Wander Garcia
Coordenador

2016
7ª EDIÇÃO

VADE MECUM DE JURISPRUDÊNCIA

STF
STJ

Wander Garcia
Coordenador

2016
7ª EDIÇÃO

VADE MECUM DE JURISPRUDÊNCIA STF STJ

3.400 DECISÕES CLASSIFICADAS
3 ANOS DE INFORMATIVOS + SÉRIE HISTÓRICA DE SÚMULAS

Informativos publicados até 02/01/16

30 DISCIPLINAS

CRIMINAL	PÚBLICO	DIFUSOS	CIVIL
Penal	Constitucional	P. Coletivo	Civil
Processo Penal	Administrativo	Consumidor	Processo Civil
Penal Militar	Tributário	Ambiental	Empresarial
P. Penal Militar	Financeiro	ECA	Agrário
INTERNACIONAL	Econômico	Improbidade	**TRABALHO**
Intern. Privado	Urbanístico	Idoso	Trabalho
Intern. Público	Eleitoral	Deficiente	P. do Trabalho
Humanos	Previdenciário	Educacional	
	Leis de carreiras	Sanitário	

2016 © Editora Foco

Coordenador: Wander Garcia
Organizadores: Wander Garcia, Ana Paula Garcia, Bruna Vieira, Eduardo Dompieri, Gabriela Rodrigues, Henrique Subi, Renan Flumian, Robinson Barreirinhas
Editor: Márcio Dompieri
Gerente Editorial: Paula Tseng
Equipe Editora Foco: Georgia Dias e Ivo Shigueru Tomita
Capa: R2 Editorial
Projeto gráfico: Ladislau Lima
Diagramação: R2 Editorial
Impressão miolo e acabamento: Intergraf Ind. Gráfica Eireli

Dados Internacionais de Catalogação na Publicação (CIP)
(Câmara Brasileira do Livro, SP, Brasil)

Vade Mecum de jurisprudência STF e STJ / Wander Garcia, coordenador. -- 7. ed. -- Indaiatuba, SP : Editora Foco Jurídico, 2016. -- (Coleção Vade Mecum)

1. Direito - Brasil 2. Direito - Manuais 3. Manuais, vademécuns etc. I. Garcia, Wander. II. Série.

ISBN: 978-85-8242-141-3

15-11326   CDU-34(81)(02)

Índices para Catálogo Sistemático:
1. Direito : Brasil : Vademécuns 34(81)(02)
2. Vademécuns : Direito : Brasil 34(81)(02)

Direitos autorais: É proibida a reprodução parcial ou total desta publicação, por qualquer forma ou meio, sem a prévia autorização da Editora Foco, na forma do Artigo 8º, IV, da Lei 9.610/1998. Referida vedação se estende às características gráficas da obra e sua editoração. A punição para a violação dos Direitos Autorais é crime previsto no Artigo 184 do Código Penal e as sanções civis às violações dos Direitos Autorais estão previstas nos Artigos 101 a 110 da Lei 9.610/1998.

Atualizações e erratas: A presente obra é vendida como está, sem garantia de atualização futura. Porém, atualizações voluntárias e erratas são disponibilizadas no site www.editorafoco.com.br, na seção *Atualizações*. Esforçamo-nos ao máximo para entregar ao leitor uma obra com a melhor qualidade possível e sem erros técnicos ou de conteúdo. No entanto, nem sempre isso ocorre, seja por motivo de alteração de software, interpretação ou falhas de diagramação e revisão. Sendo assim, disponibilizamos em nosso site a seção mencionada (*Atualizações*), na qual relataremos, com a devida correção, os erros encontrados na obra. Solicitamos, outrossim, que o leitor faça a gentileza de colaborar com a perfeição da obra, comunicando eventual erro encontrado por meio de mensagem para contato@editorafoco.com.br.

Impresso no Brasil (03.2016)
Data de Fechamento (03.2016)

2016
Todos os direitos reservados à
Editora Foco Jurídico Ltda
Al. Júpiter 578 – Galpão 01 – American Park Distrito Industrial
CEP 13347-653 – Indaiatuba – SP
E-mail: contato@editorafoco.com.br
www.editorafoco.com.br

APRESENTAÇÃO

A jurisprudência nunca foi tão importante para os profissionais, estudantes universitários, examinandos de concursos públicos e exame de ordem, e jurisdicionados em geral.

Foi-se o tempo em que bastava que conhecêssemos a lei e a doutrina.

Estamos na era do ativismo judicial, das decisões vinculantes e da disseminação da informação produzida pelos Tribunais pela revolução tecnológica e de acesso à informação.

Isso fez com que todos nós tivéssemos que nos atualizar constantemente e ainda mais em relação às principais decisões jurisprudenciais produzidas pelos Tribunais Superiores.

Nesse sentido, criamos uma obra com informativos do STF e do STJ dos últimos três anos, mais as principais súmulas da série histórica desses dois tribunais.

Escolheu-se trabalhar com Informativos e Súmulas na presente obra, para que tivéssemos a garantia de que estamos oferecendo ao leitor, o conhecimento das decisões jurisprudenciais mais importantes do País.

Não bastasse, todas as decisões colacionadas na presente obra vêm classificadas didaticamente segundo a forma mais interessante para que o leitor possa encontrar os temas de sua preferência.

Aos profissionais, recomendamos procurar decisões sobre os temas de interesse a partir do índice da obra.

Aos estudantes universitários e examinandos de concursos públicos e exames de ordem, recomendamos que leiam a obra da seguinte forma: após estudar determinado ponto do Direito por meio de aulas, livros doutrinários ou repositórios legais, busque o mesmo ponto no índice desta obra e faça a devida leitura com vistas à atualização jurisprudencial. Em seguida, recomendamos também, que o leitor resolva questões de provas anteriores.

A presente obra foi coordenada e organizada por professores com grande experiência acadêmica e profissional, que tomaram todo o cuidado para classificar as decisões não só com o maior número possível de disciplinas, temas e subtemas, como também para inserir essas informações de forma organizada, obedecendo, em cada item, a uma ordem de tribunais (primeiro decisões do STF e depois do STJ), de tipo de decisão (primeiro decisões comuns e depois súmulas) e de data da decisão (primeiros as mais recentes).

Tudo sem contar o enorme custo-benefício de juntar tanto conteúdo num volume apenas, reduzindo custos e gasto de papel, de modo a gerar para o consumidor economia, respeito ao meio ambiente e praticidade.

Estudando pelo livro você certamente estará muito mais preparado para enfrentar os desafios profissionais, bem como os desafios das provas e exames.

Boa leitura e sucesso!

SUMÁRIO

1. DIREITO CIVIL

1. PARTE GERAL 1
   - 1.1. PESSOAS NATURAIS E DIREITOS DA PERSONALIDADE 1
   - 1.2. PESSOAS JURÍDICAS E DESCONSIDERAÇÃO DA PERSONALIDADE 1
   - 1.3. FATOS JURÍDICOS 2
   - 1.4. PRESCRIÇÃO E DECADÊNCIA 4
2. OBRIGAÇÕES 8
3. CONTRATOS 10
   - 3.1. PRINCÍPIOS CONTRATUAIS 10
   - 3.2. CONTRATOS EM GERAL 11
   - 3.3. COMPRA E VENDA E COMPROMISSO DE COMPRA E VENDA 11
   - 3.4. LOCAÇÃO 14
   - 3.5. MÚTUO 16
   - 3.6. DEPÓSITO 18
   - 3.7. MANDATO 19
   - 3.8. CORRETAGEM 19
   - 3.9. TRANSPORTE 20
   - 3.10. SEGURO DE DANO 21
   - 3.11. SEGURO DE PESSOA 22
   - 3.12. DPVAT 23
   - 3.13. FIANÇA 27
   - 3.14. SEGURO E PLANO DE SAÚDE 27
   - 3.15. PREVIDÊNCIA PRIVADA 30
   - 3.16. TELEFONIA 30
   - 3.17. OUTROS CONTRATOS 31
4. RESPONSABILIDADE CIVIL 34
   - 4.1. RESPONSABILIDADE PELO FATO DE TERCEIRO 34
   - 4.2. RESPONSABILIDADE POR CONDUTA MÉDICA 35
   - 4.3. RESPONSABILIDADE DE INSTITUIÇÕES FINANCEIRAS 35
   - 4.4. ACIDENTE DE VEÍCULO 36
   - 4.5. RESPONSABILIDADE DO ESTACIONAMENTO (DEPÓSITO) 36
   - 4.6. RESPONSABILIDADE PELA VIOLAÇÃO AO DIREITO DE IMAGEM 36
   - 4.7. RESPONSABILIDADE POR QUESTÕES DE ORDEM FAMILIAR 38
   - 4.8. RESPONSABILIDADE POR OUTRAS CAUSAS 38
   - 4.9. INDENIZAÇÃO 40
     - 4.9.1. SUJEITOS ATIVOS DO DIREITO À INDENIZAÇÃO 40
     - 4.9.2. DANO MORAL 40
     - 4.9.3. PENSÃO 41
     - 4.9.4. JUROS E CORREÇÃO MONETÁRIA 42

VIII VADE MECUM DE JURISPRUDÊNCIA – STF/STJ

5. COISAS 42
    5.1. POSSE E PROPRIEDADE...42
    5.2. CONDOMÍNIO...43
    5.3. DIREITOS REAIS SOBRE COISA ALHEIA 47
6. FAMÍLIA...47
    6.1. CASAMENTO 47
        6.1.1. REGIME DE BENS 47
        6.1.2. SEPARAÇÃO E DIVÓRCIO..47
    6.2. UNIÃO ESTÁVEL 48
    6.3. PODER FAMILIAR, ADOÇÃO, TUTELA E GUARDA...51
    6.4. ALIMENTOS 52
    6.5. PATERNIDADE E FILIAÇÃO...54
    6.6. BEM DE FAMÍLIA 56
7. SUCESSÕES..57
8. DIREITOS AUTORAIS 61
9. NORMAS DE DIREITO INTERTEMPORAL..62
10. DIREITOS AUTORAIS 62

| 2. DIREITO PROCESSUAL CIVIL | 65 |

1. PRINCÍPIOS DO PROCESSO CIVIL 65
2. PARTES, PROCURADORES, MINISTÉRIO PÚBLICO E JUIZ 65
3. ATOS PROCESSUAIS...67
4. LITISCONSÓRCIO, ASSISTÊNCIA E INTERVENÇÃO DE TERCEIROS 69
5. COMPETÊNCIA E CONFLITO DE COMPETÊNCIA. CONEXÃO. CONTINÊNCIA. 71
6. COMPETÊNCIA GERAL E INTERNA DO STJ E DO STF...81
7. PRESSUPOSTOS PROCESSUAIS E CONDIÇÕES DA AÇÃO 82
8. TUTELA ANTECIPADA E LIMINAR EM CAUTELAR 84
9. PROCESSO DE CONHECIMENTO..85
10. SENTENÇA, CUMPRIMENTO DE SENTENÇA, COISA JULGADA E AÇÕES ANULATÓRIA E RESCISÓRIA 88
    10.1. SENTENÇA...88
    10.2. SUCUMBÊNCIA. HONORÁRIOS, CUSTAS E DESPESAS PROCESSUAIS......................................90
    10.3. CUMPRIMENTO DE SENTENÇA...95
    10.4. COISA JULGADA 97
    10.5. LIQUIDAÇÃO DE SENTENÇA..100
    10.6. AÇÕES ANULATÓRIA E RESCISÓRIA...100
    10.7. *ASTREINTES* 104
    10.8. SENTENÇA ESTRANGEIRA 106
11. RECURSOS...106
    11.1. PRESSUPOSTOS GERAIS E PRINCÍPIOS 106
    11.2. AGRAVO 110
    11.3. APELAÇÃO...113
    11.4. EMBARGOS DE DECLARAÇÃO...114
    11.5. EMBARGOS INFRINGENTES E EMBARGOS DE DIVERGÊNCIA...118
    11.6. RECURSO ESPECIAL 120
    11.7. RECURSO EXTRAORDINÁRIO..123
    11.8. TEMAS COMBINADOS DE RECURSOS...127

SUMÁRIO IX

12. REPERCUSSÃO GERAL 128

13. EXECUÇÃO 131

    13.1. EXECUÇÃO EM GERAL 131

    13.2. ESPÉCIES DE EXECUÇÃO 134

    13.3. PENHORA E EXPROPRIAÇÃO DE BENS 136

    13.4. EMBARGOS DO DEVEDOR E EXCEÇÃO DE PRÉ-EXECUTIVIDADE 143

14. CAUTELAR 144

15. PROCEDIMENTOS ESPECIAIS 146

    15.1. POSSESSÓRIAS E PETITÓRIAS 146

    15.2. MONITÓRIA 147

    15.3. EMBARGOS DE TERCEIRO 147

    15.4. INVENTÁRIO 148

    15.5. SEPARAÇÃO, DIVÓRCIO E DISSOLUÇÃO DE SOCIEDADE DE FATO 148

    15.6. INVESTIGAÇÃO DE PATERNIDADE E ALIMENTOS 149

    15.8. USUCAPIÃO 152

    15.7. OUTRAS AÇÕES DE PROCEDIMENTO ESPECIAL 152

16. JUIZADO ESPECIAL 153

17. MANDADO DE SEGURANÇA 155

18. RECLAMAÇÃO 157

19. OUTROS TEMAS E TEMAS COMBINADOS 160

3. DIREITO PENAL   161

1. CONCEITO, FONTES E PRINCÍPIOS 161

2. APLICAÇÃO DA LEI NO TEMPO E NO ESPAÇO 168

3. TEORIA DO CRIME 169

4. AUTORIA E CONCURSO DE PESSOAS 170

5. PENA, MEDIDA DE SEGURANÇA, CONCURSO DE CRIMES E AÇÃO PENAL 170

6. EXTINÇÃO DA PUNIBILIDADE – PRESCRIÇÃO 180

7. CRIMES CONTRA A PESSOA 186

8. CRIMES CONTRA O PATRIMÔNIO 188

9. CRIMES CONTRA A DIGNIDADE SEXUAL 193

10. CRIMES CONTRA A FÉ PÚBLICA 195

11. CRIMES CONTRA A ADMINISTRAÇÃO PÚBLICA E AS FINANÇAS PÚBLICAS 196

12. OUTROS CRIMES DO CÓDIGO PENAL 209

13. CRIMES RELATIVOS A DROGAS (ASPECTOS DE DIREITO MATERIAL E PROCESSUAL) ... 210

14. CRIMES CONTRA O MEIO AMBIENTE 218

15. CRIMES CONTRA A ORDEM TRIBUTÁRIA, A ORDEM ECONÔMICA E CONTRA O SISTEMA
FINANCEIRO NACIONAL 219

16. CRIMES DE TRÂNSITO 221

17. ESTATUTO DO DESARMAMENTO E LEGISLAÇÃO CORRELATA 222

18. CRIMES RELATIVOS A LICITAÇÃO 227

19. VIOLÊNCIA DOMÉSTICA 228

20. OUTRAS INFRAÇÕES PENAIS PREVISTAS EM LEGISLAÇÃO EXTRAVAGANTE 228

4. DIREITO PROCESSUAL PENAL — 233

1. FONTES, PRINCÍPIOS GERAIS, EFICÁCIA DA LEI PROCESSUAL NO TEMPO E NO ESPAÇO E INTERPRETAÇÃO ... 233
2. INQUÉRITO POLICIAL E OUTRAS FORMAS DE INVESTIGAÇÃO ... 234
3. AÇÃO PENAL E AÇÃO CIVIL ... 242
4. JURISDIÇÃO E COMPETÊNCIA; CONEXÃO E CONTINÊNCIA ... 247
5. PROVA ... 265
6. SUJEITOS PROCESSUAIS ... 272
7. CITAÇÃO, INTIMAÇÃO E PRAZOS ... 274
8. PRISÃO, MEDIDAS CAUTELARES E LIBERDADE PROVISÓRIA ... 277
9. PROCESSO E PROCEDIMENTOS ... 294
10. PROCESSO DOS CRIMES DA COMPETÊNCIA DO JÚRI ... 296
11. JUIZADOS ESPECIAIS ... 302
12. SENTENÇA, PRECLUSÃO E COISA JULGADA ... 304
13. NULIDADES ... 306
14. RECURSOS ... 312
15. *HABEAS CORPUS*, MANDADO DE SEGURANÇA E REVISÃO CRIMINAL ... 328
16. EXECUÇÃO PENAL ... 341
17. LEI MARIA DA PENHA – ASPECTOS PROCESSUAIS ... 356
18. LEGISLAÇÃO EXTRAVAGANTE ... 357

5. DIREITO CONSTITUCIONAL — 359

1. DIREITOS E DEVERES INDIVIDUAIS E COLETIVOS ... 359
2. DIREITOS SOCIAIS ... 366
3. DIREITOS POLÍTICOS E NACIONA-LIDADE ... 366
4. ORGANIZAÇÃO DO ESTADO EM GERAL E COMPETÊNCIA LEGISLATIVA ... 369
5. ADMINISTRAÇÃO PÚBLICA ... 381
6. PODER LEGISLATIVO ... 384
    6.1. PODER LEGISLATIVO EM GERAL ... 384
    6.2. PROCESSO LEGISLATIVO EM GERAL E INICIATIVA LEGISLATIVA ... 386
    6.3. FISCALIZAÇÃO CONTÁBIL, FINANCEIRA E ORÇAMENTÁRIA ... 396
7. PODER EXECUTIVO ... 399
8. PODER JUDICIÁRIO ... 401
    8.1. EM GERAL ... 401
    8.2. SUPREMO TRIBUNAL FEDERAL ... 402
    8.3. TRIBUNAIS REGIONAIS FEDERAIS E JUÍZES FEDERAIS ... 404
    8.4. TRIBUNAIS E JUÍZES DO TRABALHO ... 404
    8.5. TRIBUNAIS E JUÍZES ESTADUAIS ... 404
    8.6. CONSELHO NACIONAL DE JUSTIÇA ... 405
9. RECLAMAÇÃO ... 411
10. CONTROLE DE CONSTITUCIONALIDADE ... 413
11. MINISTÉRIO PÚBLICO ... 417
12. ADVOCACIA E DEFENSORIA PÚBLICA ... 418
13. DEFESA DO ESTADO E DAS INSTI-TUIÇÕES DEMOCRÁTICAS ... 419

SUMÁRIO XI

14. TRIBUTAÇÃO E ORÇAMENTO 419

15. ORDEM SOCIAL 420

16. DISPOSIÇÕES CONSTITUCIONAIS GERAIS...423

17. ATO DAS DISPOSIÇÕES CONS-TITU-CIONAIS TRANSITÓRIAS...424

18. OUTRAS MATÉRIAS E DECISÕES DE CONTEÚDOS VARIADOS 424

6. DIREITO ADMINISTRATIVO — 427

1. PRINCÍPIOS ADMINISTRATIVOS..427

2. PODERES ADMINISTRATIVOS..431

3. ATOS ADMINISTRATIVOS 432

4. ESTRUTURA DA ADMINISTRAÇÃO E ENTIDADES PARAESTATAIS 435

5. AGENTES PÚBLICOS 438

    5.1. REGIME JURÍDICO E ESPÉCIES DE VÍNCULOS...438

    5.2. CONCURSO PÚBLICO..441

        5.2.1. CONTRATAÇÃO TEMPORÁRIA DE EXCEPCIONAL INTERESSE PÚBLICO.................464

    5.3. ESTÁGIO PROBATÓRIO, ESTABILIDADE, VITALICIEDADE E VACÂNCIA...................................468

    5.4. REMUNERAÇÃO 470

    5.5. APOSENTADORIA E PENSÃO 485

    5.6. ACUMULAÇÃO REMUNERATÓRIA...501

    5.7. OUTROS DIREITOS DOS AGENTES PÚBLICOS 502

    5.8. INFRAÇÃO E PROCESSO DISCIPLINAR 507

6. RESPONSABILIDADE DO ESTADO 512

7. BENS PÚBLICOS 519

8. INTERVENÇÃO NA PROPRIEDADE..522

    8.1. DESAPROPRIAÇÃO..522

9. TRÂNSITO 524

10. CONSELHOS PROFISSIONAIS 525

11. LICITAÇÃO 527

12. CONTRATOS ADMINISTRATIVOS..530

13. SERVIÇOS PÚBLICOS 531

14. PROCESSO ADMINISTRATIVO 534

15. PRESCRIÇÃO..535

16. CONTROLE INTERNO E PELO TRIBUNAL DE CONTAS..537

17. CONTROLE JURISDICIONAL DE POLÍTICAS PÚBLICAS E DIREITOS SOCIAIS...................................542

18. PROCESSO CIVIL EM GERAL APLICADO À FAZENDA PÚBLICA..544

19. MANDADO DE SEGURANÇA..548

20. OUTROS TEMAS DE DIREITO ADMINISTRATIVO..549

7. DIREITO TRIBUTÁRIO — 555

1. PRINCÍPIOS E DIREITOS DOS CONTRIBUINTES 555

2. IMUNIDADES..557

3. LEGISLAÇÃO, FONTES E HIERARQUIA..565

4. FATO GERADOR, OBRIGAÇÃO, LANÇAMENTO E CRÉDITO 565

5. SUJEIÇÃO PASSIVA, RESPONSABILIDADE E DENÚNCIA ESPONTÂNEA..567

6. SUSPENSÃO, EXTINÇÃO E EXCLUSÃO DO CRÉDITO..567

XII VADE MECUM DE JURISPRUDÊNCIA – STF/STJ

7. IMPOSTOS EM ESPÉCIE 570

    7.1. IMPOSTO DE IMPORTAÇÃO E IMPOSTO DE EXPORTAÇÃO 570

    7.2. IMPOSTO DE RENDA..570

    7.3. IPI..579

    7.4. ITR...582

    7.5. ICMS 583

        7.5.1. ICMS: INCIDÊNCIA, CONFLITOS DE COMPETÊNCIA..583

        7.5.2. ICMS: NÃO INCIDÊNCIA..584

        7.5.3. ICMS: IMUNIDADES...584

        7.5.4. ALÍQUOTAS E BASE DE CÁLCULO 584

        7.5.5. ICMS: NÃO CUMULATIVIDADE, CRÉDITO..585

        7.5.6. SUJEIÇÃO PASSIVA, RESPONSABILIDADE, SUBSTITUIÇÃO TRIBUTÁRIA 586

        7.5.7. ICMS: TELECOMUNICAÇÕES 586

        7.5.8. ICMS: ENERGIA ELÉTRICA E COMBUSTÍVEIS 587

        7.5.9. ICMS: IMPORTAÇÃO, *LEASING* INTERNACIONAL...589

        7.5.10. ICMS: RESTITUIÇÃO, COMPENSAÇÃO, CREDITAMENTO..592

        7.5.11. ICMS: OUTRAS MATÉRIAS..594

    7.6. IPTU 597

    7.7. ISS...599

    7.8. ITBI 600

8. CONTRIBUIÇÕES EM ESPÉCIE 601

    8.1. PIS, PASEP, COFINS E FINSOCIAL 601

    8.2. CSLL 607

    8.3. CONTRIBUIÇÕES AO REGIME GERAL DE PREVIDÊNCIA SOCIAL 609

    8.4. CONTRIBUIÇÕES PARA REGIMES PRÓPRIOS DE SERVIDORES, FUNDOS DE SAÚDE 613

    8.5. OUTRAS CONTRIBUIÇÕES 613

9. TAXAS 614

10. EMPRÉSTIMOS COMPULSÓRIOS..617

11. CONTRIBUIÇÃO DE MELHORIA...617

12. ADMINISTRAÇÃO TRIBUTÁRIA, FISCALIZAÇÃO, CERTIDÕES, DÍVIDA ATIVA, CADIN 617

13. AÇÕES TRIBUTÁRIAS, PROCESSUAL TRIBUTÁRIO..620

    13.1. EXECUÇÃO FISCAL: CITAÇÃO, COMPETÊNCIA, PENHORA, FIANÇA, DEPÓSITO, SUBSTITUIÇÃO, REFORÇO, LEVANTAMENTO...620

    13.2. EXECUÇÃO FISCAL: REDIRECIONAMENTO, RESPONSABILIDADE 623

    13.3. EXECUÇÃO FISCAL: PRESCRIÇÃO, PRAZOS 624

    13.4. EXECUÇÃO FISCAL: CDA 624

    13.5. EXECUÇÃO FISCAL: EMBARGOS E EXCEÇÃO DE PRÉ-EXECUTIVIDADE...............................624

    13.6. EXECUÇÃO FISCAL: OUTROS TEMAS..626

    13.7. MANDADO DE SEGURANÇA 627

    13.8. REPETIÇÃO, COMPENSAÇÃO, ANULATÓRIA, DECLARATÓRIA...628

14. PROGRAMAS DE PARCELAMENTO, REFIS, PAES 629

15. SISTEMAS SIMPLIFICADOS DE TRIBUTAÇÃO, SIMPLES..631

16. ÍNDICES, SELIC..632

17. OUTRAS MATÉRIAS 632

8. DIREITO EMPRESARIAL — 635

1. DESCONSIDERAÇÃO DA PERSONALIDADE ... 635
2. SOCIEDADE ANÔNIMA ... 635
3. SOCIEDADE COOPERATIVA ... 637
4. FALÊNCIA ... 637
   - 4.1. FALÊNCIA: COMPETÊNCIA JURISDICIONAL ... 637
   - 4.2. FALÊNCIA: PRESSUPOSTOS, REQUERIMENTO, DEPÓSITO ELISIVO ... 637
   - 4.3. FALÊNCIA: CRÉDITOS, HABILITAÇÃO, PREFERÊNCIAS, EXTRACONCURSAIS, RESTITUIÇÃO ... 638
   - 4.4. FALÊNCIA: PROCESSO ... 641
   - 4.5. FALÊNCIA: OUTROS TEMAS ... 642
5. RECUPERAÇÃO JUDICIAL E EXTRAJUDICIAL ... 643
6. CONTRATOS EMPRESARIAIS ... 648
   - 6.1. ALIENAÇÃO FIDUCIÁRIA ... 648
   - 6.2. DISTRIBUIÇÃO, REPRESENTAÇÃO E CONCESSÃO COMERCIAL ... 649
   - 6.3. OUTROS CONTRATOS EMPRESARIAIS ... 650
7. TÍTULOS DE CRÉDITO ... 652
   - 7.1. ASPECTOS GERAIS ... 652
   - 7.2. CHEQUE ... 652
   - 7.3. CÉDULA DE CRÉDITO RURAL, CÉDULA DE PRODUTO RURAL ... 654
   - 7.4. CÉDULAS DE CRÉDITO COMERCIAL E INDUSTRIAL ... 655
8. PROPRIEDADE INDUSTRIAL ... 655
   - 8.1. MARCA ... 655
   - 8.2. PATENTE E DESENHO INDUSTRIAL ... 658
9. AÇÕES, PROCESSO CIVIL ... 658
10. OUTROS TEMAS DE DIREITO EMPRESARIAL ... 659

9. DIREITO DO TRABALHO — 663

1. JORNADA DE TRABALHO ... 663
2. RESCISÃO DO CONTRATO DE TRABALHO ... 664
3. CONVENÇÃO COLETIVA ... 664
4. SINDICATO E CIPA ... 665
5. ACIDENTE DE TRABALHO ... 666
6. FGTS ... 666

10. DIREITO PROCESSUAL DO TRABALHO — 671

1. COMPETÊNCIA ... 671
2. PROCEDIMENTOS, SENTENÇA, RECURSOS E EXECUÇÃO ... 673

11. DIREITO DO CONSUMIDOR — 675

1. CONCEITO DE CONSUMIDOR E RELAÇÃO DE CONSUMO ... 675
2. PRINCÍPIOS E DIREITOS BÁSICOS ... 677
3. RESPONSABILIDADE PELO FATO DO PRODUTO OU DO SERVIÇO ... 679
4. RESPONSABILIDADE POR VÍCIO DO PRODUTO OU DO SERVIÇO ... 685
5. PRÁTICAS COMERCIAIS ... 687

VADE MECUM DE JURISPRUDÊNCIA – STF/STJ

6. PROTEÇÃO CONTRATUAL 691

7. DEFESA DO CONSUMIDOR EM JUÍZO 696

8. DEFESA ADMINISTRATIVA DO CONSUMIDOR 699

12. DIREITO AMBIENTAL — 701

1. PROTEÇÃO DA FLORA 701

2. COMPETÊNCIA EM MATÉRIA AMBIENTAL 701

3. DEFESA DO MEIO AMBIENTE EM JUÍZO 702

4. PROTEÇÃO DA FAUNA 703

5. RESPONSABILIDADE CIVIL AMBIENTAL 703

6. RESPONSABILIDADE ADMINISTRATIVA AMBIENTAL 705

13. DIREITO DA CRIANÇA E DO ADOLESCENTE — 707

1. PRINCÍPIOS 707

2. DIREITO À CONVIVÊNCIA FAMILIAR 707

3. PREVENÇÃO 708

4. MEDIDAS SOCIOEDUCATIVAS E ATO INFRACIONAL – DIREITO MATERIAL 708

5. ATO INFRACIONAL – DIREITO PROCESSUAL 709

6. ACESSO À JUSTIÇA E MINISTÉRIO PÚBLICO 710

7. CRIMES 711

8. INFRAÇÕES ADMINISTRATIVAS 712

14. DIREITO DO IDOSO — 713

1. PREVIDÊNCIA E ASSISTÊNCIA SOCIAL 713

2. REAJUSTE DE SEGURO E PLANO DE SAÚDE 714

3. OUTROS DIREITOS DO IDOSO 714

15. DIREITO DA PESSOA COM DEFICIÊNCIA — 715

16. DIREITO SANITÁRIO — 717

1. O DIREITO À SAÚDE NA ORDEM CONSTITUCIONAL 717

2. PLANO DE SAÚDE 718

3. RESPONSABILIDADE DOS PROFISSIONAIS DA SAÚDE 719

4. SISTEMA ÚNICO DE SAÚDE (SUS) 719

17. DIREITO URBANÍSTICO — 721

18. DIREITO DA IMPROBIDADE ADMINISTRATIVA — 725

1. SUJEITOS E MODALIDADES DE IMPROBIDADE 725

2. SANÇÕES DE IMPROBIDADE ADMINISTRATIVA 727

3. INDISPONIBILIDADE DE BENS 727

4. QUESTÕES PROCESSUAIS E PRESCRIÇÃO 727

19. DIREITOS HUMANOS — 731

20. DIREITO PROCESSUAL COLETIVO — 733

1. COMPETÊNCIA, CONEXÃO, CONTINÊNCIA E LITISPENDÊNCIA — 733
2. LEGITIMAÇÃO, LEGITIMADOS, MINISTÉRIO PÚBLICO — 734
3. AÇÃO E PROCEDIMENTOS, SENTENÇA, COISA JULGADA E RECURSOS — 742
4. EXECUÇÃO — 744
5. AÇÃO POPULAR — 745

21. DIREITO INTERNACIONAL — 747

1. IMUNIDADES DIPLOMÁTICAS, CONSULARES, DE ESTADO E DE ORGANIZAÇÃO INTERNACIONAL — 747
2. EXTRADIÇÃO — 748
3. EXPULSÃO — 756
4. HOMOLOGAÇÃO DE SENTENÇA ESTRANGEIRA — 757
5. CONVENÇÕES — 757
6. DIREITO INTERNACIONAL PRIVADO — 758

22. DIREITO PREVIDENCIÁRIO — 761

1. CONTRIBUIÇÕES SOCIAIS — 761
2. PRESTAÇÕES EM GERAL — 762
3. APOSENTADORIA POR INVALIDEZ — 767
4. APOSENTADORIA POR IDADE E POR TEMPO DE SERVIÇO — 767
5. APOSENTADORIA ESPECIAL — 768
6. AUXÍLIO-DOENÇA — 770
7. PENSÃO POR MORTE — 771
8. AUXÍLIO-ACIDENTE — 772
9. BENEFÍCIO ASSISTENCIAL — 772
10. PREVIDÊNCIA PRIVADA COMPLEMENTAR — 773
11. DESAPOSENTAÇÃO — 776
12. AÇÕES PREVIDENCIÁRIAS — 778

23. DIREITO FINANCEIRO — 783

1. COMPETÊNCIA LEGISLATIVA — 783
2. VINCULAÇÃO DE RECEITA — 783
3. TRANSFERÊNCIA DE RECURSOS — 783
4. EXECUÇÃO ORÇAMENTÁRIA — 785
5. PRECATÓRIO E REQUISIÇÃO DE PEQUENO VALOR (RPV) — 785

24. DIREITO ECONÔMICO — 793

1. PRINCÍPIOS GERAIS DA ATIVIDADE ECONÔMICA — 793
2. PLANOS ECONÔMICOS — 793

25. DIREITO ELEITORAL — 795

1. ELEGIBILIDADE E INELEGIBILIDADE. FICHA LIMPA. CANDIDATURA — 795
2. AÇÕES ELEITORAIS — 797
3. RECURSOS ORÇAMENTÁRIOS E CAMPANHAS ELEITORAIS — 799

VADE MECUM DE JURISPRUDÊNCIA – STF/STJ

4. PROPAGANDA ELEITORAL 803

5. VOTAÇÃO 804

6. PARTIDOS POLÍTICOS 805

7. NÚMERO DE PARLAMENTARES 807

26. DIREITO AGRÁRIO — 809

1. CONTRATOS AGRÁRIOS E CRÉDITOS AGRÁRIOS 809

2. DESAPROPRIAÇÃO PARA A REFORMA AGRÁRIA 811

3. USUCAPIÃO RURAL 812

27. DIREITO EDUCACIONAL — 813

1. DIREITOS DO EDUCANDO 813

2. TRANSFERÊNCIA DE MATRÍCULA 813

3. DIPLOMA ESTRANGEIRO E DE CURSOS NÃO RECONHECIDOS OU EXTINTOS 813

4. PROUNI E FIES 814

5. AUTONOMIA UNIVERSITÁRIA 815

6. CONSELHO NACIONAL DE EDUCAÇÃO 815

7. COMPETÊNCIA 815

28. LEIS ORGÂNICAS E OUTRAS NORMAS

1. MAGISTRATURA 817

2. MINISTÉRIO PÚBLICO 820

3. DEFENSORIA PÚBLICA 822

4. ADVOCACIA 824

29. DIREITO PENAL MILITAR — 827

30. DIREITO PROCESSUAL PENAL MILITAR — 831

1. DIREITO CIVIL

1. PARTE GERAL

1.1. Pessoas naturais e direitos da personalidade

Biografias: autorização prévia e liberdade de expressão - 1

É inexigível o consentimento de pessoa biografada relativamente a obras biográficas literárias ou audiovisuais, sendo por igual desnecessária a autorização de pessoas retratadas como coadjuvantes ou de familiares, em caso de pessoas falecidas ou ausentes. Essa a conclusão do Plenário, que julgou procedente pedido formulado em ação direta para dar interpretação conforme à Constituição aos artigos 20 e 21 do CC ("Art. 20. Salvo se autorizadas, ou se necessárias à administração da justiça ou à manutenção da ordem pública, a divulgação de escritos, a transmissão da palavra, ou a publicação, a exposição ou a utilização da imagem de uma pessoa poderão ser proibidas, a seu requerimento e sem prejuízo da indenização que couber, se lhe atingirem a honra, a boa fama ou a respeitabilidade, ou se se destinarem a fins comerciais. Parágrafo único. Em se tratando de morto ou de ausente, são partes legítimas para requerer essa proteção o cônjuge, os ascendentes ou os descendentes. Art. 21. A vida privada da pessoa natural é inviolável, e o juiz, a requerimento do interessado, adotará as providências necessárias para impedir ou fazer cessar ato contrário a esta norma"), sem redução de texto, em consonância com os direitos fundamentais à liberdade de pensamento e de sua expressão, de criação artística, de produção científica, de liberdade de informação e de proibição de censura (CF, artigos 5º, IV, V, IX, X e XIV; e 220). O Colegiado asseverou que, desde as Ordenações Filipinas, haveria normas a proteger a guarda de segredos. A partir do advento do CC/1916, entretanto, o quadro sofrera mudanças. Ademais, atualmente, o nível de exposição pública das pessoas seria exacerbado, de modo a ser inviável reter informações, a não ser que não fossem produzidas. Nesse diapasão, haveria de se compatibilizar a inviolabilidade da vida privada e a liberdade de pensamento e de sua expressão. No caso, não se poderia admitir, nos termos da Constituição, que o direito de outrem de se expressar, de pensar, de criar obras biográficas — que dizem respeito não apenas ao biografado, mas a toda a coletividade, pelo seu valor histórico — fosse tolhido pelo desejo do biografado de não ter a obra publicada. Os preceitos constitucionais em aparente conflito conjugar-se-iam em perfeita harmonia, de modo que o direito de criação de obras biográficas seria compatível com a inviolabilidade da intimidade, privacidade, honra e imagem. Assim, em suma, o Plenário considerou: a) que a Constituição asseguraria como direitos fundamentais a liberdade de pensamento e de sua expressão, a liberdade de atividade intelectual, artística, literária, científica e cultural; b) que a Constituição garantiria o direito de acesso à informação e de pesquisa acadêmica, para o que a biografia seria fonte fecunda; c) que a Constituição proibiria a censura de qualquer natureza, não se podendo concebê-la de forma subliminar pelo Estado ou por particular sobre o direito de outrem; d) que a Constituição garantiria a inviolabilidade da intimidade, da privacidade, da honra e da imagem da pessoa; e e) que a legislação infraconstitucional não poderia amesquinhar ou restringir direitos fundamentais constitucionais, ainda que sob pretexto de estabelecer formas de proteção, impondo condições ao exercício de liberdades de forma diversa da constitucionalmente fixada. **ADI 4815/DF, rel. Min. Cármen Lúcia, 10.6.2015. (ADI-4815)**

Biografias: autorização prévia e liberdade de expressão - 2

O Ministro Roberto Barroso ponderou que, embora os artigos 20 e 21 do CC produzissem legítima ponderação em favor dos direitos da personalidade e em desfavor da liberdade de expressão, esta deveria prevalecer, por algumas razões. Em primeiro lugar, o país teria histórico de graves episódios de censura, de modo que, para que não se repetissem, a liberdade de expressão deveria ser sempre reafirmada. Em segundo lugar, a liberdade de expressão não seria apenas um pressuposto democrático, mas também um pressuposto para o exercício dos outros direitos fundamentais. Por último, a liberdade de expressão seria essencial para o conhecimento histórico, o avanço social e a conservação da memória nacional. Como consequências

de se estabelecer a prevalência da liberdade de expressão, haveria o ônus argumentativo de aquele que pretendesse cerceá-la demonstrar o seu direito. Além disso, quaisquer manifestações de cerceamento de liberdade de expressão deveriam sofrer forte suspeição e escrutínio rigoroso. Por fim, seria vedada a censura prévia ou a licença. Apontou que, se a informação sobre determinado fato tivesse sido obtida por meios ilícitos, isso poderia comprometer a possibilidade de vir a ser divulgada legitimamente. Ademais, a mentira dolosa, com o intuito de fazer mal a alguém, poderia também ser fundamento para considerar-se ilegítima a divulgação de um fato, e que essas transgressões seriam reparáveis por meio de indenização. De toda forma, qualquer intervenção jurisdicional haveria de processar-se sempre "a posteriori". Assinalou que a liberdade de expressão não necessariamente significaria a prevalência da verdade ou da justiça, mas seria um valor em si relevante para as democracias. A Ministra Rosa Weber salientou a possibilidade de existirem várias versões sobre um mesmo fato histórico, de modo que controlar biografias significaria tentar controlar a história. O Ministro Luiz Fux lembrou que apenas pessoas notórias seriam biografadas, e que, na medida do crescimento da notoriedade, diminuir-se-ia a reserva de privacidade. O Ministro Dias Toffoli sublinhou que o autor de biografia não estaria impedido de requerer autorização para que sua obra fosse publicada, no intuito de evitar eventual controle jurisdicional. Entretanto, essa seria uma mera faculdade. O Ministro Gilmar Mendes ressalvou que a indenização não seria o único meio capaz de reparar eventual dano sofrido, tendo em vista a possibilidade de, por exemplo, exigir-se a publicação de nova obra, com correção, a funcionar como exercício do direito de resposta. O Ministro Marco Aurélio considerou que escrever biografia mediante autorização prévia não seria biografar, mas criar publicidade. A pessoa com visibilidade social geraria interesse por parte do cidadão comum, e caberia a terceiro revelar o respectivo perfil. O Ministro Celso de Mello frisou o pluralismo de pensamento como um dos fundamentos estruturantes do Estado de Direito, e a garantia do dissenso seria condição essencial à formação de opinião pública livre, em face do caráter contramajoritário dos direitos fundamentais. O Ministro Ricardo Lewandowski (Presidente) apontou a existência das publicações em meio digital, o que facilitaria a disseminação de conteúdo apócrifo e com alcance mundial. Portanto, a problemática seria complexa, e haveria de existir meios para coibir abusos dessa natureza. **ADI 4815/DF, rel. Min. Cármen Lúcia, 10.6.2015. (ADI-4815) (Inform. STF 789)**

REPERCUSSÃO GERAL EM RE N. 670.422-RS

RELATOR: MIN. DIAS TOFFOLI

EMENTA: DIREITO CONSTITUCIONAL E CIVIL. REGISTROS PÚBLICOS. REGISTRO CIVIL DAS PESSOAS NATURAIS. ALTERAÇÃO DO ASSENTO DE NASCIMENTO. RETIFICAÇÃO DO NOME E DO GÊNERO SEXUAL. UTILIZAÇÃO DO TERMO TRANSEXUAL NO REGISTRO CIVIL. O CONTEÚDO JURÍDICO DO DIREITO À AUTODETERMINAÇÃO SEXUAL. DISCUSSÃO ACERCA DOS PRINCÍPIOS DA PERSONALIDADE, DIGNIDADE DA PESSOA HUMANA, INTIMIDADE, SAÚDE, ENTRE OUTROS, E A SUA CONVIVÊNCIA COM PRINCÍPIOS DA PUBLICIDADE E DA VERACIDADE DOS REGISTROS PÚBLICOS. PRESENÇA DE REPERCUSSÃO GERAL. **(Inform. STF 768)**

1.2. Pessoas jurídicas e desconsideração da personalidade

DIREITO CIVIL. ELEMENTOS TÍPICOS DE SOCIEDADE EMPRESÁRIA E DISSOLUÇÃO DE SOCIEDADE DE ADVOGADOS.

Na avaliação e na partilha de bens em processo de dissolução de sociedade de advogados, não podem ser levados em consideração elementos típicos de sociedade empresária, tais quais bens incorpóreos, como a clientela e a sua expressão econômica e a "estrutura do escritório". Acontece que, no que diz respeito especificamente às sociedades de advogados, a possibilidade de revestirem caráter empresarial é expressamente vedada pelo ordenamento jurídico vigente. O Estatuto da Ordem dos Advogados (arts. 15 a 17 da Lei 8.906/1994) enuncia que a sociedade formada por advogados é "sociedade civil de prestação de serviço de advocacia", com regulação específica ditada pela própria lei. A organização prevista para esse tipo específico de sociedade simples é a forma em nome coletivo, respondendo os sócios – advogados – pelas obrigações sociais solidária e ilimitadamente. Na linha do que preceitua o art. 16 da Lei 8.906/1994, o Conselho Federal da Ordem dos Advogados do Brasil, por meio do art. 2°, X, do Provimento 112/2006, resolveu que: "não são admitidas a registro, nem podem funcionar, Sociedades de Advogados que revistam a forma de sociedade empresária ou cooperativa, ou qualquer outra modalidade de cunho mercantil". Assim, pode-se concluir que, ainda que um escritório de advocacia apresente estrutura complexa, organização de grande porte, conte com a colaboração de auxiliares e com considerável volume de trabalho, prestado, inclusive, de forma impessoal, a sociedade existente não deixará de ser simples, por expressa determinação legal. **REsp 1.227.240-SP, Rel. Min. Luis Felipe Salomão, julgado em 26/5/2015, DJe 18/6/2015 (Inform. STJ 564).**

DIREITO CIVIL. LIMITES À APLICABILIDADE DO ART. 50 DO CC.

O encerramento das atividades da sociedade ou sua dissolução, ainda que irregulares, não são causas, por si sós, para a desconsideração da personalidade jurídica a que se refere o art. 50 do CC. Para a aplicação da teoria maior da desconsideração da personalidade social – adotada pelo CC –, exige-se o dolo das pessoas naturais que estão por trás da sociedade, desvirtuando-lhe os fins institucionais e servindo-se os sócios ou administradores desta para lesar credores ou terceiros. É a intenção ilícita e fraudulenta, portanto, que autoriza, nos termos da teoria adotada pelo CC, a aplicação do instituto em comento. Especificamente em relação à hipótese a que se refere o art. 50 do CC, tratando-se de regra de exceção, de restrição ao princípio da autonomia patrimonial da pessoa jurídica, deve-se restringir a aplicação desse disposto legal a casos extremos, em que a pessoa jurídica tenha sido instrumento para fins fraudulentos, configurado mediante o desvio da finalidade institucional ou a confusão patrimonial. Dessa forma, a ausência de intuito fraudulento afasta o cabimento da desconsideração da personalidade jurídica, ao menos quando se tem o CC como o microssistema legislativo norteador do instituto, a afastar a simples hipótese de encerramento ou dissolução irregular da sociedade como causa bastante para a aplicação do disregard doctrine. Ressalte-se que não se quer dizer com isso que o encerramento da sociedade jamais será causa de desconsideração de sua personalidade, mas que somente o será quando sua dissolução ou inatividade irregulares tenham o fim de fraudar a lei, com o desvirtuamento da finalidade institucional ou confusão patrimonial. Assim é que o enunciado 146, da III Jornada de Direito Civil, orienta o intérprete a adotar exegese restritiva no exame do artigo 50 do CC, haja vista que o instituto da desconsideração, embora não determine a despersonalização da sociedade – visto que aplicável a certo ou determinado negócio e que impõe apenas a ineficácia da pessoa jurídica frente ao lesado –, constitui restrição ao princípio da autonomia patrimonial. Ademais, evidenciando a interpretação restritiva que se deve dar ao dispositivo em exame, a IV Jornada de Direito Civil firmou o enunciado 282, que expressamente afasta o encerramento irregular da pessoa jurídica como causa para desconsideração de sua personalidade: "O encerramento irregular das atividades da pessoa jurídica, por si só, não basta para caracterizar abuso da personalidade jurídica". Entendimento diverso conduziria, no limite, em termos práticos, ao fim da autonomia patrimonial da pessoa jurídica, ou seja, regresso histórico incompatível com a segurança jurídica e com o vigor da atividade econômica. Precedentes citados: AgRg no REsp 762.555-SC, Quarta Turma, DJe 25/10/2012; e AgRg no REsp 1.173.067/RS, Terceira Turma, DJe 19/6/2012. **EREsp 1.306.553-SC, Rel. Min. Maria Isabel Gallotti, julgado em 10/12/2014, DJe 12/12/2014 (Inform. STJ 554).**

DIREITO PROCESSUAL CIVIL. LEGITIMIDADE DE PESSOA JURÍDICA PARA IMPUGNAR DECISÃO QUE DESCONSIDERE A SUA PERSONALIDADE. A

pessoa jurídica tem legitimidade para impugnar decisão interlocutória que desconsidera sua personalidade para alcançar o patrimônio de seus sócios ou administradores, desde que o faça com o intuito de defender a sua regular administração e autonomia – isto é, a proteção da sua personalidade –, sem se imiscuir indevidamente na esfera de direitos dos sócios ou administradores incluídos no polo passivo por força da desconsideração. Segundo o art. 50 do CC, verificado "abuso da personalidade jurídica", poderá o juiz decidir que os efeitos de certas e determinadas relações obrigacionais sejam estendidos aos bens particulares dos administradores ou sócios da pessoa jurídica. O referido abuso, segundo a lei, caracteriza-se

pelo desvio de finalidade da pessoa jurídica ou pela confusão patrimonial entre os bens dos sócios/administradores com os da pessoa moral. A desconsideração da personalidade jurídica, em essência, está adstrita à concepção de moralidade, probidade, boa-fé a que submetem os sócios e administradores na gestão e administração da pessoa jurídica. Vale também destacar que, ainda que a concepção de abuso sempre esteja relacionada a fraude, a sua figura está, segundo a doutrina, eminentemente ligada a prejuízo, desconforto, intranquilidade ou dissabor que tenha sido acarretado a terceiro, em decorrência de um uso desmesurado de um determinado direito. A rigor, portanto, a desconsideração da personalidade da pessoa jurídica resguarda interesses de credores e também da própria sociedade indevidamente manipulada. Por isso, inclusive, segundo o enunciado 285 da IV Jornada de Direito Civil, "a teoria da desconsideração, prevista no art. 50 do Código Civil, pode ser invocada pela pessoa jurídica em seu favor". Nesse compasso, tanto o interesse na desconsideração ou na manutenção do véu protetor, podem partir da própria pessoa jurídica, desde que, à luz dos requisitos autorizadores da medida excepcional, esta seja capaz de demonstrar a pertinência de seu intuito, o qual deve sempre estar relacionado à afirmação de sua autonomia, vale dizer, à proteção de sua personalidade. **REsp, Rel. Min. Nancy Andrighi, julgado em 24/4/2014. (Inform. STJ 544)**

DIREITO CIVIL. DESCONSIDERAÇÃO DA PERSONALIDADE JURÍDICA DE SOCIEDADE LIMITADA.

Na hipótese em que tenha sido determinada a desconsideração da personalidade jurídica de sociedade limitada modesta na qual as únicas sócias sejam mãe e filha, cada uma com metade das quotas sociais, é possível responsabilizar pelas dívidas dessa sociedade a sócia que, de acordo com o contrato social, não exerça funções de gerência ou administração. É certo que, a despeito da inexistência de qualquer restrição no art. 50 do CC/2002, a aplicação da desconsideração da personalidade jurídica apenas deve incidir sobre os bens dos administradores ou sócios que efetivamente contribuíram para a prática do abuso ou fraude na utilização da pessoa jurídica. Todavia, no caso de sociedade limitada modesta na qual as únicas sócias sejam mãe e filha, cada uma com metade das quotas sociais, a titularidade de quotas e a administração da sociedade se confundem, situação em que as deliberações sociais, na maior parte das vezes, ocorrem no dia a dia, sob a forma de decisões gerenciais. Nesse contexto, torna-se difícil apurar a responsabilidade por eventuais atos abusivos ou fraudulentos. Em hipóteses como essa, a previsão no contrato social de que as atividades de administração serão realizadas apenas por um dos sócios não é suficiente para afastar a responsabilidade do demais. Seria necessária, para tanto, a comprovação de que um dos sócios estivera completamente distanciado da administração da sociedade. **REsp 1.315.110-SE, Rel. Min. Nancy Andrighi, julgado em 28/5/2013. (Inform. STJ 524)**

1.3. Fatos Jurídicos

DIREITO CIVIL. PREVALÊNCIA DO VALOR ATRIBUÍDO PELO FISCO PARA APLICAÇÃO DO ART. 108 DO CC.

Para a aferição do valor do imóvel para fins de enquadramento no patamar definido no art. 108 do CC – o qual exige escritura pública para os negócios jurídicos acima de trinta salários mínimos –, deve-se considerar o valor atribuído pelo Fisco, e não o declarado pelos particulares no contrato de compra e venda. De fato, essa interpretação do art. 108 do CC é mais consentânea com a finalidade da referida norma, que é justamente conferir maior segurança jurídica aos negócios que envolvem bem imóveis. Ressalte-se ainda que o art. 108 do CC, ao prescrever a escritura pública como essencial à validade dos negócios jurídicos que objetivem a constituição, transferência, modificação ou renúncia de direitos reais sobre imóveis de valor superior a trinta salários mínimos, refere-se ao valor do imóvel e não ao preço do negócio. Assim, havendo disparidade entre ambos, é aquele que deve ser levado em conta para efeito de aplicação da ressalva prevista na parte final desse dispositivo legal. Destaque-se, finalmente, que a avaliação levada a termo pela Fazenda Pública para fins de apuração do valor venal do imóvel é baseada em critérios objetivos, previstos em lei, os quais admitem aos interessados o conhecimento das circunstâncias consideradas na formação do quantum atribuído ao bem. **REsp 1.099.480-MG, Rel. Min. Marco Buzzi, julgado em 2/12/2014, DJe 25/5/2015 (Inform. STJ 562).**

DIREITO CIVIL. RESPONSABILIDADE CIVIL POR DANOS DECORRENTES DE ABUSO DO DIREITO DE AÇÃO EXECUTIVA. O advogado que ajuizou ação de execução de honorários de sucumbência não só contra a sociedade

1. DIREITO CIVIL

limitada que exclusivamente constava como sucumbente no título judicial, mas também, sem qualquer justificativa, contra seus sócios dirigentes, os quais tiveram valores de sua conta bancária bloqueados sem aplicação da teoria da desconsideração da personalidade jurídica, deve aos sócios indenização pelos danos materiais e morais que sofreram. Com efeito, a lei não faculta ao exequente escolher quem se sujeitará à ação executiva, independentemente de quem seja o devedor vinculado ao título executivo. Ressalte-se que, tendo as sociedades de responsabilidade limitada vida própria, não se confundem com as pessoas dos sócios. No caso de as cotas de cada um estarem totalmente integralizadas, o patrimônio pessoal dos sócios não responde por dívidas da sociedade. Portanto, a regra legal a observar é a do princípio da autonomia da pessoa coletiva, distinta da pessoa de seus sócios ou componentes, distinção que só se afasta provisoriamente e tão só em hipóteses pontuais e concretas. É certo que existem exceções, e a *disregard doctrine* é um meio de estender aos sócios da empresa a responsabilidade patrimonial por dívidas da sociedade. Não menos certo, porém, é que a desconsideração da personalidade jurídica depende da constatação de que ela esteja servindo como cobertura para abuso de direito ou fraude nos negócios e atos jurídicos, hipótese em que o juiz pode, em decisão fundamentada, ignorar a personalidade jurídica e projetar os efeitos dos atos contra a pessoa física que dela se beneficiou (art. 50 do CC). Além disso, o ato ilícito é um gênero dos quais são espécies as disposições insertas nos arts. 186 (violação do direito alheio) e 187 (abuso de direito próprio) do CC. Ambas as espécies se identificam por uma consequência comum, indicada no art. 927, ou seja, a reparação. Havendo excesso quanto ao limite imposto pelo fim econômico ou social do direito exercido, pela boa-fé ou pelos bons costumes, está caracterizado o abuso de direito. Nas hipóteses específicas de execução, o CPC traz regra segundo a qual "o credor ressarcirá ao devedor os danos que este sofreu, quando a sentença, passada em julgado, declarar inexistente, no todo ou em parte, a obrigação, que deu lugar à execução" (art. 574). Esse dispositivo, de natureza idêntica ao art. 187 do CC, pois ambos visam ao ressarcimento na hipótese de danos decorrentes de abuso de direito, é utilizado em casos de emprego abusivo da ação executiva, por exemplo, quando se propõe execução cujo título não garanta a efetiva existência de crédito, mesmo que isso venha a ser reconhecido após o ajuizamento da demanda, ou quando há direcionamento da execução contra quem não é responsável pelo crédito. No que diz respeito aos danos morais, o fato, por si só, de os sócios dirigentes da sociedade empresária comporem o polo passivo de uma ação não enseja a responsabilização, pois os ônus que os sócios sofreram em nome próprio sofreriam se tivessem atuando gerencialmente em nome da sociedade devedora. Contudo, desnecessariamente viram parte de seu patrimônio constrita, e isso em razão da astúcia do credor, pois, sendo técnico em direito, já que é advogado, não é razoável concluir que não soubesse que agia ferindo a lei. A ninguém é dado buscar facilidades em detrimento da lei ou de quem quer que seja, pois o limite de atuação está na lei. Quando há abuso, há prejuízos. Assim, há nexo causal entre o ato abusivo praticado pelo credor e os danos causados aos sócios pelos aborrecimentos que atingiram a esfera pessoal de cada um. **REsp 1.245.712-MT**, Rel. Min. João Otávio de Noronha, julgado em 11/3/2014. (Inform. STJ 539)

DIREITO CIVIL E PROCESSUAL CIVIL. ALEGAÇÃO COMO MATÉRIA DE DEFESA DE NEGÓCIO JURÍDICO SIMULADO REALIZADO PARA OCULTAR PACTO COMISSÓRIO. A prática de negócio jurídico simulado para encobrir a realização de pacto comissório pode ser alegada por um dos contratantes como matéria de defesa, em contestação, mesmo quando aplicável o CC/1916. Isso porque a jurisprudência do STJ, mesmo antes da vigência do CC/2002, entende que a simulação realizada com o propósito de afastar as vedações estabelecidas em lei – na hipótese, a proibição ao pacto comissório estabelecida pelo art. 765 do CC/1916 — configura nulidade e não anulabilidade, a despeito da redação do art. 104 do CC/1916: "Tendo havido intuito de prejudicar a terceiros, ou infringir preceito de lei, nada poderão alegar, ou requerer os contraentes em juízo quanto à simulação do ato, em litígio de um contra o outro, ou contra terceiros". Além disso, o art. 145, V, do CC/1916 estabelece a nulidade do ato jurídico quando a lei taxativamente assim o declarar ou lhe negar efeito. Desse modo, a nulidade absoluta – simulação com o intuito de ocultar pacto comissório –, por se tratar de objeção substancial, é passível de pronunciamento *ex officio* pelo julgador, sendo desnecessária a sua veiculação por meio de ação própria ou reconvenção. Ademais, não é admissível a reconvenção quando o efeito prático almejado pelo seu manejo puder ser alcançado com a simples contestação, tendo em vista a ausência de interesse de agir. Precedentes citados: REsp 21.681-SP, Terceira Turma, DJ 3/8/1992; e REsp 784.273-GO, Terceira Turma, DJ 26/2/2007. **REsp 1.076.571-SP**, Rel. Min. Marco Buzzi, julgado em 11/3/2014. (Inform. STJ 538)

DIREITO CIVIL. MANUTENÇÃO DA EFICÁCIA DE NEGÓCIO JURÍDICO REALIZADO POR TERCEIRO DE BOA-FÉ DIANTE DO RECONHECIMENTO DE FRAUDE CONTRA CREDORES.
O reconhecimento de fraude contra credores em ação pauliana, após a constatação da existência de sucessivas alienações fraudulentas na cadeia dominial de imóvel que originariamente pertencia ao acervo patrimonial do devedor, não torna ineficaz o negócio jurídico por meio do qual o último proprietário adquiriu, de boa-fé e a título oneroso, o referido bem, devendo-se condenar os réus que agiram de má-fé em prejuízo do autor a indenizá-lo pelo valor equivalente ao dos bens transmitidos em fraude contra o credor. Cumpre ressaltar, de início, que, na ação pauliana, o autor tem como objetivo o reconhecimento da ineficácia (relativa) de ato jurídico fraudulento nos limites do débito do devedor com o credor lesado pela fraude. A lei, entretanto, não tem dispositivo que regulamente, de forma expressa, os efeitos do reconhecimento da fraude contra credores na hipótese em que a ineficácia dela decorrente não puder atingir um resultado útil, por encontrar-se o bem em poder de terceiro de boa-fé. Nesse contexto, poder-se-ia cogitar que a este incumbiria buscar indenização por perdas e danos em ação própria, ainda que se tratasse de aquisição onerosa. Todavia, essa solução seria contrária ao art. 109 do CC/1916 – correspondente ao artigo 161 do CC/2002 –; e também ao art. 158 do CC/1916 – que tem redação similar à do artigo 182 do CC/2002 –, cujo teor dispunha que, anulado o ato, restituir-se-ão as partes ao estado em que antes dele se achavam e, não sendo possível restituí-las, serão indenizadas pelo equivalente. Desse modo, inalcançável o bem em mãos de terceiro de boa-fé, cabe ao alienante, que o adquiriu de má-fé, indenizar o credor. Deve-se, portanto, resguardar os interesses dos terceiros de boa-fé e condenar os réus que agiram de má-fé em prejuízo do autor a indenizá-lo pelo valor equivalente ao dos bens transmitidos em fraude contra o credor – medida essa que se atém aos limites do pedido da petição inicial da ação pauliana, relativo à recomposição do patrimônio do devedor com os mesmos bens existentes antes da prática do ato viciado ou pelo seu equivalente. A propósito, a aludida conclusão, *mutatis mutandis*, vai ao encontro da Súmula 92/STJ, que orienta que "a terceiro de boa-fé não é oponível a alienação fiduciária não anotada no certificado de registro do veículo automotor". Precedente citado: REsp 28.521-RJ, Quarta Turma, DJ de 21/11/1994. **REsp 1.100.525-RS**, Rel. Min. Luis Felipe Salomão, julgado em 16/4/2013. (Inform. STJ 521)

DIREITO CIVIL. RECONHECIMENTO DE ANTERIORIDADE DE CRÉDITO PARA CARACTERIZAÇÃO DE FRAUDE CONTRA CREDORES.
Não é suficiente para afastar a anterioridade do crédito que se busca garantir – requisito exigido para a caracterização de fraude contra credores – a assinatura de contrato particular de promessa de compra e venda de imóvel não registrado e desacompanhado de qualquer outro elemento que possa evidenciar, perante terceiros, a realização prévia desse negócio jurídico. O art. 106, parágrafo único, do CC/1916 disciplinou o instituto da fraude contra credores, visando coibir o devedor de praticar atos fraudulentos que acarretem a diminuição de seu patrimônio com o propósito de prejudicar seus credores. Para isso, instituiu a ação pauliana ou revocatória, possibilitando ao credor prejudicado anular o negócio jurídico fraudulento e conservar no patrimônio do devedor determinados bens para a garantia do cumprimento das obrigações assumidas por este. Para a caracterização dessa fraude, exigem-se os seguintes pressupostos: a existência de dano ao direito do credor (*eventus damni*); o consenso entre o devedor e o adquirente do bem (*consilium fraudis*); e a anterioridade do crédito que se busca garantir em relação ao negócio jurídico tido por fraudulento, pois somente os credores que já ostentavam essa condição ao tempo do ato fraudulento é que podem demandar a anulação, visto que, apenas em relação a eles, esse ato diminui a garantia oferecida pelo patrimônio do devedor. Nesse contexto, na hipótese em que o devedor tenha firmado contrato particular de promessa de compra e venda de imóvel, para fins de constatar a anterioridade de crédito em relação ao ato fraudulento, deve ser considerada a data do registro do instrumento particular no Cartório de Registro de Imóveis, e não a data da sua elaboração. Isso porque o registro do contrato de promessa de compra e venda de imóvel, conquanto não interfira na relação de direito obrigacional – existente entre promitente comprador e promitente vendedor –, é necessário para que a eficácia da promessa de compra e venda se dê perante terceiros, de forma a gerar um direito real à aquisição do promitente comprador, em caráter *erga omnes*. Dessa forma, dispõe o art. 1.417 do CC/2002 que, mediante promessa de compra e venda em que não foi pactuado o arrependimento, celebrada por instrumento público ou particular e registrada no Cartório de Registro de Imóveis, adquire o promitente comprador direito real à aquisição do imóvel.

Assim, não estando o contrato registrado, o promitente comprador pode exigir do promitente vendedor a outorga da escritura, mas não poderá opor seu direito a terceiros. Ademais, ao permitir o contrário, estar-se-ia enfraquecendo o instituto da fraude contra credores, tendo em vista a facilidade em dar a um documento uma data falsa e, ao mesmo tempo, a dificuldade em demonstrar essa fraude. **REsp 1.217.593-RS, Rel. Min. Nancy Andrighi, julgado em 12/3/2013. (Inform. STJ 518)**

DIREITO CIVIL. NECESSIDADE DE RESSARCIMENTO NO CASO DE INVIABI-LIDADE DE RETORNO À SITUAÇÃO ANTERIOR À NULIDADE DECLARADA.
O credor, no caso em que tenha recebido em dação em pagamento imóvel de sociedade empresarial posteriormente declarada falida, poderá ser condenado a ressarcir a massa pelo valor do objeto do negócio jurídico, se este vier a ser declarado nulo e for inviável o retorno à situação fática anterior, diante da transferência do imóvel a terceiro de boa-fé. Incide, na situação descrita, o disposto no art. 182 do CC/2002, de acordo com o qual, anulado o negócio jurídico, restituir-se-ão as partes ao estado em que antes dele se achavam, e, não sendo possível restituí-las, serão indenizadas com o equivalente. Trata-se, a propósito, de dispositivo legal que, quanto aos seus efeitos práticos, também tem aplicabilidade nos casos de nulidade absoluta, não tendo incidência restrita às hipóteses de nulidade relativa. Ademais, deve-se preservar a boa-fé de terceiros que sequer participaram do negócio jurídico viciado. **REsp 1.353.864-GO, Rel. Min. Sidnei Beneti, julgado em 7/3/2013. (Inform. STJ 517).**

1.4. Prescrição e decadência

DIREITO CIVIL. PRAZO PRESCRICIONAL DA PRETENSÃO INDENIZATÓRIA EXERCIDA CONTRA PESSOA JURÍDICA DE DIREITO PRIVADO PRESTADORA DE SERVIÇO PÚBLICO.
É quinquenal o prazo prescricional para a propositura de ação indenizatória ajuizada por vítima de acidente de trânsito contra concessionária de serviço público de transporte coletivo. De fato, o STJ tem sustentado o entendimento de que é trienal (art. 206, § 3º, V, do CC) – e não quinquenal – o prazo prescricional para a propositura desse tipo de ação (AgRg nos EDcl no Ag 1.386.124-SP, Terceira Turma, DJe 29/6/2011; e AgRg no Ag 1.195.710-RS, Quarta Turma, DJe 1º/8/2012). Todavia, esse posicionamento merece ser revisado, uma vez que o art. 1º-C da Lei 9.494/1997, que se encontra em vigor e que é norma especial em relação ao Código Civil, determina que "Prescreverá em cinco anos o direito de obter indenização dos danos causados por agentes de pessoas jurídicas de direito público e de pessoas jurídicas de direito privado prestadoras de serviços públicos". Ademais, frise-se que não se trata de aplicar à concessionária de serviço público o disposto no Decreto 20.910/1932, que dispõe sobre a prescrição contra a Fazenda Pública, mas sim de utilizar a regra voltada especificamente para as hipóteses de danos causados por agentes da administração direta e indireta. **REsp 1.277.724-PR, Rel. Min. João Otávio de Noronha, julgado em 26/5/2015, DJe 10/6/2015 (Inform. STJ 563).**

DIREITO CIVIL E PROCESSUAL CIVIL. TERMO INICIAL DA PRESCRIÇÃO DA PRETENSÃO DE COBRANÇA DE HONORÁRIOS AD EXITUM.
O termo inicial do prazo de prescrição da pretensão ao recebimento de honorários advocatícios contratados sob a condição de êxito da demanda judicial, no caso em que o mandato foi revogado por ato unilateral do mandante antes do término do litígio judicial, é a data do êxito da demanda, e não a da revogação do mandato. Na hipótese de prestação de serviços advocatícios com cláusula de remuneração quota litis, resta claro que o compromisso do advogado – que, em regra, representa obrigação de meio, ou seja, independe do sucesso na pretensão deduzida em juízo – assume a natureza de obrigação de resultado, vinculando o direito à remuneração do profissional a um julgamento favorável na demanda judicial. No caso em análise, no momento da revogação do mandato, o advogado destituído não tinha o direito de exigir o pagamento da verba honorária, uma vez que, naquela altura, ainda não se verificara a hipótese gravada em cláusula condicional incerta (arts. 121 e 125 do CC). A par disso, cumpre esclarecer que o princípio da actio nata orienta que somente se inicia o fluxo do prazo prescricional se existir pretensão exercitável por parte daquele que suportará os efeitos do fenômeno extintivo (art. 189 do CC). Desse modo, inexistindo o direito material, não se pode cogitar de sua violação e, por consequência, da pretensão. Portanto, não há que se falar na incidência de prescrição sobre pretensão nascitura. Nessa perspectiva, é desarrazoado imputar a uma parte

contratante o pesado ônus da prescrição se não lhe era possível exigir da outra parte o cumprimento da obrigação. Na hipótese em foco, nem mesmo o an debeatur era certo, porque subordinado a fato superveniente impre-visível (sucesso ou insucesso da demanda judicial). Contra non valentem agere non currit praescriptio: a prescrição não corre contra quem não pode agir, em sua tradução livre. Além disso, não se afigura adequado entender pela possibilidade de ajuizamento de ação de arbitramento e cobrança dos honorários contratuais imediatamente após a revogação do mandato. Isso porque o resultado favorável ao procurador nessa demanda poderia contra-riar frontalmente o que fora avençado entre as partes, caso os pedidos da demanda inicial fossem julgados posteriormente improcedentes. Em outras palavras, o arbitramento judicial anterior à definitiva solução da demanda judicial imporia ao constituinte-contratante o pagamento de honorários advocatícios que, a rigor, não seriam devidos, se houvesse julgamento de improcedência da demanda inicial. **REsp 805.151-SP, Rel. Min. Raul Araújo, Rel. para acórdão Min. Antonio Carlos Ferreira, julgado em 12/8/2014, DJe 28/4/2015 (Inform. STJ 560).**

DIREITO CIVIL E PROCESSUAL CIVIL. IMPOSSIBILIDADE DE DECLARAÇÃO DE OFÍCIO DA USUCAPIÃO.
O § 5º do art. 219 do CPC ("O juiz pronunciará, de ofício, a prescrição") não autoriza a declaração, de ofício, da usucapião. No ordenamento jurídico brasileiro, existem duas formas de prescrição: (i) a prescrição extintiva e (ii) a prescrição aquisitiva. A prescrição extintiva ou a prescrição propriamente dita – conduz à perda do direito de ação por seu titular negligente, ao fim de certo lapso de tempo. Por sua vez, a prescrição aquisitiva (ii) -usucapião – faz com que um determinado direito seja adquirido pela inércia e pelo lapso temporal. Ambas têm em comum os elementos tempo e inércia do titular, mas, enquanto na primeira eles dão lugar à extinção do direito, na segunda produzem a sua aquisição. Realmente, o § 5º do art. 219 do CPC não estabeleceu qualquer distinção em relação à espécie de prescrição. Sendo assim, num primeiro momento, poder-se-ia cogitar ser possível ao julgador declarar de ofício a aquisição mediante usucapião de propriedade. Entretanto, essa assertiva não pode ser aplicada. Primeiro, porque o disposto no § 5º do art. 219 está intimamente ligado às causas extintivas, conforme expressamente dispõe o art. 220 – "O disposto no artigo anterior aplica-se a todos os prazos extintivos previstos na lei" –, sendo que a simples leitura dos arts. 219 e 220 demonstra a impropriedade de se pretender projetar os ditames do § 5º do art. 219 para as hipóteses de usucapião. Segundo, pois a prescrição extintiva e a usucapião são institutos díspares, sendo inadequada a aplicação da disciplina de um deles frente ao outro, vez que a expressão prescrição aquisitiva tem vínculos mais íntimos com fundamentos fáticos/históricos do que a contornos meramente temporais. Essa diferenciação é imprescindível, sob pena de ocasionar insegurança jurídica, além de violação aos princípios do contraditório e ampla defesa, pois, no processo de usucapião, o direito de defesa assegurado ao confinante é impostergável, eis que lhe propicia oportunidade de questionar os limites oferecidos ao imóvel usucapiendo. Como simples exemplo, se assim fosse, nas ações possessórias, o demandante poderia obter um julgamento de mérito, pela procedência, antes mesmo da citação da outra parte, afinal o magistrado haveria de reconhecer a prescrição (na hipótese, a aquisitiva-usucapião) já com a petição inicial, no primeiro momento. Consequentemente, a outra parte teria eliminada qualquer possibilidade de defesa do seu direito de propriedade constitucionalmente assegurado, sequer para alegar uma eventual suspensão ou interrupção daquele lapso prescricional. Ademais, conforme a doutrina, o juiz, ao sentenciar, não pode fundamentar o decidido em causa não articulada pelo demandante, ainda que por ela seja possível acolher o pedido do autor. Trata-se de decorrência do dever de o juiz decidir a lide "nos limites em que foi proposta, sendo-lhe defeso conhecer de questões, não suscitadas, a cujo respeito a lei exige a iniciativa da parte" (art. 128 do CPC). Ainda de acordo com a doutrina, essa vedação, em razão do princípio da igualdade das partes no processo, aplica-se não só ao demandado, mas, também, ao réu, de sorte que o juiz não poderia reconhecer ex officio de uma exceção material em prol do réu, como por exemplo, a exceção de usucapião. **REsp 1.106.809-RS, Rel. originário Min. Luis Felipe Salomão, Rel. para acórdão Min. Marco Buzzi, julgado em 3/3/2015, DJe 27/4/2015 (Inform. STJ 560).**

DIREITO CIVIL. PRAZO PRESCRICIONAL PARA COBRANÇA OU COMPLE-MENTAÇÃO DE VALOR DO SEGURO DPVAT. RECURSO REPETITIVO (ART. 543-C DO CPC E RES. 8/2008-STJ). TEMA 883.
A pretensão de cobrança e a pretensão a diferenças de valores do seguro obrigatório (DPVAT) prescrevem em três anos, sendo o termo inicial, no

último caso, o pagamento administrativo considerado a menor. Em relação ao prazo de prescrição da ação de cobrança do seguro obrigatório (DPVAT), cabe ressaltar que a Segunda Seção do STJ, quando do julgamento do REsp 1.071.861-SP (DJe 21/8/2009), firmou o entendimento de que o seguro DPVAT não perdeu a natureza de seguro obrigatório de responsabilidade civil, de modo que o prazo de prescrição, na vigência do CC/2002, é de três anos. Posteriormente, esse entendimento foi cristalizado na Súmula 405 do STJ: "A ação de cobrança do seguro obrigatório (DPVAT) prescreve em três anos". Quanto à prescrição da ação de cobrança de diferença de valor pago a menor a título de seguro DPVAT, o STJ consagrou o entendimento de que o prazo de prescrição para o recebimento da complementação deve ser o mesmo prazo utilizado para o recebimento da totalidade da indenização securitária, pois o complemento está contido na totalidade (REsp 1.220.068-MG, Quarta Turma, DJe 1º/2/2012). Assim, o prazo de prescrição para o exercício da pretensão de cobrança de diferença de indenização paga a menor a título do seguro obrigatório DPVAT deve ser o de três anos, incidindo também nesta hipótese a Súmula 405 do STJ. No tocante ao termo inicial do aludido prazo prescricional, cabe assinalar que, nos termos do art. 202, VI, do CC/2002 (art. 172, V, do CC/1916), qualquer ato inequívoco, ainda que extrajudicial, que importe reconhecimento do direito pelo devedor é considerado causa interruptiva da prescrição, a exemplo do pagamento parcial. Por isso, em caso de pagamento parcial do seguro DPVAT, este deve ser o termo inicial para a contagem do prazo prescricional relativo à pretensão ao recebimento complementar da verba indenizatória, tendo em vista o ato inequívoco da seguradora de reconhecer a condição do postulante como beneficiário do seguro obrigatório. Nesse passo, cumpre ressaltar e distinguir que a suspensão do prazo de prescrição se dá apenas durante a tramitação administrativa do pedido de indenização securitária, voltando a fluir da data da ciência da recusa da seguradora (Súmula 229 do STJ). Por outro lado, se o pleito é acolhido, há, como visto, a interrupção do lapso prescricional para se postular a indenização integral, caso venha ela a ser paga apenas parcialmente. Precedentes citados: AgRg no REsp 1.382.252-PR, Terceira Turma, DJe 30/8/2013; AgRg no AREsp 178.937-SP, Quarta Turma, DJe 4/9/2012; e REsp 1.220.068-MG, Quarta Turma, DJe 1º/2/2012. **REsp 1.418.347-MG, Rel. Min. Ricardo Villas Bôas Cueva, Segunda Seção, julgado em 8/4/2015, DJe 15/4/2015 (Inform. STJ 559).**

DIREITO CIVIL. PRESCRIÇÃO DA PRETENSÃO DE COBRANÇA, ENTRE ADVOGADOS, DE HONORÁRIOS ADVOCATÍCIOS.
Prescreve em dez anos a pretensão do advogado autônomo de cobrar de outro advogado o valor correspondente à divisão de honorários advocatícios contratuais e de sucumbência referentes a ação judicial na qual ambos trabalharam em parceria. De fato, o art. 25, V, da Lei 8.906/1994 (Estatuto da OAB) afirma que prescreve em cinco anos a ação de cobrança de honorários de advogado, contado o prazo da renúncia ou revogação do mandato. No mesmo sentido, o art. 206, § 5º, II, do CC estabelece que prescreve em cinco anos "a pretensão dos profissionais liberais em geral, procuradores judiciais, curadores e professores pelos seus honorários, contado o prazo da conclusão dos serviços, da cessação dos respectivos contratos ou mandato". Todavia, pela simples leitura dos dispositivos invocados, em conjunto com demais artigos circundantes, verifica-se que se referem à relação advogado-cliente no âmbito do contrato de mandato judicial, já que, por várias vezes, mencionam-se os termos "advogado", "cliente", "constituinte", "acordo feito pelo cliente do advogado", "renúncia" e "revogação do mandato" (REsp 448.116-SP, Terceira Turma, DJ 14/4/2003). Assim, afastada a aplicação dos arts. 25, V, do Estatuto da OAB e 206, § 5º, II, do CC, incide, na hipótese em análise, o prazo decenal disposto no art. 205 do CC, ante a ausência de disposição legal específica. Precedente citado: EDcl no REsp 448.116-SP, Terceira Turma, DJ 18/8/2003. **REsp 1.504.969-SP, Rel. Min. Ricardo Villas Bôas Cueva, julgado em 10/3/2015, DJe 16/3/2015 (Inform. STJ 557).**

DIREITO CIVIL. PRAZO PRESCRICIONAL PARA COBRANÇA DE SOBRE--ESTADIA DE CONTÊINER.
Prescreve em um ano a pretensão de cobrar despesas de sobre-estadia de contêiner (demurrage), quer se trate de transporte multimodal, quer se trate de transporte unimodal. Embora existam dispositivos legais em vigor que tratam de prescrição no âmbito do transporte marítimo, nenhum deles versa especificamente acerca da sobre-estadia de contêiner. Assim, a solução da controvérsia deve ser buscada no regramento do art. 22 da Lei 9.611/1998, que estabelece prazo prescricional de um ano para as ações judiciais oriundas do não cumprimento das responsabilidades decorrentes do transporte multimodal. Observe-se que esse dispositivo legal não se

limita às ações entre o contratante e o operador do transporte multimodal. A sua redação foi abrangente, incluindo todas as ações judiciais oriundas do transporte multimodal. A propósito, esclareça-se que no transporte multimodal, uma pessoa jurídica, denominada operador de transporte multimodal (OTM), assume a responsabilidade de transportar a carga da origem até o destino, utilizando-se de duas ou mais modalidades de transporte, podendo subcontratar terceiros. Nesse passo, a Lei 9.611/1998, além de tratar da responsabilidade da OTM, dispõe também acerca da responsabilidade dos subcontratados, conforme se verifica, dentre outros dispositivos, dos arts. 12 e 16. Desse modo, a redação abrangente do art. 22 da referida lei, regulando a prescrição ânua, teve como objetivo abarcar não somente a relação jurídica do contratante com o operador, mas também as que envolvem estes e os subcontratados. Nessa medida, a pretensão de cobrança da demurrage, deduzida pelo armador (subcontratado) contra o operador de transporte multimodal, também deve estar sujeita ao mesmo prazo prescricional de um ano previsto no art. 22 da referida lei, tendo em vista a inexistência de prazo diverso em legislação específica. Assim, se a demurrage, no transporte multimodal, está sujeita ao prazo prescricional de um ano, e considerando a necessidade de coerência entre as normas de um mesmo sistema jurídico, é recomendável que a prescrição no transporte unimodal também deva ocorrer no mesmo prazo. Isso porque, do ponto de vista do armador, titular da pretensão, a demurrage é sempre o mesmo fato, seja o transporte marítimo o único meio de transporte (unimodal), seja ele apenas uma parte do transporte multimodal. Dessa maneira, é possível, inclusive, que em um mesmo contêiner existam mercadorias sujeitas a um contrato de transporte multimodal e outras a um unimodal. Além disso, nada obsta que um operador de transporte multimodal celebre também contratos de transporte unimodal. Nessas circunstâncias, caso haja atraso na devolução do contêiner, haveria um conflito entre a prescrição anual, prevista no art. 22 da Lei 9.611/1998, e a prescrição quinquenal, prevista no art. 206, § 5º, I, do Código Civil. A melhor solução, portanto, é entender que a prescrição do art. 22 da Lei 9.611/1998 aplica-se também ao contrato unimodal, pois o transporte multimodal, no plano dos fatos, nada mais é do que a integração de dois ou mais transportes unimodais. Em verdade, as normas referentes à prescrição devem ser interpretadas restritivamente, entretanto, há que se lembrar, também, que a interpretação não pode conduzir a resultados contraditórios, como ocorreria na hipótese de se estabelecer prazos prescricionais diversos para a demurrage em transporte multimodal e unimodal. Além do mais, concluir-se pela prescrição anual também tem a vantagem de tratar de maneira uniforme a pretensão deduzida pelo armador quanto à demurrage e a pretensão deduzida contra o armador, quanto aos danos à carga transportada (art. 8º do Decreto-Lei 116/1967). **REsp 1.355.095-SP, Rel. Ministro Paulo De Tarso Sanseverino, julgado em 9/12/2014, DJe 12/3/2015 (Inform. STJ 557).**

DIREITO CIVIL E PROCESSUAL CIVIL. CIÊNCIA INEQUÍVOCA DE INVALIDEZ PERMANENTE EM DEMANDAS POR INDENIZAÇÃO DO SEGURO DPVAT. RECURSO REPETITIVO (ART. 543-C DO CPC E RES. 8/2008-STJ).
Em julgamento de embargos de declaração opostos contra acórdão que julgou representativo da controvérsia (543-C do CPC) relativo ao termo inicial do prazo prescricional nas demandas por indenização do seguro DPVAT que envolvem invalidez permanente da vítima, houve alteração da tese 1.2 do acórdão embargado, nos seguintes termos: "Exceto nos casos de invalidez permanente notória, ou naqueles em que o conhecimento anterior resulte comprovado na fase de instrução, a ciência inequívoca do caráter permanente da invalidez depende de laudo médico". **EDcl no REsp 1.388.030-MG, Rel. Min. Paulo de Tarso Sanseverino, Segunda Seção, julgado em 27/8/2014, DJe 12/11/2014 (Inform. STJ 555).**

DIREITO CIVIL. AÇÃO DEMOLITÓRIA E PRAZO DECADENCIAL.
O prazo decadencial de ano e dia para a propositura da ação demolitória previsto no art. 576 do CC/1916 não tem aplicação quando a construção controvertida – uma escada – tiver sido edificada integralmente em terreno alheio. De plano, importante esclarecer que o prazo decadencial para propositura de ação demolitória previsto no art. 576 do CC/1916 tem incidência apenas nas situações em que a construção controvertida é erigida no imóvel contíguo e embaraça, de qualquer modo, a propriedade vizinha. A construção de uma escada integralmente em terreno alheio não se amolda ao comando do art. 576 do CC/1916, visto que não há, nesse caso, construção em terreno vizinho de forma suspensa que possa ser equiparada a uma janela, sacada, terraço

ou goteira. Ademais, segundo a doutrina, o prazo decadencial previsto no art. 576 tem aplicação limitada às espécies nele mencionadas. Desse modo, em outros casos, que refogem àquelas espécies expressamente tratadas, é possível ajuizar utilmente a ação demolitória ainda que escoado o prazo de ano e dia da obra lesiva, aplicando-se os prazos prescricionais gerais. **REsp 1.218.605-PR, Rel. Min. Ricardo Villas Bôas Cueva, julgado em 2/12/2014, DJe 9/12/2014 (Inform. STJ 553).**

DIREITO CIVIL E PROCESSUAL CIVIL. PRORROGAÇÃO DO PRAZO PRESCRICIONAL NO CASO DE IMPLEMENTAÇÃO DO TERMO AD QUEM DURANTE O RECESSO FORENSE. Na hipótese em que o Tribunal suspenda, por força de ato normativo local, os atos processuais durante o recesso forense, o termo final do prazo prescricional que coincidir com data abrangida pelo referido recesso prorroga-se para o primeiro dia útil posterior ao término deste. A Corte Especial do STJ uniformizou o entendimento de que o prazo decadencial para o ajuizamento da ação rescisória prorroga-se para o primeiro dia útil seguinte, caso venha a findar no recesso forense, sendo irrelevante a controvérsia acerca da natureza do prazo para ajuizamento da ação, se prescricional ou decadencial, pois, em ambos os casos, o termo *ad quem* seria prorrogado (EREsp 667.672-SP, DJe 26/6/2008). Desse modo, na linha do precedente da Corte Especial e outros precedentes do STJ, deve-se entender cabível a prorrogação do termo *ad quem* do prazo prescricional no caso. Precedentes citados: REsp 969.529-SC, Primeira Turma, DJe 17/3/2008; e REsp 167.413-SP, Primeira Turma, DJ 24/8/1998. **REsp 1.446.608-RS, Rel. Min. Paulo de Tarso Sanseverino, julgado em 21/10/2014. (Inform. STJ 550)**

DIREITO CIVIL. AÇÃO CIVIL EX DELICTO.
O termo inicial do prazo de prescrição para o ajuizamento da ação de indenização por danos decorrentes de crime (ação civil ex delicto) é a data do trânsito em julgado da sentença penal condenatória, ainda que se trate de ação proposta contra empregador em razão de crime praticado por empregado no exercício do trabalho que lhe competia. Sabe-se que, em regra, impera a noção de independência entre as instâncias civil e criminal (art. 935 do CC). O CC, entretanto, previu dispositivo inédito em seu art. 200, reconhecendo causa impeditiva da prescrição. De acordo com o referido artigo, "Quando a ação se originar de fato que deva ser apurado no juízo criminal, não correrá a prescrição antes da respectiva sentença definitiva". Assim, prestigiando a boa-fé e a segurança jurídica, estabelece a norma que o início do prazo prescricional não decorre da violação do direito subjetivo em si, mas, ao contrário, a partir da definição por sentença no juízo criminal que apure definitivamente o fato, ou seja, há uma espécie legal de *actio nata*. A aplicação do art. 200 do CC tem valia quando houver relação de prejudicialidade entre as esferas cível e penal, isto é, quando a conduta originar-se de fato também a ser apurado no juízo criminal, sendo fundamental a existência de ação penal em curso (ou, ao menos, inquérito policial em trâmite). Posto isso, cumpre ressaltar que o art. 933 do CC considera a responsabilidade civil por ato de terceiro como sendo objetiva. A responsabilização objetiva do empregador, no entanto, só exsurgirá se, antes, for demonstrada a culpa do empregado ou preposto, a exceção, por evidência, da relação de consumo. Nesse contexto, em sendo necessária, para o reconhecimento da responsabilidade civil do patrão pelos atos do empregado, a demonstração da culpa anterior do causador direto do dano, deverá, também, incidir a causa obstativa da prescrição do art. 200 no tocante à ação civil *ex delicto*, caso esta conduta do preposto esteja também sendo apurada em processo criminal. É que, como bem adverte a doutrina, não obstante a ação penal só se dirigir contra os autores do dano, o prazo prescricional ficará suspenso, também, para o ajuizamento da ação contra os responsáveis, já que na lei não se encontra limitação desse efeito (art. 932 do CC). Além disso, devem-se aplicar as regras de hermenêutica jurídica segundo as quais *ubi eadem ratio ibi idem jus* (onde houver o mesmo fundamento haverá o mesmo direito) e *ubi eadem legis ratio ibi eadem dispositio* (onde há a mesma razão de ser, deve prevalecer a mesma razão de decidir). Ademais, o fato gerador da responsabilidade indireta é a confirmação do crime praticado por seu preposto, até porque a ação civil pode ter outra sorte caso haja, por exemplo, o reconhecimento de alguma excludente de ilicitude ou até mesmo a inexistência do dito fato delituoso ou sua autoria. Por fim, não se pode olvidar que, apesar do reconhecimento do fato criminoso pelo preposto, ainda caberá a discussão quanto à causa específica da responsabilização por ato de outrem, isto é, a relação de preposição e a prática do ato em razão dela. **REsp 1.135.988-SP, Rel. Min. Luis Felipe Salomão, julgado em 8/10/2013. (Inform. STJ 530)**

DIREITO CIVIL. PRAZO PRESCRICIONAL APLICÁVEL À PRETENSÃO DE COBRANÇA DE PARCELAS INADIMPLIDAS ESTABELECIDAS EM CONTRATO DE MÚTUO PARA CUSTEIO DE ESTUDOS UNIVERSITÁRIOS.
A pretensão de cobrança de parcelas inadimplidas estabelecidas em contrato de crédito rotativo para custeio de estudos universitários prescreve em vinte anos na vigência do CC/1916 e em cinco anos na vigência do CC/2002, respeitada a regra de transição prevista no art. 2.028 do CC/2002. De fato, na vigência do CC/1916, a pretensão estava sujeita ao prazo prescricional do art. 177 do referido código (vinte anos), em razão da inexistência de prazo específico. No entanto, com a entrada em vigor do CC/2002, impera regra específica inserta no art. 206, § 5º, I, do CC/2002, que prevê o prazo prescricional quinquenal para a pretensão de cobrança de dívidas líquidas constantes de instrumento público ou particular. É inadequada, portanto, a incidência do prazo geral decenal previsto no art. 205 CC/2002 (dez anos), destinado às hipóteses em que não existir prazo menor especial, previsto em algum dos parágrafos do art. 206. **REsp 1.188.933-RS, Rel. Min. Nancy Andrighi, julgado em 13/8/2013. (Inform. STJ 529)**

DIREITO CIVIL. PRAZO PRESCRICIONAL DE PRETENSÃO DE REPARAÇÃO POR DANOS DECORRENTES DA NÃO RENOVAÇÃO DE CONTRATO DE SEGURO DE VIDA COLETIVO.
Prescreve em três anos a pretensão do segurado relativa à reparação por danos sofridos em decorrência da não renovação, sem justificativa plausível, de contrato de seguro de vida em grupo, após reiteradas renovações automáticas. Isso porque a causa de pedir da indenização é a responsabilidade extracontratual da seguradora decorrente da alegada abusividade e ilicitude da sua conduta de não renovar o contrato sem justificativa plausível, em prejuízo dos seus consumidores. Assim, o prazo prescricional da pretensão do segurado não é o de um ano definido pelo art. 206, § 1º, II, do CC, o qual diz respeito às hipóteses em que a pretensão do segurado se refira diretamente a obrigações previstas em contrato de seguro, mas sim o de três anos prescrito pelo art. 206, § 3º, V, do mesmo código. **REsp 1.273.311-SP, Rel. Min. Nancy Andrighi, julgado em 1º/10/2013. (Inform. STJ 529)**

DIREITO CIVIL. PRAZO DE PRESCRIÇÃO DA PRETENSÃO DE COBRANÇA DE COTAS CONDOMINIAIS.
Prescreve em cinco anos, contados do vencimento de cada parcela, a pretensão, nascida sob a vigência do CC/2002, de cobrança de cotas condominiais. Isso porque a pretensão, tratando-se de dívida líquida desde sua definição em assembleia geral de condôminos e lastreada em documentos físicos, adequa-se à previsão do art. 206, § 5º, I, do CC/2002, segundo a qual prescreve em cinco anos "a pretensão de cobrança de dívidas líquidas constantes de instrumento público ou particular". Ressalte-se que, sob a égide de CC/1916, o STJ entendia aplicável o prazo de prescrição de vinte anos à pretensão de cobrança de encargos condominiais, tendo em vista a natureza pessoal da ação e consoante o disposto no art. 177 do referido código. Isso ocorria porque os prazos especiais de prescrição previstos no CC/1916 abrangiam uma variedade bastante inferior de hipóteses, restando às demais o prazo geral, conforme a natureza da pretensão, real ou pessoal. O CC/2002, afastando a diferença de prazos aplicáveis conforme a natureza jurídica das pretensões, unificou o prazo geral, reduzindo-o para dez anos. Ademais, ampliou as hipóteses de incidência de prazos específicos de prescrição, reduzindo sensivelmente a aplicação da prescrição decenal ordinária. Nesse contexto, o julgador, ao se deparar com pretensões nascidas sob a vigência do CC/2002, não pode, simplesmente, transpor a situação jurídica e proceder à aplicação do novo prazo prescricional ordinário, conquanto fosse o prazo geral o aplicável sob a égide do CC/1916. Assim, deve-se observar, em conformidade com a regra do art. 206, § 5º, I, do CC/2002, que, para a pretensão submeter-se ao prazo prescricional de cinco anos, são necessários dois requisitos, quais sejam: que a dívida seja líquida e esteja definida em instrumento público ou particular. A expressão "dívida líquida" deve ser compreendida como obrigação certa, com prestação determinada, enquanto o conceito de instrumento pressupõe a existência de documentos, sejam eles públicos ou privados, que materializem a obrigação, identificando-se a prestação, seu credor e seu devedor. Vale ressaltar que o instrumento referido pelo art. 206, § 5º, I, do CC/2002 não se refere a documento do qual se origine a obrigação, mas a documento que a expresse. Nessa perspectiva hermenêutica, conclui-se que o prazo quinquenal incide nas hipóteses de obrigações líquidas, independentemente do fato jurídico que deu origem à relação obrigacional, definidas em instrumento público ou particular, o que abrange a pretensão de cobrança de cotas condominiais. **REsp 1.366.175-SP, Rel. Min. Nancy Andrighi, julgado em 18/6/2013. (Inform. STJ 527)**

1. DIREITO CIVIL

DIREITO CIVIL. PRESCRIÇÃO DA PRETENSÃO DE RESSARCIMENTO DOS VALORES PAGOS A TÍTULO DE PARTICIPAÇÃO FINANCEIRA DO CONSUMIDOR NO CUSTEIO DE PLANTAS COMUNITÁRIAS DE TELEFONIA. RECURSO REPETITIVO (ART. 543-C DO CPC E RES. 8/2008-STJ).
A pretensão de ressarcimento de quantia paga pelo consumidor a título de participação financeira no custeio de Plantas Comunitárias de Telefonia, na hipótese em que não existir previsão contratual de reembolso pecuniário ou por ações da companhia, prescreve em vinte anos na vigência do CC/1916 e em três anos na vigência do CC/2002, respeitada a regra de transição prevista no art. 2.028 do CC/2002. Nessa situação, cabe realizar raciocínio análogo ao utilizado para os litígios relativos às extensões de rede de eletrificação rural, atualizado e acolhido pela Segunda Seção no recente julgamento do REsp 1.249.321-RS, DJe 16/4/2013, apreciado sob o procedimento do art. 543-C do CPC. De fato, na vigência do CC/1916, para a definição dos prazos prescricionais, era necessário efetivar a separação entre ações pessoais e reais nas hipóteses em que o caso não se enquadrasse nas situações discriminadas pelo referido diploma legal, sujeitas a prazos especiais (art. 178). Nesse contexto, a pretensão de ressarcimento dos valores pagos no financiamento dos programas denominados Plantas Comunitárias de Telefonia não se ajustava a nenhum prazo específico. Desse modo, tratando-se de situação que se amoldava ao que o CC/1916 denominava de ações pessoais, é aplicável o prazo vintenário de prescrição, na forma do art. 177 do CC/1916. Contudo, na vigência do CC/2002, abandonou-se o critério da diferenciação entre ações pessoais e reais como elemento definidor da prescrição. Há um prazo geral de dez anos, previsto no art. 205, aplicável quando não incidir outro dos prazos listados pelo art. 206. Ocorre que o novo regramento prevê, no § 3º do art. 206, prazo prescricional específico – três anos – que se amolda à hipótese em análise, que envolve "pretensão de ressarcimento de enriquecimento sem causa". **REsp 1.220.934-RS, Rel. Min. Luis Felipe Salomão, julgado em 24/4/2013. (Inform. STJ 520)**

DIREITO CIVIL. PRESCRIÇÃO DA PRETENSÃO DE COBRANÇA DE VALORES PAGOS EM CONTRATO DE PROMESSA DE COMPRA E VENDA DE IMÓVEL RESCINDIDO JUDICIALMENTE.
Prescreve em dez anos – e não em três – a pretensão de cobrança dos valores pagos pelo promitente comprador em contrato de promessa de compra e venda de imóvel na hipótese em que tenha ocorrido a rescisão judicial do referido contrato e, na respectiva sentença, não tenha havido menção sobre a restituição. O art. 206, § 3º, do CC/2002 estabelece a prescrição trienal tanto para a pretensão de "ressarcimento" de enriquecimento sem causa (inciso IV) como para a pretensão de "reparação civil" (inciso V). A pretensão de cobrança de valores pagos no período de normalidade contratual surgida em decorrência da rescisão do contrato não se enquadra às hipóteses descritas nos referidos dispositivos legais. De fato, o enriquecimento sem causa é gênero do qual o pagamento indevido é espécie. Ocorre que o aludido inciso IV não impôs o prazo prescricional de três anos para toda e qualquer hipótese em que se verificar um enriquecimento descabido, mas somente para os casos em que se requeira o "ressarcimento" de enriquecimento sem causa. Quando a pretensão não for de ressarcimento, mas de outra natureza, por exemplo, de cobrança, não se aplica o prazo prescricional trienal estabelecido pelo art. 206, § 3º, IV. Também não é possível a aplicação do prazo prescricional de três anos previsto no apontado inciso V à pretensão de cobrança, pois esse dispositivo se aplica à pretensão de reparação civil, expressão que designa indenização por perdas e danos e está associada, necessariamente, aos casos de responsabilidade civil, ou seja, aqueles que têm por antecedente ato ilícito. Com efeito, a pretensão de cobrança dos valores pagos no decorrer do contrato não tem natureza indenizatória e constitui consectário lógico da rescisão do negócio jurídico, o que impõe a ambas as partes a restituição das coisas ao estado anterior. Dessa forma, a pretensão de restituição de valores pagos em razão de desfazimento de negócio jurídico submete-se ao prazo prescricional geral de dez anos, previsto no art. 205 do CC/2002, e não ao prazo especial de três anos constante do art. 206, § 3º, IV e V, do mesmo diploma. **REsp 1.297.607-RS, Rel. Min. Sidnei Beneti, julgado em 12/3/2013. (Inform. STJ 518)**

DIREITO CIVIL. PRESCRIÇÃO DA PRETENSÃO DE RESSARCIMENTO DOS VALORES PAGOS A TÍTULO DE PARTICIPAÇÃO FINANCEIRA DO CONSUMIDOR NO CUSTEIO DE CONSTRUÇÃO DE REDE ELÉTRICA. RECURSO REPETITIVO (ART. 543-C DO CPC E RES. N. 8/2008-STJ).
A pretensão de ressarcimento de quantia paga pelo consumidor a título de participação financeira no custeio de extensão de rede de energia elétrica prescreve em vinte anos, na vigência do CC/1916, e em cinco anos, na vigência do CC/2002 – respeitada a regra de transição prevista no art. 2.028 do CC/2002 – na hipótese em que o pleito envolver valores cuja restituição, a ser realizada após o transcurso de certo prazo a contar do término da obra, estiver prevista em instrumento contratual – pacto geralmente denominado "convênio de devolução". Com efeito, trata-se de pretensão de cobrança de dívidas líquidas constantes de instrumento público ou particular, de modo a atrair a incidência do prazo prescricional previsto no art. 206, § 5º, I, do CC/2002, conforme decidido no Recurso Especial Repetitivo 1.063.661-RS, Segunda Seção, DJe 8/3/2010. **REsp 1.249.321-RS, Rel. Min. Luis Felipe Salomão, julgado em 10/4/2013. (Inform. STJ 518)**

DIREITO CIVIL. PRESCRIÇÃO DA PRETENSÃO DE RESSARCIMENTO DOS VALORES PAGOS A TÍTULO DE PARTICIPAÇÃO FINANCEIRA DO CONSUMIDOR NO CUSTEIO DE CONSTRUÇÃO DE REDE ELÉTRICA. RECURSO REPETITIVO (ART. 543-C DO CPC E RES. N. 8/2008-STJ).
A pretensão de ressarcimento de quantia paga pelo consumidor a título de participação financeira no custeio de extensão de rede de energia elétrica prescreve em vinte anos, na vigência do CC/1916, e em três anos, na vigência do CC/2002 – respeitada a regra de transição prevista no art. 2.028 do CC/2002 – na hipótese de pleito relativo a valores cuja devolução não estiver prevista em contrato – pactuação prevista em instrumento, em regra, nominado "termo de contribuição". Nessa conjuntura, haveria ilegalidade na retenção dos valores pagos pelo consumidor se os mencionados aportes fossem, na verdade, de responsabilidade da concessionária, tendo esta se apropriado de quantia de terceiro que, a rigor, deveria ter sido desembolsada por ela própria. Em suma, o consumidor teria arcado com parte (ou totalidade) da obra que caberia à concessionária. Dessa forma, a pretensão de ressarcimento está sujeita ao prazo prescricional de três anos previsto no art. 206, § 3º, IV, CC/2002, pois diz respeito à "pretensão de ressarcimento de enriquecimento sem causa", relativo a valores contidos em instrumentos contratuais que vedavam a devolução (como os chamados Termos de Contribuição). **REsp 1.249.321-RS, Rel. Min. Luis Felipe Salomão, julgado em 10/4/2013. (Inform. STJ 518)**

DIREITO CIVIL. PRAZO PRESCRICIONAL DA PRETENSÃO DE RECONHECIMENTO DE NULIDADE ABSOLUTA DE NEGÓCIO JURÍDICO.
Não se sujeita ao prazo prescricional de quatro anos a pretensão de anular dação em pagamento de bem imóvel pertencente ao ativo permanente da empresa sob a alegação de suposta falta de apresentação de certidões negativas tributárias. Com efeito, trata-se de hipótese de pretensão de reconhecimento de nulidade absoluta por ausência de cumprimento dos requisitos previstos em lei. Desta feita, como os atos nulos não prescrevem, a sua nulidade pode ser declarada a qualquer tempo. Não tem aplicação, portanto, o art. 178, § 9º, V, "b", do CC/1916, cuja redação previa o prazo de quatro anos para o ajuizamento das ações de nulidade relativa, ou anulabilidade pelos vícios de consentimento e incapacidade relativa. **REsp 1.353.864-GO, Rel. Min. Sidnei Beneti, julgado em 7/3/2013. (Inform. STJ 517).**

DIREITO CIVIL. PRAZO PRESCRICIONAL PARA A COBRANÇA DE HONORÁRIOS PERICIAIS.
É de cinco anos o prazo prescricional para a cobrança de honorários periciais arbitrados em processo judicial em que a parte vencedora seja a Fazenda Pública e a parte sucumbente seja beneficiária da gratuidade da justiça. Deve-se adotar, nesses casos, o prazo de cinco anos, seja por consideração ao art. 12 da Lei n. 1.060/1950 seja por força do art. 1º do Dec. n. 20.910/1932, sendo inaplicáveis a essas situações os prazos prescricionais estipulados pelo Código Civil. Precedentes citados: REsp 1.219.016-MG, DJe 21/3/2012, e REsp 1.285.932-RS, DJe 13/6/2012. **AgRg no REsp 1.337.319-MG, Rel. Min. Herman Benjamin, julgado em 6/12/2012. (Inform. STJ 515).**

DIREITO CIVIL. INTERRUPÇÃO DA PRESCRIÇÃO PELA IMPUGNAÇÃO DE DÉBITO CONTRATUAL OU DE CÁRTULA REPRESENTATIVA DO DIREITO DO CREDOR.
Constitui causa interruptiva da prescrição a propositura de demanda judicial pelo devedor, seja anulatória seja de sustação de protesto, que importe em impugnação de débito contratual ou de cártula representativa do direito do credor. Com efeito, a manifestação do credor, de forma defensiva, nas ações impugnativas promovidas pelo devedor afasta a sua inércia no recebimento do crédito, a qual implicaria a prescrição da pretensão executiva, além de evidenciar que o devedor tinha inequívoca ciência do interesse do credor em receber aquilo que lhe é devido. Ademais, o art. 585, § 1º, do CPC estabelece

que a propositura de qualquer ação relativa ao débito constante do título executivo não inibe o credor de promover-lhe a execução, deve ser interpretado em consonância com o art. 202, VI, do CC, segundo o qual o ato inequívoco que importe reconhecimento do direito pelo devedor interrompe a prescrição. Logo, admitida a interrupção da prescrição em razão das ações promovidas pelo devedor, mesmo que se entenda que o credor não estava impedido de ajuizar a execução do título, ele não precisaria fazê-lo antes do trânsito em julgado nessas ações, quando voltaria a correr o prazo prescricional. **REsp 1.321.610-SP, Rel. Min. Nancy Andrighi, julgado em 21/2/2013. (Inform. STJ 515).**

DIREITO CIVIL. PRAZO PRESCRICIONAL. SERVIÇOS DE SAÚDE.
É decenal o prazo prescricional da pretensão de ressarcimento de valores despendidos, pelo segurado, com procedimento cirúrgico não custeado, pela seguradora, por suposta falta de cobertura na apólice. Cuidando-se de relação jurídica de natureza contratual, não tem incidência o prazo trienal previsto no art. 206, § 3°, V, do CC, pois este é destinado aos casos de responsabilidade extracontratual ou aquiliana. Tampouco há subsunção ao disposto no art. 206, § 1°, II, do CC, cujo teor prevê a prescrição anual das pretensões do segurado contra o segurador, ou a deste contra aquele, uma vez que a causa de pedir, na hipótese, por envolver a prestação de serviços de saúde, deve ter regramento próprio. Destarte, na ausência de previsão legal específica, tem incidência a regra geral de prescrição estabelecida no art. 205 do CC. **REsp 1.176.320-RS, Rel. Min. Sidnei Beneti, julgado em 19/2/2013. (Inform. STJ 514).**

DIREITO CIVIL. PRESCRIÇÃO. PRAZO DE PRESCRIÇÃO DA PRETENSÃO DE COBRANÇA DE ANUIDADES PELA OAB.
Após a entrada em vigor do CC/2002, é de cinco anos o prazo de prescrição da pretensão de cobrança de anuidades pela OAB. De acordo com o art. 46, parágrafo único, da Lei n. 8.906/1994, constitui título executivo extrajudicial a certidão passada pelo Conselho competente referente a crédito decorrente de contribuição devida à OAB, não sendo necessária, para sua validade, sequer a assinatura do devedor ou de testemunhas. Assim, o título que embasa a referida cobrança é espécie de instrumento particular que veicula dívida líquida, sujeitando-se, portanto, ao prazo quinquenal estabelecido no art. 206, § 5°, I, do CC/2002, aplicável à "pretensão de cobrança de dívidas líquidas constantes de instrumento público ou particular". É certo que, até o início da vigência do CC/2002, não havia norma específica regulando a prescrição da referida pretensão, motivo pelo qual se lhe aplica o prazo geral de vinte anos previsto no CC/1916. Todavia, com o advento do CC/2002, havendo regra específica a regular o caso, qual seja, a do art. 206, § 5°, I, é inaplicável o prazo geral de dez anos previsto no art. 205 do mesmo diploma legal. **AgRg nos EDcl no REsp 1.267.721-PR, Rel. Min. Castro Meira, julgado em 11/12/2012. (Inform. STJ 513).**

📑 Súmula STF n° 494
A ação para anular venda de ascendente a descendente, sem consentimento dos demais, prescreve em vinte anos, contados da data do ato, revogada a súmula 152.

📑 Súmula STF n° 445
A Lei 2437, de 7/3/1955, que reduz prazo prescricional, é aplicável às prescrições em curso na data de sua vigência (1°/1/1956), salvo quanto aos processos então pendentes.

📑 Súmula STF n° 443
A prescrição das prestações anteriores ao período previsto em Lei não ocorre, quando não tiver sido negado, antes daquele prazo, o próprio direito reclamado, ou a situação jurídica de que ele resulta.

📑 Súmula STF n° 154
Simples vistoria não interrompe a prescrição.

📑 Súmula STF n° 153
Simples protesto cambiário não interrompe a prescrição.

📑 Súmula STF n° 150
Prescreve a execução no mesmo prazo de prescrição da ação.

📑 Súmula STF n° 149
É imprescritível a ação de investigação de paternidade, mas não o é a de petição de herança.

📑 Súmula STJ n° 547
Nas ações em que se pleiteia o ressarcimento dos valores pagos a título de participação financeira do consumidor no custeio de construção de rede elétrica, o prazo prescricional é de vinte anos na vigência do Código Civil de 1916. Na vigência do Código Civil de 2002, o prazo é de cinco anos se houver previsão contratual de ressarcimento e de três anos na ausência de cláusula nesse sentido, observada a regra de transição disciplinada em seu art. 2.028.

📑 Súmula STJ n° 412
A ação de repetição de indébito de tarifas de água e esgoto sujeita-se ao prazo prescricional estabelecido no Código Civil.

📑 Súmula STJ n° 405
A ação de cobrança do seguro obrigatório (DPVAT) prescreve em três anos.

📑 Súmula STJ n° 323
A inscrição do nome do devedor pode ser mantida nos serviços de proteção ao crédito até o prazo máximo de cinco anos, independentemente da prescrição da execução.

📑 Súmula STJ n° 291
A ação de cobrança de parcelas de complementação de aposentadoria pela previdência privada prescreve em cinco anos.

📑 Súmula STJ n° 278
O termo inicial do prazo prescricional, na ação de indenização, é a data em que o segurado teve ciência inequívoca da incapacidade laboral.

📑 Súmula STJ n° 229
O pedido do pagamento de indenização à seguradora suspende o prazo de prescrição até que o segurado tenha ciência da decisão.

📑 Súmula STJ n° 194
Prescreve em vinte anos a ação para obter, do construtor, indenização por defeitos da obra.

📑 Súmula STJ n° 143
Prescreve em cinco anos a ação de perdas e danos pelo uso de marca comercial.

📑 Súmula STJ n° 101
A ação de indenização do segurado em grupo contra a seguradora prescreve em um ano.

📑 Súmula STJ n° 39
Prescreve em vinte anos a ação para haver indenização, por responsabilidade civil, de sociedade de economia mista.

2. OBRIGAÇÕES

DIREITO CIVIL. TERMO INICIAL DE JUROS DE MORA EM COBRANÇA DE MENSALIDADE POR SERVIÇO EDUCACIONAL.
Se o contrato de prestação de serviço educacional especifica o valor da mensalidade e a data de pagamento, os juros de mora fluem a partir do vencimento das mensalidades não pagas - e não da citação válida. O caput do art. 397 do CC/2002 dispõe que: "O inadimplemento da obrigação, positiva e líquida, no seu termo, constitui de pleno direito em mora o devedor". Por sua vez, o parágrafo único do mesmo dispositivo legal afirma que, "Não havendo termo, a mora se constitui mediante interpelação judicial ou extrajudicial". De fato, o citado dispositivo celebra a distinção clássica entre a mora ex re (ou automática), que se constitui pelo simples inadimplemento, e mora ex persona, que depende de interpelação. Mantendo a tradição do CC/1916, o diploma em vigor estabelece como regra geral que, se desobedecido o prazo estipulado para o cumprimento da obrigação, sua simples estipulação já dispensa ato do credor para constituir o devedor em mora. Assim, para que incida a regra da mora automática é necessário haver previsão contratual ou o concurso dos requisitos previstos no art. 397, caput: dívida líquida, certa e o inadimplemento da obrigação. Se o devedor acertou um prazo para cumprir a prestação e se não há dúvida quanto ao valor a ser pago, não há também razão para se exigir que o credor o advirta quanto ao inadimplemento. Nesses casos, aplica-se o brocardo dies interpellat pro homine (o termo interpela no lugar do credor). Na hipótese, a obrigação é positiva e certa, pois materializada em mensalidades de serviço educacional em valor estabelecido em contrato. Com efeito, a mora ex re independe de qualquer

1. DIREITO CIVIL

ato do credor, como interpelação ou citação, porquanto decorre do próprio inadimplemento de obrigação positiva, líquida e com termo implementado, cuja matriz normativa é atualmente o art. 397, caput, do CC/2002. Precedente citado: AgRg no REsp 1.401.973-MG, Quarta Turma, DJe 26/8/2014. **REsp 1.513.262-SP, Rel. Min. Ricardo Villas Bôas Cueva, julgado em 18/8/2015, DJe 26/8/2015 (Inform. STJ 567).**

DIREITO CIVIL. DÍVIDA DE JOGO CONTRAÍDA EM CASA DE BINGO. A dívida de jogo contraída em casa de bingo é inexigível, ainda que seu funcionamento tenha sido autorizado pelo Poder Judiciário. De acordo com o art. 814, §2°, do CC, não basta que o jogo seja lícito (não proibido), para que as obrigações dele decorrentes venham a ser exigíveis, é necessário, também, que seja legalmente permitido. Nesse contexto, é importante enfatizar que existe posicionamento doutrinário, no sentido de que os jogos classificam-se em autorizados, proibidos ou tolerados. Os primeiros, como as loterias (Decreto-Lei 204/1967) ou o turfe (Lei 7.294/1984), são lícitos e geram efeitos jurídicos normais, erigindo-se em obrigações perfeitas (art. 814, § 2°, do CC). Os jogos ou apostas proibidos são, por exemplo, as loterias não autorizadas, como o jogo do bicho, ou os jogos de azar referidos pelo art. 50 da Lei das Contravenções Penais. Os jogos tolerados, por sua vez, são aqueles de menor reprovabilidade, em que o evento não depende exclusivamente do azar, mas igualmente da habilidade do participante, como alguns jogos de cartas. Inclusive, como uma diversão sem maior proveito, a legislação não os proíbe, mas também não lhes empresta a natureza de obrigação perfeita. No caso, por causa da existência de liminares concedidas pelo Poder Judiciário, sustenta-se a licitude de jogo praticado em caso de bingo. Porém, mais do que uma aparência de licitude, o legislador exige autorização legal para que a dívida de jogo obrigue o pagamento, até porque, como se sabe, decisões liminares têm caráter precário. Assim, não se tratando de jogo expressamente autorizado por lei, as obrigações dele decorrentes carecem de exigibilidade, sendo meras obrigações naturais. **REsp 1.406.487-SP, Rel. Min. Paulo de Tarso Sanseverino, julgado em 4/8/2015, DJe 13/8/2015 (Inform. STJ 566).**

DIREITO CIVIL. ÍNDICE DE CORREÇÃO DOS DEPÓSITOS DE CADERNETA DE POUPANÇA NO PLANO COLLOR II. RECURSO REPETITIVO (ART. 543-C DO CPC E RES. 8/2008-STJ). Foram acolhidos embargos de declaração para sanar erro material, fixando-se o percentual de 20,21%, relativo ao BTN, como índice de correção dos depósitos de caderneta de poupança para o Plano Collor II, em vez do IPC. De fato, o voto-condutor do acórdão embargado se encaminha pelo direito adquirido do poupador à adoção do critério remuneratório previsto na Lei 8.088/1990, qual seja, o Bônus do Tesouro Nacional (BTN), cujo índice estaria fixado no patamar de 20,21%. Todavia, na parte dispositiva foi estabelecido o percentual de 21,87% correspondente ao Índice de Preços ao Consumidor (IPC), em contradição à fundamentação anteriormente adotada, incorreção essa que também ficou estampada na ementa do julgado. Assim, constatada a contradição entre a fundamentação e a parte dispositiva do acórdão embargado, devem os embargos de declaração ser acolhidos para sanar o erro material verificado. **EDcl no REsp 1.147.595-RS, Rel. Min. Marco Aurélio Bellizze, julgado em 12/11/2014. (Inform. STJ 552)**

DIREITO CIVIL E PROCESSUAL CIVIL. PRESUNÇÃO RELATIVA DE VERACI-DADE DA QUITAÇÃO DADA EM ESCRITURA PÚBLICA. A quitação dada em escritura pública gera presunção relativa de pagamento, admitindo prova em contrário que evidencie a invalidade do instrumento eivado de vício que o torne falso. Com efeito, nos termos do art. 215 do CC, a escritura lavrada em cartório tem fé pública, o que significa dizer que é documento dotado de presunção de veracidade. O que ocorre com a presunção legal do referido dispositivo é a desnecessidade de se provar os fatos contidos na escritura (à luz do que dispõe o art. 334, IV, do CPC) e também a inversão do ônus da prova, em desfavor de quem, eventualmente, suscite a sua invalidade. Outro não é o motivo pelo qual os arts. 214 e 216 da Lei 6.015/1976 (Lei de Registros Públicos) assim preveem: "As nulidades de pleno direito do registro, uma vez provadas, invalidam-no, independentemente de ação direta" e "O registro poderá também ser retificado ou anulado por sentença em processo contencioso, ou por efeito do julgado em ação de anulação ou de declaração de nulidade de ato jurídico, ou de julgado sobre fraude à execução". Portanto, a quitação dada em escritura pública não é uma "verdade indisputável", na medida em que admite a prova de que o pagamento não foi efetivamente realizado, evidenciando, ao fim, a invalidade do instrumento em si, porque eivado de vício que o torna falso. Assim, entende-se que a quitação dada em escritura pública presume o pagamento, até que se prove o contrário. **REsp, Rel. Min. Nancy Andrighi, julgado em 22/4/2014. (Inform. STJ 541)**

DIREITO CIVIL. PENA CONVENCIONAL E INDENIZAÇÃO POR PERDAS E DANOS. Não se pode cumular multa compensatória prevista em cláusula penal com indenização por perdas e danos decorrentes do inadimplemento da obrigação. Enquanto a cláusula penal moratória manifesta com mais evidência a característica de reforço do vínculo obrigacional, a cláusula penal compensatória prevê indenização que serve não apenas como punição pelo inadimplemento, mas também como prefixação de perdas e danos. A finalidade da cláusula penal compensatória é recompor a parte pelos prejuízos que eventualmente decorram do inadimplemento total ou parcial da obrigação. Tanto assim que, eventualmente, sua execução poderá até mesmo substituir a execução do próprio contrato. Não é possível, pois, cumular cláusula penal compensatória com perdas e danos decorrentes de inadimplemento contratual. Com efeito, se as próprias partes já acordaram previamente o valor que entendem suficiente para recompor os prejuízos experimentados em caso de inadimplemento, não se pode admitir que, além desse valor, ainda seja acrescido outro, com fundamento na mesma justificativa – a recomposição de prejuízos. Ademais, nessas situações sobressaem direitos e interesses eminentemente disponíveis, de modo a não ter cabimento, em princípio, a majoração oblíqua da indenização prefixada pela condenação cumulativa em perdas e danos. **REsp 1.335.617-SP, Rel. Min. Sidnei Beneti, julgado em 27/3/2014. (Inform. STJ 540)**

DIREITO CIVIL. TERMO INICIAL DOS JUROS DE MORA DE OBRIGAÇÃO POSITIVA, LÍQUIDA E COM TERMO CERTO. Em ação monitória para a cobrança de débito decorrente de obrigação positiva, líquida e com termo certo, deve-se reconhecer que os juros de mora incidem desde o inadimplemento da obrigação se não houver estipulação contratual ou legislação específica em sentido diverso. De início, os juros moratórios são os que, nas obrigações pecuniárias, compensam a mora, para ressarcir o credor do dano sofrido em razão da impontualidade do adimplemento. Por isso, sua disciplina legal está inexoravelmente ligada à própria configuração da mora. É importante destacar que, por se tratar de direito disponível, as partes podem convencionar o percentual dos juros de mora e o seu termo inicial, hipótese em que se fala em juros de mora contratual. Quando, porém, não há previsão contratual quanto a juros, ainda assim o devedor estará obrigado ao pagamento de juros moratórios, mas na forma prevista em lei (juros legais). Quanto ao aspecto legal, o CC estabelece, como regra geral, que a simples estipulação contratual de prazo para o cumprimento da obrigação já dispensa, uma vez descumprido esse prazo, qualquer ato do credor para constituir o devedor em mora. Aplica-se, assim, o disposto no art. 397 do CC, reconhecendo-se a mora a partir do inadimplemento no vencimento (*dies interpellat pro homine*) e, por força de consequência, os juros de mora devem incidir também a partir dessa data. Assim, nos casos de responsabilidade contratual, não se pode afirmar que os juros de mora devem sempre correr a partir da citação, porque nem sempre a mora terá sido constituída pela citação. O art. 405 do CC ("contam-se os juros de mora desde a citação inicial"), muitas vezes empregado com o objetivo de fixar o termo inicial dos juros moratórios em qualquer hipótese de responsabilidade contratual, não se presta a tal finalidade. Geograficamente localizado em Capítulo sob a rubrica "Das Perdas e Danos", esse artigo disciplinaria apenas os juros de mora que se vinculam à obrigação de pagar perdas e danos. Ora, as perdas e danos, de ordinário, são fixadas apenas por decisão judicial. Nesse caso, a fixação do termo inicial dos juros moratórios na data da citação se harmoniza com a regra implícita no art. 397, *caput*, de que nas obrigações que não desfrutam de certeza e liquidez, a mora é *ex persona*, ou seja, constitui-se mediante interpelação do credor. Precedentes citados: REsp 1.257.846-RS, Terceira Turma, DJe 30/4/2012; e REsp 762.799-RS, Quarta Turma, DJe 23/9/2010. **EREsp 1.250.382-PR, Rel. Min. Sidnei Beneti, julgado em 2/4/2014. (Inform. STJ 537)**

DIREITO CIVIL E PROCESSUAL CIVIL. NECESSIDADE DE DEPÓSITO DOS VALORES VENCIDOS E INCONTROVERSOS EM AÇÃO DE CONSIGNAÇÃO EM PAGAMENTO. Em ação de consignação em pagamento, ainda que cumulada com revisional de contrato, é inadequado o depósito tão somente das prestações que forem vencendo no decorrer do processo, sem o recolhimento do montante incontroverso e vencido. De fato, assim como possui o credor a possibilidade de exigir o cumprimento da obrigação, também é facultado ao devedor tornar-se livre do vínculo obrigacional, constituindo a consignação em pagamento forma válida de extinção da obrigação, a teor do art. 334 do CC. O depósito em consignação tem força de pagamento, e a correspondente ação tem por finalidade ver atendido o direito material do devedor de liberar-se da obrigação e obter quitação.

Em razão disso, o provimento jurisdicional terá caráter eminentemente declaratório de que o depósito oferecido liberou o autor da obrigação relativa à relação jurídica material. A consignação em pagamento serve para prevenir a mora, libertando o devedor do cumprimento da prestação a que se vinculou, todavia para que tenha força de pagamento, conforme disposto no art. 336 do CC, é necessário que concorram, em relação a pessoas, objeto, modo e tempo, todos os requisitos sem os quais não é válido o pagamento. Assim, a consignação em pagamento só é cabível pelo depósito da coisa ou quantia devida, não sendo possível ao devedor fazê-lo por objeto ou montante diverso daquele a que se obrigou. Nesse sentido, o art. 313 do CC estabelece que o credor não é obrigado a receber prestação diversa da que lhe é devida, ainda que mais valiosa, e o art. 314 do mesmo diploma prescreve que, ainda que a obrigação tenha por objeto prestação divisível, não pode o credor ser obrigado a receber nem o devedor a pagar por partes, se assim não se ajustou. Ademais, o art. 337 do CC também estabelece que cessa a mora apenas com o depósito da quantia devida, tendo efeito a partir de sua efetivação, por isso mesmo é necessário o depósito do valor integral da dívida, incluindo eventuais encargos. Cabe ressaltar que, a teor do art. 893, I, do CPC, o depósito da quantia ou coisa devida é pressuposto processual objetivo, pois se cuida de exigência formal para o recebimento da petição inicial da ação de consignação em pagamento. **REsp 1.170.188-DF, Rel. Min. Luis Felipe Salomão, julgado em 25/2/2014. (Inform. STJ 537)**

DIREITO CIVIL E PROCESSUAL CIVIL. IMPOSSIBILIDADE DE QUE AUTOR E RÉU REALIZEM COMPENSAÇÃO QUE ENVOLVA CRÉDITO OBJETO DE PENHORA NO ROSTO DOS AUTOS.
A penhora de crédito pleiteado em juízo, anotada no rosto dos autos e de cuja constituição tenham sido as partes intimadas, impede que autor e réu realizem posterior compensação que envolva o referido crédito. Aplica-se, nessa hipótese, a regra contida no art. 380 do CC, que dispõe ser inadmissível a compensação em prejuízo de direito de terceiro. Afirma ainda o referido dispositivo que o devedor que se torne credor do seu credor, depois de penhorado o crédito deste, não pode opor ao exequente a compensação, de que contra o próprio credor disporia. Busca-se, dessa forma, evitar lesão a direito de terceiro diretamente interessado na constrição. Deve-se observar, portanto, que o art. 380 do CC tem por escopo coibir a utilização da compensação como forma de esvaziar penhora anterior. Trata-se, assim, de norma de caráter protetivo e de realce na busca de um processo de resultado. Ademais, segundo os arts. 673 e 674 do CPC, a penhora no rosto dos autos altera subjetivamente a figura a quem deverá ser efetuado o pagamento, conferindo a esta os bens que forem adjudicados ou que couberem ao devedor. Ressalte-se que a impossibilidade de compensação nessas circunstâncias decorre também do princípio da boa-fé objetiva, valor comportamental que impõe às partes o dever de cooperação e de lealdade na relação processual. **REsp 1.208.858-SP, Rel. Min. Nancy Andrighi, julgado em 3/9/2013. (Inform. STJ 528)**

DIREITO CIVIL. CONTRATOS. CUMULAÇÃO DE CLÁUSULA PENAL MORA-TÓRIA COM INDENIZAÇÃO POR LUCROS CESSANTES.
O promitente comprador, no caso de atraso na entrega do imóvel adquirido, tem direito a exigir, além do cumprimento da obrigação e do pagamento do valor da cláusula penal moratória prevista no contrato, a indenização correspondente aos lucros cessantes pela não fruição do imóvel durante o período da mora. Enquanto a cláusula penal compensatória funciona como prefixação das perdas e danos, a cláusula penal moratória, cominação contratual de uma multa para o caso de mora, serve apenas como punição pelo retardamento no cumprimento da obrigação. A cláusula penal moratória, portanto, não compensa o inadimplemento, nem substitui o adimplemento, não interferindo na responsabilidade civil correlata, que é decorrência natural da prática de ato lesivo ao interesse ou direito de outrem. Assim, não há óbice a que se exija a cláusula penal moratória juntamente com o valor referente aos lucros cessantes. **REsp 1.355.554-RJ, Rel. Min. Sidnei Beneti, julgado em 6/12/2012. (Inform. STJ 513).**

📄 **Súmula STF nº 596**

As disposições do Decreto 22626/1933 não se aplicam às taxas de juros e aos outros encargos cobrados nas operações realizadas por instituições públicas ou privadas, que integram o sistema financeiro nacional.

📄 **Súmula STF nº 121**

É vedada a capitalização de juros, ainda que expressamente convencionada.

📄 **Súmula STJ nº 472**

A cobrança de comissão de permanência - cujo valor não pode ultrapassar a soma dos encargos remuneratórios e moratórios previstos no contrato exclui a exigibilidade dos juros remuneratórios, moratórios e da multa contratual.

📄 **Súmula STJ nº 464**

A regra de imputação de pagamentos estabelecida no art. 354 do Código Civil não se aplica às hipóteses de compensação tributária.

📄 **Súmula STJ nº 422**

O art. 6º, e, da Lei n. 4.380/1964 não estabelece limitação aos juros remuneratórios nos contratos vinculados ao SFH.

📄 **Súmula STJ nº 382**

A estipulação de juros remuneratórios superiores a 12% ao ano, por si só, não indica abusividade.

📄 **Súmula STJ nº 379**

Nos contratos bancários não regidos por legislação específica, os juros moratórios poderão ser convencionados até o limite de 1% ao mês.

📄 **Súmula STJ nº 296**

Os juros remuneratórios, não cumuláveis com a comissão de permanência, são devidos no período de inadimplência, à taxa média de mercado estipulada pelo Banco Central do Brasil, limitada ao percentual contratado.

📄 **Súmula STJ nº 288**

A Taxa de Juros de Longo Prazo (TJLP) pode ser utilizada como indexador de correção monetária nos contratos bancários.

📄 **Súmula STJ nº 287**

A Taxa Básica Financeira (TBF) não pode ser utilizada como indexador de correção monetária nos contratos bancários.

📄 **Súmula STJ nº 283**

As empresas administradoras de cartão de crédito são instituições financeiras e, por isso, os juros remuneratórios por elas cobrados não sofrem as limitações da Lei de Usura.

📄 **Súmula STJ nº 186**

Nas indenizações por ato ilícito, os juros compostos somente são devidos por aquele que praticou o crime.

📄 **Súmula STJ nº 176**

É nula a cláusula contratual que sujeita o devedor a taxa de juros divulgada pela Anbid/Cetip.

📄 **Súmula STJ nº 54**

Os juros moratórios fluem a partir do evento danoso, em caso de responsabilidade extracontratual.

3. CONTRATOS

3.1. Princípios contratuais

DIREITO CIVIL. RESPONSABILIDADE CIVIL PRÉ-CONTRATUAL.
A parte interessada em se tornar revendedora autorizada de veículos tem direito de ser ressarcida dos danos materiais decorrentes da conduta da fabricante no caso em que esta - após anunciar em jornal que estaria em busca de novos parceiros e depois de comunicar àquela a avaliação positiva que fizera da manifestação de seu interesse, obrigando-a, inclusive, a adiantar o pagamento de determinados valores - rompa, de forma injustificada, a negociação até então levada a efeito, abstendo-se de devolver as quantias adiantadas. A responsabilidade civil pré-negocial, ou seja, a verificada na fase preliminar do contrato, é tema oriundo da teoria da culpa *in contrahendo*, formulada pioneiramente por Jhering, que influenciou a legislação de diversos países. No Brasil, o CC/1916 não trazia disposição específica a respeito do tema, tampouco sobre a cláusula geral de boa-fé objetiva. Todavia, já se ressaltava, com fundamento no art. 159 daquele diploma, a importância da tutela da confiança e da necessidade de reparar o dano verificado no âmbito das tratativas pré-contratuais. Com o advento do CC/2002, dispôs-se, de forma expressa, a respeito da boa-fé (art. 422), da qual se extrai a necessidade de observância dos chamados deveres anexos ou de proteção. Com base

1. DIREITO CIVIL

nesse regramento, deve-se reconhecer a responsabilidade pela reparação de danos originados na fase pré-contratual caso verificadas a ocorrência de consentimento prévio e mútuo no início das tratativas, a afronta à boa-fé objetiva com o rompimento ilegítimo destas, a existência de prejuízo e a relação de causalidade entre a ruptura das tratativas e o dano sofrido. Nesse contexto, o dever de reparação não decorre do simples fato de as tratativas terem sido rompidas e o contrato não ter sido concluído, mas da situação de uma das partes ter gerado à outra, além da expectativa legítima de que o contrato seria concluído, efetivo prejuízo material. **REsp 1.051.065-AM, Rel. Min. Ricardo Villas Bôas Cueva, julgado em 21/2/2013. (Inform. STJ 517).**

DIREITO CIVIL. INDENIZAÇÃO POR LUCROS CESSANTES DECORRENTE DA RECUSA DE VENDER.
O titular de marca estrangeira e a sua distribuidora autorizada com exclusividade no Brasil devem, solidariamente, indenizar, na modalidade de lucros cessantes, a sociedade empresarial que, durante longo período, tenha adquirido daqueles, de maneira consentida, produtos para revenda no território brasileiro na hipótese de abrupta recusa à continuação das vendas, ainda que não tenha sido firmado qualquer contrato de distribuição entre eles e a sociedade revendedora dos produtos. A longa aquiescência do titular de marca estrangeira e da sua distribuidora autorizada no Brasil na realização das compras pela sociedade revendedora resulta "direito de comprar" titularizado por aquela sociedade. Assim, a "recusa de vender" implica violação do "direito de comprar", nos termos o art. 186 do CC, fazendo surgir, dessa maneira, o direito à indenização. **REsp 1.200.677-CE, Rel. Min. Sidnei Beneti, julgado em 18/12/2012. (Inform. STJ 514).**

3.2. Contratos em geral

DIREITO CIVIL. MAXIDESVALORIZAÇÃO DO REAL EM FACE DO DÓLAR AMERICANO E TEORIAS DA IMPREVISÃO E DA ONEROSIDADE EXCESSIVA.
Tratando-se de relação contratual paritária – a qual não é regida pelas normas consumeristas –, a maxidesvalorização do real em face do dólar americano ocorrida a partir de janeiro de 1999 não autoriza a aplicação da teoria da imprevisão ou da teoria da onerosidade excessiva, com intuito de promover a revisão de cláusula de indexação ao dólar americano. Com efeito, na relação contratual, a regra é a observância do princípio pacta sunt servanda, segundo o qual o contrato faz lei entre as partes e, por conseguinte, impõe ao Estado o dever de não intervir nas relações privadas. Ademais, o princípio da autonomia da vontade confere aos contratantes ampla liberdade para estipular o que lhes convenha, desde que preservada a moral, a ordem pública e os bons costumes, valores que não podem ser derrogados pelas partes. Desse modo, a intervenção do Poder Judiciário nos contratos, à luz da teoria da imprevisão ou da teoria da onerosidade excessiva, exige a demonstração de mudanças supervenientes das circunstâncias iniciais vigentes à época da realização do negócio, oriundas de evento imprevisível (teoria da imprevisão) e de evento imprevisível e extraordinário (teoria da onerosidade excessiva), que comprometam o valor da prestação, demandando tutela jurisdicional específica, tendo em vista, em especial, o disposto nos arts. 317, 478 e 479 do CC. Nesse passo, constitui pressuposto da aplicação das referidas teorias, a teor dos arts. 317 e 478 do CC, como se pode extrair de suas próprias denominações, a existência de um fato imprevisível em contrato de execução diferida, que imponha consequências indesejáveis e onerosas para um dos contratantes. A par disso, o histórico inflacionário e as sucessivas modificações no padrão monetário experimentado pelo País desde longa data até julho de 1994, quando sobreveio o Plano Real, seguido de período de relativa estabilidade até a maxidesvalorização do real em face do dólar, ocorrida a partir de janeiro de 1999, não autorizam concluir pela inexistência de risco objetivo nos contratos firmados com base na cotação da moeda norte-americana, em se tratando de relação contratual paritária. **REsp 1.321.614-SP, Rel. originário Min. Paulo de Tarso Sanseverino, Rel. para acórdão Min. Ricardo Villas Bôas Cueva, julgado em 16/12/2014, DJe 3/3/2015 (Inform. STJ 556).**

DIREITO CIVIL. VÍCIO REDIBITÓRIO E PRAZO DECADENCIAL.
Quando o vício oculto, por sua natureza, só puder ser conhecido mais tarde (art. 445, § 1°, CC), o adquirente de bem móvel terá o prazo de trinta dias (art. 445, caput, do CC), a partir da ciência desse defeito, para exercer o direito de obter a redibição ou abatimento no preço, desde que o conhecimento do vício ocorra dentro do prazo de cento e oitenta dias da aquisição do bem. O prazo decadencial para exercício do direito de obter a redibição ou abatimento no preço de bem móvel é o previsto no caput do art. 445 do CC,

isto é, trinta dias. O § 1° do art. 445 do CC apenas delimita que, se o vício somente se revelar mais tarde, em razão de sua natureza, o prazo de 30 dias fluirá a partir do conhecimento desse defeito, desde que revelado até o prazo máximo de 180 dias, com relação aos bens móveis. Desse modo, no caso de vício oculto em coisa móvel, o adquirente tem o prazo máximo de cento e oitenta dias para perceber o vício e, se o notar neste período, tem o prazo de decadência de trinta dias, a partir da verificação do vício, para ajuizar a ação redibitória. Nesse sentido, o enunciado 174 do CJF dispõe que: "Em se tratando de vício oculto, o adquirente tem os prazos do caput do art. 445 para obter redibição ou abatimento do preço, desde que os vícios se revelem nos prazos estabelecidos no parágrafo primeiro, fluindo, entretanto, a partir do conhecimento do defeito". **REsp 1.095.882-SP, Rel. Min. Maria Isabel Gallotti, julgado em 9/12/2014, DJe 19/12/2014 (Inform. STJ 554).**

DIREITO CIVIL. NÃO CARACTERIZAÇÃO DA FERRUGEM ASIÁTICA COMO FATO EXTRAORDINÁRIO E IMPREVISÍVEL PARA FINS DE RESOLUÇÃO DO CONTRATO.
A ocorrência de "ferrugem asiática" na lavoura de soja não enseja, por si só, a resolução de contrato de compra e venda de safra futura em razão de onerosidade excessiva. Isso porque o advento dessa doença em lavoura de soja não constitui o fato extraordinário e imprevisível exigido pelo art. 478 do CC/2002, que dispõe sobre a resolução do contrato por onerosidade excessiva. Precedente citado: REsp 977.007-GO, Terceira Turma, DJe 2/12/2009. **REsp 866.414-GO, Rel. Min. Nancy Andrighi, julgado em 20/6/2013. (Inform. STJ 526)**

DIREITO CIVIL E PROCESSUAL CIVIL. DESNECESSIDADE DO TRÂNSITO EM JULGADO DA SENTENÇA QUE RECONHECE A EVICÇÃO PARA QUE O EVICTO POSSA EXERCER OS DIREITOS DELA RESULTANTES.
Para que o evicto possa exercer os direitos resultantes da evicção, na hipótese em que a perda da coisa adquirida tenha sido determinada por decisão judicial, não é necessário o trânsito em julgado da referida decisão. A evicção consiste na perda parcial ou integral do bem, via de regra, em virtude de decisão judicial que atribua seu uso, posse ou propriedade a outrem em decorrência de motivo jurídico anterior ao contrato de aquisição. Pode ocorrer, ainda, em razão de ato administrativo do qual também decorra a privação da coisa. A perda do bem por vício anterior ao negócio jurídico oneroso é o fator determinante da evicção, tanto que há situações em que os efeitos advindos da privação do bem se consumam a despeito da existência de decisão judicial ou de seu trânsito em julgado, desde que haja efetiva ou iminente perda da posse ou da propriedade e não uma mera cogitação da perda ou limitação desse direito. Assim, apesar de o trânsito em julgado da decisão que atribua a outrem a posse ou a propriedade da coisa conferir o respaldo ideal para o exercício do direito oriundo da evicção, o aplicador do direito não pode ignorar a realidade comum do trâmite processual nos tribunais que, muitas vezes, faz com que o processo permaneça ativo por longos anos, ocasionando prejuízos consideráveis advindos da constrição imediata dos bens do evicto, que aguarda, impotente, o trânsito em julgado da decisão que já lhe assegurava o direito. Com efeito, os civilistas contemporâneos ao CC/1916 somente admitiam a evicção mediante sentença transitada em julgado, com base no art. 1.117, I, do referido código, segundo o qual o adquirente não poderia demandar pela evicção se fosse privado da coisa não pelos meios judiciais, mas por caso fortuito, força maior, roubo ou furto. Ocorre que o Código Civil vigente, além de não ter reproduzido esse dispositivo, não contém nenhum outro que preconize expressamente a referida exigência. Dessa forma, ampliando a rigorosa interpretação anterior, jurisprudência e doutrina passaram a admitir que a decisão judicial e sua definitividade nem sempre são indispensáveis para a consumação dos riscos oriundos da evicção. **REsp 1.332.112-GO, Rel. Min. Luis Felipe Salomão, julgado em 21/3/2013. (Inform. STJ 519)**

3.3. Compra e venda e compromisso de compra e venda

DIREITO PROCESSUAL CIVIL. COBRANÇA DE COTA CONDOMINIAL E PENHORA SOBRE DIREITO AQUISITIVO DECORRENTE DE COMPROMISSO DE COMPRA E VENDA.
Em ação de cobrança de cotas condominiais proposta somente contra o promissário comprador, não é possível a penhora do imóvel que gerou a dívida - de propriedade do promissário vendedor -, admitindo-se, no entanto, a constrição dos direitos aquisitivos decorrentes do compromisso

de compra e venda. É certo que o adquirente de unidade condominial, após a imissão na posse e a ciência inequívoca do condomínio acerca da alienação, deve responder pelas cotas que recaem sobre o bem, ainda que não tenha sido averbado junto ao competente registro de imóveis (REsp 1.345.331-RS, Segunda Seção, DJe 20/4/2015). Além disso, o promitente vendedor detém legitimidade passiva concorrente para responder por eventual ação de cobrança de débitos condominiais, mesmo que posteriores à imissão na posse (REsp 1.442.840-PR, Terceira Turma, DJe 21/8/2015). Convém esclarecer que a promessa de compra e venda de imóvel faz nascer para o promissário comprador o direito à aquisição do bem, embora a propriedade continue sendo do promitente vendedor. Ao promissário comprador cabe, após o cumprimento das obrigações previstas no pacto preliminar (em regra, o adimplemento do preço), exigir a outorga da escritura definitiva, por vontade do promitente vendedor ou por decisão judicial. Somente a partir de então, com o registro deste título, é que passará à até então promissário comprador a ser o proprietário do bem. Assim, a transferência da propriedade, nos termos do art. 1.245 do CC, opera-se mediante registro do título translativo no Registro de Imóveis, e, enquanto não registrado, o alienante continuará a ser dono do imóvel. Nesse contexto, não se pode autorizar a penhora de unidade condominial sobre o qual o executado possui apenas direito aquisitivo e, portanto, não ostenta a condição de proprietário. Concretamente, é possível apenas a tão somente a constrição do direito do promissário comprador do imóvel, e não da propriedade em si. Admitir entendimento contrário equivaleria a aceitar que bem de terceiro (proprietário) responda por dívida em processo no qual ele não figurou como parte, circunstância que, inclusive, desafia o disposto nos arts. 568, I, e 591 do CPC. Assim, aperfeiçoado o título executivo judicial, por sentença transitada em julgado, impossível a constrição de bem pertencente ao patrimônio de pessoa que não faz parte da demanda, restando possível apenas a penhora de bens e direitos que se encontrem dentro da esfera de disposição do executado, de modo que sejam respeitados os limites subjetivos da lide. Destaca-se, ainda, que a natureza propter rem, por si só, não autoriza a ampliação, sem título, dos bens do executado ou a penhora de bem de propriedade de terceiro. Isso porque, diferentemente dos ônus reais, em que a coisa responde pela dívida, na obrigação propter rem, o devedor é quem responde com todos os seus bens, pois, nessa espécie, é a pessoa que se encontra vinculada à coisa. Desse modo, não sendo o executado titular do domínio do imóvel que gerou o débito exequendo, afigura-se inviável a sua constrição. Todavia, tratando-se de meros detentores de direitos sobre o imóvel, é perfeitamente possível a incidência da penhora sobre eles, até porque possuem valor econômico, não havendo nenhum óbice à sua alienação judicial (art. 655, XI, do CPC). **REsp 1.273.313-SP, Rel. Min. Ricardo Villas Bôas Cueva, julgado em 3/11/2015, DJe 12/11/2015. (Inform. STJ 573)**

DIREITO CIVIL. NOTIFICAÇÃO POR E-MAIL PARA O EXERCÍCIO DE DIREITO DE PREFERÊNCIA.

É válida a notificação por e-mail enviada ao franqueador para o exercício do direito de preferência previsto em contrato de franquia, no caso em que, não tendo o contrato previsto forma específica para a notificação e sendo o correio eletrônico meio usual de comunicação entre franqueador e franqueado, houve ciência inequívoca do franqueador quanto à data do envio e do recebimento da mensagem, segurança quanto à legitimidade do remetente para tratar do assunto e, quanto ao conteúdo, respeito aos requisitos estabelecidos na cláusula contratual. A validade da notificação por e-mail exige o atendimento de certos requisitos, para o fim de assegurar a efetividade da notificação em si, bem como o exercício do direito de preferência. A respeito da forma eleita pelo franqueado para notificar a franqueadora, o correio eletrônico (e-mail), é possível afirmar que esta cumpriu a finalidade essencial do ato: dar ciência de forma incontestável do teor da notificação. Atualmente, no ambiente empresarial, é inegável que a utilização de correspondência eletrônica (e--mail) é veículo usual e indispensável de intercâmbio de informação, pois é ferramenta que aprimora e agiliza a comunicação. A dinâmica das relações negociais, na maioria das vezes, requer agilidade do processo decisório, e a eficiência na comunicação é relevante fator para tal fim. A busca pela agilidade nas empresas vai em direção ao tempo real, ao instantâneo, e nesse cenário, as singularidades do correio eletrônico vêm ao encontro dessas necessidades. Ademais, é mecanismo capaz de superar dificuldades relacionadas à distância, dispensando, em regra, a presença física das partes. No âmbito do Poder Judiciário, a edição da Lei 11.419/2006 foi importante marco na informatização do processo judicial. Através dela, introduziu-se o uso do meio eletrônico na tramitação de processos judiciais, comunicação de atos e transmissão de peças processuais, demonstrando que o norte

é o aprimoramento das operações realizadas no ambiente eletrônico. Por outro lado, a introdução de novas tecnologias aplicadas tanto nas relações negociais como também no âmbito dos processos judiciais, a despeito da evidente agilização dos procedimentos, com ganhos de tempo, de trabalho e de recursos materiais, deve ser vista com precaução, considerando-se os riscos e as dificuldades próprias do uso de sistemas informatizados. Na hipótese, o juízo de cautela sobre a segurança da informação foi observado. **REsp 1.545.965-RJ, Rel. Min. Ricardo Villas Bôas Cueva, julgado em 22/9/2015, DJe 30/9/2015 (Inform. STJ 570).**

DIREITO CIVIL. AUSÊNCIA DE PRAZO PARA O EXERCÍCIO DO DIREITO DE ADJUDICAR COMPULSORIAMENTE IMÓVEL OBJETO DE COMPROMISSO DE COMPRA E VENDA.

O promitente comprador, amparado em compromisso de compra e venda de imóvel cujo preço já tenha sido integralmente pago, tem o direito de requerer judicialmente, a qualquer tempo, a adjudicação compulsória do imóvel. O compromisso de compra e venda é espécie de contrato por meio do qual o promitente vendedor se obriga a outorgar a escritura pública do imóvel ao promissário comprador após o integral pagamento do preço. Realizado o cumprimento dos deveres por ambas as partes contratantes, o contrato definitivo de compra e venda será celebrado. Ressalte-se que o compromisso de compra e venda não pode ficar sujeito a eventuais situações atentatórias por parte dos contratantes, uma vez que se exige a boa-fé em todas as fases da negociação. Dessa maneira, garantiu-se ao promissário comprador a propositura da ação de adjudicação compulsória quando a demanda se fundar na inércia do promitente vendedor que recebeu a quantia pela alienação do imóvel e deixou de emitir a escritura pública de compra e venda. Cumpre esclarecer que direito subjetivo é o poder da vontade consubstanciado na faculdade de agir e de exigir de outrem determinado comportamento para a realização de um interesse, cujo pressuposto é a existência de uma relação jurídica. Por sua vez, encapsulados na fórmula poder-sujeição, estão os chamados direitos potestativos, a cuja faculdade de exercício não se vincula propriamente qualquer prestação contraposta (dever), mas uma submissão à manifestação unilateral do titular do direito, muito embora tal manifestação atinja diretamente a esfera jurídica de outrem. Os direitos potestativos, são insuscetíveis de violação, porque a eles não se relaciona nenhum dever, mas uma submissão involuntária, como salienta remansosa doutrina. De outro lado, somente os direitos subjetivos estão sujeitos a violações, e, quando ditas violações são verificadas, nasce, para o titular do direito subjetivo, a faculdade (poder) de exigir de outrem uma ação ou omissão (prestação positiva ou negativa), poder tradicionalmente nomeado de pretensão. Nessa ordem de ideias, pode-se afirmar que a prescrição é a perda da pretensão inerente ao direito subjetivo em razão da passagem do tempo, ao passo que a decadência se revela como o perecimento do próprio direito potestativo pelo seu não exercício no prazo determinado. Posta essa distinção, convém apontar que, por meio da propositura de ação de adjudicação, permite-se, cumpridos os requisitos legais para a efetivação do contrato definitivo, a substituição da vontade do promitente vendedor por sentença que valerá como título para registro no cartório de imóveis. Por tal razão, o art. 466-A do CPC assevera que o autor – no caso, o promissário comprador – poderá obter uma sentença que produza os mesmos efeitos do contrato a ser firmado. Ou seja, permite-se ao Poder Judiciário a ingerência na esfera jurídica do promitente vendedor, a qual o submeterá à exigência do titular do direito. No caso, é válido ponderar que não se profere sentença condenatória obrigando o promitente vendedor a celebrar contrato definitivo de compra e venda com a consequente determinação de outorga de escritura pública ao promissário comprador. Ao contrário disso, a própria decisão judicial gera a constituição de uma nova relação jurídica para garantir a definitividade da contratação, cuja sentença substituirá a vontade da parte renitente. Assim, verifica-se que a ação de adjudicação compulsória possui características de ação constitutiva, tendo em vista que a sentença judicial possui a mesma eficácia de escritura pública de compra e venda do imóvel, sendo que não houve exteriorização da vontade por resistência injustificada do promitente vendedor, aliada a um fundo declaratório quanto ao reconhecimento do direito de realização do negócio definitivo. Nesse passo, mostra-se oportuno assinalar que a doutrina compreende que as tutelas condenatórias se sujeitam a prazos prescricionais, enquanto as tutelas constitutivas (positivas ou negativas) obedecem a prazos decadenciais. De modo contrário, as tutelas meramente declaratórias (*v.g.*, de nulidade) e as constitutivas sem previsão de prazo em lei não se sujeitam a prazo prescricional ou decadencial. À primeira vista, a circunstância de o pedido de adjudicação compulsória consubstanciar-se em exercício de direito potestativo – e reclamar, por outro lado, uma tutela de natureza constitutiva – poderia conduzir à conclusão de que tal pedido estaria, em tese, sujeito a prazo decadencial. Entretanto, isso não ocorre, haja vista a inexistência de previsão legal. De fato, o Código Civil de 1916, malgrado tenha baralhado as hipóteses de prescrição e decadência, previu para a decadência a tipicidade das situações sujeitas a tal fenômeno. E mais, o Código Civil de 2002, assim como o Estatuto Civil de 1916, não tem um prazo geral e amplo de decadência, como tem em relação ao prazo de prescrição. Tanto o CC/1916 quanto o CC/2002 fizeram a opção de elencar de forma esparsa e sem excluir outros diplomas, os direitos potestativos cujo exercício está sujeito a prazo decadencial. Portanto, à míngua de previsão legal, o pedido de adjudicação compulsória, quando preenchidos os requisitos da medida, poderá ser realizado a qualquer momento. **REsp 1.216.568-MG, Rel. Min. Luis Felipe Salomão, julgado em 3/9/2015, DJe 29/9/2015 (Inform. STJ 570).**

DIREITO CIVIL. NECESSIDADE DE INFORMAR QUE O CÔMPUTO DA ÁREA TOTAL DO IMÓVEL RESIDENCIAL VENDIDO CONSIDERA A VAGA DE GARAGEM. Na compra e venda de imóvel, a vaga de garagem, ainda que individualizada e de uso exclusivo do proprietário da unidade residencial, não pode ser considerada no cômputo da área total do imóvel vendido ao consumidor caso esse fato não tenha sido exposto de forma clara na publicidade e no contrato. De fato, a vaga de garagem pode ser (i) de uso comum ou (ii) de uso particular. Quando a vaga de garagem for individualizada e de uso exclusivo do proprietário de uma unidade residencial específica, ela será considerada como área de uso particular, podendo, nesse caso, (ii.a) constituir apenas um direito acessório ou (ii.b) configurar-se como unidade autônoma, caso em que terá registro próprio em cartório. Observa-se, portanto, que a vaga de garagem individualizada pertencente exclusivamente ao proprietário do apartamento respectivo realmente não pode ser considerada bem de uso comum. Entretanto, diante da ausência de informação clara e inequívoca de que a área total do imóvel vendido corresponde à soma das áreas do apartamento e da vaga de garagem, é evidente a violação do princípio da transparência, que preside toda e qualquer relação de consumo. Ademais, essa não é, definitivamente, a praxe do mercado imobiliário brasileiro, pois, quando as construtoras e incorporadoras de imóveis oferecem seus apartamentos para venda aos consumidores em geral, a área do imóvel mencionada nos panfletos, encartes e demais instrumentos publicitários é sempre a área do apartamento em si, e não a soma de tal área com a da vaga de garagem, ainda que se saiba que esta é privativa e caracterizada como unidade autônoma. Em última análise, pode-se até cogitar a possibilidade de uma determinada construtora ou incorporadora veicular anúncio publicitário informando como área total do imóvel à venda a soma das áreas do apartamento e da vaga de garagem. Isso pode ocorrer, por exemplo, em situações em que o imóvel possui várias vagas, o que as torna um atrativo específico para o negócio. Mas nesses casos será, sempre, absolutamente imprescindível que a publicidade seja clara e inequívoca, de modo que os consumidores destinatários não tenham nenhuma dúvida quanto ao fato de que o apartamento, em si, possui área menor do que aquela área total anunciada. Trata-se de aplicação pura e simples do princípio da informação ou transparência, de especial importância no âmbito das relações consumeristas. Precedentes citados: REsp 1.121.275-SP, Terceira Turma, DJe 17/4/2012. **REsp 1.139.285-DF, Rel. Min. Marco Buzzi, julgado em 18/11/2014. (Inform. STJ 552)**

DIREITO PROCESSUAL CIVIL E DIREITO CIVIL. RECONHECIMENTO DA NULIDADE DO CONTRATO E SEU EFEITO SOBRE AÇÃO ORDINÁRIA DE RESOLUÇÃO DE PROMESSA DE COMPRA E VENDA DE IMÓVEL LOCALIZADO EM LOTEAMENTO IRREGULAR. Deve ser extinto sem resolução de mérito o processo decorrente do ajuizamento, por loteador, de ação ordinária com o intuito de, em razão da suposta inadimplência dos adquirentes do lote, rescindir contrato de promessa de compra e venda de imóvel urbano loteado sem o devido registro do respectivo parcelamento do solo, nos termos da Lei 6.766/1979. De fato, o art. 37, caput, da Lei 6.766/1979 (que dispõe sobre o parcelamento do solo urbano) determina que é "vedado vender ou prometer vender parcela de loteamento ou desmembramento não registrado". Além disso, verifica-se que o ordenamento jurídico exige do autor da ação de resolução do contrato de promessa de compra e venda a comprovação da regularidade do loteamento, parcelamento ou da incorporação, consoante prevê o art. 46 da Lei 6.766/1979: o "loteador não poderá fundamentar qualquer ação ou defesa na presente Lei sem apresentação dos registros e contratos a que ela se refere". Trata-se de exigência decorrente do princípio segundo o qual a validade dos atos jurídicos depende de objeto

lícito, de modo que a venda irregular de imóvel situado em loteamento não regularizado constitui ato jurídico com objeto ilícito, conforme afirmam a doutrina e a jurisprudência. Dessa forma, constatada a ilicitude do objeto do contrato em análise (promessa de compra e venda de imóvel loteado sem o devido registro do respectivo parcelamento do solo urbano), deve-se concluir pela sua nulidade. Por conseguinte, caracterizada a impossibilidade jurídica do pedido, o processo deve ser extinto sem resolução do mérito, nos termos do art. 267, VI, do CPC. **REsp 1.304.370-SP, Rel. Min. Paulo de Tarso Sanseverino, julgado em 24/4/2014. (Inform. STJ 543)**

DIREITO CIVIL. INDENIZAÇÃO POR BENFEITORIAS OU ACESSÕES REALIZADAS SEM LICENÇA. Em ação que busque a rescisão de contrato de compra e venda de imóvel urbano, antes de afastar a indenização pelas benfeitorias ou acessões realizadas sem a obtenção de licença da prefeitura municipal (art. 34, parágrafo único, da Lei 6.766/1979), é necessário apurar se a irregularidade é insanável. De fato, o art. 34 da Lei 6.766/1979 (Lei Lehmann) disciplina em seu caput que "Em qualquer caso de rescisão por inadimplemento do adquirente, as benfeitorias necessárias ou úteis por ele levadas a efeito no imóvel deverão ser indenizadas, sendo de nenhum efeito qualquer disposição contratual em contrário", e seu parágrafo único ressalva que "Não serão indenizadas as benfeitorias feitas em desconformidade com o contrato ou com a lei". Nesse mesmo sentido, o Código Civil prevê que o possuidor de boa-fé tem direito à indenização das benfeitorias necessárias e úteis, bem como, quanto às voluptuárias, se não lhe forem pagas, a levantá-las, quando o puder sem detrimento da coisa, e poderá exercer o direito de retenção pelo valor das benfeitorias necessárias e úteis (art. 1.219 do CC/2002 e art. 516 do CC/1916). O âmago dos dispositivos citados é evitar o enriquecimento ilícito de quaisquer das partes, promovendo a restituição à situação originária. Embora o art. 34 da Lei Lehmann faça menção apenas a benfeitorias, parece claro que o dispositivo abarca tanto benfeitorias como acessões. Entretanto, ainda que a licença para construir seja requisito imprescindível a qualquer obra realizada em terreno urbano, seria temerário reconhecer de forma categórica que a ausência de licença para construir não constitui irregularidade apta a obstar eventual condenação à indenização por benfeitorias/acessões realizadas no lote objeto do contrato. Isso porque a ausência de licença para construir emitida pela prefeitura municipal é irregularidade que pode ser ou não sanável, a depender do caso concreto. Assim, caso seja mantida a condenação à indenização e a construção realizada seja considerada precária e não passível de regularização pela municipalidade, havendo necessidade de demolição, o vendedor arcaria com demasiado ônus. Por outro lado, caso o STJ afaste a condenação à indenização, e a municipalidade entenda que a irregularidade é sanável, esta Corte estaria ferindo de morte o escopo maior do ordenamento jurídico específico, qual seja, o retorno ao status quo ante e a vedação ao enriquecimento sem causa. Ressalte-se que, conforme a doutrina, construções realizadas sem licença da municipalidade estão em desacordo com a lei e, assim, sujeitas a sanções administrativas, as quais não podem ser imputadas ao promitente vendedor, porquanto a posse e o direito de construir haviam sido transmitidos ao promitente comprador. Dessa forma, antes de decidir sobre a obrigação de indenização por benfeitorias, faz-se necessário apurar as multas pela construção sem o alvará da prefeitura e eventual necessidade de demolição da obra. Isso porque é imprescindível a verificação quanto à possibilidade de ser sanada ou não a irregularidade – consistente na ausência de licença da prefeitura para construir –, de modo a realizar a restituição das partes à situação anterior e evitar enriquecimento ilícito de qualquer dos litigantes. **REsp 1.191.862-PR, Rel. Min. Luis Felipe Salomão, julgado em 16/5/2014. (Inform. STJ 542)**

DIREITO CIVIL E PROCESSO CIVIL. PREÇO A SER DEPOSITADO PARA O EXERCÍCIO DO DIREITO DE PREFERÊNCIA EM ARRENDAMENTO RURAL. Em ação de adjudicação compulsória proposta por arrendatário rural que teve desrespeitado o seu direito de preferência para a aquisição do imóvel, o preço a ser depositado para que o autor obtenha a transferência forçada do bem (art. 92, § 4°, da Lei 4.505/1964) deve corresponder àquele consignado na escritura pública de compra e venda registrada no cartório de registro de imóveis, ainda que inferior ao constante do contrato particular de compra e venda firmado entre o arrendador e o terceiro que tenha comprado o imóvel. De fato, o art. 92 do Estatuto da Terra (Lei 4.504/1964) e o art. 45 do Dec. 59.566/1966 (que regulamenta a Lei) preveem expressamente o direito de preferência, legal e real, outorgado ao arrendatário como garantia do uso econômico da terra explorada por ele, direito que é exclusivo do preferente em adquirir o imóvel arrendado, em igualdade de condições, sendo uma forma de restrição ao direito de propriedade do arrendante. Dessa maneira, vendendo o arrendador o imóvel sem a notificação do arrendatário, aparece a pretensão do arrendatário em ver declarada a invalidade do negócio entre arrendador e o terceiro, adjudicando o imóvel ao preemptor, desde que realizada no prazo decadencial de seis meses, e desde que efetuado o depósito do preço. Realmente, no tocante ao preço, nem a lei nem o seu regulamento foram suficientemente claros sobre qual seria o valor a ser depositado. A interpretação sistemática e teleológica do comando legal leva à conclusão de que o melhor norte para definição do preço a ser depositado pelo arrendatário é aquele consignado na escritura pública de compra e venda registrada em cartório. Isso porque a própria lei estabelece como marco legal para o exercício do direito de preferência a data da transcrição da escritura pública no registro de imóveis, ou seja, confere ao arrendatário o prazo de 6 meses para depositar o preço constante do ato de alienação do imóvel a que teve conhecimento por meio da transcrição no cartório imobiliário. Nessa linha de intelecção, por consectário lógico, o arrendatário, ao tomar conhecimento do ato da alienação no registro de imóveis, verifica o preço lá declarado – constante da escritura pública – e efetua o depósito (se houver o intento na aquisição do imóvel), exercendo, no momento próprio, a faculdade que o ordenamento jurídico vigente lhe concedeu. Não se pode olvidar que a escritura pública é um ato realizado perante o notário que revela a vontade das partes na realização de negócio jurídico, revestida de todas as solenidades prescritas em lei, isto é, demonstra de forma pública e solene a substância do ato, gozando o seu conteúdo de presunção de veracidade, trazendo maior segurança jurídica e garantia para a regularidade da compra. Com efeito, referido instrumento é requisito formal de validade do negócio jurídico de compra de imóvel em valor superior a 30 salários mínimos (art. 108 do CC), justamente por sua maior segurança e por expressar a realidade econômica da transação, para diversos fins. Outrossim, não podem o arrendador e o terceiro se valerem da própria torpeza para impedir a adjudicação compulsória, haja vista que simularam determinado valor no negócio jurídico publicamente escriturado, mediante declaração de preço que não reflita a realidade, com o fito de burlar a lei - pagando menos tributo. **REsp 1.175.438-PR, Rel. Min. Luis Felipe Salomão, julgado em 25/3/2014. (Inform. STJ 538)**

DIREITO CIVIL. DESNECESSIDADE DE PEDIDO EXPRESSO DO PROMITENTE COMPRADOR, EM AÇÃO DE RESOLUÇÃO DE CONTRATO DE PROMESSA DE COMPRA E VENDA, PARA RESTITUIÇÃO DO PREÇO PAGO.
O juiz, ao decretar a resolução de contrato de promessa de compra e venda de imóvel, deve determinar ao promitente vendedor a restituição das parcelas do preço pagas pelo promitente comprador, ainda que não tenha havido pedido expresso nesse sentido. A resolução, própria dos contratos bilaterais, consiste basicamente na extinção do contrato pelo inadimplemento definitivo do devedor, constituindo direito formativo extintivo, pois ocasiona, com o seu exercício, a desconstituição da relação obrigacional e a liberação do credor e do devedor de suas obrigações (eficácia liberatória). Além disso, resulta também da resolução do contrato uma nova relação obrigacional, a relação de liquidação, na qual serão tratados os direitos do credor e do devedor à restituição das prestações já efetivadas e o direito do credor à indenização por perdas e danos. A eficácia restitutória constitui, portanto, consequência natural e indissociável da resolução do contrato. Assim, na ação de resolução de contrato de compra e venda, não há necessidade de o devedor, na contestação ou em reconvenção, requerer a devolução das prestações entregues ao credor, a qual pode e deve ser determinada de ofício pelo juiz como decorrência lógica da decretação de resolução do contrato. Importante ressaltar, ainda, que o credor, da mesma forma e em decorrência do mesmo pedido de resolução, também possui o direito de receber eventuais prestações entregues ao devedor. Precedentes citados: REsp 300.721-SP, Quarta Turma, DJ 29/10/2001, e REsp 97.538-SP, Terceira Turma, DJ 8/5/2000. **REsp 1.286.144-MG, Rel. Min. Paulo de Tarso Sanseverino, julgado em 7/3/2013. (Inform. STJ 518)**

DIREITO CIVIL. NECESSIDADE DE COMPROVAÇÃO DO PREJUÍZO EM AÇÃO ANULATÓRIA DE VENDA REALIZADA POR ASCENDENTE A DESCENDENTE.
Não é possível ao magistrado reconhecer a procedência do pedido no âmbito de ação anulatória da venda de ascendente a descendente com base apenas em presunção de prejuízo decorrente do fato de o autor da ação anulatória ser absolutamente incapaz quando da celebração do negócio por seus pais e irmão. Com efeito, tratando-se de negócio jurídico anulável, para que seja decretada a sua invalidade é imprescindível que se comprove, no caso concreto, a efetiva ocorrência de prejuízo, não se admitindo, na hipótese em tela, que sua existência seja presumida. **REsp 1.211.531-MS, Rel. Min. Luis Felipe Salomão, julgado em 5/2/2013. (Inform. STJ 514).**

▤ **Súmula STF nº 489**
A compra e venda de automóvel não prevalece contra terceiros, de boa-fé, se o contrato não foi transcrito no registro de títulos e documentos.

▤ **Súmula STF nº 413**
O compromisso de compra e venda de imóveis, ainda que não loteados, dá direito à execução compulsória, quando reunidos os requisitos legais.

▤ **Súmula STF nº 412**
No compromisso de compra e venda com cláusula de arrependimento, a devolução do sinal, por quem o deu, ou a sua restituição em dobro, por quem o recebeu, exclui indenização maior, a título de perdas e danos, salvo os juros moratórios e os encargos do processo.

▤ **Súmula STF nº 168**
Para os efeitos do Decreto-Lei 58, de 10/12/1937, admite-se a inscrição imobiliária do compromisso de compra e venda no curso da ação.

▤ **Súmula STF nº 167**
Não se aplica o regime do Decreto-Lei 58, de 10/12/1937, ao compromisso de compra e venda não inscrito no registro imobiliário, salvo se o promitente vendedor se obrigou a efetuar o registro.

▤ **Súmula STF nº 166**
É inadmissível o arrependimento no compromisso de compra e venda sujeito ao regime do Decreto-Lei 58, de 10/12/1937.

▤ **Súmula STJ nº 308**
A hipoteca firmada entre a construtora e o agente financeiro, anterior ou posterior à celebração da promessa de compra e venda, não tem eficácia perante os adquirentes do imóvel.

▤ **Súmula STJ nº 239**
O direito à adjudicação compulsória não se condiciona ao registro do compromisso de compra e venda no cartório de imóveis.

▤ **Súmula STJ nº 76**
A falta de registro do compromisso de compra e venda de imóvel não dispensa a prévia interpelação para constituir em mora o devedor.

3.4. Locação

DIREITO CIVIL. BASE DE CÁLCULO DE MULTA EM CONTRATO DE ALUGUEL.
Na hipótese em que, na data de vencimento, o valor do aluguel seja cobrado com incidência de desconto de bonificação, a multa prevista para o caso de atraso no pagamento deverá incidir sobre o valor do aluguel com o referido desconto. Nos termos do art. 17 da Lei 8.245/1991, é livre a convenção do aluguel, prevalecendo o que as partes contrataram de acordo com seus interesses e necessidades, sendo vedada, apenas, a estipulação em moeda estrangeira e a vinculação à variação cambial ou ao salário mínimo. Desse modo, o desconto para pagamento pontual do aluguel (abono pontualidade) é, em princípio, liberalidade do locador, em obediência ao princípio da livre contratação, representando um incentivo concedido ao locatário, caso venha a pagar o aluguel em data convencionada. Referido bônus tem, portanto, o objetivo de induzir o locatário a cumprir corretamente sua obrigação de maneira antecipada. A multa contratual, por sua vez, também livremente acordada entre as partes, tem a natureza de sanção, incidindo apenas quando houver atraso no cumprimento da prestação (ou descumprimento de outra cláusula), sendo uma consequência, de caráter punitivo, pelo não cumprimento do que fora acordado, desestimulando tal comportamento (infração contratual). Portanto, apesar de ambos os institutos - o bônus e a multa - objetivarem o cumprimento pontual da obrigação contratada, não possuem eles a mesma natureza, pois o primeiro constitui um prêmio ou incentivo, enquanto a multa representa uma sanção ou punição. Por isso, em princípio, as cláusulas de abono pontualidade e de multa por impontualidade são válidas, não havendo impedimento a que estejam previstas no contrato de locação de imóvel, desde que compatibilizadas entre si, nas respectivas lógicas de incidência antípodas. Nessa ordem de ideias, a compatibilização dos institutos requer, para a validade do desconto, bônus ou prêmio por pontualidade, que este, constituindo uma liberalidade do locador, esteja previsto para ser aplicado apenas no caso de pagamento antes da data do vencimento normal do aluguel mensal, cumprindo seu objetivo "premial", representando uma bonificação, um desconto para o pagamento antes do dia

do vencimento. Para pagamento efetuado no dia do vencimento da obrigação, entretanto, já não poderá incidir o bônus, mas o valor normal do aluguel (valor cheio), pois, caso contrário, esse "valor normal do aluguel" inexistirá na prática. De fato, o valor cobrado no dia de vencimento da obrigação é o ordinário, sendo descabida a exigência de quantia maior, salvo na hipótese de pagamento após o vencimento, momento em que poderá haver a incidência de multa por impontualidade. A lógica compatibilizadora, portanto, reclama previsão contratual: a) de desconto ou bônus sobre o valor normal do aluguel apenas para o caso de pagamentos efetivados antes da data normal de vencimento; b) de que na data regular do vencimento prevaleça o valor do aluguel tido como normal (cheio), ou seja, sem desconto, confirmando-se, assim, a efetiva existência desse valor da locação; e c.1) de que, somente quando previstas as estipulações anteriores (letras "a" e "b"), a multa por atraso possa ter como base de cálculo o valor normal do aluguel (montante cheio); c.2) caso contrário (não atendidas as condições "a" e "b"), a multa deverá incidir sobre o valor do aluguel com desconto (quantia reduzida), por ser esse o efetivo montante cobrado no vencimento normal da obrigação. **REsp 832.293-PR, Rel. Min. Raul Araújo, julgado em 20/8/2015, DJe 28/10/2015. (Inform. STJ 572)**

DIREITO CIVIL. LEGITIMIDADE PARA COBRANÇA DE ALUGUÉIS VENCIDOS EM DATA ANTERIOR À DA ALIENAÇÃO DO IMÓVEL.
O antigo proprietário – alienante – tem legitimidade para cobrar os aluguéis que tenham vencido em data anterior à alienação do imóvel, somente cabendo ao novo proprietário – adquirente – direito sobre tais parcelas caso disposto no contrato de compra e venda do imóvel. Em princípio, o contrato de locação é uma relação jurídica de cunho obrigacional, pessoal, constituída entre o locador e o locatário, em que o primeiro transfere ao segundo a posse direta do imóvel para uso. Já o contrato de compra e venda celebrado posteriormente entre o proprietário/locador e terceiro estabelece um novo negócio jurídico, que não vincula, por si só, o adquirente do imóvel ao locatário, tendo em vista que não foi ele quem contratou a locação, e sim o locador/vendedor, que deixou de ser proprietário da coisa. Ademais, a alienação não altera a relação obrigacional entre o locatário e o locador no período anterior à venda do imóvel. Sendo assim, o locatário se tornará obrigado perante o novo proprietário somente após o negócio jurídico, por força de sub-rogação legal, nos termos do art. 8º, § 2º, da Lei 8.245/1991. **REsp 1.228.266-RS, Rel. Min. Maria Isabel Gallotti, julgado em 10/3/2015, DJe 23/3/2015 (Inform. STJ 558).**

DIREITO CIVIL. INTERPRETAÇÃO DO ART. 53 DA LEI DE LOCAÇÕES. Pode haver denúncia vazia de contrato de locação de imóvel não residencial ocupado por instituição de saúde apenas para o desempenho de atividades administrativas, como marcação de consultas e captação de clientes, não se aplicando o benefício legal previsto no art. 53 da Lei de Locações. O objetivo do legislador ao editar o referido artigo fora retirar do âmbito de discricionariedade do locador o despejo do locatário que preste efetivos serviços de saúde no local objeto do contrato de locação, estabelecendo determinadas situações especiais em que o contrato poderia vir a ser denunciado motivadamente. Buscou-se privilegiar o interesse social patente no desempenho das atividades fins ligadas à saúde, visto que não podem sofrer dissolução de continuidade ao mero alvedrio do locador. Posto isso, há de ressaltar que, conforme a jurisprudência do STJ, esse dispositivo merece exegese restritiva, não estendendo as suas normas, restritivas por natureza do direito do locador, à locação de espaço voltado ao trato administrativo de estabelecimento de saúde. **REsp 1.310.960-SP, Rel. Min. Paulo de Tarso Sanseverino, julgado em 4/9/2014. (Inform. STJ 547)**

DIREITO CIVIL. LOCAÇÃO COMERCIAL DE IMÓVEL DE EMPRESA PÚBLICA FEDERAL. Empresa pública federal que realize contrato de locação comercial de imóvel de sua propriedade não pode escusar-se de renovar o contrato na hipótese em que o locatário tenha cumprido todos os requisitos exigidos pela Lei de Locações (Lei 8.245/1991) para garantir o direito à renovação. Inicialmente, vale ressaltar que somente as locações de imóveis de propriedade da União, dos Estados e dos Municípios, de suas autarquias e fundações públicas não se submetem às normas da Lei de locações, conforme previsto no art. 1º, parágrafo único, "a", 1, desse diploma legal. Nos termos do Decreto-lei 200/1967 e do art. 173, § 1º, da CF, as empresas públicas são dotadas de personalidade jurídica de direito privado e, ressalvadas as hipóteses constitucionais, sujeitam-se ao regime jurídico próprio das empresas privadas, inclusive nas relações jurídicas contratuais que venham a manter.

Nesse contexto, na hipótese em que empresa pública realize contrato de locação comercial de imóvel de sua propriedade, sendo o imóvel locado bem de natureza privada – por ser de titularidade de empresa pública que se sujeita ao regime jurídico de direito privado –, o contrato locatício firmado também é de natureza privada, e não administrativa, submetendo-se à Lei de Locações. Assim sendo, tendo o locatário obedecido a todos os requisitos exigidos na referida lei para garantir o direito à renovação do contrato, não é possível à locadora escusar-se da renovação. Nesse aspecto, ensina a doutrina que "As locações são contratos de direito privado, figure a administração como locadora ou locatária. Neste último caso, não há norma na disciplina locatícia que retire do locador seus poderes legais. Naquele outro também não se pode descaracterizar o contrato de natureza privada, se foi este o tipo de pacto eleito pela administração, até porque, se ela o desejasse, firmaria contrato administrativo de concessão de uso". **REsp 1.224.007-RJ, Rel. Min. Luis Felipe Salomão, julgado em 24/4/2014. (Inform. STJ 542)**

DIREITO CIVIL. LEGITIMIDADE DO LOCADOR PARA A PROPOSITURA DE AÇÃO DE DESPEJO.
O locador, ainda que não seja o proprietário do imóvel alugado, é parte legítima para a propositura de ação de despejo fundada na prática de infração legal/contratual ou na falta de pagamento de aluguéis. A Lei n. 8.245/1991 (Lei de Locações) especifica as hipóteses nas quais é exigida a prova da propriedade para o ajuizamento da ação de despejo. Nos demais casos, entre os quais se encontram os ora analisados, deve-se atentar para a natureza pessoal da relação de locação, de modo a considerar desnecessária a condição de proprietário para a propositura da demanda. Ademais, cabe invocar o princípio da boa-fé objetiva, cuja função de relevo é impedir que o contratante adote comportamento que contrarie o conteúdo de manifestação anterior, em cuja seriedade o outro pactuante confiou. Assim, uma vez celebrado contrato de locação de imóvel, fere o aludido princípio a atitude do locatário que, após exercer a posse direta do imóvel, alega que o locador, por não ser o proprietário do imóvel, não tem legitimidade para o ajuizamento de eventual ação de despejo nas hipóteses em que a lei não exige essa condição do demandante. **REsp 1.196.824-AL, Rel. Min. Ricardo Villas Bôas Cueva, julgado em 19/2/2013. (Inform. STJ 515).**

DIREITO CIVIL. DENÚNCIA, PELO COMPRADOR, DE CONTRATO DE LOCAÇÃO AINDA VIGENTE, SOB A ALEGAÇÃO DE INEXISTÊNCIA DE AVERBAÇÃO DA AVENÇA NA MATRÍCULA DO IMÓVEL.
O comprador de imóvel locado não tem direito a proceder à denúncia do contrato de locação ainda vigente sob a alegação de que o contrato não teria sido objeto de averbação na matrícula do imóvel se, no momento da celebração da compra e venda, tivera inequívoco conhecimento da locação e concordara em respeitar seus termos. É certo que, de acordo com o art. 8º da Lei n. 8.245/1991, se o imóvel for alienado durante a locação, o adquirente poderá denunciar o contrato, com o prazo de 90 dias para a desocupação, salvo se, além de se tratar de locação por tempo determinado, o contrato tiver cláusula de vigência em caso de alienação e estiver averbado junto à matrícula do imóvel. Todavia, em situações como a discutida, apesar da inexistência de averbação, há de se considerar que, embora por outros meios, foi alcançada a finalidade precípua do registro público, qual seja, a de trazer ao conhecimento do adquirente do imóvel a existência da cláusula de vigência do contrato de locação. Nessa situação, constatada a ciência inequívoca, tem o adquirente a obrigação de respeitar a locação até o seu termo final, em consonância com o princípio da boa-fé. **REsp 1.269.476-SP, Rel. Ministra Nancy Andrighi, julgado em 5/2/2013. (Inform. STJ 515).**

DIREITO CIVIL. LOCAÇÃO. TERMO INICIAL DO PRAZO PARA A DESOCUPAÇÃO DE IMÓVEL ESTABELECIDO PELO ART. 74 DA LEI N. 8.245/1991, COM REDAÇÃO DADA PELA LEI N. 12.112/2009.
O termo inicial do prazo de trinta dias para o cumprimento voluntário de sentença que determine a desocupação de imóvel alugado é a data da intimação pessoal do locatário realizada por meio de mandado de despejo. A Lei n. 12.112/2009, que modificou o art. 74 da Lei n. 8.245/1991, encurtou o prazo para a desocupação voluntária do imóvel e retirou do ordenamento jurídico a disposição dilatória de aguardo do trânsito em julgado constante da antiga redação do referido artigo, a fim de evitar o uso do processo como obstáculo ao alcance da efetividade da jurisdição. **REsp 1.307.530-SP, Rel. originário Min. Paulo de Tarso Sanseverino, Rel. para acórdão Min. Sidnei Beneti, julgado em 11/12/2012. (Inform. STJ 513).**

VADE MECUM DE JURISPRUDÊNCIA – STF/STJ

📃 Súmula STJ nº 549

É válida a penhora de bem de família pertencente a fiador de contrato de locação.

📃 Súmula STJ nº 335

Nos contratos de locação, é válida a cláusula de renúncia à indenização das benfeitorias e ao direito de retenção.

📃 Súmula STJ nº 214

O fiador na locação não responde por obrigações resultantes de aditamento ao qual não anuiu.

3.5. Mútuo

AG. REG. NO ARE N. 863.862-CE

RELATOR: MIN. ROBERTO BARROSO
EMENTA: DIREITO CIVIL. AGRAVO REGIMENTAL EM RECURSO EXTRA-ORDINÁRIO COM AGRAVO. SISTEMA FINANCEIRO DE HABITAÇÃO. TAXA REFERENCIAL. AUSÊNCIA DE PREQUESTIONAMENTO. NECESSIDADE DE REEXAME DO MATERIAL PROBATÓRIO. SÚMULA 279/STF. CRITÉRIOS DE REAJUSTE. AUSÊNCIA DE REPERCUSSÃO GERAL.
1. Exceto o art. 5º, XXXVI, da Constituição, os demais temas constitucionais do recurso extraordinário não foram objeto de análise prévia e conclusiva pelo Tribunal de origem. Incidência das Súmulas 282 e 356/STF. 2. A jurisprudência desta Corte assentou o entendimento de que não ofende as garantias do ato jurídico perfeito e do direito adquirido a utilização da Taxa Referencial (TR) como fator de correção de contratos de SFH anteriores à edição da Lei nº 8.117/1991, desde que no referido contrato conste cláusula de que a correção monetária seja feita com aplicação do índice do BTN ou do índice de correção das cadernetas de poupança. Precedentes.3. O Supremo Tribunal Federal já assentou a ausência de repercussão geral da questão discutida (RE 579.073-RG, Rel. Min. Cezar Peluso), relativa ao critério de reajuste de saldo devedor de contrato de mútuo firmado no âmbito do sistema financeiro da habitação, por restringir-se a tema infraconstitucional. 4. O art. 543-A, § 5º, do CPC, bem como os arts. 326 e 327 do RI/STF, dispõe que a decisão desta Corte quanto à inexistência de repercussão geral valerá para todos os casos que versem sobre questão idêntica.
5. Agravo regimental a que se nega provimento. **(Inform. STF 790)**

DIREITO CIVIL. TEMA 909 (REFORMULAÇÃO).

Reformulada a controvérsia da qual este Recurso Especial, afetado à Corte Especial, é representativo: "definição do conceito jurídico de capitalização de juros vedada pela Lei de Usura e permitida pela MP 2.170-01 no âmbito do Sistema Financeiro Nacional, e pela Lei 11.977/2009, no Sistema Financeiro da Habitação, desde que expressamente pactuada". **REsp 951.894-DF, Rel. Min. Maria Isabel Gallotti, DJe 26/10/2015. (Inform. STJ 571)**

DIREITO CIVIL E PROCESSUAL CIVIL. UTILIZAÇÃO DA TABELA PRICE NOS CONTRATOS DO SFH. RECURSO REPETITIVO (ART. 543-C DO CPC E RES. 8/2008-STJ).

A análise acerca da legalidade da utilização da Tabela Price – mesmo que em abstrato – passa, necessariamente, pela constatação da eventual capitalização de juros (ou incidência de juros compostos, juros sobre juros ou anatocismo), que é questão de fato e não de direito, motivo pelo qual não cabe ao STJ tal apreciação, em razão dos óbices contidos nas Súmulas 5 e 7 do STJ; é exatamente por isso que, em contratos cuja capitalização de juros seja vedada, é necessária a interpretação de cláusulas contratuais e a produção de prova técnica para aferir a existência da cobrança de juros não lineares, incompatíveis, portanto, com financiamentos celebrados no âmbito do Sistema Financeiro de Habitação (SFH) antes da vigência da Lei 11.977/2009, que acrescentou o art. 15-A à Lei 4.380/1964; em se verificando que matérias de fato ou eminentemente técnicas foram tratadas como exclusivamente de direito, reconhece-se o cerceamento, para que seja realizada a prova pericial. No âmbito do SFH, a Lei 4.380/1964, em sua redação original, não previa a possibilidade de cobrança de juros capitalizados, vindo à luz essa permissão apenas com a edição da Lei 11.977/2009, que acrescentou ao diploma de 1964 o art. 15-A. Daí o porquê de a jurisprudência do STJ ser tranquila em afirmar que, antes da vigência da Lei 11.977/2009, era vedada a cobrança de juros capitalizados em qualquer periodicidade nos contratos de mútuo celebrados no âmbito do SFH. Esse entendimento foi, inclusive, sufragado em sede de julgamento de recurso especial repetitivo, submetido ao rito do art. 543-C do CPC, nos seguintes termos: "Nos contratos celebrados

no âmbito do Sistema Financeiro da Habitação, é vedada a capitalização de juros em qualquer periodicidade. Não cabe ao STJ, todavia, aferir se há capitalização de juros com a utilização da Tabela Price, por força das Súmulas 5 e 7" (REsp 1.070.297-PR, Segunda Seção, DJe 18/9/2009). No referido precedente, a Segunda Seção decidiu ser matéria de fato e não de direito a possível capitalização de juros na utilização da Tabela Price, sendo exatamente por isso que as insurgências relativas a essa temática dirigidas ao STJ esbarram nos óbices das Súmulas 5 e 7 do STJ. A despeito disso, nota-se, ainda, a existência de divergência sobre a capitalização de juros na Tabela Price nas instâncias ordinárias, uma vez que os diversos tribunais de justiça das unidades federativas, somados aos regionais federais, manifestam, cada qual, entendimentos diversos sobre a utilização do Sistema Francês de amortização de financiamentos. Nessa linha intelectiva, não é possível que uma mesma tese jurídica – saber se a Tabela Price, por si só, representa capitalização de juros – possa receber tratamento absolutamente distinto, a depender da unidade da Federação ou se a jurisdição é federal ou estadual. A par disso, para solucionar a controvérsia, as "regras de experiência comum" e as "as regras da experiência técnica" devem ceder à necessidade de "exame pericial" (art. 335 do CPC), cabível sempre que a prova do fato "depender do conhecimento especial de técnico" (art. 420, I, do CPC). Realmente, há diversos trabalhos publicados no sentido de não haver anatocismo na utilização da Tabela Price, porém há diversos outros em direção exatamente oposta. As contradições, os estudos técnicos dissonantes e as diversas teorizações demonstram o que já se afirmou no REsp 1.070.297-PR, Segunda Seção, DJe 18/9/2009: em matéria de Tabela Price, nem "sequer os matemáticos chegam a um consenso". Nessa seara de incertezas, cabe ao Judiciário conferir a solução ao caso concreto, mas não lhe cabe imiscuir-se em terreno movediço nos quais os próprios experts tropeçam. Isso porque os juízes não têm conhecimentos técnicos para escolher entre uma teoria matemática e outra, mormente porque não há perfeito consenso neste campo. Dessa maneira, o dissídio jurisprudencial quanto à utilização ou à vedação da Tabela Price decorre, por vezes, dessa invasão do magistrado ou do tribunal em questões técnicas, estabelecendo, a seu arbítrio, que o chamado Sistema Francês de Amortização é legal ou ilegal. Por esses motivos não pode o STJ – sobretudo, e com maior razão, porque não tem contato com as provas dos autos – cometer o mesmo equívoco por vezes praticado pelas instâncias ordinárias, permitindo ou vedando, em abstrato, o uso da Tabela Price. É que, se a análise acerca da legalidade da utilização do Sistema Francês de Amortização passa, necessariamente, pela averiguação da forma pela qual incidiram os juros, a legalidade ou a ilegalidade do uso da Tabela Price não pode ser reconhecida em abstrato, sem apreciação dos contornos do caso concreto. Desse modo, em atenção à segurança jurídica, o procedimento adotado nas instâncias ordinárias deve ser ajustado, a fim de corrigir as hipóteses de deliberações arbitrárias ou divorciadas do exame probatório do caso concreto. Isto é, quando o juiz ou o tribunal, ad nutum, afirmar a legalidade ou ilegalidade da Tabela Price, sem antes verificar, no caso concreto, a ocorrência ou não de juros capitalizados (compostos ou anatocismo), haverá ofensa aos arts. 131, 333, 335, 420, 458 ou 535 do CPC, ensejando, assim, novo julgamento com base nas provas ou nas consequências de sua não produção, levando-se em conta, ainda, o ônus probatório de cada litigante. Assim, por ser a capitalização de juros na Tabela Price questão de fato, deve-se franquear às partes a produção da prova necessária à demonstração dos fatos constitutivos do direito alegado, sob pena de cerceamento de defesa e invasão do magistrado em seara técnica com a qual não é afeito. Ressalte-se que a afirmação em abstrato acerca da ocorrência de capitalização de juros quando da utilização da Tabela Price, como reiteradamente se constata, tem dado azo a insurgências tanto dos consumidores quanto das instituições financeiras, haja vista que uma ou outra conclusão dependerá unicamente do ponto de vista do julgador, manifestado quase que de forma ideológica, por vez às cegas e desprendida da prova dos autos, a qual, em não raros casos, simplesmente inexiste. Por isso, reservar à prova pericial essa análise, de acordo com as particularidades do caso concreto, beneficiará tanto os mutuários como as instituições financeiras, porquanto nenhuma das partes ficará ao alvedrio de valorações superficiais do julgador acerca de questão técnica. Precedentes citados: AgRg no AREsp 219.959-SP, Terceira Turma, DJe 28/2/2014; AgRg no AREsp 420.450-DF, Quarta Turma, DJe 7/4/2014; AgRg no REsp 952.569-SC, Quarta Turma, DJe 19/8/2010; e REsp 894.682-RS, DJe 29/10/2009. **REsp 1.124.552-RS, Rel. Min. Luis Felipe Salomão, Corte Especial, julgado em 3/12/2014, DJe 2/2/2015 (Inform. STJ 554).**

1. DIREITO CIVIL

POSSIBILIDADE DE PURGAÇÃO DA MORA MESMO APÓS A CONSOLIDA- ÇÃO DA PROPRIEDADE EM NOME DO CREDOR FIDUCIÁRIO. Mesmo que já consolidada a propriedade do imóvel dado em garantia em nome do credor fiduciário, é possível, até a assinatura do auto de arrematação, a purgação da mora em contrato de alienação fiduciária de bem imóvel (Lei 9.514/1997). À luz da dinâmica estabelecida pela Lei 9.514/1997, o devedor fiduciante transfere a propriedade do imóvel ao credor fiduciário até o pagamento da dívida. Essa transferência caracteriza-se pela temporariedade e pela transitoriedade, pois o credor fiduciário adquire o imóvel não com o propósito de mantê-lo como de sua propriedade, em definitivo, mas sim com a finalidade de garantia da obrigação principal, mantendo-o sob seu domínio até que o devedor fiduciante pague a dívida. No caso de inadimplemento da obrigação, o devedor terá quinze dias para purgar a mora. Caso não o faça, a propriedade do bem se consolida em nome do credor fiduciário, que pode, a partir daí, buscar a posse direta do bem e deve, em prazo determinado, aliená-lo nos termos dos arts. 26 e 27 da Lei 9.514/1997. No entanto, apesar de consolidada a propriedade, não se extingue de pleno direito o contrato de mútuo, uma vez que o credor fiduciário deve providenciar a venda do bem, mediante leilão, ou seja, a partir da consolidação da propriedade do bem em favor do agente fiduciário, inaugura-se uma nova fase do procedimento de execução contratual. Portanto, no âmbito da alienação fiduciária de imóveis em garantia, o contrato, que serve de base para a existência da garantia, não se extingue por força da consolidação da propriedade, mas, sim, pela alienação em leilão público do bem objeto da alienação fiduciária, a partir da lavratura do auto de arrematação. Feitas essas considerações, constata-se, ainda, que a Lei 9.514/1997, em seu art. 39, II, permite expressamente a apli- cação subsidiária das disposições dos arts. 29 a 41 do Decreto-Lei 70/1966 aos contratos de alienação fiduciária de bem imóvel. Nesse ponto, cumpre destacar que o art. 34 do Decreto-Lei 70/1966 diz que "É lícito ao devedor, a qualquer momento, até a assinatura do auto de arrematação, purgar o débito". Desse modo, a purgação da mora até a arrematação não encontra nenhum entrave procedimental, tendo em vista que o credor fiduciário – nos termos do art. 27 da Lei 9.514/1997 – não incorpora o bem alienado em seu patrimônio, que o contrato de mútuo não se extingue com a consolidação da propriedade em nome do fiduciário e, por fim, que a principal finalidade da alienação fiduciária é o adimplemento da dívida e a ausência de prejuízo para o credor. Além disso, a purgação da mora até a data da arrematação atende a todas as expectativas do credor quanto ao contrato firmado, visto que o crédito é adimplido. Precedente citado: REsp 1.433.031-DF, Terceira Turma, DJe 18/6/2014. **REsp 1.462.210-RS, Rel. Min. Ricardo Villas Bôas Cueva, julgado em 18/11/2014. (Inform. STJ 552)**

DIREITO CIVIL. JUROS REMUNERATÓRIOS NÃO PREVISTOS NO CON- TRATO DE MÚTUO FIRMADO ENTRE A COOPERATIVA DE CRÉDITO E O COOPERADO. A cooperativa de crédito pode exigir de seu cooperado juros remuneratórios em percentual não superior à taxa média de mercado, quando o percentual do encargo tiver sido estipulado pelo conselho de administração da cooperativa, conforme previsão estatutária, e tenha ocorrido a ampla divulgação da referida taxa, mesmo que o contrato de mútuo seja silente em relação ao percentual dos juros remunerató- rios. Com efeito, decorre do art. 21, *caput*, da Lei 5.764/1971 que a filiação à cooperativa implica adesão automática e implícita às normas do estatuto social, mantendo a higidez das relações entre os cooperados e entre esses e a cooperativa. Nessa linha, o STJ assevera que os estatutos das coope- rativas contêm as normas fundamentais sobre a organização, a atividade de seus órgãos e os direitos e deveres dos associados. Ressalte-se, ainda, que as cooperativas de crédito não perseguem o lucro, havendo rateio de sobras e perdas, conforme previsão no estatuto social, levando em conta a proporcionalidade da expressão econômica das operações dos associados. Nesse contexto, sobressaem as atividades com encargos e tarifas menores às oferecidas pelo mercado, destacando-se que a cobrança de juros é uma das formas pela qual a entidade arrecada contribuições de seus associados e pela qual lhes propicia vantagem comparativa em relação às demais insti- tuições financeiras. Além disso, as cooperativas de crédito são instituições financeiras, razão pela qual não há submissão dessas à Lei de Usura. Desse modo, a estipulação dos juros remuneratórios pelo conselho de adminis- tração da cooperativa, consoante previsão estatutária, permite a cobrança do encargo ali definido, ainda que esse não conste no contrato de mútuo, desde que o percentual exigido não supere a taxa média estabelecida pelo mercado. **REsp 1.141.219-MG, Rel. Min. Luis Felipe Salomão, julgado em 3/4/2014. (Inform. STJ 539)**

▦ Súmula Vinculante STF 7

A norma do § 3º do artigo 192 da Constituição, revogada pela Emenda Constitucional nº 40/2003, que limitava a taxa de juros reais a 12% ao ano, tinha sua aplicação condicionada à edição de lei complementar.

▦ Súmula STF nº 596

As disposições do Decreto 22.626/1933 não se aplicam às taxas de juros e aos outros encargos cobrados nas operações realizadas por instituições públicas ou privadas, que integram o sistema financeiro nacional.

▦ Súmula STJ nº 541

A previsão no contrato bancário de taxa de juros anual superior ao duodé- cuplo da mensal é suficiente para permitir a cobrança da taxa efetiva anual contratada.

▦ Súmula STJ nº 539

É permitida a capitalização de juros com periodicidade inferior à anual em contratos celebrados com instituições integrantes do Sistema Financeiro Nacional a partir de 31/3/2000 (MP n. 1.963-17/2000, reeditada como MP n. 2.170-36/2001), desde que expressamente pactuada.

▦ Súmula STJ nº 530

Nos contratos bancários, na impossibilidade de comprovar a taxa de juros efetivamente contratada - por ausência de pactuação ou pela falta de juntada do instrumento aos autos -, aplica-se a taxa média de mercado, divulgada pelo Bacen, praticada nas operações da mesma espécie, salvo se a taxa cobrada for mais vantajosa para o devedor.

▦ Súmula STJ nº 473

O mutuário do SFH não pode ser compelido a contratar o seguro habitacional obrigatório com a instituição financeira mutuante ou com a seguradora por ela indicada.

▦ Súmula STJ nº 382

A estipulação de juros remuneratórios superiores a 12% ao ano, por si só, não indica abusividade.

▦ Súmula STJ nº 381

Nos contratos bancários, é vedado ao julgador conhecer, de ofício, da abusividade das cláusulas.

▦ Súmula STJ nº 379

Nos contratos bancários não regidos por legislação específica, os juros moratórios poderão ser convencionados até o limite de 1% ao mês.

▦ Súmula STJ nº 328

Na execução contra instituição financeira, é penhorável o numerário disponí- vel, excluídas as reservas bancárias mantidas no Banco Central.

▦ Súmula STJ nº 297

O Código de Defesa do Consumidor é aplicável às instituições financeiras.

▦ Súmula STJ nº 296

Os juros remuneratórios, não cumuláveis com a comissão de permanência, são devidos no período de inadimplência, à taxa média de mercado estipulada pelo Banco Central do Brasil, limitada ao percentual contratado.

▦ Súmula STJ nº 295

A Taxa Referencial (TR) é indexador válido para contratos posteriores à Lei n. 8.177/91, desde que pactuada.

▦ Súmula STJ nº 294

Não é potestativa a cláusula contratual que prevê a comissão de permanência, calculada pela taxa média de mercado apurada pelo Banco Central do Brasil, limitada à taxa do contrato.

▦ Súmula STJ nº 288

A Taxa de Juros de Longo Prazo (TJLP) pode ser utilizada como indexador de correção monetária nos contratos bancários.

▦ Súmula STJ nº 287

A Taxa Básica Financeira (TBF) não pode ser utilizada como indexador de correção monetária nos contratos bancários.

Súmula STJ nº 286

A renegociação de contrato bancário ou a confissão da dívida não impede a possibilidade de discussão sobre eventuais ilegalidades dos contratos anteriores.

Súmula STJ nº 285

Nos contratos bancários posteriores ao Código de Defesa do Consumidor incide a multa moratória nele prevista.

Súmula STJ nº 283

As empresas administradoras de cartão de crédito são instituições financeiras e, por isso, os juros remuneratórios por elas cobrados não sofrem as limitações da Lei de Usura.

Súmula STJ nº 271

A correção monetária dos depósitos judiciais independe de ação específica contra o banco depositário.

Súmula STJ nº 259

A ação de prestação de contas pode ser proposta pelo titular de conta-corrente bancária.

Súmula STJ nº 258

A nota promissória vinculada a contrato de abertura de crédito não goza de autonomia em razão da iliquidez do título que a originou.

Súmula STJ nº 247

O contrato de abertura de crédito em conta-corrente, acompanhado do demonstrativo de débito, constitui documento hábil para o ajuizamento da ação monitória.

Súmula STJ nº 233

O contrato de abertura de crédito, ainda que acompanhado de extrato da conta-corrente, não é título executivo.

Súmula STJ nº 79

Os bancos comerciais não estão sujeitos a registro nos conselhos regionais de economia.

Súmula STJ nº 30

A comissão de permanência e a correção monetária são inacumuláveis.

3.6. Depósito

DIREITO CIVIL. CORREÇÃO MONETÁRIA E JUROS COMPENSATÓRIOS.
Incidem correção monetária e juros compensatórios sobre os depósitos judiciais decorrentes de processos originários do STJ. Aplicam-se as regras do mercado como parâmetro de atualização, de modo que a aplicação dos juros se faz com o intuito de "remuneração", enquanto que a correção monetária, com o de "atualização". Essa compreensão está disposta no ordenamento jurídico como norma extraída dos princípios constitucionais, notadamente, o da isonomia, porquanto repõe o equilíbrio entre os partícipes das relações econômicas. Se assim o é, obviamente que o sentido do direito será sempre o de recompor as perdas da moeda, por meio da correção monetária, e, ainda, recompensar o seu titular pelo tempo que ficou sem dela dispor, senão estaríamos diante de um enriquecimento ilícito. **Pet 10.326-RJ, Rel. originário Min. Og Fernandes, Rel. para acórdão Min. Maria Thereza de Assis Moura, julgado em 5/8/2015, DJe 14/9/2015 (Inform. STJ 569).**

DIREITO CIVIL. CONTRATO DE DEPÓSITO BANCÁRIO E TERMO FINAL DE INCIDÊNCIA DOS JUROS REMUNERATÓRIOS.
Na execução individual de sentença proferida em ação civil pública que reconhece o direito de poupadores aos expurgos inflacionários relativos ao período de junho de 1987 e janeiro de 1989 (Planos Bresser e Verão), os juros remuneratórios são devidos até a data de encerramento da conta poupança, mas se a instituição bancária deixar de demonstrar precisamente o momento em que a conta bancária chegou ao seu termo, os juros remuneratórios deverão incidir até a citação ocorrida nos autos da ação civil pública objeto da execução. Os juros remuneratórios são devidos ao cliente/depositante em razão da utilização do capital (valor depositado) pela instituição bancária. A par disso, se os juros remuneratórios são cabíveis como compensação ou remuneração do capital, caso o capital não esteja mais à disposição da instituição bancária, não há nenhuma justificativa para a incidência dos referidos juros, pois o poupador/depositante não estará mais privado da utilização do dinheiro e o banco não estará fazendo uso de "capital alheio". Nesse sentido, a Terceira Turma do STJ (AgRg no REsp 1.505.007-MS, DJe 18/5/2015) afirmou que "Os juros remuneratórios incidem até a data de encerramento da conta poupança porque (1) após o seu encerramento não se justifica a incidência de juros, já que o poupador não mais estará privado da utilização de seu capital; e, (2) os juros são frutos civis e representam prestações acessórias ligadas à obrigação principal". Nesse contexto, cabe ressaltar que não se desconhece que a jurisprudência do STJ também possui o entendimento no sentido de que os juros remuneratórios têm como termo final a data do efetivo pagamento da dívida (AgRg no AREsp 408.287-SP, Terceira Turma, DJe 27/5/2014; AgRg no Ag 1.010.310-DF, Quarta Turma, DJe 31/10/2012). Por sua vez, o contrato de depósito pecuniário ou bancário por ostentar natureza real, somente se aperfeiçoa com a efetiva entrega do dinheiro ou equivalente ao banco. Nessa linha de intelecção, observa-se, portanto, que uma das formas de extinção dessa espécie contratual ocorre com a retirada da quantia integralmente depositada ou diante do pedido feito pelo depositante para que a conta bancária seja encerrada, com a consequente devolução de todo o montante pecuniário. É o que se extrai da dicção do art. 1.265, *caput*, do CC/1916, cujo texto foi reproduzido pelo art. 627 do CC/2002. No entanto, caso o banco não demonstre a data de extinção da conta-poupança, a melhor solução consiste em adotar a data da citação ocorrida nos autos da ação civil pública objeto da execução como o termo final dos juros remuneratórios. Isso porque, na hipótese em análise, o ônus de comprovação da data de encerramento da conta-poupança, pela retirada do valor depositado, incumbe à instituição bancária, nos termos do art. 333, II, do CPC, uma vez que se trata de fato que delimita a extensão do pedido formulado pelo autor desse tipo de demanda. Ademais, porque essa sistemática impede que exista concomitantemente a incidência de juros remuneratórios e moratórios dentro de um mesmo período, uma vez que, na hipótese aqui analisada, o depositante, no momento da propositura da ação coletiva, demonstra o interesse em rever os reflexos dos expurgos inflacionários, ocorrendo a constituição em mora do banco, por não satisfazer voluntariamente a pretensão resistida, momento a partir do qual deverão ser aplicados os juros de mora. Trata-se, além disso, de sistemática que se coaduna com entendimento recente da Corte Especial do STJ, julgado sob o regime do art. 543-C do CPC, no sentido de que "Os juros de mora incidem a partir da citação do devedor na fase de conhecimento da Ação Civil Pública, quando esta se fundar em responsabilidade contratual, sem que haja configuração da mora em momento anterior" (REsp 1.361.800-SP, Corte Especial, DJe 14/10/2014). **REsp 1.535.990-MS, Rel. Min. Luis Felipe Salomão, julgado em 04/8/2015, DJe 20/8/2015 (Inform. STJ 566).**

DIREITO CIVIL. INCLUSÃO NO DÉBITO JUDICIAL DE EXPURGOS INFLACIO-NÁRIOS SUBSEQUENTES. RECURSO REPETITIVO (ART. 543-C DO CPC E RES. 8/2008-STJ). TEMA 891.
Na execução de sentença que reconhece o direito de poupadores aos expurgos inflacionários decorrentes do Plano Verão (janeiro de 1989), incidem os expurgos inflacionários posteriores a título de correção monetária plena do débito judicial, que terá como base de cálculo o saldo existente ao tempo do referido plano econômico, e não os valores de eventuais depósitos da época de cada plano subsequente. De início, cumpre diferenciar duas situações que parecem se baralhar com relativa frequência: (i) uma é a incidência de expurgos inflacionários resultantes de planos econômicos não previstos na sentença coletiva a valores eventualmente existentes em contas de poupança em momento posterior; (ii) outra é a incidência, no débito judicial resultante da sentença, de expurgos inflacionários decorrentes de planos econômicos posteriores ao período apreciado pela ação coletiva, a título de correção monetária plena da dívida consolidada. Exemplo da primeira situação: em janeiro de 1989, um poupador detinha determinado valor depositado em poupança e manteve a conta aberta com valores passados e/ou futuros até a atualidade; a sentença coletiva reconhece o direito à diferença de correção monetária referente a janeiro de 1989 (Plano Verão) e o correntista busca, na execução da sentença, a incidência de outros expurgos aos valores que foram ou se mantiveram depositados na conta; nessa hipótese, a depender do caso concreto, certamente poderá haver ofensa à coisa julgada com a inclusão de expurgos – posteriores à sentença –, na fase de execução. Em relação à segunda situação, tem-se o seguinte exemplo: em janeiro de 1989, um poupador detinha determinado valor depositado em poupança; a sentença coletiva reconhece o direito à diferença de correção monetária referente a janeiro de 1989 (Plano Verão); sobre esse débito certo e reconhecido (fixado conforme o título), referente ao direito a expurgos inflacionários

1. DIREITO CIVIL **19**

concretamente decididos na sentença, a parte, na fase de execução, busca a incidência de outros expurgos referentes a planos econômicos posteriores, mas tudo a título de correção monetária do débito reconhecido. Percebe-se que as bases de cálculo de cada situação são bem distintas: na primeira, a base de cálculo é o saldo dos depósitos existentes à época de cada plano econômico; na segunda, é o saldo existente em conta em janeiro de 1989, que é atualizado na fase de execução, fazendo-se incidir os demais expurgos referentes aos planos econômicos não contemplados na sentença. No caso em análise – situação (ii) –, observa-se que o propósito subjacente é a mera recomposição da moeda, mediante incidência de correção monetária plena. No ponto, é de longa data a jurisprudência do STF e do STJ no sentido de que a correção monetária não consubstancia acréscimo material ao débito principal, mas mera recomposição do valor real em face da corrosão inflacionária de determinado período. Por essa ótica, havendo um montante fixo já definido na sentença – dependente apenas de mero cálculo aritmético –, não hostiliza a coisa julgada a inclusão, na fase de execução individual, de correção monetária não contemplada na sentença. Antes, a protege, pois só assim o título permanece hígido com a passagem do tempo em um cenário econômico no qual a inflação não é nula. Com efeito, se, para a manutenção da coisa julgada, é necessário proceder à correção monetária plena do débito reconhecido, os expurgos inflacionários do período de inadimplemento devem compor o cálculo, estejam ou não contemplados na sentença exequenda. Precedentes citados: REsp 1.322.543-DF, Quarta Turma, julgado em 26/8/2014, DJe 16/9/2014; AgRg no REsp 1.240.114-SC, Terceira Turma, DJe 18/3/2014; e REsp 550.063-PR, Segunda Turma, DJe 23/4/2010. REsp 1.314.478-RS, Rel. Min. Luis Felipe Salomão, Segunda Seção, julgado em 13/5/2015, DJe 9/6/2015 **(Inform. STJ 563)**.

📖 **Súmula Vinculante STF 25**

É ilícita a prisão civil de depositário infiel, qualquer que seja a modalidade do depósito.

📖 **Súmula STJ nº 419**

Descabe a prisão civil do depositário judicial infiel.

📖 **Súmula STJ nº 179**

O estabelecimento de credito que recebe dinheiro, em deposito judicial, responde pelo pagamento da correção monetária relativa aos valores recolhidos.

3.7. Mandato

DIREITO CIVIL E PROCESSUAL CIVIL. EFEITOS DA SENTENÇA DE INTERDIÇÃO SOBRE MANDATO JUDICIAL.
A sentença de interdição não tem como efeito automático a extinção do mandato outorgado pelo interditando ao advogado para sua defesa na demanda, sobretudo no caso em que o curador nomeado integre o polo ativo da ação de interdição. De fato, o art. 682, II, do CC dispõe que a interdição do mandante acarreta automaticamente a extinção do mandato, inclusive o judicial. Contudo, ainda que a norma se aplique indistintamente a todos os mandatos, faz-se necessária uma interpretação lógico-sistemática do ordenamento jurídico pátrio, permitindo afastar a sua incidência no caso específico do mandato outorgado pelo interditando para sua defesa judicial na própria ação de interdição. Isso porque, além de o art. 1.182, § 2º, do CPC assegurar o direito do interditando de constituir advogado para sua defesa na ação de interdição, o art. 1.184 do mesmo diploma legal deve ser interpretado de modo a considerar que a sentença de interdição produz efeitos desde logo quanto aos atos da vida civil, mas não atinge, sob pena de afronta ao direito de defesa do interditando, os mandatos referentes ao próprio processo. Com efeito, se os advogados constituídos pelo interditando não pudessem interpor recurso contra a sentença, haveria evidente prejuízo à defesa. Ressalte-se, ademais, que, nessa situação, reconhecer a extinção do mandato ensejaria evidente colisão dos interesses do interditando com os de seu curador. Contudo, a anulação da outorga do mandato pode ocorrer, desde que, em demanda específica, comprove-se cabalmente a nulidade pela incapacidade do mandante à época da realização do negócio jurídico. **REsp 1.251.728-PE, Rel. Min. Paulo de Tarso Sanseverino, julgado em, 14/5/2013. (Inform. STJ 524)**

DIREITO CIVIL. RESPONSABILIZAÇÃO DE IMOBILIÁRIA POR PERDAS E DANOS EM DECORRÊNCIA DE FALHA NA PRESTAÇÃO DE SERVIÇO.
A imobiliária deve indenizar o proprietário pelas perdas e danos decorrentes da frustração de execução de alugueres e débitos relativos às cotas condominiais e tributos inadimplidos na hipótese em que a referida frustração tenha sido ocasionada pela aprovação deficitária dos cadastros do locatário e do seu respectivo fiador. Tem-se que, nos termos do art. 653 do CC, essa sociedade figura como mandatária do proprietário do imóvel para, em nome dele, realizar e administrar a locação. Assim, em consideração ao art. 677 do CC, a sociedade imobiliária (mandatária) é obrigada a aplicar toda sua diligência habitual na execução do mandato e a indenizar quaisquer prejuízos sofridos pelo locador na hipótese em que ela não tenha cumprido os deveres oriundos da sua relação contratual. **REsp 1.103.658-RN, Rel. Min. Luis Felipe Salomão, julgado em 4/4/2013. (Inform. STJ 519)**

📖 **Súmula STJ nº 60**

É nula a obrigação cambial assumida por procurador do mutuário vinculado ao mutuante, no exclusivo interesse deste.

3.8. Corretagem

DIREITO CIVIL. OBRIGAÇÃO PELO PAGAMENTO DE COMISSÃO DE CORRETAGEM.
Inexistindo pactuação dispondo em sentido contrário, a obrigação de pagar a comissão de corretagem é daquele que efetivamente contrata o corretor. Na forma do art. 722 do CC, o contrato de corretagem é aquele por meio do qual alguém se obriga a obter para outro um ou mais negócios de acordo com as instruções recebidas. Essa relação não pode existir em virtude de mandato, de prestação de serviços ou de qualquer relação de dependência. A pessoa que contrata o serviço do corretor é denominada de comitente. Observe-se que, no mercado, há hipóteses em que é o proprietário (vendedor) do imóvel que busca alguém para comprá-lo. Em outras, o contrário ocorre, ou seja, é o comprador que busca a aquisição de imóvel. Em qualquer dos casos, a partir do momento em que o corretor é chamado para ingressar na relação entre comprador e devedor, passa a ser devida a sua comissão. O encargo, pois, do pagamento da remuneração desse trabalho depende, em muito, da situação fática contratual objeto da negociação, devendo ser considerado quem propõe ao corretor nela intervir. Independentemente dessas situações, existindo efetiva intermediação pelo corretor, as partes podem, livremente, pactuar como se dará o pagamento da comissão de corretagem. Há, porém, casos em que tanto o comprador quanto o vendedor se acham desobrigados desse encargo, pois entendem que ao outro compete fazê-lo. Há casos ainda em que essa pactuação nem sequer existe, porquanto nada acordam as partes a respeito, daí surgindo a interpretação que se ampara no art. 724 do CC. Em face dessas dúvidas ou omissões e em virtude da proposta dirigida inicialmente ao corretor, conforme acima exposto, é justo que a obrigação de pagar a comissão de corretagem seja de quem efetivamente contrata o corretor, isto é, do comitente, que busca o auxílio daquele, visando à aproximação com outrem cuja pretensão, naquele momento, está em conformidade com seus interesses, seja como comprador ou como vendedor. Ressalte-se ainda que, quando o comprador vai ao mercado, pode ocorrer que seu interesse se dê por bem que está sendo vendido já com a intervenção de corretor. Aí, inexistindo convenção das partes, não lhe compete nenhuma obrigação quanto à comissão de corretagem, pois o corretor já foi anteriormente contratado pelo vendedor. Diferente é a hipótese em que o comprador, visando à aquisição de bem, contrate o corretor para que, com base em seu conhecimento de mercado, busque bem que lhe interesse. Nessa situação, a tratativa inicial com o corretor foi do próprio comprador. **REsp 1.288.450-AM, Rel. Min. João Otávio de Noronha, julgado em 24/2/2015, DJe 27/2/2015 (Inform. STJ 556).**

DIREITO CIVIL. DIREITO AO RECEBIMENTO DE COMISSÃO DE CORRETAGEM.
Ainda que o negócio jurídico de compra e venda de imóvel não se concretize em razão do inadimplemento do comprador, é devida comissão de corretagem no caso em que o corretor tenha intermediado o referido negócio jurídico, as partes interessadas tenham firmado contrato de promessa de compra e venda e o promitente comprador tenha pagado o sinal. Conforme o art. 725 do CC/2002, "a remuneração é devida ao corretor uma vez que tenha conseguido o resultado previsto no contrato de mediação, ou ainda que este não se efetive em virtude de arrependimento das partes". A realização de um negócio jurídico de compra e venda de imóvel é um ato complexo, que se desmembra em diversas fases; incluindo, por exemplo, as fases de simples negociação, de celebração de contrato de promessa de compra e venda ou de pagamento de arras; até alcançar sua

conclusão com a transmissão do imóvel, quando do registro civil do título imobiliário no respectivo Cartório de Registro, nos termos do art. 1.227 do CC/2002. Nesse contexto, somente com a análise, no caso concreto, de cada uma dessas fases, é possível aferir se a atuação do corretor foi capaz de produzir um resultado útil para a percepção da remuneração de que trata o art. 725 do CC/2002. Assim, para o efeito de tornar devida a remuneração a que faz jus o corretor, a mediação deve corresponder somente aos limites conclusivos do negócio jurídico, mediante acordo de vontade entre as partes, independentemente da execução do próprio negócio. A inadimplência das partes, após a conclusão deste, mesmo que acarrete a rescisão contratual, não repercute na pessoa do corretor. **REsp 1.339.642-RJ, Rel. Min. Nancy Andrighi, julgado em 12/3/2013. (Inform. STJ 518)**

3.9. Transporte

DIREITO CIVIL. VALOR DE INDENIZAÇÃO PELO EXTRAVIO DE MERCADO-RIAS EM TRANSPORTE AÉREO.
Independentemente da existência de relação jurídica consumerista, a indenização pelo extravio de mercadoria transportada por via aérea, prévia e devidamente declarada, com inequívoca ciência do transportador acerca de seu conteúdo, deve corresponder ao valor integral declarado, não se aplicando, por conseguinte, as limitações tarifadas prevista no Código Brasileiro de Aeronáutica e na Convenção de Varsóvia. De fato, a jurisprudência do STJ já entende que, estabelecida relação jurídica de consumo entre as partes, a indenização pelo extravio de mercadoria transportada por via aérea deve ser integral, não se aplicando, por conseguinte, a limitação tarifada prevista no Código de Aeronáutica e na Convenção de Varsóvia. Em verdade, tem-se pela absoluta inaplicabilidade da indenização tarifada contemplada na Convenção de Varsóvia, inclusive na hipótese em que a relação jurídica estabelecida entre as partes não se qualifique como de consumo. Isso porque, em matéria de responsabilidade civil no serviço de transporte aéreo, pode-se identificar a aparente colisão entre as seguintes normas: de um lado, a Convenção de Varsóvia de 1929 e o Código Brasileiro de Aeronáutica de 1986 (normas especiais e anteriores à própria Ordem Constitucional inaugurada pela CF/1988), e, de outro, o Código Civil de 2002 (norma geral e posterior), que preconiza que a indenização mede-se pela extensão do dano (art. 944), em consonância com a Ordem Constitucional inaugurada pela CF/1988, que traz, em si, como direito fundamental, o princípio da indenizabilidade irrestrita (art. 5º, V e X). Nesse contexto, o critério da especialidade, como método hermenêutico para solver o presente conflito de normas (Convenção de Varsóvia de 1929 e Código Brasileiro de Aeronáutica de 1986 versus Código Civil de 2002), isoladamente considerado, afigura-se insuficiente para tal escopo. Deve-se, para tanto, mensurar, a partir das normas em cotejo, qual delas melhor reflete, no tocante à responsabilidade civil, os princípios e valores encerrados na ordem constitucional inaugurada pela Constituição Federal de 1988. E inferir, a partir daí, se as razões que justificavam a referida limitação, inserida no ordenamento jurídico nacional em 1931 pelo Decreto 20.704 (que ratificou a Convenção de Varsóvia), encontrar-se-iam presentes nos dias atuais, com observância ao postulado da proporcionalidade. A limitação tarifária contemplada pela Convenção de Varsóvia aparta-se, a um só tempo, do direito à reparação integral pelos danos de ordem material injustamente sofridos, concebido pela Constituição Federal como direito fundamental (art. 5º, V e X), bem como pelo Código Civil, em seu art. 994, que, em adequação à ordem constitucional, preceitua que a indenização mede-se pela extensão do dano. Efetivamente, a limitação prévia e abstrata da indenização não atenderia, sequer, indiretamente, ao princípio da proporcionalidade, notadamente porque teria o condão de esvaziar a própria função satisfativa da reparação, ante a completa desconsideração da gravidade e da efetiva repercussão dos danos injustamente percebidos pela vítima do evento. Tampouco se concebe que a solução contida na lei especial, que preceitua a denominada indenização tarifada, decorra das necessidades inerentes (e atuais) do transporte aéreo. Isso porque as razões pelas quais a limitação da indenização pela falha do serviço de transporte se faziam presentes quando inseridas no ordenamento jurídico nacional, em 1931, pelo Decreto 20.704, não mais subsistem nos tempos atuais. A limitação da indenização inserida pela Convenção de Varsóvia, no início do século XX, justificava-se pela necessidade de proteção a uma indústria, à época, incipiente, em processo de afirmação de sua viabilidade econômica e tecnológica, circunstância fática inequivocamente insubsistente atualmente, tratando-se de meio de transporte, estatisticamente, dos mais seguros. Veja-se, portanto, que o tratamento especial e protetivo então dispensado pela Convenção de Varsóvia e pelo Código Brasileiro de Aeronáutica ao transporte aéreo, no tocante à responsabilização civil, devia-se ao risco da aviação, relacionado este à ocorrência de acidentes

aéreos. O art. 750 do CC, por sua vez, não encerra, em si, uma exceção ao princípio da indenizabilidade irrestrita. O preceito legal dispõe que o transportador se responsabilizará pelos valores constantes no conhecimento de transporte, ou seja, pelos valores das mercadorias previamente declaradas pelo contratante ao transportador. Desse modo, o regramento legal tem por propósito justamente propiciar a efetiva indenização da mercadoria que se perdeu - prévia e devidamente declarada, contando, portanto, com a absoluta ciência do transportador acerca de seu conteúdo -, evitando-se, com isso, que a reparação tenha por lastro a declaração unilateral do contratante do serviço de transporte, que, eventualmente de má-fé, possa superdimensionar o prejuízo sofrido. Ressalta-se que a restrição ao direito à reparação integral pelos danos de ordem material e moral injustamente percebidos somente poderia ser admitida, em tese, caso houvesse previsão nesse sentido no próprio diploma legal do qual tal direito emana. Esta contemporização do direito à integral reparação, todavia, não se verifica do tratamento ofertado à questão pelo Código Civil. Vislumbra-se, quando muito, como hipótese de incidência subsidiária, o caso em que o transportador não detém conhecimento prévio sobre o conteúdo da mercadoria a ser transportada e, embora incontroverso a ocorrência do dano, não se tem elementos idôneos a demonstrar seu valor (ante o extravio da mercadoria, por exemplo), circunstâncias diversas da presente hipótese. Assim, tem-se pela absoluta inaplicabilidade da indenização tarifada contemplada na Convenção de Varsóvia, inclusive na hipótese em que a relação jurídica estabelecida entre as partes não se qualifique como de consumo. **REsp 1.289.629-SP, Rel. Min. Marco Aurélio Bellizze, julgado em 20/10/2015, DJe 3/11/2015. (Inform. STJ 573)**

DIREITO CIVIL. SEGURO DE RESPONSABILIDADE CIVIL DO TRANSPORTA-DOR RODOVIÁRIO DE CARGAS COM APÓLICE EM ABERTO.
No Seguro de Responsabilidade Civil do Transportador Rodoviário de Cargas (RCTR-C) com apólice em aberto, ou seja, quando as averbações são feitas após o início dos riscos, o segurado perde o direito à garantia securitária na hipótese de não averbar todos os embarques e mercadorias transportadas, exceto se, comprovadamente, a omissão do transportador se der por mero lapso, a evidenciar a boa-fé. O Seguro de Responsabilidade Civil do Transportador Rodoviário de Cargas (RCTR-C) garante o reembolso dos valores que ele, transportador, despender aos proprietários da carga por tê-la entregue em desconformidade com o que recebeu. Em virtude da dinâmica, competitividade e flexibilidade das regras do mercado, foi criada a cláusula de averbação, ou seja, foi instituída uma apólice em aberto (ou seguro de risco decorrido), hipótese em que há apenas uma proposta, e é emitida uma única apólice especificando de forma genérica os riscos cobertos, mas sem detalhar as características de cada embarque, o que somente será feito em um momento futuro por meio da averbação. Isso posto, tendo em vista a contratação de garantia de todos os embarques, inclusive futuros, por certo período de tempo e a sistemática de entrega das averbações após as viagens, o transportador rodoviário deverá informar à seguradora a totalidade dos bens e mercadorias transportados, sob pena de perder a indenização securitária, dada a não observância do princípio da globalidade, essencial para manter hígida a equação matemática que dá suporte ao negócio jurídico firmado. Exceção deve ser feita se, comprovadamente, a omissão do transportador se der por mero lapso, a evidenciar a boa-fé. O dever de comunicar todos os embarques tem a finalidade de evitar que o segurado averbe apenas aqueles que lhe interessam (notadamente eventos em que ocorreram prejuízos), porquanto a livre seleção dos riscos a critério do transportador, com exclusão das averbações dos embarques de pequeno risco, tornaria insuficiente ou deficitário o fundo mútuo constituído pelos prêmios pagos por todo o grupo segurado. Seriam averbações de sinistros em vez de averbações de embarques. Sendo assim, a empresa transportadora que reiteradamente não faz averbações integrais dos embarques realizados, não cumprindo o princípio da globalidade ou a obrigação contratual, perde o direito à garantia securitária, sobretudo se não forem meros lapsos, a configurar boa-fé, mas sonegações capazes de interferir no equilíbrio do contrato e no cálculo dos prêmios. **REsp 1.318.021-RS, Rel. Min. Ricardo Villas Bôas Cueva, julgado em 3/2/2015, DJe 12/2/2015 (Inform. STJ 555).**

📖 Súmula STF nº 187

A responsabilidade contratual do transportador, pelo acidente com o passageiro, não é elidida por culpa de terceiro, contra o qual tem ação regressiva.

📖 Súmula STF nº 161

Em contrato de transporte, é inoperante a cláusula de não indenizar.

Súmula STJ nº 145

No transporte desinteressado, de simples cortesia, o transportador só será civilmente responsável por danos causados ao transportado quando incorrer em dolo ou culpa grave.

Súmula STJ nº 109

O reconhecimento do direito à indenização, por falta de mercadoria transportada via marítima, independe de vistoria.

3.10. Seguro de dano

DIREITO CIVIL. COBERTURA SECURITÁRIA EM CASO DE PERDA TOTAL DO BEM.
Ainda que o sinistro tenha ocasionado a perda total do bem, a indenização securitária deve ser calculada com base no prejuízo real suportado pelo segurado, sendo o valor previsto na apólice, salvo expressa disposição em contrário, mero teto indenizatório. Com a entrada em vigor do CC/2002, passou a ser observado, para os casos de pagamento de indenização em seguro de dano, o chamado princípio indenitário previsto no art. 781, o qual é claro ao dispor que "A indenização não pode ultrapassar o valor do interesse segurado no momento do sinistro, e, em hipótese alguma, o limite máximo da garantia fixado na apólice, salvo em caso de mora do segurador". Dessa forma, a quantificação da indenização está, em regra, condicionada ao valor do dano atual e efetivo, e não ao valor que foi segurado. Ou seja, a quantia atribuída ao bem segurado no momento da contratação é considerada, salvo expressa disposição em sentido contrário, como o valor máximo a ser indenizado. Nesse passo, segundo doutrina, o contrato de seguro não deve ser causa de enriquecimento do segurado. O seu objetivo é apenas o de restabelecer a situação das coisas, em nível patrimonial, ao mesmo patamar que tinha antes do sinistro. Em suma, a indenização não pode ultrapassar o valor de mercado do bem no momento do sinistro. **REsp 1.473.828-RJ, Rel. Min. Moura Ribeiro, julgado em 27/10/2015, DJe 5/11/2015. (Inform. STJ 573)**

DIREITO CIVIL. SEGURO DE AUTOMÓVEL COM COBERTURA DE RESPONSABILIDADE CIVIL FACULTATIVA DE VEÍCULOS – DANOS CORPORAIS.
No contrato de seguro de automóvel, a cobertura de Responsabilidade Civil Facultativa de Veículos (RCF-V) – Danos Corporais – não assegura o pagamento de indenização pelas lesões sofridas pelo condutor e por passageiros do automóvel sinistrado, compreendendo apenas a indenização a ser paga pelo segurado a terceiros envolvidos no acidente. Com efeito, a garantia de Responsabilidade Civil – Danos Corporais assegura o reembolso ao segurado das quantias pelas quais vier a ser responsável civilmente, em sentença judicial transitada em julgado ou em acordo autorizado de modo expresso pela seguradora, relativas a reparações por danos corporais causados a terceiros, pelo veículo segurado, durante a vigência da apólice. Ademais, a Segunda Seção do STJ, ao julgar o REsp 962.230-RS (DJe 20/4/2012), submetido ao rito dos recursos repetitivos (art. 543-C do CPC), decidiu que a figura central do seguro de responsabilidade civil facultativo é a obrigação imputável ao segurado de indenizar os danos causados a terceiros. Ressalta-se que é a cobertura de Acidentes Pessoais de Passageiros (APP) que garante o pagamento da indenização ao segurado ou aos seus beneficiários na ocorrência de acidentes pessoais que causem a morte ou a invalidez permanente total ou parcial dos passageiros do veículo segurado, respeitados os critérios quanto à lotação oficial do veículo e o limite máximo de indenização por passageiro estipulado na apólice. Além disso, para esta cobertura, entende-se por passageiros as pessoas que no momento do acidente se encontrem no interior do veículo segurado, incluindo-se o condutor principal e/ou eventual. Tratando-se de uma cobertura adicional, cabe ao segurado optar, quando da celebração da avença, por sua contratação, pagando o prêmio correspondente. **REsp 1.311.407-SP, Rel. Min. Ricardo Villas Bôas Cueva, julgado em 5/3/2015, DJe 24/4/2015 (Inform. STJ 560).**

DIREITO CIVIL. INEXISTÊNCIA DE INDENIZAÇÃO SECURITÁRIA ANTE O ENVIO DA PROPOSTA DE SEGURO APÓS A OCORRÊNCIA DE FURTO.
O proprietário de automóvel furtado não terá direito a indenização securitária se a proposta de seguro do seu veículo somente houver sido enviada à seguradora após a ocorrência do furto. O contrato de seguro, para ser concluído, necessita passar, comumente, por duas fases: i) a da proposta, em que o segurado fornece as informações necessárias para o exame e a mensuração do risco, indispensável para a garantia do interesse

segurável; e ii) a da recusa ou aceitação do negócio pela seguradora, ocasião em que a seguradora emitirá, no caso de aceitação, a apólice. A proposta é a manifestação da vontade de apenas uma das partes e, no caso do seguro, deverá ser escrita e conter a declaração dos elementos essenciais do interesse a ser garantido e do risco. Todavia, a proposta não gera, por si só, o contrato, que depende de consentimento recíproco de ambos os contratantes. Assim, para que o contrato de seguro se aperfeiçoe, são imprescindíveis o envio da proposta pelo interessado ou pelo corretor e o consentimento, expresso ou tácito, da seguradora, mesmo sendo dispensáveis a apólice ou o pagamento de prêmio. Desse modo, nota-se que, no caso em apreço, não há a manifestação de vontade no sentido de firmar a avença em tempo hábil, tampouco existe a concordância, ainda que tácita, da seguradora. Além disso, nessa hipótese, quando o proponente decidiu ultimar a avença, já não havia mais o objeto do contrato (interesse segurável ou risco futuro). **REsp 1.273.204-SP, Rel. Min. Ricardo Villas Bôas Cueva, julgado em 7/10/2014. (Inform. STJ 551)**

DIREITO CIVIL. MANUTENÇÃO DA GARANTIA SECURITÁRIA APESAR DE TRANSAÇÃO JUDICIAL REALIZADA ENTRE SEGURADO E TERCEIRO PREJUDICADO. No seguro de responsabilidade civil de veículo, não perde o direito à indenização o segurado que, de boa-fé e com probidade, realize, sem anuência da seguradora, transação judicial com a vítima do acidente de trânsito (terceiro prejudicado), desde que não haja prejuízo efetivo à seguradora. De fato, o § 2º do art. 787 do CC disciplina que o segurado, no seguro de responsabilidade civil, não pode, em princípio, reconhecer sua responsabilidade, transigir ou confessar, judicial ou extrajudicialmente, sua culpa em favor do lesado, a menos que haja prévio e expresso consentimento do ente segurador, pois, caso contrário, perderá o direito à garantia securitária, ficando pessoalmente obrigado perante o terceiro, sem direito do reembolso do que despender. Entretanto, como as normas jurídicas não são estanques e sofrem influências mútuas, embora sejam defesos, o reconhecimento da responsabilidade, a confissão da ação ou a transação não retiram do segurado, que estiver de boa-fé e tiver agido com probidade, o direito à indenização e ao reembolso, sendo os atos apenas ineficazes perante a seguradora (enunciados 373 e 546 das Jornadas de Direito Civil). A vedação do reconhecimento da responsabilidade pelo segurado perante terceiro deve ser interpretada segundo a cláusula geral de boa-fé objetiva prevista no art. 422 do CC, de modo que a proibição que lhe foi imposta seja para posturas de má-fé, ou seja, que lesionem interesse da seguradora. Assim, se não há demonstração de que a transação feita pelo segurado e pela vítima do acidente de trânsito foi abusiva, infundada ou desnecessária, mas, ao contrário, for evidente que o sinistro de fato aconteceu e o acordo realizado foi em termos favoráveis tanto ao segurado quanto à seguradora, não há razão para erigir a regra do art. 787, § 2º, do CC em direito absoluto a afastar o ressarcimento do segurado. **REsp 1.133.459-RS, Rel. Min. Ricardo Villas Bôas Cueva, julgado em 21/8/2014. (Inform. STJ 548)**

DIREITO CIVIL. AGRAVAMENTO DO RISCO COMO EXCLUDENTE DO DEVER DE INDENIZAR EM CONTRATO DE SEGURO. Caso a sociedade empresária segurada, de forma negligente, deixe de evitar que empregado não habilitado dirija o veículo objeto do seguro, ocorrerá a exclusão do dever de indenizar se demonstrado que a falta de habilitação importou em incremento do risco. Isso porque, à vista dos princípios da eticidade, da boa-fé e da proteção da confiança, o agravamento do risco decorrente da culpa *in vigilando* da sociedade empresária segurada, ao não evitar que empregado não habilitado se apossasse do veículo, tem como consequência a exclusão da cobertura (art. 768 do CC), haja vista que o apossamento proveio de culpa grave do segurado. O agravamento intencional do risco, por ser excludente do dever de indenizar do segurador, deve ser interpretado restritivamente, notadamente em face da presunção de que as partes comportam-se de boa-fé nos negócios jurídicos por elas celebrados. Por essa razão, entende-se que o agravamento do risco exige prova concreta de que o segurado contribuiu para sua consumação. Assim, é imprescindível a demonstração de que a falta de habilitação, de fato, importou em incremento do risco. Entretanto, o afastamento do direito à cobertura securitária deve derivar da conduta do próprio segurado, não podendo o direito à indenização ser ilidido por força de ação atribuída exclusivamente a terceiro. Desse modo, competia à empresa segurada velar para que o veículo fosse guiado tão somente por pessoa devidamente habilitada. **REsp 1.412.816-SC, Rel. Min. Nancy Andrighi, julgado em 15/5/2014. (Inform. STJ 542)**

DIREITO CIVIL. DISPENSABILIDADE DA EMISSÃO DA APÓLICE PARA O APERFEIÇOAMENTO DO CONTRATO DE SEGURO. A seguradora de veículos não pode, sob a justificativa de não ter sido emitida a apólice de seguro, negar-se a indenizar sinistro ocorrido após a contratação do seguro junto à corretora de seguros se não houve recusa da proposta pela seguradora em um prazo razoável, mas apenas muito tempo depois e exclusivamente em razão do sinistro. Isso porque o seguro é contrato consensual e aperfeiçoa-se tão logo haja manifestação de vontade, independentemente da emissão da apólice, que é ato unilateral da seguradora, de sorte que a existência da relação contratual não poderia ficar a mercê exclusivamente da vontade de um dos contratantes, sob pena de se ter uma conduta puramente potestativa, o que é vedado pelo art. 122 do CC. Ademais, o art. 758 do CC não confere a emissão da apólice a condição de requisito de existência do contrato de seguro, tampouco eleva esse documento ao degrau de prova tarifada ou única capaz de atestar a celebração da avença. Além disso, é fato notório que o contrato de seguro é celebrado, na prática, entre corretora e segurado, de modo que a seguradora não manifesta expressamente sua aceitação quanto à proposta, apenas a recusa ou emite a apólice do seguro, enviando-a ao contratante juntamente com as chamadas condições gerais do seguro. A propósito dessa praxe, a própria SUSEP disciplinou que a ausência de manifestação por parte da seguradora, no prazo de quinze dias, configura aceitação tácita da cobertura do risco, conforme dispõe o art. 2º, *caput* e § 6º, da Circular SUSEP 251/2004. Com efeito, havendo essa prática no mercado de seguro, a qual, inclusive, recebeu disciplina normativa pelo órgão regulador do setor, há de ser aplicado o art. 432 do CC, segundo o qual, "se o negócio for daqueles em que não seja costume a aceitação expressa, ou o proponente a tiver dispensado, reputar-se-á concluído o contrato, não chegando a tempo a recusa". Na mesma linha, o art. 111 do CC preceitua que "o silêncio importa anuência, quando as circunstâncias ou os usos o autorizarem, e não for necessária a declaração de vontade expressa". Assim, na hipótese ora analisada, tendo o sinistro ocorrido efetivamente após a contratação junto à corretora de seguros, se em um prazo razoável não houver recusa da seguradora, há de se considerar aceita a proposta e plenamente aperfeiçoado o contrato. De fato, é ofensivo à boa-fé contratual a inércia da seguradora em aceitar expressamente a contratação, vindo a recusá-la somente depois da notícia de ocorrência do sinistro. **REsp 1.306.367-SP, Rel. Min. Luis Felipe Salomão, julgado em 20/3/2014. (Inform. STJ 537)**

📖 **Súmula STF nº 188**

O segurador tem ação regressiva contra o causador do dano, pelo que efetivamente pagou, até ao limite previsto no contrato de seguro.

📖 **Súmula STJ nº 529**

No seguro de responsabilidade civil facultativo, não cabe o ajuizamento de ação pelo terceiro prejudicado direta e exclusivamente em face da seguradora do apontado causador do dano.

📖 **Súmula STJ nº 465**

Ressalvada a hipótese de efetivo agravamento do risco, a seguradora não se exime do dever de indenizar em razão da transferência do veículo sem a sua prévia comunicação.

📖 **Súmula STJ nº 31**

A aquisição, pelo segurado, de mais de um imóvel financiado pelo Sistema Financeiro da Habitação, situados na mesma localidade, não exime a seguradora da obrigação de pagamento dos seguros.

3.11. Seguro de pessoa

DIREITO CIVIL. IRRETROATIVIDADE DE REGRA QUE PROÍBE REAJUSTE PARA SEGURADOS MAIORES DE SESSENTA ANOS.
No contrato de seguro de vida celebrado antes da Lei 9.656/1998, é a partir da vigência dessa Lei que se contam os 10 anos de vínculo contratual exigidos, por analogia, pelo parágrafo único do artigo 15 para que se considere abusiva, para o segurado maior de 60 anos, a cláusula que prevê o aumento do prêmio do seguro de acordo com a faixa etária. Isso porque, no ordenamento jurídico brasileiro, vigora o princípio da irretroatividade da lei, pelo qual a lei nova produzirá efeitos imediatos a partir de sua entrada em vigor, não podendo prejudicar o direito adquirido, o ato jurídico perfeito e a coisa julgada (art. 6º da LINDB e art. 5º, XXXVI, da CF). Ou seja, a regra é que a lei não retroage para alcançar fatos ocorridos no passado. Desse modo, as disposições contidas na Lei 9.656/1998 nunca poderiam retroagir, até porque, no passado, o

direito agora previsto não existia. **EDcl no REsp 1.376.550-RS, Rel. Min. Moura Ribeiro, julgado em 4/8/2015, DJe 17/8/2015 (Inform. STJ 566).**

DIREITO CIVIL. PAGAMENTO DE INDENIZAÇÃO SECURITÁRIA NA AUSÊNCIA DE INDICAÇÃO DE BENEFICIÁRIO NO CONTRATO DE SEGURO DE VIDA.
Na hipótese em que o segurado tenha contratado seguro de vida sem indicação de beneficiário e, na data do óbito, esteja separado de fato e em união estável, o capital segurado deverá ser pago metade aos herdeiros, segundo a ordem da vocação hereditária, e a outra metade à cônjuge não separada judicialmente e à companheira. De fato, o art. 792 do CC dispõe que: "Na falta de indicação da pessoa ou beneficiário, ou se por qualquer motivo não prevalecer a que for feita, o capital segurado será pago por metade ao cônjuge não separado judicialmente, e o restante aos herdeiros do segurado, obedecida a ordem da vocação hereditária". Em que pese a doutrina pátria divergir a respeito da interpretação a ser dada ao referido dispositivo legal, o intérprete não deve se apegar simplesmente à letra da lei. Desse modo, ele deve perseguir o espírito da norma a partir de outras, inserindo-a no sistema como um todo, para extrair, assim, o seu sentido mais harmônico e coerente com o ordenamento jurídico. Nesse contexto, nunca se pode perder de vista a finalidade da lei, ou seja, a razão pela qual foi elaborada e o bem jurídico que visa proteger. Dessa forma, os métodos de interpretação da norma em questão devem ser o sistemático e o teleológico (art. 5º da LINDB), a amparar também a figura do companheiro (união estável). Nesse passo, impende assinalar que o segurado, ao contratar o seguro de vida, geralmente possui a intenção de resguardar a própria família, os parentes ou as pessoas que lhe são mais valiosas, de modo a não deixá-los desprotegidos economicamente quando de seu óbito. Logo, na falta de indicação de beneficiário na apólice de seguro de vida, revela-se incoerente com o sistema jurídico nacional o favorecimento do cônjuge separado de fato em detrimento do companheiro do segurado, sobretudo considerando que a união estável é reconhecida constitucionalmente como entidade familiar. Ademais, ressalte-se que o reconhecimento da qualidade de companheiro pressupõe a inexistência de cônjuge ou o término da sociedade conjugal (arts. 1.723 a 1.727 do CC). Efetivamente, a separação de fato se dá na hipótese de rompimento do laço de afetividade do casal, ou seja, ocorre quando esgotado o conteúdo material do casamento. A exegese exposta privilegia a finalidade e a unidade do sistema, harmonizando os institutos do direito de família com o direito obrigacional, coadunando-se ao que já ocorre na previdência social e na do servidor público e militar para os casos de pensão por morte: rateio igualitário do benefício entre o ex-cônjuge e o companheiro (AgRg no Ag 1.088.492-SP, Terceira Turma, DJe 1º/6/2015). Portanto, a interpretação do art. 792 do CC mais consentânea com o ordenamento jurídico é que, no seguro de vida, na falta de indicação da pessoa ou beneficiário, o capital segurado deverá ser pago metade aos herdeiros do segurado, segundo a ordem da vocação hereditária, e a outra metade ao cônjuge não separado judicialmente e ao companheiro, desde que comprovada, nessa última hipótese, a união estável. **REsp 1.401.538-RJ, Rel. Min. Ricardo Villas Bôas Cueva, julgado em 4/8/2015, DJe 12/8/2015 (Inform. STJ 566).**

DIREITO CIVIL. DEVOLUÇÃO DA RESERVA TÉCNICA EM SEGURO DE VIDA NO CASO DE SUICÍDIO PREMEDITADO.
Se o segurado se suicidar dentro dos dois primeiros anos de vigência de contrato de seguro de vida, o segurador, a despeito de não ter que pagar o valor correspondente à indenização, será obrigado a devolver ao beneficiário o montante da reserva técnica já formada, mesmo diante da prova mais cabal de premeditação do suicídio. Realmente, conforme a redação do art. 798, *caput*, do CC/2002, o "beneficiário não tem direito ao capital estipulado quando o segurado se suicida nos primeiros dois anos de vigência inicial do contrato [...], observado o disposto no parágrafo único do artigo antecedente". Por sua vez, o parágrafo único do art. 797 do CC/2002 estabelece que, se o segurado se suicidar dentro do prazo de carência do seguro, o beneficiário – conquanto não tenha direito ao capital estipulado (art. 798, *caput*) – terá direito ao ressarcimento do "montante da reserva técnica já formada". Ao contrário do CC/1916, não há, no CC/2002, previsão acerca do caráter premeditado ou não do suicídio, visto que a intenção do novo Código é precisamente evitar a dificílima prova da premeditação e da sanidade mental e capacidade de autodeterminação no momento do suicídio. Percebe-se, portanto, que o art. 798 do CC/2002 adotou critério objetivo temporal para determinar a cobertura relativa ao suicídio do segurado, afastando o critério subjetivo da premeditação. Nesse contexto, deve-se ressaltar o fato de que a Súmula 105 do STF ("Salvo se tiver havido premeditação, o suicídio do segurado no período contratual de carência não exime o segurador do pagamento do

seguro") foi formada, antes do CC/2002, a partir de precedentes nos quais se invalidava a cláusula de exclusão de cobertura simplesmente porque não havia previsão legal, na época, para esta cláusula. Posteriormente a essa Súmula, surgiu a Súmula 61 do STJ ("O seguro de vida cobre o suicídio não premeditado"), em data também anterior ao CC/2002, em uma época em que o pressuposto de todos os precedentes tanto da mencionada Súmula do STF quanto da referida Súmula do STJ era a ausência de previsão legal que autorizasse a estipulação de cláusula que eximisse a seguradora da cobertura por suicídio não premeditado, o contrário do que sucede hoje, quando a lei expressamente estabelece que o de suicídio durante os primeiros dois anos de vigência da apólice é um risco não coberto (art. 798, caput). **REsp 1.334.005-GO, Rel. originário Min. Paulo de Tarso Sanseverino, Rel. para acórdão Min. Maria Isabel Gallotti, julgado em 8/4/2015, DJe 23/6/2015 (Inform. STJ 564).**

DIREITO CIVIL. REAJUSTE DO VALOR DO PRÊMIO NOS CONTRATOS DE SEGURO DE VIDA.
A cláusula de contrato de seguro de vida que estabelece o aumento do prêmio do seguro de acordo com a faixa etária mostra-se abusiva quando imposta ao segurado maior de 60 anos de idade e que conte com mais de 10 anos de vínculo contratual. Com efeito, embora se mostre abusiva a cláusula que prevê fatores de aumento diferenciados por faixa etária, uma vez que oneram de forma desproporcional os segurados na velhice e possuem, como objetivo precípuo, compelir o idoso à quebra do vínculo contratual, afrontando, dessa maneira, a boa-fé que deve perdurar durante toda a relação contratual, há que se ressaltar que, em relação aos contratos de seguro de vida, a jurisprudência do STJ segue no sentido de se declarar abusivos somente aqueles reajustes diferenciados de prêmio incidentes após o implemento da idade de 60 anos do segurado e desde que já conte ele com mais de 10 anos de vínculo contratual. Isso se dá pela aplicação analógica das regras que incidem sobre os contratos de plano de saúde (art. 15, parágrafo único, da Lei 9.656/1998). Precedentes citados: **EDcl no AgRg no REsp 1.453.941-RS, Terceira Turma, DJe 4/12/2014; e AgRg no AREsp 586.995-RS, Terceira turma, DJe 7/4/2015. REsp 1.376.550-RS, Rel. Min. Moura Ribeiro, julgado em 28/4/2015, DJe 12/5/2015 (Inform. STJ 561).**

DIREITO CIVIL. SEGURO DE VIDA EM GRUPO COM GARANTIA ADICIONAL DE INVALIDEZ TOTAL E PERMANENTE POR DOENÇA.
Na hipótese de seguro de vida em grupo com garantia adicional de invalidez total e permanente por doença (IPD), a seguradora não deve pagar nova indenização securitária após a ocorrência do evento morte natural do segurado caso já tenha pagado integralmente a indenização securitária quando da configuração do sinistro invalidez total e permanente por doença. De início, impende asseverar que, no seguro de vida em grupo, a cobertura adicional IPD é uma antecipação do pagamento da indenização relativa à garantia básica, ou seja, para o caso de morte. Desse modo, como uma é a antecipação da outra, as indenizações relativas às garantias básica e adicional de IPD não podem se acumular (art. 2º, § 1º, § 2º, III, e § 4º, da Circular Susep 17/1992, vigente à época da contratação). Cumpre ressaltar que isso não ocorre com as garantias adicionais de indenização especial de morte por acidente (IEA) e de invalidez permanente total ou parcial por acidente (IPA), que recebem tratamento jurídico diverso, de modo que essas coberturas, típicas do seguro de acidentes pessoais, somam-se à garantia básica (morte), adquirindo autonomia e independência. Assim, se o segurado utilizar a garantia de invalidez permanente total por doença, extinta estará a garantia básica (morte). A opção pela primeira afasta, necessariamente, a segunda. Logo, se o segurado quiser que os beneficiários recebam a indenização securitária quando de seu falecimento, não poderá fazer uso da garantia IPD, mesmo na ocorrência deste evento. O que impera na cobertura adicional de invalidez permanente total por doença é a facultatividade. **REsp 1.178.616-PR, Rel. Min. Ricardo Villas Bôas Cueva, julgado em 14/4/2015, DJe 24/4/2015 (Inform. STJ 560).**

DIREITO CIVIL. CONTRATAÇÃO DE SEGURO COM COBERTURA PARA MORTE ACIDENTAL E POSTERIOR MORTE DO SEGURADO POR CAUSAS NATURAIS. Contratado apenas o seguro de acidentes pessoais (garantia por morte acidental), não há falar em obrigação da seguradora em indenizar o beneficiário quando a morte do segurado decorre de causa natural, a exemplo da doença conhecida como Acidente Vascular Cerebral (AVC). Inicialmente, é necessário fazer a distinção entre seguro de vida e seguro de acidentes pessoais. No primeiro, a cobertura de morte abrange causas naturais e também causas acidentais; já no segundo, apenas os infortúnios

causados por acidente pessoal são garantidos, como, por exemplo, a morte acidental. Nesse passo, importante diferenciar também os conceitos de morte acidental e de morte natural para fins securitários. A morte acidental evidencia-se quando o falecimento da pessoa decorre de acidente pessoal, sendo este – de acordo a Resolução CNSP 117/2004 – definido como um evento súbito, exclusivo e diretamente externo, involuntário e violento. Já a morte natural configura-se por exclusão, ou seja, por qualquer outra causa, como as doenças em geral, que são de natureza interna, a exemplo do Acidente Vascular Cerebral. Ressalte-se que, apesar dessa denominação – "acidente" –, o AVC é uma patologia, ou seja, não decorre de causa externa, mas de fatores internos e de risco da saúde da própria pessoa que levam à sua ocorrência. Dessa forma, sendo a morte do segurado decorrente de causa natural, desencadeada apenas por fatores internos à pessoa – como o AVC –, e tiver sido contratada apenas a garantia por morte acidental, não há falar em obrigação da seguradora em indenizar o beneficiário. **REsp 1.443.115-SP, Rel. Min. Ricardo Villas Bôas Cueva, julgado em 21/10/2014. (Inform. STJ 550)**

DIREITO CIVIL. INDENIZAÇÃO DECORRENTE DE CONTRATO DE SEGURO. No contrato de seguro de vida e acidentes pessoais, o segurado não tem direito à indenização caso, agindo de má-fé, silencie a respeito de doença preexistente que venha a ocasionar o sinistro, ainda que a seguradora não exija exames médicos no momento da contratação. Isso porque, quando da contratação de um seguro de vida, ao segurado cabe o dever de fazer declarações verídicas sobre seu real estado de saúde, cujo conteúdo é determinante para a aceitação da proposta, bem como para a fixação do prêmio. Ademais, o CC destaca a necessidade de boa-fé para as relações securitárias (art. 765), além de estar presente como cláusula geral de interpretação dos negócios jurídicos (art. 113) e como diretriz de observância obrigatória na execução e conclusão de qualquer contrato (art. 422). Sendo assim, a seguradora só pode se eximir do dever de indenizar, alegando omissão de informações por parte do segurado, se dele não exigiu exames clínicos, caso fique comprovada sua má-fé. **AgRg no REsp 1.286.741-SP, Rel. Min. Ricardo Villas Bôas Cueva, julgado em 15/8/2013. (Inform. STJ 529)**

📖 **Súmula STF nº 105**

Salvo se tiver havido premeditação, o suicídio do segurado no período contratual de carência não exime o segurador do pagamento do seguro.

📖 **Súmula STJ nº 402**

O contrato de seguro por danos pessoais compreende os danos morais, salvo cláusula expressa de exclusão.

📖 **Súmula STJ nº 61**

O seguro de vida cobre o suicídio não premeditado.

3.12. DPVAT

Seguro DPVAT e Leis 11.482/2007 e 11.945/2009 - 1
São constitucionais as alterações procedidas pelas Leis 11.482/2007 e 11.945/2009 na Lei 6.194/1974, que dispõe sobre o seguro obrigatório de danos pessoais causados por veículos automotores de via terrestre - DPVAT. Com base nesse entendimento, o Plenário, por maioria e em julgamento conjunto, reputou improcedentes pedidos formulados em ações diretas de inconstitucionalidade e negou provimento a recurso extraordinário com agravo para assentar a constitucionalidade do art. 8º da Lei 11.482/2007 — que reduz o valor das indenizações relativas ao citado seguro —, e dos artigos 30, 31 e 32 da Lei 11.945/2009 — que instituem novas regras para o ressarcimento de despesas médico-hospitalares das vítimas de acidentes de trânsito por meio do DPVAT. O Colegiado, inicialmente, afastou alegação segundo a qual as Medidas Provisórias 340/2006 e 451/2008 — que deram origem aos dispositivos impugnados — não teriam atendido os requisitos constitucionais de relevância e urgência (CF, art. 62), o que levaria à sua inconstitucionalidade formal. Consignou que, apesar da conversão da medida provisória em lei não prejudicar o debate acerca do atendimento dos referidos requisitos, sua análise seria, em princípio, um juízo político a cargo do Poder Executivo e do Congresso Nacional, no qual, salvo nas hipóteses de notório abuso — inocorrente no caso —, não deveria se imiscuir o Poder Judiciário. Ainda quanto à suposta existência de inconstitucionalidade formal, arguia-se ofensa ao parágrafo único do art. 59 da CF ("Lei complementar disporá sobre a elaboração, redação, alteração e consolidação das leis"), porquanto a MP 451/2008, convertida na Lei 11.945/2009, teria tratado de matéria estranha ao

seu objeto. A Corte afirmou que, no caso, o alegado confronto, se houvesse, se daria em relação à LC 95/1998, diploma que regulamenta o dispositivo constitucional em comento. Relativamente à compatibilidade material dos preceitos questionados com a Constituição, o Tribunal asseverou que não ocorreria, na espécie, a apontada afronta aos artigos 196, 197 e 199, parágrafo único, da CF ("Art. 196. A saúde é direito de todos e dever do Estado, garantido mediante políticas sociais e econômicas que visem à redução do risco de doença e de outros agravos e ao acesso universal e igualitário às ações e serviços para sua promoção, proteção e recuperação. Art. 197. São de relevância pública as ações e serviços de saúde, cabendo ao Poder Público dispor, nos termos da lei, sobre sua regulamentação, fiscalização e controle, devendo sua execução ser feita diretamente ou através de terceiros e, também, por pessoa física ou jurídica de direito privado. ... Art. 199. A assistência à saúde é livre à iniciativa privada. § 1º - As instituições privadas poderão participar de forma complementar do sistema único de saúde, segundo diretrizes deste, mediante contrato de direito público ou convênio, tendo preferência as entidades filantrópicas e as sem fins lucrativos"). A edição dos dispositivos legais impugnados, no ponto em que fora vedada a cessão do crédito do seguro a instituições privadas que tivessem atendido o segurado acidentado, não retrataria política social ou econômica, adotada pelo Estado, que tivesse frustrado os propósitos da Constituição. O serviço público de saúde, serviço não privativo, poderia ser prestado pela iniciativa privada e as alterações legais em comento não teriam maculado, instabilizado ou inviabilizado o equilíbrio econômico-financeiro das instituições privadas, ainda que filantrópicas. Ademais, a nova sistemática para o recebimento do seguro DPVAT não impediria que hospital, filantrópico ou não, credenciado ou não ao SUS, e que atendesse vítima de trânsito, recebesse pelos serviços prestados. Com efeito, ele não poderia atuar como cessionário do crédito do DPVAT de titularidade da vítima de trânsito, mas isso não representaria qualquer incompatibilidade com o ordenamento jurídico. Ao contrário, a restrição seria louvável, porquanto evitaria fraudes decorrentes de eventual posição simultânea e indesejável do hospital como prestador dos serviços à vítima do acidente de trânsito e de credor perante a seguradora. **ADI 4627/ DF, rel. Min. Luiz Fux, 23.10.2014. (ADI-4627) ADI 4350/DF, rel. Min. Luiz Fux, 23.10.2014. (ADI-4350) ARE 704520/SP, rel. Min. Gilmar Mendes, 23.10.2014. (ARE-704520)**

Seguro DPVAT e Leis 11.482/2007 e 11.945/2009 - 2

Quanto à suposta ofensa aos princípios da proporcionalidade e razoabilidade, o Plenário destacou que não existiria direito constitucionalmente assegurado ao atendimento em hospitais privados. Se a vítima de acidente de trânsito não dispusesse de recursos para pagar as despesas de atendimento hospitalar na rede privada, o Estado lhe proporcionaria os hospitais do SUS. Destacou, além disso, que as normas questionadas não ofenderiam o princípio da igualdade, porquanto não estaria vedado o acesso universal à saúde pública, garantido constitucionalmente. Relativamente à diminuição do valor da indenização atinente ao seguro DPVAT verificada na legislação impugnada, o mencionado valor seria aferível mediante estudos econômicos colhidos pelo Parlamento, razão pela qual a observância da capacidade institucional do Poder Judiciário e a deferência conferida ao Poder Legislativo sob o pálio da separação dos Poderes, imporiam o desejável "judicial self-restraint". Em consequência, seriam constitucionais as novas regras legais que modificaram os parâmetros para pagamento do seguro DPVAT, as quais teriam abandonado a correlação com determinado número de salários-mínimos e estipulado valor certo em reais. No que diz com a suposta inconstitucionalidade das regras legais que criaram tabela para o cálculo do montante devido a título de indenização, cuidar-se-ia de medida que não afrontaria o ordenamento jurídico. Ao revés, tratar-se-ia de preceito que concretizaria o princípio da proporcionalidade, a permitir que os valores fossem pagos em razão da gravidade da lesão ao acidentado. Além do mais, não haveria, no caso, violação aos princípios da dignidade da pessoa humana e da vedação do retrocesso social. O primeiro princípio não poderia ser banalizado como pretendido, sob pena de ter sua efetividade injustamente reduzida. Outrossim, dizer que a ação estatal devesse caminhar no sentido da ampliação dos direitos fundamentais e de assegurar-lhes a máxima efetividade possível não significaria afirmar que fosse terminantemente vedada qualquer forma de alteração restritiva na legislação infraconstitucional, desde que não se desfigurasse o núcleo essencial do direito tutelado. As alterações legais contestadas teriam se destinado à racionalização das políticas sociais já estabelecidas em relação ao seguro DPVAT e não afetariam desfavoravelmente o núcleo essencial de direitos sociais prestados pelo Estado, porquanto teriam modificado apenas marginalmente os contornos do referido seguro para viabilizar a sua sub-

sistência. Vencido o Ministro Marco Aurélio, que, inicialmente, destacava o não atendimento do predicado relativo à urgência para a edição das medidas provisórias em comento. Afirmava, também, ter ocorrido, na edição dessas espécies normativas, uma miscelânea que conflitaria com o devido processo legislativo, no que, no bojo de norma a disciplinar tributos, se inseriria a regência de matéria diversa — seguro DPVAT —, o que ofenderia o parágrafo único do art. 59 da CF. Apontava, além disso, a existência de inconstitucionalidade material no ponto em que as referidas normas obstaculizaram a cessão de crédito — que se situaria no campo patrimonial —, a tolher a liberdade do seu titular. **ADI 4627/DF, rel. Min. Luiz Fux, 23.10.2014. (ADI-4627) ADI 4350/DF, rel. Min. Luiz Fux, 23.10.2014. (ADI-4350) ARE 704520/SP, rel. Min. Gilmar Mendes, 23.10.2014. (ARE-704520) (Inform. STF 764)**

REPERCUSSÃO GERAL EM ARE N. 704.520-SP

RELATOR: MIN. GILMAR MENDES
Recurso extraordinário com agravo. 2. Redução dos valores de indenização do Seguro DPVAT pela Medida Provisória 340/2006, convertida na Lei 11.482/2007. 3. Controvérsia quanto à constitucionalidade da modificação empreendida pelo art. 8º da Lei 11.482/007 no art. 3º da Lei 6.194/74. 3. Repercussão geral reconhecida. **(Inform. STF 762)**

DIREITO PROCESSUAL CIVIL. ILEGITIMIDADE DO ESPÓLIO PARA PLEITEAR INDENIZAÇÃO DO SEGURO OBRIGATÓRIO DPVAT NO CASO DE MORTE DA VÍTIMA.

O espólio, ainda que representado pelo inventariante, não possui legitimidade ativa para ajuizar ação de cobrança do seguro obrigatório (DPVAT) em caso de morte da vítima no acidente de trânsito. Antes da vigência da Lei 11.482/2007, a indenização do seguro obrigatório DPVAT, na ocorrência do falecimento da vítima, deveria ser paga em sua totalidade ao cônjuge ou equiparado e, na sua ausência, aos herdeiros legais. Depois da modificação legislativa, o valor indenizatório passou a ser pago metade ao cônjuge não separado judicialmente e o restante aos herdeiros da vítima, segundo a ordem de vocação hereditária (art. 4º da Lei 6.194/1974, com a redação dada pela Lei 11.482/2007). Desse modo, depreende-se que o valor oriundo do seguro obrigatório (DPVAT) não integra o patrimônio da vítima de acidente de trânsito (créditos e direitos da vítima falecida) quando se configurar o evento morte, mas passa diretamente para os beneficiários. Como se vê, a indenização do seguro obrigatório (DPVAT) em caso de morte da vítima surge somente em razão e após a sua configuração, ou seja, esse direito patrimonial não é preexistente ao óbito da pessoa acidentada, sendo, portanto, direito próprio dos beneficiários, a afastar a inclusão no espólio. De fato, apesar de o seguro DPVAT possuir a natureza de seguro obrigatório de responsabilidade civil (e não de danos pessoais), deve ser aplicado, por analogia, nesta situação específica, o art. 794 do CC/2002 (art. 1.475 do CC/1916), segundo o qual o capital estipulado, no seguro de vida ou de acidentes pessoais para o caso de morte, não está sujeito às dívidas do segurado, nem se considera herança para todos os efeitos de direito. **Precedentes citados: REsp 1.132.925-SP, Quarta Turma, DJe 6/11/2013; e REsp 1.233.498-PE, Terceira Turma, DJe 14/12/2011. REsp 1.419.814-SC, Rel. Min. Ricardo Villas Bôas Cueva, julgado em 23/6/2015, DJe 3/8/2015 (Inform. STJ 565).**

DIREITO CIVIL. TERMO INICIAL DA ATUALIZAÇÃO MONETÁRIA DAS INDENIZAÇÕES RELATIVAS AO SEGURO DPVAT. RECURSO REPETITIVO (ART. 543-C DO CPC E RES. 8/2008-STJ). TEMA 898.

A incidência de atualização monetária nas indenizações por morte ou invalidez do seguro DPVAT, prevista no § 7º do art. 5º da Lei 6.194/1974, redação dada pela Lei 11.482/2007, opera-se desde a data do evento danoso. Com a edição da MP 340/2006, desvinculou-se a indenização do seguro DPVAT do salário mínimo, estabelecendo-a no valor fixo de R$ 13.500,00 para os casos de invalidez ou morte. Após a conversão da MP na Lei 11.482/2007 – dando nova redação à Lei 6.194/1974 –, surgiu controvérsia sobre a existência de uma lacuna legislativa acerca do termo inicial da correção monetária das indenizações. Passou-se a discutir, então, se haveria efetivamente uma lacuna legislativa ou um silêncio eloquente do legislador ou, até mesmo, uma inconstitucionalidade por omissão. Sob o fundamento de inconstitucionalidade da MP 340/2006, foram ajuizadas ações diretas de inconstitucionalidade (ADI) perante o STF. De outro lado, sob o argumento de silêncio eloquente do legislador, as seguradoras interessadas passaram a se opor à pretensão de reajuste do valor da indenização. Por sua vez, sob o fundamento da existência de lacuna legislativa, várias demandas foram ajuizadas, pleiteando-se a sua colmatação pelo Poder Judiciário, com base no art. 4º da LINDB. Nesta linha

1. DIREITO CIVIL 25

de intelecção, a correção monetária poderia incidir a partir da publicação da MP 340/2006, porquanto a atualização não importaria acréscimo no valor originário. Ocorre que o STF, no julgamento da ADI 4.350-DF (DJe 3/12/2014), rejeitou a alegação de inconstitucionalidade sob o fundamento de que a lei não contém omissão. Desse modo, esse entendimento há de ser seguido pelo STJ, não havendo espaço para a controvérsia estabelecida no plano infraconstitucional. Assim, deverá ser seguida a forma de atualização monetária prevista no § 7º do art. 5º da Lei 6.194/1974, com a redação dada pela Lei 11.482/2007, considerando a data do evento danoso como termo inicial da correção, na linha da jurisprudência pacificada no STJ. **Precedentes citados: AgRg no AREsp 46.024-PR, Terceira Turma, DJe 12/3/2012; AgRg no REsp 1.480.735-SC, Quarta Turma, DJe 30/10/2014; e AgRg no REsp 1.482.716-SC, Terceira Turma, DJe 16/12/2014. REsp 1.483.620-SC, Rel. Min. Paulo de Tarso Sanseverino, Segunda Seção, julgado em 27/5/2015, DJe 2/6/2015 (Inform. STJ 563).**

DIREITO CIVIL. CESSÃO DE CRÉDITO RELATIVO AO SEGURO DPVAT. É possível a cessão de crédito relativo à indenização do seguro DPVAT decorrente de morte. Isso porque se trata de direito pessoal disponível, que segue a regra geral do art. 286 do CC, que permite a cessão de crédito se a isso não se opuser a natureza da obrigação, a lei ou a convenção com o devedor. Assim, inexistindo, na lei de regência do DPVAT (Lei 6.194/1974), óbice à cessão dos direitos sobre a indenização devida, não cabe ao intérprete impor restrições ao titular do crédito. Cabe ressaltar que o legislador, quando quis, vetou expressamente a possibilidade de cessão de crédito decorrente do seguro DPVAT, mas o fez apenas em relação à hipótese de reembolso de despesas médico-hospitalares (art. 3º, § 2º, da Lei 6.194/1974, incluído pela Lei 11.945/2009). **REsp 1.275.391-RS, Rel. Min. João Otávio de Noronha, julgado em 19/5/2015, DJe 22/5/2015 (Inform. STJ 562).**

DIREITO CIVIL. COBERTURA, PELO DPVAT, DE ACIDENTE COM COLHEITADEIRA. A invalidez permanente decorrente de acidente com máquina colheitadeira, ainda que ocorra no exercício de atividade laboral, não deverá ser coberta pelo seguro obrigatório de danos pessoais causados por veículos automotores de via terrestre (DPVAT) se o veículo não for suscetível de trafegar por via pública. O STJ entende que a caracterização do infortúnio como acidente de trabalho, por si só, não afasta a cobertura do seguro obrigatório (DPVAT) e que os sinistros que envolvam veículos agrícolas também podem estar cobertos por ele. O trator – "veículo automotor construído para realizar trabalho agrícola, de construção e pavimentação e tracionar outros veículos e equipamentos" (Anexo I do CTB) – pode ser entendido como gênero do qual a colheitadeira pode ser considerada uma espécie. No entanto, para fins de indenização pelo DPVAT, nem sempre que a colheitadeira puder ser enquadrada como trator. É bem verdade que, apesar de não se exigir que o acidente ocorra em via pública, o veículo automotor deve ser, ao menos em tese, suscetível de circular por essas vias. Isto é, caso a colheitadeira, em razão de suas dimensões e peso, jamais venha a preencher os requisitos normativos para fins de tráfego em via pública (só podendo ser transportada em caminhão), não há como reconhecer a existência de fato gerador de sinistro protegido pelo seguro DPVAT, apesar de se tratar de veículo automotor. Contudo, não há como negar que existem pequenas colheitadeiras de grãos que, em razão de suas medidas, seriam plenamente capazes de circular nas estradas, nos moldes de um trator convencional, enquadrando-se nas exigências para circulação em via terrestre da Resolução 210/2006 do CONTRAN. **REsp 1.342.178-MT, Rel. Min. Luis Felipe Salomão, julgado em 14/10/2014. (Inform. STJ 550)**

DIREITO CIVIL. INDENIZAÇÃO REFERENTE AO SEGURO DPVAT EM DECORRÊNCIA DE MORTE DE NASCITURO. A beneficiária legal de seguro DPVAT que teve a sua gestação interrompida em razão de acidente de trânsito tem direito ao recebimento da indenização prevista no art. 3º, I, da Lei 6.194/1974, devida no caso de morte. O art. 2º do CC, ao afirmar que a "personalidade civil da pessoa começa com o nascimento", logicamente abraça uma premissa insofismável: a de que "personalidade civil" e "pessoa" não caminham umbilicalmente juntas. Isso porque, pela construção legal, é apenas em um dado momento da existência da pessoa que se tem por iniciada sua personalidade jurídica, qual seja, o nascimento. Conclui-se, dessa maneira, que, antes disso, embora não se possa falar em personalidade jurídica – segundo o rigor da literalidade do preceito legal –, é possível, sim, falar-se em pessoa. Caso contrário, não se vislumbraria qualquer sentido lógico na fórmula "a personalidade civil da pessoa começa", se ambas – pessoa e personalidade civil – tivessem como começo o mesmo acontecimento.

Com efeito, quando a lei pretendeu estabelecer a "existência da pessoa", o fez expressamente. É o caso do art. 6º do CC, o qual afirma que a "existência da pessoa natural termina com a morte", e do art. 45, *caput*, da mesma lei, segundo o qual "Começa a existência legal das pessoas jurídicas de direito privado com a inscrição do ato constitutivo no respectivo registro". Essa circunstância torna eloquente o silêncio da lei quanto à "existência da pessoa natural". Se, por um lado, não há uma afirmação expressa sobre quando ela se inicia, por outro lado, não se pode considerá-la iniciada tão somente com o nascimento com vida. Ademais, do direito penal é que a condição de pessoa viva do nascituro – embora não nascida – é afirmada sem a menor cerimônia. É que o crime de aborto (arts. 124 a 127 do CP) sempre esteve alocado no título referente a "crimes contra a pessoa" e especificamente no capítulo "dos crimes contra a vida". Assim, o ordenamento jurídico como um todo (e não apenas o CC) alinhou-se mais à teoria concepcionista – para a qual a personalidade jurídica se inicia com a concepção, muito embora alguns direitos só possam ser plenamente exercitáveis com o nascimento, haja vista que o nascituro é pessoa e, portanto, sujeito de direitos – para a construção da situação jurídica do nascituro, conclusão enfaticamente sufragada pela majoritária doutrina contemporânea. Além disso, apesar de existir concepção mais restritiva sobre os direitos do nascituro, amparada pelas teorias natalista e da personalidade condicional, atualmente há de se reconhecer a titularidade de direitos da personalidade ao nascituro, dos quais o direito à vida é o mais importante, uma vez que, garantir ao nascituro expectativas de direitos, ou mesmo direitos condicionados ao nascimento, só faz sentido se lhe for garantido também o direito de nascer, o direito à vida, que é direito pressuposto a todos os demais. Portanto, o aborto causado pelo acidente de trânsito subsume-se ao comando normativo do art. 3º da Lei 6.194/1974, haja vista que outra coisa não ocorreu, senão a morte do nascituro, ou o perecimento de uma vida intrauterina. **REsp 1.415.727-SC, Rel. Min. Luis Felipe Salomão, julgado em 4/9/2014. (Inform. STJ 547)**

DIREITO CIVIL E PROCESSUAL CIVIL. TERMO INICIAL DA PRESCRIÇÃO NAS DEMANDAS POR INDENIZAÇÃO DO SEGURO DPVAT NOS CASOS DE INVALIDEZ PERMANENTE DA VÍTIMA. RECURSO REPETITIVO (ART. 543-C DO CPC E RES. 8/2008-STJ). No que diz respeito ao termo inicial do prazo prescricional nas demandas por indenização do seguro DPVAT que envolvem invalidez permanente da vítima: a) o termo inicial do prazo prescricional é a data em que o segurado teve ciência inequívoca do caráter permanente da invalidez; e b) exceto nos casos de invalidez permanente notória, a ciência inequívoca do caráter permanente da invalidez depende de laudo médico, sendo relativa a presunção de ciência. Sobre o tema em análise, o STJ editou a Súmula 278, segundo a qual "O termo inicial do prazo prescricional, na ação de indenização, é a data em que o segurado teve ciência inequívoca da incapacidade laboral". Com o advento desse enunciado, sepultou-se o entendimento de que o termo inicial da prescrição seria sempre a data do acidente, independentemente do tipo de lesão. Persiste, porém, controvérsia no que se refere à necessidade, ou não, de um laudo médico para que a vítima do acidente (beneficiária do seguro) tenha ciência inequívoca da invalidez permanente (total ou parcial). Essa controvérsia tem gerado três entendimentos jurisprudenciais diversos. O primeiro considera que a invalidez permanente depende de uma declaração médica, sem a qual não há como presumir a ciência da vítima. No segundo há uma ligeira mitigação do primeiro, pois se aceita a presunção de ciência inequívoca, independentemente de laudo médico, mas somente nas hipóteses em que a invalidez é notória, como nos casos de amputação de membro. O laudo médico, nesses casos, serviria mais para aferir o grau de invalidez, do que para constatá-la. Interessante destacar o fato de a invalidez permanente ser uma consequência imediata do acidente, não implica, necessariamente, ciência inequívoca da vítima. A perda do baço, por exemplo, somente chegará ao conhecimento de uma vítima leiga em Medicina se essa informação lhe for prestada por um médico. Nesses casos, ainda que a lesão seja imediata, a ciência da vítima só ocorrerá em momento posterior. Voltando às teses acerca da ciência da invalidez, o terceiro entendimento admite que essa ciência possa ser presumida, conforme as circunstâncias do caso. Colhe-se da jurisprudência do STJ, por exemplo, julgado no qual o Tribunal de origem entendeu que o longo decurso de tempo entre o acidente e a data do laudo, além da não submissão das vítimas a tratamento, permite que se presuma a ciência da invalidez. Posto isso, cumpre verificar o enquadramento dos entendimentos jurisprudenciais acima delineados nas hipóteses do art. 334 do CPC, transcrito a seguir: "Não dependem de prova os fatos: I - notórios; II - afirmados por uma parte e confessados pela parte contrária; III - admitidos, no processo, como incontroversos; IV - em cujo favor milita presunção legal de existência ou de veracidade". O primeiro entendimento, que exige um laudo médico para que se considere a ciência inequívoca da vítima, está de acordo com esse dispositivo legal (a *contrario sensu*), pois o laudo médico é uma prova documental. O segundo entendimento também está de acordo, pois o caráter permanente da invalidez em hipóteses como amputação de membro constitui fato notório para a vítima, enquadrando-se no inciso I, supra. O terceiro entendimento, contudo, parece afrontar o disposto no art. 334 do CPC, por não haver norma legal que autorize o julgador a presumir a ciência da invalidez a partir de circunstâncias fáticas como o decurso do tempo, a não submissão a tratamento ou a interrupção deste. Essa questão deve ser contextualizada à realidade brasileira em que a maioria das vítimas se submetem a tratamento médico e fisioterápico custeado pelo SUS (Sistema Único de Saúde), que sabidamente é bastante demorado nesses casos em que não há mais risco de vida. Desse modo, o fato de a vítima não persistir no tratamento iniciado, não pode ser utilizado para fulminar seu direito à indenização, se não há previsão legal nesse sentido. Há de se ressaltar, ademais, que por mais que as vítimas sintam a redução em sua capacidade laboral ao longo dos anos, esse fato não é suficiente para autorizá-las a pleitear a indenização, pois a legislação do DPVAT exige mais do que mera incapacidade laboral, exige invalidez "permanente". E esse caráter permanente da invalidez é inalcançável ao leigo em Medicina. Para se afirmar que uma lesão é permanente, ou seja, sem perspectiva terapêutica, é necessário concluir pela inviabilidade de qualquer dos tratamentos disponíveis, o que não é possível sem conhecimentos médicos. Frise-se que não se pode confundir ciência da lesão (ou da incapacidade) com ciência do caráter permanente da invalidez, pois esta última só é possível com auxílio médico. De outra parte, cabe refletir sobre a possibilidade de manipulação do prazo prescricional por parte da vítima. Há a preocupação de que a vítima, depois de transcorrido o prazo prescricional, obtenha um novo laudo médico e ajuíze a ação, omitindo, por má-fé, a existência de um laudo médico mais antigo. Entretanto, cabe frisar que, no Direito brasileiro, a má-fé não pode ser presumida. Então, caso a seguradora desconfie dessa manipulação do prazo prescricional, cabe-lhe diligenciar junto ao IML para saber se a vítima submeteu-se, ou não, a exame médico em data anterior. Do contrário, há de prevalecer, como termo inicial da prescrição, a data indicada no laudo médico apresentado pela vítima. **REsp 1.388.030-MG**, Rel. Min. Paulo de Tarso Sanseverino, julgado em 11/6/2014. (Inform. STJ 544)

DIREITO CIVIL. UTILIZAÇÃO DA TABELA DO CNSP NA DEFINIÇÃO DO VALOR DE INDENIZAÇÃO PAGA PELO SEGURO DPVAT. RECURSO REPETITIVO (ART. 543-C DO CPC E RES. 8/2008-STJ). Em caso de invalidez permanente parcial do beneficiário do Seguro DPVAT, é válida a utilização de tabela do Conselho Nacional de Seguros Privados (CNSP) para se estabelecer proporcionalidade entre a indenização a ser paga e o grau da invalidez, na hipótese de sinistro anterior a 16/12/2008; o que não impede o magistrado de, diante das peculiaridades do caso concreto, fixar indenização segundo outros critérios. Inicialmente, cumpre afirmar o entendimento – consolidado, inclusive, na Súmula 474 do STJ – de que, em caso de invalidez permanente parcial do beneficiário, a indenização do seguro DPVAT será paga de forma proporcional ao grau da invalidez (e não integral). De fato, o art. 3º, "b", da Lei 6.194/1974 – que dispõe sobre o DPVAT – estabelecia, até a entrada em vigor da Lei 11.482/2007, um teto de quarenta salários mínimos para a indenização por invalidez permanente parcial, mas não definia a forma de cálculo dessa indenização proporcional nesse caso, havendo, no art. 12 da Lei 6.194/1974, apenas remissão genérica à existência de normas do CNSP. Nessa conjuntura, houve controvérsia na jurisprudência em relação à possibilidade de utilização de normas do CNSP, já que as tabelas do CNSP não possuem *status* de lei ordinária. Posteriormente, a Lei 8.441/1992 incluiu o § 5º no art. 5º da Lei 6.194/1974, de modo que, a partir de então, a proporcionalidade da indenização seria calculada "de acordo com os percentuais da tabela das condições gerais de seguro de acidente suplementada" e, "nas restrições e omissões desta, pela tabela de acidentes do trabalho e da classificação internacional das doenças". Ocorre que, como essas tabelas também não estavam previstas em lei, a alteração legislativa não foi suficiente para encerrar a controvérsia estabelecida na jurisprudência. Apenas em 16/12/2008, entrou em vigor a MP 451/2008 (posteriormente convertida na Lei 11.945/2009), que inseriu no texto da Lei 6.194/1974, em anexo, uma tabela acerca do cálculo da indenização em análise. Além disso, incluiu-se no art. 3º da Lei 6.194/1974 o § 1º, segundo o qual "No caso da cobertura de que trata o inciso II do *caput* deste artigo [ou seja, no caso de invalidez permanente parcial], deverão ser enquadradas na tabela anexa a esta Lei as lesões diretamente decorrentes de acidente e que

não sejam suscetíveis de amenização proporcionada por qualquer medida terapêutica [...]". Dessa forma, com a inclusão da aludida tabela na própria Lei 6.194/1974, encerrou-se a polêmica acerca dos critérios para o cálculo da indenização proporcional em relação aos acidentes de trânsito ocorridos posteriormente à entrada em vigor da MP 451/2008 (posteriormente convertida na Lei 11.945/2009). Entretanto, no tocante aos acidentes de trânsito ocorridos anteriormente à MP 451/2008, persistiu a controvérsia jurisprudencial. Nesse contexto, no tocante à possibilidade de utilização de tabela do CNSP para se estabelecer proporcionalidade entre a indenização a ser paga pelo seguro e o grau da invalidez na hipótese de sinistro anterior a 16/12/2008 (data da entrada em vigor da Medida Provisória 451/2008), observa-se que a declaração de invalidez da tabela não é a melhor solução para a controvérsia, pois a ausência de percentuais previamente estabelecidos para o cálculo da indenização causaria grande insegurança jurídica, uma vez que o valor da indenização passaria a depender exclusivamente de um juízo subjetivo do magistrado. Além disso, os valores estabelecidos pela tabela para a indenização proporcional pautam-se por um critério de razoabilidade em conformidade com a gravidade das lesões corporais sofridas pela vítima do acidente de trânsito. De mais a mais, o CNSP, em razão do art. 7º do Decreto-Lei 73/1966 – segundo o qual "Compete privativamente ao Governo Federal formular a política de seguros privados, legislar sobre suas normas gerais e fiscalizar as operações no mercado nacional" – ainda detém competência normativa, que, aliás, foi recepcionada pela CF/1988. Tese firmada para fins do art. 543-C do CPC: "Validade da utilização de tabela do CNSP para se estabelecer a proporcionalidade da indenização ao grau de invalidez, na hipótese de sinistro anterior a 16/12/2008, data da entrada em vigor da Medida Provisória 451/08". Precedentes citados: REsp 1.101.572-RS, Terceira Turma, DJe 25/11/2010; e AgRg no REsp 1.298.551-MS, Quarta Turma, DJe 6/3/2012. **REsp 1.303.038-RS**, Rel. Min. Paulo de Tarso Sanseverino, julgado em 12/3/2014. (Inform. STJ 537)

DIREITO CIVIL. COBERTURA DO SEGURO DPVAT. A vítima de dano pessoal causado por veículo automotor de via terrestre tem direito ao recebimento da indenização por invalidez permanente prevista no art. 3º da Lei 6.194/1974 – a ser coberta pelo seguro DPVAT – na hipótese em que efetivamente constatada a referida invalidez, mesmo que, na data do evento lesivo, a espécie de dano corporal sofrido – hoje expressamente mencionada na lista anexa à Lei 6.194/1974 (incluída pela MP 456/2009) – ainda não constasse da tabela que, na época, vinha sendo utilizada como parâmetro para o reconhecimento da invalidez permanente (elaborada pelo Conselho Nacional de Seguros Privados - CNSP). De fato, a expressão "invalidez permanente" prevista no art. 3º da Lei 6.194/1974 constitui conceito jurídico indeterminado. Em um primeiro momento, o conteúdo da expressão foi determinado a partir da listagem de situações que, sabidamente, seriam aptas a gerar invalidez permanente, total ou parcial. Entretanto, não é possível prever, por meio de uma listagem de situações, todas as hipóteses causadoras de invalidez permanente, de forma que, em última análise, incumbe ao intérprete a definição do conteúdo daquele conceito jurídico indeterminado. Assim, deve-se considerar que as situações previstas na lista anexa à Lei 6.194/1974 constituem rol meramente exemplificativo, em contínuo desenvolvimento tanto na ciência como no direito. O não enquadramento de uma determinada situação na lista previamente elaborada não implica, por si só, a não configuração da invalidez permanente, sendo necessário o exame das peculiaridades de cada caso concreto. Nesse contexto, a nova lista, bem como os critérios científicos que pautaram sua elaboração, pode e deve ser utilizada como instrumento de integração da tabela anterior, em razão do princípio da igualdade, sem que isso constitua aplicação retroativa. **REsp 1.381.214-SP**, Rel. Min. Paulo de Tarso Sanseverino, julgado em 20/8/2013. (Inform. STJ 530)

DIREITO CIVIL. PROPORCIONALIDADE DO VALOR DA INDENIZAÇÃO DO SEGURO DPVAT EM CASO DE INVALIDEZ PERMANENTE PARCIAL DO BENEFICIÁRIO (SÚMULA 474/STJ). A indenização do seguro DPVAT não deve ocorrer no valor máximo apenas considerando a existência de invalidez permanente parcial (Súmula 474/STJ). Assim, as tabelas elaboradas pelo Conselho Nacional de Seguros Privados (CNSP), que estabelecem limites indenizatórios de acordo com as diferentes espécies de sinistros, podem ser utilizadas na fixação da indenização do seguro DPVAT. Reclamação julgada procedente para adequar o acórdão reclamado à jurisprudência sumulada do STJ. Expedição de ofícios a todos os Colégios Recursais do País comunicando a decisão (Resolução 12/STJ). Precedentes citados: REsp 1.101.572-RS, Terceira Turma, DJe 25/11/2010;

AgRg no REsp 1.298.551-MS, Quarta Turma, DJe 6/3/2012; EDcl no AREsp 66.309-SP, Quarta Turma, DJe 1º/8/2012, e AgRg no AREsp 132.494-GO, Quarta Turma, DJe 26/6/2012. **Rcl 10.093-MA, Rel. Min. Antonio Carlos Ferreira, julgada em 12/12/2012. (Inform. STJ 518)**

DIREITO CIVIL. DPVAT. LIMITE MÁXIMO DO REEMBOLSO DE DESPESAS HOSPITALARES.
O reembolso pelo DPVAT das despesas hospitalares em caso de acidente automobilístico deve respeitar o limite máximo previsto na Lei n. 6.194/1974 (oito salários mínimos), e não o estabelecido na tabela expedida pelo Conselho Nacional de Seguros Privados (CNSP). A cobertura do DPVAT compreende o reembolso de despesas de assistência médica suplementares (DAMS) nos valores máximos indicados pela Lei n. 6.194/1974. Nessa hipótese, a vítima cede ao hospital o direito de receber a indenização da seguradora. Assim, o dever da seguradora é pagar por procedimento médico hospitalar de acordo com o art. 3º, *c*, da Lei n. 6.194/1974, ou seja, até oito salários mínimos. Esse valor não pode ser alterado unilateralmente pelo fixado na tabela da resolução do CNSP, que é inferior ao máximo legal, ainda que seja superior ao valor de mercado, pois não há permissão legal para adoção de uma tabela de referência que delimite as indenizações a serem pagas pelas seguradoras a título de DAMS. Portanto, o hospital tem o direito de receber o reembolso integral das despesas comprovadas, respeitado o limite máximo previsto na lei. **REsp 1.139.785-PR, Rel. originário Min. Sidnei Beneti, Rel. para acórdão Min. Ricardo Villas Bôas Cueva, julgado em 11/12/2012. (Inform. STJ 511).**

📖 Súmula STJ nº 544

É válida a utilização de tabela do Conselho Nacional de Seguros Privados para estabelecer a proporcionalidade da indenização do seguro DPVAT ao grau de invalidez também na hipótese de sinistro anterior a 16/12/2008, data da entrada em vigor da Medida Provisória n. 451/2008.

📖 Súmula STJ nº 540

Na ação de cobrança do seguro DPVAT, constitui faculdade do autor escolher entre os foros do seu domicílio, do local do acidente ou ainda do domicílio do réu.

📖 Súmula STJ nº 257

A falta de pagamento do prêmio do seguro obrigatório de Danos Pessoais Causados por Veículos Automotores de Vias Terrestres (DPVAT) não é motivo para a recusa do pagamento da indenização.

3.13. Fiança

DIREITO CIVIL. PRORROGAÇÃO AUTOMÁTICA DE FIANÇA EM CONTRATO DE MÚTUO BANCÁRIO.
É lícita cláusula em contrato de mútuo bancário que preveja expressamente que a fiança prestada prorroga-se automaticamente com a prorrogação do contrato principal. No caso, a avença principal não envolvia relação contratual de consumo, pois cuidava-se de mútuo mediante o qual se obteve capital de giro para o exercício de atividade empresarial. Posto isso, esclareça-se que a prorrogação da fiança do contrato principal, a par de ser circunstância prevista em cláusula contratual – previsível no panorama contratual –, comporta ser solucionada adotando-se a mesma diretriz conferida para fiança em contrato de locação – antes mesmo da nova redação do art. 39 da Lei do Inquilinato dada pela Lei 12.112/2009 –, pois é a mesma matéria disciplinada pelo Código Civil. O contrato de mútuo bancário tem por característica ser, em regra, de adesão e de longa duração, mantendo a paridade entre as partes contratantes, vigendo e renovando-se periodicamente por longo período – constituindo o tempo elemento nuclear dessa modalidade de negócio. A fiança, para ser celebrada, exige forma escrita – pois é requisito para sua validade a manifestação expressa e forma documentada – para gerar o dever obrigacional de garantir o contrato principal, não se prorrogando, salvo disposição em contrário. Além disso, não se admite, na fiança, interpretação extensiva de suas cláusulas, a fim de utilizar analogia para ampliar as obrigações do fiador ou a duração do contrato acessório, não o sendo a observância àquilo que foi expressamente pactuado, sendo certo que as causas específicas legais de extinção da fiança são taxativas. Esclareça-se que não admitir interpretação extensiva significa tão somente que o fiador responde, precisamente, por aquilo que declarou no instrumento da fiança. Nesse contexto, não há ilegalidade na previsão contratual expressa de que a fiança prorroga-se automaticamente com a prorrogação do contrato principal. Com efeito, como a fiança tem o propósito de transferir para o fiador o risco do inadimplemento, cumprindo dessa forma sua função de

garantia, tendo o pacto previsto, em caso de prorrogação da avença principal, a sua prorrogação automática – sem que tenha havido notificação resilitória, novação, transação ou concessão de moratória –, não há falar em extinção da garantia pessoal. Ressalte-se que poderá o fiador, querendo, promover a notificação resilitória nos moldes do disposto no art. 835 do CC, a fim de se exonerar da fiança. **REsp 1.253.411-CE, Rel. Min. Luis Felipe Salomão, julgado em 24/6/2015, DJe 4/8/2015 (Inform. STJ 565).**

DIREITO PROCESSUAL CIVIL. ILEGITIMIDADE ATIVA DO FIADOR PARA PLEITEAR EM JUÍZO A REVISÃO DO CONTRATO PRINCIPAL.
O fiador de mútuo bancário não tem legitimidade para, exclusivamente e em nome próprio, pleitear em juízo a revisão e o afastamento de cláusulas e encargos abusivos constantes do contrato principal. Com efeito, a fiança é obrigação acessória, assumida por terceiro, que garante ao credor o cumprimento total ou parcial da obrigação principal de outrem (o devedor) caso este não a cumpra ou não possa cumpri-la conforme o avençado. Esse conceito é facilmente extraído do art. 1.481 do CC/1916 bem como do art. 818 do CC/2002, que dispõe: "Pelo contrato de fiança, uma pessoa garante satisfazer ao credor uma obrigação assumida pelo devedor, caso este não a cumpra". A despeito disso, a relação jurídica que se estabelece entre o credor e o devedor do negócio jurídico principal não se confunde com a relação estabelecida no contrato secundário (de fiança), firmado entre aquele mesmo credor e o fiador, que se apresenta como mero garantidor do adimplemento da obrigação principal. Cuida-se, portanto, de contratos que, apesar de vinculados pela acessoriedade da fiança, dizem respeito a relações jurídico-materiais distintas. Essa distinção existente entre as relações de direito material é que torna evidente a ilegitimidade do fiador para, exclusivamente e em nome próprio, postular em juízo a revisão e o afastamento de cláusulas e encargos abusivos constantes do contrato principal (mútuo bancário), materializador, como de outro modo não poderia ser, da comunhão de vontades, exclusivamente, dos contratantes (credor e devedor). É que não se pode confundir legitimidade para agir – que diz respeito à qualidade reconhecida ao titular do direito material que se pretenda tutelar em juízo, relacionada ao fato de ser o autor da pretensão o verdadeiro titular do direito que se pretende tutelar bem como ser o réu o titular do direito de àquele pleito se contrapor – com interesse de agir, nem, menos ainda, conceber a ideia de que o exercício da ação estaria sujeito apenas à existência do segundo. Desse modo, apesar de ser incontestável a existência de interesse econômico do fiador na eventual minoração da dívida que se comprometeu garantir perante o credor, não é sua a legitimidade para demandar a revisão das cláusulas apostas no contrato principal, sendo irrelevante, nesse aspecto, o fato de responder de modo subsidiário ou mesmo solidariamente pelo adimplemento da obrigação. Isso porque, por tanto, a titular do direito material correlato é pessoa jurídica distinta e o fiador, como consabido, não está autorizado por lei a atuar como seu substituto processual. **REsp 926.792-SC, Rel. Min. Ricardo Villas Bôas Cueva, julgado em 14/4/2015, DJe 17/4/2015 (Inform. STJ 560).**

📖 Súmula STJ nº 549

É válida a penhora de bem de família pertencente a fiador de contrato de locação.

📖 Súmula STJ nº 332

A fiança prestada sem autorização de um dos cônjuges implica a ineficácia total da garantia.

📖 Súmula STJ nº 268

O fiador que não integrou a relação processual na ação de despejo não responde pela execução do julgado.

📖 Súmula STJ nº 214

O fiador na locação não responde por obrigações resultantes de aditamento ao qual não anuiu.

3.14. Seguro e Plano de saúde

DIREITO CIVIL. MODIFICAÇÃO DE PLANO DE SAÚDE COLETIVO EMPRE-SARIAL COM O FIM DE EVITAR A INEXEQUIBILIDADE DO MODELO ANTIGO (EXCEÇÃO DE RUÍNA).
Os empregados demitidos sem justa causa e os aposentados que contribuíram para plano de saúde coletivo empresarial que tenha sido extinto não têm direito de serem mantidos nesse plano se o estipulante (ex-empregador) e a operadora redesenharam o sistema estabelecendo um novo plano de saúde coletivo a fim de evitar o seu colapso (exceção da ruína) ante prejuízos crescentes,

desde que tenham sido asseguradas aos inativos as mesmas condições de cobertura assistencial proporcionadas aos empregados ativos. Inicialmente, cabe asseverar que um plano de saúde pode ser: (a) individual ou familiar: em que a pessoa física contrata diretamente com a operadora ou por intermédio de um corretor autorizado; ou (b) coletivo: contratado por uma sociedade empresária, conselho, sindicato ou associação junto à operadora de planos de saúde para oferecer assistência médica e/ou odontológica às pessoas vinculadas às mencionadas entidades, bem como a seus dependentes. Um plano de saúde coletivo, por sua vez, pode ser: (b.1) por adesão: contratado por pessoas jurídicas de caráter profissional, classista ou setorial, como conselhos, sindicatos e associações profissionais; ou (b.2) empresarial: contratado por sociedade empresária, para garantir assistência à saúde dos seus funcionários e de seus respectivos dependentes em razão do vínculo empregatício ou estatutário. No que diz respeito a plano de saúde coletivo empresarial (b.2) – ou seja, à hipótese em análise –, realmente, é garantido ao inativo (o empregado demitido sem justa causa ou o aposentado) que contribuiu para o plano de saúde em decorrência do vínculo empregatício o direito de manutenção da sua condição de beneficiário "nas mesmas condições de cobertura assistencial de que gozava quando da vigência do contrato de trabalho, desde que assuma o seu pagamento integral" (arts. 30 e 31 da Lei 9.656/1998). Nesse contexto, de acordo com o art. 2°, II, da RN 279/2011 da ANS, deve-se entender por "mesmas condições de cobertura assistencial" a "mesma segmentação e cobertura, rede assistencial, padrão de acomodação em internação, área geográfica de abrangência e fator moderador, se houver, do plano privado de assistência à saúde contratado para os empregados ativos", de modo a inexistir, na hipótese em análise, direito adquirido a modelo de plano de saúde ou de custeio. Nesse sentido, aliás, a Quarta Turma do STJ (REsp 531.370-SP, DJe 6/9/2012) decidiu que, embora seja garantida aos empregados demitidos sem justa causa e aos aposentados "a manutenção no plano de saúde coletivo nas mesmas condições de assistência médica e de valores de contribuição, desde que assuma o pagamento integral desta", os valores de contribuição poderão "variar conforme as alterações promovidas no plano paradigma, sempre em paridade com os que a ex-empregadora tiver que custear". De fato, pela exceção da ruína – instituto que, conforme definição doutrinária, representa a circunstância liberatória decorrente da "situação de ruína em que o devedor poderia incorrer, caso a execução do contrato, atingida por alterações fácticas, não fosse sustida" –, o vínculo contratual original pode sofrer ação liberatória e adaptadora às novas circunstâncias da realidade, com a finalidade de manter a relação jurídica sem a quebra do sistema, sendo imprescindível a cooperação mútua para modificar o contrato do modo menos danoso às partes. É por isso que, nos contratos cativos de longa duração, também chamados de relacionais, baseados na confiança, o rigorismo e a perenidade do vínculo existente entre as partes podem sofrer, excepcionalmente, algumas flexibilizações, a fim de evitar a ruína do sistema e da empresa, devendo ser respeitados, em qualquer caso, a boa-fé, que é bilateral, e os deveres de lealdade, de solidariedade (interna e externa) e de cooperação recíprocos. Além do mais, ressalte-se que a onerosidade excessiva é vedada tanto para o consumidor quanto para o fornecedor, nos termos do art. 51, § 2°, da Lei 8.078/1990. Cumpre destacar, também, que a função social e a solidariedade nos planos de saúde coletivos assumem grande relevo, tendo em vista o mutualismo existente, caracterizador de um pacto tácito entre as diversas gerações de empregados passados, atuais e futuros (solidariedade intergeracional), trazendo o dever de todos para a viabilização do próprio contrato de assistência médica. Desse modo, na hipótese em apreço, não há como preservar indefinidamente a sistemática contratual original se verificada a exceção de ruína. **REsp 1.479.420-SP, Rel. Min. Ricardo Villas Bôas Cueva, julgado em 1°/9/2015, DJe 11/9/2015 (Inform. STJ 569).**

DIREITO CIVIL E PROCESSUAL CIVIL. LEGITIMIDADE ATIVA DE USUÁRIO DE PLANO DE SAÚDE COLETIVO.

O usuário de plano de saúde coletivo tem legitimidade ativa para ajuizar individualmente ação contra a operadora pretendendo discutir a validade de cláusulas contratuais, não sendo empecilho o fato de a contratação ter sido intermediada por caixa de assistência de categoria profissional. De início, esclareça-se que há dois tipos de contratação de planos de saúde coletivos: o coletivo empresarial, o qual garante a assistência à saúde dos funcionários da empresa contratante em razão do vínculo empregatício ou estatutário, e o coletivo por adesão, contratado por pessoas jurídicas de caráter profissional, classista ou setorial, como conselhos, sindicatos e associações profissionais. Por seu turno, a legitimidade exigida para o exercício do direito de ação depende, em regra, da relação jurídica de direito material havida entre as partes; em outras palavras, a ação tem como condição a titularidade de um direito ou interesse juridicamente protegido. Desse modo, para se aferir a legitimidade ativa ad

causam do usuário de plano de saúde coletivo para postular a revisão judicial das cláusulas contratuais, revela-se necessário verificar a natureza jurídica das relações estabelecidas entre os diversos atores nesse contrato: usuários, estipulante e operadora de plano de saúde. Para tanto, faz-se necessário buscar amparo nos institutos do seguro de vida coletivo (art. 801 do CC/2002). Apesar de serem contratos distintos, as relações existentes entre as diferentes figuras do plano de saúde coletivo são similares às havidas entre as personagens do seguro de vida em grupo. Com efeito, leciona a doutrina que a vinculação entre o segurador e o grupo segurado é da mesma natureza do seguro de vida individual, tratando-se, portanto, de estipulação em favor de terceiro. Depreende-se, assim, que o vínculo jurídico formado entre a operadora e o grupo de usuários caracteriza-se como uma estipulação em favor de terceiro. Por sua vez, a relação havida entre a operadora e o estipulante é similar a um contrato por conta de terceiro. Por fim, para os usuários, o estipulante é apenas um intermediário, um mandatário, não representando a operadora de plano de saúde. De acordo com o art. 436, parágrafo único, do CC/2002 (correspondente ao art. 1.098, parágrafo único, do CC/1916), na estipulação em favor de terceiro, tanto o estipulante (promissário) quanto o beneficiário podem exigir do promitente (ou prestador de serviço) o cumprimento da obrigação. Assim, na fase de execução contratual, o terceiro (beneficiário) passa a ser também credor do promitente. Ademais, os princípios gerais do contrato amparam ambos, beneficiário e estipulante, de modo que havendo no pacto cláusula abusiva ou ocorrendo fato que o onere excessivamente, não é vedado a nenhum dos envolvidos pedir a revisão da avença, mesmo porque, como cediço, as cláusulas contratuais devem obedecer a lei, a exemplo do CC ou do CDC. Além do mais, diante do interesse juridicamente protegido do usuário de plano de saúde, destinatário final dos serviços de assistência à saúde, o exercício do direito de ação não pode ser tolhido, sobretudo se ele busca eliminar eventual vício contratual (cláusula inválida) ou promover o equilíbrio econômico do contrato (discutir os valores e os reajustes de mensalidades). Precedente citado: AgRg no REsp 1.355.612-AL, Terceira Turma, DJe 23/9/2014. **REsp 1.510.697-SP, Rel. Min. Ricardo Villas Bôas Cueva, julgado em 9/6/2015, DJe 15/6/2015 (Inform. STJ 564).**

DIREITO DO CONSUMIDOR E CIVIL. MANUTENÇÃO DE PLANO DE SAÚDE POR EMPREGADO APOSENTADO DEMITIDO SEM JUSTA CAUSA.

O empregado que, mesmo após a sua aposentadoria, continuou a trabalhar e a contribuir, em decorrência de vínculo empregatício, para o plano de saúde oferecido pelo empregador, totalizando, durante todo o período de trabalho, mais de dez anos de contribuições, e que, após esse período de contribuições, tenha sido demitido sem justa causa por iniciativa do empregador, tem assegurado o direito de manutenção no plano da empresa, na condição de beneficiário aposentado, nas mesmas condições de cobertura assistencial de que gozava quando da vigência do contrato de trabalho. O art. 31 da Lei 9.656/1998 garante ao funcionário aposentado que venha a se desligar da empresa o direito de manutenção (do plano de saúde) "nas mesmas condições de cobertura assistencial de que gozava quando da vigência do contrato de trabalho", sendo que, para o exercício desse direito, se exigem três requisitos: (i) que o funcionário seja aposentado; (ii) que tenha contribuído pelo prazo mínimo de dez anos para o plano ou seguro coletivo de assistência à saúde, em decorrência de vínculo empregatício; e (iii) que assuma a integralidade da contribuição. Como se percebe, a norma não exige que a extinção do contrato de trabalho em razão da aposentadoria se dê no exato momento em que ocorra o pedido de manutenção das condições de cobertura assistencial. Ao revés, exige tão somente que, no momento de requerer o benefício, tenha preenchido as exigências legais, dentre as quais ter a condição de jubilado, independentemente de ser esse o motivo de desligamento da empresa. Trata-se de verdadeiro direito adquirido do contribuinte que venha a preencher os requisitos da lei, incorporando ao seu patrimônio para ser utilizado quando lhe aprouver. Em verdade, referida norma foi a forma encontrada pelo legislador para proteger o usuário/consumidor, evitando que, justamente no momento em que ele se desvincula de seu vínculo laboral e, provavelmente, tenha menos recursos à sua disposição, veja em risco a continuidade e qualidade de atendimento à saúde após contribuir anos a fio para a seguradora que o respaldava. Aliás, é um direito reconhecido pela própria Agência Nacional de Saúde Suplementar – ANS, autarquia responsável pelo setor, que, ao regulamentar os artigos 30 e 31 da Lei 9.656/1998 por meio da Resolução Normativa 279/2011, estabeleceu no Capítulo II, na Seção VIII, intitulada de "Do Aposentado que Continua Trabalhando na Mesma Empresa", que: "Art. 22. Ao empregado aposentado que continua trabalhando na mesma empresa e vem a se desligar da empresa é garantido o direito de manter sua condição de beneficiário observado o disposto no artigo 31 da Lei n° 9.656, de 1998, e nesta Resolução. § 1° O direito de que trata o caput será exercido pelo ex-empregado aposentado no momento em que se desligar do empregador". Portanto, não se faz necessário que o beneficiário rompa sua relação de emprego por causa da aposentadoria, mas sim que tenha as condições legais preenchidas para ver reconhecido o seu direito subjetivo. REsp 1.305.861-RS, Rel. Min. Luis Felipe Salomão, julgado em 24/2/2015, DJe 17/3/2015 (Inform. STJ 557).

DIREITO CIVIL. NECESSIDADE DE COMUNICAÇÃO AO EMPREGADO ACERCA DO DIREITO DE OPTAR PELA MANUTENÇÃO NO PLANO DE SAÚDE EM GRUPO. O empregado demitido sem justa causa deve ser expressamente comunicado pelo ex-empregador do seu direito de optar, no prazo de 30 dias a contar de seu desligamento, por se manter vinculado ao plano de saúde em grupo, desde que assuma o pagamento integral. De início, esclareça-se que o art. 30 da Lei 9.656/1998, com a redação dada pela MP 2.177-44/2001, dispõe: "Ao consumidor que contribuir para produtos de que tratam o inciso I e o § 1º do art. 1º desta Lei, em decorrência de vínculo empregatício, no caso de rescisão ou exoneração do contrato de trabalho sem justa causa, é assegurado o direito de manter sua condição de beneficiário, nas mesmas condições de cobertura assistencial de que gozava quando da vigência do contrato de trabalho, desde que assuma o seu pagamento integral". Por seu turno, o art. 35-A da mesma lei criou o Conselho de Saúde Suplementar (CONSU), com competência para "estabelecer e supervisionar a execução de políticas e diretrizes gerais do setor de saúde suplementar". Assim, o Conselho, ao regulamentar o art. 30 da Lei 9.656/1998, por meio da Resolução 20/1999, dispôs em seu art. 2º, § 6º: "O exonerado ou demitido de que trata o Art. 1º, deve optar pela manutenção do benefício aludido no *caput*, no prazo máximo de trinta dias após seu desligamento, em resposta à comunicação da empresa empregadora, formalizada no ato da rescisão contratual". A melhor interpretação da norma é no sentido de que o prazo de trinta dias é razoável, mas o empregador deve comunicar expressamente o ex-empregado sobre o seu direito de manter o plano de saúde, devendo o mesmo formalizar a opção. Trata-se de aplicação do dever de informação, nascido do princípio da boa-fé objetiva, expressamente acolhido pelo ordenamento pátrio no art. 422 do CC. De fato, a boa-fé objetiva constitui um modelo de conduta social ou um padrão ético de comportamento, impondo, concretamente, a todo cidadão que atue com honestidade, lealdade e probidade. As múltiplas funções exercidas pela boa-fé no curso da relação obrigacional, desde a fase anterior à formação do vínculo, passando pela sua execução, até a fase posterior ao adimplemento da obrigação, podem ser vislumbradas em três grandes perspectivas, que foram positivadas pelo CC: a) interpretação das regras pactuadas (função interpretativa); b) criação de novas normas de conduta (função integrativa; e c) limitação dos direitos subjetivos (função de controle contra o abuso de direito). A função integrativa da boa-fé permite a identificação concreta, em face das peculiaridades próprias de cada relação obrigacional, de novos deveres, além daqueles que nascem diretamente da vontade das partes (art. 422 do CC). Ao lado dos deveres primários da prestação, surgem os deveres secundários ou acidentais da prestação e, até mesmo, deveres laterais ou acessórios de conduta. Enquanto os deveres secundários vinculam-se ao correto cumprimento dos deveres principais (*v.g.* dever de conservação da coisa até a tradição), os deveres acessórios ligam-se diretamente ao correto processamento da relação obrigacional (*v.g.* deveres de cooperação, de informação, de sigilo, de cuidado). Decorre, portanto, justamente da função integradora do princípio da boa-fé objetiva, a necessidade de comunicação expressa ao ex-empregado de possível cancelamento do plano de saúde caso este não faça a opção pela manutenção no prazo de 30 dias. E mais, não pode a operadora do plano de saúde proceder ao desligamento do beneficiário sem a prova efetiva de que foi dada tal oportunidade ao ex-empregado. Por fim, destaque-se que o entendimento aqui firmado encontra guarida na Resolução Normativa 279 da ANS, de 24/11/2011, que "Dispõe sobre a regulamentação dos artigos 30 e 31 da Lei nº 9.656, de 3 de junho de 1998, e revoga as Resoluções do CONSU nºs 20 e 21, de 7 de abril de 1999". REsp 1.237.054-PR, Rel. Min. Paulo de Tarso Sanseverino, julgado em 22/4/2014. (Inform. STJ 542)

DIREITO CIVIL. CLÁUSULA DE CONTRATO DE PLANO DE SAÚDE QUE EXCLUA A COBERTURA RELATIVA À IMPLANTAÇÃO DE STENT. É nula a cláusula de contrato de plano de saúde que exclua a cobertura relativa à implantação de stent. Isso porque, nesse tipo de contrato, considera-se abusiva a disposição que afaste a proteção quanto a órteses, próteses e materiais diretamente ligados a procedimento cirúrgico a que se submeta o consumidor. Precedentes citados: AgRg no Ag 1.341.183-PB, Terceira Turma, DJe 20/4/2012; e AgRg no Ag 1.088.331-DF, Quarta Turma, DJe 29/3/2010. **REsp 1.364.775-MG, Rel. Min. Nancy Andrighi, julgado em 20/6/2013. (Inform. STJ 526)**

DIREITO CIVIL. DANO MORAL DECORRENTE DA INJUSTA RECUSA DE COBERTURA POR PLANO DE SAÚDE DAS DESPESAS RELATIVAS À IM- PLANTAÇÃO DE STENT. Gera dano moral a injusta recusa de cobertura por plano de saúde das despesas relativas à implantação de "stent". Isso porque, embora o mero inadimplemento contratual não seja, em princípio, motivo suficiente para causar danos morais, deve-se considerar que a injusta recusa de cobertura agrava a situação de aflição psicológica e de angústia no espírito daquele que, ao pedir a autorização da seguradora, já se encontra em condição de dor, de abalo psicológico e com a saúde debilitada. Precedentes citados: REsp 735.750-SP, Quarta Turma, DJe 16/2/2012; e REsp 986.947-RN, Terceira Turma, DJe 26/3/2008. **REsp 1.364.775-MG, Rel. Min. Nancy Andrighi, julgado em 20/6/2013. (Inform. STJ 526)**

DIREITO CIVIL E DO CONSUMIDOR. POSSIBILIDADE DE INCLUSÃO DE DEPENDENTE EM CONTRATO DE SEGURO DE SAÚDE. Na hipótese de seguro de saúde contratado em momento anterior ao início da vigência da Lei 9.656/1998, caso não tenha sido garantido à titular segurada o direito de optar pela adaptação do contrato ao sistema da nova lei (art. 35, *caput*, da Lei 9.656/1998), é possível a inclusão, na qualidade de dependente, de neto, filho de uma de suas filhas originaria- mente indicada como dependente no referido seguro. Isso porque, nesse contexto, não se admite impor ao contratante a restrição estabelecida no § 5º do art. 35 da Lei 9.656/1998, segundo o qual a "manutenção dos contratos originais pelos consumidores não-optantes tem caráter perso- nalíssimo, devendo ser garantida somente ao titular e a seus dependentes já inscritos, permitida inclusão apenas de novo cônjuge e filhos, e vedada a transferência da sua titularidade, sob qualquer pretexto, a terceiros". De fato, se não houve opção, por imperativo lógico, não se pode considerar a titular segurada como não-optante, sendo, nesse caso, inaplicável a restrição. **REsp 1.133.338-SP, Rel. Min. Paulo de Tarso Sanseverino, julgado em 2/4/2013. (Inform. STJ 520)**

DIREITO CIVIL. SEGURO DE VIDA. OMISSÃO DE DOENÇA PREEXISTENTE. A doença preexistente não informada no momento da contratação do seguro de vida não exime a seguradora de honrar sua obrigação se o óbito decorrer de causa diversa da doença omitida. Ainda que o segurado omita doença existente antes da assinatura do contrato e mesmo que tal doença tenha contribuído indiretamente para a morte, enseja enriquecimento ilícito permitir que a seguradora celebre o contrato sem a cautela de exigir exame médico, receba os pagamentos mensais e, após a ocorrência de sinistro sem relação direta com o mal preexistente, negue a cobertura. **REsp 765.471-RS, Rel. Min. Maria Isabel Gallotti, julgamento em 6/12/2012. (Inform. STJ 512).**

DIREITO CIVIL. PLANO DE SAÚDE. CLÁUSULA LIMITATIVA. CIRURGIA BARIÁTRICA. OBESIDADE MÓRBIDA. É abusiva a negativa do plano de saúde em cobrir as despesas de inter- venção cirúrgica de gastroplastia necessária à garantia da sobrevivência do segurado. A gastroplastia, indicada para o tratamento da obesidade mórbida, bem como de outras doenças dela derivadas, constitui cirurgia essencial à preservação da vida e da saúde do paciente segurado, não se confundindo com simples tratamento para emagrecimento. Os contratos de seguro-saúde são contratos de consumo submetidos a cláu- sulas contratuais gerais, ocorrendo a sua aceitação por simples adesão pelo segurado. Nesses contratos, as cláusulas seguem as regras de interpretação dos negócios jurídicos estandardizados, ou seja, existindo cláusulas ambíguas ou contraditórias, deve ser aplicada a interpretação mais favorável ao aderente, conforme o art. 47 do CDC. Assim, a cláusula contratual de exclusão da cobertura securitária para casos de tratamento estético de emagrecimento prevista no contrato de seguro-saúde não abrange a cirurgia para tratamento de obesidade mórbida. Precedentes citados: REsp 1.175.616-MT, DJe 4/3/2011; AgRg no AREsp 52.420-MG, DJe 12/12/2011; REsp 311.509-SP, DJ 25/6/2001, e REsp 735.750-SP, DJe 16/2/2012. **REsp 1.249.701-SC, Rel. Min. Paulo de Tarso Sanseverino, julgado em 4/12/2012. (Inform. STJ 511).**

📄 **Súmula STJ nº 302**

É abusiva a cláusula contratual de plano de saúde que limita no tempo a internação hospitalar do segurado.

3.15. Previdência privada

DIREITO CIVIL E PREVIDENCIÁRIO. REVISÃO DE BENEFÍCIO APÓS A MIGRAÇÃO ENTRE PLANOS DE PREVIDÊNCIA PRIVADA. Havendo transação prevendo a migração de participante ou assistido para outro plano de benefícios de previdência privada, em termos previamente aprovados pelo órgão público fiscalizador, não há direito adquirido consistente na invocação do regulamento do plano primitivo para revisão do benefício complementar, sobretudo se, ao tempo da transação, ainda não forem preenchidas todas as condições para a implementação do benefício previsto no regulamento primitivo. Incialmente, a doutrina esclarece que, com a homologação da transação, há "destruição de toda a relação jurídica", por isso o "que persiste – no terreno do direito material – é a transação, negócio jurídico". Ademais, a teor do art. 1.026 do CC/1916 (correspondente ao art. 848 do CC/2002), sendo nula qualquer das cláusulas da transação, nula será esta. Com efeito, apenas mediante o ajuizamento de ação anulatória prevista no art. 486 do CPC, voltada à desconstituição de atos processuais inquinados de qualquer das nulidades estabelecidas nos arts. 145 e 147 do CC/1916 (similares aos arts. 166 e 171 do CC/2002), poderá o interessado obter a revogação de quaisquer atos praticados no desenrolar de procedimento judicial, bem como da sentença homologatória da transação. Uma vez acolhido o pedido anulatório, produzir-se-á o exclusivo e específico efeito de desfazer esse ato, a que corresponde a restituição do interessado ao *statu quo ante*, ou seja, à situação anterior à sua realização. Ademais, o STJ entende que a transação, com observância das exigências legais, sem demonstração de qualquer vício, é ato jurídico perfeito e acabado, não podendo o simples arrependimento unilateral de uma das partes dar ensejo à anulação do acordo (REsp 617.285-SC, Quarta Turma, DJ 5/12/2005). Além do mais, quanto à possível invocação do diploma consumerista, é de observar que "o ponto de partida do CDC é a afirmação do Princípio da Vulnerabilidade do Consumidor, mecanismo que visa a garantir igualdade formal-material aos sujeitos da relação jurídica de consumo, o que não quer dizer compactuar com exageros" (REsp 586.316-MG, Segunda Turma, DJe 19/3/2009). Com efeito, ainda que perfilhado o entendimento acerca da incidência do CDC, é bem de ver que suas regras, valores e princípios são voltados a conferir equilíbrio às relações contratuais, de modo que, ainda que fosse constatada alguma nulidade da transação, evidentemente implicaria o retorno ao *statu quo ante*, não podendo, em hipótese alguma, resultar em enriquecimento a qualquer das partes. Noutro giro, a doutrina preceitua que a migração de planos de benefícios geridos pela mesma entidade fechada de previdência privada ocorre num contexto de amplo redesenho da relação contratual previdenciária, com o concurso de vontades do patrocinador, da entidade fechada de previdência complementar, por meio de seu conselho deliberativo, e autorização prévia da Previc (que sucedeu a Secretaria de Previdência Complementar, no tocante à atribuição legal de fiscalização e supervisão das entidades de previdência privada fechada). De mais a mais, havendo a migração de plano de benefícios de previdência privada, não há falar em invocação do regulamento do plano de benefícios primitivo, vigente por ocasião da adesão do participante à relação contratual. Na hipótese em foco, à luz da ab-rogada Lei 6.435/1977 e da LC 109/2001, verifica-se que a legislação de regência, visando ao resguardo do equilíbrio financeiro e atuarial do plano de custeio, sempre previu a possibilidade de alteração do regulamento do plano de benefícios, inclusive dos valores das contribuições e benefícios. Por isso, a teor do parágrafo único do art. 17 e do § 1º do art. 68, ambos da LC 109/2001, só há falar em direito adquirido na ocasião em que o participante preenche todas as condições para o recebimento do benefício, tornando-se elegível ao benefício. Além disso, esses mesmos artigos dispõem expressamente que as alterações processadas nos regulamentos dos planos de benefícios aplicam-se a todos os participantes das entidades fechadas, a partir de sua aprovação pelo órgão regulador e fiscalizador, só sendo considerado direito adquirido do participante aos benefícios, a partir da implementação de todas as condições estabelecidas para elegibilidade consignadas no regulamento do respectivo plano. **REsp 1.172.929-RS, Rel. Min. Luis Felipe Salomão, julgado em 10/6/2014. (Inform. STJ 544)**

DIREITO CIVIL E PREVIDENCIÁRIO. POSSIBILIDADE DE A REVISÃO DE PLANO DE BENEFÍCIOS DE PREVIDÊNCIA PRIVADA ATINGIR QUEM AINDA NÃO PREENCHEU TODOS OS REQUISITOS PARA APOSENTADORIA. A alteração regulamentar que implique a instituição do denominado "INSS Hipotético" para o cálculo de benefício pode alcançar todos os participantes do plano de previdência privada que ainda não atingiram todas as condições estabelecidas para elegibilidade previstas no regulamento, não havendo direito adquirido do beneficiário às normas do regulamento vigente na ocasião da adesão à relação contratual. Na previdência privada, o sistema de capitalização constitui pilar de seu regime – baseado na constituição de reservas que garantam o benefício contratado –, o qual é de adesão facultativa e de organização autônoma em relação ao regime geral de previdência social. Nessa linha, os planos de benefícios de previdência complementar são previamente aprovados pelo órgão público fiscalizador, de adesão facultativa, devendo ser elaborados com base em cálculos matemáticos, embasados em estudos de natureza atuarial, e, ao final de cada exercício, devem ser reavaliados, de modo a prevenir ou mitigar prejuízos aos participantes e beneficiários do plano (art. 43 da ab-rogada Lei 6.435/1977 e art. 23 da LC 109/2001). Os regulamentos dos planos de benefícios, evidentemente, podem ser revistos em caso de apuração de déficit ou superávit decorrentes de projeção atuarial que, no decorrer da relação contratual, não se confirme, pois no regime fechado de previdência privada há um mutualismo, com explícita submissão ao regime de capitalização. Os desequilíbrios verificados, isto é, a não confirmação de premissa atuarial decorrente de fatores diversos – até mesmo exógenos, como por exemplo a variação da taxa de juros que remunera os investimentos –, resultando em eventuais superávits ou déficits verificados no transcurso da relação contratual, repercutem para o conjunto de participantes e beneficiários. Dessa forma, os vigentes arts. 17, parágrafo único, e 68, § 1º, da LC 109/2001 dispõem que as alterações processadas nos regulamentos dos planos aplicam-se a todos os participantes das entidades fechadas, a partir de sua aprovação pelo órgão público fiscalizador, só sendo os benefícios considerados direito adquirido do participante a partir da implementação de todas as condições estabelecidas para elegibilidade consignadas no regulamento vigente do respectivo plano de previdência privada complementar. **REsp 1.184.621-MS, Rel. Min. Luis Felipe Salomão, julgado em 24/4/2014. (Inform. STJ 542)**

📖 **Súmula STJ nº 290**

Nos planos de previdência privada, não cabe ao beneficiário a devolução da contribuição efetuada pelo patrocinador.

📖 **Súmula STJ nº 289**

A restituição das parcelas pagas a plano de previdência privada deve ser objeto de correção plena, por índice que recomponha a efetiva desvalorização da moeda.

3.16. Telefonia

DIREITO CIVIL. RESTITUIÇÃO DO VALOR INVESTIDO NA EXTENSÃO DE REDE DE TELEFONIA PELO MÉTODO PCT. RECURSO REPETITIVO (ART. 543-C DO CPC E RES. 8/2008-STJ). É válida, no sistema de planta comunitária de telefonia – PCT, a previsão contratual ou regulamentar que desobrigue a companhia de subscrever ações em nome do consumidor ou de lhe restituir o valor investido. Precedentes citados: REsp 1.190.242-RS, Quarta Turma, DJe 24/4/2012; e REsp 1.153.643-RS, Terceira Turma, DJe 21/8/2012. **REsp 1.391.089-RS, Rel. Min. Paulo de Tarso Sanseverino, julgado em 26/2/2014. (Inform. STJ 536)**

DIREITO CIVIL. RESTITUIÇÃO DO VALOR INVESTIDO NA EXTENSÃO DE REDE DE TELEFONIA PELO MÉTODO PCT.
O consumidor não tem direito à restituição dos valores por ele investidos na extensão de rede de telefonia pelo método de Plantas Comunitárias de Telefonia - PCT na hipótese em que há previsão contratual, amparada por portaria vigente na época da concessão, de doação dos bens que constituíam o acervo telefônico à empresa concessionária do serviço. As Plantas Comunitárias surgiram com o objetivo de viabilizar a implementação de terminais telefônicos em localidades desprovidas de infraestrutura e que não seriam, naquele momento, naturalmente atendidas pelo plano de expansão da concessionária. Diante das limitações técnicas inerentes a esse serviço, poderia ser prevista a participação do consumidor no financiamento das obras, conforme acordado por ocasião da outorga da concessão e na forma de ato regulamentar do poder concedente. Assim, deve ser respeitado o pactuado com a concessionária, sobretudo porquanto a doação do acervo telefônico foi considerada para efeitos de fixação da tarifa, na qual está embutida a justa remuneração, de modo que não há enriquecimento ilícito da companhia. Ademais, a reversão da rede de expansão ao patrimônio da concessionária satisfaz ao superior interesse de ordem pública atinente à continuidade do serviço, o qual deverá ser observado também por ocasião da cessação da

prestação ou da concessão, mediante nova reversão ao poder concedente dos bens vinculados ao serviço público, com ou sem indenização, nos termos dos arts. 35 e 36 da Lei n. 8.987/1995. Precedente citado: REsp 1.190.242-RS, DJe 22/5/2012. **AgRg nos EDcl no AREsp 254.007-RS, Rel. Min. Maria Isabel Gallotti, julgado em 21/2/2013. (Inform. STJ 514).**

📖 Súmula STJ nº 371

Nos contratos de participação financeira para a aquisição de linha telefônica, o Valor Patrimonial da Ação (VPA) é apurado com base no balancete do mês da integralização.

📖 Súmula STJ nº 193

O direito de uso de linha telefônica pode ser adquirido por usucapião.

3.17. Outros Contratos

DIREITO CIVIL. PURGAÇÃO DA MORA EM CONTRATO DE ARRENDAMENTO MERCANTIL DE VEÍCULO AUTOMOTOR.

Em contrato de arrendamento mercantil de veículo automotor - com ou sem cláusula resolutiva expressa -, a purgação da mora realizada nos termos do art. 401, I, do CC deixou de ser possível somente a partir de 14/11/2014, data de vigência da Lei 13.043/2014, que incluiu o § 15º do art. 3º do Decreto-Lei 911/1969. De fato, a Lei 6.099/1974 - que dispõe sobre o arrendamento mercantil - é omissa quanto à possibilidade de purgação da mora nesse tipo de contrato. Diante disso, a jurisprudência do STJ (REsp 228.625-SP, Terceira Turma, DJ 16/2/2004; e AgRg no REsp 329.936-SP, Quarta Turma, DJ 12/5/2003) admitia a possibilidade de purgação da mora em contrato de arrendamento mercantil, ainda que contemplasse cláusula resolutiva expressa, invocando, como base, a regra geral do CC/1916, ou a regra geral do CC/2002, ou o CDC, ou, por analogia, o disposto no art. 1.071 do CPC (nas vendas a crédito com reserva de domínio), ou o art. 3º do Decreto-Lei 911/1969, com redação anterior à Lei 10.931/2004. Diferentemente, em relação ao financiamento garantido por alienação fiduciária, os §§ 1º e 3º do art. 3º do Decreto-Lei 911/1969, em suas redações originais, garantiam ao devedor a purgação da mora, desde que observados certos limites. Contudo, com o advento da Lei 10.931/2004, alterou-se o art. 3º do Decreto-Lei 911/1969 para coibir a purgação da mora nos contratos garantidos por alienação fiduciária. Nesse contexto, o § 2º desse dispositivo passou a prever que "No prazo do § 1º, o devedor fiduciante poderá pagar a integralidade da dívida pendente, segundo os valores apresentados pelo credor fiduciário na inicial, hipótese na qual o bem lhe será restituído livre do ônus". Essa modificação legislativa, inclusive, foi alvo de amplo debate no STJ, que passou a declarar o fim da purgação da mora nos contratos de financiamento com garantia de alienação fiduciária, ao firmar, para fins do art. 534-C do CPC (REsp 1.418.593-MS, Segunda Seção, DJe 27/5/2014), o seguinte entendimento: "Nos contratos firmados na vigência da Lei 10.931/2004, compete ao devedor, no prazo de 5 (cinco) dias após a execução da liminar na ação de busca e apreensão, pagar a integralidade da dívida - entendida esta como os valores apresentados e comprovados pelo credor na inicial -, sob pena de consolidação da propriedade do bem móvel objeto de alienação fiduciária". Ocorre que, em 14/11/2014, entrou em vigor a Lei 13.043/2014, que incluiu o § 15º do art. 3º do Decreto-Lei 911/1969, segundo o qual as "disposições deste artigo aplicam-se no caso de reintegração de posse de veículos referente às operações de arrendamento mercantil previstas na Lei 6.099, de 12 de setembro de 1974". Dessa forma, estabeleceu-se, a partir de então, a aplicação das demais disposições do art. 3º do Decreto-Lei 911/1969 (direcionadas à alienação fiduciária) à reintegração de posse de veículos objeto de arrendamento mercantil. Nessa conjuntura, a Terceira Turma do STJ (REsp 1.507.239-SP, DJe 11/3/2015) estabeleceu ser aplicável ao contrato de arrendamento mercantil de bem móvel o mesmo entendimento fixado, para fins do art. 534-C do CPC, no referido REsp 1.418.593-MS. Todavia, deve-se ressaltar que, na forma do disposto nos arts. 1º, caput, 2º, caput e § 2º, da LINDB, a alteração promovida pela Lei 13.043/2014 - que coibiu a purgação da mora no contrato de arredamento mercantil de veículo automotor - somente passou a incidir a partir de 14/11/2014, data de sua publicação. Portanto, até a data da inclusão do aludido § 15º, a norma que disciplinava a purgação da mora no contrato de arrendamento mercantil de veículo automotor era a do art. 401, I, do CC/2002. **REsp 1.381.832-PR, Rel. Min. Maria Isabel Gallotti, julgado em 5/11/2015, DJe 24/11/2015. (Inform. STJ 573)**

DIREITO CIVIL E PROCESSUAL CIVIL. CONTRATO DE COMPRA E VENDA COM RESERVA DE DOMÍNIO E PROTEÇÃO POSSESSÓRIA REQUERIDA POR VENDEDOR.

Ainda que sem prévia ou concomitante rescisão do contrato de compra e venda com reserva de domínio, o vendedor pode, ante o inadimplemento do comprador, pleitear a proteção possessória sobre o bem móvel objeto da avença. A cláusula de reserva de domínio ou pactum reservati dominii é uma disposição inserida nos contratos de compra e venda que permite ao vendedor conservar para si a propriedade e a posse indireta da coisa alienada até o pagamento integral do preço pelo comprador, o qual terá apenas a posse direta do bem, enquanto não solvida a obrigação. Neste contexto, segundo doutrina, "o domínio não se transmite com o contrato e entrega da coisa, mas automaticamente com o pleno pagamento". Desde que formulado o pacto com reserva de domínio, o comprador tem conhecimento que recebe a mera posse direta do bem e o vendedor, por pressuposto, sabe que a sua propriedade é resolúvel, uma vez que o primeiro poderá adquirir a propriedade do bem com o pagamento integral do preço, sendo franqueado à parte vendedora/credora optar pelo procedimento que melhor lhe convier a fim de ressarcir-se dos prejuízos havidos com o ajuste inadimplido. Saliente-se que nem a lei nem a doutrina impõem, textual ou implicitamente, a necessidade de ajuizamento preliminar de demanda rescisória do contrato de compra e venda com reserva de domínio, para a obtenção da retomada do bem. Isso porque não se trata, aqui, da análise do ius possessionis (direito de posse decorrente do simples fato da posse), mas sim do ius possidendi, ou seja, do direito à posse decorrente do inadimplemento contratual, onde a discussão acerca da titularidade da coisa é inviabilizada, haja vista se tratar de contrato de compra e venda com reserva de domínio onde a transferência da propriedade só se perfectiliza com o pagamento integral do preço, o que não ocorreu em razão da inadimplência do devedor. A fim de melhor elucidar a questão, o ius possessionis é o direito de posse, ou seja, é o poder sobre a coisa e a possibilidade de sua defesa por intermédio dos interditos (interdito proibitório, de manutenção da posse ou de reintegração de posse). Trata-se de conceito que se relaciona diretamente com a posse direta e indireta. Já o ius possidendi é o direito à posse, decorrente do direito de propriedade, ou seja, é o próprio domínio. Em outras palavras, é o direito conferido ao titular de possuir o que é seu, independentemente de prévio ajuizamento de demanda objetivando rescindir o contrato de compra e venda, uma vez que, nos ajustes cravados com cláusula de reserva de domínio, a propriedade do bem, até o pagamento integral do preço, pertence ao vendedor, ou seja, não se consolida a transferência da propriedade ao comprador. Destaque-se que não se trata das hipóteses em que o STJ assevera que o deferimento da proteção possessória está condicionado à prévia conclusão do contrato (AgRg no REsp 1.337.902-BA, Quarta Turma, DJe 14/3/2013; e AgRg no REsp 1.292.370-MS, Terceira Turma, DJe 20/11/2012). Isso porque, nas ações em que se discute o ius possessionis, ainda que fundada em contrato de compra e venda inadimplido, no qual não consta cláusula de reserva de domínio, a propriedade já se transfere de plano, razão pela qual, por não comportar a tutela possessória dilação processual necessária à discussão da ocorrência, ou não, do inadimplemento contratual, essa não pode ser requerida sem que seja oportunizado ao comprador/devedor questionar o descumprimento da obrigação, em face da abusividade das cláusulas contratuais ou purgar a mora quando se verificar a ocorrência de pagamento substancial do preço. Desta feita, a discussão do contrato e, por conseguinte, a sua rescisão deve se dar em momento anterior ao ajuizamento da ação possessória ou, ao menos de forma concomitante, em cumulação de ações, sendo o pleito possessório pedido subsidiário em relação à pretensão rescisória do contrato, pelo inadimplemento obrigacional, uma vez que somente após a resolução contratual é que poderá haver posse injusta a aclamar a retomada do bem. **REsp 1.056.837-RN, Rel. Min. Marco Buzzi, julgado em 3/11/2015, DJe 10/11/2015. (Inform. STJ 573)**

DIREITO CIVIL. ALCANCE DE OBRIGAÇÃO DE SOCIEDADE EMPRESÁRIA DE VIGILÂNCIA ARMADA EM FACE DE INSTITUIÇÃO FINANCEIRA.

A cláusula de contrato de prestação de serviço de vigilância armada que impõe o dever de obstar assaltos e de garantir a preservação do patrimônio de instituição financeira não acarreta à contratada automática responsabilização por roubo contra agência bancária da contratante, especialmente quando praticado por grupo fortemente armado. Por um lado, legislação e atos normativos infralegais – arts. 22 da Lei 7.102/1983, 22 do Decreto 89.056/1983, 6º, VIII, e 7º da Lei 10.826/2003 (Estatuto do Desarmamento), art. 70, § 1º, da Portaria 387/2006 do Departamento da Polícia Federal – impõem limitação aos meios de segurança a serem utilizados por empresas de vigilância privada, notadamente ao vigilante que se encontra no interior da agência bancária. Consequentemente, a proteção oferecida a instituições financeiras contratantes também há de ser tida por limitada. Caso contrário, ter-se-ia de exigir das empresas contratadas posturas muitas vezes contrárias às normas que regulamentam a atividade. Por outro lado, a tentativa de transformar o serviço de segurança privada em um contrato constitutivo de obrigação de resultado, em não raras vezes, imporia à contratada uma obrigação impossível (art. 104, II, CC). Com efeito, o contrato de segurança privada é de ser tido como constitutivo de obrigação de meio, consistente no dever de a sociedade empresária contratada, mediante seus agentes de vigilância, envidar todos os esforços razoáveis a evitar danos ao patrimônio da contratante e de proceder com a diligência condizente com os riscos inerentes ao pacto. Todavia, descabe exigir dos seguranças – que portam armamento limitado por imposição legal – atitudes heroicas perante grupo criminoso fortemente armado. Nesse passo, o art. 5º do Decreto 89.056/1983, que regulamenta a Lei 7.102/1983, dá o norte interpretativo de cláusulas desse jaez, Decreto esse que exige pessoas preparadas para impedir ou inibir a ação criminosa, mas não que efetivamente a impeça. Não fosse assim, além de patentear o completo desprezo à vida humana, o contrato de vigilância transformar-se-ia em verdadeiro contrato de seguro, olvidando-se de que a própria Lei 7.102/1983 trata do seguro de estabelecimentos bancários como medida complementar ao serviço obrigatório de segurança armada (arts. 8º e 9º). **REsp 1.329.831-MA, Rel. Min. Luis Felipe Salomão, julgado em 10/3/2015, DJe 5/5/2015 (Inform. STJ 561).**

DIREITO CIVIL. DEVER DE RETRANSMISSÃO POR TELEVISÃO A CABO DA PROGRAMAÇÃO E SINAL GERADOS POR EMISSORA LOCAL.
A empresa de TV a cabo, ao distribuir os canais básicos de utilização gratuita, deve veicular os sinais de radiodifusão e imagens gerados pelas emissoras locais afiliadas regionais de emissora nacional que tenham programação própria. Isso porque o art. 23, I, "a", da Lei 8.977/1995 dispõe que a operadora de TV a cabo, na sua área de prestação do serviço, deverá tornar disponíveis canais destinados à distribuição obrigatória, integral e simultânea, sem inserção de qualquer informação, da programação das emissoras locais de radiodifusão de sons e imagens, em VHF ou UHF, abertos e não codificados, cujo sinal alcance a área do serviço de TV a Cabo e apresente nível técnico adequado, conforme padrões estabelecidos pelo Poder Executivo. De acordo com a doutrina, a "Lei do Cabo é a única que obriga as operadoras locais a oferecerem aos seus assinantes canais abertos de emissora Geradora local, com programação que tiver condições técnicas de ser veiculada na localidade onde é oferecido o cabo." Ressalta ainda que "somente são oferecidos os canais abertos de emissora Geradora local que são captados na comunidade onde é oferecida a assinatura do cabo. Assim, se na localidade não houver Geradoras tal obrigação não existe. Tal obrigação é específica da operação de cabo e não pode ser estendida as demais". É certo que existem estações meramente retransmissoras, mas muitas TVs locais atuam também como geradoras de programas, já que as emissoras nacionais abrem espaço na grade de programação para produção local de telejornais, programas regionais e publicidade nos intervalos comerciais. Mesmo que esses espaços sejam diminutos, ainda assim, se existentes, está caracterizada a geração de sinais. Assim, a operadora de TV a cabo deve disponibilizar para seus assinantes o sinal gerado pela emissora local, com a inserção de programas e publicidades locais, visto que a finalidade da lei é preservar a cultura e interesses locais. **REsp 1.234.153-SC, Rel. Min. João Otávio de Noronha, julgado em 7/4/2015, DJe 13/4/2015 (Inform. STJ 559).**

DIREITO CIVIL. DEVOLUÇÃO DOS VALORES PAGOS A TÍTULO DE TAXA DE ARRENDAMENTO EM VIRTUDE DE DEFEITOS NA CONSTRUÇÃO DE IMÓVEL INCLUÍDO NO PROGRAMA DE ARRENDAMENTO RESIDENCIAL.
Havendo vícios de construção que tornem precárias as condições de habitabilidade de imóvel incluído no Programa de Arrendamento Residencial (PAR), não configura enriquecimento sem causa a condenação da CEF a devolver aos arrendatários que optaram pela resolução do contrato o valor pago a título de taxa de arrendamento. O PAR objetiva, nos termos do art. 10 da Lei 10.188/2001, o atendimento da necessidade de moradia da população de baixa renda, sob a forma de arrendamento residencial com opção de compra. A CEF, como agente-gestor do Fundo de Arrendamento Residencial, é responsável tanto pela aquisição como pela construção dos imóveis, que permanecem de propriedade do referido fundo até que os particulares que firmaram contratos de arrendamento com opção de compra possam exercer o ato de aquisição no final do contrato. Assim, compete à CEF a responsabilidade pela entrega aos arrendatários de bens imóveis aptos à moradia,

respondendo por eventuais vícios de construção. Em que pese a aquisição do imóvel arrendado configurar uma opção do arrendatário ao final do período do arrendamento, o PAR visa a sanar o problema da moradia das populações de baixa renda, e o alcance desse objetivo, inegavelmente, dar-se-ia com a aquisição, ao final, do imóvel objeto do arrendamento. Frise-se que a própria escolha de um arrendamento, em vez da locação, já enuncia, ao menos em tese, a pretensão do arrendatário de vir a adquirir o imóvel. Assim, pela total incúria com o bem que entrega ao arrendamento, a CEF inviabiliza a opção pela aquisição do imóvel. Aliás, essas alternativas conferidas aos adquirentes desses imóveis estão previstas no art. 18 do CDC, quando regula os efeitos dos vícios de qualidade do produto. Desse modo, inexiste enriquecimento sem causa (arts. 884 e 885 do CC), pois há motivo para a devolução aos arrendatários dos valores por eles despendidos para residir em imóvel que apresentou assomados problemas decorrentes de vícios de construção. **REsp 1.352.227-RN, Rel. Min. Paulo de Tarso Sanseverino, julgado em 24/2/2015, DJe 2/3/2015 (Inform. STJ 556).**

DIREITO CIVIL. LEGALIDADE DO SISTEMA EM SÉRIE GRADIENTE E COMPATIBILIDADE COM O PLANO DE EQUIVALÊNCIA SALARIAL. A utilização do Sistema de Amortização em Série Gradiente em contratos do Sistema Financeiro da Habitação (SFH) não é incompatível com o Plano de Equivalência Salarial (PES). Precedentes citados: REsp 907.352-RJ, Terceira Turma, DJe 18/11/2009; REsp 501.134-SC, Quarta Turma, DJ 29/6/2009; e AgRg no REsp 874.201-RS, Terceira Turma, DJe 28/8/2008. **REsp 1.114.035-PR, Rel. originário Min. Sidnei Beneti, Rel. para acórdão Min. João Otávio de Noronha, julgado em 7/10/2014. (Inform. STJ 552)**

DIREITO CIVIL. RESPONSABILIDADE PELO SALDO DEVEDOR RESIDUAL DE FINANCIAMENTO CELEBRADO NO ÂMBITO DO SFH. RECURSO REPETITIVO (ART. 543-C DO CPC E RES. 8/2008-STJ). Nos contratos de financiamento celebrados no âmbito do Sistema Financeiro de Habitação (SFH), sem cláusula de garantia de cobertura do Fundo de Compensação das Variações Salariais (FCVS), o saldo devedor residual deverá ser suportado pelo mutuário. A previsão do saldo devedor residual decorre da insuficiência das prestações pagas pelo mutuário em repor o capital mutuado, pois o reajuste das prestações vinculadas aos índices aplicados à categoria profissional nem sempre acompanha o valor da inflação, o que cria um desequilíbrio contratual capaz de afetar, em última análise, a higidez do próprio sistema de financiamento habitacional. Ao lado de tal circunstância, destaca-se o fato de que o art. 2º do Decreto-Lei 2.349/1987, legislação específica sobre a matéria, é claro a respeito da responsabilidade dos mutuários pelo pagamento do saldo devedor residual: "Nos contratos sem cláusulas de cobertura pelo FCVS, os mutuários finais responderão pelos resíduos dos saldos devedores existentes, até sua final liquidação, na forma que for pactuada, observadas as normas expedidas pelo Conselho Monetário Nacional". Precedentes citados: AgRg no AREsp 282.132-PB, Terceira Turma, DJe 7/3/2014; e AgRg no AREsp 230.500-AL, Quarta Turma, DJe 28/10/2013. **REsp 1.447.108-CE e REsp 1.443.870-PE, Rel. Min. Ricardo Villas Bôas Cueva, julgado em 22/10/2014. (Inform. STJ 550)**

DIREITO CIVIL. CLÁUSULA CONTRATUAL QUE INSTITUI PRAZO DE CARÊNCIA PARA DEVOLUÇÃO DE VALORES APLICADOS EM TÍTULO DE CAPITALIZAÇÃO. Desde que redigida em estrita obediência ao previsto na legislação vigente, é válida a cláusula contratual que prevê prazo de carência para resgate antecipado dos valores aplicados em título de capitalização. Inicialmente, importante salientar que a estipulação de cláusula de carência para resgate visa proteger os recursos da capitalização, a fim de impedir que a desistência de algum dos aderentes prejudique os demais detentores de títulos dentro de uma mesma sociedade de capitalização, impedindo o cumprimento de obrigações previstas pela companhia como, por exemplo, o pagamento da premiação por sorteio. Deve-se ter em mente que o desfalque repentino do plano, caso não haja cláusula estipulando a carência, poderá impossibilitar o funcionamento das sociedades, prejudicando os demais detentores de títulos de capitalização e colocando em risco a própria atividade econômica. Analisando detidamente os dispositivos que regulamentam a matéria (art. 71, § 1º, da CNSP 15/1992 e art. 23, §§ 1º e 2º, da Circular Susep 365/2008), nota-se que o primeiro admite, genericamente, a estipulação de prazo de carência; enquanto o segundo, de forma específica, permite a fixação de prazo de carência não superior a 24 meses, contados da data de início de vigência do título de capitalização. Ressalte-se que a validade de cláusula contratual instituidora de prazo de carência pode perfeitamente ser analisada à luz da regulamentação do CNSP e da Susep, desde que sejam respeitados os limites explicitados no ato de delegação respectivo, qual seja, o Decreto-Lei 261/1967. Ademais, eventual lacuna legislativa também pode – e deve – ser suprida pela aplicação do CC e do CDC. O sistema de proteção ao consumidor busca conferir equilíbrio à relação entre consumidor e fornecedor; todavia, não tem por objetivo criar ou proteger situação em que o consumidor leve vantagem indevida sobre o fornecedor. **EREsp 1.354.963-SP**, Rel. Min. Luis Felipe Salomão, julgado em 24/9/2014. (Inform. STJ 550)

DIREITO CIVIL. REGIME DE PENALIDADES GRADATIVAS NO CONTRATO DE CONCESSÃO DE VEÍCULOS AUTOMOTORES. Nos contratos regidos pela Lei Ferrari (Lei 6.729/1979), ainda que não tenha sido celebrada convenção de marca dispondo sobre penalidades gradativas (art. 19, XV), é inválida cláusula que prevê a resolução unilateral do contrato como única penalidade para as infrações praticadas pela concessionária de veículos automotores. Isso porque o art. 19, XV – que prevê o regime de penalidades gradativas – e o art. 22, § 1º – que condiciona a resolução do contrato por iniciativa da parte inocente à prévia aplicação de penalidades gradativas – não contêm nenhuma ressalva quando ao momento em que produzirão efeitos, devendo-se concluir, com base no art. 6º da LINDB, que a eficácia é imediata. Entender que o § 1º do art. 22 seria inaplicável devido à inexistência da convenção da marca sobre as penalidades gradativas, prevista no art. 19, frustraria um dos principais objetivos da lei, que é impedir a resolução arbitrária do contrato. De fato, o art. 19, ao estabelecer que "celebrar-se-ão convenções da marca" para "estabelecer [...] o regime de penalidades gradativas", não excluiu a possibilidade de as partes pactuarem sobre essa matéria, enquanto não celebrada a convenção. Com efeito, ao prever uma convenção da marca sobre o regime de penalidades gradativas, esse dispositivo buscou garantir um tratamento uniforme das sanções contratuais a serem aplicadas a todas as concessionárias de uma mesma fabricante – e não suprimir a liberdade contratual. Noutro passo, como já exposto, o art. 22, § 1º, da Lei Ferrari condiciona a resolução do contrato por culpa à aplicação de penalidades gradativas. Ora, se o art. 19 não proíbe a pactuação de penalidades gradativas, o art. 22 praticamente exige que tais penalidades sejam pactuadas, pois elas passaram a ser etapa necessária para a resolução do contrato por culpa. O art. 22, § 1º, portanto, ao invés de ser "letra morta", é um mandamento direcionado aos fabricantes, no sentido de que incluam em seus contratos uma gradação de penalidades, uma vez que não mais se admite a resolução arbitrária do contrato. **REsp 1.338.292-SP**, Rel. Min. Paulo de Tarso Sanseverino, julgado em 2/9/2014. (Inform. STJ 550)

DIREITO CIVIL. VALORAÇÃO JUDICIAL DA GRAVIDADE DA INFRAÇÃO NO CONTRATO DE CONCESSÃO DE VEÍCULOS AUTOMOTORES. Nos contratos regidos pela Lei Ferrari (Lei 6.729/1979), não havendo convenção de marca (art. 19, XV) nem cláusulas contratuais válidas sobre penalidades gradativas, poderá o juiz decidir, em cada caso concreto, se a infração, ou sequência de infrações, é grave o suficiente para justificar a resolução do contrato, observado o caráter protetivo da referida Lei. O art. 19, XV, da Lei 6.729/1979 dispõe que se celebrarão convenções da marca para estabelecer normas e procedimentos relativos a regime de penalidades gradativas. O § 1º do artigo 22, por sua vez, condiciona a resolução do contrato por iniciativa da parte inocente à prévia aplicação de penalidades gradativas. Posto isso, esclarece-se que quando não há convenção da marca, nem cláusulas contratuais válidas sobre as penalidades gradativas, tem-se uma lacuna normativa. Havendo lacuna, cabe ao juiz supri-la, por força do art. 4º da LINDB. De fato, o juiz não pode substituir a vontade das partes e estabelecer as penalidades contratuais cabíveis. Porém, considerando que o objetivo das penalidades gradativas é impedir a resolução arbitrária do contrato, pode o juiz atender a esse objetivo da lei, decidindo, em cada caso concreto, se a infração, ou sequência de infrações, é grave o suficiente para justificar a resolução do contrato, observado o caráter protetivo da Lei Ferrari. **REsp 1.338.292-SP**, Rel. Min. Paulo de Tarso Sanseverino, julgado em 2/9/2014. (Inform. STJ 550)

DIREITO CIVIL. ERRO NA INDICAÇÃO DO CREDOR FIDUCIÁRIO EM NOTIFICAÇÃO EXTRAJUDICIAL. É nula a notificação extrajudicial realizada com o fim de constituir em mora o devedor fiduciante de imóvel, quando na referida comunicação constar nome diverso do real credor fiduciário. A notificação em questão (art. 26 da Lei 9.514/1997), para além das consequências naturais da constituição do devedor fiduciante em mora, permite, em não havendo a purgação da mora, o surgimento do direito de averbar na matrícula do imóvel a consolidação da propriedade em nome do credor notificante, isto é, do fiduciário. Justamente por isso que a referida notificação/intimação do devedor fiduciante possui requisitos especiais que, se não seguidos, acarretam sua nulidade. Desse modo, a repercussão da notificação é tamanha que qualquer vício em seu conteúdo é hábil a tornar nulos seus efeitos, principalmente quando se trata de erro crasso, como há na troca da pessoa notificante. **REsp 1.172.025-PR**, Rel. Min. Luis Felipe Salomão, julgado em 7/10/2014. (Inform. STJ 550)

DIREITO CIVIL. NÃO ACIONAMENTO DO MECANISMO STOP LOSS PREVISTO EM CONTRATO DE INVESTIMENTO. A instituição financeira que, descumprindo o que foi oferecido a seu cliente, deixa de acionar mecanismo denominado "stop loss" pactuado em contrato de investimento incorre em infração contratual passível de gerar a obrigação de indenizar o investidor pelos prejuízos causados. Com efeito, o risco faz parte da aplicação em fundos de investimento, podendo a instituição financeira criar mecanismos ou oferecer garantias próprias para reduzir ou afastar a possibilidade de prejuízos decorrentes das variações observadas no mercado financeiro interno e externo. Nessa linha intelectiva, ante a possibilidade de perdas no investimento, cabe à instituição prestadora do serviço informar claramente o grau de risco da respectiva aplicação e, se houver, as eventuais garantias concedidas contratualmente, sendo relevantes as propagandas efetuadas e os prospectos entregues ao público e ao contratante, os quais obrigam a contratada. Neste contexto, o mecanismo *stop loss*, como o próprio nome indica, fixa o ponto de encerramento de uma operação financeira com o propósito de "parar" ou até de evitar determinada "perda". Assim, a falta de observância do referido pacto permite a responsabilização da instituição financeira pelos prejuízos suportados pelo investidor. Na hipótese em foco, ainda que se interprete o ajuste firmado, tão somente, como um regime de metas quanto ao limite de perdas, não há como afastar a responsabilidade da contratada, tendo em vista a ocorrência de grave defeito na publicidade e nas informações relacionadas aos riscos dos investimentos. **REsp 656.932-SP**, Rel. Min. Antonio Carlos Ferreira, julgado em 24/4/2014. (Inform. STJ 541)

DIREITO CIVIL. TARIFAS DE ABERTURA DE CRÉDITO E DE EMISSÃO DE CARNÊ ATÉ 30/4/2008. RECURSO REPETITIVO (ART. 543-C DO CPC E RES. 8/2008-STJ).
Nos contratos bancários celebrados até 30/4/2008 (fim da vigência da Resolução 2.303/1996 do CMN), era válida a pactuação de Tarifa de Abertura de Crédito (TAC) e de Tarifa de Emissão de Carnê (TEC), ressalvado o exame de abusividade em cada caso concreto. Nos termos dos arts. 4º e 9º da Lei 4.595/1964, recebida pela CF como lei complementar, compete ao Conselho Monetário Nacional (CMN) dispor sobre taxa de juros e sobre a remuneração dos serviços bancários e ao Bacen fazer cumprir as normas expedidas pelo CMN. Ao tempo da Resolução CMN 2.303/1996, a orientação estatal quanto à cobrança de tarifas pelas instituições financeiras era essencialmente não intervencionista. A regulamentação facultava às instituições financeiras a cobrança pela prestação de quaisquer tipos de serviços, com exceção daqueles que a norma definia como básicos, desde que fossem efetivamente contratados e prestados ao cliente, assim como respeitassem os procedimentos voltados a assegurar a transparência da política de preços adotada pela instituição. A cobrança das tarifas TAC e TEC é, portanto, permitida se baseada em contratos celebrados até o fim da vigência da Resolução 2.303/1996 do CMN, ressalvado abuso devidamente comprovado caso a caso, por meio da invocação de parâmetros objetivos de mercado e circunstâncias do caso concreto, não bastando a mera remissão aos conceitos jurídicos abstratos ou à convicção subjetiva do magistrado. Tese firmada para fins do art. 543-C do CPC: "Nos contratos bancários celebrados até 30.4.2008 (fim da vigência da Resolução CMN 2.303/96) era válida a pactuação das tarifas de abertura de crédito (TAC) e de emissão de carnê (TEC), ou outra denominação para o mesmo fato gerador, ressalvado o exame de abusividade em cada caso concreto". **REsp 1.251.331-RS e REsp 1.255.573-RS**, Rel. Min. Maria Isabel Gallotti, julgados em 28/8/2013. (Inform. STJ 531)

DIREITO CIVIL. TARIFAS DE ABERTURA DE CRÉDITO E DE EMISSÃO DE CARNÊ E TARIFA DE CADASTRO APÓS 30/4/2008. RECURSO REPETITIVO (ART. 543-C DO CPC E RES. 8/2008-STJ).
Não é possível a pactuação de Tarifa de Abertura de Crédito (TAC) e de Tarifa de Emissão de Carnê (TEC) após 30/4/2008 (início da vigência da Resolução 3.518/2007 do CMN), permanecendo válida a pactuação de Tarifa de Cadastro expressamente tipificada em ato normativo padronizador da autoridade monetária, a qual somente pode ser cobrada no início do relacionamento entre o consumidor e a instituição financeira. Com o início

da vigência da Resolução 3.518/2007 do CMN, em 30/4/2008, a cobrança por serviços bancários prioritários para pessoas físicas ficou limitada às hipóteses taxativamente previstas em norma padronizadora expedida pelo Bacen. Em cumprimento ao disposto na referida resolução, o Bacen editou a Circular 3.371/2007. A TAC e a TEC não foram previstas na Tabela anexa à referida Circular e nos atos normativos que a sucederam, de forma que não mais é válida sua pactuação em contratos posteriores a 30/4/2008. Permanece legítima, entretanto, a estipulação da Tarifa de Cadastro, a qual remunera o serviço de "realização de pesquisa em serviços de proteção ao crédito, base de dados e informações cadastrais, e tratamento de dados e informações necessários ao início de relacionamento decorrente da abertura de conta de depósito à vista ou de poupança ou contratação de operação de crédito ou de arrendamento mercantil, não podendo ser cobrada cumulativamente" (Tabela anexa à vigente Resolução 3.919/2010 do CMN, com a redação dada pela Resolução 4.021/2011). Ademais, cumpre ressaltar que o consumidor não é obrigado a contratar esse serviço de cadastro junto à instituição financeira, pois possui alternativas de providenciar pessoalmente os documentos necessários à comprovação de sua idoneidade financeira ou contratar terceiro (despachante) para fazê-lo. Tese firmada para fins do art. 543-C do CPC: "Com a vigência da Resolução CMN 3.518/2007, em 30.4.2008, a cobrança por serviços bancários prioritários para pessoas físicas ficou limitada às hipóteses taxativamente previstas em norma padronizadora expedida pela autoridade monetária. Desde então, não mais tem respaldo legal a contratação da Tarifa de Emissão de Carnê (TEC) e da Tarifa de Abertura de Crédito (TAC), ou outra denominação para o mesmo fato gerador. Permanece válida a Tarifa de Cadastro expressamente tipificada em ato normativo padronizador da autoridade monetária, a qual somente pode ser cobrada no início do relacionamento entre o consumidor e a instituição financeira. **REsp 1.251.331-RS e REsp 1.255.573-RS, Rel. Min. Maria Isabel Gallotti, julgados em 28/8/2013. (Inform. STJ 531)**

DIREITO CIVIL. POSSIBILIDADE DE FINANCIAMENTO DO IOF. RECURSO REPETITIVO (ART. 543-C DO CPC E RES. 8/2008-STJ).
Podem as partes convencionar o pagamento do Imposto sobre Operações Financeiras e de Crédito (IOF) por meio de financiamento acessório ao mútuo principal, sujeitando-o aos mesmos encargos contratuais. Não se discute que a obrigação tributária arrecadatória e o recolhimento do tributo à Fazenda Nacional são cumpridos por inteiro pela instituição financeira, o agente arrecador, de sorte que a relação existente entre esta e o mutuário é decorrente da transferência ao Fisco do valor integral da exação tributária. Esse é o objeto do financiamento acessório, sujeito às mesmas condições e taxas do mútuo principal destinado ao pagamento do bem de consumo. Nesse contexto, o fato de a instituição financeira arrecadadora financiar o valor devido pelo consumidor à Fazenda não padece de ilegalidade ou abusividade. Ao contrário, atende aos interesses do financiado, que não precisa desembolsar de uma única vez todo o valor, ainda que para isso esteja sujeito aos encargos previstos no contrato. Tese firmada para fins do art. 543-C do CPC: "Podem as partes convencionar o pagamento do Imposto sobre Operações Financeiras e de Crédito (IOF) por meio de financiamento acessório ao mútuo principal, sujeitando-o aos mesmos encargos contratuais. **REsp 1.251.331-RS e REsp 1.255.573-RS, Rel. Min. Maria Isabel Gallotti, julgados em 28/8/2013. (Inform. STJ 531)**

4. RESPONSABILIDADE CIVIL

4.1. Responsabilidade pelo fato de terceiro

DIREITO CIVIL. RESPONSABILIDADE CIVIL DOS GENITORES PELOS DANOS CAUSADOS POR SEU FILHO ESQUIZOFRÊNICO.
Os pais de portador de esquizofrenia paranoide que seja solteiro, maior de idade e more sozinho tem responsabilidade civil pelos danos causados durante os recorrentes surtos agressivos de seu filho, no caso em que eles, plenamente cientes dessa situação, tenham sido omissos na adoção de quaisquer medidas com o propósito de evitar a repetição desses fatos, deixando de tomar qualquer atitude para interditá-lo ou mantê-lo sob sua guarda e companhia. Inicialmente, é importante destacar que a guarda representa mais que um direito dos pais de ter próximos os seus filhos. Revela-se, sobretudo, como um dever de cuidar, de vigiar e de proteger os filhos, em todos os sentidos, enquanto necessária essa proteção. Para reforçar a responsabilidade dos pais em relação aos filhos, dispõe o art. 1.583, § 3º, do CC que "A guarda

unilateral obriga o pai ou a mãe que não a detenha a supervisionar os interesses dos filhos". O art. 1.589 do mesmo diploma, por sua vez, mediante outras palavras, afirma que "O pai ou a mãe, em cuja guarda não estejam os filhos, poderá [...] fiscalizar sua manutenção e educação". Ademais, o CC impõe aos genitores, sistemática e reiteradamente, em vários outros dispositivos pertinentes a capítulos diversos, o dever natural de cuidar, de instruir, de proteger e de vigiar sua prole, obrigações essas inseridas no próprio conceito de guarda. A par disso, observa-se que o art. 1.590 do CC - segundo o qual "As disposições relativas à guarda e prestação de alimentos aos filhos menores estendem-se aos maiores incapazes" - estende ao maior incapaz (absoluta ou relativamente) as normas pertinentes à guarda dos filhos menores. No que diz respeito ao caso em análise, destaca-se ser absolutamente necessária e cabível uma interpretação mais positiva desse dispositivo para que seja alcançado, de fato, o real e mais justo objetivo do legislador. Dessa forma, ao portador de esquizofrenia paranoide que comumente tem surtos psicóticos é aplicável a expressão "maiores incapazes", no sentido de não estar apto a praticar, sozinho e indistintamente, todo e qualquer ato da vida civil em todos os momentos. Isso porque o esquizofrênico que sofra, reincidentemente, surtos psicóticos e pratique atos agressivos - como no caso em análise - é, realmente, incapacitado, total ou parcialmente, para a prática de atos da vida civil, mesmo que não oficialmente interditado, demandando cuidados especiais por parte daqueles que estão cientes do problema psiquiátrico, cuja obrigação decorre da lei e da relação de parentesco - genitores, cônjuge, companheiro, filhos etc. -, tudo para proteger o doente e terceiros. Ele deve ser enquadrado, no mínimo, como relativamente incapaz, nos termos do art. 4º, II, do CC (segundo o qual são relativamente incapazes "os que, por deficiência mental, tenham o discernimento reduzido"), tendo em vista que possui momentos intercalados de sanidade, sendo-lhe possível, em tese, praticar atos da vida civil, até mesmo desacompanhado, durante os períodos de lucidez. Ademais, dependendo do grau de evolução da doença mental, poderá o enfermo ficar impossibilitado, total e permanentemente, de praticar sozinho quaisquer atos da vida civil, passando a se qualificar como absolutamente incapaz, a teor do disposto no art. 3º, II, do CC (de acordo com o qual são absolutamente incapazes "os que, por enfermidade ou deficiência mental, não tiverem o necessário discernimento para a prática desses atos"). Além do mais, no tocante à possibilidade de o genitor estar sujeito a indenizar os danos causados pelo filho maior incapaz, interpretando sistematicamente o art. 932, I e II, do CC com as normas que disciplinam as obrigações dos pais em relação aos filhos, tem-se que os trechos a) "estiverem sob sua autoridade e em sua companhia" e b) "curatelados, que se acharem nas mesmas condições" são aplicáveis, também, aos casos em que os pais - seja com o propósito de isentar-se de responsabilidades, seja por simples omissão quanto aos deveres de guardar, proteger, vigiar e educar - deixam de impor sua autoridade sobre os maiores reconhecidamente incapazes, de trazê-los para junto de si, de interditá-los e de assumir, oficialmente, o papel de curador quando deveriam tê-lo feito por força das circunstâncias e da lei. Nesse caso, a obrigação dos genitores não depende de interdição judicial, decorrendo de uma situação de fato, qual seja, a sabida deficiência mental instalada. Além disso, dispõe o art. 942 do CC que "Os bens do responsável pela ofensa ou violação do direito de outrem ficam sujeitos à reparação do dano causado; e, se a ofensa tiver mais de um autor, todos responderão solidariamente pela reparação. Parágrafo único. São solidariamente responsáveis com os autores os coautores e as pessoas designadas no art. 932". Diante disso, como, no caso aqui analisado, caberia aos genitores tomar cuidados para, ao menos, tentar evitar que seu filho, portador de esquizofrenia paranoide, cometesse agressões contra terceiros - tratando-se, inclusive, de diligência recomendada como forma de protegê-lo de revides -, revela-se flagrante a omissão da mãe no cumprimento das suas obrigações como genitora do incapaz, o que a obriga a indenizar os danos causados pelo seu filho. **REsp 1.101.324-RJ, Rel. Min. Antonio Carlos Ferreira, julgado em 13/10/2015, DJe 12/11/2015. (Inform. STJ 573)**

DIREITO CIVIL. RESPONSABILIDADE CIVIL DO TITULAR DE BLOG PELOS DANOS DECORRENTES DA PUBLICAÇÃO EM SEU SITE DE ARTIGO DE AUTORIA DE TERCEIRO.
O titular de blog é responsável pela reparação dos danos morais decorrentes da inserção, em seu *site*, por sua conta e risco, de artigo escrito por terceiro. Isso porque o entendimento consagrado na Súmula 221 do STJ, que afirma serem civilmente responsáveis pelo ressarcimento de dano, decorrente de publicação pela imprensa, tanto o autor do escrito quanto o proprietário do veículo de divulgação, é aplicável em relação a todas as formas de imprensa, alcançado, assim, também o serviço de informação prestado por meio da

internet. Nesse contexto, cabe ao titular do *blog* exercer o controle editorial das matérias a serem postadas, de modo a evitar a propagação de opiniões pessoais que contenham ofensivos à dignidade pessoal e profissional de outras pessoas. **REsp 1.381.610-RS, Rel. Min. Nancy Andrighi, julgado em 3/9/2013. (Inform. STJ 528)**

DIREITO CIVIL. ILEGITIMIDADE PASSIVA DA CEF EM AÇÃO INDENIZATÓRIA REFERENTE A DANOS CAUSADOS EM RAZÃO DE ROUBO OCORRIDO NO INTERIOR DE CASA LOTÉRICA.
A Caixa Econômica Federal não tem legitimidade para figurar no polo passivo de ação que objetive reparar danos materiais e compensar danos morais causados por roubo ocorrido no interior de agência lotérica. Com efeito, a CEF, na qualidade de instituição financeira, poderia ser responsabilizada pelo eventual descumprimento das imposições legais referentes à adoção de recursos de segurança específicos para proteção dos estabelecimentos que constituam sedes de instituições financeiras. Essas específicas determinações legais, contudo, não alcançam as unidades lotéricas. Em primeiro lugar, porque, a partir da análise da Circular Caixa n. 539/2011 (itens 4 e 6), que regulamenta as permissões lotéricas e delimita a atuação das respectivas unidades, pode-se inferir que estas, embora autorizadas a prestar determinados serviços bancários, não possuem natureza de instituição financeira, já que não realizam as atividades referidas na Lei n. 4.595/1964 (captação, intermediação e aplicação de recursos financeiros). Em segundo lugar, porquanto a Lei n. 7.102/1983, que prevê normas de segurança para estabelecimentos financeiros, restringe sua aplicabilidade apenas aos "bancos oficiais ou privados, caixas econômicas, sociedades de crédito, associações de poupança, suas agências, postos de atendimento, subagências e seções, assim como as cooperativas singulares de crédito e suas respectivas dependências" (art. 1°, § 1°). Além disso, a Lei n. 8.987/1995, que dispõe sobre o regime de concessão e permissão de serviços públicos, é expressa ao prever que o permissionário (no particular, a unidade lotérica) deve desempenhar a atividade que lhe é delegada "por sua conta e risco" (art. 2°, IV). No mesmo sentido, ademais, o art. 25 da mesma lei impõe ao delegatário a responsabilidade por todos os prejuízos causados aos usuários ou a terceiros. Assim, como não há qualquer obrigação legal ou contratual imposta à CEF que conduza a sua responsabilização por dano causado no interior de unidade lotérica, fica evidente a sua ilegitimidade passiva em ação que objetive reparar danos materiais e compensar danos morais causados por roubo ocorrido no interior de unidade lotérica. Por fim, deve-se ressaltar que a eventual possibilidade de responsabilização subsidiária do concedente dos serviços públicos prestados pela agência lotérica, verificada apenas em situações excepcionais, não autoriza, por imperativo lógico decorrente da natureza de tal espécie de responsabilidade, o ajuizamento de demanda indenizatória unicamente em face do concedente (nesses casos, a CEF). **REsp 1.317.472-RJ, Rel. Min. Nancy Andrighi, julgado em 5/3/2013. (Inform. STJ 518)**

📄 **Súmula STF n° 341**
É presumida a culpa do patrão ou comitente pelo ato culposo do empregado ou preposto.

4.2. Responsabilidade por conduta médica

DIREITO CIVIL. RESPONSABILIDADE CIVIL. APLICABILIDADE DA TEORIA DA PERDA DE UMA CHANCE PARA A APURAÇÃO DE RESPONSABILIDADE CIVIL OCASIONADA POR ERRO MÉDICO.
A teoria da perda de uma chance pode ser utilizada como critério para a apuração de responsabilidade civil ocasionada por erro médico na hipótese em que o erro tenha reduzido possibilidades concretas e reais de cura de paciente que venha a falecer em razão da doença tratada de maneira inadequada pelo médico. De início, pode-se argumentar ser impossível a aplicação da teoria da perda de uma chance na seara médica, tendo em vista a suposta ausência de nexo causal entre a conduta (o erro do médico) e o dano (lesão gerada pela perda da vida), uma vez que o prejuízo causado pelo óbito da paciente teve como causa direta e imediata a própria doença, e não o erro médico. Assim, alega-se que a referida teoria estaria em confronto claro com a regra insculpida no art. 403 do CC, que veda a indenização de danos indiretamente gerados pela conduta do réu. Deve-se notar, contudo, que a responsabilidade civil pela perda da chance não atua, nem mesmo na seara médica, no campo da mitigação do nexo causal. A perda da chance, em verdade, consubstancia uma modalidade autônoma de indenização, passível de ser invocada nas hipóteses em que não se puder apurar a responsabilidade direta do agente pelo dano final. Nessas situações, o agente não responde pelo resultado para o qual sua conduta pode ter contribuído, mas apenas pela chance de que ele privou a paciente. A chance em si – desde que seja concreta, real, com alto grau de probabilidade de obter um benefício ou de evitar um prejuízo – é considerada um bem autônomo e perfeitamente reparável. De tal modo, é direto o nexo causal entre a conduta (o erro médico) e o dano (lesão gerada pela perda de bem jurídico autônomo: a chance). Inexistindo, portanto, afronta à regra inserida no art. 403 do CC, mostra-se aplicável a teoria da perda de uma chance aos casos em que o erro médico tenha reduzido chances concretas e reais que poderiam ter sido postas à disposição da paciente. **REsp 1.254.141-PR, Rel. Min. Nancy Andrighi, julgado em 4/12/2012. (Inform. STJ 513).**

4.3. Responsabilidade de instituições financeiras

DIREITO CIVIL. RESPONSABILIDADE DA INSTITUIÇÃO FINANCEIRA PELOS PREJUÍZOS CAUSADOS A CORRENTISTA EM DECORRÊNCIA DE COMPENSAÇÃO DE CHEQUE EM VALOR SUPERIOR AO DE EMISSÃO.
O correntista tem direito a ser indenizado pela instituição financeira em razão dos prejuízos decorrentes da compensação de cheque em valor superior ao de emissão na hipótese em que esse título tenha sido objeto de sofisticada adulteração por terceiro. O parágrafo único do art. 39 da Lei 7.357/1985 preconiza que "o banco sacado responde pelo pagamento do cheque falso, falsificado ou alterado, salvo dolo ou culpa do correntista, do endossante ou do beneficiário, dos quais poderá o sacado, no todo ou em parte, reaver o que pagou". Esse dispositivo sinaliza a responsabilidade objetiva dos bancos pelo pagamento de cheque alterado, sem fazer nenhuma menção quanto à qualidade dessa adulteração. Nesse contexto, no que tange ao falso hábil, aquele cuja falsidade é perceptível somente com aparelhos especializados de grafotécnica, abrem-se três possibilidades: inexistência de culpa do correntista, culpa exclusiva do cliente e culpa concorrente. Na primeira hipótese, que retrata a situação em análise, o banco procede ao pagamento do cheque habilmente falsificado sem que o correntista tenha qualquer parcela de culpa no evento danoso. Nesse caso, a instituição bancária responde objetivamente pelos danos causados por fraudes ou delitos praticados por terceiros, porquanto essa responsabilidade decorre de violação da obrigação contratualmente assumida de gerir com segurança as movimentações bancárias de seus clientes. Assim, a ocorrência de fraudes e delitos contra o sistema bancário dos quais resultem danos a correntistas insere-se na categoria doutrinária de fortuito interno, pois faz parte do próprio risco do empreendimento, atraindo, portanto, a responsabilidade objetiva da instituição bancária. Diferentemente, a culpa exclusiva de terceiro que não guarde relação de causalidade com a atividade do fornecedor, sendo absolutamente estranha ao produto ou serviço, é considerada apta a elidir a responsabilidade objetiva da instituição bancária, pois é caracterizada como fortuito externo. Precedente citado: REsp 1.199.782-PR, Segunda Seção, DJe 12/9/2011 (REPETITIVO). **REsp 1.093.440-PR, Rel. Min. Luis Felipe Salomão, julgado em 2/4/2013. (Inform. STJ 520)**

DIREITO CIVIL. RESPONSABILIDADE CIVIL. ASSALTO DE CORRENTISTA EM VIA PÚBLICA APÓS O SAQUE.
A instituição financeira não pode ser responsabilizada por assalto sofrido por sua correntista em via pública, isto é, fora das dependências de sua agência bancária, após a retirada, na agência, de valores em espécie, sem que tenha havido qualquer falha determinante para a ocorrência do sinistro no sistema de segurança da instituição. O STJ tem reconhecido amplamente a responsabilidade objetiva dos bancos pelos assaltos ocorridos no interior de suas agências, em razão do risco inerente à atividade bancária. Além disso, já se reconheceu, também, a responsabilidade da instituição financeira por assalto acontecido nas dependências de estacionamento oferecido aos seus clientes exatamente com o escopo de mais segurança. Não há, contudo, como responsabilizar a instituição financeira na hipótese em que o assalto tenha ocorrido fora das dependências da agência bancária, em via pública, sem que tenha havido qualquer falha na segurança interna da agência bancária que propiciasse a atuação dos criminosos após a efetivação do saque, tendo em vista a inexistência de vício na prestação de serviços por parte da instituição financeira. Além do mais, se o ilícito ocorre em via pública, é do Estado, e não da instituição financeira, o dever de garantir a segurança dos cidadãos e de evitar a atuação dos criminosos. Precedente citado: REsp 402.870-SP, DJ 14/2/2005. **REsp 1.284.962-MG, Rel. Min. Nancy Andrighi, julgado em 11/12/2012. (Inform. STJ 512).**

4.4. Acidente de veículo

DIREITO CIVIL. RESPONSABILIDADE CIVIL. ACIDENTE DE TRÂNSITO COM VÍTIMAS. PERDA PERMANENTE DA CAPACIDADE LABORAL. PENSÃO VITALÍCIA.
É vitalícia a pensão fixada em ação indenizatória por danos causados em acidente automobilístico, na hipótese de perda permanente da capacidade laboral da vítima. O magistrado, ao estipular a periodicidade da pensão na ação indenizatória, leva em conta a duração temporal da incapacidade da vítima, considerando o momento de consolidação de suas lesões, as quais podem ser temporárias ou permanentes. A pensão correspondente à incapacidade permanente é vitalícia conforme previsto no art. 950 do CC. Assim, no caso de a pensão ser devida à própria vítima do acidente, não há falar em limitação do pensionamento até a idade provável de sobrevida da vítima, como ocorre nos casos de fixação de pensão em razão de homicídio (art. 948, II, do CC); pois, mesmo após atingir essa idade limite, continuará o ofendido necessitando da pensão, talvez até de forma mais rigorosa, em função da velhice e do incremento das despesas com saúde. Precedentes citados: REsp 130.206-PR, DJ 15/12/1997, e REsp 280.391-RJ, DJ 27/9/2004. **REsp 1.278.627-SC, Rel. Min. Paulo de Tarso Sanseverino, julgado em 18/12/2012. (Inform. STJ 512).**

DIREITO CIVIL. RESPONSABILIDADE CIVIL. ACIDENTE DE TRÂNSITO COM VÍTIMAS. PERDA PERMANENTE DA CAPACIDADE LABORAL. PENSÃO VITALÍCIA.
É vitalícia a pensão fixada em ação indenizatória por danos causados em acidente automobilístico, na hipótese de perda permanente da capacidade laboral da vítima. O magistrado, ao estipular a periodicidade da pensão na ação indenizatória, leva em conta a duração temporal da incapacidade da vítima, considerando o momento de consolidação de suas lesões, as quais podem ser temporárias ou permanentes. A pensão correspondente à incapacidade permanente é vitalícia conforme previsto no art. 950 do CC. Assim, no caso de a pensão ser devida à própria vítima do acidente, não há falar em limitação do pensionamento até a idade provável de sobrevida da vítima, como ocorre nos casos de fixação de pensão em razão de homicídio (art. 948, II, do CC); pois, mesmo após atingir essa idade limite, continuará o ofendido necessitando da pensão, talvez até de forma mais rigorosa, em função da velhice e do incremento das despesas com saúde. Precedentes citados: REsp 130.206-PR, DJ 15/12/1997, e REsp 280.391-RJ, DJ 27/9/2004. **REsp 1.278.627-SC, Rel. Min. Paulo de Tarso Sanseverino, julgado em 18/12/2012. (Inform. STJ 512).**

📖 Súmula STF nº 28

O estabelecimento bancário é responsável pelo pagamento de cheque falso, ressalvadas as hipóteses de culpa exclusiva ou concorrente do correntista.

📖 Súmula STF nº 492

A empresa locadora de veículos responde, civil e solidariamente com o locatário, pelos danos por este causados a terceiro, no uso do carro locado.

📖 Súmula STJ nº 132

A ausência de registro da transferência não implica a responsabilidade do antigo proprietário por dano resultante de acidente que envolva o veículo alienado.

4.5. Responsabilidade do estacionamento (depósito)

DIREITO CIVIL E DO CONSUMIDOR. RESPONSABILIDADE CIVIL POR ROUBO OCORRIDO EM ESTACIONAMENTO PRIVADO.
Não é possível atribuir responsabilidade civil a sociedade empresária responsável por estacionamento particular e autônomo, independente e desvinculado de agência bancária, em razão da ocorrência, nas dependências daquele estacionamento, de roubo à mão armada de valores recentemente sacados na referida agência e de outros pertences que o cliente carregava consigo no momento do crime. Nesses casos, o estacionamento em si consiste na própria atividade fim da sociedade empresária, e não num serviço assessório prestado apenas para cativar os clientes de instituição financeira. Consequentemente, não é razoável impor à sociedade responsável pelo estacionamento o dever de garantir a segurança individual do usuário e a proteção dos bens portados por ele, sobretudo na hipótese em que ele realize operação sabidamente de risco consistente no saque de valores em agência bancária, uma vez que essas pretensas contraprestações não estariam compreendidas por contrato que abranja exclusivamente a guarda de veículo. Nesse contexto, ainda que o usuário, no seu subconsciente, possa imaginar que, parando o seu veículo em estacionamento privado, estará protegendo, além do seu veículo, também a si próprio, a responsabilidade do estabelecimento não pode ultrapassar o dever contratual de guarda do automóvel, sob pena de se extrair do instrumento consequências que vão além do contratado, com clara violação do *pacta sunt servanda*. Não se trata, portanto, de resguardar os interesses da parte hipossuficiente da relação de consumo, mas sim de assegurar ao consumidor apenas aquilo que ele legitimamente poderia esperar do serviço contratado. Além disso, frisar que a imposição de tamanho ônus aos estacionamentos de veículos, de serem responsáveis pela integridade física e patrimonial dos usuários, mostra-se temerária, inclusive na perspectiva dos consumidores, na medida em que a sua viabilização exigiria investimentos que certamente teriam reflexo direto no custo do serviço, que hoje já é elevado. Precedente citado: REsp 125.446-SP, Terceira Turma, DJ de 15/9/2000. **REsp 1.232.795-SP, Rel. Min. Nancy Andrighi, julgado em 2/4/2013. (Inform. STJ 521)**

4.6. Responsabilidade pela violação ao direito de imagem

AG. REG. NO RE N. 661.243-DF
RELATOR: MIN. DIAS TOFFOLI
EMENTA: **Agravo regimental no recurso extraordinário. Direito Civil. Dano moral. Não caracterização. Dever de indenizar Inexistência. Reexame de fatos e provas. Impossibilidade. Ausência de repercussão geral. Precedentes.**
1. O Tribunal de origem concluiu, com base nos fatos e nas provas dos autos, que o agravado, ao veicular o artigo jornalístico, não teria abusado do direito de informar, nem tido o ânimo de ofender a honra do ora agravante, de modo que não teria ocorrido ato ilícito apto a configurar dano moral indenizável. Incidência da Súmula nº 279/STF.
2. O Plenário da Corte, no exame do ARE nº 739.382/RJ, Relator o Ministro **Gilmar Mendes**, concluiu pela ausência de repercussão geral do tema relativo à configuração da responsabilidade civil por dano à imagem ou à honra, haja vista que o deslinde da questão não ultrapassa o interesse subjetivo das partes, tampouco prescinde do reexame de fatos e provas.
3. Agravo regimental não provido. **(Inform. STF 725)**

DIREITO CIVIL. DANO MORAL DECORRENTE DE DIVULGAÇÃO DE IMAGEM EM PROPAGANDA POLÍTICA. Configura dano moral indenizável a divulgação não autorizada da imagem de alguém em material impresso de propaganda político-eleitoral, independentemente da comprovação de prejuízo. O STJ há muito assentou que, em se tratando de direito à imagem, a obrigação da reparação decorre do próprio uso indevido do direito personalíssimo, não havendo de se cogitar da prova da existência concreta de prejuízo, uma vez que o dano se apresenta *in re ipsa*. Ademais, destaca-se ser irrelevante o fato de a publicação da fotografia não denotar a existência de finalidade comercial ou econômica, mas meramente eleitoral. **REsp 1.217.422-MG, Rel. Min. Ricardo Villas Bôas Cueva, julgado em 23/9/2014. (Inform. STJ 549)**

DIREITO CIVIL. DANO MORAL DECORRENTE DA UTILIZAÇÃO NÃO AUTORIZADA DE IMAGEM EM CAMPANHA PUBLICITÁRIA. Configura dano moral a divulgação não autorizada de foto de pessoa física em campanha publicitária promovida por sociedade empresária com o fim de, mediante incentivo à manutenção da limpeza urbana, incrementar a sua imagem empresarial perante a população, ainda que a fotografia tenha sido capturada em local público e sem nenhuma conotação ofensiva ou vexaminosa. Efetivamente, é cabível compensação por dano moral decorrente da simples utilização de imagem de pessoa física, em campanha publicitária, sem autorização do fotografado. Essa é a interpretação que se extrai dos precedentes que definiram a edição da Súmula 403 do STJ, segundo a qual "Independe de prova do prejuízo a indenização pela publicação não autorizada de imagem de pessoa com fins econômicos ou comerciais". Precedentes citados: EREsp 230.268-SP, Segunda Seção, DJ de 4/8/2003; AgRg no REsp 1.252.599-RS, Terceira Turma, DJe de 5/5/2014; e AgRg no AREsp 148.421-SP, Quarta Turma, DJe de 25/10/2013. **REsp 1.307.366-RJ, Rel. Min. Raul Araújo, julgado em 3/6/2014. (Inform. STJ 546)**

DIREITO CIVIL E PROCESSUAL CIVIL. LEGITIMIDADE PARA BUSCAR REPARAÇÃO DE PREJUÍZOS DECORRENTES DE VIOLAÇÃO DA IMAGEM E DA MEMÓRIA DE FALECIDO.

Diferentemente do que ocorre em relação ao cônjuge sobrevivente, o espólio não tem legitimidade para buscar reparação por danos morais decorrentes de ofensa post mortem à imagem e à memória de pessoa. De acordo com o art. 6º do CC, segundo o qual a existência da pessoa natural termina com a morte [...], os direitos da personalidade de pessoa natural se encerram com a sua morte. Todavia, o parágrafo único dos arts. 12 e 20 do CC estabeleceram duas formas de tutela póstuma dos direitos da personalidade. O art. 12 dispõe que, em se tratando de morto, terá legitimidade para requerer a cessação de ameaça ou lesão a direito da personalidade, e para reclamar perdas e danos, o cônjuge sobrevivente ou qualquer parente em linha reta, ou colateral até o quarto grau. O art. 20, por sua vez, determina que, em se tratando de morto, o cônjuge, os ascendentes ou os descendentes são partes legítimas para requerer a proibição de divulgação de escritos, de transmissão de palavras, ou de publicação, exposição ou utilização da imagem da pessoa falecida. O espólio, entretanto, não pode sofrer dano moral por constituir uma universalidade de bens e direitos, sendo representado pelo inventariante (art. 12, V, do CPC) para questões relativas ao patrimônio do *de cujus*. Dessa forma, nota-se que o espólio, diferentemente do cônjuge sobrevivente, não possui legitimidade para postular reparação por prejuízos decorrentes de ofensa, após a morte do *de cujus*, à memória e à imagem do falecido. **REsp 1.209.474-SP, Rel. Min. Paulo de Tarso Sanseverino, julgado em 10/9/2013. (Inform. STJ 532)**

DIREITO CIVIL. DIREITO AO ESQUECIMENTO.

A exibição não autorizada de uma única imagem da vítima de crime amplamente noticiado à época dos fatos não gera, por si só, direito de compensação por danos morais aos seus familiares. O direito ao esquecimento surge na discussão acerca da possibilidade de alguém impedir a divulgação de informações que, apesar de verídicas, não sejam contemporâneas e lhe causem transtornos das mais diversas ordens. Sobre o tema, o Enunciado 531 da VI Jornada de Direito Civil do CJF preconiza que a tutela da dignidade da pessoa humana na sociedade da informação inclui o direito ao esquecimento. Na abordagem do assunto sob o aspecto sociológico, o antigo conflito entre o público e o privado ganha uma nova roupagem na modernidade: a inundação do espaço público com questões estritamente privadas decorre, a um só tempo, da expropriação da intimidade (ou privacidade) por terceiros, mas também da voluntária entrega desses bens à arena pública. Acrescente-se a essa reflexão o sentimento, difundido por inédita "filosofia tecnológica" do tempo atual pautada na permissividade, segundo o qual ser devassado ou espionado é, em alguma medida, tornar-se importante e popular, invertendo-se valores e tornando a vida privada um prazer ilegítimo e excêntrico, seguro sinal de atraso e de mediocridade. Sob outro aspecto, referente à censura à liberdade de imprensa, o novo cenário jurídico apoia-se no fato de que a CF, ao proclamar a liberdade de informação e de manifestação do pensamento, assim o faz traçando as diretrizes principiológicas de acordo com as quais essa liberdade será exercida, reafirmando, como a doutrina sempre afirmou, que os direitos e garantias protegidos pela Constituição, em regra, não são absolutos. Assim, não se pode hipertrofiar a liberdade de informação à custa do atrofiamento dos valores que apontam para a pessoa humana. A explícita contenção constitucional à liberdade de informação, fundada na inviolabilidade da vida privada, intimidade, honra, imagem e, de resto, nos valores da pessoa e da família, prevista no § 1º do art. 220, no art. 221 e no § 3º do art. 222 da CF, parece sinalizar que, no conflito aparente entre esses bens jurídicos de especialíssima grandeza, há, de regra, uma inclinação ou predileção constitucional para soluções protetivas da pessoa humana, embora o melhor equacionamento deva sempre observar as particularidades do caso concreto. Essa constatação se mostra consentânea com o fato de que, a despeito de o direito à informação livre de censura ter sido inserida no seleto grupo dos direitos fundamentais (art. 5º, IX), a CF mostrou sua vocação antropocêntrica ao gravar, já no art. 1º, III, a dignidade da pessoa humana como, mais que um direito, um fundamento da república, uma lente pela qual devem ser interpretados os demais direitos. A cláusula constitucional da dignidade da pessoa humana garante que o homem seja tratado como sujeito cujo valor supera ao de todas as coisas criadas por ele próprio, como o mercado, a imprensa e, até mesmo, o Estado, edificando um núcleo intangível de proteção oponível *erga omnes*, circunstância que legitima, em uma ponderação de valores constitucionalmente protegidos, tendo sempre em vista os parâmetros da proporcionalidade e da razoabilidade, que algum sacrifício possa ser suportado, caso a caso, pelos titulares de outros bens e direitos. Ademais, a permissão ampla e irrestrita de que um fato e pessoas nele envolvidas sejam retratados indefinidamente no tempo, a pretexto da historicidade do evento, pode significar permissão de um segundo abuso à dignidade humana, simplesmente porque o primeiro já fora cometido no passado. Nesses casos, admitir-se o "direito ao esquecimento" pode significar um corretivo, tardio, mas possível, das vicissitudes do passado, seja de inquéritos policiais ou processos judiciais pirotécnicos e injustos, seja da exploração populista da mídia. Além disso, dizer que sempre o interesse público na divulgação de casos judiciais deverá prevalecer sobre a privacidade ou intimidade dos envolvidos, pode violar o próprio texto da Constituição, que prevê solução exatamente contrária, ou seja, de sacrifício da publicidade (art. 5º, LX). A solução que harmoniza esses dois interesses em conflito é a preservação da pessoa, com a restrição à publicidade do processo, tornando pública apenas a resposta estatal aos conflitos a ele submetidos, dando-se publicidade da sentença ou do julgamento, nos termos do art. 155 do Código de Processo Civil e art. 93, IX, da Constituição Federal. Por fim, a assertiva de que uma notícia lícita não se transforma em ilícita com o simples passar do tempo não tem nenhuma base jurídica. O ordenamento é repleto de previsões em que a significação conferida pelo direito à passagem do tempo é exatamente o esquecimento e a estabilização do passado, mostrando-se ilícito reagitar o que a lei pretende sepultar. Isso vale até mesmo para notícias cujo conteúdo seja totalmente verídico, pois, embora a notícia inverídica seja um obstáculo à liberdade de informação, a veracidade da notícia não confere a ela inquestionável licitude, nem transforma a liberdade de imprensa em direito absoluto e ilimitado. Nesse contexto, as vítimas de crimes e seus familiares têm direito ao esquecimento, se assim desejarem, consistente em não se submeterem a desnecessárias lembranças de fatos passados que lhes causaram, por si, inesquecíveis feridas. Caso contrário, chegar-se-ia à antipática e desumana solução de reconhecer esse direito ao ofensor, o que está relacionado com sua ressocialização, e retirá-lo dos ofendidos, permitindo que os canais de informação se enriqueçam mediante a indefinida exploração das desgraças privadas pelas quais passaram. Todavia, no caso de familiares de vítimas de crimes passados, que só querem esquecer a dor pela qual passaram em determinado momento da vida, há uma infeliz constatação: na medida em que o tempo passa e se vai adquirindo um "direito ao esquecimento", na contramão, a dor vai diminuindo, de modo que, relembrar o fato trágico da vida, a depender do tempo transcorrido, embora possa gerar desconforto, não causa o mesmo abalo de antes. Nesse contexto, deve-se analisar, em cada caso concreto, como foi utilizada a imagem da vítima, para que se verifique se houve, efetivamente, alguma violação aos direitos dos familiares. Isso porque nem toda veiculação não consentida da imagem é indevida ou digna de reparação, sendo frequentes os casos em que a imagem da pessoa é publicada de forma respeitosa e sem nenhum viés comercial ou econômico. Assim, quando a imagem não for, em si, o cerne da publicação, e também não revele situação vexatória ou degradante, a solução dada pelo STJ será o reconhecimento da inexistência do dever de indenizar. **REsp 1.335.153-RJ, Rel. Min. Luis Felipe Salomão, julgado em 28/5/2013. (Inform. STJ 527)**

DIREITO CIVIL. DIREITO AO ESQUECIMENTO.

Gera dano moral a veiculação de programa televisivo sobre fatos ocorridos há longa data, com ostensiva identificação de pessoa que tenha sido investigada, denunciada e, posteriormente, inocentada em processo criminal. O direito ao esquecimento surge na discussão acerca da possibilidade de alguém impedir a divulgação de informações que, apesar de verídicas, não sejam contemporâneas e lhe causem transtornos das mais diversas ordens. Sobre o tema, o Enunciado 531 da VI Jornada de Direito Civil do CJF preconiza a tutela da dignidade da pessoa humana na sociedade da informação inclui o direito ao esquecimento. O interesse público que orbita o fenômeno criminal tende a desaparecer na medida em que também se esgota a resposta penal conferida ao fato criminoso, a qual, certamente, encontra seu último suspiro com a extinção da pena ou com a absolvição, ambas irreversivelmente consumadas. Se os condenados que já cumpriram a pena têm direito ao sigilo da folha de antecedentes, assim também à exclusão dos registros da condenação no Instituto de Identificação, por maiores e melhores razões aqueles que foram absolvidos não podem permanecer com esse estigma, conferindo-lhes a lei o mesmo direito de serem esquecidos. Cabe destacar que, embora a notícia inverídica seja um obstáculo à liberdade de informação, a veracidade da notícia não confere a ela inquestionável licitude, nem transforma a liberdade de imprensa em direito absoluto e ilimitado. Com efeito, o reconhecimento do direito ao esquecimento dos condenados que cumpriram integralmente a pena e, sobretudo, dos que foram absolvidos em processo criminal, além de sinalizar uma evolução humanitária e cultural da sociedade, confere concretude a um ordenamento jurídico que, entre a memória, conexão do presente com o passado, e a esperança, vínculo do futuro com o presente, fez clara opção pela segunda. E é por essa ótica que o direito ao esquecimento revela sua maior nobreza, afirmando-se, na verdade, como um direito à esperança, em absoluta sintonia com a presunção legal e constitucional de regenerabilidade da pessoa humana. Precedentes citados: RMS 15.634-SP, Sexta Turma, DJ 5/2/2007; e REsp 443.927-SP, Quinta Turma, DJ 4/8/2003. **REsp 1.334.097-RJ, Rel. Min. Luis Felipe Salomão, julgado em 28/5/2013. (Inform. STJ 527)**

DIREITO CIVIL. RESPONSABILIDADE CIVIL POR VEICULAÇÃO DE MATÉRIA JORNALÍSTICA.
A entidade responsável por prestar serviços de comunicação não tem o dever de indenizar pessoa física em razão da publicação de matéria de interesse público em jornal de grande circulação a qual tenha apontado a existência de investigações pendentes sobre ilícito supostamente cometido pela referida pessoa, ainda que posteriormente tenha ocorrido absolvição quanto às acusações, na hipótese em que a entidade busque fontes fidedignas, ouça as diversas partes interessadas e afaste quaisquer dúvidas sérias quanto à veracidade do que divulga. De fato, a hipótese descrita apresenta un conflito de direitos constitucionalmente assegurados: os direitos à liberdade de pensamento e à sua livre manifestação (art. 5º, IV e IX), ao acesso à informação (art. 5º, XIV) e à honra (art. 5º, X). Cabe ao aplicador da lei, portanto, exercer função harmonizadora, buscando um ponto de equilíbrio no qual os direitos conflitantes possam conviver. Nesse contexto, o direito à liberdade de informação deve observar o dever de veracidade, bem como o interesse público dos fatos divulgados. Em outras palavras, pode-se dizer que a honra da pessoa não é atingida quando são divulgadas informações verdadeiras e fidedignas a seu respeito e que, outrossim, são de interesse público. Quanto à veracidade do que noticiado pela imprensa, vale ressaltar que a diligência que se deve exigir na verificação da informação antes de divulgá-la não pode chegar ao ponto de as notícias não poderem ser veiculadas até se ter certeza plena e absoluta de sua veracidade. O processo de divulgação de informações satisfaz o verdadeiro interesse público, devendo ser célere e eficaz, razão pela qual não se coaduna com rigorismos próprios de um procedimento judicial, no qual deve haver cognição plena e exauriente dos fatos analisados. Além disso, deve-se observar que a responsabilidade da imprensa pelas informações por ela veiculadas é de caráter subjetivo, não se cogitando da aplicação da teoria do risco ou da responsabilidade objetiva. Assim, para a responsabilização da imprensa pelos fatos por ela reportados, não basta a divulgação de informação falsa, exige-se prova de que o agente divulgador conhecia ou poderia conhecer a falsidade da informação propalada, o que configuraria abuso do direito de informação. **REsp 1.297.567-RJ, Rel. Min. Nancy Andrighi, julgado em 28/5/2013. (Inform. STJ 524)**

📖 **Súmula STJ nº 403**
Independe de prova do prejuízo a indenização pela publicação não autorizada de imagem de pessoa com fins econômicos ou comerciais.

📖 **Súmula STJ nº 221**
São civilmente responsáveis pelo ressarcimento de dano, decorrente de publicação pela imprensa, tanto o autor do escrito quanto o proprietário do veículo de divulgação.

4.7. Responsabilidade por questões de ordem familiar

DIREITO CIVIL. INEXISTÊNCIA DE RESPONSABILIDADE CIVIL DO CÚMPLICE DE RELACIONAMENTO EXTRACONJUGAL NO CASO DE OCULTAÇÃO DE PATERNIDADE BIOLÓGICA.
O "cúmplice" em relacionamento extraconjugal não tem o dever de reparar por danos morais o marido traído na hipótese em que a adúltera tenha ocultado deste o fato de que a criança nascida durante o matrimônio e criada pelo casal seria filha biológica sua e do seu "cúmplice", e não do seu esposo, que, até a revelação do fato, pensava ser o pai biológico da criança. Isso porque, em que pese o alto grau de reprovabilidade da conduta daquele que se envolve com pessoa casada, o "cúmplice" da esposa infiel não é solidariamente responsável quanto a eventual indenização ao marido traído, pois esse fato não constitui ilícito civil ou penal, diante da falta de contrato ou lei obrigando terceiro estranho à relação conjugal a zelar pela incolumidade do casamento alheio ou a revelar a quem quer que seja a existência de relação extraconjugal firmada com sua amante. **REsp 922.462-SP, Rel. Min. Ricardo Villas Bôas Cueva, julgado em 4/4/2013. (Inform. STJ 522)**

DIREITO CIVIL. DANOS MORAIS PELA OCULTAÇÃO DA VERDADE QUANTO À PATERNIDADE BIOLÓGICA.
A esposa infiel tem o dever de reparar por danos morais o marido traído na hipótese em que tenha ocultado dele, até alguns anos após a separação, o fato de que criança nascida durante o matrimônio e criada como filha biológica do casal seria, na verdade, filha sua e de seu "cúmplice". De fato, a violação dos deveres impostos por lei tanto no casamento (art. 1.566 do CC/2002) como na união estável (art. 1.724 do CC/2002) não constitui, por si só, ofensa à honra e à dignidade do consorte, apta a ensejar a obrigação de indenizar. Nesse contexto, perde importância, inclusive, a identificação do culpado pelo fim da relação afetiva, porquanto deixar de amar o cônjuge ou companheiro é circunstância de cunho estritamente pessoal, não configurando o desamor, por si só, um ato ilícito (arts 186 e 927 do CC/2002) que enseje indenização. Todavia, não é possível ignorar que a vida em comum impõe restrições que devem ser observadas, entre as quais se destaca o dever de fidelidade nas relações conjugais (art. 231, I, do CC/1916 e art. 1.566, I, do CC/2002), o qual pode, efetivamente, acarretar danos morais. Isso porque o dever de fidelidade é um atributo de quem cumpre aquilo a que se obriga, condição imprescindível para a boa harmonia e estabilidade da vida conjugal. Ademais, a imposição desse dever é tão significativa que o CP já considerou o adultério como crime. Além disso, representa quebra do dever de confiança a descoberta, pelo esposo traído, de que a criança nascida durante o matrimônio e criada por ele não seria sua filha biológica. O STF, aliás, já sinalizou acerca do direito constitucional à felicidade, verdadeiro postulado constitucional implícito, que se qualifica como expressão de uma ideia-força que deriva do princípio da essencial dignidade da pessoa humana (RE 477.554 AgR-MG, Segunda Turma, DJe 26/8/2011). Sendo assim, a lesão à dignidade humana desafia reparação (arts. 1º, III, e 5º, V e X, da CF), sendo justamente nas relações familiares que se impõe a necessidade de sua proteção, já que a família é o centro de preservação da pessoa e base mestra da sociedade (art. 226 CF). Dessa forma, o abalo emocional gerado pela traição da então esposa, ainda com a cientificação de não ser o genitor de criança gerada durante a relação matrimonial, representa efetivo dano moral, o que impõe o dever de reparação dos danos acarretados ao lesado a fim de restabelecer o equilíbrio pessoal e social buscado pelo direito, à luz do conhecido ditame *neminem laedere*. Assim, é devida a indenização por danos morais, que, na hipótese, manifesta-se *in re ipsa*. **REsp 922.462-SP, Rel. Min. Ricardo Villas Bôas Cueva, julgado em 4/4/2013. (Inform. STJ 522)**

4.8. Responsabilidade por outras causas

AG. REG. NO ARE N. 906.803-MG

RELATORA: MIN. ROSA WEBER
EMENTA: DIREITO CIVIL. INDENIZAÇÃO. DANOS MORAIS. SUSPEITA DE FURTO. ABORDAGEM EM ESTABELECIMENTO COMERCIAL. EVENTUAL OFENSA REFLEXA NÃO VIABILIZA O MANEJO DO RECURSO EXTRAORDINÁRIO. ART. 102 DA LEI MAIOR. REELABORAÇÃO DA MOLDURA FÁTICA CONSTANTE DO ACÓRDÃO REGIONAL. IMPOSSIBILIDADE. ACÓRDÃO RECORRIDO PUBLICADO EM 11.02.2015.
1. O exame da alegada ofensa ao art. 5º, X, da Constituição Federal, observada a estreita moldura com que devolvida a matéria à apreciação desta Suprema Corte, dependeria de prévia análise da legislação infraconstitucional aplicada à espécie, o que refoge à competência jurisdicional extraordinária prevista no art. 102 da Magna Carta.
2. Divergir da conclusão da Corte Regional exigiria a reelaboração da moldura fática delineada no acórdão da origem, procedimento vedado em sede extraordinária. Aplicação da Súmula 279/STF: "*Para simples reexame de prova não cabe recurso extraordinário*".
3. As razões do agravo regimental não se mostram aptas a infirmar os fundamentos que lastrearam a decisão agravada, mormente no que se refere à ausência de ofensa direta e literal a preceito da Constituição da República.
4. Agravo regimental conhecido e não provido. **(Inform. STF 802)**

DIREITO CIVIL. APLICABILIDADE DA TEORIA DA PERDA DE UMA CHANCE NO CASO DE DESCUMPRIMENTO DE CONTRATO DE COLETA DE CÉLULAS-TRONCO EMBRIONÁRIAS. Tem direito a ser indenizada, com base na teoria da perda de uma chance, a criança que, em razão da ausência do preposto da empresa contratada por seus pais para coletar o material no momento do parto, não teve recolhidas as células-tronco embrionárias. No caso, a criança teve frustrada a chance de ter suas células embrionárias colhidas e armazenadas para, se eventualmente fosse preciso, fazer uso delas em

1. DIREITO CIVIL

tratamento de saúde. Não se está diante de situação de dano hipotético – o que não renderia ensejo a indenização – mas de caso claro de aplicação da teoria da perda de uma chance, desenvolvida na França (*la perte d'une chance*) e denominada na Inglaterra de *loss-of-a-chance*. No caso, a responsabilidade é por perda de uma chance por serem as células-tronco, cuja retirada do cordão umbilical deve ocorrer no momento do parto, o grande trunfo da medicina moderna para o tratamento de inúmeras patologias consideradas incuráveis. É possível que o dano final nunca venha a se implementar, bastando que a pessoa recém-nascida seja plenamente saudável, nunca desenvolvendo qualquer doença tratável com a utilização das células-tronco retiradas do seu cordão umbilical. O certo, porém, é que perdeu, definitivamente, a chance de prevenir o tratamento dessas patologias. Essa chance perdida é, portanto, o objeto da indenização. **REsp 1.291.247-RJ, Rel. Min. Paulo de Tarso Sanseverino, julgado em 19/8/2014. (Inform. STJ 549)**

DIREITO CIVIL. APLICABILIDADE DA TEORIA DA PERDA DA CHANCE.
A emissora responsável pela veiculação de programa televisivo de perguntas e respostas deve indenizar, pela perda de uma chance, o participante do programa que, apesar de responder corretamente a pergunta sobre determinado time de futebol, tenha sido indevidamente desclassificado, ao ter sua resposta considerada errada por estar em desacordo com parte fantasiosa de livro adotado como bibliografia básica para as perguntas formuladas. De fato, nos contratos de promessa de recompensa por concurso, vale a regra geral de que os concorrentes, ao participarem do concurso, sabem de suas condições e a elas se submetem. Dentre essas condições, está a de se submeter ao pronunciamento dos julgadores do concurso. Entretanto, em casos excepcionalíssimos, é possível que se reconheça a nulidade desse julgamento. Na situação em análise, houve erro no julgamento, o qual foi efetuado em discordância com a verdade dos fatos, fundando-se apenas na parte fictícia de livro adotado contratualmente como bibliografia básica, configurando-se, assim, hipótese excepcionalíssima apta a afastar a incidência da regra da infalibilidade do julgador. Ademais, o concurso era sobre determinado clube de futebol, e não sobre o livro adotado como bibliografia, razão pela qual inadmissível exigir que o participante respondesse erradamente, afastando-se da realidade dos fatos atinentes ao clube. Nesse contexto, deve ser aplicada a regra da boa-fé objetiva em prol do participante e em detrimento da organizadora do certame, ao mesmo tempo em que há de ser aplicada a regra segundo a qual o contrato será interpretado em detrimento do estipulante. **REsp 1.383.437-SP, Rel. Min. Sidnei Beneti, julgado em 13/8/2013. (Inform. STJ 528)**

DIREITO CIVIL. NOTIFICAÇÃO PRÉVIA PARA A INCLUSÃO DO NOME DO DEVEDOR EM CADASTRO DE PROTEÇÃO AO CRÉDITO.
Órgão de proteção ao crédito não tem o dever de indenizar devedor pela inclusão do nome deste, sem prévia notificação, em cadastro desabonador mantido por aquele na hipótese em que as informações que derem ensejo ao registro tenham sido coletadas em bancos de dados públicos, como os pertencentes a cartórios de protesto de títulos e de distribuição judicial. Isso porque não há, nesses casos, o dever de notificação prévia do devedor no tocante ao registro desabonador, haja vista que as informações constantes em bancos de dados públicos acerca da inadimplência de devedor já possuem notoriedade pública. Precedente citado: EDcl no REsp 1.080.009-DF, Quarta Turma, DJe 3/11/2010. **REsp 1.124.709-TO, Rel. Min. Luis Felipe Salomão, julgado em 18/6/2013. (Inform. STJ 528)**

DIREITO CIVIL. RESPONSABILIDADE CIVIL POR ERRO NÃO INTENCIONAL DE ARBITRAGEM.
Não gera dano moral indenizável ao torcedor, pela entidade responsável pela organização da competição, o erro não intencional de arbitragem, ainda que resulte na eliminação do time do campeonato e mesmo que o árbitro da partida tenha posteriormente reconhecido o erro cometido. Segundo o art. 3° da Lei 10.671/2003 (Estatuto do Torcedor), para todos os efeitos legais, a entidade responsável pela organização da competição e a entidade de prática desportiva detentora do mando de jogo equiparam-se a fornecedor nos termos do CDC. Todavia, para cogitar de responsabilidade civil, nos termos do art. 14 do CDC, é necessária a constatação da materialização de ato ilícito, omissivo ou comissivo, nexo de causalidade e o dano. Vale destacar que, pelas características de uma partida de futebol, com a vedação de utilização de recursos tecnológicos, o árbitro, para a própria fluidez da partida e manutenção de sua autoridade em jogo, tem a delicada missão de decidir prontamente, valendo-se apenas de sua acuidade visual

e da colaboração dos árbitros auxiliares. Assim, diante da ocorrência de erro de arbitragem, ainda que com potencial para influir decisivamente no resultado da partida esportiva, mas não sendo constatado o dolo do árbitro, não há falar em ato ilícito ou comprovação de nexo de causalidade com o resultado ocorrido. A derrota de time de futebol, ainda que atribuída a erro da arbitragem, é dissabor que também não tem o condão de causar mágoa duradoura, a ponto de interferir intensamente no bem-estar do torcedor, sendo recorrente em todas as modalidades de esporte que contam com equipes competitivas. Nesse sentido, consoante vêm reconhecendo doutrina e jurisprudência, mero aborrecimento, contratempo, mágoa, inerentes à vida em sociedade, ou excesso de sensibilidade por aquele que afirma dano moral, são insuficientes à caracterização do abalo, tendo em vista que este depende da constatação, por meio de exame objetivo e prudente arbítrio do magistrado, da real lesão a direito da personalidade daquele que se diz ofendido. Por fim, não se pode cogitar de inadimplemento contratual, pois não há legítima expectativa, amparada pelo direito, de que o espetáculo esportivo possa transcorrer sem que ocorra algum erro de arbitragem não intencional, ainda que grosseiro, a envolver marcação que hipoteticamente pudesse alterar o resultado do jogo. **REsp 1.296.944-RJ, Rel. Min. Luis Felipe Salomão, julgado em 7/5/2013. (Inform. STJ 526)**

DIREITO CIVIL. RESPONSABILIDADE CIVIL DOS CORREIOS POR EXTRAVIO DE CARTA REGISTRADA.
A Empresa Brasileira de Correios e Telégrafos (ECT) deve reparar os danos morais decorrentes de extravio de correspondência registrada. Com efeito, o consumidor que opta por enviar carta registrada tem provável interesse no rastreamento e na efetiva comprovação da entrega da correspondência, por isso paga mais caro pelo serviço. Desse modo, se o consumidor escolhe enviar carta registrada, é dever dos Correios comprovar a entrega da correspondência ou a impossibilidade de fazê-lo, por meio da apresentação do remetente do aviso de recebimento, de maneira que o simples fato da perda da correspondência, nessa hipótese, acarreta dano moral *in re ipsa*. **REsp 1.097.266-PB, Rel. Min. Luís Felipe Salomão, Rel. para acórdão Min. Raul Araújo, julgado em 2/5/2013. (Inform. STJ 524)**

DIREITO CIVIL. INEXISTÊNCIA DE DIREITO DO ADQUIRENTE DE EMBALAGENS PLÁSTICAS PERSONALIZADAS À INDENIZAÇÃO EM FACE DO FORNECEDOR DO PRODUTO NA HIPÓTESE EM QUE ESTE TENHA INCLUÍDO O ICMS NA OPERAÇÃO DE SAÍDA E TENHA IMPUGNADO JUDICIALMENTE O TRIBUTO.
A empresa fornecedora de embalagens plásticas personalizadas que inclui o ICMS na operação de saída e impugna judicialmente a incidência do tributo não tem que indenizar o adquirente do produto na hipótese em que ela tenha obtido êxito na mencionada demanda judicial e o Fisco, em razão disso, tenha obrigado o adquirente a estornar os valores de ICMS creditados e a recolher o referido imposto. Em hipóteses como a descrita, a empresa fornecedora de embalagens personalizadas que inclui o ICMS na operação de saída e impugna judicialmente a incidência do tributo, depositando os respectivos valores, não pratica ato ilícito, porquanto age em conformidade com norma tributária cogente na época da transação, que lhe impõe o tributo em questão, e dentro do seu direito de questionar a referida norma, tendo em vista o entendimento pacífico do STJ de que não incide ICMS na venda de embalagens personalizadas (Súmula 156 do STJ). Além do mais, entende este Tribunal que o Fisco Estadual, ante a procedência do pedido na ação da fornecedora de embalagens personalizadas e levantamento do valor depositado judicialmente, não pode estornar os valores creditados do ICMS e exigi-los do adquirente. Dessa forma, a insurgência do adquirente deveria ter sido direcionada contra a Fazenda Estadual, fosse para impugnar o estorno dos créditos, fosse para repetir o indébito, na via processual própria, não existindo direito do adquirente à indenização em face da fornecedora. **AgRg no AREsp 122.928-RS, Rel. Min. Luis Felipe Salomão, julgado em 7/2/2013. (Inform. STJ 518)**

DIREITO CIVIL. RESPONSABILIDADE CIVIL. ESTADO DE NECESSIDADE. PROPORCIONALIDADE NA FIXAÇÃO DE INDENIZAÇÃO.
O estado de necessidade, embora não exclua o dever de indenizar, fundamenta a fixação das indenizações segundo o critério da proporcionalidade. A adoção da *restitutio in integrum* no âmbito da responsabilidade civil por danos, sejam materiais ou extrapatrimoniais, nos conduz à inafastabilidade do direito da vítima à reparação ou compensação do prejuízo, ainda que o agente se encontre amparado por excludentes de ilicitude, nos termos dos

arts. 1.519 e 1.520 do CC/1916 (arts. 929 e 930 do CC/2002), situação que afetará apenas o valor da indenização fixado pelo critério da proporcionalidade. **REsp 1.292.141-SP, Rel. Min. Nancy Andrighi, julgado em 4/12/2012. (Inform. STJ 513).**

📖 Súmula STJ nº 179

O estabelecimento de credito que recebe dinheiro, em deposito judicial, responde pelo pagamento da correção monetária relativa aos valores recolhidos.

4.9. Indenização

4.9.1. Sujeitos ativos do direito à indenização

DIREITO CIVIL. SENTENÇA PENAL CONDENATÓRIA E SENTENÇA CÍVEL QUE RECONHECE A OCORRÊNCIA DE CULPA RECÍPROCA.
Diante de sentença penal condenatória que tenha reconhecido a prática de homicídio culposo, o juízo cível, ao apurar responsabilidade civil decorrente do delito, não pode, com fundamento na concorrência de culpas, afastar a obrigação de reparar, embora possa se valer da existência de culpa concorrente da vítima para fixar o valor da indenização. É sabido que o ordenamento jurídico pátrio adota o princípio da independência entre as instâncias administrativa, cível e criminal. É o que reza o art. 935 do CC quando destaca que a "responsabilidade civil é independente da criminal, não se podendo questionar mais sobre a existência do fato, ou sobre quem seja o autor, quando estas questões se acharem decididas no juízo criminal". Observe-se que, não obstante a primeira parte do dispositivo acima citado expressamente assentar que a responsabilidade cível pelo mesmo fato é independente da responsabilidade criminal, o trecho final do artigo explicita que a referida separação não é absoluta, uma vez que a independência é relativa. Em virtude de diversos questionamentos sobre a matéria, na I Jornada de Direito Civil, promovida pelo CJF e pelo STJ, foi aprovado o Enunciado 45, cuja redação destacou que "no caso do art. 935, não mais se poderá questionar sobre a existência do fato ou quem seja o seu autor se estas questões se acharem categoricamente decididas no juízo criminal". Além disso, o art. 91, I, do Código Penal dispõe que a condenação penal torna certa a obrigação de indenizar o dano causado pelo crime. Desse modo, a sentença penal condenatória decorrente da mesma situação fática geradora da responsabilidade civil provoca incontornável dever de indenizar, sob pena de afronta direta ao aludido art. 91, I, do CP. Some-se a isso o fato de que o CPC reconhece a sentença penal condenatória como título executivo judicial (art. 475-N, II, do CPC). Ademais, com a reforma efetuada pela Lei 11.719/2008, o parágrafo único do art. 63 do CPP passou a estipular que "Transitada em julgado a sentença condenatória, a execução poderá ser efetuada pelo valor fixado nos termos do inciso IV do caput do art. 387 deste Código sem prejuízo da liquidação para a apuração do dano efetivamente sofrido". Nessa linha intelectiva, apesar da impossibilidade de discussão sobre os fatos e sua autoria, nada obsta que a sentença cível, após o exame dos autos e das circunstâncias que envolveram as condutas do autor e da vítima, conclua pela existência de concorrência de culpas em relação ao evento danoso (REsp 735.087-SP, Terceira Turma, DJ 20/02/2006; e REsp 83.889-RS, Terceira Turma, DJ 3/5/1999). Contudo, é claro que não poderá o juízo cível, ao apurar o grau da responsabilidade civil decorrente do mesmo delito, afastar a indenização decorrente da prática de crime, ainda mais se baseando em situação caracterizadora de culpa concorrente, que não se inclui nas hipóteses de excludente da responsabilidade civil. **REsp 1.354.346-PR, Rel. Min. Luis Felipe Salomão, julgado em 17/9/2015, DJe 26/10/2015. (Inform. STJ 572)**

📖 Súmula STJ nº 387

É lícita a cumulação das indenizações de dano estético e dano moral.

4.9.2. Dano moral

DIREITO CIVIL. POSSIBILIDADE DE ABSOLUTAMENTE INCAPAZ SOFRER DANO MORAL.
O absolutamente incapaz, ainda quando impassível de detrimento anímico, pode sofrer dano moral. O dano moral caracteriza-se por uma ofensa, e não por uma dor ou um padecimento. Eventuais mudanças no estado de alma do lesado decorrentes do dano moral, portanto, não constituem o próprio dano, mas eventuais efeitos ou resultados do dano. Já os bens

jurídicos cuja afronta caracteriza o dano moral são os denominados pela doutrina como direitos da personalidade, que são aqueles reconhecidos à pessoa humana tomada em si mesma e em suas projeções na sociedade. A CF deu ao homem lugar de destaque, realçou seus direitos e fez deles o fio condutor de todos os ramos jurídicos. A dignidade humana pode ser considerada, assim, um direito constitucional subjetivo – essência de todos os direitos personalíssimos –, e é o ataque a esse direito o que se convencionou chamar dano moral. **REsp 1.245.550-MG, Rel. Min. Luis Felipe Salomão, julgado em 17/3/2015, DJe 16/4/2015 (Inform. STJ 559).**

DIREITO CIVIL. METODOLOGIA DE FIXAÇÃO DE DANOS MORAIS DEVIDOS A PARENTES DE VÍTIMAS DE DANO MORTE NA HIPÓTESE DE NÚCLEOS FAMILIARES COM DIFERENTE NÚMERO DE MEMBROS. Na fixação do valor da reparação pelos danos morais sofridos por parentes de vítimas mortas em um mesmo evento, não deve ser estipulada de forma global a mesma quantia reparatória para cada grupo familiar se, diante do fato de uma vítima ter mais parentes que outra, for conferido tratamento desigual a lesados que se encontrem em idêntica situação de abalo psíquico, devendo, nessa situação, ser adotada metodologia de arbitramento que leve em consideração a situação individual de cada parente de cada vítima do dano morte. A atual sistemática constitucional, o conceito de dano moral deve levar em consideração, eminentemente, a dignidade da pessoa humana – vértice valorativo e fundamental do Estado Democrático de Direito – conferindo-se à lesão de natureza extrapatrimonial dimensões mais amplas, em variadas perspectivas. Dentre essas perspectivas, tem-se o caso específico de falecimento de um parente próximo – como a morte do esposo, do companheiro ou do pai. Nesse caso, o dano experimentado pelo ofendido qualifica-se como dano psíquico, conceituado como o distúrbio ou perturbação causado à pessoa através de sensações anímicas desagradáveis, em que a pessoa é atingida na sua parte interior, anímica ou psíquica, através de inúmeras sensações dolorosas e importunantes, como, por exemplo, a ansiedade, a angústia, o sofrimento, a tristeza, o vazio, o medo, a insegurança, o desolamento e outros. A reparabilidade do dano moral possui função meramente satisfatória, que objetiva a suavização de um pesar, insuscetível de restituição ao *statu quo ante*. A justa indenização, portanto, norteia-se por um juízo de ponderação, formulado pelo julgador, entre a dor suportada pelos familiares e a capacidade econômica de ambas as partes – além da seleção de um critério substancialmente equânime. Nessa linha, a fixação de valor reparatório global por núcleo familiar, justificar-se-ia apenas se a todos os lesados que se encontrem em idêntica situação fosse conferido igual tratamento. De fato, não se mostra equânime a diferenciação do valor indenizatório tão somente pelo fato de o núcleo familiar de uma vítima do dano morte ser mais numeroso do que o de outra. Dessa forma, deve ser adotada metodologia de arbitramento que leve em consideração a situação individual de cada lesado e, diante da inexistência de elementos concretos, atrelados a laços familiares ou afetivos, que fundamentem a discriminação entre os familiares das vítimas, deve ser fixado idêntico valor de reparação para cada familiar lesado. **EREsp 1.127.913-RS, Rel. Min. Napoleão Nunes Maia Filho, julgado em 4/6/2014 (Vide Informativo n. 505). (Inform. STJ 544)**

DIREITO CIVIL. DEDUÇÃO DO DPVAT DO VALOR DE INDENIZAÇÃO POR DANOS MORAIS. O valor correspondente à indenização do seguro de danos pessoais causados por veículos automotores de via terrestre (DPVAT) pode ser deduzido do valor da indenização por danos exclusivamente morais fixada judicialmente, quando os danos psicológicos derivem de morte ou invalidez permanente causados pelo acidente. De acordo com o art. 3º da Lei 6.194/1974, com a redação dada pela Lei 11.945/2009, os danos pessoais cobertos pelo seguro obrigatório compreendem "as indenizações por morte, por invalidez permanente, total ou parcial, e por despesas de assistência médica e suplementares". Embora o dispositivo especifique quais os danos passíveis de indenização, não faz nenhuma ressalva quanto aos prejuízos morais derivados desses eventos. A partir de uma interpretação analógica de precedentes do STJ, é possível concluir que a expressão "danos pessoais" contida no referido artigo abrange todas as modalidades de dano – materiais, morais e estéticos –, desde que derivados dos eventos expressamente enumerados: morte, invalidez permanente e despesas de assistência médica e suplementares. Nesse aspecto, "a apólice de seguro contra danos corporais pode excluir da cobertura tanto o dano moral quanto o dano estético, desde que o faça de maneira expressa e individualizada para cada uma dessas modalidades de dano extrapatrimonial" (REsp 1.408.908-SP, Terceira Turma, DJe de 19/12/2013). De forma semelhante, o STJ também já decidiu que "a previsão contratual de cobertura dos danos corporais abrange os danos morais nos contratos de seguro" (AgRg no AREsp 360.772-SC, Quarta Turma, DJe de 10/9/2013). Acrescente-se que o fato de os incisos e parágrafos do art. 3º da Lei 6.194/1974 já fixarem objetivamente os valores a serem pagos conforme o tipo e o grau de dano pessoal sofrido não permite inferir que se esteja excluindo dessas indenizações o dano moral; ao contrário, conclui-se que nesses montantes já está compreendido um percentual para o ressarcimento do abalo psicológico, quando aplicável, como é o caso da invalidez permanente que, indubitavelmente, acarreta à vítima não apenas danos materiais (decorrentes da redução da capacidade laboral, por exemplo), mas também morais (derivados da angústia, dor e sofrimento a que se submete aquele que perde, ainda que parcialmente, a funcionalidade do seu corpo). **REsp 1.365.540-DF, Rel. Min. Nancy Andrighi, julgado em 23/4/2014. (Inform. STJ 540)**

DIREITO CIVIL. DANOS MORAIS PELO USO NÃO AUTORIZADO DA IMAGEM EM EVENTO SEM FINALIDADE LUCRATIVA.
O uso não autorizado da imagem de atleta em cartaz de propaganda de evento esportivo, ainda que sem finalidade lucrativa ou comercial, enseja reparação por danos morais, independentemente da comprovação de prejuízo. A obrigação da reparação pelo uso não autorizado de imagem decorre da própria utilização indevida do direito personalíssimo. Assim, a análise da existência de finalidade comercial ou econômica no uso é irrelevante. O dano, por sua vez, conforme a jurisprudência do STJ, apresenta-se *in re ipsa*, sendo desnecessária, portanto, a demonstração de prejuízo para a sua aferição. **REsp 299.832-RJ, Rel. Min. Ricardo Villas Bôas Cueva, julgado em 21/2/2013. (Inform. STJ 516).**

DIREITO CIVIL. DANO MORAL. OFENSA À DIGNIDADE DA PESSOA HUMANA. DANO IN RE IPSA.
Sempre que demonstrada a ocorrência de ofensa injusta à dignidade da pessoa humana, dispensa-se a comprovação de dor e sofrimento para configuração de dano moral. Segundo doutrina e jurisprudência do STJ, onde se vislumbra a violação de um direito fundamental, assim eleito pela CF, também se alcançará, por consequência, uma inevitável violação da dignidade do ser humano. A compensação nesse caso independe da demonstração da dor, traduzindo-se, pois, em consequência *in re ipsa*, intrínseca à própria conduta que injustamente atinja a dignidade do ser humano. Aliás, cumpre ressaltar que essas sensações (dor e sofrimento), que costumeiramente estão atreladas à experiência das vítimas de danos morais, não se traduzem no próprio dano, mas têm nele sua causa direta. **REsp 1.292.141-SP, Rel. Min. Nancy Andrighi, julgado em 4/12/2012. (Inform. STJ 513).**

📖 **Súmula STJ nº 388**
A simples devolução indevida de cheque caracteriza dano moral.

📖 **Súmula STJ nº 387**
É lícita a cumulação das indenizações de dano estético e dano moral.

📖 **Súmula STJ nº 385**
Da anotação irregular em cadastro de proteção ao crédito, não cabe indenização por dano moral, quando preexistente legítima inscrição, ressalvado o direito ao cancelamento.

📖 **Súmula STJ nº 370**
Caracteriza dano moral a apresentação antecipada de cheque pré-datado.

📖 **Súmula STJ nº 362**
A correção monetária do valor da indenização do dano moral incide desde a data do arbitramento.

📖 **Súmula STJ nº 227**
A pessoa jurídica pode sofrer dano moral.

📖 **Súmula STJ nº 37**
São cumuláveis as indenizações por dano material e dano moral oriundos do mesmo fato.

4.9.3. Pensão

DIREITO CIVIL. PENSÃO CIVIL POR INCAPACIDADE PARCIAL PARA O TRABALHO.
Pode ser incluída pensão civil em indenização por debilidade permanente de membro inferior causada a soldado por acidente de trânsito, ainda que se possa presumir capacidade para atividades administrativas no próprio Exército Brasileiro ou para outras ocupações. O STJ já decidiu que a circunstância de se presumir a capacidade laborativa da vítima para outras atividades, diversas daquela exercida no momento do acidente, não exclui o pensionamento civil, observado o princípio da reparação integral do dano. Precedentes citados: REsp 1.269.274-RS, Segunda Turma, DJe 10/12/2012; e REsp 899.869-MG, Terceira Turma, DJe 26/3/2007. **REsp 1.344.962-DF, Rel. Min. Ricardo Villas Bôas Cueva, julgado em 25/8/2015, DJe 2/9/2015 (Inform. STJ 568).**

DIREITO CIVIL. VALOR DA PENSÃO CIVIL POR INCAPACIDADE PARCIAL PARA O TRABALHO.
A pensão civil incluída em indenização por debilidade permanente de membro inferior causada a soldado do Exército Brasileiro por acidente de trânsito pode ser fixada em 100% do soldo que recebia quando em atividade. A pensão correspondente ao soldo integral que o soldado recebia na ativa bem repara o dano gravíssimo sofrido, com amparo no princípio da reparação integral do dano. **REsp 1.344.962-DF, Rel. Min. Ricardo Villas Bôas Cueva, julgado em 25/8/2015, DJe 2/9/2015 (Inform. STJ 568).**

DIREITO CIVIL. FORMA DE PAGAMENTO DE PENSÃO FIXADA NOS CASOS DE RESPONSABILIDADE CIVIL DERIVADA DE INCAPACITAÇÃO DA VÍTIMA PARA O TRABALHO.
Nos casos de responsabilidade civil derivada de incapacitação para o trabalho (art. 950 do CC), a vítima não tem o direito absoluto de que a indenização por danos materiais fixada em forma de pensão seja arbitrada e paga de uma só vez, podendo o magistrado avaliar, em cada caso concreto, sobre a conveniência da aplicação da regra que autoriza a estipulação de parcela única (art. 950, parágrafo único, do CC), a fim de evitar, de um lado, que a satisfação do crédito do beneficiário fique ameaçada e, de outro, que haja risco de o devedor ser levado à ruína. Assim dispõe o art. 950 do CC: "Se da ofensa resultar defeito pelo qual o ofendido não possa exercer o seu ofício ou profissão, ou se lhe diminua a capacidade de trabalho, a indenização, além das despesas do tratamento e lucros cessantes até ao fim da convalescença, incluirá pensão correspondente à importância do trabalho para que se inabilitou, ou da depreciação que ele sofreu". O parágrafo único do referido artigo, por sua vez, prescreve que "O prejudicado, se preferir, poderá exigir que a indenização seja arbitrada e paga de uma só vez". Embora a questão não seja pacífica, tem prevalecido na doutrina e na jurisprudência o entendimento de que a regra prevista no parágrafo único não deve ser interpretada como direito absoluto da parte, podendo o magistrado avaliar, em cada caso concreto, sobre a conveniência de sua aplicação, considerando a situação econômica do devedor, o prazo de duração do pensionamento, a idade da vítima, etc, para só então definir pela possibilidade de que a pensão seja ou não paga de uma só vez, antecipando-se as prestações vincendas que só iriam ser creditadas no decorrer dos anos. Ora, se a pensão mensal devida em decorrência de incapacidade total ou parcial para o trabalho é vitalícia, como então quantificar o seu valor se, a princípio, não se tem o marco temporal final? A propósito, a Terceira Turma do STJ, em caso versando sobre pagamento de pensão a aluna baleada em campus universitário que ficou tetraplégica, decidiu que, "no caso de sobrevivência da vítima, não é razoável o pagamento do pensionamento em parcela única, diante da possibilidade de enriquecimento ilícito, caso o beneficiário faleça antes de completar sessenta e cinco anos de idade" (REsp 876.448-RJ, DJe 21/9/2010). Cumpre ressaltar, por fim, que o ordenamento jurídico cuidou de proteger o credor da pensão dos riscos decorrentes de uma futura insolvência do ofensor, mediante o mecanismo da constituição de capital com a possibilidade de prestação de garantia, conforme o atual art. 475-Q do CPC, orientação que já havia sido consolidada pela Súmula 313 do STJ, de seguinte teor: "Em ação de indenização, procedente o pedido, é necessária a constituição de capital ou caução fidejussória para a garantia de pagamento da pensão, independentemente da situação financeira do demandado". Desse modo, ainda que não estejam presentes os elementos que recomendem que a pensão deva ser paga em parcela única, a fim de assegurar o efetivo pagamento das prestações mensais estipuladas, nada impede, a depender do caso, a constituição de verba para esse fim, nos termos da Súmula 313 do STJ. Precedente citado: **REsp 1.045.775-ES, TerceiraTurma, DJe de 4/8/2009. REsp 1.349.968-DF, Rel. Min. Marco Aurélio Bellizze, julgado em 14/4/2015, DJe 4/5/2015 (Inform. STJ 561).**

DIREITO CIVIL E PREVIDENCIÁRIO. ACUMULAÇÃO DE PENSÃO DECORRENTE DE ATO ILÍCITO COM O BENEFÍCIO PREVIDENCIÁRIO DE PENSÃO POR MORTE. É possível a cumulação do benefício previdenciário de pensão por morte com pensão civil *ex delicto*. A jurisprudência do STJ é pacífica no sentido de que "o benefício previdenciário é diverso e independente da indenização por danos materiais ou morais, porquanto, ambos têm origens distintas. Este, pelo direito comum; aquele, assegurado pela Previdência. A indenização por ato ilícito é autônoma em relação a qualquer benefício previdenciário que a vítima receba" (AgRg no AgRg no REsp 1.292.983-AL, Segunda Turma, DJe 7/3/2012). Precedentes citados: AgRg no REsp 1.295.001-SC, Terceira Turma, DJe 1º/7/2013; e AgRg no AREsp 104.823-SP, Quarta Turma, DJe 17/9/2012. **REsp 776.338-SC, Rel. Min. Raul Araújo, julgado em 6/5/2014. (Inform. STJ 542)**

DIREITO CIVIL. FORMA DE PAGAMENTO DE PENSÃO POR INDENIZAÇÃO DECORRENTE DE MORTE. Os credores de indenização por dano morte fixada na forma de pensão mensal não têm o direito de exigir que o causador do ilícito pague de uma só vez todo o valor correspondente. Isso porque a faculdade de "exigir que a indenização seja arbitrada e paga de uma só vez" (parágrafo único do art. 950 do CC) é estabelecida para a hipótese do *caput* do dispositivo, que se refere apenas a defeito que diminua a capacidade laborativa da vítima, não se estendendo aos casos de falecimento. Precedentes citados: REsp 1.230.007-MG, Segunda Turma, DJe 28/2/2011; REsp 1.045.775-ES, Terceira Turma, DJe 4/8/2009. **REsp 1.393.577-PR, Rel. Min. Herman Benjamin, julgado em 20/2/2014. (Inform. STJ 536)**

DIREITO CIVIL. VALOR DA PENSÃO MENSAL INDENIZATÓRIA DEVIDA AOS PAIS PELA MORTE DE FILHO MENOR.
A pensão mensal indenizatória devida aos pais pela morte de filho menor deve ser fixada em valor equivalente a 2/3 do salário mínimo, dos 14 até os 25 anos de idade da vítima, reduzido, então, para 1/3 até a data em que o de cujus completaria 65 anos. Precedentes citados: AgRg no REsp 686.398-MG, Terceira Turma, DJe 18/6/2010, AgRg no Ag 1.132.842-RS, Quarta Turma, DJe 20/6/2012. **REsp 1.279.173-SP, Rel. Min. Paulo de Tarso Sanseverino, julgado em 4/4/2013. (Inform. STJ 519)**

DIREITO CIVIL. INCLUSÃO DE GRATIFICAÇÃO NATALINA SOBRE PENSÃO MENSAL INDENIZATÓRIA.
Para inclusão do 13º salário no valor da pensão indenizatória, é necessária a comprovação de que a vítima exercia atividade laboral na época em que sofreu o dano-morte. Precedente citado: AgRg no Ag 1.419.899-RJ, Segunda Turma, DJe 24/9/2012. **REsp 1.279.173-SP, Rel. Min. Paulo de Tarso Sanseverino, julgado em 4/4/2013. (Inform. STJ 519)**

DIREITO CIVIL. RESPONSABILIDADE CIVIL. PENSÃO PELA PERDA DA CAPACIDADE LABORAL.
É devido o pagamento de pensão à vítima de ilícito civil em razão da diminuição da capacidade laboral temporária, a contar da data do acidente até a convalescença, independentemente da perda do emprego ou da redução dos seus rendimentos. O art. 950 do CC, ao tratar do assunto, não cria outras condições para o pagamento da pensão civil além da redução da capacidade para o trabalho. Ademais, a indenização de cunho civil não se confunde com aquela de natureza previdenciária, sendo irrelevante o fato de que o recorrente, durante o período do seu afastamento do trabalho, tenha continuado a auferir renda. Entendimento diverso levaria à situação na qual a superação individual da vítima seria causa de não indenização, punindo o que deveria ser mérito. Precedentes citados: REsp 1.062.692-RJ, DJe 11/10/2011; REsp 869.505-PR, DJ 20/8/2007, e REsp 402.833-SP, DJ 7/4/2003. **REsp 1.306.395-RJ, Rel. Min. Nancy Andrighi, julgado em 4/12/2012. (Inform. STJ 511).**

4.9.4. Juros e correção monetária

DIREITO CIVIL. CORREÇÃO MONETÁRIA SOBRE O VALOR DAS PARCELAS PAGAS NO CASO DE RESCISÃO DE CONTRATO.
No caso de rescisão de contrato de compra e venda de imóvel, a correção monetária do valor correspondente às parcelas pagas, para efeitos de restituição, incide a partir de cada desembolso. De fato, a correção monetária não constitui acréscimo pecuniário à dívida, mas apenas fator que garante a restituição integral do valor devido, fazendo frente aos efeitos erosivos da passagem do tempo. Dessa forma, para que a devolução se opere de modo integral, a incidência da correção monetária deve ter por

termo inicial o momento dos respectivos desembolsos, quando aquele que hoje deve restituir já podia fazer uso das importâncias recebidas. Precedente citado: REsp 737.856-RJ, Quarta Turma, DJ 26/2/2007. **REsp 1.305.780-RJ, Rel. Min. Luis Felipe Salomão, julgado em 4/4/2013. (Inform. STJ 522)**

DIREITO CIVIL. TERMO INICIAL DOS JUROS DE MORA NO CASO DE RESPONSABILIDADE CIVIL CONTRATUAL.
Na hipótese de condenação de hospital ao pagamento de indenização por dano causado a paciente em razão da má prestação dos serviços, sendo o caso regido pelo CC/1916, o termo inicial dos juros de mora será a data da citação, e não a do evento danoso. Isso porque, nessa situação, a responsabilidade civil tem natureza contratual. **EREsp 903.258-RS, Rel. Min. Ari Pargendler, julgado em 15/5/2013. (Inform. STJ 521)**

📖 **Súmula STJ nº 43**
Incide correção monetária sobre dívida por ato ilícito a partir da data do efetivo prejuízo.

5. COISAS

5.1. Posse e propriedade

DIREITO CIVIL. DIREITO DE PROPRIEDADE DE SUBSOLO.
No caso em que o subsolo de imóvel tenha sido invadido por tirantes (pinos de concreto) provenientes de obra de sustentação do imóvel vizinho, o proprietário do imóvel invadido não terá legítimo interesse para requerer, com base no art. 1.229 do CC, a remoção dos tirantes nem indenização por perdas e danos, desde que fique constatado que a invasão não acarretou prejuízos comprovados a ele, tampouco impossibilitou o perfeito uso, gozo e fruição do seu imóvel. Dispõe o art. 1.229 do CC que a "propriedade do solo abrange a do espaço aéreo e subsolo correspondentes, em altura e profundidade úteis ao seu exercício, não podendo o proprietário opor-se a atividades que sejam realizadas, por terceiros, a uma altura ou profundidade tais, que não tenha ele interesse legítimo em impedi-las". Ou seja, o normativo legal, ao regular o direito de propriedade, ampara-se especificamente no critério de utilidade da coisa por seu titular. Por essa razão, o direito à extensão das faculdades do proprietário é exercido contra terceiro tão somente em face de ocorrência de conduta invasora e lesiva que lhe traga dano ou incômodo ou que lhe proíba de utilizar normalmente o bem imóvel, considerando suas características físicas normais. Como se verifica, a pretensão de retirada dos tirantes não está amparada em possíveis prejuízos devidamente comprovados ou mesmo no fato de os tirantes terem impossibilitado, ou estarem impossibilitando, o perfeito uso, gozo ou fruição do imóvel. Também inexistem possíveis obstáculos a futuras obras que venham a ser idealizadas no local, até porque, caso e quando se queira, referidos tirantes podem ser removidos sem nenhum prejuízo para quaisquer dos imóveis vizinhos. De fato, ao proprietário compete a titularidade do imóvel, abrangendo solo, subsolo e o espaço aéreo correspondentes. Entretanto, referida titularidade não é plena, estando satisfeita e completa apenas em relação ao espaço físico sobre o qual emprega efetivo exercício sobre a coisa. Dessa forma, não tem o proprietário do imóvel o legítimo interesse em impedir a utilização do subsolo onde estão localizados os tirantes que se pretende remover, pois sobre o referido espaço não exerce ou demonstra quaisquer utilidades. **Precedente citado: REsp 1.233.852-RS, Terceira Turma, DJe de 1º/2/2012. REsp 1.256.825-SP, Rel. Min. João Otávio de Noronha, julgado em 5/3/2015, DJe 16/3/2015 (Inform. STJ 557).**

DIREITO CIVIL. DIREITO EXCLUSIVO DO PESQUISADOR À EXPLORAÇÃO DA JAZIDA.
O terceiro que explorou clandestinamente área objeto de outorga para pesquisa de viabilidade de lavra de minérios deve indenizar o particular que possuía o direito de pesquisa e de lavra. Ainda que o Estado seja o proprietário exclusivo das reservas minerais existentes no solo e subsolo, ao concessionário particular é garantida a propriedade do produto de sua exploração, fazendo emergir da nossa ordem constitucional o princípio do livre acesso aos recursos minerais. Nesse cenário, o Código de Mineração trouxe o importante instituto da prioridade, ou seja: cumpridas as determinações legais, o minerador faz jus à obtenção de um título minerário, obedecida a prioridade prevista no art. 11, "a", do Decreto-Lei 227/1967. Desse modo, para fins de fixação do direito de prioridade, o referido dispositivo estabelece que se tomará em consideração a data do requerimento relativo à pesquisa ou à exploração de área considerada

1. DIREITO CIVIL   43

livre. Concedido o alvará de pesquisa e verificada a viabilidade da exploração em conclusão dos trabalhos de pesquisa, o autorizatário terá o prazo decadencial ânuo para requerer a concessão da lavra ou negociar seu direito com terceiros (arts. 31 e 32 do Decreto-Lei 227/1967, ambos com redação dada pela Lei 6.403/1976). Daí se extrai que, uma vez autorizada a pesquisa para fins de mineração, nasce para o autorizatário o direito subjetivo e exclusivo à futura exploração da mina, como decorrência do direito de prioridade, durante o prazo decadencial de um ano, contado da aprovação do relatório final da pesquisa. Portanto, fixado legalmente o direito subjetivo à futura concessão da lavra como decorrência da autorização de pesquisa, a exploração indevida, exercida clandestina e ilicitamente por terceiro, que não detinha nenhum título minerário, resulta em prejuízo injusto ao legítimo autorizatário. Dano esse que, portanto, deve ser-lhe integralmente ressarcido na esteira do art. 927 do CC. **REsp 1.471.571-RO, Rel. Min. Marco Aurélio Bellizze, julgado em 10/2/2015, DJe 26/2/2015 (Inform. STJ 556)**.

DIREITO CIVIL. PREVALÊNCIA DA USUCAPIÃO SOBRE A HIPOTECA JUDICIAL DE IMÓVEL.
A decisão que reconhece a aquisição da propriedade de bem imóvel por usucapião prevalece sobre a hipoteca judicial que anteriormente tenha gravado o referido bem. Isso porque, com a declaração de aquisição de domínio por usucapião, deve desaparecer o gravame real constituído sobre o imóvel, antes ou depois do início da posse *ad usucapionem*, seja porque a sentença apenas declara a usucapião com efeitos *ex tunc*, seja porque a usucapião é forma originária de aquisição de propriedade, não decorrente da antiga e não guardando com ela relação de continuidade. Precedentes citados: AgRg no Ag 1.319.516-MG, Terceira Turma, DJe 13/10/2010; e REsp 941.464-SC, Quarta Turma, DJe 29/6/2012. **REsp 620.610-DF, Rel. Min. Raul Araújo, julgado em 3/9/2013. (Inform. STJ 527)**

DIREITO CIVIL. USUCAPIÃO DE TERRENO QUE A UNIÃO ALEGA SER INTEGRANTE DE FAIXA DE MARINHA.
A alegação da União de que determinada área constitui terreno de marinha, sem que tenha sido realizado processo demarcatório específico e conclusivo pela Delegacia de Patrimônio da União, não obsta o reconhecimento de usucapião. A demarcação da faixa de marinha depende de complexo procedimento administrativo prévio de atribuição do Poder Executivo, com notificação pessoal de todos os interessados, sempre que identificados pela União e de domicílio certo, com observância à garantia do contraditório e da ampla defesa. Tendo-se em conta a complexidade e onerosidade do procedimento demarcatório, sua realização submete-se a um juízo de oportunidade e conveniência por parte da Administração Pública. Ocorre que não é razoável que o jurisdicionado tenha sua pretensão de reconhecimento da usucapião de terreno que já ocupa com ânimo de dono condicionada à prévia demarcação da faixa de marinha, fato futuro e sem qualquer previsibilidade de materialização. Assim, é possível o reconhecimento da usucapião, desde que resguardados expressamente os interesses da União, admitindo que, caso se apure, no procedimento próprio, que a área usucapienda se caracteriza como bem público, não haverá prejuízo ao ente público. Com efeito, a eficácia preclusiva da coisa julgada alcança apenas as questões passíveis de alegação e efetivamente decididas pelo juízo constantes do mérito da causa, não podendo, no caso, ser considerada deduzível a matéria, pois inexistente estudo conclusivo sobre o assunto. **REsp 1.090.847-SP, Rel. Min. Luis Felipe Salomão, julgado em 23/4/2013. (Inform. STJ 524)**

📖 **Súmula STF nº 415**

Servidão de trânsito não titulada, mas tornada permanente, sobretudo pela natureza das obras realizadas, considera-se aparente, conferindo direito à proteção possessória.

📖 **Súmula STF nº 414**

Não se distingue a visão direta da oblíqua na proibição de abrir janela, ou fazer terraço, eirado, ou varanda, a menos de metro e meio do prédio de outrem.

📖 **Súmula STF nº 340**

Desde a vigência do código civil, os bens dominicais, como os demais bens públicos, não podem ser adquiridos por usucapião.

📖 **Súmula STF nº 120**

Parede de tijolos de vidro translúcido pode ser levantada a menos de metro e meio do prédio vizinho, não importando servidão sobre ele.

📖 **Súmula STF nº 49**

A cláusula de inalienabilidade inclui a incomunicabilidade dos bens.

📖 **Súmula STJ nº 193**

O direito de uso de linha telefônica pode ser adquirido por usucapião.

5.2. Condomínio

DIREITO CIVIL. APLICAÇÃO DE MULTAS SANCIONATÓRIA E MORATÓRIA POR INADIMPLÊNCIA CONDOMINIAL CONTUMAZ.
No caso de descumprimento reiterado do dever de contribuir para as despesas do condomínio (inciso I do art. 1.336 do CC), pode ser aplicada a multa sancionatória em razão de comportamento "antissocial" ou "nocivo" (art. 1.337 do CC), além da aplicação da multa moratória (§ 1º do art. 1.336 do CC). De acordo com o art. 1.336, caput, I e § 1º, do CC, o condômino que não cumpra com o dever de contribuir para as despesas do condomínio, adimplindo sua cota-parte dentro do prazo estipulado para o vencimento, ficará obrigado a pagar juros moratórios convencionados ou, caso não ajustados, de 1% ao mês e multa de até 2% sobre o débito. Já o art. 1.337 do CC cria a figura do "condômino nocivo" ou "condômino antissocial", utilizando-se de cláusula aberta em relação àquele que não cumpra reiteradamente com os seus deveres com o condomínio. Nessa medida, o caput do art. 1.337 do CC inovou ao permitir a aplicação de "multa" de até o quíntuplo do valor atribuído à contribuição para as despesas condominiais, em face do condômino ou possuidor que não cumpra reiteradamente com os seus deveres com o condomínio, independente das perdas e danos que eventualmente venham a ser apurados. Frise-se que o "condômino nocivo" ou "antissocial" não é somente aquele que pratica atividades ilícitas, utiliza o imóvel para atividades de prostituição, promove a comercialização de drogas proibidas ou desrespeita constantemente o dever de silêncio, mas também aquele que deixa de contribuir de forma reiterada com o pagamento das despesas condominiais. A par disso, em leitura detida do caput do art. 1.337 do CC, conclui-se que o CC previu a hipótese genérica para aquele "que não cumpre reiteradamente com os seus deveres perante o condomínio", sem fazer qualquer restrição ou óbice legal que impeça a aplicação ao devedor contumaz de débitos condominiais. Ademais, observa-se que a multa prevista no § 1º do art. 1.336 do CC tem natureza jurídica moratória, enquanto a penalidade pecuniária regulada pelo art. 1.337 do CC tem caráter sancionatório, uma vez que, se for o caso, o condomínio pode exigir, inclusive, a apuração das perdas e danos. De mais a mais, tal posicionamento intensifica a prevalência da "solidariedade condominial", a fim de que seja permitida a continuidade e manutenção do próprio condomínio e impedir a ruptura da sua estabilidade econômico-financeira, o que provoca dano considerável aos demais comunheiros. Por fim, a atitude do condômino que reiteradamente deixa de contribuir com o pagamento das despesas condominiais viola os mais comezinhos deveres anexos da boa-fé objetiva, principalmente na vertente da cooperação e lealdade, devendo ser rechaçada veementemente atitudes tais que colocam em risco a continuidade da propriedade condominial. **REsp 1.247.020-DF, Rel. Min. Luis Felipe Salomão, julgado em 15/10/2015, DJe 11/11/2015. (Inform. STJ 573)**

DIREITO CIVIL. APLICAÇÃO DE MULTA A CONDÔMINO ANTISSOCIAL.
A sanção prevista para o comportamento antissocial reiterado de condômino (art. 1.337, parágrafo único, do CC) não pode ser aplicada sem que antes lhe seja conferido o direito de defesa. De fato, o Código Civil – na linha de suas diretrizes da socialidade, cunho de humanização do direito e de vivência social, da eticidade, na busca de solução mais justa e equitativa, e da operabilidade, alcançando o direito em sua concretude – previu, no âmbito da função social da posse e da propriedade, no particular, a proteção da convivência coletiva na propriedade horizontal. Assim, os condôminos podem usar, fruir e livremente dispor das suas unidades habitacionais, assim como das áreas comuns (art. 1.335 do CC), desde que respeitem outros direitos e preceitos da legislação e da convenção condominial. Nesse passo, o art. 1.337 do CC estabelece sancionamento para o condômino ou que reiteradamente venha a violar seus deveres para com o condomínio, além de instituir, em seu parágrafo único, punição extrema àquele que reitera comportamento antissocial. A doutrina especializada reconhece a necessidade de garantir o contraditório ao condômino infrator, possibilitando, assim, o exercício de seu direito de defesa. A propósito, esta é a conclusão do enunciado 92 da I Jornada de Direito Civil do CJF: "Art. 1.337: As sanções do art. 1.337 do novo Código Civil não podem ser aplicadas sem que se garanta direito de defesa ao condômino nocivo". Por se tratar de punição imputada por conduta

contrária ao direito, na esteira da visão civil-constitucional do sistema, deve-se reconhecer a aplicação imediata dos princípios que protegem a pessoa humana nas relações entre particulares, a reconhecida eficácia horizontal dos direitos fundamentais, que também deve incidir nas relações condominiais, para assegurar, na medida do possível, a ampla defesa e o contraditório. Ressalte-se que a gravidade da punição do condômino antissocial, sem nenhuma garantia de ampla defesa, contraditório ou devido processo legal, na medida do possível, acaba por onerar consideravelmente o suposto infrator, o qual fica impossibilitado de demonstrar, por qualquer motivo, que seu comportamento não era antijurídico nem afetou a harmonia, a qualidade de vida e o bem-estar geral, sob pena de restringir o seu próprio direito de propriedade. Por fim, convém esclarecer que a prévia notificação não visa conferir uma última chance ao condômino nocivo, facultando-lhe, mais uma vez, a possibilidade de mudança de seu comportamento nocivo. Em verdade, a advertência é para que o condômino faltoso venha prestar esclarecimentos aos demais condôminos e, posteriormente, a assembleia possa decidir sobre o mérito da punição. **REsp 1.365.279-SP, Rel. Min. Luis Felipe Salomão, julgado em 25/8/2015, DJe 29/9/2015 (Inform. STJ 570).**

DIREITO CIVIL. ALTERAÇÃO DE FACHADA SEM AUTORIZAÇÃO DA TOTALIDADE DOS CONDÔMINOS.

O condômino não pode, sem a anuência de todos os condôminos, alterar a cor das esquadrias externas de seu apartamento para padrão distinto do empregado no restante da fachada do edifício, ainda que a modificação esteja posicionada em recuo, não acarrete prejuízo direto ao valor dos demais imóveis e não possa ser vista do térreo, mas apenas de andares correspondentes de prédios vizinhos. Destaca-se que o legislador, tanto no Código Civil como na Lei 4.591/1964, faz referência expressa à proibição de se alterar a cor das esquadrias externas ao dispor, respectivamente, que "São deveres do condômino: [...] não alterar a forma e a cor da fachada, das partes e esquadrias externas" (inciso III do art. 1.336) e que "É defeso a qualquer condômino: [...] decorar as partes e esquadrias externas com tonalidades ou côres diversas das empregadas no conjunto da edificação" (inciso II do art. 10), ressalvando-se a possibilidade de sua modificação quando autorizada pela unanimidade dos condôminos (art. 10, § 2º, da Lei 4.591/1946). A consideração de que a alteração seria possível porque pouco visível a partir da vista da rua e por não acarretar prejuízo direto no valor dos demais imóveis do condomínio fere a literalidade da norma, pois é indiscutível que houve alteração na fachada do prédio. Admitir que apenas as alterações visíveis do térreo possam caracterizar alteração da fachada, passível de desfazimento, poderia levar ao entendimento de que, em arranha-céus, os moradores dos andares superiores, quase invisíveis da rua, não estariam sujeitos ao regramento em análise. De igual modo, poderia ensejar a descaracterização do padrão arquitetônico da obra, ainda que a alteração da fachada seja avistável apenas dos prédios vizinhos em andares correspondentes, visto posicionar-se em área recuada. Há de se considerar que recuos são recursos arquitetônicos comuns e que, se localizados na face externa da edificação, não deixam de compor a fachada. De fato, fachada não é somente aquilo que pode ser visualizado do térreo. Assim, isoladamente, a alteração pode não afetar diretamente o preço dos demais imóveis do edifício, mas deve-se ponderar que, se cada proprietário de unidade superior promover sua personalização, empregando cores de esquadrias que entender mais adequadas ao seu gosto pessoal, a quebra da unidade arquitetônica seria drástica, com a inevitável desvalorização do condomínio. Registre-se, por fim, que não se ignoram as discussões doutrinárias e jurisprudenciais a respeito da alteração de fachada, mais especificamente acerca de fechamento de varandas com vidros incolores, instalação de redes de segurança e até substituição de esquadrias com material diverso do original quando este não se encontra mais disponível no mercado. Entretanto, na hipótese em apreço, foi utilizada esquadria de cor diversa do conjunto arquitetônico, alteração jamais admitida e em flagrante violação do texto legal. **REsp 1.483.733-RJ, Rel. Min. Ricardo Villas Bôas Cueva, julgado em 25/8/2015, DJe 1º/9/2015 (Inform. STJ 568).**

DIREITO PROCESSUAL CIVIL. LEGITIMIDADE DO PROMITENTE COMPRADOR E DO PROMITENTE VENDEDOR EM AÇÃO DE COBRANÇA DE DÉBITOS CONDOMINIAIS.

O promitente comprador e o promitente vendedor de imóvel têm legitimidade passiva concorrente em ação de cobrança de débitos condominiais posteriores à imissão daquele na posse do bem, admitindo-se a penhora do imóvel, como garantia da dívida, quando o titular do direito de propriedade (promitente vendedor) figurar no polo passivo da demanda. No REsp 1.345.331-RS (Segunda Seção, DJe 20/4/2015), julgado por meio do rito dos recursos repetitivos, as seguintes teses foram firmadas: "a) O que define a responsabilidade pelo pagamento das obrigações condominiais não é o registro do compromisso de compra e venda, mas a relação jurídica material com o imóvel, representada pela imissão na posse pelo promissário comprador e pela ciência inequívoca do condomínio acerca da transação. b) Havendo compromisso de compra e venda não levado a registro, a responsabilidade pelas despesas de condomínio pode recair tanto sobre o promitente vendedor quanto sobre o promissário comprador, dependendo das circunstâncias de cada caso concreto. c) Se ficar comprovado: (i) que o promissário comprador se imitira na posse; e (ii) o condomínio teve ciência inequívoca da transação, afasta-se a legitimidade passiva do promitente vendedor para responder por despesas condominiais relativas a período em que a posse foi exercida pelo promissário comprador". Pela leitura isolada da tese 1, "c", desse precedente, o proprietário estaria isento de arcar com as despesas de condomínio a partir da imissão do promitente comprador na posse do imóvel. Porém, a tese firmada no repetitivo deve ser interpretada de acordo com a solução dada ao caso que deu origem à afetação. Há de se observar, portanto, que, no caso do REsp 1.345.331-RS, a ação de cobrança havia sido ajuizada contra o proprietário (promitente vendedor), tendo havido embargos de terceiro pelos promitentes compradores na fase de execução. Naquele julgado, entendeu-se que a responsabilidade pelo pagamento das despesas condominiais seria dos promitentes compradores, porque relativas a débitos surgidos após a imissão destes na posse do imóvel. Porém, não se desconstituiu a penhora do imóvel. Há, portanto, uma aparente contradição entre a tese e a solução dada ao caso concreto, pois a tese 1, "c", em sua literalidade, conduziria à desconstituição da penhora sobre o imóvel do promitente vendedor. A contradição, contudo, é apenas aparente, podendo ser resolvida à luz da teoria da dualidade da obrigação. Observe-se, inicialmente, que o promitente comprador não é titular do direito real de propriedade, tendo apenas direito real de aquisição caso registrado o contrato de promessa de compra e venda. Desse modo, o condomínio ficaria impossibilitado de penhorar o imóvel. Restaria, então, penhorar bens do patrimônio pessoal do promitente comprador. Porém, não é rara a hipótese em que o comprador esteja adquirindo seu primeiro imóvel e não possua outros bens penhoráveis, o que conduziria a uma execução frustrada. Esse resultado não se coaduna com a natureza, tampouco com finalidade da obrigação propter rem. Quanto à natureza, é da essência dessa obrigação que ela nasça automaticamente com a titularidade do direito real e somente se extinga com a extinção do direito ou a transferência da titularidade, ressalvadas as prestações vencidas. Como se verifica, não há possibilidade de a obrigação se extinguir por ato de vontade do titular do direito real, pois a fonte da obrigação propter rem é a situação jurídica de direito real, não a manifestação de vontade. Logo, a simples pactuação de uma promessa de compra e venda não é suficiente para extinguir a responsabilidade do proprietário pelo pagamento das despesas de condomínio. De outra parte, quanto à finalidade, a obrigação propter rem destina-se a manter a conservação da coisa. Nessa esteira, ao se desconstituir a penhora sobre o imóvel, o atendimento da finalidade de conservação acaba sendo comprometido, pois o condomínio passa a depender da incerta possibilidade de encontrar bens penhoráveis no patrimônio do promitente comprador. Vale lembrar, ainda, que a mera possibilidade de penhora do imóvel tem, por si só, o efeito psicológico de desestimular a inadimplência, de modo que a impossibilidade de penhora geraria o efeito inverso, atentando contra a finalidade da obrigação propter rem, que é manter a conservação da coisa. Há premente necessidade, portanto, de se firmar uma adequada interpretação da tese firmada pelo rito do art. 543-C do CPC, de modo a afastar interpretações contrárias à natureza e à finalidade da obrigação propter rem. Uma interpretação interessante pode ser obtida com a aplicação da teoria da dualidade do vínculo obrigacional à hipótese de pluralidade de direitos subjetivos reais sobre a coisa. Segundo essa teoria, a obrigação se decompõe em débito (Schuld), o dever de prestar, e responsabilidade (Haftung), a sujeição do devedor, ou terceiro, à satisfação da dívida. Aplicando-se essa teoria à obrigação de pagar despesas condominiais, verifica-se que o débito deve ser imputado a quem se beneficia dos serviços prestados pelo condomínio, no caso, o promitente comprador, valendo assim o brocardo latino ubi commoda, ibi incommoda. Até aqui, não há, a rigor, nenhuma novidade. A grande diferença é que o proprietário não se desvincula da obrigação, mantendo-se na condição de responsável pelo pagamento da dívida, enquanto mantiver a situação jurídica de proprietário do imóvel. Essa separação entre débito e responsabilidade permite uma solução mais adequada para a controvérsia, preservando-se a essência da obrigação propter rem. Restauram-se, desse modo, as conclusões de um entendimento já trilhado por esta Corte Superior, em voto proferido pelo Min. Ruy Rosado de Aguiar no REsp

194.481-SP, Quarta Turma, DJ 22/3/1999. É certo que esse julgado acabou sendo superado, ante os questionamentos do Min. Sálvio de Figueiredo Teixeira nos EREsp 138.389-MG, o que influenciou a jurisprudência desta Corte a partir de então. Cabe, portanto, enfrentar os referidos questionamentos. O primeiro diz respeito à possibilidade de o proprietário do imóvel ficar vinculado à obrigação por longos anos, caso o promitente comprador não providencie a lavratura da escritura e o devido registro. Esse questionamento, entretanto, diz respeito exclusivamente à relação obrigacional estabelecida entre o proprietário (promitente vendedor) e o promitente comprador, os quais podem estabelecer prazo para a ultimação do negócio jurídico, inclusive com fixação de multa. Se não o fazem, deixam aberta a possibilidade de o negócio jurídico ficar pendente de exaurimento por longos anos, devendo arcar com as consequências de seus atos. O outro questionamento diz respeito à possível falta de interesse do proprietário, ou melhor, "quase ex-proprietário", em contestar a ação de cobrança de despesas condominiais, uma vez que o interesse direto seria do promitente comprador, já imitido na posse do imóvel. Sobre esse ponto, cabe ressaltar que o proprietário do imóvel responde pelos débitos condominiais com todo o seu patrimônio, não somente com o imóvel, pois a obrigação propter rem não se confunde com os direitos reais de garantia. Não se pode afirmar, portanto, que faltaria interesse ao proprietário em contestar a demanda, pois correrá o risco de sofrer constrição em seu patrimônio pessoal, uma vez que dinheiro e depósitos bancários têm preferência sobre a penhora do imóvel (art. 655, I, do CPC). De outra parte, o promitente comprador poderá, a qualquer tempo, ingressar na demanda como assistente litisconsorcial (art. 54 do CPC), para assumir a defesa de seus interesses. Por último, não restam dúvidas de que, entre o risco de o condômino inadimplente perder o imóvel e o risco de a comunidade de condôminos ter que arcar com as despesas da unidade inadimplente, deve-se privilegiar o interesse coletivo dessa comunidade em detrimento do interesse individual do condômino inadimplente. Conclui-se, portanto, que os questionamentos referidos no EREsp 138.389-MG não obstam a interpretação da tese à luz da teoria da dualidade da obrigação. **REsp 1.442.840-PR, Rel. Min. Paulo de Tarso Sanseverino, julgado em 6/8/2015, DJe 21/8/2015 (Inform. STJ 567).**

DIREITO CIVIL. DIREITO DE PREFERÊNCIA NA ALIENAÇÃO DE IMÓVEL EM ESTADO DE INDIVISÃO.

O condômino que desejar alienar a fração ideal de bem imóvel divisível em estado de indivisão deverá dar preferência na aquisição ao comunheiro. O art. 504 do CC estabelece que: "Não pode um condômino em coisa indivisível vender a sua parte a estranhos, se outro consorte a quiser, tanto por tanto. O condômino, a quem não se der conhecimento da venda, poderá, depositando o preço, haver para si a parte vendida a estranhos, se o requerer no prazo de cento e oitenta dias, sob pena de decadência". Da comparação desse dispositivo com o art. 1.139 do CC/1916, conclui-se que a única alteração substancial está relacionada com o prazo decadencial, que – de seis meses – passou a ser de cento e oitenta dias. Nessa linha de intelecção, apesar de existir divergência doutrinária, não se vislumbra motivo para alterar o entendimento conferido pela Segunda Seção do STJ, adotado sob a égide do CC/1916, no sentido de que: "Na hipótese de o bem se encontrar em estado de indivisão, seja ele divisível ou indivisível, o condômino que desejar alienar sua fração ideal do condomínio deve obrigatoriamente notificar os demais condôminos para que possam exercer o direito de preferência na aquisição, nos termos do art. 1.139 do CC/1916" (REsp 489.860-SP, DJ 13/12/2004). Primeiro, porque, como o STJ é responsável pela uniformização da interpretação da lei federal, uma vez definida tese sobre determinada matéria, ele deve prestigiá-la, a fim de manter a coesão. Segundo, porquanto realmente parece ser, em uma interpretação teleológica, o posicionamento mais consentâneo com o melhor direito. Deveras, ao conceder o direito de preferência aos demais condôminos, pretendeu o legislador, conforme entendimento doutrinário, "conciliar os objetivos particulares do vendedor com o intuito da comunidade de coproprietários. Certamente, a função social recomenda ser mais cômodo manter a propriedade entre os titulares originários, evitando desentendimento com a entrada de um estranho no grupo". Terceiro, porque deve ser levado em conta todo o sistema jurídico, notadamente o parágrafo único do art. 1.314 do CC/2002, que veda ao condômino, sem prévia aquiescência dos outros, dar posse, uso ou gozo da propriedade a estranhos (o que é um minus em relação à transferência de propriedade), somado ao art. 504, que proíbe o condômino em coisa indivisível de vender a sua parte a estranhos, se outro consorte a quiser, tanto por tanto. Por fim, nesse mesmo viés de entendimento, há julgado mais recente da Quarta Turma que, ao manter a posição de outrora quanto à incidência do art. 1.139 do CC/1916, estendeu

aos coerdeiros – na cessão de direitos hereditários – o direito de preferência concedido aos condôminos, agora com base no art. 504 do CC/2002 (REsp 550.940-MG, DJe 8/9/2009). Portanto, se o imóvel encontra-se em estado de indivisão, apesar de ser ele divisível, deve se reconhecer o direito de preferência do condômino que pretenda adquirir o quinhão do comunheiro, desde que preenchidos os demais requisitos legais. **REsp 1.207.129-MG, Rel. Min. Luis Felipe Salomão, Quarta Turma, julgado em 16/6/2015, DJe 26/6/2015 (Inform. STJ 564).**

DIREITO CIVIL. COBRANÇA DE TAXA DE MANUTENÇÃO EM CONDOMÍNIO DE FATO. RECURSO REPETITIVO (ART. 543-C DO CPC E RES. 8/2008-STJ). TEMA 882.

As taxas de manutenção criadas por associações de moradores não obrigam os não associados ou os que a elas não anuíram. As obrigações de ordem civil, sejam de natureza real sejam de natureza contratual, pressupõem, como fato gerador ou pressuposto, a existência de uma lei que as exija ou de um acordo firmado com a manifestação expressa de vontade das partes pactuantes, pois, em nosso ordenamento jurídico positivado, há somente duas fontes de obrigações: a lei ou o contrato. Nesse contexto, não há espaço para entender que o morador, ao gozar dos serviços organizados em condomínio de fato por associação de moradores, aceitou tacitamente participar de sua estrutura orgânica. Com efeito, na ausência de uma legislação que regule especificamente a matéria em análise, deve preponderar o exercício da autonomia da vontade – a ser manifestado pelo proprietário ou, inclusive, pelo comprador de boa-fé –, emanada da própria garantia constitucional da liberdade de associação e da legalidade, uma vez que ninguém pode ser compelido a fazer algo senão em virtude de lei. De igual modo, incabível o entendimento de que a vedação ao enriquecimento ilícito autorizaria a cobrança pelos serviços usufruídos ou postos à disposição do dono do imóvel inserto em loteamento, independentemente de ser ou não associado. Isso porque adotar esse posicionamento significaria esvaziar o sentido e a finalidade da garantia fundamental e constitucional da liberdade de associação, como bem delimitou o STF no julgamento do RE 432.106-RJ (DJe 4/11/2011), encontrando a matéria, inclusive, afetada ao rito da repercussão geral (RG no AI 745.831-SP, DJe 29/11/2011). De fato, a jurisprudência não pode esvaziar o comando normativo de um preceito fundamental e constitucional em detrimento de um corolário de ordem hierárquica inferior, pois, ainda que se aceite a ideia de colisão ou choque de princípios – liberdade associativa (art. 5º, XX, da CF) versus vedação ao enriquecimento sem causa (art. 884 do CC) –, o relacionamento vertical entre as normas – normas constitucionais e normas infraconstitucionais, por exemplo – deve ser apresentado, conforme a doutrina, de tal forma que o conteúdo de sentido da norma inferior deve ser aquele que mais intensamente corresponder ao conteúdo de sentido da norma superior. Ademais, cabe ressaltar que a associação de moradores é mera associação civil e, consequentemente, deve respeitar os direitos e garantias individuais, aplicando-se, na espécie, a teoria da eficácia horizontal dos direitos fundamentais. Concluindo, a aquisição de imóvel situado em loteamento fechado em data anterior à constituição da associação não pode impor a cobrança de encargos ao adquirente que não se associou nem a ela aderiu. Igualmente, se a compra se opera em data posterior à constituição da associação, na ausência de fonte criadora da obrigação – lei ou contrato –, é defeso ao poder jurisdicional, apenas calcado no princípio do enriquecimento sem causa, em detrimento dos princípios constitucionais da legalidade e da liberdade associativa, instituir um dever tácito a terceiros, pois, ainda que se admita a colisão de princípios norteadores, prevalece, dentre eles, dada a verticalidade de preponderância, os preceitos constitucionais, cabendo tão-somente ao STF, no âmbito da repercussão geral, afastá-los se assim o desejar ou entender. Precedentes citados: EREsp 444.931-SP, Segunda Seção, DJ 1º/2/2006; AgRg nos EDcl no Ag 715.800-RJ, Terceira Turma, DJe 12/12/2014; e EDcl no REsp 1.322.723-SP, Quarta Turma, DJe 29/8/2013. **REsp 1.280.871-SP e REsp 1.439.163-SP, Rel. Min. Ricardo Villas Bôas Cueva, Rel. para acórdão Min. Marco Buzzi, Segunda Seção, julgados em 11/3/2015, DJe 22/5/2015 (Inform. STJ 562).**

DIREITO CIVIL E PROCESSUAL CIVIL. LEGITIMIDADE PASSIVA EM AÇÃO DE COBRANÇA DE DÍVIDAS CONDOMINIAIS. RECURSO REPETITIVO (ART. 543-C DO CPC E RES. 8/2008-STJ). TEMA 886.

A respeito da legitimidade passiva em ação de cobrança de dívidas condominiais, firmaram-se as seguintes teses: a) o que define a responsabilidade pelo pagamento das obrigações condominiais não é o registro do compromisso de compra e venda, mas a relação jurídica material com o imóvel, representada pela imissão na posse pelo promissário comprador e pela ciência inequívoca do condomínio acerca da transação; b) havendo compromisso de compra e venda não levado a registro, a responsabilidade pelas despesas de condomínio pode recair tanto sobre o promitente vendedor quanto sobre o promissário comprador, dependendo das circunstâncias de cada caso concreto; e c) se ficar comprovado (i) que o promissário comprador se imitira na posse e (ii) o condomínio teve ciência inequívoca da transação, afasta-se a legitimidade passiva do promitente vendedor para responder por despesas condominiais relativas a período em que a posse foi exercida pelo promissário comprador. De início, cumpre esclarecer que as despesas condominiais, compreendidas como obrigações propter rem, são de responsabilidade daquele que detém a qualidade de proprietário da unidade imobiliária, ou ainda pelo titular de um dos aspectos da propriedade, tais como a posse, o gozo ou a fruição, desde que este tenha estabelecido relação jurídica direta com o condomínio. Portanto, a responsabilidade pelas despesas de condomínio, ante a existência de promessa de compra e venda, pode recair tanto sobre o promissário comprador quanto sobre o promitente vendedor, a depender das circunstâncias do caso concreto (EREsp 138.389-MG, Segunda Seção, DJ 13/9/1999), sem prejuízo, todavia, de eventual ação de regresso. Importante esclarecer, nesse ponto, que o polo passivo da ação que objetiva o adimplemento de despesas de condomínio não ficará à disposição do autor da demanda. Na verdade, será imprescindível aferir com quem, de fato, foi estabelecida a relação jurídica material. Frise-se, ademais, que não há nenhuma relevância, para o efeito de definir a responsa-bilidade pelas despesas condominiais, se o contrato de promessa de compra e venda foi ou não registrado, pois, conforme assinalado, não é aquele que figura no registro como proprietário que, necessariamente, responderá por tais encargos. Assim, ficando demonstrado que (i) o promissário comprador se imitira na posse do bem e (ii) o condomínio tivera ciência inequívoca da transação, deve-se afastar a legitimidade passiva do promitente vendedor para responder por despesas condominiais relativas a período em que a posse foi exercida pelo promissário comprador (REsp 1.297.239-RJ, Terceira Turma, DJe 29/4/2014; e AgRg no AREsp 526.651-SP, Quarta Turma, DJe 11/11/2014). Por fim, ressalte-se que o CC, em seu art. 1.345, regulou, de forma expressa, a questão ora analisada, ao dispor que "o adquirente de unidade responde pelos débitos do alienante, em relação ao condomínio, inclusive multas e juros moratórios". REsp 1.345.331-RS, Rel. Min. Luis Felipe Salomão, Segunda Seção, julgado em 8/4/2015, DJe 20/4/2015 (Inform. STJ 560).

DIREITO CIVIL. INSUBSISTÊNCIA DE CLÁUSULA DE IRREVOGABILIDADE E DE IRRETRATABILIDADE EM CONVENÇÃO DE CONDOMÍNIO.

Ainda que, na vigência do CC/1916, tenha sido estipulado, na convenção original de condomínio, ser irrevogável e irretratável cláusula que prevê a divisão das despesas do condomínio em partes iguais, admite-se ulterior alteração da forma de rateio, mediante aprovação de 2/3 dos votos dos condôminos, para que as expensas sejam suportadas na proporção das frações ideais. De fato, não há como obrigar – sem que haja previsão legal – que os atuais condôminos ou os eventuais futuros adquirentes das unidades fiquem eternamente subme-tidos às regras impostas na convenção original. Basta imaginar a existência de condomínios centenários, cujas unidades imobiliárias já passaram por várias gerações de proprietários sem que remanescesse nenhum proprietário original. Nesse cenário, ao admitir a perpetuação de cláusula pétrea, estar--se-ia engessando de maneira desarrazoada a vontade dos condôminos e a soberania das deliberações assembleares, que nem mesmo pela unanimidade de votos poderiam alterar as cláusulas gravadas pela irrevogabilidade e pela irretratabilidade. Na hipótese em análise, reforça a legitimidade da alteração o fato de ser aprovada pela maioria dos condôminos e de obedecer ao quórum legal de 2/3 dos condôminos (art. 1.351 do CC/2002), observando-se a forma de rateio (na proporção da fração ideal) prevista no novo Código Civil (art. 1.336, I), o que afasta qualquer alegação, por parte de eventual condômino que não concorde com a modificação, de ofensa aos princípios da razoabilidade, da proporcionalidade ou da vedação ao enriquecimento ilícito. Além disso, tendo em vista a natureza estatutária da convenção de condomínio, que autoriza a aplicação imediata do regime jurídico previsto no novo Código Civil, não há espaço para falar em violação do direito adquirido e do ato jurídico perfeito (REsp 722.904-RS, Terceira Turma, DJ 1º/7/2005; e REsp 1.169.865-DF, Quarta Turma, DJe 2/9/2013). REsp 1.447.223-RS, Rel. originário Min. Paulo de Tarso Sanseverino, Rel. para acórdão Min. Ricardo Villas Bôas Cueva, julgado em 16/12/2014, DJe 5/2/2015 (Inform. STJ 554).

DIREITO CIVIL. RESPONSABILIDADE DE CONDÔMINO PELAS DESPESAS PROVENIENTES DE AÇÃO AJUIZADA PELO CONDOMÍNIO EM FACE DAQUELE.

O condômino que tenha sido demandado pelo condomínio em ação de co-brança deve participar do rateio das despesas do litígio contra si proposto.

Com efeito, os dispositivos legais que tratam das despesas do condomínio não fazem ressalva de qualquer espécie acerca do rateio, ao contrário, excluem qualquer possibilidade de recusa ao pagamento. Essa situação se justifica pela circunstância de que o conteúdo do condomínio é a propriedade da coisa inteira, de modo que o direito de cada condômino se refere e afeta a coisa toda, não apenas uma fração, sendo que cada um tem direito qualitativamente igual ao dos demais, pois são todos proprietários, e só diferem quantitativamente, a depender da proporção que cada um concorra. Desse modo, as despesas condominiais decorrentes de ação de cobrança ajuizada pelo condomínio devem ser proporcionalmente rateadas entre todos os condôminos, inclusive pelo próprio condômino demandado. REsp 1.185.061-SP, Rel. Min. Ricardo Villas Bôas Cueva, julgado em 16/9/2014. (Inform. STJ 549)

DIREITO CIVIL. DIREITO DE VOTO EM ASSEMBLEIA DE CONDOMÍNIO.

Em assembleia condominial, o condômino proprietário de diversas unidades autônomas, ainda que inadimplente em relação a uma ou algumas destas, terá direito de participação e de voto relativamente às suas unidades que estejam em dia com as taxas do condomínio. É certo que o CC submete o exercício do direito de participar e votar em assembleia geral à quitação das dívidas que o condômino tiver com o condomínio. Todavia, deve-se considerar que a quitação exigida pelo art. 1.335, III, do CC para que o condômino tenha o direito de participar das deliberações das assembleias com direito a voto refere-se a cada unidade. Assim, conside-rando que as taxas condominiais são devidas em relação a cada unidade, autonomamente considerada, a penalidade advinda de seu não pagamento, consequentemente, também deve ser atrelada a cada unidade. Ressalte-se que, a partir de uma interpretação sistemática e teleológica dos dispositivos que tratam do condomínio edilício, é possível depreender que a figura da "unidade isolada" constitui elemento primário da formação do condomínio, estando relacionada a direitos e deveres, que devem ser entendidos como inerentes a cada unidade. De fato, em razão da natureza *propter rem* das cotas condominiais, a dívida delas decorrente estará atrelada a cada unidade, por se tratar de despesa assumida em função da própria coisa. Destaque--se que o CC trouxe como objeto central do condomínio edilício a "unidade autônoma", e não a figura do condômino, em virtude da qual o condomínio se instaura, numa relação de meio a fim, apontando assim para a adoção da concepção objetiva de condomínio. Ademais, as dívidas relativas ao imóvel são por ele garantidas, o que indica a estrita vinculação entre o dever de seu pagamento e a propriedade do bem. REsp 1.375.160-SC, Rel. Min. Nancy Andrighi, julgado em 1º/10/2013. (Inform. STJ 530)

DIREITO CIVIL. QUÓRUM PARA A MODIFICAÇÃO DE REGIMENTO INTERNO DE CONDOMÍNIO EDILÍCIO.

A alteração de regimento interno de condomínio edilício depende de votação com observância do quórum estipulado na convenção condo-minial. É certo que o art. 1.351 do CC, em sua redação original, previa quórum qualificado de dois terços dos condôminos para a modificação do regimento interno do condomínio. Ocorre que o mencionado dispositivo teve sua redação alterada pela Lei 10.931/2004, a qual deixou de exigir para tanto a observância de quórum qualificado. Assim, conclui-se que, com a Lei 10.931/2004, foi ampliada a autonomia privada dos condôminos, os quais passaram a ter maior liberdade para definir o número mínimo de votos necessários para a alteração do regimento interno. Nesse sentido é, inclusive, o entendimento consagrado no Enunciado 248 da III Jornada de Direito Civil do CJF, que dispõe que o quórum para alteração do regimento interno do condomínio edilício pode ser livremente fixado em convenção. Todavia, deve-se ressaltar que, apesar da nova redação do art. 1.351 do CC, não configura ilegalidade a exigência de quórum qualificado para votação na hipótese em que este tenha sido estipulado em convenção condominial aprovada ainda na vigência da redação original do art. 1.351 do CC. REsp 1.169.865-DF, Rel. Min. Luis Felipe Salomão, julgado em 13/8/2013. (Inform. STJ 527)

🗋 Súmula STJ nº 478

Na execução de crédito relativo a cotas condominiais, este tem preferência sobre o hipotecário.

🗋 Súmula STJ nº 260

A convenção de condomínio aprovada, ainda que sem registro, é eficaz para regular as relações entre os condôminos.

5.3. Direitos reais sobre coisa alheia

DIREITO CIVIL. EXTINÇÃO DA GARANTIA HIPOTECÁRIA E PRESCRIÇÃO DA OBRIGAÇÃO PRINCIPAL.
A prescrição da pretensão de cobrança da dívida extingue o direito real de hipoteca estipulado para garanti-la. O credor de uma obrigação tem o direito ao crédito desde o momento da pactuação do negócio jurídico, ainda que não implementado o prazo de vencimento. Após o vencimento da dívida, nasce para o credor a pretensão de recebimento dela. Recusado o cumprimento da obrigação, inflama-se a pretensão, nascendo a ação de direito material. Esse desdobramento da obrigação tem interesse prático exatamente no caso da prescrição, pois, após o vencimento da dívida sem a sua exigência coativa, o transcurso do lapso temporal previsto em lei encobre a pretensão e a ação de direito material, mas não extingue o direito do credor. A par disso, é possível visualizar que, efetivamente, o reconhecimento da prescrição não extingue o direito do credor, mas, apenas, encobre a pretensão ou a ação correspondente. De outro lado, registre-se que o art. 1.499 do CC elenca as causas de extinção da hipoteca, sendo a primeira delas a "extinção da obrigação principal". Nessa ordem de ideias, não há dúvida de que a declaração de prescrição de dívida garantida por hipoteca inclui-se no conceito de "extinção da obrigação principal". Isso porque o rol de causas de extinção da hipoteca, elencadas pelo art. 1.499, não é numerus clausus. Ademais, a hipoteca, no sistema brasileiro, é uma garantia acessória em relação a uma obrigação principal, seguindo, naturalmente, as vicissitudes sofridas por esta. Além do mais, segundo entendimento doutrinário, o prazo prescricional "diz respeito à pretensão de receber o valor da dívida a que se vincula a garantia real. [...] extinta a pretensão à cobrança judicial do referido crédito, extinta também estará a pretensão de excutir a hipoteca dada a sua natureza acessória".
REsp 1.408.861-RJ, Rel. Min. Paulo de Tarso Sanseverino, julgado em 20/10/2015, DJe 6/11/2015. (Inform. STJ 572)

📄 Súmula STF nº 122

O enfiteuta pode purgar a mora enquanto não decretado o comisso por sentença.

📄 Súmula STJ nº 308

A hipoteca firmada entre a construtora e o agente financeiro, anterior ou posterior à celebração da promessa de compra e venda, não tem eficácia perante os adquirentes do imóvel.

6. FAMÍLIA

6.1. Casamento

6.1.1. Regime de bens

DIREITO CIVIL. INCOMUNICABILIDADE DE BEM RECEBIDO A TÍTULO DE DOAÇÃO NO REGIME DA COMUNHÃO PARCIAL DE BENS.
No regime de comunhão parcial de bens, não integra a meação o valor recebido por doação na constância do casamento ainda que inexistente cláusula de incomunicabilidade e utilizado para a quitação de imóvel adquirido sem a contribuição do cônjuge não donatário. De início, cumpre observar que, na relação conjugal em que há opção pelo regime de comunhão parcial, os cônjuges reconhecem que o fruto do esforço comum deve ser compartilhado pelo casal, não o patrimônio anterior, nem tampouco aquele que não advenha, direta ou indiretamente, do labor do casal. Ademais, sob o citado regime, a doação realizada a um dos cônjuges somente será comunicável quando o doador expressamente se manifestar nesse sentido e, no silêncio, presume-se feita apenas à donatária. Por fim, não há que aplicar norma atinente ao regime de comunhão universal, qual seja, a necessidade de cláusula de incomunicabilidade para excluir bens doados, quando há expressa regulação da matéria em relação ao regime da comunhão parcial de bens (arts. 1.659, I, 1.660, III, e 1.661 do CC).
REsp 1.318.599-SP, Rel. Min. Nancy Andrighi, julgado em 23/4/2013. (Inform. STJ 523)

DIREITO CIVIL. POSSIBILIDADE DE ALTERAÇÃO DO REGIME DE BENS EM CASAMENTO CELEBRADO NA VIGÊNCIA DO CC/1916.
Na hipótese de casamento celebrado na vigência do CC/1916, é possível, com fundamento no art. 1.639, § 2º, do CC/2002, a alteração do regime da comunhão parcial para o regime da separação convencional de bens sob a justificativa de que há divergência entre os cônjuges quanto à constituição, por um deles e por terceiro, de sociedade limitada, o que implicaria risco ao patrimônio do casal, ainda que não haja prova da existência de patrimônio comum entre os cônjuges e desde que sejam ressalvados os direitos de terceiros, inclusive dos entes públicos. Muito embora não houvesse previsão legal para a alteração do regime de bens na vigência do CC/1916, e também a despeito do que preceitua o art. 2.039 do CC/2002, a jurisprudência tem se mantido uniforme no sentido de ser possível a alteração do regime de bens, mesmo nos matrimônios contraídos ainda sob a égide do diploma revogado. Nesse contexto, admitida a possibilidade de aplicação do art. 1.639, § 2º, do CC/2002 aos matrimônios celebrados na vigência do CC/1916, é importante que se interprete a sua parte final, referente ao "pedido motivado de ambos os cônjuges" e à "procedência das razões invocadas" para a modificação do regime de bens do casamento, sob a perspectiva de que o direito de família deve ocupar, no ordenamento jurídico, papel coerente com as possibilidades e limites estruturados pela própria CF, defensora de bens como a intimidade e a vida privada. Nessa linha de raciocínio, o casamento há de ser visto como uma manifestação de liberdade dos consortes na escolha do modo pelo qual será conduzida a vida em comum, liberdade que se harmoniza com o fato de que a intimidade e a vida privada são invioláveis e exercidas, na generalidade das vezes, no interior de espaço privado também erguido pelo ordenamento jurídico à condição de "asilo inviolável". Sendo assim, deve-se observar uma principiologia de "intervenção mínima", não podendo a legislação infraconstitucional avançar em espaços tidos pela própria CF como invioláveis. Deve-se disciplinar, portanto, tão somente o necessário e o suficiente para a realização não de uma vontade estatal, mas dos próprios integrantes da família. Desse modo, a melhor interpretação que se deve conferir ao art. 1.639, § 2º, do CC/2002 é a que não exige dos cônjuges justificativas exageradas ou provas concretas do prejuízo na manutenção do regime de bens originário, sob pena de esquadrinhar indevidamente a própria intimidade e a vida privada dos consortes. Nesse sentido, a constituição de uma sociedade por um dos cônjuges poderá impactar o patrimônio comum do casal. Assim, existindo divergência conjugal quanto à condução da vida financeira da família, haveria justificativa, em tese, plausível à alteração do regime de bens. Isso porque se mostra razoável que um dos cônjuges prefira que os patrimônios estejam bem delimitados, para que somente o do cônjuge empreendedor possa vir a sofrer as consequências por eventual fracasso no empreendimento. No ponto, aliás, pouco importa se não há prova da existência de patrimônio comum, porquanto se protegem, com a alteração do regime, os bens atuais e os bens futuros do cônjuge. Ademais, não se pode presumir propósito fraudulento nesse tipo de pedido, já que o ordenamento jurídico prevê mecanismos de contenção, como a própria submissão do presente pedido ao Judiciário e a possibilidade de desconsideração da personalidade jurídica. Contudo, é importante destacar que a medida não pode deixar de ressalvar os "direitos de terceiros, inclusive dos entes públicos, após perquirição de inexistência de dívida de qualquer natureza, exigida ampla publicidade", nos termos do Enunciado n. 113 da I Jornada de Direito Civil CJF. **REsp 1.119.462-MG, Rel. Min. Luis Felipe Salomão, julgado em 26/2/2013. (Inform. STJ 518)**

📄 Súmula STF nº 377

No regime de separação legal de bens, comunicam-se os adquiridos na constância do casamento.

📄 Súmula STJ nº 134

Embora intimado da penhora em imóvel do casal, o cônjuge do executado pode opor embargos de terceiro para defesa de sua meação.

6.1.2. Separação e divórcio

REPERCUSSÃO GERAL EM RE N. 633.981-DF

RED. P/ O ACÓRDÃO: MIN. GILMAR MENDES
Recurso Extraordinário. Direito Civil. Divórcio Direto. Ausência de coabitação dos cônjuges com prova da separação de fato. Análise da presença dos requisitos necessários. Código Civil. Controvérsia que se situa no âmbito da legislação infraconstitucional. Ofensa reflexa. Ausência de repercussão geral da questão suscitada. **(Inform. STF 775)**

DIREITO CIVIL. RETIFICAÇÃO DO SOBRENOME DOS FILHOS EM RAZÃO DE DIVÓRCIO.

É admissível a averbação, no registro de nascimento do filho, da alteração do sobrenome de um dos genitores que, em decorrência do divórcio, optou por utilizar novamente o nome de solteiro, contanto que ausentes quaisquer prejuízos a terceiros. O art. 57 da Lei 6.015/1973 – Lei de Registros Públicos – admite a alteração do nome civil, excepcionalmente e de forma motivada, com a devida apreciação judicial, sem descurar da ausência de prejuízo a terceiros. Dessa forma, é justificável e plausível a modificação do sobrenome constante da certidão de nascimento, situação que prima pela contemporaneidade da vida, dinâmica por natureza (e não do momento da lavratura do registro). A função do sobrenome é identificar o núcleo familiar da pessoa e deve retratar a verdade real, fim do registro público, que objetiva espelhar, da melhor forma, a linhagem individual. Assim, é direito subjetivo da pessoa retificar seu sobrenome no registro de nascimento de seus filhos após divórcio. Ademais, a averbação do sobrenome no registro de nascimento do filho em decorrência do casamento (art. 3º, parágrafo único, da Lei 8.560/1992) atrai, à luz do princípio da simetria, a aplicação da mesma norma à hipótese inversa, qual seja, em decorrência do divórcio, um dos genitores deixa de utilizar o nome de casado. Além disso, não se coaduna à razoabilidade exigir que um dos genitores e seus filhos portem diariamente consigo cópia da certidão de casamento dos pais com a respectiva averbação para fins de identificação, em prejuízo do exercício do poder familiar. Além do mais, não seria coerente impor a alguém utilizar-se de outro documento público para provar a filiação constante de sua certidão de nascimento. Por isso, havendo alteração superveniente que venha a obstacularizar a própria identificação do indivíduo no meio social, resta indubitável a possibilidade de posterior retificação do registro civil. Por fim, registre-se que não se verifica impedimento legal para modificação do sobrenome dos filhos quando há alteração do nome de um dos genitores por ocasião do divórcio, conforme se verifica na legislação de regência: art. 54 da Lei 6.015/1973, arts. 20 e 27 do ECA, art. 1.565 do CC e art. 3º, parágrafo único, da Lei 8.560/1992. Precedentes citados: REsp 1.072.402-MG, Quarta Turma, DJe 1º/2/2013; e REsp 1.041.751-DF, Terceira Turma, DJe 3/9/2009. **REsp 1.279.952-MG, Rel. Min. Ricardo Villas Bôas Cueva, julgado em 3/2/2015, DJe 12/2/2015 (Inform. STJ 555).**

DIREITO CIVIL. DESNECESSIDADE DE PARTILHA PRÉVIA DOS BENS NO DIVÓRCIO INDIRETO.

Não é necessária a prévia partilha de bens para a conversão da separação judicial em divórcio. De fato, a partir da interpretação dos arts. 31 e 43 da Lei n. 6.515/1977, tinha-se a regra de que a realização da partilha dos bens do casal era requisito para a convolação da separação judicial em divórcio. Foi justamente em razão desses dispositivos que a jurisprudência do STJ firmou-se no sentido de que apenas o divórcio direto independia da prévia partilha de bens, o que foi consolidado na Súmula 197 do STJ. Esse entendimento, embora restrito ao divórcio direto, já refletia a tendência atual de garantir cada vez mais autonomia aos direitos da personalidade, distanciando-os dos direitos eminentemente patrimoniais. As recentes reformas legislativas no âmbito do direito de família seguiram essa orientação. Nesse contexto, o CC/2002 regulou o divórcio de forma essencialmente diversa daquela traduzida pela legislação de 1977. Assim, o art. 1.580 do novo código civil passou a condicionar a concessão do divórcio indireto apenas a requisito temporal, qual seja, o transcurso do prazo de um ano entre o requerimento de conversão e a separação judicial ou medida cautelar equivalente; e o art. 1581 disciplinou expressamente a desnecessidade da prévia partilha de bens como condição para a concessão do divórcio. Isso porque a visão contemporânea do fenômeno familiar reconhece a importância das ações relacionadas ao estado civil das pessoas, como direitos de personalidade, a partir da proteção integral à dignidade da pessoa humana. Portanto, o estado civil de cada pessoa deve refletir sua realidade afetiva, desprendendo-se cada vez mais de formalidades e valores essencialmente patrimoniais. Estes, por sua vez, não ficam desprotegidos ou desprezados, devendo ser tratados em sede própria, por meio de ações autônomas. **REsp 1.281.236-SP, Rel. Min. Nancy Andrighi, julgado em 19/3/2013. (Inform. STJ 518)**

6.2. União estável

AG.REG. NO ARE N. 767.095-DF

RELATOR: MIN. RICARDO LEWANDOWSKI

Ementa: AGRAVO REGIMENTAL NO RECURSO EXTRAORDINÁRIO COM AGRAVO. DIREITO CIVIL. RECONHECIMENTO DE UNIÃO ESTÁVEL. PARTILHA DE BENS. ANÁLISE DE NORMA INFRACONSTITUCIONAL. OFENSA INDIRETA. REEXAME DO CONJUNTO FÁTICO-PROBATÓRIO DOS AUTOS. IMPOSSIBILIDADE. SÚMULA 279 DO STF. ALEGADA VIOLAÇÃO AO ART. 5º, XXXV, LIV E LV, DA CONSTITUIÇÃO. OFENSA REFLEXA. AGRAVO IMPROVIDO.

I - Esta Corte firmou orientação no sentido de ser inadmissível, em regra, a interposição de recurso extraordinário para discutir matéria relacionada à ofensa aos princípios constitucionais do devido processo legal, da ampla defesa, do contraditório e da prestação jurisdicional, quando a verificação dessa alegação depender de exame prévio de legislação infraconstitucional, por configurar situação de ofensa reflexa ao texto constitucional. Precedentes.

II - É inadmissível o recurso extraordinário quando sua análise implica rever a interpretação de norma infraconstitucional que fundamenta a decisão *a quo*. A afronta à Constituição, se ocorrente, seria indireta.

III - Inviável em recurso extraordinário o reexame do conjunto fático-probatório constante dos autos. Incidência da Súmula 279 do STF.

IV - Agravo regimental improvido. **(Inform. STF 728)**

DIREITO CIVIL. IRRETROATIVIDADE DOS EFEITOS DE CONTRATO DE UNIÃO ESTÁVEL.

Não é lícito aos conviventes atribuírem efeitos retroativos ao contrato de união estável, a fim de eleger o regime de bens aplicável ao período de convivência anterior à sua assinatura. Inicialmente, registre-se, acerca dos efeitos do contrato de união estável, que doutrinadores renomados sustentam que, na união estável, é possível a alteração, a qualquer tempo, das disposições de caráter patrimonial, inclusive com efeitos retroativos, mediante singelo acordo despido de caráter patrimonial, sob o argumento de que deve prevalecer o princípio da autonomia da vontade. Não obstante essa vertente doutrinária, o art. 1.725 do CC não comporta o referido alcance. Com efeito, o mencionado dispositivo legal autoriza que os conviventes formalizem suas relações patrimoniais e pessoais por meio de contrato e que somente na ausência dele aplicar-se-á, no que couber, o regime de comunhão parcial. Em síntese: enquanto não houver a formalização da união estável, vigora o regime da comunhão parcial, no que couber. O contrato de convivência, no entanto, não pode conceder mais benefícios à união estável do que ao casamento, pois o legislador constitucional, apesar de reconhecer os dois institutos como entidade familiar e lhes conferir proteção, não os colocou no mesmo patamar, pois expressamente dispôs que a lei facilitará a conversão daquele neste (§ 3º do art. 226 da CF). Portanto, como o regime de bens entre os cônjuges começa a vigorar desde a data do casamento (§ 1º do art. 1.639 do CC) e a modificação dele somente é permitida mediante autorização judicial requerida por ambos os consortes, apurada a procedência das razões invocadas e ressalvado o direito de terceiros (§ 3º do art. 1.639 do CC), não se vislumbra como o contrato de convivência poderia reconhecer uma situação que o legislador, para o casamento, enuncia a necessidade da intervenção do Judiciário. Até porque, admitir o contrário seria conferir, sem dúvida, mais benefícios à união estável do que ao matrimônio civil, bem como teria o potencial de causar prejuízo a direito de terceiros que porventura tivessem contratado com os conviventes. **REsp 1.383.624-MG, Rel. Min. Moura Ribeiro, julgado em 2/6/2015, DJe 12/6/2015 (Inform. STJ 563).**

DIREITO CIVIL E PROCESSUAL CIVIL. PENHORA DE QUOTAS SOCIAIS NA PARTE RELATIVA À MEAÇÃO.

A existência de dívida alimentar não autoriza a penhora imediata de cotas sociais pertencentes à atual companheira do devedor na parte relativa à meação, sem que antes tenha sido verificada a viabilidade de constrição do lucro relativo às referidas cotas e das demais hipóteses que devam anteceder a penhora (art. 1.026, c/c art. 1.053, ambos do CC). Com efeito, como se aplica à união estável o regime da comunhão parcial de bens, a jurisprudência do STJ admite a penhora da meação do devedor para satisfação de débito exequendo (REsp 708.143-MA, Quarta Turma, DJ 26/2/2007). Igualmente, não se pode olvidar que a jurisprudência STJ, nos moldes do disposto no art. 655, VI, do CPC, também admite a penhora de quotas sociais do executado para satisfação de crédito exequendo, ainda que exista vedação no contrato social da sociedade empresária à livre alienação das cotas, sem que isso, todavia, implique a admissão como sócio daquele que arrematar ou adjudicar (REsp 327.687-SP, Quarta Turma, DJ 15/4/2002). Contudo, não se pode ignorar que o advento do art. 1.026 do CC, ao dispor que "O credor particular de sócio pode, na insuficiência de outros bens do devedor, fazer recair a execução sobre o que a este couber nos lucros da sociedade, ou na parte que lhe tocar em liquidação", relativizou a penhorabilidade das quotas sociais, que só deve ser efetuada acaso superadas as demais possibilidades conferidas pelo dispositivo mencionado, consagrando o princípio da conservação da empresa ao restringir a adoção de solução que possa provocar a dissolução da sociedade empresária e maior onerosidade da execução, visto que a liquidação parcial da sociedade empresária, por débito estranho à sociedade, implica a sua descapitalização, afetando os interesses dos demais sócios, empregados, fornecedores e credores da empresa. Nesse mesmo diapasão, propugna a doutrina que não cabe ao credor particular do sócio "escolher se vai receber os lucros ou se vai liquidar parte da sociedade como forma de pagamento do que lhe é devido, seria condenar as sociedades a um futuro incerto e possivelmente desastroso, caso a diminuição de capital afete sua capacidade produtiva. Nessa última situação acabaria, ainda, punindo a sociedade por obrigação que lhe é estranha, da qual não tomou parte, mas que poderia ser adimplida de outro modo", devendo sempre que possível ser feita a opção pela retenção dos lucros, correspondentes à quota social do devedor. Convém consignar que o Enunciado 387 da IV Jornada de Direito Civil propõe que a opção entre fazer a execução recair sobre o que ao sócio couber no lucro da sociedade ou na parte em que lhe tocar em dissolução orienta-se pelos princípios da menor onerosidade e da função social da empresa. Assim, tendo em vista o disposto no art. 1.026, c/c o art. 1.053, ambos do CC, e os princípios da conservação da empresa e da menor onerosidade da execução, cabe ao exequente requerer a penhora dos lucros relativos às quotas sociais correspondentes à meação do devedor – o que também é a inteligência do art. 1.027 do CC –,não podendo ser deferida, de modo imediato, a penhora de quotas sociais de sociedade empresária em plena atividade, em prejuízo de terceiros, por dívida estranha à referida pessoa jurídica. **REsp 1.284.988-RS, Rel. Min. Luis Felipe Salomão, julgado em 19/3/2015, DJe 9/4/2015 (Inform. STJ 559).**

DIREITO CIVIL. DIREITO A ALIMENTOS PELO ROMPIMENTO DE UNIÃO ESTÁVEL ENTRE PESSOAS DO MESMO SEXO.

É juridicamente possível o pedido de alimentos decorrente do rompimento de união estável homoafetiva. De início, cabe ressaltar que, no STJ e no STF, são reiterados os julgados dando conta da viabilidade jurídica de uniões estáveis formadas por companheiros do mesmo sexo sob a égide do sistema constitucional inaugurado em 1988, que tem como caros os princípios da dignidade da pessoa humana, a igualdade e repúdio à discriminação de qualquer natureza (STF: ADPF 132, Tribunal Pleno, DJe 14/10/2011; e RE 477554 AgR, Segunda Turma, DJe 26/08/2011. STJ: REsp 827.962-RS, Quarta Turma, DJe 08/08/2011; e REsp 1.199.667-MT, Terceira Turma, DJe 04/08/2011). Destaque-se que STF explicitou que o julgamento da ADPF 132-RJ proclamou "ninguém, absolutamente ninguém, pode ser privado de direitos nem sofrer quaisquer restrições de ordem jurídica por motivo de sua orientação sexual" (RE 477.554 AgR, Segunda Turma, DJe 26/8/2011). De fato, a igualdade e o tratamento isonômico supõem o direito a ser diferente, o direito a autoafirmação e a um projeto de vida independente de tradições e ortodoxias, sendo a base jurídica para a construção do direito à orientação sexual como direito personalíssimo, atributo inerente e inegável da pessoa humana. Em outras palavras, resumidamente: o direito à igualdade somente se realiza com plenitude se for garantido o direito à diferença. Conclusão diversa também não se mostra consentânea com o ordenamento constitucional, que prevê o princípio do livre planejamento familiar (§ 7º do art. 226), tendo como alicerce a dignidade da pessoa humana (art. 1º, III) somada à solidariedade social (art. 3º) e à igualdade substancial (arts. 3º e 5º). É importante ressaltar, ainda, que o planejamento familiar se faz presente tão logo haja a decisão de duas pessoas em se unirem, com escopo de constituírem família. Nesse momento, a Constituição lhes franqueia ampla proteção funcionalizada na dignidade de seus membros. Trilhando esse raciocínio é que o STF, no julgamento conjunto da ADPF 132-RJ e da ADI 4.277-DF, conferiu interpretação conforme ao art. 1.723 do CC ("é reconhecida como entidade familiar a união estável entre o homem e a mulher, configurada na convivência pública, contínua e duradoura e estabelecida com o objetivo de constituição de família") para afastar qualquer exegese que impeça o reconhecimento da união contínua, pública e duradoura entre pessoas do mesmo sexo como "entidade familiar", entendida esta como sinônimo perfeito de família. Por conseguinte, "este reconhecimento é de ser feito segundo as mesmas regras e com as mesmas consequências da união estável heteroafetiva". Portanto, a legislação que regula a união estável deve ser interpretada de forma expansiva e igualitária, permitindo que as uniões homoafetivas tenham o mesmo regime jurídico protetivo conferido aos casais heterossexuais, trazendo efetividade e concreção aos princípios da dignidade da pessoa humana, não discriminação, igualdade, liberdade, solidariedade, autodeterminação, proteção das minorias, busca da felicidade e ao direito

fundamental e personalíssimo à orientação sexual. Nessa ordem de ideias, não há como afastar da relação de pessoas do mesmo sexo a obrigação de sustento e assistência técnica, protegendo-se, em última análise, a própria sobrevivência do mais vulnerável dos parceiros, uma vez que se trata de entidade familiar, vocacionalmente amorosa, parental e protetora dos respectivos membros, constituindo-se no espaço ideal das mais duradouras, afetivas, solidárias ou espiritualizadas relações humanas de índole privada, o que a credenciaria como base da sociedade (ADI 4.277-DF e ADPF 132-RJ). Ora, se a união homoafetiva é reconhecidamente uma família e se o fundamento da existência das normas de direito de família consiste precisamente em gerar proteção jurídica ao núcleo familiar, parece despropositado concluir que o elevado instrumento jurídico dos alimentos não pudesse alcançar os casais homoafetivos, relação também edificada na solidariedade familiar, com espeque no dever de cooperação, reciprocidade e assistência mútuos (art. 1.724 do CC). De fato, o direito a alimentos do companheiro que se encontra em situação precária e de vulnerabilidade assegura a máxima efetividade do interesse prevalente, a saber, o mínimo existencial, com a preservação da dignidade do indivíduo, conferindo à satisfação de necessidade humana básica. É por isso que a doutrina afirma que a proteção das pessoas "em situação de vulnerabilidade e necessitadas de auxílio material encontra suas requisições alimentícias na solidariedade familiar, edificada na cooperação, ajuda, contribuição, reciprocidade e na assistência dos demais indivíduos que compõem o seu núcleo familiar, pois é dentro das diferentes relações de família, sejam elas de origem biológica ou advindas de vínculos afetivos hétero ou homossexuais, que seus componentes materializam seus direitos e suas expectativas pessoais". Realmente, o projeto de vida advindo do afeto, nutrido pelo amor, solidariedade, companheirismo, sobeja obviamente no amparo material dos componentes da união, até porque os alimentos não podem ser negados a pretexto de uma preferência sexual diversa. O art. 1.694 do CC, ao prever que os parentes, os cônjuges ou companheiros podem pedir uns aos outros alimentos, na qualidade de sujeitos potencialmente ativos e passivos dessa obrigação recíproca, não exclui o casal homossexual dessa normatização. De fato, a conclusão que se extrai no cotejo de todo ordenamento é a de que a isonomia entre casais heteroafetivos e pares homoafetivos somente ganha plenitude de sentido se desembocar no igual direito subjetivo à formação de uma autonomizada família (ADI 4.277-DF e ADPF 132-RJ), incluindo-se aí o reconhecimento do direito à sobrevivência com dignidade por meio do pensionamento alimentar. **REsp 1.302.467-SP, Rel. Min. Luis Felipe Salomão, julgado em 3/3/2015, DJe 25/3/2015 (Inform. STJ 558).**

DIREITO CIVIL. DEFINIÇÃO DE PROPÓSITO DE CONSTITUIR FAMÍLIA PARA EFEITO DE RECONHECIMENTO DE UNIÃO ESTÁVEL.

O fato de namorados projetarem constituir família no futuro não caracteriza união estável, ainda que haja coabitação. Isso porque essas circunstâncias não bastam à verificação da affectio maritalis. O propósito de constituir família, alçado pela lei de regência como requisito essencial à constituição da união estável – a distinguir, inclusive, esta entidade familiar do denominado "namoro qualificado" –, não consubstancia mera proclamação, para o futuro, da intenção de constituir uma família. É mais abrangente. Deve se afigurar presente durante toda a convivência, a partir do efetivo compartilhamento de vidas, com irrestrito apoio moral e material entre os companheiros. É dizer: a família deve, de fato, estar constituída. Tampouco a coabitação, por si, evidencia a constituição de uma união estável (ainda que possa vir a constituir, no mais das vezes, um relevante indício). A coabitação entre namorados, a propósito, afigura-se absolutamente usual nos tempos atuais, impondo-se ao Direito, longe das críticas e dos estigmas, adequar-se à realidade social. Por oportuno, convém ressaltar que existe precedente do STJ no qual, a despeito da coabitação entre os namorados, por contingências da vida, inclusive com o consequente fortalecimento da relação, reconheceu-se inexistente a união estável, justamente em virtude da não configuração do animus maritalis (REsp 1.257.819-SP, Terceira Turma, DJe 15/12/2011). **REsp 1.454.643-RJ, Rel. Min. Marco Aurélio Bellizze, julgado em 3/3/2015, DJe 10/3/2015 (Inform. STJ 557).**

DIREITO CIVIL. NECESSIDADE DE OBSERVÂNCIA, NA PARTILHA, DAS NORMAS VIGENTES AO TEMPO DA AQUISIÇÃO DOS BENS.

Ainda que o término do relacionamento e a dissolução da união estável tenham ocorrido durante a vigência da Lei 9.278/1996, não é possível aplicar à partilha do patrimônio formado antes da vigência da referida lei a presunção legal de que os bens adquiridos onerosamente foram fruto de esforço comum dos conviventes (art. 5º da Lei 9.278/1996), devendo-se observar o ordenamento jurídico vigente ao tempo da aquisição de cada bem a partilhar. Antes da Lei

9.278/1996, a partilha de bens ao término da união estável dava-se mediante a comprovação – e na proporção respectiva – do esforço direto ou indireto de cada companheiro para a formação do patrimônio amealhado durante a convivência (Súmula 380 do STF). Apenas com a referida Lei, estabeleceu-se a presunção legal relativa de comunhão dos bens adquiridos a título oneroso durante a união estável (art. 5º da Lei 9.278/1996), excetuados os casos em que existe estipulação em sentido contrário (caput do art. 5º) e os casos em que a aquisição patrimonial decorre do produto de bens anteriores ao início da união (§ 1º do art. 5º). Os bens adquiridos anteriormente à Lei 9.278/1996 têm a propriedade – e, consequentemente, a partilha ao término da união – disciplinada pelo ordenamento jurídico vigente quando da respectiva aquisição. Com efeito, a aquisição da propriedade dá-se no momento em que se aperfeiçoam os requisitos legais para tanto. Desse modo, a titularidade dos bens não pode ser alterada por lei posterior em prejuízo ao direito adquirido e ao ato jurídico perfeito (art. 5, XXXVI, da CF e art. 6º da LINDB). Cumpre esclarecer, a propósito, que os princípios legais que regem a sucessão e a partilha de bens não se confundem: a sucessão é disciplinada pela lei em vigor na data do óbito; a partilha de bens, ao contrário – seja em razão do término, em vida, do relacionamento, seja em decorrência do óbito do companheiro ou cônjuge – deve observar o regime de bens e o ordenamento jurídico vigente ao tempo da aquisição de cada bem a partilhar. A aplicação da lei vigente ao término do relacionamento a todo o período de união implicaria expropriação do patrimônio adquirido segundo a disciplina da lei anterior, em manifesta ofensa ao direito adquirido e ao ato jurídico perfeito, além de causar insegurança jurídica, podendo atingir até mesmo terceiros. Ademais, deve-se levar em consideração que antes da edição da Lei 9.278/1996 os companheiros não dispunham de instrumento eficaz para, caso desejassem, dispor sobre a forma de aquisição do patrimônio durante a união estável. Efetivamente, como não havia presunção legal de meação de bens entre conviventes, não havia sequer razão para que os conviventes fizessem estipulação escrita em contrário a direito dispositivo inexistente. **REsp 1.124.859-MG, Rel. originário Min. Luis Felipe Salomão, Rel. para acórdão Min. Maria Isabel Gallotti, julgado em 26/11/2014, DJe 27/2/2015 (Inform. STJ 556).**

DIREITO CIVIL. ÓBITO DE EX-COMPANHEIRO ALIMENTANTE E RESPONSA-BILIDADE DO ESPÓLIO PELOS DÉBITOS ALIMENTARES NÃO QUITADOS.
Extingue-se, com o óbito do alimentante, a obrigação de prestar alimentos a sua ex-companheira decorrente de acordo celebrado em razão do encerramento da união estável, transmitindo-se ao espólio apenas a responsabilidade pelo pagamento dos débitos alimentares que porventura não tenham sido quitados pelo devedor em vida (art. 1.700 do CC). De acordo com o art. 1.700 do CC, "A obrigação de prestar alimentos transmite-se aos herdeiros do devedor, na forma do art. 1.694". Esse comando deve ser interpretado à luz do entendimento doutrinário de que a obrigação alimentar é fruto da solidariedade familiar, não devendo, portanto, vincular pessoas fora desse contexto. A morte do alimentante traz consigo a extinção da personalíssima obrigação alimentar, pois não se pode conceber que um vínculo alimentar decorrente de uma já desfeita solidariedade entre o falecido-alimentante e a alimentada, além de perdurar após o término do relacionamento, ainda lance seus efeitos para além da vida do alimentante, deitando garras no patrimônio dos herdeiros, filhos do de cujus. Entender que a obrigação alimentar persiste após a morte, ainda que nos limites da herança, implicaria agredir o patrimônio dos herdeiros (adquirido desde o óbito por força da saisine). Aliás, o que se transmite, no disposto do art. 1.700 do CC, é a dívida existente antes do óbito e nunca o dever ou a obrigação de pagar alimentos, pois personalíssima. Não há vínculos entre os herdeiros e a ex-companheira que possibilitem se protrair, indefinidamente, o pagamento dos alimentos a esta, fenecendo, assim, qualquer tentativa de transmitir a obrigação de prestação de alimentos após a morte do alimentante. O que há, e isso é inegável, até mesmo por força do expresso texto de lei, é a transmissão da dívida decorrente do débito alimentar que por ventura não tenha sido paga pelo alimentante enquanto em vida. Essa limitação de efeitos não torna inócuo o texto legal que preconiza a transmissão, pois, no âmbito do STJ, se vem dando interpretação que, embora lhe outorgue efetividade, não descura dos comandos macros que regem as relações das obrigações alimentares. Daí a existência de precedentes que limitam a prestação dos alimentos, pelo espólio, à circunstância do alimentado também ser herdeiro, ante o grave risco de demoras, naturais ou provocadas, no curso do inventário, que levem o alimentado a carência material inaceitável (REsp 1.010.963-MG, Terceira Turma, DJe 5/8/2008). Qualquer interpretação diversa, apesar de gerar mais efetividade ao art. 1.700 do CC, vergaria de maneira inaceitável os princípios que regem a obrigação alimentar, dando ensejo à criação de situações teratológicas, como o de viúvas pagando alimentos para ex-companheiras do de

cujus, ou verdadeiro digladiar entre alimentados que também sejam herdeiros, todos pedindo, reciprocamente, alimentos. Assim, admite-se a transmissão tão somente quando o alimentado também seja herdeiro, e, ainda assim, enquanto perdurar o inventário, já se tratando aqui de uma excepcionalidade, porquanto extinta a obrigação alimentar desde o óbito. A partir de então (no caso de herdeiros) ou a partir do óbito do alimentante (para aqueles que não o sejam), fica extinto o direito de perceber alimentos com base no art. 1.694 do CC, ressaltando-se que os valores não pagos pelo alimentante podem ser cobrados do espólio. **REsp 1.354.693-SP, Rel. originário Min. Maria Isabel Gallotti, voto vencedor Min. Nancy Andrighi, Rel. para acórdão Min. Antonio Carlos Ferreira, julgado em 26/11/2014, DJe 20/2/2015 (Inform. STJ 555).**

DIREITO CIVIL. ALIENAÇÃO, SEM CONSENTIMENTO DO COMPANHEIRO, DE BEM IMÓVEL ADQUIRIDO NA CONSTÂNCIA DA UNIÃO ESTÁVEL.
A invalidação da alienação de imóvel comum, fundada na falta de consentimento do companheiro, dependerá da publicidade conferida à união estável, mediante a averbação de contrato de convivência ou da decisão declaratória da existência de união estável no Ofício do Registro de Imóveis em que cadastrados os bens comuns, ou da demonstração de má-fé do adquirente. A Lei 9.278/1996, em seu art. 5º, ao dispor acerca dos bens adquiridos na constância da união estável, estabeleceu serem eles considerados fruto do trabalho e da colaboração comum, passando a pertencer a ambos os conviventes, em condomínio e em partes iguais, salvo estipulação contrária em contrato escrito. Dispôs, ainda, que a administração do patrimônio comum dos conviventes compete a ambos, questão também submetida ao poder de disposição dos conviventes. Nessa perspectiva, conforme entendimento doutrinário, a alienação de bem co-titularizado por ambos os conviventes, na esteira do citado artigo, sem a anuência de um dos condôminos, representaria alienação – pelo menos em parte – de coisa alheia, caracterizando uma venda "a non domino", ou seja, um ato ilícito. Por outro lado, inolvidável é a aplicabilidade, em regra, da comunhão parcial de bens à união estável, consoante o disposto no caput do art. 1.725 do CC. E, especialmente acerca da disponibilidade dos bens, em se tratando de regime que não o da separação absoluta, consoante disciplinou o CC no seu art. 1.647, nenhum dos cônjuges poderá, sem autorização do outro, alienar ou gravar de ônus real os bens imóveis. A interpretação dessas normas, ou seja, do art. 5º da Lei 9.278/1996 e dos já referidos arts. 1.725 e 1.647 do CC, fazendo-as alcançar a união estável, não fosse pela subsunção mesma, esteja-se, ainda, no fato de que a mesma ratio – que indisfarçavelmente imbuiu o legislador a estabelecer a outorga uxória e marital em relação ao casamento – mostra-se presente em relação à união estável; ou seja, a proteção da família (com a qual, aliás, compromete-se o Estado, seja legal, seja constitucionalmente). Todavia, levando-se em consideração os interesses de terceiros de boa-fé, bem como a segurança jurídica necessária para o fomento do comércio jurídico, os efeitos da inobservância da autorização conjugal em sede de união estável dependerão, para a sua produção (ou seja, para a eventual anulação da alienação do imóvel que integra o patrimônio comum) da existência de uma prévia e ampla notoriedade dessa união estável. No casamento, ante a sua peculiar conformação registral, até mesmo porque dele decorre a automática alteração de estado de pessoa e, assim, dos documentos de identificação dos indivíduos, é ínsita essa ampla e irrestrita publicidade. Projetando-se tal publicidade à união estável, a anulação da alienação do imóvel dependerá da averbação do contrato de convivência ou do ato decisório que declara a união no Registro Imobiliário em que inscritos os imóveis adquiridos na constância da união. A necessidade de segurança jurídica, tão cara à dinâmica dos negócios na sociedade contemporânea, exige que os atos jurídicos celebrados de boa-fé sejam preservados. Em outras palavras, nas hipóteses em que os conviventes tornem pública e notória a sua relação, mediante averbação, no registro de imóveis em que cadastrados os bens comuns, do contrato de convivência ou da decisão declaratória da existência da união estável, não se poderá considerar o terceiro adquirente do bem como de boa-fé, assim como não seria considerado caso se estivesse diante da venda de bem imóvel no curso do casamento. Contrariamente, não havendo o referido registro da relação na matrícula dos imóveis comuns, ou não se demonstrando a má-fé do adquirente, deve-se presumir a sua boa-fé, não sendo possível a invalidação do negócio que, à aparência, foi higidamente celebrado. Por fim, não se olvide que o direito do companheiro prejudicado pela alienação de bem que integrava o patrimônio comum remanesce sobre o valor obtido com a alienação, o que deverá ser objeto de análise em ação própria em que se discuta acerca da partilha do patrimônio do casal. **REsp 1.424.275-MT, Rel. Min. Paulo de Tarso Sanseverino, julgado em 4/12/2014, DJe 16/12/2014 (Inform. STJ 554).**

1. DIREITO CIVIL

DIREITO CIVIL. IRRENUNCIABILIDADE, NA CONSTÂNCIA DO VÍNCULO FAMILIAR, DOS ALIMENTOS DEVIDOS.
Tendo os conviventes estabelecido, no início da união estável, por escritura pública, a dispensa à assistência material mútua, a superveniência de moléstia grave na constância do relacionamento, reduzindo a capacidade laboral e comprometendo, ainda que temporariamente, a situação financeira de um deles, autoriza a fixação de alimentos após a dissolução da união. De início, cabe registrar que a presente situação é distinta daquelas tratadas em precedentes do STJ, nos quais a renúncia aos alimentos se deu ao término da relação conjugal. Naqueles casos, o entendimento aplicado foi no sentido de que, "após a homologação do divórcio, não pode o ex-cônjuge pleitear alimentos se deles desistiu expressamente por ocasião do acordo de separação consensual" (AgRg no Ag 1.044.922-SP, Quarta Turma, DJe 2/8/2010). No presente julgado, a hipótese é de prévia dispensa dos alimentos, firmada durante a união estável, ou seja, quando ainda existentes os laços conjugais que, por expressa previsão legal, impõem aos companheiros, reciprocamente, o dever de assistência. Observe-se que a assistência material mútua constitui tanto um direito como uma obrigação para os conviventes, conforme art. 2°, II, da Lei 9.278/1996 e arts. 1.694 e 1.724 do CC. Essas disposições constituem normas de interesse público e, por isso, não admitem renúncia, nos termos do art. 1.707 do CC: "Pode o credor não exercer, porém lhe é vedado renunciar o direito a alimentos, sendo o respectivo crédito insuscetível de cessão, compensação ou penhora". Nesse contexto, e não obstante considere-se válida e eficaz a renúncia manifestada por ocasião de acordo de separação judicial ou de divórcio, nos termos da reiterada jurisprudência do STJ, não pode ela ser admitida na constância do vínculo familiar. Nesse sentido há entendimento doutrinário e, de igual, dispõe o Enunciado 263, aprovado na III Jornada de Direito Civil, segundo o qual: "O art. 1.707 do Código Civil não impede seja reconhecida válida e eficaz a renúncia manifestada por ocasião do divórcio (direto ou indireto) ou da dissolução da 'união estável'. A irrenunciabilidade do direito a alimentos somente é admitida enquanto subsista vínculo de Direito de Família". Com efeito, ante o princípio da irrenunciabilidade dos alimentos, decorrente do dever de mútua assistência expressamente previsto nos dispositivos legais citados, não se pode ter como válida disposição que implique renúncia aos alimentos na constância da união, pois esses, como dito, são irrenunciáveis. **REsp 1.178.233-RJ, Rel. Min. Raul Araújo, julgado em 18/11/2014, DJe 9/12/2014 (Inform. STJ 553).**

Súmula STF nº 382

A vida em comum sob o mesmo teto, "more uxorio", não é indispensável à caracterização do concubinato.

6.3. Poder familiar, adoção, tutela e guarda

DIREITO CIVIL. ADOÇÃO DE PESSOA MAIOR DE IDADE SEM O CONSENTIMENTO DE SEU PAI BIOLÓGICO.
Ante o abandono do adotando pelo pai biológico e o estabelecimento de relação paterno-filial (vínculo afetivo) entre adotante e adotando, a adoção de pessoa maior de idade não pode ser refutada sem apresentação de justa causa por parte do pai biológico. Após a revogação do art. 1.621 do CC pela Lei 12.010/2009, o ECA passou a reger, no que couber, a adoção de maiores de dezoito anos (art. 1.619 do CC). Nesse passo, convém esclarecer que o caput do art. 45 do referido Estatuto dispõe que "a adoção depende do consentimento dos pais ou do representante legal do adotando". Por sua vez, o § 1º do mencionado dispositivo no ECA preceitua que "o consentimento será dispensado em relação à criança ou adolescente cujos pais sejam desconhecidos ou tenham sido destituídos do poder familiar". Ciente disso, importa destacar que o poder familiar extingue-se pela maioridade (art. 1.635 do CC), pois "os filhos estão sujeitos ao poder familiar, enquanto menores" (art. 1.630 do CC). Portanto, considerando-se que o direito em discussão está envolto à defesa de interesse individual e disponível de pessoa plenamente capaz e que o exercício da autonomia da vontade do maior de dezoito anos não depende mais do consentimento de seus pais ou de seu representante legal, não se aplica o art. 45 do ECA à adoção de maior de idade. Além disso, o art. 48 do ECA dispõe que "o adotado tem direito de conhecer sua origem biológica, bem como de obter acesso irrestrito ao processo no qual a medida foi aplicada e seus eventuais incidentes, após completar

18 (dezoito) anos". Desse modo, sendo possível ao filho maior buscar suas origens biológicas, partindo-se de uma interpretação teleológica desse dispositivo, é possível reconhecer também o direito de afastá-las por definitivo, por meio de adoção quando ele atingir a maioridade. **REsp 1.444.747-DF, Rel. Min. Ricardo Villas Bôas Cueva, julgado em 17/3/2015, DJe 23/3/2015 (Inform. STJ 558).**

DIREITO CIVIL. EXCLUSÃO DOS SOBRENOMES PATERNOS EM RAZÃO DO ABANDONO PELO GENITOR.
Pode ser deferido pedido formulado por filho que, no primeiro ano após atingir a maioridade, pretende excluir completamente de seu nome civil os sobrenomes de seu pai, que o abandonou em tenra idade. Nos termos da legislação vigente (arts. 56 e 57 da Lei 6.015/1973 – Lei de Registros Públicos), o nome civil pode ser alterado no primeiro ano, após atingida a maioridade, desde que não prejudique os apelidos de família, ou, ultrapassado esse prazo, por justo motivo, mediante apreciação judicial e após ouvido o Ministério Público. A propósito, deve-se salientar a tendência do STJ à superação da rigidez do registro de nascimento, com a adoção de interpretação mais condizente com o respeito à dignidade da pessoa humana, fundamento basilar de um estado democrático. Em outras palavras, o STJ tem adotado posicionamento mais flexível acerca da imutabilidade ou definitividade do nome civil, especialmente quanto à possibilidade de alteração por justo motivo (hipótese prevista no art. 57), que deve ser aferido caso a caso. Com efeito, o princípio da imutabilidade do nome não é absoluto no sistema jurídico brasileiro. Além disso, a referida flexibilização se justifica "pelo próprio papel que o nome desempenha na formação e consolidação da personalidade de uma pessoa" (REsp 1.412.260-SP, Terceira Turma, DJe 22/5/2014). Desse modo, o direito da pessoa de portar um nome que não lhe remeta às angústias decorrentes do abandono paterno e, especialmente, corresponda à sua realidade familiar, sobrepõe-se ao interesse público de imutabilidade do nome, já excepcionado pela própria Lei de Registros Públicos. Sendo assim, nos moldes preconizados pelo STJ, considerando que o nome é elemento da personalidade, identificador e individualizador da pessoa na sociedade e no âmbito familiar, conclui-se que o abandono pelo genitor caracteriza o justo motivo de o interessado requerer a alteração de seu nome civil, com a respectiva exclusão completa dos sobrenomes paternos. **Precedentes citados: REsp 66.643-SP, Quarta Turma, DJ 21/10/1997; e REsp 401.138-MG, Terceira Turma, DJ 26/6/2003. REsp 1.304.718-SP, Rel. Min. Paulo de Tarso Sanseverino, julgado em 18/12/2014, DJe 5/2/2015 (Inform. STJ 555).**

DIREITO CIVIL. ADOÇÃO. CONCESSÃO DE ADOÇÃO UNILATERAL DE MENOR FRUTO DE INSEMINAÇÃO ARTIFICIAL HETERÓLOGA À COMPANHEIRA DA MÃE BIOLÓGICA DA ADOTANDA.
A adoção unilateral prevista no art. 41, § 1º, do ECA pode ser concedida à companheira da mãe biológica da adotanda, para que ambas as companheiras passem a ostentar a condição de mães, na hipótese em que a menor tenha sido fruto de inseminação artificial heteróloga, com doador desconhecido, previamente planejada pelo casal no âmbito de união estável homoafetiva, presente, ademais, a anuência da mãe biológica, desde que inexista prejuízo para a adotanda. O STF decidiu ser plena a equiparação das uniões estáveis homoafetivas às uniões estáveis heteroafetivas, o que trouxe, como consequência, a extensão automática das prerrogativas já outorgadas aos companheiros da união estável tradicional àqueles que vivenciem uma união estável homoafetiva. Assim, se a adoção unilateral de menor é possível ao extrato heterossexual da população, também o é à fração homossexual da sociedade. Deve-se advertir, contudo, que o pedido de adoção se submete à norma-princípio fixada no art. 43 do ECA, segundo a qual "a adoção será deferida quando apresentar reais vantagens para o adotando". Nesse contexto, estudos feitos no âmbito da Psicologia afirmam que pesquisas têm demonstrado que os filhos de pais ou mães homossexuais não apresentam comprometimento e problemas em seu desenvolvimento psicossocial quando comparados com filhos de pais e mães heterossexuais. Dessa forma, a referida adoção somente se mostra possível no caso de inexistir prejuízo para a adotanda. Além do mais, a possibilidade jurídica e a conveniência do deferimento do pedido de adoção unilateral devem considerar a evidente necessidade de aumentar, e não de restringir, a base daqueles que desejam adotar, em virtude da existência de milhares de crianças que, longe de quererem discutir a orientação sexual de seus pais, anseiam apenas por um lar. **REsp 1.281.093-SP, Rel. Min. Nancy Andrighi, julgado em 18/12/2012. (Inform. STJ 513).**

6.4. Alimentos

REPERCUSSÃO GERAL EM ARE N 842.157-DF

RELATOR: MIN. DIAS TOFFOLI
EMENTA: DIREITO CONSTITUCIONAL. PENSÃO ALIMENTÍCIA. AÇÃO DE ALIMENTOS. FIXAÇÃO COM BASE NO SALÁRIO MÍNIMO. POSSIBILIDADE. ALEGAÇÃO DE VIOLAÇÃO AO ART. 7º, INCISO IV, DA CONSTITUIÇÃO FEDERAL. AUSÊNCIA DE INCONSTITUCIONALIDADE. REAFIRMAÇÃO DE JURISPRUDÊNCIA. REPERCUSSÃO GERAL RECONHECIDA. **(Inform. STF 795)**

DIREITO CIVIL. PENSÃO ALIMENTÍCIA DEVIDA A EX-CÔNJUGE E FIXAÇÃO, OU NÃO, DE TERMO FINAL.
Em regra, a pensão alimentícia devida a ex-cônjuge deve ser fixada por tempo determinado, sendo cabível o pensionamento alimentar sem marco final tão somente quando o alimentado (ex-cônjuge) se encontrar em circunstâncias excepcionais, como de incapacidade laboral permanente, saúde fragilizada ou impossibilidade prática de inserção no mercado de trabalho. **Precedentes citados: REsp 1.290.313-AL, Quarta Turma, DJe 7/11/2014; REsp 1.396.957-PR, Terceira Turma, DJe 20/6/2014; e REsp 1.205.408-RJ, Terceira Turma, DJe 29/6/2011. REsp 1.496.948-SP, Rel. Ministro Moura Ribeiro, julgado em 3/3/2015, DJe 12/3/2015 (Inform. STJ 557).**

DIREITO CIVIL. AVISO PRÉVIO COMO BASE DE CÁLCULO DE PENSÃO ALIMENTÍCIA.
Desde que não haja disposição transacional ou judicial em sentido contrário, o aviso prévio não integra a base de cálculo da pensão alimentícia. Segundo a doutrina, o aviso prévio é o "pagamento que vai ser efetuado pelo empregador ao empregado pela prestação de serviços durante o restante do contrato de trabalho, ou a indenização substitutiva pelo não cumprimento do aviso prévio por qualquer das partes". Em verdade, essa parcela pode ter cunho indenizatório (art. 487, § 1º, da CLT) – quando o empregado é dispensado do labor durante o período do aviso prévio – ou salarial (art. 488 da CLT) – quando destinada a remunerar o trabalhador pela continuação dos serviços no referido lapso temporal. Não obstante essa natureza dúplice, é cediço tratar-se, em qualquer das hipóteses, de verba rescisória – e, por conseguinte, de caráter excepcional –, razão pela qual se mostra infensa à incidência da pensão alimentícia, desde que não haja disposição transacional ou judicial em sentido contrário. A aplicação de solução diversa, levando em consideração tão somente a natureza jurídica imediata desse estipêndio (remuneratória) e olvidando a sua natureza mediata (verba rescisória), consistiria em verdadeira iniquidade, com foco restrito no fato de determinado empregado não ter sido dispensado do cumprimento dos deveres laborais. Ademais, a jurisprudência do STJ é uníssona no sentido de que a verba indenizatória não se inclui na base de cálculo da pensão alimentícia (REsp 807.783-PB, Quarta Turma, DJe 8/5/2006; e REsp 277.459-PR, Quarta Turma, DJe 2/4/2001). **REsp 1.332.808-SC, Rel. Min. Luis Felipe Salomão, julgado em 18/12/2014 (Inform. STJ 553).**

DIREITO CIVIL. DÉCIMO TERCEIRO SALÁRIO COMO BASE DE CÁLCULO DE PENSÃO ALIMENTÍCIA.
Desde que não haja disposição transacional ou judicial em sentido contrário, o décimo terceiro salário não compõe a base de cálculo da pensão alimentícia quando esta é estabelecida em valor fixo. Isso porque os alimentos arbitrados em valor fixo devem ser analisados de forma diversa daqueles arbitrados em percentuais sobre "vencimento", "salário", "rendimento", "provento", entre outros ad valorem. No primeiro caso, a dívida consolida-se com a fixação do valor e periodicidade em que deve ser paga, não se levando em consideração nenhuma outra base de cálculo, desde que não haja disposição transacional ou judicial em sentido contrário (REsp 1.091.095-RJ, Quarta Turma, DJe 25/4/2013). **REsp 1.332.808-SC, Rel. Min. Luis Felipe Salomão, julgado em 18/12/2014 (Inform. STJ 553).**

DIREITO CIVIL. PARTICIPAÇÃO NOS LUCROS E RESULTADOS COMO BASE DE CÁLCULO DE PENSÃO ALIMENTÍCIA.
Desde que não haja disposição transacional ou judicial em sentido contrário, as parcelas percebidas a título de participação nos lucros e resultados integram a base de cálculo da pensão alimentícia quando esta é fixada em percentual sobre os rendimentos. A rubrica nominada participação nos lucros e resultados corresponde, segundo entendimento doutrinário, a um "método de remuneração com o qual se assegura ao beneficiário uma parcela, percentualmente fixada, dos lucros obtidos pelo empreendimento econômico". A CF de 1988 definiu a referida parcela em seu art. 7º, XI, como um direito do trabalhador, desvinculando-a do conceito de remuneração. Contudo, verifica-se que essa desvinculação não tem o condão de alterar a essência dessa rubrica a ponto de descaracterizá-la, pois objetiva tão somente, segundo a doutrina, "incentivar a sua utilização pelos empregadores, que não se conformavam em ter que integrar o seu valor ao salário e pagar diferenças reflexas em outras parcelas trabalhistas, além dos encargos sociais". Nessa esteira, parece claro que não houve alteração quanto à essência remuneratória da participação nos lucros, pois essa configura acréscimo patrimonial (REsp 841.664-PR, Segunda Turma, DJe 25/8/2006; REsp 767.121-PR, Primeira Turma, DJe 3/4/2006; e REsp 794.949-PR, Primeira Turma, DJe de 1º/2/2006). Por outro ângulo, o fato de a verba não ser considerada para efeito de incidência de ônus sociais, trabalhistas, previdenciários e fiscais, tampouco ser computada no salário-base do empregado para cálculo de benefícios trabalhistas, em boa verdade, não guarda nenhuma relação com a incidência ou não do percentual relativo aos alimentos. É que, para além da discussão acerca da natureza jurídica da verba para efeitos trabalhistas e fiscais, é importante ter em vista a base legal para a fixação dos alimentos, seus princípios e valores subjacentes, os quais conduzem, invariavelmente, à apreciação do binômio necessidade-possibilidade. Vale dizer, se a supressão ou acréscimo de verbas na remuneração do alimentante tiver aptidão para alterar as possibilidades do devedor, tudo indica que esses valores farão parte da base de cálculo dos alimentos sempre que fixados em percentual sobre os rendimentos, desde que não haja disposição transacional ou judicial em sentido contrário. E, nessa esteira, haverá um acréscimo nas possibilidades alimentares do devedor, hipótese em que, via de regra, deverá o alimentando perceber também algum incremento da pensão, ainda que de forma transitória, haja vista que o pagamento de participação nos lucros fica condicionado à existência de lucratividade. Assim, as parcelas percebidas a título de "participação nos lucros" configuram rendimento, devendo integrar a base de cálculo da pensão fixada em percentual, uma vez que o conceito de rendimentos é amplo, mormente para fins de cálculo de alimentos. **REsp 1.332.808-SC, Rel. Min. Luis Felipe Salomão, julgado em 18/12/2014 (Inform. STJ 553).**

DIREITO PROCESSUAL CIVIL. PRISÃO CIVIL DE ADVOGADO. O advogado que tenha contra si decretada prisão civil por inadimplemento de obrigação alimentícia tem direito a ser recolhido em prisão domiciliar na falta de sala de Estado Maior, mesmo que Delegacia de Polícia possa acomodá-lo sozinho em cela separada. Na esfera penal, a jurisprudência é uníssona quanto a ser garantida ao advogado a permanência em sala de Estado Maior e, na falta dessa, o regime domiciliar. Se, quando é malferido um bem tutelado pelo direito penal, permite-se ao advogado acusado o recolhimento em sala de Estado Maior, a lógica adotada no ordenamento jurídico impõe seja estendido igual direito ao advogado que infringe uma norma cível, porquanto, na linha do regramento lógico, "quem pode o mais, pode o menos". Ainda que as prisões tenham finalidades distintas, não se mostra razoável negar esse direito a infrator de obrigação cível, por mais relevante que seja, uma vez que, na escala de bens tutelados pelo Estado, os abrangidos pela lei penal são os mais relevantes à sociedade. Em última análise, trata-se de direito a regime adequado de cumprimento de mandado de segregação. Discute-se, pois, um corolário do direito de locomoção integrante do núcleo imutável da Constituição, tema materialmente constitucional a impor, portanto, interpretação que não restrinja o alcance da norma. Assim, se o legislador, ao disciplinar os direitos do advogado, entendeu incluir no rol o de "não ser recolhido preso, antes de sentença transitada em julgado, senão em sala de Estado Maior com instalações e comodidades condignas, assim reconhecidas pela OAB, e na sua falta, em prisão domiciliar" (art. 7º, V, da Lei 8.906/1994), não cabe ao Poder Judiciário restringi-lo somente aos processos penais. Uma "cela", por sua própria estrutura física, não pode ser equiparada a "Sala de Estado Maior" (STF, Rcl 4.535-ES, Tribunal Pleno, DJe 15/6/2007); e a prisão domiciliar não deve ser entendida como colocação em liberdade, ainda que, na prática, se possa verificar equiparação. Eventual deficiência no controle do confinamento pelo Poder Público não pode servir de fundamento para afastar a aplicação de qualquer direito, submetendo-se o titular a regime mais severo de privação da liberdade por conta da omissão estatal. **HC 271.256-MS, Rel. Min. Raul Araújo, julgado em 11/2/2014. (Inform. STJ 537)**

DIREITO CIVIL. IMPOSSIBILIDADE DE PRISÃO CIVIL DO INVENTARIANTE PELO INADIMPLEMENTO DE PENSÃO ALIMENTÍCIA.

Não cabe prisão civil do inventariante em razão do descumprimento do dever do espólio de prestar alimentos. Isso porque a restrição da liberdade constitui sanção de natureza personalíssima que não pode recair sobre terceiro, estranho ao dever de alimentar. De fato, a prisão administrativa atinge apenas o devedor de alimentos, segundo o art. 733, § 1º, do CPC, e não terceiros. Dessa forma, sendo o inventariante um terceiro na relação entre exequente e executado – ao espólio é que foi transmitida a obrigação de prestar alimentos (haja vista o seu caráter personalíssimo), configura constrangimento ilegal a coação, sob pena de prisão, a adimplir obrigação do referido espólio, quando este não dispõe de rendimento suficiente para tal fim. Efetivamente, o inventariante nada mais é do que, substancialmente, auxiliar do juízo (art. 139 do CC/2002), não podendo ser civilmente preso pelo descumprimento de seus deveres, mas sim destituído por um dos motivos do art. 995 do CC/2002. Deve-se considerar, ainda, que o próprio herdeiro pode requerer pessoalmente ao juízo, durante o processamento do inventário, a antecipação de recursos para a sua subsistência, podendo o magistrado conferir eventual adiantamento de quinhão necessário à sua mantença, dando assim efetividade ao direito material da parte pelos meios processuais cabíveis, sem que se ofenda, para tanto, um dos direitos fundamentais do ser humano, a liberdade. Precedente citado: REsp 1.130.742-DF, Quarta Turma, DJe 17/12/2012. **HC 256.793-RN, Rel. Min. Luis Felipe Salomão, julgado em 1º/10/2013. (Inform. STJ 531)**

DIREITO CIVIL. ALIMENTOS NA HIPÓTESE DE FORMAÇÃO DE VÍNCULO SOCIOAFETIVO.

A esposa infiel não tem o dever de restituir ao marido traído os alimentos pagos por ele em favor de filho criado com estreitos laços de afeto pelo casal, ainda que a adúltera tenha ocultado do marido o fato de que a referida criança seria filha biológica sua e de seu "cúmplice". Isso porque, se o marido, ainda que enganado por sua esposa, cria como seu o filho biológico de outrem, tem-se por configurada verdadeira relação de paternidade socioafetiva, a qual, por si mesma, impede a repetição da verba alimentar, haja vista que, a fim de preservar o elo da afetividade, deve-se considerar secundária a verdade biológica, porquanto a CF e o próprio CC garantem a igualdade absoluta dos filhos de qualquer origem (biológica ou não biológica). Além do mais, o dever de fidelidade recíproca dos cônjuges, atributo básico do casamento, em nada se comunica com a relação paternal gerada, mostrando-se desarrazoado transferir o ônus por suposto insucesso da relação à criança alimentada. Ademais, o STJ já firmou o entendimento de que a mulher não está obrigada a restituir ao marido o valor dos alimentos pagos por ele em favor da criança que, depois se soube, era filha de outro homem (REsp 412.684-SP, Quarta Turma, DJ 25/11/2002). De mais a mais, quaisquer valores que sejam porventura apurados em favor do alimentante estarão cobertos pelo princípio da irrepetibilidade dos alimentos já pagos, justificado pelo dever de solidariedade entre os seres humanos, uma vez que, em última análise, os alimentos garantem a própria existência do alimentando. **REsp 922.462-SP, Rel. Min. Ricardo Villas Bôas Cueva, julgado em 4/4/2013. (Inform. STJ 522)**

DIREITO CIVIL. VERBAS TRABALHISTAS PERCEBIDAS PELO ALIMENTANTE NÃO PREVISTAS EM TÍTULO JUDICIAL.

No caso em que os alimentos tenham sido arbitrados pelo juiz em valor fixo correspondente a determinado número de salários mínimos a serem pagos em periodicidade mensal, o alimentando não tem direito a receber, com base naquele título judicial, quaisquer acréscimos decorrentes de verbas trabalhistas percebidas pelo alimentante e ali não previstos. De fato, na hipótese de alimentos arbitrados em valor fixo, salvo disposição em contrário na decisão que os fixa, os rendimentos do devedor são levados em consideração para aferir suas possibilidades ou, quando muito, é mero veículo de desconto do valor devido. Assim, eventuais flutuações dos rendimentos do alimentante, para cima ou para baixo, ou mesmo sua supressão – ao menos até que os valores sejam revistos em ação própria –, não são aptas a alterar o *quantum* devido, razão pela qual o recebimento de parcelas trabalhistas a título de 13º, férias e outras verbas da mesma natureza não tem o condão de influenciar a dívida consolidada, sob pena de alterar o binômio inicial (necessidade/possibilidade) considerado para a determinação do montante fixo. Basta mencionar, por exemplo, que, em situações nas quais a remuneração do alimentante é eventual ou em periodicidade diversa da mensal, os alimentos fixados em valor determinado a ser pago mensalmente são estabelecidos com valores recebidos pelo devedor. A dívida existe, é certa e deve ser paga na data fixada independentemente dessa circunstância. Nesse caso, fazer que o devedor pague o valor arbitrado sempre que receber remuneração – como pagaria até mesmo no caso de não recebimento – consubstancia evidente vulneração do título judicial. Enfim, se o magistrado sentenciante arbitrou os alimentos em valor fixo à luz das circunstâncias do caso concreto, há de se presumir que esse foi o método por ele considerado como o mais adequado à satisfação do binômio necessidade/possibilidade. Assim, o débito alimentar arbitrado em valor fixo – por sentença transitada em julgado – deve ser pago pelo montante e na exata periodicidade constante no título judicial, revelando-se ofensa à coisa julgada a determinação para que o valor arbitrado seja pago a propósito do recebimento de outras verbas pelo devedor. **REsp 1.091.095-RJ, Rel. Min. Luis Felipe Salomão, julgado em 16/4/2013. (Inform. STJ 519)**

DIREITO CIVIL. ABRANGÊNCIA DOS ALIMENTOS PROVISÓRIOS.

Em regra, os alimentos provisórios fixados em percentual sobre os rendimentos líquidos do alimentante não abrangem as verbas que não façam parte da sua remuneração habitual. Com efeito, na fixação dos alimentos provisórios, o julgador, diante do pedido formulado pelo alimentando, não se volta, a princípio, para a capacidade do alimentante – na qual a natureza do valor da verba percebida tem real influência – mas procura encontrar o ideal dos alimentos *ad necessitate*, diante da análise dos elementos de que dispõe e do que vislumbra compor as necessidades do alimentando. Apenas quando ultrapassada essa análise inicial, passa-se a dispor sobre a possibilidade de adequar essa necessidade às condições financeiras do alimentante. Nesse contexto, constatada a existência de suficiente capacidade econômica do alimentante, o juiz fixa os alimentos no valor que originalmente concluiu ser o ideal para o sustento do alimentando. Vale ressaltar que, nesse caso, não há perquirição sobre a possibilidade de o alimentante pagar valor maior se a necessidade do alimentando foi plenamente satisfeita. Deparando-se o julgador, contudo, com situação contrária, na qual o valor percebido pelo alimentante não é suficiente para o pagamento do *quantum* ideal, será este valor glosado até que possa ser aumentado ao ponto de suprir a necessidade do alimentando, circunstância que ensejará um acompanhamento da fortuna do alimentante, pois um aumento em sua capacidade econômica poderá acarretar – quando pedido – equiparável acréscimo no valor dos alimentos. Dessa visão conceitual do processo de fixação dos alimentos provisórios, extrai-se que a fortuna do alimentante não está associada, de forma indiscriminada, ao valor desses alimentos. Assim, as variações positivas na remuneração total do alimentante, de regra, não terão impacto em seu valor, salvo se as necessidades do alimentando, constatadas inicialmente, não tiverem sido supridas integralmente, ou, ainda, quando houver superveniente alteração no elemento necessidade. Supridas as necessidades legalmente preconizadas pelo valor já pago e não sendo os alimentos provisórios, provisionais ou *pro tempore* cota de participação no sucesso do alimentante, razão não há para que o aumento dos seus rendimentos, mormente aqueles oriundos de verbas não regulares (abono, participação nos lucros e gratificações), tenha reflexos proporcionais no monte destinado aos alimentos, pois as necessidades do alimentando não aumentam, automaticamente, com a possibilidade de aumento dos ganhos do alimentante. **REsp 1.261.247-SP, Rel. Min. Nancy Andrighi, julgado em 16/4/2013. (Inform. STJ 519)**

DIREITO CIVIL. IRRETROATIVIDADE DA DECISÃO QUE EXONERA O DEVEDOR DE ALIMENTOS DO PAGAMENTO DA DÍVIDA ALIMENTAR.

O reconhecimento judicial da exoneração do pagamento de pensão alimentícia não alcança as parcelas vencidas e não pagas de dívida alimentar anteriormente reconhecida e cobrada judicialmente. Conforme a jurisprudência do STJ, a procedência de ação proposta com fins de exclusão do pagamento de pensão alimentícia reconhecida judicialmente não obsta a execução das parcelas já vencidas e cobradas sob o rito do art. 733 do CPC. O ajuizamento de ação revisional ou de exoneração de alimentos não possibilita ao devedor reduzir ou deixar de pagar o valor dos alimentos. A alteração do encargo depende de autorização judicial, cuja sentença não dispõe de efeitos retroativos. Admitir o contrário incentivaria o inadimplemento. Como os alimentos são irrepetíveis, aquele que pagou o valor devido até a data da decisão que o libere do respectivo pagamento não teria como reaver as diferenças. Nesse caso, somente seria beneficiado quem tivesse pagado a verba alimentar, ficando inadimplente à espera da sentença, o que violaria o princípio da igualdade e acabaria por incentivar a mora e induzir todos os que são executados a buscar a via judicial, propondo ação de redução ou exclusão do encargo só para ter a execução de alimentos suspensa. Precedentes citados: HC 152.700-SP, Terceira Turma, DJe 26/3/2010, e HC 132.447-SP, Quarta Turma, DJe 22/3/2010. **RHC 35.192-RS, Rel. Min. Villas Bôas Cueva, julgado em 12/3/2013. (Inform. STJ 518)**

54 VADE MECUM DE JURISPRUDÊNCIA – STF/STJ

DIREITO CIVIL. INEXISTÊNCIA DE OBRIGAÇÃO DOS PAIS DE FORNECER ALIMENTOS À FILHA MAIOR DE 25 ANOS E COM CURSO SUPERIOR COMPLETO, NO CASO DE AUSÊNCIA DE PROVA REFERENTE A PROBLEMAS QUANTO À SUA SAÚDE FÍSICA OU MENTAL.
Os pais não têm obrigação de fornecer alimentos à filha maior de 25 anos e com curso superior completo, se inexistirem elementos que indiquem quaisquer problemas quanto à sua saúde física ou mental. Durante a menoridade, ou seja, até os dezoitos anos de idade, não é necessário que o alimentando faça prova efetiva da inexistência de meios próprios de subsistência, o que se presume pela incapacidade civil, estando o dever de alimentos fundamentado no poder familiar. Alcançada a maioridade, essa prova é necessária e, uma vez realizada, o filho continuará com o direito de receber alimentos dos pais, inclusive no que se refere às verbas necessárias à sua educação. Nesse contexto, haverá presunção de dependência do alimentando que, quando da extinção do poder familiar, estiver frequentando regularmente curso superior ou de natureza técnica, mas o dever de prestar alimentos passará a ser fundado na relação de parentesco, e não no poder familiar. Tratando-se, entretanto, de filho maior, capaz e com curso superior completo, não mais se admite a presunção da necessidade, que deverá ser efetivamente demonstrada. Com efeito, nessa situação, há de se considerar que os filhos civilmente capazes e graduados podem e devem gerir suas próprias vidas, inclusive buscando meios de assegurar sua própria subsistência. **REsp 1.312.706-AL, Rel. Min. Luis Felipe Salomão, julgado em 21/2/2013. (Inform. STJ 518)**

DIREITO CIVIL. COBRANÇA RETROATIVA DA DIFERENÇA VERIFICADA ENTRE OS VALORES FIXADOS A TÍTULO DE ALIMENTOS PROVISÓRIOS E DEFINITIVOS.
Se os alimentos definitivos forem fixados em valor superior ao dos provisórios, poderá haver a cobrança retroativa da diferença verificada entre eles. A jurisprudência majoritária do STJ tem mitigado a interpretação mais literal da regra contida no § 2º do art. 13 da Lei n. 5.478/1968 para entender que os alimentos definitivos fixados em valor inferior ao dos provisórios não gerariam, para o alimentante, o direito de cobrar o que fora pago a maior, tendo em vista a irrepetibilidade da verba alimentar. Todavia, nada impede a aplicação da interpretação direta da regra contida no referido comando legal, o que possibilita a cobrança retroativa da diferença verificada na hipótese em que os alimentos definitivos tenham sido fixados em montante superior ao dos provisórios. Precedente citado: EDcl no REsp 504.630-SP, Terceira Turma, DJ 11/9/2006. **REsp 1.318.844-PR, Rel. Min. Sidnei Beneti, julgado em 7/3/2013. (Inform. STJ 516)**.

📖 Súmula STJ nº 358

O cancelamento de pensão alimentícia de filho que atingiu a maioridade está sujeito à decisão judicial, mediante contraditório, ainda que nos próprios autos.

📖 Súmula STJ nº 336

A mulher que renunciou aos alimentos na separação judicial tem direito à pensão previdenciária por morte do ex-marido, comprovada a necessidade econômica superveniente.

6.5. Paternidade e filiação

DIREITO CIVIL. INAPLICABILIDADE DE PRAZO DECADENCIAL NOS CASOS DE INVESTIGAÇÃO DE PATERNIDADE.
O prazo decadencial de 4 anos estabelecido nos arts. 178, § 9º, VI e 362 do CC/1916 (correspondente ao art. 1.614 do CC/2002) aplica-se apenas aos casos em que se pretende, exclusivamente, desconstituir o reconhecimento de filiação, não tendo incidência nas investigações de paternidade, nas quais a anulação do registro civil constitui mera consequência lógica da procedência do pedido. Precedentes citados: REsp 259.768-RS, Quarta Turma, DJ 22/3/2004; REsp 714.969-MS, Quarta Turma, DJ 22/3/2010; e RESP 987.987-SP, Terceira Turma, DJ 5/9/2008. **AgRg no REsp 1.259.703-MS, Rel. Min. Maria Isabel Gallotti, julgado em 24/2/2015, DJe 27/2/2015 (Inform. STJ 556).**

DIREITO CIVIL. DESCONSTITUIÇÃO DE PATERNIDADE REGISTRAL.
Admitiu-se a desconstituição de paternidade registral no seguinte caso: (a) o pai registral, na fluência de união estável estabelecida com a genitora da criança, fez constar o seu nome como pai no registro de nascimento, por

acreditar ser o pai biológico do infante; (b) estabeleceu-se vínculo de afetividade entre o pai registral e a criança durante os primeiros cinco anos de vida deste; (c) o pai registral solicitou, ao descobrir que fora traído, a realização de exame de DNA e, a partir do resultado negativo do exame, não mais teve qualquer contato com a criança, por mais de oito anos até a atualidade; e (d) o pedido de desconstituição foi formulado pelo próprio pai registral. De fato, a simples ausência de convergência entre a paternidade declarada no assento de nascimento e a paternidade biológica, por si só, não autoriza a invalidação do registro. Realmente, não se impõe ao declarante, por ocasião do registro, prova de que é o genitor da criança a ser registrada. O assento de nascimento traz, em si, essa presunção. Entretanto, caso o declarante demonstre ter incorrido, seriamente, em vício de consentimento, essa presunção poderá vir a ser ilidida por ele. Não se pode negar que a filiação socioativa detém integral respaldo do ordenamento jurídico nacional, a considerar a incumbência constitucional atribuída ao Estado de proteger toda e qualquer forma de entidade familiar, independentemente de sua origem (art. 227 da CF). Ocorre que o estabelecimento da filiação socioafetiva perpassa, necessariamente, pela vontade e, mesmo, pela voluntariedade do apontado pai, ao despender afeto, de ser reconhecido como tal. Em outras palavras, as manifestações de afeto e carinho por parte de pessoa próxima à criança somente terão o condão de convolarem-se numa relação de filiação se, além da caracterização do estado de posse de filho, houver, por parte do indivíduo que despende o afeto, a clara e inequívoca intenção de ser concebido juridicamente como pai ou mãe da criança. Portanto, a higidez da vontade e da voluntariedade de ser reconhecido juridicamente como pai consubstancia pressuposto à configuração de filiação socioafetiva no caso aqui analisado. Dessa forma, não se concebe a conformação dessa espécie de filiação quando o apontado pai incorre em qualquer dos vícios de consentimento. Ademais, sem proceder a qualquer consideração de ordem moral, não se pode obrigar o pai registral, induzido a erro substancial, a manter uma relação de afeto igualmente calcada no vício de consentimento originário, impondo-lhe os deveres daí advindos sem que voluntária e conscientemente o queira. Além disso, como a filiação socioafetiva pressupõe a vontade e a voluntariedade do apontado pai de ser assim reconhecido juridicamente, caberá somente a ele contestar a paternidade em apreço. Por fim, ressalte-se que é diversa a hipótese em que o indivíduo, ciente de que não é o genitor da criança, voluntária e expressamente declara o ser perante o Oficial de Registro das Pessoas Naturais ("adoção à brasileira"), estabelecendo com esta, a partir daí, vínculo da afetividade paterno-filial. Nesta hipótese – diversa do caso em análise –, o vínculo de afetividade se sobrepõe ao vício, encontrando-se inegavelmente consolidada a filiação socioafetiva (hipótese, aliás, que não comportaria posterior alteração). A consolidação dessa situação – em que pese antijurídica e, inclusive, tipificada no art. 242 do CP –, em atenção ao melhor e prioritário interesse da criança, não pode ser modificada pelo pai registral e socioafetivo, afigurando-se irrelevante, nesse caso, a verdade biológica. Trata-se de compreensão que converge com o posicionamento perfilhado pelo STJ (REsp 709.608-MS, Quarta Turma, DJe 23/11/2009; e REsp 1.383.408-RS, Terceira Turma, DJe 30/5/2014). **REsp 1.330.404-RS, Rel. Min. Marco Aurélio Bellizze, julgado em 5/2/2015, DJe 19/2/2015 (Inform. STJ 555).**

DIREITO CIVIL E PROCESSUAL CIVIL. CERCEAMENTO INDEVIDO DA ATIVIDADE PROBATÓRIA DAS PARTES EM AÇÃO DECLARATÓRIA DE MATERNIDADE. Definiu-se não ser possível julgar improcedente pedido de reconhecimento *post mortem* de maternidade socioafetiva sem que se tenha viabilizado a realização de instrução probatória, ante o julgamento antecipado da lide (art. 330, I, do CPC), na seguinte situação: i) a autora ingressou com pedido de reconhecimento da existência de filiação socioafetiva, com a manutenção de sua mãe registral em seu assentamento de nascimento; ii) o pedido foi fundado na alegação de que a pretensa mãe adotiva e sua mãe registral procederam, em conjunto, à denominada "adoção à brasileira" da demandante, constando do registro apenas uma delas porque, à época, não era admitida união homoafetiva pelo ordenamento jurídico nacional; iii) argumentou-se que a autora foi criada, como se filha fosse, por ambas as "mães", indistintamente, e mesmo após o rompimento do relacionamento delas, encontrando-se, por isso, estabelecido o vínculo socioafetivo, a propiciar o reconhecimento judicial da filiação pretendida; e iv) o julgamento de improcedência foi fundado na constatação de não ter sido demonstrado nos autos que a mãe socioafetiva teve, efetivamente, a pretensão de "adotar" a autora em conjunto com a mãe registral e, também, no entendimento de que elas não formavam um casal homossexual, como sugere a demandante, pois, posteriormente, a mãe registral casou-se com um homem, com quem formou núcleo familiar próprio. No caso descrito, o proceder do julgador, ao não permitir que a autora demonstrasse os fatos alegados, configura cerceamento de defesa. De fato, o estabelecimento da filiação socioafetiva demanda a coexistência de duas circunstâncias bem definidas e dispostas, necessariamente, na seguinte ordem: i) vontade clara e inequívoca do apontado pai ou mãe socioafetivo, ao despender expressões de afeto à criança, de ser reconhecido, voluntária e juridicamente como tal; e ii) configuração da denominada "posse de estado de filho", compreendido pela doutrina como a presença (não concomitante) de *tractatus* (tratamento, de parte à parte, como pai/mãe e filho); *nomen* (a pessoa traz consigo o nome do apontado pai/mãe); e fama (reconhecimento pela família e pela comunidade de relação de filiação), que naturalmente deve apresentar-se de forma sólida e duradoura. Nesse contexto, para o reconhecimento da filiação socioafetiva, a manifestação quanto à vontade e à voluntariedade do apontado pai ou mãe de ser reconhecido juridicamente como tal deve estar absolutamente comprovada nos autos, o que pode ser feito por qualquer meio idôneo e legítimo de prova. Todavia, em remanescendo dúvidas quanto à verificação do apontado requisito, após concedida oportunidade à parte de demonstrar os fatos alegados, há que se afastar, peremptoriamente, a configuração da filiação socioafetiva. Por oportuno, é de se ressaltar, inclusive, que a robustez da prova, na hipótese dos autos, há de ser ainda mais contundente, a considerar que o pretendido reconhecimento de filiação socioafetiva refere-se a pessoa já falecida. Nada obstante, não se pode subtrair da parte a oportunidade de comprovar suas alegações. Ademais, cabe ressaltar que o casamento da pretensa mãe com um homem, em momento posterior, não significaria que aquele alegado relacionamento com a mãe registral nunca existiu e, principalmente, que não teria havido, por parte delas, a intenção conjunta de "adotar" a demandante, que, segundo alega e pretende demonstrar, fora criada como se filha fosse pelas referidas senhoras, mesmo depois do rompimento deste relacionamento. Por fim, deve-se consignar ao menos a possibilidade jurídica do pedido posto na inicial, acerca da dupla maternidade, conforme já reconhecido por esta Corte de Justiça por ocasião do julgamento do REsp 889.852-RS, Quarta Turma, DJe 10/8/2010 (ressalvadas as particularidades do caso ora sob exame). Efetivamente, em atenção às novas estruturas familiares, baseadas no princípio da afetividade jurídica (a permitir, em última análise, a realização do indivíduo como consectário da dignidade da pessoa humana), a coexistência de relações filiais ou a denominada multiplicidade parental, compreendida como expressão da realidade social, não pode passar despercebida pelo direito. Desse modo, há que se conferir à parte o direito de produzir as provas destinadas a comprovar o estabelecimento das alegadas relações socioafetivas, que pressupõem, como assinalado, a observância dos requisitos acima referidos. **REsp 1.328.380-MS**, Rel. Min. Marco Aurélio Bellizze, julgado em 21/10/2014. **(Inform. STJ 552)**

DIREITO CIVIL E PREVIDENCIÁRIO. PRINCÍPIO DA IRREPETIBILIDADE DAS VERBAS PREVIDENCIÁRIAS. A viúva que vinha recebendo a totalidade da pensão por morte de seu marido não deve pagar ao filho posteriormente reconhecido em ação de investigação de paternidade a quota das parcelas auferidas antes da habilitação deste na autarquia previdenciária, ainda que a viúva, antes de iniciar o recebimento do benefício, já tivesse conhecimento da existência da ação de investigação de paternidade. De fato, a sentença declaratória de paternidade possui efeitos *ex tunc*, retroagindo à data de nascimento do investigante. Entretanto, tais efeitos não possuem caráter absoluto, encontrando um limite intransponível: o respeito às situações jurídicas definitivamente constituídas. A controvérsia envolve o princípio da irrepetibilidade das verbas previdenciárias pagas a maior, amplamente consagrado pela jurisprudência do STJ. Considerando que os valores recebidos a título de benefício previdenciário não se prestam, por natureza, a enriquecimento – e, menos ainda, ilícito –, mas sim à subsistência do segurado e de sua família, sendo manifesta a sua natureza alimentar, a jurisprudência somente excepciona sua irrepetibilidade quando o recebimento decorrer de má-fé. Ao tomar conhecimento da ação de investigação de paternidade, a viúva apenas obtém a notícia da possibilidade de haver outro beneficiário do direito previdenciário. Trata-se de mera possibilidade e nada mais do que isso, porquanto incerto o resultado da demanda, que poderia ser pela improcedência. Assim, não é razoável exigir da beneficiária, já devidamente habilitada nos termos da lei, que abrisse mão de sua pensão apenas por existir uma ação em curso que pudesse vir a reconhecer a existência de outro beneficiário. A configuração da má-fé requer a intenção maliciosa de causar lesão ou prejuízo a terceiro, o que não ocorre no caso. Note-se que o interessado poderia pleitear medida judicial no bojo da ação de investigação de paternidade para que lhe fosse assegurada a reserva de parte da pensão. Se assim não o fez, não se pode exigir de terceira pessoa (a viúva), que não era parte naquela ação investigativa, a adoção de providência voltada a assegurar efeito semelhante. Assim, a possibilidade de pagamento retroativo ao filho reconhecido judicialmente posteriormente ao óbito do instituidor do benefício não autoriza, por si só, que se exija de outros beneficiários anteriormente habilitados a devolução das verbas previdenciárias recebidas de boa-fé. **REsp 990.549-RS**, Rel. Min. Ricardo Villas Bôas Cueva, Rel. para acórdão Min. João Otávio de Noronha, julgado em 5/6/2014. (Inform. STJ 545)

DIREITO CIVIL. RECUSA À SUBMISSÃO A EXAME DE DNA.
No âmbito de ação declaratória de inexistência de parentesco cumulada com nulidade de registro de nascimento na qual o autor pretenda comprovar que o réu não é seu irmão, apesar de ter sido registrado como filho pelo seu falecido pai, a recusa do demandado a se submeter a exame de DNA não gera presunção de inexistência do parentesco, sobretudo na hipótese em que reconhecido o estado de filiação socioafetivo do réu. Em demandas envolvendo reconhecimento de paternidade, a recusa de filho em se submeter ao exame de DNA permite dois ângulos de visão: a referente a filho sem paternidade estabelecida e a relacionada a filho cuja paternidade já tenha sido fixada. No primeiro caso, deve-se conferir ao pai o direito potestativo de ver reconhecido seu vínculo de paternidade com o fim de constituição da família, nada impedindo, porém, que o suposto descendente recuse submeter-se ao exame pericial. O caso será, então, interpretado à luz do art. 232 do CC (A recusa à perícia médica ordenada pelo juiz poderá suprir a prova que se pretendia obter com o exame), considerando o fato de que é imprescindível existirem outras provas da filiação. Já nas situações em que o suposto filho que possui a paternidade fixada recuse a realização do exame de DNA, a complexidade é exacerbada, de modo que, a depender do caso, dever-se-á reconhecer, sem ônus, o direito à recusa do filho, especialmente nas hipóteses nas quais se verifique a existência de paternidade socioafetiva, uma vez que a manutenção da família é direito de todos e deve receber respaldo do Judiciário. Na hipótese em apreço, a recusa do filho não pode gerar presunção de que ele não seria filho biológico do pai constante no seu registro de nascimento. Inicialmente, porque a manifestação espontânea do desejo de colocar o seu nome, na condição de pai, no registro do filho é ato de vontade perfeito e acabado, gerando um estado de filiação acobertado pela irrevogabilidade, incondicionalidade e indivisibilidade (arts. 1.610 e 1.613 do CC). Nesse sentido, não se pode esquecer que "o reconhecimento espontâneo da paternidade somente pode ser desfeito quando demonstrado vício de consentimento, isto é, para que haja possibilidade de anulação do registro de nascimento de menor cuja paternidade foi reconhecida, é necessária prova robusta no sentido de que o pai registral foi de fato, por exemplo, induzido a erro, ou ainda, que tenha sido coagido a tanto" (REsp 1.022.763-RS, Terceira Turma, DJe 3/2/2009). Além disso, deve haver uma ponderação dos interesses em disputa, harmonizando-os por meio da proporcionalidade ou razoabilidade, sempre se dando prevalência àquele que conferir maior projeção à dignidade humana, haja vista ser o principal critério substantivo na direção da ponderação de interesses constitucionais. Dessa forma, no conflito entre o interesse patrimonial do irmão que ajuíza esse tipo de ação, para o reconhecimento de suposta verdade biológica, e a dignidade do réu em preservar sua personalidade, sua intimidade, identidade, seu *status* jurídico de filho, deve-se dar primazia aos últimos. Ainda que assim não fosse, isto é, mesmo que, na situação em análise, reconheça-se a presunção relativa decorrente da negativa da demandada em se submeter ao DNA, nenhuma consequência prática nem jurídica poderia advir daí. Isso porque o STJ sedimentou o entendimento de que, em conformidade com os princípios do CC e da CF de 1988, o êxito em ação negatória de paternidade depende da demonstração, a um só tempo, de que inexiste origem biológica e também de que não tenha sido constituído estado de filiação fortemente marcado pelas relações socioafetivas e edificado na convivência familiar. Vale dizer que a pretensão voltada à impugnação da paternidade não pode prosperar quando fundada apenas na origem genética, mas em aberto conflito com a paternidade socioafetiva. Portando, o exame de DNA em questão serviria, por via transversa, tão somente para investigar a ancestralidade da ré, não tendo mais nenhuma utilidade para o caso em apreço. Ocorre que, salvo hipóteses excepcionais, o direito de investigação da origem genética é personalíssimo, e somente pode ser exercido diretamente pelo titular após a aquisição da plena capacidade jurídica. REsp 1.115.428-SP, Rel. Min. Luis Felipe Salomão, julgado em 27/8/2013. **(Inform. STJ 530)**

DIREITO CIVIL. REGISTROS PÚBLICOS. POSSIBILIDADE DE INCLUSÃO DE PATRONÍMICO PATERNO NO FINAL DO NOME DO FILHO, AINDA QUE EM ORDEM DIVERSA DAQUELA CONSTANTE DO NOME DO PAI.

Admite-se, excepcional e motivadamente, após apreciação judicial, a retificação de registro civil para inclusão de patronímico paterno no final do nome do filho, ainda que em ordem diversa daquela constante do nome do pai, se comprovado que tal retificação se faz necessária para corresponder, adequadamente, à forma como aquele e sua família são conhecidos no meio social em que vivem. A regra geral, no direito brasileiro, é a da imutabilidade ou definitividade do nome civil, mas são admitidas exceções, como a prevista no art. 57 da Lei n. 6.015/1973, hipótese na qual se enquadra o caso, que exige motivação, audiência do Ministério Público e prolação de sentença judicial. A lei, todavia, não faz nenhuma exigência no que tange à observância de determinada ordem quanto aos apelidos de família, seja no momento do registro do nome do indivíduo ou por ocasião da sua posterior retificação. Ademais, inexiste proibição legal de que a ordem do sobrenome dos filhos seja distinta daquela presente no sobrenome dos pais. **REsp 1.323.677-MA, Rel. Min. Nancy Andrighi, julgado em 5/2/2013. (Inform. STJ 513).**

DIREITO CIVIL. RECONHECIMENTO DA PATERNIDADE BIOLÓGICA REQUERIDA PELO FILHO. ADOÇÃO À BRASILEIRA.

É possível o reconhecimento da paternidade biológica e a anulação do registro de nascimento na hipótese em que pleiteados pelo filho adotado conforme prática conhecida como "adoção à brasileira". A paternidade biológica traz em si responsabilidades que lhe são intrínsecas e que, somente em situações excepcionais, previstas em lei, podem ser afastadas. O direito da pessoa ao reconhecimento de sua ancestralidade e origem genética insere-se nos atributos da própria personalidade. A prática conhecida como "adoção à brasileira", ao contrário da adoção legal, não tem a aptidão de romper os vínculos civis entre o filho e os pais biológicos, que devem ser restabelecidos sempre que o filho manifestar o seu desejo de desfazer o liame jurídico advindo do registro ilegalmente levado a efeito, restaurando-se, por conseguinte, todos os consectários legais da paternidade biológica, como os registrais, os patrimoniais e os hereditários. Dessa forma, a filiação socioafetiva desenvolvida com os pais registrais não afasta os direitos do filho resultantes da filiação biológica, não podendo, nesse sentido, haver equiparação entre a "adoção à brasileira" e a adoção regular. Ademais, embora a "adoção à brasileira", muitas vezes, não denote torpeza de quem a pratica, pode ela ser instrumental de diversos ilícitos, como os relacionados ao tráfico internacional de crianças, além de poder não refletir o melhor interesse do menor. Precedente citado: REsp 833.712-RS, DJ 4/6/2007. **REsp 1.167.993-RS, Rel. Min. Luis Felipe Salomão, julgado em 18/12/2012. (Inform. STJ 512).**

DIREITO CIVIL. REGISTRO CIVIL. RETIFICAÇÃO PARA O NOME DE SOLTEIRA DA GENITORA.

É possível a alteração no registro de nascimento para dele constar o nome de solteira da genitora, excluindo o patronímico do ex-padrasto. O nome civil é reconhecidamente um direito da personalidade, porquanto é o signo individualizador da pessoa natural na sociedade, conforme preconiza o art. 16 do CC. O registro público da pessoa natural não é um fim em si mesmo, mas uma forma de proteger o direito à identificação da pessoa pelo nome e filiação, ou seja, o direito à identidade é causa do direito ao registro. O princípio da verdade real norteia o registro público e tem por finalidade a segurança jurídica, razão pela qual deve espelhar a realidade presente, informando as alterações relevantes ocorridas desde a sua lavratura. Assim, é possível a averbação do nome de solteira da genitora no assento de nascimento, excluindo o patronímico do ex-padrasto. Ademais, o ordenamento jurídico prevê expressamente a possibilidade de averbação, no termo de nascimento do filho, da alteração do patronímico materno em decorrência do casamento, o que enseja a aplicação da mesma norma à hipótese inversa – princípio da simetria –, ou seja, quando a genitora, em decorrência do divórcio ou separação, deixa de utilizar o nome de casada, conforme o art. 3º, parágrafo único, da Lei 8.560/1992. Precedentes citados: REsp 1.041.751-DF, DJe 3/9/2009, e REsp 1.069.864-DF, DJe 3/2/2009. **REsp 1.072.402-MG, Rel. Min. Luis Felipe Salomão, julgado em 4/12/2012. (Inform. STJ 512).**

6.6. Bem de Família

DIREITO CIVIL E PROCESSUAL CIVIL. POSSIBILIDADE DE PENHORA DE BEM DE FAMÍLIA POR MÁ-FÉ DO DEVEDOR.

Não se deve desconstituir a penhora de imóvel sob o argumento de se tratar de bem de família na hipótese em que, mediante acordo homologado

judicialmente, o executado tenha pactuado com o exequente a prorrogação do prazo para pagamento e a redução do valor de dívida que contraíra em benefício da família, oferecendo o imóvel em garantia e renunciando expressamente ao oferecimento de qualquer defesa, de modo que, descumprido o acordo, a execução prosseguiria com a avaliação e praça do imóvel. De fato, a jurisprudência do STJ inclinou-se no sentido de que o bem de família é impenhorável, mesmo quando indicado à constrição pelo devedor. No entanto, o caso em exame apresenta certas peculiaridades que torna válida a renúncia. Com efeito, no caso em análise, o executado agiu em descompasso com o princípio nemo venire contra factum proprium, adotando comportamento contraditório, num momento ofertando o bem à penhora e, no instante seguinte, arguindo a impenhorabilidade do mesmo bem, o que evidencia a ausência de boa-fé. Essa conduta antiética deve ser coibida, sob pena de desprestígio do próprio Poder Judiciário, que validou o acordo celebrado. Se, por um lado, é verdade que a Lei 8.009/1990 veio para proteger o núcleo familiar, resguardando-lhe a moradia, não é menos correto afirmar que aquele diploma legal não pretendeu estimular o comportamento dissimulado. Como se trata de acordo judicial celebrado nos próprios autos da execução, a garantia somente podia ser constituída mediante formalização de penhora incidente sobre o bem. Nada impedia, no entanto, que houvesse a celebração do pacto por escritura pública, com a constituição de hipoteca sobre o imóvel e posterior juntada aos autos com vistas à homologação judicial. Se tivesse ocorrido dessa forma, seria plenamente válida a penhora sobre o bem em razão da exceção à impenhorabilidade prevista no inciso V do art. 3º da Lei 8.009/1990, não existindo, portanto, nenhuma diferença substancial entre um ato e outro no que interessa às partes. Acrescente-se, finalmente, que a decisão homologatória do acordo tornou preclusa a discussão da matéria, de forma que o mero inconformismo do devedor contra uma das cláusulas pactuadas, manifestado tempos depois, quando já novamente inadimplentes, não tem força suficiente para tornar ineficaz a avença. Dessa forma, não se pode permitir, em razão da boa-fé que deve reger as relações jurídicas, a desconstituição da penhora, sob pena de desprestígio do próprio Poder Judiciário. **REsp 1.461.301-MT, Rel. Min. João Otávio de Noronha, julgado em 5/3/2015, DJe 23/3/2015 (Inform. STJ 558).**

DIREITO CIVIL. PENHORABILIDADE DO BEM DE FAMÍLIA PERTENCENTE A FIADOR. RECURSO REPETITIVO (ART. 543-C DO CPC E RES. 8/2008-STJ).

É legítima a penhora de apontado bem de família pertencente a fiador de contrato de locação, ante o que dispõe o art. 3º, VII, da Lei 8.009/1990. A Lei 8.009/1990 institui a proteção legal do bem de família como instrumento de tutela do direito fundamental à moradia da entidade familiar e, portanto, indispensável à composição de um mínimo existencial para uma vida digna. Nos termos do art. 1º da Lei 8.009/1990, o bem imóvel destinado à moradia da entidade familiar é impenhorável e não responderá pela dívida contraída pelos cônjuges, pais ou filhos que sejam seus proprietários e nele residam, salvo nas hipóteses previstas no art. 3º da aludida norma. Nessa linha, o art. 3º excetua, em seu inciso VII, a obrigação decorrente de fiança concedida em contrato de locação, isto é, autoriza a constrição de imóvel – considerado bem de família – de propriedade do fiador de contrato locatício. Convém ressaltar que o STF assentou a constitucionalidade do art. 3º, VII, da Lei 8.009/1990 em face do art. 6º da CF, que, a partir da edição da Emenda Constitucional 26/2000, incluiu o direito à moradia no rol dos direitos sociais (RE 407.688-AC, Tribunal Pleno, DJ 6/10/2006 e RE 612.360-RG, Tribunal Pleno, DJe 3/9/2010). Precedentes citados: AgRg no REsp 1.347.068-SP, Terceira Turma, DJe 15/9/2014; AgRg no AREsp 151.216-SP, Terceira Turma, DJe 2/8/2012; AgRg no AREsp 31.070-SP, Quarta Turma, DJe 25/10/2011; e AgRg no Ag 1.181.586-PR, Quarta Turma, DJe 12/4/2011. **REsp 1.363.368-MS, Rel. Min. Luis Felipe Salomão, julgado em 12/11/2014. (Inform. STJ 552)**

DIREITO CIVIL E PROCESSUAL CIVIL. IMPENHORABILIDADE DO BEM DE FAMÍLIA FRENTE A HIPÓTESE DE DESCONSIDERAÇÃO DA PERSONALIDADE JURÍDICA. A desconsideração da personalidade jurídica de sociedade empresária falida que tenha sido decretada em decorrência de fraude contra a massa falida não implica, por si só, o afastamento da impenhorabilidade dos bens de família dos sócios. A desconsideração da personalidade jurídica, de um modo geral, não pode, por si só, afastar a impenhorabilidade do bem de família, salvo se os atos que ensejaram a disregard também se ajustarem às exceções legais previstas no art. 3º da Lei 8.009/1990. Embora o instituto da desconsideração da personalidade jurídica se apresente como importante mecanismo de recuperação de crédito, combate à fraude e, por consequência, fortalecimento da segurança do mercado, esses nobres propósitos não se sobrepõem aos valores legais e

1. DIREITO CIVIL 57

constitucionais subjacentes à proteção do bem de família. É por isso que a fraude à execução ou contra credores não se encontra prevista como exceção à regra legal da impenhorabilidade de bens de família. Além disso, a proteção legal conferida pela Lei 8.009/1990, consectária da proteção constitucional e internacional do direito à moradia, não tem como destinatária apenas a pessoa do devedor; na verdade, protege-se também a sua família quanto ao fundamental direito à vida digna. **REsp 1.433.636-SP, Rel. Min. Luis Felipe Salomão, julgado em 2/10/2014. (Inform. STJ 549)**

DIREITO CIVIL. AFASTAMENTO DA PROTEÇÃO DADA AO BEM DE FAMÍLIA. Deve ser afastada a impenhorabilidade do único imóvel pertencente à família na hipótese em que os devedores, com o objetivo de proteger o seu patrimônio, doem em fraude à execução o bem a seu filho menor impúbere após serem intimados para o cumprimento espontâneo da sentença exequenda. De início, cabe ressaltar que o STJ tem restringido a proteção ao bem de família com o objetivo de prevenir fraudes, evitando prestigiar a má-fé do devedor. Nesse sentido: "o bem que retorna ao patrimônio do devedor, por força de reconhecimento de fraude à execução, não goza da proteção da impenhorabilidade disposta na Lei nº 8.009/90" (AgRg no REsp 1.085.381-SP, Sexta Turma, DJe de 30/3/2009); "é possível, com fundamento em abuso de direito, afastar a proteção conferida pela Lei 8.009/90" (REsp 1.299.580-RJ, Terceira Turma, DJe de 25/10/2012). Nessa conjuntura, a doação feita a menor impúbere, nas circunstâncias ora em análise, além de configurar tentativa de fraude à execução, caracteriza abuso de direito apto a afastar a proteção dada pela Lei 8.009/1990. Com efeito, nenhuma norma, em nosso sistema jurídico, pode ser interpretada de modo apartado aos cânones da boa-fé. No que tange à aplicação das disposições jurídicas da Lei 8.009/1990, há uma ponderação de valores que se exige do Juiz, em cada situação particular: de um lado, o direito ao mínimo existencial do devedor ou sua família; de outro, o direito à tutela executiva do credor; ambos, frise-se, direitos fundamentais das partes. Trata-se de sopesar a impenhorabilidade do bem de família e a ocorrência de fraude de execução. Assim, é preciso considerar que, em regra, o devedor que aliena, gratuita ou onerosamente, o único imóvel, onde reside a família, está, ao mesmo tempo, dispondo da proteção da Lei 8.009/1990, na medida em que seu comportamento evidencia que o bem não lhe serve mais à moradia ou subsistência. Do contrário, estar--se-ia a admitir o *venire contra factum proprium*. **REsp 1.364.509-RS, Rel. Min. Nancy Andrighi, julgado em 10/6/2014. (Inform. STJ 545)**

DIREITO CIVIL. CARACTERIZAÇÃO COMO BEM DE FAMÍLIA DO ÚNICO IMÓVEL RESIDENCIAL DO DEVEDOR CEDIDO A FAMILIARES. Constitui bem de família, insuscetível de penhora, o único imóvel residencial do devedor em que resida seu familiar, ainda que o proprietário nele não habite. De fato, deve ser dada a maior amplitude possível à proteção consignada na lei que dispõe sobre o bem de família (Lei 8.009/1990), que decorre do direito constitucional à moradia estabelecido no *caput* do art. 6º da CF, para concluir que a ocupação do imóvel por qualquer integrante da entidade familiar não descaracteriza a natureza jurídica do bem de família. Antes, porém, isso reafirma esta condição. Impõe-se lembrar, a propósito, o preceito contido no art. 226, *caput*, da CF – segundo o qual a família, base da sociedade, tem especial proteção do Estado –, de modo a indicar que aos dispositivos infraconstitucionais pertinentes se confira interpretação que se harmonize com o comando constitucional, a fim de assegurar efetividade à proteção a todas as entidades familiares em igualdade de condições. Dessa forma, tem-se que a Lei 8.009/1990 protege, em verdade, o único imóvel residencial de penhora. Se esse imóvel encontra-se cedido a familiares, filhos, enteados ou netos, que nele residem, ainda continua sendo bem de família. A circunstância de o devedor não residir no imóvel não constitui óbice ao reconhecimento do favor legal. Observe que o art. 5º da Lei 8.009/1990 considera não só a utilização pelo casal, geralmente proprietário do imóvel residencial, mas pela entidade familiar. Basta uma pessoa da família do devedor residir para obstar a constrição judicial. Ressalte-se que o STJ reconhece como impenhorável o imóvel residencial cuja propriedade seja de pessoas sozinhas, nos termos da Súmula 364, que dispõe: "O conceito de impenhorabilidade de bem de família abrange também o imóvel pertencente a pessoas solteiras, separadas e viúvas". Além do mais, é oportuno registrar que essa orientação coaduna-se com a adotada pela Segunda Seção do STJ há longa data, que reconhece como bem de família, inclusive, o único imóvel residencial do devedor oferecido à locação, de modo a garantir a subsistência da entidade familiar. **EREsp 1.216.187-SC, Rel. Min. Arnaldo Esteves Lima, julgado em 14/5/2014. (Inform. STJ 543)**

▣ Súmula STJ nº 449

A vaga de garagem que possui matrícula própria no registro de imóveis não constitui bem de família para efeito de penhora.

▣ Súmula STJ nº 364

O conceito de impenhorabilidade de bem de família abrange também o imóvel pertencente a pessoas solteiras, separadas e viúvas.

7. SUCESSÕES

REPERCUSSÃO GERAL EM RE N. 878.694-MG

RELATOR: MIN. ROBERTO BARROSO

Ementa: DIREITO DAS SUCESSÕES. RECURSO EXTRAORDINÁRIO. DISPOSITIVOS DO CÓDIGO CIVIL QUE PREVEEM DIREITOS DISTINTOS AO CÔNJUGE E AO COMPANHEIRO. ATRIBUIÇÃO DE REPERCUSSÃO GERAL. 1. Possui caráter constitucional a controvérsia acerca da validade do art. 1.790 do Código Civil, que prevê ao companheiro direitos sucessórios distintos daqueles outorgados ao cônjuge pelo art. 1.829 do mesmo Código. 2. Questão de relevância social e jurídica que ultrapassa os interesses subjetivos da causa. 3. Repercussão geral reconhecida. **(Inform. STF 786)**

AR: filho adotivo e direito de suceder antes da CF/1988 - 3

Em conclusão de julgamento, o Plenário, por maioria, assentou a improcedência de pedido formulado em ação rescisória, na qual filha adotiva buscava desconstituir acórdão da 1ª Turma, que, ao dar provimento a recurso extraordinário, concluíra pela não incidência do art. 227, § 6º, da CF ("Os filhos, havidos ou não da relação do casamento, ou por adoção, terão os mesmos direitos e qualificações, proibidas quaisquer designações discriminatórias relativas à filiação") às sucessões abertas antes do advento da atual Constituição. Alegava-se violação à literal disposição do art. 51 da Lei 6.515/1977, preceito que teria alterado o art. 2º da Lei 883/1949, de modo a operar a revogação tácita do art. 377 do Código Civil de 1916 — v. Informativo 591. A Corte aduziu que o art. 51 da Lei 6.515/1977 não teria como destinatário o filho adotivo e que a Lei 883/1949 disciplinaria o reconhecimento de filhos ilegítimos, restringindo sua aplicação aos filhos biológicos. Ressaltou que o art. 377 do CC/1916, na redação atribuída pela Lei 3.133/1957, não teria sido revogado tacitamente pelo art. 51 da Lei 6.515/1977, e que a vigência do preceito teria se prolongado até a promulgação da CF/1988, que não o teria recepcionado (art. 227, § 6º). Por fim, o Colegiado mencionou jurisprudência da Corte no sentido de que a capacidade de suceder seria regida pela lei da época da abertura da sucessão, não comportando eficácia retroativa o disposto no art. 227, § 6º, da CF. Vencidos os Ministros Cezar Peluso, Ayres Britto e Cármen Lúcia, que julgavam o pleito procedente. Reputavam que todas as normas, inclusive as do CC/1916, que estabeleceriam distinção entre categorias de filhos, seriam inconstitucionais, por violarem o princípio da igualdade. Asseveravam que o art. 227 da Constituição em vigor teria apenas explicitado regra que já estaria no sistema constitucional, ou seja, a inadmissibilidade de estabelecer distinções, para qualquer efeito, entre classes ou qualidades de filhos.
AR 1811/PB, rel. orig. Min. Eros Grau, red. p/ o acórdão Min. Dias Toffoli, 3.4.2014. (AR-1811) (Inform. STF 741)

DIREITO CIVIL. PRETENSÃO ANULATÓRIA DE DOAÇÃO-PARTILHA.

Na hipótese em que o autor da herança tenha promovido em vida a partilha da integralidade de seus bens em favor de todos seus descendentes e herdeiros necessários, por meio de escrituras públicas de doação nas quais ficou consignado o consentimento de todos eles e, ainda, a dispensa de colação futura, a alegação de eventual prejuízo à legítima em decorrência da referida partilha deve ser pleiteada pela via anulatória apropriada, e não por meio de ação de inventário. Com efeito, segundo entendimento doutrinário, "inventário é o processo judicial que se destina a apurar os bens deixados pelo finado, a fim de sobre o monte proceder-se à partilha". Consiste, portanto, na descrição pormenorizada dos bens da herança, tendente a possibilitar o recolhimento de tributos, o pagamento de credores e, por fim, a partilha. Em regra, a doação feita de ascendente para descendente, por si só, não é considerada inválida ou ineficaz pelo ordenamento jurídico, mas impõe ao donatário a obrigação protraída no tempo de, à época do óbito do doador, trazer o patrimônio recebido à colação, a fim de igualar as legítimas, caso não seja aquele o único herdeiro necessário (arts. 2.002, parágrafo único, e 2.003 do CC), sob pena de perda do direito sobre os bens não colacionados.

O teor do caput do art. 2.002 dispõe expressamente que os descendentes que concorrerem à sucessão do ascendente comum são obrigados, para preservar a regra de igualdade das legítimas, a conferir o valor das doações que dele em vida receberam, sob pena de sonegação. Não obstante, o dever de colacionar os bens admite exceções, sendo de destacar, entre elas, "as doações que o doador determinar saiam da parte disponível, contanto que não a excedam, computado o seu valor ao tempo da doação" (art. 2.005). Assim, a única restrição imposta pela lei à livre vontade do disponente é o respeito à legítima dos herdeiros necessários, que, por óbvio, não pode ser reduzida. Desde que observado esse limite, não fica o autor da herança obrigado nem mesmo a proceder à distribuição igualitária dos quinhões, contanto que eventuais desigualdades sejam imputadas à sua quota disponível. Isso porque, sendo-lhe lícito dispor livremente de metade de seus bens, nada impede que beneficie um de seus herdeiros mais do que os outros, embora sejam todos necessários, contando que não lhes lese a legítima. Complementando a regra anterior, o art. 2.006 do mesmo diploma legal preconiza que a dispensa da colação "pode ser outorgada pelo doador em testamento, ou no próprio título de liberalidade", revelando, portanto, a necessidade de que seja expressa. No caso em análise, os atos de liberalidade foram realizados abrangendo todo o patrimônio do cedente, com a anuência dos herdeiros, o que configura partilha em vida dos bens, tendo constado, ainda, das escrituras públicas de doação a dispensa de colação futura. Para a doutrina, "no caso do que vulgarmente se denomina doação-partilha, não existe dádiva, porém inventário antecipado, em vida; não se dá colação; rescinde-se ou corrige-se a partilha, quando ilegal ou errada". Desse modo, considera-se que os autores são carecedores de interesse de agir para o processo de inventário, o qual, ante o ato constitutivo de partilha em vida e consequente dispensa de colação, não teria nenhuma utilidade. Ressalte-se que eventual prejuízo à legítima do herdeiro necessário em decorrência de partilha em vida dos bens feita pelo autor da herança deve ser buscada pela via anulatória apropriada, e não por meio de ação de inventário. Afinal, se não há bens a serem partilhados, não há a necessidade de processo do inventário. **REsp 1.523.552-PR, Rel. Min. Marco Aurélio Bellizze, julgado em 3/11/2015, DJe 13/11/2015. (Inform. STJ 573)**

DIREITO CIVIL E PROCESSUAL CIVIL. DISCUSSÃO DE CULPA NO DIREITO SUCESSÓRIO E ÔNUS DA PROVA.
Ocorrendo a morte de um dos cônjuges após dois anos da separação de fato do casal, é legalmente relevante, para fins sucessórios, a discussão da culpa do cônjuge sobrevivente pela ruptura da vida em comum, cabendo a ele o ônus de comprovar que a convivência do casal se tornara impossível sem a sua culpa. A despeito das críticas doutrinárias a respeito do art. 1.830 do CC/2002, no que se refere principalmente à possibilidade de discussão de culpa como requisito para se determinar a exclusão ou não do cônjuge sobrevivente da ordem de vocação hereditária, cumpre definir o sentido e o alcance do texto expresso da lei. Posto isso, observa-se que as regras trazidas pelo CC/2002, na linha de evolução do direito brasileiro, visam elevar a proteção conferida ao cônjuge sobrevivente. Registre-se, desse modo, que o tratamento conferido ao cônjuge pelo CC/1916 considerava a circunstância de que a maioria dos matrimônios seguia o regime legal da comunhão universal. Assim, em caso de falecimento de um dos cônjuges, o outro não ficava desamparado, já que a metade dos bens lhe pertencia, porque lhe era conferida a meação sobre a totalidade do patrimônio do casal. A partir de 1977, com a edição da Lei 6.515 (Lei do Divórcio), o regime legal passou a ser o da comunhão parcial de bens, de modo que o cônjuge supérstite não necessariamente ficaria amparado, em caso de morte de seu consorte, já que a meação incidia apenas sobre os bens adquiridos onerosamente na constância do casamento. Neste contexto, a doutrina esclarece que a exclusão do direito sucessório do cônjuge sobrevivente com a simples separação de fato, independente de lapso temporal no arguição de culpa, não exprime "o valor da justiça nos casos de abandono de lar por um dos cônjuges, ou da decretação de separação de fato pelo Poder Judiciário dos consortes em virtude de tentativa de morte ou injúria grave, de casais unidos, por exemplo, há mais de vinte anos, e que estão separados de fato há mais de dois anos". Nesse sentido, a doutrina continua: "seria absurdo defender que uma mulher que conviveu por anos com seu esposo e contribuiu para a dilatação do patrimônio do casal, em sendo abandonada por seu marido não tivesse direito à herança do falecido, por ser legalmente apartada da sucessão". Portanto, não há se falar em ilegalidade ou impertinência da discussão da culpa no vigente direito sucessório. Por fim, cabe ao cônjuge sobrevivente o ônus de comprovar que a convivência do casal se tornara impossível sem a sua culpa, a fim de lhe reconhecer o direito sucessório na sucessão de seu consorte. Isso porque, conforme se verifica da ordem de vocação hereditária prevista no art. 1.829 do CC/2002, o cônjuge separado de fato é exceção à ordem de vocação. Ademais, ao alçar o cônjuge sobrevivente à condição de herdeiro necessário, a intenção do CC/2002 é proteger as relações unidas por laços de afetividade, solidariedade e convivência para as quais a proximidade e integração de seus membros são mais relevantes que os laços mais distantes de parentesco. **REsp 1.513.252-SP, Rel. Min. Maria Isabel Gallotti, julgado em 3/11/2015, DJe 12/11/2015. (Inform. STJ 573)**

DIREITO CIVIL. SUCESSÃO CAUSA MORTIS E REGIME DE COMUNHÃO PARCIAL DE BENS.
O cônjuge sobrevivente casado sob o regime de comunhão parcial de bens concorrerá com os descendentes do cônjuge falecido apenas quanto aos bens particulares eventualmente constantes do acervo hereditário. O art. 1.829, I, do CC estabelece que o cônjuge sobrevivente concorre com os descendentes do falecido, salvo se casado: i) no regime da comunhão universal; ou ii) no da separação obrigatória de bens (art. 1.641, e não art. 1.640, parágrafo único); ou, ainda, iii) no regime da comunhão parcial, quando o autor da herança não houver deixado bens particulares. Com isso, o cônjuge supérstite é herdeiro necessário, concorrendo com os descendentes do morto, desde que casado com o falecido no regime: i) da separação convencional (ou consensual), em qualquer circunstância do acervo hereditário (ou seja, existindo ou não bens particulares do falecido); ou ii) da comunhão parcial, apenas quando tenha o de cujus deixado bens particulares, pois, quanto aos bens comuns, já tem o cônjuge sobrevivente o direito à meação, de modo que se faz necessário assegurar a condição de herdeiro ao cônjuge supérstite apenas quanto aos bens particulares. Dessa forma, se o falecido não deixou bens particulares, não há razão para o cônjuge sobrevivente ser herdeiro, pois já tem a meação sobre o total dos bens em comum do casal deixados pelo inventariado, cabendo a outra metade somente aos descendentes deste, estabelecendo-se uma situação de igualdade entre essas categorias de herdeiros, como é justo. Por outro lado, se o falecido deixou bens particulares e não se adotar o entendimento ora esposado, seus descendentes ficariam com a metade do acervo de bens comuns e com o total dos bens particulares, em clara desvantagem para o cônjuge sobrevivente. Para evitar essa situação, a lei estabelece a participação do cônjuge supérstite, agora na qualidade de herdeiro, em concorrência com os descendentes do morto, quanto aos bens particulares. Assim, impõe uma situação de igualdade entre os interessados na partilha, pois o cônjuge sobrevivente permanece meeiro em relação aos bens comuns e tem participação na divisão dos bens particulares, como herdeiro necessário, concorrendo com os descendentes. A preocupação do legislador de colocar o cônjuge sobrevivente na condição de herdeiro necessário, em concorrência com os descendentes do falecido, assenta-se na ideia de garantir ao cônjuge supérstite condições mínimas para sua sobrevivência, quando não possuir obrigatória ou presumida meação com o falecido (como ocorre no regime da separação convencional) ou quando a meação puder ser até inferior ao acervo de bens particulares do morto, ficando o cônjuge sobrevivente (mesmo casado em regime de comunhão parcial) em desvantagem frente aos descendentes. Noutro giro, não se mostra acertado o entendimento de que deveria prevalecer para fins sucessórios a vontade dos cônjuges, no que tange ao patrimônio, externada na ocasião do casamento com a adoção de regime de bens que exclua da comunhão os bens particulares de cada um. Com efeito, o regime de bens tal qual disciplinado no Livro de Família do Código Civil, instituto que disciplina o patrimônio dos nubentes, não rege o direito sucessório, embora tenha repercussão neste. Ora, a sociedade conjugal se extingue com o falecimento de um dos cônjuges (art. 1.571, I, do CC), incidindo, a partir de então, regras próprias que regulam a transmissão do patrimônio do de cujus, no âmbito do Direito das Sucessões, que possui livro próprio e específico no Código Civil. Assim, o regime de bens adotado na ocasião do casamento é considerado e tem influência no Direito das Sucessões, mas não prevalece tal qual enquanto em curso o matrimônio, não sendo extensivo a situações que possuem regulação legislativa própria, como no direito sucessório (REsp 1.472.945-RJ, Terceira Turma, DJe de 19/11/2014). Por fim, ressalte-se que essa linha exegética é a mesma chancelada no Enunciado 270 do Conselho da Justiça Federal, aprovado na III Jornada de Direito Civil. Precedente citado: REsp 974.241-DF, Quarta Turma, DJe 5/10/2011. **REsp 1.368.123-SP, Rel. Min. Sidnei Beneti, Rel. para acórdão Min. Raul Araújo, julgado em 22/4/2015, DJe 8/6/2015 (Inform. STJ 563).**

DIREITO CIVIL. RESPONSABILIDADE DOS HERDEIROS PELO PAGAMENTO DE DÍVIDA DIVISÍVEL DO AUTOR DA HERANÇA.

Em execução de dívida divisível do autor da herança ajuizada após a partilha, cada herdeiro beneficiado pela sucessão responde na proporção da parte que lhes coube na herança. De fato, os herdeiros e legatários do autor da herança não respondem pelas dívidas do de cujus acima das forças dos bens que receberam. Dessarte, com a abertura da sucessão, há a formação de um condomínio necessário, que somente é dissolvido com a partilha, estabelecendo o quinhão hereditário de cada beneficiário no tocante ao acervo transmitido. Nesse contexto, a herança é constituída pelo acervo patrimonial e dívidas (obrigações) deixadas por seu autor, sendo que aos credores do autor da herança é facultada, antes da partilha dos bens transmitidos, a habilitação de seus créditos no juízo do inventário ou o ajuizamento de ação em face do espólio. Ultimada a partilha, o acervo outrora indiviso, constituído pelos bens e direitos que pertenciam ao de cujus, transmitidos com o seu falecimento, estará discriminado e especificado, de modo que só caberá ação em face dos beneficiários, que, em todo caso, responderão até o limite de seus quinhões. Com efeito, é nítido do exame do art. 1.997, caput, do CC, c/c o art. 597 do CPC (correspondente ao art. 796 do novo CPC) que, feita a partilha, cada herdeiro responde pelas dívidas (divisíveis) do falecido dentro das forças da herança e na proporção da parte que lhe coube, e não necessariamente no limite de seu quinhão hereditário. Portanto, após a partilha, não há cogitar em solidariedade entre os herdeiros de dívidas divisíveis, motivo pelo qual caberá ao credor executar os herdeiros pro rata, observando a proporção da parte que lhes coube (quinhão) no tocante ao acervo partilhado. Precedente citado: REsp 1.290.042-SP, Sexta Turma, DJe 29/2/2012. **REsp 1.367.942-SP, Rel. Min. Luis Felipe Salomão, julgado em 21/5/2015, DJe 11/6/2015 (Inform. STJ 563).**

DIREITO CIVIL. DIREITO DE HERDEIRO DE EXIGIR A COLAÇÃO DE BENS.

O filho do autor da herança tem o direito de exigir de seus irmãos a colação dos bens que receberam via doação a título de adiantamento da legítima, ainda que sequer tenha sido concebido ao tempo da liberalidade. De fato, para efeito de cumprimento do dever de colação, é irrelevante se o herdeiro nasceu antes ou após a doação, não havendo também diferença entre os descendentes, se são eles irmãos germanos ou unilaterais ou se supervenientes à eventual separação ou divórcio do doador. O que deve prevalecer é a ideia de que a doação feita de ascendente para descendente, por si só, não é considerada inválida ou ineficaz pelo ordenamento jurídico, mas impõe ao donatário obrigação protraída no tempo, de à época do óbito do doador, trazer o patrimônio recebido à colação, a fim de igualar as legítimas, caso não seja aquele o único herdeiro necessário (arts. 2.002, parágrafo único, e 2.003 do CC). Importante destacar que o dever de colacionar os bens recebidos a título de liberalidade só se dispensa por expressa manifestação do doador, determinando que a doação seja extraída da parte disponível de seus bens, o que também não ocorre na hipótese em análise, na qual a liberalidade de fato configura adiantamento da legítima. Precedentes citados: REsp 730.483-MG, Terceira Turma, DJ 20/6/2005; e REsp 9.081-SP, Terceira Turma, DJ 20/4/1992. **REsp 1.298.864-SP, Rel. Min. Marco Aurélio Bellizze, julgado em 19/5/2015, DJe 29/5/2015 (Inform. STJ 563).**

DIREITO CIVIL. CÔNJUGE SUPÉRSTITE CASADO EM REGIME DE SEPARAÇÃO CONVENCIONAL E SUCESSÃO "CAUSA MORTIS".

No regime de separação convencional de bens, o cônjuge sobrevivente concorre na sucessão causa mortis com os descendentes do autor da herança. Quem determina a ordem da vocação hereditária é o legislador, que pode construir um sistema para a separação em vida diverso do da separação por morte. E ele o fez, estabelecendo um sistema para a partilha dos bens por causa mortis e outro sistema para a separação em vida decorrente do divórcio. Se a mulher se separa, se divorcia, e o marido morre, ela não herda. Esse é o sistema de partilha em vida. Contudo, se ele vier a morrer durante a união, ela herda porque o Código a elevou à categoria de herdeira. São, como se vê, coisas diferentes. Ademais, se a lei fez algumas ressalvas quanto ao direito de herdar em razão do regime de casamento sob o regime de comunhão universal ou parcial, ou de separação obrigatória, não fez nenhuma quando o regime escolhido for o de separação de bens não obrigatório, de forma que, nesta hipótese, o cônjuge casado sob tal regime, bem como sob comunhão parcial na qual não haja bens comuns, é exatamente aquele que a lei buscou proteger, pois, em tese, ele ficaria sem quaisquer bens, sem amparo, já que, segundo a regra anterior, além de não herdar (em razão da presença de descendentes) ainda não haveria bens a partilhar. Essa, aliás, é a posição dominante hoje na doutrina nacional, embora não uníssona. No mesmo sentido, caminha o Enunciado 270 do CJF, aprovado na III Jornada de Direito Civil, ao dispor que: "O art. 1.829, inc. I, só assegura ao cônjuge sobrevivente o direito de concorrência com os descendentes do autor da herança quando casados no regime da separação convencional de bens ou, se casados nos regimes da comunhão parcial ou participação final nos aquestos, o falecido possuísse bens particulares, hipóteses em que a concorrência se restringe a tais bens, devendo os bens comuns (meação) ser partilhados exclusivamente entre os descendentes". Ressalta-se ainda que o art. 1.829, I, do CC, ao elencar os regimes de bens nos quais não há concorrência entre cônjuge supérstite e descendentes do falecido, menciona o da separação obrigatória e faz constar entre parênteses o art. 1.640, parágrafo único. Significa dizer que a separação obrigatória a que alude o dispositivo é aquela prevista no artigo mencionado entre parênteses. Como registrado na doutrina, a menção ao art. 1.640 constitui equívoco a ser sanado. Tal dispositivo legal não trata da questão. A referência correta é ao art. 1.641, que elenca os casos em que é obrigatória a adoção do regime de separação. Nessas circunstâncias, uma única conclusão é possível: quando o art. 1.829, I, do CC diz separação obrigatória, está referindo-se apenas à separação legal prevista no art. 1.641, cujo rol não inclui a separação convencional. Assim, de acordo com art. 1.829, I, do CC, a concorrência é afastada apenas quanto ao regime da separação legal de bens prevista no art. 1.641 do CC, uma vez que o cônjuge, qualquer que seja o regime de bens adotado pelo casal, é herdeiro necessário (art. 1.845 do CC). Precedentes citados: REsp 1.430.763-SP, Terceira Turma, DJe 2/12/2014; e REsp 1.346.324-SP, Terceira Turma, DJe 2/12/2014. **REsp 1.382.170-SP, Rel. Min. Moura Ribeiro, Rel. para acórdão Min. João Otávio de Noronha, julgado em 22/4/2015, DJe 26/5/2015 (Inform. STJ 562).**

DIREITO CIVIL. INEFICÁCIA DE DISPOSIÇÃO TESTAMENTÁRIA QUE NÃO AFASTA O PRÊMIO DO TESTAMENTEIRO.

A perda de finalidade de testamento – elaborado apenas para que os bens imóveis herdados pelos filhos do testador fossem gravados com cláusula de incomunicabilidade – não ocasiona a perda do direito do testamenteiro de receber um prêmio pelo exercício de seu encargo (art. 1.987 do CC/2002) caso a execução da disposição testamentária só tenha sido obstada em razão de omissão do próprio testador que, após a vigência do novo Código Civil, deixou de aditar o testamento para indicar a justa causa da restrição imposta (art. 1.848 c/c art. 2.042 do CC/2002). Com a vigência do CC/2002, passou-se a exigir a indicação de justa causa para que o testador imponha cláusula de incomunicabilidade sobre os bens da legítima, tendo sido concedido o prazo de 1 (um) ano após a entrada em vigor do Código para que fosse feito o aditamento (art. 1.848 c/c art. 2.042 do CC/2002), o que não foi observado, no caso, pelo testador. A despeito de a ineficácia da referida cláusula afetar todo o testamento, não há que se falar em afastamento do pagamento do prêmio ao testamenteiro, a pretexto de que a sua atuação no feito teria sido singela, uma vez que o maior ou menor esforço no cumprimento das disposições testamentárias deve ser considerado apenas como critério para a fixação da vintena, que poderá variar entre o mínimo de 1% e o máximo de 5% sobre a herança líquida (art. 1.987 do CC/2002), mas não para ensejar a sua supressão. Na hipótese, a fiel execução da disposição testamentária foi obstada pela própria inação do disponente ante a exigência da lei, razão pela qual não pode ser atribuída ao testamenteiro nenhuma responsabilidade por seu descumprimento. Ademais, cabe ressaltar que a perda do direito ao prêmio só é admitida, excepcionalmente, em caso de sua remoção, nas situações previstas em lei (art. 1.989 do CC/2002 e art. 1.140, I e II, do CPC). **REsp 1.207.103-SP, Rel. Min. Marco Aurélio Bellizze, julgado em 2/12/2014, DJe 11/12/2014 (Inform. STJ 553).**

DIREITO CIVIL. ASSINATURA DO TESTADOR COMO REQUISITO ESSENCIAL DE VALIDADE DE TESTAMENTO PARTICULAR. Será inválido o testamento particular redigido de próprio punho quando não for assinado pelo testador.

De fato, diante da falta de assinatura, não é possível concluir, de modo seguro, que o testamento escrito de próprio punho exprime a real vontade do testador. A propósito, a inafastabilidade da regra que estatui a assinatura do testador como requisito essencial do testamento particular (art. 1.645, I, do CC/1916 e art. 1.876, § 1º, CC/2002) faz-se ainda mais evidente se considerada a inovação trazida pelos arts. 1.878 e 1.879 do CC/2002, que passaram a admitir a possibilidade excepcional de confirmação do testamento particular escrito de próprio punho nas hipóteses em que ausentes as testemunhas, desde que, frise-se, assinado pelo testador. Nota-se, nesse contexto, que a assinatura, além de requisito legal, é mais que mera formalidade, consistindo verdadeiro pressuposto de validade do ato, que não pode ser relativizado. **REsp 1.444.867-DF, Rel. Min. Ricardo Villas Bôas Cueva, julgado em 23/9/2014. (Inform. STJ 551)**

VADE MECUM DE JURISPRUDÊNCIA – STF/STJ

DIREITO CIVIL E PROCESSUAL CIVIL. ADJUDICAÇÃO DE DIREITOS HEREDITÁRIOS DO HERDEIRO DEVEDOR DE ALIMENTOS. É possível a adjudicação em favor do alimentado dos direitos hereditários do alimentante, penhorados no rosto dos autos do inventário, desde que observado os interesses dos demais herdeiros, nos termos dos arts. 1.793 a 1.795 do CC. De fato, o herdeiro pode ceder fração ideal da herança que lhe caiba, de modo gratuito ou oneroso, total ou parcialmente, inclusive em favor de terceiros (arts. 1.793 a 1.795 do CC), salvo se houver restrição em contrário (cláusula de inalienabilidade). Frise-se que, ante a natureza universal da herança, essa transferência não pode ser de um ou alguns bens determinados do acervo, senão da fração ideal que toca ao herdeiro. Nesse passo, como é facultado ao herdeiro dispor de seu quinhão hereditário, não é razoável afastar a possibilidade de ele ser "forçado" a transferir seus direitos hereditários aos seus credores, especialmente quando se tratar de crédito de natureza alimentar. Esclareça-se que a adjudicação, como a arrematação e os demais atos expropriatórios do processo executivo, visa à satisfação do crédito, por meio da transferência do bem penhorado ao patrimônio de outrem, com o objetivo de satisfazer o crédito. Assim, se "o devedor responde, para o cumprimento de suas obrigações, com todos os seus bens presentes e futuros, salvo as restrições estabelecidas em lei" (art. 591 do CPC); se, desde a abertura da sucessão, a herança incorpora-se ao patrimônio do herdeiro, como bem imóvel indivisível; e, se a adjudicação de bem imóvel é uma técnica legítima de pagamento, produzindo o mesmo resultado esperado com a entrega de certa quantia; conclui-se que os direitos hereditários do alimentante podem ser adjudicados para a satisfação de crédito alimentar. À vista do exposto, não há empecilho legal à adjudicação de direitos hereditários, nos termos do art. 685-A do CPC, desde que igualmente observadas as regras previstas nos arts. 1.793 a 1.795 do CC, de modo a preservar o interesse de outros herdeiros eventualmente existentes. REsp 1.330.165-RJ, Rel. Min. Nancy Andrighi, julgado em 13/5/2014. (Inform. STJ 544)

DIREITO CIVIL E PROCESSUAL CIVIL. RECONHECIMENTO DO DIREITO REAL DE HABITAÇÃO DO COMPANHEIRO SOBREVIVENTE EM AÇÃO POSSESSÓRIA. Ainda que o companheiro supérstite não tenha buscado em ação própria o reconhecimento da união estável antes do falecimento, é admissível que invoque o direito real de habitação em ação possessória, a fim de ser mantido na posse do imóvel em que residia com o falecido. O direito real de habitação é *ex vi legis* decorrente do direito sucessório e, ao contrário do direito instituído *inter vivos*, não necessita ser registrado no Cartório de Registro de Imóveis. É de se ver, portanto, que há direito sucessório exercitável desde a abertura da sucessão, sendo que, a partir desse momento, terá o cônjuge/companheiro sobrevivente instrumentos processuais para garantir o exercício do direito de habitação, inclusive, por meio dos interditos possessórios. Assim sendo, é plenamente possível a arguição desse direito para fins exclusivamente possessórios, até porque, entender de forma diversa, seria negar proteção justamente à pessoa para o qual o instituto foi desenvolvido e em momento pelo qual ele é o mais efetivo. Vale ressaltar que a constituição do direito real de habitação do cônjuge/companheiro supérstite emana exclusivamente da lei, "sendo certo que seu reconhecimento de forma alguma repercute na definição de propriedade dos bens partilhados. Em se tratando de direito *ex vi lege*, seu reconhecimento não precisa necessariamente dar-se por ocasião da partilha dos bens deixados pelo *de cujus*" (REsp 1.125.901/RS, Quarta Turma, DJe 6/9/2013). Adequada, portanto, a sentença que apenas vem a declarar a união estável na motivação do decisório, de forma incidental, sem repercussão na parte dispositiva e, por conseguinte, sem alcançar a coisa julgada (CPC, art. 469), mantendo aberta eventual discussão no tocante ao reconhecimento da união estável e seus efeitos decorrentes. Ante o exposto, não há falar em falta de interesse de agir, nem em questão prejudicial, pois, como visto, a sentença que reconheça o direito do companheiro em ação possessória não depende do julgamento de outro processo. Além do mais, uma vez que o direito real está sendo conferido exatamente àquela pessoa que residia no imóvel, que realmente exerce poder de fato sobre a coisa, a proteção possessória do companheiro sobrevivente está sendo outorgada à luz do fato jurídico posse. Nesse contexto, vale ressaltar o disposto no art. 1.210, § 2º, do CC, segundo o qual "não obsta à manutenção ou reintegração na posse a alegação de propriedade, ou de outro direito sobre a coisa", e o Enunciado 79 das Jornadas de Direito Civil, que dispõe que "a *exceptio proprietatis*, como defesa oponível às ações possessórias típicas, foi abolida pelo Código Civil de 2002, que estabeleceu a absoluta separação entre os juízos possessório e petitório". REsp 1.203.144-RS, Rel. Min. Luis Felipe Salomão, julgado em 27/5/2014. (Inform. STJ 543)

DIREITO CIVIL. INOPONIBILIDADE DO DIREITO REAL DE HABITAÇÃO NO CASO DE COPROPRIEDADE ANTERIOR À ABERTURA DA SUCESSÃO. A viúva não pode opor o direito real de habitação aos irmãos de seu falecido cônjuge na hipótese em que eles forem, desde antes da abertura da sucessão, coproprietários do imóvel em que ela residia com o marido. De fato, o direito real de habitação (arts. 1.611, § 2º, do CC/1916 e 1.831 do CC/2002) tem como essência a proteção do direito de moradia do cônjuge supérstite, dando aplicação ao princípio da solidariedade familiar. Nesse contexto, de um lado, vislumbrou-se que os filhos devem, em nome da solidariedade familiar, garantir ao seu ascendente a manutenção do lar; de outro lado, extraiu-se da ordem natural da vida que os filhos provavelmente sobreviverão ao habitador, momento em que poderão exercer, na sua plenitude, os poderes inerentes à propriedade que detêm. Ocorre que, no caso em que o cônjuge sobrevivente residia em imóvel de copropriedade do cônjuge falecido com os irmãos, adquirida muito antes do óbito, deixa de ter razoabilidade toda a matriz sociológica e constitucional que justifica a concessão do direito real de habitação ao cônjuge sobrevivente, pois não há elos de solidariedade entre um cônjuge e os parentes do outro, com quem tem apenas vínculo de afinidade, que se extingue, à exceção da linha reta, quando da dissolução do casamento. Além do mais, do contrário, estar-se-ia admitindo o direito real de habitação sobre imóvel de terceiros, em especial porque o condomínio formado pelos familiares do falecido preexiste à abertura da sucessão. Precedente citado: REsp 1.212.121-RJ, Quarta Turma, DJe 18/12/2013. REsp 1.184.492-SE, Rel. Min. Nancy Andrighi, julgado em 1º/4/2014. (Inform. STJ 541)

DIREITO CIVIL E PROCESSUAL CIVIL. LEGITIMIDADE PARA PLEITEAR DECLARAÇÃO DE NULIDADE EM DOAÇÃO INOFICIOSA. O herdeiro que cede seus direitos hereditários possui legitimidade para pleitear a declaração de nulidade de doação inoficiosa (arts. 1.176 do CC/1916 e 549 do CC/2002) realizada pelo autor da herança em benefício de terceiros. Isso porque o fato de o herdeiro ter realizado a cessão de seus direitos hereditários não lhe retira a qualidade de herdeiro, que é personalíssima. De fato, a cessão de direitos hereditários apenas transfere ao cessionário a titularidade da situação jurídica do cedente, de modo a permitir que aquele exija a partilha dos bens que compõem a herança. REsp 1.361.983-SC, Rel. Min. Nancy Andrighi, julgado em 18/3/2014. (Inform. STJ 539)

DIREITO CIVIL. FORMA PRESCRITA EM LEI PARA A CESSÃO GRATUITA DE MEAÇÃO. A lavratura de escritura pública é essencial à validade do ato praticado por viúva consistente na cessão gratuita, em favor dos herdeiros do falecido, de sua meação sobre imóvel inventariado cujo valor supere trinta salários mínimos, sendo insuficiente, para tanto, a redução a termo do ato nos autos do inventário. Isso porque, a cessão gratuita da meação não configura uma renúncia de herança, que, de acordo com o art. 1.806 do CC, pode ser efetivada não só por instrumento público, mas também por termo judicial. Trata-se de uma verdadeira doação, a qual, nos termos do art. 541 do CC, far-se-á por escritura pública ou instrumento particular, devendo-se observar, na hipótese, a determinação contida no art. 108 do CC, segundo o qual a escritura pública é essencial à validade dos negócios jurídicos que visem à constituição, transferência, modificação ou renúncia de direitos reais sobre imóveis de valor superior a trinta vezes o maior salário mínimo vigente no País. De fato, enquanto a renúncia da herança pressupõe a abertura da sucessão e só pode ser realizada por aqueles que ostentam a condição de herdeiro, a posse ou a propriedade dos bens do *de cujus* transmitem-se aos herdeiros quando e porque aberta a sucessão (princípio do *saisine*), a meação, de outro modo, independe da abertura da sucessão e pode ser objeto de ato de disposição pela viúva a qualquer tempo, seja em favor dos herdeiros ou de terceiros, já que aquele patrimônio é de propriedade da viúva em decorrência do regime de bens do casamento. Além do mais, deve-se ressaltar que o ato de disposição da meação também não se confunde com a cessão de direitos hereditários (prevista no art. 1.793 do CC), tendo em vista que esta também pressupõe a condição de herdeiro do cedente para que possa ser efetivada. Todavia, ainda que se confundissem, a própria cessão de direitos hereditários exige a lavratura de escritura pública para sua efetivação, não havendo por que prescindir dessa formalidade no que tange à cessão da meação. REsp 1.196.992-MS, Rel. Min. Nancy Andrighi, julgado em 6/8/2013. (Inform. STJ 529)

DIREITO CIVIL. ILEGITIMIDADE DO ESPÓLIO PARA AJUIZAR AÇÃO INDENIZATÓRIA EM RAZÃO DE DANOS SOFRIDOS PELOS HERDEIROS.
O espólio não tem legitimidade para postular indenização pelos danos materiais e morais supostamente experimentados pelos herdeiros, ainda que se alegue que os referidos danos teriam decorrido de erro médico de que fora vítima o falecido. Nessa situação, debatem as partes em torno de bens cuja titularidade é dos herdeiros por direito próprio, e não sobre bem jurídico de titularidade originária do falecido que tenha sido transmitido por efeito hereditário. Assim, não havendo coincidência entre o postulante e o titular do direito pleiteado, configura-se hipótese de ilegitimidade *ad causam*. Precedentes citados: REsp 869.970-RJ, Quarta Turma, DJe 11/2/2010, e REsp 913.131-BA, Quarta Turma, DJe 6/10/2008. **REsp 1.143.968-MG, Rel. Min. Luis Felipe Salomão, julgado em 26/2/2013. (Inform. STJ 517).**

8. DIREITOS AUTORAIS

DIREITO PROCESSUAL CIVIL. AÇÃO DE COBRANÇA DE DIREITOS AUTORAIS PROPOSTA PELO ECAD.
Na ação de cobrança de direitos autorais proposta pelo ECAD em desfavor de sociedade empresária executante de serviço de radiodifusão, o Termo de Comprovação de Utilização Musical não é fonte de prova imprescindível para comprovação do fato constitutivo do direito do autor. De início, releva anotar que o ECAD é associação civil, portanto, de natureza privada, constituída pelas associações de direitos do autor, com a finalidade de defesa e cobrança dos direitos autorais. Em razão da adoção pelo legislador brasileiro do sistema de gestão coletiva, a Lei 9.610/1998 (Lei de Direitos Autorais) reservou ao ECAD a exclusividade quanto à arrecadação e distribuição dos direitos autorais relativos à reprodução e divulgação de obras musicais e fonogramas. Apesar do reconhecido monopólio do ECAD, a natureza privada da atividade (exploração de direitos autorais) e da própria entidade legitimada à sua exigência, o Termo de Comprovação de Utilização Musical não goza de qualquer presunção, tais como gozam os autos de infração emitidos por entidades fiscalizadoras (e, portanto, prestadoras de serviço público), devendo ser analisado no contexto das demais provas produzidas. Além disso, o fato de o mencionado termo, na praxe, não contar com a participação do infrator em sua formação suscita questionamento quanto à sua força *probandi*. Com efeito, a Terceira Turma do STJ, em precedente antigo, albergou o entendimento de que o referido Termo, ainda que produzido unilateralmente, associado à presunção decorrente da notoriedade do fato gerador – evidente na hipótese de atividade de emissor de rádio – seria suficiente para inverter o ônus *probandi*. Desse modo, reconheceu-se que caberia à emissora de rádio a produção de contraprova, demonstrando estar em conformidade com as exigências da Lei 9.610/1998 (REsp 612.615-MG, Terceira Turma, DJ 7/8/2006). As bases fáticas desta hipótese são evidentemente diversas das ora verificadas. Isso porque, no precedente, houve a efetiva juntada do Termo, o qual não contava com a assinatura da emissora de rádio demandada, em razão de sua manifesta recusa. No presente caso, todavia, não houve a juntada do referido documento, o que serviu de fundamento exclusivo para se concluir pela ausência de comprovação do fato constitutivo do direito alegado. Conquanto, na hipótese em análise, não se tenha juntado o Termo de Comprovação de Utilização Musical, esse documento não é, de conformidade com a legislação, o fato constitutivo do direito. Isso porque, a obrigação *sub judice* tem sua origem na exploração – reprodução e divulgação – de obras musicais, protegidas pela Constituição Federal enquanto direitos imateriais dos autores. Noutros termos, como bem alertado no precedente da Terceira Turma, é a exploração de obras musicais que faz nascer a obrigação de pagamento do preço ao ECAD, tanto que este pagamento deve ser providenciado antes mesmo da utilização. Assim, o fato constitutivo do direito é a divulgação e transmissão de músicas e fonogramas, e não a lavratura de um termo, que, ao fim e ao cabo, tem por finalidade facilitar a comprovação de uma inadimplência já ocorrida e que não pode ser utilizada como forma de dificultar a realização do escopo da própria associação. Desse modo, demonstrando-se por qualquer meio probatório a exploração não autorizada ou sem o correspondente pagamento prévio dos direitos autorais, estará comprovado o fato constitutivo do direito, cabendo, a partir daí, à parte *ex adversa* a comprovação de fatos extintivos, modificativos ou impeditivos do direito, conforme a clássica distribuição do ônus probatório (art. 333, II, do CPC). Portanto, não é razoável nem legal a exigência de produção de um documento específico (Termo de Comprovação de Utilização Musical) como requisito essencial de ação de cobrança, quando a própria lei não o exige. Ressalte-se que o referido documento – como qualquer outro documento –

nada mais é do que mera fonte de prova, a qual pode, em regra, ser substituída por qualquer outro meio de prova. **REsp 1.391.090-MT, Rel. Min. Marco Aurélio Bellizze, julgado em 22/9/2015, DJe 9/10/2015 (Inform. STJ 570).**

DIREITO CIVIL. PAGAMENTO DE DIREITOS AUTORAIS PELA EXECUÇÃO PÚBLICA DE FONOGRAMAS INSERIDOS EM TRILHAS SONORAS DE FILMES.
É possível a suspensão ou a interrupção da transmissão ou retransmissão públicas de obra audiovisual por sociedade empresária do ramo cinematográfico no caso em que não houver o prévio pagamento dos direitos autorais referentes à transmissão ou à retransmissão dos fonogramas que componham a trilha sonora da obra cinematográfica, ainda que os detentores dos direitos autorais dos fonogramas tenham concedido, ao diretor ou ao produtor da obra cinematográfica, autorizações para inserção das suas obras na trilha sonora do filme. Isso porque, de acordo com o art. 105 da Lei 9.610/1998, a "transmissão e a retransmissão, por qualquer meio ou processo, e a comunicação ao público de obras artísticas, literárias e científicas, de interpretações e de fonogramas, realizadas mediante violação aos direitos de seus titulares, deverão ser imediatamente suspensas ou interrompidas pela autoridade judicial competente [...]". Nesse contexto, cabe ressaltar que a prévia autorização concedida pelos detentores dos direitos autorais dos fonogramas apenas para a sincronização das suas obras na trilha sonora da obra cinematográfica não abrange autorização para execução pública, uma vez que, na forma do art. 31 da Lei 9.610/1998, "as diversas modalidades de utilização de obras literárias, artísticas ou científicas ou de fonogramas são independentes entre si, e a autorização concedida pelo autor, ou pelo produtor, respectivamente, não se estende a quaisquer das demais". Esse entendimento, aliás, encontra amparo na jurisprudência da Terceira Turma do STJ segundo a qual são devidos direitos autorais pela exibição pública de trilhas sonoras nos filmes (AgRg nos EDcl no REsp 885.783-SP, DJe 22/5/2013; REsp 590.138-RS, DJ 12/9/2005; e AgRg no REsp 403.668-RJ, DJ 7/4/2003). Além disso, mostra-se correta a aplicação, ao caso em análise – que diz respeito a sociedades empresárias do ramo cinematográfico –, do entendimento adotado pela Terceira Turma do STJ no sentido de que é possível a suspensão ou interrupção da transmissão de obras musicais por emissora de radiodifusão em razão da falta de pagamento dos direito autorais, conforme previsto no art. 105 da Lei 9.610/1998 (REsp 1.190.841-SC, Terceira Turma, DJe 21/6/2013; e REsp 936.893-RN, Terceira Turma, DJe 13/2/2012), visto que, em síntese, a hipótese em apreço também representa violação de direito material de direitos autorais. **AgRg no AgRg no REsp 1.484.566-SP, Rel. Min. João Otávio de Noronha, julgado em 6/8/2015, DJe 13/8/2015 (Inform. STJ 566).**

DIREITO CIVIL. RESPONSABILIDADE CIVIL DOS ADMINISTRADORES DE REDE SOCIAL POR VIOLAÇÃO DE DIREITO AUTORAL CAUSADA POR SEUS USUÁRIOS.
A Google não é responsável pelos prejuízos decorrentes de violações de direito autoral levadas a efeito por usuários que utilizavam a rede social Orkut para comercializar obras sem autorização dos respectivos titulares, uma vez verificado (a) que o provedor de internet não obteve lucro ou contribuiu decisivamente com a prática ilícita e (b) que os danos sofridos antecederam a notificação do provedor acerca da existência do conteúdo infringente. Na situação em análise, a Google, administradora da rede social Orkut, não violou diretamente direitos autorais, seja editando, contrafazendo ou distribuindo obras protegidas, seja praticando quaisquer dos verbos previstos nos arts. 102 a 104 da Lei 9.610/1998. De fato, tratando-se de provedor de internet comum, como os administradores de rede social, não é óbvia a inserção de sua conduta regular em algum dos verbos constantes nos arts. 102 a 104 da Lei de Direitos Autorais. Há que se investigar com o em que medida a estrutura do provedor de internet ou sua conduta culposa ou dolosamente omissiva contribuíram para a violação de direitos autorais. No direito comparado, a responsabilidade civil de provedores de internet por violações de direitos autorais praticadas por terceiros tem sido reconhecida a partir da ideia de responsabilidade contributiva e de responsabilidade vicária, somada à constatação de que a utilização de obra protegida não consubstancia o chamado fair use. Nesse contexto, reconhece-se a responsabilidade contributiva do provedor de internet, no cenário de violação de propriedade intelectual, nas hipóteses em que há intencional induzimento ou encorajamento para que terceiros cometam infrações ao ilícito. A responsabilidade vicária, por sua vez, tem lugar nos casos em que há lucratividade com ilícitos praticados por outrem, e o beneficiado se nega a exercer o poder de controle ou de limitação dos danos quando poderia fazê-lo. No caso em exame, a rede social em questão não tinha como traço

fundamental o compartilhamento de obras, prática que poderia ensejar a distribuição ilegal de criações protegidas. Descabe, portanto, a incidência da chamada responsabilidade contributiva. Igualmente, não se verificou ter havido lucratividade com ilícitos praticados por usuários em razão da negativa de o provedor exercer o poder de controle ou de limitação dos danos quando poderia fazê-lo, do que resulta a impossibilidade de aplicação da chamada teoria da responsabilidade vicária. Ademais, não há danos que possam ser imputados à inércia do provedor de internet. Ato ilícito futuro não pode acarretar ou justificar dano pretérito. Se eventualmente houver omissão culposa – em tornar indisponíveis as páginas que veiculavam o conteúdo ilícito –, só os danos resultantes dessa omissão que devem ser recompostos, descabendo o ressarcimento, pela Google, de eventuais prejuízos que os autores já vinham experimentando antes mesmo de proceder à notificação. **REsp 1.512.647-MG, Rel. Min. Luis Felipe Salomão, julgado em 13/5/2015, DJe 5/8/2015 (Inform. STJ 565).**

DIREITO PROCESSUAL CIVIL. NECESSIDADE DE DISPONIBILIZAÇÃO DE MEIOS PARA IDENTIFICAÇÃO DE USUÁRIO QUE PRATICA ILÍCITO EM REDE SOCIAL.
O titular que teve direito autoral violado pela comercialização desautorizada de sua obra em rede social deve indicar a URL específica da página na qual o ilícito foi praticado, caso pretenda que o provedor torne indisponível o conteúdo e forneça o IP do usuário responsável pela violação. Precedentes citados: Rcl 5.072-AC, Segunda Seção, DJe 4/6/2014; REsp 1.306.157-SP, Quarta Turma, DJe 24/3/2014; e REsp 1.308.830-RS, Terceira Turma, DJe 19/6/2012. **REsp 1.512.647-MG, Rel. Min. Luis Felipe Salomão, julgado em 13/5/2015, DJe 5/8/2015 (Inform. STJ 565).**

DIREITO CIVIL. INAPLICABILIDADE DE PROTEÇÃO DO DIREITO AUTORAL A MODELO FOTOGRAFADO. O modelo fotografado não é titular de direitos autorais oponíveis contra a editora da revista que divulga suas fotos. De fato, o ordenamento jurídico brasileiro, de forma ampla e genérica, confere à fotografia proteção própria de direito autoral (art. 7º, VII, da Lei 9.610/1998 – Lei de Direitos Autorais – e art. 2 da Convenção de Berna). Ocorre que, se o próprio conceito de direito autoral está ontologicamente relacionado com processo de criação – afora os direitos conexos dos executantes e outros –, a proteção deve incidir em benefício daquele que efetivamente criou a obra protegida. Quanto a esse aspecto, aliás, o art. 11 da Lei de Direitos Autorais prescreve que "Autor é a pessoa física criadora de obra literária, artística ou científica". Dessa maneira, em se tratando de fotografia, para efeitos de proteção do direito autoral das obras artísticas, o autor – e, portanto, o titular do direito autoral – é o fotógrafo (e não o fotografado). Isso porque é o fotógrafo, detentor da técnica e da inspiração, quem coordena os demais elementos complementares ao retrato do objeto – como iluminação – e capta a oportunidade do momento e o transforma em criação intelectual, digna, portanto, de tutela como manifestação de cunho artístico. O fotografado, conquanto seja titular de direitos da personalidade (como a imagem, a honra e a intimidade), nada cria. Dele não emana nenhuma criação do espírito exteriorizada como obra artística. Sua imagem compõe obra artística de terceiros. Nesse sentido, a Terceira Turma do STJ já decidiu que a "fotografia é obra protegida por direito do autor, e, ainda que produzida na constância de relação de trabalho, integra a propriedade imaterial do fotógrafo, não importando se valorada como obra de especial caráter artístico ou não" (REsp 1.034.103-RJ, DJe 21/9/2010). Ressalte-se, todavia, que o fotografado tem direito de imagem, cuja violação poderia, realmente, ensejar indenizações. **REsp 1.322.704-SP, Rel. Min. Luis Felipe Salomão, julgado em 23/10/2014, DJe 19/12/2014 (Inform. STJ 554).**

📄 **Súmula STF nº 386**

Pela execução de obra musical por artistas remunerados é devido direito autoral, não exigível quando a orquestra for de amadores.

📄 **Súmula STJ nº 261**

A cobrança de direitos autorais pela retransmissão radiofônica de músicas, em estabelecimentos hoteleiros, deve ser feita conforme a taxa média de utilização do equipamento, apurada em liquidação.

📄 **Súmula STJ nº 63**

São devidos direitos autorais pela retransmissão radiofônica de músicas em estabelecimentos comerciais.

---

9. NORMAS DE DIREITO INTERTEMPORAL

DIREITO CIVIL. RESPONSABILIDADE DE HOSPITAL PARTICULAR POR EVENTO DANOSO OCORRIDO NA VIGÊNCIA DO CC/1916 E ANTES DO INÍCIO DA VIGÊNCIA DO CDC/1990.
Para que hospital particular seja civilmente responsabilizado por dano a paciente em razão de evento ocorrido na vigência do CC/1916 e antes do início da vigência do CDC/1990, é necessário que sua conduta tenha sido, ao menos, culposa. Isso porque, nessa hipótese, devem ser observadas as regras atinentes à responsabilidade subjetiva prevista no CC/1916, e não aquela que dispõe sobre a responsabilidade objetiva do fornecedor, prevista no art. 14 do CDC, inaplicável a fatos anteriores à data de início de sua vigência. **REsp 1.307.032-PR, Rel. Min. Raul Araújo, julgado em 18/6/2013. (Inform. STJ 526)**

---

10. DIREITOS AUTORAIS

DIREITO CIVIL. LEGALIDADE DE CRITÉRIOS FIXADOS EM REGULAMENTO DE ARRECADAÇÃO DO ECAD. É válido o critério de estimativa da receita bruta do evento realizado, previsto em regulamento de arrecadação do ECAD, para se cobrar os valores devidos pela execução de obras musicais. Tratando-se de direito de autor, compete a esse a fixação da remuneração pela utilização de sua obra por terceiro, seja diretamente, seja por intermédio das associações ou do próprio ECAD, que possui métodos próprios para elaboração dos cálculos diante da diversidade das obras reproduzidas, segundo critérios eleitos internamente. Dessa forma, no âmbito de atuação do ECAD, os critérios para a cobrança dos direitos autorais são definidos no regulamento de arrecadação elaborado e aprovado em assembleia geral composta pelos representantes das associações que o integram. O referido regulamento contém tabela específica de preços, os quais devem observar "a razoabilidade, a boa-fé e os usos do local de utilização das obras", conforme a nova redação expressa no § 3º do art. 98 da Lei 9.610/1998. Neste contexto, a jurisprudência do STJ é firme no sentido de ser válida a tabela de preços instituída pelo ECAD e seu critério de arrecadação. Precedentes citados: AgRg nos EDcl no REsp 885.783-SP, Terceira Turma, DJe 22/5/2013; e AgRg no Ag 780.560-PR, Quarta Turma, DJ 26/2/2007. **REsp 1.160.483-RS, Rel. Min. Luis Felipe Salomão, julgado em 10/6/2014. (Inform. STJ 543)**

DIREITO CIVIL. RESPONSABILIDADE PELO PAGAMENTO DE TAXA AO ECAD NA HIPÓTESE DE EXECUÇÃO DE MÚSICAS EM SUPERMERCADO SEM AUTORIZAÇÃO DOS AUTORES. É devido o pagamento de direitos autorais ao ECAD pela transmissão radiofônica de músicas em supermercado, quando essas forem executadas sem autorização de seus autores, independentemente da obtenção de lucro direto ou indireto pelo estabelecimento comercial. Com efeito, na vigência da Lei 5.988/1973, a existência de lucro era imprescindível para cobrança de direitos autorais. Entretanto, com a edição da Lei 9.610/1998, houve subtração da expressão "que visem a lucro direto ou indireto" como pressuposto para a cobrança de direitos autorais. Nessa linha, o STJ firmou o entendimento de ser irrelevante a utilidade econômica como condição de exigência para a percepção da verba autoral, quando a execução desautorizada ocorrer na vigência do art. 68 da Lei 9.610/1998. Nesse contexto, é irrelevante a obtenção de lucro direto ou indireto pelo supermercado pela transmissão radiofônica de música em seu estabelecimento. Ademais, a Súmula 63 do STJ estabelece que "São devidos direitos autorais pela retransmissão radiofônica de músicas em estabelecimentos comerciais". Precedente citado: REsp 1.306.907-SP, Quarta Turma, DJe 18/6/2013. **REsp 1.152.820-SP, Rel. Min. Luis Felipe Salomão, julgado em 5/6/2014. (Inform. STJ 542)**

DIREITO CIVIL. MULTA PELA UTILIZAÇÃO INDEVIDA DE OBRA MUSICAL. Para a aplicação da multa prevista no art. 109 da Lei 9.610/1998 – incidente quando há utilização indevida de obra musical –, é necessária a existência de má-fé e a intenção ilícita de usurpar os direitos autorais. Precedentes citados: AgRg no AREsp 233.232-SC, Terceira Turma, DJe 4/2/2013; REsp 742.426-RJ, Quarta Turma, DJe 15/3/2010; e REsp 704.459-RJ, Quarta Turma, DJe 8/3/2010. **REsp 1.152.820-SP, Rel. Min. Luis Felipe Salomão, julgado em 5/6/2014. (Inform. STJ 542)**

DIREITO CIVIL. TERMO INICIAL DOS JUROS DE MORA RELATIVOS À EXECUÇÃO DESAUTORIZADA DE OBRA MUSICAL. Contam-se da execução pública não autorizada de obra musical – e não da data da citação – os juros de mora devidos em razão do não recolhimento de direitos ao Escritório Central de Arrecadação e Distribuição (ECAD). O ECAD – órgão instituído e administrado pelas associações de gestão coletiva musical, mandatárias de todos os titulares de obras musicais a elas filiados – intermedeia, em nome dos autores de composições musicais, a arrecadação, distribuição e fiscalização dos seus direitos. Assim, deve-se determinar não a natureza da relação entre os executores de composições musicais e o ECAD, e sim a natureza da relação entre esses executores e os próprios autores, que são apenas representados pelo ECAD na arrecadação e fiscalização de seus direitos. Nesse aspecto, ganha relevância o comando do art. 68 da Lei 9.610/1998, segundo o qual, sem prévia e expressa autorização do titular, não poderão ser utilizadas composições musicais em representações e execuções públicas. Necessário distinguir ainda a relação decorrente da execução desautorizada de composição musical, daquela derivada da execução realizada mediante prévia autorização do titular. Evidentemente, na execução comercial desautorizada de obra musical, a relação entre o titular da obra e o executor será extracontratual, ante a inexistência de vínculo entre as partes. Todavia, a situação muda de figura quando a execução comercial de composições musicais advém de prévia autorização do titular, ainda que por intermédio do ECAD, em que há autêntico acordo de vontades para a cessão parcial, temporária e não exclusiva de direitos autorais. Em suma, na execução comercial desautorizada de obras musicais a relação entre executor e ECAD (mandatário dos titulares das obras) é extracontratual, de sorte que eventual condenação judicial fica sujeita a juros de mora contados desde o ato ilícito, nos termos do art. 398 do CC e da Súmula 54 do STJ. E na execução comercial autorizada a relação entre executor e ECAD é contratual, de maneira que sobre eventual condenação judicial incidem juros de mora contados desde a citação, nos termos do art. 405 do CC. <u>REsp 1.424.004-GO</u>, Rel. Min. Nancy Andrighi, julgado em 25/3/2014. (Inform. STJ 539)

DIREITO CIVIL. SEMELHANÇA TEMÁTICA ENTRE OBRAS ARTÍSTICAS. Não configura violação de direitos autorais a produção e veiculação de minissérie que utilize o mesmo título, derivado da música brasileira mais conhecida da época retratada pela criação, bem como a mesma ideia central contida em roteiro anteriormente produzido e registrado por terceiro, na hipótese em que não tenham sido substancialmente utilizados a habilidade técnica e o labor intelectual da obra anterior. Isso porque o direito autoral protege apenas a criação de uma obra, caracterizada sua exteriorização sob determinada forma, e não a ideia em si ou um tema determinado. Com efeito, não há violação de direitos autorais pelo simples fato de as ideias de uma obra serem usadas em outra. Assim, considerando o fato de as obras em cotejo apenas contarem histórias semelhantes, mas não iguais, não fica configurado o plágio, mas apenas a identidade de temas, o que é plenamente possível, não ocorrendo, assim, violação de direitos autorais (art. 8º, I, da Lei 9.610/1998). **REsp 1.189.692-RJ, Rel. Min. Luis Felipe Salomão, julgado em 21/5/2013. (Inform. STJ 527)**

DIREITO CIVIL. SUSPENSÃO OU INTERRUPÇÃO DA TRANSMISSÃO DE OBRAS MUSICAIS EM RAZÃO DA FALTA DE PAGAMENTO DO VALOR DOS RESPECTIVOS DIREITOS AUTORAIS. A autoridade judicial competente pode determinar, como medida de tutela inibitória fundada no art. 105 da Lei 9.610/1998, a suspensão ou a interrupção da transmissão de determinadas obras musicais por emissora de radiodifusão em razão da falta de pagamento ao ECAD do valor correspondente aos respectivos direitos autorais, ainda que pendente ação judicial destinada à cobrança desse valor. Deve-se destacar, inicialmente, que o ajuizamento de medida destinada à obtenção de tutela ressarcitória não exclui a possibilidade de que se demande pela utilização de mecanismo apto à efetivação de tutela inibitória. De fato, trata-se de pretensões que não se confundem, pois, enquanto a tutela ressarcitória visa à cobrança dos valores devidos, a tutela inibitória se destina a impedir a continuação ou a repetição do ilícito. Observe-se que o *caput* do artigo 68 da Lei 9.610/1998 dispõe que, sem prévia e expressa autorização do autor ou titular, não poderão ser utilizadas obras teatrais, composições musicais ou lítero-musicais e fonogramas em representações e execuções públicas. Por sua vez, o § 4º do mesmo artigo especifica que, previamente à realização da execução pública, o empresário deverá apresentar ao escritório central de arrecadação e distribuição a comprovação dos recolhimentos relativos aos direitos autorais. Portanto, conclui-se que a autorização para exibição ou

execução das obras compreende o prévio pagamento dos direitos autorais, feito por meio do recolhimento dos respectivos valores ao ECAD. Nesse contexto, admitir que a execução das obras possa continuar normalmente, ainda que sem o recolhimento dos valores devidos, porque essa cobrança já seria objeto de tutela jurisdicional própria, seria o mesmo que permitir a violação dos direitos patrimoniais do autor, em razão da relativização da norma contida no art. 68, *caput* e § 4º, da Lei 9.610/1998, comprometendo, dessa maneira, a sua razão de ser. Ressalte-se, ainda, que a tutela inibitória do art. 105 da Lei 9.610/1998, que permite que a autoridade judicial competente determine a imediata suspensão ou interrupção da transmissão e da retransmissão realizadas mediante violação de direitos autorais, apresenta, de fato, caráter protetivo dos direitos autorais. Assim, autorizar sua aplicação quando houver violação dos direitos patrimoniais de autor, representada pelo não recolhimento dos valores devidos, não a transforma em medida coercitiva. Diversamente, põe-se em evidência a proteção dos direitos autorais, impedindo-se que se prossiga auferindo vantagens econômicas, derivadas da exploração da obra, sem o respectivo pagamento. **REsp 1.190.841-SC, Rel. Min. Nancy Andrighi, julgado em 11/6/2013. (Inform. STJ 526)**

DIREITO CIVIL. RESPONSABILIDADE PELO PAGAMENTO DE TAXA AO ECAD NA HIPÓTESE DE EXECUÇÃO DE MÚSICAS, SEM AUTORIZAÇÃO DOS AUTORES, DURANTE FESTA DE CASAMENTO REALIZADA EM CLUBE. Os nubentes são responsáveis pelo pagamento ao ECAD de taxa devida em razão da execução de músicas, sem autorização dos autores, na festa de seu casamento realizada em clube, ainda que o evento não vise à obtenção de lucro direto ou indireto. Anteriormente à vigência da Lei 9.610/1998, a jurisprudência prevalente no âmbito do direito autoral enfatizava a gratuidade das apresentações públicas de obras musicais, dramáticas ou similares como elemento de extrema relevância para distinguir o que ensejava ou não o pagamento de direitos. De fato, na vigência da Lei 5.988/1973, a existência do lucro se revelava como imprescindível à incidência dos direitos patrimoniais. Ocorre que, com a edição da Lei 9.610/1998, houve significativa alteração em relação a esse ponto. De fato, o confronto do art. 73 da Lei 5.988/1973 com o art. 68 da Lei 9.610/1998 revela a supressão, no novo texto, da cláusula "que visem a lucro direto ou indireto", antes tida como pressuposto para a cobrança de direitos autorais. Nesse contexto, o STJ, em sintonia com o novo diploma legal, alterou seu entendimento, passando a não mais considerar a utilidade econômica do evento como condição para a percepção da verba autoral. Passou-se, então, a reconhecer a viabilidade da cobrança dos direitos autorais também nas hipóteses em que a execução pública da obra protegida não tenha sido realizada com o intuito de lucro. Destaque-se, ademais, que o art. 46, VI, da Lei 9.610/1998, efetivamente, autoriza a execução musical independentemente do pagamento de qualquer taxa, desde que realizada no recesso familiar. Todavia, não é possível admitir interpretação que confira à expressão "recesso familiar" amplitude não autorizada pela norma, de modo a abarcar situações como a ora analisada. Com efeito, não é admissível que sejam ultrapassados os limites legais impostos aos direitos de autor, tendo em vista que a interpretação em matéria de direitos autorais deve ser sempre restritiva, à luz do art. 4º da Lei 9.610/1998. Observe-se que a referida lei, nos termos de seu art. 68, § 2º, considera execução pública a utilização de composições musicais ou lítero-musicais, mediante a participação de artistas, remunerados ou não, ou a utilização de fonogramas e obras audiovisuais, em locais de frequência coletiva, por quaisquer processos, inclusive a radiodifusão ou transmissão por qualquer modalidade. Além disso, o § 3º do mesmo artigo considera os clubes, sem qualquer exceção, como locais de frequência coletiva. Portanto, deve-se concluir que a limitação do art. 46, VI, da Lei 9.610/1998 não abarca eventos, mesmo que familiares e sem intuito de lucro, realizados em clubes. Assim, é devida a cobrança de direitos autorais pela execução de músicas durante festa de casamento realizada em clube, mesmo sem a existência de proveito econômico. Quanto à definição de quem deve ser considerado devedor da taxa em questão, cobrada pelo ECAD em decorrência da execução de músicas em casamentos, não há previsão explícita na Lei de Direitos Autorais. Em seu capítulo sobre a comunicação ao público, há um alerta no sentido de que, anteriormente à realização da execução pública, o empresário deverá apresentar ao escritório central a comprovação dos recolhimentos relativos aos direitos autorais (art. 68). Mais à frente, quando dispõe das sanções civis decorrentes das violações de direitos autorais, a Lei 9.610/1998 prevê que respondem solidariamente por estas os organizadores dos espetáculos, os proprietários, diretores, gerentes, empresários e arrendatários dos locais previstos no referido art. 68. Sobre o assunto, o próprio sítio eletrônico do ECAD informa que os valores devem ser pagos pelos usuários. Ademais, o regulamento de arrecadação do ECAD afirma que deverá ser considerada usuário de direito autoral toda pessoa física ou jurídica que utilizar obras musicais, lítero-musicais, fonogramas, através da comunicação pública, direta ou indireta, por qualquer meio ou processo similar, seja a utilização caracterizada como geradora, transmissora, retransmissora, distribuidora ou redistribuidora. Nesse contexto, conclui-se ser de responsabilidade dos nubentes, usuários interessados na organização do evento, o pagamento da taxa devida ao ECAD, sem prejuízo da solidariedade instituída pela lei. **REsp 1.306.907-SP, Rel. Min. Luis Felipe Salomão, julgado em 6/6/2013. (Inform. STJ 526)**

DIREITO CIVIL. LEGITIMIDADE DO ECAD PARA A FIXAÇÃO DO VALOR A SER RECEBIDO A TÍTULO DE DIREITOS AUTORAIS.
O ECAD tem legitimidade para reduzir o valor a ser recebido, a título de direitos autorais, pelos autores de obras musicais de background (músicas de fundo), bem como estabelecer, para a remuneração desse tipo de obra, valor diferente do que o recebido pelos compositores das demais composições, de forma a corrigir distorções na remuneração pela execução das diversas obras musicais. Com efeito, o ECAD é uma associação civil constituída pelas associações de direito do autor com a finalidade de defesa e cobrança dos direitos autorais, nos termos do que prevê o art. 99 da Lei 9.610/1998. Vale ressaltar que, com o ato de filiação, as associações atuam como mandatárias de seus filiados na defesa dos seus interesses (art. 98), principalmente junto ao ECAD, que tem a competência para fixar preços, efetuar a cobrança e distribuir os valores referentes aos direitos autorais. Ademais, apesar de a lei de direitos autorais não fazer distinção entre os tipos de obras, outorgando-lhes igual proteção, verifica-se que não há nada que impeça que o critério adotado pelo ECAD para a distribuição dos valores arrecadados entre os autores leve em consideração o fato de as músicas de fundo serem obras de menor evidência do que as composições que, por exemplo, são temas de novelas, de personagens etc. Dessa forma, entende

o STJ que, em se tratando de direito de autor, compete a este a fixação do seu valor, o que pode ocorrer diretamente ou por intermédio das associações e do próprio ECAD, que possui métodos próprios para a elaboração dos cálculos diante da diversidade das obras reproduzidas, segundo critérios eleitos internamente, já que não há tabela oficial regulamentada por lei ou normas administrativas sobre o assunto. **REsp 1.331.103-RJ, Rel. Min. Nancy Andrighi, julgado em 23/4/2013. (Inform. STJ 524)**

DIREITO CIVIL. LIMITES À UTILIZAÇÃO DE TRECHOS DE OBRA MUSICAL.
Constitui ofensa aos direitos autorais a reprodução, sem autorização ou menção aos seus autores, em periódico de cunho erótico, de trechos de determinada obra musical que vinha sendo explorada comercialmente, em segmento mercadológico diverso, pelos titulares de seus direitos patrimoniais no caso em que o trecho tenha sido utilizado para dar completude ao ensaio fotográfico publicado, proporcionando maior valorização do produto comercializado. Em regra, a exploração comercial da obra e a escolha dos meios em que ela ocorrerá são direitos exclusivos do autor. De fato, a utilização de pequenos trechos de obras preexistentes somente não constitui ofensa aos direitos autorais quando a reprodução, em si, não seja o objetivo principal da obra nova, não prejudique a exploração normal daquela reproduzida, nem cause prejuízo injustificado aos legítimos interesses dos autores (art. 46, VIII, da Lei 9.610/1998). Nesse contexto, verificado que a situação em análise não se enquadra na exceção, por ter sido a obra utilizada em caráter de completude, e não de acessoriedade, bem como pelo fato de que esta vinha sendo explorada comercialmente em segmento mercadológico diverso pelos titulares de seus direitos patrimoniais, deve-se reconhecer, na hipótese, a ocorrência de efetiva violação aos direitos dos autores. **REsp 1.217.567-SP, Rel. Min. Luis Felipe Salomão, julgado em 7/5/2013. (Inform. STJ 524)**

2. DIREITO PROCESSUAL CIVIL

1. PRINCÍPIOS DO PROCESSO CIVIL

DIREITO PROCESSUAL CIVIL. ANÁLISE DOS EFEITOS DE IRREGULARIDADE PROCESSUAL À LUZ DO PRINCÍPIO DO MÁXIMO APROVEITAMENTO DOS ATOS PROCESSUAIS.
O fato de um recurso ter sido submetido a julgamento sem anterior inclusão em pauta não implica, por si só, qualquer nulidade quando, para aquele recurso, inexistir norma que possibilite a realização de sustentação oral. Isso porque, apesar da ocorrência de irregularidade processual (inobservância do art. 552 do CPC), deve ser considerada a regra segundo a qual o ato não se repetirá, nem se lhe suprirá a falta, quando não prejudicar a parte (art. 249, § 1º, do CPC), em consonância com o princípio do máximo aproveitamento dos atos processuais. **REsp 1.183.774-SP, Rel. Min. Nancy Andrighi, julgado em 18/6/2013. (Inform. STJ 526)**

DIREITO PROCESSUAL CIVIL. NULIDADE DE ATO PROCESSUAL DE SERVENTUÁRIO. EFEITOS SOBRE ATOS PRATICADOS DE BOA-FÉ PELAS PARTES.
A eventual nulidade declarada pelo juiz de ato processual praticado pelo serventuário não pode retroagir para prejudicar os atos praticados de boa-fé pelas partes. O princípio da lealdade processual, de matiz constitucional e consubstanciado no art. 14 do CPC, aplica-se não só às partes, mas a todos os sujeitos que porventura atuem no processo. Dessa forma, no processo, exige-se dos magistrados e dos serventuários da Justiça conduta pautada por lealdade e boa-fé, sendo vedados os comportamentos contraditórios. Assim, eventuais erros praticados pelo servidor não podem prejudicar a parte de boa-fé. Entendimento contrário resultaria na possibilidade de comportamento contraditório do Estado-Juiz, que geraria perplexidade na parte que, agindo de boa-fé, seria prejudicada pela nulidade eventualmente declarada. Assim, certidão de intimação tornada sem efeito por serventuário não pode ser considerada para aferição da tempestividade de recurso. **Precedente citado: AgRg no AgRg no Ag 1.097.814-SP, DJe 8/9/2009. AgRg no AREsp 91.311-DF, Rel. Min. Antonio Carlos Ferreira, julgado em 6/12/2012. (Inform. STJ 511)**

📄 **Súmula STF nº 667**
Viola a garantia constitucional de acesso à jurisdição a taxa judiciária calculada sem limite sobre o valor da causa.

2. PARTES, PROCURADORES, MINISTÉRIO PÚBLICO E JUIZ

Associações: legitimidade processual e autorização expressa - 5
A autorização estatutária genérica conferida a associação não é suficiente para legitimar a sua atuação em juízo na defesa de direitos de seus filiados, sendo indispensável que a declaração expressa exigida no inciso XXI do art. 5º da CF ("as entidades associativas, quando expressamente autorizadas, têm legitimidade para representar seus filiados judicial ou extrajudicialmente") seja manifestada por ato individual do associado ou por assembleia geral da entidade. Por conseguinte, somente os associados que apresentaram, na data da propositura da ação de conhecimento, autorizações individuais expressas à associação, podem executar título judicial proferido em ação coletiva. Com base nessa orientação, o Plenário, em conclusão de julgamento, e por votação majoritária, proveu recurso extraordinário no qual se discutia a legitimidade ativa de associados que, embora não tivessem autorizado explicitamente a associação a ajuizar a demanda coletiva, promoveram a execução de sentença prolatada em favor de outros associados que, de modo individual e expresso, teriam fornecido autorização para a entidade atuar na fase de conhecimento — v. Informativos 569 e 722. Em preliminar, ante a ausência de prequestionamento quanto aos artigos 5º, XXXVI, e 8º, III, da CF, o Tribunal conheceu em parte do recurso. No mérito, reafirmou a juris-

prudência da Corte quanto ao alcance da expressão "quando expressamente autorizados", constante da cláusula inscrita no mencionado inciso XXI do art. 5º da CF. Asseverou que esse requisito específico acarretaria a distinção entre a legitimidade das entidades associativas para promover demandas em favor de seus associados (CF, art. 5º, XXI) e a legitimidade das entidades sindicais (CF, art. 8º, III). O Colegiado reputou não ser possível, na fase de execução do título judicial, alterá-lo para que fossem incluídas pessoas não apontadas como beneficiárias na inicial da ação de conhecimento e que não autorizaram a atuação da associação, como exigido no preceito constitucional em debate. Ademais, a simples previsão estatutária de autorização geral para a associação seria insuficiente para lhe conferir legitimidade. Por essa razão, ela própria tivera a cautela de munir-se de autorizações individuais. Vencidos os Ministros Ricardo Lewandowski (relator), Joaquim Barbosa (Presidente) e Cármen Lúcia, que negavam provimento ao recurso.
RE 573232/SC, rel. orig. Min. Ricardo Lewandowski, red. p/ o acórdão Min. Marco Aurélio, 14.5.2014. (RE-573232) (Inform. STF 746)

EMB. DECL. NO RMS N. 25.841-DF
RELATOR: MIN. MARCO AURÉLIO
RECURSO – TRANSMISSÃO ELETRÔNICA – AUTORIA – CAPACIDADE POSTULATÓRIA – INEXIGIBILIDADE. É dispensável que o autor do ato eletrônico de transmissão possua capacidade postulatória, sendo suficiente que a peça protocolada esteja subscrita por detentor da referida capacidade. EMBARGOS DECLARATÓRIOS – ESCLARECIMENTOS – ACOLHIDA. Uma vez suscitada omissão, cumpre prover os declaratórios, sem, necessariamente, chegar à eficácia modificativa. **(Inform. STF 742)**

DIREITO PROCESSUAL CIVIL. HIPÓTESE EM QUE NÃO SE EXIGE INTERVENÇÃO DO MP.
O fato de a ré residir com seus filhos menores no imóvel não torna, por si só, obrigatória a intervenção do Ministério Público (MP) em ação de reintegração de posse. Nos termos do inciso I do artigo 82 do CPC, o MP deve intervir nas causas em que houver interesse de incapazes, hipótese em que deve diligenciar pelos direitos daqueles que não podem agir sozinhos em juízo. Logo, o que legitima a intervenção do MP nessas situações é a possibilidade de desequilíbrio da relação jurídica e eventual comprometimento do contraditório em função da existência de parte absoluta ou relativamente incapaz. Nesses casos, cabe ao MP aferir se os interesses do incapaz estão sendo assegurados e respeitados a contento, seja do ponto de vista processual ou material. Na hipótese, a ação de reintegração de posse foi ajuizada tão somente contra a genitora dos menores, não veiculando, portanto, pretensão em desfavor dos incapazes, já que a relação jurídica subjacente em nada tangencia a estes. A simples possibilidade de os filhos - de idade inferior a dezoito anos - virem a ser atingidos pelas consequências fáticas oriundas da ação de reintegração de posse não justifica a intervenção do MP no processo como custos legis. Na hipótese, o interesse dos menores é meramente reflexo. Não são partes ou intervenientes no processo, tampouco compuseram qualquer relação negocial. Concretamente, não evidenciado o interesse público pela qualidade das partes, a atuação do MP importaria na defesa de direito disponível, de pessoa maior, capaz e com advogado constituído, situação não albergada pela lei. De fato, se assim fosse, a intervenção ministerial deveria ocorrer em toda e qualquer ação judicial relacionada a imóveis em que residem crianças ou adolescentes. Nesse passo, destacando-se a relevante função ministerial na defesa da ordem jurídica e na correta aplicação da lei, o exercício amplo e indiscriminado do MP em demandas judiciais de índole meramente patrimonial acabaria por inviabilizar a atuação dos membros do MP e se afiguraria como um perigoso desvirtuamento da sua missão constitucional. Dessa maneira, não havendo interesse público, seja pela natureza da lide ou pela qualidade das partes, não há falar em intervenção ministerial em feitos de interesse puramente patrimonial e de reduzida repercussão social. **REsp 1.243.425-RS, Rel. Min. Ricardo Villas Bôas Cueva, julgado em 18/8/2015, DJe 3/9/2015 (Inform. STJ 567).**

DIREITO PROCESSUAL CIVIL E PROCESSUAL PENAL. LEGITIMIDADE DO MINISTÉRIO PÚBLICO ESTADUAL PARA ATUAR NO ÂMBITO DO STJ.

O Ministério Público Estadual tem legitimidade para atuar diretamente como parte em recurso submetido a julgamento perante o STJ. O texto do § 1º do art. 47 da LC 75/1993 é expresso no sentido de que as funções do Ministério Público Federal perante os Tribunais Superiores da União somente podem ser exercidas por titular do cargo de Subprocurador-Geral da República. A par disso, deve-se perquirir quais as funções que um Subprocurador-Geral da República exerce perante o STJ. É evidente que o Ministério Público, tanto aquele organizado pela União quanto aquele estruturado pelos Estados, pode ser parte e custos legis, seja no âmbito cível ou criminal. Nesse passo, tendo a ação (cível ou penal) sido proposta pelo Ministério Público Estadual perante o primeiro grau de jurisdição, e tendo o processo sido alçado ao STJ por meio de recurso, é possível que esse se valha dos instrumentos recursais necessários na defesa de seus interesses constitucionais. Nessas circunstâncias, o Ministério Público Federal exerce apenas uma de suas funções, qual seja: a de custos legis. Isto é, sendo o recurso do Ministério Público Estadual, o Ministério Público Federal, à vista do ordenamento jurídico, pode opinar pelo provimento ou pelo desprovimento da irresignação. Assim, cindido em um processo o exercício das funções do Ministério Público (o Ministério Público Estadual sendo o autor da ação, e o Ministério Público Federal opinando acerca do recurso interposto nos respectivos autos), não há razão legal, nem qualquer outra ditada pelo interesse público, que autorize restringir a atuação do Ministério Público Estadual enquanto parte recursal, realizando sustentações orais, interpondo agravos regimentais contra decisões, etc. Caso contrário, seria permitido a qualquer outro autor ter o referido direito e retirar-se-ia do Ministério Público Estadual, por exemplo, o direito de perseguir a procedência de ações penais e de ações de improbidade administrativa imprescindíveis à ordem social. **EREsp 1.327.573-RJ, Rel. originário e voto vencedor Min. Ari Pargendler, Rel. para acórdão Min. Nancy Andrighi, julgado em 17/12/2014, DJe 27/2/2015 (Inform. STJ 556).**

DIREITO PROCESSUAL CIVIL. ATUAÇÃO DA PROCURADORIA-GERAL DA FAZENDA NACIONAL (PGFN) EM CAUSA DE COMPETÊNCIA DA PROCURADORIA-GERAL DA UNIÃO (PGU).

O fato de a PGFN ter atuado em defesa da União em causa não fiscal de atribuição da PGU não justifica, por si só, a invalidação de todos os atos de processo no qual não se evidenciou – e sequer se alegou – qualquer prejuízo ao ente federado, que exercitou plenamente o seu direito ao contraditório e à ampla defesa, mediante oportuna apresentação de diversas teses jurídicas eloquentes e bem articuladas, desde a primeira instância e em todos os momentos processuais apropriados. Ainda que se reconheça, na hipótese em análise, o erro consistente na atuação da PGFN em causa de natureza não fiscal de competência da PGU, deve prevalecer a consideração de que a parte representada pelos dois órgãos é a mesma, a União, e teve ela a oportunidade de realizar o seu direito de defesa, o que efetivamente fez de modo pleno, mediante arguições competentes e oportunas, deduzindo diversas teses defensivas, todas eloquentes e bem articuladas, desde a primeira instância e em todos os momentos processuais. Assim, não resta espaço algum para enxergar nódoa no direito constitucional que assegura o contraditório e a ampla defesa. A propósito, se não houve prejuízo – e, a rigor, não houve sequer alegação de prejuízo –, não é viável que sejam simples e sumariamente descartados todos os atos processuais, como se não vigorassem os princípios da economicidade, da instrumentalidade das formas, da razoável duração do processo, e como se não tivesse relevância o brocardo segundo o qual ne pas de nullité sans grief. **REsp 1.037.563-SC, Rel. Min. Napoleão Nunes Maia Filho, julgado em 25/11/2014, DJe 3/2/2015 (Inform. STJ 554).**

DIREITO PROCESSUAL CIVIL. ATUAÇÃO DO MINISTÉRIO PÚBLICO COMO DEFENSOR DO INTERDITANDO.

Nas ações de interdição não ajuizadas pelo MP, a função de defensor do interditando deverá ser exercida pelo próprio órgão ministerial, não sendo necessária, portanto, nomeação de curador à lide. Estão legitimados para requerer a interdição somente os pais ou tutor, o cônjuge ou parentes próximos do interditando ou, ainda, em caráter subsidiário, o MP (art. 1.177 e 1.178 do CPC), sendo esta a única hipótese em que se exige a nomeação de curador à lide, a fim de ensejar o contraditório. Nessa perspectiva, verifica-se que a designação de curador especial tem por pressuposto a presença do conflito de interesses entre o incapaz e o responsável pela defesa de seus interesses no processo judicial. Assim, na hipótese de encontrar-se o MP e o suposto incapaz em polos opostos da ação, há intrínseco conflito de interesses a exigir a nomeação ao interditando de curador à lide, nos termos do art. 1.179 do CPC, que se reporta ao art. 9º do mesmo Código. Todavia, proposta a ação pelos demais legitimados, caberá ao MP a defesa dos interesses do interditando, fiscalizando a regularidade do processo, requerendo provas e outras diligências que entender pertinentes ao esclarecimento da incapacidade e, ao final, impugnar ou não o pedido de interdição, motivo pelo qual não se faz cabível a nomeação de curador especial para defender, exatamente, os mesmos interesses pelos quais zela o MP. A atuação do MP como defensor do interditando, nos casos em que não é o autor da ação, decorre da lei (art. 1.182, § 1º, do CPC e art. 1.770 do CC) e se dá em defesa de direitos individuais indisponíveis, função compatível com as suas funções institucionais (art. 127 da CF). **REsp 1.099.458-PR, Rel. Min. Maria Isabel Gallotti, julgado em 2/12/2014, DJe 10/12/2014 (Inform. STJ 553).**

DIREITO PROCESSUAL CIVIL. ILEGITIMIDADE DO CONDÔMINO PARA PROPOR AÇÃO DE PRESTAÇÃO DE CONTAS.

O condômino, isoladamente, não possui legitimidade para ajuizar ação de prestação de contas contra o condomínio. Isso porque, nos termos do art. 22, §1º, f, da Lei 4.591/1964, o condomínio, representado pelo síndico, não tem obrigação de prestar contas a cada um dos condôminos, mas sim a todos, perante a assembleia dos condôminos. No mesmo sentido, o art. 1.348, VIII, do CC dispõe que compete ao síndico, dentre outras atribuições, prestar contas à assembleia, anualmente e quando exigidas. **REsp 1.046.652-RJ, Rel. Min. Ricardo Villas Bôas Cueva, julgado em 16/9/2014. (Inform. STJ 549)**

DIREITO PROCESSUAL CIVIL. INTERVENÇÃO DO MP EM AÇÕES DE RESSARCIMENTO AO ERÁRIO.

O Ministério Público não deve obrigatoriamente intervir em todas as ações de ressarcimento ao erário propostas por entes públicos. A interpretação do art. 82, III, do CPC à luz do art. 129, III e IX, da CF revela que o interesse público que justifica a intervenção do MP não está relacionado à simples presença de ente público na demanda nem ao interesse patrimonial deste (interesse público secundário ou interesse da Administração). Exige-se que o bem jurídico tutelado corresponda a um interesse mais amplo, com espectro coletivo (interesse público primário). Além disso, a causa de pedir relativa ao ressarcimento ao ente público, considerando os limites subjetivos e objetivos da lide, prescinde da análise da ocorrência de ato de improbidade administrativa, razão pela qual não há falar em intervenção obrigatória do MP, sob pena de transformar a ação de indenização em sede imprópria para discussão acerca da configuração de improbidade administrativa. **EREsp 1.151.639-GO, Rel. Min. Benedito Gonçalves, julgado em 10/9/2014. (Inform. STJ 548)**

DIREITO PROCESSUAL CIVIL. INTERVENÇÃO DA DPU COMO AMICUS CURIAE EM PROCESSO REPETITIVO.

A eventual atuação da Defensoria Pública da União (DPU) em muitas ações de que se discuta o mesmo tema versado no recurso representativo de controvérsia não é suficiente para justificar a sua admissão como amicus curiae. Precedente citado: REsp 1.333.977-MT, Segunda Seção, DJe 12/3/2014. **REsp 1.371.128-RS, Rel. Min. Mauro Campbell Marques, julgado em 10/9/2014. (Inform. STJ 547)**

DIREITO PROCESSUAL CIVIL. PERSONALIDADE JUDICIÁRIA DAS CÂMARAS MUNICIPAIS.

A Câmara Municipal não tem legitimidade para propor ação com objetivo de questionar suposta retenção irregular de valores do Fundo de Participação dos Municípios. Isso porque a Câmara Municipal não possui personalidade jurídica, mas apenas personalidade judiciária, a qual lhe autoriza tão somente atuar em juízo para defender os seus interesses estritamente institucionais, ou seja, aqueles relacionados ao funcionamento, autonomia e independência do órgão, não se enquadrando, nesse rol, o interesse patrimonial do ente municipal. Precedente citado: REsp 1.164.017-PI, Primeira Seção, DJe 6/4/2010. **REsp 1.429.322-AL, Rel. Min. Mauro Campbell Marques, julgado em 20/2/2014. (Inform. STJ 537)**

DIREITO PROCESSUAL CIVIL. EXTENSÃO DA GRATUIDADE DE JUSTIÇA AOS ATOS PRATICADOS POR NOTÁRIOS E REGISTRADORES.

A gratuidade de justiça obsta a cobrança de emolumentos pelos atos de notários e registradores indispensáveis ao cumprimento de decisão proferida no processo judicial em que fora concedido o referido benefício. Essa orientação é a que melhor se ajusta ao conjunto de princípios e normas constitucionais voltados a garantir ao cidadão a possibilidade de requerer aos poderes públicos, além do reconhecimento, a máxima efetividade dos seus direitos (art. 5º, XXXIV, XXXV, LXXIV, LXXVI e LXXVII, da CF). Com efeito, a abstrata declaração do direito nada valerá sem a viabilização de seu cumprimento. AgRg no RMS 24.557-MT, Rel. Min. Castro Meira, julgado em 7/2/2013. **(Inform. STJ 517).**

2. DIREITO PROCESSUAL CIVIL

DIREITO TRIBUTÁRIO E PROCESSUAL CIVIL. INEXISTÊNCIA DE ISENÇÃO DA FAZENDA PÚBLICA QUANTO AO PAGAMENTO DOS EMOLUMENTOS CARTORÁRIOS.

A Fazenda Pública não é isenta do pagamento de emolumentos cartorários, havendo, apenas, o diferimento deste para o final do processo, quando deverá ser suportado pelo vencido. Precedentes citados: REsp 988.402-SP, Segunda Turma, DJe 7/4/2008; AgRg no REsp 1.013.586-SP, Segunda Turma, DJe 4/6/2009, e RMS 12.073-RS, Primeira Turma, DJ 2/4/2001. AgRg no REsp 1.276.844-RS, Rel. Min. Napoleão Nunes Maia Filho, julgado em 5/2/2013. **(Inform. STJ 516).**

DIREITO PROCESSUAL CIVIL. JURISDIÇÃO VOLUNTÁRIA. INTERESSE DO MP NA INTERPOSIÇÃO DE RECURSO EM AÇÃO DE RETIFICAÇÃO DE REGISTRO CIVIL.

O Ministério Público tem interesse na interposição de recurso de apelação em face de sentença que, nos autos de ação de retificação de registro civil, julga procedente o pedido para determinar que seja acrescido ao final do nome do filho o sobrenome de seu genitor. Ainda que se trate de procedimento de jurisdição voluntária, os arts. 57 e 109 da Lei n. 6.015/1973, de forma expressa, dispõem sobre a necessidade de intervenção do MP nas ações que visem, respectivamente, à alteração do nome e à retificação do registro civil. A imposição legal referida, por sua vez, decorre do evidente interesse público envolvido, justificando a intervenção do MP no processo e o seu interesse recursal. REsp 1.323.677-MA, Rel. Min. Nancy Andrighi, julgado em 5/2/2013. (Inform. STJ 513).

📄 **Súmula STF nº 644**

Ao titular do cargo de procurador de autarquia não se exige a apresentação de instrumento de mandato para representá-la em juízo.

📄 **Súmula STJ nº 525**

A Câmara de Vereadores não possui personalidade jurídica, apenas personalidade judiciária, somente podendo demandar em juízo para defender os seus direitos institucionais.

📄 **Súmula STJ nº 327**

Nas ações referentes ao Sistema Financeiro da Habitação, a Caixa Econômica Federal tem legitimidade como sucessora do Banco Nacional da Habitação.

📄 **Súmula STJ nº 232**

A Fazenda Pública, quando parte no processo, fica sujeita à exigência do depósito prévio dos honorários do perito.

📄 **Súmula STJ nº 226**

O Ministério Público tem legitimidade para recorrer na ação de acidente do trabalho, ainda que o segurado esteja assistido por advogado.

📄 **Súmula STJ nº 99**

O Ministério Público tem legitimidade para recorrer no processo em que oficiou como fiscal da lei, ainda que não haja recurso da Parte.

3. ATOS PROCESSUAIS

DIREITO PROCESSUAL CIVIL. AÇÃO DE INVESTIGAÇÃO DE PATERNIDADE PROPOSTA PELO MP E REALIZAÇÃO DE CITAÇÃO EDITALÍCIA DO RÉU EM JORNAL LOCAL.

Na hipótese em que o Ministério Público Estadual tenha proposto ação de investigação de paternidade como substituto processual de criança, a citação editalícia do réu não poderá ser realizada apenas em órgão oficial. Isso porque não se aplica o art. 232, § 2°, do CPC, o qual prevê que a publicação do edital de citação, no caso de a parte ser beneficiária da justiça gratuita, deve se restringir ao órgão oficial. Assim, por versar disposição restritiva e, portanto, aplicável exclusivamente apenas à previsão específica, é vedada a sua aplicação analógica do referido dispositivo ao Ministério Público, cuja atuação não se confunde com as funções próprias da Defensoria Pública, e com essa instituição não pode ser equiparado. Ademais, restringir a publicação de editais de citação ao órgão oficial resultaria, evidentemente, na limitação das chances da citação por edital lograr êxito. **REsp 1.377.675-SC, Rel. Min. Ricardo Villas Bôas Cueva, julgado em 10/3/2015, DJe 16/3/2015 (Inform. STJ 557).**

DIREITO PROCESSUAL CIVIL. IMPOSSIBILIDADE DE PRORROGAÇÃO DO TERMO INICIAL DE PRAZO RECURSAL DIANTE DE ENCERRAMENTO PREMATURO DO EXPEDIENTE FORENSE.

O disposto no art. 184, § 1°, II, do CPC – que trata da possibilidade de prorrogação do prazo recursal em caso de encerramento prematuro do expediente forense – aplica-se quando o referido encerramento tiver ocorrido no termo final para interposição do recurso, e não no termo inicial. O § 1° do art. 184 do CPC trata das hipóteses em que haverá prorrogação do prazo quando seu vencimento cair em feriado ou em dia que for determinado o fechamento do fórum ou quando houver o encerramento do expediente forense antes da hora normal. Não há dúvida, portanto, de que a hipótese ora regulada trata exclusivamente do dies ad quem (dia do vencimento). Essa conclusão é reforçada pelo disposto no § 2°, o qual regula a única possibilidade em que haverá a prorrogação do dies a quo ("os prazos somente começam a correr do primeiro dia útil após a intimação"). Verifica-se, desse modo, que o legislador tratou de forma distinta as hipóteses de prorrogação do prazo referente ao dies a quo e ao dies ad quem nos parágrafos do art. 184 do CPC. Além da falta de previsão legal, a referida prorrogação não se aplica ao dies a quo em razão, também, da ratio da norma, que é justamente possibilitar àqueles que vierem a interpor o recurso no último dia do prazo não serem surpreendidos, indevidamente, com o encerramento prematuro do expediente forense, em obediência ao princípio da confiança, que deve proteger a atuação do jurisdicionado perante a Justiça, e assim conferir máxima eficácia à prestação jurisdicional. Ademais, não se vislumbra qualquer razão para se prorrogar o início da contagem do prazo processual em situação idêntica ocorrida no primeiro dia do prazo. É que, nessa hipótese, remanescerá para o recorrente a possibilidade de interpor o recurso nos dias subsequentes. Não há motivo lógico que justifique aplicar-se o regramento referente ao dies ad quem a esta hipótese. Desse modo, a prorrogação em razão do encerramento prematuro do expediente forense aplica-se tão somente em relação ao dies ad quem do prazo recursal. Precedentes citados: AgRg no Ag 1.142.788-PE, Quinta Turma, DJe de 17/5/2010; e AgRg no REsp 614.496-RJ, Primeira Turma, DJ 1°/2/2006. **EAREsp 185.695-PB, Rel. Min. Felix Fischer, julgado em 4/2/2015, DJe 5/3/2015 (Inform. STJ 557).**

DIREITO PROCESSUAL CIVIL. PUBLICAÇÃO DE INTIMAÇÃO COM ERRO NA GRAFIA DO SOBRENOME DO ADVOGADO.

Não há nulidade na publicação de ato processual em razão do acréscimo de uma letra ao sobrenome do advogado no caso em que o seu prenome, o nome das partes e o número do processo foram cadastrados corretamente, sobretudo se, mesmo com a existência de erro idêntico nas intimações anteriores, houve observância aos prazos processuais passados, de modo a demonstrar que o erro gráfico não impediu a exata identificação do processo. À luz do § 1° do art. 236 do CPC, devem constar nas publicações de ato processual em órgão oficial "os nomes das partes e dos seus advogados, suficientes para sua identificação". Nesse contexto, a Corte Especial do STJ firmou entendimento no sentido de que o erro insignificante na grafia do nome do advogado, aliado à possibilidade de se identificar o processo por outros elementos, como o seu número e o nome da parte, não enseja a nulidade da publicação do ato processual (AgRg nos EDcl nos EAREsp 140.898-SP, DJe 10/10/2013). Além disso, diversas Turmas do STJ comungam do mesmo entendimento (AgRg no AREsp 109.463-SP, Primeira Turma, DJe 8/3/2013; RCD no REsp 1.294.546-RS, Segunda Turma, DJe 12/6/2013; AgRg no AREsp 375.744-PE, Terceira Turma, DJe 12/11/2013; AgRg no AREsp 27.988-PA, Quarta Turma, DJe 7/12/2012; e HC 206.686-SC, Quinta Turma, DJe 11/2/2014). **EREsp 1.356.168-RS, Rel. originário Min. Sidnei Beneti, Rel. para acórdão Min. Jorge Mussi, julgado em 13/3/2014, DJe 12/12/2014 (Inform. STJ 553).**

DIREITO PROCESSUAL CIVIL. NECESSIDADE DE NOVA INTIMAÇÃO NA HIPÓTESE DE ADIAMENTO DE JULGAMENTO DE PROCESSO INCLUÍDO EM PAUTA.

No âmbito do STJ, na hipótese em que o julgamento do processo tenha sido adiado por mais de três sessões, faz-se necessária nova intimação das partes por meio de publicação de pauta de julgamento. De fato, a sistemática anteriormente seguida no âmbito da Corte Especial do STJ era no sentido de que, uma vez incluído em pauta o processo, não se fazia necessária nova publicação e intimação das partes, independentemente do número de sessões pendentes do respectivo julgamento. No entanto, esse quadro deve ser revisto, uma vez que se trata de uma daquelas situações em que o STJ não se deve guiar pelo procedimento de outros tribunais. Ao contrário, deve dar o bom exemplo. Há que se fazer o certo. E o certo é assegurar a ampla defesa, o contraditório e a segurança jurídica. E mais, não se pode desconsiderar que este é um Tribunal nacional, um Tribunal de superposição, onde atuam advogados que vêm dos extremos mais remotos do nosso País. Nesse sentido, causa intensa preocupação a situação dos advogados que se deslocam a Brasília, com despesas custeadas por seus clientes, que, frequentemente, são pessoas humildes e somente podem arcar com a passagem de seus procuradores uma única vez, sem conseguir suportar com os custos da segunda, terceira e, muito menos, quarta e quinta viagens. Ademais, no processo civil brasileiro, a surpresa e o ônus financeiro excessivo são incompatíveis com o due process e com os pressupostos do Estado de Direito que é, antes de tudo, Social. Dessa forma, o estabelecimento de um limite de 3 (três) sessões para dispensa de nova publicação é um início, um limiar para a retificação da omissão até hoje verificada, sem prejuízo de a questão ser deliberada oportunamente mediante reforma do Regimento Interno. **EDcl no REsp 1.340.444-RS, Rel. originário Min. Humberto Martins, Rel. para acórdão Min. Herman Benjamin, julgado em 29/5/2014, DJe 2/12/2014 (Inform. STJ 553)**.

DIREITO PROCESSUAL CIVIL. HIPÓTESE DE NÃO CONFIGURAÇÃO DE COMPARECIMENTO ESPONTÂNEO DO RÉU. A apresentação de procuração e a retirada dos autos efetuada por advogado destituído de poderes para receber a citação não configura comparecimento espontâneo do réu (art. 214, § 1°, do CPC). Precedentes citados: REsp 648.202-RJ, Segunda Turma, DJe 11/4/2005; e REsp 1.246.098-PE, Segunda Turma, DJe 5/5/2011. **AgRg no REsp 1.468.906-RJ, Rel. Min. Mauro Campbell Marques, julgado em 26/8/2014. (Inform. STJ 546)**

DIREITO PROCESSUAL CIVIL. DIGITALIZAÇÃO DOS AUTOS E GUARDA PESSOAL DE DOCUMENTOS. Não pode ato infralegal (resolução de Tribunal) impor à parte autora o dever de providenciar a digitalização das peças dos autos, tampouco o dever de guarda pessoal de alguns dos documentos físicos do processo, ainda que os autos sejam provenientes de outro juízo ou instância. Dispõe o § 5° do art. 12 da Lei 11.419/2006 que "A digitalização de autos em mídia não digital, em tramitação ou já arquivados, será precedida de publicação de editais de intimações ou da intimação pessoal das partes e de seus procuradores, para que, no prazo preclusivo de 30 (trinta) dias, se manifestem sobre o desejo de manterem pessoalmente a guarda de algum dos documentos originais." Ademais, o mesmo diploma legal estabelece em seu art. 18 que "Os órgãos do Poder Judiciário regulamentarão esta Lei, no que couber, no âmbito de suas respectivas competências." Por sua vez, o TRF-4ª Região regulamentou a matéria por meio da Resolução 17/2010, art. 17, § 2°: "No juízo competente, a parte autora será intimada para retirar os autos físicos em 30 (trinta) dias, e providenciar a digitalização, ficando responsável pela guarda dos documentos." Conforme se verifica, a lei concede às partes e/ou aos seus procuradores a faculdade de exercerem a opção pela guarda pessoal de algum dos documentos originais dos autos físicos. O que a lei previu como faculdade, o ato infralegal do TRF transformou em dever processual. A circunstância de o art. 18 da lei em tela delegar em favor do Judiciário o poder de regulamentá-la naturalmente não consubstancia autorização para criar obrigações não previstas na lei (que em momento algum impõe à parte autora o dever de providenciar a digitalização dos autos remetidos por outro juízo e de conservar em sua guarda as peças originais). **REsp 1.448.424-RS, Rel. Min. Herman Benjamin, julgado em 22/5/2014 (Vide Informativo n. 524). (Inform. STJ 544)**

DIREITO PROCESSUAL CIVIL. PRAZOS PROCESSUAIS NO CASO DE GREVE DE ADVOGADOS PÚBLICOS. A greve de advogados públicos não constitui motivo de força maior a ensejar a suspensão ou devolução dos prazos processuais (art. 265, V, do CPC). Precedentes citados: AgRg no REsp 502.403-RS, Segunda Turma, DJe de 16/12/2008; AgRg no Ag 1.428.316-PI, Quarta Turma, DJe 23/4/2012; AgRg no Ag 1.253.872-DF, Quinta Turma, DJe 26/4/2010; e AgRg no REsp 373.323-DF, Sexta Turma, DJe de 4/8/2008. **REsp 1.280.063-RJ, Rel. Min. Eliana Calmon, julgado em 4/6/2013. (Inform. STJ 525)**

DIREITO PROCESSUAL CIVIL. REGULAMENTAÇÃO DO PROCESSO ELETRÔNICO PELOS ÓRGÃOS DO PODER JUDICIÁRIO. É possível que o tribunal local defina, por meio de resolução que regulamente o processo eletrônico no âmbito de sua respectiva competência, ser de responsabilidade do autor a digitalização dos autos físicos para continuidade da tramitação do processo em meio eletrônico. Isso porque, nessa hipótese, a regulamentação está em consonância com o art. 18 da Lei

11.419/2006, o qual prevê que os "órgãos do Poder Judiciário regulamentarão esta Lei, no que couber, no âmbito de suas respectivas competências". **REsp 1.374.048-RS, Rel. Min. Humberto Martins, julgado em 21/5/2013. (Inform. STJ 524)**

DIREITO PROCESSUAL CIVIL. INAPLICABILIDADE DO ART. 188 DO CPC AO INCIDENTE DE SUSPENSÃO DE LIMINAR. Não incide o art. 188 do CPC, que confere prazo em dobro para recorrer à Fazenda Pública ou ao Ministério Público, na hipótese de o recurso interposto ser o incidente de suspensão de liminar previsto no art. 4°, § 3°, da Lei 8.437/1992. Precedente citado do STF: STA-AgR 172-BA, Tribunal Pleno, DJe 2/12/2010. **REsp 1.331.730-RS, Rel. Min. Herman Benjamin, julgado em 7/5/2013. (Inform. STJ 523)**

DIREITO PROCESSUAL CIVIL. BENEFÍCIO DO PRAZO EM DOBRO NO CASO EM QUE OS LITISCONSORTES CONSTITUAM ADVOGADOS DIFERENTES NO CURSO DE PRAZO RECURSAL. Se os litisconsortes passam a ter procuradores distintos no curso do processo, quando já iniciado o prazo recursal, somente se aplica o benefício do prazo em dobro à parte do prazo recursal ainda não transcorrida até aquele momento. O art. 191 do CPC determina que "quando os litisconsortes tiverem diferentes procuradores, ser-lhe-ão contados em dobro os prazos para contestar, para recorrer e, de modo geral, para falar nos autos". Esse benefício não está condicionado à prévia declaração dos litisconsortes de que terão mais de um advogado e independe de requerimento ao juízo. Ocorre que, caso os litisconsortes passem a ter advogados distintos no curso do prazo para recurso, a duplicação do prazo se dará apenas em relação ao tempo faltante. O ingresso nos autos de novo advogado não tem o condão de reabrir o prazo recursal já expirado, pois, do contrário, no caso de pluralidade de partes no mesmo polo processual, bastaria aos litisconsortes constituir novo advogado no último dia do prazo recursal para obter a aplicação do benefício em relação à integralidade do prazo. Precedentes citados: REsp 336.915-RS, Quarta Turma, DJ 6/5/2002, e REsp 493.396-DF, Sexta Turma, DJ 8/3/2004. **REsp 1.309.510-AL, Rel. Min. Nancy Andrighi, julgado em 12/3/2013. (Inform. STJ 518)**

DIREITO PROCESSUAL CIVIL. FUNDAMENTAÇÃO PER RELATIONEM. É legítima a adoção da técnica de fundamentação referencial (per relationem), consistente na alusão e incorporação formal, em ato jurisdicional, de decisão anterior ou parecer do Ministério Público. **Precedente citado: REsp 1.194.768-PR, Segunda Turma, DJe 10/11/2011. EDcl no AgRg no AREsp 94.942-MG, Rel. Min. Mauro Campbell Marques, julgado em 5/2/2013. (Inform. STJ 517)**.

DIREITO PROCESSUAL CIVIL. IRRELEVÂNCIA DA INDISPONIBILIDADE DO SISTEMA DE PROTOCOLO VIA FAX DO STJ NA FLUÊNCIA DO PRAZO RECURSAL. O recurso interposto via fax fora do prazo recursal deve ser considerado intempestivo, ainda que tenha ocorrido eventual indisponibilidade do sistema de protocolo via fax do STJ no decorrer do referido período de tempo. Conforme a jurisprudência do STJ, são de responsabilidade de quem opta pelo sistema de comunicação por fax os riscos de que eventuais defeitos técnicos possam impedir a perfeita recepção da petição. Precedente citado: AgRg nos EDcl no REsp 1.096.600-RS, Terceira Turma, DJe 29/6/2009. AgRg nos EDcl no AREsp 237.482-RJ, Rel. Min. Humberto Martins, julgado em 7/2/2013. (Inform. STJ 517).

DIREITO PROCESSUAL CIVIL. ASSISTÊNCIA JUDICIÁRIA GRATUITA. IMPUGNAÇÃO DO BENEFÍCIO NOS AUTOS DO PROCESSO PRINCIPAL. AUSÊNCIA DE NULIDADE. NÃO DEMONSTRAÇÃO DE PREJUÍZO. Não enseja nulidade o processamento da impugnação à concessão do benefício de assistência judiciária gratuita nos autos do processo principal, se não acarretar prejuízo à parte. A Lei n. 1.060/1950, ao regular as normas acerca da concessão da assistência judiciária gratuita, determina que a impugnação à concessão do benefício seja processada em autos apartados, de forma a evitar tumulto processual no feito principal e resguardar o amplo acesso ao Poder Judiciário, com o exercício da ampla defesa e produção probatória, conforme previsto nos arts. 4°, § 2°, e 6° e 7°, parágrafo único, do referido diploma legal. Entretanto, o processamento incorreto da impugnação nos mesmos autos do processo principal deve ser considerado mera irregularidade. Conforme o princípio da instrumentalidade das formas

2. DIREITO PROCESSUAL CIVIL — 69

e dos atos processuais, consagrado no caput do art. 244 do CPC, quando a lei prescreve determinada forma sem cominação de nulidade, o juiz deve considerar válido o ato se, realizado de outro modo, alcançar sua finalidade. Assim, a parte interessada deveria arguir a nulidade e demonstrar a ocorrência concreta de prejuízo, por exemplo, eventual falta do exercício do contraditório e da ampla defesa. O erro formal no procedimento, se não causar prejuízo às partes, não justifica a anulação do ato impugnado, até mesmo em observância ao princípio da economia processual. Ademais, por ser relativa a presunção de pobreza a que se refere o art. 4º da Lei n. 1.060/1950, o próprio magistrado, ao se deparar com as provas dos autos, pode, de ofício, revogar o benefício. Precedente citado: REsp 494.867-AM, DJ 29/9/2003. **REsp 1.286.262-ES, Rel. Min. Paulo de Tarso Sanseverino, julgado em 18/12/2012. (Inform. STJ 511).**

🖹 Súmula STF nº 641

Não se conta em dobro o prazo para recorrer, quando só um dos litisconsortes haja sucumbido.

🖹 Súmula STF nº 310

Quando a intimação tiver lugar na sexta-feira, ou a publicação com efeito de intimação for feita nesse dia, o prazo judicial terá início na segunda-feira imediata, salvo se não houver expediente, caso em que começará no primeiro dia útil que se seguir.

🖹 Súmula STJ nº 429

A citação postal, quando autorizada por lei, exige o aviso de recebimento.

🖹 Súmula STJ nº 273

Intimada a defesa da expedição da carta precatória, torna-se desnecessária intimação da data da audiência no juízo deprecado.

🖹 Súmula STJ nº 116

A Fazenda Pública e o Ministério Publico têm prazo em dobro para interpor agravo regimental no Superior Tribunal de Justiça.

4. LITISCONSÓRCIO, ASSISTÊNCIA E INTERVENÇÃO DE TERCEIROS

Assistente simples e ingresso após início de julgamento de RE - 4
Em conclusão de julgamento, o Plenário, por maioria, negou provimento a agravo regimental interposto de decisão que indeferira pedido de ingresso do postulante nos autos do RE 550.769/RJ (DJe de 3.4.2014), na qualidade de assistente simples (CPC, art. 50). O requerente alegava ser sócio-administrador da empresa recorrente no aludido extraordinário e que, nesta condição, poderia eventualmente ser chamado a responder pelos débitos tributários da sociedade, razão pela qual possuiria interesse direto na resolução da causa em discussão no recurso. Apontava, ainda, a existência de suposto fato novo, consistente no direito subjetivo de parcelamento do débito tributário e em outras mudanças voltadas à facilitação do adimplemento do devedor junto à Receita Federal — v. Informativo 693. O Colegiado aduziu que a admissão de assistente simples pressuporia a utilidade e a necessidade da medida, ponderada pela circunstância de o interessado receber o processo no estado em que se encontrasse. Explicitou que o requerimento teria sido formulado cerca de três meses após a sessão em que iniciado o julgamento do RE. Afirmou que, por não poder o postulante apresentar novas razões recursais, sequer realizar sustentação oral, não estaria presente a utilidade da medida. Ademais, a suposta alteração relevante do quadro fático-jurídico não existiria, pois a inclusão e a exclusão da empresa no programa de parcelamento de débito seriam anteriores ao julgamento do RE e o postulante poderia ter apresentado seu pedido antes disso. Consignou que a pretensão de conferir efeito suspensivo ao RE já teria sido apreciada por duas vezes pelo STF (AC 1.657/RJ, DJe de 30.11.2007; AC 2.101/RJ, DJe de 5.8.2008). Assim, a ausência de modificação substancial do quadro existente por ocasião do exame da primeira medida acauteladora impediria a concessão de providência análoga à anteriormente rejeitada. Reputou que, inexistente interesse jurídico legítimo, para além do simples viés econômico, descaberia proliferar os atores processuais de modo a comprometer a prestação jurisdicional. Assinalou não haver relação direta entre as medidas tendentes a cobrar o crédito tributário da empresa com a responsabilização de seus gestores e o RE, no qual se discutiria a aplicação de restrição que se teria por sanção política, mas nada se diria sobre a validade desse crédito. Vencidos os Ministros Luiz Fux,

Gilmar Mendes, Celso de Mello e Ricardo Lewandowski (Presidente), que proviam o agravo. Afirmavam que o interessado figuraria no polo passivo de diversas execuções fiscais, relativas à empresa, com bloqueio de seus bens em decorrência de medida acauteladora de 1ª instância. Dessa forma, teria interesse jurídico em intervir nos autos do RE, no estado em que este se encontrasse. **Pet 4391 AgR/RJ, rel. orig. Min. Joaquim Barbosa, red. p/ o acórdão Min. Teori Zavascki, 9.10.2014. (PET-4391) (Inform. STF 762)**

DIREITO PROCESSUAL CIVIL. LITISCONSÓRCIO PASSIVO NECESSÁRIO EM AÇÃO DEMOLITÓRIA.
Os cônjuges casados em regime de comunhão de bens devem ser necessariamente citados em ação demolitória. Nesse caso, há litisconsórcio passivo necessário. **REsp 1.374.593-SC, Rel. Min. Herman Benjamin, julgado em 5/3/2015, DJe 1º/7/2015 (Inform. STJ 565).**

DIREITO PROCESSUAL CIVIL. APLICABILIDADE DO ART. 191 DO CPC/1973 AOS PROCESSOS JUDICIAIS ELETRÔNICOS.
Aplica-se o art. 191 do CPC/1973 à contagem de prazo nos processos judiciais eletrônicos. De fato, a aplicação do prazo em dobro para contestar, recorrer e, de modo geral, falar nos autos quando os litisconsortes tiverem procuradores diferentes (art. 191 do CPC/1973), visa possibilitar acesso e manuseio dos autos aos advogados, haja vista ser o prazo comum. Todavia, como a utilização do processo judicial eletrônico afastou a impossibilidade de diferentes advogados obterem vista simultânea dos autos, não mais subsiste a situação que justificava a previsão do prazo em dobro. Nesse contexto, o Novo CPC (de 2015), atento à necessidade de alteração legislativa, exclui a aplicação do prazo em dobro no processo eletrônico (art. 229, § 2º). A lei disciplinadora do processo eletrônico (Lei 11.419/2006), no entanto, não alterou nem criou nenhuma exceção ao determinado no art. 191 do CPC/1973, de forma que, ausente alteração legislativa acerca do tema, não há como deixar de se aplicar o dispositivo legal vigente, sob pena de se instaurar grave insegurança jurídica e se ofender o princípio da legalidade. Desse modo, apesar de se reconhecer que o disposto no art. 191 está em descompasso com o sistema do processo eletrônico, em respeito ao princípio da legalidade e à legítima expectativa gerada pelo texto normativo vigente, enquanto não houver alteração legal, aplica-se aos processos eletrônicos o disposto no art. 191, preservando-se a segurança jurídica do sistema como um todo, bem como a proteção da confiança. **REsp 1.488.590-PR, Rel. Min. Ricardo Villas Bôas Cueva, julgado em 14/4/2015, DJe 23/4/2015 (Inform. STJ 560).**

DIREITO PROCESSUAL CIVIL. ASSISTÊNCIA SIMPLES EM PROCESSO SUBMETIDO AO RITO DO ART. 543-C DO CPC. Não configura interesse jurídico apto a justificar o ingresso de terceiro como assistente simples em processo submetido ao rito do art. 543-C do CPC o fato de o requerente ser parte em outro feito no qual se discute tese a ser firmada em recurso repetitivo. Isso porque, nessa situação, o interesse do terceiro que pretende ingressar como assistente no julgamento do recurso submetido à sistemática dos recursos repetitivos é meramente subjetivo, quando muito reflexo, de cunho meramente econômico, o que não justifica sua admissão como assistente simples. Outrossim, o requerente não se enquadra no rol do art. 543-C, § 4º, do CPC, sendo certo ainda que nem mesmo aqueles inseridos da referida lista podem ser admitidos como assistentes no procedimento de recursos representativos, não sendo possível, também, a interposição de recurso por eles para impugnar a decisão que vier a ser prolatada. Ademais, a admissão da tese sustentada pelo requerente abriria a possibilidade de manifestação de todos aqueles que figuram em feitos que tiveram a tramitação suspensa em vista da afetação, o que, evidentemente, inviabilizaria o julgamento de recursos repetitivos. <u>REsp 1.418.593-MS</u>, **Rel. Min. Luis Felipe Salomão, julgado em 14/5/2014. (Inform. STJ 540)**

DIREITO PROCESSUAL CIVIL. CHAMAMENTO AO PROCESSO EM AÇÃO DE FORNECIMENTO DE MEDICAMENTO MOVIDA CONTRA ENTE FEDERATIVO. RECURSO REPETITIVO (ART. 543-C DO CPC E RES. 8/2008-STJ). Não é adequado o chamamento ao processo (art. 77, III, do CPC) da União em demanda que verse sobre fornecimento de medicamento proposta contra outro ente federativo. Com efeito, o instituto do chamamento ao processo é típico das obrigações solidárias de pagar quantia. Entretanto, a situação aqui controvertida representa obrigação solidária entre os Municípios, os Estados, o Distrito Federal e a União, concernente à prestação específica de fornecimento de medicamento.

Neste contexto, por se tratar de hipótese excepcional de formação de litisconsórcio passivo facultativo, não se admite interpretação extensiva do referido instituto jurídico para alcançar prestação de entrega de coisa certa. Além do mais, a jurisprudência do STJ e do STF assentou o entendimento de que o chamamento ao processo (art. 77, III, do CPC) não é adequado às ações que tratam de fornecimento de medicamentos, por ser obstáculo inútil ao cidadão que busca garantir seu direito fundamental à saúde. Precedentes citados do STJ: AgRg no AREsp 13.266-SC, Segunda Turma, DJe 4/11/2011; e AgRg no Ag 1.310.184-SC, Primeira Turma, DJe 9/4/2012. Precedente do STF: RE 607.381 AgR-SC, Primeira Turma, DJe 17/6/2011. **REsp 1.203.244-SC, Rel. Min. Herman Benjamin, julgado em 9/4/2014. (Inform. STJ 539)**

DIREITO PROCESSUAL CIVIL. INTERVENÇÃO COMO AMICUS CURIAE EM PROCESSO REPETITIVO. Não se admite a intervenção da Defensoria Pública como *amicus curiae*, ainda que atue em muitas ações de mesmo tema, no processo para o julgamento de recurso repetitivo em que se discutem encargos de crédito rural, destinado ao fomento de atividade comercial. Por um lado, a representatividade das pessoas, órgãos ou entidades referidos no § 4º do art. 543-C do CPC e no inciso I do art. 3º da Resolução 8/2008 do STJ deve relacionar-se, diretamente, à identidade funcional, natureza ou finalidade estatutária da pessoa física ou jurídica que a qualifique para atender ao interesse público de contribuir para o aprimoramento do julgamento da causa; não é suficiente o interesse em defender a solução da lide em favor de uma das partes (interesse meramente econômico). Por outro lado, a intervenção formal no processo repetitivo deve dar-se por meio da entidade de âmbito nacional cujas atribuições sejam pertinentes ao tema em debate, sob pena de prejuízo ao regular e célere andamento deste importante instrumento processual. A representação de consumidores em muitas ações é insuficiente para a representatividade que justifique intervenção formal em processo submetido ao rito repetitivo. No caso em que se discutem encargos de crédito rural, destinado ao fomento de atividade comercial, a matéria, em regra, não se subsume às hipóteses de atuação típica da Defensoria Pública. Apenas a situação de eventual devedor necessitado justificaria, em casos concretos, a defesa dessa tese jurídica pela Defensoria Pública, tese esta igualmente sustentada por empresas de grande porte econômico. Por fim, a inteireza do ordenamento jurídico já é defendida pelo Ministério Público Federal. **REsp 1.333.977-MT, Rel. Min. Maria Isabel Gallotti, julgado em 26/2/2014. (Inform. STJ 537)**

DIREITO PROCESSUAL CIVIL. ÔNUS SUCUMBENCIAIS NA HIPÓTESE DE HABILITAÇÃO DE LITISCONSORTE EM AÇÃO CIVIL PÚBLICA. Em ação civil pública que busque a tutela de direitos individuais homogêneos, a mera habilitação de interessado como litisconsorte do demandante não enseja, por si só, a condenação do demandado a pagar ônus sucumbenciais antes do julgamento final. Isso porque o pedido de intervenção no feito como litisconsorte nada mais é do que um incidente processual, haja vista o interessado, aproveitando-se do poder de disposição em aderir ou não ao processo coletivo (art. 94 do CDC), solicita seu ingresso no feito, na qualidade de litisconsorte facultativo ulterior. Não se está dizendo que o demandado não poderá ser condenado nos ônus sucumbenciais, mas apenas que a definição do responsável pelo pagamento, com análise do princípio da causalidade, ficará para momento futuro, qual seja, a prolação da sentença na ação civil pública. Ademais, os arts. 18 da Lei 7.347/1985 e 87 do CDC consagram norma processual especial, que expressamente afastam a necessidade de adiantar custas, emolumentos, honorários periciais e quaisquer outras despesas para o ajuizamento de ação coletiva, que, conforme o comando normativo, só terá de ser recolhida ao final pelo requerido, se for sucumbente, ou pela autora, quando manifesta a sua má-fé. **REsp 1.116.897-PR, Rel. Min. Luis Felipe Salomão, julgado em 24/9/2013. (Inform. STJ 532)**

DIREITO PROCESSUAL CIVIL. AUSÊNCIA DE NULIDADE PROCESSUAL NO JULGAMENTO DA AÇÃO PRINCIPAL ANTES DA OPOSIÇÃO. Não configura nulidade apreciar, em sentenças distintas, a ação principal antes da oposição, quando ambas forem julgadas na mesma data, com base nos mesmos elementos de prova e nos mesmos fundamentos. Nessa situação, não se vislumbra ofensa ao devido processo legal. Conforme a estrita técnica processual, quando um terceiro apresenta oposição, pretendendo a coisa ou o direito sobre o que controvertem autor e réu, antes da audiência, ela correrá simultaneamente à ação principal, devendo ser julgada pela mesma sentença, que primeiramente deverá conhecer

da oposição dado o seu caráter prejudicial (arts. 56, 59 e 61 do CPC). Entretanto, para verificar se o desrespeito à técnica processual implica a nulidade do ato processual, faz-se necessário perquirir se houve prejuízo às partes, de acordo com a moderna ciência processual que coloca em evidência o princípio da instrumentalidade e o da ausência de nulidade sem prejuízo ("pas de nullité sans grief"). Assim, o ato não será nulo porque formalmente defeituoso, mas sim quando, cumulativamente, afastar-se do modelo formal indicado em lei, deixar de realizar o escopo ao qual se destina e, por esse motivo, causar prejuízo a uma das partes. Ressalte-se que, no caso, tendo havido apenas a inversão da ordem de julgamento, não há falar em prejuízo às partes, (art. 249, § 1º, do CPC). Por outro lado, anular os julgamentos, determinando o retorno dos autos à origem para prolação de uma única sentença em vez de duas, não traria benefício algum ao opoente porque não seriam produzidas novas provas, realizadas novas audiências, apresentados outros argumentos visando ao convencimento do juiz. Somente haveria uma alteração da forma, sem qualquer modificação no conteúdo. **REsp 1.221.369-RS, Rel. Min. Nancy Andrighi, julgado em 20/8/2013. (Inform. STJ 531)**

DIREITO PROCESSUAL CIVIL. INAPLICABILIDADE DO ART. 191 DO CPC EM EXCEÇÃO DE SUSPEIÇÃO. O autor da ação principal que, em exceção de suspeição, tenha sido admitido como assistente simples do perito excepto não pode ser considerado "litisconsorte" para efeito de aplicação do art. 191 do CPC – prazo em dobro para recorrer no caso de litisconsortes com diferentes procuradores –, ainda que o referido incidente tenha sido acolhido para anular decisão favorável ao autor da demanda originária. De fato, as exceções de impedimento ou suspeição são opostas em face do magistrado e seus auxiliares, de modo a restaurar a higidez na prestação jurisdicional, diante de um vício interno do órgão que está prestando a jurisdição. Objetivam sanar possível vício existente no processo, não em relação às partes litigantes, mas sim no órgão que está prestando a jurisdição ou em auxiliar deste, como é o caso do perito (art. 139 do CPC). Assim sendo, a exceção de suspeição do perito é um incidente processual em que o *expert* figura como réu, como promovido, o que, entretanto, não enseja a participação da parte contrária à excipiente. Tratando-se de arguição de suspeição, por sua própria natureza, somente o excepto terá condições de refutar as alegações que lhe sejam atribuídas. Nesse contexto, a parte autora da ação principal, na situação em análise, não pode ser considerada litisconsorte do excepto, tendo em vista que ela jamais poderia ser demandada em uma exceção de suspeição. Tampouco pode ser admitida como assistente litisconsorcial, pois o julgamento da exceção não atinge diretamente sua esfera jurídica, mas apenas anula fases maculadas de um processo, nada obstante o indiscutível interesse das partes no resultado final da exceção. Ressalta-se, ademais, que, na hipótese em análise, a parte autora sequer poderia ter sido admitida como assistente simples, pois, na exceção em apreço, por consectário lógico, somente aquele de quem se poderia exigir isenção e imparcialidade pode ser apontado como suspeito e, assim, tem legitimidade para reconhecer ou refutar as alegações, considerando as hipóteses de suspeição previstas no art. 135 do CPC. **REsp 909.940-ES, Rel. Min. Raul Araújo, julgado em 17/9/2013. (Inform. STJ 528)**

DIREITO PROCESSUAL CIVIL. NÃO CONFIGURAÇÃO DE LITISCONSÓRCIO PASSIVO NECESSÁRIO NO CASO DE AÇÃO EM QUE SE OBJETIVE A RESTITUIÇÃO DE PARCELAS PAGAS A PLANO DE PREVIDÊNCIA PRIVADA. Na ação em que se objetive a restituição de parcelas pagas a plano de previdência privada, não há litisconsórcio passivo necessário entre a entidade administradora e os participantes, beneficiários ou patrocinadores do plano. Com efeito, no caso em que existam diversos titulares de direitos que derivem do mesmo título ou do mesmo fato jurídico e que estejam em jogo direitos patrimoniais, cabendo a cada titular uma parcela do todo divisível, será, em regra, eficaz o provimento concedido a algum deles, mesmo sem a presença dos demais. Isso porque a própria lei confere caráter de excepcionalidade ao litisconsórcio necessário, impondo-o apenas nas hipóteses previstas em lei ou pela natureza da relação jurídica (art. 47 do CPC). Sendo assim, como não se trata de hipótese em que o litisconsórcio necessário seja imposto por lei, tampouco se cuida de uma única relação jurídica indivisível, não há como falar, nesses casos, na configuração de litisconsórcio passivo necessário. **REsp 1.104.377-SP, Rel. Min. Luis Felipe Salomão, julgado em 18/4/2013. (Inform. STJ 522)**

2. DIREITO PROCESSUAL CIVIL — 71

DIREITO PROCESSUAL CIVIL. INSUFICIÊNCIA DO MERO INTERESSE ECONÔMICO PARA ENSEJAR A INTERVENÇÃO DE ASSISTENTE SIMPLES NO PROCESSO.

O acionista de uma sociedade empresária, a qual, por sua vez, tenha ações de outra sociedade, não pode ingressar em processo judicial na condição de assistente simples da última no caso em que o interesse em intervir no feito esteja limitado aos reflexos econômicos de eventual sucumbência da #sociedade que se pretenda assistir. De acordo com o art. 50 do CPC, a modalidade espontânea de intervenção de terceiros denominada assistência pressupõe que o terceiro tenha interesse jurídico na demanda, não sendo suficiente, para ensejar a intervenção na condição de assistente, a existência de mero interesse econômico. Ademais, caso se admitisse a assistência em hipóteses como a discutida, todos os acionistas da sociedade prejudicada poderiam intervir no feito, causando real tumulto processual. AgRg nos EREsp 1.262.401-BA, Rel. Min. Humberto Martins, julgado em 25/4/2013. (Inform. STJ 521)

DIREITO PROCESSUAL CIVIL. DESNECESSIDADE DA DENUNCIAÇÃO DA LIDE AO ALIENANTE NA AÇÃO EM QUE TERCEIRO REIVINDICA A COISA DO EVICTO.

O exercício do direito oriundo da evicção independe da denunciação da lide ao alienante do bem na ação em que terceiro reivindique a coisa. O STJ entende que o direito do evicto de recobrar o preço que pagou pela coisa evicta independe, para ser exercitado, de ele ter denunciado a lide ao alienante na ação em que terceiro reivindica a coisa. A falta da denunciação da lide apenas acarretará para o réu a perda da pretensão regressiva, privando-o da imediata obtenção do título executivo contra o obrigado regressivamente. Restará ao evicto, ainda, o direito de ajuizar ação autônoma. Precedentes citados: REsp 255.639-SP, Terceira Turma, DJ 11/6/2001, e AgRg no Ag 1.323.028-GO, Quarta Turma, DJe 25/10/2012. REsp 1.332.112-GO, Rel. Min. Luis Felipe Salomão, julgado em 21/3/2013. (Inform. STJ 519)

DIREITO PROCESSUAL CIVIL. PRESERVAÇÃO DE LITISCONSÓRCIO PASSIVO INICIALMENTE ESTABELECIDO ENTRE SEGURADO E SEGURADORA EM AÇÃO DECORRENTE DE ACIDENTE DE TRÂNSITO AJUIZADA CONTRA AMBOS.

No caso de ação indenizatória decorrente de acidente de trânsito que tenha sido ajuizada tanto em desfavor do segurado apontado como causador do dano quanto em face da seguradora obrigada por contrato de seguro de responsabilidade civil facultativo, é possível a preservação do litisconsórcio passivo, inicialmente estabelecido, na hipótese em que o réu segurado realmente fosse denunciar a lide à seguradora, desde que os réus não tragam aos autos fatos que demonstrem a inexistência ou invalidade do contrato de seguro. A preservação do aludido litisconsórcio passivo é viável, na medida em que nenhum prejuízo haveria para a seguradora pelo fato de ter sido convocada a juízo a requerimento do terceiro autor da ação – tendo em vista o fato de que o réu segurado iria mesmo denunciar a lide à seguradora. Deve-se considerar que, tanto na hipótese de litisconsórcio formado pela indicação do terceiro prejudicado, quanto no caso de litisconsórcio formado pela denunciação da lide à seguradora pelo segurado, a seguradora haverá de se defender em litisconsórcio passivo com o réu, respondendo solidariamente com este pela reparação do dano decorrente do acidente até os limites dos valores segurados contratados, em consideração ao entendimento firmado no REsp 925.130-SP, julgado sob o rito do art. 543-C do CPC, no sentido de que, "Em ação de reparação de danos movida em face do segurado, a Seguradora denunciada pode ser condenada direta e solidariamente junto com este a pagar a indenização devida à vítima, nos limites contratados na apólice". REsp 710.463-RJ, Rel. Min. Raul Araújo, julgado em 9/4/2013. (Inform. STJ 518)

📄 Súmula STJ nº 537

Em ação de reparação de danos, a seguradora denunciada, se aceitar a denunciação ou contestar o pedido do autor, pode ser condenada, direta e solidariamente junto com o segurado, ao pagamento da indenização devida à vítima, nos limites contratados na apólice.

5. COMPETÊNCIA E CONFLITO DE COMPETÊNCIA. CONEXÃO. CONTINÊNCIA.

EMB. DECL. NOS EMB. DECL. NOS EMB. DECL. NO AG. REG. NA Rcl N 5.698-SP

RELATOR: MIN. LUIZ FUX

Ementa: EMBARGOS DE DECLARAÇÃO NOS EMBARGOS DE DECLARAÇÃO NOS EMBARGOS DE DECLARAÇÃO NO AGRAVO REGIMENTAL NA RECLAMAÇÃO. AUSÊNCIA DE QUALQUER DOS VÍCIOS PREVISTOS NO ART. 535 DO CPC. TENTATIVA DE MERA REDISCUSSÃO DO QUE JÁ UNANIMEMENTE DECIDIDO NO ACÓRDÃO EMBARGADO. VÍNCULO DE NATUREZA CELETISTA. CAUSA DE PEDIR FUNDAMENTADA EM CONTRATO DE TRABALHO E NA LEGISLAÇÃO TRABALHISTA. COMPETÊNCIA DA JUSTIÇA DO TRABALHO. INAPLICABILIDADE, *IN CASU*, DO QUE DECIDIDO NA ADI 3.395/MC. INEXISTÊNCIA DE VÍNCULO JURÍDICO-ADMINISTRATIVO. NÃO CONHECIMENTO. APLICAÇÃO DE MULTA. ARTIGO 538, PARÁGRAFO ÚNICO, DO CPC. EMBARGOS DE DECLARAÇÃO NÃO CONHECIDOS.

1. O inconformismo que tem como real escopo a pretensão de reformar o *decisum* não pode prosperar, porquanto inocorrentes as hipóteses de omissão, contradição, obscuridade ou erro material, sendo inviável a revisão da decisão em sede de embargos de declaração, em face dos estreitos limites do art. 535 do CPC.

2. *In casu*, os embargos de declaração demonstram mera tentativa de rediscussão do que foi decidido pelo acórdão embargado, inobservando o embargante que os restritos limites desse recurso não permitem o rejulgamento da causa.

3. É competente a Justiça do Trabalho para julgar ação que envolva o Poder Público e o trabalhador regido pela Consolidação das Leis do Trabalho. Precedentes: ARE 859.365-AgR, rel. Min. Teori Zavascki, Segunda Turma, DJe de 13/4/2015; ARE 846.036-AgR, rel. Min. Luiz Fux, Primeira Turma, DJe de 14/4/2015; Rcl 16.458-AgR, Rel. Min. Rosa Weber, Primeira Turma, DJe de 9/9/2014; Rcl 16.893-AgR, Rel. Min. Dias Toffoli, Primeira Turma, DJe de 10/10/2014; Rcl 8.406-AgR, Rel. Min. Marco Aurélio, Primeira Turma, DJe de 29/5/2014.

4. A competência da Justiça Comum, em confronto com a da Justiça do Trabalho, em casos em que envolvido o Poder Público, reclama a análise da natureza do vínculo jurídico existente entre o trabalhador – termo aqui tomado em sua acepção ampla - e o órgão patronal: se de natureza jurídico-administrativa o vínculo, a competência fixa-se como da Justiça Comum; se de natureza celetista, a competência é da Justiça Trabalhista.

5. *In casu*, diante da natureza celetista do vínculo estabelecido entre as partes, é de se assentar a competência da Justiça do Trabalho.

6. Embargos de declaração não conhecidos. **(Inform. STF 794)**

Terras indígenas e conflito de competência - 2

Em conclusão de julgamento, a Segunda Turma desproveu agravo regimental interposto de decisão que negara seguimento a recursos extraordinários nos quais discutida a ocupação de terras indígenas. Os agravantes alegavam que, havendo disputa de direitos indígenas, inclusive sobre terras ocupadas, bem como a presença da Funai no feito, deslocar-se-ia a competência para a Justiça Federal (CF, art. 109, I). Sustentaram, ainda, não incidir o Enunciado 279 da Súmula desta Corte para o estabelecimento de competência em razão da pessoa — v. Informativo 634. A Turma asseverou que a decisão agravada não mereceria reparos, pois a competência para julgamento da ação fora estabelecida com base no contexto fático-probatório. Destacou que o pretendido interesse do MPF para atuar em defesa da população indígena não poderia ser considerado, uma vez não se admitir reexame dos fundamentos fáticos — apreciados exaustivamente na origem —, a partir dos quais afastada a característica indígena das terras objeto da controvérsia inicial. Por fim, salientou que o ingresso da Funai nos autos ocorrera em adiantada fase recursal, muito tempo após a estabilização da relação jurídico-processual, o que impediria a incidência do art. 109, I, da CF, pois a competência fora determinada no momento da propositura da ação (CPC, art. 87). RE 431602 Quarto-AgR/PB, rel. orig. Min. Ellen Gracie, red. p/ o acórdão Min. Cármen Lúcia, 30.6.2015. (RE-431602) (Inform. STF 792)

AG. REG. NO RE N. 591.420-PE

RELATORA: MIN. ROSA WEBER

EMENTA: DIREITO CIVIL E PROCESSUAL CIVIL. AÇÃO POSSESSÓRIA. CONFLITO DE COMPETÊNCIA. PRECLUSÃO E COISA JULGADA. RECURSO QUE NÃO ATACA OS FUNDAMENTOS DA DECISÃO AGRAVADA. IRREGULARIDADE FORMAL. ART. 317, §1º, RISTF. ACÓRDÃO RECORRIDO PUBLICADO EM 17.01.2008.

Não preenchimento do requisito de regularidade formal expresso no artigo 317, § 1º, do RISTF (a petição conterá, sob pena de rejeição liminar, as razões do pedido de reforma da decisão agravada). Ausência de ataque, nas razões do agravo regimental, aos fundamentos da decisão agravada, mormente no que se refere à aplicação da Súmula 283/STF.
Agravo regimental conhecido e não provido. **(Inform. STF 787)**

Conflito de competência e art. 115 do CPC

O Plenário acolheu embargos de declaração, com efeitos modificativos, para conhecer de conflito de competência e assentar a competência da justiça comum para o processamento e julgamento de processos que tratam de complementação de aposentadoria. O Tribunal afirmou que, em regra, a admissão do conflito de competência, com base no art. 115, III do CPC, exigiria divergência entre juízos diversos quanto à reunião ou separação dos feitos. Todavia, seria cabível, por meio de interpretação extensiva do art. 115 do CPC, o acolhimento do incidente, mesmo quando não houvesse a apontada divergência. Esse entendimento ficaria evidenciado, sobretudo, em ações conexas, com possibilidade de prolação de decisões conflitantes em trâmite perante justiças distintas, no bojo das quais o apontamento de conexão não se demonstrasse suficiente à definição da competência para seu processamento e julgamento. Ademais, o caso concreto trataria de demandas em trâmite perante a justiça comum e a justiça trabalhista, em que se discutiria complementação de aposentadoria com decisões conflitantes já proferidas, a justificar o conhecimento do conflito. Além disso, seria inaplicável a regra de solução de conexão entre os feitos prevista no art. 105 do CPC, uma vez que as ações tramitariam perante juízos com competência material distinta.
CC 7706 AgR-segundo-ED-terceiros/SP, rel. Min. Dias Toffoli, 12.3.2015. (CC-7706) (Inform. STF 777)

Competência da justiça federal: mero interesse da União e efetiva participação no processo

A 2ª Turma negou provimento a agravo regimental em recurso extraordinário com agravo para reconhecer a legitimidade passiva da União, bem como a competência da justiça federal para julgar ação de indenização proposta por estudante de ensino superior. No caso, o aluno, embora tivesse concluído todo o programa curricular e colado grau, não obtivera o diploma em razão de ausência de credenciamento da faculdade pelo Ministério da Educação. A União sustentava que o simples fato de as entidades privadas integrarem o sistema federal de educação não implicaria o interesse dela em todo processo que envolvesse instituição de ensino superior. A Turma consignou que, de acordo com a jurisprudência firmada na Corte, a matéria em discussão deixaria patente a competência da justiça federal e o interesse da União. O Ministro Teori Zavascki acompanhou a conclusão da Turma, mas por fundamento diverso. Explicitou que, de acordo com o estabelecido no art. 109, I a III, da CF, a competência cível da justiça federal seria fundamentalmente "ratione personae", de forma que a sua definição decorreria da identidade das pessoas que efetivamente figurassem na lide. Nesse sentido, destacou que não bastaria haver o mero interesse das entidades citadas no art. 109, I, da CF, mas, ao contrário, seria necessário que a União, suas autarquias ou empresas públicas federais efetivamente tomassem parte no processo como autoras, rés, assistentes ou oponentes. Registrou que, na espécie, a União participaria do feito e essa circunstância, independentemente de qualquer outra consideração quanto ao mérito da demanda, seria suficiente para afirmar, nos termos do art. 109, I, da CF, a competência da justiça federal para julgar a causa.
ARE 754174 AgR/RS, rel. Min. Gilmar Mendes, 2.9.2014. (ARE-754174) (Inform. STF 757)

Art. 109, § 2º, da CF e autarquias federais - 1

A regra prevista no § 2º do art. 109 da CF ("§ 2º - As causas intentadas contra a União poderão ser aforadas na seção judiciária em que for domiciliado o autor, naquela onde houver ocorrido o ato ou fato que deu origem à demanda ou onde esteja situada a coisa, ou, ainda, no Distrito Federal") também se aplica às ações movidas em face de autarquias federais. Essa a conclusão do Plenário que, por maioria, negou provimento a recurso extraordinário em que se discutia o critério de definição do foro competente para processar e julgar ação ajuizada em face do Conselho Administrativo de Defesa Econômica - CADE. A Corte registrou que o aludido dispositivo constitucional teria por escopo facilitar a propositura de ação pelo jurisdicionado em contraposição ao ente público. Lembrou que o STF já teria enfrentado a questão da aplicabilidade do art. 109, § 2º, da CF, à autarquia

em debate, e que ficara consignada, na ocasião, a finalidade do preceito constitucional, que seria a defesa do réu. Ademais, assentara que o critério de competência constitucionalmente fixado para as ações nas quais a União fosse autora deveria estender-se às autarquias federais, entes menores, que não poderiam ter privilégio maior que a União. O Colegiado asseverou que o preceito constitucional em exame não teria sido concebido para favorecer a União, mas para beneficiar o outro polo da demanda, que teria, dessa forma, mais facilidade para obter a pretendida prestação jurisdicional. Frisou que, com o advento da CF/1988, não teria sido estruturada a defesa judicial e extrajudicial das autarquias federais, que possuiriam, à época, representação própria, nos termos do art. 29 do ADCT. Entretanto, com a edição da Lei 10.480/2002, a Procuradoria-Geral Federal passara a ser responsável pela representação judicial e extrajudicial das autarquias e fundações públicas federais. Ponderou que fixar entendimento no sentido de o art. 109, § 2º não ser aplicável a essas hipóteses significaria minar a intenção do constituinte de simplificar o acesso à Justiça. Ressaltou que não se trataria de eventual conflito da legislação processual civil com a Constituição, uma vez que aquela não incidiria no caso. Acresceu que as autarquias federais possuiriam, de maneira geral, os mesmos privilégios e vantagens processuais concedidos à União, dentre os quais o pagamento das custas judiciais somente ao final da demanda, quando vencidas (CPC, art. 27); prazos em quádruplo para contestar e em dobro para recorrer (CPC, art. 188); duplo grau de jurisdição, salvo as exceções legais (CPC, art. 475); execução fiscal de seus créditos (CPC, art. 578); satisfação de julgados pelo regime de precatórios (CF, art. 100 e CPC, art. 730); e foro privilegiado perante a Justiça Federal (CF, art. 109, I). Assinalou que a fixação do foro competente com base no art. 100, IV, a, do CPC, nas ações propostas contra autarquias federais resultaria na concessão de vantagem processual não estabelecida para a União, a qual possuiria foro privilegiado limitado pelo art. 109, § 2º, da CF.
RE 627709/DF, rel. Min. Ricardo Lewandowski, 20.8.2014. (RE-627709)

Art. 109, § 2º, da CF e autarquias federais - 2

O Ministro Dias Toffoli destacou a existência de quatro carreiras da advocacia pública federal: a Procuradoria da Fazenda Nacional, a Procuradoria Federal, a Advocacia da União e a Procuradoria do Banco Central. Esta última seria a única autarquia que mantivera carreira separada, tendo em vista a característica particularíssima da instituição e a necessidade de especialização de seu corpo jurídico. Assim, em face da atual estruturação da advocacia pública federal, perante o litigante particular, bem como do advento do processo eletrônico, não se poderia fixar entendimento diverso, no sentido da inaplicabilidade do art. 109, § 2º, da CF às autarquias federais. Vencidos os Ministros Teori Zavascki, Rosa Weber e Luiz Fux, que proviam o recurso. O Ministro Teori Zavascki salientava que o dispositivo constitucional em análise levaria em conta a existência, à época, de foro da justiça federal apenas nas capitais, o que não mais subsistiria. Além disso, haveria grande variedade de autarquias no País, distintas não apenas pela finalidade, mas também pelo âmbito geográfico de atuação. Assim, a norma constitucional deveria ser interpretada de maneira mais literal. Concluía pela aplicação às autarquias do regime geral de competência previsto no CPC, por considerar que ele atenderia a essa diversidade de situações.
RE 627709/DF, rel. Min. Ricardo Lewandowski, 20.8.2014. (RE-627709) (Inform. STF 755)

Conflito de competência e ato administrativo praticado por membro do Ministério Público Federal

Compete ao juízo da vara federal com atuação na cidade de domicílio do impetrante processar e julgar mandado de segurança impetrado por promotor de justiça contra ato administrativo de procurador regional eleitoral, desde que não se trate de matéria eleitoral. Essa a conclusão da 1ª Turma ao solucionar conflito de competência entre tribunal regional eleitoral e STJ. Na espécie, via portaria do Ministério Público Federal, procurador regional eleitoral teria determinado a exoneração sumária do impetrante das funções de promotoria eleitoral. Contra essa decisão, o promotor impetrara mandado de segurança perante tribunal regional eleitoral, em que alegava afronta a princípios constitucionais relativos ao processo administrativo disciplinar, como ampla defesa, contraditório, presunção de inocência e devido processo legal. Aquele tribunal declinara da competência ao STJ que, por sua vez, destacara que lhe competiria processar e julgar mandado de segurança originário apenas contra atos de Ministros de Estado, de Comandantes das Forças Armadas ou do próprio STJ (CF, art. 105, I, b). O processo baixara à origem e o tribunal regional eleitoral suscitara o presente conflito negativo de competência. A Turma destacou que o "writ" impetrado dirigir-se-ia contra a exoneração de cargo público, em processo administrativo disciplinar. Assinalou que, ante a ausência de matéria eleitoral em discussão, seria o tribunal regional eleitoral incompetente para julgar o "writ". **CC 7698/PI, rel. Min. Marco Aurélio, 13.5.2014. (CC-7698) (Inform. STF 746)**

Passaporte estrangeiro falso: competência e processamento de recurso extraordinário

A 1ª Turma, por maioria, negou provimento a agravos regimentais em recursos extraordinários julgados em conjunto, ao fundamento de que a alegada ofensa à Constituição, se existente, seria reflexa, a depender da análise de normas infraconstitucionais, além do exame de fatos e provas. Na espécie, os acórdãos impugnados reconheceram, de ofício, a incompetência da justiça federal para processar e julgar os feitos. A Turma asseverou que a competência seria da justiça federal se a falsificação fosse de passaporte brasileiro. Entendeu que, de igual modo, caberia à justiça federal apreciar o feito se a apresentação do passaporte falso — quer brasileiro, quer estrangeiro — fosse feita perante a polícia federal. No entanto, destacou que, na situação dos autos, o passaporte falso era estrangeiro e fora apresentado a empregado de empresa área privada. Sublinhou, ainda, que apreciar a competência do órgão julgador, se a justiça federal ou a estadual, exigiria exame mais aprofundado de provas, inclusive do elemento subjetivo, a fim de verificar o bem jurídico predominantemente violado. Vencido o Ministro Dias Toffoli, que dava provimento aos agravos regimentais. Pontuava que o poder de polícia aeroportuária seria exercido pela polícia federal (CF, art. 144, § 1º). Explicava que, por possuir a União competência material e legislativa para assuntos afetos à entrada, à saída e ao trânsito de estrangeiros nos aeroportos nacionais, a competência seria da justiça federal. Aduziu que os casos em comento estariam diretamente relacionados com a competência federal para fiscalização e controle das fronteiras do País. Frisou a competência da União para legislar sobre a matéria (CF, artigos 21, XII, c, e 22, XV), ao atribuir à Agência Nacional de Aviação Civil - Anac competência para regular e fiscalizar, entre outras, a movimentação de passageiros (Lei 11.182/2005). **RE 686241 AgR/SP, rel. Min. Rosa Weber, 26.11.2013. (RE-686241) RE 632534 AgR/SP, rel. Min. Rosa Weber, 26.11.2013. (RE-632534) (Inform. STF 730)**

DIREITO PROCESSUAL CIVIL. COMPETÊNCIA PARA O JULGAMENTO DE AÇÃO DE CONSIGNAÇÃO EM PAGAMENTO PROPOSTA PELA UNIÃO PARA AFASTAR EVENTUAL RESPONSABILIZAÇÃO TRABALHISTA SUBSIDIÁRIA.
A Justiça do Trabalho é competente para processar e julgar ação de consignação em pagamento movida pela União contra sociedade empresária por ela contratada para a prestação de serviços terceirizados, caso a demanda tenha sido proposta com o intuito de evitar futura responsabilização trabalhista subsidiária da Administração nos termos da Súmula 331 do TST. De acordo com o item IV da referida Súmula, "O inadimplemento das obrigações trabalhistas, por parte do empregador, implica a responsabilidade subsidiária do tomador dos serviços quanto àquelas obrigações, desde que haja participado da relação processual e conste também do título executivo judicial". Além disso, dispõe o item V que "Os entes integrantes da Administração Pública direta e indireta respondem subsidiariamente, nas mesmas condições do item IV, caso evidenciada a sua conduta culposa no cumprimento das obrigações da Lei n.º 8.666, de 21.06.1993, especialmente na fiscalização do cumprimento das obrigações contratuais e legais da prestadora de serviço como empregadora. A aludida responsabilidade não decorre de mero inadimplemento das obrigações trabalhistas assumidas pela empresa regularmente contratada". Posto isso, deve-se ressaltar que a competência para o julgamento de demanda levada a juízo é fixada em razão da natureza da causa, que, a seu turno, é definida pelo pedido e pela causa de pedir deduzidos. Nesse sentido, a partir da análise do pedido e pela causa de pedir deduzidos do caso aqui mencionado, verifica-se que a lide tem natureza predominantemente trabalhista. Ademais, deve-se destacar que a EC 45/2004 ampliou a competência da Justiça do Trabalho, tornando incontroversa a competência desta para, nos termos do art. 114, IX, da CF, conhecer e julgar "outras controvérsias decorrentes da relação de trabalho", como aqui analisada. Além disso, nessa hipótese, a Justiça do Trabalho é quem terá melhores condições de apreciar as alegações da autora, bem como de extrair e controlar suas consequências jurídicas. **CC 136.739-RS, Rel. Min. Raul Araújo, julgado em 23/9/2015, DJe 15/10/2015. (Inform. STJ 571)**

DIREITO PROCESSUAL CIVIL. FORO PARA O AJUIZAMENTO DE AÇÃO EM FACE DE ENTIDADE FECHADA DE PREVIDÊNCIA COMPLEMENTAR.
É possível a participante ou assistido de plano de benefícios patrocinado ajuizar ação em face da respectiva entidade fechada de previdência privada no foro do domicílio da ré, no eventual foro de eleição do contrato ou, até mesmo, no foro onde labora ou laborou para a patrocinadora do plano. De fato, as regras do CDC, conquanto sejam aplicáveis à relação jurídica existente entre a entidade aberta de previdência privada e seus participantes, não se aplicam à relação jurídica, de direito civil, formada entre entidade fechada de previdência complementar e seus participantes ou assistidos de plano de benefícios, mesmo em situações que não sejam regulamentadas pela legislação especial. Dessa maneira, tratando-se de ação proposta por participante em face de entidade fechada de previdência privada, o foro competente não será disciplinado pelo diploma consumerista. Afastada a aplicação do CDC, deve-se atentar à circunstância de que, embora a relação autônoma de previdência complementar não se confunda com a trabalhista, a própria legislação de regência (art. 16 da LC 109/2001) impõe que a entidade confira tratamento isonômico com relação a todos os empregados da patrocinadora. Dessarte, a possibilidade de o participante ou assistido poder ajuizar ação no foro do local onde labora(ou) para a patrocinadora não pode ser menosprezada, inclusive para garantir um equilíbrio e isonomia entre os participantes que laboram no mesmo foro da sede da entidade e os demais, pois o participante não tem nem mesmo a possibilidade, até que ocorra o rompimento do vínculo trabalhista com o instituidor, de proceder ao resgate ou à portabilidade. **REsp 1.536.786-MG, Rel. Min. Luis Felipe Salomão, julgado em 26/8/2015, DJe 20/10/2015. (Inform. STJ 571)**

DIREITO PROCESSUAL CIVIL. FORO COMPETENTE PARA APRECIAR AÇÃO DE DISSOLUÇÃO DE UNIÃO ESTÁVEL CUMULADA COM ALIMENTOS.
A autora pode optar entre o foro de seu domicílio e o foro de domicílio do réu para propor ação de reconhecimento e dissolução de união estável cumulada com pedido de alimentos, quando o litígio não envolver interesse de incapaz. Deve-se ponderar, para a solução da controvérsia em análise, acerca de qual regra de competência deve sobressair: se a geral do art. 94, ou a especial do art. 100, II, ambos do CPC. A resposta se orienta à luz do princípio da especificidade, prevalecendo, dessa forma, a segunda regra de competência. Deve-se ressaltar, contudo, que a competência prevista no art. 100, II, do CPC é relativa quando se tratar de pedido de alimentos feito por qualquer um dos cônjuges, ao qual se presume a condição de hipossuficiente. O que significa dizer que é lícito à autora optar tanto pelo foro do domicílio do réu quanto pelo de seu próprio domicílio. A propósito do tema, cabe invocar a seguinte lição doutrinária: "A regra especial de competência dos incisos I e II do CPC 100 não fere o princípio constitucional da isonomia (art. 5º, I), nem é incompatível com a igualdade dos cônjuges na condução da sociedade conjugal (CF 226) (RJTJSP 134/283, 132/279). A hipótese é de tratar desigualmente partes desiguais, vale dizer, de discriminação justa, permitida pela CF 5º, I. Como, em tese, o alimentando necessita dos alimentos para sobreviver e o alimentante pode pagá-los, a ação de alimentos deve ser proposta no foro do domicílio do alimentando". Conclui-se, portanto, que a aplicação da regra especial de competência resguarda o alimentando em sua presumida condição de hipossuficiente e ameniza o custo financeiro de se demandar em foro distinto de seu domicílio, promovendo seu acesso à justiça. **REsp 1.290.950-SP, Rel. Min. Ricardo Villas Bôas Cueva, julgado em 25/8/2015, DJe 31/8/2015 (Inform. STJ 568).**

DIREITO PROCESSUAL CIVIL. HIPÓTESE DE CONEXÃO ENTRE PROCESSO DE CONHECIMENTO E DE EXECUÇÃO.
Pode ser reconhecida a conexão e determinada a reunião para julgamento conjunto de um processo executivo com um processo de conhecimento no qual se pretenda a declaração da inexistência da relação jurídica que fundamenta a execução, desde que não implique modificação de competência absoluta. Uma causa, mercê de não poder ser idêntica à outra, pode guardar com esta um vínculo de identidade quanto a um de seus elementos caracterizadores. Esse vínculo entre as ações por força da identidade de um de seus elementos denomina-se, tecnicamente, de conexão, cujo efeito jurídico maior é a modificação de competência, com reunião das causas em um mesmo juízo. A modificação, no entanto, apenas não acontecerá nos casos de competência absoluta, quando se providenciará a suspensão do andamento processual de uma das ações, até que a conexa seja, enfim, resolvida. De mais a mais, a moderna teoria materialista da conexão ultrapassa os limites estreitos da teoria tradicional e procura caracterizar o fenômeno pela identificação de fatos comuns,

causais ou finalísticos entre diferentes ações, superando a simples identidade parcial dos elementos constitutivos das ações. Nesse ponto, renomados estudiosos do tema concluíram pela insuficiência da teoria tradicional da conexão e do conceito apresentado pelo art. 103 do CPC. É a partir da constatação desta insuficiência do conceito legal que surge a inevitável identificação da conexão com o fenômeno da prejudicialidade, uma vez que o fundamento maior da conexão, assim como da prejudicialidade, é o fato de haver entre determinadas relações jurídicas uma força que as atrai, fazendo com que essas questões mereçam caminhar unidas. Assim, quando a demanda declaratória ajuizada tiver por objeto a declaração de inexistência de relação jurídica que fundamenta a execução, será necessária a reunião das ações por identificar-se uma conexão por prejudicialidade. Convém ressaltar que a ação declaratória negativa serve ao executado como defesa heterotópica e muito se assemelha aos embargos do devedor, que também possuem a mesma natureza declaratória. No atinente ao tema, já se manifestou o STJ no sentido da possibilidade da reunião de ações em fases processuais distintas (REsp 603.311-SE, Segunda Turma, DJ 15/8/2005; e REsp 557.080-DF, Primeira Turma, DJ 7/3/2005). A doutrina alerta, ainda, no que respeita às consequências de não serem reunidas essas ações para julgamento conjunto, que, tendo havido sentença já transitada em julgado, declarando a inexistência de relação jurídica entre as partes, eventual título executivo consubstanciado na dita relação inexistente poderá ensejar uma execução, mas que se apresentará natimorta, em face da ausência de condição da ação. Se prolatada sentença no curso da execução, assim como ocorre nos embargos, terá ela o condão de extinguir o feito executivo. Dessa forma, é possível determinar a reunião de processo de conhecimento e de execução para julgamento conjunto, quando ocorrer a relação de prejudicialidade entre eles, sendo inaplicável a Súmula 235 do STJ. **REsp 1.221.941-RJ, Rel. Min. Luis Felipe Salomão, julgado em 24/2/2015, DJe 14/4/2015 (Inform. STJ 559).**

DIREITO PROCESSUAL CIVIL. INAPLICABILIDADE DA CLÁUSULA DE ELEIÇÃO DE FORO PREVISTA EM CONTRATO SEM ASSINATURA DAS PARTES. Na hipótese em que a própria validade do contrato esteja sendo objeto de apreciação judicial pelo fato de que não houve instrumento de formalização assinado pelas partes, a cláusula de eleição de foro não deve prevalecer, ainda que prevista em contratos semelhantes anteriormente celebrados entre as partes. O STJ tem entendido que, em hipóteses em que se discute a própria validade do contrato, o foro de eleição não prevalece (REsp 773.753-PR, Terceira Turma, DJ 24/10/2005; e CC 15.134-RJ, Segunda Seção, DJ 11/12/1995). Esse entendimento aplica-se ao caso em análise, uma vez que a validade do contrato está sendo objeto de apreciação nos autos principais exatamente pelo fato de não haver instrumento de formalização assinado pelas partes, o que demandará produção de prova a respeito e a futura definição quanto à sua validade ao ensejo da prolação da sentença. **REsp 1.491.040-RJ, Rel. Min. Paulo de Tarso Sanseverino, julgado em 3/3/2015, DJe 10/3/2015 (Inform. STJ 557).**

DIREITO PROCESSUAL CIVIL. LIMITAÇÃO DA SUSPENSÃO DO PROCESSO CÍVEL PARA QUE HAJA A APRECIAÇÃO DE QUESTÃO PREJUDICIAL NA ESFERA CRIMINAL. A suspensão do processo determinada com base no art. 110 do CPC não pode superar um ano, de modo que, ultrapassado esse prazo, pode o juiz apreciar a questão prejudicial. A despeito do o art. 935, in fine, do CC positivar uma relação de prejudicialidade entre as esferas penal e cível, a ponto de autorizar o magistrado a suspender o processo, é inviável o sobrestamento indeterminado da ação cível, sobretudo quando ultrapassado o lapso de um ano, nos termos do art. 110 do CPC, o qual deve ser interpretado em consonância com o art. 265, § 5º, do CPC. Com efeito, o art. 110 do CPC confere ao juiz a faculdade de sobrestar o andamento do processo civil para a verificação de fato delituoso, atribuindo-se ao magistrado a prerrogativa de examinar a conveniência e a oportunidade dessa suspensão. Segundo a doutrina, a razão hermenêutica de tal comando reside na possibilidade de decisões conflitantes justificando a suspensão da causa prejudicada, para aguardar-se a solução da prejudicial, nos termos do art. 265, IV, alínea "a", do CPC. Por fim, ressalte-se que a eventual análise da questão prejudicial não se revestirá da força de coisa julgada material, nos termos do art. 469, III, do CPC. Precedentes citados: REsp 282.235-SP, Terceira Turma, DJ 9/04/2001; REsp 35.877-SP, Quarta Turma, DJ 4/11/1996. **REsp 1.198.068-MS, Rel. Min. Marco Buzzi, julgado em 2/12/2014, DJe 20/2/2015 (Inform. STJ 555).**

DIREITO PROCESSUAL CIVIL. COMPETÊNCIA PARA PROCESSAR E JULGAR AÇÃO DE DIVÓRCIO QUANDO O MARIDO FOR INCAPAZ. Compete ao foro do domicílio do representante do marido interditado por deficiência mental – e não ao foro da residência de sua esposa capaz e produtiva – processar e julgar ação de divórcio direto litigioso, independentemente da posição que o incapaz ocupe na relação processual (autor ou réu). Por um lado, art. 100, I, do CPC determina que o foro "da residência da mulher" é competente para "a ação de separação dos cônjuges e a conversão desta em divórcio". Por outro lado, o art. 98 do CPC prescreve que a "ação em que o incapaz for réu se processará no foro do domicílio de seu representante". No confronto entre essas normas protetivas, deve preponderar a regra que privilegia o incapaz, pela evidente maior fragilidade de quem atua representado, necessitando de facilitação de meios, especialmente numa relação processual formada em ação de divórcio, em que o delicado direito material a ser discutido pode envolver íntimos sentimentos e relevantes aspectos patrimoniais. Na espécie, é inconteste que para o incapaz e seu representante será mais fácil litigar no foro do domicílio deste do que se deslocarem para comarcas outras, o que dificultaria a defesa dos interesses do representado. A prevalência da norma do art. 98 do CPC, por seu turno, não trará grandes transtornos para a demandada, por ser pessoa apta e produtiva. Além disso, na melhor compreensão do referido artigo, não há razão para diferenciar-se a posição processual do incapaz – seja ele autor ou réu em qualquer ação –, pois, normalmente, sempre necessitará de proteção, de amparo, de facilitação da defesa dos seus interesses, possibilitando-se, por isso, ao seu representante litigar no foro de seu domicílio. **REsp 875.612-MG, Rel. Min. Raul Araújo, julgado em 4/9/2014. (Inform. STJ 552)**

DIREITO PROCESSUAL CIVIL. COMPETÊNCIA DE JUIZADO DE VIOLÊNCIA DOMÉSTICA E FAMILIAR CONTRA A MULHER PARA JULGAR EXECUÇÃO DE ALIMENTOS POR ELE FIXADOS. O Juizado de Violência Doméstica e Familiar contra a Mulher tem competência para julgar a execução de alimentos que tenham sido fixados a título de medida protetiva de urgência fundada na Lei Maria da Penha em favor de filho do casal em conflito. De fato, em se tratando de alimentos, a regra geral é de que serão fixados perante as varas de família. Ocorre que a Lei 11.340/2006, em seu artigo 14, estabelece que os "Juizados de Violência Doméstica e Familiar contra a Mulher, órgãos [...] com competência cível e criminal, poderão ser criados [...] para o processo, o julgamento e a execução das causas decorrentes da prática de violência doméstica e familiar contra a mulher", sem especificar as causas que não se enquadrariam na competência cível desses juizados, nas hipóteses de medidas protetivas decorrentes de violência doméstica. Portanto, da literalidade da lei, é possível extrair que a competência desses juizados compreende toda e qualquer causa relacionada a fato que configure violência doméstica ou familiar e não apenas as descritas expressamente na referida lei. E assim é, não só em razão da lei, mas também em razão da própria natureza protetiva que ela carrega, ou seja, é a sua *naturalia negotii*. O legislador, ao editar a Lei Maria da Penha, o fez para que a mulher pudesse contar não apenas com legislação repressiva contra o agressor, mas também visando criar mecanismos céleres protetivos, preventivos e assistenciais a ela. Negar o direito à celeridade, postergando o recebimento de alimentos com alteração da competência para outro juízo, quando o especializado já os tenha fixado com urgência, seria o mesmo que abrir ensejo a uma nova agressão pelo sofrimento imposto pela demora desnecessária, geradora de imensa perplexidade, retrocesso inaceitáveis perante Direitos de Terceira Geração. Saliente-se que situação diversa seria a das Comarcas que não contem com Juizado de Violência Doméstica e Familiar contra a Mulher, mas apenas com juízos criminais. Aí sim, estes teriam competência apenas para o julgamento de causas criminais, cabendo às Varas Cíveis ou de Família a fixação e julgamento dos alimentos. **REsp 1.475.006-MT, Rel. Min. Moura Ribeiro, julgado em 14/10/2014. (Inform. STJ 550)**

DIREITO PROCESSUAL CIVIL. COMPETÊNCIA PARA JULGAR AÇÃO CUJA CONTROVÉRSIA SE REFIRA À VALIDADE E À EXECUÇÃO DE DECISÕES DA JUSTIÇA DESPORTIVA ACERCA DE CAMPEONATO DE FUTEBOL DE CARÁTER NACIONAL (APLICAÇÃO ANALÓGICA DO ART. 543-C DO CPC). O Juízo do local em que está situada a sede da Confederação Brasileira de Futebol (CBF) é o competente para processar e julgar todas e quaisquer ações cujas controvérsias se refiram apenas à validade e à execução de decisões da Justiça Desportiva acerca de campeonato de futebol de caráter nacional, de cuja organização a CBF participe, independentemente de as ações serem ajuizadas em vários Juízos ou Juizados Especiais (situados em diversos lugares do país) por clubes, entidades, instituições, torcedores ou, até mesmo, pelo Ministério Público ou pela Defensoria Pública.

De fato, diante de ajuizamentos plúrimos, é necessária a determinação da competência de Juízo único para cada uma dessas ações, ante a necessidade de evitar a dispersão jurisdicional, que atrasaria a prestação jurisdicional e criaria insegurança jurídica, devido à possibilidade de decisões contraditórias e, ademais, porquanto os campeonatos de caráter nacional se submetem à necessidade de regramento geral e resolução jurisdicional consistentes e claros, haja vista se tratar de matéria de interesse público. Afastada a admissibilidade de ajuizamentos plúrimos por torcedores e outros autores – pulverizando o enfrentamento do núcleo da lide –, a fixação do Juízo territorialmente competente se dá pelo critério tradicional previsto no art. 94 do CPC, que estabelece como competente o foro do domicílio do réu. Realmente, a CBF – entidade esportiva de caráter nacional, responsável, individual ou conjuntamente com quaisquer outras entidades, pela organização de campeonato de futebol de caráter nacional e pela execução das decisões da Justiça Desportiva, por ela organizada – deve, necessariamente, inclusive por decisão de ofício, integrar o polo passivo das referidas ações (litisconsórcio passivo necessário), sob pena de não vir a ser atingida pelos efeitos subjetivos da coisa julgada (art. 472 do CPC) e de tornar-se o julgado desprovido de efetividade para que o julgamento que se profira possa vinculá-la juridicamente (art. 47, parágrafo único, do CPC). Dessa forma, as ações em apreço devem ser propostas no foro "onde está a sede" daquela pessoa jurídica (art. 100, IV, *a*, do CPC). Além disso, deve-se ressaltar que tanto o art. 3º da Lei 10.671/2003 (Estatuto do Torcedor) – que equipara as entidades que organizam as competições desportivas a fornecedores, de modo a sugerir, implicitamente, que os torcedores seriam, por sua vez, equiparados a consumidores para efeito de aplicação do Estatuto do Torcedor – quanto o art. 101, I, da Lei 8.078/1990 (CDC) – que permite aos consumidores ajuizar ação de responsabilidade contra fornecedores de produtos ou serviços nos foros dos seus próprios domicílios – não autorizam torcedor a propor, em seu próprio domicílio, ação judicial questionando a validade de decisões proferidas pela Justiça Desportiva. Isso porque, nas ações em análise, os torcedores não visam a direitos próprios de consumidor, mas, sim, a questionar a decisão do Superior Tribunal de Justiça Desportiva, o qual não organiza a competição, nem detém o mando de jogo, de modo que não pode ser considerado fornecedor de serviços para efeito de aplicação do CDC. Ademais, realmente o art. 101, I, do CDC confere aos consumidores a possibilidade de acionar, em seus próprios domicílios, os fornecedores de serviços ou de produtos quando se tratar de ação de responsabilidade; na hipótese em apreço, todavia, as ações não veiculam pretensão de responsabilidade civil ou criminal, mas sim pretensão desconstitutiva de ato jurídico praticado pela Justiça Desportiva, totalmente diversa da responsabilidade civil. De mais a mais, essa competência também não cede nem mesmo em prol de Juizado Especial do Torcedor, visto que, embora os juizados especiais do torcedor sejam criados por obediência ao art. 41-A da Lei 10.671/2003 (incluído pela Lei 12.299/2010), trata-se de órgãos jurisdicionais adjuntos, instituídos por Resolução do Tribunal de Justiça, e não por Lei de Organização Judiciária Estadual. Além do mais, quando, no deslinde de competência, concorrem Vara Cível – que é o mais, de competência mais ampla, com procedimento regido pelo CPC – e o Juizado Especial – de competência menor, com procedimento regido pela Lei 9.099/1995 – prevalece a competência da primeira, pois a competência deste (do Juizado Especial), menos ampla, cabe na da Vara Cível, sob pena de o contrário significar submissão de órgão jurisdicional de maior amplitude ao de menor envergadura jurisdicional, com previsíveis questões subsequentes de ajustamento de atos processuais, abrindo-se ensejo, inclusive, ao inevitável incidente de questionamento de competência recursal, no Juizado perante Colégio Recursal, e não perante o próprio Tribunal de Justiça. CC 133.244-RJ, Sidnei Beneti, julgado em 11/6/2014. **(Inform. STJ 549)**

DIREITO PROCESSUAL CIVIL. COMPETÊNCIA PARA PROCESSAR E JULGAR INTERVENÇÃO FEDERAL. Compete ao STJ julgar pedido de Intervenção Federal baseado no descumprimento de ordem de reintegração de posse de imóvel rural ocupado pelo MST expedida por Juiz Estadual e fundada exclusivamente na aplicação da legislação infraconstitucional civil possessória. De acordo com o inciso I do art. 312 do RISTJ – dispositivo calcado no art. 19, I, da Lei 8.038/1990 –, cabe ao STJ processar e decidir sobre Intervenção Federal, "quando se tratar de prover a execução de ordem ou decisão judicial, com ressalva, conforme a matéria, da competência do Supremo Tribunal federal ou do Tribunal Superior Eleitoral (Constituição art. 34, VI e 36, II)". Dessa forma, cumpre inicialmente verificar se é ao STJ que cabe, "conforme a matéria", processar o pedido de Intervenção Federal – já que ao STF caberá apreciar a Intervenção Federal quando em destaque sentença ou acórdão da Justiça do Trabalho (STF, IF 230-3-DF,

Tribunal Pleno, DJ 1º/7/1996) ou de sua própria decisão ou em matéria estritamente constitucional (art. 19, I, Lei 8.038/1990). Conforme o STF, caberá ao STJ o exame da Intervenção Federal quando "envolvida matéria legal" ou quando "a decisão exequenda, concessiva de medida liminar em ação de reintegração de posse do imóvel, somente enfrenta questões federais infraconstitucionais, [...]. O julgamento de eventual recurso para o Tribunal de Justiça ensejaria, em tese, recurso para o Superior Tribunal de Justiça (art. 105, III da Constituição Federal). E não recurso extraordinário para o Supremo Tribunal Federal (art. 105, III)" (STF, IF-QO 107-DF, Tribunal Pleno, DJ 4/9/1992). Desse modo, combinados os arts. 34, VI, e 36, II, da CF, o STF assentou que caberá ao STJ o exame da Intervenção Federal nos casos em que a matéria é infraconstitucional e o possível recurso deva ser encaminhado ao STJ. Na situação em análise, a lide envolve tema de direito civil privado, mas também de direito público, quiçá constitucional. Nada obstante, a solução dada pela decisão resume-se de maneira exclusiva à aplicação da legislação infraconstitucional. Assim, como a ordem, em tese, transgredida não afronta diretiva administrativa de origem ou natureza constitucional, a competência para apreciação da requisição de Intervenção Federal é do STJ. **IF 111-PR, Rel. Min. Gilson Dipp, julgado em 1º/7/2014. (Inform. STJ 545)**

DIREITO PROCESSUAL CIVIL. COMPETÊNCIA PARA PROCESSAR E JULGAR AÇÃO DECLARATÓRIA DE NULIDADE DE ESCRITURA PÚBLICA DE CESSÃO E TRANSFERÊNCIA DE DIREITOS POSSESSÓRIOS. O foro do domicílio do réu é competente para processar e julgar ação declaratória de nulidade, por razões formais, de escritura pública de cessão e transferência de direitos possessórios de imóvel, ainda que esse seja diferente do da situação do imóvel. Inicialmente, ressalte-se que o art. 95 do CPC – que versa sobre ações fundadas em direito real sobre imóveis – traz um critério territorial de fixação de competência que apresenta características híbridas, uma vez que, em regra, tem viés relativo e, nas hipóteses expressamente delineadas no referido dispositivo, possui viés absoluto. Explica-se: se o critério adotado fosse unicamente o territorial, a competência, nas hipóteses do art. 95 do CPC, seria relativa e, por conseguinte, admitiria derrogação, por vontade das partes ou prorrogação, nos termos dos arts. 111 e 114 do CPC, além de poder ser modificada em razão da conexão ou da continência. Entretanto, quando o legislador, na segunda parte do dispositivo legal, consigna que "pode o autor, entretanto, optar pelo foro do domicílio ou de eleição, não recaindo o litígio sobre direito de propriedade, vizinhança, servidão, posse, divisão ou demarcação de terras e nunciação de obra nova", ele acabou por estabelecer outro critério de fixação de competência para as ações que versem sobre determinados direitos reais, os quais foram especificamente mencionados. Conquanto exista divergência doutrinária a respeito da natureza do critério adotado pelo legislador nessa última hipótese – material ou funcional –, independentemente da posição que se adote, não se admite a modificação, a derrogação ou a prorrogação da competência, pois ela é absoluta em qualquer caso. Portanto, na hipótese do litígio versar sobre direito de propriedade, vizinhança, servidão, posse, divisão e demarcação de terras e nunciação de obra nova, a ação correspondente deverá necessariamente ser proposta na comarca em que esteja situado o bem imóvel, porque a competência é absoluta. De modo diverso, se a ação se referir a um direito real sobre imóvel, ela poderá ser ajuizada pelo autor no foro do domicílio do réu ou no foro eleito pelas partes, se não disser respeito a nenhuma daquelas hipóteses trazidas na segunda parte do art. 95 do CPC, haja vista se tratar de competência relativa. Na hipótese em foco, o litígio analisado não versa sobre nenhum direito real imobiliário, mas sobre eventual nulidade da escritura de cessão de posse de imóvel, por razões formais. Não há discussão, portanto, que envolva a posse ou a propriedade do imóvel em questão. Consequentemente, não há competência absoluta do foro da situação do bem para o julgamento da demanda em análise, de modo que é inaplicável o art. 95 do CPC, sendo competente o foro do domicílio do réu para o processamento do presente feito. **CC 111.572-SC, Rel. Min. Nancy Andrighi, julgado em 9/4/2014. (Inform. STJ 543)**

DIREITO PROCESSUAL CIVIL. COMPETÊNCIA PARA PROCESSAR E JULGAR AÇÃO INDENIZATÓRIA PROMOVIDA POR ALUNO UNIVERSITÁRIO CONTRA ESTABELECIMENTO DE ENSINO E INSTITUIÇÃO MINISTRADORA DE ESTÁGIO OBRIGATÓRIO. Pelos danos ocorridos durante o estágio obrigatório curricular, a Justiça Comum Estadual – e não a Justiça do Trabalho – é competente para processar e julgar ação de reparação de danos materiais e morais promovida por aluno universitário contra estabelecimento de ensino superior e instituição hospitalar autorizada a ministrar o estágio. A ação proposta não tem causa de pedir e pedidos fundados em possível relação de trabalho entre as partes, porquanto o vínculo que os uniu era aquele regido pela Lei 11.788/2008, que dispõe sobre o estágio de estudantes. Nesse passo, ressalte-se que o indigitado diploma legal, ao alterar a redação do art. 428 da CLT e revogar a Lei 9.394/1996, dispôs que o estágio de estudantes, atendidos os requisitos que especifica, não cria vínculo empregatício de nenhuma natureza. Assinale-se, ainda, que a relação de estágio pode disfarçar verdadeira relação de trabalho quando, então, é possível aventar-se vínculo trabalhista e não apenas de estágio. No caso em análise, não se vislumbra o desvirtuamento do contrato de estágio supervisionado, de forma a caracterizar vínculo de ordem laboral. Desse modo, evidencia-se a existência de relação civil de prestação de serviços de disponibilização de vaga de estágio acadêmico exigido por instituição de ensino como requisito para colação de grau, razão pela qual não há se falar em relação de trabalho entre as partes. **CC 131.195-MG, Rel. Min. Raul Araújo, julgado em 26/2/2014. (Inform. STJ 543)**

DIREITO PROCESSUAL CIVIL E PREVIDENCIÁRIO. COMPETÊNCIA PARA JULGAR PEDIDO DE PENSÃO POR MORTE DECORRENTE DE ÓBITO DE EMPREGADO ASSALTADO NO EXERCÍCIO DO TRABALHO. Compete à Justiça Estadual – e não à Justiça Federal – processar e julgar ação que tenha por objeto a concessão de pensão por morte decorrente de óbito de empregado ocorrido em razão de assalto sofrido durante o exercício do trabalho. Doutrina e jurisprudência firmaram compreensão de que, em regra, o deslinde dos conflitos de competência de juízos em razão da matéria deve ser dirimido com a observância da relação jurídica controvertida, notadamente no que se refere à causa de pedir e ao pedido indicados pelo autor da demanda. Na hipótese, a circunstância afirmada não denota acidente do trabalho típico ou próprio, disciplinado no *caput* do art. 19 da Lei 8.213/1991 (Lei de Benefícios da Previdência Social), mas acidente do trabalho atípico ou impróprio, que, por presunção legal, recebe proteção na alínea "a" do inciso II do art. 21 da Lei de Benefícios. Nessa hipótese, o nexo causal é presumido pela lei diante do evento, o que é compatível com o ideal de proteção ao risco social que deve permear a relação entre o segurado e a Previdência Social. Desse modo, o assalto sofrido no local e horário de trabalho equipara-se ao acidente do trabalho, e o direito à pensão por morte decorrente do evento inesperado e violento deve ser apreciado pelo juízo da Justiça Estadual, nos termos do art. 109, I, parte final, da CF combinado com o art. 21, II, "a", da Lei 8.213/1991. **CC 132.034-SP, Rel. Min. Benedito Gonçalves, julgado em 28/5/2014. (Inform. STJ 542)**

DIREITO PROCESSUAL CIVIL. REUNIÃO DE PROCESSOS CONEXOS. O magistrado não pode, com fundamento no art. 105 do CPC, determinar a extinção do processo e condicionar o ajuizamento de nova demanda à formação de litisconsórcio. A reunião dos processos constitui uma discricionariedade do órgão julgador por conveniência da justiça. Nesse sentido, conforme art. 105 do CPC, verificada a conexão, o juiz pode ordenar ao cartório que proceda à reunião dos processos em grupos de litigantes, mas não pode impor à parte que assim o faça, sob pena de vulnerar o princípio do livre acesso à jurisdição. Ademais, cumpre esclarecer que o instituto da conexão não se confunde com o do litisconsórcio necessário, uma vez que este último decorre da natureza da relação jurídica ou da lei e, portanto, afeta a própria legitimidade processual, sendo, portanto, cogente a sua formação (art. 47 do CPC), o que evidentemente não se compatibiliza com a facultatividade estampada no art. 105 do CPC ("pode ordenar"). **AgRg no AREsp 410.980-SE, Rel. Min. Herman Benjamin, julgado em 18/2/2014. (Inform. STJ 537)**

DIREITO PROCESSUAL CIVIL. FORO COMPETENTE PARA APRECIAR COBRANÇA DE INDENIZAÇÃO DECORRENTE DE SEGURO DPVAT. RECURSO REPETITIVO (ART. 543-C DO CPC E RES. 8/2008-STJ). Em ação de cobrança objetivando indenização decorrente de Seguro Obrigatório de Danos Pessoais Causados por Veículos Automotores de Vias Terrestres – DPVAT, constitui faculdade do autor escolher entre os seguintes foros para ajuizamento da ação: o do local do acidente ou o do seu domicílio (parágrafo único do art. 100 do Código de Processo Civil) e, ainda, o do domicílio do réu (art. 94 do mesmo diploma). De fato, a regra geral de competência territorial encontra-se insculpida no art. 94, *caput*, do CPC e indica o foro do domicílio do réu como competente para as demandas que envolvam direito pessoal, quer de natureza patrimonial quer extrapatrimonial, e para as que tratem de direito real sobre bens móveis. Nada obstante, o art. 100, excepcionando o dispositivo mencionado, prescreve foros especiais em diversas situações, as quais, quando configuradas, possuem o condão de afastar o comando geral ou relegá-lo à aplicação subsidiária. Em princípio,

a norma contida no art. 100, parágrafo único, do CPC revela elementos que permitem classificá-la como específica em relação à do art. 94 do mesmo diploma, o que, em um exame superficial, desafiaria a solução da conhecida regra de hermenêutica encartada no princípio da especialidade (*lex specialis derrogat generalis*). A situação em análise, contudo, não permite esse tipo de técnica interpretativa. Na hipótese, a regra específica, contida no art. 100, parágrafo único, não contrasta com a genérica, inserta no art. 94. Na verdade, ambas se completam. Com efeito, a demanda objetivando o recebimento do seguro obrigatório DPVAT é de natureza pessoal, implicando a competência do foro do domicílio do réu (art. 94, *caput*, do CPC). O art. 100, parágrafo único, do CPC, por sua vez, dispõe que, "nas ações de reparação do dano sofrido em razão de delito ou do acidente de veículos, será competente o foro do domicílio do autor ou do local do fato". Nesse contexto, a regra prevista no art. 100, parágrafo único, do CPC cuida de faculdade que visa facilitar o acesso à justiça ao jurisdicionado, vítima do acidente; não impede, contudo, que o beneficiário da norma especial "abra mão" dessa prerrogativa, ajuizando a ação no foro domicílio do réu (art. 94 do CPC). Assim, trata-se de hipótese de competência concorrente, ou seja, como o seguro DPVAT ancora-se em finalidade eminentemente social, qual seja, a de garantir, inequivocamente, que os danos pessoais sofridos por vítimas de veículos automotores sejam compensados ao menos parcialmente, torna-se imprescindível garantir à vítima do acidente amplo acesso ao Poder Judiciário em busca do direito tutelado em lei. Precedente citado: AgRg no REsp 1.240.981-RS, Terceira Turma, DJe 5/10/2012. **REsp 1.357.813-RJ, Rel. Min. Luis Felipe Salomão, julgado em 11/9/2013. (Inform. STJ 532)**

DIREITO PROCESSUAL CIVIL. COMPETÊNCIA DO JUÍZO DEPRECADO PARA A DEGRAVAÇÃO DE DEPOIMENTOS COLHIDOS. **O juízo deprecado – e não o deprecante – é o competente para a degravação dos depoimentos testemunhais colhidos e registrados por método não convencional (como taquigrafia, estenotipia ou outro método idôneo de documentação) no cumprimento da carta precatória.** De fato, a redação dada pela Lei 8.952/1994 ao "caput" do art. 417 do CPC, ao possibilitar o registro dos depoimentos de testemunhas por "taquigrafia, estenotipia ou outro método idôneo de documentação", não só permitiu tornar mais céleres os depoimentos – tendo em vista a desnecessidade, em princípio, de sua redução a termo –, mas também possibilitou registro fiel da íntegra do ato, com imagem e som, em vez da simples escrita. Além disso, no que diz respeito à necessidade de degravação dos depoimentos colhidos, tem-se que, nos termos do § 1º do art. 417 do CPC, os depoimentos somente deverão ser datilografados "quando houver recurso da sentença ou noutros casos, quando o juiz o determinar, de ofício ou a requerimento da parte". Nessa conjuntura, o Poder Judiciário tem buscado, nos recursos tecnológicos, meios para otimizar a prestação jurisdicional em busca de celeridade. Todavia, devem-se harmonizar todos os interesses daqueles que atuam no feito, observando-se o devido processo legal. Nesse contexto, a regra trazida pelo CPC – de desnecessidade de degravação e de não transcrição dos depoimentos orais registrados por taquigrafia, estenotipia ou outro método idôneo de documentação – deve adequar-se à hipótese em que ocorra a deprecação do ato, pois, para que o juízo deprecante tome conhecimento do conteúdo dos depoimentos colhidos pelo juízo deprecado, tem-se por necessária a degravação dos testemunhos. Dessa maneira, torna-se de observância obrigatória pelo juízo deprecado a realização do procedimento de transcrição dos depoimentos como parte do cumprimento integral da carta precatória. **CC 126.747-RS, Rel. Min. Luis Felipe Salomão, julgado em 25/9/2013. (Inform. STJ 531)**

PRESTAÇÃO ALIMENTÍCIA. **Na definição da competência para o processamento de execução de prestação alimentícia, cabe ao alimentando a escolha entre: a) o foro do seu domicílio ou de sua residência; b) o juízo que proferiu a sentença exequenda; c) o juízo do local onde se encontram bens do alimentante sujeitos à expropriação; ou d) o juízo do atual domicílio do alimentante.** De fato, o descumprimento de obrigação alimentar, antes de ofender a autoridade de uma decisão judicial, viola o direito à vida digna de quem dela necessita (art. 1º, III, da CF). Em face dessa peculiaridade, a interpretação das normas relativas à competência, quando o assunto é alimentos, deve, sempre, ser a mais favorável aos alimentandos, sobretudo em se tratando de menores, por incidência, também, do princípio do melhor interesse e da proteção integral à criança e ao adolescente (art. 3º da Convenção sobre os Direitos da Criança e art. 1º do ECA). Nesse contexto, é relativa (e não absoluta) a presunção legal de que o alimentando, diante de seu estado de premente necessidade, tem dificuldade de propor a ação em foro diverso

2. DIREITO PROCESSUAL CIVIL

do seu próprio domicílio ou residência, que dá embasamento à regra do art. 100, II, do CPC, segundo a qual é competente o foro "do domicílio ou da residência do alimentando, para a ação em que se pedem alimentos", de modo que o alimentando pode renunciar à referida presunção se lhe for mais conveniente ajuizar a ação em local diverso. Da mesma forma, ainda que se trate de execução de alimentos – forma especial de execução por quantia certa –, deve-se adotar o mesmo raciocínio, permitindo, assim, a relativização da competência funcional prevista no art. 475-P do CPC, em virtude da natureza da prestação exigida. Desse modo, deve-se resolver a aparente antinomia havida entre os arts. 475-P, II e parágrafo único, 575, II, e 100, II, do CPC em favor do reconhecimento de uma regra de foro concorrente para o processamento de execução de prestação alimentícia que permita ao alimentando escolher entre: a) o foro do seu domicílio ou de sua residência (art. 100, II, CPC); b) o juízo que proferiu a sentença exequenda (art. 475-P, II, e art. 575, II, do CPC); c) o juízo do local onde se encontram bens do alimentante sujeitos à expropriação (parágrafo único do art. 475-P do CPC); ou d) o juízo do atual domicílio do alimentante (parágrafo único do art. 475-P do CPC). **CC 118.340-MS, Rel. Min. Nancy Andrighi, julgado em 11/9/2013. (Inform. STJ 531)**

DIREITO PROCESSUAL CIVIL. COMPETÊNCIA PARA PROCESSAR E JULGAR EXECUÇÃO FISCAL. RECURSO REPETITIVO (ART. 543-C DO CPC E RES. 8/2008-STJ).
Na hipótese em que, em razão da inexistência de vara da Justiça Federal na localidade do domicílio do devedor, execução fiscal tenha sido ajuizada pela União ou por suas autarquias em vara da Justiça Federal sediada em local diverso, o juiz federal poderá declinar, de ofício, da competência para processar e julgar a demanda, determinando a remessa dos autos para o juízo de direito da comarca do domicílio do executado. Isso porque, nas comarcas do interior onde não funcionar vara da Justiça Federal, os juízes estaduais são competentes para processar e julgar os executivos fiscais da União e de suas autarquias ajuizados contra devedores domiciliados nas respectivas comarcas (art. 15, I, da Lei 5.010/1966). Portanto, a decisão do juiz federal que declina da competência quando a norma do art. 15, I, da Lei 5.010/1966 deixa de ser observada não está sujeita à Súmula 33 do STJ, segundo a qual "a incompetência relativa não pode ser declarada de ofício". No mesmo sentido é o teor da Súmula 40 do TFR, segundo a qual "a execução fiscal da Fazenda Pública Federal será proposta perante o Juiz de Direito da comarca do domicílio do devedor, desde que não seja ela sede de vara da Justiça Federal". "Será proposta", diz o texto, a significar que não há opção, nem relatividade. Cabe ressaltar, ademais, que essa regra pretende facilitar tanto a defesa do devedor quanto o aparelhamento da execução, que assim não fica, em regra, sujeita a cumprimento de atos por cartas precatórias. **REsp 1.146.194-SC, Rel. originário Min. Napoleão Nunes Maia Filho, Rel. para acórdão Min. Ari Pargendler, julgado em 14/8/2013. (Inform. STJ 531)**

DIREITO PROCESSUAL CIVIL. ALEGAÇÃO DE INEXISTÊNCIA DE CONEXÃO EM EXCEÇÃO DE INCOMPETÊNCIA.
A exceção de incompetência é meio adequado para que a parte ré impugne distribuição por prevenção requerida pela parte autora com base na existência de conexão. A conexão é hipótese de alteração legal de competência, prevista nos arts. 103 a 105 do CPC, e que consiste na reunião dos processos em decorrência da existência de similaridade entre uma demanda e outra anteriormente ajuizada, a partir da coincidência de um ou dois dos seus elementos, quais sejam: partes, pedido e causa de pedir. A finalidade da conjunção desses processos é evitar que sejam prolatadas decisões conflitantes. Nessa linha, a conexão pode ser alegada por qualquer das partes ou ser reconhecida de ofício pelo juízo. A propósito, é necessário ressaltar uma diferença entre a alegação de modificação de competência e a invocação de incompetência relativa. Na primeira situação, o réu pretende a reunião de processos conexos, podendo arguir, desde logo, em sede de preliminar da contestação, uma vez que, nesse caso, parte da premissa de que o juízo é competente e, por conta da conexão, a competência deve ser prorrogada (art. 301, VII, do CPC). Na segunda situação, a pretensão do réu pode consistir em afastar a ocorrência da conexão, que, a seu ver, acarretou a distribuição equivocada do processo. Assim, a alegação deve ser feita por meio de exceção de incompetência (arts. 307 e seguintes do CPC), uma vez que a premissa básica do seu raciocínio e seu objetivo imediato são exatamente a incompetência relativa do juízo. Desse modo, a inexistência de conexão configura exemplo revelador do não cabimento da distribuição por dependência, caracterizando a incompetência do juízo. Ademais, os dispositivos do CPC que disciplinam o instituto da exceção (arts.

304 a 311) não instituem nenhum óbice à apreciação de outras alegações que configurem argumento meio para a obtenção do reconhecimento do real objetivo do réu, qual seja, a declaração de incompetência relativa do juízo. **REsp 1.156.306-DF, Rel. Min. Luis Felipe Salomão, julgado em 20/8/2013. (Inform. STJ 529)**

DIREITO PROCESSUAL CIVIL. COMPETÊNCIA PARA O JULGAMENTO DE AÇÃO PROPOSTA POR EX-DIRETOR SINDICAL CONTRA O SINDICATO QUE ANTERIORMENTE REPRESENTAVA.
Compete à Justiça do Trabalho o julgamento de ação proposta por ex- -diretor sindical contra o sindicato que anteriormente representava na qual se objetive o recebimento de verbas com fundamento em disposições estatutárias. De fato, com a promulgação da EC 45/2004, ampliou-se a competência da Justiça do Trabalho para o julgamento de litígio decorrente da prestação do trabalho humano, seja ele decorrente ou não de um vínculo de emprego. Nesse contexto, a Justiça do Trabalho passou a ser competente para processar e julgar controvérsia pertinente à representação interna de entidades sindicais (sindicatos, federações e confederações), conforme o art. 114, III, da CF. Precedente citado do STJ: CC 64.192-SP, Primeira Seção, DJ 9/10/2006. Precedente citado do STF: ARE 681.641-DF, Segunda Turma, DJe 20/3/2013. **CC 124.534-DF, Rel. Min. Luis Felipe Salomão, julgado em 26/6/2013. (Inform. STJ 524)**

DIREITO PROCESSUAL CIVIL. COMPETÊNCIA PARA O JULGAMENTO DE AÇÃO DE INDENIZAÇÃO POR DANOS CAUSADOS AO AUTOR EM RAZÃO DE SUA INDEVIDA DESTITUIÇÃO DA PRESIDÊNCIA DE ENTIDADE DE PREVIDÊNCIA PRIVADA.
Compete à Justiça Comum Estadual, e não à Justiça do Trabalho, processar e julgar ação de indenização por danos materiais e de compensação por danos morais que teriam sido causados ao autor em razão de sua destituição da presidência de entidade de previdência privada, a qual teria sido efetuada em desacordo com as normas do estatuto social e do regimento interno do conselho deliberativo da instituição. Isso porque, nessa hipótese, a lide tem como fundamento o descumprimento de normas estatutárias relativas ao exercício de função eletiva, de natureza eminentemente civil, não decorrendo de relação de trabalho entre as partes. **CC 123.914-PA, Rel. Min. Raul Araújo, julgado em 26/6/2013. (Inform. STJ 524)**

DIREITO PROCESSUAL CIVIL. MEDIDA DE URGÊNCIA DECRETADA POR JUÍZO ABSOLUTAMENTE INCOMPETENTE.
Ainda que proferida por juízo absolutamente incompetente, é válida a decisão que, em ação civil pública proposta para a apuração de ato de improbidade administrativa, tenha determinado, até que haja pronunciamento do juízo competente, a indisponibilidade dos bens do réu a fim de assegurar o ressarcimento de suposto dano ao patrimônio público. De fato, conforme o art. 113, § 2º, do CPC, o reconhecimento da incompetência absoluta de determinado juízo implica, em regra, nulidade dos atos decisórios por ele praticados. Todavia, referida regra não impede que o juiz, em face do poder de cautela previsto nos arts. 798 e 799 do CPC, determine, em caráter precário, medida de urgência para prevenir perecimento de direito ou lesão grave ou de difícil reparação. **REsp 1.038.199-ES, Rel. Min. Castro Meira, julgado em 7/5/2013. (Inform. STJ 524)**

DIREITO PROCESSUAL CIVIL. COMPETÊNCIA PARA PROCESSAR E JULGAR PEDIDO DE RECONHECIMENTO E DISSOLUÇÃO DE UNIÃO ESTÁVEL HOMOAFETIVA.
Havendo vara privativa para julgamento de processos de família, essa será competente para processar e julgar pedido de reconhecimento e dissolução de união estável homoafetiva, independentemente de eventuais limitações existentes na lei de organização judiciária local. Ressalte-se, inicialmente, que a plena equiparação das uniões estáveis homoafetivas às heteroafetivas trouxe, como consequência, a extensão automática àquelas das prerrogativas já outorgadas aos companheiros dentro de uma união estável de homem e mulher. Ademais, apesar de a organização judiciária de cada estado ser afeta ao Judiciário local, a outorga de competências privativas a determinadas varas impõe a submissão destas às respectivas vinculações legais estabelecidas no nível federal, para que não se configure ofensa à lógica do razoável e, em situações como a em análise, ao princípio da igualdade. Assim, se a prerrogativa de vara privativa é outorgada, para a solução de determinadas lides, à parcela heterossexual da população brasileira, também o será à fração homossexual, assexual ou transexual, bem

como a todos os demais grupos representativos de minorias de qualquer natureza que precisem da intervenção do Poder Judiciário para a solução de demandas similares. **REsp 1.291.924-RJ, Rel. Min. Nancy Andrighi, julgado em 28/5/2013. (Inform. STJ 524)**

DIREITO PROCESSUAL CIVIL. DEGRAVAÇÃO DE DEPOIMENTO DE TESTEMUNHA INQUIRIDA NO JUÍZO DEPRECADO POR MEIO AUDIOVISUAL.
No âmbito do processo civil, não é do juízo deprecado o encargo de providenciar a degravação de depoimento de testemunha por ele inquirida pelo método audiovisual. A princípio, vale ressaltar que o tema em discussão não possui regra específica na legislação processual civil capaz de elucidar a controvérsia. Diante dessa lacuna, revela-se conveniente observar a Res. 105/2010 do CNJ, a qual veio dispor, no âmbito do processo penal, sobre a "documentação dos depoimentos por meio de sistema audiovisual e realização de interrogatório e inquirição de testemunha por videoconferência", não havendo óbice, por certo, para a aplicação dessa mesma regra no processo civil. Extrai-se da citada resolução "que caracteriza ofensa à independência funcional do juiz de primeiro grau a determinação, por magistrado integrante de tribunal, da transcrição de depoimentos tomados pelo sistema audiovisual". Nesse contexto, a situação em análise revela maior grau de constrangimento, na medida em que a determinação de haver degravação procede de um magistrado de primeiro grau (deprecante) para outro de idêntica hierarquia (deprecado). De outra parte, não se pode olvidar a advertência existente na parte inicial da referida resolução no sentido de que, para cada minuto de gravação, leva-se, no mínimo, dez minutos para a sua degravação, a denotar grandes dificuldades, sobretudo de tempo e de esforço laboral, que permeiam o ato de transcrição de depoimentos colhidos na forma audiovisual. Dessa forma, o art. 2º da citada resolução estabeleceu que os depoimentos documentados por meio audiovisual não precisam de transcrição, e o parágrafo único desse artigo instituiu regra segundo a qual o magistrado, quando for de sua preferência pessoal, poderá determinar que os servidores afetos a seu gabinete ou secretaria procedam à degravação. **CC 126.770-RS, Rel. Min. Sérgio Kukina, julgado em 8/5/2013. (Inform. STJ 523)**

DIREITO PROCESSUAL CIVIL. COMPETÊNCIA PARA O JULGAMENTO DE AÇÕES CONEXAS CUJA CAUSA DE PEDIR REMOTA ENVOLVA DIREITO DE PROPRIEDADE.
Compete ao foro do local em que situado o imóvel o julgamento de ação consignatória e de ação de rescisão contratual cumulada com retificação de escritura pública, perdas e danos e alteração do registro imobiliário na hipótese em que lhes for comum causa de pedir remota consistente em contrato verbal de sociedade de fato formada para a compra do referido bem. De início, cumpre esclarecer que há conexão entre as ações, já que possuem a mesma causa de pedir remota (art. 103 do CPC), sendo conveniente a sua reunião, a fim de evitar a prolação de decisões conflitantes. Posto isso, observa-se que o art. 95 do CPC prevê regra de competência absoluta ao dispor que, nas ações fundadas em direito real sobre imóveis, é competente o foro da situação da coisa, quando o litígio recair sobre direito de propriedade. Na hipótese, a ação de rescisão contratual contém, como decorrência lógica do pedido, pleito de modificação do próprio registro imobiliário. Assim, uma vez julgado procedente o pedido, ter-se-á a modificação da propriedade do imóvel, com alteração da respectiva matrícula. Dessa maneira, verificado o caráter real da ação, o foro da situação do imóvel é o competente para a reunião dos processos. **CC 121.390-SP, Rel. Min. Raul Araújo, julgado em 22/5/2013. (Inform. STJ 523)**

DIREITO PROCESSUAL CIVIL. EXISTÊNCIA DE CONFLITO DE COMPETÊNCIA ENTRE UM ÓRGÃO JURISDICIONAL DO ESTADO E UMA CÂMARA ARBITRAL.
É possível a existência de conflito de competência entre juízo estatal e câmara arbitral. Isso porque a atividade desenvolvida no âmbito da arbitragem tem natureza jurisdicional. **CC 111.230-DF, Rel. Min. Nancy Andrighi, julgado em 8/5/2013. (Inform. STJ 522)**

DIREITO PROCESSUAL CIVIL. CONHECIMENTO DE CONFLITO DE COMPETÊNCIA SUSCITADO APÓS O OFERECIMENTO DE EXCEÇÃO DE INCOMPETÊNCIA.
O anterior oferecimento de exceção de incompetência não obsta o conhecimento de conflito de competência quando o objeto deste for absolutamente distinto do objeto daquela. Isso porque não se pode interpretar a regra processual contida no art. 117 do CPC – segundo o qual não pode suscitar conflito a parte que, no processo, ofereceu exceção de incompetência – de modo a gerar uma situação de impasse, subtraindo da parte meios de se insurgir contra uma situação que repute injusta, haja vista que o direito processual deve, na máxima medida possível, estar a serviço do direito material, como um instrumento para a sua realização. **CC 111.230-DF, Rel. Min. Nancy Andrighi, julgado em 8/5/2013. (Inform. STJ 522)**

DIREITO PROCESSUAL CIVIL. COMPETÊNCIA PARA JULGAMENTO DE DEMANDA QUE VERSE SOBRE OBTENÇÃO DE DIPLOMA DE CURSO DE ENSINO A DISTÂNCIA DE INSTITUIÇÃO NÃO CREDENCIADA PELO MEC. RECURSO REPETITIVO (ART. 543-C DO CPC E RES. 8/2008-STJ).
A Justiça Federal tem competência para o julgamento de demanda em que se discuta a existência de obstáculo à obtenção de diploma após conclusão de curso de ensino a distância em razão de ausência ou obstáculo ao credenciamento da instituição de ensino superior pelo Ministério da Educação. Quanto à competência para o julgamento de demandas que envolvam instituição de ensino particular, o STJ entende que, caso a demanda verse sobre questões privadas relacionadas ao contrato de prestação de serviços firmado entre a instituição de ensino superior e o aluno – inadimplemento de mensalidade, cobrança de taxas – e desde que não se trate de mandado de segurança, a competência, em regra, é da Justiça Estadual. Em contraposição, em se tratando de mandado de segurança ou referindo-se a demanda ao registro de diploma perante o órgão público competente – ou mesmo ao credenciamento da entidade perante o Ministério da Educação –, não há como negar a existência de interesse da União no feito, razão pela qual, nos termos do art. 109 da CF, a competência para julgamento da causa será da Justiça Federal. Essa conclusão também se aplica aos casos de ensino a distância. Isso porque, conforme a interpretação sistemática dos arts. 9º e 80, § 1º, da Lei 9.394/1996, à União cabe a fiscalização e o credenciamento das instituições de ensino que oferecem essa modalidade de prestação de serviço educacional. **Precedentes citados do STJ: AgRg no REsp 1.335.504-PR, Segunda Turma, DJe 10/10/2012, e REsp 1.276.666-RS, Segunda Turma, DJe 17/11/2011; e do STF: AgRg no RE 698.440-RS, Primeira Turma, DJe 2/10/2012. REsp 1.344.771-PR, Rel. Min. Mauro Campbell Marques, julgado em 24/4/2013. (Inform. STJ 521)**

DIREITO PROCESSUAL CIVIL. COMPETÊNCIA PARA JULGAR AÇÃO EM QUE O AUTOR PRETENDA, ALÉM DO RECEBIMENTO DE VALORES POR SERVIÇOS PRESTADOS COMO COLABORADOR DE SOCIEDADE DO RAMO PUBLICITÁRIO, A COMPENSAÇÃO POR DANOS MORAIS DECORRENTES DE ACUSAÇÕES QUE SOFRERA.
Compete à Justiça Comum Estadual processar e julgar ação em que o autor pretenda, além do recebimento de valores referentes a comissões por serviços prestados na condição de colaborador de sociedade do ramo publicitário, a compensação por danos morais sofridos em decorrência de acusações infundadas de que alega ter sido vítima na ocasião de seu descredenciamento em relação à sociedade. A competência para julgamento de demanda levada a juízo é fixada em razão da natureza da causa, que, a seu turno, é definida pelo pedido e pela causa de pedir. Na situação em análise, a ação proposta não tem causa de pedir e pedido fundados em eventual relação de trabalho entre as partes, pois em nenhum momento se busca o reconhecimento de qualquer relação dessa natureza ou ainda o recebimento de eventual verba daí decorrente. Trata-se, na hipótese, de pretensões derivadas da prestação de serviços levada a efeito por profissional liberal de forma autônoma e sem subordinação, razão pela qual deve ser aplicada a orientação da Súmula 363 do STJ, segundo a qual compete "à Justiça Estadual processar e julgar a ação de cobrança ajuizada por profissional liberal contra cliente". **CC 118.649-SP, Rel. Min. Raul Araújo, julgado em 24/4/2013. (Inform. STJ 521)**

DIREITO PROCESSUAL CIVIL. COMPETÊNCIA DA JUSTIÇA DO TRABALHO PARA O JULGAMENTO DE DEMANDA NA QUAL EX-EMPREGADO APOSENTADO PRETENDA SER MANTIDO EM PLANO DE SAÚDE CUSTEADO PELO EX-EMPREGADOR.
Compete à Justiça do Trabalho processar e julgar a causa em que ex-empregado aposentado objetive ser mantido em plano de assistência médica e odontológica que, além de ser gerido por fundação instituída e mantida pelo ex-empregador, seja prestado aos empregados sem contrapartida específica e sem qualquer contraprestação. Inicialmente, deve-se considerar que há precedente do TST no qual se afirma que, na hipótese em que o plano de saúde seja integralmente custeado por fundação patrocinada pelo antigo empregador, o benefício agrega-se ao contrato de trabalho. A propósito, o STF

pacificou o entendimento de que a competência para o julgamento de matéria concernente ao contrato de trabalho é da Justiça do Trabalho. Ademais, a jurisprudência do STJ também tem entendido que, se a assistência médica, hospitalar e odontológica era fornecida gratuitamente aos empregados da instituidora da fundação, consistindo em benefício acessório ao contrato de trabalho, cabe à Justiça do Trabalho, em razão da matéria, solucionar a lide. **REsp 1.045.753-RS, Rel. Min. Luis Felipe Salomão, julgado em 4/4/2013. (Inform. STJ 521)**

DIREITO PROCESSUAL CIVIL. COMPETÊNCIA DA JUSTIÇA DO TRABALHO PARA O JULGAMENTO DE DEMANDA NA QUAL EX-EMPREGADO APOSENTADO PRETENDA SER MANTIDO EM PLANO DE SAÚDE CUSTEADO PELO EX-EMPREGADOR.
Compete à Justiça do Trabalho processar e julgar a causa em que ex-empregado aposentado objetive ser mantido em plano de assistência médica e odontológica que, além de ser gerido por fundação instituída e mantida pelo ex-empregador, seja prestado aos empregados sem contratação específica e sem qualquer contraprestação. Inicialmente, deve-se considerar que há precedente do TST no qual se afirma que, na hipótese em que o plano de saúde seja integralmente custeado por fundação patrocinada pelo antigo empregador, o benefício agrega-se ao contrato de trabalho. A propósito, o STF pacificou o entendimento de que a competência para o julgamento de matéria concernente ao contrato de trabalho é da Justiça do Trabalho. Ademais, a jurisprudência do STJ também tem entendido que, se a assistência médica, hospitalar e odontológica era fornecida gratuitamente aos empregados da instituidora da fundação, consistindo em benefício acessório ao contrato de trabalho, cabe à Justiça do Trabalho, em razão da matéria, solucionar a lide. **REsp 1.045.753-RS, Rel. Min. Luis Felipe Salomão, julgado em 4/4/2013. (Inform. STJ 521)**

DIREITO PROCESSUAL CIVIL. COMPETÊNCIA PARA O JULGAMENTO DE AÇÃO ENVOLVENDO CONTRATO DE MÚTUO REALIZADO EM DECORRÊNCIA DE RELAÇÃO DE TRABALHO.
Compete à Justiça do Trabalho processar e julgar ação de execução por quantia certa, proposta por empregador em face de seu ex-empregado, na qual sejam cobrados valores relativos a contrato de mútuo celebrado entre as partes para o então trabalhador adquirir veículo automotor particular destinado ao exercício das atividades laborais. A competência para julgamento de demanda levada a juízo é fixada em razão da natureza da causa, que é definida pelo pedido e pela causa de pedir deduzidos. Na hipótese descrita, a execução possui como causa de pedir um contrato de mútuo firmado dentro da própria relação de trabalho e em função dela. Dessa forma, cuidando-se de lide envolvendo pacto acessório ao contrato de trabalho, é manifesta a competência da Justiça Trabalhista. **CC 124.894-SP, Rel. Min. Raul Araújo, julgado em 10/4/2013. (Inform. STJ 520)**

DIREITO PROCESSUAL CIVIL. COMPETÊNCIA PARA O JULGAMENTO DE AÇÃO DE INDENIZAÇÃO POR DANOS MATERIAIS E DE COMPENSAÇÃO POR DANOS MORAIS PROPOSTA POR PASTOR EM FACE DE CONGREGAÇÃO RELIGIOSA À QUAL PERTENCIA.
Compete à Justiça Comum Estadual processar e julgar ação de indenização por danos materiais e de compensação por danos morais proposta por pastor em face de congregação religiosa à qual pertencia na qual o autor, reconhecendo a inexistência de relação trabalhista com a ré, afirme ter sido afastado indevidamente de suas funções. A competência para julgamento de demanda levada a juízo é fixada em razão da natureza da causa, que é definida pelo pedido e pela causa de pedir deduzidos. Na hipótese em análise, a questão jurídica enfatiza aspectos de política interna de uma congregação religiosa na relação com seus ministros, envolvendo direitos e garantias constitucionais de liberdade e exercício de culto e de crença religiosos (CF, art. 5°, VI e VIII). Trata-se, portanto, de discussão atinente ao alegado direito de pastor excluído supostamente de forma indevida de suas funções à indenização material e reparação moral de direito civil. Nesse contexto, considerando o cunho eminentemente religioso e civil da controvérsia, tem aplicação o entendimento consolidado nesta Corte de que não compete à Justiça do Trabalho processar e julgar demanda em que a causa de pedir e o pedido deduzidos na inicial não guardem relação com as matérias de competência da Justiça Laboral elencadas no art. 114 da CF. **CC 125.472-BA, Rel. Min. Raul Araújo, julgado em 10/4/2013. (Inform. STJ 520)**

DIREITO PROCESSUAL CIVIL. COMPETÊNCIA PARA PROCESSAR E JULGAR AÇÃO DE RECONHECIMENTO DE UNIÃO ESTÁVEL HOMOAFETIVA.
A competência para processar e julgar ação destinada ao reconhecimento de união estável homoafetiva é da vara de família. A legislação atinente às relações estáveis heteroafetivas deve ser aplicada, por analogia, às relações estáveis homoafetivas, porquanto o STF, no julgamento da ADI 4.277-DF (DJe 5/5/2011), promoveu a plena equiparação das uniões estáveis homoafetivas às uniões estáveis heteroafetivas, sobretudo no que se refere à caracterização da relação estável homoafetiva como legítimo modelo de entidade familiar. Nesse contexto, o STJ concluiu pela aplicação imediata do arcabouço normativo imposto às uniões heteroafetivas (portanto dos respectivos direitos conferidos a elas) às uniões entre pessoas do mesmo sexo, razão pela qual a competência para a demanda deve ser da vara de família e não da vara cível. Precedente citado: REsp 827.962-RS, Quarta Turma, DJe 8/8/2011. **REsp 964.489-RS, Rel. Min. Antonio Carlos Ferreira, julgado em 12/3/2013. (Inform. STJ 519)**

DIREITO PROCESSUAL CIVIL. COMPETÊNCIA DA JUSTIÇA ESTADUAL PARA APRECIAR AÇÕES ENVOLVENDO SOCIEDADE DE ECONOMIA MISTA EM LIQUIDAÇÃO EXTRAJUDICIAL, SOB A INTERVENÇÃO DO BACEN.
Compete à Justiça Estadual, e não à Justiça Federal, processar e julgar ação proposta em face de sociedade de economia mista, ainda que se trate de instituição financeira em regime de liquidação extrajudicial, sob intervenção do Banco Central. Com efeito, inexiste previsão no art. 109 da CF que atribua a competência à Justiça Federal para processar e julgar causas envolvendo sociedades de economia mista. Ademais, o referido dispositivo constitucional é explícito ao excluir da competência da Justiça Federal as causas relativas à falência – cujo raciocínio é extensível aos procedimentos concursais administrativos, tais como a intervenção e a liquidação extrajudicial –, o que aponta inequivocamente para a competência da Justiça Estadual, a qual ostenta caráter residual. Precedentes citados: REsp 459.352-RJ, Terceira Turma, DJe 31/10/2012, e REsp 1.162.469-PR, Terceira Turma, DJe 9/5/2012. **REsp 1.093.819-TO, Rel. Min. Luis Felipe Salomão, julgado em 19/3/2013. (Inform. STJ 519)**

DIREITO PROCESSUAL CIVIL. COMPETÊNCIA PARA DECIDIR SOBRE PEDIDO DE INDENIZAÇÃO POR DANOS QUE TERIAM DECORRIDO DA INADEQUADA ATUAÇÃO DE SINDICATO NO ÂMBITO DE RECLAMAÇÃO TRABALHISTA QUE CONDUZIRA NA QUALIDADE DE SUBSTITUTO PROCESSUAL.
Compete à Justiça do Trabalho processar e julgar demanda proposta por trabalhador com o objetivo de receber indenização em razão de alegados danos materiais e morais causados pelo respectivo sindicato, o qual, agindo na condição de seu substituto processual, no patrocínio de reclamação trabalhista, teria conduzido o processo de forma inadequada, gerando drástica redução do montante a que teria direito a título de verbas trabalhistas. Com efeito, considerando que os alegados danos teriam advindo justamente de deficiente atuação do sindicato na defesa dos interesses do autor perante a Justiça do Trabalho, deve-se concluir que a demanda ora em discussão somente será resolvida adequadamente no âmbito daquela justiça especializada, a mesma que antes conheceu da lide original. **CC 124.930-MG, Rel. Min. Raul Araújo, julgado em 10/4/2013. (Inform. STJ 518)**

DIREITO PROCESSUAL CIVIL. COMPETÊNCIA PARA JULGAMENTO DE DEMANDA CUJA CAUSA DE PEDIR E PEDIDO NÃO SE REFIRAM A EVENTUAL RELAÇÃO DE TRABALHO ENTRE AS PARTES.
Compete à Justiça Comum Estadual processar e julgar ação de reconhecimento e de dissolução de sociedade mercantil de fato, cumulada com pedido de indenização remanescente, na hipótese em que a causa de pedir e o pedido deduzidos na petição inicial não façam referência à existência de relação de trabalho entre as partes. A competência para julgamento de demanda levada a juízo é fixada em razão da natureza da causa, que é definida pelo pedido e pela causa de pedir deduzidos. Na hipótese descrita, a demanda versa sobre relação jurídica de cunho eminentemente civil, não sendo fundada em eventual relação de trabalho existente entre as partes. Nesse contexto, conforme a jurisprudência do STJ, não compete à Justiça do Trabalho processar e julgar demanda em que a causa de pedir e o pedido deduzidos na inicial não guardem relação com as matérias de competência dessa justiça especializada elencadas no art. 114 da CF. Precedentes citados: CC 76.597-RJ, Segunda Seção, DJ 16/8/2007, e CC 72.770-SP, Segunda Seção, DJ 1°/8/2007. **CC 121.702-RJ, Rel. Min. Raul Araújo, julgado em 27/2/2013. (Inform. STJ 518)**

DIREITO PROCESSUAL CIVIL. COMPETÊNCIA DA JUSTIÇA DO TRABALHO PARA PROCESSAR E JULGAR AÇÃO DE INDENIZAÇÃO DECORRENTE DE ATOS OCORRIDOS DURANTE A RELAÇÃO DE TRABALHO.
Compete à Justiça do Trabalho processar e julgar ação de indenização por danos morais e materiais proposta por ex-empregador cuja causa de pedir se refira a atos supostamente cometidos pelo ex-empregado durante o vínculo laboral e em decorrência da relação de trabalho havida entre as partes. Precedentes citados: CC 80.365-RS, Segunda Seção, DJ 10/5/2007, e CC 74.528-SP, Segunda Seção, DJe 4/8/2008. **CC 121.998-MG, Rel. Min. Raul Araújo, julgado em 27/2/2013. (Inform. STJ 518)**

DIREITO PROCESSUAL CIVIL. COMPETÊNCIA PARA JULGAMENTO DE DEMANDA NA QUAL SE EXIJA O CUMPRIMENTO DE OBRIGAÇÃO EM FACE DE ESTADO-MEMBRO.
O foro do lugar onde a obrigação deva ser satisfeita, ainda que não seja o da capital do estado-membro, é o competente para o julgamento de ação monitória ajuizada em face daquela unidade federativa e cujo objeto seja o cumprimento de obrigação contratual. Conforme o art. 100, IV, "d", do CPC, "é competente o foro do lugar onde a obrigação deve ser satisfeita, para a ação em que se lhe exigir o cumprimento". Ainda, conforme a jurisprudência do STJ, o estado-membro não tem prerrogativa de foro e pode ser demandado em outra comarca que não a de sua capital. Precedente citado: REsp 186.576-RS, Segunda Turma, DJ 21/8/2000. **REsp 1.316.020-DF, Rel. Min. Herman Benjamin, julgado em 2/4/2013. (Inform. STJ 517).**

Súmula Vinculante 27

Compete à Justiça estadual julgar causas entre consumidor e concessionária de serviço público de telefonia, quando a ANATEL não seja litisconsorte passiva necessária, assistente, nem opoente.

Súmula Vinculante 23

A Justiça do Trabalho é competente para processar e julgar ação possessória ajuizada em decorrência do exercício do direito de greve pelos trabalhadores da iniciativa privada.

Súmula Vinculante 22

A Justiça do Trabalho é competente para processar e julgar as ações de indenização por danos morais e patrimoniais decorrentes de acidente de trabalho propostas por empregado contra o empregador, inclusive aquelas que ainda não possuíam sentença de mérito em primeiro grau quando da promulgação da Emenda Constitucional nº 45/04.

Súmula STF nº 689

O segurado pode ajuizar ação contra a instituição previdenciária perante o Juízo Federal do seu domicílio ou nas varas federais da capital do estado-membro.

Súmula STF nº 557

É competente a Justiça Federal para julgar as causas em que são partes a COBAL e CIBRAZEM.

Súmula STF nº 556

É competente a Justiça Comum para julgar as causas em que é parte sociedade de economia mista.

Súmula STF nº 518

A intervenção da União, em feito já julgado pela segunda instância e pendente de embargos, não desloca o processo para o Tribunal Federal de Recursos.

Súmula STF nº 517

As sociedades de economia mista só têm foro na Justiça Federal, quando a União intervém como assistente ou opoente.

Súmula STF nº 516

O Serviço Social da Indústria (SESI) está sujeito à jurisdição da Justiça Estadual.

Súmula STF nº 508

Compete à Justiça Estadual, em ambas as instâncias, processar e julgar as causas em que for parte o Banco do Brasil S.A.

Súmula STF nº 363

A pessoa jurídica de direito privado pode ser demandada no domicílio da agência, ou estabelecimento, em que se praticou o ato.

Súmula STF nº 251

Responde a Rede Ferroviária federal S.A. Perante o foro comum e não perante o juízo especial da Fazenda Nacional, a menos que a União intervenha na causa.

Súmula STF nº 250

A intervenção da União desloca o processo do juízo cível comum para o fazendário.

Súmula STF nº 218

É competente o Juízo da Fazenda Nacional da capital do estado, e não o da situação da coisa, para a desapropriação promovida por empresa de energia elétrica, se a união federal intervém como assistente.

Súmula STJ nº 505

A competência para processar e julgar as demandas que têm por objeto obrigações decorrentes dos contratos de planos de previdência privada firmados com a Fundação Rede Ferroviária de Seguridade Social - REFER é da Justiça estadual.

Súmula STJ nº 428

Compete ao Tribunal Regional Federal decidir os conflitos de competência entre juizado especial federal e juízo federal da mesma seção judiciária.

Súmula STJ nº 383

A competência para processar e julgar as ações conexas de interesse de menor é, em princípio, do foro do domicílio do detentor de sua guarda.

Súmula STJ nº 368

Compete à Justiça comum estadual processar e julgar os pedidos de retificação de dados cadastrais da Justiça Eleitoral.

Súmula STJ nº 367

A competência estabelecida pela EC n. 45/2004 não alcança os processos já sentenciados.

Súmula STJ nº 365

A intervenção da União como sucessora da Rede Ferroviária Federal S/A (RFFSA) desloca a competência para a Justiça Federal ainda que a sentença tenha sido proferida por Juízo estadual.

Súmula STJ nº 363

Compete à Justiça estadual processar e julgar a ação de cobrança ajuizada por profissional liberal contra cliente.

Súmula STJ nº 324

Compete à Justiça Federal processar e julgar ações de que participa a Fundação Habitacional do Exército, equiparada à entidade autárquica federal, supervisionada pelo Ministério do Exército.

Súmula STJ nº 270

O protesto pela preferência de crédito, apresentado por ente federal em execução que tramita na Justiça Estadual, não desloca a competência para a Justiça Federal.

Súmula STJ nº 254

A decisão do Juízo Federal que exclui da relação processual ente federal não pode ser reexaminada no Juízo Estadual.

Súmula STJ nº 238

A avaliação da indenização devida ao proprietário do solo, em razão de alvará de pesquisa mineral, é processada no Juízo Estadual da situação do imóvel.

Súmula STJ nº 224

Excluído do feito o ente federal, cuja presença levara o Juiz Estadual a declinar da competência, deve o Juiz Federal restituir os autos e não suscitar conflito.

Súmula STJ nº 222

Compete à Justiça Comum processar e julgar as ações relativas à contribuição sindical prevista no art. 578 da CLT.

Súmula STJ nº 218

Compete à Justiça dos Estados processar e julgar ação de servidor estadual decorrente de direitos e vantagens estatutárias no exercício de cargo em comissão.

2. DIREITO PROCESSUAL CIVIL

Súmula STJ nº 209

Compete à Justiça Estadual processar e julgar prefeito por desvio de verba transferida e incorporada ao patrimônio municipal.

Súmula STJ nº 208

Compete à Justiça Federal processar e julgar prefeito municipal por desvio de verba sujeita a prestação de contas perante órgão federal.

Súmula STJ nº 206

A existência de vara privativa, instituída por lei estadual, não altera a competência territorial resultante das leis de processo.

Súmula STJ nº 173

Compete à justiça federal processar e julgar o pedido de reintegração em cargo público federal, ainda que o servidor tenha sido dispensado antes da instituição do regime jurídico único.

Súmula STJ nº 170

Compete ao juízo onde primeiro for intentada a ação envolvendo acumulação de pedidos, trabalhista e estatutário, decidi-la nos limites da sua jurisdição, sem prejuízo do ajuizamento de nova causa, com o pedido remanescente, no juízo próprio.

Súmula STJ nº 150

Compete à Justiça Federal decidir sobre a existência de interesse jurídico que justifique a presença, no processo, da União, suas autarquias ou empresas públicas.

Súmula STJ nº 137

Compete à Justiça Comum estadual processar e julgar ação de servidor público municipal, pleiteando direitos relativos ao vinculo estatutário.

Súmula STJ nº 59

Não há conflito de competência se já existe sentença com transito em julgado, proferida por um dos juízos conflitantes.

Súmula STJ nº 34

Compete à Justiça Estadual processar e julgar causa relativa a mensalidade escolar, cobrada por estabelecimento particular de ensino.

Súmula STJ nº 33

A incompetência relativa não pode ser declarada de oficio.

Súmula STJ nº 32

Compete à Justiça Federal processar justificações judiciais destinadas a instruir pedidos perante entidades que nela tem exclusividade de foro, ressalvada a aplicação do art. 15, II, da lei 5010/66.

Súmula STJ nº 22

Não há conflito de competência entre o Tribunal de Justiça e Tribunal de Alçada do mesmo estado-membro.

Súmula STJ nº 6

Compete à Justiça Comum estadual processar e julgar delito decorrente de acidente de trânsito envolvendo viatura de policia Militar, salvo se autor e vitima forem policiais militares em situação de atividade.

Súmula STJ nº 4

Compete à Justiça Estadual julgar causa decorrente do processo eleitoral sindical.

Súmula STJ nº 3

Compete ao Tribunal Regional Federal dirimir Conflito de Competência verificado, na respectiva região, entre juiz federal e juiz estadual investido de jurisdição federal.

6. COMPETÊNCIA GERAL E INTERNA DO STJ E DO STF

RISTF: emenda regimental e modificação de competência

A 1ª Turma recebeu, em parte, denúncia oferecida contra deputado federal pela suposta prática de crimes contra o sistema financeiro nacional (Lei 7.492/1986: "Art. 4º. Gerir fraudulentamente instituição financeira...; Art. 6º.

Induzir ou manter em erro, sócio, investidor ou repartição pública competente, relativamente a operação ou situação financeira, sonegando-lhe informação ou prestando-a falsamente...; Art. 17. Tomar ou receber, qualquer das pessoas mencionadas no art. 25 desta lei, direta ou indiretamente, empréstimo ou adiantamento, ou deferi-lo a controlador, a administrador, a membro de conselho estatutário, aos respectivos cônjuges, aos ascendentes ou descendentes, a parentes na linha colateral até o 2º grau, consanguíneos ou afins, ou a sociedade cujo controle seja por ela exercido, direta ou indiretamente, ou por qualquer dessas pessoas"). De início, a Turma rejeitou questão preliminar suscitada pela defesa no sentido de que o feito fosse julgado pelo Plenário. O investigado alegava que a imediata aplicação da Emenda Regimental 49/2014 — que alterou dispositivos do Regimento Interno do STF atribuindo às Turmas a competência para processar e julgar deputados e senadores —, a processo já pautado para julgamento pelo Pleno, implicaria ofensa ao princípio do juiz natural. O Colegiado afirmou que a mencionada norma seria de natureza procedimental e, portanto, teria incidência imediata. Ressaltou que a modificação realizada no Regimento Interno teria homenageado o interesse público, na medida em que visaria à duração razoável dos processos, o que escaparia ao interesse da parte. Observou que os processos penais semelhantes, que ainda continuariam a ser apreciados pelo Plenário, lá permaneceriam, porquanto já iniciado o respectivo julgamento. No mérito, a Turma rejeitou a denúncia quanto ao delito previsto no art. 6º da Lei 7.492/1986, em face da extinção da punibilidade pela prescrição da pretensão punitiva estatal, e a recebeu em relação aos demais delitos. Asseverou que a denúncia teria apontado — em observância à jurisprudência do STF — como o acusado teria participado das práticas delituosas que lhe teriam sido imputadas, consideradas as suas atribuições perante a instituição financeira e sua participação ativa na gestão. Afirmou que os delitos contra o sistema financeiro nacional seriam formais, e, portanto, a consumação seria antecipada à produção do resultado naturalístico. Em razão disso, não subsistiria a alegação de ausência de prejuízo ao sistema financeiro nacional. No tocante ao argumento de que ainda não se teria concluído processo administrativo no âmbito do Bacen, relativo aos mesmos fatos, assentou a independência entre as instâncias administrativa e penal, de modo que a conclusão do mencionado processo em nada afetaria a configuração típica da conduta para fins criminais.
Inq 2589/RS, rel. Min. Luiz Fux, 16.9.2014. (Inq-2589) (Inform. STF 759)

SEGUNDO AG. REG. NA PETIÇÃO N. 4.314-DF

RELATORA: MIN. ROSA WEBER
EMENTA: AGRAVO REGIMENTAL. PETIÇÃO. AÇÃO CIVIL ORIGINÁRIA. AUSÊNCIA DE CARÁTER PENAL. PROTESTO VEICULADO CONTRA MINISTROS DE ESTADO. AUSÊNCIA DE COMPETÊNCIA DO SUPREMO TRIBUNAL FEDERAL. Insuperável o óbice oposto na decisão agravada, pacificado o entendimento de que falece a esta Suprema Corte competência para apreciar ação civil pública originária - mesmo na hipótese em que dirigida contra Ministros de Estado -, à míngua de previsão no rol taxativo do art. 102 da Carta Política, bem como destituída de caráter penal a medida quanto à improbidade administrativa. Precedentes do Tribunal Pleno desta Suprema Corte (Rcl 2138, Rel. Min. NELSON JOBIM, Relator para acórdão Min. GILMAR MENDES, DJe-070 18-04-2008; Pet AgR 4089, Rel. Min. CELSO DE MELLO, DJe-022 PUBLIC 01-02-2013; Pet 4076 AgR, Rel. Min. RICARDO LEWANDOWSKI, DJe-162 PUBLIC 14-12-2007; Pet 4071 AgR, Rel. Min. EROS GRAU, DJe-227 PUBLIC 28-11-2008; Pet 4074 AgR, Rel. Min. CEZAR PELUSO, DJe-117 PUBLIC 27-06-2008; Pet 4099 AgR, Rel. Min. GILMAR MENDES, DJe-084 PUBLIC 08-05-2009; Pet 4092 AgR, Rel. Min. CÁRMEN LÚCIA, Tribunal Pleno, DJe-186 PUBLIC 02-10-2009).
Agravo regimental **conhecido** e **não provido. (Inform. STF 715)**

DIREITO PROCESSUAL CIVIL. COMPETÊNCIA INTERNA PARA JULGAR AÇÃO DISCRIMINATÓRIA DE TERRAS PÚBLICAS.
Compete à Primeira Seção do STJ e a suas respectivas Turmas julgar feito referente a ação discriminatória de terras públicas. De fato, a competência interna é fixada a partir da natureza da relação jurídica litigiosa. Nesse contexto, o art. 9º, § 1º, XIV, do RISTJ estabelece que compete à Primeira Seção processar e julgar os feitos que envolvem matéria de direito público, atinente à delimitação do patrimônio estatal. Sendo assim, como a ação discriminatória de terras públicas refere-se a patrimônio estatal, questão eminentemente de direito público, a competência da Primeira Seção deve ser preservada. Cabe ressaltar, a propósito, que situação diversa ocorre quando a demanda encerra discussão acerca de posse ou domínio de coisa alheia proposta por

particular (ações de usucapião, reivindicatórias, reintegratórias) e o debate sobre a discriminação de terras públicas se dá apenas incidentalmente, o que configura hipótese de competência da Segunda Seção, conforme estabelece o art. 9º, § 2º, I, do RISTJ. Precedentes citados: EREsp 1.193.379-SP, Corte Especial, DJe 17/4/2013; RMS 27.524-TO, Primeira Turma, DJe 19/8/2009; e EDcl no REsp 617.428-SP, Segunda Turma, DJe 12/9/2011. **CC 124.063-DF, Rel. Min. Herman Benjamin, julgado em 2/10/2013. (Inform. STJ 528)**

DIREITO PROCESSUAL CIVIL. INCOMPETÊNCIA DA JUSTIÇA FEDERAL PARA PROCESSAR E JULGAR AÇÃO QUE OBJETIVE RESTITUIÇÃO DE INDÉBITO DECORRENTE DE MAJORAÇÃO ILEGAL DE TARIFA DE ENERGIA ELÉTRICA. A Justiça Federal não é competente para processar e julgar ação em que se discuta restituição de indébito decorrente de majoração ilegal de tarifa de energia elétrica. Isso porque a existência de discussão acerca de restituição de indébito decorrente de majoração ilegal de tarifa de energia elétrica, por si só, não implica legitimidade da União ou da Agência Nacional de Energia Elétrica (ANEEL) para figurar no polo passivo da ação. Precedentes citados: AgRg no Ag 1.372.472-MS, Segunda Turma, DJe 14/10/2011, e REsp 1.190.139-RS, Segunda Turma, DJe 13/12/2011. **AgRg no REsp 1.307.041-RS, Rel. Min. Mauro Campbell Marques, julgado em 18/12/2012. (Inform. STJ 516)**

7. PRESSUPOSTOS PROCESSUAIS E CONDIÇÕES DA AÇÃO

DIREITO PROCESSUAL CIVIL. AUSÊNCIA DE INTERESSE DE AGIR EM AÇÃO DE PRESTAÇÃO DE CONTAS DE CONTRATOS DE MÚTUO E FINANCIA-MENTO. RECURSO REPETITIVO (ART. 543-C DO CPC E RES. 8/2008-STJ). Nos contratos de mútuo e financiamento, o devedor não possui interesse de agir para a ação de prestação de contas. A ação de prestação de contas constitui procedimento especial de jurisdição contenciosa normatizado nos arts. 914 a 919 do CPC e presta-se, essencialmente, a dirimir incertezas surgidas a partir da administração de bens, negócios e interesses alheios, cabendo ao gestor a apresentação minuciosa de todas as receitas e despesas envolvidas na relação jurídica e, ao final, a exibição do saldo, que tanto pode ser credor quanto devedor. O art. 914 do CPC dispõe que a "ação de prestação de contas competirá a quem tiver: I – o direito de exigi-las; II – a obrigação de prestá-las". A hipótese a que se refere o inciso I – única que interessa ao presente caso – visa a permitir que o autor exija do réu o oferecimento de contas. Fundamenta-se exclusivamente na existência ou não do direito de exigir essas contas, sem que seja necessário que se invoque alguma desconfiança sobre o trabalho exercido pelo administrador ou algum saldo supostamente existente em razão da atuação deste. Assim, na ação de prestação de contas, é fundamental a existência, entre autor e réu, de relação jurídica de direito material em que um deles administre bens, direitos ou interesses alheios. Sem essa relação, inexiste o dever de prestar contas. Nessa ordem de ideias, são duas conclusões acerca do interesse de agir nesse tipo de ação: a) o interesse sobre o qual versa a prestação de contas independe da existência ou não de débito e b) requer apenas a existência de vínculo jurídico capaz de obrigar uma das partes a prestá-las em favor da outra. No contrato de mútuo bancário, a obrigação do mutuante cessa com a entrega da coisa. Nesse contexto, não há obrigação da instituição financeira em prestar contas, porquanto a relação estabelecida com o mutuário não é de administração ou gestão de bens alheios, sendo apenas um empréstimo. Conclui-se, então, pela inexistência de interesse de agir do cliente/mutuário para propor ação de prestação de contas, haja vista que o mutuante/instituição financeira exime-se de compromissos com a entrega da coisa. Ou seja, "a atividade da instituição financeira limita-se a entrega de recursos ao tomador do empréstimo, no valor estipulado contratualmente, cabendo a este a restituição da quantia emprestada, na forma pactuada". (REsp 1.225.252-PR, Terceira Turma, DJe 6/5/2013). No que concerne à matéria, a Segunda Seção do STJ, no julgamento do REsp 1.201.662-PR, firmou o entendimento de que, na hipótese de contrato de financiamento, não há, para o tomador do financiamento, interesse de agir na propositura de ação de prestação de contas, uma vez que o banco não administra recursos do financiado. Ademais, importante salientar que a questão analisada é diversa da regulada na Súmula 259 do STJ, que dispõe sobre o cabimento da ação de prestação de contas em contratos de conta-corrente bancária. Aliás, toda argumentação utilizada até aqui deve ser estendida aos contratos de financiamento em geral. Nessa espécie contratual, assim como no empréstimo bancário, o cliente adquire certa quantia em dinheiro com a instituição financeira, comprometendo-se a saldá-la em determinado prazo, na forma avençada no contrato. A diferença entre eles é que, no contrato de financiamento, há destinação específica dos recursos tomados, como, por exemplo, para a aquisição de um bem imóvel ou de um veículo. Ademais, geralmente o contrato de financiamento possui algum tipo de garantia, como a hipoteca ou a alienação fiduciária. Conclui-se, então, que, na hipótese de contrato de financiamento, assim como no de mútuo, não há, para o tomador do financiamento, interesse de agir na propositura de ação de prestação de contas, uma vez que o banco não administra recursos do financiado: trata-se aqui de contrato fixo, em que há valor e taxa de juros definidos, cabendo ao próprio financiado fazer o cálculo, pois todas as informações constam no contrato. REsp **1.293.558-PR, Rel. Min. Luis Felipe Salomão, Segunda Seção, julgado em 11/3/2015, DJe 25/3/2015 (Inform. STJ 558).**

DIREITO PROCESSUAL CIVIL. FALTA DE INTERESSE DE AGIR EM AÇÃO DE PRESTAÇÃO DE CONTAS. Falta interesse de agir em ação de prestação de contas ajuizada contra condomínio, quando as contas já tiverem sido prestadas extrajudicialmente. O interesse apto a justificar o procedimento judicial não decorre pura e simplesmente de uma relação jurídica material de gestão de bens ou interesses alheios, mas, sim, da real necessidade da intervenção judicial para compor um litígio entre as partes. Na linha da clássica doutrina, o exame do interesse processual é realizado à luz da necessidade e da utilidade do provimento jurisdicional, o que importa dizer que, na ausência de um dos seus elementos, como consequência faltará o próprio interesse processual. Na hipótese, a ação judicial não terá utilidade. **REsp 1.046.652-RJ, Rel. Min. Ricardo Villas Bôas Cueva, julgado em 16/9/2014. (Inform. STJ 549)**

DIREITO PROCESSUAL CIVIL. HIPÓTESE DE LEGITIMIDADE PASSIVA AD CAUSAM DO INPI. O Instituto Nacional da Propriedade Industrial (INPI) tem legitimidade passiva em ação que objetive invalidar sua decisão administrativa declaratória de nulidade de registro marcário em face da precedência de outro registro. Ainda que se tratasse de ação de nulidade de registro propriamente dita (art. 175 da Lei 9.279/1996), não haveria como negar a legitimidade do INPI para figurar no polo passivo na hipótese, porquanto haveria interesse da autarquia na convalidação de sua decisão, proferida em processo administrativo de nulidade, tendo em vista que eventual invalidação pelo Poder Judiciário implicará comando ao INPI para que desconstitua o registro anteriormente proferido. **REsp 1.184.867-SC, Rel. Min. Luis Felipe Salomão, julgado em 15/5/2014. (Inform. STJ 548)**

DIREITO PROCESSUAL CIVIL. LEGITIMIDADE DE PESSOA JURÍDICA PARA IMPUGNAR DECISÃO QUE DESCONSIDERE A SUA PERSONALIDADE. A pessoa jurídica tem legitimidade para impugnar decisão interlocutória que desconsidera sua personalidade para alcançar o patrimônio de seus sócios ou administradores, desde que o faça com o intuito de defender a sua regular administração e autonomia – isto é, a proteção da sua personalidade –, sem se imiscuir indevidamente na esfera de direitos dos sócios ou administradores incluídos no polo passivo por força da desconsideração. Segundo o art. 50 do CC, verificado "abuso da personalidade jurídica", poderá o juiz decidir que os efeitos de certas e determinadas relações obrigacionais sejam estendidos aos bens particulares dos administradores ou sócios da pessoa jurídica. O referido abuso, segundo a lei, caracteriza-se pelo desvio de finalidade da pessoa jurídica ou pela confusão patrimonial entre os bens dos sócios/administradores com os da pessoa moral. A desconsideração da personalidade jurídica, em essência, está adstrita à concepção de moralidade, probidade, boa-fé a que submetem os sócios e administradores na gestão e administração da pessoa jurídica. Vale também destacar que, ainda que a concepção de abuso nem sempre esteja relacionada a fraude, a sua figura está, segundo a doutrina, eminentemente ligada a prejuízo, desconforto, intranquilidade ou dissabor que tenha sido acarretado a terceiros, em decorrência de um uso desmesurado de um determinado direito. A rigor, portanto, a desconsideração da personalidade da pessoa jurídica resguarda interesses de credores e também da própria sociedade indevidamente manipulada. Por isso, inclusive, segundo o enunciado 285 da IV Jornada de Direito Civil, "a teoria da desconsideração, prevista no art. 50 do Código Civil, pode ser invocada pela pessoa jurídica em seu favor". Nesse compasso, tanto o interesse na desconsideração ou na manutenção do véu protetor, podem partir da própria pessoa jurídica, desde que, à luz dos requisitos autorizadores da medida excepcional, esta seja capaz de demonstrar a pertinência de seu intuito, o qual deve sempre estar relacionado à afirmação de sua autonomia, vale dizer, à proteção de sua personalidade. REsp, **Rel. Min. Nancy Andrighi, julgado em 24/4/2014. (Inform. STJ 544)**

2. DIREITO PROCESSUAL CIVIL

DIREITO PROCESSUAL CIVIL. LEGITIMIDADE ATIVA DO ESPÓLIO EM DEMANDA NA QUAL SE BUSQUE INDENIZAÇÃO SECURITÁRIA POR INVALIDEZ PERMANENTE. O espólio possui legitimidade para ajuizar ação de cobrança de indenização securitária decorrente de invalidez permanente ocorrida antes da morte do segurado. Isso porque o direito à indenização de seguro por invalidez é meramente patrimonial, ou seja, submete-se à sucessão aberta com a morte do segurado, mesmo sem ação ajuizada pelo *de cujus*. Assim, o espólio é parte legítima para a causa, pois possui legitimidade para as ações relativas a direitos e interesses do *de cujus*. Ademais, não só os bens mas também os direitos de natureza patrimonial titularizados pelo *de cujus* integram a herança e, assim, serão pelo espólio representados em juízo. Vista por uma perspectiva subjetiva, a sucessão (forma de aquisição do patrimônio) é composta por aqueles que, em face da morte do titular dos direitos e obrigações, sub-rogam-se nessa universalidade de bens e direitos que passaram a integrar o patrimônio jurídico do falecido, em que pese não os tenha postulado junto a quem de direito quando em vida. O fato de a indenização securitária, devida por força da ocorrência do sinistro previsto contratualmente, não poder vir a ser aproveitada pelo segurado não a torna apenas por ele exigível. **REsp 1.335.407-RS, Rel. Min. Paulo de Tarso Sanseverino, julgado em 8/5/2014. (Inform. STJ 542)**

DIREITO PROCESSUAL CIVIL. LEGITIMIDADE PARA A EXECUÇÃO DE HONORÁRIOS FIXADOS EM DECISÃO JUDICIAL.
A associação que se destine a representar os interesses dos advogados empregados de determinada entidade, havendo autorização estatutária, tem legitimidade para promover, em favor de seus associados, a execução de título judicial quanto à parcela da decisão relativa aos honorários de sucumbência. Observe-se, inicialmente, que o art. 21 da Lei 8.906/1994 (Estatuto da Advocacia e da OAB) dispõe que, nas causas em que for parte o empregador, ou pessoa por este representada, os honorários de sucumbência serão devidos aos advogados empregados. Destaque-se, ainda, que o artigo emprega o termo plural "advogados empregados", considerando que o empregador, normalmente, terá mais de um advogado empregado e que eles, ao longo do processo, terão oportunidade de atuar em conjunto ou isoladamente, de modo que o êxito, acaso obtido pelo empregador na demanda, será atribuído à equipe de advogados empregados. Por sua vez, o Regulamento Geral do Estatuto da Advocacia e da OAB estabelece, no parágrafo único de seu art. 14, que os honorários de sucumbência dos advogados empregados constituem fundo comum, cuja destinação é decidida pelos profissionais integrantes do serviço jurídico da empresa ou por seus representantes. Assim, existindo uma associação regularmente criada para representar os interesses dos advogados empregados de determinada entidade, nada obsta que a entidade associativa, mediante autorização estatutária, possa executar os honorários sucumbenciais pertencentes aos "advogados empregados", seus associados. Essa possibilidade apenas facilita a formação, administração e rateio dos recursos do fundo único comum, destinado à divisão proporcional entre todos os associados. **REsp 634.096-SP, Rel. Min. Raul Araújo, julgado em 20/8/2013. (Inform. STJ 526)**

DIREITO PROCESSUAL CIVIL. APLICAÇÃO DO ART. 8º DA LEI 12.514/2011 AOS PROCESSOS EM CURSO.
As execuções fiscais ajuizadas pelos conselhos profissionais em data anterior ao início de vigência do art. 8º, caput, **da Lei 12.514/2011 devem ser extintas na hipótese em que objetivarem a cobrança de anuidades cujos valores sejam inferiores a quatro vezes o montante cobrado anualmente da pessoa física ou jurídica inadimplente. Isso porque, nesses casos, há falta superveniente de interesse de agir. Cabe esclarecer que esse artigo trouxe nova condição de procedimento para as execuções fiscais ajuizadas pelos conselhos profissionais, qual seja, o limite de quatro vezes o montante das anuidades como valor mínimo que poderá ser executado judicialmente. Dessa forma, cuidando-se de norma de caráter processual, deve ter aplicação imediata aos processos em curso.** REsp 1.374.202-RS, Rel. Min. Humberto Martins, julgado em 7/5/2013. **(Inform. STJ 524)**

DIREITO PROCESSUAL CIVIL. INTERESSE DE AGIR EM AÇÃO NA QUAL SE BUSQUE A RESPONSABILIZAÇÃO CIVIL DO ESTADO POR FRAUDE OCORRIDA EM CARTÓRIO DE REGISTRO DE IMÓVEIS.
Deve ser extinto o processo, sem resolução do mérito, na hipótese de ação em que se pretenda obter do Estado, antes de declarada a nulidade do registro imobiliário, indenização por dano decorrente de alegada fraude ocorrida em Cartório de Registro de Imóveis. Nessa situação, falta interesse de agir, pois, antes de reconhecida a nulidade do registro, não é possível atribuir ao Estado a responsabilidade civil pela fraude alegada. Isso porque, segundo o art. 252 da Lei 6.015/1973, o registro, enquanto não cancelado, produz todos os efeitos legais, ainda que, por outra maneira, prove-se que o título está desfeito, anulado, extinto ou rescindido. **REsp 1.366.587-MS, Rel. Min. Benedito Gonçalves, julgado em 18/4/2013. (Inform. STJ 523)**

DIREITO PROCESSUAL CIVIL. POSSIBILIDADE JURÍDICA DO PEDIDO DE REMARCAÇÃO DE TESTE FÍSICO EM CONCURSO PÚBLICO.
Não é possível a extinção do processo, sem resolução do mérito, por impossibilidade jurídica do pedido (art. 267, VI, do CPC), na hipótese em que candidato tenha requerido a remarcação de teste físico em concurso público, sob a alegação de impedimento oriundo de acidente ocorrido alguns dias antes da data prevista no edital para a referida etapa. Com efeito, a partir da análise da pretensão deduzida e independentemente de qualquer juízo de valor acerca do enquadramento da situação narrada como apta a caracterizar a alegada força maior, deve-se concluir que se trata, efetivamente, de pedido passível de apreciação pelo Poder Judiciário. **REsp 1.293.721-PR, Rel. Min. Eliana Calmon, julgado em 4/4/2013. (Inform. STJ 520)**

DIREITO CIVIL. LEGITIMIDADE DO CESSIONÁRIO PARA DISCUTIR EM JUÍZO QUESTÕES ENVOLVENDO MÚTUO HABITACIONAL COM COBERTURA DO FCVS CELEBRADO ATÉ 25/10/1996. RECURSO REPETITIVO (ART. 543-C DO CPC E RES. 8/2008-STJ).
Tratando-se de contrato de mútuo habitacional garantido pelo Fundo de Compensação de Variações Salariais, celebrado até 25/10/1996 e transferido sem a intervenção da instituição financeira, o cessionário possui legitimidade para discutir e demandar em juízo questões pertinentes às obrigações assumidas e aos direitos adquiridos. Isso porque, nos termos da legislação pertinente, é possível a regularização do referido contrato de cessão de direitos – conhecido como "contrato de gaveta" –, o que implica afirmar que, nesses casos, o cessionário é equiparado ao mutuário, possuindo, portanto, legitimidade para discutir e demandar em juízo questões pertinentes às obrigações assumidas e aos direitos adquiridos. Com efeito, o art. 20, caput, da Lei 10.150/2000 estabelece que as "transferências no âmbito do SFH, à exceção daquelas que envolvam contratos enquadrados nos planos de reajustamento definidos pela Lei 8.692, de 28 de julho de 1993, que tenham sido celebradas entre o mutuário e o adquirente até 25 de outubro de 1996, sem a interveniência da instituição financiadora, poderão ser regularizadas" nos termos daquela lei. Nesse contexto, os arts. 22 da Lei 10.150/2000 e 2º da Lei 8.004/1990 (com redação dada pela Lei 10.150/2000) determinam que, diante da existência de cláusula de cobertura de eventual saldo devedor residual pelo FCVS, a transferência se dá mediante a substituição do devedor, mantidas para o novo mutuário as mesmas condições e obrigações do contrato original. Cumpre destacar, ademais, que essa possibilidade de equiparação do cessionário à condição de mutuário se deve ao fato de que, no caso de contratos com cobertura do FCVS, o risco imposto à instituição financeira é apenas relacionado ao pagamento das prestações pelo cessionário, porquanto o saldo devedor residual será garantido pelo Fundo. Precedentes citados: REsp 986.873-RS, Segunda Turma, DJ 21/11/2007, e REsp 627.424-PR, Primeira Turma, DJ 28/5/2007. **REsp 1.150.429-CE, Rel. Min. Ricardo Villas Bôas Cueva, julgado em 25/4/2013. (Inform. STJ 520)**

DIREITO CIVIL. ILEGITIMIDADE DO CESSIONÁRIO PARA DISCUTIR EM JUÍZO QUESTÕES ENVOLVENDO MÚTUO HABITACIONAL SEM COBERTURA DO FCVS CELEBRADO ATÉ 25/10/1996. RECURSO REPETITIVO (ART. 543-C DO CPC E RES. 8/2008-STJ).
Tratando-se de contrato de mútuo habitacional sem cobertura do Fundo de Compensação de Variações Salariais, celebrado até 25/10/1996, transferido sem a anuência do agente financiador e fora das condições estabelecidas pela Lei 10.150/2000, o cessionário não tem legitimidade ativa para ajuizar ação postulando a revisão do respectivo contrato. Isso porque, nos termos da legislação pertinente, não é possível a regularização do referido contrato de cessão de direitos – conhecido como "contrato de gaveta" –, o que implica afirmar que, nesses casos, o cessionário não pode ser equiparado ao mutuário e, portanto, não possui legitimidade para postular em juízo a revisão do respectivo contrato. Com efeito, o art. 20, caput, da Lei 10.150/2000 estabelece que as "transferências no âmbito do SFH, à exceção daquelas que envolvam contratos enquadrados nos planos de reajustamento definidos pela Lei 8.692, de 28 de julho de 1993, que tenham sido celebradas entre o mutuário e o adquirente até 25 de outubro de 1996, sem a interveniência

da instituição financiadora, poderão ser regularizadas" nos termos daquela lei. Contudo, os arts. 23 da Lei 10.150/2000 e 3º da Lei 8.004/1990 (com redação dada pela Lei 10.150/2000) determinam que, diante da inexistência de cláusula de cobertura de eventual saldo devedor residual pelo FCVS, a transferência de direitos e obrigações referentes ao imóvel financiado pelo SFH não é automática e somente ocorrerá a critério da instituição financeira, que estabelecerá novas condições para o ajuste, de modo que o terceiro adquirente só terá legitimidade ativa para ajuizar ação relacionada ao mencionado contrato de cessão se o agente financeiro tiver concordado com a transação. Cumpre destacar, ademais, que essas transferências dependem da anuência da instituição financiadora, segundo seu critério e mediante novas condições financeiras, na medida em que a lei não impôs a ela o risco de arcar com o saldo devedor residual da transação – diferentemente do que ocorreria caso houvesse cobertura do FCVS, situação em que o saldo devedor seria garantido pelo Fundo. **Precedente citado: REsp 1.171.845-RJ, Quarta Turma, DJe 18/5/2012. REsp 1.150.429-CE, Rel. Min. Ricardo Villas Bôas Cueva, julgado em 25/4/2013. (Inform. STJ 520)**

DIREITO CIVIL. ILEGITIMIDADE DO CESSIONÁRIO PARA DISCUTIR EM JUÍZO QUESTÕES ENVOLVENDO MÚTUO HABITACIONAL, COM OU SEM COBERTURA DO FCVS, CELEBRADO APÓS 25/10/1996. RECURSO REPETITIVO (ART. 543-C DO CPC E RES. 8/2008-STJ).
Tratando-se de cessão de direitos sobre imóvel financiado no âmbito do Sistema Financeiro da Habitação realizada após 25/10/1996, a anuência da instituição financeira mutuante é indispensável para que o cessionário adquira legitimidade ativa para requerer revisão das condições ajustadas, tanto para os contratos garantidos pelo Fundo de Compensação de Variações Salariais como para aqueles sem a garantia mencionada. Isso porque, nos termos da legislação pertinente, não é possível a regularização do referido contrato de cessão de direitos – conhecido como "contrato de gaveta" –, o que implica afirmar que, nesses casos, o cessionário não pode ser equiparado ao mutuário e, portanto, não possui legitimidade para postular em juízo a revisão do respectivo contrato. Com efeito, o art. 20, caput, da Lei 10.150/2000 estabelece que as "transferências no âmbito do SFH, à exceção daquelas que envolvam contratos enquadrados nos planos de reajustamento definidos pela Lei 8.692, de 28 de julho de 1993, que tenham sido celebradas entre o mutuário e o adquirente até 25 de outubro de 1996, sem a interveniência da instituição financiadora, poderão ser regularizadas" nos termos daquela lei. Precedentes citados: AgRg no Ag 1.006.713-DF, Quarta Turma, DJe 22/2/2010; REsp 721.232-PR, Primeira Turma, DJe 13/10/2008, e AgRg no REsp 980.215-RJ, Segunda Turma, DJe 2/6/2008. **REsp 1.150.429-CE, Rel. Min. Ricardo Villas Bôas Cueva, julgado em 25/4/2013. (Inform. STJ 520)**

DIREITO PROCESSUAL CIVIL. LEGITIMIDADE PASSIVA AD CAUSAM DE IMOBILIÁRIA EM AÇÃO QUE VISE À SUA RESPONSABILIZAÇÃO CIVIL PELA MÁ ADMINISTRAÇÃO DO IMÓVEL.
A administradora de imóveis é parte legítima para figurar no polo passivo de ação que objetive indenização por perdas e danos na hipótese em que a pretensão veiculada na petição inicial diga respeito, não à mera cobrança de alugueres atrasados, mas sim à sua responsabilização civil pela má administração do imóvel. **REsp 1.103.658-RN, Rel. Min. Luis Felipe Salomão, julgado em 4/4/2013. (Inform. STJ 519)**

DIREITO PROCESSUAL CIVIL. LEGITIMIDADE DA MÃE PARA O AJUIZAMENTO DE AÇÃO OBJETIVANDO O RECEBIMENTO DE COMPENSAÇÃO POR DANO MORAL DECORRENTE DA MORTE DE FILHO CASADO E QUE TENHA DEIXADO DESCENDENTES.
A mãe tem legitimidade para ajuizar ação objetivando o recebimento de indenização pelo dano moral decorrente da morte de filho casado e que tenha deixado descendentes, ainda que a viúva e os filhos do falecido já tenham recebido, extrajudicialmente, determinado valor a título de compensação por dano moral oriundo do mesmo fato. Nessa situação, é certo que existem parentes mais próximos que a mãe na ordem de vocação hereditária, os quais, inclusive, receberam indenização e deram quitação, o que poderia, à primeira vista, levar à interpretação de estar afastada sua legitimidade para o pleito indenizatório. Ocorre que, não obstante a formação de um novo grupo familiar com o casamento e a concepção de filhos, é de se considerar que o laço afetivo que une mãe e filho jamais se extingue, de modo que o que se observa é a coexistência de dois núcleos familiares cujo elemento interseccional é o filho. Correto, portanto, afirmar que os ascendentes e sua prole integram um núcleo familiar inextinguível para fins de demanda indenizatória por morte. Assim, tem-se um núcleo familiar em sentido estrito, constituído pela família imediata formada com a contração do matrimônio, e um núcleo familiar em sentido amplo, de que fazem parte os ascendentes e seu filho, o qual desponta como elemento comum e agregador dessas células familiares. Destarte, em regra, os ascendentes têm legitimidade para a demanda indenizatória por morte da sua prole, ainda quando esta já tenha constituído o seu grupo familiar imediato, o que deve ser balizado apenas pelo valor global da indenização devida, ou seja, pela limitação quantitativa do montante indenizatório. **REsp 1.095.762-SP, Rel. Min. Luis Felipe Salomão, julgado em 21/2/2013. (Inform. STJ 515).**

DIREITO PROCESSUAL CIVIL. AÇÃO DEMOLITÓRIA. LEGITIMIDADE PASSIVA AD CAUSAM. POSSUIDOR OU DONO DA OBRA.
O possuidor ou dono da obra, responsável pela ampliação irregular do imóvel, é legitimado passivo de ação demolitória que vise à destruição do acréscimo irregular realizado, ainda que ele não ostente o título de proprietário do imóvel. Embora o art. 1.299 do CC se refira apenas à figura do proprietário, o art. 1.312 prescreve que "todo aquele que violar as proibições estabelecidas nesta Seção é obrigado a demolir as construções feitas, respondendo por perdas e danos". A norma se destina, portanto, a todo aquele que descumprir a obrigação de não fazer construções que violem as disposições legais, seja na condição de possuidor seja como proprietário. Além do mais, o mesmo entendimento se confirma pelo recurso à analogia com as normas que disciplinam a ação de nunciação de obra nova. Ao prever esse procedimento especial, o CPC, em seu art. 934, III, atribui legitimidade ativa ao município, a fim de impedir que o particular construa em contravenção da lei, do regulamento ou de postura. Não há, pois, legitimidade passiva exclusiva do proprietário do imóvel. **REsp 1.293.608-PE, Rel. Min. Herman Benjamin, julgado em 4/12/2012. (Inform. STJ 511).**

📄 **Súmula STF nº 365**

Pessoa jurídica não tem legitimidade para propor ação popular.

📄 **Súmula STJ nº 249**

A Caixa Econômica Federal tem legitimidade passiva para integrar processo em que se discute correção monetária do FGTS.

📄 **Súmula STJ nº 235**

A conexão não determina a reunião dos processos, se um deles já foi julgado.

📄 **Súmula STJ nº 23**

O Banco Central do Brasil é parte legítima nas ações fundadas na Resolução 1154, de 1986.

8. TUTELA ANTECIPADA E LIMINAR EM CAUTELAR

DIREITO PROCESSUAL CIVIL. CONSECTÁRIOS LEGAIS NA TUTELA DO INCONTROVERSO EM ANTECIPAÇÃO DOS EFEITOS DA TUTELA.
O valor correspondente à parte incontroversa do pedido pode ser levantado pelo beneficiado por decisão que antecipa os efeitos da tutela (art. 273, § 6º, do CPC), mas o montante não deve ser acrescido dos respectivos honorários advocatícios e juros de mora, os quais deverão ser fixados pelo juiz na sentença. Com efeito, enquanto nos demais casos de antecipação de tutela são indispensáveis os requisitos do perigo de dano, da aparência e da verossimilhança para a sua concessão, na tutela antecipada do § 6º do art. 273 do CPC basta o caráter incontroverso de uma parte dos pedidos, que pode ser reconhecido pela confissão, pela revelia e, ainda, pela própria prova inequívoca nos autos. Se um dos pedidos, ou parte deles, já se encontre comprovado, confessado ou reconhecido pelo réu, não há razão que justifique o seu adiamento até a decisão final que aprecie a parte controversa da demanda que carece de instrução probatória, podendo ser deferida a antecipação de tutela para o levantamento da parte incontroversa (art. 273, § 6º, do CPC). Verifica-se, portanto, que a antecipação em comento não é baseada em urgência, muito menos se refere a um juízo de probabilidade – ao contrário, é concedida mediante técnica de cognição exauriente após a oportunidade do contraditório. Entretanto, por política legislativa, a tutela do incontroverso, ainda que envolva técnica de cognição exauriente, não é suscetível de imunidade pela coisa julgada, o que inviabiliza o adiantamento dos consectários legais da condenação (juros de mora e honorários advocatícios). De fato, a despeito das reformas legislativas que se sucederam visando à modernização do sistema processual

2. DIREITO PROCESSUAL CIVIL

pátrio, deixou o legislador de prever expressamente a possibilidade de cisão da sentença. Daí a diretiva de que o processo brasileiro não admite sentenças parciais, recaindo sobre as decisões não extintivas o conceito de "decisão interlocutória de mérito". **REsp 1.234.887-RJ, Rel. Min. Ricardo Villas Bôas Cueva, julgado em 19/9/2013. (Inform. STJ 532)**

📖 Súmula STF nº 729

A decisão na Ação Direta de Constitucionalidade não se aplica à antecipação de tutela em causa de natureza previdenciária.

9. PROCESSO DE CONHECIMENTO

AG. REG. NA ACO N. 1.609-PI

RELATOR: MIN. LUIZ FUX
Ementa: AGRAVO REGIMENTAL NA AÇÃO CÍVEL ORIGINÁRIA. CONSTITU-CIONAL. ADMINISTRATIVO. FINANCEIRO. APLICAÇÃO DE PERCENTUAIS MÍNIMOS EM AÇÕES E SERVIÇOS DE SAÚDE. NECESSIDADE DE ANÁLISE CASUÍSTICA. PEDIDO FORMULADO GENERICAMENTE. PRETENSÃO AU-TORAL QUE SE MOSTRA CONCRETAMENTE IRREALIZÁVEL. PEDIDO QUE, NO SISTEMA PROCESSUAL VIGENTE, DEVE SER FORMULADO DE FORMA CERTA OU DETERMINADA. ART. 286 DO CPC. AGRAVO REGIMENTAL A QUE SE NEGA PROVIMENTO.
1. No sistema processual vigente, nos termos do art. 286 do CPC, o pedido deve ser formulado de forma certa ou determinada, não se admitindo sua formulação em termos genéricos, salvo as exceções expressamente previstas (nenhuma delas aplicável ao presente caso).
2. In casu, o pedido de mérito foi assim formulado pelo autor: *"O Estado do Piauí, à vista dessas conclusões, requer deste C. Tribunal: [...] b) O julgamento final de procedência da ação, que, confirmando a decisão liminar proferida nos autos da ação cautelar 2.648, determine em definitivo a exclusão do autor do CAUC ou de quaisquer outros cadastros restritivos administrados pela União Federal com fundamento em divergências de metodologia na apuração de percentual mínimo de investimento em ações e serviços públicos de saúde (art. 77, II, ADCT) ou, em qualquer hipótese, sem a notificação prévia do requerente para o oferecimento de defesa em prazo hábil"*.
3. Tal pedido, formulado em caráter genérico, torna irrealizável a pretensão autoral no plano concreto.
4. Agravo regimental a que se nega provimento. **(Inform. STF 788)**

SEGUNDO AG. REG. NO AI N. 602.724-PR

RELATOR: MIN. TEORI ZAVASCKI
Ementa: PROCESSUAL CIVIL. SEGUNDO AGRAVO REGIMENTAL NO AGRAVO DE INSTRUMENTO. COMPROVAÇÃO TARDIA DE TEMPESTIVI-DADE. POSSIBILIDADE. MATÉRIA DECIDIDA PELO TRIBUNAL PLENO NO RE 626.358 AGR, MIN. CEZAR PELUSO, DE 23/08/2012. INTERPOSIÇÃO DE RECURSO CONTRA DECISÃO QUE DÁ PROVIMENTO A AGRAVO DE INSTRUMENTO. POSSIBILIDADE. AGRAVO REGIMENTAL QUE DISCUTE O PRÓPRIO CONHECIMENTO DO RECURSO. GRAVAÇÃO TELEFÔNICA REALIZADA POR UM DOS INTERLOCUTORES. LICITUDE. POSSIBILIDADE DE UTILIZAÇÃO COMO PROVA EM PROCESSO JUDICIAL. PRECEDENTES.
1. É pacífico na jurisprudência do STF o entendimento de que não há ilicitude em gravação telefônica realizada por um dos interlocutores sem o conhecimento do outro, podendo ela ser utilizada como prova em processo judicial.
2. O STF, em caso análogo, decidiu que é admissível o uso, como meio de prova, de gravação ambiental realizada por um dos interlocutores sem o conhecimento do outro (RE 583937 QO-RG, Relator(a): Min. CEZAR PELUSO, DJe de 18-12-2009).
3. Agravo regimental a que se nega provimento. **(Inform. STF 716)**

DIREITO PROCESSUAL CIVIL. TRANSAÇÃO JUDICIAL APÓS PUBLICAÇÃO DO ACÓRDÃO.

A publicação do acórdão que decide a lide não impede que as partes transacionem o objeto do litígio. A tentativa de conciliação dos interesses em conflito é obrigação de todos os operadores do direito desde a fase pré--processual até a fase de cumprimento de sentença. Nesse passo, o Código de Ética e Disciplina da OAB, no art. 2º, parágrafo único, VI, prevê, dentre os deveres do advogado, "estimular a conciliação entre os litigantes, prevenindo, sempre que possível, a instauração de litígios". No mesmo sentido, são inúmeros os dispositivos legais que preconizam a prática da conciliação, no curso do processo, com o objetivo de pôr termo ao litígio (arts. 277, 448 e

794, II, do CPC, dentre outros). De mais a mais, ao magistrado foi atribuída expressamente, pela reforma processual de 1994 (Lei 8.952), a incumbência de tentar, a qualquer tempo, conciliar as partes, com a inclusão do inciso IV ao artigo 125 do CPC. Com efeito, essa medida atende ao interesse do Estado na rápida solução dos litígios e converge para o ideal de concretização da pacificação social. Logo, não há marco final para implementá-la. **REsp 1.267.525-DF, Rel. Min. Ricardo Villas Bôas Cueva, julgado em 20/10/2015, DJe 29/10/2015. (Inform. STJ 572)**

DIREITO PROCESSUAL CIVIL. ARGUIÇÃO DE COMPENSAÇÃO EM CON-TESTAÇÃO.

A compensação de dívida pode ser alegada em contestação. A compensação é meio extintivo da obrigação (art. 368 do CC), caracterizando-se como defesa substancial de mérito ou espécie de contradireito do réu. Nesse contexto, a compensação pode ser alegada em contestação como matéria de defesa, independentemente da propositura de reconvenção, em obediência aos princípios da celeridade e da economia processual. Com efeito, não é razoável exigir o ajuizamento de ação reconvencional para a análise de eventual compensação de créditos, devendo-se prestigiar a utilidade, a celeridade e a economia processuais, bem como obstar enriquecimento sem causa. No mais, o Novo Código de Processo Civil, nos arts. 336, 337 e 343, atento aos princípios da economia e da celeridade processual, adotou a concentração das respostas do réu, facultando a propositura da reconvenção na própria contestação. **Precedente citado: REsp 781.427-SC, Quarta Turma, DJe 9/9/2010. REsp 1.524.730-MG, Rel. Min. Ricardo Villas Bôas Cueva, julgado em 18/8/2015, DJe 25/8/2015 (Inform. STJ 567).**

DIREITO PROCESSUAL CIVIL. INCIDÊNCIA DA LEI 10.931/2004 NAS AÇÕES JUDICIAIS QUE ENVOLVAM O SFH.

Aplicam-se aos contratos de financiamento imobiliário do Sistema de Financiamento de Habitação (SFH) as disposições da Lei 10.931/2004, mormente as referentes aos requisitos da petição inicial de ação de revisão de cláusulas contratuais (art. 50). A análise econômica da função social do contrato, realizada a partir da doutrina da análise econômica do direito, permite reconhecer o papel institucional e social que o direito contratual pode oferecer ao mercado, qual seja, a segurança e previsibilidade nas operações econômicas e sociais capazes de proteger as expectativas dos agentes econômicos, por meio de instituições mais sólidas, que reforcem, ao contrário de minar, a estrutura do mercado. Nesse contexto, observa-se que a Lei 10.931/2004, especialmente seu art. 50, inspirou-se na efetividade, celeridade e boa-fé perseguidos pelo processo civil moderno, cujo entendimento é de que todo litígio a ser composto, dentre eles os de cunho econômico, deve apresentar pedido objetivo e apontar precisa e claramente a espécie e o alcance do abuso contratual que fundamenta a ação de revisão do contrato. As regras expressas no art. 50 e seus parágrafos têm a clara intenção de garantir o cumprimento dos contratos de financiamento de imóveis tal como pactuados, gerando segurança para os contratantes. O objetivo maior da norma é garantir que, quando a execução do contrato se tornar controvertida e necessária for a intervenção judicial, a discussão seja eficiente, porque somente o ponto conflitante será discutido e a discussão da controvérsia não impedirá a execução de tudo aquilo com o qual concordam as partes. Posto isso, diante do raciocínio desenvolvido acima, tem-se por viável a incidência, nos contratos de financiamento do Sistema Financeiro de Habitação, das regras encartadas na Lei 10.931/2004, mormente as referentes à ação revisional e aos requisitos de procedibilidade, conclusão alcançada, como visto, a partir de uma interpretação teleológica da norma objeto de controvérsia. Ademais, na própria Lei 10.931/2004, há prova de que suas disposições devem incidir sobre todos os contratos de financiamento de imóveis do Sistema Financeiro da Habitação. Com efeito, o art. 63 prevê: "nas operações envolvendo recursos do Sistema Financeiro da Habitação e do Sistema Financeiro Imobiliário, relacionadas com a moradia, é vedado cobrar do mutuário a elaboração de instrumento contratual particular, ainda que com força de escritura pública". Cabe ressaltar, ainda, que no CPC foi introduzido, por meio da Lei 12.810/2013, artigo com redação idêntica ao art. 50 da Lei 10.931/2004. Essa inovação legislativa corrobora os objetivos buscados pelo processo civil moderno, preocupado em ser, acima de tudo, eficaz. A discriminação do valor incontroverso na petição inicial proporciona melhor compreensão da dimensão do litígio, da lesão ao direito envolvido, além de permitir a demonstração da verossimilhança do direito invocado. Ainda, auxilia na atenuação de naturais mazelas da demora na prestação jurisdicional, contribuindo para a segurança jurídica. **REsp 1.163.283-RS, Rel. Min. Luis Felipe Salomão, julgado em 7/4/2015, DJe 4/5/2015 (Inform. STJ 561).**

DIREITO PROCESSUAL CIVIL. VIA ADEQUADA PARA COBRANÇA DE INDENIZAÇÃO FUNDADA EM CONTRATO DE SEGURO DE AUTOMÓVEL. É a ação de conhecimento sob o rito sumário – e não a ação executiva – a via adequada para cobrar, em decorrência de dano causado por acidente de trânsito, indenização securitária fundada em contrato de seguro de automóvel. Isso porque o contrato de seguro de automóvel não se enquadra como título executivo extrajudicial (art. 585 do CPC). Como cediço, o título executivo extrajudicial prescinde de prévia ação condenatória, ou seja, a função de conhecimento do processo é postergada até eventual oposição de embargos do devedor. Ademais, somente a lei pode prescrever quais são os títulos executivos, fixando-lhes as características formais peculiares. Desse modo, apenas os documentos descritos pelo legislador, seja em códigos ou em leis especiais, é que são dotados de força executiva, não podendo as partes convencionarem a respeito. Além disso, pela interpretação conjunta dos arts. 275, II, "e", 585, III, e 586 do CPC, depreende-se que somente os contratos de seguro de vida, dotados de liquidez, certeza e exigibilidade, são títulos executivos extrajudiciais, podendo ser utilizada, nesses casos, a via da ação executiva. Logo, para o seguro de automóveis, na ocorrência de danos causados em acidente de veículo, a ação a ser proposta é, necessariamente, a cognitiva, sob o rito sumário, uma vez que este contrato de seguro é destituído de executividade e as situações nele envolvidas comumente não se enquadram no conceito de obrigação líquida, certa e exigível, sendo imprescindível, portanto, nessa hipótese, a prévia condenação do devedor e a constituição de título judicial. A par disso, percebe-se que o legislador optou por elencar somente o contrato de seguro de vida como título executivo extrajudicial, justificando a sua escolha na ausência de caráter indenizatório do referido seguro, ou seja, o seu valor carece de limitação, sendo de responsabilidade do segurador o valor do seguro por ele coberto, uma vez que existe dívida líquida e certa. Verifica-se, ainda, que o tratamento dispensado ao seguro de dano, como ao de automóveis, é diverso, uma vez que esses ostentam índole indenizatória, de modo que a indenização securitária não poderá redundar no enriquecimento do segurado, devendo, pois, o pagamento ser feito em função do que se perdeu, quando ocorrer o sinistro, nos limites do montante segurado. **REsp 1.416.786-PR, Rel. Min. Ricardo Villas Bôas Cueva, julgado em 2/12/2014, DJe 9/12/2014 (Inform. STJ 553).**

DIREITO PROCESSUAL CIVIL. APRESENTAÇÃO APENAS DE RECONVEN-ÇÃO SEM CONTESTAÇÃO EM PEÇA AUTÔNOMA E POSSIBILIDADE DE SE AFASTAR OS EFEITOS DA REVELIA. Ainda que não ofertada contestação em peça autônoma, a apresentação de reconvenção na qual o réu efetivamente impugne o pedido do autor pode afastar a presunção de veracidade decorrente da revelia (art. 302 do CPC). Com efeito, a jurisprudência do STJ encontra-se consolidada no sentido de que a revelia, decorrente da não apresentação de contestação, enseja apenas presunção relativa de veracidade dos fatos narrados na inicial pelo autor da ação, podendo ser infirmada pelos demais elementos dos autos, motivo pelo qual não acarreta a procedência automática dos pedidos iniciais. Ademais, o STJ já se posicionou no sentido de que constitui mera irregularidade a apresentação de contestação e de reconvenção em peça única. **REsp 1.335.994-SP, Rel. Min. Ricardo Villas Bôas Cueva, julgado em 12/8/2014. (Inform. STJ 546)**

DIREITO PROCESSUAL CIVIL. HIPÓTESE EM QUE AO MAGISTRADO NÃO É POSSÍVEL INDEFERIR PEDIDO DE REALIZAÇÃO DE EXAME DE DNA. Uma vez deferida a produção de prova pericial pelo magistrado – exame de DNA sobre os restos mortais daquele apontado como o suposto pai do autor da ação –, caso o laudo tenha sido inconclusivo, ante a inaptidão dos elementos materiais periciados, não pode o juiz indeferir o refazimento da perícia requerida por ambas as partes, quando posteriormente houver sido disponibilizado os requisitos necessários à realização da prova técnica – materiais biológicos dos descendentes ou colaterais do suposto pai –, em conformidade ao consignado pelo perito por ocasião da lavratura do primeiro laudo pericial. De fato, o resultado inconclusivo do laudo, ante a extensa degradação do material biológico em exame, com a ressalva de que o exame poderia ser *realizável a partir de materiais coletados junto a descendentes ou colaterais do falecido*, cria expectativa e confiança no jurisdicionado de que outro exame de DNA será realizado, em razão da segurança jurídica e da devida prestação jurisdicional. Isso porque o processo civil moderno vem reconhecendo, dentro da cláusula geral do devido processo legal, diversos outros princípios que o regem, como a boa-fé processual, efetividade, o contraditório, cooperação e a confiança, normativos que devem alcançar não só as partes, mas também a atuação do magistrado que deverá fazer parte do diálogo processual. Desse modo, deve o magistrado se manter coerente com sua conduta processual até o momento do requerimento, por ambas as partes, de nova perícia, pois, ao deferir a produção do primeiro exame de DNA, o magistrado acaba por reconhecer a pertinência da prova técnica, principalmente pela sua aptidão na formação do seu convencimento e na obtenção da solução mais justa. Ademais, pode-se falar na ocorrência de preclusão para o julgador que deferiu a realização do exame de DNA, porque conferiu aos demandantes, em razão de sua conduta, um direito à produção daquela prova em específico, garantido constitucionalmente (art. 5°, LV, da CF) e que não pode simplesmente ser desconsiderado. Portanto, uma vez deferida a produção da prova genética e sendo viável a obtenção de seu resultado por diversas formas, mais razoável seria que o magistrado deferisse a sua feitura sobre alguma outra vertente de reconstrução do DNA, e não simplesmente suprimi-la das partes pelo resultado inconclusivo da primeira tentativa, até porque "na fase atual da evolução do Direito de Família, não se justifica desprezar a produção da prova genética pelo DNA, que a ciência tem proclamado idônea e eficaz" (REsp 192.681-PR, Quarta Turma, DJ 24/03/2003). **REsp 1.229.905-MS, Rel. Min. Luis Felipe Salomão, julgado em 5/8/2014. (Inform. STJ 545)**

DIREITO PROCESSUAL CIVIL. PROVA EMPRESTADA ENTRE PROCESSOS COM PARTES DIFERENTES. É admissível, assegurado o contraditório, prova emprestada de processo do qual não participaram as partes do processo para o qual a prova será trasladada. A grande valia da prova emprestada reside na economia processual que proporciona, tendo em vista que se evita a repetição desnecessária da produção de prova de idêntico conteúdo. Igualmente, a economia processual decorrente da utilização da prova emprestada importa um incremento de eficiência, na medida em que garante a obtenção do mesmo resultado útil, em menor período de tempo, em consonância com a garantia constitucional da duração razoável do processo, inserida na CF pela EC 45/2004. Assim, é recomendável que a prova emprestada seja utilizada sempre que possível, desde que se mantenha hígida a garantia do contraditório. Porém, a prova emprestada não pode se restringir a processos em que figurem partes idênticas, sob pena de se reduzir excessivamente sua aplicabilidade sem justificativa razoável para isso. Assegurado às partes o contraditório sobre a prova, isto é, o direito de se insurgir contra a prova e de refutá-la adequadamente, o empréstimo será válido. **EREsp 617.428-SP, Rel. Min. Nancy Andrighi, julgado em 4/6/2014. (Inform. STJ 543)**

DIREITO PROCESSUAL CIVIL. UTILIZAÇÃO DE PROVA EMPRESTADA. Desde que observado o devido processo legal, é possível a utilização de provas colhidas em processo criminal como fundamento para reconhecer, no âmbito de ação de conhecimento no juízo cível, a obrigação de reparação dos danos causados, ainda que a sentença penal condenatória não tenha transitado em julgado. Com efeito, a utilização de provas colhidas no processo criminal como fundamentação para condenação à reparação do dano causado não constitui violação ao art. 935 do CC/2002 (1.525 do CC/16). Ademais, conforme o art. 63 do CPP, o trânsito em julgado da sentença penal condenatória somente é pressuposto para a sua execução no juízo cível, não sendo, portanto, impedimento para que o ofendido proponha ação de conhecimento com o fim de obter a reparação dos danos causados, nos termos do art. 64 do CPP. **AgRg no AREsp 24.940-RJ, Rel. Min. Napoleão Nunes Maia Filho, julgado em 18/2/2014. (Inform. STJ 536)**

DIREITO PROCESSUAL CIVIL. MOMENTO ADEQUADO PARA A ALEGAÇÃO DE SUSPEIÇÃO DO PERITO. A parte não pode deixar para arguir a suspeição de perito apenas após a apresentação de laudo pericial que lhe foi desfavorável. Por se tratar de nulidade relativa, a suspeição do perito deve ser arguida na primeira oportunidade em que couber à parte manifestar-se nos autos, ou seja, no momento da sua nomeação, demonstrando o interessado o prejuízo eventualmente suportado sob pena de preclusão (art. 245 do CPC). Permitir que a alegação de irregularidade da perícia possa ser realizada pela parte após a publicação do laudo pericial que lhe foi desfavorável seria o mesmo que autorizá-la a plantar uma nulidade, o que não se coaduna com o sistema jurídico pátrio, que rejeita o *venire contra factum proprium*. **AgRg na MC 21.336-RS, Rel. Min. Sidnei Beneti, julgado em 17/9/2013. (Inform. STJ 532)**

DIREITO PROCESSUAL CIVIL. APLICABILIDADE DOS ARTS. 19 E 33 DO CPC À AÇÃO DE INDENIZAÇÃO POR DESAPROPRIAÇÃO INDIRETA. No âmbito de ação de indenização por desapropriação indireta, os honorários periciais devem ser adiantados pela parte que requer a

2. DIREITO PROCESSUAL CIVIL

realização da perícia. Isso porque os arts. 19 e 33 do CPC – que preveem a regra segundo a qual cabe à parte que requereu a prova pericial o ônus de adiantar os respectivos honorários de perito – são plenamente aplicáveis à ação de indenização por desapropriação indireta, regida pelo procedimento comum. Precedentes citados: AgRg no REsp 1.253.727-MG, Primeira Turma, DJe de 15/9/2011; e AgRg no REsp 1.165.346-MT, Segunda Turma, DJe de 27/10/2010. **REsp 1.343.375-BA, Rel. Min. Eliana Calmon, julgado em 5/9/2013. (Inform. STJ 530)**

DIREITO PROCESSUAL CIVIL. APLICABILIDADE DO ART. 285-A DO CPC CONDICIONADA À DUPLA CONFORMIDADE.
Não é possível a aplicação do art. 285-A do CPC quando o entendimento exposto na sentença, apesar de estar em consonância com a jurisprudência do STJ, divergir do entendimento do tribunal de origem. Isso porque, se o entendimento constante da sentença não for o mesmo do tribunal local, eventual apelação interposta será provida e os autos retornarão ao juízo de primeiro grau para processamento e julgamento da ação. Assim, ao invés de acelerar o trâmite processual, em atenção aos princípios da celeridade e economia processuais, na verdade estaria atrasando o encerramento da ação. Nesse diapasão, deve-se reconhecer que o disposto no art. 285-A do CPC fundamenta-se na ideia de que a improcedência liminar somente está autorizada quando a tese jurídica trazida para julgamento estiver tão amadurecida que a sua discussão, naquele processo, seja dispensável. Ressalte-se que a mencionada dispensabilidade somente é verificada pela unidade de entendimento entre a sentença de improcedência, o tribunal local e os tribunais superiores. Precedentes citados: REsp 1.279.570-MG, Segunda Turma, DJe de 17/11/2011. **REsp 1.225.227-MS, Rel. Min. Nancy Andrighi, julgado em 28/5/2013. (Inform. STJ 524)**

DIREITO PROCESSUAL CIVIL. INAPLICABILIDADE DO PARÁGRAFO ÚNICO DO ART. 298 DO CPC AO PROCEDIMENTO SUMÁRIO.
Nas causas submetidas ao procedimento sumário, a desistência da ação em relação a corréu não citado não altera o prazo para o comparecimento dos demais réus à audiência de conciliação. Isso porque não pode ser aplicado ao procedimento sumário o parágrafo único do art. 298 do CPC, segundo o qual, se o autor desistir da ação quanto a algum réu ainda não citado, o prazo para a resposta correrá da intimação do despacho que deferir a desistência. De fato, embora o legislador tenha previsto a aplicação subsidiária das regras do procedimento ordinário ao sumário (parte final do parágrafo único do art. 272), também se previu que o procedimento sumário rege-se "pelas disposições que lhe são próprias" (parte inicial do parágrafo único do art. 272). Nesse sentido, pela busca de rapidez e simplificação das formas procedimentais, vige, no procedimento sumário, o princípio da concentração dos atos processuais, razão pela qual a audiência preliminar, conquanto seja formada por duas fases diversas e excludentes, a primeira, referente ao comparecimento do réu à audiência de conciliação (ou o de seu advogado, munido de mandato com poderes para transigir) com vistas à eventual composição do litígio, e a segunda, relativa ao oferecimento da resposta (quando frustrada a conciliação), sob pena de revelia, materializa-se em um único ato processual. Sendo assim, mostra-se inviável a aplicação subsidiária das regras do procedimento ordinário ao sumário nesses casos, diante da existência de regras específicas no âmbito do procedimento sumário sobre o momento de conciliação e apresentação da resposta. **EAREsp 25.641-RJ, Rel. Min. Luis Felipe Salomão, julgado em 12/6/2013. (Inform. STJ 523)**

DIREITO PROCESSUAL CIVIL. REVELIA NO PROCEDIMENTO SUMÁRIO.
Nas causas submetidas ao procedimento sumário, o não comparecimento injustificado do réu regularmente citado à audiência de conciliação, caso não tenha oferecido sua resposta em momento anterior, pode ensejar o reconhecimento da revelia. Isso porque o § 2º do art. 277 do CPC, que dispõe que, deixando injustificadamente o réu de comparecer à audiência, reputar-se-ão verdadeiros os fatos alegados na petição inicial (art. 319), salvo se o contrário resultar da prova dos autos, aplica-se às demandas submetidas ao procedimento sumário. Além do mais, a decretação da revelia, na hipótese, também se justifica pelo não oferecimento de resposta em momento anterior à audiência de conciliação, fato que evitaria a revelia, mesmo no caso em que o réu citado não tivesse comparecido à audiência de conciliação. **EAREsp 25.641-RJ, Rel. Min. Luis Felipe Salomão, julgado em 12/6/2013. (Inform. STJ 523)**

DIREITO PROCESSUAL CIVIL. NECESSIDADE DE CONCESSÃO DO DIREITO DE VISTA À DEFENSORIA PÚBLICA, EM DEMANDA SUBMETIDA AO PROCEDIMENTO SUMÁRIO, ANTES DA DATA DESIGNADA PARA A AUDIÊNCIA DE CONCILIAÇÃO.
No procedimento sumário, não pode ser reconhecida a revelia pelo não comparecimento à audiência de conciliação na hipótese em que tenha sido indeferido pedido de vista da Defensoria Pública formulado, dias antes da data prevista para a referida audiência, no intuito de garantir a defesa do réu que somente tenha passado a ser assistido após a citação. O procedimento sumário prevê a necessidade da presença do réu na audiência de conciliação para que, restando infrutífera a tentativa de autocomposição, prossiga-se com a apresentação de contestação, sob pena de decretação da revelia. Dessa forma, na situação em análise, a não concessão de vista dos autos à Defensoria Pública, responsável pela defesa da parte ré, acaba privando esta de seu direito à ampla defesa, ao contraditório e de acesso à Justiça, gerando, assim, evidentes prejuízos, os quais não podem ser desconsiderados. **REsp 1.096.396-DF, Rel. Min. Luis Felipe Salomão, julgado em 7/5/2013. (Inform. STJ 523)**

DIREITO PROCESSUAL CIVIL. NECESSIDADE DE INTIMAÇÃO PESSOAL PARA A APLICAÇÃO DA PENA DE PROIBIÇÃO DE VISTA DOS AUTOS FORA DO CARTÓRIO.
Não é possível aplicar a sanção de proibição de vista dos autos fora do cartório (art. 196, caput, do CPC) ao advogado que não tenha sido intimado pessoalmente para sua devolução, mas apenas mediante publicação em Diário Oficial. Inicialmente, cumpre destacar que a configuração da tipicidade infracional não decorre do período de tempo de retenção indevida dos autos, mas do não atendimento à intimação pessoal para restituí-los no prazo de vinte e quatro horas estabelecido pelo art. 196, caput, do CPC. Por isso, a referida sanção somente poderá ser imposta após o término do mencionado prazo. **AgRg no REsp 1.089.181-DF, Rel. Min. Luis Felipe Salomão, julgado em 4/6/2013. (Inform. STJ 523)**

DIREITO PROCESSUAL CIVIL. INAPLICABILIDADE DA PENA DE PROIBIÇÃO DE VISTA DOS AUTOS FORA DO CARTÓRIO A ADVOGADOS E ESTAGIÁRIOS QUE NÃO TENHAM SIDO RESPONSÁVEIS PELA RETENÇÃO INDEVIDA DOS AUTOS.
No caso em que advogado não tenha devolvido os autos ao cartório no prazo legal, não é possível estender a sanção de proibição de vista dos autos fora do cartório (art. 196 do CPC), aplicada àquele advogado, aos demais causídicos e estagiários que, apesar de representarem a mesma parte, não tenham sido responsáveis pela retenção indevida. Isso porque, tratando-se de norma de ordem pública de natureza punitiva, sua interpretação não pode ser ampliativa, sob pena de subversão dos princípios básicos da hermenêutica jurídica. **AgRg no REsp 1.089.181-DF, Rel. Min. Luis Felipe Salomão, julgado em 4/6/2013. (Inform. STJ 523)**

DIREITO PROCESSUAL CIVIL. DESNECESSIDADE DE AJUIZAMENTO DE AÇÃO ESPECÍFICA PARA A DISCUSSÃO DE ENCARGOS INCIDENTES SOBRE DEPÓSITOS JUDICIAIS. RECURSO REPETITIVO (ART. 543-C DO CPC E RES. 8/2008-STJ).
A discussão quanto à aplicação de juros e correção monetária nos depósitos judiciais independe de ação específica contra o banco depositário. Precedentes citados: AgRg no REsp 1.136.119-SP, Segunda Turma, DJe 30/9/2010 e AgRg no AG 522.427-SP, Terceira Turma, DJe 2/10/2009. **REsp 1.360.212-SP, Rel. Ministro Herman Benjamin, julgado em 12/6/2013. (Inform. STJ 522)**

DIREITO PROCESSUAL CIVIL. NECESSIDADE DE GARANTIR ÀS PARTES O DIREITO DE APRESENTAR ROL DE TESTEMUNHAS NA HIPÓTESE DE CONVERSÃO DO PROCEDIMENTO.
Não é possível ao juiz converter, de ofício, o procedimento ordinário em sumário sem dar oportunidade às partes para que exerçam o direito de apresentação do rol de testemunhas a serem ouvidas na audiência de instrução e julgamento. Conforme o art. 276 do CPC, no procedimento sumário, o autor deve apresentar o rol de testemunhas na petição inicial e, se requerer perícia, deve, desde logo, formular os quesitos, podendo indicar assistente técnico. O réu, por sua vez, se não obtida conciliação em audiência, deve oferecer resposta, apresentar rol de testemunhas e requerer perícia, se for o caso. Já no procedimento ordinário, o CPC exige apenas que, na inicial, o autor proteste pela produção de provas (art. 282), a qual é postergada para

a fase de saneamento e de instrução probatória (art. 331). Nesse contexto, se a parte escolheu o procedimento ordinário no lugar do sumário, não pode ela ser surpreendida por essa mudança com prejuízo da perda do momento de apresentação do rol de testemunhas, o que implicaria cerceamento do direito de defesa. Assim, quando o juízo de origem, de ofício, converte o procedimento de ordinário para sumário, deve adotar medidas de adequação ao novo rito, ordenando o processo, garantindo às partes a indicação das provas a serem produzidas, inclusive com a apresentação do rol de testemunhas. **Precedente citado: REsp 1.131.741-RJ, Segunda Turma, DJe 11/11/2009. REsp 698.598-RR, Rel. Min. Raul Araújo, julgado em 2/4/2013. (Inform. STJ 519)**

DIREITO PROCESSUAL CIVIL. DISPENSABILIDADE DA APÓLICE DE SEGURO NOS AUTOS DE AÇÃO REGRESSIVA AJUIZADA POR SEGURADORA EM FACE DO SUPOSTO CAUSADOR DO SINISTRO.
A apólice de seguro é peça dispensável à propositura de ação regressiva por seguradora em face do suposto causador do dano, tampouco configura documento essencial à comprovação do fato constitutivo do direito do autor na referida demanda. Conforme o art. 758 do CC, a apólice, o bilhete ou o comprovante do pagamento do prêmio constituem meios de prova do contrato de seguro. O referido dispositivo legal, entretanto, não exclui aprioristicamente outras formas aptas à comprovação da relação securitária. Não se trata, portanto, de hipótese de prova legal ou tarifada. Está-se, na verdade, diante de uma previsão de prova pré-constituída, cuja exibição se dá para que, no futuro, não se levantem dúvidas acerca da existência da relação jurídica. Desse modo, mesmo em face de previsão legal de prova pré-constituída – como é o caso do art. 758 do CC –, aplica-se o art. 332 do CPC, segundo o qual "todos os meios legais, bem como os moralmente legítimos, ainda que não especificados neste Código, são hábeis para provar a verdade dos fatos, em que se funda a ação ou defesa". Ademais, em uma ação regressiva ajuizada pela seguradora contra terceiros, assumir como essencial a apresentação da apólice consubstanciaria exigência de prova demasiado frágil, porquanto é documento criado unilateralmente por quem dele se beneficiaria. **REsp 1.130.704-MG, Rel. Min. Luis Felipe Salomão, julgado em 19/3/2013. (Inform. STJ 519)**

DIREITO PROCESSUAL CIVIL. CUMULAÇÃO DO PEDIDO DE RECONHECIMENTO DE NULIDADE DE REGISTRO MARCÁRIO COM O DE REPARAÇÃO DE DANOS.
É indevida a cumulação, em um mesmo processo, do pedido de reconhecimento de nulidade de registro marcário com o de reparação de danos causados por particular que teria utilizado indevidamente marca de outro particular. Tendo em vista o disposto no art. 109, I, da CF, a análise do pedido anulatório é de competência da Justiça Federal, pois há interesse do INPI. A lide reparatória, entretanto, não envolve a entidade autárquica federal, cuidando-se de demanda entre particulares, cuja apreciação compete à Justiça Estadual. Desse modo, não é possível a acumulação de pedidos, porquanto, na forma do artigo 292, § 1º, II, do CPC, esta só é possível na hipótese em que o mesmo juízo é competente para de todos conhecer. **REsp 1.188.105-RJ, Rel. Min. Luis Felipe Salomão, julgado em 5/3/2013. (Inform. STJ 519)**

DIREITO PROCESSUAL CIVIL. JULGAMENTO ANTECIPADO DA LIDE. INDEFERIMENTO DO PEDIDO DE PRODUÇÃO DE PROVA DO ESTADO DE NECESSIDADE.
Não caracteriza cerceamento de defesa o julgamento antecipado da lide em ação indenizatória, na hipótese de indeferimento, em audiência, do pedido da defesa de produção de provada alegação de estado de necessidade. O ato praticado em estado de necessidade, embora seja lícito, não afasta do respectivo autor o dever de indenizar o dono da coisa atingida ou a pessoa lesada pelo evento danoso, quando estes não incorrerem em culpa na criação da situação de perigo (art. 929 do CC). Assim, o indeferimento da prova pretendida pelo autor da conduta danosa não configura cerceamento de defesa, pois a comprovação do estado de necessidade em audiência não alteraria a conclusão do processo no sentido de ser devida a indenização pelos prejuízos causados, independentemente de caracterizada a excludente de ilicitude. De toda forma, persistiria a obrigação do autor do dano de indenizar. A comprovação do estado de necessidade seria relevante apenas para efeito de ação de regresso contra aquele que criou a situação de perigo (art. 930 do CC), o que não foi veiculado neste processo. **REsp 1.278.627-SC, Rel. Min. Paulo de Tarso Sanseverino, julgado em 18/12/2012. (Inform. STJ 512).**

▤ Súmula STF nº 424
Transita em julgado o despacho saneador de que não houve recurso, excluídas as questões deixadas, explícita ou implicitamente, para a sentença.

▤ Súmula STF nº 231
O revel, em processo cível, pode produzir provas, desde que compareça em tempo oportuno.

▤ Súmula STF nº 216
Para decretação da absolvição de instância pela paralisação do processo por mais de trinta dias, é necessário que o autor, previamente intimado, não promova o andamento da causa.

▤ Súmula STJ nº 305
É descabida a prisão civil do depositário quando, decretada a falência da empresa, sobrevém a arrecadação do bem pelo síndico.

▤ Súmula STJ nº 304
É ilegal a decretação da prisão civil daquele que não assume expressamente o encargo de depositário judicial.

▤ Súmula STJ nº 271
A correção monetária dos depósitos judiciais independe de ação específica contra o banco depositário.

▤ Súmula STJ nº 245
A notificação destinada a comprovar a mora nas dívidas garantidas por alienação fiduciária dispensa a indicação do valor do débito.

▤ Súmula STJ nº 240
A extinção do processo, por abandono da causa pelo autor, depende de requerimento do réu.

▤ Súmula STJ nº 181
É admissível ação declaratória, visando a obter certeza quanto à exata interpretação de clausula contratual.

▤ Súmula STJ nº 149
A prova exclusivamente testemunhal não basta à comprovação da atividade rurícola, para efeito da obtenção de benefício previdenciário.

▤ Súmula STJ nº 106
Proposta a ação no prazo fixado para o seu exercício, a demora na citação, por motivos inerentes ao mecanismo da justiça, não justifica o acolhimento da arguição de prescrição ou decadência.

10. SENTENÇA, CUMPRIMENTO DE SENTENÇA, COISA JULGADA E AÇÕES ANULATÓRIA E RESCISÓRIA

10.1. Sentença

DIREITO PROCESSUAL CIVIL. IMPOSSIBILIDADE DE FIXAÇÃO, EX OFFICIO, DE INDENIZAÇÃO POR DANOS SOCIAIS EM AÇÃO INDIVIDUAL. RECURSO REPETITIVO (ART. 543-C DO CPC E RES. 8/2008 DO STJ). É nula, por configurar julgamento extra petita, a decisão que condena a parte ré, de ofício, em ação individual, ao pagamento de indenização a título de danos sociais em favor de terceiro estranho à lide. Inicialmente, cumpre registrar que o dano social vem sendo reconhecido pela doutrina como uma nova espécie de dano reparável, decorrente de comportamentos socialmente reprováveis, pois diminuem o nível social de tranquilidade, tendo como fundamento legal o art. 944 do CC. Desse modo, diante da ocorrência de ato ilícito, a doutrina moderna tem admitido a possibilidade de condenação ao pagamento de indenização por dano social, como categoria inerente ao instituto da responsabilidade civil, além dos danos materiais, morais e estéticos. Registre-se, ainda, que na V Jornada de Direito Civil do CJF foi aprovado o Enunciado 455, reconhecendo a existência do denominado dano social: "A expressão *dano* no art. 944 abrange não só os danos individuais, materiais ou imateriais, mas também os danos sociais, difusos, coletivos e individuais homogêneos a serem reclamados pelos legitimados para propor ações coletivas". A par disso, importa esclarecer que a condenação

2. DIREITO PROCESSUAL CIVIL

à indenização por dano social reclama interpretação envolvendo os princípios da demanda, da inércia e, fundamentalmente, da adstrição/congruência, o qual exige a correlação entre o pedido e o provimento judicial a ser exarado pelo Poder Judiciário, sob pena da ocorrência de julgamento *extra petita*. Na hipótese em foco, em sede de ação individual, houve condenação da parte ré ao pagamento de indenização por danos sociais em favor de terceiro estranho à lide, sem que houvesse pedido nesse sentido ou sem que essa questão fosse levada a juízo por qualquer das partes. Nessa medida, a decisão condenatória extrapolou os limites objetivos e subjetivos da demanda, uma vez que conferiu provimento jurisdicional diverso daquele delineado na petição inicial, beneficiando terceiro alheio à relação jurídica processual posta em juízo. Impende ressaltar que, mesmo que houvesse pedido de condenação em danos sociais na demanda em exame, o pleito não poderia ter sido julgado procedente, pois esbarraria na ausência de legitimidade para postulá-lo. Isso porque, os danos sociais são admitidos somente em demandas coletivas e, portanto, somente os legitimados para propositura de ações coletivas têm legitimidade para reclamar acerca de supostos danos sociais decorrentes de ato ilícito, motivo por que não poderiam ser objeto de ação individual. **Rcl 12.062-GO, Rel. Ministro Raul Araújo, julgado em 12/11/2014. (Inform. STJ 552)**

DIREITO PROCESSUAL CIVIL. HIPÓTESE DE IMPOSSIBILIDADE DE ALTERAÇÃO DE OFÍCIO PELO TRIBUNAL DE PRAZO PRESCRICIONAL DEFINIDO NA SENTENÇA. O Tribunal não pode, sem provocação, fundado na aplicabilidade de prazo prescricional maior do que o definido em primeira instância, aumentar o alcance dos efeitos da sentença que reconheceu o direito a ressarcimento de valores cobrados indevidamente ao longo do tempo. Nos termos do art. 219, § 5º, do CPC, o julgador poderá, a qualquer tempo e grau de jurisdição, declarar de ofício a prescrição, ou seja, reconhecer que determinado direito submetido ao crivo do Poder Judiciário encontra-se prescrito, dando azo à extinção do processo com resolução do mérito, nos termos do art. 269, IV, do CPC. Entretanto, essa norma não autoriza o Tribunal a modificar, de ofício, a abrangência temporal dos efeitos da sentença. Para tanto, indispensável que a questão tenha sido levada ou devolvida ao Tribunal pela via recursal apropriada. Isso porque o interesse público que faculta o reconhecimento da prescrição de ofício e a qualquer tempo deriva da inconveniência de se prosseguir com processo em que haja perda do direito de ação, sob pena de se violar o princípio da economia processual. Mas esse interesse público não está presente nas discussões em que se busque, apenas, a extensão do período em que a sentença condenatória produzirá seus efeitos, cuja definição não terá o condão de acarretar a extinção da ação. Nessa hipótese, não se admitirá a intervenção de ofício do juiz, de modo que, inexistente recurso abordando o tema, será defeso ao Tribunal manifestar-se. **REsp 1.304.953-RS, Rel. Min. Nancy Andrighi, julgado em 26/8/2014. (Inform. STJ 546)**

DIREITO CIVIL E PROCESSUAL CIVIL. INCLUSÃO DO NOME DO CREDOR EM FOLHA DE PAGAMENTO PARA GARANTIR O ADIMPLEMENTO DE PENSÃO MENSAL VITALÍCIA DECORRENTE DE ACIDENTE DE TRABALHO. Para garantir o pagamento de pensão mensal vitalícia decorrente de acidente de trabalho, admite-se a inclusão do nome do trabalhador acidentado na folha de pagamento de devedora idônea e detentora de considerável fortuna, dispensando-se a constituição de capital. Conforme a Súmula 313 do STJ, "Em ação de indenização, procedente o pedido, é necessária a constituição de capital ou caução fidejussória para a garantia de pagamento da pensão, independentemente da situação financeira do demandado". De fato, a referida súmula, editada antes da entrada em vigor da Lei 11.232/2005 – que incluiu o art. 475-Q ao CPC –, continua sendo aplicada pelo STJ, evidenciando que a constituição de capital não deixou de ser obrigatória. Entretanto, é oportuno registrar que a jurisprudência passou a interpretar essa necessidade de constituição de capital de forma mais consentânea ao novo texto legal. Afinal, nos termos do art. 475-Q, § 2º, do CPC, "O juiz poderá substituir a constituição do capital pela inclusão do beneficiário da prestação em folha de pagamento de entidade de direito público ou de empresa de direito privado de notória capacidade econômica, ou, a requerimento do devedor, por fiança bancária ou garantia real, em valor a ser arbitrado de imediato pelo juiz". Desse modo, a inclusão do beneficiário na folha de pagamentos mostra-se uma alternativa de garantia viável à constituição de capital, desde que, a critério do juiz, fique demonstrada a solvabilidade da empresa devedora. Assim, demonstrado que a empresa devedora é idônea e detentora de considerável fortuna, mostra-se razoável a substituição da constituição de capital pela inclusão do nome do trabalhador na folha de pagamentos da empresa. **REsp 1.292.240-SP, Rel. Min. Nancy Andrighi, julgado em 10/6/2014. (Inform. STJ 545)**

DIREITO PROCESSUAL CIVIL. PAGAMENTO DE DIVIDENDOS E JUROS SOBRE CAPITAL PRÓPRIO COMO PEDIDOS IMPLÍCITOS. RECURSO REPETITIVO (ART. 543-C DO CPC E RES. 8/2008-STJ). Nas demandas por complementação de ações de empresas de telefonia, admite-se a condenação ao pagamento de dividendos e juros sobre capital próprio independentemente de pedido expresso. Relativamente à indenização a título de dividendos ao adquirente de linha telefônica, esta Corte Superior definiu, pelo rito do art. 543-C do CPC, que é possível a inclusão dos dividendos na condenação, independentemente de pedido expresso (REsp 1.034.255-RS, Segunda Seção, DJe 11/5/2010). É certo que o Direito Processual Civil tem aversão aos pedidos implícitos, pois eles geram surpresa para a contraparte, sacrificando dois pilares do processo civil, que são os princípios do contraditório e da ampla defesa. No CPC vigente, encontram-se poucas hipóteses de pedidos implícitos, como a correção monetária (Lei 6.899/1981), os juros (art. 293), os honorários advocatícios (art. 20, *caput*) e as prestações que se vencerem no curso da demanda (art. 290), não havendo nenhuma previsão que possa abarcar a inclusão dos dividendos ou dos juros sobre capital próprio (JCP) como pedido implícito. Porém, uma vez aberta exceção à regra processual para se admitir os dividendos como pedido implícito, não há justificativa para se adotar entendimento diverso quanto ao JCP, pois essas verbas têm a mesma natureza para o direito societário. A propósito, a despeito da existência de entendimento doutrinário em sentido contrário, ontologicamente, deve-se considerar que os JCP são, do ponto de vista societário, parcela do lucro a ser distribuído aos acionistas, sendo que, apenas por ficção jurídica, a lei tributária passou a considerá-los com natureza de juros. No entanto, é certo que, embora tenham a mesma natureza, os JCP não são idênticos aos dividendos. As diferenças, porém, entre os dois institutos não justificam um tratamento diverso no que tange aos pedidos no processo. A preocupação com o contraditório, embora extremamente relevante, fica atenuada no caso das demandas de massa, pois tanto os dividendos quanto os JCP são devidos de maneira uniforme para todos os acionistas, de modo que as possibilidades de defesa são as mesmas para os milhares de processos em que se discute a complementação de ações de empresas de telefonia. **REsp 1.373.438-RS, Rel. Min. Paulo de Tarso Sanseverino, julgado em 11/6/2014. (Inform. STJ 542)**

DIREITO PROCESSUAL CIVIL. HABILITAÇÃO DE CRÉDITO PREVIDENCIÁRIO EM PROCESSO DE FALÊNCIA. É desnecessária a apresentação de Certidão de Dívida Ativa (CDA) para habilitação, em processo de falência, de crédito previdenciário resultante de decisão judicial trabalhista. Com efeito, a constituição do crédito tributário pela via administrativa do lançamento, da qual resulta a CDA, título executivo extrajudicial conforme o art. 585, VII, do CPC, não se confunde com o crédito materializado no título executivo judicial no qual foi reconhecida uma obrigação tributária, nascida com o fato gerador, cuja ocorrência se dá "na data da prestação do serviço" (art. 43, § 2º, da Lei n. 8.212/1991). Efetivamente, a sentença da justiça laboral que condena o empregador a uma obrigação de caráter trabalhista e, por consequência, reconhece a existência do fato gerador da obrigação tributária insere-se na categoria geral de sentença proferida no processo civil que reconhece a existência de obrigação de fazer, não fazer, entregar coisa ou pagar quantia (art. 475-N, CPC). Desse modo, a sentença consubstancia, ela própria, título executivo judicial no qual subjaz o crédito para a Fazenda Pública. **REsp 1.170.750-SP, Rel. Min. Luis Felipe Salomão, julgado em 27/08/2013. (Inform. STJ 530)**

DIREITO PROCESSUAL CIVIL. RECUSA DO RÉU À PRETENSÃO DO AUTOR DE DESISTIR DA AÇÃO APÓS O DECURSO DO PRAZO PARA A RESPOSTA. Na hipótese em que o autor, após o decurso do prazo para a resposta, pretenda desistir da ação, constituirá motivação apta a impedir a extinção do processo a alegação do réu de que também faz jus à resolução do mérito da demanda contra si proposta. De fato, após a contestação, a desistência da ação pelo autor depende do consentimento do réu (art. 267, VIII e § 4º, do CPC), pois ele também tem direito ao julgamento de mérito. Dessa forma, o conceito de tutela jurisdicional deve levar em consideração não apenas o ponto de vista do autor, que movimentou a máquina judiciária, mas também o do réu, que, quando contesta a ação, está buscando essa tutela, só que em sentido contrário àquela que busca o autor. Assim, o processo não pode ser entendido simplesmente como um modo de exercício de direitos do autor, mas como um instrumento do Estado para o exercício de uma função sua, qual seja, a jurisdição. Nesse contexto, deve-se considerar que a sentença de improcedência interessa muito mais ao réu do que a sentença de extinção do processo sem resolução do mérito, haja vista que, em decorrência da formação da coisa julgada material, o autor estará impedido de ajuizar outra ação com o mesmo fundamento em face do mesmo réu. Vale ressaltar, ademais, que a recusa do réu deve ser fundamentada e justificada, não bastando apenas a simples alegação de discordância, sem a indicação de qualquer motivo relevante. Assim, a recusa do réu ao pedido de desistência do autor sob o fundamento de ter direito ao julgamento de mérito da demanda consiste em argumento relevante e fundamentação razoável apta a impedir a extinção do processo sem resolução do mérito, não havendo que falar em abuso de direito por parte do réu. **REsp 1.318.558-RS, Rel. Min. Nancy Andrighi, julgado em 4/6/2013. (Inform. STJ 526)**

DIREITO PROCESSUAL CIVIL. NÃO VINCULAÇÃO DO JUIZ ÀS CONCLUSÕES DO LAUDO PERICIAL.
É possível ao magistrado, na apreciação do conjunto probatório dos autos, desconsiderar as conclusões de laudo pericial, desde que o faça motivadamente. Conforme o art. 131 do CPC, "o juiz apreciará livremente a prova, atendendo aos fatos e circunstâncias constantes dos autos, ainda que não alegados pelas partes; mas deverá indicar, na sentença, os motivos que lhe formaram o convencimento". Por sua vez, o art. 436 do CPC dispõe que "o juiz não está adstrito ao laudo pericial, podendo afirmar a sua convicção com outros elementos ou fatos provados nos autos". Nesse contexto, pode-se concluir que, no sistema processual brasileiro, a norma resultante da interpretação conjunta dos referidos dispositivos legais permite ao juiz apreciar livremente a prova, mas não lhe confere a prerrogativa de trazer aos autos impressões pessoais e conhecimentos extraprocessuais que não possam ser objeto do contraditório e da ampla defesa pelas partes litigantes, nem lhe outorga a faculdade de afastar injustificadamente a prova pericial, porquanto a fundamentação regular é condição de legitimidade da sua decisão. **REsp 1.095.668-RJ, Rel. Min. Luis Felipe Salomão, julgado em 12/3/2013. (Inform. STJ 519)**

📖 **Súmula STF nº 616**

É permitida a cumulação da multa contratual com os honorários de advogado, após o advento do Código de Processo Civil vigente.

📖 **Súmula STF nº 423**

Não transita em julgado a sentença por haver omitido o recurso "ex officio", que se considera interposto "ex lege".

📖 **Súmula STJ nº 485**

A Lei de Arbitragem aplica-se aos contratos que contenham cláusula arbitral, ainda que celebrados antes da sua edição.

📖 **Súmula STJ nº 426**

Os juros de mora na indenização do seguro DPVAT fluem a partir da citação.

📖 **Súmula STJ nº 381**

Nos contratos bancários, é vedado ao julgador conhecer, de ofício, da abusividade das cláusulas.

📖 **Súmula STJ nº 380**

A simples propositura da ação de revisão de contrato não inibe a caracterização da mora do autor.

📖 **Súmula STJ nº 313**

Em ação de indenização, procedente o pedido, é necessária a constituição de capital ou caução fidejussória para a garantia de pagamento da pensão, independentemente da situação financeira do demandado.

📖 **Súmula STJ nº 246**

O valor do seguro obrigatório deve ser deduzido da indenização judicialmente fixada.

📖 **Súmula STJ nº 102**

A incidência dos juros moratórios sobre os compensatórios, nas ações expropriatórias, não constitui anatocismo vedado em lei.

10.2. Sucumbência. Honorários, custas e despesas processuais.

Assistência judiciária gratuita: art. 12 da Lei 1.060/1950 e recepção
O art. 12 da Lei 1.060/1950 ("A parte beneficiada pela isenção do pagamento das custas ficará obrigada a pagá-las, desde que possa fazê-lo, sem prejuízo do sustento próprio ou da família, se dentro de cinco anos, a contar da sentença final, o assistido não puder satisfazer tal pagamento, a obrigação ficará prescrita") foi recepcionado pela presente ordem constitucional. Com base nessa orientação, o Plenário, em julgamento conjunto, recebeu os embargos de declaração como agravo regimental e a eles deu provimento para determinar aos juízos de liquidação e de execução que observem o benefício da assistência judiciária gratuita deferido no curso da fase cognitiva. Vencido o Ministro Marco Aurélio quanto à conversão. O Tribunal concluiu que o art.12 da mencionada lei seria materialmente compatível com o art. 5º, LXXIV, da CF ("O Estado prestará assistência jurídica integral e gratuita aos que comprovarem insuficiência de recursos"). Frisou que a taxa judiciária seria tributo da espécie taxa. Portanto, deveria guardar pertinência com a prestação do serviço público referente à Administração da Justiça, além de ser divisível. Ademais, não obstante estivesse topograficamente fora do Sistema Tributário Nacional, a doutrina e a jurisprudência em matéria tributária reconheceriam o art. 5º, LXXIV, da CF, como imunidade, por conseguinte assim deveria ser lido o termo "isenção" do art. 12 do diploma normativo impugnado. Contudo, impenderia observar que a norma imunizante seria condicionada por uma situação de fato, a ser comprovada em juízo, qual seja, a insuficiência de recursos econômicos para promover uma ação, sem colocar em risco o próprio sustento e do núcleo familiar. A fim de concretizar a imunidade nos estreitos limites em que justificada, a legislação exigiria do Estado-Juiz a emissão de um juízo de equidade tributária e forneceria para isso os meios processuais adequados, como, por exemplo, a modulação da gratuidade, a irretroatividade do benefício e a possibilidade de revogação do ato concessivo da benesse fiscal. Não seria justo privilegiar tributariamente jurisdicionado que recuperasse sua capacidade contributiva para adimplir obrigação relacionada à taxa, em detrimento de todo corpo social que pagaria impostos sobre as bases econômicas renda, patrimônio e consumo. RE 249003 ED/RS, rel. Min. Edson Fachin, 9.12.2015. (RE-249003) RE 249277 ED/RS, rel. Min. Edson Fachin, 9.12.2015. (RE-249277) RE 284729 AgR/MG, rel. Min. Edson Fachin, 9.12.2015. (RE-284729) **(Inform. STF 811)**

Multa: justiça gratuita e suspensão do recolhimento
As partes beneficiárias da justiça gratuita não estão isentas do pagamento da multa do art. 557, § 2º do CPC (contra recurso manifestamente inadmissível ou infundado), porém, o recolhimento do numerário deve ficar suspenso, nos termos do art. 12 da Lei 1.060/1950 ("Art. 12. A parte beneficiada pela isenção do pagamento das custas ficará obrigada a pagá-las, desde que possa fazê-lo, sem prejuízo do sustento próprio ou da família, se dentro de cinco anos, a contar da sentença final, o assistido não puder satisfazer tal pagamento, a obrigação ficará prescrita"). Com base nessa orientação, a Primeira Turma, por maioria, acolheu, em parte, os embargos de declaração apenas para determinar a suspensão da execução da multa. A Turma enfatizou que, na espécie, enquanto perdurasse a situação de pobreza a multa não seria exigível. Vencido o Ministro Roberto Barroso que rejeitava os embargos para manter a cobrança da multa. RE 775685 AgR-ED/BA, rel. Min. Dias Toffoli, 17.11.2015. (RE-775685) **(Inform. STF 808)**

SEGUNDO AG. REG. NO RE N. 498.546-RS

RELATOR: MIN. ROBERTO BARROSO
EMENTA: DIREITO PROCESSUAL CIVIL. SEGUNDO AGRAVO REGIMENTAL EM RECURSO EXTRAORDINÁRIO. DIREITO PROCESSUAL CIVIL. HONORÁRIOS ADVOCATÍCIOS. EXECUÇÃO EMBARGADA. PRECEDENTES.
1. A jurisprudência do Supremo Tribunal Federal é firme no sentido de que a premissa fática exigida para que se aplique o que foi decidido no RE nº 420.816 é a de que a execução não tenha sido embargada pela União. Precedentes.2. Agravo regimental a que se nega provimento. **(Inform. STF 791)**

DIREITO PROCESSUAL CIVIL. FIXAÇÃO PROVISÓRIA DE HONORÁRIOS ADVOCATÍCIOS EM EXECUÇÃO E POSTERIOR HOMOLOGAÇÃO DE ACORDO.
O advogado não tem direito à percepção dos honorários fixados no despacho de recebimento da inicial de execução por quantia certa (art. 652-A do CPC),

na hipótese em que a cobrança for extinta em virtude de homologação de acordo entre as partes em que se estabeleceu que cada parte arcaria com os honorários de seus respectivos patronos. Salienta-se, inicialmente, que este Tribunal Superior possui jurisprudência consolidada no sentido de que: "[...] a fixação de honorários no início da Execução é meramente provisória, pois a sucumbência final será determinada, definitivamente, apenas no momento do julgamento dos Embargos à Execução" (AgRg no REsp 1.265.456-PR, Segunda Turma, DJe de 19/4/2012). Desse modo, ao receber a petição inicial de execução por quantia certa, o juiz arbitra provisoriamente os honorários advocatícios para a hipótese de pagamento da dívida pelo executado no prazo de três dias (art. 652 do CPC). Contudo, se a execução, por qualquer motivo, prosseguir, vislumbra-se a possibilidade de revisão da referida verba advocatícia, a qual poderá ser majorada, reduzida, invertida ou até mesmo suprimida. Nesse sentido, existindo composição amigável, não subsistem os honorários fixados no despacho que recebe a execução, tampouco se pode falar em sucumbência, visto que não há vencedor nem vencido, cabendo às partes dispor a respeito do ônus do pagamento da verba. Ressalte-se que, conforme art. 840 do CC, é lícito aos interessados prevenirem ou terminarem o litígio mediante concessões mútuas. Nesse contexto, o fato de o acordo estabelecer que cada parte se responsabilizará pelo pagamento dos honorários de seus respectivos patronos não confere aos advogados o direito de perceber os honorários provisórios arbitrados no despacho inicial da execução, os quais, repise-se, valem tão somente para o pronto pagamento da dívida. Por fim, os advogados que se reputarem prejudicados por essa espécie de transação poderão ajuizar ação autônoma, por meio da qual terão condições de discutir o efetivo direito à percepção da verba honorária, bem como o respectivo valor, tudo conforme a extensão de atuação no processo e a complexidade do trabalho desenvolvido. **REsp 1.414.394-DF, Rel. Min. Ricardo Villas Bôas Cueva, julgado em 22/9/2015, DJe 30/9/2015 (Inform. STJ 570).**

DIREITO PROCESSUAL CIVIL. IMPOSSIBILIDADE DE CONDENAÇÃO IMPLÍCITA EM HONORÁRIOS ADVOCATÍCIOS.

Não cabe a execução de honorários advocatícios com base na expressão "invertidos os ônus da sucumbência" empregada por acórdão que, anulando sentença de mérito que fixara a verba honorária em percentual sobre o valor da condenação, extinguiu o processo sem resolução de mérito. Consoante jurisprudência do STJ, se o Tribunal de origem, ao reformar a sentença, omite-se quanto à condenação da parte vencida em honorários advocatícios, deve a parte vencedora opor os necessários embargos declaratórios. Não o fazendo, não é possível depois voltar ao tema na fase de execução, buscando a condenação da parte vencida ao pagamento da referida verba, sob pena de ofensa à coisa julgada. A propósito, dispõe a Súmula 453 do STJ que "Os honorários sucumbenciais, quando omitidos em decisão transitada em julgado, não podem ser cobrados em execução ou em ação própria". Ademais, tendo o Tribunal de origem determinado a inversão dos ônus de sucumbência no processo de conhecimento, não se pode entender que os honorários advocatícios estão implicitamente incluídos, pois se estará constituindo direito até então inexistente e também se afastando o direito da parte adversa de se insurgir contra referida condenação no momento apropriado. **REsp 1.285.074-SP, Rel. Min. João Otávio de Noronha, julgado em 23/6/2015, DJe 30/6/2015 (Inform. STJ 565).**

DIREITO PROCESSUAL CIVIL. LITIGÂNCIA DE MÁ-FÉ E DESNECESSIDADE DE PROVA DE PREJUÍZO.

É desnecessária a comprovação de prejuízo para que haja condenação ao pagamento de indenização por litigância de má-fé (art. 18, caput e § 2º, do CPC). Ressalta-se, inicialmente, que o art. 18, caput e § 2º, do CPC é voltado à valoração dos princípios da boa-fé e lealdade processual. Nesse contexto, o litigante que proceder de má-fé deverá indenizar a parte contrária pelos prejuízos advindos de sua conduta processual, bem como ser punido por multa de até 1% (um por cento) sobre o valor da causa, mais os honorários advocatícios e outras despesas processuais. O § 2º do art. 18 do CPC, por sua vez, estipula que o juiz poderá, de ofício, fixar o valor da indenização em até 20% (vinte por cento) sobre o valor da causa ou determinar sua liquidação por arbitramento. Em momento algum, o dispositivo legal em questão exige que haja prova do prejuízo para que a indenização em discussão possa ser fixada. Com efeito, o art. 18, caput e § 2º, do CPC apenas dispõe que: "o juiz ou tribunal, de ofício ou a requerimento, condenará o litigante de má-fé a [...] indenizar a parte contrária dos prejuízos que esta sofreu [...]". Assim, para a fixação da indenização, a lei só exige que haja um prejuízo, potencial ou presumido. A par disso, observa-se que a exigência de comprovação do prejuízo praticamente impossibilitaria a aplicação do comando normativo em análise, comprometendo a sua eficácia, por se tratar de prova extremamente difícil de ser produzida pela parte que se sentir atingida pelo dano processual. Portanto, tem-se que o preenchimento das condutas descritas no art. 17 do CPC, que define os contornos fáticos da litigância de má-fé, é causa suficiente para a configuração do prejuízo à parte contrária e ao andamento processual do feito, até porque, caso prevalecesse a tese quanto à exigibilidade de comprovação do prejuízo causado pelo dano processual, isso impossibilitaria, muitas vezes, que o próprio juiz pudesse – como de fato pode – decretar a litigância de má-fé ex officio, na medida em que o prejuízo não estaria efetivamente comprovado nos autos. Precedentes citados: EDcl no REsp 816.512-PI, Primeira Seção, DJe 16/11/2011; REsp 861.471-SP, Quarta Turma, DJe 22/3/2010; REsp 872.978-PR, Segunda Turma, DJe 25/10/2010. **EREsp 1.133.262-ES, Rel. Min. Luis Felipe Salomão, julgado em 3/6/2015, DJe 4/8/2015 (Inform. STJ 565).**

DIREITO PROCESSUAL CIVIL. DESCABIMENTO DE FIXAÇÃO DE HONORÁRIOS ADVOCATÍCIOS EM EXECUÇÃO INVERTIDA.

Não cabe a condenação da Fazenda Pública em honorários advocatícios no caso em que o credor simplesmente anui com os cálculos apresentados em "execução invertida", ainda que se trate de hipótese de pagamento mediante Requisição de Pequeno Valor (RPV). É certo que o STJ possui entendimento de ser cabível a fixação de verba honorária nas execuções contra a Fazenda Pública, ainda que não embargadas, quando o pagamento da obrigação for feito mediante RPV. Entretanto, a jurisprudência ressalvou que, nos casos de "execução invertida", a apresentação espontânea dos cálculos após o trânsito em julgado do processo de conhecimento, na fase de liquidação, com o reconhecimento da dívida, afasta a condenação em honorários advocatícios. **Precedentes citados: AgRg no AREsp 641.596-RS, Segunda Turma, DJe 23/3/2015; e AgRg nos EDcl no AREsp 527.295-RS, Primeira Turma, DJe 13/4/2015. AgRg no AREsp 630.235-RS, Rel. Min. Sérgio Kukina, julgado em 19/5/2015, DJe 5/6/2015 (Inform. STJ 563).**

DIREITO PROCESSUAL CIVIL. RECURSO ADESIVO PARA MAJORAR QUANTIA INDENIZATÓRIA DECORRENTE DE DANO MORAL. RECURSO REPETITIVO (ART. 543-C DO CPC E RES. 8/2008-STJ). TEMA 459.

O recurso adesivo pode ser interposto pelo autor de demanda indenizatória, julgada procedente, quando arbitrado, a título de danos morais, valor inferior ao que era almejado, uma vez configurado o interesse recursal do demandante em ver majorada a condenação, hipótese caracterizadora de sucumbência material. O CPC trata do recurso adesivo em seu art. 500, do qual se depreende, pela interpretação teleológica, que o cabimento do recurso adesivo pressupõe a constatação da "sucumbência recíproca", expressão a ser compreendida sob o enfoque da existência de interesse recursal da parte. O interesse recursal exsurge em face da constatação da utilidade da prestação jurisdicional concretamente apta a propiciar um resultado prático mais vantajoso ao recorrente. Nessa ordem de ideias, considerar-se-á vencida a parte que tenha obtido prestação jurisdicional aquém do que pretendia, tanto quanto aquelas efetivamente prejudicadas ou colocadas em situação desfavorável pela decisão judicial. A propósito, importante destacar lição doutrinária acerca da existência de distinção entre "sucumbência formal" e "sucumbência material" para fins de aferição do interesse recursal das partes: (a) "Por sucumbência formal se entende a frustração da parte em termos processuais, ou seja, a não obtenção por meio da decisão judicial de tudo aquilo que poderia ter processualmente obtido em virtude do pedido formulado ao órgão jurisdicional. Nesse sentido, será sucumbente formal o autor se este não obtiver a procedência integral de seu pedido e o réu se não obtiver a improcedência integral do pedido do autor. Na parcial procedência do pedido haverá sucumbência formal recíproca"; e (b) "A sucumbência material, por sua vez, se refere ao aspecto material do processo, verificando-se sempre que a parte deixar de obter no mundo dos fatos tudo aquilo que poderia ter conseguido com o processo. A análise nesse caso nada tem de processual, fundando-se no bem ou bens da vida que a parte poderia obter em virtude do processo judicial e que não obteve em razão da decisão judicial. Essa discrepância entre o desejado no mundo prático e o praticamente obtido no processo gera a sucumbência material da parte". A doutrina ainda conclui que: "Verificando-se a sucumbência formal, em regra, também haverá sucumbência material, sendo presumível que, não obtendo processualmente tudo o que o processo poderia lhe entregar, a parte também não obterá tudo o que poderia obter no plano prático. É até possível estabelecer uma regra de que, sempre que exista sucumbência formal, haverá também a material, mas essa vinculação entre as duas espécies de sucumbência nem sempre ocorrerá, havendo casos excepcionais nos quais não haverá sucumbência formal, mas ocorrerá a material". Assim, a procedência integral da pretensão deduzida na inicial, conquanto configure a sucumbência formal apenas da parte ré, pode vir a consubstanciar a chamada sucumbência material inclusive do autor da demanda, quando obtido provimento jurisdicional em extensão inferior a tudo aquilo que se almejava obter do ponto de vista prático. É o que ocorre nos casos de pretensão indenizatória calcada em dano moral. Isto porque a procedência da demanda configura, sem sombra de dúvidas, sucumbência formal e material do réu. Contudo, o arbitramento judicial de quantum indenizatório tido por irrisório, porque inferior aos parâmetros jurisprudenciais ou ao pedido constante da inicial, caracteriza frustração da expectativa do autor, sobressaindo seu interesse em ver majorada a condenação, hipótese caracterizadora, portanto, da sucumbência material viabilizadora da irresignação recursal. Dada a premissa anteriormente lançada, cumpre afastar a aparente dissonância com a orientação jurisprudencial cristalizada na Súmula 326 do STJ, segundo a qual: "Na ação de indenização por dano moral, a condenação em montante inferior ao postulado na inicial não implica sucumbência recíproca". Deveras, o aludido verbete sumular funda-se em jurisprudência voltada à definição da responsabilidade pelo pagamento de despesas processuais e honorários advocatícios devidos em razão da procedência de ação de indenização por danos morais, quando fixada quantia inferior à desejada pelo autor, tendo em vista os critérios delineados notadamente nos arts. 20 e 21 do CPC. Desse modo, a exegese consolidada na Súmula 326 do STJ não pode servir de amparo para a verificação da existência de interesse recursal do autor da demanda ressarcitória, porque adstrita ao exame da sucumbência recíproca sob as perspectivas formal e econômica, vale dizer, tão-somente tornando defesa a imputação do ônus sucumbencial à parte que obteve provimento jurisdicional de procedência da pretensão deduzida. Assim, constatado o interesse recursal do autor da ação de indenização por danos morais, quando arbitrada quantia inferior ao valor desejado, a decisão será apelável, embargável ou extraordinariamente recorrível. Consequentemente, uma vez cabida a interposição de recurso independente pelo autor materialmente sucumbente (a despeito da ausência de sucumbência formal), não se pode tolher seu direito ao manejo de recurso adesivo em caso de impugnação principal exclusiva da parte adversa. Outrossim, como reforço de argumento, cumpre assinalar a afirmação doutrinária de que "o interesse em recorrer adesivamente afere-se à luz da função processual do recurso adesivo, que é a de levar à cognição do órgão ad quem matéria ainda não abrangida pelo efeito devolutivo do recurso principal, e que, portanto, ficaria preclusa em não ocorrendo a adesão". Precedentes citados: AgRg no AREsp 189.692-MG, Terceira Turma, DJe 7/11/2012; AgRg no Ag 1.393.699-MS, Quarta Turma, DJe 28/3/2012; e REsp 944.218-PB, Quarta Turma, DJe 23/11/2009. **REsp 1.102.479-RJ, Rel. Min. Marco Buzzi, Corte Especial, julgado em 4/3/2015, DJe 25/5/2015 (Inform. STJ 562).**

DIREITO PROCESSUAL CIVIL. IMPOSSIBILIDADE DE COBRAR DO EXEQUENTE HONORÁRIOS SUCUMBENCIAIS FIXADOS NO DESPACHO INICIAL DE EXECUÇÃO DE TÍTULO EXTRAJUDICIAL (ART. 652-A DO CPC).
Os honorários sucumbenciais fixados no despacho inicial de execução de título extrajudicial (art. 652-A do CPC) não podem ser cobrados do exequente, mesmo que, no decorrer do processo executivo, este tenha utilizado parte de seu crédito na arrematação de bem antes pertencente ao executado, sem reservar parcela para o pagamento de verba honorária. A legislação estabelece que os honorários sucumbenciais, assim como os incluídos na condenação por arbitramento, constituem direito do advogado, podendo ser executados autonomamente (art. 23 da Lei 8.906/1994). Cabe ressaltar, entretanto, que o pagamento dos honorários sucumbenciais cabe ao sucumbente (art. 20 do CPC). Essa orientação fica ainda mais clara no livro processual que trata especificamente da execução de título extrajudicial, no ponto em que define a quem cabe o pagamento da verba honorária a ser fixada no início do procedimento executivo, nos moldes do art. 652-A: "Ao despachar a inicial, o juiz fixará, de plano, os honorários de advogado a serem pagos pelo executado (art. 20, § 4º)". A propósito do tema em análise, cabe ressaltar que a jurisprudência do STJ está consolidada no sentido de reconhecer que os honorários constituem direito do advogado, podendo ser executados autonomamente, e que o comando judicial que fixa os honorários advocatícios estabelece uma relação de crédito entre o vencido e o advogado da parte vencedora (REsp 1.347.736-RS, Primeira Seção, DJe 15/4/2014). Essa obrigação impõe ao vencido o dever de arcar com os honorários sucumbenciais em favor do advogado do vencedor. Ademais, não se pode olvidar a natureza provisória dos honorários sucumbenciais fixados na inicial da execução de título extrajudicial. Essa provisoriedade pode, inclusive, afetar a liquidez da

execução dessa verba. Conforme visto, o art. 652-A do CPC determina que o juiz, ao despachar a inicial, fixará, de plano, os honorários sucumbenciais a serem pagos pelo executado. Não obstante, é possível que essa verba seja arbitrada em valor único quando do julgamento dos embargos à execução, hipótese em que abarcará a verba de sucumbência relativa às condenações na ação executiva e nos embargos à execução, ainda que no despacho inaugural da execução tenham sido fixados honorários provisórios. Isso porque os efeitos dos embargos à execução transbordam os limites da ação de rito ordinário para atingir o próprio feito executivo, o que implica reconhecer que a autonomia dessas ações não é absoluta. O sucesso dos embargos importa a desconstituição do título exequendo e, consequentemente, interfere na respectiva verba honorária. Assim, tendo em vista que o resultado dos embargos influencia no resultado da execução, a fixação inicial dos honorários sucumbenciais na execução tem apenas caráter provisório. Daí porque deve ser afastada a tese de que os honorários sucumbenciais, no presente caso, deveriam ser cobrados do exequente. **REsp 1.120.753-RJ, Rel. Min. Ricardo Villas Bôas Cueva, julgado em 28/4/2015, DJe 7/5/2015 (Inform. STJ 561).**

DIREITO PROCESSUAL CIVIL. LEGITIMIDADE PARA COBRANÇA DE HONORÁRIOS ADVOCATÍCIOS SUCUMBENCIAIS.
O advogado substabelecido com reserva de poderes que atuara na fase de conhecimento não possui legitimidade para postular, sem a intervenção do substabelecente, os honorários de sucumbência fixados nessa fase, ainda que tenha firmado contrato de prestação de serviços, na fase de cumprimento da sentença, com a parte vencedora da ação. O art. 22, caput, da Lei 8.906/1994 prevê três espécies de honorários advocatícios: contratuais, sucumbenciais e arbitrados. Quanto aos sucumbenciais, constitui direito autônomo do advogado executar a sentença na parte que condena o vencido ao pagamento da verba honorária, segundo o contido no art. 23. No entanto, em se tratando de cobrança de honorários pelo advogado substabelecido, é imperiosa a intervenção do substabelecente, consoante se depreende do teor do art. 26, que dispõe: "O advogado substabelecido, com reserva de poderes, não pode cobrar honorários sem a intervenção daquele que lhe conferiu o substabelecimento". Assim, o advogado substabelecido, com reserva de poderes, pode, em regra, cobrar o valor devido a título de honorários advocatícios tão somente se houver a participação do substabelecente. Cabe ressaltar que a relação existente entre substabelecente e substabelecido é pessoal e não determina a divisão igualitária da verba honorária, devendo qualquer controvérsia a respeito ser solucionada entre os próprios advogados contratantes, conforme já decidiu o STJ (REsp 525.671-RS, Quarta Turma, DJe 26/5/2008). Desse modo, a cláusula que estipula reserva de poderes inserida em substabelecimento aponta para a circunstância de que os honorários advocatícios são devidos, em regra, ao substabelecente, nos termos do art. 26 da Lei 8.906/1994. Ressalte-se que, ainda que o advogado substabelecido tenha firmado, em momento posterior, na fase de cumprimento de sentença, contrato de prestação de serviços diretamente com a parte exequente, esse contrato assegura peticionar, representar e com autonomia, na fase de cumprimento de sentença, mas não permite exigir os valores devidos em virtude da condenação imposta pela sentença proferida no processo de conhecimento, quando atuava como substabelecido. Consequentemente, sua atuação deve ser restrita à defesa dos interesses do constituinte e ao recebimento da verba honorária contratual ou a fixada na própria fase de cumprimento de sentença, diversa daquela de natureza sucumbencial. **REsp 1.214.790-SP, Rel. Min. Ricardo Villas Bôas Cueva, julgado em 14/4/2015, DJe 23/4/2015 (Inform. STJ 560).**

DIREITO PROCESSUAL CIVIL. EFICÁCIA DA CONCESSÃO DE ASSISTÊNCIA JUDICIÁRIA GRATUITA.
Quando a assistência judiciária gratuita for deferida, a eficácia da concessão do benefício prevalecerá, independentemente de renovação de seu pedido, em todas as instâncias e para todos os atos do processo – alcançando, inclusive, as ações incidentais ao processo de conhecimento, os recursos, as rescisórias, assim como o subsequente processo de execução e eventuais embargos à execução –, somente perdendo sua eficácia por expressa revogação pelo Juiz ou Tribunal. Isso porque não há previsão legal que autorize a exigência de renovação do pedido de assistência judiciária gratuita em cada instância e a cada interposição de recurso, mesmo na instância extraordinária. Ao contrário, o art. 9º da Lei 1.060/1950 estabelece expressamente a eficácia da decisão deferitória do benefício em todas as instâncias e graus de jurisdição. Com efeito, a concessão do benefício, por compor a integralidade da tutela jurídica pleiteada, comporta eficácia para todos os atos processuais, em todas as instâncias, alcançando, inclusive, as

2. DIREITO PROCESSUAL CIVIL

ações incidentais ao processo de conhecimento, os recursos, as rescisórias, assim como o subsequente processo de execução e eventuais embargos à execução, sendo despicienda a constante renovação do pedido a cada instância e para a prática de cada ato processual. Essa é a interpretação mais adequada da legislação, especialmente da Lei 1.060/1950 (arts. 4º, 6º e 9º), e consentânea com os princípios constitucionais da inafastabilidade da tutela jurisdicional e do processo justo, com garantia constitucional de concessão do benefício da assistência judiciária gratuita ao necessitado (art. 5º, XXXV, LIV e LXXIV, da CF). Assim, desde que adequadamente formulado o pedido e uma vez concedida, a assistência judiciária gratuita prevalecerá em todas as instâncias e para todos os atos do processo, nos expressos termos assegurados no art. 9º da Lei 1.060/1950 (reiterado no parágrafo único do art. 13 da Lei 11.636/2007). Contudo, perderá eficácia a concessão do benefício em caso de expressa revogação pelo Juiz ou Tribunal, quando comprovada a mudança da condição econômico-financeira do beneficiário. Isso porque a decisão que concede a gratuidade da reserva legal está condicionada à cláusula rebus sic standibus, primando pela precariedade e não gerando preclusão pro judicato. Dessa maneira, a renovação do pedido de gratuidade da justiça somente se torna necessária quando houver anterior indeferimento do pleito ou revogação no curso do processo. Por fim, cabe ressaltar que não se faz necessário, para o processamento de eventual recurso, que o beneficiário faça expressa remissão na petição recursal acerca do anterior deferimento da assistência judiciária gratuita, embora seja evidente a utilidade dessa providência facilitadora. Basta, portanto, que constem dos autos os comprovantes de que já litiga na condição de beneficiário da justiça gratuita. **AgRg nos EAREsp 86.915-SP, Rel. Min. Raul Araújo, julgado em 26/2/2015, DJe 4/3/2015 (Inform. STJ 557).**

DIREITO PROCESSUAL CIVIL. INCIDENTE PROCESSUAL DE IMPUGNA-ÇÃO AO VALOR DA CAUSA E RECOLHIMENTO DE CUSTAS JUDICIAIS NO ÂMBITO DO STJ.
Não se pode exigir, no âmbito do STJ, o recolhimento de custas judiciais quando se tratar de incidente processual de impugnação ao valor da causa, conforme a Lei 11.636/2007. As custas judiciais são tributos da espécie taxa, prevista no art. 145, II, da CF, razão pela qual só podem ser fixadas em lei específica, dado o princípio constitucional da reserva legal para a instituição ou aumento de tributo (STF, RE 116.208-MG, Tribunal Pleno, DJ 8/6/1990; e STJ, AI no RMS 31.170-SP, Corte Especial, DJe 23/5/2012). No âmbito do STJ, a Lei 11.636/2007 dispõe sobre as custas judiciais devidas nos processos de competência originária e recursal. Como a impugnação ao valor da causa não consta na Lei 11.636/2007, não se pode exigir o recolhimento das custas judiciais nesse tipo de incidente processual. **PET 9.892-SP, Rel. Min. Luis Felipe Salomão, julgado em 11/2/2015, DJe 3/3/2015 (Inform. STJ 556).**

DIREITO PROCESSUAL CIVIL. ILEGITIMIDADE PASSIVA DE SOCIEDADES EMPRESÁRIAS INTEGRANTES DE GRUPO ECONÔMICO EM EXECUÇÃO DE HONORÁRIOS ADVOCATÍCIOS.
Não estão legitimadas a integrar o polo passivo de ação de execução de honorários advocatícios as sociedades empresárias que não figurarem no título executivo extrajudicial, ainda que sejam integrantes do mesmo grupo econômico da sociedade empresária que firmou o contrato de prestação de serviços advocatícios. O fato de sociedades empresárias pertencerem a um mesmo grupo econômico, por si só, não as torna automaticamente solidárias nas respectivas obrigações. Cada pessoa jurídica tem personalidade e patrimônio próprios, distintos, justamente para assegurar a autonomia das relações e atividades de cada sociedade empresária, ainda que integrantes de um mesmo grupo econômico. Somente em casos excepcionais essas distinções podem ser superadas, motivadamente (art. 50 do CC). Esse raciocínio é ainda mais forte em se tratando de processo de execução, que reclama título hábil a tanto, ou seja, dotado de liquidez, certeza e exigibilidade em relação ao executado. A questão, portanto, resolve-se pela observância dos limites subjetivos do título extrajudicial, nos termos do art. 568, I, do CPC: "São sujeitos passivos na execução: I – o devedor, reconhecido como tal no título executivo". Desse modo, não se justifica, na espécie, a aplicação da teoria da aparência – ao menos para o fim de constituir automaticamente título executivo extrajudicial. Com efeito, não se está a tratar de relação de consumo ou hipótese outra que autorize presumir a hipossuficiência dos contratantes advogados. Estes, na verdade, estão apenas a cobrar honorários advocatícios decorrentes de contrato de prestação de serviços firmado com sociedade empresária específica, não havendo indícios objetivos que permitam, no processo de execução, reconhecer-se a existência de confusão ou dúvida quanto ao real devedor, de modo a estender a responsabilidade para além

da contratante. Não podem os credores, no intuito de agilizar o resgate de seu crédito perante sociedade empresária em aparente dificuldade financeira, direcionar a execução para outras sociedades – ainda que integrantes do mesmo grupo econômico – contra as quais não possuem título executivo, atropelando as normas legais. A teoria da aparência, definitivamente, não admite esse viés. **REsp 1.404.366-RS, Rel. Min. Raul Araújo, julgado em 23/10/2014, DJe 9/2/2015 (Inform. STJ 555).**

DIREITO PROCESSUAL CIVIL. RENÚNCIA DO CREDOR AO SEU CRÉDITO E JUNTADA DO CONTRATO DE HONORÁRIOS ADVOCATÍCIOS AOS AUTOS.
A juntada do contrato de honorários advocatícios aos autos antes de determinada a expedição de precatório ou de mandado de levantamento (art. 22, § 4º, da Lei 8.906/1994) não impede que o credor renuncie ao pagamento do montante que lhe era devido, inviabilizando, assim, o pagamento direto -ao advogado – por dedução da quantia que seria recebida pelo constituinte – dos honorários contratuais. De início, cita-se o previsto no art. 22, § 4º, da Lei 8.906/1994: "Se o advogado fizer juntar aos autos o seu contrato de honorários antes de expedir-se o mandado de levantamento ou precatório, o juiz deve determinar que lhe sejam pagos diretamente, por dedução da quantia a ser recebida pelo constituinte, salvo se este provar que já os pagou". O § 4º do artigo supracitado, ao condicionar a juntada do contrato de honorários ao momento anterior à expedição do mandado de levantamento ou precatório, pressupõe que o depósito do valor devido à parte triunfante já tenha sido realizado em juízo. Nesse contexto, se o vencedor da lide renuncia ao seu direito de receber o pagamento do crédito antes de ele ser judicialmente depositado não haverá expedição de mandado de levantamento ou precatório e, consequentemente, não há como o juiz determinar que a parcela dos honorários advocatícios seja paga diretamente, "por dedução da quantia a ser recebida pelo constituinte", ao patrono. Ademais, admitir o contrário faria com que a relação jurídica firmada entre o cliente e o respectivo advogado – mediante contrato de honorários, com cláusulas negociadas estritamente entre eles – se estendesse ao terceiro, o qual sequer pode vir a ter conhecimento do avençado. Com efeito, se o pagamento dos honorários advocatícios contratuais for reconhecido como ato autônomo em relação ao depósito do montante principal – ao ponto de ser viável executá-los sem a existência deste – o perdedor da lide se tornará diretamente obrigado a arcar com dívida, a qual não lhe foi legalmente imposta nem foi pactuada, porquanto a obrigação da parte mal sucedida na demanda é pagar o que foi reconhecido pelo Judiciário como devido à outra parte, o que inclui os honorários sucumbenciais (mas não os contratuais), cuja "dedução da quantia a ser recebida pelo constituinte", repita-se, é incumbência do juiz. Desse modo, a juntada aos autos do contrato de honorários advocatícios não faz com que o montante nele previsto se torne parcela autônoma em relação à quantia a ser recebida pela parte patrocinada. **REsp 1.330.611-DF, Rel. Min. Benedito Gonçalves, julgado em 7/10/2014. (Inform. STJ 550)**

DIREITO PROCESSUAL CIVIL. PRECLUSÃO DA FACULDADE DE REQUERER HONORÁRIOS SUCUMBENCIAIS EM PROCESSO EXECUTIVO. RECURSO REPETITIVO (ART. 543-C DO CPC E RES. 8/2008-STJ). Há preclusão lógica **(art. 503 do CPC) em relação à faculdade de requerer o arbitramento dos honorários sucumbenciais relativos à execução na hipótese em que a parte exequente, mesmo diante de despacho citatório que desconsidera o pedido de fixação da verba feito na petição inicial, limita-se a peticionar a retenção do valor correspondente aos honorários contratuais, voltando a reiterar o pleito de fixação de honorários sucumbenciais apenas após o pagamento da execução e o consequente arquivamento do feito.** Inicialmente, cumpre destacar que o STJ tem entendimento firme no sentido de que inexiste preclusão para o arbitramento de verba honorária, no curso da execução, ainda que sobre ela tenha sido silente a inicial do processo executivo e já tenha ocorrido o pagamento do ofício requisitório. Todavia, a hipótese em foco é diversa. Após ter sido cumprido o requisitório de pagamento expedido nos autos e ocorrido o arquivamento do feito, com baixa na distribuição, a parte exequente reitera pedido formulado na inicial da execução, para que sejam arbitrados honorários advocatícios sucumbenciais. Ocorre que o despacho inicial determinou a citação do órgão executado, não arbitrando a verba honorária. Em seguida, foram interpostos embargos à execução, os quais foram definitivamente julgados. Posteriormente, a parte exequente peticionou nos autos, postulando a retenção dos honorários contratuais no requisitório de pagamento a ser expedido, nada mencionando acerca do arbitramento de honorários sucumbenciais. De acordo com essa moldura fática, a parte exequente deveria ter se insurgido, por meio da via processual adequada, contra a ausência de fixação dos honorários sucumbenciais. Ao não agir dessa forma, consolidou-se o fato de não incidência dos honorários sucumbenciais, configurando-se, dessa forma, o instituto da preclusão, pelo qual não mais cabe discutir dentro do processo situação jurídica já consolidada. Ademais, ainda que não se trate propriamente de ação autônoma, por compreensão extensiva, incide a Súmula 453 do STJ: "Os honorários sucumbenciais, quando omitidos em decisão transitada em julgado, não podem ser cobrados em execução ou em ação própria." **REsp1.252.412-RN**, Rel. Min. Arnaldo Esteves Lima, julgado em 6/11/2013. **(Inform. STJ 543)**

DIREITO PROCESSUAL CIVIL. UTILIZAÇÃO DA CONTADORIA JUDICIAL POR BENEFICIÁRIO DA ASSISTÊNCIA JUDICIÁRIA. RECURSO REPETITIVO (ART. 543-C DO CPC E RES. 8/2008-STJ). Se o credor for beneficiário da gratuidade da justiça, pode-se determinar a elaboração dos cálculos pela contadoria judicial. Precedente citado: EREsp 450.809-RS, Corte Especial, DJ 9/2/2004. **REsp 1.274.466-SC**, Rel. Min. Paulo de Tarso Sanseverino, julgado em 14/5/2014. **(Inform. STJ 541)**

DIREITO PROCESSUAL CIVIL. UTILIZAÇÃO DA CONTADORIA JUDICIAL POR BENEFICIÁRIO DA ASSISTÊNCIA JUDICIÁRIA. O beneficiário da assistência judiciária, ainda que seja representado pela Defensoria Pública, pode se utilizar do serviço de contador judicial para apuração do crédito que será objeto de execução, independentemente da complexidade dos cálculos. De fato, desde 1994, quando se deu a primeira fase da reforma do CPC, passou a ser ônus do próprio credor a apresentação da memória com os cálculos discriminados do valor a ser executado na hipótese em que a determinação do valor da condenação dependesse apenas de cálculos aritméticos (art. 604 do CPC com redação dada pela Lei 8.898/1994). A jurisprudência do STJ, ao interpretar o art. 604 do CPC, alterado pela reforma de 1994, já reconhecia que não fora excluída a possibilidade de o hipossuficiente valer-se dos serviços da contadoria judicial (EREsp 472.867-RS, Corte Especial, DJ de 4/10/2004). Posteriormente, a Lei 11.232/2005 alterou novamente o CPC, para estabelecer a fase de cumprimento das sentenças no processo de conhecimento e revogar dispositivos relativos à execução fundada em título judicial, dentre eles, o arts. 604 do CPC. Entretanto, manteve-se a sistemática que atribuía ao credor o ônus de apresentação da memória discriminada e atualizada do cálculo, quando a determinação do valor da condenação dependesse apenas de cálculos aritméticos. Ressalte-se que as reformas processuais em nenhum momento excluíram a possibilidade de utilização do contador judicial, mas apenas reduziram a sua esfera de atuação às hipóteses em que (i) a memória apresentada pelo credor aparentemente exceder os limites da decisão exequenda e (ii) nos casos de assistência judiciária (art. 475-B, § 3º, do CPC). Especificamente no que tange às hipóteses de assistência judiciária, é importante consignar que a finalidade da norma é claramente a de facilitação da defesa daquele credor que não tem condições financeiras de contratar profissional para realização dos cálculos sem comprometimento do seu sustento ou de sua família. Com efeito, a busca pela maior agilidade no processo judicial, por meio da transferência do ônus de elaboração dos cálculos àquele que tem interesse no recebimento do crédito e, portanto, no prosseguimento célere da execução, não pode prejudicar o hipossuficiente que antes já se valia dos serviços da contadoria judicial para liquidar o valor devido. Assim, embora o art. 3º da Lei o.1.060/1950 disponha somente que a assistência judiciária gratuita compreende isenções de taxas judiciárias e dos selos, emolumentos e custas, despesas com publicação, indenizações devidas com testemunhas, honorários de advogados e peritos, não havendo previsão no sentido de que o Estado elaborará os cálculos dos exequentes que litigam sob o pálio da assistência judiciária, o CPC, no art. 475-B, § 3º, conferiu-lhes essa possibilidade. Além disso, o fato de o beneficiário da assistência judiciária ser representado pela Defensoria Pública não lhe retira a possibilidade utilizar-se dos serviços da contadoria judicial, pois não se pode presumir que a Defensoria Pública esteja ou deva estar aparelhada para a execução desses cálculos. Também não pode ser invocada a complexidade dos cálculos do valor da condenação como uma condição imprescindível para que os serviços do contador judicial possam ser utilizados, uma vez que o art. 475-B, § 3º, do CPC, ao permitir a utilização da contadoria, não faz essa exigência. Cabe ressaltar que, se o pedido fosse negado, representaria entrave para o amplo e integral acesso à tutela jurisdicional pelo beneficiário da assistência judiciária. Por fim, há que se fazer uma interpretação teleológica do referido benefício, bem como de caráter conforme a própria garantia prevista no art. 5º, LXXIV, da CF ("O Estado prestará assistência judiciária integral e gratuita aos que comprovarem a insuficiência de recursos"), a fim de lhe outorgar plena eficácia. **REsp 1.200.099-SP**, Rel. Min. Nancy Andrighi, julgado em 6/5/2014. **(Inform. STJ 540)**

DIREITO PROCESSUAL CIVIL. HONORÁRIOS ADVOCATÍCIOS NA HIPÓTESE DE IMPUGNAÇÃO AO PEDIDO DE HABILITAÇÃO DE CRÉDITO EM RECUPERAÇÃO JUDICIAL. São devidos honorários advocatícios na hipótese em que apresentada impugnação ao pedido de habilitação de crédito em recuperação judicial. Isso porque a apresentação de impugnação ao referido pedido torna litigioso o processo. Precedentes citados: AgRg no REsp 1.062.884-SC, Quarta Turma, DJe 24/8/2012; e AgRg no REsp 958.620-SC, Terceira Turma, DJe 22/3/2011. **REsp 1.197.177-RJ**, Rel. Min. Nancy Andrighi, julgado em 3/9/2013. **(Inform. STJ 527)**

DIREITO PROCESSUAL CIVIL. HONORÁRIOS ADVOCATÍCIOS NA HIPÓTESE DE DESAPROPRIAÇÃO INDIRETA. Aplicam-se às desapropriações indiretas, para a fixação de honorários advocatícios, os limites percentuais estabelecidos no art. 27, §§ 1º e 3º, do Decreto-Lei 3.365/1941 (entre 0,5% e 5%). Precedentes citados: REsp 1.210.156-PR, Segunda Turma, DJe 23/4/2012; e REsp 1.152.028-MG, Segunda Turma, DJe 29/3/2011. **REsp 1.300.442-SC**, Rel. Min. Herman Benjamin, julgado em 18/6/2013. **(Inform. STJ 523)**

DIREITO PROCESSUAL CIVIL. IMPOSSIBILIDADE DE EXTENSÃO DA GRATUIDADE DE JUSTIÇA AOS HONORÁRIOS ADVOCATÍCIOS DEVIDOS POR FORÇA DE CONTRATO DE ÊXITO. A concessão de gratuidade de justiça não desobriga a parte beneficiária de pagar os honorários contratuais devidos ao seu advogado particular em razão de anterior celebração de contrato de êxito. O texto do art. 3º da Lei n. 1.060/1950, cujo teor prevê isenção ao pagamento de honorários advocatícios, não diferencia os sucumbenciais dos contratuais. Entretanto, não se pode conferir a esse artigo interpretação que contradiga o próprio texto da CF e de outras normas dirigentes do ordenamento jurídico. Desse modo, entender que a gratuidade de justiça alcança os honorários contratuais significaria atribuir à decisão que concede o benefício aptidão de apanhar ato extraprocessual e pretérito, qual seja, o próprio contrato celebrado entre o advogado e o cliente, interpretação que vulnera a cláusula de sobredireito da intangibilidade do ato jurídico perfeito (CF/1988, art. 5º, XXXVI; LINDB, art. 6º). Ademais, retirar do causídico a merecida remuneração pelo serviço prestado não viabiliza, absolutamente, maior acesso do hipossuficiente ao Judiciário. Antes, dificulta-o, pois não haverá advogado que aceite patrocinar os interesses de necessitados para ser remunerado posteriormente com amparo em cláusula contratual ad exitum, circunstância que, a um só tempo, também fomentará a procura pelas Defensorias Públicas, com inegável prejuízo à coletividade de pessoas – igualmente necessitadas – que delas precisam. **Precedente citado: REsp 1.153.163-RS, Terceira Turma, DJe 2/8/2012. REsp 1.065.782-RS**, Rel. Min. Luis Felipe Salomão, julgado em 7/3/2013. **(Inform. STJ 518)**

📄 **Súmula Vinculante STF 47**

Os honorários advocatícios incluídos na condenação ou destacados do montante principal devido ao credor consubstanciam verba de natureza alimentar cuja satisfação ocorrerá com a expedição de precatório ou requisição de pequeno valor, observada ordem especial restrita aos créditos dessa natureza.

📄 **Súmula STF nº 450**

São devidos honorários de advogado sempre que vencedor o beneficiário de justiça gratuita.

📄 **Súmula STF nº 257**

São cabíveis honorários de advogado na ação regressiva do segurador contra o causador do dano.

📄 **Súmula STF nº 256**

É dispensável pedido expresso para condenação do réu em honorários, com fundamento nos arts. 63 ou 64 do Código de Processo Civil.

📄 **Súmula STF nº 234**

São devidos honorários de advogado em ação de acidente do trabalho julgada procedente.

📄 **Súmula STJ nº 488**

O § 2º do art. 6º da Lei n. 9.469/1997, que obriga à repartição dos honorários advocatícios, é inaplicável a acordos ou transações celebrados em data anterior à sua vigência.

2. DIREITO PROCESSUAL CIVIL   95

▣ Súmula STJ nº 481

Faz jus ao benefício da justiça gratuita a pessoa jurídica com ou sem fins lucrativos que demonstrar sua impossibilidade de arcar com os encargos processuais.

▣ Súmula STJ nº 462

Nas ações em que representa o FGTS, a CEF, quando sucumbente, não está isenta de reembolsar as custas antecipadas pela parte vencedora.

▣ Súmula STJ nº 453

Os honorários sucumbenciais, quando omitidos em decisão transitada em julgado, não podem ser cobrados em execução ou em ação própria.

▣ Súmula STJ nº 421

Os honorários advocatícios não são devidos à Defensoria Pública quando ela atua contra a pessoa jurídica de direito público à qual pertença.

▣ Súmula STJ nº 345

São devidos honorários advocatícios pela Fazenda Pública nas execuções individuais de sentença proferida em ações coletivas, ainda que não embargadas.

▣ Súmula STJ nº 326

Na ação de indenização por dano moral, a condenação em montante inferior ao postulado na inicial não implica sucumbência recíproca.

▣ Súmula STJ nº 201

Os honorários advocatícios não podem ser fixados em salários mínimos.

▣ Súmula STJ nº 178

O INSS não goza de isenção do pagamento de custas e emolumentos, nas ações acidentárias e de benefícios, propostas na justiça estadual.

▣ Súmula STJ nº 111

Os honorários advocatícios, nas ações previdenciárias, não Incidem sobre as prestações vencidas após a sentença. (*) apreciando o projeto de súmula n. 560, na sessão de 27/09/06, a terceira seção deliberou pela modificação da Súmula n. 111. A redação anterior era a seguinte (decisão de 06/10/1994, DJ 13/10/1994): Os honorários advocatícios, nas ações previdenciárias, não Incidem sobre prestações vincendas.

▣ Súmula STJ nº 110

A isenção do pagamento de honorários advocatícios, nas ações acidentarias, é restrita ao segurado.

10.3.   Cumprimento de Sentença

DIREITO PROCESSUAL CIVIL. IMPUGNAÇÃO AO CUMPRIMENTO DE SENTENÇA E NECESSIDADE DE GARANTIA DO JUÍZO.
Na fase de cumprimento de sentença, não é cabível a apresentação de impugnação fundada em excesso de execução (art. 475-L, V, do CPC) antes do depósito da quantia devida (art. 475-J, caput, do CPC); contudo, se mesmo assim ela for apresentada, não haverá preclusão da faculdade de apresentar nova impugnação a partir da intimação da penhora realizada nos autos (art. 475-J, §1º, do CPC). De fato, com o trânsito em julgado da sentença de mérito, inicia-se a fase executória com o desencadear de atos e procedimentos que buscam a liquidação do referido título judicial. Nesse contexto, tendo o credor requerido o cumprimento de sentença e apresentado seus cálculos, o devedor é intimado, na pessoa de seu advogado, para, querendo, efetuar o pagamento na forma do art. 475-J do CPC. Não obstante, se a parte devedora apresenta impugnação ao cumprimento de sentença sem efetuar, espontaneamente, o respectivo depósito, é cabível, naquele momento, o não conhecimento do alegado excesso de execução, tendo em vista que o STJ entende que a garantia do juízo é requisito necessário à admissão da impugnação ao cumprimento de sentença. Dessa forma, não providenciado o depósito, além da incidência de multa no percentual de 10% (dez por cento) sobre o total do débito, haverá determinação judicial de expedição do mandado de penhora e avaliação. Assim, somente a partir da intimação do executado a respeito da penhora realizada nos autos é que se inicia o prazo para impugnação, a teor do que dispõe o § 1º do art. 475-J do CPC. Portanto, havendo a garantia do juízo ante a penhora realizada nos autos, surge o direito de a parte impugnar os cálculos ofertados pelo credor. **REsp 1.455.937-SP, Rel. Min. João Otávio de Noronha, julgado em 3/11/2015, DJe 9/11/2015. (Inform. STJ 573)**

DIREITO PROCESSUAL CIVIL. MULTA DO ART. 475-J DO CPC EM CUMPRIMENTO DE SENTENÇA ARBITRAL. TEMA 893.
No âmbito do cumprimento de sentença arbitral condenatória de prestação pecuniária, a multa de 10% (dez por cento) do artigo 475-J do CPC deverá incidir se o executado não proceder ao pagamento espontâneo no prazo de 15 (quinze) dias contados da juntada do mandado de citação devidamente cumprido aos autos (em caso de título executivo contendo quantia líquida) ou da intimação do devedor, na pessoa de seu advogado, mediante publicação na imprensa oficial (em havendo prévia liquidação da obrigação certificada pelo juízo arbitral). O CPC (arts. 475-N, IV e parágrafo único), assim como a Lei da Arbitragem (arts. 18 e 31), confere a natureza de título executivo judicial à sentença arbitral, distinguindo apenas o instrumento de comunicação processual do executado. Com efeito, em se tratando de cumprimento de sentença arbitral, a angularização da relação jurídica processual dar-se-á mediante citação do devedor no processo de liquidação ou de execução em vez da intimação promovida nos processos sincréticos. Eis, portanto, a única diferença procedimental entre o cumprimento da sentença proferida no processo civil e o da sentença arbitral. Nessa ordem de ideias, à exceção da ordem de citação (e não de intimação atinente aos processos sincréticos), a execução da sentença arbitral condenatória de obrigação de pagar quantia certa observa o mesmo procedimento previsto para as sentenças civis de idêntico conteúdo, qual seja, o regime previsto nos artigos 475-J a 475-R do CPC. À luz da supracitada premissa, o decurso in albis do prazo de 15 (quinze) dias (contados da comunicação pessoal do devedor, mediante citação ou intimação) para pagamento espontâneo da prestação pecuniária certificada na sentença arbitral enseja a aplicação da multa de 10% (dez por cento) prevista no art. 475-J do CPC. A referida sanção pecuniária (aplicável no âmbito do cumprimento de título representativo de obrigação pecuniária líquida) ostenta caráter punitivo e coercitivo, tendo por objetivo garantir a maior efetividade e celeridade na prestação jurisdicional, tornando onerosa a recalcitrância do devedor em desobedecer ao comando sentencial ao qual submetido. Consequentemente, o afastamento a incidência da referida sanção no âmbito do cumprimento de sentença arbitral de prestação pecuniária representaria um desprestígio ao procedimento da arbitragem (tornando-a um minus em relação à prestação jurisdicional estatal), olvidando-se de um de seus principais atrativos, qual seja, a expectativa de célere desfecho na solução dos conflitos. Além disso, a sentença arbitral não se sujeita a reexame de mérito nem pelo árbitro nem pelo juiz estatal, adquirindo, desde sua prolação, a imutabilidade decorrente da coisa julgada (arts. 18 e 31 da Lei 9.037/1996), razão pela qual cabida sua execução definitiva (e não provisória). Assim, firmada a aplicabilidade da multa do art. 475-J do CPC no âmbito do cumprimento de sentença arbitral condenatória de prestação pecuniária, impende consignar que o termo inicial do prazo de quinze dias contar-se-á: (i) da data da juntada do mandado de citação (com a determinação de pagamento) devidamente cumprido aos autos (em caso de título executivo contendo quantia líquida); ou (ii) da intimação do devedor, na pessoa de seu advogado, mediante publicação na imprensa oficial, no caso em que necessária prévia liquidação da obrigação certificada pelo juízo arbitral. Tal consideração decorre da especificidade da comunicação processual do executado na ação de cumprimento de sentença arbitral, adaptando-se à orientação jurisprudencial do STJ firmada no bojo de recurso especial representativo de controvérsia, no sentido de que "na fase de cumprimento de sentença, o devedor deverá ser intimado, na pessoa de seu advogado, mediante publicação na imprensa oficial, para efetuar o pagamento no prazo de 15 (quinze) dias, a partir de quando, caso não o efetue, passará a incidir a multa de 10% (dez por cento) sobre montante da condenação (art. 475-J do CPC)" (REsp 1.262.933-RJ, Corte Especial, DJe 20/8/2013). **REsp 1.102.460-RJ, Rel. Min. Marco Buzzi, Corte Especial, julgado em 17/6/2015, DJe 23/9/2015 (Inform. STJ 569).**

DIREITO PROCESSUAL CIVIL. CANCELAMENTO DE DISTRIBUIÇÃO DE IMPUGNAÇÃO AO CUMPRIMENTO DE SENTENÇA OU DE EMBARGOS À EXECUÇÃO. RECURSO REPETITIVO (ART. 543-C DO CPC E RES. 8/2008-STJ). TEMAS 674, 675 E 676.
Cancela-se a distribuição da impugnação ao cumprimento de sentença ou dos embargos à execução na hipótese de não recolhimento das custas no prazo de 30 dias, independentemente de prévia intimação da parte; não se determina o cancelamento se o recolhimento das custas, embora intempestivo, estiver comprovado nos autos. Precedentes citados: AgRg no AREsp 278.854-RS, Terceira Turma, DJe 15/3/2013; e REsp 168.605-SC, Quarta Turma, julgado em 9/6/1998, DJ 24/5/1999. **REsp 1.361.811-RS, Rel. Min. Paulo de Tarso Sanseverino, Primeira Seção, julgado em 4/3/2015, DJe 6/5/2015 (Inform. STJ 561).**

DIREITO PROCESSUAL CIVIL. CUMPRIMENTO DE SENTENÇA DE IMPROCEDÊNCIA DE PEDIDO DECLARATÓRIO.

No caso em que, em ação declaratória de nulidade de notas promissórias, a sentença, ao reconhecer subsistente a obrigação cambial entre as partes, atestando a existência de obrigação líquida, certa e exigível, defina a improcedência da ação, o réu poderá pleitear o cumprimento dessa sentença, independentemente de ter sido formalizado pedido de satisfação do crédito na contestação. Nos termos do art. 475-N, I, do CPC, considera-se título executivo judicial "a sentença proferida no processo civil que reconheça a existência de obrigação de fazer, não fazer, entregar coisa ou pagar quantia". Assim, as sentenças que, mesmo não qualificadas como condenatórias, ao declararem um direito, atestem de forma exauriente a existência de obrigação certa, líquida e exigível, serão dotadas de força executiva. Esclareça-se que o referido dispositivo processual aplica-se também às sentenças declaratórias que, julgando improcedente o pedido do autor da demanda, reconhecem a existência de obrigação desse em relação ao réu da ação declaratória, independentemente de constar pedido de satisfação de crédito na contestação. Nessa vertente, há legitimação do réu para o cumprimento de sentença. Na hipótese em foco, a sentença de improcedência proferida nos autos da ação de anulação de notas promissórias, declarou subsistente a obrigação cambial entre as partes. Desse modo, reconhecida a certeza, a exigibilidade e a liquidez da obrigação cambial, deve-se dar prosseguimento ao pedido de cumprimento de sentença formulado pelo réu da ação declaratória, ante a aplicação do disposto no art. 475-N, I, do CPC. **Precedentes citados: REsp 1.300.213-RS, Primeira Turma, DJe 18/4/2012; e AgRg no AREsp 385.551-RJ, Primeira Turma, DJe 11/2/2014. REsp 1.481.117-PR, Rel. Min. João Otávio de Noronha, julgado em 3/3/2015, DJe 10/3/2015 (Inform. STJ 557).**

DIREITO PROCESSUAL CIVIL. ÔNUS DO PAGAMENTO DE HONORÁRIOS PERICIAIS EM LIQUIDAÇÃO POR CÁLCULOS DO CREDOR. RECURSO REPETITIVO (ART. 543-C DO CPC E RES. 8/2008-STJ). **Na liquidação por cálculos do credor, descabe transferir do exequente para o executado o ônus do pagamento de honorários devidos ao perito que elabora a memória de cálculos.** Com efeito, se o magistrado proferir sentença ilíquida, antes de se iniciar a fase de cumprimento de sentença, é necessária a liquidação do débito, que poderá ser realizada por meio da apresentação de cálculos pelo credor (art. 475-B do CPC) ou pela instauração de fase autônoma de liquidação nas hipóteses em que a determinação do *quantum debeatur* envolver cálculos complexos, que extrapolem a aritmética elementar, nos termos dos arts. 475-C e seguintes do CPC. Desse modo, a fase autônoma de liquidação de sentença está restrita a apenas duas hipóteses: (a) liquidação por arbitramento, quando se faz necessário perícia para a determinação do *quantum debeatur*, e (b) liquidação por artigos, quando necessário provar fato novo. Assinala-se que a liquidação por cálculos do credor processa-se extrajudicialmente, por memória de cálculo apresentada por esse, instaurando-se logo em seguida o cumprimento de sentença. Isso porque, tratando-se de aritmética elementar (soma, subtração, divisão e multiplicação), não há necessidade de contratação de um profissional para a elaboração da conta a ser paga, podendo a memória de cálculos ser elaborada diretamente pela parte ou por seu advogado. Entretanto, na hipótese em que o credor corriqueiramente contrate um *expert* para elaborar a planilha e pleiteie a condenação do vencido ao pagamento de mais essa despesa, o STJ entende que o encargo já foi atribuído pelo CPC ao credor, sendo descabido transferi-lo ao devedor. Além disso, importa frisar que a instauração de fase autônoma de liquidação em vez de liquidação por cálculos do credor prolonga a resolução do litígio, pois possibilita o acesso às instâncias recursais para discussão de questões interlocutórias, o que não ocorreria se tivesse sido adotada a liquidação por cálculos do credor, concentrando-se, dessa maneira, a controvérsia do *quantum debeatur* na impugnação ao cumprimento de sentença. Precedente citado: EREsp 450.809-RS, Corte Especial, DJ 9/2/2004. **REsp 1.274.466-SC, Rel. Min. Paulo de Tarso Sanseverino, julgado em 14/5/2014. (Inform. STJ 541)**

DIREITO PROCESSUAL CIVIL. IMPUGNAÇÃO AO CUMPRIMENTO DE SENTENÇA POR EXCESSO DE EXECUÇÃO. RECURSO REPETITIVO (ART. 543-C DO CPC E RES. 8/2008-STJ). **Na hipótese do art. 475-L, § 2º, do CPC, é indispensável apontar, na petição de impugnação ao cumprimento de sentença, a parcela incontroversa do débito, bem como as incorreções encontradas nos cálculos do credor, sob pena de rejeição liminar da petição, não se admitindo emenda à inicial.** O art. 475-L, § 2º, do CPC, acrescentado pela Lei 11.232/2005, prevê que "Quando o executado alegar que o exequente, em excesso de execução, pleiteia quantia superior à resultante da sentença, cumprir-lhe-á declarar de imediato o valor que entende correto, sob pena de rejeição liminar dessa impugnação". Segundo entendimento doutrinário, o objetivo dessa alteração legislativa é, por um lado, impedir que o cumprimento de sentença seja protelado por meio de impugnações infundadas e, por outro lado, permitir que o credor faça o levantamento da parcela incontroversa da dívida. Sob outro prisma, a exigência do art. 475-L, § 2º, do CPC é o reverso da exigência do art. 475-B do CPC, acrescentado pela Lei 11.232/2005. Este dispositivo estabelece que, se os cálculos exequendos dependerem apenas de operações aritméticas, exige-se que o credor apure o *quantum debeatur* e apresente a memória de cálculos que instruirá o pedido de cumprimento de sentença – é a chamada liquidação por cálculos do credor. Por paridade, a mesma exigência é feita ao devedor, quando apresente impugnação ao cumprimento de sentença. Além disso, o STJ tem conferido plena efetividade ao art. 475-L, § 2º, do CPC, vedando, inclusive, a possibilidade de emenda aos embargos/impugnação formulados em termos genéricos (EREsp 1.267.631-RJ, Corte Especial, DJe 1/7/2013). Por fim, esclareça-se que a tese firmada não se aplica aos embargos à execução contra a Fazenda Pública, tendo em vista que o art. 475-L, § 2º, do CPC não foi reproduzido no art. 741 do CPC. Precedentes citados: REsp 1.115.217-RS, Primeira Turma, DJe 19/2/2010; AgRg no Ag 1.369.072-RS, Primeira Turma, DJe 26/9/2011. **REsp 1.387.248-SC, Rel. Min. Paulo de Tarso Sanseverino, julgado em 7/5/2014. (Inform. STJ 540)**

DIREITO PROCESSUAL CIVIL. LIQUIDAÇÃO DE SENTENÇA EM AÇÃO COM PEDIDO DE COMPLEMENTAÇÃO DE AÇÕES. RECURSO REPETITIVO (ART. 543-C DO CPC E RES. 8/2008-STJ). **O cumprimento de sentença condenatória de complementação de ações dispensa, em regra, a fase de liquidação de sentença.** Isso porque o cumprimento dessa sentença depende apenas de informações disponíveis na própria companhia ou em poder de terceiros, além de operações aritméticas elementares. Embora os cálculos possam parecer complexos à primeira vista, esse fato não é suficiente para justificar a abertura da fase de liquidação. Além disso, há de se observar que recentes reformas no CPC buscaram privilegiar liquidação por cálculos do credor, restringindo-se a liquidação por fase autônoma apenas às hipóteses estritamente previstas (arts. 475-C e 475-E do CPC): liquidação por arbitramento (quando se faz necessário perícia para a determinação do *quantum debeatur*) e liquidação por artigos (quando necessário provar fato novo). Todavia, nenhuma dessas hipóteses se verifica nas demandas relativas a complementação de ações. Dessa forma, compete ao próprio credor elaborar a memória de cálculos e dar início à fase de cumprimento de sentença, sendo dispensada a fase de liquidação, conforme se depreende do disposto no art. 475-B do CPC, incluído pela Lei 11.232/2005. Por óbvio, a tese é firmada em caráter geral, não excluindo a possibilidade de haver ser necessária em casos específicos, nem a possibilidade de se realizar perícia contábil no curso da impugnação ao cumprimento de sentença, a critério do juízo. **REsp 1.387.249-SC, Rel. Min. Paulo de Tarso Sanseverino, julgado em 26/2/2014. (Inform. STJ 536)**

DIREITO PROCESSUAL CIVIL. CRITÉRIO DE FIXAÇÃO DE HONORÁRIOS ADVOCATÍCIOS NA FASE EXECUTIVA DO CUMPRIMENTO DE SENTENÇA. **A multa do art. 475-J do CPC não necessariamente integra o cálculo dos honorários advocatícios na fase executiva do cumprimento de sentença.** Nos termos do art. 20, § 4º, do CPC, os honorários advocatícios serão fixados consoante apreciação equitativa do juiz, considerando o grau de zelo do profissional, o lugar da prestação do serviço, a natureza e a importância da causa, o trabalho realizado pelo advogado e o tempo exigido para o seu serviço, não se exigindo obrigatoriamente o arbitramento em percentual vinculado ao valor da condenação. Os honorários podem, inclusive, ser estipulados em valor monetário fixo que reflita a justa remuneração do advogado. Assim, é inócua a discussão acerca da inclusão ou não da multa do art. 475-J do CPC na base de cálculo dos honorários devidos na fase de cumprimento de sentença. Precedentes citados: AgRg no AREsp 276.654-RS, 3ª Turma, DJe 22/3/2013; e AgRg no REsp 1.192.633-RS, 4ª Turma, DJe 27/2/2013. **REsp 1.291.738-RS, Rel. Min. Nancy Andrighi, julgado em 1º/10/2013. (Inform. STJ 530)**

DIREITO PROCESSUAL CIVIL. IMPUGNAÇÃO AO CUMPRIMENTO DE SENTENÇA EM RELAÇÃO A SALDO REMANESCENTE.

Na fase de cumprimento de sentença, caso o exequente, após o levantamento dos valores depositados em seu favor, apresente memória de cálculo relativa a saldo remanescente, deverá ser concedida ao executado nova oportunidade para impugnação. O direito de impugnação – inclusive quanto à alegação de saldo remanescente – é decorrência natural do direito de

2. DIREITO PROCESSUAL CIVIL

ação, possibilitando ao executado reagir contra execução que se desenvolva de forma injusta ou ilegal. Assim, em situações como a descrita, tendo em vista tratar-se de novo procedimento executivo versando valores não abrangidos na execução anterior, deve-se conceder ao devedor a possibilidade de apresentar nova defesa, não havendo preclusão. **REsp 1.265.894-RS, Rel. Min. Luis Felipe Salomão, julgado em 11/6/2013. (Inform. STJ 526)**

DIREITO PROCESSUAL CIVIL. GARANTIA DO JUÍZO COMO CONDIÇÃO NECESSÁRIA À IMPUGNAÇÃO AO CUMPRIMENTO DE SENTENÇA.
A garantia do juízo constitui condição para a própria apresentação de impugnação ao cumprimento de sentença, e não apenas para sua apreciação. Conforme o art. 475-J, § 1°, do CPC, o executado será intimado, de imediato, do auto de penhora e de avaliação, podendo oferecer impugnação no prazo de quinze dias. Da interpretação desse dispositivo legal, tem-se por inequívoca a necessidade da prévia garantia do juízo para que seja possível o oferecimento de impugnação. Reforça esse entendimento o teor do art. 475-L, III, do CPC, que admite, como uma das matérias a serem alegadas por meio de impugnação, a penhora incorreta ou avaliação errônea. Precedentes citados: REsp 1.303.508-RS, Quarta Turma, DJe 29/6/2012; e REsp 1.195.929-SP, Terceira Turma, DJe 9/5/2012. **REsp 1.265.894-RS, Rel. Min. Luis Felipe Salomão, julgado em 11/6/2013. (Inform. STJ 526)**

DIREITO PROCESSUAL CIVIL. IMPUGNAÇÃO DO VALOR EXECUTADO MESMO APÓS O PAGAMENTO DE PARCELA INCONTROVERSA.
O pagamento espontâneo da quantia incontroversa dentro do prazo do art. 475-J, caput, do CPC não gera a preclusão do direito do devedor, previsto no § 1° do mesmo dispositivo, de impugnar o valor executado. Isso porque não há identidade entre o prazo previsto no *caput* do art. 475-J do CPC e aquele positivado no seu § 1°. O *caput* refere-se ao pagamento espontâneo da dívida e impõe como sanção o acréscimo de multa de 10% da quantia devida, quando não observado o interregno de quinze dias para o pagamento do valor apurado, cujo termo inicial se dá na intimação do devedor na pessoa de seu advogado. Já a previsão contida no § 1° é relativa à apresentação de impugnação pelo executado para discussão do cumprimento da sentença. **REsp 1.327.781-BA, Rel. Min. Eliana Calmon, julgado em 2/5/2013. (Inform. STJ 525)**

DIREITO PROCESSUAL CIVIL. APLICAÇÃO DA MULTA DO ART. 475-J, CAPUT, DO CPC NO CASO DE PAGAMENTO VOLUNTÁRIO E EXTEMPORÂNEO DE CONDENAÇÃO.
O pagamento extemporâneo da condenação imposta em sentença transitada em julgado enseja, por si só, a incidência da multa do art. 475-J, caput, do CPC, ainda que espontâneo e anterior ao início da execução forçada. O esgotamento do prazo previsto no art. 475-J do CPC tem consequências essencialmente materiais, pois atinge o próprio crédito cobrado. Com o escoamento do período para o pagamento, o valor do título se altera, não podendo o juiz atingir o próprio direito material do credor, que foi acrescido com a multa, assim como o seria com a incidência de juros, correção monetária ou outros encargos. Portanto, a pura fluência do prazo desencadeia as consequências legais. Além disso, ainda que a execução seja, de fato, uma faculdade do credor, o cumprimento da condenação prevista no título é uma obrigação do devedor. Desta feita, certamente, a incidência da multa do art. 475-J do CPC não está vinculada ao efetivo exercício de um direito pelo credor, mas ao descumprimento de uma obrigação imposta ao devedor. Assim, pouco importa se o credor deu início ou não à execução, ou seja, se exerceu seu direito. O relevante é saber se o devedor cumpriu ou não sua obrigação no modo e tempo impostos pelo título e pela lei. **REsp 1.205.228-RJ, Rel. Min. Luis Felipe Salomão, julgado em 21/2/2013. (Inform. STJ 516).**

DIREITO PROCESSUAL CIVIL. HONORÁRIOS ADVOCATÍCIOS EM EXECUÇÃO PROVISÓRIA NA FASE DE CUMPRIMENTO DE SENTENÇA.
Não é cabível a condenação ao pagamento de honorários advocatícios na execução provisória levada a efeito no âmbito de cumprimento de sentença. A execução provisória é mera opção que se confere ao credor, motivo em virtude do qual corre por sua iniciativa, conta e responsabilidade (art. 475-O, I, do CPC). Assim, pendente recurso ao qual não tenha sido atribuído efeito suspensivo (art. 475-I, § 1°, do CPC), deve recair sobre o exequente a "causalidade" da instauração do procedimento provisório. Nada impede, entretanto, que o magistrado, posteriormente, convertendo-se a execução provisória em definitiva, proceda ao arbitramento dos honorários advocatícios, sempre franqueando ao devedor, com precedência, a possibilidade

de cumprir, voluntária e tempestivamente, a obrigação decorrente da condenação imposta e também a de elidir a multa prevista no art. 475-J do CPC. **REsp 1.323.199-PR, Rel. Min. Luis Felipe Salomão, julgado em 21/2/2013. (Inform. STJ 516).**

📄 Súmula STF n° 254

Incluem-se os juros moratórios na liquidação, embora omisso o pedido inicial ou a condenação.

📄 Súmula STJ n° 551

Nas demandas por complementação de ações de empresas de telefonia, admite-se a condenação ao pagamento de dividendos e juros sobre capital próprio independentemente de pedido expresso. No entanto, somente quando previstos no título executivo, poderão ser objeto de cumprimento de sentença.

📄 Súmula STJ n° 519

Na hipótese de rejeição da impugnação ao cumprimento de sentença, não são cabíveis honorários advocatícios.

📄 Súmula STJ n° 517

São devidos honorários advocatícios no cumprimento de sentença, haja ou não impugnação, depois de escoado o prazo para pagamento voluntário, que se inicia após a intimação do advogado da parte executada.

📄 Súmula STJ n° 362

A correção monetária do valor da indenização do dano moral incide desde a data do arbitramento.

📄 Súmula STJ n° 344

A liquidação por forma diversa da estabelecida na sentença não ofende a coisa julgada.

📄 Súmula STJ n° 306

Os honorários advocatícios devem ser compensados quando houver sucumbência recíproca, assegurado o direito autônomo do advogado à execução do saldo sem excluir a legitimidade da própria parte.

📄 Súmula STJ n° 204

Os juros de mora nas ações relativas a benefícios previdenciários incidem a partir da citação válida.

📄 Súmula STJ n° 14

Arbitrados os honorários advocatícios em percentual sobre o valor da causa, a correção monetária incide a partir do respectivo ajuizamento.

10.4. Coisa Julgada

AG. REG. NO ARE N. 881.585-DF

RELATOR: MIN. DIAS TOFFOLI
EMENTA: Agravo regimental no recurso extraordinário com agravo. Tributário. Coisa julgada. Efeitos. Alteração das circunstâncias fáticas e jurídicas. Superveniência de alteração legislativa. Necessidade de reexame da causa à luz da legislação infraconstitucional e dos fatos e das provas dos autos. Súmula 279/STF. Afronta reflexa.
1. O Tribunal de origem entendeu que houve alteração nas circunstâncias fáticas e jurídicas que permitiriam uma alteração dos efeitos da coisa julgada não só por força da atual exegese do Supremo Tribunal Federal, como também por força de alteração legislativa (LC n° 87/96).
2. Para decidir de modo contrário ao assentado pelo Tribunal de origem, seria necessário analisar a eficácia vinculante da coisa julgada e se tais circunstâncias fáticas teriam modificado, de modo substancial, a situação jurídica do objeto do pedido ou a causa de pedir, o que importaria no revolvimento dos fatos e das provas dos autos. Incidência da Súmula 279/STF.
3. A Corte tem entendimento pacífico no sentido de que a violação do art. 5°, XXXVI, da Constituição, quando dependente do reexame da contenda à luz da legislação infraconstitucional (LC n° 87/96), ocorre de maneira meramente reflexa, sendo, dessa forma, incabível a interposição de apelo extremo.
4. Agravo regimental não provido. **(Inform. STF 804)**

Ofensa à coisa julgada e perícia em execução
A 1ª Turma proveu recurso extraordinário para restabelecer acórdão de tribunal regional que afastara perícia designada em juízo de execução. No

caso, após decisão transitada em julgado que fixara o valor de indenização referente à desapropriação de imóvel rural e a concordância do expropriado pelos índices e cálculos apresentados pelo Incra, o juízo da execução, de ofício, desconsiderara a coisa julgada e o acordo firmado entre as partes e determinara a realização de nova perícia. Em seguida, a corte regional provera agravo de instrumento do expropriado para restaurar o que decidido em processo de conhecimento. Ato contínuo, o STJ dera provimento a recurso especial do Incra para que fosse concretizada nova perícia. A Turma reputou configurado desrespeito flagrante à coisa julgada. Em nome dos princípios da moralidade e da razoabilidade nas obrigações do Estado, o STJ colocara em plano secundário os parâmetros fixados em sentença transitada em julgado e objeto de execução. Observou que o recurso especial ganhara contornos de ação de impugnação autônoma. Afirmou que apenas a ação rescisória, e não o recurso especial, seria o instrumental possível para afastar do cenário jurídico pronunciamento judicial já precluso na via da recorribilidade. **RE 602439/MA, rel. Min. Marco Aurélio, 11.11.2014.** (RE-602439) **(Inform. STF 767)**

Execução e limitação temporal de sentença transitada em julgado - 1
O Plenário iniciou julgamento de recurso extraordinário em que se discute os limites objetivos da coisa julgada em sede de execução, quando nesta fase se restringe, temporalmente, título judicial transitado em julgado no qual reconhecido o direito a diferença de percentual remuneratório, inclusive para o futuro. No caso, os recorrentes tiveram reconhecido o direito às diferenças decorrentes da aplicação da Unidade de Referência de Preços - URP, de fevereiro de 1989, no percentual de 26,05%, a ser incorporado aos seus proventos, com efeitos presentes e futuros. Na fase executória, o juízo competente consignara que o benefício pleiteado deveria limitar-se à data-base da categoria profissional, razão pela qual considerara quitada a parcela e declarara extinta a execução. Contra essa decisão, os recorrentes propuseram ação rescisória, cujo pedido fora julgado improcedente. O Ministro Marco Aurélio (relator) deu provimento ao recurso extraordinário para julgar procedente o pleito formulado na rescisória. Reconheceu haver, no caso, violação à coisa julgada — ato jurídico perfeito e acabado por excelência, que teria origem na atuação do Estado-juiz. Observou que, no pronunciamento judicial condenatório, precluso na via da recorribilidade, a incidência do mencionado índice sobre os proventos dos recorrentes com efeitos presentes e futuros teria sido assegurada. Aduziu não constar do título judicial qualquer limitação. Indagou como seria possível aditar o aludido título em sede de execução para limitá-lo. Sublinhou que, ao contrário do que percebido pelo TST, a restrição temporal deveria ser expressa na decisão proferida e não poderia ser presumida. Dessa forma, o pronunciamento judicial se mostrara abrangente. Frisou que a organicidade e a dinâmica do Direito obstaculizariam o retorno a fase já ultrapassada, ou seja, o processo de conhecimento. Asseverou que o recorrido não questionara, na oportunidade própria, a extensão do título judicial e deixara escoar o prazo para a propositura da ação rescisória. Além disso, fora condenado a satisfazer as diferenças pretéritas e futuras com integração definitiva no cálculo dos proventos da aposentadoria. Reputou necessário reconhecer o instituto da coisa julgada como direito fundamental (CF, art. 5º, XXXVI). Ressaltou que ela seria expressão do sobreprincípio da segurança jurídica. Concluiu que, em fase de execução do título judicial, limitar, no tempo, o direito assentado mediante pronunciamento transitado em julgado equivaleria a ignorar a fundamentalidade dessa garantia constitucional. Em seguida, pediu vista dos autos o Ministro Teori Zavascki. **RE 596663/RJ, rel. Min. Marco Aurélio, 18.9.2014.** (RE-596663)

Execução e limitação temporal de sentença transitada em julgado - 2
A sentença que reconhece ao trabalhador ou servidor o direito a determinado percentual de acréscimo remuneratório deixa de ter eficácia a partir da superveniente incorporação definitiva do referido percentual nos seus ganhos. Essa é a orientação do Plenário, que, em conclusão de julgamento e por maioria, negou provimento a recurso extraordinário em que se discutia o alcance da coisa julgada na hipótese em que o direito de incidência do percentual de 26,05% relativo à URP de fevereiro de 1989, sobre os vencimentos de trabalhador — reconhecido mediante sentença transitada em julgado — tivesse sido limitado no tempo na fase de execução do respectivo título judicial — v. Informativo 759. O Colegiado, de início, consignou que, consideradas as circunstâncias do caso, a questão jurídica em debate não diria respeito à coisa julgada, mas, sim, à eficácia temporal da sentença então proferida. Afirmou que esta teria reconhecido o direito dos recorrentes a incorporar, em seus vencimentos, o acréscimo remuneratório em comento. Tratar-se-ia, portanto, de típica sentença

sobre relação jurídica de trato continuado, e que projetaria efeitos prospectivos. Asseverou, porém, que a força vinculativa desse título judicial atuaria "rebus sic stantibus", porquanto, ao pronunciar juízos de certeza sobre a existência, a inexistência ou o modo de ser das relações jurídicas, levaria em consideração as circunstâncias de fato e de direito que se apresentassem no momento da sua prolação. Observou que, no caso, seria evidente a alteração no "status quo", esgotada, portanto, a eficácia temporal da sentença exequenda. Sublinhou que o percentual de 26,05%, objeto da condenação, teria sido inteiramente satisfeito pela instituição executada e, posteriormente, teria sido objeto de incorporação aos vencimentos dos recorrentes por força de superveniente cláusula de dissídio coletivo. Esta última ensejara o reajuste dos vencimentos dos ora recorrentes de acordo com os índices apurados pelo DIEESE entre 1º.9.1988 a 31.8.1989, o que teria resultado na absorção do valor da URP correspondente ao mês de fevereiro de 1989. Vencidos os Ministros Marco Aurélio (relator) e Celso de Mello, que proviam o recurso e reconheciam a existência, no caso, de violação à coisa julgada. **RE 596663/RJ, rel. orig. Min. Marco Aurélio, red. p/o acórdão Min. Teori Zavascki, 24.9.2014.** (RE-596663) **(Inform. STF 760)**

Coisa julgada e ação de cumprimento - 2
A superveniente extinção do processo de dissídio coletivo, com a perda de eficácia da sentença normativa, torna insubsistente a execução de ação de cumprimento. Com base nessa orientação, a 1ª Turma, por maioria, negou provimento a agravo regimental em recurso extraordinário. No caso, o recurso extraordinário fora manejado de acórdão do TST, que declarara extinta a execução de ação de cumprimento, embora já transitada em julgado, ante a reforma, em grau recursal, de sentença normativa proferida em dissídio coletivo. Ocorre que a ação de cumprimento fora proposta antes do trânsito em julgado da sentença normativa na qual se fundara — v. Informativo 699. A Turma concluiu que a extinção da ação de cumprimento por afastamento da eficácia da sentença normativa que a embasara não ofenderia a coisa julgada. Afirmou que seria insustentável juridicamente dar curso à execução de título que teria por alicerce sentença normativa que não perduraria mais. Vencidos os Ministros Marco Aurélio e Rosa Weber, que proviam o agravo regimental. Consignavam que, uma vez transitada em julgado a ação de cumprimento, a única forma de afastá-la do cenário jurídico seria mediante revisão, na hipótese de tratar-se de relação jurídica continuada (CPC, art. 471) ou por meio de rescisória, se cabível. **RE 394051 AgR/SP, rel. Min. Dias Toffoli, 11.3.2014.** (RE-394051) **(Inform. STF 738)**

AG. REG. NA AR N. 1.785-RS
RELATOR: MIN. DIAS TOFFOLI
EMENTA: Agravo regimental em ação rescisória. Inexistência de direito adquirido a regime jurídico. Adicional de tempo de serviço. Alteração de parcela remuneratória. Manutenção da irredutibilidade de vencimentos. Pode a fórmula de composição da remuneração do servidor público ser alterada, desde que preservado o seu montante total. Não há violação da coisa julgada, a qual apenas se verifica quando se trata das mesmas partes, causa de pedir e pedido, não se aplicando a casos análogos de outros servidores públicos. Manutenção da decisão. Agravo a que nega provimento. **(Inform. STF 729)**

DIREITO PROCESSUAL CIVIL. CONFLITO ENTRE COISAS JULGADAS.
Havendo conflito entre duas coisas julgadas, prevalecerá a que se formou por último, enquanto não desconstituída mediante ação rescisória. **Precedentes citados: AgRg no REsp 643.998-PE, Sexta Turma, DJe 1/2/2010; REsp 598.148-SP, Segunda Turma, DJe 31/8/2009. REsp 1.524.123-SC, Rel. Min. Herman Benjamin, julgado em 26/5/2015, DJe 30/6/2015 (Inform. STJ 565).**

DIREITO PROCESSUAL CIVIL. EFICÁCIA SUBJETIVA DA COISA JULGADA.
Não está sujeito aos efeitos de decisão reintegratória de posse proferida em processo do qual não participou o terceiro de boa-fé que, antes da citação, adquirira do réu o imóvel objeto do litígio. É certo que, segundo o disposto no art. 42, § 3º, do CPC, em se tratando de aquisição de coisa ou direito litigioso, "A sentença, proferida entre as partes originárias, estende os seus efeitos ao adquirente ou ao cessionário". Trata-se de exceção legal à regra segundo a qual a coisa julgada só opera efeito inter partes – eficácia subjetiva da coisa julgada –, prevista na primeira parte do art. 472 do CPC: "A sentença faz coisa julgada às partes entre as quais é dada, não beneficiando, nem prejudicando terceiros [...]". Entretanto, a coisa só se torna litigiosa para a parte ré após a

2. DIREITO PROCESSUAL CIVIL

citação válida, nos termos do disposto no art. 219 do CPC. Observe-se que o bem ou direito somente se torna litigioso com a litispendência, ou seja, com a lide pendente. A lide é considerada pendente, para o autor, com a propositura da ação, enquanto que, para o réu, com a citação válida. Desse modo, para o adquirente, o momento em que o bem ou direito é considerado litigioso vai variar de acordo com a posição ocupada pela parte na relação jurídica processual que sucederia. Nesse contexto, se o bem é adquirido por terceiro de boa-fé antes de configurada a litigiosidade, não há falar em extensão dos efeitos da coisa julgada ao adquirente. **REsp 1.458.741-GO, Rel. Min. Ricardo Villas Bôas Cueva, julgado em 14/4/2015, DJe 17/4/2015 (Inform. STJ 560).**

DIREITO PROCESSUAL CIVIL. CONFLITO ENTRE DUAS SENTENÇAS TRANSITADAS EM JULGADO.

É possível acolher alegação de coisa julgada formulada em sede de exceção de pré-executividade caso se verifique, na fase de execução, que o comando da sentença exequenda transitada em julgado conflita com o comando de outra sentença, anteriormente transitada em julgado, proferida em idêntica demanda. Efetivamente, existe grande polêmica na doutrina a respeito do conflito entre sentenças transitadas em julgado, especificamente no que se refere à definição de qual decisão deve prevalecer, a primeira ou a segunda. Diante da ausência de disposição específica no CPC, cabe ao intérprete colmatar essa lacuna legislativa, sempre tomando como norte a CF. Nessa tarefa integrativa, a primeira questão que se coloca é saber se a ausência de uma condição da ação causaria a invalidade ou a inexistência da sentença proferida. Consoante parte da doutrina, não há atividade jurisdicional autêntica nesse caso, mas apenas aparência de jurisdição – ou a forma externa de jurisdição –, de modo que a carência de ação conduziria à própria inexistência da sentença. Firmada essa premissa, tem-se por inexistente a segunda sentença proferida em demanda idêntica a outra já transitada em julgado, tendo em vista que o autor na segunda demanda careceria de interesse jurídico em provocar a jurisdição. A propósito, reforça essa conclusão o fato de a coisa julgada ser um pressuposto processual negativo (ou extrínseco). Ressalte-se, ademais, que persiste o entendimento de que deve prevalecer a primeira sentença também quando se tem em foco o plano da validade, ou seja, ainda que se admita o ingresso da segunda sentença no mundo jurídico como ato judicial existente. Isso porque a segunda sentença traz em si as máculas da inconstitucionalidade e da ausência de boa-fé. Superada a polêmica acerca de qual das sentenças deve prevalecer, há controvérsia também em torno do instrumento processual adequado para se alegar o vício coisa julgada. Em que pese a existência de dissenso a respeito do tema, firmada a premissa de que a segunda sentença é inexistente, cabe concluir que não há necessidade de ação rescisória, podendo-se obter a declaração de inexistência perante o próprio juízo de origem, por meio de ação ou objeção, esteja ou não transcorrido o prazo decadencial do art. 495 do CPC. **REsp 1.354.225-RS, Rel. Min. Paulo de Tarso Sanseverino, julgado em 24/2/2015, DJe 5/3/2015 (Inform. STJ 557).**

DIREITO PROCESSUAL CIVIL. EXAME MERITÓRIO PELO STJ EM SEDE RECURSAL E LIMITES SUBJETIVOS DA CAUSA.

O simples fato de a causa ter sido submetida à apreciação do STJ, por meio de recurso especial, não tem a aptidão para conferir alcance nacional à sentença proferida em ação civil pública. Isso porque o efeito substitutivo do art. 512 do CPC, decorrente do exame meritório do recurso especial, não tem o condão de modificar os limites subjetivos da causa. Caso se entendesse de modo contrário, estar-se-ia criando um novo interesse recursal, o que levaria a parte vencedora na sentença civil a recorrer até o STJ apenas para alcançar abrangência nacional. **REsp 1.114.035-PR, Rel. originário Min. Sidnei Beneti, Rel. para acórdão Min. João Otávio de Noronha, julgado em 7/10/2014. (Inform. STJ 552)**

DIREITO PROCESSUAL CIVIL. CORREÇÃO DE ERRO MATERIAL APÓS O TRÂNSITO EM JULGADO.

O magistrado pode corrigir de ofício, mesmo após o trânsito em julgado, erro material consistente no desacordo entre o dispositivo da sentença que julga procedente o pedido e a fundamentação no sentido da improcedência da ação. Isso porque o art. 463, I, do CPC permite ao magistrado a correção de erros materiais existentes na sentença, ainda que a decisão já tenha transitado em julgado, sem que se caracterize ofensa à coisa julgada. Precedentes citados: AgRg no Aresp 89.520-DF, Primeira Turma, DJe 15/8/2014; e Resp 1.294.294-RS, Terceira Turma, DJe 16/5/2014. **RMS 43.956-MG, Rel. Min. Og Fernandes, julgado em 9/9/2014. (Inform. STJ 547)**

DIREITO PROCESSUAL CIVIL. IMPOSSIBILIDADE DE PAGAMENTO DE DIVIDENDOS E JUROS SOBRE CAPITAL PRÓPRIO NÃO PREVISTOS NO TÍTULO EXECUTIVO. RECURSO REPETITIVO (ART. 543-C DO CPC E RES. 8/2008-STJ).

Não é cabível a inclusão dos dividendos ou dos juros sobre capital próprio no cumprimento da sentença condenatória à complementação de ações sem expressa previsão no título executivo. Essa questão envolve o princípio da imutabilidade da coisa julgada, que tem sede constitucional. Por essa razão, a jurisprudência desta Corte Superior tem sido unânime em vedar a possibilidade de execução, quer dos dividendos, quer dos JCP, sem previsão expressa no título executivo. Precedentes citados: AgRg nos EDcl no AREsp 106.937-RS, Quarta Turma, DJe 10/9/2012; AgRg no REsp 1.261.874-RS, Terceira Turma, DJe 5/3/2014. **REsp 1.373.438-RS, Rel. Min. Paulo de Tarso Sanseverino, julgado em 11/6/2014. (Inform. STJ 542)**

DIREITO PROCESSUAL CIVIL. AUSÊNCIA DE PRECLUSÃO DA DECISÃO QUE FIXA MULTA COMINATÓRIA. RECURSO REPETITIVO (ART. 543-C DO CPC E RES. 8/2008 DO STJ).

A decisão que comina *astreintes* não preclui, não fazendo tampouco coisa julgada. A jurisprudência do STJ é pacífica no sentido de que a multa cominatória não integra a coisa julgada, sendo apenas um meio de coerção indireta ao cumprimento do julgado, podendo ser cominada, alterada ou suprimida posteriormente. Precedentes citados: REsp 1.019.455-MT, Terceira Turma, DJe 15/12/2011; e AgRg no AREsp 408.030-RS, Quarta Turma, DJe 24/2/2014. **REsp 1.333.988-SP, Rel. Min. Paulo de Tarso Sanseverino, julgado em 9/4/2014. (Inform. STJ 539)**

DIREITO PROCESSUAL CIVIL. PAGAMENTO DE DIFERENÇAS REMUNERATÓRIAS EM FOLHA SUPLEMENTAR.

Devem ser adimplidas por meio de folha suplementar – e não por precatório – as parcelas vencidas após o trânsito em julgado que decorram do descumprimento de decisão judicial que tenha determinado a implantação de diferenças remuneratórias em folha de pagamento de servidor público. Precedentes citados: REsp 862.482-RJ, Quinta Turma, DJe 13/4/09; e REsp 1.001.345-RJ, Quinta Turma, DJe 14/12/09. **AgRg no Ag 1.412.030-RJ, Rel. Min. Arnaldo Esteves Lima, julgado em 27/8/2013. (Inform. STJ 529)**

DIREITO CIVIL E PROCESSUAL CIVIL. NÃO VINCULAÇÃO DO JUÍZO CÍVEL À SENTENÇA PENAL ABSOLUTÓRIA FUNDAMENTADA NA FALTA DE PROVAS PARA A CONDENAÇÃO OU AINDA NÃO TRANSITADA EM JUGADO.

A sentença penal absolutória, tanto no caso em que fundamentada na falta de provas para a condenação quanto na hipótese em que ainda não tenha transitado em julgado, não vincula o juízo cível no julgamento de ação civil reparatória acerca do mesmo fato. O art. 935 do CC consagra, de um lado, a independência entre a jurisdição cível e a penal; de outro, dispõe que não se pode mais questionar a existência do fato, ou sua autoria, quando a questão se encontrar decidida no juízo criminal. Dessa forma, tratou o legislador de estabelecer a existência de uma autonomia relativa entre essas esferas. Essa relativização da independência de jurisdições se justifica em virtude de o direito penal incorporar exigência probatória mais rígida para a solução das questões submetidas a seus ditames, sobretudo em decorrência do princípio da presunção de inocência. O direito civil, por sua vez, parte de pressupostos diversos. Neste, autoriza-se que, com o reconhecimento de culpa, ainda que levíssima, possa-se conduzir à responsabilização do agente e, consequentemente, ao dever de indenizar. O juízo cível é, portanto, menos rigoroso do que o criminal no que concerne aos pressupostos da condenação, o que explica a possibilidade de haver decisões aparentemente conflitantes em ambas as esferas. Além disso, somente as questões decididas definitivamente no juízo criminal podem irradiar efeito vinculante no juízo cível. Nesse contexto, pode-se afirmar, conforme interpretação do art. 935 do CC, que a ação em que se discute a reparação civil somente estará prejudicada na hipótese de a sentença penal absolutória fundamentar-se, em definitivo, na inexistência do fato ou na negativa de autoria. **Precedentes citados: AgRg nos EDcl no REsp 1.160.956-PA, Primeira Turma, DJe 7/5/2012, e REsp 879.734-RS, Sexta Turma, DJe 18/10/2010. REsp 1.164.236-MG, Rel. Min. Nancy Andrighi, julgado em 21/2/2013. (Inform. STJ 517).**

📖 Súmula STJ nº 490

A dispensa de reexame necessário, quando o valor da condenação ou do direito controvertido for inferior a sessenta salários mínimos, não se aplica a sentenças ilíquidas.

10.5. Liquidação de sentença

DIREITO PROCESSUAL CIVIL. PAGAMENTO DE HONORÁRIOS PERICIAIS EM LIQUIDAÇÃO DE SENTENÇA. RECURSO REPETITIVO (ART. 543-C DO CPC E RES. 8/2008-STJ). Na fase autônoma de liquidação de sentença (por arbitramento ou por artigos), incumbe ao devedor a antecipação dos honorários periciais. Com efeito, na fase de conhecimento, o ônus relativo ao pagamento dos honorários periciais é distribuído entre as partes de acordo com os arts. 19, 20 e 33 do CPC. Em razão dos referidos dispositivos legais, as despesas para a prática de atos processuais são antecipadas pela parte neles interessada (arts. 19 e 33 do CPC), mas o débito relativo a esses gastos sempre é imputado, no final do processo, à parte vencida, perdedora da demanda (art. 20 do CPC). Nesse passo, o art. 33 do CPC, que atribui ao autor da ação o encargo de antecipar os honorários periciais nas hipóteses em que a perícia é determinada a requerimento de ambas as partes, deve ser interpretado sistematicamente com o art. 20 do mesmo diploma legal, que imputa o débito ao vencido. Assim, se o débito é imputado ao vencido, e já se sabe quem o foi na demanda, não faz sentido atribuir a antecipação da despesa ao vencedor para depois imputá-la ao vencido. É mais adequado e efetivo imputar o encargo diretamente a quem deve suportá-lo. Desse modo, as regras dos arts. 19 e 33 têm aplicabilidade somente até o trânsito em julgado da sentença. Após isso, incide diretamente a regra do art. 20 do CPC, que imputa os encargos ao derrotado (REsp 993.559-RS, Quarta Turma, DJe 10/11/2008; e REsp 117.976-SP, Quinta Turma, DJ 29/11/1999). Ademais, conforme entendimento doutrinário a respeito do tema, o processo não pode causar prejuízo a quem "tem razão". Ora, depois de transitada em julgado a sentença condenatória, já se tem definição sobre quem "tem razão". Assim, o autor da liquidação de sentença não deve antecipar os honorários periciais, pois o processo não lhe pode causar diminuição patrimonial, na medida em que se sagrou vencedor no processo de conhecimento. Ademais, numa visão solidarista do processo, não parece adequado dizer que apenas o autor tenha interesse na liquidação do julgado. A reforma processual advinda da Lei 11.232/2005 evidencia, em vários dispositivos legais, que ambas as partes têm o dever de cooperação na fase de cumprimento do julgado, em respeito à autoridade das decisões judiciais. O art. 475-J do CPC, por exemplo, comina multa ao devedor que não pague espontaneamente a condenação no prazo de 15 dias, denotando que a conduta legitimamente esperada do vencido é o cumprimento espontâneo do julgado. Outro exemplo é o art. 475-L do CPC, que obriga o devedor a indicar a quantia que entende devida ao credor, quando for alegado excesso de execução. Depreende-se desses e de outros dispositivos legais que a lei presume o interesse do devedor no cumprimento do julgado, de forma que eventual conduta contrária não pode ser amparada pelo direito. Na verdade, o interesse no cumprimento da sentença transitada em julgado é de ambas as partes. **REsp 1.274.466-SC, Rel. Min. Paulo de Tarso Sanseverino, julgado em 14/5/2014. (Inform. STJ 541)**

DIREITO PROCESSUAL CIVIL. DEFINIÇÃO DO TERMO INICIAL DOS JUROS MORATÓRIOS EM SEDE DE LIQUIDAÇÃO. Quando não houver, na sentença condenatória, definição do termo inicial para a contabilização dos juros moratórios decorrentes do inadimplemento de obrigação contratual, dever-se-á adotar na liquidação, como marco inicial, a citação válida do réu no processo de conhecimento. Preliminarmente, cumpre destacar que, apesar da omissão, os juros moratórios devem ser incluídos na liquidação, nos termos da Súmula 254 do STF. Nesse contexto, aplica-se o entendimento do STJ segundo o qual, na responsabilidade contratual, os juros moratórios devem ser aplicados a partir da citação inicial do réu, nos termos do art. 405 do CC (AgRg no REsp 142.807-DF, Quarta Turma, DJe 2/6/2014; e EDcl nos EDcl no AgRg no REsp 1.023.728-RS, Segunda Turma, DJe 17/5/2011). **REsp 1.374.735-RS, Rel. Min. Luis Felipe Salomão, julgado em 5/8/2014. (Inform. STJ 545)**

DIREITO PROCESSUAL CIVIL. LIQUIDAÇÃO POR ARTIGOS EM REPETIÇÃO DE INDÉBITO DE CONTRIBUIÇÃO AO PIS PAGA A MAIOR. Em sede de execução contra a fazenda pública, far-se-á a liquidação por artigos na hipótese em que, diante da insuficiência de documentos nos autos, for necessária a realização de análise contábil para se chegar ao valor a ser restituído a título de contribuição ao PIS paga a maior. Isso porque, nos termos do art. 608 do CPC, "Far-se-á liquidação por artigos, quando, para determinar o valor da condenação, houver necessidade de alegar e provar fato novo." Precedentes citados: REsp 780.238-RS, Primeira Turma, DJ 6/3/2006; REsp 443.104-PE, Primeira Turma, DJ 9/12/2002; e AgRg no REsp 135.409-DF, Primeira Turma, julgado em 20/2/2001, DJ 11/6/2001. **EREsp 1.245.478-AL, Rel. Min. Eliana Calmon, julgado em 11/9/2013. (Inform. STJ 529)**

10.6. Ações Anulatória e Rescisória

AG. REG. NA AR N. 1.798-PE
RELATOR: MIN. MARCO AURÉLIO
AÇÃO RESCISÓRIA – OBJETO – DECISÃO DE MÉRITO – AUSÊNCIA. A ausência de apreciação do mérito direciona à negativa de seguimento ao pedido formulado na rescisória. **(Inform. STF 800)**

AG. REG. NA Pet N. 5.592-DF
RELATOR: MIN. LUIZ FUX
Ementa: AGRAVO REGIMENTAL NA PETIÇÃO. TENTATIVA DE NOVA REDISCUSSÃO DO QUE JÁ ASSENTADO POR ESTA CORTE EM RECURSO EXTRAORDINÁRIO E EM POSTERIOR AÇÃO RESCISÓRIA. INADEQUAÇÃO DA VIA PROCESSUAL ELEITA. AÇÃO MANIFESTAMENTE INCABÍVEL. A CLASSE PROCESSUAL DE PETIÇÃO NÃO PODE SE CARACTERIZAR COMO SUCEDÂNEO RECURSAL, NOTADAMENTE QUANDO PRETENDE REDISCUTIR A MESMA QUESTÃO JURÍDICA JÁ ASSENTADA TANTO EM AÇÃO ORIGINAL QUANTO EM RESCISÓRIA. AGRAVO REGIMENTAL A QUE SE NEGA PROVIMENTO.
1. A ação rescisória – e quanto mais o seus sucedâneos recursais – é via processual inadequada à mera rediscussão de matérias já assentadas pelo Tribunal à época do julgamento do qual decorreu a decisão que se quer ver desconstituída. Precedentes: AR 2.017, rel. Min. Luiz Fux, DJe de 17/4/2015; AR 2.304-AgR, rel. Min. Luiz Fux, Primeira Turma, DJe de 5/3/2015; AR 1.063, rel. Min. Néri da Silveira, Pleno, DJ de 25/8/1995; AR 973, rel. Min. Néri da Silveira, Pleno, DJ de 30/4/1992.
2. In casu, a discussão que se propõe tem sido objeto de apreciação pelo Judiciário desde a ação original, bem como pela posterior ação rescisória. Assim, nota-se que o autor apenas pretende rediscutir alegações já expendidas durante o curso do processo original, as quais já foram objeto de análise detida desta Corte, tanto no processo original, quando em sede rescisória; providência descabida neste momento processual.
3. Agravo regimental a que se nega provimento. **(Inform. STF 790)**

Ação rescisória e revisão geral anual de vencimentos
O Plenário, por maioria, não conheceu de ação rescisória ajuizada, com fundamento no art. 485, V, do CPC ("Art. 485. A sentença de mérito, transitada em julgado, pode ser rescindida quando: ... V - violar literal disposição de lei"), em face de decisão monocrática que dera provimento ao RE 560.077/SC. Na espécie, pleiteava-se o restabelecimento de acórdão, objeto do referido recurso extraordinário, no qual fora deferido pedido de indenização por danos materiais, formulado por servidor público, em razão de alegada omissão do titular do Poder Executivo em encaminhar projeto de lei de revisão geral anual da remuneração dos servidores federais, a teor do disposto no art. 37, X, da CF. O autor da rescisória sustentava que a matéria não estaria uniformizada pela jurisprudência do STF, destacando a repercussão geral reconhecida no RE 424.584/MG e no RE 565.089/SP, ainda pendente de apreciação. O Tribunal reiterou o quanto decidido no RE 590.809/RS (DJe de 24.11.2014) no sentido do não cabimento de ação rescisória de decisões proferidas em harmonia com a jurisprudência do STF, ainda que viesse a ocorrer alteração posterior do seu entendimento sobre a matéria. Tratar-se-ia, no caso, de ação rescisória manifestamente incabível, porquanto fundada exclusivamente em possível e eventual alteração na jurisprudência do STF sobre o tema. Vencido o Ministro Marco Aurélio (relator), que julgava procedente o pedido para rescindir a decisão proferida no RE 560.077/SC, restabelecendo o acórdão do TRF, considerada a responsabilidade civil do Estado pela omissão inconstitucional, a conflitar com a Constituição Federal.
AR 2199/SC, rel. Min. Marco Aurélio, red. p/ o acórdão Min. Gilmar Mendes, 23.4.2015. (AR-2199) (Inform. STF 782)

Cabimento de ação rescisória e alteração de jurisprudência - 1
O Plenário iniciou julgamento de recurso extraordinário em que se discute o cabimento de ação rescisória para desconstituir decisão — firmada com base na jurisprudência então prevalecente no STF — em decorrência de posterior mudança de entendimento desta Corte sobre a matéria. No caso, o acórdão rescindendo, em 2.3.2004, assentara o direito do contribuinte aos créditos presumidos de IPI alusivos a insumos e matérias-primas adquiridos sob o regime de isenção, de alíquota zero e não tributado, em atenção aos precedentes do STF relativos à controvérsia (RE 212.484/RS, DJU de 27.11.1998; RE 350.446/PR, DJU de 6.6.2003; RE 353.668/PR, DJU de 13.6.2003; e RE 357.277/RS, DJU de 13.6.2003). Em 25.6.2007, o STF alterara a posição adotada para proclamar a ausência de direito ao

2. DIREITO PROCESSUAL CIVIL   101

aludido crédito (RE 353.657/PR, DJe de 7.3.2008; e RE 370.682/SC, DJe de 19.12.2007). O tribunal "a quo", com esteio na nova orientação jurisprudencial, julgara procedente o pleito formulado em ação rescisória para prevalecer o último entendimento do STF. O Ministro Marco Aurélio (relator) deu provimento ao recurso extraordinário para assentar a improcedência do pedido rescisório e manter incólume o acórdão rescindendo no tocante ao direito da recorrente ao referido crédito do IPI. Inicialmente, asseverou que a alegada decadência da ação rescisória intentada pelo Fisco não poderia ser apreciada por não ter sido tratada no recurso extraordinário. Em seguida, afirmou não haver dúvida de que o acórdão rescindendo estaria em conflito com o entendimento atual do STF a respeito da questão de fundo, o que não implicaria, necessariamente, a procedência do pedido rescisório. Refutou a assertiva de que o Enunciado 343 da Súmula do STF ("Não cabe ação rescisória por ofensa a literal disposição de lei, quando a decisão rescindenda se tiver baseado em texto legal de interpretação controvertida nos tribunais") deveria ser afastado, aprioristicamente, em caso de matéria constitucional. Rememorou voto em que reconhecera a aplicação do aludido Enunciado na hipótese em que os pronunciamentos das Turmas do STF tivessem sido na mesma linha das decisões rescindendas, ainda que houvesse definição da controvérsia pelo Plenário em outro sentido, após a formação da coisa julgada. Salientou não ocorrer, nessa situação, violência à literalidade de lei, ainda que fosse discutida matéria constitucional.
RE 590809/RS, rel. Min. Marco Aurélio, 11.9.2014. (RE-590809)

Cabimento de ação rescisória e alteração de jurisprudência - 2
O relator sublinhou que a rescisória deveria ser reservada a situações excepcionalíssimas, ante a natureza de cláusula pétrea conferida pelo constituinte ao instituto da coisa julgada. Disso decorreria a necessária interpretação e aplicação estrita dos casos previstos no art. 485 do CPC, incluído o constante do inciso V ("Art. 485. A sentença de mérito, transitada em julgado, pode ser rescindida quando: ... V - violar literal disposição de lei"). Ressaltou que, diante da razão de ser do Verbete 343 da Súmula do STF, não se trataria de defender o afastamento da rescisória — presente qualquer grau de divergência jurisprudencial, mas de prestigiar a coisa julgada se, quando formada, o teor da solução do litígio dividisse a interpretação dos tribunais pátrios ou, com maior razão, se contasse com entendimento do Plenário do próprio STF favorável à tese adotada. Frisou que, com muitas reservas, poderia se cogitar do afastamento do mencionado enunciado sumular em favor do manejo da rescisória para evitar decisão judicial transitada em julgado fundada em norma proclamada inconstitucional pelo STF, se a declaração tivesse efeito "erga omnes". Consignou, entretanto, que esse não seria o caso ora examinado. Observou que se pretendia utilizar a ação rescisória como mecanismo de uniformização da interpretação da Constituição, particularmente, do princípio constitucional da não cumulatividade no tocante ao IPI, sem que fosse observada a garantia da coisa julgada material. Por sua vez, o Ministro Dias Toffoli deu provimento ao recurso extraordinário, mas para declarar a decadência da propositura da ação rescisória. Pontuou que a contagem de prazo para o manejo da ação rescisória seria matéria de ordem pública, razão pela qual poderia ser apreciada pelo julgador mesmo que não suscitada nas razões do recurso extraordinário. Acresceu não haver dúvida de que a rescisória fora proposta, passado mais de dois anos da publicação do acórdão rescindendo. Enfatizou que os recursos especial e extraordinário interpostos pela Fazenda Pública teriam sido inadmitidos por intempestividade. Ponderou que a intempestividade fora confirmada no julgamento do agravo de instrumento pelo STJ. Rememorou que, no STF, o agravo de instrumento não fora conhecido por deficiência na sua formação. Assim, o trânsito em julgado dos acórdãos do STF e do STJ não poderia ser considerado como marco inicial para o ajuizamento da ação rescisória. Em seguida, pediu vista a Ministra Cármen Lúcia.
RE 590809/RS, rel. Min. Marco Aurélio, 11.9.2014. (RE-590809)

Cabimento de ação rescisória e alteração de jurisprudência - 3
Não cabe ação rescisória em face de acórdão que, à época de sua prolação, estiver em conformidade com a jurisprudência predominante do STF. Com base nesse entendimento, o Plenário, por maioria, proveu recurso extraordinário para assentar a improcedência do pedido rescisório e manter incólume o acórdão rescindendo no tocante ao direito da recorrente a crédito do IPI. No recurso, discutia-se o cabimento de ação rescisória para desconstituir decisão — firmada com base na jurisprudência então prevalecente no Supremo — em decorrência de posterior mudança de entendimento dessa Corte

sobre a matéria — v. Informativo 758. Inicialmente, o Tribunal asseverou que a alegada decadência da ação rescisória intentada pelo Fisco não poderia ser apreciada por não ter sido tratada no recurso extraordinário. Em seguida, afirmou não haver dúvida de que o acórdão rescindendo estaria em conflito com a orientação atual do STF a respeito da questão de fundo, o que não implicaria, necessariamente, a procedência do pedido rescisório. Refutou a assertiva de que o Enunciado 343 da Súmula do STF ("Não cabe ação rescisória por ofensa a literal disposição de lei, quando a decisão rescindenda se tiver baseado em texto legal de interpretação controvertida nos tribunais") deveria ser afastado, aprioristicamente, em caso de matéria constitucional.
RE 590809/RS, rel. Min. Marco Aurélio, 22.10.2014. (RE-590809)

Cabimento de ação rescisória e alteração de jurisprudência - 4
O Tribunal sublinhou que a rescisória deveria ser reservada a situações excepcionalíssimas, ante a natureza de cláusula pétrea conferida pelo constituinte ao instituto da coisa julgada. Dessa forma, a interpretação e a aplicação dos casos previstos no art. 485 do CPC, incluído o constante do inciso V ("Art. 485. A sentença de mérito, transitada em julgado, pode ser rescindida quando: ... V - violar literal disposição de lei") deveriam ser restritivas. Além disso, a coisa julgada deveria ser prestigiada, diante da razão de ser do Verbete 343 da Súmula do STF, mesmo que a solução do litígio dividisse a interpretação dos tribunais pátrios, com maior razão ela deveria ser venerada se contasse com entendimento do Plenário do STF favorável à tese adotada. A ação rescisória não serviria como mecanismo de uniformização da interpretação da Constituição sem que fosse observada a garantia da coisa julgada material. Por sua vez, o Ministro Dias Toffoli proveu o recurso extraordinário, mas por fundamento diverso, qual seja, para declarar a decadência da propositura da ação rescisória. Pontuou que a contagem de prazo para o manejo da ação rescisória seria matéria de ordem pública, razão pela qual poderia ser apreciada pelo julgador mesmo que não suscitada nas razões do recurso extraordinário. Acresceu não haver dúvida de que a rescisória fora proposta após mais de dois anos da publicação do acórdão rescindendo. Vencidos os Ministros Teori Zavascki e Gilmar Mendes, que negavam provimento ao recurso. Frisavam que o acolhimento da pretensão recursal agora deduzida importaria em rescindir o acórdão do recurso extraordinário que teria alterado a jurisprudência sobre a matéria. Salientavam que, na oportunidade, a Corte decidira não modular os efeitos da decisão.
RE 590809/RS, rel. Min. Marco Aurélio, 22.10.2014. (RE-590809) (Inform. STF 764)

Tutela antecipada em ação rescisória
O Plenário negou provimento a agravo regimental interposto de decisão que indeferira tutela antecipada em ação rescisória, na qual se pleiteava a desconstituição do aresto rescindendo para prevalecer a liminar implementada na ADPF 130/DF (DJe de 26.2.2010). No caso, a agravante fora condenada a indenizar a agravada por danos morais pela publicação de reportagem em revista de grande circulação. Contra essa decisão, interpusera apelação que, provida, resultara na improcedência do pedido formulado na inicial. A agravada, então, manejara recurso extraordinário em que alegara a deserção da apelação, tendo em vista o não recolhimento do depósito da quantia correspondente à indenização, garantia prevista na Lei 5.250/1967 (Lei de Imprensa). O recurso extraordinário fora acolhido sob a fundamentação de que seria constitucional a necessidade de depósito prévio, no valor da condenação, como pressuposto para apelar nas ações indenizatórias fundadas na Lei de Imprensa. Esse acórdão transitara em julgado. A agravante reiterava pretensão no sentido do afastamento da constrição dos valores relativos ao acórdão rescindendo. A Corte assentou que a concessão de tutela antecipada em ação rescisória seria medida excepcionalíssima. Afirmou não se poder vislumbrar relevância em situação concreta na qual órgão do STF assentara certo entendimento para, em sede de ação rescisória, implementar a tutela antecipada. O Ministro Teori Zavascki, além de negar provimento ao agravo regimental, desde logo, julgava extinto o processo de ofício, nos termos do art. 267, VI, § 3º, e do art. 301, X, § 4º, do CPC. Pontuava que a ação rescisória teria óbice intransponível de cabimento, já que se trataria de ação contra sentença que não examinara o mérito. Frisava que o acórdão se limitara a afirmar a constitucionalidade do pressuposto recursal então exigível às apelações deduzidas em demandas reguladas pela extinta Lei de Imprensa, mas não adiantara qualquer manifestação sobre o mérito.
AR 2125 AgR/SP, rel. Min. Marco Aurélio, 14.5.2014. (AR-2125) (Inform. STF 746)

Ação rescisória e executoriedade autônoma de julgados - 1

Conta-se o prazo decadencial de ação rescisória, nos casos de existência de capítulos autônomos, do trânsito em julgado de cada decisão. Essa a conclusão da 1ª Turma, que proveu recurso extraordinário para assentar a decadência do direito e, por conseguinte, negar seguimento ao pedido rescisório. Discutia-se a conceituação da coisa julgada e o momento preciso em que ocorre o fenômeno, considerado o início da fluência do prazo decadencial para a propositura da ação rescisória. Na espécie, o STJ considerara que o termo inicial para a propositura da ação rescisória seria a partir do trânsito em julgado da última decisão proferida nos autos, ao fundamento de que não se poderia falar em fracionamento da sentença ou acórdão, o que afastaria a possibilidade de seu trânsito em julgado parcial. Aquele Tribunal apontara o caráter unitário e indivisível da causa e consignara a inviabilidade do trânsito em julgado de partes diferentes do acórdão rescindendo. Afirmara que o prazo para propositura de demanda rescisória começaria a fluir a partir da preclusão maior atinente ao último pronunciamento. Com essas premissas, o STJ dera provimento a recurso especial do Banco Central - Bacen para admitir o pedido rescisório, afastada a decadência reconhecida no TRF. Na origem, o TRF acolhera, em parte, pleito indenizatório formulado por corretora de valores em desfavor do Bacen. Deferira os danos emergentes e afastara os lucros cessantes, o que ensejara recurso especial por ambas as partes. O recurso do Bacen tivera sua sequência obstada pelo relator, desprovido o agravo regimental, com trânsito em julgado em 8.2.1994. O recurso especial da corretora de valores, que versava a matéria dos lucros cessantes, fora conhecido e desprovido, e sua preclusão ocorrera em 10.8.1994. O Bacen ajuizara a rescisória em 3.6.1996. No recurso extraordinário, alegava-se que o STJ, ao dar provimento ao especial e ao admitir a ação rescisória, teria olvidado, além da garantia da coisa julgada, os princípios da segurança jurídica e da celeridade processual.

RE 666589/DF, rel. Min. Marco Aurélio, 25.3.2014. (RE-666589)

Ação rescisória e executoriedade autônoma de julgados - 2

A Turma consignou que, ao contrário do que alegado pelo Bacen, a matéria discutida nos autos teria natureza constitucional (CF, art. 5º, XXXVI). Asseverou que as partes do julgado que resolvem questões autônomas formariam sentenças independentes entre si, passíveis de serem mantidas ou reformadas sem dano para as demais. Ponderou que unidades autônomas de pedidos implicariam capítulos diferentes que condicionariam as vias de impugnação disponibilizadas pelo sistema normativo processual, consistentes em recursos parciais ou interpostos por ambos os litigantes em face do mesmo ato judicial formalmente considerado. Lembrou que, em recente julgamento, o STF concluíra pela executoriedade imediata de capítulos autônomos de acórdão condenatório e declarara o respectivo trânsito em julgado, excluídos aqueles capítulos que seriam objeto de embargos infringentes (AP 470 Décima Primeira-QO/MG, DJe de 19.2.2014). Destacou que esse entendimento estaria contido nos Enunciados 354 ("Em caso de embargos infringentes parciais, é definitiva a parte da decisão embargada em que não houve divergência na votação") e 514 ("Admite-se ação rescisória contra sentença transitada em julgado, ainda que contra ela não se tenha esgotado todos os recursos") da Súmula do STF. Frisou que o STF admitiria a coisa julgada progressiva, ante a recorribilidade parcial também no processo civil. Sublinhou que a coisa julgada, reconhecida no art. 5º, XXXVI, da CF como cláusula pétrea, constituiria aquela que pudesse ocorrer de forma progressiva quando fragmentada a sentença em partes autônomas. Assinalou que, ao ocorrer, em datas diversas, o trânsito em julgado de capítulos autônomos da sentença ou do acórdão, ter-se-ia a viabilidade de rescisórias distintas, com fundamentos próprios. Enfatizou que a extensão da ação rescisória não seria dada pelo pedido, mas pela sentença, que comporia o pressuposto da rescindibilidade. Mencionou, ademais, o inciso II do Verbete 100 da Súmula do TST ("Havendo recurso parcial no processo principal, o trânsito em julgado dá-se em momentos e em tribunais diferentes, contando-se o prazo decadencial para a ação rescisória do trânsito em julgado de cada decisão, salvo se o recurso tratar de preliminar ou prejudicial que possa tornar insubsistente a decisão recorrida, hipótese em que flui a decadência a partir do trânsito em julgado da decisão que julgar o recurso parcial"). Esclareceu que a data de 8.2.1994 corresponderia ao termo inicial do prazo decadencial para o ajuizamento da ação rescisória, e não a de 20.6.1994, referente à preclusão da última decisão. Assim, formalizada a rescisória em 6.6.1996, estaria evidenciada a decadência do pleito. Outros precedentes citados: AR 903/SP (DJU de 17.9.1982) e AC 112/RN (DJe de 4.2.2005).

RE 666589/DF, rel. Min. Marco Aurélio, 25.3.2014. (RE-666589) (Inform. STF 740)

DIREITO PROCESSUAL CIVIL. PRAZO DECADENCIAL PARA AJUIZAMENTO DE AÇÃO ANULATÓRIA NO PROCEDIMENTO ARBITRAL.

No procedimento arbitral, o prazo decadencial de noventa dias para o ajuizamento de ação anulatória (art. 33, § 1º, da Lei 9.307/1996) em face de sentença arbitral parcial conta-se a partir do trânsito em julgado desta, e não do trânsito em julgado da sentença arbitral final. De plano, afigura-se de suma relevância consignar que, no âmbito do procedimento arbitral, nos termos da Lei 9.307/1996 (antes mesmo das alterações promovidas pela Lei 13.129/2015), inexiste qualquer óbice à prolação de sentença arbitral parcial. Efetivamente, a possibilidade de prolação de sentença arbitral parcial, há muito admitida no Direito Comparado e expressamente prevista nos principais regulamentos de arbitragem internacionais (dentre eles, citam-se: da UNCITRAL – United Nations Commission on International Trade Law, art. 32.1; da ICC – International Court of Arbitration, art. 2 (iii); da AAA – International Centre for Dispute Resolution, art. 27.7; e da LCIA – London Court of International Arbitration, art. 26.7), encontrava, no país, antes da Lei 11.232/2005, alguma resistência de alguns autores, em virtude, não raro, da inevitável comparação com o processo judicial então em vigor. Todavia, após a Reforma instituída pela Lei 11.232/2005, pela qual se afastou da definição de sentença o critério "exclusivamente" topográfico (extinção do processo), reportando-se ao conteúdo das matérias vertidas nos arts. 267 e 269 do CPC, tornou-se insubsistente o argumento de parte da doutrina nacional, que não admitia a prolação de sentença parcial no âmbito do procedimento arbitral em virtude da literalidade do art. 29 da Lei 9.307/1996 ("Proferida a sentença arbitral, dá-se por finda a arbitragem..."). Não se olvidam, tampouco se afastam, as vantagens de se traçar um paralelo entre o processo judicial e a arbitragem, notadamente por se tratar efetivamente de ramos do Direito Processual. E, desse modo, natural que do processo judicial se extraiam as principais noções e, muitas vezes, elementos seguros para solver relevantes indagações surgidas no âmbito da arbitragem, de modo a conceder às partes tratamento isonômico e a propiciar-lhes o pleno contraditório e a ampla defesa. Por consectário, vislumbra-se, em certa medida, a salutar harmonia dos institutos processuais incidentes no processo judicial com aqueles aplicáveis à arbitragem. Isso, todavia, não autoriza o intérprete a compreender que a arbitragem – regida por princípios próprios (notadamente o da autonomia da vontade e o da celeridade da prestação jurisdicional) – deva observar necessária e detidamente os regramentos disciplinadores do processo judicial, sob pena de desnaturar-se esse importante modo de heterocomposição. Há que se preservar, portanto, as particularidades de cada qual. É justamente com este enfoque que se deve examinar a admissão da prolação de sentença parcial no âmbito do procedimento arbitral, assim como sua adequação com o sistema processual vigente. E, o fazendo, pode-se afirmar com segurança que o julgamento fatiado da causa afigura-se adequado, viável e condizente com o sistema processual posto (inclusive pela Lei 11.232/2005). Portanto, em consonância com o sistema processual vigente, absolutamente admissível que, no âmbito do procedimento arbitral, os árbitros profiram decisão (sentença) que resolva a causa parcialmente, compreendida esta como o decisum que reconhece ou não o direito alegado pela parte (sentença de mérito), ou que repute ausente pressupostos ou condições de admissibilidade da tutela jurisdicional pretendida (sentença terminativa). Naturalmente, levando-se em conta as peculiaridades do processo arbitral, a decisão (sentença) que decide a causa, total ou parcialmente, não pode ser impugnada por meio de recursos (com exceção, é certo, dos embargos aclaratórios), mas apenas pela estreita via da ação anulatória, justamente em função da celeridade e da segurança jurídica da prestação jurisdicional perseguida pelas partes signatárias. Não obstante, a simples disparidade de forma pela qual a decisão (sentença) parcial é impugnada nos processos judicial e arbitral não consubstancia justificativa idônea para inadmiti-la neste último. Com base em tais premissas, e em se transportando a definição de sentença ofertada pela Lei 11.232/2005 à Lei 9.307/1996, é de se reconhecer a absoluta admissão, no âmbito do procedimento arbitral, de se prolatar sentença parcial, compreendida esta como o ato dos árbitros que, em definitivo (ou seja, finalizando a arbitragem na extensão do que restou decidido), resolve parte da causa, com fundamento na existência ou não do direito material alegado pelas partes ou na ausência dos pressupostos de admissibilidade da tutela jurisdicional pleiteada. Nesse passo, a sentença parcial arbitral resolve parte da causa em definitivo, ou seja, finaliza a arbitragem na extensão do que restou decidido, sendo, portanto, apta, no ponto, à formação da coisa julgada. Nessa medida, a ação anulatória destinada a infirmá-la – único meio admitido de impugnação do decisum – deve ser intentada de imediato, sob pena de a questão decidida tornar-se imutável, porquanto não mais passível de anulação pelo Poder Judiciário, a obstar, por conseguinte, que o Juízo arbitral profira nova decisão sobre a matéria. Não há, dessa maneira, qualquer argumento idôneo a autorizar a compreensão de que a impugnação ao comando da sentença parcial arbitral, por meio da competente ação anulatória, poderia ser engendrada somente por ocasião da prolação da sentença arbitral final. Sob o enfoque da celeridade, da efetividade e da segurança jurídica especialmente perseguidas pelas partes signatárias de um compromisso arbitral, absolutamente contraproducente a adoção de tal postura. De fato, encontrando-se determinado capítulo da causa maduro para ser julgado, não haveria razão para que a correlata matéria não fosse desde logo decidida. E, uma vez resolvida a questão em sentença parcial, caso esta venha a ser anulada, salutar que o referido provimento judicial seja exarado o quanto antes a fim de não comprometer ainda mais o procedimento arbitral. A justificar, ainda, a imediata impugnação, é de suma relevância reconhecer que a questão decidida pela sentença arbitral parcial encontrar-se-á definitivamente julgada, não podendo ser objeto de ratificação e muito menos de modificação pela sentença arbitral final, exigindo-se de ambas, por questão de lógica, naturalmente, coerência, tão-somente. Não bastassem tais considerações, suficientes em si, para lastrear a compreensão de que a impugnação da sentença parcial, por meio de ação anulatória, deve ser exercida pela parte sucumbente imediatamente à sua prolação, é de se reconhecer, também e principalmente, que tal incumbência decorre da própria lei de regência (Lei 9.307/1996, inclusive antes das alterações promovidas pela Lei 13.129/2015), que, no § 1º do art. 33, estabelece o prazo decadencial de 90 (noventa dias) para anular a sentença arbitral. Nesse contexto, compreendendo-se sentença arbitral como gênero, do qual a parcial e a definitiva são espécies, o prazo previsto no aludido dispositivo legal aplica-se a estas, indistintamente. **REsp 1.519.041–RJ, Rel. Min. Marco Aurélio Bellizze, julgado em 1º/9/2015, DJe 11/9/2015 (Inform. STJ 568).**

DIREITO PROCESSUAL CIVIL. IMPUGNAÇÃO AO VALOR DA CAUSA EM AÇÃO RESCISÓRIA.
Em sede de ação rescisória, o valor da causa, em regra, deve corresponder ao da ação principal, devidamente atualizado monetariamente, exceto se houver comprovação de que o benefício econômico pretendido está em descompasso com o valor atribuído à causa, hipótese em que o impugnante deverá demonstrar, com precisão, o valor correto que entende devido para a ação rescisória, instruindo a inicial da impugnação ao valor da causa com os documentos necessários à comprovação do alegado. **Precedentes citados: Pet 8.707-GO, Segunda Seção, DJe 29/8/2014; EDcl na Pet 5.541-SP, Terceira Seção, DJe 11/2/2010; e AgRg na AR 4.277-DF, Primeira Seção, DJe 10/11/2009. PET 9.892-SP, Rel. Min. Luis Felipe Salomão, julgado em 11/2/2015, DJe 3/3/2015 (Inform. STJ 556).**

DIREITO PROCESSUAL CIVIL. PRORROGAÇÃO DO TERMO FINAL DO PRAZO PARA AJUIZAMENTO DA AÇÃO RESCISÓRIA. RECURSO REPETITIVO (ART. 543-C DO CPC E RES. 8/2008-STJ).
O termo final do prazo decadencial para propositura de ação rescisória deve ser prorrogado para o primeiro dia útil subsequente quando recair em data em que não haja funcionamento da secretaria do juízo competente. Preliminarmente, tendo em vista que o art. 495 do CPC dispõe que "o direito de propor ação rescisória se extingue em dois anos, contados do trânsito em julgado da decisão", cabe examinar a data do trânsito em julgado da decisão, a partir da qual se dá o termo inicial do prazo para a proposição da ação rescisória. Essa análise se faz necessária, pois se observa a existência de divergência acerca da definição do termo inicial do biênio decadencial (se do dia do trânsito em julgado ou do dia seguinte ao trânsito em julgado), que ocorre, principalmente, em razão da imprecisão ao se definir o exato dia do trânsito em julgado. A teor do disposto no § 3.º do art. 6.º da Lei de Introdução às normas do Direito Brasileiro, "chama-se coisa julgada ou caso julgado a decisão judicial de que já não caiba mais recurso", bem assim no art. 467 do CPC: "denomina-se coisa julgada material a eficácia, que torna imutável e indiscutível a sentença, não mais sujeita a recurso ordinário ou extraordinário". Em uma linha: só há trânsito em julgado quando não mais couber recurso, ou seja, há trânsito em julgado no dia imediatamente subsequente ao último dia do prazo para o recurso em tese cabível contra a última decisão proferida na causa. Assim, em que pese a existência de precedentes em sentido contrário, o termo inicial para o ajuizamento da ação rescisória coincide com a data do trânsito em julgado da decisão rescindenda (STF, AR 1.412-SC, Tribunal Pleno, DJe 26/6/2009; AR 1.472-DF, Tribunal Pleno, DJe 7/12/2007; e STJ, AR 4.374-MA, Segunda Seção, DJe 5/6/2012). A regra para contagem do prazo bienal é a estabelecida no art. 1.º da Lei 810/1949, qual seja, "considera-se ano o período de doze meses contados do dia do início ao dia e mês correspondentes do ano seguinte", fórmula que está em consonância com aquela estabelecida também no art. 132, § 2.º, do CC, onde se lê: "os prazos de meses e anos expiram no dia de

igual número do início, ou no imediato, se faltar exata correspondência". Consoante adverte amplo magistério doutrinário, o prazo para a propositura da ação rescisória é decadencial, e, dessa forma, não estaria sujeito à suspensão ou interrupção. Não obstante, a jurisprudência do STJ firmou-se no sentido de que, se o termo final do prazo para ajuizamento da ação rescisória recair em dia não útil prorroga-se para o primeiro dia útil subsequente. Ressalte-se que não se está a afirmar que não se trata de prazo decadencial, pois esta é a natureza do prazo para o ajuizamento da ação rescisória. A solução apresentada pela jurisprudência do STJ, que aplica ao prazo de ajuizamento da ação rescisória a regra geral do art. 184, § 1.º, do CPC, visa a atender ao princípio da razoabilidade, evitando que se subtraia da parte a plenitude do prazo a ela legalmente concedido. E, conforme já assentado pelo STJ, "Em se tratando de prazos, o intérprete, sempre que possível, deve orientar-se pela exegese mais liberal, atento às tendências do processo civil contemporâneo – calcado nos princípios da efetividade e da instrumentalidade – e à advertência da doutrina de que as sutilezas da lei nunca devem servir para impedir o exercício de um direito" (REsp 11.834-PB, Quarta Turma, DJ 30/3/1992). **Precedentes citados: AgRg no REsp 1.231.666-BA, Primeira Turma, DJe 24/4/2012; REsp 1.210.186-RS, Segunda Turma, DJe 31/3/2011; AgRg no REsp 966.017-RO, Quinta Turma, DJe 9/3/2009; e EREsp 667.672-SP, Corte Especial, DJe 26/6/2008. REsp 1.112.864-MG, Rel. Min. Laurita Vaz, Corte Especial, julgado em 19/11/2014, DJe 17/12/2014 (Inform. STJ 553).**

DIREITO PROCESSUAL CIVIL. APLICABILIDADE DA SÚMULA 343 DO STF.
Após a prolação da decisão rescindenda, a pacificação da jurisprudência em sentido contrário ao entendimento nela adotado não afasta a aplicação da Súmula 343 do STF, segundo a qual "Não cabe ação rescisória por ofensa a literal disposição de lei, quando a decisão rescindenda se tiver baseado em texto legal de interpretação controvertida nos tribunais". Precedentes citados: AR 4.456-SC, Primeira Seção, DJe de 7/3/2014; AR 805-RS, Segunda Seção, DJe 10/6/2003; e AgRg no REsp 1.301.531-RJ, Segunda Turma, DJe de 27/8/2012. **REsp 736.650-MT, Rel. Min. Antonio Carlos Ferreira, julgado em 20/8/2014. (Inform. STJ 547)**

DIREITO PROCESSUAL CIVIL. TERMO INICIAL DO PRAZO DECADENCIAL PARA O AJUIZAMENTO DE AÇÃO RESCISÓRIA. A contagem do prazo decadencial para a propositura de ação rescisória se inicia com o trânsito em julgado da última decisão proferida no processo, ainda que algum dos capítulos da sentença ou do acórdão tenha se tornado irrecorrível em momento anterior. De fato, a Súmula 401 do STJ dispõe que "O prazo decadencial da ação rescisória só se inicia quando não for cabível qualquer recurso do último pronunciamento judicial". Esse posicionamento leva em consideração que o trânsito em julgado – requisito para o cabimento de ação rescisória – somente se opera no momento em que a decisão proferida no processo não seja suscetível de recurso (art. 467 do CPC). Dessa forma, não se deve admitir, para fins de ajuizamento de ação rescisória, o trânsito em julgado de capítulos da sentença ou do acórdão em momentos distintos. Entender de modo diverso causaria tumulto processual e indesejável insegurança jurídica para as partes. Fica ressalvado que, caso mantida a proposta do novo Código de Processo Civil ou alterada a jurisprudência pelas Turmas do egrégio Supremo Tribunal Federal a respeito da matéria, a Corte deverá promover, no tempo oportuno, novo exame do enunciado n. 401 da Súmula deste Tribunal. Precedentes citados: REsp 1.353.473-PR, Segunda Turma, DJe 28/5/2013; AgRg no REsp 1.056.694-RS, Sexta Turma, DJe 27/2/2012; e AR 1.328-DF, Primeira Seção, DJe 1º/10/2010. **REsp 736.650-MT, Rel. Min. Antonio Carlos Ferreira, julgado em 20/8/2014. (Inform. STJ 547)**

DIREITO PROCESSUAL CIVIL. DOCUMENTOS APTOS A RESPALDAR AÇÃO RESCISÓRIA. RECURSO REPETITIVO (ART. 543-C DO CPC E RES. 8/2008-STJ).
Configuram documentos aptos a respaldar ação rescisória os microfilmes de cheques nominais emitidos por empresa de consórcio que comprovem a efetiva restituição aos consorciados de valores por estes cobrados na ação rescindenda, na hipótese em que esses microfilmes, apesar de já existirem na época da prolação da sentença rescindenda, não puderam ser utilizados em tempo hábil, considerando a situação peculiar estabelecida na comarca, na qual mais de duas mil ações foram ajuizadas contra a referida empresa por consorciados, em sua maioria, domiciliados em outras partes do território nacional, tendo sido a maior parte dos contratos firmado em outras unidades da Federação. De fato, considerando as circunstâncias mencionadas, é razoável concluir que a concentração de demandas tinha o único intuito de dificultar a defesa da empresa ré. Diante dessas circunstâncias, deve-se reconhecer como

caracterizada situação de efetiva impossibilidade de utilização dos microfilmes no curso do processo originário. Tese firmada para fins do art. 543-C do CPC: "Em sede de ação rescisória, microfilmes de cheques nominais emitidos por empresa de consórcio configuram documentos novos, nos termos do art. 485, VII, do CPC, aptos a respaldar o pedido rescisório por comprovarem que a restituição das parcelas pagas pelo consorciado desistente já havia ocorrido antes do julgamento do processo originário". **REsp 1.114.605-PR, Rel. Min. Paulo de Tarso Sanseverino, julgado em 12/6/2013. (Inform. STJ 530)**

DIREITO PROCESSUAL CIVIL. REQUISITOS NECESSÁRIOS À CARACTERIZAÇÃO DO DOCUMENTO NOVO A QUE SE REFERE O ART. 485, VII, DO CPC.
Não é possível a rescisão de sentença com fundamento no inciso VII do art. 485 do CPC na hipótese em que, além de não existir comprovação acerca dos fatos que justifiquem a ausência de apresentação do documento em modo e tempo oportunos, este se refira a fato que não tenha sido alegado pelas partes e analisado pelo juízo no curso do processo em que se formara a coisa julgada. Ressalte-se, inicialmente, que doutrina e jurisprudência entendem que o "documento novo" a que se refere o inciso VII do art. 485 do CPC deve ser: a) contemporâneo à prolação da decisão rescindenda; b) ignorado pela parte que o aproveitaria ou estar ela impossibilitada de utilizá-lo no momento oportuno; c) apto a, por si só, sustentar julgamento favorável à postulante; e d) estreitamente relacionado com o fato alegado no processo em que se formou a coisa julgada que se pretende desconstituir, representando, dessa forma, prova que se refira a fato aventado pelas partes e analisado pelo juízo no curso do processo em que se formara a coisa julgada. Nesse contexto, para que se faça presente o requisito da impossibilidade de apresentação do documento no momento oportuno, tem-se por indispensável a comprovação dos fatos que corroborem a escusa de não se ter apresentado o documento em modo e tempo corretos. Além do mais, a intenção do legislador em inscrever o "documento novo" no rol das hipóteses não fora a de premiar aquele que exercera mal seu direito de defesa, mas sim a de dar a chance de afastar a injustiça que decorreria da impossibilidade de a parte utilizar prova de fato por ela efetivamente alegado no curso da ação da qual adveio a coisa julgada. Trata-se, nessa conjuntura, de requisito cujo objetivo é evitar que causas de pedir ou argumentos defensórios não alegados e encobertos pela eficácia preclusiva da coisa julgada (art. 474 do CPC) venham a colocar em xeque o instituto da ação rescisória, que, por sua primaz importância, não pode ser fragilizado por argumentos que sequer tenham sido submetidos à análise jurisdicional. **REsp 1.293.837-DF, Rel. Min. Paulo de Tarso Sanseverino, julgado em 2/4/2013. (Inform. STJ 522)**

DIREITO PROCESSUAL CIVIL. AÇÃO ANULATÓRIA. DE SENTENÇA QUE HOMOLOGA TRANSAÇÃO.
Os efeitos da transação podem ser afastados mediante ação anulatória sempre que o negócio jurídico tiver sido objeto de sentença meramente homologatória. Se a sentença não dispõe nada a respeito do conteúdo da pactuação, não avançando para além da mera homologação, a ação anulatória prevista no art. 486 do CPC é adequada à desconstituição do acordo homologado. **AgRg no REsp 1.314.900-CE, Rel. Min. Luis Felipe Salomão, julgado em 18/12/2012. (Inform. STJ 513).**

DIREITO PROCESSUAL CIVIL. AÇÃO RESCISÓRIA. INDEFERIMENTO DA PETIÇÃO INICIAL POR AUSÊNCIA DE RECOLHIMENTO DAS CUSTAS E DO DEPÓSITO PRÉVIO. POSSIBILIDADE DE EXTINÇÃO DO PROCESSO SEM PRÉVIA INTIMAÇÃO PESSOAL DA PARTE.
É possível a extinção de ação rescisória sem resolução do mérito na hipótese de indeferimento da petição inicial, em face da ausência do recolhimento das custas e do depósito prévio, sem que tenha havido intimação prévia e pessoal da parte para regularizar essa situação. O art. 267, § 1º, do CPC traz as hipóteses em que o juiz, antes de declarar a extinção do processo sem resolução do mérito, deve intimar pessoalmente a parte para que ela possa suprir a falta ensejadora de eventual arquivamento dos autos. Assim, quando o processo ficar parado durante mais de um ano por negligência das partes, ou quando o autor abandonar a causa por mais de trinta dias por não promover os atos e diligências que lhe competirem (art. 267, II e III), deve a parte ser intimada pessoalmente para suprir a falta em 48 horas, sob pena de extinção do processo. Esse procedimento, entretanto, não é exigido no caso de extinção do processo por indeferimento da petição inicial, hipótese do inciso I do referido artigo. **Precedente citado: AgRg na AR 3.223-SP, DJ 18/11/2010. REsp 1.286.262-ES, Rel. Min. Paulo de Tarso Sanseverino, julgado em 18/12/2012. (Inform. STJ 511).**

DIREITO PROCESSUAL CIVIL. TERMO A QUO DO PRAZO PARA A PROPOSITURA, POR PARTICULAR, DE AÇÃO RESCISÓRIA EM FACE DE DECISÃO PROFERIDA EM DEMANDA NA QUAL SE FEZ PRESENTE A FAZENDA PÚBLICA.
O termo inicial do prazo decadencial de dois anos para a propositura, por particular, de ação rescisória, disposto no art. 495 do CPC, é a data do trânsito em julgado da última decisão proferida na causa, o que, na hipótese em que a Fazenda Pública tenha participado da ação, somente ocorre após o esgotamento do prazo em dobro que esta tem para recorrer, ainda que o ente público tenha sido vencedor na última decisão proferida na demanda. Sendo a ação una e indivisível, não há como falar em fracionamento de qualquer das suas decisões, o que afasta a possibilidade do seu trânsito em julgado parcial. Por efeito, o prazo para propositura de ação rescisória somente se inicia após o trânsito em julgado da última decisão proferida na causa. Quanto à data do referido trânsito em julgado, deve-se asseverar que, se uma das partes possui o privilégio de prazo em dobro para recorrer (art. 188 do CPC), tão-somente após o esgotamento deste é que se poderá falar em coisa julgada, ocasião em que começará a fluir o prazo para ambas as partes pleitearem a rescisão do julgamento. Além disso, mesmo que se alegue a inexistência de interesse recursal da parte vitoriosa e, por consequência, a irrelevância do prazo dobrado para o trânsito em julgado da decisão, não é possível limitar o interesse em interpor recurso apenas à parte perdedora da demanda, já que até mesmo a parte vitoriosa pode ter, ainda que em tese, interesse recursal em impugnar a decisão judicial que lhe foi favorável. Nesse contexto, inclusive, não se vislumbra razoável impor à ajuizadora da ação rescisória o dever de investigar, ao tempo do ajuizamento da ação, os eventuais motivos que levaram a parte vencedora a não interpor recurso contra a decisão rescindenda, com o intuito de demonstrar, dessa forma, a existência ou não de interesse recursal pela parte vencedora, concluindo-se, assim, pela relevância ou irrelevância do prazo em dobro no cômputo do trânsito de julgado da ação. Precedentes citados: AgRg no Ag 724.742-DF, DJ 16/5/2006, e REsp 551.812-RS, DJ 10/5/2004. **AREsp 79.082-SP, Rel. Min. Arnaldo Esteves Lima, julgado em 5/2/2013. (Inform. STJ 514).**

> **Súmula STF nº 514**

Admite-se ação rescisória contra sentença transitada em julgado, ainda que contra ela não se tenha esgotado todos os recursos.

> **Súmula STF nº 343**

Não cabe ação rescisória por ofensa a literal disposição de Lei, quando a decisão rescindenda se tiver baseado em texto legal de interpretação controvertida nos tribunais.

> **Súmula STF nº 264**

Verifica-se a prescrição intercorrente pela paralisação da ação rescisória por mais de cinco anos.

> **Súmula STF nº 252**

Na ação rescisória, não estão impedidos juízes que participaram do julgamento rescindendo.

> **Súmula STF nº 249**

É competente o Supremo Tribunal Federal para a ação rescisória, quando, embora não tendo conhecido do recurso extraordinário, ou havendo negado provimento ao agravo, tiver apreciado a questão federal controvertida.

> **Súmula STJ nº 401**

O prazo decadencial da ação rescisória só se inicia quando não for cabível qualquer recurso do último pronunciamento judicial.

> **Súmula STJ nº 175**

Descabe o depósito prévio nas ações rescisórias propostas pelo INSS.

10.7. *Astreintes*

AG. REG. NO ARE N. 712.312-SP

RELATOR: MIN. LUIZ FUX
Ementa: AGRAVO REGIMENTAL NO RECURSO EXTRAORDINÁRIO COM AGRAVO. PROCESSUAL CIVIL.   ASTREINTES. MATÉRIA DE ÍNDOLE INFRACONSTITUCIONAL. VIOLAÇÃO AOS PRINCÍPIOS DA AMPLA DEFESA E DO CONTRADITÓRIO. MATÉRIA COM REPERCUSSÃO GERAL REJEITADA PELO PLENÁRIO DO STF NO ARE Nº 748.371. ALEGADA VIOLAÇÃO AO ARTIGO 93, IX, DA CF/88. INEXISTÊNCIA.

1. A multa diária aplicada em face do descumprimento de decisão judicial, quando *sub judice* a controvérsia, implica em análise da legislação infraconstitucional aplicável à espécie, o que inviabiliza o conhecimento do apelo extremo. Precedentes: ARE 691.369-AgR, Rel. Min. Rosa Weber, Primeira Turma, DJe 28/5/2013 e ARE 759.021-AgR, Rel. Min. Ricardo Lewandowski, Segunda Turma, DJe 1º/10/2013.
2. Os princípios da ampla defesa, do contraditório, do devido processo legal e dos limites da coisa julgada, quando debatidos sob a ótica infraconstitucional, não revelam repercussão geral apta a tornar o apelo extremo admissível, consoante decidido pelo Plenário Virtual do STF, na análise do ARE nº 748.371, da Relatoria do Min. Gilmar Mendes.
3. A prestação jurisdicional resta configurada com a prolação de decisão devidamente fundamentada, embora contrária aos interesses da parte. Nesse sentido, ARE 740.877-AgR/DF, Rel. Min. Gilmar Mendes, Segunda Turma, DJe 4/6/2013.
4. *In casu*, o acórdão extraordinariamente recorrido assentou: *"AGRAVO INTERNO – ART. 557, § 1º, DO CPC – CABIMENTO – FIXAÇÃO CORRETA DAS MULTAS DIÁRIAS – DESCUMPRIMENTO REITERADO DE ORDEM JUDICIAL - VALORES EXORBITANTES – REVISÃO - NECESSIDADE – APLICAÇÃO DOS PRINCÍPIOS DA RAZOABILIDADE E DA PROPORCIONALIDADE."*
5. Agravo regimental **DESPROVIDO. (Inform. STF 747)**

DIREITO PROCESSUAL CIVIL. EXEQUIBILIDADE DE MULTA COMINATÓRIA DE VALOR SUPERIOR AO DA OBRIGAÇÃO PRINCIPAL.
O valor de multa cominatória pode ser exigido em montante superior ao da obrigação principal. O objetivo da astreinte não é constranger o réu a pagar o valor da multa, mas forçá-lo a cumprir a obrigação específica. Dessa forma, o valor da multa diária deve ser o bastante para inibir o devedor que descumpre decisão judicial, educando-o. Nesse passo, é lícito ao juiz, adotando os critérios da razoabilidade e da proporcionalidade, limitar o valor da astreinte, a fim de evitar o enriquecimento sem causa, nos termos do § 6º do art. 461 do CPC. Nessa medida, a apuração da razoabilidade e da proporcionalidade do valor da multa diária deve ser verificada no momento de sua fixação em cotejo com o valor da obrigação principal. Com efeito, a redução do montante total a título de astreinte, quando superior ao valor da obrigação principal, acaba por prestigiar a conduta de recalcitrância do devedor em cumprir as decisões judiciais, bem como estimula a interposição de recursos com esse fim, em total desprestígio da atividade jurisdicional das instâncias ordinárias. Em suma, deve-se ter em conta o valor da multa diária inicialmente fixada e não o montante total alcançado em razão da demora no cumprimento da decisão. Portanto, a fim de desestimular a conduta recalcitrante do devedor em cumprir decisão judicial, é possível se exigir valor de multa cominatória superior ao montante da obrigação principal. **REsp 1.352.426-GO, Rel. Min. Moura Ribeiro, julgado em 5/5/2015, DJe 18/5/2015 (Inform. STJ 562).**

DIREITO CIVIL E PROCESSUAL CIVIL. RECONHECIMENTO DA LEGALIDADE DE COMINAÇÃO DE MULTA DIÁRIA EM AÇÃO DE EXIBIÇÃO DE DOCUMENTOS EM FACE DAS PECULIARIDADES DO CASO CONCRETO.
É cabível a cominação de multa diária – astreintes – em ação de exibição de documentos movida por usuário de serviço de telefonia celular para obtenção de informações acerca do endereço de IP (Internet Protocol) de onde teriam sido enviadas, para o seu celular, diversas mensagens anônimas agressivas, por meio do serviço de SMS disponibilizado no sítio eletrônico da empresa de telefonia. De fato, a Súmula 372 do STJ estabelece não ser cabível a aplicação de multa cominatória na ação de exibição de documentos, entendimento esse posteriormente ratificado em sede de recurso repetitivo (REsp 1.333.988-SP, Segunda Seção, DJe 11/4/2014). Essa orientação jurisprudencial, todavia, não se aplica ao caso em questão. Não se trata de uma ação de exibição de documentos propriamente dita, uma vez que não se busca a prova de fatos contra a demandada, mas a identificação do terceiro responsável pela autoria de atos ilícitos. Desse modo, não é igualmente aplicável a determinação contida no art. 359 do CPC (presunção de veracidade dos fatos afirmados pela parte requerente da exibição dos documentos), pois não se busca a prova de fatos contra a demandada, mas a identificação do terceiro responsável pela autoria de atos ilícitos. Em situações como a dos autos, em que a busca e apreensão de documentos e a confissão não surtiriam os efeitos esperados, a fixação de astreintes mostra-se a medida mais adequada para garantir a eficácia da decisão que determina o fornecimento de informações de dados de usuário em sítio eletrônico. Por fim, destaque-se que não se está aqui desconsiderando o entendimento sumular, mas apenas se estabelecendo uma distinção em face das peculiaridades do caso – técnica das distinções (distinguishing). **REsp 1.359.976-PB, Rel. Min. Paulo de Tarso Sanseverino, julgado em 25/11/2014, DJe 2/12/2014 (Inform. STJ 554).**

DIREITO PROCESSUAL CIVIL. EXECUÇÃO PROVISÓRIA DE MULTA COMINATÓRIA FIXADA EM ANTECIPAÇÃO DE TUTELA. RECURSO REPETITIVO (ART. 543-C DO CPC E RES. 8/2008-STJ). A multa diária prevista no § 4º do art. 461 do CPC, devida desde o dia em que configurado o descumprimento, quando fixada em antecipação de tutela, somente poderá ser objeto de execução provisória após a sua confirmação pela sentença de mérito e desde que o recurso eventualmente interposto não seja recebido com efeito suspensivo. Isso porque se deve prestigiar a segurança jurídica e evitar que a parte se beneficie de quantia que, posteriormente, venha se saber indevida, reduzindo, dessa forma, o inconveniente de um eventual pedido de repetição de indébito que, por vezes, não se mostra exitoso. Ademais, o termo "sentença", assim como utilizado nos arts. 475-O e 475-N, I, do CPC, deve ser interpretado de forma restrita, razão pela qual é inadmissível a execução provisória de multa fixada por decisão interlocutória em antecipação dos efeitos da tutela, ainda que ocorra a sua confirmação por acórdão. Esclareça-se que a ratificação de decisão interlocutória que arbitra multa cominatória por posterior acórdão, em razão da interposição de recurso contra ela interposto, continuará tendo em sua gênese apenas a análise dos requisitos de prova inequívoca e verossimilhança, próprios da cognição sumária que ensejaram o deferimento da antecipação dos efeitos da tutela. De modo diverso, a confirmação por sentença da decisão interlocutória que impõe multa cominatória decorre do próprio reconhecimento da existência do direito material reclamado que lhe dá suporte, o qual é apurado após ampla dilação probatória e exercício do contraditório. Desta feita, o risco de cassação da multa e, por conseguinte, a sobrevinda de prejuízo à parte contrária em decorrência de sua cobrança prematura, tornar-se-á reduzido após a prolação da sentença, ao invés de quando a execução ainda estiver amparada em decisão interlocutória proferida no início do processo, inclusive no que toca à possibilidade de modificação do seu valor ou da sua periodicidade. **REsp 1.200.856-RS, Rel. Min. Sidnei Beneti, julgado em 1º/7/2014. (Inform. STJ 546)**

DIREITO PROCESSUAL CIVIL. DESCABIMENTO DE ASTREINTES PELA RECUSA DE EXIBIÇÃO DE DOCUMENTOS. RECURSO REPETITIVO (ART. 543-C DO CPC E RES. 8/2008 DO STJ). Tratando-se de pedido deduzido contra a parte adversa – não contra terceiro –, descabe multa cominatória na exibição, incidental ou autônoma, de documento relativo a direito disponível. No curso de uma ação que tenha objeto próprio, distinto da exibição de documentos, a consequência da recusa em exibi-los é a presunção de veracidade, por disposição expressa do art. 359 do CPC. Sendo assim, a orientação da jurisprudência do STJ é no sentido do descabimento de *astreintes* na exibição incidental de documentos. No entanto, a presunção é relativa, podendo o juiz decidir de forma diversa da pretendida pelo interessado na exibição com base em outros elementos de prova constantes dos autos. Nesse caso, no exercício dos seus poderes instrutórios, pode o juiz até mesmo determinar a busca e apreensão do documento, se entender necessário para a formação do seu convencimento. Já na hipótese de direitos indisponíveis, a presunção de veracidade é incabível, conforme os arts. 319 e 320 do CPC, restando ao juiz somente a busca e apreensão. Cumpre ressalvar que, nos casos que envolvem direitos indisponíveis, por revelar-se, na prática, ser a busca e apreensão uma medida de diminuta eficácia, tem-se admitido a cominação de *astreintes* para evitar o sacrifício do direito da parte interessada. Quanto à ação de exibição de documentos, o STJ possui entendimento consolidado na Súmula 372: "Na ação de exibição de documentos, não cabe a aplicação de multa cominatória". Também não cabe a presunção de veracidade do art. 359 do CPC (REsp 1.094.846-MS, julgado sob o rito do art. 543-C do CPC, DJe 3/6/2009). Assim, entende-se que, descumprida a ordem de exibição, cabe a busca e apreensão do documento. **REsp, Rel. Min. Paulo de Tarso Sanseverino, julgado em 9/4/2014. (Inform. STJ 539)**

DIREITO PROCESSUAL CIVIL. DESCUMPRIMENTO DE DETERMINAÇÃO DE EXIBIÇÃO INCIDENTAL DE DOCUMENTOS. Não é cabível a aplicação de multa cominatória na hipótese em que a parte, intimada a exibir documentos em ação de conhecimento, deixa de fazê-lo no prazo estipulado. Com efeito, a exibição de documento em ação ordinária submete-se ao disposto nos arts. 355 a 363 do CPC, que prevê solução específica para o descumprimento da determinação, a saber, a eventual admissão da veracidade dos fatos que se pretendia provar por meio do documento. Precedentes citados: AgRg no REsp 1.374.377-SP, Terceira Turma, DJe de 11/6/2013; AgRg nos EDcl no REsp 1.319.919-PE, Terceira Turma, DJe de 18/6/2013. **EREsp 1.097.681-RS, Rel. Min. João Otávio de Noronha, julgado em 13/3/2014. (Inform. STJ 537)**

DIREITO PROCESSUAL CIVIL. IMPOSIÇÃO DE MULTA DIÁRIA A OPERA-DORA DE PLANO DE SAÚDE.
É possível a imposição de multa diária (art. 461 do CPC) como forma de compelir operadora de plano de saúde a autorizar que hospital realize procedimento médico-hospitalar. **Nessa situação, o elemento preponderante da prestação exigida é uma obrigação de fazer, e não de pagar quantia, de modo que não há qualquer óbice à fixação de *astreintes* para a hipótese de descumprimento. Deve-se considerar que a obrigação de dar – na qual se inclui a de pagar quantia – consiste na entrega de coisa ao credor. A obrigação de fazer, por sua vez, constitui-se na prestação de uma atividade, ou seja, na realização de um fato ou na emissão de uma declaração de vontade. Ocorre que, não raras vezes, a entrega de coisa pressupõe a realização de uma atividade, caso em que a natureza da obrigação deve ser definida pelo seu elemento preponderante. Como já ressaltado, tem-se que, na situação em análise, o elemento preponderante da obrigação da operadora de plano de saúde é um "fazer", consistente em autorizar o hospital a realizar procedimentos médico-hospitalares. Observe-se que pouco importa ao consumidor se a operadora do plano de saúde vai, posteriormente, efetuar o pagamento das despesas médicas depois de autorizado o tratamento. De fato, caso isso não ocorra, caberá ao hospital, e não ao consumidor, buscar a devida indenização.** REsp 1.186.851-MA, Rel. Min. Nancy Andrighi, julgado em 27/8/2013. **(Inform. STJ 527)**

DIREITO PROCESSUAL CIVIL. ASTREINTES. EXECUÇÃO PROVISÓRIA.
O valor referente à astreinte fixado em tutela antecipada ou medida liminar só pode ser exigido e só se torna passível de execução provisória, se o pedido a que se vincula a astreinte for julgado procedente e desde que o respectivo recurso não tenha sido recebido no efeito suspensivo. A multa pecuniária arbitrada judicialmente para forçar o réu ao cumprimento de medida liminar antecipatória (art. 273 e 461, §§ 3º e 4º, do CPC) detém caráter híbrido, englobando aspectos de direito material e processual, pertencendo o valor decorrente de sua incidência ao titular do bem da vida postulado em juízo. Sua exigibilidade, por isso, encontra-se vinculada ao reconhecimento da existência do direito material pleiteado na demanda. Para exigir a satisfação do crédito oriundo da multa diária previamente ao trânsito em julgado, o autor de ação individual vale-se do instrumento jurídico-processual da execução provisória (art. 475-O do CPC). Contudo, não é admissível a execução da multa diária com base em mera decisão interlocutória, fundada em cognição sumária e precária por natureza, como também não se pode condicionar sua exigibilidade ao trânsito em julgado da sentença. Isso porque os dispositivos legais que contemplam essa última exigência regulam ações de cunho coletivo, motivo pelo qual não são aplicáveis às demandas em que se postulam direitos individuais. Assim, por seu caráter creditório e por implicar risco patrimonial para as partes, a multa diária cominada em liminar está subordinada à prolação de sentença de procedência do pedido, admitindo-se também a sua execução provisória, desde que o recurso seja recebido apenas no efeito devolutivo. Todavia, revogada a tutela antecipada, na qual estava baseado o título executivo provisório de astreinte, fica sem efeito o crédito derivado da fixação da multa diária, perdendo o objeto a execução provisória daí advinda. **Precedentes citados: REsp 1.006.473-PR, DJe 19/6/2012, e EDcl no REsp 1.138.559-SC, DJe 1º/7/2011. REsp 1.347.726-RS, Rel. Min. Marco Buzzi, julgado em 27/11/2012. (Inform. STJ 511).**

📄 **Súmula STJ nº 410**

A prévia intimação pessoal do devedor constitui condição necessária para a cobrança de multa pelo descumprimento de obrigação de fazer ou não fazer.

10.8. Sentença Estrangeira

DIREITO PROCESSUAL CIVIL. HIPÓTESE EM QUE NÃO É POSSÍVEL A HOMOLOGAÇÃO DE SENTENÇA ESTRANGEIRA. A sentença estrangeira – ainda que preencha adequadamente os requisitos indispensáveis à sua homologação, previstos no art. 5º da Resolução 9/2005 do RISTJ – não pode ser homologada na parte em que verse sobre guarda ou alimentos quando já exista decisão do Judiciário Brasileiro acerca do mesmo assunto, mesmo que esta decisão tenha sido proferida em caráter provisório e após o trânsito em julgado daquela. De início, cumpre destacar que a existência de sentença estrangeira transitada em julgado não impede a instauração de ação de guarda e de alimentos perante o Poder Judiciário Brasileiro, pois a sentença de guarda ou de alimentos não é imutável, haja vista o disposto no art. 35 do ECA: "a guarda poderá ser revogada a qualquer tempo, mediante ato judicial fundamentado, ouvido o Ministério Público".

Além disso, o deferimento de *exequatur* à referida sentença estrangeira importaria ofensa à soberania da jurisdição nacional. Precedentes citados: SEC 4.830-EX, Corte Especial, DJe 3/10/2013; e SEC 8.451-EX, Corte Especial, DJe 29/5/2013. **SEC 6.485-EX, Rel. Min. Gilson Dipp, julgado em 3/9/2014. (Inform. STJ 548)**

📄 **Súmula STF nº 420**

Não se homologa sentença proferida no estrangeiro sem prova do trânsito em julgado.

11. RECURSOS

11.1. Pressupostos Gerais e Princípios

Porte de remessa e retorno e recolhimento pelo INSS
Aplica-se o § 1º do art. 511 do CPC ("§ 1º. São dispensados de preparo os recursos interpostos pelo Ministério Público, pela União, pelos Estados e Municípios e respectivas autarquias, e pelos que gozam de isenção legal") para dispensa de porte de remessa e retorno ao exonerar o seu respectivo recolhimento por parte do INSS. Esse o entendimento do Plenário, que, por maioria, deu provimento a recurso extraordinário em que discutida a possibilidade de cobrança do porte de remessa e retorno dos autos de autarquia federal no âmbito da Justiça Estadual, tendo em conta a existência de norma local nesse sentido. O Colegiado assentou que a despesa com porte de remessa e retorno não se enquadra no conceito de taxa judiciária, uma vez que as custas dos serviços forenses se dividem em taxa judiciária e custas em sentido estrito. O porte de remessa e retorno é típica despesa de um serviço postal prestado por empresa pública monopolística e, assim, remunerado mediante tarifas ou preço público. Além disso, lembrou que o art. 511 do CPC dispensa o recolhimento dessa despesa processual por parte do INSS. Trata-se de diploma a editado pela União, a quem compete dispor sobre as receitas públicas oriundas da prestação do serviço público postal. Verificou, ainda, que a lei estadual em questão padeceria de inconstitucionalidade, da medida em define ser da competência do Conselho Superior da Magistratura, órgão de nível estadual, a competência para tratar das despesas com o porte de remessa e retorno. Assim, declarou, incidentalmente, a inconstitucionalidade da expressão "cujo valor será estabelecido por ato do Conselho Superior da Magistratura", contida no art. 2º, parágrafo único, II, da Lei 11.608/2003 do Estado de São Paulo. Vencido o Ministro Marco Aurélio, que desprovia o recurso. Pontuava que a norma estadual que instituíra a referida cobrança teria amparo constitucional ("Art. 24. Compete à União, aos Estados e ao Distrito Federal legislar concorrentemente sobre: ... IV - custas dos serviços forenses").
RE 594116/SP, rel. Min. Edson Fachin, 3.12.2015. (RE-594116) (Inform. STF 810)

SEGUNDO AG. REG. NO RE N. 590.415-SC
RELATOR: MIN. ROBERTO BARROSO
DIREITO PROCESSUAL CIVIL. AGRAVO REGIMENTAL. DESCABIMENTO CONTRA DECISÃO QUE ADMITE "AMICUS CURIAE".
1. Há dois entendimentos possíveis sobre o cabimento de recurso contra decisão que aprecia pedido de ingresso como *amicus curiae*: i) o primeiro, no sentido da irrecorribilidade de tal decisão, em razão do teor literal do art. 7º, §2º, da Lei 9.868/1999 e do art. 21, XVIII, do RI/STF; ii) o segundo, na linha capitaneada pelo Ministro Celso de Mello, admitindo a interposição de recurso contra a decisão que *indefere* o ingresso como o *amicus curiae*, pelo próprio requerente que teve o pedido rejeitado (cf. RE 597.165 AgR, rel. Min. Celso de Mello).
2. O caso em exame não se enquadra em qualquer de tais hipóteses.
3. Agravo a que se nega seguimento. **(Inform. STF 787)**

AG. REG. NO ARE N. 764.763-DF
RELATOR : MIN. GILMAR MENDES
EMENTA: Agravo regimental no recurso extraordinário. 2. Razões recursais dissociadas dos fundamentos utilizados pelo Superior Tribunal de Justiça para negar seguimento ao recurso especial. Incidência da Súmula 284. 3. Matéria constitucional surgida nas instâncias originárias. Não interposição de recurso extraordinário concomitante ao especial. Preclusão. Precedentes. 4. Agravo regimental a que se nega provimento. **(Inform. STF 785)**

2. DIREITO PROCESSUAL CIVIL

AG. REG. NO ARE N. 871.149-BA

RELATOR: MINISTRO PRESIDENTE
Ementa: AGRAVO REGIMENTAL. RECURSO EXTRAORDINÁRIO COM AGRAVO. AUSÊNCIA DE IMPUGNAÇÃO DOS FUNDAMENTOS DA DECISÃO AGRAVADA. AGRAVO REGIMENTAL A QUE SE NEGA PROVIMENTO.
I - Nos termos da orientação firmada pelo Supremo Tribunal Federal, cabe à parte agravante impugnar todos os fundamentos da decisão agravada, o que não ocorreu no caso.
II - Agravo regimental a que se nega provimento. **(Inform. STF 785)**

DIREITO PROCESSUAL CIVIL. LIMITES DO JULGAMENTO SUBMETIDO AO RITO DO ART. 543-C DO CPC.

Em julgamentos submetidos ao rito do art. 534-C do CPC, cabe ao STJ traçar as linhas gerais acerca da tese aprovada, descabendo a inserção de soluções episódicas ou exceções que porventura possam surgir em outros indetermináveis casos, sob pena de se ter de redigir verdadeiros tratados sobre todos os temas conexos ao objeto do recurso. EDcl no REsp 1.124.552-RS, Rel. Min. Luis Felipe Salomão, julgado em 6/5/2015, DJe 25/5/2015 **(Inform. STJ 562)**.

EMB. DECL. NO SEGUNDO AG. REG. NO RE N. 634.732-PR

RELATOR: MIN. TEORI ZAVASCKI
Ementa: PROCESSUAL CIVIL. EMBARGOS DE DECLARAÇÃO. CONTROLE, DE OFÍCIO, DA TEMPESTIVIDADE DA CADEIA RECURSAL ANTERIORMENTE SUPERADA. IMPOSSIBILIDADE. PRECLUSÃO.
1. Não há dúvida de que, ao julgar qualquer recurso, cumpre ao órgão julgador apreciar, inclusive de ofício, seus requisitos de admissibilidade, como é o da tempestividade. Isso, todavia, não faculta a esse órgão nem lhe impõe o dever de controlar, de ofício, a tempestividade da cadeia recursal anterior, objeto de outros julgamentos, coberta por preclusão.
2. No caso, a decisão que julgou o recurso alegadamente intempestivo foi a de fls. 297/303. Contra ela é que caberia, portanto, a alegação de omissão, e não contra o acórdão ora embargado, que julgou outro recurso, cuja tempestividade não foi posta em dúvida.
3. Embargos de declaração rejeitados. RE 634732 AgR-segundo-ED/PR, Rel. Min. Teori Zavascki **(Inform. STF 724)**

Ementa: **PROCESSUAL CIVIL. EMBARGOS DE DECLARAÇÃO. CONTROLE, DE OFÍCIO, DA TEMPESTIVIDADE DA CADEIA RECURSAL ANTERIORMENTE SUPERADA. IMPOSSIBILIDADE. PRECLUSÃO.**
1. Não há dúvida de que, ao julgar qualquer recurso, cumpre ao órgão julgador apreciar, inclusive de ofício, seus requisitos de admissibilidade, como é o da tempestividade. Isso, todavia, não faculta a esse órgão nem lhe impõe o dever de controlar, de ofício, a tempestividade da cadeia recursal anterior, objeto de outros julgamentos, coberta por preclusão.
2. No caso, a decisão que julgou o recurso alegadamente intempestivo foi a de fls. 297/303. Contra ela é que caberia, portanto, a alegação de omissão, e não contra o acórdão ora embargado, que julgou outro recurso, cuja tempestividade não foi posta em dúvida.
3. Embargos de declaração rejeitados. **(Inform. STF 722)**

AI: tempestividade de RE e recesso forense

Em conclusão de julgamento, a 1ª Turma negou provimento a agravo regimental interposto contra decisão do Min. Menezes Direito, que desprovera agravo de instrumento, porquanto reputara intempestivo o recurso extraordinário inadmitido pelo tribunal a quo por motivo diverso — v. Informativos 545, 560, 606 e 699. O agravante arguia que o recurso extraordinário seria tempestivo, uma vez que os prazos estariam suspensos na Corte de origem em virtude de recesso forense de final de ano, tendo sido reconhecida sua tempestividade naquele tribunal. Salientou-se que, embora a jurisprudência do STF permitisse a comprovação da tempestividade até a interposição do regimental, o recorrente limitara-se a aduzi-la e deixara de juntar aos autos cópia de documentos que comprovassem a alegada suspensão do prazo.
AI 741616 AgR/RJ, rel. Min. Dias Toffoli, 25.6.2013. (AI-741616) (Inform. STF 712)

ARE 638.106/PE

RELATOR: Ministro Celso de Mello
Simultânea interposição, pela *mesma* parte **e** contra a *mesma* decisão, de recurso extraordinário **e** de embargos de divergência. **Inadmissibilidade**. **Incidência** *do princípio da unirrecorribilidade* (**ou** *da singularidade*) dos recursos. **Necessidade** *de prévio esgotamento* das vias recursais ordinárias

(**Súmula** 281/STF). **Pressuposto recursal** específico **inerente** ao apelo extremo. **Doutrina**. **Precedentes**.
- **Intimação**. **Pluralidade** de Advogados. Publicação **em nome** *de qualquer* dos mandatários judiciais constituídos. **Validade** (**CPC**, art. 236, § 1º). **Desnecessidade** de referência aos nomes *de todos* os procuradores. **Possibilidade**, *contudo*, **de que se faça**, *para fins de intimação*, **sempre a pedido** da parte interessada, *expressa menção* ao nome **de determinado** Advogado (**RISTF**, art. 82, § 1º; **RISTJ**, art. 88, "*caput*"). **Precedentes**. **ARE improvido**. **(Inform. STF 754)**

AG. REG. NO RE N. 495.681-MG

RELATOR: MIN. ROBERTO BARROSO
EMENTA: AGRAVO REGIMENTAL EM RECURSO EXTRAORDINÁRIO. INTEMPESTIVIDADE. RECURSO PROTOCOLADO EM TRIBUNAL DIVERSO.
A jurisprudência do Supremo Tribunal Federal já fixou entendimento de que é intempestivo o recurso protocolado por equívoco em tribunal diverso e recebido somente após o trânsito em julgado da decisão recorrida. Precedentes. Agravo regimental não conhecido. **(Inform. STF 748)**

DIREITO PROCESSUAL CIVIL. COMPROVAÇÃO DE PAGAMENTO DE PREPARO RECURSAL VIA RECIBO EXTRAÍDO DA INTERNET.

O pagamento do preparo recursal pode ser comprovado por intermédio de recibo extraído da internet, desde que esse meio de constatação de quitação possibilite a aferição da regularidade do recolhimento. A despeito do entendimento de que o comprovante de pagamento emitido pela internet não possui fé pública, não podendo ser utilizado para comprovação de recolhimento de preparo recursal, em virtude da possibilidade de adulteração pelo próprio interessado, entende-se que o ordenamento jurídico não veda expressamente essa modalidade de demonstração de quitação. Ao contrário, é recomendado o seu uso, por ser mais consentâneo com a velocidade e a praticidade da vida moderna, proporcionadas pela utilização da rede mundial de computadores, desde que possível, por esse meio, aferir a regularidade do pagamento, inclusive permitindo-se ao interessado a impugnação fundamentada. Ademais, as relações sociais são constituídas com base na presunção de que há boa-fé entre seus co-partícipes, tendo o direito processual, de forma geral, adotado idêntico viés. Tanto é assim que a exceção é prevista expressamente nos artigos 14 e seguintes do CPC, outorgando-se poderes ao julgador para penalizar aquele que foge à regra geral, ou seja, aquele que age de má-fé. Além disso, parece ser um contrassenso permitir o uso do meio eletrônico na tramitação do processo judicial, analizar a emissão das guias por meio da rede mundial de computadores e, ao mesmo tempo, coibir o seu pagamento pela mesma via, obrigando o jurisdicionado a se dirigir a uma agência bancária. Por fim, o próprio Tesouro Nacional autoriza o pagamento pela internet. Portanto, o fato dos comprovantes de pagamento das custas e do porte de remessa e retorno terem sido extraídos da internet, por si só, não é circunstância suficiente para conduzir à deserção do recurso (AgRg no REsp 1.232.385-MG, Quarta Turma, DJe 22/8/2013). **Precedente citado: AgRg no AREsp 249.395-SC, Terceira Turma, DJe 25/2/2014. EAREsp 423.679-SC, Rel. Min. Raul Araújo, julgado em 24/6/2015, DJe 3/8/2015 (Inform. STJ 565).**

DIREITO PROCESSUAL CIVIL. DESERÇÃO E ASSISTÊNCIA JUDICIÁRIA.

Não se aplica a pena de deserção a recurso interposto contra julgado que indeferiu o pedido de justiça gratuita. Se a controvérsia posta sob análise judicial diz respeito justamente à alegação do recorrente de que ele não dispõe de condições econômico-financeiras para arcar com os custos da demanda, não faz sentido considerar deserto o recurso, uma vez que ainda está sob análise o pedido de assistência judiciária e, caso seja deferido, neste momento, o efeito da decisão retroagirá até o período da interposição do recurso e suprirá a ausência do recolhimento e, caso seja indeferido, deve ser dada oportunidade de regularização do preparo. É um contrassenso exigir o prévio pagamento das custas recursais nestes casos em que a parte se insurge contra a decisão judicial que indeferiu o pedido de justiça gratuita, sob pena de incorrer em cerceamento de defesa e inviabilizar o direito de recorrer da parte, motivo pelo qual o recurso deve ser conhecido a fim de que seja examinada essa preliminar recursal. **Precedentes citados: AgRg no REsp 1.245.981-DF, Segunda Turma, DJe 15/10/2012; AgRg no Ag 1.279.954-SP, Quarta Turma, DJe 1º/2/2011; REsp. 1.087.290-SP, Terceira Turma, DJe 18/2/2009; e REsp 885.071-SP, Primeira Turma, DJU 22/3/2007. AgRg no AREsp 600.215-RS, Rel. Min. Napoleão Nunes Maia Filho, julgado em 2/6/2015, DJe 18/6/2015 (Inform. STJ 564).**

DIREITO PROCESSUAL CIVIL. ALCANCE DA EXPRESSÃO INSUFICIÊNCIA DO VALOR DO PREPARO CONTIDA NO § 2º DO ART. 511 DO CPC.

O recolhimento, no ato da interposição do recurso, de apenas uma das verbas indispensáveis ao seu processamento (custas, porte de remessa e retorno, taxas ou outras) acarreta a intimação do recorrente para suprir o preparo no prazo de cinco dias, e não deserção. Isso porque a norma do § 2º do art. 511 do CPC, acrescentado pela Lei 9.756/1998, diz respeito à "insuficiência no valor do preparo", não das custas ou do porte de remessa e retorno ou de taxas separadamente. Nesse sentido, reafirmando o conceito adotado na pacífica e antiga jurisprudência – ainda aplicada até mesmo no STF –, invoca-se entendimento doutrinário segundo o qual "o valor do preparo é o da soma, quando for o caso, da taxa judiciária e das despesas postais (portes de remessa e de retorno dos autos)". Com isso, recolhido tempestivamente algum dos componentes do preparo, incide a norma do § 2º do art. 511 do CPC, que permite sua complementação mediante a quitação de outros valores, mesmo com natureza distinta. Ademais, possuindo a lei o claro propósito de mitigar o rigor no pagamento do preparo, admitindo sua complementação diante da boa-fé e da manifestação inequívoca de recorrer, descabe ao Poder Judiciário impor requisitos ou criar obstáculos não previstos e que, principalmente, possam toldar a razão da lei. Em suma, se a norma do § 2º do art. 511 do CPC foi editada com o propósito de viabilizar a prestação jurisdicional, permitindo a complementação do "preparo" em sua concepção ampla, tem-se que o recolhimento apenas das custas ou do porte de remessa e retorno, ou de alguma outra taxa recursal, representa preparo insuficiente, sendo tal entendimento o que melhor se coaduna com a tradicional jurisprudência do STJ, com o objetivo da própria Lei 9.756/1998 e com o ideal de acesso à justiça. **REsp 844.440-MS, Rel. Min. Antonio Carlos Ferreira, julgado em 6/5/2015, DJe 11/6/2015 (Inform. STJ 563).**

DIREITO PROCESSUAL CIVIL. SUBMISSÃO DA FAZENDA PÚBLICA À NECESSIDADE DE DEPÓSITO PRÉVIO PRESCRITA PELO § 2º DO ART. 557 DO CPC. **Havendo condenação da Fazenda Pública ao pagamento da multa prevista no art. 557, § 2º, do CPC, a interposição de qualquer outro recurso fica condicionada ao depósito prévio do respectivo valor.** O art. 557, § 2º, do CPC é taxativo ao dispor que "Quando manifestamente inadmissível ou infundado o agravo, o tribunal condenará o agravante a pagar ao agravado multa entre 1% (um por cento) e 10% (dez por cento) do valor corrigido da causa, ficando a interposição de qualquer outro recurso condicionada ao depósito do respectivo valor". De fato, a multa pelo uso abusivo do direito de recorrer caracteriza-se como requisito de admissibilidade do recurso, sendo o seu depósito prévio medida adequada para conferir maior efetividade ao postulado da lealdade processual, impedindo a prática de atos atentatórios à dignidade da justiça, bem como a litigância de má-fé. Nesse contexto, tanto o STJ quanto o STF têm consignado que o prévio depósito da multa referente a agravo regimental manifestamente inadmissível ou infundado (§ 2º do art. 557), aplicada pelo abuso do direito de recorrer, também é devido pela Fazenda Pública. Além disso, a alegação de que o art. 1º-A da Lei 9.494/1997 dispensa os entes públicos da realização de prévio depósito para a interposição de recurso não deve prevalecer, em face da cominação diversa, explicitada no art. 557, § 2º, do CPC. Este dispositivo legal foi inserido pela Lei 9.756/1998, que trouxe uma série de mecanismos para acelerar a tramitação processual, como, por exemplo, a possibilidade de o relator, nas hipóteses cabíveis, dar provimento ou negar seguimento, monocraticamente, ao agravo. Assim, esse dispositivo deve ser interpretado em consonância com os fins buscados com a alteração legislativa. Nesse sentido, "não se pode confundir o privilégio concedido à Fazenda Pública, consistente na dispensa de depósito prévio para fins de interposição de recurso, com a multa instituída pelo artigo 557, § 2º, do CPC, por se tratar de institutos de natureza diversa" (AgRg no AREsp 513.377-RN, Segunda Turma, DJe de 15/8/2014). Precedentes citados do STJ: AgRg nos EAREsp 22.230-PA, Corte Especial, DJe de 1º/7/2014; EAg 493.058-SP, Primeira Seção, DJU de 1º/8/2006; AgRg na Ag 1.425.712-MG, Primeira Turma, DJe 15/5/2012; AgRg no AREsp 383.036-MS, Segunda Turma, DJe 16/9/2014; e AgRg no AREsp 131.134-RS, Quarta Turma, DJe 19/3/2014. Precedentes citados do STF: RE 521.424-RN AgR-EDv-AgR, Tribunal Pleno, DJe 27/08/2010; e AI 775.934-AL AgR-ED-ED, Tribunal Pleno, DJe 13/12/2011. **AgRg no AREsp 553.788-DF, Rel. Min. Assusete Magalhães, julgado em 16/10/2014. (Inform. STJ 551)**

DIREITO PROCESSUAL CIVIL. INADMISSIBILIDADE DA UTILIZAÇÃO DE ASSINATURA DIGITALIZADA PARA INTERPOR RECURSO. **Não se admite o recurso interposto mediante aposição de assinatura digitalizada do advogado.** De início, é importante ressaltar que a assinatura digitalizada não se confunde com a assinatura eletrônica, a qual, nos termos do art. 1º, § 2º, III, "a" e "b", da Lei 11.419/2006, deve estar baseada em certificado digital emitido por Autoridade Certificadora Credenciada, na forma da lei específica ou mediante cadastro de usuário no Poder Judiciário, conforme disciplinado pelos órgãos específicos. Esse prévio cadastramento, seja perante a autoridade certificadora, seja perante os órgãos do Poder Judiciário, visa exatamente resguardar a segurança na identificação dos usuários e a autenticidade das assinaturas feitas por meio eletrônico. Desse modo, a assinatura digital passa a ter o mesmo valor da assinatura original, feita de próprio punho pelo advogado, na peça processual. Diferente é a hipótese da assinatura digitalizada, normalmente feita mediante o processo de escaneamento, em que, conforme já consignado pelo STF, há "mera chancela eletrônica sem qualquer regulamentação e cuja originalidade não é possível afirmar sem o auxílio de perícia técnica" (AI 564.765-RJ, Primeira Turma, DJ 17/3/2006). Com efeito, a reprodução de uma assinatura, por meio do escaneamento, sem qualquer regulamentação, é arriscada na medida em que pode ser feita por qualquer pessoa que tenha acesso ao documento original e inserida em outros documentos. Desse modo, não há garantia alguma de autenticidade. Note-se que não se está afastando definitivamente a possibilidade de utilização do método da digitalização das assinaturas. Verifica-se, apenas, que ele carece de regulamentação que lhe proporcione a segurança necessária à prática dos atos processuais. Embora, na moderna ciência processual, seja consagrado o princípio da instrumentalidade das formas, sua aplicação deve encontrar limites exatamente no princípio da segurança jurídica. Não se trata de privilegiar a forma pela forma, mas de conferir aos jurisdicionados, usuários das modernas ferramentas eletrônicas, o mínimo de critérios para garantir a autenticidade e integridade de sua identificação no momento da interposição de um recurso ou da apresentação de outra peça processual. Posto isso, considera-se como inexistente o recurso cuja assinatura para identificação do advogado foi obtida por digitalização. **REsp 1.442.887-BA, Rel. Min. Nancy Andrighi, julgado em 6/5/2014. (Inform. STJ 541)**

DIREITO PROCESSUAL CIVIL. MOMENTO PARA HABILITAÇÃO COMO AMICUS CURIAE EM JULGAMENTO DE RECURSO SUBMETIDO AO RITO DO ART. 543-C DO CPC. **O pedido de intervenção, na qualidade de *amicus curiae*, em recurso submetido ao rito do art. 543-C do CPC, deve ser realizado antes do início do julgamento pelo órgão colegiado.** Isso porque, uma vez iniciado o julgamento, não há mais espaço para o ingresso de *amicus curiae*. De fato, já não há utilidade prática de sua intervenção, pois nesse momento processual não cabe mais sustentação oral, nem apresentação de manifestação escrita, como franqueia a Resolução 8/2008 do STJ, e, segundo assevera remansosa jurisprudência, o *amicus curiae* não tem legitimidade recursal, inviabilizando-se a pretensão de intervenção posterior ao julgamento (EDcl no REsp 1.261.020-CE, Primeira Seção, DJe 2/4/2013). O STJ tem entendido que, segundo o § 4º do art. 543-C do CPC, bem como o art. 3º da Resolução 8/2008 do STJ, admite-se a intervenção de *amicus curiae* nos recursos submetidos ao rito dos recursos repetitivos somente antes do julgamento pelo órgão colegiado e a critério do relator (EDcl no REsp 1.120.295-SP, Primeira Seção, DJe 24/4/2013). Ademais, o STF já decidiu que o *amicus curiae* pode pedir sua participação no processo até a liberação do processo para pauta (ADI 4.071 AgR, Tribunal Pleno, DJe 16/10/2009). **QO no REsp 1.152.218-RS, Rel. Min. Luis Felipe Salomão, julgado em 7/5/2014. (Inform. STJ 540)**

DIREITO PROCESSUAL CIVIL. JURISPRUDÊNCIA DOMINANTE PARA FINS DE JULGAMENTO MONOCRÁTICO DE RECURSO. **Não há ofensa ao art. 557 do CPC quando o Relator nega seguimento a recurso com base em orientação reiterada e uniforme do órgão colegiado que integra, ainda que sobre o tema não existam precedentes de outro órgão colegiado – do mesmo Tribunal – igualmente competente para o julgamento da questão recorrida.** De fato, o art. 557 do CPC concede autorização para que o Relator negue seguimento a recurso cuja pretensão confronte com a jurisprudência dominante do respectivo Tribunal, do STF ou do Tribunal Superior. Nesse contexto, a configuração de jurisprudência dominante prescinde de que todos os órgãos competentes em um mesmo Tribunal tenham proferido decisão a respeito do tema. Isso porque essa norma é inspirada nos princípios da economia processual e da razoável duração do processo e tem por finalidade a celeridade na solução dos litígios. Assim, se o Relator conhece orientação de seu órgão colegiado, desnecessário submeter-lhe, sempre e reiteradamente, a mesma controvérsia. **AgRg no REsp 1.423.160-RS, Rel. Min. Herman Benjamin, julgado em 27/3/2014. (Inform. STJ 539)**

2. DIREITO PROCESSUAL CIVIL

DIREITO PROCESSUAL CIVIL. EMBARGOS DE DECLARAÇÃO CONTRA DECISÃO QUE NEGA SEGUIMENTO AO RESP DE MANEIRA GENÉRICA.
Os embargos de declaração opostos em face de decisão do Tribunal de origem que nega seguimento a recurso especial podem, excepcionalmente, interromper o prazo recursal quando a decisão embargada for tão genérica que sequer permita a interposição de agravo (art. 544 do CPC). Tratando-se de decisão do Tribunal de origem que nega seguimento ao recurso especial, o STJ tem entendido que os embargos de declaração não interrompem o prazo para a interposição do agravo previsto no art. 544 do CPC. Entretanto, essa não deve ser a solução quando a decisão embargada é excessivamente deficitária, tendo em vista que, nesse caso, os embargos não serão destinados a veicular matéria de recurso nem visarão procrastinar o desfecho da causa. **EAREsp 275.615-SP, Rel. Min. Ari Pargendler, julgado em 13/3/2014. (Inform. STJ 537)**

DIREITO PROCESSUAL CIVIL. ILEGITIMIDADE DE PESSOA JURÍDICA PARA RECORRER, EM NOME PRÓPRIO, EM FAVOR DOS SEUS SÓCIOS. RECURSO REPETITIVO (ART. 543-C DO CPC E RES. 8/2008-STJ).
Em execução fiscal, a sociedade empresária executada não possui legitimidade para recorrer, em nome próprio, na defesa de interesse de sócio que teve contra si redirecionada a execução. Isso porque, consoante vedação expressa do art. 6º do CPC, ninguém poderá pleitear, em nome próprio, direito alheio, salvo quando autorizado por lei. Dessa forma, como não há lei que autorize a sociedade a interpor recurso contra decisão que, em execução ajuizada contra ela própria, tenha incluído no polo passivo da demanda os seus respectivos sócios, tem-se a ilegitimidade da pessoa jurídica para a interposição do referido recurso. **REsp 1.347.627-SP, Rel. Min. Ari Pargendler, julgado em 9/10/2013. (Inform. STJ 530)**

DIREITO PROCESSUAL CIVIL. RECURSO ESPECIAL INTERPOSTO SEM ASSINATURA DE ADVOGADO.
Não é possível conhecer de recurso especial interposto sem assinatura de advogado. Isso porque é firme o entendimento de que se trata, nessa situação, de recurso inexistente. Ademais, a instância especial é inaugurada tão logo seja manejado recurso a ela dirigido, sendo inviável a abertura de prazo para a regularização de vício formal, ante a ocorrência de preclusão consumativa. Assim, é inaplicável às instâncias extraordinárias a norma do art. 13 do CPC, segundo a qual deve o magistrado marcar prazo razoável para sanar defeito relativo à capacidade postulatória. **Precedentes citados: AgRg no Ag 1.395.500-PR, Primeira Turma, DJe 22/8/2012; AgRg nos EDcl no Ag 1.400.855-BA, Segunda Turma, DJe 25/4/2012; AgRg no Ag 1.372.475-MS, Terceira Turma, DJe 11/4/2012; e AgRg no Ag 1.311.580-RJ, Quarta Turma, DJe 8/11/2010. AgRg no AREsp 219.496-RS, Rel. Min. Luis Felipe Salomão, julgado em 11/4/2013. (Inform. STJ 521)**

DIREITO PROCESSUAL CIVIL. IRREGULARIDADE NA REPRESENTAÇÃO PROCESSUAL DE ENTIDADE SUBMETIDA A REGIME DE LIQUIDAÇÃO EXTRAJUDICIAL PELA SUSEP.
Não devem ser conhecidos os embargos de divergência interpostos por entidades submetidas a regime de liquidação extrajudicial pela Superintendência de Seguros Privados – Susep na hipótese em que a petição tenha sido subscrita por advogado cujo substabelecimento, apesar de conferido com reserva de poderes, não tenha sido previamente autorizado pelo liquidante. Efetivamente, conforme a Portaria 4.072/2011 da SUSEP, os poderes outorgados pelo liquidante aos advogados da massa somente podem ser substabelecidos com autorização daquele. Cumpre ressaltar, ainda, que a irregularidade na representação processual enseja o não conhecimento do recurso, descabendo sanar o referido defeito após a sua interposição. Mutatis mutandis, incide no caso a orientação da Súmula 115 do STJ, de acordo com a qual "na instância especial é inexistente recurso interposto por advogado sem procuração nos autos". Ademais, registre-se, por oportuno, que a jurisprudência desta Corte é firme no sentido de que as disposições dos arts. 13 e 37 do CPC não se aplicam na instância superior, de modo que é incabível a conversão do julgamento em diligência ou a abertura de prazo para a regularização do recurso. **AgRg nos EREsp 1.262.401-BA, Rel. Min. Humberto Martins, julgado em 25/4/2013. (Inform. STJ 521)**

DIREITO PROCESSUAL CIVIL. RECOLHIMENTO DO PREPARO COMO PRESSUPOSTO PARA O CONHECIMENTO DE EMBARGOS DE DIVERGÊNCIA.
Não devem ser conhecidos os embargos de divergência interpostos no STJ na hipótese em que o embargante não tenha comprovado, na data de interposição, o respectivo preparo, nem feito prova de que goze do benefício da justiça gratuita. O art. 511, caput, do CPC estabelece que, "no ato de interposição do recurso, o recorrente comprovará, quando exigido pela legislação pertinente, o respectivo preparo, inclusive porte de remessa e de retorno, sob pena de deserção". Com relação aos embargos de divergência, a Lei 11.636/2007 previu a exigência de custas para a sua oposição no STJ. Igualmente, tal obrigatoriedade está prevista na Resolução STJ 25/2012. **Precedentes citados: AgRg nos EAREsp 17.869-PI, Primeira Seção, DJe 3/10/2012, e AgRg nos EAg 1.241.440-PR, Corte Especial, DJe 19/10/2010. AgRg nos EREsp 1.262.401-BA, Rel. Min. Humberto Martins, julgado em 25/4/2013. (Inform. STJ 521)**

DIREITO PROCESSUAL CIVIL. INAPLICABILIDADE DA TEORIA DA CAUSA MADURA NA HIPÓTESE EM QUE VERIFICADA A NECESSIDADE DE INSTRUÇÃO PROBATÓRIA.
O tribunal, ao apreciar apelação interposta em face de sentença que tenha reconhecido a prescrição da pretensão veiculada em ação monitória fundada em cheques prescritos que não circularam, não pode desde logo julgar a lide, mediante a aplicação do procedimento previsto no § 3º do art. 515 do CPC (teoria da causa madura), na hipótese em que, existindo dúvida plausível acerca da entrega da mercadoria que dera origem à emissão dos cheques, não tenha havido, em primeira instância, a análise de qualquer questão preliminar ou de mérito diversa da prescrição. A adequada interpretação do conteúdo do art. 515, § 3º, do CPC é que esse dispositivo possibilita ao tribunal, caso propiciado o contraditório e a ampla defesa, com regular e completa instrução do processo, o julgamento do mérito da causa, mesmo que para tanto seja necessária a apreciação do acervo probatório e ainda que na origem não tenha sido proferida decisão meramente terminativa. Desta feita, o afastamento da prescrição pelo tribunal ad quem permite a este, em regra, proceder ao julgamento das demais questões suscitadas no recurso, ainda que não tenham sido analisadas diretamente pela sentença, quando a causa se encontrar suficientemente "madura". Entretanto, existindo dúvida plausível acerca da efetiva existência do crédito pleiteado, impor-se-ia, diante do afastamento da prescrição, a remessa dos autos à instância de origem para que possibilite ao réu o exercício do direito de defesa, o qual foi prejudicado pela prematura extinção do processo monitório. Efetivamente, conquanto a pacífica jurisprudência do STJ entenda ser desnecessária a perquirição do negócio jurídico que subjaz à emissão do título na petição de ação monitória, nada impede que o requerido traga à baila a discussão do negócio jurídico subjacente. Isso porque a ausência de circulação do título preserva a sua vinculação com a relação cambiária que lhe deu origem, o mesmo acontecendo no caso de prescrição do título, em que a abstração decorrente do princípio da autonomia desaparece, operando-se a perda da cambialidade. **REsp 1.082.964-SE, Rel. Min. Luis Felipe Salomão, julgado em 5/3/2013. (Inform. STJ 520)**

DIREITO PROCESSUAL CIVIL. DEFINIÇÃO DE SUCUMBÊNCIA RECÍPROCA PARA A INTERPOSIÇÃO DE RECURSO ADESIVO.
A extinção do processo, sem resolução do mérito, tanto em relação ao pedido do autor quanto no que diz respeito à reconvenção, não impede que o réu reconvinte interponha recurso adesivo ao de apelação. Isso porque o art. 500 do CPC não exige, para a interposição de recurso adesivo, que a sucumbência recíproca ocorra na mesma lide, devendo aquela ser aferida a partir da análise do julgamento em seu conjunto. A previsão do recurso adesivo no sistema processual brasileiro tem por objetivo atender política legislativa e judiciária de solução mais célere para os litígios. Assim, do ponto de vista teleológico, não se deve interpretar o dispositivo de forma substancialmente mais restritiva do que se faria com os artigos alusivos à apelação, aos embargos infringentes e aos recursos extraordinários. De fato, segundo o parágrafo único do artigo 500 do CPC, ao recurso adesivo devem ser aplicadas as mesmas regras do recurso independente quanto às condições de admissibilidade, preparo e julgamento no tribunal superior. **REsp 1.109.249-RJ, Rel. Min. Luis Felipe Salomão, julgado em 7/3/2013. (Inform. STJ 518)**

DIREITO PROCESSUAL CIVIL. PEDIDO DE DESISTÊNCIA REALIZADO APÓS O JULGAMENTO DO RECURSO.
Não é possível a homologação de pedido de desistência de recurso já julgado, pendente apenas de publicação de acórdão. **Precedente citado: AgRg no Ag 941.467-MG, Primeira Turma, DJe 26/4/2010. AgRg no AgRg no Ag 1.392.645-RJ, Rel. Min. Herman Benjamin, julgado em 21/2/2013. (Inform. STJ 517).**

VADE MECUM DE JURISPRUDÊNCIA – STF/STJ

DIREITO PROCESSUAL CIVIL. IMPOSSIBILIDADE DE CONHECIMENTO DE APELAÇÃO INTERPOSTA CONTRA DECISÃO QUE EXCLUI UM DOS LITISCONSORTES DA RELAÇÃO JURÍDICA E DETERMINA O PROSSEGUIMENTO DA EXECUÇÃO CONTRA OS DEMAIS DEVEDORES.

É inviável o conhecimento de apelação interposta contra decisão que exclui um dos litisconsortes da relação jurídica e determina o prosseguimento da execução contra os demais devedores. Referido equívoco constitui erro inescusável, por consequência, inaplicável o princípio da fungibilidade recursal em face do entendimento do STJ segundo o qual, nesses casos, seria cabível agravo de instrumento, e não apelação. **Precedentes citados: AgRg no Ag 1.329.466-MG, DJe 19/5/2011, e AgRg no Ag 1.236.181-PR, DJe 13/9/2010. AgRg no REsp 1.184.036-DF, Rel. Min. Antonio Carlos Ferreira, julgado em 7/2/2013. (Inform. STJ 515).**

DIREITO CIVIL E PROCESSUAL CIVIL. INTERPOSIÇÃO DE RECURSO PELO FILHO MENOR EM FACE DE SENTENÇA CONDENATÓRIA PROFERIDA EM AÇÃO PROPOSTA UNICAMENTE EM FACE DE SEU GENITOR COM FUNDAMENTO NA RESPONSABILIDADE DOS PAIS POR ATO ILÍCITO QUE TERIA COMETIDO.

O filho menor não tem interesse nem legitimidade para recorrer da sentença condenatória proferida em ação proposta unicamente em face de seu genitor com fundamento na responsabilidade dos pais pelos atos ilícitos cometidos por filhos menores. O art. 499, § 1º, do CPC assegura ao terceiro prejudicado a possibilidade de interpor recurso de determinada decisão, desde que ela afete, direta ou indiretamente, uma relação jurídica de que seja titular. Assim, para que seja admissível o recurso de pessoa estranha à relação jurídico-processual já estabelecida, faz-se necessária a demonstração do prejuízo sofrido em razão da decisão judicial, ou seja, o terceiro deve demonstrar seu interesse jurídico quanto à interposição do recurso. O CC, no seu art. 932, trata das hipóteses em que a responsabilidade civil pode ser atribuída a quem não seja o causador do dano, a exemplo da responsabilidade dos genitores pelos atos cometidos por seus filhos menores (inciso I), que constitui modalidade de responsabilidade objetiva decorrente do exercício do poder familiar. É certo que, conforme o art. 942, parágrafo único, do CC, "são solidariamente responsáveis com os autores, os coautores e as pessoas designadas no art. 932". Todavia, o referido dispositivo legal deve ser interpretado em conjunto com os arts. 928 e 934 do CC, que tratam, respectivamente, da responsabilidade subsidiária e mitigada do incapaz e da inexistência de direito de regresso em face do descendente absoluta ou relativamente incapaz. Destarte, o patrimônio do filho menor somente pode responder pelos prejuízos causados a outrem se as pessoas por ele responsáveis não tiverem obrigação de fazê-lo ou não dispuserem de meios suficientes. Mesmo assim, nos termos do parágrafo único do art. 928, se for o caso de atingimento do patrimônio do menor, a indenização será equitativa e não terá lugar se privar do necessário o incapaz ou as pessoas que dele dependam. Portanto, deve-se concluir que o filho menor não é responsável solidário com seus genitores pelos danos causados, mas, sim, subsidiário. Assim, tratando-se de pessoa estranha à relação jurídico-processual já estabelecida e não havendo demonstração do prejuízo sofrido em razão da decisão judicial, configura-se, na hipótese, a carência de interesse e legitimidade para a interposição de recurso. **REsp 1.319.626-MG, Rel. Min. Nancy Andrighi, julgado em 26/2/2013. (Inform. STJ 515).**

🔖 Súmula STF nº 325

As emendas ao regimento do Supremo Tribunal Federal, sobre julgamento de questão constitucional, aplicam-se aos pedidos ajuizados e aos recursos interpostos anteriormente a sua aprovação.

🔖 Súmula STF nº 322

Não terá seguimento pedido ou recurso dirigido ao Supremo Tribunal Federal, quando manifestamente incabível, ou apresentado fora do prazo, ou quando for evidente a incompetência do tribunal.

🔖 Súmula STJ nº 484

Admite-se que o preparo seja efetuado no primeiro dia útil subsequente, quando a interposição do recurso ocorrer após o encerramento do expediente bancário.

🔖 Súmula STJ nº 483

O INSS não está obrigado a efetuar depósito prévio do preparo por gozar das prerrogativas e privilégios da Fazenda Pública.

🔖 Súmula STJ nº 325

A remessa oficial devolve ao Tribunal o reexame de todas as parcelas da condenação suportadas pela Fazenda Pública, inclusive dos honorários de advogado.

🔖 Súmula STJ nº 318

Formulado pedido certo e determinado, somente o autor tem interesse recursal em arguir o vício da sentença ilíquida.

🔖 Súmula STJ nº 264

É irrecorrível o ato judicial que apenas manda processar a concordata preventiva.

🔖 Súmula STJ nº 253

O art. 557 do CPC, que autoriza o relator a decidir o recurso, alcança o reexame necessário.

🔖 Súmula STJ nº 216

A tempestividade de recurso interposto no Superior Tribunal de Justiça é aferida pelo registro no protocolo da secretaria e não pela data da entrega na agência do correio.

🔖 Súmula STJ nº 187

É deserto o recurso interposto para o Superior Tribunal de Justiça, quando o recorrente não recolhe, na origem, a importância das despesas de remessa e retorno dos autos.

🔖 Súmula STJ nº 117

A inobservância do prazo de 48 horas, entre a publicação de pauta e o julgamento sem a presença das partes, acarreta nulidade.

🔖 Súmula STJ nº 115

Na instancia especial é inexistente recurso interposto por advogado sem procuração nos autos.

🔖 Súmula STJ nº 55

Tribunal Regional Federal não é competente para julgar recurso de decisão proferida por juiz estadual não investido de jurisdição federal.

🔖 Súmula STJ nº 45

No reexame necessário, é defeso, ao tribunal, agravar a condenação imposta à Fazenda Pública.

11.2.   Agravo

AG. REG. NO ARE N. 656.543-MS

RELATOR: MINISTRO PRESIDENTE

Ementa: AGRAVO REGIMENTAL NO RECURSO EXTRAORDINÁRIO COM AGRAVO. APLICAÇÃO DA SISTEMÁTICA DA REPERCUSSÃO GERAL PELO TRIBUNAL DE ORIGEM. INTERPOSIÇÃO DO AGRAVO PREVISTO NO ART. 544 DO CPC. NÃO CABIMENTO. PRINCÍPIO DA FUNGIBILIDADE RECURSAL. DEVOLUÇÃO DOS AUTOS AO TRIBUNAL DE ORIGEM. CABIMENTO SOMENTE PARA OS RECURSOS INTERPOSTOS ANTES DE 19/11/2009. AGRAVO A QUE SE NEGA PROVIMENTO.

I – Não é cabível agravo para a correção de suposto equívoco na aplicação da repercussão geral, consoante firmado no julgamento do AI 760.358-QO/SE, Rel. Min. Gilmar Mendes.

II – A aplicação do princípio da fungibilidade recursal, com a devolução dos autos para julgamento pelo Tribunal de origem como agravo regimental, só é cabível nos processos interpostos antes de 19/11/2009.

III – Agravo regimental a que se nega provimento. **(Inform. STF 790)**

AG. REG. NO ARE N. 854.180-SC

RELATOR: MINISTRO PRESIDENTE

Ementa: AGRAVO REGIMENTAL NO RECURSO EXTRAORDINÁRIO COM AGRAVO. APLICAÇÃO DA SISTEMÁTICA DA REPERCUSSÃO GERAL PELO TRIBUNAL DE ORIGEM. INTERPOSIÇÃO DO AGRAVO PREVISTO NO ART. 544 DO CPC. NÃO CABIMENTO. PRINCÍPIO DA FUNGIBILIDADE RECURSAL. DEVOLUÇÃO DOS AUTOS AO TRIBUNAL DE ORIGEM. CABIMENTO SOMENTE PARA OS RECURSOS INTERPOSTOS ANTES DE 19/11/2009. AGRAVO A QUE SE NEGA PROVIMENTO.

I – Não é cabível agravo para a correção de suposto equívoco na aplicação da repercussão geral, consoante firmado no julgamento do AI 760.358-QO/SE, Rel. Min. Gilmar Mendes.

2. DIREITO PROCESSUAL CIVIL

II – A aplicação do princípio da fungibilidade recursal, com a devolução dos autos para julgamento pelo Tribunal de origem como agravo regimental, só é cabível nos processos interpostos antes de 19/11/2009.

III – Agravo regimental a que se nega provimento. **(Inform. STF 787)**

AG. REG. NO ARE N. 865.466-SP

RELATOR: MINISTRO PRESIDENTE
Ementa: AGRAVO REGIMENTAL NO RECURSO EXTRAORDINÁRIO COM AGRAVO. APLICAÇÃO DA SISTEMÁTICA DA REPERCUSSÃO GERAL PELO TRIBUNAL DE ORIGEM. INTERPOSIÇÃO DO AGRAVO PREVISTO NO ART. 544 DO CPC. NÃO CABIMENTO. PRINCÍPIO DA FUNGIBILIDADE RECURSAL. DEVOLUÇÃO DOS AUTOS AO TRIBUNAL DE ORIGEM. CABIMENTO SOMENTE PARA OS RECURSOS INTERPOSTOS ANTES DE 19/11/2009. AGRAVO A QUE SE NEGA PROVIMENTO.
I - Não é cabível agravo para a correção de suposto equívoco na aplicação da repercussão geral, consoante firmado no julgamento do AI 760.358-QO/SE, Rel. Min. Gilmar Mendes. II - A aplicação do princípio da fungibilidade recursal, com a devolução dos autos para julgamento pelo Tribunal de origem como agravo regimental, só é cabível nos processos interpostos antes de 19/11/2009. III - Agravo regimental a que se nega provimento. **(Inform. STF 785)**

Representação processual e cópia não autenticada – 4

Em conclusão de julgamento, a 1ª Turma, por maioria, conheceu de agravo regimental interposto de decisão do Min. Menezes Direito que, em agravo de instrumento do qual então relator, entendera intempestivo recurso extraordinário não admitido pelo tribunal a quo por motivo diverso. No regimental, o Relator asseverara que a petição estaria subscrita por advogada que não possuiria instrumento de mandato válido para representar a agravante, haja vista que o substabelecimento – que conferiria poderes à subscritora do presente agravo –, embora original, estaria assinado por advogada que, também, não possuiria procuração válida nos autos, uma vez que o substabelecimento, juntado na interposição deste agravo regimental, seria mera cópia reprográfica sem a necessária autenticação – v. Informativos 545, 560 e 606. Aduziu-se que a subscritora do agravo estaria devidamente credenciada pela parte agravante. Afastou-se a exigência de autenticação de peças trasladadas em cópia quando apresentadas pelo advogado. Vencidos os Ministros Menezes Direito e Cármen Lúcia, que não conheciam do regimental. Atestavam validade de cópia obtida de mandato judicial somente se o escrivão portasse fé de sua conformidade com o original. **AI 741616 AgR/RJ, rel. orig. Min. Dias Toffoli, red. p/ o acórdão Min. Marco Aurélio, 19.3.2013. (AI-741616) (Inform. STF 699).**

DIREITO PROCESSUAL CIVIL. PERDA DO OBJETO DE AGRAVO DE INSTRUMENTO INTERPOSTO CONTRA DECISÃO PROFERIDA EM ANTECIPAÇÃO DE TUTELA.
A superveniência de sentença de mérito implica a perda do objeto de agravo de instrumento interposto contra decisão anteriormente proferida em tutela antecipada. A definição acerca de a superveniência de sentença de mérito ocasionar a perda do objeto do agravo de instrumento deve ser feita casuisticamente, mediante o cotejo da pretensão contida no agravo com o conteúdo da sentença, de modo a viabilizar a perquirição sobre eventual e remanescente interesse e utilidade no julgamento do recurso. Entretanto, na específica hipótese de interposição de agravo contra decisão de deferimento ou indeferimento de antecipação de tutela, vislumbra-se que a prolatação de sentença meritória implicará a perda do objeto do agravo de instrumento, em virtude da superveniente perda do interesse recursal. Isso porque a sentença de procedência do pedido - que substitui a decisão concessiva de tutela de urgência - torna-se plenamente eficaz ante o recebimento da apelação tão somente no efeito devolutivo, permitindo-se desde logo a execução provisória do julgado, nos termos do art. 520, VII, do CPC, o qual dispõe que: "Art. 520. A apelação será recebida em seu efeito devolutivo e suspensivo. Será, no entanto, recebida só no efeito devolutivo, quando interposta de sentença que: [...] VII - confirmar a antecipação dos efeitos da tutela". O mesmo se diz em relação à sentença de improcedência do pedido, a qual tem o condão de revogar a decisão concessiva de antecipação, ante a existência de evidente antinomia entre elas. Portanto, a superveniência da sentença de mérito ocasiona a perda de objeto de anterior agravo de instrumento interposto contra decisão proferida em sede de medida antecipatória. **EAREsp 488.188-SP, Rel. Min. Luis Felipe Salomão, julgado em 7/10/2015, DJe 19/11/2015. (Inform. STJ 573)**

DIREITO PROCESSUAL CIVIL. FALTA DE CITAÇÃO E MANIFESTAÇÃO DO RÉU EM AGRAVO DE INSTRUMENTO.
Não supre a falta de citação em ação revisional de alimentos o comparecimento do réu para contraminutar agravo de instrumentos contra decisão denegatória de tutela antecipada, sem que haja qualquer pronunciamento na ação principal por parte do demandado. De fato, a ação só produz efeitos para o réu a partir de quando é regularmente citado ou, na falta de citação, desde quando comparece espontaneamente em juízo. Nesse sentido, o art. 214 do CPC determina, no seu caput, que "Para a validade do processo é indispensável a citação inicial do réu" e, no seu § 1º, que o "comparecimento espontâneo do réu supre, entretanto, a falta de citação". Ocorre que, se o réu de ação revisional de alimentos - a despeito de ter apresentado resposta em agravo de instrumento, tendo, portanto, tomado ciência da ação principal - não se pronuncia nos autos da ação revisional, resta ausente um dos elementos essenciais da citação: a oportunidade da parte de se manifestar. Desse modo, na hipótese em análise, não há como suprir a falta de citação, sob pena de violação dos princípios do contraditório e da ampla defesa. **REsp 1.310.704-MS, Rel. Min. Ricardo Villas Bôas Cueva, julgado em 10/11/2015, DJe 16/11/2015. (Inform. STJ 573)**

DIREITO PROCESSUAL CIVIL. TRÂMITE DO AGRAVO EM RECURSO ESPECIAL INTERPOSTO CONTRA DECISÃO FUNDAMENTADA NO ART. 543-C, § 7º, I, DO CPC.
Na hipótese em que for interposto agravo em recurso especial (art. 544 do CPC) contra decisão que nega seguimento a recurso especial com base no art. 543-C, § 7º, I, do CPC, o STJ remeterá o agravo do art. 544 do CPC ao Tribunal de origem para sua apreciação como agravo interno. No julgamento da QO no Ag 1.154.599-SP (Corte Especial, DJe 12/5/2011), o STJ assentou o entendimento de que não cabe agravo em recurso especial (art. 544 do CPC) contra decisão que nega seguimento a recurso especial com base no art. 543-C, § 7º, I, do CPC, podendo a parte interessada manejar agravo interno na respectiva na origem, demonstrando a especificidade do caso concreto. Entretanto, o art. 544 do CPC prevê o cabimento de agravo contra a decisão que não admite o recurso especial sem fazer distinção acerca do fundamento utilizado para a negativa de seguimento do apelo extraordinário. O não cabimento do agravo em recurso especial (art. 544 do CPC), na hipótese em que o recurso especial sobrestado na origem tiver o seu seguimento denegado quando o acórdão recorrido coincidir com a orientação do STJ, deriva de interpretação adotada por este Tribunal Superior, a fim de obter a máxima efetividade da sistemática dos recursos representativos da controvérsia, implementada pela Lei 11.672/2008. A par disso, se equivocadamente a parte interpuser o agravo do art. 544 do CPC contra a referida decisão, por não configurar erro grosseiro, cabe ao STJ remeter o recurso ao Tribunal de origem para sua apreciação como agravo interno. **AgRg no AREsp 260.033-PR, Rel. Min. Raul Araújo, julgado em 5/8/2015, DJe 25/9/2015 ((Inform. STJ 569).**

DIREITO PROCESSUAL CIVIL. POSSIBILIDADE DE SE CONHECER DE AGRAVO DE INSTRUMENTO NÃO INSTRUÍDO COM A CERTIDÃO DE INTIMAÇÃO DA DECISÃO AGRAVADA.
O termo de abertura de vista e remessa dos autos à Fazenda Nacional substitui, para efeito de demonstração da tempestividade do agravo de instrumento (art. 522 do CPC) por ela interposto, a apresentação de certidão de intimação da decisão agravada (art. 525, I, do CPC). De fato, o art. 525, I, do CPC determina que o agravo de instrumento deve ser instruído, "obrigatoriamente, com cópias da decisão agravada, da certidão da respectiva intimação e das procurações outorgadas aos advogados do agravante e do agravado". A simples interpretação literal do referido dispositivo poderia levar à rápida conclusão de que a referida certidão seria requisito extrínseco, sem o qual o recurso não ultrapassaria, sequer, a barreira da admissibilidade. Entretanto, a interpretação literal não é, em algumas ocasiões, a mais adequada, especialmente em se tratando de leis processuais, as quais têm a finalidade precípua de resguardar o regular exercício do direito das partes litigantes. Assim, na linha do pensamento da moderna doutrina processual a respeito da necessidade de primazia da finalidade das normas de procedimento, na busca por uma prestação jurisdicional mais breve e efetiva, a interpretação das regras processuais deve levar em conta não apenas o cumprimento da norma em si mesma, mas seu escopo, seu objetivo, sob pena de se privilegiar o formalismo em detrimento do próprio direito material buscado pelo jurisdicionado. Nessa linha intelectiva, se for possível verificar a tempestividade do agravo de instrumento por outro meio, atingindo-se, assim, a finalidade da exigência formal, deve-se, em atenção ao princípio da instrumentalidade

das formas, considerar atendido o pressuposto e conhecer-se do recurso. Com efeito, a Fazenda Nacional tem a prerrogativa de ser intimada das decisões, por meio da concessão de vista pessoal dos autos (arts. 38 da LC 73/1993, 6º, § 1º e § 2º, da Lei 9.028/1995, 20 da Lei 11.033/2004 e 25 da Lei 6.830/1980), razão pela qual o prazo para a apresentação de recurso por essa tem início a partir da data em que há concessão da referida vista pessoal a ela. Dessa forma, a certidão de concessão de vistas dos autos pode ser considerada como elemento suficiente da demonstração da tempestividade do agravo de instrumento, substituindo a certidão de intimação legalmente prevista. Importa ressaltar que esse tratamento não pode, via de regra, ser automaticamente conferido aos litigantes que não possuem a prerrogativa de intimação pessoal, sob pena de se admitir que o início do prazo seja determinado pelo próprio recorrente, a partir da data de vista dos autos, a qual pode ser posterior ao efetivo termo inicial do prazo recursal, que, via de regra, é a data da publicação da mesma decisão (EREsp 683.504-SC, Corte Especial, DJe 1/7/2013). **Precedentes citados: REsp 1.259.896-PE, Segunda Turma, DJe 17/9/2013; e REsp 1.278.731-DF, Segunda Turma, DJe 22/9/2011. REsp 1.376.656-SP, Rel. Min. Benedito Gonçalves, Corte Especial, julgado em 17/12/2014, DJe 2/2/2015 (Inform. STJ 554).**

DIREITO PROCESSUAL CIVIL. CONHECIMENTO DE AGRAVO DE INSTRU-MENTO NÃO INSTRUÍDO COM CÓPIA DA CERTIDÃO DE INTIMAÇÃO DA DECISÃO AGRAVADA. RECURSO REPETITIVO (ART. 543-C DO CPC E RES. N. 8/2008-STJ). A ausência da cópia da certidão de intimação da decisão agravada não é óbice ao conhecimento do agravo de instrumento quando, por outros meios inequívocos, for possível aferir a tempestividade do recurso, em atendimento ao princípio da instrumentalidade das formas. O STJ entende que, apesar de a certidão de intimação da decisão agravada constituir peça obrigatória para a formação do instrumento do agravo (art. 525, I, do CPC), sua ausência pode ser relevada desde que seja possível aferir, de modo inequívoco, a tempestividade do agravo por outro meio constante dos autos. Esse posicionamento é aplicado em homenagem ao princípio da instrumentalidade das formas para o qual o exagerado processualismo deve ser evitado de forma a que o processo e seu uso sejam convenientemente conciliados e realizados. Precedentes citados: REsp 676.343-MT, Quarta Turma, DJe 8/11/2010; e AgRg no AgRg no REsp 1.187.970-SC, Terceira Turma, DJe 16/8/2010. **REsp 1.409.357-SC, Rel. Min. Sidnei Beneti, julgado em 14/5/2014. (Inform. STJ 541)**

DIREITO PROCESSUAL CIVIL. AFASTAMENTO DE NULIDADE CAUSADA POR OFENSA AO PRINCÍPIO DO CONTRADITÓRIO. A nulidade da decisão do relator que julgara agravo de instrumento do art. 522 do CPC sem prévia intimação do agravado para resposta não deve ser declarada quando suscitada apenas em embargos de declaração opostos em face de acórdão que, após a intimação para contrarrazões, julgou agravo regimental inter-posto pela outra parte. Segundo entendimento do STJ (REsp 1.148.296-SP, submetido ao rito do art. 543-C do CPC, DJe 18/9/2010), a intimação da parte recorrida para apresentação de contrarrazões é condição de validade da decisão que causa prejuízo ao recorrente. Apesar de esse paradigma ressaltar a importância do contraditório no procedimento recursal, a nulidade decorrente da ausência de intimação para contrarrazões não deve ser tida por insanável, pois o contraditório se renova continuamente no curso do processo, abrindo-se oportunidade às partes para se manifestarem. Na linha de entendimento doutrinário, se até mesmo a ausência de citação pode ficar sanada pela posterior citação em processo de execução, *a fortiori* a ausência de mera intimação também fica sanada com a intimação realizada em mo-mento posterior. Já a estratégia de permanecer silente, reservando a nulidade para ser alegada em um momento posterior, já foi rechaçada, inclusive sob a denominação de "nulidade de algibeira", pela 3ª Turma do STJ. Precedentes citados: REsp 756.885-RJ, Terceira Turma, DJ 17/9/2007; e AgRg no AREsp 266.182-RJ, Segunda Turma, DJe 24/5/2013. **REsp 1.372.802-RJ, Rel. Min. Paulo de Tarso Sanseverino, julgado em 11/3/2014. (Inform. STJ 539)**

DIREITO PROCESSUAL CIVIL. RECURSO CONTRA DECISÃO QUE RESOLVE INCIDENTE DE ALIENAÇÃO PARENTAL. O agravo do art. 522 do CPC é o meio adequado para impugnar decisão que resolva incidentalmente a questão da alienação parental. A Lei 12.318/2010 prevê que o reconhe-cimento da alienação parental pode se dar em ação autônoma ou inciden-talmente, sem especificar, no entanto, o recurso cabível, impondo, neste aspecto, a aplicação das regras do CPC. A decisão que, de maneira incidente, enfrenta e resolve a existência de alienação parental antes de decidir sobre o mérito da principal não encerra a etapa cognitiva do processo na primeira

instância. Portanto, esse ato judicial tem natureza de decisão interlocutória (art. 162, §2º, do CPC) e, por consequência, o recurso cabível, nessa hipótese, é o agravo (art. 522 do CPC). Cabe ressaltar que seria diferente se a questão fosse resolvida na própria sentença, ou se fosse objeto de ação autônoma, como prevê a Lei 12.318/2010, hipóteses em que o meio de impugnação idôneo seria a apelação, porque, nesses casos, a decisão poria fim à etapa cognitiva do processo em primeiro grau. **REsp 1.330.172-MS, Rel. Min. Nancy Andrighi, julgado em 11/3/2014. (Inform. STJ 538)**

DIREITO PROCESSUAL CIVIL. CONVERSÃO DE AGRAVO DE INSTRUMENTO EM RETIDO.
A mera possibilidade de anulação de atos processuais – como decorrência lógica de eventual provimento, no futuro, do agravo retido – não constitui motivo suficiente para impedir a conversão, em agravo retido, de agravo de instrumento no qual se alegue a nulidade de prova pericial realizada. Observe-se, inicialmente, que a regra no atual ordenamento processual é a interposição do agravo na forma retida, sendo o agravo de instrumento uma exceção, que ocorre apenas nas hipóteses previstas em lei (art. 522 do CPC). Nesse contexto, a simples possibilidade de anulação de atos processuais em momento futuro deve ser considerada como inerente à própria prolação de sentença de mérito na pendência de agravo, retido ou de instrumento, rece-bido no efeito meramente devolutivo. Esse risco de perda de atos processuais foi assumido pelo legislador como mais vantajoso para o sistema processual do que a eventual suspensão do processo na hipótese de impugnação de decisão interlocutória. Ademais, a manutenção nos autos da prova pericial realizada, ainda que tida pela parte como inválida, por si só, não tem o condão de causar ao agravante lesão grave ou de difícil reparação, pois, não tendo havido julgamento de mérito, inexiste ainda valoração em relação àquela prova. Decerto, caso a parte agravante se sinta prejudicada por eventual julgamento desfavorável amparado naquela prova pericial, poderá requerer ao Tribunal o exame de arguição de afronta ao devido processo legal, em preliminar de recurso, o que merecerá o devido exame no momento oportuno. **RMS 32.418-PR, Rel. originário Min. Raul Araújo, Rel. para acórdão Min. Luis Felipe Salomão, julgado em 4/6/2013. (Inform. STJ 527)**

DIREITO PROCESSUAL CIVIL. CONVERSÃO DE AGRAVO DE INSTRUMENTO EM AGRAVO RETIDO NO ÂMBITO DE EXECUÇÃO.
O agravo de instrumento não pode ser convertido em agravo retido quando interposto com o objetivo de impugnar decisão proferida no âmbito de execução. Isso porque a retenção do referido recurso é incompatível com o procedimento adotado na execução, em que não há sentença final de mérito. Precedentes citados: AgRg no AREsp 5.997-RS, Primeira Turma, DJe 16/3/2012; e REsp 418.349-PR, Terceira Turma, DJe 10/12/2009. **RMS 30.269-RJ, Rel. Min. Raul Araújo, julgado em 11/6/2013. (Inform. STJ 526)**

DIREITO PROCESSUAL CIVIL. AGRAVO DE INSTRUMENTO EM FACE DE ATO JUDICIAL QUE DETERMINE O CUMPRIMENTO DE SENTENÇA NO CASO DE CONTROVÉRSIA SOBRE OS LIMITES DA EXECUÇÃO A SER REALIZADA.
Havendo discussão acerca dos limites da sentença a ser executada, é cabível a interposição de agravo de instrumento com o objetivo de impugnar o ato judicial que determine o cumprimento imediato da sentença. Indepen-dentemente do nome conferido ao provimento jurisdicional, para que seja recorrível, basta que possua algum conteúdo decisório capaz de gerar prejuízo para as partes. Assim, existindo controvérsia sobre os limites da sentença proferida no processo de conhecimento, não se pode considerar que o ato que determine o cumprimento da referida sentença constitua mero impulso processual, pois se trata de ato com efetiva carga decisória e capaz de gerar prejuízo para as partes, passível de impugnação por meio de agravo de instrumento. **REsp 1.219.082-GO, Rel. Min. Nancy Andrighi, julgado em 2/4/2013. (Inform. STJ 518)**

DIREITO PROCESSUAL CIVIL. PRAZO CONTÍNUO DE CINCO DIAS PARA A APRESENTAÇÃO DOS ORIGINAIS NA HIPÓTESE EM QUE SE OPTA PELA UTILIZAÇÃO DE SISTEMA DE TRANSMISSÃO DE DADOS E IMAGENS DO TIPO FAX.
Ainda que o recorrente detenha o privilégio do prazo em dobro, será de cinco dias o prazo, contínuo e inextensível, para a protocolização dos originais do recurso na hipótese em que se opte pela utilização de sistema de transmissão de dados e imagens do tipo fac-símile. O STJ entende que o art. 188 do CPC, que estabelece o privilégio de recorrer com prazo em dobro, não se aplica à contagem do prazo para a juntada da peça original. **Precedentes citados:**

2. DIREITO PROCESSUAL CIVIL — 113

EDcl nos EDcl no AgRg no REsp 1.175.952-PR, DJe 11/11/2010; AgRg no Ag 1.119.792-RJ, DJe 18/6/2010, e AgRg no REsp 1.059.613-SP, DJe 17/6/2010. AgRg no REsp 1.308.916-GO, Rel. Min. Mauro Campbell Marques, julgado em 6/12/2012. (Inform. STJ 514).

DIREITO PROCESSUAL CIVIL. RECURSOS. CABIMENTO DE AGRAVO REGIMENTAL EM FACE DE DECISÃO QUE NEGA SEGUIMENTO A RESP COM BASE NO ART. 543-C, § 7º, I, do CPC.
É cabível agravo regimental, a ser processado no Tribunal de origem, destinado a impugnar decisão monocrática que nega seguimento a recurso especial com fundamento no art. 543-C, § 7º, I, do CPC. O referido dispositivo legal prevê que os recursos especiais sobrestados no Tribunal de origem conforme o rito dos recursos repetitivos terão seguimento negado na hipótese de o acórdão recorrido coincidir com a orientação do STJ. Dessa decisão denegatória pode a parte interpor agravo regimental, que será processado e julgado no Tribunal a quo. Ademais, o STJ entende que não é cabível agravo de instrumento da referida decisão. **Precedentes citados: QO no Ag 1.154.599-SP, DJe 12/5/2011, e Rcl 5.246-RS, DJe 2/8/2011. RMS 35.441-RJ, Rel. Min. Herman Benjamin, julgado em 6/12/2012. (Inform. STJ 512).**

📖 Súmula STF nº 727

Não pode o magistrado deixar de encaminhar ao Supremo Tribunal Federal o agravo de instrumento interposto da decisão que não admite recurso extraordinário, ainda que referente a causa instaurada no âmbito dos juizados especiais.

📖 Súmula STF nº 639

Aplica-se a Súmula 288 quando não constarem do traslado do agravo de instrumento as cópias das peças necessárias à verificação da tempestividade do recurso extraordinário não admitido pela decisão agravada.

📖 Súmula STF nº 426

A falta do termo específico não prejudica o agravo no auto do processo, quando oportuna a interposição por petição ou no termo da audiência.

📖 Súmula STF nº 425

O agravo despachado no prazo legal não fica prejudicado pela demora da juntada, por culpa do cartório; nem o agravo entregue em cartório no prazo legal, embora despachado tardiamente.

📖 Súmula STF nº 289

O provimento do agravo por uma das turmas do Supremo Tribunal Federal ainda que sem ressalva, não prejudica a questão do cabimento do recurso extraordinário.

📖 Súmula STF nº 288

Nega-se provimento a agravo para subida de recurso extraordinário, quando faltar no traslado o despacho agravado, a decisão recorrida, a petição de recurso extraordinário ou qualquer peça essencial à compreensão da controvérsia.

📖 Súmula STF nº 287

Nega-se provimento ao agravo, quando a deficiência na sua fundamentação, ou na do recurso extraordinário, não permitir a exata compreensão da controvérsia.

📖 Súmula STJ nº 223

A certidão de intimação do acórdão recorrido constitui peça obrigatória do instrumento de agravo.

11.3. Apelação

Protocolização em setor indevido e tempestividade
O recebimento de recurso em setor indevido não poderá dar ensejo à declaração de intempestividade, caso este tenha sido protocolizado dentro do prazo assinado em lei. Esse o entendimento da Primeira Turma, que em conclusão de julgamento e por maioria, acolheu embargos de declaração com efeitos infringentes, para dar provimento ao agravo regimental e, em consequência, prover o recurso extraordinário interposto, tão somente para que o Tribunal de origem, afastada a premissa de intempestividade, prossiga no exame do recurso de apelação. No caso, a parte interpusera o aludido recurso, o qual não fora conhecido, haja vista que a Corte de origem concluíra pela sua intempestividade. Ocorre que o recurso fora protocolado

na contadoria daquele tribunal tempestivamente. A contadoria recebera a apelação e a encaminhara ao setor de protocolo um dia após o vencimento do prazo. A Turma assentou que o referido erro não poderia ser atribuído exclusivamente ao advogado do apelante, mas também ao setor que recebera a petição do recurso indevidamente. Vencidos os Ministros Marco Aurélio e Rosa Weber, que desproviam o recurso.
RE 755613 AgR-ED/ES, rel. Min. Dias Toffoli, 22.9.2015. (RE-755613) (Inform. STF 800)

DIREITO PROCESSUAL CIVIL. IMPOSSIBILIDADE DE DESISTÊNCIA DO RECURSO PRINCIPAL APÓS A CONCESSÃO DE ANTECIPAÇÃO DOS EFEITOS DA TUTELA EM SEDE DE RECURSO ADESIVO.
Concedida antecipação dos efeitos da tutela em recurso adesivo, não se admite a desistência do recurso principal de apelação, ainda que a petição de desistência tenha sido apresentada antes do julgamento dos recursos. De fato, a apresentação da petição de desistência na hipótese em análise demonstra pretensão incompatível com o princípio da boa-fé processual e com a própria regra que faculta ao recorrente não prosseguir com o recurso, a qual não deve ser utilizada como forma de obstaculizar a efetiva proteção ao direito lesionado. Isso porque, embora tecnicamente não se possa afirmar que a concessão da antecipação dos efeitos da tutela represente o início do julgamento da apelação, é evidente que a decisão proferida pelo relator, ao satisfazer o direito material reclamado, passa a produzir efeitos de imediato na esfera jurídica das partes, evidenciada a presença dos seus requisitos (prova inequívoca e verossimilhança da alegação). Além disso, deve-se considerar que os arts. 500, III, e 501 do CPC – que permitem a desistência do recurso sem a anuência da parte contrária – foram inseridos no Código de 1973, razão pela qual, em caso como o aqui analisado, a sua interpretação não pode prescindir de uma análise conjunta com o art. 273 do CPC – que introduziu a antecipação dos efeitos da tutela no ordenamento jurídico pátrio por meio da Lei 8.952, apenas no ano de 1994, como forma de propiciar uma prestação jurisdicional mais célere e justa –, bem como com o princípio da boa-fé processual, que deve nortear o comportamento das partes em juízo (de que são exemplos, entre outros, os arts. 14, II, e 600 do CPC, introduzidos, respectivamente, pelas Leis 10.358/2001 e 11.382/2006). Ante o exposto, a solução adequada para o caso em apreço desborda da aplicação literal dos arts. 500, III, e 501 do CPC, os quais têm função apenas instrumental, devendo ser adotada uma interpretação teleológica que, associada aos demais artigos mencionados, privilegie o escopo maior de efetividade do direito material buscado pelo sistema, que tem no processo um instrumento de realização da justiça. **REsp 1.285.405-SP, Rel. Min. Marco Aurélio Bellizze, julgado em 16/12/2014, DJe 19/12/2014 (Inform. STJ 554).**

DIREITO PROCESSUAL CIVIL. INAPLICABILIDADE DO PRINCÍPIO DA FUNGIBILIDADE RECURSAL. É inviável o conhecimento de apelação interposta contra decisão que resolva incidentalmente a questão da alienação parental. O referido equívoco, na hipótese, impede a aplicação do princípio da fungibilidade recursal, o qual se norteia pela ausência de erro grosseiro e de má-fé do recorrente, desde que respeitada a tempestividade do recurso cabível. Por sua vez, pode-se dizer que haverá erro grosseiro sempre que não houver dúvida objetiva, ou, em outras palavras, quando (i) a lei for expressa ou suficientemente clara quanto ao cabimento de determinado recurso e (ii) inexistirem dúvidas ou posições divergentes na doutrina e na jurisprudência sobre qual o recurso cabível para impugnar determinada decisão. Assim, não se admite a interposição de um recurso por outro se a dúvida decorre única e exclusivamente da interpretação feita pelo próprio recorrente do texto legal, ou seja, se se tratar de uma dúvida de caráter subjetivo. Nesse contexto, obstante o fato de a Lei 12.318/2010 não indicar, expressamente, o recurso cabível contra a decisão proferida em incidente de alienação parental, os arts. 162, § 2º, e 522, do CPC o fazem, revelando-se, por todo o exposto, subjetiva – e não objetiva – eventual dúvida recursal. Por fim, no caso de fundada dúvida – até mesmo para afastar qualquer indício de má-fé – a opção deverá ser pelo agravo, cujo prazo para interposição é menor que o da apelação, e que não tem, em regra, efeito suspensivo. **REsp 1.330.172-MS, Rel. Min. Nancy Andrighi, julgado em 11/3/2014. (Inform. STJ 538)**

DIREITO PROCESSUAL CIVIL. TEORIA DA CAUSA MADURA.
No exame de apelação interposta contra sentença que tenha julgado o processo sem resolução de mérito, o Tribunal pode julgar desde logo a lide, mediante a aplicação do procedimento previsto no art. 515, § 3º, do CPC, na hipótese em que não houver necessidade de produção de provas (causa madura), ainda que, para a análise do recurso, seja inevitável a

apreciação do acervo probatório contido nos autos. De fato, o art. 515, § 3º, do CPC estabelece, como requisito indispensável para que o Tribunal julgue diretamente a lide, que a causa verse questão exclusivamente de direito. Entretanto, a regra do art. 515, § 3º, deve ser interpretada em consonância com a preconizada pelo art. 330, I, cujo teor autoriza o julgamento antecipado da lide "quando a questão de mérito for unicamente de direito, ou, sendo de direito e de fato, não houver necessidade de produzir prova em audiência". Desse modo, se não há necessidade de produção de provas, ainda que a questão seja de direito e de fato, poderá o Tribunal julgar a lide no exame da apelação interposta contra a sentença que julgara extinto o processo sem resolução de mérito. Registre-se, a propósito, que configura questão de direito, e não de fato, aquela em que o Tribunal tão somente extrai o direito aplicável de provas incontroversas, perfeitamente delineadas, construídas com observância do devido processo legal, caso em que não há óbice para que incida a regra do art. 515, § 3º, porquanto discute, em última análise, a qualificação jurídica dos fatos ou suas consequências legais. **EREsp 874.507-SC, Rel. Min. Arnaldo Esteves Lima, julgado em 19/6/2013. (Inform. STJ 528)**

📖 Súmula STF nº 428

Não fica prejudicada a apelação entregue em cartório no prazo legal, embora despachada tardiamente.

11.4. Embargos de Declaração

EMB. DECL. NO AG. REG. NO RE N. 755.613-ES

RELATOR: MIN. DIAS TOFFOLI
EMENTA: Embargos de declaração no agravo regimental no recurso extraordinário. Efeitos infringentes. Possibilidade, em casos excepcionais. Corte de origem. Recebimento de petição. Erro do próprio órgão judiciário no processamento do recurso. Recurso de apelação tempestivo.
1. No caso concreto, o recebimento da petição de apelação no Tribunal a quo não poderia dar ensejo à declaração de intempestividade do recurso, haja vista ter sido protocolado dentro do prazo previsto em lei.
2. O erro não pode ser atribuído exclusivamente ao advogado do apelante, sendo da responsabilidade, também, do setor que recebeu a petição do recurso indevidamente.
3. A Turma acolheu os embargos de declaração para, atribuindo a eles excepcionais efeitos infringentes, dar provimento ao agravo regimental e, em consequência, prover o recurso extraordinário, tão somente para que a Corte de origem, afastada a premissa de intempestividade, prossiga no exame do recurso de apelação. **(Inform. STF 809)**

EMB. DECL. EM MS N. 26.264-DF

RELATOR: MIN. MARCO AURÉLIO
EMBARGOS DECLARATÓRIOS – VÍCIO – INEXISTÊNCIA. O acolhimento do pedido formulado pelo embargante, a envolver o mérito do recurso, pressupõe um dos vícios relativos aos declaratórios – omissão, contradição e obscuridade. **(Inform. STF 802)**

EMB.DECL. NO AG. REG. NO ARE N. 873.282-MG
RELATOR: MIN. DIAS TOFFOLI
EMENTA: Embargos de declaração no agravo regimental no recurso extraordinário com agravo. Questões afastadas nos julgamentos anteriores. Não há omissão, contradição ou obscuridade a ser sanada. Precedentes.
1. No julgamento do recurso, as questões postas pela parte recorrente foram enfrentadas adequadamente. Inexistência dos vícios do art. 535 do Código de Processo Civil.
2. Embargos de declaração rejeitados. **(Inform. STF 799)**

Plenário virtual e cabimento de embargos de declaração
O Plenário iniciou julgamento de embargos de declaração opostos de decisão tomada pelo Plenário por meio eletrônico (Plenário Virtual), que reafirmara a jurisprudência dessa Corte no sentido da responsabilidade solidária dos entes federados quanto à obrigação de fornecer tratamento médico ao cidadão em respeito ao direito à saúde. O embargante sustenta que, a despeito de se ter reafirmada a jurisprudência supostamente dominante sobre a matéria, os Ministros Roberto Barroso, Marco Aurélio e Teori Zavascki teriam ficado vencidos e a Ministra Cármen Lúcia não teria se manifestado. Alega a existência de norma a distinguir o fornecimento de alguns instrumentos médico-hospitalares mais onerosos, por parte da União, ao passo que

Estados-Membros e Municípios em partilha consensual se responsabilizariam por medicamentos. O Ministro Luiz Fux (relator) rejeitou os embargos. Inicialmente, asseverou que o Plenário "físico" seria competente para apreciar embargos de declaração de decisão do Plenário Virtual que julgasse o mérito de recurso extraordinário nas hipóteses de omissão, contradição e obscuridade. Entretanto, a ocorrência de votos divergentes nas hipóteses de reafirmação da jurisprudência por meio eletrônico não seria pressuposto para o cabimento de declaratórios. Esclareceu que o aresto embargado enumeraria mais de 50 precedentes recentes em que refirmada a jurisprudência a respeito da solidariedade dos entes federados. Apontou que a União teria pleiteado nos embargos que a responsabilidade solidária se desse nos termos da lei, em razão de ato normativo superveniente tê-la regulado. Consignou que o aditamento do acórdão recorrido com a expressão "na forma da lei" representaria reapreciação do mérito do recurso extraordinário, o que não seria possível, em sede de embargos de declaração, em razão de não haver nenhum defeito e nenhum vício. Em seguida, pediu vista o Ministro Edson Fachin. **RE 855178 ED/SE, rel. Min. Luiz Fux, 5.8.2015. (RE-855178) (Inform. STF 793)**

ED: sucumbência recursal e aplicação de multa
O Plenário, ao julgar em conjunto três embargos declaratórios opostos de decisão que denegara a ordem em mandado de segurança — a versar sobre ingresso de substituto em serventia extrajudicial após a promulgação da CF/1988 —, negou provimento aos primeiros embargos e não conheceu dos dois subsequentes, com aplicação de multa de 1% sobre o valor da causa em relação ao último. Afirmou que, de acordo com o CPC, seria possível majorar a multa aplicada apenas se tivesse sido imposta, anteriormente, a sanção no valor de 1%. Após a primeira multa, se fossem protocolados novos embargos, poder-se-ia chegar a até 10% no total. Assim, como no caso os primeiros embargos teriam sido oferecidos por uma parte; mas os segundos e os terceiros, por outra, se aplicada essa sistemática chegar-se ia ao resultado em questão.
MS 26860 ED/DF; rel. Min. Luiz Fux, 1º.7.2015. (MS-26860)
MS 26860 ED-segundos/DF; rel. Min. Luiz Fux, 1º.7.2015. (MS-26860)
MS 26860-terceiros/DF, rel. Min. Luiz Fux, 1º.7.2015. (MS-26860) **(Inform. STF 792)**

SEGUNDOS EMB. DECL. NO AG. REG. NO ARE N. 835.893-DF

RELATOR: MIN. MARCO AURÉLIO
EMBARGOS DECLARATÓRIOS – ACÓRDÃO – INEXISTÊNCIA DE VÍCIO – DESPROVIMENTO. Uma vez voltados os embargos declaratórios ao simples rejulgamento de certa matéria, inexistindo, no acórdão proferido, qualquer dos vícios que os respaldam – omissão, contradição e obscuridade –, impõe-se o desprovimento. **(Inform. STF 791)**

AG. REG. NOS EMB. DIV. NOS EMB. DECL. NO AG. REG. NO ARE N. 832.532-PE

RELATOR: MIN. GILMAR MENDES
Agravo regimental em embargos de divergência em embargos declaratórios em agravo regimental em recurso extraordinário com agravo. 2. Direito Processual Civil. Aplicação de multa por embargos protelatórios. Art. 538, parágrafo único, CPC. Necessidade de prévio depósito do valor da multa como requisito de admissibilidade de novos recursos. 3. Agravo regimental a que se nega provimento, com determinação de baixa imediata dos autos, independentemente da publicação do acórdão. **(Inform. STF 790)**

EMB. DECL. NO AG. REG. NA Rcl N. 16.193-PR

RELATOR: MIN. LUIZ FUX
Ementa: EMBARGOS DE DECLARAÇÃO NO AGRAVO REGIMENTAL NA RECLAMAÇÃO. ALEGAÇÃO DE OMISSÃO. INEXISTÊNCIA. REDISCUSSÃO DA MATÉRIA APRECIADA PELO TRIBUNAL. IMPOSSIBILIDADE. RESPONSABILIDADE SUBSIDIÁRIA DA UNIÃO. ADC Nº 16. CARÁTER INFRINGENTE. EMBARGOS DE DECLARAÇÃO DESPROVIDOS.
1. A omissão, contradição ou obscuridade, quando inocorrentes, tornam inviável a revisão em sede de embargos de declaração, em face dos estreitos limites do art. 535 do CPC.
2. O magistrado não está obrigado a rebater, um a um, os argumentos trazidos pela parte, desde que os fundamentos utilizados tenham sido suficientes para embasar a decisão.

2. DIREITO PROCESSUAL CIVIL — 115

3. A revisão do julgado, com manifesto caráter infringente, revela-se inadmissível, em sede de embargos. (Precedentes: AI n. 799.509-AgR-ED, Relator o Ministro Marco Aurélio, 1ª Turma, DJe de 8/9/2011; e RE n. 591.260-AgR-ED, Relator o Ministro Celso de Mello, 2ª Turma, DJe de 9/9/2011).
4. *In casu*, o acórdão embargado restou assim ementado: *"AGRAVO REGIMENTAL NA RECLAMAÇÃO. RESPONSABILIDADE SUBSIDIÁRIA. ARTIGO 71, § 1º, DA LEI 8.666/93. CONSTITUCIONALIDADE. ADC 16. ADMINISTRAÇÃO PÚBLICA. DEVER DE FISCALIZAÇÃO. RESPONSABILIDADE DA UNIÃO. AGRAVO REGIMENTAL A QUE SE NEGA PROVIMENTO".*
5. Embargos de declaração desprovidos. **(Inform. STF 790)**

EMB. DECL. NO ARE N. 748.309-RN
RELATOR: MIN. TEORI ZAVASCKI
Ementa: PROCESSUAL CIVIL. EMBARGOS DE DECLARAÇÃO RECEBIDOS COMO AGRAVO REGIMENTAL. RECURSO EXTRAORDINÁRIO COM AGRAVO. CONSELHOS PROFISSIONAIS. CUSTAS PROCESSUAIS. ISENÇÃO. INEXISTÊNCIA. ART. 4º, PARÁGRAFO ÚNICO, DA LEI 9.289/1996.
1. Apesar de ostentarem a natureza de autarquia, os Conselhos Profissionais estão excluídos da isenção do pagamento de custas. É o que estabelece o parágrafo único do art. 4º da Lei 9.289/1996.
2. *Agravo regimental a que se nega provimento.* **(Inform. STF 789)**

Decisão monocrática em embargos de declaração - 1
A Segunda Turma iniciou julgamento de agravo regimental em recurso extraordinário com agravo. Na espécie, Turma Recursal negara provimento ao recurso inominado do réu e confirmara a sentença por seus próprios fundamentos. Opostos embargos de declaração, não foram conhecidos por decisão monocrática do relator e, na sequência, fora protocolado recurso extraordinário. O Ministro Dias Toffoli (relator) negou provimento ao agravo. Aduziu que não fora esgotada a prestação jurisdicional pelo Tribunal de origem e tampouco foram prequestionados os dispositivos constitucionais indicados como violados, a incidirem os Enunciados 281, 282 e 356 da Súmula do STF. Em seguida, pediu vista dos autos o Ministro Teori Zavascki.

ARE 868922 AgR/SP, rel. Min. Dias Toffoli, 12.5.2015. (ARE-868922)

Decisão monocrática em embargos de declaração - 2
O recurso extraordinário é inadmissível quando interposto após decisão monocrática proferida pelo relator, haja vista não esgotada a prestação jurisdicional pelo tribunal de origem. Com base nessa orientação, a Segunda Turma, em conclusão de julgamento, negou provimento ao agravo regimental em recurso extraordinário com agravo. Na espécie, turma recursal negara provimento ao recurso inominado do réu e confirmara a sentença por seus próprios fundamentos. Opostos embargos de declaração, estes não foram conhecidos por decisão monocrática do relator e, na sequência, fora protocolado recurso extraordinário — v. Informativo 785. A Turma destacou que a matéria seria objeto do Enunciado 281 da Súmula do STF ("É inadmissível o recurso extraordinário, quando couber na justiça de origem, recurso ordinário da decisão impugnada"). Asseverou, ainda, não se admitir recurso extraordinário quando os dispositivos constitucionais indicados como violados carecessem do necessário prequestionamento (Enunciados 282 e 356 das Súmulas do STF).
ARE 868922/SP, rel. Min. Dias Toffoli, 2.6.2015. (ARE-868922) (Inform. STF 788)

EMB. DECL. NO ARE N. 864.913-SC
RELATOR: MINISTRO PRESIDENTE
Ementa: EMBARGOS DE DECLARAÇÃO OPOSTOS DE DECISÃO MONOCRÁTICA. CONVERSÃO EM AGRAVO REGIMENTAL. INEXISTÊNCIA DE REPERCUSSÃO GERAL. ÓBICE INTRANSPONÍVEL AO PROCESSAMENTO DO RECURSO EXTRAORDINÁRIO. AGRAVO A QUE SE NEGA PROVIMENTO.
I - A questão em exame nestes autos teve sua repercussão geral negada por esta Corte no julgamento do ARE 685.029-RG. Essa decisão vale para todos os recursos sobre matéria idêntica, consoante determinam os arts. 326 e 327 do RISTF e o art. 543-A, § 5º, do CPC, introduzido pela Lei 11.418/2006.
II - Agravo regimental a que se nega provimento. **(Inform. STF 785)**

EMB. DECL. NO ARE N. 858.250-SP
RELATOR: MIN. DIAS TOFFOLI
EMENTA: Embargos de declaração no recurso extraordinário com agravo. Conversão dos embargos declaratórios em agravo regimental. Direito civil. Dano material. Indenização. Prequestionamento. Ausência. Fatos e provas. Reexame. Impossibilidade. Legislação infraconstitucional. Ofensa reflexa. Precedentes.1. Embargos de declaração recebidos como agravo regimental.2. Não se admite o recurso extraordinário quando o dispositivo constitucional que nele se alega violado não está devidamente prequestionado. Incidência das Súmulas nºs 282 e 356/STF. 3. Inadmissível, em recurso extraordinário, O reexame dos fatos e das provas dos autos ou a análise da legislação infraconstitucional. Incidência das Súmulas nºs 279 e 636/STF. 4. Agravo regimental não provido. **(Inform. STF 783)**

EMENTA: Agravo regimental e embargos de declaração em ação originária. Interposição de mais de um recurso contra a mesma decisão. Princípio da unirrecorribilidade ou da singularidade recursal. Transgressão. Não conhecimento do segundo recurso. Exame do primeiro. Agravo regimental interposto antes da publicação da decisão agravada. Recente modificação da jurisprudência do Supremo Tribunal Federal. Unificação do entendimento pelo Plenário no sentido de admitir recurso interposto antes da publicação da decisão impugnada. Falta de impugnação dos fundamentos da decisão agravada. Incompetência do Supremo Tribunal Federal para apreciar a demanda. Não conhecimento dos embargos declaratórios. Não provimento do agravo regimental.
1. A interposição pela parte recorrente de mais de um recurso contra a mesma decisão transgride o princípio da unirrecorribilidade ou da singularidade recursal. Essa transgressão torna insuscetível de conhecimento o segundo recurso (embargos de declaração). Conhecimento e exame do agravo regimental apenas.
2. O Plenário do STF, nos autos do AI nº 703.269-AgR-ED-ED-EDv-ED/MG, unificou, na sessão de 5/3/15, a compreensão da questão relativa à admissibilidade da interposição de peça recursal antes da publicação da decisão impugnada, concluindo pela ausência de intempestividade processual e, assim, pela possibilidade de conhecimento do recurso.
3. Os fundamentos da decisão agravada não foram infirmados pelo agravante. Não subsiste o agravo regimental que deixa de atacar especificamente os fundamentos da decisão monocrática (art. 317, § 1º, RISTF). Precedentes.
4. A competência originária do Supremo Tribunal Federal submete-se a regime de direito estrito. Hipóteses taxativamente previstas no art. 102, inciso I, da Constituição. Incompetência do STF para apreciar processo por crime de responsabilidade de prefeito. Precedentes.
5. Não conhecimento dos embargos de declaração. Agravo Regimental não provido. **(Inform. STF 781)**

EMB.DECL. NO ARE N.853.228-RS
RELATOR: MINISTRO PRESIDENTE
Ementa: EMBARGOS DE DECLARAÇÃO OPOSTOS DE DECISÃO MONOCRÁTICA. CONVERSÃO EM AGRAVO REGIMENTAL. APLICAÇÃO DA SISTEMÁTICA DA REPERCUSSÃO GERAL PELO TRIBUNAL DE ORIGEM (ART. 543-B DO CPC). INTERPOSIÇÃO DO AGRAVO PREVISTO NO ART. 544 DO CPC. NÃO CABIMENTO. PRINCÍPIO DA FUNGIBILIDADE RECURSAL. DEVOLUÇÃO DOS AUTOS AO TRIBUNAL DE ORIGEM PARA JULGAMENTO DO RECURSO COMO AGRAVO INTERNO. CABIMENTO SOMENTE PARA OS RECURSOS INTERPOSTOS ANTES DE 19/11/2009. CONFIGURAÇÃO DE ERRO GROSSEIRO. AGRAVO REGIMENTAL A QUE SE NEGA PROVIMENTO.
I - A jurisprudência do Supremo Tribunal Federal firmou-se no sentido do não cabimento do agravo previsto no art. 544 do Código de Processo Civil para atacar decisão *a quo* que aplica a sistemática da repercussão geral (AI 760.358-QO/SE, Rel. Min. Gilmar Mendes).
II - Inaplicável o princípio da fungibilidade recursal para se determinar a conversão do presente recurso em agravo regimental a ser apreciado pela origem, porquanto esta Corte fixou o entendimento de que após 19/11/2009, data em que julgado o AI 760.358-QO/SE, a interposição do agravo previsto no art. 544 do CPC configura erro grosseiro.
III - Agravo regimental a que se nega provimento. **(Inform. STF 777)**

ED: interposição antes da publicação do acórdão e admissibilidade
Admite-se a interposição de embargos declaratórios oferecidos antes da publicação do acórdão embargado e dentro do prazo recursal. Essa a conclusão do Plenário que, por maioria, converteu embargos declaratórios

em agravo regimental e a ele deu provimento para que o Ministro Luiz Fux (relator) analise o cabimento de embargos de divergência anteriormente interpostos. O Colegiado assentou que se a parte tomasse conhecimento do teor do acórdão antes de sua publicação e entendesse haver omissão, contradição ou obscuridade, poderia embargar imediatamente. A jurisprudência não poderia punir a parte que estivesse disposta a superar certo formalismo para ser mais diligente, sem intuito meramente protelatório. Não se trataria de recurso prematuro, porque o prazo começaria a correr da data de intimação da parte, e a presença do advogado, a manifestar conhecimento do acórdão, supriria a intimação. Assim, se a parte se sentisse preparada para recorrer antecipadamente, poderia fazê-lo. Ademais, esse recurso não poderia ser considerado intempestivo, termo relacionado à prática do ato processual após o decurso do prazo. Vencido, em parte, o Ministro Marco Aurélio, apenas quanto à conversão.
AI 703269 AgR-ED-ED-EDv-ED/MG, rel. Min. Luiz Fux, 5.3.2015. (AI-703269) (Inform. STF 776)

EMB. DECL. NO AG. REG. NO AI N. 825.077-RS
RELATORA: MIN. ROSA WEBER
EMENTA: EMBARGOS DE DECLARAÇÃO. DIREITO PREVIDENCIÁRIO. BENEFÍCIO PREVIDENCIÁRIO. RENDA MENSAL INICIAL. CRITÉRIOS DE CÁLCULO. REPERCUSSÃO GERAL. DEVOLUÇÃO DOS AUTOS À ORIGEM. APLICAÇÃO DE DOIS TEMAS DISTINTOS. CONTRADIÇÃO INOCORRENTE. CARÁTER INFRINGENTE.
Não há falar em contradição quando aplicada a sistemática da repercussão geral com base em dois paradigmas distintos, mesmo que em apenas um deles tenha sido reconhecida a repercussão geral do tema, desde que, devido à complexidade do feito, sejam cada qual concernentes à uma parcela da pretensão arguida em sede de recurso extraordinário.
Ausente contradição justificadora da oposição de embargos declaratórios, nos termos do art. 535 do CPC, a evidenciar o caráter meramente infringente da insurgência.
Embargos de declaração rejeitados. **(Inform. STF 754)**

EMB. DECL. NO AG. REG. EM MS N. 32.485-SP
RELATOR: MIN. TEORI ZAVASCKI
Ementa: PROCESSUAL CIVIL. EMBARGOS DE DECLARAÇÃO. INEXISTÊNCIA DE QUAISQUER DOS VÍCIOS DO ART. 535 DO CPC. REDISCUSSÃO DE QUESTÕES JÁ DECIDIDAS. IMPOSSIBILIDADE. ATO DA SECRETARIA DO STF. APLICAÇÃO DA SISTEMÁTICA DE REPERCUSSÃO GERAL. DEVOLU-ÇÃO DOS AUTOS À ORIGEM, PARA OBSERVÂNCIA DO ART. 543-B DO CPC. AUSÊNCIA DE LESIVIDADE. PRECEDENTES. EMBARGOS DE DECLARAÇÃO REJEITADOS. **(Inform. STF 747)**

ED e expressões injuriosas do advogado - 1
A 1ª Turma iniciou julgamento de segundos embargos de declaração em agravo regimental interpostos contra decisão que negara seguimento a agravo de instrumento, por não constar a data de protocolo de interposição do recurso extraordinário e porque o acórdão recorrido decidira a questão com base em normas processuais, o que configuraria afronta indireta à Constituição. Os Ministros Ricardo Lewandowski, relator, e Luiz Fux, rejeitaram os embargos, ao fundamento de que objetivariam apenas rediscutir a matéria. Determinaram, ainda, que o STF oficiasse ao Conselho Federal da Ordem dos Advogados do Brasil para que tomasse conhecimento e providências quanto às expressões indecorosas de que se utilizara o advogado do embargante ao se referir aos integrantes desta Corte. Apontaram ser mais consentâneo que o órgão de classe do advogado pudesse aferir a legitimidade de sua conduta. O Min. Marco Aurélio, embora reconhecesse que o advogado tivesse exagerado em seus termos, desproveu o recurso, sem a providência preconizada. O Min. Dias Toffoli, a seu turno, não conheceu dos embargos, com aplicação de multa. Por fim, suspendeu-se o julgamento para aguardar voto de desempate.
AI 798188 AgR-ED-ED/MG, rel. Min. Ricardo Lewandowski, 18.6.2013. (AI-798188)

ED e expressões injuriosas ao advogado - 2
Em conclusão de julgamento, a 1ª Turma, por maioria, rejeitou segundos embargos de declaração ao fundamento de que objetivariam apenas a rediscussão da matéria — v. Informativo 711. Na espécie, tratava-se de segundos embargos de declaração em agravo regimental interpostos contra decisão que negara seguimento a agravo de instrumento, por não constar

a data de protocolo de interposição do recurso extraordinário e porque o acórdão recorrido decidira a questão com base em normas processuais, o que configurava afronta indireta à Constituição. Também por votação majoritária, a Turma determinou, ainda, que o STF oficiasse à Ordem dos Advogados do Brasil para que tomasse conhecimento e providências quanto às expressões indecorosas de que se utilizara o advogado do embargante ao se referir aos integrantes desta Corte. Vencido o Ministro Marco Aurélio, que negava provimento ao recurso, e o Ministro Dias Toffoli, que dele não conhecia.
AI 798188 AgR-ED-ED/MG, rel. Min. Ricardo Lewandowski, 26.11.2013. (AI-798188) (Inform. STF 730)

Embargos Infringentes. Provimento de ED e submissão de RE ao Plenário Virtual
A 1ª Turma deu provimento a embargos de declaração, com efeitos infringentes, para submeter recurso extraordinário ao Plenário Virtual. Discute-se a incidência do IRPJ e da CSLL sobre rendimentos auferidos em aplicações de fundos de investimento de entidades fechadas de previdência complementar, ante a vedação legal de obtenção de lucro por essas pessoas jurídicas.
RE 612686 AgR-ED/SC, rel. Min. Luiz Fux, 8.10.2013. (RE-612686) (Inform. STF 723)

EMB. DECL. NO AG. REG. NO AI N. 779.433-SC
RELATORA: MIN. ROSA WEBER
E M E N T A: EMBARGOS DE DECLARAÇÃO. DIREITO PROCESSUAL CIVIL. LITISPENDÊNCIA. EFETIVAÇÃO EM SERVENTIA EXTRAJUDICIAL COM FUNDAMENTO EM NORMA DECLARADA INCONSTITUCIONAL. OMISSÃO INOCORRENTE. CARÁTER INFRINGENTE.
Ausente omissão justificadora da oposição de embargos declaratórios, nos termos do art. 535 do CPC, a evidenciar o caráter meramente infringente da insurgência.
Embargos de declaração rejeitados. **(Inform. STF 716)**

ED e expressões injuriosas do advogado
A 1ª Turma iniciou julgamento de segundos embargos de declaração em agravo regimental interpostos contra decisão que negara seguimento a agravo de instrumento, por não constar a data de protocolo de interposição do recurso extraordinário e porque o acórdão recorrido decidira a questão com base em normas processuais, o que configuraria afronta indireta à Constituição. Os Ministros Ricardo Lewandowski, relator, e Luiz Fux, rejeitaram os embargos, ao fundamento de que objetivariam apenas rediscutir a matéria. Determinaram, ainda, que o STF oficiasse ao Conselho Federal da Ordem dos Advogados do Brasil para que tomasse conhecimento e providências quanto às expressões indecorosas de que se utilizara o advogado do embargante ao se referir aos integrantes desta Corte. Apontaram ser mais consentâneo que o órgão de classe do advogado pudesse aferir a legitimidade de sua conduta. O Min. Marco Aurélio, embora reconhecesse que o advogado tivesse exagerado em seus termos, desproveu o recurso, sem a providência preconizada. O Min. Dias Toffoli, a seu turno, não conheceu dos embargos, com aplicação de multa. Por fim, suspendeu-se o julgamento para aguardar voto de desempate.
AI 798188 AgR-ED-ED/MG, rel. Min. Ricardo Lewandowski, 18.6.2013. (AI-798188) (Inform. STF 711)

ED: conversão em regimental e multa - 2
É possível a aplicação da multa prevista no art. 557, § 2º, do CPC ("Art. 557. O relator negará seguimento a recurso manifestamente inadmissível, improcedente, prejudicado ou em confronto com súmula ou com jurisprudência dominante do respectivo tribunal, do Supremo Tribunal Federal, ou de Tribunal Superior. ... § 2º Quando manifestamente inadmissível ou infundado o agravo, o tribunal condenará o agravante a pagar ao agravado multa entre um e dez por cento do valor corrigido da causa, ficando a interposição de qualquer outro recurso condicionada ao depósito do respectivo valor") nas hipóteses de conversão de embargos declaratórios em agravo regimental. Essa a conclusão da 1ª Turma, que, por maioria, recebeu dois embargos de declaração como agravos regimentais e a estes negou provimento, por votação majoritária, com a incidência da aludida multa. Em ambos os casos, trata-se de embargos de decisão monocrática que negara seguimento a extraordinário, porquanto o acórdão recorrido estaria em sintonia com decisão plenária da Corte — v. Informativo 637. Ressaltou-se que a conversão dos declaratórios em agravo seria entendimento pacificado no Supremo e que a oposição dos embargos teria o intuito de mitigar a possível incidência de multa. Vencidos os Ministros Luiz Fux e Marco Aurélio — este também quanto

2. DIREITO PROCESSUAL CIVIL

à conversão —, que negavam provimento aos recursos sem imposição de multa. Este aduzia não ser aplicável a sanção do referido dispositivo — inerente ao agravo regimental —, já que as partes não interpuseram este recurso e que, se cabíveis as multas, somente seriam admitidas no montante de 1%, próprio aos embargos de declaração.

RE 501726 ED/SC, rel. Min. Dias Toffoli, 4.6.2013. (RE-501726)
RE 581906 ED/SC, rel. Min. Dias Toffoli, 4.6.2013. (RE-581906) **(Inform. STF 709)**

DIREITO PROCESSUAL CIVIL. DESNECESSIDADE DE RATIFICAÇÃO DO RECURSO INTERPOSTO NA PENDÊNCIA DE JULGAMENTO DE EMBARGOS DECLARATÓRIOS.

Não é necessária a ratificação do recurso interposto na pendência de julgamento de embargos de declaração quando, pelo julgamento dos aclaratórios, não houver modificação do jugado embargado. A Súmula 418 do STJ prevê ser "inadmissível o recurso especial interposto antes da publicação do acórdão dos embargos de declaração, sem posterior ratificação". A despeito da referida orientação sumular, o reconhecimento da (in)tempestividade do recurso prematuro por ter sido interposto antes da publicação do acórdão recorrido ou antes da decisão definitiva dos embargos de declaração - e que não venha a ser ratificado - foi objeto de entendimentos diversos tanto no âmbito do STJ como do STF, ora se admitindo, ora não se conhecendo do recurso. Ao que parece, diante da notória divergência, considerando-se a interpretação teleológica e a hermenêutica processual, sempre em busca de conferir concretude aos princípios da justiça e do bem comum, mostra-se mais razoável e consentâneo com os ditames atuais o entendimento que busca privilegiar o mérito do recurso, o acesso à justiça (art. 5°, XXXV, da CF), dando prevalência à solução do direito material em litígio, atendendo à melhor dogmática na apreciação dos requisitos de admissibilidade recursais, afastando o formalismo interpretativo para conferir efetividade aos princípios constitucionais responsáveis pelos valores mais caros à sociedade. Nesse contexto, a celeuma surge exatamente quando se impõe ao litigante que interpôs recurso principal, na pendência de julgamento de embargos declaratórios, o ônus da ratificação daquele recurso, mesmo que seja mantida integralmente a decisão que o originou. É que a parte recorrente (recurso principal) não poderá interpor novo recurso, não obstante a reabertura de prazo pelo julgamento dos embargos, uma vez constatada a preclusão consumativa. Em verdade, só parece possível pensar na obrigatoriedade de ratificação - rectius complementação - do recurso prematuramente interposto para que possa também alcançar, por meio de razões adicionais, a parte do acórdão atingida pelos efeitos modificativos e/ou infringentes dos embargos declaratórios. Aliás, trata-se de garantia processual da parte que já recorreu. Deveras, é autorizado ao recorrente que já tenha interposto o recurso principal complementar as razões de seu recurso, caso haja integração ou alteração do julgado objeto de aclaratórios acolhidos, aduzindo novos fundamentos no tocante à parcela da decisão que foi modificada. Porém, ele não poderá apresentar novo recurso nem se valer da faculdade do aditamento se não houver alteração da sentença ou acórdão, porquanto já operada, de outra parte, a preclusão consumativa - o direito de recorrer já foi exercido. Esse entendimento é consentâneo com a jurisprudência do STJ (REsp 950.522-PR, Quarta Turma, DJe 8/2/2010). Assim sendo, não havendo alteração da decisão pelos embargos de declaração, deve haver o processamento normal do recurso (principal), que não poderá mais ser alterado. Esse entendimento é coerente com o fluxo lógico-processual, com a celeridade e com a razoabilidade, além de estar a favor do acesso à justiça e em consonância com o previsto no art. 1.024, § 5°, do novo CPC. Dessarte, seguindo toda essa linha de raciocínio, o STF proclamou, recentemente, posicionamento no sentido de superar a obrigatoriedade de ratificação (RE 680.371 AgR-SP, Primeira Turma, DJe 16/9/2013). Ademais, no tocante aos recursos extraordinários, que exigem o esgotamento de instância (Súmula 281 do STF), não há falar que a interposição de recurso antes do advento do julgamento dos embargos de declaração não seria apta a tal contendo. Isso porque os aclaratórios não constituem requisito para a interposição dos recursos excepcionais, não havendo falar em esgotamento das vias recursais, uma vez que se trata de remédio processual facultativo para corrigir ou esclarecer o provimento jurisdicional. Com efeito, a referida exigência advém do fato de que os recursos extraordinários não podem ser exercidos per saltum, só sendo desafiados por decisão de última ou única instância. Entender de forma diversa seria o mesmo que afirmar que sempre e em qualquer circunstância os litigantes teriam que opor embargos declaratórios contra acórdão suscetível de recurso de natureza extraordinária. Aliás, o efeito interruptivo dos embargos, previsto no art. 538 do CPC, só suporta interpretação benéfica, não podendo importar

em prejuízo para os contendores. Portanto, a única interpretação cabível para o enunciado da Súmula 418 do STJ é no sentido de que o ônus da ratificação do recurso interposto na pendência de julgamento de embargos declaratórios apenas existe quando houver modificação do julgado embargado. **REsp 1.129.215-DF, Rel. Min. Luis Felipe Salomão, julgado em 16/9/2015, DJe 3/11/2015. (Inform. STJ 572)**

DIREITO PROCESSUAL CIVIL. PREJUÍZOS DECORRENTES DA FIXAÇÃO DE PREÇOS PARA O SETOR SUCROALCOOLEIRO. RECURSO REPETITIVO (ART. 543-C DO CPC E RES. 8/2008-STJ). Em julgamento de embargos de declaração opostos contra acórdão que julgou recurso representativo da controvérsia (543-C do CPC) relativo ao prejuízo experimentado pelas empresas do setor sucroalcooleiro em razão do tabelamento de preços estabelecido pelo Governo Federal por intermédio da Lei 4.870/1965, reconheceu-se a existência de omissão e obscuridade no acórdão embargado para se esclarecer, em seguida, que: (a) nos casos em que já há sentença transitada em julgado, no processo de conhecimento, a forma de apuração do valor devido deve observar o respectivo título executivo; e (b) a eficácia da Lei 4.870/1965 findou em 31/1/1991, em virtude da publicação, em 1/2/1991, da Medida Provisória 295, de 31/1/1991, posteriormente convertida na Lei 8.178, de 1/3/1991. **EDcl no REsp 1.347.136-DF, Rel. Min. Assusete Magalhães, Primeira Seção, julgado em 11/6/2014, DJe 2/2/2015 (Inform. STJ 555).**

DIREITO PROCESSUAL CIVIL. CUMULAÇÃO DA MULTA DO ART. 538, PARÁGRAFO ÚNICO, DO CPC COM A INDENIZAÇÃO PELO RECONHECIMENTO DA LITIGÂNCIA DE MÁ-FÉ (ARTS. 17, VII, E 18, § 2º, DO CPC). RECURSO REPETITIVO (ART. 543-C DO CPC E RES. 8/2008-STJ). **A multa prevista no art. 538, parágrafo único, do CPC tem caráter eminentemente administrativo – punindo conduta que ofende a dignidade do tribunal e a função pública do processo –, sendo possível sua cumulação com a sanção prevista nos arts. 17, VII, e 18, § 2º, do CPC, de natureza reparatória.** De fato, como bem anota a doutrina e demonstra a jurisprudência, os embargos de declaração, em que pese a sua imprescindibilidade como precioso instrumento para aprimoramento da prestação jurisdicional, sobressaem como o recurso com mais propensão à procrastinação, despertando a atenção do legislador. Nesse passo, extrai-se da leitura do art. 538, parágrafo único, do CPC que o legislador previu, para o primeiro manejo, a mesma multa contida no art. 18, *caput*, ampliando, todavia, as hipóteses de incidência da reprimenda do art. 17, VII, pois a norma especial (art. 538) não exige o "intuito" manifestamente protelatório, isto é, dispensa a caracterização da culpa grave ou do dolo por parte do recorrente – exigida pela regra geral (art. 18). Observa-se, assim, que o legislador não pretendeu conferir tratamento mais benevolente ao litigante de má-fé que se utiliza do expediente do manejo de aclaratórios com intuito procrastinatório, tampouco afastou a regra processual geral, prevista no art. 18, § 2º, do CPC, que prevê indenização à parte contrária, em caso de utilização de expediente com intuito manifestamente protelatório. Nessa linha, como princípio de hermenêutica, não compete ao intérprete distinguir onde o legislador, podendo, não o fez. Desse modo, não se deve considerar a melhor interpretação a que determina que a norma especial afasta, por si só, integralmente, a norma geral, inclusive naquilo em que claramente não são incompatíveis. Assim, conforme a doutrina, as disposições excepcionais são estabelecidas por motivos ou considerações particulares, por isso, ainda em casos em que se paire dúvida, deve-se, como regra basilar de hermenêutica, interpretar restritamente as disposições especiais que derrogam as gerais, pois não pretendem ir além do que o seu texto prescreve. Com efeito, mostra-se possível a cumulação da multa prevista no art. 538, parágrafo único, do CPC com a condenação a indenizar prevista nos arts. 17, VII, e 18, § 2º, do CPC, em caso de manejo de embargos de declaração com o intuito claramente protelatório. Precedentes do STJ: EDcl nos EDcl nos EDcl no AgRg no REsp 314.173-MG, Segunda Turma, DJ 10/3/2003; REsp 544.688-SP, Quinta Turma, julgado em 28/10/2003, DJ 24/11/2003. Precedentes do STF: RE 202.097 ED-EDv-AgR-ED, Tribunal Pleno, DJ 14/11/2003, AO 1407 QO-ED-ED, Segunda Turma, DJe 14/8/2009.**REsp 1.250.739-PA, Rel. Min. Luis Felipe Salomão, julgado em 4/12/2013. (Inform. STJ 541)**

DIREITO PROCESSUAL CIVIL. CARACTERIZAÇÃO DO INTUITO PROTELATÓRIO EM EMBARGOS DE DECLARAÇÃO. RECURSO REPETITIVO (ART. 543-C DO CPC E RES. 8/2008-STJ). **Caracterizam-se como protelatórios os embargos de declaração que visam rediscutir matéria já apreciada e decidida pela Corte de origem em conformidade com súmula do STJ** ou STF ou, ainda, precedente julgado pelo rito dos artigos 543-C e 543-B do CPC. Se os embargos de declaração não buscam sanar omissão, contradição ou obscuridade do acórdão embargado – desbordando, pois, dos requisitos indispensáveis inscritos no art. 535 do CPC –, mas sim rediscutir matéria já apreciada e julgada, eles são protelatórios. Da mesma forma, quando o acórdão do Tribunal *a quo*, embargado, estiver perfeitamente ajustado à orientação pacífica do Tribunal *ad quem*, não haverá nenhuma possibilidade de sucesso de eventual recurso ao Tribunal *ad quem*. Desarte, não se pode imaginar propósito de prequestionamento diante de recurso já manifestamente inviável para o Tribunal *ad quem*. Além disso, em casos assim, o sistemático cancelamento da multa por invocação da Súmula 98 do STJ incentiva a recorribilidade abusiva e frustra o elevado propósito de desestimular a interposição de recursos manifestamente inviáveis, seja perante o Tribunal *a quo*, seja perante o Tribunal *ad quem*. **REsp 1.410.839-SC, Rel. Min. Sidnei Beneti, julgado em 14/5/2014. (Inform. STJ 541)**

📖 Súmula STF nº 317

São improcedentes os embargos declaratórios, quando não pedida a declaração do julgado anterior, em que se verificou a omissão.

📖 Súmula STJ nº 98

Embargos de declaração manifestados com notório proposito de prequestionamento não tem caráter protelatório.

11.5. Embargos Infringentes e Embargos de Divergência

AG. REG. NOS EMB. DECL. NOS EMB. DIV. NO AG. REG. NO AI N. 808.405-SP

RELATOR: MIN. MARCO AURÉLIO

EMBARGOS DE DIVERGÊNCIA – ACÓRDÃO RELATIVO A AGRAVO. Acórdão decorrente de julgamento de agravo regimental, interposto contra ato de relator no exame de agravo, sem apreciação da matéria de fundo do extraordinário, não desafia embargos de divergência – inteligência do artigo 546 do Código de Processo Civil. **(Inform. STF 805)**

AG. REG. NOS EMB. DIV. NOS EMB. DECL. NO AG. REG. NO ARE N. 845.201-RS

RELATOR: MIN. CELSO DE MELLO

E M E N T A: **EMBARGOS DE DIVERGÊNCIA** – **DESCUMPRIMENTO**, PELA PARTE EMBARGANTE, **DO DEVER PROCESSUAL** DE PROCEDER *AO CONFRONTO ANALÍTICO* DETERMINADO NO ART. 331 DO RISTF – **SUPREMO TRIBUNAL FEDERAL** – *COMPETÊNCIA NORMATIVA PRIMÁRIA* (**CF/69**, ART. 119, § 3º, "c") – **POSSIBILIDADE CONSTITUCIONAL**, *SOB A ÉGIDE* DA CARTA FEDERAL DE 1969, DE O SUPREMO TRIBUNAL FEDERAL DISPOR, *EM SEDE REGIMENTAL*, SOBRE NORMAS DE DIREITO PROCESSUAL – RECEPÇÃO, *PELA CONSTITUIÇÃO DE 1988*, DE TAIS PRECEITOS REGIMENTAIS *COM FORÇA E EFICÁCIA DE LEI* (**RTJ** 147/1010 – **RTJ** 151/278) – **PLENA** LEGITIMIDADE CONSTITUCIONAL *DO ART. 331 DO RISTF* – **RECURSO DE AGRAVO IMPROVIDO.**

– A parte embargante, **sob pena** *de recusa liminar de processamento dos embargos de divergência* – **ou** *de não conhecimento* destes, *quando já admitidos* – **deve demonstrar**, *de maneira objetiva*, **mediante análise comparativa** entre o acórdão paradigma **e** a decisão embargada, **a existência** do alegado dissídio jurisprudencial, **impondo-se-lhe** reproduzir, *na petição recursal*, **para efeito** de caracterização do conflito interpretativo, **os trechos** *que configurariam* a divergência indicada, **mencionando**, *ainda*, **as circunstâncias** *que identificariam* **ou** *que tornariam* assemelhados os casos em confronto. **Precedentes.**

– O Supremo Tribunal Federal, *sob a égide* da Carta Política de 1969 (art. 119, § 3º, "c"), **dispunha** *de competência normativa primária* para, em sede meramente regimental, formular normas de direito processual concernentes ao processo e ao julgamento dos feitos de sua competência originária ou recursal. **Com a superveniência** da Constituição de 1988, operou-se a recepção de tais preceitos regimentais, **que passaram a ostentar** *força* e *eficácia* de norma legal (**RTJ** 147/1010 – **RTJ** 151/278), revestindo-se, *por isso mesmo*, de plena legitimidade constitucional **a exigência** *de pertinente confronto analítico* entre os acórdãos postos em cotejo (**RISTF**, art. 331). **(Inform. STF 794)**

AG. REG. NOS EMB. DIV. NOS EMB. DECL. NO AG. REG. NO ARE N. 762.767-DF

RELATOR: MIN. LUIZ FUX

Ementa: agravo regimental nos embargos de divergência nos embargos de declaração no agravo regimental no recurso extraordinário com agravo. Administrativo. Processo seletivo interno. Formação de sargentos da polícia militar. Ausência de impugnação específica. Súmula STF 287. Ausência de demonstração do dissenso jurisprudencial. Mero traslado dos acórdãos paradigmas. Confronto estabelecido em face de decisão monocrática. Impossibilidade. Agravo regimental a que se nega provimento.
1. A impugnação específica da decisão agravada, quando ausente, conduz ao desprovimento do agravo regimental. Súmula 287 do STF. Precedentes: RCL 5.684/PE-AgR, Tribunal Pleno, Rel. Min. Ricardo Lewandowski, DJe-152 de 15/8/08; ARE 665.255-AgR/PR, Rel. Min. Ricardo Lewandowski, Segunda Turma, Dje 22/5/2013; e AI 763.915-AgR/RJ, Rel. Min. Dias Toffoli, Primeira Turma, DJe 7/5/2013.
2. A demonstração objetiva do alegado dissídio jurisprudencial mediante análise comparativa entre o acórdão paradigma e o ato embargado é imperiosa para o juízo de admissão dos embargos de divergência.
3. Inadmissíveis os embargos de divergência opostos com fundamento em decisões monocráticas. 4. Agravo regimental a que se nega provimento. **(Inform. STF 790)**

AG. REG. NOS EMB. DIV. NOS EMB. DECL. NOS EMB. DECL. NO AG. REG. NO RE N. 551.955-RS

RELATOR: MIN. LUIZ FUX

EMENTA: AGRAVO REGIMENTAL NOS EMBARGOS DE DIVERGÊNCIA NOS EMBARGOS DE DECLARAÇÃO NOS EMBARGOS DE DECLARAÇÃO NO AGRAVO REGIMENTAL NO RECURSO EXTRAORDINÁRIO. HONORÁRIOS ADVOCATÍCIOS. DISPENSA. EXECUÇÃO NÃO EMBARGADA PELA FAZENDA PÚBLICA EM AÇÃO COLETIVA. IMPOSSIBILIDADE DE FRACIONAMENTO DA EXECUÇÃO. ENTENDIMENTO ALINHADO AO POSICIONAMENTO SEDIMENTADO PELO PLENÁRIO DESTA SUPREMA CORTE. PARADIGMA EMPREGADO COMO CAUSA DE DECIDIR DO ACÓRDÃO EMBARGADO. AGRAVO REGIMENTAL A QUE SE NEGA PROVIMENTO.
1. A controvérsia suscitada nos presentes embargos de divergência encontra respaldo na decisão do Plenário do STF.
2. Inadmissíveis os embargos de divergência quando a decisão embargada estiver alinhada ao posicionamento do Plenário desta Suprema Corte.
3. *In casu*, apontado como acórdão paradigma o mesmo precedente empregado para fundamentar o julgado embargado.
4. Agravo regimental a que se nega provimento. **(Inform. STF 785)**

AG. REG. NOS EMB. DIV. NO AG. REG. NO RE N. 649.112-DF

RELATOR: MIN. LUIZ FUX

EMENTA: AGRAVO REGIMENTAL NOS EMBARGOS DE DIVERGÊNCIA NO AGRAVO REGIMENTAL NO RECURSO EXTRAORDINÁRIO. ENTENDIMENTO ALINHADO AO POSICIONAMENTO SEDIMENTADO PELO PLENÁRIO DESTA SUPREMA CORTE. PARADIGMA EMPREGADO COMO CAUSA DE DECIDIR DO ACÓRDÃO EMBARGADO. AGRAVO REGIMENTAL A QUE SE NEGA PROVIMENTO.
1. Inadmissíveis os embargos de divergência opostos em face de acórdão alinhado ao posicionamento do Plenário desta Suprema Corte.
2. *In casu*, apontado como acórdão paradigma o mesmo precedente empregado para fundamentar o julgado embargado.
3. Agravo regimental a que se nega provimento. **(Inform. STF 782)**

Remessa oficial e embargos infringentes

A 2ª Turma iniciou julgamento de agravo regimental em que se discute o cabimento de embargos infringentes de decisão não unânime, em julgamento de remessa de ofício. Na decisão agravada, o Ministro Ricardo Lewandowski, relator, negara seguimento ao recurso ao fundamento de que o recorrente não teria esgotado as vias recursais ordinárias, porque cabível o recurso de embargos infringentes (CPC, art. 530). No presente agravo regimental, alega-se que seriam pacíficas as jurisprudências do STF e do STJ no sentido de não cabimento de embargos infringentes quando a demanda fosse julgada em sede de remessa oficial. O Ministro Ricardo Lewandowski manteve a decisão agravada e negou provimento ao recurso. Destacou a ausência de esgotamento da via recursal ordinária, visto que cabíveis embargos infringentes, a incidir o Enunciado 281 da Súmula do

2. DIREITO PROCESSUAL CIVIL

STF ("*É inadmissível o recurso extraordinário, quando couber na justiça de origem recurso ordinário da decisão impugnada*"). Após o voto do relator, pediu vista dos autos o Ministro Teori Zavascki.
ARE 761446 AgR/MG, rel. Min. Ricardo Lewandowski, 6.11.2013. (ARE-761446) (Inform. STF 727)

DIREITO PROCESSUAL CIVIL. HIPÓTESE DE NÃO CABIMENTO DE EMBAR-GOS INFRINGENTES. Não cabem embargos infringentes quando o Tribunal reduz, por maioria, o valor da indenização fixado na sentença, enquanto o voto vencido pretendia diminuir o referido montante em maior extensão. A partir da Lei 10.352/2001 – que conferiu nova redação ao art. 530 do CPC – o cabimento dos embargos infringentes passou a pressupor, além da existência de julgamento não unânime (requisito já previsto na sistemática da redação anterior), a reforma de sentença de mérito. Na hipótese em apreço, o voto vencido, ao reduzir em maior extensão, de certa forma também concordou, pelo menos, com a diminuição estabelecida pela maioria vencedora. Ou seja, todos os julgadores concordaram que a indenização deveria ser reduzida para montante inferior ao arbitrado pela sentença, sendo que o voto vencido pretendia apenas baixar ainda mais o montante indenizatório. Sendo assim, de acordo com a inteligência da redação atual do art. 530 do CPC, embora não seja necessário que o voto vencido corresponda à sentença, deve estar ele mais próximo dela do que os votos vencedores para que seja reconhecido o cabimento dos embargos infringentes. Precedente citado: REsp 1.284.035-MS, Terceira Turma, DJe 20/5/2013. **REsp 1.308.957-RS, Rel. Min. Paulo de Tarso Sanseverino, julgado em 2/10/2014. (Inform. STJ 551)**

DIREITO PROCESSUAL CIVIL. EMBARGOS INFRINGENTES EM FACE DE ACÓRDÃO QUE TENHA DADO PROVIMENTO A AGRAVO DE INSTRUMENTO INTERPOSTO DE DECISÃO QUE DECRETE FALÊNCIA. São cabíveis embargos infringentes em face de acórdão que, por maioria de votos, dê provimento a agravo de instrumento interposto com o objetivo de impugnar decisão que tenha decretado falência. Isso porque, no curso do processo de falência, o agravo de instrumento previsto no art. 100 da Lei 11.101/2005 faz as vezes da apelação. Ademais, é o conteúdo da matéria decidida que define o cabimento dos embargos infringentes, e não o nome atribuído ao recurso pela lei. Precedentes citados: REsp 818.497-MG, Terceira Turma, DJe 6/5/2010; e EREsp 276.107-GO, Corte Especial, DJ 25/8/2003. **REsp 1.316.256-RJ, Rel. Min. Luis Felipe Salomão, julgado em 18/6/2013. (Inform. STJ 526)**

DIREITO PROCESSUAL CIVIL. EMBARGOS DE DIVERGÊNCIA REFERENTES A MATÉRIA PROCESSUAL. É possível o conhecimento de embargos de divergência na hipótese em que exista dissídio entre órgãos do STJ acerca da interpretação de regra de direito processual, ainda que não haja semelhança entre os fatos da causa tratada no acórdão embargado e os analisados no acórdão tido como paradigma. Precedente citado: EREsp 422.778-SP, Segunda Seção, DJe 21/6/2012. **EAREsp 25.641-RJ, Rel. Min. Luis Felipe Salomão, julgado em 12/6/2013. (Inform. STJ 523)**

DIREITO PROCESSUAL CIVIL. CABIMENTO DE EMBARGOS INFRINGENTES EM AÇÃO RESCISÓRIA NA HIPÓTESE EM QUE A DIVERGÊNCIA SE REFIRA APENAS À ADMISSIBILIDADE. Ainda que, no mérito, o pedido formulado em ação rescisória tenha sido julgado procedente por unanimidade de votos, é cabível a interposição de embargos infringentes na hipótese em que houver desacordo na votação no que se refere à preliminar de cabimento da referida ação. De acordo com o art. 530 do CPC, em sua redação anterior às alterações introduzidas pela Lei 10.352/2001, para o cabimento dos embargos infringentes em ação rescisória, bastava que o acórdão tivesse sido tomado por maioria. Atualmente, é necessário que o acórdão tenha sido proferido por maioria e que a ação rescisória tenha sido julgada procedente. Na nova sistemática, não se identificou, na jurisprudência do STJ, julgado que abordasse a questão do cabimento da ação rescisória na hipótese em que o desacordo na votação se restringe à preliminar de cabimento. Entretanto, há um precedente, proferido sob a diretriz da anterior redação do art. 530, estabelecendo que, "para o cabimento dos embargos infringentes, é irrelevante que o voto discordante diga respeito à admissibilidade ou ao mérito da ação rescisória" (AgRg no Ag 466.571-RJ, DJ 17/2/2003). Apesar de ser outro o contexto normativo considerado pelo precedente, deve-se adotar, após as modificações introduzidas pela Lei 10.352/2001, a mesma orientação, principalmente pelo fato de que o art. 530 do CPC, em sua atual

redação, não faz exigência alguma quanto ao teor da discrepância dos votos, se relativa à admissibilidade ou ao mérito da ação rescisória. A redação atual, no ponto, veio apenas para exigir que o acórdão não unânime tenha julgado "procedente" a rescisória, como na hipótese. **REsp 646.957-MG, Rel. Min. Raul Araújo, julgado em 16/4/2013. (Inform. STJ 521)**

DIREITO PROCESSUAL CIVIL. IMPOSSIBILIDADE DE UTILIZAÇÃO DE DECI-SÃO MONOCRÁTICA COMO PARADIGMA EM EMBARGOS DE DIVERGÊNCIA. Não é possível a utilização de decisão monocrática como paradigma em embargos de divergência para comprovação do dissídio jurisprudencial, ainda que naquela decisão se tenha analisado o mérito da questão controvertida. Precedentes citados: AgRg nos EREsp 1.137.041-AC, Primeira Seção, DJe 1º/4/2011; AgRg nos EREsp 1.067.124-PE, Corte Especial, DJe 16/2/2011, e AgRg nos EREsp 711.191-SC, Corte Especial, DJ 24/4/2006. **AgRg nos EAREsp 154.021-SP, Rel. Min. Marco Aurélio Bellizze, julgado em 13/3/2013. (Inform. STJ 520)**

DIREITO PROCESSUAL CIVIL. EMBARGOS INFRINGENTES EM FACE DE ACÓRDÃO QUE SE LIMITE A ANULAR A SENTENÇA EM RAZÃO DE VÍCIO PROCESSUAL. Não são cabíveis embargos infringentes para impugnar acórdão não unânime que se limite a anular a sentença em razão de vício na citação. O art. 530 do CPC, com a nova redação conferida pela Lei 10.352/2001, passou a fazer referência expressa à reforma de "sentença de mérito". Assim, a admissibilidade dos embargos infringentes pressupõe que a divergência derive do mérito da controvérsia – sendo incabível quando se tratar de matéria eminentemente processual – e, mais do que isso, é necessário que se trate de reforma ou substituição da decisão de primeiro grau, e não simples anulação. Precedentes citados: REsp 1.261.943-SP, Terceira Turma, DJe 27/2/2012, e REsp 1.091.438-RJ, Primeira Turma, DJe 3/8/2010. **REsp 1.320.558-PE, Rel. Min. Nancy Andrighi, julgado em 2/4/2013. (Inform. STJ 519)**

🕮 Súmula STF nº 598

Nos embargos de divergência não servem como padrão de discordância os mesmos paradigmas invocados para demonstrá-la mas repelidos como não dissidentes no julgamento do recurso extraordinário.

🕮 Súmula STF nº 597

Não cabem embargos infringentes de acórdão que, em mandado de segurança decidiu, por maioria de votos, a apelação.

🕮 Súmula STF nº 455

Da decisão que se seguir ao julgamento de constitucionalidade pelo tribunal pleno, são inadmissíveis embargos infringentes quanto à matéria constitucional.

🕮 Súmula STF nº 368

Não há embargos infringentes no processo de reclamação.

🕮 Súmula STF nº 355

Em caso de embargos infringentes parciais, é tardio o recurso extraordinário interposto após o julgamento dos embargos, quanto à parte da decisão embargada que não fora por eles abrangida.

🕮 Súmula STF nº 354

Em caso de embargos infringentes parciais, é definitiva a parte da decisão embargada em que não houve divergência na votação.

🕮 Súmula STF nº 296

São inadmissíveis embargos infringentes sobre matéria não ventilada, pela turma, no julgamento do recurso extraordinário.

🕮 Súmula STF nº 295

São inadmissíveis embargos infringentes contra decisão unânime do Supremo Tribunal Federal em ação rescisória.

🕮 Súmula STF nº 294

São inadmissíveis embargos infringentes contra decisão do Supremo Tribunal Federal em mandado de segurança.

🕮 Súmula STF nº 293

São inadmissíveis embargos infringentes contra decisão em matéria constitucional submetida ao plenário dos tribunais.

Súmula STJ nº 420

Incabível, em embargos de divergência, discutir o valor de indenização por danos morais.

Súmula STJ nº 390

Nas decisões por maioria, em reexame necessário, não se admitem embargos infringentes.

Súmula STJ nº 316

Cabem embargos de divergência contra acórdão que, em agravo regimental, decide recurso especial.

Súmula STJ nº 315

Não cabem embargos de divergência no âmbito do agravo de instrumento que não admite recurso especial.

Súmula STJ nº 255

Cabem embargos infringentes contra acórdão, proferido por maioria, em agravo retido, quando se tratar de matéria de mérito.

Súmula STJ nº 169

São inadmissíveis embargos infringentes no processo de mandado de segurança.

Súmula STJ nº 168

Não cabem embargos de divergência, quando a jurisprudência do tribunal se firmou no mesmo sentido do acordão embargado.

Súmula STJ nº 158

Não se presta a justificar embargos de divergência o dissídio com acordão de turma ou seção que não mais tenha competência para a matéria neles versada.

Súmula STJ nº 88

São admissíveis embargos infringentes em processo falimentar.

11.6.   Recurso Especial

RE e análise dos requisitos de admissibilidade de REsp - 2

A 1ª Turma retomou julgamento de agravo regimental em recurso extraordinário no qual se discute a admissibilidade de recurso extraordinário interposto para questionar o cabimento de recurso especial manejado em face de decisão proferida em sede de suspensão de liminar deferida ao Poder Público com base no art. 4º da Lei 8.437/1992 ("Compete ao presidente do tribunal, ao qual couber o conhecimento do respectivo recurso, suspender, em despacho fundamentado, a execução da liminar nas ações movidas contra o Poder Público ou seus agentes, a requerimento do Ministério Público ou da pessoa jurídica de direito público interessada, em caso de manifesto interesse público ou de flagrante ilegitimidade, e para evitar grave lesão à ordem, à saúde, à segurança e à economia públicas"). Na espécie, o STJ não conhecera de recurso especial sob o fundamento de que não poderia ser utilizado para impugnar decisões proferidas no âmbito do pedido de suspensão de segurança. Segundo o STJ, o recurso especial se destinaria a combater argumentos que dissessem respeito a exame de legalidade, ao passo que o pedido de suspensão ostentaria juízo político — v. Informativo 750. Em voto-vista, o Ministro Roberto Barroso, ao acompanhar a Ministra Rosa Weber (relatora), desproveu o agravo regimental. Assentou a incompetência do STF para apreciar requisito de cabimento de recursos da competência de outros tribunais, além do descabimento do recurso extraordinário para discutir matéria infraconstitucional federal, para revisão do contexto fático-probatório ou para exame de inconstitucionalidade reflexa. Ademais, a jurisprudência do STF seria consolidada no sentido do não cabimento do recurso especial para discutir suspensão de segurança de cunho essencialmente político. O recurso só seria cabível quando, excepcionalmente, a decisão apresentasse feição jurídica e não política, o que não teria ocorrido no caso dos autos. Em seguida, o julgamento foi suspenso.

RE 798740 AgR/DF, rel. Min. Rosa Weber, 17.3.2015. (RE-798740)

RE e análise dos requisitos de admissibilidade de REsp - 3

O recurso extraordinário é instrumento processual idôneo para questionar o cabimento de recurso especial manejado em face de decisão proferida em sede de suspensão de liminar deferida ao Poder Público com base no art. 4º da Lei 8.437/1992 ("Compete ao presidente do tribunal, ao qual couber o

conhecimento do respectivo recurso, suspender, em despacho fundamentado, a execução da liminar nas ações movidas contra o Poder Público ou seus agentes, a requerimento do Ministério Público ou da pessoa jurídica de direito público interessada, em caso de manifesto interesse público ou de flagrante ilegitimidade, e para evitar grave lesão à ordem, à saúde, à segurança e à economia públicas"). Essa a orientação da Primeira Turma, que, em conclusão de julgamento e por maioria, proveu agravo regimental para assegurar o trânsito do recurso extraordinário. Na espécie, o STJ não conhecera de recurso especial sob o fundamento de que não poderia ser utilizado para impugnar decisões proferidas no âmbito do pedido de suspensão de segurança. Segundo o STJ, o recurso especial se destinaria a combater argumentos que dissessem respeito a exame de legalidade, ao passo que o pedido de suspensão ostentaria juízo político — v. Informativos 750 e 778. A Turma entendeu que a decisão em sede de suspensão de segurança não seria estritamente política, mas teria conteúdo jurisdicional, o que, de início, desafiaria recurso especial. O Ministro Edson Fachin, ao desempatar a questão, ressaltou que o cabimento de recurso especial na hipótese de concessão de suspensão de liminar nas instâncias judiciárias respectivas seria matéria de índole constitucional e, portanto, deveria ser analisada pelo STF. Registrou, por fim, que a jurisprudência da Turma seria no sentido da admissibilidade de recurso extraordinário interposto contra decisão do STJ que contrariasse, em tese, o art. 105, III, da CF. Vencidos a Ministra Rosa Weber (relatora) e o Ministro Roberto Barroso, que negavam provimento ao agravo regimental.

RE 798740 AgR/DF, rel. orig. Min. Rosa Weber, red. p/ o acórdão Min. Marco Aurélio, 1º.9.2015. (RE-798740) (Inform. STF 797)

AG. REG. NA AC N. 3.738-MG

RELATOR: MIN. LUIZ FUX

Ementa: AÇÃO CAUTELAR. PEDIDO DE ATRIBUIÇÃO DE EFEITO SUSPENSIVO A RECURSO EXTRAORDINÁRIO ADMITIDO NA ORIGEM. INTERPOSIÇÃO SIMULTÂNEA DE RECURSO ESPECIAL, TAMBÉM ADMITIDO NA ORIGEM. AUTOS QUE SE ENCONTRAM SOB APRECIAÇÃO DO SUPERIOR TRIBUNAL DE JUSTIÇA. JULGAMENTO DO RECURSO ESPECIAL AINDA NÃO REALIZADO. NÃO CARACTERIZAÇÃO DO NECESSÁRIO EXAURIMENTO DA JURISDIÇÃO DO STJ. A CONCESSÃO DE EFEITO SUSPENSIVO A RECURSO EXTRAORDINÁRIO ATRAVÉS DE MEDIDA CAUTELAR SE RESTRINGE AOS CASOS EM QUE O RECURSO, DEVIDAMENTE ADMITIDO, ENCONTRA-SE SUBMETIDO À ANÁLISE DESTA CORTE, HIPÓTESE NÃO VERIFICADA *IN CASU*. INCOMPETÊNCIA DO SUPREMO TRIBUNAL FEDERAL. PRECEDENTES. AGRAVO REGIMENTAL A QUE SE NEGA PROVIMENTO.

1. A competência do Supremo Tribunal Federal para a concessão de efeito suspensivo a recurso extraordinário através de medida cautelar se restringe aos casos em que o recurso, devidamente admitido, encontra-se submetido à análise desta Corte. Precedentes: AC 3.683-AgR, Rel. Min. Rosa Weber, Primeira Turma, DJe de 28/10/2014; AC 2.206-AgR, Rel. Min. Eros Grau, Segunda Turma, DJe de 25/9/2009.

2. Interposto o recurso especial simultaneamente ao extraordinário, as medidas cautelares referentes ao último só devem ser examinadas por esta Corte após o exaurimento da jurisdição do Superior Tribunal de Justiça, requisito não configurado *in casu*.

3. Agravo a que se nega provimento. **(Inform. STF 782)**

Tempestividade de REsp em litisconsórcio não unitário

Ante a ilegalidade da decisão recorrida, o que autoriza o uso excepcional do mandado de segurança contra ato judicial, nos termos da jurisprudência da Corte, a 2ª Turma deu provimento a recurso ordinário em mandado de segurança para afastar a intempestividade de recurso especial. No caso, cuidava-se de ação de improbidade administrativa em que se formara litisconsórcio passivo não unitário. Os réus — Bacen e o ora impetrante — após condenados, interpuseram, respectivamente, embargos infringentes e recurso especial, o qual fora reputado intempestivo, pois teria sido manejado antes do julgamento dos embargos infringentes ajuizados pelo Bacen. A Turma ressaltou que a sentença condenatória possuiria dois dispositivos, e que os embargos infringentes, opostos pelo Bacen, não seriam capazes de integrar a decisão do tribunal de origem quanto à condenação do impetrante, uma vez que os réus teriam sido condenados sob diferentes fundamentos de fato e de direito. Assim, acrescentou que a ratificação do recurso especial — que objetivaria resguardar a unicidade do acórdão do tribunal de origem — não haveria de ser exigida no caso e que sequer seria cabível ao impetrante a interposição dos embargos infringentes, pois fora condenado por votação

2. DIREITO PROCESSUAL CIVIL — 121

unânime. Dessa forma, aduziu que teriam sido aplicados paradigmas que não se identificariam com a situação dos autos. **RMS 30550/DF, rel. Min. Gilmar Mendes, 24.6.2014. (RMS-30550) (Inform. STF 752)**

RE e análise dos requisitos de admissibilidade de REsp
A 1ª Turma iniciou julgamento de agravo regimental em recurso extraordinário no qual se discute a admissibilidade de recurso extraordinário interposto para questionar o cabimento de recurso especial manejado de decisão proferida em sede de suspensão de liminar deferida ao Poder Público (Lei 8.437/1992, art. 4º). Na espécie, o STJ não conhecera de recurso especial sob o fundamento de que não poderia ser utilizado para impugnar decisões proferidas no âmbito do pedido de suspensão de segurança. Segundo o STJ, o recurso especial se destinaria a combater argumentos que dissessem respeito a exame de legalidade, ao passo que o pedido de suspensão ostentaria juízo político. A Ministra Rosa Weber (relatora) desproveu o agravo. Reputou que o STJ teria examinado os pressupostos de admissibilidade de recurso de sua competência. Assinalou que a interpretação conferida pelo tribunal "a quo" aos dispositivos legais debatidos teria sido determinante para o não conhecimento do recurso especial. Em divergência, o Ministro Marco Aurélio deu provimento ao regimental. Entendeu que a decisão em sede de suspensão de segurança não seria estritamente política, mas teria conteúdo jurisdicional, o que, de início, desafiaria recurso especial. Após o voto do Ministro Luiz Fux, que acompanhava a divergência, pediu vista o Ministro Roberto Barroso. **RE 798740 AgR/DF, rel. Min. Rosa Weber, 10.6.2014. (RE-798740) (Inform. STF 750)**

DIREITO PROCESSUAL CIVIL. CONHECIMENTO PELO STJ DE RESP EM PARTE INADMITIDO NA ORIGEM.
O recurso especial que foi em parte admitido pelo Tribunal de origem pode ser conhecido pelo STJ na totalidade, ainda que à parte inadmitida tenha sido aplicado o art. 543-C, § 7º, I, do CPC e o recorrente não tenha interposto agravo regimental na origem para combater essa aplicação. Realmente, consoante iterativa jurisprudência do STJ, o agravo regimental é o recurso a ser interposto contra a decisão que nega trânsito ao recurso especial com base em aplicação de tese firmada em recurso especial representativo de controvérsia repetitiva (QO no Ag 1.154.599-SP, Corte Especial, DJe 12/5/2011). De igual modo, observa-se que é dever da parte agravante atacar especificamente todos os fundamentos da decisão do Tribunal de origem que nega trânsito ao recurso especial, sob pena de não conhecimento da irresignação (art. 544, § 4º, I, do CPC). Nada obstante, o caso em análise é absolutamente diverso, pois, na origem, foi conferido trânsito ao recurso especial, ficando, desse modo, superado o exame da decisão de admissibilidade do Tribunal de origem, pois esta não vincula o relator no STJ, que promoverá novo exame do recurso especial. Cabe ressaltar que a Súmula 292 do STF, aplicável por analogia ao recurso especial, orienta que, interposto o recurso extraordinário por mais de um dos fundamentos, a admissão apenas por um deles não prejudica o seu conhecimento por qualquer dos outros. A Súmula 528 do STF, por sua vez, também aplicável por analogia ao recurso especial, esclarece que, se a decisão de admissibilidade do recurso excepcional contiver partes autônomas, a admissão parcial não limitará a apreciação de todas as demais questões pelo Tribunal de superposição. De mais a mais, no novo exame de admissibilidade do recurso especial efetuado no âmbito do STJ, todos os pressupostos recursais são reexaminados. Assim, em vista da patente ausência do binômio necessidade-utilidade da interposição do agravo regimental na origem, não há cogitar em não ser conhecido o recurso especial por esse motivo. **AgRg no REsp 1.472.853-SC, Rel. Min. Luis Felipe Salomão, julgado em 4/8/2015, DJe 27/8/2015 (Inform. STJ 567).**

DIREITO PROCESSUAL CIVIL. UTILIZAÇÃO DE GRU SIMPLES PARA O PREPARO DE RECURSO ESPECIAL.
O recolhimento do valor correspondente ao porte de remessa e de retorno por meio de GRU Simples, enquanto resolução do STJ exigia que fosse realizado por meio de GRU Cobrança, não implica a deserção do recurso se corretamente indicados na guia o STJ como unidade de destino, o nome e o CNPJ do recorrente e o número do processo. Como se sabe, a tendência do STJ é de não conhecer dos recursos especiais cujos preparos não tenham sido efetivados com estrita observância das suas formalidades extrínsecas. Contudo, deve-se flexibilizar essa postura na hipótese em análise, sobretudo à luz da conhecida prevalência do princípio da instrumentalidade das formas dos atos do processo. No tocante às nulidades, as atenções no âmbito processual devem ser voltadas à finalidade dos atos, conforme preceitua o art. 244 do CPC. De igual modo, nas hipóteses de preparo recursal, esse mesmo norte também deve ser enfatizado. Com efeito, se a Guia de Recolhimento indica, corretamente, o STJ como unidade de destino, além do nome e do CNPJ do recorrente e do número do processo, ocorre o efetivo ingresso do valor pago nos cofres do STJ, de modo que a finalidade do ato é alcançada. Desse modo, recolhido o valor correto aos cofres públicos e sendo possível relacioná-lo ao processo e ao recorrente, então a parte merece ter seu recurso processado e decidido como se entender de direito. **REsp 1.498.623-RJ, Rel. Min. Napoleão Nunes Maia Filho, julgado em 26/2/2015, DJe 13/3/2015 (Inform. STJ 557).**

DIREITO PROCESSUAL CIVIL. CABIMENTO DE RECURSO ESPECIAL SOB ALEGAÇÃO DE OFENSA A DIREITO ADQUIRIDO E ATO JURÍDICO PERFEITO.
Cabe recurso especial – e não recurso extraordinário – para examinar se ofende o art. 6º da Lei de Introdução às normas do Direito Brasileiro (LINDB) a interpretação feita pelo acórdão recorrido dos conceitos legais de direito adquirido e de ato jurídico perfeito a qual ensejou a aplicação de lei nova à situação jurídica já constituída quando de sua edição. Embora o tema não seja pacífico, não se desconhece que há acórdãos do STJ segundo os quais, havendo dispositivo constitucional com o mesmo conteúdo da regra legal cuja violação se alega – como é o caso do direito adquirido e do ato jurídico perfeito –, a questão é constitucional, não suscetível de apreciação na via do recurso especial. Todavia, a jurisprudência do STF orienta-se no sentido de que não cabe recurso extraordinário por ofensa aos princípios constitucionais da legalidade, do devido processo legal, da coisa julgada, do direito adquirido, entre outros, se, para apreciá-la, for necessária a interpretação de legislação ordinária (AgRg no AG 135.632-RS, Primeira Turma, DJ 3/9/1999). Os conceitos de direito adquirido, ato jurídico perfeito e coisa julgada são dados por lei ordinária (art. 6º da LINDB), sem aptidão, portanto, para inibir o legislador infraconstitucional. Assim, se a lei ordinária contiver regra de cujo texto se extraia ordem de retroatividade, em prejuízo de situação jurídica anteriormente constituída, a ofensa será direta ao art. 5º, XXXVI, da CF, passível de exame em recurso extraordinário. Diversamente, caso se cuide de decidir acerca da aplicação da lei nova a determinada relação jurídica existente quando de sua edição, a questão será infraconstitucional, impugnável mediante recurso especial. **REsp 1.124.859-MG, Rel. originário Min. Luis Felipe Salomão, Rel. para acórdão Min. Maria Isabel Gallotti, julgado em 26/11/2014, DJe 27/2/2015 (Inform. STJ 556).**

DIREITO PROCESSUAL CIVIL. INAPLICABILIDADE DO RECURSO ESPECIAL CONTRA ACÓRDÃO QUE INDEFERE EFEITO SUSPENSIVO AO AGRAVO DE INSTRUMENTO. Não cabe recurso especial contra acórdão que indefere a atribuição de efeito suspensivo a agravo de instrumento. A decisão colegiada que entende pela ausência dos requisitos necessários à atribuição do efeito suspensivo a agravo de instrumento não resulta em decisão de única ou última instância, como previsto art. 105, III, da CF. Há necessidade de que o Tribunal julgue, definitivamente, o agravo de instrumento em seu mérito para que a parte vencida possa ter acesso à instância especial. A propósito, o STF sedimentou entendimento que corrobora esse posicionamento com a edição da Súmula 735: "não cabe recurso extraordinário contra acórdão que defere medida liminar". Precedentes citados: AgRg no AREsp 464.434-MS, Quarta Turma, DJe 18/3/2014; e AgRg no AREsp 406.477-MA, Segunda Turma, DJe 27/03/2014. **REsp 1.289.317-DF, Rel. Min. Humberto Martins, julgado em 27/5/2014. (Inform. STJ 541)**

DIREITO PROCESSUAL CIVIL. APRECIAÇÃO DE DISPOSITIVO CONSTITUCIONAL NO JULGAMENTO DE RECURSO ESPECIAL.
O STJ, no julgamento de recurso especial, pode buscar na própria CF o fundamento para acolher ou rejeitar alegação de violação do direito infraconstitucional ou para conferir à lei a interpretação que melhor se ajuste ao texto constitucional, sem que isso importe em usurpação de competência do STF. No atual estágio de desenvolvimento do direito, é inconcebível a análise encapsulada dos litígios, de forma estanque, como se os diversos ramos jurídicos pudessem ser compartimentados, não sofrendo, assim, ingerências do direito constitucional. Assim, não parece possível ao STJ analisar as demandas que lhe são submetidas sem considerar a própria CF, sob pena de ser entregue ao jurisdicionado um direito desatualizado e sem lastro na Constituição. Nesse contexto, aumenta a responsabilidade do STJ em demandas que exijam solução transversal, interdisciplinar e que

abranjam, necessariamente, uma controvérsia constitucional oblíqua, antecedente. Com efeito, a partir da EC 45/2004, o cenário tornou-se objetivamente diverso daquele que antes circunscrevia a interposição de recursos especial e extraordinário, pois, se anteriormente todos os fundamentos constitucionais utilizados nos acórdãos eram impugnáveis – e deviam ser, nos termos da Súmula 126 do STJ – mediante recurso extraordinário, agora, somente as questões que, efetivamente, ostentarem repercussão geral (art. 102, § 3º, da CF) é que podem ascender ao STF (art. 543-A, § 1º, do CPC). **REsp 1.335.153-RJ, Rel. Min. Luis Felipe Salomão, julgado em 28/5/2013. (Inform. STJ 527)**

DIREITO PROCESSUAL CIVIL. RECURSO ESPECIAL INTERPOSTO NO DIA EM QUE DISPONIBILIZADO O ACÓRDÃO DE EMBARGOS DE DECLARAÇÃO NO DIÁRIO DA JUSTIÇA ELETRÔNICO.

Não é extemporâneo o recurso especial interposto na mesma data em que disponibilizado, no Diário da Justiça eletrônico, o acórdão referente ao julgamento dos embargos de declaração opostos no tribunal de origem. É certo que, nos termos do art. 4º da Lei 11.419/2006, considera-se como dia da publicação o dia útil seguinte àquele em que ocorrida a disponibilização. Todavia, deve-se observar que o referido dispositivo legal tem por escopo facilitar o exercício do direito de recurso, assegurando à parte o prazo integral, a contar do dia seguinte ao da disponibilização. Dessa forma, se o advogado da parte se dá por ciente no mesmo dia em que efetuada a disponibilização, oferecendo desde logo o recurso, não há prematuridade, mas simples antecipação da ciência e, portanto, do termo inicial do prazo. Nessa situação, não incide o entendimento contido na Súmula 418 do STJ, que dispõe ser "inadmissível o recurso especial interposto antes da publicação do acórdão dos embargos de declaração, sem posterior ratificação", que deve ser aplicado apenas no caso de interposição do recurso especial antes do julgamento dos embargos de declaração. Com efeito, deve-se considerar a razão de ser da edição da referida súmula, qual seja, a de evitar que o recurso especial seja interposto antes do julgamento dos embargos de declaração, pois, nessa hipótese, não está exaurida a instância ordinária, sendo prematura a interposição do recurso especial, o que impõe a ratificação das razões do recurso especial após o julgamento dos embargos de declaração, sob pena de não conhecimento. **AgRg no REsp 1.063.575-SP, Rel. Min. Isabel Gallotti, julgado em 16/4/2013. (Inform. STJ 523)**

DIREITO PROCESSUAL CIVIL. COMPLEMENTAÇÃO DO VALOR DO PORTE DE REMESSA E DE RETORNO EM RECURSO ESPECIAL.

Não ocorre a deserção do recurso especial no caso em que o recorrente, recolhidas as custas na forma devida, mas efetuado o pagamento do porte de remessa e de retorno em valor insuficiente, realize, após intimado para tanto, a complementação do valor. O art. 511 do CPC, em seu *caput*, estabelece que o recorrente deverá comprovar, no ato de interposição do recurso, o respectivo preparo, inclusive porte de remessa e de retorno, sob pena de deserção. Todavia, segundo o § 2º do mesmo artigo, a insuficiência no valor do preparo somente acarretará deserção se o recorrente, intimado, não vier a supri-lo no prazo de 5 dias. No caso do recurso especial, o preparo engloba o pagamento de custas e de porte de remessa e de retorno. Assim, recolhidas as custas na forma da legislação pertinente, admite-se a posterior regularização do pagamento do porte de remessa e de retorno a título de complementação do preparo. **EDcl no REsp 1.221.314-SP, Rel. Min. Castro Meira, julgado em 21/2/2013. (Inform. STJ 517).**

DIREITO PROCESSUAL CIVIL. DESCABIMENTO DE RECURSO DA DECISÃO QUE DETERMINA A CONVERSÃO DO AGRAVO DO ART. 544 DO CPC EM RECEURSO ESPECIAL.

Não é cabível recurso da decisão que determina a conversão do agravo do art. 544 do CPC em recurso especial, salvo na hipótese em que o agravo possua algum vício referente aos seus pressupostos de admissibilidade. Com efeito, de acordo com os arts. 544, § 4º, e 545 do CPC e do § 2º do art. 258 do RISTJ, aplicável por analogia à espécie, é irrecorrível a decisão que dá provimento ao agravo apenas para determinar a sua conversão em recurso especial. Ademais, há de se considerar que a conversão não prejudica novo exame acerca do cabimento do recurso especial, que poderá ser realizado em momento oportuno (art. 254, § 1º, do RISTJ). Precedente citado: AgRg no AREsp 137.770-MS, DJe 7/12/2012. **RCDesp no REsp 1.347.420-DF, Rel. Min. Ricardo Villas Bôas Cueva, julgado em 21/2/2013. (Inform. STJ 515).**

DIREITO PROCESSUAL CIVIL. IMPUGNAÇÃO DE DECISÃO QUE DETERMINE O SOBRESTAMENTO DE RECURSO ESPECIAL COM BASE NO ART. 543-C DO CPC.

Não é cabível a interposição de agravo, ou de qualquer outro recurso, dirigido ao STJ, com o objetivo de impugnar decisão, proferida no Tribunal de origem, que tenha determinado o sobrestamento de recurso especial com fundamento no art. 543-C do CPC, referente aos recursos representativos de controvérsias repetitivas. A existência de recursos se subordina à expressa previsão legal (taxatividade). No caso, inexiste previsão de recurso contra a decisão que se pretende impugnar. O art. 544 do CPC, que afirma que, não admitido o recurso especial, caberá agravo para o STJ, não abarca o caso de sobrestamento do recurso especial com fundamento no art. 543-C, pois, nessa hipótese, não se trata de genuíno juízo de admissibilidade, o qual somente ocorrerá em momento posterior, depois de resolvida a questão, em abstrato, no âmbito do STJ (art. 543-C, §§ 7º e 8º). Também não é possível a utilização do art. 542, § 3º, do CPC, que trata de retenção do recurso especial, hipótese em que, embora não haja previsão de recurso, o STJ tem admitido agravo, simples petição ou, ainda, medida cautelar. Ademais, não é cabível reclamação constitucional, pois não há, no caso, desobediência a decisão desta Corte, tampouco usurpação de sua competência. Por fim, a permissão de interposição do agravo em face da decisão ora impugnada acabaria por gerar efeito contrário à finalidade da norma, multiplicando os recursos dirigidos a esta instância, pois haveria, além de um recurso especial pendente de julgamento na origem, um agravo no âmbito do STJ. **AREsp 214.152-SP, Rel. Min. Luis Felipe Salomão, julgado em 5/2/2013. (Inform. STJ 514).**

DIREITO PROCESSUAL CIVIL. CABIMENTO DE RECURSO ESPECIAL EM SUSPENSÃO DE LIMINAR.

Não cabe recurso especial em face de decisões proferidas em pedido de suspensão de liminar. Esse recurso visa discutir argumentos referentes a exame de legalidade, e o pedido de suspensão ostenta juízo político. O recurso especial não se presta à revisão do juízo político realizado pelo tribunal *a quo* para a concessão da suspensão de liminar, notadamente porque decorrente de juízo de valor acerca das circunstâncias fáticas que ensejaram a medida, cujo reexame é vedado nos termos da Súm. n. 7/STJ. Precedentes citados: AgRg no AREsp 103.670-DF, DJe 16/10/2012; AgRg no REsp 1.301.766-MA, DJe 25/4/2012, e AgRg no REsp 1.207.495-RJ, DJe 26/4/2011. **AgRg no AREsp 126.036-RS, Rel. Min. Benedito Gonçalves, julgado em 4/12/2012. (Inform. STJ 511).**

🔖 Súmula STJ nº 518

Para fins do art. 105, III, a, da Constituição Federal, não é cabível recurso especial fundado em alegada violação de enunciado de súmula.

🔖 Súmula STJ nº 418

É inadmissível o recurso especial interposto antes da publicação do acórdão dos embargos de declaração, sem posterior ratificação.

🔖 Súmula STJ nº 320

A questão federal somente ventilada no voto vencido não atende ao requisito do prequestionamento.

🔖 Súmula STJ nº 211

Inadmissível recurso especial quanto à questão que, a despeito da oposição de embargos declaratórios, não foi apreciada pelo tribunal a quo.

🔖 Súmula STJ nº 207

É inadmissível recurso especial quando cabíveis embargos infringentes contra o acórdão proferido no tribunal de origem.

🔖 Súmula STJ nº 126

É inadmissível recurso especial, quando o acórdão recorrido assenta em fundamentos constitucional e infraconstitucional, qualquer deles suficiente, por si só, para mantê-lo, e a parte vencida não manifesta recurso extraordinário.

🔖 Súmula STJ nº 123

A decisão que admite, ou não, o recurso especial deve ser fundamentada, com o exame dos seus pressupostos gerais e constitucionais.

🔖 Súmula STJ nº 86

Cabe recurso especial contra acórdão proferido no julgamento de agravo de instrumento.

> ### 📖 Súmula STJ nº 83
> Não se conhece do recurso especial pela divergência, quando a orientação do tribunal se firmou no mesmo sentido da decisão Recorrida.

> ### 📖 Súmula STJ nº 13
> A divergência entre julgados do mesmo tribunal não enseja recurso especial.

> ### 📖 Súmula STJ nº 7
> A pretensão de simples reexame de prova não enseja recurso especial.

> ### 📖 Súmula STJ nº 5
> A simples interpretação de cláusula contratual não enseja recurso especial.

11.7. Recurso Extraordinário

EMB. DECL. NO RE N. 900.701-SC
RELATORA: MIN. ROSA WEBER
EMENTA: EMBARGOS DE DECLARAÇÃO RECEBIDOS COMO AGRAVO REGIMENTAL. DIREITO ADMINISTRATIVO E PROCESSUAL CIVIL. AÇÃO DEMOLITÓRIA. EDIFICAÇÃO EM FAIXA DE DOMÍNIO DE RODOVIA FEDERAL E ÁREA *NON EDIFICANDI*. LIMITAÇÃO ADMINISTRATIVA. LEI Nº 6.766/1979. DEBATE DE ÂMBITO INFRACONSTITUCIONAL. EVENTUAL OFENSA REFLEXA NÃO VIABILIZA O MANEJO DO RECURSO EXTRAORDINÁRIO. ART. 102 DA LEI MAIOR. ACÓRDÃO RECORRIDO PUBLICADO EM 17.10.2014.1. A jurisprudência desta Suprema Corte firmou-se no sentido de que incabíveis embargos de declaração opostos em face de decisão monocrática. Recebimento como agravo regimental com fundamento no princípio da fungibilidade. 2. A controvérsia, a teor do já asseverado na decisão guerreada, não alcança estatura constitucional. Não há falar em afronta aos preceitos constitucionais indicados nas razões recursais. Compreender de modo diverso exigiria a análise da legislação infraconstitucional encampada na decisão da Corte de origem, a tornar oblíqua e reflexa eventual ofensa, insuscetível, como tal, de viabilizar o conhecimento do recurso extraordinário. Desatendida a exigência do art. 102, III, "a", da Lei Maior, nos termos da remansosa jurisprudência desta Suprema Corte. 3. As razões do agravo regimental não se mostram aptas a infirmar os fundamentos que lastrearam a decisão agravada. 4. Embargos de declaração recebidos como agravo regimental, ao qual se nega provimento. **(Inform. STF 811)**

AG. REG. NO ARE N. 853.123-PE
RELATOR: MIN. MARCO AURÉLIO
RECURSO EXTRAORDINÁRIO – MATÉRIA FÁTICA E LEGAL. O recurso extraordinário não é meio próprio ao revolvimento da prova, também não servindo à interpretação de normas estritamente legais. **(Inform. STF 809)**

AG. REG. NO ARE N. 743.430-BA
RELATORA: MIN. ROSA WEBER
EMENTA: DIREITO PROCESSUAL CIVIL. DESERÇÃO DO RECURSO. DEFICIENTE REALIZAÇÃO DO PREPARO PREVISTO NA LEI ESTADUAL Nº 12.373/2011. RECOLHIMENTO INCOMPLETO. ANÁLISE DE LEGISLAÇÃO INFRACONSTITUCIONAL. EVENTUAL OFENSA REFLEXA NÃO VIABILIZA O MANEJO DO RECURSO EXTRAORDINÁRIO. ART. 102 DA LEI MAIOR. DECISÃO RECORRIDA PUBLICADA EM 10.10.2012.
1. A controvérsia, a teor do já asseverado na decisão guerreada, não alcança estatura constitucional. Não há falar em afronta aos preceitos constitucionais indicados nas razões recursais. Compreender de modo diverso exigiria a análise da legislação infraconstitucional encampada na decisão da Corte de origem, a tornar oblíqua e reflexa eventual ofensa, insuscetível, como tal, de viabilizar o conhecimento do recurso extraordinário. Desatendida a exigência do art. 102, III, "a", da Lei Maior, nos termos da remansosa jurisprudência desta Suprema Corte.
2. As razões do agravo regimental não se mostram aptas a infirmar os fundamentos que lastrearam a decisão agravada.
3. Agravo regimental conhecido e não provido. **(Inform. STF 809)**

AG. REG. NO ARE N. 914.837-SP
RELATOR: MIN. MARCO AURÉLIO
RECURSO EXTRAORDINÁRIO – MATÉRIA FÁTICA E LEGAL. O recurso extraordinário não é meio próprio ao revolvimento da prova, também não servindo à interpretação de normas estritamente legais.

PREQUESTIONAMENTO – CONFIGURAÇÃO – RAZÃO DE SER. O prequestionamento não resulta da circunstância de a matéria haver sido arguida pela parte recorrente. A configuração pressupõe debate e decisão prévios pelo Colegiado, ou seja, emissão de entendimento. O instituto visa o cotejo indispensável a que se diga enquadrado o recurso extraordinário no permissivo constitucional. **(Inform. STF 809)**

AG. REG. NO AI N. 762.803-RS
RELATOR: MIN. DIAS TOFFOLI
EMENTA: Agravo regimental no agravo de instrumento. Prequestionamento. Ausência. Precatório. Juros moratórios. Critérios de cálculo. Coisa julgada reconhecida pelo Tribunal de origem. Limites objetivos. Fundamento suficiente à manutenção do acórdão recorrido. Matéria infraconstitucional. Ofensa reflexa. Precedentes.
1. Inadmissível o recurso extraordinário quando os dispositivos constitucionais que nele se alega violados não estão devidamente prequestionados. Incidência das Súmulas nºs 282 e 356/STF.
2. Não se admite recurso extraordinário contra acórdão que contenha fundamento infraconstitucional suficiente para a manutenção do julgado recorrido. Orientação da Súmula nº 283/STF.
3. É pacífica a jurisprudência da Corte de que não se presta o recurso extraordinário para a verificação dos limites objetivos da coisa julgada, haja vista tratar-se de discussão de índole infraconstitucional.
4. Agravo regimental não provido. **(Inform. STF 804)**

AG. REG. NO ARE N. 910.117-MG
RELATOR: MIN. EDSON FACHIN
AGRAVO REGIMENTAL EM RECURSO EXTRAORDINÁRIO COM AGRAVO. DIREITO PREVIDENCIÁRIO. PENSÃO POR MORTE. COMPROVAÇÃO DA QUALIDADE DE SEGURADO DO *DE CUJUS*.
1. A jurisprudência do STF é firme no sentido da inadmissibilidade de recurso extraordinário interposto sem preliminar formal e fundamentada de repercussão geral. Precedente: AI-QO 664.567, de relatoria do Ministro Sepúlveda Pertence, Tribunal Pleno, DJ 06.09.2007.
2. É inadmissível o recurso extraordinário, quando a matéria constitucional suscitada não tiver sido apreciada pelo acórdão recorrido, em decorrência da ausência do requisito processual do prequestionamento. Súmula 282 do STF.
3. É inviável o processamento do apelo extremo, quando o seu exame demanda o reexame da legislação aplicável à espécie e dos fatos e provas. Súmulas 279.
4. Agravo regimental a que se nega provimento. **(Inform. STF 804)**

AG. REG. NO ARE N. 898.539-SP
RELATOR: MIN. MARCO AURÉLIO
RECURSO EXTRAORDINÁRIO – MATÉRIA FÁTICA E LEGAL. O recurso extraordinário não é meio próprio ao revolvimento da prova, também não servindo à interpretação de normas estritamente legais.
PREQUESTIONAMENTO – CONFIGURAÇÃO – RAZÃO DE SER. O prequestionamento não resulta da circunstância de a matéria haver sido arguida pela parte recorrente. A configuração pressupõe debate e decisão prévios pelo Colegiado, ou seja, emissão de entendimento. O instituto visa o cotejo indispensável a que se diga enquadrado o recurso extraordinário no permissivo constitucional. **(Inform. STF 802)**

AG. REG. NO ARE N. 879.909-SP
RELATOR: MIN. MARCO AURÉLIO
DEVIDO PROCESSO LEGAL – PRESTAÇÃO JURISDICIONAL – NULIDADE – RECURSO EXTRAORDINÁRIO. Se, de um lado, é possível haver situação concreta em que transgredido o devido processo legal a ponto de enquadrar o recurso extraordinário no permissivo que lhe é próprio, de outro, descabe confundir a ausência de aperfeiçoamento da prestação jurisdicional com a entrega de forma contrária a interesses.
RECURSO EXTRAORDINÁRIO – MATÉRIA FÁTICA E LEGAL. O recurso extraordinário não é meio próprio ao revolvimento da prova, também não servindo à interpretação de normas estritamente legais. **(Inform. STF 799)**

AG. REG. NO ARE N. 866.435-RJ
RELATOR: MIN. MARCO AURÉLIO
LEI – INICIATIVA – CONCURSO PÚBLICO – PRECEDENTE DO PLENÁRIO. Norma que dispõe sobre condição para se chegar à investidura no cargo, por tratar de momento anterior ao da caracterização do candidato como servidor público, não é de iniciativa privativa do Chefe do Poder Executivo – Ação Direta de Inconstitucionalidade nº 2.672/ES. RECURSO EXTRAORDINÁRIO – PREQUESTIONAMENTO – CONFIGURAÇÃO – RAZÃO DE SER. O prequestionamento não resulta da circunstância de a matéria haver sido arguida pela parte recorrente. A configuração do instituto pressupõe debate e decisão prévios pelo Colegiado, ou seja, emissão de juízo sobre o tema. O procedimento tem como escopo o cotejo indispensável a que se diga do enquadramento do recurso extraordinário no permissivo constitucional. Se o Tribunal de origem não adotou tese explícita a respeito do fato jurígeno veiculado nas razões recursais, inviabilizado fica o entendimento sobre a violência ao preceito evocado pelo recorrente. **(Inform. STF 789)**

AG. REG. NO ARE N. 812.678-RS
RELATORA: MIN. ROSA WEBER
EMENTA: DIREITO DO CONSUMIDOR. RESPONSABILIDADE CIVIL. FORNECIMENTO DE ENERGIA ELÉTRICA. RESPONSABILIDADE OBJETIVA DA CONCESSIONÁRIA DE SERVIÇO PÚBLICO. INDENIZAÇÃO POR DANOS MORAIS E MATERIAIS. ANÁLISE DA OCORRÊNCIA DE EVENTUAL AFRONTA AO ART. 37, § 6º, DA LEI MAIOR DEPENDENTE DA REELABORAÇÃO DA MOLDURA FÁTICA CONSTANTE NO ACÓRDÃO REGIONAL. SÚMULA 279/STF. ÂMBITO INFRACONSTITUCIONAL DO DEBATE. EVENTUAL VIOLAÇÃO REFLEXA NÃO VIABILIZA RECURSO EXTRAORDINÁRIO. PRECEDENTES. ACÓRDÃO RECORRIDO DISPONIBILIZADO EM 15.7.2013.
A pretensão da recorrente de obter decisão em sentido diverso demanda reelaboração da moldura fática delineada no acórdão de origem. Aplicação da Súmula 279/STF.
A suposta afronta ao art. 37, § 6º, da Lei Maior dependeria da análise de legislação infraconstitucional, o que torna oblíqua e reflexa eventual ofensa, insuscetível, portanto, de viabilizar o conhecimento do recurso extraordinário, considerada a disposição do art. 102, III, "a", da Lei Maior.
As razões do agravo não são aptas a infirmar os fundamentos que lastrearam a decisão agravada, mormente no que se refere ao âmbito infraconstitucional do debate.
Agravo conhecido e não provido. **(Inform. STF 761)**

AG. REG. NO ARE N. 792.002-GO
RELATORA: MIN. ROSA WEBER
EMENTA: DIREITO CIVIL. ESPERA EM FILA DE INSTITUIÇÃO FINANCEIRA. INDENIZAÇÃO. DANOS MORAIS. DEBATE DE ÂMBITO INFRACONSTITUCIONAL. EVENTUAL VIOLAÇÃO REFLEXA DA CONSTITUIÇÃO DA REPÚBLICA NÃO VIABILIZA O MANEJO DE RECURSO EXTRAORDINÁRIO. ACÓRDÃO RECORRIDO PUBLICADO EM 23.10.2013.
A suposta afronta aos preceitos constitucionais indicados nas razões recursais dependeria da análise de legislação infraconstitucional, o que torna oblíqua e reflexa eventual ofensa, insuscetível, portanto, de ensejar o conhecimento do recurso extraordinário, considerada a disposição do art. 102, III, "a", da Lei Maior.
O Plenário Virtual desta Corte, no ARE 687.876, Rel. Min Ayres Brito, DJe 06.12.2012, manifestou-se pela inexistência de repercussão geral da matéria atinente aos danos morais e materiais decorrentes de espera excessiva em fila de instituição financeira, tendo em vista o seu caráter infraconstitucional.
Agravo regimental conhecido e não provido. **(Inform. STF 761)**

Embargos de declaração e provimento para subir o RE
O Plenário proveu embargos de declaração para que o julgamento de recurso extraordinário tenha sequência, com a possibilidade de sustentação oral e deliberação presencial pelo Colegiado. No caso, o Tribunal reafirmara, por meio eletrônico (Plenário Virtual), jurisprudência dominante quanto à possibilidade da conversão de férias não gozadas em indenização pecuniária, por servidores que não podem mais delas usufruir. Sustentava o embargante a necessidade de esclarecimento da prestação jurisdicional e pedia a aplicação dos excepcionais efeitos infringentes ao acórdão questionado, sob argumento de que o servidor, ora embargado, encontra-se em atividade. De início, a Corte afastou a preliminar de incidência dos prazos e ritos dos juizados especiais perante o STF, porquanto o trâmite de recurso extraordinário subordina-se

à Lei 8.038/1990. Por conseguinte, rejeitou a alegada intempestividade dos embargos declaratórios. Refutou, de igual modo, a aplicação do precedente firmado no julgamento do AI 855.810 RG-ED/RS (DJe de 1º.7.2013) e do art. 543-A do CPC, que afirmam a irrecorribilidade da decisão do Supremo quando não conhecer de recurso extraordinário por ausência de repercussão geral. O Tribunal consignou que, na situação dos autos, o acórdão embargado fora proferido no âmbito do Plenário Virtual, com o reconhecimento da repercussão geral e a reafirmação de jurisprudência. Assim, reputou cabíveis os embargos. Em seguida, o Colegiado asseverou que a controvérsia relativa a eventual direito de servidor em atividade à conversão em pecúnia de férias vencidas e não gozadas deveria ser submetida à apreciação do Pleno, razão pela qual se deveria dar continuidade ao recurso extraordinário.
ARE 721001 RG-ED/RJ, rel. Min. Gilmar Mendes, 28.8.2014. (ARE-721001) (Inform. STF 756)

AG. REG. NO ARE N. 775.408-RJ
RELATOR: MIN. DIAS TOFFOLI
EMENTA: Agravo regimental no recurso extraordinário com agravo. Processual Civil. Coisa julgada. Limites objetivos. Legislação local. Ofensa reflexa. Precedentes.
1. É pacífica a orientação da Corte de que não se presta o recurso extraordinário para a verificação dos limites objetivos da coisa julgada, haja vista tratar-se de discussão de índole infraconstitucional.
2. Inviável, em recurso extraordinário, a análise da legislação local. Incidência da Súmula nº 280/STF.
3. Agravo regimental não provido. **(Inform. STF 745)**

AG. REG. NO ARE N. 792.855-RS
RELATOR: MIN. DIAS TOFFOLI
EMENTA: Agravo regimental no recurso extraordinário com agravo. Dano moral. Indenização. Prequestionamento. Ausência. Fatos e provas. Reexame. Impossibilidade. Precedentes.
1. Não se admite o recurso extraordinário quando o dispositivo constitucional que nele se alega violado não está devidamente prequestionado. Incidência das Súmulas nºs 282 e 356/STF.
2. Inadmissível, em recurso extraordinário, o reexame dos fatos e das provas dos autos. Incidência da Súmula nº 279/STF.
3. Agravo regimental não provido. **(Inform. STF 745)**

AG. REG. NO ARE N. 794.016-BA
RELATOR: MIN. DIAS TOFFOLI
EMENTA: Agravo regimental no recurso extraordinário com agravo. Processual Civil. Juizados especiais. Não comparecimento às audiências. Extinção do processo sem julgamento do mérito. Legislação infraconstitucional. Reexame de fatos e provas. Impossibilidade. Precedentes.
1. Não se presta o recurso extraordinário para a análise da legislação infraconstitucional e o reexame dos fatos e das provas dos autos. Incidência das Súmulas nºs 636 e 279/STF.
2. Agravo regimental não provido. **(Inform. STF 745)**

AG. REG. NO ARE N. 794.937-MG
RELATOR: MIN. DIAS TOFFOLI
EMENTA: Agravo regimental no recurso extraordinário com agravo. Processual civil. Agravo de instrumento dirigido a Tribunal de Justiça. Pressupostos processuais. Ausência de repercussão geral do tema. Legislação infraconstitucional. Precedentes.
1. O Plenário da Corte, no exame do RE nº 598.365/MG, Relator o Ministro **Ayres Britto**, concluiu pela ausência de repercussão geral do tema relativo a pressupostos de admissibilidade de recursos da competência de outros tribunais, dado o caráter infraconstitucional da matéria.
2. Agravo regimental não provido. **(Inform. STF 745)**

Jurisdição e matéria infraconstitucional - 3
Em conclusão de julgamento, a 1ª Turma proveu embargos de declaração para acolher pedido formulado em agravo de instrumento e determinar a subida do recurso extraordinário. Na espécie, a embargante argumentava que o STJ teria concluído que a matéria seria constitucional, ao passo que o STF teria se pronunciado no sentido de que a questão seria infraconstitucional — v. Informativos 659 e 709. A Turma ressaltou que, a essa altura, o embargante

2. DIREITO PROCESSUAL CIVIL

encontrar-se-ia sem a devida prestação jurisdicional pelo Estado. Sufragou a assertiva de que o STF assentara a ausência de envolvimento de matéria constitucional e que o STJ afirmara não haver fundamento legal, mas constitucional. Ponderou que a celeuma alusiva à negativa da prestação jurisdicional deixara de ser enfrentada pela Turma quando do exame do agravo regimental, que, sabidamente, ocorre de forma sumária mediante a apreciação em lista. **AI 633834 ED-AgR/RJ, rel. Min. Dias Toffoli, 18.3.2014. (AI-633834) (Inform. STF 739)**

EMB. DECL. NO ARE N. 747.825-SC

RELATOR: MIN. RICARDO LEWANDOWSKI
Ementa: EMBARGOS DE DECLARAÇÃO OPOSTOS DE DECISÃO MONOCRÁTICA. CONVERSÃO EM AGRAVO REGIMENTAL. TERRENO DE MARINHA. TAXA DE OCUPAÇÃO. PROCESSO DEMARCATÓRIO. INTIMAÇÃO DOS INTERESSADOS. INTERPRETAÇÃO DA LEGISLAÇÃO INFRACONSTITUCIONAL. OFENSA INDIRETA. DISCUSSÃO SOBRE A TITULARIDADE DO IMÓVEL. NECESSIDADE DE REEXAME DO CONJUNTO FÁTICO-PROBATÓRIO. INCIDÊNCIA DA SÚMULA 279 DO STF. ALEGAÇÃO DE CONTRARIEDADE AO ART. 5º, LIV E LV, DA CONSTITUIÇÃO FEDERAL. OFENSA REFLEXA. AGRAVO REGIMENTAL A QUE SE NEGA PROVIMENTO.
I – É inadmissível o recurso extraordinário quando sua análise implica rever a interpretação de legislação infraconstitucional que fundamenta a decisão *a quo*. A afronta à Constituição, se ocorrente, seria apenas indireta.
II – Para dissentir da conclusão adotada pelo Tribunal de origem, quanto à titularidade do imóvel objeto da demanda, necessário seria o reexame do conjunto fático-probatório constante dos autos, circunstância que torna inviável o recurso, nos termos da Súmula 279 do STF.
III – Esta Corte firmou orientação no sentido de ser inadmissível, em regra, a interposição de recurso extraordinário para discutir matéria relacionada à ofensa aos princípios constitucionais do devido processo legal, da ampla defesa e do contraditório, quando a verificação dessa alegação depender de exame prévio de legislação infraconstitucional, por configurar situação de ofensa reflexa ao texto constitucional. Precedentes.
IV – Agravo regimental a que se nega provimento. **(Inform. STF 735)**

AG. REG. NO ARE N. 728.480-RS

RELATORA: MIN. ROSA WEBER
EMENTA: DIREITO ADMINISTRATIVO. CONCURSO PÚBLICO. MAGISTÉRIO. PRETERIÇÃO NÃO EVIDENCIADA. ÂMBITO INFRACONSTITUCIONAL DO DEBATE. NEGATIVA DE PRESTAÇÃO JURISDICIONAL NÃO CONFIGURADA. ANÁLISE DA OCORRÊNCIA DE EVENTUAL AFRONTA AOS PRECEITOS CONSTITUCIONAIS INVOCADOS NO APELO EXTREMO DEPENDENTE DA REELABORAÇÃO DA MOLDURA FÁTICA CONSTANTE NO ACÓRDÃO REGIONAL. EVENTUAL VIOLAÇÃO REFLEXA DA CONSTITUIÇÃO FEDERAL NÃO VIABILIZA O MANEJO DE RECURSO EXTRAORDINÁRIO. ACÓRDÃO RECORRIDO PUBLICADO EM 28.8.2012.
Inexiste violação do artigo 93, IX, da CF/88. Na compreensão desta Suprema Corte, o texto constitucional exige que o órgão jurisdicional explicite as razões de seu convencimento, sem necessidade, contudo, do exame detalhado de cada argumento esgrimido pelas partes. Precedentes.
O exame da alegada ofensa à Constituição Federal, dependeria de prévia análise de norma infraconstitucional aplicada à espécie, o que refoge à competência jurisdicional extraordinária, prevista no art. 102 da Constituição Federal. Agravo regimental conhecido e não provido. **(Inform. STF 722)**

AG. REG. NO ARE N. 727.104-RJ

RELATORA: MIN. CÁRMEN LÚCIA
EMENTA: AGRAVO REGIMENTAL NO RECURSO EXTRAORDINÁRIO COM AGRAVO. ADMINISTRATIVO. NOMEAÇÃO DE CANDIDATO APROVADO EM CONCURSO PÚBLICO. IRREGULARIDADE NA CONVOCAÇÃO. 1) REEXAME DE PROVAS E DE CLÁUSULAS EDITALÍCIAS. SÚMULAS N. 279 E 454 DO SUPREMO TRIBUNAL FEDERAL. 2) INTERPOSIÇÃO DE RECURSO EXTRAORDINÁRIO PELA ALÍNEA C DO INC. III DO ART. 102 DA CONSTITUIÇÃO. INADMISSIBILIDADE. SÚMULA 284 DO SUPREMO TRIBUNAL FEDERAL. AGRAVO REGIMENTAL AO QUAL SE NEGA PROVIMENTO. **(Inform. STF 714)**

AG. REG. NO ARE N. 742.632-SP

RELATOR: MIN. DIAS TOFFOLI
EMENTA: Agravo regimental no recurso extraordinário com agravo. Direito do Consumidor. Negativa de prestação jurisdicional. Não ocorrência.

Contrato de plano de saúde. Cobertura. Legislação infraconstitucional. Princípio da legalidade. Ofensa reflexa. Reexame de provas e cláusulas contratuais. Impossibilidade. Precedentes.
1. A jurisdição foi prestada pelo Tribunal de origem mediante decisão suficientemente motivada.
2. Inadmissível, em recurso extraordinário, a análise da legislação infraconstitucional e o reexame de cláusulas contratuais e dos fatos e das provas dos autos. Incidência das Súmulas nºs 636, 454 e 279/STF.
3. Não cabe recurso extraordinário por contrariedade ao princípio da legalidade quando, para a sua verificação, seja necessário analisar a legislação infraconstitucional aplicável ao caso. Incidência da Súmula nº 636/STF.
4. Agravo regimental não provido. **(Inform. STF 714)**

AG. REG. NO RE N. 741.860-SP

RELATOR: MIN. DIAS TOFFOLI
EMENTA: Agravo regimental no recurso extraordinário. Competência do Relator para negar seguimento a recurso manifestamente inadmissível. Direito do consumidor. Contrato de plano de saúde. Decisão da origem fundamentada no Código de Defesa do Consumidor. Princípios da ampla defesa e do contraditório. Ofensa reflexa. Reexame de provas e cláusulas contratuais. Impossibilidade. Precedentes.
1. É competente o Relator (art. 557, **caput**, do Código de Processo Civil e art. 21, § 1º, do Regimento Interno do Supremo Tribunal Federal) para negar seguimento "ao recurso manifestamente inadmissível, improcedente, prejudicado ou em confronto com a súmula ou com jurisprudência dominante do respectivo tribunal, do Supremo Tribunal Federal, ou de Tribunal Superior".
2. Inadmissível, em recurso extraordinário, a análise da legislação infraconstitucional e o reexame de cláusulas contratuais e dos fatos e das provas dos autos. Incidência das Súmulas nºs 636, 454 e 279/STF.
3. A afronta aos princípios da legalidade, do devido processo legal, da ampla defesa e do contraditório, dos limites da coisa julgada e da prestação jurisdicional, quando depende, para ser reconhecida como tal, da análise de normas infraconstitucionais, configura apenas ofensa indireta ou reflexa à Constituição da República.
4. Agravo regimental não provido. **(Inform. STF 714)**

EMB. DECL. NO AG. REG. NO RE N. 346.736-DF

RELATOR: MIN. TEORI ZAVASCKI
Ementa: PROCESSUAL CIVIL. RECURSO EXTRAORDINÁRIO. NATUREZA REVISIONAL. TÉCNICA DE JULGAMENTO. DEMANDA COM MAIS DE UM FUNDAMENTO. ACOLHIMENTO DO RECURSO PARA AFASTAR UM DELES. INDISPENSABILIDADE DE APRECIAÇÃO DOS DEMAIS. SÚMULA 456/STF.
1. Em nosso sistema processual, o recurso extraordinário tem natureza revisional, e não de cassação, a significar que "o Supremo Tribunal Federal, conhecendo o recurso extraordinário, julgará a causa, aplicando o direito à espécie" (Súmula 456). Conhecer, na linguagem da Súmula, significa não apenas superar positivamente os requisitos extrínsecos e intrínsecos de admissibilidade, mas também afirmar a existência de violação, pelo acórdão recorrido, da norma constitucional invocada pelo recorrente.
2. Sendo assim, o julgamento do recurso extraordinário comporta, a rigor, três etapas sucessivas, cada uma delas subordinada à superação positiva da que lhe antecede: (a) a do juízo de admissibilidade, semelhante à dos recursos ordinários; (b) o do juízo sobre a alegação de ofensa a direito constitucional (que na terminologia da Súmula 456/STF também compõe o juízo de conhecimento); e, finalmente, se for o caso, (c) a do julgamento da causa, "aplicando o direito à espécie".
3. Esse "julgamento da causa" consiste na apreciação de outros fundamentos que, invocados nas instâncias ordinárias, não compuseram o objeto do recurso extraordinário, mas que, "conhecido" o recurso (vale dizer, acolhido o fundamento constitucional nele invocado pelo recorrente), passam a constituir matéria de apreciação inafastável, sob pena de não ficar completa a prestação jurisdicional. Nada impede que, em casos assim, o STF, ao invés de ele próprio desde logo "julgar a causa, aplicando o direito à espécie", opte por remeter esse julgamento ao juízo recorrido, como frequentemente o faz.
4. No caso, a parte demandada invocou, em contestação, dois fundamentos aptos, cada um deles, a levar a um juízo de improcedência: (a) a inexistência do direito afirmado na inicial e (b) a prescrição da ação. Nas instâncias ordinárias, a improcedência foi reconhecida pelo primeiro fundamento, tornando desnecessário o exame do segundo. Todavia, em recurso extraordinário, o Tribunal afastou o fundamento adotado pelo acórdão recorrido, razão pela qual se impunha que, nos termos da Súmula 456, enfrentasse a questão

VADE MECUM DE JURISPRUDÊNCIA – STF/STJ

prescricional, ou, pelo menos, que remetesse o respectivo exame ao tribunal recorrido. A falta dessa providência, que deixou inconclusa a prestação jurisdicional, importou omissão, sanável por embargos declaratórios.
5. Embargos de declaração acolhidos. **(Inform. STF 711)**

Tempestividade: RE interposto antes de ED
A 1ª Turma, por maioria, proveu agravo regimental interposto de decisão que não conheceu de recurso extraordinário por intempestividade. No caso, a decisão agravada afirmara que a jurisprudência desta Corte seria pacífica no sentido de ser extemporâneo o recurso extraordinário interposto antes do julgamento proferido nos embargos de declaração, mesmo que os embargos tivessem sido opostos pela parte contrária. Reputou-se que a parte poderia, no primeiro dia do prazo para a interposição do extraordinário, protocolizar este recurso, independentemente da interposição dos embargos declaratórios pela parte contrária. Afirmou-se ser desnecessária a ratificação do apelo extremo. Concluiu-se pela tempestividade do extraordinário. Vencido o Min. Dias Toffoli, relator, que mantinha a decisão agravada.
RE 680371 AgR/SP, rel. orig. Min. Dias Toffoli, red. p/ o acórdão Min. Marco Aurélio. (RE-680371) (Inform. STF 710)

AG. REG. NO AI N. 602.249-PR
RELATOR: MIN. DIAS TOFFOLI
Agravo regimental em agravo de instrumento. IPI. Correção monetária de créditos escriturais por aproveitamento postergado por resistência ilegítima da administração tributária. Oposição de embargos de declaração. Requisito do prequestionamento atendido. Matéria de direito. Inaplicabilidade da Súmula nº 279.
1. A agravante sustentou à exaustão o fato de que somente veio a lograr a compensação dos créditos provenientes da aquisição dos insumos isentos após transpor uma resistência ilegítima do Fisco.
2. Diante da omissão do Tribunal de origem, houve a oposição de embargos de declaração enaltecendo a premente necessidade de dirimir a lide à luz da recusa fazendária. Urge reconhecer o prequestionamento da tese.
3. Inexistência de revolvimento de provas ou de reanálise de fatos. Aplicação da jurisprudência assente na Corte à hipótese dos autos. Inaplicabilidade da Súmula nº 279/STF.
4. Agravo regimental não provido. **(Inform. STF 704)**

AG. REG. NO ARE. N. 730.396-MG
RELATOR: MIN. MARCO AURÉLIO
RECURSO EXTRAORDINÁRIO – CONTROVÉRSIA SOBRE CABIMENTO DE RECURSO DA COMPETÊNCIA DO SUPERIOR TRIBUNAL DE JUSTIÇA – ADEQUAÇÃO. Quando em questão controvérsia sobre cabimento de recurso da competência de Tribunal diverso, a via excepcional do recurso extraordinário apenas é aberta se no acórdão prolatado constar premissa contrária à Constituição Federal.
RECURSO EXTRAORDINÁRIO – MATÉRIA FÁTICA E LEGAL. O recurso extraordinário não é meio próprio ao revolvimento da prova, também não servindo à interpretação de normas estritamente legais. **(Inform. STF 704)**

AG. REG. NO AI N. 740.587-PE
RELATORA: MIN. ROSA WEBER
EMENTA: DIREITO ADMINISTRATIVO E PREVIDENCIÁRIO. SERVIDOR PÚBLICO MUNICIPAL. PENSIONISTA. RESPONSABILIDADE DE PAGAMENTO PELO INSTITUTO DE PREVIDÊNCIA DO ESTADO. LEI 9.717/1998. DEBATE DE ÂMBITO INFRACONSTITUCIONAL TRAVADO NO TRIBUNAL DE ORIGEM. EVENTUAL VIOLAÇÃO REFLEXA NÃO ENSEJA RECURSO EXTRAORDINÁRIO. PRECEDENTES. ACÓRDÃO RECORRIDO PUBLICADO EM 21.9.2007.
A suposta ofensa aos postulados constitucionais somente poderia ser constatada a partir da análise da legislação infraconstitucional apontada no apelo extremo, o que torna oblíqua e reflexa eventual ofensa, insuscetível, portanto, de viabilizar o conhecimento do recurso extraordinário.
Agravo regimental conhecido e não provido. **(Inform. STF 703)**

AG. REG. NO RE N. 604.221-CE
RELATORA: MIN. ROSA WEBER
EMENTA: DIREITO ADMINISTRATIVO. SERVIDOR PÚBLICO ESTADUAL. MAGISTÉRIO. GRATIFICAÇÃO "EXTRA-CLASSE". INTERPRETAÇÃO DA LEI ESTADUAL 11.820/91. PARCELA INERENTE AO CARGO. ILEGALIDADE DA RESPECTIVA SUPRESSÃO DOS PROVENTOS DE APOSENTADORIA. DEBATE DE ÂMBITO INFRACONSTITUCIONAL. EVENTUAL VIOLAÇÃO REFLEXA NÃO

ENSEJA RECURSO EXTRAORDINÁRIO. APLICAÇÃO DA SÚMULA 280/STF. ACÓRDÃO RECORRIDO PUBLICADO EM 06.6.2006.
A suposta ofensa aos postulados constitucionais somente poderia ser constatada a partir da análise da legislação infraconstitucional local apontada no apelo extremo, o que torna oblíqua e reflexa eventual ofensa, insuscetível, portanto, de viabilizar o conhecimento do recurso extraordinário.
Tendo a Corte Regional dirimido a lide com espeque em interpretação de legislação estadual, incide, na espécie, o óbice da Súmula 280/STF: "Por ofensa a direito local não cabe recurso extraordinário".
Agravo regimental conhecido e não provido. **(Inform. STF 703)**

ED e juízo de admissibilidade de RE
A 1ª Turma iniciou julgamento conjunto de embargos de declaração em que se pretende o conhecimento de agravo interposto contra decisão que inadmitira recurso extraordinário. Na decisão embargada, julgou-se intempestivo o agravo ao fundamento de que "*os embargos de declaração opostos contra a decisão do Presidente do Tribunal de origem que não admitiu o recurso extraordinário, por serem incabíveis, não suspendem o prazo para interposição de outro recurso*". Na espécie, alega-se: a) o cabimento dos embargos contra toda e qualquer decisão; b) a incompetência do STF para analisar o cabimento ou não dos embargos de declaração; e c) a restrição dessa temática à esfera infraconstitucional e, por isso, competente o STJ. Em preliminar, por maioria, os embargos de declaração foram convertidos em agravos regimentais, vencido, no ponto, o Min. Marco Aurélio. No mérito, o Min. Dias Toffoli, relator, negou provimento aos regimentais, no que foi acompanhado pela Min. Rosa Weber. Destacou a jurisprudência da Corte segundo a qual os embargos de declaração opostos contra a decisão do Presidente do Tribunal de origem que não admitira o recurso extraordinário, por serem incabíveis, não suspenderiam o prazo para interposição de outro recurso. A Min. Rosa Weber acompanhou o relator e negou provimento ao recurso. O Min. Marco Aurélio conheceu dos embargos. Frisou que, quando protocolizados, existiria um lapso temporal em curso e, portanto, haveria interrupção de prazo, a pressupor-se unicamente em relação ao manuseio dos declaratórios (procedência ou improcedência, conhecimento ou não conhecimento). Asseverou que a decisão do juízo primeiro de admissibilidade, em especial quando negativa, admitiria embargos declaratórios. Obtemperou que todo pronunciamento com carga decisória desafiaria embargos declaratórios. Nesse mesmo sentido votou o Min. Luiz Fux. Após, o julgamento foi suspenso para aguardar voto de desempate de Ministro da 2ª Turma. **ARE 688776/RS, rel. Min. Dias Toffoli, 2.4.2013. (ARE-688776) ARE 685997/RS, rel. Min. Dias Toffoli, 2.4.2013. (ARE-685997) (Inform. STF 700)**

AI e preparo de RE
A 1ª Turma negou provimento a agravo regimental interposto de decisão do Min. Marco Aurélio, que provera agravo de instrumento, do qual relator, para processar recurso extraordinário inadmitido na origem. Alegava-se que o documento de comprovação de pagamento do preparo do RE seria peça obrigatória para formação do instrumento. Ressaltou-se que essa peça não estaria contida no rol das exigidas pelo CPC. Considerou-se inaplicável, à espécie, o Enunciado 288 da Súmula do STF ("*Nega-se provimento a agravo para subida de recurso extraordinário, quando faltar no traslado o despacho agravado, a decisão recorrida, a petição de recurso extraordinário ou qualquer peça essencial à compreensão da controvérsia*"), já que o RE fora obstado por motivo diverso da referida arguição. Por fim, mencionou-se que eventual deserção do RE seria analisada oportunamente quando de sua apreciação. **AI 479288 AgR/SP, rel. Min. Marco Aurélio, 18.12.2012. (AI-479288) (Inform. STF 693).**

📖 Súmula STF nº 735

Não cabe recurso extraordinário contra acórdão que defere medida liminar.

📖 Súmula STF nº 733

Não cabe recurso extraordinário contra decisão proferida no processamento de precatórios.

📖 Súmula STF nº 640

É cabível recurso extraordinário contra decisão proferida por juiz de primeiro grau nas causas de alçada, ou por turma recursal de juizado especial cível e criminal.

2. DIREITO PROCESSUAL CIVIL · 127

Súmula STF nº 638

A controvérsia sobre a incidência, ou não, de correção monetária em operações de crédito rural é de natureza infraconstitucional, não viabilizando recurso extraordinário.

Súmula STF nº 637

Não cabe recurso extraordinário contra acórdão de tribunal de justiça que defere pedido de intervenção estadual em município.

Súmula STF nº 636

Não cabe recurso extraordinário por contrariedade ao princípio constitucional da legalidade, quando a sua verificação pressuponha rever a interpretação dada a normas infraconstitucionais pela decisão recorrida.

Súmula STF nº 635

Cabe ao presidente do tribunal de origem decidir o pedido de medida cautelar em recurso extraordinário ainda pendente do seu juízo de admissibilidade.

Súmula STF nº 634

Não compete ao Supremo Tribunal Federal conceder medida cautelar para dar efeito suspensivo a recurso extraordinário que ainda não foi objeto de juízo de admissibilidade na origem.

Súmula STF nº 528

Se a decisão contiver partes autônomas, a admissão parcial, pelo presidente do tribunal "a quo", de recurso extraordinário que, sobre qualquer delas se manifestar, não limitará a apreciação de todas pelo Supremo Tribunal Federal, independentemente de interposição de agravo de instrumento.

Súmula STF nº 513

A decisão que enseja a interposição de recurso ordinário ou extraordinário não é a do plenário, que resolve o incidente de inconstitucionalidade, mas a do órgão (câmaras, grupos ou turmas) que completa o julgamento do feito.

Súmula STF nº 456

O Supremo Tribunal Federal, conhecendo do recurso extraordinário, julgará a causa, aplicando o direito à espécie.

Súmula STF nº 454

Simples interpretação de cláusulas contratuais não dá lugar a recurso extraordinário.

Súmula STF nº 432

Não cabe recurso extraordinário com fundamento no art. 101, III, "d", da Constituição Federal, quando a divergência alegada for entre decisões da Justiça do Trabalho.

Súmula STF nº 400

Decisão que deu razoável interpretação à Lei, ainda que não seja a melhor, não autoriza recurso extraordinário pela letra "a" do art. 101, III, da Constituição Federal.

Súmula STF nº 399

Não cabe recurso extraordinário, por violação de Lei federal, quando a ofensa alegada for a regimento de tribunal.

Súmula STF nº 369

Julgados do mesmo tribunal não servem para fundamentar o recurso extraordinário por divergência jurisprudencial.

Súmula STF nº 356

O ponto omisso da decisão, sobre o qual não foram opostos embargos declaratórios, não pode ser objeto de recurso extraordinário, por faltar o requisito do prequestionamento.

Súmula STF nº 299

O recurso ordinário e o extraordinário interpostos no mesmo processo de mandado de segurança, ou de "habeas corpus", serão julgados conjuntamente pelo tribunal pleno.

Súmula STF nº 292

Interposto o recurso extraordinário por mais de um dos fundamentos indicados no art. 101, III, da Constituição, a admissão apenas por um deles não prejudica o seu conhecimento por qualquer dos outros.

Súmula STF nº 291

No recurso extraordinário pela letra "d" do art. 101, III, da Constituição, a prova do dissídio jurisprudencial far-se-á por certidão, ou mediante indicação do "diário da justiça" ou de repertório de jurisprudência autorizado, com a transcrição do trecho que configure a divergência, mencionadas as circunstâncias que identifiquem ou assemelhem os casos confrontados.

Súmula STF nº 286

Não se conhece do recurso extraordinário fundado em divergência jurisprudencial, quando a orientação do plenário do Supremo Tribunal Federal já se firmou no mesmo sentido da decisão recorrida.

Súmula STF nº 285

Não sendo razoável a arguição de inconstitucionalidade, não se conhece do recurso extraordinário fundado na letra "c" do art. 101, III, da Constituição Federal.

Súmula STF nº 284

É inadmissível o recurso extraordinário, quando a deficiência na sua fundamentação não permitir a exata compreensão da controvérsia.

Súmula STF nº 283

É inadmissível o recurso extraordinário, quando a decisão recorrida assenta em mais de um fundamento suficiente e o recurso não abrange todos eles.

Súmula STF nº 282

É inadmissível o recurso extraordinário, quando não ventilada, na decisão recorrida, a questão federal suscitada.

Súmula STF nº 281

É inadmissível o recurso extraordinário, quando couber na justiça de origem, recurso ordinário da decisão impugnada.

Súmula STF nº 280

Por ofensa a direito local não cabe recurso extraordinário.

Súmula STF nº 279

Para simples reexame de prova não cabe recurso extraordinário.

11.8. Temas combinados de recursos

Comunicação e pedido de desentranhamento

A 2ª Turma acolheu proposta da Ministra Cármen Lúcia para afetar ao Plenário julgamento de embargos declaratórios em sede de comunicação. Na espécie, questiona-se decisão monocrática do Ministro Gilmar Mendes, que negara seguimento a petição do comunicante em virtude da inadmissibilidade da via. Na referida petição, o comunicante impugna despacho de desentranhamento de peça proferido pelo Ministro Luiz Fux e o resultado do julgamento da 1ª Turma desta Corte nos autos do AI 845223/SP (DJe de 27.4.2012). A Turma ponderou que, apesar do volume de processos a serem apreciados pelo Plenário, seria ele o órgão competente para examinar questão a ela submetida, a envolver decisão da 1ª Turma. **Cm 58 ED/DF, rel. Min. Gilmar Mendes, 8.10.2013. (Cm-58) (Inform. STF 723)**

DIREITO PROCESSUAL CIVIL. JUROS DE MORA EM CONDENAÇÕES IMPOSTAS À FAZENDA PÚBLICA. RECURSO REPETITIVO (ART. 543-C DO CPC E RES. 8/2008-STJ).
Na hipótese de condenação da Fazenda Pública ao pagamento de diferenças remuneratórias devidas a servidor público, os juros de mora deverão ser contados a partir da data em que efetuada a citação no processo respectivo, independentemente da nova redação conferida pela Lei 11.960/2009 ao art. 1º-F da Lei 9.494/1997. Isso porque a referida alteração legislativa não modificou o momento a ser considerado como termo inicial dos juros moratórios incidentes sobre obrigações ilíquidas, que continuou regido pelos arts. 219 do CPC e 405 do CC. **REsp 1.356.120-RS, Rel. Min. Castro Meira, julgado em 14/8/2013. (Inform. STJ 528)**

DIREITO PROCESSUAL CIVIL. ALCANCE DA RESTRIÇÃO CONTIDA NO § 2º DO ART. 557 DO CPC.
Ainda que o recorrente tenha sido condenado ao pagamento da multa a que se refere o § 2º do art. 557 do CPC, não se pode condicionar ao seu recolhimento a interposição, em outra fase processual, de recurso que

objetive a impugnação de matéria diversa daquela tratada no recurso que deu origem à referida sanção. Isso porque, sob pena de obstacular demasiadamente o exercício do direito de defesa, apenas a interposição do recurso que objetive impugnar a mesma matéria já decidida e em razão da qual tenha sido imposta a referida sanção está condicionada ao depósito do valor da multa. **REsp 1.354.977-RS, Rel. Min. Luis Felipe Salomão, julgado em 2/5/2013. (Inform. STJ 523)**

DIREITO PROCESSUAL CIVIL. RECURSO CABÍVEL CONTRA SENTENÇA NA QUAL TENHA SIDO INDEFERIDO PEDIDO DE ASSISTÊNCIA JUDICIÁRIA GRATUITA.

O indeferimento, na prolação da sentença, do pedido de assistência judiciária gratuita é impugnável por meio de apelação. **Isso porque, pelo princípio da unirrecorribilidade, cada ato decisório só pode ser atacado por um único recurso. Ressalte-se que a hipótese em análise não se confunde com aquela na qual o pedido de assistência judiciária gratuita é apreciado em decisão interlocutória, situação em que o recurso cabível será o agravo de instrumento. Precedente citado: AgRg no REsp 553.273-BA, Sexta Turma, DJ 6/3/2006.** AgRg no AREsp 9.653-SP, Rel. Min. Luis Felipe Salomão, julgado em 2/5/2013. **(Inform. STJ 523)**

DIREITO PROCESSUAL CIVIL. CONHECIMENTO EM GRAU DE RECURSO DE PROVA DOCUMENTAL CUJO DESENTRANHAMENTO FORA DETERMINADO NA INSTÂNCIA ORIGINÁRIA.

A determinação do juiz para que se desentranhe prova documental dos autos em razão de sua juntada intempestiva, por si só, não inviabiliza o conhecimento da referida prova pelo Tribunal, desde que seja observado o princípio do contraditório. O art. 397 do CPC prevê as exceções à regra de que a prova documental deve acompanhar a petição inicial e a contestação, dispondo que "é lícito às partes, em qualquer tempo, juntar aos autos documentos novos, quando destinados a fazer prova de fatos ocorridos depois dos articulados, ou para contrapô-los aos que foram produzidos nos autos". A interpretação do referido dispositivo tem sido feita de forma ampliativa, de modo a admitir que a juntada de documentos novos ocorra em situações não formalmente previstas, relativizando a questão sobre a extemporaneidade da apresentação de prova documental, desde que não se trate de documento indispensável à propositura da ação e não haja má-fé na ocultação do documento, razão pela qual se impõe a oitiva da parte contrária (art. 398 do CPC). Dessa forma, a mera declaração do juiz de que a prova documental é intempestiva e, por isso, deve ser desentranhada dos autos não é capaz de, por si só, impedir o conhecimento da referida prova pelo Tribunal, tendo em vista a maior amplitude, no processo civil moderno, dos poderes instrutórios do juiz, ao qual cabe determinar, até mesmo de ofício, a produção de provas necessárias à instrução do processo (art. 130 do CPC). **REsp 1.072.276-RN, Rel. Min. Luis Felipe Salomão, julgado em 21/2/2013. (Inform. STJ 516).**

📄 **Súmula STF nº 734**

Não cabe reclamação quando já houver transitado em julgado o ato judicial que se alega tenha desrespeitado decisão do Supremo Tribunal Federal.

12. REPERCUSSÃO GERAL

REPERCUSSÃO GERAL EM ARE N. 907.777-RN

RELATOR: MIN. TEORI ZAVASCKI
Ementa: PROCESSUAL CIVIL. RECURSO EXTRAORDINÁRIO COM AGRAVO. SERVIDORA PÚBLICA INATIVA. AÇÃO VISANDO AO PAGAMENTO DE COMPLEMENTAÇÃO DE APOSENTADORIA. LEGITIMIDADE PASSIVA *AD CAUSAM* DO MUNICÍPIO DE MOSSORÓ. MATÉRIA INFRACONSTITUCIONAL. AUSÊNCIA DE REPERCUSSÃO GERAL.
1. A controvérsia relativa a legitimidade do Município de Mossoró para figurar no polo passivo de demanda visando ao pagamento de complementação de aposentadoria a servidora pública inativa é infraconstitucional, pois fundada na interpretação da Lei Municipal 311/91.
2. É cabível a atribuição dos efeitos da declaração de ausência de repercussão geral quando não há matéria constitucional a ser apreciada ou quando eventual ofensa à Carta Magna ocorra de forma indireta ou reflexa (RE 584.608-RG, Rel. Min. ELLEN GRACIE, DJe de 13/3/2009).
3. Ausência de repercussão geral da questão suscitada, nos termos do art. 543-A do CPC. **(Inform. STF 811)**

REPERCUSSÃO GERAL EM ARE N. 921.694-RS

RELATOR: MIN. TEORI ZAVASCKI
Ementa: PROCESSUAL CIVIL. RECURSO EXTRAORDINÁRIO COM AGRAVO. SERVIDORA PÚBLICA DA SECRETARIA DE ESTADO DE EDUCAÇÃO DO RIO GRANDE DO SUL. GRATIFICAÇÃO DE DIFÍCIL ACESSO. BASE DE CÁLCULO. MATÉRIA INFRACONSTITUCIONAL. AUSÊNCIA DE REPERCUSSÃO GERAL.
1. É de natureza infraconstitucional a controvérsia acerca da base de cálculo da gratificação de difícil acesso, pois requer a análise das Leis 6.672/74 e 9.121/90, do Estado do Rio Grande do Sul.
2. É cabível a atribuição dos efeitos da declaração de ausência de repercussão geral quando não há matéria constitucional a ser apreciada ou quando eventual ofensa à Carta Magna ocorra de forma indireta ou reflexa (RE 584.608-RG, Rel. Min. ELLEN GRACIE, DJe de 13/3/2009).
3. Ausência de repercussão geral da questão suscitada, nos termos do art. 543-A do CPC. **(Inform. STF 811)**

AG. REG. NO AG. REG. NO RE N. 562.763-SP
RELATOR: MIN. MARCO AURÉLIO
REPERCUSSÃO GERAL – BAIXA À ORIGEM – DECISÃO PRECLUSA – ARTIGO 543-B DO CÓDIGO DE PROCESSO CIVIL. A preclusão do pronunciamento, mediante o qual se determinou a remessa do Agravo de Instrumento nº 682.112/SP à origem, obstaculiza o sucesso de impugnação. **(Inform. STF 811)**

REPERCUSSÃO GERAL EM RE N. 678.162-AL

RELATOR: MIN. MARCO AURÉLIO
COMPETÊNCIA – JUSTIÇAS FEDERAL E ESTADUAL – INSOLVÊNCIA CIVIL – ARTIGO 109, INCISO I, DA CONSTITUIÇÃO FEDERAL – ALCANCE – RECURSO EXTRAORDINÁRIO – REPERCUSSÃO GERAL CONFIGURADA. Possui repercussão geral a controvérsia alusiva à competência para processar e julgar as ações de insolvência civil nas quais haja interesse da União, entidade autárquica ou empresa pública federal, considerado o preceito do artigo 109, inciso I, da Constituição Federal. **(Inform. STF 808)**

REPERCUSSÃO GERAL EM RE N. 887.671-CE

RELATOR: MIN. MARCO AURÉLIO
ASSISTÊNCIA JURÍDICA INTEGRAL E GRATUITA – DEFENSORIA PÚBLICA – PREENCHIMENTO DE CARGO – CONTROLE JUDICIAL – SEPARAÇÃO DE PODERES – ALCANCE DOS ARTIGOS 5º, INCISO LXXIV, E 134 DA CONSTITUIÇÃO FEDERAL – RECURSO EXTRAORDINÁRIO – REPERCUSSÃO GERAL CONFIGURADA. Possui repercussão geral a controvérsia alusiva à possibilidade de o Poder Judiciário impor o preenchimento de cargo de Defensor Público em localidade desamparada, considerados os preceitos dos artigos 5º, inciso LXXIV, e 134 da Carta de 1988. **(Inform. STF 808)**

REPERCUSSÃO GERAL EM ARE N. 911.161-SC

RELATOR: MIN. TEORI ZAVASCKI
Ementa: PROCESSUAL CIVIL. RECURSO EXTRAORDINÁRIO COM AGRAVO. JUIZADOS ESPECIAIS CÍVEIS DA LEI 9.099/95. PRAZO PARA APRESENTAÇÃO DE DEFESA. TERMO INICIAL. MATÉRIA INFRACONSTITUCIONAL. AUSÊNCIA DE REPERCUSSÃO GERAL.
1. A controvérsia relativa ao termo inicial da contagem do prazo para apresentação de defesa no âmbito dos Juizados Especiais Cíveis, fundada na interpretação da Lei 9.099/95 e do Código de Processo Civil, é de natureza infraconstitucional.
2. É cabível a atribuição dos efeitos da declaração de ausência de repercussão geral quando não há matéria constitucional a ser apreciada ou quando eventual ofensa à Carta Magna ocorra de forma indireta ou reflexa (RE 584.608-RG, Rel. Min. ELLEN GRACIE, DJe de 13/3/2009).
3. Ademais, esta Corte, ao apreciar o Tema 800 da sistemática da repercussão geral (ARE 835.833-RG, de minha relatoria, DJe de 26/3/2015), atribuiu os efeitos da ausência de repercussão geral aos recursos extraordinários interpostos nos Juizados Especiais Cíveis da Lei 9.099/99 que, como o presente, não demonstrem claramente (a) o prequestionamento de matéria constitucional e (b) a repercussão geral da controvérsia.
4. Ausência de repercussão geral da questão suscitada, nos termos do art. 543-A do CPC. **(Inform. STF 806)**

2. DIREITO PROCESSUAL CIVIL

REPERCUSSÃO GERAL EM ARE N. 903.171-MG
RELATOR: MIN. TEORI ZAVASCKI
Ementa: PROCESSUAL CIVIL. RECURSO EXTRAORDINÁRIO COM AGRAVO. ART. 37, § 6º, DA CONSTITUIÇÃO FEDERAL. AUSÊNCIA DE PREQUESTIONAMENTO. SERVIDOR PÚBLICO. ESTADO DE MINAS GERAIS. LEI ESTADUAL 18.975/2010. ESTABELECIMENTO DO REGIME DE SUBSÍDIO, COM ACRÉSCIMO DE 5% (CINCO POR CENTO) AOS SERVIDORES A ELE VINCULADOS. OPÇÃO PELO REGIME REMUNERATÓRIO ANTERIOR. DIREITO AO AUMENTO DE 5% (CINCO POR CENTO). MATÉRIA INFRACONSTITUCIONAL. AUSÊNCIA DE REPERCUSSÃO GERAL.
1. A controvérsia relativa ao direito dos servidores do Estado de Minas Gerais optantes do regime de pagamento anterior à Lei Estadual 18.975/10 ao aumento de 5% (cinco por cento) por ela instituído, fundada na interpretação desse diploma normativo, possui natureza infraconstitucional.
2. É incabível, em sede de recurso extraordinário, a verificação, caso a caso, de decesso remuneratório decorrente de alteração no regime jurídico de servidores públicos, já que necessária seria a reapreciação do conjunto fático-probatório dos autos (Súmula 279). A propósito, citem-se: ARE 790.203-AgR, Rel. Min. ROSA WEBER, Primeira Turma, DJe de 19/8/2014; ARE 743.072-AgR, Rel. Min. DIAS TOFFOLI, Primeira Turma, DJe de 24/6/2014; ARE 795.870-AgR, Rel. Min. CÁRMEN LÚCIA, Segunda Turma, DJe de 23/5/2014; ARE 772.833-AgR, Rel. Min. RICARDO LEWANDOWSKI, Segunda Turma, DJe de 26/2/2014; RE 638.033-AgR, Rel. Min. ROBERTO BARROSO, Primeira Turma, DJe de 3/2/2014; ARE 672.401-AgR, de minha relatoria, Segunda Turma, DJe de 18/9/2013; ARE 733.788-ED, Rel. Min. CELSO DE MELLO, Segunda Turma, DJe de 24/5/2013; AI 767.617-AgR, Rel. Min. GILMAR MENDES, Segunda Turma, DJe de 17/9/2012; AI 820.444-AgR, Rel. Min. ELLEN GRACIE, Segunda Turma, DJe de 18/5/2011.
3. O Plenário do Supremo Tribunal Federal firmou o entendimento de que é possível a atribuição dos efeitos da declaração de ausência de repercussão geral quando não há matéria constitucional a ser apreciada ou quando eventual ofensa à Constituição Federal ocorra de forma indireta ou reflexa (RE 584.608 RG, Min. ELLEN GRACIE, DJe de 13/3/2009).
4. Ausência de repercussão geral da questão suscitada, nos termos do art. 543-A do CPC. **(Inform. STF 800)**

REPERCUSSÃO GERAL EM RE N. 860.508-SP
RELATOR: MIN. MARCO AURÉLIO
CONFLITO DE COMPETÊNCIA – JUSTIÇAS FEDERAL E ESTADUAL – ALCANCE DOS ARTIGOS 105, INCISO I, ALÍNEA "D", E 108, INCISO I, ALÍNEA "E", DA CARTA DA REPÚBLICA – RECURSO EXTRAORDINÁRIO – REPERCUSSÃO GERAL CONFIGURADA. Possui repercussão geral a controvérsia acerca da competência, sob o ângulo dos artigos 105, inciso I, alínea "d", e 108, inciso I, alínea "e", da Constituição Federal, para processar e julgar conflitos entre juizado especial federal e juízo estadual no exercício de competência federal delegada.
CONFLITO DE COMPETÊNCIA – JUSTIÇAS FEDERAL E ESTADUAL – ALCANCE DO ARTIGO 109, § 3º, DO DIPLOMA MAIOR – RECURSO EXTRAORDINÁRIO – REPERCUSSÃO GERAL CONFIGURADA. Possui repercussão geral a questão acerca da definição do pressuposto fático a incidência do artigo 109, § 3º, da Constituição Federal, se a inexistência de juízo federal no município ou na comarca onde reside o segurado ou beneficiário do Instituto Nacional do Seguro Social. **(Inform. STF 795)**

REPERCUSSÃO GERAL EM ARE N. 891.653-MG
RELATOR: MIN. TEORI ZAVASCKI
Ementa: PROCESSUAL CIVIL. RECURSO EXTRAORDINÁRIO COM AGRAVO. AÇÃO DE INDENIZAÇÃO AJUIZADA EM FACE DE CONSTRUTORA. VÍCIOS NA EDIFICAÇÃO DE IMÓVEL ADQUIRIDO ATRAVÉS DO PROGRAMA GOVERNAMENTAL "MINHA CASA, MINHA VIDA". CAIXA ECONÔMICA FEDERAL. LITISCONSÓRCIO PASSIVO NECESSÁRIO. CONSEQUENTE COMPETÊNCIA DA JUSTIÇA FEDERAL. MATÉRIA INFRACONSTITUCIONAL. AUSÊNCIA DE REPERCUSSÃO GERAL.
1. A controvérsia relativa à existência ou não de litisconsórcio passivo necessário entre a Caixa Econômica Federal e a parte demandada, com o consequente reconhecimento da competência da Justiça Federal para julgar a ação, configura questão que envolve única e exclusivamente juízo a respeito dos termos da demanda (causa de pedir e pedido) e das normas processuais, infraconstitucionais, que disciplinam a existência ou não de litisconsórcio passivo necessário. Não há, portanto, matéria constitucional a ser apreciada.
2. É cabível a atribuição dos efeitos da declaração de ausência de repercus-

são geral quando não há matéria constitucional a ser apreciada ou quando eventual ofensa à Carta Magna ocorra de forma indireta ou reflexa (RE 584.608-RG, Rel. Min. ELLEN GRACIE, DJe de 13/3/2009).
3. Ausência de repercussão geral da questão suscitada, nos termos do art. 543-A do CPC. **(Inform. STF 793)**

REPERCUSSÃO GERAL EM RE N. 751.526-SP
RELATOR: MINISTRO PRESIDENTE
Ementa: RECURSO EXTRAORDINÁRIO. PROCESSUAL CIVIL. QUANTIFICAÇÃO DA CONDENAÇÃO EM HONORÁRIOS ADVOCATÍCIOS NAS AÇÕES PREVIDENCIÁRIAS. SÚMULA 111 DO SUPERIOR TRIBUNAL DE JUSTIÇA E ART. 20, § 3º, DO CÓDIGO DE PROCESSO CIVIL. MATÉRIA DE ÍNDOLE INFRACONSTITUCIONAL. OFENSA INDIRETA À CONSTITUIÇÃO. REPERCUSSÃO GERAL. INEXISTÊNCIA.
I – A controvérsia acerca da apuração do valor da condenação em honorários advocatícios nas ações previdenciárias – notadamente quanto à incidência, ou não, de verba honorária sobre as prestações vencidas após a sentença – está restrita ao âmbito infraconstitucional.
II – O exame da questão constitucional não prescinde da prévia análise de normas infraconstitucionais, o que afasta a possibilidade de reconhecimento do requisito constitucional da repercussão geral.
III – Repercussão geral inexistente. **(Inform. STF 787)**

REPERCUSSÃO GERAL EM ARE N. 876.982-PR
RELATOR: MIN. TEORI ZAVASCKI
Ementa: PROCESSUAL CIVIL. RECURSO EXTRAORDINÁRIO COM AGRAVO. ESTADO DO PARANÁ. SERVIDORA PÚBLICA. GRATIFICAÇÃO DE INSALUBRIDADE. BASE DE CÁLCULO. MATÉRIA INFRACONSTITUCIONAL. AUSÊNCIA DE REPERCUSSÃO GERAL.
1. A controvérsia relativa à base de cálculo da vantagem denominada "gratificação de insalubridade", paga aos servidores públicos das universidades estaduais do Paraná, é de natureza infraconstitucional, uma vez que fundada na interpretação das Leis Estaduais 10.692/93 e 15.050/06.
2. É cabível a atribuição dos efeitos da declaração de ausência de repercussão geral quando não há matéria constitucional a ser apreciada ou quando eventual ofensa à Carta Magna ocorra de forma indireta ou reflexa (RE 584.608 RG, Min. ELLEN GRACIE, DJe de 13/3/2009).
3. Ausência de repercussão geral da questão suscitada, nos termos do art. 543-A do CPC. **(Inform. STF 786)**

REPERCUSSÃO GERAL EM ARE N. 836.819-SP, ARE N. 837.318-SP e ARE N.835.833-RS
RELATOR: MIN. TEORI ZAVASCKI
Ementa: PROCESSUAL CIVIL. DEMANDA PROPOSTA PERANTE OS JUIZADOS ESPECIAIS CÍVEIS DA LEI 9.099/95. CONTROVÉRSIA NATURALMENTE DECORRENTE DE RELAÇÃO DE DIREITO PRIVADO, REVESTIDA DE SIMPLICIDADE FÁTICA E JURÍDICA, COM PRONTA SOLUÇÃO NA INSTÂNCIA ORDINÁRIA. EXCEPCIONALIDADE DE REPERCUSSÃO GERAL ENSEJADORA DE ACESSO À INSTÂNCIA EXTRAORDINÁRIA.
1. Como é da própria essência e natureza dos Juizados Especiais Cíveis Estaduais previstos na Lei 9.099/95, as causas de sua competência decorrem de controvérsias fundadas em relações de direito privado, revestidas de simplicidade fática e jurídica, ensejando pronta solução na instância ordinária. Apenas excepcionalmente essas causas são resolvidas mediante aplicação direta de preceitos normativos constitucionais. E mesmo quando isso ocorre, são incomuns e improváveis as situações em que a questão constitucional debatida contenha o requisito da repercussão geral de que tratam o art. 102, § 3º, da Constituição, os arts. 543-A e 543-B do Código de Processo Civil e o art. 322 e seguinte do Regimento Interno do STF.
2. Por isso mesmo, os recursos extraordinários interpostos em causas processadas perante os Juizados Especiais Cíveis da Lei 9.099/95 somente podem ser admitidos quando (a) for demonstrado o prequestionamento de matéria constitucional envolvida diretamente na demanda e (b) o requisito da repercussão geral estiver justificado com indicação detalhada das circunstâncias concretas e dos dados objetivos que evidenciem, no caso examinado, a relevância econômica, política, social ou jurídica.
3. À falta dessa adequada justificação, aplicam-se ao recurso extraordinário interposto nas causas de Juizados Especiais Estaduais Cíveis da Lei 9.099/95 os efeitos da ausência de repercussão geral, nos termos do art. 543-A do CPC. **(Inform. STF 779)**

REPERCUSSÃO GERAL EM ARE N. 722.421-MG

RELATOR: MINISTRO PRESIDENTE

Ementa: RECURSO EXTRAORDINÁRIO COM AGRAVO. PREVIDENCIÁRIO E PROCESSUAL CIVIL. VALORES RECEBIDOS EM VIRTUDE DE CONCESSÃO DE ANTECIPAÇÃO DE TUTELA POSTERIORMENTE REVOGADA. DEVOLUÇÃO. MATÉRIA DE ÍNDOLE INFRACONSTITUCIONAL. OFENSA INDIRETA À CONSTITUIÇÃO. REPERCUSSÃO GERAL. INEXISTÊNCIA.

I – O exame da questão constitucional não prescinde da prévia análise de normas infraconstitucionais, o que afasta a possibilidade de reconhecimento do requisito constitucional da repercussão geral.
II – Repercussão geral inexistente. **(Inform. STF 779)**

REPERCUSSÃO GERAL EM RE N. 598.650-MS

RELATOR: MIN. MARCO AURÉLIO

AÇÃO RESCISÓRIA FORMALIZADA PELA UNIÃO – TERCEIRA INTERESSADA – TRIBUNAL REGIONAL FEDERAL – DECLÍNIO DE COMPETÊNCIA – DECISÃO RESCINDENDA – JUSTIÇA ESTADUAL – ARTIGOS 108, INCISO I, ALÍNEA "B", E 109, INCISO I, DA CARTA DA REPÚBLICA – CONFLITO – RECURSO EXTRAORDINÁRIO – REPERCUSSÃO GERAL CONFIGURADA. Possui repercussão geral a controvérsia acerca da competência para processar e julgar pedido formalizado pela União, na qualidade de terceira interessada em relação ao processo originário, voltado a ver rescindida decisão prolatada por juiz estadual. **(Inform. STF 773)**

REPERCUSSÃO GERAL EM ARE N. 840.432-RJ

RELATOR: MIN. TEORI ZAVASCKI

Ementa: PROCESSUAL CIVIL. COMPETÊNCIA DELEGADA DA JUSTIÇA ESTADUAL (LEI 5.010/66, ART. 15, I, ANTES DA REVOGAÇÃO OPERADA PELA LEI 13.043/2014). EXECUÇÃO FISCAL AJUIZADA EM LOCAL DIVERSO DO FORO DO DOMICÍLIO DO RÉU. LEGITIMIDADE DO CONHECIMENTO DE OFÍCIO DA INCOMPETÊNCIA PARA SEU PROCESSAMENTO. MATÉRIA INFRACONSTITUCIONAL. AUSÊNCIA DE REPERCUSSÃO GERAL.

1. A controvérsia relativa à possibilidade, ou não, do conhecimento de ofício da incompetência para o processamento de execução fiscal ajuizada em local diverso do foro do domicílio do réu, fundada na interpretação do Código de Processo Civil, é de natureza infraconstitucional.
2. É cabível a atribuição dos efeitos da declaração de ausência de repercussão geral quando não há matéria constitucional a ser apreciada ou quando eventual ofensa à Carta Magna se dê de forma indireta ou reflexa (RE 584.608 RG, Min. ELLEN GRACIE, DJe de 13/03/2009).
3. Ausência de repercussão geral da questão suscitada, nos termos do art. 543-A do CPC. **(Inform. STF 771)**

RE com repercussão geral reconhecida e ausência de preliminar formal

O Plenário iniciou julgamento de recurso extraordinário em que discutida a constitucionalidade do art. 10 da Lei 10.666/2003 e do art. 202-A do Decreto 3.048/1999, com a redação dada pelo Decreto 6.957/2009. Os dispositivos questionados preveem a possibilidade de redução da alíquota referente ao Seguro de Acidente do Trabalho - SAT e dos Riscos Ambientais do Trabalho - RAT para empresas com menores índices de acidente de trabalho e permitem, por outro lado, a majoração para aquelas que não investirem na segurança do trabalhador. As mencionadas alíquotas seriam aferidas pelo desempenho da empresa em relação à respectiva atividade econômica, com a aplicação do Fator Acidentário de Prevenção - FAP, que leva em consideração os índices de frequência, gravidade e custos dos acidentes de trabalho. Entende o recorrente que os dispositivos impugnados permitiriam a instituição de alíquota baseada em metodologia aprovada somente pelo Conselho Nacional de Previdência Social por meio de resolução, o que feriria o princípio da legalidade, além de afrontar os princípios da anterioridade e da reserva de lei complementar. O Ministro Marco Aurélio suscitou questão de ordem no sentido de não conhecer do recurso, por ausência de preliminar sobre a existência de repercussão geral do tema, no que foi acompanhado pelos Ministros Teori Zavascki, Rosa Weber e Cármen Lúcia. Constatara que as razões recursais teriam sido silentes quanto a esse requisito, que sequer fora abordado. Ponderou que, embora o Plenário tivesse assentado a repercussão geral, esse defeito formal implicaria o não conhecimento do recurso extraordinário. Os Ministros Luiz Fux (relator), Ricardo Lewandowski (Presidente), Roberto Barroso e Gilmar Mendes, em divergência, conheceram do recurso. Para o relator, as modernas legislações seriam no sentido de que, se o mérito do recurso contribuísse para a evolução do Direito, qualquer

defeito formal deveria ser afastado para que esse processo tivesse um cunho objetivo e que se pudesse julgar a tese. Assim, a despeito da ausência do capítulo específico da repercussão geral, teria sido possível extrair o tema em debate. Ademais, a matéria fora chancelada pelo Plenário virtual. Em seguida, o relator indicou adiamento.
RE 684261/PR, rel. Min. Luiz Fux, 3.12.2014. (RE-684261) (Inform. STF 770)

AG. REG. NO ARE N. 721.271-MG

RELATOR: MINISTRO PRESIDENTE

Ementa: AGRAVO REGIMENTAL NO RECURSO EXTRAORDINÁRIO COM AGRAVO. REPERCUSSÃO GERAL DAS QUESTÕES CONSTITUCIONAIS. AUSÊNCIA DE PRELIMINAR. AGRAVO A QUE SE NEGA PROVIMENTO.

I - Nos termos do art. 327, caput, do Regimento Interno do STF, com a redação dada pela Emenda Regimental 21/2007, os recursos que não apresentem preliminar de repercussão geral serão recusados. Exigência que também se aplica às hipóteses de repercussão geral presumida ou já reconhecida pelo Supremo Tribunal Federal. Precedentes.
II - Agravo regimental a que se nega provimento. **(Inform. STF 761)**

Repercussão geral com mérito julgado: retorno ao STF - 3

O Plenário, em conclusão de julgamento, resolveu questão de ordem no sentido de determinar definitivamente a devolução dos autos ao tribunal de origem para que seja observado o procedimento próprio da repercussão geral da matéria constitucional discutida. No caso, o recurso fora devolvido a fim de aplicação da ritualística prevista no art. 543-B do CPC, em razão do reconhecimento da repercussão geral da matéria constitucional nele debatida por ocasião do exame do RE 573.540/MG (DJe de 11.6.2010). O Tribunal "a quo", contudo, novamente remetera os autos ao Supremo por considerar inaplicável o regramento previsto nesse dispositivo legal, por vislumbrar distinção entre a hipótese examinada no paradigma e o quadro fático-jurídico próprio dos autos sob análise — v. Informativo 599. O Colegiado entendeu não haver motivo para o retorno do processo. Consignou que, quando do julgamento do RE 573.540/MG, esta Corte decidira que "os Estados-membros podem instituir apenas contribuição que tenha por finalidade o custeio do regime de previdência de seus servidores", e que "a expressão 'regime previdenciário' não abrange a prestação de serviços médicos, hospitalares, odontológicos e farmacêuticos". Ressaltou, portanto, que a questão constitucional relevante referir-se-ia à invalidade de tributo criado por qualquer ente federado, que não a União, para custear compulsoriamente serviços de saúde. Ponderou que, na espécie, o recurso extraordinário fora interposto por contribuintes e a causa de pedir fora cindida em dois objetos inconfundíveis, mas, ao mesmo tempo, indissociáveis. O primeiro, incidental e necessário para o conhecimento do segundo, referir-se-ia à inconstitucionalidade da contribuição, já decidida pelo STF. O segundo seria a pretensão de que os valores recolhidos a título de tributo inconstitucional fossem restituídos. Em relação a este, apontou a natureza exclusivamente infraconstitucional, tendo em conta que o cabimento da restituição dependeria do exame das normas do CTN e da legislação local que regem o assunto. Explicitou que o Supremo, durante o julgamento do precedente, não teria por missão resolver todos os detalhes subsidiários ou sucessivos da lide, especialmente quando tivessem nítida estatura infraconstitucional. Realçou que o mecanismo da repercussão geral perderia toda a sua efetividade se fosse necessário examinar esses pontos para que a análise de matéria sujeita a esse procedimento tivesse alcance amplo e geral. Asseverou, em síntese, que o tribunal "a quo" deveria proceder ao juízo de retratação quanto à questão de fundo, decidida pelo STF, e, resolvida a inconstitucionalidade da cobrança da contribuição compulsória destinada ao custeio de serviços de saúde, passar ao exame das demais questões infraconstitucionais pendentes, como o pedido para restituição do indébito e os índices de correção monetária e de juros aplicáveis. O Ministro Marco Aurélio apontou a existência de paradigma ainda mais específico, razão pela qual o processo deveria ser devolvido à origem.
RE 593995 QO/MG, rel. Min. Joaquim Barbosa, 30.4.2014. (RE-593995) (Inform. STF 744)

MS: devolução de autos e repercussão geral

O Plenário reafirmou orientação no sentido de que não possui lesividade que justifique a impetração de mandado de segurança o ato do STF que determina o retorno dos autos à origem para aplicação da sistemática de repercussão geral. Na espécie, o agravante questionava ato do Presidente desta Corte — por meio da Secretaria Judiciária do Tribunal, com fundamento na Portaria GP 138/2009 do STF — que determinara a devolução de processo do ora

2. DIREITO PROCESSUAL CIVIL

impetrante à origem, ante a existência de feitos representativos da controvérsia. Sustentava que a decisão impugnada havia realizado enquadramento equivocado da causa. Ao negar provimento ao agravo regimental, o Colegiado consignou que a instância *a quo* poderia, ao receber o processo, recursar-se à retratação ou à declaração de prejudicialidade (CPC: *Art. 543-B. Quando houver multiplicidade de recursos com fundamento em idêntica controvérsia, a análise da repercussão geral será processada nos termos do Regimento Interno do Supremo Tribunal Federal, observado o disposto neste artigo. ... § 3º Julgado o mérito do recurso extraordinário, os recursos sobrestados serão apreciados pelos Tribunais, Turmas de Uniformização ou Turmas Recursais, que poderão declará-los prejudicados ou retratar-se*).
MS 32485 AgR/SP, rel. Min. Teori Zavascki, 27.2.2014. (MS-32485) (Inform. STF 737)

AG. REG. NO ARE N. 698.285-SP
RELATORA: MIN. ROSA WEBER
EMENTA: DIREITO ELEITORAL. DIREITO PROCESSUAL CIVIL. RECURSO ESPECIAL. PRESTAÇÃO DE CONTAS. DESAPROVAÇÃO. CABIMENTO DE RECURSO DE COMPETÊNCIA DO TRIBUNAL SUPERIOR ELEITORAL. APLICAÇÃO DA SISTEMÁTICA DA REPERCUSSÃO GERAL PELA CORTE DE ORIGEM. MANEJO DE AGRAVO EM RECURSO EXTRAORDINÁRIO: INADEQUAÇÃO. IMPOSSIBILIDADE DE CONVERSÃO EM AGRAVO REGIMENTAL. ACÓRDÃO RECORRIDO PUBLICADO EM 27.4.2012.
A jurisprudência desta Corte firmou-se no sentido da inadequação do manejo de agravo contra decisão do Tribunal de origem que aplica a sistemática da repercussão geral, nos termos dos artigos 543-A e 543-B do CPC. Não se mostra possível a conversão em agravo regimental quanto aos recursos interpostos após o julgamento do AI 760.358-QO/SE, Rel. Min. Gilmar Mendes, Plenário, DJe 19.02.2010.
Agravo regimental conhecido e não provido. **(Inform. STF 726)**

ED: repercussão geral e art. 543-B do CPC
O Plenário do STF, em deliberação presencial, pode não conhecer de recurso extraordinário ao fundamento de tratar-se de matéria de índole infraconstitucional, ainda que tenha reconhecido, anteriormente, a existência de repercussão geral por meio do Plenário Virtual. Com base nesse entendimento, a Corte acolheu, em parte, embargos declaratórios opostos de acórdão no qual assentado que o Tema 347 da Repercussão Geral — relativo ao percentual de reajuste do vale-refeição dos servidores do Estado do Rio Grande do Sul — demandaria interpretação de legislação infraconstitucional e de direito local. O Tribunal aduziu que o reconhecimento da repercussão geral não impediria o reexame dos requisitos de admissibilidade do recurso quando de seu julgamento definitivo. Consignou, ainda, a eficácia do pronunciamento do Supremo acerca da conclusão de não se tratar de matéria constitucional, de modo a impedir a subida dos processos sobrestados na origem. Por fim, determinou a aplicação do art. 543-B do CPC ao tema veiculado no recurso.
RE 607607 ED/RS, rel. Min. Luiz Fux, 2.10.2013. (RE-607607) (Inform. STF 722)

AG. REG. NA EI N. 4-PA
RELATOR: MIN. DIAS TOFFOLI
EMENTA: **Agravo regimental em exceção de incompetência. Incidente liminarmente indeferido, porque incabível. Pretendido deslocamento de todos os processos em que reconhecida a repercussão geral da matéria para o relator do feito em que isso se deu. Inadmissibilidade.**
1. Não há que se falar na aplicação da norma prevista no art. 325 do Regimento Interno da Suprema Corte a processos cuja repercussão geral tenha sido reconhecida, quando de sua apreciação pelo Plenário, como preliminar do julgamento de mérito, efetuado logo em seguida.
2. Há, ademais, decisão do Plenário da Corte determinando que os processos referentes à denominada "Lei da Ficha Limpa" (LC 135/2010) fossem monocraticamente decididos pelo respectivo relator, tal como ocorreu no processo de que decorre o presente incidente.
3. Agravo regimental ao qual se nega provimento. **(Inform. STF 713)**

AG. REG. NA Rcl N. 13.508-DF
RELATOR: MIN. TEORI ZAVASCKI
Ementa: CONSTITUCIONAL E PROCESSUAL CIVIL. RECURSO EXTRAORDINÁRIO. DECISÃO DENEGATÓRIA DE SEGUIMENTO. AUSÊNCIA DE REPERCUSSÃO GERAL DA MATÉRIA RECONHECIDA. NÃO CABIMENTO DE RECURSO OU RECLAMAÇÃO PARA O STF.

1. O Plenário desta Corte firmou o entendimento de que não cabe recurso ou reclamação ao Supremo Tribunal Federal para rever decisão do Tribunal de origem que aplica a sistemática da repercussão geral, a menos que haja negativa motivada do juiz em se retratar para seguir a decisão da Suprema Corte. Precedentes.
2. Agravo regimental a que se nega provimento. **(Inform. STF 711)**

AG. REG. NO ARE N. 656.073-MG
RELATOR: MIN. LUIZ FUX
Ementa: AGRAVO REGIMENTAL NO RECURSO EXTRAORDINÁRIO COM AGRAVO. CONSUMIDOR. TELEFONIA. COBRANÇA DE PULSOS ALÉM DA FRANQUIA. CONTROVÉRSIA DE ÍNDOLE INFRACONSTITUCIONAL. REPERCUSSÃO GERAL REJEITADA PELO PLENÁRIO VIRTUAL NO RE Nº 777.749 QO-RG. TEMA Nº 274 DA GESTÃO POR TEMAS DA REPERCUSSÃO GERAL.
1. A controvérsia sub examine, já foi objeto de análise desta Suprema Corte, nos autos do RE n. 777.749 RG, Rel. Min. Gilmar Mendes, DJe de 26.4.2011, oportunidade em que o Plenário recusou o recurso extraordinário ante a ausência de repercussão geral, visto que a questão versa sobre matéria infraconstitucional. O julgado restou assim ementado: "RECURSO. Extraordinário. Incognoscibilidade. Plano de previdência privada. Resgate das contribuições. Índices de correção. Questão infraconstitucional. Precedentes. Ausência de repercussão geral. Recurso extraordinário não conhecido. Não apresenta repercussão geral o recurso extraordinário que, tendo por objeto questão de resgate de contribuição de plano de previdência privada, versa sobre matéria infraconstitucional."
2. A existência de precedente firmado pelo Tribunal Pleno desta Corte autoriza o julgamento imediato de causas que versem sobre a mesma matéria, independentemente da publicação ou do trânsito em julgado do paradigma. Precedentes: ARE nº. 686.607-ED, Rel. Min. Dias Toffoli, Primeira Turma, 3.12.2012 e ARE n°. 707.863-ED, Rel. Min. Ricardo Lewandowski, Segunda Turma, DJe 20.11.2012.
3. Agravo regimental a que se nega provimento. **(Inform. STF 703)**

DIREITO PROCESSUAL CIVIL. EXERCÍCIO DO JUÍZO DE RETRATAÇÃO PREVISTO NO ART. 543-B, § 3º, DO CPC.
Concluído no STF o julgamento de caso em que tiver sido reconhecida a repercussão geral, o exercício da faculdade de retratação prevista no art. 543-B, § 3º, do CPC não estará condicionado a prévio juízo de admissibilidade do recurso extraordinário anteriormente sobrestado no STJ. Precedentes citados: AgRg no RE nos EDcl no AgRg no REsp 1.174.808-SC, Corte Especial, DJe 26/6/2013; AgRg no RE nos EDcl no AgRg no REsp 1.145.138-RS, Corte Especial, DJe 28/5/2013; EDcl na QO nos EDcl no AgRg no REsp 972.060-RS, Quinta Turma, DJe 12/4/2013; EDcl nos EDcl nos EDcl no AgRg no REsp 971.644-RS, Quinta Turma, DJe 27/2/2013; e EDcl no AgRg no REsp 1.069.923-RS, Sexta Turma, DJe 1º/10/2012. **EREsp 878.579-RS, Rel. Min. Herman Benjamin, julgado em 16/10/2013. (Inform. STJ 531)**

DIREITO PROCESSUAL CIVIL. DESNECESSIDADE DE SOBRESTAMENTO DE MANDADO DE SEGURANÇA QUE TRAMITA NO STJ EM RAZÃO DE DECLARAÇÃO DE REPERCUSSÃO GERAL PELO STF.
O reconhecimento da repercussão geral pelo STF não implica, necessariamente, a suspensão de mandado de segurança em trâmite no STJ, mas unicamente o sobrestamento de eventual recurso extraordinário interposto em face de acórdão proferido pelo STJ ou por outros tribunais. Precedente citado: EDcl no MS 13.873-DF, Primeira Seção, DJe 31/5/2011. **MS 11.044-DF, Rel. Min. Og Fernandes, julgado em 13/3/2013. (Inform. STJ 519)**

13. EXECUÇÃO

13.1. Execução em Geral

DIREITO PROCESSUAL CIVIL. NATUREZA JURÍDICA DO TERMO DE ACORDO DE PARCELAMENTO PARA FINS DE EXECUÇÃO.
O Termo de Acordo de Parcelamento que tenha sido subscrito pelo devedor e pela Fazenda Pública deve ser considerado documento público para fins de caracterização de título executivo extrajudicial, apto à promoção de ação executiva, na forma do art. 585, II, do CPC. De fato, o art. 585, II, do CPC elenca o "documento público assinado pelo devedor" dentre os títulos executivos extrajudiciais, mas não traz o seu conceito, sendo que o art. 364 do CPC revela tão somente a força probante do referido documento, ao referir que "faz prova não só da sua formação, mas também dos fatos que o escrivão, o tabelião,

ou o funcionário declarar que ocorreram na sua presença". Nesse contexto, o STJ, ao analisar situação similar, assentou que "a melhor interpretação para a expressão documento público é no sentido de que tal documento é aquele produzido por autoridade, ou em sua presença, com a respectiva chancela, desde que tenha competência para tanto" (REsp 487.913-MG, Primeira Turma, DJ 9/6/2003). Ademais, essa mesma linha de raciocínio é seguida pela doutrina, que define documento público como "todo aquele cuja elaboração se deu perante qualquer órgão público, como, por exemplo um termo de confissão de dívida em repartição administrativa". Dessa forma, na hipótese em análise, não há como extirpar da declaração de vontades exarada pelas partes no âmbito administrativo a natureza de documento público, na medida em que lavrada sob a chancela de órgão público e firmado pelo devedor, externando a vontade da Administração Pública e do particular. **REsp 1.521.531-SE, Rel. Min. Mauro Campbell Marques, julgado em 25/8/2015, DJe 3/9/2015 (Inform. STJ 568).**

DIREITO PROCESSUAL CIVIL. IMPOSSIBILIDADE DE PROLAÇÃO DE SENTENÇA PARCIAL DE MÉRITO.

Mesmo após as alterações promovidas pela Lei 11.232/2005 no conceito de sentença (arts. 162, § 1º, 269 e 463 do CPC), não se admite a resolução definitiva fracionada da causa mediante prolação de sentenças parciais de mérito. A reforma processual oriunda da Lei 11.232/2005 teve por objetivo dar maior efetividade à entrega da prestação jurisdicional, sobretudo quanto à função executiva, pois o processo passou a ser sincrético, tendo em vista que os processos de liquidação e de execução de título judicial deixaram de ser autônomos para constituírem etapas finais do processo de conhecimento; isto é, o processo passou a ser um só, com fases cognitiva e de execução (cumprimento de sentença). Daí porque houve a necessidade de alteração, entre outros dispositivos, dos arts. 162, 269 e 463 do CPC, visto que a sentença não mais "põe fim" ao processo, mas apenas a uma de suas fases. Alguns processualistas, a partir do novo conceito, em uma interpretação literal do art. 162, § 1º, do CPC, passaram a enxergar a sentença exclusivamente quanto ao seu conteúdo, de modo a admitirem que o juiz julgue apenas parcela da demanda, remetendo para outro momento processual o julgamento do restante da controvérsia. Entretanto, a exegese que melhor se coaduna com o sistema lógico-processual brasileiro é a sistemática e teleológica, devendo, portanto, ser levados em consideração, para a definição de sentença, não só o art. 162, § 1º, do CPC, mas também os arts. 162, §§ 2º e 3º, 267, 269, 459, 475-H, 475-M, § 3º, 504, 513 e 522 do CPC. Logo, pelo atual conteúdo, sentença é o pronunciamento do juiz de primeiro grau de jurisdição (i) que contém uma das matérias previstas nos arts. 267 e 269 do CPC e (ii) que extingue uma fase processual ou o próprio processo. A nova Lei apenas acrescentou mais um parâmetro (conteúdo do ato) para a identificação da decisão como sentença, já que não foi abandonado o critério da finalidade do ato (extinção do processo ou da fase processual). Permaneceu, assim, no CPC/1973, a teoria da unidade estrutural da sentença, a obstar a ocorrência de pluralidade de sentenças em uma mesma fase processual. Isso não impede, todavia, a prolação de certas decisões interlocutórias que contenham matérias de mérito (art. 269 do CPC), tais quais as que apreciam a liquidação, mas, por não encerrarem o processo ou a fase processual, não podem ser consideradas sentença. Ademais, apesar de o novo CPC (Lei 13.105/2015), que entrará em vigor no dia 17 de março de 2016, ter disciplinado o tema com maior amplitude no art. 356, este diploma não pode incidir antes da referida data nem de forma retroativa, haja vista os princípios do devido processo legal, da legalidade e do tempus regit actum. **REsp 1.281.978-RS, Rel. Min. Ricardo Villas Bôas Cueva, julgado em 5/5/2015, DJe 20/5/2015 (Inform. STJ 562).**

DIREITO PROCESSUAL CIVIL. REQUISITOS PARA A IMPOSIÇÃO DA MULTA PREVISTA NO ART. 475-J DO CPC NO CASO DE SENTENÇA ILÍQUIDA. RECURSO REPETITIVO (ART. 543-C DO CPC E RES. 8/2008-STJ). TEMA 380.

No caso de sentença ilíquida, para a imposição da multa prevista no art. 475-J do CPC, revela-se indispensável (i) a prévia liquidação da obrigação; e, após o acertamento, (ii) a intimação do devedor, na figura do seu advogado, para pagar o quantum ao final definido no prazo de 15 dias. Para as sentenças condenatórias ao cumprimento de obrigação de fazer ou não fazer e para aquelas que tenham por objeto a entrega de coisa, a execução do julgado far-se-á na forma dos arts. 461 e 461-A do CPC; para aquelas em que determinado o pagamento de quantia em dinheiro ou na qual a obrigação possa assim ser convertida, o procedimento é o previsto no art. 475-J do CPC. Neste último caso, a finalidade da multa imposta para o caso de não pagamento foi a de mitigar a apresentação de defesas e impugnações meramente protelatórias, incentivando a pronta satisfação do direito previamente reconhecido. Todavia, a própria legislação define que, no caso de condenação a prestação em dinheiro, a multa em caso de inadimplemento somente poderá incidir sobre título judicial

representativo de quantia certa ou já fixada em liquidação, e depois de passado o prazo ali estipulado. Isso porque a liquidez da obrigação é pressuposto para o pedido de cumprimento de sentença. A doutrina firma textualmente que a incidência da multa subordina-se à liquidez da condenação. O art. 475-J alude à quantia certa ou já fixada em liquidação. Então, se a condenação é desde logo líquida (incluindo-se nessa hipótese aquela que depende de determinação do valor por mero cálculo aritmético), é o que basta para que já possa incidir a multa. Caso contrário, apenas depois da fase de liquidação, terá vez a multa. Assim, apenas quando a obrigação for líquida pode ser cogitado, de imediato, o arbitramento da multa para pronto pagamento. Se ainda não liquidada ou se para a apuração do quantum ao final devido for indispensável cálculos mais elaborados, o prévio acertamento do valor faz-se necessário, para, após, mediante intimação, cogitar-se da aplicação da referida multa, o que parece de muito obviedade, considerando que não se pode penalizar aquele que ainda não sabe o quê ou quanto pagar. No contexto das obrigações ilíquidas, pouco importa que tenha havido depósito da quantia que o devedor entendeu incontroversa ou a apresentação de garantias, porque, independentemente delas, a aplicação da multa sujeita-se à condicionante da liquidez da obrigação definida no título judicial. A sentença líquida deve ser entendida como aquela que define uma obrigação determinada (fazer ou não fazer alguma coisa, entregar coisa certa, ou pagar quantia determinada). Na hipótese de condenação ao pagamento em dinheiro, que espelha a mais comum e clássica espécie de sentença condenatória, considera-se líquida a obrigação quando o valor a ser adimplido está fixado no título ou é facilmente determinável por meio de cálculos aritméticos simples, que não demandem grandes questionamentos e nem apresentem insegurança para as partes que litigam. Afirma a doutrina, ademais, ser ilíquida a sentença que não fixa o valor da condenação ou não lhe individua o objeto, condição incompatível com a índole do processo executivo que pressupõe, sempre, a lastreá-lo um título representativo de obrigação, certa, líquida e exigível (art. 586). Destarte, se já há valor fixado na sentença, cuidando-se apenas de adicionar-lhe os acréscimos legais (correção monetária a partir de índices oficiais conhecidos e juros de mora), não se pode imputar-lhe a condição de ilíquida, posto que do contrário não haveria uma única sentença com o atributo da liquidez; igualmente, não é a existência de impugnação, com alegação de excesso, que tornará ilíquida a obrigação, devendo-se perquirir a certeza a partir do comando sentencial de que resulta o pedido de cumprimento. **Precedente citado: REsp. 1.262.933-RJ, Corte Especial, DJe 20/8/2013. REsp 1.147.191-RS, Rel. Min. Napoleão Nunes Maia Filho, Segunda Seção, julgado em 4/3/2015, DJe 24/4/2015 (Inform. STJ 560).**

DIREITO PROCESSUAL CIVIL. EXECUÇÃO DE TÍTULO EXTRAJUDICIAL QUE CONTENHA CLÁUSULA COMPROMISSÓRIA.

Ainda que possua cláusula compromissória, o contrato assinado pelo devedor e por duas testemunhas pode ser levado a execução judicial relativamente a cláusula de confissão de dívida líquida, certa e exigível. O documento particular assinado pelo devedor e por duas testemunhas tem força executiva, de modo que, havendo cláusula estipulando obrigação líquida, certa e exigível, possível a propositura de execução judicial (art. 585, II, CPC). O STJ já decidiu pela possibilidade de o credor executar judicialmente contrato que, embora contenha convenção de arbitragem, possua cláusula que contemple confissão de dívida, a constituir título executivo extrajudicial, haja vista que o juízo arbitral é desprovido de poderes coercitivos; a existência de cláusula compromissória não constitui óbice à execução de título extrajudicial, desde que preenchidos os requisitos de certeza, liquidez e exigibilidade (REsp 944.917-SP, Terceira Turma, DJe de 3/10/2008). Assim, a existência de título executivo extrajudicial prescinde de sentença arbitral condenatória para formação de um outro título sobre a mesma dívida, de modo que é viável, desde logo, a propositura de execução perante o Poder Judiciário. **REsp 1.373.710-MG, Rel. Min. Ricardo Villas Bôas Cueva, julgado em 7/4/2015, DJe 27/4/2015 (Inform. STJ 560).**

DIREITO PROCESSUAL CIVIL. DESNECESSIDADE DE AJUIZAMENTO DE AÇÃO PRÓPRIA PARA DISCUTIR REMUNERAÇÃO DOS DEPÓSITOS JUDICIAIS. RECURSO REPETITIVO (ART. 543-C DO CPC E RES. 8/2008-STJ). A discussão quanto à aplicação de juros e correção monetária nos depósitos judiciais independe de ação específica contra o banco depositário. Cabe ressalvar que isso não retira a possibilidade de a instituição bancária se contrapor, nos próprios autos, à pretensão. Precedentes citados: AgRg no REsp 1.136.119-SP, Segunda Turma, DJe 30/9/2010; e AgRg no Ag 522.427-SP, Terceira Turma, DJe 2/10/2009. **REsp 1.360.212-SP, Rel. Min. Herman Benjamin, julgado em 12/6/2013. (Inform. STJ 543)**

2. DIREITO PROCESSUAL CIVIL

DIREITO PROCESSUAL CIVIL. APLICABILIDADE DOS ÍNDICES DE DE-FLAÇÃO NA CORREÇÃO MONETÁRIA DE CRÉDITO ORIUNDO DE TÍTULO EXECUTIVO JUDICIAL. RECURSO REPETITIVO (ART. 543-C DO CPC E RES. 8/2008-STJ). Aplicam-se os índices de deflação na correção monetária de crédito oriundo de título executivo judicial, preservado o seu valor nominal. Precedente citado: REsp 1.265.580-RS, Corte Especial, DJe 18/4/2012. **REsp 1.361.191-RS, Rel. Min. Paulo de Tarso Sanseverino, julgado em 19/3/2014. (Inform. STJ 542)**

DIREITO PROCESSUAL CIVIL. EXTINÇÃO DA OBRIGAÇÃO DO DEVEDOR PELO DEPÓSITO JUDICIAL. RECURSO REPETITIVO (ART. 543-C DO CPC E RES. 8/2008-STJ). Na fase de execução, o depósito judicial do montante (integral ou parcial) da condenação extingue a obrigação do devedor, nos limites da quantia depositada. A questão jurídica ora sujeita à afetação ao rito do art. 543-C do CPC, "responsabilidade do devedor pelo pagamento de juros de mora e correção monetária sobre os valores depositados em juízo na fase de execução", foi exaustivamente debatida no STJ, tendo-se firmado entendimento no sentido da responsabilidade da instituição financeira depositária, não do devedor, pela remuneração do depósito judicial. Sobre o tema da remuneração dos depósitos judiciais, houve inclusive a edição de duas súmulas, embora restritas à questão da correção monetária. Com efeito, dispõe a Súmula 179 do STJ que "O estabelecimento de crédito que recebe dinheiro, em depósito judicial, responde pelo pagamento da correção monetária relativa aos valores recolhidos". A Súmula 271 do STJ, por sua vez, estabelece que "A correção monetária dos depósitos judiciais independe de ação específica contra o banco depositário". Verifica-se, portanto, ser pacífica a jurisprudência do STJ quanto ao aspecto em discussão. No entanto, diante da multiplicidade de recursos especiais referentes a essa mesma controvérsia, tornou-se necessário afetar a matéria ao rito do art. 543-C do CPC, optando-se por consolidar a seguinte tese: "na fase de execução, o depósito judicial do montante (integral ou parcial) da condenação extingue a obrigação do devedor, nos limites da quantia depositada". Nessa redação, decidiu-se limitar a tese à fase de execução, pois, na fase de conhecimento, o devedor somente é liberado dos encargos da mora se o credor aceitar o depósito parcial. É o que se depreende do disposto no art. 314 do CC, segundo o qual "Ainda que a obrigação tenha por objeto prestação divisível, não pode o credor ser obrigado a receber, nem o devedor a pagar, por partes, se assim não se ajustou". Precedentes citados: EREsp 1.306.735-MG, Corte Especial, DJe 29/5/2013; e EREsp 119.602-SP, Corte Especial, DJ 17/12/1999. **REsp 1.348.640-RS, Rel. Min. Paulo de Tarso Sanseverino, julgado em 7/5/2014. (Inform. STJ 540)**

DIREITO PROCESSUAL CIVIL. ALEGAÇÃO DE PAGAMENTO DO TÍTULO EM EXCEÇÃO DE PRÉ-EXECUTIVIDADE.
Na exceção de pré-executividade, é possível ao executado alegar o pagamento do título de crédito, desde que comprovado mediante prova pré-constituída. De fato, a exceção de pré-executividade é expediente processual excepcional que possibilita ao executado, no âmbito da execução e sem a necessidade da oposição de embargos, arguir matéria cognoscível de ofício pelo juiz que possa anular o processo executivo. Dessa forma, considerando que o efetivo pagamento do título constitui causa que lhe retira a exigibilidade e que é nula a execução se o título executivo extrajudicial não corresponder a obrigação certa, líquida e exigível (art. 618, I, do CPC), é possível ao executado arguir essa matéria em exceção de pré-executividade, sempre que, para sua constatação, mostrar-se desnecessária dilação probatória. Precedentes citados: AgRg no Ag 741.593-PR, Primeira Turma, DJ 8/6/2006, e REsp 595.979-SP, Segunda Turma, DJ 23/5/2005. **REsp 1.078.399-MA, Rel. Min. Luis Felipe Salomão, julgado em 2/4/2013. (Inform. STJ 521)**

DIREITO PROCESSUAL CIVIL. COMPROVAÇÃO DE PAGAMENTO EXTRA-CARTULAR DE TÍTULO DE CRÉDITO.
No âmbito de exceção de pré-executividade oposta pelo devedor de título de crédito em face de seu credor contratual direto, é possível ao magistrado reconhecer a ocorrência do pagamento sem que a cártula tenha sido resgatada pelo devedor (pagamento extracartular). É certo que os títulos de crédito se sujeitam aos princípios da literalidade (os direitos resultantes do título são válidos pelo que nele se contém, mostrando-se inoperantes, do ponto de vista cambiário, apartados enunciativos ou restritivos do teor da cártula), da autonomia (o possuidor de boa-fé exercita um direito próprio, que não pode ser restringido em virtude de relações existentes entre os anteriores possuidores e o devedor) e da abstração (os títulos de crédito podem circular como documentos abstratos, sem ligação com a causa a que devem sua origem). Cumpre ressaltar, a propósito, que os mencionados princípios – dos quais resulta a máxima de

que as exceções pessoais são inoponíveis a terceiros de boa-fé – visam conferir segurança jurídica ao tráfego comercial e celeridade na circulação do crédito, que deve ser transferido a terceiros de boa-fé purificado de todas as questões fundadas em direito pessoal que eventualmente possam ser arguidas pelos antecessores entre si. Vale dizer que esses princípios mostram plena operância quando há circulação da cártula e são postos em relação a duas pessoas que não contrataram entre si, encontrando-se uma em frente à outra em virtude apenas do título. Entretanto, quando estiverem em litígio o possuidor do título e seu devedor direto, esses princípios perdem força. Isso porque, em relação ao seu credor, o devedor do título se obriga por uma relação contratual, mantendo-se intactas as defesas pessoais que o direito comum lhe assegura. Precedentes citados: REsp 1.228.180-RS, Quarta Turma, DJe 28/3/2011, e REsp 264.850-SP, Terceira Turma, DJ 5/3/2001. **REsp 1.078.399-MA, Rel. Min. Luis Felipe Salomão, julgado em 2/4/2013. (Inform. STJ 521)**

DIREITO PROCESSUAL CIVIL. FALTA DE LIQUIDEZ E CERTEZA DO CON-TRATO DE ABERTURA DE CRÉDITO ROTATIVO.
O contrato de abertura de crédito rotativo, ainda que acompanhado dos extratos relativos à movimentação bancária do cliente, não constitui título executivo. O contrato de abertura de crédito rotativo – utilizado, no mais das vezes, em sua modalidade cheque especial – não consubstancia, em si, uma obrigação assumida pelo consumidor. Diferentemente disso, incorpora uma obrigação da instituição financeira de disponibilizar determinada quantia ao seu cliente, que poderá, ou não, utilizar-se desse valor. Nessa situação, faltam liquidez e certeza àquele instrumento, atributos que não podem ser alcançados mediante a complementação unilateral do credor, ou seja, com a apresentação dos extratos bancários. Com efeito, não se admite conferir ao credor o poder de criar títulos executivos à revelia do devedor. Ressalte-se que a hipótese em análise é distinta daquela referente ao contrato de abertura de crédito fixo, equivalente ao mútuo feneratício, no qual a quantia é creditada na conta do cliente, que, por sua vez, assume o dever de devolvê-la com os acréscimos pactuados, quando ocorrer a implementação do termo ajustado. Assim, no caso de contrato de abertura de crédito rotativo, diversamente do que ocorre quanto ao crédito fixo, aplica-se o entendimento consolidado na Súmula 233 do STJ, segundo a qual o "contrato de abertura de crédito, ainda que acompanhado de extrato da conta-corrente, não é título executivo". **REsp 1.022.034-SP, Rel. Min. Luis Felipe Salomão, julgado em 12/3/2013. (Inform. STJ 520)**

DIREITO PROCESSUAL CIVIL. RESTABELECIMENTO DE HIPOTECA EM RAZÃO DE DECISÃO JUDICIAL QUE DECLARE A INEFICÁCIA DE NEGÓCIO JURÍDICO QUE MOTIVARA SEU ANTERIOR CANCELAMENTO.
Restabelece-se a hipoteca, anteriormente cancelada em razão da aquisição do imóvel pela própria credora hipotecária, no caso em que sobrevenha decisão judicial que, constatando a ocorrência de fraude à execução, reconheça a ineficácia da referida alienação em relação ao exequente. Declarada a ineficácia do negócio jurídico, retornam os envolvidos ao estado anterior. Nesse contexto, volta o bem a integrar o patrimônio do executado, restando ineficaz também a baixa da garantia hipotecária, que poderá ser oposta em face de outros credores. **REsp 1.253.638-SP, Rel. Min. Sidnei Beneti, julgado em 26/2/2013. (Inform. STJ 517).**

DIREITO PROCESSUAL CIVIL. SUSPENSÃO DO PROCESSO DE EXECUÇÃO EM DECORRÊNCIA DO AJUIZAMENTO DE AÇÃO NA QUAL SE BUSQUE O ALONGAMENTO DA DÍVIDA RURAL.
A propositura de ação visando ao alongamento da dívida rural acarreta a suspensão, e não a imediata extinção, do processo de execução anteriormente proposto com base em cédulas de crédito rural firmadas como garantia do custeio de atividades agrícolas desenvolvidas pelo executado. É direito do devedor o alongamento de dívidas originárias de crédito rural, desde que preenchidos os requisitos legais. O exercício desse direito acarreta a perda da exigibilidade do título executivo extrajudicial, gerando a extinção do processo de execução. Todavia, nas situações em que há lide instaurada, somente ocorrerá o efetivo exercício do direito após o reconhecimento judicial do preenchimento dos requisitos legais. Assim, enquanto pendente a ação na qual se pretende o alongamento da dívida rural, deve ser determinada a suspensão da execução. Desse modo, na referida situação, até que haja a definição acerca da existência do direito ao alongamento, impõe-se a suspensão do processo, que só poderá ser extinto quando reconhecido o direito. Precedentes citados: REsp 316.499-RS, DJ 18/3/2002, e AgRg no REsp 932.151-DF, DJe 19/3/2012. **REsp 739.286-DF, Rel. Min. Nancy Andrighi, julgado em 5/2/2013. (Inform. STJ 515).**

DIREITO PROCESSUAL CIVIL. EXECUÇÃO DE TÍTULO JUDICIAL. INTERPRETAÇÃO RESTRITIVA.

Na fase de execução, a interpretação do título executivo judicial deve ser restritiva. Aplicam-se subsidiariamente as regras do processo de conhecimento ao de execução nos termos do art. 598 do CPC. O mesmo diploma determina, no art. 293, que o pedido deve ser interpretado de forma restritiva. Essa regra é aplicável na interpretação do título executivo judicial em observância aos princípios da proteção da coisa julgada, do devido processo legal e da menor onerosidade. **REsp 1.052.781-PA, Rel. Min. Antonio Carlos Ferreira, julgado em 11/12/2012. (Inform. STJ 511).**

Súmula STF nº 600

Cabe ação executiva contra o emitente e seus avalistas, ainda que não apresentado o cheque ao sacado no prazo legal, desde que não prescrita a ação cambiária.

Súmula STJ nº 375

O reconhecimento da fraude à execução depende do registro da penhora do bem alienado ou da prova de má-fé do terceiro adquirente.

Súmula STJ nº 317

É definitiva a execução de título extrajudicial, ainda que pendente apelação contra sentença que julgue improcedentes os embargos.

Súmula STJ nº 300

O instrumento de confissão de dívida, ainda que originário de contrato de abertura de crédito, constitui título executivo extrajudicial.

Súmula STJ nº 233

O contrato de abertura de crédito, ainda que acompanhado de extrato da conta-corrente, não é título executivo.

Súmula STJ nº 199

Na execução hipotecária de crédito vinculado ao sistema financeiro da habitação, nos termos da Lei n. 5.741/71, a petição inicial deve ser instruída com, pelo menos, dois avisos de cobrança.

Súmula STJ nº 196

Ao executado que, citado por edital ou por hora certa, permanecer revel, será nomeado curador especial, com legitimidade para apresentação de embargos.

Súmula STJ nº 27

Pode a execução fundar-se em mais de um título extrajudicial relativos ao mesmo negócio.

13.2.   Espécies de Execução

AG. REG. NO ARE N. 854.962-PR

RELATOR: MIN. MARCO AURÉLIO
PRECATÓRIO – FRACIONAMENTO – LITISCONSÓRCIO ATIVO FACULTATIVO – EXECUÇÃO AUTÔNOMA – CRÉDITOS INDIVIDUALIZADOS – REQUISIÇÃO DE PEQUENO VALOR – POSSIBILIDADE. No julgamento do Recurso Extraordinário nº 586.645/SP, da relatoria da ministra Cármen Lúcia, submetido à sistemática da repercussão geral, o Plenário concluiu que a regra do § 4º do artigo 100 da Constituição Federal, hoje correspondente ao § 8º do mesmo dispositivo, permite a execução autônoma e o pagamento dos créditos individualizados nos casos de litisconsórcio ativo facultativo. **(Inform. STF 791)**

Honorários advocatícios e execução autônoma - 3
É possível o fracionamento de precatório para pagamento de honorários advocatícios. Com base nessa orientação, ao concluir julgamento, o Plenário negou provimento a recurso extraordinário em que se discutia a admissibilidade de fracionamento do valor da execução proposta contra a Fazenda Pública de estado-membro para pagamento de honorários advocatícios — v. Informativo 531. O Tribunal, inicialmente, ressaltou que os honorários advocatícios consubstanciariam verba alimentícia. Frisou que seria evidente o direito de o advogado executar de forma autônoma seus honorários (Lei 8.906/1994 - Estatuto da OAB, artigos 23 e 24). Ademais, essas verbas não se confundiriam com o principal. Além disso, a finalidade do art. 100, § 8º, da CF — introduzido pela EC 37/2002 como art. 100, § 4º e deslocado pela EC 62/2009 — seria o de impedir que o exequente utilizasse, simultaneamente, mediante o fracionamento, repartição ou quebra do valor da dívida, dois

sistemas de satisfação de crédito: o do precatório para uma parte dela e o do pagamento imediato para a outra. Assim, a regra constitucional apenas incidiria em situações em que o crédito fosse atribuído a um mesmo titular. Salientou que o advogado teria o direito de executar seu crédito nos termos dos artigos 86 e 87 do ADCT, desde que o fracionamento da execução ocorresse antes da expedição do ofício requisitório, sob pena de quebra da ordem cronológica dos precatórios. Vencidos os Ministros Cezar Peluso e Gilmar Mendes, que proviam o recurso. Destacavam o caráter acessório dos honorários advocatícios que decorreriam da sucumbência e não de um direito autônomo, o que impediria o seu fracionamento. **RE 564132/RS, rel. orig. Min. Eros Grau, red. p/ o acórdão Min. Cármen Lúcia, 30.10.2014. (RE-564132) (Inform. STF 765)**

DIREITO PROCESSUAL CIVIL. EXECUÇÃO DE ALIMENTOS E IMPOSSIBILIDADE DE EFETUAR O PAGAMENTO DAS PRESTAÇÕES.

Em execução de alimentos pelo rito do art. 733 do CPC, o acolhimento da justificativa da impossibilidade de efetuar o pagamento das prestações alimentícias executadas desautoriza a decretação da prisão do devedor, mas não acarreta a extinção da execução. De fato, por força do art. 733 do CPC, institui-se meio executório com a possibilidade de restrição da liberdade individual do devedor de alimentos, de caráter excepcional, nos seguintes termos: "Art. 733. Na execução de sentença ou de decisão, que fixa os alimentos provisionais, o juiz mandará citar o devedor para, em 3 (três) dias, efetuar o pagamento, provar que o fez ou justificar a impossibilidade de efetuá-lo. § 1º Se o devedor não pagar, nem se escusar, o juiz decretar-lhe-á a prisão pelo prazo de 1 (um) a 3 (três) meses". Recorrendo à justificativa, o devedor terá o direito de comprovar a sua situação de penúria, devendo o magistrado conferir oportunidade para seu desiderato, sob pena de cerceamento de defesa. Não se pode olvidar que a justificativa deverá ser baseada em fato novo, isto é, que não tenha sido levado em consideração pelo juízo do processo de conhecimento no momento da definição do débito alimentar. Outrossim, a impossibilidade do devedor deve ser apenas temporária. Uma vez reconhecida, irá subtrair o risco momentâneo da prisão civil, não havendo falar, contudo, em exoneração da obrigação alimentícia ou redução do encargo, que só poderão ser analisados em ação própria. Assim, a justificativa afasta temporariamente a prisão, não impedindo, porém, que a execução prossiga em sua forma tradicional (patrimonial), com penhora e expropriação de bens, ou ainda, que fique suspensa até que o executado se restabeleça em situação condizente com a viabilização do processo executivo, conciliando as circunstâncias de imprescindibilidade de subsistência do alimentando com a escassez superveniente de seu prestador, preservando a dignidade humana de ambos. De fato, a justificativa não pode afrontar o título executivo nem a coisa julgada, sendo apenas um meio de afastar ocasionalmente a coerção pessoal do devedor por circunstâncias pessoais e atuais que demonstrem a escusabilidade no seu dever relacionado à obrigação de alimentos, representando verdadeira inexigibilidade de conduta diversa do alimentante. Não haverá, contudo, de se reconhecer, nesse âmbito, a exoneração ou a revisão dos alimentos devidos, que deverão ser objeto de ação própria, pois, como visto, a execução não se extingue, persistindo o crédito, podendo o credor, por outros meios, buscar a satisfação da quantia devida. Precedente citado do STJ: HC 285.502-SC, Quarta Turma, DJe 25/3/2014. Precedente citado do STF: HC 106.709-RS, Segunda Turma, DJe 15/9/2011. **REsp 1.185.040-SP, Rel. Min. Luis Felipe Salomão, julgado em 13/10/2015, DJe 9/11/2015. (Inform. STJ 573)**

DIREITO PROCESSUAL CIVIL. LEGITIMIDADE PARA A EXECUÇÃO DE TÍTULO EXECUTIVO EXTRAJUDICIAL PROVENIENTE DE DECISÃO DO TRIBUNAL DE CONTAS. A execução de título executivo extrajudicial

decorrente de condenação patrimonial proferida por tribunal de contas **somente pode ser proposta pelo ente público beneficiário da condenação, não possuindo o Ministério Público legitimidade ativa para tanto.** De fato, a Primeira Seção do STJ pacificou o entendimento no sentido de que o Ministério Público teria legitimidade, ainda que em caráter excepcional, para promover execução de título executivo extrajudicial decorrente de decisão de tribunal de contas, nas hipóteses de falha do sistema de legitimação ordinária de defesa do erário (REsp 1.119.377-SP, DJe 4/9/2009). Entretanto, o Pleno do STF, em julgamento de recurso submetido ao rito de repercussão geral, estabeleceu que a execução de título executivo extrajudicial decorrente de decisão de condenação patrimonial proferida por tribunal de contas pode ser proposta apenas pelo ente público beneficiário da condenação, bem como expressamente afastou a legitimidade ativa do Ministério Público para a referida execução (ARE 823.347-MA, DJe 28/10/2014). Além disso, a

2. DIREITO PROCESSUAL CIVIL

Primeira Turma do STJ também já se manifestou neste último sentido (REsp 1.194.670-MA, DJe 2/8/2013). Precedentes citados do STF: RE 791.575-MA AgR, Primeira Turma, DJe 27/6/2014; e ARE 791.577-MA AgR, Segunda Turma, DJe 21/8/2014. **REsp 1.464.226-MA, Rel. Min. Mauro Campbell Marques, julgado em 20/11/2014. (Inform. STJ 552)**

DIREITO PROCESSUAL CIVIL E CONSTITUCIONAL. EXECUÇÃO DE HONORÁRIOS ADVOCATÍCIOS MEDIANTE RPV. RECURSO REPETITIVO (ART. 543-C DO CPC E RES. 8/2008-STJ). É possível que a execução de honorários advocatícios devidos pela Fazenda Pública se faça mediante Requisição de Pequeno Valor (RPV) na hipótese em que os honorários não excedam o valor limite a que se refere o art. 100, § 3º, da CF, ainda que o crédito dito "principal" seja executado por meio de regime de precatórios. Isso porque os honorários advocatícios (inclusive os de sucumbência) podem ser executados de forma autônoma – nos próprios autos ou em ação distinta –, independentemente da existência do montante principal a ser executado. De fato, a sentença definitiva constitui, basicamente, duas relações jurídicas: a do vencedor em face do vencido e a deste com o advogado da parte adversa. Na primeira relação, estará o vencido obrigado a dar, fazer ou deixar de fazer alguma coisa em favor do seu adversário processual. Na segunda, será imposto ao vencido o dever de arcar com os honorários sucumbenciais em favor dos advogados do vencedor. Já na sentença terminativa – na qual o processo é extinto sem resolução de mérito –, todavia, forma-se apenas a segunda relação, entre o advogado e a parte que deu causa ao processo, o que revela não haver acessoriedade necessária entre essas duas relações. Assim, é possível que exista crédito de honorários independentemente da existência de crédito "principal" titularizado pela parte vencedora da demanda. Situação semelhante também ocorre com as sentenças declaratórias puras, que não ostentam feição condenatória e, portanto, não habilitam o vencedor a reclamar crédito algum. Nesse caso, a relação creditícia dos honorários é absolutamente autônoma e não se subordina a qualquer crédito "principal". Nesse contexto, diz-se que os honorários são créditos acessórios apenas porque não são o bem da vida imediatamente perseguido em juízo, e não porque dependem de um crédito dito "principal". Por essa razão, não é correto afirmar que a natureza acessória dos honorários impede que se adote procedimento distinto do que for utilizado para o crédito "principal". Além disso, no direito brasileiro, os honorários de quaisquer espécies (inclusive os de sucumbência) pertencem ao advogado; e o contrato, a decisão e a sentença que os estabelecem são títulos executivos que podem ser executados autonomamente, nos termos dos arts. 23 e 24, § 1º, da Lei 8.906/1994 (Estatuto da Ordem dos Advogados do Brasil). Ademais, a Corte Especial do STJ fez editar a Súmula 306, segundo a qual os "honorários advocatícios devem ser compensados quando houver sucumbência recíproca, assegurado o direito autônomo do advogado à execução do saldo sem excluir a legitimidade da própria parte". Além do mais, apesar de o § 8º do art. 100 da CF vedar a expedição de precatórios complementares ou suplementares de valor pago, bem como o fracionamento, repartição ou quebra do valor da execução para fins de enquadramento do crédito como RPV, não há proibição, sequer implícita, de que a execução dos honorários se faça sob regime diferente daquele utilizado para o crédito "principal". Portanto, o fracionamento vedado pela norma constitucional toma por base a titularidade do crédito, ou seja, um mesmo credor não pode ter seu crédito satisfeito por RPV e por precatório, simultaneamente. Entretanto, nada impede que dois ou mais credores, incluídos no polo ativo de uma mesma execução, possam receber seus créditos por sistemas distintos (RPV ou precatório), de acordo com o valor a que couber a cada um. Assim, sendo a execução promovida em regime de litisconsórcio ativo voluntário, a aferição do valor, para fins de submissão ao rito da RPV (art. 100, § 3º, da CF), deve levar em conta o crédito individual de cada exequente. Vale ressaltar que, no RE 564.132-RS, submetido ao rito da repercussão geral, formou-se, até agora – haja vista que o julgamento desse recurso ainda não foi concluído –, uma maioria provisória admitindo a execução de forma autônoma dos honorários de sucumbência mediante RPV na hipótese em que não excedam o valor limite a que se refere o art. 100, § 3º, da CF, ainda que o crédito dito "principal" seja executado por meio do regime de precatórios. Logo, essa parece ser a melhor exegese para o art. 100, § 8º, da CF e, por tabela, para os arts. 17, § 3º, da Lei 10.259/2001 e 128, § 1º, da Lei 8.213/1991. Precedentes citados: REsp 1.335.366-RS, Primeira Turma, DJe 12/12/2012; e AgRg no Ag 1.064.622-RS, Segunda Turma, DJe 19/6/2009. **REsp 1.347.736-RS, Rel. Min. Castro Meira, Rel. para acórdão Min. Herman Benjamin, julgado em 9/10/2013. (Inform. STJ 539)**

DIREITO PROCESSUAL CIVIL. HONORÁRIOS ADVOCATÍCIOS EM EXECUÇÃO POR QUANTIA CERTA CONTRA A FAZENDA PÚBLICA. RECURSO REPETITIVO (ART. 543-C DO CPC E RES. 8/2008 DO STJ). A Fazenda Pública executada não pode ser condenada a pagar honorários advocatícios nas execuções por quantia certa não embargadas em que o exequente renuncia parte de seu crédito para viabilizar o recebimento do remanescente por requisição de pequeno valor (RPV). À luz do princípio da causalidade, uma vez que se revelava inicialmente impositiva a observância do art. 730 CPC, segundo a sistemática de pagamento de precatórios, a Fazenda Pública não deu causa à instauração do rito executivo. Não tendo sido opostos embargos à execução, tem plena aplicação o art. 1º-D da Lei 9.494/1997 ("Não serão devidos honorários advocatícios pela Fazenda Pública nas execuções não embargadas"), nos moldes da interpretação conforme a Constituição estabelecida pelo STF (RE 420.816-PR). Na hipótese de execução não embargada, inicialmente ajuizada sob a sistemática dos precatórios, caso o exequente posteriormente renuncie ao excedente do valor previsto no art. 87 do ADCT para pagamento por RPV, o STF considera não serem devidos os honorários. **REsp 1.406.296-RS, Rel. Min. Herman Benjamin, julgado em 26/2/2014. (Inform. STJ 537)**

DIREITO PROCESSUAL CIVIL. INAPLICABILIDADE DO ART. 20 DA LEI 10.522/2002 ÀS EXECUÇÕES FISCAIS PROPOSTAS POR CONSELHOS REGIONAIS DE FISCALIZAÇÃO PROFISSIONAL. RECURSO REPETITIVO (ART. 543-C DO CPC E RES. 8/2008-STJ). Nas execuções fiscais propostas por Conselhos Regionais de Fiscalização Profissional, não é possível a aplicação do art. 20 da Lei 10.522/2002, cujo teor determina o arquivamento, sem baixa das execuções fiscais referentes aos débitos com valor inferior a dez mil reais. Isso porque, da leitura do referido artigo, extrai-se que este se destina exclusivamente aos débitos inscritos como Dívida Ativa da União pela Procuradoria-Geral da Fazenda Nacional ou por ela cobrados. Nos casos de execuções propostas por Conselhos de Fiscalização Profissional, há regra específica para disciplinar o tema, prevista no art. 8º da Lei 12.514/2011 – "Os Conselhos não executarão judicialmente dívidas referentes a anuidades inferiores a 4 (quatro) vezes o valor cobrado anualmente da pessoa física ou jurídica inadimplente." –, que deve ser aplicada com base no princípio da especialidade, sem necessidade de emprego de analogia. Ademais, a submissão das referidas entidades autárquicas ao regramento do art. 20 da Lei 10.522/2002 configuraria, em última análise, embaraço ao exercício do direito de acesso ao Poder Judiciário e à obtenção da tutela jurisdicional adequada, assegurados constitucionalmente, uma vez que haveria a criação de obstáculo desarrazoado para que os conselhos em questão efetuassem as cobranças de valores aos quais têm direito. **REsp 1.363.163-SP, Rel. Min. Benedito Gonçalves, julgado em 11/9/2013. (Inform. STJ 527)**

DIREITO PROCESSUAL CIVIL. NECESSIDADE DE PRÉVIA DESISTÊNCIA DE EXECUÇÃO SINGULAR PARA POSSIBILITAR A PROPOSITURA DE AÇÃO DECLARATÓRIA DE INSOLVÊNCIA. O autor de execução individual frustrada só pode ajuizar outra ação judicial, fundada em idêntico título, com pedido de declaração de insolvência do devedor – com o objetivo de instauração de concurso universal –, caso antes desista de sua execução singular, ainda que esta esteja suspensa por falta de bens penhoráveis. Com efeito, é impossível a utilização simultânea de duas vias judiciais para obtenção de um único bem da vida, consistente na percepção de um crédito específico. Desse modo, é necessária a extinção da relação processual instaurada pela execução individual mediante a realização de pedido de desistência, o qual depende de homologação pelo juiz para produzir efeitos. Precedente citado do STF: RE 100.031-PR, Primeira Turma, DJ 2/12/1983. **REsp 1.104.470-DF, Rel. Min. Luis Felipe Salomão, julgado em 19/3/2013. (Inform. STJ 519)**

DIREITO PROCESSUAL CIVIL. PRESCRIÇÃO INTERCORRENTE NO CASO DE SUSPENSÃO DE PROCESSO EXECUTIVO EM RAZÃO DA MORTE DO EXEQUENTE. Durante o período em que o processo de execução contra a Fazenda Pública estiver suspenso em razão da morte da parte exequente – para a habilitação dos sucessores da parte falecida –, não corre prazo para efeito de reconhecimento de prescrição intercorrente da pretensão executória. Isso porque não há previsão legal que imponha prazo específico para a habilitação dos referidos sucessores. Precedentes citados: AgRg no AREsp 269.902-CE, Segunda Turma, DJe 19/2/2013, e AgRg no REsp 891.588-RJ, Quinta Turma, DJe 19/10/2009. **AgRg no AREsp 286.713-CE, Rel. Min. Mauro Campbell Marques, julgado em 21/3/2013. (Inform. STJ 519)**

DIREITO PROCESSUAL CIVIL. EXTINÇÃO DE PROCESSO DE INSOLVÊNCIA EM RAZÃO DA FALTA DE HABILITAÇÃO DE CREDORES.

O processo de insolvência deve ser extinto na hipótese em que não tenha ocorrido a habilitação de credores. Isso porque a fase executiva propriamente dita somente se instaura com a habilitação dos credores, que integram o polo ativo do feito e sem os quais, por óbvio, não há a formação da relação processual executiva. **REsp 1.072.614-SP, Rel. Min. Luis Felipe Salomão, julgado em 26/2/2013. (Inform. STJ 517).**

DIREITO PROCESSUAL CIVIL. IMPOSSIBILIDADE DE EXTINÇÃO DE PROCESSO DE INSOLVÊNCIA EM RAZÃO DA MERA AUSÊNCIA DE BENS PASSÍVEIS DE PENHORA.

A falta de bens passíveis de penhora não implica, por si só, automática extinção de processo de insolvência. A ausência de bens expropriáveis não afeta o interesse dos credores de processo de insolvência, uma vez que a declaração de insolvência protege não só a garantia atual, mas também a garantia futura de seus créditos mediante a indisponibilidade dos bens presentes e futuros do obrigado. Além disso, o interesse do devedor nessa declaração também remanesce, mormente pelo fato de que ele obterá, ao final do procedimento, a extinção das suas obrigações, ainda que não inteiramente resgatadas, nos termos do art. 778 do CPC. Por conseguinte, o interesse na declaração de insolvência, quer sob a ótica do credor, quer pela do devedor, transcende a mera existência de patrimônio passível de penhora, razão pela qual não há falar em extinção do processo de insolvência. Precedentes citados: REsp 957.639-RS, Terceira Turma, DJe 17/12/2010; e REsp 586.414-RS, Terceira Turma, DJ 1º/2/2005. **REsp 1.072.614-SP, Rel. Min. Luis Felipe Salomão, julgado em 26/2/2013. (Inform. STJ 517).**

DIREITO PROCESSUAL CIVIL. INEXISTÊNCIA DE NULIDADE DECORRENTE DO FATO DE NÃO TER SIDO SUSPENSA A EXECUÇÃO FISCAL APÓS A MORTE DE UM DOS DEVEDORES COOBRIGADOS.

Não deve ser declarada a nulidade de execução fiscal promovida em face de mais de um devedor, todos coobrigados, se, apesar de não ter sido determinada a suspensão do processo a partir da morte de um deles, até que se realizasse a adequada regularização do polo passivo, não foi demonstrada a ocorrência de qualquer prejuízo em razão de seu prosseguimento. Com a morte do devedor, cabe ao exequente realizar diligências para a correção do polo passivo, verificando a existência de inventário, partilha ou bens sobre os quais possa recair a execução. Nesses casos, o maior interessado é o ente público em razão do crédito que tem a receber. Todavia, existindo mais de um devedor, todos coobrigados, o falecimento de um deles no curso da demanda não impede o prosseguimento da execução contra os demais, podendo, assim, o exequente arcar com o ônus de não ter providenciado, a tempo e modo, a substituição processual do falecido pelo seu espólio ou pelos seus herdeiros. Dessa forma, verificado o litisconsórcio passivo, deve-se mitigar a necessidade de suspensão automática do processo por falecimento de uma das partes, em face dos princípios da segurança jurídica e da celeridade processual, sobretudo diante da ausência de comprovado prejuízo. Precedentes citados: REsp 616.145-PR, Terceira Turma, DJ 10/10/2005; REsp 767.186-RJ, Segunda Turma, DJ 19/9/2005; AgRg no Ag 1.342.853-MG, Terceira Turma, DJe 7/8/2012. **REsp 1.328.760-MG, Rel. Min. Napoleão Nunes Maia Filho, julgado em 26/2/2013. (Inform. STJ 516).**

📖 Súmula Vinculante 17

Durante o período previsto no parágrafo 1º do artigo 100 da Constituição, não incidem juros de mora sobre os precatórios que nele sejam pagos.

📖 Súmula STF nº 655

A exceção prevista no art. 100, "caput", da Constituição, em favor dos créditos de natureza alimentícia, não dispensa a expedição de precatório, limitando-se a isentá-los da observância da ordem cronológica dos precatórios decorrentes de condenações de outra natureza.

📖 Súmula STJ nº 419

Descabe a prisão civil do depositário judicial infiel.

📖 Súmula STJ nº 406

A Fazenda Pública pode recusar a substituição do bem penhorado por precatório.

📖 Súmula STJ nº 311

Os atos do presidente do tribunal que disponham sobre processamento e pagamento de precatório não têm caráter jurisdicional.

📖 Súmula STJ nº 279

É cabível execução por título extrajudicial contra a Fazenda Pública.

📖 Súmula STJ nº 144

Os créditos de natureza alimentícia gozam de preferência, desvinculados os precatórios da ordem cronológica dos créditos de natureza diversa.

📖 Súmula STJ nº 85

Nas relações jurídicas de trato sucessivo em que a fazenda pública figure como devedora, quando não tiver sido negado o próprio direito reclamado, a prescrição atinge apenas as prestações vencidas antes do quinquênio anterior a propositura da ação.

13.3. Penhora e expropriação de bens

DIREITO PROCESSUAL CIVIL. ARREMATAÇÃO DE BEM IMÓVEL MEDIANTE PAGAMENTO EM PRESTAÇÕES.

A arrematação de bem imóvel mediante pagamento em prestações (art. 690, § 1º, do CPC) não pode ser realizada por preço inferior ao da avaliação, mesmo que realizada em segunda praça. De fato, a jurisprudência do STJ possui entendimento firmado de que, "malsucedida a primeira praça, a arrematação do bem imóvel pode ser concretizada em segunda praça, por valor inferior ao da avaliação" (REsp 229.304-SP, Terceira Turma, DJ de 9/10/2006), observando-se apenas os casos de caracterização de preço vil (arts. 692, *caput*, e 701 do CPC). Naqueles casos, contudo, a forma de pagamento então admitida era, em conformidade com o art. 690, caput, do CPC, "com dinheiro à vista, ou a prazo de 3 (três) dias, mediante caução idônea" – na redação anterior à Lei 11.832/2006 –, não se referindo à hipótese excepcional do art. 700 do CPC, revogado pela mesma lei. Neste caso, a hipótese é de arrematação de bem imóvel, em segunda praça, mediante pagamento em prestações, nos termos do previsto no art. 690, § 1º, do CPC, com a redação introduzida pela Lei 11.382/2006, segundo o qual, "Tratando-se de bem imóvel, quem estiver interessado em adquiri-lo em prestações poderá apresentar por escrito sua proposta, nunca inferior à avaliação, com oferta de pelo menos 30% (trinta por cento) à vista, sendo o restante garantido por hipoteca sobre o próprio imóvel". A questão que se coloca é saber se, frustrada a primeira hasta pública, a arrematação de bem imóvel em segunda praça, mediante pagamento em prestações, poderá ser feita por preço inferior ao da avaliação, nos termos do previsto no art. 686, VI, do CPC, que possui a seguinte redação: "Não requerida a adjudicação e não realizada a alienação particular do bem penhorado, será expedido o edital de hasta pública, que conterá: [...] a comunicação de que, se o bem não alcançar lanço superior à importância da avaliação, seguir-se-á, em dia e hora que forem desde logo designados entre os dez e os vinte dias seguintes, a sua alienação pelo maior lanço (art. 692)". O aparente conflito entre as normas processuais confrontadas – art. 686, VI, e art. 690, § 1º, ambos do CPC – resolve-se pelo princípio da especialidade, segundo o qual a lei especial afasta a aplicação da lei geral (*lex specialis derrogat generali*). Pelo critério da especialidade, o art. 686, VI, do CPC, que estabelece as regras para a alienação de bens, móveis ou imóveis, em hasta pública, apresenta-se, portanto, como norma geral em relação ao art. 690, § 1º, do mesmo diploma legal, que trata especificamente da arrematação de bens imóveis em prestações – norma especial. Em vista disso, deve ser afastada a incidência do art. 686, VI, do CPC, reconhecendo-se como prevalente, na espécie, o disposto no art. 690, § 1º, do CPC. Nesses termos, não parece possível admitir-se, mesmo em segunda praça, que, em se tratando de imóvel adquirido em prestações, a arrematação se realize por preço inferior ao valor de avaliação do bem. Isso porque, estabelecendo-se, de modo enfático, que, "Tratando-se de bem imóvel, quem estiver interessado em adquiri-lo em prestações poderá apresentar por escrito sua proposta, nunca inferior à avaliação [...]" (art. 690, §1º, do CPC), o dispositivo legal em questão não deixa dúvidas quanto à intenção do legislador de não admitir que a aquisição do imóvel, em tais condições, se faça por preço inferior ao da avaliação. De fato, o vocábulo "nunca", em sua acepção única de advérbio, significa "em tempo algum; em nenhum tempo; jamais" (Dicionário Aurélio), e a lei, como se sabe, não contém, ou não deve conter, palavras inúteis. Portanto, parece inequívoca a intenção do legislador de impedir, na hipótese específica de que cuida – a arrematação de bem imóvel em prestações – que a aquisição se realize por preço inferior ao da avaliação, mesmo que em segunda praça. **REsp 1.340.965-MG, Rel. Min. Raul Araújo, julgado em 3/9/2015, DJe 11/9/2015 (Inform. STJ 569).**

DIREITO PROCESSUAL CIVIL. DESNECESSIDADE DE EXAURIMENTO DAS VIAS EXTRAJUDICIAIS PARA A UTILIZAÇÃO DO SISTEMA RENAJUD.

A utilização do sistema RENAJUD com o propósito de identificar a existência de veículos penhoráveis em nome do executado não pressupõe a comprovação do insucesso do exequente na obtenção dessas informações mediante consulta ao DETRAN. O RENAJUD é um sistema on line de restrição judicial de veículos criado pelo Conselho Nacional de Justiça (CNJ), que interliga o Judiciário ao Departamento Nacional de Trânsito (Denatran) e permite consultas e o envio, em tempo real, à base de dados do Registro Nacional de Veículos Automotores (Renavam), de ordens judiciais de restrições de veículos, inclusive registro de penhora. Para a utilização desse sistema, assim como ocorre com a penhora on line pelo sistema BACENJUD, é dispensável o exaurimento das vias administrativas tendentes à localização de bens do devedor. Essa conclusão pode ser extraída das seguintes considerações: a) a execução é movida no interesse do credor, a teor do disposto no artigo 612 do CPC; b) o sistema RENAJUD é ferramenta idônea para simplificar e agilizar a busca de bens aptos a satisfazer os créditos executados; e c) a utilização do sistema informatizado permite a maior celeridade do processo (prática de atos com menor dispêndio de tempo e de recursos) e contribui para a efetividade da tutela jurisdicional. Observe-se que, nos termos do art. 655, I e II, do CPC, a penhora observará, preferencialmente, dinheiro e, em seguida, veículos de vias terrestres. Logo, em cumprimento à referida ordem de preferência, no insucesso da utilização da ferramenta BACENJUD para a localização de ativos financeiros, é lícito ao exequente requerer ao juízo que promova a consulta via RENAJUD a respeito da possível existência de veículos automotores em nome do executado, revelando-se injustificável a recusa com esteio no singelo fundamento da ausência de comprovação do esgotamento de diligências na busca de bens penhoráveis. Sob outra perspectiva, é notório que os órgãos públicos, em sua grande maioria, como garantia de privacidade, não fornecem os dados cadastrais de particulares, o que torna difícil a obtenção da informação pretendida. Além disso, a busca realizada no DETRAN local não é capaz de verificar a existência de veículos em outros Estados da Federação, ao contrário da pesquisa pelo sistema RENAJUD, que atinge todo o país. Dessa forma, atualmente, com o aparato tecnológico posto a favor do Estado, a exigência de exaurimento das vias administrativas de busca bens do devedor se afigura verdadeiro mecanismo de procrastinação do andamento do feito, o que vai de encontro à efetiva prestação jurisdicional. Ademais, o CNJ, atento às repercussões dos sistemas BACENJUD, RENAJUD e INFOJUD como importantes ferramentas que asseguram a razoável duração do processo judicial, editou a Recomendação 51/2015, cujo teor corrobora o entendimento exposto acima. **REsp 1.347.222-RS, Rel. Min. Ricardo Villas Bôas Cueva, julgado em 25/8/2015, DJe 2/9/2015 (Inform. STJ 568).**

DIREITO PROCESSUAL CIVIL E TRIBUTÁRIO. IMPOSSIBILIDADE DE INDEFERIMENTO DE PEDIDO DE PENHORA COM FUNDAMENTO NA POTENCIAL ILIQUIDEZ DO BEM.

Na ação de execução fiscal, frustradas as diligências para localização de outros bens em nome do devedor e obedecida a ordem legal de nomeação de bens à penhora, não cabe ao magistrado recusar a constrição de bens nomeados pelo credor fundamentando a decisão apenas na assertiva de que a potencial iliquidez deles poderia conduzir à inutilidade da penhora. Isso porque, nos termos do art. 612 do CPC, a execução é realizada no interesse do credor que adquire, pela penhora, o direito de preferência sobre os bens indicados. Ademais, conforme preceitua o art. 591 do CPC, todo o patrimônio presente e futuro do devedor pode ser utilizado para pagamento de débitos. **REsp 1.523.794-RS, Rel. Min. Sérgio Kukina, julgado em 19/5/2015, DJe 1/6/2015 (Inform. STJ 563).**

DIREITO PROCESSUAL CIVIL. IMPENHORABILIDADE ABSOLUTA DE VALORES DO FUNDO PARTIDÁRIO.

Os recursos do fundo partidário são absolutamente impenhoráveis, inclusive na hipótese em que a origem do débito esteja relacionada às atividades previstas no art. 44 da Lei 9.096/1995. O inciso XI do art. 649 do CPC enuncia que: "São absolutamente impenhoráveis: [...] XI – os recursos públicos do fundo partidário recebidos, nos termos da lei, por partido político". A expressão "nos termos da lei" remete à Lei 9.096/1995, a qual, no art. 38, discrimina as fontes que compõem o fundo partidário. Nesse contexto, os recursos do fundo são oriundos de fontes públicas – como as multas e penalidades, recursos financeiros destinados por lei e dotações orçamentárias da União (art. 38, I, II e IV) – ou de fonte privada – como as doações de pessoa física ou jurídica, efetuadas por intermédio de depósitos bancários diretamente na conta do fundo partidário (art. 38, III). A despeito dessas duas espécies de fontes, após a incorporação das somas ao fundo, elas passam a ter destinação específica prevista em lei (art. 44 da Lei 9.096/1995) e a sujeitar-se a determinada dinâmica de distribuição, utilização e controle do Poder Público (arts. 40 e 44, §1º, da Lei 9.096/1995 c/c o art. 18 da Resolução TSE 21.841/2004) e, portanto, a natureza jurídica dessas verbas passa a ser pública ou, nos termos do art. 649, XI, do CPC, elas tornam-se recursos públicos. Tais circunstâncias deixam claro que o legislador, no art. 649, XI, do CPC, ao fazer referência a "recursos públicos do fundo partidário", tão somente reforçou a natureza pública da verba, de modo que os valores depositados nas contas bancárias utilizadas exclusivamente para o recebimento dessa legenda são absolutamente impenhoráveis. Nesse sentido, o TSE, que possui vasta jurisprudência acerca da impossibilidade do bloqueio de cotas do fundo partidário, não faz distinção acerca da origem dos recursos que o constitui, se pública ou privada, tratando-o como um todo indivisível e, como dito, de natureza pública (AgR-AI 13.885-PA, DJe 19/5/2014 e AgR-REsp 7.582.125-95-SC, DJe 30/4/2012). O fundamento para a impenhorabilidade é o mesmo aplicável à hipótese de recursos públicos recebidos por instituições privadas para aplicação compulsória em educação, saúde, ou assistência social (art. 649, IX, do CPC): a preservação da ordem pública, até porque o fundo partidário está relacionado ao funcionamento dos partidos políticos, organismos essenciais ao Estado Democrático de Direito. Destaca-se, por fim, que a conclusão de que a origem do débito, se relacionada com as atividades previstas no art. 44 da Lei 9.096/1995, seria capaz de afastar a previsão contida no art. 649, XI, do CPC, é desacertada, pois, na realidade, ela descaracteriza a absoluta impenhorabilidade ora em questão. **REsp 1.474.605-MS, Rel. Min. Ricardo Villas Bôas Cueva, julgado em 7/4/2015, DJe 26/5/2015 (Inform. STJ 562).**

DIREITO PROCESSUAL CIVIL. ARREMATAÇÃO DE BEM POR OFICIAL DE JUSTIÇA APOSENTADO.

A vedação contida no art. 497, III, do CC não impede o oficial de justiça aposentado de arrematar bem em hasta pública. De acordo com o referido artigo, "(...) não podem ser comprados, ainda que em hasta pública: (...) pelos juízes, secretários de tribunais, arbitradores, peritos e outros serventuários ou auxiliares da justiça, os bens ou direitos sobre que se litigar em tribunal, juízo ou conselho, no lugar onde servirem, ou a que se estender a sua autoridade". O real significado e extensão dessa vedação é impedir influências diretas, ou até potenciais, desses servidores no processo de expropriação do bem. O que a lei visou foi impedir a ocorrência de situações nas quais a atividade funcional da pessoa possa, de qualquer modo, influir no negócio jurídico em que o agente é beneficiado. Não é a qualificação funcional ou o cargo que ocupa que impede um serventuário ou auxiliar da justiça de adquirir bens em hasta pública, mas sim a possibilidade de influência que a sua função lhe propicia no processo de expropriação do bem. Na situação em análise, não há influência direta, nem mesmo eventual, visto que a situação de aposentado desvincula o servidor do serviço público e da qualidade de serventuário ou auxiliar da justiça. **REsp 1.399.916-RS, Rel. Min. Humberto Martins, julgado em 28/4/2015, DJe 6/5/2015 (Inform. STJ 561).**

DIREITO PROCESSUAL CIVIL. RESPONSABILIDADE DO ADJUDICANTE POR DÍVIDAS CONDOMINIAIS PRETÉRITAS.

O exequente que adjudicou o imóvel penhorado após finda praça sem lançador deve arcar com as despesas condominiais anteriores à praça, ainda que omitidas no edital da hasta pública. De fato, a jurisprudência consolidada no STJ estabelece que, diante da ausência de previsão no edital da hasta pública acerca de débitos condominiais anteriores à praça, não haverá a responsabilização do arrematante pelo pagamento da dívida, a qual deverá ser quitada com o valor obtido na alienação judicial. Cumpre esclarecer, entretanto, que a adjudicação e a arrematação, apesar de ambos os institutos visarem à satisfação do direito do credor, ostentam características diversas e, portanto, merecem tratamento distinto no que diz respeito à vinculação ao edital. Efetivamente, a adjudicação consiste na aquisição espontânea pelo exequente do bem penhorado por preço não inferior ao da avaliação, não havendo sua subordinação ao edital de praça, haja vista que essa forma de aquisição da propriedade não se insere no conceito de hasta pública. A propósito, cabe ressaltar que a Lei 11.382/2006 – que revogou o art. 714 do CPC – alterou a sistemática tradicional da alienação forçada na tutela executiva prevista no CPC, evidenciando ainda mais a independência do ato de adjudicar em relação ao edital, ao colocar a adjudicação como a primeira fase expropriativa, seguida pela alienação por iniciativa particular e, apenas subsidiariamente, a arrematação ou alienação em hasta pública. É o que se infere do caput do art. 686, que prevê que somente será expedido o edital da arrematação se não requerida a adjudicação e não realizada a alienação particular do bem penhorado. Assim, é certa a responsabilização do adjudicante pelo pagamento das contribuições condominiais inadimplidas no período anterior à adjudicação, aplicando-se o art. 1.345 do CC em sua íntegra: "O adquirente de unidade responde pelos débitos do alienante, em relação ao condomínio, inclusive multa e juros moratórios". **REsp 1.186.373-MS, Rel. Min. Luis Felipe Salomão, julgado em 24/3/2015, DJe 14/4/2015 (Inform. STJ 559).**

DIREITO CIVIL E PROCESSUAL CIVIL. POSSIBILIDADE DE PENHORA DE BEM DE FAMÍLIA POR MÁ-FÉ DO DEVEDOR.

Não se deve desconstituir a penhora de imóvel sob o argumento de se tratar de bem de família na hipótese em que, mediante acordo homologado judicialmente, o executado tenha pactuado com o exequente a prorrogação do prazo para pagamento e a redução do valor de dívida que contraíra em benefício da família, oferecendo o imóvel em garantia e renunciando expressamente ao oferecimento de qualquer defesa, de modo que, descumprido o acordo, a execução prosseguiria com a avaliação e praça do imóvel. De fato, a jurisprudência do STJ inclinou-se no sentido de que o bem de família é impenhorável, mesmo quando indicado à constrição pelo devedor. No entanto, o caso em exame apresenta certas peculiaridades que torna válida a renúncia. Com efeito, no caso em análise, o executado agiu em descompasso com o princípio nemo venire contra factum proprium, adotando comportamento contraditório, sum momento ofertando o bem à penhora e, no instante seguinte, arguindo a impenhorabilidade do mesmo bem, o que evidencia a ausência de boa-fé. Essa conduta antiética deve ser coibida, sob pena de desprestígio do próprio Poder Judiciário, que validou o acordo celebrado. Se, por um lado, é verdade que a Lei 8.009/1990 veio para proteger o núcleo familiar, resguardando-lhe a moradia, não é menos correto afirmar que aquele diploma legal não pretendeu estimular o comportamento dissimulado. Como se trata de acordo judicial celebrado nos próprios autos da execução, a garantia somente podia ser constituída mediante formalização de penhora incidente sobre o bem. Nada impedia, no entanto, que houvesse a celebração do pacto por escritura pública, com a constituição de hipoteca sobre o imóvel e posterior juntada aos autos com vistas à homologação judicial. Se tivesse ocorrido dessa forma, seria plenamente válida a penhora sobre o bem em razão da exceção à impenhorabilidade prevista no inciso V do art. 3º da Lei 8.009/1990, não existindo, portanto, nenhuma diferença substancial entre um ato e outro no que interessa às partes. Acrescente-se, finalmente, que a decisão homologatória do acordo tornou preclusa a discussão da matéria, de forma que o mero inconformismo do devedor contra uma das cláusulas pactuadas, manifestado tempos depois, quando já novamente inadimplentes, não tem força suficiente para tornar ineficaz a avença. Dessa forma, não se pode permitir, em razão da boa-fé que deve reger as relações jurídicas, a desconstituição da penhora, sob pena de desprestígio do próprio Poder Judiciário. **REsp 1.461.301-MT, Rel. Min. João Otávio de Noronha, julgado em 5/3/2015, DJe 23/3/2015 (Inform. STJ 558).**

DIREITO PROCESSUAL CIVIL. LIMITES DA IMPENHORABILIDADE DE QUANTIA TRANSFERIDA PARA APLICAÇÃO FINANCEIRA.

É impenhorável a quantia oriunda do recebimento, pelo devedor, de verba rescisória trabalhista posteriormente poupada em mais de um fundo de investimento, desde que a soma dos valores não seja superior a quarenta salários mínimos. De fato, a jurisprudência do STJ vem interpretando a expressão salário, prevista no inciso IV do art. 649 do CPC, de forma ampla, de modo que todos os créditos decorrentes da atividade profissional estão abrangidos pela impenhorabilidade. Cabe registrar, entretanto, que a Segunda Seção do STJ definiu que a remuneração protegida é apenas a última percebida – a do último mês vencido – e, mesmo assim, sem poder ultrapassar o teto constitucional referente à remuneração de ministro do STF (REsp 1.230.060-PR, DJe 29/8/2014). Após esse período, eventuais sobras perdem a proteção. Todavia, conforme esse mesmo precedente do STJ, a norma do inciso X do art. 649 do CPC merece interpretação extensiva, de modo a permitir a impenhorabilidade, até o limite de quarenta salários mínimos, de quantia depositada não só em caderneta de poupança, mas também em conta corrente ou em fundos de investimento, ou guardada em papel-moeda. Dessa maneira, a Segunda Seção admitiu que é possível ao devedor poupar, nesses referidos meios, valores que correspondam a até quarenta salários mínimos sob a regra da impenhorabilidade. Por fim, cumpre esclarecer que, de acordo com a Terceira Turma do STJ (REsp 1.231.123-SP, DJe 30/8/2012), deve-se admitir, para alcançar esse patamar de valor, que esse limite incida em mais de uma aplicação financeira, na medida em que, de qualquer modo, o que se deve proteger é a quantia equivalente a, no máximo, quarenta salários mínimos. **EREsp 1.330.567-RS, Rel. Min. Luis Felipe Salomão, julgado em 10/12/2014, DJe 19/12/2014 (Inform. STJ 554).**

DIREITO PROCESSUAL CIVIL. POSSIBILIDADE DE PENHORA SOBRE HONORÁRIOS ADVOCATÍCIOS.

Excepcionalmente é possível penhorar parte dos honorários advocatícios – contratuais ou sucumbenciais – quando a verba devida ao advogado ultrapassar o razoável para o seu sustento e de sua família. Com efeito, toda verba que ostente natureza alimentar e que seja destinada ao sustento do devedor e de sua família – como os honorários advocatícios – é impenhorável. Entretanto, a regra disposta no art. 649, IV, do CPC não pode ser interpretada de forma literal. Em determinadas circunstâncias, é possível a sua relativização, como ocorre nos casos em que os honorários advocatícios recebidos em montantes exorbitantes ultrapassam os valores que seriam considerados razoáveis para sustento próprio e de sua família. Ademais, o princípio da menor onerosidade do devedor, insculpido no art. 620 do CPC, tem de estar em equilíbrio com a satisfação do credor, sendo indevida sua aplicação de forma abstrata e presumida. Precedente citado: REsp 1.356.404-DF, Quarta Turma, DJe 23/8/2013. **REsp 1.264.358-SC, Rel. Min. Humberto Martins, julgado em 25/11/2014, DJe 5/12/2014 (Inform. STJ 553).**

DIREITO PROCESSUAL CIVIL. REQUISITOS PARA RECONHECIMENTO DA FRAUDE À EXECUÇÃO. RECURSO REPETITIVO (ART. 543-C DO CPC E RES. 8/2008-STJ).

No que diz respeito à fraude de execução, definiu-se que: **(i) é indispensável citação válida para configuração da fraude de execução, ressalvada a hipótese prevista no § 3º do art. 615-A do CPC; (ii) o reconhecimento da fraude de execução depende do registro da penhora do bem alienado ou da prova de má-fé do terceiro adquirente (Súmula 375/STJ); (iii) a presunção de boa-fé é princípio geral de direito universalmente aceito, sendo milenar a parêmia: a boa-fé se presume, a má-fé se prova; (iv) inexistindo registro da penhora na matrícula do imóvel, é do credor o ônus da prova de que o terceiro adquirente tinha conhecimento de demanda capaz de levar o alienante à insolvência, sob pena de tornar-se letra morta o disposto no art. 659, § 4º, do CPC; e (v) conforme previsto no § 3º do art. 615-A do CPC, presume-se em fraude de execução a alienação ou oneração de bens realizada após a averbação referida no dispositivo.** De início, deve prevalecer a posição majoritariamente adotada por este Tribunal ao longo do tempo, a qual exige a citação válida como pressuposto para caracterização da fraude de execução (AgRg no REsp 316.905-SP, Quarta Turma, DJe 18/12/2008; e REsp 418.109-SP, Terceira Turma, DJ 2/9/2002). Quanto ao ônus da prova da intenção do terceiro adquirente, não é razoável adotar entendimento que privilegie a inversão de um princípio geral de direito universalmente aceito, o da presunção da boa-fé, sendo mesmo milenar a parêmia: a boa-fé se presume; a má-fé se prova. A propósito, ensina a doutrina que, para o terceiro, é perfeitamente possível admitir que tenha adquirido o bem alienado pelo litigante ignorando a existência do processo e do prejuízo que este veio a sofrer. Vale dizer: é possível que tenha agido de boa-fé, e à ordem jurídica, em princípio, não interessa desprezar a boa-fé. Ademais, o STJ também já se posicionou no sentido de que "não tendo o registro imobiliário recebido a notícia da existência da ação, a presunção de licitude da alienação milita em favor do comprador. Entendimento contrário geraria intranquilidade nos atos negociais, conspiraria contra o comércio jurídico, e atingiria a mais não poder a confiabilidade nos registros públicos" (REsp 113.871-DF, Quarta Turma, DJ 15/9/1997). De mais a mais, significaria tornar letra morta o disposto no art. 659, § 4º, do CPC entender que há uma presunção relativa de má-fé do adquirente nos casos em que a penhora não for registrada, atribuindo-lhe o ônus de provar sua boa-fé. De que valeria essa norma? O registro não é elemento indispensável à constituição da penhora, conforme já se assentou na doutrina e na jurisprudência. Se é também dispensável para comprovação da ciência de terceiro quanto ao ônus processual, que, na sua ausência, terá de fazer prova de que não sabia da existência do gravame, qual a razão da norma? Qual credor vai arcar com o ônus financeiro do registro se caberá ao terceiro fazer a prova negativa de sua ciência em relação à existência do gravame? Na verdade, a lei tratou de dar plenas garantias ao credor diligente, assegurando-lhe presunção absoluta de conhecimento, por terceiros, da existência de ação em curso mediante a inscrição da penhora no registro público (art. 659, § 4º, do CPC). No entanto, se não agiu com cautela, registrando o gravame, não pode ser beneficiado com a inversão do ônus da prova. Nesse caso, terá ele de provar que o adquirente tinha conhecimento da constrição. O mesmo raciocínio se aplica quando se tem presente a regra estabelecida no art. 615-A do CPC, segundo o qual: "o exequente poderá, no ato da distribuição, obter certidão comprobatória do ajuizamento da execução, com identificação das partes e valor da causa, para fins de averbação no registro de imóveis, registro de veículos ou registro de outros bens sujeitos à penhora

2. DIREITO PROCESSUAL CIVIL

ou arresto". O § 3º do art. 615-A ainda complementa ao asseverar que se presume a fraude de execução na alienação ou oneração de bens efetuada após a referida averbação. Ora, se a lei proporciona ao credor todos os meios para que ele prossiga com segurança na execução e ele se mostra desidioso, não se utilizando daqueles meios, não pode, então, ser beneficiado com a inversão do ônus da prova. **REsp 956.943-PR, Rel. originária Min. Nancy Andrighi, Rel. para acórdão Min. João Otávio de Noronha, julgado em 20/8/2014. (Inform. STJ 552)**

DIREITO PROCESSUAL CIVIL. PENHORA DIRETAMENTE SOBRE BENS DO ESPÓLIO. Em ação de execução de dívida contraída pessoalmente pelo autor da herança, a penhora pode ocorrer diretamente sobre os bens do espólio, em vez de no rosto dos autos do inventário. Com efeito, decorre do art. 597 do CPC e do art. 1.997 do CC que o espólio responde pelas dívidas do falecido, sendo induvidoso, portanto, que o patrimônio deixado pelo *de cujus* suportará esse encargo até o momento em que for realizada a partilha, quando então cada herdeiro será chamado a responder dentro das forças do seu quinhão. Nessa linha de entendimento, em se tratando de dívida que foi contraída pessoalmente pelo autor da herança, pode a penhora ocorrer diretamente sobre os bens do espólio. A penhora no rosto dos autos, na forma do que dispõe o art. 674 do CPC, só terá aplicação na hipótese em que o devedor for um dos herdeiros, pois, nesse caso, o objetivo será garantir o direito do credor na futura partilha. Precedentes citados: REsp 1.446.893-SP, Segunda Turma, DJe 19/5/2014; e REsp 293.609-RS, Quarta Turma, DJe 26/11/2007. **REsp 1.318.506-RS, Rel. Min. Marco Aurélio Bellizze, julgado em 18/11/2014. (Inform. STJ 552)**

DIREITO PROCESSUAL CIVIL. HIPÓTESE DE PENHORABILIDADE DE VALORES RECEBIDOS A TÍTULO DE INDENIZAÇÃO TRABALHISTA. A regra de impenhorabilidade prevista no inciso IV do art. 649 do CPC não alcança a quantia aplicada por longo período em fundo de investimento, a qual não foi utilizada para suprimento de necessidades básicas do devedor e sua família, ainda que originária de indenização trabalhista. Conferindo-se interpretação restritiva ao inciso IV do art. 649 do CPC, é cabível afirmar que a remuneração a que se refere esse inciso é a última percebida pelo devedor, perdendo a sobra respectiva, após o recebimento do salário ou vencimento seguinte, a natureza impenhorável. Dessa forma, as sobras, após o recebimento do salário do período seguinte, não mais desfrutam da natureza de impenhorabilidade decorrente do inciso IV, quer permaneçam na conta corrente destinada ao recebimento da remuneração, quer sejam investidas em caderneta de poupança ou outro tipo de aplicação financeira. Na hipótese, não se trata propriamente de sobras de salários não utilizadas no mês em que recebidas pelo empregado. De fato, as verbas rescisórias alcançadas após a solução de litígio perante a Justiça do Trabalho constituem poupança forçada de parcelas salariais das quais o empregado se viu privado em seu dia a dia por ato ilícito do empregador. Despesas necessárias, como as relacionadas à saúde, podem ter sido adiadas; arcadas por familiares ou pagas à custa de endividamento. Todavia, posta a quantia à disposição do empregado/reclamante, satisfeitas suas necessidades imediatas, e as dívidas contraídas para sua sobrevivência durante o período de litígio e privação, a quantia porventura restante, depositada em conta corrente, caderneta de poupança ou outro tipo de aplicação financeira, não está compreendida na hipótese de impenhorabilidade descrita no inciso IV do art. 649 do CPC. **REsp 1.230.060-PR, Rel. Min. Maria Isabel Gallotti, julgado em 13/8/2014. (Inform. STJ 547)**

DIREITO PROCESSUAL CIVIL. IMPENHORABILIDADE DE QUANTIA DEPOSITADA EM FUNDO DE INVESTIMENTO ATÉ O LIMITE DE 40 SALÁRIOS MÍNIMOS. Sendo a única aplicação financeira do devedor e não havendo indícios de má-fé, abuso, fraude, ocultação de valores ou sinais exteriores de riqueza, é absolutamente impenhorável, até o limite de 40 salários mínimos, a quantia depositada em fundo de investimento. A regra de impenhorabilidade estatuída no inciso X do art. 649 do CPC merece interpretação extensiva para alcançar pequenas reservas de capital poupadas, e não apenas os depósitos em caderneta de poupança. Diante do texto legal em vigor, e considerado o seu escopo, não há sentido em restringir o alcance da regra apenas às cadernetas de poupança assim rotuladas, sobretudo no contexto atual em que diversas outras opções de aplicação financeira se abrem ao pequeno investidor, eventualmente mais lucrativas, e contando com facilidades como o resgate automático. O escopo do inciso X do art. 649 não é estimular a aquisição de reservas em caderneta de poupança em detrimento do pagamento de dívidas, mas proteger devedores de execuções

que comprometam o mínimo necessário para a sua subsistência e de sua família, finalidade para qual não tem influência alguma que a reserva esteja acumulada em papel moeda, conta-corrente, caderneta de poupança propriamente dita ou outro tipo de aplicação financeira, com ou sem garantia do Fundo Garantidor de Créditos (FGC). **REsp 1.230.060-PR, Rel. Min. Maria Isabel Gallotti, julgado em 13/8/2014. (Inform. STJ 547)**

DIREITO CIVIL E PROCESSUAL CIVIL. RESPONSABILIDADE DE DEVEDOR SOLIDÁRIO E IMPOSSIBILIDADE DE SE EXCUTIR BENS DE TERCEIRO ESTRANHO À AÇÃO DE CONHECIMENTO. Os bens de terceiro que, além de não estar incluído no rol do art. 592 do CPC, não tenha figurado no polo passivo de ação de cobrança não podem ser atingidos por medida cautelar incidental de arresto, tampouco por futura execução, sob a alegação de existência de solidariedade passiva na relação de direito material. De fato, conforme o art. 275, *caput* e parágrafo único, do CC, é faculdade do credor escolher a qual ou a quais devedores direcionará a cobrança do débito comum, sendo certo que a propositura da ação de conhecimento contra um deles não implica a renúncia à solidariedade dos remanescentes, que permanecem obrigados ao pagamento da dívida. Ressalte-se que essa norma é de direito material, restringindo-se sua aplicação ao momento de formação do processo cognitivo, quando, então, o credor pode incluir no polo passivo da demanda todos, alguns ou um específico devedor. Sob essa perspectiva, a sentença somente terá eficácia em relação aos demandados, não alcançando aqueles que não participaram da relação jurídica processual, nos termos do art. 472 do CPC e conforme a jurisprudência do STJ (REsp 1.169.968-RS, Terceira Turma, DJe 17/3/2014; e AgRg no AREsp 275.477-CE, Primeira Turma, DJe 8/4/2014). Ademais, extrai-se o mesmo entendimento da norma prevista no art. 568 do CPC que, enumerando os possíveis sujeitos passivos na execução, refere-se expressamente ao "devedor reconhecido como tal no título executivo"; não havendo, nesse dispositivo, previsão alguma quanto ao devedor solidário que não figure no título judicial. Além disso, a responsabilidade solidária precisa ser declarada em processo de conhecimento, sob pena de tornar-se impossível a execução do devedor solidário, ressalvados os casos previstos no art. 592 do mesmo diploma processual, que prevê a possibilidade de excussão de bem de terceiro estranho à relação processual. Ante o exposto, não é possível, em virtude de alegação quanto à eventual existência de solidariedade passiva na relação de direito material, atingir bens de terceiro estranho ao processo de cognição e que não esteja incluído no rol do art. 592 do CPC. Aliás, em alguma medida, esse entendimento está contido na Súmula 268 do STJ (segundo a qual o "fiador que não integrou a relação processual na ação de despejo não responde pela execução do julgado"), a qual, *mutatis mutandis*, deve ser também aplicada ao devedor que não tenha sido incluído no polo passivo de ação de cobrança. **REsp 1.423.083-SP, Rel. Min. Luis Felipe Salomão, julgado em 6/5/2014. (Inform. STJ 544)**

DIREITO PROCESSUAL CIVIL. ALCANCE DE PENHORA DE VALORES DEPOSITADOS EM CONTA BANCÁRIA CONJUNTA SOLIDÁRIA. A penhora de valores depositados em conta bancária conjunta solidária somente poderá atingir a parte do numerário depositado que pertença ao correntista que seja sujeito passivo do processo executivo, presumindo-se, ante a inexistência de prova em contrário, que os valores constantes da conta pertencem em partes iguais aos correntistas. De fato, há duas espécies de contrato de conta bancária: a) a conta individual ou unipessoal; e b) a conta conjunta ou coletiva. A conta individual ou unipessoal é aquela que possui titular único, que a movimenta por si ou por meio de procurador. A conta bancária conjunta ou coletiva, por sua vez, pode ser: b.1) indivisível – quando movimentada por intermédio de todos os seus titulares simultaneamente, sendo exigida a assinatura de todos, ressalvada a outorga de mandato a um ou a alguns para fazê-lo –; ou b.2) solidária – quando os correntistas podem movimentar a totalidade dos fundos disponíveis isoladamente. Nesta última espécie (a conta conjunta solidária), apenas prevalece o princípio da solidariedade ativa e passiva em relação ao banco – em virtude do contrato de abertura de conta-corrente –, de modo que o ato praticado por um dos titulares não afeta os demais nas relações jurídicas e obrigacionais com terceiros, devendo-se, portanto, afastar a solidariedade passiva dos correntistas de conta conjunta solidária em suas relações com terceiros (REsp 13.680-SP, Quarta Turma, DJ 16/11/1992). Isso porque a solidariedade não se presume, devendo resultar da vontade da lei ou da manifestação de vontade inequívoca das partes (art. 265 do CC). Nessa linha de entendimento, conquanto a penhora de saldo bancário de conta conjunta seja admitida pelo ordenamento jurídico, é certo que a constrição não pode se dar em proporção maior que o numerário pertencente ao devedor da obrigação, devendo ser preservado o saldo dos demais cotitulares. Além disso, na hipótese em que se pretenda penhorar valores depositados em conta conjunta solidária, dever-se-á permitir aos seus titulares a comprovação dos valores que integram o patrimônio de cada um, sendo certo que, na ausência de provas nesse sentido, presumir-se-á a divisão do saldo em partes iguais (AgRg no AgRg na Pet 7.456-MG, Terceira Turma, DJe 26/11/2009). **REsp 1.184.584-MG, Rel. Min. Luis Felipe Salomão, julgado em 22/4/2014. (Inform. STJ 539)**

DIREITO PROCESSUAL CIVIL. FORMALIZAÇÃO DA PENHORA ON-LINE. A falta de lavratura de auto da penhora realizada por meio eletrônico, na fase de cumprimento de sentença, pode não configurar nulidade procedimental quando forem juntadas aos autos peças extraídas do sistema BacenJud contendo todas as informações sobre o bloqueio do numerário, e em seguida o executado for intimado para oferecer impugnação. Cabe ressaltar que não se está a afirmar que é dispensável a lavratura do auto de penhora nem a defender a desnecessidade de sua redução a termo para que, após a intimação da parte executada, tenha início o prazo para apresentação de impugnação. Essa é a regra e deve ser observada, individualizando-se e particularizando-se o bem que sofreu constrição, de modo que o devedor possa aferir se houve excesso, se o bem é impenhorável, etc. Todavia, no caso de penhora de numerário existente em conta corrente, é evidente que essa regra não é absoluta. A letra do art. 475-J, § 1º, do CPC ["do auto de penhora e de avaliação será de imediato intimado o executado, na pessoa de seu advogado (arts. 236 e 237), ou, na falta deste, o seu representante legal, ou pessoalmente, por mandado ou pelo correio, podendo oferecer impugnação, querendo, no prazo de quinze dias"] não deve ser analisada sem atenção para o sistema como um todo, aí incluídas as inovações legislativas e a própria lógica do sistema. No caso da realização da penhora *on-line*, não há expedição de mandado de penhora ou de avaliação do bem penhorado. A constrição recai sobre numerário encontrado em conta corrente do devedor, sendo desnecessário diligência além das adotadas por meio eletrônico pelo próprio magistrado. Além disso, o art. 154 do CPC estabelece que "os autos e termos processuais não dependem de forma determinada senão quando a lei expressamente a exigir, reputando-se válidos os que, realizados de outro modo, lhe preencham a finalidade essencial". Assegurado à parte o direito de conhecer todos os detalhes da penhora realizada por meio eletrônico sobre o numerário encontrado em sua conta corrente, e não havendo prejuízo, especialmente pela posterior intimação da parte para apresentar impugnação, incide o princípio *pas de nullité sans grief*. **REsp 1.195.976-RN, Rel. Min. João Otávio de Noronha, julgado em 20/2/2014. (Inform. STJ 536)**

DIREITO PROCESSUAL CIVIL. ORDEM PREFERENCIAL DE PENHORA ESTABELECIDA PELO ART. 655 DO CPC.
É lícito ao credor recusar a substituição de penhora incidente sobre bem imóvel por debêntures, ainda que emitidas por companhia de sólida posição no mercado mobiliário, desde que não exista circunstância excepcionalíssima cuja inobservância acarrete ofensa à dignidade da pessoa humana ou ao paradigma da boa-fé objetiva. De fato, o art. 655 do CPC utiliza a expressão "preferencialmente" ao estabelecer o rol exemplificativo de bens sujeitos à penhora, o que denota não se tratar de um sistema legal de escolhas rígidas. Ocorre que a flexibilização da referida ordem preferencial de penhora de bens, destinada a acomodar a tutela do crédito com a menor onerosidade da execução para o devedor, deve manter as vistas voltadas para o interesse do credor, compatibilizando as regras dos arts. 612 e 620 do CPC. Dessa forma, ao deparar situações concretas nas quais seja possível a penhora de bens diversos, deve-se optar pelo bem de maior aptidão satisfativa, salvo concordância expressa do credor. Na hipótese em análise, deve-se constatar que, enquanto os bens imóveis estão inseridos no inciso IV do art. 655 do CPC, as debêntures, títulos de crédito que constituem valores mobiliários (art. 2º da Lei 6.385/1976) cuja comercialização é admitida em bolsa de valores, inserem-se no inciso X do art. 655 do CPC. Nessa conjuntura, poder-se-ia cogitar flexibilização da ordem preferencial de penhora de bens estabelecida pelo citado art. 655. Todavia, conquanto a comercialização em bolsa de valores garanta razoável liquidez econômica às debêntures, o valor financeiro que pode ser alcançado com a sua comercialização não é precisamente conhecido, ainda que tenham sido emitidas por companhia de sólida posição no mercado mobiliário, pois, assim como os demais títulos negociados em bolsa de valores, as debêntures são notavelmente voláteis, ou seja, seus valores estão sujeitos a amplas oscilações em curto espaço de tempo. Assim, é lícito ao credor recusar a substituição de penhora incidente sobre bem imóvel por debêntures. Por fim, deve-se ressaltar que a inversão da ordem preferencial de penhora somente poderá ser imposta

ao credor em circunstância excepcionalíssima cuja inobservância acarrete ofensa à dignidade da pessoa humana ou ao paradigma da boa-fé objetiva. **REsp 1.186.327-SP, Rel. Min. Nancy Andrighi, julgado em 10/9/2013. (Inform. STJ 531)**

DIREITO CIVIL E PROCESSUAL CIVIL. IMPOSSIBILIDADE DE QUE AUTOR E RÉU REALIZEM COMPENSAÇÃO QUE ENVOLVA CRÉDITO OBJETO DE PENHORA NO ROSTO DOS AUTOS.
A penhora de crédito pleiteado em juízo – anotada no rosto dos autos e de cuja constituição tenham sido as partes intimadas – impede que autor e réu realizem posterior compensação que envolva o referido crédito. Aplica-se, nessa hipótese, a regra contida no art. 380 do CC, que dispõe ser inadmissível "a compensação em prejuízo de direito de terceiro". Afirma ainda o referido dispositivo que o "devedor que se torne credor do seu credor, depois de penhorado o crédito deste, não pode opor ao exequente a compensação, de que contra o próprio credor disporia". Busca-se, dessa forma, evitar lesão a direito de terceiro diretamente interessado na constrição. Deve-se observar, portanto, que o art. 380 do CC tem por escopo coibir a utilização da compensação como forma de esvaziar penhora anterior. Trata-se, assim, de norma de caráter protetivo e de realce na busca de um processo de resultado. Ademais, segundo os arts. 673 e 674 do CPC, a penhora no rosto dos autos altera subjetivamente a figura a quem deverá ser efetuado o pagamento, conferindo a esta os bens que forem adjudicados ou que couberem ao devedor. Ressalte-se que a impossibilidade de compensação nessas circunstâncias decorre também do princípio da boa-fé objetiva, valor comportamental que impõe às partes o dever de cooperação e de lealdade na relação processual. **REsp 1.208.858-SP, Rel. Min. Nancy Andrighi, julgado em 3/9/2013. (Inform. STJ 528)**

DIREITO PROCESSUAL CIVIL. SUBSTITUIÇÃO DE BEM PENHORADO EM EXECUÇÃO FISCAL.
Em execução fiscal, o juiz não pode indeferir o pedido de substituição de bem penhorado se a Fazenda Pública concordar com a pretendida substituição. Isso porque, de acordo com o princípio da demanda, o juiz, em regra, não pode agir de ofício, salvo nas hipóteses expressamente previstas no ordenamento jurídico. Assim, tendo o credor anuído com a substituição da penhora, mesmo que por um bem que guarde menor liquidez, não poderá o juiz, de ofício, indeferi-la. Ademais, nos termos do art. 620 do CPC, a execução deverá ser feita pelo modo menos gravoso para o executado. **REsp 1.377.626-RJ, Rel. Min. Humberto Martins, julgado em 20/6/2013. (Inform. STJ 526)**

DIREITO PROCESSUAL CIVIL. PENHORABILIDADE DE VALOR RECEBIDO POR ANISTIADO POLÍTICO A TÍTULO DE REPARAÇÃO ECONÔMICA.
Os valores recebidos por anistiado político a título de reparação econômica em prestação mensal, permanente e continuada (art. 5º da Lei 10.559/2002) são suscetíveis de penhora para a garantia de crédito tributário. De fato, o art. 184 do CTN determina que são passíveis de penhora todos os bens e rendas de qualquer origem ou natureza do sujeito passivo, salvo os declarados por lei absolutamente impenhoráveis. Por sua vez, o art. 649 do CPC estabelece que são absolutamente impenhoráveis, entre outros bens, os vencimentos, subsídios, soldos, salários e remunerações (inciso IV). Ocorre que, de acordo com a Lei 10.559/2002, que regulamenta o Regime do Anistiado Político, a reparação econômica devida a anistiado político não possui caráter remuneratório ou alimentar, mas sim "caráter indenizatório" (art. 1º, II). Sendo assim, essas verbas se mostram passíveis de constrição, na medida em que não foram consideradas por lei como absolutamente impenhoráveis. **REsp 1.362.089-RJ, Rel. Min. Humberto Martins, julgado em 20/6/2013. (Inform. STJ 525)**

DIREITO PROCESSUAL CIVIL. EXCEÇÃO À IMPENHORABILIDADE DO BEM DE FAMÍLIA.
No âmbito de execução de sentença civil condenatória decorrente da prática de ato ilícito, é possível a penhora do bem de família na hipótese em que o réu também tenha sido condenado na esfera penal pelo mesmo fundamento de fato. A Lei 8.009/1990 institui a impenhorabilidade do bem de família como instrumento de tutela do direito fundamental à moradia. Por sua vez, o inciso VI do art. 3º desse diploma legal estabelece que "a impenhorabilidade é oponível em qualquer processo de execução civil, fiscal, previdenciária, trabalhista ou de outra natureza, salvo se movido por ter sido adquirido com produto de crime ou para execução de sentença penal condenatória a ressarcimento, indenização

ou perdimento de bens". O legislador, ao registrar a exceção, não tratou do caso de execução de título judicial civil decorrente da prática de ato ilícito, ainda que devidamente apurado e cuja decisão tenha transitado em julgado. Nesse contexto, pode-se concluir que o legislador optou pela prevalência do dever do infrator de indenizar a vítima de ato ilícito que tenha atingido bem jurídico tutelado pelo direito penal e que nesta esfera tenha sido apurado, sendo objeto, portanto, de sentença penal condenatória transitada em julgado. Dessa forma, é possível afirmar que a ressalva contida no inciso VI do art. 3º da referida lei somente abrange a execução de sentença penal condenatória, ação civil *ex delicto*, não alcançando a sentença cível de indenização, salvo se, verificada a coexistência dos dois tipos, as decisões tiverem o mesmo fundamento de fato. Precedente citado: REsp 209.403-RS, Terceira Turma, DJ 5/2/2001. **REsp 1.021.440-SP, Min. Rel. Luis Felipe Salomão, julgado em 2/5/2013. (Inform. STJ 524)**

DIREITO PROCESSUAL CIVIL. OFERECIMENTO DE LANÇO POR DEPOSITÁRIO DO BEM PENHORADO.
O depositário de bem penhorado, na condição de representante de outra pessoa jurídica do mesmo grupo empresarial da executada, não pode, em leilão, fazer lanço para a aquisição desse bem. Isso porque, ainda que aquele não esteja entre os elencados no rol previsto nos incisos I a III do art. 690-A do CPC, que estabelece os impedidos de lançar, deve-se observar que o referido artigo permite ao aplicador do direito interpretação e adequação, o que afasta sua taxatividade. **REsp 1.368.249-RN, Rel. Min. Humberto Martins, julgado em 16/4/2013. (Inform. STJ 523)**

DIREITO PROCESSUAL CIVIL. PENHORABILIDADE DE VALORES APLICADOS EM FUNDO DE INVESTIMENTO.
É possível a penhora de valores que, apesar de recebidos pelo devedor em decorrência de rescisão de contrato de trabalho, tenham sido posteriormente transferidos para fundo de investimento. Destaque-se, inicialmente, que a solução da controvérsia exige uma análise sistemática do art. 649 do CPC, notadamente dos incisos que fixam a impenhorabilidade de verbas de natureza alimentar e de depósitos em caderneta de poupança até o limite de 40 salários mínimos. Segundo o inciso IV do artigo, são absolutamente impenhoráveis "os vencimentos, subsídios, soldos, salários, remunerações, proventos de aposentadoria, pensões, pecúlios e montepios", além das "quantias recebidas por liberalidade de terceiro e destinadas ao sustento do devedor e sua família, os ganhos de trabalhador autônomo e os honorários de profissional liberal". Por sua vez, o inciso X do mesmo artigo dispõe ser absolutamente impenhorável, "até o limite de 40 (quarenta) salários mínimos, a quantia depositada em caderneta de poupança". Deve-se notar que, apesar de o inciso que cuida da impenhorabilidade das verbas alimentares não dispor expressamente até que ponto elas permanecerão sob a proteção desse benefício legal, infere-se de sua redação, bem como de seu próprio espírito norteador, que somente manterão essa condição enquanto "destinadas ao sustento do devedor e sua família". Em outras palavras, na hipótese de qualquer provento de índole salarial se mostrar, ao final do período, isto é, até o recebimento de novo provento de igual natureza, superior ao custo necessário ao sustento do titular e de seus familiares, essa sobra perde o caráter alimentício e passa a ser uma reserva ou economia, tornando-se, em princípio, penhorável. Por isso, não é razoável, como regra, admitir que verbas alimentares não utilizadas no período para a própria subsistência sejam transformadas em aplicações ou investimentos financeiros e continuem a gozar do benefício da impenhorabilidade. Até porque, em geral, grande parte do capital acumulado pelas pessoas é fruto de seu próprio trabalho. Assim, se as verbas salariais não utilizadas pelo titular para subsistência mantivessem sua natureza alimentar, teríamos por impenhorável todo o patrimônio construído pelo devedor a partir desses recursos. O legislador, porém, criou uma exceção à regra, prevendo expressamente que são igualmente impenhoráveis valores até o limite de 40 salários mínimos aplicados em caderneta de poupança. Estabeleceu-se, assim, uma presunção de que os valores depositados em caderneta de poupança até aquele limite assumem função de segurança alimentícia pessoal e familiar. Trata-se, pois, de benefício que visa à proteção do pequeno investimento, da poupança modesta, voltada à garantia do titular e de sua família contra imprevistos, como desemprego ou doença. É preciso destacar que a poupança constitui investimento de baixo risco e retorno, contando com proteção do Fundo Garantidor de Crédito e isenção do imposto de renda, tendo sido concebida justamente para pequenos investimentos destinados a atender o titular e sua unidade familiar em situações emergenciais, por um período determinado e não muito extenso. Outras modalidades de aplicação financeira de maior risco e rentabilidade, como é o

caso dos fundos de investimento, não detêm esse caráter alimentício, sendo voltadas para valores mais expressivos, menos comprometidos, destacados daqueles vinculados à subsistência mensal do titular e de sua família. Essas aplicações buscam suprir necessidades e interesses de menor preeminência, ainda que de elevada importância, como a aquisição de bens duráveis, inclusive imóveis, ou mesmo a realização de uma previdência informal de longo prazo. Aliás, mesmo aplicações em poupança em valor mais elevado perdem o caráter alimentício, tanto que o benefício da impenhorabilidade foi limitado a 40 salários mínimos e o próprio Fundo Garantidor de Crédito assegura proteção até o limite de R$ 70.000,00 por pessoa, nos termos da Res. 4.087⁄2012 do CMN. Diante disso, deve-se concluir que o art. 649, X, do CPC não admite intepretação extensiva de modo a abarcar todo e qualquer tipo de aplicação financeira, para que não haja subversão do próprio desígnio do legislador ao editar não apenas esse comando legal, mas também a regra do art. 620 do CPC de que a execução se dê pela forma menos gravosa ao devedor. De fato, o sistema de proteção legal conferido às verbas de natureza alimentar impõe que, para manterem essa natureza, sejam aplicadas em caderneta de poupança, até o limite de 40 salários mínimos, o que permite ao titular e sua família uma subsistência digna por um prazo razoável de tempo. Valores mais expressivos, superiores ao referido patamar, não foram contemplados pela impenhorabilidade fixada pelo legislador, até para que possam, efetivamente, vir a ser objeto de constrição, impedindo que o devedor abuse do benefício legal, escudando-se na proteção conferida às verbas de natureza alimentar para se esquivar do cumprimento de suas obrigações, a despeito de possuir condição financeira para tanto. Com efeito, o que se quis assegurar com a impenhorabilidade de verbas alimentares foi a sobrevivência digna do devedor, e não a manutenção de um padrão de vida acima das suas condições às custas do credor. **REsp 1.330.567-RS, Rel. Min. Nancy Andrighi, julgado em 16/5/2013. (Inform. STJ 523)**

DIREITO PROCESSUAL CIVIL. NOMEAÇÃO DE BENS À PENHORA EM EXECUÇÃO FISCAL. RECURSO REPETITIVO (ART. 543-C DO CPC E RES. 8/2008-STJ).
Na execução fiscal, o executado não tem direito subjetivo à aceitação do bem por ele nomeado à penhora em desacordo com a ordem estabelecida no art. 11 da Lei 6.830/1980 e art. 655 do CPC na hipótese em que não tenha apresentado elementos concretos que justifiquem a incidência do princípio da menor onerosidade (art. 620 do CPC). Em princípio, nos termos do art. 9º, III, da Lei 6.830/1980, cumpre ao executado nomear bens à penhora, observada a ordem do art. 11 do mesmo diploma legal. É do devedor o ônus de comprovar a imperiosa necessidade de afastar a ordem legal dos bens penhoráveis e, para que essa providência seja adotada, é insuficiente a mera invocação genérica do art. 620 do CPC. Exige-se, para a superação da ordem legal estabelecida, que estejam presentes circunstâncias fáticas especiais que justifiquem a prevalência do princípio da menor onerosidade para o devedor no caso concreto. Precedentes citados: EREsp 1.116.070-ES, Primeira Seção, DJ 16/11/2010; e AgRg no Ag 1.372.520-RS, Segunda Turma, DJe 17/3/2011. **REsp 1.337.790-PR, Rel. Min. Herman Benjamin, julgado em 12/6/2013. (Inform. STJ 522)**

DIREITO PROCESSUAL CIVIL. LIMITES À IMPENHORABILIDADE DO BEM DE FAMÍLIA NO CASO DE IMÓVEL RURAL.
Tratando-se de bem de família que se constitua em imóvel rural, é possível que se determine a penhora da fração que exceda o necessário à moradia do devedor e de sua família. É certo que a Lei 8.009/1990 assegura a impenhorabilidade do imóvel residencial próprio do casal ou da entidade familiar. Entretanto, de acordo com o § 2º do art. 4º dessa lei, quando "a residência familiar constituir-se em imóvel rural, a impenhorabilidade restringir-se-á à sede de moradia, com os respectivos bens móveis". Assim, deve-se considerar como legítima a penhora incidente sobre a parte do imóvel que exceda o necessário à sua utilização como moradia. **REsp 1.237.176-SP, Rel. Min. Eliana Calmon, julgado em 4/4/2013. (Inform. STJ 521)**

DIREITO PROCESSUAL CIVIL. ARRESTO EXECUTIVO ELETRÔNICO NA HIPÓTESE DE NÃO LOCALIZAÇÃO DO EXECUTADO.
É possível a realização de arresto on-line na hipótese em que o executado não tenha sido encontrado pelo oficial de justiça para a citação. O arresto executivo de que trata o art. 653 do CPC consubstancia a constrição de bens em nome do executado quando este não for encontrado para a citação. Trata-se de medida que objetiva assegurar a efetivação de futura penhora na execução em curso e independe da prévia citação do devedor. Com efeito,

se houver citação, não haverá o arresto, realizando-se desde logo a penhora. Portanto, o arresto executivo visa a evitar que a tentativa frustrada de localização do devedor impeça o andamento regular da execução, sendo a citação condição apenas para sua conversão em penhora, e não para a constrição. Em relação à efetivação do arresto on-line, a Lei 11.382/2006 possibilitou a realização da penhora on-line, consistente na localização e apreensão, por meio eletrônico, de valores, pertencentes ao executado, depositados ou aplicados em instituições bancárias. O STJ entendeu ser possível o arresto prévio por meio do sistema Bacen Jud no âmbito de execução fiscal. A aplicação desse entendimento às execuções de títulos extrajudiciais reguladas pelo CPC é inevitável, tendo em vista os ideais de celeridade e efetividade da prestação jurisdicional. Nesse contexto, por analogia, é possível aplicar ao arresto executivo o art. 655-A do CPC, que permite a penhora on-line. **REsp 1.370.687-MG, Rel. Min. Antonio Carlos Ferreira, julgado em 4/4/2013. (Inform. STJ 519)**

DIREITO PROCESSUAL CIVIL. OPÇÃO DO CREDOR PELA ALIENAÇÃO DO DIREITO DE CRÉDITO DECLARADA ANTES DO INÍCIO DO PRAZO PREVISTO NO ART. 673, § 1º, DO CPC.
É possível que o exequente, antes mesmo do início do prazo que lhe é outorgado pelo art. 673, § 1º, do CPC, manifeste sua preferência pela alienação judicial do precatório oferecido à penhora. De acordo com o art. 673, caput, do CPC, feita a penhora em direito e ação do devedor, e não tendo este oferecido embargos, ou sendo estes rejeitados, o credor fica sub-rogado nos direitos do devedor até a concorrência do seu crédito. Todavia, conforme o § 1º do mesmo dispositivo legal, o credor pode preferir, em vez da sub-rogação, a alienação judicial do direito penhorado, caso em que declarará a sua vontade no prazo de dez dias contados da realização da penhora. A efetivação da garantia, entretanto, não configura condição de eficácia dessa declaração de vontade do credor. Dessa forma, é possível concluir que a disciplina processual contida no art. 673, caput e § 1º, do CPC privilegia a satisfação do exequente, uma vez que lhe faculta a forma de liquidação de direito de crédito que mais aprouver no caso concreto. Precedente citado: REsp 1.304.923-RS, Primeira Turma, DJe 28/5/2012. **AgRg no AgRg no AREsp 52.523-RS, Rel. Min. Arnaldo Esteves Lima, julgado em 9/4/2013. (Inform. STJ 519)**

DIREITO PROCESSUAL CIVIL. NECESSIDADE DE INTIMAÇÃO ESPECÍFICA QUANTO À PENHORA MESMO NO CASO DE COMPARECIMENTO ESPONTÂNEO DO EXECUTADO.
O comparecimento espontâneo do executado aos autos da execução fiscal, após a efetivação da penhora, não supre a necessidade de sua intimação acerca do ato constritivo com a advertência do prazo para o oferecimento dos embargos à execução fiscal. A ciência da penhora sucedida pelo comparecimento espontâneo do executado não pode ser equiparada ao ato formal de intimação, que deve se revestir da necessária solenidade da indicação do prazo para oposição dos pertinentes embargos. Afinal, a intimação é um ato de comunicação processual da mais relevante importância, pois é dela que começam a fluir os prazos para que as partes exerçam os seus direitos e faculdades processuais. Precedente citado: AgRg no REsp 1.201.056-RJ, Segunda Turma, DJe 23/9/2011. **AgRg no REsp 1.358.204-MG, Rel. Min. Arnaldo Esteves Lima, julgado em 7/3/2013. (Inform. STJ 519)**

DIREITO PROCESSUAL CIVIL. INEXISTÊNCIA DE VINCULAÇÃO DO JUIZ À INDICAÇÃO DE LEILOEIRO REALIZADA NA FORMA DO ART. 706 DO CPC.
O juiz pode recusar a indicação do leiloeiro público efetivada pelo exequente para a realização de alienação em hasta pública, desde que o faça de forma motivada. Infere-se, a partir do art. 706 do CPC, a possibilidade jurídica de indicação de leiloeiro público pelo exequente, o que não implica afirmar que o exequente tenha o direito de ver nomeado o leiloeiro indicado por ele. Por sua vez, o CPC confere ao magistrado a competência para a direção do processo (art. 125), inclusive no âmbito da execução (art. 598), além do poder de determinação dos atos instrutórios (art. 130) necessários ao processamento da execução de forma calibrada, justa, de modo a não impor desnecessários sacrifícios ao devedor. Por conclusão, tem o juiz poderes para exercer controle sobre a idoneidade da indicação do exequente para fins de realização da alienação judicial em hasta pública da maneira mais adequada e consentânea aos fins da tutela executiva. **REsp 1.354.974-MG, Rel. Min. Humberto Martins, julgado em 5/3/2013. (Inform. STJ 518)**

DIREITO PROCESSUAL CIVIL. DESISTÊNCIA DE ARREMATAÇÃO REALIZADA NA VIGÊNCIA DA REDAÇÃO ORIGINAL DOS ARTS. 694 E 746 DO CPC.
No caso de arrematação considerada perfeita, acabada e irretratável durante a vigência da redação original dos arts. 694 e 746 do CPC, não é possível ao arrematante desistir da aquisição na hipótese de oferecimento de embargos à arrematação. Com o advento da Lei n. 11.382/2006, tornou-se possível ao arrematante requerer o desfazimento da arrematação na hipótese de oferecimento de embargos à arrematação (arts. 694, § 1º, IV, e 746, §§ 1º e 2º, do CPC). Essa previsão legal tem incidência imediata, mas não se aplica aos atos consumados sob a égide da lei antiga. **REsp 1.345.613-SC, Rel. Min. Mauro Campbell Marques, julgado em 21/2/2013. (Inform. STJ 516).**

DIREITO PROCESSUAL CIVIL. BLOQUEIO DE ATIVOS FINANCEIROS PELO SISTEMA BACEN JUD.
Para que seja efetuado o bloqueio de ativos financeiros do executado por meio do sistema Bacen Jud, é necessário que o devedor tenha sido validamente citado, não tenha pago nem nomeado bens à penhora e que tenha havido requerimento do exequente nesse sentido. De acordo com o art. 185-A do CTN, apenas o executado validamente citado que não pagar nem nomear bens à penhora poderá ter seus ativos financeiros bloqueados por meio do sistema Bacen Jud, sob pena de violação do princípio do devido processo legal. Ademais, a constrição de ativos financeiros do executado pelo referido sistema depende de requerimento expresso do exequente, não podendo ser determinada de ofício pelo magistrado, conforme o art. 655-A do CPC. Precedentes citados: REsp 1.044.823-PR, DJe 15/9/2008, e AgRg no REsp 1.218.988-RJ, DJe 30/5/2011. **AgRg no REsp 1.296.737-BA, Rel. Min. Napoleão Nunes Maia Filho, julgado em 5/2/2013. (Inform. STJ 515).**

DIREITO PROCESSUAL CIVIL. VALIDADE DA ARREMATAÇÃO EM PROCESSO DE EXECUÇÃO.
No caso de alienação em hasta pública, arrematado o bem, e emitido e entregue pelo arrematante ao leiloeiro, tempestivamente, cheque no valor correspondente ao lance efetuado, não invalida a arrematação o fato de não ter sido depositado o referido valor, em sua integralidade, à ordem do juízo, dentro do prazo previsto pela lei processual. Segundo o art. 705 do CPC, é do leiloeiro, e não do arrematante, o dever de depositar, dentro de vinte e quatro horas, à ordem do juízo, o produto da alienação. Não é admissível que a omissão do leiloeiro no cumprimento de seu dever seja considerada causa de nulidade da arrematação realizada, pois a referida nulidade acarretaria indevido prejuízo ao arrematante, o qual cumpriu com sua parte na alienação. **REsp 1.308.878-RJ, Rel. Min. Sidnei Beneti, julgado em 4/12/2012. (Inform. STJ 514).**

DIREITO PROCESSUAL CIVIL. IMPENHORABILIDADE DE VERBAS PÚBLICAS RECEBIDAS POR PARTICULARES E DESTINADAS COMPULSORIAMENTE À SAÚDE.
São absolutamente impenhoráveis as verbas públicas recebidas por entes privados para aplicação compulsória em saúde. A Lei n. 11.382/2006 inseriu no art. 649, IX, do CPC a previsão de impenhorabilidade absoluta dos "recursos públicos recebidos por instituições privadas para aplicação compulsória em educação, saúde, ou assistência social". Essa restrição à responsabilidade patrimonial do devedor justifica-se em razão da prevalência do interesse coletivo em relação ao interesse particular e visa garantir a efetiva aplicação dos recursos públicos nas atividades elencadas, afastando a possibilidade de sua destinação para a satisfação de execuções individuais promovidas por particulares. **REsp 1.324.276-RJ, Rel. Min. Nancy Andrighi, julgado em 4/12/2012. (Inform. STJ 512).**

DIREITO PROCESSUAL CIVIL. NOMEAÇÃO DE BENS À PENHORA. IMPOSSIBILIDADE DE EQUIPARAÇÃO DE COTAS DE FUNDOS DE INVESTIMENTO A DINHEIRO EM APLICAÇÃO FINANCEIRA.
Não é possível equiparar, para os fins do art. 655, I, do CPC, as "cotas de fundos de investimento" a "dinheiro em aplicação financeira" quando do oferecimento de bens à penhora. Embora os fundos de investimento sejam uma espécie de aplicação financeira, eles não se confundem com a expressão "dinheiro em aplicação financeira". Ao se proceder à penhora em aplicação financeira, a constrição processual atinge numerário certo e líquido que fica bloqueado ou depositado à disposição do juízo da execução fiscal. Por sua vez, o valor financeiro referente a cotas de fundo de investimento não é certo e pode não ser líquido, a depender de fatos futuros imprevisíveis

2. DIREITO PROCESSUAL CIVIL — 143

para as partes e juízos. Dessa forma, quando do oferecimento de bens à penhora, deve-se respeitar a ordem de preferência prevista na legislação. Precedentes citados: AgRg no AREsp 66.122-PR, DJe 15/10/2012, e AgRg no AREsp 205.217-MG, DJe 4/9/2012. **REsp 1.346.362-RS, Rel. Min. Benedito Gonçalves, julgado 4/12/2012. (Inform. STJ 512).**

Súmula STJ nº 549
É válida a penhora de bem de família pertencente a fiador de contrato de locação.

Súmula STJ nº 497
Os créditos das autarquias federais preferem aos créditos da Fazenda estadual desde que coexistam penhoras sobre o mesmo bem.

Súmula STJ nº 451
É legítima a penhora da sede do estabelecimento comercial.

Súmula STJ nº 417
Na execução civil, a penhora de dinheiro na ordem de nomeação de bens não tem caráter absoluto.

Súmula STJ nº 328
Na execução contra instituição financeira, é penhorável o numerário disponível, excluídas as reservas bancárias mantidas no Banco Central.

Súmula STJ nº 319
O encargo de depositário de bens penhorados pode ser expressamente recusado.

Súmula STJ nº 205
A lei 8.009/90 aplica-se a penhora realizada antes de sua vigência.

13.4. Embargos do devedor e exceção de pré-executividade

AG. REG. NO AG. REG. NO RE N. 516.037-RS

RELATOR: MIN. DIAS TOFFOLI
EMENTA: Agravo regimental no agravo regimental no recurso extraordinário. Constitucional. Processual. Fazenda Pública. Execução embargada. Artigo 1º-D da Lei nº 9.494/97, acrescentado pela MP nº 2.180-35/01. Inaplicabilidade. Precedentes.
1. A premissa fática exigida para que se aplique o que foi decidido pelo Plenário desta Corte no RE nº 420.816, Relator o Ministro **Sepúlveda Pertence**, no qual se declarou a constitucionalidade da Medida Provisória nº 2.180-35/01, dando interpretação conforme ao art. 1º-D da Lei nº 9.494/97, é a de que a execução não tenha sido embargada pela União, caso contrário, são devidos os honorários advocatícios.
2. Agravo regimental não provido. **(Inform. STF 713)**

DIREITO PROCESSUAL CIVIL. IMPOSSIBILIDADE DE OFERECIMENTO DE RECONVENÇÃO EM EMBARGOS À EXECUÇÃO.
É incabível o oferecimento de reconvenção em embargos à execução. O processo de execução tem como finalidade a satisfação do crédito constituído, razão pela qual se revela inviável a reconvenção, na medida em que, se admitida, ocasionaria o surgimento de uma relação instrumental cognitiva simultânea, o que inviabilizaria o prosseguimento da ação executiva. Com efeito, na execução, a doutrina ensina que: "a cognição é rarefeita e instrumental aos atos de satisfação. Daí a falta de espaço para a introdução de uma demanda do executado no processo puramente executivo". Dessa forma, como a reconvenção demanda dilação probatória e exige sentença de mérito, ela vai de encontro com a fase de execução, na qual o título executivo já se encontra definido, de sorte que só pode ser utilizada em processos de conhecimento. Por fim, entendimento em sentido contrário violaria o princípio da celeridade e criaria obstáculo para a satisfação do crédito, porquanto a ideia que norteia a reconvenção é o seu desenvolvimento de forma conjunta com a demanda inicial, o que não ocorreria caso ela fosse admitida em sede de embargos à execução, na medida em que as demandas não teriam pontos de contato a justificar a reunião. Precedente citado: REsp 1.085.689-RJ, Primeira Turma, DJe 4/11/2009. **REsp 1.528.049-RS, Rel. Min. Mauro Campbell Marques, julgado em 18/8/2015, DJe 28/8/2015 (Inform. STJ 567).**

DIREITO PROCESSUAL CIVIL. RECEBIMENTO DE EMBARGOS DO DEVEDOR COMO IMPUGNAÇÃO AO CUMPRIMENTO DE SENTENÇA.
Em execuções de sentença iniciadas antes da vigência da Lei 11.232/2005, que instituiu a fase de cumprimento de sentença e estabeleceu a "impugnação" como meio de defesa do executado, os embargos do devedor opostos após o início da vigência da referida lei devem ser recebidos como impugnação ao cumprimento de sentença na hipótese em que o juiz, com o advento do novo diploma, não tenha convertido expressamente o procedimento, alertando as partes de que a execução de sentença passou a ser cumprimento de sentença. De fato, no direito brasileiro, não se reconhece a existência de direito adquirido à aplicação das regras de determinado procedimento. Por isso, a lei se aplica imediatamente ao processo em curso. Vale a regra do *tempus regit actum* e, nesse sentido, seria impreciso afirmar que a execução da sentença, uma vez iniciada, é imune a mudanças procedimentais. Ocorre que a aplicação cega da regra geral do direito intertemporal poderia ter consequências verdadeiramente desastrosas e, diante disso, temperamentos são necessários. Observe-se que o processo civil muito comumente vem sendo distorcido de forma a prestar enorme desserviço ao estado democrático de direito, deixando de ser instrumento da justiça para se tornar terreno incerto, repleto de arapucas e percalços, em que só se aventuram aqueles que não têm mais nada a perder. Todavia, o direito processual não pode ser utilizado como elemento surpresa, a cercear injusta e despropositadamente uma solução de mérito. A razoabilidade deve ser aliada do Poder Judiciário nessa tarefa, de forma que se alcance efetiva distribuição de justiça. Não se deve, portanto, impor surpresas processuais, pois essas só prejudicam a parte que tem razão no mérito da disputa. O processo civil dos óbices e das armadilhas é o processo civil dos rábulas. Mesmo os advogados mais competentes e estudiosos estão sujeitos ao esquecimento, ao lapso, e não se pode exigir que todos tenham conhecimento das mais recônditas nuances criadas pela jurisprudência. O direito das partes não pode depender de tão pouco. Nas questões controvertidas, convém que se adote, sempre que possível, a opção que aumente a viabilidade do processo e as chances de julgamento do mérito da lide. Nesse contexto, transpondo o quanto exposto até aqui para a hipótese em discussão – na qual é patente a existência de dúvida em relação ao procedimento cabível –, conclui-se, em respeito ao princípio da segurança jurídica, serem os embargos do devedor cabíveis caso inexista a expressa conversão do procedimento. **REsp 1.185.390-SP, Rel. Min. Nancy Andrighi, julgado em 27/8/2013. (Inform. STJ 528)**

DIREITO PROCESSUAL CIVIL. RESPONSABILIDADE DA BRASIL TELECOM S/A PARA RESPONDER POR OBRIGAÇÕES DA TELEMS S/A.
Em execução individual de sentença coletiva promovida em face da Brasil Telecom S/A, sucessora da Telems S/A, não é cabível a análise de tese de ilegitimidade passiva fundada na alegação de que, em razão de disposições contidas no ato de cisão ou no edital de privatização da sucedida, a obrigação objeto de execução, consistente na restituição de valores pagos por consumidores em razão da participação financeira na construção de rede de transmissão de telefonia, não seria, conforme previsto no título executivo judicial, da sucedida (Telems S/A), e sim da Telebrás. Isso porque a referida tese só teria relevância no processo de conhecimento, não podendo, assim, ser suscitada no momento da execução individual. Desse modo, o reconhecimento da responsabilidade da sucedida, em sentença transitada em julgado, implica a sucessora seja por força dos arts. 568 e 592 do CPC, seja por regra segundo a qual "a sentença, proferida entre as partes originárias, estende seus efeitos ao adquirente ou ao cessionário" (art. 42, § 3º, do CPC). **REsp 1.371.462-MS, Rel. Min. Luis Felipe Salomão, julgado em 7/5/2013. (Inform. STJ 524)**

DIREITO PROCESSUAL CIVIL. EXCESSO DE EXECUÇÃO ALEGADO APÓS A OPOSIÇÃO DOS EMBARGOS À EXECUÇÃO.
Não é possível ao juiz conhecer de suposto excesso de execução alegado pelo executado somente após a oposição dos embargos à execução. Isso porque eventual excesso de execução é típica matéria de defesa, e não de ordem pública, devendo ser arguida pelo executado por meio de embargos à execução, sob pena de preclusão. Precedentes citados: EDcl o AG 1.429.591 e REsp 1.270.531-PE, Segunda Turma, DJe 28/11/2011. **AgRg no AREsp 150.035-DF, Rel. Ministro Humberto Martins, julgado em 28/5/2013. (Inform. STJ 523)**

144 VADE MECUM DE JURISPRUDÊNCIA – STF/STJ

DIREITO PROCESSUAL CIVIL. REVISÃO DE CONTRATO EM EMBARGOS DO DEVEDOR.
No âmbito de embargos do devedor, é possível proceder à revisão do contrato de que se origine o título executado, ainda que, em relação ao referido contrato, tenha havido confissão de dívida. Precedentes citados: AgRg no REsp 716.961-RS, Quarta Turma, DJe 22/2/2011; AgRg no REsp 908.879-PE, Quarta Turma, DJe 19/4/2010; e AgRg no REsp 877.647-RS, Terceira Turma, julgado em 26/05/2009, DJe 8/6/2009. **REsp 1.330.567-RS, Rel. Min. Nancy Andrighi, julgado em 16/5/2013. (Inform. STJ 523)**

DIREITO PROCESSUAL CIVIL. HONORÁRIOS ADVOCATÍCIOS NA HIPÓTESE DE INDEFERIMENTO LIMINAR DOS EMBARGOS DO DEVEDOR.
Os honorários advocatícios não são devidos na hipótese de indeferimento liminar dos embargos do devedor, ainda que o executado tenha apelado da decisão indeferitória e o exequente tenha apresentado contrarrazões ao referido recurso. Precedentes citados: AgRg no REsp 923.554-RN, Primeira Turma, DJ 2/8/2007, e REsp 506.423-RS, Segunda Turma, DJ 17/5/2004. **AgRg no AREsp 182.879-RJ, Rel. Min. Ari Pargendler, julgado em 5/3/2013. (Inform. STJ 519)**

DIREITO PROCESSUAL CIVIL. EMBARGOS À ARREMATAÇÃO. NECESSIDADE DE AÇÃO PRÓPRIA PARA A DESCONSTITUIÇÃO DA ALIENAÇÃO.
Efetuada a arrematação, descabe o pedido de desconstituição da alienação nos autos da execução, demandando ação própria prevista no art. 486 do CPC. A execução tramita por conta e risco do exequente, tendo responsabilidade objetiva por eventuais danos indevidos ocasionados ao executado. Conforme o art. 694 do CPC, a assinatura do auto pelo juiz, pelo arrematante e pelo serventuário da justiça ou leiloeiro torna perfeita, acabada e irretratável a arrematação. Essa norma visa conferir estabilidade à arrematação, protegendo o arrematante e impondo-lhe obrigação, como também buscando reduzir os riscos do negócio jurídico, propiciando efetivas condições para que os bens levados à hasta pública recebam melhores ofertas em benefício das partes do feito executivo e da atividade jurisdicional na execução. Assim, ainda que os embargos do executado venham a ser julgados procedentes, desde que não sejam fundados em vício intrínseco à arrematação, tal ato se mantém válido e eficaz, tendo em conta a proteção ao arrematante terceiro de boa-fé. Precedentes citados: AgRg no CC 116.338-SE, DJe 15/2/2012; REsp 1.219.093-PR, DJe 10/4/2012, e AgRg no Ag 912.834-SP, DJe 11/2/2011. **REsp 1.313.053-DF, Rel. Min. Luis Felipe Salomão, julgado em 4/12/2012. (Inform. TSJ 511).**

📖 **Súmula STJ nº 487**

O parágrafo único do art. 741 do CPC não se aplica às sentenças transitadas em julgado em data anterior à da sua vigência.

📖 **Súmula STJ nº 331**

A apelação interposta contra sentença que julga embargos à arrematação tem efeito meramente devolutivo.

📖 **Súmula STJ nº 46**

Na execução por carta, os embargos do devedor serão decididos no juízo deprecante, salvo se versarem unicamente vícios ou defeitos da penhora, avaliação ou alienação dos bens.

14. CAUTELAR

Liminar em ação cautelar: recurso extraordinário não admitido e desapropriação - 4
Em conclusão de julgamento, o Plenário, ao resolver questão de ordem suscitada pela Ministra Cármen Lúcia, declarou a extinção de ação cautelar por perda de objeto e julgou prejudicado agravo regimental interposto de decisão que deferira pedido de medida liminar na referida ação cautelar para suspender os efeitos de acórdãos de tribunal de justiça local, bem assim a imissão do ora agravante na posse de imóvel rural. O Estado-membro agravante alegava que o tema central seria a ocorrência de preclusão, matéria processual infraconstitucional, não passível de análise no âmbito de recurso extraordinário. Na espécie, encontrava-se pendente de exame, no STF, agravo de instrumento interposto de decisão que negara seguimento a recurso extraordinário dos proprietários do imóvel, ora agravados — v. Informativos 645 e 656. O Colegiado registrou que o recurso extraordinário tivera, por fim, seguimento negado, com base nos Enunciados 279, 282, 284

e 356 da Súmula do STF, além de suscitar ofensa indireta à Constituição. Assim, tendo em vista o prejuízo do recurso extraordinário, a ação cautelar perdera seu objeto. **AC 2910 AgR-MC/RS, rel. orig. Min. Ellen Gracie, red. p/ o acórdão Min. Rosa Weber, 11.12.2014. (AC-2910) (Inform. STF 771)**

RE: ação cautelar e eficácia suspensiva
A 1ª Turma, por maioria, negou provimento a agravo regimental interposto contra decisão que negara seguimento a ação cautelar ajuizada com a finalidade de se atribuir efeito suspensivo a agravo em recurso extraordinário. Na espécie, discutia-se a possibilidade de se ajuizar a ação cautelar em comento, no âmbito do STF, quando ainda pendente de apreciação recurso especial em trâmite no STJ. A Turma consignou que, a teor do que disposto no art. 543 e § 1º, do CPC ("Art. 543. Admitidos ambos os recursos, os autos serão remetidos ao Superior Tribunal de Justiça. § 1º Concluído o julgamento do recurso especial, serão os autos remetidos ao Supremo Tribunal Federal, para apreciação do recurso extraordinário, se este não estiver prejudicado"), a interposição simultânea dos recursos especial e extraordinário levaria a que este só viesse a ser analisado após o julgamento do especial. Afirmou que, na situação dos autos, somente depois de esgotada a jurisdição do STJ os autos seriam remetidos ao STF para que fosse julgado o agravo e, se o caso, o recurso extraordinário; ressalvada a hipótese de eventual prejudicialidade deste último em razão do que tivesse sido deliberado no recurso especial. Vencido o Ministro Marco Aurélio, que provia o agravo regimental. Afirmava que, protocolado agravo de instrumento que visasse à subida de recurso extraordinário eventualmente inadmitido — com a devolutividade, portanto, da matéria —, não se exigiria o esgotamento da jurisdição do STJ; e que, nesta hipótese, seria inaugurada a jurisdição para a ação cautelar no STF. **AC 3683/MG, rel. Min. Rosa Weber, 2.9.2014. (AC-3683) (Inform. STF 757)**

Mandado de segurança e cautelar: supressão de eficácia da decisão - 2
Em conclusão de julgamento, o Plenário assentou o prejuízo de recurso extraordinário em face da perda superveniente de objeto, decorrente do desbloqueio dos depósitos dos valores retidos no Banco Central - Bacen por ocasião do denominado Plano Collor. Na espécie, o recurso extraordinário fora interposto contra acórdão de tribunal regional federal que, em mandado de segurança impetrado contra o Bacen, entendera incabível o duplo grau de jurisdição obrigatório, contido no parágrafo único do art. 1º da Lei 8.076/1990, em razão de se tratar de autarquia federal e de haver precedente do Pleno daquela Corte no qual se declarara a inconstitucionalidade do referido dispositivo legal — v. Informativo 360. Na presente assentada, o Ministro Marco Aurélio (relator) noticiou que o Bacen formulara pedido de desistência em razão da superveniente perda do interesse de agir, não obstante iniciado o exame do feito com voto já proferido. O Plenário apontou que o pedido de desistência do recurso extraordinário ora protocolado não seria analisado ante a prejudicialidade do próprio recurso. **RE 190034/SP, rel. Min. Marco Aurélio, 9.4.2014. (RE-190034) (Inform. STF 742)**

DIREITO PROCESSUAL CIVIL. SUSTAÇÃO DE PROTESTO E PRESTAÇÃO DE CONTRACAUTELA. RECURSO REPETITIVO (ART. 543-C DO CPC E RES. 8/2008-STJ). TEMA 902.
A legislação de regência estabelece que o documento hábil a protesto extrajudicial é aquele que caracteriza prova escrita de obrigação pecuniária líquida, certa e exigível. Portanto, a sustação de protesto de título, por representar restrição a direito do credor, exige prévio oferecimento de contracautela, a ser fixada conforme o prudente arbítrio do magistrado. A teor do art. 17, § 1º, da Lei de Protesto, o título ou documento de dívida cujo protesto tiver sido sustado judicialmente só poderá ser pago, protestado ou retirado com autorização judicial. É dizer, a sustação do protesto implica retenção do título de crédito, inviabilizando, pois, a sua execução e, por conseguinte, restringindo, ainda que provisoriamente, o próprio direito fundamental do credor de acesso à justiça e de haver imediatamente seu crédito, mediante atos de agressão ao patrimônio do devedor efetuados por meio do Judiciário. Ademais, em interpretação sistemática do diploma processual, apenas para um exercício de comparação, é bem de ver que, como o documento cambiário apresentado a protesto tem que ser título hábil à execução (título de crédito), a sustação do protesto implica obstar a execução por título extrajudicial, efeito que, com a vigência do art. 739-A, § 1º, do CPC/1973, nem os embargos do executado produzem, a menos que, "sendo relevantes seus fundamentos, o prosseguimento da execução

manifestamente possa causar ao executado grave dano de difícil ou incerta reparação, e desde que a execução já esteja garantida por penhora, depósito ou caução suficientes". Nessa ordem de ideias, a sustação do protesto, por meio transverso, inviabiliza a própria execução aparelhada pelo título levado a protesto, não havendo nenhum sentido/razoabilidade em que seja feita sem a exigência de caução ou depósito, igualmente exigidos para a suspensão da execução. Nesse sentido, leciona a doutrina que, para a execução de medida antecipatória/acautelatória, mesmo quando se tratar de provimento de natureza reversível, há o dever de salvaguardar o núcleo essencial do direito fundamental à segurança jurídica do réu; "não fosse assim o perigo de dano não teria sido eliminado, mas apenas deslocado da esfera do autor para a do demandado". Com efeito, à luz do disposto no art. 804 do CPC/1973 (art. 300 do novo CPC) há muito está consolidado na jurisprudência dos tribunais que, para a sustação do protesto cambial de título hábil à execução, é necessário, para que se resguarde também os interesses do credor, o oferecimento de contracautela. Por isso é que a jurisprudência do STJ só admite a sustação do protesto quando as circunstâncias de fato, efetivamente, autorizam a proteção do devedor, com a presença da aparência do bom direito e, de regra, com o depósito do valor devido ou, a critério ponderado do juiz, quando preste caução idônea. Por fim, enfatiza-se que a hipótese em questão - em que é apontado a protesto documento apto a aparelhar a execução judicial, isto é, título que caracteriza prova escrita de obrigação pecuniária líquida, certa e exigível - não se confunde com a situação em que o magistrado, v.g., constata que o título está prescrito para a execução cambial, hipótese que atrai a tutela de evidência prevista no novo CPC e refoge ao controle efetuado pelo tabelião, caracterizando o hipotético ato do apontamento a protesto, à luz da iterativa jurisprudência do STJ, por si só, abusivo; mas é certo que, em todo caso, o excepcional deferimento da medida sem contracautela (resguardo dos interesses do credor) deverá ser devidamente fundamentado pelo juiz. Precedentes citados: REsp 627.759-MG, Terceira Turma, DJ 8/5/2006; e AgRg no Ag 1.238.302-MG, Quarta Turma, DJe 1º/2/2011. **REsp 1.340.236-SP, Rel. Min. Luis Felipe Salomão, Segunda Seção, julgado em 14/10/2015, DJe 26/10/2015. (Inform. STJ 571)**

DIREITO PROCESSUAL CIVIL. POSSIBILIDADE DE DISPENSA DA CAUÇÃO PREVISTA NO ART. 835 DO CPC. A caução prevista no art. 835 do CPC não tem natureza cautelar, sendo exigível no caso em que se verificar a presença dos requisitos objetivos e cumulativos elencados no referido dispositivo, podendo ser dispensada nas hipóteses previstas no art. 836 do CPC ou quando, com base na prova dos autos, as peculiaridades do caso concreto indicarem que a sua exigência irá obstaculizar o acesso à jurisdição. Com efeito, para que a caução prevista no art. 835 do CPC seja exigível são necessários dois pressupostos objetivos e cumulativos, a saber: (i) o autor da ação não residir no Brasil ou dele se ausentar na pendência da demanda; e (ii) não ter o autor da ação bens imóveis no Brasil que assegurem o pagamento das custas e honorários de advogado da parte contrária em caso de sucumbência. Esclareça-se que o referido dispositivo legal, a despeito de estar inserido no livro do CPC referente aos procedimentos cautelares, não ostenta natureza cautelar. O tema relaciona-se, de fato, com as despesas processuais. Logo, para a sua incidência, não se exige a presença do fumus boni iuris ou do periculum in mora, mas, sim, a configuração de requisitos objetivos que elenca. Nota-se que o legislador não conferiu qualquer margem de discricionariedade ao magistrado para que dispense a prestação da caução com base em critérios subjetivos – como, por exemplo, a plausibilidade do direito em que se funda a ação – porque não se trata de faculdade, mas de imposição legal. Nesse passo, registre-se que não se encontra eleito pelo legislador (art. 835 do CPC) critério de índole eminentemente subjetiva para averiguação da necessidade de prestação de caução nem se verifica o referido critério entre as exceções do art. 836 do CPC ("Não se exigirá, porém, a caução, de que trata o artigo antecedente: I – na execução fundada em título extrajudicial; II – na reconvenção."). Entretanto, como o não atendimento da prestação de caução constitui um obstáculo processual ao prosseguimento da demanda – visto que, se não removido, impõe a extinção do processo sem resolução do mérito –, não se pode afastar por completo a possibilidade de, excepcionalmente, diante das peculiaridades de determinado caso concreto, dispensar-se a caução quando, com base na prova dos autos, conclua-se pela existência de efetivo obstáculo concreto ao acesso à jurisdição. **REsp 1.479.051-RJ, Rel. Min. Ricardo Villas Bôas Cueva, julgado em 26/5/2015, DJe 5/6/2015 (Inform. STJ 563).**

DIREITO PROCESSUAL CIVIL. COMPETÊNCIA PARA O JULGAMENTO DE AÇÃO CAUTELAR DE EXIBIÇÃO DE DOCUMENTO.
Compete à justiça comum, e não à justiça trabalhista, o processamento e o julgamento de ação cautelar de exibição de documentos na qual beneficiário de seguro de vida coletivo busque a exibição, pelo ex--empregador de seu falecido pai, de documentos necessários a instruir ação de cobrança contra a seguradora. Isso porque, nessa situação, a ação não se fundamenta em qualquer vínculo trabalhista estabelecido entre as partes, mas, sim, em relação contratual existente entre o autor, beneficiário do seguro de vida coletivo, e a seguradora. Com efeito, conforme o art. 21, § 2º, do Decreto-Lei 73/1966, nos seguros facultativos, o estipulante (empregador) é mero mandatário dos segurados, intermediando a avença celebrada entre seus empregados e a seguradora. Dessa forma, o pleito cautelar de exibição de documento está fundado em relação de direito civil, qual seja, cobrança de indenização securitária. A lide, portanto, não se enquadra nas hipóteses constitucionais que atraem a competência da Justiça do Trabalho. **CC 121.161-SP, Rel. Min. Ricardo Villas Bôas Cueva, julgado em 22/5/2013. (Inform. STJ 524)**

DIREITO PROCESSUAL CIVIL. IMPOSSIBILIDADE DE EXECUÇÃO DE MULTA FIXADA EM AÇÃO CAUTELAR NO CASO DE IMPROCEDÊNCIA DO PEDIDO FORMULADO NA AÇÃO PRINCIPAL.
No caso de improcedência do pedido formulado na ação principal, será inexigível a multa cominatória fixada em ação cautelar destinada à manutenção de contrato de distribuição de produtos. A decisão concessiva da tutela cautelar é proferida com base em cognição sumária do direito acautelado, em juízo de mera probabilidade, de modo que, por imperativo lógico, a sentença definitiva prolatada na ação principal, fundada em cognição exauriente acerca da questão de fundo, sobrepõe-se àquela. Assim, o não acolhimento da pretensão formulada na ação principal esvazia o provimento acautelatório de um dos pressupostos sobre os quais se fundou: a verossimilhança do direito invocado. Além disso, o julgamento de improcedência do pedido deduzido na ação principal, que se reveste dos atributos de definitividade e satisfatividade em relação ao objeto litigioso, faz cessar a eficácia da sentença cautelar e, por conseguinte, inviabiliza a execução de eventual multa nela fixada. Precedentes citados: REsp 401.531-RJ, Quarta Turma, DJe 8/3/2010; e REsp 846.767-PB, Terceira Turma, DJ 14/5/2007. **REsp 1.370.707-MT, Rel. Min. Nancy Andrighi, julgado em 4/6/2013. (Inform. STJ 523)**

DIREITO PROCESSUAL CIVIL. COMPETÊNCIA DO JUÍZO ARBITRAL PARA O JULGAMENTO DE MEDIDA CAUTELAR DE ARROLAMENTO DE BENS.
Na hipótese em que juízo arbitral tenha sido designado por contrato firmado entre as partes para apreciar a causa principal, será este – e não juízo estatal – competente para o julgamento de medida cautelar de arrolamento de bens, dependente da ação principal, que tenha por objeto inventário e declaração de indisponibilidade de bens. De fato, em observância aos requisitos fixados pelo art. 857 do CPC para o deferimento da medida cautelar de arrolamento de bens – demonstração do direito aos bens e dos fatos em que funda o receio de extravio ou de dissipação dos bens –, nota-se que não se trata de medida que, para ser deferida, demande cognição apenas sobre o receio de redução patrimonial do devedor. Na verdade, trata-se de medida cujo deferimento demanda, também, que esteja o juízo convencido da aparência de direito à obtenção desses bens, o que nada mais é do que uma análise ligada ao mérito da controvérsia, a qual, por sua vez, é de competência do juízo arbitral na hipótese em que exista disposição contratual nesse sentido. Ademais, é importante ressaltar que o receio de dissipação do patrimônio não fica desprotegido com a manutenção exclusiva da competência da corte arbitral para o julgamento da medida de arrolamento, pois os árbitros, sendo especialistas na matéria de mérito objeto da lide, provavelmente terão melhores condições de avaliar a necessidade da medida. Além disso, o indispensável fortalecimento da arbitragem, que vem sendo levado a efeito desde a promulgação da Lei 9.307/1996, torna indispensável que se preserve, na maior medida possível, a autoridade do árbitro como juiz de fato e de direito para o julgamento de questões ligadas ao mérito da causa. Isso porque negar essa providência esvaziaria o conteúdo da Lei de Arbitragem, permitindo que, simultaneamente, o mesmo direito seja apreciado, ainda que em cognição perfunctória, pelo juízo estatal e pelo juízo arbitral, muitas vezes com sérias possibilidades de interpretações conflitantes para os mesmos fatos. **CC 111.230-DF, Rel. Min. Nancy Andrighi, julgado em 8/5/2013. (Inform. STJ 522)**

VADE MECUM DE JURISPRUDÊNCIA – STF/STJ

DIREITO PROCESSUAL CIVIL. CONFIGURAÇÃO DE INTERESSE DE AGIR EM AÇÃO EXIBITÓRIA DE DOCUMENTOS COMUNS ENTRE AS PARTES.
O prévio requerimento extrajudicial de apresentação de documentos não é requisito necessário à configuração de interesse de agir em ação exibitória de documentos comuns entre as partes. Precedentes citados: AgRg no AREsp 24.547-MG, Quarta Turma, DJe 21/5/2012, e AgRg no REsp 1.287.419-MS, Terceira Turma, DJe 4/6/2012. **REsp 1.232.157-RS, Rel. Min. Paulo de Tarso Sanseverino, julgado em 19/3/2013. (Inform. STJ 519)**

DIREITO PROCESSUAL CIVIL. RESPONSABILIDADE PELO PAGAMENTO DE CUSTAS E HONORÁRIOS DE AÇÃO EXIBITÓRIA DE DOCUMENTOS COMUNS ENTRE AS PARTES.
Incumbe ao autor de ação exibitória de documentos comuns entre as partes o pagamento das custas processuais e dos honorários advocatícios na hipótese em que ele não tenha requerido, em momento anterior à propositura da ação, a apresentação dos documentos no âmbito extrajudicial, e o réu não tenha oferecido resistência à pretensão, tendo apresentado, logo após a citação, os documentos solicitados pelo autor. Em observância ao princípio da causalidade, aquele que deu causa à propositura da ação de exibição de documentos deve arcar com o pagamento das custas processuais e dos honorários advocatícios. Nesse contexto, não tendo o autor buscado previamente a exibição dos documentos na via administrativa, foi ele próprio quem deu causa à propositura da demanda, devendo, pois, arcar com os ônus decorrentes. **REsp 1.232.157-RS, Rel. Min. Paulo de Tarso Sanseverino, julgado em 19/3/2013. (Inform. STJ 519)**

DIREITO PROCESSUAL CIVIL. MEDIDA CAUTELAR DE SEQUESTRO PARA ASSEGURAR A FUTURA SATISFAÇÃO DE CRÉDITO EM AÇÃO PRINCIPAL.
Não é cabível o deferimento de medida cautelar de sequestro no caso em que se busque apenas assegurar a satisfação futura de crédito em ação a ser ajuizada, inexistindo disputa específica acerca do destino dos bens sobre os quais se pleiteia a incidência da constrição. O sequestro é medida destinada à apreensão de bens determinados com o objetivo de assegurar a futura efetivação de provimento judicial que os tenha como objeto. Para o deferimento da medida, é necessário que o juiz se convença de que, sobre o bem objeto da ação principal cujo sequestro se pleiteia, tenha-se estabelecido, direta ou indiretamente, uma relação de disputa entre as partes da demanda. Assim, se a ação principal versa sobre pretensão creditícia, não se identifica a presença dos requisitos exigidos pelo art. 822, I, do CPC, pois inexiste, em tal caso, específica disputa sobre posse ou propriedade dos bens que seriam objeto da referida medida. Precedente citado: REsp 440.147-MT, DJ 30/6/2003. **REsp 1.128.033-GO, Rel. Min. Nancy Andrighi, julgado em 5/2/2013. (Inform. STJ 515).**

📖 **Súmula STF nº 390**

A exibição judicial de livros comerciais pode ser requerida como medida preventiva.

📖 **Súmula STJ nº 482**

A falta de ajuizamento da ação principal no prazo do art. 806 do CPC acarreta a perda da eficácia da liminar deferida e a extinção do processo cautelar.

---

15. PROCEDIMENTOS ESPECIAIS

15.1. Possessórias e Petitórias

DIREITO PROCESSUAL CIVIL. PREJUDICIALIDADE EXTERNA ENTRE AÇÃO REIVINDICATÓRIA E AÇÃO DE NULIDADE DE NEGÓCIO JURÍDICO.
Deve ser suspensa a ação reivindicatória de bem imóvel, pelo prazo máximo de um ano (art. 265, IV, "a", do CPC), enquanto se discute, em outra ação, a nulidade do próprio negócio jurídico que ensejou a transferência do domínio aos autores da reivindicatória. Isso porque, nessa situação, está configurada a prejudicialidade externa entre as ações, de modo que, nos termos do art. 265, IV, "a", do CPC, deve o juiz decretar a suspensão do processo quando houver questão prejudicial (externa) cuja solução é pressuposto lógico necessário da decisão que estará contida na sentença. Na espécie, constata-se que tanto a ação anulatória como a reivindicatória estão dirigidas ao mesmo bem imóvel. Dessa forma, tem-se, sem dúvida, prejudicialidade do resultado do julgamento da ação anulatória em relação à reivindicatória, pois, acaso procedente aquela, faltará legitimidade ativa ad causam aos autores desta, justificando-se a suspensão da ação reivindicatória pelo prazo

máximo de um ano, nos termos do § 5º do art. 265 do CPC. Precedente citado: AgRg no REsp 1.151.040-RJ, Quarta Turma, DJe de 22/2/2012. EREsp 1.409.256-PR, Rel. Min. Og Fernandes, julgado em 6/5/2015, DJe 28/5/2015 (Inform. STJ 563).

DIREITO PROCESSUAL CIVIL. LEGITIMIDADE E INTERESSE PROCESSUAL DO USUFRUTUÁRIO PARA A PROPOSITURA DE AÇÃO DE CARÁTER PETITÓRIO.
O usufrutuário possui legitimidade e interesse para propor ação reivindicatória – de caráter petitório – com o objetivo de fazer prevalecer o seu direito de usufruto sobre o bem, seja contra o nu-proprietário, seja contra terceiros. A legitimidade do usufrutuário para reivindicar a coisa, mediante ação petitória, está amparada no direito de sequela, característica de todos os direitos reais, entre os quais se enquadra o usufruto, por expressa disposição legal (art. 1.225, IV, do CC). A ideia de usufruto emerge da consideração que se faz de um bem, no qual se destacam os poderes de usar e gozar ou usufruir, sendo entregues a uma pessoa distinta do proprietário, enquanto a este remanesce apenas a substância da coisa. Ocorre, portanto, um desdobramento dos poderes emanados da propriedade: enquanto o direito de dispor da coisa permanece com o nu-proprietário (*ius abutendi*), a usabilidade e a fruibilidade (*ius utendi e ius fruendi*) passam para o usufrutuário. Assim é que o art. 1.394 do CC dispõe que o "usufrutuário tem direito à posse, uso, administração e percepção dos frutos". Desse modo, se é certo que o usufrutuário – na condição de possuidor direto do bem – pode valer-se das ações possessórias contra o possuidor indireto (nu-proprietário), também se deve admitir a sua legitimidade para a propositura de ações de caráter petitório – na condição de titular de um direito real limitado, dotado de direito de sequela – contra o nu-proprietário ou qualquer pessoa que obstaculize ou negue o seu direito. A propósito, a possibilidade de o usufrutuário valer-se da ação petitória para garantir o direito de usufruto contra o nu-proprietário, e inclusive *erga omnes*, encontra amparo na doutrina, que admite a utilização pelo usufrutuário das ações reivindicatória, confessória, negatória, declaratória, imissão de posse, entre outras. Precedente citado: REsp 28.863-RJ, Terceira Turma, DJ 22/11/1993. **REsp 1.202.843-PR, Rel. Min. Ricardo Villas Bôas Cueva, julgado em 21/10/2014. (Inform. STJ 550)**

DIREITO PROCESSUAL CIVIL. PEDIDO CONTRAPOSTO E REMOÇÃO DO ATO ILÍCITO.
Na apreciação de pedido contraposto formulado em ação possessória, admite-se o deferimento de tutela de remoção do ato ilícito, ainda que essa providência não esteja prevista no art. 922 do CPC. Efetivamente, o dispositivo citado autoriza que o réu, na contestação, demande proteção possessória e indenização dos prejuízos. Porém, com a reforma processual operada com a Lei 10.444/2002, consagrou-se a ideia de atipicidade dos meios de tutela das obrigações de fazer, não fazer e de entrega de coisa, de modo a privilegiar a obtenção da tutela específica da obrigação, em vez da conversão da obrigação em perdas e danos. É o que se depreende da atual redação dos arts. 461 e 461-A do CPC. Desse modo, à luz do princípio da atipicidade dos meios de execução, a circunstância de o art. 922 do CPC mencionar apenas a tutela de natureza possessória e a tutela ressarcitória (indenização pelos prejuízos) não impede o juiz de conceder a tutela de remoção do ato ilícito. Não há falar, portanto, em ofensa ao art. 922, mas de interpretação desse dispositivo à luz dos novos princípios que passaram a orientar a execução das obrigações de fazer, não fazer e entrega de coisa. **REsp 1.423.898-MS, Rel. Min. Paulo de Tarso Sanseverino, julgado em 2/9/2014. (Inform. STJ 548)**

DIREITO PROCESSUAL CIVIL. VALOR DA CAUSA EM AÇÃO DE REINTEGRAÇÃO DE POSSE QUE OBJETIVE A RETOMADA DE BEM OBJETO DE CONTRATO DE COMODATO QUE TENHA SIDO EXTINTO.
O valor da causa em ação de reintegração de posse que objetive a retomada de bem objeto de contrato de comodato que tenha sido extinto deve corresponder à quantia equivalente a doze meses de aluguel do imóvel. Por ausência de expressa disposição do CPC, o STJ tem entendido que o valor da causa nas ações possessórias deve corresponder ao efetivo benefício patrimonial pretendido pelo autor. Dessa forma, como o benefício patrimonial almejado pelo autor da referida ação de reintegração de posse, referente a imóvel que fora objeto de um extinto contrato de comodato, consubstancia-se no valor do aluguel que ele estaria deixando de receber enquanto o réu estivesse na posse do bem, mostra-se razoável a aplicação analógica do disposto no art. 58, III, da Lei 8.245/1991 para fixar o valor da causa da aludida ação possessória como correspondente a doze meses de aluguel do imóvel objeto da demanda. **REsp 1.230.839-MG, Rel. Min. Nancy Andrighi, julgado em 19/3/2013. (Inform. STJ 519)**

2. DIREITO PROCESSUAL CIVIL — 147

Súmula STF nº 262
Não cabe medida possessória liminar para liberação alfandegária de automóvel.

Súmula STJ nº 228
É inadmissível o interdito proibitório para a proteção do direito autoral.

15.2. Monitória

DIREITO PROCESSUAL CIVIL. INSTRUÇÃO DA PETIÇÃO INICIAL DA AÇÃO MONITÓRIA. RECURSO REPETITIVO (ART. 543-C DO CPC E RES. 8/2008-STJ). TEMA 474.

A petição inicial da ação monitória para cobrança de soma em dinheiro deve ser instruída com demonstrativo de débito atualizado até a data do ajuizamento, assegurando-se, na sua ausência ou insuficiência, o direito da parte de supri-la, nos termos do art. 284 do CPC. Não obstante o baixo formalismo que caracteriza o procedimento monitório, é indispensável, sempre que se tratar de cobrança de soma em dinheiro, a apresentação pelo credor de demonstrativo que possibilite ao devedor o perfeito conhecimento da quantia que lhe está sendo reclamada. De fato, embora seja possível a discussão sobre o quantum debeatur nos embargos à ação monitória, é necessário que haja o detalhamento da dívida, com a indicação de critérios, índices e taxas utilizados, a fim de que o devedor possa validamente impugná-los em sua peça de resistência. É importante registrar, contudo, que, detectada a falta ou insuficiência do demonstrativo, tem a parte o direito de saná-la, nos termos do art. 284 do CPC, entendimento que se estende à própria inicial de execução, na forma da jurisprudência dominante. **REsp 1.154.730-PE, Rel. Min. João Otávio de Noronha, Segunda Seção, julgado em 8/4/2015, DJe 15/4/2015 (Inform. STJ 559).**

DIREITO PROCESSUAL CIVIL. AMPLITUDE DA MATÉRIA DE DEFESA DOS EMBARGOS À MONITÓRIA.

É possível arguir, em embargos à ação monitória, a invalidade de taxas condominiais extraordinárias objeto da monitória sob o argumento de que haveria nulidade na assembleia que as teria instituído. De fato, os embargos à monitória serão processados pelo procedimento ordinário (art. 1.102-C, § 2º, do CPC), o que aponta inequivocamente para a vontade do legislador de conferir ao procedimento dos embargos contraditório pleno e cognição exauriente, de modo que, diversamente do processo executivo, não apresenta restrições quanto à matéria de defesa. Dessa forma, admite-se a formulação de toda e qualquer alegação no âmbito de embargos à monitória, desde que se destine a comprovar a improcedência do pedido veiculado na inicial. **REsp 1.172.448-RJ, Rel. Min. Luis Felipe Salomão, julgado em 18/6/2013. (Inform. STJ 527)**

Súmula STJ nº 531
Em ação monitória fundada em cheque prescrito ajuizada contra o emitente, é dispensável a menção ao negócio jurídico subjacente à emissão da cártula.

Súmula STJ nº 504
O prazo para ajuizamento de ação monitória em face do emitente de nota promissória sem força executiva é quinquenal, a contar do dia seguinte ao vencimento do título.

Súmula STJ nº 384
Cabe ação monitória para haver saldo remanescente oriundo de venda extrajudicial de bem alienado fiduciariamente em garantia.

Súmula STJ nº 339
É cabível ação monitória contra a Fazenda Pública.

Súmula STJ nº 299
É admissível a ação monitória fundada em cheque prescrito.

Súmula STJ nº 292
A reconvenção é cabível na ação monitória, após a conversão do procedimento em ordinário.

Súmula STJ nº 282
Cabe a citação por edital em ação monitória.

Súmula STJ nº 247
O contrato de abertura de crédito em conta-corrente, acompanhado do demonstrativo de débito, constitui documento hábil para o ajuizamento da ação monitória.

15.3. Embargos de terceiro

DIREITO PROCESSUAL CIVIL. CABIMENTO DE EMBARGOS DE TERCEIRO EM MEDIDA CAUTELAR.

São admissíveis embargos de terceiro em ação cautelar. O art. 1.048 deve ser lido em conjunto com o art. 1.046 do CPC. De fato, o art. 1.048 refere-se à possibilidade de oposição dos embargos apenas em processo de conhecimento e em processo de execução. Já o art. 1.046 do CPC afirma que "quem, não sendo parte no processo, sofrer turbação ou esbulho na posse de seus bens por ato de apreensão judicial, em casos como o de penhora, depósito, arresto, sequestro, alienação judicial, arrecadação, arrolamento, inventário, partilha, poderá requerer lhe sejam mantenidos ou restituídos por meio de embargos". Assim, o pressuposto para o cabimento dos embargos de terceiro é a existência de uma constrição judicial que ofenda a posse ou a propriedade de um bem de pessoa que não seja parte no processo. Sendo um meio defensivo que o terceiro possui contra atos judiciais que gerem medida constritiva de seus bens, revestem-se de tal importância que não comportam interpretação literal e restritiva, com base no exame isolado do art. 1.048. **REsp 837.546-MT, Rel. Min. Raul Araújo, julgado em 1º/10/2015, DJe 21/10/2015. (Inform. STJ 571)**

DIREITO PROCESSUAL CIVIL. CARÊNCIA DE AÇÃO NO ÂMBITO DE EMBARGOS DE TERCEIRO.

O proprietário sem posse a qualquer título não tem legitimidade para ajuizar, com fundamento no direito de propriedade, embargos de terceiro contra decisão transitada em julgado proferida em ação de reintegração de posse, da qual não participou, e na qual sequer foi aventada discussão em torno da titularidade do domínio. A partir de uma exegese literal do art. 1.046, § 1º, do CPC, extrai-se que apenas o senhor (proprietário) e possuidor, ou apenas o possuidor, podem lançar mão dos embargos de terceiro, pois o ato judicial de constrição ou apreensão há de configurar, de algum modo, turbação ou esbulho da posse do autor. Na hipótese, os embargos de terceiro foram utilizados contra decisão judicial proferida no curso de demanda, transitada em julgado, em que terceiros disputaram a posse de área de terra que, segundo o autor, seria de sua propriedade. Percebe-se que o embargante, na via estreita da presente demanda incidental, não buscou apartar bem que não deveria ser objeto de constrição/apreensão pelo juízo no curso de outro processo, mas tornar mais complexa a discussão material inicialmente travada, alegando que o domínio e, consequentemente, a posse do imóvel, não seria nem do autor nem do réu, mas seus, por força do direito de propriedade. Ora, na demanda originária, em que agora se está em sede executiva, sequer foi aventada discussão em torno da titularidade do domínio. Ademais, o propósito dos embargos é a liberação do bem que foi objeto de equivocada constrição judicial, e não fazer frente, no curso de execução, ao ato judicial que determinou, com base em decisão transitada em julgado, a reintegração do bem objeto da discussão à parte vitoriosa na demanda, sem sequer poder ser afirmada a existência de melhor posse em relação ao exequente. Recorde-se que os embargos de terceiro têm cognição limitada a uma eventual melhor posse exercida pelo embargante, ou, na hipótese prevista no art. 1.047 do CPC, ao exercício do direito real de garantia pelo seu beneficiário, na defesa do bem e do crédito por ele garantido. Contra aquele que restou reconhecido o direito à reintegração na demanda pregressa, poderá o ora recorrente, com supedâneo no seu domínio, lançar mão da ação petitória adequada. **REsp 1.417.620-DF, Rel. Min. Paulo de Tarso Sanseverino, julgado em 2/12/2014, DJe 11/12/2014 (Inform. STJ 553).**

DIREITO PROCESSUAL CIVIL. EMBARGOS DE TERCEIRO. LEGITIMIDADE ATIVA DO CONDÔMINO QUE NÃO PARTICIPA DA AÇÃO POSSESSÓRIA.

Condômino, que não for parte na ação possessória, tem legitimidade ativa para ingressar com embargos de terceiro. No sistema processual brasileiro, existem situações nas quais o meio processual previsto não admite escolha pelas partes. Doutro lado, se o sistema processual permite mais de um meio para obtenção da tutela jurisdicional, compete à parte eleger o instrumento que lhe parecer mais adequado, nos termos do princípio dispositivo. Assim, não havendo previsão legal que proíba o condômino que não seja parte da ação possessória – portanto, terceiro – de opor embargos de terceiro, deve-se reconhecer a possibilidade do seu manejo, sendo indevida a imposição de ingresso apenas como assistente litisconsorcial. Precedente citado: REsp 706.380-PR, DJ 7/11/2005. **REsp 834.487-MT, Rel. Min. Antonio Carlos Ferreira, julgado em 13/11/2012. (Inform. STJ 511).**

Súmula STJ nº 303

Em embargos de terceiro, quem deu causa à constrição indevida deve arcar com os honorários advocatícios.

Súmula STJ nº 195

Em embargos de terceiro não se anula ato jurídico, por fraude contra credores.

Súmula STJ nº 84

É admissível a oposição de embargos de terceiro fundados em alegação de posse advinda do compromisso de compra e venda de imóvel, ainda que desprovido do registro.

15.4. Inventário

DIREITO PROCESSUAL CIVIL. COMPETÊNCIA PARA JULGAR DISSOLUÇÃO PARCIAL DE SOCIEDADE LIMITADA COM APURAÇÃO DE HAVERES.
Compete ao juízo cível – e não ao juízo de sucessões no qual tramita o inventário – julgar, com consequente apuração de haveres de *de cujus,* dissolução parcial de sociedade limitada que demande extensa dilação probatória. De fato, conforme entendimento do STJ, "Cabe ao juízo do inventário decidir, nos termos do art. 984 do CPC, 'todas as questões de direito e também as questões de fato, quando este se achar provado por documento, só remetendo para os meios ordinários as que demandarem alta indagação ou dependerem de outras provas', entendidas como de 'alta indagação' aquelas questões que não puderem ser provadas nos autos do inventário" (REsp 450.951-DF, Quarta Turma, DJe 12/4/2010). Nesse diapasão, questões de alta indagação, que, por exigirem extensa dilação probatória, extrapolam a cognição do juízo do inventário, devem ser remetidas aos meios ordinários. Logo, é no juízo cível que haverá lugar para a dissolução parcial das sociedades limitadas e consequente apuração de haveres do *de cujus,* visto que, nessa via ordinária, deve ser esmiuçado, caso a caso, o alcance dos direitos e obrigações das partes interessadas – os quotistas e as próprias sociedades limitadas –, indiferentes ao desate do processo de inventário. Deixa-se, pois, ao juízo do inventário a atribuição jurisdicional de descrever o saldo advindo com a liquidação das sociedades comerciais, para que possa dar à herança a devida partilha, não comportando seu limitado procedimento questões mais complexas que não aquelas voltadas para o levantamento, descrição e liquidação do espólio. **REsp 1.459.192-CE, Rel. originário Ricardo Villas Bôas Cueva, Rel. para acórdão João Otávio de Noronha, julgado em 23/6/2015, DJe 12/8/2015 (Inform. STJ 566).**

DIREITO PROCESSUAL CIVIL. COMPETÊNCIA PARA O JULGAMENTO DE AÇÃO DE PETIÇÃO DE HERANÇA.
A ação de petição de herança relacionada a inventário concluído, inclusive com trânsito em julgado da sentença homologatória da partilha, deve ser julgada, não no juízo do inventário, mas sim no da vara de família, na hipótese em que tramite, neste juízo, ação de investigação de paternidade que, além de ter sido ajuizada em data anterior à propositura da ação de petição de herança, encontre-se pendente de julgamento. De fato, registre-se que o art. 96 do CPC determina que "o foro do domicílio do autor da herança, no Brasil, é o competente para o inventário, a partilha, a arrecadação, o cumprimento de disposições de última vontade e todas as ações em que o espólio for réu, ainda que o óbito tenha ocorrido no estrangeiro". Entretanto, nos termos da jurisprudência do STJ, a regra do art. 96 do CPC não incide quando já encerrado o inventário, com trânsito em julgado da sentença homologatória da partilha (CC 51.061-GO, Segunda Seção, DJ de 19/12/2005). Sendo assim, não há como aplicar o mencionado dispositivo legal à hipótese em análise com o intuito de firmar, no juízo responsável pela conclusão do inventário, a competência para o julgamento da ação de petição de herança. Além disso, esta somente poderá prosperar se o pedido da ação de investigação de paternidade for julgado procedente, o que demonstra a existência de relação de dependência lógica entre as referidas demandas. Por efeito, deve-se reconhecer a existência de conexão entre as ações por prejudicialidade externa, a solução que se der a uma direciona o resultado da outra, para que elas sejam reunidas, tramitando conjuntamente no mesmo juízo; não constituindo, ademais, óbice à prevalência das regras processuais invocadas a existência de regra de organização judiciária estadual em sentido diverso. **CC 124.274-PR, Rel. Min. Raul Araújo, Segunda Seção, julgado em 8/5/2013. (Inform. STJ 524)**

DIREITO PROCESSUAL CIVIL. DESCABIMENTO DE DISCUSSÃO, EM ARROLAMENTO SUMÁRIO, SOBRE EVENTUAL DECADÊNCIA OCORRIDA EM RELAÇÃO AO ITCMD.
Não é cabível, em arrolamento sumário, a discussão acerca da eventual configuração da decadência do direito da Fazenda Pública de efetuar lançamento tributário referente ao imposto sobre transmissão causa mortis e doação. Com efeito, segundo o art. 1.034, *caput,* do CPC, "no arrolamento, não serão conhecidas ou apreciadas questões relativas ao lançamento, ao pagamento ou à quitação de taxas judiciárias e de tributos incidentes sobre a transmissão da propriedade dos bens do espólio". Além da vedação expressa contida no referido dispositivo legal, deve-se destacar que a possibilidade de as instâncias ordinárias conhecerem, de ofício, a qualquer tempo, de matéria de ordem pública, não as autoriza a examinar pretensão tributária no âmbito de arrolamento sumário, tendo em vista a existência de incompatibilidade entre essa análise e o procedimento de jurisdição voluntária. **REsp 1.223.265-PR, Rel. Min. Eliana Calmon, julgado em 18/4/2013. (Inform. STJ 523)**

DIREITO PROCESSUAL CIVIL. HABILITAÇÃO DE HERDEIRO COLATERAL NA EXECUÇÃO DE MANDADO DE SEGURANÇA.
É possível a habilitação de herdeiro colateral, na forma do art. 1.060, I, do CPC, nos autos da execução promovida em mandado de segurança, se comprovado que não existem herdeiros necessários nem bens a inventariar. De acordo com o referido dispositivo legal, no caso em que realizada "pelo cônjuge e herdeiros necessários", a habilitação será processada nos autos da causa principal, independentemente de sentença, "desde que provem por documento o óbito do falecido e a sua qualidade". Todavia, é razoável admitir também o deferimento da habilitação de herdeiro colateral em situações como esta. Com efeito, inexiste risco de prejuízo para eventuais herdeiros que não constem do processo, pois o precatório somente poderá ser expedido com a apresentação da certidão de inventariança ou do formal e da certidão de partilha. **AgRg nos EmbExeMS 11.849-DF, Rel. Min. Maria Thereza de Assis Moura, julgado em 13/3/2013. (Inform. STJ 518)**

15.5. Separação, Divórcio e Dissolução de Sociedade de Fato

DIREITO PROCESSUAL CIVIL. COMPETÊNCIA PARA PROCESSAR E JULGAR AÇÃO DE DIVÓRCIO ADVINDA DE VIOLÊNCIA SUPORTADA POR MULHER NO ÂMBITO FAMILIAR E DOMÉSTICO.
A extinção de medida protetiva de urgência diante da homologação de acordo entre as partes não afasta a competência da Vara Especializada de Violência Doméstica ou Familiar contra a Mulher para julgar ação de divórcio fundada na mesma situação de agressividade vivenciada pela vítima e que fora distribuída por dependência à medida extinta. De fato, o art. 14 da Lei 11.340/2006 (Lei Maria Da Penha) preconiza a competência híbrida e cumulativa (criminal e civil) das Varas Especializadas da Violência Doméstica e Familiar contra a Mulher para o julgamento e execução das causas advindas do constrangimento físico ou moral suportado pela mulher no âmbito doméstico e familiar. Nesse sentido, afirma o art. 14 que os "Juizados de Violência Doméstica e Familiar contra a Mulher, órgãos da Justiça Ordinária com competência cível e criminal, poderão ser criados pela União, no Distrito Federal e nos Territórios, e pelos Estados, para o processo, o julgamento e a execução das causas decorrentes da prática de violência doméstica e familiar contra a mulher". Constata-se, a partir da literalidade do artigo acima transcrito, que o legislador, ao estabelecer a competência cível da Vara Especializada de Violência Doméstica contra a Mulher, não especificou quais seriam as ações que deveriam ali tramitar. De modo bem abrangente, preconizou a competência desse "Juizado" para as ações de natureza civil que tenham por causa de pedir, necessariamente, a prática de violência doméstica e familiar contra a mulher. No âmbito da doutrina, controverte-se sobre a abrangência da competência civil da Vara Especializada, se ficaria restrita às medidas protetivas (e, naturalmente, à execução de seus julgados), devidamente explicitadas na Lei 11.340/2006 (especificamente as previstas nos arts. 22, II, IV e V; 23, III e IV; e 24, que assumem natureza civil), ou se, além das mencionadas providências judiciais de urgência, o Juizado de Violência Doméstica e Familiar contra a Mulher também conheceria das ações principais inseridas no espectro do Direito de Família (separação judicial, divórcio, reconhecimento e dissolução de união estável, alimentos, guarda dos filhos, etc.). Para a vertente restritiva, em que se propugna a competência cível da Vara Especializada apenas para o julgamento das medidas protetivas de urgência previstas na Lei Maria da Penha, não teria sido o propósito do

2. DIREITO PROCESSUAL CIVIL — 149

legislador "superdimensionar" a competência desses Juizados em relação às ações de índole familiar, devendo-se, pois, observar, necessariamente, as regras de organização judiciária local. De modo diverso, cita-se corrente doutrinária que, em atenção à estrita disposição legal, reconhece a competência cível da Vara Especializada da Violência Doméstica e Familiar contra a Mulher para todas as ações de cunho civil que ostente como causa de pedir a prática de violência doméstica e familiar contra a mulher, conferindo-se ao magistrado melhores subsídios para julgar a questão e, por conseguinte, à mulher, vítima de violência doméstica, maior proteção. Contrapostos os argumentos que subsidiam os posicionamentos acima destacados, tem-se que a melhor exegese, para a correta definição da competência cível dos Juizados da Violência Doméstica e Familiar contra a Mulher, está no equilíbrio de tais entendimentos, para melhor atendimento aos propósitos da Lei 11.340/2006. De plano, há que se reconhecer, na esteira do que já decidiu o STF (ADC 19, Tribunal Pleno, DJe 29/4/2014), que a Lei Maria da Penha, ao facultar a criação de Juizados de Violência Doméstica e Familiar, com competência cumulativa para as ações cíveis e criminais advindas da prática de violência doméstica e familiar contra a mulher, "ante a necessidade de conferir tratamento uniforme, especializado e célere, em todo território nacional, às causas sobre a matéria", de modo algum imiscuiu-se na competência do Estados para disciplinar as respectivas normas de organização judiciária, mas, ao contrário, cuidou de tema de caráter eminentemente nacional. Portanto, a competência dos Juizados da Violência Doméstica e Familiar contra a Mulher - cuja criação restou facultada aos Estados - foi devidamente definida pela Lei 11.340/2006, devendo, por conseguinte, a Lei de Organização Judiciária dos Estados, caso venha a institui-los, a ela se amoldar. Além do mais, a amplitude da competência conferida pela Lei 11.340/2006 à Vara Especializada tem por propósito justamente permitir ao mesmo magistrado o conhecimento da situação de violência doméstica e familiar contra a mulher, permitindo-lhe bem sopesar as repercussões jurídicas nas diversas ações civis e criminais advindas direta e indiretamente desse fato. Trata-se de providência que a um só tempo facilita o acesso da mulher, vítima de violência familiar e doméstica, ao Poder Judiciário e lhe confere real proteção. Assim, para o estabelecimento da competência da Vara Especializada da Violência Doméstica ou Familiar contra a Mulher nas ações de natureza civil (notadamente, as relacionadas ao Direito de Família), imprescindível que a correlata ação decorra (tenha por fundamento) da prática de violência doméstica ou familiar contra a mulher, não se limitando, por conseguinte, apenas às medidas protetivas de urgência previstas nos arts. 22, II, IV e V; 23, III e IV; e 24 (que assumem natureza civil). Além disso, para a fixação dessa competência da Vara Especializada da Violência Doméstica ou Familiar contra a Mulher, tem-se que, no momento do ajuizamento da ação de natureza cível, deve ser atual a situação de violência doméstica e familiar a que a demandante se encontre submetida, a ensejar, potencialmente, a adoção das medidas protetivas expressamente previstas na Lei 11.340/2006, sob pena de banalizar a competência das Varas Especializadas. Nesse contexto, a competência para conhecer e julgar determinada ação resta instaurada por ocasião de seu ajuizamento, afigurando-se irrelevante, para a fixação da competência, o fato de haver a extinção do processo referente à medida protetiva por meio da homologação de acordo entre as partes. **REsp 1.496.030-MT, Rel. Min. Marco Aurélio Bellizze, julgado em 6/10/2015, DJe 19/10/2015. (Inform. STJ 572)**

DIREITO PROCESSUAL CIVIL. DESNECESSIDADE DE AUDIÊNCIA DE CONCILIAÇÃO OU RATIFICAÇÃO NA AÇÃO DE DIVÓRCIO DIRETO CONSENSUAL.
Na ação de divórcio direto consensual, é possível a imediata homologação do divórcio, sendo dispensável a realização de audiência de conciliação ou ratificação (art. 1.122 do CPC), quando o magistrado tiver condições de aferir a firme disposição dos cônjuges em se divorciarem, bem como atestar que as demais formalidades foram atendidas. Com a edição da EC 66/2010, a nova redação do art. 226, § 6º, da CF – que dispõe que o casamento civil pode ser dissolvido pelo divórcio – eliminou os prazos à concessão do divórcio e afastou a necessidade de arguição de culpa, presente na separação, não mais adentrando nas causas do fim da união, deixando de expor desnecessária e vexatoriamente a intimidade do casal, persistindo essa questão apenas na esfera patrimonial quando da quantificação dos alimentos. Criou-se, dessa forma, nova figura totalmente dissociada do divórcio anterior. Assim, os arts. 40, § 2º, da Lei 6.515/1977 (Lei do divórcio) e 1.122, §§ 1º e 2º, do CPC, ao exigirem uma audiência a fim de se conceder o divórcio direto consensual, passaram a ter redação conflitante com o novo entendimento, segundo o qual não mais existem as condições pré-existentes ao divórcio: de averiguação dos motivos e do transcurso de tempo. Isso porque, consoante a nova

redação, o divórcio passou a ser efetivamente direto. A novel figura passa ser voltada para o futuro. Passa a ter vez no Direito de Família a figura da intervenção mínima do Estado, como deve ser. Vale relembrar que, na ação de divórcio consensual direto, não há causa de pedir, inexiste necessidade de os autores declinarem o fundamento do pedido, cuidando-se de simples exercício de um direito potestativo. Portanto, em que pese a determinação constante no art. 1.122 do CPC, não mais subsiste o referido artigo no caso em que o magistrado tiver condições de aferir a firme disposição dos cônjuges em se divorciarem, bem como de atestar que as demais formalidades foram atendidas. Com efeito, o art. 1.122 do CPC cuida obrigatoriamente da audiência em caso de separação e posterior divórcio. Assim, não havendo mais a separação, mas o divórcio consensual direto e, principalmente, em razão de não mais haver que se apurarem as causas da separação para fins de divórcio, não cabe a audiência de conciliação ou ratificação, por se tornar letra morta. Nessa perspectiva, a audiência de conciliação ou ratificação teria apenas cunho eminentemente formal, sem nada a produzir. De fato, não se desconhece que a Lei do Divórcio ainda permanece em vigor, discorrendo acerca de procedimentos da separação judicial e do divórcio (arts. 34 a 37, 40, §2º, e 47 e 48), a qual remete ao CPC (arts. 1.120 a 1.124). Entretanto, a interpretação de todos esses dispositivos infraconstitucionais deverá observar a nova ordem constitucional e a ela se adequar, seja por meio de declaração de inconstitucionalidade parcial sem redução de texto, seja como da interpretação conforme a constituição ou, como no caso em comento, pela interpretação sistemática dos artigos. **REsp 1.483.841-RS, Rel. Min. Moura Ribeiro, julgado em 17/3/2015, DJe 27/3/2015 (Inform. STJ 558).**

📃 Súmula STF nº 381

Não se homologa sentença de divórcio obtida, por procuração, em país de que os cônjuges não eram nacionais.

📃 Súmula STF nº 380

Comprovada a existência de sociedade de fato entre os concubinos, é cabível a sua dissolução judicial, com a partilha do patrimônio adquirido pelo esforço comum.

📃 Súmula STF nº 379

No acordo de desquite não se admite renúncia aos alimentos, que poderão ser pleiteados ulteriormente, verificados os pressupostos legais.

📃 Súmula STF nº 305

Acordo de desquite ratificado por ambos os cônjuges não é retratável unilateralmente.

📃 Súmula STF nº 226

Na ação de desquite, os alimentos são devidos desde a inicial e não da data da decisão que os concede.

📃 Súmula STJ nº 197

O divórcio direto pode ser concedido sem que haja prévia partilha dos bens.

15.6. Investigação de Paternidade e Alimentos

AG. REG. NO RHC N 127.725-DF

RELATOR: MIN. DIAS TOFFOLI
EMENTA: Agravo regimental no recurso ordinário em *habeas corpus*. Execução de alimentos. Inexistência de ordem atual de prisão. Perda do objeto da impetração. Pretendido reconhecimento da nulidade do processo de conhecimento, por ausência de advogado. Descabimento. Possibilidade de julgamento à revelia na ação de alimentos. Inteligência do art. 7º da Lei nº 5.478/68. Agravo regimental não provido.
1. Não subsistindo ameaça de prisão civil em execução de alimentos, há que se reconhecer a perda de objeto do habeas corpus.
2. A simples possibilidade de, futuramente, vir a ser observado o rito do art. 733 do Código de Processo Civil não obsta o reconhecimento da perda de objeto do writ, mesmo porque também poderá ser adotado o rito da execução por quantia certa contra devedor solvente, sem nova cominação de prisão.
3. O art. 7º da Lei nº 5.478/68 admite, na ação de alimentos, o julgamento à revelia de réu ausente, ao qual se equipara aquele que comparece pessoalmente desacompanhado de advogado.
4. Logo, não há que se falar em nulidade do título executivo judicial por falta de nomeação de defensor ao recorrente.
5. Agravo regimental ao qual se nega provimento. **(Inform. STF 796)**

DIREITO PROCESSUAL CIVIL. POSSIBILIDADE DE ALTERAÇÃO DA FORMA DE PAGAMENTO DOS ALIMENTOS EM AÇÃO REVISIONAL. Em sede de ação revisional de alimentos, é possível a modificação da forma da prestação alimentar (em espécie ou in natura), desde que demonstrada a razão pela qual a modalidade anterior não mais atende à finalidade da obrigação, ainda que não haja alteração na condição financeira das partes nem pretensão de modificação do valor da pensão. A ação revisional de alimentos tem como objeto a exoneração, redução ou majoração do encargo, diante da modificação da situação financeira de quem presta os alimentos ou os recebe, nos termos do que dispõe o art. 1.699 do CC. A variabilidade ou possibilidade de alteração que caracteriza os alimentos, que está prevista e reconhecida no referido artigo, não diz respeito somente à possibilidade de sua redução, majoração e exoneração na mesma forma em que inicialmente fixados, mas também à alteração da própria forma do pagamento sem modificação de valor, pois é possível seu adimplemento mediante prestação em dinheiro ou o atendimento direto das necessidades do alimentado (in natura), conforme dispõe o art. 1.701 do CC. Nesse contexto, a ação de revisão de alimentos, que tem rito ordinário e se baseia justamente na característica de variabilidade da obrigação alimentar, também pode contemplar a pretensão de modificação da forma da prestação alimentar, devendo ser demonstrada a razão pela qual a modalidade anterior não mais atende à finalidade da obrigação, ainda que não haja alteração na condição financeira das partes nem pretensão de modificação do valor da pensão, cabendo ao juiz fixar ou autorizar, se for o caso, um novo modo de prestação. Precedente citado: REsp 1.284.177-DF, Terceira Turma, DJe de 24/10/2011. **REsp 1.505.030-MG, Rel. Min. Raul Araújo, julgado em 06/8/2015, DJe 17/8/2015 (Inform. STJ 567).**

DIREITO PROCESSUAL CIVIL. PRISÃO CIVIL DE ADVOGADO. O advogado que tenha contra si decretada prisão civil por inadimplemento de obrigação alimentícia não tem direito a ser recolhido em sala de Estado Maior ou, na sua ausência, em prisão domiciliar. A norma do inciso V do art. 7º da Lei 8.906/1994 – relativa à prisão do advogado, antes de sua condenação definitiva, em sala de Estado Maior, ou, na sua falta, no seu domicílio – restringe-se à prisão penal, de índole punitiva. O referido artigo é inaplicável à prisão civil, pois, enquanto meio executivo por coerção pessoal, sua natureza já é de prisão especial, porquanto o devedor de alimentos detido não será segregado com presos comuns. Ademais, essa coerção máxima e excepcional decorre da absoluta necessidade de o coagido cumprir, o mais brevemente possível, com a obrigação de alimentar que a lei lhe impõe, visto que seu célere adimplemento está diretamente ligado à subsistência do credor de alimentos. A relevância dos direitos relacionados à obrigação – vida e dignidade – exige que à disposição do credor se coloque meio executivo que exerça pressão séria e relevante em face do obrigado. Impõe-se evitar um evidente esvaziamento da razão de ser de meio executivo que extrai da coerção pessoal a sua força e utilidade, não se mostrando sequer razoável substituir o cumprimento da prisão civil em estabelecimento prisional pelo cumprimento em sala de Estado Maior, ou, na sua falta, em prisão domiciliar. Precedente citado: HC 181.231-RO, Terceira Turma, DJe 14/4/2011. **HC 305.805-GO, Rel. Min. Paulo de Tarso Sanseverino, julgado em 13/10/2014 (Vide Informativo nº 537). (Inform. STJ 551)**

DIREITO PROCESSUAL CIVIL E CIVIL. LIMITES DOS EFEITOS DA SENTENÇA PROFERIDA EM AÇÃO REVISIONAL DE ALIMENTOS. Os efeitos da sentença proferida em ação de revisão de alimentos – seja em caso de redução, majoração ou exoneração – retroagem à data da citação (art. 13, § 2º, da Lei 5.478/1968), ressalvada a irrepetibilidade dos valores adimplidos e a impossibilidade de compensação do excesso pago com prestações vincendas. Com efeito, os alimentos pagos presumem-se consumidos, motivo pelo qual não podem ser restituídos, tratando-se de princípio de observância obrigatória e que deve orientar e preceder a análise dos efeitos das sentenças proferidas nas ações de revisão de verbas alimentares. Ademais, convém apontar que o ajuizamento de ação pleiteando exoneração/revisão de alimentos não exime o devedor de continuar a prestá-lo até o trânsito em julgado da decisão que modifica o valor da prestação alimentar ou exonerá-lo do encargo alimentar (art. 13, § 3º, da Lei 5.478/1968). Da sentença revisional/exoneratória caberá apelação com efeito suspensivo e, ainda que a referida decisão seja confirmada em segundo grau, não haverá liberação da prestação alimentar se for interposto recurso de natureza extraordinária. Durante todo o período de tramitação da ação revisional/exoneratória, salvo se concedida antecipação de tutela suspendendo o pagamento, o devedor deverá adimplir a obrigação, sob pena de prisão (art. 733 do CPC). Desse modo, pretendeu a lei conferir ao alimentado o benefício da dúvida, dando-lhe a segurança de que, enquanto não assentada, definitivamente, a impossibilidade do cumprimento da obrigação alimentar nos termos anteriormente firmados, as alegadas necessidades do credor não deixarão de ser providas. Nesse passo, transitada em julgado a sentença revisional/exoneratória, se, por qualquer motivo, não tiverem sido pagos os alimentos, a exoneração ou a redução terá efeito retroativo à citação, por força do disposto no art. 13, § 2º, da Lei 5.478/1968, não sendo cabível a execução de verba já afirmada indevida por decisão transitada em julgado. Esse "qualquer motivo" pode ser imputável ao credor, que demorou ajuizar ou dar andamento à ação de execução; ao devedor que, mesmo sujeito à possibilidade de prisão, deixou de pagar; à demora da tramitação da execução, devido ao congestionamento do Poder Judiciário; ou à concessão de liminar ou antecipação de tutela liberando provisoriamente o alimentante. Assinale-se que não foi feita ressalva à determinação expressa do § 2º do art. 13 da citada lei, segundo o qual "em qualquer caso, os alimentos fixados retroagem à data da citação". Isso porque a alteração do binômio possibilidade-necessidade não se dá na data da sentença ou do respectivo trânsito em julgado. Esse alegado desequilíbrio é a causa de pedir da ação revisional e por esse motivo a lei dispõe que o valor fixado na sentença retroagirá à data da citação. A exceção poderá dar-se caso a revisional seja julgada procedente em razão de fato superveniente ao ajuizamento da ação, reconhecido com base no art. 462 do CPC, circunstância que deverá ser levada em consideração para o efeito de definição do termo inicial dos efeitos da sentença. Nessa linha intelectiva, especialmente em atenção ao princípio da irrepetibilidade, em caso de redução da pensão alimentícia, não poderá haver compensação do excesso pago com prestações vincendas. Essa solução afasta o enriquecimento sem causa do credor dos alimentos, porque o entendimento contrário – sentença de redução ou exoneração dos alimentos produzindo efeitos somente após o seu trânsito em julgado – ensejaria a inusitada consequência de submeter o alimentante à execução das parcelas pretéritas não adimplidas (por qualquer razão), mesmo estando ele amparado por decisão judicial transitada em julgado que diminuiu ou até mesmo eliminou o encargo, desfecho que configuraria manifesta negativa de vigência aos arts. 15 da Lei 5.478/1968 e 1.699 do CC/2002 (correspondente ao art. 401 do CC/1916). Por fim, destaca-se que a jurisprudência do STF consolidou-se no sentido de ser possível a fixação de alimentos provisórios em ação de revisão, desde que circunstâncias posteriores demonstrem a alteração do binômio necessidade/possibilidade, hipótese em que o novo valor estabelecido ou a extinção da obrigação devem retroagir à data da citação (RHC 58.090-RS, Primeira Turma, DJ 10.10.1980; e RE 86.064/MG, Primeira Turma, DJ 25.5.1979). Precedentes citados: REsp 172.526-RS, Quarta Turma, DJ 15/3/1999; e REsp 967.168-SP, Terceira Turma, DJe 28/5/2008. **EREsp 1.181.119-RJ, Rel. originário Min. Luis Felipe Salomão, Rel. para acórdão Min. Maria Isabel Gallotti, julgado em 27/11/2013. (Inform. STJ 543)**

DIREITO PROCESSUAL CIVIL. LEGITIMIDADE DO MINISTÉRIO PÚBLICO PARA AJUIZAR AÇÃO DE ALIMENTOS EM PROVEITO DE CRIANÇA OU ADOLESCENTE. RECURSO REPETITIVO (ART. 543-C DO CPC E RES. 8/2008-STJ). O Ministério Público tem legitimidade ativa para ajuizar ação de alimentos em proveito de criança ou adolescente, independentemente do exercício do poder familiar dos pais, ou de o infante se encontrar nas situações de risco descritas no art. 98 do Estatuto da Criança e do Adolescente (ECA), ou de quaisquer outros questionamentos acerca da existência ou eficiência da Defensoria Pública na comarca. De fato, o art. 127 da CF traz, em seu *caput*, a identidade do MP, seu núcleo axiológico, sua vocação primeira, que é ser "instituição permanente, essencial à função jurisdicional do Estado, incumbindo-lhe a defesa da ordem jurídica, do regime democrático e dos interesses sociais e individuais indisponíveis". Ademais, nos incisos I a VIII do mesmo dispositivo, a CF indica, de forma meramente exemplificativa, as funções institucionais mínimas do MP, trazendo, no inciso IX, cláusula de abertura que permite à legislação infraconstitucional o incremento de outras atribuições, desde que compatíveis com a vocação constitucional do MP. Diante disso, já se deduz um vetor interpretativo invencível: a legislação infraconstitucional que se propuser a disciplinar funções institucionais do MP poderá apenas elastecer seu campo de atuação, mas nunca subtrair atribuições já existentes no próprio texto constitucional ou mesmo sufocar ou criar embaraços à realização de suas incumbências centrais, como a defesa dos "interesses sociais e individuais indisponíveis" (art. 127 da CF) ou do respeito "aos direitos assegurados nesta Constituição, promovendo as medidas necessárias a sua garantia" (art. 129, II, da CF). No ponto, não há dúvida de que a defesa dos interesses de crianças e adolescentes, sobretudo no que concerne à sua subsistência e integridade, insere-se nas atribuições centrais do MP, como órgão que recebeu a incumbência constitucional de defesa dos interesses individuais indisponíveis. Nesse particular, ao se examinar os principais direitos da infância e juventude (art. 227, *caput*, da CF), percebe-se haver, conforme entendimento doutrinário, duas linhas principiológicas básicas bem identificadas: de um lado, vige o princípio da absoluta prioridade desses direitos; e, de outro lado, a indisponibilidade é sua nota predominante, o que torna o MP naturalmente legitimado à sua defesa. Além disso, é da própria letra da CF que se extrai esse dever que transcende a pessoa do familiar envolvido, mostrando-se eloquente que não é só da família, mas da sociedade e do Estado, o dever de assegurar à criança e ao adolescente, "com absoluta prioridade, o direito à vida, à saúde, à alimentação" (art. 227, *caput*), donde se extrai o interesse público e indisponível envolvido em ações direcionadas à tutela de direitos de criança e adolescente, das quais a ação de alimentos é apenas um exemplo. No mesmo sentido, a CF consagra como direitos sociais a "alimentação" e a "proteção à maternidade e à infância" (art. 6º), o que reforça entendimento doutrinário segundo o qual, em se tratando de interesses indisponíveis de crianças e adolescentes (ainda que individuais), e mesmo de interesses coletivos ou difusos relacionados com a infância e a juventude, sua defesa sempre convirá à coletividade como um todo. Além do mais, o STF (ADI 3.463, Tribunal Pleno, DJe 6/6/2012) acolheu expressamente entendimento segundo o qual norma infraconstitucional que, por força do inciso IX do art. 129 da CF, acresça atribuições ao MP local relacionadas à defesa da criança e do adolescente, é consentânea com a vocação constitucional do *Parquet*. Na mesma linha, a jurisprudência do STJ em assegurar ao MP, dada a qualidade dos interesses envolvidos, a defesa dos direitos da criança e do adolescente, independentemente de se tratar de pessoa individualizada (AgRg no REsp 1.016.847-SC, Segunda Turma, DJe 7/10/2013; e EREsp 488.427-SP, Primeira Seção, DJe 29/9/2008). Ademais, não há como diferenciar os interesses envolvidos para que apenas alguns possam ser tutelados pela atuação do MP, atribuindo-lhe legitimidade, por exemplo, em ações que busquem tratamento médico de criança e subtraindo dele a legitimidade para ações de alimentos, haja vista que tanto o direito à saúde quanto o direito à alimentação são garantidos diretamente pela CF com prioridade absoluta (art. 227, caput), de modo que o MP detém legitimidade para buscar, identicamente, a concretização, pela via judicial, de ambos. Além disso, não haveria lógica em reconhecer ao MP legitimidade para ajuizamento de ação de investigação de paternidade cumulada com alimentos, ou mesmo a legitimidade recursal em ações nas quais intervém – como reiteradamente vem decidindo a jurisprudência do STJ (REsp 208.429-MG, Terceira Turma, DJ 1/10/2001; REsp 226.686-DF, Quarta Turma, DJ 10/4/2000) –, subtraindo-lhe essa legitimação para o ajuizamento de ação unicamente de alimentos, o que contrasta com o senso segundo o qual quem pode mais pode menos. De mais a mais, se corretamente compreendida a ideologia jurídica sobre a qual o ECA, a CF e demais diplomas internacionais foram erguidos, que é a *doutrina da proteção integral*, não se afigura acertado inferir que o art. 201, III, do ECA – segundo o qual compete ao MP promover e acompanhar as ações de alimentos e os procedimentos de suspensão e destituição do poder familiar, nomeação e remoção de tutores, curadores e guardiães, bem como oficiar em todos os demais procedimentos da competência da Justiça da Infância e da Juventude – só tenha aplicação nas hipóteses previstas no art. 98 do mesmo diploma, ou seja, quando houver violação de direitos por parte do Estado, por falta, omissão ou abuso dos pais ou em razão da conduta da criança ou adolescente, ou ainda quando não houver exercício do poder familiar. Isso porque essa solução implicaria ressurgimento do antigo paradigma superado pela *doutrina da proteção integral*, vigente durante o Código de Menores, que é a *doutrina do menor em situação irregular*. Nesse contexto, é decorrência lógica da *doutrina da proteção integral* o princípio da intervenção precoce, expressamente consagrado no art. 100, parágrafo único, VI, do ECA, tendo em vista que há que se antecipar a atuação do Estado exatamente para que o infante não caia no que o Código de Menores chamava situação irregular, como nas hipóteses de maus-tratos, violação extrema de direitos por parte dos pais e demais familiares. Além do mais, adotando-se a solução contrária, chegar-se-ia em um círculo vicioso: só se franquearia ao MP a legitimidade ativa se houver ofensa ou ameaça a direitos da criança ou do adolescente, conforme previsão do art. 98 do ECA. Ocorre que é exatamente mediante ação manejada pelo MP que se investigaria a existência de ofensa ou ameaça a direitos. Vale dizer, sem ofensa não há ação, mas sem ação não se descortina eventual ofensa. Por fim, não se pode confundir a substituição processual do MP – em razão da qualidade dos direitos envolvidos, mediante a qual se pleiteia, em nome próprio, direito alheio –, com a representação processual da Defensoria Pública. Realmente, o fato de existir Defensoria Pública relativamente eficiente na comarca não se relaciona com a situação que, no mais das vezes, justifica a legitimidade do MP, que é a omissão dos

pais ou responsáveis na satisfação dos direitos mínimos da criança e do adolescente, notadamente o direito à alimentação. É bem de ver que – diferentemente da substituição processual do MP – a assistência judiciária prestada pela Defensoria Pública não dispensa a manifestação de vontade do assistido ou de quem lhe faça as vezes, além de se restringir, mesmo no cenário da Justiça da Infância, aos necessitados, nos termos do art. 141, § 1º, do ECA. Nessas situações, o ajuizamento da ação de alimentos continua ao alvedrio dos responsáveis pela criança ou adolescente, ficando condicionada, portanto, aos inúmeros interesses rasteiros que, frequentemente, subjazem ao relacionamento desfeito dos pais. Ademais, sabe-se que, em não raras vezes, os alimentos são pleiteados com o exclusivo propósito de atingir o ex-cônjuge, na mesma frequência em que a pessoa detentora da guarda do filho se omite no ajuizamento da demanda quando ainda remanesce esperança no restabelecimento da relação. Enquanto isso, a criança aguarda a acomodação dos interesses dos pais, que nem sempre coincidem com os seus. **REsp 1.265.821-BA e REsp 1.327.471-MT, Rel. Min. Luis Felipe Salomão, julgados em 14/5/2014. (Inform. STJ 541)**

DIREITO PROCESSUAL CIVIL. RITO ADEQUADO A EXECUÇÃO DE ALIMENTOS TRANSITÓRIOS. Ainda que o valor fixado a título de alimentos transitórios supere o indispensável à garantia de uma vida digna ao alimentando, é adequada a utilização do rito previsto no art. 733 do CPC – cujo teor prevê possibilidade de prisão do devedor de alimentos – para a execução de decisão que estabeleça a obrigação em valor elevado tendo em vista a conduta do alimentante que, após a separação judicial, protela a partilha dos bens que administra, privando o alimentando da posse da parte que lhe cabe no patrimônio do casal. Inicialmente, é válido esclarecer que a obrigação de prestar alimentos transitórios – a tempo certo – é cabível, em regra, quando o alimentando é pessoa com idade, condições e formação profissional compatíveis com uma provável inserção no mercado de trabalho, necessitando dos alimentos apenas até que atinja sua autonomia financeira, momento em que se emancipará da tutela do alimentante – outrora provedor do lar –, que será então liberado da obrigação, a qual se extinguirá automaticamente. Dessa forma, tem os alimentos transitórios natureza jurídica própria, pois são estabelecidos em razão de uma causa temporária e específica. Se assim o é, porque dotados de caráter efêmero, os alimentos transitórios, ou mais precisamente, a obrigação à sua prestação, imprescindivelmente devem estar acompanhados de instrumentos suficientemente eficazes à sua consecução prática, evitando que uma necessidade específica e temporária se transfigure em uma demanda perene e duradoura ou, ainda, em um benefício que sequer o alimentando queira dele usufruir, tendo em vista seu anseio pela preservação da independência pessoal, da autossuficiência. Nesse contexto, a pretensão da pessoa que demanda pela satisfação do patrimônio que lhe é devido deve ser albergada não por altruísmo ou outro sentimento de benevolência qualquer, mas sim pelo fato de ser ela também proprietária do que construiu em igualdade de forças com o ex-cônjuge. Vale lembrar que os alimentos transitórios, quando fixados, têm também função pedagógica, pois, como medida *sui generis* que é, se destinam à extinção definitiva do vínculo que ainda liga, involuntária e apenas patrimonialmente, os litigantes. Assim, deve-se concluir que, sem prejuízo ao disposto na Súmula 309 do STJ ("O débito alimentar que autoriza a prisão civil do alimentante é o que compreende as três prestações anteriores ao ajuizamento da execução e as que se vencerem no curso do processo"), o rito da execução de alimentos com a possibilidade de prisão do alimentante (art. 733 do CPC) é o adequado para garantir a plena eficácia de decisão que confira, em razão de desarrazoada demora na partilha dos bens do casal litigante, alimentos transitórios. **REsp 1.362.113-MG, Rel. Min. Nancy Andrighi, julgado em 18/2/2014. (Inform. STJ 536)**

DIREITO PROCESSUAL CIVIL. PRISÃO CIVIL DE DEVEDOR DE ALIMENTOS. Na hipótese de superveniência de sentença que fixa alimentos em quantia inferior aos provisórios, a prisão civil do devedor somente pode ser admitida diante do não pagamento do valor resultante do cômputo das prestações vencidas com base no novo valor estabelecido pela sentença. De fato, a prisão civil é medida coercitiva extrema, aplicável apenas em situações de débito de pensão alimentícia, em razão da premissa de que a liberdade do alimentante deve ser constrangida para garantir a sobrevivência do alimentando. Por isso, ao decretar a prisão civil do devedor de alimentos, devem-se considerar as peculiaridades do caso concreto, adequando-o à correta compreensão da norma jurídica. Deve-se considerar, nesse contexto, que, por ocasião do arbitramento dos alimentos provisórios, o binômio necessidade e possibilidade é examinado sumariamente, mediante análise de cognição perfunctória. Já na prolação da

152 VADE MECUM DE JURISPRUDÊNCIA – STF/STJ

sentença, o referido binômio é apreciado sob um juízo cognitivo exauriente. Assim, a medida da prisão civil, por ser extrema, não se revela como a via executiva adequada (razoabilidade/proporcionalidade) para coagir o alimentante ao pagamento de um valor fixado em sede de cognição perfunctória e correspondente a montante superior ao arbitrado definitivamente em sentença, após ampla análise do conjunto probatório. Portanto, a prisão civil de devedor de alimentos, no caso de fixação pela sentença de alimentos definitivos em valor inferior aos provisórios, somente poderá ser admitida diante do não pagamento com base no novo valor estabelecido pela sentença. A diferença deve ser buscada nos termos do art. 732 do CPC. **HC 271.637-RJ, Rel. Min. Sidnei Beneti, julgado em 24/9/2013. (Inform. STJ 531)**

DIREITO PROCESSUAL CIVIL. INVESTIGAÇÃO DE PATERNIDADE. IMPOSSIBILIDADE DE FLEXIBILIZAÇÃO DA COISA JULGADA MATERIAL.
A flexibilização da coisa julgada material em investigação de paternidade não atinge as decisões judiciais fundadas no conhecimento científico da época, se este ainda for válido nos dias atuais. Quando da primeira ação de investigação de paternidade, o exame de DNA ainda não existia. Contudo, a investigação foi fundamentada na impossibilidade de o investigado e de a genitora gerarem pessoa do mesmo grupo sanguíneo do investigante. Essa verdade científica ainda hoje é válida e, por tal razão, não deve ser flexibilizada a coisa julgada da aludida investigação. Precedentes citados do STF: RE 363.889-DF, DJ 16/12/2011; do STJ: REsp 706.987-SP, DJe 10/10/2008. **AgRg no REsp 929.773-RS, Rel. Min. Maria Isabel Gallotti, julgado em 6/12/2012. (Inform. STJ 512).**

DIREITO PROCESSUAL CIVIL. INVESTIGAÇÃO DE PATERNIDADE. FLEXIBILIZAÇÃO DA COISA JULGADA MATERIAL.
É possível a flexibilização da coisa julgada material nas ações de investigação de paternidade, na situação em que o pedido foi julgado improcedente por falta de prova. Assim, configurada a exceção, não se pode impedir o ajuizamento de nova ação destinada a garantir o direito fundamental do interessado de investigar a ascendência genética, mediante a utilização do exame de DNA, que fornece elementos de convicção quase absolutos do vínculo de parentesco. Precedentes citados do STF: RE 363.889-DF, DJe 16/12/2011; do STJ: REsp 226.436-PR, DJ 4/2/2002, e REsp 826.698-MS, DJe 23/5/2008. **REsp 1.223.610-RS, Rel. Min. Maria Isabel Gallotti, julgado em 6/12/2012. (Inform. STJ 512).**

📄 Súmula STJ nº 358
O cancelamento de pensão alimentícia de filho que atingiu a maioridade está sujeito à decisão judicial, mediante contraditório, ainda que nos próprios autos.

📄 Súmula STJ nº 309
O débito alimentar que autoriza a prisão civil do alimentante é o que compreende as três prestações anteriores ao ajuizamento da execução e as que se vencerem no curso do processo.(*) (*) julgando o HC 53.068-MS, na sessão de 22/03/2006, a Segunda Seção deliberou pela ALTERAÇÃO da súmula n. 309. REDAÇÃO ANTERIOR (decisão de 27/04/2005, DJ 04/05/2005): O débito alimentar que autoriza a prisão civil do alimentante é o que compreende as três prestações anteriores à citação e as que vencerem no curso do processo.

📄 Súmula STJ nº 301
Em ação investigatória, a recusa do suposto pai a submeter-se ao exame de DNA induz presunção juris tantum de paternidade.

📄 Súmula STJ nº 277
Julgada procedente a investigação de paternidade, os alimentos são devidos a partir da citação.

📄 Súmula STJ nº 1
O foro do domicílio ou da residência do alimentando é o Competente para a ação de investigação de paternidade, quando cumulada com a de alimentos.

15.8. Usucapião

📄 Súmula STF nº 391
O confinante certo deve ser citado, pessoalmente, para a ação de usucapião.

📄 Súmula STF nº 263
O possuidor deve ser citado pessoalmente para a ação de usucapião.

📄 Súmula STF nº 237
A usucapião pode ser arguida em defesa.

📄 Súmula STJ nº 11
A presença da União ou de qualquer de seus entes, na ação de usucapião especial, não afasta a competência do foro da situação do imóvel.

15.7. Outras ações de procedimento especial

DIREITO PROCESSUAL CIVIL. ENUMERAÇÃO DOS LEGITIMADOS ATIVOS PARA AÇÃO DE INTERDIÇÃO.
Não é preferencial a ordem de legitimados para o ajuizamento de ação de interdição. De fato, a enumeração dos legitimados pelos arts. 1.177 do CPC e 1.768 do CC é taxativa, mas não é preferencial. Trata-se de legitimação concorrente, não sendo a propositura da ação prerrogativa de uma única pessoa. Mais de um legitimado pode requerer a curatela, formando-se um litisconsórcio ativo facultativo. Assim, ambos os pais, ou mesmo mais de um parente, pode propor a ação, cabendo ao juiz escolher, em momento oportuno, quem vai exercer o encargo. Note-se, ainda, que a redação do art. 1.177 do CPC utiliza o verbo "poder", em vez de "dever", evidenciando, portanto, a ideia de mera faculdade, e não obrigação. Esclareça-se também que, conforme destacado no art. 1.775 do CC, as pessoas habilitadas para promoverem a ação diferem das habilitadas para exercerem a curatela sobre o interditando. Essas duas legitimidades obedecem apenas a uma ordem taxativa, mas não preferencial e absoluta, pois caberá ao juiz analisar cada caso concreto e aplicar o melhor para o interditando, independentemente de o autor da ação ser indicado em primeiro lugar nos artigos citados. O que se deve considerar, antes de tudo, é o interesse do incapaz, dado o caráter protetivo e assistencial que tem o instituto, já que mais grave do que haver dúvidas a respeito da legitimidade é deixar um incapaz abandonado e à mercê de pessoas inescrupulosas e interesseiras. Não se pode insistir em uma prioridade legal, apenas recomendada para o exercício da curatela, e não para a propositura da ação. Registre-se que, mesmo para o exercício da curatela, o juiz sempre haverá de analisar o melhor interesse do interditando, o que também não torna prioritária e absoluta a ordem legal na escolha do curador. Ressalte-se, ainda, que a interdição visa a curatela, que é imprescindível para a proteção e o amparo do interditando, resguardando a segurança social ameaçada ou perturbada por seus atos. Trata-se de intervenção que atende a imperativos de ordem social. **REsp 1.346.013-MG, Rel. Min. Ricardo Villas Bôas Cueva, julgado em 13/10/2015, DJe 20/10/2015. (Inform. STJ 571)**

DIREITO PROCESSUAL CIVIL. LEGITIMIDADE DE PARENTE PARA PROPOR AÇÃO DE INTERDIÇÃO.
Qualquer pessoa que se enquadre no conceito de parente do Código Civil é parte legítima para propor ação de interdição. Segundo o art. 1.177, II, do CPC, a interdição pode ser promovida por algum parente próximo; e segundo o art. 1.768, II, do CC, a interdição deve ser promovida por qualquer parente. O certo é que a interdição é facultada a quem a lei reconhece como tal: ascendentes e descendentes de qualquer grau (art. 1.591 do CC) e aqueles em linha colateral até o quarto grau (art. 1.592 do CC). Como afinidade gera relação de parentesco, nada impede que os afins requeiram a interdição e exerçam a curatela. **REsp 1.346.013-MG, Rel. Min. Ricardo Villas Bôas Cueva, julgado em 13/10/2015, DJe 20/10/2015. (Inform. STJ 571)**

DIREITO PROCESSUAL CIVIL. CABIMENTO DE AÇÃO DE NUNCIAÇÃO DE OBRA NOVA MOVIDA POR CONDOMÍNIO CONTRA CONDÔMINO.
O condomínio tem legitimidade ativa para ajuizar contra o condômino ação de nunciação de obra nova com pedidos de paralisação e de demolição de construção irregular erguida pelo condômino em área comum para transformar seu apartamento, localizado no último andar do edifício, em um apartamento com cobertura, sem o consentimento expresso e formal de todos os proprietários do condomínio, nem licença da Prefeitura Municipal, causando danos à estética do prédio e colocando em perigo as suas fundações. Inicialmente, embora o art. 934 do CPC não inclua o condomínio entre os legitimados para ajuizar ações de nunciação de obra nova contra condôminos, deve-se interpretá-lo de forma teleológica, considerando o evidente interesse do condomínio de buscar as medidas possíveis em defesa dos interesses da coletividade que representa, de modo que o condomínio é parte legítima para figurar no polo ativo da demanda. Deve-se ressaltar, ademais, que não é adequado defender o descabimento da ação de nunciação de obra nova na hipótese sob o argumento de que a demanda teria caráter possessório – diante da invasão pelo condômino construtor de área comum do condomínio –, e não de direito de vizinhança, tendo em vista

2. DIREITO PROCESSUAL CIVIL

a existência, nesse tipo de demanda, de fundamentos estritamente ligados a direito de vizinhança, já que se trata de caso em que os pedidos também se fundamentam no fato de a obra colocar em perigo a estrutura do prédio como um todo. **REsp 1.374.456-MG, Rel. Min. Sidnei Beneti, julgado em 10/9/2013. (Inform. STJ 531)**

DIREITO PROCESSUAL CIVIL. INEXISTÊNCIA DE LITISCONSÓRCIO PASSIVO NECESSÁRIO NO ÂMBITO DE AÇÃO DE NUNCIAÇÃO DE OBRA NOVA.
No âmbito de ação de nunciação de obra nova movida por condomínio contra condômino objetivando a paralisação e a demolição de construção irregular erguida pelo condômino em área comum para transformar seu apartamento, localizado no último andar do edifício, em um apartamento com cobertura, não há litisconsórcio passivo necessário com os condôminos proprietários dos demais apartamentos localizados no último andar do edifício. Isso porque a situação em apreço não se enquadra nas hipóteses previstas no art. 47 do CPC, considerando o fato de que o litígio não exige solução uniforme em relação aos demais condôminos ocupantes do último andar do edifício. **REsp 1.374.456-MG, Rel. Min. Sidnei Beneti, julgado em 10/9/2013. (Inform. STJ 531)**

DIREITO PROCESSUAL CIVIL. LEGITIMIDADE PARA O AJUIZAMENTO DA MEDIDA DE BUSCA E APREENSÃO DO ART. 3º DO DECRETO-LEI 911/1969.
Na hipótese em que o contrato de alienação fiduciária em garantia tenha sido celebrado na vigência do CC/2002 e da Lei 10.931⁄2004, falta legitimidade, para propor a medida de busca e apreensão prevista no art. 3º do Decreto-lei 911/1969, à entidade que não seja instituição financeira ou à pessoa jurídica de direito público titular de créditos fiscais e previdenciários. Isso porque, de acordo com o art. 8º-A do referido decreto, incluído pela Lei 10.931/2004, aquele procedimento somente é aplicável quando se tratar de operações do mercado financeiro e de capitais ou de garantia de débitos fiscais ou previdenciários. Deve-se destacar, ainda, que a medida de busca e apreensão prevista no Decreto-lei 911/1969 constitui processo autônomo, de caráter satisfativo e de cognição sumária, que ostenta rito célere e específico. Trata-se, pois, de medida que objetiva conferir maiores garantias aos credores, estimulando o crédito e fortalecendo o mercado produtivo, inaplicável na situação em análise. **REsp 1.101.375-RS, Rel. Min. Luis Felipe Salomão, julgado em 4/6/2013. (Inform. STJ 526)**

DIREITO PROCESSUAL CIVIL. INTERESSE DE AGIR PARA O AJUIZAMENTO DE AÇÃO DE PRESTAÇÃO DE CONTAS EM FACE DE ENTIDADE DE PREVIDÊNCIA PRIVADA.
O participante de entidade de previdência privada tem interesse em demandar a respectiva entidade em ação de prestação de contas para esclarecimentos sobre as importâncias vertidas ao fundo por ela administrado, ainda que ele não tenha esgotado a via administrava e mesmo que sejam cumpridas pela entidade as exigências legais de divulgação anual das informações pertinentes ao plano por ela administrado. Com efeito, mesmo com a divulgação anual das informações referentes ao plano de benefícios – conforme determinam os arts. 22 a 24 da LC 109/2001 –, não afasta o interesse de participante da entidade em postular judicialmente, na forma individualizada, a prestação de contas. Além disso, o esgotamento da via administrativa não é condição para o surgimento do interesse em ajuizar a referida ação de prestação de contas. Precedentes citados: AgRg no Ag 1.163.447-DF, Quarta Turma, DJe 17/12/2010; e AgRg no REsp 888.090-DF, Terceira Turma, DJe 7/6/2010. **AgRg no AREsp 150.390-SP, Rel. Min. Luis Felipe Salomão, julgado em 9/4/2013. (Inform. STJ 522)**

DIREITO PROCESSUAL CIVIL. PRESTAÇÃO DE CONTAS REALIZADA POR ENTIDADE DE PREVIDÊNCIA PRIVADA DE FORMA DIVERSA DA MERCANTIL.
O magistrado não pode desconsiderar a prestação de contas realizada por entidade de previdência privada, ainda que de forma diversa da mercantil, na hipótese em que as contas tenham sido apresentadas de maneira clara e inteligível. Com efeito, o magistrado deve verificar se as contas apresentadas atingem as finalidades do processo e, em caso positivo, afastar o rigor da norma inserida no art. 917 do CPC, pois o escopo da referida norma é apenas a indicação pormenorizada dos débitos e créditos, das receitas e despesas, a fim de permitir aos autores a exata compreensão da forma como se chegou ao resultado apresentado. Precedentes citados: AREsp 11.904-DF, Terceira Turma, DJe 17/2/2012; e REsp 1.171.676-DF, Terceira Turma, DJe 19/3/2012. **AgRg no AREsp 150.390-SP, Rel. Min. Luis Felipe Salomão, julgado em 9/4/2013. (Inform. STJ 522)**

DIREITO PROCESSUAL CIVIL. NÃO CONFIGURAÇÃO DE LITISCONSÓRCIO PASSIVO NECESSÁRIO NO CASO DE AÇÃO EM QUE SE OBJETIVE A RESTITUIÇÃO DE PARCELAS PAGAS A PLANO DE PREVIDÊNCIA PRIVADA.
Na ação em que se objetive a restituição de parcelas pagas a plano de previdência privada, não há litisconsórcio passivo necessário entre a entidade administradora e os participantes, beneficiários ou patrocinadores do plano. Com efeito, no caso em que existam diversos titulares de direitos que derivem do mesmo título ou do mesmo fato jurídico e que estejam em jogo direitos patrimoniais, cabendo a cada titular uma parcela do todo divisível, será, em regra, eficaz o provimento concedido a algum deles, mesmo sem a presença dos demais. Isso porque a própria lei confere caráter de excepcionalidade ao litisconsórcio necessário, impondo-o apenas nas hipóteses previstas em lei ou pela natureza da relação jurídica (art. 47 do CPC). Sendo assim, como não se trata de hipótese em que o litisconsórcio necessário seja imposto por lei, tampouco se cuida de uma única relação jurídica indivisível, não há como falar, nesses casos, na configuração de litisconsórcio passivo necessário. **REsp 1.104.377-SP, Rel. Min. Luis Felipe Salomão, julgado em 18/4/2013. (Inform. STJ 522)**

📖 Súmula STJ nº 389

A comprovação do pagamento do "custo do serviço" referente ao fornecimento de certidão de assentamentos constantes dos livros da companhia é requisito de procedibilidade da ação de exibição de documentos ajuizada em face da sociedade anônima.

📖 Súmula STJ nº 372

Na ação de exibição de documentos, não cabe a aplicação de multa cominatória.

📖 Súmula STJ nº 322

Para a repetição de indébito, nos contratos de abertura de crédito em conta-corrente, não se exige a prova do erro.

📖 Súmula STJ nº 268

O fiador que não integrou a relação processual na ação de despejo não responde pela execução do julgado.

📖 Súmula STJ nº 259

A ação de prestação de contas pode ser proposta pelo titular de conta-corrente bancária.

📖 Súmula STJ nº 242

Cabe ação declaratória para reconhecimento de tempo de serviço para fins previdenciários.

16. JUIZADO ESPECIAL

AG. REG. NO AI. N. 857.811-PR
RELATOR: MIN. RICARDO LEWANDOWSKI
AGRAVO REGIMENTAL NO AGRAVO DE INSTRUMENTO. PROCESSO CIVIL. JUIZADOS ESPECIAIS. LEI 9.099/1995. MANDADO DE SEGURANÇA CONTRA DECISÃO INTERLOCUTÓRIA. NÃO CABIMENTO. AGRAVO IMPROVIDO.
I - O Plenário do Supremo Tribunal Federal, no julgamento do RE 576.847-RG/BA, Rel. Min. Eros Grau, concluiu pelo não cabimento de mandado de segurança contra decisões interlocutórias proferidas no âmbito dos Juizados Especiais. Precedentes.
II - Agravo regimental improvido. **(Inform. STF 704)**

Juizados Especiais Federais e intimação pessoal - 1
A regra prevista no art. 17 da Lei 10.910/2004 ("Nos processos em que atuem em razão das atribuições de seus cargos, os ocupantes dos cargos das carreiras de Procurador Federal e de Procurador do Banco Central do Brasil serão intimados e notificados pessoalmente") não se aplica a procuradores federais que atuam no âmbito dos Juizados Especiais Federais. Essa a conclusão do Plenário, que negou provimento, por maioria, a recurso extraordinário com agravo em que discutida a aplicabilidade do disposto no Enunciado 39 das Turmas Recursais ("A obrigatoriedade de intimação pessoal dos ocupantes de cargo de Procurador Federal, prevista no art. 17 da Lei 10.910/2004, não é aplicável ao rito dos Juizados Especiais Federais"), em face do art. 5º, LIV e LV, da CF. Preliminarmente, ao se deliberar acerca de questão suscitada pelo Min. Teori Zavascki, reconheceu-se, por decisão majoritária, a existência de matéria constitucional com repercussão geral a ser decidida. No ponto, o Min.

Luiz Fux, relator, destacou a importância do tema para o Poder Público. Além disso, registrou que a repercussão geral da questão constitucional suscitada teria passado pelo crivo do Plenário Virtual. Consignou, ainda, que o requisito do prequestionamento estaria satisfeito, pois a parte teria ventilado o tema, embora o tribunal a quo houvesse sido omisso no julgamento dos embargos de declaração onde aventada a controvérsia. Ademais, reputou que, nos termos do art. 543-A, § 7º, do CPC, não seria possível revisitar o assunto sem impugnação pela via recursal, pois a existência de repercussão geral valeria como acórdão. No ponto, o Min. Ricardo Lewandowski asseverou que, reconhecida a repercussão geral, a matéria estaria preclusa. O Min. Dias Toffoli, embora reconhecesse a repercussão geral no caso, sublinhou que o tema não estaria sujeito a preclusão, pois o julgamento seria unitário. Vencidos os Ministros Teori Zavascki, Rosa Weber e Marco Aurélio, que entendiam cuidar-se de matéria infraconstitucional. O Min. Teori Zavascki apontava precedentes da Corte no sentido de que a discussão não alcançaria os preceitos constitucionais suscitados a partir do cotejo com a lei em comento. Ademais, não teria havido prequestionamento. O Min. Marco Aurélio, ao acompanhar essa orientação, alertava para o barateamento do instituto da repercussão geral.
ARE 648629/RJ, rel. Min. Luiz Fux, 24.4.2013. (ARE-648629)

Juizados Especiais Federais e intimação pessoal - 2
Em seguida, decidiu-se, por maioria — ao se resolver questão suscitada pelo Min. Ricardo Lewandowski — no sentido da conversão do recurso extraordinário com agravo em recurso extraordinário, para julgamento imediato do tema de fundo. O suscitante lembrou que houvera manifestação da parte quanto ao mérito e a análise da matéria controvertida já se teria iniciado. Vencido o Min. Marco Aurélio, que aduzia haver decisão a implicar a negativa de sequência do extraordinário, razão pela qual interposto o agravo. Enquanto não afastada esta decisão, não haveria como julgar o extraordinário. Ponderava ser necessário chamar o processo à ordem para que o Relator decidisse o agravo.
ARE 648629/RJ, rel. Min. Luiz Fux, 24.4.2013. (ARE-648629)

Juizados Especiais Federais e intimação pessoal - 3
No mérito, prevaleceu o voto do Relator. Ressurtiu que a inaplicabilidade da lei em comento no âmbito dos Juizados Especiais Federais não significaria desigualdade em relação a outros procuradores representantes do Poder Público, pois o diploma estaria imbricado nas cláusulas consectárias do devido processo legal. Destacou que o art. 17 da Lei 10.910/2004 teria caráter de lex generalis, a prever a intimação em todos os processos de procuradores federais e de advogados do Banco Central. Consignou que os Juizados Especiais teriam por escopo o acesso à justiça dos menos favorecidos, a celeridade e a simplicidade. Lembrou que, por essa razão, os Juizados estariam abarrotados de processos, o que estaria a ameaçar justamente estes valores. Dessumiu que não seria o caso de criar prerrogativa em lei que objetivasse favorecer a parte adversa ao Poder Público — visto que as causas nos Juizados Especiais Federais tratariam, predominantemente, de direito previdenciário, portanto de particulares contra a União. Apontou que, de maneira geral, não seria comum o Poder Público perder prazos nessas hipóteses, e registrou a participação efetiva da União nas causas em comento. Por outro lado, surgiriam problemas se houvesse burocratização dos juizados, voltados à oralidade e à agilidade na solução de conflitos. O Min. Teori Zavascki frisou que a ausência de intimação pessoal não ofenderia os princípios constitucionais especificamente articulados no recurso, mas registrou que a existência dessa prerrogativa seria compatível com a Constituição e com o art. 8º da Lei 10.259/2001 ["Art. 8º As partes serão intimadas da sentença, quando não proferida esta na audiência em que estiver presente seu representante, por ARMP (aviso de recebimento em mão própria). § 1º As demais intimações das partes serão feitas na pessoa dos advogados ou dos Procuradores que oficiem nos respectivos autos, pessoalmente ou por via postal"]. O Min. Gilmar Mendes observou que a questão perderia importância gradativamente, com o aumento da informatização dos processos. Além disso, os fatos demonstrariam que a advocacia pública atuaria em igualdade com a advocacia privada. O Min. Marco Aurélio trouxe a lume precedente da Corte em que, no âmbito de Juizado Especial Criminal — portanto em jogo a liberdade de locomoção —, a Corte decidira pela inaplicabilidade da regra de intimação pessoal (HC 76915/RS, DJU de 27.4.2001). Vencido o Min. Dias Toffoli, que provia o extraordinário. Asseverava que a Fazenda Pública teria direito a prazo em dobro. Reputava que a lei não faria distinção quanto a juizado especial ou justiça comum, no tocante à intimação pessoal de procurador federal. Entendia pela ofensa aos princípios constitucionais citados.
ARE 648629/RJ, rel. Min. Luiz Fux, 24.4.2013. (ARE-648629) (Inform. STF 703)

DIREITO PROCESSUAL CIVIL. JUIZADO ESPECIAL DA FAZENDA PÚBLICA E REQUISITOS PARA ADMISSIBILIDADE DE RECLAMAÇÃO E DE PEDIDO DE UNIFORMIZAÇÃO DE JURISPRUDÊNCIA.
Não é cabível reclamação, tampouco pedido de uniformização de jurisprudência, ao STJ contra acórdão de Turma Recursal do Juizado Especial da Fazenda Pública sob a alegação de que a decisão impugnada diverge de orientação fixada em precedentes do STJ. O sistema para o processamento e julgamento de causas em juizados especiais é composto por três microssistemas. Cada um deles é submetido a regras específicas de procedimento, inclusive com relação ao mecanismo de uniformização de jurisprudência e de submissão das decisões das Turmas Recursais ao crivo do STJ. No âmbito do microssistema dos Juizados Especiais Estaduais Comuns, instituídos pela Lei 9.099/1995, o mecanismo é a reclamação, nas hipóteses do art. 1º da Resolução 12/2009 do STJ, ou seja, quando decisão de Turma Recursal contrariar: a) jurisprudência do STJ; b) súmula do STJ; ou c) orientações decorrentes do julgamento de recursos especiais processados na forma do art. 543-C. Já no que se refere aos Juizados Especiais Federais instituídos pela Lei 10.259/2001, é o pedido de uniformização de jurisprudência que é cabível quando a orientação da Turma Nacional de Uniformização contrariar (art. 14, § 4º): a) jurisprudência dominante do STJ; ou b) súmula do STJ. Finalmente, quanto ao mais recente microssistema, instituído pela Lei 12.153/2009 (Juizados Especiais da Fazenda Pública), é cabível o pedido de uniformização de jurisprudência quando (arts. 18 e 19): a) as Turmas de diferentes Estados derem a lei federal interpretações divergentes; ou b) a decisão proferida estiver em contrariedade com súmula do STJ. Percebe-se, portanto, que foi opção expressa do legislador restringir apenas às duas hipóteses acima o cabimento do pedido de uniformização de jurisprudência nos Juizados Especiais da Fazenda Pública, havendo silêncio eloquente quanto a todas as demais hipóteses. Desse modo, o caso em que a parte alega que o acórdão da Turma Recursal no subsistema do Juizado Especial da Fazenda Pública viola precedentes do STJ não se amolda às hipóteses de cabimento de pedido de uniformização de jurisprudência. Quanto à utilização da reclamação, observa-se que, nos termos do art. 105, I, "f", da CF, c/c o art. 187 do RISTJ, seu cabimento é previsto para: a) a usurpação de competência do STJ; ou b) a necessidade de garantir a autoridade das decisões do STJ. Além dessas hipóteses constitucionais, conforme visto acima, cabe reclamação para a adequação do entendimento adotado em acórdãos de Turmas Recursais no subsistema dos Juizados Especiais Comuns Estaduais à jurisprudência, súmula ou orientação adotada na sistemática dos recursos repetitivos do STJ (em razão do decidido pelo STF nos EDcl no RE 571.572-BA, Tribunal Pleno, DJe 27/11/2009 e das regras contidas na Resolução 12/2009 do STJ). De acordo com a larga jurisprudência do STF, seguida pelo STJ, a reclamação não pode – e não deve – ser considerada sucedâneo recursal, ou seja, é cabível tão-só nas hipóteses em que adequadamente atende aos requisitos de admissibilidade (Rcl 5684 AgR, Tribunal Pleno, DJe 15/8/2008; e Rcl 5465 ED, Tribunal Pleno, DJe 15/8/2008). Cumpre esclarecer que não é possível a aplicação do princípio da fungibilidade, quando a reclamação fundar-se em suposta divergência entre a decisão recorrida e arestos paradigmas do STJ, sendo que essa hipótese não é abrangida no pedido de uniformização previsto no art. 18, § 3º, da Lei 12.153/2009. Assim, não se amolda ao caso nem o pedido de uniformização de jurisprudência nem a reclamação, por não incidirem em nenhuma das hipóteses de cabimento. Rcl 22.033-SC, Rel. Min. Mauro Campbell Marques, julgado em 8/4/2015, DJe 16/4/2015 **(Inform. STJ 559).**

Súmula STJ nº 376
Compete a turma recursal processar e julgar o mandado de segurança contra ato de juizado especial.

Súmula STJ nº 203
Não cabe recurso especial contra decisão proferida por órgão de segundo grau dos juizados especiais. (*) julgando o AgRg no Ag 400.076-BA, na sessão de 23/05/02, a corte especial deliberou pela alteração da Súmula n. 203. A redação anterior era a seguinte (decisão de 04/02/1998, DJ 12/02/1998): Não cabe recurso especial contra decisão proferida, nos limites de sua competência, por órgão de segundo grau dos juizados especiais.

17. MANDADO DE SEGURANÇA

Mandado de segurança e oitiva do Ministério Público

A Segunda Turma iniciou julgamento de recurso em mandado de segurança em que se discute: a) a nulidade de acórdão proferido pelo STJ, em sede de mandado de segurança, sem que tenha sido providenciada a oitiva do Ministério Público, na forma do art. 12 da Lei 12.016/2009 ["Findo o prazo a que se refere o inciso I do "caput" do art. 7° desta Lei, o juiz ouvirá o representante do Ministério Público, que opinará, dentro do prazo improrrogável de 10 (dez) dias"]; e b) a legitimidade do referido acórdão, no ponto em que assentada a validade do art. 6° da Resolução 12/2009 do STJ, que enseja a irrecorribilidade da decisão de relator havida em reclamação ajuizada contra decisão de turma recursal dos juizados especiais. O Ministro Teori Zavascki (relator) deu provimento ao recurso para anular o acórdão recorrido e determinar o retorno dos autos à origem para a retomada do processamento do mandado de segurança, ouvindo-se o "parquet". Afirmou que, em certas situações, a inobservância do referido preceito normativo seria considerada superável. Por exemplo, nos casos de: a) saneamento da irregularidade por eficiente intervenção posterior; b) ausência de prejuízo; e c) insignificância da matéria ou sua reiteração no âmbito do órgão julgador. Contudo, a prévia oitiva do Ministério Público seria inafastável em casos como o dos autos, em que a questão jurídica envolvida seria de alta relevância constitucional e teria dimensão que extrapolaria o interesse particular do impetrante. Essa afirmação ganharia reforço quando se considerasse a enorme força expansiva e vinculativa que decorreria das decisões da corte especial do STJ, principalmente em se tratando de questão jurídica inédita. Em seguida, pediu vista dos autos o Ministro Dias Toffoli.

RMS 32482/DF, rel. Min. Teori Zavascki, 24.11.2015. (RMS-32482) (Inform. STF 809)

AG. REG. NO RE N. 550.258-SP

RELATOR: MIN. DIAS TOFFOLI

EMENTA: Agravo regimental no recurso extraordinário. Mandado de segurança. Desistência a qualquer tempo. Possibilidade.

1. A matéria teve sua repercussão geral reconhecida no RE n° 669.367, de relatoria do Ministro **Luiz Fux**, com julgamento do mérito em 2/5/13. Na assentada, o Tribunal reafirmou a assente jurisprudência da Corte de que é possível desistir-se do mandado de segurança após a sentença de mérito, ainda que seja favorável ao impetrante, sem anuência do impetrado.

2. Agravo regimental não provido. **(Inform. STF 717)**

Mandado de segurança e desistência

O impetrante pode desistir de mandado de segurança a qualquer tempo, ainda que proferida decisão de mérito a ele favorável, e sem anuência da parte contrária. Com base nessa orientação, o Plenário, por maioria, deu provimento a recurso extraordinário. Asseverou-se que o mandado de segurança, enquanto ação constitucional, com base em alegado direito líquido e certo frente a ato ilegal ou abusivo de autoridade, não se revestiria de lide, em sentido material. Pontuou-se não se aplicar, ao mandado de segurança, a condição disposta na parte final do art. 267, § 4°, do CPC ("Art. 267. Extingue-se o processo, sem resolução de mérito: ... § 4° Depois de decorrido o prazo para a resposta, o autor não poderá, sem o consentimento do réu, desistir da ação"). De igual forma, não incidiria o art. 269, V, do CPC ("Art. 269. Haverá resolução de mérito: ... V - quando o autor renunciar ao direito sobre que se funda a ação"). Destacou-se a viabilidade de o direito ser discutido nas vias ordinárias desde que não houvesse trânsito em julgado da decisão. Eventual má-fé do impetrante que desistisse seria coibida com instrumental próprio. Vencidos os Ministros Luiz Fux, relator, e Marco Aurélio, que negavam provimento ao extraordinário. Obtemperavam não ser razoável que se pudesse assentar a possibilidade de a parte desistir do mandado de segurança, como regra geral, e disso obter benefícios contra o Poder Público. Aduziam que, após a sentença de mérito, poder-se-ia apenas renunciar ao direito em que se fundaria a ação.

RE 669367/RJ, rel. orig. Min. Luiz Fux, red. p/ o acórdão Min. Rosa Weber, 2.5.2013. (RE-669367) (Inform. STF 704)

DIREITO PROCESSUAL CIVIL. INDICAÇÃO EQUIVOCADA DA AUTORIDADE COATORA EM INICIAL DE MS. Nos casos de equívoco facilmente perceptível na indicação da autoridade coatora, o juiz competente para julgar o mandado de segurança pode autorizar a emenda da petição inicial ou determinar a notificação, para prestar informações, da autoridade adequada – aquela de fato responsável pelo ato impugnado –, desde que seja possível identificá-la

pela simples leitura da petição inicial e exame da documentação anexada. De fato, nem sempre é fácil para o impetrante identificar a autoridade responsável pela concretização do ato que entende violador de seu direito líquido e certo. A nova Lei do Mandado de Segurança (Lei 12.016/2009), entretanto, trouxe importante dispositivo em seu art. 6°, § 3°, que muito contribuiu para a solução do problema, permitindo ao julgador, pela análise do ato impugnado na exordial, identificar corretamente o impetrado, não ficando restrito à eventual literalidade de equivocada indicação. Precedente citado: AgRg no RMS 32.184-PI, Segunda Turma, Dje 29/5/2012. **RMS 45.495-SP, Rel. Min. Raul Araújo, julgado em 26/8/2014. (Inform. STJ 551)**

DIREITO PROCESSUAL CIVIL. EMENDA À PETIÇÃO DE MANDADO DE SEGURANÇA PARA RETIFICAÇÃO DA AUTORIDADE COATORA.

Deve ser admitida a emenda à petição inicial para corrigir equívoco na indicação da autoridade coatora em mandado de segurança, desde que a retificação do polo passivo não implique alteração de competência judiciária e desde que a autoridade erroneamente indicada pertença à mesma pessoa jurídica da autoridade de fato coatora. Precedentes citados: AgRg no REsp 1.222.348-BA, Primeira Turma, DJe 23/9/2011; e AgRg no RMS 35.638/MA, Segunda Turma, DJe 24/4/2012. **AgRg no AREsp 368.159-PE, Rel. Min. Humberto Martins, julgado em 1°/10/2013. (Inform. STJ 529)**

DIREITO PROCESSUAL CIVIL. SUCESSÃO PROCESSUAL EM MANDADO DE SEGURANÇA.

Não é possível a sucessão de partes em processo de mandado de segurança. Isso porque o direito líquido e certo postulado no mandado de segurança tem caráter personalíssimo e intransferível. Precedentes citados: MS 17.372-DF, Primeira Seção, DJe 8/11/2011; REsp 703.594-MG, Segunda Turma, DJ 19/12/2005; e AgRg no RMS 14.732-SC, Sexta Turma, DJ 17/4/2006. **EDcl no MS 11.581-DF, Rel. Min. Og Fernandes, julgado em 26/6/2013. (Inform. STJ 528)**

DIREITO PROCESSUAL CIVIL. MANDADO DE SEGURANÇA PARA IMPUGNAR ATO JUDICIAL QUE TENHA DETERMINADO A CONVERSÃO DE AGRAVO DE INSTRUMENTO EM AGRAVO RETIDO.

É cabível mandado de segurança para impugnar decisão que tenha determinado a conversão de agravo de instrumento em agravo retido. Isso porque, nessa hipótese, não há previsão de recurso próprio apto a fazer valer o direito da parte ao imediato processamento de seu agravo. Precedentes citados: AgRg nos EDcl no RMS 37.212-TO, Segunda Turma, DJe 30/10/2012; e RMS 26.733-MG, Terceira Turma, DJe 12/5/2009. **RMS 30.269-RJ, Rel. Min. Raul Araújo, julgado em 11/6/2013. (Inform. STJ 526)**

DIREITO PROCESSUAL CIVIL. UTILIZAÇÃO DE MANDADO DE SEGURANÇA PARA CONTROLE DA COMPETÊNCIA DOS JUIZADOS ESPECIAIS.

É cabível mandado de segurança, a ser impetrado no Tribunal de Justiça, a fim de que seja reconhecida, em razão da complexidade da causa, a incompetência absoluta dos juizados especiais para o julgamento do feito, ainda que no processo já exista decisão definitiva de Turma Recursal da qual não caiba mais recurso. Inicialmente, observe-se que, em situações como essa, o controle por meio da ação mandamental interposta dentro do prazo decadencial de cento e vinte dias não interfere na autonomia dos Juizados, uma vez que o mérito da demanda não será decidido pelo Tribunal de Justiça. Ademais, é necessário estabelecer um mecanismo de controle da competência dos Juizados, sob pena de lhes conferir um poder desproporcional: o de decidir, em caráter definitivo, inclusive as causas para as quais são absolutamente incompetentes, nos termos da lei civil. Dessa forma, sendo o juízo absolutamente incompetente em razão da matéria, a decisão é, nesse caso, inexistente ou nula, não havendo, tecnicamente, que falar em trânsito em julgado. **RMS 39.041-DF, Rel. Min. Raul Araújo, julgado em 7/5/2013. (Inform. STJ 524)**

DIREITO PROCESSUAL CIVIL. PRAZO DECADENCIAL PARA A IMPETRAÇÃO DE MANDADO DE SEGURANÇA.

Renova-se mês a mês o prazo decadencial para a impetração de mandado de segurança no qual se contesta o pagamento de pensão feito pela Administração em valor inferior ao devido. De acordo com a jurisprudência do STJ, cuidando-se de conduta omissiva ilegal da Administração, que envolve obrigação de trato sucessivo, o prazo decadencial estabelecido pela Lei do Mandado de Segurança se renova de forma continuada. **AgRg no AREsp 243.070-CE, Rel. Min. Humberto Martins, julgado em 7/2/2013. (Inform. STJ 517).**

DIREITO PROCESSUAL CIVIL. INOCORRÊNCIA DE PERDA DO OBJETO DE MANDADO DE SEGURANÇA EM RAZÃO DO ENCERRAMENTO DO CERTAME, DO TÉRMINO DO CURSO DE FORMAÇÃO OU DA HOMOLOGAÇÃO DO RESULTADO FINAL DO CONCURSO IMPUGNADO.

O encerramento do certame, o término do curso de formação ou a homologação do resultado final do concurso público não acarretam perda do objeto de mandado de segurança impetrado em face de suposta ilegalidade ou abuso de poder praticados durante uma de suas etapas. Com efeito, entender como prejudicado o pedido nessas situações seria assegurar indevida perpetuação da eventual ilegalidade ou do possível abuso praticado. **RMS 28.400-BA, Rel. Min. Sebastião Reis Júnior, julgado em 19/2/2013. (Inform. STJ 515).**

DIREITO PROCESSUAL CIVIL. MANDADO DE SEGURANÇA. ILEGITIMIDADE DA AUTORIDADE COATORA. AGENTE DE RETENÇÃO DE TRIBUTOS.

Não tem legitimidade o Procurador-Geral de Justiça do MPDFT para figurar no polo passivo de MS impetrado por procuradora de justiça do respectivo órgão com o intuito de obter a declaração da ilegalidade da incidência de imposto de renda e de contribuição social no pagamento de parcelas referentes à conversão em pecúnia de licença-prêmio não usufruída. Para fins de mandado de segurança, autoridade coatora é aquela que pratica, ordena ou omite a prática do ato impugnado e tem o dever funcional de responder pelo seu fiel cumprimento, além de dispor da competência para corrigir eventual ilegalidade. No caso, os referidos tributos são instituídos pela União, e não pertence ao DF o produto da arrecadação do IRPF e da contribuição para o Plano de Seguridade Social do Servidor incidente sobre os rendimentos pagos pela União aos membros do MPDFT, conforme estabelecido nos arts. 21, XIII, 40, 149, 153 e 157 da CF. O Procurador-Geral de Justiça do MPDFT, ao determinar o desconto relativo ao imposto de renda e à contribuição social no pagamento de parcelas referentes à conversão em pecúnia de licença-prêmio, atua como mero responsável tributário pela retenção dos tributos sobre os rendimentos pagos pela União; não detém, portanto, legitimidade para figurar no polo passivo do respectivo mandado de segurança. O delegado da Receita Federal do Brasil no Distrito Federal seria o legitimado para figurar no polo passivo do presente *writ*, conforme o disposto no art. 243 do Regimento Interno da Secretaria da Receita Federal do Brasil, aprovado pela Portaria do Ministério da Fazenda n. 95/2007. Precedentes citados: AgRg no Ag 1.425.805-DF, DJe 8/8/2012, e AgRg no REsp 1.134.972-SP, DJe 31/5/2010. **AgRg no AREsp 242.466-MG, Rel. Min. Castro Meira, julgado em 27/11/2012. (Inform. STJ 512).**

Súmula STF nº 632

É constitucional Lei que fixa o prazo de decadência para a impetração de mandado de segurança.

Súmula STF nº 631

Extingue-se o processo de mandado de segurança se o impetrante não promove, no prazo assinado, a citação do litisconsorte passivo necessário.

Súmula STF nº 630

A entidade de classe tem legitimação para o mandado de segurança ainda quando a pretensão veiculada interesse apenas a uma parte da respectiva categoria.

Súmula STF nº 629

A impetração de mandado de segurança coletivo por entidade de classe em favor dos associados independe da autorização destes.

Súmula STF nº 627

No mandado de segurança contra a nomeação de magistrado da competência do presidente da república, este é considerado autoridade coatora, ainda que o fundamento da impetração seja nulidade ocorrida em fase anterior do procedimento.

Súmula STF nº 626

A suspensão da liminar em mandado de segurança, salvo determinação em contrário da decisão que a deferir, vigorará até o trânsito em julgado da decisão definitiva de concessão da segurança ou, havendo recurso, até a sua manutenção pelo Supremo Tribunal Federal, desde que o objeto da liminar deferida coincida, total ou parcialmente, com o da impetração.

Súmula STF nº 625

Controvérsia sobre matéria de direito não impede concessão de mandado de segurança.

Súmula STF nº 624

Não compete ao Supremo Tribunal Federal conhecer originariamente de mandado de segurança contra atos de outros tribunais.

Súmula STF nº 623

Não gera por si só a competência originária do Supremo Tribunal Federal para conhecer do mandado de segurança com base no art. 102, i, "n", da Constituição, dirigir-se o pedido contra deliberação administrativa do tribunal de origem, da qual haja participado a maioria ou a totalidade de seus membros.

Súmula STF nº 622

Não cabe agravo regimental contra decisão do relator que concede ou indefere liminar em mandado de segurança.

Súmula STF nº 512

Não cabe condenação em honorários de advogado na ação de mandado de segurança.

Súmula STF nº 510

Praticado o ato por autoridade, no exercício de competência delegada, contra ela cabe o mandado de segurança ou a medida judicial.

Súmula STF nº 474

Não há direito líquido e certo, amparado pelo mandado de segurança, quando se escuda em Lei cujos efeitos foram anulados por outra, declarada constitucional pelo Supremo Tribunal Federal.

Súmula STF nº 430

Pedido de reconsideração na via administrativa não interrompe o prazo para o mandado de segurança.

Súmula STF nº 429

A existência de recurso administrativo com efeito suspensivo não impede o uso do mandado de segurança contra omissão da autoridade.

Súmula STF nº 405

Denegado o mandado de segurança pela sentença, ou no julgamento do agravo, dela interposto, fica sem efeito a liminar concedida, retroagindo os efeitos da decisão contrária.

Súmula STF nº 392

O prazo para recorrer de acórdão concessivo de segurança conta-se da publicação oficial de suas conclusões, e não da anterior ciência à autoridade para cumprimento da decisão.

Súmula STF nº 330

O Supremo Tribunal Federal não é competente para conhecer de mandado de segurança contra atos dos tribunais de justiça dos estados.

Súmula STF nº 319

O prazo do recurso ordinário para o Supremo Tribunal Federal, em "habeas corpus" ou mandado de segurança, é de cinco dias.

Súmula STF nº 304

Decisão denegatória de mandado de segurança, não fazendo coisa julgada contra o impetrante, não impede o uso da ação própria.

Súmula STF nº 272

Não se admite como ordinário recurso extraordinário de decisão denegatória de mandado de segurança.

Súmula STF nº 271

Concessão de mandado de segurança não produz efeitos patrimoniais em relação a período pretérito, os quais devem ser reclamados administrativamente ou pela via judicial própria.

Súmula STF nº 270

Não cabe mandado de segurança para impugnar enquadramento da Lei 3780, de 12/7/1960, que envolva exame de prova ou de situação funcional complexa.

Súmula STF nº 269

O mandado de segurança não é substitutivo de ação de cobrança.

Súmula STF nº 268

Não cabe mandado de segurança contra decisão judicial com trânsito em julgado.

Súmula STF nº 267

Não cabe mandado de segurança contra ato judicial passível de recurso ou correição.

2. DIREITO PROCESSUAL CIVIL

Súmula STF nº 266

Não cabe mandado de segurança contra Lei em tese.

Súmula STF nº 248

É competente, originariamente, o Supremo Tribunal Federal, para mandado de segurança contra ato do Tribunal de Contas da União.

Súmula STF nº 101

O mandado de segurança não substitui a ação popular.

Súmula STJ nº 202

A impetração de segurança por terceiro, contra ato judicial, não se condiciona à interposição de recurso.

Súmula STJ nº 177

O Superior Tribunal de Justiça é incompetente para processar e julgar, originariamente, mandado de segurança contra ato de órgão colegiado presidido por ministro de estado.

Súmula STJ nº 105

Na ação de mandado de segurança não se admite condenação em honorários advocatícios.

Súmula STJ nº 41

O Superior Tribunal de Justiça não tem competência para processar e julgar, originariamente, mandado de segurança contra ato de outros tribunais ou dos respectivos órgãos.

18. RECLAMAÇÃO

Reclamação: aposentadoria espontânea e extinção do contrato de trabalho - 4

Para o cabimento de reclamação é indispensável a relação de pertinência estrita entre o ato reclamado e o parâmetro de controle. Com base nessa orientação, o Plenário, em conclusão de julgamento e por maioria, reputou improcedente pedido formulado em reclamação. No caso, empresa pública estadual impugnava decisão que, nos autos de reclamação trabalhista, deferira pleito de tutela antecipada e mantivera trabalhadores aposentados pelo Regime Geral de Previdência - RGPS como empregados da ora reclamante. Segundo a decisão questionada, a aposentadoria concedida aos empregados não seria causa de extinção do contrato de emprego, nem implicaria acumulação de proventos vedada por lei. A reclamante aduzia a impossibilidade de acumulação de proventos de aposentadoria com salários. Apontava afronta ao que decidido pelo STF nos autos da ADI 1.770/DF (DJU de 1º.12.2006), ocasião em que declarada a inconstitucionalidade do § 1º do art. 453 da CLT ("§ 1º Na aposentadoria espontânea de empregados das empresas públicas e sociedades de economia mista é permitida sua readmissão desde que atendidos aos requisitos constantes do art. 37, inciso XVI, da Constituição, e condicionada à prestação de concurso público") — v. Informativo 575. O Colegiado entendeu que o ato reclamado não aplicara o referido preceito legal. Não fora determinado aos empregados públicos que se submetessem a novo concurso, para readmissão após a aposentadoria, condicionada a readmissão ao atendimento dos requisitos do art. 37, XVI, da CF. Ao contrário, fora respeitada a autoridade do acórdão paradigma, ao considerar que a aposentadoria não extingue o contrato de trabalho. A parte reclamante pretendera dar efeito vinculante a um dos fundamentos do voto condutor daquele acórdão, qual seja, o da impossibilidade de cumulação de vencimentos e proventos. Entretanto, a jurisprudência do STF é firme quanto ao não cabimento de reclamação fundada na transcendência dos motivos determinantes do acórdão com efeito vinculante. Ainda que assim não fosse, o ato reclamado respeitara um dos fundamentos do voto condutor relativamente à ideia de que a aposentadoria espontânea não extingue o contrato de trabalho. Ademais, nesse mesmo voto se cuidara de precedentes alusivos a servidores públicos, e não a empregados públicos sujeitos ao RGPS. Por sua vez, a Constituição veda apenas o recebimento cumulativo de aposentadoria do regime próprio de previdência e de remuneração de cargo, emprego ou função pública, ressalvados os cargos acumuláveis da forma da própria Constituição, os cargos eletivos e os cargos em comissão. Em nenhum momento, na vedação, é feita referência à aposentadoria paga pelo RGPS. Ao ser necessário optar por um dos fundamentos, deveria prevalecer aquele em sintonia com a jurisprudência do STF sobre a matéria, ou seja, o acolhido pelo ato reclamado. Em nenhum momento, o acórdão paradigma decidira sobre a possibilidade de empresa pública despedir empregado público após sua aposentadoria, nem, caso despedisse, se a consequência seria reintegrar o empregado ou garantir-lhe verbas rescisórias. Não se poderia, em sede de reclamação, avançar para cassar uma decisão judicial, por ela

haver desrespeitado entendimento não exposto no paradigma apontado, para assentar-se ser essa a conclusão correta sobre a matéria. Desse modo, não é possível o uso da reclamação como sucedâneo de recurso. Ressaltou que os precedentes do Tribunal seriam nesse mesmo sentido, tendo em conta a necessidade de pertinência estrita. Vencidos os Ministros Ellen Gracie (relatora) e Ayres Britto, que julgavam procedente o pedido.
Rcl 8168/SC, rel. orig. Min. Ellen Gracie, red. p/ o acórdão Min. Edson Fachin, 19.11.2015. (Rcl-8168) (Inform. STF 808)

AG. REG. NA Rcl N. 5.476-PE
RELATORA: MIN. ROSA WEBER
EMENTA: AGRAVO REGIMENTAL EM RECLAMAÇÃO. ALEGAÇÃO DE AFRONTA AO QUE DECIDIDO NA ADC Nº 4. INDEFERIMENTO DE PEDIDO DE ANTECIPAÇÃO DE TUTELA. AUSÊNCIA DE ESTRITA ADERÊNCIA.
Ao julgamento da medida cautelar na ADC 4, este Supremo Tribunal Federal assentou a legitimidade das restrições impostas pela Lei nº 9.494/97 relativas ao não cabimento de antecipação de tutela contra o Poder Público nas hipóteses que importem em a) reclassificação ou equiparação de servidores públicos; (b) concessão de aumento ou extensão de vantagens pecuniárias; (c) outorga ou acréscimo de vencimentos; (d) pagamento de vencimentos e vantagens pecuniárias a servidor público ou (e) esgotamento , total ou parcial, do objeto da ação, desde que tal ação diga respeito, exclusivamente, a qualquer das matérias acima referidas.
Não se tratando de insurgência contra a concessão de medida liminar contra a Fazenda Pública nas hipóteses descritas, impõe-se reconhecer a ausência de estrita aderência entre o ato reclamado e o paradigma invocado.
Agravo regimental conhecido e não provido. **(Inform. STF 806)**

Reclamação e sociedade de economia mista

A Primeira Turma, em conclusão de julgamento e por maioria, negou provimento a agravo regimental interposto de decisão que determinara a remessa dos autos de ação civil pública — que fora apreciada pela Justiça do Trabalho — à justiça comum. Na espécie, a decisão agravada acolhera o argumento de que teria havido afronta à decisão proferida na ADI 3395 MC/DF (DJU de 10.11.2006). Prevaleceu o voto do Ministro Luiz Fux (relator), que manteve o que decidido na decisão monocrática para assegurar o processamento dos litígios entre servidores temporários e a Administração Pública perante a justiça comum. A Ministra Rosa Weber, por sua vez, acompanhou o relator na conclusão, ao negar provimento ao agravo, porém, divergiu quanto à fundamentação. Assentou que no julgamento da ADI 3395 MC/DF, o Tribunal decidira competir à Justiça do Trabalho a apreciação de litígios que envolvessem servidores estatutários ou vinculados de qualquer forma por relação jurídico-administrativa com pessoas jurídicas de direito público, da Administração direta e indireta. Apontou que a Prodesp seria sociedade de economia mista e fora questionada sobre a validade de seus contratos de trabalho sem o prévio concurso público. Dessa forma, seus trabalhadores, por força do ordenamento constitucional, não poderiam ser vinculados a relações estatutárias. Frisou que os ora agravantes seriam os reclamantes beneficiados pelo julgamento da reclamação que lhes dera razão e determinara a remessa dos autos à justiça comum. Aduziu que o único ponto discutido no presente recurso seria se, ante a declaração de incompetência absoluta da Justiça do Trabalho, haveria ou não necessidade de decretar nulidade de atos decisórios da Justiça do Trabalho. Por ser vedada a "reformatio in pejus", negava provimento ao agravo regimental. Vencido o Ministro Marco Aurélio, que provia o recurso. Assentava que, ao se ajuizar processo trabalhista, até mesmo para se declarar o autor carecedor dessa ação, competente seria a justiça do trabalho.
Rcl 6527 AgR/SP, rel. Min. Luiz Fux, 25.8.2015. (Rcl-6527) (Inform. STF 796)

AG. REG. NA Rcl N. 19.205-BA
RELATOR: MIN. MARCO AURÉLIO
RECLAMAÇÃO – USURPAÇÃO DA COMPETÊNCIA DO SUPREMO – INEXISTÊNCIA. Não havendo equívoco quanto à aplicação da sistemática da repercussão geral, impõe-se a negativa de seguimento à reclamação.
(Inform. STF 792)

AG. REG. NA Rcl N. 20.034-RS
RELATOR: MIN. LUIZ FUX
Ementa: AGRAVO REGIMENTAL NA RECLAMAÇÃO. ALEGAÇÃO DE AFRONTA AO QUE DECIDIDO NA ADI 4.357. INEXISTÊNCIA. AUSÊNCIA DE IDENTIDADE DE TEMAS ENTRE O ATO RECLAMADO E O PARADIGMA DESTA SUPREMA CORTE. AGRAVO REGIMENTAL DESPROVIDO.

1. A ausência de identidade de temas entre o ato reclamado e o paradigma desta Corte conduz à inadmissão da reclamação.
2. *In casu:* a) O Plenário do Supremo Tribunal Federal, ao julgar as ADIs 4.357 e 4.425, assentou que o art. 1º-F da Lei nº 9.494/97, com redação dada pela Lei nº 11.960/09, ao reproduzir as regras da EC nº 62/09 quanto à atualização monetária e à fixação de juros moratórios de créditos inscritos em precatórios, viola o direito fundamental de propriedade (CF, art. 5º, XXII), bem como o princípio constitucional da isonomia (CF, art. 5º, *caput*, da CF), razão pela qual se revela inconstitucional por arrastamento; b) Neste feito, o reclamante se insurge contra decisão que deixou de aplicar o disposto no art. 1º-F da Lei nº 9.494/97, com fundamento na Orientação Jurisprudencial 382 da SBDI-1 do TST. Não há identidade ou similitude entre o ato impugnado e a decisão tida por desrespeitada.
3. A reclamação é inadmissível quando utilizada como sucedâneo de ação rescisória ou de recurso.
4. Agravo regimental desprovido. **(Inform. STF 788)**

Reclamação e erronia em aplicação de precedente em RG - 1
O Plenário retomou julgamento de agravos regimentais interpostos de decisões do Min. Ricardo Lewandowski que, em reclamações das quais relator, delas não conhecera ao aplicar a orientação da Corte no sentido de ser incabível a reclamação para correção de eventual equívoco na sistemática do regime da repercussão geral. A parte agravante alega usurpação de competência do Supremo. Na sessão de 29.6.2011, o Min. Ricardo Lewandowski desproveu o agravo regimental. Consignou que a competência para adoção do entendimento firmado pelo STF, em regime de repercussão geral, seria dos tribunais de origem. Asseverou não haver previsão constitucional a permitir reclamação para corrigir suposta erronia nessas hipóteses. Afirmou que, caso haja algum equívoco nessa aplicação, as partes não ficariam desabrigadas, dispondo do recurso de agravo interno para sua correção. Nesta assentada, a Min. Ellen Gracie, em voto-vista, acompanhou o relator para negar provimento ao agravo regimental. Aduziu que a competência do STF somente se iniciaria com a manutenção, pela instância ordinária, de decisão contrária ao entendimento firmado no Supremo. Rememorou não caber agravo de instrumento nem reclamação da decisão contra o ato da presidência do tribunal de origem que, na aplicação do precedente firmado em sede de repercussão geral, classificasse erroneamente o caso concreto. Nessa circunstância, reafirmou ser cabível agravo interno. Acrescentou que, da decisão equivocada do órgão especial ou do plenário, ainda poderiam ser opostos os embargos de declaração para corrigir a ocorrência de erro material. Tudo no âmbito do tribunal *a quo*. **Rcl 11427AgR/MG, rel. Min. Ricardo Lewandowski, 4.8.2011. (Rcl-11427) Rcl 11408 AgR/RS, rel. Min. Ricardo Lewandowski, 4.8.2011. (Rcl-11408)**

Reclamação e erronia em aplicação de precedente em RG - 2
A Ministra reputou, ademais, que seria inviável o pronunciamento do STF em cada caso e que não se poderia simplesmente substituir a via do recurso extraordinário pela da reclamação, novamente sobrecarregando esta Corte. Entretanto, asseverou que a reclamação poderia, excepcionalmente, ser admitida quando o tribunal de origem classificar erroneamente a repercussão geral, se esse equívoco não for corrigido pelos mecanismos já assentados pela jurisprudência do Supremo. Destacou que, em se tratando de matéria constitucional nova, poderia o STF – a critério do relator –, vislumbrando icto oculi a presença de transcendência e relevância, transformar em recurso extraordinário a própria reclamação. Situação esta em que seria reconhecida a repercussão geral e solucionada a questão de mérito. Tudo com efeitos vinculantes para os casos semelhantes então em tramitação em qualquer instância. Porém, reconheceu que isso não ocorrera na Rcl 11427 AgR/MG, em que a parte suscitara a inconstitucionalidade da resolução que impusera regra sobre admissibilidade de recurso especial (pagamento de custas). Destacou que o próprio Supremo já teria dado resposta à essa matéria ao estabelecer a inexistência de repercussão geral quando a alegação disser respeito a pressupostos de admissibilidade do recurso especial ou recurso equivalente. Por fim, registrou que essa conclusão aplicar-se-ia também à Rcl 11408 AgR/RS. Após, pediu vista o Min. Gilmar Mendes. **Rcl 11427AgR/MG, rel. Min. Ricardo Lewandowski, 4.8.2011. (Rcl-11427) Rcl 11408 AgR/RS, rel. Min. Ricardo Lewandowski, 4.8.2011. (Rcl-11408)**

Reclamação e erronia em aplicação de precedente em RG - 3
O Plenário retomou julgamento conjunto de agravos regimentais interpostos de decisões do Ministro Ricardo Lewandowski, que não conhecera de reclamações das quais relator, ao aplicar a orientação da Corte no sentido de ser incabível a ação para corrigir eventual equívoco na sistemática do regime da repercussão geral — v. Informativo 634. Nesta assentada, retificaram-se as decisões da sessão de 29.6.2011 para constar que o Ministro Marco

Aurélio dava provimento aos agravos regimentais de ambas as reclamações. O Ministro Gilmar Mendes, em voto-vista, acompanhou o relator, para negar provimento a ambos os recursos. Aduziu que não se poderia substituir a via do recurso extraordinário pela da reclamação, de forma a sobrecarregar, novamente, esta Corte. Ponderou que, para o bom funcionamento do regime da repercussão geral, ainda em construção, o STF deveria cuidar para que ficasse clara a extensão dos acórdãos relativos à repercussão geral. Competiria aos demais tribunais proceder à adequada aplicação desses mesmos acórdãos. Ponderou que a atividade seria conjunta e considerou que os tribunais exerceriam papéis de extrema relevância e responsabilidade na aplicação da repercussão geral. Destacou que, em regra, não se poderia rever a aplicação da repercussão geral, caso a caso, pelo STF. Considerou, no entanto, que, verificada a existência de erro grave na aplicação do precedente pelo tribunal *a quo* — a implicar usurpação da competência desta Corte ou afronta ao acórdão-paradigma do STF, cujos efeitos não se restringiriam aos do recurso extraordinário julgado pelo Supremo —, a reclamação poderia ser admitida, em caráter excepcional. Concluiu que, no presente caso, não haveria equívoco na aplicação do precedente do STF, uma vez que os tribunais de origem ter-se-iam limitado a deliberar sobre pressuposto de admissibilidade de recurso na origem, cuja repercussão geral fora afastada por esta Corte. Finda a manifestação do Ministro Gilmar Mendes, pediu vista dos autos o Ministro Roberto Barroso.
Rcl 11427 AgR/MG, rel. Min. Ricardo Lewandowski, 30.10.2013. (Rcl-11427) Rcl 11408 AgR/RS, rel. Min. Ricardo Lewandowski, 30.10.2013. (Rcl-11408)

Reclamação e erronia em aplicação de precedente em RG - 4
O Plenário retomou julgamento conjunto de agravos regimentais interpostos de decisões do Ministro Ricardo Lewandowski (Presidente e relator), que não conhecera de reclamações, ao aplicar a orientação da Corte no sentido de ser incabível a ação para corrigir eventual equívoco na sistemática do regime da repercussão geral — v. Informativos 634 e 726. Em voto-vista, o Ministro Roberto Barroso acompanhou relator para negar provimento aos agravos. Aduziu que o art. 102, III, da CF deveria ser lido à luz da nova diretriz contida no seu § 3º ("§ 3º No recurso extraordinário o recorrente deverá demonstrar a repercussão geral das questões constitucionais discutidas no caso, nos termos da lei, a fim de que o Tribunal examine a admissão do recurso, somente podendo recusá-lo pela manifestação de dois terços de seus membros"). Significaria dizer que a admissibilidade do recurso extraordinário estaria condicionada ao reconhecimento, pela Corte, de que seu exame seria relevante para a sociedade. Assim, como essa decisão possuiria inegável dimensão discricionária, seria impossível sustentar direito subjetivo ao conhecimento do recurso extraordinário. Dessa forma, quando o legislador criara mecanismo de represamento como o disposto no art. 543-B, do CPC, a contar com atuação decisiva dos tribunais de origem, não haveria usurpação de competência do STF. O que poderia haver seria a má interpretação do acórdão da Corte, quando afirmasse existência ou inexistência de repercussão geral ou quando julgasse o mérito de uma questão já submetida a esse sistema. Nessa situação, seria possível afirmar que a aplicação indevida do "leading case" poderia, em certos casos, afrontar a autoridade da decisão, de forma a viabilizar a propositura de uma reclamação. Não obstante, não se poderia perder de vista que a própria "ratio" da repercussão geral seria permitir que o STF se dedicasse às questões relevantes, sem se ocupar, ordinariamente, com a aplicação de sua jurisprudência, aos milhões de processos em que ela fosse pertinente. Desse modo, para fins de cabimento de reclamação, somente caracterizaria afronta à autoridade de pronunciamento da Corte, em sede de repercussão geral, a não aplicação do precedente em casos nos quais ele seria claramente aplicável, bem como a invocação do julgado em hipótese na qual ele manifestamente não incidisse. Propôs fixação das seguintes teses, que norteariam o Tribunal nas hipóteses de mau enquadramento na instância de origem: 1) não haveria usurpação da competência do STF quando a instância de origem aplicasse precedente julgado pela Corte, sob regime de repercussão geral (regra geral); 2) para fins de cabimento de reclamação por afronta à autoridade de decisão do STF, tomada em sede de repercussão geral, seria necessária a observância dos seguintes requisitos: a) o esgotamento da instância de origem com a interposição de agravo interno da decisão monocrática que sobrestivesse o feito ou julgasse a causa; b) a caracterização de verdadeira teratologia; e c) o ajuizamento de reclamação em situação diversa deveria ser tido como manifestamente infundado, para fins de aplicação da multa prevista nos artigos 17 , VI e 18, do CPC, cuja sanção incidiria nas reclamações propostas depois do presente julgamento. Em seguida, o julgamento foi suspenso em virtude de pedido de vista formulado pelo Ministro Luiz Fux na Rcl 11408 AgR/RS.
Rcl 11427AgR/MG, rel. Min. Ricardo Lewandowski, 29.4.2015. (Rcl-11427) Rcl 11408 AgR/RS, rel. Min. Ricardo Lewandowski, 29.4.2015. (Rcl-11408) (Inform. STF 783)

2. DIREITO PROCESSUAL CIVIL

Reclamação: execução provisória e ADC 4 - 2

O Plenário, em conclusão de julgamento e por maioria, julgou improcedente pedido formulado em reclamação ajuizada em face de decisão que, em mandado de segurança impetrado pelo Sindicato Nacional dos Procuradores da Fazenda Nacional - SINPROFAZ, determinara a imediata marcação de férias pretéritas e futuras a Procuradores da Fazenda Nacional, bem como a conversão de férias em pecúnia aos procuradores que assim preferissem — v. Informativo 546. Alegava-se, na espécie, ofensa à autoridade da decisão proferida no julgamento da ADC 4 MC/DF (DJU de 21.5.1999), que suspendera a possibilidade de concessão de tutela antecipada contra a Fazenda Pública, e em cujo mérito discutira-se a constitucionalidade do art. 1º da Lei 9.494/1997 ("Art. 1º. Aplica-se à tutela antecipada prevista nos arts. 273 e 461 do Código de Processo Civil o disposto nos arts. 5º e seu parágrafo único e 7º da Lei nº 4.348, de 26 de junho de 1964, no art. 1º e seu § 4º da Lei nº 5.021, de 9 de junho de 1966, e nos arts. 1º, 3º e 4º da Lei nº 8.437, de 30 de junho de 1992"). O Colegiado inicialmente destacou o caráter estrito da competência do STF em sede originária, e, portanto, no conhecimento de reclamações. A utilização dessa figura jurídica deveria observar, assim, a estrita aderência entre o objeto do ato reclamado e o julgado do STF apontado como paradigma de confronto. A jurisprudência do STF teria se firmado no sentido da limitação objetiva do alcance da ADC 4 às hipóteses taxativas do art. 1º da Lei 9.494/1997, especificamente no ponto em que este faz referência ao art. 5º, parágrafo único, da Lei 4.348/1964 ("Art. 5º Não será concedida a medida liminar de mandados de segurança impetrados visando à reclassificação ou equiparação de servidores públicos, ou à concessão de aumento ou extensão de vantagens. Parágrafo único. Os mandados de segurança a que se refere este artigo serão executados depois de transitada em julgado a respectiva sentença"). Portanto, a decisão proferida na referida ADC não impediria toda e qualquer antecipação de tutela contra a fazenda pública, mas somente a vedaria nos casos de decisão cujo conteúdo fosse a reclassificação ou equiparação de servidores públicos, ou a concessão de aumento ou extensão de vantagens, o que não se verificaria no caso, a tratar de férias. Vencido o Ministro Joaquim Barbosa (relator), que, por considerar não haver dúvida de que a decisão reclamada estabelecera típica vantagem pecuniária aos Procuradores da Fazenda Nacional, julgava procedente o pedido formulado na reclamação.

Rcl 4311/DF, rel. orig. Min. Joaquim Barbosa, red. p/o acórdão Min. Dias Toffoli, 6.11.2014. (Rcl-4311) (Inform. STF 766)

AG. REG. NA Rcl N. 14.810-SP

RELATOR: MIN. DIAS TOFFOLI

EMENTA: Agravo regimental em reclamação. Paradigma extraído de processo de caráter subjetivo. Eficácia vinculante restrita às partes nele relacionadas. Precedentes. Ilegitimidade ativa configurada. Reclamação utilizada como substituto processual. Submissão da controvérsia ao exame direto do Supremo Tribunal Federal. Inadmissibilidade. Precedente. Agravo regimental não provido.

1. Por atribuição constitucional, presta-se a reclamação para preservar a competência da Corte e garantir a autoridade de suas decisões (art. 102, inciso I, alínea l, CF/88), bem como para resguardar a correta aplicação das súmulas vinculantes (art. 103-A, § 3º, CF/88).

2. Nesse contexto, para que seja admitido o seu manejo, a decisão desta Suprema Corte, cuja autoridade venha a estar comprometida, deve ser revestida de efeito vinculante e eficácia **erga omnes**, o que não é o caso.

3. O reclamante não figura na relação processual do paradigma apontado, o qual é de índole subjetiva, revestindo-se de eficácia vinculante restrita somente às partes nele relacionadas.

4. Segunda a jurisprudência da Corte, "o remédio constitucional da reclamação não pode ser utilizado como um (inadmissível) atalho processual destinado a permitir, por razões de caráter meramente pragmático, a submissão imediata do litígio ao exame direto do Supremo Tribunal Federal" (RCL nº 4.381-AgR/RJ, Tribunal Pleno, Relator o Ministro **Celso de Mello**, DJe de 5/8/11).

5. Agravo regimental a que se nega provimento. **(Inform. STF 714)**

Reclamação e repercussão geral

A 1ª Turma julgou procedente pedido formulado em reclamação para cassar acórdão de tribunal estadual, que mantivera suspensão de procedimento de habilitação e liquidação de créditos decorrentes de procedência de ação civil pública. A Corte de origem assentara que se aplicaria à espécie o que decidido no RE 626307/SP (DJe de 1º.9.2010). O citado extraordinário – cuja repercussão geral da questão constitucional fora reconhecida –, o Min. Dias Toffoli, relator do paradigma, determinara, naquele feito, o sobrestamento, até final exame pelo Supremo, de todos os recursos que se referissem à discussão sobre o direito a diferenças de correção monetária de depósitos em cadernetas

de poupança, por alegados expurgos inflacionários decorrentes dos planos econômicos denominados Bresser e Verão. Enfatizou-se que o caso seria emblemático, a revelar a necessidade de o cidadão contar com instrumento que afastasse do cenário jurídico ato formalizado a partir de enfoque errôneo do que assentado no âmbito de repercussão geral. Esclareceu-se que, em homenagem à jurisdição, o Min. Dias Toffoli apontara que a medida por ele determinada não obstaria a propositura de novas ações nem a tramitação das que fossem distribuídas ou que se encontrassem em fase instrutória. Além disso, ressaltara, na ocasião, a inaplicabilidade do pronunciamento aos processos em fase de execução definitiva e às transações efetuadas ou que viessem a ser concluídas. Na situação em apreço, consignou-se que o acórdão impugnado fizera distinção onde não caberia fazê-lo: aduziria que o título judicial transitado em julgado não se mostraria líquido. Destacou-se, também, que o mencionado acórdão inobservara os parâmetros da suspensão determinada e concluíra pela sua adequação à espécie. Assinalou-se que, dessa maneira, colocara em segundo plano a impossibilidade de a decisão proferida no mencionado recurso extraordinário servir de baliza para rever título judicial em liquidação, presente o trânsito em julgado.

Rcl 12681/DF, rel. Min. Marco Aurélio, 4.6.2013. (Rcl-12681) (Inform. STF 709)

Reclamação e revisão de decisão paradigma - 1

Ao apreciar reclamação ajuizada pelo INSS para garantir a autoridade de decisão da Corte proferida na ADI 1232/DF (DJU de 9.9.98), que declarara a constitucionalidade do § 3º do art. 20 da Lei 8.742/93 (Lei Orgânica da Assistência Social - Loas), o Plenário, por maioria, julgou improcedente o pedido por considerar possível revisão do que decidido naquela ação direta, em razão da defasagem do critério caracterizador da miserabilidade contido na mencionada norma. Assim, ao exercer novo juízo sobre a matéria e, em face do que decidido no julgamento do RE 567985/MT e do RE 580963/PR, confirmou a inconstitucionalidade do: a) § 3º do art. 20 da Lei 8.742/93, que estabelece a renda familiar mensal per capita inferior a 1/4 do salário mínimo para a concessão de benefício a idosos ou deficientes e; b) parágrafo único do art. 34 da Lei 10.741/2003 (Estatuto do Idoso) ["Art. 34. Aos idosos, a partir de 65 (sessenta e cinco) anos, que não possuam meios para prover sua subsistência, nem de tê-la provida por sua família, é assegurado o benefício mensal de 1 (um) salário-mínimo, nos termos da Lei Orgânica da Assistência Social - Loas. Parágrafo único. O benefício já concedido a qualquer membro da família nos termos do caput não será computado para os fins do cálculo da renda familiar per capita a que se refere a Loas"]. Na espécie, o INSS questionava julgado de turma recursal dos juizados especiais federais que mantivera sentença concessiva de benefício a trabalhador rural idoso, o que estaria em descompasso com o § 3º do art. 20 da Lei 8.742/93. Alegava, ainda, que a Loas traria previsão de requisito objetivo a ser observado para a prestação assistencial do Estado. Asseverou-se que o critério legal de "renda familiar per capita inferior a um quarto do salário mínimo" estaria defasado para caracterizar a situação de miserabilidade. Destacou-se que, a partir de 1998, data de julgamento da mencionada ADI, outras normas assistenciais foram editadas, com critérios mais elásticos, a sugerir que o legislador estaria a reinterpretar o art. 203, V, da CF ("Art. 203. A assistência social será prestada a quem dela necessitar, independentemente de contribuição à seguridade social, e tem por objetivos: ... V - a garantia de um salário mínimo de benefício mensal à pessoa portadora de deficiência e ao idoso que comprovem não possuir meios de prover à própria manutenção ou de tê-la provida por sua família, conforme dispuser a lei").

Rcl 4374/PE, rel. Min. Gilmar Mendes, 18.4.2013. (Rcl-4374)

Reclamação e revisão de decisão paradigma - 2

Aduziu-se ser possível que o STF, via julgamento da presente reclamação, pudesse revisar o que decidido na ADI 1232/DF e exercer nova compreensão sobre a constitucionalidade do § 3º do art. 20 da Lei 8.742/93. Obtemperou-se que, hodiernamente, o STF disporia de técnicas diversificadas de decisão para enfrentar problemas de omissão inconstitucional. Se fosse julgada hoje, a norma questionada na ADI 1232/DF poderia ter interpretação diversa, sem necessidade de se adotar posturas de autocontenção por parte da Corte, como ocorrera naquele caso. Frisou-se que, no atual contexto de significativas mudanças econômico-sociais, as legislações em matéria de benefícios previdenciários e assistenciais teriam trazido critérios econômicos mais generosos, com consequente aumento do valor padrão da renda familiar per capita. Consignou-se a inconstitucionalidade superveniente do próprio critério definido pelo § 3º do art. 20 da Loas. Tratar-se-ia de inconstitucionalidade resultante de processo de inconstitucionalização em face de notórias mudanças fáticas (políticas, econômicas e sociais) e jurídicas (sucessivas modificações legislativas dos patamares econômicos utilizados como critérios de concessão de outros

benefícios assistenciais por parte do Estado). Pontuou-se a necessidade de se legislar a matéria de forma a compor um sistema consistente e coerente, a fim de se evitar incongruências na concessão de benefícios, cuja consequência mais óbvia seria o tratamento anti-isonômico entre os diversos beneficiários das políticas governamentais de assistência social. Vencido o Min. Teori Zavascki, que julgava o pleito procedente. Sublinhava que a decisão proferida na ADI teria eficácia erga omnes e efeitos vinculantes. Considerava que, ao se mudar o quanto decidido, estar-se-ia a operar sua rescisão. Ponderava não caber, em reclamação, fazer juízo sobre o acerto ou o desacerto das decisões tomadas como parâmetro. Arrematava que, ao se concluir sobre a constitucionalidade ou inconstitucionalidade em âmbito de reclamação, atuar-se-ia em controle abstrato de constitucionalidade. Vencidos, ainda, os Ministros Dias Toffoli, Ricardo Lewandowski e Joaquim Barbosa, Presidente, que não conheciam da reclamação.
Rcl 4374/PE, rel. Min. Gilmar Mendes, 18.4.2013. (Rcl-4374) (Inform. STF 702)

DIREITO PROCESSUAL CIVIL. RECLAMAÇÃO PARA DIMINUIÇÃO DO VALOR DA ASTREINTE FIXADA POR TURMA RECURSAL.
Cabe reclamação ao STJ, em face de decisão de Turma Recursal dos Juizados Especiais dos Estados ou do Distrito Federal, com o objetivo de reduzir o valor de multa cominatória demasiadamente desproporcional em relação ao valor final da condenação. Isso porque, nessa situação, verifica-se a teratologia da decisão impugnada. De fato, o STJ entende possível utilizar reclamação contra decisão de Turma Recursal, enquanto não seja criada a Turma Nacional de Uniformização de Jurisprudência dos Juizados Especiais dos Estados e do Distrito Federal, nos casos em que a decisão afronte jurisprudência pacificada em recurso repetitivo (art. 543-C do CPC) ou em súmula do STJ, ou, ainda, em caso de decisão judicial teratológica. **Rcl 7.861-SP, Rel. Min. Luis Felipe Salomão, julgado em 11/9/2013. (Inform. STJ 527)**

19. OUTROS TEMAS E TEMAS COMBINADOS

DIREITO PROCESSUAL CIVIL. MODO DE REALIZAÇÃO DO PEDIDO DE REVOGAÇÃO DE ASSISTÊNCIA JUDICIÁRIA GRATUITA.
Não deve ser apreciado o pedido de revogação de assistência judiciária gratuita formulado nos próprios autos da ação principal. De fato, o art. 4º, § 2º, da Lei 1.060/1950, com redação dada pela Lei 7.510/1986, estabelece que a "impugnação do direito à assistência judiciária não suspende o curso do processo e será feita em autos apartados" e o art. 6º, in fine, do mesmo diploma legal determina que a respectiva petição "será autuada em separado, apensando-se os respectivos autos aos da causa principal, depois de resolvido o incidente". Além disso, o art. 7º, parágrafo único, da mesma lei preceitua que o requerimento da parte contrária de revogação do benefício "não suspenderá o curso da ação e se processará pela forma estabelecida no final do artigo 6º" do mesmo diploma. Nesse contexto, se a assistência judiciária gratuita requerida no curso da demanda deve ser processada em apenso aos autos principais, mais razão ainda há para que o pedido de revogação do benefício seja autuado em apartado, pois, diversamente daquele, este sempre ocasionará debates e necessidade de maior produção de provas, a fim de que as partes confirmem suas alegações. Nessa conjuntura, cabe ressaltar que a intenção do legislador foi evitar tumulto processual, determinando que tal exame fosse realizado em autos apartados, garantindo a ampla defesa, o contraditório e o regular curso do processo. Ademais, entender de modo diverso, permitindo que o pleito de revogação da assistência judiciária gratuita seja apreciado nos próprios autos da ação principal, resultaria, além da limitação na produção de provas, em indevido atraso no julgamento do feito principal, o que pode prejudicar irremediavelmente as partes. Ante o exposto, não se pode entender que o processamento da impugnação nos próprios autos da ação principal constitui mera irregularidade. Efetivamente, deixar de observar a necessidade de autuação do pedido de revogação de assistência judiciária gratuita em autos apartados da ação principal configura erro grosseiro, suficiente para afastar a possibilidade de deferimento do pedido. **EREsp 1.286.262-ES, Rel. Min. Gilson Dipp, julgado em 19/6/2013. (Inform. STJ 529)**

DIREITO PROCESSUAL CIVIL. INADEQUAÇÃO DO USO DE CRITÉRIOS SUBJETIVOS PARA CONCESSÃO DE ASSISTÊNCIA JUDICIÁRIA GRATUITA.
O julgador não pode estipular, como único critério para a concessão de assistência judiciária gratuita, o recebimento de rendimentos líquidos em valor inferior a 10 salários mínimos, sem considerar, antes

do deferimento do benefício, provas que demonstrem a capacidade financeira do requerente para arcar com as despesas do processo e com os honorários advocatícios sem prejuízo próprio ou de sua família. Isso porque a assistência judiciária gratuita não pode ser concedida com base exclusivamente em parâmetros subjetivos fixados pelo próprio julgador, ou seja, segundo seus próprios critérios. De fato, de acordo com o art. 4º da Lei 1.060/1950, a parte gozará do referido benefício mediante simples afirmação, na própria petição inicial, de que não está em condições de pagar as custas do processo e os honorários de advogado sem prejuízo próprio ou de sua família. Todavia, essa afirmação possui presunção iuris tantum de veracidade, podendo ser ilidida diante de prova em contrário (art. 4º, § 1º, da Lei 1.060/50). Nesse contexto, para a concessão da assistência judiciária gratuita, deve ser considerado o binômio possibilidade-necessidade, com o fim de verificar se as condições econômicas-financeiras do requerente permitem ou não que este arque com os dispêndios judiciais, bem como para evitar que aquele que possui recursos venha a ser beneficiado, desnaturando o instituto. Precedentes citados: AgRg no AREsp 354.197-PR, Primeira Turma, DJe 19/8/2013; e AgRg no AREsp 250.239-SC, Segunda Turma, DJe 26/4/2013. **AgRg no AREsp 239.341-PR, Rel. Min. Benedito Gonçalves, julgado em 27/8/2013. (Inform. STJ 528)**

DIREITO PROCESSUAL CIVIL. EXIGIBILIDADE DE MULTA COMINATÓRIA NA HIPÓTESE DE CUMPRIMENTO DA OBRIGAÇÃO A DESTEMPO.
O cumprimento da obrigação após o transcurso do prazo judicialmente fixado, ainda que comprovado por termo de quitação, não exime o devedor do pagamento da multa cominatória arbitrada. Ressalte-se, inicialmente, que a quitação – direito subjetivo do devedor que paga – constitui verdadeira declaração do credor de ter recebido a prestação devida, sendo meio apto à prova do adimplemento obrigacional. Ocorre que a quitação somente será apta a afastar a aplicação de multa cominatória quando declarar que o efetivo cumprimento da obrigação tenha ocorrido dentro do prazo judicialmente assinalado. Isso porque a multa cominatória – instituto processual por meio do qual o juiz força a vontade do devedor no sentido de efetivamente cumprir a obrigação judicialmente acertada –, embora se destine à realização do interesse do credor, caracteriza-se como verdadeira sanção a ser aplicada na hipótese de desobediência a uma ordem judicial. **REsp 1.183.774-SP, Rel. Min. Nancy Andrighi, julgado em 18/6/2013. (Inform. STJ 526)**

DIREITO PROCESSUAL CIVIL. PAGAMENTO DE CUSTAS E DE PORTE DE REMESSA E DE RETORNO POR MEIO DA INTERNET.
Nos processos de competência do STJ, é possível o pagamento de Guia de Recolhimento da União (GRU) referente a custas processuais e porte de remessa e de retorno por meio da internet. O processo civil brasileiro vem passando por contínuas alterações legislativas, de modo a se modernizar e a buscar celeridade, visando a efetivar o princípio da razoável duração do processo. Nesse contexto, insere-se a Lei 11.419/2006, que dispõe sobre a informatização do processo judicial. No que diz respeito ao recolhimento das despesas processuais, no âmbito do STJ, a Res. 4/2010 estabelecia, em seu art. 6º, § 1º, que as guias de recolhimento das custas e do porte e remessa e retorno deveriam ser emitidas no sítio do Tesouro Nacional. Quanto ao pagamento, essa resolução não fixava a maneira pela qual deveria ocorrer, isto é, não estabelecia se o pagamento deveria ser feito obrigatoriamente na agência bancária ou se poderia ser utilizado outro meio. Com efeito, ainda não há, na legislação de regência, norma que vede expressamente o pagamento pela internet ou determine que este ocorra na agência bancária ou em terminal de autoatendimento. Além disso, o próprio Tesouro Nacional autoriza o pagamento da GRU pela internet. Contudo, havendo dúvida acerca da autenticidade do comprovante, o Tribunal de origem ou relator poderá, de ofício ou a requerimento da parte contrária, determinar a apresentação de documento idôneo e, caso não suprida a irregularidade, declarar a deserção. **AgRg no REsp 1.232.385-MG, Rel. Min. Antonio Carlos Ferreira, julgado em 6/6/2013. (Inform. STJ 525)**

DIREITO PROCESSUAL CIVIL. DESNECESSIDADE DE AÇÃO AUTÔNOMA PARA A DESCONSIDERAÇÃO DA PERSONALIDADE JURÍDICA DE SOCIEDADE.
O juiz pode determinar, de forma incidental, na execução singular ou coletiva, a desconsideração da personalidade jurídica de sociedade. De fato, segundo a jurisprudência do STJ, preenchidos os requisitos legais, não se exige, para a adoção da medida, a propositura de ação autônoma. Precedentes citados: REsp 1.096.604-DF, Quarta Turma, DJe 16/10/2012; e REsp 920.602-DF, Terceira Turma, DJe 23/6/2008. **REsp 1.326.201-RJ, Rel. Min. Nancy Andrighi, julgado em 7/5/2013. (Inform. STJ 524)**

3. DIREITO PENAL

1. CONCEITO, FONTES E PRINCÍPIOS

Princípio da insignificância: reincidência e crime qualificado - 1
O Plenário iniciou julgamento conjunto de três "habeas corpus" impetrados contra julgados que mantiveram condenação dos pacientes por crime de furto e afastaram a aplicação do princípio da insignificância. No HC 123.108/MG, o paciente fora condenado à pena de um ano de reclusão e dez dias-multa pelo crime de furto simples de chinelo avaliado em R$ 16,00. Embora o bem tenha sido restituído à vítima, o tribunal local não substituíra a pena privativa de liberdade por restritiva de direitos em razão da reincidência. No HC 123.533/SP, a paciente fora condenada pela prática de furto qualificado de dois sabonetes líquidos íntimos avaliados em R$ 40,00. O tribunal de origem não aplicara o princípio da insignificância em razão do concurso de agentes e a condenara a um ano e dois meses de reclusão, em regime semiaberto e cinco dias-multa. Por fim, no HC 123.734/MG, o paciente fora sentenciado pelo furto de 15 bombons caseiros, avaliados em R$ 30,00. Condenado à pena de detenção em regime inicial aberto, a pena fora substituída por prestação de serviços à comunidade e, embora reconhecida a primariedade do réu e a ausência de prejuízo à vítima, o princípio da insignificância não fora aplicado porque o furto fora qualificado pela escalada e pelo rompimento de obstáculo. O Ministro Roberto Barroso (relator) concedeu a ordem em todos os "habeas corpus", por entender cabível o princípio da insignificância e, por conseguinte, reconheceu a atipicidade material das condutas dos pacientes e anulou os efeitos penais dos processos em exame. Pontuou que, segundo estatísticas do Departamento Penitenciário Nacional, 49% das pessoas estariam presas por crimes contra o patrimônio e, dentre esse número, 14% da população carcerária brasileira estaria presa por furto simples ou qualificado. Lembrou que a comissão que elaborara o anteprojeto do Código Penal — ainda em deliberação no Congresso Nacional — teria proposto significativa descarcerização do furto em geral, com previsão expressa do princípio da insignificância. Nos termos desse anteprojeto, também não haveria fato criminoso quando, cumulativamente, se verificassem as seguintes condições: "a) mínima ofensividade da conduta do agente; b) reduzidíssimo grau de reprovabilidade do comportamento; e c) inexpressividade da lesão jurídica provocada".
HC 123108/MG, rel. Min. Roberto Barroso, 10.12.2014. (HC-123108)
HC 123533/SP, rel. Min. Roberto Barroso, 10.12.2014. (HC-123533)
HC 123734/MG, rel. Min. Roberto Barroso, 10.12.2014. (HC-123734)

Princípio da insignificância: reincidência e crime qualificado - 2
O relator frisou que os "habeas corpus" ora sob julgamento seriam emblemáticos: envolveriam furto de bens de valor inferior a R$ 50,00. Em dois deles, os pacientes teriam sido condenados à pena de prisão em regime semiaberto e estariam presos se a liminar não tivesse sido deferida. No obstante, em matéria de descaminho, se a sonegação de impostos somasse R$ 20.000,00, não haveria incriminação porque a fazenda pública não executaria dívidas de valor inferior ao mencionado. Ademais, o entendimento do STF seria no sentido de não haver crime, em face do princípio da insignificância. O desconforto que a existência dessa dualidade causaria aos cidadãos, acrescido à realidade carcerária, não poderia passar despercebido à Corte. Asseverou que a ausência de critérios claros quanto ao princípio da insignificância geraria o risco de casuísmos, além de prejudicar a uniformização da jurisprudência e agravar a precária situação do sistema carcerário. Observou que precedentes do STF admitiriam o princípio da insignificância em caso de furto desde que o agente não fosse reincidente e que não tivesse sido hipótese de furto qualificado. Apontou que toda a teoria do princípio da insignificância deveria ser reconduzida aos princípios da razoabilidade ou da proporcionalidade. Assim, o referido postulado incidiria quando, embora a conduta fosse formalmente típica, o desvalor da ação ou do resultado se mostrasse irrelevante. A circunstância de se tratar de réu reincidente ou presente alguma qualificadora não deveria, automaticamente, afastar a aplicação do princípio da insignificância. Seria necessária motivação específica à luz das circunstâncias do caso concreto, como o alto número de reincidências

e a especial reprovabilidade decorrente de qualificadoras. De todo modo, a caracterização da reincidência múltipla, para fins de rejeição do princípio da insignificância, exigiria a ocorrência de trânsito em julgado de decisões condenatórias anteriores, que deveriam ser referentes a crimes da mesma espécie. Mesmo quando afastado o princípio da insignificância por força da reincidência ou da qualificação do furto, o encarceramento do agente, como regra, constituiria sanção desproporcional, inadequada, excessiva e geradora de malefícios superiores aos benefícios.
HC 123108/MG, rel. Min. Roberto Barroso, 10.12.2014. (HC-123108)
HC 123533/SP, rel. Min. Roberto Barroso, 10.12.2014. (HC-123533)
HC 123734/MG, rel. Min. Roberto Barroso, 10.12.2014. (HC-123734)

Princípio da insignificância: reincidência e crime qualificado - 3
O relator assinalou que, no caso do HC 123.108/MG, a reincidência do paciente — antes, ele furtara roupas em um varal e, agora, um chinelo — não deveria ser tratada como impedimento a que fosse aplicado o princípio da insignificância. Caso se entendesse que o furto de coisa de valor ínfimo pudesse ser punido em caso de reincidência do agente, seria necessário admitir que a insignificância passaria do domínio da tipicidade para o da culpabilidade. Não seria possível afirmar, à luz da Constituição, que uma mesma conduta fosse típica para uns e não fosse para outros — os reincidentes — sob pena de se ter configurado inaceitável direito penal do autor e não do fato. Ademais, para que a reincidência excluísse a incidência do princípio da insignificância, não bastaria mera existência de inquéritos ou processos em andamento, mas condenação transitada em julgado e por crimes da mesma espécie. Necessário, ainda, que a sanção guardasse proporcionalidade com a lesão causada. O encarceramento em massa de condenados por pequenos furtos teria efeitos desastrosos, não apenas para a integridade física e psíquica dessas pessoas, como também para o sistema penitenciário como um todo e, reflexamente, para a segurança pública. Propôs que eventual sanção privativa de liberdade aplicável ao furto de coisa de valor insignificante fosse fixada em regime inicial aberto domiciliar, afastando-se, para os reincidentes, a aplicação do art. 33, § 2º, do CP. Embora a prisão domiciliar somente fosse prevista na LEP em hipóteses restritas, a realidade do sistema prisional obrigaria juízes e tribunais de todo o País a recorrer a essa alternativa, a fim de que o condenado não se submetesse a regime mais gravoso do que aquele a que tivesse direito por falta de vagas. Ponderou que a pena privativa de liberdade em regime aberto domiciliar deveria ser, como regra, substituída por pena restritiva de direitos, a afastar as condicionantes previstas no art. 44, II, III e § 3º, do CP, que deveriam ser interpretadas à luz da Constituição, sob pena de violação ao princípio da proporcionalidade. Assentou que as sanções restritivas de direito teriam caráter ressocializador muito mais evidente em comparação com as penas privativas de liberdade, notadamente em casos alcançados pelo princípio da insignificância. Somente em caso de descumprimento da pena restritiva deveria haver a reconversão para sanção privativa de liberdade em regime aberto domiciliar. No HC 123.108/MG, à época dos fatos em questão, o paciente teria duas condenações transitadas em julgado por crime de furto simples e esse fato não afastaria a aplicação do princípio da insignificância, ante o desvalor do resultado, traduzido pelo ínfimo valor do bem subtraído. Em seguida, o julgamento foi suspenso.
HC 123108/MG, rel. Min. Roberto Barroso, 10.12.2014. (HC-123108)
HC 123533/SP, rel. Min. Roberto Barroso, 10.12.2014. (HC-123533)
HC 123734/MG, rel. Min. Roberto Barroso, 10.12.2014. (HC-123734)

Princípio da insignificância: reincidência e crime qualificado - 4
A incidência do princípio da insignificância deve ser feita caso a caso. Essa a orientação do Plenário ao concluir julgamento conjunto de três "habeas corpus" impetrados contra julgados que mantiveram a condenação dos pacientes por crime de furto e afastaram a aplicação do mencionado princípio — v. Informativo 771. No HC 123.108/MG, o paciente fora condenado a pena de um ano de reclusão e dez dias-multa pelo crime de furto simples de chinelo avaliado em R$ 16,00. Embora o bem tenha sido restituído à vítima, o tribunal local não substituíra a pena privativa de liberdade por restritiva de direitos

em razão da reincidência. Nesse caso, o Colegiado, por decisão majoritária, denegou a ordem, mas concedeu "habeas corpus" de ofício para fixar o regime aberto para cumprimento de pena. No HC 123.533/SP, a paciente fora condenada pela prática de furto qualificado de dois sabonetes líquidos íntimos avaliados em R$ 40,00. O tribunal de origem não aplicara o princípio da insignificância em razão do concurso de agentes e a condenara a um ano e dois meses de reclusão, em regime semiaberto e cinco dias-multa. Na espécie, o Pleno, por maioria, denegou a ordem, mas concedeu "habeas corpus" de ofício para fixar o regime aberto para cumprimento de pena. Por fim, no HC 123.734/MG, o paciente fora sentenciado pelo furto de 15 bombons caseiros, avaliados em R$ 30,00. Condenado à pena de detenção em regime inicial aberto, a pena fora substituída por prestação de serviços à comunidade e, não obstante reconhecida a primariedade do réu e a ausência de prejuízo à vítima, o juízo de piso afastara a incidência do princípio da insignificância porque o furto fora praticado mediante escalada e com rompimento de obstáculo. No caso, o Colegiado, por decisão majoritária, denegou a ordem.
HC 123108/MG, rel. Min. Roberto Barroso, 3.8.2015. (HC-123108)
HC 123533/SP, rel. Min. Roberto Barroso, 3.8.2015. (HC-123533)
HC 123734/MG, rel. Min. Roberto Barroso, 3.8.2015. (HC-123734)

Princípio da insignificância: reincidência e crime qualificado - 5
O Plenário aduziu ser necessário ter presentes as consequências jurídicas e sociais que decorrem do juízo de atipicidade resultante da aplicação do princípio da insignificância. Negar a tipicidade significaria afirmar que, do ponto de vista penal, as condutas seriam lícitas. Além disso, a alternativa de reparação civil da vítima seria possibilidade meramente formal e inviável no mundo prático. Sendo assim, a conduta não seria apenas penalmente lícita, mas imune a qualquer espécie de repressão. Isso estaria em descompasso com o conceito social de justiça, visto que as condutas em questão, embora pudessem ser penalmente irrelevantes, não seriam aceitáveis socialmente. Ante a inação estatal, poder-se-ia chegar à lamentável consequência da justiça privada. Assim, a pretexto de favorecer o agente, a imunização de sua conduta pelo Estado o deixaria exposto a uma situação com repercussões imprevisíveis e mais graves. Desse modo, a aferição da insignificância como requisito negativo da tipicidade, mormente em se tratando de crimes contra o patrimônio, envolveria juízo muito mais abrangente do que a simples expressão do resultado da conduta. Importaria investigar o desvalor da ação criminosa em seu sentido amplo, traduzido pela ausência de periculosidade social, pela mínima ofensividade e pela ausência de reprovabilidade, de modo a impedir que, a pretexto da insignificância do resultado meramente material, acabasse desvirtuado o objetivo do legislador quando formulada a tipificação legal. Aliás, as hipóteses de irrelevância penal não teriam passado despercebidas pela lei, que conteria dispositivos a contemplar a mitigação da pena ou da persecução penal. Para se conduzir à atipicidade da conduta, portanto, seria necessário ir além da irrelevância penal prevista em lei. Seria indispensável averiguar o significado social da ação, a adequação da conduta, a fim de que a finalidade da lei fosse alcançada.
HC 123108/MG, rel. Min. Roberto Barroso, 3.8.2015. (HC-123108)
HC 123533/SP, rel. Min. Roberto Barroso, 3.8.2015. (HC-123533)
HC 123734/MG, rel. Min. Roberto Barroso, 3.8.2015. (HC-123734)

Princípio da insignificância: reincidência e crime qualificado - 6
No que se refere aos casos em que fora imposto o regime inicial semiaberto para cumprimento de pena, o Colegiado afirmou que seria desproporcional para a reprovação e prevenção quanto à conduta imputada. De acordo com a jurisprudência da Corte, seria necessário valorar os vetores subjetivos a respeito da causa penal (CP, art. 59), no sentido de individualizar a pena. A pena privativa de liberdade deveria se restringir às hipóteses de reconhecida necessidade, tendo em vista seu custo elevado, as consequências deletérias para infratores primários, ocasionais ou responsáveis por delitos de pequena significação. Haveria situações que, embora enquadráveis no enunciado normativo, não mereceriam as consequências concebidas pelo legislador. Caberia ao intérprete calibrar eventuais excessos e produzir a solução mais harmônica com o sistema jurídico. Dever-se-ia ter presente a regra geral de proporcionalidade, compatível com a natureza e a repercussão do delito. Seria indispensável, porém, que a avaliação se desse caso a caso, pois a uniformização de tratamento não seria desejável, tendo em vista as díspares realidades sociais, econômicas e culturais existentes no País. O Ministro Roberto Barroso (relator) reajustou seu voto. Vencidos, no HC 123.108/MG, a Ministra Rosa Weber e os Ministros Celso de Mello, que concediam a ordem; Edson Fachin, que não conhecia do "habeas corpus"; e Marco Aurélio, que

denegava a ordem. Quanto ao HC 123.533/SP, ficaram vencidos os Ministros Celso de Mello e Rosa Weber, que não conheciam do "habeas corpus", mas concediam a ordem de ofício; Edson Fachin, que não conhecia do "habeas corpus"; e Marco Aurélio, que denegava a ordem. No que se refere ao HC 123.734/MG, ficaram vencidos os Ministros Edson Fachin e Rosa Weber, que não conheciam do "habeas corpus"; e o Ministro Celso de Mello, que concedia a ordem.
HC 123108/MG, rel. Min. Roberto Barroso, 3.8.2015. (HC-123108)
HC 123533/SP, rel. Min. Roberto Barroso, 3.8.2015. (HC-123533)
HC 123734/MG, rel. Min. Roberto Barroso, 3.8.2015. (HC-123734)
(Inform. STF 793)

AG. REG. NO HC N. 124.867-PR
RELATORA: MIN. ROSA WEBER
E M E N T A: AGRAVO REGIMENTAL EM *HABEAS CORPUS*. DIREITO PENAL. DESCAMINHO. VALOR INFERIOR AO ESTIPULADO PELO ART. 20 DA LEI 10.522/2002. PRINCÍPIO DA INSIGNIFICÂNCIA. HABITUALIDADE DELITIVA. REPROVABILIDADE DA CONDUTA.
1. A pertinência do princípio da insignificância deve ser avaliada considerando os aspectos relevantes da conduta imputada.
2. A habitualidade delitiva revela reprovabilidade suficiente a afastar a aplicação do princípio da insignificância (ressalva de entendimento da Relatora). Precedentes.
3. Agravo regimental conhecido e não provido. **(Inform. STF 786)**

Princípio da consunção: homicídio e posse ilegal de arma
A 1ª Turma, por maioria, julgou extinto "habeas corpus" em que se discutia a aplicabilidade do princípio da consunção em hipótese de prática de homicídio com o uso de arma de fogo de numeração raspada. No caso, o paciente fora absolvido sumariamente em relação ao delito de homicídio, uma vez sua conduta haver caracterizado legítima defesa. Não obstante, remanescia a persecução penal no tocante ao crime de posse e porte de arma de fogo. A Turma reputou que os tipos penais seriam diversos, e que a excludente de ilicitude reconhecida quanto ao homicídio não alcançaria a posse ilegal de arma de fogo com numeração raspada. Vencido o Ministro Luiz Fux (relator), que concedia a ordem de ofício, por entender incidir o princípio da consunção.
HC 120678/PR, rel. orig. Min. Luiz Fux, red. p/ o acórdão Min. Marco Aurélio, 24.2.2015. (HC-120678) (Inform. STF 775)

Princípio da insignificância e reincidência genérica
A 2ª Turma concedeu "habeas corpus" para restabelecer sentença de primeiro grau, na parte em que reconhecera a aplicação do princípio da insignificância e absolvera o ora paciente da imputação de furto (CP, art. 155). Na espécie, ele fora condenado pela subtração de um engradado com 23 garrafas de cerveja e seis de refrigerante — todos vazios, avaliados em R$ 16,00 —, haja vista que o tribunal de justiça local afastara a incidência do princípio da bagatela em virtude de anterior condenação, com trânsito em julgado, pela prática de lesão corporal (CP, art. 129). A Turma, de início, reafirmou a jurisprudência do STF na matéria para consignar que a averiguação do princípio da insignificância dependeria de um juízo de tipicidade conglobante. Considerou, então, que seria inegável a presença, no caso, dos requisitos para aplicação do referido postulado: mínima ofensividade da conduta; ausência de periculosidade social da ação; reduzida reprovabilidade do comportamento; e inexpressividade da lesão jurídica. Afirmou, ademais, que, considerada a teoria da reiteração não cumulativa de condutas de gêneros distintos, a contumácia de infrações penais que não têm o patrimônio como bem jurídico tutelado pela norma penal (a exemplo da lesão corporal) não poderia ser valorada como fator impeditivo à aplicação do princípio da insignificância, porque ausente a séria lesão à propriedade alheia.
HC 114723/MG, rel. Min. Teori Zavascki, 26.8.2014. (HC-114723) (Inform. STF 756)

Crime de violação de direito autoral e trancamento da ação penal
A 1ª Turma negou provimento a recurso ordinário em "habeas corpus" para determinar o prosseguimento de ação penal em que o recorrente, acusado pela suposta prática do crime de violação de direito autoral (CP, art. 184), pleiteava o trancamento de ação penal. No caso, a defesa alegava: a) falta de lastro probatório mínimo da materialidade delitiva; b) ausência da identificação das vítimas do delito; e c) aplicação do princípio da adequação social. A Turma consignou que o trancamento da ação penal na via do "habeas corpus" só se mostraria cabível em casos excepcionalíssimos, hipóteses que não estariam evidenciadas na espécie. Reputou que seria suficiente

3. DIREITO PENAL

a comprovação da materialidade delitiva a partir da apreensão de mídias contrafeitas, produzidas no intuito de lucro e comprovadamente falsificadas por laudo pericial. Considerou desnecessária a identificação das vítimas, uma vez que a medida não seria pressuposto do tipo penal e manteria inalterada a materialidade delitiva. Aduziu que se deveria afastar a aplicação do princípio da adequação social nos crimes de violação de direito autoral, porquanto a adoção indiscriminada do postulado acabaria por incentivar a prática de delitos patrimoniais, o que fragilizaria a tutela penal de bens jurídicos relevantes para a vida em sociedade. Ressaltou que a prática em comento não poderia ser considerada socialmente tolerável, haja vista os expressivos prejuízos experimentados pela indústria fonográfica nacional, pelos comerciantes regularmente estabelecidos e pelo Fisco, uma vez que o delito encerraria a burla ao pagamento de impostos.
RHC 122127/ES, rel. Min. Rosa Weber, 19.8.2014. (RHC-122127) (Inform. STF 755)

Princípio da insignificância e reincidência
A 1ª Turma acolheu proposta do Ministro Roberto Barroso (relator) para afetar ao Plenário o julgamento de "habeas corpus" no qual se discute a aplicação do princípio da insignificância no caso de furto cometido por réu reincidente.
HC 123108/MG, rel. Min. Roberto Barroso, 5.8.2014. (HC-123108) (Inform. STF 753)

Descaminho: princípio da insignificância e atipicidade da conduta
A 1ª Turma, por maioria, declarou extinto "habeas corpus" pela inadequação da via processual, mas concedeu a ordem de ofício para trancar ação penal ante a atipicidade da conduta imputada ao paciente (CP, art. 334, "caput"). A Ministra Rosa Weber (relatora), observou que, em se tratando de crime de descaminho, a jurisprudência da Turma seria firme no sentido de reconhecer a atipicidade da conduta se, além de o valor elidido ser inferior àquele estabelecido pelo art. 20 da Lei 10.522/2002, atualizado por portaria do Ministério da Fazenda, não houvesse reiteração criminosa ou, ainda, introdução de mercadoria proibida em território nacional. O Ministro Roberto Barroso, embora acompanhasse a relatora, ressaltou a existência de julgados da Turma afastando, no tocante ao patrimônio privado, a aplicação do princípio da bagatela quando a "res" alcançasse o valor de R$500,00. Assim, não seria coerente decidir-se em sentido contrário quando se buscasse proteger a coisa pública em valores de até R$20.000,00. Ademais, aduziu que, ao se adotar o entendimento de que o princípio da insignificância acarretaria a atipicidade da conduta, o cometimento anterior de delitos similares não se mostraria apto para afastar o aludido princípio, uma vez que a atipicidade da conduta não poderia gerar reincidência. Vencido o Ministro Marco Aurélio, que conhecia do "writ", porém negava a ordem por vislumbrar que o objeto jurídico protegido pelo art. 334 do CP seria a Administração Pública e não apenas o erário. Considerava, ainda, que as esferas cível e penal seriam independentes e que adotar portaria do Ministério da Fazenda como parâmetro para se aferir eventual cometimento do delito seria permitir que o Ministro da Fazenda legislasse sobre direito penal.
HC 121717/PR, rel. Min. Rosa Weber, 3.6.2014. (HC-121717) (Inform. STF 749)

Infrações autônomas e princípio da consunção
Crime tipificado no Código Penal não pode ser absorvido por infração descrita na Lei de Contravenções Penais. Com base nessa orientação, a 1ª Turma denegou "habeas corpus" para refutar a incidência do princípio da consunção. Na espécie, a impetração pleiteava o crime de uso de documento falso (CP, art. 304) fosse absorvido pela contravenção penal de exercício ilegal da profissão ou atividade econômica (LCP, art. 47). A Turma aduziu, ainda, que o crime de uso de documento falso praticado pelo paciente não fora meio necessário nem fase para consecução da infração de exercício ilegal da profissão.
HC 121652/SC, rel. Min. Dias Toffoli, 22.4.2014. (HC-121652) (Inform. STF 743)

Princípio da insignificância: alteração de valores por portaria e execução fiscal
A 2ª Turma, em julgamento conjunto, deferiu "habeas corpus" para restabelecer as sentenças de primeiro grau que, com fundamento no CPP ("Art. 397. Após o cumprimento do disposto no art. 396-A, e parágrafos, deste Código, o juiz deverá absolver sumariamente o acusado quando verificar: ... III - que o fato narrado evidentemente não constitui crime"), reconheceram

a incidência do princípio da insignificância e absolveram sumariamente os pacientes. Na espécie, os pacientes foram denunciados como incursos nas penas do art. 334, § 1º, d, c/c o § 2º, ambos do CP (contrabando ou descaminho). A Turma observou que o art. 20 da Lei 10.522/2002 determinava o arquivamento das execuções fiscais, sem cancelamento da distribuição, quando os débitos inscritos como dívidas ativas da União fossem iguais ou inferiores a R$ 10.000,00. Destacou que, no curso dos processos, advieram as Portarias 75/2012 e 130/2012, do Ministério da Fazenda, que atualizaram os valores para R$ 20.000,00. Asseverou que, por se tratar de normas mais benéficas aos réus, deveriam ser imediatamente aplicadas, nos termos do art. 5º, XL, da CF. Aduziu que, nesses julgados, além de o valor correspondente ao não recolhimento dos tributos ser inferior àquele estabelecido pelo Ministério da Fazenda, a aplicação do princípio da bagatela seria possível porque não haveria reiteração criminosa ou introdução, no País, de produto que pudesse causar dano à saúde. Os Ministros Teori Zavascki e Cármen Lúcia concederam a ordem com ponderações. O Ministro Teori Zavascki salientou o fato de portaria haver autorizado e dobrado o valor da dispensa de execução. A Ministra Cármen Lúcia observou que "habeas corpus" não seria instrumento hábil a apurar valores.
HC 120620/RS e HC 121322/PR, rel. Min. Ricardo Lewandowski, 18.2.2014. (HC-120620) (Inform. STF 739)

HC N. 115.423-SP
RELATOR: MIN. ROBERTO BARROSO
Ementa: HABEAS CORPUS ORIGINÁRIO IMPETRADO CONTRA ACÓRDÃO QUE NEGOU PROVIMENTO A AGRAVO REGIMENTAL EM RECURSO ESPECIAL. ATIVIDADE CLANDESTINA DE TELECOMUNICAÇÕES. HABITUALIDADE. EMISSORA CLANDESTINA QUE INTERFERE NO TRÁFEGO AÉREO. INAPLICABILIDADE DO PRINCÍPIO DA INSIGNIFICÂNCIA PENAL. ORDEM DENEGADA. 1. O acórdão impugnado está em conformidade com a jurisprudência de ambas as Turmas do Supremo Tribunal Federal no sentido de que *"o uso clandestino e habitual de serviços de telecomunicações amolda-se ao tipo penal do art. 183 da Lei 9.472/1997"* (HC 115.137, Rel. Min. Luiz Fux, Primeira Turma). Precedentes. 2. Constatado pelas instâncias de origem que a rádio clandestina operada pelo paciente estava interferindo no tráfego aéreo, não é possível a adoção do princípio da insignificância penal. 3. Violação do bem jurídico tutelado pela norma incriminadora. **Precedente: HC 119.979, Rel.ª Min.ª Rosa Weber. 3. Ordem denegada. (Inform. STF 739)**

Princípio da insignificância e rádio comunitária de baixa potência - 1
A 2ª Turma iniciou julgamento de *habeas corpus* em que se discute a aplicação do princípio da insignificância ao crime descrito no art. 183 da Lei 9.472/1997 (desenvolver clandestinamente atividade de telecomunicação). No caso, o juízo de 1º grau aplicara o referido postulado por não haver prova pericial que constatasse *in loco* que a rádio comunitária operara com potência efetiva radiada acima do limite de segurança. Dessa forma, considerara que o desvalor — insegurança — não estaria comprovado, e essa prova seria essencial para constatação do fato típico. Contra essa decisão, fora interposto recurso em sentido estrito para o TRF, que, provido, determinara o recebimento da denúncia. O STJ mantivera esse entendimento. A Ministra Cármen Lúcia, relatora, deu provimento ao recurso para conceder a ordem e restabelecer a rejeição da denúncia proferida pelo juízo. Ressaltou que a incidência do princípio da insignificância faria com que o tipo formal e objetivamente descrito na norma não incidisse no caso. Afirmou que, para os efeitos de aplicação da lei penal, seria necessário haver lesão aos bens penalmente tutelados, o que não teria ocorrido na espécie. Considerou, entretanto, que o Poder Público poderia ter outro tipo de atuação, como, por exemplo, a via administrativa. Em divergência, o Ministro Teori Zavascki negou provimento ao recurso. Consignou que a falta de prova de a rádio comunitária interferir, ou não, na segurança não seria motivo para rejeitar a denúncia por insignificância. Destacou que essa prova poderia e deveria ser realizada no curso da ação penal. Depois do voto do Ministro Teori Zavascki, pediu vista o Ministro Gilmar Mendes.
RHC 119123/MG, rel. Min. Cármen Lúcia, 4.2.2014. (RHC-119123)

Princípio da insignificância e rádio comunitária de baixa potência - 2
Em conclusão de julgamento, a 2ª Turma, por maioria, proveu recurso ordinário em *habeas corpus* para conceder a ordem e restabelecer a rejeição da denúncia proferida pelo juízo de origem. No caso, o magistrado de 1º grau aplicara o princípio da insignificância ao crime descrito no art. 183 da Lei 9.472/1997 (desenvolver clandestinamente atividade de telecomunicação), por não haver prova pericial que constatasse, *in loco*, que a rádio comunitária

operara com potência efetiva radiada acima do limite de segurança. Dessa forma, o magistrado considerara que o desvalor — insegurança — não estaria demonstrado, e essa prova seria essencial para constatação do fato típico. Contra essa decisão, fora interposto recurso em sentido estrito para o TRF que, provido, determinara o recebimento da denúncia. O STJ mantivera esse entendimento — v. Informativo 734. A Turma assentou a ausência, na espécie, de comprovação da materialidade delitiva da infração penal. Ressaltou que não teria sido constatada a lesão aos bens jurídicos penalmente tutelados. Considerou, entretanto, que o Poder Público poderia ter outro tipo de atuação, como, por exemplo, a via administrativa. Vencidos os Ministros Teori Zavascki e Gilmar Mendes, que negavam provimento ao recurso. O primeiro consignava que a falta de elementos que comprovassem que o rádio comunitária interferia, ou não, na segurança não seria motivo para rejeitar a denúncia por insignificância. Destacava que essa prova poderia e deveria ser realizada no curso da ação penal. O Ministro Gilmar Mendes aduzia que a instalação de estação clandestina de radiofrequência, sem autorização do órgão competente, seria suficiente para comprometer a regularidade do sistema de telecomunicações. Sublinhava que o legislador buscara tutelar a segurança dos meios de comunicação, especialmente para evitar interferência em diversos sistemas como, por exemplo, o aéreo. Assim, seria prescindível a comprovação de prejuízo efetivo para a consumação do delito. **RHC 119123/MG, rel. Min. Cármen Lúcia, 11.3.2014. (RHC-119123) (Inform. STF 738)**

HC N. 120.550-PR
RELATOR: MIN. ROBERTO BARROSO
Ementa: *habeas corpus*. Importação fraudulenta de cigarros. Contrabando. 1. A importação clandestina de cigarros estrangeiros caracteriza crime de contrabando e não de descaminho. Precedentes. 2. A jurisprudência do Supremo Tribunal Federal não admite a aplicação do princípio da insignificância ao delito de contrabando. 3. *Habeas corpus* denegado. **(Inform. STF 735)**

RHC N. 111.749-RS
RELATOR: MIN. LUIZ FUX
Ementa: PENAL E PROCESSUAL PENAL. HABEAS CORPUS SUBSTITUTIVO DE RECURSO ORDINÁRIO CONSTITUCIONAL. COMPETÊNCIA DO SUPREMO TRIBUNAL FEDERAL PARA JULGAR HABEAS CORPUS: CF. ART. 102, I, "D" E "I". ROL TAXATIVO. MATÉRIA DE DIREITO ESTRITO. INTERPRETAÇÃO EXTENSIVA: PARADOXO. ORGANICIDADE DO DIREITO. FURTO QUALIFICADO PELO ABUSO DE CONFIANÇA (ART. 155, § 4º, II, DO CP). PRINCÍPIO DA INSIGNIFICÂNCIA. INAPLICABILIDADE. ORDEM DE HABEAS CORPUS EXTINTA POR INADEQUAÇÃO DA VIA ELEITA.
1. A subtração da coisa alheia após dissimulado pedido de empréstimo da res, caracteriza estelionato, que difere do furto mediante fraude (art. 155, § 4º, II, do CP), porquanto o ardil, nessa hipótese, é utilizado para afastar a vigilância da res furtiva.
2. O estelionato caracteriza-se exatamente pela obtenção de vantagem ilícita, em prejuízo alheio, induzindo ou mantendo alguém em erro, mediante artifício, ardil ou qualquer outro meio fraudulento.
3. Destarte, no caso sub judice, o paciente foi denunciado como incurso nas sanções do artigo 155, § 4º, inciso II, do Código Penal, por, supostamente, ter se valido da confiança da vítima – que lhe emprestou o celular – para subtrair o aparelho, avaliado em R$ 100,00 (cem reais), sendo certo que o crime de furto apenas não se consumou porque a polícia foi acionada.
4. Deveras, a emendatio libeli no juízo a quo proporcionará ao réu apresentar defesa sem prejuízo.
5. A aplicação do princípio da insignificância deve ser precedida de criteriosa análise de cada caso, a fim de evitar que sua adoção indiscriminada constitua verdadeiro incentivo à prática de pequenos delitos patrimoniais.
6. O princípio da insignificância incide quando presentes, cumulativamente, as seguintes condições objetivas: (a) mínima ofensividade da conduta do agente, (b) nenhuma periculosidade social da ação, (c) grau reduzido de reprovabilidade do comportamento, e (d) inexpressividade da lesão jurídica provocada;
7. O valor da res furtiva não pode ser o único parâmetro a ser avaliado, devendo ser analisadas as circunstâncias do fato para decidir-se sobre seu efetivo enquadramento na hipótese de crime de bagatela, bem assim o reflexo da conduta no âmbito da sociedade.
9. O legislador ordinário, ao qualificar a conduta incriminada, apontou o grau de afetação social do crime, de sorte que a relação existente entre o texto e o contexto (círculo hermenêutico) não pode conduzir o intérprete à inserção de uma norma não abrangida pelos signos do texto legal.

10. A conduta do paciente, in casu, não pode ser considerada atípica, uma vez que o paciente praticou o furto valendo-se da confiança da vítima, tendo em vista que, ardilosamente, pediu-lhe emprestado o aparelho celular, alegando que estava com problemas em seu caminhão e que, portanto, necessitava entrar em contato com um mecânico.
11. Eventual atipicidade material da conduta poderá vir a ser reconhecida ao final da instrução criminal, momento oportuno à verificação de sua ocorrência.
12. A competência originária do Supremo Tribunal Federal para conhecer e julgar habeas corpus está definida, taxativamente, no artigo 102, inciso I, alíneas "d" e "i", da Constituição Federal, sendo certo que os pacientes não estão arrolados em nenhuma das hipóteses sujeitas à jurisdição desta Corte.
13. Inexiste, no caso, excepcionalidade que justifique a concessão, ex officio, da ordem, porquanto inaplicável o princípio da insignificância na hipótese sub examine.
13. Ordem de habeas corpus extinta por inadequação da via eleita. **(Inform. STF 707)**

Princípio da insignificância e reiteração criminosa
Em conclusão, a 2ª Turma, por maioria, denegou ordem de habeas corpus, ao reconhecer, na espécie, a inaplicabilidade do princípio da insignificância ante a reprovabilidade e ofensividade da conduta do agente. O paciente, condenado pela prática de furto simples tentado, alegava a inexpressividade do valor do bem. Apontou-se que o reconhecimento da insignificância não poderia levar em conta apenas a expressão econômica da lesão. Ressaltou-se que o paciente possuiria acentuada periculosidade e faria do crime o seu meio de vida, a apostar na impunidade. Frisou-se que seria nesse contexto que se deveria avaliar a censurabilidade da conduta e não apenas na importância econômica dos bens subtraídos. Vencidos os Ministros Gilmar Mendes e Celso de Mello, que concediam a ordem. Asseveravam ser certo não bastar apenas o ínfimo valor das coisas furtadas. Consignavam, contudo, que, embora o paciente tivesse registro de inquéritos policiais e ações penais, não haveria condenação penal transitada em julgado. Pontuavam que esse fato não seria suficiente a atribuir ao paciente o caráter de agente criminoso ou de alguém que fizesse do crime prática reiterada e habitual, considerada a presunção constitucional de inocência que a todos beneficiaria. **HC 114340/ES, rel. Min. Ricardo Lewandowski, 14.5.2013. (HC-114340) (Inform. STF 706)**

HC N. 115.869-RS
RELATOR: MIN. DIAS TOFFOLI
Habeas corpus. Processual Penal. Descaminho (CP, art. 334, § 1º, d). Trancamento da ação penal. Pretensão à aplicação do princípio da insignificância. Contumácia na conduta. Não cabimento. Ausência de constrangimento ilegal. Ordem denegada.
1. Embora seja reduzida a expressividade financeira do tributo omitido ou sonegado pelo paciente, não é possível acatar a tese de irrelevância material da conduta por ele praticada, tendo em vista ser ela uma prática habitual na sua vida pregressa, o que demonstra ser ele um infrator contumaz e com personalidade voltada à prática delitiva, ainda que, formalmente, não se possa reconhecer, na espécie, a existência da reincidência.
2. Conforme a jurisprudência da Corte, "o reconhecimento da insignificância material da conduta increpada ao paciente serviria muito mais como um deletério incentivo ao cometimento de novos delitos do que propriamente uma injustificada mobilização do Poder Judiciário" (HC nº 96.202/RS, Primeira Turma, Relator o Ministro Ayres Britto, DJe de 28/5/10).
3. Ordem denegada. **(Inform. STF 705)**

Princípio da insignificância e rádio clandestina
A 2ª Turma denegou *habeas corpus* no qual se requeria o trancamento da ação penal pelo reconhecimento da aplicação do princípio da insignificância à conduta de operar de forma clandestina rádios com frequência máxima de 25W. No caso, o paciente fora condenado pelo delito de atividade clandestina de telecomunicações (Lei 9.472/97, art. 183). Entendeu-se que a conduta perpetrada pelo réu conteria elevado coeficiente de danosidade, já que comprovado, por laudo da Anatel, clara interferência à segurança do tráfego aéreo com eventuais consequências catastróficas. Destacou-se que estaria ausente um dos elementos necessários para a incidência do aludido postulado, qual seja, a indiferença penal do fato. **HC 111518/DF, rel. Min. Cármen Lúcia, 5.2.2013. (HC-111518) (Inform. STF 694).**

3. DIREITO PENAL

Rádio comunitária clandestina e princípio da insignificância

Ante as circunstâncias do caso concreto, a 2ª Turma, por maioria, aplicou o princípio da insignificância e concedeu *habeas corpus* impetrado em favor de denunciado por supostamente operar rádio comunitária sem autorização legal. Destacou-se que perícia efetuada pela Agência Nacional de Telecomunicações - Anatel atestaria que o serviço de rádio difusão utilizado não teria capacidade de causar interferência nos demais meios de comunicação, que permaneceriam incólumes. Enfatizou-se que aquela emissora operaria com objetivos de evangelização e prestação de serviços sociais, do que decorreria ausência de periculosidade social e de reprovabilidade da conduta além de inexpressividade de lesão jurídica. Restabeleceu-se decisão de 1º grau, que trancara ação penal sem prejuízo da apuração dos fatos atribuídos ao paciente na esfera administrativa. Vencido o Min. Teori Zavascki que denegava a ordem. Entendia que, na espécie, a incidência desse princípio significaria a descriminalização da própria conduta tipificada como crime. **HC 115729/BA, rel. Min. Ricardo Lewandowski, 18.12.2012. (HC-115729) (Inform. STF 693).**

DIREITO PENAL. HIPÓTESE DE INAPLICABILIDADE DO PRINCÍPIO DA CONSUNÇÃO.

O delito de estelionato não será absorvido pelo de roubo na hipótese em que o agente, dias após roubar um veículo e os objetos pessoais dos seus ocupantes, entre eles um talonário de cheques, visando obter vantagem ilícita, preenche uma de suas folhas e, diretamente na agência bancária, tenta sacar a quantia nela lançada. Isso porque a falsificação da cártula, no caso, não é mero exaurimento do crime antecedente, porquanto há diversidade de desígnios e de bens jurídicos lesados. Dessa forma, inaplicável o princípio da consunção. **Precedente citado: REsp 1.111.754-SP, Sexta Turma, DJe 26/11/2012. HC 309.939-SP, Rel. Min. Newton Trisotto (Desembargador convocado do TJ-SC), julgado em 28/4/2015, DJe 19/5/2015 (Inform. STJ 562).**

DIREITO PENAL. INAPLICABILIDADE DO PRINCÍPIO DA INSIGNIFICÂNCIA AO DELITO PREVISTO NO ART. 183 DA LEI 9.472/1997.

Não se aplica o princípio da insignificância à conduta descrita no art. 183 da Lei 9.472/1997 ("Desenvolver clandestinamente atividades de telecomunicação"). Isso porque se trata de crime de perigo abstrato. Precedentes citados: AgRg no REsp 1.323.865-MG, Quinta Turma, DJe 23/10/2013; e AgRg no REsp 1.186.677-DF, Sexta Turma, DJe 28/10/2013. **AgRg no REsp 1.304.262-PB, Rel. Min. Jorge Mussi, julgado em 16/4/2015, DJe 28/4/2015 (Inform. STJ 560).**

DIREITO PENAL. INAPLICABILIDADE DO PRINCÍPIO DA INSIGNIFICÂNCIA AO DELITO PREVISTO NO ART. 183 DA LEI 9.472/1997.

Não se aplica o princípio da insignificância à conduta descrita no art. 183 da Lei 9.472/197 ("Desenvolver clandestinamente atividades de telecomunicação"). Isso porque o referido crime é considerado formal, de perigo abstrato, tendo como bem jurídico tutelado a segurança e o regular funcionamento dos meios de comunicação. Além disso, a exploração clandestina de sinal de internet, sem autorização do órgão regulador (ANATEL), já é suficiente a comprometer a regularidade do sistema de telecomunicações, razão pela qual o princípio da insignificância deve ser afastado. Sendo assim, ainda que constatada a baixa potência do equipamento operacionalizado, tal conduta não pode ser considerada de per si, um irrelevante penal. Precedentes citados: AgRg no AREsp 383.884-PB, Sexta Turma, DJe 23/10/2014; e AgRg no REsp 1.407.124-PR, Sexta Turma, DJe 12/5/2014. **AgRg no AREsp 599.005-PR, Rel. Min. Nefi Cordeiro, julgado em 14/4/2015, DJe 24/4/2015 (Inform. STJ 560).**

DIREITO PENAL. PARÂMETRO PARA APLICAÇÃO DO PRINCÍPIO DA INSIGNIFICÂNCIA AO CRIME DE DESCAMINHO.

O valor de R$ 20 mil fixado pela Portaria MF 75/2012 – empregado como critério para o arquivamento, sem baixa na distribuição, das execuções fiscais de débitos inscritos na Dívida Ativa da União – não pode ser utilizado como parâmetro para fins de aplicação do princípio da insignificância aos crimes de descaminho. Inicialmente, importante ressaltar que o entendimento, tanto do STF quanto do STJ (REsp 1.112.748-TO, julgado sob o rito do art. 543-C do CPC, DJe 13/10/2009), tem sido o de que incide o princípio da insignificância no crime de descaminho quando o valor dos tributos iludidos não ultrapassar o montante de R$ 10 mil, valor este fixado pela Lei 10.522/2002 para servir como piso para arquivamento, sem baixa nos autos, de execuções fiscais. Mais recentemente, o Ministério da Fazenda

editou a Portaria MF 75/2012, a qual elevou o valor de arquivamento para R$ 20 mil. Desde então, o STF tem, em alguns de seus julgados, empregado o referido patamar para reconhecer a aplicação do princípio da insignificância ao descaminho, quando o valor dos tributos iludidos não ultrapassar o montante de R$ 20 mil. Não obstante esse entendimento, importante analisar a validade formal da elevação do parâmetro pela Portaria MF 75/2012. Nesse passo, ressalte-se que, atualmente, com o advento da Lei 10.522/2002, o Ministro da Fazenda possui autonomia tão somente para estabelecer o cronograma, determinando as prioridades e as condições a serem obedecidas quando forem remetidos os débitos passíveis de inscrição em Dívida Ativa da União e cobrança judicial pela Procuradoria da Fazenda Nacional. A lei não previu a competência para que o Ministro da Fazenda, por meio de portaria, altere o valor fixado como parâmetro para arquivamento de execução fiscal, sem baixa na distribuição. Com isso, a alteração do valor para arquivamento de execução fiscal só pode ser realizada por meio de lei, não sendo a referida portaria, portanto, meio normativo válido para esse fim. Ademais, da leitura da aludida portaria, extrai-se que o valor foi estabelecido para orientar a ação em sede executivo-fiscal, com base apenas no custo benefício da operação; claramente, portanto, como uma opção de política econômico-fiscal. Em vista disso, importante ponderar: pode-se aceitar que o Poder Judiciário se veja limitado por parâmetro definido por autoridade do Poder Executivo, estabelecido unicamente com base em critérios de eficiência, economicidade, praticidade e as peculiaridades regionais e/ou do débito? Afigura-se inusitada a compreensão de que o Ministro da Fazenda, por meio de portaria, ao alterar o patamar de arquivamento de execuções fiscais de débitos com a Fazenda Pública, determine o rumo da jurisdição criminal de outro Poder da República. Por fim, não há como aplicar os princípios da fragmentariedade e da subsidiariedade do Direito Penal ao caso analisado. O caráter fragmentário orienta que o Direito Penal só pode intervir quando se trate de tutelar bens fundamentais e contra ofensas intoleráveis; já o caráter subsidiário significa que a norma penal exerce uma função meramente suplementar da proteção jurídica em geral, só valendo a imposição de suas sanções quando os demais ramos do Direito não mais se mostrem eficazes na defesa dos bens jurídicos. Os referidos princípios penais ganhariam relevo se o atuar do Direito Administrativo eliminasse a lesão ao erário, e não na situação ora analisada, em que, por opção decorrente da confessada ineficiência da Procuradoria da Fazenda Nacional, queda-se inerte a Administração Pública quanto ao seu dever de cobrar judicialmente os tributos iludidos. **REsp 1.393.317-PR, Rel. Min. Rogerio Schietti Cruz, julgado em 12/11/2014. (Inform. STJ 551)**

DIREITO PENAL. CONTRABANDO DE ARMA DE PRESSÃO E IMPOSSIBILIDADE DE APLICAÇÃO DO PRINCÍPIO DA INSIGNIFICÂNCIA.

Configura contrabando – e não descaminho – importar, à margem da disciplina legal, arma de pressão por ação de gás comprimido ou por ação de mola, ainda que se trate de artefato de calibre inferior a 6 mm, não sendo aplicável, portanto, o princípio da insignificância, mesmo que o valor do tributo incidente sobre a mercadoria seja inferior a R$ 10 mil. Na situação em análise, não se aplica o entendimento – firmado para os casos de descaminho – de que incide o princípio da insignificância quando o valor do tributo elidido for inferior a R$ 10 mil (REsp 1.112.748-TO, Terceira Seção, DJe 13/10/2009). Com efeito, nos casos de contrabando (importação ou exportação de mercadoria proibida), em que, para além da sonegação de tributos, há lesão a moral, higiene, segurança e saúde pública, não há como excluir a tipicidade material da conduta à vista do valor da evasão fiscal. No caso, embora não haja proibição absoluta de entrada no território nacional de arma de pressão, há inequívoca proibição relativa, haja vista se tratar de produto que se submete a rigorosa normatização federal de controle de comercialização e importação. De fato, conquanto armas de pressão por ação de gás comprimido ou por ação de mola de calibre inferior a 6 mm sejam de uso permitido (art. 17 do Regulamento para a Fiscalização de Produtos Controlados – R-105, aprovado pelo Decreto 3.665/2000), a sua venda e a sua importação são controladas. No caso de importação, a aquisição da arma de pressão está sujeita a autorização prévia da Diretoria de Fiscalização de Produtos Controlados do Exército Brasileiro (art. 11, § 2º, da Portaria 6/2007 do Ministério da Defesa) e é restrita aos colecionadores, atiradores e caçadores registrados no Exército (art. 11, § 3º, da citada portaria), submetendo-se, ainda, às normas de importação e de desembaraço alfandegário previstas no Regulamento para a Fiscalização de Produtos Controlados (R-105), aprovado pelo Decreto 3.665/2000. Nessa linha, por não estar limitada ao campo da tributação, destaca-se que a jurisprudência do STJ nega aplicação do princípio da insignificância em sede de importação de produtos que, embora permitidos, submetem-se a proibição relativa – como, por exemplo, certos produtos agrícolas, cigarros, gasolina etc. (AgRg no AREsp 520.289-PR, Quinta Turma, DJe 2/9/2014; e AgRg no AREsp 327.927-PR, Quinta Turma, DJe 14/8/2014). **REsp 1.427.796-RS, Rel. Min. Maria Thereza De Assis Moura, julgado em 14/10/2014. (Inform. STJ 551)**

DIREITO PENAL. HIPÓTESE DE APLICAÇÃO DO PRINCÍPIO DA INSIGNIFICÂNCIA.
Aplica-se o princípio da insignificância à conduta formalmente tipificada como furto tentado consistente na tentativa de subtração de chocolates, avaliados em R$ 28,00, pertencentes a um supermercado e integralmente recuperados, ainda que o réu tenha, em seus antecedentes criminais, registro de uma condenação transitada em julgado pela prática de crime da mesma natureza. A intervenção do Direito Penal há de ficar reservada para os casos realmente necessários. Para o reconhecimento da insignificância da ação, não se pode levar em conta apenas a expressão econômica da lesão. Todas as peculiaridades do caso concreto devem ser consideradas, como, por exemplo, o grau de reprovabilidade do comportamento do agente, o valor do objeto, a restituição do bem, a repercussão econômica para a vítima, a premeditação, a ausência de violência e o tempo do agente na prisão pela conduta. Nem a reincidência nem a reiteração criminosa, tampouco a habitualidade delitiva, são suficientes, por si sós e isoladamente, para afastar a aplicação do denominado princípio da insignificância. Nesse contexto, não obstante a certidão de antecedentes criminais indicar uma condenação transitada em julgado em crime de mesma natureza, na situação em análise, a conduta do réu não traduz lesividade efetiva e concreta ao bem jurídico tutelado. Ademais, há de se ressaltar que o mencionado princípio não fomenta a atividade criminosa. São outros e mais complexos fatores que, na verdade, têm instigado a prática delitiva na sociedade moderna. **HC 299.185-SP, Rel. Min. Sebastião Reis Júnior, julgado em 9/9/2014. (Inform. STJ 548)**

DIREITO PENAL. APLICABILIDADE DO PRINCÍPIO DA INSIGNIFICÂNCIA.
Aplica-se o princípio da insignificância à conduta formalmente tipificada como furto consistente na subtração, por réu primário e sem antecedentes, de um par de óculos avaliado em R$ 200,00. A lei penal não deve ser invocada para atuar em hipóteses desprovidas de significação social, razão pela qual os princípios da insignificância e da intervenção mínima surgem para evitar situações dessa natureza, atuando como instrumentos de interpretação restrita do tipo penal. Posto isso, conveniente trazer a colação excerto de julgado do STF (HC 98.152-MG, DJ 5/6/2009), no qual foram apresentados os requisitos necessários para a aferição do relevo material da tipicidade penal: "O postulado da insignificância – que considera necessária, na aferição do relevo material da tipicidade penal, a presença de certos vetores, tais como (a) a mínima ofensividade da conduta do agente, (b) a nenhuma periculosidade social da ação, (c) o reduzidíssimo grau de reprovabilidade do comportamento e (d) a inexpressividade da lesão jurídica provocada – apoiou-se, em seu processo de formulação teórica, no reconhecimento de que o caráter subsidiário do sistema penal reclama e impõe, em função dos próprios objetivos por ele visados, a intervenção mínima do Poder Público em matéria penal". Na hipótese em análise, verifica-se a presença dos referidos vetores, de modo a atrair a incidência do princípio da insignificância. **AgRg no RHC 44.461-RS, Rel. Min. Marco Aurélio Bellizze, julgado em 27/5/2014. (Inform. STJ 542)**

DIREITO PENAL. INAPLICABILIDADE DO PRINCÍPIO DA INSIGNIFICÂNCIA NA HIPÓTESE DE REITERAÇÃO DA PRÁTICA DE DESCAMINHO.
A reiterada omissão no pagamento do tributo devido nas importações de mercadorias de procedência estrangeira impede a incidência do princípio da insignificância em caso de persecução penal por crime de descaminho (art. 334 do CP), ainda que o valor do tributo suprimido não ultrapasse o limite previsto para o não ajuizamento de execuções fiscais pela Fazenda Nacional. Com efeito, para que haja a incidência do princípio da insignificância, não basta que seja considerado, isoladamente, o valor econômico do bem jurídico tutelado, mas, também, todas as circunstâncias que envolvem a prática delitiva, ou seja, "é indispensável que a conduta do agente seja marcada por ofensividade mínima ao bem jurídico tutelado, reduzido grau de reprovabilidade, inexpressividade da lesão e nenhuma periculosidade social" (STF, HC 114.097-PA, Segunda Turma, DJe 14/4/2014). Nessa linha, o princípio da insignificância revela-se, segundo entendimento doutrinário, importante instrumento que objetiva restringir a aplicação literal do tipo formal, exigindo-se, além da contrariedade normativa, a ocorrência efetiva de ofensa relevante ao bem jurídico tutelado (tipicidade material). A par disso, se de um lado a omissão no pagamento de tributo relativo à importação de mercadorias é suportada como irrisória pelo Estado, nas hipóteses em que uma

conduta omissiva do agente (um deslize) não ultrapasse o valor de R$ 10 mil, de outro lado não se pode considerar despida de lesividade (sob o aspecto valorativo) a conduta de quem, reiteradamente, omite o pagamento de tributos sempre em valor abaixo da tolerância estatal, amparando-se na expectativa sincera de inserir-se nessa hipótese de exclusão da tipicidade. Nessas circunstâncias, o desvalor da ação suplanta o desvalor do resultado, rompendo-se, assim, o equilíbrio necessário para a perfeita adequação do princípio bagatelar, principalmente se considerada a possibilidade de que a aplicação desse instituto, em casos de reiteração na omissão do pagamento de tributos, serve, ao fim, como verdadeiro incentivo à prática do descaminho. Desse modo, quanto à aplicação do princípio da insignificância é preciso considerar que, "se de um lado revela-se evidente a necessidade e a utilidade da consideração da insignificância, de outro é imprescindível que sua aplicação se dê de maneira criteriosa. Isso para evitar que a tolerância estatal vá além dos limites do razoável em função dos bens jurídicos envolvidos. Em outras palavras, todo cuidado é preciso para que o princípio não seja aplicado de forma a estimular condutas atentatórias aos legítimos interesses dos supostos agentes passivos e da sociedade" (STJ, AgRg no REsp 1.406.355-RS, Quinta Turma, DJe 7/4/2014). Ante o exposto, a reiteração na prática de supressão ou de elisão de pagamento de tributos justifica a continuidade da persecução penal. Precedente citado do STJ: RHC 41.752-PR, Sexta Turma, DJe 7/4/2014. Precedente citado do STF: HC 118.686-PR, Primeira Turma, DJe 3/12/2013. **RHC 31.612-PB, Rel. Min. Rogerio Schietti Cruz, julgado em 20/5/2014. (Inform. STJ 541)**

DIREITO PENAL. INAPLICABILIDADE DO PRINCÍPIO DA INSIGNIFICÂNCIA AO CRIME DE PORTE DE SUBSTÂNCIA ENTORPECENTE PARA CONSUMO PRÓPRIO.
Não é possível afastar a tipicidade material do porte de substância entorpecente para consumo próprio com base no princípio da insignificância, ainda que ínfima a quantidade de droga apreendida. A despeito da subsunção formal de determinada conduta humana a um tipo penal, é possível se vislumbrar atipicidade material da referida conduta, por diversos motivos, entre os quais a ausência de ofensividade penal do comportamento em análise. Isso porque, além da adequação típica formal, deve haver uma atuação seletiva, subsidiária e fragmentária do Direito Penal, conferindo-se maior relevância à proteção de valores tidos como indispensáveis à ordem social, a exemplo da vida, da liberdade, da propriedade, do patrimônio, quando efetivamente ofendidos. A par disso, frise-se que o porte ilegal de drogas é crime de perigo abstrato ou presumido, visto que prescinde da comprovação da existência de situação que tenha colocado em risco o bem jurídico tutelado. Assim, para a caracterização do delito descrito no art. 28 da Lei 11.343/2006, não se faz necessária a ocorrência de efetiva lesão ao bem jurídico protegido, bastando a realização da conduta proibida para que se presuma o perigo ao bem tutelado. Isso porque, ao adquirir droga para seu consumo, o usuário realmente o comércio ilícito, contribuindo para difusão dos tóxicos. Ademais, após certo tempo e grau de consumo, o usuário de drogas precisa de maiores quantidades para atingir o mesmo efeito obtido quando do início do consumo, gerando, assim, uma compulsão quase incontrolável pela próxima dose. Nesse passo, não há como negar que o usuário de drogas, ao buscar alimentar o seu vício, acaba estimulando diretamente o comércio ilegal de drogas e, com ele, todos os outros crimes relacionados ao narcotráfico: homicídio, roubo, corrupção, tráfico de armas etc. O consumo de drogas ilícitas é proibido não apenas pelo mal que a substância faz ao usuário, mas, também, pelo perigo que o consumidor dessas gera à sociedade. Essa ilação é corroborada pelo expressivo número de relatos de crimes envolvendo violência ou grave ameaça contra pessoa, associados aos efeitos do consumo de drogas ou à obtenção de recursos ilícitos para a aquisição de mais substância entorpecente. Portanto, o objeto jurídico tutelado pela norma em comento é a saúde pública, e não apenas a saúde do usuário, visto que sua conduta atinge não somente a sua esfera pessoal, mas toda a coletividade, diante da potencialidade ofensiva do delito de porte de entorpecentes. Além disso, a reduzida quantidade de drogas integra a própria essência do crime de porte de substância entorpecente para consumo próprio, visto que, do contrário, poder-se-ia estar diante da hipótese do delito de tráfico de drogas, previsto no art. 33 da Lei 11.343/2006. Vale dizer, o tipo previsto no art. 28 da Lei 11.343/2006 esgota-se, simplesmente, no fato de o agente trazer consigo, para uso próprio, qualquer substância entorpecente que possa causar dependência, sendo, por isso mesmo, irrelevante que a quantidade de drogas não produza, concretamente, danos ao bem jurídico tutelado. Por fim, não se pode olvidar que o legislador, ao editar a Lei 11.343/2006, optou por abrandar as sanções cominadas ao usuário de drogas, afastando a possibilidade de

aplicação de penas privativas de liberdade e prevendo somente as sanções de advertência, de prestação de serviços à comunidade e de medida educativa de comparecimento a programa ou curso educativo, conforme os incisos do art. 28 do referido diploma legal, a fim de possibilitar a sua recuperação. Dessa maneira, a intenção do legislador foi a de impor ao usuário medidas de caráter educativo, objetivando, assim, alertá-lo sobre o risco de sua conduta para a sua saúde, além de evitar a reiteração do delito. Nesse contexto, em razão da política criminal adotada pela Lei 11.343/2006, há de se reconhecer a tipicidade material do porte de substância entorpecente para consumo próprio, ainda que ínfima a quantidade de droga apreendida. Precedentes citados: HC 158.955-RS, Quinta Turma, DJe 30/5/2011; e RHC 34.466-DF, Sexta Turma, DJe 27/5/2013. **RHC 35.920-DF, Rel. Min. Rogerio Schietti Cruz, julgado em 20/5/2014. (Inform. STJ 541)**

DIREITO PENAL. ATIPICIDADE MATERIAL DA CONDUTA NO CRIME DE FURTO.
Aplica-se o princípio da insignificância à conduta formalmente tipificada como furto consistente na subtração, por réu primário, de bijuterias avaliadas em R$ 40 pertencentes a estabelecimento comercial e restituídas posteriormente à vítima. De início, há possibilidade de, a despeito da subsunção formal de um tipo penal a uma conduta humana, concluir-se pela atipicidade material da conduta, por diversos motivos, entre os quais a ausência de ofensividade penal do comportamento verificado. Vale lembrar que, em atenção aos princípios da fragmentariedade e da subsidiariedade, o Direito Penal apenas deve ser utilizado contra ofensas intoleráveis a determinados bens jurídicos e nos casos em que os demais ramos do Direito não se mostrem suficientes para protegê-los. Dessa forma, entende-se que o Direito penal não deve ocupar-se de bagatelas. Nesse contexto, para que o magistrado possa decidir sobre a aplicação do princípio da insignificância, faz-se necessária a ponderação do conjunto de circunstâncias que rodeiam a ação do agente para verificar se a conduta formalmente descrita no tipo penal afeta substancialmente o bem jurídico tutelado. Nessa análise, no crime de furto, avalia-se notadamente: a) o valor do bem ou dos bens furtados; b) a situação econômica da vítima; c) as circunstâncias em que o crime foi perpetrado, é dizer, se foi de dia ou durante o repouso noturno, se teve o concurso de terceira pessoa, sobretudo adolescente, se rompeu obstáculo de considerável valor para a subtração da coisa, se abusou da confiança da vítima etc.; e d) a personalidade e as condições pessoais do agente, notadamente se demonstra fazer da subtração de coisas alheias um meio ou estilo de vida, com sucessivas ocorrências (reincidente ou não). Assim, caso seja verificada a inexpressividade do comportamento do agente, fica afastada a intervenção do Direito Penal. Precedentes citados do STJ: AgRg no REsp 1.400.317-MG, Sexta Turma, DJe 13/12/2013; HC 208.770-RJ, Sexta Turma, DJe 12/12/2013. Precedentes citados do STF: HC 115.246-MG, Segunda Turma, DJe 26/6/2013; HC 109.134-RS, Segunda Turma, DJe 1º/3/2012. **HC 208.569-RJ, Rel. Min. Rogerio Schietti Cruz, julgado em 22/4/2014. (Inform. STJ 540)**

DIREITO PENAL. PRINCÍPIO DA INSIGNIFICÂNCIA NO CASO DE CRIMES RELACIONADOS A TRIBUTOS QUE NÃO SEJAM DA COMPETÊNCIA DA UNIÃO.
É inaplicável o patamar estabelecido no art. 20 da Lei 10.522/2002, no valor de R$ 10 mil, para se afastar a tipicidade material, com base no princípio da insignificância, de delitos concernentes a tributos que não sejam da competência da União. De fato, o STJ, por ocasião do julgamento do REsp 1.112.748-TO, Terceira Seção, DJe 13/10/2009, submetido à sistemática do art. 543-C do CPC, consolidou o entendimento de que deve ser aplicado o princípio da insignificância aos crimes referentes a débitos tributários que não excedam R$ 10 mil, tendo em vista o disposto no art. 20 da Lei 10.522/2002. Contudo, para a aplicação desse entendimento aos delitos tributários concernentes a tributos que não sejam da competência da União, seria necessária a existência de lei do ente federativo competente, porque a arrecadação da Fazenda Nacional não se equipara à dos demais entes federativos. Ademais, um dos requisitos indispensáveis à aplicação do princípio da insignificância é a inexpressividade da lesão jurídica provocada, que pode se alterar de acordo com o sujeito passivo, situação que reforça a impossibilidade de se aplicar o referido entendimento de forma indiscriminada à sonegação dos tributos de competência dos diversos entes federativos. Precedente citado: HC 180.993-SP, Quinta Turma, DJe 19/12/2011. **HC 165.003-SP, Rel. Min. Sebastião Reis Júnior, julgado em 20/3/2014. (Inform. STJ 540)**

DIREITO PENAL. PRINCÍPIO DA INSIGNIFICÂNCIA NO CRIME DE DESCAMINHO.
O princípio da insignificância não é aplicável ao crime de descaminho quando o valor do tributo iludido for superior a R$ 10 mil, ainda que a Portaria 75/2012 do Ministério da Fazenda tenha estabelecido o valor de R$ 20 mil como parâmetro para o não ajuizamento de execuções fiscais pela Procuradoria da Fazenda Nacional. Por um lado, o valor de R$ 10 mil fixado pelo art. 20 da Lei 10.522/2002 não foi alterado. É que portaria emanada do Poder Executivo não tem força normativa capaz de revogar ou modificar lei em sentido estrito, conforme dispõe o art. 2º da Lei 4.657/1942. Por outro lado, o patamar utilizado para a incidência do princípio da insignificância é jurisprudencial e não legal, ou seja, não foi a Lei 10.522/2002 que definiu ser insignificante, na seara penal, o descaminho de valores de até R$ 10 mil; foram os julgados dos Tribunais Superiores que definiram a utilização do referido parâmetro, que, por acaso, está expresso em lei. Não é correto, portanto, fazer uma vinculação de forma absoluta, de modo que toda vez que for modificado o patamar para ajuizamento de execução fiscal estaria alterado o valor considerado bagatelar. Além disso, a Portaria 75/2012 do Ministério da Fazenda não proíbe de modo absoluto a cobrança de créditos inferiores a R$ 20 mil, mas o permite desde que atestado o elevado potencial de recuperabilidade do crédito ou quando se mostre – observados os critérios de eficiência, economicidade, praticidade e as peculiaridades regionais e/ou do débito – conveniente a cobrança. Desse modo, ao novo valor apresentado, agregam-se outros requisitos de cunho eminentemente subjetivo. Note-se ainda que, pela forma como redigidas as disposições da Portaria 75/2012 do Ministério da Fazenda, fica patente o intuito de se aperfeiçoar a utilização da máquina pública, visando autorizar o não ajuizamento de execução cujo gasto pode ser, naquele momento, maior que o crédito a ser recuperado. Inviável, pois, falar em valor irrisório, mas sim em estratégia de cobrança. Por fim, embora relevante a missão do princípio da insignificância na seara penal, por se tratar de critério jurisprudencial e doutrinário que incide de forma tão drástica sobre a própria tipicidade penal – ou seja, sobre a lei –, deve-se ter criterioso cuidado na sua aplicação, sob pena de se chegar ao extremo de desproteger por completo bens juridicamente tutelados pelo direito penal. **AgRg no REsp 1.406.356-PR, Min. Marco Aurélio Bellizze, julgado em 6/2/2014. (Inform. STJ 536)**

DIREITO PENAL. INAPLICABILIDADE DO PRINCÍPIO DA INSIGNIFICÂNCIA AO CONTRABANDO DE GASOLINA.
Não é aplicável o princípio da insignificância em relação à conduta de importar gasolina sem autorização e sem o devido recolhimento de tributos. Isso porque essa conduta tem adequação típica ao crime de contrabando, ao qual não se admite a aplicação do princípio da insignificância. Para se chegar a essa conclusão, cumpre diferenciar o crime de contrabando do de descaminho, ambos previstos no art. 334, *caput*, do CP. Contrabando é a importação ou exportação de mercadorias cuja entrada no país ou saída dele é absoluta ou relativamente proibida. Sua incriminação encontra-se na 1ª parte do art. 334, *caput*, do CP. O crime de descaminho, por sua vez, também conhecido como contrabando impróprio, é a fraude utilizada para iludir, total ou parcialmente, o pagamento de impostos de importação ou exportação. Em face da natureza tributária do crime de descaminho, é possível a incidência do princípio da insignificância nas hipóteses em que não houver lesão significativa ao bem jurídico penalmente tutelado. Tendo como bem jurídico tutelado a ordem tributária, entende-se que a irrisória lesão ao fisco conduz à própria atipicidade material da conduta. Diversa, entretanto, a orientação aplicável ao delito de contrabando, inclusive de gasolina, uma vez que a importação desse combustível, por ser monopólio da União, sujeita-se à prévia e expressa autorização da Agência Nacional de Petróleo, sendo concedida apenas aos produtores ou importadores. Assim, sua introdução, por particulares, em território nacional, é conduta proibida, constituindo o crime de contrabando. De fato, embora previsto no mesmo tipo penal, o contrabando afeta bem jurídico diverso, não havendo que se falar em insignificância da conduta quando o objetivo precípuo da tipificação legal é evitar o fomento de transporte e comercialização de produtos proibidos. Precedente citado do STJ: AgRg no REsp 1.278.732-RR, Quinta Turma, DJe 1º/2/2013. Precedente citado do STF: HC 116.242, Primeira Turma, DJe 16/9/2013. **AgRg no AREsp 348.408-RR, Rel. Min. Regina Helena Costa, julgado em 18/2/2014. (Inform. STJ 536)**

DIREITO PENAL. PRINCÍPIO DA INSIGNIFICÂNCIA NO CRIME DE DESCAMINHO.
O princípio da insignificância não é aplicável ao crime de descaminho quando o valor do tributo iludido for superior a R$ 10 mil, ainda que a Portaria 75/2012 do Ministério da Fazenda tenha estabelecido o valor de R$ 20 mil como parâmetro para o não ajuizamento de execuções fiscais pela Procuradoria da Fazenda Nacional. Com efeito, a Sexta Turma do STJ entende que o parâmetro para a aplicação do princípio da insignificância ao delito de descaminho não está necessariamente atrelado aos critérios fixados nas normas tributárias para o ajuizamento da execução fiscal – regido pelos critérios de eficiência, economicidade e praticidade, e não sujeito a um patamar legal absoluto –, mas decorre de construção jurisprudencial erigida a partir de medida de política criminal, em face do grau de lesão à ordem tributária que atribua relevância penal à conduta, dada a natureza fragmentária do Direito Penal. Precedentes citados: AgRg no AREsp 242.049-PR, Quinta Turma, DJe 13/12/2013; AgRg no REsp 1.384.797-RS, Quinta Turma, DJe 29/11/2013; AgRg no AREsp 321.051-PR, Sexta Turma, DJe 6/12/2013; REsp 1.334.500-PR, Sexta Turma, julgado em 26/11/2013. **AgRg no REsp 1.402.207-PR, Rel. Min. Assusete Magalhães, julgado em 4/2/2014.** (Inform. STJ 536)

DIREITO PENAL. ABSORÇÃO DOS CRIMES DE FALSIDADE IDEOLÓGICA E DE USO DE DOCUMENTO FALSO PELO DE SONEGAÇÃO FISCAL.
O crime de sonegação fiscal absorve o de falsidade ideológica e o de uso de documento falso praticados posteriormente àquele unicamente para assegurar a evasão fiscal. Após evolução jurisprudencial, o STJ passou a considerar aplicável o princípio da consunção ou da absorção quando os crimes de uso de documento falso e falsidade ideológica – crimes meio – tiverem sido praticados para facilitar ou encobrir a falsa declaração, com vistas à efetivação do pretendido crime de sonegação fiscal – crime fim –, localizando-se na mesma linha do desdobramento causal de lesão ao bem jurídico, integrando, assim, o *iter criminis* do delito fim. Cabe ressalvar que, ainda que os crimes de uso de documento falso e falsidade ideológica sejam cometidos com o intuito de sonegar o tributo, a aplicação do princípio da consunção somente tem lugar nas hipóteses em que os crimes meio não extrapolem os limites da incidência do crime fim. Aplica-se, assim, *mutatis mutandis*, o comando da Súmula 17 do STJ (*Quando o falso se exaure no estelionato, sem mais potencialidade lesiva, é por este absorvido*). Precedentes citados: AgRg no REsp 1.366.714-MG, Quinta Turma, DJe 5/11/2013; AgRg no REsp 1.241.771-SC, Sexta Turma, DJe 3/10/2013. **EREsp 1.154.361-MG, Rel. Min. Laurita Vaz, julgado em 26/2/2014.** (Inform. STJ 535)

DIREITO PENAL. APLICABILIDADE DO PRINCÍPIO DA INSIGNIFICÂNCIA.
Não se aplica o princípio da insignificância ao furto de uma máquina de cortar cerâmica avaliada em R$ 130 que a vítima utilizava usualmente para exercer seu trabalho e que foi recuperada somente alguns dias depois da consumação do crime praticado por agente que responde a vários processos por delitos contra o patrimônio. A doutrina e a jurisprudência do STF e do STJ admitem a possibilidade de aplicação do princípio da insignificância como critério para a verificação judicial da relevância penal da conduta humana sob julgamento. Para empreender essa tarefa, importa avaliar empiricamente o valor do bem ou dos bens furtados, a situação econômica da vítima, as circunstâncias em que o crime foi perpetrado e a personalidade e as condições pessoais do agente, notadamente se demonstra fazer da subtração de coisas alheias um meio ou estilo de vida, com sucessivas ocorrências (reincidente ou não). Se, do ponto de vista da mera dogmática penal, estes últimos fatos não poderiam ser considerados como óbice ao reconhecimento da insignificância penal – por aparentemente sinalizar a prevalência do direito penal do autor e não do fato –, não deve o juiz, na avaliação da conduta formalmente correspondente a um tipo penal, ignorar o contexto que singulariza a conduta como integrante de uma série de outras de igual natureza, as quais, se não servem para caracterizar a continuidade delitiva, bem evidenciam o comportamento humano avesso à norma penal e ao convívio respeitoso e harmônico que se espera de todo componente de uma comunhão social. Assim, por razões derivadas predominantemente de política criminal, não se deve admitir a incidência do princípio da bagatela em casos nos quais o agente é contumaz autor de crimes contra o patrimônio, ressalvadas, vale registrar, as hipóteses em que a inexpressividade da conduta ou do resultado é tão grande que, a despeito da existência de maus antecedentes, não se justifica a utilização do aparato repressivo do Estado para punir o comportamento formalmente tipificado como crime. De fato, a conduta perpetrada pelo paciente – subtração de uma máquina de cortar cerâmica avaliada em R$ 130 – não se revela de escassa ofensividade penal e social. Além disso, o fato de o paciente ostentar, na certidão de antecedentes criminais, inúmeros processos em curso por delitos contra o patrimônio, a denotar sua habitualidade criminosa, é altamente censurável a conduta do agente, porquanto, o maquinário subtraído era usualmente utilizado pela vítima para exercer seu trabalho. Não se pode considerar, também, como inexpressiva a lesão jurídica provocada, visto o valor da ferramenta de trabalho subtraída e a sua recuperação pela vítima tão somente após alguns dias da consumação do delito. **HC 241.713-DF, Rel. Min. Rogerio Schietti Cruz, julgado em 10/12/2013.** (Inform. STJ 534)

DIREITO PENAL. APLICABILIDADE DO PRINCÍPIO DA INSIGNIFICÂNCIA NA HIPÓTESE DE ACUSADO REINCIDENTE OU PORTADOR DE MAUS ANTECEDENTES.
Ainda que se trate de acusado reincidente ou portador de maus antecedentes, deve ser aplicado o princípio da insignificância no caso em que a conduta apurada esteja restrita à subtração de 11 latas de leite em pó avaliadas em R$ 76,89 pertencentes a determinado estabelecimento comercial. Nessa situação, o fato, apesar de se adequar formalmente ao tipo penal de furto, é atípico sob o aspecto material, inexistindo, assim, relevância jurídica apta a justificar a intervenção do direito penal. HC 250.122-MG, Rel. Min. Og Fernandes, julgado em 2/4/2013. (Inform. STJ 520)

DIREITO PENAL. PRINCÍPIO DA INSIGNIFICÂNCIA. CONTRABANDO DE MATERIAIS LIGADOS A JOGOS DE AZAR.
Não se aplica o princípio da insignificância aos crimes de contrabando de máquinas caça-níqueis ou de outros materiais relacionados com a exploração de jogos de azar. Inserir no território nacional itens cuja finalidade presta-se, única e exclusivamente, a atividades ilícitas afeta diretamente a ordem pública e demonstra a reprovabilidade da conduta. Assim, não é possível considerar tão somente o valor dos tributos suprimidos, pois essa conduta tem, ao menos em tese, relevância na esfera penal. Permitir tal hipótese consistiria num verdadeiro incentivo ao descumprimento da norma legal, sobretudo em relação àqueles que fazem de atividades ilícitas um meio de vida. Precedentes citados do STF: HC 97.772-RS, DJe 19/11/2009; HC 110.964-SC, DJe 2/4/2012; do STJ: HC 45.099-AC, DJ 4/9/2006, e REsp 193.367-RO, DJ 21/6/1999. **REsp 1.212.946-RS, Rel. Min. Laurita Vaz, julgado em 4/12/2012.** (Inform. STJ 511).

Súmula STJ nº 17
Quando o falso se exaure no estelionato, sem mais potencialidade lesiva, é por este absorvido.

2. APLICAÇÃO DA LEI NO TEMPO E NO ESPAÇO

Progressão de regime em crimes hediondos e lei penal no tempo
A exigência de cumprimento de um sexto da pena para a progressão de regime se aplica a crimes hediondos praticados antes da vigência da Lei 11.464/2007, que, ao alterar a redação do art. 2º da Lei 8.072/90, exigiria o cumprimento de dois quintos da pena, para condenado primário, e três quintos, para reincidente. Essa a conclusão do Plenário que desproveu o recurso extraordinário. Asseverou-se que a irretroatividade de lei seria condição da segurança jurídica e que, no âmbito penal, essa regra teria especificidades (CF, art. 5º, XL). Registrou-se que, no caso, a prática delituosa de crime hediondo teria ocorrido antes do advento da referida lei. O Min. Teori Zavascki rememorou o teor do julgamento do RHC 91300/DF (DJe de 3.4.2009), oportunidade em que decidido que o sistema jurídico anterior à edição da Lei 11.464/2007 seria mais benéfico ao condenado em matéria de requisito temporal. Ademais, nos autos do HC 94025/SP (DJe de 1º.8.2008), deliberara-se que, relativamente aos crimes hediondos perpetrados antes da vigência do aludido diploma, a progressão de regime deveria observar o critério previsto nos artigos 33 do CP e 112 da LEP, a preconizar a fração de um sexto. Nesse sentido, o art. 1º, § 2º, da Lei 8.072/90, na sua redação original, não poderia ser usado como parâmetro de comparação com a Lei 11.464/2007, porque declarado inconstitucional no julgamento do HC 82959/SP (DJU de 1º.9.2006). O Min. Luiz Fux lembrou, ainda, precedente firmado no AI 757480/RJ (DJe de 27.11.2009), no sentido de que a Lei 11.464/2007 apenas seria aplicável aos fatos cometidos após o início de sua vigência. **RE 579167/AC, rel. Min. Marco Aurélio, 16.5.2013. (RE-579167) (Inform. STF 706)**

3. DIREITO PENAL

📖 Súmula STF nº 711

A Lei penal mais grave aplica-se ao crime continuado ou ao crime permanente, se a sua vigência é anterior à cessação da continuidade ou da permanência.

📖 Súmula STJ nº 501

É cabível a aplicação retroativa da Lei n. 11.343/2006, desde que o resultado da incidência das suas disposições, na íntegra, seja mais favorável ao réu do que o advindo da aplicação da Lei n. 6.368/1976, sendo vedada a combinação de leis.

3. TEORIA DO CRIME

Inq N. 3.601-SP

RELATOR: MIN. LUIZ FUX
Ementa: INQUÉRITO. PENAL. CRIME DE FALSIDADE IDEOLÓGICA EM PRESTAÇÃO DE CONTAS ELEITORAL. PREJUDICIAL: PRESCRIÇÃO PELA PENA EM ABSTRATO. INOCORRÊNCIA. NATUREZA PÚBLICA, E NÃO PRIVADA, DO DOCUMENTO. PRECEDENTES. OMISSÃO DE INFORMAÇÃO COM FIM DE ALTERAR A VERDADE SOBRE FATO JURIDICAMENTE RELEVANTE. NARRATIVA FÁTICA OBEDIENTE AO DISPOSTO NO ART. 41 DO CÓDIGO DE PROCESSO PENAL. DEMONSTRAÇÃO MÍNIMA DA PRÁTICA DA CONDUTA E DO ESPECIAL FIM DE AGIR. EXISTÊNCIA DE JUSTA CAUSA PARA O INÍCIO DA AÇÃO PENAL. DENÚNCIA RECEBIDA.
1. O crime de falsidade ideológica, quando incidente sobre prestação de contas eleitoral, é apenado com reclusão, de um a cinco anos, e multa, por se tratar de documento de natureza pública.
2. O candidato e o administrador financeiro da campanha são os responsáveis legais pela veracidade das informações, nos termos dos artigos 20 e 21 da Lei 9.504/97.
3. A jurisprudência deste Supremo Tribunal Federal assentou o entendimento de que jurisprudência deste Supremo Tribunal Federal, "*a responsabilidade na prestação de contas das despesas realizadas com a campanha cabe ao candidato, pouco importando que outrem haja intermediado as relações jurídicas*" (Inq. 3345/DF, Primeira Turma, Rel. Min. Marco Aurélio, j. 12/08/2014, unânime).
4. *In casu*, os nomes dos dois acusados constam do documento de prestação de contas objeto da acusação, razão pela qual ambos respondem pela prática, em tese, do crime de *falsum*.
5. A aplicação do método fenomenológico e ontológico ao Direito penal levou à substituição do conceito causal por um conceito final de ação, cujo ponto de partida é a consideração de que o que o comportamento humano possui de específico não é a causalidade, mas a finalidade (isto é, o conduzir-se intencionalmente a uma meta previamente eleita), porque as forças da natureza também operam causalmente. Só a ação humana é 'vidente' (vê para onde tende a finalidade perseguida), ao contrário dos demais processos naturais, que atuam de modo 'cego'. A ação humana se caracteriza, pois, por ser 'exercício de atividade final (PUIG, 2007, p. 156/157). Consequentemente, verificada a prática de uma conduta por um indivíduo capaz (imputável), presume-se que ele a tenha praticado consciente e voluntariamente.
6. De modo excepcional, o comportamento humano pode derivar de culpa, que afasta o dolo. Culpa, segundo conceitua a doutrina, é a inobservância do dever de cuidado manifestada numa conduta produtora de um resultado não querido, objetivamente previsível (BITENCOURT, CONDE, 2000, p. 199).
7. *In casu*, a omissão narrada na exordial teria envolvido pagamento de despesas da campanha por uma empresa da família do candidato acusado, empresa esta que teria sido empregada também em supostos crimes contra a Administração Pública.
8. Assim, a inicial acusatória apresentou argumentação suficiente para demonstrar não somente a materialidade delitiva como, também, a presença do elemento subjetivo da conduta.
9. A justa causa revela-se demonstrada quando se analisam os documentos fiscais emitidos pela prestadora de serviços, inscrições que os vinculam diretamente à campanha eleitoral do acusado, elemento a que se somam os montantes omitidos, no total de 21% dos recursos declarados na prestação de contas.
10. Denúncia recebida contra os acusados PAULO SALIM MALUF e SÉRGIO STEFANELLI GOMES. **(Inform. STF 805)**

Ação penal e art. 1º, XIII, do Decreto-Lei 201/1967 - 1
A 1ª Turma, por maioria, proveu apelação para absolver parlamentar, então prefeito municipal, condenado pela prática do crime previsto no art. 1º, XIII,

do Decreto-Lei 201/1967 ("Nomear, admitir ou designar servidor, contra expressa disposição de lei"). No caso, o apelante nomeara, em 10.2.2003 e em 3.3.2004, duas pessoas, sucessivamente, para ocupar cargo público comissionado de diretor administrativo e financeiro de fundação municipal, mediante remuneração, em desconformidade com o art. 2º da Lei 4.142/2000 do Município de Joinville/SC. Esse diploma legal determina que o referido cargo seja ocupado pelo diretor de administração e finanças da Companhia de Desenvolvimento Urbano de Joinville - Conurb, sem qualquer remuneração em acréscimo pelo exercício dessa atribuição. A denúncia fora recebida quando o apelante já não mais exercia o mandato de prefeito. Após a condenação, fora interposta apelação, remetida ao STF, em razão da diplomação do apelante como deputado federal. Inicialmente, por maioria, a Turma rejeitou as preliminares suscitadas. Vencido o Ministro Marco Aurélio, que acolhia a preliminar de nulidade da condenação, por reputar exíguo o prazo de 20 dias para oitiva de testemunha por carta precatória. Em seguida, o Colegiado afirmou que o STF seria competente para o julgamento de apelação criminal, na forma do art. 102, I, b, da CF, em virtude da diplomação, como membro do Congresso Nacional, de réu condenado em primeira instância. Frisou que a admissão, pelo Legislativo, da acusação criminal contra o Chefe do Executivo, seria dispensável quando já encerrado o mandato do acusado ao tempo do recebimento da denúncia.
AP 595/SC, rel. Min. Luiz Fux, 25.11.2014. (AP-595)

Ação penal e art. 1º, XIII, do Decreto-Lei 201/1967 - 2
O Ministro Luiz Fux (relator) absolveu o réu com base no art. 386, VI, do CPP. Consignou que o erro de direito consistente no desconhecimento da lei seria inescusável, de acordo com o art. 21 do CP. Essa presunção seria evidenciada pelo fato de que a lei seria do conhecimento de todos e pressuposto da vida em sociedade. Rememorou que o erro sobre a ilicitude do fato, se invencível ou escusável, isentaria de pena, nos termos do mesmo dispositivo legal. No que se refere ao erro determinado por terceiro, se quem o cometesse a ele tivesse sido levado por outrem, responderia este pelo fato que seria doloso ou culposo conforme sua conduta. Na espécie, o erro sobre a ilicitude de comportamento (desconhecimento da ilicitude das nomeações) teria sido determinado por terceiros, agentes administrativos, que pelos atos que teriam praticado previamente à assinatura das nomeações ilegais pelo prefeito, teriam induzido o réu em erro. Salientou que a dúvida razoável quanto à ocorrência de erro de ilicitude, reforçada pelas circunstâncias fáticas e pela situação pessoal do autor demonstrada nos autos, conferiria verossimilhança à tese defensiva e não afastada por outros elementos de prova que indicassem a consciência da atuação ilícita. Enfatizou que as manifestações prévias da secretária de administração, do presidente da Conurb e da procuradoria-geral do município teriam induzido o acusado a uma incorreta representação da realidade. Assim, em razão da ausência de indícios de que ele tivesse agido em união de desígnios com esses agentes públicos, ou de que, ao menos, conhecesse os servidores nomeados para favorecê-los, não seria possível comprovar o dolo da prática do crime de responsabilidade contra a administração pública municipal. Ponderou que ele teria descumprido a lei e poderia até ter cometido, no limite, uma improbidade, mas não agira com dolo porque se submetera a três pareceres prévios, sem que os tivesse pedido.
AP 595/SC, rel. Min. Luiz Fux, 25.11.2014. (AP-595)

Ação penal e art. 1º, XIII, do Decreto-Lei 201/1967 - 3
A Ministra Rosa Weber absolveu o acusado com base no art. 386, VII, do CPP. Destacou que na hipótese de norma penal em branco, o erro sobre o preceito complementador constituir-se-ia em erro de tipo, conforme se observaria do art. 20 do CP. Registrou que o inciso XIII do art. 1º do Decreto-Lei 201/1967, ao preceituar como criminosa a conduta consistente em nomear, admitir ou designar servidor contra expressa disposição de lei, constituiria preceito penal a exigir complemento, sem o qual não se inferiria com exatidão o conteúdo da proibição. Na hipótese dos autos, o preceito complementador seria a Lei Municipal 4.142/2000, a qual conferiria ao tipo do inciso XIII a exatidão necessária para tornar compreensível o conteúdo da proibição típica. Assim, os elementos constantes do preceito complementador da norma penal em branco seriam, para todos os efeitos, elementos típicos, e a falsa compreensão sobre esses elementos constituiria erro de tipo que excluiria o dolo, nos termos do já mencionado art. 20 do CP. Por sua vez, o Ministro Roberto Barroso concluiu que o fato não consistiria em infração penal e absolveu o apelante com base no art. 386, III, do CPP. Vencido o Ministro Marco Aurélio, que desprovia a apelação. Pontuava que o decreto-lei versaria responsabilidade penal de prefeitos e vereadores. O fato de haver, no âmbito

do Executivo, manifestações técnicas-opinativas sobre a possibilidade de prática de certo ato, não eximiria o prefeito da responsabilidade penal. Portanto, reputava inobservado o disposto no inciso XIII do Decreto-Lei 201/1967. **AP 595/SC, rel. Min. Luiz Fux, 25.11.2014. (AP-595) (Inform. STF 769)**

RHC N. 121.845-MT
RELATOR: MIN. ROBERTO BARROSO
Ementa: RECURSO ORDINÁRIO EM *HABEAS CORPUS*. ROUBO TENTADO. PERCENTUAL DE DIMINUIÇÃO DE PENA. INEXISTÊNCIA DE ILEGALIDADE OU DE CONTRARIEDADE À ORIENTAÇÃO DO SUPREMO TRIBUNAL FEDERAL. RECURSO A QUE SE NEGA PROVIMENTO. 1. A dosimetria da pena é questão relativa ao mérito da ação penal não sendo possível às instâncias extraordinárias analisar os dados fáticos da causa para redimensionar a pena finalmente aplicada. 2. A definição do percentual de redução da pena pela tentativa deve observar os atos de execução já praticados. 3. Recurso ordinário a que se nega provimento. **(Inform. STF 757)**

HC N. 114.877-MG
RELATOR: MIN. TEORI ZAVASCKI
Ementa: *HABEAS CORPUS*. PENAL. FURTO. PRINCÍPIO DA INSIGNIFICÂNCIA. NÃO INCIDÊNCIA NO CASO. CONTUMÁCIA DELITIVA. REPROVABILIDADE DA CONDUTA. PACIENTE MONITORADO POR SISTEMA ELETRÔNICO DE VIGILÂNCIA. CRIME IMPOSSÍVEL. NÃO OCORRÊNCIA. AUSÊNCIA DA POSSE MANSA E PACÍFICA DA COISA FURTADA. DESCLASSIFICAÇÃO PARA MODALIDADE TENTADA. INVIABILIDADE. ORDEM DENEGADA.
1. O paciente retirou a coisa móvel da esfera de disponibilidade da vítima e, ainda que por um curto período, teve a livre disposição da coisa, moldura fática suficiente para, na linha de precedentes desta Corte, caracterizar o crime de furto na modalidade consumada.
2. Na hipótese em que o sistema de vigilância não inviabiliza, mas apenas dificulta a consumação do crime de furto, não há que falar na incidência do instituto do crime impossível por ineficácia absoluta do meio (CP, art. 17). Precedentes.
3. Segundo a jurisprudência do Supremo Tribunal Federal, para se caracterizar hipótese de aplicação do denominado "princípio da insignificância" e, assim, afastar a recriminação penal, é indispensável que a conduta do agente seja marcada por ofensividade mínima ao bem jurídico tutelado, reduzido grau de reprovabilidade, inexpressividade da lesão e nenhuma periculosidade social.
4. Nesse sentido, a aferição da insignificância como requisito negativo da tipicidade envolve um juízo de tipicidade conglobante, muito mais abrangente que a simples expressão do resultado da conduta. Importa investigar o desvalor da ação criminosa em seu sentido amplo, de modo a impedir que, a pretexto da insignificância apenas do resultado material, acabe desvirtuado o objetivo a que visou o legislador quando formulou a tipificação legal. Assim, há de se considerar que "a insignificância só pode surgir à luz da finalidade geral que dá sentido à ordem normativa" (Zaffaroni), levando em conta também que o próprio legislador já considerou hipóteses de irrelevância penal, por ele erigidas, não para excluir a tipicidade, mas para mitigar a pena ou a persecução penal.
5. Para se afirmar que a insignificância pode conduzir à atipicidade é indispensável, portanto, averiguar a adequação da conduta do agente em seu sentido social amplo, a fim de apurar se o fato imputado, que é formalmente típico, tem ou não relevância penal. Esse contexto social ampliado certamente comporta, também, juízo sobre a contumácia da conduta do agente.
6. Não se pode considerar atípica, por irrelevante, a conduta formalmente típica, de delito contra o patrimônio, praticada por paciente que possui condenações anteriores transitadas em julgado, sendo uma delas por crime contra o patrimônio.
7. Ordem denegada. **(Inform. STF 741)**

HC N. 112.957-SP
RELATOR: MIN. TEORI ZAVASCKI
Ementa: PROCESSUAL PENAL. HABEAS CORPUS. EXTINÇÃO PREMATURA DE AÇÃO PENAL. ATIPICIDADE DA CONDUTA. AUSÊNCIA DE JUSTA CAUSA. INOCORRÊNCIA. ORDEM DENEGADA.
1. Segundo a jurisprudência do Supremo Tribunal Federal, a extinção de ação penal de forma prematura somente se dá em hipóteses excepcionais, quando patentemente demonstrada (a) a atipicidade da conduta; (b) a ausência de indícios mínimos de autoria e materialidade delitivas; ou (c) a presença de causa extintiva da punibilidade.
2. Denúncia que contém a adequada indicação da conduta delituosa imputada ao paciente, apontando os elementos indiciários mínimos aptos a tornar plausível a acusação, o que lhe permite o pleno exercício do direito de defesa.
3. Ordem denegada. **(Inform. STF 702)**

DIREITO PENAL. RESSARCIMENTO DE DANO DECORRENTE DE EMISSÃO DE CHEQUE FURTADO.
Não configura óbice ao prosseguimento da ação penal – mas sim causa de diminuição de pena (art. 16 do CP) – o ressarcimento integral e voluntário, antes do recebimento da denúncia, do dano decorrente de estelionato praticado mediante a emissão de cheque furtado sem provisão de fundos. De fato, a conduta do agente que emite cheque que chegou ilicitamente ao seu poder configura o ilícito previsto no *caput* do art. 171 do CP, e não em seu § 2º, VI. Assim, tipificada a conduta como estelionato na sua forma fundamental, o fato de ter o paciente ressarcido o prejuízo à vítima antes do recebimento da denúncia não impede a ação penal, não havendo falar, pois, em incidência do disposto na Súmula 554 do STF, que se restringe ao estelionato na modalidade de emissão de cheques sem suficiente provisão de fundos, prevista no art. 171, § 2.º, VI, do CP. A propósito, se no curso da ação penal ficar devidamente comprovado o ressarcimento integral do dano à vítima antes do recebimento da peça de acusação, esse fato pode servir como causa de diminuição de pena, nos termos do previsto no art. 16 do CP. Precedentes citados: RHC 29.970-SP, Quinta Turma, DJe 3/2/2014; e HC 61.928-SP, Quinta Turma, DJ 19/11/2007. **HC 280.089-SP, Rel. Min. Jorge Mussi, julgado em 18/2/2014. (Inform. STJ 537)**

> **Súmula STF nº 145**
>
> Não há crime, quando a preparação do flagrante pela polícia torna impossível a sua consumação.

4. AUTORIA E CONCURSO DE PESSOAS

EMENTA: *Habeas corpus*. Direito Penal e Processual Penal. Concurso de pessoas. Reconhecimento de delito em modalidades de consumação distintas para corréus que praticaram o mesmo fato criminoso em unidade de desígnios. Impossibilidade. Aplicação da teoria monista. Tratando-se de concurso de pessoas que agiram com unidade de desígnios e cujas condutas tiveram relevância causal para a produção do resultado, é inadmissível o reconhecimento de que um agente teria praticado o delito na forma tentada e o outro, na forma consumada. Segundo a teoria monista ou unitária, havendo pluralidade de agentes e convergência de vontades para a prática da mesma infração penal, como se deu no presente caso, todos aqueles que contribuem para o crime incidem nas penas a ele cominadas (CP, art. 29), ressalvadas as exceções para as quais a lei prevê expressamente a aplicação da teoria pluralista. Ordem concedida. **HC N. 97.652-2. RELATOR: MIN. JOAQUIM BARBOSA. Noticiado no Informativo 554 (Inform. STF 559)**

5. PENA, MEDIDA DE SEGURANÇA, CONCURSO DE CRIMES E AÇÃO PENAL

HC N. 94.620-MS
RELATOR: MIN. RICARDO LEWANDOWSKI
Ementa: PENAL. *HABEAS CORPUS*. FIXAÇÃO DE PENA-BASE ACIMA DO MÍNIMO LEGAL. POSSIBILIDADE. PREMEDITAÇÃO. MOMENTO DE ANÁLISE. MAUS ANTECEDENTES. FOLHA DE ANTECEDENTES CRIMINAIS. PRESUNÇÃO DE INOCÊNCIA. DESRESPEITO. OCORRÊNCIA. ORDEM CONCEDIDA.
I – O magistrado, ao fixar a pena-base dos pacientes, observou fundamentadamente todas as circunstâncias judiciais constantes do art. 59 do Código Penal, o que justifica o *quantum* acima do mínimo legal.
II – A premeditação é analisada quando da fixação da pena-base, tal como ocorreu na espécie.
III – Inquéritos ou processos em andamento, que ainda não tenham transitado em julgado, não devem ser levados em consideração como maus antecedentes na dosimetria da pena.
IV – Ordem concedida. **(Inform. STF 809)**

"Sursis" e requisito temporal para a concessão de indulto - 1
A Segunda Turma retomou julgamento de "habeas corpus" no qual se pretende o cômputo do período de prova cumprido em suspensão condicional da pena para preenchimento do requisito temporal objetivo do indulto natalino, relativo ao cumprimento de um quarto da pena privativa de liberdade, instituído pelo art. 1º, XIII, do Decreto 8.172/2013. A impetrante sustenta, em

3. DIREITO PENAL — 171

suma, que o paciente reuniria todos os requisitos necessários para a fruição do benefício, porque já teria cumprido mais de um quarto do período de prova para a suspensão condicional da pena que lhe fora imposta. Na sessão de 16.9.2014, a Ministra Cármen Lúcia (relatora), ao denegar a ordem, no que foi acompanhada pelos Ministros Celso de Mello e Gilmar Mendes, entendeu, em essência, que o paciente não faria jus ao benefício, pois não se poderia confundir o tempo alusivo ao período de prova, exigido para a obtenção da suspensão condicional da pena, com o requisito temporal objetivo previsto no art. 1º, XIII, do Decreto 8.172/2013. Na presente assentada, o Ministro Teori Zavascki, em voto-vista, concedeu a ordem. Considerou não se inferir da norma concessiva de indulto que o efetivo enclausuramento seria requisito para a concessão do benefício. Afirmou que o desiderato do decreto seria, também, conceder indulto a pessoas que cumprissem medidas alternativas à privação de liberdade. Reputou, por fim, que período de prova cumprido em suspensão condicional da pena, por ostentar inegável viés sancionatório, ainda que parcial, deveria ser computado como tempo de cumprimento da pena restritiva de liberdade, o que autorizaria, na espécie, a concessão do indulto natalino ao paciente. Em seguida, pediu vista dos autos o Ministro Dias Toffoli.
HC 123698/PE, rel. Min. Cármen Lúcia, 26.5.2015. (HC-123698)

"Sursis" e requisito temporal para a concessão de indulto - 2
Não é possível o cômputo do período de prova cumprido em suspensão condicional da pena para preenchimento do requisito temporal objetivo do indulto natalino. Com base nessa orientação, a Segunda Turma, em conclusão de julgamento e por maioria, denegou a ordem em "habeas corpus" no qual se pleiteava tal contagem, relativamente ao cumprimento de um quarto da pena privativa de liberdade, instituído pelo art. 1º, XIII, do Decreto 8.172/2013 ("Art. 1º Concede-se indulto coletivo às pessoas, nacionais e estrangeiras; ... XIII – condenadas a pena privativa de liberdade, desde que substituída por restritiva de direitos, na forma do art. 44 do Decreto-lei nº 2.848, de 7 de dezembro de 1940 – Código Penal, ou ainda beneficiadas com a suspensão condicional da pena, que, de qualquer forma, tenham cumprido, até 25 de dezembro de 2013, um quarto da pena, se não reincidentes, ou um terço, se reincidentes") — v. Informativo 787. A impetrante sustentava, em suma, que o paciente reuniria todos os requisitos necessários para a fruição do benefício, porque já teria cumprido mais de um quarto do período de prova para a suspensão condicional da pena que lhe fora imposta. O Colegiado asseverou que não se poderia confundir o tempo alusivo ao período de prova, exigido para a obtenção da suspensão condicional da pena, com o requisito temporal objetivo previsto no art. 1º, XIII, do Decreto 8.172/2013, qual seja o cumprimento parcial da pena. Reiterou, assim, o que decidido no HC 117.855/SP (DJe de 19.11.2013). Vencido o Ministro Teori Zavascki, que concedia a ordem por entender que o período de prova cumprido em suspensão condicional da pena deveria ser computado como tempo de cumprimento de pena restritiva de liberdade. O Ministro Gilmar Mendes reajustou seu voto para acompanhar o voto divergente.
HC 123698/PE, rel. Min. Cármen Lúcia, 17.11.2015. (HC-123698)
(Inform. STF 808)

HC N. 113.577-RS
RELATOR: MIN. MARCO AURÉLIO
PENA-BASE – CIRCUNSTÂNCIA JUDICIAL – ANTECEDENTES CRIMINAIS – INQUÉRITOS E PROCESSOS EM CURSO – DESINFLUÊNCIA. Ante o princípio constitucional da não culpabilidade, inquéritos e processos criminais em curso, bem como condenações por fatos posteriores ao crime, embora com decisões transitadas em julgado, são neutros na definição dos antecedentes – precedente: Recurso Extraordinário nº 591.054, de minha relatoria, julgado no Plenário em 17 de dezembro de 2014, com acórdão publicado no Diário da Justiça de 26 de fevereiro de 2015.
PENA – REGIME DE CUMPRIMENTO – DEFINIÇÃO. O regime de cumprimento da pena é fixado, presentes os parâmetros do artigo 33 do Código Penal, ante as circunstâncias judiciais. Sendo a pena-base estabelecida no mínimo previsto para o tipo e a final em quantitativo inferior a quatro anos, não se tratando de condenado reincidente, impõe-se o regime aberto.
PENA – SUBSTITUIÇÃO – EXAME. Uma vez aplicada pena em patamar a atrair a incidência do disposto no artigo 44 do Código Penal, cumpre implementar a substituição da restritiva da liberdade pela limitadora de direitos.
(Inform. STF 809)

RHC N. 117.806-PE
REDATOR P/ O ACÓRDÃO: MIN. EDSON FACHIN
Ementa: RECURSO ORDINÁRIO EM *HABEAS CORPUS*. DOSIMETRIA DA PENA. PENA-BASE. CIRCUNSTÂNCIAS JUDICIAIS DESFAVORÁVEIS. FUNDAMENTAÇÃO ADEQUADA. EXASPERAÇÃO. EXCESSO NÃO VERIFICADO. DISCRICIONARIEDADE REGRADA. INDIVIDUALIZAÇÃO DA PENA. RECURSO DESPROVIDO.
1. É razoável a fundamentação que justifica a exasperação da pena-base tendo em vista a constatação de circunstâncias judiciais desfavoráveis ao condenado e que extrapolam os elementos típicos inerentes à figura penal cominada.
2. Inexiste excesso no *quantum* da exasperação quando, presentes diversos vetores negativos, a pena foi fixada abaixo do termo médio. Dosimetria efetuada segundo os critérios de discricionariedade regrada que naturam a individualização da pena.
3.Recurso ordinário em *habeas corpus* desprovido. **(Inform. STF 806)**

Indulto e medida de segurança
Reveste-se de legitimidade jurídica a concessão, pelo presidente da República, do benefício constitucional do indulto (CF, art. 84, XII), que traduz expressão do poder de graça do Estado, mesmo se se tratar de indulgência destinada a favorecer pessoa que, em razão de sua inimputabilidade ou semi-imputabilidade, sofre medida de segurança, ainda que de caráter pessoal e detentivo. Essa a conclusão do Plenário, que negou provimento a recurso extraordinário em que se discutia a possibilidade de extensão de indulto a internados em cumprimento de medida de segurança. O Colegiado assinalou que a competência privativa do presidente da República prevista no art. 84, XII, da CF abrange a medida de segurança, espécie de sanção penal, inexistindo restrição à concessão de indulto. Embora não seja pena em sentido estrito, é medida de natureza penal e ajusta-se ao preceito, cuja interpretação deveria ser ontológica. Lembrou o HC 84.219/SP (DJU de 23.9.2005), em que o período máximo da medida de segurança fora limitado a 30 anos, mediante interpretação sistemática e teleológica dos artigos 75 e 97 do CP e 183 da LEP. Fora reconhecida, na ocasião, a feição penal da medida de segurança, a implicar restrição coercitiva da liberdade. Em reforço a esse entendimento, sublinhou o art. 171 da LEP, a condicionar a execução da sentença ao trânsito em julgado; bem assim o art. 397, II, do CPP, a proibir a absolvição sumária imprópria, em observância ao princípio da não culpabilidade (CF, art. 5º, LVII). No caso, o Presidente da República, ao implementar indulto no tocante a internados em cumprimento de medida de segurança, nos moldes do art. 1º, VIII, do Decreto natalino 6.706/1998, não extrapolara o permissivo constitucional. Precedentes citados: RE 612.862 AgR/RS (DJe de 18.2.2011) e HC 97.621/RS (DJe de 26.6.2009).
RE 628658/RS, rel. Min. Marco Aurélio, 4 e 5.11.2015. (RE-628658)
(Inform. STF 806)

Conduta social e dosimetria
A Segunda Turma iniciou o julgamento de recurso ordinário em "habeas corpus" no qual se afirma que o tribunal de origem não poderia ter valorado a conduta social com elementos próprios e típicos dos maus antecedentes e da reincidência, sob pena de afronta ao princípio do "ne bis in idem". Na espécie, o recorrente fora condenado a quatro anos e onze meses de reclusão em regime inicial semiaberto, pela prática do delito de furto qualificado. O Ministro Teori Zavascki (relator) deu provimento ao recurso para determinar ao juízo da execução competente o redimensionamento da pena-base. Afirmou que a decisão impugnada teria valorado negativamente circunstâncias judiciais diversas com fundamento na mesma base empírica, qual seja, os registros criminais, a conferir--lhes conceitos jurídicos assemelhados. Apontou que, antes da reforma da parte geral do CP/1984, entendia-se que a análise dos antecedentes abrangeria todo o passado do agente, a incluir, além dos aludidos registros, o comportamento em sociedade. Com o advento da Lei 7.209/1984, a conduta social teria passado a ter configuração própria. Introduzira-se um vetor apartado com vistas a avaliar o comportamento do condenado no meio familiar, no ambiente de trabalho e no relacionamento com outros indivíduos. Ou seja, os antecedentes sociais do réu não mais se confundiriam com os seus antecedentes criminais. Tratar-se-ia de circunstâncias diversas e, por isso mesmo, a exasperação da pena-base mediante a invocação delas exigiria do magistrado a clara demonstração de subsunção da realidade fática ao preceito legal, dentro dos limites típicos. Apontou que teria havido indevida desvalorização plural de circunstâncias — as quais possuiriam balizas próprias — com fundamento na mesma base fática. Em seguida, pediu vista a Ministra Cármen Lúcia.
RHC 130132/MS, rel. Min. Teori Zavascki, 13.10.2015. (RHC-130132)
(Inform. STF 803)

Progressão de regime: art. 75 do CP ou total da pena imposta

A Primeira Turma iniciou o julgamento de "habeas corpus" em que se discute a possibilidade de aplicação do limite de 30 anos previsto no art. 75 do CP para efeito de progressão de regime prisional. No caso, o STJ garantira a progressão ao paciente, condenado pelo crime de estupro e atentado violento ao pudor, após o cumprimento de um sexto da pena. O Ministro Marco Aurélio (relator) deferiu a ordem para que o juízo da execução analisasse a viabilidade da progressão de regime e dos demais benefícios previstos na LEP, considerado o teto máximo de 30 anos e não o total da pena imposta. Afirmou que se deveria observar o art. 75 do CP, uma vez que o somatório das penas poderia chegar a um quantitativo alto, o que impediria o benefício. Além disso, levando em conta que a Lei 12.015/2009 unificara as condutas de estupro e de atentado violento ao pudor em tipo mais abrangente, ensejador da configuração de crime único ou crime continuado, a depender das circunstâncias concretas dos fatos, concedeu, de ofício, o "writ" para que o magistrado procedesse à aplicação retroativa do mencionado diploma legal, como entender de direito, no que foi acompanhado pelo Ministro Edson Fachin. Em seguida, pediu vista o Ministro Roberto Barroso.
HC 100612/SP, rel. Min. Marco Aurélio, 13.10.2015. (HC-100612) (Inform. STF 803)

Maus antecedentes e período depurador - 1

A 2ª Turma iniciou julgamento de "habeas corpus" em que se discute a possibilidade de condenação transitada em julgado alcançada pelo prazo de cinco anos, previsto no art. 64, I, do CP ["Para efeito de reincidência: I - não prevalece a condenação anterior, se entre a data do cumprimento ou extinção da pena e a infração posterior tiver decorrido período de tempo superior a 5 (cinco) anos, computado o período de prova da suspensão ou do livramento condicional, se não ocorrer revogação"], constituir fundamento idôneo para exasperação da pena-base a título de maus antecedentes. O Ministro Gilmar Mendes (relator) concedeu a ordem para restabelecer a decisão do tribunal de justiça que afastara os maus antecedentes, considerada condenação anterior ao período depurador (CP, art. 64, I), para efeito de dosimetria da pena. Afirmou que o período depurador de cinco anos teria a aptidão de nulificar a reincidência, de forma que não poderia mais influenciar no "quantum" de pena do réu e em nenhum de seus desdobramentos. Observou que seria assente que a "ratio legis" consistiria em apagar da vida do indivíduo os erros do passado, já que houvera o devido cumprimento de sua punição, de modo que seria inadmissível atribuir à condenação o "status" de perpetuidade, sob pena de violação aos princípios constitucionais e legais, sobretudo o da ressocialização da pena. A Constituição vedaria expressamente, na alínea b do inciso XLVII do art. 5º, as penas de caráter perpétuo. Esse dispositivo suscitaria questão acerca da proporcionalidade da pena e de seus efeitos para além da reprimenda corporal propriamente dita. Nessa perspectiva, por meio de cotejo das regras basilares de hermenêutica, constatar-se-ia que, se o objetivo primordial fosse o de se afastar a pena perpétua, reintegrando o apenado no seio da sociedade, com maior razão dever-se-ia aplicar esse raciocínio aos maus antecedentes. Ademais, o agravamento da pena-base com fundamento em condenações transitadas em julgado há mais de cinco anos não encontraria previsão na legislação pátria, tampouco na Constituição, mas se trataria de uma analogia "in malam partem", método de integração vedado em nosso ordenamento. Dessa forma, decorridos mais de cinco anos desde a extinção da pena da condenação anterior (CP, art. 64, I), não seria possível alargar a interpretação de modo a permitir o reconhecimento dos maus antecedentes. Por fim, determinou ao tribunal de origem que procedesse à nova fixação de regime prisional, sem considerar a gravidade abstrata do delito, nos termos do art. 33, §§ 2º e 3º, do CP. Em seguida, pediu vista a Ministra Cármen Lúcia.
HC 126315/SP, rel. Min. Gilmar Mendes, 17.3.2015. (HC-126315)

Maus antecedentes e período depurador - 2

As condenações transitadas em julgado há mais de cinco anos não poderão ser caracterizadas como maus antecedentes para efeito de fixação da pena, conforme previsão do art. 64, I, do CP ["Para efeito de reincidência: I - não prevalece a condenação anterior, se entre a data do cumprimento ou extinção da pena e a infração posterior tiver decorrido período de tempo superior a 5 (cinco) anos, computado o período de prova da suspensão ou do livramento condicional, se não ocorrer revogação"]. Esse é o entendimento da Segunda Turma, que, em conclusão de julgamento e por maioria, concedeu a ordem em "habeas corpus" para restabelecer a decisão do tribunal de justiça que afastara os maus antecedentes, considerada condenação anterior ao período depurador

(CP, art. 64, I), para efeito de dosimetria da pena — v. Informativo 778. A Turma afirmou que o período depurador de cinco anos teria a aptidão de nulificar a reincidência, de forma que não poderia mais influenciar no "quantum" de pena do réu e em nenhum de seus desdobramentos. Observou que seria assente que a "ratio legis" consistiria em apagar da vida do indivíduo os erros do passado, já que houvera o devido cumprimento de sua punição, de modo que seria inadmissível atribuir à condenação o "status" de perpetuidade, sob pena de violação aos princípios constitucionais e legais, sobretudo o da ressocialização da pena. A Constituição vedaria expressamente, na alínea b do inciso XLVII do art. 5º, as penas de caráter perpétuo. Esse dispositivo suscitaria questão acerca da proporcionalidade da pena e de seus efeitos para além da reprimenda corporal propriamente dita. Nessa perspectiva, por meio de cotejo das regras basilares de hermenêutica, constatar-se-ia que, se o objetivo primordial fosse o de se afastar a pena perpétua, reintegrando o apenado no seio da sociedade, com maior razão dever-se-ia aplicar esse raciocínio aos maus antecedentes. Ademais, o agravamento da pena-base com fundamento em condenações transitadas em julgado há mais de cinco anos não encontraria previsão na legislação pátria, tampouco na Constituição, mas se trataria de uma analogia "in malam partem", método de integração vedado em nosso ordenamento. Por fim, determinou ao tribunal de origem que procedesse à nova fixação de regime prisional, sem considerar a gravidade abstrata do delito, nos termos do art. 33, §§ 2º e 3º, do CP. Vencidos os Ministros Teori Zavascki e Cármen Lúcia, que concediam parcialmente a ordem, apenas quanto à fixação do regime prisional.
HC 126315/SP, rel. Min. Gilmar Mendes, 15.9.2015. (HC-126315) (Inform. STF 799)

HC N 127.158-MG
RELATOR: MIN. DIAS TOFFOLI

EMENTA: *Habeas corpus*. Penal e Processual Penal. Recurso especial. Revaloração do conjunto fático-probatório. Admissibilidade. Hipótese que não se confunde com reexame de provas. Precedentes. Estupro (art. 213, § 1º, do CP). Pena. Dosimetria. Continuidade delitiva (art. 71, CP). Majoração da pena no máximo legal de 2/3 (dois terços). Admissibilidade. Delitos praticados durante 6 (seis) anos contra a mesma vítima. Imprecisão quanto ao número de crimes. Irrelevância. Dilatado lapso temporal que obsta a incidência do aumento em apenas 1/6 (um sexto). Ordem denegada.

1. A revaloração de elementos fático-jurídicos, em sede de recurso especial, não se confunde com reapreciação de matéria probatória, por se tratar de quaestio juris, e não de quaestio facti. Precedentes.
2. Na espécie, toda a matéria fática foi bem retratada na sentença e no acórdão do tribunal local, razão por que se limitou o Superior Tribunal de Justiça a emprestar-lhe a correta consequência jurídica.
3. Segundo pacífica jurisprudência da Suprema Corte, o quantum de exasperação da pena, por força da continuidade delitiva, deve ser proporcional ao número de infrações cometidas. Precedentes.
4. A imprecisão quanto ao número de crimes praticados não obsta a aplicação da causa de aumento de pena da continuidade delitiva no patamar máximo de 2/3 (dois terços), desde que haja elementos seguros que demonstrem que vários foram os delitos perpetrados ao longo do dilatado lapso temporal.
5. Ordem denegada. **(Inform. STF 796)**

Período de prova em "sursis" e indulto

Em razão do "sursis" não ostentar natureza jurídica de pena, mas de medida alternativa a ela, o período de prova exigido para a obtenção desse benefício não se confunde com o requisito temporal relativo ao cumprimento de um quarto da pena privativa de liberdade para se alcançar o indulto natalino. Com base nesse entendimento, a Primeira Turma, por maioria, negou provimento a recurso ordinário em "habeas corpus" em que se discutia a possibilidade de se computar o período de prova referente ao "sursis" com o cumprimento de pena para fins de concessão de indulto. Na espécie, os incisos XIII e XIV do art. 1º do Decreto 8.172/2013 teriam reconhecido como merecedores do indulto natalino os réus condenados a pena privativa de liberdade, desde que substituída por pena restritiva de direitos, na forma do art. 44 do CP, ou ainda beneficiados com a suspensão condicional da pena, que, de qualquer forma, tivessem cumprido, até 25 de dezembro de 2013, um quarto da pena, requisito temporal vinculado à pena privativa de liberdade, sem qualquer relação com o período de prova do "sursis". O recorrente fora condenado a dois meses de prisão no regime aberto pela prática do crime de lesões corporais culposas, tipificado no art. 251 do CPM e, beneficiado com o "sursis", tivera negado o indulto natalino pelo STJ. Vencido o Ministro Marco Aurélio, que dava provimento ao recurso. Afirmava que, no caso do indulto, o período de prova para suspensão condicional da pena poderia ser considerado para efeito do

3. DIREITO PENAL   173

atendimento ao requisito temporal, sob pena de um direito atribuído ao cidadão vir, em um passo seguinte, a prejudicá-lo.
RHC 128515/BA, rel. Min. Luiz Fux, 30.6.2015. (RHC-128515) (Inform. STF 792)

Princípio da Não-Culpabilidade: Processos em Curso e Maus Antecedentes - 1
O Tribunal iniciou julgamento de dois habeas corpus, afetados ao Pleno pela 1ª Turma, nos quais se discute se inquéritos policiais e ações penais sem trânsito em julgado podem ser considerados como elementos caracterizadores de maus antecedentes — v. Informativo 524. O Min. Ricardo Lewandowski, relator, denegou as ordens. Considerou que, não obstante a Corte entenda que o simples fato de tramitarem ações penais ou inquéritos policiais em curso não leva, automaticamente, à conclusão de que o réu possui maus antecedentes, é lícito ao magistrado deduzi-los em face da existência de diversos procedimentos criminais, sem que, com isso, reste ofendido o princípio da presunção de não-culpabilidade. Afirmou, relativamente ao HC 94620/MS, que o magistrado, ao fixar a pena-base dos pacientes, observara fundamentadamente todas as circunstâncias judiciais constantes do art. 59 do CP, o que justificaria a fixação do quantum da pena acima do mínimo legal. No ponto, ressaltou que referido juiz levara em conta a extensa ficha criminal dos pacientes, a sua acentuada culpabilidade, caracterizada pela premeditação das condutas, as circunstâncias e os motivos reprováveis da ação, em especial a busca do lucro fácil como modo de vida, as conseqüências graves da conduta e a falta de ressarcimento dos danos causados à vítima. Aduziu que a avaliação dos antecedentes do réu, na fixação da pena, sujeita ao prudente arbítrio do juiz, tem apoio no art. 5º, XLVI, da CF, que determina a individualização da pena. Além disso, asseverou que o sopesamento dos antecedentes do réu é diverso do reconhecimento da reincidência, prevista no art. 63 do CP, a qual gera efeitos penais diversos, como no âmbito da suspensão condicional da pena ou de fixação do regime prisional. Por fim, acrescentou não haver, por outro lado, razão para se alegar a ocorrência de bis in idem pelo fato de o magistrado ter analisado o iter percorrido para a consumação do delito, haja vista que, apesar da falta de consenso, na doutrina, acerca dos elementos do art. 59 do CP em que deveria ser enquadrada a premeditação, dúvida não haveria de que ela pode e deve ser analisada no momento da fixação da pena-base, tal como ocorrera na espécie. Após, o julgamento foi adiado em virtude do pedido de vista do Min. Cezar Peluso.
HC 94620/MS, rel. Min. Ricardo Lewandowski, 12.3.2009. (HC-94620)
HC 94680/SP, rel. Min. Ricardo Lewandowski, 12.3.2009. (HC-94680)

Princípio da não-culpabilidade: processos em curso e maus antecedentes - 2
O Plenário, em conclusão de julgamento e por maioria, concedeu, em parte, a ordem em dois "habeas corpus" para determinar ao juízo das execuções penais que proceda ao novo cálculo da pena imposta aos pacientes, devendo considerar como circunstâncias negativas, na primeira fase da dosimetria, somente a culpabilidade e as consequências do crime. Em ambos os casos, discutia-se a possibilidade de inquéritos policiais e ações penais sem trânsito em julgado poderem ser considerados como elementos caracterizadores de maus antecedentes — v. Informativo 538. Prevaleceu o voto do Ministro Teori Zavascki. Salientou recente posicionamento do STF a respeito do tema, firmado no julgamento do RE 591.054/SC (DJe de 25.2.2015), com repercussão geral, no sentido da impossibilidade de se considerar esses elementos como maus antecedentes para fins de dosimetria da pena. Salientou, ainda, que no HC 94.620/MS, também haveria outra discussão, a respeito da admissibilidade de alegações genéricas — de que o agente possuiria conduta inadaptada ao convívio social e personalidade voltada para o crime, e de que as circunstâncias e motivos seriam deploráveis — embasarem a reprimenda do paciente. Reputou que essa fundamentação genérica também não poderia ser considerada para esse fim. Os Ministros Ricardo Lewandowski (Presidente e relator) — que reajustou seu voto —, Teori Zavascki, Edson Fachin e Rosa Weber, embora ressalvassem seu entendimento pessoal, acompanharam a orientação firmada no recurso com repercussão geral, em respeito ao princípio da colegialidade. Vencidos a Ministra Cármen Lúcia e o Ministro Luiz Fux, que denegavam a ordem em ambos os casos. Por fim, o Tribunal, tendo em conta as manifestações proferidas e o fato de se tratar de "habeas corpus", pronunciou-se no sentido da possibilidade de rever a tese firmada no precedente em repercussão geral, em recurso extraordinário a ser oportunamente submetido à apreciação da Corte.
HC 94620/MS rel. Min. Ricardo Lewandowski, 24.6.2015. (HC-94620)
HC 94680/SP, rel. Min. Ricardo Lewandowski, 24.6.2015. (HC-94680)
(Inform. STF 791)

Aumento da pena e continuidade delitiva
A Segunda Turma indeferiu pedido formulado em "habeas corpus" no qual se pretendia fosse afastada a aplicação da fração de aumento da pena, em decorrência da continuidade delitiva, prevista no art. 71, "caput", do CP, em seu grau máximo. Alegava o impetrante que o STJ, ao aumentar a fração de 1/6 para 2/3, teria efetuado a reanálise do acervo fático-probatório, o que seria vedado pelo Enunciado 7 da Súmula daquela Corte. Apontava que, no caso, por não se saber com certeza quantas teriam sido as infrações penais cometidas pelo paciente, o aumento da pena, em razão da continuidade delitiva, não poderia ser aplicado em seu grau máximo, de modo que deveria ser restabelecida a fração de aumento de pena fixada pelo tribunal local, em observância ao princípio do "in dubio pro reo". A Turma entendeu que, como já decidido pelo STF, nova valoração de elementos fático-probatórios não se confundiria com reapreciação de matéria probatória. Asseverou que, na espécie, como toda a matéria fática teria sido bem retratada na sentença e no acórdão do tribunal local, o STJ teria se limitado a lhe emprestar a correta consequência jurídica. Consignou, ademais, que o aumento de 2/3 da pena se harmonizaria com a jurisprudência pacífica da Corte, no sentido de que o "quantum" de exasperação da pena, por força do reconhecimento da continuidade delitiva, deveria ser proporcional ao número de infrações cometidas. Considerou, por fim, que a imprecisão quanto ao número de crimes praticados pelo paciente não obstaria a incidência da causa de aumento da pena em seu patamar máximo, desde que houvesse elementos seguros, como na espécie, que demonstrassem que vários seriam os crimes praticados ao longo de dilatadíssimo lapso temporal.
HC 127158/MG, rel. Min. Dias Toffoli, 23.6.2015. (HC-127158) (Inform. STF 791)

HC N. 104.266-RJ
RELATOR: MIN. TEORI ZAVASCKI
Ementa: *HABEAS CORPUS. PENAL. ASSOCIAÇÃO PARA O TRÁFICO (LEI 6.368/1976, ART. 14). DOSIMETRIA. MAUS ANTECEDENTES. INVOCAÇÃO DE INQUÉRITOS E AÇÕES PENAIS EM CURSO. INADEQUAÇÃO. PENA-BASE FIXADA NO SEU PATAMAR MÁXIMO. AUSÊNCIA DE FUNDAMENTOS IDÔNEOS E SUFICIENTES.*
1. A dosimetria da pena, além de não admitir soluções arbitrárias e voluntaristas, supõe, como pressuposto de legitimidade, uma adequada fundamentação racional, revestida dos predicados de logicidade, harmonia e proporcionalidade com os dados empíricos em que deve se basear.
2. No particular, a sentença, ao exasperar a pena-base em seu patamar máximo, levando em conta a culpabilidade e a existência de anotações criminais, não atendeu adequadamente aos requisitos de coerência interna, de proporcionalidade e de equilíbrio em suas avaliações fáticas à luz do princípio da individualização da pena. Se não bastasse, o ato judicial está em dissonância com o que decidido pelo Plenário do Supremo Tribunal Federal no julgamento do RE 591.054, o qual firmou a tese de que a existência de inquéritos policiais ou de ações penais sem trânsito em julgado não pode ser considerada como maus antecedentes para fins de dosimetria da pena.
3. Nessas circunstâncias, e considerando a jurisprudência do STF, tem-se situação reveladora de ilegalidade aferível sem necessidade de revolvimento de fatos e provas.
4. Ordem concedida, em parte, para determinar ao juízo da vara de execuções penais que proceda ao novo cálculo da pena-base. **(Inform. STF 787)**

AG. REG. NO HC N. 126.797-PR
RELATORA: MIN. CÁRMEN LÚCIA
EMENTA: *AGRAVO REGIMENTAL EM HABEAS CORPUS. CONSTITUCIONAL. PENAL. CRIMES CONTRA O SISTEMA FINANCEIRO E LAVAGEM DE DINHEIRO. IMPEDIMENTO DE MINISTRO DO SUPERIOR TRIBUNAL DE JUSTIÇA: PREJUÍZO NÃO DEMONSTRADO. DOSIMETRIA DA PENA-BASE. LIMITES INSTRUTÓRIOS DO HABEAS CORPUS. IMPETRAÇÃO MANIFESTAMENTE CONTRÁRIA À JURISPRUDÊNCIA DOMINANTE. PRECEDENTES. AGRAVO REGIMENTAL NÃO PROVIDO.*
1. A jurisprudência deste Supremo Tribunal é firme no sentido de não se verificar prejuízo quando Ministro impedido participa de julgamento cujo resultado é unânime, pois a subtração do voto desse magistrado não teria a capacidade de alterar o resultado da votação.
2. Não há ilegalidade na fixação da pena-base acima do mínimo legal quando identificadas circunstâncias judiciais desfavoráveis e específicas.
3. Agravo Regimental não provido. **(Inform. STF 785)**

Fixação de regime inicial de cumprimento de pena e circunstâncias judiciais

A 2ª Turma denegou a ordem em "habeas corpus" no qual se sustentava a existência de ilegalidade em sentença condenatória que teria fixado de forma automática o regime inicial semiaberto para o cumprimento de pena aplicada em patamar inferior a quatro anos, exclusivamente em razão da exasperação da pena-base. No caso, os pacientes foram condenados à pena de dois anos e seis meses de detenção pela suposta prática de crime contra a ordem econômica (Lei 8.176/1991, art. 1º, I), o que, segundo alegado, ensejaria a fixação do regime aberto, nos termos do art. 33, § 2º, c, do CP. O Colegiado destacou que, na espécie, embora a pena final fixada fosse inferior a quatro anos, duas das circunstâncias judiciais contidas no art. 59 do CP seriam desfavoráveis aos pacientes — as circunstâncias e as consequências do crime —, o que, nos termos do § 3º do art. 33 do CP ("A determinação do regime inicial de cumprimento da pena far-se-á com observância dos critérios previstos no art. 59 deste Código") e do Enunciado 719 da Súmula do STF ("A imposição do regime de cumprimento mais severo do que a pena aplicada permitir exige motivação idônea"), impediria a aplicação do regime inicial mais brando. Nessa perspectiva, não haveria dúvidas de que, por ocasião da sentença, o magistrado "a quo" cumpriria satisfatoriamente a exigência de fundamentação da decisão, tendo em vista que apresentara justificativa plausível, amparada pelo ordenamento jurídico, para determinação do regime inicial semiaberto.
HC 124876/SP, rel. Min. Gilmar Mendes, 24.2.2015. (HC-124876) (Inform. STF 775)

Furto qualificado: dosimetria e circunstâncias judiciais

A 2ª Turma iniciou julgamento de "habeas corpus" impetrado contra acórdão do STJ que mantivera decisão que condenara o paciente à pena de três anos de reclusão, em regime inicial semiaberto, pela prática do crime de furto qualificado (CP, art. 155, § 4º). A defesa sustenta a desproporcionalidade da pena-base aplicada e pleiteia a substituição da pena privativa de liberdade por restritiva de direitos. No caso, o STJ considerara as seguintes circunstâncias desfavoráveis ao réu: a) presença de patente culpabilidade, uma vez que o paciente estaria consciente da ilicitude do seu comportamento; b) ocorrência de rompimento de obstáculo à subtração da coisa (CP, art. 155, § 4º, I); e c) caracterização de maus antecedentes, tendo em conta a existência de quatro processos criminais em curso. O Ministro Gilmar Mendes (relator) deferiu a ordem. Aduziu que a consciência da ilicitude seria pressuposto da culpabilidade (CP, art. 21) e, portanto, circunstância inidônea à exasperação da pena. Ressaltou que a circunstância "rompimento de obstáculo" já teria sido considerada qualificadora, e não poderia ser novamente adotada para aumentar a pena-base, sem especial demonstração de sua gravidade. Noticiou, também, que os processos criminais apontados como maus antecedentes ainda não haviam transitado em julgado. No ponto, salientou que, embora não houvesse um pronunciamento final do Plenário, a Turma afastaria a consideração das ações e investigações em andamento como circunstância desfavorável (RHC 117.095/DF, DJe de 13.9.2013; e RHC 113.381/DF, DJe de 20.2.2014). Ademais, relembrou que, apesar de a aplicação da causa de aumento de pena em 1/3 em razão do repouso noturno (CP, art. 155, § 1º) — na terceira fase da dosimetria da pena — não ter sido discutida no STJ, nem suscitada no presente "habeas corpus", a controvérsia mereceria ser analisada, de ofício, pelo STF. Relatou que, na espécie, foram aplicadas conjuntamente a referida majorante e a qualificadora, o que seria considerado inviável pela doutrina e jurisprudência. Assim, julgou procedente o pedido para determinar que o juiz da condenação: a) refizesse a dosimetria da pena, desconsiderados, na primeira fase, a patente culpabilidade, o rompimento de obstáculo e os maus antecedentes como circunstâncias desfavoráveis; e b) substituísse a pena privativa de liberdade por restritivas de direito. Além disso, concedeu a ordem, de ofício, para afastar a incidência da majorante do art. 155, § 1º, do CP, e consignou que o repouso noturno poderia ser considerado na primeira fase de aplicação da pena. Em seguida, pediu vista dos autos a Ministra Cármen Lúcia.
HC 122940/PI, rel. Min. Gilmar Mendes, 16.9.2014. (HC-122940) (Inform. STF 759)

Inquéritos e ações penais em andamento e maus antecedentes - 1

O Plenário iniciou julgamento de recurso extraordinário em que se discute a possibilidade de inquéritos e ações penais em andamento configurarem maus antecedentes, para efeito de fixação da pena-base. O Ministro Marco Aurélio (relator), acompanhado pelos Ministros Roberto Barroso, Teori Zavascki e Gilmar Mendes, desproveu o recurso. Explicou que a jurisprudência da Corte sobre o tema estaria em evolução, e a tendência atual seria no sentido de que a cláusula constitucional da não culpabilidade (CF, art. 5º, LVII) não poderia ser afastada. Apontou semelhante movimento por parte da doutrina, a concluir que, sob o império da nova ordem constitucional, somente poderiam ser valoradas como maus antecedentes as decisões condenatórias irrecorríveis. Assim, não poderiam ser consideradas para esse fim quaisquer outras investigações ou processos criminais em andamento, mesmo em fase recursal. Salientou que esse ponto de vista estaria em consonância com a moderna jurisprudência da Corte Interamericana de Direitos Humanos e do Tribunal Europeu dos Direitos do Homem. Realçou, ainda, recomendação por parte do Comitê de Direitos Humanos das Nações Unidas, no sentido de que o Poder Público deveria abster-se de prejulgar o acusado. Colacionou, também, o Enunciado 444 da Súmula do STJ ("É vedada a utilização de inquéritos policiais e ações penais em curso para agravar a pena-base"). Observou que o lançamento, no mundo jurídico, de enfoque ainda não definitivo e, portanto, sujeito a condição resolutiva, potencializaria a atuação da polícia judiciária, bem como a precariedade de certos pronunciamentos judiciais. Asseverou que, uma vez admitido pelo sistema penal brasileiro o conhecimento do conteúdo da folha penal como fator a se ter em conta na fixação da pena, a presunção deveria militar em favor do acusado. Alertou que o arcabouço normativo não poderia ser interpretado a ponto de gerar perplexidade. Nesse sentido, elementos passíveis de perder a sustentação fática não poderiam ser sopesados como reveladores de antecedentes.
RE 591054/SC, rel. Min. Marco Aurélio, 5.5.2014. (RE-591054)

Inquéritos e ações penais em andamento e maus antecedentes - 2

O relator asseverou que os dados passíveis de valoração para aferir a culpabilidade deveriam derivar de envolvimentos judiciais que implicassem condenação definitiva, seja em relação a crimes, seja no tocante a contravenções. Assim, na eventualidade de existirem várias condenações acobertadas pela coisa julgada, remeter-se-ia aos antecedentes negativos e, em seguida, referir-se-ia à reincidência. Além disso, o transcurso do quinquênio previsto no art. 64, I, do CP não seria óbice ao acionamento do art. 59 do mesmo diploma. Por outro lado, ponderou que conflitaria com a ordem jurídica considerar, para a majoração da pena-base, processos que tivessem resultado na aceitação de proposta de transação penal (Lei 9.099/1995, art. 76, § 6º), na concessão de remissão em procedimento judicial para apuração de ato infracional previsto no ECA, com aplicação de medida de caráter reeducacional, na extinção da punibilidade, entre outros, excetuados os resultantes em indulto individual, coletivo ou comutação de pena. Reputou, por fim, que as condenações por fatos posteriores ao apurado, com trânsito em julgado, não seriam aptas a desabonar, na primeira fase da dosimetria, os antecedentes para efeito de exacerbação da pena-base. No ponto, sublinhou que a incidência penal só serviria para agravar a medida de pena quando ocorrida antes do cometimento do delito, independentemente de a decisão alusiva à prática haver sido dada como firme em momento prévio. Sintetizou que deveria ser considerado o quadro existente na data da prática delituosa. O Ministro Roberto Barroso afirmou que a jurisprudência dominante da Corte assentara entendimento de que a presunção de inocência somente se romperia a partir do trânsito em julgado de decisão condenatória. Assim, a falta dessa qualidade da condenação impediria que se levasse em conta, para fins de maus antecedentes, a existência de inquéritos ou de processos criminais.
RE 591054/SC, rel. Min. Marco Aurélio, 5.5.2014. (RE-591054)

Inquéritos e ações penais em andamento e maus antecedentes - 3

Em divergência, os Ministros Ricardo Lewandowski, Rosa Weber, Luiz Fux e Cármen Lúcia deram provimento ao recurso. O Ministro Ricardo Lewandowski entendeu que o art. 59 do CP compreenderia diversos aspectos, os quais deveriam ser considerados pelo juiz na dosimetria da pena. Cumpriria, então, ao julgador fixar a reprimenda da maneira que fosse suficiente para a reprovação e a prevenção do crime. Registrou que os antecedentes aludidos no art. 59 do CP não se confundiriam com os passíveis de agravar a pena nos termos do art. 61, I, do mesmo diploma, o qual trataria de reincidência. Exemplificou que haveria acusados com extensa ficha criminal, relativa a passagens pela polícia e a ações penais em andamento, o que precisaria ser considerado pelo juiz, no âmbito de sua discricionariedade. Assim, o magistrado poderia, com fulcro no art. 59 do CP, ponderar esses maus antecedentes. Por fim, frisou que o recurso extraordinário com repercussão geral reconhecida diria respeito a teses, e não a casos concretos, razão pela qual superou a questão prejudicial de conhecimento relativa à prescrição, sem prejuízo de assentá-la, eventualmente. A Ministra Rosa Weber consignou que não haveria afronta ao princípio constitucional da presunção de inocência, uma vez que o juiz, com base nas particularidades da

3. DIREITO PENAL

situação concreta, teria a prerrogativa de valorar negativamente, no estabelecimento da pena-base, a existência de diversas investigações e ações penais em desfavor do acusado. O Ministro Luiz Fux aduziu que a presunção de inocência não seria um princípio, mas uma regra passível de interpretação teleológica e sistemática. Assinalou que o antecedente seria tudo aquilo que antecedesse ao fato criminoso, ou seja, a vida "ante acta" do réu. Acresceu que o fato de se levar em consideração os maus antecedentes não significaria, de início, uma condenação. Reputou que, à luz do princípio da igualdade, não se poderia dar tratamento igual para quem nunca tivesse praticado crime e para quem tivesse processos e inquéritos pendentes. Afirmou, ainda, que o Estado teria um direito fundamental que se sobreporia ao do indivíduo, de impor a ordem penal. Por fim, o Plenário deliberou suspender o julgamento.
RE 591054/SC, rel. Min. Marco Aurélio, 5.5.2014. (RE-591054) (Inform. STF 749)

RHC N. 118.625-SP
RELATOR: MIN. RICARDO LEWANDOWSKI
Ementa: PENAL E PROCESSUAL PENAL. RECURSO ORDINÁRIO EM *HABEAS CORPUS*. RECORRENTE CONDENADO PELO DELITO DE ESTELIONATO. PENA REDIMENSIONADA PELO STJ EM HC IMPETRADO EM FAVOR DO RECORRENTE. MANUTENÇÃO DE REGIME PRISIONAL MAIS GRAVOSO. FUNDAMENTAÇÃO. INOVAÇÃO. CONSTRANGIMENTO ILEGAL. DOSIMETRIA. DESLOCAMENTO DE CIRCUNSTÂNCIA JUDICIAL, DA PRIMEIRA PARA A SEGUNDA FASE DA FIXAÇÃO DA PENA. AUSÊNCIA DE ILEGALIDADE MANIFESTA. RECURSO PARCIALMENTE PROVIDO.
I – No caso sob exame, o juízo sentenciante fixou o regime inicial semiaberto ao recorrente exclusivamente em razão da quantidade de pena imposta.
II – O Superior Tribunal de Justiça, ao analisar *habeas corpus* manejado pela defesa, concedeu parcialmente a ordem, para redimensionar a reprimenda imposta ao recorrente para 3 anos, 1 mês e 10 dias de reclusão. Todavia, manteve o regime inicial semiaberto, aduzindo, para tanto, argumentos não utilizados pelo magistrado sentenciante.
III – Não agiu bem a Corte Superior ao inovar a fundamentação para justificar a manutenção do regime inicial semiaberto e negar a substituição da pena privativa de liberdade por restritiva de direitos, no âmbito de *habeas corpus* manejado em favor do recorrente.
IV – Não merece censura o acórdão impugnado no ponto em que destacou que "*o magistrado singular não se reportou a qualquer conduta do paciente capaz de caracterizar a circunstância agravante em análise, quais sejam, a promoção ou organização da cooperação no crime, ou a direção de atividade dos demais agentes, ressaltando, apenas, a maior reprovabilidade da sua atuação no planejamento e execução do delito, em comparação ao papel desempenhado pelo corréu que também foi condenado*".
V – Após o redimensionamento realizado pelo STJ, a pena-base imposta ao recorrente restou fixada em 2 anos e 8 meses de reclusão, num intervalo que varia de 2 a 12 anos, o que não extrapola os limites da proporcionalidade e da razoabilidade, não havendo, a meu ver, flagrante ilegalidade ou teratologia que justifiquem o provimento do recurso.
VI – Recurso parcialmente provido para determinar ao juízo sentenciante que, tendo em conta a nova quantidade de pena imposta ao recorrente, fixe – motivadamente – o regime inicial de cumprimento da reprimenda, bem como analise o preenchimento dos requisitos previstos no art. 44 do Código Penal e, em caso positivo, proceda à substituição da pena privativa de liberdade por sanção restritiva de direitos. **(Inform. STF 748)**

HC N. 119.200-PR
RELATOR: MIN. DIAS TOFFOLI
Ementa: *Habeas corpus*. Tráfico de entorpecentes. Dosimetria. Fixação da pena-base acima do mínimo legal em decorrência de maus antecedentes. Condenações extintas há mais de cinco anos. Pretensão à aplicação do disposto no inciso I do art. 64 do Código Penal. Admissibilidade. Precedente. *Writ* extinto. Ordem concedida de ofício.
1. Impetração dirigida contra decisão singular não submetida ao crivo do colegiado competente por intermédio de agravo regimental, o que configura o não exaurimento da instância antecedente, impossibilitando o conhecimento do **writ**. Precedentes.
2. Quando o paciente não pode ser considerado reincidente, diante do transcurso de lapso temporal superior a cinco anos, conforme previsto no art. 64, I, do Código Penal, a existência de condenações anteriores não caracteriza maus antecedentes. Precedentes.
3. **Writ** extinto. Ordem concedida de ofício. **(Inform. STF 738)**

Art. 64, I, do CP e maus antecedentes
A existência de condenação anterior, ocorrida em prazo superior a cinco anos, contado da extinção da pena, não pode ser considerada como maus antecedentes. Com base nesse entendimento, a 1ª Turma, por maioria, não conheceu de *habeas corpus*, mas concedeu a ordem de ofício para excluir o acréscimo de seis meses levado a efeito sobre a pena-base na primeira fase de dosimetria. Preliminarmente, a Turma considerou inadmissível *habeas corpus* impetrado contra decisão monocrática de Ministro do STJ, não submetida ao crivo do colegiado. Vencido o Ministro Marco Aurélio, que pontuava que, ao contrário dos recursos de natureza extraordinária, não haveria exigência de esgotamento da jurisdição na origem para a impetração de *habeas corpus*. O Ministro Dias Toffoli, relator, ressalvou posicionamento pessoal de que seria cabível o *writ* nessa hipótese. Em seguida, a Turma consignou que interpretação do disposto no inciso I do art. 64 do CP [*Art. 64. Para efeito de reincidência: I - não prevalece a condenação anterior, se entre a data do cumprimento ou extinção da pena e a infração posterior tiver decorrido período de tempo superior a 5 (cinco) anos, computado o período de prova da suspensão ou do livramento condicional, se não ocorrer revogação*] extinguiria, no prazo ali preconizado, não só os efeitos decorrentes da reincidência, mas qualquer outra valoração negativa por condutas pretéritas praticadas pelo agente. Assim, se essas condenações não mais serviriam para o efeito da reincidência, com muito maior razão não deveriam valer para fins de antecedentes criminais.
HC 119200/PR, rel. Min. Dias Toffoli, 11.2.2014. (HC-119200) (Inform. STF 735)

HC N. 114.725-SP
RELATOR: MIN. RICARDO LEWANDOWSKI
Ementa: HABEAS CORPUS. PENAL. PACIENTE CONDENADO POR DOIS CRIMES DE ESTUPRO. ALEGAÇÃO DE CONTINUIDADE DELITIVA. NÃO OCORRÊNCIA DAS CONDIÇÕES OBJETIVAS E SUBJETIVAS. IMPOSSIBILIDADE DE REVOLVIMENTO DO CONJUNTO PROBATÓRIO PARA ESSE FIM. REITERAÇÃO CRIMINOSA. AÇÕES AUTÔNOMAS. ORDEM DENEGADA.
I – O *decisum* ora atacado está em perfeita consonância com o entendimento firmado pelas duas Turmas desta Corte, no sentido de que "não basta que haja similitude entre as condições objetivas (tempo, lugar, modo de execução e outras similares). É necessário que entre essas condições haja uma ligação, um liame, de tal modo a evidenciar-se, de plano, terem sido os crimes subsequentes continuação do primeiro", sendo certo, ainda, que "o entendimento desta Corte é no sentido de que a reiteração criminosa indicadora de delinquência habitual ou profissional é suficiente para descaracterizar o crime continuado" (RHC 93.144/SP, Rel. Min. Menezes Direito).
II - A jurisprudência deste Tribunal é pacífica no sentido da impossibilidade de revolvimento do conjunto probatório com o fim de verificar a ocorrência das condições configuradoras da continuidade delitiva.
III - Ordem denegada. **(Inform. STF 711)**

HC N. 93.411-RS
RELATOR: MIN. GILMAR MENDES
Habeas corpus. Latrocínio. Condenação. 2. Pedidos de afastamento da agravante da reincidência e da pena de multa. 3. Impossibilidade de conversão da pena de multa em pena privativa de liberdade. Pedido não conhecido. 4. Reconhecida a constitucionalidade da reincidência como agravante da pena (RE 453.000/RS). 5. O aumento da pena pela reincidência está de acordo com o princípio da individualização da pena. Maior reprovabilidade ao agente que reitera na prática delitiva. 6. Ordem denegada. **(Inform. STF 705)**

RHC N. 112.871-DF
RELATORA: MIN. ROSA WEBER
RECURSO ORDINÁRIO EM HABEAS CORPUS. PENAL. ROUBO. ÚNICA CONDUTA DIRIGIDA A VÍTIMAS DISTINTAS. PREJUÍZO A PATRIMÔNIOS DIVERSOS. CONCURSO FORMAL CONFIGURADO.
A prática do crime de roubo com ofensa a vítimas diversas, com prejuízo psíquico e físico para ambas, configura hipótese de concurso formal, com espeque no art. 70 do Código Penal. Precedentes.
Recurso ordinário em habeas corpus a que se nega provimento. **(Inform. STF 704)**

HC N. 108.388-SP

RELATOR: MIN. GILMAR MENDES

Habeas corpus. Tráfico internacional de entorpecentes. Condenação. 2. Pedido de aplicação da causa especial de diminuição de pena prevista no art. 33, § 4º, da Lei 11.343/2006, no patamar máximo (2/3). 3. Paciente que preenche requisitos para concessão da minorante. 4. Compete ao Juízo de origem, dentro do seu livre convencimento e segundo as peculiaridades do caso, aplicar, de forma suficientemente motivada, redução da pena de 1/6 a 2/3. Precedentes do STF. 5. Ordem concedida parcialmente para restabelecer a sentença proferida pelo Juízo de origem que aplicou redutor no patamar de ¼. **(Inform. STF 703)**

HC N. 115.691-SP

RELATOR: MIN. GILMAR MENDES

Habeas corpus. 2. Associação para tráfico de entorpecentes (Lei 6.368/1976). 3. Condenação. Fixação do regime inicial fechado. Negativa de substituição da pena privativa de liberdade por restritivas de direitos. 4. Circunstâncias fáticas demonstram que a substituição da pena seria insuficiente e inadequada para reprovação e prevenção do delito, nos termos do art. 44, III, do CP. 5. Regime fechado mostra-se mais adequado. 6. Ausência de constrangimento ilegal. Ordem denegada. **(Inform. STF 703)**

HC N. 115.712-SP

RELATOR: MIN. GILMAR MENDES

Habeas corpus. 2. Tráfico ilícito de entorpecentes. Condenação. 3. Fixação do regime inicial fechado e negativa da substituição da pena privativa de liberdade por restritivas de direito. 4. Regime inicial fixado somente em razão da hediondez do delito, na forma do artigo 2º, § 1º, da Lei 8.072/90, com a redação dada pela Lei 11.464/2007. Com o julgamento do HC 111.840/ES, de relatoria do Ministro Dias Toffoli, ficou superada a obrigatoriedade de início do cumprimento de pena no regime fechado aos condenados por crimes hediondos ou a eles equiparados. 5. Com relação ao benefício da substituição da pena, a negativa foi justificada apenas na gravidade do delito. 6. Concessão parcial da ordem, a fim de determinar ao Juízo da Execução Penal que, afastando o disposto no art. 2º, § 1º, da Lei 8.072/90, reavalie, fundamentadamente, a fixação do regime inicial de cumprimento de pena, segundo os critérios previstos no art. 33, §§ 2º e 3º do CP. E, também, que analise a possibilidade de conversão da pena privativa de liberdade em restritivas de direitos, nos termos do julgado do Plenário nos autos do HC 97.256. **(Inform. STF 703)**

HC N. 113.280-MS

RELATORA: MIN. ROSA WEBER

EMENTA: HABEAS CORPUS. SUBSTITUTIVO DO RECURSO CONSTITUCIO-NAL. INADEQUAÇÃO DA VIA ELEITA. CONSTITUIÇÃO FEDERAL, ART. 102, II, "a". TRÁFICO DE DROGAS. SUBSTITUIÇÃO DA PENA PRIVATIVA DE LIBERDADE POR RESTRITIVA DE DIREITOS. INVIABILIDADE. CIRCUNS-TÂNCIAS DESFAVORÁVEIS. REGIME INICIAL DE CUMPRIMENTO DE PENA. REAVALIAÇÃO PELO JUÍZO DE PRIMEIRO GRAU.

1. O habeas corpus tem uma rica história, constituindo garantia fundamental do cidadão. Ação constitucional que é, não pode ser amesquinhado, mas também não é passível de vulgarização, sob pena de restar descaracterizado como remédio heroico. Contra a denegação de habeas corpus por Tribunal Superior prevê a Constituição Federal remédio jurídico expresso, o recurso ordinário. Diante da dicção do art. 102, II, a, da Constituição da República, a impetração de novo habeas corpus em caráter substitutivo escamoteia o instituto recursal próprio, em manifesta burla ao preceito constitucional. Precedente da Primeira Turma desta Suprema Corte.

2. O Plenário do Supremo Tribunal Federal reputou inválida, para crimes de tráfico de drogas, a vedação à substituição da pena privativa de liberdade por restritivas de direito. Todavia, o precedente não reconheceu direito automático a esse benefício. A questão há de ser apreciada pelo juiz do processo à luz do preenchimento, ou não, dos requisitos legais. Para tanto, devem ser consideradas todas as circunstâncias do caso e do condenado, observando os parâmetros do art. 44 do CP, inclusive o previsto no inciso III do dispositivo. As circunstâncias do caso, consideradas a diversidade e a potencialidade lesiva dos entorpecentes, não evidenciam arbitrariedade na negativa de substituição da pena privativa de liberdade por restritiva de direitos.

3. O Plenário do Supremo Tribunal Federal, no HC 111.840/ES, Rel. Min. Dias Toffoli, julgado em 27.6.2012, reputou inválida a imposição compulsória do regime inicial fechado para crimes de tráfico de drogas. O julgado não reconheceu direito automático ao regime menos gravoso. A questão há de ser apreciada pelo juiz do processo à luz das regras gerais do arts. 33 do Código Penal, não limitada a fixação ao quantum da reprimenda, mas também ao exame das circunstâncias judiciais do artigo 59 do Código Penal, conforme remissão do § 3º do mencionado art. 33.

4. Habeas corpus extinto sem resolução do mérito, mas com concessão de ofício da ordem para determinar, afastada a vedação legal do § 1º do art. 2º da Lei 8.072/90, ao Juízo de primeiro grau que avalie a possibilidade de fixação de regime mais brando de cumprimento da pena para o paciente. **(Inform. STF 703)**

Crime cometido com violência e substituição de pena

Não cabe a substituição de pena privativa de liberdade por restritiva de direito quando o crime for cometido com violência. Com base nesse entendimento, a 2ª Turma denegou habeas corpus em que se pretendia o restabelecimento de acórdão do tribunal de justiça local que substituíra a pena cominada de 3 meses de detenção, em regime aberto, por limitação de fim de semana. No caso, o paciente fora condenado pela prática de delito previsto no art. 129, § 9º, do CP, combinado com a Lei 11.340/2006 (Lei Maria da Penha). Reputou-se que, embora a pena privativa de liberdade fosse inferior a 4 anos, o crime fora cometido com violência contra pessoa, motivo suficiente para obstacularizar o benefício, nos termos do art. 44, I, do CP ["As penas restritivas de direitos são autônomas e substituem as privativas de liberdade, quando: I - aplicada pena privativa de liberdade não superior a 4 (quatro) anos e o crime não for cometido com violência ou grave ameaça à pessoa ou, qualquer que seja a pena aplicada, se o crime for culposo"].
HC 114703/MS, rel. Min. Gilmar Mendes, 16.4.2013. (HC-114703)
(Inform. STF 702)

HC N. 115.151-SP

RELATORA: MIN. ROSA WEBER

HABEAS CORPUS. SUBSTITUTIVO DO RECURSO CONSTITUCIONAL. INADEQUAÇÃO DA VIA ELEITA. TRÁFICO DE DROGAS. DOSIMETRIA DA PENA. CAUSA DE DIMINUIÇÃO DO ART. 33, § 4º, DA LEI 11.343/06. SUBSTITUIÇÃO DA PENA. CIRCUNSTÂNCIAS DESFAVORÁVEIS. REGIME INICIAL DE CUMPRIMENTO DE PENA. LIMINAR DEFERIDA. REAVALIAÇÃO PELO JUÍZO DE ORIGEM. GRAVIDADE DA CONDUTA. IMPOSSIBILIDADE. CONCESSÃO DE OFÍCIO.

1. Contra a denegação de habeas corpus por Tribunal Superior prevê a Constituição Federal remédio jurídico expresso, o recurso ordinário. Diante da dicção do art. 102, II, a, da Constituição da República, a impetração de novo habeas corpus em caráter substitutivo escamoteia o instituto recursal próprio, em manifesta burla ao preceito constitucional.

2. A dosimetria da pena é matéria sujeita a certa discricionariedade judicial. O Código Penal não estabelece rígidos esquemas matemáticos ou regras absolutamente objetivas para a fixação da pena. Cabe às instâncias ordinárias, mais próximas dos fatos e das provas, fixar as penas. Às Cortes Superiores, no exame da dosimetria das penas em grau recursal, compete apenas o controle da legalidade e da constitucionalidade dos critérios empregados, com a correção de eventuais discrepâncias, se gritantes e arbitrárias, nas frações de aumento ou diminuição adotadas pelas instâncias anteriores. Pertinente à dosimetria da pena, encontra-se a aplicação da causa de diminuição da pena objeto do §4º do art. 33 da Lei 11.343/2006. Cabe às instâncias anteriores decidir sobre a aplicação ou não do benefício e, se aplicável, a fração pertinente, não se mostrando hábil o habeas corpus para revisão, salvo se presente manifesta ilegalidade ou arbitrariedade.

3. No julgamento do HC 111.840/ES, rel. Min. Dias Toffoli, em sessão realizada em 27.6.2012, este Supremo Tribunal Federal declarou a inconstitucionalidade do § 1º do artigo 2º da Lei 8.072/90, com a redação dada pela Lei 11.464/07, que instituiu a obrigatoriedade de imposição do regime inicial fechado para o cumprimento da pena de crimes hediondos e equiparados.

4. Para a substituição da pena aplicada por restritiva de direitos devem ser consideradas todas as circunstâncias do crime e pessoais do condenado, com observância dos parâmetros do art. 44, inclusive inciso III, do Código Penal. Caso cujas circunstâncias não autorizam a substituição da pena.

5. A fixação do regime inicial de cumprimento de pena, nos termos do art. 33, § 3º, do Código Penal, deverá atender os critérios estabelecidos no art. 59 do Estatuto Repressivo – culpabilidade, antecedentes, conduta social, personalidade do agente, motivos, circunstâncias e consequências do crime.

6. Carece de motivação idônea a imposição de modalidade inicial mais severa de cumprimento da pena do que o permitido pelo quantum da pena aplicada, amparada exclusivamente na gravidade da conduta. Precedente.

3. DIREITO PENAL 177

7. À falta de indicação de circunstâncias judiciais desfavoráveis ao paciente, bem como constatada sua primariedade, adequado se mostra o regime semiaberto para início de cumprimento de pena.

8. Habeas corpus extinto sem resolução de mérito, mas com concessão de ofício para fixar o regime inicial semiaberto de cumprimento da pena, mantendo, no mais, a pena fixada pelo Tribunal de Justiça. **(Inform. STF 702)**

HC N. 115.024-MS
RELATOR: MIN. RICARDO LEWANDOWSKI

Ementa: HABEAS CORPUS. PENAL. PACIENTE CONDENADO PELO DELITO DE TRÁFICO DE DROGAS. FIXAÇÃO DA PENA-BASE ACIMA DO MÍNIMO LEGAL DEVIDAMENTE JUSTIFICADA. CIRCUNSTÂNCIAS JUDICIAIS DESFAVORÁVEIS. GRANDE QUANTIDADE DE DROGA APREENDIDA (205 KG). WRIT DENEGADO. PENA. REGIME INICIAL DE CUMPRIMENTO. LEI 8.072/1990. DISPOSITIVO QUE IMPUNHA O REGIME INICIAL FECHADO PARA CRIMES HEDIONDOS E EQUIPARADOS. INCONSTITUCIONALIDADE. CONCESSÃO DA ORDEM DE OFÍCIO.

I – A sentença condenatória que fixou a pena-base acima do mínimo legal não merece nenhum reparo, pois, além de considerar desfavoráveis os antecedentes criminais e a conduta social do agente, fez preponderar no cálculo a expressiva quantidade e a qualidade da droga apreendida (205 kg de maconha), em observância ao que dispõe o art. 42 da Lei 11.343/2006.

II – O quantum de pena fixado pelo magistrado sentenciante encontra-se devidamente motivado, além de mostrar-se proporcional ao caso em apreço, sendo certo que não se pode utilizar "o habeas corpus para realizar novo juízo de reprovabilidade, ponderando, em concreto, qual seria a pena adequada ao fato pelo qual condenado o Paciente" (HC 94.655/MT, Rel. Min. Cármen Lúcia). Precedentes.

III – Writ denegado.

IV - Concessão da ordem de ofício para determinar ao juízo da execução criminal que, superada a obrigatoriedade de imposição do regime fechado aos condenados por tráfico de drogas, avalie se o paciente preenche os requisitos para a fixação do regime semiaberto, ou, caso entenda pela imposição de regime mais grave do que o previsto para o quantum de pena, que o faça de forma fundamentada. **(Inform. STF 702)**

RHC N. 116.066-DF
RELATORA: MIN. CÁRMEN LÚCIA

EMENTA: RECURSO ORDINÁRIO EM HABEAS CORPUS. CONSTITUCIONAL. PENAL. TRÁFICO DE ENTORPECENTE. 1. CAUSA DE AUMENTO PREVISTA NO ART. 40, INC. VI, DA LEI N. 11.343/2006. QUESTÃO APRECIADA EM SEGUNDA INSTÂNCIA. DEVOLUTIVIDADE DA MATÉRIA COM A INTERPO-SIÇÃO DA APELAÇÃO DA DEFESA. 2. CAUSA DE DIMINUIÇÃO PREVISTA NO § 4º DO ART. 33 DA LEI N. 11.343/2006. QUANTIDADE E NATUREZA DA DROGA ADOTADAS PARA A FIXAÇÃO DA PENA-BASE E DEFINIÇÃO DO PERCENTUAL DE DIMINUIÇÃO. BIS IN IDEM.

1. A questão da causa de aumento prevista no art. 40, inc. VI, da Lei n. 11.343/2006 foi apreciada pela Segunda Turma Criminal do Tribunal de Justiça do Distrito Federal e dos Territórios, não podendo a Sexta Turma do Superior Tribunal de Justiça deixar de conhecer do habeas corpus na parte referente a essa matéria.

2. A apelação da defesa, salvo limitação explícita no ato de sua interposição, devolve ao Tribunal todas as questões relevantes do processo, indepen-dentemente de terem sido arguidas nas razões de apelação. Precedentes.

3. O fundamento relativo à natureza e à quantidade do entorpecente foi utilizado tanto na primeira fase da dosimetria, para a fixação da pena-base, como na terceira fase, para a definição do patamar da causa de diminuição do § 4º do art. 33 da Lei n. 11.343/2006 em 1/6. Bis in idem. Patamar de dois terços a ser observado.

4. Recurso provido para determinar que a Sexta Turma do Superior Tribunal de Justiça conheça do Habeas Corpus n. 169.660, Relator o Ministro Sebastião Reis Júnior, na parte relativa à causa de aumento prevista no art. 40, inc. VI, da Lei n. 11.343/2006, e aprecie a matéria, e, de ofício, ordem concedida para determinar que o juízo da Primeira Vara de Entorpecentes e Contravenções Penais/DF, com o trânsito em julgado do novo acórdão a ser proferido no Superior Tribunal de Justiça, reduza a pena imposta ao Recorrente, com a aplicação da causa de diminuição do art. 33, § 4º, da Lei n. 11.343/2006 no patamar máximo de dois terços. **(Inform. STF 702)**

HC N. 113.990-SC
RELATOR: MIN. DIAS TOFFOLI

Habeas corpus. Penal. Tráfico de entorpecentes. Alteração do regime prisional estabelecido e negativa de substituição da pena privativa de liberdade por restritiva de direitos. Impetração dirigida contra decisão do Superior Tribunal de Justiça, que indeferiu medida liminar requerida pelo impetrante. Incidência da Súmula nº 691 desta Suprema Corte. Superveniência de julgamento defi-nitivo pelo Superior Tribunal de Justiça. Substituição de título. Precedentes. Writ prejudicado. Substituição da pena privativa de liberdade por restritiva de direitos e obrigatoriedade de imposição do regime inicial fechado. Declaração incidental de inconstitucionalidade do § 1º do art. 2º da Lei nº 8.072/90. Ofensa à garantia constitucional da individualização da pena (inciso XLVI do art. 5º da CF/88). Fundamentação necessária (CP, arts. 44 e 33, § 3º, c/c o art. 59). Constrangimento ilegal patente. Ordem concedida de ofício.

1. Impetração dirigida contra ato do Ministro Gilson Dipp, do Superior Tribunal de Justiça, que indeferiu a liminar no HC nº 244.445/SC impetrado àquela Corte de Justiça.

2. Supervenientemente, o writ impetrado ao Superior Tribunal de Justiça foi levado a julgamento definitivo. Dele não se conheceu; concedeu-se, porém, ordem de ofício para que a impetração antecedente fosse levada a julgamento perante o Tribunal estadual.

3. O julgado proferido, em casos como esse, substitui a decisão liminar que o precedeu, a qual, por isso, não pode mais produzir efeitos jurídicos (HC nº 101.571/RJ, de minha relatoria, DJe de 9/8/10).

4. Com o advento da nova Lei de Drogas (Lei nº 11.343/06), vedou-se, por efeito do que dispõe o seu art. 44, a possibilidade de conversão das penas privativas de liberdade em penas restritivas de direitos precisamente em casos como o ora em exame, relativos à prática de tráfico ilícito de entorpecentes. Dita vedação foi afastada pelo Plenário da Suprema Corte no HC nº 97.256/RS, da relatoria do Ministro Ayres Britto (DJe de 16/12/10), com declaração incidental de inconstitucionalidade da proibição da substituição da pena privativa de liberdade por restritiva de direitos.

5. A Corte Constitucional, no julgamento do HC nº 108.840/ES, da relatoria do Ministro Dias Toffoli, igualmente removeu o óbice constante do § 1º do art. 2º da Lei nº 8.072/90, com a redação dada pela Lei nº 11.464/07, o qual determina que "[a] pena por crime previsto neste artigo será cumprida inicialmente em regime fechado", declarando, de forma incidental, a inconstitucionalidade da obrigatoriedade de fixação do regime fechado para o início do cumprimento de pena decorrente da condenação por crime hediondo ou equiparado.

6. Ordem concedida de ofício para determinar ao juízo da execução que i) analise os requisitos necessários à substituição da pena privativa de liberdade pela restritiva de direitos, ou pela conjugação dessa com a de multa, nos moldes do que alude o art. 44 do CP, e ii) fixe, à vista do que dispõe o art. 33, §§ 2º e 3º, do Código Penal, o regime inicial condizente.

7. Writ prejudicado. Ordem concedida de ofício. **(Inform. STF 702)**

DIREITO PENAL. IMPOSSIBILIDADE DE APLICAÇÃO CONCOMITANTE DA CONTINUIDADE DELITIVA COMUM E ESPECÍFICA.

Se reconhecida a continuidade delitiva específica entre estupros praticados contra vítimas diferentes, deve ser aplicada exclusivamente a regra do art. 71, parágrafo único, do Código Penal, mesmo que, em relação a cada uma das vítimas, especificamente, também tenha ocorrido a prática de crime continuado. A quantidade de infrações praticadas quanto a todas as vítimas deve ser avaliada de uma só vez, refletindo na fixação do patamar de aumento decorrente da incidência do crime continuado específico, em cuja estipulação também deverão ser observadas as demais circunstâncias mencionadas no art. 71, parágrafo único, do CP. Esse procedimento não faz com que a con-tinuidade delitiva existente em relação a cada vítima específica deixe de ser considerada, mas apenas com que a sua valoração seja feita em conjunto, o que é possível porque os parâmetros mínimo e máximo de aumento previstos no art. 71, parágrafo único, são mais amplos do que aqueles estabelecidos no caput do mesmo artigo. **REsp 1.471.651-MG, Rel. Min. Sebastião Reis Júnior, julgado em 13/10/2015, DJe 5/11/2015. (Inform. STJ 573)**

DIREITO PENAL. NÃO CARACTERIZAÇÃO DE ATENUANTE INOMINADA.

Não caracteriza circunstância relevante anterior ao crime (art. 66 do CP) o fato de o condenado possuir bons antecedentes criminais. A atenuante inominada é entendida como uma circunstância relevante, anterior ou posterior ao delito, não disposta em lei, mas que influencia no juízo de reprovação do autor. Excluem-se, portanto, os antecedentes criminais, que já são avaliados na fixação da pena-base e expressamente previstos como circunstância judicial do art. 59 do CP. REsp 1.405.989-SP, Rel. para o acórdão Min. Nefi Cordeiro, julgado em 18/8/2015, DJe 23/9/2015 (Inform. STJ 569).

DIREITO PENAL. HIPÓTESE QUE NÃO CARACTERIZA CONTINUIDADE DELITIVA.
Não há continuidade delitiva entre os crimes do art. 6º da Lei 7.492/1986 (Lei dos Crimes contra o Sistema Financeiro Nacional) e os crimes do art. 1º da Lei 9.613/1998 (Lei dos Crimes de "Lavagem" de Dinheiro). Há continuidade delitiva, a teor do art. 71 do CP, quando o agente, mediante mais de uma ação ou omissão, pratica crimes da mesma espécie e, em razão das condições de tempo, lugar, maneira de execução e outras semelhantes, devam os delitos seguintes ser havidos como continuação do primeiro. Assim, não incide a regra do crime continuado na hipótese, pois os crimes descritos nos arts. 6º da Lei 7.492/1986 e 1º da Lei 9.613/1998 não são da mesma espécie. **REsp 1.405.989-SP, Rel. originário Min. Sebastião Reis Júnior, Rel. para acórdão Min. Nefi Cordeiro, julgado em 18/8/2015, DJe 23/9/2015 (Inform. STJ 569).**

DIREITO PENAL. NÃO INCIDÊNCIA DA ATENUANTE DA CONFISSÃO ESPONTÂNEA.
O fato de o denunciado por roubo ter confessado a subtração do bem, negando, porém, o emprego de violência ou grave ameaça, é circunstância que não enseja a aplicação da atenuante da confissão espontânea (art. 65, III, "d", do CP). Isso porque a atenuante da confissão espontânea pressupõe que o réu reconheça a autoria do fato típico que lhe é imputado. Ocorre que, no caso, o réu não admitiu a prática do roubo denunciado, pois negou o emprego de violência ou de grave ameaça para subtrair o bem da vítima, numa clara tentativa de desclassificar a sua conduta para o crime de furto. Nesse contexto, em que se nega a prática do tipo penal apontado na peça acusatória, não é possível o reconhecimento da circunstância atenuante. **Precedente citado: HC 98.280-RS, Quinta Turma, DJe 30/11/2009. HC 301.063-SP, Rel. Min. Gurgel de Faria, julgado em 3/9/2015, DJe 18/9/2015 (Inform. STJ 569).**

DIREITO PENAL. INCIDÊNCIA DA ATENUANTE DA CONFISSÃO ESPONTÂNEA.
O fato de o denunciado por furto qualificado pelo rompimento de obstáculo ter confessado a subtração do bem, apesar de ter negado o arrombamento, é circunstância suficiente para a incidência da atenuante da confissão espontânea (art. 65, III, "d", do CP). Isso porque, consoante entendimento sufragado no âmbito do STJ, mesmo que o agente tenha confessado parcialmente os fatos narrados na exordial acusatória, deve ser beneficiado com a atenuante genérica da confissão espontânea (HC 322.077-SP, Quinta Turma, DJe 3/8/2015; e HC 229.478-RJ, Sexta Turma, DJe 2/6/2015). **HC 328.021-SC, Rel. Min. Leopoldo de Arruda Raposo (Desembargador convocado do TJ-PE), julgado em 3/9/2015, DJe 15/9/2015 (Inform. STJ 569).**

DIREITO PENAL. COMPENSAÇÃO ENTRE A ATENUANTE DA CONFISSÃO ESPONTÂNEA E A AGRAVANTE DE VIOLÊNCIA CONTRA A MULHER.
Compensa-se a atenuante da confissão espontânea (art. 65, III, "d", do CP) com a agravante de ter sido o crime praticado com violência contra a mulher (art. 61, II, "f", do CP). O STJ tem firme entendimento de que a atenuante da confissão espontânea, por envolver a personalidade do agente, deve ser utilizada como circunstância preponderante quando do concurso entre agravantes e atenuantes, nos termos consignados pelo art. 67 do CP. Nessa linha intelectiva, o STJ, por ocasião do julgamento do REsp 1.341.370-MT, Terceira Seção, DJe 17/4/2013, submetido ao rito do art. 543-C do CPC, pacificou a compreensão de que a agravante da reincidência e a atenuante da confissão espontânea, por serem igualmente preponderantes, devem ser compensadas entre si. Nessa senda, o referido entendimento deve ser estendido, por interpretação analógica, à hipótese em análise, dada sua similitude, por também versar sobre a possibilidade de compensação entre circunstâncias preponderantes. **AgRg no AREsp 689.064-RJ, Rel. Min. Maria Thereza de Assis Moura, julgado em 6/8/2015, DJe 26/8/2015 (Inform. STJ 568).**

DIREITO PENAL. MOTIVOS PARA EXASPERAÇÃO DA PENA-BASE DE HOMICÍDIO E DE LESÕES CORPORAIS CULPOSOS PRATICADOS NA DIREÇÃO DE VEÍCULO AUTOMOTOR.
O juiz, na análise dos motivos do crime (art. 59 do CP), pode fixar a pena-base acima do mínimo legal em razão de o autor ter praticado delito de homicídio e de lesões corporais culposos na direção de veículo automotor, conduzindo-o com imprudência a fim de levar droga a uma festa. Isso porque o fim de levar droga a uma festa representa finalidade que desborda das razoavelmente utilizadas para esses crimes, configurando justificativa válida para o desvalor. **AgRg no HC 153.549-DF, Rel. Min. Nefi Cordeiro, julgado em 2/6/2015, DJe 12/6/2015 (Inform. STJ 563).**

DIREITO PENAL. INDEVIDA EXASPERAÇÃO DA PENA-BASE DE HOMICÍDIO E DE LESÕES CORPORAIS CULPOSOS PRATICADOS NA DIREÇÃO DE VEÍCULO AUTOMOTOR.
Na primeira fase da dosimetria da pena, o excesso de velocidade não deve ser considerado na aferição da culpabilidade (art. 59 do CP) do agente que pratica delito de homicídio e de lesões corporais culposos na direção de veículo automotor. O excesso de velocidade não constitui fundamento apto a justificar o aumento da pena-base pela culpabilidade, por ser inerente aos delitos de homicídio culposo e de lesões corporais culposas praticadas na direção de veículo automotor, caracterizando a imprudência, modalidade de violação do dever de cuidado objetivo, necessária à configuração dos delitos culposos. **AgRg no HC 153.549-DF, Rel. Min. Nefi Cordeiro, julgado em 2/6/2015, DJe 12/6/2015 (Inform. STJ 563).**

DIREITO PENAL. VEDAÇÃO DA FIXAÇÃO DE REGIME PRISIONAL MAIS SEVERO DO QUE AQUELE ABSTRATAMENTE IMPOSTO.
No crime de roubo, o emprego de arma de fogo não autoriza, por si só, a imposição do regime inicial fechado se, primário o réu, a pena-base foi fixada no mínimo legal. Nesse sentido, dispõe a Súmula 440 do STJ que, "fixada a pena-base no mínimo legal, é vedado o estabelecimento de regime prisional mais gravoso do que o cabível em razão da sanção imposta, com base apenas na gravidade abstrata do delito"; e a Súmula 719 do STF, "a imposição do regime de cumprimento mais severo do que a pena aplicada permitir exige motivação idônea". Precedente citado do STJ: AgRg no HC 303.275-SP, Quinta Turma, DJe 24/2/2015. **Precedente citado do STF: HC 118.230-RS, Primeira Turma, DJe 11/3/2009. HC 309.939-SP, Rel. Min. Newton Trisotto (Desembargador convocado do TJ-SC), julgado em 28/4/2015, DJe 19/5/2015 (Inform. STJ 562).**

DIREITO PROCESSUAL PENAL. LEGITIMIDADE DO MP PARA PROMOVER MEDIDA QUE GARANTA O PAGAMENTO DE MULTA PENAL.
O Ministério Público tem legitimidade para promover medida assecuratória que vise à garantia do pagamento de multa imposta por sentença penal condenatória. É certo que, com a edição da Lei 9.268/1996, a qual deu nova redação ao art. 51 do CP, modificou-se o procedimento de cobrança da pena de multa, passando-se a aplicar as regras referentes à Fazenda Pública. Cabe referir, por oportuno, que não obstante a pena de multa tenha passado a ser considerada dívida de valor, não perdeu sua natureza jurídica de sanção penal. Todavia, na hipótese em análise, discute-se a legitimidade do MP não para cobrança de pena de multa – esta sim de legitimidade da Fazenda Pública –, mas para promover medida assecuratória, a qual está assegurada tanto pelos termos do art. 142 do CPP quanto pela própria titularidade da ação penal, conferida pela Constituição Federal. Precedentes citados: Resp 1.115.275-PR, Quinta Turma, DJe 4/11/2011); e RMS 21.967-PR, Quinta Turma, DJe 2/3/2009. **REsp 1.275.834-PR, Rel. Min. Ericson Maranho (Desembargador convocado do TJ-SP), julgado em 17/3/2015, DJe 25/3/2015 (Inform. STJ 558).**

DIREITO PENAL. COMPENSAÇÃO ENTRE REINCIDÊNCIA E CONFISSÃO ESPONTÂNEA.
Tratando-se de réu multirreincidente, não é possível promover a compensação entre a atenuante da confissão espontânea e a agravante da reincidência. De fato, a Terceira Seção do STJ firmou o entendimento de que a atenuante da confissão espontânea pode ser compensada com a agravante da reincidência (EREsp 1.154.752-RS, DJe 4/9/2012). No entanto, tratando-se de réu multirreincidente, promover essa compensação implicaria ofensa aos princípios da individualização da pena e da proporcionalidade. Isso porque a multirreincidência exige maior reprovação do que aquela conduta perpetrada por quem ostenta a condição de reincidente por força, apenas, de um único evento isolado em sua vida. **Precedente citado: AgRg no REsp 1.356.527-DF, Quinta Turma, DJe 25/9/2013. AgRg no REsp 1.424.247-DF, Rel. Min. Nefi Cordeiro, julgado em 3/2/2015, DJe 13/2/2015 (Inform. STJ 555).**

DIREITO PENAL. MAIOR GRAU DE REPROVABILIDADE DA CONDUTA DE PROMOTOR DE JUSTIÇA EM CRIME DE CORRUPÇÃO PASSIVA.
O fato de o crime de corrupção passiva ter sido praticado por Promotor de Justiça no exercício de suas atribuições institucionais pode configurar circunstância judicial desfavorável na dosimetria da pena. Isso porque esse fato revela maior grau de reprovabilidade da conduta, a justificar o reconhecimento da acentuada culpabilidade, dada as específicas atribuições do promotor de justiça, as quais são distintas e incomuns se equiparadas

aos demais servidores públicos *latu sensu*. Assim, a referida circunstância não é inerente ao próprio tipo penal. **REsp 1.251.621-AM, Rel. Min. Laurita Vaz, julgado em 16/10/2014. (Inform. STJ 552)**

DIREITO PENAL. PROCEDIMENTO PARA DECLARAR A PERDA DO CARGO DE MEMBRO VITALÍCIO DO MINISTÉRIO PÚBLICO ESTADUAL.
Em ação penal decorrente da prática de corrupção passiva praticada por membro vitalício do Ministério Público Estadual, não é possível determinar a perda do cargo com fundamento no art. 92, I, a, do CP. De acordo com o art. 92, I, a, do CP, é efeito não automático da condenação a perda do cargo, função pública ou mandato eletivo quando aplicada a pena privativa de liberdade por tempo igual ou superior a um ano, nos crimes praticados com abuso de poder ou violação de dever para com a Administração Pública. Entretanto, quanto à perda do cargo de membro do Ministério Público Estadual, há norma especial (Lei 8.625/1993 – Lei Orgânica Nacional do Ministério Público) que dispõe que a perda do referido cargo somente pode ocorrer após o trânsito em julgado de ação civil proposta para esse fim. O art. 38, § 2º, da Lei 8.625/1993 ainda prevê que a ação civil para a decretação da perda do cargo somente pode ser ajuizada pelo Procurador-Geral de Justiça quando previamente autorizado pelo Colégio de Procuradores, o que constitui condição de procedibilidade, juntamente com o trânsito em julgado da sentença penal condenatória. Com efeito, em se tratando de normas legais de mesma hierarquia, o fato de a Lei Orgânica Nacional do Ministério Público prever regras específicas e diferenciadas das do Código Penal para a perda de cargo, em atenção ao princípio da especialidade – *lex specialis derogat generali* –, deve prevalecer o que dispõe a lei orgânica. **REsp 1.251.621-AM, Rel. Min. Laurita Vaz, julgado em 16/10/2014. (Inform. STJ 552)**

DIREITO PENAL. INAPLICABILIDADE DO ART. 92, I, DO CP A SERVIDOR PÚBLICO APOSENTADO ANTERIORMENTE À CONDENAÇÃO CRIMINAL.
Ainda que condenado por crime praticado durante o período de atividade, o servidor público não pode ter a sua aposentadoria cassada com fundamento no art. 92, I, do CP, mesmo que a sua aposentadoria tenha ocorrido no curso da ação penal. De fato, os efeitos de condenação criminal previstos no art. 92, I, do CP – segundo o qual são efeitos da condenação criminal a "perda de cargo, função pública ou mandato eletivo" –, embora possam repercutir na esfera das relações extrapenais, são efeitos penais, na medida em que decorrem de lei penal. Sendo assim, pela natureza constrangedora desses efeitos (que acarretam restrição ou perda de direitos), eles somente podem ser declarados nas hipóteses restritas do dispositivo mencionado, o que implica afirmar que o rol do art. 92 do CP é taxativo, sendo vedada a interpretação extensiva ou analógica para estendê-los em desfavor do réu, sob pena de afronta ao princípio da legalidade. Dessa maneira, como essa previsão legal é dirigida para a "perda de cargo, função pública ou mandato eletivo", não se pode estendê-la ao servidor que se aposentou, ainda que no decorrer da ação penal. Precedentes citados: REsp 1.317.487-MT, Quinta Turma, DJe 22/8/2014; e RMS 31.980-ES, Sexta Turma, DJe 30/10/2012. **REsp 1.416.477-SP, Rel. Min. Walter de Almeida Guilherme (Desembargador convocado do TJ/SP), julgado em 18/11/2014. (Inform. STJ 552)**

DIREITO PENAL. CONFISSÃO QUALIFICADA.
A confissão qualificada – aquela na qual o agente agrega teses defensivas discriminantes ou exculpantes –, quando efetivamente utilizada como elemento de convicção, enseja a aplicação da atenuante prevista na alínea d do inciso III do artigo 65 do CP. Precedentes citados: AgRg no REsp 1.384.067-SE, Quinta Turma, DJe 12/2/2014; e AgRg no REsp 1.416.247-GO, Sexta Turma, DJe 15/5/2014. **AgRg no REsp 1.198.354-ES, Rel. Min. Jorge Mussi, julgado em 16/10/2014. (Inform. STJ 551)**

DIREITO PENAL E PROCESSUAL PENAL. NECESSIDADE DE FUNDAMENTA-ÇÃO DA SENTENÇA PENAL QUE DETERMINE A PERDA DO CARGO PÚBLICO.
A determinação da perda de cargo público fundada na aplicação de pena privativa de liberdade superior a 4 anos (art. 92, I, b, do CP) pressupõe fundamentação concreta que justifique o cabimento da medida. De fato, para que seja declarada a perda do cargo público, na hipótese descrita no art. 92, I, *b*, do CP, são necessários dois requisitos: a) que o *quantum* da sanção penal privativa de liberdade seja superior a 4 anos; e b) que a decisão proferida apresente-se de forma motivada, com a explicitação das razões que ensejaram o cabimento da medida. A motivação dos atos jurisdicionais, conforme imposição do art. 93, IX, da CF ("Todos os julgamentos dos órgãos do Poder Judiciário serão públicos, e fundamentadas todas as decisões, sob pena de nulidade..."), funciona como garantia da atuação imparcial e *secundum legis* (sentido lato)

do órgão julgador. Ademais, a motivação dos atos judiciais serve de controle social sobre os atos judiciais e de controle pelas partes sobre a atividade intelectual do julgador, para que verifiquem se este, ao decidir, considerou todos os argumentos e as provas produzidas pelas partes e se bem aplicou o direito ao caso concreto. Por fim, registre-se que o tratamento jurídico-penal será diverso quando se tratar de crimes previstos no art. 1º da Lei 9.455/1997 (Lei de Tortura). Isso porque, conforme dispõe o § 5º do art. 1º deste diploma legal, a perda do cargo, função ou emprego público é efeito automático da condenação, sendo dispensável fundamentação concreta. **REsp 1.044.866-MG, Rel. Min. Rogerio Schietti Cruz, julgado em 2/10/2014. (Inform. STJ 549)**

DIREITO PENAL. REINCIDÊNCIA DECORRENTE DE CONDENAÇÃO POR PORTE DE DROGAS PARA CONSUMO PRÓPRIO.
A condenação por porte de drogas para consumo próprio (art. 28 da Lei 11.343/2006) transitada em julgado gera reincidência. Isso porque a referida condenação foi apenas despenalizada pela nova Lei de Drogas, mas não descriminalizada (*abolitio criminis*). Precedentes citados: HC 292.292-SP, Sexta Turma, DJe 25/6/2014; HC 266.827-SP, Sexta Turma, DJe 11/4/2014; e HC 194.921-SP, Quinta Turma, DJe 23/8/2013. **HC 275.126-SP, Rel. Min. Nefi Cordeiro, julgado em 18/9/2014. (Inform. STJ 549)**

DIREITO PENAL. IMPOSSIBILIDADE DE RECONHECIMENTO DA CONTINUI-DADE DELITIVA ENTRE CRIMES DE ESPÉCIES DIVERSAS.
Não há continuidade delitiva entre os crimes de roubo e extorsão, ainda que praticados em conjunto. Isso porque, nos termos da pacífica jurisprudência do STJ, os referidos crimes, conquanto de mesma natureza, são de espécies diversas, o que impossibilita a aplicação da regra do crime continuado, ainda quando praticados em conjunto. Precedentes citados: HC 281.130-SP, Quinta Turma, DJe 31/3/2014; e HC 222.128-MS, Sexta Turma, DJe 21/10/2013. **HC 77.467-SP, Rel. Min. Nefi Cordeiro, julgado em 2/10/2014. (Inform. STJ 549)**

DIREITO PENAL. POSSIBILIDADE DE ESTABELECIMENTO DE REGIME PRISIONAL MAIS GRAVOSO EM RAZÃO DA GRAVIDADE CONCRETA DA CONDUTA DELITUOSA.
Ainda que consideradas favoráveis as circunstâncias judiciais (art. 59 do CP), é admissível a fixação do regime prisional fechado aos não reincidentes condenados por roubo a pena superior a quatro anos e inferior a oito anos se constatada a gravidade concreta da conduta delituosa, aferível, principalmente, pelo uso de arma de fogo. Precedentes citados: HC 274.908-SP, Quinta Turma, DJe 2/9/2014; HC 293.512-SP, Quinta Turma, DJe 1º/7/2014; e HC 262.939-SP, Sexta Turma, DJe 25/4/2014. **HC 294.803-SP, Rel. Min. Newton Trisotto (Desembargador convocado do TJ-SC), julgado em 18/9/2014. (Inform. STJ 548)**

DIREITO PENAL. APLICAÇÃO DE AGRAVANTE GENÉRICA NO CASO DE CRIME PRETERDOLOSO.
É possível a aplicação da agravante genérica do art. 61, II, "c", do CP nos crimes preterdolosos, como o delito de lesão corporal seguida de morte (art. 129, § 3º, do CP). De início, nos termos do art. 61, II, "c", do CP, são circunstâncias que sempre agravam a pena, quando não constituem ou qualificam o crime, ter o agente cometido o crime à traição, de emboscada, ou mediante dissimulação, ou outro recurso que dificultou ou tornou impossível a defesa do ofendido. De fato, apesar da existência de controvérsia doutrinária e jurisprudencial, entende-se que não há óbice legal ou incompatibilidade qualquer na aplicação da citada agravante genérica aos crimes preterdolosos. Isso porque, nos crimes qualificados pelo resultado na modalidade preterdolosa, a conduta-base dolosa preenche autonomamente o tipo legal e o resultado culposo denota mera consequência que, assim sendo, constitui elemento relevante em sede de determinação da medida da pena. Ademais, o art. 129, § 3º, do CP descreve conduta dolosa que autonomamente preenche o tipo legal de lesões corporais, ainda que dessa conduta exsurja resultado diverso mais grave a título de culpa, consistente na morte da vítima. Assim, no crime de lesão corporal seguida de morte, a ofensa intencional à integridade física da vítima constitui crime autônomo doloso, cuja natureza não se altera com a produção do resultado mais grave previsível mas não pretendido (morte), resolvendo-se a maior reprovabilidade do fato no campo da punibilidade. Além do mais, entende a doutrina que nos casos de lesões qualificadas pelo resultado, o tipo legal de crime é o mesmo (lesão corporal dolosa), não se alterando o tipo fundamental, apenas se lhe acrescentando um elemento de maior punibilidade. **REsp 1.254.749-SC, Rel. Min. Maria Thereza de Assis Moura, julgado em 6/5/2014. (Inform. STJ 541)**

DIREITO PENAL. CONDENAÇÕES POR FATOS POSTERIORES AO CRIME EM JULGAMENTO.

Na dosimetria da pena, os fatos posteriores ao crime em julgamento não podem ser utilizados como fundamento para valorar negativamente a culpabilidade, a personalidade e a conduta social do réu. Precedentes citados: HC 268.762-SC, Quinta Turma, DJe 29/10/2013 e HC 210.787-RJ, Quinta Turma, DJe 16/9/2013. **HC 189.385-RS, Rel. Min. Sebastião Reis Júnior, julgado em 20/2/2014. (Inform. STJ 535)**

DIREITO PENAL. COMPENSAÇÃO DA ATENUANTE DA CONFISSÃO ESPONTÂNEA COM A AGRAVANTE DA REINCIDÊNCIA. RECURSO REPETITIVO (ART. 543-C DO CPC E RES. 8/2008-STJ).

É possível, na segunda fase da dosimetria da pena, a compensação da atenuante da confissão espontânea com a agravante da reincidência. Precedentes citados: EREsp 1.154.752-RS, Terceira Seção, DJe 4/9/2012; HC 217.249-RS, Quinta Turma, DJe 4/3/2013; e HC 130.797-SP, Sexta Turma, DJe 1º/2/2013. **REsp 1.341.370-MT, Rel. Min. Sebastião Reis Júnior, julgado em 10/4/2013. (Inform. STJ 522)**

Súmula STF Nº 723

Não se admite a suspensão condicional do processo por crime continuado, se a soma da pena mínima da infração mais grave com o aumento mínimo de um sexto for superior a um ano.

Súmula STF nº 719

A imposição do regime de cumprimento mais severo do que a pena aplicada permitir exige motivação idônea.

Súmula STF nº 718

A opinião do julgador sobre a gravidade em abstrato do crime não constitui motivação idônea para a imposição de regime mais severo do que o permitido segundo a pena aplicada.

Súmula STF nº 605

Não se admite continuidade delitiva nos crimes contra a vida.

Súmula STF nº 499

Não obsta à concessão do "sursis" condenação anterior à pena de multa.

Súmula STF nº 422

A absolvição criminal não prejudica a medida de segurança, quando couber, ainda que importe privação da liberdade.

Súmula STJ nº 545

Quando a confissão for utilizada para a formação do convencimento do julgador, o réu fará jus à atenuante prevista no art. 65, III, d, do Código Penal.

Súmula STJ nº 527

O tempo de duração da medida de segurança não deve ultrapassar o limite máximo da pena abstratamente cominada ao delito praticado.

Súmula STJ nº 493

É inadmissível a fixação de pena substitutiva (art. 44 do CP) como condição especial ao regime aberto.

Súmula STJ nº 444

É vedada a utilização de inquéritos policiais e ações penais em curso para agravar a pena-base.

Súmula STJ nº 440

Fixada a pena-base no mínimo legal, é vedado o estabelecimento de regime prisional mais gravoso do que o cabível em razão da sanção imposta, com base apenas na gravidade abstrata do delito.

Súmula STJ nº 269

É admissível a adoção do regime prisional semiaberto aos reincidentes condenados a pena igual ou inferior a quatro anos se favoráveis as circunstâncias judiciais.

Súmula STJ nº 241

A reincidência penal não pode ser considerada como circunstância agravante e, simultaneamente, como circunstância judicial.

Súmula STJ nº 231

A incidência da circunstância atenuante não pode conduzir à redução da pena abaixo do mínimo legal.

Súmula STJ nº 171

Cominadas cumulativamente, em lei especial, penas privativa de liberdade e pecuniária, é defeso a substituição da prisão por multa.

6. EXTINÇÃO DA PUNIBILIDADE – PRESCRIÇÃO

ED: interesse recursal e reconhecimento da prescrição da pretensão punitiva - 1

A Primeira Turma iniciou julgamento de embargos de declaração opostos de acórdão proferido em ação penal, em que declarada a extinção da punibilidade, em virtude do reconhecimento da prescrição da pretensão punitiva com base na pena aplicada em concreto. Sustenta o embargante a existência de omissão e contradição no julgado, uma vez que, ao desclassificar a conduta descrita na denúncia — falsificação de documento público — para o delito de falsidade ideológica de documento particular (CP, art. 299), a Turma deveria, de imediato, ter reconhecido a prescrição da pretensão punitiva com base na pena cominada em abstrato e não ter prosseguido no julgamento do feito, proferindo decreto condenatório, para, só então, reconhecer a prescrição com base na pena aplicada em concreto. Aduz que a declaração da prescrição da pena em abstrato seria mais benéfica aos interesses do acusado, pois o reconhecimento da prescrição com base na pena em concreto se materializaria após a formação do juízo de reprovação penal. Ao apreciar os embargos de declaração, o Ministro Roberto Barroso (relator) — ao qual não foi acompanhado pelo Ministro Luiz Fux, entendeu existir omissão no julgado. Asseverou que a Turma, não obstante a desclassificação da conduta descrita na peça acusatória para tipo penal diverso, previsto no art. 299 do CP, não teria se manifestado acerca da prescrição em abstrato da pretensão punitiva estatal. Considerou que o reconhecimento da prescrição com fundamento na pena cominada em abstrato impediria o exame do mérito da pretensão deduzida pelo órgão acusatório, de modo que haveria interesse legítimo do acusado no reconhecimento da prescrição em tese, em substituição à prescrição pela pena aplicada em concreto. Em divergência, os Ministros Marco Aurélio e Rosa Weber rejeitaram os embargos declaratórios. O Ministro Marco Aurélio ressaltou que não haveria utilidade ou necessidade na prestação jurisdicional, na medida em que o Colegiado teria efetivamente declarado a prescrição da pretensão punitiva estatal, sendo irrelevante se com fundamento na pena em concreto ou em abstrato, pois o resultado prático seria o mesmo. Em seguida, o julgamento foi suspenso para se aguardar o voto de desempate do Ministro Celso de Mello.
AP 530 ED-segundos/MS, rel. Min. Roberto Barroso, 9.6.2015. (AP-530)

ED: interesse recursal e reconhecimento da prescrição da pretensão punitiva - 2

Em conclusão de julgamento, a Primeira Turma, por maioria, rejeitou embargos de declaração em que se discutia a existência de omissão e contradição no julgado, uma vez que, ao desclassificar a conduta descrita na denúncia, essa Corte deveria, por ser supostamente mais favorável ao acusado, ter reconhecido, de imediato, a prescrição da pretensão punitiva com base na pena cominada em abstrato, e não ter prosseguido no julgamento do feito, proferindo decreto condenatório, para, só então, reconhecer a prescrição com base na pena aplicada em concreto — v. Informativo 789. A Turma ressaltou que não haveria utilidade ou necessidade na prestação jurisdicional, na medida em que o Colegiado teria efetivamente declarado a prescrição da pretensão punitiva estatal, sendo irrelevante se com fundamento na pena em concreto ou em abstrato, pois o resultado prático seria o mesmo. Vencidos os Ministros Roberto Barroso (relator) e Luiz Fux, que acolhiam os embargos.
AP 530 ED-segundos/MS, rel. Min. Roberto Barroso, red. p/ o acórdão Min. Marco Aurélio, 30.6.2015. (AP-530) (Inform. STF 792)

Ação penal e prescrição em perspectiva

Não se admite a denominada prescrição em perspectiva, haja vista a inexistência de previsão legal do instituto. Com base nessa orientação, a Primeira Turma negou provimento a agravo regimental em que se impugnava decisão monocrática que determinara o prosseguimento de inquérito, ouvindo-se o

3. DIREITO PENAL

Ministério Público Federal quanto a possíveis diligências. Na espécie, em face da diplomação de um dos investigados no cargo de deputado federal, os autos foram remetidos ao STF. A Turma destacou que, por ocasião do julgamento do presente recurso, o agravante não mais deteria prerrogativa de foro, porém, competeria ao STF processar e julgar o agravo regimental em que se impugna decisão monocrática de integrante da Corte. Apontou a inadequação da decisão do juízo de origem que teria prejulgado ação penal que sequer fora proposta, ao aventar uma possível penalidade e, a partir da pena hipotética, pronunciar a prescrição da pretensão punitiva. Afastada a prescrição e o arquivamento dos autos, a Turma determinou a remessa do inquérito ao juiz da vara criminal competente.
Inq 3574 AgR/MT, rel. Min. Marco Aurélio, 2.6.2015. (Inq-3574) (Inform. STF 788)

AG. REG. NO HC N. 126.983-PE
RELATOR: MIN. DIAS TOFFOLI
EMENTA: Agravo regimental em habeas corpus. Penal. Estelionato Previdenciário. (CP, art. 171, § 3º). Prescrição da pretensão punitiva. Não ocorrência. Delito praticado pelo próprio beneficiário das parcelas da aposentadoria concedida mediante fraude. Crime permanente. Termo inicial do prazo prescricional contabilizado a partir da cessação do pagamento do benefício indevido. Precedentes. Regimental não provido.
1. O magistério jurisprudencial da Corte está consolidado no sentido de que "o crime de estelionato previdenciário, quando praticado pelo próprio beneficiário das prestações, tem caráter permanente, cessando a atividade delitiva apenas com o fim da percepção das prestações" (HC nº 107.385/RJ, Primeira Turma, Relatora a Ministra Rosa Weber, DJe de 30/3/12).
2. Tomando por base esse entendimento, não há que se falar em prescrição da pretensão punitiva, pois a cessação da atividade delitiva ocorreu aos 31/12/07 e o lapso temporal de 4 (quatro) anos (CP, art. 109, inciso V c/c o parágrafo único), necessário a sua efetivação - tomando-se por base a pena em concreto aplicada -, não foi alcançado entre os marcos interruptivos verificados na espécie, a saber, o recebimento da denúncia (em 8/2/11) e a sentença penal condenatória recorrível (em 10/8/12).
3. Agravo regimental ao qual se nega provimento. **(Inform. STF 787)**

Marco temporal da prescrição em 2ª instância: sessão de julgamento ou publicação do acórdão
A prescrição da pretensão punitiva do Estado, em segundo grau de jurisdição, se interrompe na data da sessão de julgamento do recurso e não na data da publicação do acórdão. Com base nesse entendimento, a 1ª Turma, por maioria, negou provimento a recurso ordinário em "habeas corpus" em que se alegava a extinção da punibilidade do delito pela ocorrência da prescrição da pretensão punitiva. O Colegiado afirmou que, por se tratar de acórdão, a publicação do ato ocorreria com a realização da sessão de julgamento. O Ministro Roberto Barroso enfatizou que a prescrição seria a perda de uma pretensão pelo seu não exercício, dentro de um determinado prazo. Portanto, a prescrição estaria associada à inércia do titular do direito. Dessa forma, com a realização da sessão de julgamento, não se poderia reconhecer essa inércia. Vencido o Ministro Marco Aurélio, que dava provimento ao recurso. Reputava que a interrupção da prescrição só ocorreria com a publicação da sentença ou acórdão condenatório recorrível (CP, art. 117, IV). Pontuava que o acórdão somente se tornaria recorrível com a sua confecção. Observava que a publicação do aresto teria ocorrido cinco meses depois da sessão de julgamento.
RHC 125078/SP, rel. Min. Dias Toffoli, 3.3.2015. (RHC-125078) (Inform. STF 776)

Cumprimento de decreto presidencial e extinção da punibilidade
O Plenário, ao resolver questão de ordem em execução penal trazida pelo Ministro Roberto Barroso (relator), declarou extinta a punibilidade de condenado, nos autos da AP 470/MG (DJe de 22.4.2013), à pena de 4 anos e 8 meses de reclusão e 180 dias-multa pelo crime de corrupção ativa (CP, art. 333). O Colegiado registrou que o apenado efetuara o pagamento integral da multa e que cumpriria a pena desde 15.11.2013. Ademais, atenderia os requisitos objetivos e subjetivos do Decreto 8.380/2014, por meio do qual a Presidência da República concedeu indulto natalino e comutação de penas.
EP 1 QO/DF, rel. Min. Roberto Barroso, 4.3.2015. (EP-1) (Inform. STF 776)

Prescrição penal retroativa e constitucionalidade - 1
É constitucional o art. 110, § 1º, do CP ("§ 1º A prescrição, depois da sentença condenatória com trânsito em julgado para a acusação ou depois de improvido seu recurso, regula-se pela pena aplicada, não podendo, em nenhuma hipótese, ter por termo inicial data anterior à da denúncia ou queixa"), na redação dada pela Lei 12.234/2010. Essa a conclusão do Plenário que, por maioria, denegou "habeas corpus" em que se pleiteava o reconhecimento da prescrição da pretensão punitiva em favor do paciente, na modalidade retroativa, entre a data do fato e o recebimento da denúncia, diante da pena em concreto aplicada, por decisão transitada em julgado para a acusação. No caso, ele fora condenado à pena de um ano de reclusão, como incurso nas sanções do art. 240 do CPM (furto). Alegava-se que a citada inovação legislativa teria praticamente eliminado as possibilidades de se reconhecer a prescrição retroativa, e que o direito à prescrição seria qualificado, implicitamente, como um dos direitos fundamentais dos cidadãos pela Constituição. O Colegiado realizou retrospectiva histórica a respeito da prescrição retroativa na legislação pátria, a culminar na alteração promovida pela Lei 12.234/2010. O dispositivo do art. 110 do CP, antes do advento da mencionada lei, tratava da prescrição calculada pela pena concretamente fixada na sentença condenatória, desde que houvesse trânsito em julgado para a acusação ou desde que improvido seu recurso.
HC 122694/SP, rel. Min. Dias Toffoli, 10.12.2014. (HC-122694)

Prescrição penal retroativa e constitucionalidade - 2
A Corte consignou que a diferença entre a prescrição retroativa e a intercorrente residiria no fato de esta ocorrer entre a publicação da sentença condenatória e o trânsito em julgado para a defesa; e aquela seria contada da publicação da decisão condenatória para trás. A prescrição seria novamente computada, pois, antes, tivera seu prazo calculado em função da maior pena possível e, depois, seria verificada de acordo com a pena aplicada na sentença. Por essa razão, se o julgador constatasse não ocorrida a prescrição com base na pena concreta entre a publicação da sentença condenatória e o acórdão, passaria imediatamente a conferir se o novo prazo prescricional, calculado de acordo com a pena concreta, teria ocorrido entre: a) a data do fato e o recebimento da denúncia ou queixa; b) o recebimento da denúncia ou queixa e a pronúncia; c) a pronúncia e sua confirmação por acórdão; d) a pronúncia ou o seu acórdão confirmatório e a sentença condenatória; e e) o recebimento da denúncia ou queixa e a publicação da sentença condenatória, no caso de crimes não dolosos contra a vida. Essa modalidade de prescrição seria denominada "retroativa" porque contada para trás, da condenação até a pronúncia ou recebimento da denúncia ou queixa, conforme a espécie de crime. Com a promulgação da nova lei, a prescrição, depois da sentença condenatória com trânsito em julgado para a acusação ou depois de improvido seu recurso, seria regulada pela pena aplicada, e não poderia ter por termo inicial data anterior à da denúncia ou queixa. Desse modo, fora vedada a prescrição retroativa incidente entre a data do fato e o recebimento da denúncia ou queixa. Nesse contexto, não se operaria a prescrição retroativa durante a fase do inquérito policial ou da investigação criminal, período em que ocorrida a apuração do fato, mas poderia incidir a prescrição da pretensão punitiva pela pena máxima em abstrato. Ademais, a norma não retroagiria, para não prejudicar autores de crimes cometidos antes de sua entrada em vigor.
HC 122694/SP, rel. Min. Dias Toffoli, 10.12.2014. (HC-122694)

Prescrição penal retroativa e constitucionalidade - 3
O Tribunal mencionou a existência de corrente doutrinária defensora da inconstitucionalidade dessa alteração legislativa, por supostamente violar a proporcionalidade e os princípios da dignidade humana, da humanidade da pena, da culpabilidade, da individualização da pena, da isonomia e da razoável duração do processo. Outra corrente afirmaria a extinção da prescrição na modalidade retroativa pela Lei 12.234/2010. A Corte aduziu, entretanto, que essa inovação estaria inserta na liberdade de conformação do legislador, que teria legitimidade democrática para, ao restringir direitos, escolher os meios que reputasse adequados para a consecução de determinados objetivos, desde que não lhe fosse vedado pela Constituição e nem violasse a proporcionalidade, a fim de realizar uma tarefa de concordância prática justificada pela defesa de outros bens ou direitos constitucionalmente protegidos. O Plenário ponderou, ainda, que os fluxos do sistema de justiça criminal no Brasil seriam pouco eficientes, e que a taxa de esclarecimento de crimes seria demasiado baixa, a indicar a impossibilidade de se investigar, com eficiência, todos os crimes praticados. Isso demonstraria a vinculação da nova lei com a realidade. Nesse sentido, dada a impossibilidade financeira de o Estado

182 VADE MECUM DE JURISPRUDÊNCIA – STF/STJ

atender, em sua plenitude, a todas as outras demandas sociais, seria irreal pretender que os órgãos da persecução devessem ser providos de toda a estrutura material e humana para investigar, com eficiência e celeridade, todo e qualquer crime praticado. A avassaladora massa de delitos a apurar seria uma das causas da impunidade, dada a demora ou impossibilidade no seu esclarecimento, na verificação da responsabilidade penal e na punição do culpado, assim reconhecido definitivamente. Dessa maneira, o legislador optara por não mais prestigiar um sistema de prescrição da pretensão punitiva retroativa que culminava por esvaziar a efetividade da tutela jurisdicional penal. Demais disso, essa modalidade de prescrição, calculada a partir da pena aplicada na sentença, constituiria peculiaridade da lei brasileira, que não encontraria similar no direito comparado. Nas legislações alienígenas, a prescrição da pretensão punitiva seria regulada pela pena máxima em abstrato, e nunca pela pena aplicada, a qual regularia apenas a prescrição da pretensão executória. Isso demonstraria que, embora a pena justa para o crime fosse a imposta na sentença, seria questão de política criminal, a cargo do legislador, estabelecer se a prescrição, enquanto não ocorrido o trânsito em julgado, deveria ser regulada pela pena abstrata ou concreta, bem como, nesta hipótese, definir a expansão dos efeitos "ex tunc". Vencido o Ministro Marco Aurélio, que concedia a ordem e assentava a inconstitucionalidade do art. 110, § 1º, do CP. Assinalava que não se poderia chancelar a possibilidade de o Ministério Público ou o titular de ação penal privada não ter prazo para atuar, ainda que houvesse dados suficientes para a propositura de ação penal, independentemente de investigação.
HC 122694/SP, rel. Min. Dias Toffoli, 10.12.2014. (HC-122694) (Inform. STF 771)

Recurso extraordinário e prescrição das pretensões punitiva e executória - 1
O Plenário iniciou julgamento de agravo regimental em agravo de instrumento em que se discute o termo inicial para a contagem da prescrição da pretensão executória do Estado: se a partir do trânsito em julgado para a acusação ou a partir do trânsito em julgado para a acusação e a defesa. Na espécie, a decisão agravada declarara extinta a punibilidade do agravante, em decorrência da prescrição da pretensão punitiva, na modalidade intercorrente, em face do decurso do prazo de oito anos antes mesmo da chegada do recurso extraordinário ao STF. O réu fora condenado, em 5.3.1999, por três homicídios culposos e três lesões corporais culposas (CP, artigos 121, § 3º e 129, § 6º, c/c art. 70) provocados na condução de veículo automotor, à pena de quatro anos e seis meses de detenção e multa, em regime inicial semiaberto. A apelação fora provida por tribunal local, em 5.10.1999, apenas para excluir o pagamento de honorários advocatícios dos assistentes de acusação. O Ministro Roberto Barroso (relator) deu provimento ao agravo regimental interposto pelo Ministério Público Federal, para negar provimento ao agravo de instrumento, e manteve a inadmissibilidade do recurso extraordinário, além de afastar a ocorrência tanto da prescrição da pretensão punitiva quanto da pretensão executória.
AI 794971 AgR/RJ, rel. Min. Roberto Barroso, 26.11.2014. (AI-794971)

Recurso extraordinário e prescrição das pretensões punitiva e executória - 2
O relator destacou que o recurso extraordinário seria incabível por um conjunto de razões. Primeiramente, porque fora interposto contra fundamentos da sentença e não contra fundamentos do acórdão que substituíra a sentença, além de haver apresentado argumentos novos. Ademais, o recurso extraordinário não questionara a condenação, apenas a dosimetria da pena. Nesse ponto, haveria jurisprudência do STF quanto às limitações para reavaliar dosimetria, sobretudo porque, na espécie, estaria envolvido reexame de matéria de fato e aplicação de direito infraconstitucional. Por conseguinte, o relator confirmou a decisão do tribunal de origem no tocante à inadmissibilidade do recurso extraordinário. Ultrapassada a questão do conhecimento do recurso, apontou que a decisão agravada reconhecera a prescrição da pretensão punitiva. Frisou que a coisa julgada se formaria quando não mais cabível a modificação do título judicial por meio da via recursal. Entretanto, o recurso inadmissível não obstaria a constituição do trânsito em julgado, que se operaria após o esgotamento do prazo para a apresentação do recurso cabível. Aduziu que, interposto recurso que fosse inadmitido por intempestividade, descabimento ou qualquer outra hipótese que gerasse o seu não conhecimento, como no caso, o título judicial se tornaria imutável e não obstaria a coisa julgada. Apontou que a jurisprudência do STF consideraria o trânsito em julgado, para fins de contagem da prescrição

da pretensão punitiva, quando do esgotamento do prazo para interposição do recurso cabível. Assim, o prazo prescricional seria regulado pela pena em concreto, porquanto já proferido decreto condenatório. Ademais, a acusação não interpusera recurso. Da pena aplicada (quatro anos e seis meses de detenção) deveria ser deduzido o aumento referente ao concurso de crimes, a teor do art. 119 do CP e do Enunciado 497 da Súmula do STF ("Quando se tratar de crime continuado, a prescrição regula-se pela pena imposta na sentença, não se computando o acréscimo decorrente da continuação"). O resultado seria de três anos de detenção, o que faria incidir o prazo de oito anos de prescrição (CP, art. 109, IV). Tendo em vista que entre a data do fato (2.12.1995), da sentença condenatória (5.3.1999) e do trânsito em julgado do acórdão que confirmara a condenação (15 dias após 26.10.1999), não houvera o transcurso de oito anos, não se operara a prescrição da pretensão punitiva. Registrou que o agravo de instrumento interposto contra a inadmissão do recurso extraordinário fora remetido a esta Corte pelo tribunal local somente em 24.3.2010, porque contra o acórdão proferido em recurso especial a defesa ingressara com vários recursos. Em síntese, o trânsito em julgado não poderia depender da interposição sucessiva de diversos recursos tidos como protelatórios.
AI 794971 AgR/RJ, rel. Min. Roberto Barroso, 26.11.2014. (AI-794971)

Recurso extraordinário e prescrição das pretensões punitiva e executória - 3
O relator entendeu que, após afastada a prescrição da pretensão punitiva, tampouco haveria prescrição da pretensão executória porque, para efeito da execução da pena, seria necessário apreciar a admissibilidade do recurso extraordinário e julgar o seu mérito, quando superada a etapa do seu conhecimento. A possibilidade da execução da pena, por isso, apenas se iniciaria após a declaração do trânsito em julgado, mesmo que esse ocorresse em momento anterior. Só se admitiria falar em prescrição da pretensão executória após o trânsito em julgado para a acusação porque, a partir desse momento, seria possível a execução provisória da pena. Ocorre que, após o julgamento do HC 84.078/MG (DJe de 26.2.2010), a Corte assentara o não cabimento de execução provisória da pena quando pendentes recursos de natureza extraordinária e, com maior razão, no recurso de apelação. Tendo isso em conta, o princípio da inocência deveria repercutir no marco inicial da contagem da prescrição, originariamente regulado pelo art. 112, I, do CP. Caso contrário, o Estado seria punido pela inação quando não poderia agir, ou seja, a prescrição somente se aplicaria quando não fosse exercida a tempo a pretensão executória. Sublinhou que o que estaria em discussão seria a inteligência do art. 112, I, do CP ("Art. 112 - No caso do art. 110 deste Código, a prescrição começa a correr: I - do dia em que transita em julgado a sentença condenatória, para a acusação, ou a que revoga a suspensão condicional da pena ou o livramento condicional"). Desse modo, o referido dispositivo estaria sujeito a uma releitura à luz da Constituição, considerada a presunção da inocência ou da não culpabilidade. Se isso não fosse possível, o relator afirmou que a interpretação conferida pelo STF ao aludido postulado paralisaria a incidência do artigo em questão.
AI 794971 AgR/RJ, rel. Min. Roberto Barroso, 26.11.2014. (AI-794971)

Recurso extraordinário e prescrição das pretensões punitiva e executória - 4
O Ministro Marco Aurélio, em divergência, desproveu o agravo regimental. Aduziu que não se poderia entender que se mostrara despicienda a interposição de recurso especial e de recurso extraordinário quanto à prescrição da pretensão punitiva e dizer o contrário quanto à pretensão executória do Estado. Lembrou que o Plenário decidira que não impediria a coisa julgada o recurso inadmissível, no campo penal, caso se tratasse de irregularidade, em termos de pressupostos de irrecorribilidade, que envolvessem aspectos objetivos propriamente ditos. Ou seja, os recursos especial e extraordinário não impediriam o trânsito em julgado para efeito criminal, se esses recursos se mostrassem intempestivos ou se irregular a representação processual. Fora esses casos, reputou que a interposição de recursos especial e extraordinário — ainda que posteriormente declarados incabíveis — obstacularizaria o trânsito em julgado. Em seguida, o julgamento foi suspenso, por indicação do relator, para se aguardar o exame, pelo Plenário virtual, de existência de repercussão geral em processo com tema semelhante (ARE 848.107 RG/DF, rel. Min. Dias Toffoli).
AI 794971 AgR/RJ, rel. Min. Roberto Barroso, 26.11.2014. (AI-794971) (Inform. STF 769)

3. DIREITO PENAL

Abuso de autoridade e prescrição

A 1ª Turma iniciou julgamento de agravo regimental em que se discute imprescritibilidade de crime de abuso de autoridade, previsto no art. 4º da Lei 4.898/1965, bem assim de pena funcional imposta em razão da prática desse tipo penal. A decisão agravada registrara a prescrição da pretensão executória da pena de 20 dias-multa, cominada com a determinação de perda do cargo público e inabilitação para o exercício de qualquer outro cargo durante três anos, imposta ao réu. O Ministério Público, agravante, alega que a imposição da perda do cargo público ocorreria automática e instantaneamente como decorrência do trânsito em julgado da condenação. Ademais, sustenta que, por se tratar de penas autônomas, não poderia o cômputo da prescrição de cada uma delas ser feito com base no menor prazo, o de dois anos para a pena corporal. Nesse sentido, defende que a pena de perda do cargo público guardaria maior identidade com a pena de inabilitação para o exercício da função, fixada pelo prazo de três anos e prescritível em oito (CP, art. 109), de modo que as duas sanções não estariam prescritas. O Ministro Dias Toffoli (relator) desproveu o agravo. Anotou que, à exceção dos delitos destacados no art. 5º, XLII e XLIV, da CF, o ordenamento jurídico não contemplaria crimes imprescritíveis. A imprescritibilidade seria a exceção, de modo que os crimes de abuso de autoridade tipificados na lei e as sanções respectivas estariam sujeitas à prescrição como regra, fosse da pretensão punitiva, fosse da pretensão executória. O fato de a Lei 4.898/1965 não tratar de prescrição não significaria que esses crimes seriam imprescritíveis, mas que a eles seria aplicável a regra geral, nos termos do art. 12 do CP. No tocante à pena funcional imposta, deveria incidir, por ser mais favorável, o menor prazo prescricional previsto no art. 109 do CP, de dois anos, sob pena de se operar analogia "in malam partem". Em seguida, pediu vista o Ministro Roberto Barroso.
ARE 664961 AgR-ED-AgR/RJ, rel. Min. Dias Toffoli, 18.11.2014. (ARE-664961) (Inform. STF 768)

Prescrição e termo inicial

A 1ª Turma afetou ao Plenário julgamento de agravo regimental em agravo de instrumento em que se discute a adequada interpretação do art. 112, I, do CP ["Art. 112 - No caso do art. 110 deste Código, a prescrição começa a correr: (...) I - do dia em que transita em julgado a sentença condenatória, para a acusação, ou a que revoga a suspensão condicional da pena ou o livramento condicional"], no que concerne ao termo inicial da prescrição da pretensão executória. Na espécie, o Ministério Público interpusera agravo regimental contra decisão monocrática que declarara a extinção da punibilidade do paciente ao fundamento de que teriam transcorrido mais de oito anos (prazo prescricional) "entre a última causa interruptiva — qual seja, a publicação da sentença condenatória recorrível — e a data de hoje" (DJe de 14.9.2011). A Turma destacou que a problemática envolveria questão da ocorrência ou não da prescrição da pretensão executória e a adequada interpretação do artigo 112, I, do CP, à luz de precedente do Tribunal, no sentido de que o mandamento da presunção de inocência impediria a execução provisória da condenação criminal.
AI 794971 AgR/RJ, rel. Min. Roberto Barroso, 4.11.2014. (AI-794971) (Inform. STF 766)

Prescrição em processo-crime e inércia estatal

A 1ª Turma retomou julgamento de embargos declaratórios em agravo de instrumento interposto de anterior inadmissão de recurso extraordinário a versar matéria penal. Na espécie, a defesa sustenta a ocorrência de prescrição da pretensão punitiva. Na sessão de 9.9.2014, a Ministra Rosa Weber (relatora) converteu os embargos de declaração em agravo regimental e o desproveu. Concedeu, entretanto, "habeas corpus" de ofício, tendo em conta a prescrição. Na presente assentada, em voto-vista, o Ministro Dias Toffoli não conheceu dos embargos. Afirmou a inviabilidade de se operar, no caso, a conversão dos declaratórios, uma vez que a parte embargante não impugnara todos os fundamentos da decisão recorrida, de modo a satisfazer a condição de admissibilidade do agravo. Embora não superasse a preliminar de conhecimento, tendo em conta a matéria em comento, passou a examinar o tema de fundo e concluiu pela não concessão de "habeas corpus" de ofício. Reputou que recursos extraordinários e especiais inadmitidos na origem não poderiam empecer a coisa julgada, de modo que não caberia falar em prescrição da pretensão punitiva. Registrou, ainda, no que se refere à prescrição da pretensão executória, que, vedada a execução provisória da pena, não seria suficiente, para o início do prazo da pretensão executória, o trânsito em julgado para a acusação. Nesse sentido, seria necessário reinterpretar o art. 112, I, do CP. Afirmou que o trânsito em julgado do

título condenatório, para a acusação, seria inexequível se a defesa dele recorresse. Anotou que a prescrição da pretensão executória pressuporia a inércia do Estado em executar a sanção imposta e, se o título condenatório não pudesse ser executado, não existiria inércia. Na sequência, a Turma, por votação majoritária, converteu os embargos de declaração em agravo regimental. Vencidos, no ponto, os Ministros Dias Toffoli e Marco Aurélio, que a ele negavam provimento. Quanto à questão relativa à concessão de "habeas corpus" de ofício, após os votos da relatora, que a implementou, e dos Ministros Dias Toffoli e Roberto Barroso, que não a concederam, pediu vista dos autos o Ministro Luiz Fux.
AI 705009 ED/RJ, rel. Min. Rosa Weber, 7.10.2014. (AI-705009) (Inform. STF 762)

"Sursis" e requisito temporal para a concessão de indulto

A 1ª Turma, por maioria, denegou a ordem em "habeas corpus" no qual se pretendia o cômputo do período de prova cumprido em suspensão condicional da pena para o preenchimento do requisito temporal para concessão de indulto, instituído pelo Decreto 8.172/2013. Na espécie, o réu permanecera preso provisoriamente por cinco dias até obter o benefício do "sursis" na própria sentença condenatória. A defesa insistia na possibilidade de concessão do indulto, tendo em vista que o paciente cumprira um quarto do período de prova do "sursis". A Turma consignou que o réu não teria jus ao benefício do indulto porque não preencheria o requisito temporal objetivo para sua concessão, qual seja o cumprimento, em prisão provisória, de um sexto da pena ou, se reincidente, um quinto (Decreto 8.172/2013, art. 1º, XIV). Vencido o Ministro Marco Aurélio, que concedia a ordem. Destacava que o "sursis" seria uma ficção jurídica de execução da pena e que o período cumprido nesse sistema deveria ser considerado como tempo de cumprimento de pena restritiva de liberdade.
HC 123381/PE, rel. Min. Rosa Weber, 30.9.2014. (HC-123381) (Inform. STF 761)

Prazo prescricional e suspensão condicional da pena - 1

Durante a suspensão condicional da pena, não corre prazo prescricional (CP, art. 77 c/c o art. 112). Com base nesse entendimento, a 2ª Turma afastou a alegada extinção de punibilidade do extraditando pela prescrição da pretensão punitiva estatal e deferiu a extradição. No caso, fora requerida a extradição executória de réu condenado, pela prática de crime de "fraude" mediante emissão de cheques sem provisão de fundos, a pena de três anos de prisão. A defesa sustentava a atipicidade da conduta imputada ao extraditando, a necessidade de sobrestamento do pedido de extradição em face da repercussão geral reconhecida nos autos do RE 608.898 RG/DF — em que se discute o tema da expulsão de estrangeiro que possui filho brasileiro nascido após o fato motivador da expulsão —, além da já mencionada extinção de punibilidade pela prescrição da pretensão punitiva. A Turma concluiu que o pedido de extradição atenderia aos requisitos formais exigidos na legislação de regência. O Estado requerente teria demonstrado a competência jurisdicional para a instrução e julgamento dos crimes impostos ao extraditando, além de ter instruído seu pedido com cópia de sentença final de privação de liberdade e dos demais documentos exigidos pelo art. 80 da Lei 6.815/1980. Esclareceu que, tendo em vista o sistema de contenciosidade limitada adotado pelo Brasil, não seria possível analisar a aplicabilidade e as implicações do novo Código Penal do país requerente, que teria entrado em vigor em 2014. Mencionou que essa matéria deveria ser debatida no juízo de origem. Registrou o disposto no Verbete 421 da Súmula do STF ("Não impede a extradição a circunstância de ser o extraditando casado com brasileiro ou ter filho brasileiro"). Explanou que a questão debatida no RE 608.898 RG/DF trataria de expulsão e não de extradição, institutos que não se confundiriam.
Ext 1254/Romênia, rel. Min. Teori Zavascki, 29.4.2014. (Ext-1254)

Prazo prescricional e suspensão condicional da pena - 2

A Turma consignou que teria sido reconhecido o dolo específico de lesar vítimas ao se perpetrar o crime de "fraude" mediante emissão de cheques sem provisão de fundos. Dessa forma, teria sido atendido o requisito da dupla tipicidade, pois, no caso concreto, o aludido crime de "fraude" corresponderia ao crime de estelionato previsto no art. 171, "caput", do CP. Observou que, em relação à legislação penal brasileira, o prazo prescricional seria calculado nos termos do art. 109, IV, c/c o art. 112, I, ambos do CP, de modo que a prescrição se aperfeiçoaria em oito anos a partir de setembro de 2005. No cômputo do prazo prescricional seria necessário, porém, observar a suspensão da pena — de sua concessão até sua revogação —, período em

que a prescrição também estaria suspensa. Assim, iniciada a contagem em setembro de 2005, suspensa em fevereiro de 2006, e retomada em fevereiro de 2007, a prescrição da pretensão executória somente ocorreria, em princípio, em outubro de 2014. Assinalou que, pela legislação penal de origem, o prazo de prescrição da pretensão executória, também de oito anos, só se teria iniciado na data em que se tornara definitiva a revogação da suspensão da execução da pena, e deveria ser contado somente a partir de fevereiro de 2007, ocasião em que fora determinada a revogação do benefício. Por fim, determinou o imediato recolhimento do extraditando com direito a detração do tempo em que estivera preso no Brasil por força do pedido de extradição.
Ext 1254/Romênia, rel. Min. Teori Zavascki, 29.4.2014. (Ext-1254) (Inform. STF 744)

ED: extinção de punibilidade pelo pagamento integral de débito e prescrição retroativa - 11

Em conclusão de julgamento, o Plenário, por maioria, acolheu embargos de declaração e declarou extinta a punibilidade de parlamentar apenado pela prática dos crimes de apropriação indébita previdenciária e de sonegação de contribuição previdenciária (CP, art. 168-A, § 1º, I, e art. 337-A, III, c/c o art. 71, *caput*, e art. 69). O embargante alegava que o acórdão condenatório omitira-se sobre o entendimento desta Corte acerca de pedido de extinção de punibilidade pelo pagamento integral de débito fiscal, bem assim sobre a ocorrência de prescrição retroativa da pretensão punitiva do Estado — v. Informativos 650, 705 e 712. Preponderou o voto do Ministro Luiz Fux, que deu provimento aos embargos. No tocante à assertiva de extinção da punibilidade pelo pagamento do débito tributário, realizado após o julgamento, mas antes da publicação do acórdão condenatório, reportou-se ao art. 69 da Lei 11.941/2009 ("*Extingue-se a punibilidade dos crimes referidos no art. 68 quando a pessoa jurídica relacionada com o agente efetuar o pagamento integral dos débitos oriundos de tributos e contribuições sociais, inclusive acessórios, que tiverem sido objeto de concessão de parcelamento*"). Sublinhou que eventual inconstitucionalidade do preceito estaria pendente de exame pela Corte, nos autos da ADI 4273/DF. Entretanto, haja vista que a eficácia do dispositivo não estaria suspensa, entendeu que o pagamento do tributo, a qualquer tempo, extinguiria a punibilidade do crime tributário, a teor do que já decidido pelo STF (HC 81929/RJ, DJU de 27.2.2004). Asseverou que, na aludida disposição legal, não haveria qualquer restrição quanto ao momento ideal para realização do pagamento. Não caberia ao intérprete, por isso, impor restrições ao exercício do direito postulado. Incidiria, dessa maneira, o art. 61, *caput*, do CPP ("*Em qualquer fase do processo, o juiz, se reconhecer extinta a punibilidade, deverá declará-lo de ofício*"). Observou, ainda, que a repressão penal nos crimes contra a ordem tributária seria forma reforçada de execução fiscal. Na sequência, o Ministro Dias Toffoli ressaltou que a lei privilegiaria o recebimento do valor devido pelo contribuinte, em detrimento da imposição de pena corporal. Alertou que a Corte não poderia agir de modo a restringir a aplicabilidade de norma despenalizadora — a condicionar o pagamento a determinado marco temporal —, sob pena de extrapolar sua atribuição constitucional. Ressalvou entendimento de que o pagamento integral promovido mesmo após o trânsito em julgado da condenação implicaria a extinção da punibilidade. O Ministro Marco Aurélio subscreveu a orientação segundo a qual o direito penal funcionaria como método coercitivo ao recolhimento de tributos. Ademais, se o título condenatório ainda não ostentaria irrecorribilidade e o débito estaria satisfeito, a punibilidade estaria extinta. O Ministro Celso de Mello enfatizou que a circunstância de ordem temporal da sucessão de leis penais no tempo revelar-se-ia apta a conferir aplicabilidade, no caso, às disposições contidas no § 2º do art. 9º da Lei 10.684/2003.
AP 516 ED/DF, rel. orig. Min. Ayres Britto, red. p/ o acórdão Min. Luiz Fux, 5.12.2013. (AP-516)

ED: extinção de punibilidade pelo pagamento integral de débito e prescrição retroativa - 12

Ao tecer considerações sobre a outra tese formulada nos embargos, o Ministro Luiz Fux aduziu a ocorrência da prescrição da pretensão punitiva, na modalidade retroativa, em face da redução decorrente da idade avançada [CP: "*Art. 115 - São reduzidos de metade os prazos de prescrição quando o criminoso era, ao tempo do crime, menor de 21 (vinte e um) anos, ou, na data da sentença, maior de 70 (setenta) anos*"]. Pontuou que o acusado completara 70 anos no dia seguinte à sessão de julgamento e que o art. 115 do CP deveria ser interpretado à luz da irrecorribilidade do título penal condenatório, e não da data do pronunciamento judicial. Realçou, ainda, que houvera recurso apenas da defesa. O Ministro Marco Aurélio acentuou que incidiria o prazo pela

metade, pois o Código Penal, ao versar a matéria, não se referiria a sentença ou acórdão condenatórios simplesmente prolatados, mas recorríveis (CP: "*Art. 117. O curso da prescrição interrompe-se: ... IV - pela publicação da sentença ou acórdão condenatórios recorríveis*"). Avaliou que, na espécie, ele teria atingido a idade antes da publicação do acórdão. Por sua vez, o Ministro Dias Toffoli indicou que a publicação da mencionada decisão colegiada dar-se-ia na sessão de julgamento, mas o acusado, ao completar 70 anos antes do trânsito em julgado do acórdão, teria jus ao benefício relativo à prescrição da pretensão punitiva. O Ministro Ricardo Lewandowski, ao reduzir pela metade o prazo, também, assentou a prescrição. O Ministro Celso de Mello assinalou ser possível reconhecer a incidência da norma do art. 115 do CP quando o condenado completasse 70 anos após a sessão pública de julgamento, mas opusesse embargos de declaração reputados admissíveis, nos quais se buscasse infringir a decisão de modo processualmente legítimo, como no caso.
AP 516 ED/DF, rel. orig. Min. Ayres Britto, red. p/ o acórdão Min. Luiz Fux, 5.12.2013. (AP-516)

ED: extinção de punibilidade pelo pagamento integral de débito e prescrição retroativa - 13

Vencidos os Ministros Ayres Britto, relator, Teori Zavascki, Rosa Weber, Cármen Lúcia, Joaquim Barbosa, Presidente, que rejeitavam os embargos declaratórios e indeferiam o pedido de reconhecimento de extinção da punibilidade. Pontuavam o caráter protelatório do recurso, que objetivava rediscutir matéria já analisada e repelida quanto ao decurso do prazo prescricional. Observavam que o réu não contaria com 70 anos de idade na data da sessão de julgamento, que seria o marco interruptivo desta causa de extinção da punibilidade, a afastar a aplicação do art. 115 do CP. Demais disso, não entendiam transcorrido o lapso de tempo configurador da prescrição entre a constituição definitiva do crédito tributário e o recebimento da denúncia. Em relação ao pagamento do débito, realçavam que a extinção da punibilidade seria admissível somente enquanto existente pretensão punitiva passível de anulação ou suspensão. O relator enfatizava que, verificados os marcos interpretativos, a jurisdição do STF quando exercida em única ou última instância prescindiria do trânsito em julgado para sua decisão ganhar foros de definitividade. Esta limitaria, então, a possibilidade de se reconhecer o pagamento do tributo como causa de extinção da punibilidade. O Ministro Teori Zavascki acentuava que imposta a condenação no julgamento, estaria operada naquela data a causa interruptiva da prescrição prevista no art. 117, IV, do CP. Qualquer fato superveniente a afetar esse prazo — como o posterior aniversário do embargante — deveria ser tido à luz do novo ciclo prescricional iniciado por força do art. 117, § 2º, do CP. Inferia que a regra inscrita no art. 9º, § 2º, da Lei 10.684/2003, ao não estabelecer prazo, não permitiria que o pagamento total do tributo devido fosse feito após a condenação, inclusive. Esgotada essa fase jurisdicional, ter-se-ia o exercício da pretensão executória, em que despicienda a discussão.
AP 516 ED/DF, rel. orig. Min. Ayres Britto, red. p/ o acórdão Min. Luiz Fux, 5.12.2013. (AP-516) (Inform. STF 731)

Prescrição e sentença condenatória

A 1ª Turma não conheceu de recurso extraordinário por ausência de prequestionamento e por ter o aresto recorrido examinado matéria infraconstitucional. No entanto, em votação majoritária, concedeu habeas corpus de ofício para declarar extinta a punibilidade do recorrente em virtude da consumação da prescrição da pretensão punitiva estatal (CP, art. 107, IV). No caso, o recorrente fora condenado em primeira instância à pena de dois anos de reclusão, em regime aberto. Em sede de apelação exclusiva da defesa, a pena fora diminuída para um ano e quatro meses de reclusão. Apesar de o prazo prescricional ser de quatro anos, o recorrente teria menos de 21 anos de idade na data do fato criminoso. Desta forma, o prazo prescricional contar-se-ia pela metade, ou seja, seria de dois anos. Asseverou-se que acórdão que confirmar sentença ou que diminuir pena não seria condenatório, nos termos do art. 117, IV, do CP. Logo, não poderia ser considerado marco temporal apto a interromper a prescrição. Ademais, na espécie, o aresto teria subtraído da sentença período de tempo de restrição à liberdade do recorrente. Vencido o Min. Marco Aurélio, que não concedia a ordem de ofício. Consignava que o acórdão teria substituído a sentença como título condenatório, a teor do art. 512 do CPC. Além disso, mencionava que a Lei 11.596/2007, que dera nova redação ao art. 117, IV, do CP, apenas teria explicitado o acórdão como fator interruptivo da prescrição.
RE 751394/MG, rel. Min. Dias Toffoli, 28.5.2013. (RE-751394) (Inform. STF 708)

3. DIREITO PENAL — 185

HC N. 113.715-DF
RELATORA: MIN. CÁRMEN LÚCIA
EMENTA: HABEAS CORPUS. CONSTITUCIONAL. PENAL. FURTO QUA-LIFICADO. ALEGAÇÃO DE PRESCRIÇÃO DA PRETENSÃO EXECUTÓRIA. TERMO INICIAL DA CONTAGEM DO PRAZO PRESCRICIONAL: TRÂNSITO EM JULGADO DA SENTENÇA PENAL CONDENATÓRIA PARA A ACUSAÇÃO. ORDEM CONCEDIDA.
1. O Paciente foi condenado a um ano e quatro meses de reclusão, sendo que, em 23.7.2007, a sentença penal condenatória transitou em julgado para a acusação; e, em 30.9.2011, o Juízo da Execução Penal decretou a extinção da punibilidade. Entre essas datas não houve qualquer causa impeditiva, interruptiva ou suspensiva da prescrição.
2. Segundo as regras vigentes nos arts. 109 e 110 do Código Penal, a prescrição executória se regula pela pena aplicada depois de transitar em julgado a sentença condenatória para a acusação, verificando-se em quatro anos, se o máximo da pena é igual a um ano ou, sendo superior, não excede a dois.
3. A jurisprudência deste Supremo Tribunal Federal sedimentou-se no sentido de que o prazo prescricional da pretensão executória começa a fluir da data do trânsito em julgado para a acusação. Precedentes.
4. Ordem concedida. **(Inform. STF 708)**

Prescrição: pena restritiva de liberdade e pena de inabilitação - 1
A 1ª Turma extinguiu *habeas corpus*, porquanto substitutivo de recurso ordinário, contudo concedeu, de ofício, a ordem para, assentando a prescrição da pretensão punitiva do Estado (CP, art. 109, V), afastar a incidência da pena de inabilitação para o exercício de cargo ou função pública a que o paciente fora condenado por crime de responsabilidade. Tendo em conta tratar-se de ex-prefeito, reputou-se que não se poderia evocar a norma prevista na Constituição de serem os prefeitos julgados por tribunal de justiça, uma vez que inexistiria a prerrogativa, pois cessado o exercício do cargo. Em seguida, salientou-se que o *writ* deveria ser implementado no que diz respeito à inabilitação. Apontou-se que, no caso, haveria de observar--se que o fenômeno decorreria de processo-crime, como consequência de condenação à pena restritiva da liberdade. **HC 106962/SP, rel. Min. Marco Aurélio, 20.11.2012. (HC-106962)**

DIREITO PENAL. INTERRUPÇÃO DE PRESCRIÇÃO DE PRETENSÃO PUNITIVA EM CRIMES CONEXOS.
No caso de crimes conexos que sejam objeto do mesmo processo, havendo sentença condenatória para um dos crimes e acórdão condenatório para o outro delito, tem-se que a prescrição da pretensão punitiva de ambos é interrompida a cada provimento jurisdicional (art. 117, § 1°, do CP). De antemão, salienta-se que o art. 117, IV, do CP enuncia que: "O curso da prescrição interrompe-se: IV – pela publicação da sentença ou acórdão condenatórios recorríveis". Nesse contexto, é importante ressaltar que, se a sentença é condenatória, o acórdão só poderá ser confirmatório ou absolutório, assim como só haverá acórdão condenatório no caso de prévia sentença absolutória. Na hipótese, contudo, os crimes são conexos, o que viabilizou a ocorrência, no mesmo processo, tanto de uma sentença condenatória quanto de um acórdão condenatório. Isso porque a sentença condenou por um crime e absolveu por outro, e o acórdão reformou a absolvição. Ressaltado isso, enfatiza-se que a prescrição não é contada separadamente nos casos de crimes conexos que sejam objeto do mesmo processo. Ademais, para efeito de prescrição, o art. 117, § 1°, do CP dispõe que: "[...] Nos crimes conexos, que sejam objeto do mesmo processo, estende-se aos demais a interrupção relativa a qualquer deles". Portanto, observa-se que, a despeito de a sentença ter sido em parte condenatória e em parte absolutória, ela interrompeu o prazo prescricional de ambos os crimes julgados. Outrossim, o acórdão, em que pese ter confirmado a condenação perpetrada pelo Juiz singular, também condenou o agente – que, até então, tinha sido absolvido – pelo outro crime, de sorte que interrompeu, novamente, a prescrição de ambos os delitos conexos. **Precedente citado do STF: HC 71.983-SP, Segunda Turma, DJ 31/5/1996. RHC 40.177-PR, Rel. Min. Reynaldo Soares da Fonseca, julgado em 25/8/2015, DJe 1°/9/2015 (Inform. STJ 568).**

DIREITO PENAL. TERMO INICIAL DO PRAZO PRESCRICIONAL DO CRIME PREVISTO NO ART. 2°, I, DA LEI 8.137/1990.
O termo inicial do prazo prescricional da pretensão punitiva do crime previsto no art. 2°, I, da Lei 8.137/1990 ("fazer declaração falsa ou omitir declaração sobre rendas, bens ou fatos, ou empregar outra fraude, para eximir-se, total ou parcialmente, de pagamento de tributo") é a data em que a fraude

é perpetrada, e não a data em que ela é descoberta. Isso porque o referido tipo tem natureza de crime formal, instantâneo, sendo suficiente a conduta instrumental, haja vista não ser necessária a efetiva supressão ou redução do tributo para a sua consumação, bastando o emprego da fraude. Assim, o fato de a fraude ter sido empregada em momento determinado, ainda que irradie efeitos até ser descoberta, não revela conduta permanente, mas sim, crime instantâneo de efeitos permanentes – os quais perduraram até a descoberta do engodo. **Precedente citado do STJ: RHC 9.625-CE, Sexta Turma, DJ 27/8/2001. Precedente citado do STF: RHC 90.532 ED, Tribunal Pleno, DJe 5/11/2009. RHC 36.024-ES, Rel. Min. Reynaldo Soares da Fonseca, julgado em 25/8/2015, DJe 1°/9/2015 (Inform. STJ 568).**

DIREITO PENAL. EXTINÇÃO DA PUNIBILIDADE INDEPENDENTEMENTE DO ADIMPLEMENTO DA PENA DE MULTA. RECURSO REPETITIVO (ART. 543-C DO CPC E RES. 8/2008-STJ). TEMA 931.
Nos casos em que haja condenação a pena privativa de liberdade e multa, cumprida a primeira (ou a restritiva de direitos que eventualmente a tenha substituído), o inadimplemento da sanção pecuniária não obsta o reconhecimento da extinção da punibilidade. A Lei 9.268/1996 deu nova redação ao art. 51 do CP e extirpou do diploma jurídico a possibilidade de conversão da pena de multa em detenção, no caso de inadimplemento da sanção pecuniária. Após a alteração legislativa, o mencionado artigo passou a vigorar com a seguinte redação: "Transitada em julgado a sentença condenatória, a multa será considerada dívida de valor, aplicando-se-lhes as normas da legislação relativa à dívida ativa da Fazenda Pública, inclusive no que concerne às causas interruptivas e suspensivas da prescrição". Portanto, diante da nova redação dada ao CP, a pena de multa não mais possui o condão de constranger o direito à locomoção do sentenciado (STF: AgRg no HC 81.480-SP, Primeira Turma, DJ 5/4/2002; e HC 73.758-SP, Segunda Turma, DJ 24/9/1999). É imperioso frisar que a nova redação do art. 51 do CP trata da pena de multa como dívida de valor já a partir do trânsito em julgado da sentença penal condenatória, ou seja, em momento, inclusive, anterior ao próprio cumprimento da pena privativa de liberdade ou da restritiva de direitos. Isso implica afirmar que o jus puniendi do Estado exaure-se ao fim da execução da pena privativa de liberdade ou da restritiva de direitos, porquanto, em nenhum momento, engloba a pena de multa, considerada dívida de valor a partir do trânsito em julgado da sentença penal condenatória. Entendimento oposto, ou seja, a possibilidade de constrição da liberdade daquele que é apenado somente em razão de sanção pecuniária, consistiria em legitimação da prisão por dívida, em afronta, portanto, ao disposto no art. 5°, LXVII, da CF e, ainda, no art. 7°, 7, da Convenção Americana sobre Direitos Humanos (Pacto de San José da Costa Rica), cujo texto estabelece que "ninguém deve ser detido por dívida". Dessa forma, o reconhecimento da pena de multa como dívida de valor atribui à sanção pecuniária caráter extrapenal. Se a natureza da multa, após o trânsito em julgado da condenação, fosse compreendida como de caráter penal, mesmo diante da extinção da pena privativa de liberdade ou da restritiva de direitos pelo cumprimento, os efeitos da sentença se conservariam até o adimplemento da pena pecuniária, porquanto não reconhecida a extinção da punibilidade do apenado. Após a alteração legislativa que considerou a pena de multa como dívida de valor, deve-se assinalar também a alteração da competência para a execução da sanção, exclusiva, então, da Fazenda Pública, conforme disposto no enunciado da Súmula 521 do STJ: "A legitimidade para a execução fiscal de multa pendente de pagamento imposta em sentença condenatória é exclusiva da Fazenda Pública". Portanto, extinta a pena privativa de liberdade (ou restritiva de direitos) pelo seu cumprimento, o inadimplemento da pena de multa não obsta a extinção da punibilidade do apenado, porquanto, após a nova redação do art. 51 do CP, dada pela Lei 9.268/1996, a pena pecuniária é considerada dívida de valor e, desse modo, possui caráter extrapenal, de forma que sua execução é de competência exclusiva da Procuradoria da Fazenda Pública. **REsp 1.519.777-SP, Rel. Min. Rogerio Schietti Cruz, Terceira Seção, julgado em 26/8/2015, DJe 10/9/2015 (Inform. STJ 568).**

DIREITO PENAL E PROCESSUAL PENAL. RECEBIMENTO DE DENÚNCIA POR AUTORIDADE INCOMPETENTE E PRESCRIÇÃO.
Quando a autoridade que receber a denúncia for incompetente em razão de prerrogativa de foro do réu, o recebimento da peça acusatória será ato absolutamente nulo e, portanto, não interromperá a prescrição. Precedente citado do STJ: REsp 819.168-PE, Quinta Turma, DJ 5/2/2007. Precedente citado do STF: HC 63.556-RS, Segunda Turma, DJ 9/5/1986. APn 295-RR, Rel. Min. Jorge Mussi, julgado em 17/12/2014, DJe 12/2/2015 (Inform. STJ 555).

DIREITO PENAL. CRITÉRIO OBJETIVO PARA A CONCESSÃO DE INDULTO.

A regra prevista no art. 1º, I, do Dec. 7.873/2012, que admite a concessão de indulto coletivo aos condenados a pena inferior a oito anos, não pode ser interpretada de forma a permitir que também obtenham o benefício aqueles que, embora condenados a pena total superior a esse limite, tenham menos de oito anos de pena remanescente a cumprir na data da publicação do referido diploma legal. De fato, o art. 1º, I, do Dec. 7.873/2012 dispõe que é concedido o indulto coletivo às pessoas, nacionais e estrangeiras, "condenadas a pena privativa de liberdade não superior a oito anos, não substituída por restritivas de direitos ou multa, e não beneficiadas com a suspensão condicional da pena que, até 25 de dezembro de 2012, tenham cumprido um terço da pena, se não reincidentes, ou metade, se reincidentes". Esse dispositivo legal traz critério objetivo e de redação categórica: o paradigma para a concessão do benefício é a quantidade de pena a que o réu foi condenado, não podendo essa regra ser interpretada de forma a ser considerado o período que remanesce da pena na data da publicação do Decreto, sob pena de ofensa ao princípio da legalidade. Tanto é assim que o referido diploma normativo é categórico ao estabelecer que, para a concessão da comutação das penas, "o cálculo será feito sobre o período de pena já cumprido até 25 de dezembro de 2012" (art. 2º, § 1º), ou seja, se fosse a intenção da Presidente da República instituir indulto considerando apenas o período remanescente, o teria feito expressamente. Precedente citado: HC 180.399-DF, Quinta Turma, DJe 1º/12/2011. **HC 276.416-SP, Rel. Min. Laurita Vaz, julgado em 27/3/2014. (Inform. STJ 538)**

DIREITO PENAL. PRESCRIÇÃO DE MEDIDA DE SEGURANÇA.

A prescrição da medida de segurança imposta em sentença absolutória imprópria é regulada pela pena máxima abstratamente prevista para o delito. O CP não cuida expressamente da prescrição de medida de segurança, mas essa é considerada uma espécie do gênero sanção penal. Assim considerada, sujeita-se às regras previstas no CP relativas aos prazos prescricionais e às diversas causas interruptivas da prescrição. O STF já se manifestou nesse sentido ao entender que incide o instituto da prescrição na medida de segurança, estipulando que "é espécie do gênero sanção penal e se sujeita, por isso mesmo, à regra contida no artigo 109 do Código Penal" (RHC 86.888-SP, Primeira Turma, DJ de 2/12/2005). Esta Corte Superior, por sua vez, já enfrentou a questão, também considerando a medida de segurança como espécie de sanção penal e, portanto, igualmente sujeita à prescrição e suas regras, assentando, ainda, que o lapso temporal necessário à verificação da referida causa de extinção da punibilidade deve ser encontrado tendo como referência a pena máxima abstratamente prevista para o delito. **RHC 39.920-RJ, Rel. Min. Jorge Mussi, julgado em 6/2/2014. (Inform. STJ 535)**

DIREITO PENAL. MARCO INTERRUPTIVO DA PRESCRIÇÃO DA PRETENSÃO PUNITIVA.

Para efeito de configuração do marco interruptivo do prazo prescricional a que se refere o art. 117, IV, do CP, considera-se como publicado o "acórdão condenatório recorrível" na data da sessão pública de julgamento, e não na data de sua veiculação no Diário da Justiça ou em meio de comunicação congênere. Conforme entendimento do STJ e do STF, a publicação do acórdão nos veículos de comunicação oficial deflagra o prazo recursal, mas não influencia na contagem do prazo da prescrição. Precedentes citados do STJ: EDcl no REsp 962.044-SP, Quinta Turma, DJe 7/11/2011; e AgRg no Ag 1.325.925-SP, Sexta Turma, DJe 25/10/2010. Precedentes citados do STF: AI-AgR 539.301-DF, Segunda Turma, DJ 3/2/2006; e HC 70.180-SP, Primeira Turma, DJ 1º/12/2006. **HC 233.594-SP, Rel. Min. Alderita Ramos de Oliveira, julgado em 16/4/2013. (Inform. STJ 521)**

📖 Súmula STF nº 604

A prescrição pela pena em concreto é somente da pretensão executória da pena privativa de liberdade.

📖 Súmula STF nº 497

Quando se tratar de crime continuado, a prescrição regula-se pela pena imposta na sentença, não se computando o acréscimo decorrente da continuação.

📖 Súmula STF nº 146

A prescrição da ação penal regula-se pela pena concretizada na sentença, quando não há recurso da acusação.

📖 Súmula STJ nº 438

É inadmissível a extinção da punibilidade pela prescrição da pretensão punitiva com fundamento em pena hipotética, independentemente da existência ou sorte do processo penal.

📖 Súmula STJ nº 338

A prescrição penal é aplicável nas medidas socioeducativas.

📖 Súmula STJ nº 220

A reincidência não influi no prazo da prescrição da pretensão punitiva.

📖 Súmula STJ nº 191

A pronúncia é causa interruptiva da prescrição, ainda que o tribunal do júri venha a desclassificar o crime.

7. CRIMES CONTRA A PESSOA

EMENTA: INTERPELAÇÃO JUDICIAL. *PROCEDIMENTO DE NATUREZA CAUTELAR.* **MEDIDA PREPARATÓRIA** DE AÇÃO PENAL **REFERENTE** A DELITOS CONTRA A HONRA (**CP**, ART. 144). **PEDIDO DE EXPLICAÇÕES AJUIZADO** *CONTRA MINISTRO DE ESTADO.* **COMPETÊNCIA ORIGINÁRIA** DO SUPREMO TRIBUNAL FEDERAL, POR TRATAR-SE DE AUTORIDADE QUE DISPÕE, PERANTE A SUPREMA CORTE, **DE PRERROGATIVA DE FORO** *NAS INFRAÇÕES PENAIS COMUNS.* **NOTIFICAÇÃO DEFERIDA.**

- O Supremo Tribunal Federal **possui** competência originária para processar pedido de explicações **formulado** com apoio no art. 144 do Código Penal, **quando deduzido** contra Ministro de Estado, **por tratar-se** de autoridade **que dispõe** de prerrogativa de foro *"ratione muneris"* nos ilícitos penais comuns (**CF**, art. 102, I, "c").

- **O pedido de explicações** *admissível* - em qualquer das modalidades de crimes contra a honra - constitui *típica providência* de ordem cautelar *destinada a aparelhar* ação penal principal **tendente** a sentença condenatória. O interessado, **ao formulá-lo**, invoca, *em juízo*, tutela cautelar penal, **visando a que se esclareçam** situações **revestidas** *de equivocidade, ambiguidade* **ou** *dubiedade*, **a fim** *de que se viabilize* o exercício *eventual* de ação penal condenatória, **notadamente** naqueles casos em que se registre efetiva incerteza *quanto aos destinatários específicos* das imputações moralmente ofensivas (**Pet 4.444-AgR/DF**, Rel. Min. CELSO DE MELLO, **Pleno**).

- **A interpelação judicial**, *sempre facultativa* (**RT** 602/368 - **RT** 627/365 - **RT** 752/611 **RTJ** 142/816), acha-se **instrumentalmente** vinculada **à necessidade** de esclarecer situações, frases **ou** expressões, escritas **ou** verbais, **caracterizadas** *por sua dubiedade, equivocidade* **ou** *ambiguidade*.

- O pedido de explicações em juízo submete-se **à mesma** ordem ritual que é peculiar *ao procedimento das notificações avulsas* (**CPC**, art. 867 c/c o art. 3º do CPP). **Isso significa**, *portanto*, que **não** caberá ao Supremo Tribunal Federal, em sede de interpelação penal, **avaliar** o conteúdo das explicações dadas pela parte requerida **nem examinar** a legitimidade jurídica de sua eventual recusa em prestá-las, **pois** tal matéria compreende-se na esfera do processo penal de conhecimento a ser *ulteriormente* instaurado. **Doutrina. Precedentes.** Pet 5.557/DF. RELATOR: Ministro Celso de Mello **(Inform. STF 776)**

Pet 5.187/SP

RELATOR: Ministro Celso de Mello

EMENTA: INTERPELAÇÃO JUDICIAL. PROCEDIMENTO *DE NATUREZA CAUTELAR.* **MEDIDA PREPARATÓRIA** DE AÇÃO PENAL **REFERENTE** *A DELITOS CONTRA A HONRA* (**CP**, ART. 144). **PEDIDO DE EXPLICAÇÕES AJUIZADO** **CONTRA** DEPUTADO FEDERAL. **COMPETÊNCIA ORIGINÁRIA** DO SUPREMO TRIBUNAL FEDERAL, **POR DISPOR**, *O PARLAMENTAR FEDERAL*, **DE PRERROGATIVA DE FORO**, *"RATIONE MUNERIS"*, **PERANTE** ESTA SUPREMA CORTE, NAS INFRAÇÕES PENAIS COMUNS. **IMPUTAÇÕES** *ALEGADAMENTE OFENSIVAS* AO PATRIMÔNIO MORAL DO INTERPELANTE. **RECONHECIMENTO**, *POR ELE PRÓPRIO*, DE QUE AS AFIRMAÇÕES QUESTIONADAS **OFENDERAM-LHE** A *IMAGEM* **E** *A REPUTAÇÃO*. **AUSÊNCIA**, *EM TAL CONTEXTO*, **DE DUBIEDADE**, **EQUIVOCIDADE OU AMBIGUIDADE**. *CONSEQUENTE INEXISTÊNCIA DE DÚVIDA* **QUANTO** AO CONTEÚDO DE TAIS AFIRMAÇÕES. **INVIABILIDADE JURÍDICA** DO AJUIZAMENTO DA INTERPELAÇÃO JUDICIAL, *POR FALTA DE INTERESSE PROCESSUAL*. PEDIDO DE EXPLICAÇÕES **A QUE SE NEGA** SEGUIMENTO.

- O Supremo Tribunal Federal **possui** competência originária **para processar** pedido de explicações **formulado** com apoio **no art. 144** do Código Penal, **quando deduzido** contra parlamentar federal, **que dispõe** de prerrogativa de foro, *"ratione muneris"*, perante esta Corte Suprema, nas infrações penais comuns (**CF**, art. 53, § 1º, "*caput*", **c/c** o art. 102, I, "**b**").

- **O pedido de explicações**, *admissível em qualquer* das modalidades de crimes contra a honra, **constitui** *típica providência* de ordem cautelar, *sempre*

3. DIREITO PENAL — 187

facultativa (**RT** 602/368 – **RT** 627/365 – **RT** 752/611 – **RTJ** 142/816), *destinada a aparelhar* **ação penal principal** *tendente a sentença condenatória*. O interessado, **ao formulá-lo**, invoca, *em juízo*, tutela cautelar penal, **visando a que se esclareçam** situações **revestidas** *de equivocidade, ambiguidade* **ou** *dubiedade*, **a fim de que se viabilize** o exercício *eventual* de ação penal condenatória.
- **O pedido** de explicações em juízo **submete-se** *à mesma* ordem ritual **que é peculiar** ao procedimento das notificações avulsas (**CPC**, art. 867 **c/c** o art. 3° **do CPP**). **Isso significa**, *portanto*, **que não caberá**, *ao Supremo Tribunal Federal*, **em sede** de interpelação penal, **avaliar o conteúdo** das explicações dadas pela parte requerida **nem examinar a legitimidade jurídica** de sua eventual recusa em prestá-las, **pois** tal matéria **compreende-se** na esfera do processo penal de conhecimento a ser *eventualmente* instaurado. **Doutrina**. **Precedentes**.
- **A interpelação judicial**, *fundada no art. 144* do Código Penal, **acha-se instrumentalmente** vinculada **à necessidade** de esclarecer situações, frases **ou** expressões, escritas **ou** verbais, **caracterizadas** *por sua dubiedade, equivocidade* **ou** *ambiguidade*. **Ausentes** esses requisitos condicionadores de sua formulação, a interpelação judicial, **porque desnecessária**, revela--se processualmente **inadmissível**. **Doutrina**. **Precedentes**. 11.9.2014. **(Inform. STF 765)**

Pet 5.146/DF
RELATOR: Ministro Celso de Mello
INTERPELAÇÃO JUDICIAL. **PROCEDIMENTO** *DE NATUREZA CAUTELAR*. **MEDIDA PREPARATÓRIA DE AÇÃO PENAL REFERENTE** *A DELITOS CONTRA A HONRA* (**CP**, ART. 144). **PEDIDO DE EXPLICAÇÕES AJUIZADO CONTRA** *A SENHORA PRESIDENTE DA REPÚBLICA* **E CONTRA** *O SENHOR PRESIDENTE DA COMISSÃO DE ÉTICA PÚBLICA* DA PRESIDÊNCIA DA RE-PÚBLICA. **COMPETÊNCIA ORIGINÁRIA** DO SUPREMO TRIBUNAL FEDERAL **LIMITADA**, *UNICAMENTE*, **À SENHORA PRESIDENTE DA REPÚBLICA**, **POR DISPOR** DE PRERROGATIVA DE FORO, *"RATIONE MUNERIS"*, **PERANTE** ESTA SUPREMA CORTE, NAS INFRAÇÕES PENAIS COMUNS. **EXCLUSÃO** *DO SENHOR PRESIDENTE DA COMISSÃO DE ÉTICA PÚBLICA* DA PRESIDÊNCIA DA REPÚBLICA. **IMPUTAÇÕES** *ALEGADAMENTE OFENSIVAS* AO PATRIMÔNIO MORAL DO INTERPELANTE. **RECONHECIMENTO**, *POR ELE PRÓPRIO*, DE QUE AS AFIRMAÇÕES QUESTIONADAS **OFENDERAM-LHE** A *DIGNIDADE* **E** O *DECORO*. **AUSÊNCIA**, *EM TAL CONTEXTO*, **DE DUBIEDADE**, **EQUIVOCIDADE** OU **AMBIGUIDADE**. *CONSEQUENTE INEXISTÊNCIA* **DE** *DÚVIDA* **QUANTO** AO CONTEÚDO DE TAIS AFIRMAÇÕES. **INVIABILIDADE JURÍDICA** DO AJUIZAMENTO DA INTERPELAÇÃO JUDICIAL, *POR FALTA DE INTERESSE PROCESSUAL*. PEDIDO DE EXPLICAÇÕES **A QUE SE NEGA** SEGUIMENTO.
- O Supremo Tribunal Federal **possui** competência originária **para processar** pedido de explicações **formulado** com apoio **no art. 144** do Código Penal, **quando deduzido** contra a Presidente da República, **que dispõe** de prerrogativa de foro, *"ratione muneris"*, perante esta Corte Suprema, nas infrações penais comuns (**CF**, art. 86, *"caput"*, **c/c** o art. 102, I, **"b"**).
- **O pedido de explicações**, *admissível em qualquer* das modalidades de crimes contra a honra, **constitui** *típica providência* **de** ordem cautelar, *sempre facultativa* (**RT** 602/368 – **RT** 627/365 – **RT** 752/611 – **RTJ** 142/816), *destinada a aparelhar* **ação penal principal** *tendente a sentença condenatória*. O interessado, **ao formulá-lo**, invoca, *em juízo*, tutela cautelar penal, **visando a que se esclareçam** situações **revestidas** *de equivocidade, ambiguidade* **ou** *dubiedade*, **a fim de que se viabilize** o exercício *eventual* de ação penal condenatória.
- **O pedido** de explicações em juízo **submete-se** *à mesma* ordem ritual **que é peculiar** ao procedimento das notificações avulsas (**CPC**, art. 867 **c/c** o art. 3° **do CPP**). **Isso significa**, *portanto*, **que não caberá**, *ao Supremo Tribunal Federal*, **em sede** de interpelação penal, **avaliar o conteúdo** das explicações dadas pela parte requerida **nem examinar a legitimidade jurídica** de sua eventual recusa em prestá-las, **pois** tal matéria **compreende-se** na esfera do processo penal de conhecimento a ser *eventualmente* instaurado. **Doutrina**. **Precedentes**.
- **Onde não houver** dúvida **em torno** do conteúdo **alegadamente** ofensivo das afirmações questionadas **ou**, *então*, *onde inexistir qualquer incerteza* a propósito **dos destinatários** de tais declarações, **aí não terá pertinência nem cabimento** a interpelação judicial, **pois ausentes**, *em tais hipóteses* (**como sucede** na espécie), **os pressupostos necessários** à sua adequada utilização. **Doutrina**. **Precedentes**. DJe de 27.2.2014. **(Inform. STF 751)**

Injúria qualificada e proporcionalidade da pena - 2
Em conclusão de julgamento, a 1ª Turma denegou habeas corpus em que se alegava a desproporcionalidade da pena prevista em abstrato quanto ao tipo qualificado de injúria, na redação dada pela Lei 10.741/2003 ("Art. 140. Injuriar alguém, ofendendo-lhe a dignidade ou o decoro: ... § 3°. Se a injúria consiste na utilização de elementos referentes a raça, cor, etnia, religião, origem ou a condição de pessoa idosa ou portadora de deficiência: Pena - reclusão de um a três anos e multa") – v. Informativo 631. Preliminarmente, indeferiu-se, por maioria, questão de ordem suscitada pelo Min. Marco Aurélio no sentido de que a matéria fosse submetida ao Plenário, diante da arguição de inconstitucionalidade do preceito. Afirmou-se que a mera arguição de inconstitucionalidade feita pelo impetrante em sede de habeas corpus não ensejaria o deslocamento, de forma automática e incondicional, para o Plenário do STF, pois seria necessário juízo prévio de relevância, que justificasse o conhecimento do writ pelo Tribunal Pleno, conforme o art. 176, § 1°, do RISTF. Vencido o suscitante. Destacou-se que o tipo qualificado de injúria teria como escopo a proteção do princípio da dignidade da pessoa humana como postulado essencial da ordem constitucional, ao qual estaria vinculado o Estado no dever de respeito à proteção do indivíduo. Observou-se que o legislador teria atentado para a necessidade de se assegurar prevalência desses princípios. Asseverou-se que o impetrante pretenderia o trancamento da ação penal ao sustentar a inconstitucionalidade do art. 140, § 3°, do CP, questão não enfrentada em recurso especial no STJ.
HC 109676/RJ, rel. Min. Luiz Fux, 11.6.2013. (HC-109676) (Inform. STF 710)

ADPF N. 54-DF
RELATOR: MIN. MARCO AURÉLIO
ESTADO – LAICIDADE. O Brasil é uma república laica, surgindo absolutamente neutro quanto às religiões. Considerações.
FETO ANENCÉFALO – INTERRUPÇÃO DA GRAVIDEZ – MULHER – LIBERDADE SEXUAL E REPRODUTIVA – SAÚDE – DIGNIDADE – AUTODETERMINAÇÃO – DIREITOS FUNDAMENTAIS – CRIME – INEXISTÊNCIA. Mostra-se inconstitucional interpretação de a interrupção da gravidez de feto anencéfalo ser conduta tipificada nos artigos 124, 126 e 128, incisos I e II, do Código Penal. **(Inform. STF 704)**

DIREITO PENAL. CRIME DE LESÃO CORPORAL QUALIFICADO PELA DEFORMIDADE PERMANENTE.
A qualificadora "deformidade permanente" do crime de lesão corporal (art. 129, § 2°, IV, do CP) não é afastada por posterior cirurgia estética reparadora que elimine ou minimize a deformidade na vítima. Isso porque, o fato criminoso é valorado no momento de sua consumação, não o afetando providências posteriores, notadamente quando não usuais (pelo risco ou pelo custo, como cirurgia plástica ou de tratamentos prolongados, dolorosos ou geradores do risco de vida) e promovidas a critério exclusivo da vítima. HC 306.677-RJ, Rel. Min. Ericson Maranho (Desembargador convocado do TJ-SP), Rel. para acórdão Min. Nefi Cordeiro, julgado em 19/5/2015, DJe 28/5/2015 **(Inform. STJ 562)**.

DIREITO PENAL. POSSIBILIDADE DA PRÁTICA DE CALÚNIA, DIFAMAÇÃO E INJÚRIA POR MEIO DA DIVULGAÇÃO DE UMA ÚNICA CARTA.
É possível que se impute de forma concomitante a prática dos crimes de calúnia, de difamação e de injúria ao agente que divulga em uma única carta dizeres aptos a configurar os referidos delitos, sobretudo no caso em que os trechos utilizados para caracterizar o crime de calúnia forem diversos dos empregados para demonstrar a prática do crime de difamação. Ainda que diversas ofensas tenham sido assacadas por meio de uma única carta, a simples imputação ao acusado dos crimes de calúnia, injúria e difamação não caracteriza ofensa ao princípio que proíbe o bis in idem, já que os crimes previstos nos arts. 138, 139 e 140 do CP tutelam bens jurídicos distintos, não se podendo asseverar de antemão que o primeiro absorveria os demais. Ademais, constatado que diferentes afirmações constantes da missiva atribuída ao réu foram utilizadas para caracterizar os crimes de calúnia e de difamação, não se pode afirmar que teria havido dupla persecução pelos mesmos fatos. De mais a mais, ainda que os dizeres também sejam considerados para fins de evidenciar o cometimento de injúria, o certo é que essa infração penal, por tutelar bem jurídico diverso daquele protegido na calúnia e na difamação, a princípio, não pode ser por elas absorvido. **RHC 41.527-RJ, Rel. Min. Jorge Mussi, julgado em 3/3/2015, DJe 11/3/2015 (Inform. STJ 557)**.

DIREITO PENAL. MORTE INSTANTÂNEA DA VÍTIMA E OMISSÃO DE SO-CORRO COMO CAUSA DE AUMENTO DE PENA.
No homicídio culposo, a morte instantânea da vítima não afasta a causa de aumento de pena prevista no art. 121, § 4º, do CP – deixar de prestar imediato socorro à vítima –, a não ser que o óbito seja evidente, isto é, perceptível por qualquer pessoa. Com efeito, o aumento imposto à pena decorre do total desinteresse pela sorte da vítima. Isso é evidenciado por estar a majorante inserida no § 4º do art. 121 do CP, cujo móvel é a observância do dever de solidariedade que deve reger as relações na sociedade brasileira (art. 3º, I, da CF). Em suma, o que pretende a regra em destaque é realçar a importância da alteridade. Assim, o interesse pela integridade da vítima deve ser demonstrado, a despeito da possibilidade de êxito, ou não, do socorro que possa vir a ser prestado. Tanto é que não só a omissão de socorro majora a pena no caso de homicídio culposo, como também se o agente "não procura diminuir as consequências do seu ato, ou foge para evitar a prisão em flagrante". Cumpre destacar, ainda, que o dever imposto ao autor do homicídio remanesce, a não ser que seja evidente a morte instantânea, perceptível por qualquer pessoa. Em outras palavras, havendo dúvida sobre a ocorrência do óbito imediato, compete ao autor da conduta imprimir os esforços necessários para minimizar as consequências do fato. Isso porque "ao agressor, não cabe, no momento do fato, presumir as condições físicas da vítima, medindo a gravidade das lesões que causou e as consequências de sua conduta. Tal responsabilidade é do especialista médico, autoridade científica e legalmente habilitada para, em tais circunstâncias, estabelecer o momento e a causa da morte" (REsp 277.403-MG, Quinta Turma, DJ 2/9/2002). **Precedente citado do STF: HC 84.380-MG, Segunda Turma, DJ 3/6/2005. HC 269.038-RS, Rel. Min. Felix Fischer, julgado em 2/12/2014, DJe 19/12/2014 (Inform. STJ 554).**

DIREITO PENAL. INVASÃO DE GABINETE DE DELEGADO DE POLÍCIA.
Configura o crime de violação de domicílio (art. 150 do CP) o ingresso e a permanência, sem autorização, em gabinete de Delegado de Polícia, embora faça parte de um prédio ou de uma repartição públicos. O § 4º do art. 150 do CP, em seu inciso III, dispõe que a expressão "casa" compreende o "compartimento não aberto ao público, onde alguém exerce profissão ou atividade". Ora, se o compartimento deve ser fechado ao público, depreende-se que faz parte de um prédio ou de uma repartição públicos, ou então que, inserido em ambiente privado, possua uma parte conjugada que seja aberta ao público. Assim, verifica-se que, sendo a sala de um servidor público – no caso, o gabinete de um Delegado de Polícia – um compartimento com acesso restrito e dependente de autorização, e, por isso, um local fechado ao público, onde determinado indivíduo exerce suas atividades laborais, há o necessário enquadramento no conceito de "casa" previsto no art. 150 do Estatuto Repressivo. Com efeito, entendimento contrário implicaria a ausência de proteção à liberdade individual de todos aqueles que trabalham em prédios públicos, já que poderiam ter os recintos ou compartimentos fechados em que exercem suas atividades invadidos por terceiros não autorizados a qualquer momento, o que não se coaduna com o objetivo da norma penal incriminadora em questão. Ademais, em diversas situações o serviço público ficaria inviabilizado, pois bastaria que um cidadão ou que grupos de cidadãos desejassem manifestar sua indignação ou protestar contra determinada situação para que pudessem ingressar em qualquer prédio público, inclusive nos espaços restritos à população, sem que tal conduta caracterizasse qualquer ilícito, o que, como visto, não é possível à luz da legislação penal em vigor. **HC 298.763-SC, Rel. Min. Jorge Mussi, julgado em 7/10/2014. (Inform. STJ 549)**

DIREITO PENAL E PROCESSUAL PENAL. REQUISITOS PARA CONFIGU-RAÇÃO DO CRIME DE REDUÇÃO A CONDIÇÃO ANÁLOGA À DE ESCRAVO.
Para configuração do delito de "redução a condição análoga à de escravo" (art. 149 do CP) – de competência da Justiça Federal – é desnecessária a restrição à liberdade de locomoção do trabalhador. De fato, a restrição à liberdade de locomoção do trabalhador é uma das formas de cometimento do delito, mas não é a única. Conforme se infere da redação do art. 149 do CP, o tipo penal prevê outras condutas que podem ofender o bem juridicamente tutelado, isto é, a liberdade de o indivíduo ir, vir e se autodeterminar, dentre elas submeter o sujeito passivo do delito a condições de trabalho degradantes, subumanas. Precedentes citados do STJ: AgRg no CC 105.026-MT, Terceira Seção, DJe 17/2/2011; CC 113.428-MG, Terceira Seção, DJe 1º/2/2011. Precedente citado do STF: Inq 3.412, Tribunal Pleno, DJe 12/11/2012. **CC 127.937-GO, Rel. Min. Nefi Cordeiro, julgado em 28/5/2014. (Inform. STJ 543)**

DIREITO PENAL. ELEMENTO SUBJETIVO DO CRIME DE CALÚNIA.
A manifestação do advogado em juízo para defender seu cliente não configura crime de calúnia se emitida sem a intenção de ofender a honra. Isso porque, nessa situação, não se verifica o elemento subjetivo do tipo penal. Com efeito, embora a imunidade do advogado no exercício de suas funções incida somente sobre os delitos de injúria e de difamação (art. 142, I, do CP), para a configuração de quaisquer das figuras típicas dos crimes contra a honra – entre eles, a calúnia – faz-se necessária a intenção de ofender o bem jurídico tutelado. Nesse contexto, ausente a intenção de caluniar (*animus caluniandi*), não pode ser imputado ao advogado a prática de calúnia. **Rcl 15.574-RJ, Rel. Min. Rogerio Schietti Cruz, julgado em 9/4/2014. (Inform. STJ 539)**

DIREITO PENAL. NÃO CARACTERIZAÇÃO DE BIS IN IDEM NO CASO DE APLICAÇÃO DE CAUSA DE AUMENTO DE PENA REFERENTE AO DESCUM-PRIMENTO DE REGRA TÉCNICA NO EXERCÍCIO DA PROFISSÃO.
É possível a aplicação da causa de aumento de pena prevista no art. 121, § 4º, do CP no caso de homicídio culposo cometido por médico e decorrente do descumprimento de regra técnica no exercício da profissão. Nessa situação, não há que se falar em bis in idem. Isso porque o legislador, ao estabelecer a circunstância especial de aumento de pena prevista no referido dispositivo legal, pretendeu reconhecer maior reprovabilidade à conduta do profissional que, embora tenha o necessário conhecimento para o exercício de sua ocupação, não o utilize adequadamente, produzindo o evento criminoso de forma culposa, sem a devida observância das regras técnicas de sua profissão. De fato, caso se entendesse caracterizado o bis in idem na situação, ter-se-ia que concluir que essa majorante somente poderia ser aplicada se o agente, ao cometer a infração, incidisse em pelo menos duas ações ou omissões imprudentes ou negligentes, uma para configurar a culpa e a outra para a majorante, o que não seria condizente com a pretensão legal. Precedente citado do STJ: HC 63.929-RJ, Quinta Turma, DJe 9/4/2007. Precedente citado do STF: HC 86.969-6-RS, Segunda Turma, DJ 24/2/2006. **HC 181.847-MS, Rel. Min. Marco Aurélio Bellizze, Rel. para acórdão Min. Campos Marques (Desembargador convocado do TJ/PR), julgado em 4/4/2013. (Inform. STJ 520)**

📄 Súmula STJ nº 18

A sentença concessiva do perdão judicial é declaratória da extinção da punibilidade, não subsistindo qualquer efeito condenatório.

8. CRIMES CONTRA O PATRIMÔNIO

Estelionato e extinção de punibilidade
A causa especial de extinção de punibilidade prevista no § 2º do art. 9º da Lei 10.684/2003, relativamente ao pagamento integral do crédito tributário, não se aplica ao delito de estelionato (CP, art. 171). Esse o entendimento da Segunda Turma, que negou provimento a recurso ordinário em "habeas corpus" em que se pleiteava a declaração da extinção da punibilidade em razão do ressarcimento integral do dano causado à vítima do estelionato. **RHC 126917/SP, rel. Min. Teori Zavascki, 25.8.2015. (RHC-126917) (Inform. STF 796)**

HC N. 109.539-RS
RELATOR: MIN. GILMAR MENDES
Habeas corpus. 2. Paciente condenado pela prática de latrocínio consumado em concurso formal com latrocínio tentado (arts. 157, § 3º, última parte, c/c 61, II, c e h, e 157, § 3º, última parte, c/c 61, II, c e h, c/c 14, II, todos do CP). 3. Delito praticado mediante ação desdobrada em vários atos atingindo duas vítimas. 4. Pedido de afastamento da causa de aumento de 1/6 referente ao concurso formal de crimes. 5. Paciente objetivou roubar bens que guarneciam a residência do casal (patrimônio único). Não é razoável a importância dada à subtração das alianças das vítimas a fim de justificar a subtração de patrimônio individual. 6. Embora as alianças nupciais integrem patrimônio personalíssimo na legislação civil, na seara do Direito Penal, há de se conferir relevância ao dolo do agente. 7. Caracterizada a prática de latrocínio consumado, em razão do atingimento de patrimônio único. 8. O número de vítimas deve ser sopesado por ocasião da fixação da pena-base, na fase do art. 59 do CP. Precedente: HC n. 71267-3/ES, 2ª Turma, rel. Min. Maurício Corrêa, DJ 20.4.95. 9. Determinação de baixa dos autos ao Juízo de primeiro grau, para que proceda a nova dosimetria da pena, considerando

3. DIREITO PENAL — 189

a quantidade de vítimas na primeira fase do sistema trifásico e respeitando a pena aplicada, em atenção ao princípio do non reformatio in pejus. 10. Ordem parcialmente concedida. **(Inform. STF 708)**

HC e latrocínio tentado

Ante a inadequação da via eleita, a 1ª Turma, por maioria, julgou extinto *habeas corpus* em que se pleiteava a estipulação da pena do paciente de acordo com a primeira parte do § 3º do art. 157 do CP (*"Art. 157 - Subtrair coisa móvel alheia, para si ou para outrem, mediante grave ameaça ou violência a pessoa, ou depois de havê-la, por qualquer meio, reduzido à impossibilidade de resistência: Pena - reclusão, de quatro a dez anos, e multa. ... § 3º Se da violência resulta lesão corporal grave, a pena é de reclusão, de sete a quinze anos, além da multa; se resulta morte, a reclusão é de vinte a trinta anos, sem prejuízo da multa"*). Na espécie, trata-se de condenado com fulcro no art. 157, § 3º, c/c art. 14, II, ambos do CP, por decisão transitada em julgado. Esclareceu-se que se buscava o enquadramento jurídico da conduta a ele imputada como crime de roubo seguido de lesão corporal de natureza grave – e não tentativa de latrocínio –, com nova fixação da pena--base, pois a vítima sobrevivera. Rejeitou-se eventual concessão da ordem de ofício. Assentou-se não ser possível enfrentar ponderação de circunstâncias fático-probatórias em *writ* para verificar como teria ocorrido o delito. O Min. Luiz Fux acentuou estar caracterizada a tentativa de tirar a vida da vítima, que não se teria consumado por motivos alheios à vontade do paciente. Vencido o Min. Marco Aurélio, que concedia a ordem. Asseverava inexistir, no ordenamento jurídico pátrio, a tentativa de latrocínio, que consistiria ficção jurídica conflitante com o preceito legal. Além do mais, sublinhava que o latrocínio pressuporia sempre a morte. **HC 110686/DF, rel. Min. Dias Toffoli, 5.2.2013. (HC-110686) (Inform. STF 694)**.

Art. 224 do CP e latrocínio

A 1ª Turma denegou *habeas corpus*, mas concedeu a ordem, de ofício, com o fim de decotar da sanção cominada ao paciente o acréscimo resultante da aplicação do que estabelecido no art. 9º da Lei 8.072/90 (*"As penas fixadas no art. 6º para os crimes capitulados nos arts. 157, § 3º, 158, § 2º, 159, caput e seus §§ 1º, 2º e 3º, 213, caput e sua combinação com o art. 223, caput e parágrafo único, 214 e sua combinação com o art. 223, caput e parágrafo único, todos do Código Penal, são acrescidas de metade, respeitado o limite superior de trinta anos de reclusão, estando a vítima em qualquer das hipóteses referidas no art. 224 também do Código Penal"*). Na espécie, ele fora condenado à reprimenda de 45 anos de reclusão pela prática do crime de latrocínio contra menor de 14 anos. No que atine à assertiva de ter sido a pena-base indevidamente exasperada no máximo legal, sublinhou-se demandar análise de acervo fático-probatório, impróprio nesta sede. De outra face, explicitou-se que a sanção corporal fora acrescida da metade (15 anos), sem observância pelo magistrado do limitador de 30 anos de reclusão (Lei 8.072/90, art. 9º). Asseverou-se que este preceito – diante da revogação do art. 224 do CP pela Lei 12.015/2009 – teria perdido a eficácia, devendo, portanto, a adição ser extirpada da reprimenda imposta, por força do princípio da *novatio legis in mellius* (CP, art. 2º, parágrafo único). Assim, fixou-se a pena de 30 anos de reclusão. Por fim, estendeu-se a ordem ao corréu. A Min. Rosa Weber acrescentou que a revogação teria deixado o dispositivo da Lei de Crimes Hediondos redigido com deficiente técnica legislativa, carente de complemento normativo em vigor, razão pela qual reputou revogada a causa de aumento nele consignada. **HC 111246/AC, rel. Min. Dias Toffoli, 11.12.2012. (HC-111246) (Inform. STF 692)**.

DIREITO PENAL. MOMENTO CONSUMATIVO DO CRIME DE ROUBO. RECURSO REPETITIVO (ART. 543-C DO CPC E RES. 8/2008-STJ).

Consuma-se o crime de roubo com a inversão da posse do bem, mediante emprego de violência ou grave ameaça, ainda que por breve tempo e em seguida a perseguição imediata ao agente e recuperação da coisa roubada, sendo prescindível a posse mansa e pacífica ou desviagiada. Como se sabe, o delineamento acerca da consumação dos crimes de roubo e de furto foi construído com base no direito romano, cuja noção de furtum - elaborada pelos operadores práticos do direito e pelos jurisconsultos -, mais ampla que a do furto do direito moderno, trazia a exigência da contrectatio (apreensão fraudulenta da coisa), visto que se exigia, necessariamente, o apossamento da coisa. É de se notar que, a partir das interpretações discrepantes da palavra contrectatio - entendida diversamente no sentido de trazer, de mover de lugar, de tocar (materialmente) e pôr a mão -, explica-se a profusão de teorias sobre a consumação do furto. O desenvolvimento desses conceitos,

no âmbito do direito romano, levou à distinção de quatro momentos da ação: (a) a ação de tocar o objeto (contrectatio); (b) a ação de remover a coisa (amotio); (c) a ação de levar a coisa, tirando-a da esfera patrimonial do proprietário (ablatio); e (d) a ação de colocar a coisa em lugar seguro (illatio). O porquê de tanto esforço intelectual pode ser encontrado no fato de o direito romano não ter desenvolvido a ideia de "tentativa", motivo pelo qual era necessária a antecipação da consumação, considerando-se já consumado o furto com o simples toque da coisa, sem necessidade de levá-la. Todavia, com o surgimento da noção de tentativa, ficou evidente que não se fazia necessária a antecipação da consumação (attrectatio). Decorre daí o abandono das teorias radicais (consumação pelo simples toque ou somente com a colocação da coisa em local seguro). No Brasil, o histórico da jurisprudência do STF quanto ao tema remete a dois momentos distintos. No primeiro momento, observava-se, acerca da consumação do crime de roubo próprio, a existência de duas correntes na jurisprudência do STF: (i) a orientação tradicional, que considerava consumada a infração com a subtração da coisa, mediante violência ou grave ameaça, sem cogitar outros requisitos, explicitando ser desnecessário o locupletamento do agente (HC 49.671-SP, Primeira Turma, DJ 16/6/1972; RE 93.133-SP, Primeira Turma, DJ 6/2/1981; HC 53.495-SP, Segunda Turma, DJ 19/9/1975; e RE 102.389-SP, Segunda Turma, DJ 17/8/1984); e (ii) a orientação segundo a qual se exige, para a consumação, tenha a coisa subtraída saído da esfera de vigilância da vítima ou tenha tido o agente a posse pacífica da res, ainda que por curto lapso (RE 93.099-SP, Primeira Turma, DJ 18/12/1981; RE 96.383-SP, Primeira Turma, DJ 18/3/1983; RE 97.500-SP, Segunda Turma, DJ 24/8/1982; e RE 97.677-SP, Segunda Turma, DJ 15/10/1982). Para esta corrente, havendo perseguição imediata ao agente e sua prisão logo em seguida com o produto do roubo, não haveria que se falar em roubo consumado. Num segundo momento, ocorreu a estabilização da jurisprudência do STF com o julgamento do RE 102.490-SP em 17/9/1987 (DJ 16/8/1991), no qual, de acordo com a referida orientação tradicional da jurisprudência (i), definiu-se que "Para que o ladrão se torne possuidor, não é preciso, em nosso direito, que ele saia da esfera de vigilância do antigo possuidor, mas, ao contrário, basta que cesse a clandestinidade ou a violência, para que o poder de fato sobre a coisa se transforme de detenção em posse, ainda que seja possível ao antigo possuidor retomá-la pela violência, por si ou por terceiro, em virtude de perseguição [...]". Após esse julgado, o STF, no que tange ao momento consumativo do roubo, unificou a jurisprudência, para entender que se consuma o crime de roubo no momento em que o agente obtém a posse do bem, mediante violência ou grave ameaça, ainda que não seja mansa e pacífica e/ou haja perseguição policial, sendo prescindível que o objeto subtraído saia da esfera de vigilância da vítima. Precedentes citados do STJ: AgRg no REsp 1.410.795-SP, Sexta Turma, DJe 6/12/2013; e EDcl no REsp 1.425.160-RJ, Sexta Turma, DJe 25/9/2014. Precedentes citados do STF: HC 94.406-SP, Primeira Turma, DJe 5/9/2008; e HC 100.189-SP, Segunda Turma, DJe 16/4/2010. **REsp 1.499.050-RJ, Rel. Min. Rogerio Schietti Cruz, Terceira Seção, julgado em 14/10/2015, DJe 9/11/2015. (Inform. STJ 572)**

DIREITO PENAL. MOMENTO CONSUMATIVO DO CRIME DE FURTO. RECURSO REPETITIVO (ART. 543-C DO CPC E RES. 8/2008-STJ).

Consuma-se o crime de furto com a posse de fato da res furtiva, ainda que por breve espaço de tempo e seguida de perseguição ao agente, sendo prescindível a posse mansa e pacífica ou desviagiada. O Plenário do STF (RE 102.490-SP, DJ 16/8/1991), superando a controvérsia em torno do tema, consolidou a adoção da teoria da apprehensio (ou amotio), segundo a qual se considera consumado o delito de furto quando, cessada a clandestinidade, o agente detenha a posse de fato sobre o bem, ainda que seja possível à vítima retomá-lo, por ato seu ou de terceiro, em virtude de perseguição imediata. Desde então, o tema encontra-se pacificado na jurisprudência dos Tribunais Superiores. Precedentes citados do STJ: AgRg no REsp 1.346.113-SP, Quinta Turma, DJe 30/4/2014; HC 220.084-MT, Sexta Turma, DJe 17/12/2014; e AgRg no AREsp 493.567-SP, Sexta Turma, DJe 10/9/2014. Precedentes citados do STF: HC 114.329-RS, Primeira Turma, DJe 18/10/2013; e HC 108.678-RS, Primeira Turma, DJe 10/5/2012. **REsp 1.524.450-RJ, Rel. Min. Nefi Cordeiro, Terceira Seção, julgado em 14/10/2015, DJe 29/10/2015. (Inform. STJ 572)**

DIREITO PENAL. CRIME DE DANO PRATICADO CONTRA A CEF.

O crime de dano (art. 163 do CP) não será qualificado (art. 163, parágrafo único, III) pelo fato de ser praticado contra o patrimônio da Caixa Econômica Federal (CEF). O crime de dano qualificado previsto no art. 163, parágrafo único, III, do CP possui a seguinte redação: "Destruir, inutilizar ou deteriorar coisa alheia: [...]. Parágrafo único - Se o crime é cometido: [...] III - contra o patrimônio da União, Estado, Município, empresa concessionária de serviços públicos ou sociedade de economia mista [...]". Diante da literalidade do referido dispositivo penal, questiona-se se o dano ao patrimônio de entes públicos nele não mencionados, como as empresas públicas, permitiria ou não a incidência da qualificadora em questão. Como se sabe, o Direito Penal é regido pelo princípio da legalidade, não havendo crime sem lei anterior que o defina, nem pena sem prévia cominação legal, nos termos do art. 5º, XXXIX, da CF e do art. 2º do CP. Em observância ao mencionado postulado, não se admite analogia em matéria penal quando utilizada de modo a prejudicar o réu. Desse modo, ainda que o legislador tenha pretendido proteger o patrimônio público de forma geral por via da previsão da forma qualificada do dano e, além disso, mesmo que a destruição ou a inutilização de bens de empresas públicas seja tão prejudicial quanto as cometidas em face das demais pessoas jurídicas mencionadas na norma penal em exame, é certo é que, não é possível incluir a CEF (empresa pública) no rol constante do dispositivo em apreço. **Precedente citado: AgRg no REsp 1.469.224-DF, Sexta Turma, DJe 20/2/2015. RHC 57.544-SP, Rel. Min. Leopoldo de Arruda Raposo (Desembargador convocado do TJ-PE), julgado em 6/8/2015, DJe 18/8/2015 (Inform. STJ 567).**

DIREITO PENAL. FURTO PRATICADO NO INTERIOR DE ESTABELECIMENTO COMERCIAL GUARNECIDO POR MECANISMO DE VIGILÂNCIA E DE SEGURANÇA. RECURSO REPETITIVO (ART. 543-C DO CPC E RES. 8/2008-STJ). TEMA 924.
A existência de sistema de segurança ou de vigilância eletrônica não torna impossível, por si só, o crime de furto cometido no interior de estabelecimento comercial. O crime impossível – subordinado às regras da adequação típica – se manifesta por meio de duas modalidades clássicas (art. 17 do CP): (a) a ineficácia absoluta dos meios empregados pelo agente e (b) a absoluta impropriedade do objeto. A primeira decorre dos meios empregados pelo agente nos atos executivos. A segunda refere-se à hipótese em que o objeto do crime não existe ou lhe falta alguma qualidade imprescindível para configurar-se a infração. No tocante à primeira modalidade (em torno da qual surge a discussão aqui enfrentada), há que se distinguir a insuficiência do meio (inidoneidade relativa) – deficiência de forças para alcançar o fim delituoso e determinada por razões de qualidade, quantidade, ou de modo – da ausência completa de potencialidade causal (inidoneidade absoluta), observando-se que a primeira (diferentemente da segunda) não torna absolutamente impossível o resultado que consuma o delito, pois o fortuito pode suprir a insuficiência do meio empregado. No caso de furto praticado no interior de estabelecimento comercial guarnecido por mecanismo de vigilância e de segurança, tem-se que, embora os sistemas eletrônicos de vigilância tenham por objetivo evitar a ocorrência de furtos, sua eficiência apenas minimiza as perdas dos comerciantes, visto que não impedem, de modo absoluto, a ocorrência de subtrações no interior de estabelecimentos comerciais. Ora, não se pode afirmar, em um juízo normativo de perigo potencial, que o equipamento funcionará normalmente, que haverá vigilante a observar todas as câmeras durante todo o tempo, que as devidas providências de abordagem do agente serão adotadas após a constatação do ilícito etc. Conquanto se possa crer que, sob a perspectiva do que normalmente acontece, na maior parte dos casos o agente não logrará consumar a subtração de produtos do interior do estabelecimento comercial guarnecido por mecanismos de vigilância e de segurança, sempre haverá o risco de que providências tomadas, por qualquer motivo, não frustrem a ação delitiva. Além disso, os atos do agente não devem ser apreciados isoladamente, mas em sua totalidade, uma vez que o criminoso pode se valer de atos inidôneos no início da execução, mas ante a sua indiscutível inutilidade, passar a praticar atos idôneos. Portanto, na hipótese aqui analisada, o meio empregado pelo agente é de inidoneidade relativa, visto que há possibilidade (remota) de consumação do delito. Sendo assim, se a ineficácia do meio deu-se apenas de forma relativa, não é possível o reconhecimento do instituto do crime impossível previsto no art. 17 do CP. **REsp 1.385.621-MG, Rel. Min. Rogerio Schietti Cruz, Terceira Seção, julgado em 27/5/2015, DJe 2/6/2015 (Inform. STJ 563).**

DIREITO PENAL. ESTELIONATO CONTRA A PREVIDÊNCIA SOCIAL E DEVOLUÇÃO DA VANTAGEM INDEVIDA ANTES DO RECEBIMENTO DA DENÚNCIA.
Não extingue a punibilidade do crime de estelionato previdenciário (art. 171, § 3º, do CP) a devolução à Previdência Social, antes do recebimento da denúncia, da vantagem percebida ilicitamente, podendo a iniciativa, eventualmente, caracterizar arrependimento posterior, previsto no art. 16 do CP. O art. 9º da Lei 10.684/2003 prevê hipótese excepcional de extinção de punibilidade, "quando a pessoa jurídica relacionada com o agente efetuar o pagamento integral dos débitos oriundos de tributos e contribuições sociais, inclusive acessórios", que somente abrange os crimes de sonegação fiscal, apropriação indébita previdenciária e sonegação de contribuição previdenciária, ontologicamente distintos do estelionato previdenciário, no qual há emprego de ardil para o recebimento indevido de benefícios. Dessa forma, não é possível aplicação, por analogia, da causa extintiva de punibilidade prevista no art. 9º da Lei 10.684/2003 pelo pagamento do débito ao estelionato previdenciário, pois não há lacuna involuntária na lei penal a demandar o procedimento supletivo, de integração do ordenamento jurídico. **Precedente citado: AgRg no Ag 1.351.325-PR, Quinta Turma, DJe 5/12/2011. REsp 1.380.672-SC, Rel. Min. Rogerio Schietti Cruz, julgado em 24/3/2015, DJe 6/4/2015 (Inform. STJ 559).**

DIREITO PENAL. EFEITOS DA SUSPENSÃO DA EXIGIBILIDADE DE CRÉDITO TRIBUTÁRIO NA PRESCRIÇÃO DA PRETENSÃO PUNITIVA.
A prescrição da pretensão punitiva do crime de apropriação indébita previdenciária (art. 168-A do CP) permanece suspensa enquanto a exigibilidade do crédito tributário estiver suspensa em razão de decisão de antecipação dos efeitos da tutela no juízo cível. Isso porque a decisão cível acerca da exigibilidade do crédito tributário repercute diretamente no reconhecimento da própria existência do tipo penal, visto que o crime de apropriação indébita previdenciária um delito de natureza material, que pressupõe, para sua consumação, a realização do lançamento tributário definitivo. **RHC 51.596-SP, Rel. Min. Felix Fischer, julgado em 3/2/2015, DJe 24/2/2015 (Inform. STJ 556).**

DIREITO PENAL. HIPÓTESE DE CONFIGURAÇÃO DE CRIME ÚNICO DE ROUBO.
No delito de roubo, se a intenção do agente é direcionada à subtração de um único patrimônio, estará configurado apenas um crime, ainda que, no modus operandi, seja utilizada violência ou grave ameaça contra mais de uma pessoa para a consecução do resultado pretendido. Realmente, há precedente da Sexta Turma do STJ no sentido de que "Se num único contexto duas pessoas têm seu patrimônio ameaçado, sendo que uma delas foi efetivamente roubada, configura-se concurso formal de crimes em sua forma homogênea" (HC 100.848-MS, DJe 12/5/2008). Entretanto, trata-se de situação distinta do caso aqui analisado, visto que, da simples leitura de trecho da ementa do acórdão mencionado, observa-se que a configuração do concurso de crimes decorreu não da existência de ameaça a mais de uma vítima, mas sim da intenção do agente direcionada à subtração de mais de um patrimônio. Em suma, como o roubo é um crime contra o patrimônio, deve-se concluir que, se a intenção do agente é direcionada à subtração de um único patrimônio, estará configurado apenas um crime, ainda que, no modus operandi, seja utilizada violência ou grave ameaça contra mais de uma pessoa. **AgRg no REsp 1.490.894-DF, Rel. Min. Sebastião Reis Júnior, julgado em 10/2/2015, DJe 23/2/2015 (Inform. STJ 556).**

DIREITO PENAL. FURTO QUALIFICADO PRATICADO DURANTE O REPOUSO NOTURNO.
A causa de aumento de pena prevista no § 1º do art. 155 do CP – que se refere à prática do crime durante o repouso noturno – é aplicável tanto na forma simples (caput) quanto na forma qualificada (§ 4º) do delito de furto. Isso porque esse entendimento está em consonância, mutatis mutandis, com a posição firmada pelo STJ no julgamento do Recurso Especial Repetitivo 1.193.194-MG, no qual se afigurou possível o reconhecimento do privilégio previsto no § 2º do art. 155 do CP nos casos de furto qualificado (art. 155, § 4º, do CP), máxime se presentes os requisitos. Dessarte, nessa linha de raciocínio, não haveria justificativa plausível para se aplicar o § 2º do art. 155 do CP e deixar de impor o § 1º do referido artigo, que, a propósito, compatibiliza-se com as qualificadoras previstas no § 4º do dispositivo. Ademais, cumpre salientar que o § 1º do art. 155 do CP refere-se à causa de aumento, tendo aplicação apenas na terceira fase da dosimetria, o que não revela qualquer prejuízo na realização da dosimetria da pena com arrimo no método trifásico. Cabe registrar que não se desconhece o entendimento da Quinta Turma do STJ segundo o qual somente será cabível aplicação da mencionada causa de aumento quando o crime for perpetrado na sua forma simples (caput do art. 155). Todavia, o fato é que, após o entendimento exarado em 2011 no julgamento do EREsp 842.425-RS, no qual se evidenciou a possibilidade de aplicação do privilégio (§ 2º) no furto qualificado, não há razoabilidade em negar a incidência da causa de aumento (delito cometido

durante o repouso noturno) na mesma situação em que presente a forma qualificada do crime de furto. Em outras palavras, uma vez que não mais se observa a ordem dos parágrafos para a aplicação da causa de diminuição (§ 2º), também não se considera essa ordem para imposição da causa de aumento (§ 1º). **HC 306.450-SP, Rel. Min. Maria Thereza de Assis Moura, julgado em 4/12/2014, DJe 17/12/2014 (Inform. STJ 554).**

DIREITO PENAL. QUALIFICADORA DA DESTREZA NO CRIME DE FURTO.
No crime de furto, não deve ser reconhecida a qualificadora da "destreza" (art. 155, § 4º, II, do CP) caso inexista comprovação de que o agente tenha se valido de excepcional – incomum – habilidade para subtrair a coisa que se encontrava na posse da vítima sem despertar-lhe a atenção. Efetivamente, não configuram essa qualificadora os atos dissimulados comuns aos crimes contra o patrimônio – que, por óbvio, não são praticados às escancaras. A propósito, preleciona a doutrina que essa qualificadora significa uma "especial habilidade capaz de impedir que a vítima perceba a subtração realizada em sua presença. É a subtração que se convencionou chamar de punga. A destreza pressupõe uma atividade dissimulada, que exige habilidade incomum, aumentando o risco de dano ao patrimônio e dificultando sua proteção". Nesse passo, "a destreza constitui a habilidade física ou manual empregada pelo agente na subtração, fazendo com que a vítima não perceba o seu ato. É o meio empregado pelos batedores de carteira, pick-pockets ou punguistas, na gíria criminal brasileira. O agente adestra-se, treina, especializa-se, adquirindo habilidade tal com as mãos e dedos que a subtração ocorre como um passe de mágica, dissimuladamente. Por isso, a prisão em flagrante (próprio) do punguista afasta a qualificadora, devendo responder por tentativa de furto simples; na verdade, a realidade prática comprovou exatamente a inabilidade do incauto". Dispõe ainda a doutrina que "Destreza: é a agilidade ímpar dos movimentos de alguém, configurando uma especial habilidade. O batedor de carteira (figura praticamente extinta diante da ousadia dos criminosos atuais) era o melhor exemplo. Por conta da agilidade de suas mãos, conseguia retirar a carteira de alguém, sem que a vítima percebesse. Não se trata do 'trombadinha', que investe contra a vítima, arrancando-lhe, com violência, os pertences". **REsp 1.478.648-PR, Rel. Min. Newton Trisotto (desembargador convocado do TJ/SC), julgado em 16/12/2014, DJe 2/2/2015 (Inform. STJ 554).**

DIREITO PENAL. ESTELIONATO JUDICIAL E USO DE DOCUMENTO FALSO.
Não se adequa ao tipo penal de estelionato (art. 171, § 3º, do CP) – podendo, contudo, caracterizar o crime de uso de documento falso (art. 304 do CP) – a conduta do advogado que, utilizando-se de procurações com assinatura falsa e comprovantes de residência adulterados, propôs ações indenizatórias em nome de terceiros com objetivo de obter para si vantagens indevidas, tendo as irregularidades sido constadas por meio de perícia determinada na própria demanda indenizatória. De fato, não se configura o crime de estelionato judiciário (art. 171, § 3º, do CP) quando é possível ao magistrado, durante o curso do processo, ter acesso às informações que caracterizam a fraude. Não se desconhece a existência de posicionamento doutrinário e jurisprudencial, inclusive do STJ, no sentido de que não se admite a prática do delito de estelionato por meio do ajuizamento de ações judiciais (RHC 31.344-PR, Quinta Turma, DJe 26/3/2012; e HC 136.038-RS, Sexta Turma, DJe 30/11/2009). Contudo, em recente julgado, a Quinta Turma do STJ firmou o entendimento de que quando não é possível ao magistrado, durante o curso do processo, ter acesso às informações que caracterizam a fraude, é viável a configuração do crime de estelionato (AgRg no HC 248.211-RS, Quinta Turma, DJe 25/4/2013). No caso em análise, constata-se que fora determinada a realização de perícia na documentação acostada pelo advogado, o que revela que a suposta fraude perpetrada era passível de ser descoberta pelas vias ordinárias no curso do processo, o que afasta o crime de estelionato. Todavia, observa-se que o agente teria se utilizado de procurações e comprovantes de residência falsos para ingressar com ações cíveis, sendo certo que tais documentos são hábeis a caracterizar o delito previsto no artigo 304 do CP, conforme entendimento da doutrina e da jurisprudência. **RHC 53.471-RJ, Rel. Min. Jorge Mussi, julgado em 4/12/2014, DJe 15/12/2014 (Inform. STJ 554).**

DIREITO PENAL. CONFIGURAÇÃO DE CRIME ÚNICO EM ROUBO PRATI-CADO NO INTERIOR DE ÔNIBUS.
Em roubo praticado no interior de ônibus, o fato de a conduta ter ocasionado violação de patrimônios distintos – o da empresa de transporte coletivo e o do cobrador – não descaracteriza a ocorrência de crime único se todos os bens subtraídos estavam na posse do cobrador. É

bem verdade que a jurisprudência do STJ e do STF entende que o roubo perpetrado com violação de patrimônios de diferentes vítimas, ainda que em um único evento, configura concurso formal de crimes, e não crime único. Todavia, esse mesmo entendimento não pode ser aplicado ao caso em que os bens subtraídos, embora pertençam a pessoas distintas, estavam sob os cuidados de uma única pessoa, a qual sofreu a grave ameaça ou violência. Precedente citado: HC 204.316-RS, Sexta Turma, DJe 19/9/2011. **AgRg no REsp 1.396.144-DF, Rel. Min. Walter de Almeida Guilherme (Desembargador Convocado do TJ/SP), julgado em 23/10/2014. (Inform. STJ 551)**

DIREITO PENAL. CAUSA DE AUMENTO DE PENA RELATIVA AO TRANS-PORTE DE VALORES.
Deve incidir a majorante prevista no inciso III do § 2º do art. 157 do CP na hipótese em que o autor pratique o roubo ciente de que as vítimas, funcionários da Empresa Brasileira de Correios e Telégrafos (ECT), transportavam grande quantidade de produtos cosméticos de expressivo valor econômico e liquidez. O inciso III do § 2º do art. 157 do CP disciplina que a pena aumenta-se de um terço até metade "se a vítima está em serviço de transporte de valores e o agente conhece tal circunstância". O termo "valores" não se restringe a dinheiro em espécie, devendo-se incluir bens que possuam expressão econômica (HC 32.121-SP, Quinta Turma, DJ 28/6/2004). Nesse contexto, cumpre considerar que, na hipótese em análise, a grande quantidade de produtos cosméticos subtraídos possuem expressivo valor econômico e liquidez, já que podem ser facilmente negociáveis e convertidos em pecúnia. Deve, portanto, incidir a majorante pelo serviço de transporte de valores. **REsp 1.309.966-RJ, Min. Rel. Laurita Vaz, julgado em 26/8/2014. (Inform. STJ 548)**

DIREITO PENAL. CARACTERIZAÇÃO DO TIPO PENAL DO ART. 102 DO ESTATUTO DO IDOSO.
Incorre no tipo penal previsto no art. 102 da Lei 10.741/2003 (Estatuto do Idoso) – e não no tipo penal de furto (art. 155 do CP) – o estagiário de instituição financeira que se utiliza do cartão magnético e da senha de acesso à conta de depósitos de pessoa idosa para realizar trans-ferências de valores para sua conta pessoal. O tipo penal previsto no art. 102 da Lei 10.741/2003 tem a seguinte redação: "Apropriar-se de ou desviar bens, proventos, pensão ou qualquer outro rendimento do idoso, dando-lhes aplicação diversa da de sua finalidade". Na hipótese, o autor do delito desviou bens da vítima. Para essa conduta, não há necessidade de prévia posse por parte do agente, restrita à hipótese de apropriação. Da mesma forma, é evidente que a transferência dos valores da conta bancária da vítima para conta pessoal do autor desviou os bens de sua finalidade. Não importa perquirir qual seria a real destinação desses valores (finalidade), pois, independente de qual fosse, foram eles dela desviados, ao serem, por meio de fraude, transferidos para a conta do autor. **REsp 1.358.865-RS, Rel. Min. Sebastião Reis Júnior, julgado em 4/9/2014. (Inform. STJ 547)**

DIREITO PENAL. TIPICIDADE DA CONDUTA DESIGNADA COMO "ROUBO DE USO".
É típica a conduta denominada "roubo de uso". De início, cabe escla-recer que o crime de roubo (art. 157 do CP) é um delito complexo que possui como objeto jurídico tanto o patrimônio como a integridade física e a liberdade do indivíduo. Importa assinalar, também, que o ânimo de apossamento – elementar do crime de roubo – não implica, tão somente, o aspecto de definitividade, pois se apossar de algo é ato de tomar posse, de dominar ou de assenhorar-se de bem subtraído, que pode trazer o intento de ter o bem para si, de entregar para outrem ou apenas de utilizá-lo por determinado período. Se assim não fosse, todos os acusados de delito de roubo, após a prisão, poderiam afirmar que não pretendiam ter a posse definitiva dos bens subtraídos para tornar a conduta atípica. Ressalte-se, ainda, que o STF e o STJ, no que se refere à consumação do crime de roubo, adotam a teoria da *apprehensio*, também denominada de *amotio*, segundo a qual se considera consumado o delito no momento em que o agente obtém a posse da *res furtiva*, ainda que não seja mansa e pacífica ou haja perseguição policial, sendo prescindível que o objeto do crime saia da esfera de vigilância da vítima. Ademais, a grave ameaça ou a violência empregada para a realização do ato criminoso não se compatibilizam com a intenção de restituição, razão pela qual não é possível reconhecer a atipicidade do delito "roubo de uso". **REsp 1.323.275-GO, Rel. Min. Laurita Vaz, julgado em 24/4/2014. (Inform. STJ 539)**

192   VADE MECUM DE JURISPRUDÊNCIA – STF/STJ

DIREITO PENAL. CONFIGURAÇÃO DO DELITO DE DUPLICATA SIMULADA.
O delito de duplicata simulada, previsto no art. 172 do CP (redação dada pela Lei 8.137/1990), configura-se quando o agente emite duplicata que não corresponde à efetiva transação comercial, sendo típica a conduta ainda que não haja qualquer venda de mercadoria ou prestação de serviço. O art. 172 do CP, em sua redação anterior, assim estabelecia a figura típica do delito de duplicata simulada: "Expedir ou aceitar duplicata que não corresponda, juntamente com a fatura respectiva, a uma venda efetiva de bens ou a uma real prestação de serviço". Com o advento da Lei 8.137/1990, alterou-se a redação do dispositivo legal, que passou a assim prever: "Emitir fatura, duplicata ou nota de venda que não corresponda à mercadoria vendida, em quantidade ou qualidade, ou ao serviço prestado". Conforme se depreende de entendimento doutrinário e jurisprudencial, a alteração do artigo pretendeu abarcar não apenas os casos em que há discrepância qualitativa ou quantitativa entre o que foi vendido ou prestado e o que consta na duplicata, mas também aqueles de total ausência de venda de bens ou prestação de serviço. Dessa forma, observa-se que o legislador houve por bem ampliar a antiga redação daquele dispositivo, que cuidava apenas da segunda hipótese, mais grave, de modo a também punir o emitente quando houver a efetiva venda de mercadoria, embora em quantidade ou qualidade diversas. Precedente citado: REsp 443.929-SP, Sexta Turma, DJ 25/6/2007. **REsp 1.267.626-PR, Rel. Min. Maria Thereza de Assis Moura, julgado em 5/12/2013. (Inform. STJ 534)**

DIREITO PENAL E PROCESSUAL PENAL. DESNECESSIDADE DE OCOR-
RÊNCIA DE LESÕES CORPORAIS PARA A CARACTERIZAÇÃO DO CRIME
DE LATROCÍNIO TENTADO.
O reconhecimento da existência de irregularidades no laudo pericial que atesta a natureza das lesões sofridas pela vítima de tentativa de latrocínio (157, § 3º, parte final, do CP) não resulta na desclassificação da conduta para alguma das outras modalidades de roubo prevista no art. 157 do CP. Isso porque, para a configuração daquele delito, é irrelevante se a vítima sofreu lesões corporais. Efetivamente, a figura típica do latrocínio se consubstancia no crime de roubo qualificado pelo resultado, em que o dolo inicial é de subtrair coisa alheia móvel, sendo que as lesões corporais ou a morte são decorrentes da violência empregada, atribuíveis ao agente a título de dolo ou culpa. Desse modo, embora haja discussão doutrinária e jurisprudencial acerca de qual delito é praticado quando o agente logra subtrair o bem da vítima, mas não consegue matá-la, prevalece o entendimento de que há tentativa de latrocínio quando há dolo de subtrair e dolo de matar, sendo que o resultado morte somente não ocorre por circunstâncias alheias à vontade do agente. Por essa razão, a jurisprudência do STJ pacificou-se no sentido de que o crime de latrocínio tentado se caracteriza independentemente de eventuais lesões sofridas pela vítima, bastando que o agente, no decorrer do roubo, tenha agido com o desígnio de matá-la. **HC 201.175-MS, Rel. Min. Jorge Mussi, julgado em 23/4/2013. (Inform. STJ 521)**

DIREITO PENAL. APLICABILIDADE DO PRINCÍPIO DA INSIGNIFICÂNCIA AO
FURTO DE BEM CUJO VALOR SEJA DE POUCO MAIS DE 23% DO SALÁRIO
MÍNIMO DA ÉPOCA.
Sendo favoráveis as condições pessoais do agente, é aplicável o princípio da insignificância em relação à conduta que, subsumida formalmente ao tipo correspondente ao furto simples (art. 155, caput, do CP), consista na subtração de bem móvel de valor equivalente a pouco mais de 23% do salário mínimo vigente no tempo do fato. Nessa situação, ainda que ocorra a perfeita adequação formal da conduta à lei incriminadora e esteja comprovado o dolo do agente, inexiste a tipicidade material, que consiste na relevância penal da conduta e do resultado produzido. Assim, em casos como este, a aplicação da sanção penal configura indevida desproporcionalidade, pois o resultado jurídico – a lesão produzida ao bem jurídico tutelado – há de ser considerado como absolutamente irrelevante. **AgRg no HC 254.651-PE, Rel. Min. Jorge Mussi, julgado em 12/3/2013. (Inform. STJ 516)**

DIREITO PENAL. APLICAÇÃO DA REGRA DA CONTINUIDADE DELITIVA AO
ESTELIONATO PREVIDENCIÁRIO PRATICADO MEDIANTE A UTILIZAÇÃO DE
CARTÃO MAGNÉTICO DO BENEFICIÁRIO FALECIDO.
A regra da continuidade delitiva é aplicável ao estelionato previdenciário (art. 171, § 3º, do CP) praticado por aquele que, após a morte do beneficiário, passa a receber mensalmente o benefício em seu lugar, mediante a utilização do cartão magnético do falecido. Nessa situação, não se verifica a

ocorrência de crime único, pois a fraude é praticada reiteradamente, todos os meses, a cada utilização do cartão magnético do beneficiário já falecido. Assim, configurada a reiteração criminosa nas mesmas condições de tempo, lugar e maneira de execução, tem incidência a regra da continuidade delitiva prevista no art. 71 do CP. A hipótese, ressalte-se, difere dos casos em que o estelionato é praticado pelo próprio beneficiário e daqueles em que o não beneficiário insere dados falsos no sistema do INSS visando beneficiar outrem; pois, segundo a jurisprudência do STJ e do STF, nessas situações o crime deve ser considerado único, de modo a impedir o reconhecimento da continuidade delitiva. **REsp 1.282.118-RS, Rel. Min. Maria Thereza de Assis Moura, julgado em 26/2/2013. (Inform. STJ 516)**.

DIREITO PENAL. PENA APLICÁVEL À CONDUTA DE ADQUIRIR E OCULTAR,
COM INTUITO DE LUCRO, CDS E DVDS FALSIFICADOS.
Deve ser aplicado o preceito secundário a que se refere o § 2º do art. 184 do CP, e não o previsto no § 1º do art. 12 da Lei n. 9.609/1998, para a fixação das penas decorrentes da conduta de adquirir e ocultar, com intuito de lucro, CDs e DVDs falsificados. O preceito secundário descrito no § 1º do art. 12 da Lei n. 9.609/1998 é destinado a estipular, em abstrato, punição para o crime de violação de direitos de autor de programa de computador, delito cujo objeto material é distinto do tutelado pelo tipo do § 2º do art. 184 do Código Penal. Desta feita, não havendo adequação típica da conduta em análise ao previsto no § 1º do art. 12 da Lei n. 9.609/1998, cumpre aplicar o disposto no § 2º do art. 184 do Código Penal, uma vez que este tipo é bem mais abrangente, sobretudo após a redação que lhe foi dada pela Lei n. 10.695/2003. Ademais, não há desproporcionalidade da pena de reclusão de dois a quatro anos e multa quando comparada com reprimendas previstas para outros tipos penais, pois o próprio legislador, atento aos reclamos da sociedade que representa, entendeu merecer tal conduta pena considerável, especialmente pelos graves e extensos danos que acarreta, estando geralmente relacionada a outras práticas criminosas, como a sonegação fiscal e a formação de quadrilha. **HC 191.568-SP, Rel. Min. Jorge Mussi, julgado em 7/2/2013. (Inform. STJ 515)**.

DIREITO PENAL. DESCLASSIFICAÇÃO DO CRIME DE DANO COMETIDO
CONTRA O PATRIMÔNIO DO DF.
A conduta de destruir, inutilizar ou deteriorar o patrimônio do Distrito Federal não configura, por si só, o crime de dano qualificado, subsumindo-se, em tese, à modalidade simples do delito. Com efeito, é inadmissível a realização de analogia *in malam partem* a fim de ampliar o rol contido no art. 163, III, do CP, cujo teor impõe punição mais severa para o dano "cometido contra o patrimônio da União, Estados, Municípios, empresa concessionária de serviços públicos ou sociedade de economia mista". Assim, na falta de previsão do Distrito Federal no referido preceito legal, impõe-se a desclassificação da conduta analisada para o crime de dano simples, nada obstante a *mens legis* do tipo, relativa à necessidade de proteção ao patrimônio público, e a discrepância em considerar o prejuízo aos bens distritais menos gravoso do que o causado aos demais entes elencados no dispositivo criminal. **HC 154.051-DF, Rel. Min. Maria Thereza de Assis Moura, julgado em 4/12/2012. (Inform. STJ 515)**.

DIREITO PENAL. ROUBO. MAJORANTE. PERÍCIA QUE CONSTATA INEFI-
CÁCIA DA ARMA DE FOGO.
A majorante do art. 157, § 2º, I, do CP não é aplicável aos casos nos quais a arma utilizada na prática do delito é apreendida e periciada, e sua inaptidão para a produção de disparos é constatada. O legislador, ao prever a majorante descrita no referido dispositivo, buscou punir com maior rigor o indivíduo que empregou artefato apto a lesar a integridade física do ofendido, representando perigo real, o que não ocorre nas hipóteses de instrumento notadamente sem potencialidade lesiva. Assim, a utilização de arma de fogo que não tenha potencial lesivo afasta a mencionada majorante, mas não a grave ameaça, que constitui elemento do tipo "roubo" na sua forma simples. Precedentes citados: HC 190.313-SP, DJe 4/4/2011, e HC 157.889-SP, DJe 19/10/2012. **HC 247.669-SP, Rel. Min. Sebastião Reis Júnior, julgado em 4/12/2012. (Inform. STJ 511)**.

📖 Súmula STF nº 610

Há crime de latrocínio, quando o homicídio se consuma, ainda que não realize o agente a subtração de bens da vítima.

Súmula STF nº 554

O pagamento de cheque emitido sem provisão de fundos, após o recebimento da denúncia, não obsta ao prosseguimento da ação penal.

Súmula STF nº 246

Comprovado não ter havido fraude, não se configura o crime de emissão de cheque sem fundos.

SÚMULA STJ nº 511

É possível o reconhecimento do privilégio previsto no § 2º do art. 155 do CP nos casos de crime de furto qualificado, se estiverem presentes a primariedade do agente, o pequeno valor da coisa e a qualificadora for de ordem objetiva.

Súmula STJ nº 502

Presentes a materialidade e a autoria, afigura-se típica, em relação ao crime previsto no art. 184, § 2º, do CP, a conduta de expor à venda CDs e DVDs piratas.

Súmula STJ nº 443

O aumento na terceira fase de aplicação da pena no crime de roubo circunstanciado exige fundamentação concreta, não sendo suficiente para a sua exasperação a mera indicação do número de majorantes.

Súmula STJ nº 442

É inadmissível aplicar, no furto qualificado, pelo concurso de agentes, a majorante do roubo.

Súmula STJ nº 96

O crime de extorsão consuma-se independentemente da obtenção da vantagem indevida.

Súmula STJ nº 73

A utilização de papel moeda grosseiramente falsificado configura, em tese, o crime de estelionato, da competência da justiça estadual.

Súmula STJ nº 24

Aplica-se ao crime de estelionato, em que figure como vítima entidade autárquica da previdência social, a qualificadora do § 3º, do art. 171, do Código Penal.

9. CRIMES CONTRA A DIGNIDADE SEXUAL

DIREITO PENAL. CONFIGURAÇÃO DO CRIME DE ESTUPRO DE VULNERÁVEL. RECURSO REPETITIVO (ART. 543-C DO CPC E RES. 8/2008-STJ). TEMA 918.

Para a caracterização do crime de estupro de vulnerável previsto no art. 217-A, caput, do Código Penal, basta que o agente tenha conjunção carnal ou pratique qualquer ato libidinoso com pessoa menor de 14 anos; o consentimento da vítima, sua eventual experiência sexual anterior ou a existência de relacionamento amoroso entre o agente e a vítima não afastam a ocorrência do crime. Inicialmente, registre-se que a interpretação jurisprudencial acerca do art. 224, "a", do CP (antes da entrada em vigor da Lei 12.015/2009) já vinha se consolidando no sentido de que respondia por estupro ou por atentado violento ao pudor o agente que mantinha relações sexuais (ou qualquer ato libidinoso) com menor de 14 anos, mesmo sem violência real, e ainda que mediante anuência da vítima (EREsp 1.152.864-SC, Terceira Seção, DJe 1º/4/2014). Com efeito, o fato de alterações legislativas terem sido incorporadas pela Lei 12.015/2009 ao "Título IV – Dos Crimes contra a Dignidade Sexual", especialmente ao "Capítulo II – Dos Crimes Sexuais contra Vulnerável", do CP, estanca, de uma vez por todas, qualquer dúvida quanto à irrelevância, para fins de aperfeiçoamento do tipo penal inscrito no caput do art. 217-A, de eventual consentimento da vítima ao ato libidinoso, de anterior experiência sexual ou da existência de relacionamento amoroso entre ela e o agente. Isso porque, a despeito de parte da doutrina sustentar o entendimento de que ainda se mantém a discussão sobre vulnerabilidade absoluta e vulnerabilidade relativa, o tipo penal do art. 217-A do CP não traz como elementar a expressão "vulnerável". É certo que o nomem iuris que a Lei 12.015/2009 atribuiu ao citado preceito legal estipula o termo "estupro de vulnerável". Entretanto, como salientado, a "vulnerabilidade" não integra o preceito primário do tipo. Na verdade, o legislador estabelece três situações distintas em que a vítima poderá se enquadrar em posição de vulnerabilidade, dentre elas: "Ter conjunção carnal ou praticar outro ato libidinoso com menor de 14 (catorze) anos". Não cabe,

destarte, ao aplicador do direito relativizar esse dado objetivo, com o fim de excluir a tipicidade da conduta. A propósito, há entendimento doutrinário no viés de que: "Hoje, com louvor, visando acabar, de uma vez por todas, com essa discussão, surge em nosso ordenamento jurídico penal, fruto da Lei nº 12.015, de 7 de agosto de 2009, o delito que se convencionou denominar de estupro de vulnerável, justamente para identificar a situação de vulnerabilidade que se encontra a vítima. Agora, não poderão os Tribunais entender de outra forma quando a vítima do ato sexual for alguém menor de 14 (quatorze) anos. [...]. O tipo não está presumindo nada, ou seja, está tão somente proibindo que alguém tenha conjunção carnal ou pratique outro ato libidinoso com menor de 14 anos, bem como com aqueles mencionados no § 1º do art. 217-A do Código Penal. Como dissemos anteriormente, existe um critério objetivo para análise da figura típica, vale dizer, a idade da vítima". Dessa forma, não se pode qualificar ou etiquetar comportamento de crianças, de modo a desviar a análise da conduta criminosa ou justificá-la. Expressões como "amadurecimento sexual do adolescente", "experiência sexual pretérita da vítima" ou mesmo a utilização das expressões "criança prostituta" ou "criança sedutora" ainda frequentam o discurso jurisprudencial, como se o reconhecimento de tais circunstâncias, em alguma medida, justificasse os crimes sexuais perpetrados. Esse posicionamento, todavia, implica a impropriedade de se julgar a vítima da ação delitiva para, a partir daí, julgar-se o agente. Refuta-se, ademais, o frágil argumento de que o desenvolvimento da sociedade e dos costumes possa configurar fator que não permita a subsistência de uma presunção que toma como base a innocentia consilii da vítima. Basta um rápido exame da história das ideias penais – e, em particular, das opções de política criminal que deram ensejo às sucessivas normatizações do Direito Penal brasileiro – para se constatar que o caminho da "modernidade" é antípoda a essa espécie de proposição. Deveras, de um Estado ausente e de um Direito Penal indiferente à proteção da dignidade sexual de crianças e adolescentes, evoluiu-se, paulatinamente, para uma Política Social e Criminal de redobrada preocupação com o saudável crescimento físico, mental e afetivo do componente infanto-juvenil de nossa população, preocupação que passou a ser compartilhada entre o Estado, a sociedade e a família, com reflexos na dogmática penal. Assim é que novas tipificações vieram reforçar a opção do Estado brasileiro – na linha de similar esforço mundial – de combater todo tipo de violência, sobretudo a sexual, contra crianças e adolescentes. É anacrônico, portanto, qualquer discurso que procure considerar a modernidade, a evolução moral dos costumes sociais e o acesso à informação como fatores que se contrapõem à natural tendência civilizatória de proteger certos grupos de pessoas física, biológica, social ou psiquicamente fragilizadas. Além disso, não há que se falar em aplicação do princípio da adequação social, porquanto no julgamento de caso de estupro de vulnerável deve-se evitar carga de subjetivismo, sob pena de ocorrência de possíveis danos relevantes ao bem jurídico tutelado – o saudável crescimento físico, psíquico e emocional de crianças e adolescentes – que, recorde-se, conta com proteção constitucional e infraconstitucional, não sujeito a relativizações. Ora, a tentativa de não conferir o necessário relevo à prática de relações sexuais entre casais em que uma das partes (em regra, a mulher) é menor de 14 anos, com respaldo nos costumes sociais ou na tradição local, tem raízes em uma cultura sexista – ainda muito impregnada no âmago da sociedade ocidental, sobretudo em comunidades provincianas, segundo a qual meninas de tenra idade, já informadas dos assuntos da sexualidade, estão aptas a manter relacionamentos duradouros e estáveis (envolvendo, obviamente, a prática sexual), com pessoas adultas. Ressalta-se, por fim, que praticamente todos os países do mundo repudiam o sexo entre um adulto e um adolescente – e, mais ainda, com uma criança – e tipificam como crime a conduta de praticar atos libidinosos com pessoa ainda incapaz de ter o seu consentimento reconhecido como válido. Precedentes citados: AgRg nos EDcl no AREsp 191.197-MS, Quinta Turma, DJe 19/12/2014; e AgRg no REsp 1.435.416-SC, Sexta Turma, DJe 3/11/2014. **REsp 1.480.881-PI, Rel. Min. Rogerio Schietti Cruz, Terceira Seção, julgado em 26/8/2015, DJe 10/9/2015 (Inform. STJ 568).**

DIREITO PENAL. AUMENTO DE PENA NO MÁXIMO PELA CONTINUIDADE DELITIVA EM CRIME SEXUAL.

Constatando-se a ocorrência de diversos crimes sexuais durante longo período de tempo, é possível o aumento da pena pela continuidade delitiva no patamar máximo de 2/3 (art. 71 do CP), ainda que sem a quantificação exata do número de eventos criminosos. **Precedentes citados: AgRg no REsp 1.281.127-PR, Quinta Turma, DJe 25/9/2014; e AgRg no AREsp 455.218-MG, Sexta Turma, DJe 5/2/2015. HC 311.146-SP, Rel. Min. Newton Trisotto (Desembargador convocado do TJ-SC), julgado em 17/3/2015, DJe 31/3/2015 (Inform. STJ 559).**

DIREITO PENAL. CONSUMAÇÃO DO CRIME DE ATENTADO VIOLENTO AO PUDOR MEDIANTE VIOLÊNCIA PRESUMIDA.

Considera-se consumado o delito de atentado violento ao pudor cometido por agente que, antes da vigência da Lei 12.015/2009, com o intuito de satisfazer sua lascívia, levou menor de 14 anos a um quarto, despiu-se e começou a passar as mãos no corpo da vítima enquanto lhe retirava as roupas, ainda que esta tenha fugido do local antes da prática de atos mais invasivos. Considerar consumado atos libidinosos diversos da conjunção carnal somente quando invasivos, ou seja, nas hipóteses em que há introdução do membro viril nas cavidades oral, vaginal ou anal da vítima, não corresponde ao entendimento do legislador, tampouco ao da doutrina e da jurisprudência acerca do tema. Conforme ensina a doutrina, libidinoso é ato lascivo, voluptuoso, que objetiva prazer sexual; aliás, libidinoso é espécie do gênero atos de libidinagem, que envolve também a conjunção carnal. Nesse contexto, o aplicador precisa aquilatar o caso concreto e concluir se o ato praticado foi capaz de ferir ou não a dignidade sexual da vítima. Quando o crime é praticado contra criança, um grande número de outros atos (diversos da conjunção carnal) contra vítima de tenra idade, são capazes de lhe ocasionar graves consequências psicológicas, devendo, portanto, ser punidos com maior rigor. Conforme já consolidado pelo STJ: "o ato libidinoso diverso da conjunção carnal, que caracteriza o delito tipificado no revogado art. 214 do CP, inclui toda ação atentatória contra o pudor praticada com o propósito lascivo, seja sucedâneo da conjunção carnal ou não, evidenciando-se com o contato físico entre o agente e a vítima durante o apontado ato voluptuoso" (AgRg no REsp 1.154.806-RS, Sexta Turma, DJe 21/3/2012). Por certo, não há como classificar, com rigidez preestabelecida, os contatos físicos que configurariam o crime de atentado violento ao pudor em sua forma consumada. Cada caso deve ser analisado pelo julgador de maneira artesanal, e algumas hipóteses menos invasivas entre pessoas adultas poderão, singularmente, até mesmo afastar a configuração do crime sexual, permanecendo, residualmente, a figura contravencional correspondente. Na hipótese em análise, entretanto, ficou evidenciada a prática de ato libidinoso diverso da conjunção carnal em desfavor da vítima em um contexto no qual o réu satisfez sua lascívia ao acariciar o corpo nu do menor. Ressalta-se, por fim, que a proteção integral à criança, em especial no que se refere às agressões sexuais, é preocupação constante de nosso Estado, constitucionalmente garantida (art. 227, caput e § 4º, da CF), e de instrumentos internacionais. **REsp 1.309.394-RS, Rel. Min. Rogerio Schietti Cruz, julgado em 3/2/2015, DJe 20/2/2015 (Inform. STJ 555).**

DIREITO PENAL. CRIME SEXUAL PRATICADO CONTRA MENOR DE 14 ANOS E REDUÇÃO DA PENA-BASE PAUTADA NO COMPORTAMENTO DA VÍTIMA.

Em se tratando de crime sexual praticado contra menor de 14 anos, a experiência sexual anterior e a eventual homossexualidade do ofendido não servem para justificar a diminuição da pena-base a título de comportamento da vítima. Inicialmente, importante salientar que a jurisprudência pacífica do STJ considera que, no estupro e no atentado violento ao pudor contra menor de 14 anos, praticados antes da vigência da Lei 12.015/2009, a presunção de violência é absoluta. Desse modo, é irrelevante, para fins de configuração do delito, a aquiescência da adolescente ou mesmo o fato de a vítima já ter mantido relações sexuais anteriores (EREsp 1.152.864-SC, Terceira Seção, DJe 1º/4/2014 e EREsp 762.044-SP, Terceira Seção, DJe 14/4/2010). Portanto, tem-se que o comportamento da vítima menor de 14 anos é irrelevante para fins de configuração do delito, tendo em vista a presunção absoluta de violência. No caso em análise, todavia, a discussão gira em torno da possibilidade de se considerar o comportamento da vítima – quando menor de 14 anos – como fundamento para a redução da pena-base do réu. De fato, sobre a possibilidade de redução da pena-base em face do comportamento da vítima, o STJ firmou entendimento de que "o comportamento da vítima é uma circunstância neutra ou favorável quando da fixação da primeira fase da dosimetria da condenação" (HC 245.665-AL, Quinta Turma, DJe 3/2/2014). Nessa medida, ainda que o comportamento da vítima possa ser considerado de forma favorável ao réu, tratando-se de crime de atentado violento ao pudor contra vítima menor de 14 anos, a experiência sexual anterior e a eventual homossexualidade do ofendido não servem para justificar a diminuição da pena-base a título de comportamento da vítima. A experiência sexual anterior e a eventual homossexualidade do ofendido, assim como não desnaturam o crime sexual praticado, com violência presumida, contra menor de 14 anos, não servem para justificar a diminuição da pena-base a título de comportamento da vítima. **REsp 897.734-PR, Rel. Min. Nefi Cordeiro, julgado em 3/2/2015, DJe 13/2/2015 (Inform. STJ 555).**

DIREITO PENAL. CONFIGURAÇÃO DO TIPO DE FAVORECIMENTO DA PROSTITUIÇÃO DE ADOLESCENTE.

O *cliente* que conscientemente se serve da prostituição de adolescente, com ele praticando conjunção carnal ou outro ato libidinoso, incorre no tipo previsto no inciso I do § 2º do art. 218-B do CP (favorecimento da prostituição ou de outra forma de exploração sexual de criança ou adolescente ou de vulnerável), ainda que a vítima seja atuante na prostituição e que a relação sexual tenha sido eventual, sem habitualidade. Assim dispõe o art. 218-B do CP, incluído pela Lei 12.015/2009: "Submeter, induzir ou atrair à prostituição ou outra forma de exploração sexual alguém menor de 18 (dezoito) anos ou que, por enfermidade ou deficiência mental, não tem o necessário discernimento para a prática do ato, facilitá-la, impedir ou dificultar que a abandone: Pena - reclusão, de 4 (quatro) a 10 (dez) anos". O inciso I do § 2º do referido artigo, por sua vez, prescreve o seguinte: "Incorre nas mesmas penas: I - quem pratica conjunção carnal ou outro ato libidinoso com alguém menor de 18 (dezoito) e maior de 14 (catorze) anos na situação descrita no *caput* deste artigo". Da análise da previsão típica do art. 218-B do CP, especialmente do inciso I do § 2º, extrai-se que o fato de já ser a vítima corrompida, atuante na prostituição, é irrelevante para o tipo penal. Não se pune a provocação de deterioração moral, mas o incentivo à atividade de prostituição, inclusive por aproveitamento eventual dessa atividade como cliente. Pune-se não somente quem atua para a prostituição do adolescente – induzindo, facilitando ou submetendo à prática ou, ainda, dificultando ou impedindo seu abandono –, mas também quem se serve desta atividade. Trata-se de ação político-social de defesa do adolescente, mesmo contra a vontade deste, pretendendo afastá-lo do trabalho de prostituição pela falta de quem se sirva de seu atendimento. A condição de vulnerável é no tipo penal admitida por critério biológico ou etário, neste último caso pela constatação objetiva da faixa etária, de 14 a 18 anos, independentemente de demonstração concreta dessa condição de incapacidade plena de auto-gestão. O tipo penal, tampouco, faz qualquer exigência de habitualidade da mantença de relações sexuais com adolescente submetido à prostituição. Habitualidade há na atividade de prostituição do adolescente, não nos contatos com aquele que de sua atividade serve-se. Basta único contato consciente com adolescente submetido à prostituição para que se configure o crime. A propósito, não tem relação com a hipótese em análise os precedentes pertinentes ao art. 244-A do ECA, pois nesse caso é exigida a submissão (condição de poder sobre alguém) à prostituição (esta atividade sim, com habitualidade). No art. 218-B, § 2º, I, pune-se outra ação, a mera prática de relação sexual com adolescente submetido à prostituição – e nessa conduta não se exige reiteração, poder de mando, ou introdução da vítima na habitualidade da prostituição. **HC 288.374-AM, Rel. Min. Nefi Cordeiro, julgado em 5/6/2014. (Inform. STJ 543)**

DIREITO PENAL. APLICAÇÃO RETROATIVA DA LEI 12.015/2009.

O condenado por estupro e atentado violento ao pudor, praticados no mesmo contexto fático e contra a mesma vítima, tem direito à aplicação retroativa da Lei 12.015/2009, de modo a ser reconhecida a ocorrência de crime único, devendo a prática de ato libidinoso diverso da conjunção carnal ser valorada na aplicação da pena-base referente ao crime de estupro. De início, cabe registrar que, diante do princípio da continuidade normativa, não há falar em *abolitio criminis* quanto ao crime de atentado violento ao pudor cometido antes da alteração legislativa conferida pela Lei 12.015/2009. A referida norma não descriminalizou a conduta prevista na antiga redação do art. 214 do CP (que tipificava a conduta de atentado violento ao pudor), mas apenas a deslocou para o art. 213 do CP, formando um tipo penal misto, com condutas alternativas (estupro e atentado violento ao pudor). Todavia, nos termos da jurisprudência do STJ, o reconhecimento de crime único não implica desconsideração absoluta da conduta referente à prática de ato libidinoso diverso da conjunção carnal, devendo tal conduta ser valorada na dosimetria da pena aplicada ao crime de estupro, aumentando a pena-base. Precedentes citados: HC 243.678-SP, Sexta Turma, DJe 13/12/2013; e REsp 1.198.786-DF, Quinta Turma, DJe 10/04/2014. **HC 212.305-DF, Rel. Min. Marilza Maynard (Desembargadora Convocada do TJ/SE), julgado em 24/4/2014. (Inform. STJ 543)**

DIREITO PENAL. ATOS LIBIDINOSOS DIVERSOS DA CONJUNÇÃO CARNAL CONTRA VULNERÁVEL.

Na hipótese em que tenha havido a prática de ato libidinoso diverso da conjunção carnal contra vulnerável, não é possível ao magistrado – sob o fundamento de aplicação do princípio da proporcionalidade – desclassificar o delito para a forma tentada em razão de eventual menor gravidade da conduta. De fato, conforme o art. 217-A do CP, a prática de atos libidinosos diversos da conjunção carnal contra vulnerável constitui a consumação do delito de estupro de vulnerável. Entende o STJ ser inadmissível que o julgador, de forma manifestamente contrária à lei e utilizando-se dos princípios da razoabilidade e da proporcionalidade, reconheça a forma tentada do delito, em razão da alegada menor gravidade da conduta (REsp 1.313.369-RS, Sexta Turma, DJe 5/8/2013). Nesse contexto, o magistrado, ao aplicar a pena, deve sopesar os fatos ante os limites mínimo e máximo da reprimenda penal abstratamente prevista, o que já é suficiente para garantir que a pena aplicada seja proporcional à gravidade concreta do comportamento do criminoso. **REsp 1.353.575-PR, Rel. Min. Rogerio Schietti Cruz, julgado em 5/12/2013. (Inform. STJ 533)**

DIREITO PENAL. CARÁTER HEDIONDO DO CRIME DE ATENTADO VIOLENTO AO PUDOR PRATICADO ANTES DA LEI 12.015/2009.
O delito de atentado violento ao pudor praticado antes da vigência da Lei 12.015/2009, ainda que na sua forma simples e com violência presumida, configura crime hediondo. Precedentes citados: do STJ, AgRg no REsp 1.201.806-MG, Quinta Turma, DJe 20/9/2012, e HC 232.337-ES, Quinta Turma, DJe 3/4/2012; e do STF: HC 99.406-RS, Segunda Turma, DJe 9/9/2010, e HC 101.860-RS, Primeira Turma, DJe 17/5/2011. **AgRg no HC 250.451-MG, Rel. Min. Jorge Mussi, julgado em 19/3/2013. (Inform. STJ 519)**

10. CRIMES CONTRA A FÉ PÚBLICA

Omissão de despesas em prestação de contas eleitoral
A 1ª Turma, por maioria, recebeu denúncia oferecida contra senador pela suposta prática do crime de falsidade ideológica (CP, art. 299). Na espécie, o investigado teria inserido informações falsas em prestação de contas eleitoral, consistente na omissão de despesas com "banners", "minidoors" e cartazes, no total de R$ 15.293,58. A Turma asseverou que a prestação de contas eleitoral haveria de corresponder aos valores arrecadados e às despesas efetuadas e que, no presente caso, não se poderia cogitar de insignificância penal. Vencidos os Ministros Luiz Fux e Dias Tofolli, que rejeitavam a denúncia por não entreverem dolo específico e elemento subjetivo do tipo.
Inq 3767/DF, rel. Min. Marco Aurélio, 28.10.2014. (Inq-3767) (Inform. STF 765)

Falsificação e uso de contrato social: documento particular e prescrição - 1
A 1ª Turma, ante a consumação da prescrição da pretensão punitiva retroativa pela pena concretizada, reconheceu a extinção da punibilidade de acusados da prática do crime de falsificação de documento (CP, art. 299), por duas vezes, e de uso de documento falso (CP, art. 304). A denúncia narrava que, em 25.2.1998, Deputado Federal e outros dois acusados — com o propósito de ocultar a condição do parlamentar como real proprietário e administrador de empresa de radiodifusão — falsificaram o contrato social de pessoa jurídica para nele incluir apenas os demais réus. O órgão ministerial aduzia que, de 13.3.1998 em diante, os réus teriam se utilizado do contrato falso ao participarem de licitação pública junto ao Ministério das Comunicações para explorar o serviço de radiodifusão sonora. Relatava que a falsidade ideológica teria sido novamente perpetrada em 26.10.2000, ocasião da primeira alteração do contrato social, por meio da qual se incluíra na sociedade o Deputado Federal. O "Parquet" acrescentava que, nessa ocasião, a falsidade consistiria no fato de o parlamentar, apesar de não constar formalmente como gestor da sociedade, ser aquele que, de fato, conduziria sua administração. Destacava, ainda, que as falsificações teriam sido efetuadas porque o detentor de mandato parlamentar não poderia integrar o contrato social da sociedade referida, exercendo função de diretor ou gerente de empresa permissionária de exploração de serviço de radiodifusão, em razão das vedações contidas no art. 54, I e II, da CF e no art. 38 da Lei 4.117/1962. Inicialmente, a Turma rejeitou as preliminares de: a) nulidade da comunicação da prática criminosa por meio de notícia anônima, vencido o Ministro Marco Aurélio; b) nulidade da fase inquisitorial; e c) inépcia da denúncia. Assentou, em votação majoritária, a competência do STF para julgar a ação penal quanto aos réus que não detinham foro por prerrogativa de função, vencido o Ministro Marco Aurélio. AP 530/MS, rel. orig. Min. Rosa Weber, red. p/ o acórdão Min. Roberto Barroso, 9.9.2014. (AP-530)
Falsificação e uso de contrato social: documento particular e prescrição - 2
No mérito, prevaleceu o voto do Ministro Roberto Barroso. Aduziu que não teria havido concurso de delitos, pois não se poderia falar em condenação pelo crime de uso de documento falso quando cometido pelo próprio agente

que falsificou o documento, de forma que o crime de uso configuraria mero exaurimento do crime de falso. Por outro lado, registrou que, mesmo que pudesse haver o enquadramento no crime previsto no art. 304 do CP, tal prática estaria abrangida pela prescrição punitiva. Explicou que — contrariamente ao contido na denúncia — o crime de uso de documento falso seria instantâneo de efeitos permanentes, de forma que sua consumação não se prolongaria no tempo. Destacou que a falsidade ideológica referente à primeira alteração contratual, realizada em 26.10.2000, não poderia constituir novo crime, pois o elemento subjetivo do tipo seria o dolo acrescido de um especial fim de agir. Explicitou que o fato juridicamente relevante a que alude o art. 299 do CP seria a ocultação da condição de proprietário e administrador da sociedade em vista da sua condição de parlamentar federal. Reputou que, entretanto, essa finalidade já teria sido atingida quando da primeira falsificação do contrato social, sendo, portanto, desimportante a modificação contratual para o objetivo pretendido. Por fim, asseverou que o objeto material do crime de falso seria um documento particular. Pontuou que o contrato social teria sido firmado por particulares e ainda quando registrado na junta comercial não perderia essa característica. Salientou que o documento seria público quando criado por funcionário público, nacional ou estrangeiro, no desempenho de suas atividades em conformidade com as formalidades prescritas em lei. Concluiu, assim, pela condenação dos réus por apenas um crime de falsidade ideológica. Todavia, ante as penas efetivamente aplicadas, ressaltou que, nos termos do art. 109, IV e V, CP, a prescrição da pretensão punitiva ocorreria em oito e quatro anos, respectivamente, para o parlamentar e os outros dois acusados. Nesse sentido, assinalou que entre o fato delituoso e o recebimento da denúncia transcorrera prazo superior a oito anos e por isso, estaria extinta a punibilidade e prejudicada a condenação. Vencida, parcialmente, a Ministra Rosa Weber (relatora), que entendia pela prática do delito falsificação de documento por duas vezes, pelo cometimento do crime de uso de documento falsificado e pela natureza pública do documento. AP 530/MS, rel. orig. Min. Rosa Weber, red. p/ o acórdão Min. Roberto Barroso, 9.9.2014. (AP-530) **(Inform. STF 758)**

HC N. 119.970-SP
RELATOR: MIN. RICARDO LEWANDOWSKI
Ementa: PENAL. *HABEAS CORPUS*. USO DE DOCUMENTO FALSO PARA OCULTAR CONDIÇÃO DE FORAGIDO. EXERCÍCIO DE AUTO-DEFESA. ATIPICIDADE. INOCORRÊNCIA. ORDEM DENEGADA.
I – A utilização de documento falso para ocultar a condição de foragido não descaracteriza o delito de uso de documento falso (art. 304 do CP). Precedentes.
II – Ordem denegada. (Inform. STF 736)

DIREITO PENAL. INAPLICABILIDADE DO ARREPENDIMENTO POSTERIOR AO CRIME DE MOEDA FALSA.
Não se aplica o instituto do arrependimento posterior ao crime de moeda falsa. No crime de moeda falsa – cuja consumação se dá com a falsificação da moeda, sendo irrelevante eventual dano patrimonial imposto a terceiros –, a vítima é a coletividade como um todo, e o bem jurídico tutelado é a fé pública, que não é passível de reparação. Desse modo, os crimes contra a fé pública, semelhantes aos demais crimes não patrimoniais em geral, são incompatíveis com o instituto do arrependimento posterior, dada a impossibilidade material de haver reparação do dano causado ou a restituição da coisa subtraída. **REsp 1.242.294-PR, Rel. originário Min. Sebastião Reis Júnior, Rel. para acórdão Min. Rogerio Schietti Cruz, julgado em 18/11/2014, DJe 3/2/2015 (Inform. STJ 554).**

DIREITO PENAL. AGRAVANTES NO CRIME DE INTRODUÇÃO DE MOEDA FALSA EM CIRCULAÇÃO.
Nos casos de prática do crime de introdução de moeda falsa em circulação (art. 289, § 1º, do CP), é possível a aplicação das agravantes dispostas nas alíneas "e" e "h" do inciso II do art. 61 do CP, incidentes quando o delito é cometido "contra ascendente, descendente, irmão ou cônjuge" ou "contra criança, maior de 60 (sessenta) anos, enfermo ou mulher grávida". De fato, a fé pública do Estado é o bem jurídico tutelado no delito do art. 289, § 1º, do CP. Isso, todavia, não induz à conclusão de que o Estado seja vítima exclusiva do delito. Com efeito, em virtude da diversidade de meios com que a introdução de moeda falsa em circulação pode ser perpetrada, não há como negar que vítima pode ser, além do Estado, uma pessoa física ou um estabelecimento comercial, dado o notório prejuízo experimentado por esses últimos. Efetivamente, a pessoa a quem, eventualmente, são passadas

cédulas ou moedas falsas pode ser elemento crucial e definidor do grau de facilidade com que o crime será praticado, e a fé pública, portanto, atingida. A propósito, a maior parte da doutrina não vê empecilho para que figure como vítima nessa espécie de delito a pessoa diretamente ofendida. **HC 211.052-RO, Rel. Min. Sebastião Reis Júnior, Rel. para acórdão Min. Rogerio Schietti Cruz, julgado em 5/6/2014. (Inform. STJ 546)**

DIREITO PENAL. ATIPICIDADE DA FALSA DECLARAÇÃO DE HIPOSSUFICI-ÊNCIA PARA OBTENÇÃO DE JUSTIÇA GRATUITA.
É atípica a mera declaração falsa de estado de pobreza realizada com o intuito de obter os benefícios da justiça gratuita. O art. 4º da Lei 1.060/1950 dispõe que a sanção aplicada àquele que apresenta falsa declaração de hipossuficiência é meramente econômica, sem previsão de sanção penal. Além disso, tanto a jurisprudência do STJ e do STF quanto a doutrina entendem que a mera declaração de hipossuficiência inidônea não pode ser considerada documento para fins penais. Precedentes citados do STJ: HC 218.570-SP, Sexta Turma, DJe 5/3/2012; HC 217.657-SP, Sexta Turma, DJe 22/2/2012; e HC 105.592-RJ, Quinta Turma, DJe 19/4/2010. Precedente citado do STF: HC 85.976-MT, Segunda Turma, DJ 24/2/2006. **HC 261.074-MS, Rel. Min. Marilza Maynard (Desembargadora convocada do TJ-SE), julgado em 5/8/2014. (Inform. STJ 546)**

DIREITO PENAL E PROCESSUAL PENAL. DESNECESSIDADE DE CONSTI-TUIÇÃO DEFINITIVA DO CRÉDITO TRIBUTÁRIO PARA A CONSUMAÇÃO DO CRIME PREVISTO NO ART. 293, § 1º, III, B, DO CP.
É dispensável a constituição definitiva do crédito tributário para que esteja consumado o crime previsto no art. 293, § 1º, III, "b", do CP. Isso porque o referido delito possui natureza formal, de modo que já estará consumado quando o agente importar, exportar, adquirir, vender, expuser à venda, mantiver em depósito, guardar, trocar, ceder, emprestar, fornecer, portar ou, de qualquer forma, utilizar em proveito próprio ou alheio, no exercício de atividade comercial ou industrial, produto ou mercadoria sem selo oficial. Não incide na hipótese, portanto, a Súmula Vinculante 24 do STF, segundo a qual "Não se tipifica crime material contra a ordem tributária, previsto no art. 1º, incisos I a IV, da Lei nº 8.137/90, antes do lançamento definitivo do tributo". Com efeito, conforme já pacificado pela jurisprudência do STJ, nos crimes tributários de natureza formal é desnecessário que o crédito tributário tenha sido definitivamente constituído para a instauração da persecução penal. Essa providência é imprescindível apenas para os crimes materiais contra a ordem tributária, pois, nestes, a supressão ou redução do tributo é elementar do tipo penal. **REsp 1.332.401-ES, Rel. Min. Maria Thereza de Assis Moura, julgado em 19/8/2014. (Inform. STJ 546)**

DIREITO PENAL. FALSIFICAÇÃO DE DOCUMENTO PÚBLICO POR OMISSÃO DE ANOTAÇÃO NA CTPS.
A simples omissão de anotação na Carteira de Trabalho e Previdência Social (CTPS) não configura, por si só, o crime de falsificação de documento público (art. 297, § 4º, do CP). Isso porque é imprescindível que a conduta do agente preencha não apenas a tipicidade formal, mas antes e principalmente a tipicidade material, ou seja, deve ser demonstrado o dolo de falso e a efetiva possibilidade de vulneração da fé pública. Com efeito, o crime de falsificação de documento público trata-se de crime contra a fé pública, cujo tipo penal depende da verificação do dolo, consistente na vontade de falsificar ou alterar o documento público, sabendo o agente que o faz ilicitamente. Além disso, a omissão ou alteração deve ter concreta potencialidade lesiva, isto é, deve ser capaz de iludir a percepção daquele que se depare com o documento supostamente falsificado. Ademais, pelo princípio da intervenção mínima, o Direito Penal só deve ser invocado quando os demais ramos do Direito forem insuficientes para proteger os bens considerados importantes para a vida em sociedade. Como corolário, o princípio da fragmentariedade elucida que não são todos os bens que têm a proteção do Direito Penal, mas apenas alguns, que são os de maior importância para a vida em sociedade. Assim, uma vez verificado que a conduta do agente é suficientemente reprimida na esfera administrativa, de acordo com o art. 47 da CLT, a simples omissão de anotação não gera consequências que exijam repressão pelo Direito Penal. **REsp 1.252.635-SP, Rel. Min. Marco Aurélio Bellizze, julgado em 24/4/2014. (Inform. STJ 539)**

DIREITO PENAL. CRIME DE FALSA IDENTIDADE. RECURSO REPETITIVO (ART. 543-C DO CPC E RES. 8/2008-STJ).
É típica a conduta do acusado que, no momento da prisão em flagrante, atribui para si falsa identidade (art. 307 do CP), ainda que em alegada situação de autodefesa. Isso porque a referida conduta não constitui extensão da garantia à ampla defesa, visto tratar-se de conduta típica, por

ofensa à fé pública e aos interesses de disciplina social, prejudicial, inclusive, a eventual terceiro cujo nome seja utilizado no falso. Precedentes citados: AgRg no AgRg no AREsp 185.094-DF, Quinta Turma, DJe 22/3/2013; e HC 196.305-MS, Sexta Turma, DJe 15/3/2013. **REsp 1.362.524-MG, Rel. Min. Sebastião Reis Júnior, julgado em 23/10/2013. (Inform. STJ 533)**

📄 **Súmula STJ nº 522**
A conduta de atribuir-se falsa identidade perante autoridade policial é típica, ainda que em situação de alegada autodefesa.

11. CRIMES CONTRA A ADMINISTRAÇÃO PÚBLICA E AS FINANÇAS PÚBLICAS

Inq N. 3.320-RS

RELATOR: MIN. LUIZ FUX
Ementa: PENAL. INQUÉRITO. OFERECIMENTO DE DENÚNCIA POR CRIME DE SONEGAÇÃO DE DOCUMENTOS. CONDUTA QUE NÃO SE ADEQUA AO TIPO PENAL DO ART. 314 DO CÓDIGO PENAL. POSSÍVEL CRIME DE PRE-VARICAÇÃO, CUJA PUNIBILIDADE ESTÁ EXTINTA. DENÚNCIA REJEITADA.
1. O crime de sonegação de documentos descrito no art. 314 do Código Penal se caracteriza pela ocultação ou negativa de acesso a quem de direito a documentos de que o acusado tenha a guarda em razão do cargo.
2. *In casu*, foram requisitados: a) demonstrativos, relatórios, dados e outras informações que permitissem avaliar os indicadores de saúde do Estado; b) a apresentação dos saldos das contas bancárias que movimentam os recursos recebidos do Fundo Nacional de Saúde.
3. O crime de sonegação de documentos não se caracteriza em razão da não elaboração de demonstrativos, relatórios ou informações, podendo encerrar, em tese, quando muito, o crime de prevaricação, cuja punibilidade está extinta, no caso *sub judice*.
a) *In casu*, os saldos das contas vinculadas à saúde foram apresentados pela Secretaria de Saúde, o que é inconteste nos autos. Embora os auditores tenham se queixado da não apresentação dos *extratos bancários* das mencionadas contas, o fato é que *somente foram solicitados os saldos*, e não os extratos, razão pela qual é inadmissível imputar ao acusado a prática do crime de sonegação de um documento que não lhe foi requerido.
b) Outrossim, afigura-se impossível a prática do crime de sonegação de extratos bancários pelo Secretário de Saúde, por não se tratar de ato do seu ofício a guarda dos documentos exigidos, encarregada a órgão próprio, não se revelando presente o fim de agir do tipo penal do art. 314 do Código Penal (consistente em inviabilizar por completo o acesso aos documentos requeridos).
c) os extratos bancários acabaram por ser fornecidos pelo Ministério Público de Contas do Estado, que é um dos órgãos detentores dos mencionados documentos. É que "*a aplicação correta da Emenda Constitucional nº 29 foi verificada e atestada pelo órgão competente, que é o Tribunal de Contas do Estado. O mesmo se diga dos indicadores de saúde, reconhecidamente os melhores da federação. O IBGE fez o levantamento dos dados relativos à gestão de 2008, exatamente o período auditado, concluindo que o Rio Grande do Sul possuía os melhores índices de saúde do país*".
c.i) Consequentemente, assume verossimilhança o fato de que a auditoria que se pretendia realizar foi programada pelo Diretor do DENASUS por motivos políticos, uma vez que "*vinha fazendo oposição declarada ao governo do qual fazia parte o Acusado*" e tinha por fim aproveitar-se do momento de excesso de trabalho da Secretaria de Saúde do Estado do Rio Grande do Sul, por conta da epidemia da gripe H1N1 que atingiu o país naquele período, pois todos os seus diretores estavam envolvidos, dia e noite, com esta pauta.
4. Denúncia rejeitada. **(Inform. STF 811)**

Violação de sigilo funcional e fraude processual - 1
A 2ª Turma deu parcial provimento a recurso de apelação decorrente de ação penal oferecida contra deputado federal e corréu pela suposta prática dos crimes de violação de sigilo funcional e fraude processual. Na espécie, os recorrentes (delegado federal à época dos fatos e escrivão da polícia federal) teriam informado jornalistas a respeito de suposta reunião a ser realizada entre terceiras pessoas — as quais estariam sendo investigadas em determinada operação policial —, na qual ocorreria "ação policial controlada" e, posteriormente, teriam editado gravação jornalística feita durante esse encontro a fim de utilizá-la em processo criminal. Pelas referidas condutas, os recorrentes foram condenados, em concurso material de crimes, por violação de sigilo funcional

(CP, art. 325, "caput") e fraude processual (CP, art. 347, parágrafo único). O delegado federal também fora condenado por violação de sigilo profissional, na forma qualificada (CP, art. 325, §2º), em razão de ter, em outra ocasião, alertado jornalistas sobre a data de cumprimento de mandados de busca e apreensão. Em questão de ordem, a Turma esclareceu que o presente caso não trataria de ação penal originária, mas sim de apelação em sentença condenatória cuja competência para julgamento fora deslocada em razão da diplomação de um dos acusados no decorrer do trâmite processual. Desse modo, deveria ser seguido o regime de julgamento dos recursos, no qual a sustentação oral dos recorrentes se daria antes do pronunciamento do Ministério Público. Em seguida, ao afastar as preliminares suscitadas pela defesa, a Turma salientou que o fato de a sentença ter sido divulgada por diversos meios jornalísticos no dia de sua juntada pelo escrivão ao processo e da lavratura do respectivo termo não afetara a validade do ato judicial, nem importara em prejuízo processual aos apelantes. Em decorrência disso, eventual irregularidade na conduta do magistrado sentenciante ao disponibilizar a sentença para a mídia, a despeito do caráter sigiloso imprimido ao feito, deveria ser apreciada no âmbito administrativo e não em processo judicial perante esta Corte.

AP 563/SP, rel. Min. Teori Zavascki, 21.10.2014. (AP-563)

Violação de sigilo funcional e fraude processual - 2
No mérito, a Turma aduziu que, pelos elementos coletados a partir do rastreamento de ligações telefônicas, judicialmente autorizado, mostrara-se inquestionável a existência de comunicações a jornalistas em ambas as oportunidades descritas na denúncia. Além disso, a edição da filmagem em questão teria efetivamente acontecido, visto que alguns trechos teriam sido cortados. No entanto, esse fato não seria suficiente para caracterizar fraude processual, porque, além de a inovação não ter propriamente alterado o conteúdo da matéria, estaria ausente o elemento normativo "artificiosamente" e, tampouco, haveria a certeza da existência do dolo específico de induzir a erro o juiz ou perito. Assim, os acusados foram absolvidos, nesse ponto, ante a atipicidade da conduta. No tocante ao vazamento de informações a jornalistas, praticada por ambos os réus, a Turma constatou a ocorrência da prescrição da pretensão punitiva. Quanto à violação de sigilo funcional em razão do vazamento de informações sobre o cumprimento dos mandados de busca e apreensão, ponderou que a conduta, detalhadamente premeditada, teria fomentado uma exposição absolutamente desnecessária à finalidade da investigação criminal. Tendo isso em conta, a condenação do ora deputado federal foi mantida. Por fim, conforme orientação fixada pelo Plenário, a Turma determinou a expedição de notificações à Câmara dos Deputados para os fins previstos no § 2º do art. 55 da CF.

AP 563/SP, rel. Min. Teori Zavascki, 21.10.2014. (AP-563) (Inform. STF 764)

Peculato-furto e lavagem de dinheiro
A 2ª Turma recebeu denúncia oferecida contra Senador pela suposta prática dos crimes de peculato-furto, em concurso de pessoas (CP, art. 312, §1º, c/c o art. 29), e lavagem de dinheiro (Lei 9.613/1998, art. 1º, V, na redação original), na qual se imputava a subtração de recursos do Fundo de Investimento da Amazônia (Finam) destinados a determinada empresa do ramo agropecuário. Na espécie, a denúncia narrava que o investigado teria usado seu prestígio político para obter a nomeação de dirigentes da Superintendência do Desenvolvimento da Amazônia (Sudam), órgão responsável pela administração dos recursos do Finam, e exercido influência para conseguir a aprovação de diversos projetos, entre eles, um proposto pela empresa agropecuarista. A peça acusatória relatava, também, que a liberação dos recursos estaria condicionada ao pagamento de 20% dos valores liberados. Os valores seriam desviados mediante emissão de notas frias por outra empresa, contratada para realizar obras de construção civil, e liquidadas pela empresa agropecuarista com cheques que, posteriormente, teriam sido endossados para sócios da empresa ou destinados ao investigado. A Turma afastou as preliminares suscitadas pela defesa para consignar que: a) a absolvição, por falta de provas, de outros implicados em ações penais por fatos semelhantes não prejudicaria a propositura da presente denúncia; b) a desclassificação para os crimes do art. 2º da Lei 8.137/1990 (crimes contra a ordem tributária) seria inviável, porquanto o aspecto preponderante dos fatos narrados seria o propósito inicial de subtração e o concurso necessário de funcionário público para a infração; c) o depoimento de envolvido assistido por defensor técnico, e repetido em juízo, seria, aparentemente, válido; d) a propositura de várias peças acusatórias originadas do mesmo contexto fático, mas com objetos distintos, não caracterizaria abuso do poder de denunciar. No mérito, asseverou que, de acordo com o depoimento dos

demais envolvidos e o cruzamento de informações bancárias, o investigado — mediante pagamentos a serviços de construção civil inexistentes e endosso de cheques em branco — teria concorrido para a ocultação da origem, movimentação e propriedade dos valores subtraídos. Ademais, aduziu que as provas indicariam que os fatos narrados na denúncia estariam inseridos em um esquema de reiteradas práticas de peculato e lavagem de dinheiro no âmbito da Sudam. Concluiu haver prova da existência dos fatos e indícios de autoria a ensejar o recebimento da denúncia.

Inq 2760/TO, rel. Min. Gilmar Mendes, 7.10.2014. (INQ-2760) (Inform. STF 762)

Art. 359-D do CP e remanejamento de despesa prevista em lei orçamentária anual
A 1ª Turma, por maioria, julgou improcedente acusação formulada contra parlamentar federal pela suposta prática do delito previsto no art. 359-D do CP ("Ordenar despesa não autorizada por lei"). A denúncia narrava que o parlamentar, então Governador, teria realizado, por decreto, remanejamento de verba prevista em lei orçamentária anual destinada ao pagamento de precatórios para outra área também inerente do orçamento do Poder Judiciário. O Ministro Luiz Fux (relator) destacou que a "ratio essendi" do art. 359-D do CP seria a geração de uma despesa sem que houvesse uma lei autorizadora. Ressaltou, entretanto, que — no âmbito da legislação estadual — haveria arcabouço jurídico que admitiria interpretação de que as despesas destinadas ao pagamento de precatórios pudessem ser realocadas mediante decreto. Assim, pontuou que o princípio da legalidade não teria sido desobedecido, mas, eventualmente, interpretado de forma equivocada. Ademais, aduziu que, em razão de o remanejamento ter ocorrido no âmbito do próprio Poder e de a despesa já ter sido prevista em lei, ela não teria sido criada pelo administrador, de modo que não se configuraria a justa causa para a imputação penal. Acrescentou que o Tribunal de Contas local teria aprovado as contas do estado-membro. Vencido o Ministro Marco Aurélio, que recebia a denúncia. Considerava que, para viabilizar-se a atuação do Ministério Público no ajuizamento da ação penal em defesa da sociedade, bastaria que houvesse indícios de autoria e que o contido na denúncia se revelasse prática criminosa. Observava que a assembleia legislativa aprovara dotações orçamentárias e o chefe do Executivo simplesmente cassara a lei, mediante decreto, para destinar os recursos a uma finalidade diversa. Consignava que teriam sido justamente os abusos cometidos que teriam levado o legislador a prever esse tipo penal, cujo objeto jurídico protegido seria o equilíbrio das contas públicas, especialmente o controle legislativo do orçamento. Registrava que, em 2002, teriam sido modificados o equivalente a 60,88% da previsão inicial das dotações destinadas ao pagamento de precatórios e, no exercício de 2003, se chegara a anulação equivalente a 91,33% da dotação aprovada pela assembleia. Concluía que a aprovação de contas não ditaria a atuação do STF, uma vez que a responsabilidade cível e a responsabilidade criminal seriam independentes.

Inq 3393/PB, rel. Min. Luiz Fux, 23.9.2014. (Inq-3393) (Inform. STF 760)

Governador e § 2º do art. 327 do CP - 1
O Plenário iniciou julgamento de inquérito no qual se imputa a Senador – à época ocupante do cargo de Governador – a suposta prática, com outros corréus, dos delitos previstos no art. 89 da Lei 8.666/93 e no art. 312 do CP. O Min. Luiz Fux, relator, recebeu a inicial acusatória. Preconizou o desdobramento do feito no tocante aos codenunciados, não detentores de foro por prerrogativa de função perante a Corte. Entendeu aplicar-se ao então Governador, no que se refere ao crime de peculato (CP, art. 312), o disposto no § 2º do art. 327 do CP ("Art. 327 Considera-se funcionário público, para os efeitos penais, quem, embora transitoriamente ou sem remuneração, exerce cargo, emprego ou função pública. ... § 2º A pena será aumentada da terça parte quando os autores dos crimes previstos neste Capítulo forem ocupantes de cargos em comissão ou de função de direção ou assessoramento de órgão da administração direta, sociedade de economia mista, empresa pública ou fundação instituída pelo poder público"). No ponto, o Min. Celso de Mello anotou que, se não incidente essa causa de aumento, operar-se-ia a prescrição da pretensão punitiva. Entretanto, tendo em vista que a composição plenária do STF seria substancialmente distinta daquela em que se firmara orientação no sentido de ser cabível interpretação extensiva da norma em relação a Governador (Inq 1769/DF, DJU de 3.6.2005) – e considerada a relevância do tema, à luz do princípio da reserva legal –, deliberou-se suspender o julgamento, para que a questão fosse oportunamente enfrentada por todos os membros do Pleno.

Inq 2606/MT, rel. Min. Luiz Fux, 2.5.2013. (Inq-2606)

Governador e § 2º do art. 327 do CP - 2

Aplica-se ao Chefe do Poder Executivo a causa de aumento de pena prevista no § 2º do art. 327 do CP ("Art. 327. Considera-se funcionário público, para os efeitos penais, quem, embora transitoriamente ou sem remuneração, exerce cargo, emprego ou função pública. § 2º. A pena será aumentada da terça parte quando os autores dos crimes previstos neste Capítulo forem ocupantes de cargos em comissão ou de função de direção ou assessoramento de órgão da administração direta, sociedade de economia mista, empresa pública ou fundação instituída pelo poder público"). Com base nessa orientação, o Plenário, em conclusão de julgamento e por maioria, recebeu denúncia formulada em face de Senador — à época ocupante do cargo de Governador — ao qual se imputa a suposta prática, com outros corréus, dos delitos previstos no art. 89 da Lei 8.666/1993 e no art. 312 do CP — v. Informativo 704. De início, o Colegiado preconizou o desdobramento do feito no tocante aos codenunciados, não detentores de foro por prerrogativa de função perante a Corte. Em seguida, reconheceu a ocorrência da prescrição da pretensão punitiva quanto ao delito do art. 89 da Lei 8.666/1993. Por outro lado, no que se refere ao crime de peculato (CP, art. 312), assentou a incidência do referido § 2º do art. 327 do CP. A respeito, o Tribunal assinalou que detentores de função de direção na Administração Pública deveriam ser compreendidos no âmbito de incidência da norma, e que a exclusão do Chefe do Executivo conflitaria com a Constituição ("Art. 84. Compete privativamente ao Presidente da República: ... II - exercer, com o auxílio dos Ministros de Estado, a direção superior da administração federal"). Vencidos os Ministros Gilmar Mendes, Marco Aurélio e Ricardo Lewandowski (Presidente eleito), que rejeitavam a peça acusatória. Não admitiam a incidência do § 2º do art. 327 do CP, à luz do princípio da legalidade estrita. Assentavam, ainda, a prescrição da pretensão punitiva em relação ao crime de peculato. No ponto, o Ministro Ricardo Lewandowski apontava que o preceito referir-se-ia a detentores de função administrativa, e não de função de governo, tipicamente exercida por Chefe de Poder.

Inq 2606/MT, rel. Min. Luiz Fux, 4.9.2014. (Inq-2606) (Inform. STF 757)

Denunciação caluniosa e elemento subjetivo do tipo

Para a configuração do tipo penal de denunciação caluniosa (CP: "Art. 339. Dar causa à instauração de investigação policial, de processo judicial, instauração de investigação administrativa, inquérito civil ou ação de improbidade administrativa contra alguém, imputando-lhe crime de que o sabe inocente: Pena - reclusão, de dois a oito anos, e multa) é necessária a demonstração do dolo direto de imputar-se a outrem, que efetivamente sabe inocente, a prática de fato definido como crime. Com base nessa orientação, a 1ª Turma, por maioria, rejeitou denúncia oferecida em face de deputada federal a quem imputado o aludido tipo penal. Na espécie, a ora denunciada requerera, junto ao Ministério Público Federal, a abertura de procedimento administrativo para apurar eventual prática do crime de abuso de autoridade por delegado de polícia federal que, em diligência realizada na residência dela, teria se utilizado de força desnecessária e imoderada, causando-lhe lesões corporais leves. Após o arquivamento do mencionado procedimento administrativo, fora ajuizada a presente demanda em razão da suposta prática, por parte da então requerente, do crime de denunciação caluniosa. A Turma consignou que o crime em comento exigiria, para sua configuração, que a instauração de investigação policial, processo judicial, investigação administrativa, inquérito civil ou ação de improbidade, tivesse como única motivação o interesse de se atribuir fato criminoso a pessoa que se soubesse ser inocente. Consignou, ademais, que não bastaria a desconformidade da denúncia em relação à realidade, e seria necessária a demonstração do dolo, elemento subjetivo do tipo. Acrescentou que o direito fundamental de petição (CF, art. 5º, XXXIV, a) seria causa justificante do oferecimento de "notitia criminis" e que a conduta do denunciante não se tornaria ilícita em razão do mero arquivamento de procedimento eventualmente instaurado. Vencido o Ministro Marco Aurélio, que recebia a denúncia.

Inq 3133/AC, rel. Min. Luiz Fux, 5.8.2014. (Inq-3133) (Inform. STF 753)

AP N. 633-RS
RELATOR: MIN. TEORI ZAVASCKI
Ementa: AÇÃO PENAL ORIGINÁRIA. FALSIDADE IDEOLÓGICA. DESOBEDIÊNCIA. AUSÊNCIA DE DOLO. INSUFICIÊNCIA DE PROVAS. ABSOLVIÇÃO. DENÚNCIA JULGADA IMPROCEDENTE. RÉU ABSOLVIDO NOS TERMOS DO INC. III, DO ART. 386, DO CÓDIGO DE PROCESSO PENAL.
1. O crime de desobediência se configura quando demonstrada a clara intenção do agente de não cumprir ordem emanada da autoridade pública.

Para a configuração do delito é insuficiente que a ordem não seja cumprida, sendo necessário que tenha sido endereçada diretamente a quem tem o dever de cumpri-la e que este, com vontade específica de contrariar, desatenda ao comando.
2. No caso dos autos, ficou demonstrado que o réu não foi responsável pelo descumprimento da ordem judicial, inexistindo, ademais, qualquer proceder doloso no fato ocorrido.
3. Denúncia julgada improcedente, nos termos do art. 386, inciso III, do Código de Processo Penal. **(Inform. STF 736)**

Patrocínio infiel e outorga de poderes

O crime de patrocínio infiel pressupõe que o profissional da advocacia tenha recebido outorga de poderes para representar seu cliente. Com base nesse entendimento, a 1ª Turma julgou extinta a ordem de habeas corpus por inadequação da via processual, mas a concedeu, de ofício, por atipicidade da conduta. No caso, constatou-se a ausência de instrumento de mandato para constituir o paciente como representante técnico de determinado réu, tampouco se verificou o credenciamento em ata de audiência nos termos do art. 266 do CPP.

HC 110196/PA, rel. Min. Marco Aurélio, 14.5.2013. (HC-110196) (Inform. STF 706)

HC N. 106.300-MG
RELATOR: MIN. MARCO AURÉLIO
HABEAS CORPUS – JULGAMENTO POR TRIBUNAL SUPERIOR – IMPUGNAÇÃO. A teor do disposto no artigo 102, inciso II, alínea "a", da Constituição Federal, contra decisão, proferida em processo revelador de habeas corpus, a implicar a não concessão da ordem, adequado é o recurso ordinário. Evolução quanto à admissibilidade do substitutivo do habeas corpus.
VISITAS ÍNTIMAS – OPORTUNIDADE – CARCEREIRO – RECEBIMENTO DE VALOR. Ante o fato de a visita íntima compor o gênero "acesso a familiares", estando ligada a um direito do reeducando a ser proporcionado pelo Estado, e de não ter o carcereiro, entre as funções a serem exercidas, a definição do momento, descabe cogitar dos crimes de corrupção ativa e passiva. **(Inform. STF 704)**

AP N. 470-MG
RELATOR: MIN. JOAQUIM BARBOSA
AÇÃO PENAL ORIGINÁRIA. PRELIMINARES REJEITADAS, SALVO A DE CERCEAMENTO DE DEFESA PELA NÃO INTIMAÇÃO DE ADVOGADO CONSTITUÍDO. ANULAÇÃO DO PROCESSO EM RELAÇÃO AO RÉU CARLOS ALBERTO QUAGLIA, A PARTIR DA DEFESA PRÉVIA. CONSEQUENTE PREJUDICIALIDADE DA PRELIMINAR DE CERCEAMENTO DE DEFESA PELA NÃO INQUIRIÇÃO DE TESTEMUNHAS ARROLADAS PELA DEFESA.
Rejeição das preliminares de desmembramento do processo; impedimento e parcialidade do relator; inépcia e ausência de justa causa da denúncia; nulidade do processo por violação do princípio da obrigatoriedade da ação penal pública; nulidade processual (reiteração de recursos já apreciados pelo pleno do STF, especialmente o que versa sobre a não inclusão do então presidente da República no pólo passivo da ação); nulidade processual por alegada violação ao disposto no art. 5º da Lei 8.038/1990; nulidade de depoimentos colhidos por juízo ordenado em que houve atuação de procurador da República alegadamente suspeito; nulidade processual pelo acesso da imprensa a interrogatório de réu; nulidade de perícia; nulidade das inquirições de testemunhas ouvidas sem nomeação de advogado ad hoc ou com a designação de apenas um defensor para os réus cujos advogados constituídos estavam ausentes; cerceamento de defesa por alegada realização de audiência sem a ciência dos réus; cerceamento de defesa em virtude do uso, pela acusação, de documento que não constaria dos autos, durante oitiva de testemunha; cerceamento de defesa em razão do indeferimento da oitiva de testemunhas residentes no exterior; cerceamento de defesa em decorrência da substituição extemporânea de testemunha pela acusação; cerceamento de defesa pelo indeferimento de diligências; cerceamento de defesa pela não renovação dos interrogatórios ao final da instrução; e suspensão do processo até o julgamento de demanda conexa.
Acolhimento da preliminar de cerceamento de defesa pela não intimação de advogado constituído, com anulação do processo em relação ao réu CARLOS ALBERTO QUAGLIA, a partir da defesa prévia, e consequente prejudicialidade da preliminar de cerceamento de defesa pela não inquirição de testemunhas arroladas pela defesa do mesmo réu.

3. DIREITO PENAL

ITEM II DA DENÚNCIA. QUADRILHA (ART. 288 DO CÓDIGO PENAL). ASSOCIAÇÃO ESTÁVEL E ORGANIZADA, CUJOS MEMBROS AGIAM COM DIVISÃO DE TAREFAS, VISANDO À PRÁTICA DE VÁRIOS CRIMES. PROCEDÊNCIA PARCIAL DO PEDIDO.

O extenso material probatório, sobretudo quando apreciado de forma contextualizada, demonstrou a existência de uma associação estável e organizada, cujos membros agiam com divisão de tarefas, visando à prática de delitos, como crimes contra a administração pública e o sistema financeiro nacional, além de lavagem de dinheiro.

Essa associação estável – que atuou do final de 2002 e início de 2003 a junho de 2005, quando os fatos vieram à tona – era dividida em núcleos específicos, cada um colaborando com o todo criminoso, os quais foram denominados pela acusação de (1) núcleo político; (2) núcleo operacional, publicitário ou Marcos Valério; e (3) núcleo financeiro ou banco Rural.

Tendo em vista a divisão de tarefas existente no grupo, cada agente era especialmente incumbido não de todas, mas de determinadas ações e omissões, as quais, no conjunto, eram essenciais para a satisfação dos objetivos ilícitos da associação criminosa.

Condenação de JOSÉ DIRCEU DE OLIVEIRA E SILVA, DELÚBIO SOARES DE CASTRO, JOSÉ GENOÍNO NETO, MARCOS VALÉRIO FERNANDES DE SOUZA, RAMON HOLLERBACH CARDOSO, CRISTIANO DE MELLO PAZ, ROGÉRIO LANZA TOLENTINO, SIMONE REIS LOBO DE VASCONCELOS, KÁTIA RABELLO e JOSÉ ROBERTO SALGADO, pelo crime descrito no art. 288 do Código Penal.

Absolvição de GEIZA DIAS DOS SANTOS e AYANNA TENÓRIO TORRES DE JESUS, nos termos do disposto no art. 386, VII, do Código de Processo Penal. Absolvição, também, contra o voto do relator e dos demais ministros que o acompanharam, de VINÍCIUS SAMARANE, ante o empate na votação, conforme decidido em questão de ordem.

CAPÍTULO III DA DENÚNCIA. SUBITEM III.1. CORRUPÇÃO PASSIVA. CORRUPÇÃO ATIVA. PECULATO. LAVAGEM DE DINHEIRO. AÇÃO PENAL JULGADA PARCIALMENTE PROCEDENTE.

1. Restou comprovado o pagamento de vantagem indevida ao então Presidente da Câmara dos Deputados, por parte dos sócios da agência de publicidade que, poucos dias depois, viria a ser contratada pelo órgão público presidido pelo agente público corrompido. Vinculação entre o pagamento da vantagem e os atos de ofício de competência do ex-Presidente da Câmara, cuja prática os réus sócios da agência de publicidade pretenderam influenciar. Condenação do réu JOÃO PAULO CUNHA, pela prática do delito descrito no artigo 317 do Código Penal (corrupção passiva), e dos réus MARCOS VALÉRIO, CRISTIANO PAZ e RAMON HOLLERBACH, pela prática do crime tipificado no artigo 333 do Código Penal (corrupção ativa).

2. Através da subcontratação quase integral do objeto do contrato de publicidade, bem como da inclusão de despesas não atinentes ao objeto contratado, os réus corruptores receberam recursos públicos em volume incompatível com os ínfimos serviços prestados, conforme constatado por equipes de auditoria de órgãos distintos. Violação, por outro lado, à modalidade de licitação que resultou na contratação da agência dos réus. Comprovado o desvio do dinheiro público, com participação ativa do Presidente da Câmara dos Deputados, que detinha a posse dos recursos em razão do cargo que exercia. Caracterizado um dos crimes de peculato (art. 312 do CP) narrados no Item III.1 da denúncia. Condenação dos réus JOÃO PAULO CUNHA, MARCOS VALÉRIO, CRISTIANO PAZ e RAMON HOLLERBACH.

3. Contratação, pela Câmara dos Deputados, de empresa de consultoria que, um mês antes, fora responsável pela propaganda eleitoral pessoal do réu JOÃO PAULO CUNHA, por ocasião da eleição à presidência da Casa Legislativa. Acusação ao réu JOÃO PAULO CUNHA pela prática do crime de peculato, que teria sido praticado por meio de desvio de recursos públicos para fins privados. Não comprovação. Denúncia julgada improcedente, nesta parte. Absolvição do acusado JOÃO PAULO CUNHA em relação a esta imputação, contra o voto do Relator e dos demais Ministros que o acompanhavam no sentido da condenação.

4. Caracteriza o crime de lavagem de dinheiro o recebimento de dinheiro em espécie, que o réu sabia ser de origem criminosa, mediante mecanismos de ocultação e dissimulação da natureza, origem, localização, destinação e propriedade dos valores, e com auxílio dos agentes envolvidos no pagamento do dinheiro, bem como de instituição financeira que serviu de intermediária à lavagem de capitais. O emprego da esposa como intermediária não descaracteriza o dolo da prática do crime, tendo em vista que o recebimento dos valores não foi formalizado no estabelecimento bancário e não deixou rastros no sistema financeiro nacional. Condenação do réu JOÃO PAULO CUNHA pela prática do delito descrito no art. 1º, V e VI, da Lei 9.613/98, na redação em vigor à época do fato.

CAPÍTULO III DA DENÚNCIA. SUBITEM III.2. PECULATO. DESVIO DE RECURSOS PERTENCENTES AO BANCO DO BRASIL, A TÍTULO DE 'BÔNUS DE VOLUME', APROPRIADOS PELA AGÊNCIA DE PUBLICIDADE CONTRATADA PELA INSTITUIÇÃO FINANCEIRA. COAUTORIA ENTRE O DIRETOR DE MARKETING DA ENTIDADE PÚBLICA E SÓCIOS DA AGÊNCIA DE PUBLICIDADE. DENÚNCIA JULGADA PROCEDENTE.

Apropriação indevida de valores pertencentes ao Banco do Brasil, denominados "bônus de volume", devolvidos por empresas contratadas pelo Banco, a título de desconto à entidade pública contratante. Os três corréus controladores da empresa de publicidade contratada pelo Banco do Brasil, em coautoria com o Diretor de Marketing da instituição financeira, desviaram os recursos que, nos termos das normas regimentais, estavam sob a posse e fiscalização do mencionado Diretor. Crime de peculato comprovado. Condenação dos réus HENRIQUE PIZZOLATO, MARCOS VALÉRIO, CRISTIANO PAZ e RAMON HOLLERBACH, pela prática do crime definido no art. 312 do Código Penal.

CAPÍTULO III DA DENÚNCIA. SUBITEM III.3. CORRUPÇÃO PASSIVA, CORRUPÇÃO ATIVA, PECULATO E LAVAGEM DE DINHEIRO. DESVIO DE RECURSOS ORIUNDOS DE PARTICIPAÇÃO DO BANCO DO BRASIL NO FUNDO VISANET. ACUSAÇÃO JULGADA PROCEDENTE.

1. Comprovou-se que o Diretor de Marketing do Banco do Brasil recebeu vultosa soma de dinheiro em espécie, paga pelos réus acusados de corrupção ativa, através de cheque emitido pela agência de publicidade então contratada pelo Banco do Brasil. Pagamento da vantagem indevida com fim de determinar a prática de atos de ofício da competência do agente público envolvido, em razão do cargo por ele ocupado. Condenação do réu HENRIQUE PIZZOLATO, pela prática do delito descrito no artigo 317 do Código Penal (corrupção passiva), bem como dos réus MARCOS VALÉRIO, CRISTIANO PAZ e RAMON HOLLERBACH, pela prática do crime tipificado no artigo 333 do Código Penal (corrupção ativa).

2. Caracteriza o crime de lavagem de capitais o recebimento de dinheiro em espécie, que o réu sabia ser de origem criminosa, mediante mecanismos de ocultação e dissimulação da natureza, origem, localização, destinação e propriedade dos valores, com auxílio dos agentes envolvidos no pagamento do dinheiro, bem como de instituição financeira que serviu de intermediária à lavagem de capitais. O emprego de um subordinado da confiança do então Diretor de Marketing do Banco do Brasil, como intermediário do recebimento dos recursos no interior da agência bancária, foi apenas uma das etapas empregadas para consumar o crime de lavagem de dinheiro, que teve por fim assegurar o recebimento da soma, em espécie, por seu real destinatário. Ausência de registro do procedimento no sistema bancário. Condenação do réu HENRIQUE PIZZOLATO pela prática do delito de lavagem de dinheiro, nos termos do art. 1º, V e VI, da Lei 9.613/98, na redação em vigor à época do fato.

3. Ficou comprovada a prática do crime de peculato, consistente na transferência de vultosos recursos pertencentes ao Banco do Brasil, na condição de quotista do Fundo de Incentivo Visanet, em proveito da agência dos réus do denominado "núcleo publicitário", inexistente qualquer contrato entre as partes e mediante antecipações ilícitas, para pagamento de serviços que não haviam sido prestados. Ordens de transferência dos recursos emanadas do Diretor de Marketing do Banco do Brasil, em troca da vantagem financeira indevida por ele recebida dos beneficiários.

4. Ausência de prova da participação do então Ministro da Secretaria de Comunicação e Gestão Estratégica da Presidência da República, LUIZ GUSHIKEN, na prática do crime de peculato que lhe foi imputado. Absolvição.

5. Condenação dos réus HENRIQUE PIZZOLATO, MARCOS VALÉRIO, CRISTIANO PAZ e RAMON HOLLERBACH, pela prática do crime de peculato (art. 312 do Código Penal).

ITEM IV DA DENÚNCIA. LAVAGEM DE DINHEIRO (ART. 1º, V E VI, DA LEI 9.613/1998). FRAUDES CONTÁBEIS, SIMULAÇÃO DE EMPRÉSTIMOS BANCÁRIOS E REPASSES DE VALORES ATRAVÉS DE BANCO, COM DISSIMULAÇÃO DA NATUREZA, ORIGEM, LOCALIZAÇÃO, DISPOSIÇÃO E MOVIMENTAÇÃO DE TAIS VALORES, BEM COMO OCULTAÇÃO DOS VERDADEIROS PROPRIETÁRIOS DESSAS QUANTIAS, QUE SABIDAMENTE ERAM PROVENIENTES DE CRIMES CONTRA A ADMINISTRAÇÃO PÚBLICA E O SISTEMA FINANCEIRO NACIONAL. ATUAÇÃO COM UNIDADE DE DESÍGNIOS E DIVISÃO DE TAREFAS. PROCEDÊNCIA PARCIAL DO PEDIDO.

A realização do crime de lavagem de dinheiro (art. 1º, V e VI, da Lei 9.613/1998) ocorreu mediante três grandes etapas, integradas por condutas reiteradas e, muitas vezes, concomitantes, as quais podem ser agrupadas da seguinte forma: (1) fraude na contabilidade de pessoas jurídicas ligadas ao réu MARCOS VALÉRIO, especialmente na SMP&B Comunicação Ltda., na DNA Propaganda Ltda. e no próprio Banco Rural S/A; (2) simulação de empréstimos bancários, formalmente contraídos, sobretudo, no Banco Rural

S/A e no Banco BMG, bem como utilização de mecanismos fraudulentos para encobrir o caráter simulado desses mútuos fictícios; e, principalmente, (3) repasses de vultosos valores através do banco Rural, com dissimulação da natureza, origem, localização, disposição e movimentação de tais valores, bem como ocultação, especialmente do Banco Central e do Coaf, dos verdadeiros (e conhecidos) proprietários e beneficiários dessas quantias, que sabidamente eram provenientes, direta ou indiretamente, de crimes contra a administração pública (itens III e VI) e o sistema financeiro nacional (item V). Limitando-se ao que consta da denúncia, foram identificadas e comprovadas quarenta e seis operações de lavagem de dinheiro realizadas através de mecanismos ilícitos disponibilizados pelo banco Rural.

Os delitos foram cometidos por réus integrantes do chamado "núcleo publicitário" e do "núcleo financeiro", com unidade de desígnios e divisão de tarefas, ficando cada agente incumbido de determinadas funções, de cujo desempenho dependia o sucesso da associação criminosa.

Condenação de MARCOS VALÉRIO FERNANDES DE SOUZA, RAMON HOLLERBACH CARDOSO, CRISTIANO DE MELLO PAZ, ROGÉRIO LANZA TOLENTINO, SIMONE REIS LOBO DE VASCONCELOS, KÁTIA RABELLO, JOSÉ ROBERTO SALGADO e VINÍCIUS SAMARANE, pelo crime descrito no art. 1º, V e VI, da Lei 9.613/1998 (na redação anterior à Lei 12.683/2012), praticado 46 vezes em continuidade delitiva, salvo em relação a ROGÉRIO LANZA TOLENTINO, a quem o Pleno, contra o voto do relator e dos demais ministros que o acompanharam, atribuiu o crime apenas uma vez.

Absolvição de GEIZA DIAS DOS SANTOS, contra o voto do relator e dos demais ministros que o acompanharam, e AYANNA TENÓRIO TORRES DE JESUS (art. 386, VII, do Código de Processo Penal).

ITEM V DA DENÚNCIA. GESTÃO FRAUDULENTA DE INSTITUIÇÃO FINANCEIRA (ART. 4º da LEI 7.492/1986). SIMULAÇÃO DE EMPRÉSTIMOS BANCÁRIOS E UTILIZAÇÃO DE DIVERSOS MECANISMOS FRAUDULENTOS PARA ENCOBRIR O CARÁTER SIMULADO DESSAS OPERAÇÕES DE CRÉDITO. ATUAÇÃO COM UNIDADE DE DESÍGNIOS E DIVISÃO DE TAREFAS. PROCEDÊNCIA PARCIAL DO PEDIDO.

O crime de gestão fraudulenta de instituição financeira (art. 4º da Lei 7.492/1986) configurou-se com a simulação de empréstimos bancários e a utilização de diversos mecanismos fraudulentos para encobrir o caráter simulado dessas operações de crédito, tais como: (1) rolagem da suposta dívida mediante, por exemplo, sucessivas renovações desses empréstimos fictícios, com incorporação de encargos e realização de estornos de valores relativos aos encargos financeiros devidos, de modo a impedir que essas operações apresentassem atrasos; (2) incorreta classificação do risco dessas operações; (3) desconsideração da manifesta insuficiência financeira dos mutuários e das garantias por ele ofertadas e aceitas pelo banco; e (4) não observância tanto de normas aplicáveis à espécie, quanto de análises da área técnica e jurídica do próprio Banco Rural S/A. Ilícitos esses que também foram identificados por perícias do Instituto Nacional de Criminalística e pelo Banco Central do Brasil.

Crime praticado em concurso de pessoas, com unidade de desígnios e divisão de tarefas. Desnecessidade, para a configuração da coautoria delitiva, de que cada um dos agentes tenha praticado todos os atos fraudulentos que caracterizaram a gestão fraudulenta de instituição financeira. Pela divisão de tarefas, cada co-autor era incumbido da realização de determinadas condutas, cujo objetivo era a realização do delito.

Condenação de KÁTIA RABELLO, JOSÉ ROBERTO SALGADO e VINÍCIUS SAMARANE, pelo cometimento do crime descrito no art. 4º da Lei 7.492/198.

Absolvição de AYANNA TENÓRIO TORRES DE JESUS (art. 386, VII, do Código de Processo Penal), contra o voto do relator.

CAPÍTULO VI DA DENÚNCIA. SUBITENS VI.1, VI.2, VI.3 E VI.4. CORRUPÇÃO ATIVA E CORRUPÇÃO PASSIVA. ESQUEMA DE PAGAMENTO DE VANTAGEM INDEVIDA A PARLAMENTARES PARA FORMAÇÃO DE "BASE ALIADA" AO GOVERNO FEDERAL NA CÂMARA DOS DEPUTADOS. COMPROVAÇÃO. RECIBOS INFORMAIS. DESTINAÇÃO DOS RECURSOS RECEBIDOS. IRRELEVÂNCIA. AÇÃO PENAL JULGADA PROCEDENTE, SALVO EM RELAÇÃO A DOIS ACUSADOS. CONDENAÇÃO DOS DEMAIS.

1. Conjunto probatório harmonioso que, evidenciando a sincronia das ações de corruptos e corruptores no mesmo sentido da prática criminosa comum, conduz à comprovação do amplo esquema de distribuição de dinheiro a parlamentares, os quais, em troca, ofereceram seu apoio e o de seus correligionários aos projetos de interesse do Governo Federal na Câmara dos Deputados.

2. A alegação de que os milionários recursos distribuídos a parlamentares teriam relação com dívidas de campanha é inócua, pois a eventual destinação dada ao dinheiro não tem relevância para a caracterização da conduta típica

nos crimes de corrupção passiva e ativa. Os parlamentares receberam o dinheiro em razão da função, em esquema que viabilizou o pagamento e o recebimento de vantagem indevida, tendo em vista a prática de atos de ofício.

3. Dentre as provas e indícios que, em conjunto, conduziram ao juízo condenatório, destacam-se as várias reuniões mantidas entre os corréus no período dos fatos criminosos, associadas a datas de tomadas de empréstimos fraudulentos junto a instituições financeiras cujos dirigentes, a seu turno, reuniram-se com o organizador do esquema; a participação, nessas reuniões, do então Ministro-Chefe da Casa Civil, do publicitário encarregado de proceder à distribuição dos recursos e do tesoureiro do partido político executor das ordens de pagamento aos parlamentares corrompidos; os concomitantes repasses de dinheiro em espécie para esses parlamentares corrompidos, mediante atuação direta do ex-tesoureiro do Partido dos Trabalhadores e dos publicitários que, à época, foram contratados por órgãos e entidades públicas federais, dali desviando recursos que permitiram o abastecimento do esquema; existência de dezenas de "recibos", meramente informais e destinados ao uso interno da quadrilha, por meio dos quais se logrou verificar a verdadeira destinação (pagamento de propina a parlamentares) do dinheiro sacado em espécie das contas bancárias das agências de publicidade envolvidas; declarações e depoimentos de corréus e de outras pessoas ouvidas no curso da ação penal, do inquérito e da chamada "CPMI dos Correios"; tudo isso, ao formar um sólido contexto fático-probatório, descrito no voto condutor, compõe o acervo de provas e indícios que, somados, revelaram, além de qualquer dúvida razoável, a procedência da acusação quanto aos crimes de corrupção ativa e passiva. Ficaram, ainda, devidamente evidenciadas e individualizadas as funções desempenhadas por cada corréu na divisão de tarefas estabelecida pelo esquema criminoso, o que permitiu que se apontasse a responsabilidade de cada um.

4. A organização e o controle das atividades criminosas foram exercidos pelo então Ministro-Chefe da Casa Civil, responsável pela articulação política e pelas relações do Governo com os parlamentares. Conluio entre o organizador do esquema criminoso e o então Tesoureiro de seu partido; os três publicitários que ofereceram a estrutura empresarial por eles controlada para servir de central de distribuição de dinheiro aos parlamentares corrompidos, inclusive com a participação intensa da Diretora Financeira de uma das agências de publicidade. Atuação, nas negociações dos repasses de dinheiro para parte dos parlamentares corrompidos, do então Presidente do partido político que ocupava a chefia do Poder Executivo Federal (subitens VI.1 e VI.3). Atuação, ainda, do advogado das empresas de publicidade, que também pagou vantagens indevidas para parte dos parlamentares corrompidos (subitem VI.1).

5. Parlamentares beneficiários das transferências ilícitas de recursos detinham poder de influenciar os votos de outros parlamentares de seus respectivos partidos, em especial por ocuparem as estratégicas funções de Presidentes de partidos políticos, de líderes parlamentares, líderes de bancadas e blocos partidários. Comprovada a participação, no recebimento da propina, de intermediários da estrita confiança dos parlamentares, beneficiários finais do esquema. Depoimentos e recibos informais apreendidos no curso das investigações compõem as provas da prática criminosa.

6. Condenação dos réus JOSÉ DIRCEU, JOSÉ GENOÍNO, DELÚBIO SOARES, MARCOS VALÉRIO, CRISTIANO PAZ, RAMON HOLLERBACH, ROGÉRIO TOLENTINO e SIMONE VASCONCELOS, pela prática dos crimes de corrupção ativa (art. 317 do Código Penal) que lhes foram imputados.

7. Absolvição dos réus ANDERSON ADAUTO e GEIZA DIAS, por falta de provas suficientes à condenação.

7. Condenação dos réus PEDRO CORRÊA, PEDRO HENRY, JOÃO CLÁUDIO GENU, VALDEMAR COSTA NETO, CARLOS ALBERTO RODRIGUES PINTO, JACINTO LAMAS, ROBERTO JEFFERSON, ROMEU QUEIROZ, EMERSON PALMIERI e JOSÉ BORBA, pela prática do crime de corrupção passiva (art. 333 do Código Penal).

CAPÍTULO VI DA DENÚNCIA. SUBITENS VI.1, VI.2, VI.3 E VI.4. LAVAGEM DE DINHEIRO. RECURSOS DE ORIGEM CRIMINOSA. EMPREGO DE MECANISMOS DESTINADOS À OCULTAÇÃO E DISSIMULAÇÃO DA MOVIMENTAÇÃO, DESTINAÇÃO E PROPRIEDADE DOS VALORES. PROCEDÊNCIA, EM PARTE, DA DENÚNCIA.

1. Emprego de mecanismos destinados à ocultação e dissimulação da natureza, origem, movimentação, localização e propriedade dos milhares de reais, em espécie, que os réus condenados pela prática do crime de corrupção passiva receberam no desenrolar do esquema criminoso.

2. A ocultação e dissimulação da origem criminosa do dinheiro consumaram-se com o uso dos mecanismos verificados no Capítulo IV da denúncia, que foram oferecidos aos parlamentares pelos réus dos chamados "núcleo publicitário" e "núcleo financeiro" da quadrilha. Assim, os parlamentares puderam

se beneficiar de uma rede de lavagem de dinheiro formada pelo Banco Rural, através de três de seus mais altos dirigentes, à época, e pelas agências de publicidade vinculadas ao réu MARCOS VALÉRIO e seus sócios. Para receber os recursos de origem criminosa, oferecidos pelos corruptores, os parlamentares praticaram o crime de lavagem de dinheiro, fundamentalmente, por meio de: a) agências de publicidade então contratadas pela Câmara dos Deputados e pelo Banco do Brasil, as quais apareciam como "sacadoras" do dinheiro nos registros bancários, apontando-se, como destinação dos recursos, o suposto "pagamento de fornecedores", artimanha com a qual se ocultaram os verdadeiros destinatários finais dos valores, ou seja, os parlamentares corrompidos; b) agências bancárias que não registravam os saques em nome dos verdadeiros destinatários, mas sim em nome das agências de publicidade ou de uma pessoa física que agia como intermediária, seja um enviado dos corruptores (em especial a ré SIMONE VASCONCELOS), seja um enviado dos parlamentares corrompidos (cujos nomes eram colhidos apenas para o controle interno da quadrilha); c) encontros em quartos de hotéis ou em escritórios de partidos, com o fim de entrega e de recebimento das malas de dinheiro em espécie de origem criminosa; d) em dois casos (subitens VI.1 e VI.2), para camuflar ainda mais a movimentação dos vultosos recursos recebidos, houve a participação de empresas de corretagem de valores, verdadeiras "lavanderias", que apareciam, formalmente, nos registros bancários, como destinatárias de depósitos de recursos oriundos de prática criminosa, as quais, na sequência, repassavam esses recursos aos parlamentares beneficiários, de modo inteiramente dissimulado, praticamente sem deixar qualquer rastro no sistema bancário ou financeiro nacional.

3. A lavagem de dinheiro constitui crime autônomo em relação aos crimes antecedentes, e não mero exaurimento do crime anterior. A lei de lavagem de dinheiro (Lei 9.613/98), ao prever a conduta delituosa descrita no seu art. 1º, teve entre suas finalidades o objetivo de impedir que se obtivesse proveito a partir de recursos oriundos de crimes, como, no caso concreto, os crimes contra a administração pública e o sistema financeiro nacional. Jurisprudência.

4. Enquadramento das condutas no tipo penal do art. 1º, V e VI, da Lei 9.613/98, na redação em vigor à época dos fatos.

5. Condenação dos réus PEDRO CORRÊA, PEDRO HENRY, JOÃO CLÁUDIO GENU, ENIVALDO QUADRADO, BRENO FISCHBERG, VALDEMAR COSTA NETO, CARLOS ALBERTO RODRIGUES PINTO, JACINTO LAMAS, ROBERTO JEFFERSON, ROMEU QUEIROZ e EMERSON PALMIERI, pela prática do crime de lavagem de dinheiro.

6. Absolvição do réu ANTÔNIO LAMAS, por falta de provas suficientes à condenação. Unânime.

7. Absolvição do réu JOSÉ BORBA, em razão do empate na votação, nos termos da questão de ordem resolvida pelo Plenário.

CAPÍTULO VI DA DENÚNCIA. SUBITENS VI.1 E VI.2. FORMAÇÃO DE QUADRILHA. ACUSAÇÃO JULGADA IMPROCEDENTE.

Absolvição do réu ANTÔNIO LAMAS, por falta de provas para a condenação. Decisão unânime.

Absolvição dos réus BRENO FISCHBERG e PEDRO HENRY, por falta de provas para a condenação. Maioria. Vencido o Relator e os demais ministros que o acompanhavam.

Absolvição dos réus PEDRO CORRÊA, JOÃO CLÁUDIO GENU, ENIVALDO QUADRADO, VALDEMAR COSTA NETO e JACINTO LAMAS, tendo em vista o empate na votação, nos termos da questão de ordem resolvida pelo plenário. Vencido o Relator e os demais ministros que o acompanharam.

ITEM VII DA DENÚNCIA. LAVAGEM DE DINHEIRO (ART. 1º, V, VI E VII, DA LEI 9.613/1998). INEXISTÊNCIA DE PROVA SUFICIENTE DE QUE OS RÉUS TINHAM CONHECIMENTO DOS CRIMES ANTECEDENTES. IMPROCEDÊNCIA DO PEDIDO.

A dissimulação da origem, localização e movimentação de valores sacados em espécie, com ocultação dos verdadeiros proprietários ou beneficiários dessas quantias, não caracteriza o delito previsto no art. 1º, V e VI, da Lei 9.613/1998 (na redação anterior à Lei 12.683/2012), se não há prova suficiente, como no caso, de que os acusados tinham conhecimento dos crimes antecedentes à lavagem do dinheiro.

Absolvição de ANITA LEOCÁDIA PEREIRA DA COSTA, LUIZ CARLOS DA SILVA (PROFESSOR LUIZINHO) e JOSÉ LUIZ ALVES (art. 386, VII, do Código de Processo Penal).

Absolvição, contra o voto do relator e dos demais ministros que o acompanharam, de PAULO ROBERTO GALVÃO DA ROCHA, JOÃO MAGNO DE MOURA e ANDERSON ADAUTO PEREIRA, ante o empate na votação, conforme decidido em questão de ordem.

ITEM VIII DA DENÚNCIA. LAVAGEM DE DINHEIRO. MANUTENÇÃO DE CONTA NÃO DECLARADA NO EXTERIOR. EVASÃO DE DIVISAS. PROCEDÊNCIA PARCIAL DO PEDIDO.

LAVAGEM DE DINHEIRO (ART. 1º, V, VI e VII DA LEI 9.613/1998). INEXISTÊNCIA DE PROVA SUFICIENTE DE QUE OS RÉUS TINHAM CONHECIMENTO DOS CRIMES ANTECEDENTES. IMPROCEDÊNCIA DO PEDIDO.

A ocultação ou dissimulação da natureza, origem, localização, movimentação e propriedade de valores recebidos não caracteriza o delito previsto no art. 1º, V e VI, da Lei 9.613/1998 (na redação anterior à Lei 12.683/2012), se não há prova suficiente, como no caso, de que os acusados tinham conhecimento dos crimes antecedentes à lavagem do dinheiro.

Absolvição de JOSÉ EDUARDO CAVALCANTI DE MENDONÇA (DUDA MENDONÇA) E ZILMAR FERNANDES SILVEIRA, quanto à acusação de lavagem de dinheiro referente aos cinco repasses de valores realizados em agência do Banco Rural S/A em São Paulo (art. 386, VII, do Código de Processo Penal).

MANUTENÇÃO DE DEPÓSITOS NÃO DECLARADOS NO EXTERIOR (ART. 22, PARÁGRAFO ÚNICO, SEGUNDA PARTE, DA LEI 7.492/1986). SALDO INFERIOR A US$ 100.000,00 NAS DATAS-BASE FIXADAS PELO BANCO CENTRAL DO BRASIL. DESNECESSIDADE, NESSE CASO, DE DECLARAÇÃO DOS DEPÓSITOS EXISTENTES. IMPROCEDÊNCIA DO PEDIDO.

A manutenção, ao longo de 2003, de conta no exterior com depósitos em valor superior aos cem mil dólares americanos previstos na Circular nº 3.225/2004 e na Circular nº 3.278/2005 do Banco Central do Brasil não caracteriza o crime descrito no art. 22, parágrafo único, segunda parte, da Lei 7.492/1986, se o saldo mantido nessa conta era, em 31.12.2003 e em 31.12.2004, inferior a US$ 100.000,00, o que dispensa o titular de declarar ao Banco Central os depósitos existentes, conforme excepcionado pelo art. 3º dessas duas Circulares.

Absolvição de JOSÉ EDUARDO CAVALCANTI DE MENDONÇA (DUDA MENDONÇA) e ZILMAR FERNANDES SILVEIRA (art. 386, VII, do Código de Processo Penal), contra o voto do relator e dos demais ministros que o acompanharam.

EVASÃO DE DIVISAS (ART. 22, PARÁGRAFO ÚNICO, PRIMEIRA PARTE, DA LEI 7.492/1986). PROMOÇÃO DE OPERAÇÕES ILEGAIS DE SAÍDA DE MOEDA OU DIVISAS PARA O EXTERIOR. PROCEDÊNCIA PARCIAL DO PEDIDO.

No período de 21.02.2003 a 02.01.2004, membros do denominado "núcleo publicitário" ou "operacional" realizaram, sem autorização legal, por meio do grupo Rural e de doleiros, cinquenta e três depósitos em conta mantida no exterior. Desses depósitos, vinte e quatro se deram através do conglomerado Rural, cujos principais dirigentes à época se valeram, inclusive, de offshore sediada nas Ilhas Cayman (Trade Link Bank), que também integra, clandestinamente, o grupo Rural, conforme apontado pelo Banco Central do Brasil.

A materialização do delito de evasão de divisas prescinde da saída física de moeda do território nacional. Por conseguinte, mesmo aceitando-se a alegação de que os depósitos em conta no exterior teriam sido feitos mediante as chamadas operações "dólar-cabo", aquele que efetua pagamento em reais no Brasil, com o objetivo de disponibilizar, através do outro que recebeu tal pagamento, o respectivo montante em moeda estrangeira no exterior, também incorre no ilícito de evasão de divisas.

Caracterização do crime previsto no art. 22, parágrafo único, primeira parte, da Lei 7.492/1986, que tipifica a conduta daquele que, "a qualquer título, promove, sem autorização legal, a saída de moeda ou divisa para o exterior". Crimes praticados por grupo organizado, em que se sobressai a divisão de tarefas, de modo que cada um dos agentes ficava encarregado de uma parte dos atos que, no conjunto, eram essenciais para o sucesso da empreitada criminosa.

Rejeição do pedido de emendatio libelli, formulado pelo procurador-geral da República, em alegações finais, a fim de os integrantes dos núcleos publicitário e financeiro fossem condenados por lavagem de dinheiro (art. 1º, V, VI e VII, da Lei 9.613/1998), e não por evasão de divisas (art. 22, parágrafo único, primeira parte, da Lei 7.492/1986).

Condenação de MARCOS VALÉRIO FERNANDES DE SOUZA, RAMON HOLLERBACH CARDOSO e SIMONE REIS LOBO DE VASCONCELOS, pela prática do crime previsto na primeira parte do parágrafo único do art. 22 da Lei 7.492/1986, ocorrido 53 vezes em continuidade delitiva. Condenação, também, de KÁTIA RABELLO e JOSÉ ROBERTO SALGADO, pelo cometimento do mesmo delito, verificado 24 vezes em continuidade delitiva.

Absolvição de CRISTIANO DE MELLO PAZ, GEIZA DIAS DOS SANTOS e VINÍCIUS SAMARANE (art. 386, VII, do Código de Processo Penal).

LAVAGEM DE DINHEIRO (ART. 1º, V, VI e VII DA LEI 9.613/1998). INEXISTÊNCIA DE PROVA SUFICIENTE DE QUE OS RÉUS TINHAM CONHECIMENTO DOS CRIMES ANTECEDENTES. IMPROCEDÊNCIA DO PEDIDO.

A ocultação ou dissimulação da natureza, origem, localização, movimentação e propriedade de valores recebidos não caracteriza o delito previsto no art. 1º, V e VI, da Lei 9.613/1998 (na redação anterior à Lei 12.683/2012), se não há prova suficiente, como no caso, de que os acusados tinham conhecimento dos crimes antecedentes à lavagem do dinheiro.

Absolvição, contra o voto do relator e dos demais ministros que o acompanharam, de JOSÉ EDUARDO CAVALCANTI DE MENDONÇA (DUDA MENDONÇA) E ZILMAR FERNANDES SILVEIRA, quanto à acusação de lavagem de dinheiro relacionada às 53 operações de evasão de divisas (art. 386, VII, do Código de Processo Penal).

PERDA DO MANDATO ELETIVO. COMPETÊNCIA DO SUPREMO TRIBUNAL FEDERAL. AUSÊNCIA DE VIOLAÇÃO DO PRINCÍPIO DA SEPARAÇÃO DE PODERES E FUNÇÕES. EXERCÍCIO DA FUNÇÃO JURISDICIONAL. CONDENAÇÃO DOS RÉUS DETENTORES DE MANDATO ELETIVO PELA PRÁTICA DE CRIMES CONTRA A ADMINISTRAÇÃO PÚBLICA. PENA APLICADA NOS TERMOS ESTABELECIDOS NA LEGISLAÇÃO PENAL PERTINENTE.

1. O Supremo Tribunal Federal recebeu do Poder Constituinte originário a competência para processar e julgar os parlamentares federais acusados da prática de infrações penais comuns. Como consequência, é ao Supremo Tribunal Federal que compete a aplicação das penas cominadas em lei, em caso de condenação. A perda do mandato eletivo é uma pena acessória da pena principal (privativa de liberdade ou restritiva de direitos), e deve ser decretada pelo órgão que exerce a função jurisdicional, como um dos efeitos da condenação, quando presentes os requisitos legais para tanto.

2. Diferentemente da Carta outorgada de 1969, nos termos da qual as hipóteses de perda ou suspensão de direitos políticos deveriam ser disciplinadas por Lei Complementar (art. 149, §3º), o que atribuía eficácia contida ao mencionado dispositivo constitucional, a atual Constituição estabeleceu os casos de perda ou suspensão dos direitos políticos em norma de eficácia plena (art. 15, III). Em consequência, o condenado criminalmente, por decisão transitada em julgado, tem seus direitos políticos suspensos pelo tempo que durarem os efeitos da condenação.

3. A previsão contida no artigo 92, I e II, do Código Penal, é reflexo direto do disposto no art. 15, III, da Constituição Federal. Assim, uma vez condenado criminalmente um réu detentor de mandato eletivo, caberá ao Poder Judiciário decidir, em definitivo, sobre a perda do mandato. Não cabe ao Poder Legislativo deliberar sobre aspectos de decisão condenatória criminal, emanada do Poder Judiciário, proferida em detrimento de membro do Congresso Nacional. A Constituição não submete a decisão do Poder Judiciário à complementação por ato de qualquer outro órgão ou Poder da República. Não há sentença jurisdicional cuja legitimidade ou eficácia esteja condicionada à aprovação pelos órgãos do Poder Político. A sentença condenatória não é a revelação de parecer de umas das projeções do poder estatal, mas a manifestação integral e completa da instância constitucional competente para sancionar, em caráter definitivo, as ações típicas, antijurídicas e culpáveis. Entendimento que se extrai do artigo 15, III, combinado com o artigo 55, §3º, ambos da Constituição da República. Afastada a incidência do §2º do art. 55 da Lei Maior, quando a perda do mandato parlamentar for decretada pelo Poder Judiciário, como um dos efeitos da condenação criminal transitada em julgado. Ao Poder Legislativo cabe, apenas, dar fiel execução à decisão da Justiça e declarar a perda do mandato, na forma preconizada na decisão jurisdicional.

4. Repugna à nossa Constituição o exercício do mandato parlamentar quando recaia, sobre o seu titular, a reprovação penal definitiva do Estado, suspendendo-lhe o exercício de direitos políticos e decretando-lhe a perda do mandato eletivo. A perda dos direitos políticos é "consequência da existência da coisa julgada". Consequentemente, não cabe ao Poder Legislativo "outra conduta senão a declaração da extinção do mandato" (RE 225.019, Rel. Min. Nelson Jobim). Conclusão de ordem ética consolidada a partir de precedentes do Supremo Tribunal Federal e extraída da Constituição Federal e das leis que regem o exercício do poder político-representativo, a conferir encadeamento lógico e substância material à decisão no sentido da decretação da perda do mandato eletivo. Conclusão que também se constrói a partir da lógica sistemática da Constituição, que enuncia a cidadania, a capacidade para o exercício de direitos políticos e o preenchimento pleno das condições de elegibilidade como pressupostos sucessivos para a participação completa na formação da vontade e na condução da vida política do Estado.

5. No caso, os réus parlamentares foram condenados pela prática, entre outros, de crimes contra a Administração Pública. Conduta juridicamente incompatível com os deveres inerentes ao cargo. Circunstâncias que impõem a perda do mandato como medida adequada, necessária e proporcional.

6. Decretada a suspensão dos direitos políticos de todos os réus, nos termos do art. 15, III, da Constituição Federal. Unânime.

7. Decretada, por maioria, a perda dos mandatos dos réus titulares de mandato eletivo.

DÉCIMA QUEST. ORD. NA AP N. 470-MG
RELATOR: MINISTRO PRESIDENTE
Ementa: 10ª QUESTÃO DE ORDEM. RESOLUÇÃO DE PEDIDOS ATINENTES À ORGANIZAÇÃO DO JULGAMENTO DESTA AP.

1. A sustentação oral consubstancia importante instrumento de operacionalização da ampla defesa. A faculdade em que se traduz esse meio de exposição das razões defensivas, por outra volta, não autoriza concluir pela fuga da própria essência das sustentações orais. Até porque eventual recurso gráfico ou quadro esquemático pode ser entregue aos ministros por meio de memoriais

2. Questão de ordem resolvida para: a) indeferir o pedido de uso de sistema audiovisual na sustentação oral, ficando prejudicado o requerimento de disponibilização de equipamentos por este STF; b) consignar que as sustentações orais dos acusados serão chamadas pelo Presidente na ordem da denúncia e que a previsão é de que as sessões de julgamento tenham duração de cinco horas. Donde a impossibilidade de, neste momento, fixar data e horário para esta e aquela sustentação oral; c) determinar o envio das petições ao gabinete do ministro Joaquim Barbosa para ulterior juntada aos autos.

VIGÉSIMO AG. REG. NA AP N. 470-MG
RELATOR: MIN. JOAQUIM BARBOSA
Ementa: AGRAVO REGIMENTAL. PEDIDO DE VISTA DE PROCEDIMENTO EM TRÂMITE NO JUÍZO DE PRIMEIRO GRAU. NÃO FORMULAÇÃO À AUTORIDADE JURISDICIONAL COMPETENTE. PEDIDO INCABÍVEL. INSTAURAÇÃO DE PROCEDIMENTO CONTRA POSSÍVEIS CORRÉUS. CERCEAMENTO DE DEFESA. INOCORRÊNCIA. AGRAVO DESPROVIDO.

1. O pedido de vista ou de informações sobre procedimento judicial deve ser submetido ao magistrado competente para o processamento do feito. Incabível dirigir o pleito diretamente ao Supremo Tribunal Federal.

2. A possibilidade de outros suspeitos virem a ser denunciados pelo mesmo delito por que o Agravante foi condenado, no foro competente, não cerceia o direito de defesa, que foi amplamente garantido no curso desta ação penal.

3. Agravo regimental desprovido.

AG. REG. NO ARE N. 727.076-GO
RELATORA: MIN. CÁRMEN LÚCIA.
EMENTA: AGRAVO REGIMENTAL NO RECURSO EXTRAORDINÁRIO COM AGRAVO. CONSTITUCIONAL. RESPONSABILIDADE OBJETIVA DO ESTADO. PRISÃO DE PESSOA INOCENTE. DANOS MORAIS. IMPOSSIBILIDADE DE REEXAME DE PROVAS. SÚMULA N. 279 DO SUPREMO TRIBUNAL FEDERAL. AGRAVO REGIMENTAL AO QUAL SE NEGA PROVIMENTO. **(Inform. STF 703)**

AP 470/MG - 207

O Plenário retomou julgamento de ação penal movida, pelo Ministério Público Federal, contra diversos acusados pela suposta prática de esquema a envolver crimes de peculato, lavagem de dinheiro, corrupção ativa, gestão fraudulenta e outras fraudes – v. Informativos 673 a 685 e 687 a 690. Na sessão de 5.12.2012, o Relator finalizou proclamação quanto ao crime de lavagem de dinheiro praticado por João Paulo Cunha, descrito no item III.1 (a.2) da denúncia, relativamente à contratação firmada entre empresa ligada a Marcos Valério pela Câmara dos Deputados. Consignou-se a pena em 3 anos de reclusão e 50 dias-multa, no valor de 10 salários mínimos cada. Na sequência, retificou-se a pena outrora definida para Rogério Tolentino – fixada em 3 anos, 8 meses e 10 dias de reclusão – a fim de estabelecê-la em 3 anos e 2 meses de reclusão no tocante ao delito de lavagem de dinheiro, narrado no capítulo IV da inicial. A Min. Rosa Weber destacou debate acerca da ocorrência de crime único ou de mais de uma operação de lavagem de dinheiro. Asseverou que votara no sentido de crime único e, ausentes elementos aptos a aumentar ou diminuir a reprimenda, tornara a pena-base definitiva. Vencidos os Ministros Relator e Luiz Fux, que consideravam a existência de 46 operações de lavagem de capital. Manteve-se a pena de 133 dias-multa, no valor de 10 salários mínimos cada.
AP 470/MG, rel. Min. Joaquim Barbosa, 5 e 6.12.2012. (AP-470)

AP 470/MG - 208

Em seguida, o Tribunal, por maioria, rejeitou questão suscitada pelo Min. Marco Aurélio no que se refere à regra da continuidade delitiva (CP, art. 71:

"Quando o agente, mediante mais de uma ação ou omissão, pratica dois ou mais crimes da mesma espécie e, pelas condições de tempo, lugar, maneira de execução e outras semelhantes, devem os subsequentes ser havidos como continuação do primeiro, aplica-se-lhe a pena de um só dos crimes, se idênticas, ou a mais grave, se diversas, aumentada, em qualquer caso, de um sexto a dois terços"). No ponto, prevaleceu o voto do Relator. Este explicou que a jurisprudência da Corte fixara que a citada norma somente seria aplicável se o agente praticasse o mesmo tipo penal e, ainda assim, se observadas certas condições. Examinou que, no caso, não haveria nexo de continuidade entre os crimes de corrupção ativa e peculato. Ao contrário, seriam condutas inteiramente distintas e conduziriam a diferentes resultados criminosos. Nenhum dos requisitos do art. 71 do CP – condições de tempo, lugar, maneira de execução e outras – seria comum, presentes situações díspares e específicas para cada um desses delitos, cometidos com dolos autônomos. Frisou entendimento das Turmas do STF segundo o qual a incidência do aludido preceito – ao invés de concurso material – dependeria de os crimes subsequentes poderem ser considerados continuação do primeiro. Assim, deveria haver unidade objetiva e subjetiva de condutas. Destacou que delitos de igual espécie seriam fatos típicos equivalentes tanto do ponto de vista objetivo quanto do subjetivo. Acresceu não haver relação de dependência ou de subordinação entre condutas delituosas atentatórias a bens jurídicos diversos. Aquilatou que, na espécie, os crimes de corrupção ativa pelos quais condenados Marcos Valério, Cristiano Paz e Ramon Hollerbach não poderiam ser reputados uma unidade continuada, pois envolveriam renovação de contrato de empresa privada com entidade pública; pagamento do Presidente da Câmara para interferir em procedimento licitatório e permitir a contratação de outra empresa e pagamento de propina a parlamentares para apoio político. O único elemento comum entre esses crimes seria inerente ao tipo penal, insuficiente para concluir acerca de eventual unidade continuada de conduta criminosa.

AP 470/MG, rel. Min. Joaquim Barbosa, 5 e 6.12.2012. (AP-470)

AP 470/MG - 209

Ressaltou que os requisitos e as circunstâncias objetivas do art. 71 do CP seriam diferentes. Prova disso seriam os valores pagos tendo em vista a prática de diferentes atos de ofício, por agentes diversos, contra entidades públicas distintas. Também as empresas beneficiadas por esses atos de ofício seriam diferenciadas, assim como os lugares de execução dos crimes. O mesmo sucederia quanto às corrupções ativas de parlamentares, que teriam sido comandadas por outros réus em esquema totalmente diverso. Ponderou que Marcos Valério, Cristiano Paz e Ramon Hollerbach responderiam por outros atos ilícitos perpetrados por meio de suas agências de publicidade e inferiu que a jurisprudência da Corte seria pacífica no sentido de que a reiteração criminosa e a prática profissional de delitos não poderiam ser invocadas para aplicar o benefício da continuidade. Arrematou que não se poderia confundir o fato de os acusados terem cometido vários crimes ao longo de vários anos, por meio de quadrilha organizada, com a existência de continuidade delituosa, o que seria privilégio indevido. Reputou que a intensidade de lesão ao bem jurídico deveria ser objeto de análise para fixação da pena-base de qualquer crime, independentemente de reiteração da conduta. Por fim, registrou que essas diretrizes aplicar-se-iam aos demais corréus, no sentido de afastar o reconhecimento do nexo de continuidade delitiva.

AP 470/MG, rel. Min. Joaquim Barbosa, 5 e 6.12.2012. (AP-470)

AP 470/MG - 210

A Min. Rosa Weber reforçou entendimento segundo o qual delitos da mesma espécie – para efeitos de incidência da regra do art. 71 do CP – seriam aqueles descritos no mesmo tipo penal. O Min. Luiz Fux qualificou que delitos da mesma natureza seriam os previstos no mesmo tipo, bem como aqueles que apresentassem, pelos fatos que os constituíssem ou por seus motivos determinantes, caracteres fundamentais comuns. Não bastaria que se atingisse, portanto, o mesmo bem jurídico. Estabeleceu que a interpretação da continuidade delitiva deveria ser restritiva, e não elástica a ponto de se considerar como continuados crimes completamente diferentes. Sublinhou não ser possível utilizar a continuidade para privilegiar o agente que atuara em criminalidade organizada, pois a causa de aumento teria sido criada para beneficiar o criminoso oportunista, submetido por seu impulso, portanto menos perigoso. O Min. Gilmar Mendes sinalizou que a jurisprudência restringiria o lapso temporal e o âmbito espacial necessários à configuração de continuidade, e que interpretação diversa seria danosa ao sistema penal, ao beneficiar crimes graves.

AP 470/MG, rel. Min. Joaquim Barbosa, 5 e 6.12.2012. (AP-470)

AP 470/MG - 211

Vencido o Min. Marco Aurélio, no que foi acompanhado pelo Min. Ricardo Lewandowski. Aludiu que o crime continuado consistiria em cláusula de abertura do sistema jurídico que permitiria ao magistrado, dentro de certas balizas, dar proporcionalidade à pena abstratamente cominada na legislação penal. Mencionou que a continuidade delitiva seria ficção jurídica, verdadeira opção de política criminal, voltada à amenização de penas corporais excessivamente descompassadas com o grau de agressão causado a único bem jurídico. Observou que a ocorrência de desígnios autônomos não seria óbice ao reconhecimento dessa benesse. Ressaltou que para a configuração do mencionado instituto bastaria a proteção de um único bem jurídico. Desnecessário, portanto, que os crimes fossem idênticos ou pertencentes ao mesmo tipo penal. No caso das imputações referentes à lavagem de dinheiro, à gestão fraudulenta de instituição financeira e à evasão de divisas, apontou que haveria elemento comum que se consubstanciaria na fuga dos poderes regulatórios do Banco Central. Não aplicou a continuidade delitiva quanto ao crime de quadrilha por tratar-se de delito de natureza formal, enquanto os demais possuiriam natureza material, além de tutelar outro bem jurídico: a paz social. No que tange a peculato e corrupções ativa e passiva, a legislação criminal objetivaria a proteção do prestígio e do funcionamento da Administração Pública. Assim, haveria identidade de valores tutelados. Considerou atendidas as condições de tempo, lugar, maneira de execução e outras semelhantes exigidas pelo art. 71 do CP.

AP 470/MG, rel. Min. Joaquim Barbosa, 5 e 6.12.2012. (AP-470)

AP 470/MG - 212

Desse modo, mencionou as penais totais, de diversos réus, já proclamadas pelo Pleno seguidas do recálculo a que procedera, ao aplicar o art. 71 do CP: a) Marcos Valério, de 40 anos, 4 meses e 6 dias de reclusão para 10 anos e 10 meses de reclusão; b) Ramon Hollerbach, de 29 anos, 7 meses e 20 dias de reclusão para 8 anos e 1 mês de reclusão; c) Cristiano Paz, de 25 anos, 11 meses e 20 dias de reclusão para 8 anos e 1 mês de reclusão; d) Rogério Tolentino, de 10 anos e 6 meses de reclusão para 8 anos de reclusão; e) Simone Vasconcelos, de 12 anos, 7 meses e 20 dias de reclusão para 5 anos de reclusão; f) Kátia Rabello, de 16 anos e 8 meses de reclusão para 8 anos e 11 meses de reclusão; g) José Roberto Salgado, de 16 anos e 8 meses de reclusão para 8 anos e 11 meses de reclusão; h) Henrique Pizzolato, de 12 anos e 7 meses de reclusão para 5 anos e 10 meses de reclusão; i) Romeu Queiroz, de 6 anos e 6 meses de reclusão para 4 anos, 9 meses e 18 dias de reclusão; j) Valdemar Costa Neto, de 7 anos e 10 meses de reclusão para 5 anos e 4 meses de reclusão; k) Pedro Henry, de 7 anos e 2 meses de reclusão para 4 anos e 8 meses de reclusão; l) Carlos Alberto Rodrigues, de 6 anos e 3 meses de reclusão para 3 anos, 9 meses e 15 dias de reclusão; m) Pedro Corrêa, de 9 anos e 5 meses de reclusão para 6 anos e 11 meses de reclusão; n) João Paulo Cunha, de 9 anos e 4 meses de reclusão para 3 anos, 10 meses e 20 dias de reclusão; e o) Roberto Jefferson, de 7 anos e 14 dias de reclusão para 4 anos, 6 meses e 13 dias de reclusão. Quanto a Vinícius Samarane, conquanto o tivesse absolvido, assentou que o mesmo critério deveria ser seguido, a teor do art. 580 do CPP, de maneira que a pena firmada em 8 anos, 9 meses e 10 dias de reclusão seria redimensionada para 5 anos e 9 meses de reclusão. Por fim, assinalou descaber a incidência da continuidade delitiva relativamente às penas de multa, em virtude do disposto no art. 72 do CP (*"No concurso de crimes, as penas de multa são aplicadas distinta e integralmente"*).

AP 470/MG, rel. Min. Joaquim Barbosa, 5 e 6.12.2012. (AP-470)

AP 470/MG - 213

Na assentada de 6.12.2012, o Revisor reajustou seu voto quanto às penas pecuniárias por ele aplicadas. Explicou que o fizera para aproximar dos valores alcançados pelo Plenário. Constatou, ao proceder ao levantamento dessas penas, que alguns réus com patrimônio declarado em valores aproximados haviam recebido multas diferenciadas, bem assim a existência de acusados com sanções pecuniárias acima de seus bens. Ante as distorções, expôs breve histórico quanto ao surgimento do sistema do dia-multa, e obtemperou que o legislador levara em consideração a situação econômica do apenado para a sua fixação. Asseverou que, a partir das modificações promovidas pela Lei 9.268/91, ter-se-ia pena pecuniária de natureza híbrida, ou seja, penal e fiscal. Entretanto, não haveria regra a encaminhar o julgador a critério meramente objetivo no que tange à sua especificação. Ensinou que haveria 3 correntes doutrinárias quanto à metodologia de fixação da quantidade de dias-multa. A primeira entenderia que o único critério

a ser utilizado pelo magistrado seria aquele correspondente à situação econômica do réu. A segunda levaria em conta a culpabilidade do agente, porém, afastaria do cálculo a incidência de agravantes ou atenuantes e as causas de aumento e diminuição da pena. A terceira, a qual o Revisor se filiaria, propugnaria que o julgador não poderia afastar-se do critério trifásico de Nelson Hungria para o cálculo das penas em geral. Aduziu que essa posição encontraria embasamento na redação do art. 59 do CP ("*O juiz, atendendo à culpabilidade, aos antecedentes, à conduta social, à personalidade do agente, aos motivos, às circunstâncias e consequências do crime, bem como ao comportamento da vítima, estabelecerá, conforme seja necessário e suficiente para reprovação e prevenção do crime*"). Relevou que seu inciso I estabeleceria, na primeira fase da dosimetria, a aplicação das penas cabíveis dentre as cominadas, sem distinguir entre a sanção corporal e a pecuniária.
AP 470/MG, rel. Min. Joaquim Barbosa, 5 e 6.12.2012. (AP-470)

AP 470/MG - 214
Exemplificou com o delito de corrupção passiva, cuja pena variaria entre 2 e 12 anos de reclusão. Na primeira fase da aplicação da reprimenda, em relação à pena privativa de liberdade, o julgador teria um intervalo de 10 anos entre o máximo e o mínimo da pena. Em relação à pena de multa, conforme disporia o art. 49 do CP, ela poderia ser fixada entre o mínimo de 10 e o máximo de 360 dias-multa. Significaria que o magistrado teria um interregno a ser percorrido de 350 dias-multa. Em outras palavras, se na dosimetria para o crime de corrupção passiva, o julgador fixasse a pena--base em 1 ano acima do mínimo legal, significaria que ele teria caminhado 1/10 do que poderia percorrer. A pena-base da multa, portanto, deveria ser também 1/10 dos 350 dias-multa possíveis, de forma a ser fixada em 45 dias-multa. Afirmou que nas demais fases, o juiz deveria aplicar à pena--base pecuniária os mesmos acréscimos que adotara em relação à pena privativa de liberdade. Esclareceu que, se a pena fosse aumentada em 1/6, a considerar alguma circunstância agravante, de igual modo exacerbar-se--ia, também, a multa. De maneira semelhante na fase subsequente. Por fim, na fixação do valor do dia-multa, o juiz atentaria, sobretudo, para a situação econômica do réu.
AP 470/MG, rel. Min. Joaquim Barbosa, 5 e 6.12.2012. (AP-470)

AP 470/MG - 215
Frisou que o juiz deveria fixar o valor do dia- multa com base no salário mínimo, de acordo com as regras do art. 49, § 1º, c/c o art. 70, parágrafo único, do CP ["*Art. 49 - A pena de multa consiste no pagamento ao fundo penitenciário da quantia fixada na sentença e calculada em dias-multa. Será, no mínimo, de 10 (dez) e, no máximo, de 360 (trezentos e sessenta) dias-multa. § 1º - O valor do dia-multa será fixado pelo juiz não podendo ser inferior a um trigésimo do maior salário mínimo mensal vigente ao tempo do fato, nem superior a 5 (cinco) vezes esse salário. Art. 70 - Quando o agente, mediante uma só ação ou omissão, pratica dois ou mais crimes, idênticos ou não, aplica-se-lhe a mais grave das penas cabíveis ou, se iguais, somente uma delas, mas aumentada, em qualquer caso, de um sexto até metade. As penas aplicam-se, entretanto, cumulativamente, se a ação ou omissão é dolosa e os crimes concorrentes resultam de desígnios autônomos, consoante o disposto no artigo anterior. Parágrafo único - Não poderá a pena exceder a que seria cabível pela regra do art. 69 deste Código*"]. Dessa forma, o Revisor expôs – acerca dos réus que condenara – os dias-multa anteriormente fixados pelo Plenário seguidos pelo *quantum* calculado a partir das premissas por ele fixadas: a) Marcos Valério, 673 e 670; b) Ramon Hollerbach, 816 e 431; c) Cristiano Paz, 716 e 306; d) Simone Vasconcelos, 288 e 163; e) Kátia Rabello, 386 e 231; f) José Roberto Salgado, 386 e 231; g) Delúbio Soares, 250 e 160; h) Jacinto Lamas, 200 e 25; i) Valdemar Costa Neto, 450 e 165; j) Enivaldo Quadrado, 260 e 11; k) Pedro Corrêa, 190 e 85; l) Roberto Jefferson, 127 e 48; m) Romeu Queiroz e José Borba, 150 e 85; n) Carlos Alberto Rodrigues (Bispo Rodrigues), 150 e 45; e o) Henrique Pizzolato, 530 e 253. Ato contínuo, o Min. Marco Aurélio reajustou seu voto para adotar o critério de cálculo trazido pelo Revisor em relação aos réus que condenara, sem, no entanto, a acompanhar nas matérias em que ficara vencido. As Ministras Cármen Lúcia e Rosa Weber também reajustaram seus votos quanto ao resultado, em conformidade com o Revisor, porém, não no que concerne aos fundamentos. O Relator sinalizou que verificaria os casos em que teria prevalecido a multa por ele fixada.
AP 470/MG, rel. Min. Joaquim Barbosa, 5 e 6.12.2012. (AP-470)

AP 470/MG - 216
Em passo seguinte, iniciou-se a apreciação sobre a perda de mandato parlamentar quanto aos deputados federais João Paulo Cunha, Valdemar Costa Neto e Pedro Henry, assim como em relação a José Borba, atualmente prefeito. O Relator destacou que a perda ou suspensão de direitos políticos, com a consequente privação de mandato eletivo, seria situação excepcional no Estado Democrático de Direito. Observou, ainda, que se trataria de hipóteses taxativamente dispostas no art. 15 da CF, norma de eficácia plena ("*Art. 15. É vedada a cassação de direitos políticos, cuja perda ou suspensão só se dará nos casos de: I - cancelamento da naturalização por sentença transitada em julgado; II - incapacidade civil absoluta; III - condenação criminal transitada em julgado, enquanto durarem seus efeitos; IV - recusa de cumprir obrigação a todos imposta ou prestação alternativa, nos termos do art. 5º, VIII; V - improbidade administrativa, nos termos do art. 37, § 4º*"). A par disso, aduziu previsão constitucional no sentido da possibilidade de o Poder Legislativo decretar a perda de mandato de deputado federal ou senador, tendo como causa perda ou suspensão de direitos políticos ou condenação criminal transitada em julgado (art. 55, IV e VI). Ressaltou, no ponto, que esta redação segregada explicar-se-ia pela viabilidade de a reprovação estatal da conduta delituosa ter ocorrido antes ou depois do início do mandato parlamentar. Consignou que a especialidade contida no art. 55, VI, da CF ("*Art. 55. Perderá o mandato o Deputado ou Senador: ... VI - que sofrer condenação criminal em sentença transitada em julgado*") justificar-se-ia nos casos em que a sentença condenatória não tivesse decretado perda do mandato pelo parlamentar por não estarem presentes os requisitos legais [CP: "*Art. 92 - São também efeitos da condenação: I - a perda de cargo, função pública ou mandato eletivo: a) quando aplicada pena privativa de liberdade por tempo igual ou superior a um ano, nos crimes praticados com abuso de poder ou violação de dever para com a Administração Pública; b) quando for aplicada pena privativa de liberdade por tempo superior a 4 (quatro) anos nos demais casos. II - a incapacidade para o exercício do pátrio poder, tutela ou curatela, nos crimes dolosos, sujeitos à pena de reclusão, cometidos contra filho, tutelado ou curatelado; III - a inabilitação para dirigir veículo, quando utilizado como meio para a prática de crime doloso. Parágrafo único - Os efeitos de que trata este artigo não são automáticos, devendo ser motivadamente declarados na sentença*"] ou por ter sido proferida anteriormente à expedição do diploma, com o trânsito em julgado ocorrente em momento posterior.
AP 470/MG, rel. Min. Joaquim Barbosa, 5 e 6.12.2012. (AP-470)

AP 470/MG - 217
Asseverou que o procedimento estabelecido no art. 55 da CF disciplinaria circunstâncias em que a perda de mandato eletivo parlamentar poderia ser decretada com base em juízo político. Afirmou, no entanto, que conjectura diversa envolveria a aludida perda a partir de decisão do Poder Judiciário, a qual atingiria não somente o parlamentar eleito como qualquer outro mandatário político. Na decisão judicial, condenado deputado federal ou senador, no curso do mandato, pela mais alta instância judiciária, inexistiria espaço para o exercício de juízo político ou de conveniência pela Casa Legislativa, uma vez que a suspensão de direitos políticos, com a subsequente perda de mandato eletivo, seria efeito irreversível da sentença condenatória. Concluiu que a deliberação da Casa Legislativa, prevista no art. 55, § 2, da CF, possuiria efeito meramente declaratório, sem que aquela pudesse rever ou tornar sem efeito decisão condenatória final proferida pelo STF. Por outro lado, reputou que as premissas firmadas no julgamento da AP 481/PA (DJe de 29.6.2012) não seriam aplicáveis ao presente feito, haja vista que naquela oportunidade o parlamentar fora condenado a pena inferior a 4 anos de reclusão pela prática de esterilização cirúrgica irregular (Lei 9.263/96, art. 15) e não perpetrara o delito na vigência do mandato eletivo. Rememorou que João Paulo Cunha, Valdemar Costa Neto, Pedro Henry e José Borba, ao revés, cometeram crimes contra a Administração Pública quando no exercício do cargo, a revelar conduta incompatível com a função parlamentar. Assim, decretou a perda do mandato eletivo deles. Reiterou seu voto no que concerne a José Borba, de forma a converter a pena privativa de liberdade em 2 restritivas de direitos, consistentes em pena pecuniária de 300 salários mínimos e em interdição temporária de direitos (CP: "*Art. 47. As penas de interdição temporária de direitos são: I - proibição do exercício de cargo, função ou atividade pública, bem como de mandato eletivo*"). O Min. Cezar Peluso, em voto outrora prolatado, também a determinara relativamente a João Paulo Cunha como efeito específico da con-denação (CP, art. 92, I, b).
AP 470/MG, rel. Min. Joaquim Barbosa, 5 e 6.12.2012. (AP-470)

AP 470/MG - 218

Em divergência, o Revisor reconheceu ser da Câmara dos Deputados a competência para decretar a perda dos mandatos, nos termos do art. 55, § 2°, da CF (*"Art. 55. Perderá o mandato o Deputado ou Senador: I - que infringir qualquer das proibições estabelecidas no artigo anterior; II - cujo procedimento for declarado incompatível com o decoro parlamentar; ...VI - que sofrer condenação criminal em sentença transitada em julgado. ...§ 2° - Nos casos dos incisos I, II e VI, a perda do mandato será decidida pela Câmara dos Deputados ou pelo Senado Federal, por voto secreto e maioria absoluta, mediante provocação da respectiva Mesa ou de partido político representado no Congresso Nacional, assegurada ampla defesa"*), de forma a caber ao STF apenas comunicar, à Casa Legislativa respectiva, o advento de trânsito em julgado de sentença condenatória, para que o órgão proceda conforme os ditames constitucionais. Registrou que, regra geral, a suspensão dos direitos políticos, inclusive no caso de condenação criminal transitada em julgado, traria como consequência a perda do mandato eletivo que, a princípio, aplicar-se-ia a todos os exercentes desse mister. Enfatizou que a norma contida no art. 15, III, da CF seria auto-aplicável. Assinalou, contudo, que, em relação a senadores e deputados, a Constituição contemplaria exceção, no §2° do art. 55 da CF, no tocante à perda imediata do mandato na hipótese de condenação criminal transitada em julgado. Nessa situação diferenciada, a perda do mandato não seria automática, não obstante vedado aos parlamentares atingidos pela condenação criminal, enquanto durarem seus efeitos, disputarem novas eleições, ante a perda de condição de elegibilidade. No ponto, afirmou que essa ressalva estender-se-ia a deputados estaduais e distritais (CF, artigos 27, §1° e 32, §3°).
AP 470/MG, rel. Min. Joaquim Barbosa, 5 e 6.12.2012. (AP-470)

AP 470/MG - 219

Ressurtiu que, quando o mandato resultasse do livre exercício da soberania popular – excluída a existência de fraude e inocorrente impugnação a sua eleição – não caberia ao Poder Judiciário decretar a perda automática de mandato. Nesse caso, a Constituição outorgaria à Câmara dos Deputados e ao Senado Federal competência para decidir ou meramente declarar a perda de mandato de parlamentares. De outro turno, enfatizou que a regra da cassação imediata de mandatos incidiria, por inteiro, no que concerne a vereadores, prefeitos, governadores e Presidente da República. Tendo isso em conta, acompanhou o Relator apenas no que diz respeito a José Borba. Por fim, entendeu que os acusados desta ação penal, eleitos no pleito de 2010, não poderiam, em decorrência de eventual inelegibilidade oriunda da Lei da "Ficha Limpa", perder, de forma automática, os mandatos à revelia das regras constitucionais pertinentes. Abordou, ademais, a questão relativa à impossibilidade física de o condenado exercer mandato parlamentar se a ele imposto regimes fechado e semiaberto para o cumprimento de pena corporal, o que não aconteceria na hipótese de fixação de regime aberto, a exemplo de qualquer reeducando que exercesse atividade laboral fora do estabelecimento carcerário em que cumprisse pena, durante o dia, a ele retornando para o repouso noturno. Após, o julgamento foi suspenso.
AP 470/MG, rel. Min. Joaquim Barbosa, 5 e 6.12.2012. (AP-470)

AP 470/MG - 220

O Plenário retomou julgamento de ação penal movida, pelo Ministério Público Federal, contra diversos acusados pela suposta prática de esquema a envolver crimes de peculato, lavagem de dinheiro, corrupção ativa, gestão fraudulenta e outras fraudes – v. Informativos 673 a 685 e 687 a 691. Na sessão de 10.12.2012, prosseguiu-se a análise sobre a perda de mandato parlamentar quanto aos deputados federais João Paulo Cunha, Valdemar Costa Neto e Pedro Henry, assim como em relação a José Borba, atualmente prefeito. A Min. Rosa Weber, ao acompanhar o Revisor, manifestou que a possibilidade de perda automática do mandato parlamentar em decorrência de condenação judicial sofrida pelo respectivo titular seria tema extremamente sensível para o equilíbrio dos Poderes. Mencionou que a presença dos institutos relativos a prerrogativa, inviolabilidade e imunidade parlamentares em geral seria necessária. Destarte a Constituição não poderia ser interpretada de modo a não a contemplá-los. Registrou que as prerrogativas parlamentares não configurariam direito cuja finalidade seria a proteção dos próprios parlamentares, mas sim da representação popular por eles exercida. Portanto, sua legitimidade derivaria do direito fundamental dos indivíduos de governar a si mesmos. Consignou que cometimento de atos que levassem a condenação criminal de representante do povo poderia, de fato, ser entendido como quebra da relação de confiança, pressuposto do mandato.
AP 470/MG, rel. Min. Joaquim Barbosa, 10 e 13.12.2012. (AP-470)

AP 470/MG - 221

Assinalou que o juiz competente para julgar sobre o exercício do poder político, do poder de representação, seria o povo soberano, que o faria diretamente no caso de democracias, cujas Constituições previssem o instituto do *recall*, ou por meio de seus representantes na hipótese no art. 55, VI, § 2°, da CF (*"Art. 55 - Perderá o mandato o Deputado ou Senador: ... VI - que sofrer condenação criminal em sentença transitada em julgado. ... § 2° - Nos casos dos incisos I, II e VI, a perda do mandato será decidida pela Câmara dos Deputados ou pelo Senado Federal, por voto secreto e maioria absoluta, mediante provocação da respectiva Mesa ou de partido político representado no Congresso Nacional, assegurada ampla defesa"*). Observou que a Constituição de 1988 restabelecera em sua plenitude o respeito ao postulado da separação de Poderes, desprestigiado pelo regime antecedente, como princípio basilar de democracia representativa. Ressaltou que, satisfeitas as condições exigidas pela legislação eleitoral para o reconhecimento de sua legitimidade, o mandato se revestiria, durante o período para o qual constituído, da qualidade da intangibilidade. Somente poderia ser afetado nos casos expressamente previstos pela Constituição. Ponderou ser a melhor exegese aquela que não atribuísse ao art. 92 do CP (*"Art. 92 - São também efeitos da condenação: I - a perda de cargo, função pública ou mandato eletivo. Parágrafo único - Os efeitos de que trata este artigo não são automáticos, devendo ser motivadamente declarados na sentença"*) a tarefa de vetor interpretativo a partir do qual se deduziria o sentido dos artigos 15, III, e 55, IV e VI, da CF. Portanto, o sentido da norma constitucional haveria de ser extraído, primordialmente, dela mesma, tomada como sistema, e não da legislação infraconstitucional que a ela se submeteria.
AP 470/MG, rel. Min. Joaquim Barbosa, 10 e 13.12.2012. (AP-470)

AP 470/MG - 222

Avaliou que a condenação criminal transitada em julgado estaria contida no art.15, III, da CF (*"Art. 15. É vedada a cassação de direitos políticos, cuja perda ou suspensão só se dará nos casos de: ... III - condenação criminal transitada em julgado, enquanto durarem seus efeitos"*), entre as causas de perda e suspensão de direitos políticos. Entretanto, o caso seria de suspensão e não de perda, enquanto durassem os efeitos da condenação. Analisou que o art. 55, § 2°, da CF, a seu turno, previra claramente procedimento para a cassação de mandatos de deputados e senadores. Inferiu que, se a Constituição vedasse a cassação de direitos políticos e, ao mesmo tempo, previsse procedimento específico para a cassação de mandato parlamentar, a conclusão seria que o mandato não se confundiria com o direito político que o fundamentaria. A Constituição não definiria o mandato como espécie de direito político subjetivo do tipo passivo, tampouco, pelo mesmo raciocínio, a perda do mandato se confundiria com hipótese de direito político negativo, isso porque o mandato não seria direito subjetivo do representante, mas situação jurídica por ele ostentada em decorrência da manifestação concomitante, no processo eleitoral, do direito subjetivo de concorrer e dos eleitores de votar.
AP 470/MG, rel. Min. Joaquim Barbosa, 10 e 13.12.2012. (AP-470)

AP 470/MG - 223

Ressaiu que a perda do mandato eletivo de deputado federal ou senador estaria condicionada à manifestação da maioria absoluta da respectiva Casa Legislativa por expressa imposição do art. 55, §2°, da CF. A destituição de mandato de deputado ou senador, portanto, no caso de condenação criminal transitada em julgado, revestir-se-ia de contornos políticos e, sendo o mandato instituto de representação política dos governados, somente àqueles teria sido conferida a legitimidade para se pronunciar pela sua revogação. Por derradeiro, afirmou que negar a plena eficácia do art. 55, § 2°, da CF implicaria a anulação, pelo Poder Judiciário, dos votos recebidos pelo mandatário que posteriormente fora condenado. Os Ministros Dias Toffoli e Cármen Lúcia também seguiram o Revisor. O Min. Dias Toffoli aduziu que a aparente antinomia entre os artigos 15, III, e 55 da CF seria resolvida pelo critério da especialidade. Assim, os parlamentares estariam excluídos da abrangência do art. 15, III, da CF, por lhes ser aplicável, especificamente, o seu art. 55. Consignou que essa discussão não alcançaria José Borba, prefeito, no que os demais Ministros aquiesceram. A Min. Cármen Lúcia explicitou que, em face do princípio da separação de Poderes, a perda do mandato não seria consectário automático de condenação criminal emanada do STF, o qual se restringiria à jurisdição, de modo que caberia à respectiva casa do Congresso Nacional decidir sobre a referida perda, a teor do art. 55, § 2°, da CF.
AP 470/MG, rel. Min. Joaquim Barbosa, 10 e 13.12.2012. (AP-470)

AP 470/MG - 224

Por outro lado, os Ministros Luiz Fux, Gilmar Mendes e Marco Aurélio acompanharam o Relator, para decretar a perda de mandato dos aludidos réus. O Min. Luiz Fux asseverou que, com o advento da Lei da "Ficha Limpa", bastaria condenação, sem trânsito em julgado, para que o povo considerasse o detentor de mandato eletivo deslegitimado para praticar atos em nome dos respectivos eleitores. De acordo com essa concepção, não seria legítimo que os parlamentares praticassem atos contrários à lei e, ainda assim, mantivessem a higidez da representatividade popular. Ademais, não caberia discutir se o Parlamento iria cumprir a decisão da Corte ou não, mas apenas se o STF deveria declarar a perda do mandato por causa de condenação criminal, na forma do art. 55 da CF. Frisou que as hipóteses do art. 15 da CF, de suspensão de direitos políticos, implicariam não só a restrição ao direito de concorrer ao *ius honorum*, mas também restringiriam o *ius sufragii*. Consignou que prevaleceria o cânone constitucional da moralidade administrativa, a reforçar a impossibilidade de manutenção de mandato após condenação na esfera penal. Rememorou a EC 35/2001, a possibilitar a suspensão do processo, para evitar que o parlamentar fosse submetido a perseguição política. Entretanto, se esta não ocorresse, o processo seria regular, a exigir o cumprimento da Constituição e da lei. Reputou que o art. 55 da CF referir-se-ia a casos em que a suspensão processual não ocorrera, porquanto o fato delituoso antecedera a diplomação.

AP 470/MG, rel. Min. Joaquim Barbosa, 10 e 13.12.2012. (AP-470)

AP 470/MG - 225

O Min. Gilmar Mendes realizou retrospecto histórico sobre a evolução normativa que culminara com os artigos 55, VI, e 15, III, da CF. Ressurtiu que o sistema apresentaria possíveis incongruências. Atentou para a necessidade de se interpretar a questão em harmonia com o art. 37, § 4º, da CF ("*§ 4º - Os atos de improbidade administrativa importarão a suspensão dos direitos políticos, a perda da função pública, a indisponibilidade dos bens e o ressarcimento ao erário, na forma e gradação previstas em lei, sem prejuízo da ação penal cabível*"). Salientou que, embora nem todas as faltas caracterizadas como atos de improbidade fossem condutas típicas, os crimes contra a Administração Pública dificilmente deixariam de ser considerados atos de improbidade. Ademais, a Lei da "Ficha Limpa" teria permitido situações em que condenado por sentença de órgão colegiado fosse impedido de se candidatar, mas condenado com trânsito em julgado preservaria seu mandato. Exemplificou métodos de solução de lacunas e antinomias preconizados pela jurisprudência do STF, como a via do pensamento do possível, a fim de compatibilizar os preceitos constitucionais acima referidos. Frisou que os crimes contra a Administração Pública deveriam ter por efeito a perda da função pública, que seria reconhecida e decretada pelo juiz. Não haveria ab-rogação do art. 55, VI, da CF, pois não se trataria de crimes de menor potencial ofensivo, por exemplo. O aludido inciso continuaria a ser aplicável nos casos em que o título judicial não impusesse a perda da função. Preconizou que o exercício de função pública pressuporia liberdade de ir e vir, incompatível com pena de prisão. Arrematou caber ao Judiciário, como efeito da condenação, decretar a perda da função ou cargo; e ao Legislativo competiria eventualmente suspender o processo, no exercício de controle político, conforme o texto constitucional.

AP 470/MG, rel. Min. Joaquim Barbosa, 10 e 13.12.2012. (AP-470)

AP 470/MG - 226

O Min. Marco Aurélio, de início, retificou seu voto para absolver, quanto ao crime de formação de quadrilha (CP, art. 288), os réus Pedro Corrêa (item VI.1.b.1), João Cláudio Genú (item VI.1.c.1), Enivaldo Quadrado (item VI.1.d.1) – a envolver parlamentares do PP – e Rogério Tolentino (capítulo II). No tocante aos 3 primeiros acusados, aquilatou que a quadrilha estaria descaracterizada tendo em vista o número de integrantes, já que o preceito legal exigiria mais de 3 envolvidos. Lembrou que o possível quarto integrante teria falecido no curso do processo, sem que sua situação quanto ao crime tivesse sido firmada. No que concerne a Rogério Tolentino, aduziu que sua participação na quadrilha não teria sido suficientemente demonstrada, pois teria simplesmente realizado 1 empréstimo bancário junto ao BMG. No tocante à questão alusiva a perda de mandato, registrou que os Poderes da República seriam harmônicos e independentes, o que afastaria antagonismos e impasses. Ademais, de acordo com a Constituição, dever-se-ia concluir pelo primado do Judiciário, ao qual caberia a última palavra sobre o direito posto e sobre a própria Constituição. Observou que se estaria a discutir eventual compatibilidade deste diploma com o art. 92 do CP. Considerou

automáticos os efeitos do art. 15, III, da CF, que deveriam ser motivadamente declarados na decisão judicial. Afirmou incidir, no caso, o preceito legal. Reputou que a regra constitucional seria uma garantia, pois a normalidade consubstanciar-se-ia na preservação dos direitos políticos, verificadas as excepcionalidades taxativas neste artigo. Asseverou que a drástica consequência da suspensão dos direitos políticos imporia ao julgador ponderar, diante do caso concreto, se a qualidade do crime praticado ensejaria este resultado. Na espécie, rememorou a gravidade dos delitos perpetrados. Repisou que o primado do Judiciário afastaria a possibilidade de decisão ficar submetida a condição resolutiva de natureza política. Aludiu que o art. 55 da CF seria reservado a situações concretas em que não se teria como consequência da condenação a perda do mandato. Finalizou que a decisão do STF deveria alcançar não só aqueles com mandato atualmente, como também os demais que, condenados por crimes contra a Administração Pública, pudessem buscar mandato na funções de confiança de natureza pública como escudo, inclusive suplentes de cargos eletivos. Assim, o título condenatório deveria ser completo, ao harmonizar os preceitos do Código Penal e da Constituição. Consignou, também, a incidência da reprimenda de interdição temporária de direitos (CP: "*Art. 47 - As penas de interdição temporária de direitos são: I - proibição do exercício de cargo, função ou atividade pública, bem como de mandato eletivo*") em relação a todos os condenados na presente ação pela prática de crimes contra a Administração Pública.

AP 470/MG, rel. Min. Joaquim Barbosa, 10 e 13.12.2012. (AP-470)

AP 470/MG - 227

Na assentada de 13.12.2012, o Relator apontou discrepância quanto às penas pecuniárias fixadas para Kátia Rabello e José Roberto Salgado pela prática do crime de lavagem de dinheiro, descrito no capítulo IV da denúncia. Aduziu que, em virtude da mudança de voto do Min. Marco Aurélio para acompanhar o Revisor acerca dos critérios de fixação da multa, deveria prevalecer, ante o empate, para a referida condenada, a sanção pecuniária de 58 dias-multa estabelecida pelo Revisor e não os 166 dias-multa proclamados, nos termos do Relator. Destarte, Kátia Rabello seria apenada em 58 dias-multa, no valor de 15 salários mínimos cada, ao passo que a correu José Roberto Salgado, em 166 dias-multa, no patamar de 10 salários mínimos. A Min. Rosa Weber reajustou seu voto para acolher a pena de multa fixada pelo Relator no tocante à Kátia Rabello. Após, o julgamento foi suspenso. O Min. Teori Zavascki não participou da votação.

AP 470/MG, rel. Min. Joaquim Barbosa, 10 e 13.12.2012. (AP-470)

AP 470/MG - 228

O Plenário concluiu julgamento de ação penal movida, pelo Ministério Público Federal, contra diversos acusados pela suposta prática de esquema a envolver crimes de peculato, lavagem de dinheiro, corrupção ativa, gestão fraudulenta e outras fraudes – v. Informativos 673 a 685 e 687 a 692. Inicialmente, decidiu-se que, uma vez transitado em julgado o processo: a) por unanimidade, ficam suspensos os direitos políticos de todos os réus ora condenados, com base no art. 15, III, da CF ("*Art. 15. É vedada a cassação de direitos políticos, cuja perda ou sus-pensão só se dará nos casos de: ... III - condenação criminal transitada em julgado, enquanto durarem seus efeitos*") e; b) por maioria, fica decretada a perda de mandato eletivo dos atuais deputados federais acusados na presente ação penal, nos termos do art. 55, VI e § 3º, da CF ("*Art. 55. Perderá o mandato o Deputado ou Senador: ... VI - que sofrer condenação criminal em sentença transitada em julgado. ... § 3º Nos casos previstos nos incisos III a V, a perda será declarada pela Mesa da Casa respectiva, de ofício ou mediante provocação de qualquer de seus membros ou de partido político representado no Congresso Nacional, assegurada ampla defesa*"). Assinalou-se que as hipóteses de perda ou suspensão de direitos políticos seriam taxativas (CF, art. 15) e que o Poder Legislativo poderia decretar a perda de mandato de deputado federal ou senador, com fundamento em perda ou suspensão de direitos políticos, bem assim em condenação criminal transitada em julgado (CF, art. 55, IV e VI). Ressaltou-se que esta previsão constitucional estaria vinculada aos casos em que a sentença condenatória não tivesse decretado perda de mandato, haja vista não estarem presentes os requisitos legais (CP, art. 92), ou por ter sido proferida anteriormente à expedição de diploma, com o trânsito em julgado ocorrente em momento posterior. Afastou-se, na espécie, a incidência de juízo político, nos moldes do procedimento previsto no art. 55 da CF, uma vez que a perda de mandato eletivo seria efeito irreversível da sentença condenatória. Consignou-se, ademais, a possibilidade de suspensão do processo, com o advento da EC 35/2001, para evitar que o parlamentar fosse submetido à

3. DIREITO PENAL

perseguição política. Entretanto, não ocorrida a suspensão, o feito seguiria trâmite regular. Frisou-se que esses réus teriam cometido crimes contra a Administração Pública quando no exercício do cargo, a revelar conduta incompatível com o exercício de mandato eletivo.
AP 470/MG, rel. Min. Joaquim Barbosa, 17.12.2012. (AP-470)

AP 470/MG - 229

O Min. Celso de Mello acresceu que a reserva constitucional do Parlamento, fundada no art. 55, § 2°, da CF, aplicar-se-ia a condenações criminais que não envolvessem delitos apenados com sanções superiores a 4 anos ou que, embora inferiores a este patamar, não dissessem respeito a infrações cujo tipo penal contivesse como elementar ato de improbidade administrativa. Destacou competir à Casa a que pertencesse o congressista meramente declarar o fato extintivo já reconhecido e integrado ao próprio título condenatório. Asseverou que a deliberação da Suprema Corte, manifestada em decisão revestida de coisa julgada em sentido material, deveria prevalecer em detrimento de reações corporativas ou suscetibilidades partidárias, estas no sentido de que não se devesse cumprir decisão do STF. Sublinhou que as partes poderiam valer-se dos meios processuais destinados a provocar eventual reexame da matéria, e que caberia ao Supremo – incumbido pela própria Assembleia Constituinte – o monopólio da última palavra em matéria de interpretação da Constituição. Aduziu que transgressão à autoridade da coisa julgada afetaria o próprio significado da ordem democrática, fundamento da República. Registrou que possível interpretação desfavorável de normas jurídicas pelos tribunais não poderia ser invocada pelo Executivo ou Legislativo como ato ofensivo ao princípio da separação de Poderes, sob pena de usurpação das atribuições cometidas ao Judiciário. Vencidos os Ministros Revisor, Rosa Weber, Dias Toffoli e Cármen Lúcia, que reconheciam ser da Câmara dos Deputados a competência para decretar a perda dos mandatos, consoante disposto no art. 55, § 2°, da CF. Entendiam caber ao STF apenas comunicar, à Casa Legislativa respectiva, o trânsito em julgado de sentença condenatória, para que o órgão procedesse conforme os ditames constitucionais. Houve unanimidade no sentido da decretação da perda de mandato eletivo do réu que atualmente exerce mandato de prefeito, ausente controvérsia acerca da incidência do art. 55, IV e § 2°, da CF.
AP 470/MG, rel. Min. Joaquim Barbosa, 17.12.2012. (AP-470)

AP 470/MG - 230

Após os reajustes de voto dos Ministros Cármen Lúcia, Dias Toffoli e Rosa Weber relativamente aos réus que especificaram, o Plenário rejeitou pleito formulado pelo Ministério Público Federal, em sede de alegações finais, no sentido de que fosse fixado valor mínimo para reparação dos danos causados pelas infrações penais (CPP, art. 387, IV, c/c o art. 63, parágrafo único). Mencionou-se o que decidido na AP 396/RO (DJe de 28.4.2011), no sentido de ser desnecessário que o pedido de estipulação de valor mínimo de reparação constasse expressamente da denúncia, por se tratar de efeito extrapenal da condenação. Considerou-se, todavia, que a complexidade dos fatos e a imbricação de condutas tornaria inviável assentar montante mínimo. Asseverou-se não haver como identificar com precisão qual a quantia devida por cada réu, o que só seria possível por meio de ação civil, com dilação probatória para esclarecimento deste ponto. O Revisor ponderou que incumbiria ao *parquet*, além de requerer a fixação de valor mínimo, indicá-lo e apresentar provas, para que fosse estabelecido contraditório. Salientou ser defeso ao magistrado determinar a quantia sem conferir às partes a oportunidade de se manifestar. O Min. Teori Zavascki não participou da votação.
AP 470/MG, rel. Min. Joaquim Barbosa, 17.12.2012. (AP-470)

AP 470/MG e pedido de vista em investigações correlatas

O Plenário negou provimento a agravo regimental interposto, nos autos da AP 470/MG, em que se solicitava vista de autos em trâmite no 1° grau de jurisdição, instaurados com a finalidade de apurar se funcionários do Banco do Brasil teriam participado do desvio de recursos públicos daquela instituição em eventual auxílio ao ora agravante. Consignou-se a ausência de pleito no mesmo sentido perante o juízo competente para processamento daqueles autos e para análise do que requerido. Considerou-se improcedente a alegação de cerceamento de defesa, pois o acusado tivera pleno acesso ao contraditório e à ampla defesa na AP 470/MG. Salientou-se que o ora agravante não seria investigado naqueles procedimentos e que existiriam outros casos de desdobramento a partir das apurações iniciadas no Supremo. Rememorou-se que a acusação sublinhara, quando do oferecimento da denúncia perante esta Corte, que seria possível a colaboração de outros

gerentes da referida instituição financeira nos fatos criminosos. O Min. Teori Zavascki não participou da votação.
AP 470 Vigésimo Segundo AgR/MG, rel. Min. Joaquim Barbosa, 17.12.2012. (AP-470)

AI: peça essencial e conversão em REsp

A 2ª Turma concedeu, em parte, *habeas corpus* para anular julgamento de recurso especial, apreciado no STJ a partir da conversão de agravo de instrumento, e determinar o exame desse recurso com base nos elementos constantes dos autos. No caso, o paciente, juiz de direito, fora denunciado por suposta prática do crime de corrupção passiva (CP, art. 317, § 1°). O tribunal de justiça rejeitara a denúncia por considerar atípica a conduta imputada. Inconformado, o Ministério Público estadual interpusera recurso especial, que viera a ser inadmitido pelo Vice-Presidente do TJ. Contra essa decisão, fora manejado agravo de instrumento, convertido em REsp pelo Ministro Relator no STJ. Esse apelo fora provido para cassar o acórdão recorrido, bem como para determinar o recebimento da denúncia. O Min. Gilmar Mendes ressaltou que a conversão se dera de forma heterodoxa e acidentada, já que fora solicitado ao desembargador relator o encaminhamento por *e-mail* da inicial acusatória. O Min. Teori Zavascki chamou a atenção para a necessidade de se ouvir ambas as partes da relação processual, uma vez que fora colhido apenas o parecer do *parquet*, mas não se dera vista ao paciente. O Min. Celso de Mello acresceu, ainda, que a produção superveniente de documento essencial afetaria a própria ortodoxia do processamento do agravo de instrumento, além de transgredir a jurisprudência do STF no sentido de que não seria possível a complementação posterior conforme preceituaria o Enunciado 288 da Súmula do STF ("*Nega-se provimento a agravo para subida de recurso extraordinário, quando faltar no traslado o despacho agravado, a decisão recorrida, a petição de recurso extraordinário ou qualquer peça essencial à compreensão da controvérsia*").**HC 105948/MT, rel. Min. Gilmar Mendes, 5.2.2013. (HC-105948) (Inform. STF 694).**

DIREITO PENAL. CRIME DE COAÇÃO NO CURSO DE PROCEDIMENTO INVESTIGATÓRIO CRIMINAL (PIC).

O crime de coação no curso do processo (art. 344 do CP) pode ser praticado no decorrer de Procedimento Investigatório Criminal instaurado no âmbito do Ministério Público. Isso porque, além de o PIC servir para os mesmos fins e efeitos do inquérito policial, o STJ já reconheceu que, mesmo as ameaças proferidas antes da formalização do inquérito caracterizam o crime de coação no curso do processo, desde que realizadas com o intuito de influenciar o resultado de eventual investigação criminal (HC 152.526-MG, Quinta Turma, DJe 19/12/2011). **HC 315.743-ES, Rel. Min. Nefi Cordeiro, julgado em 6/8/2015, DJe 26/8/2015 (Inform. STJ 568).**

DIREITO PENAL E PROCESSUAL PENAL. FLAGRANTE NO CRIME DE CONCUSSÃO.

No crime de concussão, a situação de flagrante delito configura-se pela exigência – e não pela entrega – da vantagem indevida. Isso porque a concussão é crime formal, que se consuma com a exigência da vantagem indevida. Assim, a eventual entrega do exigido se consubstancia mero exaurimento do crime previamente consumado. **HC 266.460-ES, Rel. Min. Reynaldo Soares da Fonseca, julgado em 11/6/2015, DJe 17/6/2015 (Inform. STJ 564).**

DIREITO PENAL. DESCAMINHO E EXTINÇÃO DA PUNIBILIDADE.

O pagamento do tributo devido não extingue a punibilidade do crime de descaminho (art. 334 do CP). A partir do julgamento do HC 218.961-SP (DJe 25/10/2013), a Quinta Turma do STJ, alinhando-se ao entendimento da Sexta Turma e do STF, passou a considerar ser desnecessária, para a persecução penal do crime de descaminho, a apuração administrativa do montante de tributo que deixou de ser recolhido, tendo em vista a natureza formal do delito, o qual se configura com o simples ato de iludir o pagamento do imposto devido pela entrada de mercadoria no país. Na ocasião, consignou-se que o bem jurídico tutelado pelo art. 334 do CP vai além do valor do imposto sonegado, pois, além de lesar o Fisco, atinge a estabilidade das atividades comerciais dentro do país, dá ensejo ao comércio ilegal e à concorrência desleal, gerando uma série de prejuízos para a atividade empresarial brasileira. Verifica-se, assim, que o descaminho não pode ser equiparado aos crimes materiais contra a ordem tributária, o que revela a impossibilidade de que o agente acusado da prática do crime de descaminho tenha a sua punibilidade extinta pelo pagamento do tributo. Ademais, o art. 9° da Lei 10.684/2003 prevê a extinção da punibilidade pelo pagamento dos débitos fiscais apenas no que se refere aos crimes contra a ordem tributária e de apropriação ou sonegação de contribuição previdenciária – arts. 1º e 2º da Lei 8.137/1990, 168-A e 337-A do CP. Nesse sentido, se o crime de descaminho não se assemelha aos crimes acima mencionados, notadamente em razão dos diferentes bens jurídicos por cada um deles tutelados, inviável a aplicação analógica da Lei 10.684/2003. **RHC 43.558-SP, Rel. Min. Jorge Mussi, julgado em 5/2/2015, DJe 13/2/2015 (Inform. STJ 555).**

DIREITO PENAL E PROCESSUAL PENAL. INÉPCIA DE DENÚNCIA POR CORRUPÇÃO ATIVA E PROSSEGUIMENTO DA PERSECUÇÃO PENAL PARA APURAÇÃO DE CORRUPÇÃO PASSIVA.

O reconhecimento da inépcia da denúncia em relação ao acusado de corrupção ativa (art. 333 do CP) não induz, por si só, o trancamento da ação penal em relação ao denunciado, no mesmo processo, por corrupção passiva (art. 317 do CP). Conquanto exista divergência doutrinária acerca do assunto, prevalece o entendimento de que, via de regra, os crimes de corrupção passiva e ativa, por estarem previstos em tipos penais distintos e autônomos, são independentes, de modo que a comprovação de um deles não pressupõe a do outro. Aliás, tal compreensão foi reafirmada pelo STF no julgamento da Ação Penal 470-DF, extraindo-se dos diversos votos nela proferidos a assertiva de que a exigência de bilateralidade não constitui elemento integrante da estrutura do tipo penal do delito de corrupção (AP 470-DF, Tribunal Pleno, DJe 19/4/2013). Não se desconhece o posicionamento no sentido de que, nas modalidades de recebimento ou aceitação da promessa de vantagem indevida, haveria bilateralidade da conduta, que seria precedida da ação do particular que a promove. Contudo, mesmo em tais casos, para que seja oferecida denúncia em face do autor da corrupção passiva é desnecessária a identificação ou mesmo a condenação do corruptor ativo, já que o princípio da indivisibilidade não se aplica às ações penais públicas. Ademais, a exclusão do acusado de corrupção ativa ocorreu apenas em razão da inépcia da denúncia, decisão que não faz coisa julgada material, permitindo que o órgão acusatório apresente outra peça vestibular quanto aos mesmos fatos sem os vícios outrora reconhecidos. Assim, não havendo qualquer decisão de mérito transitada em julgado que tenha afastado cabalmente a prática de corrupção ativa por parte do agente que teria oferecido ou prometido vantagem indevida a funcionário público, impossível o trancamento da ação quanto ao delito previsto no art. 317 do CP. **RHC 52.465-PE, Rel. Min. Jorge Mussi, julgado em 23/10/2014. (Inform. STJ 551)**

DIREITO PENAL. DESNECESSIDADE DE PRÉVIA CONSTITUIÇÃO DO CRÉDITO TRIBUTÁRIO PARA CONFIGURAÇÃO DO CRIME DE DESCAMINHO.

É desnecessária a constituição definitiva do crédito tributário por processo administrativo fiscal para a configuração do delito de descaminho (art. 334 do CP). Se para os crimes contra a ordem tributária previstos nos incisos I a IV do art. 1º da Lei 8.137/1990 elegeu-se o esgotamento da via administrativa como condição objetiva de punibilidade, esse mesmo raciocínio não deve ser empregado para todos os crimes que, de uma maneira ou de outra, acabam por vulnerar o sistema de arrecadação de receitas, tal como ocorre com o descaminho. Com efeito, quanto ao exercício do direito de punir do Estado, não se pode estabelecer igualdade de tratamento para crimes autônomos sem que haja determinação legal nesse sentido, baseando-se o intérprete, exclusivamente, na característica inerente ao objeto do crime – seja objeto jurídico (valor ou interesse tutelado), seja objeto material (pessoa ou coisa sobre a qual recai a conduta). Ademais, o objeto jurídico tutelado no descaminho é a administração pública considerada sob o ângulo da função administrativa, que, vista pelo prisma econômico, resguarda o sistema de arrecadação de receitas; pelo prisma da concorrência leal, tutela a prática comercial isonômica; e, por fim, pelo ângulo da probidade e moralidade administrativas, garante, em seu aspecto subjetivo, o comportamento probo e ético das pessoas que se relacionam com a coisa pública. Por isso, não há razão para se restringir o âmbito de proteção da norma proibitiva do descaminho (cuja amplitude de tutela alberga outros valores, além da arrecadação fiscal, que são tão importantes no cenário brasileiro atual), equiparando-o, de forma simples e impositiva, aos crimes tributários. Além do mais, diversamente do que ocorre com os crimes de sonegação fiscal propriamente ditos, havendo indícios de descaminho, cabe à fiscalização, efetivada pela Secretaria da Receita Federal, apreender, quando possível, os produtos ou mercadorias importadas/exportadas (art. 15 do Decreto 7.482/2011). A apreensão de bens enseja a lavratura de representação fiscal ou auto de infração, a desa-

guar em duplo procedimento: a) envio ao Ministério Público e b) instauração de procedimento de perdimento, conforme dispõe o art. 1º, § 4º, III, do Decreto-Lei 37/1966. Uma vez efetivada a pena de perdimento, inexistirá a possibilidade de constituição de crédito tributário. Daí a conclusão de absoluta incongruência no argumento de que é imprescindível o esgotamento da via administrativa, com a constituição definitiva de crédito tributário, para se proceder à *persecutio criminis* no descaminho, porquanto, na imensa maioria dos casos, sequer existirá crédito a ser constituído. De mais a mais, a descrição típica do descaminho exige a realização de engodo para supressão – no todo ou em parte – do pagamento de direito ou imposto devido no momento da entrada, saída ou consumo da mercadoria. Impõe, portanto, a ocorrência desse episódio, com o efetivo resultado ilusório, no transpasse das barreiras alfandegárias. Desse modo, a ausência do pagamento do imposto ou direito no momento do desembaraço aduaneiro, quando exigível, revela-se como o resultado necessário para consumação do crime. Por todo o exposto, a instauração de procedimento administrativo para constituição definitiva do crédito tributário no descaminho, nos casos em que isso é possível, não ocasiona nenhum reflexo na viabilidade de persecução penal. Precedente citado do STJ: AgRg no REsp 1.435.343-PR, Quinta Turma, Dje 30/5/2014. Precedente citado do STF: HC 99.740-SP, Segunda Turma, DJe 23/11/2010. **REsp 1.343.463-BA, Rel. Min. Maria Thereza de Assis Moura, Rel. para acórdão Min. Rogerio Schietti Cruz, julgado em 20/3/2014. (Inform. STJ 548)**

DIREITO PENAL. DESCUMPRIMENTO DE MEDIDA PROTETIVA DE URGÊNCIA PREVISTA NA LEI MARIA DA PENHA.

O descumprimento de medida protetiva de urgência prevista na Lei Maria da Penha (art. 22 da Lei 11.340/2006) não configura crime de desobediência (art. 330 do CP). De fato, o art. 330 do CP dispõe sobre o crime de desobediência, que consiste em "desobedecer a ordem legal de funcionário público". Para esse crime, entende o STJ que as determinações cujo cumprimento seja assegurado por sanções de natureza civil, processual civil ou administrativa retiram a tipicidade do delito de desobediência, salvo se houver ressalva expressa da lei quanto à possibilidade de aplicação cumulativa do art. 330 do CP (HC 16.940-DF, Quinta Turma, DJ 18/11/2002). Nesse contexto, o art. 22, § 4º, da Lei 11.340/2006 diz que se aplica às medidas protetivas, no que couber, o disposto no *caput* e nos §§ 5º e 6º do art. 461 do CPC, ou seja, no caso de descumprimento de medida protetiva, pode o juiz fixar providência com o objetivo de alcançar a tutela específica da obrigação, afastando-se o crime de desobediência. Vale ressaltar que, a exclusão do crime em questão ocorre tanto no caso de previsão legal de penalidade administrativa ou civil como no caso de penalidade de cunho processual penal. Assim, quando o descumprimento da medida protetiva der ensejo à prisão preventiva, nos termos do art. 313, III, do CPP, também não há falar em crime de desobediência. **REsp 1.374.653-MG, Rel. Min. Sebastião Reis Júnior, julgado em 11/3/2014. (Inform. STJ 538)**

DIREITO PENAL. PRÉVIO PROCESSO ADMINISTRATIVO-FISCAL PARA CONFIGURAÇÃO DO CRIME DE DESCAMINHO.

É desnecessária a constituição definitiva do crédito tributário por processo administrativo-fiscal para a configuração do delito de descaminho (art. 334 do CP). Isso porque o delito de descaminho é crime formal que se perfaz com o ato de iludir o pagamento de imposto devido pela entrada de mercadoria no país, razão pela qual o resultado da conduta delituosa relacionada ao *quantum* do imposto devido não integra o tipo legal. A norma penal do art. 334 do CP– elencada sob o Título XI: "Dos Crimes Contra a Administração Pública" – visa proteger, em primeiro plano, a integridade do sistema de controle de entrada e saída de mercadorias do país como importante instrumento de política econômica. Assim, o bem jurídico protegido pela norma é mais do que o mero valor do imposto, engloba a própria estabilidade das atividades comerciais dentro do país, refletindo na balança comercial entre o Brasil e outros países. O produto inserido no mercado brasileiro fruto de descaminho, além de lesar o fisco, enseja o comércio ilegal, concorrendo, de forma desleal, com os produzidos no país, gerando uma série de prejuízos para a atividade empresarial brasileira. Ademais, as esferas administrativa e penal são autônomas e independentes, sendo desinfluente, no crime de descaminho, a constituição definitiva do crédito tributário pela primeira para a incidência da segunda. **HC 218.961-SP, Rel. Min. Laurita Vaz, julgado em 15/10/2013. (Inform. STJ 534)**

12. OUTROS CRIMES DO CÓDIGO PENAL

DIREITO PENAL E PROCESSUAL PENAL. COMPROVAÇÃO DA MATERIA-LIDADE DO DELITO DE VIOLAÇÃO DE DIREITO AUTORAL. RECURSO REPETITIVO (ART. 543-C DO CPC E RES. 8/2008-STJ). TEMA 926.

É suficiente, para a comprovação da materialidade do delito previsto no art. 184, § 2º, do CP, a perícia realizada, por amostragem, sobre os aspectos externos do material apreendido, sendo desnecessária a identificação dos titulares dos direitos autorais violados ou de quem os represente. No que diz respeito à comprovação da materialidade dos delitos contra a propriedade intelectual, a Lei 10.695/2003 (Lei Antipirataria), além de modificar o art. 184 do CP, incluiu, para facilitar a apuração desses crimes, os arts. 530-A e seguintes no CPP, prevendo a possibilidade de elaboração de laudo pericial por apenas um perito. Previu-se, também, nos crimes de ação penal pública incondicionada - aos quais se aplica o procedimento previsto nos arts. 530-B a 530-H -, a possibilidade de a autoridade policial agir de ofício, apreendendo o produto ilícito e tomando as medidas necessárias para cessar a atividade criminosa. Daí o debate sobre: (a) se a materialidade do crime previsto no art. 184, § 2º, do CP pode ser comprovada mediante laudo pericial feito por amostragem do produto apreendido; (b) se é suficiente a análise de características externas do material apreendido para a aferição da falsidade necessária à tipificação do delito descrito no art. 184, § 2º, do CP; e, ainda, (c) se, para a configuração do delito em questão, é dispensável a identifica-ção individualizada dos titulares dos direitos autorais violados ou de quem os represente. Quanto ao primeiro ponto em debate (a), realmente, o art. 530-D do CPP dispõe que "Subsequente à apreensão, será realizada, por perito oficial, ou, na falta deste, por pessoa tecnicamente habilitada, perícia sobre todos os bens apreendidos e elaborado o laudo que deverá integrar o inquérito policial ou o processo". Entretanto, ainda que esse dispositivo legal literalmente disponha que a perícia deve ser realizada sobre "todos os bens apreendidos", a materialidade do crime previsto no art. 184, § 2º, do CP pode ser comprovada mediante laudo pericial feito por amostragem do produto apreendido, já que basta a apreensão de um único objeto para que, realizada a perícia e identificada a falsidade do bem periciado, tenha-se como configurado o delito em questão. Nesse sentido, a Sexta Turma do STJ (HC 213.758-SP, DJe 10/4/2013) já definiu que "há critérios estatísticos aptos a permitir que o perito conclua sobre a falsidade ou autenticidade dos bens a partir de exemplares representativos da amostra apreendida [...] contraproducente a análise de dezenas ou mesmo de centenas de produtos praticamente idênticos para fins de comprovação da materialidade do delito de violação de direito autoral. Entender de forma diversa o disposto no art. 530-D do Código de Processo Penal apenas dificultaria a apuração do delito em questão e retardaria o término do processo judicial, em inobservância ao princípio constitucional da razoável duração do processo (CF, art. 5º, LXXVIII)", de modo que "a exigência do legislador de que a perícia seja realizada sobre todos os bens apreendidos se presta, na verdade, não para fins de comprovação da materialidade delitiva, mas para fins de dosimetria da pena, mais especificamente para a exasperação da reprimenda-base, uma vez que se mostra mais acentuada a reprovabilidade do agente que reproduz, por exemplo, com intuito de lucro, 500 obras intelectuais, [...] do que aquele que, nas mesmas condições reproduz apenas 20". Do mesmo modo, a Quinta Turma do STJ (AgRg no REsp 1.451.608-SP, DJe 5/6/2015) também entende que a materialidade do delito previsto no art. 184, § 2º, do CP pode ser comprovada mediante perícia por amostragem no material apreendido. Em relação ao segundo ponto (b), deve-se destacar que o STJ já possui o entendimento de que é dispensável excesso de formalismo para a constatação da materialidade do crime de violação de direito autoral, de modo que a simples análise de características externas dos objetos apreen-didos é suficiente para a aferição da falsidade necessária à configuração do delito descrito no art. 184, § 2º, do CP. Nessa perspectiva, registre-se que, conforme a Quinta Turma do STJ, a análise das características externas, tais como a padronização das impressões gráficas, presença de logotipo padrão, códigos IFPI, nome do fabricante, cor do disco, e a conclusão de que os objetos não possuem características de fabricação comuns, são suficientes a atestar a falsificação, "até mesmo porque, na maioria dos casos, o conte-údo da mídia falsificada é idêntico ao produto original, situando a diferença unicamente em seus aspectos externos" (AgRg no REsp 1.359.458-MG, DJe 19/12/2013). Ademais, seguindo o intuito da legislação pátria de facilitar o combate à pirataria, não seria razoável exigir minúcias no laudo pericial, como a análise do conteúdo das mídias apreendidas, mesmo porque "a caracterização da materialidade delitiva [...] pode ser afirmada [até mesmo] por exames visuais sobre a mídia fraudada" (AgRg no REsp 1.441.840-MG,

Quinta Turma, DJe 10/6/2014). Com a mesma compreensão, a Sexta Turma do STJ (AgRg no REsp 1.499.185-MG, DJe 9/3/2015). Por fim, no tocante à terceira questão em debate (c), de fato, para a configuração do crime em questão, é dispensável a identificação individualizada dos titulares dos direitos autorais violados ou de quem os represente. Isso porque a violação de direito autoral extrapola a individualidade do titular do direito, devendo ser tratada como ofensa ao Estado e a toda a coletividade, visto que acarreta a diminuição na arrecadação de impostos, reduz a oferta de empregos formais, causa prejuízo aos consumidores e aos proprietários legítimos e fortalece o poder paralelo e a prática de atividades criminosas conexas à venda desses bens, aparentemente inofensiva. Sob essa orientação, posicionam-se tanto a Quinta Turma (HC 273.164-ES, DJe 5/2/2014) quanto a Sexta Turma (AgRg no AREsp 416.554-SC, DJe 26/3/2015) do STJ. Além disso, o tipo penal descrito no art. 184, § 2º, do CP, é perseguido, nos termos do art. 186, II, do mesmo diploma normativo, mediante ação penal pública incondicionada, de modo que não é exigida nenhuma manifestação do detentor do direito autoral violado para que se dê início à ação penal. Consequentemente, não é coerente se exigir a sua individualização para a configuração do delito em questão. Saliente-se, ainda, que o delito previsto no art. 184, § 2º, do CP é de natureza formal. Portanto, não demanda, para sua consumação, a ocorrência de resultado naturalístico, o que corrobora a prescindibilidade de identificação dos titulares dos direitos autorais violados ou de quem os represente para a configuração do crime em questão. **REsp 1.456.239-MG e REsp 1.485.832-MG, Rel. Min. Rogerio Schietti Cruz, Terceira Seção, julgado em 12/8/2015, DJe 21/8/2015 (Inform. STJ 567).**

DIREITO CONSTITUCIONAL E PENAL. INCONSTITUCIONALIDADE DO PRECEITO SECUNDÁRIO DO ART. 273, § 1º-B, V, DO CP.

É inconstitucional o preceito secundário do art. 273, § 1º-B, V, do CP – "re-clusão, de 10 (dez) a 15 (quinze) anos, e multa" –,devendo-se considerar, no cálculo da reprimenda, a pena prevista no caput do art. 33 da Lei 11.343/2006 (Lei de Drogas), com possibilidade de incidência da causa de diminuição de pena do respectivo § 4º. De fato, é viável a fiscalização judicial da constitu-cionalidade de preceito legislativo que implique intervenção estatal por meio do Direito Penal, examinando se o legislador considerou suficientemente os fatos e prognoses e se utilizou de sua margem de ação de forma adequada para a proteção suficiente dos bens jurídicos fundamentais. Nesse sentido, a Segunda Turma do STF (HC 104.410-RS, DJe 27/3/2012) expôs o entendi-mento de que os "mandatos constitucionais de criminalização [...] impõem ao legislador [...] o dever de observância do princípio da proporcionalidade como proibição de excesso e como proibição de proteção insuficiente. A idéia é a de que a intervenção estatal por meio do Direito Penal, como ultima ratio, deve ser sempre guiada pelo princípio da proporcionalidade [...] Abre-se, com isso, a possibilidade do controle da constitucionalidade da atividade legislativa em matéria penal". Sendo assim, em atenção ao princípio constitucional da proporcionalidade e razoabilidade das leis restritivas de direitos (CF, art. 5º, LIV), é imprescindível a atuação do Judiciário para corrigir o exagero e ajustar a pena de "reclusão, de 10 (dez) a 15 (quinze) anos, e multa" abstratamente cominada à conduta inscrita no art. 273, § 1º-B, V, do CP, referente ao crime de ter em depósito, para venda, produto destinado a fins terapêuticos ou medicinais de procedência ignorada. Isso porque, se esse delito for com-parado, por exemplo, com o crime de tráfico ilícito de drogas (notoriamente mais grave e cujo bem jurídico também é a saúde pública), percebe-se a total falta de razoabilidade do preceito secundário do art. 273, § 1º-B, do CP, sobretudo após a edição da Lei 11.343/2006 (Lei de Drogas), que, apesar de ter aumentado a pena mínima de 3 para 5 anos, introduziu a possibilidade de redução da reprimenda, quando aplicável o § 4º do art. 33, de 1/6 a 2/3. Com isso, em inúmeros casos, o esporádico e pequeno traficante pode receber a exígua pena privativa de liberdade de 1 ano e 8 meses. E mais: é possível, ainda, sua substituição por restritiva de direitos. De mais a mais, constata-se que a pena mínima cominada ao crime ora em debate excede em mais de três vezes a pena máxima do homicídio culposo, corresponde a quase o dobro da pena mínima do homicídio doloso simples, e cinco vezes maior que a pena mínima da lesão corporal de natureza grave, enfim, é mais grave do que a do estupro, do estupro de vulnerável, da extorsão mediante sequestro, situação que gera gritante desproporcionalidade no sistema penal. Além disso, como se trata de crime de perigo abstrato, que independe da prova da ocorrência de efetivo risco para quem quer que seja, a dispensabilidade do dano concreto à saúde do pretenso usuário do produto evidencia ainda mais a falta de harmonia entre esse delito e a pena abstratamente cominada pela redação dada pela Lei 9.677/1998 (de 10 a 15 anos de reclusão). Ademais, apenas para seguir apontando a desproporcionalidade, deve-se ressaltar que a conduta de importar medicamento não registrado na ANVISA, considerada criminosa e hedionda pelo art. 273, § 1º-B, do CP, a que se comina pena altíssima, pode acarretar mera sanção administrativa de advertência, nos termos dos arts. 2º, 4º, 8º (IV) e 10 (IV), todos da Lei n. 6.437/1977, que define as infrações à legislação sanitária. A ausência de relevância penal da conduta, a desproporção da pena em ponderação com o dano ou perigo de dano à saúde pública decorrente da ação e a inexistência de consequência calamitosa do agir convergem para que se conclua pela falta de razoabilidade da pena prevista na lei, tendo em vista que a restrição da liberdade individual não pode ser excessiva, mas compatível e proporcional à ofensa causada pelo comportamento humano criminoso. Quanto à possibilidade de aplicação, para o crime em questão, da pena abstratamente prevista para o tráfico de drogas – "reclusão de 5 (cinco) a 15 (quinze) anos e pagamento de 500 (quinhentos) a 1.500 (mil e quinhentos) dias-multa" (art. 33 da Lei de drogas) –, a Sexta Turma do STJ (REsp 915.442-SC, DJe 1º/2/2011) dispôs que "A Lei 9.677/98, ao alterar a pena prevista para os delitos descritos no artigo 273 do Código Penal, mostrou-se excessivamente desproporcional, cabendo, portanto, ao Judiciário promover o ajuste principiológico da norma [...] Tratando-se de crime hediondo, de perigo abstrato, que tem como bem jurídico tutelado a saúde pública, mostra-se razoável a aplicação do preceito secundário do delito de tráfico de drogas ao crime de falsificação, corrupção, adulteração ou alteração de produto destinado a fins terapêuticos ou medicinais". **AI no HC 239.363-PR, Rel. Min. Sebastião Reis Júnior, julgado em 26/2/2015, DJe 10/4/2015 (Inform. STJ 559).**

13. CRIMES RELATIVOS A DROGAS (ASPECTOS DE DIREITO MATERIAL E PROCESSUAL)

RHC N. 129.811-ES

RELATOR: MIN. TEORI ZAVASCKI
Ementa: RECURSO ORDINÁRIO EM *HABEAS CORPUS*. TRÁFICO DE DROGAS. CAUSA DE DIMINUIÇÃO DA PENA PREVISTA NO ART. 33, § 4º, DA LEI 11.343/2006. APLICAÇÃO. INVIABILIDADE. RÉU QUE NÃO PREENCHE OS REQUISITOS LEGAIS. *REFORMATIO IN PEJUS*. NÃO OCORRÊNCIA. REGIME PRISIONAL FUNDAMENTADO NAS CIRCUNSTÂNCIAS DO CASO.
1. A não aplicação da minorante prevista no § 4º do art. 33 da Lei 11.343/2006 pressupõe a demonstração pelo juízo sentenciante da existência de conjunto probatório apto a afastar ao menos um dos critérios, que são autônomos, descritos no preceito legal: (a) primariedade; (b) bons antecedentes; (c) não dedicação a atividades criminosas; e (d) não integração à organização criminosa. Nesse juízo, não se pode ignorar que a norma em questão tem a clara finalidade de apenar com menor grau de intensidade quem pratica de modo eventual as condutas descritas no art. 33, *caput* e § 1º, daquele mesmo diploma legal em contraponto ao agente que faz do crime o seu modo de vida, razão pela qual, evidentemente, não estaria apto a usufruir do referido benefício.
2. As instâncias ordinárias concluíram, com base nos elementos de provas colhidos sob o crivo do contraditório, pela dedicação do recorrente a atividade criminosa, circunstância que não pode contraditada em sede de *habeas corpus*, instrumento que não se presta para o revolvimento do conjunto fático probatório. Precedentes.
3. Mantida a essência da causa de pedir e sem piorar a situação do recorrente, é legítima a manutenção da decisão recorrida, em sede de apelação, ainda que por outros fundamentos. No particular, a não aplicação da minorante foi mantida, sob perspectiva diversa, com esteio circunstâncias fáticas apontadas na própria sentença condenatória. Desse modo, não há falar em *reformatio in pejus*.
4. A determinação do regime inicial de cumprimento da pena deve levar em conta dois fatores: (a) o *quantum* da reprimenda imposta (CP, art. 33, § 2º); e (b) as condições pessoais do condenado estabelecidas na primeira etapa da dosimetria (CP, art. 59 c/c art. 33 § 3º). Nesse contexto, não há ilegalidade na decisão que, mediante fundamentação jurídica adequada, estabelece o regime inicial mais grave, como medida necessária e suficiente para reprovação e prevenção do crime.
5. Recurso ordinário a que se nega provimento. **(Inform. STF 811)**

Tráfico de entorpecente e transposição de fronteira
A incidência da causa de aumento de pena prevista na Lei 11.343/2006 ["Art. 40. As penas previstas nos artigos 33 a 37 desta Lei são aumentadas de um sexto a dois terços, se: (...) V - caracterizado o tráfico entre Estados da Federação ou entre estes e o Distrito Federal"] não demanda a efetiva

transposição da fronteira da unidade da Federação. Seria suficiente a reunião dos elementos que identificassem o tráfico interestadual, que se consumaria instantaneamente, sem depender de um resultado externo naturalístico. Esse é o entendimento da Primeira Turma, que, em conclusão de julgamento e por maioria, denegou a ordem em "habeas corpus" no qual se sustentava a não incidência da mencionada majorante, porque o agente teria adquirido a substância entorpecente no mesmo Estado em que fora preso. Segundo o Colegiado, existiriam provas suficientes quanto à finalidade de consumar a ação típica, a saber: a) o paciente estava no interior de ônibus de transporte interestadual com bilhete cujo destino final seria outro Estado da Federação; e, b) a fase da intenção e a dos atos preparatórios teriam sido ultrapassadas no momento em que o agente ingressara no ônibus com a droga, a adentrar a fase de execução do crime. O fundamento da punição de todos os atos de execução do delito responderia ao fim político-criminal e preventivo que presidiria o Direito Penal. Essa a razão porque a tentativa seria punível, em atenção à necessidade político-criminal de estender a ameaça ou cominação penal, prevista para os tipos delitivos consumados, também às condutas que, embora não consumassem o delito, estariam próximas da consumação e se realizariam com a vontade de obter essa efetividade. Consoante a dogmática penal, o âmbito do fato punível começaria quando o sujeito iniciasse a execução do delito diretamente por fatos exteriores, ainda que não fosse necessário o efetivo começo da ação tipificada no verbo nuclear do tipo penal. Assim, o transporte da droga, uma vez iniciado, se protrairia no tempo, a revelar crime de consumação permanente. Isso permitiria o flagrante durante a execução desse transporte. Vencido o Ministro Marco Aurélio, que afastava a causa de aumento versada no inciso V do art. 40 da Lei 11.343/2006. Apontava que haveria distorção no fato de se ter como consumado crime interestadual e tentado quanto à causa de aumento de pena.
HC 122791/MS, rel. Min. Dias Toffoli, 17.11.2015. (HC-122791) (Inform. STF 808)

RHC N. 129.951-PA

RELATOR: MIN. TEORI ZAVASCKI
Ementa: RECURSO ORDINÁRIO EM *HABEAS CORPUS*. TRÁFICO TRANSNACIONAL DE ENTORPECENTES. DOSIMETRIA. PENA-BASE ACIMA DO MÍNIMO LEGAL. MENORIDADE RELATIVA. *QUANTUM* DE ATENUAÇÃO DA PENA. PATAMAR DE DIMINUIÇÃO DE PENA PREVISTA NO ART. 33, § 4º, DA LEI 11.343/2006. FIXAÇÃO DE REGIME INICIAL SEMIABERTO. SUBSTITUIÇÃO DA PENA PRIVATIVA DE LIBERDADE POR RESTRITIVA DE DIREITOS. CIRCUNSTÂNCIAS DESFAVORÁVEIS. NATUREZA E QUANTIDADE DA DROGA APREENDIDA. FUNDAMENTOS IDÔNEOS.
1. A dosimetria da pena, além de não admitir soluções arbitrárias e voluntaristas, supõe, como pressuposto de legitimidade, adequada fundamentação racional, revestida dos predicados de logicidade, harmonia e proporcionalidade com os dados empíricos em que se deve basear.
2. Idônea a exasperação da pena-base com fundamento na natureza das substâncias traficadas, consoante preconiza o art. 42 da Lei 11.343/2006 c/c art. 59 do Código Penal.
3. A avaliação do *quantum* de atenuação da pena, à míngua de previsão legislativa dos parâmetros a serem considerados, sujeita-se ao livre convencimento motivado do julgador, observado o limite máximo de redução, as circunstâncias do caso e os princípios da proporcionalidade e razoabilidade.
4. A minorante prevista no § 4º do art. 33 da Lei 11.343/2006 em patamar inferior ao máximo permitido encontrou respaldo em fundamentação jurídica adequada, com base na quantidade da droga apreendida com o recorrente (2.360g de cocaína e 1.895g de maconha).
5. À luz do art. 33, § 3º, do Código Penal, a jurisprudência desta Corte firmou o entendimento de que a imposição do regime inicial de cumprimento da pena não decorre somente do *quantum* da reprimenda, mas também das circunstâncias judiciais (CP, art. 59) declinadas na primeira etapa da dosimetria. No crime de tráfico de drogas, devem ser levadas em consideração, ainda, a quantidade e a qualidade das drogas apreendidas, como critério legal adicional na fixação do regime inicial de cumprimento de pena, conforme intelecção do art. 42 da Lei 11.343/2006.
6. Não é viável proceder à substituição da pena privativa de liberdade por restritivas de direito, pois, embora preenchido o requisito objetivo previsto no inciso I do art. 44 do Código Penal (pena não superior a 4 anos), as instâncias ordinárias concluíram que a conversão da pena não se revela adequada ao caso, ante a existência de circunstâncias judiciais desfavoráveis (natureza da droga apreendida). Precedentes.
7. Recurso a que se nega provimento. **(Inform. STF 802)**

3. DIREITO PENAL

Porte de droga para consumo pessoal e criminalização - 1

O Plenário iniciou julgamento de recurso extraordinário em que se discute a constitucionalidade do art. 28 da Lei 11.343/2006, que tipifica a conduta de porte de droga para consumo pessoal. Preliminarmente, o Colegiado resolveu questão de ordem no sentido de admitir, na condição de "amici curiae" e com o direito de realizarem sustentação oral, a Associação Paulista para o Desenvolvimento da Medicina (SPDF), a Associação Brasileira de Estudos do Álcool e outras Drogas (ABEAD), a Associação Nacional Pró-Vida e Pró-Família (PRÓ-VIDA-FAMÍLIA), a Central de Articulação das Entidades de Saúde (CADES) e a Federação de Amor-Exigente (FEAE). As referidas entidades não teriam se inscrito até o momento em que o processo fora colocado em pauta. O Tribunal entendeu que a admissão dos referidos "amici curiae" seria importante do ponto de vista da paridade de armas e auxiliaria os trabalhos da Corte. Além disso, haveria dois grupos: os favoráveis à constitucionalidade da lei e os contrários a ela. Assim, ambos os grupos teriam o direito a 30 minutos de sustentação oral cada, e dividiriam o tempo entre as entidades como aprouvesse. No mérito, o Ministro Gilmar Mendes (relator) proveu o recurso, para: a) declarar a inconstitucionalidade, sem redução de texto, do referido dispositivo, de forma a afastar todo e qualquer efeito de natureza penal. Todavia, manteve, no que couber, até o advento de legislação específica, as medidas ali previstas, com natureza administrativa; b) conferir interpretação conforme à Constituição ao art. 48, §§ 1° e 2°, da Lei 11.343/2006, no sentido de que, tratando-se de conduta prevista no art. 28 do diploma, o autor do fato será apenas notificado a comparecer em juízo; c) conferir interpretação conforme à Constituição ao art. 50, "caput", da Lei 11.343/2006, no sentido de que, na prisão em flagrante por tráfico de droga, o preso deve, como condição de validade da conversão da prisão em flagrante em prisão preventiva, ser imediatamente apresentado ao juiz; e d) absolver o acusado, no caso, tendo em vista a atipicidade da conduta. Ademais, determinou ao CNJ as seguintes providências: a) diligenciar, no prazo de seis meses, a contar desta decisão, por meio de articulação com tribunais de justiça, CNMP, Ministério da Justiça e Ministério da Saúde, sem prejuízo de outros órgãos, os encaminhamentos necessários à aplicação, no que couber, das medidas previstas no art. 28 da Lei 11.343/2006, em procedimento cível, com ênfase em atuação de caráter multidisciplinar; b) articulação, no prazo de seis meses, a contar desta decisão, entre os serviços e organizações que atuam em atividades de prevenção do uso indevido de drogas e da rede de atenção a usuários e dependentes, por meio de projetos pedagógicos em campanhas institucionais, entre outras medidas, com estratégias preventivas e de recuperação adequadas às especificidades socioculturais dos diversos grupos de usuários e das diferentes drogas utilizadas; c) regulamentar, no prazo de seis meses, a audiência de apresentação do preso ao juiz determinada nesta decisão, com respectivo monitoramento; e d) apresentar ao STF, a cada seis meses, relatório das providências determinadas nesta decisão e resultados obtidos, até ulterior deliberação.

RE 635659/SP, rel. Min. Gilmar Mendes, 19 e 20.8.2015. (RE-635659)

Porte de droga para consumo pessoal e criminalização - 2

O Ministro Gilmar Mendes assentou que estariam em jogo os valores da saúde pública, de um lado, e da intimidade e vida privada, de outro. Enfatizou, no ponto, que os direitos fundamentais expressariam um postulado de proteção, a qual não poderia ser insuficiente, sequer excessiva. Assim, a Constituição conteria mandados expressos de criminalização, bem assim conferiria ao legislador margem de ação para definir a forma mais adequada de proteção aos bens jurídicos fundamentais, inclusive a opção por medidas de natureza penal. A liberdade do legislador estaria, portanto, limitada pelo princípio da proporcionalidade, sob pena de excesso de poder legislativo. Enfatizou que o principal argumento em favor da criminalização do uso de drogas estaria assentado no dano em potencial da conduta, tendo em conta a saúde e a segurança públicas. Tratar-se-ia de crime de perigo abstrato, fruto de opção do legislador por um direito penal de caráter preventivo. Destacou a existência de políticas regulatórias relacionadas à posse de drogas para consumo pessoal, mediante processo em que o problema do consumo seria deslocado do campo penal para o da saúde pública. Isso não significaria, entretanto, pura e simples legalização de substâncias, mas conjugação de descriminalização com políticas de redução e prevenção de danos. Ponderou que, no caso, seria necessário analisar se a norma impugnada seria adequada à proteção do bem jurídico tutelado. Em outros termos, se as medidas adotadas pelo legislador seriam idôneas à efetiva tutela do bem fundamental e se a decisão legislativa teria sido tomada após apreciação objetiva e justificável das fontes de conhecimento então disponíveis. A respeito, ponderou haver incongruência entre a criminalização de condutas circunscritas ao consumo pessoal

de drogas e os objetivos expressamente estabelecidos pelo legislador em relação a usuários e dependentes, potencializada pela ausência de critério objetivo de distinção entre usuário e traficante. A norma impugnada seria, sob esse aspecto, desproporcional e inadequada a seu almejado fim. Além disso, não seria seguro afirmar que a repressão ao consumo teria eficiência para combater o tráfico de drogas. Ao contrário, seria evidente o aumento da atividade nos últimos tempos. Acresceu que modelos menos rígidos no que diz respeito à posse de drogas para consumo pessoal não demonstrariam aumento na proporção populacional usuária de substâncias. A problemática estaria relacionada a uma série de fatores complexos, e a criminalização teria pouca influência na conduta do indivíduo. Ademais, no próprio projeto da Lei 11.343/2006, o usuário seria considerado pessoa vulnerável, merecedora de atenção à saúde e oportunidade de inserção e reinserção social.

RE 635659/SP, rel. Min. Gilmar Mendes, 19 e 20.8.2015. (RE-635659)

Porte de droga para consumo pessoal e criminalização - 3

O relator lembrou que qualquer lesão potencial à saúde pública não poderia ser utilizada para legitimar a intervenção penal no indivíduo. O tabaco e o álcool, por exemplo, ofereceriam lesividade, mas sua venda e consumo não seriam criminalizados. Nesses casos, o incremento de medidas restritivas de caráter administrativo viria se mostrando eficaz. O mesmo raciocínio deveria ser aplicado em relação às demais drogas. Sublinhou que a criminalização da posse de drogas para consumo pessoal também afetaria de modo desproporcional o direito ao livre desenvolvimento da personalidade, e à autodeterminação, em suas diversas manifestações. Ademais, a autolesão seria criminalmente irrelevante. Frisou que a criminalização do usuário teria efeito de rotulá-lo como marginalizado, o que dificultaria sua recuperação, especialmente em se tratando de jovens, que seriam o principal grupo consumidor de substâncias ilícitas. Salientou, ainda, que outros países já apresentariam medidas alternativas no que se refere às consequências legais do uso pessoal de drogas. No Brasil, como ainda não haveria critérios objetivos de distinção entre usuário e traficante, seria recomendável regulamentação nesse sentido, precedida de estudos sobre as particularidades regionais. A própria Lei 11.343/2006 conteria diretivas capazes de contribuir para resultados mais eficazes no combate às drogas, se comparadas à criminalização, no que se refere a usuários e dependentes. Nesse aspecto, o art. 28 — afastada a natureza penal de suas medidas — poderia ser mais efetivo ao propiciar novas abordagens ao problema do uso de drogas por meio de práticas mais consentâneas com a complexidade do tema. Por outro lado, também estaria afastada não apenas a possibilidade de prisão em flagrante, como a condução coercitiva à presença do juiz ou à delegacia. Remanesceria, entretanto, a possibilidade de prisão pela posse, quando o policial entendesse que a conduta se qualificasse como tráfico. Assim, a imediata apresentação ao juiz conferiria maior segurança na distinção entre traficante e usuário, até que legislação específica viesse a lume, com critérios mais objetivos. Por ora, dever-se-ia interpretar a lei de forma que o ônus de provar tratar-se de traficante, e não mero usuário, incumbisse à acusação, e o escrutínio final, ao juiz. Da mesma forma, a avaliação da necessidade de prisão em flagrante e de sua conversão em prisão preventiva deveria ser objeto de especial análise pelo Poder Judiciário. Em seguida, pediu vista dos autos o Ministro Edson Fachin.

RE 635659/SP, rel. Min. Gilmar Mendes, 19 e 20.8.2015. (RE-635659)

Porte de droga para consumo pessoal e criminalização - 4

O Plenário retomou julgamento de recurso extraordinário em que se discute a constitucionalidade do art. 28 da Lei 11.343/2006, que tipifica a conduta de porte de droga para consumo pessoal — v. Informativo 795. Em voto-vista, o Ministro Edson Fachin deu parcial provimento ao recurso para: a) declarar a inconstitucionalidade do art. 28 da Lei 11.343/2006, sem redução de texto, especificamente para situação que, como no caso concreto, apresentasse conduta que, descrita no tipo legal, tivesse exclusivamente como objeto material a maconha; b) manter, nos termos da atual legislação e seu regulamento, a proibição, inclusive do uso e do porte para consumo pessoal, de todas as demais drogas ilícitas; c) manter a tipificação criminal das condutas relacionadas à produção e à comercialização da droga objeto do recurso e, concomitantemente, declarar a inconstitucionalidade progressiva dessa tipificação, ou seja, das condutas relacionadas à produção e à comercialização de maconha, até que sobreviesse a devida regulamentação legislativa, permanecendo, nesse ínterim, hígidas as tipificações constantes do Título IV, especialmente criminais, do art. 33, e dispositivos conexos da lei em questão; d) declarar como atribuição legislativa o estabelecimento de

quantidades mínimas que servissem de parâmetro para diferenciar usuário e traficante, e determinar aos órgãos do Poder Executivo — Secretaria Nacional de Políticas sobre Drogas - SENAD e Conselho Nacional de Política Criminal e Penitenciária - CNPCP —, aos quais incumbe a elaboração e a execução de políticas públicas sobre drogas, que exercessem suas competências e, até que sobreviesse a legislação específica, emitissem, no prazo máximo de 90 dias, a contar da data do julgamento em comento, provisórios parâmetros diferenciadores indicativos para serem considerados, "iuris tantum", na situação dos autos; e) absolver o recorrente por atipicidade da conduta, nos termos do art. 386, III, do CPP; e, por fim, f) propor ao Plenário, nos termos do inciso V do art. 7° do RISTF, a criação de um Observatório Judicial sobre Drogas na forma de comissão temporária, a ser designada pelo Presidente do STF, para o fim de, à luz do inciso III do art. 30 do RISTF, acompanhar os efeitos da deliberação do Tribunal nesse caso, especialmente em relação à diferenciação entre usuário e traficante, e à necessária regulamentação, bem como auscultar instituições, estudiosos, pesquisadores, cientistas, médicos, psiquiatras, psicólogos, comunidades terapêuticas, representantes de órgãos governamentais, membros de comunidades tradicionais, entidades de todas as crenças, entre outros, e apresentar relato na forma de subsídio e sistematização. O Ministro ressaltou que o recurso extraordinário sob enfoque desafiaria acórdão que tratara de hipótese específica, a de porte de maconha para uso pessoal. A análise de um recurso extraordinário sob a sistemática da repercussão geral possibilitaria ao STF extrapolar os limites do pedido formulado para firmar tese acerca de tema que, para além dos interesses subjetivos da demanda, fosse de inegável relevância jurídica, social, política ou econômica. Não obstante, quando se estivesse diante de um tema de natureza penal, seria prudente judiciosa auto-contenção da Corte, pois a atuação fora dos limites circunstanciais do caso poderia conduzir a intervenções judiciais desproporcionais, fosse sob o ponto de vista do regime das liberdades, fosse sob o ponto de vista da proteção social insuficiente.
RE 635659/SP, rel. Min. Gilmar Mendes, 10.9.2015. (RE-635659)

Porte de droga para consumo pessoal e criminalização - 5
O Ministro Edson Fachin asseverou que, assim sendo, em virtude da complexidade inerente ao problema jurídico sob a análise do STF no recurso, seria necessária a estrita observância das balizas fáticas e jurídicas do caso concreto para a atuação da Corte em seara tão sensível: a definição sobre a constitucionalidade, ou não, da criminalização do porte unicamente de maconha para uso próprio em face de direitos fundamentais como a liberdade, autonomia e privacidade. Destacou, relativamente ao questionamento objeto do recurso, ser cabível a resposta da informação, educação, atenção e cuidado da saúde dos usuários de drogas, e não a criminalização. Seria indispensável, assim, a atuação do Poder Público, da sociedade, das famílias em sua dimensão expandida, das entidades religiosas e de benemerência, no incremento das redes de atenção e cuidado à saúde das pessoas que abusassem de substâncias que causassem dependência, e especialmente no campo da prevenção e proteção de crianças e adolescentes. A distinção entre usuário e traficante, entretanto, atravessaria a necessária diferenciação entre tráfico e uso, e exigiria, inevitavelmente, que se adotassem parâmetros objetivos de quantidade que caracterizassem o uso de droga. Não se inseriria na atribuição do Poder Judiciário, entretanto, a definição dessas balizas. Se o legislador já editara lei para tipificar como crime o tráfico de drogas, competiria ao Poder Legislativo o exercício de suas atribuições, no qual definisse, assim, os parâmetros objetivos de natureza e quantidade de droga que deveriam ser levados em conta para diferenciação entre uso e tráfico de drogas. Desse modo, seria responsabilidade, de um lado, do Poder Legislativo a fixação de tais parâmetros, e de outro, a respectiva regulamentação e execução por parte dos referidos órgãos do Poder Executivo. Até que isso se desse, e mesmo após, a adoção imperativa da audiência de apresentação em até 24 horas, poderia extirpar, perante o juiz, qualquer desvio prático no emprego desse critério, especialmente diante do tráfico. Enquanto não houvesse pronunciamento do Poder Legislativo sobre tais parâmetros, seria mandatório, portanto, reconhecer a necessidade do preenchimento dessa lacuna por meio do SENAD e do CNPCP, até que sobreviesse definição legislativa, que os regulamentassem, na condição "rebus sic stantibus".
RE 635659/SP, rel. Min. Gilmar Mendes, 10.9.2015. (RE-635659)

Porte de droga para consumo pessoal e criminalização - 6
O Ministro Roberto Barroso proveu o recurso extraordinário para declarar a inconstitucionalidade do art. 28 da Lei 11.343/2006, relativamente ao porte de maconha para consumo próprio, e absolveu o recorrente. Porém, não

analisou a controvérsia a respeito das demais drogas. Afirmou que o fracasso da política atual criara um imenso mercado negro de drogas controlado pelo crime organizado. Verificou que, nas últimas décadas, sobretudo depois edição da Lei de Tóxico, o consumo de drogas aumentara, ao passo que, no mesmo período de tempo, o de cigarro diminuíra. Observou que a contrapropaganda, o debate público, a informação e a advertência produziriam melhores resultados do que a criminalização. Notou que a política de criminalização e de repressão ao consumo de drogas em geral e de maconha, em particular, geraria um alto custo para a sociedade, especialmente pelo aumento exponencial da população carcerária. Além disso, o custo financeiro de cada vaga no sistema penitenciário seria muito caro. Salientou que os presos entrariam primários e sairiam cooptados por facções. Dessa forma, tornar-se-iam criminosos perigosos que voltariam para as ruas e retroalimentariam a violência. Ressaltou que, a despeito de a defesa da criminalização invocar a saúde pública como bem jurídico protegido, essa política consumiria cada vez mais recursos que, evidentemente, não iriam para tratamento, educação e saúde preventiva. Ademais, o usuário não procuraria o sistema de saúde pública, porque isso significaria assumir a condição de criminoso. Portanto, a criminalização não protegeria, mas antes comprometeria a saúde pública. Destacou que o direito à privacidade identificaria uma esfera na vida das pessoas que deveria ser imune à interferência do Estado, sobretudo quando o que se fizesse na intimidade não afetasse a esfera jurídica de terceiros. Por essa razão, o Estado não poderia invadir a esfera da autonomia individual. Assim, um indivíduo que fumasse um cigarro de maconha dentro do seu domicílio ou num espaço puramente privado não violaria direitos de terceiros, nem qualquer valor social, ou mesmo a saúde pública. Mas, se fumar maconha pudesse ser criminalizado em nome da saúde pública, então, se deveria criminalizar antes o álcool e o próprio cigarro convencional. Portanto, seria inequívoca a afronta à autonomia individual representada pela punição de quem portasse maconha para uso pessoal dentro da sua esfera privada.
RE 635659/SP, rel. Min. Gilmar Mendes, 10.9.2015. (RE-635659)

Porte de droga para consumo pessoal e criminalização - 7
O Ministro Roberto Barroso asseverou que a criminalização não passaria no teste da proporcionalidade nas modalidades: adequação da restrição, necessidade da restrição e a chamada proporcionalidade em sentido estrito. A criminalização não conseguira produzir resultado quantitativamente relevante no consumo, sobretudo, porque causara impacto negativo à saúde pública. Consignou que seria necessária a adoção de critério objetivo para distinguir o consumo pessoal do tráfico. Explicou que essa prerrogativa seria do Poder Legislativo. Entretanto, seria possível ao STF o estabelecimento de critério, ainda que provisoriamente, até posterior atuação do Parlamento. Propôs que quem portasse até 25 g de maconha não fosse considerado traficante. Todavia, isso não impediria que o juiz do caso concreto reputasse que alguém com quantidade maior a estivesse portando para consumo pessoal, nem que alguém com 25 g a estivesse portando para tráfico. Mas, nessa situação, o juiz teria que superar essa presunção, e, portanto, o ônus argumentativo tornar-se-ia mais árduo para o magistrado. Também não seria considerado traficante quem tivesse até seis plantas fêmeas como produção para consumo pessoal. O Ministro Gilmar Mendes (relator), ao reafirmar o seu voto, declarou a inconstitucionalidade, sem redução de texto, do art. 28 da Lei 11.343/2006, de forma a afastar do referido dispositivo todo e qualquer efeito de natureza penal. Todavia, manteve, até o advento da legislação específica, as medidas ali previstas com natureza administrativa. Em seguida, pediu vista o Ministro Teori Zavascki.
RE 635659/SP, rel. Min. Gilmar Mendes, 10.9.2015. (RE-635659) (Inform. STF 798)

Tráfico privilegiado e crime hediondo - 1
O Plenário iniciou o julgamento de "habeas corpus" em que se discute a possibilidade de afastamento da incidência da Lei 8.072/1990 em caso de tráfico de drogas privilegiado (Lei 11.343/2006, art. 33, § 4°), a fim de que seja permitido o livramento condicional e a progressão de regime nos moldes da Lei 7.210/1984 (LEP). No caso, os pacientes foram condenados pela prática de tráfico privilegiado, e a sentença de 1° grau afastara a natureza hedionda do delito. Posteriormente, o STJ entendera caracterizada a hediondez. A Ministra Cármen Lúcia (relatora), acompanhada do Ministro Roberto Barroso, concedeu a ordem. Anotou que a jurisprudência predominante do STF firmara-se no sentido da hediondez do tráfico privilegiado. Entretanto, a partir da leitura dos preceitos legais pertinentes, apenas as modalidades de tráfico de entorpecentes definidas no art. 33, "caput" e § 1°, da Lei 11.343/2006

3. DIREITO PENAL

seriam equiparadas a crimes hediondos. Entendeu que, para alguns delitos e seus autores, ainda que se tratasse de tipos mais gravemente apenados, deveriam ser reservadas algumas alternativas aos critérios gerais de punição. A legislação alusiva ao tráfico de drogas, por exemplo, prevê a possibilidade de redução da pena, desde que o agente seja primário e de bons antecedentes, não se dedique a atividades criminosas e nem integre organização criminosa. Essa previsão legal permitiria maior flexibilidade na gestão da política de drogas, pois autorizaria o juiz a avançar sobre a realidade pessoal de cada autor. Além disso, teria inegável importância do ponto de vista das decisões de política criminal. No caso do tráfico privilegiado, a decisão do legislador fora no sentido de que o agente, nessa hipótese, deveria receber tratamento distinto daqueles sobre os quais recairia o alto juízo de censura e de punição pelo tráfico de drogas. As circunstâncias legais do privilégio demonstrariam o menor juízo de reprovação e, em consequência, de punição dessas pessoas. Não se poderia, portanto, chancelar-se a essas condutas a hediondez, por exemplo. Assim, a imposição de pena não deveria estar sempre tão atrelada ao grau de censura constante da cominação abstrata dos tipos penais. O juiz deveria ter a possibilidade de exame quanto à adequação da sanção imposta e o respectivo regime de cumprimento, a partir do exame das características específicas na execução de determinados fatos, cujo contexto em que praticados apresentasse variantes socialmente relevantes em relação ao juízo abstrato de censura cominada na regra geral. De outro lado, o art. 33, § 4º, da Lei 11.343/2006 mereceria crítica na medida em que proíbe a substituição da pena privativa por restritiva de direito. Assentou, ainda, que a etiologia do crime privilegiado seria incompatível com a natureza hedionda. Além disso, os Decretos 6.706/2008 e 7.049/2009 beneficiaram os condenados pelo tráfico de entorpecentes privilegiado com indulto, a demonstrar inclinação no sentido de que esse delito não seria hediondo. O Ministro Roberto Barroso salientou alguns problemas decorrentes do atual combate às drogas, como o encarceramento excessivo, o que seria agravado se o tráfico privilegiado recebesse a pecha de hediondez. Além disso, a tendência jurisprudencial, ao considerar ilegítimos a exigência de regime inicial fechado, a proibição de aplicação de pena restritiva de direito e o impedimento à liberdade condicional nesses casos viria ao encontro desse entendimento. Ademais, o tratamento legal da conduta, que poderia implicar penas próximas a um ano, não seria compatível com a reprovabilidade de crime hediondo.

HC 118533/MS, rel. Min. Cármen Lúcia, 24.6.2015. (HC-118533)

Tráfico privilegiado e crime hediondo - 2

Em divergência, os Ministros Edson Fachin, Teori Zavascki, Rosa Weber e Luiz Fux denegaram a ordem. O Ministro Edson Fachin reputou que a causa de diminuição em debate não seria incompatível com o caráter hediondo do crime. Nesse sentido, a regra do art. 33, § 4º, da Lei 11.343/2006 não teria sido estabelecida pelo fato de o legislador considerá-la menos grave, mas por motivos de política criminal. O Ministro Teori Zavascki salientou o tratamento constitucional dado ao tráfico de entorpecentes, no sentido de ser inafiançável e insuscetível de graça ou anistia. Portanto, a hediondez do crime não estaria associada à situação pessoal do agente, mas ao tipo penal. A Ministra Rosa Weber destacou que, no caso concreto, embora o juiz de 1º grau tivesse reconhecido a existência de crime privilegiado, fora apreendida quase uma tonelada de substância entorpecente. O Ministro Luiz Fux asseverou que o tráfico seria conduta grave, tendo em conta seus efeitos deletérios no meio social, e o tratamento constitucional do tema seria compatível com essa premissa. Ademais, eventual afastamento do caráter hediondo constituiria incentivo para que o traficante eventual continuasse a delinquir. Em seguida, pediu vista o Ministro Gilmar Mendes.

HC 118533/MS, rel. Min. Cármen Lúcia, 24.6.2015. (HC-118533) (Inform. STF 791)

Lei de drogas e princípio da consunção

A Segunda Turma conheceu parcialmente e, nessa extensão, concedeu, em parte, a ordem em "habeas corpus", para restabelecer a sentença imposta ao paciente pelo juízo singular, com o decotamento da confissão espontânea fixado em 2º grau. Na espécie, ele fora condenado pela prática de tráfico de drogas e associação para o tráfico (Lei 11.343/2006, artigos 33 e 35). O tribunal local, ao apreciar as apelações da acusação e da defesa, reduzira a pena referente ao tráfico, mas condenara o réu com relação aos delitos dos artigos 33, § 1º, I; e 34 da Lei 11.343/2006. No "habeas", sustentava-se a existência de irregularidades quanto às transcrições de escutas telefônicas colhidas em investigação; a ilegalidade quanto à pena-base; a ocorrência do princípio da consunção, considerados os delitos de tráfico e dos artigos 33, § 1º, I; e 34 da Lei 11.343/2006; a inexistência do crime de associação para o tráfico; a ilegalidade quanto à incidência da agravante do art. 62, I, do CP; e a ocorrência de tráfico

privilegiado. A Turma assinalou não haver nulidade quanto às transcrições de interceptações telefônicas, que teriam sido devidamente disponibilizadas, sem que a defesa, entretanto, houvesse solicitado a transcrição total ou parcial ao longo da instrução. Ademais, entendeu que, dadas as circunstâncias do caso concreto, seria possível a aplicação do princípio da consunção, que se consubstanciaria pela absorção dos delitos tipificados nos artigos 33, § 1º, I, e 34 da Lei 11.343/2006, pelo delito previsto no art. 33, "caput", do mesmo diploma legal. Ambos os preceitos buscariam proteger a saúde pública e tipificariam condutas que — no mesmo contexto fático, evidenciassem o intento de traficância do agente e a utilização dos aparelhos e insumos para essa mesma finalidade— poderiam ser consideradas meros atos preparatórios do delito de tráfico previsto no art. 33, "caput", da Lei 11.343/2006. Quanto às demais alegações, não haveria vícios aptos a redimensionar a pena-base fixada, bem assim estaria demonstrada a existência de associação para o tráfico. Além disso, a suposta ocorrência de tráfico privilegiado não poderia ser analisada, por demandar análise fático-probatória. Por fim, a questão relativa à incidência do art. 62, I, do CP, não teria sido aventada perante o STJ, e sua análise implicaria supressão de instância.

HC 109708/SP, rel. Min. Teori Zavascki, 23.6.2015. (HC-109708) (Inform. STF 791)

HC N. 124.022-SP

RELATOR: MIN. TEORI ZAVASCKI

Ementa: PENAL. TRÁFICO TRANSNACIONAL DE DROGAS. AFASTAMENTO DA CAUSA ESPECIAL DE REDUÇÃO DE PENA. FUNDAMENTAÇÃO INIDÔNEA. RESTABELECIMENTO DA SENTENÇA CONDENATÓRIA QUE CONCEDEU O BENEFÍCIO NA FRAÇÃO DE 1/3. PRECEDENTES.

1. A não aplicação da minorante prevista no § 4º do art. 33 da Lei 11.343/2006 pressupõe a demonstração pelo juízo sentenciante da existência de um conjunto probatório apto a afastar pelo menos um dos critérios, que são autônomos, descritos no preceito legal: (a) primariedade; (b) bons antecedentes; (c) não dedicação a atividades criminosas; e (d) não integração a organização criminosa. Nesse juízo, não se pode ignorar que a norma em questão tem a clara finalidade de apenar com menor grau de intensidade quem pratica de modo eventual as condutas descritas no art. 33, *caput* e § 1º, em contraponto ao agente que faz do crime o seu modo de vida, o qual, evidentemente, não goza do referido benefício (cf. justificativa ao Projeto de Lei 115/2002 apresentada à Comissão de Constituição e Justiça e de Redação).

2. No caso, o Tribunal de apelação afastou a referida minorante com base em argumentos genéricos e teóricos, desprovidos de qualquer elemento contido nos autos, senão no fato de a paciente ter sido condenada pela prática do crime de tráfico transnacional de drogas. Por outro lado, a sentença condenatória afirmou, de forma segura, a inexistência de prova apta a justificar a negativa da causa de diminuição. Precedentes.

3. Ordem parcialmente concedida. **(Inform. STF 781)**

Tráfico de entorpecentes: "mulas" e agentes de organização criminosa

A 1ª Turma concedeu "habeas corpus" de ofício impetrado em favor de condenados pela prática de tráfico internacional de entorpecentes. A defesa pleiteava a aplicação da causa especial de diminuição do art. 33, §4º, da Lei 11.343/2006. A Turma considerou que a atuação dos pacientes na condição de "mulas" não significaria, necessariamente, que integrassem organização criminosa. No caso, eles seriam meros transportadores, o que não representaria adesão à estrutura de organização criminosa.

HC 124107/SP, rel. Min. Dias Toffoli, 4.11.2014. (HC-124107) (Inform. STF 766)

Tráfico de drogas e qualificação jurídica dos fatos

A 2ª Turma concedeu "habeas corpus" de ofício para absolver condenado pela prática dos crimes de tráfico e associação para o tráfico de drogas (Lei 11.343/2006, artigos 33 e 35). Na espécie, o paciente fora condenado pela posse de 1,5 grama de maconha para alegados fins de tráfico. A Turma entendeu ausente a prova da existência do fato (CPP, art. 386, II). A pequena apreensão de droga e a ausência de outras diligências investigatórias teria demonstrado que a instauração da ação penal com consequente condenação representaria medida nitidamente descabida. Ademais, a Turma determinou o encaminhamento de ofício ao CNJ para que fosse avaliada a uniformização do procedimento da Lei 11.343/2006, em razão da reiteração de casos idênticos aos dos presentes autos nos quais a inadequada qualificação jurídica dos fatos teria gerado uma resposta penal exacerbada.

HC 123221/SP, rel. Min. Gilmar Mendes, 28.10.2014. (HC-123221) (Inform. STF 765)

Tráfico de drogas: dosimetria e "bis in idem"

A 2ª Turma não conheceu de recurso ordinário em "habeas corpus", mas concedeu, de ofício, a ordem em razão da utilização, em instâncias diversas, das mesmas circunstâncias para agravar a sanção penal tanto na primeira, quanto na terceira fase da dosimetria da pena. No caso, devido à natureza e à quantidade de entorpecentes, o recorrente fora condenado pela prática do delito previsto no art. 33 da Lei 11.343/2006, à pena de sete anos de reclusão, a ser cumprida em regime inicial fechado. No julgamento da apelação, o tribunal, tendo em conta a natureza e a quantidade da droga, aplicara, no percentual mínimo, a causa de diminuição disposta no §4º do art. 33, da Lei 11.343/2006. A Turma consignou que estaria evidenciado o "bis in idem". Explicou que, tanto no afastamento da pena-base do mínimo legal — pelo juízo de 1º grau —, como na fixação da causa de diminuição da pena em um sexto — pelo tribunal —, teria havido a utilização dos mesmos critérios, quais sejam, da natureza e da quantidade dos entorpecentes. Relembrou que o STF, ao analisar o art. 42 da Lei 11.343/2006, dirimira divergência jurisprudencial entre a 1ª e a 2ª Turma e firmara o entendimento de a natureza e a quantidade do entorpecente poderem ser utilizadas na primeira ou na terceira fase da dosimetria penal. Asseverou que, utilizado o critério da natureza e da quantidade dos entorpecentes para elevar a pena-base, deveria a causa de diminuição do § 4º do art. 33 da Lei 11.343/2006 ser fixada no patamar de dois terços, porque não haveria qualquer outro fundamento fixado pelas instâncias antecedentes para impedir sua aplicação em grau máximo. Ressaltou o reconhecimento da inconstitucionalidade dos dispositivos que vedavam a substituição da pena em caso de condenação pelo crime de tráfico de entorpecentes (Lei 11.343/2006, artigos 33, § 4º, e 44, *caput*) e da norma que impunha regime fechado para o início do cumprimento da pena pela prática de crimes hediondos e equiparados (Lei 8.072/1990, art. 2º, § 1º). Concluiu, assim, que tornar-se-ia necessário o reexame da possibilidade de substituição da pena privativa de liberdade por restritiva de direitos e dos requisitos para fixação do regime prisional.
RHC 122684/MG, rel. Min. Cármen Lúcia, 16.9.2014. (RHC-122684) (Inform. STF 759)

Dosimetria da pena: circunstâncias judiciais, pena-base e proporcionalidade

A 2ª Turma iniciou julgamento de recurso ordinário em "habeas corpus" no qual condenado à pena de nove anos e seis meses de reclusão, pela prática do crime previsto no art. 33 da Lei 11.343/2006, sustenta ilegalidade na fixação de sua pena-base, acima do mínimo legal. A defesa alega que as circunstâncias judiciais lhe seriam favoráveis, uma vez que: a) a substância ilícita teria sido apreendida em sua totalidade; b) a quantidade de droga não seria suficiente para elevar a pena-base; c) o cumprimento de pena por delito anterior poderia configurar apenas reincidência, e constituiria "bis in idem" a sua utilização para sopesar negativamente a personalidade. A Ministra Cármen Lúcia (relatora) negou provimento ao recurso no que foi acompanhada pelo Ministro Ricardo Lewandowski. Considerou que teria havido a indicação de elementos concretos, negativos, graves e válidos para a majoração da pena-base, e não se mostraria juridicamente desproporcional a sua fixação acima do mínimo legal. Aduziu que teriam sido adequadamente destacados na dosimetria da pena os aspectos relacionados: a) às consequências do crime, dada a natureza da droga (cocaína); b) às circunstâncias do delito, considerada a quantidade de entorpecentes (54 "trouxinhas"); c) aos maus antecedentes (recorrente condenado cinco vezes, em decisões com trânsito em julgado que antecederam o crime em apreço); d) à culpabilidade (recorrente praticava o comércio de drogas em sua residência); e) à personalidade (o crime ocorrera enquanto o recorrente cumpria pena por outro delito de mesma natureza); e f) à conduta social (usuário contumaz de drogas). O Ministro Celso de Mello, em divergência, deu parcial provimento ao recurso. Destacou que, ao se tomar por referência o mínimo legal, a pena-base praticamente teria sido duplicada, com apoio em elementos insuficientes, que jamais poderiam fundamentar tão significativo aumento, qual seja, de cinco anos para nove anos e seis meses. Aduziu que a suposta grande quantidade de entorpecente resumir-se-ia a sete gramas de cocaína. Consignou que somente consideraria como antecedentes criminais idôneos para efeitos de agravamento da pena as condenações penais com trânsito em julgado. No entanto, o juiz sentenciante teria se valido de antecedentes criminais destituídos de caráter definitivo. Por fim, ressaltou que o magistrado, ao invés de observar o critério trifásico de dosimetria da pena, teria simplesmente estabelecido de um modo global uma pena única, sem ter percorrido os diversos estágios do método trifásico. Em seguida, após o voto do Ministro Teori Zavascki, que acompanhou a divergência, pediu vista o Ministro Gilmar Mendes.
RHC 122469/MS, rel. Min. Cármen Lúcia, 5.8.2014. (RHC-122469) (Inform. STF 753)

Dosimetria da pena: circunstâncias judiciais, pena-base e proporcionalidade - 2

Ante a ilegalidade na fixação da pena-base, estabelecida acima do mínimo legal, a 2ª Turma, em conclusão de julgamento e por maioria, deu parcial provimento a recurso ordinário em "habeas corpus" e determinou o retorno dos autos à origem a fim de que fosse refeita a dosimetria da pena em relação a paciente condenado à pena de nove anos e seis meses de reclusão, pela prática do crime previsto no art. 33 da Lei 11.343/2006 — v. Informativo 753. A Turma aduziu que alguns aspectos destacados na dosimetria da pena não deveriam ser considerados como circunstâncias desfavoráveis. Aludiu que, apesar de a divisão da droga em frações (54 "trouxinhas") indicar potencial de alcançar grande número de usuários, seria preponderante, no caso dos autos, o fato de que a quantidade da droga seria pequena (7,1 gramas). Acrescentou que a utilização da própria residência como ponto de venda de drogas, por si só, não ensejaria uma maior reprovabilidade da conduta delituosa. Ademais, ressaltou que o juízo sentenciante incorrera em "bis in idem" ao utilizar o fato de o réu estar cumprindo pena por crime idêntico para apontar a personalidade voltada para o crime e, simultaneamente, considerá-lo como antecedente desfavorável. Por fim, destacou que o uso contumaz de drogas não poderia ser empregado como indicativo de necessidade de agravamento da reprimenda, visto que a conduta do usuário que vendesse drogas para sustentar o próprio vício seria menos reprovável do que a daquele que tivesse contato com as drogas apenas com intuito de lucro. Vencidos os Ministros Ricardo Lewandowski e Cármen Lúcia, que negavam provimento ao recurso por considerar que a fixação da pena acima do mínimo legal não se mostrara juridicamente desproporcional.
RHC 122469/MS, rel. orig. Min. Cármen Lúcia, red. p/ o acórdão Min. Celso de Mello, 16.9.2014. (RHC-122469) (Inform. STF 759)

Tráfico de drogas: interrogatório do réu e princípio da especialidade

O rito previsto no art. 400 do CPP – com a redação conferida pela Lei 11.719/2008 – não se aplica à Lei de Drogas, de modo que o interrogatório do réu processado com base na Lei 11.343/2006 deve observar o procedimento nela descrito (artigos 54 a 59). Com base nesse entendimento, a 2ª Turma denegou "habeas corpus" em que se pretendia a observância do art. 400 do CPP em processo penal alusivo ao crime de tráfico de drogas. A Turma afirmou que o art. 57 da Lei 11.343/2006 estabelece que o interrogatório ocorreria em momento anterior à oitiva das testemunhas, diferentemente do que prevê o art. 400 do CPP, que dispõe que o interrogatório seria realizado ao final da audiência de instrução e julgamento. Assentou, ainda, que seria necessária a demonstração do prejuízo, inocorrente na espécie. Ademais, entendeu que, no confronto entre as duas leis, aplicar-se-ia a lei especial quanto ao procedimento, que, no caso, seria a Lei de Drogas. Precedente citado: HC 85.155/SP (DJU de 15.4.2005).
HC 121953/MG, rel. Min. Ricardo Lewandowski, 10.6.2014. (HC-121953) (Inform. STF 750)

Tráfico de drogas: transporte público e aplicação do art. 40, III, da Lei 11.343/2006

Em conclusão de julgamento, a 2ª Turma, por maioria, concedeu "habeas corpus" a condenado pela prática de tráfico de drogas para afastar a majorante contida no art. 40, III, da Lei 11.343/2006 ("Art. 40. As penas previstas nos arts. 33 a 37 desta Lei são aumentadas de um sexto a dois terços, se: ... III - a infração tiver sido cometida nas dependências ou imediações de estabelecimentos prisionais, de ensino ou hospitalares, de sedes de entidades estudantis, sociais, culturais, recreativas, esportivas, ou beneficentes, de locais de trabalho coletivo, de recintos onde se realizem espetáculos ou diversões de qualquer natureza, de serviços de tratamento de dependentes de drogas ou de reinserção social, de unidades militares ou policiais ou em transportes públicos"). No caso, o paciente fora flagrado em transporte coletivo transnacional, trazendo consigo considerável quantidade de substância entorpecente. Prevaleceu o voto do Ministro Ricardo Lewandowski. Destacou que a jurisprudência das Turmas seria no sentido de que a aplicação daquela causa especial de aumento de pena teria como objetivo punir com mais rigor a comercialização de drogas em locais nos quais se verificasse uma maior aglomeração de pessoas, de modo que se tornasse mais fácil a disseminação da mercancia. Assim, não seria suficiente a mera utilização do transporte público para o carregamento do entorpecente. Vencida a Ministra Cármen Lúcia (relatora), que indeferia a ordem.
HC 120624/MS, rel. orig. Min. Cármen Lúcia, red. p/ o acórdão, Min. Ricardo Lewandowski, 3.6.2014. (HC-120624) (Inform. STF 749)

3. DIREITO PENAL

Tráfico de drogas e indulto humanitário - 1

A 2ª Turma reiterou jurisprudência no sentido de não ser possível o deferimento de indulto a réu condenado por tráfico de drogas, ainda que tenha sido aplicada a causa de diminuição prevista no art. 33, § 4º, da Lei 11.343/2006 a pena a ele imposta, circunstância que não altera a tipicidade do crime. Na espécie, paciente condenada pela prática dos delitos de tráfico e de associação para o tráfico ilícito de entorpecentes pretendia a concessão de indulto humanitário em face de seu precário estado de saúde (portadora de diabetes, hipertensão arterial sistêmica e insuficiência renal crônica, além de haver perdido a integralidade da visão). A Turma asseverou que o fato de a paciente estar doente ou ser acometida de deficiência visual não seria causa de extinção da punibilidade nem de suspensão da execução da pena. Afirmou que os condenados por tráfico de drogas ilícitas não poderiam ser contemplados com o indulto. Ponderou que, nos termos da Lei 8.072/1990, o crime de tráfico de droga, equiparado a hediondo, não permitiria anistia, graça e indulto ("Art. 2º Os crimes hediondos, a prática da tortura, o tráfico ilícito de entorpecentes e drogas afins e o terrorismo são insuscetíveis de: I - anistia, graça e indulto"). Pontuou que haveria consenso na doutrina quanto à impropriedade entre o disposto no art. 5º, XLIII, da CF ("a lei considerará crimes inafiançáveis e insuscetíveis de graça ou anistia a prática da tortura, o tráfico ilícito de entorpecentes e drogas afins, o terrorismo e os definidos como crimes hediondos, por eles respondendo os mandantes, os executores e os que, podendo evitá-los, se omitirem") e a regra de competência privativa do Presidente da República, contida no art. 84, XII, da CF ("conceder indulto e comutar penas, com audiência, se necessário, dos órgãos instituídos em lei"). Assinalou que a proibição do art. 5º, XLIII, da CF seria aplicável ao indulto individual e ao indulto coletivo. Enfatizou que, tanto o tráfico ilícito de entorpecentes, quanto a associação para o tráfico foram equiparados a crime hediondo (Lei 11.343/2006, art. 44) e, por isso, a benesse requerida não poderia ser concedida.
HC 118213/SP, rel. Min. Gilmar Mendes, 6.5.2014. (HC-118213)

Tráfico de drogas e indulto humanitário - 2

Em acréscimo, o Ministro Celso de Mello lembrou que, eventualmente, se poderia invocar a Convenção das Nações Unidas sobre os Direitos das Pessoas Portadoras de Deficiência, subscrita pelo Brasil e incorporada ao sistema de Direito positivo interno. Consignou que, hoje, essa seria a única convenção internacional revestida de eficácia constitucional, considerado o procedimento ritual de sua aprovação, nos termos do § 3º do art. 5º da CF ("§ 3º Os tratados e convenções internacionais sobre direitos humanos que forem aprovados, em cada Casa do Congresso Nacional, em dois turnos, por três quintos dos votos dos respectivos membros, serão equivalentes às emendas constitucionais"). Esclareceu que esse estatuto traria uma série de medidas destinadas a compensar a diferença entre situações de normalidade e situações excepcionais caracterizadas pela existência de necessidades especiais qualificada pela ocorrência de deficiências, inclusive essa de índole sensorial. Frisou que o art. 14 do Decreto 6.949/2009, que promulgou a referida Convenção, estabelece que os Estados nacionais, como o Brasil, não podem privar alguém do regime prisional apenas em razão dessa mesma deficiência ("1. Os Estados Partes assegurarão que as pessoas com deficiência, em igualdade de oportunidades com as demais pessoas: ... b) Não sejam privadas ilegal ou arbitrariamente de sua liberdade e que toda privação de liberdade esteja em conformidade com a lei, e que a existência de deficiência não justifique a privação de liberdade. 2. Os Estados Partes assegurarão que, se pessoas com deficiência forem privadas de liberdade mediante algum processo, elas, em igualdade de oportunidades com as demais pessoas, façam jus a garantias de acordo com o direito internacional dos direitos humanos e sejam tratadas em conformidade com os objetivos e princípios da presente Convenção, inclusive mediante a provisão de adaptação razoável"). Precedentes citados: HC 80.866/RJ (DJU de 14.6.2002) e ADI 2.795 MC/DF (DJU de 20.6.2003).
HC 118213/SP, rel. Min. Gilmar Mendes, 6.5.2014. (HC-118213) (Inform. STF 745)

REPERCUSSÃO GERAL EM ARE N. 666.334-AM
RELATOR: MIN. GILMAR MENDES

Recurso extraordinário com agravo. Repercussão Geral. 2. Tráfico de Drogas. 3. Valoração da natureza e da quantidade da droga apreendida em apenas uma das fases do cálculo da pena. Vedação ao *bis in idem*. Precedentes. 4. Agravo conhecido e recurso extraordinário provido para determinar ao Juízo da 3ª VECUTE da Comarca de Manaus/AM que proceda à nova dosimetria da pena. 5. Reafirmação de jurisprudência. **(Inform. STF 745)**

Art. 28 da Lei de Drogas: ato infracional e restrição da liberdade

Para evitar supressão de instância, a 1ª Turma, por maioria, julgou extinta a ordem de "habeas corpus", vencido o Ministro Marco Aurélio, que admitia a impetração. No entanto, concedeu a ordem, de ofício, ao fundamento de não ser possível a internação ou a restrição parcial da liberdade de adolescentes por ato infracional análogo ao delito do art. 28 da Lei de Drogas ("Quem adquirir, guardar, tiver em depósito, transportar ou trouxer consigo, para consumo pessoal, drogas sem autorização ou em desacordo com determinação legal ou regulamentar será submetido às seguintes penas: I - advertência sobre os efeitos das drogas; II - prestação de serviços à comunidade; III - medida educativa de comparecimento a programa ou curso educativo"). Na espécie, o menor fora apreendido com dois gramas de maconha, sendo-lhe atribuída a prática de fato análogo ao crime de uso de entorpecentes. Na sequência, a ele fora aplicado medida socioeducativa de semiliberdade por prazo indeterminado até o máximo de três anos. A Turma asseverou que, por se tratar da criminalização do uso de entorpecentes, não se admitiria a imposição ao menor condenado de pena restritiva de liberdade, nem mesmo em caso de reiteração ou de descumprimento de medidas anteriormente aplicadas.
HC 119160/SP, rel. Min. Roberto Barroso, 9.4.2014. (HC-119160) (Inform. STF 742)

Hediondez e tráfico privilegiado

Ao reiterar orientação no sentido de que a minorante do art. 33, § 4º, da Lei 11.343/2006 não retirou o caráter hediondo do crime de tráfico privilegiado de entorpecentes, a 1ª Turma, em julgamento conjunto, negou provimento a recurso ordinário e, por maioria, julgou extinta ordem de *habeas corpus*, sem julgamento do mérito. Destacou-se que, não obstante a matéria tenha sido afetada ao Plenário pela 2ª Turma, eventual decisão do Plenário a afastar a hediondez do tipo penal não prejudicaria a apresentação de *habeas corpus* pelo interessado ou impediria que o juiz, de ofício, reconsiderasse sua decisão. Vencido o Ministro Marco Aurélio, que indeferia a ordem.
RHC 118099/MS e HC 118032/MS, rel. Min. Dias Toffoli, 4.2.2014. (RHC-118099) (Inform. STF 734)

Tráfico de drogas e lei mais benéfica - 3

Em conclusão de julgamento, a 1ª Turma, por maioria, concedeu habeas corpus para determinar a designação de audiência na qual os pacientes deverão ser advertidos sobre os efeitos do uso de entorpecente. Na espécie, pretendia-se a desclassificação da conduta imputada, prevista no art. 12 da Lei 6.368/76 ("Importar ou exportar, remeter, preparar, produzir, fabricar, adquirir, vender, expor à venda ou oferecer, fornecer ainda que gratuitamente, ter em depósito, transportar, trazer consigo, guardar, prescrever, ministrar ou entregar, de qualquer forma, a consumo substância entorpecente ou que determine dependência física ou psíquica, sem autorização ou em desacordo com determinação legal ou regulamentar"), para a disposta no art. 33, § 3º, da Lei 11.343/2006 ("§ 3º Oferecer droga, eventualmente e sem objetivo de lucro, a pessoa de seu relacionamento, para juntos a consumirem") – v. Informativo 626. Aduziu-se que o acórdão impugnado teria invertido a ordem processual quanto à prova, atribuindo aos pacientes o dever de demonstrar sua condição de usuários, o que não se coadunaria com o Direito Penal. Registrou-se que eles não teriam o dever de demonstrar que a droga apreendida se destinaria ao consumo próprio e de amigos, e não ao tráfico. Asseverou-se que caberia à acusação comprovar os elementos do tipo penal. Reputou-se que ao Estado-acusador incumbiria corroborar a configuração do tráfico, que não ocorreria pela simples compra do entorpecente. Salientou-se que o restabelecimento do enfoque revelado pelo juízo seria conducente a afastar-se, até mesmo, a condenação à pena restritiva da liberdade. Vencido o Min. Ricardo Lewandowski, que denegava a ordem. O Min. Dias Toffoli reajustou seu voto para conceder o writ.
HC 107448/MG, rel. orig. Min. Ricardo Lewandowski, red. p/ o acórdão Min. Marco Aurélio, 18.6.2013. (HC-107448) (Inform. STF 711)

HC N. 111.837-SP
RELATOR: MIN. LUIZ FUX

Ementa: Penal e Processual Penal. Habeas corpus substitutivo de recurso. Tráfico e associação para o tráfico de entorpecentes – arts. 33 e 35 da Lei n. 11.343/06. Prisão preventiva e excesso de prazo da instrução criminal. Superveniência de sentença penal condenatória. Novação do título prisional e superação da alegação de excesso de prazo da instrução criminal. Prejudicialidade do writ. Pena-base fixada no mínimo legal. Ausência de circunstâncias judiciais desfavoráveis. Minorante do § 4º do art. 33 da Lei de Drogas aplicada na fração máxima de 2/3. Regime inicial fechado. Vedação legal a regime inicial diverso: Art. 2º, § 1º, da Lei n. 11.464/07. Inconstitucionalidade declarada, incidenter tantum, no HC 111.840. Opinião do julgador sobre a gravidade in abstracto dos crimes. Afronta às Súmulas 718 e 719/STF.

1. A superveniência de sentença penal condenatória veiculando novo título prisional torna prejudicadas as alegações de excesso de prazo da instrução criminal e de ausência de fundamentação na decisão que determinou a prisão preventiva (HC 103020/SP, rel. min. Cármen Lúcia, 1ª Turma, DJ de 6/5/2011; RHC 95207/PI, rel. min. Ricardo Lewandowski, 1ª Turma, DJ de 15/2/2011; e HC 93023 AgR/RJ, rel. min. Carlos Britto, 1ª Turma, DJ de 24/4/2009, entre outros).

2. In casu, a paciente foi presa em flagrante, em 03/08/2010, e condenada à pena de 1 (um) ano e 8 (oito) meses de reclusão, em regime inicial fechado, pela prática do crime de tráfico de entorpecentes, e a 3 (três) anos de reclusão em regime inicial fechado, pela prática do delito de associação para o tráfico de entorpecentes, crimes tipificados nos arts. 33 e 35 da Lei n. 11.343/06, sendo certo que a sentença condenatória, superveniente à impetração deste writ, constitui novação do título da prisão cautelar e torna prejudicadas as alegações de excesso de prazo da instrução criminal e de ausência de fundamentação do cerceio ante tempus da liberdade.

3. A fixação de regime inicial de cumprimento da pena mais gravoso do que o previsto em lei, com fundamento no art. 2º, § 1º, da Lei n. 11.464/07 e na gravidade dos delitos, afronta o entendimento firmado pelo Pleno desta Corte, no HC n. 111.640, no sentido da inconstitucionalidade da imposição de regime inicial fechado para o crime de tráfico de entorpecentes, e contraria as Súmulas 718 e 719 do Supremo Tribunal Federal.

4. Habeas corpus julgado extinto por inadequação da via processual, mas concedido, ex officio, com fundamento no § 2º do art. 654 do CPP, para determinar que o início do cumprimento da pena se dê no regime inicial semiaberto, em consonância com a manifestação ministerial. **(Inform. STF 708)**

Art. 33, § 4º, da Lei 11.343/2006 e fundamentação

A 2ª Turma concedeu *habeas corpus* para determinar a magistrado que reduzisse a pena imposta ao paciente, considerada a incidência da causa de diminuição do art. 33, § 4º, da Lei 11.343/2006 no patamar máximo de 2/3. Ademais, ordenou que fixasse o regime inicial de cumprimento da reprimenda de maneira fundamentada, com o afastamento da regra do § 1º do art. 2º da Lei 8.072/90 (na redação conferida pela Lei 11.464/2007), obrigatoriedade declarada inconstitucional pelo STF. Na espécie, o tribunal de justiça local, ao dar parcial provimento a recurso da acusação, condenara o paciente pela prática do delito de tráfico de drogas (Lei 11.343/2006, art. 33). Explicitou-se que a Corte estadual definira a pena-base no mínimo legal. Obtemperou-se que aquele tribunal não agira bem ao estabelecer, em seguida, a minorante em 1/6 sem oferecer a devida justificação. Por fim, salientou-se que o réu apresentaria bons antecedentes, não faria parte de grupo criminoso, enfim, ostentaria todos os requisitos para que a benesse fosse conferida em grau máximo. Precedente citado: HC 111840/ES (acórdão pendente de publicação, v. Informativos 670 e 672). **HC 114830/RS, rel. Min. Ricardo Lewandowski, 12.3.2013. (HC-114830) (Inform. STF 698).**

Tráfico privilegiado e crime hediondo

A 2ª Turma acolheu proposição formulada pelo Min. Celso de Mello no sentido de afetar ao Plenário julgamento de *habeas corpus* em que se discute a hediondez no crime de tráfico privilegiado previsto no parágrafo 4º do art. 33 da Lei 11.343/2006 ("*§ 4º Nos delitos definidos no caput e no § 1º deste artigo, as penas poderão ser reduzidas de um sexto a dois terços, desde que o agente seja primário, de bons antecedentes, não se dedique às atividades criminosas nem integre organização criminosa*"). Na espécie, o paciente fora condenado por tráfico internacional de drogas e a defesa requerera indulto, denegado pelo juízo das execuções penais. Em mutirão carcerário, entendera-se que teria jus ao perdão da pena, já que cumprido 1/3 da reprimenda. Ocorre que, posteriormente, o tribunal local cassara o benefício, a ensejar a presente impetração. Alega-se que o tráfico privilegiado não seria hediondo porque não estaria expressamente identificado no art. 2º da Lei 8.072/90 ("*Art. 2º Os crimes hediondos, a prática da tortura, o tráfico ilícito de entorpecentes e drogas afins e o terrorismo são insuscetíveis de: I - anistia, graça e indulto; II - fiança*"), a prever tão somente a figura do tráfico de entorpecentes do *caput* do mencionado art. 33 da Lei de Drogas. Sustenta-se, ademais, que esse fato seria bastante para que o paciente não sofresse as restrições impostas pela Lei dos Crimes Hediondos. **HC 110884/MS, rel. Min. Ricardo Lewandowski, 27.11.2012. (HC-110884) (Inform. STF 690)**

DIREITO PROCESSUAL PENAL. HIPÓTESE DE INOCORRÊNCIA DE AÇÃO CONTROLADA.

A investigação policial que tem como única finalidade obter informações mais concretas acerca de conduta e de paradeiro de determinado traficante, sem pretensão de identificar outros suspeitos, não configura a ação controlada do art. 53, II, da Lei 11.343/2006, sendo dispensável a autorização judicial para a sua realização. Como se extrai do art. 53, II, da Lei 11.343/2006, a ação controlada tem como finalidade "[...] identificar e responsabilizar maior número de integrantes de operações de tráfico [...]". Nesse sentido, a doutrina afirma que a ação controlada consiste em retardar a intervenção policial com a meta de atingir o "peixe graúdo", sem que se dissemine a prisão dos meros carregadores de drogas ilícitas, atuando por ordem dos verdadeiros comandantes da operação, traficantes realmente perigosos. Assim, a investigação policial que almeja apenas obter informações mais concretas acerca de condutas e de paradeiro de determinado traficante, sem pretensão de identificar outros suspeitos, não configura ação controlada, sendo dispensável a autorização judicial para a sua realização. **RHC 60.251-SC, Rel. Min. Sebastião Reis Júnior, julgado em 17/9/2015, DJe 9/10/2015 (Inform. STJ 570).**

DIREITO PENAL. CONSUMAÇÃO DO CRIME DE TRÁFICO DE DROGAS NA MODALIDADE ADQUIRIR.

A conduta consistente em negociar por telefone a aquisição de droga e também disponibilizar o veículo que seria utilizado para o transporte do entorpecente configura o crime de tráfico de drogas em sua forma consumada – e não tentada –, ainda que a polícia, com base em indícios obtidos por interceptações telefônicas, tenha efetivado a apreensão do material entorpecente antes que o investigado efetivamente o recebesse. Inicialmente, registre-se que o tipo penal em análise é de ação múltipla ou conteúdo variado, pois apresenta várias formas de violação da mesma proibição, bastando, para a consumação do crime, a prática de uma das ações ali previstas. Nesse sentido, a Segunda Turma do STF (HC 71.853-RJ, DJ 19/5/1995) decidiu que a modalidade de tráfico "adquirir" completa-se no instante em que ocorre a avença entre comprador e vendedor. De igual forma, conforme entendimento do STJ, incide no tipo penal, na modalidade "adquirir", o agente que, embora sem receber a droga, concorda com o fornecedor quanto à coisa, não havendo necessidade, para a configuração do delito, de que se efetue a tradição da droga adquirida, pois que a compra e venda se realiza pelo consenso sobre a coisa e o preço (REsp 1.215-RJ, Sexta Turma, DJ 12/3/1990). Conclui-se, pois, que a negociação com aquisição da droga e colaboração para seu transporte constitui conduta típica, encontrando-se presente a materialidade do crime de tráfico de drogas. **HC 212.528-SC, Rel. Min. Nefi Cordeiro, julgado em 1º/9/2015, DJe 23/9/2015 (Inform. STJ 569).**

DIREITO PENAL. LIVRAMENTO CONDICIONAL NO CRIME DE ASSOCIAÇÃO PARA O TRÁFICO.

O condenado por associação para o tráfico (art. 35 da Lei 11.343/2006), caso não seja reincidente específico, deve cumprir 2/3 da pena para fazer jus ao livramento condicional. Isso porque a própria Lei 11.343/2006, no parágrafo único do art. 44, prevê requisito objetivo específico para a concessão do livramento condicional ao delito de associação para o tráfico: "Os crimes previstos nos arts. 33, *caput* e § 1º, e 34 a 37 desta Lei são inafiançáveis e insuscetíveis de sursis, graça, indulto, anistia e liberdade provisória, vedada a conversão de suas penas em restritivas de direitos. Parágrafo único. Nos crimes previstos no caput deste artigo, dar-se-á o livramento condicional após o cumprimento de dois terços da pena, vedada sua concessão ao reincidente específico". Assim, em observância ao Princípio da Especialidade, aplica-se o disposto no art. 44, parágrafo único, da Lei 11.343/2006 em detrimento dos incisos I e II do art. 83 do CP. Ressalte-se que o lapso temporal de cumprimento de pena para obtenção do livramento condicional quanto ao delito do art. 35 da Lei 11.343/2006 independe da análise do caráter hediondo do crime. **Precedentes citados: AgRg no REsp 1.484.138-MS, Sexta Turma, DJe de 15/6/2015; e HC 292.882-RJ, Sexta Turma, DJe de 18/8/2014. HC 311.656-RJ, Rel. Min. Felix Fischer, julgado em 25/8/2015, DJe 2/9/2015 (Inform. STJ 568).**

DIREITO PROCESSUAL PENAL. UTILIZAÇÃO POR ÓRGÃO PÚBLICO DE BEM APREENDIDO.

É possível a aplicação analógica dos arts. 61 e 62 da Lei 11.343/2006 para admitir a utilização pelos órgãos públicos de aeronave apreendida no curso da persecução penal de crime não previsto na Lei de Drogas, sobretudo se

3. DIREITO PENAL

presente o interesse público de evitar a deterioração do bem. Isso porque, em primeiro lugar, de acordo com o art. 3º do CPP, a lei processual penal admitirá interpretação extensiva e aplicação analógica, bem como o suplemento dos princípios gerais de direito. Assim, é possível, sobretudo porque permitido pelo próprio CPP, o uso da analogia, que consiste em processo de integração por meio do qual se aplica a uma determinada situação para a qual inexiste hipótese normativa própria um preceito que regula hipótese semelhante. Ressalte-se, ainda, que, para o uso da analogia, não importam a natureza da situação concreta e a natureza do diploma de onde se deve extrair a norma reguladora. Em segundo lugar, porque a exigência contida no art. 61 da Lei 11.343/2006, referente à existência de interesse público ou social, encontra-se cumprida no presente caso, qual seja, evitar a deterioração do bem apreendido. Por fim, em terceiro lugar, porque a preocupação em se prevenir que a demora nos processos judiciais venha a propiciar a degeneração do bem apreendido é atual, existindo, inclusive, no projeto do novo Código de Processo Penal (PL 8.045/2010), seção específica a tratar do tema, sob o título "Da utilização dos bens por órgãos públicos", o que demonstra a efetiva ocorrência de lacuna no Código atualmente em vigor, bem como a clara intenção de supri-la. Decisão monocrática citada: Inq 603, Min. Paulo Gallotti, DJ 14/11/2008. **REsp 1.420.960-MG, Rel. Min. Sebastião Reis Júnior, julgado em 24/2/2015, DJe 2/3/2015 (Inform. STJ 556).**

DIREITO PROCESSUAL PENAL. PROGRESSÃO DE REGIME DO REINCIDENTE CONDENADO PELO CRIME DE TRÁFICO DE DROGAS.
A progressão de regime para os condenados por tráfico de entorpecentes e drogas afins dar-se-á, se o sentenciado for reincidente, após o cumprimento de 3/5 da pena, ainda que a reincidência não seja específica em crime hediondo ou equiparado. O § 2º do art. 2º da Lei 8.072/1990 determina que a transferência de regime para os condenados por delito hediondo ou equiparado dar-se-á após o resgate de 2/5 da pena, se o sentenciado for primário, e 3/5, se reincidente. O STJ, interpretando especificamente esse dispositivo legal, firmou o entendimento de que o legislador não fez menção à necessidade de a reincidência – que impõe o cumprimento de prazo maior da pena – ser específica em crime hediondo ou equiparado para que incida o prazo de 3/5 para fins de progressão de regime. Em outras palavras, ao exigir que os condenados por delitos hediondos ou assemelhados, se reincidentes, cumpram lapso maior para serem progredidos de regime, a lei não diferenciou as modalidades de reincidência, de modo que deve ser exigido do apenado reincidente, em qualquer caso, independentemente da natureza do delitos antes cometido, o lapso de 3/5. **Precedentes citados: HC 273.774-RS, Quinta Turma, DJe 10/10/2014; e HC 238.592-RJ, Sexta Turma, DJe 18/2/2014. REsp 1.491.421-RS, Rel. Min. Jorge Mussi, julgado em 4/12/2014, DJe 15/12/2014 (Inform. STJ 554).**

DIREITO PENAL. NECESSIDADE DE GRADAÇÃO DA CAUSA DE DIMINUIÇÃO DE PENA PREVISTA NO ART. 46 DA LEI 11.343/2006 CONFORME O GRAU DE INCAPACIDADE DO RÉU.
Reconhecida a semi-imputabilidade do réu, o Juiz não pode aplicar a causa de diminuição de pena prevista no art. 46 da Lei 11.343/2006 em seu grau mínimo (1/3) sem expor qualquer dado substancial, em concreto, que justifique a adoção dessa fração. De acordo com o referido artigo, a pena pode ser reduzida de um terço a dois terços se, por força de determinadas circunstâncias, o agente não possuía, ao tempo da ação ou da omissão, a plena capacidade de entender o caráter ilícito do fato ou de determinar-se de acordo com esse entendimento. A diminuição da pena, nessa situação, deve ser avaliada de acordo com o grau de deficiência intelectiva do réu, vale dizer, de sua capacidade de autodeterminação. Nesse contexto, a ausência da justificativa para aplicação do redutor em seu grau mínimo viola o princípio do livre convencimento motivado, malferindo o disposto no art. 93, IX, da CF. **HC 167.376-SP, Rel. Min. Gurgel de Faria, julgado em 23/9/2014. (Inform. STJ 547)**

DIREITO PENAL. CAUSA DE AUMENTO DA PENA DO CRIME DE TRÁFICO DE DROGAS EM TRANSPORTE PÚBLICO.
A utilização de transporte público com a única finalidade de levar a droga ao destino, de forma oculta, sem o intuito de disseminá-la entre os passageiros ou frequentadores do local, não implica a incidência da causa de aumento de pena do inciso III do artigo 40 da Lei 11.343/2006. Precedente citado do STJ: REsp 1.345.827-AC, Quinta Turma, DJe 27/3/2014. Precedentes citados do STF: HC 119.782-MS, Primeira Turma, DJe 3/2/2014; e HC 119.811-MS, Segunda Turma, DJe 1º/7/2014. **REsp 1.443.214-MS, Rel. Min. Sebastião Reis Júnior, julgado em 4/9/2014 (Vide Informativo n. 543). (Inform. STJ 547)**

DIREITO PENAL. UTILIZAÇÃO DE TRANSPORTE PÚBLICO PARA CONDUZIR DROGA ILÍCITA.
O simples fato de o agente utilizar-se de transporte público para conduzir a droga não atrai a incidência da majorante prevista no art. 40, III, da Lei de Drogas (11.343/2006), que deve ser aplicada somente quando constatada a efetiva comercialização da substância em seu interior. Precedente citado do STJ: REsp 1.345.827-AC, Quinta Turma, DJe 27/3/2014. Precedentes citados do STF: HC 119.782-MS, Primeira Turma, DJe 3/2/2014; e HC 115.815-PR, Segunda Turma, DJe 28.8.2013. **AgRg no REsp 1.295.786-MS, Rel. Min. Regina Helena Costa, julgado em 18/6/2014 (Vide Informativo n. 481). (Inform. STJ 543)**

DIREITO PROCESSUAL PENAL. INTERROGATÓRIO NA LEI DE DROGAS.
Não gera nulidade o fato de, no julgamento dos crimes previstos na Lei 11.343/2006, a oitiva do réu ocorrer antes da inquirição das testemunhas. Segundo regra contida no art. 394, § 2º, do CPP, o procedimento comum será aplicado no julgamento de todos os crimes, salvo disposições em contrário do próprio CPP ou de lei especial. Logo, se para o julgamento dos delitos disciplinados na Lei 11.343/2006 há rito próprio (art. 57, da Lei 11.343/2006), no qual o interrogatório inaugura a audiência de instrução e julgamento, é de se afastar o rito ordinário (art. 400 do CPP) nesses casos, em razão da especialidade. Precedentes citados: HC 218.200-PR, Sexta Turma, DJe 29/8/2012; HC 138.876-DF, Quinta Turma, DJe 19/10/2011. **HC 275.070-SP, Rel. Min. Laurita Vaz, julgado em 18/2/2014. (Inform. STJ 536)**

DIREITO PENAL. SUBSTITUIÇÃO DA PENA NO CRIME DE TRÁFICO DE DROGAS.
O fato de o tráfico de drogas ser praticado com o intuito de introduzir substâncias ilícitas em estabelecimento prisional não impede, por si só, a substituição da pena privativa de liberdade por restritivas de direitos, devendo essa circunstância ser ponderada com os requisitos necessários para a concessão do benefício. Precedentes citados do STJ: AgRg no REsp 1.370.835-DF, Quinta Turma, DJe 29/5/2013 e AgRg no REsp 1.326.532/DF, Sexta Turma, DJe 14/11/2013. Precedente citado do STF: RHC 112.706, Primeira Turma, DJe 7/3/2013. **AgRg no REsp 1.359.941-DF, Rel. Min. Sebastião Reis Júnior, julgado em 4/2/2014. (Inform. STJ 536)**

DIREITO PROCESSUAL PENAL. INTERROGATÓRIO NA LEI DE DROGAS.
No julgamento dos crimes previstos na Lei 11.343/2006, é legítimo que o interrogatório do réu seja realizado antes da oitiva das testemunhas. Isso porque o regramento específico estabelecido no art. 57 da Lei 11.343/2006 prevalece sobre a regra geral do CPP. Precedentes citados do STJ: RHC 40.837-MG, Quinta Turma, DJe 11/12/2013 e HC 165.034-MG, Quinta Turma, DJe 9/10/2012. Precedente citado do STF: RHC 116.713-MG, Segunda Turma, DJe 24/6/2013. **HC 245.752-SP, Rel. Min. Sebastião Reis Júnior, julgado em 20/2/2014. (Inform. STJ 535)**

DIREITO PENAL. AUTOFINANCIAMENTO PARA O TRÁFICO DE DROGAS.
Na hipótese de autofinanciamento para o tráfico ilícito de drogas, não há concurso material entre os crimes de tráfico (art. 33, caput, da Lei 11.343/2006) e de financiamento ao tráfico (art. 36), devendo, nessa situação, ser o agente condenado às penas do crime de tráfico com incidência da causa de aumento de pena prevista no art. 40, VII. De acordo com a doutrina especialista no assunto, denomina-se autofinanciamento a situação em que o agente atua, ao mesmo tempo, como financiador e como traficante de drogas. Posto isso, tem-se que o legislador, ao prever como delito autônomo a atividade de financiar ou custear o tráfico (art. 36 da Lei 11.343/2006), objetivou – em exceção à teoria monista – punir o agente que não tem participação direta na execução no tráfico, limitando-se a fornecer dinheiro ou bens para subsidiar a mercancia, sem importar, exportar, remeter, preparar, produzir, fabricar, adquirir, vender, expor à venda, oferecer, ter em depósito, transportar, trazer consigo, guardar, prescrever, ministrar, entregar a consumo ou fornecer drogas ilicitamente. Observa-se, ademais, que, para os casos de tráfico cumulado com o financiamento ou custeio da prática do crime, expressamente foi estabelecida a aplicação da causa de aumento de pena do art. 40, VII, da referida lei, cabendo ressaltar, entretanto, que a aplicação da aludida causa de aumento de pena cumulada com a condenação pelo financiamento ou custeio do tráfico configuraria inegável bis in idem. De outro modo, atestar a impossibilidade de aplicação daquela causa de aumento em casos de autofinanciamento para o tráfico levaria à conclusão de que a previsão do art. 40, VII, seria inócua quanto às penas do art. 33, caput. **REsp 1.290.296-PR, Rel. Min. Maria Thereza de Assis Moura, julgado em 17/12/2013. (Inform. STJ 534)**

DIREITO PENAL. PROGRESSÃO DE REGIME NO TRÁFICO DE DROGAS. RECURSO REPETITIVO (ART. 543-C DO CPC E RES. 8/2008-STJ).

A partir da vigência da Lei 11.464/2007, que modificou o art. 2º, § 2º, da Lei 8.072/1990, exige-se o cumprimento de 2/5 (dois quintos) da pena, se o apenado for primário, e de 3/5 (três quintos), se reincidente, para a progressão de regime no caso de condenação por tráfico de drogas, ainda que aplicada a causa de diminuição prevista no art. 33, § 4º, da Lei 11.343/2006. O art. 2º da Lei 8.072/1990 equiparou o delito de tráfico de entorpecentes aos crimes hediondos, dispondo, no § 2º do mesmo artigo, que a progressão de regime, no caso dos condenados aos crimes previstos no caput, somente poderá ocorrer após o cumprimento de 2/5 (dois quintos) da pena, se o apenado for primário, e de 3/5 (três quintos), se reincidente. Por sua vez, o tipo penal do tráfico de drogas está capitulado no art. 33 da Lei 11.343/2006, que, em seu § 4º, estabelece que as penas poderão ser reduzidas de 1/6 a 2/3, desde que o agente seja primário, de bons antecedentes, não se dedique às atividades criminosas nem integre organização criminosa. Constata-se, de plano, da leitura desses dispositivos, que o art. 2º, § 2º, da Lei 8.072/1990 não excluiu de seu rol o tráfico de drogas quando houver a aplicação da minorante do art. 33, § 4º, da Lei 11.343/2006. Se assim o quisesse, poderia o legislador tê-lo feito, uma vez que a redação atual do dispositivo, conferida pela Lei 11.464/2007, é posterior à vigência da Lei 11.343/2006. Outrossim, observa-se que a causa de diminuição de pena do art. 33, § 4º, da Lei 11.343/2006 elenca, como requisitos necessários para a sua aplicação, circunstâncias inerentes não à conduta praticada pelo agente, mas à sua pessoa – primariedade, bons antecedentes, não dedicação a atividades criminosas e não integração de organização criminosa. Dessa forma, a aplicação da causa de diminuição de pena prevista no art. 33, § 4º, da Lei 11.343/2006 não afasta a hediondez do crime de tráfico de drogas, pois a sua incidência não decorre do reconhecimento de uma menor gravidade da conduta praticada e tampouco da existência de uma figura privilegiada do crime. A criação da minorante tem suas raízes em questões de política criminal, surgindo como um favor legislativo ao pequeno traficante, ainda não envolvido em maior profundidade com o mundo criminoso, de forma a lhe propiciar uma oportunidade mais rápida de ressocialização. Precedentes citados do STF: AgRg no HC 114.452-RS, Primeira Turma, DJe 8/11/2012; do STJ: HC 224.038-MG, Sexta Turma, DJe 27/11/2012, e HC 254.139-MG, Quinta Turma, DJe 23/11/2012. **REsp 1.329.088-RS, Rel. Min. Sebastião Reis Júnior, julgado em 13/3/2013. (Inform. STJ 519)**

DIREITO PENAL. INAPLICABILIDADE DA CAUSA DE DIMINUIÇÃO DO § 4º DO ART. 33 DA LEI N. 11.343/2006 NO CASO DE RECONHECIMENTO DE ASSOCIAÇÃO DE QUE TRATA O ART. 35 DO MESMO DIPLOMA LEGAL.

É inaplicável a causa especial de diminuição de pena prevista no § 4º do art. 33 da Lei n. 11.343/2006 na hipótese em que o réu tenha sido condenado, na mesma ocasião, por tráfico e pela associação de que trata o art. 35 do mesmo diploma legal. A aplicação da referida causa de diminuição de pena pressupõe que o agente não se dedique às atividades criminosas. Cuida-se de benefício destinado ao chamado "traficante de primeira viagem", prevenindo iniquidades decorrentes da aplicação a este de reprimendas semelhantes às daqueles que fazem do tráfico um "meio de vida". Desse modo, verifica-se que a redução é logicamente incompatível com a habitualidade e permanência exigidas para a configuração do delito de associação, cujo reconhecimento evidencia a conduta do agente voltada para o crime e envolvimento permanente com o tráfico. **REsp 1.199.671-MG, Rel. Min. Maria Thereza de Assis Moura, julgado em 26/2/2013. (Inform. STJ 517).**

DIREITO PENAL. APLICAÇÃO DA MINORANTE DO ART. 33, § 4º DA LEI N. 11.343/2006.

O magistrado não pode deixar de aplicar a minorante prevista no § 4º do art. 33 da Lei n. 11.343/2006 se utilizando exclusivamente dos elementos descritos no núcleo do referido tipo penal para concluir que o réu se dedicava à atividade criminosa. O art. 33, § 4º, da Lei n. 11.343/2006 prevê a aplicação de causa especial de diminuição de pena ao agente de crime de tráfico que tenha bons antecedentes, seja réu primário, não se dedique a atividades criminosas nem integre organização criminosa. Para que se negue a aplicação da referida minorante em razão do exercício do tráfico como atividade criminosa, deve o juiz basear-se em dados concretos que indiquem tal situação, sob pena de toda e qualquer ação descrita no núcleo do tipo ser considerada incompatível com a aplicação da causa especial de diminuição de pena. Precedente citado: REsp 1.085.039-MG, DJe 28/9/2009. **HC 253.732-RJ, Rel. Min. Jorge Mussi, julgado em 6/12/2012. (Inform. STJ 514).**

☰ SÚMULA STJ nº 512

A aplicação da causa de diminuição de pena prevista no art. 33, § 4º, da Lei n. 11.343/2006 não afasta a hediondez do crime de tráfico de drogas.

☰ Súmula STJ nº 501

É cabível a aplicação retroativa da Lei n. 11.343/2006, desde que o resultado da incidência das suas disposições, na íntegra, seja mais favorável ao réu do que o advindo da aplicação da Lei n. 6.368/1976, sendo vedada a combinação de leis.

14. CRIMES CONTRA O MEIO AMBIENTE

AG. REG. NO ARE N. 923.296-SP
RELATOR: MIN. GILMAR MENDES

Agravo regimental no recurso extraordinário com agravo. 2. Penal e Processual Penal. Art. 48 da Lei 9605/1998 (impedir ou dificultar a regeneração natural de florestas e demais formas de vegetação). Denúncia. 3. Ausência de prequestionamento. Incidência dos enunciados 282 e 356 da Súmula do STF. 4. Alegação de violação ao artigo 93, inciso IX, da CF. Não ocorrência. Acórdão recorrido suficientemente motivado. 5. Prescrição. Pleito que demanda reexame do conjunto fático-probatório dos autos (Súmula 279/STF) e da interpretação da legislação infraconstitucional. 6. O crime previsto no art. 48 da Lei n. 9.605/1998 é de natureza permanente, de modo que o prazo prescricional inicia-se com a cessação da conduta delitiva. Precedentes. 7. Ausência de argumentos capazes de infirmar a decisão agravada. 8. Agravo regimental a que se nega provimento. **(Inform. STF 809)**

Crime ambiental e dano efetivo ao bem jurídico tutelado

A Segunda Turma iniciou julgamento de inquérito no qual se imputa a deputado federal a prática do crime previsto no art. 34, "caput", da Lei 9.605/1998 ("Pescar em período no qual a pesca seja proibida ou em lugares interditados por órgão competente: Pena - detenção de um ano a três anos ou multa, ou ambas as penas cumulativamente"). No caso, de acordo com o relatório de fiscalização, a autoridade ambiental abordara o deputado e outras duas pessoas em uma embarcação fundeada em área marítima pertencente à unidade de conservação federal de proteção integral. A Ministra Cármen Lúcia (relatora), de início, afastou a preliminar de inépcia da denúncia. Observou que essa peça processual descreveria de forma detalhada a ação empreendida, com menção ao dia, ao local e às circunstâncias do ato tido por criminoso, a possibilitar o pleno exercício da ampla defesa e do contraditório. Em seguida, rejeitou a denúncia, com fundamento no art. 395, III, do CPP, por falta de justa causa para o prosseguimento da ação penal. Ressaltou não existir, no caso concreto, o requisito da justa causa a propiciar o prosseguimento da ação penal, especialmente pela mínima ofensividade da conduta do agente, pela ausência de periculosidade social da ação, pelo reduzido grau de reprovabilidade do comportamento e pela inexpressividade da lesão jurídica provocada. Observou que, apesar de a conduta do denunciado amoldar-se à tipicidade formal e subjetiva, não haveria a tipicidade material, consistente na relevância penal da conduta e no resultado típico, em razão da insignificância da lesão produzida no bem jurídico tutelado. Ressaltou que a jurisprudência seria no sentido da plena aplicabilidade do princípio da insignificância aos crimes ambientais, tanto com relação aos de perigo concreto — em que haveria dano efetivo ao bem jurídico tutelado —, quanto aos de perigo abstrato, como no art. 34, "caput", da Lei 9.605/1998. No processo em exame, não se produziria prova material de qualquer dano efetivo ao meio ambiente. Ademais, mesmo diante de crime de perigo abstrato, não seria possível dispensar a verificação "in concreto" do perigo real ou mesmo potencial da conduta praticada pelo acusado com relação ao bem jurídico tutelado. Esse perigo real não se verificaria na espécie vertente. Portanto, seria imperioso assentar a atipicidade material da conduta, pela completa ausência de ofensividade ao bem jurídico tutelado pela norma penal. O acusado estaria em pequena embarcação quando teria sido surpreendido em contexto de pesca rústica, com vara de pescar, linha e anzol. Não estaria em barco grande, munido de redes, arrasto nem com instrumentos de maior potencialidade lesiva ao meio ambiente. Em seguida, após os votos dos Ministros Teori Zavascki e Gilmar Mendes, que acompanharam a relatora, pediu vista o Ministro Dias Toffoli. **Inq 3788/DF, rel. Min. Cármen Lúcia, 23.6.2015. (Inq-3788) (Inform. STF 791)**

DIREITO AMBIENTAL, PENAL E PROCESSUAL PENAL. PROVA DO CRIME DO ART. 54 DA LEI 9.605/1998.

É imprescindível a realização de perícia oficial para comprovar a prática do crime previsto no art. 54 da Lei 9.605/1998. O tipo penal do art. 54 da Lei 9.605/1998 ("Causar poluição de qualquer natureza em níveis tais que resultem ou possam resultar em danos à saúde humana, ou que provoquem a mortandade de animais ou a destruição significativa da flora") divide-se em duas modalidades: de perigo ("possa resultar em dano à saúde humana") e de dano ("resulte em dano à saúde humana" ou "provoque a mortandade de animais ou a destruição significativa da flora"). Mesmo na parte em que se tutela o crime de perigo, faz-se imprescindível a prova do risco de dano à saúde. Isso porque, para a caracterização do delito, não basta ficar caracterizada a ação de poluir; é necessário que a poluição seja capaz de causar danos à saúde humana (HC 54.536, Quinta Turma, DJ 1º/8/2006; e RHC 17.429, Quinta Turma, DJ 1º/8/2005), e não há como verificar se tal condição se encontra presente sem prova técnica. **REsp 1.417.279-SC, Rel. Min. Sebastião Reis Júnior, julgado em 22/9/2015, DJe 15/10/2015. (Inform. STJ 571)**

DIREITO PENAL E AMBIENTAL. CONFIGURAÇÃO DO CRIME DO ART. 48 DA LEI 9.605/1998.

A tipificação da conduta descrita no art. 48 da Lei 9.605/1998 prescinde de a área ser de preservação permanente. Isso porque o referido tipo penal descreve como conduta criminosa o simples fato de "impedir ou dificultar a regeneração natural de florestas e demais formas de vegetação". **Precedente citado: REsp 849.423-SP, Quinta Turma, DJ 16/10/2006. AgRg no REsp 1.498.059-RS, Rel. Min. Leopoldo de Arruda Raposo (Desembargador Convocado do TJ/PE), julgado em 17/9/2015, DJe 1º/10/2015 (Inform. STJ 570).**

DIREITO PENAL E PROCESSUAL PENAL. DESNECESSIDADE DE DUPLA IMPUTAÇÃO EM CRIMES AMBIENTAIS.

É possível a responsabilização penal da pessoa jurídica por delitos ambientais independentemente da responsabilização concomitante da pessoa física que agia em seu nome. Conforme orientação da Primeira Turma do STF, "O art. 225, § 3º, da Constituição Federal não condiciona a responsabilização penal da pessoa jurídica por crimes ambientais à simultânea persecução penal da pessoa física em tese responsável no âmbito da empresa. A norma constitucional não impõe a necessária dupla imputação" (RE 548.181, Primeira Turma, DJe 29/10/2014). Diante dessa interpretação, o STJ modificou sua anterior orientação, de modo a entender que é possível a responsabilização penal da pessoa jurídica por delitos ambientais independentemente da responsabilização concomitante da pessoa física que agia em seu nome. **Precedentes citados: RHC 53.208-SP, Sexta Turma, DJe 1º/6/2015; HC 248.073-MT, Quinta Turma, DJe 10/4/2014; e RHC 40.317-SP, Quinta Turma, DJe 29/10/2013. RMS 39.173-BA, Rel. Min. Reynaldo Soares da Fonseca, julgado em 6/8/2015, DJe 13/8/2015 (Inform. STJ 566).**

15. CRIMES CONTRA A ORDEM TRIBUTÁRIA, A ORDEM ECONÔMICA E CONTRA O SISTEMA FINANCEIRO NACIONAL

Sonegação fiscal e circunstâncias judiciais

A Segunda Turma denegou a ordem em "habeas corpus" impetrado em face de decisão que condenara o paciente à pena de 4 anos e 8 meses de reclusão pela prática do crime previsto no art. 1º, I, da Lei 8.137/1990 ("Art. 1º Constitui crime contra a ordem tributária suprimir ou reduzir tributo, ou contribuição social e qualquer acessório, mediante as seguintes condutas: I - omitir informação, ou prestar declaração falsa às autoridades fazendárias"). O impetrante alegava que as circunstâncias e as consequências do crime, no caso, constituiriam elementares do tipo penal de sonegação fiscal, não devendo ser valoradas para majorar a pena. A Turma afirmou que o ardil utilizado pelo paciente — omissão do seu nome do quadro societário da empresa —, valorado quando da fixação da pena-base, tivera como objetivo acobertar sua real condição de administrador da empresa investigada e, com isso, furtar-se de possível aplicação da lei penal. Esse fato não possuiria relação necessária com as declarações falsas apresentadas à Receita Federal, meio empregado para a prática do crime previsto no art. 1º, I, da Lei 8.137/1990. O ardil considerado, portanto, não seria aquele inerente ao tipo penal do crime contra a ordem tributária. Ademais, nos delitos de sonegação

— como ocorreria em outras infrações penais que provocassem lesão ao erário — a extensão do dano causado poderia ser utilizada na primeira fase da dosimetria, como critério para exasperação da pena-base, sem que isso implicasse "bis in idem".
HC 128446/PE, rel. Min. Teori Zavascki, 15.9.2015. (HC-128446) (Inform. STF 799)

Crime tributário e prescrição

A 1ª Turma iniciou julgamento de recurso ordinário em "habeas corpus" no qual se pleiteia o reconhecimento da prescrição da pretensão punitiva estatal em razão da alegada impossibilidade de aplicação retroativa do Enunciado 24 da Súmula Vinculante do STF ("Não se tipifica crime material contra a ordem tributária, previsto no art. 1º, incisos I a IV, da Lei nº 8.137/90, antes do lançamento definitivo do tributo"). Na espécie, o recorrente fora denunciado pela suposta prática do crime previsto no art. 1º, I, II e III, da Lei 8.137/1990, em virtude de condutas que teriam sido perpetradas entre 1990 e 1992. Após o recebimento da denúncia em 18.9.2009, o ora recorrente fora condenado à pena de três anos e nove meses de reclusão, por sentença proferida em 2.5.2012. O Ministro Dias Toffoli (relator) negou provimento ao recurso. Afirmou que o Enunciado 24 da Súmula Vinculante não teria inovado no ordenamento jurídico. Na realidade, o mencionado enunciado sumular teria, apenas, consolidado a interpretação reiterada do STF na matéria. Os referidos crimes, portanto, teriam como termo de constituição o momento em que finalizado o processo administrativo tributário, o que, no caso, se dera em 24.9.2003. Após os votos dos Ministros Roberto Barroso e Rosa Weber, que acompanharam o entendimento do relator, pediu vista dos autos o Ministro Luiz Fux.
RHC 122774/RJ, rel. Min. Dias Toffoli, 5.8.2014. (RHC-122774)

Crime tributário e prescrição - 2

Não há que se falar em aplicação retroativa "in malam partem" do Enunciado 24 da Súmula Vinculante ("Não se tipifica crime material contra a ordem tributária, previsto no art. 1º, incisos I a IV, da Lei nº 8.137/90, antes do lançamento definitivo do tributo") aos fatos ocorridos anteriormente à sua edição, uma vez que o aludido enunciado apenas consolidou interpretação reiterada do STF sobre a matéria. Com base nessa orientação, a Primeira Turma, em conclusão de julgamento, desproveu recurso ordinário em "habeas corpus" no qual se pleiteava o reconhecimento da prescrição da pretensão punitiva estatal em razão da alegada impossibilidade de incidência retroativa do referido enunciado. Na espécie, o recorrente fora denunciado pela suposta prática do crime previsto no art. 1º, I, II e III, da Lei 8.137/1990, em virtude de condutas que teriam sido perpetradas entre 1990 e 1992. Após o recebimento da denúncia em 18.9.2009, o ora recorrente fora condenado à pena de três anos e nove meses de reclusão, por sentença proferida em 2.5.2012 — v. Informativo 753. A Turma afirmou que o Enunciado 24 da Súmula Vinculante não teria inovado no ordenamento jurídico. Com o julgamento do HC 81.611/DF (DJU de 13.5.2005), o Plenário teria assentado sua jurisprudência no sentido de que "a consumação do crime tipificado no art. 1º da Lei 8.137/1990 somente se verifica com a constituição do crédito fiscal, começando a correr, a partir daí, a prescrição" (HC 85.051/MG, DJU de 1º.7.2005). Assim, a prescrição não estaria caracterizada, tendo em conta que os crimes imputados ao recorrente teriam como termo de constituição o momento em que finalizado o processo administrativo tributário, em 24.9.2003. (HC 85.051/MG, DJU de 1º.7.2005).
RHC 122774/RJ, rel. Min. Dias Toffoli, 19.5.2015. (RHC-122774) (Inform. STF 786)

Sonegação fiscal e presunção de inocência

Não ofende o princípio constitucional da presunção de inocência a exigência de comprovação da origem de valores estabelecida no art. 42 da Lei 9.430/1996 ("Caracterizam-se também omissão de receita ou de rendimento os valores creditados em conta de depósito ou de investimento mantida junto a instituição financeira, em relação aos quais o titular, pessoa física ou jurídica, regularmente intimado, não comprove, mediante documentação hábil e idônea, a origem dos recursos utilizados nessas operações"). Com base nesse entendimento, a 2ª Turma denegou "habeas corpus" no qual discutida a legalidade da condenação do paciente pelo crime previsto no art. 1º, I, da Lei 8.137/1990 ("Art. 1º Constitui crime contra a ordem tributária suprimir ou reduzir tributo, ou contribuição social e qualquer acessório, mediante as seguintes condutas: I - omitir informação, ou prestar declaração falsa às autoridades fazendárias"), em continuidade

delitiva (CP, art. 71). Na espécie, o paciente, regularmente intimado no âmbito de processo administrativo fiscal para declinar a origem de valores creditados em sua conta corrente, informara que estaria impossibilitado de prestar os esclarecimentos solicitados. A Turma consignou que, ao assim proceder, o paciente criaria presunção, ainda que relativa, de que houvera omissão de rendimentos a dar ensejo, eventualmente, à persecução penal pelo crime em análise. Asseverou que, por se tratar de procedimento legalmente estabelecido, não haveria ofensa ao postulado da presunção de inocência. Consignou que entendimento contrário somente seria possível ao se assentar a inconstitucionalidade do próprio tipo penal de sonegação fiscal. Quanto à alegação de ocorrência de "reformatio in pejus" — tendo em conta afirmação do STJ no sentido de que o ajuizamento de ação anulatória não teria o condão de obstar o trâmite da ação penal —, consignou que essa assertiva apenas reforçaria a afirmação daquele tribunal de que a constituição definitiva do crédito tributário seria suficiente à configuração de indícios de materialidade para o início da persecução penal. Aduziu que a mera existência da mencionada ação em nada alteraria a situação do paciente. Acrescentou, ademais, que apenas a inclusão do contribuinte em parcelamento tributário possuiria o condão de suspender a pretensão punitiva do Estado nos crimes previstos nos artigos 1º e 2º da Lei 8.137/1990, conforme o disposto no art. 83, § 2º, da Lei 9.430/1996. ("§ 2º É suspensa a pretensão punitiva do Estado referente aos crimes previstos no 'caput', durante o período em que a pessoa física ou a pessoa jurídica relacionada com o agente dos aludidos crimes estiver incluída no parcelamento, desde que o pedido de parcelamento tenha sido formalizado antes do recebimento da denúncia criminal").
HC 121125/PR, rel. Min. Gilmar Mendes, 10.6.2014. (HC-121125) (Inform. STF 750)

Sonegação fiscal: reconhecimento de majorante e concurso de crimes
A 1ª Turma, em julgamento conjunto, assentou a extinção de "habeas corpus" e, por maioria, negou provimento a recurso ordinário em "habeas corpus" em que discutida a aplicabilidade da majorante prevista no art. 12, I, da Lei 8.137/1990, bem como do concurso formal, em face de condenação imposta ao paciente. No caso, o réu fora condenado pela prática do crime previsto no art. 1º, I e II, da Lei 8.137/1990, c/c os artigos 71 e 69 do CP, por haver deixado de recolher IRPJ, contribuição para o PIS e CSLL, e por haver inserido despesas operacionais e custos de serviços vendidos inexistentes na declaração de rendimentos apresentada ao Fisco. A defesa sustentava, em preliminar, o cabimento da impetração formalizada no STJ, que não fora conhecida. No mérito, alegava que a causa de aumento referente ao art. 12, I, da Lei 8.137/1990 não poderia incidir, pois não teria constado da denúncia, bem assim que seria inviável reconhecer o concurso formal, porquanto não haveria crimes distintos com resultados autônomos, uma vez que não seria possível reduzir o IRPJ sem reduzir também a contribuição para o PIS e a CSLL. No que se refere à causa de aumento, a Turma consignou que, apesar da ausência de capitulação expressa na inicial, a Corte fixara entendimento no sentido de que o acusado defender-se-ia dos fatos descritos na denúncia. Assim, seria necessária apenas a correlação entre o fato descrito na peça acusatória e o fato que ensejara a condenação, e seria irrelevante a menção expressa na exordial de eventuais causas de aumento ou diminuição. Quanto à assertiva de impossibilidade de reconhecimento do concurso formal, a Turma registrou que a tese não poderia ser analisada, porque não teria sido aventada nas instâncias inferiores. Destacou, ainda, que seria inadmissível a impetração de "habeas corpus" em caráter substitutivo de recurso ordinário, e que o STJ, ao não conhecer da impetração lá apresentada com esse fundamento, teria examinado a possibilidade de concessão da ordem de ofício e a rejeitado. Vencido, em parte, o Ministro Marco Aurélio, no tocante ao recurso ordinário em "habeas corpus", para conceder a ordem de ofício. Afastava a incidência do concurso formal, por vislumbrar a existência de prática única.
HC 120587/SP e RHC 119962/SP, rel. Min. Luiz Fux, 20.5.2014. (HC-120587) (Inform. STF 747)

HC N. 108.159-RO
RELATOR: MIN. DIAS TOFFOLI
Habeas corpus. Crime contra a ordem tributária (art. 1º da Lei nº 8.137/90). Delito de natureza material. Impossibilidade de realização de atos persecutórios antes da formação definitiva do crédito tributário. Entendimento consolidado na Súmula Vinculante nº 24. Ordem concedida.
1. Os delitos previstos no art. 1º da Lei 8.137/90 são de natureza material, exigindo-se, para a sua tipificação, a constituição definitiva do crédito tributário para o desencadeamento da ação penal.

2. Carece de justa causa qualquer ato investigatório ou persecutório judicial antes do pronunciamento definitivo da administração fazendária no tocante ao débito fiscal de responsabilidade do contribuinte.
3. No caso em exame, é incontroverso que não houve a constituição definitiva do crédito, uma vez que o próprio Tribunal Administrativo de Tributos Estaduais do Estado de Rondônia/RO reconheceu a inexistência do ilícito tributário apontado pelo fisco.
4. Constrangimento ilegal reconhecido.
5. Ordem concedida. **(Inform. STF 702)**

Lei 8.137/90: atribuição funcional e suspensão de débito - 1
A 2ª Turma negou provimento a recurso ordinário em *habeas corpus* interposto, por condenado pela prática de crime funcional contra a ordem tributária, sob a alegação de que: a) o indeferimento de diligências, pleiteadas na fase do art. 499 do CPP, o prejudicara; e b) o tipo penal em questão somente poderia ser cometido por funcionário público competente para o lançamento ou a cobrança do tributo. Consignou-se que o acórdão recorrido estaria consoante a jurisprudência do STF no sentido de que para configuração do cerceamento de defesa impenderia a demonstração de efetivo prejuízo sofrido com o indeferimento da diligência. **RHC 108822/GO, rel. Min. Gilmar Mendes, 19.2.2013. (RHC-108822)**

Lei 8.137/90: atribuição funcional e suspensão de débito - 2
No tocante à tese de atipicidade de conduta, inicialmente, mencionou-se o teor do dispositivo em que fundada a condenação [Lei 8.137/90: "*Art. 3º Constitui crime funcional contra a ordem tributária, além dos previstos no Decreto-Lei nº 2.848, de 7 de dezembro de 1940 - Código Penal (Título XI, Capítulo I): ... II - exigir, solicitar ou receber, para si ou para outrem, direta ou indiretamente, ainda que fora da função ou antes de iniciar seu exercício, mas em razão dela, vantagem indevida; ou aceitar promessa de tal vantagem, para deixar de lançar ou cobrar tributo ou contribuição social, ou cobrá-los parcialmente. Pena - reclusão, de 3 (três) a 8 (oito) anos, e multa*"]. Observou-se consistir tipo especial, mas característico da própria corrupção passiva. Esclareceu-se constar da decisão do STJ que, mesmo fora da função ou antes de iniciar seu exercício, seria possível a funcionário público perpetrar o referido crime. Frisou-se que a circunstância de não ser encarregado do lançamento tributário não impediria o paciente de suspender ilicitamente o débito de empresas que, para tanto, teriam lhe oferecido vantagem indevida. **RHC 108822/GO, rel. Min. Gilmar Mendes, 19.2.2013. (RHC-108822) (Inform. STF 695).**

DIREITO PENAL. DIFERENÇA ENTRE ESTELIONATO E CRIME CONTRA O SISTEMA FINANCEIRO NACIONAL.
Configura o crime contra o Sistema Financeiro do art. 6º da Lei 7.492/1986 – e não estelionato, do art. 171 do CP – a falsa promessa de compra de valores mobiliários feita por falsos representantes de investidores estrangeiros para induzir investidores internacionais a transferir antecipadamente valores que diziam ser devidos para a realização das operações. Não obstante a aparente semelhança com o delito de estelionato ("Art. 171. Obter, para si ou para outrem, vantagem ilícita, em prejuízo alheio, induzindo ou mantendo alguém em erro mediante artifício, ardil ou qualquer outro meio fraudulento"), entre eles há clara distinção. O delito do art. 6º da Lei 7.492/1986 ("Induzir ou manter em erro, sócio, investidor ou repartição pública competente, relativamente a operação ou situação financeira, sonegando-lhe informação ou prestando-a falsamente") constitui crime formal, e não material (não é necessária a ocorrência de resultado, eventual prejuízo econômico caracteriza mero exaurimento); não prevê o especial fim de agir do sujeito ativo ("para si ou para outrem"); não exige, como elemento obrigatório, o meio fraudulento (artifício, ardil, etc.), apenas a prestação de informação falsa ou omissão de informação verdadeira. Ademais, eventual conflito aparente de normas penais resolve-se pelo critério da especialidade do delito contra o Sistema Financeiro (art. 6º da Lei 7.492/1986) em relação ao estelionato (art. 171 do CP). Por fim, a conduta em análise, configura dano ao Sistema Financeiro Nacional, pois abalada a confiança inerente às relações negociais no mercado mobiliário, induzindo em erro investidores que acreditaram na existência e a legitimidade de quem se apresentou como instituição financeira. **REsp 1.405.989-SP, Rel. originário Min. Sebastião Reis Júnior, Rel. para o acórdão Min. Nefi Cordeiro, julgado em 18/8/2015, DJe 23/9/2015 (Inform. STJ 569).**

DIREITO PENAL. SUJEITO ATIVO DE CRIME CONTRA O SISTEMA FINAN-CEIRO NACIONAL.

Podem ser sujeitos ativos do crime previsto no art. 6º da Lei 7.492/1986 pessoas naturais que se fizeram passar por membro ou representante de pessoa jurídica que não tinha autorização do Bacen para funcionar como instituição financeira. O art. 6º da Lei 7.492/1986 prevê como crime contra o Sistema Financeiro Nacional a conduta de induzir ou manter em erro sócio, investidor ou repartição pública competente, relativamente a operação ou situação financeira, sonegando-lhe informação ou prestando-a falsamente. Segundo entendimento doutrinário, o tipo penal em questão visa "resguardar a confiança inerente às relações jurídicas e negociais existentes entre os agentes em atuação no sistema financeiro – sócios das instituições financeiras, investidores e os órgãos públicos que atuam na fiscalização do mercado – e, secundariamente, protegê-los contra prejuízos potenciais, decorrentes da omissão ou prestação falsa de informações pertinentes à operações financeiras da instituição, ou acerca de sua situação financeira". O conceito de instituição financeira encontra-se definido no art. 1º da Lei 7.492/1986, segundo o qual "considera-se instituição financeira, para efeito desta lei, a pessoa jurídica de direito público ou privado, que tenha como atividade principal ou acessória, cumulativamente ou não, a captação, intermediação ou aplicação de recursos financeiros (Vetado) de terceiros, em moeda nacional ou estrangeira, ou a custódia, emissão, distribuição, negociação, intermediação ou administração de valores mobiliários". São abrangidos, por equiparação, "a pessoa jurídica que capte ou administre seguros, câmbio, consórcio, capitalização ou qualquer tipo de poupança, ou recursos de terceiros e a pessoa natural que exerça quaisquer das atividades referidas neste artigo, ainda que de forma eventual" (art. 1º, parágrafo único, I e II, da Lei 7.492/1986). Tutela-se, portanto, o exercício clandestino e desautorizado de atividades financeiras. Trata-se de crime comum, que não exige peculiar qualidade do sujeito ativo. **REsp 1.405.989-SP, Rel. originário Min. Sebastião Reis Júnior, Rel. para o acórdão Min. Nefi Cordeiro, julgado em 18/8/2015, DJe 23/9/2015 (Inform. STJ 569).**

DIREITO PENAL E PROCESSUAL PENAL. DEMONSTRAÇÃO DA MATERIALIDADE DO CRIME PREVISTO NO ART. 7º, IX, DA LEI 8.137/1990.

Para a demonstração da materialidade do crime previsto no art. 7º, IX, da Lei 8.137/1990, é imprescindível a realização de perícia para atestar se as mercadorias apreendidas estavam em condições impróprias para o consumo. Precedentes citados do STJ: AgRg no REsp 1.175.679-RS, Sexta Turma, DJe 28/3/2012; e HC 132.257-SP, Quinta Turma, DJe 8/9/2011. Precedente citado do STF: HC 90.779-PR, Primeira Turma, DJe 23/10/2008. **AgRg no Resp 1.111.736-RS, Rel. Min. Marco Aurélio Bellizze, julgado em 17/12/2013. (Inform. STJ 533)**

DIREITO PENAL. PRETENSÃO EXECUTÓRIA PERANTE REQUERIMENTO DE ADESÃO A PROGRAMA DE PARCELAMENTO TRIBUTÁRIO.

O simples requerimento de inclusão no parcelamento instituído pela Lei 11.941/2009, sem demonstração da correspondência dos débitos tributários sonegados com os débitos objeto do requerimento, não acarreta a suspensão da execução de pena aplicada por crime contra a ordem tributária. O fato de já ter havido trânsito em julgado da condenação não impede que haja a suspensão do feito em caso de concessão do parcelamento. Isso se justifica pela possibilidade, sem qualquer limitação de tempo, de haver extinção da punibilidade pelo pagamento integral dos débitos tributários, segundo o art. 69 da Lei 11.941/2009 ("Extingue-se a punibilidade dos crimes referidos no art. 68 quando a pessoa jurídica relacionada com o agente efetuar o pagamento integral dos débitos oriundos de tributos e contribuições sociais, inclusive acessórios, que tiverem sido objeto de concessão de parcelamento"). No entanto, pela análise conjunta dos arts. 1º, § 11 ("A pessoa jurídica optante pelo parcelamento previsto neste artigo deverá indicar pormenorizadamente, no respectivo requerimento de parcelamento, quais débitos deverão ser nele incluídos"), e 68, *caput* ("É suspensa a pretensão punitiva do Estado, referente aos crimes previstos nos arts. 1º e 2º da Lei nº 8.137, de 27 de dezembro de 1990, e nos arts. 168-A e 337-A do Decreto-Lei nº 2.848, de 7 de dezembro de 1940 – Código Penal, limitada a suspensão aos débitos que tiverem sido objeto de concessão de parcelamento, enquanto não forem rescindidos os parcelamentos de que tratam os arts. 1º a 3º desta Lei, observado o disposto no art. 69 desta Lei"), da Lei 11.941/2009, é necessária a comprovação de que o débito objeto de parcelamento diga respeito à ação penal ou execução que se pretende ver suspensa, sendo insuficiente a mera adesão ao Programa de Recuperação Fiscal III. Precedente citado: REsp 1.165.914-ES, Sexta Turma, DJe 7/3/3012. **REsp 1.234.696-RS, Rel. Min. Laurita Vaz, julgado em 17/12/2013. (Inform. STJ 533)**

DIREITO PENAL. CRIME CONTRA A ORDEM TRIBUTÁRIA. ART. 2º, II, DA LEI N. 8.137/1990. TERMO INICIAL DO PRAZO PRESCRICIONAL.

O termo inicial do prazo prescricional do crime previsto no art. 2º, II, da Lei n. 8.137/1990 é a data da entrega de declaração pelo próprio contribuinte, e não a inscrição do crédito tributário em dívida ativa. Segundo a jurisprudência do tribunal (Súm. n. 436/STJ), "a entrega de declaração pelo contribuinte reconhecendo débito fiscal constitui o crédito tributário, dispensada qualquer outra providência por parte do fisco". A simples apresentação pelo contribuinte de declaração ou documento equivalente nos termos da lei possui o condão de constituir o crédito tributário, independentemente de qualquer outro tipo de procedimento a ser executado pelo Fisco. Assim, em razão de o crédito já estar constituído, é da data da entrega da declaração que se conta o prazo prescricional do delito previsto no art. 2º, II, da Lei n. 8.137/1990. **HC 236.376-SC, Rel. Min. Sebastião Reis Júnior, julgado em 19/11/2012.** (Inform. STJ 511).

Súmula Vinculante 24

Não se tipifica crime material contra a ordem tributária, previsto no art. 1º, incisos I a IV, da Lei no 8.137/90, antes do lançamento definitivo do tributo.

Súmula STF nº 609

É pública incondicionada a ação penal por crime de sonegação fiscal.

16. CRIMES DE TRÂNSITO

Crime de dirigir sem habilitação e lesão corporal culposa na direção de veículo

A Segunda Turma concedeu a ordem de "habeas corpus" para restabelecer a decisão de 1º grau que rejeitara a denúncia quanto ao crime de dirigir sem habilitação. No caso, o paciente teria sido denunciado pela suposta prática do delito em comento (CTB, art. 309), uma vez que, ao conduzir automóvel em via pública sem documento, colidira com outro automóvel, causando lesões em passageiros de seu veículo. O juízo entendera que o delito do art. 309 do CTB teria sido absorvido pela conduta de praticar lesão corporal culposa na direção de veículo automotor, tipificada no art. 303 do CTB, crime de ação pública condicionada à representação, que não fora formalizada no caso concreto, o que teria dado ensejo à extinção da punibilidade. Em seguida, a apelação interposta pelo Ministério Público fora provida para anular a sentença e determinar o prosseguimento do feito referente ao crime de dirigir sem habilitação, decisão que fora mantida pelo STJ. A Turma consignou que o crime de dirigir sem habilitação seria absorvido pelo delito de lesão corporal culposa em direta aplicação do princípio da consunção. Isso porque, de acordo com o CTB, já seria causa de aumento de pena para o crime de lesão corporal culposa na direção de veículo automotor o fato de o agente não possuir permissão para dirigir ou carteira de habilitação. Assim, em decorrência da vedação de "bis in idem", não se poderia admitir que o mesmo fato fosse atribuído ao paciente como crime autônomo e, simultaneamente, como causa especial de aumento de pena. Além disso, o crime do art. 303 do CTB, imputado ao paciente, seria de ação pública condicionada à representação, que, como se inferiria da própria nomenclatura, só poderia ser perseguido mediante a representação do ofendido. Diante da ausência de representação, seria imperativo reconhecer a extinção da punibilidade do crime de dirigir sem habilitação.
HC 128921/RJ, rel. Min. Gilmar Mendes, 25.8.2015. (HC-128921) (Inform. STF 796)

DIREITO PENAL. CARACTERIZAÇÃO DO CRIME DE ENTREGA DE DIREÇÃO DE VEÍCULO AUTOMOTOR A PESSOA NÃO HABILITADA. RECURSO REPETITIVO (ART. 543-C DO CPC E RES. 8/2008-STJ). TEMA 901.

É de perigo abstrato o crime previsto no art. 310 do Código de Trânsito Brasileiro. Assim, não é exigível, para o aperfeiçoamento do crime, a ocorrência de lesão ou de perigo de dano concreto na conduta de quem permite, confia ou entrega a direção de veículo automotor a pessoa não habilitada, com habilitação cassada ou com o direito de dirigir suspenso, ou ainda a quem, por seu estado de saúde, física ou mental, ou por embriaguez, não esteja em condições de conduzi-lo com segurança. Ao contrário do que estabelece o crime imediatamente anterior (art. 309), ou mesmo o posterior (art. 311), nos quais o tipo exige que a ação se dê "gerando perigo de dano", não há tal indicação na figura delitiva prevista no art. 310. Pode parecer uma incoerência que se exija a produção de perigo de dano para punir quem dirige veículo automotor, em via pública, sem a devida Permissão para Dirigir ou Habilitação (art. 309) e se dispense o risco concreto de dano para quem contribui para tal conduta, entregando o automóvel a quem sabe não habilitado ou, o que é pior, a quem notoriamente não se encontra em condições físicas ou psíquicas, pelas circunstâncias indicadas no tipo penal, de conduzir veículo automotor. Duas considerações, porém, enfraquecem essa aparente contradição. Em primeiro lugar, o legislador foi claro, com a redação dada aos arts. 309 e 311, em não exigir a geração concreta de risco na conduta positivada no art. 310. Poderia fazê-lo, mas preferiu contentar-se com a deliberada criação de um risco para um número indeterminado de pessoas por quem permite a outrem, nas situações indicadas, a condução de veículo automotor em via pública. Em segundo lugar, não há total identidade das situações previstas nos arts. 309 e 310. Naquela, cinge-se o tipo a punir quem dirige sem habilitação; nesta, pune-se quem permite, confia ou entrega a direção de veículo automotor tanto a pessoa não habilitada, com habilitação cassada ou com o direito de dirigir suspenso quanto a quem, por seu estado de saúde, física ou mental, ou por embriaguez, não esteja em condições de conduzi-lo com segurança. Trata-se, na verdade, de uma visão que deve repousar mais corretamente no incremento do risco ocasionado com a entrega da direção de veículo para pessoa não habilitada e em quaisquer das outras hipóteses legais. Conforme entendimento doutrinário, em todas essas situações, a definição do risco permitido delimita, concretamente, o dever de cuidado para realizar a ação perigosa de dirigir veículo automotor em vias urbanas e rurais, explicando o atributo objetivo contido no dever de cuidado objetivo. A violação da norma constitui a criação de um risco não permitido, culminando, com o desvalor da ação, na lesão ao dever de cuidado objetivo. Por todo exposto, afigura-se razoável atribuir ao crime materializado no art. 310 a natureza de crime de perigo abstrato, ou, sob a ótica ex ante, de crime de perigo abstrato-concreto, em que, embora não baste a mera realização de uma conduta, não se exige, a seu turno, a criação de ameaça concreta a algum bem jurídico e muito menos lesão a ele. Basta a produção de um ambiente de perigo em potencial, em abstrato, de modo que a atividade descrita no tipo penal crie condições para afetar os interesses juridicamente relevantes, não condicionados, porém, à efetiva ameaça de um determinado bem jurídico. Embora seja legítimo aspirar a um Direito Penal de mínima intervenção, não pode a dogmática penal descurar de seu objetivo de proteger bens jurídicos de reconhecido relevo, assim entendidos, na dicção de Claus Roxin, como "interesses humanos necessitados de proteção penal", qual a segurança do tráfego viário. Não se pode, assim, esperar a concretização de danos ou exigir a demonstração de riscos concretos a terceiros para a punição de condutas que, a priori, representam potencial produção de danos a pessoas indeterminadas, que trafeguem ou caminhem no espaço público. O subsistema social do tráfego viário exige o respeito a regras de observância generalizada, sem o qual se enfraquece o princípio da confiança (aqui entendido, conforme o pensamento de Roxin, como princípio de orientação capaz de indicar os limites do cuidado objetivo esperado ou do risco permitido), indispensável para o bom funcionamento do trânsito e a segurança de todos. Não se exclui, por óbvio, a possibilidade de ocorrerem situações nas quais a total ausência de risco potencial à segurança viária afaste a incidência do direito penal, como se poderia concluir do exemplo de quem, desejando carregar uma caminhonete com areia, pede ao seu ajudante, não habilitado, que realize uma manobra de poucos metros, em área rural desabitada e sem movimento, para melhor posicionar a carroceria do automóvel. Faltaria tipicidade material a tal comportamento, absolutamente inidôneo para pôr em risco a segurança de terceiros. Portanto, na linha do entendimento de autorizada doutrina, o art. 310, mais do que tipificar uma conduta idônea a lesionar, estabelece um dever de garante ao possuidor do veículo automotor. Neste caso, estabelece-se um dever de não permitir, confiar ou entregar a direção de um automóvel a determinadas pessoas, indicadas no tipo penal, com ou sem habilitação, com problemas psíquicos ou físicos, ou embriagadas, ante o perigo geral que encerra a condução de um veículo nessas condições. **Precedentes citados: RHC 48.817-MG, Quinta Turma, DJe 28/11/2014; e AgRg no RHC 41.922-MG, Quinta Turma, DJe 15/4/2014. REsp 1.485.830-MG, Rel. Min. Sebastião Reis Júnior, Rel. para acórdão Min. Rogerio Schietti Cruz, Terceira Seção, julgado em 11/3/2015, DJe 29/5/2015 (Inform. STJ 563).**

DIREITO PENAL. CARACTERIZAÇÃO DO CRIME DE ENTREGA DE DIREÇÃO DE VEÍCULO AUTOMOTOR A PESSOA NÃO HABILITADA.
Para a configuração do crime consistente em "permitir, confiar ou entregar a direção de veículo automotor a pessoa não habilitada, com habilitação cassada ou com o direito de dirigir suspenso" (art. 310 do CTB), não é exigida a demonstração de perigo concreto de dano. Isso porque, no

referido artigo, não há previsão, quanto ao resultado, de qualquer dano no mundo concreto, bastando a mera entrega do veículo a pessoa que se sabe inabilitada para a consumação do tipo penal. Trata-se, portanto, de crime de perigo abstrato. **Precedentes citados do STJ: RHC 40.650-MG, Quinta Turma, DJe 14/10/2013; e RHC 39.966-MG, Quinta Turma, DJe 28/10/2013. Precedente citado do STF: HC 12.0495, Primeira Turma, DJe 15/5/2014. REsp 1.468.099-MG, Rel. Min. Nefi Cordeiro, julgado em 19/3/2015, DJe 15/4/2015 (Inform. STJ 559).**

DIREITO PENAL. APLICABILIDADE DO PERDÃO JUDICIAL NO CASO DE HOMICÍDIO CULPOSO NA DIREÇÃO DE VEÍCULO AUTOMOTOR.
O perdão judicial não pode ser concedido ao agente de homicídio culposo na direção de veículo automotor (art. 302 do CTB) que, embora atingido moralmente de forma grave pelas consequências do acidente, não tinha vínculo afetivo com a vítima nem sofreu sequelas físicas gravíssimas e permanentes. Conquanto o perdão judicial possa ser aplicado nos casos em que o agente de homicídio culposo sofra sequelas físicas gravíssimas e permanentes, a doutrina, quando se volta para o sofrimento psicológico do agente, enxerga no § 5º do art. 121 do CP a exigência de um laço prévio entre os envolvidos para reconhecer como "tão grave" a forma como as consequências da infração atingiram o agente. A interpretação dada, na maior parte das vezes, é no sentido de que só sofre intensamente o réu que, de forma culposa, matou alguém conhecido e com quem mantinha laços afetivos. O exemplo mais comumente lançado é o caso de um pai que mata culposamente o filho. Essa interpretação desdobra-se em um norte que ampara o julgador. Entender pela desnecessidade do vínculo seria abrir uma fenda na lei, não desejada pelo legislador. Isso porque, além de ser de difícil aferição o "tão grave" sofrimento, o argumento da desnecessidade do vínculo serviria para todo e qualquer caso de delito de trânsito com vítima fatal. Isso não significa dizer o que a lei não disse, mas apenas conferir-lhe interpretação mais razoável e humana, sem perder de vista o desgaste emocional que possa sofrer o acusado dessa espécie de delito, mesmo que não conhecendo a vítima. A solidarização com o choque psicológico do agente não pode conduzir a uma eventual banalização do instituto do perdão judicial, o que seria no mínimo temerário no atual cenário de violência no trânsito, que tanto se tenta combater. Como conclusão, conforme entendimento doutrinário, a desnecessidade da pena que esteia o perdão judicial deve, a partir da nova ótica penal e constitucional, referir-se à comunicação para a comunidade de que o intenso e perene sofrimento do infrator não justifica o reforço de vigência da norma por meio da sanção penal. **REsp 1.455.178-DF, Rel. Min. Rogerio Schietti Cruz, julgado em 5/6/2014. (Inform. STJ 542)**

DIREITO PENAL. HOMICÍDIO CULPOSO COMETIDO NO EXERCÍCIO DE ATIVIDADE DE TRANSPORTE DE PASSAGEIROS.
Para a incidência da causa de aumento de pena prevista no art. 302, parágrafo único, IV, do CTB, é irrelevante que o agente esteja transportando passageiros no momento do homicídio culposo cometido na direção de veículo automotor. Isso porque, conforme precedente do STJ, é suficiente que o agente, no exercício de sua profissão ou atividade, esteja conduzindo veículo de transporte de passageiros. Precedente citado: REsp 1.358.214-RS, Quinta Turma, DJe 15/4/2013. **AgRg no REsp 1.255.562-RS, Rel. Min. Maria Thereza de Assis Moura, julgado em 4/2/2014. (Inform. STJ 537)**

📄 **Súmula STF nº 720**

O art. 309 do Código de Trânsito Brasileiro, que reclama decorra do fato perigo de dano, derrogou o art. 32 da Lei das contravenções penais no tocante à direção sem habilitação em vias terrestres.

17. ESTATUTO DO DESARMAMENTO E LEGISLAÇÃO CORRELATA

RHC N 128.281-SP

RELATOR: MIN. TEORI ZAVASCKI

Ementa: RECURSO ORDINÁRIO EM *HABEAS CORPUS*. POSSE DE ACESSÓRIO DE ARMA DE FOGO DE USO RESTRITO. ART. 16 DA LEI 10.826/2003. BUSCA E APREENSÃO. ILICITUDE DA PROVA. INOCORRÊNCIA. CRIME PERMANENTE. FLAGRANTE DELITO. CRIME DE MERA CONDUTA E DE PERIGO ABSTRATO. IRRELEVÂNCIA DA POTENCIALIDADE LESIVA DO ARTEFATO. DESCRIMINALIZAÇÃO TEMPORÁRIA PREVISTA NOS ARTIGOS 30 E 32 DO ESTATUTO DO DESARMAMENTO. PRORROGAÇÃO DO PRAZO

3. DIREITO PENAL

CONFERIDO PELAS LEIS 11.706/2008 E 11.922/2009. ALEGAÇÃO DE ATIPICIDADE. NÃO OCORRÊNCIA.

1. Busca e apreensão autorizada judicialmente em propriedade rural, compreendida por seus vários imóveis. Inocorrência de ilicitude da prova por ofensa ao princípio da inviolabilidade do domicílio.

2. Ademais, havendo fundada suspeita, a busca domiciliar nos crimes permanentes se justifica em decorrência do flagrante delito. Inexistência de ingresso abusivo e constatação posterior de crime permanente.

3. A posse de arma de fogo de uso restrito, de seus acessórios ou de munições constitui crime de mera conduta e de perigo abstrato cujo objeto jurídico tutelado compreende a segurança coletiva e a incolumidade pública.

4. Presente laudo especificando o modelo do silenciador de uso restrito, desnecessária a realização de perícia a comprovar a potencialidade lesiva do acessório para configuração do delito.

5. A jurisprudência desta Corte é no sentido de que a descriminalização temporária prevista nos arts. 30 e 32 do Estatuto do Desarmamento, com a redação conferida pela Lei 11.706/2008, restringe-se ao delito de posse irregular de arma de fogo de uso permitido (art. 12) e não se aplica à conduta do art. 16 da Lei 10.826/2003.

6. Recurso ordinário a que se nega provimento. **(Inform. STF 796)**

AG. REG. NO RHC N. 123.553-MS
RELATOR: MIN. GILMAR MENDES

Agravo regimental em recurso ordinário em *habeas corpus*. 2. Decisão agravada em consonância com remansosa jurisprudência do Supremo Tribunal Federal. 3. Porte ilegal de arma e munições. Crime de perigo abstrato. Consumação independente de demonstração da potencialidade lesiva da arma ou das munições. 4. Atipicidade da conduta em razão da ausência de ofensividade. Inocorrência. Objetividade jurídica da norma é a incolumidade pública, não só a pessoal. 5. Agravo regimental a que se nega provimento. **(Inform. STF 764)**

Porte Ilegal de Munição - 1

A Turma iniciou julgamento de habeas corpus em que se pretende, por ausência de potencialidade lesiva ao bem juridicamente protegido, o trancamento de ação penal instaurada contra denunciado pela suposta prática do crime de porte de munição sem autorização legal (Lei 10.826/2003, art. 14), sob o argumento de que o princípio da intervenção mínima no Direito Penal limita a atuação estatal nessa matéria. O Min. Eros Grau, relator, não obstante seu voto proferido no RHC 81057/SP (DJU de 29.4.2005), no sentido da atipicidade do porte de arma desmuniciada, indeferiu o writ por entender que a interpretação a ser dada, na espécie, seria diferente, uma vez que se trata de objeto material diverso: porte de munição, o qual é crime abstrato e não reclama, para a sua configuração, lesão imediata ao bem jurídico tutelado. Após, o Min. Joaquim Barbosa pediu vista. **HC 90075/SC, rel. Min. Eros Grau, 27.2.2007. (HC-90075)**

Porte Ilegal de Munição - 2

A Turma retomou julgamento de habeas corpus em que se pretende, por ausência de potencialidade lesiva ao bem juridicamente protegido, o trancamento de ação penal instaurada contra denunciado pela suposta prática do crime de porte de munição sem autorização legal (Lei 10.826/2003, art. 14), sob o argumento de que o princípio da intervenção mínima no Direito Penal limita a atuação estatal nesta matéria - v. Informativo 457. O Min. Joaquim Barbosa, em voto-vista, acompanhou o Min. Eros Grau, relator, e indeferiu o writ por considerar que o crime de porte de munição é de perigo abstrato e não fere as normas constitucionais nem padece de vícios de tipicidade. Após, o julgamento foi suspenso em virtude do pedido de vista do Min. Cezar Peluso. **HC 90075/SC, rel. Min. Eros Grau, 5.6.2007. (HC-90075)**

Porte Ilegal de Munição - 3

A Turma retomou julgamento de habeas corpus em que se pretende, por ausência de potencialidade lesiva ao bem juridicamente protegido, o trancamento de ação penal instaurada contra denunciado pela suposta prática do crime de porte de munição sem autorização legal (Lei 10.826/2003, art. 14), sob o argumento de que o princípio da intervenção mínima no Direito Penal limita a atuação estatal nesta matéria — v. Informativos 457 e 470. O Min. Cezar Peluso, em voto-vista, no reputar atípica a conduta imputada ao paciente, deferiu o writ para determinar o trancamento da ação penal. Observou, de início, que a matriz definidora e legitimadora do Direito Penal residiria, sobretudo, na noção de bem jurídico, sendo ela que permitiria compreender os valores aos quais o ordenamento concederia a relevância penal, de acordo

com a ordem axiológica da Constituição, e, por isso, legitimaria a atuação do instrumento penal. Ressaltou que, na chamada sociedade do risco, com a pretensão de se atenuar a insegurança decorrente da complexidade, globalidade e dinamismo social, demandar-se-ia a regulação penal das atividades capazes de produzir perigo, na expectativa de que o Direito Penal fosse capaz de evitar condutas geradoras de risco e de garantir um estado de segurança. Considerou que, para justificar a antecipação da tutela penal para momento anterior à efetiva lesão ao interesse protegido, falar-se-ia em prevenção e controle das fontes de perigo a que estão expostos os bens jurídicos, para tratar situações antes não conhecidas pelo Direito Penal tradicional. Frisou que, para previsão de determinada conduta como reprovável, construir-se-ia uma relação meramente hipotética entre a ação incriminada e a produção de perigo ou dano ao bem jurídico. Destacou que o ilícito penal consistiria na infração do dever de observar determinada norma, concentrando o injusto muito mais no desvalor da ação do que no desvalor do resultado, que se faria cada vez mais difícil identificar ou mensurar. **HC 90075/SC, rel. Min. Eros Grau, 20.4.2010. (HC-90075)**

Porte Ilegal de Munição - 4

Assim, enfatizou que, em vez do tradicional elemento de lesão ao bem jurídico, apareceria como pressuposto legitimador da imputação a desaprovação do comportamento que vulnera dever definido na esfera extra-penal. Asseverou, no ponto, que essa tendência poderia entrar em choque com os pressupostos do Direito Penal clássico, fundado na estrita legalidade, na proporcionalidade, na causalidade, na subsidiariedade, na intervenção mínima, na fragmentariedade e lesividade, para citar alguns dos seus princípios norteadores. Evidenciou, destarte, que grave dilema se poria no fato de que, de um lado se professaria que o Direito Penal deveria dedicar-se apenas à proteção subsidiária repressiva dos bens jurídicos essenciais, por meio de instrumentos tradicionais de imputação de responsabilidade, segundo princípios e regras clássicos de garantia, e, de outro, postular-se-ia a flexibilização e ajuste dos instrumentos dogmáticos e das regras de atribuição de responsabilidade, para que o Direito Penal reunisse condições de atuar na proteção dos bens jurídicos supra individuais, e no controle dos novos fenômenos do risco. Esclareceu que as normas de perigo abstrato punem a realização de conduta imaginada ou hipoteticamente perigosa sem a necessidade de configuração de efetivo perigo ao bem jurídico, na medida em que a periculosidade da conduta típica seria determinada antes, por meio de uma generalização, de um juízo hipotético do legislador, fundado na ideia de mera probabilidade. Avaliou que, nos tipos de perigo concreto, se exigiria o desvalor do resultado, impondo o risco do bem protegido, enquanto, nos tipos de perigo abstrato, ocorreria claro adiantamento da proteção do bem a fases anteriores à efetiva lesão. Asseverou, todavia, que deveria restar caracterizado um mínimo de ofensividade como fator de delimitação e conformação de condutas que merecessem reprovação penal. Nesse sentido, registrou que a aplicação dos instrumentos penais de atribuição de responsabilidade às novas realidades haveria de se restringir aos casos em que fosse possível compatibilizar a nova tipificação com os princípios clássicos do Direito Penal. **HC 90075/SC, rel. Min. Eros Grau, 20.4.2010. (HC-90075)**

Porte Ilegal de Munição - 5

Salientou ser certo que a lesividade nem sempre significaria dano efetivo ao bem jurídico protegido, mas, para se entender e justificar como tal, exigiria, pelo menos, que de algum modo se pusesse em causa uma situação de perigo. Reportou que, ainda nos delitos de perigo abstrato, seria preciso acreditar na perigosidade da ação, no desvalor real da ação e na possibilidade de resultado perigoso, não sendo punível, por isso, a conduta que não pusesse em perigo, nem sequer em tese ou por hipótese, o bem jurídico protegido. Entendeu que a conduta considerada perigosa de um ponto de vista geral e abstrato poderia não o ser em verdade e, no caso dos autos, não haveria possibilidade de lesão à incolumidade pública em virtude do transporte de 10 projéteis, de forma isolada, sem a presença de arma de fogo. Sustentou que daí não se poderia admitir a comparação com eventual tráfico ou transporte de grande quantidade de material de munição. Nesse diapasão, compreendeu que a conduta de portar munição, uma das várias previstas pelo art. 14 da Lei 10.826/2003, não seria aprioristicamente detentora de dignidade penal, porquanto se haveria de se verificar, em cada caso, se a conduta seria capaz de, por si, representar ameaça real ou potencial a algum bem jurídico. Consignou que, se não se vislumbrar ofensividade da conduta, a criminalização do porte de munição fulmina a referência material, que, segundo os padrões clássicos, deveria não só justificar a intervenção do Direito Penal, mas presidir a interpretação dos tipos com vistas a determinar a sua realização. **HC 90075/SC, rel. Min. Eros Grau, 20.4.2010. (HC-90075)**

Porte Ilegal de Munição - 6

Assinalou que, se a conduta em questão não detém dignidade penal, a aplicação do art. 14 da Lei 10.826/2003, na espécie, representaria unicamente o uso do Direito Penal para a manutenção do sistema de controle do comércio de armas e munições. Ou seja, tal modelo imporia a aceitação de um discurso eminentemente funcional, mediante prevenção em geral negativa, procurando intimidar toda a sociedade quanto à prática criminosa. Assentou que isso justificaria, do ponto de vista da política criminal, certa antecipação da tutela, derrogando-se o princípio da lesividade, em função de necessidades da administração, o que, definitivamente, não seria e nem poderia ser o seu papel, nem sequer no contexto de uma sociedade de risco. Acrescentou, ademais, que o conceito material do delito e a ideia de subsidiariedade do Direito Penal, como diretriz político-criminal, pressuporiam que, antes de lançar mão do Direito Penal, o Estado adotasse outras medidas de política social que visassem proteger o bem jurídico, podendo fazê-lo de maneira igual e até mais eficiente. Afirmou que a condenação do paciente pelo porte de 10 projéteis apenas como incurso em tipo penal tendente a proteger a incolumidade pública contra efeitos deletérios da circulação de arma de fogo no país seria um exemplo do exercício irracional do ius puniendi ou do crescente distanciamento entre bem jurídico e situação incriminada, o que, fatalmente, conduzirá à progressiva indefinição ou diluição do bem jurídico protegido que é a razão de ser do Direito Penal. Após, pediu vista dos autos a Min. Ellen Gracie.
HC 90075/SC, rel. Min. Eros Grau, 20.4.2010. (HC-90075)

Porte ilegal de munição - 7

Em conclusão de julgamento, a 2ª Turma reconheceu prejudicado, por perda superveniente de objeto, o exame de "habeas corpus". No caso, pretendia-se, por ausência de potencialidade lesiva ao bem juridicamente protegido, o trancamento de ação penal instaurada contra denunciado pela suposta prática do crime de porte de munição sem autorização legal (Lei 10.826/2003, art. 14), sob o argumento de que o princípio da intervenção mínima no direito penal limitaria a atuação estatal na matéria — v. Informativos 457, 470 e 583. A Turma registrou, também, a extinção da punibilidade do paciente.
HC 90075/SC, rel. orig. Min. Eros Grau, red. p/ o acórdão Min. Teori Zavascki, 3.6.2014. (HC-90075) (Inform. STF 749)

"Abolitio criminis" e porte ilegal de arma de fogo

A 2ª Turma conheceu de recurso ordinário intempestivo como habeas corpus, entretanto, denegou o writ. Alegava-se que o paciente, na qualidade de policial civil em exercício regular da profissão, estaria permanentemente em serviço, de modo que não poderia cometer o crime de porte de arma de fogo de uso restrito ao trazer consigo, sem autorização legal, uma pistola e manter outra em seu carro. Ademais, sustentava-se que parecer exarado nos autos de processo administrativo disciplinar lhe seria favorável. Preliminarmente, no que se refere à intempestividade de recurso ordinário em habeas corpus, afirmou-se que a reiterada jurisprudência do Supremo admitiria o seu conhecimento como habeas corpus substitutivo. Aduziu-se que, as instâncias ordinárias, ao analisarem o acervo probatório, teriam afastado a tese da abolitio criminis, ao fundamento de que a conduta do recorrente não se enquadraria no art. 32 da Lei 10.826/2003, modificado pela Lei 11.706/2008, que objetivara excluir a tipicidade delitiva, por lapso temporal determinado, apenas para oportunizar que o possuidor de arma não regularizada solicitasse seu registro ou a entregasse na polícia federal. Consignou-se que, em nenhum momento, o paciente demonstrara que estaria em trânsito para regularizar as armas que teriam sido apreendidas em flagrante. Ressaltou-se que o acórdão impugnado teria mencionado que o caso não seria de posse, mas de porte ilegal de arma de fogo, de modo a tornar inviável a incidência da causa excludente de tipicidade invocada pela defesa. Verificou-se, portanto, que o acórdão do Tribunal a quo harmonizar-se-ia com entendimento assente da Corte, no sentido de não admitir a abolitio criminis fora do período de abrangência determinado em lei, tampouco aceitaria a sua incidência quando configurado o porte ilegal de arma de fogo. Por fim, no que diz respeito às conclusões do processo administrativo disciplinar, aludiu-se que a jurisprudência consolidada do STF reconheceria a independência das esferas administrativa e penal.
RHC 111931/DF, rel. Min. Gilmar Mendes, 4.6.2013. (RHC-111931) (Inform. STF 709)

HC N. 112.762-MS
RELATORA: MIN. CÁRMEN LÚCIA
EMENTA: HABEAS CORPUS. CONSTITUCIONAL. PENAL. PORTE ILEGAL DE ARMA DE FOGO DE USO PERMITIDO. PRETENSÃO DE EXTINÇÃO DA PUNIBILIDADE EM RAZÃO DA ABOLITIO CRIMINIS TEMPORÁRIA. QUESTÃO NÃO APRECIADA PELO SUPERIOR TRIBUNAL DE JUSTIÇA. IMPOSSIBILIDADE DE EXAME DA MATÉRIA SOB PENA DE SUPRESSÃO DE INSTÂNCIA.IMPOSSIBILIDADE DE REGULARIZAÇÃO. ARMA DESMUNICIADA. TIPICIDADE DA CONDUTA. PRECEDENTES. ORDEM PARCIALMENTE CONHECIDA E, NESSA PARTE, DENEGADA.
1. Pelo que se tem no acórdão proferido pelo Superior Tribunal de Justiça, a alegação de que a conduta dos Pacientes estaria abrangida pela causa extintiva de punibilidade temporária definida nos art. 30 e 32 da Lei 10.826/03 não foi submetida àquele Superior Tribunal. Impossibilidade de apreciação dessa questão, sob pena de supressão de instância.
2. Sem adentrar no mérito, mas para afastar o alegado constrangimento ilegal, não há falar em abolitio criminis na espécie, pois consta dos autos que as armas de posse dos Pacientes foram compradas de adolescentes, que as teriam subtraído do interior do fórum local em procedimento criminal
3. O crime de porte ilegal de arma de fogo de uso permitido é de mera conduta e de perigo abstrato, ou seja, consuma-se independentemente da ocorrência de efetivo prejuízo para a sociedade, e a probabilidade de vir a ocorrer algum dano é presumida pelo tipo penal. Além disso, o objeto jurídico tutelado não é a incolumidade física, mas a segurança pública e a paz social, sendo irrelevante o fato de estar a arma de fogo municiada ou não. Precedentes.
4. Habeas corpus conhecido em parte e, na parte conhecida, ordem denegada.
(Inform. STF 702)

Porte ilegal de arma e ausência de munição – 2

Em conclusão, a 2ª Turma denegou *habeas corpus* no qual denunciado pela suposta prática do crime de porte ilegal de arma de fogo desmuniciada pleiteava a nulidade de sentença condenatória – v. Informativo 549. Asseverou-se que o tipo penal do art. 14 da Lei 10.826/2003 ("*Art. 14 Portar, deter, adquirir, fornecer, receber, ter em depósito, transportar, ceder, ainda que gratuitamente, emprestar, remeter, empregar, manter sob guarda ou ocultar arma de fogo, acessório ou munição, de uso permitido, sem autorização e em desacordo com determinação legal ou regulamentar*") contemplaria crime de mera conduta, sendo suficiente a ação de portar ilegalmente a arma de fogo, ainda que desmuniciada. Destacou-se que, à época, a jurisprudência oscilaria quanto à tipicidade do fato, questão hoje superada. O Min. Teori Zavascki participou da votação por suceder ao Min. Cezar Peluso, que pedira vista dos autos. **HC 95073/MS, rel. orig. Min. Ellen Gracie, red. p/ o acórdão Min. Teori Zavascki, 19.3.2013. (HC-95073) (Inform. STF 699)**.

Atipicidade temporária e posse de arma de uso restrito

A 1ª Turma, por maioria, negou provimento a recurso ordinário em *habeas corpus* no qual alegada a atipicidade da conduta exercida pelo paciente de possuir arma de fogo de uso restrito com munições, sem autorização e em desacordo com determinação legal e regulamentar (Lei 10.826/2003, art. 16). Informou-se que, na situação dos autos, a pena privativa de liberdade fora substituída por 2 restritivas de direitos. Consignou-se que a jurisprudência do STF assentaria a incidência da descriminalização na hipótese de armas de fogo de uso permitido, detidas com irregularidades. Explicitou-se não haver que se falar, no caso, em atipicidade. Ademais, assinalou-se inexistir prova de que o paciente estivesse para entregar o armamento. O Min. Luiz Fux ponderou que o posicionamento do Supremo distinguiria os imputados que portassem arma de uso restrito. Além disso, percebeu periculosidade maior referente a estes. Vencido o Min. Marco Aurélio, que provia o recurso. Frisava que, conforme a lei, o detentor teria prazo para buscar o registro – impossível, haja vista ser arma restrita de emprego das Forças Armadas – ou proceder à entrega dela, sem cominação legal. **RHC 114970/DF, rel. Min. Rosa Weber, 5.2.2013. (RHC-114970) (Inform. STF 694)**.

DIREITO PENAL. GUARDA DE MUNIÇÃO DE ARMA DE USO RESTRITO POR CONSELHEIRO DE TRIBUNAL DE CONTAS.
O Conselheiro do Tribunal de Contas Estadual que mantém sob sua guarda munição de arma de uso restrito não comete o crime do art. 16 da Lei 10.826/2003 (Estatuto do Desarmamento). Sendo Conselheiro do Tribunal de Contas Estadual, o agente estaria equiparado, por simetria constitucional, a magistrado (arts. 73, § 3º, e 75 da CF). E, por força do art. 33, V, da LC 35/1979 (LOMAN), que não faz distinção entre armas de uso permitido e as

3. DIREITO PENAL   225

de uso restrito, é atípica a conduta de posse e guarda de arma e munições de uso restrito quando se trata de magistrados. A redação do art. 16 do Estatuto do Desarmamento indica a necessidade de definição do que vem a ser arma de uso restrito, tratando-se de norma penal em branco. Essa definição é deixada pelos arts. 23 e 27 do Estatuto ao Poder Executivo (arts. 11 e 18 do Decreto 5.123/2004), que, por sua vez, remete a portaria do Comando do Exército a autorização para pessoas físicas ou jurídicas terem essa espécie de porte. Entretanto, é equivocado referir o art. 16 como norma penal em branco para permitir que algum preceito infralegal possa interferir em prerrogativa de magistrado inscrita em lei complementar. A regra regulamentadora não pode, a pretexto de integrar os elementos do tipo, estabelecer restrições a direitos previstos em outras leis, inclusive com o poder incriminador de quem explicitamente não está sob sua égide. As portarias do Comando do Exército não se aplicam a magistrados, pois invadiriam competência reservada à lei complementar (art. 93 da CF), tocando em assuntos relativos a direitos e prerrogativas da magistratura, limitando indevidamente o seu exercício. Assim, não pode uma lei ordinária sobre desarmamento delegar a um decreto federal e a uma portaria a restrição de direitos e prerrogativas da magistratura, especialmente para tornar a sua não observância um crime, violando o princípio da tipicidade estrita. Do mesmo modo, o STF considerou atípica a conduta de magistrado possuir arma de uso restrito (HC 102.422-SP, DJe de 24/9/2010). Mutatis mutandis, trata-se de caso que guarda várias semelhanças com o presente. Com efeito, o direito ao porte consta no art. 33, V, da LC 35/1979 (LOMAN). Há uma restrição específica nesse direito de que a arma seja destinada à defesa pessoal. E a melhor interpretação aqui é de que defesa pessoal está no animus do porte, e não no calibre da arma. Fora isso, as restrições infralegais são indevidas ou no mínimo discutíveis no âmbito da magistratura. **APn 657-PB, Rel. Min. João Otávio de Noronha, julgado em 21/10/2015, DJe 29/10/2015. (Inform. STJ 572)**

DIREITO PENAL. GUARDA DE ARMA DE FOGO DE USO PERMITIDO COM REGISTRO VENCIDO.

Manter sob guarda, no interior de sua residência, arma de fogo de uso permitido com registro vencido não configura o crime do art. 12 da Lei 10.826/2003 (Estatuto do Desarmamento). O art. 12 do Estatuto do Desarmamento afirma que é objetivamente típico possuir ou manter sob guarda arma de fogo de uso permitido, em desacordo com determinação legal ou regulamentar, no interior de residência. Entretanto, relativamente ao elemento subjetivo, não há dolo do agente que procede ao registro e, depois de expirado prazo, é apanhado com a arma nessa circunstância. Trata-se de uma irregularidade administrativa; do contrário, todos aqueles que porventura tiverem deixado expirar prazo semelhante terão necessariamente de responder pelo crime, o que é absolutamente desproporcional. Avulta aqui o caráter subsidiário e de ultima ratio do direito penal. Na hipótese, além de se afastar da teleologia do objeto jurídico protegido, a saber, a administração e, reflexamente, a segurança e a paz pública (crime de perigo abstrato), banaliza-se a criminalização de uma conduta em que o agente já fez o mais importante, que é expor seu nome em um registro de armamento, possibilitando o controle de sua circulação. **Precedente citado: HC 294.078-SP, Quinta Turma, DJe 4/9/2014. APn 686-AP, Rel. Min. João Otávio de Noronha, julgado em 21/10/2015, DJe 29/10/2015. (Inform. STJ 572)**

DIREITO PENAL. TIPICIDADE DA CONDUTA DE POSSE ILEGAL DE ARMA DE FOGO DE USO PERMITIDO COM REGISTRO VENCIDO. A conduta do agente de possuir, no interior de sua residência, armas de fogo e munições de uso permitido com os respectivos registros vencidos pode configurar o crime previsto no art. 12 da Lei 10.826/2003 (Estatuto do Desarmamento). De fato, o cidadão, para ser autorizado a adquirir arma de fogo de uso permitido, deverá preencher os requisitos previstos nos incisos I, II e III do art. 4° da Lei 10.826/2003, quais sejam: a) comprovação de idoneidade, com apresentação de certidões negativas de antecedentes criminais e de não estar respondendo a inquérito policial ou a processo criminal; b) apresentação de documentos comprobatórios de ocupação lícita e de residência certa; e c) capacidade técnica e aptidão psicológica para o manuseio do artefato. Ademais, mesmo que previamente autorizado a adquirir, somente poderá manter a posse de arma de fogo de uso permitido mediante certificado de registro federal, documento temporário, que deve ser renovado por meio da comprovação periódica dos mesmos requisitos mencionados. Nesse contexto, estabelece o art. 12 do Estatuto do Desarmamento ser proibido possuir ou manter sob sua guarda arma de fogo, acessório ou munição, de uso permitido, em desacordo com determinação legal ou regulamentar, no interior de sua residência ou dependência desta, ou, ainda, no seu local de trabalho, desde que seja o titular ou o responsável legal do estabelecimento ou empresa. Contudo, a temática referente à tipicidade na hipótese de registro expirado é controvertida nesta Corte. No julgamento do HC 294.078-SP, DJe 4/9/2014, a Quinta Turma decidiu que possuir arma de fogo com registro vencido não é crime, mas apenas infração administrativa. No entanto, a compreensão deve ser dada de modo diverso. Isso porque, ao editar a Lei 10.826/2003, o legislador se interessou, expressamente, pela incolumidade pública – complexo de condições necessárias para a segurança e integridade pessoal dos indivíduos – e valorou tal interesse em uma norma (na hipótese, não possuir, de forma irregular, arma de fogo, acessório ou munição de uso permitido), tutelada pelo tipo penal previsto no art. 12 do Estatuto do Desarmamento. Não há controvérsia, assim, sobre a tipicidade formal da conduta em análise. Porém não se pode concluir, no incipiente momento do oferecimento da denúncia, que possuir arma de fogo com certificado federal vencido não é materialmente típico, a ponto de afastar o alcance do art. 12 do Estatuto do Desarmamento. A conduta delineada, além de formalmente típica, é antinormativa. Nesse passo, há doutrina afirmando que o juízo de tipicidade não é um mero juízo de tipicidade legal, mas que exige um outro passo, que é a comprovação da tipicidade conglobante, consistente na averiguação da proibição através da indagação do alcance proibitivo da norma, não considerada isoladamente, e sim conglobada na ordem normativa. Posto isso, quando o proprietário de arma de fogo deixa de demonstrar que ainda detém, entre outros requisitos, aptidão psicológica e idoneidade moral para continuar a possuir o armamento, representa, em tese, um risco para a incolumidade pública, de modo que a lei penal não pode ser indiferente a essa situação. Assim, sem investigar as peculiaridades de cada caso, é temerário afirmar, de forma automática e categórica, que não é crime possuir arma de fogo com registro expirado, máxime ante a finalidade do Estatuto do Desarmamento e porque não existe previsão de penalidade administrativa para tal conduta, não podendo a questão ser resolvida na seara administrativa. A Administração, ao contrário dos particulares, nada pode fazer senão o que a lei determina. Assim, a subsistir o entendimento de que tal conduta é materialmente atípica, os agentes públicos nem sequer poderiam adentrar na residência do particular para reaver as armas de fogo com registro vencido ou compeli-lo, por exemplo, a pagar multa. Sob diversa angulação, não é possível a aplicação, à hipótese, do princípio da adequação social, vetor geral de hermenêutica, segundo o qual, dada a natureza subsidiária e fragmentária do direito penal, não se pode reputar como criminosa uma ação ou omissão aceita e tolerada pela sociedade, ainda que formalmente subsumida a um tipo legal incriminador. Sem embargo de opiniões contrárias, possuir diversas armas de fogo e munições, de uso permitido, com certificados vencidos não é uma conduta socialmente tolerável e adequada no plano ético. Já sob a ótica do princípio da lesividade, tem-se, aqui, que o perigo à incolumidade pública é idêntico àquele ocasionado pelo agente que possui arma de fogo ou somente munições sem certificado. Em função dos próprios objetivos da Lei do Desarmamento, o postulado da insignificância deve ser aferido caso a caso, de forma excepcional, para verificar a presença dos vetores já assinalados pelo STF, tais como a mínima ofensividade da conduta, nenhuma periculosidade social da ação, reduzidíssimo grau de reprovabilidade do comportamento e a inexpressividade da lesão jurídica provocada. O STJ, antes do referido precedente da Quinta Turma, já havia decidido, por meio de sua Corte Especial, que "Considera-se incurso no art. 12 da Lei n. 10.826/2003 aquele que possui arma de fogo de uso permitido com registro expirado, ou seja, em desacordo com determinação legal e regulamentar" (APn 686-AP, DJe 5/3/2014). Por todo o exposto, o precedente da Corte Especial deve orientar o entendimento do Superior Tribunal sobre a matéria, sem prejuízo de que o aplicador do direito, caso a caso, utilize vetores gerais de hermenêutica para restringir o teor literal do tipo penal que, em situações peculiares, pode alcançar condutas socialmente admissíveis ou penalmente insignificantes. **RHC 60.611-DF, Rel. Min. Rogério Schietti Cruz, julgado em 15/9/2015, DJe 5/10/2015 (Inform. STJ 570).**

DIREITO PENAL. ATIPICIDADE DA CONDUTA DE PORTE ILEGAL DE ARMA DE FOGO INEFICAZ.

Demonstrada por laudo pericial a total ineficácia da arma de fogo e das munições apreendidas, deve ser reconhecida a atipicidade da conduta do agente que detinha a posse do referido artefato e das aludidas munições de uso proibido, sem autorização e em desacordo com a determinação legal/regulamentar. Inicialmente, convém destacar que a Terceira Seção do STJ pacificou entendimento no sentido de que o tipo penal de posse ou porte ilegal de arma de fogo é delito de mera conduta ou de perigo abstrato, sendo irrelevante a demonstração de seu efetivo caráter ofensivo e, assim, desnecessária a realização de laudo pericial para atestar a potencialidade lesiva da arma de fogo ou da munição apreendida (EREsp 1.005.300-RS, DJe 19/12/2013). Contudo, se tiver sido realizado laudo técnico na arma de fogo e este tiver apontado a total ineficácia do artefato, descartando, por completo, a sua potencialidade lesiva e, ainda, consignado que as munições apreendidas estavam percutidas e deflagradas, a aplicação da jurisprudência supramencionada deve ser afastada. Isso porque, nos termos do que foi proferido no AgRg no HC 149.191-RS (Sexta Turma, DJe 17/5/2010), arma, para ser arma, há de ser eficaz; caso contrário, de arma não se cuida. Em outras palavras, uma arma desmuniciada em conjunto com munição torna-se apta a realizar disparos; entretanto, uma arma ineficaz, danificada, quebrada, em contato com munição, não poderá produzir disparos, não passando, portanto, de um mero pedaço de metal. Registre-se que a particularidade da ineficácia da arma (e das munições) não se confunde, à toda evidência, com o caso de arma sem munição. A par disso, verifica-se que, à luz do Direito Penal do fato e da culpa, iluminado pelo princípio da ofensividade, não há afetação do bem jurídico denominado incolumidade pública que, segundo a doutrina, compreende o complexo de bens e interesses relativos à vida, à integridade corpórea e à saúde de todos e de cada um dos indivíduos que compõem a sociedade. Nessa ordem de ideias, a Quinta Turma do STJ (AgRg no AREsp 397.473-DF, DJe 25/08/2014), ao enfrentar situação fática similar – porte de arma de fogo periciada e totalmente ineficiente – asseverou que o objeto apreendido não se enquadrava no conceito técnico de arma de fogo, razão pela qual considerou descaracterizado o crime de porte ilegal de arma de fogo. De modo semelhante, embora pacífico que a incidência da causa de aumento de pena pelo uso de arma de fogo no delito de roubo dispensa a sua apreensão e perícia, as Turmas de Direito Penal do STJ consolidaram entendimento no sentido de que, caso atestada a ineficácia e inaptidão da arma, torna-se incabível a aplicação da majorante prevista no art. 157, § 2º, I, do CP. Desse modo, conclui-se que arma de fogo pressupõe artefato destinado e capaz de ferir ou matar, de maneira que deve ser reconhecida a atipicidade da conduta de possuir munições deflagradas e percutidas, bem como arma de fogo inapta a disparar, ante a ausência de potencialidade lesiva, tratando-se de crime impossível pela ineficácia absoluta do meio. **REsp 1.451.397-MG, Rel. Min. Maria Thereza de Assis Moura, julgado em 15/9/2015, DJe 1º/10/2015 (Inform. STJ 570).**

DIREITO PENAL. PORTE DE ARMA DE FOGO POR POLICIAL CIVIL APOSENTADO.
O porte de arma de fogo a que têm direito os policiais civis (arts. 6º da Lei 10.826/2003 e 33 do Decreto 5.123/2014) não se estende aos policiais aposentados. Isso porque, de acordo com o art. 33 do Decreto 5.123/2004, que regulamentou o art. 6º da Lei 10.826/2003, o porte de arma de fogo está condicionado ao efetivo exercício das funções institucionais por parte dos policiais, motivo pelo qual não se estende aos aposentados. **Precedente citado: RMS 23.971-MT, Primeira Turma, DJe 16/4/2008. HC 267.058-SP, Rel. Min. Jorge Mussi, julgado em 4/12/2014, DJe 15/12/2014 (Inform. STJ 554).**

DIREITO PENAL. PORTE ILEGAL DE ARMA DE FOGO E CONCEITO TÉCNICO DE ARMA DE FOGO.
Não está caracterizado o crime de porte ilegal de arma de fogo quando o instrumento apreendido sequer pode ser enquadrado no conceito técnico de arma de fogo, por estar quebrado e, de acordo com laudo pericial, totalmente inapto para realizar disparos. De fato, tem-se como típica a conduta de portar arma de fogo sem autorização ou em desconformidade com determinação legal ou regulamentar, por se tratar de delito de perigo abstrato, cujo bem jurídico protegido é a incolumidade pública, independentemente da existência de qualquer resultado naturalístico. Nesse passo, a classificação do crime de porte ilegal de arma de fogo como de perigo abstrato traz, em seu arcabouço teórico, a presunção, pelo próprio tipo penal, da probabilidade de vir a ocorrer algum dano pelo mau uso da arma. Com isso, flagrado o agente portando um objeto eleito como arma de fogo, temos um fato provado – o porte do instrumento – e o nascimento de duas presunções, quais sejam, de que o objeto é de fato arma de fogo, bem como tem potencial lesivo. No entanto, verificado por perícia que o estado atual do objeto apreendido não viabiliza sequer a sua inclusão no conceito técnico de arma de fogo, pois quebrado e, consequentemente, inapto para realização de disparo, não há como caracterizar o fato como crime de porte ilegal de arma de fogo. Nesse caso, tem-se, indubitavelmente, o rompimento da ligação lógica entre o fato provado e as mencionadas presunções. **AgRg no AREsp 397.473-DF, Rel. Min. Marco Aurélio Bellizze, julgado em 19/8/2014. (Inform. STJ 544)**

DIREITO PENAL. TIPICIDADE DA CONDUTA NO CRIME DE PORTE ILEGAL DE ARMA DE FOGO DE USO PERMITIDO.
É típica (art. 14 da Lei 10.826/2003) a conduta do praticante de tiro desportivo que transportava, municiada, arma de fogo de uso permitido em desacordo com os termos de sua guia de tráfego, a qual autorizava apenas o transporte de arma desmuniciada. De fato, as armas dos praticantes de tiro desportivo não integram rol dos "registros próprios" (art. 2º, § 1º, do Decreto 5.123/2004), ao menos para o fim de lhes ser deferido porte de arma. Dispõe, na verdade, sobre guia de tráfego (art. 30, § 1º, do referido Decreto 5.123/2004), licença distinta, a ser expedida pelo Comando do Exército. Poder-se-ia alegar que a restrição de se ter que trafegar com a arma desmuniciada não constaria de lei ou regulamento, daí ser ela inócua mesmo que o Exército tenha expedido a guia com essa menção. Todavia, o legislador foi extremamente cuidadoso ao consignar, claramente, na Lei 10.826/2003, em seu art. 6º, que é "proibido o porte de arma de fogo em todo o território nacional", seguindo-se as ressalvas. Em relação aos atiradores, foi autorizado o porte apenas no momento em que a competição é realizada. Nos indispensáveis trajetos para os estandes de tiro não se deferiu porte, mas específica guia de tráfego. Daí, a necessidade de cautelas no transporte. Nesse contexto, em consideração ao fato de que a prática esportiva de tiro é atividade que conta com disciplina legal, é plenamente possível o traslado de arma de fogo para a realização de treinos e competições, exigindo-se, porém, além do registro, a expedição de guia de tráfego (que não se confunde com o porte de arma) e respeito aos termos desta autorização. Não concordando com os termos da guia, a lealdade recomendaria que o praticante de tiro desportivo promovesse as medidas jurídicas cabíveis para eventualmente modificá-la, e não simplesmente que saísse com a arma municiada, ao arrepio do que vem determinando a autoridade competente sobre a matéria, o Exército. **RHC 34.579-RS, Rel. Min. Maria Thereza de Assis Moura, julgado em 24/4/2014. (Inform. STJ 540)**

DIREITO PENAL. TERMO FINAL DA ABOLITIO CRIMINIS TEMPORÁRIA RELATIVA AO CRIME DE POSSE DE ARMA DE FOGO DE USO PERMITIDO COM NUMERAÇÃO RASPADA, SUPRIMIDA OU ADULTERADA. RECURSO REPETITIVO (ART. 543-C DO CPC E RES. 8/2008-STJ).
É típica a conduta de possuir arma de fogo de uso permitido com numeração raspada, suprimida ou adulterada (art. 16, parágrafo único, IV, da Lei 10.826/2003) praticada após 23/10/2005. O STJ tem entendimento firme de que as regras contidas nos arts. 30 e 32 da Lei 10.826/2003, bem como nas sucessivas leis que prorrogaram a vigência da redação original desses dispositivos, implicam vacatio legis indireta das normas penais incriminadoras da "posse" ou "propriedade" de armas de fogo, tanto de uso permitido como de uso restrito. Sendo assim, enquanto aquelas leis tivessem vigência, tais condutas seriam consideradas atípicas, pela ocorrência de abolitio criminis temporária. Contudo, depois de ultrapassado o prazo final previsto na última prorrogação da redação original dos arts. 30 e 32 da Lei 10.826/2003 (23/10/2005), a Lei 11.706/2008 deu a esta nova redação, sendo que, posteriormente, a Lei 11.922/2009, em seu art. 20, prorrogou o prazo previsto neste último diploma para 31/12/2009. Note-se, entretanto, que não houve mera prorrogação de prazo pela Lei 11.706/2008, como nas vezes anteriores, mas uma modificação do conteúdo da lei. A propósito, na redação original do art. 32 da Lei 10.826/2003, o prazo era para que o proprietário ou possuidor da arma de fogo a "entregasse" à autoridade competente; já no tocante ao art. 30 da mesma lei, o prazo era para que fosse "solicitado o registro" da arma. Como se percebe, o art. 30 da Lei 10.826/2003, na nova redação, continuou a prever uma abolitio criminis para que se procedesse, exclusivamente, à "regularização" da arma por meio do seu "registro". Contudo, diferentemente da redação original, mencionou expressamente que a benesse dizia respeito ao proprietário ou possuidor de "arma de fogo de uso permitido". Ocorre que uma arma com o número de série adulterado ou suprimido não é passível de regularização, uma vez que o art. 15, II, "j", do Dec. 5.123/2004 estabelece como um dos requisitos para o registro o "número de série gravado no cano da arma". Portanto, não sendo viável a regularização por meio do registro da arma de fogo de uso permitido com numeração suprimida, adulterada ou raspada, o seu possuidor ou proprietário não pode ser beneficiado com a abolitio criminis temporária prevista no art. 30 da Lei 10.826/2003, com a redação atribuída pela Lei 11.706/2008. Por fim, ressalte-se que a nova regra do art. 32 da Lei 10.826/2003 não mais suspendeu, temporariamente, a vigência da norma incriminadora ou instaurou uma abolitio criminis temporária – conforme operado pelo art. 30 da mesma lei –, mas instituiu uma causa permanente

3. DIREITO PENAL

de exclusão da punibilidade, consistente na "entrega espontânea" da arma. Assim, de maneira diversa da abolitio criminis temporária ou da vacatio legis indireta, em que os efeitos da norma incriminadora são temporariamente suspensos, com efeitos erga omnes, de modo que a conduta não é típica se praticada nesse período, a causa extintiva da punibilidade prevista no art. 32 da Lei 10.826/2003 não tem o condão de excluir a tipicidade em caráter geral. Como se vê, criou o legislador um meio jurídico para que, a qualquer tempo, o possuidor da arma de fogo de uso permitido, em situação irregular, procedesse à sua devolução, sem que enfrentasse problemas com a justiça criminal. **REsp 1.311.408-RN, Rel. Min. Sebastião Reis Júnior, julgado em 13/3/2013. (Inform. STJ 519)**

📄 SÚMULA STJ nº 513

A *abolitio criminis* temporária prevista na Lei n. 10.826/2003 aplica-se ao crime de posse de arma de fogo de uso permitido com numeração, marca ou qualquer outro sinal de identificação raspado, suprimido ou adulterado, praticado somente até 23/10/2005.

18. CRIMES RELATIVOS A LICITAÇÃO

"Habeas corpus" de ofício e recebimento de denúncia - 1

A Segunda Turma iniciou julgamento de questão de ordem suscitada em ação penal na qual apurada a prática dos crimes de fraude à licitação (Lei 8.666/1993, art. 90) e peculato (CP, art. 312). Na espécie, após o recebimento de denúncia por juízo de primeiro grau, a diplomação do acusado como deputado federal ensejara a remessa dos respectivos autos ao STF para prosseguimento do feito. O Ministro Dias Toffoli (relator), ao suscitar a questão de ordem, propôs que esta fosse resolvida no sentido da concessão de ordem de "habeas corpus", de ofício, em favor do acusado, para que se rejeitasse a denúncia, por falta de justa causa (CPP, art. 395, III). Afirmou que, nos termos do art. 230-A do Regimento Interno do STF, em havendo deslocamento de competência para o STF, a ação penal deveria prosseguir no estado em que se encontrasse, preservada a validade dos atos já praticados na instância anterior, em homenagem ao princípio "tempus regit actum". Contudo, o STF não poderia permitir que uma ação penal inviável prosseguisse, pelo só fato de recebê-la no estado em que se encontrasse, sob pena de manifesto constrangimento ilegal ao réu. Não bastasse isso, o prosseguimento do feito acarretaria a desnecessária prática de inúmeros atos de instrução, como a inquirição de testemunhas e a produção de perícias. Ademais, a justa causa para a ação penal consistiria na exigência de suporte probatório mínimo a indicar a legitimidade da imputação e se traduziria na existência, no inquérito policial ou nas peças de informação a instruir a denúncia, de elementos sérios e idôneos que demonstrassem a materialidade do crime e a existência de indícios razoáveis de autoria. No caso, o acusado, à época da concorrência supostamente fraudada, da assinatura do contrato e de seus aditivos, da sua execução, das medições de obra e dos pagamentos à empresa contratada — questões atinentes ao objeto da ação penal em comento —, não mais seria o chefe do Poder Executivo local, por haver renunciado ao seu mandato. Portanto, além de não subsistir relação de subordinação hierárquica com os responsáveis pela licitação, o acusado não mais deteria qualquer poder de mando sobre o curso do procedimento licitatório e a execução do contrato ora hostilizado. O simples fato de ser governador, à época em que determinada secretaria de Estado firmara o convênio objeto de apuração, não atrairia a sua responsabilidade penal pela fraude à licitação subsequente e pelo eventual desvio de verbas na execução do contrato, reiterado o que decidido na AP 477/RS (DJe de 29.5.2009). Assim, à míngua de elementos probatórios concretos, constituiria mera criação mental da acusação a pretensa relação de causalidade entre as doações eleitorais feitas ao réu e o seu suposto concurso para a fraude à licitação e ao desvio de recursos públicos. **AP 913 QO/AL, rel. Min. Dias Toffoli, 17.11.2015. (AP-913) (Inform. STF 808)**

DIREITO PENAL. NÃO OBRIGATORIEDADE DE LICITAÇÃO POR PARTE DE CONDOMÍNIO EDILÍCIO EM QUE ENTE PÚBLICO SEJA PROPRIETÁRIO DE FRAÇÃO IDEAL.

O síndico de condomínio edilício formado por frações ideais pertencentes a entes públicos e particulares, ao conceder a sociedade empresária o direito de explorar serviço de estacionamento em área de uso comum do prédio sem procedimento licitatório, não comete o delito previsto no art. 90 da Lei 8.666/1993 ("Frustrar ou fraudar, mediante ajuste, combinação ou qualquer outro expediente, o caráter competitivo do procedimento licitatório, com o intuito de obter, para si ou para outrem, vantagem decorrente da adjudicação do objeto da licitação"). O condomínio edilício é ente despersonalizado regido pelo Direito Privado (arts. 1.331 e seguintes do Código Civil e Lei 4.591/1964 e alterações posteriores). Registre-se que os condomínios edilícios não figuram dentre aqueles entes obrigados a licitar mencionados no art. 37, XXI, da CF ou na Lei 8.666/1993. Com efeito, o só fato de entes públicos serem proprietários de frações ideais de um imóvel não determina que os atos do condomínio necessitem ser praticados à luz do Direito Público, mormente a contratação de bens e serviços, como a exploração de área comum (estacionamento). O Poder Público, quando participa de um condomínio edilício, por si só, não tem prevalência sobre os demais condôminos. Assim, não pode obrigá-los a seguir regras aplicáveis apenas à Administração Pública, sob pena de subverter a própria natureza do instituto, obstando os procedimentos rotineiros indispensáveis ao cumprimento das atividades de gestão do condomínio. Sendo assim, não há necessidade da discussão sequer sobre se há maioria de fração ideal do imóvel pelo Poder Público. O STJ, em julgado relativo à extinção de condomínio em que uma das partes era o Poder Público, já se pronunciou pela aplicação do Direito Privado, não obstante o regime especial de alienação de bens públicos (REsp 655.787-MG, DJU de 5/9/2005). Dessa forma, desnecessário seguir a Lei 8.666/1993, por não se tratar de órgão público ou ente público obrigado a licitar ou, ainda, de relação de Direito Público, mas de Direito Privado, sendo atípica a conduta em análise. **REsp 1.413.804-MG, Rel. Min. Reynaldo Fonseca, julgado em 8/9/2015, DJe 16/9/2015 (Inform. STJ 569).**

"Habeas corpus" de ofício e recebimento de denúncia - 2

Ante a falta de justa causa (CPP, art. 395, III), a Segunda Turma, em conclusão de julgamento, resolveu questão de ordem para conceder, de ofício, ordem de "habeas corpus" e rejeitar denúncia pela suposta prática dos crimes de fraude à licitação (Lei 8.666/1993, art. 90) e peculato (CP, art. 312) — v. Informativo 806. Na espécie, após o recebimento de denúncia por juízo de primeiro grau, a diplomação do acusado como deputado federal ensejara a remessa dos respectivos autos ao STF para prosseguimento do feito. O Colegiado afirmou que, nos termos do art. 230-A do Regimento Interno do STF, em havendo deslocamento de competência para o STF, a ação penal deveria prosseguir no estado em que se encontrasse, preservada a validade dos atos já praticados na instância anterior, em homenagem ao princípio "tempus regit actum". Contudo, o STF não poderia permitir que uma ação penal inviável prosseguisse, pelo só fato de recebê-la no estado em que se encontrasse, sob pena de manifesto constrangimento ilegal ao réu. Não bastasse isso, o prosseguimento do feito acarretaria a desnecessária prática de inúmeros atos de instrução, como a inquirição de testemunhas e a produção de perícias. Ademais, a justa causa para a ação penal consistiria na exigência de suporte probatório mínimo a indicar a legitimidade da imputação e se traduziria na existência, no inquérito policial ou nas peças de informação a instruir a denúncia, de elementos sérios e idôneos que demonstrassem a materialidade do crime e a existência de indícios razoáveis de autoria. No caso, o acusado, à época da concorrência supostamente fraudada, da assinatura do contrato e de seus aditivos, da sua execução, das medições de obra e dos pagamentos à empresa contratada — questões atinentes ao objeto da ação penal em comento —, não mais seria o chefe do Poder Executivo local, por haver renunciado ao seu mandato. Portanto, além de não subsistir relação de subordinação hierárquica com os responsáveis pela licitação, o acusado não mais deteria qualquer poder de mando sobre o curso do procedimento licitatório e a execução do contrato ora hostilizado. O simples fato de ser governador, à época em que determinada secretaria de Estado firmara o convênio objeto de apuração, não atrairia a sua responsabilidade penal pela fraude à licitação subsequente e pelo eventual desvio de verbas na execução do contrato, reiterado o que decidido na AP 477/RS (DJe de 29.5.2009). Assim, à míngua de elementos probatórios concretos, constituiria mera criação mental da acusação a pretensa relação de causalidade entre as doações eleitorais feitas ao réu e o seu suposto concurso para a fraude à licitação e ao desvio de recursos públicos. Em seguida, pediu vista dos autos o Ministro Teori Zavascki. **AP 913 QO/AL, rel. Min. Dias Toffoli, 3.11.2015. (AP-913)**

19. VIOLÊNCIA DOMÉSTICA

Substituição de pena e lesão corporal praticada em ambiente doméstico
Não é possível a substituição de pena privativa de liberdade por restritiva de direitos ao condenado pela prática do crime de lesão corporal praticado em ambiente doméstico (CP, art. 129, § 9°, na redação dada pela Lei 11.340/2006). Esse o entendimento da Segunda Turma, que denegou a ordem em "habeas corpus" impetrado em face de decisão que denegara a substituição de pena a condenado, pela prática do delito em questão, a três meses de detenção em regime aberto. A Turma destacou que a substituição da pena privativa de liberdade por sanções restritivas de direitos encontrar-se-ia condicionada ao preenchimento dos requisitos objetivos e subjetivos elencados no art. 44 do CP ("Art. 44. As penas restritivas de direitos são autônomas e substituem as privativas de liberdade, quando: I – aplicada pena privativa de liberdade não superior a quatro anos e o crime não for cometido com violência ou grave ameaça à pessoa ou, qualquer que seja a pena aplicada, se o crime for culposo; II – o réu não for reincidente em crime doloso; III – a culpabilidade, os antecedentes, a conduta social e a personalidade do condenado, bem como os motivos e as circunstâncias indicarem que essa substituição seja suficiente"). Assim, a execução do crime mediante o emprego de violência seria circunstância impeditiva do benefício. Com advento da Lei 9.099/1995, acentuada parcela da doutrina passara a sustentar que a vedação abstrata prevista no art. 44 do CP, ao menos em relação aos crimes de menor potencial ofensivo, implicaria violação ao princípio da proporcionalidade, ou seja, não haveria razão para impedir a conversão da reprimenda a autores de delitos que poderiam, em tese, ser agraciados com a transação penal ou suspensão condicional do processo. Essa linha argumentativa, porém, não teria espaço em relação ao crime de lesão corporal praticado em ambiente doméstico, por duas razões: a) a pena máxima prevista para esse delito — três anos —, a impedir a transação penal (Lei 9.099/1995, art. 61); e b) a existência de comando proibitivo previsto no art. 41 da Lei Maria da Penha ("Aos crimes praticados com violência doméstica e familiar contra a mulher, independentemente da pena prevista, não se aplica a Lei n° 9.099, de 26 de setembro de 1995"). Portanto, o principal fundamento — aplicação da Lei 9.099/1995 — daqueles que militariam pelo abrandamento do art. 44 do CP deixaria de existir quando o cenário fosse de crime de lesão corporal no seio familiar. Ademais, não seria crível imaginar que a Lei Maria da Penha, que teria vindo justamente tutelar com maior rigor a integridade física das mulheres, tivesse autorizado a substituição da pena corporal, mitigando a regra geral do CP, que a proíbe. Nesse contexto, perderia sustento a alegação de que o art. 17 da Lei 11.340/2006 autorizaria a substituição de pena (Art. 17: "É vedada a aplicação, nos casos de violência doméstica e familiar contra a mulher, de penas de cesta básica ou outras de prestação pecuniária, bem como a substituição de pena que implique o pagamento isolado de multa").
HC 129446/MS, rel. Min. Teori Zavascki, 20.10.2015. (HC-129446) (Inform. STF 804)

DIREITO PENAL E PROCESSUAL PENAL. APLICAÇÃO DA LEI MARIA DA PENHA NA RELAÇÃO ENTRE MÃE E FILHA.
É possível a incidência da Lei 11.340/2006 (Lei Maria da Penha) nas relações entre mãe e filha. Isso porque, de acordo com o art. 5°, III, da Lei 11.340/2006, configura violência doméstica e familiar contra a mulher qualquer ação ou omissão baseada no gênero que lhe cause morte, lesão, sofrimento físico, sexual ou psicológico e dano moral ou patrimonial em qualquer relação íntima de afeto, na qual o agressor conviva ou tenha convivido com a ofendida, independentemente de coabitação. Da análise do dispositivo citado, infere-se que o objeto de tutela da Lei é a mulher em situação de vulnerabilidade, não só em relação ao cônjuge ou companheiro, mas também qualquer outro familiar ou pessoa que conviva com a vítima, independentemente do gênero do agressor. Nessa mesma linha, entende a jurisprudência do STJ que o sujeito ativo do crime pode ser tanto o homem como a mulher, desde que esteja presente o estado de vulnerabilidade caracterizado por uma relação de poder e submissão. Precedentes citados: HC 175.816-RS, Quinta Turma, DJe 28/6/2013; e HC 250.435-RJ, Quinta Turma, DJe 27/9/2013. **HC 277.561-AL, Rel. Min. Jorge Mussi, julgado em 6/11/2014. (Inform. STJ 551)**

DIREITO PROCESSUAL PENAL. COMPETÊNCIA DO JUIZADO DE VIOLÊNCIA DOMÉSTICA E FAMILIAR CONTRA A MULHER.
O fato de a vítima ser figura pública renomada não afasta a competência do Juizado de Violência Doméstica e Familiar contra a Mulher para processar e julgar o delito. Isso porque a situação de vulnerabilidade e de hipossuficiência da mulher, envolvida em relacionamento íntimo de afeto, revela-se *ipso facto*, sendo irrelevante a sua condição pessoal para a aplicação da Lei Maria da Penha. Com efeito, a presunção de hipossuficiência da mulher é pressuposto de validade da referida lei, por isso o Estado deve oferecer proteção especial para reequilibrar a desproporcionalidade existente. Vale ressaltar que, em nenhum momento, o legislador condicionou esse tratamento diferenciado à demonstração desse pressuposto – presunção de hipossuficiência da mulher –, que, aliás, é ínsito à condição da mulher na sociedade hodierna. Além disso, não é desproporcional ou ilegítimo o uso do sexo como critério de diferenciação, visto que a mulher é vulnerável no tocante a constrangimentos físicos, morais e psicológicos sofridos em âmbito privado (STF, ADC 19-DF, Tribunal Pleno, DJe 29/4/2014). Desse modo, as denúncias de agressões, em razão do gênero, que porventura ocorram neste contexto, devem ser processadas e julgadas pelos Juizados de Violência Doméstica e Familiar contra a Mulher, nos termos do art. 14 da Lei 11.340/2006. **REsp 1.416.580-RJ, Rel. Min. Laurita Vaz, julgado em 1°/4/2014. (Inform. STJ 539)**

📑 **Súmula STJ n° 536**

A suspensão condicional do processo e a transação penal não se aplicam na hipótese de delitos sujeitos ao rito da Lei Maria da Penha.

---

20. OUTRAS INFRAÇÕES PENAIS PREVISTAS EM LEGISLAÇÃO EXTRAVAGANTE

REPERCUSSÃO GERAL EM ARE N. 901.623-SP

RELATOR: MIN. EDSON FACHIN
Ementa: CONSTITUCIONAL. PENAL. ART. 19 DA LEI DAS CONTRAVENÇÕES PENAIS. PORTE DE ARMA BRANCA. PRINCÍPIO DA LEGALIDADE PENAL. ANÁLISE SOBRE A OBSERVÂNCIA DO PRINCÍPIO DA TAXATIVIDADE DA CONDUTA DESCRITA. REPERCUSSÃO GERAL RECONHECIDA.
Questão relevante do ponto de vista social e jurídico. **(Inform. STF 810)**

Descumprimento de ordem judicial e ciência
Configura-se o crime de responsabilidade de prefeito, nos termos da segunda parte do inciso XIV do art. 1° do Decreto-Lei 201/1967 ("Art. 1°. São crimes de responsabilidade dos Prefeitos Municipais, sujeitos ao julgamento do Poder Judiciário, independentemente do pronunciamento da Câmara dos Vereadores: ... XIV - Negar execução à lei federal, estadual ou municipal, ou deixar de cumprir ordem judicial, sem dar o motivo da recusa ou da impossibilidade, por escrito, à autoridade competente"), a existência de inequívoca ciência da determinação judicial. A mera comunicação da ordem a terceiros não atende as exigências legais. Com base nessa orientação, e por não existir prova de ter o réu concorrido para a infração penal (CPP, art. 386, V), a Primeira Turma absolveu o réu. Na espécie, quando prefeito ao tempo dos fatos, fora acusado de descumprir ordem judicial sem dar o motivo da recusa ou da impossibilidade de fazê-lo, por escrito, à autoridade competente. A Turma apontou que a projeção desse entendimento se guiaria pelos mesmos parâmetros utilizados para aferição do dolo nos delitos em que o ato de desobedecer figurar como elementar do tipo, cuja previsão genérica é a do art. 330 do CP, sobre o qual doutrina e jurisprudência seriam unânimes em exigir a ciência inequívoca do agente quanto à ordem descumprida. Esclareceu que a decisão liminar, cujo descumprimento criminoso fora atribuído ao acusado, bem como aquela que ampliara os seus efeitos, não teriam sido endereçadas ao prefeito, mas aos seus procuradores judiciais. Por fim, ponderou que o fato de o Município não ser pequeno poderia implicar a possibilidade de que a gestão administrativa fosse desconcentrada e descentralizada para além do gabinete do prefeito. **AP 555/SC, rel. Min. Rosa Weber, 6.10.2015. (AP-555) (Inform. STF 802)**

Divulgação de informação com segredo de justiça e quebra do sigilo telefônico - 1
A Segunda Turma iniciou julgamento de agravo regimental em reclamação em que se discute a ilegitimidade da quebra do sigilo telefônico de jornalista — autorizada com o objetivo de descobrir a fonte de notícias que vazaram informações protegidas por segredo de justiça — por afronta à autoridade do STF e à eficácia vinculante da decisão proferida na ADPF 130/DF (DJe de 6.11.2009). No caso, ao jornalista teria sido imputado o crime de quebra de segredo de justiça, previsto no art. 10 da Lei 9.296/1996 ["Constitui crime realizar interceptação de comunicações telefônicas, de informática ou telemática, ou quebrar segredo da Justiça, sem autorização judicial ou com

objetivos não autorizados em lei. Pena: reclusão, de 2 (dois) a 4 (quatro) anos, e multa"], por ter divulgado, em jornal, o conteúdo de conversas telefônicas entre pessoas investigadas pela Polícia Federal que teriam sido objeto de censura judicial. Isso teria ensejado o seu indiciamento, com a determinação judicial de ruptura de seu sigilo telefônico, com a finalidade de obter os números de eventuais linhas pertencentes ao seu CPF, bem como em nome de empresa de publicidade. O Ministro Dias Toffoli (relator) negou provimento ao agravo regimental, mas concedeu a ordem de "habeas corpus" de ofício para trancar o inquérito policial e tornar sem efeito o indiciamento do jornalista, além de ordenar o desentranhamento e a inutilização de todos os dados obtidos mediante indevido afastamento dos sigilos telefônicos, no que foi acompanhado pela Ministra Cármen Lúcia. Ressaltou que a matéria decida na ADPF 130 — recepção da Lei de Imprensa — não teria pertinência com o inquérito policial instaurado para apurar a prática do crime do art. 10 da Lei 9.296/1996, razão pela qual mantivera a decisão que negara seguimento à reclamação.

Rcl 19464/SP, rel. Min. Dias Toffoli, 22.9.2015. (Rcl-19464)

Divulgação de informação com segredo de justiça e quebra do sigilo telefônico - 2

O relator, entretanto, vislumbrou a presença de flagrante constrangimento ilegal a autorizar a ordem de ofício. Destacou que jornalista, no exercício da profissão, não poderia ser sujeito ativo do crime descrito no art. 10, segunda parte, da citada lei. Frisou que, como o jornalista não teria acesso legítimo ao procedimento de interceptação telefônica e ao seu resultado, não poderia ser sujeito ativo desse crime específico. Salientou que, na quebra de segredo de justiça, seria possível distinguir duas condutas: a intrusão (quebra na modalidade violação), consistente no acesso indevido, por qualquer pessoa, ao conteúdo do procedimento de interceptação; e a divulgação, consistente na indevida revelação desse conteúdo, por quem a tivesse acesso legítimo. Na espécie, não haveria o mais tênue indício de que o jornalista tivesse concorrido para a quebra do segredo de justiça na modalidade intrusão, uma vez que os elementos de prova indicariam que ele se limitara a receber de um terceiro o material que conteria informações sobre as conversas telefônicas interceptadas judicialmente. Observou que a própria requisição da instauração de inquérito teria sido motivada exclusivamente pela publicação, ou seja, pela revelação do conteúdo do procedimento de interceptação telefônica, e não pela intrusão de dados sigilosos. Como a modalidade revelação de dados sob segredo de justiça constituiria crime próprio, que somente poderia ser praticado por quem legitimamente os detivesse ou a eles tivesse acesso, seria atípica a conduta do jornalista. Portanto, seria manifesta a falta de justa causa para a persecução penal, razão pela qual se cumpriria determinar o trancamento do inquérito policial contra ele instaurado, de modo a tornar sem efeito seu indiciamento. Ponderou, contudo, que, se o jornalista, ao invés de atuar como mero receptor passivo da informação sigilosa, tivesse concorrido, de qualquer modo, mediante ajuste, induzimento, instigação ou auxílio, para que um dos titulares do dever de sigilo o violasse, poderia, em tese, praticar o crime em questão, haja vista que o tipo penal admitiria participação. De toda sorte, não obstante a liberdade de informação jornalística cumprisse relevantes funções, não legitimaria a obtenção, por meios ilícitos, de informações sigilosas nem imunizaria jornalistas contra a prática de crimes no exercício da profissão. Consignou que, nas condições já retratadas, a investigação criminal encontraria limite constitucional intransponível no sigilo de fonte (CF, art. 5º, XIV), que não poderia ser violado direta ou obliquamente. Assim, deveria ser reconhecida a ilicitude de toda prova obtida mediante o afastamento do sigilo de dados telefônicos do jornalista e da empresa de publicidade, com sua consequente inutilização. O Ministro Teori Zavascki acompanhou o relator para negar provimento ao agravo regimental, todavia, divergiu quanto à concessão da ordem de "habeas corpus" de ofício. Pontuou que a cognição seria muito restrita no âmbito da reclamação, o que dificultaria o exame dos fatos em sua inteireza. Em seguida, pediu vista o Ministro Gilmar Mendes.

Rcl 19464/SP, rel. Min. Dias Toffoli, 22.9.2015. (Rcl-19464) (Inform. STF 800)

AG. REG. NO RHC N. 118.621-ES

RELATOR: MIN. ROBERTO BARROSO

Ementa: Agravo regimental no recurso ordinário em *habeas corpus*. Formação de quadrilha, falsidade ideológica e lavagem de dinheiro. Interceptações telefônicas.

1. As instâncias precedentes afirmaram que a interceptação telefônica foi precedida de diligências preliminares que demonstraram a *"necessidade e indispensabilidade da medida"*. Para dissentir-se desse entendimento seria

necessário o revolvimento de fatos e provas, inviável na via do *habeas corpus*. 2. *"O Supremo Tribunal Federal afasta a necessidade de transcrição integral dos diálogos gravados durante quebra de sigilo telefônico, rejeitando alegação de cerceamento de defesa pela não transcrição de partes da interceptação irrelevantes para o embasamento da denúncia"* (Inq. 3693, Rel.ª Min.ª Cármen Lúcia). No mesmo sentido, o AI 685878-AgR, Rel. Min. Ricardo Lewandowski. 3. Agravo regimental a que se nega provimento. **(Inform. STF 797)**

Art. 1º, I, do Decreto-Lei 201/1967 e admissibilidade de participação

O crime do art. 1º, I, do Decreto-Lei 201/1967 ("Art. 1º São crimes de responsabilidade dos Prefeitos Municipal, sujeitos ao julgamento do Poder Judiciário, independentemente do pronunciamento da Câmara dos Vereadores: I - apropriar-se de bens ou rendas públicas, ou desviá-los em proveito próprio ou alheio"), é próprio, somente podendo ser praticado por prefeito, admitida, porém, a participação, nos termos do art. 29 do CP. Com base nesse entendimento, a Segunda Turma recebeu denúncia oferecida contra deputado federal pela suposta prática de referido crime. De início, rejeitou requerimento formulado no sentido de que o processo em comento fosse julgado em conjunto com AP 644/MT. Assinalou que a reunião de ações penais conexas seria a regra, salvo se o juiz reputasse conveniente a separação, por motivo relevante (CPP: "Art. 80. Será facultativa a separação dos processos quando as infrações tiverem sido praticadas em circunstâncias de tempo ou de lugar diferentes, ou, quando pelo excessivo número de acusados e para não lhes prolongar a prisão provisória, ou por outro motivo relevante, o juiz reputar conveniente a separação"). Ocorre que os feitos estariam em situação processual diversa. Em um deles, a instrução processual já estaria encerrada, enquanto no outro, a denúncia sequer teria sido apreciada. Assim, a reunião das ações seria inviável. No mérito, a Turma destacou que o denunciado, em comunhão de esforços com prefeito, seria acusado de desviar rendas públicas em proveito próprio e alheio. Sua conduta teria consistido em apresentar emenda parlamentar ao orçamento da União, autorizando o repasse de recursos para aquisição de ambulância. Realizada licitação na modalidade tomada de preços, o certame teria sido direcionado em favor de determinada empresa. Para a fase processual de análise de recebimento da denúncia, os elementos seriam suficientes para demonstrar não apenas o direcionamento da licitação, mas também o desvio dos recursos públicos, mediante a prática de sobrepreço. Ademais, haveria indicativos da existência de organização criminosa dedicada à canalização de recursos do orçamento para aquisição de ambulâncias, com posterior direcionamento de licitações. Outrossim, a apresentação de emenda parlamentar para financiar a compra, somada a depoimentos colhidos no sentido de que o denunciado teria contribuído para o direcionamento da licitação, seriam indícios suficientes de participação, para esta fase processual.

Inq 3634/DF, rel. Min. Gilmar Mendes, 2.6.2015. (Inq-3634) (Inform. STF 788)

Desobediência eleitoral e absolvição sumária

Para configuração do crime de desobediência eleitoral, previsto no art. 347 do Código Eleitoral ("Recusar alguém cumprimento ou obediência a diligências, ordens ou instruções da Justiça Eleitoral ou opor embaraços à sua execução") é necessária a demonstração da ciência do agente em relação à ordem tida por descumprida, e que esta seja emitida de forma direta e individualizada. Com base nesse entendimento, a Segunda Turma resolveu questão de ordem suscitada pelo Ministro Teori Zavascki (relator) e absolveu sumariamente acusado da prática do referido delito, aplicado o quanto disposto no art. 397, III, do CPP ("Art. 397. Após o cumprimento do disposto no art. 396-A, e parágrafos, deste Código, o juiz deverá absolver sumariamente o acusado quando verificar: ... III - que o fato narrado evidentemente não constitui crime"). A Turma afirmou que a ordem supostamente descumprida na hipótese — a não realização de carreatas ou passeatas eleitorais em determinado local — não teria sido dirigida especificamente ao ora acusado, mas a todos os candidatos, partidos, coligações e cidadãos, mediante encaminhamento de ofício-circular pelo juiz eleitoral. Entretanto, para configuração do crime de desobediência eleitoral seria necessário que a ordem tida por descumprida fosse direta e individualizada ao agente, o que, como visto, não teria ocorrido, tendo em conta o caráter geral e abstrato da referida orientação da Justiça Eleitoral. Por outro lado, não haveria nos autos elementos mínimos e suficientes a indicar que o acusado tivesse ciência do ofício-circular elaborado pelo juiz eleitoral e que o teria deliberadamente descumprido. Nesse contexto, verificar-se-ia a ausência do elemento subjetivo do tipo, no caso, o dolo.

AP 904/RO, rel. Min. Teori Zavascki, 14.4.2015. (AP-904) (Inform. STF 781)

Discriminação por orientação sexual: atipicidade e reprovabilidade

Ante a atipicidade da conduta, a 1ª Turma não recebeu denúncia oferecida contra Deputado Federal que teria publicado na rede social "twitter" manifestação de natureza discriminatória em relação aos homossexuais. A Turma destacou que o artigo 20 da Lei 7.716/1989 — assim como toda norma penal incriminadora — possui rol exaustivo de condutas tipificadas, cuja lista não contempla a discriminação decorrente de opção sexual ("Art. 20. Praticar, induzir ou incitar a discriminação ou preconceito de raça, cor, etnia, religião ou procedência nacional. Pena: reclusão de um a três anos e multa"). Nesse sentido, ressaltou que a clareza do ditame contido no art. 5º, XXXIX da CF impediria que se enquadrasse a conduta do deputado como crime, em que pesasse à sua reprovabilidade ("Art. 5º, XXXIX. Não há crime sem lei anterior que o defina, nem pena sem prévia cominação legal"). O Ministro Roberto Barroso consignou que o comentário do parlamentar teria sido preconceituoso, de mau gosto e extremamente infeliz. Aduziu, entretanto, que a liberdade de expressão não existiria para proteger apenas aquilo que fosse humanista, de bom gosto ou inspirado. Ressaltou que seria razoável entender que o princípio da dignidade da pessoa humana (CF, art. 1º, III) impusesse um mandamento ao legislador para que tipificasse condutas que envolvessem manifestações de ódio ("hate speech"). Ponderou que haveria um projeto de lei nesse sentido em discussão no Congresso Nacional. O Ministro Luiz Fux acrescentou que o STF, ao julgar a legitimação da união homoafetiva, entendera que a homoafetividade seria um traço da personalidade e que, portanto, ela não poderia trazer nenhum discrime, de sorte que a fala do parlamentar, ao mesmo tempo, ultrajaria o princípio da dignidade da pessoa humana e o da isonomia. **Inq 3590/DF, rel. Min. Marco Aurélio, 12.8.2014. (Inq-3590) (Inform. STF 754)**

AP N. 596-PR
RELATOR: MIN. LUIZ FUX
Ementa: AÇÃO PENAL. CRIME DE DESOBEDIÊNCIA À ORDEM DA JUSTIÇA ELEITORAL. ART. 347 DO CÓDIGO ELEITORAL. AUSÊNCIA DE DEMONSTRAÇÃO DA VONTADE LIVRE E CONSCIENTE DE RECUSAR O CUMPRIMENTO DE DETERMINAÇÃO JUDICIAL PARA RETIRADA DE PROPAGANDA IRREGULAR. AUSÊNCIA DE NOTIFICAÇÃO PESSOAL DO RÉU. DOLO NÃO COMPROVADO. ABSOLVIÇÃO. AÇÃO PENAL JULGADA IMPROCEDENTE.
1. O crime de desobediência previsto no art. 347 do Código Eleitoral aperfeiçoa-se com a verificação de que o agente agiu impulsionado por dolo, ou seja, consciente da ilegalidade do ato que está praticando, recusando o cumprimento ou obediência a diligências, ordens ou instruções da Justiça Eleitoral.
2. A doutrina penal acerca do tipo *sub examine* assenta que "*O tipo subjetivo exige vontade livre e consciente de desobedecer ou recusar cumprimento. O elemento subjetivo do tipo, portanto, encontra-se no dolo. Mas basta o dolo genérico ou eventual, ou seja, a só intenção em desobedecer, sem se exigir que esse agir tenha um objetivo certo e especial*". (STOCO, Rui, *Legislação Eleitoral Interpretada: Doutrina e Jurisprudência*, São Paulo: Editora Revista dos Tribunais, 2006, 2. ed., p. 470).
"*O elemento subjetivo do tipo em questão é o dolo genérico, ou seja, a vontade livre e consciente de recusar cumprimento ou obediência a diligências, ordens ou instruções da Justiça Eleitoral ou opor embaraços à sua execução*" (GOMES, Suzana de Camargo, Crimes Eleitorais, São Paulo: Editora Revista dos Tribunais, 2008, 3. ed., p. 327).
3. *In casu*, a denúncia narra que:
i) o acusado fixou pintura em propriedade particular contendo propaganda eleitoral com área superior ao permitido pela legislação, sendo deferida medida liminar pela Justiça Eleitoral determinando que o réu retirasse a propaganda irregular no prazo de 24 (vinte e quatro) horas.
ii) A notificação expedida para que o acusado cumprisse a ordem judicial foi recebida por terceiros e não foi informado ao Juízo eleitoral que o réu tivesse retirado a propaganda irregular, o que ensejou o oferecimento de denúncia na presente ação penal.
4. As provas produzidas não demonstraram, de forma inequívoca, o dolo na conduta do réu. Ao revés, o contexto probatório que exsurge dos autos indica que o acusado não teve ciência da determinação judicial.
5. O órgão acusador possui o ônus de provar o dolo do agente na prática do ato tido como criminoso. Não se pode atribuir a responsabilidade penal do agente sem comprovação cabal do conhecimento da ordem emanada da Justiça Eleitoral, necessário para a consumação da prática delituosa.
6. A jurisprudência desta Corte é no sentido de que "*a configuração desse delito tipificado no art. 347 do Código Eleitoral, pressupõe a existência de*

---

dolo, sem o qual a conduta descrita no preceito primário de incriminação torna-se atípica". Precedentes: (HC 84.758/GO, Rel. Min. Celso de Mello, Pleno, DJ de 16/6/2006 e Pet 4.172/PA, Rel. Min. Cezar Peluso, Pleno, DJe de 28/11/2008).
7. Ação penal julgada improcedente para absolver o acusado com base no artigo 386, inciso III, do Código de Processo Penal. **(Inform. STF 734)**

"Flanelinha" e registro de profissão

O guardador ou lavador autônomo de veículos automotores não registrado na Superintendência Regional do Trabalho e Emprego - SRTE, nos termos fixados pela Lei 6.242/75, não pode ser denunciado pela suposta prática de exercício ilegal da profissão (Lei das Contravenções Penais: "*Art. 47. Exercer profissão ou atividade econômica ou anunciar que a exerce, sem preencher as condições a que por lei está subordinado o seu exercício*"). Com base nesse entendimento, a 2ª Turma concedeu *habeas corpus* para restabelecer decisão de 1º grau, que rejeitara a peça acusatória por falta de "*... pressuposto processual ou condição para o exercício da ação penal*" (CPP, art. 395, II). Verificou-se a presença de requisitos para a aplicação do princípio da insignificância, a reconhecer a atipicidade material do comportamento dos pacientes. Reputou-se minimamente ofensiva e de reduzida reprovabilidade a conduta. Destacou-se que a tipificação em debate teria por finalidade garantir que as profissões fossem exercidas por profissionais habilitados e, no caso daqueles conhecidos por "flanelinhas", a falta de registro no órgão competente não atingiria, de forma significativa, o bem jurídico penalmente protegido. Nessa senda, considerou-se que, se ilícito houvera, aproximar-se-ia do de caráter administrativo. **HC 115046/MG, rel. Min. Ricardo Lewandowski, 19.3.2013. (HC-115046) (Inform. STF 699).**

DIREITO PENAL. IMPORTAÇÃO E TRANSPORTE ILEGAIS DE AGROTÓXICO.
A conduta consistente em transportar, no território nacional, em desacordo com as exigências estabelecidas na legislação pertinente, agrotóxicos importados por terceiro de forma clandestina não se adequa ao tipo de importação ilegal de substância tóxica (art. 56 da Lei 9.605/1998) caso o agente não tenha ajustado ou posteriormente aderido à importação ilegal antes da entrada do produto no país, ainda que o autor saiba da procedência estrangeira e ilegal do produto, subsumindo-se ao tipo de transporte ilegal de agrotóxicos (art. 15 da Lei 7.802/1989). De fato, o art. 56 da Lei 9.605/1998 dispõe: "Produzir, processar, embalar, importar, exportar, comercializar, fornecer, transportar, armazenar, guardar, ter em depósito ou usar produto ou substância tóxica, perigosa ou nociva à saúde humana ou ao meio ambiente, em desacordo com as exigências estabelecidas em leis ou nos seus regulamentos: Pena – reclusão, de um a quatro anos, e multa". Por sua vez, o art. 15 da Lei 7.802/1989 (Lei dos Agrotóxicos) prescreve: "Aquele que produzir, comercializar, transportar, aplicar, prestar serviço, der destinação a resíduos e embalagens vazias de agrotóxicos, seus componentes e afins, em descumprimento às exigências estabelecidas na legislação pertinente estará sujeito à pena de reclusão, de dois a quatro anos, além de multa". Ocorre que, não havendo elementos no sentido de que o agente, tendo recebido os produtos dentro do Brasil, sabendo da procedência estrangeira, tenha previamente ajustado ou posteriormente aderido à importação ilegal antes da consumação do crime, que, sendo formal instantâneo, ocorre com a simples entrada do produto no país, não se pode falar em participação na importação de substância tóxica (art. 56 da Lei 9.605/1998), mas tão somente em delito autônomo de transporte de agrotóxico (art. 15 da Lei 7.802/1989). Isso porque a participação na modalidade de coautoria sucessiva, em que o partícipe resolve aderir à conduta delituosa após o início da sua execução, exige, além do liame subjetivo comum a todo concurso de agentes, que a adesão do partícipe ocorra antes da consumação do delito, caso contrário restará configurado delito autônomo. Vale lembrar ilustrativamente que, assim como o receptador não responde por participação em contrabando pelo simples fato de conhecer a procedência estrangeira da mercadoria que recebe, o réu, no presente caso, também não responde pela importação do produto tóxico que transporta ilegalmente dentro do território nacional apenas por "achar que estaria levando mercadoria estrangeira". **REsp 1.449.266-PR, Rel. Min. Maria Thereza de Assis Moura, julgado em 6/8/2015, DJe 26/8/2015 (Inform. STJ 568).**

DIREITO PENAL. NÃO CONFIGURAÇÃO DO CRIME DO ART. 10 DA LEI 7.347/1985.
Não configura o crime do art. 10 da Lei 7.347/1985 o retardamento do envio de dados técnicos requisitados pelo MP para a propositura de

3. DIREITO PENAL

ação civil pública quando, após o envio a destempo, o MP promova o arquivamento do inquérito civil sob o fundamento da licitude dos atos praticados pelo investigado. De acordo com o art. 10 da Lei 7.347/1985, "Constitui crime, punido com pena de reclusão de 1 (um) a 3 (três) anos, mais multa de 10 (dez) a 1.000 (mil) Obrigações Reajustáveis do Tesouro Nacional – ORTN, a recusa, o retardamento ou a omissão de dados técnicos indispensáveis à propositura da ação civil, quando requisitados pelo Ministério Público". Na hipótese em análise, não obstante tenha ocorrido o retardamento na remessa dos dados requeridos, observa-se que, após envio, o Parquet concluiu pela licitude dos atos investigados e arquivou o inquérito civil, caracterizando, assim, a prescindibilidade das informações. Nesse sentido, forçoso reconhecer a ausência da elementar "dados técnicos indispensáveis à propositura da ação civil" do art. 10 da Lei 7.347/1985, face à verificação da legalidade dos atos praticados pelo investigado. **Precedente citado: APn 515-MT, Corte Especial, DJe de 5/2/2009. HC 303.856-RJ, Rel. Min. Felix Fischer, julgado em 7/4/2015, DJe 22/4/2015 (Inform. STJ 560).**

DIREITO PENAL. PRESTAÇÃO DE SERVIÇO DE PROVEDOR DE ACESSO À INTERNET POR MEIO DE RADIOFREQUÊNCIA SEM AUTORIZAÇÃO DA ANATEL.
Ajusta-se à figura típica prevista no art. 183 da Lei 9.472/1997 ("Desenvolver clandestinamente atividades de telecomunicação") a conduta de prestar, sem autorização da ANATEL, serviço de provedor de acesso à internet a terceiros por meio de instalação e funcionamento de equipamentos de radiofrequência. Realmente, o fato de o art. 61, § 1º, da Lei 9.472/1997 disciplinar que serviço de valor adicionado "não constitui serviço de telecomunicações" não implica o reconhecimento, por si só, da atipicidade da conduta em análise. Isso porque, segundo a ANATEL, o provimento de acesso à Internet via radiofrequência engloba tanto um serviço de telecomunicações (Serviço de Comunicação Multimídia) quanto um serviço de valor adicionado (Serviço de Conexão à Internet). **Precedentes citados: AgRg no AREsp 383.884-PB, Sexta Turma, DJe 23/10/2014; e AgRg no REsp 1.349.103-PB, Sexta Turma, DJe 2/9/2013. AgRg no REsp 1.304.262-PB, Rel. Min. Jorge Mussi, julgado em 16/4/2015, DJe 28/4/2015 (Inform. STJ 560).**

DIREITO PENAL. NECESSIDADE DE PERÍCIA PARA DEMONSTRAR QUE A MERCADORIA ESTÁ IMPRÓPRIA PARA O CONSUMO EM CRIME CONTRA A RELAÇÃO DE CONSUMO.
Para caracterizar o delito previsto no art. 7º, IX, da Lei 8.137/1990 (crime contra relação de consumo), é imprescindível a realização de perícia a fim de atestar se as mercadorias apreendidas estão em condições impróprias para o consumo, não sendo suficiente, para a comprovação da materialidade delitiva, auto de infração informando a inexistência de registro do Serviço de Inspeção Estadual (SIE) nas mercadorias expostas à venda (art. 18, § 6º, II, do CDC, c/c decreto estadual que conceitua os requisitos da propriedade ao consumo de alimentos e bebidas para fins de comercialização). O art. 7º, IX, da Lei 8.137/1990 tipifica como crime contra as relações de consumo a conduta de "vender, ter em depósito para vender ou expor à venda ou, de qualquer forma, entregar matéria-prima ou mercadoria, em condições impróprias ao consumo". Da leitura do dispositivo legal em comento, percebe-se que se trata de delito que deixa vestígios materiais, sendo indispensável, portanto, a realização de perícia para a sua comprovação, nos termos do art. 158 do CPP ("Quando a infração deixar vestígios, será indispensável o exame de corpo de delito, direto ou indireto, não podendo supri-lo a confissão do acusado"). No mesmo sentido é a doutrina e a jurisprudência predominante do STJ (AgRg no AREsp 333.459-SC, Quinta Turma, DJe 4/11/2013; e AgRg no REsp 1.175.679-RS, Sexta Turma, DJe 28/3/2012), sendo, inclusive, idêntica a orientação do STF (HC 90.779, Primeira Turma, DJe 24/10/2008). Ademais, não se pode olvidar que o art. 18, § 6º, do CDC, que prevê hipóteses em que matérias-primas e mercadorias são consideradas impróprias ao consumo, também se remete a outros diplomas normativos, principalmente na parte final do seu inciso II, ao estabelecer que são impróprios ao consumo a matéria-prima ou mercadoria fabricados, distribuídos ou apresentados em desacordo com as normas regulamentares. Perceba-se que o exercício de subsunção do fato à norma penal, na hipótese, transcende a própria legislação federal que regulamenta a matéria, circunstância que, por si só, já torna impreciso os contornos da figura típica prevista no art. 7º, IX, da Lei 8.137/1990, em ofensa ao princípio da estrita legalidade que vige no ordenamento jurídico pátrio, nos termos do art. 5º, XXXIX, da CF e do art. 1º do CP. Além disso, não se pode dar relevância penal a decreto apto a produzir efeitos apenas no âmbito da referida unidade da federação, em

flagrante ofensa à competência privativa da União para legislar sobre Direito Penal, prevista no art. 22, I, da CF. Desta forma, ainda que seja competência concorrente da União, dos Estados e do Distrito Federal a produção legislativa sobre consumo (art. 24, V, da CF), é certo que eventual pretensão penal condenatória somente pode estar fundamentada em legislação emanada da União. Portanto, uma persecução criminal condizente com os princípios e objetivos de um Estado Democrático de Direito deve ser acompanhada de comprovação idônea da materialidade delitiva, conforme preceitua o art. 158 do CPP, não sendo admissível a presunção de impropriedade ao consumo de produtos expostos à venda com base exclusivamente no conteúdo de normas locais. **RHC 49.752-SC, Rel. Min. Jorge Mussi, julgado em 14/4/2015, DJe 22/4/2015 (Inform. STJ 560).**

DIREITO PENAL. CONFIGURAÇÃO DO CRIME DE CAMBISMO.
Para a configuração do crime de cambismo (Vender ingressos de evento esportivo, por preço superior ao estampado no bilhete), previsto no art. 41-F da Lei 10.671/2003, não há necessidade de comprovação de que, no momento da oferta, não havia ingressos disponíveis na bilheteria. Trata-se de comportamento dotado de reprovabilidade penal, pela simples razão de envolver a exploração, artificiosa, de um bem finito: a quantidade de lugares nos estádios. Dessa maneira, abusando de certo privilégio decorrente de se chegar antes ao guichê, adquirem-se mais unidades, que são vendidas com ágio. É desinfluente a circunstância, eventual, de ainda existirem ingressos à venda nas bilheterias. A uma porque o tipo penal, expressamente, a tal não se refere. A duas porque, pela simples conduta enunciada no modelo incriminador, o bem jurídico já é afetado, porquanto se materializa exploração do preço, em mercado de bem finito, operado por um único fornecedor. Gera-se indevida especulação, promovendo a daninha quebra da isonomia, que seria assegurada pela exclusividade nas vendas. **RHC 47.835-RJ, Rel. Min. Maria Thereza de Assis Moura, julgado em 9/12/2014, DJe 19/12/2014 (Inform. STJ 554).**

DIREITO PROCESSUAL PENAL. LEGALIDADE DE INTERCEPTAÇÃO TELE-FÔNICA DEFERIDA POR JUÍZO DIVERSO DAQUELE COMPETENTE PARA JULGAR A AÇÃO PRINCIPAL.
A sentença de pronúncia pode ser fundamentada em indícios de autoria surgidos, de forma fortuita, durante a investigação de outros crimes no decorrer de interceptação telefônica determinada por juiz diverso daquele competente para o julgamento da ação principal. Nessa situação, não há que se falar em incompetência do Juízo que autorizou a interceptação telefônica, tendo em vista que se trata de hipótese de encontro fortuito de provas. Além disso, a regra prevista no art. 1º da Lei 9.296/1996, de acordo com a qual a interceptação telefônica dependerá de ordem do juiz competente da ação principal, deve ser interpretada com ponderação, não havendo ilegalidade no deferimento da medida por Juízo diverso daquele que vier a julgar a ação principal, sobretudo quando autorizada ainda no curso da investigação criminal. Precedente citado: RHC 32.525-AP, Sexta Turma, DJe 4/9/2013. **REsp 1.355.432-SP, Rel. Min. Jorge Mussi, Rel. para acórdão Min. Marco Aurélio Bellizze, julgado em 21/8/2014. (Inform. STJ 546)**

DIREITO PENAL. EXERCÍCIO DA PROFISSÃO DE FLANELINHA SEM A OBSERVÂNCIA DAS CONDIÇÕES PREVISTAS EM LEI.
O exercício, sem o preenchimento dos requisitos previstos em lei, da profissão de guardador e lavador autônomo de veículos automotores (flanelinha) não configura a contravenção penal prevista no art. 47 do Decreto-Lei 3.688/1941 (exercício ilegal de profissão ou atividade). Consoante ensinamento doutrinário, o núcleo do tipo de exercício ilegal de profissão ou atividade busca coibir o abuso de certas pessoas, ludibriando inocentes que acreditam estar diante de profissionais habilitados, quando, na realidade, trata-se de uma simulação de atividade laboral especializada. No caso do guardador ou lavador de carros, não se pode afirmar que haja uma atividade especializada a exigir conhecimentos técnicos para a sua realização, não sendo a previsão de registro em determinado órgão, por si só, capaz de tornar a conduta penalmente relevante. Precedentes citados do STJ: HC 273.692-MG, Quinta Turma, DJe 2/10/2013; HC 190.186-RS, Quinta Turma, DJe 14/6/2013. Precedente citado do STF: HC 115.046, Segunda Turma, DJe 16/8/2013. **RHC 36.280-MG, Rel. Min. Laurita Vaz, julgado em 18/2/2014. (Inform. STJ 536)**

📃 **Súmula STF nº 592**

Nos crimes falimentares, aplicam-se as causas interruptivas da prescrição, previstas no código penal.

4. DIREITO PROCESSUAL PENAL

1. FONTES, PRINCÍPIOS GERAIS, EFICÁCIA DA LEI PROCESSUAL NO TEMPO E NO ESPAÇO E INTERPRETAÇÃO

AP 520/DF
RELATOR: Ministro Celso de Mello
EMENTA: PROCESSO PENAL. TESTEMUNHA. SUBSTITUIÇÃO. POSSIBI-LIDADE, *NÃO OBSTANTE A SUPERVENIÊNCIA DA LEI Nº 11.719/2008* QUE DERROGOU AS NORMAS LEGAIS (CPP, art. 397 e 405) QUE FACULTAVAM A SUBSTITUIÇÃO DE TESTEMUNHAS. APLICAÇÃO ANALÓGICA, *AO PROCESSO PENAL*, DO ART. 408 DO CPC, POR EFEITO *DO ART. 3º DO CPP*. DOUTRINA. PRECEDENTE DO STF (PLENO). DJe de 5.8.2014. **(Inform. STF 764)**

HC 111.567/AM
RELATOR: Ministro Celso de Mello
"HABEAS CORPUS" – RÉU MILITAR – INSTRUÇÃO PROCESSUAL – PRE-TENDIDO COMPARECIMENTO À AUDIÊNCIA PENAL EM QUE INQUIRIDO O CORRÉU – AUSÊNCIA DE OFERECIMENTO DE TRANSPORTE PARA O LOCAL DE REALIZAÇÃO DO ATO PROCESSUAL – CONSTRANGIMENTO ILEGAL CARACTERIZADO – A GARANTIA CONSTITUCIONAL DA PLENITUDE DE DEFESA: UMA DAS PROJEÇÕES CONCRETIZADORAS DA CLÁUSULA DO *"DUE PROCESS OF LAW"* – CARÁTER GLOBAL E ABRANGENTE DA FUNÇÃO DEFENSIVA: DEFESA TÉCNICA E AUTODEFESA (DIREITO DE AUDIÊNCIA E DIREITO DE PRESENÇA) – PACTO INTERNACIONAL SOBRE DIREITOS CIVIS E POLÍTICOS/ONU (ARTIGO 14, N. 3, "D") E CONVENÇÃO AMERICANA DE DIREITOS HUMANOS/OEA (ARTIGO 8º, § 2º, "D" E "F") – DEVER DO ESTADO DE ASSEGURAR, AO RÉU MILITAR, O EXERCÍCIO DESSA PRERROGATIVA ESSENCIAL, ESPECIALMENTE A DE PROPICIAR TRANSPORTE (DECRETO Nº 4.307/2002, ART. 28, INCISO I) PARA COMPARECER À AUDIÊNCIA DE INQUIRIÇÃO DAS TESTEMUNHAS, AINDA MAIS QUANDO ARROLADAS PELO MINISTÉRIO PÚBLICO – RAZÕES DE CONVENIÊNCIA ADMINISTRA-TIVA OU GOVERNAMENTAL NÃO PODEM LEGITIMAR O DESRESPEITO NEM COMPROMETER A EFICÁCIA E A OBSERVÂNCIA DESSA FRANQUIA CONS-TITUCIONAL – NULIDADE PROCESSUAL ABSOLUTA – PEDIDO DEFERIDO.
- O acusado tem o direito *de comparecer, de assistir* e *de presenciar*, sob pena de nulidade absoluta, os atos processuais, notadamente aqueles que se produzem na fase de instrução do processo penal, que se realiza, *sempre*, sob a égide do contraditório. São irrelevantes, *para esse efeito*, as alegações do Poder Público *concernentes à dificuldade ou inconveniência* de proceder ao custeio de deslocamento do réu, no interesse da Justiça, para fora da sede de sua Organização Militar, eis que *razões de mera conveniência administrativa* não têm – nem podem ter – precedência sobre as inafastáveis exigências de cumprimento e de respeito ao que determina a Constituição. Doutrina. Jurisprudência.
- O direito de audiência, *de um lado,* e o direito de presença do réu, *de outro,* esteja ele preso ou não, traduzem prerrogativas jurídicas essenciais que derivam da garantia constitucional do *"due process of law"* e que asseguram, *por isso mesmo,* ao acusado, o direito de comparecer aos atos processuais a serem realizados perante o juízo processante, *ainda que situado este em local diverso daquele da sede da Organização Militar a que o réu esteja vinculado.* Pacto Internacional sobre Direitos Civis e Políticos/ONU (Artigo 14, n. 3, "d"). Convenção Americana de Direitos Humanos/OEA (Artigo 8º, § 2º, "d" e "f") e Decreto nº 4.307/2002 (art. 28, inciso I).
- Essa prerrogativa processual reveste-se *de caráter fundamental,* pois compõe o próprio estatuto constitucional do direito de defesa, enquanto complexo de princípios e de normas que amparam qualquer acusado em sede de persecução criminal, seja *perante a Justiça Comum,* seja *perante a Justiça Militar.* Precedentes. DJe de 11.3.2014. **(Inform. STF 752)**

Protesto por novo júri e "tempus regit actum"
A 2ª Turma negou provimento a agravo regimental em que pretendido o cabimento de protesto por novo júri. Na espécie, a prolação da sentença

penal condenatória ocorrera em data posterior à entrada em vigor da Lei 11.689/2008, a qual revogara o dispositivo do CPP que previa a possi-bilidade de interposição do aludido recurso. Reputou-se que o art. 2º do CPP ("*Art. 2º. A lei processual aplicar-se-á desde logo, sem prejuízo da validade dos atos realizados sob a vigência da lei anterior*") disciplinaria a incidência imediata da lei processual aos feitos em curso, de modo que, se nova lei viesse a suprimir ou abolir recurso existente antes da sentença, não haveria direito ao exercício daquele. Ressaltou-se inexistir óbice à supressão de recursos na ordem jurídica processual ou à previsão de outras modalidades recursais serem instituídas por lei superveniente, considerado o disposto no artigo em comento e o princípio fundamental de que a recorribilidade reger-se-á pela lei em vigor na data em que a decisão for publicada. Por fim, salientou-se a ausência de amparo legal do pleito, ante a observância do princípio da taxatividade dos recursos. **RE 752988 AgR/SP, rel. Min. Ricardo Lewandowski, 10.12.2013. (RE-752988) (Inform. STF 732)**

Aplicação retroativa da Lei 12.015/2009 e juízo da execução
Cabe ao juízo da execução criminal avaliar a aplicação retroativa da Lei 12.015/2009 — norma considerada mais benéfica — em favor de conde-nados pela prática dos crimes de atentado violento ao pudor e estupro, em concurso material. Com base nesse entendimento, a 2ª Turma não conheceu, por maioria, da impetração, mas concedeu a ordem de ofício para determinar que o juiz da execução aprecie as condutas criminosas praticadas pelo paciente e, se for o caso, proceda ao redimensionamento das penas. Preli-minarmente, consignou-se que seria incabível impetração de *habeas corpus* em face de decisão monocrática de Ministro do STJ, sendo indispensável a interposição de agravo regimental. Vencidos os Ministros Gilmar Mendes e Celso de Mello. Pontuavam que o recurso de agravo seria voluntário e não necessário. Portanto, a parte poderia mesmo abster-se de interpô-lo. Além disso, afirmavam que o relator no STJ, ao proferir a decisão mono-crática, com apoio no art. 38 da Lei 8.038/90, pronunciar-se-ia em nome do Tribunal. Aludiam que não haveria, em relação ao *habeas corpus*, o mesmo tratamento dado ao recurso extraordinário, que imporia o exaurimento da via recursal ordinária. Assinalavam que essa exigência restringiria o direito de liberdade. **HC 117640/SP, rel. Min. Ricardo Lewandowski, 12.11.2013. (HC-109193) (Inform. STF 728)**

RELATOR: MIN. LUIZ FUX
Ementa: PROCESSO PENAL. *HABEAS CORPUS.* HOMICÍDIO PRATICADO POR MILITAR CONTRA CIVIL, COM ARMA DA CORPORAÇÃO, ANTES DA VIGÊNCIA DA LEI Nº 9.299/96. ALEGAÇÃO DE IRRETROATIVIDADE E VIOLAÇÃO AO PRINCÍPIO DO JUIZ NATURAL. ATO IMPUGNADO FORMA-LIZADO EM 1997. AUSÊNCIA DE *PERICULUM IN MORA.* ALTERAÇÃO DE COMPETÊNCIA. LEI PURAMENTE PROCESSUAL. APLICAÇÃO IMEDIATA, SALVO SE PROFERIDA SENTENÇA DE MÉRITO. ORDEM DENEGADA.
1. A Justiça Comum é competente para julgar crime de militar (homicídio) contra civil, por força da Lei nº 9.299/96, cuja natureza processual impõe a sua aplicação imediata aos inquéritos e ações penais, mercê de o fato delituoso ter ocorrido antes da sua entrada em vigor (Precedente: HC nº 76.380/BA, Re. Moreira Alves, DJ 05.06.1998)
2. Deveras, a redação do § único do art. 9º do Código Penal Militar, promovida pela Lei nº 9.299/96, a despeito de sua topografia, ostenta nítida natureza processual, razão por que deve ser aplicada imediatamente aos processos em curso, salvo se já houver sido proferida sentença de mérito. (Precedentes: HC nº 78320/SP, rel. Min. Sydney Sanches, 1ª Turma, DJ de 28/5/1999; HC 76510/SP, rel. Min. Carlos Velloso, 2ªTurma, DJ de 15/5/21998).
3. A doutrina acerca do tema é assente no "as disposições concernentes à jurisdição e à competência aplicam-se imediatamente, salvo se já houver sentença relativa ao mérito – hipótese em que a causa prossegue no juízo onde surgiu o veredictum – ou se suprimindo o tribunal primitivo" (MAXI-MILIANO, Carlos. *Direito Intertemporal.* 2ª ed. Rio de Janeiro: Freitas Bastos, 1995, p. 312-313, nº 269).

4. *In casu*,

a) O paciente, policial militar, fora denunciado perante o Juízo Auditor da 4ª Auditoria da Justiça Militar do Estado de São Paulo, uma vez que, em 18.11.1995, valendo-se de revólver da Corporação a cujos quadros integrava, efetuou disparos que resultaram na morte do civil Marco Antônio Alves Rodrigues;

b) A denúncia foi recebida pela Justiça Militar em 06.03.1996;

c) O Juízo Militar declarou-se incompetente para apreciar o feito, remetendo os autos à Justiça Comum, ao argumento de que a alteração promovida pela Lei nº 9.299/96 no § único do art. 9º ao CPM, estabelecendo a competência da Justiça Comum para o julgamento dos crimes dolosos contra a vida cometidos por militar contra a civil, possui aplicação imediata às ações penais em curso quando de sua promulgação;

d) O Juízo da 4ª Vara do Tribunal do Júri de Penha da França da Comarca de São Paulo/SP suscitou conflito negativo de competência perante o Superior Tribunal de Justiça (CC nº 19.833/SP, sob o fundamento de que o § 2º do art. 82 do Código de Processo Penal Militar, também acrescentado pela Lei nº 9.299/96, objetivou apenas e tão somente o encaminhamento dos inquéritos em andamento à Justiça Comum, e não das ações penais;

e) A Terceira Seção do STJ, em decisão proferida em 25.06.1997, conheceu do conflito de competência do Juízo do de Direito da 4ª Vara do Tribunal do Júri de Penha da França da Comarca de São Paulo/SP.

5. A Lei nº 9.299/96 entrou em vigor antes da sentença de mérito proferida pelo Juízo de Direito da 4ª Vara do Tribunal do Júri São Paulo/SP, que ocorreu em 14.09.2005, não configurando qualquer vício apto a inquinar de nulidade o processo.

A decisão meramente formal do conflito de competência não atinge diretamente a liberdade ambulatorial, razão por que inadmissível o recurso substitutivo cuja pretensão meritória não atende pressupostos para a concessão *ex officio* da ordem.

6. Ordem denegada. **(Inform. STF 715)**

Réu preso e comparecimento a audiência – 1

O acusado, embora preso, tem o direito de comparecer, de assistir e de presenciar, sob pena de nulidade absoluta, os atos processuais, notadamente aqueles que se produzem na fase de instrução do processo penal. Ao reafirmar esse entendimento, a 2ª Turma concedeu *habeas corpus* para restabelecer decisão do tribunal de justiça paulista, que declarara a nulidade do processo desde a audiência de oitiva da vítima e das testemunhas de acusação. Na situação dos autos, conquanto tivesse sido requisitado pelo juiz, os pacientes, acautelados em comarca diversa, não foram apresentados à referida audiência, sobrevindo condenação. No STJ, houvera a reforma da decisão que acolhera a nulidade – suscitada em apelação –, assim como a alusão de que o defensor teria aquiescido em continuar a audiência, mesmo sem a presença dos réus. No julgamento deste *writ*, prevaleceu o voto da Min. Cármen Lúcia, que pontuou a existência de nulidade absoluta e de direito constitucional à apresentação. Assinalou, ainda, que o direito de presença seria personalíssimo. **HC 111728/SP, rel. Min. Cármen Lúcia, 19.2.2013. (HC-111728)**

Réu preso e comparecimento a audiência – 2

O Min. Celso de Mello salientou que o Estado teria o dever de assegurar a réu preso o exercício pleno do direito de defesa. Complementou que, no contexto desta prerrogativa, estaria o direito de presença de acusado. Sopesou que razões de mera conveniência administrativa não teriam precedência sobre o cumprimento e o respeito ao que determinaria a Constituição. Mencionou o art. 14, 3, *d*, do Pacto Internacional sobre Direitos Civis e Políticos e o art. 8º, 2, *d* e *f*, da Convenção Americana de Direitos Humanos, a conter garantias processuais básicas de qualquer pessoa que sofra persecução penal em juízo. Aludiu a posicionamento da Corte segundo o qual a possibilidade de o próprio acusado intervir, direta e pessoalmente, na realização de atos processuais, constituiria autodefesa. Obtemperou que o Estado deveria facilitar o exercício de o imputado ser ouvido e falar durante os atos processuais, bem assim o de assistir à realização deles, máxime quando se encontrasse preso, sem a faculdade de livremente deslocar-se ao fórum. Alguns precedentes citados: HC 86634/RJ (DJU de 23.2.2007); HC 95106/RJ (DJe de 11.2.2011). **HC 111728/SP, rel. Min. Cármen Lúcia, 19.2.2013. (HC-111728) (Inform. STF 695)**.

DIREITO PROCESSUAL PENAL. IRRETROATIVIDADE DO ART. 387, IV, DO CPP, COM A REDAÇÃO DADA PELA LEI 11.719/2008.

A regra do art. 387, IV, do CPP, que dispõe sobre a fixação, na sentença condenatória, de valor mínimo para reparação civil dos danos causados ao ofendido, aplica-se somente aos delitos praticados depois da vigência da Lei 11.719/2008, que deu nova redação ao dispositivo. Isso porque se trata de norma híbrida - de direito material e processual - mais gravosa ao réu, de sorte que não pode retroagir. Precedente citado: REsp 1.206.635-RS, Quinta Turma, DJe 9/10/2012. **REsp 1.193.083-RS, Rel. Min. Laurita Vaz, julgado em 20/8/2013. (Inform. STJ 528)**

📑 Súmula STF nº 704

Não viola as garantias do juiz natural, da ampla defesa e do devido processo legal a atração por continência ou conexão do processo do corréu ao foro por prerrogativa de função de um dos denunciados.

2. INQUÉRITO POLICIAL E OUTRAS FORMAS DE INVESTIGAÇÃO

Arquivamento de inquérito e procedimento investigatório criminal

A Segunda Turma retomou o julgamento de agravo regimental em reclamação na qual se discute a existência de desrespeito à autoridade de decisão que determinara o arquivamento do Inq 3.738/SP. O agravante aponta a ilegitimidade da instauração de procedimento investigatório criminal por parte do Ministério Público estadual para apurar os mesmos fatos objeto do referido inquérito. Na sessão de 22.9.2015, o Ministro Teori Zavascki (relator) negou provimento ao agravo regimental, mantida, portanto, a decisão que negara seguimento à reclamação. Asseverou que o cabimento da reclamação, instituto jurídico de natureza constitucional, deveria ser aferido nos estritos limites das normas de regência. Essas só a conceberiam para preservação da competência do STF e para garantia da autoridade de suas decisões (CF, art. 102, I, "l"), bem como contra atos que contrariassem ou indevidamente aplicassem súmula vinculante (CF, art. 103-A, § 3º). No caso, entretanto, a reclamação visaria a impedir a tramitação de procedimento instaurado no âmbito de Ministério Público estadual, hipótese em que não se teria ainda persecução penal, o que só se daria, de regra, com o indiciamento formal do acusado (Lei 12.830/2013, art. 2º, § 6º). Assim, a mera tomada de providências no âmbito do órgão ministerial, por não possuir qualificação jurídica de persecução penal, não implicaria afronta à decisão de arquivamento do Inq 3.738/SP, sendo inviável, portanto, a utilização da via reclamatória para o fim pretendido. Ademais, a jurisprudência do STF seria no sentido de que o arquivamento judicial do inquérito ou das peças a consubstanciar a "notitia criminis" não afastaria a possibilidade de aplicação do que dispõe o art. 18 do CPP, hipótese em que, havendo notícia de provas substancialmente novas, legitimar-se-ia a reabertura das investigações penais (HC 84253/RO, DJu de 17.12.2004), o que se daria na espécie. Na presente assentada, o Ministro Gilmar Mendes, em divergência, proferiu voto-vista no sentido de dar provimento ao agravo e julgar procedente o pedido formulado na reclamação. Afirmou que, em tese, a situação em comento se enquadraria na hipótese de cabimento da reclamação perante o STF, na forma do art. 102, I, "l", da Constituição. Assim, de acordo com o art. 18 do CPP, após o arquivamento do inquérito por falta de provas, poder-se-ia proceder "a novas pesquisas" se de outras provas houvesse notícia. Por outro lado, a reabertura da investigação não poderia decorrer da simples mudança de opinião ou reavaliação da situação. Seria indispensável que houvesse novas provas ou, ao menos, novas linhas de investigação em perspectiva. Não seria possível, ademais, a reabertura de investigações para aprofundar linhas de investigação já disponíveis para exploração anterior. No vertente caso, contudo, teria havido a simples reabertura de investigação arquivada a pedido do PGR. Os fatos estariam inseridos no contexto de irregularidades que foram objeto original do Inq 3.738/SP. Após o voto da Ministra Cármen Lúcia, que acompanhou o relator e negou provimento ao regimental, pediu vista dos autos o Ministro Dias Toffoli. **Rcl 20132/SP, rel. Min. Teori Zavascki, 24.11.2015. (Rcl-20132) (Inform. STF 809)**

Arquivamento de inquérito policial e coisa julgada

O arquivamento de inquérito policial em razão do reconhecimento de excludente de ilicitude não faz coisa julgada material. Esse o entendimento da Segunda Turma, que, em conclusão de julgamento e por maioria, denegou a ordem em "habeas corpus" em que se pleiteava o reconhecimento da coisa julgada material e a extinção de ação penal. No caso, em razão da suposta prática

4. DIREITO PROCESSUAL PENAL — 235

do delito de homicídio tentado (CP, art. 121, § 2º, IV, c/c art. 14, II), foram instaurados dois inquéritos — um civil e um militar — em face do ora paciente e de corréus. O inquérito policial militar fora arquivado em 21.10.1993, a pedido do Ministério Público, que entendera que os agentes teriam agido em estrito cumprimento de dever legal. Já no inquérito policial civil, o paciente fora denunciado em 23.12.1998 e, instruída a ação penal, condenado à pena de 10 anos de reclusão. O Colegiado, inicialmente, destacou que, à época em que proferida a decisão determinando o arquivamento do inquérito policial militar, a Justiça Castrense seria competente para processar e julgar o paciente pelo delito em questão, já que somente com o advento da Lei 9.299/1996 teria sido deslocado o julgamento dos crimes dolosos contra a vida de civis para o tribunal do júri. Por outro lado, consoante o Enunciado 524 da Súmula do STF, decisão proferida por juiz competente, em que tivesse sido determinado o arquivamento de inquérito a pedido do Ministério Público, em virtude de o fato apurado estar coberto por causa excludente de ilicitude, não obstaria o desarquivamento quando surgissem novas provas, reiterado o que decidido no HC 95.211/ES (DJe de 22.8.2011). A decisão da Justiça Militar, na hipótese em comento, não afastara o fato típico ocorrido, mas sim sua ilicitude, em razão do estrito cumprimento do dever legal, que o Ministério Público entendera provado a partir dos elementos de prova de que dispunha até então. Nesse diapasão, o eventual surgimento de novos elementos de convicção teria o condão de impulsionar a reabertura do inquérito na justiça comum, a teor do art. 18 do CPP ("Depois de ordenado o arquivamento do inquérito pela autoridade judiciária, por falta de base para a denúncia, a autoridade policial poderá proceder a novas pesquisas, se de outras provas tiver notícia"). Na espécie, a simples leitura das provas constantes dos autos apontaria uma nova versão para os fatos delituosos, em consequência do prosseguimento das investigações na justiça comum, não havendo impedimento legal para a propositura da nova ação penal contra o paciente naquela seara. Vencido o Ministro Teori Zavascki (relator), que entendia estar configurada a coisa julgada material. **HC 125101/ SP, rel. orig. Min. Teori Zavascki, red. p/ o acórdão Min. Dias Toffoli, 25.8.2015. (HC-125101) (Inform. STF 796)**

Prisão Preventiva e HC de Ofício - 1
A Turma iniciou julgamento de habeas corpus impetrado em favor de acusado pela suposta autoria intectual do homicídio contra sua esposa em que se pretende a declaração de nulidade do processo, a partir da denúncia, com o consequente relaxamento da prisão preventiva contra ele decretada. Alega-se, na espécie: a) impossibilidade de investigação direta realizada pelo Ministério Público; b) impedimento do promotor de justiça, por aplicação analógica do art. 252, II, combinado com o art. 258, ambos do CPP, no caso de se admitir a referida investigação; c) se o membro do parquet não estiver impedido, a sua suspeição para atuar na causa, em razão de incidente ocorrido, em audiência judicial, entre ele e a principal testemunha; d) usurpação de competência do tribunal de justiça por juiz de primeiro grau para julgar a exceção de impedimento ou de suspeição oposta ao promotor de justiça; e) complexidade do caso a impedir que o julgamento da exceção acontecesse de plano; e) não cabimento da prisão cautelar, haja vista que decretada com base apenas na situação econômica do paciente e que, em razão disso, poderia evadir-se ou procrastinar o andamento do processo.
HC 85011/RS, rel. Min. Eros Grau, 7.6.2005. (HC-85011)

Prisão Preventiva e HC de Ofício - 2
O Min. Eros Grau, relator, indeferiu o writ conforme requerido, mas, de ofício, deferiu habeas corpus para conceder liberdade provisória ao paciente, acompanhado pelo Min. Carlos Britto, na integralidade, e pelos demais Ministros somente quanto à concessão de ofício. De início, salientou que a questão relativa à legitimidade da investigação procedida pelo Ministério Público está sendo examinada pelo Plenário do STF (Inq 1968/DF) e que, no caso concreto, as investigações não foram realizadas exclusivamente pelo parquet. No ponto, informou que houvera instauração regular de inquérito policial, com o posterior requerimento de peças pelo promotor, a teor do disposto no art. 47 do CPP, em virtude do fato de a autoridade policial não conseguir reunir elementos sobre a autoria do fato criminoso. No tocante à alegação de impedimento, aplicou a jurisprudência da Corte no sentido de que a participação de membro do Ministério Público na fase investigativa não acarreta o seu impedimento ou suspeição para o oferecimento da denúncia. Entendeu, também, que a competência para julgar exceção de impedimento ou de suspeição de promotor de justiça, conforme previsto no art. 104 do CPP, é da justiça de 1º grau, facultado ao juiz deferir ou indeferir diligências probatórias. Em consequência, considerou prejudicado o terceiro fundamento da impetração e ressaltou que há nos autos outros elementos de convicção

além do depoimento da aludida testemunha. Rejeitou, ainda, o argumento de que a exceção, por sua complexidade, impediria o seu julgamento de plano, dado que esta fundara-se em incidente entre o promotor e a testemunha, o que seria suficiente para afastar a suposta complexidade. Quanto à prisão preventiva, asseverou que, apesar de não ter sido objeto de recurso ordinário no STJ, ela não está amparada em fundamentos idôneos e em elementos concretos que certifiquem a necessidade de sua manutenção. Por fim, após noticiar que a prisão cautelar fora confirmada na sentença de pronúncia, aduziu que a convolação de título judicial não se traduz em prejudicialidade se os fundamentos tidos por inidôneos são reproduzidos na sentença subseqüente. Concluiu, ademais, que a liberdade provisória encontraria respaldo no excesso de prazo. Após, pediu vista o Min. Cezar Peluso.
HC 85011/RS, rel. Min. Eros Grau, 7.6.2005. (HC-85011)

Prisão preventiva e HC de ofício - 3
O Ministério Público dispõe de competência para promover, por autoridade própria, e por prazo razoável, investigações de natureza penal, desde que respeitados os direitos e garantias que assistem a qualquer indiciado ou a qualquer pessoa sob investigação do Estado. Ao reafirmar esse entendimento, a Primeira Turma, em conclusão de julgamento e por maioria, indeferiu "habeas corpus", porém, à unanimidade, implementou a ordem de ofício, para afastar a prisão provisória. Na espécie, a ordem fora impetrada em favor de acusado pela suposta autoria intelectual de homicídio em que pretendida a declaração de nulidade do processo, a partir da denúncia, com o consequente relaxamento da prisão preventiva contra ele decretada — v. Informativo 391. A Turma asseverou que a controvérsia sobre a legitimidade constitucional do poder de investigação do Ministério Público fora pacificada na Corte com o julgamento do RE 593.727/MG — (acórdão pendente de publicação, v. Informativo 785). Vencido o Ministro Marco Aurélio, que concedia a ordem.
HC 885011/RS, rel. orig. Min. Eros Grau, red. p/ o acórdão Min. Teori Zavascki, 26.5.2015. (HC-85011) (Inform. STF 787)

Ministério Público e investigação criminal - 1
O Plenário iniciou julgamento de recurso extraordinário em que discutida a constitucionalidade da realização de procedimento investigatório criminal pelo Ministério Público. O acórdão impugnado dispusera que, na fase de recebimento da denúncia, prevaleceria a máxima in dubio pro societate, oportunidade em que se possibilitaria ao titular da ação penal ampliar o conjunto probatório. Sustenta o recorrente que a investigação realizada pelo parquet ultrapassaria suas atribuições funcionais constitucionais previstas, as quais seriam exclusivas da polícia judiciária. Preliminarmente, o Colegiado, por maioria, indeferiu pedido de adiamento formulado pelo recorrente, a fim de que fosse colhido o parecer do Ministério Público Federal. Aludiu-se que, tendo em vista que o PGR realizaria sustentação oral, a manifestação seria desnecessária, consoante o que outrora a Corte já teria decidido até mesmo em sede de ação direta de inconstitucionalidade. Vencido o Min. Marco Aurélio, que reputava indispensável que o processo estivesse devidamente aparelhado com o parecer formal daquele órgão, visto que o caso seria julgado sob o instituto da repercussão geral.
RE 593727/MG, rel. Min. Cezar Peluso, 21.6.2012. (RE-593727)

Ministério Público e investigação criminal - 2
Em seguida, o Supremo, por votação majoritária, resolveu questão de ordem — suscitada pelo PGR — com o fito de assentar a legitimidade do Procurador-Geral de Justiça do Estado de Minas Gerais, ora recorrido, para proferir sustentação oral. O Min. Cezar Peluso, relator, anotou que o Plenário já teria reconhecido que o parquet estadual disporia de legitimação para atuar diretamente nesta Corte nas causas em que promovidas originariamente. Elucidou que o PGR poderia desempenhar, no Supremo, 2 papéis simultâneos: a) o de fiscal da lei; ou b) o de parte. Assim, quando o MPU, em qualquer dos seus ramos, figurasse como parte do feito, só ao PGR seria dado oficiar perante o STF, porque ele quem encarnaria os interesses confiados pela lei ou pela Constituição a este órgão. Explicou que, nos demais casos, esse parquet exerceria, evidentemente, a função de fiscal da lei. Nesta última condição, a sua manifestação não poderia preexcluir das partes, sob pena de ofensa ao princípio do contraditório. Destarte, sugeriu que a Lei Complementar federal 75/93 somente incidisse no âmbito do MPU, sob pena de cassar-se a autonomia dos Ministérios Públicos estaduais, que estariam na dependência, para promover e defender interesse em juízo, da aprovação do Ministério Público Federal.
RE 593727/MG, rel. Min. Cezar Peluso, 21.6.2012. (RE-593727)

Ministério Público e investigação criminal - 3

No ponto, o Min. Celso de Mello aduziu que a Constituição teria distinguido a Lei Orgânica do MPU (LC 75/93) — típica lei federal —, da Lei Orgânica Nacional (Lei 8.625/93), que se aplicaria, em matéria de regras gerais e diretrizes, a todos os Ministérios Públicos estaduais. Ademais, sublinhou que a Resolução 469/2011 do STF determinaria a intimação pessoal do Ministério Público do estado-membro nos processos em que este fosse parte. Salientou que não haveria relação de subordinação jurídico-institucional que submetesse o Ministério Público estadual à chefia do MPU. Acresceu que a Constituição teria definido o PGR como chefe do MPU e que, não raras vezes, seriam possíveis situações processuais nas quais se estabelecessem posições antagônicas entre esses 2 órgãos. Além disso, a privação do titular do parquet estadual para figurar na causa e expor as razões de sua tese consubstanciaria exclusão de um dos sujeitos da relação processual.
RE 593727/MG, rel. Min. Cezar Peluso, 21.6.2012. (RE-593727)

Ministério Público e investigação criminal - 4

O Min. Ricardo Lewandowski lembrou a possibilidade de existência de conflito federativo, resolvido pelo Pleno, entre Ministério Público Federal e local. O Min. Marco Aurélio discorreu que o processo em si não seria corrida de revezamento. Explicitou que, acaso se transportasse a óptica alusiva à concentração para hipótese da Defensoria Pública, como para a seara dos profissionais da advocacia, estar-se-ia a julgar ação penal com roupagem de recurso extraordinário. O Min. Gilmar Mendes sobrelevou que a tese a ser firmada por esta Corte denotaria constructo que a própria práxis demonstrara necessário, uma vez que existiriam órgãos autônomos os quais traduziriam pretensões realmente independentes, de modo que poderia ocorrer eventual cúmulo de argumentos. Relatou que em diversos momentos o MPF, pela voz do PGR, teria se manifestado contrariamente ao recurso aviado pelo Ministério Público estadual. A Min. Cármen Lúcia, em face da Resolução 469/2011, bem assim diante do fato de o Procurador-Geral de Justiça constar em todo o curso do processo como recorrido, acompanhava a orientação majoritária, todavia, ressalvou seu ponto de vista. Vencido o Min. Dias Toffoli, ao entender que a organicidade imporia que apenas um representante atuasse no Supremo Tribunal, ora como parte, ora como fiscal da lei. Se assim não fosse, deveria haver mais 27 assentos neste Tribunal. Versava que somente o PGR poderia aprovar os pareceres oferecidos nas causas em trâmite no STF.
RE 593727/MG, rel. Min. Cezar Peluso, 21.6.2012. (RE-593727)

Ministério Público e investigação criminal - 5

No mérito, o relator deu provimento ao recurso, para decretar a nulidade, ab initio, do processo em que figura como réu o ora recorrente. Primeiramente, mencionou a existência, em diversos sistemas conhecidos, de alguma forma preliminar de apuração de responsabilidade, com função preservadora e preparatória. A primeira delas consistiria em preservar a inocência contra acusações infundadas e o organismo judiciário contra o custo e a inutilidade em que estas redundariam, a propiciar sólida base e elementos para a propositura e exercício da ação penal. A segunda, por sua vez, relacionar-se-ia com o decurso inexorável do tempo, a partir do qual os vestígios do delito tenderiam a desaparecer, a exigir mecanismo que acautelasse meios de prova, às vezes inadiáveis ou intransponíveis, para que fossem ao conhecimento do juiz e ao bojo de eventual ação penal. Destacou os efeitos negativos em detrimento de quem responderia a acusação formal, na qual em jogo a liberdade, a justificar a indispensabilidade de juízo rigoroso e fundamentado de controle de legitimidade desse exercício. Ressalvou a possibilidade de dispensa de inquérito policial, quando já se dispusesse, por ato ou procedimento diverso, de elementos suficientes ao ajuizamento fundado de ação penal (CPP, art. 12).
RE 593727/MG, rel. Min. Cezar Peluso, 21.6.2012. (RE-593727)

Ministério Público e investigação criminal - 6

Realizou escorço histórico acerca da evolução dos sistemas de persecução penal prévia no direito brasileiro. Observou que, hodiernamente, o instrumento legal da formação da culpa, em sentido amplo — entendida como etapa preliminar destinada à apuração do fato supostamente ilícito e típico, bem como de sua autoria —, encontrar-se-ia no inquérito policial. Lembrou o art. 4º do CPP, a impor que a apuração das infrações penais e de sua autoria seria atribuição da polícia judiciária. Considerou que essa expressão seria usada com 2 significados jurídicos distintos, ora na acepção de atividade, ora na designação do organismo estatal competente para a desempenhar. Assim, entendida como atividade, a polícia consubstanciar-se-ia nas práticas desenvolvidas no curso do inquérito policial. Nesse sentido, a investigação e

a preservação dos meios de prova seriam tarefas de polícia judiciária. Quanto ao organismo competente para exercer essa atividade, reportou-se ao art. 144, § 1º, I, II, IV, e § 4º, da CF. No ponto, concluiu competirem, às polícias federal e civil, as atribuições de prevenir e apurar infrações penais, exceto militares, e exercer as funções de polícia judiciária. Afirmou que a polícia consistiria em órgão da Administração direta, voltado à segurança pública. Quando atuasse como integrante da justiça penal, seria polícia judiciária. Incumbir-lhe-ia a feitura dos inquéritos policiais, dentre outros deveres. Quando realizasse inquérito policial, a polícia exerceria função judiciária, porque, se organicamente entroncar-se-ia na máquina administrativa, funcionalmente ligar-se-ia ao aparelho judiciário. Caberia, portanto, à autoridade policial, civil ou federal, a condução do inquérito policial.
RE 593727/MG, rel. Min. Cezar Peluso, 21.6.2012. (RE-593727)

Ministério Público e investigação criminal - 7

No tocante à questão substancial da competência para apuração preliminar de infrações penais pelo órgão ministerial, invocou necessária a delimitação constitucional de função, competência e procedimento. Assim, a primeira indagação diria respeito à pertinência subjetiva da função, compreendida como programa constitucional do conjunto de atividades atribuídas a determinado órgão, da qual decorreria a competência, conjunto de poderes outorgados para o desempenho da função. Após, cumpriria analisar o procedimento juridicamente regulado, em que convertida em atos a função e a competência. Em outras palavras, impenderia examinar, primeiramente, se seria mister do Ministério Público apurar infrações penais, daí decorrendo, ou não, a competência para fazê-lo, e, só então, perquirir acerca da existência de procedimento juridicamente regulado para que a instituição transformasse em atos a função e a competência, eventualmente outorgadas pela Constituição.
RE 593727/MG, rel. Min. Cezar Peluso, 21.6.2012. (RE-593727)

Ministério Público e investigação criminal - 8

Consignou que o Ministério Público e suas funções estariam discriminados nos artigos 127, I, e 129, ambos da CF. Declarou não existir, na Constituição, norma a permitir que a instituição realizasse investigação e instrução criminal preliminar de ação penal. Reputou que interpretação dos incisos I e IX, ambos do art. 129 da CF, permitiria inferir a atribuição, ao parquet, de certas funções, no sentido de autorização de exercício do poder para proteção dos cidadãos. Especificamente, em relação ao inciso I, cuidar-se-ia de legitimidade para promoção de ação penal de iniciativa pública, sem referência à função de conduzir inquérito. Salientou que a Constituição relativizara o monopólio no tocante à legitimação para mover ação penal de iniciativa pública (CF, art. 5º, LIX). Ademais, frisou que, quando a Constituição pretendera atribuir função investigativa ao Ministério Público, fizera-o em termos expressos (CF, art. 129, III). Por sua vez, o inciso VIII da mesma norma indicaria que a Constituição diferenciaria, das outras fases da persecução penal, a correspondente ao escopo do inquérito policial, cuja condução não fora incluída entre as funções deferidas ao Ministério Público. Exigira-lhe, antes, que, quando devesse, requisitasse, a outro órgão, diligências investigatórias e instauração de inquérito, indicados os fundamentos jurídicos de suas manifestações.
RE 593727/MG, rel. Min. Cezar Peluso, 21.6.2012. (RE-593727)

Ministério Público e investigação criminal - 9

Assentou que a Constituição não teria imposto igual zelo ao outorgar a função de promover inquérito civil, pois distinguira, entre 2 órgãos — polícia judiciária e Ministério Público — as funções respectivas de apurar infrações penais e de acusar em juízo, diversamente do que estabelecido em relação ao inquérito civil. Ocorrera presunção de grave, mas necessária e regulamentada, restrição que a persecutio criminis representaria aos direitos fundamentais. A partir dessa dissociação decorreria a separação de funções, além da necessidade de fundamentação jurídica, sequer demandada à instauração de inquérito civil (CF, art. 129, III). Além disso, a Constituição delegara ao Ministério Público o relevante controle externo da atividade policial, a demonstrar que as investigações preliminares de delitos postulariam fiscalização heterônoma (CF, art. 129, VII). Concluiu que extrair, do texto constitucional, a competência ministerial para apuração prévia de crimes, seria fraudar as normas citadas. No tocante ao art. 144, § 1º, I e IV, e § 4º, reconheceu que a Constituição estabeleceria, de modo expresso, que a função e a competência para apuração de infrações penais seria somente das polícias, sem partilhá-las com o Ministério Público, cujas atribuições, posto conexas, seriam distintas. Sublinhou que essa distinção teria vistas à estrita observância da lei e à consequente proteção dos cidadãos. Por essa razão, a Lei Orgânica Nacional do Ministério Público (Lei 8.625/93) e a Lei

4. DIREITO PROCESSUAL PENAL

Orgânica do Ministério Público da União (LC 75/93) não poderiam, sem incorrer em inconstitucionalidade, ter atribuído também ao *parquet* funções e competências reservadas às instituições policiais. A LC 75/93, em seus artigos 7º e 8º, apenas reafirmaria as dicções constitucionais. A previsão legal neles descrita serviria apenas como instrumento operacional para o exercício das atribuições do Ministério Público, nos procedimentos de sua competência. O mesmo afirmou em relação à Lei 8.625/93, em seu art. 26.
RE 593727/MG, rel. Min. Cezar Peluso, 21.6.2012. (RE-593727)

Ministério Público e investigação criminal - 10
Assinalou a importância das preocupações sobre eventual necessidade, ditada por exigências da disforme realidade brasileira, de mudança do regime adotado pela Constituição, em particular sobre situações extremas, como a de supostos ilícitos praticados por policiais, a cujo respeito se questionaria se a autoridade policial teria isenção suficiente para sua apuração rigorosa. Registrou que o sistema jurídico constitucional entregaria ao Ministério Público o conspícuo dever de controle externo da atividade da polícia, mediante exercício de todos os poderes indispensáveis ao formal escrutínio da regularidade das investigações policiais. Acresceu haver projetos de lei em tramitação que teriam por objetivo propor regras gerais para a investigação criminal. Reportou-se ao art. 4º, parágrafo único, do CPP, o qual admitiria que autoridades administrativas estranhas à organização policial recebessem, da lei, competência para exercício da função de polícia judiciária. Dentre essas exceções estaria, por exemplo, o caso das comissões parlamentares de inquérito, investidas de poderes investigatórios próprios das autoridades judiciais, inclusive os de polícia judiciária (CF, art. 58, § 3º). Entretanto, advertiu que o Código de Processo Penal, anterior à CF/88, não poderia legitimar atribuição de poderes repudiada por ela. Ao revés, dever-se-ia reconstruir a interpretação do velho arcabouço processual penal, declarando-lhe as incompatibilidades com o ordenamento constitucional superveniente. Aludiu que a formação da culpa, como procedimento preparatório à instauração de ação penal, dar-se-ia, primordialmente, no inquérito conduzido pela polícia (CPP, art. 4º, *caput*). A regra não seria, porém, absoluta. A respeito, citou o inquérito policial militar, o inquérito administrativo *stricto sensu*, o inquérito civil, o inquérito parlamentar e a modalidade de formação de culpa nos crimes contra a propriedade imaterial.
RE 593727/MG, rel. Min. Cezar Peluso, 21.6.2012. (RE-593727)

Ministério Público e investigação criminal - 11
Analisou que, na órbita da Administração Pública, os processos administrativos poderiam ensejar ações penais de natureza condenatória, desde que revelassem, em razão do fenômeno jurídico da múltipla incidência normativa, elementos suficientes à acusação penal formal. Além disso, em relação a crimes contra a ordem tributária, a ordem econômica ou o sistema financeiro nacional, normalmente procedimento administrativo funcionaria como legítimo instrumento cujo resultado seria capaz de instruir e fundamentar instauração de ação penal. De igual modo, em ações penais dirigidas a apurar cometimento de crimes funcionais, os dados de processos administrativos figurariam, geralmente, como suporte bastante à denúncia, substituindo o inquérito policial (CPP, art. 513). Também em casos de crime contra o meio ambiente, procedimentos realizados por órgãos do Sistema Nacional do Meio Ambiente poderiam servir de base à propositura de ação penal, assim como o poderiam procedimentos administrativos levados a cabo por órgãos do Sistema Nacional de Proteção ao Consumidor, quanto a delitos contra relações de consumo. Certificou que o fato histórico subjacente à tipificação de ilícito administrativo configuraria, boa parte das vezes, ilícito penal. A autoridade que, no exercício da função de apuração de ilícito administrativo, tomasse conhecimento da possível prática de crime de ação pública, à luz dos elementos colhidos em procedimento regular, deveria comunicá-lo à autoridade competente, sob as penas da lei. Da mesma forma, o inquérito parlamentar poderia servir de base à acusação criminal. Nos crimes contra a propriedade imaterial, de igual maneira, a formação judicial do corpo de delito configuraria forma preliminar do processo penal.
RE 593727/MG, rel. Min. Cezar Peluso, 21.6.2012. (RE-593727)

Ministério Público e investigação criminal - 12
Elucidou que, além da licitude do uso suficiente de elementos probatórios produzidos em outras instâncias administrativas, poderia também haver dispensa da investigação em inquérito, nos termos do art. 12 do CPP. Neste passo, tornou patente que a teórica aproveitabilidade jurídica das provas coligadas em procedimentos alternativos — a resultar prescindível a abertura de inquérito policial — não decorreria da aparente incidência do art. 4º, parágrafo único, do CPP. Sucederia que, exceto a CPI, nenhuma dessas outras

autoridades não policiais estaria investida de função e competência constitucional, mas meramente administrativa. Não seriam hipóteses de atribuição de competência de polícia judiciária por norma infraconstitucional, à revelia da Constituição, mas de previsão constitucional e legal doutras competências, de cujo exercício poderiam resultar também dados teóricos que, nos termos do ordenamento processual penal, dispensariam, por inutilidade, procedimento específico de polícia judiciária. Ressurtiu que, dada a singular natureza da responsabilidade penal, esse fator deveria repercutir no perfil do instrumento metodológico de sua apuração, ou seja, da *persecutio criminis*, considerada em todas as suas fases. Uma das consequências desse aspecto estaria em que só se conceberia propositura lícita de ação penal com base exclusiva em elementos reunidos em outras formas de apuração preliminar, que não o inquérito policial, se existentes indícios que, inculcando materialidade e autoria, caracterizassem justa causa para instauração do processo. Ocorre que a tutela constitucional dos direitos e garantias individuais não permitiria sujeitar ninguém aos constrangimentos inerentes à pendência do processo criminal, sem suporte probatório mínimo.
RE 593727/MG, rel. Min. Cezar Peluso, 21.6.2012. (RE-593727)

Ministério Público e investigação criminal - 13
Além disso, conquanto a serventia teórica das provas colhidas alhures não proviesse da incidência do art. 4º, parágrafo único, do CPP, exigir-se-ia lei que disciplinasse os respectivos procedimentos administrativos, para que seus resultados se tornassem aproveitáveis no âmbito criminal e dispensassem abertura de inquérito policial. A respeito, referenciou-se aos artigos 1º e 5º, II, LIV e LV, ambos da CF. Dessumiu que a conversão da competência em atos dar-se-ia sempre em procedimento juridicamente regulado, ou seja, o exercício das funções públicas estaria sujeito a um iter procedimental juridicamente adequado à garantia dos direitos fundamentais e à defesa dos princípios básicos do Estado de direito democrático. Assim, se houvesse a suposta competência do Ministério Público para apurar a prática de infrações penais, ela só poderia ser exercida nos termos da lei, à vista do devido processo legal e da competência privativa da União para legislar em matéria processual (CF, art. 22, I). Daí, seriam írritas as tentativas de regulamentação da matéria por via de resoluções. Ademais, estatuiu que o membro do Ministério Público, na condição de parte acusadora, nem sempre poderia conduzir com objetividade e isenção suficientes a primeira fase da *persecutio criminis*. Acabaria, nesse papel, por causar prejuízos ao acusado e à defesa.
RE 593727/MG, rel. Min. Cezar Peluso, 21.6.2012. (RE-593727)

Ministério Público e investigação criminal - 14
Decretou que a investigação direta pelo Ministério Público, no quadro constitucional vigente, não encontraria apoio legal e produziria consectários insuportáveis dentro do sistema governado pelos princípios elementares do devido processo legal: a) não haveria prazo para diligências nem para sua conclusão; b) não se disciplinariam os limites de seu objeto; c) não se submeteria a controle judicial, porque carente de existência jurídica; d) não se assujeitaria à publicidade geral dos atos administrativos, da qual o sigilo seria exceção, ainda assim sempre motivado e fundado em disposição legal; e) não preveria e não garantiria o exercício do direito de defesa, sequer a providência de ser ouvida a vítima; f) não se subjugaria a controle judicial dos atos de arquivamento e de desarquivamento, a criar situação de permanente insegurança para pessoas consideradas suspeitas ou investigadas; g) não conteria regras para produção das provas, nem para aferição de sua consequente validez; h) não proviria sobre o registro e numeração dos autos, tampouco sobre seu destino, quando a investigação já não interessasse ao Ministério Público. Esclareceu que haveria atos instrutórios que, próprios da fase preliminar em processo penal, seriam irrepetíveis e, nessa qualidade, dotados de efeito jurídico processual absoluto. Seriam praticados, na hipótese, à margem da lei.
RE 593727/MG, rel. Min. Cezar Peluso, 21.6.2012. (RE-593727)

Ministério Público e investigação criminal - 15
A respeito da possibilidade de o Ministério Público poder oferecer denúncia direta, sem instauração prévia de investigação policial, explicitou que isso não implicaria possibilidade de investigação direta pelo órgão, diante de expressa reserva constitucional de competência, outorgada às polícias (CF, art. 144), que deveriam exercê-la mediante instrumento legalmente regulamentado. Quanto à crítica de que, no modelo adotado, o titular da ação penal estaria na posição de mero espectador das investigações, realçou que o inquérito não seria apenas base para acusação legítima. Consistiria, também, em suporte para arquivamento do procedimento investigatório,

nas hipóteses de insuficiência probatória, inexistência de fato, indefinição da autoria, fato atípico, causa de exclusão da antijuridicidade e de extinção da punibilidade. Seria, desse modo, instrumento de defesa e de tutela de direitos fundamentais, na medida em que, em muitos casos, a decisão judicial de arquivamento faria coisa julgada material. O parquet não seria, bem assim, espectador passivo das investigações, em que lhe competiriam as importantes tarefas descritas no art. 129, VII e VIII, da CF.
RE 593727/MG, rel. Min. Cezar Peluso, 21.6.2012. (RE-593727)

Ministério Público e investigação criminal - 16
Concedeu, porém, que, à luz da ordem jurídica, o Ministério Público poderia realizar, diretamente, atividades de investigação da prática de delitos, para preparação de eventual ação penal, em hipóteses excepcionais e taxativas, desde que observadas certas condições e cautelas tendentes a preservar os direitos e garantias assegurados na cláusula do devido processo legal. Essa excepcionalidade, entretanto, exigiria predefinição de limites estreitos e claros. Assim, o órgão poderia fazê-lo observadas as seguintes condições: a) mediante procedimento regulado, por analogia, pelas normas concernentes ao inquérito policial; b) por consequência, o procedimento deveria ser, de regra, público e sempre supervisionado pelo Judiciário; c) deveria ter por objeto fatos teoricamente criminosos, praticados por membros ou servidores da própria instituição, por autoridades ou agentes policiais, ou por outrem se, a respeito, a autoridade policial cientificada não houvesse instaurado inquérito. No caso em apreço, todavia, não coexistiriam esses requisitos. O Ministério Público não teria se limitado a receber documentos bastantes à instauração da ação penal, mas iniciado procedimento investigatório específico e, com apoio nos elementos coligidos, formalizado denúncia. Por fim, após o voto do Min. Ricardo Lewandowski, nesse mesmo sentido, deliberou-se suspender o julgamento.
RE 593727/MG, rel. Min. Cezar Peluso, 21.6.2012. (RE-593727)

Ministério Público e investigação criminal - 17
O Plenário retomou julgamento de recurso extraordinário em que discutida a constitucionalidade da realização de procedimento investigatório criminal pelo Ministério Público. O acórdão impugnado dispusera que, na fase de recebimento da denúncia, prevaleceria a máxima in dubio pro societate, oportunidade em que se possibilitaria ao titular da ação penal ampliar o conjunto probatório. Sustenta o recorrente que a investigação realizada pelo parquet ultrapassaria suas atribuições funcionais constitucionalmente previstas, as quais seriam exclusivas da polícia judiciária — v. Informativo 671. O Min. Gilmar Mendes, acompanhado pelos Ministros Celso de Mello, Ayres Britto, Presidente, e Joaquim Barbosa, negou provimento ao recurso. Ressaltou que a 2ª Turma reconhecera, de forma subsidiária, o poder de investigação do Ministério Público, desde que atendidos os requisitos estabelecidos no inquérito criminal, inclusive quanto à observância da Súmula Vinculante 14. Destacou ser imperioso observar: a) ritos quanto à pertinência do sujeito investigado; b) formalização do ato investigativo; c) comunicação imediata ao Procurador-Chefe ou ao Procurador-Geral; d) autuação, numeração, controle, distribuição e publicidade dos atos; e) pleno conhecimento da atividade de investigação à parte; f) princípios e regras que orientariam o inquérito e os procedimentos administrativos sancionatórios; g) ampla defesa, contraditório, prazo para a conclusão e controle judicial. Verificou que seria lícita a investigação do parquet nos crimes praticados por policiais e contra a Administração Pública. Além disso, a 2ª Turma teria reconhecido a higidez da atividade complementar de investigação quando o órgão ministerial solicitasse documentação, como no caso dos autos, em que a mera aferição de documentos para saber se teria havido, ou não, a quebra da ordem de precatórios acarretaria desobediência.
RE 593727/MG, rel. Min. Cezar Peluso, 27.6.2012. (RE-593727)

Ministério Público e investigação criminal - 18
O Min. Celso de Mello enfatizou que a questão debatida seria de grande importância por envolver o exercício de poderes por parte do Ministério Público. Reconheceu a legitimidade do poder investigatório do órgão, extraída da Constituição, a partir de cláusula que outorgaria o monopólio da ação penal pública e o controle externo sobre a atividade policial. Salientou que o parquet não poderia presidir o inquérito policial por ser função precípua da autoridade policial. Consignou que a função investigatória do Ministério Público não se converteria em atividade ordinária, mas excepcional a legitimar a sua atuação em casos de abuso de autoridade, prática de delito por policiais, crimes contra a Administração Pública, inércia dos organismos policiais, ou procrastinação indevida no desempenho de investigação penal, situações que exemplificati-

vamente justificariam a intervenção subsidiária do órgão ministerial. Realçou a necessidade de fiscalização da legalidade dos atos investigatórios, de estabelecimento de exigências de caráter procedimental e de se respeitar direitos e garantias que assistiriam a qualquer pessoa sob investigação — inclusive em matéria de preservação da integridade de prerrogativas profissionais dos advogados, tudo sob o controle e a fiscalização do Poder Judiciário. O Presidente afirmou que o Ministério Público teria competência constitucional para, por conta própria, de forma independente, fazer investigação em matéria criminal. Mencionou que essa interpretação ampliativa melhor serviria à finalidade, conferida pelo art. 127 da CF, de defender a ordem jurídica, sobretudo em âmbito penal. Aludiu que diversas leis confeririam competência investigatória ao parquet (Estatuto do Idoso; Estatuto da Criança e do Adolescente - ECA; Lei Maria da Penha; Estatuto de Defesa e Proteção do Consumidor). Por fim, asseverou que o inquérito policial não exauriria a investigação criminal. Ademais, outros órgãos, além do Ministério Público, poderiam desempenhar atividades investigativas. Após, pediu vista o Min. Luiz Fux.
RE 593727/MG, rel. Min. Cezar Peluso, 27.6.2012. (RE-593727)

Ministério Público e investigação criminal – 19
O Plenário retomou julgamento de recurso extraordinário em que discutida a constitucionalidade da realização de procedimento investigatório criminal pelo Ministério Público. O acórdão impugnado dispusera que, na fase de recebimento da denúncia, prevaleceria a máxima in dubio pro societate, oportunidade em que se possibilitaria ao titular da ação penal ampliar o conjunto probatório. Sustenta o recorrente que a investigação procedida pelo parquet ultrapassaria suas atribuições funcionais constitucionalmente previstas, as quais seriam exclusivas da polícia judiciária — v. Informativos 671 e 672. Em voto-vista, o Min. Luiz Fux negou provimento ao recurso e reconheceu a legitimidade do poder investigatório do Ministério Público, com modulação nos efeitos da decisão. Após, pediu vista o Min. Marco Aurélio.
RE 593727/MG, rel. Min. Cezar Peluso, 19.12.2012. (RE-593727)

Ministério Público e investigação criminal - 20
O Ministério Público dispõe de competência para promover, por autoridade própria, e por prazo razoável, investigações de natureza penal, desde que respeitados os direitos e garantias que assistem a qualquer indiciado ou a qualquer pessoa sob investigação do Estado, observadas, sempre, por seus agentes, as hipóteses de reserva constitucional de jurisdição e, também, as prerrogativas profissionais de que se acham investidos, em nosso País, os advogados (Lei 8.906/1994, art. 7º, notadamente os incisos I, II, III, XI, XIII, XIV e XIX), sem prejuízo da possibilidade – sempre presente no Estado democrático de Direito – do permanente controle jurisdicional dos atos, necessariamente documentados (Enunciado 14 da Súmula Vinculante), praticados pelos membros dessa Instituição. Com base nessa orientação, o Plenário, em conclusão de julgamento e por maioria, negou provimento a recurso extraordinário em que discutida a constitucionalidade da realização de procedimento investigatório criminal pelo Ministério Público. No caso, o acórdão impugnado dispusera que, na fase de recebimento da denúncia, prevaleceria a máxima "in dubio pro societate", oportunidade em que se possibilitaria ao titular da ação penal ampliar o conjunto probatório. Sustentava o recorrente que a investigação realizada pelo "parquet" ultrapassaria suas atribuições funcionais constitucionalmente previstas – v. Informativos 671, 672 e 693. O Tribunal asseverou que a questão em debate seria de grande importância, por envolver o exercício de poderes por parte do Ministério Público. A legitimidade do poder investigatório do órgão seria extraída da Constituição, a partir de cláusula que outorgaria o monopólio da ação penal pública e o controle externo sobre a atividade policial. O "parquet", porém, não poderia presidir o inquérito policial, por ser função precípua da autoridade policial. Ademais, a função investigatória do Ministério Público não se converteria em atividade ordinária, mas excepcional, a legitimar a sua atuação em casos de abuso de autoridade, prática de delito por policiais, crimes contra a Administração Pública, inércia dos organismos policiais, ou procrastinação indevida no desempenho de investigação penal, situações que, exemplificativamente, justificariam a intervenção subsidiária do órgão ministerial. Haveria, no entanto, a necessidade de fiscalização da legalidade dos atos investigatórios, de estabelecimento de exigências de caráter procedimental e de se respeitar direitos e garantias que assistiriam a qualquer pessoa sob investigação — inclusive em matéria de preservação da integridade de prerrogativas profissionais dos advogados, tudo sob o controle e a fiscalização do Poder Judiciário. Vencidos os Ministros Cezar Peluso (relator), Ricardo Lewandowski (Presidente) e Dias Toffoli, que davam

4. DIREITO PROCESSUAL PENAL

provimento ao recurso extraordinário e reconheciam, em menor extensão, o poder de investigação do Ministério Público, em situações pontuais e excepcionais; e o Ministro Marco Aurélio, que dava provimento ao recurso, proclamando a ilegitimidade absoluta do Ministério Público para, por meios próprios, realizar investigações criminais.

RE 593727/MG, rel. orig. Min. Cezar Peluso, red. p/ o acórdão Min. Gilmar Mendes, 14.5.2015. (RE-593727) (Inform. STF 785)

Arquivamento de inquérito e requerimento do PGR

A Primeira Turma, em conclusão de julgamento e por maioria, negou provimento a agravo regimental em que se impugnava decisão monocrática que, com base no art. 21, XV, *e*, do RISTF, determinava o arquivamento do inquérito ["Art. 21. São atribuições do Relator: ... XV – determinar a instauração de inquérito a pedido do Procurador-Geral da República, da autoridade policial ou do ofendido, bem como o seu arquivamento, quando o requerer o Procurador-Geral da República, ou quando verificar: ... e) ausência de indícios mínimos de autoria ou materialidade"]. O agravante apontava a ilegitimidade da decisão impugnada, porquanto o arquivamento de inquérito deveria decorrer de requerimento do PGR ou, quando menos, após a sua oitiva. Destacava, também, a aplicabilidade, no caso, do precedente firmado quando do julgamento do Inq 2.913 AgR/MT (DJe de 21.6.2012) no qual se afirmara que o dispositivo do regimento interno utilizado como fundamento da decisão ora agravada ofenderia o art. 3º, I, da Lei 8.038/1990 ("Art. 3º - Compete ao relator: I - determinar o arquivamento do inquérito ou de peças informativas, quando o requerer o Ministério Público, ou submeter o requerimento à decisão competente do Tribunal"). A Turma asseverou que a questão relativa à legitimidade da determinação de arquivamento do inquérito estaria superada na hipótese em comento, dado que, com a interposição do agravo regimental, a matéria estaria sendo apreciada pelo Colegiado. Outrossim, não existiria justa causa para a instauração do inquérito. O Ministro Dias Toffoli (relator), embora também negasse provimento ao recurso, afirmara (na sessão de 30.9.2014) que eventual agravo regimental, interposto em face de decisão monocrática que tivesse determinado o arquivamento de inquérito, levaria a matéria à apreciação do Colegiado, o que não subverteria o quanto disposto no art. 3º, I, da Lei 8.038/1990. Ademais, não haveria, na espécie, elementos suficientes para o prosseguimento do inquérito. Vencido o Ministro Marco Aurélio, que dava provimento ao agravo. Afirmava que a Lei 8.038/1990 seria clara, não apresentando qualquer distinção no que junge a possibilidade de o relator arquivar o inquérito ao requerimento do Ministério Público. Ausente o requerimento, o inquérito deveria ir à Turma, em questão de ordem. Por outro lado, seria cabível investigação ante qualquer notícia de prática criminosa, devendo-se viabilizar a atuação do Ministério Público em defesa da sociedade.

Inq 3847 AgR/GO, rel. Min. Dias Toffoli, 7.4.2015. (Inq-3847) (Inform. STF 780)

Quebra de sigilo bancário e unilateralidade em inquérito policial

A 1ª Turma iniciou julgamento de agravo regimental em que se discute a legalidade de pedido de quebra de sigilo bancário para fins de investigação criminal. No caso, o "Parquet" requerera, além da quebra de sigilo, o encaminhamento direto dos dados colhidos ao Ministério Público, bem como a autorização para que o órgão atuasse diretamente junto às instituições bancárias, sem necessidade de intervenção judicial, com o intuito de obter documentos de suporte das transações financeiras realizadas no período. O Ministro Marco Aurélio (relator) desproveu o agravo. Afirmou que a quebra de sigilo bancário somente seria possível por ordem judicial, nas situações e na forma previstas em lei, para fins de investigação ou instrução processual penal. Não se poderia compatibilizar entendimento de que a autorização do afastamento do sigilo dependeria de determinação do órgão competente para capitanear o inquérito, mas, por outro lado, os elementos coligidos seriam direcionados exclusivamente ao Ministério Público, parte em eventual ação penal. Tratar-se-ia de espécie de concentração unilateral de poder, incompatível com a ordem jurídica. Os artigos 9º, 11 e 12 do CPP corroborariam essa conclusão. Assim, a juntada do objeto das diligências permitiria o acompanhamento pelo investigado e, portanto, a observância do Enunciado 14 da Súmula Vinculante do STF ("É direito do defensor, no interesse do representado, ter acesso amplo aos elementos de prova que, já documentados em procedimento investigatório realizado por órgão com competência de polícia judiciária, digam respeito ao exercício do direito de defesa"). Em seguida, pediu vista o Ministro Roberto Barroso.

Inq 3552 AgR/RS, Min. Marco Aurélio, 21.10.2014. (Inq-3552) (Inform. STF 764)

Poder de investigação do Ministério Público - 1

A 2ª Turma iniciou julgamento de recurso ordinário em *habeas corpus* em que se discute a nulidade das provas colhidas em inquérito presidido pelo Ministério Público. Além disso, a impetração alega: a) inépcia da denúncia, bem como ausência de elementos aptos a embasar o seu oferecimento; b) ofensa ao princípio do promotor natural; c) violação ao princípio da identidade física do juiz; d) possibilidade de suspensão condicional do processo antes do recebimento da denúncia; e) ausência de provas para a condenação; f) possibilidade de aplicação da atenuante prevista no art. 65, III, *b*, do CP; e g) incompatibilidade entre a causa de aumento da pena do art. 121, § 4º, do CP e o homicídio culposo, sob pena de *bis in idem*. No caso, as investigações que antecederam o oferecimento da denúncia por homicídio culposo foram realizadas pela Curadoria da Saúde do Ministério Público. Segundo os autos, a filha da vítima noticiara ao *parquet* a ocorrência de possível homicídio culposo por imperícia de médico que operara seu pai, bem como cobrança indevida pelo auxílio de enfermeira durante sessão de hemodiálise.

RHC 97926/GO, rel. Min. Gilmar Mendes, 1º.10.2013. (RHC-97926)

Poder de investigação do Ministério Público - 2

O Ministro Gilmar Mendes, relator, negou provimento ao recurso. Entendeu que ao Ministério Público não seria vedado proceder a diligências investigatórias, consoante interpretação sistêmica da Constituição (art. 129), do CPP (art. 5º) e da Lei Complementar 75/93 (art. 8º). Afirmou que a jurisprudência do STF acentuara reiteradamente ser dispensável, ao oferecimento da denúncia, a prévia instauração de inquérito policial, desde que evidente a materialidade do fato delituoso e presentes indícios de autoria. Considerou que a colheita de elementos de prova se afiguraria indissociável às funções do Ministério Público, tendo em vista o poder-dever a ele conferido na defesa da ordem jurídica, do regime democrático e dos interesses sociais e individuais indisponíveis (CF, art. 127). Frisou que seria ínsito ao sistema dialético de processo, concebido para o estado democrático de direito, a faculdade de a parte colher, por si própria, elementos de provas hábeis para defesa de seus interesses. Da mesma forma, não poderia ser diferente com relação ao *parquet*, que teria o poder-dever da defesa da ordem jurídica. Advertiu que a atividade investigatória não seria exclusiva da polícia judiciária. O próprio constituinte originário, ao delimitar o poder investigatório das comissões parlamentares de inquérito (CF, art. 58, § 3º), encampara esse entendimento. Raciocínio diverso — exclusividade das investigações efetuadas por organismos policiais — levaria à conclusão de que também outras instituições, e não somente o Ministério Público, estariam impossibilitadas de exercer atos investigatórios, o que seria de todo inconcebível. Por outro lado, o próprio CPP, em seu art. 4º, parágrafo único, disporia que a apuração das infrações penais e sua autoria não excluiria a competência de autoridades administrativas a quem por lei fosse cometida a mesma função.

RHC 97926/GO, rel. Min. Gilmar Mendes, 1º.10.2013. (RHC-97926)

Poder de investigação do Ministério Público - 3

Prosseguindo, o Ministro Gilmar Mendes reafirmou que seria legítimo o exercício do poder de investigar por parte do Ministério Público, mas essa atuação não poderia ser exercida de forma ampla e irrestrita, sem qualquer controle, sob pena de agredir, inevitavelmente, direitos fundamentais. Mencionou que a atividade de investigação, seja ela exercida pela polícia ou pelo Ministério Público, mereceria, pela sua própria natureza, vigilância e controle. Aduziu que a atuação do *parquet* deveria ser, necessariamente, subsidiária, a ocorrer, apenas, quando não fosse possível ou recomendável efetivar-se pela própria polícia. Exemplificou situações em que possível a atuação do órgão ministerial: lesão ao patrimônio público, excessos cometidos pelos próprios agentes e organismos policiais (*vg.* tortura, abuso de poder, violências arbitrárias, concussão, corrupção), intencional omissão da polícia na apuração de determinados delitos ou deliberado intuito da própria corporação policial de frustrar a investigação, em virtude da qualidade da vítima ou da condição do suspeito. Sublinhou que se deveria: a) observar a pertinência do sujeito investigado com a base territorial e com a natureza do fato investigado; b) formalizar o ato investigativo, delimitando objeto e razões que o fundamentem; c) comunicar de maneira imediata e formal ao Procurador-Chefe ou Procurador-Geral; d) autuar, numerar e controlar a distribuição; e) dar publicidade a todos os atos, salvo sigilo decretado de forma fundamentada; f) juntar e formalizar todos os atos e fatos processuais, em ordem cronológica, principalmente diligências, provas coligidas, oitivas; g) garantir o pleno conhecimento dos atos de investigação à parte e ao seu advogado, consoante o Enunciado 14 da Súmula Vinculante do STF; h) observar os princípios e regras que orientam o inquérito e os procedimentos administrativos sancionatórios; i) respeitar a ampla defesa e o contraditório, este ainda que de forma diferida; e j) observar prazo para conclusão e controle judicial no arquivamento.

RHC 97926/GO, rel. Min. Gilmar Mendes, 1º.10.2013. (RHC-97926)

Poder de investigação do Ministério Público - 4

O Ministro Gilmar Mendes consignou, ainda, que, na situação dos autos, o Ministério Público estadual buscara apurar a ocorrência de erro médico em hospital de rede pública, bem como a cobrança ilegal de procedimentos que deveriam ser gratuitos. Em razão disso, o procedimento do *parquet* encontraria amparo no art. 129, II, da CF (*"São funções institucionais do Ministério Público: ... II – zelar pelo efetivo respeito dos Poderes Públicos e dos serviços de relevância pública aos direitos assegurados nesta Constituição, promovendo as medidas necessárias a sua garantia"*). Asseverou que seria inegável a necessidade de atuação do Ministério Público, pois os fatos levados a seu conhecimento sinalizariam ofensa à política pública de saúde. Reputou, assim, legítima a sua atuação. Assinalou a improcedência das assertivas relativas à falta de elementos lícitos a embasarem o oferecimento e o recebimento da denúncia, bem como a alegação atinente à inépcia da denúncia. Apontou que o entendimento do STF seria no sentido de que o trancamento de ação penal, por falta de justa causa, seria medida excepcional, especialmente na via estreita do *habeas corpus*. Dessa forma, se não comprovada, de plano, a atipicidade da conduta, a incidência de causa de extinção da punibilidade ou a ausência de indícios de autoria e materialidade, impor-se-ia a continuidade da persecução criminal. Na espécie, destacou que a peça inicial estaria em consonância com a jurisprudência desta Corte e com os requisitos do art. 41 do CPP, pois se consubstanciaria em contundente conjunto probatório, com a conduta do agente devidamente individualizada. Não haveria, portanto, constrangimento ilegal a ser corrigido.

RHC 97926/GO, rel. Min. Gilmar Mendes, 1º.10.2013. (RHC-97926)

Poder de investigação do Ministério Público - 5

O Ministro Gilmar Mendes ressaltou que inexistiria, também, ofensa ao princípio do promotor natural, porquanto a distribuição da ação penal se dera em cumprimento à Lei Orgânica do Ministério Público do Estado de Goiás (Lei Complementar Estadual 25/98), que permite a criação de promotorias especializadas. Destarte, não estaria configurada a desobediência à regra de atuação do promotor e, portanto, inviável a anulação da atuação da Procuradoria de Curadoria da Saúde do Estado de Goiás no caso. No que tange à alegação de nulidade por afronta ao princípio da identidade física do juiz, apontou que não teria sido demonstrado o prejuízo. Quanto à ausência de análise da suspensão condicional do processo, antes do recebimento da denúncia, afirmou que seria inviável a concessão do pedido, nos termos do art. 89 da Lei 9.099/95, uma vez que o recebimento da denúncia seria condição para a proposta de suspensão condicional do processo. No que diz respeito à inexistência de prova para condenação por homicídio culposo, enfatizou que a jurisprudência do STF seria pacífica em não admitir o *habeas corpus* como sucedâneo de revisão criminal e, tampouco, permitir o revolvimento aprofundado de conjunto fático-probatório. Além disso, ponderou que não mereceria ser acolhido o requerimento para incidência da atenuante prevista no art. 65, III, b, do CP, haja vista que, neste recurso ordinário, a defesa restringira-se a simplesmente invocar a regra normativa, sem fundamentar a aplicação da atenuante. Por último, no que se refere à incompatibilidade entre a causa de aumento de pena (CP, art. 121, § 4º) e o homicídio culposo caracterizado pela negligência, sob pena de bis in idem, observou que nem a sentença condenatória nem o acórdão confirmatório da sentença imputaram ao paciente esta causa de aumento de pena. Após o voto do Ministro Gilmar Mendes, pediu vista o Ministro Ricardo Lewandowski.

RHC 97926/GO, rel. Min. Gilmar Mendes, 1º.10.2013. (RHC-97926)

Poder de investigação do Ministério Público - 6

Em conclusão de julgamento, a 2ª Turma negou provimento a recurso ordinário em "habeas corpus" em que discutida a nulidade das provas colhidas em inquérito presidido pelo Ministério Público — v. Informativo 722. Prevaleceu o voto do Ministro Gilmar Mendes (relator). Entendeu que ao Ministério Público não seria vedado proceder a diligências investigatórias, consoante interpretação sistêmica da Constituição (art. 129), do CPP (art. 5º) e da LC 75/1993 (art. 8º). Advertiu que a atividade investigatória não seria exclusiva da polícia judiciária. Mencionou que a atividade de investigação, fosse ela exercida pela polícia ou pelo Ministério

Público, mereceria, pela sua própria natureza, vigilância e controle. Aduziu que a atuação do "parquet" deveria ser, necessariamente, subsidiária, a ocorrer, apenas, quando não fosse possível ou recomendável efetivar-se pela própria polícia. Exemplificou situações em que possível a atuação do órgão ministerial: lesão ao patrimônio público, excessos cometidos pelos próprios agentes e organismos policiais (vg. tortura, abuso de poder, violências arbitrárias, concussão, corrupção), intencional omissão da polícia na apuração de determinados delitos ou deliberado intuito da própria corporação policial de frustrar a investigação, em virtude da qualidade da vítima ou da condição do suspeito. Consignou, ainda, que, na situação dos autos, o Ministério Público estadual buscara apurar a ocorrência de erro médico em hospital de rede pública, bem como a cobrança ilegal de procedimentos que deveriam ser gratuitos. Em razão disso, o procedimento do "parquet" encontraria amparo no art. 129, II, da CF. O Ministro Ricardo Lewandowski, por sua vez, destacou que a alegação relativa à nulidade das provas obtidas no inquérito presidido pelo Ministério Público não teria sido ventilada nas instâncias inferiores.

RHC 97926/GO, rel. Min. Gilmar Mendes, 2.9.2014. (RHC-97926) **(Inform. STF 757)**

RHC 116.002/GO
RELATOR: Ministro Celso de Mello
PRETENDIDA NULIDADE DA INVESTIGAÇÃO PENAL **PELO FATO** DE A POLÍCIA JUDICIÁRIA *ESTADUAL* HAVER RECEBIDO COOPERAÇÃO DA POLÍCIA FEDERAL. **INOCORRÊNCIA. MÚTUA ASSISTÊNCIA TÉCNICA** ENTRE A POLÍCIA FEDERAL E AS POLÍCIAS ESTADUAIS, **ALÉM DO FORNECIMENTO RECÍPROCO** DE DADOS INVESTIGATÓRIOS E O INTERCÂMBIO DE INFORMAÇÕES ENTRE REFERIDOS ORGANISMOS POLICIAIS: **MEDIDAS QUE SE LEGITIMAM** EM FACE DO *MODELO CONSTITUCIONAL DE FEDERALISMO COOPERATIVO*.
- *PERSECUÇÃO PENAL* E *DELAÇÃO* ANÔNIMA. **POSSIBILIDADE**, *DESDE QUE* A INSTAURAÇÃO FORMAL DO PROCEDIMENTO INVESTIGATÓRIO *TENHA SIDO PRECEDIDA* DE AVERIGUAÇÃO SUMÁRIA, "*COM PRUDÊNCIA E DISCRIÇÃO*", **DESTINADA** A APURAR A *VEROSSIMILHANÇA DOS FATOS DELATADOS* E DA RESPECTIVA AUTORIA. **DOUTRINA. PRECEDENTES** DO SUPREMO TRIBUNAL FEDERAL.
- **INVIABILIDADE** DE EXAME APROFUNDADO DA PROVA PENAL E DA REAPRECIAÇÃO DE MATÉRIA DE FATO *NA VIA SUMARÍSSIMA* DO PROCESSO DE "*HABEAS CORPUS*". **PRECEDENTES.**
- **ACOLHIMENTO INTEGRAL** DO PARECER DA PROCURADORIA-GERAL DA REPÚBLICA. **ADOÇÃO DA TÉCNICA** DA MOTIVAÇÃO "*PER RELATIONEM*". **COMPATIBILIDADE** DESSA TÉCNICA DECISÓRIA COM A REGRA **INSCRITA** NO ART. 93, **INCISO** IX, DA CONSTITUIÇÃO. **PRECEDENTES. RECURSO ORDINÁRIO IMPROVIDO**. DJe de 17.3.2014. **(Inform. STF 755)**

HC N. 94.869-DF
RELATOR: MIN. RICARDO LEWANDOWSKI
Ementa: PROCESSUAL PENAL. *HABEAS CORPUS*. DESARQUIVAMENTO E REABERTURA DE INQUÉRITO POLICIAL. DIFERENÇA ENTRE NECESSIDADE DE PROVAS NOVAS E NOTÍCIA DE PROVAS NOVAS: SÚMULA 524 DO STF E ART. 18 DO CPP. ORDEM DENEGADA.
I - Para que ocorra o desarquivamento de inquérito, basta que haja notícia de novas provas (art. 18 do CPP), enquanto não se extinguir a punibilidade pela prescrição.
II - Diversamente, o Ministério Público só poderá oferecer denúncia se efetivamente tiverem sido produzidas provas novas, nos termos da Súmula 524 do Supremo Tribunal Federal.
III - Ordem denegada. **(Inform. STF 737)**

Inq N. 2.842-DF
RELATOR: MIN. RICARDO LEWANDOWSKI
Ementa: PROCESSUAL PENAL. DEPUTADO FEDERAL. FORO POR PRERROGATIVA DE FUNÇÃO. COMPETÊNCIA DO STF INCLUSIVE NA FASE DE INVESTIGAÇÃO. DENÚNCIA LASTREADA EM PROVAS COLHIDAS POR AUTORIDADE INCOMPETENTE. DENÚNCIA REJEITADA.
I - Os elementos probatórios destinados a embasar a denúncia foram confeccionados sob a égide de autoridades desprovidas de competência constitucional para tanto.
II - Ausência de indícios ou provas que, produzidas antes da posse do acusado como Deputado Federal, eventualmente pudessem apontar para a sua participação nos crimes descritos na inicial acusatória.

4. DIREITO PROCESSUAL PENAL · 241

III - A competência do Supremo Tribunal Federal, quando da possibilidade de envolvimento de parlamentar em ilícito penal, alcança a fase de investigação, materializada pelo desenvolvimento do inquérito. Precedentes desta Corte.

VI - A usurpação da competência do STF traz como consequência a inviabilidade de tais elementos operarem sobre a esfera penal do denunciado. Precedentes desta Corte.

V - Conclusão que não alcança os acusados destituídos de foro por prerrogativa de função.

VI – Denúncia rejeitada. **(Inform. STF 737)**

HC N. 115.015-SP
RELATOR: MIN. TEORI ZAVASCKI
Ementa: *HABEAS CORPUS*. PROCESSUAL PENAL. CRIME CONTRA ORDEM TRIBUTÁRIA. REQUISIÇÃO DE INDICIAMENTO PELO MAGISTRADO APÓS O RECEBIMENTO DENÚNCIA. MEDIDA INCOMPATÍVEL COM O SISTEMA ACUSATÓRIO IMPOSTO PELA CONSTITUIÇÃO DE 1988. INTELIGÊNCIA DA LEI 12.830/2013. CONSTRANGIMENTO ILEGAL CARACTERIZADO. SUPERAÇÃO DO ÓBICE CONSTANTE NA SÚMULA 691. ORDEM CONCEDIDA.
1. Sendo o ato de indiciamento de atribuição exclusiva da autoridade policial, não existe fundamento jurídico que autorize o magistrado, após receber a denúncia, requisitar ao Delegado de Polícia o indiciamento de determinada pessoa. A rigor, requisição dessa natureza é incompatível com o sistema acusatório, que impõe a separação orgânica das funções concernentes à persecução penal, de modo a impedir que o juiz adote qualquer postura inerente à função investigatória. Doutrina. Lei 12.830/2013.
2. Ordem concedida. **(Inform. STF 719)**

Indiciamento por magistrado
Não cabe ao juiz determinar indiciamento. Com base nessa orientação, a 2ª Turma superou o Enunciado 691 da Súmula do STF para conceder *habeas corpus* e anular o indiciamento dos pacientes. No caso, diretores e representantes legais de pessoa jurídica teriam sido denunciados pelo Ministério Público em razão da suposta prática do crime previsto no art. 1º, I e II, da Lei 8.137/90. Após o recebimento da denúncia, o magistrado de 1º grau determinara à autoridade policial a efetivação do indiciamento formal dos pacientes. HC 115015/SP, rel. Min. Teori Zavascki, 27.8.2013. **(HC-115015) (Inform. STF 717)**

DIREITO PROCESSUAL PENAL. ARQUIVAMENTO DO INQUÉRITO POLICIAL.
Na ação penal pública incondicionada, a vítima não tem direito líquido e certo de impedir o arquivamento do inquérito ou das peças de informação. Considerando que o processo penal rege-se pelo princípio da obrigatoriedade, a propositura da ação penal pública constitui um dever, e não uma faculdade, não sendo reservado ao Parquet um juízo discricionário sobre a conveniência e oportunidade de seu ajuizamento. Por outro lado, não verificando o Ministério Público material probatório convincente para corroborar a materialidade do delito ou a autoria delitiva ou entendendo pela atipicidade da conduta, pela existência de excludentes de ilicitude ou de culpabilidade, ou, ainda, pela extinção da punibilidade, pode requerer perante o Juiz o arquivamento do inquérito ou das peças de informação. O magistrado, concordando com o requerimento, deve determinar o arquivamento, que prevalecerá, salvo no caso de novas provas surgirem a viabilizar o prosseguimento das investigações pela autoridade policial (art. 18 do CPP). Se discordar, porém, deve o magistrado encaminhar o pedido de arquivamento, com o inquérito ou peças de informação, à consideração do Procurador-Geral de Justiça, o qual deverá: a) oferecer a denúncia, ou designar outro órgão ministerial para fazê-lo; ou b) insistir no arquivamento, estando, nessa última hipótese, obrigado o Juiz a atender. Poderá, ainda, o Procurador-Geral requerer novas diligências investigatórias. Há, portanto, um sistema de controle de legalidade muito técnico e rigoroso em relação ao arquivamento de inquérito policial, inerente ao próprio sistema acusatório. No exercício da atividade jurisdicional, o Juiz, considerando os elementos trazidos nos autos de inquérito ou nas peças de informações, tem o poder-dever de anuir ou discordar do pedido de arquivamento formulado pelo Ministério Público. Não há, porém, obrigação de, em qualquer hipótese, remeter os autos para nova apreciação do Procurador-Geral. Assim, se constatar pertinência nos fundamentos do pedido de arquivamento, o Juiz terá o poder-dever de promover o arquivamento, não cabendo contra esse decisão recurso. Ademais, no sistema processual penal vigente, a função jurisdicional não contempla a iniciativa acusatória, de maneira que, do mesmo modo que não poderá o Juiz autoprovocar a jurisdição, não poderá obrigar o Ministério Público, diante de sua independência funcional, a oferecer a

denúncia ou a ter, em toda e qualquer hipótese, reexaminado o pedido de arquivamento pela instância superior, o respectivo Procurador-Geral. Ao Ministério Público cabe formar a opinio delicti e, se entender devido, oferecer a denúncia. Desse modo, uma vez verificada a inexistência de elementos mínimos que corroborem a autoria e a materialidade delitivas, pode o Parquet requerer o arquivamento do inquérito, e o Juiz, por consequência, avaliar se concorda ou não com a promoção ministerial. Uma vez anuindo, fica afastado o procedimento previsto no art. 28 do CPP, sem que, com isso, seja violado direito líquido e certo da possível vítima de crime de ver processado seu suposto ofensor (RMS 12.572-SP, Sexta Turma, DJ de 10/9/2007). Cumpre salientar, por oportuno, que, se a vítima ou qualquer outra pessoa trouxer novas informações que justifiquem a reabertura do inquérito, pode a autoridade policial proceder a novas investigações, nos termos do citado art. 18 do CPP. Nada obsta, ademais, que, surgindo novos elementos aptos a ensejar a persecução criminal, sejam tomadas as providências cabíveis pelo órgão ministerial, inclusive com a abertura de investigação e o oferecimento de denúncia. **MS 21.081-DF, Rel. Min. Raul Araújo, julgado em 17/6/2015, DJe 4/8/2015 (Inform. STJ 565).**

DIREITO PROCESSUAL PENAL. INAPLICABILIDADE DO ART. 28 DO CPP NOS PROCEDIMENTOS INVESTIGATIVOS QUE TRAMITEM ORIGINARIAMENTE NO STJ.
Se membro do MPF, atuando no STJ, requerer o arquivamento do inquérito policial ou de quaisquer peças de informação que tramitem originariamente perante esse Tribunal Superior, este, mesmo considerando improcedentes as razões invocadas, deverá determinar o arquivamento solicitado, sem a possibilidade de remessa para o Procurador-Geral da República, não se aplicando o art. 28 do CPP. Isso porque a jurisprudência do STJ é no sentido de que os membros do MPF atuam por delegação do Procurador-Geral da República na instância especial. Assim, em decorrência do sistema acusatório, nos casos em que o titular da ação penal se manifesta pelo arquivamento de inquérito policial ou de peças de informação, não há alternativa, senão acolher o pedido e determinar o arquivamento. Nesse passo, não há falar em aplicação do art. 28 do CPP nos procedimentos de competência originária do STJ. Precedentes citados: Rp 409-DF, Corte Especial, DJe 14/10/2011; AgRg na Sd 150-SP, Corte Especial, DJe 5/5/2008; e AgRg na NC 86-SP, Corte Especial, DJ 11/6/2001. **Inq 967-DF, Rel. Min. Humberto Martins, julgado em 18/3/2015, DJe 30/3/2015 (Inform. STJ 558).**

DIREITO PROCESSUAL PENAL. EFEITOS DO ARQUIVAMENTO DO INQUÉRITO POLICIAL PELO RECONHECIMENTO DE LEGÍTIMA DEFESA.
Promovido o arquivamento do inquérito policial pelo reconhecimento de legítima defesa, a coisa julgada material impede a rediscussão do caso penal em qualquer novo feito criminal, descabendo perquirir a existência de novas provas. Isso porque a decisão judicial que define o mérito do caso penal, mesmo no arquivamento do inquérito policial, gera efeitos de coisa julgada material. Ademais, a decisão judicial que examina o mérito e reconhece a atipia ou a excludente da ilicitude é prolatada somente em caso de convencimento com grau de certeza jurídica pelo magistrado. Assim, na dúvida se o fato deu-se em legítima defesa, a previsão legal de presença de suporte probatório de autoria e materialidade exigiria o desenvolvimento da persecução criminal. Ressalte-se que a permissão de desarquivamento do inquérito pelo surgimento de provas novas contida no art. 18 do CPP e na Súmula 524/STF somente tem incidência quando o fundamento do arquivamento for a insuficiência probatória – indícios de autoria e prova do crime. Pensar o contrário permitiria a reabertura de inquéritos por revaloração jurídica e afastaria a segurança jurídica das soluções judiciais de mérito, como no reconhecimento da extinção da punibilidade, da atipia ou de excludentes da ilicitude. Precedente citado do STJ: RHC 17.389-SE, Quinta Turma, DJe 7/4/2008. Precedente citado do STF: HC 80.560-GO, Primeira Turma, DJe 30/3/2001. **REsp 791.471-RJ, Rel. Min. Nefi Cordeiro, julgado em 25/11/2014, DJe 16/12/2014 (Inform. STJ 554).**

DIREITO PROCESSUAL PENAL. INDICIAMENTO COMO ATRIBUIÇÃO EXCLUSIVA DA AUTORIDADE POLICIAL.
O magistrado não pode requisitar o indiciamento em investigação criminal. Isso porque o indiciamento constitui atribuição exclusiva da autoridade policial. De fato, é por meio do indiciamento que a autoridade policial aponta determinada pessoa como a autora do ilícito em apuração. Por se tratar de medida ínsita à fase investigatória, por meio da qual o delegado de polícia externa o seu convencimento sobre a autoria dos fatos apurados, não se admite que seja requerida ou determinada pelo magistrado, já que

tal procedimento obrigaria o presidente do inquérito à conclusão de que determinado indivíduo seria o responsável pela prática criminosa, em nítida violação ao sistema acusatório adotado pelo ordenamento jurídico pátrio. Nesse mesmo sentido, é a inteligência do art. 2º, § 6º, da Lei 12.830/2013, o qual consigna que o indiciamento é ato inserto na esfera de atribuições da polícia judiciária. Precedente citado do STF: HC 115.015-SP, Segunda Turma, DJe 11/9/2013. **RHC 47.984-SP, Rel. Min. Jorge Mussi, julgado em 4/11/2014. (Inform. STJ 552)**

DIREITO PROCESSUAL PENAL. PODERES DO RELATOR EM INVESTIGAÇÃO CONTRA MAGISTRADO.

O prosseguimento da investigação criminal em que surgiu indício da prática de crime por parte de magistrado não depende de deliberação do órgão especial do tribunal competente, cabendo ao relator a quem o inquérito foi distribuído determinar as diligências que entender cabíveis. O parágrafo único do art. 33 da LOMAN ("Quando, no curso de investigação, houver indício da prática de crime por parte de magistrado, a autoridade policial, civil ou militar, remeterá os respectivos autos ao Tribunal ou órgão especial competente para o julgamento, a fim de que prossiga na investigação") não autoriza concluir, pelo seu conteúdo normativo, ser necessária a submissão do procedimento investigatório ao órgão especial tão logo chegue ao tribunal competente, para que seja autorizado o prosseguimento do inquérito. Trata-se, em verdade, de regra de competência. No tribunal, o inquérito é distribuído ao relator, a quem cabe determinar as diligências que entender cabíveis para realizar a apuração, podendo chegar, inclusive, ao arquivamento. Cabe ao órgão especial receber ou rejeitar a denúncia, conforme o caso, sendo desnecessária a sua autorização para a instauração do inquérito judicial, segundo a jurisprudência do STF. Precedente citado do STF: HC 94.278-SP, Tribunal Pleno, DJ 28/11/2008. **HC 208.657-MG, Rel. Min. Maria Thereza de Assis Moura, julgado em 22/4/2014. (Inform. STJ 540)**

📄 Súmula Vinculante 14

É direito do defensor, no interesse do representado, ter acesso amplo aos elementos de prova que, já documentados em procedimento investigatório realizado por órgão com competência de polícia judiciária, digam respeito ao exercício do direito de defesa.

📄 Súmula STF nº 524

Arquivado o inquérito policial, por despacho do juiz, a requerimento do promotor de justiça, não pode a ação penal ser iniciada, sem novas provas.

📄 Súmula STF nº 397

O poder de polícia da câmara dos deputados e do senado federal, em caso de crime cometido nas suas dependências, compreende, consoante o regimento, a prisão em flagrante do acusado e a realização do inquérito.

3. AÇÃO PENAL E AÇÃO CIVIL

Pet N. 5.647-DF

RELATOR: MIN. ROBERTO BARROSO
Ementa: Direito penal e processual penal. Queixa-crime. Injúria. Difamação. Súmula 714/STF. Declarações em Entrevista vinculada à atividade parlamentar. Deputado Federal. Imunidade Material. Atipicidade da Conduta. Rejeição.
1. É concorrente a legitimidade do ofendido, mediante queixa, e do Ministério Público, condicionada à representação do ofendido, para a ação penal por crime contra a honra de servidor público em razão do exercício de suas funções (Súmula 714/STF).
2. As manifestações do parlamentar possuem nexo de casualidade com a atividade legislativa.
3. A imunidade cível e penal do parlamentar federal tem por objetivo viabilizar o pleno exercício do mandato.
4. O excesso de linguagem pode configurar, em tese, quebra de decoro, a ensejar o controle político
5. Não incide, na hipótese, a tutela penal, configurando-se a atipicidade da conduta. Precedentes. Queixa-crime rejeitada. **(Inform. STF 809)**

HC N. 114.223-SP

RELATOR: MIN. TEORI ZAVASCKI
Ementa: PROCESSUAL PENAL. HOMICÍDIO CONSUMADO E TENTADO. TRANCAMENTO DA AÇÃO PENAL. ALEGAÇÃO DE INÉPCIA DA INICIAL

ACUSATÓRIA. IMPUTAÇÃO ALTERNATIVA. FALTA DE DESCRIÇÃO DAS CIRCUNSTÂNCIAS DO ART. 14, II, DO CÓDIGO PENAL. INCOMPATIBILIDADE ENTRE DOLO EVENTUAL E TENTATIVA. INOCORRÊNCIA. *HABEAS CORPUS* DENEGADO.
1. A jurisprudência desta Corte firmou entendimento no sentido de que a extinção da ação penal, de forma prematura, pela via do *habeas corpus*, somente se dá em hipóteses excepcionais, nas quais seja patente (a) a atipicidade da conduta; (b) a ausência de indícios mínimos de autoria e materialidade delitivas; ou (c) a presença de alguma causa extintiva da punibilidade.
2. A inicial acusatória indica os elementos indiciários mínimos aptos a tornar plausível a acusação e, por consequência, suficientes para dar início à persecução penal, além de permitir ao paciente o pleno exercício do seu direito de defesa, nos termos do art. 41 do Código de Processo Penal.
3. Não se reputa alternativa a denúncia que descreve conduta certa e determinada, em imputação de tipo penal doloso, tanto o dolo direto quanto o eventual, porque cingidos naquela norma incriminadora.
4. Constatada a higidez da denúncia, não há como avançar nas questões que compõem típicas teses defensivas, sob pena de afronta ao modelo constitucional de competência. Caberá ao juízo natural da instrução criminal, com observância do princípio do contraditório, proceder ao exame do ora alegado e, porventura, conferir definição jurídica diversa para os fatos.
5. Ordem denegada. **(Inform. STF 807)**

REPERCUSSÃO GERAL EM ARE N. 859.251-DF
RELATOR: MIN. GILMAR MENDES
Recurso extraordinário com agravo. Repercussão geral. Constitucional. Penal e processual penal. 2. *Habeas corpus*. Intervenção de terceiros. Os querelantes têm legitimidade e interesse para intervir em ação de *habeas corpus* buscando o trancamento da ação penal privada e recorrer da decisão que concede a ordem. 3. A promoção do arquivamento do inquérito, posterior à propositura da ação penal privada, não afeta o andamento desta. 4. Os fatos, tal como admitidos na instância recorrida, são suficientes para análise da questão constitucional. Provimento do agravo de instrumento, para análise do recurso extraordinário. 5. Direito a mover ação penal privada subsidiária da pública. Art. 5º, LIX, da Constituição Federal. Direito da vítima e sua família à aplicação da lei penal, inclusive tomando as rédeas da ação criminal, se o Ministério Público não agir em tempo. Relevância jurídica. Repercussão geral reconhecida. 6. Inquérito policial relatado remetido ao Ministério Público. Ausência de movimentação externa ao *Parquet* por prazo superior ao legal (art. 46 do Código de Processo Penal). Surgimento do direito potestativo a propor ação penal privada. 7. Questão constitucional resolvida no sentido de que: (i) o ajuizamento da ação penal privada pode ocorrer após o decurso do prazo legal, sem que seja oferecida denúncia, ou promovido o arquivamento, ou requisitadas diligências externas ao Ministério Público. Diligências internas à instituição são irrelevantes; (ii) a conduta do Ministério Público posterior ao surgimento do direito de queixa não prejudica sua propositura. Assim, o oferecimento de denúncia, a promoção do arquivamento ou a requisição de diligências externas ao Ministério Público, posterior ao decurso do prazo legal para a propositura da ação penal, não afastam o direito de queixa. Nem mesmo a ciência da vítima ou da família quanto a tais diligências afasta esse direito, por não representar concordância com a falta de iniciativa da ação penal pública. 8. Reafirmação da jurisprudência do Supremo Tribunal Federal. 9. Recurso extraordinário provido, por maioria, para reformar o acórdão recorrido e denegar a ordem de *habeas corpus*, a fim de que a ação penal privada prossiga, em seus ulteriores termos. **(Inform. STF 786)**

Inq N. 3.534-BA

RELATORA: MIN. CÁRMEN LÚCIA
EMENTA: INQUÉRITO. DENÚNCIA CONTRA DEPUTADO FEDERAL. CRIMES DE ARREGIMENTAÇÃO DE ELEITOR E PROPAGANDA DE BOCA DE URNA. INDÍCIOS SUFICIENTES DE AUTORIA E MATERIALIDADE DA CONDUTA. OBSERVÂNCIA DOS REQUISITOS DO ART. 41 DO CÓDIGO DE PROCESSO PENAL. INEXISTÊNCIA DAS HIPÓTESES DO ART. 395 DO MESMO CÓDIGO. DENÚNCIA RECEBIDA.
1. Para o recebimento da denúncia, cumpre analisar a existência de indícios suficientes da materialidade e da autoria dos delitos imputados ao Denunciado.
2. A denúncia é proposta da demonstração de prática de fatos típicos e antijurídicos imputados a determinada pessoa, sujeita à efetiva comprovação e à contradita.
3. A denúncia examinada preenche os requisitos do art. 41 do Código de Processo Penal, individualiza as condutas do denunciado no contexto fático

4. DIREITO PROCESSUAL PENAL 243

da fase pré-processual, expõe de forma pormenorizada os elementos indispensáveis à existência, em tese, dos crimes de arregimentação de eleitores e propaganda de boca de urna, permitida o pleno exercício do contraditório e da ampla defesa.
4. Ausência das hipóteses do art. 395 do Código de Processo Penal.
5. Denúncia recebida. **(Inform. STF 761)**

RHC N. 123.086-SP
RELATOR: MIN. GILMAR MENDES
Recurso ordinário em *habeas corpus*. 2. Penal e Processo Penal. 3. Assédio Sexual. Representação feita mediante o comparecimento da vítima à delegacia para registrar a ocorrência. 4. Jurisprudência desta Corte no sentido de que a representação nos crimes de ação penal pública condicionada prescinde de qualquer formalidade. Precedentes. 5. Ausência de constrangimento ilegal. Recurso a que se nega provimento. **(Inform. STF 761)**

Crime contra o patrimônio da União, coisa julgada formal e empate na votação
Ante o empate na votação, a 2ª Turma recebeu, em parte, denúncia oferecida contra Deputado Federal pela suposta prática do crime de dano qualificado (CP: "Art. 163 - Destruir, inutilizar ou deteriorar coisa alheia: ... Parágrafo único - Se o crime é cometido: ... III - contra o patrimônio da União, Estado, Município, empresa concessionária de serviços públicos ou sociedade de economia mista; ... Pena - detenção, de seis meses a três anos, e multa, além da pena correspondente à violência."). Na espécie, após ordem de desocupação emitida pelo STF em março de 2009, o denunciado teria destruído e deteriorado patrimônio da União, consistente em acessões em duas fazendas, localizadas na Reserva "Raposa Serra do Sol", em Roraima, das quais fora desapossado em razão da demarcação de terras indígenas. Preliminarmente, a defesa alegava que a denúncia seria inepta por não conter descrição do momento da prática do crime, nem especificar quais acessões teriam sido destruídas. No mérito, sustentava que a conduta praticada seria atípica, pois as acessões seriam de sua propriedade. Os Ministros Gilmar Mendes (relator) e Teori Zavascki acolhiam parcialmente a preliminar de inépcia da denúncia ao fundamento de que não haveria identificação suficiente para que fosse possível precisar o objeto do crime supostamente perpetrado contra as acessões existentes em uma das fazendas, haja vista a ausência de descrição em laudo de exame do local. Por outro lado, os Ministros Cármen Lúcia e Celso de Mello rejeitavam a preliminar de inépcia da denúncia. A Turma consignou que, nesse caso, em razão da falta de regra regimental, o empate deveria favorecer o denunciado. Ressaltou que a rejeição por inépcia faria apenas coisa julgada formal. Assim, restaria à acusação a possibilidade de apresentar nova exordial sem o defeito apontado nesse julgamento. No tocante à outra fazenda, a Turma, por maioria, recebeu a denúncia, porquanto os supostos danos praticados contra as acessões estariam descritos em laudo de exame do local. Asseverou, ademais, que a arguição de que o denunciado poderia destruir aquilo que não pudesse ser retirado da terra ocupada por considerá-la de sua titularidade não seria suficiente para que se pudesse afastar o que alegado pelo Ministério Público. Vencido, no ponto, o relator. Aduzia que o denunciado teria incorrido em erro de tipo (CP, art. 20) quanto ao caráter alheio da coisa, porque estaria convicto de que fora injustamente desapossado da terra pela União e de que o patrimônio danificado seria seu.
Inq 3670/RR, rel. Min. Gilmar Mendes, 23.9.2014. (Inq-3670) (Inform. STF 760)

Crime societário e recebimento da denúncia
A 2ª Turma recebeu, em parte, denúncia oferecida contra deputado federal pela suposta prática dos crimes previstos no art. 55 da Lei 9.605/1998 ("Executar pesquisa, lavra ou extração de recursos minerais sem a competente autorização, permissão, concessão ou licença, ou em desacordo com a obtida") e no art. 2° da Lei 8.176/1991 ("Constitui crime contra o patrimônio, na modalidade de usurpação, produzir bens ou explorar matéria--prima pertencentes à União, sem autorização legal ou em desacordo com as obrigações impostas pelo título autorizativo"). A defesa alegava que não seria possível responsabilizar o ora denunciado pela prática dos fatos que lhe foram imputados, pois seriam de responsabilidade da pessoa jurídica da qual proprietário. Aduzia que esse argumento seria corroborado por decisão proferida pelo juízo que o havia excluído do polo passivo de ação civil pública. A Turma, de início, ao resolver questão de ordem suscitada pela Ministra Cármen Lúcia (relatora), não acolheu pedido formulado pela defesa no sentido de que fosse adiado o julgamento. Ponderou que o processo estaria pautado

há 15 dias, devidamente aparelhado para julgamento. Mencionou que o anterior defensor do denunciado, cinco dias após o feito entrar em pauta, renunciara aos poderes a ele outorgados. Porém, somente na véspera do julgamento fora juntado novo mandato, com o referido pedido de adiamento. Na sequência, em questão preliminar, a Turma rejeitou a denúncia, nos termos do art. 395, II, do CPP ("Art. 395. A denúncia ou queixa será rejeitada quando: ... II - faltar pressuposto processual ou condição para o exercício da ação penal"), no tocante ao delito previsto no art. 55 da Lei 9.605/1998, em razão da prescrição da pretensão punitiva estatal. Com relação ao crime previsto no art. 2° da Lei 8.176/1991, o Colegiado recebeu a denúncia. Consignou, primeiramente, que a jurisprudência do STF seria no sentido de que, mesmo em relação aos delitos societários, a denúncia deveria conter, ainda que minimamente, a descrição individualizada da conduta supostamente praticada pela pessoa física dela integrante. Acrescentou que seria suficiente, para a aptidão da denúncia por crimes societários, a indicação, na peça acusatória, de que a pessoa física denunciada tivesse participação na gestão da pessoa jurídica, e que não fosse infirmada, de plano, pelo ato constitutivo desta última, a responsabilidade daquela na condução da sociedade. Asseverou que, no caso, o poder de gestão e a titularidade da empresa seriam ambos do denunciado. Apontou, ademais, que a exclusão do acusado do polo passivo de ação civil pública não seria motivo para obstar a "persecutio criminis in iudicio". Destacou que haveria uma independência relativa entre os juízos cível, criminal e administrativo. Dessa forma, o quanto decidido no juízo cível não seria suficiente para obstar, nesta fase, o recebimento da denúncia.
Inq 3644/AC, rel. Min. Cármen Lúcia, 9.9.2014. (Inq-3644) (Inform. STF 758)

Corrupção eleitoral e inépcia da denúncia
A 2ª Turma rejeitou denúncia oferecida em face de deputados federais em razão da suposta prática do delito previsto no art. 299 do Código Eleitoral ("Dar, oferecer, prometer, solicitar ou receber, para si ou para outrem, dinheiro, dádiva, ou qualquer outra vantagem, para obter ou dar voto e para conseguir ou prometer abstenção, ainda que a oferta não seja aceita: Pena - reclusão até quatro anos e pagamento de cinco a quinze dias-multa"). A Turma, ao considerar o quanto disposto no art. 41 do CPP ("A denúncia ou queixa conterá a exposição do fato criminoso, com todas as suas circunstâncias, a qualificação do acusado ou esclarecimentos pelos quais se possa identificá-lo, a classificação do crime e, quando necessário, o rol das testemunhas"), considerou inepta a denúncia oferecida. Afirmou que, para ser apta, a referida peça deveria ter projetado ao caso concreto todos os elementos da figura típica em comento. Assim, deveria ter descrito: a) quem praticara o verbo típico — "dar, oferecer ou prometer" —; b) os meios empregados — "dinheiro, dádiva ou qualquer outra vantagem" —; e c) a ligação da conduta ao fim especial de obter o voto de pessoa determinada ou, se indeterminada, a especificação dessa circunstância. Consignou, então, que a inicial acusatória sem a definição dos elementos estruturais que compusessem o tipo penal, e que não narrasse, com precisão e de maneira individualizada, os elementos, tanto essenciais como acidentais, pertinentes ao tipo, incidiria em afronta à Constituição.
Inq 3752/DF, rel. Min. Gilmar Mendes, 26.8.2014. (Inq-3752) (Inform. STF 756)

Inq N. 3.344-DF
RELATOR: MIN. TEORI ZAVASCKI
Ementa: INQUÉRITO. IMPUTAÇÃO DO CRIME DE FALSIDADE IDEOLÓGICA PARA FINS ELEITORAIS. ART. 350 DO CÓDIGO ELEITORAL. INDÍCIOS DE AUTORIA E MATERIALIDADE DEMONSTRADOS. SUBSTRATO PROBATÓRIO MÍNIMO PRESENTE. DENÚNCIA RECEBIDA.
1. Denúncia que contém a adequada indicação da conduta delituosa imputada ao acusado e aponta os elementos indiciários mínimos aptos a tornar plausível a acusação, o que permite o pleno exercício do direito de defesa.
2. O dolo específico é questão que desafia a fase instrutória e, isoladamente, não se presta a desqualificar a denúncia. Precedentes.
3. Denúncia recebida. **(Inform. STF 756)**

Crime de responsabilidade de prefeitos e justa causa para a ação penal
Por ausência de justa causa para a propositura da ação penal, a 1ª Turma, por maioria, não recebeu denúncia oferecida contra Senador da República pela suposta prática do crime descrito no art. 1°, II, do Decreto-Lei 201/1967 ("Art. 1° São crimes de responsabilidade dos Prefeitos Municipal, sujeitos ao julgamento do Poder Judiciário, independentemente do pronunciamento da

Câmara dos Vereadores: ... II - utilizar-se, indevidamente, em proveito próprio ou alheio, de bens, rendas ou serviços públicos"). Narrava a inicial acusatória que o investigado, no exercício do mandato de Prefeito, teria atestado inveridicamente a conclusão de obras decorrentes de convênio realizado com a Fundação Nacional de Saúde - Funasa. O Ministério Público argumentava que, de acordo com laudos de vistorias e auditorias, a empresa contratada pela prefeitura não teria executado a totalidade do objeto ajustado e, assim, teria havido a malversação de dinheiro público. A Turma consignou o fato de o prefeito ter emitido relatório em que atestara a execução integral, porém com ressalva de redução das metas, das obras e serviços previstos no convênio. Destacou que o documento não teria relevância causal para a imputação do crime, uma vez que o relatório não teria dado ensejo aos pagamentos. Acrescentou que a impossibilidade de cumprimento das metas previstas no plano de trabalho originário teria decorrido do dilatado lapso temporal transcorrido entre a celebração do convênio, a liberação dos recursos e a licitação. Esclareceu que os fatos teriam implicado a redução de metas em razão do aumento do custo unitário dos bens a serem construídos. Reputou, ante a falta de outras provas que corroborassem a acusação, que inexistiriam elementos sérios e idôneos que demonstrassem utilização indevida ou desvio de valores transferidos ao Município por força de convênio com a Funasa. Por fim, destacou que o simples fato de o Prefeito ter sido o responsável por firmar o convênio ou ser hierarquicamente superior à secretaria responsável pela obra seria insuficiente para sustentar a imputação. Vencido o Ministro Marco Aurélio, que recebia a denúncia. Considerava que, nessa fase, não se poderia formar um juízo quanto à procedência ou não da imputação. Entendia que o recebimento da denúncia demandaria apenas o atendimento da forma e dos indícios de autoria. Consignava que se deveria viabilizar a atuação do Ministério Público, o qual poderia, a partir daí, comprovar a procedência do que articulado em defesa da sociedade.
Inq 3719/DF, rel. Min. Dias Toffoli, 12.8.2014. (Inq-3719) (Inform. STF 754)

Ação penal: juízo absolutório e prescrição - 1
O Tribunal, por maioria, julgou improcedente pedido formulado em ação penal para absolver senador — acusado da suposta prática de falsidade ideológica, corrupção passiva e peculato (CP, artigos 299, 317 e 312, respectivamente) — com fulcro no art. 386, VII, do CPP ("Art. 386. O juiz absolverá o réu, mencionando a causa na parte dispositiva, desde que reconheça: ... VII - não existir prova suficiente para a condenação"). Preliminarmente, o Colegiado afastou assertiva de inépcia da denúncia, tendo em vista que as condutas estariam devidamente individualizadas e os fatos criminosos estariam suficientemente expostos, ainda que de forma precária. Assim, não haveria razão para trancamento da ação penal. Rejeitou, ademais, alegado cerceamento de defesa decorrente de falta de oportunidade para apresentação de resposta preliminar. A defesa sustentava que se trataria de crimes funcionais típicos, próprios de funcionário público no exercício da função. O Plenário anotou, entretanto, que, à época do recebimento da denúncia, o réu não mais deteria a qualidade de funcionário público, portanto seria dispensável a adoção da regra do art. 514 do CPP. A Corte rejeitou, também em preliminar, alegações de cerceamento de defesa ocasionadas por indeferimento de diligências e por falta de exame de corpo de delito. A respeito, salientou que essas providências teriam sido fundamentadamente indeferidas. No mérito, prevaleceu o voto da Ministra Cármen Lúcia (relatora). Explicou que os autos referir-se-iam a suposto esquema de corrupção durante o governo do réu, então Presidente da República, em que haveria distribuição de benesses com dinheiro público, advindo de contratos de publicidade governamental. O Tribunal aduziu que o pedido condenatório basearia-se principalmente em depoimentos de corréus e de informante, que apresentaram, na fase policial, versões colidentes com a denúncia. Destacou, entretanto, que nenhuma dessas versões seria suficiente para vincular o réu às condutas criminosas a ele imputadas. Lembrou que delação de corréu e depoimento de informante não poderiam servir como elementos decisivos para a condenação, porque não seria exigido o compromisso legal de falar a verdade. Nesses casos, esses elementos probatórios poderiam servir apenas de substrato para a denúncia, conforme precedentes do STF. Consignou que mesmo a confissão em juízo, que, diversamente da delação, constituiria meio de prova direto, deveria ser confrontada com as demais provas processuais. Ponderou que, nos limites dos autos, não haveria provas suficientes para a condenação, a qual exigiria a certeza dos fatos e de sua autoria.
AP 465/DF, rel. Min. Cármen Lúcia, 24.4.2014. (AP-465)

Ação penal: juízo absolutório e prescrição - 2
A relatora frisou, ademais, que os crimes de falsidade ideológica e de corrupção passiva estariam atingidos pela prescrição. Todavia, diante da peculiaridade do caso, considerou que seria necessário analisar o mérito quanto aos três tipos penais em questão, tendo em conta a imbricação dos fatos. Salientou que a jurisprudência da Corte seria orientada no sentido de que, remanescente um dos crimes sob julgamento, deveria ser analisado o conjunto fático-jurídico como um todo, a partir do qual estaria motivada a acusação. Sublinhou que, se prevalecesse entendimento pela condenação, assentar-se-ia a prescrição da pretensão punitiva quanto à falsidade e à corrupção. Por outro lado, destacou que eventual sentença absolutória seria mais favorável do que o registro da prescrição. O Ministro Roberto Barroso considerou que, nas hipóteses em que finda a instrução, seria facultado ao juiz reconhecer a prescrição ou absolver — embora não seja direito subjetivo da parte —, exceto na eventualidade de vir a ser proferida decisão condenatória, situação na qual necessário assentar a prescrição. Ressalvou que, se a extinção da punibilidade pelo reconhecimento da prescrição fosse atestada em fases iniciais do processo, o magistrado teria a prerrogativa de extingui-lo. No ponto, o Ministro Luiz Fux explicitou que seria mais condizente com a dignidade da pessoa humana conferir ao julgador a possibilidade de proferir sentença absolutória ao invés de declarar a prescrição.
AP 465/DF, rel. Min. Cármen Lúcia, 24.4.2014. (AP-465)

Ação penal: juízo absolutório e prescrição - 3
Vencido, parcialmente, o Ministro Ricardo Lewandowski, que enquadrava a absolvição no art. 386, V, do CPP ("V - não existir prova de ter o réu concorrido para a infração penal"). Asseverava que esse fundamento seria mais preciso e benéfico. Vencidos, também em parte, os Ministros Teori Zavascki, Rosa Weber e Joaquim Barbosa (Presidente), que reconheciam a prescrição da pretensão punitiva em relação aos delitos de falsidade ideológica e de corrupção passiva. O Ministro Teori Zavascki anotava que, verificada a prescrição em abstrato, como na espécie, a análise do mérito ficaria prejudicada, e seria dever do magistrado decretar, de ofício, a extinção da punibilidade. Reputava que a pretensão punitiva, quando extinta pela prescrição, levaria a situação idêntica à da anistia, o que seria mais forte do que a absolvição. Alertava que, se adotada a tese de que o juízo absolutório seria mais benéfico e, portanto, necessário, inviabilizar-se-ia o conhecimento da prescrição em abstrato, o que imporia, em todos os casos, o julgamento de mérito para, posteriormente, se declarar prescrita a pretensão punitiva. A Ministra Rosa Weber acrescia que o fundamento adotado para a absolvição, qual seja, a inexistência de prova suficiente para se condenar, seria menos favorável do que a extinção da punibilidade pela prescrição. O Presidente destacava que a opção pela apreciação do mérito, nas hipóteses em que já atingido o prazo prescricional, geraria insegurança, pois o réu permaneceria sujeito ao risco de um julgamento.
AP 465/DF, rel. Min. Cármen Lúcia, 24.4.2014. (AP-465) (Inform. STF 743)

AG. REG. NO RHC N. 115.998-PR
RELATORA: MIN. ROSA WEBER
EMENTA: AGRAVO REGIMENTAL NO RECURSO ORDINÁRIO EM *HABEAS CORPUS*. CRIME DE RESPONSABILIDADE. PREFEITO. NOMEAÇÃO DE SERVIDOR CONTRA EXPRESSA DISPOSIÇÃO DE LEI. TRANCAMENTO DA AÇÃO PENAL. FALTA DE JUSTA CAUSA NÃO DEMONSTRADA.
1. Não se exigem, quando do recebimento da denúncia, a cognição e a avaliação exaustiva da prova ou a apreciação exauriente dos argumentos das partes, bastando o exame da validade formal da peça e a verificação da presença de indícios suficientes de autoria e de materialidade.
2. Pode-se confiar no devido processo legal, com o trâmite natural da ação penal, para prevenir de forma suficiente eventuais ilegalidades, abusos ou injustiças no processo penal, não se justificando o trancamento da ação, salvo em situações excepcionalíssimas.
3. Agravo regimental conhecido e não provido. **(Inform. STF 737)**

MP: legitimidade e situação de miserabilidade
Constatada a situação de miserabilidade, o Ministério Público tem legitimidade para a propositura de ação penal, ainda que os genitores da vítima, menor, tenham se retratado. Com base nesse entendimento, a 2ª Turma denegou *habeas corpus* em que se pleiteava o trancamento de ação penal. Na espécie, discutia-se: a) a ilegitimidade da atuação do Ministério Público, porque os genitores da menor teriam se retratado antes do oferecimento da denúncia; b) a validade da retratação da retratação da representação feita pelo pai da vítima, ao argumento de vício de consentimento, porque desconheceria os termos do documento que a ele fora apresentado por advogada; c) a modalidade de ação

4. DIREITO PROCESSUAL PENAL — 245

penal — privada — do crime pelo qual o paciente fora condenado, porque vigente, à época, a redação originária do art. 225 do CP (*Nos crimes definidos nos capítulos anteriores, somente se procede mediante queixa*); d) a ausência de prova, nos autos, da situação de miserabilidade da família da vítima; e e) a decadência, porque o direito de queixa não fora exercido pela vítima ou seu representante legal no prazo de 6 meses. Inicialmente, a Turma registrou que o pai da menor declarara, em juízo, sua situação de pobreza. Consignou que esta Corte já firmara entendimento no sentido de que a mera declaração de pobreza seria suficiente para comprovar a miserabilidade da vítima e de seus representantes. Seria admitido ao *parquet*, inclusive, basear-se em presunção acerca dessa situação. Nesse ponto, concluiu ser impossível acolher a tese de ilegitimidade do Ministério Público para o oferecimento da ação penal. No que diz respeito aos atos de retratação, a Turma asseverou que o tribunal de origem reconhecera a imprestabilidade da retratação e, ainda, julgara eivada de vícios a retratação da representação e, portanto, válida para o oferecimento da denúncia, afastada a decadência. **HC 115196/RR, rel. Min Gilmar Mendes, 11.2.2014. (HC-115196) (Inform. STF 735)**

RHC N. 119.607-PB

RELATOR: MIN. LUIZ FUX
Ementa: PENAL E PROCESSUAL PENAL. RECURSO ORDINÁRIO EM *HABEAS CORPUS*. HOMICÍDIO QUALIFICADO. TRANCAMENTO DA AÇÃO PENAL. EXCEPCIONALIDADE. INÉPCIA DA DENÚNCIA. INOCORRÊNCIA. RECURSO ORDINÁRIO EM *HABEAS CORPUS* A QUE SE NEGA PROVIMENTO.
1. O trancamento da ação penal por meio de *habeas corpus* é medida excepcional, somente admissível quando transparecer dos autos, de forma inequívoca, a inocência do acusado, a atipicidade da conduta ou a extinção da punibilidade. Precedentes: HC 101754, Segunda Turma, Relatora a Ministra Ellen Gracie, DJ de 24.06.10; HC 92959, Primeira Turma, Relator o Ministro Carlos Britto, DJ de 11.02.10.
2. *"A denúncia que contém condição efetiva que autorize o denunciado a proferir adequadamente a defesa não configura indicação genérica capaz de manchá-la com a inépcia"* (HC 94.272, Primeira Turma, Relator o Ministro Menezes de Direito, DJe de 27.03.09). No mesmo sentido: HC 101.066, Segunda Turma, Relator o Ministro Ayres Britto, DJe de 02.05.12; HC 96.608, Primeira Turma, Relator o Ministro Dias Toffoli, DJe de 04.12.09; HC 94.160, Primeira Turma, Relator o Ministro Menezes Direito, DJe de 22.08.08; HC 89.433, Segunda Turma, Relator o Ministro Joaquim Barbosa, DJ de 06.11.06.
3. *In casu*, narra a denúncia que *"os denunciados, agindo livre e consciente, em comunhão de ações e desígnios, utilizando-se de arma de fogo, efetuaram vários disparos contra a vítima, Sr. Cícero Gomes de Almeida, conhecido por oMoinhoM, causando-lhe a morte, conforme dispõe a perícia tanatoscópica de fls. 65. Conforme revelação evidente dos autos, a vítima Sr. Cícero, taxista, estava trabalhando na Praça Marcos Freire, Ponte dos Carvalhos, nesta cidade, quando foi solicitado para os dois indivíduos desconhecidos para conduzi-los com o destino ao Cabo. Porém, ao chegar nas imediações do Mac. Petróleo, neste município, houve um tiroteio entre os dois indivíduos que estavam no interior do veículo da vítima e policiais. Após tal acontecimento, a vítima segundo informações, foi executada pelos denunciados, quando encontrava-se embaixo de uma carreta para proteger-se, chegando a pedir que não a matassem, alegando que não era assaltante, mas não adiantou, pois os acusados efetuaram vários disparos de arma de fogo em sua direção. Mesmo diante da gravidade dos ferimentos, a vítima ainda chegou a ser socorrida para o Hospital Mendo Sampaio, nesta Cidade, onde falecera"*.
4. O erro quanto à pessoa não isenta o réu de pena (art. 20, § 3º, do Código Penal).
5. Destarte, a peça acusatória descreve satisfatoriamente a conduta praticada pelo recorrente, de modo a permitir o exercício do direito ao contraditório e à ampla defesa. Por conseguinte, não há falar em inépcia da denúncia.
6. Recurso ordinário em *habeas corpus* a que se nega provimento. **(Inform. STF 728)**

HC N. 110.742-DF

RELATOR: MIN. GILMAR MENDES. *Habeas Corpus*. Denúncia. Delitos de formação de quadrilha e lavagem de capitais decorrente da prática de crimes contra a administração pública. 2. Pedido de trancamento da ação penal por inépcia da denúncia. 3. A peça acusatória atende aos requisitos exigidos pela lei processual, trazendo a exposição dos fatos criminosos com todas as circunstâncias de tempo, lugar e modo de execução (art. 41 do CPP) necessárias ao exercício do contraditório e da ampla defesa. Ausência de constrangimento ilegal. 4. Ordem denegada. (Inform. STF 713)

AG. REG. NO Inq N. 2.840-GO

RELATORA: MIN. CÁRMEN LÚCIA
EMENTA: AGRAVO REGIMENTAL EM INQUÉRITO. PROCESSUAL PENAL. AÇÃO PENAL PRIVADA. QUEIXA-CRIME CONTRA DEPUTADO FEDERAL. PRETENSAS OFENSAS PRATICADAS PELO QUERELADO: CRIMES CONTRA A HONRA. IMUNIDADE PARLAMENTAR. PRECEDENTES. AGRAVO REGIMENTAL AO QUAL SE NEGA PROVIMENTO.
1. Afirmações proferidas, pelo Querelado, tidas como ofensivas foram feitas, ainda que fora do âmbito parlamentar, em razão do exercício do mandato parlamentar. Querelado acobertado pela imunidade parlamentar. Precedentes.
3. O Relator da causa pode, na hipótese de reconhecimento na espécie da imunidade parlamentar em sentido material, decidir monocraticamente. Precedentes.
4. Agravo regimental ao qual se nega provimento. **(Inform. STF 711)**

DIREITO PROCESSUAL PENAL. LIMITE PARA APLICAÇÃO DO PRINCÍPIO DA INDIVISIBILIDADE DA AÇÃO PENAL PRIVADA.
A não inclusão de eventuais suspeitos na queixa-crime não configura, por si só, renúncia tácita ao direito de queixa. Com efeito, o direito de queixa é indivisível, é dizer, a queixa contra qualquer dos autores do crime obrigará ao processo de todos (art. 48 do CPP). Dessarte, o ofendido não pode limitar a este ou aquele autor da conduta tida como delituosa o exercício do jus accusationis, tanto que o art. 49 do CPP dispõe que a renúncia ao direito de queixa, em relação a um dos autores do crime, a todos se estenderá. Portanto, o princípio da indivisibilidade da ação penal privada torna obrigatória a formulação da queixa-crime em face de todos os autores, coautores e partícipes do injusto penal, sendo que a inobservância de tal princípio acarreta a renúncia ao direito de queixa, que de acordo com o art. 107, V, do CP, é causa de extinção da punibilidade. Contudo, para o reconhecimento da renúncia tácita ao direito de queixa, exige-se a demonstração de que a não inclusão de determinados autores ou partícipes na queixa-crime se deu de forma deliberada pelo querelante (HC 186.405-RJ, Quinta Turma, DJe de 11/12/2014). **RHC 55.142-MG, Rel. Min. Felix Fischer, julgado em 12/5/2015, DJe 21/5/2015 (Inform. STJ 562).**

DIREITO PROCESSUAL PENAL. INÉPCIA DE DENÚNCIA QUE IMPUTE A PRÁTICA DE CRIME CULPOSO.
É inepta a denúncia que imputa a prática de homicídio culposo na direção de veículo automotor (art. 302 da Lei 9.503/1997) sem descrever, de forma clara e precisa, a conduta negligente, imperita ou imprudente que teria gerado o resultado morte, sendo insuficiente a simples menção de que o suposto autor estava na direção do veículo no momento do acidente. Isso porque é ilegítima a persecução criminal quando, comparando-se o tipo penal apontado na denúncia com a conduta atribuída ao denunciado, não se verificar o preenchimento dos requisitos do art. 41 do CPP, necessários ao exercício do contraditório e da ampla defesa. De fato, não se pode olvidar que o homicídio culposo se perfaz com a ação imprudente, negligente ou imperita do agente, modalidades de culpa que devem ser descritas na inicial acusatória, sob pena de se punir a mera conduta de envolver-se em acidente de trânsito, algo irrelevante para o Direito Penal. A imputação, sem a observância dessas formalidades, representa a imposição de indevido ônus do processo ao suposto autor, ante a ausência da descrição de todos os elementos necessários à responsabilização penal decorrente da morte da vítima. Configura, ademais, responsabilização penal objetiva, derivada da mera morte de alguém, em razão de acidente causado na direção de veículo automotor. **HC 305.194-PB, Rel. Min. Rogerio Schietti Cruz, julgado em 11/11/2014, DJe 1º/12/2014 (Inform. STJ 553).**

DIREITO PROCESSUAL PENAL. NATUREZA DA AÇÃO PENAL EM CRIME CONTRA A LIBERDADE SEXUAL.
Procede-se mediante ação penal condicionada à representação no crime de estupro praticado contra vítima que, por estar desacordada em razão de ter sido anteriormente agredida, era incapaz de oferecer resistência apenas na ocasião da ocorrência dos atos libidinosos. De fato, segundo o art. 225 do CP, o crime de estupro, em qualquer de suas formas, é, em regra, de ação penal pública condicionada à representação, sendo, apenas em duas hipóteses, de ação penal pública incondicionada, quais sejam, vítima menor de 18 anos ou pessoa vulnerável. A própria doutrina reconhece a existência de certa confusão na previsão contida no art. 225, caput e parágrafo único, do CP, o qual, ao mesmo tempo em que prevê ser a ação penal pública condicionada à representação a regra tanto para os crimes contra a liberdade sexual quanto para os crimes sexuais contra vulnerável,

parece dispor que a ação penal do crime de estupro de vulnerável é sempre incondicionada. A interpretação que deve ser dada ao referido dispositivo legal é a de que, em relação à vítima possuidora de incapacidade permanente de oferecer resistência à prática dos atos libidinosos, a ação penal seria sempre incondicionada. Mas, em se tratando de pessoa incapaz de oferecer resistência apenas na ocasião da ocorrência dos atos libidinosos – não sendo considerada pessoa vulnerável –, a ação penal permanece condicionada à representação da vítima, da qual não pode ser retirada a escolha de evitar o strepitus judicii. Com este entendimento, afasta-se a interpretação no sentido de que qualquer crime de estupro de vulnerável seria de ação penal pública incondicionada, preservando-se o sentido da redação do caput do art. 225 do CP. **HC 276.510-RJ, Rel. Min. Sebastião Reis Júnior, julgado em 11/11/2014, DJe 1º/12/2014 (Inform. STJ 553).**

DIREITO PENAL E PROCESSUAL PENAL. REJEIÇÃO DE QUEIXA-CRIME RELACIONADA À SUPOSTA PRÁTICA DE CRIME CONTRA A HONRA.

A queixa-crime que impute ao querelado a prática de crime contra a honra deve ser rejeitada na hipótese em que o querelante se limite a transcrever algumas frases, escritas pelo querelado em sua rede social, segundo as quais o querelante seria um litigante habitual do Poder Judiciário (fato notório, publicado em inúmeros órgãos de imprensa), sem esclarecimentos que possibilitem uma análise do elemento subjetivo da conduta do querelado consistente no intento positivo e deliberado de lesar a honra do ofendido. A nova sistemática do processo penal traz os aspectos nos quais o magistrado deve se debruçar na fase de prelibação. O inciso I do art. 395 do CPP, a propósito, dispõe que a denúncia ou queixa será rejeitada quando "for manifestamente inepta". Na situação em análise, a queixa-crime não atende ao comando estabelecido pelo art. 41 do CPP, segundo o qual a "denúncia ou queixa conterá a exposição do fato criminoso, com todas as suas circunstâncias, a qualificação do acusado ou esclarecimentos pelos quais se possa identificá-lo, a classificação do crime e, quando necessário, o rol das testemunhas". Isso porque, embora se exija, para a caracterização de crime contra a honra, demonstração do intento positivo e deliberado de lesar a honra alheia (animus injuriandi vel diffamandi), não existem, na queixa-crime em apreço, esclarecimentos que possibilitem uma análise do elemento subjetivo da conduta do querelado consistente no intento positivo e deliberado de lesar a honra do ofendido. **AP 724-DF, Rel. Min. Og Fernandes, julgado em 20/8/2014. (Inform. STJ 547)**

DIREITO PENAL E PROCESSUAL PENAL. APLICABILIDADE DO PRINCÍPIO DA INDIVISIBILIDADE DA AÇÃO PENAL PRIVADA.

Caso o querelante proponha, na própria queixa-crime, composição civil de danos para parte dos querelados, a peça acusatória deverá ser rejeitada em sua integralidade – isto é, em relação a todos os querelados. Isso porque a composição pelos danos, sendo aceita e homologada judicialmente, implica a renúncia ao direito de queixa, nos termos do disposto no art. 74, parágrafo único, da Lei 9.099/1995, tratando-se a renúncia, expressa ou tácita (art. 104 do CP), de causa extintiva da punibilidade, sendo irretratável (art. 107, V, CP). Por força do princípio da indivisibilidade, a todos se estende a manifestação do intento de não processar parte dos envolvidos, de modo que a renúncia beneficia a todos eles. Precedente citado: HC 29.861-SP, Quinta Turma, DJ 25/2/2004. **AP 724-DF, Rel. Min. Og Fernandes, julgado em 20/8/2014. (Inform. STJ 547)**

DIREITO PROCESSUAL PENAL. NULIDADE DE QUEIXA-CRIME POR VÍCIO DE REPRESENTAÇÃO.

É nula a queixa-crime oferecida por advogado substabelecido com reserva de direitos por procurador que recebera do querelante apenas os poderes da cláusula *ad judicia et extra* – poderes para o foro em geral –, ainda que ao instrumento de substabelecimento tenha sido acrescido, pelo substabelecente, poderes especiais para a propositura de ação penal privada. De acordo com o art. 44 do CPP, a "queixa poderá ser dada por procurador com poderes especiais, devendo constar do instrumento do mandato o nome do querelante e a menção do fato criminoso, salvo quando tais esclarecimentos dependerem de diligências que devem ser previamente requeridas no juízo criminal". Posto isso, cabe esclarecer que a procuração é o instrumento pelo qual uma pessoa nomeia outra de sua confiança como seu representante (procurador), para agir em seu nome em determinada situação. É a procuração que define o conteúdo, os limites e a extensão do poder de representação. O substabelecimento, por sua vez, é um ato de transferência dos poderes outorgados na procuração inicial para que terceira pessoa possa praticar os mesmos atos, ou seja, é o repasse de poderes.

Em decorrência, ainda que o substabelecimento esteja inserido na cláusula *ad judicia*, há limites objetivos que devem ser observados quando da transferência desses poderes. Ou seja, apenas aqueles originariamente outorgados podem ser transferidos. Consequentemente, não podem ser ampliados pelo substabelecente, visto que este lida com poderes e direitos de terceiros, e não próprios. Destarte, o mandatário só pode substabelecer aqueles poderes que lhe foram constituídos pelo outorgante originário, não sendo possível falar em transferência, pelo mencionado instrumento, daquilo que não recebeu. Nessa conjuntura, se a procuração firmada pelo querelante somente conferir os poderes da cláusula *ad judicia et extra*, apenas estes podem ser objeto de transferência aos substabelecidos. Assim, deve ser tida por inexistente a inclusão, ao substabelecer, de poderes especiais para a propositura de ação penal privada, se eles não constavam do mandato originário. Portanto, cabe reconhecer a nulidade da queixa-crime, por vício de representação, tendo em vista que a procuração outorgada para a sua propositura não atende às exigências do art. 44 do CPP. **RHC 33.790-SP, Rel. originário Min. Maria Thereza De Assis Moura, Rel. para Acórdão Min. Sebastião Reis Júnior, julgado em 27/6/2014. (Inform. STJ 544)**

DIREITO PROCESSUAL PENAL. INÉPCIA DA DENÚNCIA QUE NÃO INDIVIDUALIZA A CONDUTA DE SÓCIO E ADMINISTRADOR DE PESSOA JURÍDICA.

É inepta a denúncia que, ao imputar a sócio a prática dos crimes contra a ordem tributária previstos nos incisos I e II do art. 1º da Lei 8.137/1990, limita-se a transcrever trechos dos tipos penais em questão e a mencionar a condição do denunciado de administrador da sociedade empresária que, em tese, teria suprimido tributos, sem descrever qual conduta ilícita supostamente cometida pelo acusado haveria contribuído para a consecução do resultado danoso. Assim dispõe o art. 1º, I e II, da Lei 8.137/1990: "Constitui crime contra a ordem tributária suprimir ou reduzir tributo, ou contribuição social e qualquer acessório, mediante as seguintes condutas: I - omitir informação, ou prestar declaração falsa às autoridades fazendárias; II - fraudar a fiscalização tributária, inserindo elementos inexatos, ou omitindo operação de qualquer natureza, em documento ou livro exigido pela lei fiscal". Posto isso, cabe ressaltar que uma denúncia deve ser recebida se atendido seu aspecto formal (artigo 41 c/c 395, I, do CPP), identificada a presença tanto dos pressupostos de existência e validade da relação processual, quanto das condições para o exercício da ação penal (artigo 395, II, do CPP), e a peça vier acompanhada de lastro probatório mínimo a amparar a acusação (art. 395, III, do CPP). Nesse contexto, observa-se que o simples fato de o acusado ser sócio e administrador da empresa constante da denúncia não pode levar a crer, necessariamente, que ele tivesse participação nos fatos delituosos, a ponto de se ter dispensado ao menos uma sinalização de sua conduta, ainda que breve, sob pena de restar configurada a repudiada responsabilidade criminal objetiva. Não se pode admitir que a narrativa criminosa seja resumida à simples condição de acionista, sócio, ou representante legal de uma pessoa jurídica ligada a eventual prática criminosa. Vale dizer, admitir a chamada denúncia genérica nos crimes societários e de autoria coletiva não implica aceitar que a acusação deixe de correlacionar, com o mínimo de concretude, os fatos considerados delituosos com a atividade do acusado. Não se deve admitir que o processo penal se inicie com uma imputação que não pode ser rebatida pelo acusado, em face da indeterminação dos fatos que lhe foram atribuídos, o que, a toda evidência, contraria as bases do sistema acusatório, de cunho constitucional, mormente a garantia insculpida no inciso LV do artigo 5º da Constituição Federal. **HC 224.728-PE, Rel. Min. Rogerio Cruz, julgado em 10/6/2014. (Inform. STJ 543)**

DIREITO PROCESSUAL PENAL. INAPLICABILIDADE DO PRINCÍPIO DA INDIVISIBILIDADE EM AÇÃO PÚBLICA.

Na ação penal pública, o MP não está obrigado a denunciar todos os envolvidos no fato tido por delituoso, não se podendo falar em arquivamento implícito em relação a quem não foi denunciado. Isso porque, nessas demandas, não vigora o princípio da indivisibilidade. Assim, o *Parquet* é livre para formar sua convicção incluindo as pessoas que entenda terem praticado ilícitos penais, mediante a constatação de indícios de autoria e materialidade. Ademais, há possibilidade de se aditar a denúncia até a sentença. Precedentes citados: REsp 1.255.224-RJ, Quinta Turma, DJe 7/3/2014; APn 382-RR, Corte Especial, DJe 5/10/2011; e RHC 15.764-SP, Sexta Turma, DJ 6/2/2006. **RHC 34.233-SP, Rel. Min. Maria Thereza de Assis Moura, julgado em 6/5/2014. (Inform. STJ 540)**

4. DIREITO PROCESSUAL PENAL

DIREITO PROCESSUAL PENAL. DENÚNCIA INEPTA POR FALTA DE DESCRIÇÃO ADEQUADA DE CONDUTA COMISSIVA POR OMISSÃO.
É inepta denúncia que impute a prática de homicídio na forma omissiva imprópria quando não há descrição clara e precisa de como a acusada – médica cirurgiã de sobreaviso – poderia ter impedido o resultado morte, sendo insuficiente a simples menção do não comparecimento da denunciada à unidade hospitalar, quando lhe foi solicitada a presença para prestar imediato atendimento a paciente que foi a óbito.Com efeito, o legislador estabeleceu alguns requisitos essenciais para a formalização da acusação, a fim de que seja assegurado ao acusado o escorreito exercício do contraditório e da ampla defesa, pois a higidez da denúncia é uma garantia do denunciado. Neste contexto, quando se imputa a alguém crime comissivo por omissão (art. 13, § 2°, *b*, do CP), é necessário que se demonstre o nexo normativo entre a conduta omissiva e o resultado normativo, porque só se tem por constituída a relação de causalidade se, baseado em elementos empíricos, for possível concluir, com alto grau de probabilidade, que o resultado não ocorreria se a ação devida fosse efetivamente realizada. Na hipótese em foco, a denúncia não descreveu com a clareza necessária qual foi a conduta omitida pela denunciada que teria impedido o resultado morte, com probabilidade próxima da certeza. Assim, se inexistir a descrição do liame de causalidade normativa entre a conduta comissiva por omissão e a morte da vítima, não há que se falar em materialidade de crime de homicídio, porquanto é imprescindível que a imputação esteja embasada em prova técnica, como laudo cadavérico, parecer médico ou perícia médica, que permita, com dados científicos, demonstrar com a mínima segurança que a vítima evoluiu a óbito por falta daquele atendimento médico imediato e especializado não prestado pelo acusado. Destaque-se que a falta de laudo de necropsia não impede o reconhecimento da materialidade delitiva nos crimes de homicídio, podendo, muitas vezes, vir demonstrada por outros meios de prova, como, por exemplo, depoimentos testemunhais.**RHC 39.627-RJ, Rel. Min. Rogerio Schietti Cruz, julgado em 8/4/2014. (Inform. STJ 538)**

DIREITO PROCESSUAL PENAL. INÉPCIA DA DENÚNCIA QUE NÃO DESCREVE DE FORMA CLARA E PRECISA A CONDUTA DO AGENTE.
É inepta denúncia que, ao descrever a conduta do acusado como sendo dolosa, o faz de forma genérica, a ponto de ser possível enquadrá-la tanto como culpa consciente quanto como dolo eventual. Com efeito, o elemento psíquico que caracteriza o injusto penal, em sua forma dolosa ou culposa, deve estar bem caracterizado, desde a denúncia, pois é tênue a linha entre o dolo eventual e a culpa consciente. Na hipótese em análise, há nítida violação da garantia do contraditório e da plenitude de defesa, por não despontar da exordial acusatória, com a clareza e a precisão exigidas, o dolo, em sua forma eventual, que teria animado o agente, sendo impossível conhecer no caso em apreço as circunstâncias subjetivas. **RHC 39.627-RJ, Rel. Min. Rogerio Schietti Cruz, julgado em 8/4/2014. (Inform. STJ 538)**

DIREITO PROCESSUAL PENAL. REPARAÇÃO CIVIL DOS DANOS DECORRENTES DE CRIME.
Para que seja fixado na sentença valor mínimo para reparação dos danos causados pela infração, com base no art. 387, IV, do CPP, é necessário pedido expresso do ofendido ou do Ministério Público e a concessão de oportunidade de exercício do contraditório pelo réu. Precedentes citados: REsp 1.248.490-RS, Quinta Turma, DJe 21/5/2012; e Resp 1.185.542-RS, Quinta Turma, DJe de 16/5/2011. **REsp 1.193.083-RS, Rel. Min. Laurita Vaz, julgado em 20/08/2013, DJe 27/8/2013. (Inform. STJ 528)**

DIREITO PROCESSUAL PENAL. RATIFICAÇÃO DA DENÚNCIA NA HIPÓTESE DE DESLOCAMENTO DO FEITO EM RAZÃO DE SUPERVENIENTE PRERROGATIVA DE FORO DO ACUSADO.
Não é necessária a ratificação de denúncia oferecida em juízo estadual de primeiro grau na hipótese em que, em razão de superveniente diplomação do acusado em cargo de prefeito, tenha havido o deslocamento do feito para o respectivo Tribunal de Justiça sem que o Procurador-Geral de Justiça tenha destacado, após obter vista dos autos, a ocorrência de qualquer ilegalidade. Isso porque tanto o órgão ministerial que ofereceu a denúncia como o magistrado que a recebeu eram as autoridades competentes para fazê-lo quando iniciada a persecução criminal, sendo que a competência da Corte Estadual para processar e julgar o paciente só adveio quando iniciada a fase instrutória do processo. Assim, tratando-se de incompetência superveniente, em razão da diplomação do acusado em cargo detentor de foro por prerrogativa de função, remanescem válidos os atos praticados pelas autoridades inicialmente competentes, afigurando-se desnecessária a ratificação de denúncia oferecida. Desse modo, não há que se falar em necessidade de ratificação da peça inaugural, tampouco da decisão que a acolheu, uma vez que não se tratam de atos nulos, mas válidos à época em que praticados. Ademais, não tendo o órgão ministerial – após análise da denúncia ofertada e dos demais atos praticados no Juízo inicialmente competente – vislumbrado qualquer irregularidade ou mácula que pudesse contaminá-los, conclui-se, ainda que implicitamente, pela sua concordância com os termos da denúncia apresentada. **HC 202.701-AM, Rel. Ministro Jorge Mussi, julgado em 14/5/2013. (Inform. STJ 522)**

DIREITO PROCESSUAL PENAL. NECESSIDADE DE DEMONSTRAÇÃO DO VÍNCULO ENTRE O DENUNCIADO E A EMPREITADA CRIMINOSA NAS DENÚNCIAS NOS CRIMES SOCIETÁRIOS.
Nos crimes societários, embora não se exija a descrição minuciosa e individualizada da conduta de cada acusado na denúncia, é imprescindível que haja uma demonstração mínima acerca da contribuição de cada acusado para o crime a eles imputado. Apesar de nos crimes societários a individualização da conduta ser mais difícil, deve a denúncia demonstrar de que forma os acusados concorreram para o fato delituoso, de modo a estabelecer um vínculo mínimo entre eles e o crime, não se admitindo imputação consubstanciada exclusivamente no fato de os acusados serem representantes legais da empresa. O STJ tem decidido ser inepta a denúncia que, mesmo em crimes societários e de autoria coletiva, atribui responsabilidade penal à pessoa física levando em consideração apenas a qualidade dela dentro da empresa, deixando de demonstrar o vínculo do acusado com a conduta delituosa, por configurar, além de ofensa à ampla defesa, ao contraditório e ao devido processo legal, responsabilidade penal objetiva, repudiada pelo ordenamento jurídico pátrio. Precedentes citados do STF: **HC 85.327-SP, DJ 20/10/2006; e do STJ: HC 65.463-PR, DJe 25/5/2009, e HC 164.172-MA, 21/5/2012. HC 218.594-MG, Rel. Min. Sebastião Reis Júnior, julgado em 11/12/2012. (Inform. STJ 514).**

📖 Súmula STF n° 714

É concorrente a legitimidade do ofendido, mediante queixa, e do ministério público, condicionada à representação do ofendido, para a ação penal por crime contra a honra de servidor público em razão do exercício de suas funções.

📖 Súmula STF n° 594

Os direitos de queixa e de representação podem ser exercidos, independentemente, pelo ofendido ou por seu representante legal.

📖 Súmula n° 542

A ação penal relativa ao crime de lesão corporal resultante de violência doméstica contra a mulher é pública incondicionada.

4. JURISDIÇÃO E COMPETÊNCIA; CONEXÃO E CONTINÊNCIA

Crime de Redução a Condição Análoga à de Escravo e Competência - 1
O Tribunal iniciou julgamento de recurso extraordinário, afetado ao Pleno pela 2ª Turma, interposto contra acórdão da 3ª Turma do TRF da 1ª Região que declarara ser da competência da Justiça Estadual processar e julgar ação penal por crime de "reduzir alguém à condição análoga à de escravo" (CP, art. 149) — v. Informativo 556. O Min. Cezar Peluso, relator, negou provimento ao recurso. Entendeu que a conduta prevista no art. 149 do CP não basta para deslocar a competência da Justiça Estadual para a Federal, quando não é o caso de aplicação do art. 109, IV e VI, da CF. Relativamente à incidência do inciso VI, asseverou que não se desconheceria o precedente da Corte consubstanciado no acórdão do RE 398041/PA (DJE de 19.12.2008). Lembrou que, na ocasião, teria se manifestado no sentido de que, quando aquela norma constitucional se refere a crimes contra a organização do trabalho, está a tratar de que caso, típica e essencialmente, diga respeito a relações de trabalho, e não, aos que, eventualmente, possam ter relações circunstanciais com o trabalho, haja vista que apenas no primeiro caso se justificaria a competência da Justiça Federal, perante o interesse da União no resguardo da específica ordem jurídica concernente ao trabalho. Ressaltou, ademais, não discordar de que o cerne desse julgamento estaria em que o princípio da dignidade humana seria indissociável dos princípios que regem a organização do trabalho. Ponderou, contudo, que, embora o princípio da dignidade humana seja a fonte última de todos os outros valores e direitos fundamentais, isso não autorizaria concluir que a violação daquele implique

violação de todos estes. Aduziu que, no caso, a norma penal estaria a proteger não a organização do trabalho, não obstante tenha a dignidade humana como um de seus princípios informadores. Enfatizou que o tipo penal da conduta de redução a condição análoga à de escravo não seria tutelar a organização do trabalho como sistema ou ordem, mas evitar que a pessoa humana fosse rebaixada à condição de mercadoria. Nesse sentido, o foco da tutela normativa seria o ser humano considerado em si mesmo, na sua liberdade imanente de sujeito de direito, cuja dignidade não tolera seja reduzido a objeto, e não o interesse estatal no resguardo da organização do trabalho, dentro da qual o ser humano é visto apenas como protagonista de relações que daí se irradiam. Por essa razão, concluiu não ser possível incluir o delito tipificado no art. 149 do CP na categoria dos crimes contra a organização do trabalho, a qual seria uma noção sistêmica cuja autonomia conceitual, apesar de refletir a preocupação da ordem jurídica com a pessoa do trabalhador, constituiria a objetividade jurídica primeira da norma.

RE 459510/MT, rel. Min. Cezar Peluso, 4.2.2010. (RE-459510)
Crime de Redução a Condição Análoga à de Escravo e Competência - 2
O relator afastou, da mesma forma, a aplicação do inciso IV do art. 109 da CF. Frisou que, para a incidência de tal preceito, a alegação de lesão a bens, serviços ou interesse da União, ou de suas autarquias, haveria de ser estimada perante a situação concreta, dentro da qual o interesse haveria de ser direto e específico, conforme reiterada jurisprudência da Corte, o que não ocorreria no caso. No ponto, salientou, ainda, não ser possível confundir o objeto de fiscalização da entidade federal com sua atividade fiscalizatória, para assim demonstrar interesse da União ou da entidade, como pretendido pelo recorrente. Registrou, por fim, não ter o recorrente apresentado elementos que demonstrassem e justificassem o reconhecimento de interesse direto e específico da União, concluindo ser da Justiça Estadual a competência para cognição do processo e das medidas conexas. Em divergência, o Min. Dias Toffoli deu provimento ao recurso, por vislumbrar ofensa ao art. 109, VI, da CF. Considerou, em suma, que esse dispositivo constitucional conteria o art. 149 do CP, haja vista que o crime de redução a condição análoga à de escravo atentaria contra o principal objetivo da organização do trabalho que é garantir a liberdade do trabalhador de, dignamente e dentro dos parâmetros legais e constitucionais, vender a sua força de trabalho. Após, pediu vista dos autos o Min. Joaquim Barbosa.
RE 459510/MT, rel. Min. Cezar Peluso, 4.2.2010. (RE-459510)

Crime de redução a condição análoga à de escravo e competência - 3
O Plenário retomou julgamento de recurso extraordinário, afetado pela 2ª Turma, em que se discute a competência para processar e julgar ação penal por crime de "reduzir alguém a condição análoga à de escravo" (CP, art. 149), se da justiça estadual ou federal — v. Informativos 556 e 573. Em voto--vista, o Ministro Joaquim Barbosa (Presidente) divergiu do entendimento do Ministro Cezar Peluso (relator) e proveu o recurso, para reconhecer a competência da justiça federal. Aduziu que esse caso seria similar ao tratado no RE 398.041/PA (DJe de 19.12.2008), oportunidade em que o STF teria firmado a competência da justiça federal para processar e julgar ação penal referente ao crime do art. 149 do CP. Ressaltou que, após aquele julgamento, teria se aprofundado o combate ao trabalho escravo no País, a indicar que a manutenção da competência da justiça federal na matéria seria essencial para a segurança jurídica e para o desenvolvimento social brasileiro. Asseverou que a Constituição traria robusto conjunto normativo voltado à proteção e à implementação dos direitos fundamentais, caracterizado pela preocupação com a dignidade humana e com a construção de uma sociedade livre, demo-crática, igualitária e plural. Assinalou que o constituinte teria dado importância especial à valorização da pessoa humana e de seus direitos fundamentais, de maneira que a existência comprovada de trabalhadores submetidos à escravidão afrontaria não apenas os princípios constitucionais do art. 5º da CF, mas toda a sociedade, em seu aspecto moral e ético.
RE 459510/MT, rel. Min. Cezar Peluso, 1º.7.2014. (RE-459510)

Crime de redução a condição análoga à de escravo e competência - 4
O Ministro Joaquim Barbosa consignou que os crimes contra a organização do trabalho comportariam outras dimensões, para além de aspectos puramente orgânicos. Nesse sentido, não se cuidaria apenas de velar pela preservação de um sistema institucional voltado à proteção coletiva dos direitos e deveres dos trabalhadores. Reputou que a tutela da organização do trabalho deveria necessariamente englobar outro elemento: o homem, abarcados aspectos atinentes à sua liberdade, autodeterminação e dignidade. Assim, quaisquer condutas violadoras não somente do sistema voltado à proteção dos direitos

e deveres dos trabalhadores, mas também do homem trabalhador, seriam enquadráveis na categoria dos crimes contra a organização do trabalho, se praticadas no contexto de relações de trabalho. Anotou que a Constituição teria considerado o ser humano como um dos componentes axiológicos aptos a dar sentido a todo o arcabouço jurídico-constitucional pátrio. Ademais, teria atribuído à dignidade humana a condição de centro de gravidade de toda a ordem jurídica. Acresceu que o constituinte teria outorgado aos princípios fundamentais a qualidade de normas embasadoras e informativas de toda a ordem constitucional, inclusive dos direitos fundamentais, que integrariam o núcleo essencial da Constituição. Salientou, nesse sentido, o art. 170 da CF ("A ordem econômica, fundada na valorização do trabalho humano e na livre iniciativa, tem por fim assegurar a todos existência digna, conforme os ditames da justiça social"). Ponderou que, diante da opção constitucional pela tutela da dignidade intrínseca do homem, seria inadmissível pensar que o sistema de organização do trabalho pudesse ser concebido unicamente à luz de órgãos e instituições, excluído dessa relação o próprio ser humano.
RE 459510/MT, rel. Min. Cezar Peluso, 1º.7.2014. (RE-459510)

Crime de redução a condição análoga à de escravo e competência - 5
O Ministro Joaquim Barbosa registrou que o art. 109, VI, da CF estabelece competir à justiça federal processar e julgar os crimes contra a organização do trabalho, sem explicitar quais delitos estariam nessa categoria. Ressalvou que, embora houvesse um capítulo destinado a esses crimes no Código Penal, inexistiria correspondência taxativa entre os delitos capitulados na-quele diploma e os crimes indicados na Constituição, e caberia ao intérprete verificar em quais casos se estaria diante de delitos contra a organização do trabalho. Reputou que o bem jurídico protegido no tipo penal do art. 149 do CP seria a liberdade individual, compreendida sob o enfoque ético-social e da dignidade, no sentido de evitar que a pessoa humana fosse transformada em "res". Frisou que a conduta criminosa contra a organização do trabalho atingiria interesse de ordem geral, que seria a manutenção dos princípios básicos sobre os quais estruturado o trabalho em todo o País. Concluiu que o tipo previsto no art. 149 do CP se caracterizaria como crime contra a organização do trabalho, e atrairia a competência da justiça federal. Afastou tese no sentido de que a extensão normativa do crime teria como resultado o processamento e a condenação de pessoas inocentes pelo simples fato de se valerem de trabalho prestado em condições ambientais adversas. Sob esse aspecto, um tipo aberto ou fechado deveria ser interpretado pela justiça considerada competente nos termos da Constituição. Sublinhou que a má redação ou a contrariedade diante da disciplina penal de determinado tema não desautorizaria a escolha do constituinte. Em seguida, pediu vista o Ministro Dias Toffoli.
RE 459510/MT, rel. Min. Cezar Peluso, 1º.7.2014. (RE-459510)

Crime de redução a condição análoga à de escravo e competência - 6
Compete à justiça federal processar e julgar o crime de redução à condição análoga à de escravo (CP, art. 149). Ao reafirmar essa orientação, o Plenário, por maioria, deu provimento a recurso extraordinário, afetado pela 2ª Turma, interposto contra acórdão que declarara a competência da justiça estadual — v. Informativos 556, 573 e 752. O Tribunal aduziu que o caso dos autos seria similar ao tratado no RE 398.041/PA (DJe de 19.12.2008), oportunidade em que se teria firmado a competência da justiça federal para processar e julgar ação penal referente ao crime do art. 149 do CP. Assinalou que o constituinte teria dado importância especial à valorização da pessoa humana e de seus direitos fundamentais, de maneira que a existência comprovada de trabalhadores submetidos à escravidão afrontaria não apenas os princípios constitucionais do art. 5º da CF, mas toda a sociedade, em seu aspecto moral e ético. Os crimes contra a organização do trabalho comportariam outras dimensões, para além de aspectos puramente orgânicos. Não se cuidaria apenas de velar pela preservação de um sistema institucional voltado à proteção coletiva dos direitos e deveres dos trabalhadores. A tutela da organização do trabalho deveria necessariamente englobar outro elemento: o homem, abarcados aspectos atinentes à sua liberdade, autodeterminação e dignidade. Assim, quaisquer condutas violadoras não somente do sistema voltado à proteção dos direitos e deveres dos trabalhadores, mas também do homem trabalhador, seriam enquadráveis na categoria dos crimes contra a organização do trabalho, se praticadas no contexto de relações de trabalho. A Constituição teria considerado o ser humano como um dos componentes axiológicos aptos a dar sentido a todo o arcabouço jurídico-constitucional pátrio. Ademais, teria atribuído à dignidade humana a condição de centro de gravidade de toda a ordem jurídica. O constituinte, neste sentido, teria

4. DIREITO PROCESSUAL PENAL

outorgado aos princípios fundamentais a qualidade de normas embasadoras e informativas de toda a ordem constitucional, inclusive dos direitos fundamentais, que integrariam o núcleo essencial da Constituição.

RE 459510/MT, rel. orig. Min. Cezar Peluso, red. p/ o acórdão Min. Dias Toffoli, 26.11.2015. (RE-459510)

Crime de redução a condição análoga à de escravo e competência - 7

A Corte ponderou que, diante da opção constitucional pela tutela da dignidade intrínseca do homem, seria inadmissível pensar que o sistema de organização do trabalho pudesse ser concebido unicamente à luz de órgãos e instituições, excluído dessa relação o próprio ser humano. O art. 109, VI, da CF estabelece competir à justiça federal processar e julgar os crimes contra a organização do trabalho, sem explicitar quais delitos estariam nessa categoria. Assim, embora houvesse um capítulo destinado a esses crimes no Código Penal, inexistiria correspondência taxativa entre os delitos capitulados naquele diploma e os crimes indicados na Constituição, e caberia ao intérprete verificar em quais casos se estaria diante de delitos contra a organização do trabalho. Além disso, o bem jurídico protegido no tipo penal do art. 149 do CP seria a liberdade individual, compreendida sob o enfoque ético-social e da dignidade, no sentido de evitar que a pessoa humana fosse transformada em "res". A conduta criminosa contra a organização do trabalho atingiria interesse de ordem geral, que seria a manutenção dos princípios básicos sobre os quais estruturado o trabalho em todo o País. Concluiu que o tipo previsto no art. 149 do CP se caracterizaria como crime contra a organização do trabalho, e atrairia a competência da justiça federal. Afastou tese no sentido de que a extensão normativa do crime teria como resultado o processamento e a condenação de pessoas inocentes pelo simples fato de se valerem de trabalho prestado em condições ambientais adversas. Sob esse aspecto, um tipo aberto ou fechado deveria ser interpretado pela justiça considerada competente nos termos da Constituição. Dessa maneira, a má redação ou a contrariedade diante da disciplina penal de determinado tema não desautorizaria a escolha do constituinte. O Ministro Luiz Fux pontuou que a competência seria da justiça federal quando houvesse lesão à organização do trabalho, na hipótese de multiplicidade de vítimas, de modo que o delito alcançasse uma coletividade de trabalhadores. Na espécie, o delito vitimara 53 trabalhadores, número expressivo suficiente para caracterizar a ofensa à organização do trabalho. O Ministro Gilmar Mendes sublinhou que a competência da justiça federal seria inequívoca quando ocorresse lesão à organização do trabalho, como por exemplo, nas hipóteses de violação aos direitos humanos, como no caso de negativa a um grupo de empregados de sair do local. No mais, seria matéria da competência da justiça estadual. O Ministro Ricardo Lewandowski (Presidente) ressaltou que, em princípio, a competência poderia ser concorrente. Vencido o Ministro Cezar Peluso, que negava provimento ao recurso.

RE 459510/MT, rel. orig. Min. Cezar Peluso, red. p/ o acórdão Min. Dias Toffoli, 26.11.2015. (RE-459510) (Inform. STF 809)

PSV: indícios de envolvimento de autoridade com prerrogativa de foro e competência

O Plenário iniciou julgamento de proposta de edição de enunciado de súmula vinculante com o seguinte teor: "Surgindo indícios da participação ativa e concreta de autoridade que detenha prerrogativa de foro, a investigação ou ação penal em curso deverá ser imediatamente remetida ao Tribunal competente para as providências cabíveis". O Ministro Ricardo Lewandowski (Presidente), ao apresentar a proposta de enunciado, destacou que a Procuradoria-Geral da República havia apresentado a redação que segue: "Surgindo indícios do envolvimento de autoridade que detenha prerrogativa de foro, a investigação ou ação penal em curso deverá ser imediatamente remetida ao Tribunal competente para as medidas cabíveis. Ressalvam-se os alcance desta súmula os casos de encontro fortuito de provas, desvinculadas do objeto da investigação ou ação penal, hipótese na qual a autoridade competente poderá encaminhar apenas a respectiva documentação ao Tribunal". Para o Ministro Luiz Fux, a expressão "surgindo indícios de participação ativa e concreta" indicaria que, se houvessem apenas indícios de participação que não fosse ativa, nem concreta, mas que existisse a menção da autoridade naquele inquérito seria possível prosseguir na apuração em primeiro grau. Nesse ponto, haveria difusão de informações ainda prematuras em relação a essas autoridades. Assinalou que essa valoração delegada ao juiz, no sentido de verificar se haveria atuação ativa e concreta da autoridade com prerrogativa de foro, nulificaria completamente a possibilidade de o STF apreciar a questão. O Ministro Celso de Mello sugeriu que fosse suprimida

a expressão "apenas" e que fosse inserida a seguinte cláusula final: "(...) único competente para ordenar ou não o desmembramento da causa". Reputou importante estabelecer a ressalva proposta pela PGR quanto ao encontro fortuito de provas, mas que fosse determinado o encaminhamento ao Tribunal. Enfatizou ser o STF o tribunal competente para ordenar ou não, eventualmente, o desmembramento da causa. O Ministro Roberto Barroso propôs que onde constasse "competente poderá encaminhar", fosse substituído pela expressão "competente deverá encaminhar". O Ministro Marco Aurélio aduziu que se deveria declinar da competência quanto à ação considerado o objeto específico, o que indicaria a competência do STF. Por entender a necessidade de se preservar o princípio do juiz natural, não caberia a remessa de todo o feito. Com essas considerações, o Ministro Celso de Mello aventou o texto: "Surgindo indícios da participação ativa e concreta de autoridade que detém a prerrogativa de foro, a investigação ou ação penal em curso deverá ser imediatamente remetida ao Tribunal competente para as providências cabíveis, inclusive para efeito de ordenar, ou não, o desmembramento da causa, ressalvadas as hipóteses de encontro fortuito de provas desvinculadas do objeto da persecução penal, caso em que a autoridade competente encaminhará a respectiva documentação ao Tribunal". Em seguida pediu vista o Ministro Teori Zavascki.

PSV 115/DF, 12.11.2015. (PSV-115) (Inform. STF 807)

Pedofilia e competência

Compete à Justiça Federal processar e julgar os crimes consistentes em disponibilizar ou adquirir material pornográfico envolvendo criança ou adolescente (ECA, artigos 241, 241-A e 241-B), quando praticados por meio da rede mundial de computadores. Com base nessa orientação, o Plenário, por maioria, negou provimento a recurso extraordinário em que se discutia a competência processual para julgamento de tais crimes. O Tribunal entendeu que a competência da Justiça Federal decorreria da incidência do art. 109, V, da CF ("Art. 109. Aos juízes federais compete processar e julgar: ... V - os crimes previstos em tratado ou convenção internacional, quando, iniciada a execução no País, o resultado tenha ou devesse ter ocorrido no estrangeiro, ou reciprocamente"). Ressaltou que, no tocante à matéria objeto do recurso extraordinário, o ECA seria produto de convenção internacional, subscrita pelo Brasil, para proteger as crianças da prática nefasta e abominável de exploração de imagem na internet. O art. 241-A do ECA, com a redação dada pela Lei 11.829/2008, prevê como tipo penal oferecer, trocar, disponibilizar, transmitir, distribuir, publicar ou divulgar por qualquer meio, inclusive por meio de sistema de informática ou telemático, fotografia, vídeo ou outro registro que contenha cena de sexo explícito ou pornográfica envolvendo criança ou adolescente. Esse tipo penal decorreria do art. 3º da Convenção sobre o Direito das Crianças da Assembleia Geral da ONU, texto que teria sido promulgado no Brasil pelo Decreto 5.007/2004. O art. 3º previra que os Estados-Partes assegurariam que atos e atividades fossem integramente cobertos por suas legislações criminal ou penal. Assim, ao considerar a amplitude do acesso ao sítio virtual, no qual as imagens ilícitas teriam sido divulgadas, estaria caracterizada a internacionalidade do dano produzido ou potencial. Vencidos os Ministros Marco Aurélio (relator) e Dias Toffoli, que davam provimento ao recurso e fixavam a competência da Justiça Estadual. Assentavam que o art. 109, V, da CF deveria ser interpretado de forma estrita, ante o risco de se empolgar indevidamente a competência federal. Pontuavam que não existiria tratado, endossado pelo Brasil, que previsse a conduta como criminosa. Realçavam a citada Convenção gerara o comprometimento do Estado brasileiro de proteger as crianças contra todas as formas de exploração e abuso sexual, mas não tipificara a conduta. Além disso, aduziam que o delito teria sido praticado no Brasil, porquanto o material veio a ser inserido em computador localizado no País, não tendo sido evidenciado o envio ao exterior. A partir dessa publicação se procedera, possivelmente, a vários acessos. Ponderavam não ser possível partir para a capacidade intuitiva, de modo a extrair conclusões em descompasso com a realidade.

RE 628624/MG, rel. orig. Min. Marco Aurélio, red. p/ o acórdão Min. Edson Fachin, 28 e 29.10.2015. (RE-628624) (Inform. STF 805)

Crime cometido por prefeito e competência do TRE

A Segunda Turma resolveu questão de ordem para conceder "habeas corpus" de ofício e extinguir ação penal, por ausência de justa causa, nos termos do art. 395, III, do CPP. Na espécie, o Ministério Público Eleitoral denunciara o paciente, então prefeito, por supostamente ter oferecido emprego a eleitores em troca de voto, com intermédio de empresa contratada pela municipalidade. A Turma frisou que o rito instituído pela Lei 11.719/2008, que alterara o CPP,

deveria ser aplicado ao 1º grau de jurisdição em matéria eleitoral. Observou que, recebida a denúncia em 1ª instância, antes de o réu ter sido diplomado como deputado federal, e apresentada a resposta à acusação, competiria ao STF, em face do deslocamento de competência, examinar, em questão de ordem, eventuais nulidades suscitadas e a possibilidade de absolvição sumária (CPP, art. 397), mesmo que o rito passasse a ser o da Lei 8.038/1990. Afirmou que, no caso de crime eleitoral imputado a prefeito, a competência para supervisionar as investigações seria do TRE, nos termos do Enunciado 702 da Súmula do STF. Dessa forma, não poderia o inquérito ter sido supervisionado por juízo eleitoral de 1º grau. Além disso, não poderia a autoridade policial direcionar as diligências para investigar e indiciar o prefeito. Assim, a usurpação da competência do TRE constituiria vício que contaminaria de nulidade a investigação realizada, em relação ao detentor de prerrogativa de foro, por violação do princípio do juiz natural (CF, art. 5º, LIII).
AP 933 QO/PB, rel. Min. Dias Toffoli, 6.10.2015. (AP-933) (Inform. STF 802)

Desmembramento e foro por prerrogativa de função
O Plenário negou provimento a agravo regimental em reclamação na qual se discutia alegada usurpação da competência do STF para o processamento de detentor de foro por prerrogativa de função. Na espécie, o STF, em 19.12.2014, nos autos da Pet 5.245/DF, acolhera requerimento de cisão processual, mantendo-se na Corte o trâmite de termos de depoimento em que figurassem detentores de prerrogativa de foro, com remessa dos demais aos juízos e tribunais com competência para processamento dos demais investigados. Assim, o reclamante fora mencionado especificamente em determinado termo de depoimento, no âmbito de acordo de colaboração premiada devidamente homologada, havendo a instauração de procedimento autônomo (Pet 5.278/DF), com o seguinte desmembramento dos autos, para que prosseguissem no juízo reclamado as investigações contra os demais investigados que não possuíssem prerrogativa de foro no STF. A Corte afirmou que, nesse contexto, com o desmembramento realizado e a remessa de cópia dos termos à origem, eventual encontro de novos indícios da participação de parlamentar em momento subsequente não invocaria, por si só, usurpação de competência, pois apurados por autoridade judiciária que, por decisão do STF, prosseguira na condução de procedimentos relativos aos mesmos fatos, todavia referentes a não detentores de prerrogativa de foro. Ademais, não mereceria prosperar a alegação de que teria havido investigação direta do reclamante por parte do juízo reclamado. A violação de competência implicaria a realização de medidas investigatórias dirigidas às autoridades sujeitas à prerrogativa de foro e não a simples declaração de réu colaborador, com menção sobre a participação de detentores de foro por prerrogativa de função durante audiência de instrução. Raciocínio inverso levaria à conclusão de que toda vez que despontasse elemento probatório novo veiculado aos fatos investigados, todos os processos e ações penais em andamento haveriam de retornar ao STF para novo exame, o que, além de desarrazoado, inviabilizaria, na prática, a persecução penal. Outrossim, em casos de desmembramento seria comum a existência, em juízos diversos, de elementos relacionados tanto ao detentor de prerrogativa de foro quanto aos demais envolvidos. Contudo, a existência dessa correspondência não caracterizaria usurpação de competência. Pelo contrário, a simples menção do nome do reclamante em depoimento de réu colaborador, durante a instrução, não caracterizaria ato de investigação, ainda mais quando houvesse prévio desmembramento, como no caso.
Rcl 21419 AgR/PR, rel. Min.Teori Zavascki, 7.10.2015. (Rcl-21419) (Inform. STF 802)

Conflito de atribuições: tribunal de justiça militar e ministério público
O Plenário, em julgamento conjunto e por maioria, negou provimento a agravos regimentais em ações cíveis originárias que tratavam de conflito de atribuições relativamente à apuração de crime cometido por membro de tribunal de justiça militar criado em âmbito estadual. Na espécie, órgão do Ministério Público no Estado do Rio Grande do Sul, ao suscitar o conflito em questão, entendera que o STJ seria o órgão competente para processar e julgar o referido magistrado, considerado o quanto disposto no art. 104, § 5º, da Constituição do Estado do Rio Grande do Sul ("Os Juízes do Tribunal Militar do Estado terão vencimento, vantagens, direitos, garantias, prerrogativas e impedimentos iguais aos dos Desembargadores do Tribunal de Justiça"), o que ensejaria a atribuição do MPU para atuar no feito. As decisões agravadas, ao acatar a argumentação do suscitante, assentaram a atribuição do PGR. A Corte, mantendo esse entendimento, destacou que a constitucionalidade do referido dispositivo da Constituição estadual ainda

estaria pendente de análise na ADI 4.360/RS. O fenômeno da prescrição e a necessária maturação da questão constitucional proposta em sede de controle concentrado recomendariam que se resolvesse o presente conflito imediatamente, de acordo com as normas atualmente inseridas no ordenamento jurídico. As referidas normas se presumiriam constitucionais, não havendo prejuízo imediato para as partes no deslocamento das investigações para a Procuradoria-Geral da República. Os Ministros Teori Zavascki e Rosa Weber ressalvaram seu entendimento quanto ao conhecimento das ações. Vencido o Ministro Marco Aurélio, que provia os agravos para assentar a atribuição do Ministério Público estadual para atuar no caso em comento.
ACO 1664 AgR/RS, rel. Min. Ricardo Lewandowski, 7 e 8.10.2015. (ACO-1664)
ACO 1516 AgR/RS, rel. Min. Ricardo Lewandowski, 7 e 8.10.2015. (ACO-1516) (Inform. STF 802)

Competência: foro por prerrogativa de função, prevenção e prorrogação - 1
O Plenário resolveu três questões de ordem, apresentadas pelo Ministro Dias Toffoli (relator), em inquérito — afetado pela Segunda Turma — no qual se apura a suposta prática de ilícito penal com a participação de senadora. As questões de ordem consistiam em: a) redistribuição do feito, por alegada prevenção, ao Ministro Teori Zavascki, tendo em vista ser o relator de investigações já em andamento relacionadas a fraudes no âmbito de sociedade de economia mista, que teriam relação com o presente inquérito; b) cisão do inquérito, para que fosse remetido à justiça federal, onde as investigações prosseguiriam no tocante aos não detentores de foro por prerrogativa de função no STF, e aqui permaneceriam apenas no que se refere à senadora; e c) na hipótese de cisão do inquérito, encaminhamento do feito — no que diz respeito aos demais investigados — à Seção Judiciária do Estado de São Paulo. Com relação ao item "a", o Tribunal deliberou, por maioria, manter a decisão da Presidência da Corte que determinara a livre distribuição do inquérito. Vencidos, quanto a esse item, os Ministros Gilmar Mendes e Celso de Mello, que reconheciam a prevenção do Ministro Teori Zavascki. No que se refere ao item "b", o Colegiado resolveu a questão de ordem no sentido do desmembramento do feito, a fim de que a investigação prossiga, no STF, apenas quanto à senadora. A respeito do item "c", o Plenário, por decisão majoritária, assentou a competência da Seção Judiciária Federal do Estado de São Paulo para investigar os demais envolvidos, preservada a validade dos atos já praticados. Vencidos, no ponto, os Ministros Roberto Barroso, que não se manifestou quanto ao juízo competente, e os Ministros Gilmar Mendes e Celso de Mello, que determinavam a remessa do feito — a respeito dos outros investigados — à 13ª Vara Federal da Seção Judiciária do Estado do Paraná. Inicialmente, o Colegiado teceu considerações a respeito da colaboração premiada, que alegadamente serviria como subsídio para justificar a prevenção do feito. No ponto, afirmou que este seria mero meio de obtenção de prova, sendo possível que o agente colaborador trouxesse informações a respeito de crimes que não teriam relação alguma com aqueles que, primariamente, fossem objeto da investigação. Esses elementos informativos sobre outros crimes, sem conexão com a investigação primária, deveriam receber o mesmo tratamento conferido à descoberta fortuita ou o encontro fortuito de provas, como na busca e apreensão e na interceptação telefônica. De toda sorte, ainda que válidos os elementos de informação trazidos pelo colaborador, relativamente a crimes distintos do objeto da investigação matriz, o acordo de colaboração, como meio de obtenção de prova, não constituiria critério de determinação, de modificação ou de concentração da competência.
Inq 4130 QO/PR, rel. Min. Dias Toffoli, 23.9.2015. (Inq-4130)

Competência: foro por prerrogativa de função, prevenção e prorrogação - 2
O Colegiado explicou os critérios sucessivos de determinação da competência: a) competência originária de algum órgão de superposição, em virtude de foro por prerrogativa de função (STF ou STJ); b) competência de jurisdição; c) competência originária; d) competência de foro ou territorial; e) competência de juízo; e f) competência interna (juiz competente). Por sua vez, haveria hipóteses de modificação da competência, a saber, a prorrogação e o desaforamento. Pelo fenômeno da prorrogação, alarga-se a competência de um órgão jurisdicional, para receber uma causa que ordinariamente não se incluía nela. Nos casos de conexão e continência, opera-se a prorrogação da competência. Por fim, nas hipóteses de concentração da competência, exclui-se a competência de todos os órgãos judiciais teoricamente competentes para determinada causa, menos um, que dela ficará incumbido. Enquadra-se, na hipótese, a prevenção, ou seja, a concentração, em um órgão jurisdicional, da competência que abstratamente já pertencia a dois ou vários, inclusive a ele. A prevenção seria, portanto, distinta das causas

4. DIREITO PROCESSUAL PENAL 251

de prorrogação da competência. Enquanto a prorrogação acrescenta causas à competência de um juiz, retirando-as de outro, a prevenção retira causas da competência de todos os demais juízes potencialmente competentes, para que permaneça competente só um deles. A prevenção, portanto, seria um critério de concentração da competência, razão pela qual, inicialmente, devem-se observar as regras ordinárias de determinação da competência. Nos termos do art. 70 do CPP, a competência será, de regra, determinada pelo lugar em que consumada a infração. Ocorre que, quando se trata de infrações conexas, praticadas em locais diversos, deve-se determinar o foro prevalente. Para tanto, é preciso que uma infração exerça força atrativa sobre as demais, prorrogando a competência do juízo de atração. A fim de se estabelecer o juízo prevalecente nesses casos, há de se observar o art. 78 do CPP. Segundo esse dispositivo, a prevenção constitui um critério meramente residual de aferição de competência.

Inq 4130 QO/PR, rel. Min. Dias Toffoli, 23.9.2015. (Inq-4130)

Competência: foro por prerrogativa de função, prevenção e prorrogação - 3
O Tribunal repisou que a competência para processar e julgar os crimes delatados pelo colaborador, não conexos com os fatos objeto da investigação matriz, dependerá do local em que consumados, da sua natureza e da condição das pessoas incriminadas (se detentoras de foro por prerrogativa de função). Nos casos de infrações conexas e de concurso de jurisdições da mesma categoria, o foro prevalente, em primeiro lugar, será o do lugar da infração a que cominada a pena mais grave. Sendo de igual gravidade as penas, prevalecerá a competência do lugar em que houver ocorrido o maior número de infrações. Por fim, apenas se não houver diferença quanto à gravidade dos crimes ou quanto ao número de infrações, firmar-se-á a competência pela prevenção. Assim, não haverá prorrogação da competência do juiz processante — alargando-a para conhecer de uma causa para a qual, isoladamente, não seria competente — se não estiverem presentes: a) uma das hipóteses de conexão ou de continência; e b) uma das hipóteses do art. 78, II, do CPP. Outrossim, ainda que o juízo processante, com base nos depoimentos do imputado colaborador e nas provas por ele apresentadas, tenha decretado prisões e ordenado a realização de busca e apreensão ou de interceptação telefônica, essa circunstância não gerará sua prevenção, com base no art. 83 do CPP, caso devam ser primariamente aplicadas as regras de competência atinentes ao local do crime ou de conexão e continência, uma vez que a prevenção é um critério subsidiário de aferição da competência. Assentadas essas premissas, a Corte verificou que, no caso concreto, os ilícitos em apuração nos procedimentos encaminhados pelo juízo da Seção Judiciária do Paraná se referem a repasses de valores por empresa prestadora de serviços de informática na gestão de empréstimos consignados de servidores federais, em decorrência de acordo celebrado no âmbito do Ministério do Planejamento, Orçamento e Gestão com a suposta intermediação de empresas de fachada. Não haveria, portanto, nenhuma dependência recíproca entre esses fatos e a apuração de fraudes e desvio de recursos no âmbito de sociedade de economia mista. Não se justificaria, na situação dos autos, a unidade de processo e julgamento. Ainda que os esquemas fraudulentos pudessem eventualmente ter um operador comum e destinação semelhante, seriam fatos ocorridos em âmbitos diversos, com matrizes distintas. O simples fato de a polícia judiciária ou o Ministério Público considerarem fases da mesma operação uma sequência de investigações sobre crimes diversos — ainda que sua gênese seja a obtenção de recursos escusos para a consecução de vantagens pessoais e financiamento de partidos políticos ou de candidaturas — não se sobrepõe às normas disciplinadoras da competência. O Plenário frisou não competir ao STF formular juízo de admissibilidade de denúncia formulada isoladamente contra imputado não detentor de prerrogativa de foro. Além disso, seria incongruente reconhecer a inexistência de prevenção do Ministro Teori Zavascki, ante a ausência de conexão entre os ilícitos penais nas distintas investigações e ordenar, ainda assim, o retorno dos autos desmembrados à origem. A mesma inexistência de conexão que motivaria o não reconhecimento da prevenção de relator estender-se-ia ao juízo de 1° grau. Na espécie, as supostas operações ilícitas de lavagem de dinheiro e de falsidade ideológica teriam relação com prestadores de serviço situados, predominantemente, em São Paulo/SP. Assim, estaria justificada a atração de todos os crimes para a seção judiciária daquele Estado-Membro, ressalvada a apuração de outras infrações conexas que, por força do art. 78 do CPP, justificassem conclusão diversa quanto ao foro competente.

Inq 4130 QO/PR, rel. Min. Dias Toffoli, 23.9.2015. (Inq-4130) (Inform. STF 800)

EMENTA: **EMBARGOS DE DECLARAÇÃO. DENÚNCIA RECEBIDA CONTRA PARLAMENTAR FEDERAL. PERDA SUPERVENIENTE DA PRERROGATIVA DE FORO PERANTE O STF. COMPETÊNCIA DA SUPREMA CORTE PARA O JULGAMENTO DOS EMBARGOS DECLARATÓRIOS. CARÁTER INTEGRATIVO DA ESPÉCIE RECURSAL. ALEGAÇÃO DE NULIDADE E OMISSÃO NO ACÓRDÃO. INEXISTÊNCIA. EMBARGOS DE DECLARAÇÃO REJEITADOS.**
1. Os embargos de declaração possuem função integrativa do julgado contra o qual se dirigem, razão pela qual competente para o seu julgamento o juízo que prolatou a decisão embargada. Cabe, em decorrência, a esta Suprema Corte o julgamento dos embargos de declaração interpostos contra o acórdão pelo qual recebida a denúncia oferecida pelo crime de injúria contra o ora embargante, detentor, à época do julgamento da prerrogativa de foro neste Supremo Tribunal Federal, supervenientemente perdida.
2. Competência da Turma, e não do Plenário, para recebimento da denúncia contra o ora embargante, Deputado Federal à época do julgamento, a teor do artigo 9°, I, *j*, do RISTF.
3. Ausente o vício de omissão no acórdão embargado, a justificar, juntamente com a ambiguidade, a obscuridade e a contradição, como condições de embargabilidade, o acolhimento de embargos declaratórios, nos termos do art. 619 do Código de Processo Penal e do art. 337 do RISTF.
4. Embargos de declaração rejeitados. **(Inform. STF 786)**

Ação penal e princípio da duração razoável do processo
A Primeira Turma, por maioria, concedeu "habeas corpus", de ofício, para extinguir ação penal, com resolução do mérito, e absolver o réu por atipicidade de conduta. O acusado, à época prefeito, fora denunciado por crime contra a Lei de Licitações (Lei 8.666/1993), e magistrado estadual recebera a inicial acusatória. Na sequência, o réu fora diplomado para o cargo de deputado federal e o juízo de origem declinara do processo para o STF. O Ministro Roberto Barroso (relator) destacou que, quando elaborara seu relatório e voto, no sentido da absolvição, o acusado ainda era titular de mandato, porém, não se reelegera e, por isso, não mais deteria o foro por prerrogativa de função no STF. Ademais, o próprio Ministério Público teria opinado no sentido da absolvição. Assim, sem negar a independência das esferas civil e penal, o Colegiado frisou que haveria pedido formulado em ação civil pública que fora julgado improcedente, além de uma decisão favorável ao paciente por parte do tribunal de contas estadual. Feitas essas considerações, a Turma concluiu estar caracterizada a atipicidade, nos termos do CPP ("Art. 386. O juiz absolverá o réu, mencionando a causa na parte dispositiva, desde que reconheça: ... III - não constituir o fato infração penal"). Por isso, deveria ser aplicado o princípio da duração razoável do processo, somado ao direito imanente do réu de se ver livre da acusação. Vencida a Ministra Rosa Weber, que declinava da competência para julgamento do feito pelo magistrado estadual. Aduzia que o STF não teria amparo constitucional para condenar ou absolver cidadão que não estivesse no gozo de prerrogativa de função. Apontava que apenas poderia conceder a ordem de ofício se tivesse havido alguma ilegalidade ou teratologia, o que não ocorrera.

AP 568/SP, rel. Min. Roberto Barroso, 14.4.2015. (AP-568) (Inform. STF 781)

Interceptação telefônica e autoridade competente - 1
A 1ª Turma iniciou julgamento de agravo regimental interposto de decisão do Min. Dias Toffoli que, em recurso extraordinário do qual relator, negara seguimento a pleito recursal, com base nos Enunciados 279, 280, 282 e 356 da Súmula desta Corte. Alegava-se a incompetência do juízo de 1ª instância que, na fase investigatória, autorizara a quebra do sigilo telefônico do agravante, vereador à época dos fatos. Ocorre que a Constituição do Estado do Rio de Janeiro estabelece a competência do tribunal de justiça para processar e julgar ação contra aquele agente político. Interposto recurso à Corte local, esta declarara a incompetência do juízo singular e, não obstante, legitimara as provas produzidas na fase investigatória, o que fora mantido pelo STJ. Na assentada, o relator manteve a decisão agravada. Todavia, de ofício, concedeu a ordem de habeas corpus para determinar o desentranhamento das transcrições e das provas decorrentes da interceptação telefônica (CP, art. 157), sem prejuízo dos demais elementos constantes do inquérito policial que, autonomamente, possam embasar a denúncia do parquet estadual. Aduziu que a prova colhida seria nula, porquanto autorizada por magistrado sabidamente incompetente. Após, pediu vista o Min. Luiz Fux.

RE 632343 AgR/RJ, rel. Min. Dias Toffoli, 13.9.2011. (RE-632343)

Interceptação telefônica e autoridade competente - 2

Em conclusão de julgamento, a 1ª Turma negou provimento a agravo regimental e manteve decisão que negou sequência a recurso extraordinário por falta de prequestionamento. No caso, o juízo autorizara a quebra do sigilo telefônico do agravante, vereador à época dos fatos. Em seguida, o tribunal de origem declarara a incompetência dessa autoridade judicial com base em norma da Constituição do Estado do Rio de Janeiro que estabelece a competência do tribunal de justiça para processar e julgar ação contra vereador, mas legitimara as provas produzidas na fase investigatória — v. Informativo 640. O Colegiado, por maioria, rejeitou a proposta formulada pelo Ministro Dias Toffoli (relator) no sentido da concessão da ordem, de ofício. O Ministro Luiz Fux salientou que a nulidade não seria proclamada nas hipóteses em que fosse possível a ratificação de atos prolatados por juiz incompetente inclusive em desfavor do réu. O Ministro Marco Aurélio sublinhou que a Constituição (CF, art. 28, X) garantiria ao tribunal de justiça a competência para julgar os prefeitos. Entretanto, essa regra não poderia ser ampliada pelas Constituições estaduais para abarcar os vereadores. Pontuou, ademais, que à época em que determinada à interceptação telefônica, haveria decisão do Órgão Especial do Tribunal de Justiça do Estado do Rio de Janeiro no sentido da inconstitucionalidade dessa prerrogativa de foro. Vencido o proponente, que aduzia que a prova coligida seria nula, porquanto autorizada por magistrado sabidamente incompetente. **RE 632343 AgR/RJ, rel. Min. Dias Toffoli, 3.3.2015. (RE-632343) (Inform. STF 776)**

Rcl N. 18.875-PR
RELATOR: MIN. TEORI ZAVASCKI
Ementa: RECLAMAÇÃO. ALEGAÇÃO DE USURPAÇÃO DE COMPETÊNCIA DO SUPREMO TRIBUNAL FEDERAL. QUESTÃO JÁ EXAMINADA. REMESSA DOS AUTOS AO JUÍZO DE ORIGEM. NÃO EVIDENCIADA A PRÁTICA DE ATOS SUPERVENIENTES VIOLADORES DA COMPETÊNCIA DESTA CORTE. IMPROCEDÊNCIA DO PEDIDO.
1. Relativamente à alegada usurpação de competência do Supremo Tribunal Federal, o tema já foi debatido no julgamento de questão de ordem nas Ações Penais 871-878, realizado no dia 10.6.2014, quando - a teor de verificação dos autos pelo Procurador-Geral da República, titular da ação penal perante o Supremo Tribunal Federal - foi reconhecida a validade dos atos até então praticados naquelas ações, e na ação a que responde o requerente inclusive, assim como a dos procedimentos investigatórios correlatos, ressalvado então apenas recorte indiciário que permaneceu no âmbito desta Corte.
2. Eventual encontro de indícios de envolvimento de autoridade detentora de foro privilegiado durante atos instrutórios subsequentes, por si só, não resulta em violação de competência desta Suprema Corte, já que apurados sob o crivo de autoridade judiciária que até então, por decisão da Corte, não viola competência de foro superior.
3. No caso, não houve demonstração de persecução, pelo juízo, da prática de atos violadores da competência do Supremo Tribunal Federal.
4. Reclamação julgada improcedente. **(Inform. STF 776)**

Inq N. 3.734-SP
RELATOR: MIN. ROBERTO BARROSO
Ementa: INQUÉRITO. DEPUTADO FEDERAL NÃO REELEITO. PRERROGATIVA DE FORO.
1. A Turma, por maioria de votos, já decidiu que a renúncia de parlamentar, após o final da instrução, não acarreta a perda de competência do Supremo Tribunal Federal. Precedente: AP 606-QO, Rel. Min. Luís Roberto Barroso (Sessão de 07.10.2014).
2. Todavia, na hipótese de não reeleição, não se afigura ser o caso de aplicação da mesma doutrina.
3. Declínio da competência para o juízo de primeiro grau. **(Inform. STF 776)**

EMB. DECL. NO Inq N. 3.412-AL
RELATORA: MIN. ROSA WEBER
EMENTA: EMBARGOS DE DECLARAÇÃO. RECEBIMENTO DA DENÚNCIA. FORO PRIVILEGIADO. REJEIÇÃO.
1. Embargos de declaração manejados contra decisão que recebeu parcialmente a denúncia oferecida contra parlamentar e coacusado.
2. Não se prestam os embargos de declaração, não obstante sua vocação democrática e a finalidade precípua de aperfeiçoamento da prestação jurisdicional, para o reexame das questões de fato e de direito já apreciadas no acórdão recorrido.

---

3. Não se exigem, quando do recebimento da denúncia, a cognição e a avaliação exaustiva da prova ou a apreciação exauriente dos argumentos das partes, bastando o exame da validade formal da peça e a verificação da presença de indícios suficientes de autoria e de materialidade.
4. "Não viola as garantias do juiz natural, da ampla defesa e do devido processo legal a atração por continência ou conexão do processo do corréu ao foro por prerrogativa de função de um dos denunciados" (Súmula 704 do Supremo Tribunal Federal). A decisão pela manutenção da unidade de processo e de julgamento perante o Supremo Tribunal Federal ou pelo desmembramento da ação penal está sujeita a questões de conveniência e oportunidade, como permite o art. 80 do Código de Processo Penal.
5. Embargos de declaração rejeitados. **(Inform. STF 762)**

Competência: sociedade de economia mista e ação penal - 1
A 1ª Turma iniciou julgamento de agravo regimental interposto de decisão monocrática do Min. Dias Toffoli que, em recurso extraordinário do qual relator, assentara a competência da justiça federal para processar e julgar ação penal referente a crime perpetrado contra o interesse da sociedade de economia mista Companhia Docas do Pará. O relator ressaltou que a mencionada companhia, cuja maior parcela de seu capital seria composta por verba pública federal, teria por ofício administrar e explorar as instalações portuárias do Estado do Pará, atividades exclusivamente atribuídas à União, conforme o disposto no art. 21, XII, f, da CF. Afirmou que a presença de interesse direto e específico da União, de suas entidades autárquicas e empresas públicas constituiria pressuposto para atrair a competência da justiça federal. Aduziu que a União expressamente manifestara interesse em compor, na qualidade de assistente litisconsorcial, ação de improbidade administrativa proposta na origem para o mesmo complexo fático objeto dos presentes autos, a reforçar o seu interesse específico.
RE 614115 AgR/PA, rel. Min. Dias Toffoli, 10.4.2012. (RE-614115)

Competência: sociedade de economia mista e ação penal - 2
A Min. Rosa Weber também mantinha a decisão agravada. Asseverou que, em princípio, os crimes praticados contra sociedade de economia mista, em geral, não se submeteriam à competência da justiça federal. Entretanto, estaria justificada a competência dessa os delitos estivessem, de alguma forma, relacionados a serviços por concessão, autorização ou delegação da União ou se houvesse indícios de desvio das verbas federais recebidas por sociedades de economia mista e sujeitas à prestação de contas perante o órgão federal. Em divergência, o Min. Luiz Fux deu provimento ao agravo regimental, no que foi acompanhado pelo Min. Marco Aurélio. Rememorou o Enunciado 556 da Súmula do STF ("É competente a justiça comum para julgar as causas em que é parte a sociedade de economia mista"). Consignou que o art. 109, IV, da CF, não contemplaria a hipótese de sociedade de economia mista ("Art. 109. Aos juízes federais, compete processar e julgar: ... IV - os crimes políticos e as infrações penais praticadas em detrimento de bens, serviços ou interesse da União ou de suas entidades autárquicas ou empresas públicas"). Afirmou que o citado verbete perderia o sentido se a dotação orçamentária da União fosse considerada como elemento a atrair a competência da justiça federal. Após, o julgamento foi suspenso para aguardar-se o voto da Min. Cármen Lúcia.
RE 614115 AgR/PA, rel. Min. Dias Toffoli, 10.4.2012. (RE-614115)

Competência: sociedade de economia mista e ação penal - 3
Compete à justiça federal processar e julgar ação penal referente a crime cometido contra sociedade de economia mista, quando demonstrado o interesse jurídico da União. Esse o entendimento da 1ª Turma, que, em conclusão de julgamento e por maioria, desproveu agravo regimental para acolher recurso extraordinário no qual se discutia a justiça competente para apreciar causa em que figurava como parte a sociedade de economia mista Companhia Docas do Pará — v. Informativo 661. A Turma consignou que a mencionada companhia, cuja maior parcela de seu capital seria composta por verba pública federal, teria por ofício administrar e explorar as instalações portuárias do Estado do Pará, atividades exclusivamente atribuídas à União, conforme o disposto no art. 21, XII, f, da CF. Asseverou que, em princípio, os crimes praticados contra sociedade de economia mista, em geral, não se submeteriam à competência da justiça federal. Reputou que estaria justificada a competência desta se os delitos estivessem, de alguma forma, relacionados a serviços por concessão, autorização ou delegação da União ou se houvesse indícios de desvio das verbas federais recebidas por sociedades de economia mista e sujeitas à prestação de contas perante o órgão federal. Afirmou, ademais, que a presença de interesse direto e específico

4. DIREITO PROCESSUAL PENAL

da União, de suas entidades autárquicas e empresas públicas constituiria pressuposto para atrair a competência da justiça federal. Ressaltou que, no caso, o interesse jurídico da União estaria demonstrado na medida em que esta teria manifestado expresso interesse em integrar a lide, o que atrairia a incidência do Enunciado 517 da Súmula do STF ("As sociedades de economia mista só têm foro na justiça federal, quando a União intervém como assistente ou opoente"). Vencidos os Ministros Luiz Fux e Marco Aurélio, que davam provimento ao agravo regimental e assentavam a competência da justiça comum estadual.
RE 614115 AgR/PA, rel. Min. Dias Toffoli, 16.9.2014. (RE-614115) (Inform. STF 759)

Inq 3.357/PR
RELATOR: Ministro Celso de Mello
INQUÉRITO. PLURALIDADE DE INVESTIGADOS. DESMEMBRAMENTO. POSSIBILIDADE (CPP, ART. 80). PRECEDENTES. SEPARAÇÃO DOS AUTOS EM RELAÇÃO *AO DEPUTADO ESTADUAL*, **INVESTIGADO** POR *SUPOSTA* PRÁTICA *DE DELITO ELEITORAL* (**CÓDIGO ELEITORAL**, ART. 323). HIPÓTESE *EM QUE É DO TRIBUNAL REGIONAL ELEITORAL* (**TRE**) DO ESTADO EM QUE EXERCE O MANDATO LEGISLATIVO **A COMPETÊNCIA PENAL** ORIGINÁRIA PARA PROCESSAR E JULGAR **REFERIDO** PARLAMENTAR ESTADUAL. DOUTRINA. PRECEDENTES (STF E TSE). CONSEQUENTE ENCAMINHAMENTO DOS AUTOS, MEDIANTE CÓPIA, *AO TRE/PR*, QUE DISPÕE *DE COMPETÊNCIA PENAL ORIGINÁRIA* PARA PROCESSAR E JULGAR *DEPUTADOS ESTADUAIS* NOS DELITOS ELEITORAIS. **DEPUTADO FEDERAL** *LICENCIADO*. EXERCÍCIO ATUAL DO CARGO *DE SECRETÁRIO DE ESTADO*. LEGITIMIDADE (CF, ART. 56, I). PRESERVAÇÃO, *MESMO ASSIM*, DA PRERROGATIVA DE FORO, PERANTE O SUPREMO TRIBUNAL FEDERAL, *NOS CRIMES COMUNS*. PRECEDENTES. CRIMES ELEITORAIS. MODALIDADE DELITUOSA *QUE SE CONTÉM* NA LOCUÇÃO CONSTITUCIONAL "*CRIMES COMUNS*". PRECEDENTES. TRANSAÇÃO PENAL (LEI Nº 9.099/95, ART. 76). "*NOLO CONTENDERE*". MEDIDA DESPENALIZADORA. REQUISITOS. NECESSIDADE *DE ACEITAÇÃO EXPRESSA*, PELO SUPOSTO AUTOR DO DELITO, DA PROPOSTA DE TRANSAÇÃO PENAL. APLICABILIDADE DESSE INSTITUTO *AOS PROCEDIMENTOS PENAIS ORIGINÁRIOS* INSTAURADOS PERANTE A CORTE SUPREMA. DOUTRINA. PRECEDENTES.
- O membro *do Congresso Nacional*, quando licenciado para o exercício *de determinados cargos* no Poder Executivo (CF, art. 56, inciso I), *como o de Secretário de Estado*, não perde a prerrogativa de foro, perante o Supremo Tribunal Federal, *nas infrações penais comuns*, cuja noção conceitual abrange *os crimes eleitorais*. Precedentes.
- São plenamente aplicáveis *aos procedimentos penais originários* instaurados perante o Supremo Tribunal Federal *as medidas de despenalização* previstas na Lei nº 9.099/95 (RTJ 162/483-484), *entre as quais figura a transação penal* (art. 76), cuja pessoal e expressa aceitação por parte do *suposto* autor da infração, desde que regularmente assistido por seu Advogado, traduz verdadeiro "*nolo contendere*".
- A transação penal, *em referido contexto*, qualifica-se como instituto que, ao valorizar *a autonomia da vontade* dos sujeitos integrantes da relação processual penal, representa significativa *ampliação do espaço de consenso* em sede de persecução criminal. Doutrina.
- O Deputado Estadual, *nos crimes eleitorais*, dispõe de prerrogativa de foro, "*ratione muneris*", perante o Tribunal Regional Eleitoral do Estado onde foi eleito. Aplicação, *ao caso*, da diretriz consubstanciada *na Súmula 702/STF*. Doutrina. Precedentes (STF e TSE). DJe de 22.4.2014. **(Inform. STF 758)**

Incompetência absoluta e aproveitamento de atos processuais
A 1ª Turma, por maioria, deferiu, em parte, ordem de "habeas corpus" para declarar insubsistentes os atos decisórios proferidos pela justiça militar, e determinar a remessa do processo-crime à justiça federal. No caso, o paciente, civil, fora denunciado pela suposta prática do crime de uso de documento falso (CPM, art. 315), por ter apresentado "notas frias" para a regularização de embarcações perante a Marinha do Brasil. Prevaleceu o voto do Ministro Roberto Barroso. Consignou que as atividades do paciente não o qualificariam ou o inseririam em função eminentemente militar, pois as notas fiscais falsificadas utilizadas para o registro de embarcações teriam atingido bens e serviços de cunho administrativo, não militar. Nada obstante, ressaltou que haveria interesse da União, a atrair a competência da justiça federal (CF, art. 109, IV). Reputou que, ao reconhecer a incompetência da justiça militar, caberia ao STF somente anular a decisão condenatória. Asseverou que se deveria deixar ao juízo que o Supremo estaria a considerar competente a decisão de anular, ou não, os demais atos do processo, pois, do contrário,

haveria um salto jurisdicional. Nesse sentido, destacou caber ao juiz federal decidir acerca da subsistência, ou não, dos atos já praticados. O Ministro Luiz Fux acrescentou que, atualmente, a divisão de competência em absoluta ou relativa deveria ter como única consequência remeter os autos ao juízo competente, pois a jurisdição seria una. Registrou tratar-se de tendência decorrente da "translatio iudicii". Explicou que o juízo competente, ao receber o processo, absorveria a causa e a julgaria e, se entendesse necessário, poderia renovar os atos processuais. Vencidos, em parte, os Ministros Rosa Weber (relatora) e Dias Toffoli, que deferiam o "writ" para decretar a nulidade do processo desde a denúncia, e o Ministro Marco Aurélio, que indeferia a ordem por entender pela competência da justiça militar.
HC 121189/PR, rel. orig. Min. Rosa Weber, red. p/ o acórdão Min. Roberto Barroso, 19.8.2014. (HC-121189) (Inform. STF 755)

HC: crime militar impróprio e competência
A 1ª Turma retomou julgamento de "habeas corpus" em que se discute a competência para o julgamento de militar denunciado pela suposta prática do crime de falsidade ideológica na forma continuada (CPM, art. 312, c/c o art. 80). No caso, o paciente teria atestado, falsamente, a regularidade técnica para navegação de embarcações civis. A defesa alega a incompetência da justiça militar para o julgamento do feito. Na sessão de 28.5.2013, o Ministro Luiz Fux (relator) concedeu a ordem para declarar a competência da justiça federal para o julgamento do paciente, no que foi acompanhado pela Ministra Rosa Weber. Consignou que, em que pese o crime ter sido supostamente praticado por militar no exercício de atribuição da Marinha do Brasil, a licença conferida pelos documentos assim emitidos seria de natureza civil e consubstanciaria, assim, mero ato de polícia administrativa. Afirmou que, por não ter havido, na espécie, prejuízo patrimonial às instituições militares, a conduta do paciente na condução de atividades de fiscalização e policiamento marítimos configuraria infração comum, em detrimento de bens, serviços ou interesses da União, e cujo processamento e julgamento, portanto, competiriam à justiça federal (CF, art. 109, IV). Na presente assentada, o Ministro Marco Aurélio, em voto-vista, inaugurou a divergência, no que foi acompanhado pelo Ministro Dias Toffoli. O Ministro Marco Aurélio apontou que o crime em comento seria de natureza formal. Configurar-se-ia, independentemente do resultado e, ademais, seria praticado em detrimento da fé pública militar. Asseverou, portanto, a incidência do art. 9º, II, e, do CPM ("Consideram-se crimes militares, em tempo de paz: II - os crimes previstos neste Código, embora também o sejam com igual definição na lei penal comum, quando praticados: ... e) por militar em situação de atividade, ou assemelhado, contra o patrimônio sob a administração militar, ou a ordem administrativa militar"); e do art. 124 da CF ("À Justiça Militar compete processar e julgar os crimes militares definidos em lei"). Em seguida, pediu vista dos autos o Ministro Roberto Barroso.
HC 110233/AM, rel. Min. Luiz Fux, 19.8.2014. (HC-110233) (Inform. STF 755)

Tráfico internacional de crianças e competência jurisdicional
A 1ª Turma, por maioria, julgou extinto, sem julgamento de mérito, "habeas corpus" em que se pleiteava a nulidade de decisão de juiz estadual que declinara da competência para a justiça federal para processar e julgar o crime previsto no art. 239 da Lei 8.069/1990 - Estatuto da Criança e do Adolescente ("Promover ou auxiliar a efetivação de ato destinado ao envio de criança ou adolescente para o exterior com inobservância das formalidades legais ou com o fito de obter lucro: Pena - reclusão de quatro a seis anos, e multa"). A Turma considerou que o STJ em momento algum teria se pronunciado sobre a matéria. Portanto, sua apreciação, de modo originário, pelo STF, configuraria supressão de instância, o que seria inadmissível. No entanto, não vislumbrou flagrante ilegalidade ou teratologia que justificasse a superação do aludido óbice. O Colegiado realçou que a decisão impugnada destacara que, no caso, estaria envolvido o cumprimento de tratados internacionais dos quais o Brasil seria signatário, a atrair a incidência do inciso V do art. 109 da CF. Em razão disso, teria se tornado irrelevante a questão quanto à eventual incompetência funcional do juízo de piso. Vencido o Ministro Marco Aurélio, que deferia a ordem. Assentava a competência da justiça comum estadual para o processamento e julgamento do crime em comento. Afirmou que, considerado o que previsto no ECA, não haveria norma específica que direcionasse seu julgamento à atuação da justiça federal.
HC 121472/PE, rel. Min. Dias Toffoli, 19.8.2014. (HC-121472) (Inform. STF 755)

Ação penal originária: renúncia de parlamentar e competência do STF

Nas ações penais originárias do STF, eventual renúncia de parlamentar ao cargo eletivo — após o final da instrução criminal — não gera o efeito de cessar a competência do Supremo para julgar o processo. Com base nessa orientação, a 1ª Turma resolveu questão de ordem, suscitada pelo Ministro Roberto Barroso (relator), para declinar de suas atribuições em favor do juízo de 1º grau, para julgamento de ação penal em que o réu, ex-Senador da República, renunciara ao mandato antes daquela fase processual. O relator, tendo em vista a ocorrência de situações semelhantes na Corte, consignou que seria perfeitamente legítimo que o STF estabelecesse um momento a partir do qual não mais haveria a perda da sua jurisdição. Esclareceu que não se trataria de mudar a regra de competência, mas apenas de aplicar um instituto tradicional e convencional do direito que seria a fraude à lei. Explicitou que o instituto em comento não declararia a nulidade, nem induziria ao desfazimento do ato, mas somente estabeleceria que aquele ato seria ineficaz para determinados fins. Lembrou que o Supremo já teria assentado, em Plenário, que o reconhecimento da fraude impediria o deslocamento da competência. Nesse sentido, destacou que seria preferível, em vez de deixar a fraude como um componente subjetivo a ser aferido em cada caso pelo relator, que se estabelecesse um momento objetivo em que se consideraria a sua ocorrência. Acrescentou que seria direito dos advogados dos réus, ao traçarem suas estratégias, saberem qual seria a posição do Tribunal e qual seria o critério a ser praticado. A Ministra Rosa Weber citou o art. 11 da Lei 8.038/1990 ("Realizadas as diligências, ou não sendo estas requeridas nem determinadas pelo relator, serão intimadas a acusação e a defesa para, sucessivamente, apresentarem, no prazo de quinze dias, alegações escritas"). Aduziu que esse seria o marco, pois, em vez de alegações finais, o réu teria de apresentar a sua renúncia. O Ministro Marco Aurélio acompanhou o relator, porém por motivo diverso. Reputou o STF incompetente para prosseguir no feito, uma vez que somente seria possível prorrogar-se competência relativa e que o julgamento da presente ação penal pela Corte pressuporia o mandato. Ressaltou que, na espécie, tratar-se-ia de incompetência absoluta, uma vez que envolveria o critério de exercício da função que, no caso, não mais existiria.
AP 606 QO/MG, rel. Min. Roberto Barroso, 12.7.2014. (AP-606) (Inform. STF 754)

Procurador-Geral do Estado e foro por prerrogativa de função - 1

O Plenário denegou a ordem em "habeas corpus", afetado pela 2ª Turma, no qual discutida eventual nulidade de ação penal por incompetência do juízo de 1º grau e prejudicada a revogação da prisão cautelar imposta ao paciente. Ademais declarou, "incidenter tantum", a inconstitucionalidade da expressão "os Agentes Públicos a ele equiparados", contida no art. 77, X, a, da Constituição do Estado de Roraima. No caso, o paciente, Procurador--Geral do Estado à época dos fatos, pretendia fosse-lhe garantido o foro por prerrogativa de função no TJ/RR, à luz da regra prevista no art. 77, X, a, da Constituição estadual ["Art. 77. Compete ao Tribunal de Justiça: ... X - processar e julgar, originariamente: a) nos crimes comuns e de responsabilidade, o Vice-governador do Estado, os Secretários de Estado, os Agentes Públicos a ele equiparados, os Juízes Estaduais, os membros do Ministério Público e os Prefeitos, ressalvada a competência da Justiça Eleitoral"], bem assim do que disposto no parágrafo único do art. 4º da LC Estadual 71/2003 ("O Procurador-Geral do Estado terá, além do contido nesta Lei Complementar, as mesmas prerrogativas, subsídio e obrigações de Secretário de Estado"). Inicialmente, o Tribunal rememorou decisão proferida, em situação análoga, nos autos da ADI 3.140/CE (DJU de 29.6.2007), oportunidade em que declarada a inconstitucionalidade de norma de Constituição estadual, tendo em vista ser ela incompatível com o art. 125, § 1º, da CF. Salientou que, na ocasião, o STF ponderara que a Constituição estadual haveria de definir, de um lado, o que o tribunal de justiça poderia julgar e, de outro, quem poderia ser julgado por aquela Corte. Nesse sentido, o art. 125, § 1º, da CF, firma o âmbito de atuação do constituinte estadual na matéria especificada, de modo a caber a ele definir a competência do tribunal de justiça. Em outras palavras, a Constituição da República convoca o constituinte estadual para demarcar a competência do tribunal de justiça. O Colegiado salientou que esse mesmo entendimento deveria nortear a decisão em comento, na qual o constituinte do Estado de Roraima, ao promulgar norma aberta referente à definição de competência do tribunal estadual, delegara ao legislador infraconstitucional o poder de dispor sobre matéria e de ampliar seus limites, circunstância incompatível com o art. 125, § 1º, da CF. Concluiu, no ponto, pela inconstitucionalidade da expressão acima referida, contida na norma constitucional estadual.
HC 103803/RR, rel. Min. Teori Zavascki, 1º.7.2014. (HC-103803)

Procurador-Geral do Estado e foro por prerrogativa de função - 2

O Plenário afastou, de igual modo, a invocação do princípio da simetria. Segundo a defesa, o cargo de Procurador-Geral do Estado equivaleria, na esfera estadual, ao de Advogado-Geral da União, a quem o STF reconhecera foro por prerrogativa de função igual ao de Ministro de Estado, por ocasião do julgamento do Inq 1.660 QO/DF (DJU de 6.6.2003). A respeito, a Corte afirmou não haver similitude com o quadro normativo considerado no exame da aludida questão de ordem. Frisou que, naquele caso, o STF reconhecera sua competência originária ao adotar como premissa a existência de norma segundo a qual o Advogado-Geral da União seria Ministro de Estado. Por outro lado, ressaltou que a legislação estadual roraimense não estabeleceria que o Procurador-Geral do Estado seria Secretário de Estado. Nesse aspecto, o parágrafo único do art. 4º da LC estadual roraimense não afirmaria que o Procurador-Geral seria Secretário, mas dispensaria a ele o mesmo tratamento dado aos Secretários, equiparação que não garantiria foro por prerrogativa de função no TJ/RR. No que concerne à segregação cautelar do paciente, o Colegiado não identificou incompatibilidade com o art. 312 do CPP. Constatou que a ordem de prisão preventiva estaria devidamente fundamentada, voltada à garantia da ordem pública, consubstanciada na possibilidade de reiteração delituosa. Sublinhou que haveria evidências acerca de vasta rede de crimes sexuais contra menores, sob influência política e funcional do paciente. Além disso, registrou que o paciente tentara evadir-se do distrito da culpa, mediante plano de fuga, com o uso de recursos estaduais, o que demonstraria a intenção de furtar-se à aplicação da lei penal.
HC 103803/RR, rel. Min. Teori Zavascki, 1º.7.2014. (HC-103803) (Inform. STF 752)

Competência por prerrogativa de foro e desmembramento - 1

Compete ao Supremo Tribunal Federal decidir quanto à conveniência de desmembramento de procedimento de investigação ou persecução penal, quando houver pluralidade de investigados e um deles tiver prerrogativa de foro perante a Corte. Com base nessa orientação, a 2ª Turma resolveu questão de ordem no sentido de que fosse promovida a remessa à origem das ações penais autuadas no STF, bem como dos autos indiciários relacionados a não parlamentares, para que lá tivessem curso. A Turma determinou fosse promovido o desmembramento do feito, a permanecer sob a jurisdição do STF a investigação que tem como alvo integrante do Congresso Nacional, com remessa dos demais autos indiciários ao juízo de origem. Na espécie, reclamação fora protocolada no STF sob a alegação de que magistrado federal teria usurpado a competência do STF, porque diligências investigatórias presididas por aquele juízo teriam, dentre seus alvos, agentes políticos com foro por prerrogativa de função perante o Supremo (CF, art. 102, I, b). Solicitadas informações pelo Ministro Teori Zavascki (relator), o magistrado reclamado esclarecera que, durante interceptação telemática, teriam sido colacionadas, em encontro fortuito de provas, mensagens trocadas com pessoa identificada por determinado sobrenome. Explicara que, somente após buscas e apreensões, a polícia federal concluíra que o nome citado se referiria a deputado federal. Depreendera, do conteúdo das mensagens, possível caráter criminoso. O magistrado destacara, ainda, que o parlamentar não fora investigado no processo e que as supostas provas em relação a ele teriam surgido fortuitamente, após interceptação dos terminais de outra pessoa, não parlamentar. Pontuara que, no material selecionado pelo próprio juízo reclamado para remessa ao STF, haveria relatório de monitoramento telemático datado de 17.4.2014, em que teriam sido trocadas mensagens entre determinada pessoa e parlamentar, ao longo de largo período de tempo. Na sequência, o relator, Ministro Teori Zavascki, deferira a liminar na reclamação para suspender o processamento dos inquéritos e das ações penais relacionados pela autoridade reclamada e determinara a remessa imediata dos autos correspondentes ao STF. Esclarecera que assim, teriam sido remetidos ao STF os autos das presentes ações penais acompanhados de outros procedimentos investigatórios em curso.
AP 871QO/PR, rel. Min. Teori Zavascki, 10.6.2014. (AP-871)
AP 872 QO/PR, rel. Min. Teori Zavascki, 10.6.2014. (AP-872)
AP 873 QO/PR, rel. Min. Teori Zavascki, 10.6.2014. (AP-873)
AP 874 QO/PR, rel. Min. Teori Zavascki, 10.6.2014. (AP-874)
AP 875 QO/PR, rel. Min. Teori Zavascki, 10.6.2014. (AP-875)
AP 876 QO/PR, rel. Min. Teori Zavascki, 10.6.2014. (AP-876)
AP 877 QO/PR rel. Min. Teori Zavascki, 10.6.2014. (AP-877)
AP 878 QO/PR, rel. Min. Teori Zavascki, 10.6.2014. (AP-878)

4. DIREITO PROCESSUAL PENAL

Competência por prerrogativa de foro e desmembramento - 2

A Turma consignou que a competência de foro por prerrogativa de função seria matéria de direito estrito, reservada às ações penais e aos inquéritos em que se figurasse patente a participação das autoridades indicadas no preceito constitucional. Pontuou que, em relação ao parlamentar com prerrogativa de foro perante o STF, a referência a ele teria sido veiculada somente a partir de 17.4.2014, nos autos de interceptação telefônica e telemática de não parlamentar. Registrou que, com relação às ações penais em que não figurassem pessoas com prerrogativa de foro, não haveria razão para submetê-las à jurisdição do STF. Reputou que essas ações deveriam ser remetidas ao juízo de primeiro grau para que lá reassumissem seu curso a partir do estado em que se encontrassem. Considerou que essas providências não deveriam inibir que a higidez dos atos e provas neles produzidos viesse a receber o controle jurisdicional apropriado, se fosse o caso. Enfatizou que não caberia a qualquer órgão judiciário de inferior jurisdição manter, em situações em que houvesse hipótese de conexão ou de continência de causas — em relação a terceiros que não detivessem prerrogativa de foro — a tramitação da persecução penal. Concluiu que o juízo de conveniência fundado no art. 80 do CPP, quanto à eventual cisão processual, competiria sempre ao STF. Advertiu que, definida objetivamente uma data no tempo — 17.4.2014 — os atos probatórios produzidos antes desse momento se revestiriam de plena validade.

AP 871QO/PR, rel. Min. Teori Zavascki, 10.6.2014. (AP-871)
AP 872 QO/PR, rel. Min. Teori Zavascki, 10.6.2014. (AP-872)
AP 873 QO/PR, rel. Min. Teori Zavascki, 10.6.2014. (AP-873)
AP 874 QO/PR, rel. Min. Teori Zavascki, 10.6.2014. (AP-874)
AP 875 QO/PR, rel. Min. Teori Zavascki, 10.6.2014. (AP-875)
AP 876 QO/PR, rel. Min. Teori Zavascki, 10.6.2014. (AP-876)
AP 877 QO/PR rel. Min. Teori Zavascki, 10.6.2014. (AP-877)
AP 878 QO/PR, rel. Min. Teori Zavascki, 10.6.2014. (AP-878) (Inform. STF 750)

Crime doloso contra a vida e vara especializada

A 2ª Turma conheceu, em parte, de "habeas corpus" e, na parte conhecida, denegou a ordem para assentar a legalidade de distribuição, e posterior redistribuição, de processo alusivo a crime doloso contra a vida. Na espécie, o paciente fora denunciado pela suposta prática de homicídio, perante vara especializada de violência doméstica e familiar contra a mulher. Após a pronúncia, os autos foram redistribuídos para vara do tribunal do júri. De início, a Turma anotou que, com o advento da Lei 11.340/2006 (Lei Maria da Penha), o tribunal local criara os juizados de violência doméstica e familiar contra a mulher, inclusive na comarca em que processado o paciente. Destacou resolução do mesmo tribunal, segundo a qual, na hipótese de crimes dolosos contra a vida, a competência dos aludidos juizados estender-se-ia até a fase do art. 421 do CPP, ou seja, até a conclusão da instrução preliminar e a pronúncia. Frisou que, nos casos de crimes dolosos contra a vida, a instrução e a pronúncia não seriam privativas do presidente do tribunal do júri, e a lei poderia atribuir a prática desses atos a outros juízes. Sublinhou que somente após a pronúncia a competência seria deslocada para a vara do júri, onde ocorreria o julgamento. Reputou que a distribuição da ação penal em análise ocorrera nos termos da legislação vigente à época da prática do ato. Não haveria razão, portanto, para que o feito fosse inicialmente distribuído à vara do júri. Enfatizou que tanto a criação das varas especializadas de violência doméstica e familiar contra a mulher, quanto a instalação da vara do tribunal do júri, teriam sido realizadas dentro dos limites constitucionais (CF, art. 96, I, a). A Turma rememorou, ainda, jurisprudência da Corte no sentido de que a alteração da competência dos órgãos do Poder Judiciário, por deliberação dos tribunais, não feriria os princípios constitucionais do devido processo legal, do juiz natural e da "perpetuatio jurisdictionis". Por fim, no que concerne a alegações referentes à atuação da promotoria no processo em que pronunciado o paciente, a Turma não conheceu do pedido, sob pena de supressão de instância.

HC 102150/SC, rel. Min. Teori Zavascki, 27.5.2014. (HC-102150) (Inform. STF 748)

AG. REG. NO AG. REG. NA AP N. 512-BA

RELATOR: MIN. TEORI ZAVASCKI

Ementa: AGRAVO REGIMENTAL INTERPOSTO CONTRA DECISÃO QUE REPUTOU VÁLIDO O RECEBIMENTO DA DENÚNCIA. COMPETÊNCIA DO JUÍZO. FORO POR PRERROGATIVA DE FUNÇÃO. ART. 84, §§ 1º E 2º, DO CÓDIGO DE PROCESSO PENAL. MODULAÇÃO DOS EFEITOS DA DECLARAÇÃO DE INCONSTITUCIONALIDADE NA ADI 2.797/DF. EFEITOS *EX NUNC*. AGRAVO REGIMENTAL A QUE SE NEGA PROVIMENTO.

1. No julgamento dos embargos de declaração opostos contra o acórdão prolatado na ADI 2.797/DF, foram modulados os efeitos jurídicos da inconstitucionalidade, cujo termo inicial foi estipulado em 15 de setembro de 2009, razão pela qual resultaram preservados os atos praticados até a referida data.

2. Agravo regimental a que se nega provimento. **(Inform. STF 745)**

HC N. 119.581-PA

RELATOR: MIN. DIAS TOFFOLI

EMENTA: *Habeas corpus*. Penal militar. Crime de porte ilegal de arma de fogo. Concurso material com o crime de receptação. Aplicação do princípio da consunção. Crimes que atingem bens jurídicos tutelados absolutamente diversos. Inaplicabilidade. Receptação. Competência. Armamento que pertenceu à polícia civil e que se encontrava sob custódia do exército para fins de destruição. Suposto furto com posterior receptação por civil. Patrimônio sob administração militar. Competência da Justiça militar (CPM, art. 9º, III, a). Ordem denegada.

1. A prática dos delitos de porte ilegal de arma e receptação deflagra típica hipótese caracterizadora de concurso material de crimes. Esses, por se revestirem de autonomia jurídica e por tutelarem bens jurídicos diversos, impedem a aplicação do princípio da consunção - major absorbet minorem. Precedentes.

2. A decisão objeto da impetração está em consonância com a jurisprudência do Supremo Tribunal Federal, preconizada no sentido de que, se o objeto do delito é patrimônio sob a administração militar, o crime é de natureza militar, sendo competente para o julgamento da respectiva ação penal a Justiça Militar. Precedentes.

3. Ordem denegada. **(Inform. STF 745)**

Competência da justiça comum e crime praticado por meio da internet

Compete à justiça estadual processar e julgar crime de incitação à discriminação cometido via internet, quando praticado contra pessoas determinadas e que não tenha ultrapassado as fronteiras territoriais brasileiras. Com base nessa orientação, a 1ª Turma denegou "habeas corpus" e confirmou acórdão do STJ que, em conflito de competência, concluíra que o feito seria da competência da justiça comum. Destacou que as declarações preconceituosas dirigidas a particulares participantes de fórum de discussão dentro do território nacional não atrairiam a competência da justiça federal (CF, art. 109). A Turma manteve, também, a decisão do STJ na parte em que não conhecera de arguição de suspeição de Ministro daquela Corte. No caso, o STJ dela não conhecera ao fundamento de que o tema deveria ter sido suscitado até o início do julgamento (RISTJ, art. 274) e não após a publicação do acórdão, como ocorrera. A Turma asseverou não ser possível declarar a nulidade de ato processual que não influíra na decisão da causa.

HC 121283/DF, rel. Min. Roberto Barroso, 29.4.2014. (HC-121283) (Inform. STF 744)

QUEST. ORD. EM AP N. 711-RR

RELATOR: MIN. DIAS TOFFOLI

EMENTA: Ação penal. Crime de peculato (CP, art. 312). Deputado federal eleito. Mandato cassado por tribunal regional eleitoral local e posteriormente restabelecido por força de decisão do Tribunal Superior Eleitoral. Prerrogativa de foro a partir da publicação do acórdão (CF, art. 53, § 1º). Competência do Supremo Tribunal Federal. Incompetência do juízo criminal prolator da decisão condenatória. Sentença nula. Questão de ordem resolvida no sentido de declarar-se a nulidade da decisão.

1. A partir da publicação do acórdão do Tribunal Superior Eleitoral, que reformou a decisão de cassação de mandato proferida pelo Tribunal Regional Eleitoral de Roraima, o réu recuperou o mandato de deputado federal, passando, então, ao Supremo Tribunal Federal a competência para processar e julgar o feito, nos termos do estatuído no art. 53, § 1º, da Constituição Federal.

2. A sentença condenatória foi prolatada por juízo incompetente, sendo manifesta sua nulidade.

3. Questão de ordem resolvida no sentido de se declarar nula a referida decisão. **(Inform. STF 743)**

Ação penal: renúncia a mandato de parlamentar e competência do STF - 1

Em face da renúncia do réu ao cargo de deputado federal, o Plenário, por maioria, assentou o declínio da competência do STF para prosseguir com o trâmite de ação penal na qual se imputa a suposta prática dos crimes de peculato e de lavagem de dinheiro, em concurso material e de pessoas. Por conseguinte, determinou a remessa do feito ao juízo de primeiro grau. Tratava-se de questão de ordem em que se discutia o eventual deslocamento da competência para o primeiro grau de jurisdição como consequência automática do ato de renúncia ao mandato. Na espécie, após o oferecimento de alegações finais pelo Procurador-Geral da República, o réu comunicara a esta Corte a renúncia ao cargo de deputado federal. Dias depois, a defesa apresentara suas razões finais. Inicialmente, o Colegiado destacou que a vigente Constituição estabelece extenso rol de autoridades com prerrogativa de foro, o que geraria disfuncionalidades no sistema. Assinalou, no ponto, a necessidade de se promover um diálogo institucional com o Poder Legislativo. Em seguida, distinguiu a situação dos autos do precedente firmado na AP 396/RO (DJe de 4.10.2013), ocasião na qual o Tribunal mantivera a sua competência para o exame da ação penal, não obstante a renúncia do réu, porquanto considerara ter havido abuso de direito e fraude processual na aludia renúncia, ocorrida após a inclusão do processo em pauta, na véspera do julgamento e com iminente risco de prescrição da pretensão punitiva. Consignou que, no presente caso, o processo já estaria instruído e pronto para ser julgado. Ademais, afastou eventual perigo de prescrição da pena em abstrato. Assim, adotou entendimento no sentido de que a perda do mandato, por qualquer razão, importaria em declínio da competência do STF. Vencido o Ministro Joaquim Barbosa, Presidente. Asseverava que o exercício da prerrogativa de renúncia do parlamentar nesse momento processual tivera a finalidade de obstar o exercício da competência da Corte e a própria prestação jurisdicional.

AP 536 QO/MG, rel. Min. Roberto Barroso, 27.3.2014. (AP-536)

Ação penal: renúncia a mandato de parlamentar e competência do STF - 2

O Ministro Roberto Barroso, relator, após fazer um retrospecto da jurisprudência da Corte quanto aos efeitos da renúncia ao mandato de parlamentar, propôs que o Tribunal definisse um critério geral na matéria. Reputou indispensável a fixação de marco temporal a partir do qual a renúncia não mais deveria produzir o efeito de deslocar a competência do STF para outro órgão. Mencionou que, na construção desse critério, existiriam três balizas a serem consideradas: a) o princípio do juiz natural; b) o caráter indisponível da competência jurisdicional do STF; e c) a natureza unilateral da renúncia ao mandato parlamentar. Tendo em conta esses parâmetros, assim como o fato de o processo penal instaurar-se com o recebimento da denúncia, o relator concluiu que, a partir do recebimento da inicial acusatória, mesmo que o parlamentar viesse a renunciar, a competência para o processo e julgamento da ação penal não se deslocaria. Salientou que essa solução estaria em consonância com o art. 55, § 4º, da CF ("Art. 55. ... § 4º. A renúncia de parlamentar submetido a processo que vise ou possa levar à perda do mandato, nos termos deste artigo, terá seus efeitos suspensos até as deliberações finais de que tratam os §§ 2º e 3º"), que poderia ser aplicado por analogia. Os Ministros Teori Zavascki, Luiz Fux e Joaquim Barbosa endossaram a proposta. No entanto, o relator registrou que a controvérsia no caso concreto deveria ser resolvida sem a adoção do critério geral por ele formulado. Realçou que, na ação em julgamento, a renúncia se dera no momento em que se encontrava aberto o prazo para a defesa apresentar alegações finais e que a mudança substancial das regras do jogo afrontaria os princípios da segurança jurídica e do devido processo legal. Por outro lado, a Ministra Rosa Weber sugeriu como critério geral o encerramento da instrução processual (Lei 8.038/1990, art. 11). Frisou que a renúncia após o citado marco indicaria presunção relativa de que teria sido feita para afastar a competência do STF. O Ministro Dias Toffoli, por sua vez, aventou o lançamento, pelo relator da ação penal, do visto com a liberação do processo ao revisor. Os Ministros Celso de Mello, Gilmar Mendes e Marco Aurélio ponderaram que o exame sobre a ocorrência, ou não, do eventual exercício abusivo do direito de renunciar deveria ser feito caso a caso. Por fim, o Tribunal deliberou pela apreciação do tema em outra ocasião, uma vez que não fora alcançada a maioria absoluta no sentido da definição, para o futuro, de critério objetivo referente à preservação da competência penal originária da Corte na hipótese de renúncia do réu ao mandato parlamentar.

AP 536 QO/MG, rel. Min. Roberto Barroso, 27.3.2014. (AP-536) (Inform. STF 740)

AP 570/ES

RELATOR: Ministro Celso de Mello
DIPLOMATA. PRERROGATIVA DE FORO. INFRAÇÕES PENAIS COMUNS. TRATAMENTO NORMATIVO DO TEMA NO CONSTITUCIONALISMO BRASILEIRO. PERDA DA CONDIÇÃO DE CHEFE DE MISSÃO DIPLOMÁTICA DE CARÁTER PERMANENTE. REMOÇÃO "EX OFFICIO" PARA A SECRETARIA DE ESTADO EM BRASÍLIA. CESSAÇÃO IMEDIATA DA PRERROGATIVA "RATIONE MUNERIS". INSUBSISTÊNCIA DA COMPETÊNCIA PENAL ORIGINÁRIA DO SUPREMO TRIBUNAL FEDERAL. REMESSA DOS AUTOS AO MAGISTRADO DE PRIMEIRO GRAU. DJe de 29.10.2013 (Inform. STF 739)

AG. REG. NA AP N. 695-MT

RELATORA: MIN. ROSA WEBER
EMENTA: AGRAVO REGIMENTAL EM AÇÃO PENAL. ATOS PROCESSUAIS PRATICADOS PELO JUÍZO DE PRIMEIRO GRAU APÓS A DIPLOMAÇÃO DO RÉU COMO DEPUTADO FEDERAL. ATOS INSTRUTÓRIOS.
1. Na fase de instauração da ação penal, com o oferecimento e recebimento da denúncia, o Juízo de primeiro grau era o competente. Desnecessária, em decorrência, a ratificação da decisão de recebimento da denúncia, e válidos os atos praticados até a diplomação do réu como Parlamentar Federal.
2. Meros atos de instrução da causa não são atos decisórios, não incidindo a norma do artigo 567 do Código de Processo Penal. É possível o aproveitamento dos atos da instrução. Além disso, foi assegurada à defesa a reinquirição de testemunhas. As partes poderão, ainda, apresentar, requerer ou renovar requerimento de juntada de prova documental em qualquer fase do processo.
3. Agravo regimental conhecido e não provido. (Inform. STF 738)

Competência: crime praticado por civil contra militar e atividade de policiamento

A 2ª Turma acolheu proposta da Ministra Cármen Lúcia para afetar ao Plenário o julgamento de *habeas corpus*, no qual se discute a competência da justiça militar para processar e julgar o paciente, civil, pela suposta prática dos crimes de resistência mediante ameaça ou violência, lesão leve e ameaça, todos do CPM, perpetrados contra militares do Exército em atividade de policiamento.
HC 112848/RJ, rel. Min. Ricardo Lewandowski, 18.2.2014. (HC-112848) (Inform. STF 736)

AG. REG. NO ARE N. 717.734-DF

RELATORA: MIN. ROSA WEBER
E M E N T A: AGRAVO REGIMENTAL NO RECURSO EXTRAORDINÁRIO COM AGRAVO. DIREITO PENAL. HOMICÍDIO E OCULTAÇÃO DE CADÁVER. POLICIAL MILITAR. PERDA DE CARGO PÚBLICO. EFEITO DA CONDENAÇÃO.
1. Nos casos de crime comum praticado por militar, compete à Justiça Comum decretar a perda do cargo, enquanto efeito da condenação, consoante previsto no art. 92, I, b, do Código Penal. Precedentes.
2. Agravo regimental conhecido e não provido. (Inform. STF 736)

Foro por prerrogativa de função e desmembramento

O desmembramento de inquéritos ou de ações penais de competência do STF deve ser regra geral, admitida exceção nos casos em que os fatos relevantes estejam de tal forma relacionados que o julgamento em separado possa causar prejuízo relevante à prestação jurisdicional. Essa orientação do Plenário, que desproveu agravo regimental interposto de decisão proferida pelo Ministro Marco Aurélio, nos autos de inquérito do qual relator. Na decisão agravada, fora determinado o desmembramento do feito em relação a agente não detentor de foro por prerrogativa de função perante o STF. Na presente sessão, o relator asseverou que a competência da Corte seria de direito estrito, e não poderia ser alterada por normas instrumentais infraconstitucionais, mormente as regras do Código de Processo Penal sobre conexão e continência. O Ministro Roberto Barroso pontuou que o desmembramento independeria de requisição ministerial. Analisou que, no caso concreto, haveria apenas dois agentes, sem elementos que demonstrassem especial imbricação entre suas condutas, de maneira que seria possível individualizar as respectivas participações e responsabilidades. Os Ministros relator, Ricardo Lewandowski, Rosa Weber e Teori Zavascki ponderaram que o desmembramento, quando necessário, deveria ser feito prontamente, sem que fosse preciso aguardar o término das investigações. No ponto, o Ministro Teori Zavascki destacou o princípio do juiz natural, que seria observado, da mesma forma, nas questões atinentes à atração da competência da Corte por prerrogativa de foro. O Ministro Ricardo Lewandowski, por sua vez,

4. DIREITO PROCESSUAL PENAL

asseverou que o desmembramento precoce permitiria que os incidentes investigatórios fossem determinados no foro ordinário, a evitar que o STF ficasse assoberbado com esses atos.
Inq 3515 AgR/SP, rel. Min. Marco Aurélio, 13.2.2014. (Inq-3515) (Inform. STF 735)

Foro por prerrogativa de função e prorrogação de competência - 1
O Plenário, por decisão majoritária, resolveu questão de ordem suscitada em ação penal pelo Ministro Roberto Barroso, relator, no sentido de manter acórdão condenatório proferido por tribunal de justiça, em julgamento de apelação, invalidando-se os atos subsequentes. No caso, o réu fora condenado, em 1º grau, pela prática do crime previsto no art. 359-D do CP. Mantida parcialmente a sentença condenatória em julgamento de apelação proferido por tribunal de justiça, fora protocolada, no mesmo dia do julgamento, petição pela defesa, na qual informado que o réu teria assumido o cargo de deputado federal durante o julgamento da apelação, ou seja, entre a sessão em que apresentado o voto do desembargador relator e a assentada na qual concluído o julgado. Por essa razão, ou autos foram encaminhados ao Supremo. O Colegiado reiterou o entendimento no sentido da prorrogação de sua competência para julgar penalmente detentor de foro por prerrogativa de função na hipótese de o réu deixar de possuir o cargo atrativo dessa competência durante o julgamento nesta Corte. Asseverou que o mesmo não ocorreria em situação inversa, ou seja, não se prorrogaria a competência da instância ordinária quando, no curso de julgamento lá iniciado, o réu viesse a ostentar cargo detentor de foro por prerrogativa de função perante o STF. Contudo, tendo em conta as particularidades do caso, o Pleno declarou a validade da decisão condenatória e remeteu o feito ao tribunal de justiça, haja vista o réu não mais ostentar a condição de parlamentar.
AP 634 QO/DF, rel. Min. Roberto Barroso, 6.2.2014. (AP-634)

Foro por prerrogativa de função e prorrogação de competência - 2
O Ministro Roberto Barroso rememorou que o STF já enfrentara questão semelhante (Inq 2.295/MG, DJe de 5.6.2009), em que o réu, detentor de foro por prerrogativa de função perante esta Corte, perdera essa prerrogativa no curso de julgamento já iniciado. O relator salientou que o entendimento firmado pelo Plenário seria no sentido de não se deslocar a competência do STF para órgão inferior quando houvesse superveniência do término do mandato eletivo. Destacou que, na oportunidade, ficara consignado que o julgamento seria ato processual unitário, motivo pelo qual se submeteria à regra vigente à data da sua prática. Assim, eventual circunstância de, após iniciado o julgamento, ter-se alterado um estado de fato a implicar modificação da competência, não atingiria esse ato, porque unitário. Não se poderia, portanto, reputar cada voto como um ato processual diferente. Registrou que a questão ora analisada deveria ser resolvida sob o mesmo enfoque: fixada a competência de um órgão colegiado pelo início do julgamento, considerada a natureza unitária do acórdão, eventual alteração fática no que se refere ao foro por prerrogativa de função, seja perda ou surgimento, não conduziria ao deslocamento do processo. Sublinhou, ainda, que o réu não mais ostentaria, atualmente, mandato parlamentar que implicasse foro por prerrogativa de função perante o STF. Por fim, concluiu que o tribunal de justiça local seria ainda competente para encerrar o julgamento do recurso de apelação, mesmo que um dos réus tivesse passado a exercer mandato parlamentar durante aquele ato processual.
AP 634 QO/DF, rel. Min. Roberto Barroso, 6.2.2014. (AP-634)

Foro por prerrogativa de função e prorrogação de competência - 3
Os Ministros Rosa Weber, Luiz Fux, Dias Toffoli, Cármen Lúcia e Joaquim Barbosa, Presidente, ao acompanharem o relator, ressaltaram as particularidades do caso concreto, tendo em vista o fato de o réu não mais ostentar mandato parlamentar e não mais possuir foro por prerrogativa de função perante esta Corte. Ressalvaram, entretanto, que a competência do STF quanto a detentores de foro por prerrogativa de função seria absoluta e definida na Constituição, de maneira que não se poderia prorrogar a competência da justiça comum em hipóteses análogas. Os Ministros Dias Toffoli e Joaquim Barbosa realçaram, ainda, que a defesa saberia da regra constitucional atinente à competência durante o julgamento da apelação, mas teria optado por comunicar àquele tribunal a diplomação somente após o término do julgamento, que não fora totalmente favorável ao réu. Asseveraram que esses fatos indicariam má-fé processual a fim de protelar o julgamento. Vencidos os Ministros Ricardo Lewandowski, Gilmar Mendes, Marco Aurélio e Celso de Mello, que concediam *habeas corpus* de ofício para

invalidar o acórdão prolatado pelo tribunal de justiça relativamente ao réu que exercera mandato parlamentar. Sublinhavam o fato de a competência conferida ao STF para julgar detentores de foro por prerrogativa de função seria absoluta e definida constitucionalmente, de modo que seria inadmissível, por razões de ordem prática, prorrogar-se a incompetência da Corte local para julgar a apelação naquela época. Reputavam que isso significaria ignorar o princípio do juiz natural em face de suposta economia processual. Destacavam, ainda, que não se poderia presumir comportamento malicioso por parte da defesa quando comunicara a diplomação do acusado do modo como o fizera, pois o julgamento seria nulo, mesmo se não tivesse ocorrido comunicação àquele tribunal.
AP 634 QO/DF, rel. Min. Roberto Barroso, 6.2.2014. (AP-634) (Inform. STF 734)

RHC N. 117.097-RJ
RELATOR: MIN. RICARDO LEWANDOWSKI
Ementa: *HABEAS CORPUS*. PENAL. CRIME DE RACISMO. DESCLASSIFICAÇÃO. IMPOSSIBILIDADE. REEXAME DE PROVAS. COMPETÊNCIA DA JUSTIÇA FEDERAL. ARTS. 109, XI, E 231, AMBOS DA CF. RECURSO AO QUAL SE NEGA PROVIMENTO.
I – O pleito de desclassificação de crime não tem lugar na estreita via do *habeas corpus*, por demandar aprofundado exame do conjunto fático-probatório da causa. Precedentes.
II - A competência da Justiça Federal em relação aos direitos indígenas não se restringe às hipóteses de disputa de terras, eis que os direitos contemplados no art. 231 da Constituição da República são muito mais extensos. Precedente.
III – Recurso ao qual se nega provimento. **(Inform. STF 734)**

Competência e injúria praticada por civil contra militar
A 1ª Turma, por maioria, concedeu *habeas corpus* para declarar a incompetência absoluta da Justiça Militar para processar e julgar crimes de injúria e difamação praticados por civil contra militar. Reputou-se que as supostas ofensas difamatórias teriam sido proferidas em razão da conduta do ofendido durante atendimento odontológico à paciente, razão pela qual teriam ficado limitadas à esfera pessoal da vítima de modo a macular somente a honra subjetiva desta. Assim, não se vislumbrou ter a conduta da paciente ofendido as instituições militares para fins de fixação da competência da Justiça Castrense para processamento e julgamento do feito. Vencidos os Ministros Marco Aurélio e Dias Toffoli, que denegavam a ordem. Consignavam que a competência seria da Justiça Militar. Pontuavam que a vítima procedera ao atendimento da paciente como odontólogo militar, em ambiente militar, situação concreta que atrairia a incidência do art. 9º, III, *b*, do CPM ("*Consideram-se crimes militares, em tempo de paz: ... os crimes praticados por militar da reserva, ou reformado, ou por civil, contra as instituições militares, considerando-se como tais não só os compreendidos no inciso I, como os do inciso II, nos seguintes casos: ... em lugar sujeito à administração militar contra militar em situação de atividade ou assemelhado, ou contra funcionário de Ministério militar ou da Justiça militar, no exercício da função inerente ao seu cargo*").
HC 116780/CE, rel. Min. Rosa Weber, 22.10.2013. (HC-116780) (Inform. STF 725)

Criação de nova vara e "perpetuatio jurisdictionis" - 1
A 1ª Turma iniciou julgamento de *habeas corpus* em que se pleiteia o reconhecimento da competência de vara federal com jurisdição sobre o Município de Unaí/MG para processar e julgar crimes dolosos contra a vida de auditores-fiscais do trabalho. A impetração alega a nulidade de acórdão do STJ, proferido em reclamação, que cassara decisão do juízo federal em Belo Horizonte/MG, o qual declinara de sua competência, ante a criação da mencionada vara federal em Unaí/MG, local em que ocorreram os homicídios. Sustenta, ainda, cerceamento de defesa em face de ausência de intimação da parte interessada para se manifestar sobre a referida reclamação. Além disso, aduz que a decisão do STJ teria afrontado orientação desta Corte sobre a matéria (HC 89849/MG, DJU de 16.2.2007). O Ministro Marco Aurélio, relator, concedeu a ordem para fixar a competência da vara federal no Município de Unaí/MG, a fim de que esta realize o júri. Inicialmente, afirmou que a reclamação poderia implicar o afastamento de situação constituída que seria favorável aos pacientes. Ponderou que se mostraria irrefutável o direito do cidadão de ter ciência de quando o processo fosse colocado em pauta, porque lhe assistiria o

direito de, por seu defensor, assomar à tribuna para fazer sustentação oral, além de distribuir memoriais aos integrantes do órgão julgador. Entretanto, entendeu possível a aplicação do § 2º do art. 249 do CPC ("*Quando puder decidir do mérito a favor da parte a quem aproveite a declaração da nulidade, o juiz não a pronunciará nem mandará repetir o ato, ou suprir-lhe a falta*"). Aduziu que o Plenário, ao assentar a perpetuação da jurisdição (RHC 83181/RJ, DJU de 22.10.2004), levara em conta o que disposto no art. 87 do CPC ("*Determina-se a competência no momento em que a ação é proposta. São irrelevantes as modificações do estado de fato ou de direito ocorridas posteriormente, salvo quando suprimirem o órgão judiciário ou alterarem a competência em razão da matéria ou da hierarquia*").
HC 117871/MG, rel. Min. Marco Aurélio, 1º.10.2013. (HC-117871)
HC 117832/MG, rel. Min. Marco Aurélio, 1º.10.2013. (HC-117832)

Criação de nova vara e "perpetuatio jurisdictionis" - 2
O Ministro Marco Aurélio salientou, ainda, que o Plenário não emitira entendimento sob a óptica da prática de crime doloso contra a vida. Consignou que estaria implícito no preceito constitucional (CF, art. 5º, XXXVIII) o julgamento do acusado pelos próprios pares. Rememorou que no julgamento do HC 89849/MG, a Turma assentara que a incidência da *perpetuatio jurisdictionis* nos crimes dolosos contra a vida somente se justificaria na fase anterior ao julgamento pelo júri. Sublinhou que, no caso, houvera a instrução processual no juízo federal de Belo Horizonte/MG e este viera a declinar da competência ante a criação da vara federal no Município de Unaí/MG, local em que ocorreram os homicídios e onde o paciente teria domicílio, segundo a denúncia. Enfatizou que não bastasse a regra linear do art. 70 do CPP ("*A competência será, de regra, determinada pelo lugar em que se consumar a infração, ou, no caso de tentativa, pelo lugar em que for praticado o último ato de execução*"), ter-se-ia a peculiaridade de tratar-se de crime doloso contra a vida submetido ao tribunal do júri. Assim, a interpretação sistemática do arcabouço jurídico constitucional seria conducente a assentar-se a competência do júri da vara federal criada no Município de Unaí/MG.
HC 117871/MG, rel. Min. Marco Aurélio, 1º.10.2013. (HC-117871)
HC 117832/MG, rel. Min. Marco Aurélio, 1º.10.2013. (HC-117832)

Criação de nova vara e "perpetuatio jurisdictionis" - 3
Em divergência, a Ministra Rosa Weber denegou a ordem. Entendeu não haver descumprimento pelo STJ de decisão do STF. Asseverou que a norma do art. 87 do CPC, consagradora da *perpetuatio jurisdictionis* como regra geral, só teria aplicação até o momento do libelo que antecederia o júri. Aduziu que não haveria preclusão do tema, porque, não existindo mais o libelo, houvera, no momento oportuno, a arguição da incompetência superveniente da vara federal em Belo Horizonte/MG. Ressaltou a perplexidade de se ter três acusados já julgados pela aludida vara federal em Belo Horizonte/MG. Afirmou que a matéria seria de competência relativa, de competência territorial. Reputou que a competência da Justiça Federal decorrera do envolvimento de servidores federais no exercício de suas funções. Frisou que, no entanto, não haveria vara federal do tribunal do júri em Belo Horizonte ou em Unaí. Afiançou que o direito do cidadão de ser julgado pelos seus pares significaria que os jurados seriam cidadãos leigos. Por fim, rejeitou a tese da nulidade por ausência de intimação. Recordou jurisprudência do STF no sentido de que a falta de intimação de interessados para julgamento de reclamação não geraria nulidade absoluta, porque a participação deles seria facultativa ou espontânea. Após o voto da Ministra Rosa Weber, pediu vista o Ministro Dias Toffoli.
HC 117871/MG, rel. Min. Marco Aurélio, 1º.10.2013. (HC-117871)
HC 117832/MG, rel. Min. Marco Aurélio, 1º.10.2013. (HC-117832)
(Inform. STF 722)

Inq N. 3.102-MG
RELATOR: MIN. GILMAR MENDES
Penal. Rejeição da denúncia. Recurso em Sentido Estrito. Ilegitimidade ativa do Ministério Público Federal em 1ª Instância. Réu com prerrogativa de foro. Legitimidade do Procurador-Geral da República. Falsificação de documento Público (GFIP). Sonegação de contribuição previdenciária. Falso utilizado como crime-meio para a sonegação. Princípio da consunção. Ausência de constituição definitiva do crédito. Súmula Vinculante n. 24 do STF. Recurso não provido. **(Inform. STF 720)**

AG.REG. NA PET N. 3.894-DF
RELATOR: MIN. DIAS TOFFOLI
Agravo regimental em petição. Interpelação judicial. Procurador-Geral da República. Supostas práticas de atos de improbidade administrativa e de crimes de responsabilidade pelo Presidente da República. Incompetência originária do STF. Precedentes. Agravo regimental não provido. **(Inform. STF 720)**

RHC N. 116.712-RS
RELATOR : MIN. RICARDO LEWANDOWSKI
Ementa: RECURSO ORDINÁRIO EM *HABEAS CORPUS*. PENAL. PROCESSUAL PENAL. CONCURSO DE JURISDIÇÃO ENTRE JUÍZES DE MESMA CATEGORIA. COMPETÊNCIA DO JUÍZO DO LUGAR ONDE PRATICADA A INFRAÇÃO À QUAL FOR COMINADA, ABSTRATAMENTE, A PENA MÁXIMA MAIS ALTA. RECURSO IMPROVIDO.
I – Na hipótese de concurso de jurisdições entre juízes de mesma categoria, a competência é determinada em face da infração penal à qual for cominada, abstratamente, a pena máxima mais elevada, consoante disposto no art. 78, II, **a**, do Código de Processo Penal.
II - Revela-se insubsistente a pretensão de ver estabelecida a competência do juízo tomando-se como parâmetro a sanção mínima prevista para o tipo penal, que é o limite da possibilidade de fazer-se a gradação da pena, ao passo que a sanção máxima representa a qualidade da condenação imposta em virtude da prática da conduta penalmente tipificada.
III - Recurso ordinário em *habeas corpus* a que se nega provimento.
(Inform. STF 719)

Conflito de competência e delito mais grave
A 2ª Turma negou provimento ao recurso ordinário em *habeas corpus* no qual se pretendia ver reconhecida a incompetência do juízo processante. No caso, o paciente estaria sendo processado pela suposta prática dos delitos de peculato (CP, art. 312), corrupção passiva (CP, art. 317) e corrupção ativa (CP, art. 333) — crimes punidos com pena em abstrato de reclusão de dois a doze anos —, bem como de extorsão (CP, art. 158) — com pena em abstrato de reclusão de quatro a dez anos. O recorrente alegava que deveria ser processado pela vara federal responsável pela extorsão onde perpetrado o crime de extorsão e não pela vara competente em relação aos demais delitos. A Turma reputou que, conforme preceitua o art. 78, II, a, do CPP ("*Art. 78. Na determinação da competência por conexão ou continência, serão observadas as seguintes regras: ... II - no concurso de jurisdições da mesma categoria: a) preponderará a do lugar da infração, à qual for cominada a pena mais grave*"), a competência seria da vara em cuja circunscrição fora cometido o delito mais grave. **RHC 116712/RS, rel. Min. Ricardo Lewandowski, 27.8.2013. (RHC-116712) (Inform. STF 717)**

Competência: justiça federal e desclassificação de crime
Ao assentar a incompetência da justiça federal, a 2ª Turma concedeu *habeas corpus* para confirmar os efeitos de medida liminar deferida, declarar nula a condenação do paciente — pelos crimes de receptação e de posse ilegal de arma de fogo — e determinar a remessa do processo à justiça comum estadual. Na espécie, o juiz sentenciara o paciente após desclassificar o crime de contrabando — que atrairia a competência da justiça federal — para o de receptação. Salientou-se que a norma do art. 81, *caput*, do CPP, embora buscasse privilegiar a celeridade, a economia e a efetividade processuais, não possuiria aptidão para modificar competência absoluta constitucionalmente estabelecida, como seria a da justiça federal (CPP: "*Art. 81. Verificada a reunião dos processos por conexão ou continência, ainda que no processo da sua competência própria venha o juiz ou tribunal a proferir sentença absolutória ou que desclassifique a infração para outra que não se inclua na sua competência, continuará competente em relação aos demais processos*"). Assim, ausente hipótese prevista no art. 109, IV, da CF, os autos deveriam ser encaminhados ao juízo competente, ainda que o vício tivesse sido constatado depois de realizada a instrução (CPP: "*Art. 383. O juiz, sem modificar a descrição do fato contida na denúncia ou queixa, poderá atribuir-lhe definição jurídica diversa, ainda que, em consequência, tenha de aplicar pena mais grave. ... § 2º Tratando-se de infração da competência de outro juízo, a este serão encaminhados os autos*"). Sublinhou-se, ainda, que o caso não fora de sentença absolutória, mas de desclassificação da infração que justificava o seu processo e julgamento perante a justiça federal. Inferiu-se que, no contexto, a prorrogação da competência ofenderia o princípio do juiz natural (CF, art. 5º, LIII).
HC 113845/SP, rel. Min. Teori Zavascki, 20.8.2013. (HC-113845) (Inform. STF 716)

4. DIREITO PROCESSUAL PENAL

Conflito de competência e crimes conexos
A 2ª Turma denegou *habeas corpus* e reconheceu a competência da justiça federal para processar e julgar crimes de estupro e atentado violento ao pudor conexos com crimes de pedofilia e pornografia infantil de caráter transnacional. Na espécie, houvera a quebra de sigilo de dados do paciente, identificado por meio do endereço "IP" (*Internet Protocol*) de seu computador, no curso de operação policial desencadeada na Espanha. Apurara-se que o investigado também teria supostamente cometido crimes de estupro e atentado violento ao pudor contra menores no Brasil. Entendeu-se que os crimes seriam conexos e, para perfeita investigação do caso, seria necessário examinar provas em ambos os processos e, por isso, impossível desmembrar os feitos. **HC 114689/SP, rel. Min. Ricardo Lewandowski, 13.8.2013. (HC-114689) (Inform. STF 715)**

EMB.DECL. NO RE N. 670.569-SC

RELATOR: MIN. DIAS TOFFOLI
EMENTA: Embargos de declaração no recurso extraordinário. Processual Penal. Recurso oposto contra decisão monocrática. Não cabimento. Conversão em agravo regimental. Possibilidade. Precedentes. Competência da Justiça Federal para julgar e processar crimes de falsificação de selo de junta comercial. Interesse jurídico direto e específico da União demonstrado. Artigo 109, inciso IV, da Constituição Federal. Regimental não provido.
1. Os embargos de declaração opostos contra decisão monocrática, embora não admissíveis, podem ser convertidos em agravo regimental, na esteira da uníssona jurisprudência da Suprema Corte.
2.º O julgado ora impugnado, ao assentar que "a mera falsificação de documento oriundo da Junta Comercial não enseja o processamento perante a Justiça Federal, porquanto ausente interesse da União" (fl. 114), divergiu da jurisprudência do Supremo Tribunal, que, em casos como esse, tem assentado a competência da Justiça Federal.
3. Agravo regimental não provido. **(Inform. STF 707)**

AG. REG. NA AP N. 674-PE

RELATORA: MIN. ROSA WEBER
AÇÃO PENAL ORIGINÁRIA. DESMEMBRAMENTO. ART. 80 DO CÓDIGO DE PROCESSO PENAL. CONVENIÊNCIA E OPORTUNIDADE.
1. O Supremo Tribunal Federal, diante de sua estrutura limitada, tem, em vários casos criminais de sua competência originária, determinado o desmembramento do feito.
2. Não é possível tratar a questão do desmembramento de forma geral e abstrata, sendo ela sensível, como permite o mencionado art. 80, a questões de conveniência e oportunidade. Caso no qual o número expressivo de coacusados recomenda o desmembramento.
3. Agravo regimental a que se nega provimento. **(Inform. STF 704)**

DIREITO PROCESSUAL PENAL. COMPETÊNCIA PARA JULGAR CRIME PRATICADO EM BANCO POSTAL.
Compete à Justiça Estadual - e não à Justiça Federal - processar e julgar ação penal na qual se apurem infrações penais decorrentes da tentativa de abertura de conta corrente mediante a apresentação de documento falso em agência do Banco do Brasil (BB) localizada nas dependências de agência da Empresa Brasileira de Correios e Telégrafos (ECT) que funcione como Banco Postal. Realmente, de acordo com o art. 109, IV, da CF, compete à Justiça Federal processar e julgar "os crimes políticos e as infrações penais praticadas em detrimento de bens, serviços ou interesse da União ou de suas entidades autárquicas ou empresas públicas, excluídas as contravenções e ressalvada a competência da Justiça Militar e da Justiça Eleitoral". Apesar de a ECT ser empresa pública federal, ela presta serviços relativos ao Banco Postal, em todo território nacional, como correspondente bancário de instituições financeiras contratantes, às quais cabe a inteira responsabilidade pelos serviços prestados pela empresa contratada, em consonância com o disposto na Portaria 588/2000 do Ministério das Comunicações e, em especial, na forma da Resolução 3.954/2011 do Bacen, segundo a qual o "correspondente [a ECT] atua por conta e sob as diretrizes da instituição contratante [no caso, o BB], que assume inteira responsabilidade pelo atendimento prestado aos clientes e usuários por meio do contratado [...]". Desse modo, se cabe à instituição financeira contratante dos serviços (no caso, o BB) a responsabilidade pelos serviços bancários disponibilizados pela ECT a seus clientes e usuários, eventual lesão decorrente da abertura de conta corrente por meio da utilização de documento falso atingiria o patrimônio e os serviços da instituição financeira contratante, e não os da

ECT. Tanto é assim que, caso a empreitada delituosa tivesse tido êxito, os prejuízos decorrentes da abertura de conta corrente na agência do Banco Postal seriam suportados pela instituição financeira contratante. Desse modo, não há lesão apta a justificar a competência da Justiça Federal para processar e julgar a ação penal. Nesse sentido, inclusive, a Sexta Turma do STJ já afirmou a competência da Justiça Estadual para processar e julgar ação penal relativa a suposta prática de roubo qualificado em caso no qual houve prejuízo decorrente da subtração, em Banco Postal, de numerário que pertencia integralmente ao Banco Bradesco (HC 96.684-BA, DJe 23/8/2010). **CC 129.804-PB, Rel. Min. Reynaldo Soares da Fonseca, julgado em 28/10/2015, DJe 6/11/2015. (Inform. STJ 572)**

DIREITO PROCESSUAL PENAL. COMPETÊNCIA PARA PROCESSAR E JULGAR TENTATIVA DE RESGATE DE PRECATÓRIO FEDERAL CREDITADO EM FAVOR DE PARTICULAR.
Compete à Justiça Estadual - e não à Justiça Federal - processar e julgar tentativa de estelionato (art. 171, caput, c/c o art. 14, II, do CP) consistente em tentar receber, mediante fraude, em agência do Banco do Brasil, valores relativos a precatório federal creditado em favor de particular. Dispõe a Constituição da República: "Art. 109. Aos juízes federais compete processar e julgar: (...) IV - os crimes políticos e as infrações penais praticadas em detrimento de bens, serviços ou interesse da União ou de suas entidades autárquicas ou empresas públicas, excluídas as contravenções e ressalvada a competência da Justiça Militar e da Justiça Eleitoral". Assim, embora na hipótese se tenha buscado resgatar precatório federal, se não há prejuízo em "detrimento de bens, serviços ou interesse da União ou de suas entidades autárquicas ou empresas públicas, excluídas as contravenções e ressalvada a competência da Justiça Militar e da Justiça Eleitoral" (art. 109, IV, da CF), a competência para processar e julgar a causa é da Justiça Estadual. O eventual prejuízo causado pelo delito praticado por quem visava resgatar precatório federal seria suportado pelo particular titular do crédito. Ademais, ainda que a conduta delituosa tivesse se consumado, e o dano fosse suportado pelo Banco do Brasil, seria mantida a competência da Justiça Estadual, a teor da Súmula 42 do STJ: "Compete à Justiça Comum Estadual processar e julgar as causas cíveis em que é parte sociedade de economia mista e os crimes praticados em seu detrimento". **CC 133.187-DF, Rel. Min. Ribeiro Dantas, julgado em 14/10/2015, DJe 22/10/2015. (Inform. STJ 571)**

DIREITO PROCESSUAL PENAL. UTILIZAÇÃO DE FORMULÁRIOS FALSOS DA RECEITA FEDERAL E COMPETÊNCIA.
O fato de os agentes, utilizando-se de formulários falsos da Receita Federal, terem se passado por Auditores desse órgão com intuito de obter vantagem financeira ilícita de particulares não atrai, por si só, a competência da Justiça Federal. Isso porque, em que pese tratar-se de uso de documento público, observa-se que a falsidade foi empregada, tão somente, em detrimento de particular. Assim sendo, se se pudesse cogitar de eventual prejuízo sofrido pela União, ele seria apenas reflexo, na medida em que o prejuízo direto está nitidamente limitado à esfera individual da vítima, uma vez que as condutas em análise não trazem prejuízo direto e efetivo a bens, serviços ou interesses da União, de suas entidades autárquicas ou empresas públicas (art. 109, IV, da CF). **CC 141.593-RJ, Rel. Min. Reynaldo Soares da Fonseca, julgado em 26/8/2015, DJe 4/9/2015 (Inform. STJ 568).**

DIREITO PROCESSUAL PENAL. ESTELIONATO E FORO COMPETENTE PARA PROCESSAR A PERSECUÇÃO PENAL.
Compete ao juízo do foro onde se encontra localizada a agência bancária por meio da qual o suposto estelionatário recebeu o proveito do crime – e não ao juízo do foro em que está situada a agência na qual a vítima possui conta bancária – processar a persecução penal instaurada para apurar crime de estelionato no qual a vítima teria sido induzida a depositar determinada quantia na conta pessoal do agente do delito. Com efeito, a competência é definida pelo lugar em que se consuma a infração, nos termos do art. 70 do CPP. Dessa forma, cuidando-se de crime de estelionato, tem-se que a consumação se dá no momento da obtenção da vantagem indevida, ou seja, no momento em que o valor é depositado na conta corrente do autor do delito, passando, portanto, à sua disponibilidade. Note-se que o prejuízo alheio, apesar de fazer parte do tipo penal, está relacionado à consequência do crime de estelionato e não propriamente à conduta. De fato, o núcleo do tipo penal é obter vantagem ilícita, razão pela qual a consumação se dá no momento em que os valores entram na esfera de disponibilidade do autor do crime, o que somente ocorre quando o dinheiro ingressa efetivamente em sua conta corrente.

No caso em apreço, tendo a vantagem indevida sido depositada em conta corrente de agência bancária situada em localidade diversa daquela onde a vítima possui conta bancária, tem-se que naquela houve a consumação do delito. **CC 139.800-MG, Rel. Min. Reynaldo Soares da Fonseca, julgado em 24/6/2015, DJe 1º/7/2015 (Inform. STJ 565).**

DIREITO PROCESSUAL PENAL. COMPETÊNCIA PARA PROCESSAR E JULGAR CRIME COMETIDO A BORDO DE NAVIO.
Compete à Justiça Federal processar e julgar o crime praticado a bordo de embarcação estrangeira privada de grande porte ancorada em porto brasileiro e em situação de potencial deslocamento internacional, ressalvada a competência da Justiça Militar. De fato, o art. 109, IX, da CF determina a competência da Justiça Federal para processar e julgar "os crimes cometidos a bordo de navios ou aeronaves, ressalvada a competência da Justiça Militar". Contudo, em razão da imprecisão do termo "navio", utilizado no referido dispositivo constitucional, a doutrina e a jurisprudência construíram o entendimento de que "navio" seria embarcação de grande porte – embarcação seria gênero, do qual navio uma de suas espécies – o que, evidentemente, excluiria a competência para processar e julgar crimes cometidos a bordo de outros tipos de embarcações, isto é, aqueles que não tivessem tamanho e autonomia consideráveis que pudessem ser deslocados para águas internacionais (CC 43.404-SP, Terceira Seção, DJe 2/3/2005; e CC 14.488-PA, Terceira Seção, DJ 11/12/1995). Além disso, restringindo-se ainda mais o alcance do termo "navio", a jurisprudência do STJ também tem exigido que a embarcação de grande porte se encontre em situação de deslocamento internacional ou em situação de potencial deslocamento (CC 116.011-SP, Terceira Seção, DJe 1º/12/2011). Nesse sentido, a par da dificuldade de se delimitar a ideia de "potencial deslocamento", cuja análise impõe seja feita de maneira casuística, revela-se ponto comum na interpretação dada pela jurisprudência desta Corte o fato de que a embarcação deva estar apta a realizar viagens internacionais. **CC 118.503-PR, Rel. Min. Rogerio Schietti Cruz, julgado em 22/4/2015, DJe 28/4/2015 (Inform. STJ 560).**

DIREITO PROCESSUAL PENAL. COMPETÊNCIA PARA APRECIAR PEDIDO DE QUEBRA DE SIGILO TELEFÔNICO EM APURAÇÃO DE CRIME DE USO DE ARTEFATO INCENDIÁRIO CONTRA EDIFÍCIO-SEDE DA JUSTIÇA MILITAR DA UNIÃO.
Compete à Justiça Federal – e não à Justiça Militar – decidir pedido de quebra de sigilo telefônico requerido no âmbito de inquérito policial instaurado para apurar a suposta prática de crime relacionado ao uso de artefato incendiário contra o edifício-sede da Justiça Militar da União, quando o delito ainda não possua autoria estabelecida e não tenha sido cometido contra servidor do Ministério Público Militar ou da Justiça Militar. Isso porque a CF estabelece que a Justiça Militar da União é órgão do Poder Judiciário da União. Desse modo, o edifício-sede da Justiça Militar da União não integra patrimônio militar nem está subordinado à administração castrense, circunstância que afasta a incidência da alínea "a" do inciso III do art. 9º do CPM. Além disso, o ilícito praticado não foi cometido contra servidor do Ministério Público Militar ou da Justiça Militar. Em verdade, o evento delituoso em análise – sem autoria estabelecida – atingiu apenas a edificação em si, sem dano contra pessoa, razão pela qual a hipótese em foco não se subsume à alínea "b" do inciso III do art. 9º do CPM. **CC 137.378-RS, Rel. Min. Sebastião Reis Júnior, julgado em 11/3/2015, DJe 14/4/2015 (Inform. STJ 559).**

DIREITO PROCESSUAL PENAL. HIPÓTESE DE COMPETÊNCIA DA JUSTIÇA FEDERAL PARA JULGAR CRIME DE LATROCÍNIO.
Compete à Justiça Federal processar e julgar crime de latrocínio no qual tenha havido troca de tiros com policiais rodoviários federais que, embora não estivessem em serviço de patrulhamento ostensivo, agiam para reprimir assalto a instituição bancária privada. O art. 109 da CF prevê que compete à Justiça Federal processar e julgar "os crimes políticos e as infrações penais praticadas em detrimento de bens, serviços ou interesse da União ou de suas entidades autárquicas ou empresas públicas, excluídas as contravenções e ressalvada a competência da Justiça Militar e da Justiça Eleitoral". Assim, se um servidor público federal é vítima de um delito em razão do exercício de suas funções, tem-se que o próprio serviço público é o afetado, o que atrai a competência da Justiça Federal para processar e julgar o feito (Súmula 147 do STJ). No caso, observa-se que, embora os policiais rodoviários federais não estivessem em serviço de patrulhamento ostensivo, possuem, como agentes policiais, o dever legal de prender em flagrante quem estiver praticando crime, nos termos do art. 301 do CPP: "Qualquer

do povo poderá e as autoridades policiais e seus agentes deverão prender quem quer que seja encontrado em flagrante delito". Assim, o certo é que era incumbência dos policiais rodoviários federais, naquele momento, reprimir a prática criminosa, motivo pelo qual não há dúvidas de que agiram no exercício de suas funções, o que revela a competência da Justiça Federal. Precedente citado: RHC 31.553-MT, Quinta Turma, DJe 26/8/2013. **HC 309.914-RS, Rel. Min. Jorge Mussi, julgado em 7/4/2015, DJe 15/4/2015 (Inform. STJ 559).**

No caso em que, após iniciada a ação penal perante determinado juízo, ocorra modificação da competência em razão da investidura do réu em cargo que atraia foro por prerrogativa de função, serão válidos os atos processuais – inclusive o recebimento da denúncia – realizados antes da causa superveniente de modificação da competência, sendo desnecessária, no âmbito do novo juízo, qualquer ratificação desses atos, que, caso ocorra, não precisará seguir as regras que deveriam ser observadas para a prática, em ação originária, de atos equivalentes aos atos ratificados. Realmente, reconhecida a incompetência, a posteriori, de determinado juízo, deve o processo ser encaminhado ao juízo competente, que pode aproveitar os atos já praticados. Nesse sentido, a jurisprudência do STF afirma que, nos casos de incompetência absoluta, é possível a ratificação tanto dos atos sem caráter decisório quanto dos atos decisórios (AgR no RE 464.894-PI, Segunda Turma, DJe 15/8/2008). Nesse contexto, verifica-se que a ratificação de atos processuais é procedimento intrinsecamente ligado à ideia de nulidade por incompetência relativa ou absoluta superveniente. Não se trata, contudo, do caso aqui analisado, em que, após iniciada a ação penal, ocorre modificação da competência em razão da investidura, pelo réu, no curso do processo, em cargo que atraia foro por prerrogativa de função. De fato, a competência, quando fixada a partir de regras do sistema, a priori, não se modifica, em obediência ao princípio do juiz natural. No entanto, uma das hipóteses em que se dá a modificação da competência, sem ofensa ao referido princípio, ocorre quando há alteração ratione personae, fruto do cargo ou da função que alguém venha a ocupar no curso do processo. Assim, iniciada a ação penal perante determinado juízo, com a superveniência de condição que atraia o foro especial por prerrogativa de função, deve o processo ser remetido, no estado em que se encontra, ao novo juízo competente. Nesse caso, devem ser mantidos íntegros todos os atos processuais até então praticados, sob pena de violação ao princípio tempus regit actum, uma vez que o juiz era competente antes da modificação. Desnecessária, portanto, qualquer ratificação, visto que os atos até então praticados são válidos. Ademais, ainda que, por mero preciosismo, ocorra a ratificação, ela não precisará seguir as regras que deveriam ser observadas para a prática, em ação originária, de atos equivalentes aos atos ratificados. Isso significa dizer que a ratificação do recebimento de denúncia ofertada em primeiro grau não precisaria ser apreciada pelo colegiado do Tribunal competente para o julgamento da ação originária, sendo possível ao relator realizar monocraticamente essa ratificação, conforme, aliás, já se manifestou o STF (RHC 120.356-DF, Primeira Turma, DJe de 30/10/2014). **HC 238.129-TO, Rel. originária Min. Maria Thereza de Assis Moura, Rel. para acórdão Min. Rogerio Schietti Cruz, julgado em 16/9/2014, DJe 25/2/2015 (Inform. STJ 556).**

DIREITO PENAL E PROCESSUAL PENAL. COMPETÊNCIA PARA PROCESSAR E JULGAR CRIME CARACTERIZADO PELA DESTRUIÇÃO DE TÍTULO DE ELEITOR.
Compete à Justiça Federal – e não à Justiça Eleitoral – processar e julgar o crime caracterizado pela destruição de título eleitoral de terceiro, quando não houver qualquer vinculação com pleitos eleitorais e o intuito for, tão somente, impedir a identificação pessoal. A simples existência, no Código Eleitoral, de descrição formal de conduta típica não se traduz, incontinenti, em crime eleitoral, sendo necessário, também, que se configure o conteúdo material do crime. Sob o aspecto material, deve a conduta atentar contra a liberdade de exercício dos direitos políticos, vulnerando a regularidade do processo eleitoral e a legitimidade da vontade popular. Ou seja, a par da existência do tipo penal eleitoral específico, faz-se necessária, para sua configuração, a existência de violação do bem jurídico que a norma visa tutelar, intrinsecamente ligado aos valores referentes à liberdade do exercício do voto, à regularidade do processo eleitoral e à preservação do modelo democrático. Dessa forma, a despeito da existência da descrição típica formal no Código Eleitoral (art. 339: "Destruir, suprimir ou ocultar urna contendo votos, ou documentos relativos à eleição"), não há como minimizar o conteúdo dos crimes eleitorais sob o aspecto material. **CC 127.101-RS, Rel. Min. Rogerio Schietti Cruz, julgado em 11/2/2015, DJe 20/2/2015 (Inform. STJ 555).**

DIREITO PROCESSUAL PENAL. COMPETÊNCIA PARA JULGAR CRIME ENVOLVENDO VERBA PUBLICA REPASSADA PELO BNDES A ESTADO-MEMBRO.

O fato de licitação estadual envolver recursos repassados ao Estado--Membro pelo Banco Nacional de Desenvolvimento Econômico e Social (BNDES) por meio de empréstimo bancário (mútuo feneratício) não atrai a competência da Justiça Federal para processar e julgar crimes relacionados a suposto superfaturamento na licitação. De fato, a competência da Justiça Federal para apuração de crimes decorre do art. 109, IV, da CF, que afirma, dentre outras coisas, que compete aos juízes federais processar e julgar "as infrações penais praticadas em detrimento de bens, serviços ou interesse da União ou de suas entidades autárquicas ou empresas públicas, excluídas as contravenções e ressalvada a competência da Justiça Militar e da Justiça Eleitoral". Entretanto, se houve superfaturamento na licitação estadual, o prejuízo recairá sobre o erário estadual – e não ao federal –, uma vez que, não obstante a fraude, o contrato de mútuo feneratício entre o Estado--Membro e o BNDES permanecerá válido, fazendo com que a empresa pública federal receba de volta, em qualquer circunstância, o valor emprestado ao ente federativo. Dessa maneira, o fato em análise não atrai a competência da Justiça Federal, incidindo, na hipótese, mutatis mutandis, a ratio essendi da Súmula 209 do STJ, segundo a qual "compete à justiça estadual processar e julgar prefeito por desvio de verba transferida e incorporada ao patrimônio municipal". Precedente citado: HC 41.240-RJ, Quinta Turma, DJ 29/8/2005; e RHC 34.559-BA, Sexta Turma, DJe de 4/8/2014. **RHC 42.595-MT, Rel. Min. Felix Fischer, julgado em 16/12/2014, DJe 2/2/2015 (Inform. STJ 555).**

DIREITO PENAL E PROCESSUAL PENAL. COMPETÊNCIA PARA PROCESSAR E JULGAR CRIME CARACTERIZADO PELA DESTRUIÇÃO DE TÍTULO DE ELEITOR.

Compete à Justiça Federal – e não à Justiça Eleitoral – processar e julgar o crime caracterizado pela destruição de título eleitoral de terceiro, quando não houver qualquer vinculação com pleitos eleitorais e o intuito for, tão somente, impedir a identificação pessoal. A simples existência, no Código Eleitoral, de descrição formal de conduta típica não se traduz, incontinenti, em crime eleitoral, sendo necessário, também, que se configure o conteúdo material do crime. Sob o aspecto material, deve a conduta atentar contra a liberdade de exercício dos direitos políticos, vulnerando a regularidade do processo eleitoral e a legitimidade da vontade popular. Ou seja, a par da existência do tipo penal eleitoral específico, faz-se necessária, para sua configuração, a existência de violação do bem jurídico que a norma visa tutelar, intrinsecamente ligado aos valores referentes à liberdade do exercício do voto, à regularidade do processo eleitoral e à preservação do modelo democrático. Dessa forma, a despeito da existência da descrição típica formal no Código Eleitoral (art. 339: "Destruir, suprimir ou ocultar urna contendo votos, ou documentos relativos à eleição"), não há como minimizar o conteúdo dos crimes eleitorais sob o aspecto material. **CC 127.101-RS, Rel. Min. Rogerio Schietti Cruz, julgado em 11/2/2015, DJe 20/2/2015 (Inform. STJ 555).**

DIREITO PENAL. COMPETÊNCIA PARA PROCESSAR E JULGAR CRIME PREVISTO NO ART. 297, § 4º, DO CP.

Compete à Justiça Federal – e não à Justiça Estadual – processar e julgar o crime caracterizado pela omissão de anotação de vínculo empregatício na CTPS (art. 297, § 4º, do CP). A Terceira Seção do STJ modificou o entendimento a respeito da matéria, posicionando-se no sentido de que, no delito tipificado no art. 297, § 4º, do CP – figura típica equiparada à falsificação de documento público –, o sujeito passivo é o Estado e, eventualmente, de forma secundária, o particular – terceiro prejudicado com a omissão das informações –, circunstância que atrai a competência da Justiça Federal, conforme o disposto no art. 109, IV, da CF (CC 127.706-RS, Terceira Seção, DJe 3/9/2014). Precedente citado: AgRg no CC 131.442-RS, Terceira Seção, DJe 19/12/2014. **CC 135.200-SP, Rel. originário Min. Nefi Cordeiro, Rel. para acórdão Min. Sebastião Reis Júnior, julgado em 22/10/2014, DJe 2/2/2015 (Inform. STJ 554).**

DIREITO PROCESSUAL PENAL. HIPÓTESE DE INCOMPETÊNCIA DA JUSTIÇA MILITAR.

Compete à Justiça Comum Estadual – e não à Justiça Militar Estadual – processar e julgar suposto crime de desacato praticado por policial militar de folga contra policial militar de serviço em local estranho à administração militar. Isso porque essa situação não se enquadra em nenhuma daquelas previstas no art. 9º, II, do CPM, que considera crimes militares, ainda que possuam igual definição na lei penal comum, quando

praticados: "a) por militar em situação de atividade ou assemelhado, contra militar na mesma situação ou assemelhado; b) por militar em situação de atividade ou assemelhado, em lugar sujeito à administração militar, contra militar da reserva, ou reformado, ou assemelhado, ou civil; c) por militar em serviço ou atuando em razão da função, em comissão de natureza militar, ou em formatura, ainda que fora do lugar sujeito à administração militar contra militar da reserva, ou reformado, ou assemelhado, ou civil; d) por militar durante o período de manobras ou exercício, contra militar da reserva, ou reformado, ou assemelhado, ou civil; e) por militar em situação de atividade, ou assemelhado, contra o patrimônio sob a administração militar, ou a ordem administrativa militar". Precedentes citados: RHC 33.361-SP, Sexta Turma, DJe 16/5/2014; CC 115.597-MG, Terceira Seção, DJe 11/4/2012; e CC 114.205-SP, Terceira Seção, DJe 9/11/2011. **REsp 1.320.129-DF, Rel. Min. Rogerio Schietti Cruz, julgado em 20/11/2014, DJe 11/12/2014 (Inform. STJ 553).**

DIREITO PROCESSUAL PENAL. AMPLIAÇÃO DA COMPETÊNCIA DOS JUIZADOS DA INFÂNCIA E DA JUVENTUDE POR LEI ESTADUAL.

Lei estadual pode conferir poderes ao Conselho da Magistratura para, excepcionalmente, atribuir aos Juizados da Infância e da Juventude competência para processar e julgar crimes contra a dignidade sexual em que figurem como vítimas crianças ou adolescentes. Embora haja precedentes do STJ em sentido contrário, em homenagem ao princípio da segurança jurídica, é de se seguir o entendimento assentado nas duas Turmas do STF no sentido de ser possível atribuir à Justiça da Infância e da Juventude, entre outras competências, a de processar e julgar crimes de natureza sexuais praticados contra crianças e adolescentes. Precedentes citados do STF: HC 113.102-RS, Primeira Turma, DJe 18/2/2013; e HC 113.018-RS, Segunda Turma, DJe 14/11/2013. **HC 238.110-RS, Rel. Min. Rogerio Schietti Cruz, julgado em 26/8/2014 (Vide Informativo nº 529). (Inform. STJ 551)**

DIREITO PROCESSUAL PENAL. COMPENTÊNCIA PARA JULGAR CRIME DE PERIGO DE DESASTRE FERROVIÁRIO.

Não havendo ofensa direta a bens, serviços e interesses da União ou de suas entidades autárquicas ou empresas públicas (art. 109, IV, da CF), compete à Justiça Estadual – e não à Justiça Federal – processar e julgar suposto crime de perigo de desastre ferroviário qualificado pelo resultado lesão corporal e morte (art. 260, IV, § 2º, c/c art. 263 do CP) ocorrido por ocasião de descarrilamento de trem em malha ferroviária da União. De fato, o bem jurídico tutelado pelo crime de perigo de desastre ferroviário é a incolumidade pública, consubstanciada na segurança dos meios de comunicação e transporte. Indiretamente, também se tutelam a vida e a integridade física das pessoas vítimas do desastre. O sujeito passivo do delito é, portanto, a coletividade em geral e, de forma indireta, as pessoas que, eventualmente, sofram lesões corporais ou morte. Precedente citado: CC 45.652-SP, Terceira Seção, DJe 24/11/2004. **RHC 50.054-SP, Rel. Min. Nefi Cordeiro, julgado em 4/11/2014. (Inform. STJ 551)**

DIREITO PROCESSUAL PENAL E PROCESSUAL PENAL MILITAR. COMPETÊNCIA PARA PROCESSAR CRIME PRATICADO POR MILITAR CONTRA CIVIL QUANDO HOUVER DÚVIDA QUANTO AO ELEMENTO SUBJETIVO.

Havendo dúvida sobre a existência do elemento subjetivo do crime de homicídio, deverá tramitar na Justiça Comum – e não na Justiça Militar – o processo que apure a suposta prática do crime cometido, em tempo de paz, por militar contra civil. De fato, os crimes dolosos contra a vida cometidos por militar contra civil, mesmo que no desempenho de suas atividades, serão da competência da Justiça Comum (Tribunal do Júri), nos termos do art. 9º, parágrafo único, do CPM. Para se eliminar a eventual dúvida quanto ao elemento subjetivo da conduta, de modo a afirmar se o agente militar agiu com dolo ou culpa, é necessário o exame aprofundado de todo o conjunto probatório, a ser coletado durante a instrução criminal, observados o devido processo legal, o contraditório e a ampla defesa. Dessa forma, o feito deve tramitar na Justiça Comum, pois, nessa situação, prevalece o princípio do *in dubio pro societate*, o que leva o julgamento para o Tribunal do Júri, caso seja admitida a acusação em eventual sentença de pronúncia. No entanto, se o juiz se convencer de que não houve crime doloso contra a vida, remeterá os autos ao juízo competente, em conformidade com o disposto no art. 419 do CPP. Precedente citado: CC 130.779-RS, Terceira Seção, DJe 4/9/2014. **CC 129.497-MG, Rel. Min. Ericson Maranho (Desembargador convocado do TJ/SP), julgado em 8/10/2014. (Inform. STJ 550)**

DIREITO PROCESSUAL PENAL. COMPETÊNCIA PARA PROCESSAR E JULGAR CRIME DE TORTURA COMETIDO FORA DO TERRITÓRIO NACIONAL.
O fato de o crime de tortura, praticado contra brasileiros, ter ocorrido no exterior não torna, por si só, a Justiça Federal competente para processar e julgar os agentes estrangeiros. De fato, o crime de tortura praticado integralmente em território estrangeiro contra brasileiros não se subsume, em regra, a nenhuma das hipóteses de competência da Justiça Federal previstas no art. 109 da CF. Esclareça-se que não há adequação ao art. 109, V, da CF, que dispõe que compete à Justiça Federal processar e julgar "os crimes previstos em tratado ou convenção internacional, quando, iniciada a execução no País, o resultado tenha ou devesse ter ocorrido no estrangeiro, ou reciprocamente", pois não se trata de crime à distância. De igual modo, não há possibilidade de aplicar o inciso IV do art. 109 da CF, visto que não se tem dano direto a bens ou serviços da União, suas entidades autárquicas ou empresas públicas. Ademais, ressalte-se que o deslocamento de competência para a jurisdição federal de crimes com violação a direitos humanos exige provocação e hipóteses extremadas e taxativas, nos termos do art. 109, V-A e § 5º, da CF. Desse modo, o incidente só será instaurado em casos de grave violação aos direitos humanos, em delitos de natureza coletiva, com grande repercussão, e para os quais a Justiça Estadual esteja, por alguma razão, inepta à melhor apuração dos fatos e à celeridade que o sistema de proteção internacional dos Direitos Humanos exige (AgRg no IDC 5-PE, Terceira Seção, DJe 3/6/2014; IDC 2-DF, Terceira Seção, DJe 22/11/2010; e IDC 1-PA, Terceira Seção, DJ 10/10/2005). **CC 107.397-DF, Rel. Min. Nefi Cordeiro, julgado em 24/9/2014. (Inform. STJ 549)**

DIREITO PENAL E PROCESSUAL PENAL. COMPETÊNCIA PENAL RELACIONADA A INJÚRIA MOTIVADA POR DIVERGÊNCIAS POLÍTICAS ÀS VÉSPERAS DE ELEIÇÃO.
Compete à Justiça Comum Estadual – e não à Justiça Eleitoral – processar e julgar injúria cometida no âmbito doméstico, desvinculada, direta ou indiretamente, de propaganda eleitoral, ainda que motivada por divergências políticas às vésperas de eleição. De fato, o crime previsto no art. 326 do Código Eleitoral possui nítida simetria com o crime de injúria previsto no art. 140 do CP, mas com este não se confunde, distinguindo-se, sobretudo, pelo acréscimo de elementares objetivas à figura típica, que acabou por resultar em relevante restrição à sua aplicação, refletindo, também por isso, na maior especialização do objeto jurídico tutelado. Para que se visualize a distinção entre ambos os delitos, convém que se reproduzam os textos legais: "Art. 140 - Injuriar alguém, ofendendo-lhe a dignidade ou o decoro:[...]" e "Art. 326. Injuriar alguém, na propaganda eleitoral, ou visando a fins de propaganda, ofendendo-lhe a dignidade ou o decoro:[...]". Como se vê, a injúria eleitoral somente se perfectibiliza quando a ofensa ao decoro ou à dignidade ocorrer na propaganda eleitoral ou com fins de propaganda. Ou seja, a caracterização do crime de injúria previsto na legislação eleitoral exige, como elementar do tipo, que a ofensa seja perpetrada na propaganda eleitoral ou vise fins de propaganda (TSE, HC 187.635-MG, DJe de 16/2/2011), sob pena de incorrer-se no crime de injúria comum. Ademais, há de se ressaltar que, na injúria comum, tutela-se a honra subjetiva, sob o viés da dignidade ou decoro individual, e, na injúria eleitoral, protegem-se esses atributos ante o interesse social, que se extrai do direito subjetivo dos eleitores à lisura da competição eleitoral ou do "inafastável aprimoramento do Estado Democrático de Direito e o direito dos cidadãos de serem informados sobre os perfis dos candidatos, atendendo-se à política da transparência" (STF, Inq 1.884-RS, Tribunal Pleno, DJ 27/8/2004). **CC 134.005-PR. Rel. Min. Rogerio Schietti Cruz, julgado em 11/6/2014. (Inform. STJ 545)**

DIREITO PROCESSUAL PENAL. COMPETÊNCIA NO CASO DE INJÚRIA MOTIVADA POR DIVERGÊNCIA POLÍTICA ÀS VÉSPERAS DA ELEIÇÃO.
Compete à Justiça Comum Estadual, e não à Eleitoral, processar e julgar injúria cometida no âmbito doméstico e desvinculada, direta ou indiretamente, de propaganda eleitoral, embora motivada por divergência política às vésperas da eleição. De fato, o crime previsto no art. 326 do Código Eleitoral possui nítida simetria com o crime de injúria previsto no art. 140 do CP, mas com este não se confunde, distinguindo-se, sobretudo, pelo acréscimo de elementares objetivas à figura típica, que acabou por resultar em relevante restrição à sua aplicação, refletindo, também por isso, na maior especialização do objeto jurídico tutelado. A propósito, assim dispõem os referidos dispositivos legais: "Art. 140 - Injuriar alguém, ofendendo-lhe a dignidade ou o decoro:[...]" e "Art. 326. Injuriar alguém, na propaganda eleitoral, ou visando a fins de propaganda, ofendendo-lhe a dignidade ou o decoro:[...]". Como se vê, a injúria eleitoral somente se perfectibiliza quando a ofensa ao decoro ou à dignidade ocorrer na propaganda eleitoral ou com fins de propaganda. Ou seja, a caracterização do crime de injúria previsto na legislação eleitoral exige,

como elementar do tipo, que a ofensa seja perpetrada na propaganda eleitoral ou vise fins de propaganda (TSE, HC 187.635-MG, DJe de 16/2/2011), sob pena de incorrer-se no crime de injúria comum. Por fim, cabe ressaltar que, na injúria comum, tutela-se a honra subjetiva, sob o viés da dignidade ou decoro individual e, na injúria eleitoral, protegem-se esses atributos ante o interesse social que se extrai do direito subjetivo dos eleitores à lisura da competição eleitoral ou do "inafastável aprimoramento do Estado Democrático de Direito e o direito dos cidadãos de serem informados sobre os perfis dos candidatos, atendendo-se à política da transparência" (STF, Inq 1.884-RS, Tribunal Pleno, DJ de 27/8/2004). **CC 134.005-PR, Rel. Min. Rogerio Schietti Cruz, julgado em 11/6/2014. (Inform. STJ 543)**

DIREITO PROCESSUAL PENAL. COMPETÊNCIA PENAL NO CASO DE IMPORTAÇÃO DE DROGAS VIA POSTAL.
Na hipótese em que drogas enviadas via postal do exterior tenham sido apreendidas na alfândega, competirá ao juízo federal do local da apreensão da substância processar e julgar o crime de tráfico de drogas, ainda que a correspondência seja endereçada a pessoa não identificada residente em outra localidade. Isso porque a conduta prevista no art. 33, *caput*, da Lei 11.343/2006 constitui delito formal, multinuclear, que, para a consumação, basta a execução de qualquer das condutas previstas no dispositivo legal, dentre elas o verbo "importar", que carrega a seguinte definição: fazer vir de outro país, estado ou município; trazer para dentro. Logo, ainda que desconhecido o autor, despiciendo é o seu recolhimento, podendo-se afirmar que o delito se consumou no instante em que tocou o território nacional, entrada essa consubstanciada na apreensão da droga. Ressalte-se, por oportuno, que é firme o entendimento da Terceira Seção do STJ no sentido de ser desnecessário, para que ocorra a consumação da prática delituosa, a correspondência chegar ao destinatário final, por configurar mero exaurimento da conduta. Dessa forma, em não havendo dúvidas acerca do lugar da consumação do delito, da leitura do *caput* do art. 70 do CPP, torna-se óbvia a definição da competência para o processamento e julgamento do feito, uma vez que é irrelevante o fato da droga estar endereçada a destinatário em outra localidade. **CC 132.897-PR, Rel. Min. Rogerio Schietti Cruz, julgado em 28/5/2014. (Inform. STJ 543)**

DIREITO PROCESSUAL PENAL. COMPETÊNCIA PENAL RELACIONADA A INVASÃO DE CONSULADO ESTRANGEIRO.
Compete à Justiça Estadual – e não à Justiça Federal – processar e julgar supostos crimes de violação de domicílio, de dano e de cárcere privado – este, em tese, praticado contra agente consular – cometidos por particulares no contexto de invasão a consulado estrangeiro. De acordo com o disposto no art. 109, IV e V, da CF, a competência penal da Justiça Federal pressupõe que haja ofensa a bens, serviços ou interesses da União ou que, comprovada a internacionalidade do fato, o crime praticado esteja previsto em tratados ou convenções internacionais. No entanto, os supostos crimes praticados estão previstos no CP, não havendo qualquer indício de internacionalidade dos fatos. De igual modo, na situação em análise, as condutas ilícitas não ofendem diretamente os bens, serviços ou interesses da União, entidades autárquicas ou empresas públicas federais. Ressalte-se que o disposto nos incisos I e II do art. 109 da CF e o fato de competir à União a manutenção de relações diplomáticas com Estados estrangeiros – do que derivam as relações consulares – não alteram a competência penal da Justiça Federal. **AgRg no CC 133.092-RS, Rel. Min. Maria Thereza de Assis Moura, julgado em 23/4/2014. (Inform. STJ 541)**

DIREITO PROCESSUAL PENAL. COMPETÊNCIA PARA PROCESSAR E JULGAR CRIME ENVOLVENDO JUNTA COMERCIAL.
Compete à Justiça Estadual processar e julgar a suposta prática de delito de falsidade ideológica praticado contra Junta Comercial. O art. 6º da Lei 8.934/1994 prescreve que as Juntas Comerciais subordinam-se administrativamente ao governo da unidade federativa de sua jurisdição e, tecnicamente, ao Departamento Nacional de Registro do Comércio, órgão federal. Ao interpretar esse dispositivo legal, a jurisprudência do STJ sedimentou o entendimento de que, para se firmar a competência para processamento de demandas que envolvem Junta Comercial de um estado, é necessário verificar a existência de ofensa direta a bens, serviços ou interesses da União, conforme determina o art. 109, IV, da CF. Caso não ocorra essa ofensa, como na hipótese em análise, deve-se reconhecer a competência da Justiça Estadual. Precedentes citados: CC 119.576-BA, Terceira Seção, DJe 21.6.2012; CC 81.261-BA, Terceira Seção, DJe 16.3.2009. **CC 130.516-SP, Rel. Min. Rogerio Schietti Cruz, julgado em 26/2/2014. (Inform. STJ 536)**

4. DIREITO PROCESSUAL PENAL

DIREITO PROCESSUAL PENAL. COMPETÊNCIA PARA O JULGAMENTO DE AÇÃO PENAL REFERENTE À PRÁTICA DE CRIME CONTRA O SISTEMA FINANCEIRO NACIONAL POR MEIO DE SOCIEDADE QUE DESENVOLVA A ATIVIDADE DE FACTORING.

Compete à Justiça Federal processar e julgar a conduta daquele que, por meio de pessoa jurídica instituída para a prestação de serviço de factoring, realize, sem autorização legal, a captação, intermediação e aplicação de recursos financeiros de terceiros, sob a promessa de que estes receberiam, em contrapartida, rendimentos superiores aos aplicados no mercado. Isso porque a referida conduta se subsume, em princípio, ao tipo do art. 16 da Lei 7.492/1986 (Lei dos Crimes contra o Sistema Financeiro Nacional), consistente em fazer "operar, sem a devida autorização, ou com autorização obtida mediante declaração falsa, instituição financeira, inclusive de distribuição de valores mobiliários ou de câmbio". Ademais, nessa hipótese, apesar de o delito haver sido praticado por meio de pessoa jurídica criada para a realização de atividade de factoring, deve-se considerar ter esta operado como verdadeira instituição financeira, justificando-se, assim, a fixação da competência na Justiça Federal. **CC 115.338-PR, Rel. Min. Marco Aurélio Bellizze, julgado em 26/6/2013. (Inform. STJ 528)**

DIREITO PROCESSUAL PENAL. COMPETÊNCIA PARA O JULGAMENTO DE CRIME DE SONEGAÇÃO DE ISSQN.

Compete à Justiça Estadual – e não à Justiça Federal – o julgamento de ação penal em que se apure a possível prática de sonegação de ISSQN pelos representantes de pessoa jurídica privada, ainda que esta mantenha vínculo com entidade da administração indireta federal. Isso porque, nos termos do art. 109, IV, da CF, para que se configure hipótese de competência da Justiça Federal, é necessário que a infração penal viole bens, serviços ou interesses da União ou de suas entidades autárquicas ou empresas públicas, o que não ocorre nas hipóteses como a em análise, em que resulta prejuízo apenas para o ente tributante, pessoa jurídica diversa da União – no caso de ISSQN, Municípios ou DF. **CC 114.274-DF, Rel. Min. Marco Aurélio Bellizze, julgado em 12/6/2013. (Inform. STJ 527)**

DIREITO PROCESSUAL PENAL. COMPETÊNCIA PARA PROCESSAR E JULGAR AÇÃO PENAL REFERENTE AOS CRIMES DE CALÚNIA E DIFAMAÇÃO ENVOLVENDO DIREITOS INDÍGENAS.

Compete à Justiça Federal – e não à Justiça Estadual –processar e julgar ação penal referente aos crimes de calúnia e difamação praticados no contexto de disputa pela posição de cacique em comunidade indígena. O conceito de direitos indígenas, previsto no art. 109, XI, da CF/88, para efeito de fixação da competência da Justiça Federal, é aquele referente às matérias que envolvam a organização social dos índios, seus costumes, línguas, crenças e tradições, bem como os direitos sobre as terras que tradicionalmente ocupam, compreendendo, portanto, a hipótese em análise. Precedentes citados: CC 105.045-AM, DJe 1º/7/2009; e CC 43.155-RO, DJ 30/11/2005. **CC 123.016-TO, Rel. Min. Marco Aurélio Bellizze, julgado em 26/6/2013. (Inform. STJ 527)**

DIREITO PROCESSUAL PENAL. COMPETÊNCIA PARA O JULGAMENTO DE AÇÕES PENAIS RELATIVAS A DESVIO DE VERBAS ORIGINÁRIAS DO SUS.

Compete à Justiça Federal processar e julgar as ações penais relativas a desvio de verbas originárias do Sistema Único de Saúde (SUS), independentemente de se tratar de valores repassados aos Estados ou Municípios por meio da modalidade de transferência "fundo a fundo" ou mediante realização de convênio. Isso porque há interesse da União na regularidade do repasse e na correta aplicação desses recursos, que, conforme o art. 33, § 4º, da Lei 8.080/1990, estão sujeitos à fiscalização federal, por meio do Ministério da Saúde e de seu sistema de auditoria. Dessa forma, tem aplicação à hipótese o disposto no art. 109, IV, da CF, segundo o qual aos juízes federais compete processar e julgar os crimes políticos e as infrações penais praticadas em detrimento de bens, serviços ou interesse da União ou de suas entidades autárquicas ou empresas públicas, excluídas as contravenções e ressalvada a competência da Justiça Militar e da Justiça Eleitoral. Incide, ademais, o entendimento contido na Súmula 208 do STJ, de acordo com a qual compete à Justiça Federal processar e julgar prefeito municipal por desvio de verba sujeita a prestação de contas perante órgão federal. Cabe ressaltar, a propósito, que o fato de os Estados e Municípios terem autonomia para gerenciar a verba destinada ao SUS não elide a necessidade de prestação de contas ao TCU, tampouco exclui o interesse da União na regularidade do repasse e na correta aplicação desses recursos. **AgRg no CC 122.555-RJ, Rel. Min. Og Fernandes, julgado em 14/8/2013. (Inform. STJ 527)**

DIREITO PROCESSUAL PENAL. COMPETÊNCIA PARA PROCESSAR E JULGAR O CRIME DE PECULATO-DESVIO.

Compete ao foro do local onde efetivamente ocorrer o desvio de verba pública – e não ao do lugar para o qual os valores foram destinados – o processamento e julgamento da ação penal referente ao crime de peculato-desvio (art. 312, "caput", segunda parte, do CP). Isso porque a consumação do referido delito ocorre quando o funcionário público efetivamente desvia o dinheiro, valor ou outro bem móvel. De fato, o resultado naturalístico é exigido para a consumação do crime, por se tratar o peculato-desvio de delito material. Ocorre que o resultado que se exige nesse delito não é a vantagem obtida com o desvio do dinheiro, mas sim o efetivo desvio do valor. Dessa forma, o foro do local do desvio deve ser considerado o competente, tendo em vista que o art. 70 do CPP estabelece que a competência será, de regra, determinada pelo lugar em que se consumar a infração. **CC 119.819-DF, Rel. Min. Marco Aurélio Bellizze, julgado em 14/8/2013. (Inform. STJ 526)**

DIREITO PROCESSUAL PENAL. COMPETÊNCIA PARA PROCESSAR E JULGAR AÇÃO PENAL REFERENTE A SUPOSTO CRIME DE AMEAÇA PRATICADO POR NORA CONTRA SUA SOGRA.

É do juizado especial criminal, e não do juizado de violência doméstica e familiar contra a mulher, a competência para processar e julgar ação penal referente a suposto crime de ameaça (art. 147 do CP) praticado por nora contra sua sogra na hipótese em que não estejam presentes os requisitos cumulativos de relação íntima de afeto, motivação de gênero e situação de vulnerabilidade. Isso porque, para a incidência da Lei 11.340/2006, exige-se a presença concomitante desses requisitos. De fato, se assim não fosse, qualquer delito que envolvesse relação entre parentes poderia dar ensejo à aplicação da referida lei. Nesse contexto, deve ser conferida interpretação restritiva ao conceito de violência doméstica e familiar, para que se não inviabilize a aplicação da norma. **HC 175.816-RS, Rel. Min. Marco Aurélio Bellizze, julgado em 20/6/2013. (Inform. STJ 524)**

DIREITO PROCESSUAL PENAL. JUÍZO DE ADMISSIBILIDADE DE EXCEÇÃO DA VERDADE OPOSTA EM FACE DE AUTORIDADE QUE POSSUA PRERROGATIVA DE FORO.

A exceção da verdade oposta em face de autoridade que possua prerrogativa de foro pode ser inadmitida pelo juízo da ação penal de origem caso verificada a ausência dos requisitos de admissibilidade para o processamento do referido incidente. Com efeito, conforme precedentes do STJ, o juízo de admissibilidade, o processamento e a instrução da exceção da verdade oposta em face de autoridades públicas com prerrogativa de foro devem ser realizados pelo próprio juízo da ação penal na qual se aprecie, na origem, a suposta ocorrência de crime contra a honra. De fato, somente após a instrução dos autos, caso admitida a exceptio veritatis, o juízo da ação penal originária deverá remetê-los à instância superior para o julgamento do mérito. Desse modo, o reconhecimento da inadmissibilidade da exceção da verdade durante o seu processamento não caracteriza usurpação de competência do órgão responsável por apreciar o mérito do incidente. A propósito, eventual desacerto no processamento da exceção da verdade pelo juízo de origem poderá ser impugnado pelas vias recursais ordinárias. **Rcl 7.391-MT, Rel. Min. Laurita Vaz, julgado em 19/6/2013. (Inform. STJ 522)**

DIREITO PROCESSUAL PENAL. COMPETÊNCIA PARA PROCESSAR E JULGAR ACUSADO DE CAPTAR E ARMAZENAR, EM COMPUTADORES DE ESCOLAS MUNICIPAIS, VÍDEOS PORNOGRÁFICOS, ORIUNDOS DA INTERNET, ENVOLVENDO CRIANÇAS E ADOLESCENTES.

Compete à Justiça Comum Estadual processar e julgar acusado da prática de conduta criminosa consistente na captação e armazenamento, em computadores de escolas municipais, de vídeos pornográficos oriundos da internet, envolvendo crianças e adolescentes. Segundo o art. 109, V, da CF, compete aos juízes federais processar e julgar "os crimes previstos em tratado ou convenção internacional, quando, iniciada a execução no País, o resultado tenha ou devesse ter ocorrido no estrangeiro, ou reciprocamente". Nesse contexto, de acordo com o entendimento do STJ e do STF, para que ocorra a fixação da competência da Justiça Federal, não basta que o Brasil seja signatário de tratado ou convenção internacional que preveja o combate a atividades criminosas dessa natureza, sendo necessário, ainda, que esteja evidenciada a transnacionalidade do delito. Assim, inexistindo indícios do caráter transnacional da conduta apurada, estabelece-se, nessas circunstâncias, a competência da Justiça Comum Estadual. **CC 103.011-PR, Rel. Min. Assusete Magalhães, julgado em 13/3/2013. (Inform. STJ 520)**

DIREITO PROCESSUAL PENAL. COMPETÊNCIA PARA PROCESSAR E JULGAR ESTELIONATO PRATICADO MEDIANTE FRAUDE PARA A CONCESSÃO DE APOSENTADORIA.

No caso de ação penal destinada à apuração de estelionato praticado mediante fraude para a concessão de aposentadoria, é competente o juízo do lugar em que situada a agência onde inicialmente recebido o benefício, ainda que este, posteriormente, tenha passado a ser recebido em agência localizada em município sujeito a jurisdição diversa. Segundo o art. 70 do CPP, a competência será, em regra, determinada pelo lugar em que se consumar a infração, o que, em casos como este, ocorre no momento em que recebida a indevida vantagem patrimonial. Assim, embora tenha havido a posterior transferência do local de recebimento do benefício, a competência já restara fixada no lugar em que consumada a infração. **CC 125.023-DF, Rel. Min. Marco Aurélio Bellizze, julgado em 13/3/2013. (Inform. STJ 518)**

DIREITO PROCESSUAL PENAL. COMPETÊNCIA PARA JULGAMENTO DE CRIME COMETIDO POR MILITAR EM SERVIÇO CONTRA MILITAR REFORMADO.

A Justiça Militar é competente para julgar crime de homicídio praticado por militar em serviço contra militar reformado. O fato de a vítima do delito ser militar reformado, por si só, não é capaz de afastar a competência da Justiça especializada. O art. 125, § 4º, da CF preceitua que "compete à Justiça Militar estadual processar e julgar os crimes militares dos Estados, nos crimes militares definidos em lei e as ações judiciais contra os atos disciplinares militares, ressalvada a competência do júri quando a vítima for civil". O CPM, por sua vez, estabelece em seu art. 9º os crimes considerados militares em tempo de paz, dentre os quais prevê a hipótese de crime cometido "por militar em serviço ou atuando em razão da função, em comissão de natureza militar, ou em formatura, ainda que fora do lugar sujeito à administração militar contra militar da reserva, ou reformado, ou assemelhado, ou civil" (art. 9º, II, c, do CPM). Embora os militares na inatividade sejam considerados civis para fins de aplicação da lei penal militar, o próprio CPM fixa a competência da Justiça Militar quando o crime é praticado por militar em serviço contra outro na inatividade. Vale ressaltar que o parágrafo único do art. 9º do CPM, ao dispor que são da competência da Justiça Comum os crimes nele previstos quando dolosos contra a vida e cometidos contra civil, não exclui da competência da Justiça Militar o julgamento dos ilícitos praticados nas circunstâncias especiais descritas nos incisos I, II e III do referido artigo. Precedente citado: **REsp 1.203.098-MG, DJe 1º/12/2011. HC 173.131-RS, Rel. Min. Jorge Mussi, julgado em 6/12/2012. (Inform. STJ 514)**.

SÚMULA VINCULANTE 36

COMPETE À JUSTIÇA FEDERAL COMUM PROCESSAR E JULGAR CIVIL DENUNCIADO PELOS CRIMES DE FALSIFICAÇÃO E DE USO DE DOCUMENTO FALSO QUANDO SE TRATAR DE FALSIFICAÇÃO DA CADERNETA DE INSCRIÇÃO E REGISTRO (CIR) OU DE CARTEIRA DE HABILITAÇÃO DE AMADOR (CHA), AINDA QUE EXPEDIDAS PELA MARINHA DO BRASIL.

SÚMULA VINCULANTE 45

A competência constitucional do tribunal do júri prevalece sobre o foro por prerrogativa de função estabelecido exclusivamente pela Constituição Estadual.

Súmula STF N º 722

São da competência legislativa da União a definição dos crimes de responsabilidade e o estabelecimento das respectivas normas de processo e julgamento.

Súmula STF nº 721

A competência constitucional do tribunal do júri prevalece sobre o foro por prerrogativa de função estabelecido exclusivamente pela Constituição Estadual.

Súmula STF nº 704

Não viola as garantias do juiz natural, da ampla defesa e do devido processo legal a atração por continência ou conexão do processo do corréu ao foro por prerrogativa de função de um dos denunciados.

Súmula STF nº 703

A extinção do mandato do prefeito não impede a instauração de processo pela prática dos crimes previstos no art. 1º do Decreto-Lei 201/1967.

Súmula STF nº 702

A competência do tribunal de justiça para julgar prefeitos restringe-se aos crimes de competência da justiça comum estadual; nos demais casos, a competência originária caberá ao respectivo tribunal de segundo grau.

Súmula STF nº 611

Transitada em julgado a sentença condenatória, compete ao juízo das execuções a aplicação de Lei mais benigna.

Súmula STF nº 603

A competência para o processo e julgamento de latrocínio é do juiz singular e não do tribunal do júri.

Súmula STF nº 522

Salvo ocorrência de tráfico para o exterior, quando, então, a competência será da justiça federal, compete à justiça dos estados o processo e julgamento dos crimes relativos a entorpecentes.

Súmula STF nº 498

Compete à justiça dos estados, em ambas as instâncias, o processo e o julgamento dos crimes contra a economia popular.

Súmula STF nº 451

A competência especial por prerrogativa de função não se estende ao crime cometido após a cessação definitiva do exercício funcional.

Súmula STF nº 396

Para a ação penal por ofensa à honra, sendo admissível a exceção da verdade quanto ao desempenho de função pública, prevalece a competência especial por prerrogativa de função, ainda que já tenha cessado o exercício funcional do ofendido.

Súmula STJ nº 546

A competência para processar e julgar o crime de uso de documento falso é firmada em razão da entidade ou órgão ao qual foi apresentado o documento público, não importando a qualificação do órgão expedidor.

Súmula STJ nº 528

Compete ao juiz federal do local da apreensão da droga remetida do exterior pela via postal processar e julgar o crime de tráfico internacional.

Súmula STJ nº 244

Compete ao foro do local da recusa processar e julgar o crime de estelionato mediante cheque sem provisão de fundos.

Súmula STJ nº 200

O juízo federal competente para processar e julgar acusado de crime de uso de passaporte falso é o do lugar onde o delito se consumou.

Súmula STJ nº 192

Compete ao juízo das execuções penais do estado a execução das penas impostas a sentenciados pela justiça federal, militar ou eleitoral, quando recolhidos a estabelecimentos sujeitos à administração estadual.

Súmula STJ nº 172

Compete à justiça comum processar e julgar militar por crime de abuso de autoridade, ainda que praticado em serviço.

Súmula STJ nº 165

Compete à justiça federal processar e julgar crime de falso testemunho cometido no processo trabalhista.

Súmula STJ nº 151

A competência para o processo e julgamento por crime de contrabando ou descaminho define-se pela prevenção do juízo federal do lugar da apreensão dos bens.

Súmula STJ nº 147

Compete à justiça federal processar e julgar os crimes praticados contra funcionário público federal, quando relacionados com o exercício da função.

Súmula STJ nº 122

Compete à justiça federal o processo e julgamento unificado dos crimes conexos de competência federal e estadual, não se aplicando a regra do art. 78, II, "a", do Código de Processo Penal.

Súmula STJ nº 108

A aplicação de medidas socioeducativas ao adolescente, pela pratica de ato infracional, é da competência exclusiva do juiz.

Súmula STJ nº 107

Compete a justiça comum estadual processar e julgar crime de estelionato praticado mediante falsificação das guias de recolhimento das contribuições previdenciárias, quando não ocorrente lesão a autarquia federal.

Súmula STJ nº 104

Compete à justiça estadual o processo e julgamento dos crimes de falsificação e uso de documento falso relativo a estabelecimento particular de ensino.

Súmula STJ nº 90

Compete à justiça estadual militar processar e julgar o policial militar pela prática do crime militar, e a comum pela prática do crime comum simultâneo aquele.

Súmula STJ nº 78

Compete à justiça militar processar e julgar policial de corporação estadual, ainda que o delito tenha sido praticado em outra unidade federativa.

Súmula STJ nº 75

Compete à justiça comum estadual processar e julgar o policial militar por crime de promover ou facilitar a fuga de preso de estabelecimento penal.

Súmula STJ nº 62

Compete à justiça estadual processar e julgar o crime de falsa anotação na carteira de trabalho e previdência social, atribuído a empresa privada.

Súmula STJ nº 53

Compete à justiça comum estadual processar e julgar civil acusado de pratica de crime contra instituições militares estaduais.

Súmula STJ nº 48

Compete ao juízo do local da obtenção da vantagem ilícita processar e julgar crime de estelionato cometido mediante falsificação de cheque.

Súmula STJ nº 47

Compete à justiça militar processar e julgar crime cometido por militar contra civil, com emprego de arma pertencente à corporação, mesmo não estando em serviço.

Súmula STJ nº 42

Compete à justiça comum estadual processar e julgar as causas cíveis em que é parte sociedade de economia mista e os crimes praticados em seu detrimento.

Súmula STJ nº 38

Compete à justiça estadual comum, na vigência da constituição de 1988, o processo por contravenção penal, ainda que praticada em detrimento de bens, serviços ou interesse da União ou de suas entidades.

5. PROVA

Interceptações telefônicas: compartilhamento e autuação

A Primeira Turma indeferiu a ordem em "habeas corpus" no qual se pretendia a anulação de ação penal com argumento em prova ilícita. Na espécie, foram aproveitados dados alusivos a interceptação telefônica verificada em outra unidade da Federação e em outro processo-crime, porém autorizada judicialmente. A Turma entendeu que o fato de a escuta telefônica ter visado elucidar outra prática delituosa não impediria a sua utilização em persecução criminal diversa (compartilhamento). Além disso, não caracteriza ofensa ao art. 93, IX, da CF o ato em que adotados como razões de decidir os fundamentos lançados na manifestação do Ministério Público. Por fim, preenchidas as exigências previstas na Lei 9.296/96 (Lei de Interceptação Telefônica), descabe considerar ilícita a prova ante a suposta ausência de autuação. Tratar-se-ia de mera irregularidade, não violadora dos elementos essenciais à validade da medida cautelar.
HC 128102/SP, rel. Min. Marco Aurélio, 9.12.2015. (HC-128102) (Inform. STF 811)

AG. REG. NO RHC N. 126.853-SP

RELATOR: MIN. LUIZ FUX

Ementa: Constitucional e Processo Penal. Agravo regimental em RHC. crime de pornografia infantil (art. 241, caput, da Lei n. 8.069/90, com a redação dada pela Lei n. 10.764/03). Testemunha desconhecedora dos fatos e do réu. Indeferimento da oitiva. Decisão fundamentada (artigo 400, § 1º, do CPP): Testemunha habilitada em informática e/ou direito eletrônico. Oportunidade de juntada de documento pertinente a tais conhecimentos técnicos. Ausência de afronta à ampla defesa. Decisão monocrática que nega seguimento a pedido ou recurso em contrariedade com a jurisprudência do Tribunal (artigos 21, § 1º, e 192 do RISTF). Precedentes.

1. O princípio do livre convencimento racional, previsto no § 1º do art. 400 do CPP, faculta ao juiz o indeferimento das provas consideradas irrelevantes, impertinentes ou protelatórias. Precedentes: HC 106.734, Rel. Min. Ricardo Lewandowski, 1ª Turma, DJe de 04/05/20110; HC nº 106.734/PR, Primeira Turma, Relator o Ministro Ricardo Lewandowski, DJe 4/5/11; HC 108.961, Rel. Min. Dias Toffoli, 1ª Turma, DJe de 08/08/2012; AI nº 741.442/SP-AgR, Primeira Turma, Relator o Ministro Ricardo Lewandowski, DJe de 15/6/11; AI nº 794.090/SP-AgR, Segunda Turma, Relator o Ministro Gilmar Mendes, DJe de 10/2/11; e AI nº 617.818/SP-AgR, Primeira Turma, Relator o Ministro Dias Toffoli, DJe de 22/11/10 e RHC 115.133/DF, rel. Min. Luiz Fux. **2.** *In casu*, o recorrente foi condenado a 2 anos e 11 meses de reclusão pela prática do crime de pornografia infantil (art. 241, *caput*, da Lei n. 8.069/90 com a redação dada pela Lei n. 10.764/03), sendo que a defesa arrolara três testemunhas, das quais duas figuraram como assistentes técnicos, restando apenas uma como testemunha na acepção do termo, tendo o magistrado indeferido sua oitiva, fundado em que *"versaria exclusivamente sobre matéria de informática e/ou direito eletrônico"*, uma vez que não detinha conhecimento dos fatos e, por não conhecer o réu, não apresentaria informações relativas aos seus antecedentes, ressalvando, contudo, que o teor do seu relato, adstrito a conhecimentos técnicos em informática e/ou direito eletrônico, poderia ser documentado nos autos, à critério da defesa. **3.** Deveras, tendo o magistrado indeferido fundamentadamente a oitiva, não cabe a esta Corte imiscuir-se em seu juízo de conveniência para aferir se a oitiva da testemunha era pertinente ou não ao interesse da defesa. **4.** Os artigos 21, § 1º, e 192, do Regimento Interno do Supremo Tribunal Federal, preveem a atuação monocrática ao possibilitarem ao Relator negar seguimento a recurso ou pedido manifestamente contrário à jurisprudência do Tribunal ou a concessão de *habeas corpus* quando houver entendimento pacificado no sentido da tese exposta. **5.** A *ratio essendi* desse entendimento, longe de constituir afronta ao princípio do colegiado, busca evitar o assoberbamento das Turmas e do Pleno com matérias pacificadas, cabendo ressaltar ainda a possibilidade de a parte interpor agravo regimental caso entenda que o *decisum* monocrático lhe causou prejuízo, prestigiando-se o princípio da ampla defesa (RTJ 181/1133-1134, Rel. Min. CARLOS VELLOSO – AI 159.892-AgR/SP, Rel. Min. CELSO DE MELLO, entre outros). **6.** Agravo regimental no recurso ordinário em *habeas corpus* desprovido.
(Inform. STF 799)

Inquérito e compartilhamento de provas - 1

A Primeira Turma iniciou julgamento de agravo regimental em que se discute a possibilidade de compartilhar provas colhidas em sede de investigação criminal com inquérito civil público, bem como outras ações decorrentes dos dados resultantes do afastamento do sigilo financeiro e fiscal e dos alusivos à interceptação telefônica. O Ministro Marco Aurélio (relator) desproveu o agravo regimental. Destacou que a Constituição prevê a inviolabilidade do sigilo da correspondência e das comunicações telegráficas de dados e das comunicações telefônicas. A norma a encerrar exceção a essa regra direcionaria ao afastamento do sigilo por ordem judicial, nas hipóteses e na forma que a lei estabelecesse, e, mesmo assim, para fins de investigação criminal ou instrução processual penal. Asseverou que, em face do contido no art. 5º, XII, da CF, não se poderia estender o afastamento do sigilo a situações concretas não previstas. Em seguida, pediu vista dos autos o Ministro Roberto Barroso.
Inq 3305 AgR/RS, rel. Min. Marco Aurélio, 7.4.2015. (Inq-3305)

Inquérito e compartilhamento de provas - 2

A Primeira Turma retomou julgamento de agravo regimental em que se discute a possibilidade de compartilhar provas colhidas em sede de investigação criminal com inquérito civil público, bem como outras ações decorrentes dos dados resultantes do afastamento do sigilo financeiro e fiscal e dos alusivos à interceptação telefônica — v. Informativo 780. O Ministro Roberto Barroso, em voto-vista, divergiu do voto do Ministro Marco Aurélio (relator) e deu provimento ao agravo regimental. Ressaltou que haveria jurisprudência substanciosa do Tribunal, inclusive em matéria de interpretação telefônica, que admitiria o empréstimo dessas provas. O Ministro Edson Fachin acompanhou o relator e negou provimento ao agravo regimental. Pontuou que o compartilhamento de provas não seria, peremptoriamente, vedado. Isso significaria que sua regularidade deveria ser examinada de acordo com o caso concreto. Além disso, assinalou que haveria vício na origem, de modo que não seria possível convolar essa circunstância. Em seguida, pediu vista o Ministro Luiz Fux.

Inq 3305 AgR/RS, rel. Min. Marco Aurélio, 13.10.2015. (Inq-3305) (Inform. STF 803)

Prova ilícita: desvinculação causal e condenação
A 2ª Turma denegou a ordem em "habeas corpus" em que alegada ausência de justa causa para a propositura de ação penal em desfavor do paciente, então denunciado, em concurso de agentes, pela suposta prática do crime do art. 168-A do CP e dos delitos previstos no art. 1°, I, II e parágrafo único, da Lei 8.137/1990. A defesa sustentava que a peça acusatória embasara-se em prova ilícita, constituída por elementos colhidos mediante quebra de sigilo bancário requisitada diretamente pela Receita Federal às instituições financeiras. A Turma consignou que o STJ, ao conceder parcialmente a ordem em "habeas corpus" lá apreciado, reconhecera a nulidade da prova colhida ilicitamente, mas deixara de trancar a ação penal, tendo em conta remanescerem outros elementos de prova, regularmente colhidos, que seriam suficientes para atestar a materialidade e autoria dos delitos. Ademais, tendo em conta essa decisão proferida pelo STJ, o juízo de 1° grau reanalisara a viabilidade da ação penal, a despeito das provas então consideradas nulas, e concluíra pela existência de justa causa amparada por outras provas. Na ocasião, não apenas as provas ilícitas foram retiradas dos autos, como os fatos a ela relacionados também foram desconsiderados. Posteriormente à impetração perante o STF, fora prolatada sentença condenatória, na qual nenhuma prova produzida ilegalmente fora utilizada para a condenação. O juízo natural da ação penal, com observância do contraditório, procedera ao exame do suporte probatório produzido, e afastara dele o que lhe poderia contaminar pela ilicitude declarada pelo STJ, para concluir pela existência de elementos probatórios idôneos para justificar a condenação. Apenas parte da apuração teria sido comprometida pelas provas obtidas a partir dos dados bancários encaminhados ilegalmente à Receita Federal. Evidenciada, pela instância ordinária, a ausência de nexo causal entre os elementos de prova efetivamente utilizados e os considerados ilícitos, não se poderia dizer que o suporte probatório ilegal contaminara todas as demais diligências.

HC 116931/RJ, rel. Min. Teori Zavascki, 3.3.2015. (HC-116931) (Inform. STF 776)

Busca e apreensão e autorização judicial - 1
A 2ª Turma iniciou julgamento de "habeas corpus" em que se alega a nulidade de provas obtidas a partir de mandado judicial inespecífico. No caso, ao cumprir mandado de busca e apreensão que teria como alvo o endereço profissional do paciente, localizado no 28° andar de edifício, foram apreendidos dois equipamentos de informática no endereço de instituição financeira localizada no 3° andar do mesmo edifício, sem que houvesse mandado judicial para esse endereço. O Ministro Gilmar Mendes (relator) concedeu a ordem para determinar a imediata devolução do material apreendido à referida instituição financeira. De início, reconheceu a legitimidade do "habeas corpus" para aferir procedimentos de feição penal ou processual penal. Afirmou que a "casa" seria protegida contra o ingresso não consentido, sem autorização judicial, na forma do art. 5°, XI, da CF ("a casa é asilo inviolável do indivíduo, ninguém nela podendo penetrar sem o consentimento do morador, salvo em caso de flagrante delito ou desastre, ou para prestar socorro, ou, durante o dia, por determinação judicial").

HC 106566/SP, rel. Min. Gilmar Mendes, 9.12.2014. (HC-106566)

Busca e apreensão e autorização judicial - 2
O relator ressaltou que, embora a Constituição empregasse o termo "casa" à proteção contra a busca domiciliar não autorizada, essa proteção iria além do ambiente doméstico. O art. 150, §4°, do CP, ao definir "casa" para fins do crime de violação de domicílio, traria conceito abrangente do termo ("A expressão 'casa' compreende: I - qualquer compartimento habitado;

II - aposento ocupado de habitação coletiva; III - compartimento não aberto ao público, onde alguém exerce profissão ou atividade"). Assim, o conceito de "casa" estender-se-ia aos escritórios profissionais. Reputou que a busca e apreensão de documentos e objetos realizados por autoridade pública no domicílio de alguém, sem autorização judicial fundamentada, revelar-se-ia ilegítima, e o material eventualmente apreendido configuraria prova ilicitamente obtida. Assim, refutou o argumento de que o mandado de busca e apreensão não precisaria indicar endereço determinado. Enfatizou que a legislação processual determinaria que o mandado contivesse, precisamente, o local da diligência (CPP, art. 243). A indicação, no caso concreto, não deixara margem para dúvidas e não teria ocorrido equívoco na localização do endereço da busca. O local não seria de difícil identificação, como comumente ocorreria no meio rural. Concluiu que, desde o início, os policiais teriam identificado o 28° andar como alvo da diligência. Em seguida, pediu vista a Ministra Cármen Lúcia.

HC 106566/SP, rel. Min. Gilmar Mendes, 9.12.2014. (HC-106566)

Busca e apreensão e autorização judicial - 3
Em conclusão de julgamento, a 2ª Turma concedeu a ordem em "habeas corpus" para determinar a imediata devolução de material apreendido em procedimento de busca e apreensão realizado no bojo de persecução penal — v. Informativo 771. Na espécie, em cumprimento a mandado de busca e apreensão que teria como alvo o endereço profissional do paciente, localizado no 28° andar de determinado edifício, teriam sido apreendidos equipamentos de informática no endereço de instituição financeira localizada no 3° andar do mesmo edifício, porém, sem que houvesse mandado judicial para esse endereço. O Colegiado, inicialmente, reconheceu a legitimidade do "habeas corpus" para aferir procedimentos de feição penal ou processual penal, inclusive para o reconhecimento de eventual ilicitude de provas obtidas em inquérito policial. Quanto ao mérito, destacou que a busca e apreensão de documentos e objetos realizados por autoridade pública no domicílio de alguém, sem autorização judicial fundamentada, revelar-se-ia ilegítima, e o material eventualmente apreendido configuraria prova ilicitamente obtida. Assim, não seria procedente o argumento de que o mandado de busca e apreensão não precisaria indicar endereço determinado. A legislação processual determinaria que os mandados judiciais de busca e apreensão — notadamente de busca e apreensão domiciliar — não poderiam revestir-se de conteúdo genérico, nem poderiam mostrar-se omissos quanto à indicação, o mais precisamente possível, do local objeto dessa medida extraordinária, em conformidade com o art. 243 do CPP.

HC 106566/SP, rel. Min. Gilmar Mendes, 16.12.2014. (HC-106566) (Inform. STF 772)

Foro por prerrogativa de função: duplo grau de jurisdição e prova emprestada - 1
A 2ª Turma desproveu recurso ordinário em "habeas corpus" no qual promotor de justiça processado conforme os ditames da Lei 8.038/1990, pela suposta prática do crime de corrupção passiva, arguía: a) ausência de análise da defesa preliminar; b) falta de citação para defesa prévia; c) inexistência de fundamentação no recebimento da denúncia; c) investigação motivada por vingança e por inimigos institucionais; e) presença de prova plantada para incriminá-lo; f) existência de processo administrativo disciplinar presidido por inimigo capital; g) afastamento cautelar de funções antes do término do prazo de defesa; h) contrariedade ao princípio do duplo grau de jurisdição, tendo em conta suposta recusa do STJ em reexaminar provas; i) nulidade de interceptações telefônicas produzidas em outro processo, em alegada inobservância à Lei 9.296/1996; j) inversão do ônus da prova; e k) atipicidade dos fatos imputados. No que se refere às assertivas de parcialidade no processo, existência de provas plantadas, nulidade das interceptações telefônicas utilizadas como prova emprestada, atipicidade da conduta, ausência de provas, contrariedade à presunção de inocência e ao duplo grau de jurisdição, a Turma reputou que a apreciação do pleito recursal, no ponto, demandaria inviável reexame fático-probatório. No tocante à alegação de que a defesa preliminar não teria sido analisada, o Colegiado asseverou que a denúncia estaria devidamente fundamentada, de modo que estariam afastadas as teses da defesa preliminar. A respeito da falta de citação para defesa prévia, sublinhou a inexistência de prejuízo, tendo em conta que, no momento da resposta preliminar, teria sido apresentada argumentação quanto ao mérito da ação penal. A respeito, destacou o princípio do "pas de nullité sans grief".

RHC 122806/AM, rel. Min. Cármen Lúcia, 18.11.2014. (RHC-122806)

4. DIREITO PROCESSUAL PENAL   267

Foro por prerrogativa de função: duplo grau de jurisdição e prova emprestada - 2

O Ministro Celso de Mello discorreu sobre as questões da prova emprestada e do duplo grau de jurisdição. No que se refere à temática da prova emprestada, assinalou que a jurisprudência da Corte admitiria, excepcionalmente, sua validade, desde que observados determinados postulados. No caso, a prova derivada de interceptação telefônica teria sido produzida, em outro processo, sob observância do contraditório, a conferir-lhe legitimidade jurídica. Nesse sentido, os elementos informativos de persecução penal ou as provas colhidas no bojo de instrução processual penal, desde que obtidos mediante interceptação telefônica devidamente autorizada por juízo competente, admitiriam compartilhamento para fins de instruir procedimento criminal ou administrativo disciplinar. Além disso, no juízo para o qual trasladada a prova deveria ser observada a garantia do contraditório, como teria ocorrido. De outro lado, no que concerne à suposta infringência ao princípio do duplo grau de jurisdição, a definição de competência penal originária para efeito de outorga da prerrogativa de foro não ofenderia o postulado do juiz natural, o devido processo legal ou a ampla defesa. No particular, membro do Ministério Público teria, em razão de seu ofício, essa prerrogativa, e deveria ser processado originariamente por tribunal de justiça. Ademais, sobrevinda condenação, ele teria tido acesso a graus de jurisdição superior.
RHC 122806/AM, rel. Min. Cármen Lúcia, 18.11.2014. (RHC-122806) (Inform. STF 768)

RHC N. 109.979-DF
RELATOR: MIN. RICARDO LEWANDOWSKI
Ementa: *HABEAS CORPUS*. PROCESSUAL PENAL. INSTRUÇÃO CRIMINAL. BUSCA E APREENSÃO. NULIDADE. AUSÊNCIA DE MANDADO JUDICIAL. INOCORRÊNCIA. ACESSO AUTORIZADO. NECESSIDADE DO REEXAME DE FATOS E PROVAS. IMPOSSIBILIDADE. RECURSO NÃO PROVIDO.
I – Da análise dos autos é possível verificar que a autoridade policial, após o recebimento de denúncia anônima noticiando a suposta prática de crime de pedofilia, dirigiu-se ao local indicado – endereço onde residia o recorrente – e lá teve o acesso autorizado pelo recorrente, não havendo falar em violação de domicílio e ilegalidade na apreensão dos elementos de prova que embasaram a condenação.
II – A conclusão da instrução criminal, que resultou na condenação do recorrente à pena de 59 anos e 4 meses de reclusão, revelou que nos equipamentos apreendidos estavam armazenadas aproximadamente 16.000 (dezesseis mil) imagens pornográficas envolvendo menores, o que demonstra o acerto da medida adotada pela autoridade policial, que contribuiu para a formação do juízo condenatório.
III – Para se chegar à conclusão contrária à adotada pelas instâncias ordinárias, seria necessário o reexame aprofundado de fatos e provas, providência incabível em *habeas corpus*, por se tratar de instrumento destinado à proteção de direito demonstrável de plano, que não admite dilação probatória.
IV – Recurso ordinário ao qual se nega provimento. (Inform. STF 761)

Princípio da não-autoincriminação e confissão de testemunha

Ofende o princípio da não-autoincriminação denúncia baseada unicamente em confissão feita por pessoa ouvida na condição de testemunha, quando não lhe tenha sido feita a advertência quanto ao direito de permanecer calada. Com base nesse entendimento, a 2ª Turma deu provimento a recurso ordinário em "habeas corpus" para reconhecer a inépcia da denúncia apresentada em desfavor do ora recorrente, que, ouvido na condição de testemunha em inquérito policial militar, confessara a prática do crime de furto simples (CPM, art. 240). A Turma, ao reafirmar a jurisprudência do STF sobre a matéria, consignou que o direito do preso, e do acusado em geral, de permanecer em silêncio (CF, art. 5º, LXIII), seria expressão do princípio da não-autoincriminação, pelo qual se lhe outorgaria o direito de não produzir prova contra si mesmo. Asseverou, outrossim, que o direito à oportuna informação da faculdade de permanecer calado teria por escopo assegurar ao acusado a escolha entre permanecer em silêncio e a intervenção ativa. Não haveria dúvida, portanto, que a falta de advertência quanto ao direito ao silêncio tornaria ilícita a prova contra si produzida. Afirmou, ademais, que, embora o mencionado dispositivo constitucional se referisse à pessoa presa, a doutrina e a própria jurisprudência do Supremo, teriam ampliado a aplicação daquela cláusula para estendê-la, também, às pessoas que estivessem soltas.
RHC 122279/RJ, rel. Min. Gilmar Mendes, 12.8.2014. (RHC-122279) (Inform. STF 754)

Advocacia em causa própria e art. 191 do CPP

O fato de o réu advogar em causa própria não é suficiente para afastar a regra contida no art. 191 do CPP ("Havendo mais de um acusado, serão interrogados separadamente"). Com base nesse entendimento, a 2ª Turma denegou "habeas corpus" em que se pleiteava a anulação do interrogatório de corréu, por não ter sido franqueado ao impetrante/paciente acesso à sala de audiências no momento da realização daquele ato. No caso, o paciente e corréu — ambos advogados atuando em causa própria — foram condenados pela prática do delito descrito no art. 339 do CP. A Turma considerou inocorrentes ilegalidade ou cerceamento de defesa. Consignou que, além de inexistir razão jurídica para haver distinção entre acusados, nada impediria, caso o paciente desejasse, a constituição de outro causídico ou de membro da Defensoria Pública para acompanhar especificamente o interrogatório do corréu. Ademais, a Turma reputou não haver prejuízo comprovado, uma vez que a condenação do impetrante lastreara-se nos depoimentos das testemunhas, colhidos sob o crivo do contraditório, os quais seriam categóricos ao infirmar as versões apresentadas pelos dois acusados em seus interrogatórios, harmoniosos entre si.
HC 101021/SP, rel. Min. Teori Zavascki, 20.5.2014. (HC-101021) (Inform. STF 747)

Ampla Defesa: Citação e Interrogatório no mesmo Dia - 1

A Turma iniciou julgamento de habeas corpus contra acórdão do STJ que denegara idêntica medida ao fundamento de que, apesar de imprópria a designação de interrogatório no mesmo dia da citação (antes do advento da Lei 11.719/2008), a ausência de prejuízos inviabilizaria a declaração de nulidade do feito, em obediência ao princípio pás de nullité sans grief. Trata-se de writ em que a Defensoria Pública da União reitera a alegação de nulidade absoluta de processo-crime, por ausência de citação do paciente, uma vez que ele fora apenas requisitado para comparecer em juízo e, no mesmo dia, realizara-se a audiência de interrogatório, na qual nomeado defensor ad hoc. Sustenta violação à garantia constitucional da ampla defesa ao argumento de que o paciente não tivera conhecimento prévio da acusação formulada e que não pudera constituir advogado de sua confiança. **HC 98434/MG, rel. Min. Cármen Lúcia, 13.10.2009. (HC-98434)**

Ampla Defesa: Citação e Interrogatório no mesmo Dia - 2

A Min. Cármen Lúcia, relatora, denegou a ordem, no que foi acompanhada pelo Min. Ricardo Lewandowski. Enfatizou que, consoante demonstrado nos autos, a Defensoria Pública assistira o paciente não desde o momento em que houvera a citação e o interrogatório, mas ainda na fase do inquérito policial, quando, uma semana antes do recebimento da denúncia, familiares daquele procuraram tal órgão. Consignou, ainda, que, durante o referido interrogatório, o magistrado nomeara o mesmo defensor público que já acompanhava o caso e que, inclusive, propusera, dias antes, incidente de insanidade mental do acusado. Assim, tendo em conta que o paciente não se encontrava sem defensor, reputou não ter havido prejuízo da defesa. Em divergência, o Min. Marco Aurélio deferiu o habeas corpus por não considerar possível requisitar-se alguém que está sob a custódia do Estado, proceder-se a sua citação e, no mesmo instante, com queima de etapas, interrogar-se essa pessoa, sem a entrevista reservada com seu defensor, consoante previsto no art. 185, § 2º, do CPP (com a redação incluída pela Lei 10.792/2003, antes do advento da Lei 11.900/2009). Assentou que, na espécie, o prejuízo seria ínsito, na medida em que o paciente não tivera contato prévio com o advogado de sua livre escolha, o qual lhe é constitucionalmente garantido. Afirmou que o defensor dativo somente pode atuar na hipótese de silêncio do acusado quanto ao credenciamento direto de profissional da advocacia, todavia não com a automaticidade ocorrida na situação em apreço. Após, pediu vista dos autos o Min. Carlos Britto. **HC 98434/MG, rel. Min. Cármen Lúcia, 13.10.2009. (HC-98434)**

Ampla defesa: citação e interrogatório no mesmo dia - 3

Em conclusão de julgamento, a 1ª Turma, por maioria, denegou "habeas corpus" impetrado contra acórdão do STJ que denegara idêntica medida ao fundamento de que, apesar de imprópria a designação de interrogatório no mesmo dia da citação (antes do advento da Lei 11.719/2008), a ausência de prejuízos inviabilizaria a declaração de nulidade do feito, em obediência ao princípio "pás de nullité sans grief" — v. Informativo 563. A defesa alegava nulidade absoluta de processo-crime, por ausência de citação do paciente, uma vez que ele fora apenas requisitado para comparecer em juízo e, no mesmo dia, realizara-se a audiência de interrogatório, na qual nomeado defensor "ad hoc". Sustentava, ainda, violação à garantia constitucional da ampla defesa, ao argumento de que o paciente não tivera conhecimento prévio da acusação formulada e que não pudera constituir advogado de sua confiança. A Turma enfatizou que, consoante demonstrado nos autos, a Defensoria Pública assistira o paciente não desde o momento em que houvera a citação e o interrogatório, mas ainda na fase do inquérito policial. Consignou, ainda, que, durante o referido interrogatório, o magistrado nomeara o mesmo defensor público que já acompanhava o caso e que, inclusive, propusera, dias antes, incidente de insanidade mental do acusado. Assim, tendo em conta que o paciente não se encontrava sem defensor, reputou não ter havido prejuízo da defesa. Em voto-vista, o Ministro Roberto Barroso acrescentou que a jurisprudência da Corte seria no sentido de que, no período anterior à Lei 11.719/2008, que alterou o art. 185, § 2º, do CPP, a realização do interrogatório do acusado no mesmo dia da citação não acarretaria a automática anulação do processo-crime por cerceamento de defesa. Vencido o Ministro Marco Aurélio, que deferia a ordem. Assentava que, na espécie, o prejuízo seria ínsito, na medida em que o paciente não tivera contato prévio com o advogado de sua livre escolha, o qual lhe seria constitucionalmente garantido.

HC 98434/MG, rel. Min. Cármen Lúcia, 20.5.2014. (HC-98434) (Inform. STF 747)

RHC N. 117.192-MG
RELATORA: MIN. ROSA WEBER
RECURSO ORDINÁRIO EM *HABEAS* CORPUS. PROCESSO PENAL. CONDENAÇÃO CRIMINAL. ELEMENTOS INFORMATIVOS COLHIDOS NA INVESTIGAÇÃO CRIMINAL. POSSIBILIDADE DE VALORAÇÃO NA SENTENÇA.
1. O art. 155 do Código de Processo Penal não impede que o juiz, para a formação de sua livre convicção, considere elementos informativos colhidos na fase de investigação criminal, vedada a condenação fundamentada exclusivamente em tais provas.
2. Na espécie, o édito condenatório lastreado em declarações colhidas de testemunhas na fase inquisitorial, bem como em depoimentos prestados em juízo, sob o crivo do contraditório e da ampla defesa, não resulta em ilegalidade.
3. Recurso ordinário em *habeas corpus* a que se nega provimento. **(Inform. STF 720)**

HC N. 112.341-SP
RELATORA: MIN. CÁRMEN LÚCIA
EMENTA: *HABEAS CORPUS*. PENAL. TRÁFICO DE ENTORPECENTES. ALEGAÇÃO DE CONSTRANGIMENTO DECORRENTE DO NÃO CONHECIMENTO PARCIAL DA AÇÃO IMPETRADA NO SUPERIOR TRIBUNAL DE JUSTIÇA, DA NÃO INTIMAÇÃO DO DEFENSOR PÚBLICO PARA A SESSÃO DE JULGAMENTO DA APELAÇÃO E DA NULIDADE DA PROVA EMPRESTADA: IMPROCEDÊNCIA. ORDEM DENEGADA.
1. Não há nulidade por terem sido juntadas aos autos do processo principal provas emprestadas de outro processo-crime. Precedentes.
2. Este Supremo Tribunal assentou que, no sistema processual-penal vigente, a declaração de nulidade depende demonstração de prejuízo efetivo para a defesa ou acusação, ou de comprovação de interferência indevida na apuração da verdade substancial e na decisão da causa; não se declara nulidade processual por presunção. Precedentes.
3. Não procede o argumento de inocorrência da intimação pessoal do Defensor Público.
4. Os fatos descritos na sentença penal condenatória caracterizam a dedicação da Paciente às atividades criminosas e foram sopesados pelas instâncias de mérito para o fim de afastar a causa de diminuição da pena prevista no art. 33, §4º, da Lei n. 11.343/2006.
5. Ordem denegada. **(Inform. STF 719)**

RHC N. 116.173-RS
RELATORA: MIN. CÁRMEN LÚCIA
EMENTA: RECURSO ORDINÁRIO EM *HABEAS CORPUS*. HOMICÍDIO QUALIFICADO. 1. INEXISTÊNCIA DE PEDIDO DE SUSTENTAÇÃO ORAL. DESNECESSIDADE DE INTIMAÇÃO PARA A SESSÃO DE JULGAMENTO DE *HABEAS CORPUS* NO SUPERIOR TRIBUNAL DE JUSTIÇA. 2. PROVA ORAL COLHIDA POR MEIO AUDIOVISUAL. ALEGAÇÃO DE NECESSIDADE DE DEGRAVAÇÃO SOB PENA DE CERCEAMENTO DE DEFESA. AUSÊNCIA DE PEDIDO DE DEGRAVAÇÃO DA DEFESA. PRECLUSÃO DA MATÉRIA. DISPONIBILIZAÇÃO DA CÓPIA DO REGISTRO ORIGINAL DO DEPOIMENTO COLHIDO EM AUDIÊNCIA. PREJUÍZO NÃO DEMONSTRADO. PRESCINDIBILIDADE DA DEGRAVAÇÃO, NOS TERMOS DO ART. 405, § 2º, DO CÓDIGO DE PROCESSO PENAL.

1. Não havendo pedido de sustentação oral da Defensoria Pública, a falta de intimação para a sessão de julgamento não suprime o direito da defesa do Recorrente de comparecer para efetivar essa sustentação. Precedentes.
2. Ausência de pedido da defesa de degravação da prova oral colhida por meio audiovisual. Matéria preclusa.
3. Registro na ata da audiência de que a cópia do registro original do depoimento colhido, nos termos do art. 405 do Código de Processo Penal, está disponível nos autos. O princípio do *pas de nullité sans grief* exige, sempre que possível, a demonstração de prejuízo concreto pela parte que suscita o vício. Precedentes. Prejuízo não demonstrado pela defesa.
4. Nos termos do art. 405, § 2º, do Código de Processo Penal, é desnecessária a degravação da audiência realizada por meio audiovisual, sendo obrigatória apenas a disponibilização da cópia do que registrado nesse ato. A ausência de transcrição não impede o acesso à prova.
5. Recurso ao qual se nega provimento. **(Inform. STF 719)**

RHC N. 115.983-RJ
RELATOR: MIN. RICARDO LEWANDOWSKI
RECURSO ORDINÁRIO EM *HABEAS CORPUS*. CONSTITUCIONAL E PROCESSUAL PENAL. DELITO DE HOMICÍDIO. BUSCA E APREENSÃO DE CARTAS AMOROSAS ENVIADAS PELA RECORRENTE A UM DOS CORRÉUS COM QUEM MANTINHA RELACIONAMENTO EXTRACONJUGAL. ART. 240, § 1º, **F**, DO CPP. VIOLAÇÃO DO DIREITO À INVIOLABILIDADE DE CORRESPONDÊNCIA. NÃO OCORRÊNCIA. GARANTIA QUE NÃO É ABSOLUTA. AUTORIA INTELECTUAL EVIDENCIADA POR OUTRAS PROVAS COLHIDAS NA INSTRUÇÃO CRIMINAL. AUSÊNCIA DE DEMONSTRAÇÃO DO EFETIVO PREJUÍZO. IMPOSSIBILIDADE DE REVOLVIMENTO DO CONJUNTO FÁTICO-PROBATÓRIO NA VIA ESTREITA DO *HABEAS CORPUS*. SOBERANIA DOS VEREDICTOS PROFERIDOS PELO TRIBUNAL DO JÚRI. TRÂNSITO EM JULGADO DA CONDENAÇÃO. IMPOSSIBILIDADE DE ADMITIR-SE O *WRIT* CONSTITUCIONAL COMO SUCEDÂNEO DE REVISÃO CRIMINAL. PRECEDENTES. RECURSO IMPROVIDO.
I – A jurisprudência desta Corte consagrou o entendimento de que o princípio constitucional da inviolabilidade das comunicações (art. 5º, XII, da CF) não é absoluto, podendo o interesse público, em situações excepcionais, sobrepor-se aos direitos individuais para evitar que os direitos e garantias fundamentais sejam utilizados para acobertar condutas criminosas.
II – A busca e apreensão das cartas amorosas foi realizada em procedimento autorizado por decisão judicial, nos termos do art. 240, § 1º, **f**, do Código de Processo Penal.
III – A condenação baseou-se em outros elementos de prova, em especial nos depoimentos de testemunhas, reproduzidos em plenário, sob o crivo do contraditório.
IV – Esta Corte assentou o entendimento de que a demonstração de prejuízo, *"a teor do art. 563 do CPP, é essencial à alegação de nulidade, seja ela relativa ou absoluta, eis que, (⊙) o âmbito normativo do dogma fundamental da disciplina das nulidades pas de nullité sans grief compreende as nulidades absolutas"* (HC 85.155/SP, Rel. Min. Ellen Gracie).
V – Não cabe a este Tribunal, na via do remédio constitucional, decidir de modo diverso, ainda mais quando se analisa a questão sob a ótica do preceito fundamental da soberania dos veredictos, assegurado ao Tribunal do Júri na alínea **c** do inciso XXXVIII do art. 5º da Carta Magna.
VI – O *habeas corpus*, em que pese configurar remédio constitucional de largo espectro, não pode ser utilizado como sucedâneo da revisão criminal, salvo em situações nas quais se verifique flagrante ilegalidade ou nulidade, o que não é o caso dos autos.
VII – Recurso ordinário improvido. **(Inform. STF 718)**

Lei 10.792/2003: entrevista e audiência de instrução - 2
Em conclusão, ante a inadequação da via eleita, a 1ª Turma julgou extinto habeas corpus – substitutivo de recurso constitucional – em que se pretendia fosse declarada a nulidade de processo-crime a partir da audiência para oitiva de testemunha, sob o argumento de não concessão, naquela oportunidade, de entrevista reservada entre o acusado e o defensor público – v. informativo 672. Pontuou-se não haver obrigatoriedade de assegurar-se à defesa, já anteriormente constituída, fosse ela pública ou privada, a realização de entrevista prévia ao réu antes do início de audiência para inquirição de testemunhas. Asseverou-se ser diversa a situação caso se tratasse de interrogatório do paciente, ocasião em que

4. DIREITO PROCESSUAL PENAL

se poderia cogitar de eventual necessidade de prévio aconselhamento do réu com seu advogado, para subsidiá-lo com elementos técnicos para a produção da defesa pessoal do acusado (CPP, art. 185, § 5º). Ademais, rejeitou-se, por maioria, proposta formulada pelo Min. Marco Aurélio no sentido de concessão da ordem, de ofício. O Min. Luiz Fux, relator, reajustou o voto.
HC 112225/DF, rel. Min. Luiz Fux, 18.6.2013. (HC-112225) (Inform. STF 711)

Bacen e envio de informações individualizadas - 1

A 1ª Turma iniciou exame de *habeas corpus* em que se pleiteia a declaração de nulidade de ação penal, embasada na ilegalidade das quebras de sigilos bancário e fiscal dos pacientes. Outrossim, busca seja assentada a nulidade das provas obtidas ilicitamente, determinando-se a prolação de nova sentença. O Min. Marco Aurélio, relator, julgou extinto o *habeas*, sem apreciação do pedido, por inadequação da via processual, porquanto substitutivo de recurso ordinário, mas concedeu, de ofício, a ordem para declarar insubsistente o processo adversado. Delineou estar em discussão a possibilidade de o Banco Central do Brasil - Bacen poder fornecer ao Ministério Público, sem autorização judicial, dados bancários. Explicitou que se, de um lado, a notícia da prática de crime seria dever de todo cidadão e, com base maior, de entidade como o Bacen, de outro, o afastamento do sigilo de dados, consoante disposto no inciso XII do art. 5º da CF ("*é inviolável o sigilo da correspondência e das comunicações telegráficas, de dados e das comunicações telefônicas, salvo, no último caso, por ordem judicial, nas hipóteses e na forma que a lei estabelecer para fins de investigação criminal ou instrução processual penal*"), somente se faria possível mediante ato de órgão judicial. Anotou que o primado do Judiciário presente a garantia constitucional revelada no aludido preceito também abarcaria dados bancários. Aduziu estar-se diante de tema de grande importância considerada a ordem jurídica no que as Leis 4.729/65, 6.385/76 e 7.492/86 conteriam preceitos abrangentes a versarem o envio de elementos ao Ministério Público sem a intermediação judicial. Acentuou que o Bacen, mediante expediente dirigido ao Procurador-Geral da República, não se limitara a noticiar possível prática de crime e procedera à remessa de diversos dados, inclusive de correntistas individualizados. Dessa maneira, o Bacen, ao implementar a mencionada quebra, teria colocado em segundo plano a reserva do Judiciário prevista na Constituição. Por fim, complementou que, a partir desse fenômeno, a ação penal ter-se-ia iniciado. Após, pediu vista a Min. Rosa Weber. **HC 99223/PR, rel. Min. Marco Aurélio, 6.11.2012. (HC-99223)**
Bacen e envio de informações individualizadas - 2
Em conclusão de julgamento, a 1ª Turma assentou o prejuízo de habeas corpus no qual se pleiteava a declaração de nulidade de ação penal, embasada na ilicitude das quebras de sigilos bancário e fiscal dos pacientes – v. Informativo 687. Na espécie, o Banco Central do Brasil - Bacen teria enviado documentos ao Ministério Público e à Receita federais noticiando a suposta prática de crime contra o Sistema Financeiro Nacional. Esclareceu-se que o juízo de origem oficiaria a esta Corte comunicando ter proferido sentença extintiva da punibilidade dos pacientes, pela ocorrência de prescrição da pretensão punitiva do Estado. Assim, consignou-se que o writ estaria prejudicado por perda de objeto.
HC 99223/PR, rel. Min. Marco Aurélio, 21.5.2013. (HC-99223) (Inform. STF 707)

Audiência de instrução e formulação de perguntas

A 2ª Turma denegou habeas corpus em que pretendida a anulação de sentença de pronúncia com realização de nova audiência, ao argumento de que o magistrado teria formulado perguntas antes de conceder a palavra às partes. Na espécie, alegava-se que as indagações por parte do juiz seriam de caráter complementar, realizadas ao final, em consonância com a nova redação dada pela Lei 11.690/2008 (CPP: "Art. 212. As perguntas serão formuladas pelas partes diretamente à testemunha, não admitindo o juiz aquelas que puderem induzir a resposta, não tiverem relação com a causa ou importarem na repetição de outra já respondida. Parágrafo único. Sobre os pontos não esclarecidos, o juiz poderá complementar a inquirição"). Ponderou-se que, conforme assentada jurisprudência do STF, para o reconhecimento de eventual nulidade, necessário demonstrar-se o prejuízo por essa pretensa inversão no rito inaugurado por alteração no CPP, o que não teria ocorrido.
HC 115336/RS, rel. Min. Cármen Lúcia, 21.5.2013. (HC-115336) (Inform. STF 707)

Interceptações telefônicas e teoria do juízo aparente - 1

Ao admitir a ratificação de provas – interceptações telefônicas – colhidas por juízo aparentemente competente à época dos fatos, a 2ª Turma, por maioria, denegou habeas corpus impetrado em favor de vereador que supostamente teria atuado em conluio com terceiros para obtenção de vantagem indevida mediante a manipulação de procedimentos de concessão de benefícios previdenciários, principalmente de auxílio- doença. Na espécie, a denúncia fora recebida por juiz federal de piso que decretara as prisões e as quebras de sigilo. Em seguida, declinara da competência para o TRF da 2ª Região, considerado o art. 161, IV, d-3, da Constituição do Estado do Rio de Janeiro, bem como o julgamento do RE 464935/RJ (DJe de 27.6.2008), pelo qual se reconhecera que os vereadores fluminenses deveriam ser julgados pela segunda instância, em razão de prerrogativa de função. Por sua vez, o TRF da 2ª Região entendera que a competência para processar e julgar vereadores seria da primeira instância, ao fundamento de que a justiça federal seria subordinada à Constituição Federal (art. 109) e não às constituições estaduais. Alegava-se que o magistrado federal não teria competência para as investigações e para julgamento da ação penal, uma vez que vereadores figurariam no inquérito. **HC 110496/RJ, rel. Min. Gilmar Mendes, 9.4.2013. (HC-110496)**

Interceptações telefônicas e teoria do juízo aparente - 2

Asseverou-se que o precedente mencionado não se aplicaria à espécie, porquanto aquela ação penal tramitara na justiça estadual e não na federal. Destacou-se que, à época dos fatos, o tema relativo à prerrogativa de foro dos vereadores do Município do Rio de Janeiro seria bastante controvertido, mormente porque, em 28.5.2007, o Tribunal de Justiça local havia declarado a inconstitucionalidade do art. 161, IV, d-3, da Constituição estadual. Observou-se que, embora essa decisão não tivesse eficácia *erga omnes*, seria paradigma para seus membros e juízes de primeira instância. Nesse contexto, obtemperou-se não ser razoável a anulação de provas determinadas pelo juízo federal de primeira instância. Aduziu-se que, quanto à celeuma acerca da determinação da quebra de sigilo pelo juízo federal posteriormente declarado incompetente – em razão de se identificar a atuação de organização criminosa, a ensejar a remessa do feito à vara especializada –, aplicar-se-ia a teoria do juízo aparente. Vencido o Min. Celso de Mello, que concedia a ordem. Ressaltava que, embora a jurisprudência do STF acolhesse a mencionada teoria, essa apenas seria invocável se, no momento em que tivessem sido decretadas as medidas de caráter probatório, a autoridade judiciária não tivesse condições de saber que a investigação fora instaurada em relação a alguém investido de prerrogativa de foro. Pontuava que o juízo federal, ao deferir as interceptações, deixara claro conhecer o envolvimento, naquela investigação penal, de três vereadores, dois dos quais do Rio de Janeiro, cuja Constituição outorgava a prerrogativa de foro perante o Tribunal de Justiça. Frisava que a decisão que decretara a medida de índole probatória fora emanada por autoridade incompetente. Após, cassou-se a liminar anteriormente deferida. **HC 110496/RJ, rel. Min. Gilmar Mendes, 9.4.2013. (HC-110496) (Inform. STF 701).**

Produção antecipada de provas e fundamentação

Ante o empate na votação, a 1ª Turma deferiu *habeas corpus*, de ofício, para reconhecer a nulidade da prova produzida antecipadamente e determinar seu desentranhamento. De início, julgou-se extinta a impetração, porquanto manejada de acórdão de recurso ordinário em *habeas corpus*, julgado pelo STJ, em substituição ao recurso cabível, que, no caso, seria o extraordinário. O Min. Dias Toffoli, relator, concedeu a ordem de ofício, no que foi acompanhado pela Min. Rosa Weber. Consignou que o eventual esquecimento dos fatos pelas testemunhas, em razão da passagem do tempo, não seria fundamento idôneo para antecipar a oitiva delas. Além disso, avaliou que o magistrado teria considerado o fato de as testemunhas serem policiais militares, o que não corresponderia à realidade. Em divergência, os Ministros Marco Aurélio e Luiz Fux não concediam a ordem de ofício. Aquele ressaltava que o juiz poderia proceder à colheita antecipada de provas para evitar o esquecimento dos fatos, em virtude da passagem do tempo. Este afirmava que o perigo da demora seria para a formação da prova do processo e não para a liberdade de ir e vir. **HC 114519/DF, rel. Min. Dias Toffoli, 26.2.2013. (HC-114519) (Inform. STF 696).**

Interceptação telefônica e investigação preliminar

A 2ª Turma concedeu *habeas corpus* impetrado em favor de denunciado por crime contra a ordem tributária (Lei 8.137/90, art.3°, II), assim como por violação do dever funcional e prevaricação (CP, art.325, §1°, II, c/c art. 319) – com o fim de se declarar a ilicitude de provas produzidas em interceptações telefônicas, ante a ilegalidade das autorizações e a nulidade das decisões judiciais que as decretaram amparadas apenas em denúncia anônima, sem investigação preliminar. Além disso, determinou a juízo federal de piso examinar as implicações da nulidade dessas interceptações nas demais provas dos autos. Na espécie, a autorização das interceptações deflagrara-se a partir de documento apócrifo recebido por membro do Ministério Público. Este confirmara com delegado da Receita Federal os dados de identificação de determinada empresa e do ora paciente, auditor fiscal daquele órgão. Em seguida, solicitara a interceptação, sem, no entanto, proceder a investigação prévia. Ressaltou-se, no ponto, ausência de investigação preliminar. Apontou-se que a interceptação deveria ter sido acionada após verificação da ocorrência de indícios e da impossibilidade de se produzir provas por outros meios. **HC 108147/PR, rel. Min. Cármen Lúcia, 11.12.2012. (HC-108147) (Inform. STF 692).**

DIREITO PROCESSUAL PENAL. REQUISIÇÃO PELO MP DE INFORMAÇÕES BANCÁRIAS DE ENTE DA ADMINISTRAÇÃO PÚBLICA.
Não são nulas as provas obtidas por meio de requisição do Ministério Público de informações bancárias de titularidade de prefeitura municipal para fins de apurar supostos crimes praticados por agentes públicos contra a Administração Pública. É pacífico na doutrina pátria e na jurisprudência dos Tribunais Superiores que o sigilo bancário constitui espécie do direito à intimidade/privacidade, consagrado no art. 5°, X e XII, da CF. No entanto, as contas públicas, ante os princípios da publicidade e da moralidade (art. 37 da CF), não possuem, em regra, proteção do direito à intimidade/privacidade e, em consequência, não são protegidas pelo sigilo bancário. Na verdade, a intimidade e a vida privada de que trata a Lei Maior referem-se à pessoa humana, aos indivíduos que compõem a sociedade e às pessoas jurídicas de direito privado, inaplicáveis tais conceitos aos entes públicos. Ademais, entendeu o STF que as "Operações financeiras que envolvam recursos públicos não estão abrangidas pelo sigilo bancário a que alude a Lei Complementar n° 105/2001, visto que as operações dessa espécie estão submetidas aos princípios da administração pública insculpidos no art. 37 da Constituição Federal" (MS 33.340-DF, Primeira Turma, DJe de 3/8/2015). Decisão monocrática citada: STJ, RCD no HC 301.719-CE, DJe 13/3/2015. **HC 308.493-CE, Rel. Min. Reynaldo Soares da Fonseca, julgado em 20/10/2015, DJe 26/10/2015. (Inform. STJ 572)**

DIREITO PROCESSUAL PENAL. COMPROVAÇÃO DA MENORIDADE DE VÍTIMA DE CRIMES SEXUAIS.
Nos crimes sexuais contra vulnerável, a inexistência de registro de nascimento em cartório civil não é impedimento a que se faça a prova de que a vítima era menor de 14 anos à época dos fatos. De início, ressalte--se que a norma processual inscrita no art. 155, parágrafo único, do CPP estabelece que o juiz, no exercício do livre convencimento motivado, somente quanto ao estado das pessoas observará as restrições estabelecidas na lei civil. Ao enfrentar a questão, a Terceira Seção do STJ assentou a primazia da certidão de nascimento da vítima para tanto (EREsp 762.043-RJ, DJe 4/3/2009). Porém, o STJ tem considerado que a mera ausência da certidão de nascimento não impede a verificação etária, quando colhidos outros elementos hábeis à comprovação da qualidade de infante da vítima (HC 81.181-SP, Quinta Turma, DJe 21/6/2010 e AgRg no AREsp 114.864-DF, Sexta Turma, DJe 3/10/2013). **AgRg no AREsp 12.700-AC, voto vencedor Rel. Min. Walter de Almeida Guilherme (Desembargador convocado do TJ/SP), Rel. para acórdão Min. Gurgel de Faria, julgado em 10/3/2015, DJe 5/6/2015 (Inform. STJ 563).**

DIREITO PROCESSUAL PENAL. ENCONTRO FORTUITO DE PROVAS NO CUMPRIMENTO DE MANDADO DE BUSCA E APREENSÃO EM ESCRITÓRIO DE ADVOCACIA.
É lícita a apreensão, em escritório de advocacia, de drogas e de arma de fogo, em tese pertencentes a advogado, na hipótese em que outro advogado tenha presenciado o cumprimento da diligência por solicitação dos policiais, ainda que o mandado de busca e apreensão tenha sido expedido para apreender arma de fogo supostamente pertencente a estagiário do escritório – e não ao advogado – e mesmo que no referido mandado não haja expressa indicação de representante da OAB local para o acompanhamento da diligência. De fato, o inciso II e o § 6° do art. 7° da Lei 8.906/1994

dispõem, respectivamente, que são direitos do advogado "a inviolabilidade de seu escritório ou local de trabalho, bem como de seus instrumentos de trabalho, de sua correspondência escrita, eletrônica, telefônica e telemática, desde que relativas ao exercício da advocacia" e que "Presentes indícios de autoria e materialidade da prática de crime por parte de advogado, a autoridade judiciária competente poderá decretar a quebra da inviolabilidade de que trata o inciso II do caput deste artigo, em decisão motivada, expedindo mandado de busca e apreensão, específico e pormenorizado, a ser cumprido na presença de representante da OAB, sendo, em qualquer hipótese, vedada a utilização dos documentos, das mídias e dos objetos pertencentes a clientes do advogado averiguado, bem como dos demais instrumentos de trabalho que contenham informações sobre clientes". A finalidade das normas acima transcritas é, claramente, salvaguardar o sigilo da profissão, respeitando-se as informações privilegiadas que os advogados recebem de seus clientes, em homenagem ao princípio da ampla defesa, previsto no art. 5°, LV, da CF. No caso em análise, os policiais estavam legitimamente autorizados a ingressar no escritório de advocacia por meio de mandado regularmente expedido, e a determinação de busca e apreensão se deu para o endereço profissional do investigado e não para uma sala ou mesa específica. Não obstante o mandado de busca e apreensão tenha sido expedido para apuração de crime praticado pelo estagiário do escritório, verificou-se, coincidentemente, no cumprimento da medida, a ocorrência flagrancial de dois outros crimes que possuem natureza permanente, ou seja, sua consumação se protrai no tempo. Contraria a razoabilidade exigir-se dos policiais envolvidos na diligência que fingissem não ter visto os crimes, para solicitar, a posteriori, um mandado específico de busca e apreensão para o escritório do advogado. Essa medida contrariaria o art. 301 do CPP: "Qualquer do povo poderá e as autoridades policiais e seus agentes deverão prender quem quer que seja encontrado em flagrante delito". Desse modo, não há excesso por parte dos policiais envolvidos na busca e apreensão, uma vez que a busca em todo o escritório era necessária, haja vista que a arma de fogo pertencente ao estagiário poderia estar escondida em qualquer lugar do escritório, o que justifica a busca em todo o ambiente, e não apenas nos locais, em princípio de exercício da função de estagiário. Ressalte-se que a localização de elementos que configuram outros crimes, praticados por pessoa que não figura como objeto do mandado de busca e apreensão, insere-se na hipótese nominada pela doutrina de "encontro fortuito de provas". Ademais, em que pese a não indicação expressa de representante da OAB local para o acompanhamento da diligência, foi solicitado, pelos policiais nela envolvidos, que um advogado estivesse presente e acompanhasse o cumprimento do mandado de busca e apreensão no escritório. Sendo assim, aplicando-se o princípio da instrumentalidade das formas, a finalidade da norma foi atingida, não havendo que se falar em nulidade, mas sim, se muito, em mera irregularidade. **RHC 39.412-SP, Rel. Min. Felix Fischer, julgado em 3/3/2015, DJe 17/3/2015 (Inform. STJ 557).**

DIREITO PROCESSUAL PENAL. DESNECESSIDADE DE PROVA PERICIAL PARA CONDENAÇÃO POR USO DE DOCUMENTO FALSO.
É possível a condenação por infração ao disposto no art. 304 do CP (uso de documento falso) com fundamento em documentos e testemunhos constantes do processo, acompanhada da confissão do acusado, sendo desnecessária a prova pericial para a comprovação da materialidade do crime, mormente se a defesa não requereu, no momento oportuno, a realização do referido exame. Precedentes citados: AgRg no AREsp 78.480-SP, Quinta Turma, DJe 1°/2/2013; HC 134.341-MS, Quinta Turma, DJe 19/12/2011; e HC 149.812-SP, Quinta Turma, DJe 21/11/2011. **HC 307.586-SE, Rel. Min. Walter de Almeida Guilherme (Desembargador convocado do TJ/SP), julgado em 25/11/2014, DJe 3/12/2014 (Inform. STJ 553).**

DIREITO PROCESSUAL PENAL. COMPARTILHAMENTO DE PROVAS EM RAZÃO DE ACORDO INTERNACIONAL DE COOPERAÇÃO.
Não há ilegalidade na utilização, em processo penal em curso no Brasil, de informações compartilhadas por força de acordo internacional de cooperação em matéria penal e oriundas de quebra de sigilo bancário determinada por autoridade estrangeira, com respaldo no ordenamento jurídico de seu país, para a apuração de outros fatos criminosos lá ocorridos, ainda que não haja prévia decisão da justiça brasileira autorizando a quebra do sigilo. Em matéria penal, deve-se adotar, em regra, o princípio da territorialidade, desenvolvendo-se na justiça pátria o processo e os respectivos incidentes, não se podendo olvidar, outrossim, de eventuais tratados ou outras normas internacionais a que o país tenha aderido, nos termos dos arts. 1° do CPP e 5°, caput, do CP. Tem-se, assim, que a competência

internacional é regulada ou pelo direito internacional ou pelas regras internas de determinado país, tendo por fontes os costumes, os tratados normativos e outras regras de direito internacional. Dessa forma, se a juntada da documentação aos autos se deu por força de pedidos de cooperação judiciária internacional baseados no Acordo de Assistência Judiciária em Matéria Penal, tendo sido apresentada devidamente certificada, de modo a se comprovar a autenticidade e a regularidade na sua obtenção, não há que se falar em ilegalidade no compartilhamento das provas oriundas da quebra do sigilo bancário realizado em outro país. **HC 231.633-PR, Rel. Min. Jorge Mussi, julgado em 25/11/2014, DJe 3/12/2014 (Inform. STJ 553).**

DIREITO PROCESSUAL PENAL. INTIMAÇÃO DE AUTORIDADE PARA PRESTAR DECLARAÇÕES.
As autoridades com prerrogativa de foro previstas no art. 221 do CPP, quando figurarem na condição de investigados no inquérito policial ou de acusados na ação penal, não têm o direito de serem inquiridas em local, dia e hora previamente ajustados com a autoridade policial ou com o juiz. Isso porque não há previsão legal que assegure essa prerrogativa processual, tendo em vista que o art. 221 do CPP se restringe às hipóteses em que as autoridades nele elencadas participem do processo na qualidade de testemunhas, e não como investigados ou acusados. Precedente citado do STF: Pet 4.600-AL, DJe 26/11/2009. **HC 250.970-SP, Rel. Min. Jorge Mussi, julgado em 23/9/2014. (Inform. STJ 547)**

DIREITO PROCESSUAL PENAL. NULIDADE DE PROVA ADVINDA DE QUEBRA DE SIGILO BANCÁRIO PELA ADMINISTRAÇÃO TRIBUTÁRIA SEM AUTORIZAÇÃO JUDICIAL.
Os dados obtidos pela Receita Federal com fundamento no art. 6º da LC 105/2001, mediante requisição direta às instituições bancárias no âmbito de processo administrativo fiscal sem prévia autorização judicial, não podem ser utilizados para sustentar condenação em processo penal. Efetivamente, afigura-se decorrência lógica do respeito aos direitos à intimidade e à privacidade (art. 5º, X, da CF) a proibição de que a administração fazendária afaste, por autoridade própria, o sigilo bancário do contribuinte, especialmente se considerada sua posição de parte na relação jurídico-tributária, com interesse direto no resultado da fiscalização. Apenas o Judiciário, desinteressado que é na solução material da causa e, por assim dizer, órgão imparcial, está apto a efetuar a ponderação imprescindível entre o dever de sigilo – decorrente da privacidade e da intimidade asseguradas aos indivíduos em geral e aos contribuintes, em especial – e o também dever de preservação da ordem jurídica mediante a investigação de condutas a ela atentatórias. Nesse contexto, diante da ilicitude da quebra do sigilo bancário realizada diretamente pela autoridade fiscalizadora sem prévia autorização judicial, deve ser reconhecida a inadmissibilidade das provas dela advindas, na forma do art. 157 do CPP, de acordo com o qual "São inadmissíveis, devendo ser desentranhadas do processo, as provas ilícitas, assim entendidas as obtidas em violação a normas constitucionais ou legais". Precedente citado do STF: RE 389.808-PR, Tribunal Pleno, DJe 9/5/2011. Precedente citado do STJ: RHC 41.532-PR, Sexta Turma, DJe 28/2/2014; e AgRg no REsp 1.402.649-BA, Sexta Turma, DJe 18/11/2013. **REsp 1.361.174-RS, Rel. Min. Marco Aurélio Bellizze, julgado em 3/6/2014. (Inform. STJ 543)**

DIREITO PROCESSUAL PENAL. UTILIZAÇÃO DE GRAVAÇÃO TELEFÔNICA COMO PROVA DE CRIME CONTRA A LIBERDADE SEXUAL.
Em processo que apure a suposta prática de crime sexual contra adolescente absolutamente incapaz, é admissível a utilização de prova extraída de gravação telefônica efetivada a pedido da genitora da vítima, em seu terminal telefônico, mesmo que solicitado auxílio técnico de detetive particular para a captação das conversas. Consoante dispõe o art. 3º, I, do CC, são absolutamente incapazes os menores de dezesseis anos, não podendo praticar ato algum por si, de modo que são representados por seus pais. Assim, é válido o consentimento do genitor para gravar as conversas do filho menor. De fato, a gravação da conversa, em situações como a ora em análise, não configura prova ilícita, visto que não ocorre, a rigor, uma interceptação da comunicação por terceiro, mas mera gravação, com auxílio técnico de terceiro, pelo proprietário do terminal telefônico, objetivando a proteção da liberdade sexual de absolutamente incapaz, seu filho, na perspectiva do poder familiar, vale dizer, do poder-dever de que são investidos os pais em relação aos filhos menores, de proteção e vigilância. A presente hipótese se assemelha, em verdade, à gravação de conversa telefônica feita com a autorização de um dos interlocutores, sem ciência do outro, quando há cometimento de crime por este último, situação já reconhecida como

válida pelo STF (HC 75.338, Tribunal Pleno, DJ 25/9/1998). Destaque-se que a proteção integral à criança, em especial no que se refere às agressões sexuais, é preocupação constante de nosso Estado, constitucionalmente garantida em caráter prioritário (art. 227, *caput*, c/c o § 4º, da CF), e de instrumentos internacionais. Com efeito, preceitua o art. 34, "b", da Convenção Internacional sobre os Direitos da Criança, aprovada pela Resolução 44/25 da ONU, em 20/11/1989, e internalizada no ordenamento jurídico nacional mediante o DL 28/1990, *verbis*: "Os Estados-partes se comprometem a proteger a criança contra todas as formas de exploração e abuso sexual. Nesse sentido, os Estados-parte tomarão, em especial, todas as medidas de caráter nacional, bilateral e multilateral que sejam necessárias para impedir: (...) b) a exploração da criança na prostituição ou outras práticas sexuais ilegais; (...)". Assim, é inviável inquinar de ilicitude a prova assim obtida, prestigiando o direito à intimidade e privacidade do acusado em detrimento da própria liberdade sexual da vítima absolutamente incapaz e em face de toda uma política estatal de proteção à criança e ao adolescente, enquanto ser em desenvolvimento. **REsp 1.026.605-ES, Rel. Min. Rogerio Schietti Cruz, julgado em 13/5/2014. (Inform. STJ 543)**

DIREITO PROCESSUAL PENAL. UTILIZAÇÃO DA INTERCEPTAÇÃO DE COMUNICAÇÃO TELEFÔNICA EM DESFAVOR DE INTERLOCUTOR NÃO INVESTIGADO.
As comunicações telefônicas do investigado legalmente interceptadas podem ser utilizadas para formação de prova em desfavor do outro interlocutor, ainda que este seja advogado do investigado. A interceptação telefônica, por óbvio, abrange a participação de quaisquer dos interlocutores. Ilógico e irracional seria admitir que a prova colhida contra o interlocutor que recebeu ou originou chamadas para a linha legalmente interceptada é ilegal. No mais, não é porque o advogado defendia o investigado que sua comunicação com ele foi interceptada, mas tão somente porque era um dos interlocutores. Precedente citado: HC 115.401/RJ, Quinta Turma, DJe 1º/2/2011. **RMS 33.677-SP, Rel. Min. Laurita Vaz, julgado em 27/5/2014. (Inform. STJ 541)**

DIREITO PROCESSUAL PENAL. DESCOBERTA FORTUITA DE DELITOS QUE NÃO SÃO OBJETO DE INVESTIGAÇÃO.
O fato de elementos indiciários acerca da prática de crime surgirem no decorrer da execução de medida de quebra de sigilo bancário e fiscal determinada para apuração de outros crimes não impede, por si só, que os dados colhidos sejam utilizados para a averiguação da suposta prática daquele delito. Com efeito, pode ocorrer o que se chama de fenômeno da serendipidade, que consiste na descoberta fortuita de delitos que não são objeto da investigação. Precedentes citados: HC 187.189-SP, Sexta Turma, DJe 23/8/2013; e RHC 28.794-RJ, Quinta Turma, DJe 13/12/2012. **HC 282.096-SP, Rel. Min. Sebastião Reis Júnior, julgado em 24/4/2014. (Inform. STJ 539)**

DIREITO PROCESSUAL PENAL. UTILIZAÇÃO NO PROCESSO PENAL DE INFORMAÇÕES OBTIDAS PELA RECEITA FEDERAL MEDIANTE REQUISIÇÃO DIRETA ÀS INSTITUIÇÕES BANCÁRIAS.
Os dados obtidos pela Receita Federal com fundamento no art. 6º da LC 105/2001, mediante requisição direta às instituições bancárias no âmbito de processo administrativo fiscal sem prévia autorização judicial, não podem ser utilizados no processo penal, sobretudo para dar base à ação penal. Há de se ressaltar que não está em debate a questão referente à possibilidade do fornecimento de informações bancárias, para fins de constituição de créditos tributários, pelas instituições financeiras ao Fisco sem autorização judicial – tema cuja repercussão geral foi reconhecida no RE 601.314-SP, pendente de apreciação. Discute-se se essas informações podem servir de base à ação penal. Nesse contexto, reafirma-se, conforme já decidido pela Sexta Turma do STJ, que as informações obtidas pelo Fisco, quando enviadas ao MP para fins penais, configuram inadmissível quebra de sigilo bancário sem prévia autorização judicial. Não cabe à Receita Federal, órgão interessado no processo administrativo e sem competência constitucional específica, requisitar diretamente às instituições bancárias a quebra do sigilo bancário. Pleito nesse sentido deve ser necessariamente submetido à avaliação do magistrado competente, a quem cabe motivar concretamente sua decisão, em observância aos arts. 5º, XII e 93, IX, da CF. Precedentes citados: HC 237.057-RJ, Sexta Turma, DJe 27/2/2013; REsp 1.201.442-RJ, Sexta Turma, DJe 22/8/2013; AgRg no REsp 1.402.649-BA, Sexta Turma, DJe 18/11/2013. **RHC 41.532-PR, Rel. Min. Sebastião Reis Júnior, julgado em 11/02/2014. (Inform. STJ 535)**

DIREITO PROCESSUAL PENAL. REALIZAÇÃO DE PERÍCIA NA HIPÓTESE DE FALTA DE PERITOS OFICIAIS.

Verificada a falta de peritos oficiais na comarca, é válido o laudo pericial que reconheça a qualificadora do furto referente ao rompimento de obstáculo (art. 155, § 4º, I, do CP) elaborado por duas pessoas idôneas e portadoras de diploma de curso superior, ainda que sejam policiais. A incidência da qualificadora prevista no art. 155, § 4º, I, do CP está condicionada à comprovação do rompimento de obstáculo por laudo pericial, salvo em caso de desaparecimento dos vestígios, quando a prova testemunhal poderá lhe suprir a falta. Na ausência de peritos oficiais na comarca, é possível que se nomeie duas pessoas para realizar o exame, como autoriza o art. 159, § 1º, do CPP. O referido preceito, aliás, não impõe nenhuma restrição ao fato de o exame ser realizado por policiais. **REsp 1.416.392-RS, Rel. Min. Moura Ribeiro, julgado em 19/11/2013. (Inform. STJ 532)**

DIREITO PENAL. EXAME PERICIAL NO CASO DE CRIME DE FURTO QUALIFICADO PELA ESCALADA.

Ainda que não tenha sido realizado exame de corpo de delito, pode ser reconhecida a presença da qualificadora de escalada do crime de furto (art. 155, § 4º, II, do CP) na hipótese em que a dinâmica delitiva tenha sido registrada por meio de sistema de monitoramento com câmeras de segurança e a materialidade do crime qualificado possa ser comprovada por meio das filmagens e também por fotos e testemunhos. De fato, nas infrações que deixam vestígios, é indispensável o exame de corpo de delito, nos termos do que disciplina o art. 158 do CPP, o qual somente pode ser suprido pela prova testemunhal quando aqueles houverem desaparecido. Contudo, estando devidamente demonstrada a existência de provas referentes à utilização da escalada para realizar o furto, por meio de filmagem, fotos e testemunhos, mostra-se temerário desconsiderar o arcabouço probatório ante a ausência de laudo pericial da escalada, o qual certamente apenas confirmaria as provas já existentes. Note-se que prevalece igualmente no STJ o entendimento de que não se deve reconhecer uma nulidade sem a efetiva demonstração do prejuízo, pois a forma não deve preponderar sobre a essência no processo penal. Ademais, importante ponderar que não pode o processo penal andar em descompasso com a realidade, desconsiderando elementos de prova mais modernos e reiteradamente usados, os quais, na maioria das vezes, podem revelar de forma fiel a dinâmica delitiva e as circunstâncias do crime praticado. **REsp 1.392.386-RS, Rel. Min. Marco Aurélio Bellizze, julgado em 3/9/2013. (Inform. STJ 529)**

DIREITO PENAL E PROCESSUAL PENAL. COMPROVAÇÃO DA MATERIALIDADE DO CRIME DE VIOLAÇÃO DE DIREITOS AUTORAIS DE QUE TRATA O § 2º DO ART. 184 DO CP.

Para a comprovação da prática do crime de violação de direito autoral de que trata o § 2º do art. 184 do CP, é dispensável a identificação dos produtores das mídias originais no laudo oriundo de perícia efetivada nos objetos falsificados apreendidos, sendo, de igual modo, desnecessária a inquirição das supostas vítimas para que elas confirmem eventual ofensa a seus direitos autorais. De acordo com o § 2º do art. 184 do CP, é formalmente típica a conduta de quem, com intuito de lucro direto ou indireto, adquire e oculta cópia de obra intelectual ou fonograma reproduzido com violação do direito de autor, do direito de artista intérprete ou do direito do produtor de fonograma. Conforme o art. 530-D do CPP, deve ser realizada perícia sobre todos os bens apreendidos e elaborado laudo, que deverá integrar o inquérito policial ou o processo. O exame técnico em questão tem o objetivo de atestar a ocorrência ou não de reprodução procedida com violação de direitos autorais. Comprovada a materialidade delitiva por meio da perícia, é totalmente desnecessária a identificação e inquirição das supostas vítimas, até mesmo porque o ilícito em exame é apurado mediante ação penal pública incondicionada, nos termos do inciso II do artigo 186 do CP. **HC 191.568-SP, Rel. Min. Jorge Mussi, julgado em 7/2/2013. (Inform. STJ 515).**

DIREITO PROCESSUAL PENAL. RECONHECIMENTO DO RÉU POR FOTOGRAFIA.

Para embasar a denúncia oferecida, é possível a utilização do reconhecimento fotográfico realizado na fase policial, desde que este não seja utilizado de forma isolada e esteja em consonância com os demais elementos probatórios constantes dos autos. Precedentes citados: HC 186.916-SP, DJe 11/5/2011, e HC 105.683-SP, DJe 3/5/2011. **HC 238.577-SP, Rel. Min. Sebastião Reis Júnior, julgado em 6/12/2012. (Inform. STJ 514).**

6. SUJEITOS PROCESSUAIS

HC N. 112.121-SP

RELATOR: MIN. TEORI ZAVASCKI

Ementa: *HABEAS CORPUS.* PROCESSUAL PENAL. JULGAMENTO DE PROCESSO ADMINISTRATIVO E RECEBIMENTO DE DENÚNCIA PELO MESMO ÓRGÃO COLEGIADO DO TRIBUNAL DE JUSTIÇA LOCAL. IMPEDIMENTO DOS DESEMBARGADORES PARTICIPANTES DE AMBAS AS SESSÕES DO ÓRGÃO ESPECIAL. NÃO OCORRÊNCIA. ART. 252, III, DO CPP. IMPOSSIBILIDADE DE INTERPRETAÇÃO EXTENSIVA. ROL TAXATIVO.

1. Por expressa previsão constitucional (arts. 93, VIII, e 96, III, da CF), tanto o procedimento administrativo disciplinar quanto a ação penal nos quais envolvido magistrado de primeiro grau serão processados e julgados pelo respectivo Tribunal, não havendo falar em "*outra instância*" para fins de impedimento previsto no art. 252, III, do Código de Processo Penal. Precedentes. 2. Ordem denegada. **(Inform. STF 776)**

Procedimento administrativo disciplinar e impedimento jurisdicional

A 1ª Turma iniciou julgamento de "habeas corpus" em que se discute nulidade processual por suposto impedimento de desembargador integrante de órgão especial de tribunal, que julgara procedimento administrativo disciplinar contra magistrada. No caso, o mesmo fato teria sido apreciado, primeiramente, sob o ângulo administrativo e, posteriormente, sob o criminal. Inicialmente, indeferiu-se, por maioria, questão de ordem suscitada pelo Ministro Marco Aurélio, no sentido de que a matéria fosse submetida ao Plenário, em razão da competência fixada no art. 102, I, n, da CF. Na sequência, a Turma, também por votação majoritária, admitiu a impetração. Vencido o Ministro Roberto Barroso, que não conhecia do "writ" por não vislumbrar situação a envolver o direito de ir e vir. No Mérito, o Ministro Dias Toffoli (relator) denegou a ordem, no que foi acompanhado pelo Ministro Luiz Fux. Afirmou que o rol do art. 252 do CPP seria taxativo e deveria ser interpretado restritivamente ("Art. 252. O juiz não poderá exercer jurisdição no processo em que: I - tiver funcionado seu cônjuge ou parente, consangüíneo ou afim, em linha reta ou colateral até o terceiro grau, inclusive, como defensor ou advogado, órgão do Ministério Público, autoridade policial, auxiliar da justiça ou perito; II - ele próprio houver desempenhado qualquer dessas funções ou servido como testemunha; III - tiver funcionado como juiz de outra instância, pronunciando-se, de fato ou de direito, sobre a questão; IV - ele próprio ou seu cônjuge ou parente, consanguíneo ou afim em linha reta ou colateral até o terceiro grau, inclusive, for parte ou diretamente interessado no feito"). Explicitou que o inciso III do referido dispositivo trataria de instância judicial. Mencionou que o julgador — mesmo que tivesse tido contato com provas ou analisado a circunstância sob a perspectiva do processo administrativo ou civil — poderia e deveria se ausentar de si mesmo para julgar. Enfatizou que esse primeiro contato não contaminaria uma análise jurisdicional posterior, na qual seria aplicado outro arcabouço jurídico com ampla defesa e contraditório. Em divergência, a Ministra Rosa Weber concedeu a ordem. Consignou que o processo seria instrumento informado pelos mesmos princípios que animariam o direito material que ele veicularia. Observou que haveria nulidade em decorrência do impedimento, cuja razão de ser diria respeito à presunção absoluta de que, por ter conhecido os fatos sob outra ótica, o julgador não deveria participar de um juízo condenatório com relação aos mesmos fatos. Em seguida, pediu vista o Ministro Roberto Barroso. **HC 120017/SP, rel. Min. Dias Toffoli , 9.4.2014. (HC-120017) (Inform. STF 742)**

Impedimento e nulidade

A 1ª Turma, por maioria, denegou *habeas corpus* em que se alegava nulidade processual em razão da participação de magistrada impedida no julgamento de recurso interposto pelo paciente. No caso, desembargadora convocada participara de julgamento no STJ, apesar de haver proferido voto vogal em órgão judicante de 2º grau de jurisdição. Reputou-se não ocorrer prejuízo, sobretudo porque nesse órgão — composto por dez membros — a decisão teria sido unânime. Assim, não haveria alteração no julgamento, caso se desconsiderasse a presença da magistrada. Consignou-se que se tornaria inútil o pronunciamento de nulidade quando a exclusão do voto de Ministro impedido não modificasse o resultado do julgamento. Vencido o Ministro Marco Aurélio, que concedia a ordem para reconhecer a nulidade. Salientava que o prejuízo seria ínsito à participação indevida. Pontuava que, relativamente ao mesmo processo, não seria possível pronunciar-se como desembargadora em tribunal de justiça e como desembargadora convocada no STJ. **HC 116715/SE, rel. Min. Rosa Weber, 5.11.2013. (HC-116715) (Inform. STF 727)**

4. DIREITO PROCESSUAL PENAL

EMENTA: "*Habeas corpus*". **Terceiro interveniente** que se opõe, **na condição** de assistente do Ministério Público, **à concessão** do "writ" constitucional. **Inadmissibilidade. Ausência de legitimação** para interpor recurso extraordinário **contra** acórdão **concessivo** de "habeas corpus". **Súmula 208/STF. Legitimação** do assistente do Ministério Público para intervir **somente** nos processos penais de natureza condenatória. **Caráter estrito** dos poderes processuais **outorgados** ao assistente do Ministério Público pelo ordenamento positivo. **Doutrina. Precedentes.** Recurso extraordinário **não** conhecido. **RE 700853/AM, Min. Celso de Mello, J. em 21.06.2013 (Inform. STF 718)**

HC N. 114.690-SP

RELATORA: MIN. ROSA WEBER
EMENTA: *HABEAS CORPUS*. SUBSTITUTIVO DO RECURSO CONSTITUCIONAL. INADEQUAÇÃO DA VIA ELEITA. CORRUPÇÃO PASSIVA. OITIVA DE MEMBRO DO *PARQUET* COMO TESTEMUNHA. AUSÊNCIA DE NULIDADE. CONDENAÇÃO EMBASADA EXCLUSIVAMENTE EM ELEMENTOS DO INQUÉRITO. INOCORRÊNCIA. PROVAS PRODUZIDAS EM JUÍZO. CERCEAMENTO DE DEFESA NÃO CONFIGURADO. DEFESA TÉCNICA ASSEGURADA E DEMONSTRADA. AUSÊNCIA DE PREJUÍZO.
1. Contra a denegação de *habeas corpus* por Tribunal Superior prevê a Constituição Federal remédio jurídico expresso, o recurso ordinário. Diante da dicção do art. 102, II, "a", da Constituição da República, a impetração de novo *habeas corpus* em caráter substitutivo escamoteia o instituto recursal próprio, em manifesta burla do preceito constitucional.
2. O Promotor de Justiça ouvido como testemunha não foi o mesmo que ofereceu a denúncia e atuou no processo, não existindo qualquer impedimento nos termos do art. 252, II, do CPP. A exclusão desse depoimento, por si só, não acarretaria a absolvição do paciente, ante a existência de outras provas.
3. Não há falar em condenação apenas com base em elementos inquisitoriais se da leitura da sentença e do acórdão verifica-se que foram produzidas em juízo, sob o pálio do contraditório e da ampla defesa, provas documentais e ouvidas outras testemunhas, formando o conjunto probatório que culminou no édito condenatório.
4. A descrição da conduta do causídico que defendeu o paciente durante a ação penal no acórdão estadual não autoriza concluir que houve deficiência de defesa.
4. *Habeas corpus* extinto sem resolução do mérito. **(Inform. STF 712)**

Atuação de juiz e imparcialidade - 1
Em conclusão, a 1ª Turma, por maioria, denegou habeas corpus em que se discutia a atuação de magistrado federal em feito mediante o qual imputada ao paciente a prática de crimes contra o Sistema Financeiro Nacional. Pleiteava-se, também, a anulação dos autos. Na espécie, a defesa interpusera exceção de suspeição, sucessivamente rejeitada pelo magistrado, e julgada improcedente por tribunal. Preponderou o voto do Min. Gilmar Mendes. Afirmou que o exame da alegada suspeição/impedimento do juiz não reclamaria, nos termos em que veiculada a pretensão, revolvimento de acervo fático-probatório. Ademais, sublinhou não se colocar em causa comportamento ou fatos estranhos ao feito, mas, propriamente, fatos e atos processuais consubstanciados em decisões formais que, segundo a impetração, estariam impregnadas de subjetivismo e falta de impessoalidade. Inferiu, então, que o tema cingir-se-ia a verificar se o conjunto de decisões revelaria atuação parcial do magistrado. Considerou evidenciados excessos do juiz no exercício dos poderes legais, a mostrar acentuada preocupação em dar concretude em suas decisões, independentemente de eventual censura recursal. Avaliou que, no entanto, não seria possível confundir excessos com parcialidade. Manifestou-se pela possibilidade de se caracterizar infração disciplinar, no caso, e não o afastamento do juiz do processo. Determinou o envio de ofício à Corregedoria e ao CNJ com cópia do acórdão deste julgamento.
HC 95518/PR, rel. orig. Min. Eros Grau, red. p/ o acórdão Min. Gilmar Mendes, 28.5.2013. (HC-95518)

Atuação de juiz e imparcialidade - 2
Ato contínuo, enfatizou inexistir usurpação de atribuição do Ministério Público na suplementação, de ofício, de medidas cautelares. Assinalou que o magistrado teria agido em conformidade com o poder geral de cautela a elas inerente, consoante extrair-se-ia dos §§ 3º e 4º do art. 135 do CPP ("Art. 135. Pedida a especialização mediante requerimento, em que a parte estimará o valor da responsabilidade civil, e designará e estimará o imóvel ou imóveis que terão de ficar especialmente hipotecados, o juiz mandará logo proceder ao arbitramento do valor da responsabilidade e à avaliação do imóvel ou

imóveis. ... § 3º O juiz, ouvidas as partes no prazo de dois dias, que correrá em cartório, poderá corrigir o arbitramento do valor da responsabilidade, se lhe parecer excessivo ou deficiente. § 4º O juiz autorizará somente a inscrição da hipoteca do imóvel ou imóveis necessários à garantia da responsabilidade"). **HC 95518/PR, rel. orig. Min. Eros Grau, red. p/ o acórdão Min. Gilmar Mendes, 28.5.2013. (HC-95518)**

Atuação de juiz e imparcialidade - 3
No que se refere a sucessivos decretos de prisão e a censura de alguns comportamentos referidos pelos impetrantes – demora na expedição de alvará de soltura, cumprimento de decreto prisional em audiência, autorização para obtenção de informações de voos dos advogados –, acentuou que os atos foram impugnados e muitos foram revistos pelas instâncias superiores. Aduziu que, não obstante a excepcionalidade de que se deveria revestir o ato de constrição de liberdade e, com maior razão, a reiteração de decretos prisionais, seria antiga a jurisprudência do STF a admitir a prisão, desde que devidamente motivada. Enfatizou que o sistema processual teria funcionado em sua plenitude, a permitir a ampla defesa. Explicitou que o conjunto de decisões desfavoráveis, por si só, não poderia conduzir ao afastamento do juiz quando não demonstrada a subsunção das hipóteses legais de impedimento ou suspeição. O Min. Eros Grau denegou o writ, mas por fundamento distinto. Reputou que conclusão diversa das instâncias precedentes implicaria análise de acervo fático-probatório. Vencido o Min. Celso de Mello, que deferia o pedido e invalidava o feito. Observava que todo o procedimento penal contaminar-se-ia de maneira irremediável quando presente o vício de nulidade desde o início, a partir da atuação de magistrado de primeiro grau.
HC 95518/PR, rel. orig. Min. Eros Grau, red. p/ o acórdão Min. Gilmar Mendes, 28.5.2013. (HC-95518) (Inform. STF 708)

DIREITO PROCESSUAL PENAL. IMPOSSIBILIDADE DE SEGURADORA INTERVIR COMO ASSISTENTE DA ACUSAÇÃO EM PROCESSO QUE APURE HOMICÍDIO DO SEGURADO.
A seguradora não tem direito líquido e certo de figurar como assistente do Ministério Público em ação penal na qual o beneficiário do seguro de vida é acusado de ter praticado o homicídio do segurado. De acordo com o disposto no art. 268 do CPP, em todos os termos da ação pública, poderá intervir, como assistente do Ministério Público, o ofendido ou seu representante legal, ou, na falta, o cônjuge, ascendente, descendente ou irmão. Entretanto, na situação em análise, a seguradora não é vítima do homicídio. Isso porque, como o sujeito passivo do crime de homicídio é o ser humano e o bem jurídico protegido é a vida, o fato de existir eventual ofensa ao patrimônio da seguradora não a torna vítima desse crime. É bem verdade, todavia, que há certas hipóteses em que são legitimados a intervir como assistente de acusação pessoas ou entidades que não são, de fato, ofendidas pelo delito. Por exemplo, a Lei 7.492/1996 prevê, em seu art. 26, parágrafo único, que "será admitida a assistência da Comissão de Valores Mobiliários – CVM, quando o crime tiver sido praticado no âmbito de atividade sujeita à disciplina e à fiscalização dessa Autarquia, e do Banco Central do Brasil quando, fora daquela hipótese, houver sido cometido na órbita de atividade sujeita à sua disciplina e fiscalização". No mesmo sentido, o CDC, em seu art. 80, reza que "No processo penal atinente aos crimes previstos neste código, bem como a outros crimes e contravenções que envolvam relações de consumo, poderão intervir, como assistentes do Ministério Público, os legitimados indicados no art. 82, inciso III e IV, aos quais também é facultado propor ação penal subsidiária, se a denúncia não for oferecida no prazo legal". Nesses casos expressamente previstos em lei, a legitimidade para a intervenção como assistente do Ministério Público é ampliada. Na espécie em exame, entretanto, não existe regra que garanta esse direito à seguradora recorrente. Logo, não há falar em violação a direito líquido e certo a autorizar a concessão da ordem. **RMS 47.575-SP, Rel. Min. Maria Thereza de Assis Moura, julgado em 14/4/2015, DJe 23/4/2015 (Inform. STJ 560).**

DIREITO PROCESSUAL CIVIL E PROCESSUAL PENAL. LEGITIMIDADE DO MINISTÉRIO PÚBLICO ESTADUAL PARA ATUAR NO ÂMBITO DO STJ.
O Ministério Público Estadual tem legitimidade para atuar diretamente como parte em recurso submetido a julgamento perante o STJ. O texto do § 1º do art. 47 da LC 75/1993 é expresso no sentido de que as funções do Ministério Público Federal perante os Tribunais Superiores da União somente podem ser exercidas por titular do cargo de Subprocurador-Geral da República. A par disso, deve-se perquirir quais as funções que um Subprocurador-Geral da República exerce perante o STJ. É evidente que o Ministério Público, tanto aquele organizado pela União quanto aquele estruturado pelos Estados, pode

VADE MECUM DE JURISPRUDÊNCIA – STF/STJ

ser parte e custos legis, seja no âmbito cível ou criminal. Nesse passo, tendo a ação (cível ou penal) sido proposta pelo Ministério Público Estadual perante o primeiro grau de jurisdição, e tendo o processo sido alçado ao STJ por meio de recurso, é possível que esse se valha dos instrumentos recursais necessários na defesa de seus interesses constitucionais. Nessas circunstâncias, o Ministério Público Federal exerce apenas uma de suas funções, qual seja: a de custos legis. Isto é, sendo o recurso do Ministério Público Estadual, o Ministério Público Federal, à vista do ordenamento jurídico, pode opinar pelo provimento ou pelo desprovimento da irresignação. Assim, cindido em um processo o exercício das funções do Ministério Público (o Ministério Público Estadual sendo o autor da ação, e o Ministério Público Federal opinando acerca do recurso interposto nos respectivos autos), não há razão legal, nem qualquer outra ditada pelo interesse público, que autorize restringir a atuação do Ministério Público Estadual enquanto parte recursal, realizando sustentações orais, interpondo agravos regimentais contra decisões, etc. Caso contrário, seria permitido a qualquer outro autor ter o referido direito e retirar-se-ia do Ministério Público Estadual, por exemplo, o direito de perseguir a procedência de ações penais e de ações de improbidade administrativa imprescindíveis à ordem social. **EREsp 1.327.573-RJ, Rel. originário e voto vencedor Min. Ari Pargendler, Rel. para acórdão Min. Nancy Andrighi, julgado em 17/12/2014, DJe 27/2/2015 (Inform. STJ 556).**

DIREITO PROCESSUAL PENAL. DISPENSA DE JUNTADA DE PROCURAÇÃO COM PODERES ESPECIAIS PELA DEFENSORIA PÚBLICA.
Quando a Defensoria Pública atuar como representante do assistente de acusação, é dispensável a juntada de procuração com poderes especiais. Isso porque o defensor público deve juntar procuração judicial somente nas hipóteses em que a lei exigir poderes especiais (arts. 44, XI, 89, XI, e 128, XI, da LC 80/1994). Ressalte-se que a Defensoria Pública tem por função institucional patrocinar tanto a ação penal privada quanto a subsidiária da pública, não havendo incompatibilidade com a função acusatória. Assim, nada impede que a referida instituição possa prestar assistência jurídica, atuando como assistente de acusação, nos termos dos arts. 268 e seguintes do CPP (HC 24.079-PB, Quinta Turma, DJ 29/9/2003). **HC 293.979-MG, Rel. Min. Gurgel de Faria, julgado em 5/2/2015, DJe 12/2/2015 (Inform. STJ 555).**

DIREITO PROCESSUAL PENAL. DIREITO À RÉPLICA DO ASSISTENTE DA ACUSAÇÃO.
O assistente da acusação tem direito à réplica, ainda que o MP tenha anuído à tese de legítima defesa do réu e declinado do direito de replicar. Isso porque o CPP garante ao assistente da acusação esse direito. Efetivamente, de acordo com o art. 271 do CPP, ao assistente da acusação será permitido "participar do debate oral", e, conforme o art. 473 do CPP, "o acusador poderá replicar". **REsp 1.343.402-SP, Rel. Min. Laurita Vaz, julgado em 21/8/2014. (Inform. STJ 546)**

DIREITO PROCESSUAL PENAL. VALOR MÍNIMO DOS HONORÁRIOS ADVOCATÍCIOS ARBITRADOS EM FAVOR DO DEFENSOR DATIVO.
O arbitramento judicial dos honorários advocatícios ao defensor dativo nomeado para oficiar em processos criminais deve observar os valores mínimos estabelecidos na tabela da OAB, considerados o grau de zelo do profissional e a dificuldade da causa como parâmetros norteadores do *quantum*. Precedentes citados: AgRg no REsp 1.350.442-ES, Quinta Turma, DJe 1/2/2013; AgRg no REsp 999.078-AL, Sexta Turma, DJe 14/10/2013; e AgRg no REsp 1.370.209-ES, Segunda Turma, DJe 14/6/2013. **REsp 1.377.798-ES, Rel. Min. Rogerio Schietti Cruz, julgado em 19/8/2014. (Inform. STJ 545)**

DIREITO ADMINISTRATIVO. OBRIGATORIEDADE DE O JUIZ REMETER CÓPIAS DOS AUTOS AO MP QUANDO VERIFICAR A EXISTÊNCIA DE INDÍCIOS DE CRIME.
A abertura de vista ao Ministério Público para eventual instauração de procedimento criminal, após a verificação nos autos, pelo magistrado, da existência de indícios de crime de ação penal pública, não é suficiente ao cumprimento do disposto no art. 40 do CPP. Isso porque o referido artigo impõe ao magistrado, nessa hipótese, o dever de remeter ao Ministério Público as cópias e os documentos necessários ao oferecimento da denúncia, não podendo o Estado-juiz se eximir da obrigação por se tratar de ato de ofício a ele imposto pela lei. Precedente citado: HC 20.948-BA, Quinta Turma, DJ 26/9/2005. **REsp 1.360.534-RS, Rel. Min. Humberto Martins, julgado em 7/3/2013. (Inform. STJ 519)**

▣ Súmula STF n° 210

O assistente do ministério público pode recorrer, inclusive extraordinariamente, na ação penal, nos casos dos arts. 584, § 1°, e 598 do Código de Processo Penal.

▣ Súmula STF n° 208

O assistente do ministério público não pode recorrer, extraordinariamente, de decisão concessiva de "habeas corpus".

▣ Súmula STJ n° 234

A participação de membro do Ministério Público na fase investigatória criminal não acarreta o seu impedimento ou suspeição para o oferecimento da denúncia.

7. CITAÇÃO, INTIMAÇÃO E PRAZOS

Denúncia e prazo em dobro para resposta à acusação
Em face da importância da fase pré-processual da denúncia, a Segunda Turma, por maioria, deu provimento, em parte, a agravo regimental em inquérito para deferir o prazo em dobro para que o denunciado apresente sua resposta. Na espécie, o requerente fizera dois pedidos: a) que tivesse acesso à integralidade da prova disponível à acusação, com a reabertura de prazo para a resposta preliminar; e b) que o prazo de 15 dias do art. 4° da Lei 8.038/1990 ("Art. 4° - Apresentada a denúncia ou a queixa ao Tribunal, far-se-á a notificação do acusado para oferecer resposta no prazo de quinze dias") fosse contado em dobro, por aplicação analógica do art. 191 do CPC ("Art. 191 - Quando os litisconsortes tiverem diferentes procuradores, ser-lhes-ão contados em dobro os prazos para contestar, para recorrer e, de modo geral, para falar nos autos"). Quanto ao termo "a quo" do prazo, a Turma denegou o pedido, porque toda a documentação que teria relação direta com a denúncia estaria disponível na secretaria do STF para que a defesa procedesse à devida resposta. Por outro lado, em nome do princípio da ampla defesa, deferiu a concessão do prazo em dobro. Destacou que o art. 4° da Lei 8.038/1990 permitiria, nessa fase processual, que o denunciado oferecesse resposta às imputações penais que contra ele tivessem sido deduzidas pelo Ministério Público. A amplitude material da defesa alcançaria não apenas preliminares ou questões formais, mas também o próprio mérito da imputação penal. Abarcaria, ainda, a possibilidade de o Tribunal, após o oferecimento da denúncia, exercer o controle de admissibilidade da acusação penal, ao acolher, receber ou rejeitar a denúncia e mesmo julgar improcedente o pedido e, em consequência, proferir juízo de absolvição penal, nos termos da Lei 8.038/1990 ("Art. 6° - A seguir, o relator pedirá dia para que o Tribunal delibere sobre o recebimento, a rejeição da denúncia ou da queixa, ou a improcedência da acusação, se a decisão não depender de outras provas"). Vencido o Ministro Teori Zavascki (relator), que negava provimento ao agravo regimental. Apontava tratar-se de prazo em que a ação penal sequer fora instaurada e, por isso, não se poderia aferir a existência de litisconsórcio, justamente porque as partes na ação penal ainda não estariam definidas. Afirmava que esse tipo de manifestação não teria relação com as situações previstas no CPC que pudessem estabelecer uma analogia, como seria o caso dos recursos. **Inq 4112/DF, rel. orig. Min. Teori Zavascki, red. p/ o acórdão Min. Gilmar Mendes, 1°.9.2015. (Inq-4112) (Inform. STF 797)**

Litisconsórcio e prazo em dobro para a resposta à acusação
É cabível a aplicação analógica do art. 191 do CPC ("Quando os litisconsortes tiverem diferentes procuradores, ser-lhes-ão contados em dobro os prazos para contestar, para recorrer e, de modo geral, para falar nos autos"), ao prazo previsto no art. 4° da Lei 8.038/1990 ("Apresentada a denúncia ou a queixa ao Tribunal, far-se-á a notificação do acusado para oferecer resposta no prazo de quinze dias"). Com base nesse entendimento, o Plenário resolveu questão de ordem suscitada pelo Ministro Teori Zavascki (relator) e em, consequência, deferiu, por maioria, o pedido formulado por denunciado no sentido de que lhe fosse duplicado o prazo de oferecimento de resposta à acusação. A Corte reiterou, desse modo, o que decidido na AP 470 AgR-vigésimo segundo e vigésimo quinto/MG (DJe de 24.9.2013 e de 17.2.2014, respectivamente). Vencidos os Ministros Teori Zavascki, Edson Fachin, Roberto Barroso e Rosa Weber, que indeferiam o pleito por considerarem incabível a aplicação analógica do art. 191 do CPC ao prazo previsto no art. 4° da Lei 8.038/1990. **Inq 3983/DF, rel. orig. Min. Teori Zavascki, red. p/ o acórdão Min. Luiz Fux, 3.9.2015. (Inq-3983) (Inform. STF 797)**

4. DIREITO PROCESSUAL PENAL

Intimação da Defensoria Pública e princípio geral das nulidades

A Defensoria Pública, ao tomar ciência de que o processo será julgado em data determinada ou nas sessões subsequentes, não pode alegar cerceamento de defesa ou nulidade de julgamento quando a audiência ocorrer no dia seguinte ao que tiver sido intimada. Com base nessa orientação, a Primeira Turma, por maioria, denegou a ordem em "habeas corpus" no qual discutida suposta nulidade processual, pela não intimação do representante daquele órgão. Na espécie, apesar de a Defensoria Pública ter sido intimada para a sessão de julgamento da apelação, e ter-lhe sido deferida a sustentação oral, o recurso não fora julgado. Três meses depois, ela fora intimada de lista de 90 processos — entre os quais o recurso de apelação — no sentido de que haveria sessão de julgamento marcada para o dia seguinte. A Turma destacou a jurisprudência da Corte, segundo a qual, embora a sustentação oral não se qualifique como ato essencial da defesa, mostra-se indispensável intimação pessoal da Defensoria Pública. Entrementes, houvera ciência quanto à nova inclusão dos autos para julgamento em sessão do dia seguinte e a Defensoria Pública não requerera adiamento. Vencido o Ministro Marco Aurélio, que concedia a ordem. Entendia que deveria existir um interregno mínimo de 48 horas entre a intimação e o julgamento. Aduzia haver prejuízo para a parte, considerada a não atuação da Defensoria Pública, como o fato de se terem lançado vários processos em uma única assentada, a afrontar o devido processo legal.
HC 126081/RS, rel. Min. Rosa Weber, 25.8.2015. (HC-126081) (Inform. STF 796)

Defensoria Pública e intimação pessoal

A intimação da Defensoria Pública, a despeito da presença do defensor na audiência de leitura da sentença condenatória, se aperfeiçoa com sua intimação pessoal, mediante a remessa dos autos. Com base nessa orientação, a Segunda Turma concedeu a ordem em "habeas corpus" para determinar que a apelação alusiva ao paciente seja submetida a novo julgamento. Entendeu que a intimação pessoal, para todos os atos do processo e com a remessa dos autos, constitui prerrogativa da Defensoria Pública, conforme estabelecido no art. 370, § 4°, do CPP; art. 5°, § 5°, da Lei 1.060/1950; e art. 44, I, da LC 80/1994, bem como que sua não observância acarretaria nulidade processual.
HC 125270/DF, rel. Min. Teori Zavascki, 23.6.2015. (HC-125270) (Inform. STF 791)

AG. REG. NO RHC N. 123.091-DF

RELATOR: MIN. ROBERTO BARROSO

ementa: Processo Penal. Agravo regimental no recurso ordinário em *habeas corpus*. Defensor cientificado da data de julgamento do HC no STJ. Dosimetria da Pena. Condenação transitada em julgado.

1. O Supremo Tribunal Federal firmou orientação no sentido de que é *"Imperiosa a intimação pessoal da Defesa da data do julgamento da impetração quando há pedido expresso para a realização de sustentação oral"* (RHC 120.031, Rel.ª Min.ª Rosa Weber).

2. Hipótese em que não é possível falar em cerceamento do direito de defesa, tendo em vista que a data do novo julgamento da impetração foi disponibilizada na página oficial do Superior Tribunal de Justiça na internet com mais de 48 (quarenta e oito) horas de antecedência.

3. A dosimetria da pena é questão relativa ao mérito da ação penal, estando necessariamente vinculada ao conjunto fático probatório, não sendo possível às instâncias extraordinárias a análise dos dados fáticos da causa para redimensionar a pena finalmente aplicada. Precedentes.

4. As peças que instruem o processo revelam que sobreveio o trânsito em julgado da condenação do paciente. De modo que não é possível falar em execução provisória da pena.

5. Agravo regimental desprovido. **(Inform. STF 786)**

HC N. 115.524-BA

RELATOR: MIN. GILMAR MENDES

Habeas corpus. 2. Homicídio duplamente qualificado. Pronúncia. Recurso especial inadmitido. Interposição de agravo de instrumento. 3. Autos retirados do cartório pelo advogado do outro corréu. Pedido de devolução do prazo indeferido. 4. A Secretaria da Corte estadual desconsiderou o prazo comum para as partes. Injusto obstáculo imputável ao aparelho judiciário. 5. Ordem concedida para determinar a devolução do prazo à defesa para interposição do agravo de instrumento contra a decisão que inadmitiu o recurso especial. **(Inform. STF 743)**

Diário da Justiça eletrônico e disponibilização

A 1ª Turma denegou *habeas corpus* em que se sustentava a tempestividade de agravo regimental interposto no STJ, ao argumento de que aquela Corte teria antecipado o *dies a quo* do prazo recursal, o que afrontaria a Lei 11.419/2006 (*Art. 4° ... § 4°. Os prazos processuais terão início no primeiro dia útil que seguir ao considerado como data da publicação*). A Turma asseverou que a expressão *disponibilização* contida no § 3° do art. 4° da Lei 11.419/2006 (*§ 3°. Considera-se como data da publicação o primeiro dia útil seguinte ao da disponibilização da informação no Diário da Justiça eletrônico*) indicaria a data em que o ato fora divulgado às partes no Diário da Justiça eletrônico. Destacou que o sítio do STJ permitiria pesquisa pela data de publicação e pela data de disponibilização. Apontou que a decisão questionada fora disponibilizada no DJe de 24.9.2013 e publicada em 25.9.2013 (terça-feira). Aduziu que o prazo recursal de cinco dias começara a transcorrer em 26.9.2013 (quarta-feira) e cessara em 30.9.2013 (segunda-feira), sendo o agravo protocolizado em 1°.10.2013 intempestivo.
HC 120478/SP, rel. Min. Roberto Barroso, 11.3.2014. (HC-120478) (Inform. STF 738)

VIGÉSIMO TERCEIRO AG. REG. NA AP N. 470-MG

RELATOR: MIN. JOAQUIM BARBOSA
EMENTA: AÇÃO PENAL. AGRAVO REGIMENTAL. PLURALIDADE DE RÉUS COM DIFERENTES DEFENSORES. DOBRA DO PRAZO PARA EMBARGOS DE DECLARAÇÃO. PROVIMENTO PARCIAL.

O Pleno do Supremo Tribunal Federal, ao julgar o 22° agravo regimental, concedeu prazo em dobro (dez dias) para a oposição de embargos de declaração contra acórdão proferido na ação penal 470.

Provimento parcial do recurso, para aplicar o mesmo entendimento ao agravante, à acusação e aos demais corréus (art. 580 do Código de Processo Penal). **(Inform. STF 732)**

VIGÉSIMO QUARTO AG. REG. NA AP N. 470-MG

RELATOR: MIN. JOAQUIM BARBOSA
EMENTA: AÇÃO PENAL. AGRAVO REGIMENTAL. PLURALIDADE DE RÉUS COM DIFERENTES DEFENSORES. DOBRA DO PRAZO PARA EMBARGOS DE DECLARAÇÃO. PROVIMENTO PARCIAL.

O Pleno do Supremo Tribunal Federal, ao julgar o 22° agravo regimental, concedeu prazo em dobro (dez dias) para a oposição de embargos de declaração contra acórdão proferido na ação penal 470.

Provimento parcial do recurso, para aplicar o mesmo entendimento ao agravante, à acusação e aos demais corréus (art. 580 do Código de Processo Penal). **(Inform. STF 730)**

EMB. DECL. NO HC N. 105.897-SP

RELATOR: MIN. LUIZ FUX
EMBARGOS DE DECLARAÇÃO NO *HABEAS CORPUS*. ALEGAÇÃO DE NULIDADE. AUSÊNCIA DE INTIMAÇÃO PRÉVIA DA DEFESA PARA A SESSÃO DE JULGAMENTO. PEDIDO FORMULADO EXPRESSAMENTE NOS AUTOS PARA REALIZAÇÃO DE SUSTENTAÇÃO ORAL. NULIDADE RECONHECIDA. PRECEDENTES. EMBARGOS PROVIDOS PARA DETERMINAR A REALIZAÇÃO DE OUTRO JULGAMENTO COM A CIÊNCIA PRÉVIA DOS IMPETRANTES.

1. A intimação da defesa para a sessão de julgamento, havendo pedido expresso nos autos para sustentar oralmente, é de rigor sob pena de constituir nulidade absoluta do julgado. Precedentes: HC 99.929-QO/SP, Rel. Min. Eros Grau, Segunda Turma, DJe 4/6/2010 e RHC 110.622-ED/DF, Rel. Min. Dias Toffoli, Primeira Turma, DJe 23/12/2012.

2. *In casu*, a defesa do paciente formulou expressamente pedido nos autos para que fosse intimada da data da sessão de julgamento do *habeas corpus*, contudo a intimação foi encaminhada para endereço diverso do informado na petição inicial, frustrando, por consequência, a ciência dos impetrantes para exercerem o direito de sustentar oralmente.

3. Embargos de declaração providos para anular o julgamento do *writ* ocorrido em 13/9/2011, a fim de que outro se realize com a prévia intimação dos impetrantes.

4. Autos remetidos ao gabinete do Ministro Relator originário deste *habeas corpus*. **(Inform. STF 718)**

HC N. 114.094-SP

RELATORA: MIN. ROSA WEBER
EMENTA: DIREITO PENAL. *HABEAS CORPUS.* SUBSTITUTIVO DO RECURSO CONSTITUCIONAL. INADEQUAÇÃO DA VIA ELEITA. ESTELIONATO. CITAÇÃO POR EDITAL. REGULARIDADE DO ATO. ACUSADA NÃO LOCALIZADA PARA CITAÇÃO PESSOAL.
1. Contra a denegação de *habeas corpus* por Tribunal Superior prevê a Constituição Federal remédio jurídico expresso, o recurso ordinário. Diante da dicção do art. 102, II, a, da Constituição da República, a impetração de novo *habeas corpus* – ação constitucional de tutela à liberdade de locomoção –, em caráter substitutivo escamoteia o instituto recursal próprio, em manifesta burla ao preceito constitucional.
2. A citação por edital demanda o esgotamento dos meios usuais de chamamento pessoal do denunciado para responder à acusação.
3. Inviável reconhecer a nulidade da citação por edital, quando precedidas pelas providências necessárias à citação pessoal da paciente, em todos os endereços constantes dos autos, sem sucesso.
4. *Habeas corpus* extinto sem resolução do mérito. **(Inform. STF 715)**

RHC N. 113.852-SP

RELATOR: MIN. MARCO AURÉLIO
HABEAS CORPUS – JULGAMENTO POR TRIBUNAL SUPERIOR – IMPUGNAÇÃO. Conforme disposto no artigo 102, inciso II, alínea "a", da Constituição Federal, contra decisão, proferida em processo revelador de habeas corpus, a implicar a não concessão da ordem, cabível é o recurso ordinário. Evolução quanto à admissibilidade do substitutivo do habeas corpus.
DEFENSOR DATIVO – INTIMAÇÃO FICTA – IMPROPRIEDADE – ORDEM IMPLEMENTADA DE OFÍCIO. A teor do arcabouço normativo, cumpre intimar pessoalmente quer o defensor público, quer aquele que lhe faça as vezes, ou seja, o dativo – Habeas Corpus nº 111.976, da relatoria do ministro Ricardo Lewandowski, Segunda Turma, e Habeas Corpus nº 110.656, da relatoria do ministro Ayres Britto, Segunda Turma. **(Inform. STF 706)**

Defensoria Pública e termo de intimação

A intimação da Defensoria Pública se aperfeiçoa com o recebimento dos autos na instituição. Com base nessa orientação, a 1ª Turma negou provimento a recurso ordinário em habeas corpus em que se discutia a tempestividade de apelação. No caso, o recorrente e outro denunciado foram representados por defensores públicos diversos, tendo em vista a adoção de teses defensivas colidentes. Proferida a sentença, os autos foram recebidos na Defensoria Pública e remetidos ao defensor do outro codenunciado. Reputou-se que o Poder Judiciário não poderia interferir ou imiscuir-se na distribuição dos autos no âmbito da Defensoria.
RHC 116061/ES, rel. Min. Rosa Weber, 23.4.2013. (RHC-116061) (Inform. STF 703)

AP 470/MG: litisconsórcio multitudinário e prazo recursal - 1

O Plenário, por maioria, deu parcial provimento a agravo regimental interposto contra decisão do Min. Joaquim Barbosa, proferida em ação penal da qual relator, em que indeferira pleito de defesa. Neste, pretendia-se que os votos da referida ação fossem disponibilizados, bem como que houvesse intervalo de 20 dias entre essa disponibilização e a publicação do acórdão decisório. Alternativamente, requeria-se dilação para 30 dias dos prazos para quaisquer recursos cabíveis. Concedeu-se prazo em dobro, a totalizar 10 dias, para a oposição de embargos declaratórios, reconhecida a aplicação do art. 191 do CPC ("Quando os litisconsortes tiverem diferentes procuradores, ser-lhes-ão contados em dobro os prazos para contestar, para recorrer e, de modo geral, para falar nos autos"), combinado com o art. 3º do CPP ("A lei processual penal admitirá interpretação extensiva e aplicação analógica, bem como o suplemento dos princípios gerais de direito"). Deliberou-se, ainda, estender ao Ministério Público o mesmo prazo de 10 dias para impugnar eventual oposição de embargos com efeitos modificativos. Conferiu-se eficácia extensiva dessa decisão aos demais réus que não formularam o pedido, nos termos do art. 580 do CPP.
AP 470 Vigésimo Segundo AgR/MG, rel. orig. Min. Joaquim Barbosa, red. p/ o acórdão Min. Teori Zavascki, 17.4.2013. (AP-470)

AP 470/MG: litisconsórcio multitudinário e prazo recursal - 2

Prevaleceu o voto do Min. Teori Zavascki. De início, anotou que a regra inscrita no CPP previria prazo de 2 dias para a oposição de embargos declaratórios

(art. 619). Entretanto, haveria disposição no Regimento Interno do Supremo Tribunal Federal - RISTF no sentido de que o prazo seria de 5 dias para essa espécie recursal (art. 337, § 1º), o mesmo previsto no CPC (art. 536). Asseverou não haver previsão explícita, entretanto, no que diz respeito a litisconsórcio. Lembrou que a espécie trataria de litisconsórcio passivo multitudinário, com procuradores distintos, de modo que seria razoável a aplicação da regra do art. 191 do CPC. O Min. Celso de Mello destacou precedentes da Corte no sentido de validar a possibilidade da contagem em dobro de prazo recursal para defensores públicos. Frisou não se tratar de construção casuística de prazo especial, mas de entendimento apoiado em critério de ordem jurídica, objetiva e impessoal, aplicável a outras situações em que houvesse formação litisconsorcial passiva multitudinária. Explicou que a norma regimental em comento teria sido editada sob a égide da CF/69, quando o STF era investido de competência para legislar materialmente em tema próprio de sua competência originária. Assim, as regras da Corte a consubstanciar normas materialmente legislativas teriam sido recebidas pela ordem constitucional vigente com força, autoridade e eficácia de lei. Sublinhou que o prazo de 2 dias, previsto no CPP, não seria aplicável aos casos do STF, portanto. Salientou ser incoerente admitir-se a duplicação de prazo recursal no âmbito do processo civil – onde não estaria em jogo a liberdade – e não fazê-lo em sede processual penal. Invocou, ainda, o princípio da paridade de armas, a implicar a duplicação do prazo recursal ao órgão acusador, inclusive, para a hipótese de embargos de declaração com efeito infringente. O Min. Luiz Fux considerou haver omissão – para as situações de litisconsórcio – no CPP e no RISTF. Reputou que, em matéria recursal, o princípio maior seria o que evitasse a prodigalidade e infirmasse a duração razoável dos processos. Destacou que, dada a excepcionalidade da espécie, a Corte já decidira pela flexibilização do período para sustentação oral.
AP 470 Vigésimo Segundo AgR/MG, rel. orig. Min. Joaquim Barbosa, red. p/ o acórdão Min. Teori Zavascki, 17.4.2013. (AP-470)

AP 470/MG: litisconsórcio multitudinário e prazo recursal - 3

Vencidos os Ministros Joaquim Barbosa, relator e Presidente, e Marco Aurélio. O Presidente negava provimento ao agravo. Fundamentava que os votos teriam sido amplamente divulgados durante o julgamento e que o conteúdo do acórdão, embora não divulgado, seria de conhecimento de todos, o que permitiria a preparação de eventual recurso pelos interessados. Ademais, o prazo recursal previsto no RISTF seria mais benéfico à defesa do que aquele disposto no CPP. O Min. Marco Aurélio, por sua vez, dava provimento ao recurso, em parte, mas em maior extensão. Aludia ao § 7º do art. 96 do RISTF ("O Relator sorteado ou o Relator para o acórdão poderá autorizar, antes da publicação, a divulgação, em texto ou áudio, do teor do julgamento") como um direito da defesa e firmava a publicidade como tônica da Administração. Além do prazo recursal em dobro, implementava intervalo de 20 dias entre o acesso das partes aos votos e a publicação do acórdão.
AP 470 Vigésimo Segundo AgR/MG, rel. orig. Min. Joaquim Barbosa, red. p/ o acórdão Min. Teori Zavascki, 17.4.2013. (AP-470)

AP 470/MG: litisconsórcio multitudinário e legitimidade recursal

O Plenário, por maioria, negou provimento ao agravo regimental interposto de decisão proferida pelo Min. Joaquim Barbosa, Presidente, nos autos de ação cautelar da qual relator. Na cautelar, condenado nos autos da AP 470/MG pretendia conferir efeito suspensivo a agravo regimental por ele interposto na ação penal, de decisão em que indeferido pedido de divulgação dos votos escritos antes da publicação do acórdão. Requeria, também, a concessão de intervalo razoável entre a disponibilização dos votos e a publicação do acórdão, tendo em vista a suposta complexidade do feito e a exiguidade do prazo para oposição de embargos. O Relator, entretanto, negara seguimento à ação cautelar, o que ensejara o presente agravo regimental apresentado por corréu. Preliminarmente, assentou-se a ilegitimidade do ora agravante, porquanto questionaria decisão proferida em ação cautelar proposta por outro condenado na mesma ação penal. No mérito, frisou-se que o pleito de fixação de "prazo razoável" configuraria inovação indevida, pois o recurso de agravo não poderia ir além do pedido que ensejara a decisão agravada. Ademais, o ajuizamento de ação cautelar com a finalidade de conferir efeito suspensivo a agravo regimental seria excepcional, a demandar periculum in mora e fumus boni iuris. No caso, o objeto da ação cautelar não seria plausível. Pretender-se-ia a manipulação de prazo processual legalmente previsto. Sucede que o hipotético acolhimento do pleito de divulgação dos votos, com antecedência razoável, ampliaria o prazo para a oposição de embargos declaratórios indefinidamente. Asseverou-se, ainda, que os votos proferidos quando do julgamento da AP 470/MG teriam sido amplamente divulgados durante as sessões plenárias.

Vencido o Min. Marco Aurélio, que provia o agravo. Reconhecia a legitimidade do agravante para recorrer, embora não fosse autor da cautelar, uma vez se tratar de condenados em idêntica situação, conforme o art. 580 do CPP. Além disso, considerava não haver inovação indevida, pois o segundo pedido estaria compreendido no primeiro.
AC 3348 AgR/DF, rel. Min. Joaquim Barbosa, 17.4.2013. (AC-3348) (Inform. STF 702)

DIREITO PROCESSUAL PENAL. TERMO INICIAL DO PRAZO PARA O MP RECORRER.
Quando o Ministério Público for intimado pessoalmente em cartório, dando ciência nos autos, o seu prazo recursal se iniciará nessa data, e não no dia da remessa dos autos ao seu departamento administrativo. Isso porque o prazo recursal para o MP inicia-se na data da sua intimação pessoal. Trata-se de entendimento extraído da leitura dos dispositivos legais que regem a matéria (arts. 798, § 5º, e 800, § 2º, do CPP), que visa garantir a igualdade de condições entre as partes no processo penal. Precedentes citados: AgRg nos EREsp 310.417-PB, Terceira Seção, DJe 27/3/2008; REsp 258.826-TO, Sexta Turma, DJe 7/12/2009; e AgRg no REsp 1.102.059-MA, Quinta Turma, DJe 13/10/2009. **EREsp 1.347.303-GO, Rel. Min. Gurgel de Faria, julgado em 10/12/2014, DJe 17/12/2014 (Inform. STJ 554).**

DIREITO PROCESSUAL PENAL. PRODUÇÃO ANTECIPADA DE PROVA TESTEMUNHAL.
Pode ser deferida produção antecipada de prova testemunhal – nos termos do art. 366 do CPP – sob o fundamento de que a medida revelar-se-ia necessária pelo fato de a testemunha exercer função de segurança pública. O atuar constante no combate à criminalidade expõe o agente da segurança pública a inúmeras situações conflituosas com o ordenamento jurídico, sendo certo que as peculiaridades de cada uma acabam se perdendo em sua memória, seja pela frequência com que ocorrem, ou pela própria similitude dos fatos, sendo inviável a exigência de qualquer esforço intelectivo que ultrapasse a normalidade para que estes profissionais colaborem com a Justiça apenas quando o acusado se submeta ao contraditório deflagrado na ação penal. Esse é o tipo de situação que justifica a produção antecipada da prova testemunhal, pois além da proximidade temporal com a ocorrência dos fatos proporcionar uma maior fidelidade das declarações, possibilita o registro oficial da versão dos fatos vivenciados pelo agente da segurança pública, o qual terá grande relevância para a garantia da ampla defesa do acusado, caso a defesa técnica repute necessária a repetição do seu depoimento por ocasião da retomada do curso da ação penal. Precedente citado: HC 165.659-SP, Sexta Turma, DJe 26/8/2014. **RHC 51.232-DF, Rel. Min. Jorge Mussi, julgado em 2/10/2014. (Inform. STJ 549)**

DIREITO PROCESSUAL PENAL. PRAZO PARA RECURSOS DO MP EM MATÉRIA PENAL.
Em matéria penal, o Ministério Público não goza da prerrogativa da contagem dos prazos recursais em dobro. Precedentes citados: AgRg no AgRg no HC 146.823-RS, Sexta Turma, DJE 24/9/2013; e REsp 596.512-MS, Quinta Turma, DJ 22/3/2004. **AgRg no EREsp 1.187.916-SP, Rel. Min. Regina Helena Costa, julgado em 27/11/2013. (Inform. STJ 533)**

📖 **Súmula STF nº 710**

No processo penal, contam-se os prazos da data da intimação, e não da juntada aos autos do mandado ou da carta precatória ou de ordem.

📖 **Súmula STF nº 366**

Não é nula a citação por edital que indica o dispositivo da Lei penal, embora não transcreva a denúncia ou queixa, ou não resuma os fatos em que se baseia.

📖 **Súmula STF nº 351**

É nula a citação por edital de réu preso na mesma unidade da federação em que o juiz exerce a sua jurisdição.

📖 **Súmula STJ nº 455**

A decisão que determina a produção antecipada de provas com base no art. 366 do CPP deve ser concretamente fundamentada, não a justificando unicamente o mero decurso do tempo.

📖 **Súmula STJ nº 415**

O período de suspensão do prazo prescricional é regulado pelo máximo da pena cominada.

8. PRISÃO, MEDIDAS CAUTELARES E LIBERDADE PROVISÓRIA

Advogado: inexistência de sala de Estado Maior e prisão domiciliar - 2
Em conclusão de julgamento, o Plenário assentou o prejuízo de pedido formulado em favor de advogada para que aguardasse em prisão domiciliar, na falta de sala de Estado Maior. No caso, ela se encontrava presa, por força de sentença condenatória recorrível, em penitenciária feminina em cela separada de outras detentas. A Presidência do Supremo deferira liminar e determinara a prisão domiciliar — v. Informativo 575. O Colegiado registrou que fora proferida sentença de extinção da punibilidade da interessada pelo cumprimento integral da pena, da qual não fora interposto recurso.
Rcl 8668/SP, rel. Min. Cármen Lúcia, 26.11.2015. (Rcl-8668) (Inform. STF 809)

Senador e prisão preventiva - 1
A Segunda Turma, em julgamento conjunto, por entender presentes situação de flagrância, bem como os requisitos do art. 312 do CPP, referendou decisão do Ministro Teori Zavascki (relator), que decretara prisão cautelar de senador. Referendou, também, as demais decisões prisionais proferidas em relação a assessor desse mesmo senador, advogado e banqueiro. O Colegiado determinou, ainda, que os autos fossem imediatamente remetidos ao Senado para que, pelo voto da maioria de seus membros, resolvesse sobre a prisão de seu integrante, nos termos do art. 53, § 2º, da Constituição ("Art. 53. Os Deputados e Senadores são invioláveis, civil e penalmente, por quaisquer de suas opiniões, palavras e votos. ... § 2º. Desde a expedição do diploma, os membros do Congresso Nacional não poderão ser presos, salvo em flagrante de crime inafiançável. Nesse caso, os autos serão remetidos dentro de vinte e quatro horas à Casa respectiva, para que, pelo voto da maioria de seus membros, resolva sobre a prisão."). Na espécie, o Procurador-Geral da República requerera medidas restritivas de liberdade em relação às pessoas mencionadas pelo fato de empreenderem esforços para dissuadir outrem a firmar acordo de colaboração premiada submetido à homologação do STF. As tratativas dos ora investigados com o pretenso beneficiário do referido pacto compreendiam desde auxílio financeiro destinado à sua família, assim como promessa de intercessão política junto ao Poder Judiciário em favor de sua liberdade. Nas conversas gravadas, os interlocutores discutiram a possibilidade de o senador interceder politicamente junto a Ministros do STF para a concessão de "habeas corpus" que beneficiasse o pretenso colaborador na delação premiada. A Turma anuiu haver estado de flagrância na prática do crime do art. 2º, "caput" e § 1º, da Lei 12.850/2013 ("Art. 2º. Promover, constituir, financiar ou integrar, pessoalmente ou por interposta pessoa, organização criminosa: ... § 1º. Nas mesmas penas incorre quem impede ou, de qualquer forma, embaraça a investigação de infração penal que envolva organização criminosa"), porquanto os participantes atuariam com repartição de tarefas e unidade de desígnios.
AC 4036 Referendo-MC/DF, rel. Min. Teori Zavascki, 25.11.2015. (AC-4036)
AC 4039 Referendo-MC/DF, rel. Min. Teori Zavascki, 25.11.2015. (AC-4039)

Senador e prisão preventiva - 2
Para o Colegiado, a menção a interferências, a promessas políticas no sentido de obter decisões favoráveis por parte de Ministros do STF constituiria conduta obstrutiva de altíssima gravidade. O ostensivo desembaraço do congressista teria mostrado que a conduta em que incorrera não causara a ele desconforto nem exigira a superação de obstáculos morais. Isso sinalizaria, por sua vez, que o mencionado parlamentar não mediria esforços para embaraçar o desenvolvimento das investigações encartadas na denominada "Operação Lava Jato". Inclusive, ele teria deixado transparecer que exploraria o prestígio do cargo que ocupa para exercer influência sobre altas autoridades da República. Conforme conversas gravadas, as partes envolvidas e demais interlocutores teriam discutido, abertamente, meios e rotas de fuga do Brasil, por parte do candidato à delação premiada, caso o STF viesse a conceder-lhe "habeas corpus". Os Ministros aduziram que a participação de senador em planejamento de fuga de preso à disposição do STF constituiria situação, além de verdadeiramente vexaminosa, incrivelmente perigosa para a aplicação da lei penal, inclusive para outros investigados e réus na "Operação Lava Jato". Essa participação traduziria claro componente de incentivo ao curso de ação consistente na fuga: o respaldo de ninguém menos que o líder do governo no Senado para estratagema dessa estirpe funcionaria, potencialmente, como catalisador da tomada de decisão nesse sentido. A Turma enfatizou, ainda, que o fato de um dos ora investigados

possuir cópia de minuta de anexo de acordo de colaboração premiada, a ser submetido à homologação, revelaria a existência de perigoso canal de vazamento, com fortes indícios de terem sido obtidos de forma ilícita, cuja amplitude ainda seria desconhecida, o que afrontaria a Lei 12.850/2013 ("Art. 7º. O pedido de homologação do acordo será sigilosamente distribuído, contendo apenas informações que não possam identificar o colaborador e o seu objeto"). Nesse contexto, o requerimento de prisão preventiva teria demonstrado de maneira robusta, com base no material indiciário colhido até o momento, a existência do ilícito - materialidade - e dos indícios suficientes de autoria. Indicaria ainda, a possível existência de graves crimes contra a Administração da Justiça, contra a Administração Pública, de organização criminosa e mesmo de lavagem de dinheiro, para a consecução dos quais teria havido supostamente importante participação dos requeridos. Embora o art. 5º, LVI, da Constituição desautorize o Estado a utilizar-se de provas obtidas por meios ilícitos, considerados aqueles que resultem de violação às normas de direito penal, a gravação de conversa feita por um dos interlocutores sem o conhecimento dos demais é considerada lícita, para os efeitos da aludida vedação constitucional, quando não esteja presente causa legal de sigilo ou de reserva da conversação.

AC 4036 Referendo-MC/DF, rel. Min. Teori Zavascki, 25.11.2015. (AC-4036)
AC 4039 Referendo-MC/DF, rel. Min. Teori Zavascki, 25.11.2015. (AC-4039)

Senador e prisão preventiva - 3

A Turma asseverou que a conduta por parte do filho do candidato à delação premiada no sentido de gravar reuniões com o senador e demais participantes não revelaria violação à normativa constitucional. Portanto, não macularia os elementos de provas colhidos até agora. As provas concretas e específicas presentes nos autos teriam demonstrado as tratativas das partes para que a lei penal não fosse aplicada. A representação apresentada teria a participação de senador que estaria atentando, em tese, com suas supostas condutas criminosas, diretamente contra a própria jurisdição do Supremo Tribunal Federal. No âmbito das prisões cautelares para os representantes do Senado, somente se admitiria a modalidade de prisão em flagrante decorrente de crime inafiançável em tese. Dos delitos apontados como praticados pelo senador consta, dentre eles, o de organização criminosa — crime permanente —, a contemplar não só a possibilidade de flagrante a qualquer tempo como até mesmo a chamada "ação controlada", nos termos da Lei 12.850/2013 ("Art. 8º. Consiste a ação controlada em retardar a intervenção policial ou administrativa relativa à ação praticada por organização criminosa ou a ela vinculada, desde que mantida sob observação e acompanhamento para que a medida legal se concretize no momento mais eficaz à formação de provas e obtenção de informações"). A hipótese presente é de inafiançabilidade, nos termos do CPP ["Art. 324. Não será, igualmente, concedida fiança: ... IV - quando presentes os motivos que autorizam a decretação da prisão preventiva (art. 312)"]. Segundo a Turma, a decisão ora referendada teria como um de seus principais fundamentos a garantia da instrução criminal, das investigações, aliado à higidez de eventuais ações penais vindouras, tendo em vista a concreta ocorrência e a possibilidade de interferência no depoimento de testemunhas e na produção de provas, circunstâncias que autorizariam a decretação da custódia cautelar, nos termos da jurisprudência da Corte. Assim, a necessidade de resguardar a ordem pública, seja pelos constantes atos praticados pelo grupo (cooptação de colaborador, tentativa de obtenção de decisões judiciais favoráveis, obtenção de documentos judiciais sigilosos), pela fundada suspeita de reiteração delitiva, pela atualidade dos delitos (reuniões ocorridas no corrente mês), ou ainda pela gravidade em concreto dos crimes, que atentariam diretamente contra os poderes constitucionalmente estabelecidos da República, não haveria outra medida cautelar suficiente para inibir a continuidade das práticas criminosas, que não a prisão preventiva.

AC 4036 Referendo-MC/DF, rel. Min. Teori Zavascki, 25.11.2015. (AC-4036)
AC 4039 Referendo-MC/DF, rel. Min. Teori Zavascki, 25.11.2015. (AC-4039)
(Inform. STF 809)

Afastamento de prefeito: supremacia da vontade popular e preservação da coisa pública

O Plenário iniciou o julgamento de agravo regimental em que se discute o afastamento de prefeito do cargo, por força de decisão cautelar de tribunal de justiça em face da suposta prática de crimes. O Ministro Ricardo Lewandowski (Presidente e relator) votou pelo referendo da decisão agravada, no sentido do retorno do prefeito ao cargo. Apontou não ter sido demonstrada evidente lesão à ordem pública ou obstrução às investigações, de modo que

caberia reconduzir o mandatário ao cargo, tendo em conta a supremacia da vontade popular que o elegera. Ademais, seria necessário levar em conta a curta duração dos mandatos. Em divergência, os Ministros Marco Aurélio, Cármen Lúcia e Edson Fachin deram provimento ao recurso. O Ministro Marco Aurélio destacou que a decisão que afastara o prefeito do cargo não mereceria ser suspensa, porque se mostrara necessária para a preservação da coisa pública. A Ministra Cármen Lúcia frisou que o prefeito fora acusado de mais de 50 crimes de lavagem de dinheiro, desvio de verbas públicas e de responsabilidade. Assim, a manutenção do cargo indicaria maior dano à cidadania. O Ministro Edson Fachin considerou que uma decisão concessiva de medida cautelar criminal deveria ser atacada pelos meios recursais próprios. Em seguida, pediu vista dos autos o Ministro Luiz Fux.

SL 853 MC-AgR/SP, rel. Min. Ricardo Lewandowski, 25.11.2015. (SL-853) (Inform. STF 809)

HC N. 126.573-BA

RELATORA: MIN. ROSA WEBER

EMENTA: HABEAS CORPUS. DIREITO PROCESSUAL PENAL. SUBSTITUTIVO DE RECURSO CONSTITUCIONAL. INADEQUAÇÃO DA VIA ELEITA. HOMICÍDIOS QUALIFICADOS E ASSOCIAÇÃO CRIMINOSA. PRISÃO PREVENTIVA. GARANTIA DA ORDEM PÚBLICA. CONVENIÊNCIA DA INSTRUÇÃO CRIMINAL. FUNDAMENTAÇÃO IDÔNEA. EXCESSO DE PRAZO NA FORMAÇÃO DA CULPA NÃO CONFIGURADO. SUPRESSÃO DE INSTÂNCIA.

1. Contra acórdão exarado em recurso ordinário em *habeas corpus* remanesce a possibilidade de manejo do recurso extraordinário previsto no art. 102, III, da Constituição Federal. Diante da dicção constitucional, inadequada a utilização de novo *habeas corpus*, em caráter substitutivo.

2. Prisão preventiva decretada em razão do risco à ordem pública, da conveniência da instrução criminal, pois as circunstâncias concretas dos autos indicam a periculosidade do agente e a eventual ameaça às testemunhas. Precedentes.

3. A razoável duração do processo não pode ser considerada de maneira isolada e descontextualizada das peculiaridades do caso concreto.

4. *Habeas corpus* extinto sem resolução do mérito. **(Inform. STF 809)**

Inviolabilidade de domicílio e flagrante delito

A entrada forçada em domicílio sem mandado judicial só é lícita, mesmo em período noturno, quando amparada em fundadas razões, devidamente justificadas "a posteriori", que indiquem que dentro da casa ocorre situação de flagrante delito, sob pena de responsabilidade disciplinar, civil e penal do agente ou da autoridade, e de nulidade dos atos praticados. Essa a orientação do Plenário, que reconheceu a repercussão geral do tema e, por maioria, negou provimento a recurso extraordinário em que se discutia, à luz do art. 5º, XI, LV e LVI, da Constituição, a legalidade das provas obtidas mediante invasão de domicílio por autoridades policiais sem o devido mandado de busca e apreensão. O acórdão impugnado assentara o caráter permanente do delito de tráfico de drogas e mantivera condenação criminal fundada em busca domiciliar sem a apresentação de mandado de busca e apreensão. A Corte asseverou que o texto constitucional trata da inviolabilidade domiciliar e de suas exceções no art. 5º, XI ("a casa é asilo inviolável do indivíduo, ninguém nela podendo penetrar sem consentimento do morador, salvo em caso de flagrante delito ou desastre, ou para prestar socorro, ou, durante o dia, por determinação judicial"). Seriam estabelecidas, portanto, quatro exceções à inviolabilidade: a) flagrante delito; b) desastre; c) prestação de socorro; e d) determinação judicial. A interpretação adotada pelo STF seria no sentido de que, se dentro da casa estivesse ocorrendo um crime permanente, seria viável o ingresso forçado pelas forças policiais, independentemente de determinação judicial. Isso se daria porque, por definição, nos crimes permanentes, haveria um interregno entre a consumação e o exaurimento. Nesse interregno, o crime estaria em curso. Assim, se dentro do local protegido o crime permanente estivesse ocorrendo, o perpetrador estaria cometendo o delito. Caracterizada a situação de flagrante, seria viável o ingresso forçado no domicílio. Desse modo, por exemplo, no crime de tráfico de drogas (Lei 11.343/2006, art. 33), estando a droga depositada em uma determinada casa, o morador estaria em situação de flagrante delito, sendo passível de prisão em flagrante. Um policial, em razão disso, poderia ingressar na residência, sem autorização judicial, e realizar a prisão. Entretanto, seria necessário estabelecer uma interpretação que afirmasse a garantia da inviolabilidade da casa e, por outro lado, protegesse os agentes da segurança pública, oferecendo orientação mais segura sobre suas formas de atuação. Nessa medida, a entrada forçada em domicílio, sem uma justificativa conforme o

4. DIREITO PROCESSUAL PENAL

direito, seria arbitrária. Por outro lado, não seria a constatação de situação de flagrância, posterior ao ingresso, que justificaria a medida. Ante o que consignado, seria necessário fortalecer o controle "a posteriori", exigindo dos policiais a demonstração de que a medida fora adotada mediante justa causa, ou seja, que haveria elementos para caracterizar a suspeita de que uma situação a autorizar o ingresso forçado em domicílio estaria presente. O modelo probatório, portanto, deveria ser o mesmo da busca e apreensão domiciliar — apresentação de "fundadas razões", na forma do art. 240, §1°, do CPP —, tratando-se de exigência modesta, compatível com a fase de obtenção de provas. Vencido o Ministro Marco Aurélio, que provia o recurso por entender que não estaria configurado, na espécie, o crime permanente.
RE 603616/RO, rel. Min. Gilmar Mendes, 4 e 5.11.2015. (RE-603616) (Inform. STF 806)

HC N. 127.444-SP

RELATORA: MIN. ROSA WEBER
EMENTA: *HABEAS CORPUS*. PROCESSUAL PENAL. SUBSTITUTIVO DE RECURSO CONSTITUCIONAL. INADEQUAÇÃO DA VIA ELEITA. CRIME DE TRÁFICO DE DROGAS. SENTENÇA CONDENATÓRIA. REGIME DE CUMPRIMENTO DA PENA. SUBSTITUIÇÃO DA PENA PRIVATIVA DE LIBERDADE POR RESTRITIVA DE DIREITOS. SUPRESSÃO DE INSTÂNCIA. MANUTENÇÃO DA PRISÃO PREVENTIVA. GARANTIA DA ORDEM PÚBLICA. FUNDAMENTAÇÃO INIDÔNEA. CONCESSÃO DA ORDEM DE OFÍCIO.
**1. Contra a denegação de *habeas corpus* por Tribunal Superior prevê a Constituição Federal remédio jurídico expresso, o recurso ordinário. Diante da dicção do art. 102, II, *a*, da Constituição da República, a impetração de novo *habeas corpus* em caráter substitutivo escamoteia o instituto recursal próprio, em manifesta burla ao preceito constitucional.
2. Inviável o exame das teses defensivas não analisadas pelo Superior Tribunal de Justiça, sob pena de indevida supressão de instância.
3. O decreto de prisão cautelar há de se apoiar nas circunstâncias fáticas do caso concreto, evidenciando que a soltura, ou a manutenção em liberdade, do agente implicará risco à ordem pública, à ordem econômica, à instrução criminal ou à aplicação da lei penal (CPP, art. 312).
4. A motivação sem elementos concretos ou base empírica idônea a amparar o decreto prisional, esbarra na jurisprudência consolidada deste Supremo Tribunal Federal, que não lhe reconhece validade. Precedentes.
5. Ordem de *habeas corpus* concedida para assegurar o direito de o paciente recorrer em liberdade. (Inform. STF 806)**

AG. REG. NO HC N. 128.550-RS

RELATORA: MIN. ROSA WEBER
EMENTA: AGRAVO REGIMENTAL NO *HABEAS CORPUS*. SUBSTITUTIVO DE RECURSO ORDINÁRIO. INADEQUAÇÃO DA VIA ELEITA. TRÁFICO DE DROGAS. PRISÃO PREVENTIVA. GARANTIA DA ORDEM PÚBLICA. FUNDAMENTAÇÃO IDÔNEA.
1. Contra a denegação de *habeas corpus* por Tribunal Superior prevê a Constituição Federal remédio jurídico expresso, o recurso ordinário. Diante da dicção do art. 102, II, a, da Constituição da República, a impetração de novo *habeas corpus* em caráter substitutivo escamoteia o instituto recursal próprio, em manifesta burla ao preceito constitucional.
2. Se as circunstâncias concretas da prática do crime indicam a periculosidade do agente ou o risco de reiteração delitiva, está justificada a decretação ou a manutenção da prisão cautelar para resguardo da ordem pública, desde que igualmente presentes boas provas da materialidade e da autoria. Precedentes.
3. Agravo regimental conhecido e não provido. **(Inform. STF 804)**

Enunciado 11 da Súmula Vinculante do STF
O Plenário rejeitou proposta de cancelamento do Enunciado 11 da Súmula Vinculante ("Só é lícito o uso de algemas em casos de resistência e de fundado receio de fuga ou de perigo à integridade física própria ou alheia, por parte do preso ou de terceiros, justificada a excepcionalidade por escrito, sob pena de responsabilidade disciplinar, civil e penal do agente ou da autoridade e de nulidade da prisão ou do ato processual a que se refere, sem prejuízo da responsabilidade civil do Estado"). No caso, a proponente — Confederação Brasileira dos Trabalhadores Policiais Civis – Cobrapol — afirmava que a edição do enunciado em questão teria usurpado a função do Poder Legislativo. Ressaltava, ademais, o quanto disposto no art. 199 da Lei de Execução Penal ("O emprego de algemas será disciplinado por decreto federal"), apontando, então, que, se ainda não há decreto federal que regulamente a utilização de algemas, caberia aos interessados ajuizar mandado de injunção. A Corte

asseverou que, para admitir-se a revisão ou o cancelamento de súmula vinculante, seria necessário demonstrar: a) a evidente superação da jurisprudência do STF no trato da matéria; b) a alteração legislativa quanto ao tema; ou, ainda, c) a modificação substantiva de contexto político, econômico ou social. A proponente, porém, não teria comprovado a existência dos aludidos pressupostos, assim como não teria se desincumbido do ônus de apresentar decisões reiteradas do STF que demonstrassem a desnecessidade de vigência do enunciado em questão, o que impossibilitaria o exame da presente proposta de cancelamento. Por fim, cumpriria destacar que o mero descontentamento ou eventual divergência quanto ao conteúdo de verbete vinculante não autorizariam a rediscussão da matéria.
PSV 13/DF, 24.9.2015. (PSV-13) (Inform. STF 800)

Tráfico de drogas e liberdade provisória
A Primeira Turma concedeu a ordem de "habeas corpus" para deferir o benefício da liberdade provisória do paciente com dispensa do pagamento de fiança e imediata expedição do competente alvará de soltura, ressalvada, se cabível, a imposição de medidas cautelares do art. 319 do CPP. Na espécie, o paciente fora preso em flagrante pela suposta prática do delito de tráfico de drogas (Lei 11.343/2006, art. 33) e fora beneficiado com a concessão da liberdade provisória mediante o pagamento de fiança. Ocorre que, em virtude do não recolhimento da fiança — e exclusivamente por essa razão — o paciente permaneceria preso. A Turma reputou ser injusto e desproporcional condicionar a expedição do respectivo alvará de soltura ao recolhimento da fiança. Ademais, enfatizou que não tendo o paciente condições financeiras de arcar com o valor da fiança, tendo em vista ser assistido pela Defensoria Pública, o que pressuporia sua hipossuficiência, nada justificaria a imposição da prisão cautelar.
HC 129474/PR, rel. Min. Rosa Weber, 22.9.2015. (HC-129474) (Inform. STF 800)

RHC N. 121.075-AL

RELATOR: MIN. LUIZ FUX
Ementa: Constitucional, Penal e Processual Penal. Recurso Ordinário em *Habeas corpus*. Homicídios triplamente qualificados - art. 121, § 2°, inc. I, IV e V (quatro vezes), c/c os arts. 29 e 69. Caso Ceci Cunha. Réu solto durante os treze anos de trâmite da ação penal. Prisão preventiva decretada na sentença. Possibilidade: Artigos 387, § 1°, e 492, I, e, do CPP. Garantia da ordem pública. Gravidade concreta dos crimes, periculosidade e propensão ao crime. Bases empíricas idôneas. Excesso de prazo da instrução criminal. Tema não suscitado no Tribunal *a quo*. Supressão de instância. Saúde debilitada. Dever de assistência médica do Estado.
1. A prisão preventiva pode ser decretada na sentença condenatória, conforme previsto nos artigos 387, § 1°, e 492, inciso I, alínea *e*, do Código de Processo Penal, este último com a redação conferida pela Lei n. 11.689/2008, restando de somenos importância o fato de o réu ter permanecido solto durante a instrução criminal, máxime quando demonstrados, como *in casu*, elementos concretos que a justifique.
2. A gravidade *in concreto* do crime, revelada pelo *modus operandi*, e a propensão à reiteração delituosa constituem fundamentos idôneos à determinação da custódia cautelar para a garantia da ordem pública (HC 103.716, Relator Min. Luiz Fux, 1ª Turma, julgado em 2/8/2011; HC 104.699/SP, 1ª Turma, Relatora a Ministra Cármen Lúcia, DJe de 23.11.10; HC 103.107/MT, 1ª Turma, Relator o Ministro Dias Toffoli, DJe de 29.11.10; HC 101.717, Relator o Ministro Luiz Fux, 1ª Turma, DJe de 14/9/2011; HC 103.716, Relator o Ministro Luiz Fux, 1ª Turma, julgado em 2/8/2011).
3. O título condenatório superveniente justifica a prisão cautelar, mormente quando da dosimetria da pena o Magistrado destaca outros fatos que demonstram a periculosidade exacerbada do paciente, o desprezo pela vida humana e o egoísmo na busca de seus ideais, *in verbis*:
"- [...] *o acusado é portador de personalidade talhada para o crime. Desprovido de sensibilidade e sem qualquer resquício de respeito pelo ser humano; o acusado, segundo os depoimentos colhidos nos autos, sempre se referiu à prática de homicídios com aberrante naturalidade* [...].
- [...] *Segundo depoimento prestado por Maurício Guedes às fls. 43/51, o acusado mencionou sem qualquer pudor moral a intenção de matar outras pessoas, mostrando-se ainda indiferente à morte de seus companheiros de coligação partidária ao revelar que seu único objetivo era assumir o mandato como Deputado Federal, independentemente do tipo de violência necessária a tal fim.*
- [...] *A personalidade predisposta a práticas criminosas se extrai do fato de o acusado estar determinado a eliminar qualquer um dos deputados eleitos por*

sua coligação, exigindo a morte de todos os presentes na ação, mas também no fato de estimular o homicídio de pessoas cuja morte não lhe interessaria.

- [...] deflui-se que sua personalidade egoística e antiética impede que o acusado enxergue na vida humana valor superior a seus interesses pessoais mais elementares. Tal embotamento do senso moral torna o acusado pessoa capaz de práticas perversas tais quais aquelas que motivaram a presente ação penal, sem o mínimo traço de remorso ou hesitação.

- [...] Também há nos autos a notícia de que o acusado teria ameaçado matar qualquer de seus assessores cujo comportamento fosse considerado inadequado aos seus interesses.

- [...] Em relação aos motivos, os elementos colhidos ao longo da instrução indicam que a ação do acusado foi movida não somente pelo desejo de garantir o exercício do mandato de deputado federal inalcançado [por] meios legítimos, o que por si somente seria suficiente para configurar a torpeza do motivo, mas também de extrair do exercício do cargo vantagens ilícitas, exigindo pagamento em dinheiro em troca de votos nas sessões da Câmara dos Deputados."

4. In casu, por fatos ocorridos em 16/12/1998 (caso Ceci Cunha), o paciente, juntamente com outros corréus, foi condenado à pena de 103 (cento e três) anos e 4 (quatro) meses de reclusão, em regime inicial fechado, pela prática do crime tipificado no art. 121, § 2º, incisos I e IV, (homicídio qualificado mediante paga ou promessa de recompensa ou outro motivo torpe, e mediante a traição, de emboscada, ou mediante dissimulação ou outro recurso que dificulte ou torne impossível a defesa da vítima) e pelo crime previsto no art. 121, § 2º, incisos I, IV e V (homicídio qualificado mediante paga ou promessa de recompensa ou outro motivo torpe, e mediante a traição, de emboscada, ou mediante dissimulação ou outro recurso que dificulte ou torne impossível a defesa da vítima e para assegurar a execução, a ocultação, a impunidade ou vantagem de outro crime), na forma dos artigos 29 e 69, todos do Código Penal.

5. A sentença condenatória, proferida em 19/01/2012, revela-se harmônica com a jurisprudência desta Corte no tópico da prisão preventiva para garantia da ordem publica ao assentar a periculosidade in concreto, o modus operandi do crime e a propensão delituosa como fatores idôneos e justificadores da medida extrema de cerceio ante tempus da liberdade, qual se infere facilmente dos seguintes trechos:

"- [...] há hipóteses excepcionais, nas quais a violência e gravidade dos crimes imputados aos réus geram tamanho clamor popular, que a manutenção dos condenados em liberdade põe em risco a ordem pública e recomendam a prisão, nos termos do artigo 312 do CPP, independentemente de primariedade ou bons antecedentes dos condenados.

- Não bastasse a violência dos crimes e sua repercussão social a exigir a prisão como forma de garantir a ordem pública, a espera de mais de treze anos para o julgamento da Corte soberana é, por si só, suficiente para revestir de total ilegalidade a prisão dos condenados.

[...]

- Com efeito, em rumoroso caso de homicídio passional atribuído ao jornalista Pimenta Neves, o Supremo Tribunal Federal entendeu que o longo período decorrido entre o seu julgamento pelo Tribunal do Júri de São Paulo (cerca de onze anos), em razão da sucessiva interposição de recursos por parte do réu, ainda que legítimos, imporia a imediata execução da pena privativa de liberdade, independentemente do trânsito em julgado.

- Situação esta que muito se assemelha ao caso em perspectiva, porquanto na presente ação penal os réus lançaram mão de todos os recursos disponíveis, inclusive habeas corpus, levando suas irresignações às mesas de julgamento do STJ e STF, sem que até o momento atual possa-se falar definitivamente da pronúncia.

- Aliás, aqui, o tempo que medeia entre o crime e a reunião do Tribunal do Júri é ainda maior do que no citado precedente do STF, eis que já se passaram treze anos dos fatos descritos na denúncia, sem que a sentença de pronúncia haja transitado em julgado em razão do hábil manejo dos recursos generosamente admitidos pela legislação processual.

- Essa similitude, inclusive, trouxe este caso aos debates que se seguiram ao voto do Ministro Celso de Melo (Relator do AI 7965677 AgR), quando o Ministro Gilmar Mendes citou expressamente o homicídio da Deputada Federal Ceci Cunha como hipótese excepcional em que deveria ser admitida a prisão dos réus, independentemente do trânsito em julgado da sentença condenatória.

- As semelhanças entre os casos são evidentes, sendo os fatos que embasam a presente demanda, inclusive, ainda mais graves. No caso ora utilizado como paradigma, o autor agiu só, deixando uma única vítima; aqui, foram múltiplos agentes e quatro foram os mortos, entre estes uma Deputada Federal, ao passo que no paradigma uma jovem foi assassinada em crime passional, aqui, exterminou-se uma família com o objetivo de garantir a assunção de poder político. No paradigma, o uso dos recursos cabíveis gerou uma demora de cerca de dez anos, enquanto aqui mais de treze.

- Assim, ao considerar, no caso paradigma, que a excessiva demora ocasionada pelo uso de meios processuais legítimos, associada à gravidade dos fatos levados a julgamento configuraram situação extraordinária o suficiente para excepcionar entendimento firme, sufragado pelo Plenário da Suprema Corte desde 2009, o STF claramente sinalizou no sentido de admitir a prisão preventiva dos autores da chacina que vitimou a Deputada Federal Ceci Cunha e seus familiares.

- Em face do exposto, seguindo o entendimento adotado pelo Supremo Tribunal Federal nos autos do AI 7965677 AgR e utilizando os argumentos acima para todos os réus, tenho por bem decretar a prisão preventiva de JADIELSON BARBOSA DA SILVA; JOSÉ ALEXANDRE DOS SANTOS; ALÉCIO CEZAR ALVES VASCO; MENDONÇA MEDEIROS E PEDRO TALVANE LUÍS GAMA ALBUQUERQUE NETO."

6. O tema atinente ao excesso de prazo da instrução criminal não passou pelo crivo do Tribunal a quo, por isso que sua análise neste writ traduz indevida supressão de instância. A análise da questão ex officio resta inviabilizada ante a necessidade da colheita de informações ao juízo processante e ao Tribunal Regional Federal da 5ª Região, a fim de verificar, com prudência, a responsabilidade pela mora processual. Demais disso, não é crível que a anormal tramitação do processo, por longos treze anos, se deva apenas às dificuldades materiais do Poder Judiciário, impondo-se sindicar a responsabilidade de tal excesso pelo cotejo das razões da impetração com as informações dos órgãos judicantes envolvidos diretamente; isso, diga-se de passagem, nas instâncias competentes, e não diretamente nesta Corte.

7. No que tange à questão de saúde debilitada do paciente, supõe-se que o Estado lhe preste, como a tantos em idêntica situação, a assistência médica de que necessita.

8. Recurso ordinário em habeas corpus conhecido em parte e, nessa extensão, desprovido. **(Inform. STF 799)**

TJ/SP: audiência de custódia e Provimento Conjunto 3/2015 - 1

O Plenário, por maioria, conheceu em parte da ação e, na parte conhecida, julgou improcedente pedido formulado em ação direta ajuizada em face do Provimento Conjunto 3/2015 da Presidência do Tribunal de Justiça e da Corregedoria-Geral de Justiça do Estado de São Paulo, que determina a apresentação de pessoa detida, até 24 horas após a sua prisão, ao juiz competente, para participar de audiência de custódia no âmbito daquele tribunal. A Corte afirmou que o art. 7º, item 5, da Convenção Americana de Direitos Humanos, ao dispor que "toda pessoa presa, detida ou retida deve ser conduzida, sem demora, à presença de um juiz", teria sustado os efeitos de toda a legislação ordinária conflitante com esse preceito convencional. Isso em decorrência do caráter supralegal que os tratados sobre direitos humanos possuiriam no ordenamento jurídico brasileiro, como ficara assentado pelo STF, no julgamento do RE 349.703/RS (DJe de 5.6.2009). Ademais, a apresentação do preso ao juiz no referido prazo estaria intimamente ligada à ideia da garantia fundamental de liberdade, qual seja, o "habeas corpus". A essência desse remédio constitucional, portanto, estaria justamente no contato direto do juiz com o preso, para que o julgador pudesse, assim, saber do próprio detido a razão pela qual fora preso e em que condições se encontra encarcerado. Não seria por acaso, destarte, que o CPP consagraria regra de pouco uso na prática forense, mas ainda assim fundamental, no seu art. 656, segundo o qual "recebida a petição de 'habeas corpus', o juiz, se julgar necessário, e estiver preso o paciente, mandará que este lhe seja imediatamente apresentado em dia e hora que designar". Então, não teria havido por parte da norma em comento nenhuma extrapolação daquilo que já constaria da referida convenção internacional — ordem supralegal —, e do próprio CPP, numa interpretação teleológica dos seus dispositivos.
ADI 5240/SP, rel. Min. Luiz Fux, 20.8.2015. (ADI-5240)

TJ/SP: audiência de custódia e Provimento Conjunto 3/2015 - 2

O Tribunal destacou que os artigos 1º, 3º, 5º, 6º e 7º do provimento conjunto sob análise apenas explicitariam disposições esparsas da Convenção Americana sobre Direitos do Homem e do CPP, permitindo, assim, a sua compreensão clara e sistemática, indispensável ao seu fiel cumprimento. Sendo assim, não se observando exorbitância das aludidas normas regulamentares em relação à lei, que seria seu fundamento de validade, não se abriria a possibilidade de controle da sua constitucionalidade. Entretanto,

quanto aos artigos 2°, 4°, 8°, 9°, 10 e 11 do provimento hostilizado, estes veiculariam comandos de organização administrativa interna do TJSP, no exercício da prerrogativa outorgada pelo art. 96, I, a, da CF. Daí decorreria que, sendo normas a ostentar fundamento de validade situado diretamente na Constituição Federal, seria possível o seu controle pela via da ação direta. No ponto, observar-se-ia que os princípios da legalidade (CF, art. 5°, II) e da reserva de lei federal em matéria processual (CF, art. 22, I) teriam sido observados pelo ato normativo impugnado. O Provimento Conjunto 3/2015 não inovaria na ordem jurídica, mas apenas explicitaria conteúdo normativo já existente em diversas normas do CPP — recepcionado pela Constituição Federal de 1988 como lei federal de conteúdo processual — e da Convenção Americana sobre Direitos do Homem — reconhecida pela jurisprudência do STF como norma de "status" jurídico supralegal. Outrossim, inexistiria violação ao princípio da separação dos poderes (CF, art. 2°). De fato, não seria o ato normativo emanado do tribunal de justiça que criaria obrigações para os delegados de polícia, mas sim a citada convenção e o CPP, os quais, por força dos artigos 3° e 6° da Lei de Introdução às Normas do Direito Brasileiro, teriam efeito imediato e geral, ninguém se escusando de cumpri-los. Vencido o Ministro Marco Aurélio, que preliminarmente julgava extinta a ação, por entender que a norma impugnada não seria ato primário, e, no mérito, julgava procedente o pedido formulado, assentando que disciplinar tema processual seria da competência exclusiva da União.
ADI 5240/SP, rel. Min. Luiz Fux, 20.8.2015. (ADI-5240) (Inform. STF 795)

HC N. 126.118-PE

RED. P/ O ACÓRDÃO: MIN. LUIZ FUX
Ementa: Penal e Processo Penal. HC impetrado contra decisão que indeferiu liminar no bojo de idêntica ação constitucional. Estelionato, inserção de dados falsos em sistemas de informação, corrupção ativa e passiva, associação criminosa e lavagem de dinheiro. Prisão preventiva para garantia da ordem pública. Fundamentação idônea. Inexistência de teratologia no ato impugnado. Atuação *ex officio* do STF. Impossibilidade. Incidência da Súmula 691/STF.
1. A ausência de teratologia no ato impugnado faz incidir o óbice da Súmula 691/STF, *in verbis*: "Não compete ao Supremo Tribunal Federal conhecer de 'habeas corpus' impetrado contra decisão do relator que, em 'habeas corpus' requerido a tribunal superior, indefere a liminar".2. *In casu*, o paciente foi responsabilizado pela prática dos crimes de estelionato, inserção de dados falsos em sistemas de informação, corrupção ativa e passiva, associação criminosa e lavagem de dinheiro proveniente de fraudes contra o Instituto Nacional de Previdência Social – INSS, a evidenciar a necessidade de sua prisão preventiva a bem da ordem pública.
3. *Habeas corpus* não conhecido, com fundamento na Súmula 691/STF, restando revogada a liminar concedida. **(Inform. STF 791)**

HC N. 123.965-SP

RELATORA: MIN. ROSA WEBER
EMENTA: *HABEAS CORPUS*. DIREITO PROCESSUAL PENAL. CRIME DE HOMICÍDIO. ARTIGO 121, §§ 1° E 2°, DO CÓDIGO PENAL. MANUTENÇÃO DA PRISÃO PREVENTIVA. SENTENÇA DE PRONÚNCIA. EXTENSÃO A CORRÉU. ARTIGO 580 DO CÓDIGO DE PROCESSO PENAL.
1. Esta 1ª Turma do Supremo Tribunal Federal, por maioria de votos, concedeu de ofício de *habeas corpus* em benefício de corréu (HC 101.981/SP, Rel. Min. Dias Toffoli, j. 17.8.2010, DJe 03.11.2010), porquanto a manutenção do decreto prisional foi motivada de forma genérica e abstrata, ao desamparo de base empírica idônea.
2. Inaplicável, todavia, o disposto no art. 580 do Código de Processo Penal - *"No concurso de agentes (Código Penal, art. 25), a decisão do recurso interposto por um dos réus, se fundado em motivos que não sejam de caráter exclusivamente pessoal, aproveitará outros"* -, porquanto não demonstrada a identidade de situação fática e jurídica entre o ora paciente e o corréu.
3. *Habeas corpus* extinto sem resolução de mérito. **(Inform. STF 791)**

HC N. 127.167-SP

RELATORA: MIN. ROSA WEBER
EMENTA: *HABEAS CORPUS*. PROCESSO PENAL. SÚMULA 691/STF. AFASTAMENTO. TRÁFICO DE ENTORPECENTES. PRISÃO PREVENTIVA. GARANTIA DA ORDEM PÚBLICA. FUNDAMENTAÇÃO INIDÔNEA. MOTIVAÇÃO GENÉRICA E ABSTRATA. CONCESSÃO DA ORDEM.

1. Em casos teratológicos e excepcionais, viável a superação do óbice da Súmula 691 desta Suprema Corte. Precedentes. 2. Motivado o decreto prisional de forma genérica e abstrata, sem elementos concretos ou base empírica idônea a ampará-lo, esbarra na jurisprudência consolidada deste Supremo Tribunal Federal, que não lhe reconhece validade. Precedentes. 3. Substituição da prisão preventiva por medidas cautelares previstas no art. 319 do Código de Processo Penal, a serem fixadas pelo juízo de primeiro grau. 4. Ordem de *habeas corpus* concedida para substituir a prisão preventiva decretada contra o paciente por medidas cautelares ao feitio legal. **(Inform. STF 791)**

Gravidez e prisão preventiva

A Constituição assegura às presidiárias condições para que possam permanecer com seus filhos durante o período da amamentação e enfatiza a proteção à maternidade e à infância. Com base nessa orientação, a Segunda Turma concedeu a ordem em "habeas corpus" para revogar a prisão preventiva decretada. Na espécie, a paciente fora presa em flagrante pela suposta prática do delito descrito no art. 33 da Lei 11.343/2006. Grávida de sete meses, ela fora recolhida a uma penitenciária desprovida de estrutura física para acolhimento de presas nessa condição. A Turma reputou que a prisão provisória decretada em desfavor da paciente não atendera aos requisitos do art. 312 do CPP, especialmente no que diz respeito à indicação de elementos concretos que, ao momento da decretação, fossem imediatamente incidentes a ponto de justificar a constrição. Asseverou, ainda, que não se poderia olvidar que a paciente estaria em estágio avançado de gravidez [CPP: "Art. 318. Poderá o juiz substituir a prisão preventiva pela domiciliar quando o agente for: ... IV – gestante a partir do 7° (sétimo) mês de gravidez ou sendo esta de alto risco"].
HC 128381/SP, rel. Min. Gilmar Mendes, 9.6.2015. (HC-128381) (Inform. STF 789)

AG. REG. NO HC N. 126.879-SP

RELATORA: MIN. ROSA WEBER
EMENTA: AGRAVO REGIMENTAL NO *HABEAS CORPUS*. SÚMULA 691/STF. TRÁFICO DE DROGAS. ARTIGO 33, *CAPUT*, DA LEI 11.343/2006. PRISÃO PREVENTIVA. GARANTIA DA ORDEM PÚBLICA. DECISÃO FUNDAMENTADA.
1. Não se conhece de *habeas corpus* impetrado contra indeferimento de liminar por Relator em *habeas corpus* requerido a Tribunal Superior. Súmula 691. Óbice superável apenas em hipótese de teratologia.
2. Se as circunstâncias concretas da prática do crime indicam a periculosidade do agente ou risco de reiteração delitiva, está justificada a decretação ou a manutenção da prisão cautelar para resguardar a ordem pública, desde que igualmente presentes boas provas da materialidade e da autoria. Precedentes.
3. Consoante jurisprudência desta Suprema Corte, *"considerando que o réu permaneceu preso durante toda a instrução criminal, não se afigura plausível, ao contrário, se revela um contrassenso jurídico, sobrevindo sua condenação, colocá-lo em liberdade para aguardar o julgamento do apelo"* (HC 110.518/MG, Rel. Min. Ricardo Lewandowski, 2ª Turma, DJe de 20.3.2012).
4. Agravo regimental conhecido e não provido. **(Inform. STF 788)**

HC N. 127.045-CE

RELATORA: MIN. CÁRMEN LÚCIA
EMENTA: HABEAS CORPUS. *PROCESSUAL PENAL. FUNDAMENTAÇÃO IDÔNEA PARA A PRISÃO PREVENTIVA DO PACIENTE: PRECEDENTES. ALEGAÇÃO DE EXCESSO DE PRAZO PARA O JULGAMENTO DE APELAÇÃO DA DEFESA. INEXISTÊNCIA DE DESÍDIA NA TRAMITAÇÃO DO FEITO. ORDEM DENEGADA.*
1. Consideradas as circunstâncias do ato praticado e pelos fundamentos apresentados pelo juízo de origem, mantidos nas instâncias antecedentes, a constrição da liberdade do Paciente harmoniza-se com a jurisprudência deste Supremo Tribunal no sentido de a periculosidade do agente, evidenciada pelo *modus operandi* e pelo risco de reiteração delitiva, ser motivo idôneo para a custódia cautelar. Precedentes.
2. Inexistência de excesso de prazo para julgamento de recurso de apelação.
3. Ordem denegada. **(Inform. STF 788)**

AG. REG. NO HC 125.298-RJ

RELATORA: MIN. ROSA WEBER
EMENTA: AGRAVO REGIMENTAL NO HABEAS CORPUS. DIREITO PROCESSUAL PENAL. SUBSTITUTIVO DE RECURSO CONSTITUCIONAL. INADEQUAÇÃO DA VIA ELEITA. HOMICÍDIO QUALIFICADO. PRISÃO PREVENTIVA. GARANTIA DA ORDEM PÚBLICA. FUNDAMENTAÇÃO IDÔNEA.

1. Contra acórdão exarado em recurso ordinário em *habeas corpus* remanesce a possibilidade de manejo do recurso extraordinário previsto no art. 102, III, da Constituição Federal. Diante da dicção constitucional, inadequada a utilização de novo *habeas corpus*, em caráter substitutivo.
2. Se as circunstâncias concretas da prática do crime indicam, pelo *modus operandi*, a periculosidade do agente ou o risco de reiteração delitiva, está justificada a decretação ou a manutenção da prisão cautelar para resguardar a ordem pública, desde que igualmente presentes boas provas da materialidade e da autoria. Precedentes.
3. Agravo regimental conhecido e não provido. **(Inform. STF 787)**

AG. REG. NO RHC N. 126.967-SC
RELATOR: MIN. TEORI ZAVASCKI
Ementa: AGRAVO REGIMENTAL. RHC CONTRA ACÓRDÃO DO STJ PROFERIDO EM OUTRO RHC. INVIABILIDADE. REGRA DE COMPETÊNCIA PREVISTA NO ART. 102, II, "A", DA CONSTITUIÇÃO FEDERAL. PRISÃO PREVENTIVA. HOMICÍDIO QUALIFICADO. GARANTIA DA ORDEM PÚBLICA. PERICULOSIDADE DO AGENTE. CONVENIÊNCIA DA INSTRUÇÃO CRIMINAL.
1. Segundo o art. 102, II, "a", da CF, compete ao STF julgar, em recurso ordinário, o *habeas corpus* decidido em última instância pelos Tribunais Superiores, se denegatória a decisão. A decisão foi proferida não no âmbito de *habeas corpus* originário, mas de julgamento de recurso ordinário em *habeas corpus* interposto no Superior Tribunal de Justiça. Considerando as normas de distribuição de competências na Constituição Federal, de natureza estrita, o presente recurso ordinário é manifestamente incabível. Precedentes.
2. Ainda que superado esse óbice, não há constrangimento ilegal a ser sanado. Os fundamentos utilizados revelam-se idôneos para manter a segregação cautelar do paciente, na linha de precedentes desta Corte. É que a decisão está lastreada em circunstâncias concretas e relevantes (a) para resguardar a ordem pública, ante a periculosidade do agente, evidenciada pelas circunstâncias em que o delito fora praticado; e (b) por conveniência da instrução criminal, em razão do fundado receio de ameaça às testemunhas.
3. As circunstâncias concretas do caso não recomendam a aplicação das medidas cautelares diversas da prisão preventiva, previstas no art. 319 do Código de Processo Penal.
4. Agravo regimental a que se nega provimento. **(Inform. STF 785)**

HC N. 121.656-SP
RELATOR: MIN. MARCO AURÉLIO
EMENTA: PRISÃO PREVENTIVA – EXCEÇÃO –FUNDAMENTOS. A prisão preventiva há de guardar sintonia com o figurino legal, porque, revelando excepcionalidade, inverte a sequência natural das coisas, prendendo, para, depois, apurar.
PRISÃO PREVENTIVA – FUNDAMENTOS – IMPUTAÇÃO. A gravidade da imputação não respalda a prisão preventiva, sob pena de tornar-se, em certas situações, automática.
PRISÃO PREVENTIVA – ESTRANGEIRO. O fato de tratar-se de réu estrangeiro é neutro considerada a custódia preventiva.
PRISÃO PREVENTIVA – RESIDÊNCIA E OCUPAÇÃO LÍCITA. Descabe evocar, no ato alusivo à prisão preventiva, como respaldo, a falta de comprovação, por parte do réu, relativamente a residência ou ocupação lícita.
PRISÃO PREVENTIVA – EXCESSO DE PRAZO. Configurado o excesso de prazo na custódia preventiva, impõe-se a devolução do direito à liberdade de ir e vir ao acusado, presente o princípio constitucional da não culpabilidade: "ninguém será considerado culpado até o trânsito em julgado de sentença penal condenatória" – inciso LVII do artigo 5º da Carta Federal. **(Inform. STF 785)**

Prisão cautelar: requisitos e medidas alternativas - 1
A Segunda Turma, por maioria, concedeu parcialmente a ordem em "habeas corpus" para substituir a prisão preventiva imposta ao paciente pelas seguintes medidas cautelares: a) afastamento da direção e da administração das empresas envolvidas nas investigações, ficando proibido de ingressar em quaisquer de seus estabelecimentos, e suspensão do exercício profissional de atividade de natureza empresarial, financeira e econômica; b) recolhimento domiciliar integral até que demonstre ocupação lícita, quando terá direito ao recolhimento domiciliar apenas em período noturno e nos dias de folga; c) comparecimento quinzenal em juízo, para informar e justificar atividades, com proibição de mudar de endereço sem autorização; d) obrigação de comparecimento a todos os atos do processo, sempre que intimado; e) proibição de manter contato com os demais investigados, por qualquer

meio; f) proibição de deixar o país, devendo entregar passaporte em até 48 horas; e g) monitoração por meio de tornozeleira eletrônica. No caso, ele fora preso preventivamente e, em seguida, denunciado pela suposta prática dos crimes previstos no art. 2º, "caput" e § 4º, II, III, IV e V, c/c o art. 1º, § 1º, ambos da Lei 12.850/2013; bem assim no art. 333, parágrafo único, do CP e no art. 1º, c/c o § 2º, II, da Lei 9.613/1998. A defesa sustentara ausência de fundamento do decreto prisional e requeria expedição de alvará de soltura. **HC 127186/PR, rel. Min. Teori Zavascki, 28.4.2015. (HC-127186)**

Prisão cautelar: requisitos e medidas alternativas - 2
A Turma asseverou que a prisão seria a medida acauteladora mais grave no processo penal, a desafiar o direito fundamental da presunção de inocência, razão pela qual somente deveria ser decretada quando absolutamente necessária. Ela somente se legitimaria em situações nas quais fosse o único meio eficiente para preservar os valores jurídicos que a lei penal visa a proteger, segundo o art. 312 do CPP. Fora dessas hipóteses excepcionais, representaria mera antecipação de pena, inadmissível pela jurisprudência da Corte. Ademais, a prisão preventiva pressuporia prova da existência do crime e indício suficiente de autoria. Todavia, por mais grave que fosse o delito apurado e por mais robusta que fosse a prova colhida, esses pressupostos não bastariam para justificar o encarceramento preventivo. A eles deveria vir agregado, necessariamente, pelo menos mais um dos seguintes fundamentos, indicativo da razão determinante da medida: a) garantia da ordem pública; b) garantia da ordem econômica; c) conveniência da instrução criminal; ou d) segurança da aplicação da lei penal. O Colegiado destacou que eventual decretação da prisão preventiva não deveria antecipar o juízo de culpa ou de inocência, sequer poderia servir de antecipação da reprimenda ou como gesto de impunidade. Esse juízo deveria ser feito apenas na sentença final. Haveria, ainda, outra premissa: em qualquer dessas situações, além da demonstração concreta e objetiva dos requisitos do art. 312 do CPP, seria indispensável evidência de que nenhuma das medidas alternativas do art. 319 do mesmo diploma seria apta para, no caso concreto, atender eficazmente aos mesmos fins (CPP, art. 282, § 6º). **HC 127186/PR, rel. Min. Teori Zavascki, 28.4.2015. (HC-127186)**

Prisão cautelar: requisitos e medidas alternativas - 3
A Turma analisou que, no caso, quanto à materialidade delitiva e aos indícios suficientes de autoria, o decreto prisional fizera minuciosa análise do material probatório até então colhido, para concluir, com fundadas razões, pelo atendimento dos requisitos do art. 312 do CPP. Quanto aos fundamentos específicos, uma das razões invocadas seria a possibilidade de fuga do paciente e, consequentemente, de risco à aplicação da lei penal. No ponto, o decreto faria menção genérica a todos os investigados dirigentes de empresas com filiais e recursos econômicos mantidos no exterior, bem assim que fariam frequentes viagens internacionais, o que representaria risco de fuga. Não haveria a indicação de atos concretos e específicos atribuídos ao paciente que demonstrassem sua efetiva intenção de furtar-se à lei penal. O fato de ser dirigente de empresa com filial no exterior, por si só, não seria suficiente para a decretação da preventiva. A decisão estaria calcada na presunção de que o paciente, por poder fugir, o faria, fundamento também rechaçado pela jurisprudência do STF. Outro fundamento invocado seria a conveniência da instrução penal, pois teria ocorrido ameaça a testemunhas, juntada de documentação fraudulenta em juízo e cooptação de agentes públicos. A argumentação também teria caráter genérico, sem especificar a necessidade da medida em relação a cada acusado. Entretanto, as razões invocadas, a princípio, autorizariam a custódia cautelar, de acordo com orientação jurisprudencial. Sucede que o decreto prisional considerara as circunstâncias presentes à época em que editado. As referidas circunstâncias não persistiriam e não se revestiriam da gravidade de outrora. A instrução criminal estaria praticamente concluída, tendo sido colhida toda a prova acusatória, e restaria apenas a tomada de alguns depoimentos da defesa. Assim, no que se refere à garantia da instrução, a prisão preventiva exauriria sua finalidade. **HC 127186/PR, rel. Min. Teori Zavascki, 28.4.2015. (HC-127186)**

Prisão cautelar: requisitos e medidas alternativas - 4
A Turma afastou, de igual modo, fundamento prisional referente à necessidade de resguardo da ordem pública, ante a gravidade dos crimes imputados, bem assim alusivo à necessidade de resguardar a confiança da sociedade nas instituições. A jurisprudência da Corte, no ponto, afirmaria que, por mais graves e reprováveis que fossem as condutas perpetradas, isso não seria suficiente para justificar a prisão processual. Da mesma maneira, não

4. DIREITO PROCESSUAL PENAL

seria legítima a decretação da preventiva unicamente com o argumento da credibilidade das instituições públicas. Ainda que a sociedade estivesse, justificadamente, indignada com a notícia dos crimes em comento, a exigir resposta adequada do Estado, também deveria compreender que a credibilidade das instituições somente se fortaleceria na exata medida em que fosse capaz de manter o regime de estrito cumprimento da lei, seja na apuração e julgamento dos delitos, seja na preservação dos princípios constitucionais em jogo. Por fim, o Colegiado registrou que, se num primeiro momento a prisão cautelar se mostrava indispensável, com o decurso do tempo a medida extrema não teria mais essa qualidade, podendo ser eficazmente substituída por medidas alternativas. Além de a situação processual da causa não se assemelhar com a do momento da prisão, haveria de se considerar também outras circunstâncias: a) os fatos imputados teriam ocorrido entre 2006 e 2014; b) a segregação preventiva perduraria por aproximadamente seis meses; c) as empresas controladas pelo paciente estariam impedidas de contratar com a estatal investigada; e d) houvera o afastamento formal do paciente da direção dessas empresas, com o consequente afastamento do exercício de atividades empresariais. O quadro demonstraria que os riscos, tanto no tocante à conveniência da instrução criminal quanto no que se refere à garantia da ordem pública estariam consideravelmente reduzidos, se comparados aos indicados no decreto de prisão. Essa substancial alteração factual permitiria viabilizar a substituição do encarceramento por medidas cautelares diversas, suficientes para prevenir eventuais perigos residuais que pudessem remanescer (CPP, art. 282, § 6º). Além disso, se essa substituição fosse possível, seria um dever do magistrado (CPP, art. 319).
HC 127186/PR, rel. Min. Teori Zavascki, 28.4.2015. (HC-127186)

Prisão cautelar: requisitos e medidas alternativas - 5
A Turma enfatizou que teriam sido aplicadas medidas acauteladoras diversas da prisão para outros investigados com situação análoga à do paciente, com a eficácia pretendida. Embora o paciente não tivesse se disponibilizado à colaboração premiada, essa circunstância não seria relevante, mesmo porque a custódia processual não poderia servir de instrumento para obter colaboração por parte do preso. Vencidos os Ministros Cármen Lúcia e Celso de Mello, que denegavam a ordem. Entendiam cabível a prisão cautelar imposta, pois outras medidas não se mostrariam suficientes para garantir a instrução processual. Em passo seguinte, a Turma, por decisão majoritária, deliberou, com base no art. 580 do CPP, estender os efeitos dessa decisão — inclusive quanto às medidas cautelares impostas — a outros investigados contra os quais teria sido decretada prisão preventiva, também dirigentes de empresas envolvidas nos fatos sob exame. Analisou que os fundamentos utilizados para as respectivas prisões, quando não idênticos, seriam assemelhados aos do decreto exarado em desfavor do paciente. Assim, também seria cabível a substituição da prisão por outras medidas, como no caso do paciente (CPP, art. 282, § 6º). Não obstante, haveria outros investigados cuja situação não seria semelhante, de modo a não caber a extensão. Vencidos, no ponto, os Ministros Cármen Lúcia e Celso de Mello.
HC 127186/PR, rel. Min. Teori Zavascki, 28.4.2015. (HC-127186) (Inform. STF 783)

HC N. 119.984-SP
RELATOR: MIN. MARCO AURÉLIO
EMENTA: PRISÃO PREVENTIVA – CRIME HEDIONDO – AFASTAMENTO. Se a própria lei prevê que, em caso de sentença condenatória, o juiz decidirá fundamentadamente se o réu poderá apelar em liberdade, forçoso é concluir que o enquadramento do crime como hediondo não revela, por si só, base para a prisão.
PRISÃO PREVENTIVA – GRAVIDADE DA IMPUTAÇÃO. A gravidade da imputação, presente o princípio da não culpabilidade, não é capaz de levar à prisão preventiva.
PRISÃO PREVENTIVA – DISTRITO DA CULPA – ABANDONO. A interpretação sistemática do Código de Processo Penal conduz a afastar-se, como móvel para a preventiva, o fato de o acusado haver deixado o distrito da culpa.
PRISÃO PREVENTIVA – INSTRUÇÃO CRIMINAL – TESTEMUNHAS – INFLUÊNCIA. Mostra-se extravagante presumir que, solto, o acusado poderá influenciar testemunhas, exigindo-se, para chegar-se à custódia preventiva, ato concreto sob tal ângulo.
PRISÃO PREVENTIVA – TRIBUNAL DO JÚRI - PRESENÇA – Descabe prisão preventiva para assegurar a presença do acusado no Tribunal do Júri. **(Inform. STF 780)**

HC N. 84.548-SP
RED P/ O ACÓRDÃO: MIN. GILMAR MENDES
EMENTA: *Habeas Corpus*. 2. Questão de ordem. Renovação da sustentação oral. Alteração substancial da composição do Tribunal. A alteração da composição do Tribunal não autoriza a renovação da sustentação oral. Maioria. 3. Prisão preventiva. Garantia da ordem pública. Ausência de fundamentação concreta da necessidade da prisão. No entendimento da maioria, a comoção popular não é, por si só, suficiente para demonstrar a necessidade da prisão. 4. Poderes de investigação do Ministério Público. O Ministério Público pode realizar diligências investigatórias para complementar a prova produzida no inquérito policial. Maioria. 5. Rejeitada a questão de ordem por maioria. Ordem concedida, por maioria, apenas para cassar o decreto de prisão preventiva. **(Inform. STF 780)**

RHC N. 125.457-ES
RELATOR: MIN. GILMAR MENDES
Recurso ordinário em *habeas corpus*. 2. Homicídio qualificado pelo emprego de recurso que impossibilitou a defesa do ofendido. Prisão preventiva. Pronúncia. 3. Pedido de revogação da segregação cautelar por ausência de fundamentação. 4. Acusado foragido durante mais de 12 anos. Nítida intenção de furtar-se à aplicação da lei penal. A jurisprudência do STF consolidou-se no sentido de que *a fuga do réu do distrito da culpa justifica o decreto ou a manutenção da prisão (HC 106.816/PE, rel. min. Ellen Gracie, DJe 20.6.2011).* 5. A gravidade *in concreto* do delito acrescida da fuga justificam a manutenção da custódia cautelar. 6. Primariedade, bons antecedentes, residência fixa e ocupação lícita, por si sós, não afastam a possibilidade da prisão preventiva. Precedentes. 7. Recurso ordinário em *habeas corpus* a que se nega provimento. **(Inform. STF 779)**

HC N. 125.783-BA
RELATORA: MIN. ROSA WEBER
EMENTA: *HABEAS CORPUS*. PROCESSO PENAL. SÚMULA 691/STF. AFASTAMENTO. TRÁFICO DE ENTORPECENTES. PRISÃO PREVENTIVA. GARANTIA DA ORDEM PÚBLICA, CONVENIÊNCIA DA INSTRUÇÃO CRIMINAL E APLICAÇÃO DA LEI PENAL. INCOMPATIBILIDADE COM REGIME INICIAL SEMIABERTO FIXADO NA SENTENÇA. FUNDAMENTAÇÃO INIDÔNEA. MOTIVAÇÃO GENÉRICA E ABSTRATA. CONCESSÃO DA ORDEM.
1. Em casos teratológicos e excepcionais, viável a superação do óbice da Súmula 691 desta Suprema Corte. Precedentes.
2. Fixado o regime inicial semiaberto para cumprimento da pena, incompatível a manutenção da prisão preventiva nas condições de regime mais gravoso. Precedentes.
3. Motivado o decreto prisional de forma genérica e abstrata, sem elementos concretos ou base empírica idônea a ampará-lo, esbarra na jurisprudência consolidada deste Supremo Tribunal Federal, que não lhe reconhece validade. Precedentes.
4. Substituição da prisão preventiva por medidas cautelares previstas no art. 319 do Código de Processo Penal, a serem fixadas pelo juízo de primeiro grau.
5. Ordem de *habeas corpus* concedida para substituir a prisão preventiva decretada contra a paciente por medidas cautelares ao feitio legal e determinar a observância do regime de cumprimento da pena fixado na sentença, caso iniciada a execução penal. **(Inform. STF 779)**

Reclamação e Sala de Estado-Maior - 1
O Tribunal iniciou julgamento de duas reclamações ajuizadas por advogados em que se alega afronta à autoridade da decisão proferida nos autos da ADI 1127/DF (DJE de 11.6.2010), em que reputado constitucional o art. 7º, V, do Estatuto da Ordem dos Advogados do Brasil - EOAB, na parte em que determina o recolhimento dos advogados, antes de sentença transitada em julgado, em sala de Estado-maior e, na sua falta, em prisão domiciliar. A Min. Cármen Lúcia, relatora, julgou procedentes as reclamações, para assegurar o cumprimento da norma prevista no art. 7º, V, da Lei 8.906/94 tal como interpretada pelo Supremo, devendo ser os reclamantes transferidos para uma sala de Estado-maior ou, na ausência dela, para a prisão domiciliar, até o trânsito em julgado da ação penal. Considerou que um dos advogados estaria preso numa cela especial do Centro de Operações Especiais da Capital, no Paraná, a qual, não obstante dotada de condições dignas, não constituiria uma sala com características e finalidades estabelecidas expressamente pela legislação vigente e acentuadas pela jurisprudência deste Tribunal. Citou, no ponto, o que decidido na Rcl 4535/DF (DJU de 15.6.2007) quanto à caracterização de sala de Estado-maior, ou seja, entendendo por Estado-Maior o

grupo de oficiais que assessoram o Comandante de uma organização militar (Exército, Marinha, Aeronáutica, Corpo de Bombeiros e Polícia Militar), a sala de Estado-maior seria o compartimento de qualquer unidade militar que, ainda que potencialmente, pudesse por eles ser utilizado para exercer suas funções. Acrescentou que, segundo decidido naquela reclamação, a distinção que se deveria fazer é que, enquanto uma cela teria como finalidade típica o aprisionamento de alguém — e, por isso, de regra conteria grades —, uma sala apenas ocasionalmente seria destinada para esse fim. Além disso, o local deveria oferecer "instalações e comodidades condignas", isto é, condições adequadas de higiene e segurança.
Rcl 5826/PR, rel. Min. Cármen Lúcia, 19.8.2010. (Rcl-5826)
Rcl 8853/GO, rel. Min. Cármen Lúcia, 19.8.2010. (Rcl-8853)

Reclamação e Sala de Estado-Maior - 2
No que se refere ao outro advogado, a favor do qual já fora deferida medida cautelar para garantir-lhe transferência para prisão domiciliar até o julgamento definitivo da reclamação, observou que ele estaria preso numa cela individual, no CIOPS da cidade de Valparaíso de Goiás, não havendo sala de Estado-maior naquela Comarca. Afastou, quanto a este, ademais, óbice à concessão do aludido benefício, pela alegada falta de comprovação de que, à época do fato delituoso, o reclamante não exercia efetivamente a advocacia. Quanto a isso, a relatora disse que verificara, em consulta no sítio da OAB, o nome do reclamante, seu número de inscrição e a situação de normalidade de seu registro. Em divergência, a Min. Ellen Gracie julgou improcedentes as reclamações. Aduziu que a ADI cuja conclusão se reputaria agredida não poderia ser considerada nessa estreiteza de colocação, qual seja, a de que uma sala de Estado-maior só se localizaria necessariamente dentro de um quartel, haja vista que isso implicaria confusão entre conteúdo e continente. Afirmou que o Estado-maior, que é o conjunto de oficiais, não funcionaria exclusivamente dentro de quartéis, mas se deslocaria junto com a tropa, instalando-se em qualquer local em que houvesse um quadro de operações militares. Destacou que o ponto decisivo de distinção estaria na diferenciação entre o que seria uma cela, fechada por barras e trancas, e aquilo que não corresponderia a uma cela, mas sim a uma sala, onde eventualmente poderiam desenvolver as suas atividades oficiais de Estado-maior, ou seja, salas dotadas de comodidades e conforto, nas quais o advogado tivesse garantida a sua dignidade pessoal.
Rcl 5826/PR, rel. Min. Cármen Lúcia, 19.8.2010. (Rcl-5826)
Rcl 8853/GO, rel. Min. Cármen Lúcia, 19.8.2010. (Rcl-8853)

Reclamação e Sala de Estado-Maior - 3
O Min. Ayres Britto acompanhou parcialmente a relatora, para assegurar aos advogados sua transferência para uma sala de unidade militar, e asseverou que o estabelecimento militar teria obrigação de cumprir a decisão da Corte. Ressaltou não mais existirem atualmente as salas de Estado-maior, do ponto de vista físico, e que uma sala em unidade castrense, com condições condignas de comodidade, cumpriria, hoje, o desígnio protetor da lei. O Min. Ricardo Lewandowski, também registrando a inexistência de salas de Estado-maior no Brasil, e julgando a expressão "Estado-maior" anacrônica, acompanhou a Min. Ellen Gracie. Após, pediu vista dos autos o Min. Dias Toffoli. Por fim, o Tribunal, por maioria, indeferiu habeas corpus de ofício em favor do advogado que se encontra preso no Paraná, contra os votos da relatora e do Min. Marco Aurélio.

Reclamação e sala de Estado-Maior - 4
Em conclusão, o Plenário, em julgamento conjunto e por maioria, julgou improcedentes pedidos formulados em reclamações ajuizadas por advogados em que se alegava afronta à autoridade da decisão proferida nos autos da ADI 1.127/DF (DJe de 11.6.2010), em que reputado constitucional o art. 7º, V, do Estatuto da Ordem dos Advogados do Brasil - EOAB, na parte em que determina o recolhimento dos advogados, antes de sentença transitada em julgado, em sala de Estado-Maior e, na sua falta, em prisão domiciliar — v. Informativo 596. Em preliminar, a Corte rejeitou proposta de conversão do julgamento em diligência para verificar se os reclamantes ainda estariam presos provisoriamente. Segundo o proponente, se houvesse título condenatório transitado em julgado, não se poderia questionar a prisão provisória. Nesse ponto, o Colegiado destacou que, a despeito de a provocação ocorrer dentro de uma situação específica — tutela de direito subjetivo —, ao decidir o caso concreto a Corte também daria solução ao tema. Ressaltou, ainda, que a reclamação não seria instrumento processual a permitir instrução mais ampla. Vencidos os Ministros Marco Aurélio e Cármen Lúcia, que convertiam o julgamento em diligência. O Ministro Marco Aurélio, ademais,

concedia "habeas corpus" de ofício. No mérito, a Corte explicou que, embora "sala de Estado-Maior", em seu sentido estrito, apenas existisse dentro de instalações militares, seria inegável que sua destinação única e a existência de apenas uma dessas salas em cada unidade de comando ou superior tornaria inexequível sua utilização para o encarceramento de integrante da classe dos advogados, sob pena de inviabilizar o funcionamento regular das Forças Armadas. Nos termos do art. 102, I, I, da CF; art. 156 do RISTF; e art. 13 da Lei 8.038/1990, a reclamação seria instrumento destinado: a) à preservação da esfera de competência do STF; b) à garantia da autoridade de suas decisões; e c) a infirmar decisões que desrespeitassem enunciado de Súmula Vinculante editado pela Corte. Nesse contexto, os casos sob julgamento seriam distintos, porquanto as decisões reclamadas não estariam assentadas em fundamento constitucional. O debate se circunscreveria às condições prisionais e se o local de cumprimento da prisão provisória se enquadraria no conceito de sala de Estado-Maior. Concluiu que em nenhum momento as decisões reclamadas teriam se amparado na inconstitucionalidade do art. 7º, V, do EOAB, hipótese em que se poderia cogitar do descumprimento do que fora decidido no julgamento da ADI 1.127/DF (DJe de 11.6.2010). Vencidos os Ministros Cármen Lúcia (relatora), que julgava procedente o pedido, e o Ministro Ayres Britto. Para a relatora, deveria ser assegurado o cumprimento da norma prevista no art. 7º, V, da Lei 8.906/1994, na forma como interpretada pelo Supremo, e os reclamantes deveriam ser transferidos para uma sala de Estado-Maior ou, na ausência dela, para a prisão domiciliar, até o trânsito em julgado da ação penal.
Rcl 5826/PR rel. orig. Min. Cármen Lúcia, red. p/ o acórdão Min. Dias Toffoli, 18.3.2015. (Rcl-5826)
Rcl 8853/GO, rel. orig. Min. Cármen Lúcia, red. p/ o acórdão Min. Dias Toffoli, 18.3.2015. (Rcl-8853) (Inform. STF 778)

Investigação Criminal Promovida pelo Ministério Público e Aditamento da Denúncia - 1
O Tribunal iniciou julgamento de habeas corpus em que se pretende o trancamento da ação penal movida contra o paciente, acusado da suposta prática do crime de homicídio, e a invalidação da decisão que decretara sua prisão preventiva. Sustenta-se a inexistência de base legal para a prisão e a impossibilidade de se admitir investigação promovida pelo Ministério Público e que viera a servir de base ao aditamento à denúncia, a partir do qual o paciente fora envolvido na ação penal. O Min. Marco Aurélio, relator, deferiu a ordem. Entendeu que, já existente processo devidamente formalizado, o Ministério Público, à margem das atribuições que lhe são cometidas pela Constituição Federal (CF, art. 129), implementaria investigação para levantar os dados que compõem os apensos que serviram de base à denúncia contra o paciente, o que seria da competência da polícia civil.
HC 84548/SP, rel. Min. Marco Aurélio, 11.6.2007. (HC-84548)

Investigação Criminal Promovida pelo Ministério Público e Aditamento da Denúncia - 2
Asseverou que ao Ministério Público cabe o controle externo da atividade policial, sendo que, em relação a investigações de práticas delituosas, pode requisitar diligências investigatórias e provocar a instauração do inquérito policial, indicados os fundamentos jurídicos de suas manifestações processuais, nos termos do que dispõem os incisos VII e VIII do art. 129 da CF, normas harmônicas com o que previsto quanto às atribuições das polícias federal e civis (CF, art. 144 e parágrafos). Ressaltou não ser possível proceder à leitura ampliativa dos aludidos incisos do art. 129 da CF, sob pena de se chegar a conflito com o texto constitucional sobre o papel investigatório das polícias, transmudando-se o inquérito policial em inquérito ministerial. Destacou que o próprio art. 129 da CF dá um tratamento diferenciado, conforme o inquérito vise à propositura de ação civil pública, quando é função institucional do parquet promover o inquérito, ou à ação penal, hipótese em que lhe cumpre apenas provocar a instauração e requisitar as diligências que repute indispensáveis. O relator também julgou insuficientes os fundamentos da prisão preventiva decretada. Aduziu que, sem culpa formada, e militando em favor do paciente a presunção de não-culpabilidade, chegara-se a verdadeira execução de pena ainda não formalizada. Afirmou que o próprio Juízo deixara consignado que a materialidade do crime e os indícios de autoria não são capazes, por si sós, de respaldar a prisão preventiva, e que, aludindo às personalidades dos réus, fizera-o sem apresentar dados concretos que demonstrassem que elas seriam discrepantes do padrão médio. No que respeita à comoção popular, concluiu não se poder atuar, no âmbito do Judiciário, a partir do barulho da sociedade.
HC 84548/SP, rel. Min. Marco Aurélio, 11.6.2007. (HC-84548)

4. DIREITO PROCESSUAL PENAL

Investigação Criminal Promovida pelo Ministério Público e Aditamento da Denúncia - 3

Em seguida, o Min. Sepúlveda Pertence, adiantando seu voto, acompanhou, em parte, o Min. Marco Aurélio, no que respeita à prisão preventiva, e denegou a ordem quanto ao trancamento da ação penal. Rejeitou a argüição abstrata de inconstitucionalidade de qualquer ato investigatório do Ministério Público e reconheceu-lhe, como titular da ação penal, o poder de suplementar atos de informação. Asseverou não reconhecer, entretanto, por falta de disciplina legal, os poderes de coerção conferidos à autoridade policial no curso do inquérito. Reportou-se, em relação à legitimidade da denúncia e do seu recebimento, a acórdãos do Tribunal, que afastaram o entendimento de que, da eventual incompetência da autoridade que houvesse procedido às investigações, decorresse nulidade ou inviabilidade da denúncia. Concluiu que, se com base em qualquer elemento de informação, não reduzido a um procedimento administrativo ou estritamente policial, é cabível a denúncia, o fato de este ou aquele elemento de informação ter sido colhido pelo Ministério Público não implica a inviabilidade da ação penal que nele se funde. Após, pediu vista dos autos o Min. Cezar Peluso.

HC 84548/SP, rel. Min. Marco Aurélio, 11.6.2007. (HC-84548)

Investigação criminal promovida pelo Ministério Público e aditamento da denúncia - 4

O Plenário retomou julgamento de habeas corpus em que pretendido o trancamento de ação penal movida contra acusado da suposta prática do crime de homicídio, e a invalidação da decisão que decretara sua prisão preventiva. Sustenta-se a inexistência de base legal para a prisão, bem como a impossibilidade de se admitir investigação promovida pelo Ministério Público, que viera a servir de base ao aditamento à denúncia, a partir do qual o paciente fora envolvido na ação penal — v. Informativo 471. Preliminarmente e por maioria, indeferiu-se pleito de renovação do julgamento, vencido o Min. Marco Aurélio, relator. No mérito, o Min. Cezar Peluso, em voto-vista, indeferiu a ordem, por questões factuais. Repisou os fundamentos do seu voto proferido no RE 593727/MG, cujo julgamento se dera nesta mesma sessão. Aduziu que, no curso da ação penal, com fulcro em depoimento constante da peça policial, o parquet iniciara procedimento de investigação, o qual incluíra oitivas testemunhais. Muitas destas provas, depois, teriam sido tomadas pela autoridade policial do inquérito — em escutas telefônicas requeridas e deferidas pelo juízo —, ao passo que outras teriam sido trazidas aos autos apenas pelo Ministério Público. Neste contexto, salientou que o aditamento da denúncia não teria se sustentado exclusivamente em fatos coligidos pelo órgão acusador. Assim, encerrada a instrução, aventou que, se houvesse pronúncia, caberia ao júri, ou ao magistrado, verificar o que eventualmente seria inaproveitável em termos de convencimento, tendo em conta a estreita via deste writ. Após, deliberou-se suspender o julgamento.

HC 84548/SP, rel. Min. Marco Aurélio, 21.6.2012. (HC-84548)

Investigação criminal promovida pelo Ministério Público e aditamento da denúncia - 5

O Plenário retomou julgamento de habeas corpus em que pretendido o trancamento de ação penal movida contra acusado da suposta prática do crime de homicídio, e a invalidação da decisão que decretara sua prisão preventiva. Sustenta-se a inexistência de base legal para a custódia, bem como a impossibilidade de se admitir investigação promovida pelo Ministério Público, que viera a servir de base ao aditamento da denúncia, a partir do qual o paciente fora envolvido na ação penal — v. Informativos 471 e 671. Os Ministros Cármen Lúcia e Ayres Britto, Presidente, indeferiram a ordem e seguiram o voto do Min. Cezar Peluso, que assentara que o aditamento da denúncia não teria se sustentado exclusivamente em fatos coligidos pelo órgão acusador. Assim, para este, encerrada a instrução, se houvesse pronúncia, caberia ao júri, ou ao magistrado, verificar o que eventualmente seria inaproveitável em termos de convencimento, tendo em conta a estreita via do writ. Os Ministros Celso de Mello e Gilmar Mendes concederam, em parte, o habeas para acompanhar o Min. Sepúlveda Pertence que, em seu voto, rejeitara a arguição abstrata de inconstitucionalidade de qualquer ato investigatório do parquet e reconhecera-lhe, como titular da ação penal, o poder de suplementar atos de informação. Porém, no que concerne à prisão preventiva, por falta de disciplina legal, não admitira os poderes de coerção conferidos à autoridade policial no curso do inquérito. Após, pediu vista o Min. Luiz Fux.

HC 84548/SP, rel. Min. Marco Aurélio, 27.6.2012. (HC-84548)

Investigação criminal promovida pelo Ministério Público e aditamento da denúncia - 6

O Plenário retomou julgamento de habeas corpus em que pretendido o trancamento de ação penal movida contra acusado da suposta prática de crime de homicídio, e a invalidação da decisão que decretara sua prisão preventiva. Sustenta-se a inexistência de base legal para a custódia, bem como a impossibilidade de se admitir investigação promovida pelo Ministério Público, que viera a servir de base ao aditamento à denúncia, a partir do qual o paciente fora envolvido na ação penal — v. Informativos 471, 671 e 672. O Min. Marco Aurélio, relator, cientificou a Corte a respeito de fatos, suscitados pelos advogados do paciente, alegadamente posteriores ao início do julgamento. A defesa aduz desconhecer, porque não declarados em sessão, os fundamentos dos Ministros Cezar Peluso, Cármen Lúcia e Ayres Britto para a manutenção da segregação cautelar do paciente, afastada por força de liminar deferida em 2004. Ressalta não haver circunstância a indicar necessidade do recolhimento ao cárcere. Requer a apreciação em separado do presente habeas e do RE 593727/MG, sob o argumento de peculiaridades, a obstaculizar a análise conjunta.

HC 84548/SP, rel. Min. Marco Aurélio, 19.12.2012. (HC-84548)

Investigação criminal promovida pelo Ministério Público e aditamento da denúncia - 7

Em voto-vista, o Min. Luiz Fux acompanhou os votos dos Ministros Sepúlveda Pertence, Gilmar Mendes e Celso de Mello. Concedeu, em parte, a ordem, para desconstituir o decreto de prisão preventiva, diante da ausência dos requisitos para a decretação da prisão, à luz do art. 312, VI, do CPP, mantida a liminar que concedera liberdade ao paciente. Observou que os Ministros que negaram a ordem o fizeram baseados na premissa de que não se poderia trancar a ação penal, em face da legitimidade do Ministério Público para o início das investigações, sem que determinassem a revogação da liminar concedida. Aduziu que a Constituição asseguraria o livre exercício das funções institucionais do Ministério Público, consagradas sua autonomia e independência. Destacou que a ausência de menção, no CPP de 1941, a modelo de investigação preliminar presidida por promotor decorreria da inexistência das garantias asseguradas hoje aos membros do Ministério Público. Pontuou não haver razão para alijar o Ministério Público da condução dos trabalhos que precedessem o exercício da ação penal de que seria titular. Asseverou que, além de compatível com a Constituição, a investigação direta pelo Ministério Público proporcionaria plena observância do princípio da obrigatoriedade, a militar em favor dos direitos fundamentais do sujeito passivo da persecução penal. Em consequência, evitar-se-iam delongas desnecessárias no procedimento prévio e proporcionar-se-ia contato maior do dominus litis com os elementos que informariam seu convencimento.

HC 84548/SP, rel. Min. Marco Aurélio, 19.12.2012. (HC-84548)

Investigação criminal promovida pelo Ministério Público e aditamento da denúncia - 8

Assegurar-se-ia, ademais, a independência na condução dos trabalhos investigativos, mormente quando a referida atividade tivesse por escopo a apuração de delitos praticados por policiais. Frisou que a adoção de processo hermenêutico sistemático induziria à conclusão de que o Ministério Público poderia, ainda que em caráter subsidiário e sem o intuito de se substituir à polícia, realizar investigações para fins de instrução criminal. Dessumiu que o art. 144 da CF, conjugado com o art. 4°, parágrafo único, do CPP ("Art. 4° A polícia judiciária será exercida pelas autoridades policiais no território de suas respectivas circunscrições e terá por fim a apuração das infrações penais e da sua autoria. Parágrafo único. A competência definida neste artigo não excluirá a de autoridades administrativas, a quem por lei seja cometida a mesma função"), conduziria à exegese de legitimidade na atuação do órgão ministerial.

HC 84548/SP, rel. Min. Marco Aurélio, 19.12.2012. (HC-84548)

Investigação criminal promovida pelo Ministério Público e aditamento da denúncia – 9

Propôs diretrizes para o procedimento investigativo conduzido diretamente pelo parquet, que deve: a) observar, no que couber, os preceitos que disciplinam o inquérito policial e os procedimentos administrativos sancionatórios; b) ser identificado, autuado, numerado, registrado, distribuído livremente e, salvo nas hipóteses do art. 5°, XXXIII e LX, da CF, público. A decisão pela manutenção do sigilo deve conter fundamentação; e c) ser controlado pelo Poder Judiciário e haver pertinência entre o sujeito investigado com a base territorial e com a natureza do fato investigado. Ademais, o ato de

instauração deve: a) formalizar o ato investigativo, delimitados objeto e razões que o fundamentem; e b) ser comunicado imediata e formalmente ao Procurador-Chefe ou ao Procurador-Geral. Além dessas diretivas: a) devem ser juntados e formalizados todos os atos e fatos processuais, em ordem cronológica, principalmente diligências, provas coligidas, oitivas; b) deve ser assegurado o pleno conhecimento dos atos de investigação à parte e ao seu advogado, nos termos da Súmula Vinculante 14 ("É direito do defensor, no interesse do representado, ter acesso amplo aos elementos de prova que, já documentados em procedimento investigatório realizado por órgão com competência de polícia judiciária, digam respeito ao exercício do direito de defesa"); e c) deve haver prazo para conclusão do procedimento investigativo e controle judicial quanto ao arquivamento. Por último, enfatizou que a atuação do Ministério Público deve ser concorrente ou subsidiária e ocorrer quando não for possível ou recomendável a atuação da própria polícia. Após, pediu vista dos autos o Min. Ricardo Lewandowski.
HC 84548/SP, rel. Min. Marco Aurélio, 19.12.2012. (HC-84548)

Investigação criminal promovida pelo Ministério Público e aditamento da denúncia - 10

O Plenário, em conclusão de julgamento e por maioria, concedeu em parte a ordem em "habeas corpus" apenas para revogar o decreto de prisão preventiva e manteve, hígida, a denúncia contra o paciente. Na espécie, pretendia-se o trancamento de ação penal movida contra acusado da suposta prática do crime de homicídio, e a invalidação da decisão que decretara sua prisão preventiva. Para a defesa, não haveria base legal para a prisão, bem como não seria admissível a investigação promovida pelo Ministério Público, que viera a servir de base ao aditamento à denúncia, a partir do qual o paciente fora envolvido na ação penal — v. Informativos 471, 671, 672 e 693. O Tribunal destacou que houvera o deferimento da medida acauteladora e consequente expedição de alvará de soltura e, por isso, desde 2004 o paciente responderia ao processo em liberdade. Frisou que os requisitos autorizadores descritos no art. 312 do CPP não teriam sido concretamente demonstrados pelo juízo de 1º grau. O magistrado teria se limitado a inferir o possível periculosidade do réu a partir da gravidade abstrata do delito, o qual teria, ademais, gerado intensa repercussão pública. Aduziu que, nos termos de remansosa jurisprudência do Tribunal, seria exigido que a prisão preventiva estivesse justificada em fatos concretos. Não seria aceitável invocar abstratamente a possível perturbação da ordem pública, de um lado, e tampouco a repercussão negativa na comunidade. Refutou, de outro lado, os argumentos da defesa quanto à insubsistência da denúncia porque teria sido baseada apenas em investigação por parte do Ministério Público. Asseverou que o Ministério Público não se fundara exclusivamente em investigações feitas por ele, "Parquet", mas com base em provas colhidas na investigação policial e também decorrentes de quebra de sigilo telefônico do paciente autorizadas judicialmente. Salientou que a peça acusatória, mesmo com o aditamento, poderia subsistir apenas com base nos elementos produzidos no inquérito policial. Nesse ponto, a Corte esclareceu que a matéria atinente à eventual possibilidade de investigação criminal pelo Ministério Público seria oportunamente trazida para análise do Colegiado. Por fim, apontou a existência de fato novo, consistente em decisão da 1ª Turma no HC 115.714/SP (DJe de 23.2.2015) em relação ao mesmo paciente. No referido julgamento, a Turma determinara que fosse anulado parcialmente o processo principal, a partir de interrogatório de corréus e, ainda, que o juízo "a quo" observasse o disposto no art. 188 do CPP. Vencidos, em parte, os Ministros Cezar Peluso, Cármen Lúcia e Ayres Britto, que denegavam a ordem, e o Ministro Marco Aurélio (relator), que a implementava em maior extensão.
HC 84548/SP, rel. orig. Min. Marco Aurélio, red. p/ o acórdão o Min. Gilmar Mendes, 4.3.2015. (HC-84548) (Inform. STF 776)

Prisão cautelar de corréu e isonomia - 2

Em conclusão de julgamento, a 1ª Turma concedeu "habeas corpus" para cassar a prisão preventiva decretada pelo tribunal de origem e restaurar a decisão do magistrado de primeiro grau que impusera medidas cautelares previstas no art. 319 do CPP. No caso, a impetração alegara constrangimento ilegal em face da ausência de fundamentação apta a justificar a necessidade da medida constritiva, bem como falta dos pressupostos contidos no art. 312 do CPP — v. Informativo 733. Inicialmente, a Turma superou o óbice do Enunciado 691 da Súmula do STF. Destacou que a 1ª Turma concedera a ordem e cassara o respectivo decreto prisional em outro "habeas corpus" impetrado por corréu. Em consequência, por se encontrar o paciente em situação idêntica à do corréu, seria necessária a aplicação do art. 580 do

CPP ["No caso de concurso de agentes (Código Penal, art. 25), a decisão do recurso interposto por um dos réus, se fundado em motivos que não sejam de caráter exclusivamente pessoal, aproveitará aos outros"]. Ademais, o decreto prisional fora motivado de forma genérica e abstrata, sem justificativas concretas, amparadas em base empírica inidônea, quanto aos fundamentos da cautelar.
HC 119934/SP, rel. Min. Dias Toffoli, 3.2.2015. (HC-119934) (Inform. STF 773)

Prisão preventiva e reincidência

A 2ª Turma iniciou julgamento de "habeas corpus" em que se discute ausência de fundamentação idônea, lastreada na necessidade de preservação da ordem pública, a justificar a prisão preventiva do paciente. No caso, o réu, após subtrair uma carteira, teria sido preso em flagrante, custódia convertida, em seguida, em prisão preventiva. Posteriormente, sobreviera sentença condenatória à pena de quatro anos e nove meses de reclusão, além de 20 dias-multa, pela prática do delito previsto no art. 157, "caput", c/c o art. 61, I, ambos do CP. Na ocasião, a prisão preventiva ficara mantida. Pendente, atualmente, apelação da defesa. O Ministro Gilmar Mendes (relator) concedeu a ordem. Afirmou que todas as decisões constantes dos autos pela manutenção da prisão teriam se baseado na gravidade abstrata do delito de roubo e na garantia da ordem pública. O único elemento aventado que se referiria especificamente ao caso objetivo seria a reincidência do réu. Salientou que a prisão preventiva, para ser decretada, deveria estar embasada na conduta concretamente realizada, nas circunstâncias que a envolvessem, e não num modelo genérico de periculosidade. Ressaltou que a configuração da grave ameaça ainda estaria sob discussão e seria definida quando do julgamento do recurso de apelação. Diante dessas circunstâncias, reputou que seria frágil a fundamentação da prisão preventiva com base nos requisitos do art. 312 do CPP. Além disso, a situação causaria maiores perplexidades ante as modificações promovidas no CPP pela Lei 12.403/2011, que dispõe sobre matérias pertinentes a prisão processual, fiança, liberdade provisória e demais medidas cautelares. Ademais, ainda que se fizessem presentes de forma indiscutível os requisitos acautelatórios dispostos na lei processual penal, a prisão cautelar, atualmente, revelar-se-ia medida desproporcional. Em cálculo rápido, seria fácil perceber que o paciente já permanecera, em razão da preventiva, preso há mais de um ano em regime fechado, já ultrapassado, portanto, um sexto de sua reprimenda. Assim, se sua pena já fosse definitiva, teria ele direito à progressão para o regime semiaberto. Todavia, atualmente sua situação não seria de condenado definitivo, visto que em seu favor ainda militaria o princípio constitucional da presunção de inocência, pendente julgamento de recurso defensivo no qual se discutiria inclusive a tipificação legal da conduta a ele atribuída. Em divergência, os Ministros Cármen Lúcia e Celso de Mello denegaram a ordem. A Ministra Cármen Lúcia consignou que a prisão preventiva estaria motivada na reincidência. O Ministro Celso de Mello registrou haver dados concretos que revelariam que o réu se tornara um delinquente habitual, agressor do patrimônio, sempre se valendo de violência física ou de violência moral, tanto que fora condenado, pelo menos duas vezes, com trânsito em julgado, pela prática do crime tipificado no art. 157 do CP. Ademais, a jurisprudência do STF orientar-se-ia no sentido de que a habitualidade poderia legitimar a imposição da referida medida. Em seguida, o Ministro Teori Zavascki pediu vista.
HC 124180/RS, rel. Min. Gilmar Mendes, 3.2.2015. (HC-124180) (Inform. STF 773)

Tribunal do júri e recursos pendentes

A 2ª Turma afetou ao Plenário julgamento de "habeas corpus" no qual se sustenta a ocorrência de constrangimento ilegal por excesso de prazo de prisão processual. Discute-se, ainda, o alcance do art. 421 do CPP ("Preclusa a decisão de pronúncia, os autos serão encaminhados ao juiz presidente do Tribunal do Júri"), de modo a permitir que eventuais recursos no STJ e no STF não fossem obstáculo a que se prosseguisse com o julgamento do tribunal do júri. Na espécie, quando do oferecimento da denúncia, em 4.1.2008, por homicídio qualificado, em concurso de pessoas, e por corrupção de menores, fora decretada a prisão preventiva do paciente, cumprida na mesma data. A sentença de pronúncia fora proferida em 27.4.2010 e houvera recurso em sentido estrito. Tendo em vista seu improvimento, a defesa interpusera recurso especial no STJ. Na presente sessão, após o voto do Ministro Ricardo Lewandowski (relator), que denegou a ordem com a recomendação ao STJ para que providenciasse o célere exame do agravo em recurso especial, sem prejuízo do julgamento do paciente pelo tribunal do júri — no que foi acompanhado pelo Ministro Teori Zavascki —, a Turma acolheu proposta

4. DIREITO PROCESSUAL PENAL

formulada pelo Ministro Gilmar Mendes de remeter o feito ao exame do Plenário. O relator observou que, em consulta ao sítio do STJ, teria verificado que o agravo em recurso especial fora distribuído naquela Corte em 27.12.2013. Destacou o número de réus e o fato de o paciente, apontado como chefe de grupo de extermínio na localidade em que vivia, ter permanecido preso durante toda a instrução criminal. O Ministro Gilmar Mendes sinalizou que o Pleno do STF poderia se pronunciar acerca da viabilidade de imediato julgamento pelo tribunal do júri, não obstante a pendência de recursos de natureza extraordinária. Os Ministros Cármen Lúcia e Teori Zavascki frisaram que o sistema processual vigente garantiria o direito de recorrer e, ao mesmo tempo, asseguraria que o processo de origem fosse a julgamento, para que não houvesse excesso de prazo na prestação jurisdicional, o que geraria interpretações distorcidas do art. 421 do CPP.

HC 119314/PE, rel. Min. Ricardo Lewandowski, 1º.4.2014. (HC-119314) (Inform. STF 741)

Fiança e capacidade econômica do paciente

O arbitramento da fiança deve obedecer, dentre outros critérios de valoração, ao das "condições pessoais de fortuna" do réu (CPP, art. 326). Assim, ante a incapacidade econômica do paciente e existente fundamento para a prisão preventiva, essa deve ser justificada nos termos dos artigos 312 e 313 do CPP, ou deve ser aplicada medida cautelar diversa da fiança. Com base nesta orientação, a 2ª Turma, tendo em conta o Enunciado 691 da Súmula do STF, não conheceu do "habeas corpus", porém, concedeu a ordem, de ofício, para determinar a liberdade provisória do paciente. Na espécie, ele fora preso em flagrante e a autoridade competente arbitrara a fiança em cinco salários mínimos. O magistrado de 1º grau não acatara pedido de redução daquele valor e indeferira a liberdade provisória do paciente em face de antecedentes criminais. A Turma destacou que caberia ao magistrado apontar as circunstâncias de fato e as condições pessoais do agente que justificassem a medida restritiva a ser aplicada. Aduziu que, na situação dos autos, a medida cautelar da fiança fora mantida sem levar em consideração fator essencial exigido pela legislação processual penal e indispensável para o arbitramento do valor: a capacidade econômica do agente. Frisou, assim, a ausência de fundamentação adequada. Assinalou que, no caso, não haveria razão jurídica em se manter a fiança, como óbice intransponível para a liberdade. Sublinhou que aquela medida somente fora arbitrada em virtude da ausência dos pressupostos da prisão preventiva. Por fim, dispensou o pagamento de fiança, ressalvada a hipótese de o juízo competente impor, ante as circunstâncias de fato e as condições pessoais do paciente, medidas cautelares diversas da prisão previstas no CPP ["Art. 319. São medidas cautelares diversas da prisão: I - comparecimento periódico em juízo, no prazo e nas condições fixadas pelo juiz, para informar e justificar atividades; II - proibição de acesso ou frequência a determinados lugares quando, por circunstâncias relacionadas ao fato, deva o indiciado ou acusado permanecer distante desses locais para evitar o risco de novas infrações; III - proibição de manter contato com pessoa determinada quando, por circunstâncias relacionadas ao fato, deva o indiciado ou acusado dela permanecer distante; IV - proibição de ausentar-se da Comarca quando a permanência seja conveniente ou necessária para a investigação ou instrução; V - recolhimento domiciliar no período noturno e nos dias de folga quando o investigado ou acusado tenha residência e trabalho fixos; VI - suspensão do exercício de função pública ou de atividade de natureza econômica ou financeira quando houver justo receio de sua utilização para a prática de infrações penais; VII - internação provisória do acusado nas hipóteses de crimes praticados com violência ou grave ameaça, quando os peritos concluírem ser inimputável ou semi-imputável (art. 26 do Código Penal) e houver risco de reiteração; VIII - fiança, nas infrações que a admitem, para assegurar o comparecimento a atos do processo, evitar a obstrução do seu andamento ou em caso de resistência injustificada à ordem judicial; IX - monitoração eletrônica"].

HC 114731, rel. Min. Teori Zavascki, 1º.4.2014. (HC-114731) (Inform. STF 741)

HC N. 119.463-SP
RELATORA: MIN. CÁRMEN LÚCIA
EMENTA: *HABEAS CORPUS*. CONSTITUCIONAL. PROCESSO PENAL. ESTUPRO DE VULNERÁVEL. PEDOFILIA. FUNDAMENTAÇÃO IDÔNEA PARA A PRISÃO CAUTELAR. ALEGAÇÃO DE EXCESSO DE PRAZO PARA A FORMAÇÃO DA CULPA. MATÉRIA NÃO APRECIADA PELO SUPERIOR TRIBUNAL DE JUSTIÇA. TRAMITAÇÃO REGULAR DA AÇÃO PENAL NA ORIGEM.
1. As circunstâncias da prática do ato imputado ao Paciente demonstram que os fundamentos adotados nas instâncias antecedentes harmoniza-se

---

com a jurisprudência deste Supremo Tribunal, que assentou que a periculosidade do agente, evidenciada pelo *modus operandi* e o risco concreto de reiteração criminosa, são motivos idôneos para a manutenção da custódia cautelar. Precedentes.
2. Alegação de excesso de prazo para a formação da culpa. Questão não apreciada pelo Tribunal de Justiça de São Paulo e também não apreciada no Superior Tribunal de Justiça. Impossibilidade de atuação jurisdicional, sob pena de supressão de instância.
3. Ação penal tramitando na origem em prazo razoável, de forma regular, consideradas as peculiaridades do feito. Iminência de prolação da sentença.
4. *Habeas corpus* parcialmente conhecido e, nessa parte, ordem denegada.
(Inform. STF 741)

HC N. 118.347-PR
RELATOR: MIN. TEORI ZAVASCKI
Ementa: *HABEAS CORPUS*. PROCESSUAL PENAL. PRISÃO PREVENTIVA. TRÁFICO DE DROGAS. GARANTIA DA ORDEM PÚBLICA. PERICULOSIDADE DO AGENTE. GRAVIDADE CONCRETA DO DELITO. APLICAÇÃO DE MEDIDAS CAUTELARES DIVERSAS DA PRISÃO. INVIÁVEL. AUSÊNCIA DE CONSTRANGIMENTO ILEGAL. ORDEM DENEGADA.
1. Os fundamentos utilizados revelam-se idôneos para manter a segregação cautelar do paciente, na linha de precedentes desta Corte. É que a decisão aponta de maneira concreta a necessidade de garantir a ordem pública, ante a periculosidade do agente (= suposto membro de uma organização criminosa dedicada ao tráfico de drogas, com condenação anterior por posse ilegal de arma de fogo com numeração raspada).
2. As circunstâncias concretas do caso e as condições pessoais do paciente não recomendam a aplicação das medidas cautelares diversas da prisão preventiva, previstas no art. 319 do Código de Processo Penal.
3. Ordem denegada. **(Inform. STF 741)**

Prisão federal: competência e prorrogação

Cabe ao Poder Judiciário verificar se o preso tem perfil apropriado para a transferência ou a permanência nos presídios federais, em controle exercido tanto pelo juiz de origem como pelo juiz federal responsável pelo presídio federal. Deferido o requerimento pelo magistrado de execução estadual, não cabe ao juiz federal exercer juízo de valor sobre a gravidade das razões do solicitante, salvo se evidenciadas condições desfavoráveis ou inviáveis da unidade prisional. Com base nessa orientação, a 1ª Turma denegou *habeas corpus* e confirmou acórdão do STJ, que mantivera o paciente em prisão federal. Na espécie, tratava-se de conflito de competência suscitado por magistrado estadual que, ao solicitar renovação de permanência do paciente em prisão federal, tivera o pedido indeferido por magistrado federal ao fundamento de não mais subsistirem os motivos justificadores da custódia naquele presídio. O STJ, ao solucionar a controvérsia, autorizara a renovação da permanência do preso em estabelecimento federal por mais 360 dias. A Turma destacou que se revestiriam de certa excepcionalidade a transferência e a permanência dos presos em presídios federais. Asseverou que o encarceramento em prisões federais se destinaria apenas aos presos de elevada periculosidade, cujo recolhimento condissesse com a Lei 11.671/2008 (*Art. 3º. Serão recolhidos em estabelecimentos penais federais de segurança máxima aqueles cuja medida se justifique no interesse da segurança pública ou do próprio preso, condenado ou provisório*). Sublinhou que os presídios federais não teriam sido criados para que as penas fossem neles integralmente cumpridas. Apontou que, a teor do art. 10 e § 1º da Lei 11.671/2008, a permanência de presos nesses estabelecimentos seria em caráter singular e por até 360 dias, prazo renovável excepcionalmente [*Art. 10. A inclusão de preso em estabelecimento penal federal de segurança máxima será excepcional e por prazo determinado. § 1º O período de permanência não poderá ser superior a 360 (trezentos e sessenta) dias, renovável, excepcionalmente, quando solicitado motivadamente pelo juízo de origem, observados os requisitos da transferência*]. Esclareceu que, embora os presídios federais, de segurança máxima, tivessem caráter temporário, em caso de necessidade seria possível a prorrogação excepcional, quer por fato novo, quer pela persistência das razões ensejadoras da transferência inicial. Pontuou que a justificativa baseada no interesse da segurança pública seria o perfil do preso, considerado de elevada periculosidade. Frisou que não competiria ao STF o controle dos fundamentos do acórdão atacado ao resolver o conflito de competência, mas apenas do resultado, ou seja, se justificada a permanência do paciente no presídio federal. Aduziu, ademais, que o juiz estadual teria atuado nos termos exigidos pela Lei 11.671/2008 [*Art. 5º ... § 2º Instruídos os autos do processo de transferência, serão ouvidos, no prazo de 5 (cinco) dias cada, quando não requerentes, a autoridade administrativa, o Ministério Público e a defesa, bem como o Departamento Penitenciário Nacional - DEPEN, a quem é facultado indicar o estabelecimento penal federal mais adequado*]. HC 112650/RJ, rel. Min. Rosa Weber, 11.3.2014. (HC-112650) (Inform. STF 738)

RHC N. 118.407-DF
RELATOR: MIN. ROBERTO BARROSO
Ementa: recurso ordinário em *habeas corpus*. Duplo homicídio qualificado. Prisão preventiva. 1. Embora a natureza abstrata do crime não constitua motivo hábil e suficiente para a determinação da segregação cautelar, é certo que a gravidade concreta do delito, evidenciada pelas circunstâncias em que ele foi cometido, justifica a custódia preventiva para o resguardo da ordem pública. 2. No caso, além da gravidade concreta dos fatos pelos quais o recorrente foi condenado a 18 anos e 4 meses de reclusão, a prisão preventiva está baseada no risco de reiteração delitiva, tendo em vista (i) a existência de outro processo por crimes semelhantes e (ii) a constatação de que "*após a prisão dos acusados, os delitos com modus operandi similar cessaram*". 3. Prolatada a sentença e julgada a apelação, fica superada a alegação de inércia do Poder Público e, consequentemente, prejudicada a arguição de excesso de prazo. Recurso ordinário em *habeas corpus* a que se nega provimento. (Inform. STF 738)

AG. REG. NA MEDIDA CAUTELAR NA SUSPENSÃO DE SEGURANÇA N. 4.380-RJ
RELATOR: MINISTRO PRESIDENTE
Ementa: Agravo regimental em Suspensão de Segurança. Decisão que suspendeu os efeitos do acórdão proferido pelo Superior Tribunal de Justiça nos autos do Conflito de Competência nº 114.478. Detento de alta periculosidade que, mesmo preso, persiste na prática de atividades delitivas promovidas pela facção criminosa da qual é integrante. Manutenção da custódia em estabelecimento penal federal de segurança máxima. Possibilidade. Art. 3º da Lei nº 11.671/08. Necessidade de salvaguardar os direitos coletivos à ordem e à segurança públicas. Agravo não conhecido.
O pedido de suspensão de segurança é medida excepcional que se presta à salvaguarda da ordem, da saúde, da segurança e da economia públicas contra perigo de lesão.
No caso, a plausibilidade jurídica da pretensão deduzida - fundamentada na invocação expressa dos direitos coletivos à ordem e à segurança públicas e na imprescindibilidade da medida de urgência pretendida, justificáveis pelos atuais acontecimentos notórios que acometem a segurança pública do Estado requerente - justifica o deferimento da suspensão requerida (cf. art. 15, § 4º, da Lei nº 12.016/2009). Precedentes.
Agravo regimental desprovido. (Inform. STF 737)

HC N. 117.063-MG
RELATOR: MIN. TEORI ZAVASCKI
Ementa: PROCESSUAL PENAL. *HABEAS CORPUS*. PRISÃO PREVENTIVA. DUPLO HOMICÍDIO QUALIFICADO E FORMAÇÃO DE QUADRILHA. GARANTIA DA ORDEM PÚBLICA E CONVENIÊNCIA DA INSTRUÇÃO CRIMINAL. PERICULOSIDADE CONCRETA E MODO DE EXECUÇÃO DOS DELITOS. CONDIÇÕES SUBJETIVAS DA PACIENTE. IRRELEVÂNCIA NO CASO. ORDEM DENEGADA.
1. Os fundamentos utilizados revelam-se idôneos para manter a segregação cautelar do paciente, na linha de precedentes desta Corte. É que a decisão aponta de maneira concreta a necessidade de garantir a ordem pública, consubstanciada nas circunstâncias em que os delitos foram praticados (motivação e modo de execução), e por conveniência da instrução criminal, ante a possibilidade de intimidação de testemunhas.
2. A jurisprudência desta Corte firmou-se no sentido de que a primariedade, a residência fixa e a ocupação lícita não possuem o condão de impedir a prisão cautelar, quando presentes os requisitos do art. 312 do Código de Processo Penal, como ocorre no caso.
3. Ordem denegada. (Inform. STF 735)

RHC N. 117.930-MG
RELATOR: MIN. LUIZ FUX
Ementa: PENAL E PROCESSUAL PENAL. RECURSO ORDINÁRIO EM *HABEAS CORPUS*. TRÁFICO DE ENTORPECENTES. CORRUPÇÃO ATIVA. USO DE DOCUMENTO FALSO. PRISÃO PREVENTIVA MANTIDA NA SENTENÇA CONDENATÓRIA. GARANTIA DA ORDEM PÚBLICA. PERICULOSIDADE DO AGENTE. GRAVIDADE EM CONCRETO DOS CRIMES. DECISÃO DEVIDAMENTE FUNDAMENTADA. RÉU QUE PERMANECEU PRESO DURANTE TODA A INSTRUÇÃO CRIMINAL E QUE TEVE OS FUNDAMENTOS DA PRISÃO CAUTELAR CONVALIDADOS NA SENTENÇA. RECURSO ORDINÁRIO DESPROVIDO.
1. "*A custódia preventiva visando à garantia da ordem pública, por conveniência da instrução criminal e para assegurar a aplicação da lei penal, legitima-se quando presente a necessid150*
ade de acautelar-se o meio social ante a concreta possibilidade de reiteração criminosa e as evidências de que, em liberdade, o agente empreenderá esforços para escapar da aplicação da lei penal" (HC 109.723, Primeira Turma, Relator o Ministro Luiz Fux, DJ de 27.0612). No mesmo sentido: HC 106.816, Segunda Turma, Relatora a Ministra Ellen Gracie, DJ de 20/06/2011; HC 104.608, Primeira Turma, Relatora a Ministra Ellen Gracie, DJ de 1º/09/2011; HC 106.702, Primeira Turma, Rel. Min. Cármen Lúcia, DJ de 27/05/2011.
2. A periculosidade do agente, evidenciada pelo *modus operandi*, e a gravidade em concreto do crime constituem motivação idônea para a manutenção da custódia cautelar. Precedentes: HC 113.793, Segunda Turma, Relatora a Ministra Cármen Lúcia, DJe de 28/05/2013; HC 110.902, Primeira Turma, Relator o Ministro Luiz Fux, DJe de 03/05/2013; HC 112.738, Segunda Turma, Relator o Ministro Ricardo Lewandowski, Dje de 21/11/2012; HC 111.058, Segunda Turma, Relatora a Ministra Cármen Lúcia, DJe de 12/12/2012; HC 108.201, Primeira Turma, Relator o Ministro Luiz Fux, DJe de 30/05/2012.
3. O magistrado de primeira instância negou o apelo em liberdade de forma fundamentada, conforme exigência contida no art. 387, parágrafo único, do CPP, asseverando a inalterabilidade do quadro fático que ensejou a prisão preventiva.
4. "*Não há sentido lógico permitir que o réu, preso preventivamente durante toda a instrução criminal, possa aguardar o julgamento da apelação em liberdade*" (HC 89.089/SP, Rel. Min. Ayres Britto, Primeira Turma, DJ de 01/06/2007).
5. *In casu*, a) O recorrente foi preso em flagrante, em 19/05/2010, e condenado, em 12/12/2011, à pena de 8 (oito) anos e 6 (seis) meses de reclusão, em regime inicial fechado, pela prática dos crimes de tráfico de entorpecentes, uso de documento falso e corrupção ativa, sendo-lhe negado direito de recorrer em liberdade em face da subsistência do fundamentos da prisão cautelar. b) Conforme destacou o Tribunal de Justiça do Estado de Minas Gerais, "*a manutenção da segregação cautelar do paciente mostra-se necessária para a garantia da ordem pública (...), sobretudo diante do modus operandi que envolveu a empreitada criminosa, apreendendo 03 barras de cocaína com 3.040g, o que, inegavelmente, evidencia a periculosidade do acusado. Ainda, o paciente ofereceu R$10.000,00 (dez mil reais) em dinheiro, aos policiais que efetuaram sua prisão, para que fosse liberado*". c) O alvará de soltura expedido em favor do paciente foi decorrente de outro processo. Quanto à ação penal, objeto do presente recurso ordinário, não foi revogada sua prisão preventiva, sendo mantida na sentença condenatória por ainda estarem presentes os requisitos da segregação cautelar.
6. Recurso ordinário em *habeas corpus* desprovido. (Inform. STF 729)

HC N. 113.945-SP
RELATOR: MIN. TEORI ZAVASCKI
Ementa: *HABEAS CORPUS*. CONSTITUCIONAL E PROCESSUAL PENAL. TRÁFICO DE ENTORPECENTES. LIBERDADE PROVISÓRIA. VEDAÇÃO DO ART. 44 DA LEI DE DROGA. INCONSTITUCIONALIDADE. PRECEDENTE DO PLENÁRIO. PRISÃO PREVENTIVA. GRAVIDADE ABSTRATA DO DELITO. FUNDAMENTO INSUFICIENTE. PRECEDENTES. NATUREZA E QUANTIDADE DA DROGA APREENDIDA. FUNDAMENTO INIDÔNEO. INVIABILIDADE DE REFORÇO DA FUNDAMENTAÇÃO PELAS INSTÂNCIAS SUPERIORES. ORDEM CONCEDIDA.
1. O Plenário do Supremo Tribunal Federal, no HC 104.339/SP (Min. GILMAR MENDES, DJe de 06.12.2012), em evolução jurisprudencial, declarou a inconstitucionalidade da vedação à liberdade provisória prevista no art. 44 da Lei 11.343/2006. Entendeu-se que (a) a mera inafiançabilidade do crime (CF, art. 5º, XLIII) não impede a concessão da liberdade provisória; (b) sua vedação apriorística é incompatível com os princípios constitucionais da presunção de inocência e do devido processo legal, bem assim com o mandamento constitucional que exige a fundamentação para todo e qualquer tipo de prisão.

4. DIREITO PROCESSUAL PENAL

2. A gravidade abstrata do delito de tráfico de entorpecentes não constitui fundamento idôneo para a decretação da custódia cautelar. Precedentes.
3. Não cabe às instâncias superiores, em sede de *habeas corpus*, adicionar novos fundamentos à decisão de primeiro grau, visando a suprir eventual vício de fundamentação. Precedentes.
4. Ordem concedida. **(Inform. STF 728)**

RHC N. 117.264-DF
RED P/ O ACÓRDÃO: MIN. ROBERTO BARROSO
EMENTA: RECURSO ORDINÁRIO EM *HABEAS CORPUS*. HOMICÍDIO QUALIFICADO E PROMESSA DE VANTAGEM A TESTEMUNHA. RAZOABILIDADE DAS MEDIDAS CAUTELARES ALTERNATIVAS À PRISÃO (ART. 319 DO CPP). RECURSO DESPROVIDO.
Inexistência de ilegalidade flagrante ou de abuso de poder.
Razoabilidade das medidas cautelares fixadas pela autoridade impetrada.
Recurso ordinário *em habeas corpus* a que se nega provimento. **(Inform. STF 726)**

HC N. 111.205-CE
RED P/ O ACÓRDÃO: MIN. ROBERTO BARROSO
EMENTA: *HABEAS CORPUS*. ROUBO MAJORADO. PRISÃO PREVENTIVA. EXCESSO DE PRAZO. SUPERVENIÊNCIA DA SENTENÇA CONDENATÓRIA. ORDEM DENEGADA.
A alegação de excesso de prazo da prisão preventiva fica superada pela superveniência da sentença condenatória.
Ordem denegada. Cassada a liminar deferida. **(Inform. STF 725)**

HC N. 114.534-SP
RELATOR: MIN. GILMAR MENDES
Habeas corpus. 2. Quadrilha armada, falsidade ideológica e concussão. Condenação. Negativa do direito de recorrer em liberdade. 3. Pedido de concessão da ordem para que os pacientes possam recorrer em liberdade ou, subsidiariamente, conversão da prisão em medidas cautelares, nos termos da Lei 12.403/2011. 4. Manutenção da prisão justificada na necessidade de garantir a ordem pública e assegurar a aplicação da lei penal. Quadrilha armada composta por policiais civis e militares, voltada à exploração de jogos de azar. Cometimento de crimes com prevalecimento do cargo, propiciando, em Guarulhos, o descrédito da polícia investigativa. Fundamentação idônea que recomenda a medida constritiva. 5. Medidas cautelares alternativas diversas da prisão, previstas na Lei 12.403/2011, não se mostram suficientes para acautelar o meio social. 6. Ausência de constrangimento ilegal. Ordem denegada. **(Inform. STF 725)**

Prisão preventiva e estupro - 1
A 1ª Turma iniciou julgamento de *habeas corpus* em que se pleiteia o direito de aguardar em liberdade o trânsito em julgado de eventual condenação. A impetração alega que o decreto de prisão preventiva não estaria devidamente fundamentado, porquanto motivado na gravidade abstrata do crime e na preservação da credibilidade das instituições. Sustenta, ainda, não haver indícios de autoria nem prova de que o paciente teria administrado entorpecente à vítima para a prática do crime de estupro. O Ministro Marco Aurélio, relator, concedeu a ordem. Destacou que a circunstância de ter sido prolatada sentença condenatória não tornaria legítima a prisão preventiva. Asseverou que a pena imposta somente seria passível de execução após o trânsito em julgado da decisão condenatória. Pontuou que a preventiva fora lastreada na ausência do paciente do distrito da culpa. Aduziu que, nos termos do art. 366 do CPP (*"Se o acusado, citado por edital, não comparecer, nem constituir advogado, ficarão suspensos o processo e o curso do prazo prescricional, podendo o juiz determinar a produção antecipada das provas consideradas urgentes e, se for o caso, decretar prisão preventiva, nos termos do disposto no art. 312"*), mesmo citado por edital e sem credenciar advogado, não se teria a automaticidade da prisão preventiva. Destacou que ficariam suspensos processo e prescrição e que a preventiva poderia ser implementada se o caso se enquadrasse no art. 312 do CPP [*"A prisão preventiva poderá ser decretada como garantia da ordem pública, da ordem econômica, por conveniência da instrução criminal, ou para assegurar a aplicação da lei penal, quando houver prova da existência do crime e indício suficiente de autoria. Parágrafo único. A prisão preventiva também poderá ser decretada em caso de descumprimento de qualquer das obrigações impostas por força de outras medidas cautelares (art. 282, § 4º)"*]. Salientou que a superveniência de sentença seria elemento neutro, porque a custódia seria provisória enquanto não houvesse preclusão

do pronunciamento penal condenatório. **HC 111779/GO, rel. Min. Marco Aurélio, 15.10.2013. (HC-111779)**

Prisão preventiva e estupro - 2
Os Ministros Roberto Barroso e Rosa Weber julgaram prejudicado o *writ* pela alteração do título prisional. O Ministro Roberto Barroso entendeu que a decisão estaria adequadamente fundamentada, na medida em que não se limitara à questão de se encontrar o paciente foragido, mas exploraria aspectos da periculosidade concreta do acusado e as circunstâncias hediondas em que perpetrado o crime, qual seja, haver dopado a vítima. A Ministra Rosa Weber aduziu que, além da mudança do título prisional, a tornar prejudicada a impetração, não considerava plausível a sua concessão de ofício, dada a ausência de ilegalidade ou teratologia. O Ministro Dias Toffoli, por sua vez, julgou prejudicado o *habeas corpus*, porém, o concedia de ofício por vislumbrar antecipação de execução da pena. Após, pediu vista dos autos o Ministro Luiz Fux. **HC 111779/GO, rel. Min. Marco Aurélio, 15.10.2013. (HC-111779) (Inform. STF 724)**

HC N. 109.248-MG
REDATOR P/ O ACÓRDÃO: MIN. ROBERTO BARROSO
EMENTA: *HABEAS CORPUS*. TRÁFICO DE ENTORPECENTES. PRISÃO PREVENTIVA. SUPERVENIÊNCIA DA SENTENÇA CONDENATÓRIA. PREJUÍZO.
A superveniência da sentença condenatória altera o título da prisão.
Habeas Corpus prejudicado. Cassada a liminar deferida. **(Inform. STF 722)**

RHC N. 116.946-PI
RELATOR: MIN. DIAS TOFFOLI
EMENTA: Recurso ordinário em *habeas corpus*. Crimes de estelionato, formação de quadrilha, falsa identidade e falsidade ideológica. Prisão preventiva. Requisitos autorizadores elencados no art. 312 do CPP. Presença. Fundamentação válida. Recurso não provido.
1. A decisão impugnada está em perfeita sintonia com a manifestação do Supremo Tribunal no sentido da inadmissibilidade do **habeas corpus** que tenha por objetivo substituir o recurso ordinário. Precedentes.
2. O entendimento do Superior Tribunal de Justiça não dissente do magistério jurisprudencial deste Supremo Tribunal, preconizado no sentido de que "a possibilidade de reiteração criminosa e a participação em organização criminosa são motivos idôneos para a manutenção da custódia cautelar, a fim de garantir a ordem pública" (HC nº 104.669/SP, Primeira Turma, Relatora a Ministra **Cármen Lúcia**, DJe de 24/11/10).
3. Esta Suprema Corte já se manifestou no sentido de que, "quando da maneira de execução do delito sobressair a extrema periculosidade do agente, abre-se ao decreto de prisão a possibilidade de estabelecer um vínculo funcional entre o modus operandi do suposto crime e a garantia da ordem pública" (HC nº 97.688/MG, Primeira Turma, Relator o Ministro **Ayres Britto**, DJe de 27/11/09) e de que "a evasão após a prática delitiva é fundamento idôneo para a segregação cautelar para resguardar a aplicação da lei penal" (HC nº 90.162/RJ, Primeira Turma, Relator o Ministro **Ayres Britto**, DJe de 29/6/07), não se podendo desqualificar como tal a alegada "mudança para local desconhecido".
4. Recurso não provido. **(Inform. STF 722)**

HC N. 107.148-SP
RELATOR: MIN. MARCO AURÉLIO
HABEAS CORPUS – SUBSTITUTIVO DO RECURSO ORDINÁRIO CONSTITUCIONAL – LIBERDADE DE LOCOMOÇÃO ATINGIDA NA VIA DIRETA – ADEQUAÇÃO. Sendo objeto do *habeas corpus* a preservação da liberdade de ir e vir atingida diretamente, porquanto expedido mandado de prisão ou porque, com maior razão, esta já ocorreu, mostra-se adequada a impetração, dando-se alcance maior à garantia versada no artigo 5º, inciso LXVIII, da Carta de 1988. Evolução em óptica linear assentada anteriormente.
PRISÃO PROVISÓRIA – FUNDAMENTOS – INSUBSISTÊNCIA. Contraria o arcabouço normativo ato que implique prisão preventiva decorrente da gravidade do crime imputado ao paciente.
PRISÃO PREVENTIVA – PRAZO – SENTENÇA CONDENATÓRIA – INTERRUPÇÃO – IMPROPRIEDADE. O instituto do excesso de prazo da preventiva não fica sujeito a interrupção. É aferido levando-se em conta a data em que implementada a custódia e o encerramento do processo.
PRISÃO PREVENTIVA – EXCESSO DE PRAZO. Uma vez configurado o excesso de prazo na formação da culpa, a prisão preventiva há de ser afastada. **(Inform. STF 720)**

RHC N. 118.002-RJ
RELATORA: MIN. CÁRMEN LÚCIA
EMENTA: RECURSO ORDINÁRIO EM *HABEAS CORPUS*. CONSTITUCIONAL. PROCESSUAL PENAL. HOMICÍDIO QUALIFICADO E ROUBO. PRISÃO PRE-VENTIVA. GARANTIA DA ORDEM PÚBLICA E APLICAÇÃO DA LEI PENAL. RECORRENTE FORAGIDO.
1. Este Supremo Tribunal assentou que a gravidade concreta do crime, o *modus operandi* da ação delituosa e a periculosidade do agente respaldam a prisão preventiva para a garantia da ordem pública. Precedentes.
2. Tem-se a necessidade da prisão preventiva para resguardar a aplicação da lei penal quando, expedido mandado de prisão há mais de três anos, o Recorrente não é encontrado, estando foragido.
3. Recurso ao qual se nega provimento. **(Inform. STF 719)**

RHC N. 116.295-SP
RELATORA: MIN. CÁRMEN LÚCIA
EMENTA: RECURSO ORDINÁRIO EM *HABEAS CORPUS*. CONSTITUCIONAL. TRÁFICO DE ENTORPECENTE. 1. SU-PERVENIÊNCIA DE SENTENÇA CON-DENATÓRIA. PRISÃO MANTIDA PELOS MESMOS FUNDAMENTOS. INEXIS-TÊNCIA DE PREJUÍZO. 2. PRISÃO PREVENTIVA DECRETADA COM BASE EM FUNDAMENTO IDÔNEO. PERICULOSIDADE DO RECORRENTE EVIDENCIADA PELO *MODUS OPERANDI* E PELA POSSIBILIDADE DE REITERAÇÃO DELITIVA.
1. Conforme reiterada jurisprudência do Supremo Tribunal Federal, o *habeas corpus* fica prejudicado apenas quando a sentença condenatória que mantém o réu preso utiliza fundamentos diversos do decreto de prisão preventiva, o que não ocorreu na espécie vertente.
2. Este Supremo Tribunal assentou que a periculosidade do agente evidenciada pelo *modus operandi* e o risco concreto de reiteração criminosa são motivos idôneos para a manutenção da custódia cautelar. Precedentes.
3. Recurso ao qual se nega provimento. **(Inform. STF 719)**

HC N. 113.560-PR
RELATOR: MIN. GILMAR MENDES
Habeas corpus. 2. Homicídio duplamente qualificado. Prisão preventiva. 3. Alegações de ausência dos requisitos previstos no art. 312 do CPP e excesso de prazo na formação da culpa. 4. Demonstrada a necessidade da segregação cautelar para garantir a ordem pública. Contribuição da defesa para a mora processual. 5. Ordem denegada. Recomendação de celeridade na conclusão de perícia solicitada pela defesa. **(Inform. STF 718)**

RHC N. 116.345-SC
RELATORA: MIN. ROSA WEBER
RECURSO ORDINÁRIO EM *HABEAS CORPUS*. TRÁFICO DE DROGAS. PRISÃO CAUTELAR RESTABELECIDA NO ACÓRDÃO CONDENATÓRIO. PRESSUPOSTOS E FUNDAMENTOS DA PRISÃO PREVENTIVA. RISCO DE REITERAÇÃO DELITIVA E À ORDEM PÚBLICA.
1. Havendo condenação criminal, encontram-se presentes os pressupostos da preventiva, a saber, prova da materialidade e indícios de autoria. Não se trata, apenas, de juízo de cognição provisória e sumária acerca da responsabilidade criminal do acusado, mas, sim, de julgamento condenatório, precedido por amplo contraditório e no qual as provas foram objeto de avaliação imparcial, ou seja, um juízo efetuado, com base em cognição profunda e exaustiva, de que o condenado é culpado de um crime. Ainda que a sentença esteja sujeita à reavaliação crítica através de recursos, a situação difere da prisão preventiva decretada antes do julgamento.
2. Se as circunstâncias concretas da prática do crime indicam o envolvimento profundo dos Recorrentes com o tráfico de drogas e, por conseguinte, a periculosidade e o risco de reiteração delitiva, está justificada a decretação ou a manutenção da prisão cautelar para resguardar a ordem pública, desde que igualmente presentes boas provas da materialidade e da autoria. Precedentes.
3. Recurso ordinário em *habeas corpus* a que se nega provimento. **(Inform. STF 718)**

HC N. 117.285-SC
RELATOR: MIN. TEORI ZAVASCKI
HABEAS CORPUS. LIBERDADE PROVISÓRIA. SENTENÇA CONDENATÓRIA QUE MANTÉM PRISÃO PREVENTIVA COM FUNDAMENTOS LIGADOS À EXECUÇÃO DA PENA. IMPOSSIBILIDADE. ORDEM CONCEDIDA.
1. Nos termos do artigo 387 do Código de Processo Penal, o juiz, ao proferir sentença condenatória, decidirá, fundamentadamente, sobre a manutenção de eventual prisão já realizada.

2. No caso, o fundamento adotado para manutenção da cautelar diz respeito a elementos da execução da pena, e não com aspecto cautelar inerente à prisão preventiva (CPP, art. 312), o que é não é admitido. Precedente.
3. Ordem concedida. **(Inform. STF 718)**

RHC N. 116.085-RS
RELATORA: MIN. CÁRMEN LÚCIA
EMENTA: RECURSO ORDINÁRIO EM *HABEAS CORPUS*. CONSTITUCIONAL. IMPUTAÇÃO DE TENTATIVA DE HOMICÍDIO QUALIFICADO POR DUAS VEZES. 1. FUGA DO RÉU CAPTURADO POSTERIORMENTE. PRISÃO PRE-VENTIVA PARA RESGUARDAR A APLICAÇÃO DA LEI PENAL. FUNDAMENTO IDÔNEO. 2. ALEGAÇÃO DE EXCESSO DE PRAZO PARA A FORMAÇÃO DA CULPA. IMPROCEDÊNCIA. COMPLEXIDADE DO FEITO. INTERFERÊNCIA DA FUGA DO RECORRENTE NA TRAMITAÇÃO DA AÇÃO PENAL.
1. A intenção de se furtar à aplicação da lei penal é razão suficiente para a manutenção do decreto de prisão preventiva. Fundamento idôneo apresen-tado para a constrição da liberdade. Precedentes.
2. Alegação de excesso de prazo para a formação da culpa. Feito complexo e fuga a justificar o tempo para a tramitação da ação penal contra o ora Recorrente.
3. Recurso ao qual se nega provimento. **(Inform. STF 718)**

HC N. 103.027-SP
REDATORA P/ O ACÓRDÃO: MIN. ROSA WEBER
HABEAS CORPUS. SUBSTITUTIVO DO RECURSO CONSTITUCIONAL. PRO-CESSO PENAL. INADEQUAÇÃO DA VIA ELEITA. PREVENTIVA. CONDENAÇÃO SUPERVENIENTE. PERDA DE OBJETO.
1. O *habeas corpus* tem uma rica história, constituindo garantia fundamental do cidadão. Ação constitucional que é, não pode ser amesquinhado, mas também não é passível de vulgarização, sob pena de restar descaracterizado como remédio heroico. Contra a denegação de *habeas corpus* por Tribunal Superior prevê a Constituição Federal remédio jurídico expresso, o recurso ordinário. Diante da dicção do art. 102, II, a, da Constituição da República, a impetração de novo *habeas corpus* em caráter substitutivo escamoteia o instituto recursal próprio, em manifesta burla ao preceito constitucional. Precedente da Primeira Turma desta Suprema Corte.
2. A superveniência de sentença de pronúncia ou condenatória na qual é mantida a prisão cautelar, anteriormente decretada, implica a mudança do título da prisão e prejudica o conhecimento de *habeas corpus* impetrado contra a prisão antes do julgamento.
3. Se o histórico criminal do paciente indica risco de reiteração delitiva, está justificada a decretação ou a manutenção da prisão cautelar para resguardar a ordem pública, desde que igualmente presentes boas provas da materialidade e da autoria.
4. *Habeas corpus* extinto sem resolução do mérito. **(Inform. STF 715)**

RHC N. 117.093-MS
RELATOR: MIN. RICARDO LEWANDOWSKI
Ementa: RECURSO ORDINÁRIO EM *HABEAS CORPUS*. PENAL. TRÁFICO INTERESTADUAL DE DROGAS. LEGITIMIDADE DOS FUNDAMENTOS DA PRISÃO PREVENTIVA. GARANTIA DA ORDEM PÚBLICA. PERICULOSIDADE DO AGENTE. GARANTIA DE APLICAÇÃO DA LEI PENAL. POSSIBILIDADE DE FUGA. AUSÊNCIA DE CONSTRANGIMENTO ILEGAL. RECURSO IMPROVIDO.
I – A prisão cautelar se mostra suficientemente motivada para a preservação da ordem pública, tendo em vista a periculosidade do paciente, revelada pelas graves circunstâncias do crime. A corte estadual destacou, em seu *decisum*, a expressiva quantidade de droga apreendida (439 quilos de maconha e 3 "esferas" de haxixe) além de circunstância de o recorrente portar 13 cápsulas de munição calibre 380 intactas.
II – A possibilidade concreta de fuga também mostra-se apta a embasar a segregação cautelar para assegurar a aplicação da lei penal. Precedentes.
III – Recurso improvido. **(Inform. STF 715)**

RELATOR: MIN. LUIZ FUX
Ementa: **PROCESSUAL PENAL. *HABEAS CORPUS* IMPETRADO CONTRA DECISÃO MONOCRÁTICA QUE INDEFERIU LIMINAR EM IDÊNTICA SEDE PROCESSUAL. SÚMULA 691/STF. NÃO CABIMENTO. AUSÊNCIA DE TERATOLOGIA NO ATO IMPUGNADO. EXCESSO DE PRAZO DA PRISÃO. INE-XISTÊNCIA DE PRAZO RIGIDAMENTE IMPOSTO DE DURAÇÃO DA PRISÃO CAUTELAR. NECESSIDADE DE EXAME À LUZ DA PROPORCIONALIDADE. AGRAVO A QUE SE NEGA PROVIMENTO.**

4. DIREITO PROCESSUAL PENAL 291

1. A duração da instrução criminal deve submeter-se ao postulado da proporcionalidade, de modo a evitar a impunidade em casos de aguda complexidade. Precedentes (HC 103385, Relator(a): Min. DIAS TOFFOLI, Primeira Turma, julgado em 08/02/2011; HC 92719, Relator(a): Min. JOAQUIM BARBOSA, Segunda Turma, julgado em 24/06/2008; HC 105133, Relator(a): Min. CELSO DE MELLO, Segunda Turma, julgado em 26/10/2010; HC 102062, Relator(a): Min. RICARDO LEWANDOWSKI, Primeira Turma, julgado em 02/12/2010).

2. *In casu*, o impetrante alega, em suma, que: (i) na origem, o acusado foi citado por edital, mas constituiu advogado particular para sua defesa técnica, razão pela qual o processo seguiu seu curso normal, tendo sido decretada a prisão preventiva em 14/07/2008; (ii) o advogado constituído, no entanto, teria renunciado ao mandato em 26/11/2008, e por esse motivo, segundo afirma o impetrante, o paciente não teria tomado conhecimento da audiência de interrogatório; (iii) em 06/05/2009 o paciente foi preso; (iii) em 11/06/2009, sobreveio sentença condenando o réu a 13 anos e 4 meses de reclusão, em regime inicial fechado, como incurso nas penas do art. 157, § 3º, *in fine*, c/c art. 14, II, do Código Penal (tentativa de latrocínio); (iv) em sede de apelação, o julgamento foi convertido em diligência para a qualificação e interrogatório do réu; (v) o impetrante sustenta que haveria excesso de prazo da prisão do paciente, que encontrar-se-ia preso desde 06/05/2009; (vi) sustenta, ainda, que a sentença seria nula, em virtude da ausência de interrogatório do paciente.

3. O patrono do acusado somente renunciou ao mandato em 28 de novembro de 2008, quando já estava ciente da designação da audiência de instrução e julgamento para 7 de abril de 2009; ademais, o réu encontrava-se foragido e não houve pedido expresso da defesa para que o acusado fosse interrogado, noticiando o local onde estava preso, de modo que não se pode acoimar de nula a sentença condenatória.

4. O Supremo Tribunal Federal não é competente para conhecer de *habeas corpus* impetrado contra decisão de Relator que, em HC requerido a Tribunal Superior, indefere a liminar, sob pena de supressão de instância (art. 5º, XXXVII e LIII, CRFB). Aplicação do verbete nº 691 da Súmula da Jurisprudência dominante no Supremo Tribunal Federal. Precedentes (HC 103446/ MT, rel. Min. Cezar Peluso, 13/04/2010; HC 107053 AgR, Rel. Min. Ricardo Lewandowski, Primeira Turma, julgado em 29/03/2011).

5. A relativização do entendimento sumulado só é admitida por este Tribunal em casos de flagrante ilegalidade ou abuso de poder, o que não se verifica nos autos. Jurisprudência (HC 102668/PA, Rel. Min. Dias Toffoli, 05/10/2010; HC 84.014/MG, 1ª Turma, Rel. Min. Marco Aurélio, DJ 25/06/2004; HC 85.185/ SP, Pleno, Rel. Min. Cezar Peluso, DJ 01/09/2006; e HC 88.229/SE, Rel. Min. Ricardo Lewandowski, 1ª Turma, 10/10/2006).

6. Agravo regimental desprovido. **(Inform. STF 714)**

HC N. 107.202-CE

REDATOR P/ O ACÓRDÃO: MIN. ROSA WEBER
EMENTA: *HABEAS CORPUS.* PRISÃO PREVENTIVA. EXCESSO DE PRAZO. COMPLEXIDADE.

1. A razoável duração do processo, que não se traduz necessariamente em processo rápido ou célere, e melhor se exprime em processo sem dilações indevidas, não pode ser descontextualizada do caso criminal.

2. Em lides complexas, envolvendo crimes de acentuada gravidade concreta, há que tolerar alguma demora na instrução. Os prazos processuais não são inflexíveis, devendo se amoldar às necessidades da vida.

3. *Habeas corpus* denegado. **(Inform. STF 714)**

HC N. 110.288-PE

REDATOR P/ O ACÓRDÃO: MIN. DIAS TOFFOLI
EMENTA: *Habeas corpus*. **Processual Penal. Prisão preventiva. Alegação de falta de fundamentação e de excesso de prazo para o julgamento do paciente pelo tribunal do júri. Questão não analisada pelas instâncias antecedentes. Inadmissível dupla supressão de instância. Precedentes. *Writ* extinto. Ilegalidade flagrante. Alongamento processual para o qual não concorreu decisivamente a defesa. Direito subjetivo à razoável duração do processo. Retardamento injustificado da causa. Ordem concedida de ofício.**

1. As questões tratadas nesta impetração não foram analisadas pelas instâncias antecedentes. Por conseguinte, sua análise pela Suprema Corte, de forma originária, configuraria verdadeira dupla supressão de instância, o que não se admite.

2. O Supremo Tribunal Federal entende que a aferição de eventual excesso de prazo é de se dar em cada caso concreto, atento o julgador às peculiaridades do processo em que estiver oficiando.

3. A gravidade da imputação que recai sobre o paciente, que não contribuiu para a demora na formação da culpa, não é causa suficiente para se relevar o desmensurado prazo de mais de três anos em que ele permanece sob custódia cautelar aguardando julgamento.

4. **Writ extinto.** Ordem concedida, de ofício, para revogar a custódia cautelar do paciente. **(Inform. STF 714)**

HC N. 103.514-SP

REDATOR P/ O ACÓRDÃO: MIN. ROSA WEBER
EMENTA: *HABEAS CORPUS.* SUPERVENIÊNCIA DE DECISÃO COLEGIADA DO TRIBUNAL REGIONAL FEDERAL. SUPRESSÃO DE INSTÂNCIA. PERDA DE OBJETO. TRÁFICO DE DROGAS. PRISÃO PREVENTIVA. EXCESSO DE PRAZO.

1. A superveniência de decisão colegiada com a denegação do *habeas* perante a Corte Federal demanda impugnação própria perante o Superior Tribunal de Justiça e, apenas depois, se o caso, impugnação perante esta Suprema Corte.

2. Não traduz manifesta arbitrariedade a decretação de prisão cautelar de acusado integrante de grupo criminoso organizado dedicado ao tráfico internacional de drogas.

3. Com o julgamento da ação penal, ainda que em primeiro grau, não mais se cogita de excesso de prazo, conforme reiterados precedentes desta Corte (v.g.: HC 110.313/MS; HC 104.227/MS; HC 103.020/SP; HC 97.548/SP; e HC 86.630/RJ).

4. *Habeas corpus* prejudicado. **(Inform. STF 714)**

HC N. 105.923-SC

REDATOR P/ O ACÓRDÃO: MIN. ROSA WEBER
EMENTA: *HABEAS CORPUS.* PROCESSUAL PENAL. EXCESSO DE PRAZO. SUPERVENIÊNCIA DO JULGAMENTO. PRISÃO PREVENTIVA. REITERAÇÃO DELITIVA E ORDEM PÚBLICA.

1. Com o julgamento da ação penal, ainda que em primeiro grau, não mais se cogita de excesso de prazo, conforme reiterados precedentes desta Corte (*v.g.*: HC 110.313/MS; HC 104.227/MS; HC 103.020/SP; HC 97.548/SP; e HC 86.630/RJ).

2. A jurisprudência do STF é no sentido de que "a periculosidade do agente concretamente demonstrada, acrescida da possibilidade de reiteração criminosa e a participação em organização criminosa são motivos idôneos para a manutenção da custódia cautelar, a fim de garantir a ordem pública (HC n. 104.699/SP, 1ª Turma, Relatora a Ministra Cármen Lúcia, DJ de 23.11.10 e HC n. 103.107/MT, 1ª Turma, Relator o Ministro Dias Toffoli, DJ de 29.11.10)" (HC 103.716/SP – Relator para o acórdão Min. Luiz Fux – 1.ª Turma – por maioria - j. 02.8.2011 – DJe-210 de 04.11.2011).

3. No caso, a associação dos pacientes para a prática do tráfico de drogas, aliada à quantidade substancial de droga apreendida, autoriza a inferência de que o crime de tráfico não foi ocasional e que se dedicam, eles, à atividade criminosa, o que justifica a manutenção da prisão para evitar a reiteração delitiva e resguardar a ordem pública.

4. *Habeas corpus* denegado. **(Inform. STF 714)**

HC N. 116.491-SP

RELATOR: MIN. GILMAR MENDES
Habeas corpus. 2. Liberdade provisória. Impetração contra decisão do STJ que julgou prejudicado o feito e cassou liminar concedida ante à superveniência de sentença condenatória. 3. Constrição cautelar mantida pelos mesmos fundamentos. Perda do objeto não configurada. 4. O acusado respondeu ao processo em liberdade e, sobrevindo a sentença condenatória, as circunstâncias fáticas não se alteraram. Prisão provisória que não atende aos requisitos do art. 312 do CPP, limitando-se a invocar a gravidade abstrata do delito. 5. Ordem concedida, de ofício, para que o paciente possa aguardar em liberdade o trânsito em julgado da condenação, se por algum outro motivo não estiver preso. **(Inform. STF 712)**

HC N. 110.708-CE

REDATORA P/ O ACÓRDÃO: MIN. ROSA WEBER
EMENTA: HABEAS CORPUS. DIREITO PROCESSUAL PENAL. PRISÃO PREVENTIVA. SÚMULA 691/STF. EXCESSO DE PRAZO.

1. Não se conhece de habeas corpus impetrado contra denegação de liminar por Relator em habeas corpus requerido a Tribunal Superior. Súmula 691/ STF. Supressão de instância que se viabiliza apenas em casos teratológicos.

2. Não se pode afirmar a manifesta arbitrariedade da decretação ou de manutenção de prisão cautelar diante do profundo envolvimento dos agentes com o tráfico de drogas, a indicar risco de reiteração delitiva e à ordem pública.

292 VADE MECUM DE JURISPRUDÊNCIA – STF/STJ

3. Toda a construção doutrinária e jurisprudencial sobre o excesso de prazo no processo penal para a formação da culpa diz respeito à demora para o julgamento em primeiro grau de jurisdição. Prolatada a sentença, a jurisprudência posiciona-se no sentido de que não há mais falar em excesso de prazo, à falta em especial de parâmetros normativos para avaliar quando a demora no julgamento do recurso se torna arbitrária. Caso concreto no qual não se verifica manifesto excesso de prazo para julgamento da apelação diante do lapso temporal decorrido entre a sua interposição e a impetração do writ.
4. Habeas corpus não conhecido. **(Inform. STF 710)**

Sustentação oral e prerrogativa de novo mandatário - 1

A 2ª Turma denegou habeas corpus em que se sustentava ser descabida a segregação cautelar do paciente. Nos autos, dois advogados formularam pedidos de sustentação oral: um deles, o impetrante, e o outro, o defensor posteriormente constituído pelo réu. Por meio de petição, o novo mandatário judicial noticiara que o paciente teria desconstituído o impetrante, inclusive para atuação neste writ, e requerera intimação com o intuito de exercer a prerrogativa em comento. Na sequência, houvera pronunciamento contrário do impetrante, que ratificara o pleito de ciência da data do julgamento do habeas com a mesma finalidade. Preliminarmente, resolveu-se questão de ordem proposta pelo Min. Teori Zavascki, relator, para reconhecer ao atual patrono o direito de realizar a sustentação oral. O Relator sublinhou ter levado em conta a circunstância de que a espécie encobriria típica hipótese de representação. Enfatizou que a impetração ter-se-ia dado por contratação e que, assim, atender-se-ia à real manifestação de vontade do paciente. O Min. Celso de Mello, por sua vez, salientou a universalidade da legitimação para agir em sede de habeas corpus. Complementou que, não obstante isso, caberia ter presente a norma inscrita no § 3º do art. 192 do RISTF ("Não se conhecerá de pedido desautorizado pelo paciente"). Reportou-se à informação do réu, prestada por intermédio do novo advogado, de que teria interesse na impetração e que aguardaria ser designada data para julgamento do writ, quando este causídico proferiria sustentação oral. A par disso, verificou, por implicitude, desautorização a que aludiria o mencionado dispositivo.
HC 111810/MG, rel. Min. Teori Zavascki, 11.6.2013. (HC-111810)

Sustentação oral e prerrogativa de novo mandatário - 2

No mérito, após consignar-se não haver a perda de objeto deste habeas, assinalou-se a inexistência de qualquer ilegalidade no ato que decretara a custódia cautelar do paciente. Acentuou-se que os atributos da primariedade, residência fixa e ocupação lícita não teriam o condão de, por si sós, impedir a prisão preventiva se presentes os requisitos do art. 312 do CPP, como no caso. Assentou-se, por fim, que implicaria supressão de instância emitir juízo sobre a tese de deficiência da defesa técnica, porquanto não fora objeto da impetração no STJ, não tendo sido por ele analisada. O Min. Ricardo Lewandowski aduziu que o paciente permanecera preso durante todo o processo.
HC 111810/MG, rel. Min. Teori Zavascki, 11.6.2013. (HC-111810)
(Inform. STF 710)

RHC N. 111.620-SP

RELATOR: MIN. GILMAR MENDES

Habeas corpus. 2. Tentativa de homicídio duplamente qualificado. Prisão preventiva. 3. Alegações de ausência dos requisitos previstos no art. 312 do CPP e excesso de prazo na formação da culpa. 4. Demonstrada a necessidade da segregação cautelar para garantir a ordem pública. Contribuição da defesa para a mora processual. 5. Ordem denegada. Recomendação de celeridade no julgamento da ação penal. **(Inform. STF 707)**

RHC N. 111.038-SP

RELATOR: MIN. MARCO AURÉLIO

HABEAS CORPUS – JULGAMENTO POR TRIBUNAL SUPERIOR – IMPUGNAÇÃO. A teor do disposto no artigo 102, inciso II, alínea "a", da Constituição Federal, contra decisão, proferida em processo revelador de habeas corpus, a implicar a não concessão da ordem, cabível é o recurso ordinário. Evolução quanto à admissibilidade do substitutivo do habeas corpus.
PRISÃO PREVENTIVA – EXCESSO DE PRAZO. Uma vez configurado o excesso de prazo da prisão preventiva, impõe-se o implemento da ordem de ofício. **(Inform. STF 706)**

HC N. 106.443-PE

RED. P/ O ACORDÃO: MIN. LUIZ FUX

Processual penal. Habeas corpus. Homicídio duplamente qualificado, em concurso de pessoas (CP, art. 121, § 2º, incisos II e IV, c/c art. 29). Prisão preventiva. Modus operandi da prática delituosa. Base empírica idônea justificadora da prisão preventiva. Precedentes.
1. O modus operandi da prática delitiva, a revelar a periculosidade in concreto do réu, constitui justificativa idônea da prisão preventiva para garantia da ordem pública: HC 102.475/SC, Rel. Min. Marco Aurélio, Relator p/ o acórdão Min. Luiz Fux, Primeira Turma, DJe de 16/09/11; HC 104.522/MG, Rel. Min. Marco Aurélio, Rel. p/ o acórdão Min. Luiz Fux, Primeira Turma, DJe de 16/09/11; HC 105.725/SP, Rel. Min. Cármen Lúcia, 1ª Turma, DJe de 18/08/11; HC 103.107/MT, 1ª Turma, Relator o Min. Dias Toffoli, DJ de 29.11.10; HC 104.410/GO, Rel. Min. Ellen Gracie, DJe de 30/06/11; e HC 97.891/SP, Rel. Min. Joaquim Barbosa, Segunda Turma, DJe de 19/10/10.
2. In casu, o paciente praticou, fria e brutalmente, o crime de homicídio duplamente qualificado, em concurso de pessoas (CP, art. 121, § 2º, incisos II e IV, c/c art. 29) de modo premeditado, sem chance de defesa para a vítima, na residência dela, por motivos de somenos importância, denotando, pelo modus operandi, acentuada periculosidade, a evidenciar o acerto do decisum que determinou sua prisão cautelar para garantia da ordem pública.
3. Habeas corpus extinto, por unanimidade, e rejeitada, por maioria, a concessão da ordem de ofício, restando a cassada a decisão que deferiu a liminar. **(Inform. STF 705)**

HC N. 113.189-RS

RELATORA: MIN. CÁRMEN LÚCIA

EMENTA: HABEAS CORPUS. PROCESSUAL PENAL. TRÁFICO DE DROGAS. PRISÃO PREVENTIVA. INDEFERIMENTO DO PEDIDO DE LIBERDADE PROVISÓRIA. ALEGAÇÕES DE AUSÊNCIA DE FUNDAMENTAÇÃO CAUTELAR IDÔNEA E DE EXCESSO DE PRAZO NA FORMAÇÃO DA CULPA. SUPERVENIÊNCIA DA SENTENÇA PENAL CONDENATÓRIA. CONSTRANGIMENTO ILEGAL: NÃO OCORRÊNCIA. PRECEDENTES. HABEAS CORPUS DENEGADO.
1. Decreto de prisão preventiva devidamente fundamentado na garantia da ordem pública, considerada a possibilidade objetiva de reiteração delituosa, que não é desmentida pelos elementos constantes dos autos.
2. A pluralidade de réus, a expedição de cartas precatórias, o ajuizamento de inúmeras medidas liberatórias e a existência de outros processos criminais em andamento tornam mais lenta a instrução do processo e podem constituir-se em um fator determinante para o alongamento dos prazos, nos limites do razoável.
3. Este Supremo Tribunal assentou que, com a superveniência da sentença condenatória, que constitui novo título da prisão, está superada a questão relativa ao antecedente excesso de prazo da prisão. Precedentes.
4. Habeas corpus denegado. **(Inform. STF 702)**

DIREITO PROCESSUAL PENAL. MANUTENÇÃO DA PRISÃO PREVENTIVA APÓS CONDENAÇÃO RECORRÍVEL A REGIME PRISIONAL SEMIABERTO.
A prisão preventiva pode ser mantida por ocasião da sentença condenatória recorrível que aplicou o regime semiaberto para o cumprimento da pena, desde que persistam os motivos que inicialmente a justificaram e que seu cumprimento se adeque ao modo de execução intermediário aplicado. De fato, não é razoável manter o réu constrito preventivamente durante o desenrolar da ação penal e, por fim, libertá-lo apenas porque foi agraciado com regime de execução diverso do fechado, permitindo-lhe que, solto, ou mediante algumas condições, aguarde o trânsito em julgado da condenação. Sufragar tal entendimento vai contra ao já sedimentado tanto no STF quanto no STJ, no sentido de que, quando presentes as hipóteses autorizadoras da prisão preventiva, "Não há sentido lógico permitir que o réu, preso preventivamente durante toda a instrução criminal, possa aguardar o julgamento da apelação em liberdade" (STF, HC 89.089-SP, Primeira Turma, DJ de 1º/6/2007). Por outro lado, tendo em vista a imposição do regime semiaberto na condenação, se faz necessário compatibilizar a manutenção da custódia cautelar com o aludido modo de execução, sob pena de estar-se impondo ao condenado modo mais gravoso tão somente pelo fato de ter optado pela interposição de recurso, em flagrante ofensa ao princípio da razoabilidade. Precedentes citados: RHC 39.060-RJ, Quinta Turma, DJe 10/3/2014; e HC 244.275-SP, Sexta Turma, DJe 18/3/2013. **RHC 53.828-ES, Rel. Min. Jorge Mussi, julgado em 14/4/2015, DJe 24/4/2015 (Inform. STJ 560).**

4. DIREITO PROCESSUAL PENAL

DIREITO PROCESSUAL PENAL. INCOMPATIBILIDADE ENTRE PRISÃO PREVENTIVA E REGIME ABERTO OU SEMIABERTO.
Caso o réu seja condenado a pena que deva ser cumprida em regime inicial diverso do fechado, não será admissível a decretação ou manutenção de prisão preventiva na sentença condenatória. Inicialmente, insta consignar que a prisão cautelar deve ser considerada exceção, já que, por meio desta medida, priva-se o réu de seu jus libertatis antes do pronunciamento condenatório definitivo, consubstanciado na sentença transitada em julgado. Nesse passo, a prisão preventiva, enquanto medida de natureza cautelar, não pode ser utilizada como instrumento de punição antecipada do réu (STF: HC 93.498-MS, Segunda Turma, DJe de 18/10/2012; STJ: AgRg no RHC 47.220-MG, Quinta Turma, DJe de 29/8/2014; e RHC 36.642-RJ, Sexta Turma, DJe de 29/8/2014). Dessa forma, estabelecido o regime aberto ou semiaberto como o inicial para o cumprimento de pena, a decretação da prisão preventiva inviabiliza o direito de recorrer em liberdade, na medida em que impõe a segregação cautelar ao recorrente, até o trânsito em julgado, sob o fundamento de estarem presentes os requisitos ensejadores da prisão preventiva insertos no art. 312 do CPP. Ao admitir essa possibilidade, chegar-se-ia ao absurdo de ser mais benéfico ao réu renunciar ao direito de recorrer e iniciar imediatamente o cumprimento da pena no regime estipulado do que exercer seu direito de impugnar a decisão perante o segundo grau. Nessa medida, a manutenção ou a imposição da prisão cautelar consistiria flagrante vulneração do princípio da proporcionalidade. Além disso, a prevalecer o referido entendimento, dar-se-á maior efetividade e relevância à medida de natureza precária (manutenção da segregação cautelar) em detrimento da sentença condenatória (título judicial que, por sua natureza, realiza o exame exauriente da quaestio). Por conseguinte, a individualização da pena cederá espaço, indevidamente, à providência de cunho nitidamente provisório e instrumental, subvertendo a natureza e finalidade do processo e de suas medidas cautelares. É bem verdade que a jurisprudência ora dominante no âmbito do STJ tem se orientado pela compatibilidade entre o regime diverso do fechado imposto na sentença e a negativa do apelo em liberdade, desde que adequadas as condições da prisão provisória às regras do regime imposto. Entretanto, esse posicionamento implica, na prática, o restabelecimento da orientação jurisprudencial antes prevalente na jurisprudência STF, que admitia a execução provisória da pena, atualmente rechaçada, ao entendimento de que ela vulnera o princípio da presunção de não culpabilidade inserto no art. 5º, LVII, da CF. Isso porque, se a sentença condenatória ainda não transitou em julgado, só se permite a segregação em decorrência da imposição de prisão cautelar, cuja principal característica, como já ressaltado, significa segregação total do réu. Em outras palavras, a prisão cautelar não admite temperamento para ajustar-se a regime imposto na sentença diverso do fechado. Imposto regime mais brando, significa que o Estado-Juiz, ao aplicar as normas ao caso concreto, concluiu pela possibilidade de o réu poder iniciar o desconto da reprimenda em circunstâncias que não se compatibilizam com a imposição/manutenção de prisão provisória. Caso seja necessário, poderá se valer, quando muito, de medidas alternativas diversas à prisão, previstas no art. 319 do CPP, inquestionavelmente mais adequadas à hipótese. Precedentes citados do STF: HC 118.257-PI, Segunda Turma, DJe 6/3/2014; HC 115.786-MG, Segunda Turma, DJe 20/8/2013; e HC 114.288-RS, Primeira Turma, DJe 7/6/2013. **RHC 52.407-RJ, Rel. Min. Felix Fischer, julgado em 10/12/2014, DJe 18/12/2014 (Inform. STJ 554).**

DIREITO PROCESSUAL PENAL. UTILIZAÇÃO DE ATOS INFRACIONAIS PARA JUSTIFICAR PRISÃO PREVENTIVA PARA A GARANTIA DA ORDEM PÚBLICA.
A anterior prática de atos infracionais, apesar de não poder ser considerada para fins de reincidência ou maus antecedentes, pode servir para justificar a manutenção da prisão preventiva como garantia da ordem pública. Precedentes citados: RHC 44.207-DF, Quinta Turma, DJe 23/5/2014; e RHC 43.350-MS, Sexta Turma, DJe 17/9/2014. **RHC 47.671-MS, Rel. Min. Gurgel de Faria, julgado em 18/12/2014, DJe 2/2/2015 (Inform. STJ 554).**

DIREITO PROCESSUAL PENAL. POSSIBILIDADE DE SUBSTITUIÇÃO DE PRISÃO PREVENTIVA POR PRISÃO DOMICILIAR (ART. 318 DO CPP).
É possível a substituição de prisão preventiva por prisão domiciliar, quando demonstrada a imprescindibilidade de cuidados especiais de pessoa menor de 6 anos de idade (art. 318, III, do CPP) e o decreto prisional não indicar peculiaridades concretas a justificar a manutenção da segregação cautelar em estabelecimento prisional. Na situação em análise, não se mostra adequada a manutenção do encarceramento do paciente quando presente um dos requisitos do art. 318 do CPP. Ademais, a prisão domiciliar, na hipótese, revela-se adequada para garantir a ordem pública,

sobretudo por não haver, no decreto prisional, demonstração de periculosidade concreta, a evidenciar que a cautela extrema seria a única medida a tutelar a ordem pública. Além disso, a substituição da prisão preventiva se justifica, por razões humanitárias, além de ser útil e razoável como alternativa à prisão *ad custodiam*. Ressalte-se a posição central, em nosso ordenamento jurídico, da doutrina do princípio da proteção integral e do princípio da prioridade absoluta, previstos no art. 227 da CF, no ECA e, ainda, na Convenção Internacional dos Direitos da Criança, ratificada pelo Decreto 99.710/1990. Portanto, atendidos os requisitos legais e em nome da dignidade da pessoa humana, bem como da proteção integral da criança, é possível substituir a prisão preventiva do paciente por prisão domiciliar. **HC 291.439-SP, Rel. Min. Rogerio Schietti Cruz, julgado em 22/5/2014. (Inform. STJ 544)**

DIREITO PROCESSUAL PENAL. COMPATIBILIDADE ENTRE A PRISÃO CAUTELAR E O REGIME PRISIONAL SEMIABERTO FIXADO NA SENTENÇA.
Há compatibilidade entre a prisão cautelar mantida pela sentença condenatória e o regime inicial semiaberto fixado nessa decisão, devendo o réu, contudo, cumprir a respectiva pena em estabelecimento prisional compatível com o regime inicial estabelecido. Precedentes citados: HC 256.535-SP, Quinta Turma, DJe 20/6/2013; e HC 228.010-SP, Quinta Turma, DJe 28/5/2013. **HC 289.636-SP, Rel. Min. Moura Ribeiro, julgado em 20/5/2014. (Inform. STJ 540)**

DIREITO PROCESSUAL PENAL. ILEGALIDADE DE PRISÃO PROVISÓRIA QUANDO REPRESENTAR MEDIDA MAIS SEVERA DO QUE A POSSÍVEL PENA A SER APLICADA.
É ilegal a manutenção da prisão provisória na hipótese em que seja plausível antever que o início do cumprimento da reprimenda, em caso de eventual condenação, dar-se-á em regime menos rigoroso que o fechado. De fato, a prisão provisória é providência excepcional no Estado Democrático de Direito, só sendo justificável quando atendidos os critérios de adequação, necessidade e proporcionalidade. Dessa forma, para a imposição da medida, é necessário demonstrar concretamente a presença dos requisitos autorizadores da preventiva (art. 312 do CPP), representados pelo fumus comissi delicti e pelo periculum libertatis, e, além disso, não pode a referida medida ser mais grave que a própria sanção a ser possivelmente aplicada na hipótese de condenação do acusado. É o que se defende com a aplicação do princípio da homogeneidade, corolário do princípio da proporcionalidade, não sendo razoável manter o acusado preso em regime mais rigoroso do que aquele que eventualmente lhe será imposto quando da condenação. Precedente citado: HC 64.379-SP, Sexta Turma, DJe 3/11/2008. **HC 182.750-SP, Rel. Min. Jorge Mussi, julgado em 14/5/2013. (Inform. STJ 523)**

DIREITO PROCESSUAL PENAL. NECESSIDADE DE FUNDAMENTAÇÃO CONCRETA E INDIVIDUALIZADA PARA A IMPOSIÇÃO DAS MEDIDAS CAUTELARES PREVISTAS NO ART. 319 DO CPP.
É necessária a devida fundamentação – concreta e individualizada – para a imposição de qualquer das medidas alternativas à prisão previstas no art. 319 do CPP. Isso porque essas medidas cautelares, ainda que mais benéficas, representam um constrangimento à liberdade individual. Assim, é necessária a devida fundamentação em respeito ao art. 93, IX, da CF e ao disposto no art. 282 do CPP, segundo o qual as referidas medidas deverão ser aplicadas observando-se a "necessidade para aplicação da lei penal, para a investigação ou a instrução criminal e, nos casos expressamente previstos, para evitar a prática de infrações penais", bem como a "adequação da medida à gravidade do crime, circunstâncias do fato e condições pessoais do indiciado ou acusado". **HC 231.817–SP, Rel. Min. Jorge Mussi, julgado em 23/4/2013. (Inform. STJ 521)**

DIREITO PROCESSUAL PENAL. CAUTELAR DE SEQUESTRO. DEFERIMENTO DO PEDIDO SEM PRÉVIA INTIMAÇÃO DA DEFESA.
Não acarreta nulidade o deferimento de medida cautelar patrimonial de sequestro sem anterior intimação da defesa. Na hipótese de sequestro, o contraditório será diferido em prol da integridade do patrimônio e contra a sua eventual dissipação. Nesse caso, não se caracteriza qualquer cerceamento à defesa, que tem a oportunidade de impugnar a determinação judicial, utilizando os meios recursais legais previstos para tanto. **RMS 30.172-MT, Rel. Min. Maria Thereza de Assis Moura, julgado em 4/12/2012. (Inform. STJ 513).**

Súmula Vinculante 25

É ilícita a prisão civil de depositário infiel, qualquer que seja a modalidade do depósito.

Súmula Vinculante 11

Só é lícito o uso de algemas em casos de resistência e de fundado receio de fuga ou de perigo à integridade física própria ou alheia, por parte do preso ou de terceiros, justificada a excepcionalidade por escrito, sob pena de responsabilidade disciplinar, civil e penal do agente ou da autoridade e de nulidade da prisão ou do ato processual a que se refere, sem prejuízo da responsabilidade civil do Estado.

Súmula STF nº 697

A proibição de liberdade provisória nos processos por crimes hediondos não veda o relaxamento da prisão processual por excesso de prazo.

Súmula STJ nº 81

Não se concede fiança quando, em concurso material, a soma das penas mínimas cominadas for superior a dois anos de reclusão.

Súmula STJ nº 64

Não constitui constrangimento ilegal o excesso de prazo na instrução, provocado pela defesa.

Súmula STJ nº 52

Encerrada a instrução criminal, fica superada a alegação de constrangimento por excesso de prazo.

Súmula STJ nº 21

Pronunciado o réu, fica superada a alegação do constrangimento Ilegal da prisão por excesso de prazo na instrução.

9. PROCESSO E PROCEDIMENTOS

Ação penal originária no STJ e citação - 1

A 2ª Turma denegou *habeas corpus* no qual requerida anulação de decisão proferida no bojo de ação penal originária para que a citação do paciente se realizasse nos moldes dos artigos 396 e 396-A do CPP, com a redação dada pela Lei 11.719/2008 [*Art. 396. Nos procedimentos ordinário e sumário, oferecida a denúncia ou queixa, o juiz, se não a rejeitar liminarmente, recebê-la-á e ordenará a citação do acusado para responder à acusação, por escrito, no prazo de 10 (dez) dias. Parágrafo único. No caso de citação por edital, o prazo para a defesa começará a fluir a partir do comparecimento pessoal do acusado ou do defensor constituído. Art. 396-A. Na resposta, o acusado poderá arguir preliminares e alegar tudo o que interesse à sua defesa, oferecer documentos e justificações, especificar as provas pretendidas e arrolar testemunhas, qualificando-as e requerendo sua intimação, quando necessário*]. A impetração pleiteava, também, a análise pela Corte de origem de incidência de situação de absolvição sumária prevista no art. 397 do CPP. No caso, o paciente, desembargador aposentado, fora denunciado pela suposta prática dos crimes de formação de quadrilha e corrupção passiva. O Ministro relator no STJ notificara o paciente para apresentar defesa com base na Lei 8.038/1990 (*Art. 4º. Apresentada a denúncia ou a queixa ao Tribunal, far-se-á a notificação do acusado para oferecer resposta no prazo de quinze dias. § 1º. Com a notificação, serão entregues ao acusado cópia da denúncia ou da queixa, do despacho do relator e dos documentos por este indicados. ... Art. 6º. A seguir, o relator pedirá dia para que o Tribunal delibere sobre o recebimento, a rejeição da denúncia ou da queixa, ou a improcedência da acusação, se a decisão não depender de outras provas*).
HC 116653/RJ, rel. Min. Cármen Lúcia, 18.2.2014. (HC-116653)

Ação penal originária no STJ e citação - 2

A Turma ressaltou que o procedimento previsto na Lei 8.038/1990 para as ações penais originárias no STF e no STJ seria mais benéfico ao acusado, pois ele seria notificado para apresentar resposta, no prazo de 15 dias, da qual poderiam constar todas as razões de defesa pertinentes, antes mesmo da análise da denúncia. Afirmou que somente depois de facultada ao acusado a oportunidade de manifestação, nos termos do art. 6º, *caput*, da Lei 8.038/1990, o órgão julgador deliberaria sobre o recebimento, a rejeição da denúncia ou da queixa ou mesmo a improcedência da acusação. Por outro lado, com o procedimento comum dos artigos 394 e seguintes do CPP, oferecida a inicial acusatória, o juiz apreciaria de plano essa peça,

e não seria facultada ao acusado a defesa prévia. Sublinhou que somente após o recebimento da acusação, o juiz ordenaria a citação do acusado para se defender, por escrito e no prazo de dez dias, e, em seguida, verificaria a possibilidade de absolvê-lo sumariamente. Frisou que, no rito do CPP, a primeira oportunidade de manifestação do acusado em juízo dar-se-ia somente depois do recebimento da denúncia, o que o impediria de influir nessa decisão. Ademais, ponderou que, no procedimento especial da Lei 8.038/1990, o acusado teria a possibilidade de se manifestar sobre a acusação antes de se tornar réu na ação penal, ao contrário do rito do CPP, situação desfavorável e que tornaria necessária, nesse último caso, a previsão da possibilidade de absolvição sumária.
HC 116653/RJ, rel. Min. Cármen Lúcia, 18.2.2014. (HC-116653)

Ação penal originária no STJ e citação - 3

A Turma consignou, ainda, que a opção, no ponto, pelo rito da Lei 8.038/1990 privilegiaria o princípio da especialidade por aplicar a norma especial em aparente conflito com a norma geral. Em consequência, assinalou que seria possível a postergação do interrogatório, mesmo no procedimento da Lei 8.038/1990, para o final da instrução, a possibilitar ao acusado o exercício da autodefesa somente depois de colhidas todas as provas, porque neste caso não se estaria a inovar ou a criar fase nova. Rememorou precedente do STF que possibilitara, com base no art. 400 do CPP, fixar o interrogatório do réu como ato final da instrução penal, por ser a prática mais benéfica à defesa. Registrou que o adiamento do interrogatório para o final da instrução não teria similitude com o que pretenderiam os impetrantes, já que esse deslocamento do interrogatório refletiria mera alteração do momento da prática de um ato processual. Entretanto, o pedido da defesa corresponderia à criação de nova fase processual, o que não se admitiria. Concluiu que a mescla do procedimento especial da Lei 8.038/1990 com o procedimento comum do CPP importaria em criação de novas fases processuais, a selecionar o que cada qual teria de mais favorável ao acusado, de modo a gerar hibridismo incompatível com o princípio da reserva legal.
HC 116653/RJ, rel. Min. Cármen Lúcia, 18.2.2014. (HC-116653) (Inform. STF 736)

AG. REG. NO HC N. 108.360-SP

RELATOR: MIN. LUIZ FUX
Ementa: PENAL E PROCESSUAL PENAL. AGRAVO REGIMENTAL NO *HABEAS CORPUS*. *HABEAS CORPUS* SUBSTITUTIVO DE RECURSO ORDINÁRIO CONSTITUCIONAL. INADMISSIBILIDADE. COMPETÊNCIA DO SUPREMO TRIBUNAL FEDERAL PARA JULGAR *HABEAS CORPUS*: CRFB/88, ART. 102, I, "D" E "I". HIPÓTESE QUE NÃO SE AMOLDA AO ROL TAXATIVO DE COMPETÊNCIA DESTA SUPREMA CORTE. CRIME FUNCIONAL. PECULATO (CP, ART. 312) E INSERÇÃO DE DADOS FALSOS EM SISTEMAS DE INFORMAÇÃO (CP, ART. 313-A). CONCURSO MATERIAL. PENAS MÍNIMAS DE RECLUSÃO QUE, QUANDO SOMADAS, ULTRAPASSAM DOIS ANOS. DEFESA PRÉVIA PREVISTA NO ART. 514 DO CPP. NAO INCIDÊNCIA NA HIPÓTESE, NOS TERMOS DO ART. 323, I, DO CPP, NA REDAÇÃO ANTERIOR À LEI Nº 12.403/2011. AGRAVO REGIMENTAL DESPROVIDO.
1. A defesa prévia do art. 514 do CPP é imperiosa tão somente nos crimes afiançáveis.
2. O artigo 323, I, do CPP, na redação anterior à Lei nº 12.403/2011, não admitia a fiança quando a pena mínima de reclusão for superior a dois anos.
3. *In casu*, a paciente fora denunciada pela prática em 2006 dos crimes de peculato (CP, art. 312) e de inserção de dados falsos em sistemas de informação (CP, art. 313-A), cujas penas mínimas privativas de liberdade são de dois anos. O concurso material impõe a soma das penas-mínimas, o que, no caso *sub judice*, perfaz um total de quatro anos, inviabilizando a aplicação do disposto no art. 514 do CPP.
4. A competência originária do Supremo Tribunal Federal para conhecer e julgar *habeas corpus* está definida, exaustivamente, no artigo 102, inciso I, alíneas "d" e "i", da Constituição da República, sendo certo que a paciente não está arrolada em nenhuma das hipóteses sujeitas à jurisdição desta Corte.
5. A concessão, *ex officio*, da ordem não se justifica *in casu* porquanto inexiste *error in procedendo*.
6. Agravo Regimental desprovido. (Inform. STF 714)

RHC N. 116.713-MG

RELATOR: MIN. RICARDO LEWANDOWSKI
Ementa: RECURSO ORDINÁRIO EM *HABEAS CORPUS*. PROCESSUAL PENAL. PACIENTE PROCESSADA PELO DELITO DE TRÁFICO DE DROGAS

4. DIREITO PROCESSUAL PENAL

SOB A ÉGIDE DA LEI 11.343/2006. PEDIDO DE NOVO INTERROGATÓRIO AO FINAL DA INSTRUÇÃO PROCESSUAL. ART. 400 DO CPP. IMPOSSIBILIDADE. PRINCÍPIO DA ESPECIALIDADE. AUSÊNCIA DE DEMONSTRAÇÃO DO PREJUÍZO. RECURSO ORDINÁRIO IMPROVIDO.

I – Se a paciente foi processada pela prática do delito de tráfico ilícito de drogas, sob a égide da Lei 11.343/2006, o procedimento a ser adotado é o especial, estabelecido nos arts. 54 a 59 do referido diploma legal.

II – O art. 57 da Lei de Drogas dispõe que o interrogatório ocorrerá em momento anterior à oitiva das testemunhas, diferentemente do que prevê o art. 400 do Código de Processo Penal.

III – Este Tribunal assentou o entendimento de que a demonstração de prejuízo, *"a teor do art. 563 do CPP, é essencial à alegação de nulidade, seja ela relativa ou absoluta, eis que (⑤) o âmbito normativo do dogma fundamental da disciplina das nulidades* pas de nullité sans grief *compreende as nulidades absolutas"* (HC 85.155/SP, Rel. Min. Ellen Gracie).

IV – Recurso ordinário improvido. **(Inform. STF 712)**

Resposta à acusação e foro por prerrogativa de função - 1

O Plenário, ao resolver questão de ordem suscitada em ação penal, deliberou pelo prosseguimento do feito nos termos do art. 397 do CPP, com a consequente intimação regular das partes, incluído o processo em pauta para apreciação do tema. No caso, denunciado, na justiça comum, pela suposta prática do crime de recusa, retardamento ou omissão de dados técnicos (Lei 7.347/85, art. 10) fora, posteriormente, diplomado Senador, sem que, nesse intervalo, fosse-lhe oportunizado o oferecimento de resposta à acusação (CPP, artigos 396 e 396-A) e sua respectiva análise pelo juízo (CPP, art. 397). Ademais, não teria apresentado resposta escrita (Lei 8.038/90, art. 4º), haja vista que, quando oferecida a exordial acusatória, o processo ainda não seria de competência do STF. O acusado requeria, então, a nulidade do recebimento da denúncia. Considerou-se que, uma vez esta Corte tendo reputado válido o recebimento da inicial ocorrido no juízo de 1º grau, seria possível analisar a resposta à acusação – para a qual o juízo de piso já haveria citado a parte –, com os fins de absolvição sumária. Anotou-se a semelhança entre a regra inscrita no diploma processual penal e a disposição da Lei 8.038/90 para essa finalidade. Registrou-se precedente no Plenário nesse mesmo sentido (AP 630 AgR/MG, DJe de 22.3.2012), embora, naquele caso, a defesa houvesse apresentado resposta à acusação perante o juízo comum. Invocou-se o princípio tempus regit actum, a significar que os atos praticados validamente, por autoridade judiciária então competente, subsistiriam íntegros. Assim, seria válido o procedimento até o instante em que, com a superveniência da diplomação, deslocara-se a competência para o STF. Consignou-se que, transitoriamente, a Corte adotaria o rito previsto no CPP – exclusivamente para essa finalidade – e, em seguida, o procedimento previsto na Lei 8.038/90.

AP 679 QO/RJ, rel. Min. Dias Toffoli, 18.4.2013. (AP-679)

Resposta à acusação e foro por prerrogativa de função - 2

Vencido o Min. Marco Aurélio, que resolvia a questão de ordem no sentido de acolher a nulidade suscitada. Considerava, ainda, que o termo "recebê-la-á" contido no art. 396 do CPP ["Nos procedimentos ordinário e sumário, oferecida a denúncia ou queixa, o juiz, se não a rejeitar liminarmente, recebê-la-á e ordenará a citação do acusado para responder à acusação, por escrito, no prazo de 10 (dez) dias"] referir-se-ia à mera entrega da denúncia ao juízo, visto que a resposta à acusação volver-se-ia contra esta peça. Não haveria lógica em se receber a inicial, com os efeitos jurídicos próprios, e oportunizar à defesa que impugnasse o ato que ensejara esta decisão. O recebimento da denúncia deveria ocorrer, portanto, em momento posterior à manifestação do acusado. Registrava que interpretação distinta implicaria afronta à isonomia, pois a Lei 8.038/90 permitiria ao denunciado – detentor de foro por prerrogativa de função – que se defendesse antes do recebimento da denúncia, e o Código de Processo Penal, voltado ao cidadão comum, não. Isso violaria o princípio do contraditório.

AP 679 QO/RJ, rel. Min. Dias Toffoli, 18.4.2013. (AP-679) (Inform. STF 702)

DIREITO PROCESSUAL PENAL. DEFESA PRÉVIA COM PEDIDO DE INDICAÇÃO DE ROL DE TESTEMUNHAS A POSTERIORI. O magistrado pode, de forma motivada, deferir o pedido apresentado em resposta à acusação pela defensoria pública no sentido de lhe ser permitida a indicação do rol de testemunhas em momento posterior, tendo em vista que ainda não teria tido a oportunidade de contatar o réu. De fato, ultrapassado o prazo processual adequado, há preclusão do direito de se arrolar testemunha, em que pese ser possível a admissão da oitiva

requerida a destempo como testemunha do juízo, nos termos do art. 209 do CPP, tendo em vista ser o magistrado o destinatário da prova. Na hipótese em foco, no momento da apresentação da defesa prévia, houve pedido de indicação de rol de testemunhas a posteriori. Assim, não há preclusão, pois não houve inércia da defesa, ficando ao prudente arbítrio do magistrado o deferimento do pedido formulado. Além disso, diante da impossibilidade do contato do defensor público com o acusado e da busca da verdade real, o deferimento do pedido não viola os princípios da paridade de armas e do contraditório. Vale anotar, a propósito, que não se trata, em casos tais, de testemunha do juízo de que cuida o artigo 209 do CPP porque não há produção de prova testemunhal de ofício, decorrendo de indicação da própria parte as testemunhas que, assim, não extrapolam o limite de oito previsto na lei. **REsp 1.443.533-RS, Rel. Min. Maria Thereza de Assis Moura, julgado em 23/6/2015, DJe 3/8/2015 (Inform. STJ 565).**

DIREITO PROCESSUAL PENAL. NECESSIDADE DE APRECIAÇÃO DAS TESES SUSCITADAS NA DEFESA PRELIMINAR.

Após a fase de apresentação de resposta à acusação, o magistrado, ao proferir decisão que determina o prosseguimento do processo, deverá ao menos aludir àquilo que fora trazido na defesa preliminar, não se eximindo também da incumbência de enfrentar questões processuais relevantes e urgentes. De fato, na fase do art. 397 do CPP, nada impede que o juiz faça consignar fundamentação de forma não exauriente, sob pena de decidir o mérito da causa. Contudo, o julgador deve ao menos aludir àquilo que fora trazido na defesa preliminar. Incumbe-lhe, ainda, enfrentar questões processuais relevantes e urgentes ao confirmar o aceite da exordial acusatória. Com efeito, a inauguração do processo penal, por representar significativo gravame ao status dignitatis, deve, sim, ser motivada. Dessa maneira, suprimida tão importante fase procedimental, preciosa conquista democrática do Processo Penal pátrio, de rigor é o reconhecimento da nulidade. **RHC 46.127-MG, Rel. Min. Maria Thereza de Assis Moura, julgado em 12/2/2015, DJe 25/2/2015 (Inform. STJ 556).**

DIREITO PROCESSUAL PENAL. POSSIBILIDADE DE RECONSIDERAÇÃO DA DECISÃO DE RECEBIMENTO DA DENÚNCIA APÓS A DEFESA PRÉVIA DO RÉU.

O fato de a denúncia já ter sido recebida não impede o juízo de primeiro grau de, logo após o oferecimento da resposta do acusado, prevista nos arts. 396 e 396-A do CPP, reconsiderar a anterior decisão e rejeitar a peça acusatória, ao constatar a presença de uma das hipóteses elencadas nos incisos do art. 395 do CPP, suscitada pela defesa. Nos termos do art. 396, se não for verificada de plano a ocorrência de alguma das hipóteses do art. 395, a peça acusatória deve ser recebida e determinada a citação do acusado para responder por escrito à acusação. Em seguida, na apreciação da defesa preliminar, segundo o art. 397, o juiz deve absolver sumariamente o acusado quando verificar uma das quatro hipóteses descritas no dispositivo. Contudo, nessa fase, a cognição não pode ficar limitada às hipóteses mencionadas, pois a melhor interpretação do art. 397, considerando a reforma feita pela Lei 11.719/2008, leva à possibilidade não apenas de o juiz absolver sumariamente o acusado, mas também de fazer novo juízo de recebimento da peça acusatória. Isso porque, se a parte pode arguir questões preliminares na defesa prévia, cai por terra o argumento de que o anterior recebimento da denúncia tornaria sua análise preclusa para o Juiz de primeiro grau. Ademais, não há porque dar início à instrução processual, se o magistrado verifica que não lhe será possível analisar o mérito da ação penal, em razão de defeito que macula o processo. Além de ser desarrazoada essa solução, ela também não se coaduna com os princípios da economia e celeridade processuais. Sob outro aspecto, se é admitido o afastamento das questões preliminares suscitadas na defesa prévia, no momento processual definido no art. 397 do CPP, também deve ser considerado admissível o seu acolhimento, com a extinção do processo sem julgamento do mérito por aplicação analógica do art. 267, § 3º, CPC. Precedentes citados: HC 150.925-PE, Quinta Turma, DJe 17/5/2010; HC 232.842-RJ, Sexta Turma, DJe 30/10/2012. **REsp 1.318.180-DF, Rel. Min. Sebastião Reis Júnior, julgado em 16/5/2013. (Inform. STJ 522)**

📄 Súmula STJ nº 330

É desnecessária a resposta preliminar de que trata o artigo 514 do Código de Processo Penal, na ação penal instruída por inquérito policial.

10. PROCESSO DOS CRIMES DA COMPETÊNCIA DO JÚRI

Pronúncia e envelopamento por excesso de linguagem

Constatado o excesso de linguagem na pronúncia tem-se a sua anulação ou a do acórdão que incorreu no mencionado vício; inadmissível o simples desentranhamento e envelopamento da respectiva peça processual. Com base nessa orientação, a Primeira Turma, por maioria, deu provimento a recurso ordinário em "habeas corpus" para anular o aresto por excesso de linguagem. Na espécie, o excesso de linguagem apto a influenciar os jurados mostrara-se incontroverso, reconhecido pelo STJ à unanimidade. A Turma asseverou que o abandono da linguagem comedida conduziria principalmente o leigo a entender o ato não como mero juízo de admissibilidade da acusação, mas como título condenatório. Assentada pelo STJ a insubsistência do acórdão confirmatório da pronúncia por excesso de linguagem, a única solução contemplada no ordenamento jurídico seria proclamar a sua nulidade absoluta, determinando-se a prolação de outra. O simples envelopamento da denúncia não se mostraria suficiente ante o disposto no CPP ("Art. 472 ... Parágrafo único. O jurado ... receberá cópias da pronúncia ou, se for o caso, das decisões posteriores que julgaram admissível a acusação e do relatório do processo"). Vencido o Ministro Roberto Barroso, que negava provimento ao recurso. Assentava ser satisfatória a solução do envelopamento porque os jurados não teriam acesso ao que nele contido, além de ser compatível com a razoável duração do processo. Precedentes citados: HC 123.311/PR (DJe de 14.4.2015); RHC 122.909/SE (DJe de 12.12.2014) e HC 103.037/PR (DJe de 31.5.2011).
RHC 127522/BA, rel. Min. Marco Aurélio, 18.8.2015. (RHC-127522) (Inform. STF 795)

HC N.126.516-RJ

RELATOR: MIN. LUIZ FUX

Ementa: Constitucional, Penal e Processo Penal. *Habeas Corpus*. Tribunal do Júri. Homicídio duplamente qualificado, lesão corporal agravada pela violência doméstica e posse ilegal de arma de fogo – artigos 121, § 2º, incisos I e IV, 129, § 9º, ambos do Código Penal, e 12 da Lei 10.826/03. Absolvição. Apelação da acusação provida sob o fundamento de contrariedade à prova dos autos. Existência de duas versões plausíveis. Afronta à soberania dos veredictos do Tribunal do Júri (art. 5º, inc. XXXVIII, alínea c, da Constituição Federal). Apelação fundada no art. 593, III, d, do CPP. Precedentes.

1. A soberania dos veredictos do tribunal do júri, prevista no art. 5º, inc. XXXVIII, alínea c, da Constituição Federal resta afrontada quando o acórdão da apelação interposta com fundamento no art. 593, inc. III, alínea d, do CPP acolhe a tese de contrariedade à prova dos autos, prestigiando uma das vertentes verossímeis, *in casu* a da acusação em detrimento da defensiva sufragada pelo conselho de sentença (HC 75.072, Segunda Turma, Rel. Min. Marco Aurélio, DJ de 27/06/1997; HC 83.691, Primeira Turma, Rel. Min. Joaquim Barbosa, DJ de 23/04/2004; HC 83.302, Primeira Turma, Rel. Min. Sepúlveda Pertence, DJ de 28/05/2004; HC 82.447, Segunda Turma, Rel. Min. Maurício Corrêa, DJ de 27/06/2003; HC 80.115, Segunda Turma, Rel. Min. Néri da Silveira, DJ de 23/05/2000).

2. Premissas fáticas:

(i) o paciente foi denunciado pela prática dos crimes tipificados nos artigos 121, § 2º, incisos I e IV, 129, § 9º, ambos do Código Penal, e 12 da Lei 10.826/03, porquanto, no dia 18/10/2007, teria efetuado disparos de arma de fogo contra determinada pessoa e provocado lesões corporais em sua companheira, motivado por suposto relacionamento amoroso das vítimas; e **(ii)** o Conselho de Sentença do Tribunal do Júri da Comarca de Teresópolis/RJ acolheu a tese de negativa autoria, advindo apelo da acusação, fundado em contrariedade à prova dos autos (CPP, art. 593, III, d), que restou provido para submetê-lo a novo júri.

3. *In casu,* diversamente do que afirmado no voto condutor do acórdão da apelação, há, sim, duas vertentes probatórias sustentáveis, a da defesa, consistente em inquirições de duas testemunhas no sentido da ausência de autoria, e a da acusação, de igual modo sustentada por testemunhas cujas versões o Tribunal afirmou mais consistentes, em detrimento da negativa de autoria sufragada pelo Conselho de Sentença e respaldada, reiteradamente, pelo Ministério Público estadual, ao opinar no recurso da apelação e nos embargos de declaração decorrentes do acórdão nele proferido, e também pela manifestação do Ministério Público Federal nestes autos, *in verbis: "Há, portanto, além do depoimento do réu, outros elementos capazes de embasar o juízo absolutório firmado pelos jurados. De fato, não poderia o tribunal de*

origem deliberar sobre quais depoimentos seriam idôneos para formação do convencimento dos jurados. Isso porque cabe ao Conselho de Sentença, e apenas a ele, avaliar a consistência de cada elemento de convicção, examinar eventuais contradições, e, ao final, decidir. Se há lastro probatório, mínimo que seja, a sustentar a versão acolhida pelo júri, esta não pode ser afastada pela instância revisora, ao reavaliar a prova sob sua perspectiva".

4. Destarte, ressaindo nítida a existência de duas versões plausíveis do fato, não é dado ao Tribunal de Justiça proceder a exame técnico e exauriente das provas para, alfim, escolher a vertente probatória que melhor se ajusta a sua convicção, afastando a versão escolhida pelo conselho de sentença, que, como é cediço, julga *ex conscientia.*

5. A ausência de agravo regimental da decisão que negou seguimento ao recurso especial implica o não conhecimento do presente *writ,* uma vez não esgotada a jurisdição no Tribunal *a quo,* sendo certo ainda que se o referido regimental tivesse sido interposto, o acórdão dele decorrente seria impugnável, em tese, pela via do recurso extraordinário, a evidenciar, igualmente, o descabimento do *writ* substitutivo desse recurso, o que não impede a análise das razões da impetração na perspectiva da concessão de *habeas corpus* de ofício.

6. *Habeas corpus* não conhecido; ordem concedida, de ofício, em consonância com o parecer ministerial, para anular o acórdão proferido no recurso de apelação e, via de consequência, restabelecer a sentença absolutória. **(Inform. STF 790)**

EMENTA: JÚRI. EXISTÊNCIA *DE TESES ANTAGÔNICAS.* **OPÇÃO** DO CONSELHO DE SENTENÇA **POR UMA** DAS VERSÕES. **JURADOS QUE SE MANIFESTAM** *COM APOIO EM ELEMENTOS PROBATÓRIOS* **PRODUZIDOS** NOS AUTOS. **LEGITIMIDADE** *DESSA OPÇÃO.* **ABSOLVIÇÃO PENAL** DO RÉU. **REFORMA** DO VEREDICTO PELO TRIBUNAL DE JUSTIÇA, **QUE O CONSIDEROU** *MANIFESTAMENTE CONTRÁRIA* À PROVA DOS AUTOS (**CPP**, ART. 593, III, "d"). **OFENSA** AO POSTULADO CONSTITUCIONAL DA SOBERANIA DOS VEREDICTOS DO JÚRI (**CF**, ART. 5º, XXXVIII, "c"). **PRECEDENTES.** *"HABEAS CORPUS"* **DEFERIDO** *PARA RESTABELECER A DECISÃO ABSOLUTÓRIA* PROFERIDA PELO CONSELHO DE SENTENÇA.

– O julgamento efetuado pelo Conselho de Sentença **realiza-se** *sob a égide do sistema da íntima convicção* (**RTJ** 132/307), que, **além de dispensar** *qualquer* fundamentação, *acha-se constitucionalmente resguardado* **tanto** *pelo sigilo das votações* **quanto** *pela soberania dos veredictos* (**CF**, art. 5º, inciso XXXVIII, "**b**" **e** "**c**").

– Embora ampla *a liberdade de julgar* **reconhecida** aos jurados, estes **somente** podem decidir **com apoio** nos elementos probatórios **produzidos** nos autos, **a significar** que, *havendo duas ou mais teses ou versões,* **cada qual apoiada** *em elementos próprios de informação* **existentes** no processo, **torna-se lícito** ao Conselho de Sentença, **presente** esse contexto, **optar** *por qualquer delas,* **sem que se possa imputar** a essa decisão dos jurados **a ocorrência** *de contrariedade manifesta* à prova dos autos.

– A decisão do júri **somente** comportará reforma, *em sede recursal* (**CPP**, art. 593, III, "**d**"), **se não tiver suporte** em base empírica **produzida** nos autos, **pois,** se o veredicto do Conselho de Sentença **refletir** *a opção dos jurados* **por uma** das versões **constantes** do processo, **ainda** que ela *não pareça a mais acertada* ao Tribunal "*ad quem*", **mesmo assim** a instância superior *terá que a respeitar.* **Precedentes** do Supremo Tribunal Federal **e** dos Tribunais *em geral.* **HC 107.906/SP. RELATOR: Ministro Celso de Mello (Inform. STF 786)**

Tribunal do júri: leitura de peça em plenário e nulidade

A 2ª Turma negou provimento a recurso ordinário em "habeas corpus" no qual se pleiteava a anulação de julgamento realizado por tribunal do júri, em razão da leitura em plenário, pelo membro do Ministério Público, de trecho da decisão proferida em recurso em sentido estrito interposto pelo réu contra a decisão de pronúncia, o que, segundo alegado, ofenderia o art. 478, I, do CPP, na redação dada pela Lei 11.689/2008 ("Art. 478. Durante os debates as partes não poderão, sob pena de nulidade, fazer referências: I – à decisão de pronúncia, às decisões posteriores que julgaram admissível a acusação ou à determinação do uso de algemas como argumento de autoridade que beneficiem ou prejudiquem o acusado"). O Colegiado asseverou, inicialmente, que a norma em comento vedaria a referência à decisão de pronúncia "como argumento de autoridade", em benefício ou em desfavor do acusado. Por outro lado, a mesma lei que modificara a redação do referido dispositivo – Lei 11.689/2008 — estabelecera, no parágrafo único do art. 472, que cada jurado recebesse, imediatamente após prestar compromisso, cópia da pronúncia ou, se fosse o caso, das decisões posteriores que julgassem admissível a acusação.

A distribuição de cópia da pronúncia seria explicável pelo fato de ser essa a peça que resumiria a causa a ser julgada pelos jurados. A redação original do CPP previa o oferecimento, pela acusação, do libelo acusatório, com a descrição do fato criminoso, como admitido na decisão de pronúncia (artigos 416 e 417). Assim, se a denúncia contivesse circunstância em relação à qual não fora admitida — uma qualificadora, por exemplo — o libelo narraria a acusação a ser submetida ao plenário já livre dessa circunstância. Na sistemática atual, no entanto, abolida essa peça intermediária, seria a própria decisão de pronúncia que resumiria a causa em julgamento. Isso explicaria porque a peça seria considerada de particular importância pela lei, a ponto de ser a única com previsão de entrega aos jurados. Além disso, muito embora recebessem apenas a cópia da decisão de pronúncia, os jurados teriam a prerrogativa de acessar a integralidade dos autos, mediante solicitação ao juiz presidente (CPP, art. 480, § 3º). Assim, ao menos em tese, poderiam tomar conhecimento de qualquer peça neles entranhada. Dada a incoerência entre as normas que vedam a leitura da pronúncia e outras peças e, ao mesmo tempo, determinam o fornecimento de cópia da pronúncia e autorizam os jurados a consultar qualquer peça dos autos — incoerência essa apontada pela doutrina — seria cabível a redução teleológica. Em suma, a lei não vedaria toda e qualquer referência à pronúncia, mas apenas a sua utilização como forma de persuadir o júri a concluir que, se o juiz pronunciara o réu, logo este seria culpado. No caso sob análise, porém, nada indicaria que a peça lida fora usada como argumento de autoridade. Aparentemente, estar-se-ia diante de pura e simples leitura da peça, e, portanto, não haveria nulidade a ser declarada. O Ministro Celso de Mello acrescentou que o art. 478 do CPP, na redação conferida pela Lei 11.689/2008, ensejaria grave restrição à liberdade de palavra do representante do Ministério Público, o que ocasionaria um desequilíbrio naquela relação paritária de armas que deveria haver entre as partes, notadamente no plenário do júri.
RHC 120598/MT, rel. Min. Gilmar Mendes, 24.3.2015. (RHC-120598) (Inform. STF 779)

Art. 478, I, do CPP e leitura de sentença prolatada em desfavor de corréu
A leitura, pelo Ministério Público, da sentença condenatória de corréu proferida em julgamento anterior não gera nulidade de sessão de julgamento pelo conselho de sentença. Com base nesse entendimento, a 1ª Turma negou provimento a recurso ordinário em "habeas corpus" em que discutida a nulidade da sentença condenatória proferida pelo tribunal do júri. Apontava o recorrente que o Ministério Público teria impingido aos jurados o argumento de autoridade, em afronta ao CPP ("Art. 478. Durante os debates as partes não poderão, sob pena de nulidade, fazer referências: I - à decisão de pronúncia, às decisões posteriores que julgaram admissível a acusação ou à determinação do uso de algemas como argumento de autoridade que beneficiem ou prejudiquem o acusado;"). A Turma observou que, embora o STJ não tivesse conhecido do "habeas corpus", analisara a questão de fundo e, por isso, não estaria caracterizada a supressão de instância. No mérito, asseverou que o art. 478, I, do CPP vedaria que, nos debates, as partes fizessem referência a decisões de pronúncia e às decisões posteriores que julgassem admissível a acusação como argumento de autoridade para prejudicar ou beneficiar o acusado. Apontou que a proibição legal não se estenderia a eventual sentença condenatória de corréu no mesmo processo. Destacou, ainda, a ausência de comprovação de que o documento, de fato, teria sido empregado como argumento de autoridade e do prejuízo insanável à defesa.
RHC 118006/SP, rel. Min. Dias Toffoli, 10.2.2015. (RHC-118006) (Inform. STF 774)

Tribunal do júri e anulação de quesito
A 2ª Turma denegou "habeas corpus" em que se postulava a anulação de julgamento de tribunal do júri em razão de suposto vício quanto à formulação de quesito apresentado ao conselho de sentença. No caso, questionava-se a validade do acréscimo da expressão "pelo que ouviu em Plenário" ao quesito geral de absolvição — "O jurado absolve o acusado?" —, previsto no art. 483, § 2º, do CPP. A Turma, de início, consignou que qualquer oposição aos quesitos formulados deveria ser arguida imediatamente, na própria sessão de julgamento, sob pena de preclusão, nos termos do CPP ("Art. 571. As nulidades deverão ser arguidas: ... VIII - as do julgamento em plenário, em audiência ou em sessão do tribunal, logo depois de ocorrerem"), o que não teria ocorrido na espécie. Asseverou, ademais, que, embora não tivesse sido empregada a redação prevista no referido dispositivo, não se detectaria a apontada nulidade, pois a redação do quesito em comento teria sido formulada com conteúdo similar ao mencionado no texto legal.
HC 123307/AL, rel. Min. Gilmar Mendes, 9.9.2014. (HC-123307) (Inform. STF 758)

HC N. 119.565-DF
RELATOR: MIN. DIAS TOFFOLI
EMENTA: *Habeas corpus*. Penal. Júri. Crime de homicídio qualificado (CP, art. 121, § 2º, I). Absolvição, não obstante o reconhecimento da participação do paciente na empreitada criminosa. Apelação do Ministério Público, sob o fundamento de que houve contradição na quesitação. Recurso provido para determinar a submissão do réu a novo julgamento pelo júri. Alegação de violação da soberania dos veredictos do júri popular. Questão não analisada pela instância antecedente. Inadmissível supressão de instância. Precedentes. Admissibilidade de recurso especial. Competência do Superior Tribunal de Justiça. Inadequação da via eleita. *Writ* extinto.
1. A questão tratada na impetração não foi analisada pela instância antecedente. Por conseguinte, sua análise pela Suprema Corte, de forma originária, configuraria verdadeira supressão de instância, o que não se admite. Precedentes.
2. Não cabe **habeas corpus**, como regra, para rever decisão do Superior Tribunal de Justiça quanto à admissibilidade do recurso especial.
3. Não conhecimento do **writ**. **(Inform. STF 737)**

RHC N. 116.950-ES
RELATORA: MIN. ROSA WEBER
EMENTA: RECURSO ORDINÁRIO EM *HABEAS CORPUS*. HOMICÍDIO NA DIREÇÃO DE VEÍCULO AUTOMOTOR. DOLO EVENTUAL. CULPA CONSCIENTE. PRONÚNCIA. TRIBUNAL DO JÚRI.
1. Admissível, em crimes de homicídio na direção de veículo automotor, o reconhecimento do dolo eventual, a depender das circunstâncias concretas da conduta. Precedentes.
2. Mesmo em crimes de trânsito, definir se os fatos, as provas e as circunstâncias do caso autorizam a condenação do paciente por homicídio doloso ou se, em realidade, trata-se de hipótese de homicídio culposo ou mesmo de inocorrência de crime é questão que cabe ao Conselho de Sentença do Tribunal do Júri.
3. Não cabe na pronúncia analisar e valorar profundamente as provas, pena inclusive de influenciar de forma indevida os jurados, de todo suficiente a indicação, fundamentada, da existência de provas da materialidade e autoria de crime de competência do Tribunal do Júri.
4. Recurso ordinário em *habeas corpus* a que se nega provimento. **(Inform. STF 735)**

Sentença de pronúncia: contradição e qualificadora
A 1ª Turma, em face da inadequação da via eleita, por ser o *habeas corpus* substitutivo de recurso constitucional, declarou o *writ* extinto, sem resolução de mérito. Porém, por maioria, concedeu a ordem de ofício para afastar a qualificadora relativa ao motivo fútil e determinar a submissão do paciente ao tribunal do júri por homicídio na forma simples. No caso, a sentença de pronúncia afastara a qualificadora concernente ao emprego de recurso que teria dificultado a defesa do ofendido pela surpresa da agressão. Constaria dos autos que a vítima, no início do desentendimento com o paciente, poderia ter deixado o local, mas preferira enfrentar os oponentes, além de ameaçá-los. Por isso, não fora apanhado de surpresa. Contudo, a decisão de pronúncia teria reconhecido a qualificadora do motivo fútil, em decorrência de a discussão ser de somenos importância, tendo como pano de fundo a ocupação de uma mesa de bilhar. Afirmou-se que não seria o caso de revolvimento de prova, porquanto haveria contradição entre os termos da sentença e a conclusão para considerar o motivo fútil como qualificadora. Consignou-se que o evento "morte" haveria decorrido de postura assumida pela vítima, de ameaça e de enfrentamento. Acrescentou-se que descaberia assentar a provocação da vítima e o motivo fútil. Vencidos os Ministros Roberto Barroso e Luiz Fux, que não concediam a ordem de ofício, por reputar que seria competência do tribunal do júri analisar as referidas qualificadoras. **HC 107199/SP, rel. Min. Marco Aurélio, 20.8.2013. (HC-107199) (Inform. STF 716)**

Tribunal do júri e motivo fútil - 2
Em conclusão, a 1ª Turma, por maioria, denegou habeas corpus, ao reconhecer, na espécie, a competência do tribunal do júri para analisar se o ciúme seria, ou não, motivo fútil. Na presente situação, o paciente fora pronunciado pela suposta prática de homicídio triplamente qualificado por impossibilidade de defesa da vítima, meio cruel e motivo fútil, este último em razão de ciúme por parte do autor (CP, art. 121, § 2º, II, III e IV) – v. informativo 623. Reputou-se que caberia ao conselho de sentença decidir se o paciente praticara o ilícito motivado por ciúme, bem como analisar se

esse sentimento, no caso concreto, constituiria motivo fútil apto a qualificar o crime em comento. Asseverou-se que apenas a qualificadora que se revelasse improcedente poderia ser excluída da pronúncia, o que não se verificara. Enfatizou-se que esse entendimento não assentaria que o ciúme fosse instrumento autorizador ou imune a justificar o crime. Vencidos os Ministros Luiz Fux e Marco Aurélio, que concediam a ordem para afastar a incidência da qualificadora.
HC 107090/RJ, rel. Min. Ricardo Lewandowski, 18.6.2013. (HC-107090)
(Inform. STF 711)

HC N. 113.156-RJ
RELATOR: MIN. GILMAR MENDES
Habeas corpus. 2. Pronúncia em sede de recurso em sentido estrito. Possibilidade. 3. Indícios de autoria e materialidade do crime. 4. Excesso de linguagem. Não ocorrência. 5. In dubio pro societate. Prevalência. Garantia da competência reservada ao Tribunal do Júri. 6. Tratando-se de pronúncia, exige-se apenas juízo de admissibilidade. Precedentes. 7. Ordem denegada.
(Inform. STF 708)

Tribunal do júri e cerceamento de defesa – 1
A 2ª Turma iniciou julgamento de *habeas corpus* em que pretendida a nulidade de julgamento realizado por tribunal do júri, que culminara com a condenação do paciente. Na espécie, designada a sessão de julgamento do paciente, esta não ocorrera em razão da ausência dos defensores constituídos, sem escusa legítima, motivo pelo qual o juiz-presidente determinara o adiamento para 12 dias subsequentes, bem como a intimação da defensoria, nos termos do art. 456 do CPP ["*Se a falta, sem escusa legítima, for do advogado do acusado, e se outro não for por este constituído, o fato será imediatamente comunicado ao presidente da seccional da Ordem dos Advogados do Brasil, com a data designada para a nova sessão. § 1º Não havendo escusa legítima, o julgamento será adiado somente uma vez, devendo o acusado ser julgado quando chamado novamente. § 2º Na hipótese do § 1º deste artigo, o juiz intimará a Defensoria Pública para o novo julgamento, que será adiado para o primeiro dia desimpedido, observado o prazo mínimo de 10 (dez) dias*"]. Ocorre que, antes do início desta nova sessão, fora protocolizado substabelecimento, sem reservas de poderes, dos antigos defensores, tendo o novo advogado constituído pleiteado, sem sucesso, adiamento para estudo do processo. De início, negou-se referendo à decisão do Min. Ricardo Lewandowski, proferida na qualidade de Presidente da Turma, e indeferiu-se a utilização de mecanismo audiovisual requerido pela defesa. **HC 108527/PA, rel. Min. Gilmar Mendes, 11.12.2012. (HC-108527)**

Tribunal do júri e cerceamento de defesa – 2
Em seguida, o Min. Gilmar Mendes, relator, concedeu parcialmente a ordem para declarar nulo o aludido julgamento, no que seguido pelo Min. Teori Zavascki. Consignou que, no caso, houvera cumprimento estrito da legislação, nos termos do art. 456 do CPP. Porém, ressaltou que, destacado o esmero e a lealdade processual do defensor público, não seria possível desmerecer o princípio da ampla defesa, pois decorreria deste postulado a necessidade de justo equilíbrio entre as partes envolvidas em processo judicial ou administrativo. Ressaltou que essa orientação deveria ser potencializada nos casos a envolver julgamento pelo tribunal do júri, em que o convencimento dos jurados – leigos – estaria diretamente ligado à apresentação oral da acusação e da defesa, mesmo com prévio conhecimento do processo por parte deles. Asseverou que, tendo em conta o exíguo prazo concedido à defesa diante da complexidade do feito, o conhecimento superficial do processo prejudicaria argumentos que seriam dirigidos aos julgadores leigos. Assim, afetar-se-ia o livre convencimento dos jurados, a resultar em julgamento não equânime entre as partes. Por fim, manteve a custódia do paciente, haja vista a contribuição da defesa para a mora processual. Em divergência, a Min. Cármen Lúcia denegou a ordem por entender que a defesa fora apresentada, mesmo que o defensor não tivesse lido todos os dados. Ademais, assinalou que esta circunstância teria sido causada pela própria parte. Após, pediu vista, o Min. Ricardo Lewandowski. **HC 108527/PA, rel. Min. Gilmar Mendes, 11.12.2012. (HC-108527)**

Tribunal do júri e cerceamento de defesa - 3
Em conclusão, a 2ª Turma, por maioria, concedeu, em parte, habeas corpus para declarar nulo o julgamento condenatório de tribunal do júri, mantida a custódia do paciente. Na espécie, designada a sessão de julgamento, esta não ocorrera em razão da ausência dos defensores constituídos, sem escusa legítima, motivo pelo qual o juiz-presidente determinara o adiamento para

doze dias subsequentes, bem como a intimação da Defensoria Pública, nos termos do art. 456 do CPP ["Se a falta, sem escusa legítima, for do advogado do acusado, e se outro não for por este constituído, o fato será imediatamente comunicado ao presidente da seccional da Ordem dos Advogados do Brasil, com a data designada para a nova sessão. § 1º Não havendo escusa legítima, o julgamento será adiado somente uma vez, devendo o acusado ser julgado quando chamado novamente. § 2º Na hipótese do § 1º deste artigo, o juiz intimará a Defensoria Pública para o novo julgamento, que será adiado para o primeiro dia desimpedido, observado o prazo mínimo de 10 (dez) dias"] – v. Informativo 692. Asseverou-se caracterizado o cerceamento de defesa. Destacou-se que, não obstante o Presidente do tribunal do júri tivesse cumprido estritamente o disposto na mencionada regra processual, ao determinar o adiamento da sessão de julgamento por doze dias, quando o lei estabeleceria um mínimo, para qualquer caso, de dez dias, o prazo fixado não teria se mostrado razoável.
HC 108527/PA, rel. Min. Gilmar Mendes, 14.5.2013. (HC-108527)

Tribunal do júri e cerceamento de defesa - 4
Pontuou-se que o magistrado dera ao caso em apreço tratamento similar aos feitos com os quais o Poder Judiciário se depararia no seu cotidiano. Frisou-se que a complexidade da causa, somada aos 26 volumes da ação penal demandariam fixação de maior prazo de adiamento. Aduziu-se que esse período de tempo mais elastecido estaria em conformidade com os princípios da razoabilidade, da proporcionalidade e, ainda, do devido processo legal substantivo, não o meramente formal. Concluiu-se que não estaria afrontado o princípio constitucional da razoável duração do processo (CF, art. 5º, LXXVIII), tampouco caracterizado constrangimento ilegal a justificar a concessão da liberdade provisória, consideradas as vicissitudes do feito em comento. Vencidos os Ministros Cármen Lúcia e Celso de Mello, que denegavam a ordem. Assentavam que a circunstância questionada teria sido provocada pela própria defesa do réu, a criar artimanhas para protelar indefinidamente o desfecho do processo. Destacavam que não se poderia presumir que a condenação, por si, caracterizasse prova de ineficiência da defesa técnica.
HC 108527/PA, rel. Min. Gilmar Mendes, 14.5.2013. (HC-108527)
(Inform. STF 706)

Mudança de proclamação e intimação da defesa - 1
A 1ª Turma, por maioria, deferiu *habeas corpus* a fim de que outro julgamento de recurso especial se perfaça com a composição completa do órgão julgador, contendo o quinto juiz para desempate, consoante previsto na sessão realizada em 27.10.2009. Na origem, o paciente fora pronunciado pela alegada prática dos crimes de homicídio e de lesão corporal grave, ao supostamente dirigir embriagado e em velocidade muito superior à permitida. Dessa sentença, sob vários fundamentos, a defesa interpusera sucessivos recursos. No STJ, órgão fracionário proclamara a ocorrência de empate na apreciação do apelo especial, em 27.10.2009, e decidira convocar Ministro de Turma diversa para proferir voto de desempate. Na mencionada sessão, consignou-se que, após a relatora se manifestar pelo conhecimento parcial do recurso e, nessa parte, dar-lhe provimento, sendo acompanhada por outro Ministro, houvera 2 votos no sentido do não conhecimento do feito. Conforme notas taquigráficas, a relatora o provia parcialmente para cassar acórdão e sentença de pronúncia, determinando que outra fosse proferida, sanado o vício apontado. Quanto ao magistrado que a seguia, este concedia *habeas corpus* de ofício para que fosse suprimida da pronúncia a palavra "racha". Em 29.10.2009, o Colegiado daquela Corte retificara o resultado da assentada anterior, para fazer constar o não conhecimento do recurso por votação majoritária. Nesse sentido, computado o voto do juiz que concedia a ordem de ofício. Na sessão de 4.12.2009, realizara-se nova retificação, para que figurasse ter a Turma, por maioria, negado provimento à parte em que conhecido o especial. A defesa arguia a ocorrência de constrangimento ante modificação ilegal, em 29.10.2009, no resultado do recurso e falta de intimação para a sessão em que alterado. **HC 108739/SC, rel. orig. Min. Rosa Weber, red. p/ o acórdão Min. Luiz Fux, 14.8.2012. (HC-108739)**

Mudança de proclamação e intimação da defesa - 2
Prevaleceu voto do Min. Luiz Fux. Verificou que a "retificação" da assentada resultara em *reformatio in pejus*, porquanto a relatora, que provia o recurso na parte conhecida, e o Ministro que concedia *habeas corpus* de ofício, entendiam existir excesso de linguagem na pronúncia. Explicitou que, consoante apontado pela parte, a nulidade decorreria da readaptação do que julgado, 2 dias depois, em detrimento do paciente e sem intimação de seu advogado. Sublinhou que

somente poder-se-ia chegar ao mérito da impugnação, genericamente, caso ultrapassada a fase de admissibilidade do recurso. Dessa feita, embora dele não tivesse conhecido, o Ministro que acompanhava a relatora favorecia o réu. O Min. Marco Aurélio, ao subscrever essa conclusão, reputou configurado vício de procedimento, a partir do que indicara como direito natural: o do cidadão de saber o dia de julgamento. Constatou que a defesa fora surpreendida, após sair da sala da sessão segura de que seria convocado integrante para o desempate. Complementou que isso não poderia ter acontecido sem a intimação dela. Dessumiu haver insubsistência do pronunciamento da Turma de 29.10.2009. Por fim, ressaltou ser possível que os Ministros do STJ – componentes da primeira apreciação do feito, em 27.10.2009 – ainda reajustassem seus votos, tendo em conta que o julgamento não teria sido finalizado. O Min. Dias Toffoli também considerou o fato de que, originariamente, fora convocado outro Ministro e, depois, a defesa fora surpreendida. Ponderou que a relatora do STJ provera o recurso em maior extensão, para anular decisão, e o outro Ministro, para retirar aquilo por ele entendido como excesso de linguagem, ou seja, em âmbito menor. Frisou que ambos os votos teriam sido benéficos ao ora paciente. Destacou, ainda, ser bastante o assentamento de que seria convocado quinto juiz. **HC 108739/SC, rel. orig. Min. Rosa Weber, red. p/ o acórdão Min. Luiz Fux, 14.8.2012. (HC-108739)**

DIREITO PROCESSUAL PENAL. ORDEM DE FORMULAÇÃO DO QUESITO DA ABSOLVIÇÃO ENQUANTO TESE DEFENSIVA PRINCIPAL EM RELAÇÃO AO QUESITO DA DESCLASSIFICAÇÃO.
A tese absolutória de legítima defesa, quando constituir a tese principal defensiva, deve ser quesitada ao Conselho de Sentença antes da tese subsidiária de desclassificação em razão da ausência de animus necandi. De fato, o § 4º do art. 483 do CPP (com redação dada pela Lei 11.689/2008) permite a formulação do quesito sobre a desclassificação antes ou depois do quesito genérico da absolvição, ao estabelecer que, "Sustentada a desclassificação da infração para outra de competência do juiz singular, será formulado quesito a respeito, para ser respondido após o 2º (segundo) [questionamento acerca da autoria ou participação] ou 3º (terceiro) [indagação sobre se o acusado deve ser absolvido] quesito, conforme o caso". Essa opção do legislador - no sentido de conferir certa flexibilidade à ordem do aludido quesito da desclassificação - ocorreu tendo em vista eventuais dificuldades que poderiam surgir em alguns casos. No caso em análise, para afirmar se o quesito sobre a desclassificação deve ser formulado antes ou depois do quesito genérico da absolvição, faz-se necessária a ponderação de dois princípios jurídicos garantidos no art. 5º, XXXVIII, da CF: "a competência para o julgamento dos crimes dolosos contra a vida" e a "plenitude de defesa". Por um lado, por força da "competência para o julgamento dos crimes dolosos contra a vida", o Conselho de Sentença só pode proferir decisão absolutória se previamente reconhecer a existência de crime doloso contra a vida ou conexo. Nesse sentido, há entendimento doutrinário no sentido de que a desclassificação, em regra, deve ser questionada antes do quesito genérico relativo à absolvição, justamente porque visa firmar a competência do Tribunal do Júri para decidir o delito doloso contra a vida. Por outro lado, o princípio constitucional da ampla defesa no Tribunal do Júri tem uma nuance que amplifica o seu significado. A defesa, além de ampla deve ser plena, pode ser exercida mediante defesa técnica e, também, autodefesa, de modo a cercar o acusado de maiores garantias diante de um tribunal popular leigo que pode se amparar inclusive em convicção íntima, julgando sem a obrigação da fundamentação das decisões imposta ao magistrado togado. Nessa conjuntura, por força do princípio da "plenitude de defesa", o juiz-presidente pode formular quesito com base no interrogatório do acusado, como expressão do exercício pleno do direito de autodefesa. Do mesmo modo, se o juiz-presidente inferir tese alternativa do interrogatório, deve formular quesito a respeito, mesmo que antagônica em relação à tese sustentada pela defesa técnica, não podendo rejeitar as teses sob o fundamento de que são incompatíveis. Nestes casos - em que há teses alternativas -, eventual conflito deve ser solucionado pela regra da subsidiariedade. Dessa forma, em favor da "plenitude de defesa" no Tribunal do Júri, a tese principal deve preceder, em todos os aspectos, as eventuais teses subsidiárias sustentadas na defesa técnica ou na autodefesa. Sendo assim, considerando o fato de que há norma processual que permite a formulação do quesito sobre a desclassificação antes ou depois do quesito genérico da absolvição, estando a defesa assentada em tese principal absolutória (legítima defesa) e tese subsidiária desclassificatória (ausência de animus necandi), a tese principal deve ser questionada antes da tese subsidiária, sob pena de causar enorme prejuízo para a defesa e evidente violação ao princípio da amplitude da defesa. Acerca do tema, aliás, invoca-se entendi-

mento doutrinário segundo o qual, seja diante de desclassificação própria ou de imprópria, "se a participação de menor importância for apenas uma tese subsidiária, tendo postulado a defesa, como tese principal, a legítima defesa, o quesito da desclassificação deverá ser formulado depois do terceiro quesito, sobre a inocência do acusado. Isso porque haveria grande prejuízo para a defesa, ficando praticamente prejudicada eventual tese principal de absolvição, se o quesito sobre a participação de menor importância fosse formulado antes do quesito sobre ser o acusado inocente". Além disso, acolhida a tese principal absolutória, inexiste nulidade decorrente da falta do quesito relativo à desclassificação quando proveniente de tese subsidiária, até porque a desclassificação própria - diferentemente da desclassificação imprópria - sequer demanda quesito específico, podendo ser inferida a partir da resposta aos demais quesitos (como ocorre, exemplificativamente, no caso de resposta positiva ao quesito da tentativa, que resulta na afirmação da existência de crime doloso contra a vida por incompatibilidade lógica entre a tentativa e a ausência de animus necandi). Além do mais, vale lembrar que o quesito relativo à absolvição é obrigatório, devendo ser formulado independente das teses defensivas sustentadas em Plenário, e sua falta é que induz à nulidade absoluta do julgamento (HC 137.710-GO, Sexta Turma, DJe 21/2/2011). Por isso, visando conferir maior eficácia ao princípio da plenitude da defesa, deve ser considerada a tese defensiva principal com primazia na aplicação da norma, mormente quando mais favorável ao réu, de modo que a tese de desclassificação, quando subsidiária, deve ser questionada somente após o quesito da absolvição, em caso de resposta negativa, sob pena de, acaso acolhida a tese subsidiária, faltar o quesito obrigatório relativo à tese principal e suprimir do Conselho de Sentença a autonomia do seu veredicto. **REsp 1.509.504-SP, Rel. Min. Maria Thereza de Assis Moura, julgado em 27/10/2015, DJe 13/11/2015. (Inform. STJ 573)**

DIREITO PROCESSUAL PENAL. DESCLASSIFICAÇÃO DE CRIME PELO CONSELHO DE SENTENÇA.
A desclassificação do crime doloso contra a vida para outro de competência do juiz singular promovida pelo Conselho de Sentença em plenário do Tribunal do Júri, mediante o reconhecimento da denominada cooperação dolosamente distinta (art. 29, § 2º, do CP), não pressupõe a elaboração de quesito acerca de qual infração menos grave o acusado quis participar. De fato, não se trata de quesito obrigatório. Afastada pelos jurados a intenção do réu de participar do delito doloso contra a vida, em razão da desclassificação promovida em plenário, o juiz natural da causa não é mais o Tribunal do Júri, não competindo ao Conselho de Sentença o julgamento do delito, e sim ao juiz presidente, nos termos do que preceitua o art. 492, § 1º, primeira parte, do CPP ("Se houver desclassificação da infração para outra, de competência do juiz singular, ao presidente do Tribunal do Júri caberá proferir sentença em seguida"). Nesse sentido, cabe destacar entendimento doutrinário segundo o qual, se for acolhida pelos jurados tese defensiva de participação de crime menos grave, "em tal hipótese, somente se pode admitir que o júri reconheceu sua competência em relação ao crime mais grave, praticado pelo co-autor. Especificamente em relação ao acusado que alegou a participação em crime menos grave, o júri está afirmando que ele não quis praticar um delito doloso contra a vida". Sobre o tema, aliás, já decidiu o STJ que, "havendo desclassificado da tentativa de homicídio qualificado para delito diverso dos referidos no art. 5º, XXXVIII, 'd' da CF ou no art. 74, § 1º do CPP, cessa a competência dos Jurados deslocando-a para o Juiz natural da causa, aquele que figurou na instrução do feito, qual seja, o Juiz Presidente do Tribunal do Júri, ex vi do art. 492, § 2º, do CPP" (HC 63.093-RJ, Quinta Turma, DJ 10/12/2007). **REsp 1.501.270-PR, Rel. Min. Maria Thereza de Assis Moura, julgado em 1º/10/2015, DJe 23/10/2015. (Inform. STJ 571)**

DIREITO PROCESSUAL PENAL. DIREITO A RECUSAS IMOTIVADAS DE JURADOS PREVISTO NO ART. 469, CAPUT, DO CPP.
Em procedimento relativo a processo da competência do Tribunal do Júri, o direito de a defesa recusar imotivadamente até 3 jurados (art. 468, caput, do CPP) é garantido em relação a cada um dos réus, ainda que as recusas tenham sido realizadas por um só defensor (art. 469 do CPP). De acordo com o art. 468, caput, do CPP, o direito a até três recusas imotivadas é da parte. Como cada réu é parte no processo, se houver mais de um réu, cada um deles terá direito à referida recusa. Dessa forma, se o direito de recusa é do réu – e não do defensor –, ao não se permitir o direito de recusa em relação a cada um dos réus, estar-se-ia não apenas desconsiderando o caput do art. 468 do CPP, mas, também, violando o direito constitucional da plenitude de defesa. **REsp 1.540.151-MT, Rel. Min. Sebastião Reis Júnior, julgado em 8/9/2015, DJe 29/9/2015 (Inform. STJ 570).**

DIREITO PROCESSUAL PENAL. ANULAÇÃO DA PRONÚNCIA POR EXCESSO DE LINGUAGEM.

Reconhecido excesso de linguagem na sentença de pronúncia ou no acórdão confirmatório, deve-se anular a decisão e os consecutivos atos processuais, determinando-se que outra seja prolatada, sendo inadequado impor-se apenas o desentranhamento e envelopamento. De início, cabe ressaltar que a jurisprudência do STJ era no sentido de que, havendo excesso de linguagem, o desentranhamento e envelopamento da sentença de pronúncia ou do acórdão confirmatório seria providência adequada e suficiente para cessar a ilegalidade, uma vez que, além de contemplar o princípio da economia processual, evita que o Conselho de Sentença sofra influência do excesso de linguagem empregado pelo prolator da decisão (HC 309.816-PE, Sexta Turma, DJe 11/3/2015; e REsp 1.401.083-SP, Quinta Turma, DJe 2/4/2014). Ocorre que ambas as Turmas do STF têm considerado inadequada a providência adotada pelo STJ, assentando que a solução apresentada pelo STJ não só configura constrangimento ilegal, mas também dupla afronta à soberania dos veredictos assegurada à instituição do Júri, tanto por ofensa ao CPP, conforme se extrai do art. 472, alterado pela Lei 11.689/2008, quanto por contrariedade ao art. 5º, XXXVIII, "c", da CF, uma vez que o acesso à decisão de pronúncia constitui garantia assegurada legal e constitucionalmente, de ordem pública e de natureza processual, cuja disciplina é de competência privativa da União (HC 103.037-PR, Primeira Turma, DJe 31/5/2011). Assim, concluiu o STF que a providência adequada é a anulação da sentença e os consecutivos atos processuais que ocorreram no processo principal. Logo, diante da evidência de que o STF já firmou posição consolidada sobre o tema, o mais coerente é acolher o entendimento lá pacificado, sob o risco de que, postergada tal providência, outros julgados do STJ venham a ser cassados, gerando efeitos maléficos na origem, sobretudo o atraso dos feitos relacionados ao Tribunal do Júri. Assim, reconhecida a existência de excesso de linguagem na sentença pronúncia ou no acórdão confirmatório, a anulação da decisão é providência jurídica adequada. **AgRg no REsp 1.442.002-AL, Rel. Min. Sebastião Reis Júnior, julgado em 28/4/2015, DJe 6/5/2015 (Inform. STJ 561).**

DIREITO PROCESSUAL PENAL. NECESSIDADE DE ENCERRAR A VOTAÇÃO CASO OS JURADOS RESPONDAM AFIRMATIVAMENTE AO QUESITO REFERENTE À ABSOLVIÇÃO DO ACUSADO.

Suscitada a legítima defesa como única tese defensiva perante o Conselho de Sentença, caso mais de três jurados respondam afirmativamente ao terceiro quesito – "O jurado absolve o acusado?" –, o Juiz Presidente do Tribunal do Júri deve encerrar o julgamento e concluir pela absolvição do réu, não podendo submeter à votação quesito sobre eventual excesso doloso alegado pela acusação. Na atual sistemática do Tribunal do Júri, o CPP não prevê quesito específico sobre a legítima defesa. Após a Lei 11.689/2008, foram unificadas inteiras teses defensivas em um único quesito obrigatório (art. 483, inciso III, do CPP). Ao concentrar diversas teses absolutórias nesta questão – "O jurado absolve o acusado?" –, o legislador buscou impedir que os jurados fossem indagados sobre aspectos técnicos. Nessa perspectiva, declarada a absolvição pelo Conselho de Sentença, prosseguir no julgamento para verificar se houve excesso doloso constitui constrangimento manifestamente ilegal ao direito ambulatorial do acusado. Caracteriza, ademais, ofensa à garantia da plenitude de defesa, pois o novo sistema permite justamente que o jurado possa absolver o réu baseado unicamente em sua livre convicção e de forma independente das teses defensivas. **HC 190.264-PB, Rel. Min. Laurita Vaz, julgado em 26/8/2014. (Inform. STJ 545)**

DIREITO PROCESSUAL PENAL. CONTRADIÇÃO ENTRE AS RESPOSTAS A QUESITOS NO TRIBUNAL DO JÚRI.

Cabe ao Juiz Presidente do Tribunal do Júri, ao reconhecer a existência de contradição entre as respostas aos quesitos formulados, submeter à nova votação todos os quesitos que se mostrem antagônicos, e não somente aquele que apresentou resultado incongruente. Aplica-se, nessa situação, o disposto no art. 490 do CPP, segundo o qual "Se a resposta a qualquer dos quesitos estiver em contradição com outra ou outras já dadas, o presidente, explicando aos jurados em que consiste a contradição, submeterá novamente à votação os quesitos a que se referirem tais respostas". Precedente citado: REsp 126.938-PB, Quinta Turma, DJ 18/12/2000. **REsp 1.320.713-SP, Rel. Min. Laurita Vaz, julgado em 27/5/2014. (Inform. STJ 542)**

DIREITO PROCESSUAL PENAL. MANDADO DE INTIMAÇÃO DE TESTEMUNHA EXPEDIDO PARA LOCALIDADE DIVERSA DA INDICADA PELA DEFESA.

O julgamento do Tribunal do Júri sem a oitiva de testemunha indicada pela defesa pode ser anulado se o mandado de intimação houver sido expedido para localidade diversa daquela apontada, ainda que se trate de testemunha que não fora indicada como imprescindível. De acordo com o art. 461 do CPP, "o julgamento não será adiado se a testemunha deixar de comparecer, salvo se uma das partes tiver requerido a sua intimação por mandado, na oportunidade de que trata o art. 422 deste Código, declarando não prescindir do depoimento e indicando a sua localização". Da leitura do mencionado dispositivo legal, depreende-se que o julgamento só pode ser adiado caso a testemunha faltante tenha sido intimada com a cláusula de imprescindibilidade. No entanto, ainda que a testemunha não tenha sido indicada como imprescindível, não se pode admitir que a defesa seja prejudicada por um equívoco do Estado-Juiz, que expediu mandado de intimação para endereço distinto daquele indicado pelos advogados do acusado. Assim, caberia ao Poder Judiciário empreender os esforços necessários para intimá-la no endereço indicado, não se podendo admitir a realização do julgamento em Plenário quando a ausência da testemunha foi causada por um erro que sequer pode ser atribuído à defesa. Cabe ressaltar que apenas seria possível a sua realização no caso de não ser possível efetivar a intimação no local fornecido pela defesa, ou, quando devidamente intimada, a testemunha não arrolada com cláusula de imprescindibilidade não comparecer ao julgamento. **HC 243.591-PB, Rel. Min. Jorge Mussi, julgado em 18/2/2014. (Inform. STJ 538)**

DIREITO PROCESSUAL PENAL. NULIDADE NO JULGAMENTO DO TRIBUNAL DO JÚRI.

É nulo o julgamento no Tribunal do Júri que tenha ensejado condenação quando o acusação tiver apresentado, durante os debates na sessão plenária, documento estranho aos autos que indicaria que uma testemunha havia sido ameaçada pelo réu, e a defesa tiver se insurgido contra essa atitude fazendo consignar o fato em ata. De acordo com a norma contida na antiga redação do art. 475 do CPP, atualmente disciplinada no art. 479, é defeso às partes a leitura em plenário de documento que não tenha sido juntado aos autos com a antecedência mínima de três dias. Trata-se de norma que tutela a efetividade do contraditório, que é um dos pilares do devido processo legal, sendo certo que a sua previsão legal seria até mesmo prescindível, já que o direito das partes de conhecer previamente as provas que serão submetidas à valoração da autoridade competente é ínsito ao Estado Democrático de Direito. De fato, existem entendimentos doutrinários e jurisprudenciais no sentido de que eventual inobservância à norma em comento caracterizaria nulidade de natureza relativa, a ensejar arguição oportuna e comprovação do prejuízo suportado. Entretanto, não há como negar que a atuação de qualquer das partes em desconformidade com essa norma importa na ruptura da isonomia probatória, a qual deve ser observada em toda e qualquer demanda judicializada, ainda mais no âmbito de uma ação penal – cuja resposta estatal, na maioria das vezes, volta-se contra um dos bens jurídicos mais preciosos do ser humano – e, principalmente, no procedimento dos crimes dolosos contra a vida, em que o juízo condenatório ou absolutório é proferido por juízes leigos, dos quais não se exige motivação. Com efeito, o legislador ordinário estabeleceu, ao regulamentar o referido procedimento, uma peculiar forma de julgamento, já que os jurados que compõem o Conselho de Sentença são chamados a responderem de forma afirmativa ou negativa a questionamentos elaborados pelo juiz presidente, razão pela qual os seus veredictos são desprovidos da fundamentação que ordinariamente se exige das decisões judiciais. Assim, toda a ritualística que envolve o julgamento dos delitos dolosos contra a vida tem por finalidade garantir que os jurados formem o seu convencimento apenas com base nos fatos postos em julgamento e nas provas que validamente forem apresentadas em plenário. No caso de ser constatada quebra dessa isonomia probatória, como na hipótese em análise, não há como assegurar que o veredicto exarado pelo Conselho de Sentença tenha sido validamente formado, diante da absoluta impossibilidade de se aferir o grau de influência da indevida leitura de documento não juntado aos autos oportunamente, justamente porque aos jurados não se impõe o dever de fundamentar. Ademais, ainda que se empreste a essa nulidade a natureza relativa, na hipótese em que a defesa do acusado tenha consignado a sua irresignação em ata, logo após o acusador ter utilizado documento não acostado aos autos oportunamente, não há falar em preclusão do tema. Sobrevindo, então, um juízo condenatório, configurado também se encontra o prejuízo para quem suportou a utilização indevida do documento, já que não se vislumbra qualquer outra forma de comprovação do referido requisito das nulidades relativas. **HC 225.478-AP, Rel. Min. Laurita Vaz e Rel. para acórdão Min. Jorge Mussi, julgado em 20/2/2014. (Inform. STJ 537)**

4. DIREITO PROCESSUAL PENAL

DIREITO PROCESSUAL PENAL. INTIMAÇÃO POR EDITAL NO PROCEDIMENTO DO JÚRI.
No procedimento relativo aos processos de competência do Tribunal do Júri, não é admitido que a intimação da decisão de pronúncia seja realizada por edital quando o processo houver transcorrido desde o início à revelia do réu que também fora citado por edital. Efetivamente, o art. 420, parágrafo único, do CPP – cujo teor autoriza a utilização de edital para intimação da pronúncia do acusado solto que não for encontrado – é norma de natureza processual, razão pela qual deve ser aplicado imediatamente aos processos em curso. No entanto, excepciona-se a hipótese de ter havido prosseguimento do feito à revelia do réu, citado por edital, em caso de crime cometido antes da entrada em vigor da Lei 9.271/1996, que alterou a redação do art. 366 do CPP. A referida exceção se dá porque, em se tratando de crime cometido antes da nova redação conferida ao art. 366 do CPP, o curso do feito não foi suspenso em razão da revelia do réu citado por edital. Dessa forma, caso se admitisse a intimação por edital da decisão de pronúncia, haveria a submissão do réu a julgamento pelo Tribunal do Júri sem que houvesse certeza da sua ciência quanto à acusação, o que ofende as garantias do contraditório e do plenitude de defesa. Precedentes citados: HC 228.603-PR, Quinta Turma, DJe 17/9/2013; e REsp 1.236.707-RS, Sexta Turma, DJe 30/9/2013. **HC 226.285-MT, Rel. Min. Sebastião Reis Júnior, julgado em 20/2/2014. (Inform. STJ 537)**

DIREITO PROCESSUAL PENAL. INTIMAÇÃO POR EDITAL NO PROCEDIMENTO DO JÚRI.
No procedimento relativo aos processos de competência do Tribunal do Júri, o acusado solto que, antes da Lei 11.689/2008, tenha sido intimado pessoalmente da decisão de pronúncia pode, após a vigência da referida Lei, ser intimado para a sessão plenária por meio de edital caso não seja encontrado e, se não comparecer, poderá ser julgado à revelia. Os arts. 413 e 414 do CPP, em sua redação original, impunham a suspensão do processo enquanto não operada a intimação pessoal do acusado acerca da decisão de pronúncia, embora o prazo prescricional continuasse a fluir. Com a modificação operada pela Lei 11.689/2008 no art. 420 do CPP, entende-se que foi superada a crise de instância a que submetido os feitos anteriores à referida Lei, ao restabelecer-se a marcha processual de ações penais suspensas. Cuidando-se de norma puramente processual, entende-se que o art. 420 do CPP, com a redação conferida pela Lei 11.689/2008, tem aplicabilidade imediata, tendo em vista a necessidade de densificação da isonomia, por meio do critério *tempus regit actum*. O mesmo entendimento é aplicável no que diz respeito à intimação ficta para a sessão plenária. Com efeito, o art. 431 do CPP assim dispõe: "Estando o processo em ordem, o juiz presidente mandará intimar as partes, o ofendido, se for possível, as testemunhas e os peritos, quando houver requerimento, para a sessão de instrução e julgamento, observando, no que couber, o disposto no art. 420 deste Código." No preceito normativo processual, houve expressa remissão ao artigo 420 do CPP, a possibilitar a intimação por edital do réu acerca da data da sessão plenária do júri. O art. 457 do CPP, por sua vez, admite que o julgamento ocorra sem a presença do réu, ao dispor que o julgamento "não será adiado pelo não comparecimento do acusado solto, do assistente ou do advogado do querelante, que tiver sido regularmente intimado". Desse modo, em hipóteses como a em análise, não há vício de procedimento, eis que o acusado está ciente do processo que tramita em seu desfavor, optando por não comparecer em plenário. Precedentes citados: HC 251.000-SP, Quinta Turma, DJe 3/2/2014; HC 215.956-SC, Sexta Turma, DJe 16/10/2012; e HC 132.087-RJ, Quinta Turma, DJe 26/10/2009. **HC 210.524-RJ, Rel. Min. Maria Thereza De Assis Moura, julgado em 11/3/2014. (Inform. STJ 537)**

DIREITO PROCESSUAL PENAL. LIMITES DA COMPETÊNCIA DO JUIZ DA PRONÚNCIA.
O juiz na pronúncia não pode decotar a qualificadora relativa ao "meio cruel" (art. 121, § 2º, III, do CP) quando o homicídio houver sido praticado mediante efetiva reiteração de golpes em região vital da vítima. O STJ possui entendimento consolidado no sentido de que o decote de qualificadoras por ocasião da decisão de pronúncia só está autorizado quando forem manifestamente improcedentes, isto é, quando completamente destituídas de amparo nos elementos cognitivos dos autos. Nesse contexto, a reiteração de golpes na vítima, ao menos em princípio e para fins de pronúncia, é circunstância indiciária do "meio cruel", previsto no art. 121, § 2º, III, do CP, que consiste em meio no qual o agente, ao praticar o delito, provoca um maior sofrimento à vítima. Não se trata, pois, a reiteração de golpes na vítima de qualificadora manifestamente improcedente que autorize a excepcional

exclusão pelo juiz da pronúncia, sob pena de usurpação da competência constitucionalmente atribuída ao Tribunal do Júri. Precedente citado: HC 224.773-DF, Quinta Turma, DJe 6/6/2013. **REsp 1.241.987-PR, Rel. Min. Maria Thereza de Assis Moura, julgado em 6/2/2014. (Inform. STJ 537)**

DIREITO PROCESSUAL PENAL. ABSOLVIÇÃO IMPRÓPRIA NO PROCEDIMENTO DO TRIBUNAL DO JÚRI.
No procedimento do tribunal do júri, o juiz pode, na fase do art. 415 do CPP, efetivar a absolvição imprópria do acusado inimputável, na hipótese em que, além da tese de inimputabilidade, a defesa apenas sustente por meio de alegações genéricas que não há nos autos comprovação da culpabilidade e do dolo do réu, sem qualquer exposição dos fundamentos que sustentariam esta tese. De fato, no que diz respeito à pretensão de submissão do réu a julgamento pelo Tribunal do Júri, é imperioso consignar que no procedimento dos delitos dolosos contra a vida, se a inimputabilidade não é a única tese sustentada pela defesa, que apresenta outros fundamentos aptos a afastar a responsabilização penal do acusado, deve o magistrado pronunciá-lo, pois pode ser inocentado sem que lhe seja imposta medida de segurança. Esse entendimento, aliás, levou o legislador ordinário a incluir, na reforma pontual realizada no CPP com o advento da Lei 11.689/2008, o parágrafo único no art. 415, estabelecendo que o juiz poderá absolver desde logo o acusado pela prática de crime doloso contra a vida se restar demonstrada a sua inimputabilidade, salvo se esta não for a única tese defensiva. Nesse contexto, a simples menção genérica de que não haveria nos autos comprovação da culpabilidade e do dolo do réu, sem qualquer exposição dos fundamentos que sustentariam a tese defensiva, não é apta a caracterizar ofensa ao referido entendimento jurisprudencial e à citada inovação legislativa. Precedente citado: HC 73.201-DF, Sexta Turma, DJe 17/8/2009. **RHC 39.920-RJ, Rel. Min. Jorge Mussi, julgado em 6/2/2014. (Inform. STJ 535)**

PROCESSO PENAL. REFERÊNCIA À DECISÃO DE PRONÚNCIA DURANTE OS DEBATES NO JÚRI.
As referências ou a leitura da decisão de pronúncia durante os debates em plenário do tribunal do júri não acarretam, necessariamente, a nulidade do julgamento, que somente ocorre se as referências forem feitas como argumento de autoridade que beneficiem ou prejudiquem o acusado. Precedente citado: REsp 1.190.757-DF, Sexta Turma, DJe 14/6/2013. **AgRg no REsp 1.235.899-MG, Rel. Min. Maria Thereza de Assis Moura, julgado em 5/11/2013. (Inform. STJ 531)**

PROCESSO PENAL. REFERÊNCIA À DECISÃO DE PRONÚNCIA DURANTE OS DEBATES NO JÚRI.
A simples leitura da pronúncia ou das demais decisões que julgaram admissível a acusação não conduz, por si só, à nulidade do julgamento, o que só ocorre quando a menção a tais peças processuais é feita como argumento de autoridade, de modo a prejudicar o acusado. Precedente citado: REsp 1.190.757-DF, Sexta Turma, DJe 14/6/2013. **HC 248.617-MT, Rel. Min. Jorge Mussi, julgado em 5/9/2013. (Inform. STJ 531)**

DIREITO PROCESSUAL PENAL. IMPOSSIBILIDADE DE NOVA MANIFESTAÇÃO NOS TERMOS DO ART. 422 DO CPP APÓS DETERMINAÇÃO DE NOVO JULGAMENTO COM BASE NO § 3º DO ART. 593 DO CPP.
No caso em que o Tribunal, em apelação, determine a realização de novo júri em razão do reconhecimento de que a decisão dos jurados fora manifestamente contrária à prova dos autos, não é possível que se conceda às partes o direito de inovar no conjunto probatório mediante a apresentação de novo rol de testemunhas a serem ouvidas em plenário. A preparação prevista no art. 422 do CPP, que consiste, entre outras coisas, na apresentação do rol de testemunhas que irão depor em plenário, é ato antecedente ao julgamento em si. Praticado o referido ato de preparação - que não se confunde com o ato de julgamento propriamente dito -, ocorrerá, em regra, a sua preclusão consumativa. Dessa maneira, tendo sido provida apelação tão somente para a realização de novo julgamento, não será possível repetir a realização de outro ato (o de preparação) que já fora consumado, sendo cabível proceder apenas ao novo julgamento do acusado. Além do mais, se o Tribunal *ad quem* determina um novo julgamento por estar convencido de que o veredicto exarado pelo Conselho de Sentença anterior seria manifestamente contrário à prova dos autos, deve o novo Júri realizar uma nova análise sobre o mesmo acervo de provas anteriormente analisado. Caso contrário, estar-se-ia, no novo Conselho de Sentença, diante do primeiro juízo de valoração de prova

inédita - que não fora valorada no primeiro julgamento - sem que fosse possível outro pleito de anulação desse novo julgamento com base no art. 593, III, *d*, do CPP, visto que a norma contida na parte final do § 3º do aludido dispositivo impede a interposição de segunda apelação fundamentada no mesmo motivo. **HC 243.452-SP, Rel. Min. Jorge Mussi, julgado em 26/2/2013. (Inform. STJ 516).**

DIREITO PROCESSUAL PENAL. NULIDADE ABSOLUTA DE SESSÃO DE JULGAMENTO DE TRIBUNAL DO JÚRI.
Deve ser reconhecida a nulidade absoluta de ação penal, desde a sessão de julgamento em Tribunal do Júri, na hipótese em que um dos jurados do Conselho de Sentença tenha integrado o júri de outro processo nos doze meses que antecederam à publicação da lista geral de jurados, considerando que o placar da votação tenha sido o de quatro a três em favor da condenação do réu, ainda que a defesa tenha deixado de consignar a insurgência na ata de julgamento da sessão. De acordo com o § 4º do art. 426 do CPP, não pode ser incluída na lista geral de jurados a pessoa que tenha integrado Conselho de Sentença nos doze meses que antecederem à publicação da lista. Tratando-se de nulidade absoluta, é cabível o seu reconhecimento, mesmo considerando a falta de registro da insurgência na ata de julgamento da sessão viciada. Além do mais, é evidente o prejuízo ao réu diante de uma condenação apertada, pelo placar de quatro a três, tendo em vista que há possibilidade de o voto do jurado impedido ter sido decisivo na condenação. **HC 177.358-SP, Rel. Min. Maria Thereza de Assis Moura, julgado em 5/2/2013. (Inform. STJ 513).**

📖 **Súmula STF nº 712**
É nula a decisão que determina o desaforamento de processo da competência do júri sem audiência da defesa.

📖 **Súmula STF nº 206**
É nulo o julgamento ulterior pelo júri com a participação de jurado que funcionou em julgamento anterior do mesmo processo.

📖 **Súmula STF nº 162**
É absoluta a nulidade do julgamento pelo júri, quando os quesitos da defesa não precedem aos das circunstâncias agravantes.

📖 **Súmula STF nº 156**
É absoluta a nulidade do julgamento, pelo júri, por falta de quesito obrigatório.

11. JUIZADOS ESPECIAIS

Produção antecipada de prova e necessidade de fundamentação
É incabível a produção antecipada de prova testemunhal (CPP, art. 366) fundamentada na simples possibilidade de esquecimento dos fatos, sendo necessária a demonstração do risco de perecimento da prova a ser produzida (CPP, art. 225). Essa a orientação da Segunda Turma ao conceder ordem de "habeas corpus" para reconhecer a nulidade de prova testemunhal produzida antecipadamente. Tal prova apresentava como justificativa que "as testemunhas são basicamente policiais responsáveis pela prisão, cuja própria atividade contribui, por si só, para o esquecimento das circunstâncias que cercam a apuração da suposta autoria de cada infração penal". Em consequência, determinou-se o desentranhamento dos respectivos termos de depoimento dos autos.
HC 130038/DF, rel. Min. Dias Toffoli, 3.11.2015. (HC-130038) (Inform. STF 806)

Transação penal e efeitos próprios de sentença penal condenatória - 1
O Tribunal iniciou julgamento de recurso extraordinário em que se discute a possibilidade de imposição de efeitos extrapenais acessórios de sentença penal condenatória à transação penal prevista na Lei 9.099/1995. No caso, procedimento penal fora instaurado em desfavor do ora recorrente para apurar a prática de contravenção tipificada no art. 58 do Decreto-lei 3.668/1941 ("Explorar ou realizar a loteria denominada jogo do bicho, ou praticar qualquer ato relativo à sua realização ou exploração"). Por ocasião da lavratura do termo circunstanciado, a motocicleta de propriedade do investigado fora apreendida em virtude de suposto uso na execução do ilícito. Ocorre que o Ministério Público ofertara transação penal que, aceita pelo recorrente e integralmente cumprida, culminara em sentença extintiva da punibilidade, a qual, no entanto, impusera a perda do veículo anteriormente apreendido. O recorrente sustenta que somente a sentença condenatória seria capaz de produzir o confisco de bens como efeito automático. Além disso, alega: a) ofensa ao direito de propriedade, porquanto não observado o devido processo legal; e b) afronta ao princípio da presunção de inocência, uma vez que teriam sido aplicados à transação os efeitos equivalentes ao ato de confissão. **RE 795567/PR, rel. Min. Teori Zavascki, 29.5.2014. (RE-795567)**

Transação penal e efeitos próprios de sentença penal condenatória - 2
Por considerar violadas as garantias constitucionais dos artigos 5º, XXII, LIV, LV e LVII, o Ministro Teori Zavascki (relator) deu provimento ao recurso. Destacou que a Lei 9.099/1995 introduziu no sistema penal brasileiro o instituto da transação penal, que permite a dispensa da persecução penal pelo magistrado em crimes de menor potencial ofensivo, desde que o suspeito da prática do delito concorde em se submeter, sem qualquer resistência, ao cumprimento de uma pena restritiva de direito ou multa que lhe tenha sido oferecida por representante do Ministério Público em audiência (art. 76). Assim, a lei relativizara, de um lado, o princípio da obrigatoriedade da instauração da persecução penal em crimes de ação penal pública de menor ofensividade, e, de outro, autorizara o investigado a dispor das garantias processuais penais que o ordenamento lhe confere. O relator aduziu que as consequências geradas pela transação penal seriam apenas as definidas no instrumento do acordo. Além delas, enfatizou que o único efeito acessório gerado pela homologação do ato estaria previsto no § 4º do art. 76 da Lei 9.099/1995 ("... registrada apenas para impedir novamente o mesmo benefício no prazo de cinco anos"). Observou que os demais efeitos penais e civis decorrentes das condenações penais não seriam constituídos (art. 76, § 6º). Asseverou, ainda, que a sanção imposta com o acolhimento da transação não decorreria de qualquer juízo estatal a respeito da culpabilidade do investigado. Tendo isso em conta, reputou que se trataria de um ato judicial homologatório. Salientou, também, que o juiz, em caso de descumprimento dos termos do acordo, não poderia substituir a medida restritiva de direito consensualmente fixada por uma pena privativa de liberdade compulsoriamente aplicada. **RE 795567/PR, rel. Min. Teori Zavascki, 29.5.2014. (RE-795567)**

Transação penal e efeitos próprios de sentença penal condenatória - 3
O Ministro Teori Zavascki consignou que as consequências jurídicas extrapenais previstas nos parágrafos do art. 91 do CP, dentre as quais a do confisco de instrumentos do crime (art. 91, II, a) e de seu produto ou de bens adquiridos com o seu proveito (art. 91, II, b), só poderiam ocorrer como efeito acessório, reflexo ou indireto de uma condenação penal. Enfatizou que, apesar de não possuírem natureza penal propriamente dita, não haveria dúvidas de que esses efeitos constituiriam drástica intervenção estatal no patrimônio dos acusados, razão pela qual sua imposição só poderia ser viabilizada mediante a observância de um devido processo, que garantisse ao acusado a possibilidade de exercer seu direito de resistência por todos os meios colocados à sua disposição. Afirmou que as medidas acessórias previstas no art. 91 do CP, embora incidissem "ex lege", exigiriam juízo prévio a respeito da culpa do investigado, sob pena de transgressão ao devido processo legal. Registrou que a aplicação da medida confiscatória sem processo revelar-se-ia antagônica não apenas à acepção formal da garantia do art. 5º, LIV, da CF, como também ao seu significado material, destinado a vedar as iniciativas estatais que incorressem, seja pelo excesso ou pela insuficiência, em resultado arbitrário. Concluiu que, no caso, o excesso do decreto de confisco residiria no fato de que a aceitação da transação reverteria em prejuízo daquele a quem deveria beneficiar (o investigado), pois produziria contra ele um efeito acessório — a perda da propriedade de uma motocicleta — que se revelara muito mais gravoso do que a própria prestação principal originalmente avençada (pagamento de cinco cestas de alimentos). Logo, o recorrente fora privado da titularidade de um bem sem que lhe fosse oportunizado o exercício dos meios de defesa legalmente estabelecidos. Após os votos dos Ministros Roberto Barroso, que realçou a licitude do bem apreendido, e Rosa Weber, ambos no mesmo sentido do relator, pediu vista dos autos o Ministro Luiz Fux.
RE 795567/PR, rel. Min. Teori Zavascki, 29.5.2014. (RE-795567) (Inform. STF 748)

Transação penal e efeitos próprios de sentença penal condenatória - 4
As consequências jurídicas extrapenais, previstas no art. 91 do CP, são decorrentes de sentença penal condenatória. Isso não ocorre, portanto, quando há transação penal, cuja sentença tem natureza meramente homologatória, sem qualquer juízo sobre a responsabilidade criminal do aceitante. As consequências geradas pela transação penal são essencialmente aquelas

estipuladas por modo consensual no respectivo instrumento de acordo. Com base nesse entendimento, o Plenário proveu recurso extraordinário em que se discutia a possibilidade de imposição de efeitos extrapenais acessórios de sentença penal condenatória à transação penal prevista na Lei 9.099/1995. No caso, procedimento penal fora instaurado em desfavor do ora recorrente para apurar a prática de contravenção tipificada no art. 58 do Decreto-Lei 3.668/1941 ("Explorar ou realizar a loteria denominada jogo do bicho, ou praticar qualquer ato relativo à sua realização ou exploração"). Por ocasião da lavratura do termo circunstanciado, a motocicleta de propriedade do investigado fora apreendida em virtude de suposto uso na execução do ilícito. Ocorre que o Ministério Público ofertara transação penal que, aceita pelo recorrente e integralmente cumprida, culminara em sentença extintiva da punibilidade, a qual, no entanto, impusera a perda do veículo anteriormente apreendido. O recorrente sustentava que somente a sentença condenatória seria capaz de produzir o confisco de bens como efeito automático. Além disso, alegava: a) ofensa ao direito de propriedade, porquanto não observado o devido processo legal; e b) afronta ao princípio da presunção de inocência, uma vez que teriam sido aplicados à transação os efeitos equivalentes ao ato de confissão — v. Informativo 748. O Tribunal afirmou que a Lei 9.099/1995 introduzira no sistema penal brasileiro o instituto da transação penal, que permitiria a dispensa da persecução penal pelo magistrado em crimes de menor potencial ofensivo, desde que o suspeito da prática do delito concordasse em se submeter, sem qualquer resistência, ao cumprimento de pena restritiva de direito ou multa que lhe tivesse sido oferecida pelo representante do Ministério Público em audiência (art. 76). Assim, a lei teria relativizado, de um lado, o princípio da obrigatoriedade da instauração da persecução penal em crimes de ação penal pública de menor ofensividade e, de outro, teria autorizado ao investigado dispor das garantias processuais penais que o ordenamento lhe conferisse. Por sua vez, as consequências geradas pela transação penal seriam apenas as definidas no instrumento do acordo. Além delas, o único efeito acessório gerado pela homologação do ato estaria previsto no § 4º do art. 76 da Lei 9.099/1995 ("... registrada apenas para impedir novamente o mesmo benefício no prazo de cinco anos"). Os demais efeitos penais e civis decorrentes das condenações penais não seriam constituídos (art. 76, § 6º). Outrossim, a sanção imposta com o acolhimento da transação não decorreria de qualquer juízo estatal a respeito da culpabilidade do investigado, tratando-se de ato judicial homologatório. Além disso, o juiz, em caso de descumprimento dos termos do acordo, não poderia substituir a medida restritiva de direito consensualmente fixada por pena privativa de liberdade compulsoriamente aplicada.
RE 795567/PR, rel. Min. Teori Zavascki, 28.5.2015. (RE-795567)

Transação penal e efeitos próprios de sentença penal condenatória - 5
A Corte asseverou que as consequências jurídicas extrapenais previstas no art. 91 do CP, dentre as quais a do confisco de instrumentos do crime (art. 91, II, a) e de seu produto ou de bens adquiridos com o seu proveito (art. 91, II, b), só poderiam ocorrer como efeito acessório, reflexo ou indireto de uma condenação penal. Apesar de não possuírem natureza penal propriamente dita, não haveria dúvidas de que esses efeitos constituiriam drástica intervenção estatal no patrimônio dos acusados, razão pela qual sua imposição só poderia ser viabilizada mediante a observância do devido processo, que garantisse ao acusado a possibilidade de exercer seu direito de resistência por todos os meios colocados à sua disposição. Ou seja, as medidas acessórias previstas no art. 91 do CP, embora incidissem "ex lege", exigiriam juízo prévio a respeito da culpa do investigado, sob pena de transgressão ao devido processo legal. Assim, a aplicação da medida confiscatória sem processo revelar-se-ia antagônica não apenas à acepção formal da garantia do art. 5º, LIV, da CF, como também ao seu significado material, destinado a vedar as iniciativas estatais que incorressem, seja pelo excesso ou pela insuficiência, em resultado arbitrário. No caso, o excesso do decreto de confisco residiria no fato de que a aceitação da transação revertera em prejuízo daquele a quem deveria beneficiar (o investigado), pois produzira contra ele um efeito acessório — a perda da propriedade de uma motocicleta — que se revelara muito mais gravoso do que a própria prestação principal originalmente avençada (pagamento de cinco cestas de alimentos). Logo, o recorrente fora privado da titularidade de um bem sem que lhe tivesse sido oportunizado o exercício dos meios de defesa legalmente estabelecidos. O Ministro Luiz Fux também dera provimento ao recurso, determinando a devolução do bem apreendido, em razão da impossibilidade do confisco de bem pertencente a condenado cuja posse não fosse ilícita, sob pena de violação ao direito constitucional à propriedade (CF, art. 5º, "caput", XXII e LIV). Entendia, porém, ser constitucional a aplicação dos efeitos da condenação estabelecidos no

art. 91, II, do CP, às sentenças homologatórias de transação penal, tendo em vista sua natureza condenatória.
RE 795567/PR, rel. Min. Teori Zavascki, 28.5.2015. (RE-795567) (Inform. STF 787)

Denúncia: erro na tipificação e Lei 9.099/95
A 1ª Turma, ante a inadequação da via eleita e por não vislumbrar ilegalidade flagrante, abuso de poder ou teratologia a justificar a concessão da ordem, de ofício, julgou extinto, por maioria, habeas corpus que pretendia substituir recurso ordinário constitucional. Na espécie, o paciente fora denunciado pela suposta prática dos crimes de falsidade documental e ideológica e uso de documento falso (CP, artigos 297, 299 e 304). Buscava a concessão da ordem para corrigir a capitulação jurídica da denúncia – para tentativa de estelionato – a possibilitar o benefício da suspensão condicional do processo (Lei 9.099/95, art. 89). Destacou-se jurisprudência da Corte no sentido de não ser possível, na via do habeas corpus, discutir-se a correta tipificação dos fatos imputados ao paciente na ação penal. Ponderou-se, ainda, não ser lícito ao magistrado, quando do recebimento da denúncia, em mero juízo de admissibilidade da acusação, conferir definição jurídica aos fatos narrados na peça acusatória. O momento adequado para fazê-lo seria na prolação da sentença, ocasião em que poderia haver a emendatio libelli ou a mutatio libelli, se a instrução criminal assim o indicar. Vencido o Min. Marco Aurélio, que concedia a ordem de ofício. Precedentes citados: HC 98526/RS (DJe de 20.8.2010) e HC 87324/SP (DJe de 18.5.2007).
HC 111445/PE, rel. Min. Dias Toffoli, 16.4.2013. (HC-111445) (Inform. STF 702)

DIREITO PROCESSUAL PENAL. SUSPENSÃO CONDICIONAL DO PROCESSO. REVOGAÇÃO POSTERIOR AO PERÍODO DE PROVA.
É possível a revogação do benefício da suspensão condicional do processo após o término do período de prova, desde que os fatos ensejadores da revogação tenham ocorrido durante esse período. Conforme a jurisprudência do STF e do STJ, o descumprimento de uma das condições no curso do período de prova da suspensão condicional do processo acarreta, obrigatoriamente, a cessação do benefício (art. 89, §§ 3º e 4º, da Lei n. 9.099/1995). A ausência de revogação do benefício antes do término do lapso probatório não ocasiona a extinção da punibilidade e pode ocorrer após o decurso do período de prova. Precedentes citados do STF: **HC 103.706-SP, DJe 30/11/2010; e do STJ: HC 176.891-SP, DJe 13/4/2012, e HC 174.517-SP, DJe 4/5/2011. HC 208.497-RS, Rel. Min. Assusete Magalhães, julgado em 11/12/2012. (Inform. STJ 513).**

DIREITO PROCESSUAL PENAL. SUSPENSÃO CONDICIONAL DO PROCESSO. OFERECIMENTO DO BENEFÍCIO AO ACUSADO POR PARTE DO JUÍZO COMPETENTE EM AÇÃO PENAL PÚBLICA.
O juízo competente deverá, no âmbito de ação penal pública, oferecer o benefício da suspensão condicional do processo ao acusado caso constate, mediante provocação da parte interessada, não só a insubsistência dos fundamentos utilizados pelo Ministério Público para negar o benefício, mas o preenchimento dos requisitos especiais previstos no art. 89 da Lei n. 9.099/1995. A suspensão condicional do processo representa um direito subjetivo do acusado na hipótese em que atendidos os requisitos previstos no art. 89 da Lei dos Juizados Especiais Cíveis e Criminais. Por essa razão, os indispensáveis fundamentos da recusa da proposta pelo Ministério Público podem e devem ser submetidos ao juízo de legalidade por parte do Poder Judiciário. Além disso, diante de uma negativa de proposta infundada por parte do órgão ministerial, o Poder Judiciário estaria sendo compelido a prosseguir com uma persecução penal desnecessária, na medida em que a suspensão condicional do processo representa uma alternativa à persecução penal. Por efeito, tendo em vista o interesse público do instituto, a proposta de suspensão condicional do processo não pode ficar ao alvedrio do MP. Ademais, conforme se depreende da redação do art. 89 da Lei n. 9.099/1995, além dos requisitos objetivos ali previstos para a suspensão condicional do processo, exige-se, também, a observância dos requisitos subjetivos elencados no art. 77, II, do CP. Assim, pode-se imaginar, por exemplo, situação em que o Ministério Público negue a benesse ao acusado por considerar o elemento subjetivo elencado no art. 77, II, do CP, mas, ao final da instrução criminal, o magistrado sentenciante não encontre fundamentos idôneos para valorar negativamente os requisitos subjetivos previstos no art. 59 do CP (alguns comuns aos elencados no art. 77, II, do CP), fixando, assim, a pena-base no mínimo legal. Daí a importância de que os fundamentos

utilizados pelo órgão ministerial para negar o benefício sejam submetidos, mediante provocação da parte interessada, ao juízo de legalidade do Poder Judiciário. **HC 131.108-RJ, Rel. Min. Jorge Mussi, julgado em 18/12/2012. (Inform. STJ 513).**

DIREITO PROCESSUAL PENAL. SURSIS PROCESSUAL. IMPOSIÇÃO DE CONDIÇÕES NÃO PREVISTAS EXPRESSAMENTE NO ART. 89 DA LEI N. 9.099/1995.

É cabível a imposição de prestação de serviços à comunidade ou de prestação pecuniária como condição especial para a concessão do benefício da suspensão condicional do processo, desde que observados os princípios da adequação e da proporcionalidade. Conforme o art. 89, § 2°, da Lei n. 9.099/1995, no momento da elaboração da proposta do sursis processual, é permitida a imposição ao acusado do cumprimento de condições facultativas, desde que adequadas ao fato e à situação pessoal do beneficiado. Precedentes citados do STF: **HC 108.103-RS, DJe 06/12/2011;** do STJ: **HC 223.595-BA, DJe 14/6/2012,** e **REsp 1.216.734-RS, DJe 23/4/2012. RHC 31.283-ES, Rel. Min. Laurita Vaz, julgado em 11/12/2012. (Inform. STJ 512).**

▤ SÚMULA VINCULANTE 35

A HOMOLOGAÇÃO DA TRANSAÇÃO PENAL PREVISTA NO ARTIGO 76 DA LEI 9.099/1995 NÃO FAZ COISA JULGADA MATERIAL E, DESCUMPRIDAS SUAS CLÁUSULAS, RETOMA-SE A SITUAÇÃO ANTERIOR, POSSIBILITANDO-SE AO MINISTÉRIO PÚBLICO A CONTINUIDADE DA PERSECUÇÃO PENAL MEDIANTE OFERECIMENTO DE DENÚNCIA OU REQUISIÇÃO DE INQUÉRITO POLICIAL.

▤ Súmula STF n° 723

Não se admite a suspensão condicional do processo por crime continuado, se a soma da pena mínima da infração mais grave com o aumento mínimo de um sexto for superior a um ano.

▤ Súmula STF n° 696

Reunidos os pressupostos legais permissivos da suspensão condicional do processo, mas se recusando o promotor de justiça a propô-la, o juiz, dissentindo, remeterá a questão ao procurador-geral, aplicando-se por analogia o art. 28 do Código de Processo Penal.

▤ Súmula STJ n° 536

A suspensão condicional do processo e a transação penal não se aplicam na hipótese de delitos sujeitos ao rito da Lei Maria da Penha.

▤ Súmula STJ n° 337

É cabível a suspensão condicional do processo na desclassificação do crime e na procedência parcial da pretensão punitiva.

▤ Súmula STJ n° 243

O benefício da suspensão do processo não é aplicável em relação às infrações penais cometidas em concurso material, concurso formal ou continuidade delitiva, quando a pena mínima cominada, seja pelo somatório, seja pela incidência da majorante, ultrapassar o limite de um (01) ano.

12. SENTENÇA, PRECLUSÃO E COISA JULGADA

Art. 383 do CP: "emendatio libelli" e "reformatio in pejus"

Há "reformatio in pejus" no acórdão que, em julgamento de recurso exclusivo da defesa, reforma sentença condenatória para dar nova definição jurídica ao fato delituoso — "emendatio libelli" —, mantida a pena imposta, porém desclassificado o crime de furto qualificado (CP, 155, § 4°, II) para o crime de peculato (CP, art. 312, § 1°). Com base nesse entendimento, a 2ª Turma denegou "habeas corpus", mas, por maioria, concedeu a ordem de ofício apenas para reenquadrar a condenação no art. 155, § 4°, II, do CP, conforme constara na sentença condenatória. O Colegiado, em preliminar, afastou alegação relativa à suposta prescrição da pretensão punitiva. No mérito, afirmou que, de acordo com a jurisprudência do STF, seria possível a realização da "emendatio libelli" (CP: "Art. 383. O juiz, sem modificar a descrição do fato contida na denúncia ou queixa, poderá atribuir-lhe definição jurídica diversa, ainda que, em consequência, tenha de aplicar pena mais grave") em 2° grau de jurisdição, mesmo nas hipóteses de recurso exclusivo da defesa, desde que respeitados os limites estabelecidos pelo art. 617 do CPP ("O tribunal, câmara ou turma atenderá nas suas decisões

ao disposto nos arts. 383, 386 e 387, no que for aplicável, não podendo, porém, ser agravada a pena, quando somente o réu houver apelado da sentença"). No caso, o tribunal de 2° grau, ao readequar a capitulação legal à narrativa apresentada — o fato descrito na acusação teria sido praticado por funcionário público equiparado (CP, art. 327, § 1°) —, mantivera a pena privativa de liberdade anteriormente aplicada, na tentativa de não gerar prejuízo ao sentenciado. Porém, ao se ponderar atentamente os efeitos da condenação e as circunstâncias referentes à "emendatio libelli" efetivada, seria inevitável concluir pela superveniência de vedada "reformatio in pejus". Com efeito, não se poderia olvidar não ser a pena fixada o único efeito ou única circunstância a permear uma condenação. Haveria regra específica para os condenados pela prática de crime contra a Administração Pública, como o peculato: a progressão de regime do cumprimento da pena respectiva seria condicionada à reparação do dano causado ou à devolução do produto do ilícito praticado (CP, art. 33, § 4°). Na espécie, apesar de ter sido aplicado o regime inicial aberto ao paciente, não se poderia descartar que, durante a execução da reprimenda, este sofresse regressão de regime e fosse prejudicado pela "emendatio libelli", aparentemente inofensiva. Vencida a Ministra Cármen Lúcia, que não concedia a ordem por entender não ter havido, na situação dos autos, a "reformatio in pejus". **HC 123251/PR, rel. Min. Gilmar Mendes, 2.12.2014. (HC-123251) (Inform. STF 770)**

Sonegação fiscal: reconhecimento de agravante em 2ª instância e "emendatio libelli"

A 2ª Turma denegou ordem em "habeas corpus" no qual se pretendia o reconhecimento de constrangimento ilegal em razão da causa de aumento de pena ter sido considerada tão somente em 2ª instância. No caso, os réus foram condenados pela prática dos delitos de sonegação fiscal (Lei 8.137/1990, art. 1°, I, II e IV) e apropriação indébita previdenciária (CP, art. 168-A). Segundo a denúncia, a prática dos delitos teria culminado em dívida equivalente a quase 2 milhões de reais. Em apelação, o TRF dera provimento ao recurso do Ministério Público e, em face da elevada quantia sonegada, reconhecera a incidência da causa de aumento de pena prevista no art. 12, I, da Lei 8.137/1990 ("Art. 12 - São circunstâncias que podem agravar de 1/3 até a metade as penas previstas nos arts. 1°, 2° e 4° a 7°: I - ocasionar grave dano à coletividade"). A defesa alegava a ocorrência de constrangimento ilegal, decorrente da aplicação dessa causa de aumento tão somente quando da apreciação do recurso de apelação do Ministério Público. Sustentava a inobservância do disposto pelo art. 384 do CPP, pois aduzia tratar-se de hipótese de aditamento obrigatório da denúncia. A Turma consignou que a decisão questionada estaria harmônica com a jurisprudência assentada pelo STF no sentido de que o réu se defende dos fatos narrados na denúncia e não da tipificação a eles atribuída. Explicou que o caso seria de "emendatio libelli" (correção da inicial) e não de "mutatio libelli" (alteração do próprio fato imputado ao acusado). Ressaltou que, na concreta situação dos autos, a inicial acusatória mencionara explicitamente todos os fatos ensejadores da condenação do paciente. Asseverou que, todavia, esses fatos receberam do juízo processante classificação jurídica diversa daquela efetuada pelo órgão de acusação, o que se coadunaria com o art. 383 do CPP. Acrescentou, ademais, que a descrição dos fatos narrados na denúncia teriam sido suficientes para a regularidade do exercício da ampla defesa e, dessa forma, no momento da condenação poderia o juiz alterar a definição jurídica dos fatos, ainda que isso importasse em aplicação de pena mais gravosa. **HC 123733/AL, rel. Min. Gilmar Mendes, 16.9.2014. (HC-123733) (Inform. STF 759)**

"Emendatio libelli" e competência - 1

Ante a situação peculiar dos autos, a 1ª Turma denegou *habeas corpus* em que se arguia a possibilidade de o magistrado conferir definição jurídica diversa aos fatos narrados na peça acusatória em momento anterior à prolação de sentença, quando repercutisse na fixação de competência ou na delimitação de procedimento a ser adotado. Na origem, juiz federal de 1° grau, no ato do recebimento da denúncia, entendera que os fatos apurados se enquadrariam ao delito de estelionato previdenciário (CP, art. 171, § 3°) e não ao delito de lavagem de dinheiro (Lei 9.613/98, art. 1°, V), e, assim, fixara sua competência. Desta decisão, o Ministério Público Federal interpusera recurso em sentido estrito, provido para determinar a remessa da ação penal a outro juízo federal, especializado em crimes de lavagem de capitais. **HC 115831/MA, rel. Min. Rosa Weber, 22.10.2013. (HC-115831)**

4. DIREITO PROCESSUAL PENAL — 305

"Emendatio libelli" e competência - 2
Preponderou o voto da Ministra Rosa Weber, relatora, que indeferiu o pedido. Consignou que, em regra, a sentença seria a ocasião oportuna para a *emendatio libelli* (CPP, art. 383). Aduziu que, no entanto, seria admissível antecipar a desclassificação em hipótese de definição de rito e da própria competência. Sublinhou que, não obstante isso, o caso em apreço conteria peculiaridade, uma vez que existiria processo-crime, conexo a esta ação, em trâmite na vara especializada. Observou, ainda, que subtrair do magistrado a oportunidade de apreciar, na esfera de sua própria competência, o exame dos fatos narrados na denúncia como configuradores de lavagem de dinheiro tornaria inócua a especialização do juízo. Por fim, considerou que, acaso configurada a existência do esquema de fraudes e de lavagem de ativos, que já originara a outra ação penal, impenderia concluir ser mais conveniente que o mesmo juízo julgasse ambos os feitos, sobretudo para evitar decisões contraditórias. O Ministro Dias Toffoli registrou ser resistente às especializações havidas para tratar de um ou outro artigo ou tipo penal. Salientou que se teria, na espécie, conflito de competência entre dois juízos criminais. O Ministro Marco Aurélio enfatizou que o acusado defender-se-ia dos fatos, e não do seu enquadramento jurídico. **HC 115831/MA, rel. Min. Rosa Weber, 22.10.2013. (HC-115831) (Inform. STF 725)**

Réu preso e comparecimento a audiência – 1
O acusado, embora preso, tem o direito de comparecer, de assistir e de presenciar, sob pena de nulidade absoluta, os atos processuais, notadamente aqueles que se produzem na fase de instrução do processo penal. Ao reafirmar esse entendimento, a 2ª Turma concedeu *habeas corpus* para restabelecer decisão do tribunal de justiça paulista, que declarara a nulidade do processo desde a audiência de oitiva da vítima e das testemunhas de acusação. Na situação dos autos, conquanto tivesse sido requisitado pelo juiz, os pacientes, acautelados em comarca diversa, não foram apresentados à referida audiência, sobrevindo condenação. No STJ, houvera a reforma da decisão que acolhera a nulidade – suscitada em apelação –, assim como a alusão de que o defensor teria aquiescido em continuar a audiência, mesmo sem a presença dos réus. No julgamento deste *writ*, prevaleceu o voto da Min. Cármen Lúcia, que pontuou a existência de nulidade absoluta e de direito constitucional à apresentação. Assinalou, ainda, que o direito de presença seria personalíssimo. **HC 111728/SP, rel. Min. Cármen Lúcia, 19.2.2013. (HC-111728)**

Réu preso e comparecimento a audiência – 2
O Min. Celso de Mello salientou que o Estado teria o dever de assegurar a réu preso o exercício pleno do direito de defesa. Complementou que, no contexto desta prerrogativa, estaria o direito de presença de acusado. Sopesou que razões de mera conveniência administrativa não teriam precedência sobre o cumprimento e o respeito ao que determinaria a Constituição. Mencionou o art. 14, 3, d, do Pacto Internacional sobre Direitos Civis e Políticos e o art. 8º, 2, d e f, da Convenção Americana de Direitos Humanos, a conter garantias processuais básicas de qualquer pessoa que sofra persecução penal em juízo. Aludiu a posicionamento da Corte segundo o qual a possibilidade de o próprio acusado intervir, direta e pessoalmente, na realização de atos processuais, constituiria autodefesa. Obtemperou que o Estado deveria facilitar o exercício de o imputado ser ouvido e falar durante os atos processuais, bem assim o de assistir à realização deles, máxime quando se encontrasse preso, sem a faculdade de livremente deslocar-se ao fórum. Alguns precedentes citados: HC 86634/RJ (DJU de 23.2.2007); HC 95106/RJ (DJe de 11.2.2011). **HC 111728/SP, rel. Min. Cármen Lúcia, 19.2.2013. (HC-111728) (Inform. STF 695).**

DIREITO PROCESSUAL PENAL. HIPÓTESE DE RELATIVIZAÇÃO DA COISA JULGADA.
Constatado o trânsito em julgado de duas decisões condenando o agente pela prática de um único crime – a primeira proferida por juízo estadual absolutamente incompetente e a segunda proferida pelo juízo federal constitucionalmente competente –, a condenação anterior deve ser anulada caso se verifique que nela fora imposta pena maior do que a fixada posteriormente. Em primeiro lugar, faz-se necessário asseverar que o STJ já se pronunciou no sentido de que "A sentença proferida por juízo absolutamente incompetente impede o exame dos mesmos fatos ainda que pela justiça constitucionalmente competente, pois, ao contrário, estar-se-ia não só diante de vedado bis in idem como também na contramão da necessária segurança jurídica que a imutabilidade da coisa julgada visa garantir" (RHC

29.775-PI, Quinta Turma, DJe 25/6/2013). Com efeito, sopesando a garantia do juiz natural em face do princípio do ne bis in idem, deve preponderar este último como decorrência do princípio fundamental da dignidade da pessoa humana, princípio basilar do Estado Democrático de Direito, consoante explícita o inciso III do art. 1º da CF. Cabe ressaltar, a propósito, que esse entendimento foi consolidado para, dando efetividade ao princípio do favor rei, impedir o início ou a continuidade de outro processo que tenha por objetivo discutir os mesmos fatos que já foram objeto de decisão anterior. A situação em análise, entretanto, é peculiar. Existem duas condenações transitadas em julgado, sendo que a primeira foi proferida por juízo estadual absolutamente incompetente e a segunda pelo juízo constitucionalmente competente, tendo este estabelecido, inclusive, quantum de pena inferior ao definido anteriormente. Dessa forma, nessa hipótese, considerando a situação mais favorável ao réu, bem como a existência de trânsito em julgado perante a justiça competente para análise do feito, deve ser relativizada a coisa julgada, de modo a tornar possível a prevalência do princípio fundamental da dignidade da pessoa humana. **HC 297.482-CE, Rel. Min. Felix Fischer, julgado em 12/5/2015, DJe 21/5/2015 (Inform. STJ 562).**

DIREITO PROCESSUAL PENAL. MUTATIO LIBELLI E DESCLASSIFICAÇÃO DO TIPO PENAL DOLOSO PARA A FORMA CULPOSA DO CRIME.
Quando na denúncia não houver descrição sequer implícita de circunstância elementar da modalidade culposa do tipo penal, o magistrado, ao proferir a sentença, não pode desclassificar a conduta dolosa do agente – assim descrita na denúncia – para a forma culposa do crime, sem a observância do regramento previsto no art. 384, caput, do CPP. Com efeito, o dolo direto é a vontade livre e consciente de realizar a conduta descrita no tipo penal. A culpa, por sua vez, decorre da violação ao dever objetivo de cuidado, causadora de perigo concreto ao bem jurídico tutelado. A par disso, frise-se que, segundo a doutrina, "no momento de se determinar se a conduta do autor se ajusta ao tipo de injusto culposo é necessário indagar, sob a perspectiva ex ante, se no momento da ação ou da omissão era possível, para qualquer pessoa no lugar do autor, identificar o risco proibido e ajustar a conduta ao cuidado devido (cognoscibilidade ou conhecimento do risco proibido e previsibilidade da produção do resultado típico)". Nesse passo, a prova a ser produzida pela defesa, no decorrer da instrução criminal, para comprovar a ausência do elemento subjetivo do injusto culposo ou doloso, é diversa. Assim, não descrevendo a denúncia sequer implicitamente o tipo culposo, a desclassificação da conduta dolosa para a culposa, ainda que represente aparente benefício à defesa, em razão de imposição de pena mais branda, deve observar a regra inserta no art. 384, caput, do CPP. Isso porque, após o advento da Lei 11.719/2008, qualquer alteração do conteúdo da acusação depende da participação ativa do Ministério Público, não mais se limitando a situações de imposição de pena mais grave, como previa a redação original do dispositivo. Portanto, o fato imputado ao réu na inicial acusatória, em especial a forma de cometimento do delito, da qual se infere o elemento subjetivo, deve guardar correspondência com aquele reconhecido na sentença, a teor do princípio da correlação entre acusação e sentença, corolário dos princípios do contraditório, da ampla defesa e acusatório. **REsp 1.388.440-ES, Rel. Min. Nefi Cordeiro, julgado em 5/3/2015, DJe 17/3/2015 (Inform. STJ 557).**

DIREITO PROCESSUAL PENAL. RÉU DENUNCIADO POR DELITO NA FORMA CONSUMADA E POSTERIORMENTE CONDENADO NA FORMA TENTADA.
O réu denunciado por crime na forma consumada pode ser condenado em sua forma tentada, mesmo que não tenha havido aditamento à denúncia. Inicialmente, vale ressaltar que a tentativa não é uma figura autônoma, pois a vontade contrária ao direito existente na tentativa é igual à do delito consumado. Também segundo a doutrina, o delito pleno e a tentativa não são duas diferentes modalidades de delito, mas somente uma diferente manifestação de um único delito. Como o réu não se defende da capitulação da denúncia, mas do fato descrito no exordial acusatório, não há a nulidade por ofensa ao art. 384 do CPP, quando o magistrado limita-se a dar definição jurídica diversa (crime tentado) da que constou na denúncia (crime consumado), inclusive aplicando pena menos grave. **HC 297.551-MG, Rel. Min. Rogerio Schietti Cruz, julgado em 5/3/2015, DJe 12/3/2015 (Inform. STJ 557).**

DIREITO PENAL. APLICABILIDADE DO PRINCÍPIO DO *NE BIS IN IDEM*.
O agente que, numa primeira ação penal, tenha sido condenado pela prática de crime de roubo contra uma instituição bancária não poderá ser, numa segunda ação penal, condenado por crime de roubo supostamente cometido contra o gerente do banco no mesmo contexto fático considerado

na primeira ação penal, ainda que a conduta referente a este suposto roubo contra o gerente não tenha sido sequer levada ao conhecimento do juízo da primeira ação penal, vindo à tona somente no segundo processo. De fato, conquanto o suposto roubo contra o gerente do banco não tenha sido sequer levado ao conhecimento do juízo da primeira ação penal, ele se encontra sob o âmbito de incidência do princípio *ne bis in idem*, na medida em que praticado no mesmo contexto fático da primeira ação. Além disso, do contrário ocorreria violação da garantia constitucional da coisa julgada. Sobre o tema, há entendimento doutrinário no sentido de que "Com o trânsito em julgado da sentença condenatória, o ato adquire a autoridade de coisa julgada, tornando-se imutável tanto no processo em que veio a ser proferida a decisão (coisa julgada formal) quanto em qualquer outro processo onde se pretenda discutir o mesmo fato criminoso objeto da decisão original (coisa julgada material). No direito brasileiro, a sentença condenatória evita se instaure novo processo contra o réu condenado, em razão do mesmo fato, quer para impingir ao sentenciado acusação mais gravosa, quer para aplicar--lhe pena mais elevada". Portanto, não há se falar, na hipótese em análise, em arquivamento implícito, inadmitido pela doutrina e pela jurisprudência, tendo em vista que não se cuida de fatos diversos, mas sim de um mesmo fato com desdobramentos diversos e apreciáveis ao tempo da instauração da primeira ação penal. Ademais, a doutrina sustenta que "a proibição (ne) de imposição de mais de uma (bis) consequência jurídico-repressiva pela prática dos mesmos fatos (idem) ocorre, ainda, quando o comportamento definido espaço-temporalmente imputado ao acusado não foi trazido por inteiro para apreciação do juízo. Isso porque o objeto do processo é informado pelo princípio da consunção, pelo qual tudo aquilo que poderia ter sido imputado ao acusado, em referência a dada situação histórica e não o foi, jamais poderá vir a sê-lo novamente. E também se orienta pelos princípios da unidade e da indivisibilidade, devendo o caso penal ser conhecido e julgado na sua totalidade – unitária e indivisivelmente – e, mesmo quando não o tenha sido, considerar-se-á irrepetivelmente decidido". Assim, em Direito Penal, "deve-se reconhecer a prevalência dos princípios do favor rei, *favor libertatis* e *ne bis in idem*, de modo a preservar a segurança jurídica que o ordenamento jurídico demanda" (HC 173.397-RS, Sexta Turma, DJe de 17/3/2011). **HC 285.589-MG, Rel. Min. Felix Fischer, julgado em 4/8/2015, DJe 17/9/2015 (Inform. STJ 569).**

DIREITO PROCESSUAL PENAL. EMENDATIO LIBELLI ANTES DA SENTENÇA.
O juiz pode, mesmo antes da sentença, proceder à correta adequação típica dos fatos narrados na denúncia para viabilizar, desde logo, o reconhecimento de direitos do réu caracterizados como temas de ordem pública decorrentes da reclassificação do crime. Com efeito, é válida a concessão de direito processual ou material urgente, em tema de ordem pública, mesmo quando o fundamento para isso seja decorrência de readequação típica dos fatos acusatórios, em qualquer fase do processo de conhecimento. De fato, o limite do caso penal são os fatos indicados na peça acusatória. Irrelevante é a adequação típica indicada pelo agente ministerial, que em nada limita a persecução ou as partes do processo – o juiz e mesmo o acusador podem compreender até a sentença que os fatos descritos caracterizam crimes outros. Daí porque não cabe ao juiz corrigir defeito de enquadramento típico da denúncia – na sentença simplesmente enquadrará os fatos ao direito, na forma do art. 383 do CPP, como simples exercício de jurisdição. É a emendatio libelli reservada para o momento da prolação da sentença, ocasião em que o magistrado, após encerrada a instrução e debates, decidirá o direito aos fatos acusatórios – sem qualquer limitação de enquadramento típico. Ocorre que matérias de ordem pública, de enfrentamento necessário em qualquer fase processual – como competência, trancamento da ação, sursis processual ou prescrição –, podem exigir como fundamento inicial o adequado enquadramento típico dos fatos acusatórios, como descritos (assim independendo da instrução). Não se trata de alteração do limite do caso penal pela mudança do tipo penal denunciado – irrelevante aos limites do caso penal – e sim de decidir se há direito material ou processual de ordem pública, como, por exemplo, a definição do direito à transação penal, porque os fatos denunciados configuram em verdade crime diverso, de pequeno potencial ofensivo. Trate-se de simples condição do exercício da jurisdição, aplicando o direito aos fatos narrados na denúncia para a solução de temas urgentes de conhecimento necessário. Cuida-se de manifestação em tudo favorável à defesa, pois permite incidir desde logo direitos do acusado. Impedir o exame judicial em qualquer fase do processo como meio de aplicar direitos materiais e processuais urgentes, de conhecimento obrigatório ao juiz, faz com que se tenha não somente a mora no reconhecimento desses direitos, como até pode torná-los prejudicados. Prejuízo pleno também pode ocorrer, como no direito à transação penal ou sursis processual se realizado o correto

enquadramento típico na sentença, ou acórdão de apelação. Ou no enquadramento da supressão de valores mediante fraude bancária como estelionato ou furto, pois diferentes os locais da consumação e, como incompetência relativa, sem renovação dos atos no foro adequado. Assim, há direito do acusado a ver reconhecida a incompetência, a prescrição, o direito à transação, a inexistência de justa causa, e, se isso pode reconhecer o magistrado sem dilação probatória, pela mera aplicação do direito aos fatos denunciados, pode e deve essa decisão dar-se durante a ação penal, como temas de ordem pública, mesmo antes da sentença. Se a solução do direito ao caso penal dá-se em regra pela sentença – daí os arts. 383 e 384 do CPP – temas de ordem pública podem ser previamente solvidos. **HC 241.206-SP, Rel. Min. Nefi Cordeiro, julgado em 11/11/2014, DJe 11/12/2014 (Inform. STJ 553).**

DIREITO PROCESSUAL PENAL. UTILIZAÇÃO DE TERMOS MAIS FORTES E EXPRESSIVOS EM SENTENÇA.
A utilização de termos mais fortes e expressivos na sentença penal condenatória – como "bandido travestido de empresário" e "delinquente de colarinho branco" – não configura, por si só, situação apta a comprovar a ocorrência de quebra da imparcialidade do magistrado. Com efeito, o discurso empolgado, a utilização de certos termos inapropriados em relação ao réu ou a manifestação de indignação no tocante aos crimes não configuram, isoladamente, causas de suspeição do julgador. Ademais, as causas de suspeição de magistrado estão dispostas de forma taxativa no art. 254 do CPP, dispositivo que não comporta interpretação ampliativa. **REsp 1.315.619-RJ, Rel. Min. Campos Marques (Desembargador convocado do TJ-PR), julgado em 15/8/2013. (Inform. STJ 530)**

DIREITO PROCESSUAL PENAL. SUSTENTAÇÃO ORAL. PEDIDO DE ADIAMENTO DO JULGAMENTO EM RAZÃO DE OUTRO COMPROMISSO DO ADVOGADO.
Não é nulo o julgamento colegiado de mandado de segurança por ausência de sustentação oral no caso em que a defesa pede seu adiamento apenas na véspera da sessão, declinando, para tanto, a necessidade de estar presente em outro compromisso profissional do qual já tinha conhecimento há mais de um mês. Em primeiro lugar, é facultativo o deferimento do pedido de adiamento da apreciação de processo por órgão colegiado. Além disso, não é possível acolher o referido pedido sem que se apresente motivação adequada, apta a demonstrar a efetiva necessidade de modificação da pauta, o que não ocorre na hipótese em que o requerente, incidindo em clara desídia, sequer apresenta sua motivação em tempo hábil, não diligenciando nem mesmo em prol da apreciação tempestiva da petição pelo relator do processo. Por fim, é de destacar que, de acordo com o art. 565 do CPP, nenhuma das partes poderá arguir nulidade a que haja dado causa, ou para a qual tenha concorrido. **RMS 30.172-MT, Rel. Min. Maria Thereza de Assis Moura, julgado em 4/12/2012. (Inform. STJ 513).**

📄 **Súmula STF nº 453**

Não se aplicam à segunda instância o art. 384 e parágrafo único do Código de Processo Penal, que possibilitam dar nova definição jurídica ao fato delituoso, em virtude de circunstância elementar não contida, explícita ou implicitamente, na denúncia ou queixa.

13. NULIDADES

Nulidade e ausência de juntada de notas taquigráficas
A Segunda Turma iniciou julgamento de "habeas corpus" em que se discute nulidade de acórdão do STJ, em razão da ausência de juntada das notas taquigráficas requeridas pela parte. No caso, após a publicação do aresto, a defesa opusera embargos declaratórios, em que pugnara pela juntada das notas taquigráficas da sessão de julgamento do recurso especial, bem como pela republicação da decisão colegiada, com a devolução do prazo recursal. O STJ rejeitara os embargos de declaração, diante da inexistência de divergência entre os votos escritos e as manifestações orais. O Ministro Gilmar Mendes (relator) concedeu a ordem para determinar que o STJ providenciasse a juntada das notas taquigráficas relativas ao julgamento do recurso especial ou, caso não disponíveis, repetisse o julgamento, bem como para determinar a reabertura do prazo para recursos, no que foi acompanhado pelo Ministro Teori Zavascki. Afirmou que seria da tradição dos tribunais o registro dos debates nas sessões de julgamento por meio de sistema de notas. No STJ, o registro seria feito pelo sistema de taquigrafia, com posterior juntada das notas aos autos, de acordo com os artigos 100 e art. 103, §1º, do RISTJ ("Art. 100. As conclusões da

4. DIREITO PROCESSUAL PENAL 307

Corte Especial, da Seção e da Turma, em suas decisões, constarão de acórdão no qual o relator se reportará às notas taquigráficas do julgamento, que dele farão parte integrante" e "Art. 103. Em cada julgamento, as notas taquigráficas registrarão o relatório, a discussão, os votos fundamentados, bem como as perguntas feitas aos advogados e suas respostas, e serão juntadas aos autos, com o acórdão, depois de revistas e rubricadas. § 1º Prevalecerão as notas taquigráficas, se o seu teor não coincidir com o do acórdão"). Portanto, o regimento interno disporia que a juntada das notas taquigráficas seria obrigatória (art. 100) e que prevaleceriam sobre o próprio acórdão (art. 103, §1º). Realçou que o STJ deveria observar o próprio regimento interno, sob pena de violar a segurança jurídica. Do ponto de vista subjetivo, aquela Corte deixara de proteger a confiança legítima, ao prever em seu regimento interno a documentação da própria sessão de julgamento e, na hipótese dos autos, ter transferido esse ônus à parte, a qual não teria a obrigação de demonstrar a discrepância entre os votos escritos e as manifestações vogais. Isso porque apenas com a juntada das notas seria possível avaliar se elas alterariam a situação jurídica do interessado. Desse modo, se houvesse debate, não se poderia negar a juntada das notas ao interessado que a postulasse. Concluiu, que o não atendimento à solicitação da parte interessada na juntada das notas taquigráficas, tanto na oposição de embargos de declaração, quanto no protocolo de simples requerimento durante o prazo recursal, bastaria para se ter configurado o prejuízo e a consequente pronúncia de nulidade. Em seguida, pediu vista a Ministra Cármen Lúcia.
HC 123144/PR, rel. Min. Gilmar Mendes, 22.9.2015. (HC-123144) (Inform. STF 800)

Audiência de instrução e ausência de testemunha
A 1ª Turma iniciou julgamento de recurso ordinário em "habeas corpus" em que se discute a condenação do paciente à pena de oito anos de reclusão pelo crime de estupro. A defesa sustenta que nenhuma das testemunhas por ele arroladas fora ouvida e que a instrução dos autos se limitara à oitiva da vítima e das testemunhas de acusação. Alega que, juntamente com uma das testemunhas, chegara ao tribunal de origem 15 minutos após o término da audiência, em virtude de chuva, porém, o magistrado a realizara sem a sua presença e tampouco nomeara defensor "ad hoc". Destaca ainda que requerera e lhe fora deferida a condução coercitiva de outra testemunha, porém, o referido mandado não fora cumprido. Sob essas condições, o magistrado encerrara a instrução. O réu pleiteia a reabertura da instrução para oitiva das testemunhas, sob o argumento de que teria havido cerceamento de defesa. O Ministro Dias Toffoli (relator) deu provimento ao recurso para anular o processo a partir do encerramento da instrução. Asseverou que, em face da condenação do recorrente, constituiria nulidade absoluta o encerramento da instrução sem a oitiva das testemunhas de defesa. Estaria caracterizada a violação do direito à prova, decorrente dos princípios constitucionais do contraditório e da ampla defesa (CF, art. 5º, LV). Em seguida, pediu vista o Ministro Roberto Barroso.
RHC 124041/GO, rel. Min. Dias Toffoli, 11.11.2014. (RHC-124041) (Inform. STF 767)

Nulidade e julgamento de apelação sem advogado constituído - 1
A 1ª Turma iniciou julgamento de "habeas corpus" em que se discute nulidade do julgamento de apelação em virtude da ausência de defensor constituído do apelado, ora paciente. No caso, às vésperas do exame da apelação interposta pelo Ministério Público contra sentença absolutória, o paciente requerera juntada de peça em que cassara os poderes outorgados aos advogados credenciados. Desse modo, alega que os advogados estariam impedidos de praticar qualquer ato processual. A relatora, no tribunal de origem, acionara o disposto no § 3º do art. 5º da Lei nº 8.906/1994 (Estatuto da OAB), segundo o qual o advogado que renunciasse continuaria responsável pela defesa do constituinte pelo prazo de dez dias, e determinou fossem os causídicos intimados da decisão. O oficial de justiça certificara a ciência do ato pelos destinatários. No dia seguinte, a apelação fora julgada e a absolvição, transmudada em condenação. O Ministro Marco Aurélio (relator) deferiu o "habeas corpus" para declarar insubsistente a condenação do paciente, e determinou que o tribunal "a quo" incluísse a apelação em pauta para aprecia-la como entendesse de direito. Ressaltou que as normas processuais, sobretudo as de processo-crime — em que envolvido o direito de locomoção —, seriam imperativas e envolveriam a liberdade. Citou os artigos 261, 263, 264 e 265 do CPP ["Art. 261. Nenhum acusado, ainda que ausente ou foragido, será processado ou julgado sem defensor. Parágrafo único. A defesa técnica, quando realizada por defensor público ou dativo, será sempre exercida através de manifestação fundamentada. ... Art. 263. Se o acusado não o tiver, ser-lhe-á nomeado defensor pelo juiz, ressalvado o seu direito de, a todo tempo,

nomear outro de sua confiança, ou a si mesmo defender-se, caso tenha habilitação. Parágrafo único. O acusado, que não for pobre, será obrigado a pagar os honorários do defensor dativo, arbitrados pelo juiz. Art. 264. Salvo motivo relevante, os advogados e solicitadores serão obrigados, sob pena de multa de cem a quinhentos mil-réis, a prestar seu patrocínio aos acusados, quando nomeados pelo Juiz. Art. 265. O defensor não poderá abandonar o processo senão por motivo imperioso, comunicado previamente o juiz, sob pena de multa de 10 (dez) a 100 (cem) salários mínimos, sem prejuízo das demais sanções cabíveis. § 1º A audiência poderá ser adiada se, por motivo justificado, o defensor não puder comparecer. § 2º Incumbe ao defensor provar o impedimento até a abertura da audiência. Não o fazendo, o juiz não determinará o adiamento de ato algum do processo, devendo nomear defensor substituto, ainda que provisoriamente ou só para o efeito do ato"]. O relator afirmou ser estreme de dúvidas a ênfase normativa à necessidade de o acusado contar com patrocínio no processo-crime. Notou que o caso seria de cassação e não de renúncia. Sublinhou que, em vez de proceder-se à suspensão do processo para intimar-se o acusado, como requer a legislação processual, de modo a permitir a escolha de defensor, teriam sido intimados os advogados desconstituídos para, em contrariedade à vontade do interessado, continuarem no patrocínio. Consignou que o ora paciente, absolvido em primeira instância, teria sido condenado sem defesa técnica. Considerou que o quadro revelaria constrangimento ilegal a alcançar o direito de ir e vir do paciente, uma vez que a absolvição acabara por transformar-se, com o crivo do tribunal decorrente do recurso interposto pelo Ministério Público, em substancial condenação.
HC 118856/SP, rel. Min. Marco Aurélio, 8.4.2014. (HC-118856)

Nulidade e julgamento de apelação sem advogado constituído - 2
Em divergência, o Ministro Roberto Barroso denegou a ordem. Enfatizou que, caso se tratasse de renúncia, aplicar-se-ia o art. 5º, § 3º, do Estatuto da OAB e os advogados teriam o dever jurídico de continuar no patrocínio por dez dias subsequentes. Porém, se a hipótese fosse de revogação, aplicar-se-ia o art. 44 do CPC ("A parte, que revogar o mandato outorgado ao seu advogado, no mesmo ato constituirá outro que assuma o patrocínio da causa"). Realçou que, em nenhuma das duas situações, o réu teria ficado indefeso, salvo se por vontade própria. Observou que o único ato processual que teria deixado de ser praticado por atitude deliberada do paciente seria a sustentação oral, ato reputado dispensável segundo a jurisprudência do STF. Asseverou que a conduta unilateral de não se submeter à jurisdição configuraria fraude à lei e produziria atos ineficazes. Afiançou que incidiria o art. 565 do CPP ("Nenhuma das partes poderá arguir nulidade a que haja dado causa, ou para que tenha concorrido, ou referente à formalidade cuja observância só à parte contrária interessa"), de modo que quem tivesse dado causa a nulidade não poderia invocá-la. Assinalou que não seria correto e justo que qualquer acusado, às vésperas de um julgamento, pudesse simplesmente destituir o seu advogado e depois pedir prazo para constituir outro. Em seguida, pediu vista a Ministra Rosa Weber.
HC 118856/SP, rel. Min. Marco Aurélio, 8.4.2014. (HC-118856)

Nulidade e julgamento de apelação sem advogado constituído - 3
Ante o empate na votação, a 1ª Turma, em conclusão de julgamento, concedeu "habeas corpus" para declarar insubsistente a condenação do paciente tendo em vista a nulidade do julgamento de apelação em virtude da ausência de defensor constituído do apelado, ora paciente — v. Informativo 742. No caso, às vésperas do exame da apelação interposta pelo Ministério Público contra sentença absolutória, o paciente requerera juntada de peça em que cassara os poderes outorgados aos advogados credenciados. Prevaleceu o voto do Ministro Marco Aurélio (relator). Afirmou ser estreme de dúvidas a ênfase normativa (CPP, artigos 261, 263, 264 e 265) à necessidade de o acusado contar com patrocínio no processo-crime. Notou que o caso seria de cassação e não de renúncia. Consignou que o ora paciente, absolvido em primeira instância, teria sido condenado sem defesa técnica. Considerou que o quadro revelaria constrangimento ilegal a alcançar o direito de ir e vir do paciente, uma vez que a absolvição acabara por transformar-se, com o crivo do tribunal decorrente do recurso interposto pelo Ministério Público, em substancial condenação. Por outro lado, os Ministros Roberto Barroso e Rosa Weber denegavam a ordem por entender não estar configurada a nulidade, uma vez que o único ato processual que teria deixado de ser praticado por atitude deliberada do paciente seria a sustentação oral, ato reputado dispensável segundo a jurisprudência do STF.
HC 118856/SP, rel. Min. Marco Aurélio, 10.6.2014. (HC-118856) (Inform. STF 750)

Queixa-crime: pedido de adiamento e prescrição

O Plenário, ao resolver questão de ordem trazida pelo Ministro Dias Toffoli (relator), deliberou, por decisão majoritária, adiar o julgamento de queixa-crime na qual se discute suposta prática de calúnia por senador. No caso, o advogado do querelante apresentara pedido de adiamento do feito, tendo em conta a impossibilidade de comparecer para fins de sustentação oral. Ocorre que, deferido o adiamento, operar-se-ia a extinção da punibilidade pela prescrição da pretensão punitiva. O relator destacou que o advogado do querelado, ouvido da tribuna, não se opusera ao adiamento. Ademais, frisou cuidar-se de ação penal privada. O Ministro Ricardo Lewandowski assentou que seria direito fundamental da parte ser representada pela defesa técnica, de maneira que a continuidade do julgamento sem a presença do advogado implicaria nulidade. Ademais, salientou que, nos termos do art. 21, I, do RISTF, o relator seria soberano para retirar determinado feito de pauta conforme julgasse conveniente. Vencidos os Ministros Teori Zavascki, Gilmar Mendes, Celso de Mello e Joaquim Barbosa (Presidente), que não acolhiam o pedido de adiamento. O Ministro Teori Zavascki frisava a relevância de se defender uma causa perante o STF, de modo que não poderia haver compromisso maior. Sublinhava, ainda, que o advogado do querelante seria experiente e notável, de modo que o problema da prescrição não teria sido despercebido. O Ministro Celso de Mello registrava que, embora se cuidasse de ação penal privada, o interesse de punir pertenceria ao Estado e seria de ordem pública. Assim, o Colegiado não poderia concorrer para a consumação da prescrição penal.
AP 584 QO/PR, rel. Min. Dias Toffoli, 10.4.2014. (AP-584) (Inform. STF 742)

HC N. 107.054-SP

RELATOR: MIN. DIAS TOFFOLI
EMENTA: *Habeas corpus*. Processual Penal. Alegação de cerceamento de defesa. Defensores que não puderam estar presentes à sessão de julgamento da apelação para oferecer sustentação oral. Ausência de nulidade. Precedentes. Ordem denegada.
1. O Supremo Tribunal Federal fixou o entendimento de que, por possuir caráter facultativo, o indeferimento de pedido de adiamento de sessão de julgamento, pela impossibilidade de comparecimento do advogado da parte para oferecer sustentação oral, não gera nulidade.
2. Ademais, conforme já se manifestou a Suprema Corte "a excepcionalidade do adiamento de uma sessão de julgamento, por alegada impossibilidade de comparecimento do Advogado do réu, impõe e justifica a exigência de necessária comprovação da causa impeditiva invocada. Esse ônus processual, que foi por ele descumprido, não pode ser, agora, invocado em benefício do impetrante, para o efeito de desconstituir decisão validamente proferida pelo Tribunal" (HC nº 61.714/RJ, Primeira Turma, Relator o Ministro **Celso de Mello**, DJ de 15/3/91).
3. **Habeas corpus** denegado. **(Inform. STF 734)**

Ausência de inclusão do feito na pauta de audiência e nulidade - 1

A 1ª Turma iniciou julgamento de *habeas corpus* no qual se discute a obrigatoriedade, ou não, de se afixar cópia da pauta de julgamento no saguão do fórum. No caso, o advogado do paciente fora intimado pessoalmente da data de audiência de instrução e julgamento, porém, ante sua ausência no dia avençado, o magistrado nomeara defensor dativo. Argui o impetrante que comparecera à sede do juízo na data aprazada, porém, constatara que, na pauta da sessão de julgamento daquele dia, não fora inserido o processo a que vinculado e, por isso, concluíra pela sua não-ocorrência. Avisado da realização da audiência, conseguira fazer-se presente quando já ouvidas as testemunhas de acusação e uma de defesa. Sustenta prejuízo ao paciente, porquanto o defensor nomeado pelo magistrado deixara de formular perguntas que seriam relevantes para a defesa. Noticia ter impugnado o fato, mediante petição, com pedido de nova audiência, o que fora indeferido, a acarretar cerceamento de defesa. **HC 107882 Seg. Julg./MG, rel. Min. Luiz Fux, 5.6.2012. (HC-107882)**

Ausência de inclusão do feito na pauta de audiência e nulidade - 2

O Min. Luiz Fux, relator, denegou a ordem, no que foi acompanhado pela Min. Rosa Weber. Ante a lacuna da lei, asseverou o cabimento, no campo do direito punitivo, da analogia, da interpretação extensiva e dos princípios gerais do direito. Entretanto, consignou que o costume não seria fonte do direito penal nem do processo penal. Destacou que a comunicação de atos processuais envolveria questão de legalidade estrita. Apontou que a lei processual penal não exigiria a afixação de cópia da pauta de julgamento

no saguão do fórum e, por isso, não vislumbraria constrangimento ilegal a ensejar a anulação da audiência. Concluiu que o impetrante não lograra demonstrar o prejuízo causado ao réu, assim como o alegado cerceamento de defesa. Em divergência, o Min. Marco Aurélio concedeu o *writ*. Frisou que, nos termos da Constituição, o advogado seria indispensável à administração da justiça. Pontuou que o Poder Judiciário não poderia ser uma caixa de surpresa para a parte e profissionais da advocacia. Acrescentou que, na espécie, a defesa técnica fora induzida a erro ao confiar em documento tradicionalmente afixado pelo cartório em lugar próprio e que, por lapso, equívoco ou esquecimento, não continha em seu rol o processo do seu cliente. Entendeu que teria ocorrido nulidade. Após, pediu vista dos autos o Min. Dias Toffoli. **HC 107882 Seg. Julg./MG, rel. Min. Luiz Fux, 5.6.2012. (HC-107882)**

Ausência de inclusão do feito na pauta de audiência e nulidade - 3

Em conclusão de julgamento, a 1ª Turma, por maioria, declarou extinto *habeas corpus* pela inadequação da via processual eleita — v. Informativo 669. O Ministro Luiz Fux, relator, tendo em vista a alteração da jurisprudência, retificou seu voto para acompanhar o voto-vista do Ministro Dias Toffoli, no sentido da extinção do *writ*. A defesa discutia, na espécie, a obrigatoriedade de se afixar cópia da pauta de julgamento no saguão do fórum. No caso, o advogado do paciente fora intimado pessoalmente da data de audiência de instrução e julgamento, porém, ante sua ausência no dia acordado, o magistrado nomeara defensor dativo. A Turma asseverou que o *habeas* fora ajuizado como substitutivo de recurso ordinário constitucional (CF, art. 102, II, a), o que esbarraria na atual jurisprudência. Vencido o Ministro Marco Aurélio, que concedia a ordem. Destacava que, nos termos da Constituição, o advogado seria indispensável à administração da justiça. **HC 107882/MG, rel. Min. Luiz Fux, 12.11.2013. (HC-107882) (Inform. STF 728)**

Videoconferência e entrevista reservada com defensor - 1

A 1ª Turma iniciou julgamento de *habeas corpus* em que pretendida declaração de nulidade de ação penal decorrente da realização do interrogatório do paciente por videoconferência quando não havia previsão legal. A outra nulidade suscitada se referia à não-concessão do direito de entrevista reservada com seu defensor. O Min. Marco Aurélio, relator, denegou a ordem. Consignou, quanto à aplicação, no tempo, da lei disciplinadora do interrogatório mediante videoconferência, que essa matéria não teria sido analisada pelo STJ. Assentou ainda que, antes do interrogatório, o juiz, seus auxiliares e o representante do Ministério Público teriam se retirado da sala de audiência e nela teriam permanecido apenas os policiais, o que não impedia a entrevista do paciente com seu defensor. Na sequência, pediu vista dos autos o Min. Luiz Fux.
HC 104603/SP, rel. Min. Marco Aurélio, 11.10.2011.(HC-104603)

Videoconferência e entrevista reservada com defensor - 2

A 1ª Turma retomou julgamento de *habeas corpus* em que pretendida declaração de nulidade de ação penal decorrente da realização do interrogatório do paciente por videoconferência quando não havia previsão legal — v. Informativo 644. O Min. Luiz Fux acompanhou o Min. Marco Aurélio, relator, e denegou a ordem. Após, pediu vista o Min. Dias Toffoli.
HC 104603/SP, rel. Min. Marco Aurélio, 6.12.2011. (HC-104603)

Videoconferência e entrevista reservada com defensor - 3

A 1ª Turma retomou julgamento de *habeas corpus* em que pretendida a declaração de nulidade de ação penal decorrente da realização do interrogatório do paciente por videoconferência, quando não havia previsão legal. A outra nulidade suscitada referir-se-ia à não concessão do direito de entrevista reservada com seu defensor — v. Informativos 644 e 651. Em divergência, o Min. Dias Toffoli, depois de extinguir o *writ* — por considerar inadequado o meio escolhido e ao harmonizar-se com posicionamento atual deste Colegiado —, concedeu, de ofício, a ordem para anular o interrogatório realizado por videoconferência, bem assim os atos processuais posteriores dele dependentes. A princípio, salientou que seu voto concluiria da mesma maneira que decisão do STJ proferida após iniciado o exame do presente *habeas*, sem enfrentar tema relativo à prisão do paciente. Sublinhou que, na primeira oportunidade, a defesa insurgira-se expressamente contra o interrogatório. Explicou que se dera a ela a possibilidade de complementar o ato, mas sem revogação do ocorrido com autorização em lei estadual. O defensor, em audiência, aceitara a feitura de outro, e não a complementação do anterior. Consignou que inexistiria, à

4. DIREITO PROCESSUAL PENAL   309

época, regramento federal a esse respeito. Assim, reafirmou orientação do STF no sentido de que a videoconferência dependeria de norma federal e de que a lei paulista seria inconstitucional. Na sequência, ante a notícia de que sobreviera entendimento do STJ favorável ao paciente, a Turma, ao acolher proposta do Min. Marco Aurélio, relator, determinou o sobrestamento deste *writ* até o trânsito em julgado da mencionada decisão.
HC 104603/SP, rel. Min. Marco Aurélio, 5.2.2013.(HC-104603)

Videoconferência e entrevista reservada com defensor - 4
Em conclusão de julgamento, a 1ª Turma concedeu *habeas corpus* de ofício, ante o excesso de prazo, para determinar a expedição de alvará de soltura do paciente. A impetração arguia a nulidade de ação penal em virtude de realização de interrogatório por videoconferência quando não havia previsão legal — v. Informativos 644, 651 e 694. O Ministro Marco Aurélio, relator, ante a notícia do trânsito em julgado da decisão do STJ, aditou o voto proferido em assentada anterior para deferir o *writ*, no que foi acompanhado pela Turma. Aduziu que o STJ anulara o processo-crime em que o paciente figurava como réu, mas deixara de implementar sua liberdade. Salientou que a prisão passara a ser provisória, não mais resultante da execução da pena, pois o título judicial fora anulado.
HC 104603/SP, rel. Min. Marco Aurélio, 8.10.2013. (HC-104603) (Inform. STF 723)

HC N. 114.786-SP
RELATOR: MIN. GILMAR MENDES
Habeas corpus. 2. Homicídio duplamente qualificado. Estupro e atentado violento ao pudor. Pronúncia. 3. Audiência de instrução. Inobservância da regra sobre inquirição de testemunhas prevista no art. 212 do CPP. Preclusão da matéria. Prejuízo não demonstrado. Nulidade relativa. Precedentes. 4. Excesso de prazo. Questão superada. Superveniência de sentença condenatória. Presença dos fundamentos da prisão preventiva. 5. Constrangimento ilegal inexistente. Ordem denegada. **(Inform. STF 720)**

RHC N. 116.850-RJ
RELATOR: MIN. RICARDO LEWANDOWSKI
Ementa: RECUSO ORDINÁRIO EM *HABEAS CORPUS*. PROCESSUAL PENAL. INTEMPESTIVIDADE. NÃO CONHECIMENTO. CONCESSÃO DA ORDEM DE OFÍCIO. DESCABIMENTO. RECORRENTE CONDENADA PELO DELITO DE PECULATO (ART. 312 DO CP). CONDENAÇÃO TRANSITADA EM JULGADO. AUSÊNCIA DE DEFESA PRÉVIA. ART. 514 DO CPP. NULIDADE RELATIVA. DEFESA TÉCNICA. DEFICIÊNCIA. MATÉRIA QUE NÃO FOI ANALISADA PELO SUPERIOR TRIBUNAL DE JUSTIÇA. SUPRESSÃO DE INSTÂNCIA.
I – O acórdão impugnado foi publicado em 26/10/2012 e o recurso foi protocolizado, mediante fax, em 17/11/2012, fora, portanto, do prazo de cinco dias previsto no art. 310 do Regimento Interno do Supremo Tribunal Federal, o que impede o seu conhecimento.
II – Esta Corte já decidiu, por diversas vezes, que a defesa preliminar de que trata o art. 514 do Código de Processo Penal tem como objetivo evitar a propositura de ações penais temerárias contra funcionários públicos e, por isso, a ausência de defesa preliminar constitui apenas nulidade relativa.
III – É o entendimento deste Tribunal, de resto, que para o reconhecimento de eventual nulidade, ainda que absoluta, faz-se necessária a demonstração do efetivo prejuízo, o que não ocorreu na espécie. Precedente.
IV – A matéria relativa à deficiência da defesa técnica não foi abordada na petição inicial do HC e no acórdão ora questionado, fato que impede o seu conhecimento por esta Corte, sob pena de indevida supressão de instância e de extravasamento dos limites de competência previstos no art. 102 da Constituição Federal.
V – Recurso ordinário em *habeas corpus* não conhecido. **(Inform. STF 719)**

HC N. 112.811-SP
RELATORA: MIN. CÁRMEN LÚCIA
EMENTA: *HABEAS CORPUS*. CONSTITUCIONAL. PROCESSUAL PENAL. NULIDADE DO INTERROGATÓRIO. SIGILO NA QUALIFICAÇÃO DE TESTEMUNHA. PROGRAMA DE PROTEÇÃO À TESTEMUNHA. PROVIMENTO N. 32/2000 DA CORREGEDORIA DO TRIBUNAL DE JUSTIÇA PAULISTA. ACESSO RESTRITO À INFORMAÇÃO. NULIDADE INEXISTENTE. IMPOSSIBILIDADE DE REEXAME DE FATO EM *HABEAS CORPUS*. ORDEM DENEGADA.
1. Não se comprova, nos autos, a presença de constrangimento ilegal a ferir direito dos Pacientes, nem ilegalidade ou abuso de poder a ensejar a concessão da presente ordem de *habeas corpus*.

2. Não há falar em nulidade da prova ou do processo-crime devido ao sigilo das informações sobre a qualificação de uma das testemunhas arroladas na denúncia, notadamente quando a ação penal omite o nome de uma testemunha presencial dos crimes que, temendo represálias, foi protegida pelo sigilo, tendo sua qualificação anotada fora dos autos, com acesso exclusivo ao magistrado, acusação e defesa. Precedentes.
3. O *habeas corpus* não é instrumento processual adequado para análise da prova, para o reexame do material probatório produzido, para a reapreciação da matéria de fato e também para a revalorização dos elementos instrutórios colididos no processo penal de conhecimento. Precedentes.
4. Ordem denegada. **(Inform. STF 715)**

RHC. 109.978-DF
RELATOR: MIN. LUIZ FUX
Ementa: PENAL E PROCESSUAL PENAL. RECURSO ORDINÁRIO EM *HABEAS CORPUS*. QUADRILHA OU BANDO (ART. 288 DO CP). AUDIÊNCIA DE OITIVA DE TESTEMUNHAS REALIZADA NO JUÍZO DEPRECADO. PACIENTE SOB CUSTÓDIA. AUSÊNCIA DE REQUISIÇÃO. ALEGAÇÃO DE NULIDADE ABSOLUTA. IMPROCEDÊNCIA. RECURSO ORDINÁRIO EM *HABEAS CORPUS* A QUE SE NEGA PROVIMENTO.
1. A declaração de nulidade no direito penal não prescinde da demonstração do efetivo prejuízo para a defesa, consoante dispõe o artigo 563 do Código de Processo Penal, o que importa dizer que a desobediência às formalidades estabelecidas na legislação processual somente poderá implicar o reconhecimento da invalidade do ato quando a sua finalidade estiver comprometida em virtude do vício verificado. Precedentes: HC 68.436, Primeira Turma, Relator o Ministro Celso de Mello, DJ de 27.03.92; HC 95.654, Segunda Turma, Relator o Ministro Gilmar Mendes, DJe de 15.10.10; HC 84.442, Primeira Turma, Relator o Ministro Carlos Britto, DJe de 25.02.05; HC 75.225, Primeira Turma, Relator o Ministro Sepúlveda Pertence, DJ de 19.12.97; RHC 110.056, Primeira Turma, Relator o Ministro Luiz Fux, DJ de 09.05.12.
2. A ausência do acusado na audiência de instrução não constitui vício insanável apto a ensejar a nulidade absoluta do processo, posto tratar-se de nulidade relativa, exigindo-se, para o seu reconhecimento, a demonstração de prejuízo à defesa.
3. *In casu*, o paciente encontra-se sob custódia e o Juízo deprecante deixou de requisitá-lo para participar de audiência de oitiva de testemunhas no Juízo deprecado, em razão de dificuldades enfrentadas pelo Estado de São Paulo em *"promover o transporte e a devida escolta de presos"*, assegurando, todavia, a presença de seu defensor no ato.
4. O defensor do paciente compareceu ao ato processual, tendo, inclusive, formulado reperguntas, comprovando a inexistência de prejuízo para a defesa (*"pas de nullités sans grief"*).
5. A possibilidade de o réu não comparecer à audiência é uma expressão do direito constitucional ao silêncio (art. 5º, LXIII, da CF/88), pois *"nemo tenetur se deterege"*.
6. Recurso ordinário em *habeas corpus* a que se nega provimento. **(Inform. STF 714)**

AG. REG. NO HC N. 116.481-SP
RELATORA: MIN. ROSA WEBER
EMENTA: AGRAVO REGIMENTAL NO *HABEAS CORPUS*. PROCESSO PENAL. TRÁFICO INTERNACIONAL DE DROGAS. SUBSTITUTIVO DE RECURSO CONSTITUCIONAL. INADEQUAÇÃO DA VIA ELEITA. PROCEDIMENTO PREVISTO NO ART. 38 DA LEI 10.409/2002. INOBSERVÂNCIA. NULIDADE RELATIVA. FALTA DE DEMONSTRAÇÃO DE PREJUÍZO.
1. Contra a denegação de *habeas corpus* por Tribunal Superior prevê a Constituição Federal remédio jurídico expresso, o recurso ordinário. Diante da dicção do art. 102, II, *a*, da Constituição da República, a impetração de novo *habeas corpus* em caráter substitutivo escamoteia o instituto recursal próprio, em manifesta burla ao preceito constitucional.
2. É relativa a nulidade decorrente da inobservância do rito processual estabelecido na Lei 10.409/2002, sendo imprescindível comprovação de efetivo prejuízo.
3. O princípio maior que rege a matéria é de que não se decreta nulidade sem prejuízo, conforme o art. 563 do Código de Processo Penal. Não se prestigia a forma pela forma, com o que se dá, irregularidade formal, não defui prejuízo, o ato deve ser preservado.
4. Agravo regimental conhecido e não provido. **(Inform. STF 713)**

310 VADE MECUM DE JURISPRUDÊNCIA – STF/STJ

RHC N. 115.520-SP

RELATOR: MIN. RICARDO LEWANDOWSKI

Ementa: HABEAS CORPUS. PACIENTE DENUNCIADO E, POSTERIORMENTE, CONDENADO PELO CRIME PREVISTO NO ART. 229 DO CÓDIGO PENAL. DECISÃO QUE AFASTOU AS QUESTÕES SUSCITADAS NA RESPOSTA À ACUSAÇÃO. FUNDAMENTAÇÃO ADEQUADA. CONDENAÇÃO POSTERIOR SUPERA AS TESES DEFENSIVAS APRESENTADAS PRELIMINARMENTE. ORDEM DENEGADA.

I – A assertiva de ausência de fundamentação da decisão que rejeitou as questões suscitadas em resposta à acusação não deve ser acolhida, pois o magistrado processante examinou, ainda que de forma concisa, as teses defensivas apresentadas e concluiu pelo prosseguimento da ação penal por não vislumbrar inépcia da denúncia e nenhuma das hipóteses de absolvição sumária, previstas no art. 397 do CPP.

II – Ausência de violação do art. 93, IX, da Constituição Federal, que impõe ao magistrado o dever de motivar e fundamentar toda decisão judicial.

III – Proferida a sentença condenatória, com a imposição da pena de 2 anos de reclusão, convertida em prestação de serviços à comunidade, ficam superadas todas as questões suscitadas na resposta à acusação, ante o reconhecimento da existência de materialidade e a comprovação da autoria do crime.

IV – Incide, na espécie, mutatis mutandis, o entendimento sedimentado nesta Corte no sentido que "a superveniência de sentença condenatória, que denota a viabilidade da ação penal, prejudica a preliminar de nulidade processual por falta de defesa prévia à denúncia" (HC 89.517/RJ, Rel. Min. Cezar Peluso).

V – Habeas corpus denegado. **(Inform. STF 707)**

RHC N. 113.307-SP

RELATOR: MIN. GILMAR MENDES

Habeas corpus. 2. Apropriação indébita qualificada. Condenação. 3. Audiência de oitiva das testemunhas de defesa. Dispensa de testemunha por parte do defensor dativo. Homologação da desistência. Pedido de nulidade de tal decisão e de todos os atos subsequentes. 4. Testemunha que não comparece à audiência, embora intimada. Nomeação regular de defensor ad hoc nos termos do art. 265, § 2°, do CPP, em razão do não comparecimento do advogado constituído. Réu, (advogado) embora presente, nada arguiu a respeito. 5. Ausência de prejuízo. 6. Ordem denegada. **(Inform. STF 706)**

Advogado e defesa técnica - 3

Em conclusão, a 1ª Turma, em face da inadequação da via eleita, por ser o habeas corpus substitutivo de recurso constitucional, declarou extinto, sem resolução de mérito, o writ em que se pretendia a declaração de nulidade de processo, em virtude de ausência de defesa ou dos atos praticados por advogado que, com inscrição suspensa na OAB, apresentara as razões de apelação – v. Informativo 693. No entanto, concedeu-se a ordem, de ofício, ante empate na votação, para declarar nulo o processo a partir das alegações finais, inclusive. Constatou-se falta de atuação do causídico na defesa técnica do paciente. Votaram no sentido da impossibilidade da concessão da ordem de ofício os Ministros Rosa Weber e Dias Toffoli, que apenas examinavam a questão no que tange à extinção do processo. Aduziam que a suspensão do causídico junto à OAB seria apenas decorrente de débito junto àquela instituição, fato que não desqualificaria tecnicamente o profissional que apresentara a defesa, ainda que deficiente.

HC 110271/ES, rel. Min. Marco Aurélio, 7.5.2013. (HC-110271) (Inform. STF 705)

Ausência de citação de réu preso e nulidade - 2

Diante do comparecimento do preso em juízo, não é possível invocar nulidade por ausência de citação. Com base neste entendimento, a 2ª Turma desproveu recurso ordinário em habeas corpus em que se alegava constrangimento ilegal decorrente de falta de citação pessoal do paciente para audiência de interrogatório. A impetração sustentava, ainda, nulidade absoluta da ação penal por suposta ofensa aos princípios constitucionais da legalidade, da ampla defesa e do contraditório – v. Informativo 644. Ressaltou-se que, conquanto preso, o réu teria sido regularmente requisitado à autoridade carcerária a fim de comparecer ao interrogatório. Na oportunidade, teria sido entrevistado e assistido por defensor dativo. No ponto, destacou-se o art. 570 do CPP ("A falta ou a nulidade da citação, da intimação ou notificação estará sanada, desde que o interessado compareça, antes de o ato consumar-se, embora declare que o faz para o único fim de argui-la. O juiz ordenará, todavia, a suspensão ou o adiamento do ato, quando reconhecer

que a irregularidade poderá prejudicar direito da parte"). Frisou-se que a apresentação do denunciado ao juízo, a despeito de não cumprir a ortodoxia da novel redação do art. 360 do CPP, introduzida pela Lei 10.792/2003 ("Se o réu estiver preso, será pessoalmente citado"), supriria a eventual ocorrência de nulidade. Ademais, sublinhou-se que o mencionado vício não fora arguido oportunamente, em defesa preliminar ou nas alegações finais, mas só após o julgamento de apelação criminal, em sede de embargos de declaração, o que corroboraria a inexistência de prejuízo ao paciente.

RHC 106461/DF, rel. Min. Gilmar Mendes, 7.5.2013. (RHC-106461) (Inform. STF 705)

RHC N. 107.394-ES

RELATORA: MIN. ROSA WEBER

EMENTA: RECURSO ORDINÁRIO EM HABEAS CORPUS. PROCESSO PENAL. NULIDADE PROCESSUAL. AUSÊNCIA DE INTIMAÇÃO DE DEFENSOR CONSTITUÍDO. PREJUÍZO DEMONSTRADO.

Ausência de intimação do defensor constituído para comparecer na audiência de oitiva das testemunhas da acusação. O legislador processual penal acolheu expressamente o princípio de conservação, significando que, sem prejuízo, não há que se reconhecer nulidade, ainda que se esteja diante de vício existente. Prejuízo aferido em relação ao procedimento concreto no qual está sendo questionado o descumprimento da normativa estabelecida em lei. Desrespeito aos princípios constitucionais do contraditório e da ampla defesa, uma vez que a prova oral produzida na audiência de instrução realizada sem a prévia intimação do defensor constituído e do próprio réu foi relevante na conclusão do juízo condenatório Prejuízo demonstrado. Nulidade reconhecida. Recurso ordinário em habeas corpus não provido, mas com concessão da ordem ofício, para invalidar, desde a audiência de inquirição de testemunhas da acusação, inclusive, o Processo n° 035.020.583.437 (2965) da Terceira Vara Criminal da Comarca de Vila Velha/ES, anulando, em consequência, a condenação penal imposta. **(Inform. STF 705)**

HC N. 113.408-RS

RELATORA: MIN. CÁRMEN LÚCIA

EMENTA: HABEAS CORPUS. PENAL. PROCESSO PENAL. REVOGAÇÃO DE MANDATO E CONSTITUIÇÃO DE NOVOS ADVOGADOS. INTIMAÇÃO IRREGULAR. NULIDADE DOS ATOS SUBSEQUENTES. PRINCÍPIO DA AMPLA DEFESA. ORDEM CONCEDIDA.

1. É nula a intimação de ato processual feita apenas em nome de advogado, cujo mandato havia sido revogado pela parte, que constitui novos procuradores.

2. Constatada a omissão do Poder Judiciário em juntar ao processo a nova procuração outorgada pela parte, assim como o ato de revogação do anterior mandato, impõe-se, em respeito ao princípio da ampla defesa, o reconhecimento da nulidade das intimações de todos os atos processuais feitas em nome de advogado que não mais detinha poder de representação.

3. Ordem concedida. **(Inform. STF 704)**

Competência em razão da matéria e distribuição: alteração de norma regimental

A 2ª Turma negou provimento a recurso ordinário em habeas corpus no qual condenado pela prática de estupro pretendia a anulação de julgado de tribunal estadual sob o argumento de ilegalidade na composição do quórum de julgamento. Na espécie, em face de inobservância do quórum mínimo de dois terços de desembargadores efetivos do tribunal de justiça, o STJ anulara o julgamento. Ao retornar à Corte Estadual, o feito fora distribuído, em 10.12.2010, à mesma desembargadora relatora, integrante de Câmara Cível que, em sessão de 29.6.2011, novamente o condenara. Destarte, em setembro de 2008, alteração no regimento interno do tribunal local conferira nova redação ao art. 158, § 3° ("Art. 158. ... §3° A distribuição de processos de competência originária do Tribunal Pleno será feita, conforme a matéria, a Desembargador Cível ou Criminal"). No presente habeas, o paciente alegava nulidade absoluta do julgamento em razão de não ter sido observado o citado preceito regimental, a ensejar a revogação do decreto de prisão preventiva. Asseverou-se que o novo dispositivo regimental não modificara a competência para julgamento da ação penal, que continuara a pertencer ao tribunal pleno da Corte estadual, conforme artigo daquela mesma norma (art. 83, X, a). Destacou-se que ocorrera apenas a introdução de regra a determinar que a relatoria do feito, ou no seu julgamento, competiria a desembargador integrante de órgão fracionário cível ou penal, conforme o tema. Reportou-se ao parecer da Procuradoria-Geral da República que obtemperara que

4. DIREITO PROCESSUAL PENAL

eventual incompetência em razão da matéria deveria ser arguida em função do órgão ao qual competiria julgar a causa como um todo. Pouco importaria se o relator fosse componente de turma cível ou criminal na Corte de Justiça, ainda que houvesse previsão regimental a privilegiar a relatoria de ação penal ao magistrado que compusesse turma criminal. No que concerne ao pleito de revogação da ordem de segregação cautelar, aduziu-se que a decisão que lhe negara o direito de recorrer em liberdade estaria devidamente fundamentada em elementos concretos que demonstrariam a necessidade da custódia para a garantia da ordem pública e para assegurar a aplicação da lei penal. Por fim, destacou-se jurisprudência do STF no sentido de que para o reconhecimento de nulidade, ainda que absoluta, necessária a demonstração do efetivo prejuízo, o que não teria ocorrido.
RHC 117096/BA, rel. Min. Ricardo Lewandowski, 23.4.2013. (RHC-117096) (Inform. STF 703)

HC N. 113.340-SP

RELATOR: MIN. RICARDO LEWANDOWSKI
Ementa: PROCESSUAL PENAL. HABEAS CORPUS. SUSTENTAÇÃO ORAL. COMUNICAÇÃO DA DATA DE JULGAMENTO POR QUALQUER MEIO. EXIGÊNCIA QUE DECORRE DO PRINCÍPIO DA AMPLA DEFESA. ART. 5º, LIV E LV, DA CONSTITUIÇÃO FEDERAL. PEDIDO DA DEFESA PARA QUE O RECURSO INTERPOSTO NO SUPERIOR TRIBUNAL DE JUSTIÇA SEJA REDISTRIBUÍDO A OUTRO ÓRGÃO JULGADOR. IMPOSSIBILIDADE. ORDEM PARCIALMENTE CONCEDIDA.
I – Esta Corte tem manifestado o entendimento de que, revelada pela defesa a intenção de sustentar oralmente as teses da impetração, deve ser assegurada a ela tal possibilidade. Precedentes.
II – O impetrante/paciente logrou demonstrar a existência de manifestação prévia, em que restou evidenciado o interesse em realizar sustentação oral.
III – Sem razão o impetrante/paciente relativamente ao pleito para que o referido RHC seja redistribuído para outro Órgão Colegiado do Superior Tribunal de Justiça. Isso porque, conforme enfatizou o parecer ministerial, "cabe àquela Corte de Justiça a distribuição automática dos processos, conforme a competência e prevenção dos feitos".
IV – Desnecessidade de anulação do acórdão proferido pela Primeira Turma desta Corte no HC 107.644/SP, tendo em vista que, embora essa impetração tenha se voltado contra aquele primeiro julgamento do RHC, ora atacado, os momentos processuais são distintos e não impedem que a defesa do impetrante/paciente possa questionar neste Tribunal a nova decisão a ser proferida no STJ, caso lhe seja desfavorável.
V – Ordem parcialmente concedida para anular o acórdão proferido pelo Superior Tribunal de Justiça no RHC ora atacado, a fim de que outro julgamento seja realizado, devendo o procurador do impetrante/paciente ser cientificado, por qualquer meio, para o referido ato processual. **(Inform. STF 703)**

DIREITO PROCESSUAL PENAL. HIPÓTESE EM QUE A AUSÊNCIA DE INTIMAÇÃO PESSOAL DO DEFENSOR DATIVO NÃO GERA RECONHECIMENTO DE NULIDADE.
A intimação do defensor dativo apenas pela impressa oficial não implica reconhecimento de nulidade caso este tenha optado expressamente por esta modalidade de comunicação dos atos processuais, declinando da prerrogativa de ser intimado pessoalmente. Não se desconhece o entendimento pacífico do STJ no sentido de que, a teor do disposto no art. 370, § 4º, do CPP e do art. 5º, § 5º, da Lei 1.060/1950, a ausência de intimação pessoal da Defensoria Pública ou do defensor dativo sobre ato do processo gera, em regra, a sua nulidade (HC 302.868-SP, Sexta Turma, DJe 12/2/2015; e AgRg no REsp 1.292.521-GO, Quinta Turma, DJe 3/10/2014). Ocorre que a peculiaridade de o próprio defensor dativo ter optado por ser intimado pela imprensa oficial, declinando da prerrogativa de ser pessoalmente cientificado dos atos processuais, impede o reconhecimento dessa nulidade. Precedente citado: RHC 44.684-SP, Sexta Turma, DJe 11/2/2015. **HC 311.676-SP, Rel. Min. Jorge Mussi, julgado em 16/4/2015, DJe 29/4/2015 (Inform. STJ 560).**

DIREITO PROCESSUAL PENAL. LIMITES À FUNDAMENTAÇÃO PER RELATIONEM.
É nulo o acórdão que se limita a ratificar a sentença e a adotar o parecer ministerial, sem sequer transcrevê-los, deixando de afastar as teses defensivas ou de apresentar fundamento próprio. Isso porque, nessa hipótese, está caracterizada a nulidade absoluta do acórdão por falta de fundamentação. De fato, a jurisprudência tem admitido a chamada fundamentação per relationem, mas desde que o julgado faça referência concreta às peças que pretende encampar, transcrevendo delas partes que julgar interessantes para

legitimar o raciocínio lógico que embasa a conclusão a que se quer chegar. Precedentes citados: HC 220.562-SP, Sexta Turma, DJe 25/2/2013; e HC 189.229-SP, Quinta Turma, DJe 17/12/2012. **HC 214.049-SP, Rel. originário Min. Nefi Cordeiro, Rel. para acórdão Min. Maria Thereza de Assis Moura, julgado em 5/2/2015, DJe 10/3/2015 (Inform. STJ 557).**

DIREITO PROCESSUAL PENAL. VALIDADE DO DEPOIMENTO SEM DANO NOS CRIMES SEXUAIS CONTRA CRIANÇA E ADOLESCENTE.
Não configura nulidade por cerceamento de defesa o fato de o defensor e o acusado de crime sexual praticado contra criança ou adolescente não estarem presentes na oitiva da vítima devido à utilização do método de inquirição denominado "depoimento sem dano", precluindo eventual possibilidade de arguição de vício diante da falta de alegação de prejuízo em momento oportuno e diante da aquiescência da defesa à realização do ato processual apenas com a presença do juiz, do assistente social e da servidora do Juízo. Em se tratando de crime sexual contra criança e adolescente, justifica-se a inquirição da vítima na modalidade de "depoimento sem dano", em respeito à sua condição especial de pessoa em desenvolvimento, procedimento aceito no STJ, inclusive antes da deflagração da persecução penal, mediante prova antecipada (HC 226.179-RS, Quinta Turma, DJe 16/10/2013). Ademais, o STJ tem entendido que a inércia da defesa, em situações semelhantes à presente, acarreta preclusão de eventual vício processual, mormente quando não demonstrado o prejuízo concreto ao réu, incidindo, na espécie, o art. 563 do CPP, que acolheu o princípio pas de nullité sans grief (HC 251.735-RS, Sexta Turma, DJe 14/4/2014). **RHC 45.589-MT, Rel. Min. Gurgel de Faria, julgado em 24/2/2015, DJe 3/3/2015 (Inform. STJ 556).**

DIREITO PROCESSUAL PENAL. DESCONSTITUIÇÃO DE ACÓRDÃO DE REVISÃO CRIMINAL QUE NÃO CORRESPONDE AO JULGAMENTO DO ÓRGÃO COLEGIADO.
O Tribunal pode, a qualquer momento e de ofício, desconstituir acórdão de revisão criminal que, de maneira fraudulenta, tenha absolvido o réu, quando, na verdade, o posicionamento que prevaleceu na sessão de julgamento foi pelo indeferimento do pleito revisional. O processo, em sua atual fase de desenvolvimento, é reforçado por valores éticos, com especial atenção ao papel desempenhado pelas partes, cabendo-lhes, além da participação para construção do provimento da causa, cooperar para a efetivação, a observância e o respeito à veracidade, à integralidade e à integridade do que se decidiu, conforme diretrizes do Estado Democrático de Direito. A publicação intencional de acórdão apócrifo – não autêntico; ideologicamente falso; que não retrata, em nenhum aspecto, o julgamento realizado – com o objetivo de beneficiar uma das partes não pode reclamar a proteção de nenhum instituto do sistema processual (coisa julgada, segurança jurídica, etc.), mesmo após o seu trânsito em julgado. Com efeito, ao sistema de invalidades processuais se aplicam todas as noções da teoria do direito acerca do plano de validade dos atos jurídicos de maneira geral. A validade do ato processual diz respeito à adequação do suporte fático que lhe subjaz e lhe serve de lastro. Nesse passo, não é possível estender ao ato ilícito os planos de validade e de eficácia destinados somente aos atos jurídicos lícitos, principalmente quando o suporte fático que lastreou o ato impugnado foi objeto de fraude, operada na publicação. Vale dizer, nenhum efeito de proteção do sistema processual pode ser esperado da publicação de um acórdão cujo conteúdo e resultado foram forjados. Sob esse viés, a atitude do Tribunal cingiu-se, apenas, a desconsiderar o ilícito, o que poderia, nessa ordem de ideias, ser feito em qualquer momento, mesmo sem provocação da parte interessada. Ademais, a manutenção dos efeitos da publicação ilícita refoge à própria finalidade da revisão criminal que, ao superar a intangibilidade da sentença transitada em julgado, cede espaço aos imperativos da justiça substancial. Nesse ponto, é bem verdade que a revisão criminal encontra limitações no direito brasileiro, e a principal delas diz respeito à modalidade de decisão que pode desconstituir. Desde que instituída a revisão criminal na Constituição de 1891, é tradição do processo penal brasileiro reconhecer – tomando o princípio do favor rei como referência – que somente as sentenças de condenação podem ser revistas. Entretanto, embora entre nós não se preveja, normativamente, a possibilidade de revisão do julgado favorável ao réu, a jurisprudência do STF autoriza a desconstituição da decisão terminativa de mérito em que se declarou extinta a punibilidade do acusado, em conformidade com os arts. 61 e 62 do CPP, tendo em vista a comprovação, posterior ao trânsito em julgado daquela decisão, de que o atestado de óbito motivador do decisum fora falsificado. Assim, o raciocínio a ser empregado na espécie há de ser o mesmo. Embora a hipótese em análise não reproduza o caso de certidão de óbito falsa, retrata a elaboração de acórdão falso, de conteúdo ideologicamente falsificado, sobre

o qual se pretende emprestar os efeitos da coisa julgada, da segurança jurídica e da inércia da jurisdição, o que ressoa absolutamente incongruente com a própria natureza da revisão criminal que é a de fazer valer a verdade. Não se trata, portanto, de rejulgamento da revisão criminal, muito menos se está a admitir uma revisão criminal pro societate. Trata-se de simples decisão interlocutória por meio da qual o Poder Judiciário, dada a constatação de flagrante ilegalidade na proclamação do resultado de seu julgado, porquanto sedimentado em realidade fática inexistente e em correspondente documentação fraudada, corrige o ato e proclama o resultado verdadeiro (veredicto). Pensar de modo diverso ensejaria ofensa ao princípio do devido processo legal, aqui analisado sob o prisma dos deveres de lealdade, cooperação, probidade e confiança, que constituem pilares de sustentação do sistema jurídico-processual. O processo, sob a ótica de qualquer de seus escopos, não pode tolerar o abuso do direito ou qualquer outra forma de atuação que enseje a litigância de má-fé. Logo, condutas contrárias à verdade, fraudulentas ou procrastinatórias conspurcam o objetivo publicístico e social do processo, a merecer uma resposta inibitória exemplar do Poder Judiciário. Portanto, visto sob esse prisma, não há como se tolerar, como argumento de defesa, suposta inobservância à segurança jurídica quando a estabilidade da decisão que se pretende seja obedecida é assentada justamente em situação de fato e em comportamento processual que o ordenamento jurídico visa coibir. **REsp 1.324.760-SP, Rel. Min. Sebastião Reis Júnior, Rel. para acórdão Min. Rogerio Schietti Cruz, julgado em 16/12/2014, DJe 18/2/2015 (Inform. STJ 555).**

DIREITO PENAL E PROCESSUAL PENAL. RECEBIMENTO DE DENÚNCIA POR AUTORIDADE INCOMPETENTE E PRESCRIÇÃO.
Quando a autoridade que receber a denúncia for incompetente em razão de prerrogativa de foro do réu, o recebimento da peça acusatória será ato absolutamente nulo e, portanto, não interromperá a prescrição. Precedente citado do STJ: REsp 819.168-PE, Quinta Turma, DJ 5/2/2007. Precedente citado do STF: HC 63.556-RS, Segunda Turma, DJ 9/5/1986. **APn 295-RR, Rel. Min. Jorge Mussi, julgado em 17/12/2014, DJe 12/2/2015 (Inform. STJ 555).**

DIREITO PROCESSUAL PENAL. REQUISIÇÃO DE RÉU PRESO PARA ENTREVISTA PESSOAL COM DEFENSOR PÚBLICO.
Não configura nulidade a negativa de pedido da Defensoria Pública de requisição de réu preso para entrevista pessoal com a finalidade de subsidiar a elaboração de defesa preliminar. Isso porque inexiste previsão legal que autorize a Defensoria Pública a transferir ao Poder Judiciário o ônus de promoção de entrevista pessoal do réu preso. Observe-se que o art. 185 do CPP garante ao acusado preso o direito à prévia entrevista pessoal com o respectivo defensor quando da realização do seu interrogatório ou de outros atos processuais que dependam da sua participação, hipóteses a que não se amolda a situação em análise. Ao que se tem, a realização de entrevista pessoal para esclarecimento de situações de fato, úteis à formulação da defesa dos réus presos, constitui, na verdade, atribuição da Defensoria Pública, cuja função consiste também em atuar diretamente nos presídios, conforme dispõe o art. 4º, XVII e § 11, da LC 80/1994. Além do mais, o direito de o preso ser requisitado para comparecer à Defensoria Pública estaria em colisão com o direito à segurança dos demais cidadãos, isso sem mencionar os recursos necessários para tal fim. Precedentes citados: RHC 40.980-RJ, Quinta Turma, DJe 8/5/2014; e RHC 36.495-RJ, Sexta Turma, DJe 5/9/2014. **RHC 50.791-RJ, Rel. Min. Sebastião Reis Júnior, julgado em 14/10/2014. (Inform. STJ 551)**

DIREITO PROCESSUAL PENAL. NECESSIDADE DE FUNDAMENTAR DECISÃO QUE DETERMINE DILIGÊNCIAS INVASIVAS DE ACESSO DE DADOS.
É nula a decisão que, sem fundamentação, determine o acesso a dados bancários, telefônicos e de empresas de transporte aéreo, ainda que as diligências tenham sido solicitadas com o objetivo de verificar o regular cumprimento de pena restritiva de direitos. De fato, é garantido ao cidadão o direito à intimidade e à vida privada, com a inviolabilidade do sigilo de seus dados, inclusive bancários e fiscal (art. 5º, X e XII, da CF; arts. 1º e 5º da Lei 9.296/1996; art. 1º, § 4º, e art. 2º da LC 105/2001; e art. 3º da Lei 9.472/1997). Embora não sejam absolutas as restrições de acesso à privacidade e aos dados pessoais do cidadão, é imprescindível que qualquer decisão judicial explicite os seus motivos (art. 93, IX, da CF), ainda que considerado o interesse público no acompanhamento da execução penal. **REsp 1.133.877-PR, Rel. Min. Nefi Cordeiro, julgado em 19/8/2014. (Inform. STJ 545)**

DIREITO PROCESSUAL PENAL. DESNECESSIDADE DE NOVAS INTIMAÇÕES DO ASSISTENTE DE ACUSAÇÃO QUE, INTIMADO, DEIXE DE COMPARECER A QUALQUER DOS ATOS DA INSTRUÇÃO OU DO JULGAMENTO.
Não há nulidade processual na hipótese em que o assistente de acusação, por não ter arrazoado recurso interposto pelo MP após ter sido intimado para tanto, deixe de ser intimado quanto aos atos processuais subsequentes. Segundo o art. 271, § 2º, do CPP, o assistente da acusação não será mais intimado se, sendo-o, não comparecer a qualquer dos atos de instrução e julgamento. Nesse passo, ao falar em atos de instrução e julgamento, quis a norma abranger todo e qualquer ato processual para cuja prática o assistente foi cientificado, em qualquer fase do processo, e não apenas em primeiro grau – especialmente porque o art. 269 do CPP estabelece que o assistente será admitido enquanto não passar em julgado a sentença. Dessa forma, se é possível a admissão do assistente em qualquer tempo, antes do trânsito em julgado da sentença, não há como entender que a pena pela sua desídia tenha como pressuposto apenas a falta de comparecimento a atos processuais a serem praticados em primeiro grau. Por outro lado, embora somente ocorram atos de instrução em primeiro grau, os atos de julgamento, nesse contexto, devem ser entendidos como todos aqueles atos processuais realizados durante a tramitação do processo no qual haja a previsão de participação ou manifestação do assistente, seja em primeira instância ou em grau recursal, entre eles, o oferecimento de razões recursais. **REsp 1.035.320-SP, Rel. Min. Sebastião Reis Júnior, julgado em 2/4/2013. (Inform. STJ 519)**

Súmula STF nº 708

É nulo o julgamento da apelação se, após a manifestação nos autos da renúncia do único defensor, o réu não foi previamente intimado para constituir outro.

Súmula STF nº 707

Constitui nulidade a falta de intimação do denunciado para oferecer contrarrazões ao recurso interposto da rejeição da denúncia, não a suprindo a nomeação de defensor dativo.

Súmula STF nº 706

É relativa a nulidade decorrente da inobservância da competência penal por prevenção.

Súmula STF nº 523

No processo penal, a falta da defesa constitui nulidade absoluta, mas a sua deficiência só o anulará se houver prova de prejuízo para o réu.

Súmula STF nº 431

É nulo o julgamento de recurso criminal, na segunda instância, sem prévia intimação, ou publicação da pauta, salvo em "habeas corpus".

Súmula STF nº 352

Não é nulo o processo penal por falta de nomeação de curador ao réu menor que teve a assistência de defensor dativo.

Súmula STF nº 155

É relativa a nulidade do processo criminal por falta de intimação da expedição de precatória para inquirição de testemunha.

14. RECURSOS

AG. REG. NO ARE N. 793.712-SP

RELATOR: MIN. EDSON FACHIN

Ementa: AGRAVO REGIMENTAL NO RECURSO EXTRAORDINÁRIO COM AGRAVO. MATÉRIA CRIMINAL. INTEMPESTIVIDADE DO PRIMEIRO AGRAVO. INAPLICABILIDADE DO PRAZO DA LEI 12.322/2010. INCIDÊNCIA DA SÚMULA 699 DO SUPREMO TRIBUNAL FEDERAL. SEGUNDO AGRAVO. APLICAÇÃO DA SISTEMÁTICA DA REPERCUSSÃO GERAL NO TRIBUNAL DE ORIGEM. INTERPOSIÇÃO DO AGRAVO PREVISTO NO ART. 544 DO CPC. NÃO CABIMENTO.

1. É intempestivo o agravo, em matéria criminal, que não observa o prazo de interposição de 05 (cinco) dias estabelecido no art. 28 da Lei 8.038/1990.

2. O Supremo Tribunal Federal, por maioria, resolvendo questão de ordem suscitada no ARE 639.846-AgR, manteve o enunciado da Súmula 699 do STF, ao relevar que não se aplica, na espécie, a alteração trazida pela Lei 12.322/2010 ao art. 544, *caput*, do Código de Processo Civil.

4. DIREITO PROCESSUAL PENAL · 313

3. Não cabe a esta Corte rever a aplicação da sistemática da repercussão geral no Juízo de origem, nos termos do que assentado no julgamento da Questão de Ordem no AI 760.358, Rel. Min. Gilmar Mendes.

3. Agravo regimental a que se nega provimento. **(Inform. STF 810)**

AG. REG. NO HC N. 130.276-DF

RELATOR: MIN. TEORI ZAVASCKI

EMENTA: PROCESSUAL PENAL. AGRAVO REGIMENTAL EM *HABEAS CORPUS* CONTRA DECISÃO DO STJ QUE APLICA A SISTEMÁTICA DA REPERCUSSÃO GERAL. AUSÊNCIA DE ILEGALIDADE.

1. Inexistente ilegalidade na decisão que não conheceu do agravo contra decisão que aplica a sistemática da repercussão geral para não admitir o extraordinário (art. 543-B, §§ 2º e 3º, do CPC). Isso porque o Plenário desta Corte firmou o entendimento de que não cabe recurso ou reclamação ao Supremo Tribunal Federal para rever decisão do Tribunal de origem que aplica a sistemática da repercussão geral, a menos que haja negativa motivada do juiz em se retratar para seguir a decisão da Suprema Corte. Precedentes.

2. Agravo regimental a que se nega provimento. **(Inform. STF 804)**

EMB. DECL. NOS EMB. DIV. NOS EMB. DECL. NO SEGUNDO AG. REG. NO AI N.621.124-RJ

RELATOR: MIN. ROBERTO BARROSO

EMENTA: DIREITO PENAL. EMBARGOS DE DECLARAÇÃO NOS EMBAR-GOS DE DIVERGÊNCIA NOS EMBARGOS DE DECLARAÇÃO NO SEGUNDO AGRAVO REGIMENTAL NO AGRAVO DE INSTRUMENTO. EMBARGOS DE DECLARAÇÃO RECEBIDOS COMO AGRAVO REGIMENTAL. RAZÕES RECURSAIS DISSOCIADAS DA FUNDAMENTAÇÃO DA DECISÃO RECOR-RIDA. PRESCRIÇÃO DA PRETENSÃO PUNITIVA ESTATAL. INOCORRÊNCIA.

1. A orientação jurisprudencial do Supremo Tribunal Federal é no sentido de que os embargos declaratórios opostos, com caráter infringente, objetivando a reforma da decisão do relator, devem ser conhecidos como agravo regimental (MI 823-ED-segundos, Rel. Min. Celso de Mello; Rcl 11.022-ED, Rel.ª Min.ª Cármen Lúcia; ARE 680.718-ED, Rel. Min. Luiz Fux).

2. As razões recursais não guardam pertinência com a fundamentação da decisão impugnada, que, portanto, permanece incólume.

3. Ademais, não é possível falar em extinção da punibilidade pela prescrição, uma vez que não transcorreu prazo superior a 12 anos entre os marcos interruptivos previstos nos incisos do art. 117 do Código Penal.

4. Embargos de declaração recebidos como agravo regimental a que se nega provimento, com determinação de baixa imediata dos autos à origem. **(Inform. STF 800)**

"Reformatio in pejus" e causa de diminuição de pena

A Primeira Turma, em conclusão de julgamento e por maioria, deu provimento a recurso ordinário em "habeas corpus" para determinar ao juízo de origem a aplicação da causa de diminuição de pena prevista no art. 33, § 4º, da Lei 11.343/2006, como entendesse de direito. No caso, o recorrente fora condenado à pena de cinco anos e dez meses de reclusão, no regime inicial fechado, pela prática do crime de tráfico de entorpecentes. Naquela oportunidade, o magistrado de primeiro grau ressaltara que, ante a reincidência, o réu não teria direito à causa de diminuição de pena prevista no art. 33, § 4º, da Lei 11.343/2006. Já em sede de apelação, o tribunal de justiça dera parcial provimento ao recurso defensivo, para, ao desconsiderar a reincidência, porquanto inexistente, redimensionar a pena para cinco anos de reclusão. Contudo, apesar de ter diminuído a pena aplicada, a Corte também afastara a minorante, mas com esteio em razão diversa, asseverando não ser possível a diminuição em razão da quantidade e do alto teor viciante da droga apreendida e pelas circunstâncias que teriam permeado o flagrante. Alegava o recorrente que o tribunal de origem teria promovido indevida inovação de fundamentação ao agregar motivos diversos daqueles invocados pelo juízo de piso para vedar a aplicação do privilégio legal, isso em recurso exclusivo da defesa, configurando-se, portanto, a "reformatio in pejus". Os Ministros Luiz Fux e Marco Aurélio, ao dar provimento ao recurso, entenderam configurada, na hipótese, a "reformatio in pejus", dado que o tribunal "a quo", apesar de afastar a reincidência, não dera o devido efeito a isso, fazendo a compensação com argumento próprio. Assim, a situação do recorrente fora piorada — apesar de a pena ter sido diminuída no julgamento da apelação —, porquanto tivesse sido feita a redução, ante a constatação da inexistência da reincidência, a pena seria ainda menor se não tivesse havido a compensação com outro argumento. O Ministro Roberto Barroso igualmente

deu provimento ao recurso, porém por fundamento diverso. Ressaltou não haver "reformatio in pejus" quando o tribunal de 2º grau, ao apreciar recurso exclusivo da defesa, mantivesse ou reduzisse a pena aplicada em 1º grau, com justificativas distintas daquelas utilizadas na sentença recorrida. Na situação em comento, a conclusão da Corte de apelação acarretara uma redução de dez meses em relação à pena inicialmente imposta, resultando numa sanção de cinco anos de reclusão. Entretanto, a fundamentação utilizada quando daquele julgamento não seria idônea para impedir a incidência da minorante em questão. Seria certo que a primariedade técnica do réu não conduziria à automática concessão do benefício, mas deveria ser demonstrada concretamente a dedicação do sentenciado às atividades criminosas ou mesmo a sua integração a alguma organização criminosa. Nada disso teria sido feito pela decisão então exarada, que se limitara a afirmar que o réu cometera tráfico de substância com alto poder viciante e que havia sido preso em flagrante. A partir dessas informações, próprias do tipo do art. 33 da Lei 11.343/2006, não se poderia presumir que o réu fosse integrante de organização criminosa, impeditiva de ser aplicada a causa de diminuição. Vencidos os Ministros Dias Toffoli (relator) e Rosa Weber, que entendiam não estar caracterizada na espécie, a "reformatio in pejus".

RHC 117756/DF, rel. Min. Dias Toffoli, red. p/ o acórdão Min. Luiz Fux, 22.9.2015. (RHC-117756) (Inform. STF 800)

HC N. 125.614-SP

RELATORA: MIN. ROSA WEBER

EMENTA: *HABEAS CORPUS.* DIREITO PROCESSUAL PENAL. IMPETRAÇÃO CONTRA DECISÃO MONOCRÁTICA DO SUPERIOR TRIBUNAL DE JUSTIÇA. NÃO ESGOTAMENTO DE JURISDIÇÃO. HOMICÍDIO QUALIFICADO E TENTA-TIVA DE HOMICÍDIO QUALIFICADO. PRISÃO PREVENTIVA. EXCESSO DE PRAZO NA FORMAÇÃO DA CULPA. SUPRESSÃO DE INSTÂNCIA. SENTENÇA CONDENATÓRIA SUPERVENIENTE. SUBSTITUIÇÃO DO TÍTULO PRISIONAL. NOVO TÍTULO. PERDA DE OBJETO.

1. Há óbice ao conhecimento de *habeas corpus* impetrado contra decisão monocrática, indeferitória de *writ*, do Superior Tribunal de Justiça, cuja jurisdição não se esgotou, ausente o manejo de agravo regimental. Precedentes.

2. Inviável o exame da tese defensiva não analisada pelo Superior Tribunal de Justiça, sob pena de indevida supressão de instância.

3. A sentença condenatória superveniente em que o Juízo aprecia e mantém a prisão cautelar anteriormente decretada implica a mudança do título da prisão e prejudica o conhecimento de *habeas corpus* impetrado contra a prisão antes do julgamento.

4. Não mais se cogita de excesso de prazo da prisão ante o julgamento de mérito da ação penal. Precedentes.

5. *Habeas corpus* extinto sem resolução do mérito. **(Inform. STF 799)**

EMB.DECL. NO AG. REG. NO RE N. 632.343-RJ

RELATOR: MIN. DIAS TOFFOLI

EMENTA: Embargos de declaração no agravo regimental no recurso extraordinário. Matéria criminal. Omissão no acórdão questionado não caracterizada. Caráter manifestamente protelatório do recurso. Pretensão de alcançar a prescrição da pretensão punitiva. Risco iminente da prescrição. Possibilidade de baixa imediata dos autos independentemente da publicação da decisão. Entendimento consolidado na jurisprudência da Corte. Precedentes. Rejeição dos embargos. Baixa imediata dos autos ao juízo de origem.

1. Nenhuma das hipóteses autorizadoras da oposição do recurso declaratório (RISTF, art. 337) está configurada no caso dos autos, já que o acórdão embargado abordou, de forma fundamentada, todos os pontos colocados em debate, nos limites necessários ao deslinde da controvérsia.

2. Intenção de se procrastinar a prestação jurisdicional da Corte e, assim, obstar a persecução penal, uma vez que <u>prescrição da pretensão punitiva, pela pena em abstrato, se avizinha (29/8/15).</u>

3. Hipótese absolutamente repelida pela jurisprudência do Supremo Tribunal Federal, a qual consigna que a utilização de recurso manifestamente protelatório autoriza o imediato cumprimento da decisão proferida pela Suprema Corte, independentemente da publicação do acórdão (RE nº 839.163/DF-QO, Tribunal Pleno, de **minha relatoria**, DJe de 9/2/15).

4. Embargos de declaração rejeitados.

5. Baixa imediata dos autos ao juízo de origem, independentemente da publicação do acórdão, tendo em vista o caráter manifestamente protelatório do recurso. **(Inform. STF 797)**

AG. REG. NO ARE N 855.715-SP
RELATOR: MIN. DIAS TOFFOLI
Ementa: PROCESSUAL PENAL. AGRAVO REGIMENTAL NO RECURSO EXTRAORDINÁRIO COM AGRAVO. AUSÊNCIA DE IMPUGNAÇÃO ESPECÍFICA AOS FUNDAMENTOS SUFICIENTES PARA MANTER A DECISÃO AGRAVADA. SÚMULA 284/STF.
1. Não comporta conhecimento o agravo interno que não impugna direta e especificamente os fundamentos indicados na decisão monocrática de Relator.
2. Agravo regimental não conhecido. **(Inform. STF 796)**

Recurso ordinário e devolução da matéria veiculada
A questão referente à suposta incompetência da justiça estadual para processar e julgar o feito não pode ser apreciada por essa Corte se a matéria não fora analisada pelo STJ, sob pena de supressão de instância. Com base nessa orientação, a Primeira Turma deu parcial provimento a agravo regimental e determinou que o STJ conheça e julgue, como entender de direito, se compete à Justiça estadual ou à Justiça federal julgar o agravante. Na espécie, o paciente (vereador) fora denunciado, na companhia de outros acusados, porque teriam se associado, em unidade de ações e desígnios, de forma estável e permanente, para o fim de praticar diversos crimes, notadamente os delitos de fraude à licitação, superfaturamento de compras e serviços pela prefeitura e pela câmara municipal. O STJ não conhecera da alegada incompetência absoluta da Justiça estadual, uma vez que a matéria não fora suscitada no tribunal de justiça local. A Turma asseverou que em recurso ordinário haveria devolução de toda e qualquer matéria ao órgão recursal (STJ), a exigir a análise da matéria por aquela Corte.
RHC 125477/RJ, rel. Min. Roberto Barroso, 9.6.2015. (RHC-125477) (Inform. STF 789)

EMB. DECL. NOS SEGUNDOS EMB. DECL. NO AG. REG. NO AI N. 760.304-SP
RELATOR: MIN. ROBERTO BARROSO
EMENTA: DIREITO PENAL. EMBARGOS DECLARATÓRIOS EM EMBARGOS DECLARATÓRIOS EM AGRAVO REGIMENTAL EM RECURSO EXTRAORDINÁRIO EM AGRAVO DE INSTRUMENTO. SUCESSIVIDADE DE EMBARGOS QUE BUSCAM A REDISCUSSÃO DA CAUSA. IMPOSSIBILIDADE. INEXISTÊNCIA DOS VÍCIOS RELACIONADOS NO ART. 619 DO CPP. REITERAÇÃO DE ALEGAÇÕES EXPENDIDAS. PRETENSÃO DE CARÁTER INFRINGENTE.
1. As questões trazidas nesses embargos declaratórios já foram analisadas no julgamento do agravo regimental. A via recursal adotada não se mostra adequada para a renovação de julgamento que se efetivou regularmente. 2. A jurisprudência do Supremo Tribunal Federal é firme no sentido de que os segundos embargos declaratórios só podem ser admitidos quando o vício a ser sanado tenha surgido pela primeira vez no julgamento dos anteriores. Precedentes. 3. Embargos de declaração não conhecidos. 4. No caso, a reiteração dos embargos declaratórios mal disfarça a natureza abusiva do recurso, o que autoriza a execução imediata da decisão, independentemente de sua publicação. Precedentes. **(Inform. STF 789)**

AG. REG. NO ARE N. 835.583-ES
RELATOR: MIN. DIAS TOFFOLI
EMENTA: Agravo regimental em recursos extraordinários com agravos. Matéria criminal. Primeiro agravo. Intempestividade. Não observância do prazo de 5 (cinco) dias (art. 28 da Lei nº 8.038/90). Incidência da Súmula nº 699/STF, não obstante a superveniência da Lei nº 12.322/10. Precedentes. Segundo agravo. Ausência de impugnação de todos os fundamentos da decisão agravada. Precedentes. Regimental não provido.
1. O primeiro agravo, interposto em face da decisão de inadmissibilidade de recurso extraordinário proferida pelo Tribunal de Justiça do Espírito Santo, é intempestivo, já que o agravante não observou o prazo de 5 (cinco) dias para sua interposição, conforme estabelece o art. 28 da Lei nº 8.038/90, o qual não foi revogado, em matéria penal, pela Lei nº 8.950/94, de âmbito normativo restrito ao Código de Processo Civil. Incidência na espécie do enunciado da Súmula nº 699/STF.
2. O Plenário da Corte, ao julgar o ARE nº 639.846/SP-AgR-QO, Relator para o acórdão o Ministro **Luiz Fux**, assentou, a teor das alterações promovidas pela Lei nº 12.322/10, a aplicabilidade do prazo de 5 (cinco) dias (art. 28 da Lei nº 8.038/90) para a interposição de agravo contra decisão em que não se admite recurso extraordinário que verse sobre matéria penal ou processual penal.
3. O segundo agravo deixou de impugnar todos os fundamentos da decisão agravada, o que atrai a incidência da Súmula nº 287/STF.
4. Agravo regimental não provido. **(Inform. STF 789)**

AG. REG. NO ARE N. 871.677-PA
RELATOR: MIN. LUIZ FUX
Ementa: AGRAVO REGIMENTAL NO RECURSO EXTRAORDINÁRIO COM AGRAVO. PENAL E PROCESSUAL PENAL. CRIME DE ATENTADO VIOLENTO AO PUDOR. ARTIGO 214 DO CÓDIGO PENAL, NA SUA REDAÇÃO ANTERIOR À LEI Nº 12.015/09. COMPROVAÇÃO DE AUTORIA E MATERIALIDADE. INCURSIONAMENTO NO CONTEXTO FÁTICO-PROBATÓRIO DOS AUTOS. SÚMULA 279 DO STF.
1. A resolução da controvérsia atinente à autoria e materialidade criminais demanda a análise aprofundada do conjunto fático-probatório dos autos, o que atrai a incidência da Súmula 279 do STF, que dispõe: *"Para simples reexame de prova não cabe recurso extraordinário"*. Precedentes: ARE 804.388 AgR, Rel. Min. Gilmar Mendes, Segunda Turma, DJe de 13/5/2014, e ARE 752.851 AgR, Rel. Min. Luiz Fux, Primeira Turma, DJe de 18/3/2014.
2. *In casu*, o acórdão extraordinariamente recorrido assentou: *"APELAÇÃO PENAL. ATENTADO VIOLENTO AO PUDOR. CONTINUAÇÃO DELITIVA. ABSOLVIÇÃO POR INSUFICIÊNCIA DE PROVAS IMPOSSIBILIDADE - RELATOS DA VÍTIMA SEGURO QUANTO AOS FATOS - ADMISSÃO PARCIAL DO RÉU - FORÇA PROBATÓRIA DA PALAVRA DA OFENDIDA. REDUÇÃO DA PENA DE OFÍCIO. RECURSO CONHECIDO E IMPROVIDO. UNANIMIDADE."*
3. Agravo regimental **DESPROVIDO. (Inform. STF 786)**

Recurso exclusivo da defesa e "reformatio in pejus" - 1
A Segunda Turma iniciou julgamento de recurso ordinário em "habeas corpus" no qual se afirma a existência de "reformatio in pejus" em acórdão que, ao apreciar recurso exclusivo da defesa, mantivera a condenação do ora recorrente pela prática do crime de furto tentado (CP, art. 155 c/c art. 14, II), afastada a qualificadora da escalada (CP, art. 155, § 4º, II), porém acrescida da causa de aumento do repouso noturno (CP, art. 155, § 1º). O Ministro Dias Toffoli (relator) destacou inicialmente que o acusado se defenderia dos fatos e não das imputações trazidas na denúncia, e, no caso, estaria descrito na denúncia que o crime em comento teria ocorrido em período noturno. Ademais, a apelação devolveria ao tribunal toda a matéria. A "reformatio in pejus" somente ocorreria no momento em que houvesse o aumento da pena em recurso exclusivo da defesa, o que não teria ocorrido na espécie. O entendimento contrário levaria a que o tribunal de apelação fosse completamente tolhido no seu poder de analisar todo o contexto dos fatos e o enquadramento jurídico que sobre eles recaíssem, enquanto que o juiz de primeiro grau teria muito mais poder. Significaria, então, demitir qualquer Corte de apelação da análise do conjunto da obra colocada para a sua deliberação. O caso em análise, porém, iria além do posicionamento consignado. O juízo de primeiro grau apontara a escalada, e, portanto, estaria configurado o furto qualificado, em sua forma tentada. A teoria jurídica penal, entretanto, destacaria que a aplicação da causa de aumento de pena referente ao repouso noturno não seria possível na hipótese do furto qualificado. O tribunal, posteriormente, em sede de apelação exclusiva da defesa, ao retirar a qualificadora da escalada, concluíra pela existência de furto simples, e, só então, aplicara a referida causa de aumento, dado que desclassificada a conduta. Outrossim, a pena final teria sido menor do que a pena fixada em primeiro grau. Em seguida, pediu vista dos autos o Ministro Gilmar Mendes.
RHC 126763/MS, rel. Min. Dias Toffoli, 14.4.2015. (RHC-126763)

Recurso exclusivo da defesa e "reformatio in pejus" - 2
Ante o empate na votação, a Segunda Turma, em conclusão de julgamento, deu provimento a recurso ordinário em "habeas corpus" a fim de que seja refeita a dosimetria da pena em relação ao recorrente. Na espécie, afirmava-se a existência de "reformatio in pejus" em acórdão que, ao apreciar recurso exclusivo da defesa, mantivera a condenação do ora recorrente pela prática do crime de furto tentado (CP, art. 155 c/c art. 14, II), afastada a qualificadora da escalada (CP, art. 155, § 4º, II), porém acrescida da causa de aumento do repouso noturno (CP, art. 155, § 1º) — v. Informativo 781. Tratava-se de controvérsia relativa ao alcance da parte final do art. 617 do CPP ("O tribunal, câmara ou turma atenderá nas suas decisões ao disposto nos arts. 383, 386 e 387, no que for aplicável, não podendo, porém, ser agravada a pena, quando somente o réu houver apelado da sentença"), acerca do agravamento de pena quando somente o réu houvesse apelado da sentença. Prevaleceu a tese de que a melhor interpretação a ser dada à parte final do art. 617 do CPP seria a sistemática, a levar em conta que a norma estaria inserida em um conjunto organizado de ideias e, por isso, a vedação da "reformatio in pejus" não se restringiria à quantidade final de pena, porquanto não se trataria de mero cálculo aritmético, mas sim de efetiva valoração da conduta levada a efeito

4. DIREITO PROCESSUAL PENAL

pelo sentenciado. Ao fixar a pena-base, o magistrado se ateria às vetoriais do art. 59 do CP. No caso, ao se comparar a pena final do recorrente (1 ano, 5 meses e 23 dias de reclusão) com aquela imposta em 1ª instância (2 anos, 7 meses e 15 dias de reclusão), o apelante parecia ter sido beneficiado pela decisão de 2ª instância. Observou-se que após o trânsito em julgado para o Ministério Público, o tribunal de apelação reconhecera a existência de uma circunstância qualificadora (delito praticado durante o repouso noturno), que em momento algum fora aventada. Contudo, ainda que presentes todos os requisitos fáticos para a aplicação dessa qualificadora, a ausência de recurso da acusação vedaria esse proceder, visto se tratar de elemento desfavorável à defesa. Assim, a decisão de 2ª instância aumentara a pena atribuída a cada vetorial negativa reconhecida e agregara à decisão uma qualificadora inexistente, a gerar prejuízo e constrangimento ilegal. Por outro lado, os Ministros Dias Toffoli (relator) e Teori Zavascki negavam provimento ao recurso. Admitiam a devolução, ao tribunal "ad quem", de todo o conjunto da matéria na sua requalificação dos fatos aos tipos penais. Concluíam que, por não ter havido agravamento, fosse da pena, fosse do regime de cumprimento dela, não estaria configurada a "reformatio in pejus".
RHC 126763/MS, rel. orig. Min. Dias Toffoli, red. p/ o acórdão Min. Gilmar Mendes, 1º.9.2015. (RHC-126763) (Inform. STF 797)

Revogação tácita de mandato e cerceamento de defesa
A constituição de novo mandatário para atuar em processo judicial, sem ressalva ou reserva de poderes, enseja a revogação tácita do mandato anteriormente concedido. Com base nesse entendimento, a Segunda Turma deu parcial provimento a recurso ordinário em "habeas corpus" no qual pleiteada a anulação do julgamento de apelação sem a prévia intimação do defensor posteriormente constituído. Na espécie, o ora recorrente outorgara, após a apresentação de razões de apelação, mandato a novo procurador. Por equívoco do tribunal de justiça, a nova procuração fora juntada aos autos apenas dois anos após sua apresentação, depois da oposição de embargos de declaração que visavam exatamente a declaração de nulidade da sessão de julgamento da apelação, porquanto a pauta de julgamento desta teria sido publicada em nome do causídico que não mais representava o recorrente. O Colegiado reiterou o que decido no julgamento da AP 470/MG (DJe de 22.4.2013), no sentido de que a não intimação de advogado constituído configuraria cerceamento de defesa. No entanto, ainda que não fosse o caso de revogação tácita de poderes, na hipótese em comento, o novo advogado constituído postulara sua habilitação nos autos, ocasião em que também teria requerido, expressamente, sua intimação de todos os atos judiciais, o que não teria ocorrido. Ademais, não haveria nos autos notícia de que o advogado anteriormente constituído tivesse atuado no processo após o peticionamento da nova procuração.
RHC 127258/PE, rel. Min. Teori Zavascki, 19.5.2015. (RHC 127258) (Inform. STF 786)

EMB. DECL. NO HC N. 95.443-SC
RELATOR: MIN. TEORI ZAVASCKI
Ementa: PROCESSUAL PENAL. EMBARGOS DE DECLARAÇÃO. CONTRADIÇÃO. ART. 619 DO CÓDIGO DE PROCESSO PENAL. INEXISTÊNCIA. EMBARGOS REJEITADOS.
1. A contradição que dá ensejo a embargos de declaração (art. 619 do CPP) é a que se estabelece no âmbito interno do julgado embargado, ou seja, a contradição do julgado consigo mesmo, como quando, por exemplo, o dispositivo não decorre logicamente da fundamentação.
2. Embargos de declaração rejeitados. **(Inform. STF 779)**

Recurso exclusivo da defesa: redução da pena e "reformatio in pejus"
Ante o empate na votação, a 2ª Turma concedeu a ordem em "habeas corpus" impetrado em favor de condenada pelo crime do art. 33, c/c o art. 40, I, da Lei 11.343/2006. No caso, a sentença de 1º grau impusera-lhe a pena de 7 anos e 9 meses de reclusão. Após apelação interposta pela defesa, dera-se parcial provimento ao recurso, para reduzir a reprimenda para 6 anos e 5 meses de reclusão. Alegava-se que a 2ª instância teria incorrido em "reformatio in pejus", pois, não obstante o total da pena tivesse sido reduzido, o tribunal fixara a pena-base em patamar superior ao estabelecido anteriormente. A Turma registrou que a quantidade da pena fixada não seria o único efeito a permear a condenação, e que o rearranjo da pena-base — levado a efeito quando do exame de recurso exclusivo da defesa — poderia provocar, por exemplo, o agravamento do regime inicial de reprimenda. Seria vedado ao tribunal agravar, qualitativa ou quantitativamente, a sanção imposta. O STF,

no entanto, admitiria que, em hipóteses como essa, fosse dada nova definição jurídica ao fato delituoso, desde que não agravada a pena ou não piorada, de alguma forma, a situação do apelante. No caso, embora, ao final, o cálculo da pena tivesse resultado em número inferior, o tribunal reconhecera em desfavor da paciente circunstâncias não firmadas na sentença. Aparentemente sem prejuízo prático para a condenada, a decisão reconhecera vetoriais negativas outrora inexistentes, o que configuraria prejuízo e constrangimento ilegal. Assim, seria necessário realizar nova dosimetria, mantidos, quanto à pena-base, os termos definidos em 1º grau. Os Ministros Teori Zavascki (relator) e Cármen Lúcia indeferiam a ordem. Entendiam que, ainda que em recurso exclusivo da defesa, o efeito devolutivo da apelação permitiria a revisão de toda a matéria e, portanto, dos critérios de fixação da pena, respeitados os limites da acusação e da prova produzida. Se, ao final, a pena fosse reduzida, não haveria que se falar em "reformatio in pejus".
HC 103310/SP, rel. orig. Min. Teori Zavascki, red. p/ o acórdão Min. Gilmar Mendes, 3.3.2015. (HC-103310) (Inform. STF 776)

Recurso exclusivo da defesa e circunstância fática não reconhecida em primeiro grau
Não caracteriza "reformatio in pejus" a decisão de tribunal de justiça que, ao julgar recurso de apelação exclusivo da defesa, mantém a reprimenda aplicada pelo magistrado de primeiro grau, porém, com fundamentos diversos daqueles adotados na sentença. Esse o entendimento da 1ª Turma que, em conclusão de julgamento e por maioria, negou provimento a recurso ordinário em "habeas corpus" por ausência de constrangimento ilegal ou abuso de poder a ferir direito do recorrente. Na espécie, a defesa alegava que o tribunal "a quo" teria promovido indevida inovação de fundamentação ao agregar motivo — personalidade voltada para o crime — que não fora invocado pelo juízo de origem para exasperar a pena-base em dez meses. A Turma asseverou que o tribunal local apenas procedera à correta qualificação de elemento equivocadamente considerado pelo magistrado de primeira instância, na fixação da pena-base, como resultante da conduta social do agente, que deveria ter se inserido na avaliação de sua personalidade. Observou que o fato de o juízo de primeiro grau haver afirmado não existirem elementos que permitissem a avaliação negativa da personalidade do agente, e, ainda assim, analisá-los sob prisma diverso, não impediria que se reconhecesse o equívoco dessa mensuração. Dessa forma, ao proceder à correta classificação entre as circunstâncias judiciais do art. 59 do CP, não significaria suplementação da fundamentação adotada. Pontuou que, no caso, o que se haveria de definir seria a amplitude do efeito devolutivo próprio do recurso de apelação. Frisou que a apelação examinara o tema colocado pela defesa — dosimetria da pena — e, nesse ponto, o tribunal poderia concluir e reexaminar a matéria, conforme o fizera. Vencidos os Ministros Marco Aurélio e Luiz Fux, que davam provimento ao recurso. O Ministro Marco Aurélio aduzia que não se poderia utilizar de recurso da defesa para se corrigir o pronunciamento da primeira instância, ainda que a pena tivesse sido mantida no mesmo patamar. Destacava que, precluso o recurso para o Ministério Público, não poderia o Estado-acusador obter vantagem a partir do recurso da defesa.
RHC 119149/RS, rel. Min. Dias Toffoli, 10.2.2015. (RHC-119149) (Inform. STF 774)

Baixa imediata de RE em matéria penal e abuso do direito de recorrer - 1
O abuso do direito de recorrer no processo penal, com o escopo de obstar o trânsito em julgado da condenação, autoriza a determinação monocrática de baixa imediata dos autos por Ministro do STF, independentemente de publicação da decisão. Esse o entendimento do Plenário, que resolveu questão de ordem em recurso extraordinário no sentido de não conhecer de pleito formulado pelo recorrente e determinar a devolução da petição aos subscritores. No caso, ele fora condenado, em segunda instância, como incurso nas penas do art. 297, § 2º, do CP, à pena de três anos e seis meses de reclusão em regime semiaberto, e multa. Em razão desse julgado, interpusera cumulativamente recursos especial e extraordinário, inadmitidos pelo tribunal de origem. Tendo em conta o juízo de inadmissibilidade do extraordinário, perante o STF foram interpostos quatro recursos, sucessivamente, e esta Corte reconhecera seu caráter protelatório, com determinação da baixa dos autos, independentemente de publicação do acórdão, e consequente trânsito em julgado. No que se refere ao recurso especial, fora admitido, e a partir dele foram manejados três recursos extraordinários, oriundos de diversos recursos protocolados durante o trâmite do especial. Um desses recursos extraordinários seria objeto da presente questão de ordem. A Corte anotou que o agrupamento de todas essas circunstâncias reforçaria a conclusão de que o requerente pretenderia apenas alcançar a prescrição da pretensão

punitiva, a qual teria se efetivado, caso não tivesse sido negado seguimento, monocraticamente, ao recurso extraordinário, com determinação da baixa dos autos independentemente de publicação da decisão.
RE 839163 QO/DF, rel. Min. Dias Toffoli, 5.11.2014. (RE-839163)

Baixa imediata de RE em matéria penal e abuso do direito de recorrer - 2
Preliminarmente, o Colegiado admitiu que fosse realizada sustentação oral em questão de ordem, considerados precedentes nesse sentido. Em seguida, foram analisados os pedidos ventilados na questão de ordem. No que se refere ao requerimento de sobrestamento do recurso especial até que o STF se pronunciasse em definitivo sobre os poderes de investigação do Ministério Público (RE 593.727/MG-RG), o Plenário afirmou que o tema não teria relação com aqueles autos, que se prestariam para análise de questão legal, e não constitucional. Além disso, a jurisprudência do STF seria firme no sentido de não admitir recurso extraordinário interposto contra acórdão do STJ no qual se suscitasse questão resolvida na decisão de 2º grau. Em segundo lugar, ainda que o julgamento do referido extraordinário não tivesse sido concluído, já haveria posicionamento de sete Ministros no sentido de reconhecer base constitucional para os poderes de investigação do Ministério Público. Além disso, haveria julgado da 2ª Turma a entender que não seria vedado ao órgão ministerial proceder a diligências investigatórias.
RE 839163 QO/DF, rel. Min. Dias Toffoli, 5.11.2014. (RE-839163)

Baixa imediata de RE em matéria penal e abuso do direito de recorrer - 3
No que diz respeito à inexistência de juízo de inadmissibilidade prévio, por parte do STJ, em relação a um dos recursos extraordinários, o Colegiado reputou que esse fato não obstaria a apreciação direta pelo STF, ao qual incumbiria o juízo definitivo do apelo extremo, e que não estaria vinculado ao juízo proferido na origem. Em relação à assertiva de que o STJ teria vilipendiado dispositivos constitucionais, o Plenário aduziu que aquela Corte teria decidido conforme a legislação infraconstitucional. Ademais, seria assente na jurisprudência do STF que a afronta aos princípios da legalidade, do devido processo legal, do juiz natural, da ampla defesa e do contraditório, dos limites da coisa julgada ou da prestação jurisdicional, quando dependesse da análise de normas infraconstitucionais, não configuraria ofensa direta ao texto constitucional. No que concerne à alegação de prescrição, o Colegiado afastou a assertiva, tendo em conta que não se cuidaria de mero acórdão confirmatório da sentença, que teria sido reformada para majorar a pena aplicada em 1º grau. Nesse sentido, seria aplicável orientação jurisprudencial segundo a qual o acórdão confirmatório da condenação que aumenta a pena interrompe a prescrição, e nova contagem é feita a partir do julgamento, e não da publicação do aresto. Além disso, a alteração promovida pela Lei 11.596/2007, para constar como marco interruptivo da prescrição os acórdãos condenatórios recorríveis, não alteraria o quadro, porque o STF, desde antes dessa modificação, já possuiria a referida orientação jurisprudencial. Desse modo, não caberia falar em "novatio legis in pejus".
RE 839163 QO/DF, rel. Min. Dias Toffoli, 5.11.2014. (RE-839163)

Baixa imediata de RE em matéria penal e abuso do direito de recorrer - 4
A respeito de suposta ofensa ao princípio da colegialidade, tendo em vista a determinação monocrática de baixa dos autos independentemente de publicação da decisão, o Colegiado anotou que a orientação do STF seria de permitir essa prática, seja em face de risco iminente de prescrição, seja no intuito de repelir a utilização de sucessivos recursos com nítido abuso do direito de recorrer, para obstar o trânsito em julgado. Nesse sentido, caberia à Corte, em defesa da efetividade do princípio da razoável duração do processo (CF, art. 5º, LXXVIII), obstar a utilização de estratégias jurídicas que buscassem, unicamente, protelar o deslinde final da causa. Para esse fim, à luz de interpretação teleológica do art. 21, § 1º, do RISTF ["§ 1º Poderá o(a) Relator(a) negar seguimento a pedido ou recurso manifestamente inadmissível, improcedente ou contrário à jurisprudência dominante ou a Súmula do Tribunal, deles não conhecer em caso de incompetência manifesta, encaminhando os autos ao órgão que repute competente, bem como cassar ou reformar, liminarmente, acórdão contrário à orientação firmada nos termos do art.543-B do Código de Processo Civil"], seria legítimo que o relator assim procedesse. O Ministro Teori Zavascki acrescentou que o tema envolveria o conflito de vários princípios constitucionais: da presunção de inocência; do devido processo legal; da duração razoável do processo; da efetividade da jurisdição; e do monopólio da jurisdição. Sob esse aspecto, a prevalência pura e simples de entendimento segundo o qual a pena só poderia ser executada depois da preclusão de todos os recursos possíveis comprometeria o dever do Estado de prestar jurisdição efetiva, em tempo útil e adequado, tendo

em vista a possibilidade de serem usados mecanismos procrastinatórios e abusivos pela defesa. Considerado esse conflito, deveria ser construída solução a permitir a convivência mais harmônica possível entre os citados postulados no caso concreto, a exemplo do que a Corte reiteradamente faria ao determinar a baixa imediata dos autos, independentemente de trânsito em julgado, em hipóteses nas quais houvesse possibilidade de se levar à falência da função jurisdicional em nome da presunção de inocência. O Ministro Celso de Mello frisou que o processo não poderia ser manipulado para viabilizar abuso de direito, tendo em conta o dever de probidade imposto à observância das partes. O Ministro Ricardo Lewandowski (Presidente) anotou que o processo, de maneira geral, seria um conjunto de atos preordenados com o objetivo de atingir um resultado juridicamente relevante, e não poderia ser manipulado para se tornar imóvel.
RE 839163 QO/DF, rel. Min. Dias Toffoli, 5.11.2014. (RE-839163)

Baixa imediata de RE em matéria penal e abuso do direito de recorrer - 5
Em passo seguinte, o Plenário resolveu outra questão de ordem, a envolver o mesmo recorrente, no sentido de não conhecer dos pleitos nela formulados e devolver a petição aos signatários. Quanto ao primeiro argumento, no sentido de o STF não poder analisar os demais recursos extraordinários oriundos do mesmo recurso especial, tendo em vista a determinação de baixa imediata dos autos, a Corte assinalou que a jurisdição do STF não teria se encerrado de fato. Sucede que, não obstante os autos tivessem sido encaminhados formalmente à origem, sua disponibilidade — garantida pela natureza eletrônica de seus documentos — teria permitido constatar a pendência de análise de dois recursos extraordinários, de um total de três apresentados nos mesmos autos, a demonstrar que a jurisdição da Corte não teria se exaurido. Esta só se encerraria após a entrega da prestação jurisdicional em todos os recursos ao STF, o que não teria ocorrido. Ademais, o Plenário verificou ocorrência de violação do princípio da unicidade recursal, tendo em vista a interposição simultânea de embargos de divergência e de dois recursos extraordinários. Nesse caso, seria necessário aguardar o julgamento dos embargos para posterior interposição de extraordinário, sob pena de ausência de esgotamento de instância. Além disso, abstraído esse princípio, despicienda seria a necessidade de se analisar o primeiro e o segundo recursos extraordinários, já que todas as teses teriam sido incorporadas ao terceiro recurso extraordinário, ao qual fora negado seguimento monocraticamente.
RE 839163 QO - segunda/DF, rel. Min. Dias Toffoli, 5.11.2014. (RE-839163) (Inform. STF 766)

EMB. DECL. NO AG. REG. NO ARE N. 764.848-SP
RELATOR: MIN. ROBERTO BARROSO
EMENTA: EMBARGOS DECLARATÓRIOS EM AGRAVO REGIMENTAL EM RECURSO EXTRAORDINÁRIO COM AGRAVO. INEXISTÊNCIA DOS VÍCIOS RELACIONADOS NO ART. 619 DO CPP. PRETENSÃO DE CARÁTER INFRINGENTE. PRESCRIÇÃO DA PRETENSÃO PUNITIVA ESTATAL. INOCORRÊNCIA.
Não há ambiguidade, obscuridade, contradição ou omissão no acórdão questionado, o que afasta a presença de qualquer dos pressupostos de embargabilidade, nos termos do art. 619 do CPP.
A via recursal adotada não se mostra adequada para a renovação de julgamento que se efetivou regularmente.
Não é possível falar em extinção da punibilidade pela prescrição, tendo em vista que não transcorreu prazo superior a 4 (quatro) anos entre quaisquer dos marcos interruptivos previstos nos incisos do art. 117 do Código Penal. Embargos de declaração desprovidos. **(Inform. STF 764)**

AG. REG. NO AI N. 860.862-RS
RELATOR: MIN. LUIZ FUX
Ementa: AGRAVO REGIMENTAL NO AGRAVO DE INSTRUMENTO. PENAL E PROCESSUAL PENAL. CRIME DE INTRODUÇÃO DE MOEDA FALSA EM CIRCULAÇÃO. ARTIGO 289, § 1º, DO CÓDIGO PENAL. AUSÊNCIA DE PREQUESTIONAMENTO. SÚMULAS 282 E 356/STF.
1. O prequestionamento da questão constitucional é requisito indispensável à admissão do recurso extraordinário.
2. As Súmulas 282 e 356 do STF dispõem, respectivamente, *verbis*: "*É inadmissível o recurso extraordinário, quando não ventilada, na decisão recorrida, a questão federal suscitada*" e "*o ponto omisso da decisão, sobre o qual não foram opostos embargos declaratórios, não podem ser objeto de recurso extraordinário, por faltar o requisito do prequestionamento*".**3.**

4. DIREITO PROCESSUAL PENAL 317

In casu, o acórdão recorrido assentou: *"MOEDA FALSA. ARTIGO 289, § 1º, DO CÓDIGO PENAL. REFERÊNCIA EXPRESSA DAS TESES DE DEFESA. DESNECESSIDADE. MATERIALIDADE E AUTORIA COMPROVADAS. DOLO CONFIGURADO. PRINCÍPIO DA PROPORCIONALIDADE – INAPLICABILIDADE. PRESTAÇÃO PECUNIÁRIA. REDUÇÃO.1. É obrigação do magistrado examinar as teses relevantes da defesa, não prejudicadas pelas conclusões que adota. Inexistente nulidade. 2. Devidamente comprovada a falsidade da cédula, bem como a autoria do delito de moeda falsa, resta caracterizado o crime do § 1º do artigo 289 o Código Penal.3. O dolo – consubstanciado na vontade livre e consciente de praticar a conduta típica – pode-se aferir da análise das circunstâncias fáticas que envolvem o evento criminoso.4. Não se há falar em aplicação do princípio da proporcionalidade, com a aplicação de pena abstrata prevista em delito diverso, eis que a situação em concreto indica grande lesividade da conduta.5. Deve ser reduzido o valor da prestação pecuniária quando, avaliada a situação econômica do réu, aquela revelar-se exacerbada."* **4.** Agravo regimental **DESPROVIDO. (Inform. STF 764)**

AG. REG. NO HC N. 123.796-SP
RELATOR: MIN. GILMAR MENDES
Agravo regimental em *habeas corpus*. 2. Impetração contra decisão que indeferiu medida liminar no Superior Tribunal de Justiça. Inadmissibilidade. Súmula 691. 3. Ausência de argumentos capazes de infirmar a decisão agravada. 4. Agravo regimental a que se nega provimento. **(Inform. STF 764)**

AG. REG. NO HC N. 124.150-RJ
RELATOR: MIN. TEORI ZAVASCKI
Ementa: *HABEAS CORPUS*. IMPETRAÇÃO CONTRA DECISÃO MONOCRÁTICA DE MINISTRO DO STJ. INVIABILIDADE. CABIMENTO DE AGRAVO INTERNO. INTERPOSIÇÃO INDISPENSÁVEL PARA ATENDER AO PRINCÍPIO DO JUIZ NATURAL E PARA EXAURIR A INSTÂNCIA, PRESSUPOSTO PARA INAUGURAR A COMPETÊNCIA DO STF. RECURSO A QUE SE NEGA PROVIMENTO.1. O *habeas corpus* ataca diretamente decisão monocrática de Ministro do STJ. Essa decisão tem o respaldo formal do art. 38 da Lei 8.038/1990 e contra ela é cabível o agravo previsto no art. 39 da mesma lei. Ambos os dispositivos estão reproduzidos, tanto no Regimento Interno do STF (arts. 192 e 317), quanto no Regimento do STJ (arts. 34, XVIII, e 258). Em casos tais, o exaurimento da jurisdição e o atendimento ao princípio da colegialidade, pelo tribunal prolator, se dá justamente mediante o recurso de agravo interno, previsto em lei, que não pode simplesmente ser substituído pela ação de *habeas corpus*, de competência de outro tribunal. 2. A se admitir essa possibilidade estar-se-á atribuindo ao impetrante a faculdade de eleger, segundo conveniências próprias, qual tribunal irá exercer o juízo de revisão da decisão monocrática: se o STJ, juízo natural indicado pelo art. 39 da Lei 8.038/1990, ou o STF, por via de *habeas corpus* substitutivo. O recurso interno para o órgão colegiado é medida indispensável não só para dar adequada atenção ao princípio do juiz natural, como para exaurir a instância recorrida, pressuposto para inaugurar a competência do STF (cf. HC 118.189, Relator(a): Min. RICARDO LEWANDOWSKI, Segunda Turma, julgado em 19/11/2013; HC 97009, Relator(a): Min. MARCO AURÉLIO, Relator(a) p/ Acórdão: Min. TEORI ZAVASCKI, Tribunal Pleno, julgado em 25/4/2013; HC 108718-AgR, Relator(a): Min. LUIZ FUX, Primeira Turma, julgado em 10/9/2013, DJe de 24/9/2013, entre outros).3. Agravo regimental a que se nega provimento. **(Inform. STF 764)**

HC N. 113.198-PI
RELATOR: MIN. DIAS TOFFOLI
EMENTA: *Habeas corpus* substitutivo de recurso ordinário. Crime eleitoral (art. 350 do CE, c/c o art. 29 do CP). Alegada ausência de justa causa, por atipicidade da conduta. Trancamento da ação penal. Sentença absolutória proferida pelo juízo eleitoral. Perda superveniente de objeto. Questão de ordem resolvida no sentido de declarar-se prejudicada a impetração.
1. Impetração contra ato do Tribunal Superior Eleitoral, que denegou a ordem no HC nº 1580-76.2011.6.00.0000/PI, Relator o Ministro **Arnaldo Versiani**.
2. Informações complementares prestadas pelo Juízo da 97ª Zona Eleitoral do Piauí noticiam que o paciente, por sentença de primeiro grau, foi absolvido das imputações que lhe foram feitas em ambas as ações penais, tendo ocorrido o trânsito em julgado daquelas decisões em 17/1/14 e 14/3/14, respectivamente.
3. Questão de ordem resolvida no sentido de se declarar prejudicada a impetração. **(Inform. STF 762)**

RHC N. 123.456-SP
RELATOR: MIN. DIAS TOFFOLI
EMENTA: Recurso ordinário constitucional. *Habeas corpus*. Negativa de seguimento pelo relator do *writ* no Superior Tribunal de Justiça confirmada pelo colegiado. Fundamento: agravo em recurso especial pendente de julgamento. Descabimento. Pressuposto de admissibilidade não previsto na Constituição Federal. Precedentes. Recurso provido para determinar o exame de mérito do *habeas corpus*.
1. É incabível, para restringir-se o conhecimento do **habeas corpus**, estabelecer-se pressuposto de admissibilidade não previsto na Constituição Federal.
2. É pacífico o entendimento da Primeira Turma do Supremo Tribunal Federal de que a interposição de recurso especial contra acórdão de tribunal local não constitui óbice processual ao manejo concomitante do **habeas corpus**. Precedentes.
3. Recurso provido. **(Inform. STF 762)**

AG. REG. NO HC N. 123.872-SP
RELATOR: MIN. GILMAR MENDES
Agravo regimental em *habeas corpus*. 2. Recurso especial e respectivo agravo regimental não conhecidos pelo STJ ao fundamento da incidência da Súmula 182 daquela Corte Superior. 3. Decisão atacada em consonância com a jurisprudência do STF a fazer incidir as súmulas 283 e 284. 4. Agravo regimental que não impugna a decisão agravada, mas, tão só, reitera suposta ilegalidade não apreciada pelo STJ. 5. Inexistência de ilegalidade a ser sanada de ofício. Decisão mantida. Agravo regimental a que se nega provimento. **(Inform. STF 761)**

Princípio da não-culpabilidade e execução da pena
Ofende o princípio da não-culpabilidade a determinação de execução imediata de pena privativa de liberdade imposta, quando ainda pendente de julgamento recurso extraordinário admitido na origem. Com base nessa orientação, a 2ª Turma concedeu "habeas corpus" para anular acórdão do STJ no ponto em que, em sede de recurso especial, determinara a baixa dos autos para a imediata execução de sentença condenatória prolatada na origem em desfavor do ora paciente. Na espécie, a Corte de origem (TRF) admitira recurso extraordinário unicamente no que diz com a suposta ofensa ao art. 93, IX, da CF. Ocorre que, com a superveniência da decisão proferida pelo STF nos autos do AI 791.292 QO-RG/PE (DJe de 13.8.2010), firmara-se o entendimento de que o art. 93, IX, da CF exige que o acórdão ou a decisão sejam fundamentados, ainda que sucintamente, sem determinar, contudo, o exame pormenorizado de cada uma das alegações ou provas, nem que sejam corretos os fundamentos da decisão. O juízo de 1º grau, então, com base nessa decisão do STF, julgara prejudicado o recurso extraordinário interposto, e dera cumprimento à ordem de execução imediata de pena procedida pelo STJ. A Turma entendeu que a decisão proferida pelo juiz de origem, que julgara prejudicado recurso extraordinário já admitido pelo TRF, revestir-se-ia de flagrante nulidade, uma vez que teria usurpado a competência do STF. Consignou que, com o juízo positivo de admissibilidade do recurso extraordinário, que teria sido concretizado na decisão proferida pela Corte regional, instaurara-se a jurisdição do STF, de modo que não competiria ao juízo de 1º grau a análise da prejudicialidade do recurso.
HC 122592/PR, rel. Min. Ricardo Lewandowski, 12.8.2014. (HC-122592) (Inform. STF 754)

AG. REG. NO AI N. 860.503-BA
RELATOR: MIN. GILMAR MENDES
Agravo regimental em agravo de instrumento. 2. Produção e divulgação na *internet* de vídeo contendo cenas de sexo com adolescente (art. 241, *caput*, da Lei 8.069/90). Condenação. Pedido de perícia. Indeferimento motivado a contento. 3. Mero inconformismo do recorrente, que objetiva sua absolvição mediante o revolvimento fático-probatório. Incidência do Enunciado 279 da Súmula do STF. Tema infraconstitucional: ARE-RG 639.228/RJ, DJe 31.8.2011. 4. Agravo regimental a que se nega provimento. **(Inform. STF 745)**

Rito da Lei 8.038/1990 e demonstração de prejuízo
A 1ª Turma, por maioria, negou provimento a recurso ordinário em *habeas corpus* no qual se discutia eventual nulidade processual por afronta ao princípio do devido processo legal ante a falta de intimação para cumprimento das diligências previstas no art. 10 da Lei 8.038/1990. No caso, o recorrente, em 1998, fora absolvido, sumariamente, pelo juízo, da suposta prática do crime de homicídio tentado. Em 2008, o tribunal de justiça dera provimento

a recurso de ofício para pronunciar o recorrente. Ato contínuo, acolhera, em parte, embargos de declaração para anular a pronúncia e fixar a competência do tribunal de justiça para o processamento e julgamento do feito, dado o foro por prerrogativa de função decorrente da superveniente diplomação do recorrente no cargo de prefeito. Estabelecida a competência do tribunal de justiça, os atos processuais praticados perante o juízo de primeiro grau foram ratificados. Convertido o feito para o rito da Lei 8.038/1990, o tribunal de justiça condenara o recorrente à pena de oito anos e oito meses de reclusão, no regime inicialmente fechado, pelo crime de homicídio duplamente qualificado, na forma tentada. Da tribuna, o advogado sustentara que o tribunal não poderia apreciar o recurso de ofício, porquanto esse recurso não existiria mais no ordenamento jurídico quando julgado. A Turma concluiu que não seria possível declarar a alegada nulidade processual sem que fosse demonstrado o efetivo prejuízo sofrido pelo recorrente. A Ministra Rosa Weber (relatora) salientou que o prejuízo não se aferiria pelo resultado, mas pela possibilidade de chegar-se a uma posição diferente. O Ministro Roberto Barroso observou que bastaria para a decretação da nulidade a invocação de aspecto puramente formal. Sublinhou, ademais, que, por envolver elementos probatórios e por não ter sido apreciado pelo STJ, não poderia analisar o argumento de que o recurso de ofício não poderia ser mais julgado. O Ministro Luiz Fux destacou que prejuízo somente haveria se houvesse a supressão de etapas que antecederiam a sentença condenatória, o que não ocorrera na espécie. No que se refere à arguição invocada da tribuna, reputou que a lei que regularia o recurso cabível seria a da época da sentença. Explicitou que a sentença desfavorável seria lesiva e, portanto, a partir desse momento, a parte teria o direito ao recurso cabível para afastar essa desvantagem. Ressaltou que, na ocasião em que a sentença fora proferida, seria obrigatório e existente o recurso de ofício. Vencido o Ministro Marco Aurélio, que pontuava não ter sido observado o rito da Lei 8.038/1990. Realçava que a inobservância de regra que visaria implementar o devido processo legal inviabilizaria a defesa e acarretaria o prejuízo ao acusado. Além disso, o prejuízo estaria estampado no acórdão condenatório.
RHC 120356/DF, rel. Min. Rosa Weber, 1º.4.2014. (RHC-120356) (Inform. STF 741)

HC N. 118.576-SP
RELATOR: MIN. RICARDO LEWANDOWSKI
Ementa: *HABEAS CORPUS*. PROCESSUAL PENAL. DIREITO DE DEFESA. AJUIZAMENTO DE SUCESSIVOS RECURSOS MANIFESTAMENTE PROTELATÓRIOS. DETERMINAÇÃO DE IMEDIATA EXECUÇÃO DA SENTENÇA CONDENATÓRIA. ALEGAÇÃO DE INCONSTITUCIONALIDADE DA DECISÃO. IMPROCEDÊNCIA. SOBERANIA DO SUPERIOR TRIBUNAL DE JUSTIÇA PARA ANALISAR OS REQUISITOS DE ADMISSIBILIDADE DOS RECURSOS DE SUA COMPETÊNCIA. INADEQUAÇÃO DA VIA ELEITA. ORDEM DENEGADA.
I – O entendimento esposado pelo STJ, no sentido de determinar a imediata execução da sentença condenatória, vai ao encontro de diversos precedentes desta Corte, que, em várias oportunidades, já decidiu sobre a possibilidade de dar-se início ao cumprimento da pena quando a defesa se utiliza da interposição de recursos manifestamente incabíveis para obstar o trânsito em julgado da condenação.
II – Não é possível utilizar a via do *habeas corpus* para rever as decisões do Superior Tribunal de Justiça quanto à admissibilidade ou não do apelo especial. Essa questão, aliás, não está relacionada diretamente com a liberdade de locomoção do paciente.
III – Ordem denegada. **(Inform. STF 741)**

Inteiro teor de acórdão e direito de defesa
A juntada do voto vencido em momento posterior à publicação do acórdão afronta o princípio da ampla defesa, a ensejar que o tribunal de origem proceda a novo juízo de admissibilidade do recurso cabível. Com base nessa orientação, a 2ª Turma deferiu, em parte, "habeas corpus" para reconhecer a nulidade da certidão de trânsito em julgado da condenação e determinar ao tribunal de justiça que, superada a intempestividade do recurso interposto, proceda a novo juízo de admissibilidade. Determinou, ainda, fosse oficiado ao juízo das execuções para sobrestar o andamento da execução e recolher o mandado de prisão. Na espécie, o acórdão da apelação fora publicado em determinada data, a constar decisão unânime, e o voto divergente a ele fora juntado posteriormente. A Turma asseverou que, ante a ausência do mencionado voto, a defesa teria sido impedida de verificar os fundamentos e a extensão da divergência para apresentar o recurso cabível. Acentuou que esse fato não poderia ser tratado como mera irregularidade, em face do manifesto prejuízo ao paciente.
HC 118344/GO, rel. Min. Gilmar Mendes, 18.3.2014. (HC-118344) (Inform. STF 739)

AP 470/MG: embargos infringentes
O Plenário iniciou julgamento conjunto de embargos infringentes opostos de decisões não unânimes em ação penal, que tiveram o mínimo de quatro votos pela absolvição. Nas decisões embargadas, os réus foram condenados pela prática de esquema a abranger, dentre outros crimes, peculato, lavagem de dinheiro, corrupção ativa e gestão fraudulenta. A Corte deliberou, em questão de ordem suscitada pelo Ministro Luiz Fux, relator, que seriam julgados, conjuntamente, os embargos infringentes relativos ao delito de formação de quadrilha (CP, art. 288). Decidiu que os Ministros votariam após a leitura conjunta dos relatórios, seguida da sustentação oral dos advogados e da manifestação do Ministério Público. O Tribunal consignou, ainda, que o Procurador-Geral da República teria prazo em dobro em sua sustentação oral. Após a leitura do relatório e a realização de sustentações orais, o julgamento foi suspenso.
AP 470 EI - sétimo - AgR/MG; AP 470 EI - nono - AgR/MG; AP 470 EI - décimo primeiro - AgR/MG; AP 470 EI - décimo quarto - AgR/MG, rel. Min. Luiz Fux, 20.2.2014. (AP-470) (Inform. STF 736)

AP 470/MG: embargos infringentes - 2
O Plenário retomou julgamento conjunto de embargos infringentes opostos de decisões não unânimes em ação penal, que tiveram o mínimo de quatro votos pela absolvição. Nas decisões embargadas, os réus foram condenados pela prática de esquema a abranger, dentre outros crimes, peculato, lavagem de dinheiro, corrupção ativa, formação de quadrilha e gestão fraudulenta — v. Informativo 736. O Colegiado, em votação majoritária, acolheu os embargos infringentes para absolver os embargantes quanto ao crime de quadrilha (CP, art. 288), com base no art. 386, III, do CPP (*Art. 386. O juiz absolverá o réu, mencionando a causa na parte dispositiva, desde que reconheça: ... III - não constituir o fato infração penal*). O Ministro Roberto Barroso considerou ter havido exacerbação inconsistente das penas aplicadas quanto a esse delito, tendo em vista a adoção, pela maioria do Tribunal, de critério discrepante dos princípios da razoabilidade e proporcionalidade. Destacou a existência de precedentes do próprio STF em que teria havido condenações pela prática de quadrilha, em casos que também envolveriam corrupção política, mas sem a mesma desproporção penal. Explicou que essa desproporção adviria do critério utilizado pela Corte na dosimetria das penas, com a adoção de percentuais distintos de aumento da pena-base no cálculo referente ao crime de formação de quadrilha. Ao estabelecer comparação, o Ministro ressaltou que, em relação aos demais delitos pelos quais condenados os embargantes, as reprimendas aplicadas teriam sido significativamente inferiores, muito embora os fatos tomados em consideração para dosar todos os delitos, inclusive a quadrilha, fossem os mesmos.
AP 470 EI/MG; AP 470 EI-Quintos/MG; AP 470 EI-Sétimos/MG; AP 470 EI-Nonos/MG; AP 470 EI-Décimos/MG; AP 470 EI-Décimos Primeiros/MG; AP 470 EI-Décimos Terceiros/MG; AP 470 EI-Décimos Quartos/MG, rel. orig. Min. Luiz Fux, red. p/ o acórdão Min. Roberto Barroso, 26 e 27.2.2014. (AP-470)

AP 470/MG: embargos infringentes - 3
O Ministro Roberto Barroso afirmou que a exacerbação não resultaria de juízos formulados em ações distintas, ou mesmo de análises realizadas por julgadores diferentes. Ao contrário, decorreria do próprio acórdão condenatório, o que tornaria a incoerência insuperável. Ressalvou que não se trata de exigir que as penas por cada delito fossem estabelecidas com proporção exata, mas de evitar que a gradação da pena se tornasse ato de vontade livre, incompatível com o Estado de Direito. Reputou que, se as penas de quadrilha tivessem sido fixadas de maneira mais proporcional com os demais delitos perpetrados pelos embargantes, já teria ocorrido a extinção da punibilidade pela prescrição da pretensão punitiva, que seria passível de reconhecimento inclusive por *habeas corpus* de ofício. Asseverou que não se cuidaria de analisar a pena em perspectiva, mas a reprimenda máxima validamente aplicável, sem incidir em desproporção objetiva e injurídica. Superada essa questão preliminar de mérito, assinalou que a situação dos autos não configuraria quadrilha, mas apenas coautoria, o que também implicaria o provimento dos recursos, tendo em vista a absolvição. Consignou que essa convicção não minimizaria o juízo de reprovabilidade quanto ao caso, que envolveria fatos graves, apenados severamente. Entretanto, registrou que isso não significaria que qualquer agravamento de pena fosse desejável ou que a condenação pela prática de quadrilha impor-se-ia por seu caráter exemplar e simbólico. Nesse sentido, afirmou que o discurso jurídico não poderia se confundir com o político, do contrário perderia sua autonomia e autoridade.

4. DIREITO PROCESSUAL PENAL · 319

AP 470 EI/MG; AP 470 EI-Quintos/MG; AP 470 EI-Sétimos/MG; AP 470 EI--Nonos/MG; AP 470 EI-Décimos/MG; AP 470 EI-Décimos Primeiros/MG; AP 470 EI-Décimos Terceiros/MG; AP 470 EI-Décimos Quartos/MG, rel. orig. Min. Luiz Fux, red. p/ o acórdão Min. Roberto Barroso, 26 e 27.2.2014. (AP-470) (Inform. STF 737)

AP 470/MG: embargos infringentes - 4

O Ministro Teori Zavascki salientou o efeito translativo dos embargos infringentes, o que significaria que o órgão julgador está investido do dever de conhecimento, de ofício, das questões de ordem pública, dentre as quais a prescrição penal. Aduziu que a matéria prescricional deveria ser examinada com prioridade em relação às demais, visto que, verificada a prescrição da pretensão punitiva, as outras questões estariam prejudicadas. Explicou que a prescrição teria os mesmos efeitos da anistia e impediria a verificação do fato delituoso e sua vinculação com o agente, acobertado pela presunção *juris et de jure* da inocência. Reputou que, na espécie, o crime de quadrilha estaria prescrito, não em face da pena concretizada, mas de espécie peculiar de pena em abstrato. Consignou que, à luz das especiais circunstâncias em que se encontraria o processo, as penas estabelecidas estariam sujeitas a modificação apenas em favor dos acusados, uma vez que não há recurso da acusação. Explicitou que seria pressuposto de legitimidade, na aplicação das diversas penas, a observância de tratamento uniforme para os casos em que as premissas fáticas fossem as mesmas. Anotou que o acórdão embargado, embora tivesse partido de pressupostos fáticos semelhantes para definir as circunstâncias judiciais desfavoráveis e, em consequência, tivesse adotado certa homogeneidade de tratamento em relação a vários outros delitos imputados, teria sido inteiramente discrepante em relação à quadrilha, cuja pena-base fora estabelecida com notória exacerbação. Asseverou que a dosimetria, além de não admitir soluções arbitrárias, suporia adequada fundamentação, revestida de proporcionalidade. Ponderou que o máximo da pena definitiva cabível na hipótese conduziria à extinção da punibilidade pela prescrição da pretensão punitiva. Ademais, ressaltou que o crime de quadrilha constituir-se-ia em acordo de vontades com um fim comum, o cometimento de crimes. Seria distinto da participação criminosa, que exigiria ocasional e transitório concerto de vontades para delito determinado. Concluiu que, no caso, não existiria o dolo específico de contribuir, de forma estável e permanente, para as ações do grupo criminoso.

AP 470 EI/MG; AP 470 EI-Quintos/MG; AP 470 EI-Sétimos/MG; AP 470 EI-Nonos/MG; AP 470 EI-Décimos/MG; AP 470 EI-Décimos Primeiros/MG; AP 470 EI-Décimos Terceiros/MG; AP 470 EI-Décimos Quartos/MG, rel. orig. Min. Luiz Fux, red. p/ o acórdão Min. Roberto Barroso, 26 e 27.2.2014. (AP-470)

AP 470/MG: embargos infringentes - 5

Os Ministros Cármen Lúcia, Dias Toffoli, Rosa Weber e Ricardo Lewandowski, ao reafirmarem os votos proferidos quando do julgamento de mérito da ação penal, também proveram os embargos para absolver os réus quanto à imputação pelo crime de quadrilha. A Ministra Rosa Weber afirmou que o tipo do art. 288 do CP seria de perigo abstrato, cuja perpetração não dependeria apenas da participação de mais de três pessoas, unidas por tempo expressivo para o cometimento de delitos. Reputou que também seria necessário que essa união se fizesse para a específica prática de crimes. No ponto, consignou que a *affectio societatis* deveria ser qualificada pela intenção específica de delinquir ou o dolo de participar de associação criminosa e autônoma, para praticar crimes indeterminados. Assinalou que, no caso dos autos, essa especificidade não existiria.

AP 470 EI/MG; AP 470 EI-Quintos/MG; AP 470 EI-Sétimos/MG; AP 470 EI-Nonos/MG; AP 470 EI-Décimos/MG; AP 470 EI-Décimos Primeiros/MG; AP 470 EI-Décimos Terceiros/MG; AP 470 EI-Décimos Quartos/MG, rel. orig. Min. Luiz Fux, red. p/ o acórdão Min. Roberto Barroso, 26 e 27.2.2014. (AP-470)

AP 470/MG: embargos infringentes - 6

Vencidos os Ministros Luiz Fux, relator; Gilmar Mendes; Celso de Mello; e Joaquim Barbosa, Presidente. Afirmavam que o crime de quadrilha – por ser delito de caráter plurissubjetivo e de concurso necessário que se apresentaria independentemente dos delitos praticados ou que pudessem vir a ser cometidos pelos seus integrantes – dispensaria o exame aprofundado do grau de participação de cada um na ação delituosa. Bastaria o fato da integração na quadrilha para figurar o acordo para a prática de crimes. Registravam a existência de vínculo associativo permanente, projetado entre os anos de 2002 e 2005, estabelecido com o propósito de viabilizar, no contexto de um nítido programa delinquencial, a prática de uma série de delitos em razão dos quais se organizara o bando criminoso. Observavam que a operação de dosimetria da pena em questão obedecera, com plena e pertinente fundamentação, ao método trifásico, no qual fora constatada a existência de diversos fatores negativos reputados desfavoráveis aos condenados no exame das circunstâncias judiciais aludidas no art. 59 do CP. Pontuavam que, dessa forma, teria sido valorado, de modo adequado e proporcional, a gravidade da conduta dos embargantes. Consignavam que a associação de forma estável e permanente e o objetivo de cometer vários crimes seriam os elementos a diferenciar o crime de quadrilha ou bando do concurso eventual de pessoas. Aduziam que, conquanto o tipo penal do art. 288 do CP reclamasse a estabilidade e a permanência, não exigiria exclusividade, ou seja, que a quadrilha fosse o próprio meio de vida do indivíduo. Asseveravam que os réus teriam preenchido todos os requisitos do art. 288 do CP, porquanto teriam se associado de modo estável e permanente, com o objetivo de satisfazer interesse comum por meio da prática dos mais variados crimes, cuja materialidade fora chancelada pela unanimidade da Corte. Apontavam que não teria havido ocasional e transitório concerto de vontades, mas que os réus teriam se congregado para perpetrar uma indeterminada série de crimes tipificados e reconhecidos, e não para o cometimento de delitos específicos e determinados. Enfatizavam que o STF teria partido da premissa de que a associação dos condenados fora capaz de criar uma entidade autônoma atentatória à paz pública, a ocasionar intranquilidade à democracia e à República. Sublinhavam ser possível a configuração do crime de quadrilha ainda que as instituições e pessoas nela envolvidas não tivessem como única atividade a prática de ilícitos, especialmente porque o tipo do art. 288 do CP não exigiria o cometimento de crimes pela quadrilha e, tampouco, que os seus integrantes só estivessem reunidos para a prática exclusiva de delitos.

AP 470 EI/MG; AP 470 EI-Quintos/MG; AP 470 EI-Sétimos/MG; AP 470 EI-Nonos/MG; AP 470 EI-Décimos/MG; AP 470 EI-Décimos Primeiros/MG; AP 470 EI-Décimos Terceiros/MG; AP 470 EI-Décimos Quartos/MG, rel. orig. Min. Luiz Fux, red. p/ o acórdão Min. Roberto Barroso, 26 e 27.2.2014. (AP-470)

AP 470/MG: embargos infringentes - 7

Os vencidos destacavam que, na espécie, a engrenagem arquitetada pelos réus funcionaria para a prática de delitos de manipulação do Parlamento com o objetivo de satisfazer os interesses de seus membros. Reconheciam que bastaria que os integrantes da *societas delinquentium* se reunissem para que se chegasse à consecução de uma finalidade criminosa comum. Aduziam ser inequívoca a presença de unidade finalística, bem assim a prática de crimes indeterminados por extenso lapso de tempo. Frisavam que, a prevalecer a compreensão de que só existiria quadrilha quando as entidades estivessem voltadas exclusivamente para a perpetração de delitos, seria impossível concebê-la nas hipóteses de crimes de colarinho branco, porquanto, nesses casos, as instituições raramente seriam criadas para o cometimento exclusivo de crimes. Registraram o receio de que eventual adoção da tese vencedora pudesse manchar a imagem do País no cenário internacional de combate à criminalidade sob qualquer forma organizada, porquanto esses grupos normalmente se utilizariam de instituições e de entidades lícitas para camuflar seus delitos. Lembravam que o Brasil, signatário da Convenção das Nações Unidas contra o Crime Organizado, de 2000, teria se comprometido a implementar, de forma célere e eficaz, a repressão penal à criminalidade organizada. Salientavam que o crime de quadrilha ou bando seria sempre independente daquele praticado pela *societas delinquentium*, a configurar o concurso material entre eles, sem que isso significasse *bis in idem*. Acentuavam que a estabilidade da quadrilha teria sido demonstrada nos autos por meio da duradoura mecânica empregada pelos réus para retirada de expressivas quantias de dinheiro em agências bancárias, pelas datas dos empréstimos, de suas renovações ilícitas e pelos contatos mantidos pelos integrantes do grupo durante longo período de tempo. Atestavam que, de acordo com a prova dos autos, todos os réus condenados saberiam a composição de cada um dos núcleos da quadrilha e a função específica dos seus integrantes, subdivididos em núcleos especializados, cada qual responsável por determinada tarefa relevante para os demais.

AP 470 EI/MG; AP 470 EI-Quintos/MG; AP 470 EI-Sétimos/MG; AP 470 EI-Nonos/MG; AP 470 EI-Décimos/MG; AP 470 EI-Décimos Primeiros/MG; AP 470 EI-Décimos Terceiros/MG; AP 470 EI-Décimos Quartos/MG, rel. orig. Min. Luiz Fux, red. p/ o acórdão Min. Roberto Barroso, 26 e 27.2.2014. (AP-470)

AP 470/MG: embargos infringentes - 8

O Presidente sublinhava que, ao dar provimento aos embargos infringentes, se estaria a adotar um conceito discriminatório para o crime de quadrilha. Enfatizava que, segundo esse novo conceito, seriam suscetíveis de enquadramento na prática do crime de quadrilha somente os seguimentos sociais dotados de certas características socioantropológicas. Sob esse aspecto, apenas seriam condenados agentes que rotineiramente incorressem na prática de certos delitos, como nos crimes de sangue ou nos crimes contra o patrimônio privado. Aduzia que, ao assim proceder, se teria criado um novo determinismo social. Vencido, parcialmente, o Ministro Marco Aurélio, que acolhia os embargos infringentes em menor extensão para, sem transmudar a condenação, diminuir a pena para o patamar fixado no voto proferido nos embargos declaratórios. Na sequência, o julgamento foi suspenso.

AP 470 EI/MG; AP 470 EI-Quintos/MG; AP 470 EI-Sétimos/MG; AP 470 EI-Nonos/MG; AP 470 EI-Décimos/MG; AP 470 EI-Décimos Primeiros/MG; AP 470 EI-Décimos Terceiros/MG; AP 470 EI-Décimos Quartos/MG, rel. orig. Min. Luiz Fux, red. p/ o acórdão Min. Roberto Barroso, 26 e 27.2.2014. (AP-470) (Inform. STF 737)

AP 470/MG: embargos infringentes - 9

O Plenário concluiu o julgamento conjunto de embargos infringentes opostos de decisões não unânimes em ação penal, que tiveram o mínimo de quatro votos pela absolvição. Nas decisões embargadas, os réus foram condenados pela prática de esquema a abranger, dentre outros crimes, peculato, lavagem de dinheiro, corrupção ativa, formação de quadrilha e gestão fraudulenta — v. Informativos 736 e 737. O Colegiado, por maioria, acolheu os embargos para absolver então parlamentar da condenação pelo delito de lavagem de dinheiro [Lei 9.613/1998: *Art. 1º. Ocultar ou dissimular a natureza, origem, localização, disposição, movimentação ou propriedade de bens, direitos ou valores provenientes, direta ou indiretamente, de infração penal. Pena: reclusão, de 3 (três) a 10 (dez) anos, e multa*]. Prevaleceu o voto do Ministro Roberto Barroso. O Ministro considerou que o delito antecedente à suposta lavagem, pelo qual condenado o embargante, tipificado no art. 317 do CP [*Solicitar ou receber, para si ou para outrem, direta ou indiretamente, ainda que fora da função ou antes de assumi-la, mas em razão dela, vantagem indevida, ou aceitar promessa de tal vantagem: Pena - reclusão, de 2 (dois) a 12 (doze) anos, e multa*], constituiria tipo misto alternativo, e consumar-se-ia com a solicitação, recebimento ou aceitação de vantagem indevida. Reputou não ser compatível com o teor do citado dispositivo a qualificação do recebimento da vantagem como ato posterior ao delito. Afirmou que, ao contrário, todo recebimento pressuporia aceitação prévia, ainda que ambas as ações ocorressem em momentos imediatamente sucessivos. Ponderou que a referência, no tipo penal, ao ato de aceitação, bastaria para a configuração da conduta, mesmo que inexistente prova de que o corrompido tivesse recebido a vantagem. Entretanto, asseverou que nos casos em que existente a prova, seria artificial considerar o ato de entrega como posterior à corrupção, menos ainda para o fim de se pretender caracterizar a ocorrência de novo crime. Nesse sentido, frisou que o recebimento por modo clandestino e capaz de ocultar o destinatário da propina, além de esperado, integraria a materialidade da corrupção passiva, e não constituiria ação autônoma de lavagem de capitais. Consignou que, para se caracterizar esse delito, seria necessário identificar atos posteriores, destinados a colocar a vantagem indevida na economia formal. Registrou que os atos supostamente configuradores do crime de lavagem, consistentes no saque de valores em espécie por interposta pessoa, seriam componentes consumativos da corrupção passiva. Acresceu, ainda, que o embargante não teria ciência da origem ilícita dos recursos, pois não teria sido denunciado pelo crime de quadrilha, e sequer teria integrado o denominado *núcleo político*.

AP 470 EI-Sextos/MG, rel. orig. Min. Luiz Fux, red. p/ o acórdão Min. Roberto Barroso, 13.3.2014. (AP-470)

AP 470/MG: embargos infringentes - 10

O Ministro Teori Zavascki acrescentou que não teria sido demonstrada a intenção de o agente esconder a origem ilícita do dinheiro. Concluiu que a simples movimentação de bens com o intuito de utilizá-los, mas sem o dolo de ocultá-los, não configuraria delito autônomo. O Ministro Marco Aurélio sublinhou que o tipo penal da lavagem de dinheiro não exigiria a simples ocultação de valor, mas também que se desse a esse produto criminoso a aparência de numerário legítimo. Analisou que os fatos supostamente configuradores do crime não teriam essa característica essencial. O Ministro Ricardo Lewandowski asseverou que a imputação por corrupção passiva e lavagem de dinheiro, considerados os fatos em discussão, caracterizaria inaceitável *bis in idem*. Vencidos os Ministros Luiz Fux (relator), Cármen Lúcia, Gilmar Mendes e Celso de Mello, que rejeitavam os embargos. Afirmavam que a utilização de interposta pessoa para o saque de valores em agência bancária configuraria o delito de lavagem de dinheiro, pois seria o meio pelo qual a identidade do verdadeiro destinatário desses bens ficaria em sigilo. Anotavam que o tipo penal da lavagem de dinheiro não tutelaria apenas o bem jurídico atingido pelo crime antecedente, mas também a higidez do sistema econômico-financeiro e a credibilidade das instituições. Aduziam que a conduta caracterizada pelo recebimento de vantagem de forma dissimulada, máxime quando a prática ocorre por meio do sistema bancário, seria suscetível de censura penal autônoma.

AP 470 EI-Sextos/MG, rel. orig. Min. Luiz Fux, red. p/ o acórdão Min. Roberto Barroso, 13.3.2014. (AP-470)

AP 470/MG: embargos infringentes - 11

Em passo seguinte, o Plenário, por decisão majoritária, proveu embargos infringentes para também absolver outro embargante da imputação de lavagem de dinheiro. Prevaleceu o voto do Ministro Roberto Barroso, que reiterou o entendimento firmado nos embargos acima mencionados. Registrou não ter havido ato autônomo subsequente ao crime de corrupção passiva, sujeito a imputação como lavagem de capitais. Ademais, assinalou que o embargante não teria ciência de que os valores seriam produto de atos ilícitos, pois seria mero intermediário. A respeito, destacou que o Tribunal, no julgamento de mérito da ação penal, teria aplicado ao acusado a atenuante do art. 65, III, c, do CP [*Art. 65 - São circunstâncias que sempre atenuam a pena: ... III - ter o agente: ... c) cometido o crime sob coação a que podia resistir, ou em cumprimento de ordem de autoridade superior, ou sob a influência de violenta emoção, provocada por ato injusto da vítima*], o que reforçaria a ideia de que o embargante não havia participado do esquema de lavagem de dinheiro. Vencidos os Ministros Luiz Fux (relator), Cármen Lúcia e Celso de Mello, que desproviam os embargos. Reputavam que o embargante teria ciência do esquema de lavagem, bem assim que dissimulara a natureza, origem, localização e disposição dos valores envolvidos, além de seus reais destinatários. Atestavam que as operações financeiras realizadas pelo embargante, bem assim os recebimentos de quantias em quarto de hotel, indicariam flagrante anormalidade.

AP 470 EI-Décimos Sextos/MG, rel. orig. Min. Luiz Fux, red. p/ o acórdão Min. Roberto Barroso, 13.3.2014. (AP-470)

AP 470/MG: embargos infringentes - 12

Por fim, o Colegiado, em votação majoritária, rejeitou embargos infringentes para manter a condenação de outro embargante por lavagem de dinheiro. Entendeu que haveria farto acervo probatório a indicar que ele teria conhecimento acerca de expediente de lavagem de capital. Reputou que o embargante teria sido responsável pelo repasse de vultosa quantia a pessoas ligadas a partido político. Sublinhou, ademais, que o réu teria recebido dinheiro por meio de retirada, em determinado banco envolvido no esquema criminoso, efetuada por diversos prepostos, com objetivo de dissimular os referidos saques, o que configuraria lavagem de dinheiro. Vencidos os Ministros Dias Toffoli, Ricardo Lewandowski, Gilmar Mendes e Marco Aurélio, que proviam os embargos infringentes e reafirmavam os votos proferidos no julgamento de mérito da ação penal.

AP 470 EI-Décimos Segundos/MG, rel. Min. Luiz Fux, 13.3.2014. (AP-470) (Inform. STF 738)

HC N. 115.814-SP

RELATOR: MIN. MARCO AURÉLIO

HABEAS CORPUS – SUBSTITUTIVO DO RECURSO ORDINÁRIO CONSTITUCIONAL – LIBERDADE DE LOCOMOÇÃO ATINGIDA NA VIA DIRETA – ADEQUAÇÃO. Sendo objeto do *habeas corpus* a preservação da liberdade de ir e vir atingida diretamente, porque expedido mandado de prisão ou porquanto, com maior razão, esta já ocorreu, mostra-se adequada a impetração substitutiva, dando-se alcance maior à garantia versada no artigo 5º, inciso LXVIII, da Carta de 1988. Evolução em óptica linear assentada anteriormente.
PRISÃO PREVENTIVA – PRESUNÇÃO. Descabe presumir, visando o implemento da custódia preventiva, o excepcional, ou seja, que, sob os holofotes do Judiciário, o acusado voltará a delinquir.
CUSTÓDIA PREVENTIVA – EXCESSO DE PRAZO. Uma vez configurado o excesso de prazo da preventiva, impõe-se o afastamento.

4. DIREITO PROCESSUAL PENAL · 321

PRISÃO PREVENTIVA – CORRÉUS – EXTENSÃO. Distintas as situações dos acusados, fica afastada a incidência do disposto no artigo 580 do Código de Processo Penal, a revelar: "No caso de concurso de agentes (Código Penal, art. 25), a decisão do recurso interposto por um dos réus, se fundado em motivos que não sejam de caráter exclusivamente pessoal, aproveitará aos outros." **(Inform. STF 738)**

AG. REG. NO RE N. 632.534-SP

RELATORA: MIN. ROSA WEBER
EMENTA: DIREITO PROCESSUAL PENAL. COMPETÊNCIA. PASSAPORTE ESTRANGEIRO FALSIFICADO. REEXAME DE FATOS E PROVAS. IMPOSSI-BILIDADE. OFENSA INDIRETA À CONSTITUIÇÃO FEDERAL. INEXISTÊNCIA.
Acórdão de Tribunal Regional Federal que concluiu pela incompetência da Justiça Federal para processar crime de apresentação de passaporte estrangeiro falsificado a empregado de empresa aérea.
Divergir quanto às circunstâncias de fato demandaria o reexame dos fatos e provas, incidindo à espécie o óbice da Súmula 279 desta Corte.
Inviável o Recurso Extraordinário quando a alegada ofensa à Constituição Federal, se existente, seria meramente reflexa, a depender do exame da legislação infraconstitucional. Precedentes.
Agravo regimental conhecido e não provido. **(Inform. STF 737)**

EMB. INFR. NA AP N. 481-PA

RELATOR: MIN. DIAS TOFFOLI
EMENTA: Embargos infringentes em ação penal originária. Descabimento. Ausência de um mínimo de quatro votos divergentes (RISTF, art. 333, parágrafo único). Alegação de inconstitucionalidade da norma, por violação do princípio da proporcionalidade. Não ocorrência. Não conhecimento dos embargos. Pedido alternativo de recebimento como embargos de declaração. Possibilidade, diante da interposição no prazo legal previsto no § 1º do art. 337 do RISTF. Ausência de omissão, contradição ou obscuridade a ser sanada. Questões afastadas na decisão embargada. Prescrição retroativa. Não ocorrência. Interrupção do prazo prescricional, em face da prolação de decisão condenatória em sessão pública. Publicação da decisão por órgão oficial em data posterior. Irrelevância. Conhecimento dos embargos de declaração. Embargos de declaração rejeitados.
1. O uso legítimo dos embargos infringentes pressupõe a existência de, no mínimo, quatro votos divergentes, o que não ocorreu no caso concreto. Precedente.
2. É constitucional a fixação de **quorum** para a admissibilidade dos embargos infringentes pelo regimento interno da Corte. O dispositivo se coaduna com a necessidade de conferir ao processo duração razoável. Não conhecimento do recurso.
3. Interposto no prazo legalmente estabelecido para os embargos de declaração (RISTF, art. 337, § 1º), é o caso de se aplicar o princípio da fungibilidade recursal e de se processar o recurso como tal. Precedentes.
4. As questões postas pela parte embargante foram enfrentadas adequadamente. Não há qualquer dos vícios apontados no art. 619 do Código de Processo Penal.
5. A jurisprudência da Suprema Corte é assente no sentido de que são incabíveis os embargos de declaração quando a parte, a pretexto de esclarecer uma situação de obscuridade, omissão ou contradição, os utiliza com o objetivo de infringir o julgado e de, assim, viabilizar o reexame da causa. Precedentes.
6. Embargos de declaração rejeitados. **(Inform. STF 736)**

AP 470/MG: embargos infringentes e dosimetria da pena - 1

A divergência estabelecida na fixação da dosimetria da pena não enseja o cabimento de embargos infringentes, haja vista se tratar de mera consequência da condenação. Com base nesse entendimento, o Plenário, por maioria, desproveu agravo regimental em que se arguia a viabilidade dos embargos infringentes na referida hipótese. Segundo o agravante, o recurso em questão deveria ser admitido quanto a todos os tópicos em que houvesse divergência, independentemente da expressão numérica. Pleiteava, em consequência, a interpretação do art. 333, I e parágrafo único, do RISTF (*Art. 333. Cabem embargos infringentes à decisão não unânime do Plenário ou da Turma: I – que julgar procedente a ação penal ... Parágrafo único. O cabimento dos embargos, em decisão do Plenário, depende da existência, no mínimo, de quatro votos divergentes, salvo nos casos de julgamento criminal em sessão secreta*) à luz do art. 609, parágrafo

único, do CPP [*Quando não for unânime a decisão de segunda instância, desfavorável ao réu, admitem-se embargos infringentes ou de nulidade, que poderão ser opostos dentro de 10 (dez) dias, a contar da publicação do acórdão, na forma do art. 613. Se o desacordo for parcial, os embargos serão restritos à matéria objeto de divergência*]. O Tribunal reiterou posicionamento no sentido da observância do quórum mínimo de quatro votos absolutórios para a admissibilidade dos embargos infringentes, o que não teria ocorrido na presente situação, salvo no tocante ao crime de formação de quadrilha. Destacou, ainda, que a decisão que fixa a dosimetria da pena não se confundiria com decisão de procedência ou improcedência da ação penal. Rejeitou, ademais, a pretendida interpretação do art. 333, I e parágrafo único, do RISTF, conforme o CPP, porquanto norma especial não poderia ser derrogada por norma geral. Vencidos os Ministros Teori Zavascki, Dias Toffoli, Ricardo Lewandowski e Marco Aurélio, que davam provimento ao agravo regimental. Aduziam que a procedência do pedido formulado em ação penal significaria procedência da pretensão punitiva do Estado, de maneira que a aplicação da pena integraria essa pretensão. Registravam que a fixação da pena *in concreto* poderia, em tese, importar o reconhecimento da prescrição da pretensão punitiva, a qual traduziria juízo de improcedência ou de absolvição do acusado. Ressaltavam, além disso, que o próprio Ministério Público ter-se-ia manifestado, no ponto, pelo cabimento dos embargos infringentes.
AP 470 El-décimos quartos-AgR/MG, rel. Min. Joaquim Barbosa, 13.2.2014. (AP-470)

AP 470/MG: embargos infringentes e dosimetria da pena - 2

Ao aplicar o entendimento vencedor, o Plenário, por maioria, desproveu agravo regimental no qual se alegava, ainda, que o número de quatro votos divergentes para a admissão de embargos infringentes seria referencial, a depender da quantidade de Ministros votantes. O Tribunal afirmou que esse numerário seria requisito objetivo para admissibilidade e processamento do recurso. Antes, contudo, rejeitou preliminar de nulidade da decisão agravada no sentido de que todas as teses defensivas no tocante ao cabimento dos embargos infringentes não teriam sido apreciadas. A Corte consignou que o magistrado não estaria obrigado a rebater, um a um, os argumentos trazidos pela parte. Ademais, afirmou que a decisão impugnada estaria devidamente fundamentada. No mérito, refutou, também, a assertiva de ausência do duplo grau de jurisdição, pois se trataria de ação penal originária de competência do STF. Vencidos os Ministros Ricardo Lewandowski e Marco Aurélio, que davam provimento ao agravo regimental pelas razões supracitadas. Os Ministros Teori Zavascki e Dias Toffoli acompanharam o relator, com ressalva de seus pontos de vista.
AP 470 El-segundos-AgR/MG, rel. Min. Joaquim Barbosa, 13.2.2014. (AP-470)

AP 470/MG: embargos infringentes e dosimetria da pena - 3

Pelos mesmos fundamentos explicitados nos dois agravos regimentais anteriormente apreciados, o Plenário não conheceu do pedido de *habeas corpus* de ofício e, por maioria, desproveu agravo regimental no qual se reiterava, ademais, a impugnação quanto à metodologia do fatiamento do julgamento, sem a adoção do voto médio. O Tribunal asseverou que o pleito implicaria reexame de matéria já exaustivamente analisada e decidida pela Corte. Além disso, rememorou que, à época, houvera deliberação no sentido de que os Ministros que votaram pela absolvição dos réus não participariam da dosimetria da pena. O Colegiado afastou, também, a pretensão de que fossem somados os votos proferidos no julgamento dos embargos de declaração aos votos favoráveis prolatados no julgamento de mérito da ação penal. Aduziu que, na espécie, as penas fixadas durante a análise do mérito teriam sido mantidas no julgamento dos declaratórios, porquanto estes teriam sido rejeitados e não integrariam o acórdão. Vencido o Ministro Marco Aurélio, que provia o agravo regimental. Salientava que os embargos de declaração desprovidos integrariam ou esclareceriam um pronunciamento judicial e que, somados os votos, o agravante teria obtido, nesse contexto maior, quatro votos a ele favoráveis. Por fim, o Tribunal adotou idêntica conclusão ao desprover, por votação majoritária, agravo regimental interposto por outro agravante. Vencido o Ministro Marco Aurélio.
AP 470 El-décimos-AgR/MG rel. Min. Joaquim Barbosa, 13.2.2014. (AP-470)
AP 470 El-terceiros-AgR/MG, rel. Min. Joaquim Barbosa, 13.2.2014. (AP-470) (Inform. STF 735)

EMB. DECL. NA PPE N. 623-REPÚBLICA DO LÍBANO
RELATORA: MIN. CÁRMEN LÚCIA
EMENTA: EMBARGOS DE DECLARAÇÃO NA PRISÃO PREVENTIVA PARA EXTRADIÇÃO. ALEGAÇÕES DE OMISSÃO E CONTRADIÇÃO: INEXISTÊNCIA. IMPOSSIBILIDADE DE REEXAME DA CAUSA. EMBARGOS REJEITADOS.
1. Ausência de obscuridade, omissão, ambiguidade ou contradição a ser sanada pelos embargos declaratórios.
2. São incabíveis embargos de declaração quando a parte, a pretexto de esclarecer inexistente obscuridade, omissão ou contradição, utiliza-os com o objetivo de infringir o julgado e, assim, viabilizar indevido reexame da causa. Precedentes.
3. Embargos de Declaração rejeitados. **(Inform. STF 735)**

EMB. DECL. NOS EMB. DECL. NO HC N. 109.676-RJ
RELATOR: MIN. LUIZ FUX
Ementa: PENAL E PROCESSUAL PENAL. EMBARGOS DE DECLARAÇÃO NOS EMBARGOS DE DECLARAÇÃO NO *HABEAS CORPUS*. OMISSÃO, CONTRADIÇÃO E OBSCURIDADE. INEXISTÊNCIA. INJÚRIA QUALIFICADA. PLEITO DE ABSOLVIÇÃO DO PACIENTE. REDISCUSSÃO DA MATÉRIA. IMPOSSIBILIDADE. MATÉRIA DEVIDAMENTE APRECIADA NA IMPETRAÇÃO. EFEITOS INFRINGENTES. IMPOSSIBILIDADE. NÃO CONHECIMENTO. ARQUIVAMENTO IMEDIATO DOS AUTOS.
1. A revisão do julgado, com manifesto caráter infringente, revela-se inadmissível, em sede de embargos. (Precedentes: AI n. 799.509-AgR-ED, Relator o Ministro Marco Aurélio, 1ª Turma, DJe de 8/9/2011; e RE n. 591.260-AgR-ED, Relator o Ministro Celso de Mello, 2ª Turma, DJe de 9/9/2011).
2. A omissão, contradição ou obscuridade, quando inocorrentes, tornam inviável a revisão em sede de embargos de declaração, em face dos estreitos limites do art. 535 do CPC.
3. A interposição de sucessivos recursos com nítido intuito protelatório é prática repudiada no âmbito desta Corte, dando ensejo ao imediato arquivamento dos autos, independentemente da publicação deste acórdão e do seu respectivo trânsito em julgado. Precedentes: ARE 665.384-AgR-ED, Rel. Min. Gilmar Mendes, Segunda Turma, DJe de 04/09/2012; AI 727.244-AgR-ED-ED, Rel. Min. Joaquim Barbosa, Segunda Turma, DJe de 19/10/2012; AI 746.016-AgR-ED-ED, Rel. Min. Celso de Mello, Segunda Turma, DJe de 11/02/2010; e AI 362.828-AgR-ED-ED-EDv-AgR-ED, Rel. Min. Cezar Peluso, Tribunal Pleno, DJ de 06/10/2006.
4. *In casu*, a) o acórdão embargado assentou que: *"i) A Lei n° 9.459/97 acrescentou o § 3° ao artigo 140 do Código Penal, dispondo sobre o tipo qualificado de injúria, que tem como escopo a proteção do indivíduo contra a exposição a ofensas ou humilhações, pois não seria possível acolher a liberdade que fira direito alheio, mormente a honra subjetiva. ii) O legislador ordinário atentou para a necessidade de assegurar a prevalência dos princípios da igualdade, da inviolabilidade da honra e da imagem das pessoas para, considerados os limites da liberdade de expressão, coibir qualquer manifestação preconceituosa e discriminatória que atinja valores da sociedade brasileira, como o da harmonia inter-racial, com repúdio ao discurso de ódio. iii) A pretensão de ser alterada por meio de provimento desta Corte a sanção penal prevista em lei para o tipo de injúria qualificada implicaria a formação de uma terceira lei, o que, via de regra, é vedado ao Judiciário. Precedentes. iv) O pleito de reconhecimento da atipicidade ou de desclassificação da conduta, do tipo de injúria qualificada para o de injúria simples, igualmente não pode ser acolhido, por implicar revolvimento de matéria fático-probatória, não admissível na via do writ. b) o embargante/paciente foi condenado à pena de um ano e quatro meses de reclusão, substituída por uma pena restritiva de direito consistente em prestação de serviço à comunidade e à prestação pecuniária de 16 (dezesseis) cestas básicas, de valor não inferior a R$ 100,00 (cem reais), em virtude de infração do disposto no artigo 140, § 3°, do Código Penal, a saber, injúria qualificada pelo preconceito".*
5. Embargos de declaração não conhecidos, com determinação de imediato arquivamento dos autos. **(Inform. STF 735)**

AP 470/MG e cabimento de embargos infringentes
Por reputar manifestamente inadmissíveis, o Plenário desproveu embargos infringentes em que se alegava o cabimento desse recurso desde que houvesse um único voto divergente. De início, o Tribunal rejeitou preliminar de nulidade da decisão agravada, suscitada sob a alegação de que o juízo de admissibilidade somente poderia ser exercido pelo Ministro Luiz Fux, relator designado para os embargos infringentes na AP 470/MG. Destacou que o procedimento a ser observado para os embargos infringentes estaria

previsto no art. 335, § 3°, do RISTF (*"Art. 335. Interpostos os embargos, o Relator abrirá vista ao recorrido, por quinze dias, para contrarrazões. ... § 3° Admitidos os embargos, proceder-se-á à distribuição nos termos do artigo 76"*). Portanto, assinalou não haver dúvida que o relator da ação penal manteria a competência para receber, processar e exercer o juízo de admissibilidade dos embargos infringentes. Salientou que o Ministro Luiz Fux fora sorteado como relator dos embargos infringentes opostos por outro réu, após o exame de admissibilidade realizado pelo relator originário. No mérito, reputou necessário, no mínimo, quatro votos absolutórios para se admitir os embargos infringentes, de acordo com o art. 333, I e parágrafo único, do RISTF (*"Art. 333. Cabem embargos infringentes à decisão não unânime do Plenário ... I - que julgar procedente a ação penal ... Parágrafo único. O cabimento dos embargos, em decisão do Plenário, depende da existência, no mínimo, de quatro votos divergentes, salvo nos casos de julgamento criminal ..."*). **AP 470 EI - décimos oitavos - AgR/MG, rel. Min. Joaquim Barbosa, 5.12.2013. (AP-470) (Inform. STF 731)**

EMB. DECL. NOS OITAVOS EMB. DECL. JULG. NA AP N. 470-MG
RELATOR: MIN. JOAQUIM BARBOSA
Ementa: EMBARGOS DE DECLARAÇÃO NOS EMBARGOS DE DECLARAÇÃO NA AÇÃO PENAL 470. CONTRADIÇÃO ENTRE EMENTA E DISPOSITIVO. CORREÇÃO. ERRO NO DISPOSITIVO. RETIFICAÇÃO. EMBARGOS ACOLHIDOS.
Verificada a existência de contradição entre a ementa e o dispositivo do acórdão, os embargos de declaração constituem a via adequada para a correção. No caso do embargante, em razão da contradição apontada, no caso, deve ser retificada a ementa do acórdão embargado para que passe a ter a seguinte redação: *"Devem ser parcialmente acolhidos os presentes embargos, tão somente para, atribuindo efeito integrativo ao julgado, esclarecer que João Paulo Cunha foi condenado, a título de peculato, com base no valor de R$ 536.440,55, exatamente nos termos constantes da denúncia. Aplicação dos artigos 33, §4° do CP e 63, parágrafo único do CPP".*
Pela mesma razão, deve ser retificado o cabeçalho e o último parágrafo da ementa para que passe a constar: *embargos parcialmente acolhidos.*
A parte final do dispositivo, tal como redigido, encontra-se obscura, pois a fixação do montante desviado com a prática do peculato foi feita para o fim de permitir a progressão de regime, conforme exigência do artigo 33, §4° do CP. Embargos acolhidos para determinar a correção do dispositivo do acórdão embargado, dele excluindo a expressão: *"sem prejuízo do § 4° do artigo 33 do Código Penal.*
Embargos de declaração **acolhidos. (Inform. STF 730)**

AP 470/MG: segundos embargos de declaração - 1
O Plenário acolheu, em parte, para fins de redimensionar a pena, segundos embargos de declaração opostos de decisão que condenara o embargante à pena de três anos e seis meses em regime semiaberto, pelo crime de lavagem de dinheiro. A defesa alegava omissão do Tribunal quanto à definição do regime inicial de cumprimento da pena e à possibilidade de substituição da pena privativa de liberdade por restritiva de direitos. Apontava, ainda, que as penas aplicadas ao embargante deveriam ser de mesmo patamar daquelas a que apenado o seu sócio e corréu. A Corte asseverou que, no julgamento dos primeiros embargos de declaração, prevalecera o entendimento de que a valoração desigual nas operações de lavagem de dinheiro realizadas por sócios de mesma empresa, sem que se verificasse no acórdão qualquer motivação plausível para essa divergência, imporia o realinhamento da pena aplicada ao embargante. Reconheceu que a conversão da pena privativa de liberdade em restritiva de direitos não teria ficado clara no julgamento dos primeiros embargos. Definiu, assim, que a pena restritiva de direitos consistiria em prestação de serviços à comunidade na razão de uma hora de tarefas por dia e no pagamento de multa no valor de 300 salários mínimos. **AP 470 EDj - vigésimos sextos - ED/MG, rel. Min. Roberto Barroso, 13.11.2013. (AP-470)**

AP 470/MG: segundos embargos de declaração - 2
Na sequência, o Plenário, por maioria não conheceu de segundos embargos de declaração opostos por condenado pelos crimes de corrupção passiva e lavagem de dinheiro, por considerá-los procrastinatórios. Na espécie, o embargante requeria a revisão da pena. A defesa alegava que o réu teria situação similar à de outro ex-assessor parlamentar, cuja pena fora reduzida. Pleiteava que ao réu fosse aplicada a mesma fração de aumento pela continuidade delitiva imposta a outro corréu e parlamentar, diminuindo-se, por conseguinte, a penalidade. O Tribunal afirmou não serem compatíveis os

4. DIREITO PROCESSUAL PENAL   323

crimes praticados pelo embargante e o paradigma por ele indicado. Frisou que o recurso estaria a reiterar argumentos de mérito já analisados pelo STF. Concluiu pela inadmissibilidade dos embargos porque não ocorrentes os respectivos pressupostos de embargabilidade. Vencidos os Ministros Teori Zavascki, Dias Toffoli, Ricardo Lewandowski e Marco Aurélio, que acolhiam os embargos para reconhecer a continuidade delitiva na fração de 1/3. Destacavam que outro corréu fora condenado em 41 operações de lavagem de dinheiro e a reprimenda fora aumentada, pela continuidade delitiva, em 1/3. Aduziam, por outro lado, que, embora o embargante tivesse sido condenado em 40 operações, a ele fora aplicado o acréscimo de 2/3. **AP 470 EDj - décimos primeiros - ED/MG, rel. Min. Joaquim Barbosa, 13.11.2013. (AP-470)**

AP 470/MG: segundos embargos de declaração - 3
Em seguida, o Plenário, por maioria, não conheceu de segundos embargos de declaração opostos por condenado pelos crimes de corrupção passiva, peculato e lavagem de dinheiro. O embargante sustentava a nulidade do acórdão embargado, porque teria afrontado os artigos 76 e 77 do CPP. Defendia, ainda, que teria havido omissão e obscuridade no julgado, que não enfrentara a alegação de existência de coautoria entre quatro empregados da instituição financeira federal para a qual trabalhava. Segundo o embargante, eles teriam assinado notas técnicas que deram origem e fundamento para a sua condenação. Em consequência, entendia que os autos deveriam ser desmembrados. O Tribunal reportou-se à insistência do embargante em temas que teriam sido objeto de apreciação e julgamento em várias ocasiões. Assentou que o acórdão embargado afastara a arguição de nulidade por afronta aos artigos 76 e 77 do CPP. De igual forma, consignou não haver omissão na tese de ausência de indicação de qual item de regulamento de fundo de cartão de crédito teria sido violado. Reconheceu, ainda, que os presentes embargos seriam mera reiteração de fundamentos afastados nos primeiros embargos de declaração, utilizados para impedir o trânsito em julgado da condenação. Vencido, em parte, o Ministro Marco Aurélio, que não admitia a execução imediata da pena. Aduzia que o embargante deveria aguardar a publicação do acórdão. **AP 470 EDj - vigésimos primeiros - ED/ MG, rel. Min. Joaquim Barbosa, 13.11.2013. (AP-470)**

AP 470/MG: segundos embargos de declaração - 4
Ato contínuo, o Plenário não conheceu dos segundos embargos de declaração opostos por ex-parlamentar condenado pelos crimes de corrupção passiva e lavagem de dinheiro. O embargante alegava a necessidade de se ampliar o objeto do recurso, porque se trataria de julgamento em instância única. Sustentava, ainda, que a decisão embargada estaria em confronto com o teor da denúncia e com o princípio da correlação. Entendia que haveria contradição na incidência da Lei 10.763/2002, a refletir na dosimetria de sua pena por corrupção passiva. Arguia, ainda, omissão no acórdão embargado quanto à regra aplicável ao concurso de crimes, porque deveria ser adotado concurso formal. O Tribunal destacou que o embargante intentaria rediscutir o julgado. Salientou que não haveria contradição, omissão ou obscuridade. Asseverou que, no julgamento dos primeiros embargos de declaração, a Corte teria exaustivamente examinado as temáticas apresentadas, que teriam sido afastadas pelos seus integrantes. Apontou estar caracterizada mera reiteração de fundamentos afastados nos primeiros embargos e utilizados para impedir o trânsito em julgado da condenação. Por fim, por maioria, o Colegiado reconheceu o caráter protelatório do recurso, vencidos, neste ponto, os Ministros Ricardo Lewandowski e Marco Aurélio. **AP 470 EDj - décimos - ED/MG, rel. Min. Joaquim Barbosa, 13.11.2013. (AP-470)**

AP 470/MG: segundos embargos de declaração - 5
O Tribunal rejeitou, ainda, segundos embargos de declaração opostos por parlamentar condenado pelo crime de corrupção passiva. O embargante sustentava que teria havido contradição e omissão no acórdão embargado, porque inexistente prova quanto à data da consumação do delito, se posterior ou anterior à Lei 10.763/2003. Requeria a aplicação do princípio *in dubio pro reo*, para que se procedesse a nova dosimetria da pena. A Corte destacou já haver conclusão fundamentada no sentido de que os crimes praticados pelo embargante teriam ocorrido em 20.11.2003, após a entrada em vigor da nova lei. Explicitou que o embargante não trataria desse tema nos primeiros embargos de declaração. Por maioria, o Colegiado reconheceu o caráter protelatório desses embargos, vencidos, neste ponto, os Ministros Ricardo Lewandowski e Marco Aurélio. **AP 470 - EDj - vigésimos terceiros - ED/MG, rel. Min. Joaquim Barbosa, 13.11.2013. (AP-470)**

AP 470/MG: segundos embargos de declaração - 6
O Plenário, por maioria, não conheceu de embargos de declaração em que requerido o perdão judicial com a aplicação da redução de 2/3 da reprimenda, bem como a conversão da pena privativa de liberdade em restritiva de direito ou o cumprimento de pena em prisão domiciliar em razão da fragilidade do estado de saúde do embargante. Em relação ao pedido de prisão domiciliar, o Tribunal entendeu que o pleito não guardaria pertinência com o acórdão embargado, mas que poderia ser apreciado na fase de execução da pena. Vencido o Ministro Marco Aurélio, que admitia os embargos relativamente a essa questão e aplicava o que disposto no inciso II do art. 117 da Lei de Execução Penal - LEP para fixar, desde já, o regime domiciliar ao embargante. Quanto às demais questões, o Colegiado reputou que a matéria teria sido exaustivamente debatida no acórdão embargado. Declarou, além disso, o caráter procrastinatório do recurso. Vencidos, neste ponto, os Ministros Ricardo Lewandowski e Marco Aurélio. Em seguida, a Corte não conheceu de embargos de declaração em que apontada contradição entre a condenação do embargante e a absolvição de outro réu. Consignou que o tema já teria sido rechaçado pelo aresto embargado. Destacou o caráter meramente protelatório do recurso. Vencidos, neste ponto, os Ministros Ricardo Lewan-dowski e Marco Aurélio. **AP 470 EDj - décimos sextos - ED/MG e AP 470 EDj - segundos - ED/MG, rel. Min. Joaquim Barbosa, 13.11.2013. (AP-470)**

AP 470/MG: segundos embargos de declaração - 7
Na sequência, o Plenário não conheceu de embargos de declaração em que alegada omissão por falta de apreciação de erro material na fixação da pena-base. O embargante aduzia que esta deveria ter sido estabelecida em dois anos e não de dois anos e seis meses. Pleiteava, também, o reconhecimento do direito à atenuante de confissão espontânea. O Tribunal sublinhou que as arguições teriam sido enfrentadas no acórdão dos primeiros embargos de declaração, motivo pelo qual reconheceu o caráter meramente procrastinatório do recurso. Vencidos, neste ponto, os Ministros Ricardo Lewandowski e Marco Aurélio. De igual modo, a Corte não conheceu de embargos de declaração em que se reiterava a assertiva de ofensa ao princípio da proporcionalidade na aplicação da pena imposta ao embargante, quando comparada às de outros condenados. Enfatizou que a matéria já fora analisada no julgamento dos primeiros embargos de declaração. Reconheceu-se o caráter meramente protelatório do recurso. Vencidos, neste ponto, os Mi-nistros Ricardo Lewandowski e Marco Aurélio. Por fim, o Plenário acolheu embargos de declaração para sanar contradição entre a parte dispositiva do acórdão e a respectiva ementa no que tange ao valor desviado em crime de peculato. Ressaltou que a correção do valor seria importante para efeito de progressão de regime, consoante o disposto no art. 33, § 4º, do CP. **AP 470 EDj - vigésimos segundos - ED/MG, AP 470 EDj - vigésimos quartos - ED/MG e AP 470 EDj - oitavos - ED/MG, rel. Min. Joaquim Barbosa, 13.11.2013. (AP-470) (Inform. STF 728)**

ED e conversão em AgR
A 2ª Turma, por maioria, converteu embargos de declaração em agravo regi-mental e a ele negou provimento por ausência de impugnação do fundamento da decisão agravada. Preponderou o voto do Min. Ricardo Lewandowski, relator, que esclareceu ter convertido os embargos de declaração em agravo, haja vista que o recurso de embargos seria meio impróprio para atacar decisão monocrática. Complementou que o agravo não mereceria provimento, porque o ato monocrático estaria hígido. Reiterou que o recurso teria sido equivocado e que a decisão agravada manter-se-ia e não conteria quaisquer ilegalidades. Vencido o Ministro Teori Zavascki, que rejeitava os embargos, no que foi acompanhado pelo Min. Gilmar Mendes. Aduzia ser possível sujeitar uma decisão monocrática a embargos declaratórios. Reputava haver aparente contradição no fato de se receber como agravo regimental os embargos declaratórios porque atacariam decisão e, na sequência, desprover o recurso por não impugnar os fundamentos do ato decisório. Acentuava que, a rigor, não se estaria, também, conhecendo do agravo regimental. Sublinhava que, se não havia ataque ao ato recorrido, não seria caso de conversão dos embargos. **ARE 749715 ED/RJ, rel. Min. Ricardo Lewandowski, 24.9.2013. (ARE-749715) (Inform. STF 721)**

AP 470/MG: embargos infringentes e admissibilidade - 16
Em conclusão de julgamento de agravos regimentais, o Plenário, por maioria, admitiu a interposição de embargos infringentes em face de decisão que condenara diversas pessoas pela prática de esquema a abranger, dentre outros crimes, peculato, lavagem de dinheiro, corrupção ativa e gestão

fraudulenta — v. Informativos 718 e 719. Preliminarmente, por decisão majoritária, o Tribunal rejeitou questão suscitada pelo Ministro Marco Aurélio, que assentava a preclusão consumativa, tendo em vista a oposição simultânea de embargos declaratórios e embargos infringentes, pelas mesmas partes. A Corte reputou que os recursos interpostos cumulativamente teriam âmbito de cognição e objetos diferentes um do outro, e que incidiria o princípio da eventualidade, aplicado subsidiariamente ao CPP. Vencido o suscitante. No mérito, o Ministro Celso de Mello proferiu voto de desempate no sentido de admitir a possibilidade de utilização, na espécie, dos embargos infringentes (RISTF, art. 333, I), desde que existentes, pelo menos, quatro votos vencidos, acompanhando a divergência iniciada pelo Ministro Roberto Barroso. Considerou, em sua manifestação, que o art. 333, I, do RISTF não sofrera, no ponto, derrogação tácita ou indireta em decorrência da superveniente edição da Lei 8.038/90, que se limitara a dispor sobre normas meramente procedimentais concernentes a causas penais originárias, indicando-lhes a ordem ritual e regendo-as até o encerramento da instrução probatória. Afirmou que o tema deveria ser examinado à luz de dois critérios: o da reserva constitucional de lei, de um lado, e o da reserva constitucional do regimento, de outro. Explicou que a Constituição delimitaria o campo de incidência da atividade legislativa, e vedaria ao Congresso a edição de normas que disciplinassem matérias reservadas, com exclusividade, à competência normativa dos tribunais. Aduziu que, por essa razão, o STF teria julgado inconstitucionais normas que transgrediriam a cláusula de reserva constitucional de regimento. Esta qualidade, segundo o Ministro Celso de Mello, transformaria o texto regimental em *sedes materiae* no que concerne aos temas sujeitos ao exclusivo poder de regulação normativa dos tribunais. Afirmou, portanto, que o art. 333, I, do RISTF, embora de natureza formalmente regimental, teria caráter material de lei, e fora recebido pela nova ordem constitucional com essa característica. Assinalou, entretanto, que, atualmente, faleceria ao STF o poder de derrogar normas regimentais veiculadoras de conteúdo processual, que somente poderiam ser alteradas mediante lei em sentido formal, nos termos da Constituição.
AP 470 AgR - vigésimo quinto/MG, rel. orig. Min. Joaquim Barbosa, red. p/ o acórdão Min. Teori Zavascki. (AP-470)
AP 470 AgR - vigésimo sexto/MG, rel. orig. Min. Joaquim Barbosa, red. p/ o acórdão Min. Roberto Barroso. (AP-470)
AP 470 AgR - vigésimo sétimo/MG, rel. Min. Joaquim Barbosa, 18.9.2013. (AP-470)

AP 470/MG: embargos infringentes e admissibilidade - 17
Prosseguindo em sua manifestação, o Ministro Celso de Mello mencionou a existência de projeto de lei relativo a eventual alteração no texto da Lei 8.038/90. Referido projeto propunha a abolição dos embargos infringentes em todas as hipóteses dispostas no art. 333 do RISTF. Destacou que a proposta não fora acatada ao fundamento de que os embargos infringentes constituiriam importante canal para a reafirmação ou modificação do entendimento sobre temas constitucionais, bem como sobre outras matérias para as quais os embargos infringentes seriam previstos. Observou, ainda, que, segundo essa mesma manifestação acolhida pela Câmara dos Deputados para rejeitar o aludido projeto de lei, a exigência de, no mínimo, quatro votos divergentes para que fosse viabilizada a oposição do recurso em questão indicaria a relevância de se oportunizar novo julgamento para a rediscussão do tema e a fixação de um entendimento definitivo. O Ministro Celso de Mello reportou que nessas razões apresentadas pela manutenção dos embargos infringentes constaria, ainda, a justificativa de que eventual mudança na composição do STF no interregno poderia influir no resultado final, que também poderia ser modificado por argumentos ainda não considerados ou até por circunstâncias conjunturais relevantes.
AP 470 AgR - vigésimo quinto/MG, rel. orig. Min. Joaquim Barbosa, red. p/ o acórdão Min. Teori Zavascki. (AP-470)
AP 470 AgR - vigésimo sexto/MG, rel. orig. Min. Joaquim Barbosa, red. p/ o acórdão Min. Roberto Barroso. (AP-470)
AP 470 AgR - vigésimo sétimo/MG, rel. Min. Joaquim Barbosa, 18.9.2013. (AP-470)

AP 470/MG: embargos infringentes e admissibilidade - 18
O Ministro Celso de Mello reiterou que não se presumiria a revogação tácita das leis, mormente por não incidir, no caso, qualquer hipótese configuradora de revogação das espécies normativas, na forma descrita no art. 2º, § 1º, da Lei de Introdução às Normas de Direito Brasileiro - LINDB. Registrou, ademais, que a Lei 8.038/90 abstivera-se de disciplinar o sistema recursal interno

do Supremo, embora pudesse fazê-lo, a caracterizar uma lacuna intencional do legislador ordinário. Assinalou, também, que a regra consubstanciada no art. 333, I, do RISTF buscaria permitir a concretização, no âmbito desta Corte, no contexto das causas penais originárias, do postulado do duplo reexame, que visa a amparar direito consagrado na Convenção Americana de Direitos Humanos, na medida em que realizaria, embora insuficientemente, a cláusula da proteção judicial efetiva. Sublinhou, por fim, que o referido postulado seria invocável mesmo nas hipóteses de condenações penais em decorrência de prerrogativa de foro, formuladas por Estados que houvessem formalmente reconhecido, como obrigatória, a competência da Corte Interamericana de Direitos Humanos em todos os casos relativos à interpretação ou aplicação desse tratado internacional. O Ministro Celso de Mello, então, ao proferir o voto de desempate, admitiu a possibilidade de utilização, no caso, dos embargos infringentes. Vencidos os Ministros Joaquim Barbosa, Presidente e relator, Luiz Fux, Cármen Lúcia, Gilmar Mendes e Marco Aurélio, que não admitiam os infringentes por entenderem que esse recurso estaria revogado pela Lei 8.038/90.
AP 470 AgR - vigésimo quinto/MG, rel. orig. Min. Joaquim Barbosa, red. p/ o acórdão Min. Teori Zavascki. (AP-470)
AP 470 AgR - vigésimo sexto/MG, rel. orig. Min. Joaquim Barbosa, red. p/ o acórdão Min. Roberto Barroso. (AP-470)
AP 470 AgR - vigésimo sétimo/MG, rel. Min. Joaquim Barbosa, 18.9.2013. (AP-470)

AP 470/MG: embargos infringentes e admissibilidade - 19
Em passo seguinte, o Plenário desproveu agravo regimental na parte em que pretendida a admissibilidade de embargos infringentes em face de condenação na qual o número de votos divergentes e vencidos — pela absolvição — seria inferior a quatro. A defesa argumentava que seria permitido utilizar-se desse recurso mesmo que houvesse apenas um voto divergente na decisão condenatória. A Corte reputou que não se poderia ampliar a regra do RISTF, expressa nesse ponto. A exceção inscrita no final do parágrafo único do art. 333 desse diploma ("*O cabimento dos embargos, em decisão do Plenário, depende da existência, no mínimo, de quatro votos divergentes, salvo nos casos de julgamento criminal em sessão secreta*") seria aplicável apenas a julgamentos secretos, mais inexistentes. Nas assentadas públicas, haveria de se observar o quórum mínimo de quatro votos vencidos. Seria defeso, portanto, suprimir a alusão a julgamento secreto do preceito, uma vez que implicaria a criação de nova norma. Explicou-se que, nos termos da Constituição, o STF não teria competência para legislar sobre matéria processual.
AP 470 AgR - vigésimo sétimo/MG, rel. Min. Joaquim Barbosa, 18.9.2013. (AP-470)

AP 470/MG: embargos infringentes e admissibilidade - 20
Ato contínuo, o Plenário, por decisão majoritária, ao aplicar o art. 191 do CPC por analogia, acolheu pedido formulado em agravo regimental para admitir prazo em dobro — portanto de trinta dias — para oposição dos embargos infringentes, contados a partir da publicação do acórdão referente à sua admissibilidade. O Ministro Teori Zavascki considerou que deveria ser conferido o mesmo tratamento dado aos embargos declaratórios, em que aumentado o prazo, e que a questão, de cunho processual, não deveria ser analisada à luz do caso concreto apenas. Concluiu que, existente litisconsórcio passivo em ação penal, deveria incidir o prazo em dobro previsto no CPC, regra subsidiária. O Ministro Dias Toffoli acresceu que, muito embora se tratasse de litisconsórcio passivo, se houvesse apenas uma peça subscrita por todos os embargantes, o prazo deveria ser simples. Por se tratar de peças distintas, com diferentes procuradores, o prazo deveria ser dobrado. Vencidos os Ministros Joaquim Barbosa, Presidente e relator, Roberto Barroso, Luiz Fux e Gilmar Mendes. Reputavam que o prazo regimental de quinze dias deveria ser observado. Após, deliberou-se que os embargos infringentes já interpostos seriam distribuídos imediatamente a relator a ser definido por sorteio, excluídos o relator e o revisor da ação penal. Além disso, esse futuro relator tornar-se-ia prevento em relação aos demais embargos infringentes eventualmente interpostos.
AP 470 AgR - vigésimo quinto/MG, rel. orig. Min. Joaquim Barbosa, red. p/ o acórdão Min. Teori Zavascki. (AP-470)
AP 470 AgR - vigésimo sexto/MG, rel. orig. Min. Joaquim Barbosa, red. p/ o acórdão Min. Roberto Barroso. (AP-470) (Inform. STF 720)

4. DIREITO PROCESSUAL PENAL

HC N. 112.593-SP
RELATORA: MIN. ROSA WEBER
HABEAS CORPUS. APROPRIAÇÃO INDÉBITA PREVIDENCIÁRIA. PRESSU-POSTOS DE ADMISSIBILIDADE DO RECURSO ESPECIAL. COMPETÊNCIA PRECÍPUA DO SUPERIOR TRIBUNAL DE JUSTIÇA. SÚMULA 182 DO STJ. FALTA DE IMPUGNAÇÃO DE TODOS OS FUNDAMENTOS DA DECISÃO AGRAVADA. ENTENDIMENTO CONSAGRADO PELA SÚMULA 287 DO STF.
1. Compete constitucionalmente ao Superior Tribunal de Justiça o julgamento do recurso especial, cabendo-lhe, enquanto órgão *ad quem*, o segundo, e definitivo, juízo de admissibilidade positivo ou negativo deste recurso de fundamentação vinculada. Inadmissível a apreciação desses pressupostos de admissibilidade pelo Supremo Tribunal Federal, exceto nos casos de flagrante ilegalidade ou abuso de poder. Precedentes.
2. Recurso especial inadmitido por ausência de ataque aos fundamentos da decisão hostilizada, consoante entendimento desta Suprema Corte consa-grado na Súmula 287 STF.
3. Ordem denegada. **(Inform. STF 720)**

AP 470/MG: embargos de declaração – (conclusão)
O Tribunal, por maioria, rejeitou embargos de declaração em que se ale-gava contradição no fato de o embargante ter sido condenado pelo delito de corrupção ativa, com a pena prevista na Lei 10.763/2003, ao passo que os parlamentares corrompidos, condenados por corrupção passiva, teriam sido apenados com base na redação original dessa mesma norma. Rememorou-se que o STF já teria resolvido essa questão. Reputou-se que a oferta de vantagem indevida pela qual o réu fora condenado ocorrera, indubitavelmente, quando já em vigor a referida norma. Portanto, estaria devidamente fundamentado o aresto no trecho que considerara aplicável o preceito secundário do art. 333 do CP, com redação dada pela aludida lei. Destacou-se que o embargante teria sido acusado de coautoria na prática de crimes de corrupção ativa e não de corrupção passiva. Aludiu-se que se aplicara a mesma regra estabelecida para os demais corruptores, tendo em vista a continuidade delitiva. Assim, seria incabível invocar, para caracterizar suposta contradição no acórdão, decisão referente à pena aplicável a réus que teriam sido condenados pela prática de crimes diversos — corrupção passiva —, pois a contradição sanável por meio de embargos de declaração seria apenas aquela que se verificasse entre os fundamentos da condenação e a conclusão. Vencidos os Ministros Ricardo Lewandowski, Teori Zavascki, Dias Toffoli, Marco Aurélio e Celso de Mello.
AP 470 ED/MG, rel. Min. Joaquim Barbosa, 5.9.2013. (AP-470) (Inform. STF 718)

AG. REG. NO RE N. 548.181-PR
RELATORA: MIN. ROSA WEBER
EMENTA: AGRAVO REGIMENTAL EM RECURSO EXTRAORDINÁRIO. DIREITO PENAL. CRIME AMBIENTAL. RESPONSABILIDADE PENAL DA PESSOA JURÍDICA. CONDICIONAMENTO À IDENTIFICAÇÃO E À PERSE-CUÇÃO DA PESSOA FÍSICA.
Tese do condicionamento da responsabilização penal da pessoa jurídica à simultânea identificação e persecução penal da pessoa física responsável, que envolve, à luz do art. 225, § 3°, da Carta Política, questão constitucional merecedora de exame por esta Suprema Corte.
Agravo regimental conhecido e provido. **(Inform. STF 711)**

RHC N. 99.798-SP
RELATORA: MIN. CÁRMEN LÚCIA
EMENTA: RECURSO ORDINÁRIO EM HABEAS CORPUS. PENAL. PRO-CESSUAL PENAL. AUSÊNCIA DE PRESSUPOSTOS DE ADMISSIBILIDADE. CONHECIMENTO COMO HABEAS CORPUS ORIGINÁRIO. ALEGAÇÃO DE OFENSA AO PRINCÍPIO DO JUIZ NATURAL. COMPETÊNCIA. DISTRIBUIÇÃO POR PREVENÇÃO. AUSÊNCIA DE NULIDADE. DENEGAÇÃO DA ORDEM.
1. Manifesta a impugnação da decisão, malgrado a ausência de pressuposto de admissibilidade do recurso ordinário em habeas corpus, não se deve, em homenagem à forma, negar conhecimento como pedido originário.
2. A homologação da desistência não constitui mero ato ordinatório, mas decisão judicial, que põe fim ao processo e gera prevenção na distribuição de novas ações ou recursos.
3. O artigo 71, caput, do Regimento Interno do Superior Tribunal de Justiça indica que a prevenção é determinada pela distribuição, não havendo previsão de que se tenha que proferir decisões judiciais para se tornar prevento.

4. Eventual nulidade decorrente da inobservância da competência penal pela prevenção é relativa, cabendo ao prejudicado alegá-la no primeiro momento processual oportuno, sob pena de preclusão, e demonstrar o prejuízo. Súmula 706 do STF.
5. Ordem denegada. **(Inform. STF 710)**

Tempestividade: RE interposto antes de ED
A 1ª Turma, por maioria, proveu agravo regimental interposto de decisão que não conheceu de recurso extraordinário por intempestividade. No caso, a decisão agravada afirmara que a jurisprudência desta Corte seria pacífica no sentido de ser extemporâneo o recurso extraordinário interposto antes do julgamento proferido nos embargos de declaração, mesmo que os embargos tivessem sido opostos pela parte contrária. Reputou-se que a parte poderia, no primeiro dia do prazo para a interposição do extraordinário, protocolizar este recurso, independentemente da interposição dos embargos declaratórios pela parte contrária. Afirmou-se ser desnecessária a ratificação do apelo extremo. Concluiu-se pela tempestividade do extraordinário. Vencido o Min. Dias Toffoli, relator, que mantinha a decisão agravada.
RE 680371 AgR/SP, rel. orig. Min. Dias Toffoli, red. p/ o acórdão Min. Marco Aurélio. (RE-680371) (Inform. STF 710)

RHC N. 116.061-ES
RELATORA: MIN. ROSA WEBER
EMENTA: RECURSO ORDINÁRIO EM HABEAS CORPUS. PROCESSO PENAL. SENTENÇA CONDENATÓRIA. INTIMAÇÃO DA DEFENSORIA PÚBLICA. APELAÇÃO INTEMPESTIVA. DEFENSOR RESPONSÁVEL PELA ASSISTÊNCIA JURÍDICA DE COACUSADO. VERSÕES COLIDENTES SOBRE OS FATOS. FLE-XIBILIZAÇÃO DA CONTAGEM DO PRAZO RECURSAL. IMPOSSIBILIDADE. PRINCÍPIOS DA INDIVISIBILIDADE E DA UNICIDADE DA INSTITUIÇÃO.
1. A intimação do Defensor Público se aperfeiçoa com a chegada dos autos e recebimento na instituição. Precedentes.
2. Em havendo sido intimada a Defensoria Pública da sentença condenatória no dia 25.10.2010 e o condenado, ora Recorrente, em 21.02.2011, intem-pestiva a apelação interposta em 04.3.2011, mesmo contado em dobro o prazo recursal.
3. Recurso ordinário em habeas corpus a que se nega provimento. Determi-nada a imediata reautuação do feito com a inserção do nome completo do Recorrente. **(Inform. STF 710)**

AG. REG. NO ARE N. 730.240-SP
RELATOR: MIN. MARCO AURÉLIO
PRAZO – AGRAVO – RECURSO EXTRAORDINÁRIO CRIMINAL. O prazo para interposição do agravo, visando à subida de recurso extraordinário criminal, não tem regência pelo Código de Processo Civil, considerada a Lei nº 9.850/94, mas pela Lei nº 8.038/90, na redação primitiva. Precedentes: Agravo de Instrumento nº 197.032-1/RS, relatado no Pleno pelo ministro Sepúlveda Pertence, com acórdão publicado no Diário da Justiça de 5 de dezembro de 1997. **(Inform. STF 703)**

RHC e efeito devolutivo pleno de apelação - 1
Ante empate na votação, a 1ª Turma deu parcial provimento a recurso ordinário em *habeas corpus* a fim de determinar que o STJ retome o exame da suposta semi-imputabilidade do recorrente. Tratava-se de condenado, perante o juízo de 1° grau, à sanção de 15 anos e 2 meses de reclusão pela prática de tipos previstos nos arts. 214 c/c 71, *caput* (2 vezes) e 213 c/c art. 69, *caput*, todos do CP. O tribunal local provera, em parte, apelação do réu, para afastar o concurso material entre os crimes e fixara a reprimenda em 7 anos de reclusão, tendo em vista a revogação do citado art. 214, cuja conduta, após o advento da Lei 12.015/2009, teria sido englobada pelo art. 213 do diploma em tela. Essa decisão fora impugnada por meio de recursos especial e extraordinário pela defesa, os quais não foram admitidos pelo tribunal *a quo*. Isso ensejara a interposição de agravos para subida de ambos os recursos, bem como, posteriormente, a impetração de *writ* perante o STJ. O recorrente sustentava que, após tomar ciência do parecer do Ministério Público Federal pelo conhecimento parcial da ordem impetrada naquela Corte Superior e, nessa parte, pela denegação, impetrara outro HC no tribunal de origem, com o fito de afastar a supressão de instância quanto ao reconhecimento da semi-imputabilidade postulado no STJ. Aduzia, em síntese, que essa causa geral de diminuição de pena teria sido atestada em laudo pericial, realizado em ação penal anteriormente promovida, contra ele, perante o mesmo juízo.

VADE MECUM DE JURISPRUDÊNCIA – STF/STJ

Logo, arguia que esta circunstância deveria ter sido igualmente reconhecida na sentença condenatória em comento, com a devida mitigação da pena imposta. **RHC 110624/SP, rel. orig. Min. Dias Toffoli, red. p/ o acórdão Min. Marco Aurélio, 16.10.2012. (RHC-110624)**

DIREITO PENAL. EXCLUSÃO DE CIRCUNSTÂNCIA JUDICIAL E REFORMATIO IN PEJUS.

Caso o Tribunal, na análise de apelação exclusiva da defesa, afaste uma das circunstâncias judiciais (art. 59 do CP) valoradas de maneira negativa na sentença, a pena base imposta ao réu deverá, como consectário lógico, ser reduzida, e não mantida inalterada. A proibição da reformatio in pejus, derivação da regra mais ampla do favor rei, traduz-se na vedação a que, em recurso interposto exclusivamente pelo acusado, o Tribunal agrave a situação do recorrente, em relação à decisão impugnada, aceita pelo acusador. Proíbe-se, outrossim, a reformatio in pejus indireta, para impedir que, nos casos em que a decisão impugnada pelo acusado seja anulada pelo tribunal, a nova decisão venha a ser mais gravosa aos interesses da defesa. Sem embargo, não há impedimento a que, mantida a situação penal do réu, o tribunal a quem se devolveu o conhecimento da causa, por força de recurso (apelação ou recurso em sentido estrito) manejado tão somente pela defesa, possa emitir sua própria e mais apurada fundamentação sobre as questões jurídicas ampla e dialeticamente debatidas no juízo a quo, as quais foram objeto da sentença impugnada no recurso. A proibição de reforma para pior garante ao recorrente o direito de não ter sua situação agravada, direta ou indiretamente. Não obsta, entretanto, que o Tribunal, para dizer o direito - ao exercer, portanto, sua soberana função de juris dictio -, encontre motivação própria, respeitadas, obrigatoriamente, a imputação deduzida pelo órgão de acusação, a extensão cognitiva da sentença impugnada e os limites da condenação impostos no juízo de origem. Dessa forma, para o exame das fronteiras que delimitam a proibição de reforma para pior, deve ser analisado cada item do dispositivo da pena, e não apenas a quantidade total da reprimenda. Assim, havendo a exclusão de alguma circunstância judicial, não deve a pena ser mantida inalterada, pois, do contrário, estar-se--ia agravando o quantum atribuído anteriormente a cada uma das vetoriais. Ilustrativamente: "a pena fixada não é o único efeito que baliza a condenação, devendo ser consideradas outras circunstâncias para a verificação de existência de reformatio in pejus" (STF, HC 103.310, Segunda Turma, DJe 7/5/2015). **HC 251.417-MG, Rel. Min. Rogerio Schietti Cruz, julgado em 3/11/2015, DJe 19/11/2015. (Inform. STJ 573)**

DIREITO PROCESSUAL PENAL. ANULAÇÃO DA DECISÃO ABSOLUTÓRIA DO JÚRI EM RAZÃO DA CONTRARIEDADE COM AS PROVAS DOS AUTOS.

Ainda que a defesa alegue que a absolvição se deu por clemência do Júri, admite-se, mas desde que por uma única vez, o provimento de apelação fundamentada na alegação de que a decisão dos jurados contrariou manifestamente à prova dos autos (alínea "d" do inciso III do art. 593 do CPP). O CPP, em seu art. 593, § 3º, garante ao Tribunal de Apelação o exame, por única vez, de conformidade mínima da decisão dos jurados com a prova dos autos. Assim, não configura desrespeito ou afronta à soberania dos vereditos o acórdão que, apreciando recurso de apelação, conclui pela completa dissociação do resultado do julgamento pelo Júri com o conjunto probatório produzido durante a instrução processual, de maneira fundamentada. Dessa forma, embora seja possível até a absolvição por clemência, isso não pode se dar em um primeiro julgamento, sem possibilidade de reexame pelo tribunal, que pode considerar, sim, que a decisão é manifestamente contrária à prova dos autos e submeter o réu em um segundo julgamento. **REsp 1.451.720-SP, Rel. originário Min. Sebastião Reis Júnior, Rel. para acórdão Min. Nefi Cordeiro, julgado em 28/4/2015, DJe 24/6/2015 (Inform. STJ 564).**

DIREITO PROCESSUAL CIVIL E PROCESSUAL PENAL. PRAZO PARA OPOSIÇÃO DE EMBARGOS DE DECLARAÇÃO CONTRA ACÓRDÃO QUE ANALISA ASTREINTES IMPOSTAS POR JUÍZO CRIMINAL.

É de 5 dias (art. 536 do CPC/1973) – e não de 2 dias (art. 619 do CPP) – o prazo para a oposição, por quem não seja parte na relação processual penal, de embargos de declaração contra acórdão que julgou agravo de instrumento manejado em face de decisão, proferida por juízo criminal, que determinara, com base no art. 3º do CPP, o pagamento de multa diária prevista no CPC/1973 em razão de atraso no cumprimento de ordem judicial de fornecimento de informações decorrentes de quebra de sigilo no âmbito de inquérito policial. Diferentemente dos casos em que a matéria discutida tenha natureza induvidosamente penal – casos em que o prazo para a oposição de embargos declaratórios será de 2 dias (art. 619 do CPP), e não

de 5 dias (art. 536 do CPC/1973) –, no caso em análise, várias circunstâncias indicam que o juízo criminal, ao aplicar multa cominatória ao terceiro responsável pelo fornecimento de dados decorrentes da quebra de sigilo determinada em inquérito policial, estabelece com este uma relação jurídica de natureza cível. Primeiro, porque o responsável pelo cumprimento da ordem judicial não é parte na relação processual penal, mas apenas terceiro interessado. Segundo, pois a decisão judicial foi tomada com apoio no CPC/1973, tanto assim que foi objeto de agravo de instrumento; usou, por analogia, o art. 3º do CPP, mas o fundamento da medida foi a questão das astreintes – ou seja, a cominação de multa diária por atraso no cumprimento de ordem judicial –, tema tipicamente cível. Terceiro, porquanto houve interposição de agravo de instrumento, meio de impugnação também previsto apenas na legislação processual civil. Ademais, essas circunstâncias suscitam, no mínimo, uma dúvida razoável quanto à natureza – cível ou criminal – da matéria objeto dos embargos. O que há, portanto, de solucionar a questão em discussão é a boa-fé processual da parte interessada, princípio que, aliás, está sendo ainda mais reforçado pelo Novo CPC, que o situa como norte na atuação de todos os sujeitos processuais em feitos cíveis, o que haverá de também incidir, conforme disposto no art. 3º do CPP, nos feitos criminais, mutatis mutandis. Ora, se o próprio CPP, como também o CPC/1973, permite a aceitação de um recurso por outro, como expressão do princípio da fungibilidade recursal – quando, por uma questão de interpretação, a parte interpõe um recurso por outro, ausente a má-fé –, deve-se considerar um ônus muito grande não permitir que a questão principal venha a ser analisada, por uma interpretação de que o prazo dos embargos de declaração opostos à decisão colegiada seria de dois dias e não de cinco, apenas porque a matéria teria surgido no bojo de um inquérito policial. **REsp 1.455.000-PR, Rel. originária Min. Maria Thereza de Assis Moura, Rel. para acórdão Min. Rogerio Schietti Cruz, julgado em 19/3/2015, DJe 9/4/2015 (Inform. STJ 559).**

DIREITO PROCESSUAL PENAL. REQUERIMENTO DE SUSTENTAÇÃO ORAL REALIZADO APÓS O HORÁRIO LIMITE DETERMINADO PELA PRESIDÊNCIA DO ÓRGÃO JULGADOR.

O advogado que teve deferido pedido de sustentação oral previamente formulado ao relator por meio de petição e que compareceu à sessão de julgamento antes de apreciada a apelação pelo colegiado não pode ser impedido de exercer o seu direito sob a justificativa de que, no dia da sessão de julgamento, não se inscreveu, antes do término do horário fixado pela Presidência do órgão julgador, para sustentação. A CF assegura, como alguns de seus princípios fundamentais, a observância do devido processo legal, da ampla defesa e do contraditório. Vistos, portanto, como um direito da parte, o contraditório e o respeito a todas as regras que subjazem ao devido processo legal se concretizam no exercício dos poderes processuais necessários para agir ou defender-se em juízo e para poder influir de modo positivo no convencimento judicial. São, desse modo, entendidos como o direito à observância das normas que evitam a lesão ao próprio direito da parte, tornando-se, portanto, uma garantia para o correto desenvolvimento do processo. Ademais, o art. 133 da CF também dispõe que o advogado é indispensável à administração da justiça, o que demonstra a importância da sua atuação no processo judicial. Sob essa perspectiva, a Lei 8.906/1994 estabelece, em seu art. 2º, § 2º, que "No processo judicial, o advogado contribui, na postulação de decisão favorável ao seu constituinte, ao convencimento do julgador, e seus atos constituem múnus público". Por ser o advogado um partícipe no processo de administração da justiça, é assegurado a esse profissional, dentre outras prerrogativas, a possibilidade de realizar sustentação oral. Cabe ressaltar que a sustentação oral permite ao advogado apresentar pessoalmente ao colegiado os argumentos indicados, por escrito, nas peças processuais e, ainda, buscar, com o poder da fala, melhor explicitar dados fáticos e jurídicos inerentes à causa sob julgamento. É importante ferramenta para chamar a atenção, durante a realização do próprio julgamento, de pontos relevantes a serem analisados pelo órgão julgador, oportunizando aos magistrados que não tiveram a possibilidade de manusear o processo, o terem conhecimento dos principais pontos a serem discutidos. A realização da sustentação oral proporciona, portanto, maior lisura ao julgamento, condizente com a finalidade precípua de todo e qualquer processo, qual seja, a busca da justiça. Considerando o viés do respeito ao devido processo legal, o CPP ainda estabelece, no parágrafo único do art. 610, que, "Anunciado o julgamento pelo presidente, e apregoadas as partes, com a presença destas ou à sua revelia, o relator fará a exposição do feito e, em seguida, o presidente concederá, pelo prazo de 10 (dez) minutos, a palavra aos advogados ou às partes que o solicitarem e ao procurador-geral, quando o requerer, por igual prazo". Dessa forma, não é possível cercear o direito do advogado de realizar a sustentação oral em um processo que ainda não tenha sido apreciado, apesar de ele estar presente no momento do julgamento, tão somente porque não se inscreveu, antes do horário fixado pela Presidência do órgão julgador, para a realização de pedido de sustentação oral. Ressalte-se, por fim, que não há ilegalidade alguma no fato de se estabelecerem regramentos para, em reforço às normas regimentais de cada tribunal, conferir maior racionalidade e eficiência no desenvolvimento das sessões; mas, havendo conflito entre direito da parte (e do advogado) de realizar sustentação oral já deferida e eventual restrição regulamentar, há de prevalecer aquele direito. **REsp 1.388.442-DF, Rel. Min. Rogerio Schietti Cruz, julgado em 18/12/2014, DJe 25/2/2015 (Inform. STJ 556).**

DIREITO PROCESSUAL PENAL. EFEITO DEVOLUTIVO DA APELAÇÃO E PROIBIÇÃO DA REFORMATIO IN PEJUS.

O Tribunal, na análise de apelação exclusiva da defesa, não está impedido de manter a sentença condenatória recorrida com base em fundamentação distinta da utilizada em primeira instância, desde que respeitados a imputação deduzida pelo órgão de acusação, a extensão cognitiva da sentença impugnada e os limites da pena imposta no juízo de origem. De fato, o princípio do ne reformatio in pejus tem por objetivo impedir que, em recurso exclusivo da defesa, o réu tenha agravada a sua situação, no que diz respeito à pena que lhe foi impingida no primeiro grau de jurisdição. Não se proíbe, entretanto, que, em impugnação contra sentença condenatória, possa o órgão de jurisdição superior, no exercício de sua competência funcional, agregar fundamentos à sentença recorrida, quer para aclarar-lhe a compreensão, quer para conferir-lhe melhor justificação. E nem seria razoável sustentar essa proibição. Nesse sentido grassam diversos julgados dos Tribunais Superiores, notadamente em tema de individualização da pena, nos quais, não raro, o Tribunal, em recurso exclusivo da defesa, de fundamentação livre e de efeito devolutivo amplo, encontra outros fundamentos em relação à sentença impugnada, não para prejudicar o recorrente, mas para manter-lhe a reprimenda imposta no juízo singular, sob mais qualificada motivação. A propósito, no HC 106.113-MT, consignou-se que, para se cogitar da reformatio in pejus, a decisão do Tribunal "teria que reconhecer, em desfavor do Paciente, circunstância fática não reconhecida em primeiro grau, de modo que o recurso da defesa causaria prejuízo ao Paciente (...)" (STF, Segunda Turma, DJe 1º/12/2012). No RHC 116.013-SP, por sua vez, decidiu-se que "O efeito devolutivo inerente ao recurso de apelação permite que, observados os limites horizontais da matéria questionada, o Tribunal aprecie em exaustivo nível de profundidade, a significar que, mantida a essência da causa de pedir e sem piorar a situação do recorrente, é legítima a manutenção da decisão recorrida ainda que por outros fundamentos" (STF, Segunda Turma, DJe 21/10/2012). No STJ, por ambas as Turmas que compõem a Terceira Seção, a questão tem sido enfrentada. É bem verdade que, na Sexta Turma, há julgados conferindo maior limitação à possibilidade de se agregar novos fundamentos à sentença (v.g., HC 223.524-SP, DJe 27/9/2013). Entretanto, há diversas decisões em sentido permissivo ao afastamento da incidência da ne reformatio in pejus, decidindo-se que essa proibição "não vincula o Tribunal aos critérios e fundamentos adotados pelo Juízo monocrático, mas apenas o impede de agravar a situação do réu" (HC 218.858-SP, DJe 26/3/2012). A seu turno, a Quinta Turma perfilha entendimento – mais pacificado no âmbito do referido órgão julgador – de que a proibição da reforma para pior não impede acréscimo de fundamentos (sopesadas as mesmas circunstâncias fáticas) pelo Tribunal ad quem, desde que mantida a pena imposta na instância original (v.g., HC 133.127-SP Quinta Turma, DJe 13/10/2009). Cabe ressaltar, por fim, que o tema em questão não é idêntico aos casos – que têm merecido o correto repúdio do STJ e do STF – nos quais, em ação de habeas corpus, o tribunal supre o vício formal da decisão do juízo singular para acrescentar fundamentos que, v.g., venham a demonstrar a necessidade concreta de uma prisão preventiva. Nessas situações, tem-se entendido que "os argumentos trazidos no julgamento do habeas corpus original pelo Tribunal a quo, tendentes a justificar a prisão provisória, não se prestam a suprir a deficiente fundamentação adotada em primeiro grau, sob pena de, em ação concebida para a tutela da liberdade humana, legitimar-se o vício do ato constritivo ao direito de locomoção do paciente" (RHC 45.748/MG, Sexta Turma, DJe 26/5/2014). Precedentes citados: HC 68.220-PR, Sexta Turma, DJe 9/3/2009; HC 276.006-SP, Sexta Turma, DJe de 8/9/2014; e AgRg no AREsp 62.070-MG, Quinta Turma, DJe 23/10/2013. **HC 302.488-SP, Rel. Min. Rogerio Schietti Cruz, julgado em 20/11/2014, DJe 11/12/2014 (Inform. STJ 553).**

DIREITO PROCESSUAL PENAL. PRINCÍPIO DA FUNGIBILIDADE RECURSAL NO CASO DE INTERPOSIÇÃO DE APELAÇÃO QUANDO CABÍVEL RECURSO EM SENTIDO ESTRITO.

Pode ser conhecida como recurso em sentido estrito a apelação erroneamente interposta contra decisão que julga inepta a denúncia, com a condição de que, constatada a ausência de má-fé, tenha sido observado o prazo legal para a interposição daquele recurso e desde que o erro não tenha gerado prejuízo à parte recorrida no que tange ao processamento do recurso. Isso porque, nessa situação, tem aplicabilidade o princípio da fungibilidade recursal. De fato, o art. 581, I, do CPP dispõe que caberá recurso em sentido estrito da decisão, despacho ou sentença que não receber a denúncia ou a queixa. Todavia, o mero equívoco na indicação do meio de impugnação escolhido para atacar a decisão não deve implicar necessariamente a inadmissibilidade do recurso, conforme determina o art. 579 do CPP, segundo o qual "Salvo a hipótese de má-fé, a parte não será prejudicada pela interposição de um recurso por outro. Parágrafo único. Se o juiz, desde logo, reconhecer a impropriedade do recurso interposto pela parte, mandará processá-lo de acordo com o rito do recurso cabível". Precedentes citados: AgRg no REsp 1.244.829-RS, Quinta Turma, DJe 27/4/2012; e HC 117.118-MG, Sexta Turma, DJe 3/8/2009. **REsp 1.182.251-MT, Rel. Min. Jorge Mussi, julgado em 5/6/2014. (Inform. STJ 543)**

📖 Súmula STF nº 713

O efeito devolutivo da apelação contra decisões do júri é adstrito aos fundamentos da sua interposição.

📖 Súmula STF nº 709

Salvo quando nula a decisão de primeiro grau, o acórdão que provê o recurso contra a rejeição da denúncia vale, desde logo, pelo recebimento dela.

📖 Súmula STF nº 705

A renúncia do réu ao direito de apelação, manifestada sem a assistência do defensor, não impede o conhecimento da apelação por este interposta.

📖 Súmula STF nº 700

É de cinco dias o prazo para interposição de agravo contra decisão do juiz da execução penal.

📖 Súmula STF nº 699

O prazo para interposição de agravo, em processo penal, é de cinco dias, de acordo com a Lei 8038/1990, não se aplicando o disposto a respeito nas alterações da Lei 8950/1994 ao Código de Processo Civil.

📖 Súmula STF nº 602

Nas causas criminais, o prazo de interposição de recurso extraordinário é de 10 (dez) dias.

📖 Súmula STF nº 344

Sentença de primeira instância concessiva de "habeas corpus", em caso de crime praticado em detrimento de bens, serviços ou interesses da união, está sujeita a recurso "ex officio".

📖 Súmula STF nº 160

É nula a decisão do tribunal que acolhe, contra o réu, nulidade não arguida no recurso da acusação, ressalvados os casos de recurso de ofício.

📖 Súmula STJ nº 518

Para fins do art. 105, III, a, da Constituição Federal, não é cabível recurso especial fundado em alegada violação de enunciado de súmula.

📖 Súmula STJ nº 347

O conhecimento de recurso de apelação do réu independe de sua prisão.

📖 Súmula STJ nº 267

A interposição de recurso, sem efeito suspensivo, contra decisão condenatória não obsta a expedição de mandado de prisão.

📖 Súmula STJ nº 9

A exigência da prisão provisória, para apelar, não ofende a garantia constitucional da presunção de inocência.

15. *HABEAS CORPUS,* MANDADO DE SEGURANÇA E REVISÃO CRIMINAL

"Habeas corpus" e cabimento

O "habeas corpus", cuja finalidade é a tutela da liberdade de locomoção, não é cabível para o reexame de pressupostos de admissibilidade de recursos. Com base nessa orientação, a Primeira Turma, por maioria, não conheceu da impetração. Na espécie, a paciente interpusera recurso especial cujo seguimento fora obstado por intempestividade. A petição fora apresentada por correspondência eletrônica, no prazo final para sua interposição e o original fora protocolizado no dia subsequente. A defesa manejara agravo em recurso especial, não conhecido ante a extemporaneidade. Na sequência, fora indeferido o "habeas corpus" impetrado perante o STJ para afastar o óbice à sequência do recurso especial. A Turma esclareceu que o "habeas corpus" seria substitutivo de recurso. Apontou não se depreender hipótese que justificasse a excepcionalidade da concessão da ordem de ofício ante o próprio não conhecimento do feito. Não haveria flagrante ilegalidade ou teratologia. Vencido o Ministro Marco Aurélio (relator), que deferia a ordem para que o recurso especial tivesse seguimento. Reputava que o tribunal local teria decidido em descompasso com os princípios da confiança e da lealdade processual, ao olvidar a própria Portaria-Conjunta 73/2006. Essa norma admite a interposição por correio eletrônico com exigência de apresentação do documento original em até cinco dias da data do término do prazo. Ressaltava, ainda, que referida portaria fora elaborada em conformidade com o disposto na Resolução 287/2004 do STF. Precedente citado: HC 122.867/SP (DJe de 3.9.2014).

HC 114293/MG, rel. orig. Min. Marco Aurélio, red. p/o acórdão Min. Edson Fachin, 1º.12.2015. (HC-114293) (Inform. STF 810)

HC N. 100.978-SP

REDATOR P/ O ACÓRDÃO: MIN. EDSON FACHIN
Ementa: *HABEAS CORPUS* IMPETRADO EM FACE DE DECISÃO MONOCRÁTICA QUE INDEFERE LIMINAR EM TRIBUNAL SUPERIOR. SÚMULA 691/STF. NÃO CONHECIMENTO. PODERES DE INVESTIGAÇÃO DO MINISTÉRIO PÚBLICO. TEMA ASSENTADO EM REPERCUSSÃO GERAL. POSSIBILIDADE. NECESSIDADE DE OBSERVÂNCIA DAS CONDICIONANTES. INEXISTÊNCIA DE TERATOLOGIA OU ABUSO DE PODER.

1. A teor da Súmula 691/STF, não se conhece do *habeas corpus* impetrado contra decisão de relator que indefere liminar em *writ* originário, salvo em hipóteses excepcionais, em que o impetrante demonstre a existência de flagrante ilegalidade ou abuso de poder na decisão hostilizada.
2. *"O Ministério Público dispõe de competência para promover, por autoridade própria, e por prazo razoável, investigações de natureza penal, desde que respeitados os direitos e garantias que assistem a qualquer indiciado ou a qualquer pessoa sob investigação do Estado. (...) 'O Ministério Público dispõe de competência para promover, por autoridade própria, e por prazo razoável,' - eis aí a primeira condicionante, o prazo há de ser razoável - 'investigações de natureza penal,' - portanto, o julgamento abriu as portas para a investigação de natureza penal - 'desde que' - vem a segunda condicionante - "respeitados os direitos e garantias que assistem a qualquer indiciado ou a qualquer pessoa sob investigação do Estado, observadas, sempre, por seus agentes, - e vem a terceira condicionante - as hipóteses de reserva constitucional de jurisdição e, também, - vem a quarta - as prerrogativas profissionais de que se acham investidos, em nosso País, - fazendo referência expressa aos ilustres advogados - (...) sem prejuízo da possibilidade - sempre presente no Estado democrático de Direito - do permanente controle jurisdicional dos atos, - do Ministério Público, é a quinta condicionante - necessariamente documentados (Súmula Vinculante 14), praticados pelos membros dessa instituição. - é a sexta condicionante"* (RE 593.727, Redator para o Acórdão Min. Gilmar Mendes, julgado em 14.05.2015).
3. *Writ* não conhecido. **(Inform. STF 809)**

Ação Penal e "habeas corpus" de ofício - 1

A Primeira Turma iniciou julgamento de questão de ordem na qual se discute a possibilidade de concessão de "habeas corpus" de ofício para trancar ação penal. No caso, delegado de polícia, hoje parlamentar, teria autorizado o pagamento de diárias, a policial, para viagens oficiais não realizadas. O juízo recebera a denúncia referente ao crime de peculato apenas em relação à policial. O tribunal, então, provera recurso do "parquet" para dar prosseguimento à ação penal relativamente ao então delegado. Em seguida,

diplomado deputado, os autos vieram ao STF. Instado a se pronunciar, o Procurador-Geral da República deixara de ratificar a denúncia e requerera o arquivamento por entender ausente o dolo do acusado, o que afastaria a justa causa da ação penal. O Ministro Roberto Barroso (relator) resolveu a questão de ordem para conceder "habeas corpus" de ofício e trancar a presente ação penal por ausência de justa causa, no que foi acompanhado pelo Ministro Edson Fachin. Observou que a alteração da competência inicial em face de posterior diplomação do réu não invalidaria os atos regularmente praticados e o feito deveria prosseguir da fase em que se encontrasse, em homenagem, ao princípio "tempus regit actum". Ressaltou que a denúncia teria sido regularmente recebida pelo então juízo natural. Não caberia, portanto, a ratificação da peça, o novo oferecimento e consequentemente a renovação do ato de recebimento. Por outro lado, o pedido de arquivamento também não seria possível neste momento processual, na medida em que o titular da ação penal na origem exercera regularmente o recebimento da denúncia. Entretanto, não se poderia extirpar o direito de o Procurador-Geral da República não querer encampar a acusação. Além disso, o STF não estaria vinculado ao recebimento da denúncia pelo juízo de 1º grau. Todavia, seria processualmente adequado o exame de eventual concessão de "habeas corpus" de ofício com base na manifestação do Procurador-Geral da República. O relator frisou que a orientação jurisprudencial do Tribunal seria no sentido de que o trancamento de ação penal pela via do "habeas corpus" só seria cabível quando estivessem comprovadas, desde logo, a atipicidade da conduta, a extinção da punibilidade ou a evidente ausência de justa causa.

AP 905 QO/MG, rel. Roberto Barroso, 1º.9.2015. (AP-905)

Ação Penal e "habeas corpus" de ofício - 2

O relator assinalou que o Procurador-Geral da República concluíra pela ausência de justa causa. Constatou não haver nos autos prova do dolo efetivo do acusado. Haveria, na denúncia, um conjunto relevante de depoimentos, no sentido de que o réu, como delegado chefe, cumpriria função puramente burocrática. A atribuição de autorização do pagamento das diárias seria, efetivamente, do chefe imediato da policial. Assim, o parlamentar estaria sendo submetido a processo penal apenas pela sua posição hierárquica, sem nenhum tipo de envolvimento direto com os fatos. Em divergência, o Ministro Marco Aurélio resolveu a questão de ordem pela impossibilidade da concessão de "habeas corpus" de ofício e pelo prosseguimento da ação penal. Pontuou que, segundo precedentes do STF, o elemento subjetivo do tipo deveria ser elucidado no correr do processo-crime. Destacou que passaria pelo acuado o deferimento, a autorização ou não da concessão das diárias. Ponderou que se deveria aguardar a instrução do processo-crime e o julgamento final para definir-se o alcance da culpabilidade. Em seguida, pediu vista a Ministra Rosa Weber.

AP 905 QO/MG, rel. Roberto Barroso, 1º.9.2015. (AP-905)

Ação Penal e "habeas corpus" de ofício - 3

A Primeira Turma retomou julgamento de questão de ordem na qual se discute a possibilidade de concessão de "habeas corpus" de ofício para trancar ação penal. No caso, delegado de polícia, hoje parlamentar, teria autorizado o pagamento de diárias, a policial, para viagens oficiais não realizadas. O juízo recebera a denúncia referente ao crime de peculato apenas em relação à policial. O tribunal, então, provera recurso do "parquet" para dar prosseguimento à ação penal relativamente ao então delegado. Em seguida, diplomado deputado, os autos vieram ao STF. Instado a se pronunciar, o Procurador-Geral da República deixara de ratificar a denúncia e requerera o arquivamento por entender ausente o dolo do acusado, o que afastaria a justa causa da ação penal — v. Informativo 797. Em voto-vista, a Ministra Rosa Weber acompanhou a divergência iniciada pelo Ministro Marco Aurélio no sentido de não ser cabível o implemento da ordem de ofício à falta de flagrante ilegalidade, abuso de poder ou decisão teratológica. Destacou que o Procurador-Geral da República se manifesta pela ausência de justa causa (inexistência de dolo do acusado) e incursionara nos elementos de prova colhidos no inquérito e na instrução probatória da ação penal desmembrada no 1º grau de jurisdição. Entendeu não se justificar lançar mão de "habeas corpus" de ofício substitutivo de decisão judicial de absolvição, esta cabível e mais benéfica ao réu, segundo a leitura dos autos efetuada pelo titular da ação penal. Ato contínuo, pediu vista o Ministro Luiz Fux.

AP 905 QO/MG, rel. Min. Roberto Barroso, 6.10.2015. (AP-905) (Inform. STF 802)

4. DIREITO PROCESSUAL PENAL

AG. REG. NO HC N. 128.617-RN
RELATOR: MIN. ROBERTO BARROSO

Ementa: Processual Penal. *Habeas corpus* substitutivo de Recurso Ordinário. Condenação transitada em julgado. Crimes de roubo majorado e receptação. Alegações de inépcia da denúncia e cerceamento do direito de defesa.

1. A Primeira Turma do Supremo Tribunal Federal consolidou o entendimento no sentido da inadmissibilidade do uso da ação de *habeas corpus* em substituição ao recurso ordinário previsto na Constituição Federal (*v.g* HC 109.956, Rel. Min. Marco Aurélio; e HC 104.045, Rel.ª Min.ª Rosa Weber). Da mesma forma, o Supremo Tribunal Federal não admite a utilização do *habeas corpus* em substituição à ação de revisão criminal (*v.g*, RHC119.605-AgR, Rel. Min. Luís Roberto Barroso; HC 111.412-AgR, Rel. Min. Luiz Fux; RHC 114.890, Rel. Min. Dias Toffoli; HC 116.827-MC, Rel. Min. Teori Zavascki; RHC 116.204, Rel.ª Min.ª Cármen Lúcia; e RHC 115.983, Rel. Min. Ricardo Lewandowski).

2. A alegação de inépcia da denúncia não foi apreciada pela autoridade impetrada, o que impede o imediato exame da matéria, sob pena de indevida supressão de instância (*v.g* HC 116.350-AgR, Rel.ª Min.ª Rosa Weber, e HC 114.166, Rel. Min. Ricardo Lewandowski). Não bastasse, a orientação jurisprudencial desta Corte é no sentido de que a *"A alegação de inépcia da denúncia está preclusa quando suscitada após a sentença penal condenatória"* (RHC 105.730, Rel. Min. Teori Zavascki). No mesmo sentido: RHC 120.473, Rel.ª Min.ª Rosa Weber; RHC 122.465-AgR, Rel. Min. Gilmar Mendes; RHC 120.751, Rel.ª Min.ª Rosa Weber; HC 111.363, Rel. Min. Luiz Fux; RHC 116.619, Rel. Min. Ricardo Lewandowski).

3. Quanto à alegação de cerceamento do direito de defesa, o acolhimento da pretensão defensiva quanto à análise do exaurimento, ou não, dos meios necessários para a localização do paciente demandaria o revolvimento do conjunto fático-probatório da causa, inviável na via processualmente restrita do *habeas corpus*, notadamente após o trânsito em julgado da condenação.

4. Agravo regimental desprovido. **(Inform. STF 797)**

AG. REG. NO HC N. 128.693-SP
RELATOR: MIN. ROBERTO BARROSO

Ementa: Penal. *Habeas corpus* contra ato de Ministro do Superior Tribunal de Justiça. Casa de prostituição. Condenação transitada em julgado. Dosimetria da pena. Regime inicial. Substituição da pena privativa de liberdade.

1. Inexistindo pronunciamento colegiado do Superior Tribunal de Justiça, não compete ao Supremo Tribunal Federal examinar a questão de direito implicada na impetração. Nesse sentido foram julgados os seguintes precedentes: HC 113.468, Rel. Min. Luiz Fux; HC 117.502, Relator para o acórdão o Min. Luís Roberto Barroso; HC 108.141-AgR, Rel. Min. Teori Zavascki; e o HC 122.166-AgR, Rel. Min. Ricardo Lewandowski.

2. O Supremo Tribunal Federal não admite a utilização do *habeas corpus* em substituição à ação de revisão criminal (*v.g*, RHC119.605-AgR, Rel. Min. Luís Roberto Barroso; HC 111.412-AgR, Rel. Min. Luiz Fux; RHC 114.890, Rel. Min. Dias Toffoli; HC 116.827-MC, Rel. Min. Teori Zavascki; RHC 116.204, Rel.ª Min.ª Cármen Lúcia; e RHC 115.983, Rel. Min. Ricardo Lewandowski).

3. A dosimetria da pena é questão relativa ao mérito da ação penal, estando necessariamente vinculada ao conjunto fático probatório, não sendo possível às instâncias extraordinárias a análise de dados fáticos da causa para redimensionar a pena finalmente aplicada. De modo que a discussão a respeito da dosimetria da pena se cinge ao controle da legalidade dos critérios utilizados, restringindo-se, portanto, ao exame da *"motivação [formalmente idônea] de mérito e à congruência lógico-jurídica entre os motivos declarados e a conclusão"* (HC 69.419, Rel. Min. Sepúlveda pertence).

4. A orientação jurisprudencial do Supremo Tribunal Federal é no sentido de que *"A imposição do regime de cumprimento mais severo do que a pena aplicada permitir exige motivação idônea"* (Súmula 719/STF).

5. As instâncias de origem, ao concluírem que a conversão da reprimenda não se mostra recomendável diante da presença de circunstâncias judiciais desfavoráveis, também não divergiram da jurisprudência deste Supremo Tribunal Federal (*vg.* RHC 122.132-AgR, Rel. Min. Gilmar Mendes; HC 117.719, Rel. Min. Teori Zavasacki; HC 119.811, Rel. Min. Teori Zavascki; ARE 774.815-AgR, Rel. Min. Gilmar Mendes; RHC 118.658, Rel. Min. Luiz Fux).

6. Agravo regimental desprovido. **(Inform. STF 797)**

Cabimento de HC em face de decisão de Ministro do STF e colaboração premiada - 1

O Plenário denegou a ordem em "habeas corpus" impetrado em face de decisão proferida por Ministro do STF, mediante a qual homologado termo de colaboração premiada. A defesa alegava que o paciente fora denunciado pela suposta prática dos crimes de organização criminosa, corrupção ativa, corrupção passiva, lavagem de dinheiro e uso de documento falso com base nas declarações oriundas do referido acordo. Sustentava, ainda, que o beneficiário do acordo não seria pessoa digna de confiança, e que o paciente, em razão de não ser parte no termo de colaboração, não poderia manejar recurso da aludida decisão, motivo pelo qual o "writ" seria o instrumento processual cabível. Além disso, argumentava que decisões monocráticas deveriam passar, necessariamente, pelo crivo do Colegiado, em obediência à organicidade das decisões judiciais. Preliminarmente, ante o empate na votação, o Tribunal conheceu do "habeas corpus". No ponto, aduziu que o "writ" teria fundamento no art. 102, I, d, da CF, segundo o qual cabe "habeas corpus" contra atos do próprio STF. O Ministro Gilmar Mendes destacou que obstar o uso do "writ" na hipótese significaria dificultar a garantia do art. 5º, XXXV, da CF, bem assim o próprio ideário de proteção do "habeas corpus". O Ministro Marco Aurélio invocou, ainda, os artigos 5º, LXVIII, e 102, I, i, da CF. Frisou que eventual manuseio de agravo regimental não teria eficácia suspensiva, bem assim que não seria aplicável o art. 5º, I, da Lei 12.016/2009, alusiva a mandado de segurança. Lembrou que o "habeas corpus" não encontraria óbice sequer na coisa julgada, e que o Enunciado 606 da Súmula do STF ("Não cabe habeas corpus originário para o Tribunal Pleno de decisão de Turma, ou do Plenário, proferida em 'habeas corpus' ou no respectivo recurso") não seria referente a ato de Ministro da Corte. O Ministro Celso de Mello sublinhou, ainda, o Enunciado 692 da Súmula do STF ("Não se conhece de 'habeas corpus' contra omissão de relator de extradição, se fundado em fato ou direito estrangeiro cuja prova não constava dos autos, nem foi ele provocado a respeito"). O Ministro Ricardo Lewandowski (Presidente) destacou que, uma vez cabível o recurso de agravo interno em face de decisão monocrática — portanto via de envergadura menor —, não se poderia falar em empecilho para o uso do remédio constitucional. Por sua vez, não conheciam do "habeas corpus" os Ministros Edson Fachin, Roberto Barroso, Rosa Weber, Luiz Fux e Cármen Lúcia. Entendiam incidir o Enunciado 606 da Súmula do STF. Além disso, o paciente não seria parte no acordo de colaboração premiada, cuja homologação seria o ato coator. Ademais, decisão de Ministro do STF desafiaria agravo regimental e, caso se tratasse de terceiro prejudicado, aplicar-se-ia o art. 499 do CPC.
HC 127483/PR, rel. Min. Dias Toffoli, 26 e 27.8.2015. (HC-127483)

Cabimento de HC em face de decisão de Ministro do STF e colaboração premiada - 2

No mérito, o Plenário considerou que a colaboração premiada seria meio de obtenção de prova, destinado à aquisição de elementos dotados de capacidade probatória. Não constituiria meio de prova propriamente dito. Outrossim, o acordo de colaboração não se confundiria com os depoimentos prestados pelo agente colaborador. Estes seriam, efetivamente, meio de prova, que somente se mostraria hábil à formação do convencimento judicial se viesse a ser corroborado por outros meios idôneos de prova. Por essa razão, a Lei 12.850/2013 dispõe que nenhuma sentença condenatória será proferida com fundamento exclusivo nas declarações do agente colaborador. Assinalou que a colaboração premiada seria negócio jurídico processual, o qual, judicialmente homologado, confere ao colaborador o direito de: a) usufruir das medidas de proteção previstas na legislação específica; b) ter nome, qualificação, imagem e demais informações pessoais preservados; c) ser conduzido, em juízo, separadamente dos demais coautores e partícipes; e d) participar das audiências sem contato visual com outros acusados. Além disso, deverá ser feito por escrito e conter: a) o relato da colaboração e seus possíveis resultados; b) as condições da proposta do Ministério Público ou do delegado de polícia; c) a declaração de aceitação do colaborador e de seu defensor; e d) as assinaturas do representante do Ministério Público ou do delegado de polícia, do colaborador e de seu defensor. Por sua vez, esse acordo somente será válido se: a) a declaração de vontade do colaborador for resultante de um processo volitivo, querida com plena consciência da realidade, escolhida com liberdade e deliberada sem má-fé; e b) o seu objeto for lícito, possível, determinado ou determinável. Destacou que a "liberdade" de que se trata seria psíquica, e não de locomoção. Assim, não haveria óbice a que o colaborador estivesse custodiado, desde que presente a voluntariedade da colaboração. Ademais, no que se refere à eficácia do acordo, ela somente ocorreria se o ato fosse submetido à homologação judicial. Esta limitar-se-ia a se pronunciar sobre a regularidade, legalidade e voluntariedade do acordo. Não seria emitido qualquer juízo de valor a respeito das declarações eventualmente já prestadas pelo colaborador à autoridade policial ou ao Ministério Público, tampouco seria conferido o signo da idoneidade a depoimentos posteriores. Em outras palavras, homologar o acordo não implicaria dizer que o juiz admitira como verídicas ou idôneas as informações eventualmente

já prestadas pelo colaborador e tendentes à identificação de coautores ou partícipes da organização criminosa e das infrações por ela praticadas ou à revelação da estrutura hierárquica e da divisão de tarefas da organização criminosa. Por fim, a aplicação da sanção premial prevista no acordo dependeria do efetivo cumprimento, pelo colaborador, das obrigações por ele assumidas, com a produção de um ou mais dos resultados legais (Lei 12.850/2013, art. 4°, I a V). Caso contrário, o acordo estaria inadimplido, e não se aplicaria a sanção premial respectiva.
HC 127483/PR, rel. Min. Dias Toffoli, 26 e 27.8.2015. (HC-127483)

Cabimento de HC em face de decisão de Ministro do STF e colaboração premiada - 3

O Colegiado assentou que eventual coautor ou partícipe dos crimes praticados pelo colaborador não poderia impugnar o acordo de colaboração. Afinal, se cuidaria de negócio jurídico processual personalíssimo. Ele não vincularia o delatado e não atingiria diretamente sua esfera jurídica. O acordo, por si só, não poderia atingir o delatado, mas sim as imputações constantes dos depoimentos do colaborador ou as medidas restritivas de direitos que viessem a ser adotadas com base nesses depoimentos e nas provas por eles indicadas ou apresentadas. Sublinhou, a respeito, que, nas demais legislações a tratar de colaboração premiada, o direito do imputado colaborador às sanções premiais independeria da existência de acordo judicialmente homologado. Nos termos da Lei 12.850/2013, após a homologação do acordo, os depoimentos do colaborador se sujeitariam ao regime jurídico instituído pela lei. Subsistiriam válidos os depoimentos anteriormente prestados pelo colaborador, que poderiam, oportunamente, ser confrontados e valorados pelas partes e pelo juízo. Outrossim, negar-se ao delatado o direito de impugnar o acordo de colaboração não implicaria desproteção aos seus interesses. Sucede que nenhuma sentença condenatória poderia ser proferida com fundamento apenas nas declarações do colaborador. Ademais, sempre seria assegurado ao delatado o direito ao contraditório. Ele poderia, inclusive, inquirir o colaborador em interrogatório ou em audiência especificamente designada para esse fim. Além disso, o Tribunal reputou que a personalidade do colaborador ou eventual descumprimento de anterior acordo de colaboração não invalidariam o acordo atual. Primeiramente, seria natural que o colaborador, em apuração de organização criminosa, apresentasse, em tese, personalidade desajustada ao convívio social, voltada à prática de crimes graves. Assim, se a colaboração processual estivesse subordinada à personalidade do agente, o instituto teria poucos efeitos. Na verdade, a personalidade constituiria vetor a ser considerado no estabelecimento das cláusulas do acordo de colaboração, notadamente a escolha da sanção premial, bem assim o momento da aplicação dessa sanção, pelo juiz. Além disso, eventual "confiança" do poder público no agente colaborador não seria elemento de validade do acordo. Esta não adviria da personalidade ou dos antecedentes da pessoa, mas da fidedignidade e utilidade das informações prestadas, o que seria aferido posteriormente. Assim, também seria irrelevante eventual descumprimento de acordo anterior pelo mesmo agente. Essa conduta não contaminaria a validade de acordos posteriores. O Plenário asseverou, ainda, que o acordo de colaboração poderia dispor sobre efeitos extrapenais de natureza patrimonial da condenação. Na espécie, ele cuidaria da liberação de imóveis do interesse do colaborador, supostamente produtos de crimes. Consignou que essas cláusulas não repercutiriam na esfera de interesses do paciente. Todavia, seria legítimo que o acordo dispusesse das medidas adequadas para que integrantes de organizações criminosas colaborassem para o desvendamento da estrutura organizacional. Como a colaboração exitosa teria o condão de afastar consequências penais da prática delituosa, também poderia mitigar efeitos de natureza extrapenal, a exemplo do confisco do produto do crime. A Corte registrou, ainda, que a sanção premial constituiria direito subjetivo do colaborador.
HC 127483/PR, rel. Min. Dias Toffoli, 26 e 27.8.2015. (HC-127483) (Inform. STF 796)

"Habeas corpus" e autorização para visitas

O "habeas corpus" não é meio processual adequado para o apenado obter autorização de visita de sua companheira no estabelecimento prisional. Com base nessa orientação, a Segunda Turma não conheceu de "writ" em que se alegava a ilegalidade da decisão do juízo das execuções criminais que não consentira na referida visita.
HC 127685/DF, rel. Min. Dias Toffoli, 30.6.2015. (HC-127685) (Inform. STF 792)

"Habeas corpus" e "reformatio in pejus"

A proibição da "reformatio in pejus", princípio imanente ao processo penal, aplica-se ao "habeas corpus", cujo manejo jamais poderá agravar a situação jurídica daquele a quem busca favorecer. Com base nessa orientação, a Segunda Turma concedeu a ordem em "habeas corpus" para cassar o acórdão do STJ que dera provimento a recurso especial, e julgar extinta a punibilidade pela prescrição da pretensão punitiva (CP, artigos 107, IV; 109, VI e 110, § 1°). Na espécie, a paciente fora denunciada pela suposta tentativa de furto de 26 barras de chocolate, e o juízo da vara criminal, ao aplicar o princípio da insignificância, a absolvera sumariamente (CPP, art. 397, III). Na sequência, o tribunal de justiça mantivera a absolvição por fundamento diverso (crime impossível) e, em recurso especial do Ministério Público, o STJ a condenara nos termos da denúncia e determinara o retorno dos autos ao tribunal local para fixar a dosimetria da pena, estabelecida em quatro meses de detenção. A Turma apontou a impossibilidade de se agravar a situação jurídica da paciente. Ademais, ao se anular a decisão do STJ que a condenara, a pena a ser concretamente fixada na origem não poderia mais ser agravada. Além disso, já ocorrera a prescrição.
HC 126869/RS, rel. Min. Dias Toffoli, 23.6.2015. (HC-126869) (Inform. STF 791)

SEG. JULG. EM HC N. 105.897-SP
RED. P/ O ACÓRDÃO: MIN. ROBERTO BARROSO

ementa: Habeas Corpus substitutivo de recurso ordinário. Homicídio culposo e lesão corporal culposa na direção de veículo. Alegações finais. Apelação. Cerceamento de defesa. Inocorrência. 1. A Primeira Turma do Supremo Tribunal Federal consolidou entendimento no sentido da inadmissibilidade da impetração de *habeas corpus* em substituição ao recurso ordinário constitucional. Precedentes. 2. Hipótese em que não se comprovou o alegado cerceamento do direito de defesa do paciente. 3. *Habeas corpus* extinto sem resolução do mérito por inadequação da via processual, cassada a liminar deferida. **(Inform. STF 786)**

AG. REG. NO HC N. 125.554-PR
RELATORA: MIN. ROSA WEBER

EMENTA: AGRAVO REGIMENTAL NO *HABEAS CORPUS*. IMPETRAÇÃO CONTRA ATO DE MINISTRO DO SUPREMO TRIBUNAL FEDERAL. NÃO CABIMENTO. JURISPRUDÊNCIA CONSOLIDADA. APLICAÇÃO ANALÓGICA DA SÚMULA 606/STF.
1. Manifesto o descabimento deste *habeas corpus*, enquanto se volta contra ato de Ministro desta Corte, à luz da jurisprudência firmada pelo Plenário deste Supremo Tribunal no sentido de que "*não cabe pedido de habeas corpus originário para o Tribunal Pleno, contra ato de Ministro ou órgão fracionário da Corte*" (HC 86.548/SP, Rel. Min. Cezar Peluso, maioria, DJe 19.12.2008).
2. Assentada, tal diretriz, na aplicação analógica do enunciado da Súmula 606/STF: "*Não cabe habeas corpus originário para o Tribunal Pleno de decisão de Turma, ou do Plenário, proferida em habeas corpus ou no respectivo recurso*".
3. Agravo regimental conhecido e não provido. **(Inform. STF 779)**

EMENTA: "*HABEAS CORPUS*" E *RECURSO ESPECIAL*: UTILIZAÇÃO SIMUL-TÂNEA. POSSIBILIDADE. ENTENDIMENTO DIVERSO QUE, *SE ACOLHIDO*, IMPLICARIA *GRAVÍSSIMA RESTRIÇÃO* A UM FUNDAMENTAL INSTRU-MENTO DE PROTEÇÃO À LIBERDADE DE LOCOMOÇÃO FÍSICA. EVOLUÇÃO DA JURISPRUDÊNCIA DO SUPREMO TRIBUNAL FEDERAL EM TEMA DE "*HABEAS CORPUS*": UM REGISTRO HISTÓRICO DE SEU ITINERÁRIO, DESDE A FORMULAÇÃO *DA DOUTRINA BRASILEIRA DO* "*HABEAS CORPUS*" (PEDRO LESSA, ENÉAS GALVÃO E RUI BARBOSA) ATÉ A RESTAURAÇÃO DE SUA FUNÇÃO CLÁSSICA A PARTIR DA REFORMA CONSTITUCIONAL DE 1926. DECISÃO DO E. SUPERIOR TRIBUNAL DE JUSTIÇA *QUE NEGOU SEGUIMENTO* À AÇÃO DE "*HABEAS CORPUS*" AJUIZADA, *CONCOMITANTE-MENTE*, COM A INTERPOSIÇÃO, PELO PACIENTE, *DE RECURSO ESPECIAL*. JULGAMENTO *QUE SE ACHA* EM DIRETO *ANTAGONISMO* COM A JURIS-PRUDÊNCIA DO SUPREMO TRIBUNAL FEDERAL. RECURSO ORDINÁRIO PROVIDO. – A interposição *de recurso especial e/ou de recurso extraordi-nário* não *impede a simultânea impetração*, contra *o mesmo acórdão*, do remédio constitucional do "*habeas corpus*". Precedentes. RHC 122.963/DF.
RELATOR: Ministro Celso de Mello **(Inform. STF 778)**

Cabimento de "habeas corpus" e prequestionamento

É desnecessária a prévia discussão acerca de matéria objeto de "habeas corpus" impetrado originariamente no STJ, quando a coação ilegal ou o abuso de poder advierem de ato de TRF no exercício de sua competência

4. DIREITO PROCESSUAL PENAL

penal originária. Com base nesse entendimento, a 1ª Turma deu provimento a recurso ordinário em "habeas corpus" para determinar o retorno dos autos ao STJ, para que conhecesse de impetração lá ajuizada e analisasse seu mérito. Na espécie, após o recebimento de denúncia em face do ora recorrente — detentor de foro por prerrogativa de função no âmbito de TRF —, a defesa impetrara "habeas corpus" no STJ, no qual se alegava, dentre outras, a nulidade de prova decorrente de interceptação telefônica. O STJ, todavia, não conhecera da impetração, porquanto substitutiva de recurso especial, e, além disso, não examinara a tese relativa à referida nulidade, em razão da ausência de prévio debate no tribunal de origem. A Turma ressaltou que a jurisprudência do STF seria no sentido de que, tratando-se de "habeas corpus" originário, como na hipótese em comento, não se exigiria que a matéria tivesse sido previamente discutida. Ademais, não caberia transportar para o exame do "habeas corpus" requisito próprio à recorribilidade extraordinária, qual seja, o debate e a decisão prévios do tema veiculado na petição inicial do "writ", que poderia, inclusive, ser subscrito por qualquer pessoa.
RHC 118622/ES, rel. Min. Roberto Barroso, 17.3.2015. (RHC-118622) (Inform. STF 778)

Medida cautelar de afastamento de cargo público e cabimento de "habeas corpus" - 1

A 2ª Turma iniciou julgamento de "habeas corpus" impetrado em face de decisão do STJ que determinara o afastamento do ora paciente de suas funções de Conselheiro do Tribunal de Contas do Estado do Amapá, além do impedimento de sua entrada nas dependências da referida corte de contas, a proibição de utilização de veículos e de recebimento de vantagens decorrentes do efetivo exercício no cargo, como passagem aérea, diárias, ajuda de custo, telefone e quaisquer outros bens do tribunal, até a apreciação de denúncia oferecida em seu desfavor. O impetrante sustenta que: a) a decisão seria nula, visto que o afastamento por prazo indeterminado não teria sido requerido pelo Ministério Público; b) o afastamento do cargo se daria por prazo desproporcional, e, portanto, seria verdadeira antecipação de pena; c) a medida não seria necessária, tendo em conta a conclusão das investigações; e d) o ato coator seria baseado exclusivamente na gravidade do delito. O Ministro Gilmar Mendes (relator) concedeu a ordem para desconstituir a decisão do STJ no ponto em que fora determinado o afastamento do paciente do cargo, além de impostas outras medidas cautelares. Primeiramente, rejeitou questão preliminar relativa à suposta inadequação da via eleita em razão de não haver, no caso, ameaça à liberdade de locomoção do paciente. Afirmou que inexistiria divergência teórica quanto ao fato de o "habeas corpus" se destinar a proteger o indivíduo contra qualquer medida restritiva à liberdade de ir, vir e permanecer (CF, art. 5º, LXVIII). Ademais, a jurisprudência do STF seria prevalecente no sentido de que o aludido remédio constitucional teria como escopo a proteção da liberdade de locomoção. Seu cabimento teria parâmetros constitucionalmente estabelecidos, justificando-se a impetração sempre que alguém sofresse, ou se achasse ameaçado de sofrer, violência ou coação em sua liberdade de ir e vir, por ilegalidade ou abuso de poder. Porém, a despeito da força que essa interpretação teria assumido na sua jurisprudência, o STF, quando do julgamento do HC 90.617/PE (DJe de 7.3.2008), decidira reintegrar magistrado afastado do cargo por período além do razoável por força de decisão em processo criminal. Dada a configuração fática daquele caso — constrangimento ilegal decorrente de mora na prestação jurisdicional no âmbito processual penal; persistência do afastamento cautelar em razão do recebimento da denúncia pelo STJ; e afastamento do paciente por lapso temporal excessivo —, a ação de "habeas corpus" seria a via processual adequada para o pleito. Portanto, apesar das decisões em sentido contrário, se o afastamento imposto decorresse de decisão em processo penal ou investigação criminal, e houvesse dúvida quanto à justeza do tempo, seria cabível o "habeas corpus", porquanto se trataria, na hipótese, de um tipo de restrição associada a processo criminal ou investigação criminal. Não se trataria, portanto, de usar o referido "writ" constitucional para outro objeto diferente daquilo que a Constituição preconizaria.
HC 121089/AP, rel. Min. Gilmar Mendes, 2.12.2014. (HC-121089)

Medida cautelar de afastamento de cargo público e cabimento de "habeas corpus" - 2

No mérito, o relator asseverou que o afastamento do paciente do cargo perduraria por mais de quatro anos, tendo-se iniciado em 10.9.2010, interrompido este período por apenas 31 dias. A acusação fora formalizada em 13.4.2012, sem que sua admissão tivesse sido analisada. Apesar da complexidade da investigação e da posterior acusação que levara ao afastamento, este último

já perduraria além do aceitável. No referido precedente — HC 90.617/PE —, consignara-se que o prazo de dois anos, para além do qual o STF teria dado por configurado "excesso de prazo gritante" para prisões, poderia ser transportado para as medidas cautelares de afastamento de cargo ou de função pública. No caso em análise, mesmo que descontada a fase de investigação, o referido prazo estaria ultrapassado. Há mais de dois anos teria sido superada a fase de acusação e resposta na ação penal, a pender a análise da admissibilidade da acusação, e nada indicaria demora imputável à defesa. Além disso, não haveria sequer sinalização de data para julgamento pelo STJ. Ou seja, existiria justo receio de que a medida tendesse a se tornar perene. Em seguida, pediu vista dos autos a Ministra Cármen Lúcia.
HC 121089/AP, rel. Min. Gilmar Mendes, 2.12.2014. (HC-121089) (Inform. STF 770)

HC N. 111.426-PE

RED. P/ O ACÓRDÃO: MIN. LUIZ FUX

Ementa: PENAL E PROCESSUAL PENAL. *HABEAS CORPUS*. ESTELIONATO E QUADRILHA (ARTIGOS 171 E 288 DO CÓDIGO PENAL, COM REDAÇÃO ANTERIOR À LEI N. 12.850/2013). ENUNCIADO N. 691 DA SÚMULA DO SUPREMO TRIBUNAL FEDERAL. SUPERVENIÊNCIA DE DECISÃO DEFINITIVA. PREJUDICIALIDADE. AUSÊNCIA DE TERATOLOGIA. PRISÃO PREVENTIVA DECRETADA NA SENTENÇA. FUNDAMENTAÇÃO IDÔNEA. ORDEM EXTINTA.

1. O Supremo Tribunal Federal segue, de forma pacífica, a orientação de que não lhe cabe julgar *habeas corpus* impetrado em face de decisão de órgão de outro tribunal que indefere pedido de liminar, no bojo de idêntico remédio apreciado na instância inferior, *ex vi* do verbete n. 691 da Súmula desta Corte: "*Não compete ao Supremo Tribunal Federal conhecer de habeas corpus impetrado contra decisão do Relator que, em habeas corpus requerido a tribunal superior, indefere a liminar*".

2. *In casu*, o exame da impetração revela-se prejudicado com a superveniência da decisão definitiva do Superior Tribunal de Justiça no bojo do *habeas corpus* n. 220.230, julgando-o prejudicado ante a análise do mérito do *writ* manejado na Corte estadual. Nessa senda, o conhecimento da impetração implicaria em indevida supressão de instância.

3. Malgrado o enunciado n. 691 da Súmula do Supremo Tribunal Federal tenha sido superado nos casos de patente ilegalidade, teratologia ou abuso no poder de decidir, esse não é o caso dos autos. O Juízo singular fundamentou a segregação cautelar na necessidade de garantia da ordem pública e na aplicação da lei penal, porquanto colhe-se dos autos elementos suficientes a aferir que, em liberdade, possa praticar novos delitos.

4. Ordem extinta. **(Inform. STF 764)**

"Habeas corpus" e autodefesa técnica

O "habeas corpus" não é o instrumento processual adequado a postular o direito de exercer a autodefesa técnica, uma vez que não está em jogo a liberdade de locomoção do paciente. Com base nessa orientação, a 2ª Turma não conheceu de "writ" impetrado, em causa própria, por advogado preso que pretendia atuar isoladamente em sua defesa no curso de processo penal.
HC 122382/SP, rel. Min. Cármen Lúcia, 5.8.2014. (HC-122382) (Inform. STF 753)

HC N. 108.748-ES

RELATOR: MIN. RICARDO LEWANDOWSKI

Ementa: *HABEAS CORPUS*. DENÚNCIA OFERECIDA E RECEBIDA ANTES DE ENCERRADAS INVESTIGAÇÕES EM INQUÉRITO JUDICIAL INSTAURADO PARA APURAR OS MESMOS FATOS OBJETO DA DENÚNCIA. POSTERIOR ARQUIVAMENTO DO INQUÉRITO POR ATIPICIDADE DE CONDUTA DO PACIENTE. AUSÊNCIA DE JUSTA CAUSA SUPERVENIENTE. TRANCAMENTO DE AÇÃO PENAL. POSSIBILIDADE. ORDEM CONCEDIDA.

I - Falta de justa causa à ação penal iniciada antes de encerradas as investigações em sede de inquérito instaurado para apurar os mesmos fatos e arquivado por decisão judicial, ante a constatação de atipicidade da conduta do paciente.

II - O trancamento da ação penal, em *habeas corpus,* constitui medida excepcional que só deve ser aplicada nos casos de manifesta atipicidade de conduta, presença de causa de extinção da punibilidade ou ausência de indícios mínimos de autoria e materialidade delitivas.

III - Na situação sob exame, verifica-se a atipicidade da conduta do paciente, constatada no Inquérito 333, que tramitou o Superior Tribunal de Justiça.

IV - Ordem concedida para trancar a ação penal. **(Inform. STF 748)**

HC N. 117.923-SP
RELATOR: MIN. RICARDO LEWANDOWSKI
Ementa: *HABEAS CORPUS*. INTERPOSIÇÃO SIMULTÂNEA DE RECURSO ORDINÁRIO EM *HABEAS CORPUS* E DESTE *WRIT* CONTRA ACÓRDÃO PROFERIDO PELO SUPERIOR TRIBUNAL DE JUSTIÇA. VEICULAÇÃO DE IDÊNTICA MATÉRIA EM AMBOS. JULGAMENTO DO RECURSO ORDINÁRIO. PREJUDICIALIDADE DO HC.

I – No caso sob exame, a defesa impetrou *habeas corpus* originário paralelamente à interposição de recurso ordinário, suscitando as mesmas questões em ambos. Assim, com vistas a prestigiar o sistema recursal vigente, que prevê, contra acórdão proferido pelo STJ em *habeas corpus*, o recurso ordinário em *habeas corpus*, conhece-se do recurso, mesmo que distribuído em momento posterior à distribuição da impetração originária.

II – Apreciadas todas as alegações postas pela defesa no julgamento do RHC, fica prejudicada esta impetração e, por conseguinte, revogada a liminar concedida.

III – *Habeas Corpus* prejudicado, com a revogação da liminar concedida. **(Inform. STF 748)**

HC N. 106.325-RS
RELATOR: MIN. ROBERTO BARROSO
Ementa: Habeas Corpus impetrado contra decisão monocrática de Ministro do Superior Tribunal de Justiça. Crime de porte ilegal de arma de fogo. Tempestividade do recurso interposto pela defesa. Ilegalidade flagrante. 1. O entendimento majoritário da Primeira Turma do Supremo Tribunal Federal é no sentido de que o *habeas corpus* "*é incabível quando endereçado em face de decisão monocrática que nega seguimento ao writ, sem a interposição de agravo regimental*" (HC 113.186, Rel. Min. Luiz Fux). 2. As peculiaridades da causa revelam a tempestividade dos recursos interpostos pela parte impetrante. 3. *Habeas Corpus* extinto sem resolução de mérito por inadequação da via processual. Ordem concedida de ofício para determinar que o Superior Tribunal de Justiça prossiga no exame do agravo de instrumento. **(Inform. STF 748)**

Recurso em "habeas corpus" e capacidade postulatória
A 2ª Turma, por maioria, não conheceu de recurso ordinário em "habeas corpus" subscrito por advogado com inscrição suspensa na OAB. Prevaleceu o voto do Ministro Ricardo Lewandowski (relator). Destacou jurisprudência da Corte no sentido de que, ainda que o mesmo causídico tivesse interposto originariamente o "habeas corpus", a suspensão obstaria o conhecimento do recurso subsequente, tendo em conta infração direta ao art. 4º, parágrafo único, do Estatuto da Ordem dos Advogados do Brasil - EOAB. Frisou que o recurso ordinário em "habeas corpus" seria instrumento processual que exigiria capacidade postulatória. Rememorou que a defesa técnica seria um direito fundamental do cidadão. No que se refere à questão de fundo, não vislumbrou a existência de teratologia que justificasse a concessão da ordem de ofício. O Ministro Teori Zavascki acompanhou essa orientação tendo em conta a situação concreta. Vencido, em parte, o Ministro Gilmar Mendes que, à luz das particularidades do caso concreto, não reconhecia a legitimação extraordinária para o recurso em "habeas corpus", mas determinava a devolução do prazo para que fosse, eventualmente, interposto o recurso cabível. **RHC 121722/MG, rel. Min. Ricardo Lewandowski, 20.5.2014. (RHC-121722) (Inform. STF 747)**

RHC N. 121.524-MG
RELATORA: MIN. CÁRMEN LÚCIA
EMENTA: RECURSO ORDINÁRIO EM *HABEAS CORPUS*. CONSTITUCIO-NAL. PROCESSUAL PENAL. PENAL. DOSIMETRIA DE PENA. ROUBO TRIPLAMENTE MAJORADO. IMPOSSIBILIDADE DE REEXAME DE PROVA. RECURSO AO QUAL SE NEGA PROVIMENTO.

1. Este Supremo Tribunal assentou não ser possível em *habeas corpus* a reapreciação dos critérios subjetivos considerados pelo magistrado para a dosimetria da pena.

2. A dosimetria da pena e os critérios subjetivos considerados pelos órgãos inferiores para a sua realização não são passíveis de aferição em *habeas corpus* por necessitar reexame de provas.

3. Recurso ao qual se nega provimento. **(Inform. STF 747)**

HC N. 121.035-PB
RELATOR: MIN. DIAS TOFFOLI
EMENTA: *Habeas corpus*. Processual penal. Crimes de fraude à licitação (Art. 90, da Lei nº 8.666/93) e de formação de quadrilha (CP, art. 288, *caput*). Impetração dirigida contra decisão liminar do Superior Tribunal de Justiça indeferindo a medida liminar pleiteada. Incidência da Súmula nº 691 desta Corte Suprema. Precedentes. Não conhecimento do writ.

1. Trata-se de decisão indeferitória de liminar, devendo incidir, na espécie, a Súmula nº 691 do Supremo Tribunal Federal, segundo a qual "não compete ao Supremo Tribunal Federal conhecer de '**habeas corpus**' impetrado contra decisão do Relator que, em '**habeas corpus**' requerido a tribunal superior, indefere a liminar".

2. O descontentamento pela falta de êxito no pleito submetido ao Superior Tribunal de Justiça, ainda em exame precário e inicial, não pode ensejar o conhecimento deste **writ**, sob pena de supressão de instância e de grave violação das regras de competência. Precedentes.

3. **Writ** do qual não se conhece. **(Inform. STF 745)**

HC N. 121.061-RJ
RELATOR: MIN. DIAS TOFFOLI
EMENTA: *Habeas corpus*. Processual Penal. Prisão preventiva. Crime de roubo qualificado (CP, art. 157, § 2º, incisos I e II*)*. Impetração dirigida contra decisão liminar do Superior Tribunal de Justiça indeferindo a medida liminar pleiteada. Incidência da Súmula nº 691 da Corte Suprema. Precedentes. Não conhecimento do Writ.

1. Trata-se de decisão indeferitória de liminar, devendo incidir, na espécie, a Súmula nº 691 do Supremo Tribunal Federal, segundo a qual "não compete ao Supremo Tribunal Federal conhecer de '**habeas corpus**' impetrado contra decisão do Relator que, em '**habeas corpus**' requerido a tribunal superior, indefere a liminar".

2. O descontentamento pela falta de êxito no pleito submetido ao Superior Tribunal de Justiça, ainda em exame precário e inicial, não pode ensejar o conhecimento do **writ**, sob pena de supressão de instância e de grave violação das regras de competência. Precedentes.

3. **Não conhecimento do Writ**. Ordem extinta sem julgamento do mérito. **(Inform. STF 745)**

HC N. 119.558-ES
RELATORA: MIN. CÁRMEN LÚCIA
EMENTA: *HABEAS CORPUS*. CONSTITUCIONAL. PENAL. CRIME DE ESTU-PRO. IMPOSIÇÃO DE REGIME INICIAL MAIS GRAVOSO. CIRCUNSTÂNCIAS JUDICIAIS DESFAVORÁVEIS. PRETENSÃO DE AFASTAMENTO DAS CON-CLUSÕES DAS INSTÂNCIAS ORDINÁRIAS.
NECESSIDADE DE REEXAME DE FATOS E PROVAS: INADEQUAÇÃO DA VIA ELEITA. ORDEM DENEGADA.

1. É válida a decisão que fixa o regime inicial mais gravoso com base nas circunstâncias judiciais desfavoráveis (Código Penal, arts. 33, §3º e 59), não se prestando o *habeas corpus* para ponderar, em concreto, a suficiência dos dados assentados: Precedentes.

2. O reexame dos elementos de convicção considerados pelas instâncias ordinárias na avaliação das circunstâncias judiciais do art. 59 do Código Penal demandaria o revolvimento do conjunto probatório, inviável em *habeas corpus*.

3. Ordem denegada. **(Inform. STF 743)**

RHC N. 118.974-PB
RELATOR: MIN. ROBERTO BARROSO
Ementa: recurso ordinário em *habeas corpus*. Peculato. Dosimetria da pena. 1. O acórdão impugnado assentou que a dosimetria da pena é questão relativa ao mérito da ação penal e está necessariamente vinculada ao conjunto fático probatório, não sendo possível às instâncias extraordinárias analisar os dados fáticos da causa para redimensionar a pena finalmente aplicada. 2. Essa conclusão está alinhada com a jurisprudência do Supremo Tribunal Federal de que, tanto na via do *habeas corpus* quanto na via do Recurso Extraordinário, a discussão a respeito da dosimetria da pena é restrita àquelas situações de flagrante ilegalidade dos critérios utilizados. 3. Recurso ordinário em *habeas corpus* a que se nega provimento. **(Inform. STF 738)**

4. DIREITO PROCESSUAL PENAL

RHC N. 117.748-SP

RELATOR: MIN. LUIZ FUX

Ementa: PENAL E PROCESSUAL PENAL. RECURSO ORDINÁRIO EM *HABEAS CORPUS*. ESTUPRO COMETIDO CONTRA VÍTIMA MENOR DE 14 ANOS. ART. 213 DO CÓDIGO PENAL. REDISCUSSÃO DE CRITÉRIOS DE DOSIMETRIA DA PENA. FUNDAMENTAÇÃO IDÔNEA. ALEGAÇÃO DE INSUFICIÊNCIA DE PROVAS PARA A CONDENAÇÃO. REEXAME DE FATOS E PROVAS. IMPOSSIBILIDADE DE REVISÃO DO CONTEXTO FÁTICO PROBATÓRIO DOS AUTOS EM *HABEAS CORPUS*. RECURSO ORDINÁRIO DESPROVIDO.

1. A dosimetria da pena, bem como os critérios subjetivos considerados pelos órgãos inferiores para a sua realização, não são passíveis de aferição na via estreita do *habeas corpus*, por demandar minucioso exame fático e probatório inerente a meio processual diverso. Precedentes: HC 97058, Relator(a): Min. JOAQUIM BARBOSA, Segunda Turma, julgado em 01/03/2011; HC 94073, Relator(a): Min. RICARDO LEWANDOWSKI, Primeira Turma, julgado em 09/11/2010.

2. O *habeas corpus* não é instrumento jurídico que se preste a revisar os elementos de prova invocados e valorados pelas instâncias ordinárias de mérito, somente sendo cabível a intervenção corretiva do Supremo Tribunal Federal nas hipóteses de equívoco flagrante ou de decisão teratológica.

3. *In casu*, a) o paciente foi condenado à pena de 8 (oito) anos de reclusão, em regime inicial fechado, pela prática do crime previsto no art. 213 do Código Penal, pois *"constrangeu a vítima de 10 anos, mediante violência presumida, a prática de ato libidinoso e posteriormente no curso da ação delitiva, a prática de conjunção carnal"*. b) Segundo a denúncia, *"o acusado, por ser primo da vítima, costumava passar as férias escolares com a família desta. (...) aproveitando-se da situação de proximidade familiar e da ausência dos genitores da menor, chamou-a para ir à sua casa e, mediante violência presumida, obrigou (...) a tirar a roupa e com ela praticou atos libidinosos diversos da conjunção carnal e, ainda, não satisfeito tão somente com os atos libidinosos, no curso da ação delitiva, mediante violência, constrangeu a vítima à conjunção carnal"*.

4. A pena-base foi devidamente fixada, sendo reconhecida a prática de apenas um delito de estupro e, em razão das peculiaridades existentes no caso, em especial o número e o tipo das condutas praticadas pelo paciente (conjunção carnal e outros atos libidinosos cometidos contra criança de 10 anos de idade), foi aumentada em dois anos, nos termos do art. 59 do Código Penal.

5. É cediço que a via estreita do *habeas corpus* não comporta reexame de fatos e provas para alcançar a absolvição, consoante remansosa jurisprudência desta Corte: HC 105.022/DF, Rel. Min. CÁRMEN LÚCIA, 1ª Turma, DJe de 09/05/2011; HC 102.926/MS, Rel. Min. LUIZ FUX, 1ª Turma, DJe de 10/05/2011; HC 101.588/SP, Rel. Min. DIAS TOFFOLI, 1ª Turma, DJe de 01/06/2010; HC 100.234/SP, Rel. Min. JOAQUIM BARBOSA, 2ª Turma, DJe de 01/02/2011; HC 90.922, Rel. Min. CEZAR PELUSO, 2ª Turma, DJe de 18/12/2009; e RHC 84.901, Rel. Min. CEZAR PELUSO, 2ª Turma, DJe de 07/08/2009.

6. Recurso ordinário em *habeas corpus* desprovido. **(Inform. STF 737)**

HC N. 119.46-SP

RELATORA: MIN. CÁRMEN LÚCIA

EMENTA: *HABEAS CORPUS*. CONSTITUCIONAL. PENAL. CRIME CONTRA A ECONOMIA POPULAR. IMPOSIÇÃO DE REGIME INICIAL MAIS GRAVOSO. CIRCUNSTÂNCIAS JUDICIAIS DESFAVORÁVEIS. POSSIBILIDADE. PRETENSÃO DE AFASTAMENTO DAS CONCLUSÕES DAS INSTÂNCIAS ORDINÁRIAS. NECESSIDADE DE REEXAME DE FATOS E PROVAS IMPRÓPRIO NA VIA ELEITA. ORDEM DENEGADA.

1. Não há nulidade na decisão que fixa o regime inicial mais gravoso considerando-se as circunstâncias judiciais desfavoráveis (Código Penal, arts. 33, § 3º e 59), não se prestando o *habeas corpus* para ponderar, em concreto, a suficiência daquelas circunstâncias: Precedentes.

2. O reexame dos elementos de convicção considerados pelas instâncias ordinárias na avaliação das circunstâncias judiciais do art. 59 do Código Penal demandaria o revolvimento do conjunto probatório, o que ultrapassa os limites do procedimento sumário e documental do *habeas corpus*.

3. Ordem denegada. **(Inform. STF 735)**

Prejudicialidade: prisão cautelar e superveniência de sentença condenatória

Não fica prejudicado *habeas corpus* impetrado contra decreto de prisão cautelar, se superveniente sentença condenatória que utiliza os mesmos fundamentos para manter a custódia do réu. Com base nessa orientação, a

2ª Turma não conheceu da impetração — em virtude de a matéria de fundo não ter sido apreciada pelo STJ —, mas concedeu a ordem de ofício para determinar que o STJ prossiga no julgamento de *habeas corpus* lá impetrado. No caso, aquela Corte assentara o prejuízo do *writ*, haja vista a superveniência de sentença condenatória, a implicar a substituição do título prisional. **HC 119396/ES, rel. Min. Cármen Lúcia, 4.2.2014. (HC-119396) (Inform. STF 734)**

HC N. 113.592-SP

RELATORA: MIN. CÁRMEN LÚCIA

EMENTA: *HABEAS CORPUS*. DIREITO PENAL E CONSTITUCIONAL. USO E PORTE DE ARMA DE FOGO PELA GUARDA MUNICIPAL. AUSÊNCIA DE CONVÊNIO ENTRE MUNICÍPIO E POLÍCIA FEDERAL. EXPEDIÇÃO DE SALVO-CONDUTO. AUSÊNCIA DE RISCO À LIBERDADE DE LOCOMOÇÃO. *HABEAS CORPUS* NÃO CONHECIDO.

1. Não se comprovam, nos autos, constrangimento ilegal a ferir direito dos Pacientes nem ilegalidade ou abuso de poder a ensejar a concessão da ordem no sentido da expedição de salvo-conduto com a finalidade de autorizar o uso de arma de fogo pelos guardas municipais.

2. O Supremo Tribunal Federal não admite o conhecimento de *habeas corpus* no qual não se demonstra risco efetivo de constrição à liberdade de locomoção física. Precedentes.

3. Improcedência da afirmação dos Impetrantes de cumprimento dos requisitos da Lei Nacional n. 10.826/2003 e do Decreto n. 5.123/2004.

4. A jurisprudência deste Supremo Tribunal é firme no sentido de que o porte de armas de fogo é questão de segurança nacional.

5. O interesse de guarda municipal não pode suprir a ausência de convênio entre a Municipalidade e a Polícia Federal nem eventual falta de interesse pelo Município na celebração do convênio.

6. *Habeas corpus* não conhecido. **(Inform. STF 734)**

Exaurimento de instância e conhecimento de "writ"

Não se conhece de *habeas corpus* ou de recurso ordinário em *habeas corpus* perante o STF quando, da decisão monocrática de Ministro do STJ que não conhece ou denega o *habeas corpus*, não se interpõe agravo regimental. Sublinhou-se a necessidade de o paciente exaurir, no tribunal *a quo*, as vias recursais acessíveis. Os Ministros Celso de Mello e Gilmar Mendes acompanharam o relator, com a ressalva de seus entendimentos pessoais no sentido de se conhecer do pedido. **RHC 116711/DF, rel. Min. Gilmar Mendes, 19.11.2013. (RHC-116711) (Inform. STF 729)**

HC N. 117.837-SP

RELATORA: MIN. CÁRMEN LÚCIA

EMENTA: *HABEAS CORPUS*. CONSTITUCIONAL. PENAL. PROCESSUAL PENAL. CRIMES DE HOMICÍDIO QUALIFICADO, FORMAÇÃO DE QUADRILHA, PORTE ILEGAL DE ARMA DE FOGO DE USO RESTRITO E COAÇÃO NO CURSO DO PROCESSO. REVOGAÇÃO DE PRISÃO PREVENTIVA. QUESTÃO NÃO SUSCITADA NAS INSTÂNCIAS ANTECEDENTES. INDEVIDA SUPRESSÃO DE INSTÂNCIA: IMPOSSIBILIDADE. ALEGAÇÃO DE OFENSA À COISA JULGADA. *HABEAS CORPUS* CONHECIDO PARCIALMENTE E, NESSA PARTE, DENEGADO.

1. O Supremo Tribunal Federal não admite o conhecimento de *habeas corpus* com argumentos inéditos, não apresentados nas instâncias antecedentes. Ausência de ilegalidade apta a provocar, no caso, a supressão de instância.

2. Ao acolher alegação da existência de vício na quesitação, e determinar a realização de novo julgamento do Paciente pelo Tribunal do Júri, o Tribunal de Justiça de São Paulo não apreciou, por prejudicada, a outra tese deduzida no recurso de apelação interposto pelo Ministério Público relativa à manifesta contrariedade da decisão recorrida à prova dos autos.

3. Afastado o reconhecimento da nulidade na quesitação pela Quinta Turma do Superior Tribunal de Justiça no *Habeas Corpus* n. 206.008, hígida a determinação de que aprecie o juízo de 2ª instância a outra tese deduzida no recurso do Ministério Público, daí não se inferindo ofensa à coisa julgada.

4. *Habeas corpus* conhecido parcialmente e, nessa parte, denegado. **(Inform. STF 728)**

EMENTA: REVISÃO CRIMINAL. CONDENAÇÃO PENAL PELO JÚRI. ERRO JUDICIÁRIO. INOPONIBILIDADE DA SOBERANIA DO VEREDICTO DO CONSELHO DE SENTENÇA À PRETENSÃO REVISIONAL. JULGAMENTO *DESSA AÇÃO AUTÔNOMA DE IMPUGNAÇÃO* PELO TRIBUNAL DE SEGUNDO

334 VADE MECUM DE JURISPRUDÊNCIA – STF/STJ

GRAU. CUMULAÇÃO DO "*JUDICIUM RESCINDENS*" **COM O** "*JUDICIUM RESCISSORIUM*". **POSSIBILIDADE. RECURSO DO MINISTÉRIO PÚBLICO A QUE SE NEGA SEGUIMENTO.**

- O Tribunal de segunda instância, **ao julgar** a ação de revisão criminal, **dispõe** de competência plena **para formular** *tanto o juízo rescindente* ("*judicium rescindens*"), **que viabiliza** *a desconstituição* da autoridade da coisa julgada penal **mediante** invalidação da condenação criminal, *quanto o juízo rescisório* ("*judicium rescissorium*"), **que legitima** *o reexame do mérito da causa* **e autoriza**, *até mesmo*, quando for o caso, **a prolação** de provimento absolutório, **ainda que se trate** de decisão emanada do júri, **pois a soberania do veredicto** do Conselho de Sentença, **que representa** *garantia fundamental do acusado*, **não pode**, *ela própria*, constituir paradoxal obstáculo **à restauração** da liberdade jurídica do condenado. **Doutrina. Precedentes. ARE 674151/MT, rel. Min. Celso de Mello, j. em 15.10.13. (Inform. STF 728)**

HC: cabimento e organização criminosa - 1

A 1ª Turma iniciou julgamento de *habeas corpus* em que pretendido o trancamento de ação penal, ante a insubsistência da imputação de crimes de participação em organização criminosa e de lavagem de dinheiro por ausência, respectivamente, de tipificação legal e de delito antecedente. O Min. Marco Aurélio, relator, preliminarmente, externou a inadequação do *writ* quando possível interposição de recurso ordinário constitucional. Considerou que a Constituição encerraria como garantia maior essa ação nobre voltada a preservar a liberdade de ir e vir do cidadão. Aduziu que se passara admitir o denominado *habeas* substitutivo de recurso ordinário constitucional previsto contra decisão judicial em época na qual não haveria a sobrecarga de processos hoje notada. Atualmente, esse quadro estaria a inviabilizar a jurisdição em tempo hábil, levando o STF e o STJ a receber inúmeros *habeas corpus* que, com raras exceções, não poderiam ser enquadrados como originários, mas medidas intentadas a partir de construção jurisprudencial. Asseverou que o *habeas corpus* substitutivo de recurso ordinário careceria de previsão legal e não estaria abrangido pela garantia constante do art. 5º, LXVIII, da CF. Além disso, o seu uso enfraqueceria a Constituição, especialmente por tornar desnecessário recurso ordinário constitucional (CF, artigos 102, II, <u>a</u>, e 105, II, <u>a</u>), a ser manuseado, tempestivamente, para o Supremo, contra decisão proferida por tribunal superior que denegar a ordem, e para o STJ, contra ato de tribunal regional federal e de tribunal de justiça. Consignou que o Direito seria avesso a sobreposições e que a impetração de novo *habeas*, embora para julgamento por tribunal diverso, de modo a impugnar pronunciamento em idêntica medida, implicaria inviabilizar a jurisdição, em detrimento de outras situações em que requerida. **HC 108715/RJ, rel. Min. Marco Aurélio 7.8.2012. (HC-108715)**

HC: cabimento e organização criminosa - 2

Salientou que teria sido proposta a edição de verbete de súmula que, no entanto, esbarrara na ausência de precedentes. Registrou ser cômodo não interpor o recurso ordinário quando se poderia, a qualquer momento e considerado o estágio do processo-crime, buscar-se infirmar decisão há muito proferida, mediante o denominado *habeas corpus* substitutivo, alcançando-se, com isso, a passagem do tempo, a desaguar, por vezes, na prescrição. Reputou que a situação não deveria continuar, pois mitigada a importância do *habeas corpus* e emperrada a máquina judiciária, sendo prejudicados os cidadãos em geral. Aludiu que seria imperioso o STF, como guardião da Constituição, acabar com esse círculo vicioso. Uma vez julgado o *habeas corpus*, acionar-se-ia a cláusula constitucional e interpor-se-ia, no prazo de 15 dias, o recurso ordinário constitucional, podendo ser manejado inclusive pelo cidadão comum, haja vista que não se exigiria sequer a capacidade postulatória. Entretanto, concedeu a ordem de ofício. Sublinhou que o STJ deferira a ordem para trancar a ação penal apenas quanto ao delito de descaminho, porque ainda pendente processo administrativo, mas teria mantido as imputações relativas à suposta prática dos crimes de lavagem de dinheiro e de participação em organização criminosa. Rememorou recente julgado da Turma que assentara inexistir na ordem jurídica pátria o tipo "crime organizado", dado que não haveria lei em sentido formal e material que o tivesse previsto e tampouco revelado a referida pena (HC 96007/SP, acórdão pendente de publicação). Concluiu, diante da decisão do STJ e do aludido precedente, inexistir crime antecedente no que concerne à lavagem de dinheiro. O Min. Luiz Fux, após acompanhar o relator no que pertine à preliminar, pediu vista. **HC 108715/RJ, rel. Min. Marco Aurélio 7.8.2012. (HC-108715)**

HC: cabimento e organização criminosa - 3

A 1ª Turma retomou julgamento de *habeas corpus* em que pretendido o trancamento de ação penal, ante a insubsistência da imputação de crimes de participação em organização criminosa e de lavagem de dinheiro por ausência, respectivamente, de tipificação legal e de delito antecedente — v. Informativo 674. Os Ministros Luiz Fux e Rosa Weber acompanharam o Min. Marco Aurélio, relator, quanto à extinção do *writ* pela inadequação da via processual, por ser essa ação constitucional substituta de recurso ordinário. Em relação à matéria de fundo, o Min. Luiz Fux manifestou-se pela impossibilidade de se conceder a ordem de ofício. Reportou-se ao voto proferido na AP 470/MG (DJe de 24.4.2013), oportunidade em que destacara a admissibilidade de prática da lavagem de dinheiro por organização criminosa, a qual seria sujeito ativo do referido crime. A Min. Rosa Weber acompanhou o relator para conceder a ordem de ofício. Após, pediu vista o Min. Dias Toffoli. **HC 108715/RJ, rel. Min. Marco Aurélio, 14.5.2013. (HC-108715)**

HC: cabimento e organização criminosa - 4

Em conclusão de julgamento, a 1ª Turma declarou extinto *habeas corpus* pela inadequação da via processual e, por maioria, concedeu a ordem de ofício para trancar ação penal, ante a insubsistência da imputação de crimes de participação em organização criminosa e de lavagem de dinheiro, por ausência, respectivamente, de tipificação legal e de delito antecedente — v. Informativos 674 e 706. Preliminarmente, externou-se o não cabimento do *writ* quando possível interposição de recurso ordinário constitucional. Considerou-se que a Constituição encerraria como garantia maior essa ação nobre voltada a preservar a liberdade de ir e vir do cidadão. Aduziu-se que se passara admitir o denominado *habeas corpus* substitutivo de recurso ordinário constitucional previsto contra decisão judicial em época na qual não haveria a sobrecarga de processos hoje notada. Atualmente, esse quadro estaria a inviabilizar a jurisdição em tempo hábil, levando o STF e o STJ a receber inúmeros *habeas corpus* que, com raras exceções, não poderiam ser enquadrados como originários, mas medidas intentadas a partir de construção jurisprudencial. Asseverou-se que o *habeas corpus* substitutivo de recurso ordinário careceria de previsão legal e não estaria abrangido pela garantia constante do art. 5º, LXVIII, da CF. Além disso, o seu uso enfraqueceria a Constituição, especialmente por tornar desnecessário recurso ordinário constitucional (CF, artigos 102, II, <u>a</u>, e 105, II, <u>a</u>), a ser manuseado, tempestivamente, contra decisão denegatória, para o Supremo, e se proferida por tribunal superior, e para o STJ, se emanada de tribunal regional federal e de tribunal de justiça. Consignou-se que o Direito seria avesso a sobreposições e que a impetração de novo *habeas corpus*, embora para julgamento por tribunal diverso, de modo a impugnar pronunciamento em idêntica medida, implicaria inviabilizar a jurisdição, em detrimento de outras situações em que requerida. **HC 108715/RJ, rel. Min. Marco Aurélio, 24.9.2013. (HC-108715)**

HC: cabimento e organização criminosa - 5

Salientou-se que teria sido proposta a edição de verbete de súmula que, no entanto, esbarrara na falta de precedentes. Registrou-se ser cômodo não interpor o recurso ordinário, quando se poderia, a qualquer momento e considerado o estágio do processo-crime, questionar decisão há muito proferida, mediante o denominado *habeas corpus* substitutivo, alcançando-se, com isso, a passagem do tempo, a desaguar, por vezes, na prescrição. Reputou-se que a situação não deveria continuar, pois mitigada a importância do *habeas corpus* e emperrada a máquina judiciária, sendo prejudicados os cidadãos em geral. Aludiu-se que seria imperioso o STF, como guardião da Constituição, acabar com esse círculo vicioso. Uma vez julgado o *habeas corpus*, acionar-se-ia a cláusula constitucional e interpor-se-ia, no prazo de quinze dias, o recurso ordinário constitucional, podendo ser manejado inclusive pelo cidadão comum, haja vista que não se exigiria sequer a capacidade postulatória. Entretanto, concedeu-se a ordem de ofício. Sublinhou-se que o STJ deferira a ordem para trancar a ação penal apenas quanto ao delito de descaminho, porque ainda pendente processo administrativo, mas teria mantido as imputações relativas à suposta prática dos crimes de lavagem de dinheiro e de participação em organização criminosa. Rememorou-se julgado da Turma que assentara inexistir, à época, na ordem jurídica pátria, o tipo "crime organizado", dado que não haveria lei em sentido formal e material que o tivesse previsto e tampouco revelado a referida pena (HC 96007/SP, DJe de 8.2.2013). Concluiu-se, diante da decisão do STJ e do aludido precedente, inexistir crime antecedente no que concerne à lavagem de dinheiro. Vencido o Min. Luiz Fux, que acompanhava o relator na preliminar, mas não concedia a ordem de ofício por considerar admissível a prática da lavagem de dinheiro por organização criminosa. **HC 108715/RJ, rel. Min. Marco Aurélio, 24.9.2013. (HC-108715) (Inform. STF 721)**

4. DIREITO PROCESSUAL PENAL   335

HC N. 115.582-MG

RELATOR: MIN. RICARDO LEWANDOWSKI
Ementa: PENAL. PROCESSUAL PENAL. *HABEAS CORPUS*. DECISÃO TER-MINATIVA QUE APRECIA O MÉRITO PROFERIDA MONOCRATICAMENTE PELO MINISTRO RELATOR DO *WRIT* NO STJ. INADMISSIBILIDADE. DEVIDO PROCESSO LEGAL. INOBSERVÂNCIA. ORDEM CONCEDIDA.
I – O *habeas corpus* deve ser apresentado ao colegiado após seu regular processamento, sendo indevida a decisão monocrática terminativa que examina o mérito da causa. Hipótese de violação ao princípio da colegiali-dade. Precedentes.
II – Ordem concedida para anular a decisão atacada e determinar a apreciação do mérito pelo colegiado competente. Prejudicado o exame do pedido de liberdade provisória. **(Inform. STF 720)**

HC N. 114.291-SP

RELATORA: MIN. CÁRMEN LÚCIA
EMENTA: *HABEAS CORPUS*. CONSTITUCIONAL. PENAL. TRÁFICO DE ENTORPECENTES. INDEFERIMENTO DA MEDIDA LIMINAR NO SUPE-RIOR TRIBUNAL DE JUSTIÇA. PRISÃO PREVENTIVA. INEXISTÊNCIA DE FUNDAMENTO CAUTELAR. SITUAÇÃO EXCEPCIONAL A JUSTIFICAR A FLEXIBILIZAÇÃO DA SÚMULA N. 691 DO SUPREMO TRIBUNAL FEDERAL. ORDEM CONCEDIDA.
1. Este Supremo Tribunal tem admitido, em casos excepcionais e em circuns-tâncias fora do ordinário, o temperamento na aplicação da Súmula n. 691 do Supremo Tribunal ("*Não compete ao Supremo Tribunal Federal conhecer de habeas corpus impetrado contra decisão do Relator que, em habeas corpus requerido a tribunal superior, indefere a liminar*").
2. Essa excepcionalidade fica demonstrada nos casos em que se patenteie flagrante ilegalidade ou contrariedade a princípios constitucionais ou legais na decisão questionada, como se tem na espécie vertente.
3. Ao julgar recurso de apelação criminal, a 4ª Câmara de Direito Criminal do Tribunal de Justiça de São Paulo determinou a expedição de mandado de prisão sem apresentar fundamento cautelar.
4. Ordem concedida para, confirmando a medida liminar deferida, determi-nar que o Paciente continue respondendo ao processo em liberdade até o trânsito em julgado do acórdão condenatório para a defesa, sem prejuízo da decretação da prisão pelo surgimento dos pressupostos cautelares e desde que não tenha sido preso por outro motivo. **(Inform. STF 719)**

HC N. 115.715-CE

RED. P/ O ACÓRDÃO: MIN. MARCO AURÉLIO
HABEAS CORPUS – JULGAMENTO POR TRIBUNAL SUPERIOR – IMPUGNA-ÇÃO. A teor do disposto no artigo 102, inciso II, alínea "a", da Constituição Federal, contra decisão, proferida em processo revelador de *habeas corpus*, a implicar a não concessão da ordem, cabível é o recurso ordinário. Evolução quanto à admissibilidade irrestrita do substitutivo do *habeas corpus*.
HABEAS CORPUS – ATO IMPUGNADO – ADEQUAÇÃO DE RECURSO. Excetuado o caso de o recurso pertinente ser o ordinário constitucional, porque julgada impetração na origem, descabe vislumbrar óbice presente a recorribilidade.
HABEAS CORPUS – COISA JULGADA. A coisa julgada não é obstáculo ao manuseio do *habeas corpus*. (Inform. STF 719)

RHC e capacidade postulatória - 1
A 2ª Turma iniciou julgamento de recurso ordinário em *habeas corpus* no qual se questiona a necessidade, ou não, de capacidade postulatória para a sua interposição. No caso, o recorrente, na qualidade de diretor de instituição social sem fins lucrativos de âmbito nacional, insurgira-se contra decisão monocrática de Ministra do STJ, que não conhecera de agravo regimental por ele manejado, ante sua intempestividade e ausência de capacidade postulatória da parte. A decisão adversada tivera origem em *writ* lá impetrado, pelo ora recorrente, com o objetivo de cancelar ordem de serviço — emanada da presidência de seção criminal de tribunal de justiça —, que determinara o encaminhamento, à Defensoria Pública, de petições subscritas por presos. O Min. Ricardo Lewandowski, relator, não conheceu do recurso, haja vista que interposto por pessoa que não deteria capacidade postulatória para a prática desse ato processual, embora tivesse sido o impetrante originário do *habeas*. Assentou tratar-se de ato privativo de advogado, consoante já afirmado pela jurisprudência do STF. Ademais, consignou que, ainda que superado esse óbice, o agravo

regimental seria intempestivo e o *writ* não caracterizaria instrumento adequado para impugnar norma regulamentar. Após, pediu vista o Min. Gilmar Mendes. **RHC 111438/DF, rel. Min. Ricardo Lewandowski, 5.8.2012. (RHC-111438)**

RHC e capacidade postulatória - 2
A 2ª Turma retomou exame de recurso ordinário em *habeas corpus* no qual se questiona a necessidade, ou não, de capacidade postulatória para a sua interposição. No caso, o recorrente, na qualidade de diretor de instituição social sem fins lucrativos de âmbito nacional, insurgira-se contra decisão monocrática de Ministra do STJ, que não conhecera do agravo regimental por ele manejado, ante sua intempestividade e ausência de capacidade postulatória da parte. A decisão impugnada tivera origem em *writ* lá impetrado, pelo ora recorrente, com o objetivo de cancelar a Ordem de Serviço 2/2010 — emanada da presidência de seção criminal de tribunal de justiça —, que determinara o encaminhamento, à Defensoria Pública, de petições subscritas por presos — v. Informativo 665. Em voto-vista, o Min. Gilmar Mendes iniciou a divergência e afastou a preliminar de não conhecimento, por atribuir capacidade postu-latória ao recorrente, conhecendo, no entanto, do recurso como impetração originária de *habeas corpus* e, de ofício, concedeu a ordem para invalidar o ato normativo questionado. Assinalou não se afigurar compatível com a esta-tura constitucional do remédio heroico restringir a legitimação do leigo e de terceiros à interposição de *writ*, inviabilizando-se eventuais recursos. Realçou que quem teria legitimação para propor ação também poderia recorrer. Assim, ponderou que o fato de o mencionado diretor não ser inscrito nos quadros da OAB não obstaria o conhecimento do recurso ordinário. No mais, reputou que a norma administrativa criaria condição de procedibilidade inexistente na lei, a restringir o livre e direto acesso de custodiado para postular junto ao tribunal (LEP: "*Art. 41 - Constituem direitos do preso: ... XIV - representação e petição a qualquer autoridade, em defesa de direito*"). **RHC 111438/DF, rel. Min. Ricardo Lewandowski, 5.8.2012. (RHC-111438)**

RHC e capacidade postulatória - 3
Ato contínuo, o Colegiado deliberou converter o julgamento em diligência para requisitar informações complementares a desembargador da Corte estadual, para prestar esclarecimento acerca da subsistência do referido ato, bem assim da situação individual dos ora pacientes alegadamente por ele afetados. O Min. Gilmar Mendes sublinhou que a medida serviria para que a matéria fosse apreciada no Plenário do STF. **RHC 111438/DF, rel. Min. Ricardo Lewandowski, 5.8.2012. (RHC-111438)**

RHC e capacidade postulatória - 4
Em conclusão de julgamento, a 2ª Turma reconheceu prejudicado, por perda superveniente de objeto, o exame de recurso ordinário em *habeas corpus* no qual se questionava a necessidade de capacidade postulatória para a sua interposição. No caso, a decisão impugnada tivera origem em *writ* impetrado perante o STJ, pelo ora recorrente, com o objetivo de cancelar a Ordem de Serviço 2/2010 — emanada da presidência de seção criminal de tribunal de justiça —, que determinara o encaminhamento, à Defensoria Pública, de petições subscritas por presos — v. Informativos 665 e 710. Em resposta a pedido de informações complementares formulado pelo STF, a Corte de origem esclareceu que a norma impugnada teria sido revogada. **RHC 111438/DF, rel. Min. Ricardo Lewandowski, 10.9.2013. (RHC-111438) (Inform. STF 719)**

HC e abertura de inquérito judicial
A 1ª Turma, por maioria, não conheceu de *habeas corpus* impetrado contra decisão monocrática de Ministro do STJ que, por não vislumbrar lesão ou ameaça a direito de liberdade do paciente, negara, liminarmente, seguimento a *writ* lá impetrado. No caso, a defesa postulava a suspensão de inquérito judicial instaurado contra o paciente, em curso perante tribunal de justiça estadual. Sustentava a inviabilidade desse inquérito, tendo em conta que a Corte local, em julgamento de processo administrativo disciplinar, já teria assentado o não reconhecimento da materialidade do delito a ele imputado. Asseverou-se que o despacho autorizador da abertura de inquérito judicial instaurado contra magistrado amparado em elementos colacionados em representação do Ministério Público não padeceria de nulidade e tampouco atingiria a liberdade de locomoção do paciente. Registrou-se que o *parquet* — em decorrência de elementos obtidos em correição — teria descrito de maneira pormenorizada as supostas práticas de atos de improbidade administrativa pelo paciente e por outros juízes. Ressaltou-se que a alusão aos fundamentos constantes da representação ministerial seriam suficientes, *per se*, para deferir o pedido de abertura de inquérito judicial. Por fim, frisou--se a inadmissibilidade da via eleita com o objetivo de permitir a cognição

de questões não apreciadas em instâncias anteriores, bem como seu não cabimento contra decisões proferidas nos moldes do Enunciado 691 da Súmula do STF ("*Não compete ao Supremo Tribunal Federal conhecer de habeas corpus impetrado contra decisão do relator que, em habeas corpus requerido a tribunal superior, indefere a liminar*"). Vencidos os Ministros Dias Toffoli e Marco Aurélio, que concediam a ordem para que o processo retornasse para julgamento de mérito no STJ, ante a inobservância do princípio da colegiadade. **HC 111095/PB, rel. Min. Luiz Fux, 3.9.2013. (HC-111095) (Inform. STF 718)**

HC N. 104.302-SC
REDATORA P/ O ACÓRDÃO: MIN. ROSA WEBER
EMENTA: DIREITO PENAL. *HABEAS CORPUS*. DOSIMETRIA DA PENA. SÚMULA 691. EXCESSO DE PRAZO.
1. Não se conhece de *habeas corpus* impetrado contra indeferimento de liminar por Relator em *habeas corpus* requerido a Tribunal Superior. Súmula 691. Óbice superável apenas em hipótese de teratologia, inocorrente na espécie.
2. A dosimetria da pena é matéria sujeita a certa discricionariedade judicial. O Código Penal não estabelece rígidos esquemas matemáticos ou regras absolutamente objetivas para tanto. Cabe às instâncias ordinárias, mais próximas dos fatos e das provas, fixar as penas. Às Cortes Superiores, no exame da dosimetria em grau recursal, compete o controle da legalidade e da constitucionalidade dos critérios empregados, bem como a correção de eventuais discrepâncias – se gritantes e arbitrárias –, nas frações de aumento ou diminuição adotadas pelas instâncias anteriores.
3. Não se presta ainda o *habeas corpus*, enquanto não comporta, em seu âmbito, ampla avaliação e valoração das provas, como instrumento hábil ao reexame do conjunto fático probatório conducente à fixação das penas.
4. *Habeas corpus* não conhecido. **(Inform. STF 714)**

HC N. 108.980-MG
RELATOR: MIN. MARCO AURÉLIO
HABEAS CORPUS SUBSTITUTIVO DO RECURSO ORDINÁRIO CONSTITUCIONAL – LIBERDADE DE LOCOMOÇÃO ALCANÇADA NA VIA DIRETA – ADMISSIBILIDADE. Consoante a previsão do artigo 5º, inciso LXVIII, da Carta Federal, admissível é o *habeas corpus* substitutivo do recurso ordinário constitucional quando em jogo, na via direta, a liberdade de locomoção quer ante mandado de prisão a ser cumprido, quer considerado o implemento da custódia dele decorrente.
PRISÃO PREVENTIVA – EXCESSO DE PRAZO. Uma vez verificado o excesso de prazo quanto à prisão provisória, impõe-se o deferimento da ordem. **(Inform. STF 713)**

HC N. 114.132-PE
RELATOR: MIN. DIAS TOFFOLI
EMENTA: *Habeas corpus*. Penal. Apropriação indébita de contribuições previdenciárias (CP, art. 171, § 3º). Dosimetria. Pretensão a reavaliação das circunstâncias judiciais (CP, art. 59). Questão não analisada pelo Superior Tribunal de Justiça. Inadmissível supressão de instância. Precedentes. *Writ* não conhecido.
1. As questões tratadas nesta impetração não foram analisadas pelo Superior Tribunal de Justiça. Por conseguinte, sua análise pela Suprema Corte, de forma originária, na presente oportunidade, configuraria verdadeira supressão de instância, o que não se admite.
2. Habeas corpus não conhecido. **(Inform. STF 713)**

HC N. 109.004-SC
RELATORA: MIN. CÁRMEN LÚCIA
EMENTA: *HABEAS CORPUS*. PENAL. PROCESSO PENAL. AGRAVO DE INSTRUMENTO NÃO CONHECIDO NO SUPERIOR TRIBUNAL DE JUSTIÇA. AUSÊNCIA DE CONSTRANGIMENTO À LIBERDADE DE LOCOMOÇÃO. DESCABIMENTO DE *HABEAS CORPUS*. ORDEM DENEGADA.
1. Não configura constrangimento à liberdade de locomoção decisão que não conhece agravo de instrumento, pela ausência de seus requisitos, não se prestando o *habeas corpus* ao reexame dos pressupostos de admissibilidade recursal.
2. *Habeas corpus* não é substitutivo recursal. A prova de causa local de prorrogação de prazo deve ocorrer no momento da interposição do recurso próprio contra a decisão que reconhecer a sua intempestividade.
3. Ordem denegada. **(Inform. STF 713)**

HC N. 114.127-DF
RELATOR: MIN. MARCO AURÉLIO
HABEAS CORPUS – PERDA DE OBJETO – PREJUÍZO. Uma vez alcançada a providência buscada com a impetração, há o prejuízo desta. **(Inform. STF 711)**

Art. 654, § 1º, do CPP e cognoscibilidade de HC - 1
A 2ª Turma proveu recurso ordinário para que o STJ conhecesse de habeas corpus lá impetrado e solicitasse informações ao juízo das execuções criminais, apontado como autoridade coatora, a fim de esclarecer as alegações contidas na inicial do writ. No caso, o STJ indeferira de plano a impetração peticionada, de próprio punho, por réu preso – não advogado –, ao fundamento de não caber "à Corte Superior promover a completa instrução dos autos, num processo de 'ir atrás' de informações que, na verdade deveriam fazer parte da impetração do *mandamus*". Em seguida, encaminhara os autos à Defensoria Pública da União para que esta tomasse as providências que entendesse pertinentes. Aduziu-se que a intimação do mencionado órgão estatal não eximiria o tribunal a quo de pedir informações para a autoridade apontada como coatora, com vistas a averiguar a veracidade de constrangimento ilegal em tese sofrido pelo paciente. Consignou-se que seria desarrazoado o tribunal se recusar a pedir informações à autoridade impetrada e indeferir liminarmente o writ ao entendimento de que deveria estar instruído de forma satisfatória, pois a referida documentação não seria exigida pela Constituição e, tampouco, pela norma infraconstitucional. **RHC 113315/SP, rel. Min. Gilmar Mendes, 18.6.2013. (RHC-113315) (Inform. STF 711)**

Art. 654, § 1º, do CPP e cognoscibilidade de HC - 2
Frisou-se que a petição inicial do writ estaria de acordo com o art. 654, § 1º, do CPP ("O habeas corpus poderá ser impetrado por qualquer pessoa, em seu favor ou de outrem, bem como pelo Ministério Público. § 1º A petição de habeas corpus conterá: a) o nome da pessoa que sofre ou está ameaçada de sofrer violência ou coação e o de quem exercer a violência, coação ou ameaça; b) a declaração da espécie de constrangimento ou, em caso de simples ameaça de coação, as razões em que funda o seu temor; c) a assinatura do impetrante, ou de alguém a seu rogo, quando não souber ou não puder escrever, e a designação das respectivas residências"). Além disso, ressaltou-se o disposto no art. 662 do mesmo diploma ("Se a petição contiver os requisitos do art. 654, § 1º, o presidente, se necessário, requisitará a autoridade indicada como coatora informações por escrito"). Por fim, destacou-se que o impetrante-paciente, por se encontrar preso, estaria impossibilitado de providenciar documentos necessários para a instrução do habeas corpus, além de se achar em situação de vulnerabilidade. **RHC 113315/SP, rel. Min. Gilmar Mendes, 18.6.2013. (RHC-113315) (Inform. STF 711)**

RHC e capacidade postulatória - 2
A 2ª Turma retomou exame de recurso ordinário em habeas corpus no qual se questiona a necessidade, ou não, de capacidade postulatória para a sua interposição. No caso, o recorrente, na qualidade de diretor de instituição social sem fins lucrativos de âmbito nacional, insurgira-se contra decisão monocrática de Ministra do STJ, que não conhecera de agravo regimental por ele manejado, ante sua intempestividade e ausência de capacidade postulatória da parte. A decisão impugnada tivera origem em writ lá impetrado, pelo ora recorrente, com o objetivo de cancelar a Ordem de Serviço 2/2010 – emanada da presidência de seção criminal de tribunal de justiça –, que determinara o encaminhamento, à Defensoria Pública, de petições subscritas por presos – v. Informativo 665. Em voto-vista, o Min. Gilmar Mendes iniciou a divergência e afastou a preliminar de não conhecimento, por atribuir capacidade postulatória ao recorrente, conhecendo, no entanto, do recurso como impetração originária de habeas corpus e, de ofício, concedeu a ordem para invalidar o ato monocrático questionado. Assinalou que se afiguraria compatível com a estatura constitucional do remédio heroico restringir a legitimação do leigo e de terceiros à interposição de writ, inviabilizando-se eventuais recursos. Realçou que quem teria legitimação para propor ação também poderia recorrer. Assim, ponderou que o fato de o mencionado diretor não ser inscrito nos quadros da OAB não obstaria o conhecimento do recurso ordinário. No mais, reputou que a norma administrativa criaria condição de procedibilidade inexistente na lei, a restringir o livre e direto acesso de custodiado para postular junto ao tribunal (LEP: "Art. 41 - Constituem direitos do preso: ... XIV - representação e petição a qualquer autoridade, em defesa de direito"). **RHC 111438/DF, rel. Min. Ricardo Lewandowski, 5.8.2012. (RHC-111438)**

4. DIREITO PROCESSUAL PENAL

RHC e capacidade postulatória - 3

Ato contínuo, o Colegiado deliberou converter o julgamento em diligência para requisitar informações complementares a desembargador da Corte estadual, para prestar esclarecimento acerca da subsistência do referido ato, bem assim da situação individual dos ora pacientes alegadamente por ele afetados. O Min. Gilmar Mendes sublinhou que a medida serviria para que a matéria fosse apreciada no Plenário do STF.
RHC 111438/DF, rel. Min. Ricardo Lewandowski, 5.8.2012. (RHC-111438) (Inform. STF 710)

STJ: recurso protelatório e baixa imediata

A 2ª Turma denegou habeas corpus em que se pretendia a suspensão da execução de pena imposta, sob o argumento de que a decisão de Ministra do STJ, em agravo de instrumento interposto pelo paciente, teria afrontado a ordem concedida pelo Supremo no HC 94434/SP (DJe de 22.5.2009) e, ainda, o art. 5º, LIV, LV e XXXV, da CF. Na espécie, o referido ato jurisdicional daquela Corte determinara o cumprimento de acórdão em que ordenada a baixa imediata dos autos na apreciação de terceiros embargos de declaração, bem assim a certificação do respectivo trânsito em julgado. Explicitou-se que a decisão do STJ, em consonância com a jurisprudência e a prática do STF, harmonizar--se-ia com a jurisprudência e a prática do STF. Enfatizou-se não ser possível utilizar-se de writ para rever o que lá decidido quanto à admissibilidade ou não de apelo especial. Além disso, essa matéria não estaria diretamente relacionada com a liberdade de locomoção.
HC 115939/SP, rel. Min. Ricardo Lewandowski, 11.6.2013. (HC-115939) (Inform. STF 710)

HC N. 101.952-SP

REDATORA P/ O ACÓRDÃO: MIN. ROSA WEBER
HABEAS CORPUS. SUBSTITUTIVO DO RECURSO CONSTITUCIONAL. PROCESSO PENAL. INADEQUAÇÃO DA VIA ELEITA. CONVOCAÇÃO PARA JUÍZES ATUAREM EM TRIBUNAIS. INEXISTÊNCIA DE VIOLAÇÃO DO PRINCÍPIO DO JUIZ NATURAL. WRIT DENEGADO.
1. O habeas corpus tem uma rica história, constituindo garantia fundamental do cidadão. Ação constitucional que é, não pode ser amesquinhado, mas também não é passível de vulgarização, sob pena de restar descaracterizado como remédio heroico. Contra a denegação de habeas corpus por Tribunal Superior prevê a Constituição Federal remédio jurídico expresso, o recurso ordinário. Diante da dicção do art. 102, II, a, da Constituição da República, a impetração de novo habeas corpus em caráter substitutivo escamoteia o instituto recursal próprio, em manifesta burla ao preceito constitucional. Precedente da Primeira Turma desta Suprema Corte.
2. Não viola o postulado constitucional do juiz natural o julgamento de apelação por órgão composto majoritariamente por juízes convocados, autorizado no âmbito da Justiça Federal pela Lei 9.788/1999. Precedentes.
3. Em processo, especificamente em matéria de nulidades, vigora o princípio maior de que, sem prejuízo, não se reconhece nulidade (art. 566 do CPP). A falta de demonstração na impetração de que a convocação, sujeita a regras de mera organização judiciária, teria afetado substancialmente o julgado acarreta, por si só, a conservação do ato. **(Inform. STF 710)**
4. Habeas corpus extinto sem resolução do mérito.

HC e trancamento de ação penal: admissibilidade - 1

O controle judicial prévio de admissibilidade de qualquer acusação penal, mesmo em âmbito de habeas corpus, é legítimo e não ofende os princípios constitucionais do juiz natural e do monopólio da titularidade do Ministério Público em ação penal de iniciativa pública, quando a pretensão estatal estiver destituída de base empírica idônea. Essa foi a conclusão do Plenário que, por votação majoritária, desproveu recurso extraordinário no qual se questionava decisão proferida pelo STJ, que, em sede de habeas corpus, trancara ação penal, por ausência de justa causa, de modo a afastar a submissão dos pacientes ao tribunal do júri pela suposta prática de homicídio doloso. Alegava-se que a decisão daquela Corte superior teria violado a Constituição, na medida em que o Ministério Público teria a função institucional de promover, privativamente, ação penal pública. Além disso, sustentava-se que o STJ ter-se-ia substituído ao juiz natural da causa – o tribunal do júri –, pois teria examinado o conjunto fático-probatório de maneira aprofundada, com o fim de fundamentar sua decisão. Preliminarmente, por maioria, conheceu-se do recurso, vencidas as Ministras Rosa Weber e Cármen Lúcia. Entendiam que o exame do tema pressuporia revolvimento de fatos e provas, bem como análise de legislação infraconstitucional, o que não seria cabível na via eleita.
RE 593443/SP, rel. orig. Min. Marco Aurélio, red. p/ o acórdão Min. Ricardo Lewandowski, 6.6.2013. (RE-593443)

HC e trancamento de ação penal: admissibilidade - 2

No mérito, manteve-se a decisão recorrida. O Min. Ricardo Lewandowski ponderou que o STJ teria apenas verificado os aspectos formais da denúncia, à luz do art. 41 do CPP, ao tangenciar as provas que embasariam a acusação. Asseverou que, de acordo com aquela Corte superior, o Ministério Público não teria demonstrado que as práticas narradas estariam direcionadas à produção do resultado. Ademais, esses atos não seriam imputados a ninguém, de modo que não seria possível compreender quem seriam os autores. Verificou que não se teria estabelecido o liame entre as condutas e o resultado morte, de forma que sequer o método de eliminação hipotética seria suficiente para imputar aos pacientes o resultado danoso. Considerou que cumpriria declarar a inépcia de denúncia em que não narradas as condutas individualmente, ou quando impossível estabelecer o nexo causal entre ação e resultado. Afirmou que a inicial acusatória simplesmente expusera as circunstâncias em que o fato ocorrera, sem possibilidade de conclusão pelo cometimento de homicídio doloso. O máximo que se poderia imputar – caso individualizadas as condutas – seria delito culposo. Acresceu que o Ministério Público, ao interpor o extraordinário, pretenderia revolvimento de fatos e provas, inadmissível, de acordo com o Enunciado 279 da Súmula do STF.
RE 593443/SP, rel. orig. Min. Marco Aurélio, red. p/ o acórdão Min. Ricardo Lewandowski, 6.6.2013. (RE-593443)

HC e trancamento de ação penal: admissibilidade - 3

O Min. Gilmar Mendes assinalou que a situação seria similar às denúncias oferecidas em crimes societários, em que cabível analisar a descrição da conduta delituosa feita na inicial acusatória, em sede de habeas corpus, mesmo que a partir do exame ou contraste de provas. O Min. Celso de Mello registrou que, a partir de elementos documentais que evidenciassem a procedência de determinada pretensão, seria legítimo ao Poder Judiciário examinar, naquele contexto, os fatos subjacentes a determinado pleito. Reconheceu que o STJ, dada a singularidade do caso concreto, destacara que a alegação de falta de justa causa seria examinada a partir da avaliação dos próprios elementos de convicção que embasaram a denúncia. Não se cuidaria, portanto, de revolvimento de provas. Aduziu que reconhecer eventual transgressão aos postulados constitucionais evocados implicaria declarar a inconstitucionalidade dos artigos 414 e 415 do CPP, a tratar da sentença de impronúncia e da absolvição sumária no contexto do júri, respectivamente. Nesse sentido, destacou o caráter bifásico do procedimento penal relativo a crimes dolosos contra a vida. Reiterou que pronunciamento judicial de qualquer órgão do Poder Judiciário que rejeitasse denúncia, impronunciasse réu ou que o absolvesse sumariamente, assim como que concedesse ordem de habeas corpus de modo a extinguir procedimento penal, não ofenderia a cláusula do monopólio do poder de iniciativa do Ministério Público em matéria de persecução penal (CF, art. 129, I). Ademais, não transgrediria o postulado do juiz natural, no tocante aos procedimentos penais de competência do tribunal do júri (CF, art. 5º, XXXVIII, d). Impenderia caracterizar a incontestabilidade dos fatos, para que a matéria fosse suscetível de discussão nessa via sumaríssima. Dessa maneira, cumpriria ao Judiciário impor rígido controle sobre a atividade persecutória do Estado, em ordem a impedir injusta coação processual, revestida de conteúdo arbitrário ou destituída de suporte probatório.
RE 593443/SP, rel. orig. Min. Marco Aurélio, red. p/ o acórdão Min. Ricardo Lewandowski, 6.6.2013. (RE-593443)

HC e trancamento de ação penal: admissibilidade - 4

Ficaram vencidos os Ministros Marco Aurélio, relator, Teori Zavascki e Joaquim Barbosa, Presidente, que proviam o recurso, para reformar a decisão concessiva de habeas corpus e determinar o prosseguimento da ação penal perante o juízo competente. O relator aduzia que o trancamento de ação penal pressuporia a inexistência de juízo de probabilidade da ocorrência da infração e da autoria. Assim, o tribunal no qual impetrado o writ não poderia adentrar o exame de fundo, pois não caberia aferir a procedência da imputação, mas averiguar se estaria lastreada em suporte probatório mínimo, sem emitir juízo de mérito. A cognição da matéria, em habeas corpus, seria ampla no tocante à extensão – considerada a possibilidade de concessão de ordem de ofício –, mas dependeria da clara demonstração de ilegalidade do ato coator. No caso, reputava que o STJ, ao conceder a ordem, teria se substituído ao juízo e ao júri, ao valorar e cotejar as provas profundamente. O Min. Teori Zavascki não vislumbrava ofensa ao postulado alusivo à atribuição do Ministério Público, mas reconhecia que o STJ teria emitido, ao conceder a ordem, juízo típico de tribunal do júri. O Presidente também descartava o fundamento relativo ao art. 129, I, da CF, mas não considerava que a denúncia padeceria de vício, de modo que o STJ teria extrapolado os limites do habeas corpus. **RE 593443/SP, rel. orig. Min. Marco Aurélio, red. p/ o acórdão Min. Ricardo Lewandowski, 6.6.2013. (RE-593443) (Inform. STF 709)**

HC e erronia no uso da expressão "ex officio" - 2
Por inadequação da via eleita, a 1ª Turma extinguiu habeas corpus em que se pretendia a declaração de nulidade de julgamento em virtude de tribunal local, ao julgar apelação do Ministério Público, haver reconhecido, de ofício, nulidade não arguida. Na espécie, a Corte estadual anulara decisão prolatada por juiz-auditor de justiça militar que deferira indulto pleno ao paciente. A defesa alegava, em suma, afronta à garantia constitucional da coisa julgada, uma vez que a decisão que concedera indulto seria de pleno direito e que o órgão acusador poderia desconstituí-la somente por ações e instrumentos próprios de impugnação – v. Informativo 698. Salientou-se não ser caso de concessão, de ofício, da ordem. Pontuou-se que, ao votar, o desembargador, equivocadamente, usara a expressão "de ofício". Asseverou-se que, ao contrário do que sustentado, o parquet teria suscitado a nulidade. Aduziu-se que a utilização do mencionado termo pelo magistrado não retiraria dos autos a circunstância de a nulidade ter sido peticionada. Por fim, consignou-se que não se poderia conceder indulto se houvesse recurso pendente por parte da acusação. **HC 108444/SP, rel. Min. Dias Toffoli, 4.6.2013. (HC-108444) (Inform. STF 709)**

HC N. 111.445-PE
RELATOR: MIN. DIAS TOFFOLI
EMENTA: Habeas corpus substitutivo de recurso ordinário constitucional. Artigo 102, inciso II, alínea a, da Constituição Federal. Inadequação da via eleita ao caso concreto. Precedente da Primeira Turma. Flexibilização circunscrita às hipóteses de flagrante ilegalidade, abuso de poder ou teratologia. Não ocorrência. Writ extinto.
1. Impetração manejada em substituição ao recurso ordinário constitucional prescrito no art. 102, inciso II, alínea a, da Carta da República, a qual esbarra em decisão da Primeira Turma, que, em sessão extraordinária datada de 7/8/12, assentou, quando do julgamento do HC nº 109.956/PR, Relator o Ministro Marco Aurélio, a inadmissibilidade do habeas corpus que tenha por objetivo substituir o recurso ordinário.
2. Nada impede, entretanto, que a Suprema Corte, quando do manejo inadequado do habeas corpus como substitutivo (art. 102, inciso II, alínea a, da CF), analise a questão de ofício nas hipóteses de flagrante ilegalidade, abuso de poder ou teratologia, o que não é o caso dos autos.
3. Habeas corpus extinto, por inadequação da via processual eleita. **(Inform. STF 709)**

HC N. 116.305-PR
RELATOR: MIN. RICARDO LEWANDOWSKI
Ementa: HABEAS CORPUS. CONSTITUCIONAL E PROCESSUAL PENAL. DECISÃO DE MINISTRO DO STJ QUE NEGA SEGUIMENTO AO RECURSO ESPECIAL. SOBERANIA DAQUELA CORTE PARA ANALISAR OS REQUISITOS DE ADMISSIBILIDADE DOS RECURSOS DE SUA COMPETÊNCIA. INADEQUAÇÃO DA VIA ELEITA. NEGATIVA DE PRESTAÇÃO JURISDICIONAL E AUSÊNCIA DE FUNDAMENTAÇÃO IDÔNEA NÃO VERIFICADAS. ORDEM DENEGADA.
I – Não é possível utilizar a via do habeas corpus para rever as decisões do Superior Tribunal de Justiça quanto à admissibilidade ou não do apelo especial. Essa questão, aliás, não está relacionada diretamente com a liberdade de locomoção do paciente e deve ser resolvida naquele Tribunal.
II – A defesa valeu-se dos meios recursais cabíveis e teve a jurisdição prestada por meio de decisão suficientemente fundamentada, de modo que eventual julgamento contrário aos interesses do paciente não basta à configuração da negativa de prestação jurisdicional. Precedentes.
III – Não há contrariedade ao art. 93, IX, da Constituição quando a decisão atacada encontra-se suficientemente fundamentada. Precedentes.
IV – Ordem denegada. **(Inform. STF 708)**

HC N. 113.329-MS
RELATORA: MIN. CÁRMEN LÚCIA
EMENTA: HABEAS CORPUS. CONSTITUCIONAL. PROCESSO PENAL. TRÁFICO DE DROGAS. DESCLASSIFICAÇÃO DO CRIME PARA USO DE ENTORPECENTES: NECESSIDADE REVOLVIMENTO DE FATOS E PROVAS, AO QUE NÃO SE PRESTA O HABEAS CORPUS. ORDEM DENEGADA.

1. O exame do pedido de desclassificação do delito de tráfico ilícito de entorpecentes para o de uso de entorpecentes demanda o revolvimento de fatos e provas, ao que não se presta o procedimento sumário e documental do habeas corpus. Precedentes.
2. Ordem denegada. **(Inform. STF 708)**

HC N. 107.848-SP
RELATOR: MIN. GILMAR MENDES
Habeas corpus. 2. Homicídio. Continuidade delitiva. 3. Condenação. 4. Ausência de intimação do defensor constituído para a sessão de julgamento da apelação. Intimação realizada pela publicação na imprensa oficial. 5. A prerrogativa de intimação pessoal dos atos do processo não se estende aos advogados constituídos. Precedentes. 6. Inobservância do artigo 600 do CPP e possibilidade de protesto por novo júri. Questões não apreciadas no STJ não podem ser analisadas no Supremo Tribunal Federal, sob pena de supressão de instância. 7. Ordem denegada. **(Inform. STF 708)**

HC N. 104.098-SP
RELATOR: MIN. MARCO AURÉLIO
HABEAS CORPUS – PERDA DE OBJETO – PREJUÍZO. Uma vez ocorrida a perda de objeto do habeas corpus, impõe-se o reconhecimento do prejuízo, descabendo redirecioná-lo. **(Inform. STF 708)**

RHC N. 114.579-SP
RELATORA: MIN. ROSA WEBER
E M E N T A: HABEAS CORPUS. SUBSTITUTIVO DO RECURSO CONSTITUCIONAL. INADEQUAÇÃO DA VIA ELEITA. FURTO. DESCONSIDERAÇÃO E DESENTRANHAMENTO DO AUTO DE AVALIAÇÃO DA RES FURTIVA. ABSOLVIÇÃO SUMÁRIA. DECISÃO SUFICIENTEMENTE FUNDAMENTADA. O habeas corpus tem uma rica história, constituindo garantia fundamental do cidadão. Ação constitucional que é, não pode ser o writ amesquinhado, mas também não é passível de vulgarização, sob pena de restar descaracterizado como remédio heroico. Contra a denegação de habeas corpus por Tribunal Superior prevê a Constituição Federal remédio jurídico expresso, o recurso ordinário. Diante da dicção do art. 102, II, a, da Constituição da República, a impetração de novo habeas corpus em caráter substitutivo escamoteia o instituto recursal próprio, em manifesta burla do preceito constitucional. Precedente da Primeira Turma desta Suprema Corte.
Verificada fundamentação suficiente na decisão indeferitória de desconsideração e desentranhamento do auto de avaliação da res furtiva e de absolvição sumária, conjugada à falta de comprovação de prejuízo, não há como reconhecer a nulidade do ato.
Habeas corpus extinto sem resolução do mérito. **(Inform. STF 706)**

HC N.113.596-SP
RELATOR: MIN. DIAS TOFFOLI
EMENTA: Habeas corpus. Penal. Comércio ilegal de arma de fogo e munição (art. 17 da Lei 10.826/03). Impetração dirigida contra decisão do Superior Tribunal de Justiça, que indeferiu medida liminar requerida pelo impetrante. Incidência da Súmula nº 691 da Suprema Corte. Ausência de constrangimento ilegal apto à superação do enunciado. Não conhecimento do writ.
1. Impetração dirigida contra ato do Ministro Marco Aurélio Bellizze, do Superior Tribunal de Justiça, que indeferiu a liminar no HC nº 240.677/SP impetrado àquela Corte.
2. Trata-se de decisão indeferitória de liminar, devendo incidir, na espécie, a Súmula nº 691 do Supremo Tribunal Federal, segundo a qual "não compete ao Supremo Tribunal Federal conhecer de 'habeas corpus' impetrado contra decisão do Relator que, em 'habeas corpus' requerido a tribunal superior, indefere a liminar". Precedentes.
3. Não conhecimento do writ. **(Inform. STF 705)**

HC N. 116.285-RS
RELATOR: MIN. TEORI ZAVASCKI
HABEAS CORPUS CONTRA ACÓRDÃO PROFERIDO EM SEDE DE RECURSO ESPECIAL. STJ APRECIOU QUESTÃO COMPLETAMENTE ALHEIA E DISSOCIADA DA CAUSA DE PEDIR E DO PEDIDO INSERTOS NO RECURSO. ORDEM CONCEDIDA PARA RECONHECER A NULIDADE DO ACÓRDÃO E PARA QUE SE PROCEDA A NOVO JULGAMENTO. **(Inform. STF 704)**

4. DIREITO PROCESSUAL PENAL

HC N. 116.887-SP

RELATOR: MIN. GILMAR MENDES

Agravo regimental em habeas corpus. 2. Alegação de demora, por parte do Superior Tribunal de Justiça, para apreciar e julgar o HC n. 255.126/SP. Não ocorrência. Princípio da razoabilidade. 3. Constrangimento ilegal não configurado. 4. Agravo regimental a que se nega provimento, com recomendação de celeridade no julgamento. **(Inform. STF 703)**

HC N. 114.039-MA

RELATOR: MIN. GILMAR MENDES

Habeas corpus. 2. Excessiva demora na realização do julgamento de mérito de HC impetrado no STJ. Ausência de prestação jurisdicional. Violação ao direito fundamental à razoável duração do processo. 3. Constrangimento ilegal configurado. 4. Ordem concedida para que a autoridade coatora apresente o writ em mesa até a 10ª sessão subsequente à comunicação da ordem. **(Inform. STF 703)**

HC N.115.112-SP

RELATOR: MIN. RICARDO LEWANDOWSKI

Ementa: HABEAS CORPUS. PENAL. PROCESSUAL PENAL. PRISÃO PREVENTIVA. EXCESSO DE PRAZO. VIOLAÇÃO DO PRINCÍPIO DA RAZOÁVEL DURAÇÃO DO PROCESSO. NÃO CARACTERIZAÇÃO. COMPLEXIDADE DA AÇÃO PENAL. INEXISTÊNCIA DE INÉRCIA OU DESÍDIA DO PODER JUDICIÁRIO. LEGITIMIDADE DOS FUNDAMENTOS DA PRISÃO PREVENTIVA. GARANTIA DA ORDEM PÚBLICA. PERICULOSIDADE DO AGENTE. MODUS OPERANDI. AUSÊNCIA DE CONSTRANGIMENTO ILEGAL. ORDEM DENEGADA.

I – O prazo para julgamento da ação penal mostra-se dilatado em decorrência da complexidade do caso, uma vez que o réu e mais três corréus foram denunciados pela prática do crime de homicídio triplamente qualificado em concurso material com o de furto. Ademais, várias testemunhas residem em comarca diversa daquela onde tramita o feito, o que demanda a expedição de cartas precatórias e provoca a dilação dos prazos processuais.

II – A jurisprudência desta Corte é firme no sentido de que não procede a alegação de excesso de prazo quando a complexidade do feito, as peculiaridades da causa ou a defesa contribuem para eventual dilação do prazo. Precedentes.

III – A prisão cautelar mostra-se suficientemente motivada para a preservação da ordem pública, tendo em vista a periculosidade do paciente, verificada pelo modus operandi mediante o qual foi praticado o delito. Precedentes.

IV – Ordem denegada. **(Inform. STF 703)**

HC N. 114.711-MT

RED. P/ O ACÓRDÃO: MIN. DIAS TOFFOLI

Habeas corpus substitutivo de recurso ordinário constitucional. Artigo 102, inciso II, alínea a, da Constituição Federal. Inadequação da via eleita ao caso concreto. Precedente da Primeira Turma. Writ extinto, em face da inadequação da via eleita. Tráfico e associação para o tráfico. Prisão preventiva. Excesso de prazo na conclusão da instrução criminal. Custódia que se arrasta desde 10/7/09. Dilação processual injustificada não imputada à defesa do paciente. Ocorrência de flagrante constrangimento ilegal. Ordem concedida de ofício.

1. Impetração manejada em substituição ao recurso ordinário constitucional prescrito no art. 102, inciso II, alínea a, da Carta da República, a qual esbarra em decisão da Primeira Turma, que, em sessão extraordinária datada de 7/8/12, assentou, quando do julgamento do HC nº 109.956/PR, Relator o Ministro Marco Aurélio, a inadmissibilidade do habeas corpus que tenha por objetivo substituir o recurso ordinário.

2. Nada impede, entretanto, que a Suprema Corte, quando do manejo inadequado do habeas corpus como substitutivo (art. 102, inciso II, alínea a, da CF), analise a questão de ofício nas hipóteses de flagrante ilegalidade, abuso de poder ou teratologia, o que se verifica no caso em exame.

3. A complexidade da ação penal, bem como a necessidade da expedição de cartas precatórias, à luz das circunstâncias demonstradas na espécie, não são causas suficientes a relevar o desmensurado prazo de mais de 3 (três) anos em que o paciente permanece sob custódia cautelar.

4. Writ extinto por inadequação da via eleita. Ordem concedida, de ofício, para revogar a custódia cautelar do paciente, sendo facultado ao juízo de origem aplicar qualquer das medidas cautelares do art. 319 do Código de Processo Penal. **(Inform. STF 702)**

HC e decisão monocrática de Ministro do STJ

Não cabe *habeas corpus* de decisão monocrática de Ministro do STJ que nega seguimento a idêntica ação constitucional lá impetrada por ser substitutivo de recurso ordinário. Com base nessa orientação, a 1ª Turma não conheceu do *writ*. Consignou-se que a decisão impugnada não teria enfrentado o mérito. Vencido o Min. Marco Aurélio, que admitia a ordem. Entendia que, muito embora houvesse a extinção do processo, o STJ teria julgado o habeas, a desafiar a presente impetração. **HC 116114/MG, rel. Min. Dias Toffoli, 9.4.2013. (HC-116114) (Inform. STF 701)**.

Cabimento de HC e busca e apreensão

A 2ª Turma concedeu *habeas corpus* para determinar que Ministro do STJ aprecie *writ* lá impetrado e julgue como entender de direito. No caso, juízo criminal deferira medida cautelar de busca e apreensão, a pedido do *parquet*, para que este obtivesse elementos materiais e de convicção referentes à suposta prática dos crimes previstos nos artigos 203 e 337-A, do CP, e artigos 1º, I, a IV, e 2º, I e II, da Lei 8.137/90. Os delitos diriam respeito ao pagamento de comissões indevidas a empregados de pessoas jurídicas, sem o recolhimento de contribuições previdenciárias. A defesa, então, impetrara *habeas corpus* no TRF para anular a referida medida cautelar. Alega-se falta de justa causa em face da ausência de constituição definitiva do crédito tributário. Sustenta-se, ainda, violação ao princípio do juiz natural em razão de prevenção, uma vez que juiz de outra vara criminal já teria apreciado suposta sonegação fiscal previdenciária perpetrada nos autos de processo trabalhista ajuizado em desfavor de empresa da qual o paciente seria sócio. A ordem fora concedida parcialmente, apenas para que fossem devolvidos, ao paciente, os documentos não compreendidos durante o período de investigação. Na sequência, impetrara-se *habeas corpus* no STJ, liminarmente indeferido pelo relator por falta de risco à liberdade de locomoção do paciente. **HC 112851/DF, rel. Min. Gilmar Mendes, 5.3.2013. (HC-112851)**

Cabimento de HC e busca e apreensão – 2

Preliminarmente, por maioria, conheceu-se da impetração, vencido o Min. Teori Zavascki não dela não conhecia. Advertia que a utilização de *habeas corpus* em cascata e como sucedâneo de recurso ordinário substituiria de modo universal as vias ordinárias, bem como tornaria letra morta a possibilidade de recurso previsto constitucionalmente. No mérito, prevaleceu o voto do Min. Gilmar Mendes, relator. Consignou que o Plenário da Corte reiteradamente assentara que o aludido remédio teria como escopo a proteção da liberdade de locomoção e seu cabimento disporia de parâmetros constitucionalmente estabelecidos, a justificar-se a impetração sempre que alguém sofrer, ou se achar ameaçado de sofrer, violência ou coação em sua liberdade de ir e vir, por ilegalidade ou abuso de poder. Seria inadequado o *writ* quando utilizado com a finalidade de proteger outros direitos. Afastou a assertiva de que *habeas corpus* seria o meio próprio para tutelar tão somente o direito de ir e vir do cidadão em face de violência, coação ilegal ou abuso de poder. Rememorou que o *habeas corpus* configuraria proteção especial tradicionalmente oferecida no sistema constitucional brasileiro. **HC 112851/DF, rel. Min. Gilmar Mendes, 5.3.2013. (HC-112851)**

Cabimento de HC e busca e apreensão – 3

Entendeu cabível o *writ* quando se discutir, efetivamente, aquilo que a dogmática constitucional e penal alemã denominaria *Justizgrundrechte*. Explicou que essa expressão seria utilizada para se referir ao elenco de normas constantes da Constituição que teria por escopo proteger o indivíduo no contexto do processo judicial. Reconheceu não ter dúvidas de que o termo seria imperfeito, uma vez que, amiúde, esses direitos transcenderiam a esfera propriamente judicial. Assim, à falta de outra denominação genérica, também optou por adotar designação assemelhada – direitos fundamentais de caráter judicial e garantias constitucionais do processo –, embora consciente de que se cuidaria de denominações que pecariam por imprecisão. Não olvidou as legítimas razões que alimentariam a preocupação com o alargamento das hipóteses de cabimento do *habeas corpus* e, com efeito, as distorções que dele decorreriam. Contudo, observou que seria mais lesivo, ante os fatos históricos, restringir seu espectro de tutela. Ressaltou que, no presente caso, a liberdade de ir, vir e permanecer do paciente não se encontraria ameaçada, ainda que de modo reflexo. Afinal, a impetração se dirigiria contra ato de ministro do STJ que não conhecera de *habeas corpus* impetrado naquela Corte. A questão subjacente, porém, seria a validade do ato consubstanciado na concessão de medida de busca e apreensão, deferida pelo juízo. Afirmou que, segundo os impetrantes, a medida padeceria de ilegitimidade, em síntese, por falta de justa causa e por violação do princípio do juiz natural. Na perspectiva dos direitos fundamentais de caráter judicial e de garantias do processo, reputou cabível a utilização do *writ* no caso em apreço, porquanto, efetivamente, encontrar-se-ia o paciente sujeito a ato constritivo, real e concreto, do poder estatal. **HC 112851/DF, rel. Min. Gilmar Mendes, 5.3.2013. (HC-112851)**

Cabimento de HC e busca e apreensão – 4
O Min. Celso de Mello acresceu que a decisão emanada do STJ cominaria por frustrar a aplicabilidade e a própria eficácia de um dos remédios constitucionais mais caros à preservação do regime de tutela e amparo das liberdades. Aludiu que estaria preocupado com a abordagem tão limitativa das virtualidades jurídicas de que se acharia impregnado o remédio constitucional do *habeas corpus*, especialmente se se considerar o tratamento que o STF dispensaria ao *writ*. O Min. Ricardo Lewandowski acrescentou que, além das questões constitucionais suscitadas – a falta de justa causa para a cautelar e a incompetência do juízo que determinara a medida com violação do juiz natural –, haveria um terceiro tema que seria a ofensa ao princípio do colegiado, já que o relator no STJ julgara o mérito da referida ação mandamental monocraticamente. Vislumbrou haver reflexo quase que imediato no direito de ir e vir do paciente. **HC 112851/DF, rel. Min. Gilmar Mendes, 5.3.2013. (HC-112851) (Inform. STF 697)**.

HC: empate e convocação de magistrado
Cumpre proclamar a decisão mais favorável ao paciente quando ocorrer empate na votação e, por isso, desnecessária a participação de magistrado de outra turma para fins de desempate. Essa a conclusão da 2ª Turma ao conceder *habeas corpus* para manter julgado que não conhecera de recurso especial. Na espécie, tribunal estadual concedera a ordem para trancar instauração de inquérito e, interposto recurso especial, a votação empatara. Esse fato ensejara a convocação de Ministro de turma diversa para proferir voto. Asseverou-se que as normas que fundamentaram a convocação seriam regras gerais não aplicáveis ao presente caso. Por fim, ressaltou-se haver precedentes do STF no mesmo sentido (HC 89974/DF, DJe de 5.12.2008, e HC 72445/DF, DJU de 22.9.95). **HC 113518/GO, rel. Min. Teori Zavascki, 26.2.2013. (HC-113518) (Inform. STF 696)**.

DIREITO PROCESSUAL PENAL. UTILIZAÇÃO DA JUSTIFICAÇÃO CRIMINAL PARA NOVA OITIVA DA VÍTIMA.
A via adequada para nova tomada de declarações da vítima com vistas à possibilidade de sua retratação é o pedido de justificação (art. 861 do CPC), ainda que ela já tenha se retratado por escritura pública. A justificação é o único meio que se presta para concretizar essa nova prova a fim de instruir pedido de revisão criminal, pois não serve para a ação revisional prova produzida unilateralmente, como a juntada da declaração da vítima firmada em cartório no sentido de que o condenado não foi o autor do crime. Tal prova só é válida se, necessariamente, for produzida na justificação judicial com as cautelas legais (RvCr 177-DF, Terceira Seção, DJ 4/8/1997). Ademais, a retratação da vítima nada mais é do que uma prova substancialmente nova. Desse modo, não há razão para não garantir ao condenado, diante do princípio da verdade real, a possibilidade de, na ação revisional, confrontar essa retratação – se confirmada em juízo – com os demais elementos de convicção coligidos na instrução criminal. **RHC 58.442-SP, Rel. Min. Sebastião Reis Júnior, julgado em 25/8/2015, DJe 15/9/2015 (Inform. STJ 569)**.

DIREITO PROCESSUAL PENAL. CABIMENTO DE HC PARA ANÁLISE DE AFASTAMENTO DE CARGO DE PREFEITO. É cabível impetração de *habeas corpus* para que seja analisada a legalidade de decisão que determina o afastamento de prefeito do cargo, quando a medida for imposta conjuntamente com a prisão. Precedente citado: AgRg no HC 316.286-SP, Primeira Turma, DJe de 14/4/2015. **HC 312.016-SC, Rel. Min. Felix Fischer, julgado em 16/4/2015, DJe 5/5/2015 (Inform. STJ 561)**.

DIREITO PROCESSUAL PENAL. ANÁLISE DE HABEAS CORPUS A DESPEITO DE CONCESSÃO DE SURSIS.
A eventual aceitação de proposta de suspensão condicional do processo não prejudica a análise de habeas corpus no qual se pleiteia o trancamento de ação penal. Isso porque durante todo o período de prova o acusado fica submetido ao cumprimento das condições impostas, cuja inobservância enseja o restabelecimento do curso do processo. Precedentes citados: AgRg no RHC 24.689-RS, Quinta Turma, DJe 10/2/2012; e HC 210.122-SP, Sexta Turma, DJe 26/9/2011. **RHC 41.527-RJ, Rel. Min. Jorge Mussi, julgado em 3/3/2015, DJe 11/3/2015 (Inform. STJ 557)**.

DIREITO PROCESSUAL PENAL. INTERVENÇÃO DE TERCEIROS EM HABEAS CORPUS.
Admite-se a intervenção do querelante em habeas corpus oriundo de ação penal privada. Embora a regra seja a impossibilidade de intervenção de terceiros em sede de habeas corpus, a jurisprudência do STJ e do STF tem flexibilizado esse entendimento quando se trata de ação penal privada, permitindo-se, por conseguinte, que o querelante participe do julgamento. Precedentes citados do STJ: HC 27.540-RJ, Sexta Turma, DJ 27/6/2005, REsp 33.527-AM, Sexta Turma, DJ 2/8/1993. Precedente citado do STF: Pet 423-SP AgR, Tribunal Pleno, DJ 13/3/1992. **RHC 41.527-RJ, Rel. Min. Jorge Mussi, julgado em 3/3/2015, DJe 11/3/2015 (Inform. STJ 557)**.

DIREITO PENAL. INADEQUAÇÃO DE HABEAS CORPUS PARA QUESTIONAR PENA DE SUSPENSÃO DO DIREITO DE DIRIGIR VEÍCULO AUTOMOTOR.
O habeas corpus não é o instrumento cabível para questionar a imposição de pena de suspensão do direito de dirigir veículo automotor. Isso porque a pena de suspensão do direito de dirigir veículo automotor não acarreta, por si só, qualquer risco à liberdade de locomoção, uma vez que, caso descumprida, não pode ser convertida em reprimenda privativa de liberdade, tendo em vista que inexiste qualquer previsão legal nesse sentido. Desse modo, inexistindo qualquer indício de ameaça de violência ou constrangimento à liberdade de ir e vir do paciente, revela-se inadequada a via do *habeas corpus* para esse fim. Precedentes citados do STJ: HC 172.709-RJ, Sexta Turma, DJe 6/6/2013; HC 194.299-MG, Quinta Turma, DJe 17/4/2013; e HC 166.792-SP, Quinta Turma, DJe 24/11/2011. Precedente citado do STF: HC 73.655-GO, Primeira Turma, DJ 13/9/1996. **HC 283.505-SP, Rel. Min. Jorge Mussi, julgado em 21/10/2014. (Inform. STJ 550)**

DIREITO PROCESSUAL PENAL. MANDADO DE SEGURANÇA PARA ATRIBUIÇÃO DE EFEITO SUSPENSIVO A RECURSO EM SENTIDO ESTRITO.
Não cabe, na análise de pedido liminar de mandado de segurança, atribuir efeito suspensivo ativo a recurso em sentido estrito interposto contra a rejeição de denúncia, sobretudo sem a prévia oitiva do réu. Destaca-se que, em situações teratológicas, abusivas e que possam gerar dano irreparável à parte, admite-se, excepcionalmente, a impetração de mandado de segurança contra ato judicial para atribuir-lhe efeito suspensivo. No entanto, tratando-se de não recebimento de denúncia, nem sequer em hipóteses de teratologia seria permitida a realização do ato em outra relação processual. Com efeito, em homenagem ao princípio do devido processo legal, o recebimento da denúncia deve ocorrer, necessariamente, nos autos da ação penal instaurada para apurar a prática do suposto ato criminoso. Ademais, há de ressaltar que o não recebimento da denúncia gera para o réu uma presunção de que não se instaurará, contra ele, a ação penal. Essa presunção, contudo, não é absoluta, pois contra a rejeição da denúncia pode ser interposto recurso em sentido estrito. No entanto, permitir-se-á ao réu a apresentação de contrarrazões e a sustentação oral antes de seu julgamento do recurso pelo colegiado. Desse modo, observa-se que, por certo, viola o contraditório e a ampla defesa decisão liminar proferida na análise de mandado de segurança que determine o recebimento da denúncia sem permitir qualquer manifestação da parte contrária. Ressalte-se, ainda, que o recebimento da denúncia, nessas circunstâncias, causa um tumulto processual inaceitável, porque, ao mesmo tempo em que nos autos da ação principal há uma decisão de rejeição da denúncia (pendente de julgamento do recurso cabível), em razão de liminar concedida em outra relação processual, qual seja, um mandado de segurança, há o recebimento da inicial acusatória. O tumulto processual é tão grande que a parte ré, beneficiada pela rejeição da denúncia (em decisão ainda não modificada dentro da própria ação penal), por meio de uma liminar proferida em mandado de segurança, se vê obrigada a, nos autos da ação principal, apresentar resposta à acusação, em primeira instância, e contrarrazões ao recurso em sentido estrito, em segunda instância, além de ter de se manifestar no mandado de segurança, que é uma relação processual autônoma. **HC 296.848-SP, Rel. Min. Rogerio Schietti Cruz, julgado em 16/9/2014. (Inform. STJ 547)**

DIREITO PROCESSUAL PENAL. *HABEAS CORPUS*. CABIMENTO DE *HABEAS CORPUS* SUBSTITUTIVO DE AGRAVO EM EXECUÇÃO
Não é cabível a impetração de habeas corpus em substituição à utilização de agravo em execução na hipótese em que não há ilegalidade manifesta relativa à matéria de direito cuja constatação seja evidente e independa de qualquer análise probatória. É imperiosa a necessidade de racionalização do *habeas corpus*, a bem de prestigiar a lógica do sistema recursal, devendo ser observada sua função constitucional, de sanar ilegalidade ou abuso de

4. DIREITO PROCESSUAL PENAL

poder que resulte em coação ou ameaça à liberdade de locomoção. Sendo assim, as hipóteses de cabimento do *writ* são restritas, não se admitindo que o remédio constitucional seja utilizado em substituição a recursos ordinários ou de índole extraordinária, tampouco como sucedâneo de revisão criminal. Nesse sentido, o STF, sensível a essa problemática, já tem pronunciado também a inadequação de impetrações manejadas em substituição ao recurso próprio. Para o enfrentamento de teses jurídicas na via restrita do *habeas corpus*, é imprescindível que haja ilegalidade manifesta relativa a matéria de direito cuja constatação seja evidente e independa de qualquer análise probatória. Precedentes citados do STF: **HC 109.956-PR**, DJe 11/9/2012; e HC 104.045-RJ, DJe 6/9/2012. HC 238.422-BA, Rel. Min. Maria Thereza de Assis Moura, julgado em 6/12/2012. (Inform. STJ 513).

📄 Súmula STF nº 701

No mandado de segurança impetrado pelo ministério público contra decisão proferida em processo penal, é obrigatória a citação do réu como litisconsorte passivo.

📄 Súmula STF nº 695

Não cabe "habeas corpus" quando já extinta a pena privativa de liberdade.

📄 Súmula STF nº 693

Não cabe "habeas corpus" contra decisão condenatória a pena de multa, ou relativo a processo em curso por infração penal a que a pena pecuniária seja a única cominada.

📄 Súmula STF nº 606

Não cabe "habeas corpus" originário para o tribunal pleno de decisão de turma, ou do plenário, proferida em "habeas corpus" ou no respectivo recurso.

📄 Súmula STF nº 395

Não se conhece de recurso de "habeas corpus" cujo objeto seja resolver sobre o ônus das custas, por não estar mais em causa a liberdade de locomoção.

📄 Súmula STF nº 393

Para requerer revisão criminal, o condenado não é obrigado a recolher-se à prisão.

16. EXECUÇÃO PENAL

Regime de cumprimento de pena e execução penal - 1

O Plenário iniciou julgamento de recurso extraordinário em que se discute a possibilidade de cumprimento de pena em regime menos gravoso, diante da impossibilidade de o Estado fornecer vagas para o cumprimento no regime originalmente estabelecido em condenação penal. Na espécie, o acórdão recorrido fixara a prisão em regime domiciliar a condenado à pena de 5 anos e 4 meses de reclusão, em razão da não existência de estabelecimento destinado ao regime semiaberto que atendesse todos os requisitos da LEP. O Ministro Gilmar Mendes (relator) deu parcial provimento ao recurso, no que foi acompanhado pelo Ministro Edson Fachin. Determinou que, havendo viabilidade, ao invés da prisão domiciliar, se observasse: a) a saída antecipada do sentenciado no regime com falta de vagas; b) a liberdade eletronicamente monitorada do recorrido, enquanto em regime semiaberto; e c) o cumprimento de penas restritivas de direito e/ou estudo após progressão ao regime aberto. Assentou, assim, o entendimento de que: a) a falta de estabelecimento penal adequado não autorizaria a manutenção do condenado em regime prisional mais gravoso; b) os juízes da execução penal poderiam avaliar os estabelecimentos destinados aos regimes semiaberto e aberto, para qualificação como adequados a tais regimes. Seriam aceitáveis estabelecimentos que não se qualificassem como "colônia agrícola, industrial" (regime semiaberto) ou "casa de albergado ou estabelecimento adequado" (regime aberto) (art. 33, §1º, "b" e "c"); c) havendo "déficit" de vagas, deveria ser determinada: 1) a saída antecipada de sentenciado no regime com falta de vagas; 2) a liberdade eletronicamente monitorada ao sentenciado que saísse antecipadamente ou fosse posto em prisão domiciliar por falta de vagas; 3) o cumprimento de penas restritivas de direito e/ou estudo ao sentenciado que progredisse ao regime aberto. Até que fossem estruturadas as medidas alternativas propostas, poderia ser deferida a prisão domiciliar ao sentenciado. Fixou, ainda, que o CNJ apresentasse: a) em 180 dias, contados da conclusão do julgamento: 1) projeto de estruturação do Cadastro Nacional de Presos, com etapas e prazos de implementação, devendo o banco de dados conter informações suficientes para identificar os mais próximos da progressão ou extinção da pena; 2) relatório sobre a implantação das centrais de monitoração e penas alternativas, acompanhado, se for o caso, de projeto de medidas ulteriores para desenvolvimento dessas estruturas; e b) em um ano, relatório com projetos para: 1) expansão do Programa Começar de Novo e adoção de outras medidas buscando o incremento da oferta de estudo e de trabalho aos condenados; e 2) aumento do número de vagas nos regimes semiaberto e aberto. **RE 641320/RS, rel. Min. Gilmar Mendes, 2 e 3.12.2015. (RE-641320)**

Regime de cumprimento de pena e execução penal - 2

O relator destacou que o sistema progressivo de cumprimento de penas não estaria funcionando a contento. Haveria falta de vagas nos regimes semiaberto e aberto, este último sendo desprezado por várias unidades da Federação. Assim, a lei prevê 3 degraus da progressão, mas o último grau simplesmente não existiria em mais da metade do País. Por outro lado, na prática, os modelos de estabelecimentos de cumprimento de pena, necessariamente adequados aos regimes semiaberto e aberto (CP, art. 33, §1º, "b" e "c"), teriam sido abandonados. Desse modo, os presos dos referidos regimes estariam sendo mantidos nos mesmos estabelecimentos que os presos em regime fechado e provisórios. Contudo, a possibilidade de manutenção de condenado em regime mais gravoso, na hipótese de inexistir vaga em estabelecimento adequado ao seu regime, seria uma questão ligada a duas garantias constitucionais em matéria penal da mais alta relevância: a individualização da pena (CF, art. 5º, XLVI) e a legalidade (CF, art. 5º, XXXIX). O sistema brasileiro teria sido formatado tendo o regime de cumprimento da pena como ferramenta central da individualização da sanção, importante na fase de aplicação (fixação do regime inicial) e capital na fase de execução (progressão de regime). Assim, a inobservância do direito à progressão de regime, mediante manutenção do condenado em regime mais gravoso, ofenderia o direito à individualização da pena. A violação ao princípio da legalidade seria ainda mais evidente. Conforme art. 5º, XXXIX, da CF, as penas devem ser previamente cominadas em lei. A legislação brasileira prevê o sistema progressivo de cumprimento de penas. Logo, assistiria ao condenado o direito a ser inserido em um regime inicial compatível com o título condenatório e a progredir de regime de acordo com seus méritos. A manutenção do condenado em regime mais gravoso seria um excesso de execução, com violação a direitos dele. Em outra perspectiva, haveria que ser rechaçada qualquer possibilidade de ponderar os direitos dos condenados à individualização da pena e à execução da pena de acordo com a lei e com os interesses da sociedade na manutenção da segurança pública. Não se poderia negar o dever do Estado de proteger os bens jurídicos penalmente relevantes. A proteção à integridade da pessoa e ao seu patrimônio contra agressões injustas estaria na raiz da própria ideia de Estado Constitucional. Em suma, o Estado teria o dever de proteger os direitos fundamentais contra agressões injustas de terceiros, como corolário do direito à segurança (CF, art. 5º). No entanto, a execução de penas corporais em nome da segurança pública só se justificaria com a observância de estrita legalidade. Regras claras e prévias seriam indispensáveis. Permitir que o Estado executasse a pena de forma deliberadamente excessiva seria negar não só o princípio da legalidade, mas a própria dignidade humana dos condenados (CF, art. 1º, III). Por mais grave que fosse o crime, a condenação não retiraria a humanidade da pessoa condenada. Ainda que privados de liberdade e dos direitos políticos, os condenados não se tornariam simples objetos de direito (CF, art. 5º, XLIX). **RE 641320/RS, rel. Min. Gilmar Mendes, 2 e 3.12.2015. (RE-641320)**

Regime de cumprimento de pena e execução penal - 3

O relator asseverou que, atualmente, haveria duas alternativas de tratamento do sentenciado que progredisse de regime quando não houvesse vagas suficientes. Ou seria mantido no regime mais gravoso ao que teria direito (fechado), ou seria colocado em regime menos gravoso (prisão domiciliar). Contudo, já não bastaria apenas afirmar o direito ao regime previsto na lei ou ao regime domiciliar. Apesar de ser imprescindível cobrar dos poderes públicos soluções definitivas para a falta de vagas — pela melhoria da administração das vagas existentes ou pelo aumento do número de vagas —, não haveria, porém, solução imediata possível. Desse modo, seria necessário verificar o que fazer com os sentenciados se a situação de falta de vagas estiver configurada. A prisão domiciliar seria uma alternativa de difícil fiscalização e, isolada, de pouca eficácia. Todavia, não deveria ser descartada sua utilização, até que fossem estruturadas outras medidas, como as anteriormente mencionadas. Desse modo, seria preciso avançar

em propostas de medidas que, muito embora não fossem tão gravosas como o encarceramento, não estivessem tão aquém do "necessário e suficiente para reprovação e prevenção do crime" (CP, art. 59). As medidas em questão não pretenderiam esgotar as alternativas a serem adotadas pelos juízos de execuções penais no intuito de equacionar os problemas de falta de vagas nos regimes adequados ao cumprimento de pena. As peculiaridades de cada região e de cada estabelecimento prisional poderiam recomendar o desenvolvimento dessas medidas em novas direções. Assim, seria conveniente confiar às instâncias ordinárias margem para complementação e execução das medidas. O fundamental seria afastar o excesso da execução — manutenção do sentenciado em regime mais gravoso — e dar aos juízes das execuções penais a oportunidade de desenvolver soluções que minimizassem a insuficiência da execução, como se daria com o cumprimento da sentença em prisão domiciliar ou outra modalidade sem o rigor necessário. Em seguida, pediu vista dos autos o Ministro Teori Zavascki.
RE 641320/RS, rel. Min. Gilmar Mendes, 2 e 3.12.2015. (RE-641320) (Inform. STF 810)

Sistema carcerário: estado de coisas inconstitucional e violação a direito fundamental - 1
O Plenário iniciou julgamento de medida cautelar em arguição de descumprimento de preceito fundamental em que se discute a configuração do chamado "estado de coisas inconstitucional" relativamente ao sistema penitenciário brasileiro. Nessa mesma ação também se debate a adoção de providências estruturais com objetivo de sanar as lesões a preceitos fundamentais sofridas pelos presos em decorrência de ações e omissões dos Poderes da União, dos Estados-Membros e do Distrito Federal. No caso, alega-se estar configurado o denominado, pela Corte Constitucional da Colômbia, de "estado de coisas inconstitucional", diante da seguinte situação: violação generalizada e sistémica de direitos fundamentais; inércia ou incapacidade reiterada e persistente das autoridades públicas em modificar a conjuntura; transgressões a exigir a atuação não apenas de um órgão, mas sim de uma pluralidade de autoridades. O Ministro Marco Aurélio (relator) deferiu, parcialmente, a medida liminar para determinar que os juízes e tribunais: a) motivassem expressamente, em casos de decretação ou manutenção de prisão provisória, por que não teriam sido aplicadas medidas cautelares alternativas à privação de liberdade, estabelecidas no art. 319 do CPP; b) observassem os artigos 9.3 do Pacto dos Direitos Civis e Políticos e 7.5 da Convenção Interamericana de Direitos Humanos a fim de que se realizasse em até 90 dias audiências de custódia, bem como viabilizasse o comparecimento do preso perante a autoridade judiciária no prazo máximo de 24 horas, contados do momento da prisão; c) considerassem o quadro dramático do sistema penitenciário brasileiro no momento de concessão de cautelares penais, na aplicação da pena e durante o processo de execução penal; e d) estabelecessem, quando possível, penas alternativas à prisão, ante a circunstância de a reclusão ser sistematicamente cumprida em condições muito mais severas do que as admitidas pelo arcabouço normativo. O relator determinou, ainda, que a União liberasse o saldo acumulado do Fundo Penitenciário Nacional - FUNPEN e não realizasse novos contingenciamentos. Porém, indeferiu o pedido de abrandamento dos requisitos temporais e abatimento do tempo de prisão em razão de condições desumanas do sistema carcerário. Ressaltou que a disciplina legal a respeito dessa questão não poderia ser flexibilizada em abstrato. A contagem de tempo para a fruição desses direitos deveria ser feita caso a caso. Quanto ao pleito de compensação do tempo de custódia definitiva, frisou que faltaria previsão legal. Da mesma forma, por prejuízo, indeferiu o pedido relativo ao envolvimento do CNJ para o implemento dessas medidas.
ADPF 347 MC/DF, rel. Min. Marco Aurélio, 27.8.2015. (ADPF-347)

Sistema carcerário: estado de coisas inconstitucional e violação a direito fundamental - 2
Preliminarmente, o relator assentou a adequação do instrumento. Reputou preenchidos os requisitos de violação de preceitos fundamentais, de impugnação de atos do poder público e de inexistência de outro meio eficaz de sanar a lesividade. Observou que os direitos apontados como ofendidos consubstanciariam preceitos fundamentais da dignidade da pessoa humana, da vedação de tortura e de tratamento desumano, da assistência judiciária e dos direitos sociais à saúde, educação, trabalho e segurança dos presos. Ponderou que haveria relação de causa e efeito entre atos comissivos e omissivos dos Poderes da União, dos Estados-Membros e do Distrito Federal e o quadro de transgressão de direitos relatado. Entendeu cabível a ação, uma vez que não existiria, no âmbito do controle abstrato de normas, instrumento

diverso mediante o qual pudessem ser impugnados, de forma abrangente e linear, os atos relacionados às lesões a preceitos fundamentais articuladas. Notou que no sistema prisional brasileiro ocorreria violação generalizada de direitos fundamentais dos presos no tocante à dignidade, higidez física e integridade psíquica. As penas privativas de liberdade aplicadas nos presídios converter-se-iam em penas cruéis e desumanas. Nesse contexto, diversos dispositivos constitucionais (artigos 1º, III, 5º, III, XLVII, e, XLVIII, XLIX, LXXIV, e 6º), normas internacionais reconhecedoras dos direitos dos presos (o Pacto Internacional dos Direitos Civis e Políticos, a Convenção contra a Tortura e outros Tratamentos e Penas Cruéis, Desumanos e Degradantes e a Convenção Americana de Direitos Humanos) e normas infraconstitucionais como a LEP e a LC 79/1994, que criara o FUNPEN, teriam sido transgredidas. Em relação ao FUNPEN, os recursos estariam sendo contingenciados pela União, o que impediria a formulação de novas políticas públicas ou a melhoria das existentes e contribuiria para o agravamento do quadro. Destacou que a forte violação dos direitos fundamentais dos presos repercutiria além das respectivas situações subjetivas e produziria mais violência contra a própria sociedade. Os cárceres brasileiros, além de não servirem à ressocialização dos presos, fomentariam o aumento da criminalidade, pois transformariam pequenos delinquentes em "monstros do crime". A prova da ineficiência do sistema como política de segurança pública estaria nas altas taxas de reincidência. E o reincidente passaria a cometer crimes ainda mais graves. Consignou que a situação seria assustadora: dentro dos presídios, violações sistemáticas de direitos humanos; fora deles, aumento da criminalidade e da insegurança social.
ADPF 347 MC/DF, rel. Min. Marco Aurélio, 27.8.2015. (ADPF-347)

Sistema carcerário: estado de coisas inconstitucional e violação a direito fundamental - 3
O Ministro Marco Aurélio registrou que a responsabilidade por essa situação não poderia ser atribuída a um único e exclusivo poder, mas aos três — Legislativo, Executivo e Judiciário —, e não só os da União, como também os dos Estados-Membros e do Distrito Federal. Ponderou que haveria problemas tanto de formulação e implementação de políticas públicas, quanto de interpretação e aplicação da lei penal. Além disso, faltaria coordenação institucional. A ausência de medidas legislativas, administrativas e orçamentárias eficazes representaria falha estrutural a gerar tanto a violação sistemática dos direitos, quanto a perpetuação e o agravamento da situação. O Poder Judiciário também seria responsável, já que aproximadamente 41% dos presos estariam sob custódia provisória e pesquisas demonstrariam que, quando julgados, a maioria alcançaria a absolvição ou a condenação a penas alternativas. Ademais, a manutenção de elevado número de presos para além do tempo de pena fixado evidenciaria a inadequada assistência judiciária. A violação de direitos fundamentais alcançaria a transgressão à dignidade da pessoa humana e ao próprio mínimo existencial e justificaria a atuação mais assertiva do STF. Assim, caberia à Corte o papel de retirar os demais poderes da inércia, catalisar os debates e novas políticas públicas, coordenar as ações e monitorar os resultados. A intervenção judicial seria reclamada ante a incapacidade demonstrada pelas instituições legislativas e administrativas. Todavia, não se autorizaria o STF a substituir-se ao Legislativo e ao Executivo na consecução de tarefas próprias. O Tribunal deveria superar bloqueios políticos e institucionais sem afastar esses poderes dos processos de formulação e implementação das soluções necessárias. Deveria agir em diálogo com os outros poderes e com a sociedade. Não lhe incumbiria, no entanto, definir o conteúdo próprio dessas políticas, os detalhes dos meios a serem empregados. Em vez de desprezar as capacidades institucionais dos outros poderes, deveria coordená-las, a fim de afastar o estado de inércia e deficiência estatal permanente. Não se trataria de substituição aos demais poderes, e sim de oferecimento de incentivos, parâmetros e objetivos indispensáveis à atuação de cada qual, deixando-lhes o estabelecimento das minúcias para se alcançar o equilíbrio entre respostas efetivas às violações de direitos e as limitações institucionais reveladas. Em seguida, o julgamento foi suspenso.
ADPF 347 MC/DF, rel. Min. Marco Aurélio, 27.8.2015. (ADPF-347) (Inform. STF 796)

Sistema carcerário: estado de coisas inconstitucional e violação a direito fundamental - 4
O Plenário retomou julgamento de medida cautelar em arguição de descumprimento de preceito fundamental em que se discute a configuração do chamado "estado de coisas inconstitucional" relativamente ao sistema penitenciário brasileiro. Nessa mesma ação também se debate a adoção de providências

4. DIREITO PROCESSUAL PENAL

estruturais com objetivo de sanar as lesões a preceitos fundamentais sofridas pelos presos em decorrência de ações e omissões dos Poderes da União, dos Estados-Membros e do Distrito Federal. No caso, alega-se estar configurado o denominado, pela Corte Constitucional da Colômbia, "estado de coisas inconstitucional", diante da seguinte situação: violação generalizada e sistêmica de direitos fundamentais; inércia ou incapacidade reiterada e persistente das autoridades públicas em modificar a conjuntura; transgressões a exigir a atuação não apenas de um órgão, mas sim de uma pluralidade de autoridades. Postula-se o deferimento de liminar para que seja determinado aos juízes e tribunais: a) que lancem, em casos de determinação ou manutenção de prisão provisória, a motivação expressa pela qual não se aplicam medidas cautelares alternativas à privação de liberdade, estabelecidas no art. 319 do CPP; b) que, observados os artigos 9.3 do Pacto dos Direitos Civis e Políticos e 7.5 da Convenção Interamericana de Direitos Humanos, realizem, em até 90 dias, audiências de custódia, viabilizando o comparecimento do preso perante a autoridade judiciária no prazo máximo de 24 horas, contadas do momento da prisão; c) que considerem, fundamentadamente, o quadro dramático do sistema penitenciário brasileiro no momento de implemento de cautelares penais, na aplicação da pena e durante o processo de execução penal; d) que estabeleçam, quando possível, penas alternativas à prisão, ante a circunstância de a reclusão ser sistematicamente cumprida em condições muito mais severas do que as admitidas pelo arcabouço normativo; e) que venham a abrandar os requisitos temporais para a fruição de benefícios e direitos dos presos, como a progressão de regime, o livramento condicional e a suspensão condicional da pena, quando reveladas as condições de cumprimento da pena mais severas do que as previstas na ordem jurídica em razão do quadro do sistema carcerário, preservando-se, assim, a proporcionalidade da sanção; e f) que se abata da pena o tempo de prisão, se constatado que as condições de efetivo cumprimento são significativamente mais severas do que as previstas na ordem jurídica, de forma a compensar o ilícito estatal. Postula-se, finalmente, que seja determinado: g) ao CNJ que coordene mutirão carcerário a fim de revisar todos os processos de execução penal, em curso no País, que envolvam a aplicação de pena privativa de liberdade, visando a adequá-los às medidas pleiteadas nas letras "e" e "f"; e h) à União que libere as verbas do Fundo Penitenciário Nacional – Funpen, abstendo-se de realizar novos contingenciamentos — v. Informativo 796.

ADPF 347 MC/DF, rel. Min. Marco Aurélio, 3.9.2015. (ADPF-347)

Sistema carcerário: estado de coisas inconstitucional e violação a direito fundamental - 5

O Ministro Edson Fachin concedeu a cautelar requerida nas letras: "b"; "g", em parte, para determinar ao CNJ que coordenasse mutirões carcerários, de modo a viabilizar a pronta revisão de todos os processos de execução penal em curso no País que envolvessem a aplicação de pena privativa, mas afastada a necessidade de adequação aos pedidos contidos nos itens "e" e "f"; e "h", em parte, para acolher a determinação do descontingenciamento das verbas existentes no Funpen, devendo a União providenciar a devida adequação para o cumprimento desta decisão, fixando o prazo de até 60 dias a contar da sua publicação. Deixou, porém, de conceder a cautelar em relação aos pleitos contidos nas letras "a", "c", "d", "e" e "f", que propôs fossem analisadas por ocasião do julgamento do mérito da ação. Já o Ministro Roberto Barroso concedeu a medida cautelar requerida nas letras: "b"; "g", estendendo, contudo, a condução dos mutirões carcerários aos tribunais de justiça estaduais; "h"; e, por fim, concedeu cautelar de ofício para determinar ao Governo Federal que encaminhasse ao STF, no prazo de um ano, diagnóstico da situação do sistema penitenciário e propostas de solução dos problemas, em harmonia com os Estados-Membros. Quanto à medida acauteladora de ofício, foi acompanhado pelo Ministro Marco Aurélio (relator). Ressaltou que as medidas cautelares que não deferiu — sobretudo, as mencionadas nas letras "a", "d" e "e" — não significaria propriamente a negativa do fundamento que elas trariam em si, e sim uma concordância com os pedidos, porém na firme convicção que eles já decorreriam do sistema jurídico. O Ministro Teori Zavascki concedeu a medida cautelar requerida nas letras: "b", determinando que o prazo para a realização das audiências de custódia fosse regulamentado pelo CNJ, e "h". Indeferiu-a relativamente às letras "a", "c", "d", "e" e "f", porquanto se trataria de medidas que já comporiam o sistema normativo e haveria mecanismos próprios de correção, quais sejam, os recursos ordinários. Julgou prejudicada a cautelar requerida na letra "g". Em seguida, o julgamento foi suspenso.

ADPF 347 MC/DF, rel. Min. Marco Aurélio, 3.9.2015. (ADPF-347) (Inform. STF 797)

Sistema carcerário: estado de coisas inconstitucional e violação a direito fundamental - 6

O Plenário concluiu o julgamento de medida cautelar em arguição de descumprimento de preceito fundamental em que discutida a configuração do chamado "estado de coisas inconstitucional" relativamente ao sistema penitenciário brasileiro. Nessa mesma ação também se debate a adoção de providências estruturais com objetivo de sanar as lesões a preceitos fundamentais sofridas pelos presos em decorrência de ações e omissões dos Poderes da União, dos Estados-Membros e do Distrito Federal. No caso, alegava-se estar configurado o denominado, pela Corte Constitucional da Colômbia, "estado de coisas inconstitucional", diante da seguinte situação: violação generalizada e sistêmica de direitos fundamentais; inércia ou incapacidade reiterada e persistente das autoridades públicas em modificar a conjuntura; transgressões a exigir a atuação não apenas de um órgão, mas sim de uma pluralidade de autoridades. Postulava-se o deferimento de liminar para que fosse determinado aos juízes e tribunais: a) que lançassem, em casos de decretação ou manutenção de prisão provisória, a motivação expressa pela qual não se aplicam medidas cautelares alternativas à privação de liberdade, estabelecidas no art. 319 do CPP; b) que, observados os artigos 9.3 do Pacto dos Direitos Civis e Políticos e 7.5 da Convenção Interamericana de Direitos Humanos, realizassem, em até 90 dias, audiências de custódia, viabilizando o comparecimento do preso perante a autoridade judiciária no prazo máximo de 24 horas, contadas do momento da prisão; c) que considerassem, fundamentadamente, o quadro dramático do sistema penitenciário brasileiro no momento de implemento de cautelares penais, na aplicação da pena e durante o processo de execução penal; d) que estabelecessem, quando possível, penas alternativas à prisão, ante a circunstância de a reclusão ser sistematicamente cumprida em condições muito mais severas do que as admitidas pelo arcabouço normativo; e) que viessem a abrandar os requisitos temporais para a fruição de benefícios e direitos dos presos, como a progressão de regime, o livramento condicional e a suspensão condicional da pena, quando reveladas as condições de cumprimento da pena mais severas do que as previstas na ordem jurídica em razão do quadro do sistema carcerário, preservando-se, assim, a proporcionalidade da sanção; e f) que se abatesse da pena o tempo de prisão, se constatado que as condições de efetivo cumprimento são significativamente mais severas do que as previstas na ordem jurídica, de forma a compensar o ilícito estatal. Requeria-se, finalmente, que fosse determinado: g) ao CNJ que coordenasse mutirão carcerário a fim de revisar todos os processos de execução penal, em curso no País, que envolvessem a aplicação de pena privativa de liberdade, visando a adequá-los às medidas pleiteadas nas alíneas "e" e "f"; e h) à União que liberasse as verbas do Fundo Penitenciário Nacional – Funpen, abstendo-se de realizar novos contingenciamentos — v. Informativos 796 e 797.

ADPF 347 MC/DF, rel. Min. Marco Aurélio, 9.9.2015. (ADPF-347)

Sistema carcerário: estado de coisas inconstitucional e violação a direito fundamental - 7

O Colegiado deliberou, por decisão majoritária, deferir a medida cautelar em relação ao item "b". A Ministra Rosa Weber acompanhou essa orientação, com a ressalva de que fossem observados os prazos fixados pelo CNJ. Vencidos, em parte, os Ministros Roberto Barroso e Teori Zavascki, que delegavam ao CNJ a regulamentação sobre o prazo para se realizar as audiências de custódia. O Tribunal decidiu, também por maioria, deferir a cautelar no tocante à alínea "h". Vencidos, em parte, os Ministros Edson Fachin, Roberto Barroso e Rosa Weber, que fixavam o prazo de até 60 dias, a contar da publicação da decisão, para que a União procedesse à adequação para o cumprimento do que determinado. O Plenário, também por maioria, indeferiu a medida cautelar em relação às alíneas "a", "c" e "d". Vencidos os Ministros Marco Aurélio (relator), Luiz Fux, Cármen Lúcia e Ricardo Lewandowski (Presidente), que a deferiam nessa parte. De igual modo indeferiu, por decisão majoritária, a medida acauteladora em relação à alínea "e". Vencido o Ministro Gilmar Mendes. O Tribunal, ademais, rejeitou o pedido no tocante ao item "f". Por fim, no que se refere à alínea "g", o Plenário, por maioria, julgou o pleito prejudicado. Vencidos os Ministros Edson Fachin, Roberto Barroso, Gilmar Mendes e Celso de Mello, que deferiam a cautelar no ponto. Por fim, o Colegiado, por maioria, acolheu proposta formulada pelo Ministro Roberto Barroso, no sentido de que se determine à União e aos Estados--Membros, especificamente ao Estado de São Paulo, que encaminhem à Corte informações sobre a situação prisional. Vencidos, quanto à proposta, os Ministros relator, Luiz Fux, Cármen Lúcia e Presidente.

ADPF 347 MC/DF, rel. Min. Marco Aurélio, 9.9.2015. (ADPF-347)

Sistema carcerário: estado de coisas inconstitucional e violação a direito fundamental - 8

O Plenário anotou que no sistema prisional brasileiro ocorreria violação generalizada de direitos fundamentais dos presos no tocante à dignidade, higidez física e integridade psíquica. As penas privativas de liberdade aplicadas nos presídios converter-se-iam em penas cruéis e desumanas. Nesse contexto, diversos dispositivos constitucionais (artigos 1º, III, 5º, III, XLVII, e, XLVIII, XLIX, LXXIV, e 6º), normas internacionais reconhecedoras dos direitos dos presos (o Pacto Internacional dos Direitos Civis e Políticos, a Convenção contra a Tortura e outros Tratamentos e Penas Cruéis, Desumanos e Degradantes e a Convenção Americana de Direitos Humanos) e normas infraconstitucionais como a LEP e a LC 79/1994, que criara o Funpen, teriam sido transgredidas. Em relação ao Funpen, os recursos estariam sendo contingenciados pela União, o que impediria a formulação de novas políticas públicas ou a melhoria das existentes e contribuiria para o agravamento do quadro. Destacou que a forte violação dos direitos fundamentais dos presos repercutiria além das respectivas situações subjetivas e produziria mais violência contra a própria sociedade. Os cárceres brasileiros, além de não servirem à ressocialização dos presos, fomentariam o aumento da criminalidade, pois transformariam pequenos delinquentes em "monstros do crime". A prova da ineficiência do sistema como política de segurança pública estaria nas altas taxas de reincidência. E o reincidente passaria a cometer crimes ainda mais graves. Consignou que a situação seria assustadora: dentro dos presídios, violações sistemáticas de direitos humanos; fora deles, aumento da criminalidade e da insegurança social. Registrou que a responsabilidade por essa situação não poderia ser atribuída a um único e exclusivo poder, mas aos três — Legislativo, Executivo e Judiciário —, e não só os da União, como também os dos Estados-Membros e do Distrito Federal. Ponderou que haveria problemas tanto de formulação e implementação de políticas públicas, quanto de interpretação e aplicação da lei penal. Além disso, faltaria coordenação institucional. A ausência de medidas legislativas, administrativas e orçamentárias eficazes representaria falha estrutural a gerar tanto a ofensa reiterada dos direitos, quanto a perpetuação e o agravamento da situação. O Poder Judiciário também seria responsável, já que aproximadamente 41% dos presos estariam sob custódia provisória e pesquisas demonstrariam que, quando julgados, a maioria alcançaria a absolvição ou a condenação a penas alternativas. Ademais, a manutenção de elevado número de presos para além do tempo de pena fixado evidenciaria a inadequada assistência judiciária. A violação de direitos fundamentais alcançaria a transgressão à dignidade da pessoa humana e ao próprio mínimo existencial e justificaria a atuação mais assertiva do STF. Assim, caberia à Corte o papel de retirar os demais poderes da inércia, catalisar os debates e novas políticas públicas, coordenar as ações e monitorar os resultados. A intervenção judicial seria reclamada ante a incapacidade demonstrada pelas instituições legislativas e administrativas. Todavia, não se autorizaria o STF a substituir-se ao Legislativo e ao Executivo na consecução de tarefas próprias. O Tribunal deveria superar bloqueios políticos e institucionais sem afastar esses poderes dos processos de formulação e implementação das soluções necessárias. Deveria agir em diálogo com os outros poderes e com a sociedade. Não lhe incumbira, no entanto, definir o conteúdo próprio dessas políticas, os detalhes dos meios a serem empregados. Em vez de desprezar as capacidades institucionais dos outros poderes, deveria coordená-las, a fim de afastar o estado de inércia e deficiência estatal permanente. Não se trataria de substituição aos demais poderes, e sim de oferecimento de incentivos, parâmetros e objetivos indispensáveis à atuação de cada qual, deixando-lhes o estabelecimento das minúcias para se alcançar o equilíbrio entre respostas efetivas às violações de direitos e as limitações institucionais reveladas. O Tribunal, no que se refere às alíneas "a", "c" e "d", ponderou se tratar de pedidos que traduziriam mandamentos legais já impostos aos juízes. As medidas poderiam ser positivas como reforço ou incentivo, mas, no caso da alínea "a", por exemplo, a inserção desse capítulo nas decisões representaria medida genérica e não necessariamente capaz de permitir a análise do caso concreto. Como resultado, aumentaria o número de reclamações dirigidas ao STF. Seria mais recomendável atuar na formação do magistrado, para reduzir a cultura do encarceramento. No tocante à cautelar de ofício proposta pelo Ministro Roberto Barroso, o Colegiado frisou que o Estado de São Paulo, apesar de conter o maior número de presos atualmente, não teria fornecido informações a respeito da situação carcerária na unidade federada. De toda forma, seria imprescindível um panorama nacional sobre o assunto, para que a Corte tivesse elementos para construir uma solução para o problema.
ADPF 347 MC/DF, rel. Min. Marco Aurélio, 9.9.2015. (ADPF-347) (Inform. STF 798)

Saída temporária e decisão judicial - 1

É legítima a decisão judicial que estabelece calendário anual de saídas temporárias para visita à família do preso. Esse o entendimento da Segunda Turma, que concedeu a ordem em "habeas corpus" para restabelecer ato do Juízo das Execuções Penais do Estado do Rio de Janeiro, que concedera autorização de saída temporária para visita periódica à família do paciente. Essa decisão, mantida em grau de recurso, fora, no entanto, reformada pelo STJ, que assentara o descabimento da concessão de saídas automatizadas, sendo necessária a manifestação motivada do juízo da execução, com intervenção do Ministério Público, em cada saída temporária, reiterado o que decidido anteriormente em recurso especial representativo da controvérsia. A Turma afirmou que a saída temporária sem vigilância direta seria benefício destinado aos sentenciados que cumprissem pena em regime semiaberto, na forma do art. 122 da Lei 7.210/1984, com intuito de reintegrá-los ao convívio social. Outrossim, conforme o art. 123 da Lei 7.210/1984, a autorização deveria ser concedida por ato motivado, ouvidas as partes e a administração carcerária. O STJ, ao interpretar esse dispositivo, teria entendido que, na medida em que a norma determina que a autorização deve ser concedida por ato motivado, cada saída autorizada deveria ser singularmente motivada, com base no histórico do sentenciado até então. Não haveria, contudo, essa necessidade, na medida em que um único ato judicial que analisasse o histórico do sentenciado e estabelecesse um calendário de saídas temporárias, com a expressa ressalva de que as autorizações poderiam ser revistas na hipótese de cometimento de falta pelo sentenciado, seria suficiente para fundamentar a saída mais próxima e as futuras. Se, por um lado, a decisão avaliaria a situação contemporânea, afirmando que a saída mais próxima seria recomendável, por outro, projetaria que, se não houvesse alteração fática, as saídas subsequentes também seriam recomendáveis. A expressa menção às hipóteses de revisão deixaria claro às partes que, se surgisse incidente, ele seria apreciado, podendo levar à revogação da autorização. Ademais, a decisão única também permitiria a participação suficiente do Ministério Público, que poderia falar sobre seu cabimento e, caso alterada a situação fática, pugnar por sua revisão.
HC 128763/RJ, rel. Min. Gilmar Mendes, 4.8.2015. (HC-128763)

Saída temporária e decisão judicial - 2

O Colegiado ressaltou que, de qualquer forma, poder-se-ia argumentar que a decisão do STJ não afetaria diretamente direito do sentenciado. De fato, se o juízo das execuções penais determinasse saídas temporárias em várias decisões sucessivas, ao invés de em única decisão, a situação do preso seria a mesma. No entanto, a realidade da execução penal demonstraria que esse tipo de decisão colocaria em risco o direito do sentenciado ao benefício. A força de trabalho das varas de execuções penais seria um recurso escasso, que precisaria ter sua eficiência maximizada. Na medida em que as decisões pudessem ser concentradas, sem perda substancial de qualidade, seria recomendável que assim se fizesse. Se a força de trabalho não fosse usada com eficiência, provavelmente os pedidos de autorização de saída só seriam apreciados após a data da saída pretendida. A rigor, esse direito seria negligenciado. No caso em comento, o juiz das execuções penais deferira autorizações de saída para visita periódica à família do paciente, fixando, desde logo, calendário com as saídas autorizadas: duas mensais, além de aniversário, páscoa, dia das mães e dos pais, natal e ano novo. O Estado do Rio de Janeiro concentraria suas execuções penais em uma única vara, na capital. Essa vara processaria todas as execuções penais, fossem de penas privativas de liberdade, restritivas de direito ou medidas de segurança, na capital e no interior do referido Estado-Membro. Relatório do mutirão carcerário promovido pelo CNJ no período de 26.10.2011 a 16.12.2011 teria apontado diversas dificuldades operacionais na serventia, ressaltando a demora no cumprimento dos atos de ofício e o sistêmico atraso na tramitação de expedientes para concessão de benefícios aos apenados. Assim, esse cenário de insuficiência deveria ser considerado para a análise da questão, presente, portanto, a ameaça concreta de lesão ao direito do paciente.
HC 128763/RJ, rel. Min. Gilmar Mendes, 4.8.2015. (HC-128763) (Inform. STF 793)

Crime de tortura e regime inicial de cumprimento da pena

O condenado por crime de tortura iniciará o cumprimento da pena em regime fechado, nos termos do disposto no § 7º do art. 1º da Lei 9.455/1997 - Lei de Tortura. Com base nessa orientação, a Primeira Turma denegou pedido formulado em "habeas corpus", no qual se pretendia o reconhecimento de constrangimento ilegal consubstanciado na fixação, em sentença penal

4. DIREITO PROCESSUAL PENAL · 345

transitada em julgado, do cumprimento das penas impostas aos pacientes em regime inicialmente fechado. Alegavam os impetrantes a ocorrência de violação ao princípio da individualização da pena, uma vez que desrespeitados os artigos 33, § 3º, e 59 do CP. Apontavam a existência de similitude entre o disposto no artigo 1º, § 7º, da Lei de Tortura e o previsto no art. 2º, § 1º, da Lei de Crimes Hediondos, dispositivo legal que já teria sido declarado inconstitucional pelo STF no julgamento do HC 111.840/ES (DJe de 17.12.2013). Salientavam, por fim, afronta ao Enunciado 719 da Súmula do STF. O Ministro Marco Aurélio (relator) denegou a ordem. Considerou que, no caso, a dosimetria e o regime inicial de cumprimento das penas fixadas atenderiam aos ditames legais. Asseverou não caber articular com a Lei de Crimes Hediondos, pois a regência específica (Lei 9.455/1997) prevê expressamente que o condenado por crime de tortura iniciará o cumprimento da pena em regime fechado, o que não se confundiria com a imposição de regime de cumprimento da pena integralmente fechado. Assinalou que o legislador ordinário, em consonância com a CF/1988, teria feito uma opção válida, ao prever que, considerada a gravidade do crime de tortura, a execução da pena, ainda que fixada no mínimo legal, deveria ser cumprida inicialmente em regime fechado, sem prejuízo de posterior progressão. Os Ministros Roberto Barroso e Rosa Weber acompanharam o relator, com a ressalva de seus entendimentos pessoais no sentido do não conhecimento do "writ". O Ministro Luiz Fux, não obstante entender que o presente "habeas corpus" faria as vezes de revisão criminal, ante o trânsito em julgado da decisão impugnada, acompanhou o relator.

HC 123316/SE, rel. Min. Marco Aurélio, 9.6.2015. (HC-123316) (Inform. STF 789)

Responsabilidade civil do Estado: superpopulação carcerária e dever de indenizar - 1

O Plenário iniciou julgamento de recurso extraordinário em que discutida a responsabilidade do Estado e o consequente dever de indenizar, por danos morais, o cidadão preso e submetido a tratamento desumano e degradante pela excessiva população carcerária. No caso, o tribunal de origem entendera caracterizado o dano moral porque, após realizado laudo de vigilância sanitária no presídio e decorrido lapso temporal, não teriam sido sanados problemas de superlotação e de falta de condições mínimas de saúde e de higiene do estabelecimento penal. Considerara, ainda, que não assegurado o mínimo existencial, não se poderia aplicar a teoria da reserva do possível. O Ministro Teori Zavascki (relator) deu provimento ao recurso, por reputar presente a responsabilidade civil do Estado, no que foi acompanhado pelo Ministro Gilmar Mendes. O relator registrou, de início, não haver qualquer controvérsia a respeito dos fatos da causa. Pontuou que o próprio acórdão recorrido reconhecera a precariedade do sistema penitenciário estadual, que teria lesado direitos fundamentais do recorrente, quanto à dignidade, intimidade, higidez física e integridade psíquica. Assim, situada a matéria jurídica no âmbito da responsabilidade civil do Estado, cabe a ele responder pelos danos causados por ação ou omissão de seus agentes, em face da autoaplicabilidade do art. 37, § 6º, da CF, que não se sujeitaria à intermediação legislativa ou a providência administrativa de qualquer espécie. Ocorrido o dano e estabelecido o seu nexo causal com a atuação da Administração ou dos seus agentes, nasceria a responsabilidade civil do Estado. Logo, reconhecido o dever estatal, imposto pelo sistema normativo, de manter em seus presídios os padrões mínimos de humanidade previstos no ordenamento jurídico, seria também responsabilidade do Poder Público ressarcir os danos, inclusive morais, comprovadamente causados aos detentos em decorrência da falta ou insuficiência das condições legais de encarceramento.

RE 580252/MS, rel. Min. Teori Zavascki, 3.12.2014. (RE-580252)

Responsabilidade civil do Estado: superpopulação carcerária e dever de indenizar - 2

O relator asseverou que as violações a direitos fundamentais causadoras de danos pessoais a detentos em estabelecimentos carcerários não poderiam ser relevadas ao argumento de que a indenização não teria o alcance para eliminar o grave problema prisional globalmente considerado, dependente da definição e da implantação de políticas públicas específicas, providências de atribuição legislativa e administrativa, não de provimentos judiciais. Aduziu que, admitida essa assertiva, significaria justificar a perpetuação da desumana situação constatada em presídios como aquele em que cumpre pena o recorrente. A criação de subterfúgios teóricos — como a separação dos Poderes, a reserva do possível e a natureza coletiva dos danos sofridos — para afastar a responsabilidade estatal pelas calamitosas condições da carceragem afrontaria não apenas o sentido do art. 37, § 6º, da CF, como determinaria o esvaziamento das inúmeras cláusulas constitucionais e convencionais [Pacto Internacional de

Direitos Civis e Políticos das Nações Unidas; Convenção Americana de Direitos Humanos; Princípios e Boas Práticas para a Proteção de Pessoas Privadas de Liberdade nas Américas contida na Resolução 1/2008, aprovada pela Comissão Interamericana de Direitos Humanos; Convenção da ONU contra Tortura e Outros Tratamentos ou Penas Cruéis, Desumanos ou Degradantes; Regras Mínimas para o Tratamento de Prisioneiros (adotadas no 1º Congresso das Nações Unidas para a Prevenção ao Crime e Tratamento de Delinqüentes)]. O descumprimento reiterado dessas cláusulas se transformaria em mero e inconsequente ato de fatalidade, o que não poderia ser tolerado. Enfatizou que a invocação seletiva de razões de Estado para negar, especificamente a determinada categoria de sujeitos, o direito à integridade física e moral, não seria compatível com o sentido e o alcance do princípio da jurisdição. Acolher essas razões seria o mesmo que recusar aos detentos os mecanismos de reparação judicial dos danos sofridos, a descoberto de qualquer proteção estatal, em condição de vulnerabilidade juridicamente desastrosa. Seria dupla negativa: do direito e da jurisdição. A garantia mínima de segurança pessoal, física e psíquica dos detentos constituiria inescusável dever estatal. Em seguida, pediu vista dos autos o Ministro Roberto Barroso.

RE 580252/MS, rel. Min. Teori Zavascki, 3.12.2014. (RE-580252)

Responsabilidade civil do Estado: superpopulação carcerária e dever de indenizar - 3

O Plenário retomou o julgamento de recurso extraordinário em que discutida a responsabilidade do Estado e o consequente dever de indenizar, por danos morais, o cidadão preso e submetido a tratamento desumano e degradante. No caso, o tribunal de origem entendera caracterizado o dano moral porque, após realizado laudo de vigilância sanitária no presídio e decorrido lapso temporal, não teriam sido sanados problemas de superlotação e de falta de condições mínimas de saúde e de higiene do estabelecimento penal. Considerara, ainda, que não assegurado o mínimo existencial, não se poderia aplicar a teoria da reserva do possível — v. Informativo 770. Em voto-vista, o Ministro Roberto Barroso proveu o recurso, para reconhecer o direito do recorrente a ser indenizado pelos danos morais sofridos, mediante remição de parte do tempo de execução da pena. Entendeu haver responsabilidade civil do Estado pelos danos morais comprovadamente causados aos presos em decorrência de violações à sua dignidade, provocadas pela superlotação prisional e pelo encarceramento em condições desumanas ou degradantes. Nesse sentido, o descumprimento do dever estatal de garantir condições dignas de encarceramento estaria diretamente relacionado a uma deficiência crônica de políticas públicas prisionais adequadas, que atingiria boa parte da população carcerária e cuja superação seria complexa e custosa. Enfatizou não ser legítima a invocação da cláusula da reserva do possível para negar a uma minoria estigmatizada o direito à indenização por lesões evidentes aos seus direitos fundamentais. O dever de reparação de danos decorreria de norma constitucional de aplicabilidade direta e imediata, que independeria da execução de políticas públicas ou de qualquer outra providência estatal para sua efetivação. Por outro lado, diante do caráter estrutural e sistêmico das graves disfunções verificadas no sistema prisional brasileiro, a entrega de uma indenização em dinheiro conferiria resposta pouco efetiva aos danos morais suportados pelos detentos, além de drenar recursos escassos que poderiam ser empregados na melhoria das condições de encarceramento. Assim, seria preciso adotar mecanismo de reparação alternativo, a conferir primazia ao ressarcimento "in natura" ou na forma específica dos danos, por meio da remição de parte do tempo de execução da pena, em analogia ao art. 126 da LEP. A indenização em pecúnia deveria ostentar caráter subsidiário, cabível apenas nas hipóteses em que o preso já tivesse cumprido integralmente a pena ou em que não fosse possível aplicar-lhe a remição. Por fim, enunciou a seguinte tese, para fins de repercussão geral: "O Estado é civilmente responsável pelos danos, inclusive morais, comprovadamente causados aos presos em decorrência de violações à sua dignidade, provocadas pela superlotação prisional e pelo encarceramento em condições desumanas ou degradantes. Em razão da natureza estrutural e sistêmica das disfunções verificadas no sistema prisional, a reparação dos danos morais deve ser efetivada preferencialmente por meio não pecuniário, consistente na remição de um dia de pena por cada três a sete dias de pena cumprida em condições atentatórias à dignidade humana, a ser postulada perante o juízo da execução penal. Subsidiariamente, caso o detento já tenha cumprido integralmente a pena ou não seja possível aplicar-lhe a remição, a ação para ressarcimento dos danos morais será fixada em pecúnia pelo juízo cível competente". Em seguida, pediu vista dos autos a Ministra Rosa Weber.

RE 580252/MS, rel. Min. Teori Zavascki, 6.5.2015. (RE-580252) (Inform. STF 784)

Inadimplemento de pena de multa e progressão de regime - 1

O inadimplemento deliberado da pena de multa cumulativamente aplicada ao sentenciado impede a progressão no regime prisional. Essa regra somente é excepcionada pela comprovação da absoluta impossibilidade econômica do apenado em pagar o valor, ainda que parceladamente. Essa a conclusão do Plenário que, por maioria, negou provimento a agravo regimental interposto em face de decisão monocrática que indeferira o pedido de progressão de regime prisional — tendo em vista o inadimplemento da multa imposta — de condenado, nos autos da AP 470/MG (DJe de 22.4.2013), à pena de seis anos e seis meses de reclusão, em regime inicial semiaberto, bem assim à sanção pecuniária de 330 dias-multa, pela prática de corrupção passiva e lavagem de dinheiro. Alegava-se que o prévio pagamento da pena de multa não seria requisito legal para a progressão de regime, porquanto inexistente prisão por dívida (CF, art. 5º, LXVII), bem assim que o art. 51 do CP proibiria a conversão da multa em detenção. De início, o Colegiado, por decisão majoritária, indeferiu pleito de sustentação oral formulado pela defesa. Sustentava-se, no ponto, que o agravo teria por fundamento o art. 197 da LEP e, por isso, estaria sujeito à mesma sistemática do recurso em sentido estrito. O Plenário reputou, na linha da jurisprudência do STF, e conforme deliberado ao longo do julgamento da AP 470/MG, que qualquer impugnação de decisão monocrática desafiaria agravo regimental (RISTF, art. 131, § 2º), inexistente, portanto, o direito de a defesa sustentar oralmente. Não caberia à Corte criar situação excepcional. Ademais, a situação dos autos não se assemelharia às hipóteses de cabimento de recurso em sentido estrito, pois o agravo não seria dirigido a outro tribunal, uma vez que o relator traria sua decisão para que fosse homologada pelo próprio Plenário do qual faz parte. Vencido o Ministro Marco Aurélio, que admitia a sustentação oral da defesa.
EP 12 ProgReg-AgR/DF, rel. Min. Roberto Barroso, 8.4.2015. (EP-12)

Inadimplemento de pena de multa e progressão de regime - 2

No mérito, o Plenário rememorou que o art. 51 do CP, em sua redação original, previa a possibilidade de conversão da multa em pena de detenção, quando o condenado, deliberadamente, deixasse de honrá-la. Posteriormente, a Lei 9.268/1996 dera nova redação ao dispositivo, para não mais admitir essa conversão, bem como para permitir a correção monetária e a cobrança da sanção como dívida ativa. A referida alteração legislativa não retirara da multa o seu caráter de pena, conforme disposição constitucional (CF, art. 5º, XLVI) e legal (CP, art. 32, III). Acrescentou que, em matéria de criminalidade econômica, a multa desempenharia papel proeminente. Mais até do que a pena de prisão, caberia à sanção pecuniária o papel retributivo e preventivo geral, para desestimular a conduta prevista penalmente. Por essa razão, deveria ser fixada com seriedade, proporcionalidade e, sobretudo, ser efetivamente paga. Assinalou que o art. 33 do CP e os artigos 110 e seguintes da LEP disciplinariam três regimes diversos de cumprimento de pena privativa de liberdade: fechado, semiaberto e aberto. Para cada uma dessas fases, haveria estabelecimentos penais próprios. De outro lado, o art. 112 da LEP disporia sobre os requisitos gerais para que o julgador autorizasse a progressão de regime. Como regra geral, condenados com bom comportamento poderiam progredir de um regime para outro após o cumprimento de um sexto da pena no regime anterior. Não obstante, a jurisprudência do STF demonstraria que a análise dos requisitos necessários para progressão não se restringiria ao art. 112 da LEP, pois outros elementos deveriam ser considerados pelo julgador para individualizar a pena.
EP 12 ProgReg-AgR/DF, rel. Min. Roberto Barroso, 8.4.2015. (EP-12)

Inadimplemento de pena de multa e progressão de regime - 3

O Colegiado sublinhou que, especialmente em matéria de crimes contra a Administração Pública, a parte verdadeiramente severa da pena haveria de ser a de natureza pecuniária, que teria o poder de funcionar como real fator de prevenção, capaz de inibir a prática de crimes a envolver apropriação de recursos públicos. Nessas condições, não seria possível a progressão de regime sem o pagamento da multa fixada na condenação. O condenado teria o dever jurídico — e não a faculdade — de pagar integralmente o valor. Essa seria uma modalidade autônoma de resposta penal expressamente prevista no art. 5º, XLVI, c, da CF, a exigir cumprimento espontâneo por parte do apenado, independentemente de execução judicial. A obrigatoriedade também adviria do art. 50 do CP. O não recolhimento da multa por condenado que tivesse condições econômicas de pagá-la, sem sacrifício dos recursos indispensáveis ao sustento próprio e de sua família, constituiria deliberado descumprimento de decisão judicial e deveria impedir a progressão de regime. Além disso, admitir-se o não pagamento da multa configuraria tratamento privilegiado em relação ao sentenciado que espontaneamente pagasse a sanção pecuniária. Ademais, a passagem para o regime aberto

exigiria do sentenciado autodisciplina e senso de responsabilidade (LEP, art. 114, II), a pressupor o cumprimento das decisões judiciais aplicadas a ele. Essa interpretação seria reforçada pelo art. 36, § 2º, do CP e pelo art. 118, § 1º, da LEP, que estabelecem a regressão de regime para o condenado que não pagar, podendo, a multa cumulativamente imposta. Assim, o deliberado inadimplemento da multa sequer poderia ser comparado à vedada prisão por dívida (CF, art. 5º, LXVII), configurando apenas óbice à progressão no regime prisional. Ressalvou que a exceção admissível ao dever de pagar a multa seria a impossibilidade econômica absoluta de fazê-lo. Seria cabível a progressão se o sentenciado, veraz e comprovadamente, demonstrasse sua total insolvabilidade, a ponto de impossibilitar até mesmo o pagamento parcelado da quantia devida, como autorizado pelo art. 50 do CP. Ressaltou que o acórdão exequendo fixara o "quantum" da sanção pecuniária especialmente em função da situação econômica do réu (CP, art. 60), de modo que a relativização dessa resposta penal dependeria de prova robusta por parte do sentenciado. No caso, entretanto, não houvera mínima comprovação de insolvabilidade, incabível, portanto, a exceção admissível ao dever de pagar a multa. Vencido o Ministro Marco Aurélio, que provia o agravo para admitir a progressão de regime, independentemente do recolhimento da multa. Considerava que seria dever da Fazenda Pública executar a dívida, se necessário.
EP 12 ProgReg-AgR/DF, rel. Min. Roberto Barroso, 8.4.2015. (EP-12) (Inform. STF 780)

Prisão para extradição e adaptação ao regime semiaberto - 1

A 2ª Turma acolheu questão de ordem suscitada pelo Ministro Gilmar Mendes (relator) no sentido de deferir a adaptação de prisão para extradição às condições do regime semiaberto. No caso, o extraditando fora condenado no Brasil à pena unificada de 32 anos, um mês e 20 dias de reclusão, pelos crimes de homicídio, lavagem de dinheiro e uso de documento falso, já tendo sido cumpridos cerca de 11 anos e três meses de prisão. Deferida a extradição instrutória, fundada em acusações da prática de crimes patrimoniais não violentos, aguardar-se-ia cumprimento de pena privativa de liberdade imposta no Brasil para a sua execução. A Turma, de início, afastou a alegação de prescrição da pretensão punitiva. Ressaltou que haveria a suspensão da prescrição, por ambos os ordenamentos jurídicos. Salientou que, na hipótese de condenação no Brasil, o Estatuto do Estrangeiro (Lei 6.815/1980, art. 89) condicionaria a execução da extradição — entrega do extraditando ao Estado requerente — ao cumprimento da pena aqui imposta, ressalvada a faculdade de o Poder Executivo optar pela entrega imediata. Ponderou que, enquanto não efetivada a entrega, conviveriam dois títulos de prisão. Um, a sentença condenatória que embasaria a execução penal. Outro, a ordem de prisão para extradição. Na execução penal, o condenado poderia satisfazer os requisitos para cumprir a pena no regime semiaberto ou no aberto. No entanto, a prisão para extradição seria uma prisão processual que, via de regra, seria executada em regime semelhante ao fechado. Cumulando-se as duas ordens de prisão, prevaleceria a mais gravosa. Isso não decorreria de hierarquia entre a ordem do STF e a do juiz da execução, pois bastaria um título de prisão para aplicar o regime mais gravoso. Dessa forma, se persistisse a prisão para a extradição em todos seus efeitos, o extraditando cumpriria, em regime integralmente fechado, a pena em execução no Brasil. A execução da pena nesse regime reduziria sobremaneira o espaço da individualização da pena. Assim, seria necessário buscar critérios para, na medida do possível, compatibilizar a individualização da pena na execução penal com a extradição.
Ext 893 QO/República Federal da Alemanha, rel. Min. Gilmar Mendes, 10.3.2015. (Ext-893)

Prisão para extradição e adaptação ao regime semiaberto - 2

A Turma observou que o juízo da execução estaria limitado pelos termos do título e pelo comportamento superveniente do executado. Não poderia, dessa maneira, inserir o executado em regime mais gravoso do que o da condenação, ou indeferir a progressão de regime àquele que satisfizesse as condições objetivas e subjetivas. Por outro lado, o STF, na qualidade de juízo da extradição, teria condições de avaliar a prisão do ponto de vista de sua necessidade para assegurar a entrega do extraditando e, durante a execução da pena, garantir a ordem pública e a ordem econômica. Diante disso, a prisão para extradição não impediria o juízo da execução penal de deferir progressões de regime. Entretanto, essa providência seria ineficaz até que o STF deliberasse acerca das condições da prisão para extradição. Destarte, o STF teria a competência para alterar os termos da prisão para extradição e adaptá-la ao regime de execução da pena. Essa adaptação não seria automática, pois seria necessário observar as balizas do art. 312 do CPP. Além disso, levaria em conta a eventual necessidade

4. DIREITO PROCESSUAL PENAL   347

da prisão para extradição em regime mais rigoroso do que o da execução penal. Na espécie, a manutenção da prisão para extradição em regime fechado seria desnecessária. O extraditando já cumprira mais de 11 anos de pena privativa de liberdade no Brasil e seu comportamento seria bom, conforme atestado pelo juiz da execução penal. Assim, a manutenção do extraditando em regime fechado não seria indispensável para a garantia da ordem pública. Além disso, nada impediria que o Poder Executivo optasse pela entrega do extraditando antes de esgotado o prazo máximo de prisão. Desse modo, na hipótese dos autos, a prisão para extradição deveria ser adaptada ao regime semiaberto. Com isso, o extraditando poderia gozar dos benefícios compatíveis com esse regime, como as saídas temporárias e o trabalho externo. Contudo, essa decisão não impediria o juízo da execução de prosseguir na fiscalização disciplinar do condenado e, se fosse o caso, regredir o regime prisional.
Ext 893 QO/República Federal da Alemanha, rel. Min. Gilmar Mendes, 10.3.2015. (Ext-893) (Inform. STF 777)

PSV: regime de cumprimento de pena e vaga em estabelecimento penal
O Plenário iniciou julgamento de proposta de edição de enunciado de súmula vinculante com o seguinte teor: "O princípio constitucional da individualização da pena impõe seja esta cumprida pelo condenado, em regime mais benéfico, aberto ou domiciliar, inexistindo vaga em estabelecimento adequado, no local da execução". O Ministro Ricardo Lewandowski (Presidente), ao propor o acolhimento da proposta, de iniciativa do Defensor Público-Geral Federal, destacou que o STF possuiria firme jurisprudência no sentido de que, na ausência de vaga em regime de prisão mais favorável, como o semiaberto, não poderia o réu aguardar em regime mais gravoso do que o imposto na sentença e eventual surgimento de vaga no estabelecimento no qual ocorreria a adequação. Além de não constituir motivação idônea para a imposição de regime mais severo, isso constituiria inegável constrangimento ilegal. Em seguida, pediu vista dos autos o Ministro Roberto Barroso.
PSV 57/DF, 12.3.2015. (PSV-57) (Inform. STF 777)

REPERCUSSÃO GERAL EM RE N. 776.823-RS
RELATOR: MIN. RICARDO LEWANDOWSKI
Ementa: RECURSO EXTRAORDINÁRIO. MANIFESTAÇÃO SOBRE REPERCUSSÃO GERAL. PROCESSUAL PENAL. EXECUÇÃO PENAL. ART. 52 DA LEP. FALTA GRAVE. NECESSIDADE DO TRÂNSITO EM JULGADO DA CONDENAÇÃO POR CRIME DOLOSO PARA CARACTERIZAÇÃO DA FALTA GRAVE. APLICAÇÃO DO PRINCÍPIO DA NÃO CULPABILIDADE. RELEVÂNCIA JURÍDICO-SOCIAL DA QUESTÃO CONSTITUCIONAL DISCUTIDA NOS AUTOS. EXISTÊNCIA DE REPERCUSSÃO GERAL. **(Inform. STF 759)**

REPERCUSSÃO GERAL EM RE N. 638.239-DF
RELATOR: MIN. LUIZ FUX
EMENTA: RECURSO EXTRAORDINÁRIO. EXECUÇÃO PENAL. PERDA DOS DIAS REMIDOS. ART. 127 DA LEI DE EXECUÇÃO PENAL. SUPERVENIÊNCIA DA LEI Nº 12.433/2011. NATUREZA PENAL EXECUTIVA. RETROATIVIDADE DA NOVATIO LEGIS IN MELLIUS. ART. 5°, XL, DA CONSTITUIÇÃO. APLICAÇÃO DA ORIENTAÇÃO FIXADA PELA CORTE AOS RECURSOS PENDENTES E FUTUROS. POSSIBILIDADE. CANCELAMENTO DA SÚMULA VINCULANTE N° 9. REPERCUSSÃO GERAL RECONHECIDA. (Inform. STF 758)

Medida de segurança: recolhimento em presídio e flagrante ilegalidade
A 2ª Turma não conheceu de "habeas corpus", mas deferiu a ordem, de ofício, para determinar a inclusão do paciente em tratamento ambulatorial, sob a supervisão do juízo da execução criminal. No caso, a pena privativa de liberdade ao paciente (dois anos, um mês e vinte dias de reclusão) fora substituída por medida de segurança consistente em internação hospitalar ou estabelecimento similar para tratamento de dependência química pelo prazo de dois anos, e, ao seu término, pelo tratamento ambulatorial. Nada obstante, passados quase três anos do recolhimento do paciente em estabelecimento prisional, o Estado não lhe teria garantido o direito de cumprir a medida de segurança fixada pelo juízo sentenciante. A Turma destacou que estaria evidenciada situação de evidente ilegalidade, uma vez que o paciente teria permanecido custodiado por tempo superior ao que disposto pelo magistrado de 1° grau. Além disso, não teria sido submetido ao tratamento médico adequado.
HC 122670/SP, rel. Min. Ricardo Lewandowski, 5.8.2014. (HC-122670) (Inform. STF 753)

Trabalho externo e cumprimento mínimo de pena - 1
A exigência objetiva de prévio cumprimento do mínimo de 1/6 da pena, para fins de trabalho externo, não se aplica aos condenados que se encontrarem em regime semiaberto. Essa a conclusão do Plenário ao dar provimento, por maioria, a agravo regimental, interposto de decisão proferida em sede de execução penal, para afastar a exigência do referido requisito temporal a condenado pela prática do crime de corrupção ativa. No caso, o Ministro Joaquim Barbosa (Presidente e então relator) indeferira o pedido do apenado pelos seguintes fundamentos: a) a realização de trabalho externo por condenado que cumprisse pena em regime semiaberto dependeria do requisito temporal definido no art. 37 da LEP (cumprimento de 1/6 da pena); b) a proposta de trabalho externo oferecida por empregador privado seria inidônea e inviabilizaria a fiscalização do cumprimento da pena; e c) a realização de trabalho interno pelo condenado já preencheria a finalidade educativa da pena, desnecessária a realização dos serviços da mesma natureza fora da unidade prisional. O Tribunal, inicialmente, reportou-se a estudo do CNJ, intitulado "A crise do sistema penitenciário", no qual se constatara o impressionante déficit de vagas do sistema prisional brasileiro. Verificou que o Brasil teria a quarta maior população carcerária do mundo e, se fossem computados os presos domiciliares, teria a terceira. Mencionou que, no denominado "Mutirão Carcerário" do CNJ, se observara que na maioria dos Estados-membros não funcionariam colônias agrícolas, industriais ou estabelecimento similares. Aludiu à ocorrência de dois extremos, ambos caracterizados por ilegalidades ou descontroles: ou se manteria o condenado em regime fechado, geralmente sem acesso a trabalho interno, ou se lhe concederia prisão domiciliar fora das hipóteses em que por seria tecnicamente cabível.
EP 2 TrabExt-AgR/DF, rel. Min. Roberto Barroso, 25.6.2014. (EP-2)

Trabalho externo e cumprimento mínimo de pena - 2
A Corte afirmou que a interpretação do direito não poderia ignorar a realidade. Ressaltou que juízes e tribunais deveriam prestigiar entendimentos razoáveis que não sobrecarregassem, ainda mais, o sistema, nem tampouco impusessem aos apenados situações mais gravosas do que as que decorreriam da lei e das condenações que teriam sofrido. Sublinhou que o STJ — órgão encarregado de uniformizar a interpretação do direito federal —, há mais de 15 anos sedimentara jurisprudência de que o prévio cumprimento de 1/6 da pena, para fins de trabalho externo, não se aplicaria aos que se encontrassem em regime semiaberto, mas somente aos condenados a regime fechado. Consignou que alguns tribunais de justiça dos Estados-membros teriam passado a adotar a mesma linha de entendimento. Rememorou que o único precedente do STF na matéria a esposar a mesma tese da decisão agravada fora o HC 72.565/AL (DJU de 30.8.1996), julgado em 1995, quando ainda não teria ocorrido — ou, pelo menos, sido percebida — a explosão nas estatísticas de encarceramento, que passaram do patamar de 100.000 para o de 500.000 ou 700.000, se computadas as prisões domiciliares. O Colegiado sublinhou que teria sido essa realidade fática que impusera a virada jurisprudencial conduzida pelo STJ no final da década de 90. Asseverou que jamais fora consistente e volumosa a jurisprudência do STF no sentido de aplicar-se a exigência de cumprimento de 1/6 da pena para autorizar-se o trabalho externo. Enfatizou que negar o direito ao trabalho externo, e reintroduzir a exigência de prévio cumprimento de 1/6 da pena, significaria drástica alteração da jurisprudência em vigor e iria de encontro às circunstâncias do sistema carcerário brasileiro dos dias de hoje. Destacou que boa parte da doutrina especializada defenderia a possibilidade de trabalho externo, independentemente do cumprimento de 1/6 da pena.
EP 2 TrabExt-AgR/DF, rel. Min. Roberto Barroso, 25.6.2014. (EP-2)

Trabalho externo e cumprimento mínimo de pena - 3
No ponto, o Ministro Marco Aurélio acresceu que o trabalho externo seria admitido até mesmo no regime fechado, em obras públicas (CP, art. 34, §3°). Ponderou que não faria sentido a exigência do cumprimento de 1/6 da pena para o trabalho externo, pois satisfeita essa condição, o reeducando teria direito ao regime aberto. O Ministro Teori Zavascki assinalou que esse requisito levaria a um tratamento desigual aos presos condenados originariamente pelo STF. O Ministro Luiz Fux salientou que, embora se devesse prestigiar a jurisprudência do STF, que exigiria o cumprimento de 1/6 da pena, a Corte possuiria pronunciamento no sentido de que a ausência de unidades para o cumprimento do regime semiaberto — colônia agrícola, industrial ou estabelecimento similar — permitiria o trabalho externo do condenado. Mencionou que as decisões judiciais não deveriam ficar apartadas da realidade fenomênica e que a realidade normativa teria de se adaptar à realidade prática.

O Ministro Gilmar Mendes propôs a realização de um inventário do sistema prisional pelo CNJ a fim de ajudar na formulação de soluções.
EP 2 TrabExt-AgR/DF, rel. Min. Roberto Barroso, 25.6.2014. (EP-2)

Trabalho externo e cumprimento mínimo de pena - 4
A Corte frisou não existir vedação legal ao trabalho externo em empresa privada. Ao contrário, destacou que o art. 36 da LEP expressamente menciona "entidades privadas". Anotou que, não obstante esse dispositivo cuidasse especificamente do trabalho externo para os condenados em regime fechado, que deveria ser realizado em obras públicas, não seria coerente imaginar que o regime semiaberto, menos restritivo, estaria sujeito a vedações adicionais e implícitas. Explanou que o trabalho externo em entidade privada seria não apenas possível, mas efetivamente praticado na realidade do sistema, a beneficiar numerosos condenados que se valeriam de oportunidades como essa para proporcionar a sua reinserção social. Realçou que, na situação dos autos, após procedimento que incluiriam entrevistas e treinamentos com os candidatos a empregador e inspeções no local de trabalho, além da exigência do compromisso formal no sentido de não se criar embaraços à atividade fiscalizatória do Poder Público, o escritório de advocacia que oferecera ao agravante a oportunidade de trabalho externo obtivera manifestação favorável das autoridades do sistema penitenciário. Assinalou que não se impusera óbice a esse fato. Pontuou que eventual dificuldade fiscalizatória justificaria a revogação imediata do benefício. Consignou, ainda, não haver elementos para afirmar a existência de relação pessoal entre o titular do escritório e o agravante. Registrou que o trabalho externo teria uma finalidade relevante de reinserção social a permitir ao apenado exercitar — e, sobretudo demonstrar à sociedade — o seu senso de responsabilidade e readequação. Reputou que a legislação criara essa possibilidade a fim de promover a reintegração supervisionada dos condenados, em benefício deles mesmos e da sociedade que, mais cedo ou mais tarde, teria de recebê-los de volta em definitivo. Vencido o Ministro Celso de Mello, que negava provimento ao agravo regimental. Entendia que a exigência temporal mínima prevista no art. 37 da LEP não poderia ser desconsiderada, mesmo em se tratando de regime penal semiaberto. Recordava que essa exigência constaria da exposição de motivos do projeto de lei que culminara na LEP. Aduzia que haveria atualmente projeto de lei em tramitação no Congresso Nacional, que pretenderia suprimir, da regra equivalente ao art. 37 da atual LEP, a exigência temporal mínima de 1/6. Portanto, a matéria seria de "lege ferenda". Em seguida, o Plenário autorizou o relator a decidir monocraticamente os demais incidentes sobre a concessão de trabalho externo.
EP 2 TrabExt-AgR/DF, rel. Min. Roberto Barroso, 25.6.2014. (EP-2) (Inform. STF 752)

Código Penal e prescrição de infrações disciplinares
Ante a inexistência de legislação específica quanto à prescrição de infrações disciplinares de natureza grave, aplica-se, por analogia, o Código Penal. Com base nessa orientação, a 2ª Turma indeferiu "habeas corpus" no qual se pretendia restabelecer decisão de tribunal local, que reconhecera a prescrição de Processo Administrativo Disciplinar - PAD, instaurado para apurar suposta prática de falta grave. Na espécie, o paciente empreendera fuga do sistema prisional e, recapturado, contra ele fora instaurado o aludido PAD. Na sequência, o juízo das execuções deixara de homologar o PAD ao fundamento de não ter sido observado o prazo máximo de 30 dias para a sua conclusão, conforme previsto no Regime Disciplinar Penitenciário do Rio Grande do Sul, porém, reconhecera a prática de falta grave e determinara a regressão de regime, a perda dos dias remidos e a alteração da data-base para a concessão de novos benefícios para a data da recaptura. Interposto agravo em execução, o tribunal local reconhecera a prescrição do PAD e, por consequência, restabelecera o regime semiaberto, a data-base anterior e devolvera os dias remidos perdidos. No presente "habeas corpus", a defesa afirmava que o tribunal "a quo" teria reconhecido a prescrição do PAD e não a da falta grave e, prescrito aquele, não poderia prevalecer a falta grave. A Turma sublinhou que, em razão da ausência de norma específica, aplicar-se-ia, à evasão do estabelecimento prisional (infração disciplinar de natureza grave), o prazo prescricional de dois anos, em conformidade com o artigo 109, VI, do CP, com redação anterior à Lei 12.234/2010, que alterou esse prazo para três anos. Assinalou, ainda, que o Regime Penitenciário do Rio Grande do Sul não teria o condão de regular a prescrição. Destacou que essa matéria seria de competência legislativa privativa da União (CF, art. 22, I). Precedentes citados: HC 92.000/SP (DJe de 23.11.2007) e HC 97.611/RS (DJe de 5.6.2009).
HC 114422/RS, rel. Min. Gilmar Mendes, 6.5.2014. (HC-114422) (Inform. STF 745)

Ausência de casa de albergado e prisão domiciliar
Constatada pelo juízo da execução competente a inexistência, no Estado--membro, de estabelecimento prisional para cumprimento de pena em regime aberto, nos termos da sentença, permite-se o início do cumprimento em prisão domiciliar, até ser disponibilizada vaga no regime adequado. Com base nesse entendimento, em conclusão, a 1ª Turma, por maioria, concedeu em parte a ordem de *habeas corpus*, para assegurar ao paciente o direito de iniciar o cumprimento da pena em prisão domiciliar. Na espécie, ele fora condenado à pena de reclusão, em regime aberto e, à falta de estabelecimento carcerário que atendesse à Lei de Execução Penal, fora colocado em prisão domiciliar. Ao fundamento de que o tribunal *a quo* teria subtraído a competência do juízo das execuções penais, o STJ cassara aquela determinação, objeto do presente *writ*. A Turma asseverou que, com ressalva das hipóteses legais de regressão, não seria admissível o recolhimento do paciente em regime mais severo do que o fixado na sentença condenatória. Aduziu que a prisão domiciliar deveria ser estabelecida pelo magistrado responsável pela execução apenas se inexistentes casas prisionais que atendessem a todos os requisitos da Lei de Execução Penal. Vencida a Ministra Rosa Weber, relatora, que denegava a ordem. O Ministro Roberto Barroso reajustou seu voto para conceder a ordem. **(Inform. STF 736)**

Falta grave e não retorno a prisão - 1
A 1ª Turma iniciou julgamento de *habeas corpus* em que se pretende o afastamento de falta grave. No caso, o paciente estaria cumprindo pena em regime semiaberto e lograra o benefício de visitação periódica ao lar. Ciente de que a referida benesse teria sido cassada em razão de provimento de recurso do Ministério Público, não regressara ao estabelecimento prisional. O Ministro Marco Aurélio, relator, considerou como justificada a ausência de retorno do paciente à penitenciária e, por conseguinte, repeliu o cometimento de falta grave. Consignou que a resistência a ato que, de início, surgisse discrepante da ordem jurídica consubstanciaria direito natural a implicar autodefesa. Reputou que o cidadão não estaria compelido a aceitar o ato, especialmente quando implicasse injustiça. Após, pediu vista o Ministro Roberto Barroso. HC 115279/RJ, rel. Min. Marco Aurélio, 22.10.2013. (HC-115279)

Falta grave e não retorno a prisão - 2
Em conclusão de julgamento, a 1ª Turma, por maioria, extinguiu, por inadequação da via processual, *habeas corpus* em que se pretendia o afastamento de falta grave. No caso, o paciente estaria cumprindo pena em regime semiaberto e lograra o benefício de visitação periódica ao lar. Ciente de que a referida benesse teria sido cassada em razão de provimento de recurso do Ministério Público, não regressara ao estabelecimento prisional — v. Informativo 725. Esclareceu-se que não caberia *habeas corpus* para o STF em substituição a recurso ordinário. Reputou-se não haver ilegalidade flagrante ou abuso de poder que autorizasse a concessão da ordem de ofício. Vencido o Ministro Marco Aurélio, que deferia a ordem por entender justificada a ausência de retorno do paciente à penitenciária. **HC 115279/RJ, rel. orig. Min. Marco Aurélio, red. p/ o acórdão Min. Roberto Barroso, 10.12.2013. (HC-115279) (Inform. STF 732)**

Remição e cálculo da pena
O cálculo da remição da pena será efetuado pelos dias trabalhados pelo condenado e não pelas horas, nos termos da Lei de Execução Penal (Lei 7.210/84). Com base nesse entendimento, a 2ª Turma denegou habeas corpus em que se discutia a possibilidade de se adotar o critério de dezoito horas para um dia remido, com o mínimo de seis horas como correspondente a uma jornada de trabalho. Enfatizou-se que, nos termos dos artigos 33 e 126 da LEP, a contagem é feita pelos dias trabalhados pelo apenado, à razão de "1 (um) dia de pena a cada 3 (três) dias de trabalho" (LEP, art. 126, § 1º, II). **HC 114393/RS, rel. Min. Cármen Lúcia, 3.12.2013. (HC-114393) (Inform. STF 731)**

AP 470/MG: trânsito em julgado e executoriedade autônoma de condenações - 1
O Plenário, por decisão majoritária, rejeitou questão de ordem suscitada da tribuna, segundo a qual deveria ser aberta vista à defesa para que se manifestasse acerca de pedido formulado pelo Ministério Público. O *Parquet* requeria que, em relação às condenações que não teriam sido objeto de embargos infringentes, fosse iniciado o cumprimento imediato da pena imposta. O Ministro Joaquim Barbosa, Presidente e relator, afirmou que, muito embora a petição tivesse sido juntada aos autos na véspera do julgamento, não seria levada em conta para a decisão na matéria, haja vista que seu voto

a respeito já estaria pronto e fundamentado desde data anterior. Além disso, aduziu que a análise do tema prescindiria de manifestação das partes, visto que a execução da pena seria consequência natural do trânsito em julgado da condenação. Acresceu que a questão poderia, inclusive, ser solucionada monocraticamente, de ofício (LEP, art. 105), mas que optara por submetê-la ao Plenário (RISTF, art. 21, III). O Ministro Roberto Barroso invocou, ainda, o art. 675 do CPP. Vencidos os Ministros Ricardo Lewandowski e Marco Aurélio. Consideravam que o pleito trataria de matéria inédita na Corte, a respeito da decretação parcial de trânsito em julgado de condenação criminal, decorrente da admissibilidade de embargos infringentes. Ressaltavam que o contraditório e a ampla defesa deveriam ser observados. **AP 470 Décima Primeira-QO/MG, rel. Min. Joaquim Barbosa, 13.11.2013. (AP-470)**

AP 470/MG: trânsito em julgado e executoriedade autônoma de condenações - 2

Em seguida, o Plenário resolveu questão de ordem trazida pelo relator para: a) por unanimidade, decretar o trânsito em julgado e determinar a executoriedade imediata dos capítulos autônomos do acórdão condenatório, não impugnados por embargos infringentes, considerados os estritos limites do recurso; b) por maioria, excluir da execução imediata do acórdão as condenações já impugnadas por meio de embargos infringentes, considerados os estritos limites de cada recurso, por ainda pender o respectivo exame de admissibilidade; c) por maioria, observados os pressupostos anteriormente citados, admitir o trânsito em julgado e a execução imediata da pena em relação aos réus cujos segundos embargos declaratórios já teriam sido julgados nesta sessão. No tocante ao trânsito em julgado parcial do acórdão, à luz dos capítulos autônomos nele existentes, prevaleceu o voto do Ministro Joaquim Barbosa. O relator consignou que se teria operado o trânsito em julgado integral relativamente às penas impostas a alguns réus. Salientou, ainda, caso em que, apesar da existência de quatro votos em favor de determinado crime praticado por um dos acusados, não lhe teria sido imposta sanção penal, tendo em vista a extinção da pretensão punitiva, alcançada pela prescrição da pena em concreto. Desse modo, em relação aos demais crimes perpetrados por esse réu, também impor-se-ia a execução do acórdão. Registrou, ademais, outras situações em que caberia a oposição de embargos infringentes no tocante a certos crimes praticados por alguns réus, motivo pelo qual ainda não ocorrido o trânsito em julgado. Entretanto, no que se refere aos demais delitos perpetrados pelos mesmos acusados, a condenação respectiva teria transitado em julgado. Determinou, como consequência: a) fosse certificado o trânsito em julgado — integral ou parcial, conforme o caso — do acórdão condenatório, independentemente de sua publicação, feitas as ressalvas anteriormente citadas; b) fossem lançados os nomes dos réus no rol dos culpados; c) fossem expedidos mandados de prisão, para fins de cumprimento da pena privativa de liberdade, no regime inicial legalmente correspondente ao *quantum* da pena transitada em julgado, nos termos do art. 33, § 2º, do CP. Destacou, ainda, que esse aspecto implicaria vantagem para os acusados, pois significaria o início do cumprimento de pena em regime mais brando do que o cominado às condenações integrais. Assim, decotadas as condenações passíveis de embargos infringentes, a pena seria cumprida em regime mais favorável do que o eventualmente imposto se fosse aguardado o julgamento dos infringentes; d) fossem informados o TSE e o Congresso Nacional, para os fins do art. 15, III, da CF; e) fosse delegada competência ao Juízo de Execuções Penais do Distrito Federal (LEP, art. 65) para a prática dos atos executórios, inclusive a apreciação de eventuais pedidos de reconhecimento do direito ao indulto, à anistia, à graça, ao livramento condicional ou questões referentes à mudança de regime de cumprimento de pena, que deveriam ser dirigidos diretamente ao STF, assim como outros pleitos de natureza excepcional. **AP 470 Décima Primeira-QO/MG, rel. Min. Joaquim Barbosa, 13.11.2013. (AP-470)**

AP 470/MG: trânsito em julgado e executoriedade autônoma de condenações - 3

O Ministro Roberto Barroso considerou que o longo julgamento que ocorrera, seguido da apreciação de dois embargos de declaração, tornariam legítima a certificação do trânsito em julgado para o exercício da pretensão executória. Acresceu que mesmo os réus que tivessem apresentado embargos infringentes deveriam iniciar o cumprimento da pena referente a condenações insuscetíveis de rediscussão naquela via. Aduziu que, na existência de condenações definitivas, não haveria fundamento legítimo que justificasse o retardamento da execução. Sublinhou que o início imediato do cumprimento da pena em regime semiaberto, por exemplo, pendente o julgamento dos

embargos infringentes, poderia significar o cômputo do tempo já cumprido para fins de posterior progressão de regime. Isso poderia significar menor tempo em regime fechado. O Ministro Teori Zavascki destacou o art. 119 do CP. Analisou que, se a prescrição da pretensão executória se verificaria em relação à pena de cada um dos crimes, isso ocorreria porque o trânsito em julgado também se operaria pelo mesmo critério. Do contrário, poderia ocorrer absurda hipótese em que existente a prescrição da pretensão executória antes mesmo da pretensão executória ocorrer. A Ministra Rosa Weber salientou o Enunciado 100 da Súmula do TST ("*Havendo recurso parcial no processo principal, o trânsito em julgado dá-se em momentos e em tribunais diferentes, contando-se o prazo decadencial para a ação rescisória do trânsito em julgado de cada decisão, salvo se o recurso tratar de preliminar ou prejudicial que possa tornar insubsistente a decisão recorrida, hipótese em que flui a decadência a partir do trânsito em julgado da decisão que julgar o recurso parcial*"). O Ministro Luiz Fux aduziu que as decisões de mérito fariam coisa julgada na medida em que ficassem ao desabrigo dos recursos. O Ministro Dias Toffoli citou o Enunciado 31 da Súmula da AGU ("*É cabível a expedição de precatório referente a parcela incontroversa, em sede de execução ajuizada em face da Fazenda Pública*"), no sentido de ser possível, em relação à parte incontroversa, iniciar-se a execução imediata da condenação. **AP 470 Décima Primeira-QO/MG, rel. Min. Joaquim Barbosa, 13.11.2013. (AP-470)**

AP 470/MG: trânsito em julgado e executoriedade autônoma de condenações - 4

O Ministro Ricardo Lewandowski, embora admitisse o trânsito em julgado por capítulos, nos termos em que já delineado, especialmente à luz do art. 119 do CP, ponderou não se poder invocar princípios de natureza cível ou trabalhista, atinentes ao trânsito em julgado parcial de condenação, para que fossem aplicados no campo penal, no qual em jogo a liberdade do cidadão. O Ministro Marco Aurélio acresceu que o órgão acusador poderia ter ajuizado tantas ações penais quantos os acusados e os crimes praticados, mas que teria optado pela cumulação objetiva e subjetiva. Assim, a existência de várias ações em um mesmo processo seria ficção jurídica e evidenciaria que o acórdão seria dividido em capítulos autônomos. O Ministro Celso de Mello ponderou que, nas situações em que houvesse cúmulo material de pedidos ou formação litisconsorcial passiva, seria possível divisar-se a existência de vários capítulos de conteúdo sentencial, a impor o reconhecimento da possibilidade de existir, também no âmbito penal, a formação progressiva da coisa julgada. Nesse sentido, a sentença ou acórdão poderia apresentar capítulos estáveis, que não mais admitiriam a possibilidade de impugnação recursal. Considerou que cada capítulo, portanto, seria dotado de eficácia executiva própria. Asseverou não se cuidar de execução provisória, mas definitiva. Analisou que o STF reconheceria a suspensibilidade dos embargos infringentes apenas quando atacassem a totalidade do acórdão majoritário, mas não quando essa decisão fosse composta por capítulos sentenciais autônomos. **AP 470 Décima Primeira-QO/MG, rel. Min. Joaquim Barbosa, 13.11.2013. (AP-470)**

AP 470/MG: trânsito em julgado e executoriedade autônoma de condenações - 5

No que diz respeito à exclusão das condenações já impugnadas por meio de embargos infringentes, quanto ao trânsito em julgado e à exequibilidade imediata, prevaleceu o voto do Ministro Teori Zavascki. Ressalvou que, relativamente aos réus que tivessem interposto embargos infringentes, e naquilo fosse objeto desses embargos, não se poderia considerar ter havido trânsito em julgado. Nesse sentido, o eventual cabimento dos infringentes seria juízo próprio a ser dirimido quando do julgamento daquele recurso, observado o devido processo legal. O Ministro Celso de Mello salientou que o respeito aos ritos legais quanto à admissibilidade desse recurso deveria ser observado, tendo em conta o devido processo legal, sem que isso implicasse mero formalismo. Vencidos, no ponto, os Ministros Relator, Roberto Barroso, Dias Toffoli, Luiz Fux e Gilmar Mendes. Assinalavam que alguns embargantes não possuiriam, em seu favor, quatro votos absolutórios, nos termos do art. 333 do RISTF. Registravam que esse requisito teria sido expressamente considerado pelo Plenário como essencial à admissibilidade dos embargos infringentes, de modo que não se poderia beneficiar — com a não decretação do trânsito em julgado — os recorrentes que, conhecedores dessa regra, teriam ainda assim embargado, por um lado, e prejudicar, por outro, aqueles que teriam respeitado o critério da Corte e deixado de recorrer. **AP 470 Décima Primeira-QO/MG, rel. Min. Joaquim Barbosa, 13.11.2013. (AP-470)**

AP 470/MG: trânsito em julgado e executoriedade autônoma de condenações - 6

No que se refere à admissão do trânsito em julgado e a execução imediata da pena em relação aos réus cujos segundos embargos declaratórios já teriam sido julgados nesta sessão, os Ministros Ricardo Lewandowski e Marco Aurélio ficaram vencidos. Entendiam que existiria a possibilidade de interposição de embargos infringentes quanto a embargos declaratórios que contassem com quatro votos, no mínimo, favoráveis ao acusado. Salientavam não haver distinção no tocante à adequação dos embargos infringentes, se cabíveis para questionar apenas matéria de fundo ou se também para enfrentar pressuposto de recorribilidade, como na hipótese. Assentavam que tampouco seria admissível a execução do título condenatório, pois a culpa não estaria selada. **AP 470 Décima Primeira-QO/MG, rel. Min. Joaquim Barbosa, 13.11.2013. (AP-470) (Inform. STF 728)**

HC N. 115.797-SP

RELATOR MIN. LUIZ FUX
Ementa: **PENAL E PROCESSUAL PENAL. *HABEAS CORPUS*. PACIENTE SOB CUSTÓDIA DO ESTADO. TRANSFERÊNCIA PARA OUTRO ESTABELECIMENTO PRISIONAL. MATÉRIA NÃO APRECIADA PELAS INSTÂNCIAS PRECEDENTES. SUPRESSÃO DE INSTÂNCIA. IMPOSSIBILIDADE. AUSÊNCIA DE ELEMENTOS NOS AUTOS QUE PERMITAM CONCLUIR QUE O PACIENTE FAZ JUS À TRANSFERÊNCIA. ANÁLISE DE FATOS E PROVAS. VEDAÇÃO. ORDEM DENEGADA.**
1. *"A ressocialização do preso e a proximidade da família devem ser prestigiadas sempre que ausentes elementos concretos e objetivos ameaçadores da segurança pública"* - Sem grifos no original (HC 100.087, Segunda Turma, Relatora a Ministra Ellen Gracie, DJe de 09.04.10). No mesmo sentido: HC 101.540, Segunda Turma, Relator o Ministro Ayres Britto, DJe de 18.02.11; HC 89597, Segunda Turma, Relator o Ministro Joaquim Barbosa, DJ de 15.12.06).
2. *In casu*, a deficiência na instrução do *habeas corpus* e a ausência da apreciação da matéria pelas instâncias precedentes não permitem concluir que o paciente faça *jus* ao cumprimento da pena privativa de liberdade na cidade de São Paulo/SP. Isto porque não consta dos autos o tipo penal que embasou a condenação, a descrição do fato criminoso praticado, a localidade onde o fato foi cometido, o *quantum* da pena imposta, nem qualquer consideração acerca das condições pessoais do condenado. Ademais, não consta, ainda, qualquer documento que comprove que a família do paciente, de fato, reside na cidade de São Paulo/SP.
3. Acrescente-se ainda que verificar a existência, ou não, de elementos concretos que inviabilizariam o cumprimento da pena na cidade de São Paulo, demandaria o revolvimento do conjunto fático-probatório, inviável na via do *habeas corpus*.
4. A supressão de instância impede que sejam conhecidas, em sede de *habeas corpus*, matérias não apreciadas pelo Tribunal de origem. Precedentes: HC 100.616, Segunda Turma, Relator o Ministro Joaquim Barbosa, DJ de 14.03.11, e HC 103.835, Primeira Turma, Relator o Ministro Ricardo Lewandowski, DJ de 8/2/201.
5. *In casu*, a matéria trazida ao crivo desta Corte não foi, a rigor, analisada por nenhuma das instâncias precedentes. Isso porque o *habeas corpus* impetrado no Superior Tribunal de Justiça não foi conhecido sob o fundamento de que a questão nele deduzida *"não foi dirimida pelo Tribunal de Justiça impetrado, que limitou-se a não conhecer da ordem originária por entender que o pedido deveria ser antes formulado perante o Juízo da Vara das Execuções Criminais respectivo"*. A decisão foi mantida pelo colegiado do STJ em sede de agravo regimental.
6. Ordem denegada. **(Inform. STF 728)**

HC N. 114.591-RS

RELATOR: MIN. ROBERTO BARROSO
Ementa: *HABEAS CORPUS* IMPETRADO EM SUBSTITUIÇÃO A RECURSO ORDINÁRIO. 1. O condenado que estiver cumprindo pena privativa de liberdade em regime aberto não tem direito à remição da pena pelo trabalho, nos termos do art. 126 da Lei nº 7.210/1984. 2. Esse entendimento não foi alterado com a edição da Lei nº 12.433/2011. Precedentes. 3. *Habeas Corpus* extinto sem resolução de mérito por inadequação da via processual. **(Inform. STF 728)**

HC N. 110.013-MS

RELATOR: MIN. TEORI ZAVASCKI
Ementa: *HABEAS CORPUS*. EXECUÇÃO PENAL. PROGRESSÃO DE REGIME. COMETIMENTO DE FALTA GRAVE. INTERRUPÇÃO DO PRAZO PARA A CONCESSÃO DE NOVA PROGRESSÃO. ILEGALIDADE. NÃO OCORRÊNCIA. PRECEDENTES. ORDEM DENEGADA.
1. É firme a jurisprudência desta Corte no sentido de que a prática de falta grave no decorrer da execução penal interrompe o prazo para concessão de progressão de regime, reiniciando-se, a partir do cometimento da infração disciplinar grave, a contagem do prazo para que o condenado possa pleitear novamente o referido benefício executório. Precedentes.
2. Ordem denegada. **(Inform. STF 725)**

HC N. 113.763-SP

RELATOR: MIN. GILMAR MENDES
Habeas corpus. 2. Livramento condicional. Decisão do Tribunal de origem que não concedeu ao paciente a fruição do benefício, ao fundamento de não preenchimento do requisito subjetivo. Fuga do estabelecimento prisional. 3. Decisão devidamente motivada. Ausência de constrangimento ilegal. 4. Ordem denegada. **(Inform. STF 722)**

HC N. 114.370-RS

RELATOR: MIN. TEORI ZAVASCKI
Ementa: *HABEAS CORPUS*. EXECUÇÃO PENAL. COMETIMENTO DE FALTA GRAVE. INTERRUPÇÃO DO PRAZO PARA O PLEITO DE NOVA PROGRESSÃO. ILEGALIDADE. NÃO OCORRÊNCIA. PRECEDENTES. FRAÇÃO DE 1/3 PREVISTA NO ART. 127 DA LEP. LIMITE DE REVOGAÇÃO DOS DIAS REMIDOS. NÃO EXTENSIVO AOS DEMAIS BENEFÍCIOS EXECUTÓRIOS. PRECEDENTE. ORDEM DENEGADA.
1. É firme a jurisprudência desta Corte no sentido de que a prática de falta grave no decorrer da execução penal interrompe o prazo para concessão de progressão de regime, reiniciando-se, a partir do cometimento da infração disciplinar grave, a contagem do prazo para que o condenado possa pleitear novamente o referido benefício executório. Precedentes.
2. O art. 127 da Lei de Execução Penal, com a redação dada pela Lei 11.433/2011, impôs a limitação de 1/3 somente à revogação dos dias remidos, não havendo previsão legal que permita a extensão desse limite a todos os benefícios executórios que dependam da contagem de tempo. Precedente.
3. Conforme ressaltou a Procuradoria-Geral da República, em seu parecer, "analisando a decisão do Juízo da Vara das Execuções Criminais de Novo Hamburgo, constata-se que não foi declarada a perda dos dias remidos pelo paciente".
4. Ordem denegada. **(Inform. STF 722)**

Transferência para presídio federal de segurança máxima e prévia oitiva de preso

A transferência de preso para presídio federal de segurança máxima sem a sua prévia oitiva, desde que fundamentada em fatos caracterizadores de situação emergencial, não configura ofensa aos princípios do devido processo legal, da ampla defesa, da individualização da pena e da dignidade da pessoa humana. Com base nesse entendimento, a 1ª Turma denegou *habeas corpus* em que se pleiteava a anulação de transferência de preso recolhido em penitenciária estadual para estabelecimento federal por suposta inobservância de requisitos legais. Aludiu-se ao que contido no § 6º do art. 5º da Lei 11.671/2008, que dispõe sobre a transferência e inclusão de presos em estabelecimentos penais federais de segurança máxima e dá outras providências ("*§ 6o Havendo extrema necessidade, o juiz federal poderá autorizar a imediata transferência do preso e, após a instrução dos autos, na forma do § 2o deste artigo, decidir pela manutenção ou revogação da medida adotada*"). Consignou-se a possibilidade de postergação da oitiva dos agentes envolvidos no processo de transferência, cuja formalidade estaria prevista no § 2º do mesmo preceito ["*Instruídos os autos do processo de transferência, serão ouvidos, no prazo de 5 (cinco) dias cada, quando não requerentes, a autoridade administrativa, o Ministério Público e a defesa, bem com o Departamento Penitenciário Nacional - DEPEN, a quem é facultado indicar o estabelecimento penal mais adequado*"]. Aduziu-se que, no caso, estariam demonstrados os fatos ensejadores da situação emergencial: a) rebeliões ocorridas em determinado período, com a morte de vários detentos; b) julgamento, pela Corte Interamericana de Direitos Humanos, do Brasil e do estado-membro em que localizada a penitenciária na qual inicialmente

4. DIREITO PROCESSUAL PENAL

recluso o paciente; c) interdição do presídio; e d) periculosidade do paciente. Ressaltou-se, ademais, a inexistência de direito subjetivo do reeducando de cumprir a pena em penitenciária específica. **HC 115539/RO, rel. Min. Luiz Fux, 3.9.2013. (HC-115539) (Inform. STF 718)**

RECURSO ORDINÁRIO EM HC N. 116.190-SP

RELATORA: MIN. CÁRMEN LÚCIA
EMENTA: RECURSO ORDINÁRIO EM HABEAS CORPUS. CONSTITUCIONAL. EXECUÇÃO PENAL. 1. OITIVA DO RECORRENTE E ASSISTÊNCIA DA DEFESA TÉCNICA NO PROCEDIMENTO ADMINISTRATIVO DISCIPLINAR PARA A APURAÇÃO DA FALTA GRAVE. 2. FALTA GRAVE. REINÍCIO DA CONTAGEM DO PRAZO PARA O BENEFÍCIO DA PROGRESSÃO DE REGIME. 3. RECONHECIMENTO DA FALTA GRAVE SEM OITIVA DO RECORRENTE E DA ACUSAÇÃO EM JUÍZO. ILEGALIDADE. ORDEM CONCEDIDA DE OFÍCIO.
1. Não há falar em nulidade da fase administrativa do procedimento para apuração da falta grave atribuída ao Recorrente; evidência de sua oitiva no momento apropriado e da assistência da defesa técnica.
2. O Supremo Tribunal Federal assentou que o cometimento de falta grave impõe o reinício da contagem do prazo exigido para a obtenção do benefício da progressão de regime de cumprimento da pena. Precedentes.
3. Recurso ao qual se nega provimento.
4. Ordem concedida de ofício para cassar a decisão judicial do juízo da Vara das Execuções Criminais da Comarca de Presidente Prudente/SP que reconheceu a falta grave e "determinar que outra seja proferida após a oitiva do apenado em juízo e a manifestação das partes – Defesa e Ministério Público". **(Inform. STF 710)**

Art. 118, I, da LEP e princípio da não culpabilidade - 2

Em conclusão, ante a inadequação da via processual, a 1ª Turma julgou extinta a ordem de habeas corpus em que se pleiteava o retorno do cumprimento de pena em regime semiaberto. Ademais, por maioria, denegou-se a concessão da ordem de ofício. Na espécie, após o juízo das execuções ter concedido a progressão, o paciente fora preso em flagrante pelo cometimento de outro crime, o que ensejara a regressão ao regime mais gravoso – v. Informativo 689. Asseverou-se inexistir o alegado bis in idem, porquanto o magistrado não necessitaria aguardar o trânsito em julgado do segundo crime para determinar a regressão. Aduziu-se que, diante a prática de novo fato delitivo, a transferência para regime mais rigoroso não significara condenação, apenas fora considerada a circunstância. Vencido o Min. Marco Aurélio, que concedia a ordem, de ofício. Assentava a regra da não culpabilidade, nos termos do art. 118, I, da LEP ("Art. 118. A execução da pena privativa de liberdade ficará sujeita à forma regressiva, com a transferência para qualquer dos regimes mais rigorosos, quando o condenado: I - praticar fato definido como crime doloso ou falta grave"). Pontuava que, antes de encerrado o processo no qual ele fora acusado da prática criminosa, não se poderia ter o fato como incontroverso.
HC 110881/MT, rel. orig. Min. Marco Aurélio, red. p/o acórdão Min. Rosa Weber, 7.5.2013. (HC-110881) (Inform. STF 705)

RHC N. 116.203-DF

RELATOR: MIN. DIAS TOFFOLI
Recurso ordinário em habeas corpus. Execução penal. Cometimento de falta grave. Reinício do cômputo do prazo para a obtenção de benefícios executórios. Possibilidade. Precedentes.
1. A reiterada jurisprudência da Corte preconiza que, "o cometimento de falta grave, durante a execução da pena privativa de liberdade, implica [o] recomeço da contagem do prazo para a obtenção de benefícios executórios" (HC nº 106.865/SP, Primeira Turma, Relator o Ministro Ricardo Lewandowski, DJe de 15/3/11).
2. Recurso ordinário a que se nega provimento. **(Inform. STF 705)**

HC N. 116.033-SP

RELATOR: MIN. RICARDO LEWANDOWSKI
Ementa: RECURSO ORDINÁRIO EM HABEAS CORPUS. EXECUÇÃO PENAL. PROGRESSÃO DE REGIME. EXAME CRIMINOLÓGICO. POSSIBILIDADE. SÚMULA VINCULANTE 26. DECISÃO DEVIDAMENTE FUNDAMENTADA. REQUISITO SUBJETIVO. PREENCHIMENTO. AUSÊNCIA. RECURSO IMPROVIDO.
I – Prevalece nesta Corte o entendimento no sentido de que a alteração do artigo 112 da LEP pela Lei 10.792/2003 não proibiu a realização do exame criminológico, quando necessário para a avaliação do sentenciado, tampouco

proibiu a sua utilização para a formação do convencimento do magistrado sobre o direito de promoção para regime mais brando.
II – O entendimento desta Corte, consubstanciado na Súmula Vinculante 26, é o de que, "Para efeito de progressão de regime no cumprimento de pena por crime hediondo ou equiparado, o juízo da execução observará a inconstitucionalidade do art. 2.º da Lei n.º 8.072, de 25 de julho de 1990, sem prejuízo de avaliar se o condenado preenche, ou não, os requisitos objetivos e subjetivos do benefício, podendo determinar, para tal fim, de modo fundamentado, a realização do exame criminológico".
III – No caso dos autos, o acórdão proferido pelo Tribunal de Justiça do Estado de São Paulo não padece de nenhuma ilegalidade, pois manteve decisão que indeferiu a progressão de regime com fundamento na ausência de preenchimento do requisito subjetivo.
IV – Recurso ordinário em habeas corpus improvido. **(Inform. STF 703)**

DIREITO PENAL. PERDA DOS DIAS EM RAZÃO DE COMETIMENTO DE FALTA GRAVE.
Reconhecida falta grave, a perda de até 1/3 do tempo remido (art. 127 da LEP) pode alcançar dias de trabalho anteriores à infração disciplinar e que ainda não tenham sido declarados pelo juízo da execução no cômputo da remição. A remição na execução da pena constitui benefício submetido à cláusula rebus sic stantibus. Assim, o condenado possui apenas a expectativa do direito de abater os dias trabalhados do restante da pena a cumprir, desde que não venha a ser punido com falta grave. Nesse sentido, quanto aos dias de trabalho a serem considerados na compensação, se, por um lado, é certo que a perda dos dias remidos não pode alcançar os dias trabalhados após o cometimento da falta grave, sob pena de criar uma espécie de conta-corrente contra o condenado, desestimulando o trabalho do preso, por outro lado, não se deve deixar de computar os dias trabalhados antes do cometimento da falta grave, ainda que não tenham sido declarados pelo juízo da execução, sob pena de subverter os fins da pena, culminando por premiar a indisciplina carcerária. Precedente citado: HC 286.791-RS, Quinta Turma, DJe 6/6/2014. **REsp 1.517.936-REsp**, Rel. Min. Maria Thereza de Assis Moura, **julgado em 1º/10/2015, DJe 23/10/2015. (Inform. STJ 571)**

DIREITO PENAL. CONCESSÃO DE TRABALHO EXTERNO EM EMPRESA FAMILIAR.
O fato de o irmão do apenado ser um dos sócios da empresa empregadora não constitui óbice à concessão do benefício do trabalho externo, ainda que se argumente sobre o risco de ineficácia da realização do trabalho externo devido à fragilidade na fiscalização. Com efeito, a execução criminal visa ao retorno do condenado ao convívio em sociedade, com o escopo de reeducá-lo e ressocializá-lo, sendo que o trabalho é essencial para esse processo. Nesse contexto, é importante considerar que os riscos de ineficácia da realização de trabalho externo em empresa familiar, sob o argumento de fragilidade na fiscalização, não podem ser óbice à concessão do referido benefício. Em primeiro lugar, porque é muito difícil para o apenado conseguir emprego. Impedir que o preso seja contratado por parente é medida que reduz ainda mais a possibilidade de vir a conseguir uma ocupação lícita e, em consequência, sua perspectiva de reinserção na sociedade. Em segundo lugar, porque o Estado deve envidar todos os esforços possíveis no sentido de ressocializar os transgressores do Direito Penal, a fim de evitar novas agressões aos bens jurídicos da coletividade. Ademais, o Estado possui a atribuição de fiscalizar o efetivo cumprimento do trabalho extramuros, estando autorizado a revogar a benesse nas hipóteses elencadas no parágrafo único do art. 37 da LEP. Além disso, não há qualquer vedação na LEP quanto à concessão de trabalho externo em empresa da família do sentenciado. **HC 310.515-RS, Rel. Min. Felix Fischer, julgado em 17/9/2015, DJe 25/9/2015 (Inform. STJ 569).**

DIREITO PENAL. RECUSA INJUSTIFICADA DO APENADO AO TRABALHO CONSTITUI FALTA GRAVE. Constitui falta grave na execução penal a recusa injustificada do condenado ao exercício de trabalho interno. O art. 31 da Lei 7.210/1984 (LEP) determina a obrigatoriedade do trabalho ao apenado condenado à pena privativa de liberdade, na medida de suas aptidões e capacidades, sendo sua execução, nos termos do art. 39, V, da referida Lei, um dever do apenado. O art. 50, VI, da LEP, por sua vez, classifica como falta grave a inobservância do dever de execução do trabalho. Ressalte-se, a propósito, que a pena de trabalho forçado, vedada no art. 5º, XLVIII, "c", da CF, não se confunde com o dever de trabalho imposto ao apenado, ante o disposto no art. 6º, 3, da Convenção Americana de Direitos Humanos (Pacto San José da Costa Rica), segundo o qual os trabalhos ou serviços normalmente exigidos de pessoa reclusa em cumprimento de sentença ou resolução formal expedida pela autoridade judiciária competente não constituem trabalhos forçados ou obrigatórios vedados pela Convenção. **HC 264.989-SP, Rel. Min. Ericson Maranho, julgado em 4/8/2015, DJe 19/8/2015 (Inform. STJ 567).**

DIREITO PENAL. REMIÇÃO DA PENA PELA LEITURA.
A atividade de leitura pode ser considerada para fins de remição de parte do tempo de execução da pena. O art. 126 da LEP (redação dada pela Lei 12.433/2011) estabelece que o "condenado que cumpre a pena em regime fechado ou semiaberto poderá remir, por trabalho ou por estudo, parte do tempo de execução da pena". De fato, a norma não prevê expressamente a leitura como forma de remição. No entanto, antes mesmo da alteração do art. 126 da LEP, que incluiu o estudo como forma de remir a pena, o STJ, em diversos julgados, já previa a possibilidade. Em certa oportunidade, salientou que a norma do art. 126 da LEP, ao possibilitar a abreviação da pena, tem por objetivo a ressocialização do condenado, sendo possível o uso da analogia in bonam partem, que admita o benefício em comento, em razão de atividades que não estejam expressas no texto legal (REsp 744.032-SP, Quinta Turma, DJe 5/6/2006). O estudo está estreitamente ligado à leitura e à produção de textos, atividades que exigem dos indivíduos a participação efetiva enquanto sujeitos ativos desse processo, levando-os à construção do conhecimento. A leitura em si tem função de propiciar a cultura e possui caráter ressocializador, até mesmo por contribuir na restauração da autoestima. Além disso, a leitura diminui consideravelmente a ociosidade dos presos e reduz a reincidência criminal. Sendo um dos objetivos da LEP, ao instituir a remição, incentivar o bom comportamento do sentenciado e sua readaptação ao convívio social, impõe-se a interpretação extensiva do mencionado dispositivo, o que revela, inclusive, a crença do Poder Judiciário na leitura como método factível para o alcance da harmônica reintegração à vida em sociedade. Além do mais, em 20/6/2012, a Justiça Federal e o Departamento Penitenciário Nacional do Ministério da Justiça (Depen) já haviam assinado a Portaria Conjunta 276, a qual disciplina o Projeto da Remição pela Leitura no Sistema Penitenciário Federal. E, em 26/11/2013, o CNJ – considerando diversas disposições normativas, inclusive os arts. 126 a 129 da LEP, com a redação dada pela Lei 12.433/2011, a Súmula 341 do STJ e a referida portaria conjunta – editou a Recomendação 44, tratando das atividades educacionais complementares para fins de remição da pena pelo estudo e estabelecendo critérios para a admissão pela leitura. **HC 312.486-SP, Rel. Min. Sebastião Reis Júnior, julgado em 9/6/2015, DJe 22/6/2015 (Inform. STJ 564).**

DIREITO PROCESSUAL PENAL. PROGRESSÃO DE REGIME DO REINCIDENTE CONDENADO POR CRIME HEDIONDO.
A progressão de regime para os condenados por crime hediondo dar-se-á, se o sentenciado for reincidente, após o cumprimento de 3/5 da pena, ainda que a reincidência não seja específica em crime hediondo ou equiparado. Isso porque, conforme o entendimento adotado pelo STJ, a Lei dos Crimes Hediondos não faz distinção entre a reincidência comum e a específica. Desse modo, havendo reincidência, ao condenado deverá ser aplicada a fração de 3/5 da pena cumprida para fins de progressão de regime. Precedentes citados: HC 173.992-MS, Quinta Turma, DJe 10/5/2012, HC 273.774-RS, Rel. Quinta Turma, DJe 10/10/2014, HC 310.649-RS, Sexta Turma, DJe 27/2/2015. **HC 301.481-SP, Rel. Min. Ericson Maranho (Desembargador convocado do TJ-SP), julgado em 2/6/2015, DJe 11/6/2015 (Inform. STJ 563).**

DIREITO PENAL. REMIÇÃO DE PENA EM RAZÃO DE ATIVIDADE LABORATIVA EXTRAMUROS. RECURSO REPETITIVO (ART. 543-C DO CPC E RES. 8/2008-STJ). TEMA 917.
É possível a remição de parte do tempo de execução da pena quando o condenado, em regime fechado ou semiaberto, desempenha atividade laborativa extramuros. Segundo o art. 126, caput, da Lei de Execução Penal (LEP), "O condenado que cumpre a pena em regime fechado ou semiaberto poderá remir, por trabalho ou por estudo, parte do tempo de execução da pena". Ainda, dispõe o § 6º do referido dispositivo legal que: "O condenado que cumpre pena em regime aberto ou semiaberto e o que usufrui liberdade condicional poderão remir, pela frequência a curso de ensino regular ou de educação profissional, parte do tempo de execução da pena ou do período de prova, observado o disposto no inciso I do § 1º deste artigo". Constata-se que os dispositivos supracitados não fizeram nenhuma distinção ou referência, para fins de remição de parte do tempo de execução da pena, quanto ao local em que deve ser desempenhada a atividade laborativa, de modo que se mostra indiferente o fato de o trabalho ser exercido dentro ou fora do ambiente carcerário. Na verdade, a lei exige apenas que o condenado esteja cumprindo a

pena em regime fechado ou semiaberto (HC 206.313-RJ, Quinta Turma, DJe 11/12/2013). Ademais, se o condenado que cumpre pena em regime aberto ou semiaberto pode remir parte da reprimenda pela frequência a curso de ensino regular ou de educação profissional, não há razões para não considerar o trabalho extramuros de quem cumpre pena em regime semiaberto como fator de contagem do tempo para fins de remição. Além disso, insta salientar que o art. 36 da LEP somente prescreve a exigência de que o trabalho externo seja exercido, pelos presos em regime fechado, por meio de "serviço ou obras públicas realizadas por órgãos da Administração Direta ou Indireta, ou entidades privadas, desde que tomadas as cautelas contra a fuga e em favor da disciplina". Dessa forma, em homenagem, sobretudo, ao princípio da legalidade, não cabe restringir a futura concessão de remição da pena somente àqueles que prestam serviço nas dependências do estabelecimento prisional, tampouco deixar de recompensar o apenado que, cumprindo a pena no regime semiaberto, exerça atividade laborativa, ainda que extramuros. Na verdade, a LEP direciona-se a premiar o apenado que demonstra esforço em se ressocializar e que busca, na atividade laboral, um incentivo maior à reintegração social: "A execução penal tem por objetivo efetivar as disposições de sentença ou decisão criminal e proporcionar condições para a harmônica integração social do condenado e do internado" (art. 1º). A ausência de distinção pela lei, para fins de remição, quanto à espécie ou ao local em que o trabalho é realizado, espelha a própria função ressocializadora da pena, inserindo o condenado no mercado de trabalho e no próprio meio social, minimizando suas chances de recidiva delitiva. De mais a mais, ausentes, por deficiência estrutural ou funcional do Sistema Penitenciário, as condições que permitam a oferta de trabalho digno para todos os apenados aptos à atividade laborativa, não se há de impor ao condenado que exerce trabalho extramuros os ônus decorrentes dessa ineficiência. Cabe ressaltar que a supervisão direta do próprio trabalho deve ficar a cargo do patrão do apenado, cumprindo à administração carcerária a supervisão sobre a regularidade do trabalho. Por fim, se concedida ao apenado pelo Juízo das Execuções Criminais a possibilidade de realização de trabalho extramuros, mostrar-se-ia, no mínimo, contraditório o Estado-Juiz permitir a realização dessa atividade fora do estabelecimento prisional, com vistas à ressocialização do apenado, e, ao mesmo tempo, ilidir o benefício da remição. **REsp 1.381.315-RJ, Rel. Min. Rogerio Schietti Cruz, Terceira Seção, julgado em 13/5/2015, DJe 19/5/2015 (Inform. STJ 562).**

DIREITO PENAL. INFLUÊNCIA DA REINCIDÊNCIA NO CÁLCULO DE BENEFÍCIOS NO DECORRER DA EXECUÇÃO PENAL.
Na definição do requisito objetivo para a concessão de livramento condicional, a condição de reincidente em crime doloso deve incidir sobre a somatória das penas impostas ao condenado, ainda que a agravante da reincidência não tenha sido reconhecida pelo juízo sentenciante em algumas das condenações. Isso porque a reincidência é circunstância pessoal que interfere na execução como um todo, e não somente nas penas em que ela foi reconhecida. Precedentes citados: HC 95.505-RS, Quinta Turma, DJe 1º/2/2010; e EDcl no HC 267.328-MG, Quinta Turma, DJe de 6/6/2014. **HC 307.180-RS, Rel. Min. Felix Fischer, julgado em 16/4/2015, DJe 13/5/2015 (Inform. STJ 561).**

DIREITO PENAL. PERDA DOS DIAS REMIDOS EM RAZÃO DE COMETIMENTO DE FALTA GRAVE.
A prática de falta grave impõe a decretação da perda de até 1/3 dos dias remidos, devendo a expressão "poderá" contida no art. 127 da Lei 7.210/1984, com a redação que lhe foi conferida pela Lei 12.432/2011, ser interpretada como verdadeiro poder-dever do magistrado, ficando no juízo de discricionariedade do julgador apenas a fração da perda, que terá como limite máximo 1/3 dos dias remidos. Precedentes citados: AgRg no REsp 1.424.583-PR, Sexta Turma, DJe 18/6/2014; e REsp 1.417.326-RS, Sexta Turma, DJe 14/3/2014. **AgRg no REsp 1.430.097-PR, Rel. Min. Felix Fischer, julgado em 19/3/2015, DJe 6/4/2015 (Inform. STJ 559).**

DIREITO PENAL. REMIÇÃO DA PENA PELO ESTUDO EM DIAS NÃO ÚTEIS.
A remição da pena pelo estudo deve ocorrer independentemente de a atividade estudantil ser desenvolvida em dia não útil. O art. 126 da Lei 7.210/1984 dispõe que a contagem de tempo para remição da pena pelo estudo deve ocorrer à razão de 1 dia de pena para cada 12 horas de frequência escolar, não havendo qualquer ressalva sobre a consideração apenas dos dias úteis para realização da referida contagem, sendo, inclusive, expressamente mencionada a possibilidade de ensino a distância. **AgRg no REsp 1.487.218-DF, Rel. Min. Ericson Maranho (Desembargador convocado do TJ/SP), julgado em 5/2/2015, DJe 24/2/2015 (Inform. STJ 556).**

4. DIREITO PROCESSUAL PENAL

DIREITO PROCESSUAL PENAL. INEXISTÊNCIA DE CASA DE ALBERGADO E CUMPRIMENTO DA PENA EM LOCAL COMPATÍVEL.
A inexistência de casa de albergado na localidade da execução da pena não gera o reconhecimento de direito ao benefício da prisão domiciliar quando o paciente estiver cumprindo a reprimenda em local compatível com as regras do regime aberto. O STJ tem admitido, excepcionalmente, a concessão da prisão domiciliar quando não houver local adequado ao regime prisional imposto. Todavia, na hipótese em que o paciente, em face da inexistência de casa de albergado, esteja cumprindo pena em local compatível com as regras do regime aberto – tendo o juízo da execução providenciado a infraestrutura necessária, atento ao princípio da razoabilidade e da proporcionalidade –, não se vislumbra o necessário enquadramento nas hipóteses excepcionais de concessão do regime prisional domiciliar. **HC 299.315-RS, Rel. Min. Gurgel de Faria, julgado em 18/12/2014, DJe 2/2/2015 (Inform. STJ 554).**

DIREITO PENAL. PRÁTICA DE FALTA GRAVE E PROGRESSÃO DE REGIME. RECURSO REPETITIVO (ART. 543-C DO CPC E RES. 8/2008-STJ).
A prática de falta grave interrompe o prazo para a progressão de regime, acarretando a modificação da data-base e o início de nova contagem do lapso necessário para o preenchimento do requisito objetivo. Precedentes citados: AgRg nos EREsp 1.238.177-SP, Terceira Seção, DJe 30/4/2013; e AgRg nos EREsp 1.197.895-RJ, Terceira Seção, DJe 19/12/2012. **REsp 1.364.192-RS, Rel. Min. Sebastião Reis Júnior, julgado em 12/2/2014. (Inform. STJ 546)**

DIREITO PENAL. PRÁTICA DE FALTA GRAVE E LIVRAMENTO CONDICIONAL. RECURSO REPETITIVO (ART. 543-C DO CPC E RES. 8/2008-STJ). A prática de falta grave não interrompe o prazo para a obtenção de livramento condicional. Aplica-se, nessa situação, o entendimento consagrado na Súmula 441 do STJ. **REsp 1.364.192-RS, Rel. Min. Sebastião Reis Júnior, julgado em 12/2/2014. (Inform. STJ 546)**

DIREITO PENAL. PRÁTICA DE FALTA GRAVE, COMUTAÇÃO DE PENA E INDULTO. RECURSO REPETITIVO (ART. 543-C DO CPC E RES. 8/2008-STJ).
A prática de falta grave não interrompe automaticamente o prazo necessário para a concessão de indulto ou de comutação de pena, devendo-se observar o cumprimento dos requisitos previstos no decreto presidencial pelo qual foram instituídos. Precedentes citados: AgRg no HC 275.754-RS, Quinta Turma, DJe 9/10/2013; e AgRg no AREsp 199.014-SP, Sexta Turma, DJe 28/10/2013. **REsp 1.364.192-RS, Rel. Min. Sebastião Reis Júnior, julgado em 12/2/2014. (Inform. STJ 546)**

DIREITO PENAL. REGIME INICIAL DE CUMPRIMENTO DE PENA NO CRIME DE TORTURA.
Não é obrigatório que o condenado por crime de tortura inicie o cumprimento da pena no regime prisional fechado. Dispõe o art. 1°, § 7°, da Lei 9.455/1997 – lei que define os crimes de tortura e dá outras providências – que "O condenado por crime previsto nesta Lei, salvo a hipótese do § 2°, iniciará o cumprimento da pena em regime fechado". Entretanto, cumpre ressaltar que o Plenário do STF, ao julgar o HC 111.840-ES (DJe 17.12.2013), afastou a obrigatoriedade do regime inicial fechado para os condenados por crimes hediondos e equiparados, devendo-se observar, para a fixação do regime inicial de cumprimento de pena, o disposto no art. 33 c/c o art. 59, ambos do CP. Assim, por ser equiparado a crime hediondo, nos termos do art. 2°, *caput* e § 1°, da Lei 8.072/1990, é evidente que essa interpretação também deve ser aplicada ao crime de tortura, sendo o caso de se desconsiderar a regra disposta no art. 1°, § 7°, da Lei 9.455/1997, que possui a mesma disposição da norma declarada inconstitucional. Cabe esclarecer que, ao adotar essa posição, não se está a violar a Súmula Vinculante n.° 10, do STF, que assim dispõe: "Viola a cláusula de reserva de plenário (CF, art. 97) a decisão de órgão fracionário de tribunal que, embora não declare expressamente a inconstitucionalidade de lei ou de ato normativo do poder público, afasta sua incidência, no todo ou em parte". De fato, o entendimento adotado vai ao encontro daquele proferido pelo Plenário do STF, tornando-se desnecessário submeter tal questão ao Órgão Especial desta Corte, nos termos do art. 481, parágrafo único, do CPC: "Os órgãos fracionários dos tribunais não submeterão ao plenário, ou ao órgão especial, a arguição de inconstitucionalidade, quando já houver pronunciamento destes ou do plenário do Supremo Tribunal Federal sobre a questão". Portanto, seguindo a orientação adotada pela Suprema Corte, deve-se utilizar, para a fixação do regime inicial de cumprimento de pena, o disposto no art. 33 c/c o art. 59, ambos do CP e as Súmulas 440 do STJ e 719 do STF. Confiram-se, a

propósito, os mencionados verbetes sumulares: "Fixada a pena-base no mínimo legal, é vedado o estabelecimento de regime prisional mais gravoso do que o cabível em razão da sanção imposta, com base apenas na gravidade abstrata do delito." (Súmula 440 do STJ) e "A imposição do regime de cumprimento mais severo do que a pena aplicada permitir exige motivação idônea." (Súmula 719 do STF). Precedente citado: REsp 1.299.787-PR, Quinta Turma, DJe 3/2/2014. **HC 286.925-RR, Rel. Min. Laurita Vaz, julgado em 13/5/2014. (Inform. STJ 540)**

DIREITO PENAL. PRÁTICA DE CRIME DURANTE LIVRAMENTO CONDICIONAL.
O cometimento de crime durante o período de prova do livramento condicional não implica a perda dos dias remidos. Isso porque o livramento condicional possui regras distintas da execução penal dentro do sistema progressivo de penas. Assim, no caso de revogação do livramento condicional que seja motivada por infração penal cometida na vigência do benefício, aplica-se o disposto nos arts. 142 da Lei 7.210/1984 (LEP) e 88 do CP, os quais determinam que não se computará na pena o tempo em que esteve solto o liberado e não se concederá, em relação à mesma pena, novo livramento. A cumulação dessas sanções com os efeitos próprios da prática da falta grave não é possível, por inexistência de disposição legal nesse sentido. Desse modo, consoante o disposto no art. 140, parágrafo único, da LEP, as penalidades para o sentenciado no gozo de livramento condicional consistem em revogação do benefício, advertência ou agravamento das condições. Precedentes citados: REsp 1.101.461-RS, Sexta Turma, DJe 19/2/2013; e AgRg no REsp 1.236.295-RS, Quinta Turma, DJe 2/10/2013. **HC 271.907-SP, Rel. Min. Rogerio Schietti Cruz, julgado em 27/3/2014. (Inform. STJ 539)**

DIREITO PENAL. NECESSIDADE DE FUNDAMENTAÇÃO PARA A DECRETAÇÃO DA PERDA DE 1/3 DOS DIAS REMIDOS.
Reconhecida falta grave no decorrer da execução penal, não pode ser determinada a perda dos dias remidos na fração máxima de 1/3 sem que haja fundamentação concreta para justificá-la. De fato, a Lei de Execução Penal (LEP) estipula como um dos seus vetores o mérito do apenado, cuja avaliação decorre do cumprimento de seus deveres (art. 39), da disciplina praticada dentro do estabelecimento prisional (art. 44) e, por óbvio, do comportamento observado quando em gozo dos benefícios previstos na aludida norma de regência. Inserido nesse escopo, a configuração da falta de natureza grave enseja vários efeitos (art. 48, parágrafo único), entre eles: a possibilidade de colocação do sentenciado em regime disciplinar diferenciado (art. 56); a interrupção do lapso para a aquisição de outros instrumentos ressocializantes, como, por exemplo, a progressão para regime menos gravoso (art. 112); a regressão no caso do cumprimento da pena em regime diverso do fechado (art. 118); além da revogação em até 1/3 do tempo remido (art. 127). Nesse contexto, o STJ adota o entendimento de que "o cometimento de falta grave implica a perda de até 1/3 dos dias remidos, cabendo ao Juízo das Execuções dimensionar o *quantum* cabível, observando os critérios do artigo 57 da Lei 7.210/1984, relativos à natureza, aos motivos, às circunstâncias e às consequências do fato, bem como à pessoa do faltoso e seu tempo de prisão, recomeçando a contagem a partir da data da infração". (HC 271.185-RS, Sexta Turma, DJe 14/3/2014). Dessa forma, ao decretar a perda dos dias remidos, o magistrado não pode apenas repetir o disposto no art. 57 da LEP, deixando de apontar elementos concretos do caso que, efetivamente, evidenciem a necessidade de decretação da perda dos dias remidos na fração máxima de 1/3. Isso porque, a motivação dos atos jurisdicionais, conforme imposição do artigo 93, IX, da CF ("Todos os julgamentos dos órgãos do Poder Judiciário serão públicos, e fundamentadas todas as decisões, sob pena de nulidade..."), funciona como garantia da atuação imparcial e *secundum legis* (sentido lato) do órgão julgador. **HC 282.265-RS, Rel. Min. Rogerio Shietti Cruz, julgado em 22/4/2014. (Inform. STJ 539)**

DIREITO PENAL. ILEGALIDADE NA MANUTENÇÃO DE INIMPUTÁVEL EM ESTABELECIMENTO PRISIONAL.
É ilegal a manutenção da prisão de acusado que vem a receber medida de segurança de internação ao final do processo, ainda que se alegue ausência de vagas em estabelecimentos hospitalares adequados à realização do tratamento. Com efeito, o inimputável não pode, em nenhuma hipótese, ser responsabilizado pela falta de manutenção de estabelecimentos adequados ao cumprimento da medida de segurança, por ser essa responsabilidade do Estado. Precedentes citados: HC 81.959-MG, Quinta Turma, DJ 25/2/2008; RHC 13.346-SP, Quinta Turma, DJ 3/2/2003; e HC 22.916-MG, Quinta Turma, DJ 18/11/2002. **RHC 38.499-SP, Rel. Min. Maria Thereza De Assis Moura, julgado em 11/3/2014. (Inform. STJ 537)**

354 VADE MECUM DE JURISPRUDÊNCIA – STF/STJ

DIREITO PENAL E PROCESSUAL PENAL. PROCEDIMENTO PARA A CONVERSÃO DA PENA RESTRITIVA DE DIREITOS EM PRIVATIVA DE LIBERDADE.
É imprescindível a prévia intimação pessoal do reeducando que descumpre pena restritiva de direitos para que se proceda à conversão da pena alternativa em privativa de liberdade. Isso porque se deve dar oportunidade para que o reeducando esclareça as razões do descumprimento, em homenagem aos princípios do contraditório e da ampla defesa. Precedentes citados: HC 256.036-SP, Quinta Turma, DJe 3/9/2013; HC 221.404-RJ, Sexta Turma, DJe 23/4/2013. **HC 251.312-SP, Rel. Min. Moura Ribeiro, julgado em 18/2/2014. (Inform. STJ 536)**

DIREITO PENAL. BENEFÍCIOS DA EXECUÇÃO PENAL NO CASO DE ESTRANGEIRO EM SITUAÇÃO IRREGULAR NO BRASIL.
O fato de estrangeiro estar em situação irregular no país, por si só, não é motivo suficiente para inviabilizar os benefícios da execução penal. Isso porque a condição humana da pessoa estrangeira submetida a pena no Brasil é protegida constitucionalmente e no âmbito dos direitos humanos. Com efeito, esses são aplicáveis não só às relações internacionais, mas a todo o ordenamento jurídico interno, principalmente às normas de direito penal e processual penal, por incorporarem princípios que definem os direitos e garantias fundamentais. **HC 274.249-SP, Rel. Min. Marilza Maynard (Desembargadora convocada do TJ-SE), julgado em 4/2/2014. (Inform. STJ 535)**

DIREITO PENAL. PROGRESSÃO DE REGIME PRISIONAL DE CONDENADO ESTRANGEIRO NO CASO DE EXISTÊNCIA DE DECRETO DE EXPULSÃO.
É irrelevante a existência de decreto de expulsão em desfavor do estrangeiro na análise de pedido de progressão de regime de cumprimento da pena. Isso porque o art. 67 da Lei 6.815/1980 determina que, conforme o interesse nacional, a expulsão poderá ocorrer antes ou depois do cumprimento da sentença. Precedentes citados: AgRg no HC 260.768-SP, Sexta Turma, DJe 5/4/2013, e HC 186.490-RJ, Sexta Turma, DJe 13/2/2012. **HC 274.249-SP, Rel. Min. Marilza Maynard (Desembargadora convocada do TJ-SE), julgado em 4/2/2014. (Inform. STJ 535)**

DIREITO PENAL. CONDIÇÃO SUBJETIVA PARA LIVRAMENTO CONDICIONAL.
Para a concessão de livramento condicional, a avaliação da satisfatoriedade do comportamento do executado não pode ser limitada a um período absoluto e curto de tempo. Embora não se possa inviabilizar a concessão do livramento condicional apenas porque durante a execução penal o condenado cometeu uma falta grave, o comportamento de um recluso do sistema penitenciário há de ser aferido em sua inteireza, por todo o período em que esteve cumprindo sua pena. Cingir o "comprovado comportamento satisfatório durante a execução da pena", conforme demanda o art. 83, III, do CP, apenas a um curto período de tempo que antecede a análise do pedido implica dispensar o magistrado – especialmente o que está em permanente contato com a realidade dos presídios – de usar seu tirocínio, sua experiência e as informações de que dispõe nos autos para avaliar o merecimento do benefício pretendido pelo interno. O poder discricionário do juízo da execução penal não pode ser restringido a ponto de transformar a avaliação subjetiva em um simples cálculo aritmético. **REsp 1.325.182-DF, Rel. Min. Rogerio Schietti Cruz, julgamento em 20/2/2014. (Inform. STJ 535)**

DIREITO PROCESSUAL PENAL. PROCESSO ADMINISTRATIVO PARA APLICAÇÃO DE FALTA DISCIPLINAR AO PRESO. RECURSO REPETITIVO (ART. 543-C DO CPC E RES. 8/2008-STJ).
Para o reconhecimento da prática de falta disciplinar, no âmbito da execução penal, é imprescindível a instauração de procedimento administrativo pelo diretor do estabelecimento prisional, assegurado o direito de defesa, a ser realizado por advogado constituído ou defensor público nomeado. No âmbito da execução penal, a atribuição de apurar a conduta faltosa do detento, assim como realizar a subsunção do fato à norma legal, ou seja, verificar se a conduta corresponde a uma falta leve, média ou grave, e aplicar eventual sanção disciplinar é do diretor do estabelecimento prisional, em razão de ser o detentor do poder disciplinar (Seção III do Capítulo IV da LEP). Não se olvida, entretanto, que, em razão do cometimento de falta de natureza grave, determinadas consequências e sanções disciplinares são de competência do juízo da execução penal, quais sejam, a regressão de regime (art. 118, I), a revogação de saída temporária (art. 125), a perda dos dias remidos (art. 127) e a conversão de pena restritiva de direitos em privativa de liberdade (art. 181, § 1º, d, e § 2º). A propósito, o art. 48 estabelece que a autoridade administrativa "representará" ao juiz da execução penal para adoção dessas sanções disciplinares de

competência do juiz da execução penal. Dessa forma, constata-se que a LEP não deixa dúvida ao estabelecer que todo o "processo" de apuração da falta disciplinar (investigação e subsunção), assim como a aplicação da respectiva punição, é realizado dentro da unidade penitenciária, cuja responsabilidade é do seu diretor. Somente se for reconhecida a prática de falta disciplinar de natureza grave pelo diretor do estabelecimento prisional, é que será comunicado ao juiz da execução penal para que aplique determinadas sanções, que o legislador, excepcionando a regra, entendeu por bem conferir caráter jurisdicional. No tocante à formalização dessa sequência de atos concernentes à apuração da conduta faltosa do detento e aplicação da respectiva sanção, o art. 59 da LEP é expresso ao determinar que: "praticada a falta disciplinar, deverá ser instaurado o procedimento para a sua apuração, conforme regulamento, assegurado o direito de defesa". E mais, mesmo sendo a referida lei do ano de 1984, portanto, anterior à CF de 1988, ficou devidamente assegurado o direito de defesa do preso, que abrange não só a autodefesa, mas também a defesa técnica, a ser realizada por profissional devidamente inscrito nos quadros da OAB. Não por outro motivo o legislador disciplinou expressamente nos arts. 15, 16 e 83, § 5º, da LEP, a obrigatoriedade de instalação da Defensoria Pública nos estabelecimentos penais, a fim de assegurar a defesa técnica daqueles que não possuírem recursos financeiros para constituir advogado. Ademais, vale ressaltar que o direito de defesa garantido ao sentenciado tem assento constitucional, mormente porque o reconhecimento da prática de falta disciplinar de natureza grave acarreta consequências danosas que repercutem, em última análise, em sua liberdade. Com efeito, os incisos LIV e LV do art. 5º da CF respaldam a obrigatoriedade da presença de defensor regularmente constituído na OAB, em procedimento administrativo disciplinar, no âmbito da execução da pena. No particular, registre-se que a Súmula Vinculante 5, a qual dispõe que "a falta de defesa técnica por advogado no processo administrativo disciplinar não ofende a Constituição", não se aplica à execução penal. Primeiro, porque todos os precedentes utilizados para elaboração do aludido verbete sumular são originários de questões dos penais, onde estavam em discussão procedimentos administrativos de natureza previdenciária (RE 434.059); fiscal (AI 207.197); disciplinar-estatutário militar (RE 244.027); e tomada de contas especial (MS 24.961). Segundo, porque, conforme mencionado, na execução da pena está em jogo a liberdade do sentenciado, o qual se encontra em situação de extrema vulnerabilidade, revelando-se incompreensível que ele possa exercer uma ampla defesa sem o conhecimento técnico do ordenamento jurídico, não se podendo, portanto, equipará-lo ao indivíduo que responde a processo disciplinar na esfera cível-administrativa. Ademais, observa-se que o Regulamento Penitenciário Federal, aprovado pelo Dec. 6.049/2007 – que disciplina as regras da execução da pena em estabelecimento prisional federal, seguindo a diretriz traçada pela Lei 7.210/1984 (LEP) –, determina expressamente a obrigatoriedade de instauração de procedimento administrativo para apuração de falta disciplinar, bem como a imprescindibilidade da presença de advogado. Seria, portanto, um verdadeiro contrassenso admitir que o preso que cumpre pena em estabelecimento penal federal, regido pelo aludido Decreto, possua mais direitos e garantias em relação àquele que esteja cumprindo pena em presídio estadual. Ademais, quanto ao disposto no art. 118, I e § 2º, da LEP – que determina que o apenado deva ser ouvido previamente antes de ser regredido definitivamente de regime –, mesmo que se entenda que somente o juiz possa ouvi-lo, não se pode perder de vista que antes de ser aplicada qualquer sanção disciplinar pela prática de falta grave deve ser instaurado o devido procedimento administrativo pelo diretor do presídio. Somente após todo esse procedimento é que o diretor do estabelecimento prisional representará ao juiz da execução para que aplique as sanções disciplinares de sua competência, dentre elas, quando for o caso, a regressão de regime, ocasião em que o apenado deverá ser previamente ouvido, por meio de sua defesa técnica. Dessarte, verifica-se que a defesa do sentenciado no procedimento administrativo disciplinar revela-se muito mais abrangente em relação à sua oitiva prevista no art. 118, § 2º, da LEP, tendo em vista que esta tem por finalidade tão somente a questão acerca da regressão de regime, a ser determinada ou não pelo juiz da execução. Nota-se que os procedimentos não se confundem. Ora, se de um lado, o PAD visa apurar a ocorrência da própria falta grave, com observância do contraditório e da ampla defesa, bem como a aplicação de diversas sanções disciplinares pela autoridade administrativa; de outro, a oitiva do apenado tem como único objetivo a aplicação da sanção concernente à regressão de regime, exigindo-se, por óbvio, que já tenha sido reconhecida a falta grave pelo diretor do presídio. Conquanto a execução penal seja uma atividade complexa, pois desenvolve-se nos planos jurisdicional e administrativo, da leitura dos dispositivos da LEP, notadamente do seu art. 66, que dispõe sobre a competência do juiz da execução, conclui-se que não há nenhum dispositivo autorizando o magistrado instaurar diretamente procedimento judicial para apuração de falta grave. Assim, embora o juiz da Vara de Execuções Penais possa exercer, quando provocado, o controle de legalidade dos atos administrativos realizados pelo diretor do estabelecimento prisional, bem como possua competência para determinadas questões no âmbito da execução penal, não lhe é permitido adentrar em matéria de atribuição exclusiva da autoridade administrativa, no que concerne à instauração do procedimento para fins de apuração do cometimento de falta disciplinar pelo preso, sob pena de afronta ao princípio da legalidade. **REsp 1.378.557-RS, Rel. Min. Marco Aurélio Bellizze, julgado em 23/10/2013. (Inform. STJ 532)**

DIREITO PROCESSUAL PENAL. ILEGALIDADE NO RECONHECIMENTO DE FALTA GRAVE.
A mudança de endereço sem autorização judicial durante o curso do livramento condicional, em descumprimento a uma das condições impostas na decisão que concedeu o benefício, não configura, por si só, falta disciplinar de natureza grave. Com efeito, essa conduta não está prevista no art. 50 da LEP, cujo teor estabelece, em rol taxativo, as hipóteses de falta grave, a saber, as situações em que o condenado à pena privativa de liberdade: a) incitar ou participar de movimento para subverter a ordem ou a disciplina; b) fugir; c) possuir, indevidamente, instrumento capaz de ofender a integridade física de outrem; d) provocar acidente de trabalho; e) descumprir, no regime aberto, as condições impostas; f) inobservar os deveres previstos nos incisos II e V do artigo 39 da LEP; e g) tiver em sua posse, utilizar ou fornecer aparelho telefônico, de rádio ou similar, que permita a comunicação com outros presos ou com o ambiente externo. Desse modo, não é possível o reconhecimento da falta grave com fundamento na simples mudança de endereço durante o curso do livramento condicional, sem que evidenciada situação de fuga, sob pena de ofensa ao princípio da legalidade. **HC 203.015-SP, Rel. Min. Maria Thereza de Assis Moura, julgado em 26/11/2013. (Inform. STJ 532)**

DIREITO PROCESSUAL PENAL. IMPOSSIBILIDADE DE CUMPRIMENTO DE MEDIDA DE SEGURANÇA EM ESTABELECIMENTO PRISIONAL COMUM.
O inimputável submetido à medida de segurança de internação em hospital de custódia e tratamento psiquiátrico não poderá cumpri-la em estabelecimento prisional comum, ainda que sob a justificativa de ausência de vagas ou falta de recursos estatais. Isso porque não pode o paciente ser submetido a situação mais gravosa do que aquela definida judicialmente. Precedentes citados: HC 211.750-SP, Sexta Turma, DJe 26/10/2011; HC 207.019-SP, Quinta Turma, DJe 31/8/2011. **HC 231.124-SP, Rel. Min. Laurita Vaz, julgado em 23/4/2013. (Inform. STJ 522)**

DIREITO PENAL. REQUISITOS PARA A CONCESSÃO DE PRISÃO DOMICILIAR.
A superlotação carcerária e a precariedade das condições da casa de albergado não são justificativas suficientes para autorizar o deferimento de pedido de prisão domiciliar. De fato, conforme o art. 117 da LEP, somente se admitirá o recolhimento do beneficiário de regime aberto em residência particular quando se tratar de condenado maior de 70 (setenta) anos, condenado acometido de doença grave, condenada com filho menor ou deficiente físico ou mental, ou condenada gestante. Além disso, cumpre ressaltar que, excepcionalmente, quando o sentenciado se encontrar cumprindo pena em estabelecimento destinado a regime mais gravoso, por inexistência de vagas no regime adequado, admite-se, provisoriamente, a concessão da prisão domiciliar. Dessa forma, não se enquadrando a situação analisada em nenhuma das hipóteses descritas, não é cabível a concessão da prisão domiciliar. Precedentes citados: AgRg no HC 258.638-RS, Quinta Turma, DJe 1º/3/2013; e HC 153.498-RS, Quinta Turma, DJe 26/4/2010. **HC 240.715-RS, Rel. Min. Laurita Vaz, julgado em 23/4/2013. (Inform. STJ 520)**

DIREITO PROCESSUAL PENAL. INOCORRÊNCIA DE FALTA GRAVE PELA POSSE DE UM CABO USB, UM FONE DE OUVIDO E UM MICROFONE POR VISITANTE DE PRESO.
No âmbito da execução penal, não configura falta grave a posse, em estabelecimento prisional, de um cabo USB, um fone de ouvido e um microfone por visitante de preso. Primeiramente, os referidos componentes eletrônicos não se amoldam às hipóteses previstas no art. 50, VII, da Lei 7.210/1984 porque, embora sejam considerados acessórios eletrônicos, não são essenciais ao funcionamento de aparelho de telefonia celular ou de rádio de comunicação e, por isso, não se enquadram na finalidade da norma proibitiva que é a de impedir a comunicação intra e extramuros. Além disso, também não há como falar em configuração de falta grave, pois a conduta

praticada por visitante não pode alcançar a pessoa do preso, tendo em vista que os componentes eletrônicos não foram apreendidos com o detento, mas com seu visitante. **HC 255.569-SP, Rel. Min. Marco Aurélio Bellizze, julgado em 21/3/2013. (Inform. STJ 519)**

DIREITO PROCESSUAL PENAL. FALTA GRAVE DECORRENTE DA POSSE DE CHIP DE TELEFONIA MÓVEL POR PRESO.
No âmbito da execução penal, configura falta grave a posse de chip de telefonia móvel por preso. Essa conduta se adéqua ao disposto no art. 50, VII, da LEP, de acordo com o qual constitui falta grave a posse de aparelho telefônico, de rádio ou similar que permita a comunicação com outros presos ou com o ambiente externo. Trata-se de previsão normativa cujo propósito é conter a comunicação entre presos e seus comparsas que estão no ambiente externo, evitando-se, assim, a deletéria conservação da atividade criminosa que, muitas vezes, conduziu-os ao aprisionamento. Portanto, há de se ter por configurada falta grave também pela posse de qualquer outra parte integrante do aparelho celular. Conclusão diversa permitiria o fracionamento do aparelho entre cúmplices apenas com o propósito de afastar a aplicação da lei e de escapar das sanções nela previstas. **HC 260.122-RS, Rel. Min. Marco Aurélio Bellizze, julgado em 21/3/2013. (Inform. STJ 517)**.

Súmula Vinculante 26
Para efeito de progressão de regime no cumprimento de pena por crime hediondo, ou equiparado, o juízo da execução observará a inconstitucionalidade do art. 2º da Lei n. 8.072, de 25 de julho de 1990, sem prejuízo de avaliar se o condenado preenche, ou não, os requisitos objetivos e subjetivos do benefício, podendo determinar, para tal fim, de modo fundamentado, a realização de exame criminológico.

Súmula Vinculante 9
O disposto no artigo 127 da Lei nº 7.210/1984 (Lei de Execução Penal) foi recebido pela ordem constitucional vigente, e não se lhe aplica o limite temporal previsto no *caput* do artigo 58.

Súmula Vinculante 5
A falta de defesa técnica por advogado no processo administrativo disciplinar não ofende a Constituição.

Súmula STF nº 717
Não impede a progressão de regime de execução da pena, fixada em sentença não transitada em julgado, o fato de o réu se encontrar em prisão especial.

Súmula STF nº 716
Admite-se a progressão de regime de cumprimento da pena ou a aplicação imediata de regime menos severo nela determinada, antes do trânsito em julgado da sentença condenatória.

Súmula STF nº 715
A pena unificada para atender ao limite de trinta anos de cumprimento, determinado pelo art. 75 do Código Penal, não é considerada para a concessão de outros benefícios, como o livramento condicional ou regime mais favorável de execução.

Súmula STJ nº 535
A prática de falta grave não interrompe o prazo para fim de comutação de pena ou indulto.

Súmula STJ nº 534
A prática de falta grave interrompe a contagem do prazo para a progressão de regime de cumprimento de pena, o qual se reinicia a partir do cometimento dessa infração.

Súmula STJ nº 533
Para o reconhecimento da prática de falta disciplinar no âmbito da execução penal, é imprescindível a instauração de procedimento administrativo pelo diretor do estabelecimento prisional, assegurado o direito de defesa, a ser realizado por advogado constituído ou defensor público nomeado.

Súmula STJ nº 526
O reconhecimento de falta grave decorrente do cometimento de fato definido como crime doloso no cumprimento da pena prescinde do trânsito em julgado de sentença penal condenatória no processo penal instaurado para apuração do fato.

Súmula STJ nº 521

A legitimidade para a execução fiscal de multa pendente de pagamento imposta em sentença condenatória é exclusiva da Procuradoria da Fazenda Pública.

Súmula STJ nº 520

O benefício de saída temporária no âmbito da execução penal é ato jurisdicional insuscetível de delegação à autoridade administrativa do estabelecimento prisional.

Súmula STJ nº 491

É inadmissível a chamada progressão *per saltum* de regime prisional.

Súmula STJ nº 471

Os condenados por crimes hediondos ou assemelhados cometidos antes da vigência da Lei n. 11.464/2007 sujeitam-se ao disposto no art. 112 da Lei n. 7.210/1984 (Lei de Execução Penal) para a progressão de regime prisional.

Súmula STJ nº 441

A falta grave não interrompe o prazo para obtenção de livramento condicional.

Súmula STJ nº 439

Admite-se o exame criminológico pelas peculiaridades do caso, desde que em decisão motivada.

Súmula STJ nº 341

A frequência a curso de ensino formal é causa de remição de parte do tempo de execução de pena sob regime fechado ou semiaberto.

Súmula STJ nº 40

Para obtenção dos benefícios de saída temporária e trabalho externo, considera-se o tempo de cumprimento da pena no regime fechado.

17. LEI MARIA DA PENHA – ASPECTOS PROCESSUAIS

REPERCUSSÃO GERAL EM ARE N. 773.765-PR

RELATOR: MIN. GILMAR MENDES
Recurso extraordinário com agravo. Repercussão Geral. 2. Crime de lesão corporal praticado contra a mulher no âmbito doméstico e familiar. Ação penal pública incondicionada. ADI 4.424. 3. Agravo conhecido e recurso extraordinário provido para cassar o acórdão proferido pela 1ª Câmara Criminal do Tribunal de Justiça do Estado do Paraná, determinando a apreciação do mérito da apelação interposta pelo Ministério Público Estadual. 4. Reafirmação de jurisprudência. **(Inform. STF 744)**

DIREITO PENAL. DESCUMPRIMENTO DE MEDIDA PROTETIVA DE URGÊNCIA PREVISTA NA LEI MARIA DA PENHA.

O descumprimento de medida protetiva de urgência prevista na Lei Maria da Penha (art. 22 da Lei 11.340/2006) não configura crime de desobediência (art. 330 do CP). De fato, a jurisprudência do STJ firmou o entendimento de que, para a configuração do crime de desobediência, não basta apenas o não cumprimento de uma ordem judicial, sendo indispensável que inexista a previsão de sanção específica em caso de descumprimento (HC 115.504-SP, Sexta Turma, DJe 9/2/2009). Desse modo, está evidenciada a atipicidade da conduta, porque a legislação previu alternativas para que ocorra o efetivo cumprimento das medidas protetivas de urgência, previstas na Lei Maria da Penha, prevendo sanções de natureza civil, processual civil, administrativa e processual penal. Precedentes citados: REsp 1.374.653-MG, Sexta Turma, DJe 2/4/2014; e AgRg no Resp 1.445.446-MS, Quinta Turma, DJe 6/6/2014. **RHC 41.970-MG, Rel. Min. Laurita Vaz, julgado em 7/8/2014 (Vide Informativo n. 538). (Inform. STJ 544)**

DIREITO PENAL E PROCESSUAL PENAL. INAPLICABILIDADE DA TRANSAÇÃO PENAL ÀS CONTRAVENÇÕES PENAIS PRATICADAS CONTRA MULHER NO CONTEXTO DE VIOLÊNCIA DOMÉSTICA.

A transação penal não é aplicável na hipótese de contravenção penal praticada com violência doméstica e familiar contra a mulher. De fato, a interpretação literal do art. 41 da Lei Maria da Penha ("Aos crimes praticados com violência doméstica e familiar contra a mulher, independentemente da pena prevista, não se aplica a Lei 9.099, de 26 de setembro de 1995.") viabilizaria, em apressado olhar, a conclusão de que os institutos despenalizadores da Lei 9.099/1995, entre eles a transação penal, seriam aplicáveis às contravenções penais praticadas com violência doméstica e familiar contra a mulher. Entretanto, o legislador, ao editar a Lei 11.340/2006, conferiu concretude ao texto constitucional (art. 226, § 8°, da CF) e aos tratados e as convenções internacionais de erradicação de todas as formas de violência contra a mulher, a fim de mitigar, tanto quanto possível, qualquer tipo de violência doméstica e familiar contra a mulher, abrangendo não só a violência física, mas, também, a psicológica, a sexual, a patrimonial, a social e a moral. Desse modo, à luz da finalidade última da norma (Lei 11.340/2006) e do enfoque da ordem jurídico-constitucional, considerando, ainda, os fins sociais a que a lei se destina, a aplicação da Lei 9.099/1995 é afastada pelo art. 41 da Lei 11.340/2006, tanto em relação aos crimes quanto às contravenções penais praticados contra mulheres no âmbito doméstico e familiar. Ademais, o STJ e o STF já se posicionaram no sentido de que os institutos despenalizadores da Lei 9.099/1995, entre eles a transação penal, não se aplicam a nenhuma prática delituosa contra a mulher no âmbito doméstico e familiar, ainda que configure contravenção penal. Precedente citado do STJ: HC 196.253-MS, Sexta Turma, DJe 31/5/2013. Precedente citado do STF: HC 106.212-MS, Tribunal Pleno, DJe 13/6/2011. **HC 280.788-RS, Rel. Min. Rogerio Schietti Cruz, julgado em 3/4/2014. (Inform. STJ 539)**

DIREITO PROCESSUAL PENAL. DEFINIÇÃO DA COMPETÊNCIA PARA APURAÇÃO DA PRÁTICA DO CRIME PREVISTO NO ART. 241 DO ECA.

Não tendo sido identificado o responsável e o local em que ocorrido o ato de publicação de imagens pedófilo-pornográficas em site de relacionamento de abrangência internacional, competirá ao juízo federal que primeiro tomar conhecimento do fato apurar o suposto crime de publicação de pornografia envolvendo criança ou adolescente (art. 241 do ECA). Por se tratar de site de relacionamento de abrangência internacional – que possibilita o acesso dos dados constantes de suas páginas, em qualquer local do mundo, por qualquer pessoa dele integrante – deve ser reconhecida, no que diz respeito ao crime em análise, a transnacionalidade necessária à determinação da competência da Justiça Federal. Posto isso, cabe registrar que o delito previsto no art. 241 do ECA se consuma com o ato de publicação das imagens. Entretanto, configurada dúvida quanto ao local do cometimento da infração e em relação ao responsável pela divulgação das imagens contendo pornografia infantil, deve se firmar a competência pela prevenção a favor do juízo federal em que as investigações tiveram início (art. 72, § 2°, do CPP). **CC 130.134-TO, Rel. Min. Marilza Maynard (Desembargadora convocada do TJ-SE), julgado em 9/10/2013. (Inform. STJ 532)**

DIREITO PROCESSUAL PENAL. DETERMINAÇÃO EM LEI ESTADUAL DE COMPETÊNCIA DO JUÍZO DA INFÂNCIA E DA JUVENTUDE PARA O PROCESSAMENTO DE AÇÃO PENAL DECORRENTE DA PRÁTICA DE CRIME CONTRA CRIANÇA OU ADOLESCENTE.

Devem ser anulados os atos decisórios do processo, desde o recebimento da denúncia, na hipótese em que o réu, maior de 18 anos, acusado da prática do crime de estupro de vulnerável (art. 217-A, caput, do CP), tenha sido, por esse fato, submetido a julgamento perante juízo da infância e da juventude, ainda que lei estadual estabeleça a competência do referido juízo para processar e julgar ação penal decorrente da prática de crime que tenha como vítima criança ou adolescente. De fato, o ECA permitiu que os Estados e o Distrito Federal possam criar, na estrutura do Poder Judiciário, varas especializadas e exclusivas para processar e julgar demandas envolvendo crianças e adolescentes (art. 145). Todavia, o referido diploma restringiu, no seu art. 148, quais matérias podem ser abrangidas por essas varas. Neste dispositivo, não há previsão de competência para julgamento de feitos criminais na hipótese de vítimas crianças ou adolescentes. Dessa forma, não é possível a ampliação do rol de competência do juizado da infância e da juventude por meio de lei estadual, de modo a modificar o juízo natural da causa. Precedentes citados: RHC 30.241-RS, Quinta Turma, DJe 22/8/2012; HC 250.842-RS, Sexta Turma, DJe 21/6/2013. **RHC 37.603-RS, Rel. Min. Assusete Magalhães, DJe 16/10/2013. (Inform. STJ 529)**

DIREITO PROCESSUAL PENAL. DETERMINAÇÃO, EM LEI ESTADUAL, DE COMPETÊNCIA DO JUÍZO DA INFÂNCIA E DA JUVENTUDE PARA A AÇÃO PENAL DECORRENTE DA PRÁTICA DE CRIME CONTRA CRIANÇA OU ADOLESCENTE.

O maior de 18 anos acusado da prática de estupro de vulnerável (art. 217-A, caput, do CP) pode, por esse fato, ser submetido a julgamento perante juízo da infância e da juventude na hipótese em que lei estadual,

de iniciativa do tribunal de justiça, estabeleça a competência do referido juízo para processar e julgar ação penal decorrente da prática de crime que tenha como vítima criança ou adolescente. A jurisprudência do STJ havia se pacificado no sentido de que a atribuição conferida pela CF aos tribunais de justiça estaduais de disciplinar a organização judiciária não implicaria autorização para revogar, ampliar ou modificar disposições sobre competência previstas em lei federal. Nesse contexto, em diversos julgados no STJ, entendeu-se que, como o art. 148 da Lei 8.069/90 (ECA) disciplina exaustivamente a competência das varas especializadas da infância e juventude, lei estadual não poderia ampliar esse rol, conferindo-lhes atribuição para o julgamento de processos criminais, que são completamente alheios à finalidade do ECA, ainda que sejam vítimas crianças e adolescentes. Todavia, em recente julgado, decidiu-se no STF que tribunal de justiça pode atribuir a competência para o julgamento de crimes sexuais contra crianças e adolescentes ao juízo da vara da Infância e juventude, por agregação, ou a qualquer outro juízo que entender adequado, ao estabelecer a organização e divisão judiciária. Precedente citado do STF: HC 113.102-RS, Primeira Turma, DJe 15/2/2013. **HC 219.218-RS, Rel. Min. Laurita Vaz, julgado em 17/9/2013. (Inform. STJ 528)**

DIREITO PROCESSUAL PENAL. DETERMINAÇÃO, EM LEI ESTADUAL, DE COMPETÊNCIA DO JUÍZO DA INFÂNCIA E DA JUVENTUDE PARA A AÇÃO PENAL DECORRENTE DA PRÁTICA DE CRIME CONTRA CRIANÇA OU ADOLESCENTE.
É nulo o processo, desde o recebimento da denúncia, na hipótese em que o réu, maior de 18 anos, acusado da prática do crime de estupro de vulnerável (art. 217-A do CP), tenha sido, por esse fato, submetido a julgamento perante juízo da infância e da juventude, ainda que exista lei estadual que estabeleça a competência do referido juízo para processar e julgar ação penal decorrente da prática de crime que tenha como vítima criança ou adolescente. Com efeito, a atribuição conferida pela CF aos tribunais de justiça estaduais de disciplinar a organização judiciária não implica autorização para revogar, ampliar ou modificar disposições sobre competência previstas em lei federal. Nesse contexto, para que não haja afronta à CF e à legislação federal, deve-se considerar que a faculdade concedida aos estados e ao DF de criar varas da infância e da juventude (art. 145 do ECA) não se confunde com a possibilidade de ampliar o rol de hipóteses de competência estabelecido no art. 148 do mesmo diploma legal, que não contempla qualquer permissivo para julgamento de feitos criminais no âmbito do juízo da infância e juventude. **RHC 34.742-RS, Rel. Min. Jorge Mussi, julgado em 15/8/2013. (Inform. STJ 526)**

18. LEGISLAÇÃO EXTRAVAGANTE

Interceptação telefônica e transcrição integral - 1
Não é necessária a transcrição integral das conversas interceptadas, desde que possibilitado ao investigado o pleno acesso a todas as conversas captadas, assim como disponibilizada a totalidade do material que, direta e indiretamente, àquele se refira, sem prejuízo do poder do magistrado em determinar a transcrição da integralidade ou de partes do áudio. Essa a conclusão do Plenário que, por maioria, rejeitou preliminar de cerceamento de defesa pela ausência de transcrição integral das interceptações telefônicas realizadas. O Tribunal reafirmou que a concessão de acesso às gravações afastaria a referida alegação, porquanto, na espécie, os dados essenciais à defesa teriam sido fornecidos. Ademais, destacou que se estaria em fase de inquérito, no qual a denúncia poderia ser recebida com base em prova indiciária. O Ministro Ricardo Lewandowski salientou a necessidade de o STF estabelecer diretrizes em relação à quebra de sigilo telefônico e de dados. Observou, ainda, que nem sempre seria viável, do ponto de vista pragmático, colocar, desde logo, à disposição da defesa todos os dados colhidos e ainda sigilosos. Vencidos os Ministros Marco Aurélio e Celso de Mello, que acolhiam a preliminar para que o julgamento fosse convertido em diligência, a fim de que ocorresse a degravação da íntegra dos diálogos. O Ministro Marco Aurélio realçava a utilização de dados que, de início, somente serviriam a uma das partes do processo, a saber, o Estado-acusador. Além disso, consignava que a Lei 9.296/1996 preconiza a degravação das conversas e a realização de audiência pública para eliminar o que não diria respeito ao objeto da investigação. O Ministro Celso de Mello, em acréscimo, mencionou o postulado da comunhão da prova, a qual não pertenceria a qualquer dos sujeitos processuais, mas se incorporaria ao processo. Afirmava, também, a imprescindibilidade de acesso ao conteúdo integral dos diálogos, para que fosse efetivado o direito à prova. A Corte repeliu, outrossim, a assertiva de inexistência de autorização judicial para a quebra de sigilo. Aduziu não haver demonstração de que a interceptação tivesse sido efetuada de modo irregular.
Inq 3693/PA, rel. Min. Cármen Lúcia, 10.4.2014. (Inq-3693)

Interceptação telefônica e transcrição integral - 2
No mérito, por votação majoritária, o Colegiado julgou improcedente a acusação formulada em desfavor de deputado federal pela suposta prática do crime de corrupção eleitoral ativa (Código Eleitoral: "Art. 299. Dar, oferecer, prometer, solicitar ou receber, para si ou para outrem, dinheiro, dádiva, ou qualquer outra vantagem, para obter ou dar voto e para conseguir ou prometer abstenção, ainda que a oferta não seja aceita"). A acusação sustentava que o parlamentar teria solicitado a representantes estaduais da Secretaria de Estado de Meio Ambiente - Sema e da Superintendência do Instituto Brasileiro do Meio Ambiente e dos Recursos Naturais Renováveis - Ibama a aprovação indevida de planos de manejo ambiental de terceiros com o objetivo de angariar votos na eleição de 2010, quando concorria ao cargo de deputado federal. O Plenário reputou que a conduta imputada ao denunciado não se enquadraria ao tipo penal em questão, o qual exigiria dolo específico, consistente na obtenção de voto ou na promessa de abstenção. Asseverou que dos diálogos contidos na denúncia não se depreenderia a entrega, o oferecimento ou a promessa de vantagem para a obtenção de votos. A Corte ressaltou que o delito de corrupção eleitoral ativa se consumaria com a promessa, doação ou oferecimento de bem, dinheiro ou qualquer outra vantagem a eleitores com o propósito de obter voto ou de conseguir abstenção. Entendeu, por outro lado, que a eventual intermediação do parlamentar estaria mais ligada à obtenção de apoio político, visando o êxito de sua candidatura. Vencidos os Ministros Roberto Barroso e Marco Aurélio, que recebiam a denúncia. O Ministro Roberto Barroso assentava que o especial fim de agir de obtenção da promessa de voto fora descrito e haveria amparo em elementos de informação, os quais deveriam ser aferidos somente após a instrução processual. Considerava ter havido a descrição de oferecimento de vantagem para a obtenção de voto, mesmo ausente referência na denúncia à abordagem direta a eleitor, haja vista que os beneficiários dessa vantagem oferecida seriam os eleitores identificados nos processos administrativos. O Ministro Marco Aurélio vislumbrava a ocorrência de indícios de prática enquadrável penalmente, quer considerado o art. 321 do CP (advocacia administrativa), quer o art. 299 do Código Eleitoral.
Inq 3693/PA, rel. Min. Cármen Lúcia, 10.4.2014. (Inq-3693) (Inform. STF 742)

Interceptação telefônica e prorrogações
Não se revestem de ilicitude as escutas telefônicas autorizadas judicialmente, bem como suas prorrogações, ante a necessidade de investigação diferenciada e contínua, demonstradas a complexidade e a gravidade dos fatos. Com base nessa orientação, a 2ª Turma denegou "habeas corpus", em que se sustentava a nulidade das interceptações telefônicas realizadas. Na espécie, no curso de investigação da polícia federal destinada a apurar delitos contra a Administração Pública Federal, praticados por grupo de empresários, as interceptações telefônicas, devidamente autorizadas por juízo de 1º grau, revelaram que delitos de outra natureza estariam sendo praticados por grupo diverso, voltado à obtenção ilícita de lucros por meio de contratação e execução de obras públicas em vários Estados-membros com fraude em licitações. Diante do envolvimento de autoridades com prerrogativa de foro, determinara-se o deslocamento do feito para o STJ, cuja relatora autorizara a interceptação telefônica e sua prorrogação, o que culminara na indicação do paciente como envolvido em grupo criminoso. A Turma destacou que decisão proferida no STJ, ao autorizar a interceptação telefônica, estaria fundamentada ante a complexidade do esquema a envolver agentes públicos e políticos, aliada à dificuldade em se colher provas tradicionais. Pontuou que os atos estariam em consonância com a Lei 9.296/1996, que regulamenta o inciso XII, parte final, do art. 5º da CF ("é inviolável o sigilo da correspondência e das comunicações telegráficas, de dados e das comunicações telefônicas, salvo, no último caso, por ordem judicial, nas hipóteses e na forma que a lei estabelecer para fins de investigação criminal ou instrução processual penal"). **HC 119770/BA, rel. Min. Gilmar Mendes, 8.4.2014. (HC-1197700) (Inform. STF 742)**

RHC N. 108.496-RJ

RELATORA: MIN. CÁRMEN LÚCIA

EMENTA: RECURSO ORDINÁRIO EM *HABEAS CORPUS*. PENAL. PROCESSUAL PENAL. INTERCEPTAÇÃO TELEFÔNICA. VEREADOR. PRERROGATIVA DE FORO ESTABELECIDA EM CONSTITUIÇÃO ESTADUAL. ALEGAÇÃO DE OFENSA AO PRINCÍPIO DO JUIZ NATURAL. PRORROGAÇÕES SUCESSIVAS DA MEDIDA. AUSÊNCIA DE NULIDADE. IMPROCEDÊNCIA.

1. Art. 1º da Lei 9.296/96: interceptação telefônica é medida cautelar, dependente de ordem do juiz competente da ação principal. Tratando-se de medida preparatória, postulada no curso da investigação criminal; competência aventada entendida e aplicada com temperamentos. Precedente.
2. Entendimento jurisprudencial consolidado quanto à constitucionalidade da prerrogativa de foro estabelecida pela al. *d* do inc. IV do art. 161 da Constituição Estadual do Rio de Janeiro: não há incompetência absoluta do juízo de 1ª instância para autorização de interceptação telefônica de vereador.
3. Admite-se prorrogação sucessiva de interceptação telefônica, se os fatos forem *"complexos e graves"* (Inq. 2424, Relator o Ministro Cezar Peluso, DJ 26.03.2010) e as decisões sejam *"devidamente fundamentas pelo juízo competente quanto à necessidade de prosseguimento das investigações"* (RHC 88.371, Relator o Ministro Gilmar Mendes, DJ 02.02.2007).
4. O período das escutas telefônicas autorizadas e o número de terminais alcançados subordinam-se à necessidade da investigação e ao princípio da razoabilidade. Precedentes.
5. Recurso ao qual se nega provimento. **(Inform. STF 738)**

DIREITO PROCESSUAL PENAL. EXTRADIÇÃO SUPLETIVA. Caso seja oferecida denúncia pelo Ministério Público por fato anterior e não contido na solicitação de extradição da pessoa entregue, deve a ação penal correspondente ser suspensa até que seja julgado pedido de extradição supletiva, nos termos do art. 14 do Decreto 4.975/2004 (Acordo de Extradição entre Estados Partes do Mercosul). O art. 14 do referido diploma dispõe que: "1. Do Princípio da Especialidade. A pessoa entregue não será detida, julgada nem condenada, no território do Estado Parte requerente, por outros delitos cometidos previamente à data de solicitação da extradição, e não contidos nesta, salvo nos seguintes casos: a) quando a pessoa extraditada, podendo abandonar o território do Estado Parte ao qual foi entregue, nele permanecer voluntariamente por mais de 45 dias corridos após sua libertação definitiva ou a ele regressar depois de tê-lo abandonado; b) quando as autoridades competentes do Estado Parte requerido consentirem na extensão da extradição para fins de detenção, julgamento ou condenação da referida pessoa em função de qualquer outro delito. 2. Para tal efeito, o Estado Parte requerente deverá encaminhar ao Estado Parte requerido pedido formal de extensão da extradição, cabendo ao Estado Parte requerido decidir se a concede. O referido pedido deverá ser acompanhado dos documentos previstos no parágrafo 4 do Artigo 18 deste Acordo e de declaração judicial sobre os fatos que motivaram o pedido de extensão, prestada pelo extraditado com a devida assistência jurídica." O princípio da especialidade previsto no referido dispositivo se revela como uma proteção ao extraditando de não ser detido, processado ou condenado por delitos cometidos em datas anteriores à solicitação de extradição. Ademais, o pedido de extradição supletiva ou suplementar (art. 14, § 2º) não viola tal princípio, sendo juridicamente possível (STF, Ext 1.052 extensão - Reino dos Países Baixos, Tribunal Pelo, DJe 5/12/2008). Precedente do STF: Inq 731 QO/AG - Argélia, Tribunal Pleno, DJe de 20/10/1995). **RHC 45.569-MT, Rel. Min. Felix Fischer, julgado em 4/8/2015, DJe 12/8/2015 (Inform. STJ 566).**

📖 Súmula STF nº 564

A ausência de fundamentação do despacho de recebimento de denúncia por crime falimentar enseja nulidade processual, salvo se já houver sentença condenatória.

📖 Súmula STJ nº 342

No procedimento para aplicação de medida socioeducativa, é nula a desistência de outras provas em face da confissão do adolescente.

📖 Súmula STJ nº 265

É necessária a oitiva do menor infrator antes de decretar-se a regressão da medida socioeducativa.

📖 Súmula STJ nº 51

A punição do intermediador, no jogo do bicho, independe da identificação do "apostador" ou do "banqueiro".

5. DIREITO CONSTITUCIONAL

1. DIREITOS E DEVERES INDIVIDUAIS E COLETIVOS

REPERCUSSÃO GERAL EM RE N. 806.339-SE
RELATOR: MIN. MARCO AURÉLIO
LIBERDADE DE REUNIÃO – AUTORIDADE COMPETENTE – PRÉVIO AVISO – ARTIGO 5º, INCISO XVI, DA CONSTITUIÇÃO FEDERAL – ALCANCE – RECURSO EXTRAORDINÁRIO – REPERCUSSÃO GERAL CONFIGURADA. Possui repercussão geral a controvérsia alusiva ao alcance da exigência de prévio aviso à autoridade competente como pressuposto para o exercício do direito versado no artigo 5º, inciso XVI, da Carta de 1988. **(Inform. STF 810)**

Transexual e direito a identidade de gênero
O Plenário iniciou julgamento de recurso extraordinário em que se discute a reparação de danos morais a transexual que teria sido constrangida por funcionário de "shopping center" ao tentar utilizar banheiro feminino. O Ministro Roberto Barroso (relator) deu provimento ao recurso extraordinário para que fosse reformado o acórdão recorrido e restabelecida a sentença que condenara o "shopping" a pagar indenização de R$ 15 mil pela retirada da transexual do banheiro. Além disso, propôs a seguinte tese para efeito de repercussão geral: "Os transexuais têm direito a serem tratados socialmente de acordo com a sua identidade de gênero, inclusive na utilização de banheiro de acesso público". Afirmou que seria direito fundamental dos transexuais serem tratados socialmente de acordo com sua identidade de gênero. Ressaltou que o princípio da dignidade da pessoa humana incluiria valor intrínseco de todos os seres humanos. Portanto, o transexual teria o direito fundamental de ser reconhecido e de ser tratado pelo seu valor intrínseco, por sua dimensão ontológica. O valor intrínseco geraria um conjunto de direitos entre os quais se destacaria o direito à igualdade. Portanto, toda pessoa teria o mesmo valor intrínseco que a outra e consequentemente teria o mesmo direito ao respeito e à consideração. Sublinhou que a ótica da igualdade como reconhecimento visaria justamente combater práticas culturais enraizadas que inferiorizariam e estigmatizariam grupos sociais. Enfatizou que o papel do Estado, da sociedade e de um tribunal constitucional, em nome do princípio da igualdade materializado na Constituição, seria restabelecer ou proporcionar, na maior extensão possível, a igualdade dessas pessoas, dever-se-lhes-ia ser atribuído o mesmo valor intrínseco que todos teriam dentro da sociedade. Destacou que outra dimensão da dignidade da pessoa humana seria a dignidade como autonomia do indivíduo, o que consubstanciaria no livre arbítrio das pessoas, na autodeterminação, na capacidade de fazer suas escolhas existenciais essenciais e de desenvolver sua personalidade. Assim, deixar de reconhecer a um indivíduo a possibilidade de viver a sua identidade de gênero seria privá-lo de uma das dimensões que dariam sentido a sua existência. Frisou que a mera presença de transexual feminina em áreas comuns de banheiro feminino poderia gerar algum constrangimento a mulheres, porém não seria comparável àquele suportado por um transexual que não teria a sua condição respeitada pela sociedade. Consignou que um Estado democrático teria o dever constitucional de proteger as minorias. Observou que a democracia não teria apenas a dimensão formal de ser o governo das maiorias, mas também uma dimensão substantiva que seria a proteção dos direitos fundamentais das pessoas. O Ministro Edson Fachin acompanhou o relator, porém majorou a indenização para R$ 50 mil e determinou a reautuação dos autos com o nome social da recorrente. Em seguida, pediu vista o Ministro Luiz Fux.
RE 845779/SC, rel. Min. Roberto Barroso, 19.11.2015. (RE-845779) (Inform. STF 808)

REPERCUSSÃO GERAL EM RE N. 865.401-MG
RELATOR: MIN. DIAS TOFFOLI
EMENTA: Direito constitucional. Direito fundamental de acesso à informação de interesse coletivo ou geral. Recurso extraordinário que se funda na violação do art. 5º, inciso XXXIII, da Constituição Federal. Pedido de vereador, como parlamentar e cidadão, formulado diretamente ao chefe do Poder Executivo,

solicitando informações e documentos sobre a gestão municipal. Pleito que foi indeferido. Invocação do direito fundamental de acesso à informação, do dever do poder público à transparência e dos princípios republicano e da publicidade. Tese da municipalidade fundada na ingerência indevida, na separação de poderes e na diferença entre prerrogativas da casa legislativa e dos parlamentares. Repercussão geral reconhecida. **(Inform. STF 802)**

REPERCUSSÃO GERAL EM RE N. 662.055-SP
RELATOR: MIN. ROBERTO BARROSO
Ementa: DIREITO CONSTITUCIONAL. RECURSO EXTRAORDINÁRIO. LIBERDADE DE EXPRESSÃO, DIREITOS DOS ANIMAIS E RELEVANTE PREJUÍZO COMERCIAL A EVENTO CULTURAL TRADICIONAL. RESTRIÇÕES A PUBLICAÇÕES E DANOS MORAIS. PRESENÇA DE REPERCUSSÃO GERAL.
1. A decisão recorrida impôs restrições a publicações em sítio eletrônico de entidade de proteção aos animais, que denunciava a crueldade da utilização de animais em rodeios, condenando-a ao pagamento de danos morais e proibindo-a de contactar patrocinadores de um evento específico, tradicional e culturalmente importante.
2. Constitui questão constitucional da maior importância definir os limites da liberdade de expressão em contraposição a outros direitos de igual hierarquia jurídica, como os da inviolabilidade da honra e da imagem, bem como fixar parâmetros para identificar hipóteses em que a publicação deve ser proibida e/ou o declarante condenado ao pagamento de danos morais, ou ainda a outras consequências jurídicas.
3. Repercussão geral reconhecida. **(Inform. STF 797)**

ADI e "vaquejada" - 1
O Plenário iniciou julgamento de ação direta de inconstitucionalidade ajuizada em face da Lei 15.299/2013 do Estado do Ceará, que regulamenta a atividade de "vaquejada". O Ministro Marco Aurélio (relator) julgou procedente o pedido formulado na inicial. Explicou que a lei estadual citada regulamentara a prática da "vaquejada", na qual dupla de vaqueiros, montados em cavalos distintos, buscaria derrubar um touro, puxando-o pelo rabo dentro de uma área demarcada. Observou que o requerente teria sustentado a exposição dos animais a maus-tratos e crueldade, enquanto o governador do Estado-Membro teria defendido a constitucionalidade da norma, por versar patrimônio cultural do povo nordestino. Afirmou, portanto, que haveria conflito de normas constitucionais sobre direitos fundamentais — de um lado, o art. 225, § 1º, VII, e, de outro, o art. o 215. Asseverou que o art. 225 consagraria a proteção da fauna e da flora como modo de assegurar o direito ao meio ambiente sadio e equilibrado. Cuidar-se-ia, portanto, de direito fundamental de terceira geração, fundado no valor solidariedade, de caráter coletivo ou difuso, dotado de altíssimo teor de humanismo e universalidade. A manutenção do ecossistema beneficiaria as gerações do presente e do futuro. O indivíduo seria considerado titular do direito e, ao mesmo tempo, destinatário dos deveres de proteção, daí por que encerraria verdadeiro "direito-dever" fundamental. Consignou que o STF, ao constatar o conflito entre normas de direitos fundamentais, ainda que presente a manifestação cultural, conferiria interpretação de forma mais favorável à proteção ao meio ambiente, especialmente quando verificada situação a implicar inequívoca crueldade contra animais. Tudo isso a demonstrar preocupação maior com a manutenção, em prol dos cidadãos de hoje e de amanhã, das condições ecologicamente equilibradas para uma vida mais saudável e segura.
ADI 4983/CE, rel. Min. Marco Aurélio, 12.8.2015. (ADI-4983)

ADI e "vaquejada" - 2
O relator aduziu que o autor teria juntado laudos técnicos que demonstrariam as consequências nocivas à saúde dos bovinos decorrentes da tração forçada no rabo, seguida da derrubada, como fraturas nas patas, ruptura de ligamentos e de vasos sanguíneos, traumatismos e deslocamento da articulação do rabo ou até o arrancamento deste, resultando no comprometimento da medula espinhal e dos nervos espinhais, dores físicas e sofrimento mental.

360 VADE MECUM DE JURISPRUDÊNCIA – STF/STJ

Ante os dados empíricos evidenciados pelas pesquisas, seria indiscutível o tratamento cruel dispensado às espécies animais envolvidas, a implicar descompasso com o que preconizado no art. 225, § 1º, VII, da CF. A par de questões morais relacionadas ao entretenimento à custa do sofrimento dos animais, a crueldade intrínseca à "vaquejada" não permitiria a prevalência do valor cultural como resultado desejado pelo sistema de direitos fundamentais da Constituição. O sentido da expressão "crueldade" constante da parte final do inciso VII do § 1º do art. 225 da CF alcançaria, sem sombra de dúvida, a tortura e os maus-tratos infligidos aos bovinos durante a prática impugnada, de modo a tornar intolerável a conduta humana autorizada pela norma estadual atacada.
ADI 4983/CE, rel. Min. Marco Aurélio, 12.8.2015. (ADI-4983)

ADI e "vaquejada" - 3
O Ministro Edson Fachin divergiu do relator e julgou improcedente o pedido, no que foi acompanhado pelo Ministro Gilmar Mendes. Ressaltou que a situação dos autos precisa ser analisada sob olhar que alcançasse a realidade advinda da população rural. Seria preciso despir-se de eventual visão unilateral de uma sociedade eminentemente urbana. Ademais, a "vaquejada" seria manifestação cultural, como aliás reconhecida na própria petição inicial, e encontraria proteção constitucional expressa no "caput" do art. 215, e no § 1º, da CF. Não haveria, portanto, razão para se proibir o evento e a competição, que reproduziriam e avaliariam tecnicamente a atividade de captura própria de trabalho de vaqueiros e peões, desenvolvida na zona rural do País. Além disso, não haveria na petição inicial demonstração cabal que a eventual crueldade pudesse ser comparada com as constatadas no caso da "farra do boi" ou da "rinha de galos", precedentes citados pelo relator. O Ministro Gilmar Mendes aludiu que a consequência de uma declaração de inconstitucionalidade, na espécie, seria levar a prática cultural à clandestinidade. Entendeu que a legislação careceria de alguma censura, de modo que sua execução necessitaria de um eventual aperfeiçoamento e medidas que pudessem reduzir as possibilidades de lesão aos animais. Registrou que, embora não se pudesse garantir que não haveria lesão ao animal, diferentemente do que ocorre na "farra do boi" em que se saberia, de início, que o objetivo seria matar o animal, o propósito, nesse caso, seria desportivo em sentido amplo. Em seguida, pediu vista o Ministro Roberto Barroso.
ADI 4983/CE, rel. Min. Marco Aurélio, 12.8.2015. (ADI-4983) (Inform. STF 794)

EMENTA: DIREITO DE RESPOSTA. AUTONOMIA CONSTITUCIONAL (CF, ART. 5º, INCISO V). CONSEQUENTE POSSIBILIDADE DE SEU EXERCÍCIO *INDEPENDENTEMENTE* DE REGULAÇÃO LEGISLATIVA. **ESSENCIALIDADE** *DESSA PRERROGATIVA FUNDAMENTAL*, **ESPECIALMENTE** SE ANALISADA **NA PERSPECTIVA** DE UMA SOCIEDADE **QUE VALORIZA** O CONCEITO DE "*LIVRE MERCADO DE IDEIAS*" ("FREE MARKETPLACE OF IDEAS"). **O SENTIDO** DA EXISTÊNCIA DO "*MERCADO DE IDEIAS*": **UMA METÁFORA DA LIBERDADE? A QUESTÃO DO DIREITO DIFUSO** À *INFORMAÇÃO HONESTA, LEAL* E *VERDADEIRA*: **O MAGISTÉRIO DA DOUTRINA.** "*A PLURIFUNCIONALIDADE DO DIREITO DE RESPOSTA*" (VITAL MOREIRA, "O DIREITO DE RESPOSTA NA COMUNICAÇÃO SOCIAL") **OU** *AS DIVERSAS ABORDAGENS POSSÍVEIS* QUANTO À **DEFINIÇÃO** DA NATUREZA JURÍDICA DESSA PRERROGATIVA FUNDAMENTAL: (**a**) *garantia* de defesa dos direitos de personalidade, (**b**) *direito individual* de expressão e de opinião, (**c**) *instrumento* de pluralismo informativo e de acesso de seu titular aos órgãos de comunicação social, *inconfundível*, no entanto, com o direito de antena, (**d**) *garantia* do "*dever de verdade*" **e** (**e**) *forma* de sanção ou de indenização em espécie. **A FUNÇÃO INSTRUMENTAL** DO DIREITO DE RESPOSTA (*DIREITO-GARANTIA?*): (**1**) **NEUTRALIZAÇÃO DE EXCESSOS** DECORRENTES *DA PRÁTICA ABUSIVA* DA LIBERDADE DE INFORMAÇÃO **E** DE COMUNICAÇÃO JORNALÍSTICA; (**2**) **PROTEÇÃO DA AUTODETERMINAÇÃO** DAS PESSOAS EM GERAL; **E** (**3**) **PRESERVAÇÃO/RESTAURAÇÃO DA VERDADE PERTINENTE** AOS FATOS REPORTADOS PELOS MEIOS DE DIFUSÃO E DE COMUNICAÇÃO SOCIAL. **O DIREITO** *DE RESPOSTA/RETIFICAÇÃO* COMO TÓPICO SENSÍVEL E DELICADO DA AGENDA DO SISTEMA INTERAMERICANO: **A CONVENÇÃO AMERICANA** DE DIREITOS HUMANOS (ARTIGO 14) **E A OPINIÃO CONSULTIVA** Nº 7/86 *DA CORTE INTERAMERICANA DE DIREITOS HUMANOS.* **A OPONIBILIDADE DO DIREITO DE RESPOSTA A PARTICULARES: A QUESTÃO** *DA EFICÁCIA HORIZONTAL DOS DIREITOS FUNDAMENTAIS.* **NECESSÁRIA SUBMISSÃO** *DAS RELAÇÕES PRIVADAS* AO ESTATUTO JURÍDICO *DOS DIREITOS E GARANTIAS CONSTITUCIONAIS.* **DOUTRINA. PRECEDENTES** DO SUPREMO TRIBUNAL FEDERAL. **LIBERDADE DE INFORMAÇÃO E DIREITOS DA PERSONALIDADE:** *ESPAÇO DE POTENCIAL CONFLITUOSIDADE.*

TENSÃO DIALÉTICA *ENTRE POLOS CONSTITUCIONAIS CONTRASTANTES.* **SUPERAÇÃO** DESSE ANTAGONISMO MEDIANTE *PONDERAÇÃO CONCRETA* DOS VALORES EM COLISÃO. RESPONSABILIZAÇÃO *SEMPRE* "A POSTERIORI" **PELOS ABUSOS** COMETIDOS NO EXERCÍCIO DA LIBERDADE DE INFORMAÇÃO. **LIBERDADE DE EXPRESSÃO E DIREITO À INTEGRIDADE MORAL** (*HONRA, INTIMIDADE, PRIVACIDADE E IMAGEM*) **E AO RESPEITO À VERDADE. INCIDÊNCIA** DO ART. 220, § 1º, DA CONSTITUIÇÃO DA REPÚBLICA. **CLÁUSULA QUE CONSAGRA HIPÓTESE** DE "*RESERVA LEGAL QUALIFICADA*". **O PAPEL DO DIREITO DE RESPOSTA** *EM UM CONTEXTO DE LIBERDADES EM CONFLITO.* **ACÓRDÃO QUE CONDENOU** O RECORRENTE, *COM FUNDAMENTO NA LEGISLAÇÃO PROCESSUAL CIVIL* (**E NÃO** *NA LEI DE IMPRENSA*), **A EXECUTAR** *OBRIGAÇÃO DE FAZER* CONSISTENTE *NA PUBLICAÇÃO DE SENTENÇA*, **SOB PENA** DE MULTA DIÁRIA ("ASTREINTE"). DECISÃO RECORRIDA **QUE SE AJUSTA** À JURISPRUDÊNCIA DO SUPREMO TRIBUNAL FEDERAL. RECURSO EXTRAORDINÁRIO CONHECIDO **E** IMPROVIDO. RE 683.751/RS. RELATOR: Ministro Celso de Mello **(Inform. STF 792)**

Biografias: autorização prévia e liberdade de expressão - 1
É inexigível o consentimento de pessoa biografada relativamente a obras biográficas literárias ou audiovisuais, sendo por igual desnecessária a autorização de pessoas retratadas como coadjuvantes ou de familiares, em caso de pessoas falecidas ou ausentes. Essa a conclusão do Plenário, que julgou procedente pedido formulado em ação direta para dar interpretação conforme à Constituição aos artigos 20 e 21 do CC ("Art. 20. Salvo se autorizadas, ou se necessárias à administração da justiça ou à manutenção da ordem pública, a divulgação de escritos, a transmissão da palavra, ou a publicação, a exposição ou a utilização da imagem de uma pessoa poderão ser proibidas, a seu requerimento e sem prejuízo da indenização que couber, se lhe atingirem a honra, a boa fama ou a respeitabilidade, ou se se destinarem a fins comerciais. Parágrafo único. Em se tratando de morto ou de ausente, são partes legítimas para requerer essa proteção o cônjuge, os ascendentes ou os descendentes. Art. 21. A vida privada da pessoa natural é inviolável, e o juiz, a requerimento do interessado, adotará as providências necessárias para impedir ou fazer cessar ato contrário a esta norma"), sem redução de texto, em consonância com os direitos fundamentais à liberdade de pensamento e de sua expressão, de criação artística, de produção científica, de liberdade de informação e de proibição de censura (CF, artigos 5º, IV, V, IX, X e XIV; e 220). O Colegiado asseverou que, desde as Ordenações Filipinas, haveria normas a proteger a guarda de segredos. A partir do advento do CC/1916, entretanto, o quadro sofrera mudanças. Ademais, atualmente, o nível de exposição pública das pessoas seria exacerbado, de modo a ser inviável reter informações, a não ser que não fossem produzidas. Nesse diapasão, haveria de se compatibilizar a inviolabilidade da vida privada e a liberdade de pensamento e de sua expressão. No caso, não se poderia admitir, nos termos da Constituição, que o direito de outrem de se expressar, de pensar, de criar obras biográficas — que dizem respeito não apenas ao biografado, mas a toda coletividade, pelo seu valor histórico — fosse tolhido pelo desejo do biografado de não ter a obra publicada. Os preceitos constitucionais em aparente conflito conjugar-se-iam em perfeita harmonia, de modo que o direito de criação de obras biográficas seria compatível com a inviolabilidade da intimidade, privacidade, honra e imagem. Assim, em suma, o Plenário considerou: a) que a Constituição asseguraria como direitos fundamentais a liberdade de pensamento e de sua expressão, a liberdade de atividade intelectual, artística, literária, científica e cultural; b) que a Constituição garantiria o direito de acesso à informação e de pesquisa acadêmica, para o que a biografia seria fonte fecunda; c) que a Constituição proibiria a censura de qualquer natureza, não se podendo concebê-la de forma subliminar pelo Estado ou por particular sobre o direito de outrem; d) que a Constituição garantiria a inviolabilidade da intimidade, da privacidade, da honra e da imagem da pessoa; e e) que a legislação infraconstitucional não poderia amesquinhar ou restringir direitos fundamentais constitucionais, ainda que sob pretexto de estabelecer formas de proteção, impondo condições ao exercício de liberdades de forma diversa da constitucionalmente fixada.
ADI 4815/DF, rel. Min. Cármen Lúcia, 10.6.2015. (ADI-4815)

Biografias: autorização prévia e liberdade de expressão - 2
O Ministro Roberto Barroso ponderou que, embora os artigos 20 e 21 do CC produzissem legítima ponderação em favor dos direitos da personalidade e em desfavor da liberdade de expressão, esta deveria prevalecer, por algumas razões. Em primeiro lugar, o país teria histórico de graves episódios de censura, de modo que, para que não se repetissem, a liberdade de

5. DIREITO CONSTITUCIONAL

expressão deveria ser sempre reafirmada. Em segundo lugar, a liberdade de expressão não seria apenas um pressuposto democrático, mas também um pressuposto para o exercício dos outros direitos fundamentais. Por último, a liberdade de expressão seria essencial para o conhecimento histórico, o avanço social e a conservação da memória nacional. Como consequências de se estabelecer a prevalência da liberdade de expressão, haveria o ônus argumentativo de aquele que pretendesse cerceá-la demonstrar o seu direito. Além disso, quaisquer manifestações de cerceamento de liberdade de expressão deveriam sofrer forte suspeição e escrutínio rigoroso. Por fim, seria vedada a censura prévia ou a licença. Apontou que, se a informação sobre determinado fato tivesse sido obtida por meios ilícitos, isso poderia comprometer a possibilidade de vir a ser divulgada legitimamente. Ademais, a mentira dolosa, com o intuito de fazer mal a alguém, poderia também ser fundamento para considerar-se ilegítima a divulgação de um fato, e que essas transgressões seriam reparáveis por meio de indenização. De toda forma, qualquer intervenção jurisdicional haveria de processar-se sempre "a posteriori". Assinalou que a liberdade de expressão não necessariamente significaria a prevalência da verdade ou da justiça, mas seria um valor em si relevante para as democracias. A Ministra Rosa Weber salientou a possibilidade de existirem várias versões sobre um mesmo fato histórico, de modo que controlar biografias significaria tentar controlar a história. O Ministro Luiz Fux lembrou que apenas pessoas notórias seriam biografadas, e que, na medida do crescimento da notoriedade, diminuir-se-ia a reserva de privacidade. O Ministro Dias Toffoli sublinhou que o autor de biografia não estaria impedido de requerer autorização para que sua obra fosse publicada, no intuito de evitar eventual controle jurisdicional. Entretanto, essa seria uma mera faculdade. O Ministro Gilmar Mendes ressalvou que a indenização não seria o único meio capaz de reparar eventual dano sofrido, tendo em vista a possibilidade de, por exemplo, exigir-se a publicação de nova obra, com correção, a funcionar como exercício do direito de resposta. O Ministro Marco Aurélio considerou que escrever biografia mediante autorização prévia não seria biografar, mas criar publicidade. A pessoa com visibilidade social geraria interesse por parte do cidadão comum, e caberia a terceiro revelar o respectivo perfil. O Ministro Celso de Mello frisou o pluralismo de pensamento como um dos fundamentos estruturantes do Estado de Direito, e a garantia do dissenso seria condição essencial à formação de opinião pública livre, em face do caráter contramajoritário dos direitos fundamentais. O Ministro Ricardo Lewandowski (Presidente) apontou a existência das publicações em meio digital, o que facilitaria a disseminação de conteúdo apócrifo e com alcance mundial. Portanto, a problemática seria complexa, e haveria de existir meios para coibir abusos dessa natureza.
ADI 4815/DF, rel. Min. Cármen Lúcia, 10.6.2015. (ADI-4815) (Inform. STF 789)

REPERCUSSÃO GERAL EM ARE N. 790.813-SP

RED P/ O ACÓRDÃO: MIN. DIAS TOFFOLI
Direito constitucional. Convivência entre princípios. Limites. Recurso extraordinário em que se discute a existência de violação do princípio do sentimento religioso em face do princípio da liberdade de expressão artística e de imprensa. Publicação, em revista para público adulto, de ensaio fotográfico em que modelo posou portando símbolo cristão. Litígio que não extrapola os limites da situação concreta e específica. Plenário Virtual. Embora o Tribunal, por unanimidade, tenha reputado constitucional a questão, reconheceu, por maioria, a inexistência de sua repercussão geral. **(Inform. STF 777)**

REPERCUSSÃO GERAL EM RE N. 845.779-SC

RELATOR: MIN. ROBERTO BARROSO
Ementa: TRANSEXUAL. PROIBIÇÃO DE USO DE BANHEIRO FEMININO EM SHOPPING CENTER. ALEGADA VIOLAÇÃO À DIGNIDADE DA PESSOA HUMANA E A DIREITOS DA PERSONALIDADE. PRESENÇA DE REPERCUSSÃO GERAL. 1. O recurso busca discutir o enquadramento jurídico de fatos incontroversos: afastamento da Súmula 279/STF. Precedentes. 2. Constitui questão constitucional saber se uma pessoa pode ou não ser tratada socialmente como se pertencesse a sexo diverso do qual se identifica e se apresenta publicamente, pois a identidade sexual está diretamente ligada à dignidade da pessoa humana e a direitos da personalidade 3. Repercussão geral configurada, por envolver discussão sobre o alcance de direitos fundamentais de minorias – uma das missões precípuas das Cortes Constitucionais contemporâneas –, bem como por não se tratar de caso isolado. **(Inform. STF 777)**

DIREITO CONSTITUCIONAL E PENAL. INCONSTITUCIONALIDADE DO PRECEITO SECUNDÁRIO DO ART. 273, § 1º-B, V, DO CP.

É inconstitucional o preceito secundário do art. 273, § 1º-B, V, do CP – "reclusão, de 10 (dez) a 15 (quinze) anos, e multa" –, devendo-se considerar, no cálculo da reprimenda, a pena prevista no caput do art. 33 da Lei 11.343/2006 (Lei de Drogas), com possibilidade de incidência da causa de diminuição de pena do respectivo § 4º. De fato, é viável a fiscalização judicial da constitucionalidade de preceito legislativo que implique intervenção estatal por meio do Direito Penal, examinando-se o legislador considerou suficientemente os fatos e prognoses e se utilizou de sua margem de ação de forma adequada para a proteção suficiente dos bens jurídicos fundamentais. Nesse sentido, a Segunda Turma do STF (HC 104.410-RS, DJe 27/3/2012) expôs o entendimento de que os "mandatos constitucionais de criminalização [...] impõem ao legislador [...] o dever de observância do princípio da proporcionalidade como proibição de excesso e como proibição de proteção insuficiente. A idéia é a de que a intervenção estatal por meio do Direito Penal, como ultima ratio, deve ser sempre guiada pelo princípio da proporcionalidade [...] Abre-se, com isso, a possibilidade do controle da constitucionalidade da atividade legislativa em matéria penal". Sendo assim, em atenção ao princípio constitucional da proporcionalidade e razoabilidade das leis restritivas de direitos (CF, art. 5º, LIV), é imprescindível a atuação do Judiciário para corrigir o exagero e ajustar a pena de "reclusão, de 10 (dez) a 15 (quinze) anos, e multa" abstratamente cominada à conduta inscrita no art. 273, § 1º-B, V, do CP, referente ao crime de ter em depósito, para venda, produto destinado a fins terapêuticos ou medicinais de procedência ignorada. Isso porque, se esse delito for comparado, por exemplo, com o crime de tráfico ilícito de drogas (notoriamente mais grave e cujo bem jurídico também é a saúde pública), percebe-se a total falta de razoabilidade do preceito secundário do art. 273, § 1º-B, do CP, sobretudo após a edição da Lei 11.343/2006 (Lei de Drogas), que, apesar de ter aumentado a pena mínima de 3 para 5 anos, introduziu a possibilidade de redução da reprimenda, quando aplicável o § 4º do art. 33, de 1/6 a 2/3. Com isso, em inúmeros casos, o esporádico e pequeno traficante pode receber a exígua pena privativa de liberdade de 1 ano e 8 meses. E mais: é possível, ainda, sua substituição por restritiva de direitos. De mais a mais, constata-se que a pena mínima cominada ao crime ora em debate excede em mais de três vezes a pena máxima do homicídio culposo, corresponde a quase o dobro da pena mínima do homicídio doloso simples, é cinco vezes maior que a pena mínima da lesão corporal de natureza grave, enfim, é mais grave do que a do estupro, do estupro de vulnerável, da extorsão mediante sequestro, situação que gera gritante desproporcionalidade no sistema penal. Além disso, como se trata de crime de perigo abstrato, que independe da prova da ocorrência de efetivo risco para quem quer que seja, a dispensabilidade do dano concreto à saúde do pretenso usuário do produto evidencia ainda mais a falta de harmonia entre esse delito e a pena abstratamente cominada pela redação dada pela Lei 9.677/1998 (de 10 a 15 anos de reclusão). Ademais, apenas para seguir apontando a desproporcionalidade, deve-se ressaltar que a conduta de importar medicamento não registrado na ANVISA, considerada criminosa e hedionda pelo art. 273, § 1º-B, do CP, a que se comina pena altíssima, pode acarretar mera sanção administrativa de advertência, nos termos dos arts. 2º, 4º, 8º (IV) e 10 (IV), todos da Lei n. 6.437/1977, que define as infrações à legislação sanitária. A ausência de relevância penal da conduta, a desproporção da pena em ponderação com o dano ou perigo de dano à saúde pública decorrente da ação e a inexistência de consequência calamitosa do agir convergem para que se conclua pela falta de razoabilidade da pena prevista na lei, tendo em vista que a restrição da liberdade individual não pode ser excessiva, mas compatível e proporcional à ofensa causada pelo comportamento humano criminoso. Quanto à possibilidade de aplicação, para o crime em questão, da pena abstratamente prevista para o tráfico de drogas – "reclusão de 5 (cinco) a 15 (quinze) anos e pagamento de 500 (quinhentos) a 1.500 (mil e quinhentos) dias-multa" (art. 33 da Lei de drogas) –, a Sexta Turma do STJ (REsp 915.442-SC, DJe 1º/2/2011) dispôs que "A Lei 9.677/98, ao alterar a pena prevista para os delitos descritos no artigo 273 do Código Penal, mostrou-se excessivamente desproporcional, cabendo, portanto, ao Judiciário promover o ajuste principiológico da norma [...] Tratando-se de crime hediondo, de perigo abstrato, que tem como bem jurídico tutelado a saúde pública, mostra-se razoável a aplicação do preceito secundário do delito de tráfico de drogas ao crime de falsificação, corrupção, adulteração ou alteração de produto destinado a fins terapêuticos ou medicinais". **AI no HC 239.363-PR, Rel. Min. Sebastião Reis Júnior, julgado em 26/2/2015, DJe 10/4/2015 (Inform. STJ 559).**

REPERCUSSÃO GERAL EM ARE N. 833.248-RJ
RELATOR: MIN. DIAS TOFFOLI
EMENTA: DIREITO CONSTITUCIONAL. VEICULAÇÃO DE PROGRAMA TE-LEVISIVO QUE ABORDA CRIME OCORRIDO HÁ VÁRIAS DÉCADAS. AÇÃO INDENIZATÓRIA PROPOSTA POR FAMILIARES DA VÍTIMA. ALEGADOS DANOS MORAIS. DIREITO AO ESQUECIMENTO. DEBATE ACERCA DA HARMONIZAÇÃO DOS PRINCÍPIOS CONSTITUCIONAIS DA LIBERDADE DE EXPRESSÃO E DO DIREITO À INFORMAÇÃO COM AQUELES QUE PROTEGEM A DIGNIDADE DA PESSOA HUMANA E A INVIOLABILIDADE DA HONRA E DA INTIMIDADE. PRESENÇA DE REPERCUSSÃO GERAL. (Inform. STF 775)

Rcl 18.836-MC/GO
RELATOR: Ministro Celso de Mello
RECLAMAÇÃO. ALEGAÇÃO DE DESRESPEITO *À AUTORIDADE DO JULGA-MENTO PLENÁRIO* DA ADPF 130/DF. *EFICÁCIA VINCULANTE* DESSA DECI-SÃO DO SUPREMO TRIBUNAL FEDERAL. POSSIBILIDADE DE CONTROLE, *MEDIANTE RECLAMAÇÃO*, DE ATOS QUE TENHAM TRANSGREDIDO *TAL JULGAMENTO*. LEGITIMIDADE ATIVA DE TERCEIROS (INCLUSIVE DE JOR-NALISTAS) *QUE NÃO INTERVIERAM* NO PROCESSO *DE FISCALIZAÇÃO NOR-MATIVA ABSTRATA*. LIBERDADE DE EXPRESSÃO. *JORNALISMO DIGITAL*. PROTEÇÃO CONSTITUCIONAL. DIREITO DE INFORMAR: *PRERROGATIVA FUNDAMENTAL* QUE SE COMPREENDE *NA LIBERDADE CONSTITUCIONAL* DE MANIFESTAÇÃO DO PENSAMENTO E DE COMUNICAÇÃO. INADMISSIBI-LIDADE *DE CENSURA ESTATAL*, INCLUSIVE DAQUELA IMPOSTA PELO PO-DER JUDICIÁRIO, *À LIBERDADE DE EXPRESSÃO*, NESTA COMPREENDIDA *A LIBERDADE DE INFORMAÇÃO JORNALÍSTICA*. *TEMA EFETIVAMENTE VERSADO NA ADPF 130/DF*, CUJO JULGAMENTO FOI INVOCADO *COMO PARÂMETRO DE CONFRONTO*. CONFIGURAÇÃO, NO CASO, DA PLAUSI-BILIDADE JURÍDICA DA PRETENSÃO RECLAMATÓRIA E OCORRÊNCIA DE SITUAÇÃO CARACTERIZADORA DE "*PERICULUM IN MORA*". PRECEDENTES DO SUPREMO TRIBUNAL FEDERAL QUE DESAUTORIZAM *A UTILIZAÇÃO*, PELO JUDICIÁRIO, *DO PODER GERAL DE CAUTELA* COMO INSTRUMENTO *DE INTERDIÇÃO CENSÓRIA* DOS MEIOS DE COMUNICAÇÃO, *MESMO EM AMBIENTES VIRTUAIS* ("*blogs*"). MEDIDA CAUTELAR DEFERIDA. DJe de 2.12.2014. (Inform. STF 769)

Dano moral e manifestação de pensamento por agente político - 1
O Plenário iniciou julgamento de recurso extraordinário em que se discute a existência de direito a indenização por dano moral em razão da mani-festação de pensamento por agente político, considerados a liberdade de expressão e o dever do detentor de cargo público de informar. Na espécie, o recorrente — Ministro de Estado à época dos fatos — fora condenado ao pagamento de indenização por danos morais em virtude de ter imputado ao ora recorrido responsabilidade pela divulgação do teor de gravações tele-fônicas obtidas a partir da prática de ilícito penal. O Ministro Marco Aurélio (relator) deu provimento ao recurso para reformar o acórdão recorrido e julgar improcedente o pedido formalizado na inicial. A princípio, destacou que, diferentemente do regime aplicável aos agentes públicos, o regime de direito comum, aplicável aos cidadãos, seria de liberdade quase absoluta de expressão, assegurada pelos artigos 5°, IV e XIV, e 220, "caput", e § 2°, ambos da CF. No sistema constitucional de liberdades públicas, a liberdade de expressão possuiria espaço singular e teria como único paralelo, em escala de importância, o princípio da dignidade da pessoa humana, ao qual relacionado. O referido direito seria alicerce, a um só tempo, do sistema de direitos fundamentais e do princípio democrático, portanto, genuíno pilar do Estado Democrático de Direito.

Dano moral e manifestação de pensamento por agente político - 2
Segundo a jurisprudência do STF, as restrições à liberdade de expressão decorreriam da colisão com outros direitos fundamentais previstos no texto constitucional, dos quais seriam exemplos a proteção da intimidade, da vida privada, da honra e da imagem de terceiros (CF, art. 5°, X). Porém, ainda que fosse possível a relativização de um princípio em certos contextos, seria forçoso reconhecer a prevalência da liberdade de expressão quando em confronto com outros valores constitucionais, raciocínio que encontraria diversos e cumulativos fundamentos. Assim, a referida liberdade seria uma garantia preferencial em razão da estreita relação com outros princípios e valores constitucionais fundantes, como a democracia, a dignidade da pessoa humana e a igualdade. Nesse sentido, o livre desenvolvimento da personalidade, por exemplo, um dos alicerces de vida digna, demandaria a existência de um mercado livre de ideias, onde os indivíduos formariam as

próprias cosmovisões. Outrossim, sob o prisma do princípio democrático, a liberdade de expressão impediria que o exercício do poder político pudesse afastar certos temas da arena pública de debates, na medida em que o fun-cionamento e a preservação do regime democrático pressuporia alto grau de proteção aos juízos, opiniões e críticas, sem os quais não se poderia falar em verdadeira democracia.

Dano moral e manifestação de pensamento por agente político - 3
O relator afirmou que, por outro lado, os agentes públicos estariam sujeitos a regime de menor liberdade em relação aos indivíduos comuns, tendo em conta a teoria da sujeição especial. Portanto, a relação entre eles e a Administração, funcionalizada quanto ao interesse público materializado no cargo, exigiria que alguns direitos fundamentais tivessem a extensão reduzida. Desse modo, no rol de direitos fundamentais de exercício limitado alusivos aos servidores públicos estaria a liberdade de expressão, por exemplo, no que diz com o dever de guardar sigilo acerca de informações confidenciais (CF, art. 37, § 7°). No caso em comento, entretanto, o que estaria em debate não seria a liberdade de expressão nas relações entre o servidor e a própria Administração Pública, à qual estaria ligado de forma vertical. Buscar-se-ia definir a extensão do direito à liberdade de expressão no trato com os administrados de modo geral e presente a coisa pública. Dentre os servidores públicos, se destacariam os agentes políticos — integrantes da cúpula do Estado e formadores de políticas públicas —, competindo-lhes formar a vontade política do Estado. Aqueles agentes estatais deveriam, portanto, gozar de proteção especial, o que seria estabelecido pela própria Constituição, por exemplo, no tocante aos integrantes do Poder Legislativo (CF, artigos 25; 29, VIII; e 53, "caput").

Dano moral e manifestação de pensamento por agente político - 4
De igual modo, os agentes políticos inseridos no Poder Executivo, embora não possuíssem imunidade absoluta quando no exercício da função, deveriam também ser titulares de algum grau de proteção conferida pela ordem jurídica constitucional. Isso se daria por dois motivos. Primeiramente, porque existiria evidente interesse público em que os agentes políticos mantivessem os administrados plenamente informados a respeito da condução dos negócios públicos, exigência clara dos princípios democrático e republicano. Em outras palavras, haveria o dever de expressão do agente público em relação aos assuntos públicos, a alcançar não apenas os fatos a respeito do funciona-mento das instituições, mas até mesmo os prognósticos que eventualmente efetuassem. Consequentemente, reconhecer a imunidade relativa no tocante aos agentes do Poder Executivo, como ocorreria com os membros do Poder Legislativo, no que tange às opiniões, palavras e juízos que manifestassem publicamente, seria importante no sentido de fomentar o livre intercâmbio de informações entre eles e a sociedade civil. Em segundo lugar, por conta da necessidade de reconhecer algum grau de simetria entre a compreensão que sofrem no direito à privacidade e o regime da liberdade de expressão. No ponto, o STF admitiria a ideia de que a proteção conferida à privacidade dos servidores públicos situar-se-ia em nível inferior à dos cidadãos comuns, conforme decidido na SS 3.902 AgR-segundo/SP (DJe de 3.10.2011). O argumento seria singelo: aqueles que ocupassem cargos públicos teriam a esfera de privacidade reduzida. Isso porque o regime democrático imporia que estivessem mais abertos à crítica popular. Em contrapartida, deveriam ter também a liberdade de discutir, comentar e manifestar opiniões sobre os mais diversos assuntos com maior elasticidade que os agentes privados, desde que, naturalmente, assim o fizessem no exercício e com relação ao cargo público ocupado. Seria plausível, portanto, no contexto da Constituição, reconhecer aos servidores públicos campo de imunidade relativa, vinculada ao direito à liberdade de expressão, quando se pronunciassem sobre fatos relacionados ao exercício da função pública. Essa liberdade seria tanto maior quanto mais flexíveis fossem as atribuições políticas do cargo que exercessem, excluídos os casos de dolo manifesto, ou seja, o deliberado intento de prejudicar outrem.

Dano moral e manifestação de pensamento por agente político - 5
O relator asseverou que, consideradas as premissas expostas, restaria analisar se teria havido, ou não, extrapolação no caso em comento, afinal, a integração entre norma e fatos mostrar-se-ia particularmente relevante quando se tratasse do conflito entre proteção à personalidade e liberdade de expressão. No caso dos autos, o recorrente teria declarado, em entre-vistas veiculadas em matérias jornalísticas, a suspeita de que o recorrido teria promovido a distribuição de fitas cassete obtidas por intermédio de

interceptação telefônica ilícita, suposição que seria confirmada ou desfeita no curso de inquérito policial sob a condução da polícia federal. Da análise dos fatos, surgiriam três certezas: a) as afirmações feitas pelo recorrente teriam sido juízos veiculados no calor do momento, sem maior reflexão ou prova das declarações; b) em nenhuma entrevista teria sido explicitada acusação peremptória de que o recorrido teria praticado o crime de interceptação ilegal de linhas telefônicas; ao contrário, as manifestações seriam sempre obtemperadas no sentido da ausência de certeza quanto ao que apontado; e c) as afirmações feitas pelo recorrente, então Ministro das Comunicações, teriam ocorrido no bojo das controvérsias a envolver a privatização da telefonia no País, fenômeno capitaneado pelo Ministério que comanda. Assim, o nexo de causalidade entre a função pública exercida pelo recorrente e as declarações divulgadas a levantar suspeitas sobre o recorrido, o qual detinha negócios com a Administração Pública Federal e, mais especificamente, em seara alcançada pelo Ministério das Comunicações, deixaria nítida a natureza pública e política da disputa. Por fim, e ante a motivação consignada, tudo o que se acrescentasse ao campo da calúnia, da injúria, da difamação e das ações reparatórias por danos morais seria subtraído ao espaço da liberdade. Obviamente, imputações sabidamente falsas não poderiam ser consideradas legítimas em nenhum ordenamento jurídico justo. Porém, o desenvolvimento da argumentação revelaria não ser esse o quadro retratado na espécie. Em seguida, pediu vista dos autos o Ministro Luiz Fux. **RE 685493/SP rel. Min. Marco Aurélio, 20.11.2014. (RE-685493) (Inform. STF 768)**

REPERCUSSÃO GERAL EM RE N. 670.422-RS

RELATOR: MIN. DIAS TOFFOLI
EMENTA: DIREITO CONSTITUCIONAL E CIVIL. REGISTROS PÚBLICOS. REGISTRO CIVIL DAS PESSOAS NATURAIS. ALTERAÇÃO DO ASSENTO DE NASCIMENTO. RETIFICAÇÃO DO NOME E DO GÊNERO SEXUAL. UTILIZAÇÃO DO TERMO TRANSEXUAL NO REGISTRO CIVIL. O CONTEÚDO JURÍDICO DO DIREITO À AUTODETERMINAÇÃO SEXUAL. DISCUSSÃO ACERCA DOS PRINCÍPIOS DA PERSONALIDADE, DIGNIDADE DA PESSOA HUMANA, INTIMIDADE, SAÚDE, ENTRE OUTROS, E A SUA CONVIVÊNCIA COM PRINCÍPIOS DA PUBLICIDADE E DA VERACIDADE DOS REGISTROS PÚBLICOS. PRESENÇA DE REPERCUSSÃO GERAL. **(Inform. STF 768)**

Rcl 18.566-MC/SP

RELATOR: Ministro Celso de Mello
RECLAMAÇÃO. ALEGAÇÃO DE DESRESPEITO À AUTORIDADE DO JULGAMENTO PLENÁRIO **DA ADPF** 130/DF. *EFICÁCIA VINCULANTE* DESSA DECISÃO DO SUPREMO TRIBUNAL FEDERAL. **POSSIBILIDADE DE CONTROLE**, *MEDIANTE RECLAMAÇÃO*, DE ATOS QUE TENHAM TRANSGREDIDO TAL JULGAMENTO. **LEGITIMIDADE ATIVA** DE TERCEIROS *QUE NÃO INTERVIERAM* **NO PROCESSO** DE FISCALIZAÇÃO NORMATIVA ABSTRATA. **LIBERDADE DE EXPRESSÃO. JORNALISMO DIGITAL. PROTEÇÃO CONSTITUCIONAL. DIREITO DE INFORMAR:** *PRERROGATIVA FUNDAMENTAL* **QUE SE COMPREENDE** *NA LIBERDADE CONSTITUCIONAL* DE MANIFESTAÇÃO DO PENSAMENTO E DE COMUNICAÇÃO. **INADMISSIBILIDADE** *DE CENSURA* ESTATAL, **INCLUSIVE** DAQUELA IMPOSTA PELO PODER JUDICIÁRIO, À LIBERDADE DE EXPRESSÃO, **NESTA COMPREENDIDA** *A LIBERDADE DE INFORMAÇÃO JORNALÍSTICA*. TEMA **EFETIVAMENTE** VERSADO *NA ADPF 130/DF*, CUJO JULGAMENTO **FOI INVOCADO** *COMO PARÂMETRO DE CONFRONTO*. **CONFIGURAÇÃO**, *NO CASO*, **DA PLAUSIBILIDADE JURÍDICA** DA PRETENSÃO RECLAMATÓRIA **E OCORRÊNCIA** DE SITUAÇÃO CARACTERIZADORA DE *"PERICULUM IN MORA"*. **MEDIDA CAUTELAR DEFERIDA**. DJe de 17.9.2014. **(Inform. STF 767)**

MI: inadequação do instrumento e contagem de prazo diferenciado
O mandado de injunção não é via adequada para que servidor público pleiteie a verificação de contagem de prazo diferenciado de serviço exercido em condições prejudiciais à saúde e à integridade física. Ao reafirmar esse entendimento, o Plenário, por maioria, vencido o Ministro Marco Aurélio, recebeu embargos de declaração como agravo regimental e a este, também por votação majoritária, negou provimento. O Tribunal, sem adentrar no mérito, destacou que a situação dos autos seria distinta da hipótese de concessão de mandado de injunção para que a Administração analise requerimento de aposentadoria especial, com observância do art. 57 da Lei 8.213/1991, até o advento de legislação específica sobre a matéria no tocante aos servidores públicos. Vencidos os Ministros Marco Aurélio e Roberto Barroso, que proviam o agravo. Não vislumbravam justificativa para se obstaculizar tratamento igualitário entre os trabalhadores em geral, que teriam direito à

contagem diferenciada de tempo trabalhado em ambiente nocivo à saúde, e os servidores públicos. **MI 3162 ED/DF, rel. Min. Cármen Lúcia, 11.9.2014. (MI-3162) (Inform. STF 758)**

Rcl 16.492 MC/SP

RELATOR: Ministro Celso de Mello
EMENTA: **RECLAMAÇÃO**. **ALEGADA TRANSGRESSÃO** AO JULGAMENTO **DA ADPF** 130/DF. **INOCORRÊNCIA**. TRIBUNAL DE JUSTIÇA **QUE CONDENA** EMPRESA JORNALÍSTICA, **COM BASE** NA LEGISLAÇÃO CIVIL (**E NÃO** NO ART. 75 *DA HOJE INSUBSISTENTE* LEI DE IMPRENSA), **A PUBLICAR**, *NO JORNAL QUE EDITA*, **O TEOR INTEGRAL** *DE SENTENÇA CONDENATÓRIA* PROFERIDA EM PROCESSO DE INDENIZAÇÃO CIVIL. **CONSIDERAÇÕES** EM TORNO DA POSSIBILIDADE JURÍDICA DE SE IMPOR REFERIDA *OBRIGAÇÃO DE FAZER* **COM O OBJETIVO** DE CONFERIR EFETIVIDADE **AO PRINCÍPIO** *DA REPARAÇÃO INTEGRAL DO DANO*. **PRECEDENTES** DO SUPERIOR TRIBUNAL DE JUSTIÇA. **DETERMINAÇÃO** *QUE SÓ NÃO SE REVELARIA LÍCITA*, **SE ORDENADA** COM FUNDAMENTO **NO ART. 75** DA LEI DE IMPRENSA, **OBJETO** *DE JUÍZO NEGATIVO DE RECEPÇÃO* QUANDO DO JULGAMENTO PROFERIDO, *COM EFICÁCIA VINCULANTE*, PELO SUPREMO TRIBUNAL FEDERAL, **NO EXAME** DA ADPF 130/DF. **INADMISSIBILIDADE DA RECLAMAÇÃO** PELO FATO DE O ACÓRDÃO ORA IMPUGNADO **NÃO SE AJUSTAR**, *COM EXATIDÃO E PERTINÊNCIA*, AO PARADIGMA DE CONFRONTO **INVOCADO** PELA PARTE RECLAMANTE. **PRECEDENTES**. **RECLAMAÇÃO** *NÃO CONHECIDA*. (Inform. STF 753)

ADI: liberdade de expressão e dignidade da pessoa humana - 1
O Plenário, por maioria, julgou improcedente pedido formulado em ação direta de inconstitucionalidade ajuizada contra o § 1º do art. 28 da Lei 12.663/2012 - Lei Geral da Copa ("É ressalvado o direito constitucional ao livre exercício de manifestação e à plena liberdade de expressão em defesa da dignidade da pessoa humana"). Após o início do julgamento, o Tribunal acolheu proposta da Ministra Cármen Lúcia para que houvesse a conversão do exame da medida cautelar em julgamento de mérito da ação direta, razão pela qual a Procuradoria-Geral da República emitiu parecer em sessão. A Corte esclareceu que o principal fundamento da ação seria a impossibilidade de a legislação impor restrições à liberdade de expressão, além das já constitucionalmente previstas. Ressaltou que o constituinte não concebera a liberdade de expressão como direito absoluto, insuscetível de restrição, fosse pelo Judiciário, fosse pelo Legislativo. Mencionou que haveria hipóteses em que a liberdade de expressão acabaria por colidir com outros direitos e valores também constitucionalmente protegidos. Explicou que essas tensões dialéticas precisariam ser sopesadas a partir da aplicação do princípio da proporcionalidade. Afirmou que a incidência desse princípio se daria quando verificada restrição a determinado direito fundamental ou quando configurado conflito entre distintos princípios constitucionais, o que exigiria a apuração do peso relativo de cada um dos direitos por meio da aplicação das máximas que integrariam o mencionado princípio da proporcionalidade. Realçou que se deveria perquirir se, em face do conflito entre dois bens constitucionais contrapostos, o ato impugnado afigurar-se-ia adequado, ou seja, apto para produzir o resultado desejado. Além disso, verificar-se-ia se esse ato seria necessário e insubstituível por outro meio menos gravoso e igualmente eficaz, e proporcional em sentido estrito, de modo que se estabelecesse uma relação ponderada entre o grau de restrição de um princípio e o grau de realização do princípio contraposto.

ADI: liberdade de expressão e dignidade da pessoa humana - 2
O Plenário sublinhou que as restrições impostas pelo art. 28 da Lei Geral da Copa trariam limitações específicas aos torcedores que comparecessem aos estádios em evento de grande porte internacional e contariam com regras específicas para ajudar a prevenir confrontos em potencial. Consignou que o legislador, a partir de juízo de ponderação, teria objetivado limitar manifestações que tenderiam a gerar maiores conflitos e a atentar não apenas contra o evento em si, mas, principalmente, contra a segurança dos demais participantes. Recordou que várias dessas restrições já haveriam, inclusive, sido inseridas no Estatuto do Torcedor (Lei 10.671/2003) pela Lei 12.299/2010, que dispõe sobre medidas de prevenção e repressão aos fenômenos de violência por ocasião das competições esportivas. Asseverou que, ao contrário do que defendido na inicial, o dispositivo impugnado não constituiria limitação à liberdade de expressão. Salientou, contudo, que seria vedada qualquer espécie de censura injustificada e desproporcional à liberdade de expressão. Vencidos os Ministros Marco Aurélio e Joaquim

Barbosa (Presidente), que julgavam procedente o pedido e davam interpretação conforme a Constituição para assentar a inconstitucionalidade da interpretação que limitasse a manifestação de vontade apenas à defesa da dignidade da pessoa humana. Pontuavam que o direito à liberdade de expressão preservaria o indivíduo e impediria que o Estado moldasse, à sua vontade, os seus pensamentos. Frisavam que, se outros direitos fossem respeitados, não haveria razão para restringir a expressão do público nos jogos da Copa do Mundo ao que os seus organizadores e o Governo entendessem como adequado. Em acréscimo, o Presidente enfatizava que o financiamento público direto e indireto teria sido condição necessária para a realização da Copa do Mundo. Portanto, não faria sentido limitar o plexo de liberdades constitucionais justamente das pessoas que teriam custeado o evento. **ADI 5136/DF, rel. Min. Gilmar Mendes, 1º.7.2014. (ADI-5136) (Inform. STF 752)**

ARE 722.744/DF
RELATOR: Ministro Celso de Mello
Liberdade de expressão. Profissional de imprensa e empresa de comunicação social. Proteção constitucional. Direito de crítica: *prerrogativa fundamental* que se compreende na liberdade constitucional de manifestação do pensamento. Magistério da doutrina. Precedentes do Supremo Tribunal Federal (ADPF 130/DF, Rel. Min. AYRES BRITTO – AI 505.595-AgR/RJ, Rel. Min. CELSO DE MELLO – Pet 3.486/DF, Rel. Min. CELSO DE MELLO, *v.g.*). Jurisprudência comparada (*Tribunal Europeu de Direitos Humanos* e *Tribunal Constitucional Espanhol*). *O significado político* e *a importância jurídica da Declaração de Chapultepec* (11/03/1994). Matéria jornalística e responsabilidade civil. *Excludentes anímicas* e *direito de crítica*. Precedentes. Plena legitimidade *do direito constitucional de crítica a figuras públicas* ou *notórias*, ainda que de seu exercício resulte *opinião jornalística extremamente dura* e *contundente*. Recurso extraordinário provido. Consequente improcedência *da ação de reparação civil por danos morais*. DJe de 13.3.2014. **(Inform. STF 750)**

AG. REG. NO ARE N. 778.148-RS
RELATOR: MIN. LUIZ FUX
Ementa: AGRAVO REGIMENTAL NO RECURSO EXTRAORDINÁRIO COM AGRAVO. CIVIL. DANO MORAL. DIREITO DE IMAGEM. MATÉRIA COM REPERCUSSÃO GERAL REJEITADA PELO PLENÁRIO DO STF NO ARE Nº 739.382. CONTROVÉRSIA DE ÍNDOLE INFRACONSTITUCIONAL.
1. O dano moral, quando aferido pelas instâncias ordinárias, não revela repercussão geral apta a dar seguimento ao apelo extremo, consoante decidido pelo Plenário virtual do STF, na análise do ARE nº 739.382, da Relatoria do Min. Gilmar Mendes.
2. *In casu, o acórdão originariamente recorrido assentou: "DIREITO CIVIL. AÇÃO DE REPARAÇÃO DE DANOS. INCONFORMIDADE DA AUTORIA COM INFORMAÇÕES VEICULADAS EM JORNAL DO SINDICATO DOS PROFESSORES. CRÍTICA EM CINCO LINHAS QUANTO A INTERPRETAÇÃO DE UMA LEI. DESCABIMENTO DA PRETENSÃO, FACE AO CONTEXTO EM QUE FOI DIVULGADA A OPINIÃO DAS GARANTIAS CONSTITUCIONAIS DE LIBERDADE DE EXPRESSÃO."*
3. Agravo regimental **DESPROVIDO. (Inform. STF 741)**

REPERCUSSÃO GERAL EM RE N. 603.116-RS
RELATOR: MIN. DIAS TOFFOLI
EMENTA: CONSTITUCIONAL. ESTATUTO DOS MILITARES DAS FORÇAS ARMADAS. CONTRAVENÇÕES E TRANSGRESSÕES DISCIPLINARES. ACÓRDÃO QUE DECLAROU NÃO RECEPCIONADO O ARTIGO 47 DA LEI Nº 6.880/80 PELO ORDENAMENTO CONSTITUCIONAL VIGENTE À LUZ DO ART. 5º, INCISO LXI, DA CF. TEMA EMINENTEMENTE CONSTITUCIONAL E QUE NÃO SE CONFUNDE COM A AUSÊNCIA DE REPERCUSSÃO GERAL FIXADA NO RE Nº 610.218/RS-RG (TEMA 270). REPERCUSSÃO GERAL RECONHECIDA. (Inform. STF 739)

AG. REG. NO MI N. 2.227-DF
RELATOR: MIN. RICARDO LEWANDOWSKI
Ementa: AGRAVO REGIMENTAL. MANDADO DE INJUNÇÃO. ALEGADA OMISSÃO NA EXISTÊNCIA DE NORMA QUE TORNE VIAVÁVEL O EXERCÍCIO PROFISSIONAL DOS GRADUADOS EM DIREITO. INOCORRÊNCIA. PRETENDIDA DECLARAÇÃO DE INCONSTITUCIONALIDADE DO EXAME DE ORDEM. IMPOSSIBILIDADE. AGRAVO REGIMENTAL A QUE SE NEGA PROVIMENTO.

I – Não há qualquer ausência de norma regulamentadora que torne inviável o exercício profissional dos graduados em Direito. II – O impetrante busca, em verdade, a declaração de inconstitucionalidade do exame de ordem para inscrição na OAB – providência que não cabe nesta via. II – O Plenário desta Corte reconheceu a validade constitucional da norma legal que inclui, na esfera de atribuições do Relator, a competência para negar seguimento, por meio de decisão monocrática, a recursos, pedidos ou ações quando inadmissíveis, intempestivos, sem objeto ou que veiculem pretensão incompatível com a jurisprudência predominante deste Supremo Tribunal. IV – Agravo regimental a que se nega provimento. **(Inform. STF 728)**

HC N. 110.526-SP
RELATOR: MIN. LUIZ FUX
Ementa: Prisão civil por inadimplemento voluntário e inescusável de pensão alimentícia (CF, art. 5º, inc. LXVII). Perda superveniente do objeto do writ. Ausência do interesse de agir. Writ prejudicado.
1. O artigo 5º, inciso LXVII, da Carta Magna, dispõe que "não haverá prisão civil por dívida, salvo a do responsável pelo inadimplemento voluntário e inescusável de obrigação alimentícia e a do depositário infiel".
2. In casu, o paciente teve decretada a prisão civil por inadimplemento voluntário e inescusável de obrigação alimentícia, sobrevindo a perda do objeto do presente writ, pelo decurso do prazo de 30 (trinta) dias da prisão civil, consoante entendimento desta Corte (HC n. 107.558, Rel. Min. Marco Aurélio, DJe de 29/11/2012).
3. Habeas corpus julgado extinto, sem resolução do mérito, face à perda superveniente de seu objeto. **(Inform. STF 708)**

AG. REG. NO HC N. 117.296-DF
RELATOR: MIN. GILMAR MENDES
Agravo regimental em habeas corpus. 2. Pedido de retirada de informações veiculadas no sítio do Conselho Nacional de Justiça. 3. Ausência de risco à liberdade de locomoção física. Writ incabível. Precedentes. 4. Decisão agravada mantida por seus próprios fundamentos. Recurso a que se nega provimento. **(Inform. STF 707)**

ADPF N. 54-DF
RELATOR: MIN. MARCO AURÉLIO
ESTADO – LAICIDADE. O Brasil é uma república laica, surgindo absolutamente neutro quanto às religiões. Considerações.
FETO ANENCÉFALO – INTERRUPÇÃO DA GRAVIDEZ – MULHER – LIBERDADE SEXUAL E REPRODUTIVA – SAÚDE – DIGNIDADE – AUTODETERMINAÇÃO – DIREITOS FUNDAMENTAIS – CRIME – INEXISTÊNCIA. Mostra-se inconstitucional interpretação de a interrupção da gravidez de feto anencéfalo ser conduta tipificada nos artigos 124, 126 e 128, incisos I e II, do Código Penal. **(Inform. STF 704)**

DIREITO ADMINISTRATIVO, CONSTITUCIONAL E TRIBUTÁRIO. INADEQUAÇÃO DE HABEAS DATA PARA ACESSO A DADOS DO REGISTRO DE PROCEDIMENTO FISCAL. O habeas data não é via adequada para obter acesso a dados contidos em Registro de Procedimento Fiscal (RPF). Isso porque o RPF, por definição, é documento de uso privativo da Receita Federal; não tem caráter público, nem pode ser transmitido a terceiros. Além disso, não contém somente informações relativas à pessoa do impetrante, mas, principalmente, informações sobre as atividades desenvolvidas pelos auditores fiscais no desempenho de suas funções. Nessa linha, o acesso a esse documento pode, em tese, obstar o regular desempenho do poder de polícia da Receita Federal. **REsp 1.411.585-PE, Rel. Min. Humberto Martins, julgado em 5/8/2014. (Inform. STJ 548)**

DIREITO CONSTITUCIONAL E PROCESSUAL PENAL. RHC QUE CONSISTA EM MERA REITERAÇÃO DE HC. A análise pelo STJ do mérito de *habeas corpus* com o objetivo de avaliar eventual possibilidade de concessão da ordem de ofício, ainda que este tenha sido considerado incabível por inadequação da via eleita, impede a posterior apreciação de recurso ordinário em *habeas corpus* que também esteja tramitando no Tribunal, e que consista em mera reiteração do *mandamus* já impetrado (com identidade de partes, objeto e causa de pedir). Isso porque, nessa hipótese, estaria configurada a litispendência, instituto que visa precipuamente à economia processual e ao propósito de evitar a ocorrência de decisões contraditórias. Vale ressaltar que, de um lado, não se veda à defesa do paciente a impetração de *mandamus* incabível, na busca da sorte da concessão de ordem

5. DIREITO CONSTITUCIONAL

de *habeas corpus* de ofício. De outro lado, porém, caso o *habeas corpus* seja analisado, pode-se ter de arcar com o ônus de o recurso ordinário também impetrado não ter seu pedido de mérito apreciado pelo Tribunal, embora se trate da correta via de impugnação. Nesse contexto, deve-se ter em conta que o acesso ao Judiciário não pode acontecer de forma indiscriminada e deve ser conduzido com ética e lealdade, sendo consectário do princípio da lealdade processual a impossibilidade de a defesa pleitear pretensões descabidas, inoportunas, tardias ou já decididas, que contribuam com o abarrotamento dos tribunais. **RHC 37.895-RS, Rel. Min. Laurita Vaz, julgado em 27/3/2014. (Inform. STJ 539)**

DIREITO CONSTITUCIONAL. CABIMENTO DE HABEAS CORPUS EM AÇÃO DE INTERDIÇÃO. É cabível a impetração de *habeas corpus* para reparar suposto constrangimento ilegal à liberdade de locomoção decorrente de decisão proferida por juízo cível que tenha determinado, no âmbito de ação de interdição, internação compulsória. De fato, a jurisprudência do STJ entende que o *habeas corpus* não constitui via processual idônea para a impugnação de decisão proferida por juízo cível competente para a apreciação de matérias relativas a Direito de Família (HC 206.715-SP, Quarta Turma, DJe 1/2/2012; e HC 143.640-SP, Terceira Turma, DJe 12/11/2009). Todavia, a hipótese de determinação de internação compulsória, embora em decisão proferida por juízo cível, apresenta-se capaz, ao menos em tese, de configurar constrangimento ilegal à liberdade de locomoção, justificando, assim, o cabimento do remédio constitucional, nos termos do art. 5º, LXVIII, da CF, segundo o qual o *habeas corpus* será concedido "sempre que alguém sofrer ou se achar ameaçado de sofrer violência ou coação em sua liberdade de locomoção, por ilegalidade ou abuso de poder". **HC 135.271-SP, Rel. Min. Sidnei Beneti, julgado em 17/12/2013. (Inform. STJ 533)**

Súmula vinculante STF 28

É inconstitucional a exigência de depósito prévio como requisito de admissibilidade de ação judicial na qual se pretenda discutir a exigibilidade de crédito tributário.

Súmula vinculante STF 26

Para efeito de progressão de regime no cumprimento de pena por crime hediondo, ou equiparado, o juízo da execução observará a inconstitucionalidade do art. 2º da Lei n. 8.072, de 25 de julho de 1990, sem prejuízo de avaliar se o condenado preenche, ou não, os requisitos objetivos e subjetivos do benefício, podendo determinar, para tal fim, de modo fundamentado, a realização de exame criminológico.

Súmula vinculante STF 25

É ilícita a prisão civil de depositário infiel, qualquer que seja a modalidade do depósito.

Súmula vinculante STF nº 21

É inconstitucional a exigência de depósito ou arrolamento prévios de dinheiro ou bens para admissibilidade de recurso administrativo.

Súmula vinculante STF nº 14

É direito do defensor, no interesse do representado, ter acesso amplo aos elementos de prova que, já documentados em procedimento investigatório realizado por órgão com competência de polícia judiciária, digam respeito ao exercício do direito de defesa.

Súmula vinculante STF nº 11

Só é lícito o uso de algemas em casos de resistência e de fundado receio de fuga ou de perigo à integridade física própria ou alheia, por parte do preso ou de terceiros, justificada a excepcionalidade por escrito, sob pena de responsabilidade disciplinar, civil e penal do agente ou da autoridade e de nulidade da prisão ou do ato processual a que se refere, sem prejuízo da responsabilidade civil do Estado.

Súmula vinculante STF nº 9

O disposto no artigo 127 da lei n. 7.210/1984 (lei de execução penal) foi recebido pela ordem constitucional vigente, e não se lhe aplica o limite temporal previsto no caput do artigo 58.

Súmula vinculante STF nº 5

A falta de defesa técnica por advogado no processo administrativo disciplinar não ofende a Constituição.

Súmula vinculante STF nº 1

Ofende a garantia constitucional do ato jurídico perfeito a decisão que, sem ponderar as circunstâncias do caso concreto, desconsidera a validez e a eficácia de acordo constante de termo de adesão instituído pela Lei Complementar 110/2001.

Súmula STF nº 721

A competência constitucional do Tribunal do Júri prevalece sobre o foro por prerrogativa de função estabelecido exclusivamente pela Constituição Estadual.

Súmula STF nº 704

Não viola as garantias do juiz natural, da ampla defesa e do devido processo legal a atração por continência ou conexão do processo do corréu ao foro por prerrogativa de função de um dos denunciados.

Súmula STF nº 695

Não cabe *habeas corpus* quando já extinta a pena privativa de liberdade.

Súmula STF nº 694

Não cabe *habeas corpus* contra a imposição da pena de exclusão de militar ou de perda de patente ou de função pública.

Súmula STF nº 693

Não cabe *habeas corpus* contra decisão condenatória a pena de multa, ou relativo a processo em curso por infração penal a que a pena pecuniária seja a única cominada.

Súmula STF nº 654

A garantia da irretroatividade da lei, prevista no art. 5º, XXXVI, da Constituição da República, não é invocável pela entidade estatal que a tenha editado.

Súmula STF nº 632

É constitucional lei que fixa o prazo de decadência para a impetração de mandado de segurança.

Súmula STF nº 630

A entidade de classe tem legitimação para o mandado de segurança ainda quando a pretensão veiculada interesse apenas a uma parte da respectiva categoria.

Súmula STF nº 629

A impetração de mandado de segurança coletivo por entidade de classe em favor dos associados independe da autorização destes.

Súmula STF nº 625

Controvérsia sobre matéria de direito não impede concessão de mandado de segurança.

Súmula STF nº 429

A existência de recurso administrativo com efeito suspensivo não impede o uso do mandado de segurança contra omissão da autoridade.

Súmula STF nº 365

Pessoa jurídica não tem legitimidade para propor ação popular.

Súmula STF nº 268

Não cabe mandado de segurança contra decisão judicial com trânsito em julgado.

Súmula STF nº 267

Não cabe mandado de segurança contra ato judicial passível de recurso ou correição.

Súmula STF nº 266

Não cabe mandado de segurança contra lei em tese.

Súmula STF nº 70

É inadmissível a interdição de estabelecimento como meio coercitivo para cobrança de tributo.

Súmula STJ nº 469

Aplica-se o Código de Defesa do Consumidor aos contratos de plano de saúde.

Súmula STJ nº 460

É incabível o mandado de segurança para convalidar a compensação tributária realizada pelo contribuinte.

Súmula STJ nº 434

O pagamento da multa por infração de trânsito não inibe a discussão judicial do débito.

Súmula STJ nº 419

Descabe a prisão civil do depositário judicial infiel.

Súmula STJ nº 333

Cabe mandado de segurança contra ato praticado em licitação promovida por sociedade de economia mista ou empresa pública.

Súmula STJ nº 227

A pessoa jurídica pode sofrer dano moral.

Súmula STJ nº 105

Na ação de mandado de segurança não se admite condenação em honorários advocatícios.

Súmula STJ nº 37

São cumuláveis as indenizações por dano material e dano moral oriundos do mesmo fato.

Súmula STJ nº 2

Não cabe o habeas data (CF, art. 5º, LXXII, letra a) se não houve recusa de informações por parte da autoridade administrativa.

2. DIREITOS SOCIAIS

AG. REG. NA Rcl N. 9.674-SP

RELATOR: MIN. TEORI ZAVASCKI
EMENTA: CONSTITUCIONAL. AGRAVO REGIMENTAL NA RECLAMAÇÃO. PISO SALARIAL. LEI 4950-A/1966. ENGENHEIROS. BASE DE CÁLCULO EM MÚLTIPLOS DE SALÁRIO-MÍNIMO. REAJUSTES POR OUTROS ÍNDICES. DESRESPEITO À SÚMULA VINCULANTE 4. NÃO CONFIGURAÇÃO. AGRAVO REGIMENTAL A QUE SE NEGA PROVIMENTO. **(Inform. STF 804)**

REPERCUSSÃO GERAL EM RE N. 883.642-AL

RELATOR: MINISTRO PRESIDENTE
Ementa: RECURSO EXTRAORDINÁRIO. CONSTITUCIONAL. ART. 8º, III, DA LEI MAIOR. SINDICATO. LEGITIMIDADE. SUBSTITUTO PROCESSUAL. EXECUÇÃO DE SENTENÇA. DESNECESSIDADE DE AUTORIZAÇÃO. EXIS-TÊNCIA DE REPERCUSSÃO GERAL. REAFIRMAÇÃO DE JURISPRUDÊNCIA. I – Repercussão geral reconhecida e reafirmada a jurisprudência do Supremo Tribunal Federal no sentido da ampla legitimidade extraordinária dos sindicatos para defender em juízo os direitos e interesses coletivos ou individuais dos integrantes da categoria que representam, inclusive nas liquidações e execuções de sentença, independentemente de autorização dos substituídos. **(Inform. STF 791)**

AG. REG. NO AI N. 506.302-RS

RELATOR: MIN. MARCO AURÉLIO
SAÚDE – PROMOÇÃO – MEDICAMENTOS. O preceito do artigo 196 da Constituição Federal assegura aos menos afortunados o fornecimento, pelo Estado, dos medicamentos indispensáveis ao restabelecimento da saúde. **(Inform. STF 707)**

Súmula vinculante STF nº 6

Não viola a Constituição o estabelecimento de remuneração inferior ao salário mínimo para as praças prestadoras de serviço militar inicial.

Súmula vinculante STF nº 4

Salvo nos casos previstos na Constituição, o salário mínimo não pode ser usado como indexador de base de cálculo de vantagem de servidor público ou de empregado, nem ser substituído por decisão judicial.

Súmula STF nº 675

Os intervalos fixados para descanso e alimentação durante a jornada de seis horas não descaracterizam o sistema de turnos ininterruptos de revezamento para o efeito do art. 7º, XIV, da Constituição.

Súmula STF nº 666

A contribuição confederativa de que trata o art. 8º, IV, da Constituição, só é exigível dos filiados ao sindicato respectivo.

Súmula STJ nº 466

O titular da conta vinculada ao FGTS tem o direito de sacar o saldo respectivo quando declarado nulo seu contrato de trabalho por ausência de prévia aprovação em concurso público.

Súmula STJ nº 252

Os saldos das contas do FGTS, pela legislação infraconstitucional, são corrigidos em 42,72% (IPC) quanto às perdas de janeiro de 1989 e 44,80% (IPC) quanto às de abril de 1990, acolhidos pelo STJ os índices de 18,02% (LBC) quanto as perdas de junho de 1987, de 5,38% (BTN) para maio de 1990 e 7,00%(TR) para fevereiro de 1991, de acordo com o entendimento do STF (RE 226.855-7-RS).

Súmula STJ nº 201

Os honorários advocatícios não podem ser fixados em salários mínimos.

3. DIREITOS POLÍTICOS E NACIONA-LIDADE

Detentor de mandato eletivo e efeitos da condenação - 1

O Plenário condenou senador (prefeito à época dos fatos delituosos), bem assim o presidente e o vice-presidente de comissão de licitação municipal pela prática do crime descrito no art. 90 da Lei 8.666/93 ["*Art. 90. Frustrar ou fraudar, mediante ajuste, combinação ou qualquer outro expediente, o caráter competitivo do procedimento licitatório, com o intuito de obter, para si ou para outrem, vantagem decorrente da adjudicação do objeto da licitação: Pena - detenção, de 2 (dois) a 4 (quatro) anos, e multa*"] à pena de 4 anos, 8 meses e 26 dias de detenção em regime inicial semiaberto. Fixou-se, por maioria, multa de R$ 201.817,05 ao detentor de cargo político, e de R$ 134.544,07 aos demais apenados, valores a serem revertidos aos cofres do município. Determinou-se — caso estejam em exercício — a perda de cargo, emprego ou função pública dos dois últimos réus. Entendeu-se, em votação majoritária, competir ao Senado Federal deliberar sobre a eventual perda do mandato parlamentar do ex-prefeito (CF, art. 55, VI e §2º). Reconheceu-se, também por maioria, a data deste julgamento como causa interruptiva da prescrição. Ademais, considerado o empate na votação, o Tribunal absolveu os sócios dirigentes das empresas envolvidas nas licitações em questão, denunciados pelo mesmo crime. Absolveu, outrossim, os sócios não detentores do cargo de gerência das empresas no tocante a essa imputação. Além disso, por decisão majoritária, absolveu todos os acusados no tocante ao crime de quadrilha (CP: "*Art. 288. Associarem-se mais de três pessoas, em quadrilha ou bando, para o fim de cometer crimes: Pena - reclusão, de um a três anos*"). A inicial narrava suposto esquema articulado com o propósito de burlar licitações municipais, perpetrado durante o mandato do então prefeito.

Detentor de mandato eletivo e efeitos da condenação - 2

Inicialmente, a Corte resolveu duas questões de ordem. A primeira, para determinar o imediato julgamento do feito, não obstante alegação da defesa acerca da necessidade de sobrestamento, diante da pendência de decisão final do TCU em processo de tomada de contas. A segunda, para manter o julgamento conjunto de todos os réus no STF. Vencidos os Ministros Marco Aurélio, suscitante, e Ricardo Lewandowski, que votavam pelo desdobramento do processo em relação aos acusados que não detivessem prerrogativa de foro perante o Supremo. Em seguida, o Plenário rejeitou todas as questões preliminares arguidas. Quanto à primeira delas — inépcia da denúncia e nulidade por prejuízo ao contraditório e à ampla defesa —, aduziu-se que a inicial conteria a exposição do fato criminoso com todas as suas circunstâncias e com a narração satisfatória de todas as condutas imputadas aos acusados em atendimento aos requisitos do art. 41 do CPP. Com relação à segunda — nulidade decorrente da realização de investigação criminal pelo Ministério Público —, ressaltou-se que, na espécie, a denúncia fora formulada com base em dados probatórios colhidos no âmbito de inquérito civil, questão distinta da legitimidade constitucional do poder investigatório do Ministério Público.

5. DIREITO CONSTITUCIONAL

Detentor de mandato eletivo e efeitos da condenação - 3
No tocante à terceira preliminar — quebra de sigilo bancário e fiscal pelo STJ —, assentou-se que o procedimento cautelar de quebra de sigilo bancário e fiscal estaria relacionado à ação de improbidade administrativa, de modo a não incidir norma concernente à prerrogativa de foro. Relativamente à quarta — vício de prova pericial em razão de o perito responsável pelos laudos ser "compadre" do promotor de justiça encarregado pelas investigações iniciais —, sublinhou-se que essa prova fora juntada e valorada como mero documento e não como prova pericial. No que tange à quinta — ausência de condição de punibilidade e de justa causa para ação penal, ante a aprovação, por tribunal de contas estadual e câmara municipal, de contas referentes aos exercícios em que constatados os fatos delituosos —, afirmou-se inexistir relação de dependência ou prejudicialidade entre a aprovação de contas pelos órgãos administrativos e a persecução penal. Por fim, afastou-se, ainda, prejudicial de mérito quanto à prescrição da pretensão punitiva. Esclareceu-se que as imputações seriam sancionadas com penas privativas de liberdade de dois a quatro anos e que não teriam transcorrido oito anos, seja entre a data dos fatos narrados na inicial e a do recebimento da denúncia, seja entre o recebimento da inicial e a presente data.

Detentor de mandato eletivo e efeitos da condenação - 4
No mérito, prevaleceu o entendimento da relatora, que afirmou ser a licitação regra obrigatória no País, e que objetivaria à escolha, pela Administração, de prestadores de serviço e fornecedores de bens, em observância aos princípios gerais descritos no art. 37, *caput*, da CF. Além disso, a legislação pertinente exigiria o atendimento estrito ao que estabeleceriam as diferentes modalidades de licitação, que variariam de acordo com o valor de seu objeto. Acresceu que a licitação teria por escopo permitir a escolha, pelo Poder Público, de bens ou serviços dentro de um universo de competitividade, para se obter o melhor produto por um preço justo. Assim, a norma do art. 90 da Lei 8.666/93 buscaria proteger essa situação. Reputou que o tipo penal em comento seria crime próprio, restrito a quem interviesse em procedimento licitatório, a abranger agente público ou particular, desde que participasse do ajuste para impedir a regular disputa no processo de licitação. Analisou que o dolo seria específico no sentido de obtenção da vantagem indevida por meio da fraude ou frustração ao caráter competitivo. Explicou que, no caso em exame, a forma de cerceamento da ampla competição teria sido feita por meio de fracionamento dos valores das obras contratadas, para que as licitações ocorressem por convite, ao invés de tomada de preços. Dessa maneira, as licitações indevidamente realizadas seriam dirigidas a determinados fornecedores de bens e serviços, e nisso constituir-se-ia a fraude. No ponto, destacou que as obras teriam sido realizadas e que não houvera superfaturamento, mas esses fatos não obstariam o aperfeiçoamento do tipo penal, que não exigiria resultado naturalístico. Asseverou que as empresas pertencentes aos sócios dirigentes supostamente envolvidos no esquema delituoso frequentemente disputavam licitações na municipalidade, durante o mandato do então prefeito, e seus proprietários teriam ligação próxima com o ora parlamentar, de amizade ou parentesco. Entretanto, esse contexto isoladamente considerado não seria suficiente para caracterizar o crime. Frisou que as empresas contratadas não teriam estrutura suficiente para atender aos objetos licitados, de maneira que o argumento de serem as únicas capazes de cumprir o respectivo contrato não se sustentaria. Assentou que a autoria do delito estaria comprovada em relação ao então prefeito, ao presidente da comissão de licitação do município e ao vice-presidente dessa mesma comissão. No que se refere aos sócios das empresas vencedoras das licitações em exame, não considerou haver provas suficientes quanto a eventual conluio para o cometimento do crime, sequer acerca de possível dolo específico. No que se refere ao crime de quadrilha, afirmou que, tendo em vista o total de agentes em relação aos quais seria certa a prática do delito do art. 90 da Lei 8.666/93, não seria possível imputar-lhes o crime do art. 288 do CP, que exigiria a existência de mais de três pessoas. Destacou, não obstante, que não se poderia falar em associação para prática reiterada de crimes, mas apenas em concurso de agentes.

Detentor de mandato eletivo e efeitos da condenação - 5
Acompanharam essa orientação os Ministros Teori Zavascki, Rosa Weber, Gilmar Mendes e Celso de Mello. O Min. Teori Zavascki sublinhou a natureza formal do crime descrito no art. 90 da Lei 8.666/93, que se aperfeiçoaria com a obtenção do *status* de vencedor da licitação. Assinalou que não seria necessário haver superfaturamento. Reconheceu a frustração da competitividade licitatória por meio da adoção indevida da modalidade convite e da escolha

de certas empresas ligadas por laços de parentesco ou amizade, condutas imputáveis apenas aos membros da Administração. Analisou que o delito em questão seria plurissubjetivo e que não haveria elementos caracterizadores de quadrilha. O Min. Celso de Mello observou que o crime seria formal, e a obtenção de qualquer vantagem constituiria mero exaurimento. Além disso, sinalizou que, se considerasse que a prática delitiva tivesse sido realizada por mais de três agentes, julgaria o pleito procedente também em relação ao crime de quadrilha, porque presentes os demais requisitos deste tipo penal.

Detentor de mandato eletivo e efeitos da condenação - 6
O Min. Dias Toffoli, revisor, acompanhou a relatora no tocante à condenação imposta ao então prefeito e aos demais membros da Administração. Em sua análise, frisou que os integrantes da comissão de licitação teriam sido indicados pelo prefeito, responsável pela homologação final dos certames. Assim, não se poderia falar em responsabilização penal objetiva em relação a ele, pois a comissão de licitação seria composta por pessoas de sua estrita confiança, que teriam ocupado funções semelhantes em âmbito estadual, quando o réu, posteriormente, ocupara o cargo de governador. Consignou que os atos praticados pelos prepostos do Chefe do Executivo municipal teriam por finalidade atender aos anseios particulares dele. Registrava, entretanto, o vínculo — de parentesco ou amizade — entre os sócios administradores das empresas vencedoras dos certames com o prefeito, de modo que estes, conhecedores do esquema narrado e dele beneficiários, seriam também agentes do tipo penal em questão. Entendeu não configurado o crime de quadrilha, pois não vislumbrou associação dos acusados para prática reiterada de crimes, mas apenas coautoria. Nesse mesmo sentido votaram os Ministros Roberto Barroso e Ricardo Lewandowski. O Min. Ricardo Lewandowski discorreu que o tipo penal do art. 90 da Lei 8.666/93 trataria de "vantagem" em sentido amplo, que poderia ser pecuniária, social, política e de outra natureza. Ademais, poderia ser lícita ou ilícita. Isso decorreria do fato de o bem tutelado pela norma não ser apenas patrimonial, mas relacionado à moralidade administrativa, à lisura, à idoneidade, à credibilidade e à regularidade na licitação. Reputava que o conluio em análise não seria possível sem a participação consciente dos dirigentes das empresas.

Detentor de mandato eletivo e efeitos da condenação - 7
Os Ministros Marco Aurélio e Joaquim Barbosa, Presidente, além de acompanharem o revisor no que pertine ao delito do art. 90 da Lei 8.666/93, julgavam o pleito procedente no tocante à quadrilha. O Min. Marco Aurélio afirmava existir liame subjetivo entre os membros da Administração e os beneficiários das licitações, ocorrida a adjudicação. Considerava, ainda, configurada a quadrilha. Nesse sentido, o Presidente reputava evidenciada a associação permanente dos acusados para frustrar reiteradamente o caráter competitivo dos diversos procedimentos licitatórios. Aduzia que as empresas teriam sido criadas assim que o prefeito fora eleito, com o fim exclusivo de fraude. Ressaltava que as práticas delitivas teriam ocorrido ao longo de quatro anos e que seria característica do crime em discussão o cometimento reiterado e especializado de delitos idênticos ou semelhantes. Na sequência, verificou-se empate acerca da caracterização do delito previsto no art. 90 da Lei 8.666/93 em relação aos sócios dirigentes das empresas beneficiárias do esquema criminoso. O Plenário deliberou que, nessa circunstância, o entendimento mais favorável aos réus deveria prevalecer. Dessa maneira, a pretensão acusatória deveria ser acolhida apenas em relação ao prefeito, ao presidente e ao vice-presidente da comissão de licitações municipal pelo mencionado delito. O Min. Marco Aurélio registrava, a exemplo de como procedera no julgamento da AP 470/MG (DJe de 22.4.2013), que o empate na votação deveria implicar a adoção da corrente defendida pelo Presidente, ou seja, a condenação dos membros da Administração municipal e dos sócios dirigentes das empresas.

Detentor de mandato eletivo e efeitos da condenação - 8
Passou-se à definição das reprimendas. Quanto às penas privativas de liberdade, adotou-se parâmetro de aproximação dos votos de cada Ministro, independentemente dos critérios utilizados, para fixação das sanções no julgamento. Assim, preponderou o voto do revisor, que fixou aos condenados a sanção de 4 anos, 8 meses e 26 dias de detenção em regime inicial semiaberto. Na dosimetria pertinente ao parlamentar, aplicou a agravante do art. 61, II, *g*, do CP ["*g) com abuso de poder ou violação de dever inerente a cargo, ofício, ministério ou profissão*"] e entendeu não incidir a causa especial de aumento disposta no § 2º do art. 84 da Lei 8.666/93 ("*Art. 84. Considera-se servidor público, para os fins desta Lei, aquele*

que exerce, mesmo que transitoriamente ou sem remuneração, cargo, função ou emprego público ... § 2° A pena imposta será acrescida da terça parte, quando os autores dos crimes previstos nesta Lei forem ocupantes de cargo em comissão ou de função de confiança em órgão da Administração direta, autarquia, empresa pública, sociedade de economia mista, fundação pública, ou outra entidade controlada direta ou indiretamente pelo Poder Público"). Para tanto, levou em conta a distinção entre os regimes de responsabilização político-administrativa, no sistema constitucional brasileiro, dos agentes políticos em relação demais agentes públicos. Na fixação das reprimendas daqueles que integravam a comissão municipal, considerou inexistente circunstância agravante, uma vez que incidiria o § 2° do art. 84 da Lei 8.666/93. Reconheceu a continuidade delitiva entre os diversos crimes praticados por todos os apenados e somou 1/3 à sanção. Os Ministros Teori Zavascki e Rosa Weber acompanharam o Min. Dias Toffoli. O Min. Gilmar Mendes seguiu o revisor pela inaplicabilidade da causa de aumento ao parlamentar, em face da legalidade estrita. O Min. Roberto Barroso definia a reprimenda em 4 anos, 5 meses e 9 dias aos condenados, em cujo cálculo final foi acompanhado pelo Min. Ricardo Lewandowski. O Min. Roberto Barroso fixava as penas com o emprego dos critérios explicitados pelo revisor nas duas últimas etapas da dosimetria, porém, no concurso de crimes, aplicava o aumento de 2/3.

Detentor de mandato eletivo e efeitos da condenação - 9

Por sua vez, a relatora estabelecia as penas de detenção de 5 anos, 6 meses e 20 dias, ao ex-prefeito; e de 5 anos, ao então presidente e ao então vice-presidente da comissão licitatória. Na dosimetria, aplicava a todos os condenados a causa especial do art. 84, § 2°, da Lei 8.666/93 e, quanto à continuidade delitiva, o aumento de 2/3. Esclareceu que atribuía referida majorante ao ora congressista haja vista que, na apreciação da AP 470/MG, o STF teria entendido pela incidência da causa de aumento do art. 327, § 2°, do CP — de teor análogo a do § 2° do art. 84 — a agentes políticos, conceito que abrangeria tanto o Chefe do Poder Executivo, independentemente da esfera, como aqueles que exercessem mandatos parlamentares. Afastava a possibilidade de substituição das penas por restritivas de direitos, pois excederiam o limite firmado na lei (CP, art. 44, I) e, pelas mesmas razões, de suspensão condicional (CP, artigos 77 e seguintes). No mesmo sentido votaram os Ministros Celso de Mello e Presidente. No que pertine à causa de aumento, o decano ressaltou que aderiria ao voto da relatora em atenção ao princípio da colegialidade, haja vista possuir entendimento em sentido diverso. O Min. Marco Aurélio estipulava pena de 8 anos e 10 meses de detenção para o agente político. Aplicava tanto a agravante do art. 61, II, g, do CP quanto a causa de aumento da Lei de Licitações, porquanto seriam institutos distintos. Além disso, majorava a reprimenda em 2/3 (CP, art. 71). No mais, condenava o presidente da comissão a 6 anos e 8 meses e o vice-presidente a 3 anos de detenção.

Detentor de mandato eletivo e efeitos da condenação - 10

No tocante à pena de multa, o Plenário, por maioria, fixou-a em R$ 201.817,05 para o então prefeito e em R$ 134.544,70 para as membros da comissão licitatória [Lei 8.666/93: "Art. 99. A pena de multa cominada nos arts. 89 a 98 desta Lei consiste no pagamento de quantia fixada na sentença e calculada em índices percentuais, cuja base corresponderá ao valor da vantagem efetivamente obtida ou potencialmente auferível pelo agente. § 1° Os índices a que se refere este artigo não poderão ser inferiores a 2% (dois por cento), nem superiores a 5% (cinco por cento) do valor do contrato licitado ou celebrado com dispensa ou inexigibilidade de licitação"], monetariamente atualizadas a partir da formalização de cada um dos contratos impugnados na denúncia. Esclareceu-se que as importâncias corresponderiam a 3% e a 2%, respectivamente, do valor dos contratos questionados e deveriam ser revertidas à Fazenda Pública municipal (art. 99, § 2°). Destacou-se que a lei de regência preveria a imposição de dupla punição: pena privativa de liberdade acrescida de multa. Os Ministros Celso de Mello e Gilmar Mendes complementaram que a teoria monista justificaria a aplicação da sanção pecuniária. O decano ressaltou que a vantagem não precisaria ser econômica e que a base de cálculo da multa teria sido definida de forma objetiva. O Presidente aduziu que a lei teria estipulado a reprimenda em função do valor do contrato e não do lucro. Vencidos os Ministros Teori Zavascki, Ricardo Lewandowski e Marco Aurélio, que não aplicavam a sanção pecuniária, porquanto entendiam inexistir base adequada para isso. O primeiro afirmava não ser possível incidir a sanção

nos casos em que o crime ocorresse sem vantagem pecuniária, em virtude do princípio da legalidade estrita. O segundo complementava que haveria possibilidade de que ela excedesse o patrimônio de alguns dos réus e, dessa forma, equivalesse a confisco, o que seria vedado pela Constituição.

Detentor de mandato eletivo e efeitos da condenação - 11

Além disso, o Tribunal determinou a perda de cargo, emprego ou função pública do então presidente e vice-presidente da comissão licitatória, se estiverem em exercício. Relativamente ao atual mandato de senador da República, decidiu-se, por maioria, competir à respectiva Casa Legislativa deliberar sobre sua eventual perda (CF: "Art. 55. Perderá o mandato o Deputado ou Senador: ... VI - que sofrer condenação criminal em sentença transitada em julgado. ... § 2° - Nos casos dos incisos I, II e VI, a perda do mandato será decidida pela Câmara dos Deputados ou pelo Senado Federal, por voto secreto e maioria absoluta, mediante provocação da respectiva Mesa ou de partido político representado no Congresso Nacional, assegurada ampla defesa"). A relatora e o revisor, no que foram seguidos pela Min. Rosa Weber, reiteraram o que externado sobre o tema na apreciação da AP 470/MG. O revisor observou que, se por ocasião do trânsito em julgado o congressista ainda estivesse no exercício do cargo parlamentar, dever-se-ia oficiar à Mesa Diretiva do Senado Federal para fins de deliberação a esse respeito. O Min. Roberto Barroso pontuou haver obstáculo intransponível na literalidade do § 2° do art. 55 da CF. O Min. Teori Zavascki realçou que a condenação criminal transitada em julgado conteria como efeito secundário, natural e necessário, a suspensão dos direitos políticos, que independeria de declaração. De outro passo, ela não geraria, necessária e naturalmente, a perda de cargo público. Avaliou que, no caso específico dos parlamentares, essa consequência não se estabeleceria. No entanto, isso não dispensaria o congressista de cumprir a pena. O Min. Ricardo Lewandowski concluiu que o aludido dispositivo estaria intimamente conectado com a separação dos Poderes. Vencidos os Ministros Gilmar Mendes, Marco Aurélio, Celso de Mello e o Presidente, que reafirmavam os votos proferidos na ação penal já indicada. Reputavam ser efeito do trânsito em julgado da condenação a perda do mandato. Dessa maneira, caberia à mesa da Casa respectiva apenas declará-la. O Colegiado ordenou que, após a decisão se tornar definitiva e irrecorrível, os nomes dos réus fossem lançados no rol dos culpados e expedidos os competentes mandados de prisão. Por fim, em votação majoritária, registrou-se que a data desta sessão plenária constituiria causa interruptiva da prescrição (CP, art. 117, IV), vencido, neste aspecto, o Min. Marco Aurélio, que considerava necessária a publicação:

AP 565/RO, rel. Min. Cármen Lúcia, 7 e 8.8.2013. (AP-565) (Inform. STF 714)

RE N. 637.485-RJ

RELATOR: MIN. GILMAR MENDES
RECURSO EXTRAORDINÁRIO. REPERCUSSÃO GERAL. REELEIÇÃO. PREFEITO. INTERPRETAÇÃO DO ART. 14, § 5°, DA CONSTITUIÇÃO. MUDANÇA DA JURISPRUDÊNCIA EM MATÉRIA ELEITORAL. SEGURANÇA JURÍDICA. I. REELEIÇÃO. MUNICÍPIOS. INTERPRETAÇÃO DO ART. 14, § 5°, DA CONSTITUIÇÃO. PREFEITO. PROIBIÇÃO DE TERCEIRA ELEIÇÃO EM CARGO DA MESMA NATUREZA, AINDA QUE EM MUNICÍPIO DIVERSO. O instituto da reeleição tem fundamento não somente no postulado da continuidade administrativa, mas também no princípio republicano, que impede a perpetuação de uma mesma pessoa ou grupo no poder. O princípio republicano condiciona a interpretação e a aplicação do próprio comando da norma constitucional, de modo que a reeleição é permitida por apenas uma única vez. Esse princípio impede a terceira eleição não apenas no mesmo município, mas em relação a qualquer outro município da federação. Entendimento contrário tornaria possível a figura do denominado "prefeito itinerante" ou do "prefeito profissional", o que claramente é incompatível com esse princípio, que também traduz um postulado de temporariedade/alternância do exercício do poder. Portanto, ambos os princípios – continuidade administrativa e republicanismo – condicionam a interpretação e a aplicação teleológicas do art. 14, § 5°, da Constituição. O cidadão que exerce dois mandatos consecutivos como prefeito de determinado município fica inelegível para o cargo da mesma natureza em qualquer outro município da federação. II. MUDANÇA DA JURISPRUDÊNCIA EM MATÉRIA ELEITORAL. SEGURANÇA JURÍDICA. ANTERIORIDADE ELEITORAL. NECESSIDADE DE AJUSTE DOS EFEITOS DA DECISÃO. Mudanças radicais na interpretação da Constituição devem ser acompanhadas da devida e cuidadosa reflexão sobre suas consequências, tendo em vista o postulado da segurança jurídica. Não

só a Corte Constitucional, mas também o Tribunal que exerce o papel de órgão de cúpula da Justiça Eleitoral devem adotar tais cautelas por ocasião das chamadas viragens jurisprudenciais na interpretação dos preceitos constitucionais que dizem respeito aos direitos políticos e ao processo eleitoral. Não se pode deixar de considerar o peculiar caráter normativo dos atos judiciais emanados do Tribunal Superior Eleitoral, que regem todo o processo eleitoral. Mudanças na jurisprudência eleitoral, portanto, têm efeitos normativos diretos sobre os pleitos eleitorais, com sérias repercussões sobre os direitos fundamentais dos cidadãos (eleitores e candidatos) e partidos políticos. No âmbito eleitoral, a segurança jurídica assume a sua face de princípio da confiança para proteger a estabilização das expectativas de todos aqueles que de alguma forma participam dos prélios eleitorais. A importância fundamental do princípio da segurança jurídica para o regular transcurso dos processos eleitorais está plasmada no princípio da anterioridade eleitoral positivado no art. 16 da Constituição. O Supremo Tribunal Federal fixou a interpretação desse artigo 16, entendendo-o como uma garantia constitucional (1) do devido processo legal eleitoral, (2) da igualdade de chances e (3) das minorias (RE 633.703). Em razão do caráter especialmente peculiar dos atos judiciais emanados do Tribunal Superior Eleitoral, os quais regem normativamente todo o processo eleitoral, é razoável concluir que a Constituição também alberga uma norma, ainda que implícita, que traduz o postulado da segurança jurídica como princípio da anterioridade ou anualidade em relação à alteração da jurisprudência do TSE. Assim, as decisões do Tribunal Superior Eleitoral que, no curso do pleito eleitoral (ou logo após o seu encerramento), impliquem mudança de jurisprudência (e dessa forma repercutam sobre a segurança jurídica), não têm aplicabilidade imediata ao caso concreto e somente terão eficácia sobre outros casos no pleito eleitoral posterior.

III. REPERCUSSÃO GERAL. Reconhecida a repercussão geral das questões constitucionais atinentes à (1) elegibilidade para o cargo de Prefeito de cidadão que já exerceu dois mandatos consecutivos em cargo da mesma natureza em Município diverso (interpretação do art. 14, § 5º, da Constituição) e (2) retroatividade ou aplicabilidade imediata no curso do período eleitoral da decisão do Tribunal Superior Eleitoral que implica mudança de sua jurisprudência, de modo a permitir aos Tribunais a adoção dos procedimentos relacionados ao exercício de retratação ou declaração de inadmissibilidade dos recursos repetitivos, sempre que as decisões recorridas contrariarem ou se pautarem pela orientação ora firmada.

IV. EFEITOS DO PROVIMENTO DO RECURSO EXTRAORDINÁRIO. Recurso extraordinário provido para: (1) resolver o caso concreto no sentido de que a decisão do TSE no RESPE 41.980-06, apesar de ter entendido corretamente que é inelegível para o cargo de Prefeito o cidadão que exerceu por dois mandatos consecutivos cargo de mesma natureza em Município diverso, não pode incidir sobre o diploma regularmente concedido ao recorrente, vencedor das eleições de 2008 para Prefeito do Município de Valença-RJ; (2) deixar assentados, sob o regime da repercussão geral, os seguintes entendimentos: (2.1) o art. 14, § 5º, da Constituição, deve ser interpretado no sentido de que a proibição da segunda reeleição é absoluta e torna inelegível para determinado cargo de Chefe do Poder Executivo o cidadão que já exerceu dois mandatos consecutivos (reeleito uma única vez) em cargo da mesma natureza, ainda que em ente da federação diverso; (2.2) as decisões do Tribunal Superior Eleitoral que, no curso do pleito eleitoral ou logo após o seu encerramento, impliquem mudança de jurisprudência, não têm aplicabilidade imediata ao caso concreto e somente terão eficácia sobre outros casos no pleito eleitoral posterior. **(Inform. STF 707)**

> **📄 Súmula vinculante STF nº 18**
>
> A dissolução da sociedade ou do vínculo conjugal, no curso do mandato, não afasta a inelegibilidade prevista no § 7º do artigo 14 da Constituição Federal.

> **📄 Súmula vinculante STF nº 13**
>
> A nomeação de cônjuge, companheiro ou parente em linha reta, colateral ou por afinidade, até o terceiro grau, inclusive, da autoridade nomeante ou de servidor da mesma pessoa jurídica investido em cargo de direção, chefia ou assessoramento, para o exercício de cargo em comissão ou de confiança ou, ainda, de função gratificada na administração pública direta e indireta em qualquer dos Poderes da União, dos Estados, do Distrito Federal e dos Municípios, compreendido o ajuste mediante designações recíprocas, viola a Constituição Federal.

4. ORGANIZAÇÃO DO ESTADO EM GERAL E COMPETÊNCIA LEGISLATIVA

Lei orgânica da polícia civil e modelo federal - 3

Em conclusão de julgamento, o Plenário, por maioria, reformando medida cautelar (noticiada no Informativo 225), julgou improcedente pedido formulado em ação direta ajuizada em face do inciso X do parágrafo único do art. 118 da Constituição do Estado do Rio de Janeiro, que confere "status" de lei complementar à Lei Orgânica da Polícia Civil do Estado-Membro — v. Informativos 376 e 526. O Colegiado entendeu que, na espécie, se trataria de matéria para a qual a Constituição prevê a competência legislativa concorrente (CF, art. 24, XVI), salientando ser demasia recusar à Constituição estadual a faculdade para eleger determinados temas como exigentes de uma aprovação legislativa mais qualificada. Vencidos os Ministros Joaquim Barbosa (relator), Eros Grau, Gilmar Mendes, Ellen Gracie e Carlos Velloso, que julgavam procedente o pleito. **ADI 2314/RJ, rel. orig. Min. Joaquim Barbosa, red. p/ o acórdão Min. Marco Aurélio, 17.6.2015. (ADI-2314) (Inform. STF 790)**

Norma processual e competência legislativa da União

A previsão em lei estadual de depósito prévio para interposição de recursos nos juizados especiais cíveis viola a competência legislativa privativa da União para tratar de direito processual (CF, art. 22, I). Com base nessa orientação, o Plenário julgou procedente pedido formulado em ação direta e declarou a inconstitucionalidade dos artigos 4º e 12 da Lei pernambucana 11.404/1996. Na espécie, o Estado-Membro estipulara, como pressuposto adicional de recorribilidade, a exigência de depósito recursal equivalente a 100% do valor da condenação para efeito de interposição do recurso inominado a que alude o art. 42, "caput", da Lei 9.099/1995. A Corte asseverou que, ao estabelecer disciplina peculiar ao preparo do recurso em questão, o Estado-Membro teria criado requisito de admissibilidade recursal inexistente na legislação nacional editada pela União, o que transgrediria, mediante usurpação, a competência normativa que fora outorgada, em caráter privativo, ao poder central (CF, art. 22, I). Precedente citado: ADI 4.161/AL (DJe de 14.11.2014). **ADI 2699/PE, rel. Min. Celso de Mello, 20.5.2015. (ADI-2699) (Inform. STF 786)**

Telecomunicações: competência legislativa - 4

Em conclusão, o Plenário, por maioria, julgou procedente pedido formulado em ação direta para declarar a inconstitucionalidade da Lei 11.908/2001 do Estado de Santa Catarina. A norma fixa as condições de cobrança dos valores da assinatura básica residencial dos serviços de telefonia fixa — v. Informativos 378 e 610. O Colegiado reputou caracterizada ofensa aos artigos 21, XI; e 22, IV, da CF, tendo em vista que a competência para legislar sobre telecomunicações seria privativa da União. Vencido o Ministro Ayres Britto, que julgava o pedido improcedente. **ADI 2615/SC, rel. orig. Min. Eros Grau, red. p/ o acórdão Min. Gilmar Mendes, 11.3.2015. (ADI-2615) (Inform. STF 777)**

Alteração de limites de municípios e plebiscito - 2

O Plenário retomou o julgamento de ação direta ajuizada em face das Leis 3.196/1999 e 2.497/1995, ambas do Estado do Rio de Janeiro. As referidas normas estabelecem os novos limites territoriais dos Municípios de Cantagalo e Macuco — v. Informativo 495. De início, não conheceu da ação quanto à Lei 2.497/1995. Observou que esse diploma teria sido elaborado antes do parâmetro constitucional estabelecido pela EC 15/1996, tido por violado. No que se refere ao primeiro diploma legal, julgou o pedido procedente. Entendeu ter havido violação ao § 4º do art. 18 da CF, em face da ausência de consulta prévia, mediante plebiscito, às populações dos municípios envolvidos (CF, art. 18, § 4º: "A criação, a incorporação, a fusão e o desmembramento de Municípios, far-se-ão por lei estadual, dentro do período determinado por Lei Complementar Federal, e dependerá de consulta prévia, mediante plebiscito, às populações dos Municípios envolvidos, após divulgação dos Estudos de Viabilidade Municipal, apresentados e publicados na forma da lei."). Em seguida, o Plenário, por maioria, deliberou modular os efeitos da declaração de inconstitucionalidade da Lei 3.196/1999, vencido o Ministro Marco Aurélio. Na sequência, após a proposta do Ministro Dias Toffoli, quanto ao alcance dessa modulação, no sentido de que a decisão tivesse eficácia no exercício fiscal subsequente ao término desse julgamento, no que foi acompanhado pelos Ministros Roberto Barroso, Teori Zavascki, Rosa Weber, Gilmar Mendes, Celso de Mello e Ricardo Lewandowski (Presidente), pediu vista o Ministro Luiz Fux. **ADI 2921/RJ, rel. Min. Ayres Britto, 5.3.2015. (ADI-2921) (Inform. STF 776)**

VADE MECUM DE JURISPRUDÊNCIA – STF/STJ

Alteração de limites de municípios e plebiscito - 3

O Plenário retomou julgamento de ação direta ajuizada em face das Leis 2.497/1995 e 3.196/1999, ambas do Estado do Rio de Janeiro, que estabelecem os novos limites territoriais dos Municípios de Cantagalo e Macuco. Na sessão de 5.3.2015, a Corte julgara parcialmente procedente o pedido para declarar a inconstitucionalidade da Lei 3.196/1999, em razão da ofensa ao § 4º do art. 18 da CF, tendo em conta a ausência de consulta prévia, mediante plebiscito, às populações dos municípios envolvidos. Outrossim, não conhecera da ação quanto à Lei 2.497/1995, dado que esse diploma teria sido elaborado antes do parâmetro constitucional estabelecido pela EC 15/1996, tido por violado. Naquela assentada, a Corte iniciara discussão acerca de questão, suscitada pelo Ministro Dias Toffoli, relativamente à modulação de efeitos da decisão proferida — v. Informativos 495 e 776. Na presente sessão, o Ministro Luiz Fux, em voto-vista, afirmou não ser cabível, na espécie, a modulação de efeitos. Isso em razão da impossibilidade de repristinação da Lei 2.497/1995 para disciplinar os limites territoriais entre os Municípios de Cantagalo e Macuco, haja vista o trânsito em julgado de mandado de segurança, julgado pelo TJ/RJ, em que expressamente declarada a invalidade do aludido diploma legal. Em outras palavras, o julgamento da ADI não ensejaria alteração no cenário fático ou jurídico atual — o que ocorreria se ainda vigente a Lei 2.497/1995, a ser repristinada —, tornando desnecessária qualquer modulação de efeitos. Assim, os limites territoriais dos municípios já teriam sido assentados, como dito, em decisão transitada em julgado. O Ministro Dias Toffoli reajustou seu voto no sentido da não modulação dos efeitos da decisão. Em seguida, pediu vista dos autos o Ministro Gilmar Mendes.

ADI 2921/RJ, rel. Min. Ayres Britto, 20.5.2015. (ADI-2921) (Inform. STF 786)

Legislação sobre meio ambiente e competência municipal - 1

O município é competente para legislar sobre o meio ambiente, com a União e o Estado-membro, no limite do seu interesse local e desde que esse regramento seja harmônico com a disciplina estabelecida pelos demais entes federados (CF, art. 24, VI, c/c o art. 30, I e II). Esse o entendimento do Plenário, que, por maioria, deu provimento a recurso extraordinário para declarar a inconstitucionalidade da Lei 1.952/1995 do Município de Paulínia/SP. A referida norma, impugnada em sede de representação de inconstitucionalidade estadual, proíbe, sob qualquer forma, o emprego de fogo para fins de limpeza e preparo do solo no referido município, inclusive para o preparo do plantio e para a colheita de cana-de-açúcar e de outras culturas. Discutia-se a competência de município para legislar sobre meio ambiente e editar lei com conteúdo diverso do que disposto em legislação estadual. A Corte, inicialmente, superou questões preliminares suscitadas, relativas à alegada impossibilidade de conhecimento do recurso. No mérito, o Plenário destacou que a questão em análise, diante de seu caráter eclético e multidisciplinar, envolveria questões sociais, econômicas e políticas — possibilidade de crise social, geração de desemprego, contaminação do meio ambiente em razão do emprego de máquinas, existência de mecanização em determinados terrenos e existência de proposta federal de redução gradativa do uso da queima —, em conformidade com informações colhidas em audiência pública realizada sobre o tema. Ao se julgar a constitucionalidade do diploma legal municipal em questão, em um prisma socioeconômico, seria necessário, portanto, sopesar se o impacto positivo da proibição imediata da queima da cana na produtividade seria constitucionalmente mais relevante do que o pacto social em que o Estado brasileiro se comprometera a conferir ao seu povo o pleno emprego para o completo gozo da sua dignidade. Portanto, no caso, o STF, por estar diante de um conjunto fático composto pelo certo e previsível desemprego em massa, juntamente com a mera possibilidade de aumento de produtividade, deveria se investir no papel de guardião da Constituição, em defesa do interesse da minoria qualitativamente representada pela classe de trabalhadores canavieiros, que mereceriam proteção diante do chamado progresso tecnológico e a respectiva mecanização, ambos trazidos pela pretensão de proibição imediata da colheita da cana mediante uso de fogo. Com o dever de garantir a concretude dos direitos fundamentais, evidenciar-se-ia o caráter legitimador desse fundamento protecionista da classe trabalhadora, o que levaria ao viés representativo das camadas menos favorecidas, cujos interesses estariam em jogo. Portanto, mesmo que fosse mais benéfico, para não dizer inevitável, optar pela mecanização da colheita da cana, por conta da saúde do trabalhador e da população a viver nas proximidades da área de cultura, não se poderia deixar de lado o meio pelo qual se considerasse mais razoável para a obtenção desse

objetivo: a proibição imediata da queima da cana ou a sua eliminação gradual. Por óbvio, afigurar-se-ia muito mais harmônico com a disciplina constitucional a eliminação planejada e gradual da queima da cana. Por outro lado, em relação à questão ambiental, constatar-se-ia que, se de uma parte a queima causaria prejuízos, de outra, a utilização de máquinas também geraria impacto negativo ao meio ambiente, como a emissão de gás metano decorrente da decomposição da cana, o que contribuiria para o efeito estufa, além do surgimento de ervas daninhas e o consequente uso de pesticidas e fungicidas.

RE 586224/SP, rel. Min. Luiz Fux, 5.3.2015. (RE-586224)

Legislação sobre meio ambiente e competência municipal - 2

O Plenário asseverou que, na espécie, não seria permitida uma interpretação na qual não se reconhecesse o interesse municipal em fazer com que sua população gozasse de um meio ambiente equilibrado. Mas, neste caso, tratar-se-ia de uma questão de identificação da preponderância desses interesses notadamente comuns. A partir desse impasse recorrer-se-ia ao texto constitucional para extrair a "mens legis" da distribuição de competência legislativa. Nesse sentido, o art. 24 da CF estabeleceria uma competência concorrente entre União e Estados-membros, a determinar a edição de norma de caráter genérico pela União e de caráter específico pelos Estados-membros. Sendo assim, o constituinte originário teria definido que o sistema formado pela combinação da legislação estadual com a edição de um diploma legal federal traduziria a disciplina de todos os interesses socialmente relevantes para os temas discriminados no citado dispositivo. Destarte, interessaria analisar a questão do ponto de vista sistêmico, visto que no âmbito das normas gerais federais, a orientação do legislador seguiria no mesmo sentido da disciplina estabelecida em nível estadual (Lei estadual paulista 11.241/2002). As normas federais paradigmáticas a tratar do assunto, expressamente, apontariam para a necessidade de se traçar um planejamento com o intuito de se extinguir gradativamente o uso do fogo como método despalhador e facilitador para o corte da cana (Lei 12.651/2012, art. 40, e Decreto 2.661/1998). Portanto, seria forçoso admitir que todo o sistema do meio ambiente, no tocante à situação dos autos, proporia determinada solução estrita, qual seja, planejar a diminuição gradual da queima da cana, enquanto que o diploma normativo atacado disciplinaria de maneira completamente diversa, na contramão da intenção que se extrairia do plano nacional. Seria, pois, cristalino que o tratamento dispensado pela legislação municipal iria de encontro ao sistema estruturado de maneira harmônica entre as esferas federal e estadual. Outrossim, não se poderia enquadrar a matéria como de interesse local, específico de um único município. O interesse seria abrangente, a atrair, portanto, para a disciplina do tema, a competência do Estado-membro, a apanhar outros municípios. Contudo, não haveria dúvida de que os municípios disporiam de competência para tratar da questão do meio ambiente. Esse seria um tema materialmente partilhado, seja no plano legislativo, seja no plano administrativo, entre as diversas entidades de direito público. Por fim, a solução trazida pela norma impugnada encontraria óbice na análise de sua proporcionalidade, porquanto já seria prevista pelo ordenamento solução menos gravosa, que equilibraria de maneira mais correta a relação custo-benefício. Desta feita, seria intransponível a conclusão pela sua inconstitucionalidade material. Vencida a Ministra Rosa Weber, que negava provimento ao recurso, considerado o que disposto no art. 23, VI, da CF ("Art. 23. É competência comum da União, dos Estados, do Distrito Federal e dos Municípios: VI - proteger o meio ambiente e combater a poluição em qualquer de suas formas").

RE 586224/SP, rel. Min. Luiz Fux, 5.3.2015. (RE-586224) (Inform. STF 776)

Competência concorrente para legislar sobre educação

Lei editada por Estado-membro, que disponha sobre número máximo de alunos em sala de aula na educação infantil, fundamental e média, não usurpa a competência da União para legislar sobre normas gerais de educação (CF, art. 24, IX, e § 3º). Com base nessa orientação, o Plenário julgou improcedente pedido formulado em ação direta de inconstitucionalidade ajuizada em face das alíneas a, b e c do inciso VII do art. 82 da LC 170/1998 do Estado de Santa Catarina. A Corte destacou a necessidade de rever sua postura "prima facie" em casos de litígios constitucionais em matéria de competência legislativa, de forma a prestigiar as iniciativas regionais e locais, a menos que ofendam norma expressa e inequívoca da Constituição. Pontuou que essa diretriz se ajustaria à noção de federalismo como sistema que visaria a promover o pluralismo nas formas de organização política. Asseverou que, em matéria de educação, a competência da União e dos Estados-membros seria concorrente. Aduziu que, com relação às normas

5. DIREITO CONSTITUCIONAL

gerais, os Estados-membros e o Distrito Federal possuiriam competência suplementar (CF, art. 24, § 2º) e a eles caberia suprir lacunas. Frisou a necessidade de não se ampliar a compreensão das denominadas normas gerais, sob pena de se afastar a autoridade normativa dos entes regionais e locais para tratar do tema. Enfatizou que o limite máximo de alunos em sala de aula seria questão específica relativa à educação e ao ensino e, sem dúvida, matéria de interesse de todos os entes da federação, por envolver circunstâncias peculiares de cada região. Ademais, a sistemática normativa estadual também seria compatível com a disciplina federal sobre o assunto, hoje fixada pela Lei 9.394/1996, que estabelece "as diretrizes e bases da educação nacional". Em seu art. 25, a lei federal deixaria nítido espaço para atuação estadual e distrital na determinação da proporção professor e aluno dos sistemas de ensino. Possibilitaria, assim, que o sistema estadual detalhasse de que maneira a proporção entre alunos e professores se verificaria no âmbito local. Sob o prisma formal, portanto, a Lei 9.394/1996 habilitaria a edição de comandos estaduais como os previstos nas alíneas a, b, e c do inciso VII do art. 82 da LC 170/1998 do Estado de Santa Catarina. Sob o ângulo material, a lei catarinense ainda apresentaria evidente diretriz de prudência ao criar uma proporção aluno--professor que se elevaria à medida que aumentasse a idade dos alunos.
ADI 4060/SC, rel. Min. Luiz Fux, 25.2.2015. (ADI-4060) (Inform. STF 775)

Representação estudantil: competência privativa da União e autonomia universitária - 1
O Plenário iniciou julgamento de ação direta ajuizada em face da Lei 14.808/2005 do Estado do Paraná ("Art. 1º. É assegurada, nos estabelecimentos de ensino superior, públicos e privados, a livre organização dos Centros Acadêmicos, Diretórios Acadêmicos e Diretórios Centrais dos Estudantes, para representar os interesses e expressar os pleitos dos alunos. Art. 2º. É de competência exclusiva dos estudantes a definição das formas, dos critérios, dos estatutos e demais questões referentes à organização dos Centros Acadêmicos, Diretórios Acadêmicos e Diretórios Centrais dos Estudantes. Art. 3º. Os estabelecimentos de ensino a que se refere o artigo 1º da presente lei deverão garantir espaços, em suas dependências, para a divulgação e instalações para os Centros Acadêmicos, Diretórios Acadêmicos e Diretórios Centrais Estudantis, além de garantir: I - a livre divulgação dos jornais e outras publicações dos Centros Acadêmicos, Diretórios Acadêmicos e do Diretório Central dos Estudantes, bem como de suas Entidades Estudantis Estaduais e Nacionais; II - a participação dos Centros Acadêmicos, Diretórios Acadêmicos e do Diretório Central dos Estudantes nos Conselhos Fiscais e Consultivos das instituições de ensino; III - aos Centros Acadêmicos, Diretórios Acadêmicos e do Diretório Central dos Estudantes o acesso à metodologia da elaboração das planilhas de custos das instituições de ensino; IV - o acesso dos representantes das entidades estudantis às salas de aula e demais espaços de circulação dos estudantes, respeitando-se o bom senso. Art. 4º. Os espaços aos quais se refere o artigo anterior, deverão ser cedidos, preferencialmente, no prédio correspondente ao curso que o órgão estudantil representa, um para cada curso, em local que permita fácil acesso do aluno ao Centro Acadêmico de seu curso. Art. 5º. No caso de descumprimento das disposições desta lei, os estabelecimentos particulares de ensino superior estarão sujeitos à aplicação de multa, a ser fixada entre R$ 5.000,00 e R$ 50.000,00, corrigidos anualmente a partir da publicação desta lei. Parágrafo único. A multa prevista no caput será cobrada mensalmente, até o total cumprimento dos dispositivos previstos neste diploma legal. Art. 6º. Esta Lei entrará em vigor na data de sua publicação").
ADI 3757/PR, rel. Min. Dias Toffoli, 12.2.2015. (ADI-3757)

Representação estudantil: competência privativa da União e autonomia universitária - 2
O Ministro Dias Toffoli (relator) julgou procedente o pedido formulado para declarar a inconstitucionalidade, na íntegra, da mencionada norma. Afirmou que as previsões contidas na legislação atacada atentariam contra a competência legislativa privativa da União relativamente ao direito civil e contra a autonomia conferida às entidades de ensino superior (CF, art. 207). Frisou que os artigos 1º e 2º da norma impugnada tratariam da liberdade de organização e da forma de constituição dos órgãos de representação estudantil, cujo conteúdo, nitidamente, seria de direito associativo, sub-ramo do direito civil, cuja regulação seria de competência privativa da União, na forma do art. 22, I, da CF. Por essa razão, reconheceu a inconstitucionalidade formal desses dispositivos. Por outro lado, observou que os artigos 3º e 4º do mesmo diploma legal padeceriam de inconstitucionalidade material. Ao assegurar

às entidades de representação estudantil direito de alocação nos prédios dos estabelecimentos de ensino superior, a lei teria ofendido a autonomia administrativa e financeira das instituições de ensino. Em consequência, geraria impacto nos orçamentos públicos ou nos custos operacionais dos entes privados, na medida em que a manutenção dos referidos espaços constituiria ônus, o qual não seria repartido com o órgão de representação. Ademais, a obrigação de participação de toda e qualquer representação estudantil na composição dos conselhos acadêmicos também promoveria invasão da autonomia universitária, fosse pelo fato de importar em intromissão indevida na gestão administrativa da entidade, fosse pela quebra da autonomia didático-científica, quando da análise de posturas pedagógicas. Além disso, seria imprópria a garantia da livre divulgação dos informes da entidade e do acesso indiscriminado dos representantes estudantis às salas de aula, já que essa situação, se levada ao extremo, acabaria por inviabilizar o exercício do poder organizacional de que disporia a universidade sobre suas instalações, bem como sobre a própria atividade letiva, que poderia ser prejudicada. Por fim, declarou a inconstitucionalidade do art. 5º por arrastamento, haja vista sua dependência em relação aos demais dispositivos. Em seguida, pediu vista o Ministro Roberto Barroso.
ADI 3757/PR, rel. Min. Dias Toffoli, 12.2.2015. (ADI-3757) (Inform. STF 774)

Agrotóxico: lei estadual e competência privativa da União - 1
Por reputar usurpada a competência privativa da União para legislar sobre comércio exterior (CF, art. 22, VIII), o Plenário julgou procedente pedido formulado em ação direita para declarar a inconstitucionalidade da Lei 12.427/2006 do Estado do Rio Grande do Sul ("Art. 1º - Fica proibida a comercialização, a estocagem e o trânsito de arroz, trigo, feijão, cebola, cevada e aveia e seus derivados importados de outros países, para consumo e comercialização no Estado do Rio Grande do Sul, que não tenham sido submetidos à análise de resíduos químicos de agrotóxicos ou de princípios ativos usados, também, na industrialização dos referidos produtos. § 1º - Compreende-se como agrotóxico o definido conforme a legislação federal. § 2º - O certificado ou laudo técnico será o documento hábil para atestar a realização da inspeção de que trata o 'caput', de forma a evitar a presença de toxinas prejudiciais à saúde humana. Art. 2º - Fica obrigatória a pesagem de veículo que ingresse ou trafegue no âmbito do território do Estado, transportando os produtos, aos quais se refere o art. 1º desta Lei, destinados à comercialização em estabelecimento ou ao consumidor final, no Estado do Rio Grande do Sul. Parágrafo único. Quando da pesagem, será obrigatória a apresentação da documentação fiscal exigida, bem como do documento de que trata o § 2º do art. 1º desta Lei").
ADI 3813/RS, rel. Min. Dias Toffoli, 12.2.2015. (ADI-3813)

Agrotóxico: lei estadual e competência privativa da União - 2
O Colegiado consignou que competiria à União a definição dos requisitos para o ingresso de produtos estrangeiros no País, visto se tratar de típica questão de comércio exterior (CF, art. 22, VIII). Recordou que, de acordo com a exposição de motivos da mencionada lei, a proibição em questão teria objetivo claro de evitar que a população gaúcha consumisse produtos contaminados por agrotóxicos que, pela legislação federal, seriam de uso proibido no País, por serem nocivos à saúde, mas que teriam uso regular na Argentina e no Uruguai. Entretanto, em que pese a relevância das preocupações do Poder Legislativo gaúcho, a lei não esconderia o propósito de criar requisitos especiais ao ingresso naquele Estado-membro de produtos agrícolas provindos do exterior. Ao fazê-lo, a lei, por consequência lógica, restringiria a entrada desses produtos não apenas no Rio Grande do Sul, mas em todo o País. Frisou que não seria possível compreender a matéria como pertencente ao âmbito legislativo concorrente dos Estados-membros, sob o argumento de tratar-se de legislação concernente à proteção da saúde dos consumidores (CF, art. 24, V e XII, §§ 1º e 2º). Ainda que se tratasse de questão, sob certo ponto de vista, de competência concorrente (consumo e proteção à saúde), predominariam, na hipótese, os limites da competência privativa da União para legislar sobre comércio exterior e interestadual. No caso, a norma impugnada, ao criar um certificado estadual para os produtos agrícolas, de modo a permitir que as próprias autoridades estaduais fiscalizassem a existência de resíduos de agrotóxicos, teria invadido competência que seria própria das autoridades federais.
ADI 3813/RS, rel. Min. Dias Toffoli, 12.2.2015. (ADI-3813) (Inform. STF 774)

Energia elétrica e competência para legislar

As competências para legislar sobre energia elétrica e para definir os termos da exploração do serviço de seu fornecimento, inclusive sob regime de concessão, cabem privativamente à União (CF, artigos 21, XII, b; 22, IV e 175). Com base nesse entendimento, o Plenário julgou procedente pedido formulado em ação direta para declarar a inconstitucionalidade do art. 2º da Lei 12.635/2005 do Estado de São Paulo ("Art. 2º Os postes de sustentação à rede elétrica, que estejam causando transtornos ou impedimentos aos proprietários e aos compromissários compradores de terrenos, serão removidos, sem qualquer ônus para os interessados, desde que não tenham sofrido remoção anterior"). A Corte, em questão de ordem, por entender não haver necessidade de acréscimos instrutórios mais aprofundados, converteu o exame da cautelar em julgamento de mérito. Apontou que a norma questionada, ao criar para as empresas obrigação significativamente onerosa, a ser prestada em hipóteses de conteúdo vago ("que estejam causando transtornos ou impedimentos"), para o proveito de interesses individuais dos proprietários de terrenos, teria se imiscuído nos termos da relação contratual estabelecida entre o poder federal e as concessionárias que exploram o serviço de fornecimento de energia elétrica no Estado-membro. **ADI 4925/SP, rel. Min. Teori Zavascki, 12.2.2015. (ADI-4925) (Inform. STF 774)**

Conflito federativo e imóvel afetado ao MPDFT - 3

Em conclusão de julgamento, o Plenário julgou procedente pedido formulado em ação cível originária na qual discutida a ocupação, pela Associação dos Magistrados de Roraima, de imóvel pertencente à União. No caso, este ente federativo ajuizara ação de reintegração de posse contra o Estado de Roraima e requerera a inclusão da aludida associação na lide, na condição de litisconsorte passivo — v. Informativo 634. O Colegiado esclareceu que a União cedera o imóvel ao Ministério da Justiça que, por sua vez, o cedera para uso do Ministério Público do Distrito Federal e Territórios - MPDFT, quando Roraima ainda era Território. Asseverou que seria inconteste a entrega do imóvel para esse fim e que, com a criação do novo Estado-membro, este deixara de integrar o MPDFT. Assim, fora implementada a condição aposta em termo de entrega, segundo a qual haveria reversão do imóvel em favor do Serviço do Patrimônio Público da União, caso não fosse utilizado na finalidade prevista. A propriedade do imóvel sempre fora da União, e ato normativo editado pela recém criada unidade federativa (LC estadual 2/1993, art. 256, III, c) — no sentido de que todos os imóveis por ela ocupados passariam ao seu domínio — não poderia dispor sobre propriedade pertencente à União. Tendo isso em conta, o Tribunal declarou a inconstitucionalidade da alínea c do inciso III do art. 256 da LC estadual 2/1993 e determinou a reintegração da União na posse do imóvel, o qual poderia ser desocupado, voluntariamente, no prazo de 90 dias, a contar do trânsito em julgado. **ACO 685/RR, rel. orig. Min. Ellen Gracie, red. p/ o acórdão Min. Marco Aurélio, 11.12.2014. (ACO-685) (Inform. STF 771)**

RE 673.681/SP
RELATOR: Ministro Celso de Mello

Lei municipal contestada *em face de Constituição estadual*. **Possibilidade** *de controle normativo abstrato* por Tribunal de Justiça (**CF**, art. 125, § 2º). **Competência do Município** *para dispor sobre preservação* **e** *defesa da integridade do meio ambiente*. **A incolumidade** *do patrimônio ambiental* **como expressão** de um direito fundamental *constitucionalmente atribuído* **à generalidade** das pessoas (**RTJ** 158/205-206 **RTJ** 164/158-161, *v.g). A questão do meio ambiente* como um dos tópicos **mais** relevantes *da presente agenda nacional* **e** *internacional*. **O poder de regulação** dos *Municípios* **em tema** de formulação de políticas públicas, de regras **e** de estratégias **legitimadas** *por seu peculiar interesse* **e destinadas a viabilizar**, de modo efetivo, *a proteção local* do meio ambiente. **Relações** *entre a lei* **e** *o regulamento*. **Os regulamentos de execução** (*ou subordinados*) **como condição** de eficácia **e** *aplicabilidade* da norma legal **dependente** *de regulamentação executiva*. **Previsão**, *no próprio corpo do diploma legislativo*, **da necessidade** de sua *regulamentação*. **Inocorrência de ofensa**, em tal hipótese, *ao postulado da reserva constitucional de administração*, que **traduz** emanação resultante **do dogma** da *divisão funcional do poder*. **Doutrina**. **Precedentes**. **Legitimidade da competência monocrática** do Relator para, *em sede recursal extraordinária*, **tratando-se** de fiscalização abstrata **sujeita** à competência originária dos Tribunais de Justiça (**CF**, art. 125, § 2º), **julgar** o apelo extremo, **em ordem**, *até mesmo*, a declarar a inconstitucionalidade do ato normativo impugnado. **Precedentes** (**RE** 376.440-ED/DF, Rel. Min. DIAS TOFFOLI, **Pleno**, *v.g.*). **Recurso extraordinário** *conhecido e provido*. DJ 16.12.2014. **(Inform. STF 770)**

ADI: leis de organização administrativa e competência legislativa

O Plenário conheceu em parte de ação direta ajuizada em face da EC estadual 30/2001, que alterara o inciso III do art. 63 da Constituição do Estado do Espírito Santo, e, na parte conhecida, julgou improcedente o pedido. A norma impugnada, ao alterar o referido dispositivo da constituição capixaba, fixara a competência privativa do Governador do Estado para a iniciativa de leis que dispusessem sobre a organização administrativa e de pessoal do Poder Executivo, exclusivamente. Segundo alegado, essa modificação teria contrariado os artigos 2º, 61, § 1º, II, b, e 84, VI, da CF, porquanto a competência privativa para iniciar leis referentes à matéria orçamentária e aos serviços públicos em geral, incluídos os demais Poderes, seria do chefe do Poder Executivo. Inicialmente, a Corte destacou que o art. 84, VI, da CF, supostamente violado, teria sido alterado antes do ajuizamento da ação direta, o que ensejaria, no ponto, o não conhecimento do pedido. Na parte conhecida, o Plenário asseverou que a jurisprudência do STF seria no sentido de que a iniciativa privativa do chefe do Poder Executivo, prevista art. 61, § 1º, II, b, da CF, somente se aplicaria aos territórios federais. Ademais, a norma impugnada não ensejaria eventual descumprimento da separação de Poderes (CF, art. 2º), porquanto envolvida, na espécie, questão especificamente alusiva a caso em que não haveria essa interferência indevida. **ADI 2755/ES, rel. Min. Cármen Lúcia, 6.11.2014. (ADI-2755) (Inform. STF 766)**

ADI: inclusão de município em região metropolitana e competência legislativa

O Plenário julgou improcedente pedido formulado em ação direta ajuizada em face da LC 11.530/2000 do Estado Rio Grande do Sul. Na espécie, apontava-se a inobservância da iniciativa privativa do chefe do Poder Executivo para a edição da citada lei, em suposta ofensa aos artigos 61, § 1º, e; 63, I; e 84, III e IV, da CF, além do descumprimento da disciplina prevista no art. 25, § 3º, também do texto constitucional ["Art. 25. Os Estados organizam-se e regem-se pelas Constituições e leis que adotarem, observados os princípios desta Constituição. ... § 3º - Os Estados poderão, mediante lei complementar, instituir regiões metropolitanas, aglomerações urbanas e microrregiões, constituídas por agrupamentos de municípios limítrofes, para integrar a organização, o planejamento e a execução de funções públicas de interesse comum; Art. 61. A iniciativa das leis complementares e ordinárias cabe a qualquer membro ou Comissão da Câmara dos Deputados, do Senado Federal ou do Congresso Nacional, ao Presidente da República, ao Supremo Tribunal Federal, aos Tribunais Superiores, ao Procurador-Geral da República e aos cidadãos, na forma e nos casos previstos nesta Constituição. § 1º - São de iniciativa privativa do Presidente da República as leis que: ... e) criação e extinção de Ministérios e órgãos da administração pública, observado o disposto no art. 84, VI; Art. 63. Não será admitido aumento da despesa prevista: I - nos projetos de iniciativa exclusiva do Presidente da República, ressalvado o disposto no art. 166, § 3º e § 4º; Art. 84. Compete privativamente ao Presidente da República: ... III - iniciar o processo legislativo, na forma e nos casos previstos nesta Constituição; ... IV - sancionar, promulgar e fazer publicar as leis, bem como expedir decretos e regulamentos para sua fiel execução"]. A norma impugnada, de iniciativa parlamentar, determina a inclusão do município de Santo Antônio da Patrulha na região metropolitana de Porto Alegre. **ADI 2803/RS, rel. Min. Dias Toffoli, 6.11.2014. (ADI-2803) (Inform. STF 766)**

Venda de produtos de conveniência e prestação de serviços em farmácias e drogarias

Na linha de precedentes firmados no sentido da não usurpação da competência legislativa da União, o Plenário deu provimento a agravo regimental e julgou improcedente pedido formulado em ação direta ajuizada em face da Lei 7.668/2004 do Estado da Paraíba. A referida norma autoriza "as farmácias e as drogarias a comercializar mercadorias de caráter não farmacêutico, bem como a prestar serviços de menos complexidade, considerados úteis à população". O Colegiado asseverou que a lei não teria regulamentado a comercialização privativa de drogas, medicamentos, insumos farmacêuticos e correlatos por farmácias e drogarias, tema regulado, em bases gerais, pela Lei 5.991/1973. A ausência de usurpação de competência reforçaria a atuação legítima da iniciativa legislativa estadual no campo suplementar. **ADI 4952 AgR/PB, rel. Min. Luiz Fux, 29.10.2014. (ADI-4952) (Inform. STF 765)**

5. DIREITO CONSTITUCIONAL

ADI: norma processual e competência legislativa da União

O Plenário julgou procedente pedido formulado em ação direta para declarar a inconstitucionalidade do art. 7° e parágrafos da Lei 6.816/2007 do Estado de Alagoas. O dispositivo criara como requisito de admissibilidade, para a interposição de recurso inominado no âmbito dos juizados especiais, o depósito prévio de 100% do valor da condenação. O Tribunal sublinhou que a norma atacada versaria sobre admissibilidade recursal e, consequentemente, teria natureza processual. Dessa forma, seria evidente a inconstitucionalidade formal por ofensa ao art. 22, I, da CF ("Compete privativamente à União legislar sobre: I - direito civil, comercial, penal, processual, eleitoral, agrário, marítimo, aeronáutico, espacial e do trabalho"). Ademais, a mencionada lei dificultaria ou inviabilizaria a interposição de recurso para o conselho recursal. Assim, vulneraria os princípios constitucionais do acesso à jurisdição, do contraditório e da ampla defesa, contidos no art. 5°, XXXV e LV, da CF. **ADI 4161/AL, rel. Min. Cármen Lúcia, 30.10.2014. (ADI-4161)**

ADI e competência para criação de juizado especial

O Plenário confirmou medida cautelar (noticiada no Informativo 107) e julgou procedente pedido formulado em ação direta para declarar a inconstitucionalidade dos artigos 9° e 60 da Lei 6.176/1993 do Estado de Mato Grosso, alterado pela Lei 6.490/1994. Os dispositivos questionados, editados antes do advento da Lei 9.099/1995, estabelecem, respectivamente, as hipóteses de competência dos juizados especiais cíveis e criminais no âmbito do Poder Judiciário local. O Tribunal endossou fundamentação lançada na cautelar deferida e ressaltou que, não obstante o art. 98, § 1°, da CF, a criação dos juizados especiais no âmbito dos estados-membros dependeria de normas processuais para seu funcionamento, e seria privativa da União a competência para legislar sobre direito processual (CF, art. 22, I). **ADI 1807/MT, rel. Min. Dias Toffoli, 30.10.2014. (ADI-1807) (Inform. STF 765)**

Venda de produtos de conveniência e prestação de serviços em farmácias e drogarias

Na linha de precedentes já firmados no sentido da não usurpação da competência legislativa da União, o Plenário julgou improcedentes pedidos formulados em ações diretas de inconstitucionalidade ajuizadas, respectivamente, em face da Lei 2.248/2010 do Estado de Rondônia e da Lei 14.103/2010 do Estado de Pernambuco. Ambas as normas dispõem sobre o comércio de artigos de conveniência e a prestação de serviços em farmácias e drogarias. **ADI 4950/RO, rel. Min. Cármen Lúcia, 15.10.2014. (ADI-4950) ADI 4957/PE, rel. Min. Cármen Lúcia, 15.10.2014. (ADI-4957) (Inform. STF 763)**

Telefonia fixa e proibição de assinatura mensal

Por reputar usurpada a competência privativa da União para legislar sobre telecomunicações (CF, art. 22, IV), o Plenário confirmou medida acauteladora (noticiada no Informativo 592) para julgar procedente pedido formulado em ação direta ajuizada em face da Lei 13.854/2009 do Estado de São Paulo. A norma proíbe a cobrança de assinatura mensal pelas concessionárias de serviços de telecomunicações. **ADI 4369/SP, rel. Min. Marco Aurélio, 15.10.2014. (ADI-4369) (Inform. STF 763)**

ADI N. 4.387-SP
RELATOR: MIN. DIAS TOFFOLI
EMENTA: Ação direta de inconstitucionalidade. Lei n° 8.107, de 27 de outubro de 1992, e Decretos n° 37.420 e n° 37.421, todos do Estado de São Paulo. Regulamentação da atividade de despachante perante os órgãos da Administração Pública estadual. Competência legislativa privativa da União (art. 22, I e XVI, da CF/88). Ratificação da cautelar. Ação julgada procedente.
1. A Lei estadual n° 8.107/92, a pretexto de prescrever regras de caráter administrativo acerca da atuação dos despachantes junto aos órgãos públicos estaduais, acabou por regulamentar essa atividade, uma vez que estabeleceu os próprios requisitos para seu exercício. Violação da competência legislativa da União, a quem compete privativamente editar leis sobre direito do trabalho e sobre condições para o exercício de profissões. Precedentes. A norma de que trata o art. 5°, XIII, da Carta Magna, que assegura ser "livre o exercício de qualquer trabalho, ofício ou profissão, atendidas as qualificações profissionais que a lei estabelecer", deve ter caráter nacional, não se admitindo que haja diferenças entre os entes federados quanto aos requisitos ou condições para o exercício de atividade profissional.
2. O Estado de São Paulo, conforme se verifica nos arts. 7° e 8° da lei impugnada, impôs limites excessivos ao exercício da profissão de despachante no âmbito do Estado, submetendo esses profissionais liberais a regime jurídico

assemelhado ao de função delegada da administração pública, afrontando materialmente o disposto no art. 5°, inciso XIII, da Carta Magna.
3. Ação direta de inconstitucionalidade julgada procedente. **(Inform. STF 762)**

ADI e venda de produtos de conveniência em farmácias e drogarias

Na linha de precedentes já firmados no sentido da não usurpação da competência legislativa da União, o Plenário julgou improcedentes pedidos formulados em ações diretas de inconstitucionalidade, apreciadas em conjunto, ajuizadas contra as Leis 4.353/2009, 14.588/2009, 63/2009, 12.623/2007 e 5.465/2005, respectivamente, do Distrito Federal e dos Estados do Ceará, do Amazonas, de São Paulo e do Piauí. As normas impugnadas dispõem sobre o comércio de artigos de conveniência em farmácias e drogarias. **ADI 4423/DF, rel. Min. Dias Toffoli, 24.9.2014. (ADI-4423) ADI 4955/CE, rel. Min. Dias Toffoli, 24.9.2014. (ADI-4955) ADI 4956/AM, rel. Min. Dias Toffoli, 24.9.2014. (ADI-4956) ADI 4093/SP, rel. Min. Rosa Weber, 24.9.2014. (ADI-4093) ADI 4951/PI, rel. Min. Teori Zavascki, 24.9.2014. (ADI-4951) (Inform. STF 760)**

ADPF: legislação municipal e regime de portos

O Plenário referendou medida cautelar concedida, durante o curso de férias coletivas, pelo Ministro Ricardo Lewandowski (Presidente) em arguição de descumprimento de preceito fundamental para suspender a eficácia da expressão "exceto granel sólido" constante dos artigos 17, I, e 22, § 3°, III, bem como do item IV do anexo 11, todos da LC 730/2011 do Município de Santos/SP, na redação dada pela LC municipal 813/2013. A norma em questão disciplina o ordenamento do uso e da ocupação do solo na área insular municipal e dá outras providências. Preliminarmente, a Corte, por maioria, resolveu questão de ordem, suscitada pelo Ministro Marco Aurélio (relator), no sentido de permitir a sustentação oral em referendo em medida cautelar. O Tribunal apontou o quanto disposto no § 2° do art. 10 da Lei 9.868/1999 ("No julgamento do pedido de medida cautelar, será facultada sustentação oral aos representantes judiciais do requerente e das autoridades ou órgãos responsáveis pela expedição do ato, na forma estabelecida no Regimento do Tribunal"), o qual seria aplicado, por analogia, ao procedimento da ADPF. Vencido o suscitante, que destacava o teor do § 2° do art. 131 do RISTF ("Não haverá sustentação oral nos julgamentos de agravo, embargos declaratórios, arguição de suspeição e medida cautelar"). No mérito, o Plenário apontou que a restrição à atividade portuária, no tocante às operações com granéis sólidos, apenas poderia ocorrer por meio de legislação federal, tendo em conta a interpretação sistemática dos artigos 21, XII, f, e 22, X, da CF ["Art. 21. Compete à União: ... XII - explorar, diretamente ou mediante autorização, concessão ou permissão: ... f) os portos marítimos, fluviais e lacustres; Art. 22. Compete privativamente à União legislar sobre: ... X - regime dos portos, navegação lacustre, fluvial, marítima, aérea e aeroespacial"]. Afirmou que a inobservância ou limitação à repartição constitucional de competências legislativas e materiais implicaria flagrante desprezo à autonomia política e funcional das entidades federativas. Por fim, julgou prejudicado o agravo regimental interposto. **ADPF 316 Referendo-MC/DF, rel. Min. Marco Aurélio, 25.9.2014. (ADPF-316) (Inform. STF 760)**

ADI e competência legislativa - 1

O Plenário confirmou medida cautelar (noticiada no Informativo 43) e julgou procedente pedido formulado em ação direta para declarar a inconstitucionalidade do art. 300 da Constituição do Estado do Pará e da Lei Complementar paraense 31/1996. As normas impugnadas dispõem, respectivamente, sobre populações indígenas e instituição do Conselho Estadual Indigenista - Conei, com a imposição de atribuições ao Ministério Público estadual. O Tribunal reiterou a competência privativa da União para legislar sobre a matéria, bem como a missão institucional do Ministério Público Federal para a defesa dos direitos e interesses dessas populações.

ADI e competência legislativa - 2

Por afronta ao art. 22, XI, da CF, o Plenário confirmou medida cautelar (noticiada no Informativo 153) e julgou procedente pedido formulado em ação direta para declarar a inconstitucionalidade da Lei 11.311/1999, do Estado do Rio Grande do Sul, que dispõe sobre a inspeção técnica de veículos naquela unidade federada. O Tribunal destacou que a assembleia legislativa, ao disciplinar tema inserido na noção conceitual de trânsito, atuara com excesso no exercício de sua competência normativa. Salientou, ainda, que a matéria não se confundiria com a denominada "política de educação para segurança no trânsito", prevista no art. 23, XII, da CF. **ADI 1972/RS, rel. Min. Teori Zavascki, 18.9.2014. (ADI-1972) (Inform. STF 759)**

VADE MECUM DE JURISPRUDÊNCIA – STF/STJ

ADI e venda de produtos de conveniência em farmácias e drogarias

Ao aplicar o entendimento firmado na ADI 4.954/AC (acórdão pendente de publicação — v. Informativo 755), o Plenário julgou improcedentes pedidos formulados em ações diretas de inconstitucionalidade ajuizadas contra as Leis 4.663/2005, 792/2010 e 18.679/2009, respectivamente, dos Estados do Rio de Janeiro, Roraima e Minas Gerais. As normas impugnadas disciplinam o comércio varejista de artigos de conveniência em farmácias e drogarias. O Tribunal reafirmou que as referidas leis não teriam usurpado competência da União para legislar sobre proteção e defesa à saúde, tampouco ofendido o direito à saúde. **ADI 4949/RJ, rel. Min. Ricardo Lewandowski, 11.9.2014. (ADI-4949) ADI 4948/RR, rel. Min. Gilmar Mendes, 11.9.2014. (ADI-4948) ADI 4953/MG, rel. Min. Gilmar Mendes, 11.9.2014. (ADI-4953) (Inform. STF 758)**

ADI e criação de município

O Plenário confirmou medida cautelar (noticiada no Informativo 712) e julgou procedente pedido formulado em ação direta para assentar a inconstitucionalidade da Lei 2.264/2010, do Estado de Rondônia. A norma questionada cria o Município de Extrema de Rondônia a partir de desmembramento de área territorial do Município de Porto Velho; fixa seus limites territoriais; e informa os distritos a integrarem a nova municipalidade. O Tribunal registrou a existência de inúmeros precedentes da Corte quanto à impossibilidade de criação de municípios em desconformidade com a Constituição (art. 18, § 4º). **ADI 4992/RO, rel. Min. Gilmar Mendes, 11.9.2014 (ADI-4992) (Inform. STF 758)**

Julgamento de contas de Presidente da Câmara Municipal e competência

O Plenário conheceu, em parte, de ação direta e, na parte conhecida, julgou o pedido procedente para declarar a inconstitucionalidade da expressão "e o Presidente da Câmara", contida no art. 29, § 2º, da Constituição do Estado do Espírito Santo. A norma prevê o julgamento das contas anuais do Presidente da Câmara Municipal pela respectiva Casa Legislativa. No tocante ao referido dispositivo, o Colegiado confirmou a medida cautelar (noticiada no Informativo 143). Reputou que a Constituição seria assente em definir o papel específico do Legislativo municipal para julgar, após parecer prévio do Tribunal de Contas, as contas anuais elaboradas pelo Chefe do Executivo local, sem abrir margem de ampliação para outros agentes ou órgãos públicos. Assim, a norma adversada, ao alargar a competência de controle externo exercida pelas Câmaras Municipais para alcançar, além do Prefeito, o Presidente da Câmara Municipal, alteraria esse modelo. Por outro lado, assentou o prejuízo da ação no que se refere aos incisos I e II do art. 71 da Constituição estadual, tendo em conta alteração substancial de seu texto, com a supressão das expressões "e pela Mesa da Assembleia Legislativa" e "e Mesas das Câmaras Municipais". **ADI 1964/ES, rel. Min. Dias Toffoli, 4.9.2014. (ADI-1964) (Inform. STF 757)**

Regulamentação de atividade profissional e competência legislativa

O Plenário julgou procedente pedido formulado em ação direta para declarar a inconstitucionalidade da Lei 8.107/1992 e dos Decretos 37.420/1993 e 37. 421/1993, todos do Estado de São Paulo. As normas regulamentam a atividade de despachante perante os órgãos da Administração Pública estadual. O Colegiado asseverou que os diplomas estabelecem requisitos para o exercício da atividade profissional, o que implicaria violação da competência legislativa da União, à qual cabe privativamente editar leis sobre direito do trabalho e sobre condições para o exercício profissional. Pontuou que o art. 5º, XIII, da CF ("XIII - é livre o exercício de qualquer trabalho, ofício ou profissão, atendidas as qualificações profissionais que a lei estabelecer") teria caráter nacional, e não se admitiriam diferenças entre os entes federados quanto a requisitos ou condições para exercer atividade profissional. Frisou que as normas em comento teriam imposto limites excessivos ao exercício do ofício de despachante e submetido esses profissionais liberais a regime jurídico assemelhado ao de função delegada da Administração Pública, em confronto material com a Constituição. **ADI 4387/SP, rel. Min. Dias Toffoli, 4.9.2014. (ADI-4387) (Inform. STF 757)**

ADI e venda de produtos de conveniência em farmácias e drogarias - 1

O Plenário julgou improcedente pedido formulado em ação direta de inconstitucionalidade ajuizada contra a Lei 2.149/2009, do Estado do Acre, que disciplina o comércio varejista de artigos de conveniência em farmácias e drogarias. O Tribunal, preliminarmente, afastou a alegação de que a via eleita seria inadequada por ser imprescindível o exame de compatibilidade

entre a norma estadual impugnada e a legislação federal, para concluir-se pela usurpação ou não de competência da União. Aduziu que, à vista da regra constitucional do § 1º do art. 24 da CF, bastaria o exame do ato normativo atacado, mediante a ação direta, para saber se o Estado-membro adentrara o campo reservado à União. Observou que, nos autos, se discutiria se a lei estadual usurpara a competência da União para legislar sobre normas gerais de proteção e de defesa da saúde, além de violar o direito à saúde (CF, artigos 6º, "caput"; 24, XII, §§ 1º e 2º; e 196). Reconheceu que o sistema de distribuição de competências materiais e legislativas privativas, concorrentes e comuns entre os três entes da Federação, assim como estabelecido na Constituição e tendo em vista a aplicação do princípio da predominância do interesse, seria marcado pela complexidade, e não seria incomum acionar-se o STF para solucionar problemas de coordenação e sobreposição de atos legislativos, especialmente federais e estaduais.

ADI e venda de produtos de conveniência em farmácias e drogarias - 2

A Corte verificou que a harmonia do sistema federativo encontraria no STF momento exegético determinante, com destaque para os conflitos surgidos ante o condomínio legislativo previsto no art. 24 da CF — a competência da União para dispor acerca de normas gerais sobre as matérias previstas no § 1º, e a concorrente dos Estados-membros e do Distrito Federal para, em caráter suplementar, fazer observar a realidade própria de cada unidade federativa contida no § 2º. Mencionou que o inciso XII do aludido art. 24 versaria a competência concorrente entre a União e os Estados-membros no campo da proteção e defesa da saúde. Ressaltou que cumpriria ao ente central editar normas gerais e diretrizes fundamentais, e aos locais, as suplementares, em face do que estabelecesse o legislativo federal. Recordou que, na inicial, o Procurador-Geral da República apontara que a União teria exercido a competência geral, relativa ao tema do processo, por meio da Lei 5.991/1973, segundo a qual o comércio de drogas, medicamentos e de insumos farmacêuticos seria privativo de farmácias e drogarias. Concluiu que os Estados-membros e o Distrito Federal poderiam autorizar, mediante lei e em observância ao que disposto no mencionado diploma federal, a comercialização dos chamados artigos de conveniência pelos aludidos estabelecimentos sem que isso representasse invasão da esfera de ação legislativa da União. O Pleno explicou que a norma impugnada não cuidaria de proteção e defesa da saúde, mas sim de local de venda de certos produtos. Além disso, ainda que se entendesse existente a disciplina relativa à saúde, esta se dera no campo suplementar, e descaberia cogitar da edição de normas gerais pelo Estado do Acre.

ADI e venda de produtos de conveniência em farmácias e drogarias - 3

O Tribunal explicitou que, ao autorizar a venda de artigos de conveniência por farmácias e drogarias, o legislador estadual nada dispusera sobre saúde, e sim acerca do comércio local. Ponderou que não se trataria de operações de venda interestadual, em relação às quais incumbiria à União a disciplina (CF, art. 22, VIII), e que inexistiria norma constitucional específica a respeito da regulação do comércio de artigos de conveniência. Desse modo, remanesceria a competência dos Estados-membros para legislar sobre o tema (CF, art. 25, § 1º), permitido aos Municípios disporem de forma complementar, caso imprescindível diante de particularidades e interesses locais, em observância a normas federais e estaduais. Rememorou que, por meio da Lei 5.991/1973, regulamentada pelo Decreto 74.170/1974, a União estabelecera normas gerais sobre o controle sanitário do comércio de drogas, medicamentos, insumos farmacêuticos e correlatos. Entretanto, nada dispusera acerca da venda de bens de conveniência por farmácias e drogarias. Ao contrário do que afirmado na peça inicial, a disciplina federal não seria abrangente a ponto de ter excluído do legislador estadual margem política para editar atos dessa natureza e com esse conteúdo. Consignou que, apesar de ser privativo das farmácias e drogarias o comércio de drogas, medicamentos e de insumos farmacêuticos, não existiria proibição de esses estabelecimentos comercializarem outros produtos. Afirmou que, por meio da norma federal, procurara-se garantir a segurança da saúde do consumidor e, como diretriz essencial nesse campo, que esses produtos fossem vendidos apenas por estabelecimentos especializados, nos quais atuaria profissional habilitado — o farmacêutico. Contudo, isso não autorizaria interpretação no sentido de que a especialização necessária excluiria a possibilidade de farmácias e drogarias comercializarem bens diversos. A realidade, esse entendimento implicaria situação inversa à alegada na ação direta — a invasão de competência dos Estados-membros pela União, haja vista que norma com esse conteúdo, ao entrar em pormenores, viria a extrapolar o campo de normas gerais, princípios e questões fundamentais.

5. DIREITO CONSTITUCIONAL

ADI e venda de produtos de conveniência em farmácias e drogarias - 4
O Plenário frisou que admitir que a União, a despeito de editar normas gerais, regulasse situações particulares, de modo a esgotar o tema legislado, implicaria esvaziamento do poder dos Estados-membros de legislar supletivamente. Ao assim proceder, não se preservariam regras de convivência entre os entes, pois se permitiria que o ente central sufocasse a autonomia política dos Estados-membros e do Distrito Federal. Reputou que, ausente normatização explicitamente oposta às diretrizes gerais estabelecidas em lei federal, dever-se-ia prestigiar a autonomia dos entes estaduais. Refutou a assertiva de que haveria legítima proibição ao comércio varejista de artigos de conveniência em farmácias e drogarias pela Anvisa (Resolução RDC 328/1999, com a redação dada pela Resolução RDC 173/2003). Realçou que inovação infralegal na ordem jurídica não poderia ser oposta ao exercício legislativo dos Estados-membros, sob pena de afronta ao princípio da legalidade. Depreendeu que a circunstância de a Lei 9.782/1999, mediante a qual for criada a aludida agência, haver instituído amplo espaço de atuação regulatória em favor da autarquia não a tornaria titular de atribuição tipicamente legislativa, de modo a poder expedir atos de hierarquia eventualmente superior às leis estaduais.

ADI e venda de produtos de conveniência em farmácias e drogarias - 5
A Corte sublinhou que, na espécie, a pretensão formulada na inicial revelaria medida restritiva de direitos inapta a atingir o fim público visado; desnecessária ante a possibilidade de o propósito buscado ser alcançado por meios menos onerosos às liberdades fundamentais envolvidas; e desproporcional por promover desvantagens que superariam, em muito, eventuais vantagens. Enfatizou não haver implicação lógica entre a proibição de venda de produtos de conveniência em farmácias e drogarias — o meio — e a prevenção do uso indiscriminado de medicamentos — o fim. Salientou que, ainda que se admitisse a adequação ínfima da medida, esta seria desnecessária em razão de haver outros meios menos onerosos e hábeis a alcançar o propósito almejado, sem representar limitações ao exercício da livre iniciativa, como, por exemplo, controle de venda de remédios mediante receita médica, bem assim políticas de informação e campanhas de conscientização. Asseverou que as desvantagens em cercear as atividades econômicas do referido segmento comercial, consideradas os efeitos negativos, principalmente, no tocante à disponibilidade de empregos e à comodidade oferecida à população, revelar-se-iam superiores às vantagens, relativas ao campo da saúde, cujo alcance sequer se mostraria abstrato ou empiricamente viável. **ADI 4954/AC, rel. Min. Marco Aurélio, 20.8.2014. (ADI-4954) (Inform. STF 755)**

ADI: lei estadual e regras para empresas de planos de saúde
Afronta a regra de competência privativa da União para legislar sobre direito civil e comercial, e sobre política de seguros (CF, art. 22, I e VII, respectivamente), a norma estadual que determina prazos máximos para a autorização de exames, que necessitem de análise prévia, a serem cumpridos por empresas de planos de saúde, de acordo com a faixa etária do usuário. Com base nessa orientação, o Plenário julgou procedente pedido formulado em ação direta para declarar a inconstitucionalidade da Lei pernambucana 14.464/2011. Preliminarmente, o Tribunal reconheceu a legitimidade ativa da Unidas – União Nacional das Instituições de Autogestão em Saúde, porque teria como membros pessoas e entidades com um propósito específico. No mérito, asseverou que a lei questionada disporia sobre matéria contratual, portanto, de direito civil e, na hipótese, tema assimilável a seguros, da competência privativa da União. **ADI 4701/PE, rel. Min. Roberto Barroso, 13.8.2014. (ADI-4701) (Inform. STF 754)**

Carteira de identidade: tipo sanguíneo e fator Rh - 1
O Plenário, por maioria, julgou improcedentes pedidos formulados em ações diretas de inconstitucionalidade ajuizadas contra a Lei 12.282/2006, do Estado de São Paulo, e a Lei 14.851/2009, do Estado de Santa Catarina, que dispõem sobre a inclusão dos dados sanguíneos na carteira de identidade emitida pelo órgão de identificação do Estado-membro. O Tribunal observou que o devido equacionamento da distribuição constitucional de competências legislativas entre a União, os Estados-membros, o Distrito Federal e os Municípios levaria sempre em conta o princípio federativo. Sublinhou que a exigência de conformação legislativa uniforme da matéria no território nacional emergiria da própria finalidade social da manutenção de registros. Constatou que a natureza jurídica da cédula de identidade seria de registro público e sua disciplina legislativa competiria privativamente à União (CF, art. 22, XXV). Salientou que, ao fixar a competência privativa da União no tocante à natureza, à forma, à validade e aos efeitos dos registros públicos

em geral e da carteira de identidade em particular, a Constituição imporia aos Estados-membros, ao Distrito Federal e aos Municípios a observância do quanto disciplinado pela União sobre a matéria.

Carteira de identidade: tipo sanguíneo e fator Rh - 2
A Corte frisou que o art. 1º da Lei 7.116/1983 asseguraria a validade e a fé pública em todo o território nacional às carteiras de identidade emitidas pelos órgãos de identificação dos Estados-membros, do Distrito Federal e dos Territórios. O art. 3º desse diploma legislativo relacionaria os elementos que a carteira de identidade deveria conter obrigatoriamente e o art. 4º facultaria a inclusão de outros dados no documento, desde que solicitada pelo interessado ("Art 4º - Desde que o interessado o solicite a Carteira de Identidade conterá, além dos elementos referidos no art. 3º desta Lei, os números de inscrição do titular no Programa de Integração Social - PIS ou no Programa de Formação do Patrimônio do Servidor Público - PASEP e no Cadastro de Pessoas Físicas do Ministério da Fazenda. § 1º - O Poder Executivo Federal poderá aprovar a inclusão de outros dados opcionais na Carteira de Identidade. § 2º - A inclusão na Carteira de Identidade dos dados referidos neste artigo poderá ser parcial e dependerá exclusivamente da apresentação dos respectivos documentos comprobatórios"). Registrou que o rol das informações cujo registro nos documentos pessoais de identificação seria facultado ao cidadão teria sido ampliado pela Lei 9.049/1995 ("Art. 1º Qualquer cidadão poderá requerer à autoridade pública expedidora o registro, no respectivo documento pessoal de identificação, do número e, se for o caso, da data de validade dos seguintes documentos: 1. Carteira Nacional de Habilitação; 2. Título de Eleitor; 3. Cartão de Identidade do Contribuinte do Imposto de Renda; 4. Identidade Funcional ou Carteira Profissional; 5. Certificado Militar. Art. 2º Poderão, também, ser incluídas na Cédula de Identidade, a pedido do titular, informações sucintas sobre o tipo sanguíneo, a disposição de doar órgãos em caso de morte e condições particulares de saúde cuja divulgação possa contribuir para preservar a saúde ou salvar a vida do titular").

Carteira de identidade: tipo sanguíneo e fator Rh - 3
O Plenário consignou que o Poder Legislativo da União, no exercício da competência prevista no art. 22, XXV, da CF, introduzira no ordenamento jurídico pátrio, mediante o art. 2º da Lei 9.049/1995, autorização para que as autoridades públicas expedidoras — os órgãos estaduais responsáveis pela emissão das carteiras de identidade — registrassem, quando solicitado pelos interessados, informações relativas ao tipo sanguíneo e ao fator Rh nos documentos pessoais de identificação. Ressaltou, por oportuno, que a Lei 9.454/1997, ao instituir o número único de Registro de Identidade Civil - RIC de modo a centralizar o cadastro de registros de identificação pessoal no Sistema Nacional de Registro de Identificação Civil, e ainda em fase inicial de implementação, em nada alterara o panorama legislativo federal pertinente. Enfatizou que, ao determinar que o órgão estadual responsável pela emissão da carteira de identidade incluísse no documento, quando solicitado pelo interessado, o registro do seu tipo sanguíneo e fator Rh, as leis impugnadas guardariam absoluta conformidade material com a disciplina da União relativamente ao documento pessoal de identificação, particularmente o disposto no art. 2º da Lei 9.049/1995. Explicitou que, ainda que vedado aos entes federados legislar sobre registros públicos propriamente, se inseriria no âmbito de sua competência legislativa a disciplina da organização e da atuação dos órgãos integrantes das estruturas administrativas dos Estados-membros e do Distrito Federal, aos quais competiria a expedição dos documentos pessoais de identificação. Afirmou que os diplomas em debate observariam fielmente a conformação legislativa do documento pessoal de identificação — cédula de identidade — como delineada pela União no exercício da competência privativa prevista no art. 22, XXV, da CF.

Carteira de identidade: tipo sanguíneo e fator Rh - 4
O Tribunal avaliou que as leis estaduais limitar-se-iam a orientar a atuação administrativa do órgão estadual responsável pela emissão da carteira de identidade, no tocante ao cumprimento do disposto no art. 2º da Lei 9.049/1995, de modo que não haveria usurpação de competência privativa da União para legislar sobre registros públicos. Realçou que as normas veiculariam comando e instruções endereçadas unicamente ao órgão estadual responsável pela emissão do documento, no sentido de observar o regramento federal. Asseverou que a vigência da norma federal que autorizara as autoridades públicas expedidoras a registrar, quando solicitadas pelos interessados, informações relativas ao tipo sanguíneo e ao fator Rh nos documentos pessoais de identificação delimitaria a eficácia do diploma estadual impugnado. Reputou, por

fim, que os diplomas estaduais em comento não disporiam sobre direitos ou deveres dos particulares — limitado o seu escopo a disciplinar a organização e a atuação do órgão da Administração estadual responsável pela emissão da carteira de identidade — tampouco se poderia falar em afronta à competência privativa da União para legislar sobre direito civil (CF, art. 22, I). Os Ministros Roberto Barroso, Marco Aurélio, Celso de Mello e Ricardo Lewandowski (Presidente eleito) acrescentaram que as normas estaduais inserir-se-iam no âmbito de proteção à saúde, o que justificaria a competência estadual. Vencido o Ministro Luiz Fux, que julgava procedentes os pedidos para declarar a inconstitucionalidade das lei estaduais. Pontuava que a competência seria exclusiva da União, por se tratar de matéria a envolver direitos da personalidade e de registros públicos, que deveriam ser uniformes em todo o Brasil. Precedente citado: ADI 2.254/ES (DJU de 26.9.2003). **ADI 4007/SP, rel. Min. Rosa Weber, 13.8.2014. (ADI-4007) ADI 4343/SC, rel. Min. Rosa Weber, 13.8.2014. (ADI-4343) (Inform. STF 754)**

AG. REG. NO AI N. 730.856-RJ

RELATOR: MIN. MARCO AURÉLIO
COMPETÊNCIA PRIVATIVA DA UNIÃO – DIREITO CIVIL – ESTACIONA-MENTO – SHOPPING *CENTER* – HIPERMERCADOS – GRATUIDADE – LEI Nº 4.541/2005, DO ESTADO DO RIO DE JANEIRO – PRECEDENTES. Invade competência legislativa da União, prevista no artigo 22, inciso I, da Carta da República, norma estadual que veda a cobrança por serviço de estacionamento em locais privados. Precedentes: Ações Diretas de Inconstitucionalidade nº 1.472/DF, relator ministro Ilmar Galvão, nº 2.448/DF, relator ministro Sydney Sanches, e nº 1.623/RJ, relator ministro Joaquim Barbosa.

Lei processual civil e competência legislativa - 2
Em conclusão de julgamento, o Plenário julgou improcedente pedido formulado em ação direta de inconstitucionalidade, proposta contra a Lei 1.504/1989, do Estado do Rio de Janeiro, que regula a homologação judicial de acordo sobre a prestação de alimentos firmada com a intervenção da Defensoria Pública — v. Informativo 619. O Tribunal afastou a alegação de que a norma impugnada estaria eivada de inconstitucionalidade formal, por invasão da competência privativa da União para legislar sobre direito civil e processual civil (CF, art. 22, I). Afirmou, no ponto, que seu conteúdo versaria sobre critérios procedimentais em matéria processual e estaria subsumido à competência concorrente, nos termos do art. 24, XI e XII, da CF. Aduziu que os entes federativos teriam a prerrogativa de definir a maneira com que a matéria processual deveria ser executada, de acordo com as particularidades deles, nos termos do art. 24, § 3º, da CF. Ressaltou que a competência legislativa concorrente, nesse aspecto, teria o condão de transformar os Estados-membros em verdadeiros laboratórios legislativos, a permitir que novas e exitosas experiências fossem formuladas e eventualmente adotadas pelos demais. Assinalou que, no caso, estar-se-ia a permitir que o defensor público atuasse junto ao juiz no sentido de promover a homologação do acordo judicial, atividade inserida no âmbito de atuação profissional daquele, ao encontro da desjudicialização e desburocratização da justiça. **ADI 2922/RJ, rel. Min. Gilmar Mendes, 3.4.2014. (ADI-2922) (Inform. STF 741)**

ADI: prioridade em tramitação e competência processual
O Plenário julgou procedente pedido formulado em ação direta para declarar a inconstitucionalidade da Lei 7.716/2001, do Estado do Maranhão. A norma estabelece prioridade na tramitação processual, em qualquer instância, para as causas que tenham, como parte, mulher vítima de violência doméstica. O Tribunal esclareceu que a competência para normatizar tema processual seria da União e, por isso, a lei estadual impugnada teria afrontado o art. 22, I, da CF. **ADI 3483/MA, rel. Min. Dias Toffoli, 3.4.2014. (ADI-3483) (Inform. STF 741)**

ADI e competência estadual - 1
O Plenário confirmou medida cautelar e julgou procedente, em parte, pedido formulado em ação direta para declarar a inconstitucionalidade das expressões *municipais* e *de empresa pública e de sociedade de economia mista*, constantes do § 5º do art. 28 da Constituição do Estado do Rio Grande do Norte (*Os vencimentos dos servidores públicos estaduais e municipais, da administração direta, indireta autárquica, fundacional, de empresa pública e de sociedade de economia mista são pagos até o último dia de cada mês, corrigindo-se monetariamente os seus valores, se o pagamento se der além desse prazo*). O Tribunal asseverou, à época, que, ao incluir os municípios, a norma estadual estaria a afrontar a autonomia municipal, consagrada nos

artigos 29 e 30 da CF. Aduziu, ainda, que os Estados-membros não poderiam impor obrigações de natureza civil, comercial ou trabalhista às empresas públicas e às sociedades de economia mista, porquanto sujeitas ao regime das empresas privadas.

ADI e competência estadual - 2
O Plenário julgou procedente pedido formulado em ação direta para confirmar medida cautelar e declarar a inconstitucionalidade do art. 40 do ADCT da Constituição do Estado de Minas Gerais (*Fica assegurada isonomia de remuneração entre os servidores das entidades Caixa Econômica do Estado de Minas Gerais e Banco de Desenvolvimento de Minas Gerais para os cargos, empregos e funções de atribuições iguais ou assemelhadas*). O Tribunal consignou que as empresas em questão estariam sujeitas a regime trabalhista, razão pela qual o constituinte estadual não poderia tratar de temática relativa a direito do trabalho no âmbito de empresas públicas e de sociedades de economia mista. **ADI 318/MG, rel. Min. Gilmar Mendes, 19.2.2014. (ADI-318)**

ADI: uso de veículos apreendidos e competência - 1
O Plenário iniciou exame de ação direta de inconstitucionalidade ajuizada, pelo Procurador-Geral da República, contra as Leis 5.717/98 e 6.931/2001, ambas do Estado do Espírito Santo, que autorizava a utilização, pela polícia militar ou pela polícia civil estadual, de veículos apreendidos e não identificados quanto à procedência e à propriedade, exclusivamente no trabalho de repressão penal. O Min. Dias Toffoli, relator, julgou procedente o pedido formulado, no que foi acompanhado pelos Ministros Ricardo Lewandowski, Rosa Weber e Luiz Fux. Destacou que a Constituição, na parte em que fixaria a competência legislativa dos entes federados, teria outorgado à União, privativamente, a faculdade de editar normas sobre trânsito e transporte. Em divergência, a Min. Cármen Lúcia considerou o pleito improcedente, no que foi seguida pelos Ministros Marco Aurélio, Celso de Mello e Joaquim Barbosa, Presidente. Obtemperou não se tratar de matéria correlata a trânsito, mas concernente à administração. Recordou que norma do Código de Trânsito Brasileiro permitiria que veículos fossem levados à hasta pública, embora constituísse permissão que nem sempre ocorreria. O Min. Marco Aurélio aduziu que o ente federado não teria invadido a esfera de competência da União porque, ante a inexistência de lei geral, os Estados-membros exerceriam normatividade plena, nos termos previstos na Constituição. Para o Min. Celso de Mello, a matéria em causa não envolveria trânsito e transporte, mas, sim, típica norma de caráter administrativo, integrada no âmbito de autonomia do próprio Estado-membro. Após, o julgamento foi suspenso para colher-se os votos dos demais Ministros.

ADI: uso de veículos apreendidos e competência – 2
O Plenário retomou julgamento de ação direta de inconstitucionalidade ajuizada contra as Leis 5.717/98 e 6.931/2001, ambas do Estado do Espírito Santo, que autorizam a utilização, pela polícia militar ou pela polícia civil estadual, de <u>veículos apreendidos</u> e não identificados quanto à procedência e à propriedade, exclusivamente no trabalho de repressão penal — v. Informativo 701. Nesta assentada, os Ministros Teori Zavascki e Gilmar Mendes, ao acompanharem a divergência iniciada pela Min. Cármen Lúcia, consideraram o pleito improcedente. O Min. Teori Zavascki asseverou que os diplomas não tratariam de trânsito. O Min. Gilmar Mendes salientou que as leis cuidariam apenas da destinação dos bens apreendidos, o que configuraria disciplina meramente administrativa, de competência do estado-membro. O Min. Marco Aurélio, por sua vez, reajustou o voto anteriormente proferido, para julgar o pedido procedente. Asseverou que a competência normativa do tema estaria restrita à União, por versar disciplina do Código de Trânsito Brasileiro. Após, verificado empate na votação, deliberou-se suspender o julgamento para aguardar-se o voto do 11º membro da Corte.

ADI: uso de veículos apreendidos e competência - 3
Revestem-se de constitucionalidade as Leis 5.717/98 e 6.931/2001, do Estado do Espírito Santo, que autorizam a utilização, pela polícia militar ou pela polícia civil estadual, de veículos apreendidos e não identificados quanto à procedência e à propriedade, exclusivamente no trabalho de repressão penal. Essa a orientação do Plenário que, em conclusão, por maioria, julgou improcedente pedido formulado em ação direta de inconstitucionalidade ajuizada contra as mencionadas normas — v. Informativos 701 e 706. Avaliou-se não se tratar de matéria correlata a trânsito, mas concernente à administração. Recordou-se que norma do Código de Trânsito Brasileiro permitiria que veículos fossem

5. DIREITO CONSTITUCIONAL

levados a hasta pública, embora constituísse permissão que nem sempre ocorreria. Destacou-se que as normas disporiam sobre a regulação no plano estritamente administrativo, na esfera de autonomia do estado-membro. Vencidos os Ministros Dias Toffoli, relator, Rosa Weber, Luiz Fux, Ricardo Lewandowski e Marco Aurélio, que julgavam o pleito procedente. Aduziam que as leis em comento teriam invadido a esfera de competência privativa da União para legislar sobre trânsito e transporte.

ADI 3327/ES, rel. orig. Min. Dias Toffoli, red. p/ o acórdão Min. Cármen Lúcia, 8.8.2013. (ADI-3327) (Inform. STF 714)

ADI e criação de município

O Plenário concedeu medida cautelar em ação direta de inconstitucionalidade, para suspender a eficácia da Lei 2.264/2010, do Estado de Rondônia, por vislumbrar aparente ofensa ao art. 18, § 4º, da CF, que estabelece a previsão da forma mediante a qual poderá haver a criação de novos municípios no Brasil. A norma impugnada criara a municipalidade de Extrema de Rondônia, a partir de desmembramento de área territorial de Porto Velho, fixara os seus limites, bem como informara os distritos que integrariam a municipalidade criada. Ponderou-se que, até a presente data, não fora editada a lei complementar a que aludiria o art. 18, § 4º, da CF ("*§ 4º A criação, a incorporação, a fusão e o desmembramento de Municípios, far-se-ão por lei estadual, dentro do período determinado por Lei Complementar Federal, e dependerão de consulta prévia, mediante plebiscito, às populações dos Municípios envolvidos, após divulgação dos Estudos de Viabilidade Municipal, apresentados e publicados na forma da lei*"). Destacou-se a pacífica jurisprudência da Corte quanto ao procedimento constitucionalmente previsto para a criação de municípios, que não fora observado na espécie. **ADI 4992 MC/RO, rel. Min. Gilmar Mendes, 26.6.2013. (ADI-4992) (Inform. STF 712)**

ADI e prerrogativas de Procuradores de Estado - 2

Em conclusão, o Plenário julgou procedente pedido formulado em ação direta para declarar a inconstitucionalidade da expressão "com porte de arma, independente de qualquer ato formal de licença ou autorização", contida no art. 88 da Lei Complementar 240/2002, do Estado do Rio Grande do Norte. A norma impugnada dispõe sobre garantias e prerrogativas dos Procuradores do Estado. Na sessão de 16.11.2005, o Plenário assentou a inconstitucionalidade do inciso I e §§ 1º e 2º do art. 86, e dos incisos V, VI, VIII e IX do art. 87 da aludida lei — v. Informativo 409. Na presente assentada, concluiu-se o exame do pleito remanescente relativo ao art. 88, que autoriza o porte de arma aos integrantes daquela carreira. Asseverou-se que, se apenas à União fora atribuída competência privativa para legislar sobre matéria penal, somente ela poderia dispor sobre regra de isenção de porte de arma. Em acréscimo, o Min. Gilmar Mendes ressaltou que o registro, a posse e a comercialização de armas de fogo e munição estariam disciplinados no Estatuto do Desarmamento (Lei 10.826/2003). Esse diploma criara o Sistema Nacional de Armas - Sinarm e transferira à polícia federal diversas atribuições até então executadas pelos estados-membros, com o objetivo de centralizar a matéria em âmbito federal. Mencionou precedentes da Corte no sentido da constitucionalidade do Estatuto e da competência privativa da União para autorizar e fiscalizar a produção e o comércio de material bélico (CF, art. 21, VI). Aduziu que, não obstante a necessidade especial que algumas categorias profissionais teriam do porte funcional de arma, impenderia um diálogo em seara federal. Precedentes citados: ADI 3112/DF (DJe 26.10.2007); ADI 2035 MC/RJ (DJU de 1º.8.2003); ADI 3258/RO (DJU de 9.9.2005). **ADI 2729/RN, rel. orig. Min. Luiz Fux, red. p/ o acórdão Min. Gilmar Mendes, 19.6.2013. (ADI-2729) (Inform. STF 711)**

ADI N. 4.414-AL

RELATOR: MIN. LUIZ FUX

Ementa: Direito Processual penal. Direito Constitucional. Ação Direta de Inconstitucionalidade. Criação, por Lei estadual, de Varas especializadas em delitos praticados por organizações criminosas. – Previsão de conceito de "crime organizado" no diploma estadual. Alegação de violação à competência da União para legislar sobre matéria penal e processual penal. Entendimento do Egrégio Plenário pela procedência do pedido de declaração de inconstitucionalidade. – Inclusão dos atos conexos aos considerados como Crime Organizado na competência da Vara especializada. Regra de prevalência entre juízos inserida em Lei estadual. Inconstitucionalidade. Violação da competência da União para tratar sobre Direito Processual Penal (Art. 22, I, CRFB). – Ausência de ressalva à competência constitucional do Tribunal do Júri. Violação ao art. 5º, XXXVIII, CRFB. Afronta à competência da União para

legislar sobre processo (art. 22, I, CRFB). – Criação de órgão colegiado em primeiro grau por meio de Lei estadual. Aplicabilidade do art. 24, XI, da Carta Magna, que prevê a competência concorrente para legislar sobre procedimentos em matéria processual. Colegialidade como fator de reforço da independência judicial. Omissão da legislação federal. Competência estadual para suprir a lacuna (art. 24, § 3º, CRFB). Constitucionalidade de todos os dispositivos que fazem referência à Vara especializada como órgão colegiado. – Dispositivos que versam sobre protocolo e distribuição. Constitucionalidade. Competência concorrente para tratar de procedimentos em matéria processual (Art. 24, XI, da CRFB). – Atividades da Vara Criminal anteriores ou concomitantes à instrução prévia. Alegação de malferimento ao sistema acusatório de processo penal. Interpretação conforme à Constituição. Atuação do Judiciário na fase investigativa preliminar apenas na função de "juiz de garantias". Possibilidade, ainda, de apreciação de remédios constitucionais destinados a combater expedientes investigatórios ilegais. – Atribuição, à Vara especializada, de competência territorial que abrange todo o território do Estado-membro. Suscitação de ofensa ao princípio da territorialidade. Improcedência. Matéria inserida na discricionariedade do legislador estadual para tratar de organização judiciária (Art. 125 da CRFB). – Comando da lei estadual que determina a redistribuição dos inquéritos policiais em curso para a nova Vara. Inexistência de afronta à perpetuatio jurisdictionis. Aplicação das exceções contidas no art. 87 do CPC. Entendimento do Pleno deste Pretório Excelso. – Previsão, na Lei atacada, de não redistribuição dos processos em andamento. Constitucionalidade. Matéria que atine tanto ao Direito Processual quanto à organização judiciária. Teoria dos poderes implícitos. Competência dos Estados para dispor, mediante Lei, sobre a redistribuição dos feitos em curso. Exegese do art. 125 da CRFB. – Possibilidade de delegação discricionária dos atos de instrução ou execução a outro juízo. Matéria Processual. Permissão para qualquer juiz, alegando estar sofrendo ameaças, solicitar a atuação da Vara especializada. Vício formal, por invadir competência privativa da União para tratar de processo (art. 22, I, CRFB). Inconstitucionalidade material, por violar o princípio do Juiz Natural e a vedação de criação de Tribunais de exceção (art. 5º, LIII e XXXVII, CRFB). – Atribuição, à Vara especializada, de competência para processar a execução penal. Inexistência de afronta à Carta Magna. Tema de organização judiciária (art. 125 CRFB). – Permissão legal para julgar casos urgentes não inseridos na competência da Vara especializada. Interpretação conforme à Constituição (art. 5º, XXXV, LIII, LIV, LXV, LXI e LXII, CRFB). Permissão que se restringe às hipóteses de relaxamento de prisões ilegais, salvante as hipóteses de má-fé ou erro manifesto. Translatio iudicii no Processo Penal, cuja aplicabilidade requer haja dúvida objetiva acerca da competência para apreciar a causa. – Previsão genérica de segredo de justiça a todos os inquéritos e processos. Inconstitucionalidade declarada pelo Plenário. – Indicação e nomeação de magistrado para integrar a Vara especializada realizada politicamente pelo Presidente do Tribunal de Justiça. Inconstitucionalidade. Violação aos critérios para remoção e promoção de juízes previstos na Carta Magna (art. 93, II e VIII-A). Garantias de independência da magistratura e de qualidade da prestação jurisdicional. – Estabelecimento de mandato de dois anos para a ocupação da titularidade da Vara especializada. Designação política também do juiz substituto, ante o afastamento do titular. Inconstitucionalidade. Afastamento indireto da regra da identidade física do juiz (art. 399, § 2º, CPP). Princípio da oralidade. Matéria processual, que deve ser tratada em Lei nacional (art. 22, I, CRFB). – Ação Direta de Inconstitucionalidade julgada parcialmente procedente. Modulação dos efeitos temporais da decisão.

1. Os delitos cometidos por organizações criminosas podem submeter-se ao juízo especializado criado por lei estadual, porquanto o tema é de organização judiciária, prevista em lei editada no âmbito da competência dos Estados--membros (art. 125 da CRFB). Precedentes (ADI 1218, Relator(a): Min. MAURÍCIO CORRÊA, Tribunal Pleno, julgado em 05/09/2002, DJ 08-11-2002; HC 96104, Relator(a): Min. RICARDO LEWANDOWSKI, Primeira Turma, julgado em 16/06/2010, Dje-145; HC 94146, Relator(a): Min. ELLEN GRACIE, Segunda Turma, julgado em 21/10/2008, Dje-211; HC 85060, Relator(a): Min. EROS GRAU, Primeira Turma, julgado em 23/09/2008, Dje-030; HC 91024, Relator(a): Min. ELLEN GRACIE, Segunda Turma, julgado em 05/08/2008, Dje-157). Doutrina (TOURINHO FILHO, Fernando da Costa. Código de Processo Penal Comentado, 12ª ed. São Paulo: Saraiva, 2009. p. 278-279).

2. O conceito de "crime organizado" é matéria reservada à competência legislativa da União, tema interditado à lei estadual, à luz da repartição constitucional (art. 22, I, CRFB).

3. À Lei estadual não é lícito, a pretexto de definir a competência da Vara especializada, imiscuir-se na esfera privativa da União para legislar sobre regras de prevalência entre juízos (arts. 78 e 79 do CPP), matéria de caráter processual (art. 22, I, CRFB).

4. A competência constitucional do Tribunal do Júri (art. 5º, XXXVIII) não pode ser afastada por Lei estadual, nem usurpada por Vara criminal especializada, sendo vedada, ainda, a alteração da forma de sua composição, que deve ser definida em Lei nacional. Precedentes do Pleno deste Pretório Excelso (ADI 1218/RO, rel. Min. MAURÍCIO CORRÊA, julg. 05/09/2002, Tribunal Pleno).

5. A composição do órgão jurisdicional se insere na competência legislativa concorrente para versar sobre procedimentos em matéria processual, mercê da caracterização do procedimento como a exteriorização da relação jurídica em desenvolvimento, a englobar o modo de produção dos atos decisórios do Estado-juiz, se com a chancela de um ou de vários magistrados (Machado Guimarães. Estudos de Direito Processual Civil. Rio de Janeiro - São Paulo: Jurídica e Universitária, 1969. p. 68).

6. A independência do juiz nos casos relativos a organizações criminosas, injunção constitucional, na forma do art. 5º, XXXVII e LIII, da CRFB, não está adequadamente preservada pela legislação federal, constituindo lacuna a ser preenchida pelos Estados-membros, no exercício da competência prevista no art. 24, § 3º, da Carta Magna.

7. Os Estados-membros podem dispor, mediante Lei, sobre protocolo e distribuição de processos, no âmbito de sua competência para editar normas específicas sobre procedimentos em matéria processual (art. 24, XI, CRFB).

8. A separação entre as funções de acusar defender e julgar é o signo essencial do sistema acusatório de processo penal (Art. 129, I, CRFB), tornando a atuação do Judiciário na fase pré-processual somente admissível com o propósito de proteger as garantias fundamentais dos investigados (FERRAJOLI, Luigi. Derecho y Razón – Teoría del Garantismo Penal. 3ª ed., Madrid: Trotta, 1998. p. 567).

9. Os procedimentos investigativos pré-processuais não previstos no ordenamento positivo são ilegais, a exemplo das VPIs, sindicâncias e acautelamentos, sendo possível recorrer ao Judiciário para fazer cessar a ilicitude, mantida a incolumidade do sistema acusatório (HAMILTON, Sergio Demoro. A Ilegalidade das VPIS, das Sindicâncias, dos Acautelamentos e Quejandos. In: Processo Penal Reflexões. Rio de Janeiro: Lumen Juris, 2002).

10. O princípio do juiz natural não resta violado na hipótese em que Lei estadual atribui a Vara especializada competência territorial abrangente de todo o território da unidade federada, com fundamento no art. 125 da Constituição, porquanto o tema gravita em torno da organização judiciária, inexistindo afronta aos princípios da territorialidade e do Juiz natural.

11. A perpetuatio jurisdictionis é excepcionada nas hipóteses de modificação da competência ratione materiae do órgão, motivo pelo qual é lícita a redistribuição dos inquéritos policiais para a nova Vara Criminal, consoante o art. 87, in fine, do CPC. Precedentes (HC 88.660-4, Rel. Min. Cármen Lúcia, Tribunal Pleno, julg. 15.05.2008; HC 85.060, Rel. Min. Eros Grau, Primeira Turma, julg. 23.09.2008; HC 76.510/SP Rel. Min. Carlos Velloso, Segunda Turma, julg. 31.03.1998). Doutrina (CARNELUTTI, Francesco. Sistema di Diritto Processuale Civile. V. III. Padova: CEDAM, 1939. p. 480; MARQUES, José Frederico. Enciclopédia Saraiva do Direito. Vol. 46. p. 446; TORNAGHI, Tornaghi. Instituição de Processo Penal. Vol. I. 2ª ed. São Paulo: Saraiva, 1977. p. 174).

12. A Lei estadual que cria Vara especializada em razão da matéria pode, de forma objetiva e abstrata, impedir a redistribuição dos processos em curso, através de norma procedimental (art. 24, XI, CRFB), que se afigura necessária para preservar a racionalidade da prestação jurisdicional e uma eficiente organização judiciária (art. 125 CRFB) (GRECO, Leonardo. Instituições de Processo Civil. V. I. Rio de Janeiro: Forense, 2009. p. 174-175; DINAMARCO, Cândido Rangel. Instituições de Direito Processual Civil. V. I. 6ª ed. São Paulo: Malheiros, 2009. p. 365-366).

13. O princípio do Juiz natural (art. 5º, XXXVII e LIII, CRFB) é incompatível com disposição que permita a delegação de atos de instrução ou execução a outro juízo, sem justificativa calcada na competência territorial ou funcional dos órgãos envolvidos, ante a proibição dos poderes de comissão (possibilidade de criação de órgão jurisdicional ex post facto) e de avocação (possibilidade de modificação da competência por critérios discricionários), sendo certo que a cisão funcional de competência não se insere na esfera legislativa dos Estados-membros (art. 22, I, CRFB) (FERRAJOLI, Luigi. Direito e Razão: teoria do garantismo penal. 2ª ed. São Paulo: RT, 2006. p. 544; SCHWAB, Karl Heinz. Divisão de funções e o juiz natural. Revista de Processo, vol 12 n 48 p 124 a 131 out/dez 1987).

14. A criação, no curso do processo, de órgão julgador composto pelo magistrado que se julga ameaçado no exercício de suas funções e pelos demais integrantes da Vara especializada em crime organizado é inconstitucional, por afronta aos incisos LIII e XXXVII do artigo 5º da Carta Magna, que vedam, conforme mencionado alhures, o poder de comissão, é dizer, a criação de órgão jurisdicional ex post facto, havendo, ainda, vício formal, por se tratar

de matéria processual, de competência da União (art. 22, I, CRFB).

15. A Lei estadual pode definir que um mesmo juízo disponha de competência para atuar na fase de conhecimento e na fase executória do processo penal, máxime em razão do disposto no art. 65 da Lei Federal nº 7.210/84 (Lei de Execução Penal), verbis: "A execução penal competirá ao Juiz indicado na lei local de organização judiciária e, na sua ausência, ao da sentença".

16. O juízo incompetente pode, salvante os casos de erro grosseiro e manifesta má-fé, em hipóteses de urgência e desde que haja dúvida razoável a respeito do órgão que deve processar a causa, determinar o relaxamento de prisão ilegal, remetendo o caso, em seguida, ao juiz natural, configurando hipótese de translatio iudicii inferida do art. 5º, LXV, da Carta Magna, o qual não exige a competência da autoridade judiciária responsável pelo relaxamento, sendo certo que a complexidade dos critérios de divisão da competência jurisdicional não podem obstacularizar o acesso à justiça (art. 5º, XXXV, CRFB). Jurisprudência do Supremo Tribunal Federal admitindo a ratificação de atos prolatados por juiz incompetente inclusive em desfavor do réu (HC 83.006/SP, rel. Min. Ellen Gracie, Plenário, DJ de 29.8.2003; HC 88.262/SP, rel. Min. Gilmar Mendes, Segunda Turma, julgado em 18/12/2006, DJ 30-03-2007). Doutrina (GRECO, Leonardo. Translatio iudicii e reassunção do processo. RePro, ano 33, nº 166. São Paulo: RT, 2008; BODART, Bruno e ARAÚJO, José Aurélio de. Alguns apontamentos sobre a Reforma Processual Civil Italiana – Sugestões de Direito Comparado para o Anteprojeto do Novo CPC Brasileiro. In: O novo processo civil brasileiro – Direito em expectativa. Coord. Luiz Fux. Rio de Janeiro: Forense, 2011. p. 27-28).

17. É vedado à Lei Estadual estabelecer o sigilo do inquérito policial, aplicando-se às normas da legislação federal sobre a matéria.

18. A publicidade assegurada constitucionalmente (art. 5º, LX, e 93, IX, da CRFB) alcança os autos do processo, e não somente as sessões e audiências, razão pela qual padece de inconstitucionalidade disposição normativa que determine abstratamente segredo de justiça em todos os processos em curso perante Vara Criminal. Doutrina (GRECO, Leonardo. Instituições de Processo Civil. Vol. I. Rio de Janeiro: Forense, 2009. p. 558; TUCCI, Rogério Lauria. Direitos e garantias individuais no processo penal brasileiro. 3ª ed. São Paulo: RT, 2009. p. 184; TOURINHO FILHO, Fernando da Costa. Manual de Processo Penal. 11ª ed. São Paulo: 2009. p. 20; CAPPELLETTI, Mauro. Fundamental guarantees of the parties in civil litigation. Milano: A. Giuffre, 1973. p. 756-758).

19. Os juízes integrantes de Vara especializada criada por Lei estadual devem ser designados com observância dos parâmetros constitucionais de antiguidade e merecimento previstos no art. 93, II e VIII-A, da Constituição da República, sendo inconstitucional, em vista da necessidade de preservação da independência do julgador, previsão normativa segundo a qual a indicação e nomeação dos magistrados que ocuparão a referida Vara será feita pelo Presidente do Tribunal de Justiça, com a aprovação do Tribunal. Doutrina (FERRAJOLI, Luigi. Direito e Razão: teoria do garantismo penal. 2ª ed. São Paulo: RT, 2006. p. 534; GARAPON, Antoine. O juiz e a democracia. Trad. Maria Luiza de Carvalho. Rio de Janeiro: Revan, 1999. p. 60; CARNELUTTI, Francesco. Sistema di Diritto Processuale Civile. V. I. Padova: CEDAM, 1936. p. 647-651; Idem. Lezioni di Diritto Processuale Civile. V. Terzo. Padova: CEDAM, 1986. p. 114; GUIMARÃES, Mário. O Juiz e a Função Jurisdicional. Rio de Janeiro: Forense, 1958. p. 117).

20. O mandato de dois anos para a ocupação da titularidade da Vara especializada em crimes organizados, a par de afrontar a garantia da inamovibilidade, viola a regra da identidade física do juiz, componente fundamental do princípio da oralidade, prevista no art. 399, § 2º, do CPP ("O juiz que presidiu a instrução deverá proferir a sentença"), impedindo, por via oblíqua, a aplicação dessa norma cogente prevista em Lei nacional, em desfavor do Réu, usurpando a competência privativa da União (art. 22, I, CRFB). Doutrina (CHIOVENDA, Giuseppe. A oralidade e a prova. In: Processo Oral. 1ª série. Rio de Janeiro: Forense, 1940. p. 137).

21. O princípio do Juiz natural obsta "qualquer escolha do juiz ou colegiado a que as causas são confiadas", de modo a se afastar o "perigo de prejudiciais condicionamentos dos processos através da designação hierárquica dos magistrados competentes para apreciá-los" (FERRAJOLI, Luigi. Direito e Razão: teoria do garantismo penal. 2ª ed. São Paulo: RT, 2006. p. 545), devendo-se condicionar a nomeação do juiz substituto, nos casos de afastamento do titular, por designação do Presidente do Tribunal de Justiça, à observância de critérios impessoais, objetivos e apriorísticos. Doutrina (LLOBREGAT, José Garberí. Constitución y Derecho Procesal – Los fundamentos constitucionales del Derecho Procesal. Navarra: Civitas/Thomson Reuters, 2009. p. 65-66).

22. Improcedente o pleito de inconstitucionalidade por arrastamento, permanecendo válidas todas as disposições da Lei questionada que não sofreram declaração de nulidade.

5. DIREITO CONSTITUCIONAL

23. Ação Direta de Inconstitucionalidade julgada parcialmente procedente pelo Plenário para declarar a nulidade, com redução de texto, dos seguintes dispositivos e termos da Lei estadual de Alagoas nº 6.806 de 2007: (a) as palavras "todos indicados e nomeados pelo Presidente do Tribunal de Justiça do Estado de Alagoas, com aprovação do Pleno, para um período de dois (02) anos, podendo, a critério do Tribunal, ser renovado", no art. 2º; (b) o art. 5º, caput e seu parágrafo único; (c) o art. 7º e o art. 12, que violam o princípio do juiz natural ao permitir os poderes de avocação e de comissão; (d) o art. 8º; (e) o art. 9º, parágrafo único e respectivos incisos, bem como a expressão "crime organizado, desde que cometido por mais de dois agentes, estabelecida a divisão de tarefas, ainda que incipiente, com perpetração caracterizada pela vinculação com os poderes constituídos, ou por posição de mando de um agente sobre os demais (hierarquia), praticados através do uso da violência física ou psíquica, fraude, extorsão, com resultados que traduzem significante impacto junto à comunidade local ou regional, nacional ou internacional"; (f) o art. 10; (g) os parágrafos 1º, 2º e 3º do art. 11, preservado o seu caput; (h) a expressão "e procedimentos prévios", no art. 13.

24. Ação Direta de Inconstitucionalidade parcialmente procedente, ainda, para o fim de conferir interpretação conforme à Constituição: (a) ao art. 1º, de modo a estabelecer que os crimes de competência da 17ª Vara Criminal da Capital são aqueles praticados na forma do art. 1º da Lei nº 9.034/95, com a redação dada pela Lei nº 10.217/01; (b) ao art. 3º, com o fito de impor a observância, pelo Presidente do Tribunal, na designação de juiz substituto, de critérios objetivos, aprioristicos e impessoais, nos termos do quanto decidido pela Corte nos autos do MS nº 27.958/DF; (c) ao art. 9º, inciso I, para excluir da competência da Vara especializada o processo e julgamento de crimes dolosos contra a vida.

25. Modulação dos efeitos temporais da decisão, na forma do art. 27 da Lei 9.868/99, para que os dispositivos objurgados não produzam efeitos sobre os processos com sentenças já proferidas e sobre os atos processuais já praticados, ressalvados os recursos e habeas corpus pendentes que tenham como fundamento a inconstitucionalidade dos dispositivos da Lei Estadual ora em exame, ressaltando-se, ainda, que os processos pendentes sem prolação de sentença devem ser assumidos por juízes designados com a observância dos critérios constitucionais, nos termos do presente aresto, fixado o prazo de noventa dias para o provimento dos cargos de juízes da 17ª Vara Criminal da Capital. **(Inform. STF 711)**

Comercialização de produtos em recipientes reutilizáveis - 1

O Plenário iniciou julgamento de ação direta de inconstitucionalidade proposta contra a Lei 15.227/2006, do Estado do Paraná, que dispõe sobre o uso de garrafões de água reutilizáveis por empresas concorrentes, independentemente da marca gravada pela titular do vasilhame. O Min. Gilmar Mendes, relator, julgou o pleito improcedente. Salientou, de início, a similitude com o objeto da ADI 2359/ES (DJe de 7.12.2006), que se referia à comercialização de produtos, entre eles o gás liquefeito de petróleo - GLP, por meio de vasilhames, recipientes ou embalagens reutilizáveis. Em seguida, afirmou que a matéria diria respeito à produção e ao consumo, cuja competência legislativa seria concorrente entre a União, os estados-membros e o Distrito Federal (CF, art. 24, V). Registrou que, em face da ausência de legislação federal a estabelecer normas gerais sobre circulação e reutilização de vasilhames e demais embalagens retornáveis, os estados-membros possuiriam plena competência para tratar do assunto. Afastou, por conseguinte, as alegações de que a controvérsia envolveria tema relativo a direito civil e comercial (CF, art. 22, I), águas (CF, art. 22, IV), jazidas, minas, outros recursos minerais e metalurgia (CF, art. 22, XII), a implicar competência legislativa exclusiva da União. Destacou, ainda, que as sanções previstas na norma impugnada (art. 4º) possuiriam natureza administrativa, e não penal (CF, art. 22, I). Aduziu que a Lei 15.227/2006 teria por escopo proteger o consumidor (CF, art. 170, V) e que as limitações, por ela veiculadas, à livre concorrência e a outros direitos relacionados à liberdade de iniciativa e de desenvolvimento empresarial — a exemplo da propriedade e da utilização de marcas e signos distintivos —, deveriam ser apreciadas do ponto de vista da proporcionalidade.

Comercialização de produtos em recipientes reutilizáveis - 2

Mencionou que a justificativa do projeto de lei seria coibir fidelização compulsória ao consumidor, uma vez que o obrigaria a adquirir água somente de empresa cuja marca estivesse estampada no vasilhame, embora houvesse no mercado outras concorrentes com preço inferior, as quais não estariam obrigadas a aceitar o recipiente. Enfatizou a contundência dos argumentos trazidos pela autora no sentido de que cada água mineral possuiria origem

(fonte), composição química e propriedade físico-química distinta de outras, bem como ação medicamentosa específica, de modo que as marcas e sinais característicos impressos nos rótulos e as próprias embalagens deveriam ser adequadas ao tipo de água comercializada. Reputou, no entanto, que as diretrizes traçadas pela norma questionada não dariam margem aos problemas apontados. Esclareceu que a lei estadual exigiria: a) inserção do garrafão no mercado, com a sua aquisição por consumidores, revendedores e produtores; b) adoção de um tipo padrão de vasilhame, efetivamente reutilizável; e c) colocação de rótulo comercial próprio do produtor na embalagem reutilizada. Ressaltou que o rótulo asseguraria a cada empresa o uso individual de sua marca e a identificação do conteúdo do recipiente, com suas especificações, originalidade e distinção em relação a outras marcas. Garantiria, ademais, que o consumidor obtivesse as informações básicas e necessárias sobre o produto a ser consumido. Após, o julgamento foi suspenso. **ADI 3885/PR, rel. Min. Gilmar Mendes, 29.5.2013. (ADI-3885) (Inform. STF 708)**

ADI: uso de veículos apreendidos e competência

O Plenário julgou procedente pedido formulado em ação direta, para declarar a inconstitucionalidade da Lei 8.493/2004, do Estado do Rio Grande do Norte. A norma questionada determina o uso de carros particulares apreendidos e que se encontram nos pátios das delegacias e no Departamento Estadual de Trânsito - Detran, notificados há mais de noventa dias, em serviços de inteligência e operações especiais, a critério da Secretaria de Defesa Social. Aduziu-se que o estado-membro não poderia criar hipóteses semelhantes à requisição administrativa para incidência no período em que a destinação do veículo aguardaria definição. Observou-se que a legalidade da medida dependeria do exame no curso do processo legislativo da União. O Min. Luiz Fux enfatizou que a Constituição estabeleceria a competência privativa da União para legislar sobre trânsito e transporte (CF, art. 22, XI). Em acréscimo, assinalou a edição do Código de Trânsito Brasileiro - CTB, em que fixadas as consequências específicas para a apreensão de veículos particulares (CTB, art. 328). Assim, ao versar sobre sanções administrativas da infração, preveria expressa e pontualmente o destino dos veículos após o decurso do lapso de noventa dias. Reputou que a lei estadual, ao desconsiderar por completo a legislação federal, trataria do tema de forma inteiramente distinta, a tornar imperativo o emprego dos veículos mencionados em atividades da própria Administração Pública. A par disso, sublinhou ser evidente existir antinomia jurídica instaurada na espécie. De igual modo, se a apreensão estivesse fundada em ordem judicial, também configuraria inconstitucionalidade por usurpação da competência da União para legislar sobre direito processual. Consignou que a forma de alienação ou de emprego de bens tomados judicialmente seria questão a integrar o cerne de matéria processual, a orientar a própria atividade jurisdicional. A Min. Cármen Lúcia entendeu que a norma impugnada, inclusive, seria lacônica. **ADI 3639/RN, rel. Min. Joaquim Barbosa, 23.5.2013. (ADI-3639) (Inform. STF 707)**

ADI e competência para parcelar multa de trânsito

O Plenário, por maioria, julgou procedente pleito formulado em ação direta contra o art. 29 da Lei 6.555/2004, do Estado de Alagoas, na parte em que autoriza o parcelamento de débitos oriundos de multas de trânsito, inclusive os inscritos em dívidas ativas. Reputou-se que, na esteira da jurisprudência da Corte, a norma questionada estaria em conflito com o art. 22, XI, da CF, segundo o qual competiria privativamente à União legislar sobre trânsito e transporte. Vencido, em parte, o Min. Marco Aurélio, que julgava procedente o pedido em menor extensão. Admitia o parcelamento por entender tratar-se de receita do estado-membro. Sublinhava, no entanto, que o legislador alagoano teria adentrado no campo do direito processual, ao prever, no § 4º do art. 29 da norma impugnada, que "o pleito de parcelamento do débito implica, em si, a desistência, a renúncia a processo, a pretensão já submetida ao Judiciário". Assentava, assim, a inconstitucionalidade do aludido preceito. **ADI 4734/AL, rel. Min. Rosa Weber, 16.5.2013. (ADI-4734) (Inform. STF 706)**

Comercialização de produtos em recipientes reutilizáveis e competência

O Plenário julgou improcedente pedido formulado em ação direta ajuizada contra a Lei 3.874/2002, do Estado do Rio de Janeiro, que dispõe sobre a comercialização de produtos por meio de vasilhames, recipientes ou embalagens reutilizáveis. Afastou-se alegação de inconstitucionalidade formal da norma, por suposto vício de competência legislativa, pois esta seria concorrente dos estados-membros, do Distrito Federal e da União, no tocante à defesa do consumidor. Frisou-se que o diploma não disciplinaria matéria de direito de marcas e patentes ou relacionada à propriedade intelectual. Lembrou-se que a Corte apreciara lei de redação idêntica em outra oportunidade (ADI 2359/ES, DJe de 7.12.2006) e também julgara improcedente aquele pleito, haja vista o disposto no art. 24, V e VIII, da CF. **ADI 2818/RJ, rel. Min. Dias Toffoli, 9.5.2013. (ADI-2818) (Inform. STF 705)**

Destinação de armas de fogo apreendidas e competência
O estado-membro não tem competência para legislar sobre uso de armas de fogo apreendidas. Com base nessa orientação, o Plenário julgou procedente pedido formulado em ação direta, para declarar a inconstitucionalidade da Lei 11.060/2002, do Estado de São Paulo. A norma impugnada dispõe sobre o uso, pelas polícias civil e militar da referida entidade federativa, das armas de fogo apreendidas. De início, ressaltou-se que a existência de regulamentação federal sobre a matéria (Estatuto do Desarmamento) não impediria a análise em abstrato do diploma atacado com base exclusivamente no texto constitucional. Aduziu-se, na sequência, que a lei paulista possuiria peculiaridade, porquanto teria previsto que a transferência das armas de fogo ocorreria nos termos da legislação federal em vigor. Destacou-se que, ao assim proceder, a norma em tela incorporaria ao ordenamento jurídico estadual regras de competência privativa da União, a quem caberia legislar sobre comércio de material bélico e direito processual penal. Asseverou-se que o estado-membro não possuiria qualquer relação com o tema, de maneira que não lhe seria permitido utilizar-se da técnica de remissão à lei federal, distinto do que aconteceria se envolvida matéria de competência comum. O Min. Marco Aurélio consignou a impropriedade da manifestação do Advogado-Geral da União na defesa do ato questionado. **Precedentes citados: AI 189433 AgR/RJ (DJU de 21.11.97); ADI 2035 MC/RJ (DJU de 4.8.2000); ADI 3258/RO (DJe de 9.9.2005); RE 372462 AgR/DF (DJe de 15.10.2010). ADI 3193/SP, rel. Min. Marco Aurélio, 9.5.2013. (ADI-3193) (Inform. STF 705)**

Interesse local e conflito federativo
Por inexistirem interesses antagônicos entre unidades da Federação, a 1ª Turma negou provimento a agravo regimental e manteve decisão monocrática do Min. Marco Aurélio, em mandado de segurança do qual relator, que declinara da competência para tribunal de justiça local. No caso, entendeu-se não haver conflito federativo entre seccional da OAB e presidente de tribunal de justiça, com o envolvimento, também, do Ministério Público, todos do mesmo estado-membro. **MS 31396 AgR/AC, rel. Min. Marco Aurélio, 26.2.2013. (MS-31396) (Inform. STF 696).**

DIREITO CONSTITUCIONAL. HIPÓTESE DE DEFERIMENTO DE PEDIDO DE INTERVENÇÃO FEDERAL. Deve ser deferido pedido de intervenção federal quando verificado o descumprimento pelo Estado, sem justificativa plausível e por prazo desarrazoado, de ordem judicial que tenha requisitado força policial (art. 34, VI, da CF) para promover reintegração de posse em imóvel rural ocupado pelo MST, mesmo que, no caso, tenha se consolidado a invasão por um grande número de famílias e exista, sem previsão de conclusão, procedimento administrativo de aquisição da referida propriedade pelo Incra para fins de reforma agrária. Intervenção federal é medida de natureza excepcional, porque restritiva da autonomia do ente federativo. Daí serem as hipóteses de cabimento taxativamente previstas no art. 34 da CF. Nada obstante sua natureza excepcional, a intervenção se impõe nas hipóteses em que o Executivo estadual deixa de fornecer, sem justificativa plausível, força policial para o cumprimento de ordem judicial. É certo que a ocupação de grande número de famílias é sempre um fato que merece a consideração da autoridade encarregada da desocupação, mas não é em si impeditiva da intervenção. Ademais, a suposta ocupação por considerável contingente de pessoas pode ser resultado da falta de cumprimento da decisão judicial em tempo razoável. No estado democrático de direito, é crucial o funcionamento das instituições; entre elas, os órgãos do Poder Judiciário. A inércia do Estado-executivo em dar cumprimento à decisão do Estado-juiz enfraquece o Estado de direito, que caracteriza a República brasileira. Precedente citado: IF 103-PR, DJe 21/8/2008. **IF 107-PR, Rel. Min. João Otávio de Noronha, julgado em 15/10/2014. (Inform. STJ 550)**

DIREITO CONSTITUCIONAL. HIPÓTESE DE INDEFERIMENTO DE PEDIDO DE INTERVENÇÃO FEDERAL. Pode ser indeferido pedido de intervenção federal fundado no descumprimento de ordem judicial que tenha requisitado força policial para promover reintegração de posse em imóvel rural produtivo ocupado pelo MST caso, passados vários anos desde

que prolatada a decisão transgredida, verifique-se que a remoção das diversas famílias que vivem no local irá, dada a inexistência de lugar para acomodar de imediato as pessoas de forma digna, causar estado de conflito social contrastante com a própria justificação institucional da medida de intervenção. Tecnicamente a recusa em fornecer força policial para a desocupação ordenada pelo Poder Judiciário caracteriza a situação prevista no art. 36, II, da CF, pois há desobediência à ordem "judiciária", o que justificaria a intervenção (art. 34, VI) para "prover a execução da ordem ou decisão judicial". Entretanto, a situação em análise – que envolve pedido de remoção, após corridos vários anos, de diversas famílias sem destino ou local de acomodação digna – revela quadro de inviável atuação judicial, assim como não recomenda a intervenção federal para compelir a autoridade administrativa a praticar ato do qual vai resultar conflito social muito maior que o suposto prejuízo do particular. Mesmo presente a finalidade de garantia da autoridade da decisão judicial, a intervenção federal postulada perde a intensidade de sua razão constitucional ao gerar ambiente de insegurança e intranquilidade em contraste com os fins da atividade jurisdicional, que se caracteriza pela formulação de juízos voltados à paz social e à proteção de direitos. Com efeito, pelo princípio da proporcionalidade, não deve o Poder Judiciário promover medidas que causem coerção ou sofrimento maior que sua justificação institucional e, assim, a recusa pelo Estado não é ilícita. Cabe registrar que se cuida de caso de afetação por interesse público que se submete ao regime próprio dessa modalidade jurisprudencial de perda e aquisição da propriedade, que se resolverá em reparação a ser buscada via ação de indenização (desapropriação indireta) promovida pelo interessado. Portanto, revela-se defensável o afastamento da necessidade de intervenção federal contra o Estado e, ao contrário, parece manifestar-se evidente a hipótese de perda da propriedade por ato lícito da administração, não remanescendo outra alternativa que respeitar a ocupação dos ora possuidores como corolário dos princípios constitucionais da dignidade da pessoa humana, de construção de sociedade livre, justa e solidária com direito à reforma agrária e acesso à terra e com erradicação da pobreza, marginalização e desigualdade social. **IF 111-PR, Rel. Min. Gilson Dipp, julgado em 1º/7/2014 (vide Informativo n. 401). (Inform. STJ 545)**

🖹 Súmula Vinculante STF 46
A definição dos crimes de responsabilidade e o estabelecimento das respectivas normas de processo e julgamento são da competência legislativa privativa da União.

🖹 Súmula Vinculante STF 39
Compete privativamente à União legislar sobre vencimentos dos membros das polícias civil e militar e do corpo de bombeiros militar do Distrito Federal.

🖹 Súmula Vinculante STF 38
É competente o Município para fixar o horário de funcionamento de estabelecimento comercial.

🖹 Súmula vinculante STF nº 2
É inconstitucional a lei ou ato normativo estadual ou distrital que disponha sobre sistemas de consórcios e sorteios, inclusive bingos e loterias.

🖹 Súmula STF nº 722
São da competência legislativa da união a definição dos crimes de responsabilidade e o estabelecimento das respectivas normas de processo e julgamento.

🖹 Súmula STF nº 647
Compete privativamente à União legislar sobre vencimentos dos membros das polícias civil e militar do Distrito Federal.

🖹 Súmula STF nº 646
Ofende o princípio da livre concorrência lei municipal que impede a instalação de estabelecimentos comerciais do mesmo ramo em determinada área.

🖹 Súmula STF nº 419
Os municípios têm competência para regular o horário do comércio local, desde que não infrinjam leis estaduais ou federais válidas.

🖹 Súmula STJ nº 19
A fixação do horário bancário, para atendimento ao público, é da competência da União.

5. ADMINISTRAÇÃO PÚBLICA

Ato do CNJ e extensão de gratificação de servidor público

A Primeira Turma iniciou julgamento de mandado de segurança impetrado em face de ato do CNJ, que determinara a alteração da Resolução 10/2010 do Tribunal de Justiça do Estado da Bahia, para que o referido ato normativo contemplasse, no rol de beneficiários da Gratificação por Condições Especiais de Trabalho – CET, determinada categoria de servidores. O Ministro Marco Aurélio (relator), ao deferir o mandado de segurança, afirmou que a alteração da Resolução 10/2010, determinada pelo CNJ, produziria o efeito de uma equiparação remuneratória, sob o fundamento de isonomia, entre atividades que, embora dotadas de algum grau de semelhança, não seriam idênticas. Não competiria àquele órgão de controle interferir em atividade reservada ao tribunal de justiça (CF, art. 99). Assim, o art. 6º da Resolução 10/2010, ao disciplinar o alcance subjetivo da gratificação em comento, teria observado o art. 1º da Lei estadual 11.919/2010. Este diploma conferira legítimo campo de avaliação quanto às potenciais beneficiados, em atenção às funções desempenhadas e às restrições orçamentárias existentes. Portanto, a decisão impugnada, ao igualar a remuneração de categorias distintas de agentes públicos, revelaria desrespeito às balizas constitucionais relativas à atuação administrativa do CNJ. Ademais, se, conforme o Enunciado 339 da Súmula do STF, aos órgãos do Poder Judiciário seria vedado evocar o princípio da isonomia para implementar equiparação remuneratória, com maior razão não poderia fazê-lo órgão administrativo, porquanto este seria vinculado à lei (CF, artigos 37, "caput", e 103-B, § 4º, II). O Ministro Edson Fachin, em divergência, denegou a segurança. Destacou que a Lei estadual 11.919/2010, que criara a gratificação, não teria afastado o direito dos demais servidores efetivos — à luz do seu art. 1º, "caput" — à percepção daquele benefício. Essa interpretação seria corroborada pelo fato de que o próprio tribunal de justiça, ao regulamentar a lei, estendera a outros servidores efetivos o direito à citada gratificação. Fundamentada desse modo a possibilidade de extensão da gratificação criada por lei, não haveria como, em sede de mandado de segurança — cuja dilação probatória seria limitada — infirmar essa conclusão. Assim, havendo, em tese, direito à percepção da gratificação, não haveria ilegalidade na decisão do CNJ, que reconhecera a omissão e determinara que o tribunal de justiça regulamentasse as condições pelas quais outros servidores a recebessem. Em seguida, pediu vista dos autos o Ministro Roberto Barroso.

MS 31285/DF, rel. Min. Marco Aurélio, 27.10.2015. (MS-31285) (Inform. STF 805)

Remuneração de servidor público e vício formal

O Plenário, confirmando medida cautelar (noticiada no Informativo 603), julgou procedente pedido formulado em ação direta e assentou a inconstitucionalidade do art. 3º da Lei 15.215/2010 do Estado de Santa Catarina, que dispõe sobre a criação de gratificações para os servidores da Procuradoria--Geral do Estado, da Secretaria de Estado da Administração e do Instituto de Previdência do Estado de Santa Catarina. Na espécie, a norma impugnada, que trata de matéria de iniciativa do Chefe do Poder Executivo, fora acrescida por meio de emenda parlamentar em projeto de conversão de medida provisória. A Corte declarou a inconstitucionalidade formal do referido dispositivo legal por entender que a emenda parlamentar teria implicado o aumento da despesa pública originariamente prevista, bem como por não haver pertinência entre o dispositivo inserido pela emenda parlamentar e o objeto original da medida provisória submetida à conversão em lei.

ADI 4433/SC, rel. Min. Rosa Weber, 18.6.2015. (ADI-4433) (Inform. STF 790)

Mandado de Injunção: aposentadoria especial de oficiais de justiça - 8

O Plenário, em conclusão de julgamento e por maioria, denegou a ordem em mandado de injunção coletivo impetrado contra alegada omissão quanto à regulamentação do art. 40, § 4º, da CF, para fins de aposentadoria especial de ocupantes do cargo de oficial de justiça avaliador federal. O sindicato impetrante requeria, ainda, a aplicação analógica da disciplina prevista na LC 51/1985, no que regulamenta a aposentadoria especial para servidor público policial — v. Informativos 594 e 764. A Corte afirmou que a eventual exposição a situações de risco — a que poderiam estar sujeitos os servidores ora substituídos — não garantiria direito subjetivo constitucional à aposentadoria especial. A percepção de gratificações ou adicionais de periculosidade, assim como o fato de poderem obter autorização para porte de arma de fogo de uso permitido (Lei 10.826/2003, art. 10, § 1º, I, c/c o art. 18, § 2º, I, da IN 23/2005-DG-DPF, e art. 68 da Lei 8.112/1990) não seriam suficientes para reconhecer o direito à aposentadoria especial, em razão da autonomia entre o vínculo funcional e o previdenciário. Os incisos do § 4º do art. 40 da CF utilizariam expressões abertas: "portadores de deficiência", "atividades de risco" e "condições especiais que prejudiquem a saúde ou a integridade física". Dessa forma, a Constituição teria reservado a concretização desses conceitos a leis complementares, com relativa liberdade de conformação, por parte do legislador, para traçar os contornos dessas definições. A lei poderia prever critérios para identificação da periculosidade em maior ou menor grau, nos limites da discricionariedade legislativa, mas o estado de omissão inconstitucional restringir-se-ia à indefinição das atividades inerentemente perigosas. Quanto às atribuições dos oficiais de justiça, previstas no art. 143 do CPC, eles poderiam estar sujeitos a situações de risco, notadamente quando no exercício de suas funções em áreas dominadas pela criminalidade, ou em locais marcados por conflitos fundiários. No entanto, esse risco seria contingente, e não inerente ao serviço, ou seja, o perigo na atividade seria eventual.

MI 833/DF, rel. Min. Cármen Lúcia, red. p/ o acórdão Min. Roberto Barroso, 11.6.2015. (MI-833)

Mandado de Injunção: aposentadoria especial de oficiais de justiça - 9

O Plenário asseverou que não se estaria a defender, entretanto, a impossibilidade jurídica de a lei prever critérios para aferição de situações concretas de risco no serviço público, para fins de concessão de aposentadoria especial. Seria uma questão de constatar que somente se enquadrariam no conceito de "atividade de risco" aquelas atividades perigosas por sua própria natureza. Portanto, somente em relação a essas atividades existiria um estado de omissão inconstitucional, salvo no caso das "estritamente policiais", já contempladas pela LC 51/1985. No tocante às demais, o reconhecimento do direito à aposentadoria especial dependeria da discricionariedade legislativa, respeitadas as disposições da Constituição. No que tange à alegada prerrogativa para portar arma de fogo, essa não projetaria, de forma automática, efeitos sobre o vínculo previdenciário, de modo a reduzir o tempo de contribuição necessário para aposentadoria. Os diferentes requisitos para usufruir de adicionais trabalhistas e para obter aposentadoria especial demonstrariam a autonomia entre esses institutos. O Congresso Nacional, ao cumprir o dever de legislar previsto no art. 40, § 4º, II, da CF, poderia prever critérios mais ou menos elásticos para identificação das "atividades de risco", mas não poderia deixar de contemplar as atividades inerentemente perigosas, sob pena de violação ao núcleo essencial do dispositivo. Assim, embora as atividades dos substituídos processualmente pudessem ser, em tese, previstas na lei a ser editada, a norma dependeria de escolha política, a ser exercida dentro do espaço próprio de deliberação majoritária, respeitadas as disposições Constitucionais. Vencidos os Ministros Cármen Lúcia (relatora) e Ricardo Lewandowski (Presidente), que concediam em parte a ordem para integrar a norma constitucional e garantir a viabilidade do direito assegurado aos substituídos que estivessem no desempenho efetivo da função de oficial avaliador, aplicado o inciso I do art. 1º da LC 51/1985, no que coubesse, a partir da comprovação dos dados, em cada caso concreto, perante a autoridade administrativa competente, e o Ministro Teori Zavascki, que também concedia a ordem em parte, mas por outros fundamentos. Entendia que fugiria ao âmbito do mandado de injunção a análise específica do enquadramento ou não da atividade desempenhada pelos servidores em algumas das hipóteses abrangidas pelo regime geral da previdência social - RGPS. Por essa razão, a exigência de prova do trabalho habitual e permanente em condições especiais — a partir de 29.4.1995, com a modificação do art. 57, § 3º, da Lei 8.213/1991 pela Lei 9.032/1995 e as limitações efetuadas pelo já revogado Decreto 2.172/1997, a partir de 6.3.1997 — deveria ser apreciada no pleito de aposentadoria especial e não na via do mandado de injunção. Assim, determinava que a autoridade administrativa competente procedesse à análise do pedido de aposentadoria especial dos servidores públicos representados pela entidade impetrante, com a aplicação subsidiária das normas do RGPS, conforme o Enunciado 33 da Súmula Vinculante.

MI 833/DF, rel. Min. Cármen Lúcia, red. p/ o acórdão Min. Roberto Barroso, 11.6.2015. (MI-833) (Inform. STF 789)

MI: aposentadoria especial e servidores do Poder Judiciário e do Ministério Público - 3

Por ocasião do julgamento do MI 833/DF, acima noticiado, o Tribunal apreciou, em conjunto, o MI 844/DF — v. Informativo 594 e 764. Na espécie, o substituto processual pleiteou o benefício da aposentadoria especial aos servidores inspetores e agentes de segurança judiciária, analistas e técnicos do Ministério Público da União com atribuições de segurança, e demais servidores com atribuições relacionadas a funções de segurança. O Plenário, por maioria, denegou a ordem, reiterada a fundamentação expendida no MI 833/DF, vencidos os Ministros Ricardo Lewandowski (relator e Presidente), Cármen Lúcia e Teori Zavascki.

MI 844/DF, rel. Min. Ricardo Lewandowski, red. p/ o acórdão Min. Roberto Barroso, 11.6.2015. (MI-844) (Inform. STF 789)

REFERENDO EM MED. CAUT. EM AC N. 3.562-MG

RELATORA: MIN. CÁRMEN LÚCIA
EMENTA: REFERENDO NA MEDIDA CAUTELAR NA AÇÃO CAUTELAR. ABSTENÇÃO DE INSCRIÇÃO DE ESTADO-MEMBRO NO CADPREV, NO CAUC E NO CADIN. SUSPENSÃO DOS REGISTROS DE INADIMPLÊNCIA. EMISSÃO DE CERTIFICADO DE REGULARIDADE PREVIDENCIÁRIA. MEDIDA LIMINAR PARCIALMENTE DEFERIDA. REFERENDO.
1. O Supremo Tribunal Federal tem reconhecido conflito federativo em situações nas quais a União, valendo-se de registros de pretensas inadimplências dos Estados no Sistema Integrado de Administração Financeira – SIAFI, impossibilita a emissão do Certificado de Regularidade Previdenciária, o repasse de verbas federais e a celebração de convênios. 2. O registro da entidade federada, por alegada inadimplência, nesse cadastro federal pode sujeitá-la a efeitos gravosos, com desdobramentos para a transferência de recursos. 3. Em cognição primária e precária, estão presentes o sinal do bom direito e o perigo da demora. 4. Medida liminar referendada. **(Inform. STF 789)**

ADI e "softwares" abertos - 3
A preferência pelo "software" livre, longe de afrontar os princípios constitucionais da impessoalidade, da eficiência e da economicidade, promove e prestigia esses postulados, além de viabilizar a autonomia tecnológica do País. Com base nessa orientação, o Plenário reputou improcedente pedido formulado em ação direta ajuizada contra a Lei 11.871/2002 do Estado do Rio Grande do Sul, que estabelece regime de preferência abstrata em favor de "softwares" livres quando da aquisição de programas de computador pela Administração Pública gaúcha — v. Informativo 686 (medida cautelar noticiada no Informativo 343). De início, o Plenário distinguiu os "softwares" livres dos "softwares" proprietários. Enquanto os "softwares" proprietários (também conhecidos como fechados) apenas permitiriam a utilização pelo seu destinatário, os "softwares" livres (cognominados abertos) viabilizariam, além da utilização, a sua cópia, sua alteração e a sua redistribuição para a Administração. Esclareceu que um mesmo programa de computador poderia configurar-se como "software" livre ou proprietário, a depender da extensão dos direitos conferidos ao seu usuário no contrato de licenciamento. A distinção, portanto, diria respeito à formatação jurídica da licença, ou seja, à extensão dos poderes facultados ao licenciado pelo negócio jurídico que possibilitasse acesso ao programa de computador. Lembrou que a Lei 11.871/2002 criara regras de preferência para a aquisição de "softwares" livres por parte da Administração Pública direta, indireta, autárquica e fundacional daquela entidade federativa, assim como os órgãos autônomos e empresas sob o controle do Poder Público estadual. A preferência, no entanto, fora apenas relativa porque a própria Lei 11.871/2002, em seu artigo 3º, admitira a contratação de programas de computador com restrições proprietárias, nas seguintes hipóteses específicas: a) quando o "software" analisado atender a conteúdo objetivo licitado ou contratado; e b) quando a utilização de programa livre e/ou código fonte aberto causar incompatibilidade operacional com outros programas utilizados pela Administração. O Tribunal asseverou que a norma questionada não afrontaria o art. 61, II, b, da CF, na medida em que versa tema de licitação no âmbito da Administração Pública estadual, e não de matéria orçamentária, menos ainda de organização administrativa. Ademais, a iniciativa legislativa prevista no aludido dispositivo constitucional teria sido reservada ao Presidente da República apenas por se tratar de matéria adstrita aos Territórios.

ADI 3059/RS, rel. orig. Min. Ayres Britto, red. p/ o acórdão Min. Luiz Fux, 9.4.2015. (ADI-3059)

ADI e "softwares" abertos - 4
A Corte entendeu que tampouco haveria ofensa ao art. 22, XXVII, da CF, uma vez não haver contrariedade às normas gerais sobre licitações e contratações públicas em vigor. Frisou que a falta de previsão expressa no art. 24 da CF não representaria impedimento constitucional à atividade legiferante dos entes federativos sobre a matéria de licitações e contratos administrativos. Além disso, a Lei gaúcha 11.871/2002 apenas concretizaria o princípio da padronização já insculpido no art. 15, I, da Lei 8.666/1993 ("Art.15. As compras, sempre que possível, deverão: I - atender ao princípio da padronização, que imponha compatibilidade de especificações técnicas e de desempenho, observadas, quando for o caso, as condições de manutenção, assistência técnica e garantia oferecidas"). Assim, a norma questionada também não teria afrontado o devido processo legislativo por vício de iniciativa e o princípio da separação de Poderes. Segundo o Tribunal, em nenhum momento a regra legal teria excluído do universo de possíveis contratantes pelo Poder Público qualquer sujeito. O que a lei do Estado do Rio Grande do Sul fizera fora reconhecer que o contrato de licenciamento a ser celebrado pelo Poder Público deveria ter conteúdo amplo, a viabilizar não apenas a utilização do "software", mas também sua modificação e distribuição. Não haveria, na hipótese, qualquer restrição à competitividade. Ainda, não haveria afronta aos princípios da eficiência e da economicidade (CF, artigos 37, "caput" e 70, "caput") porque, ao optar por um "software" livre, a Administração Pública teria garantido sua: a) liberdade de execução, por poder executar o programa para qualquer propósito; b) liberdade de conhecimento, por poder estudar o funcionamento do programa e adaptá-lo livremente às suas necessidades; e c) liberdade de compartilhamento, porque uma única cópia do programa poderia ser utilizada por todos os funcionários de um mesmo órgão público ou por qualquer outro ente, fosse ele pessoa física ou jurídica, sem custos adicionais. Nesse cenário, existiriam razões suficientes para que o legislador, em nome do postulado constitucional da eficiência, determinasse que os contratos de licenciamento de "softwares" livres fossem preferencialmente adotados pela Administração Pública, em detrimento dos contratos de licenciamento proprietário.

ADI 3059/RS, rel. orig. Min. Ayres Britto, red. p/ o acórdão Min. Luiz Fux, 9.4.2015. (ADI-3059) (Inform. STF 780)

ADI N. 4.639-GO

RELATOR: MIN. TEORI ZAVASCKI
Ementa: PREVIDENCIÁRIO E CONSTITUCIONAL. LEI 15.150/05, DO ESTADO DE GOIÁS. CRIAÇÃO DE REGIME DE PREVIDÊNCIA ALTERNATIVO EM BENEFÍCIO DE CATEGORIAS DE AGENTES PÚBLICOS NÃO REMUNERADOS PELOS COFRES PÚBLICOS. INADMISSIBILIDADE. CONTRASTE COM OS MODELOS DE PREVIDÊNCIA PREVISTOS NOS ARTS. 40 (RPPS) E 201 (RGPS) DA CF.
1. A Lei estadual 15.150/05 estabeleceu regime previdenciário específico para três classes de agentes colaboradores do Estado de Goiás, a saber: (a) os delegatários de serviço notarial e registral, que tiveram seus direitos assegurados pelo art. 51 da Lei federal 8.935, de 18 de novembro de 1994; (b) os serventuários do foro judicial, admitidos antes da vigência da Lei federal 8.935, de 18 de novembro de 1994; e (c) os antigos segurados facultativos com contribuição em dobro, filiados ao regime próprio de previdência estadual antes da publicação da Lei 12.964, de 19 de novembro de 1996.
2. No julgamento da ADI 3106, Rel. Min. Eros Grau, DJe de 29/9/10, o Plenário invalidou norma que autorizava Estado-membro a criar sistema previdenciário especial para amparar agentes públicos não efetivos, por entender que, além de atentória ao conteúdo do art. 40, § 13, da Constituição Federal, tal medida estaria além da competência legislativa garantida ao ente federativo pelo art. 24, XII, do texto constitucional.
3. Presente situação análoga, é irrecusável a conclusão de que, ao criar, no Estado de Goiás, um modelo de previdência extravagante – destinado a beneficiar agentes não remunerados pelos cofres públicos, cujo formato não é compatível com os fundamentos constitucionais do RPPS (art. 40), do RGPS (art. 201) e nem mesmo da previdência complementar (art. 202) – o poder legislativo local desviou-se do desenho institucional que deveria observar e, além disso, incorreu em episódio de usurpação de competência, atuando para além do que lhe cabia nos termos do art. 24, XII, da CF, o que resulta na invalidade de todo o conteúdo da Lei 15.150/05.
4. Ação direta de inconstitucionalidade julgada procedente, com modulação de efeitos, para declarar a inconstitucionalidade integral da Lei 15.150/2005, do Estado de Goiás, ressalvados os direitos dos agentes que, até a data da publicação da ata deste julgamento, já houvessem reunido os requisitos necessários para obter os correspondentes benefícios de aposentadoria ou pensão. **(Inform. STF 780)**

5. DIREITO CONSTITUCIONAL | 383

Embargos de declaração e modulação de efeitos

O Plenário iniciou julgamento de questão de ordem e de embargos de declaração opostos de acórdão que acolhera, em parte, pedido formulado em ação direta e declarara a inconstitucionalidade dos incisos I, II, IV e V do art. 7º da LC 100/2007 do Estado de Minas Gerais. Na ocasião, a Corte modulara os efeitos da declaração de inconstitucionalidade para: a) em relação aos cargos para os quais não tivesse havido concurso público em andamento ou com prazo de validade em curso, dar efeitos prospectivos à decisão, de modo a somente produzir efeitos a partir de 12 meses, contados da data da publicação da ata de julgamento; e b) quanto aos cargos para os quais existisse concurso em andamento ou dentro do prazo de validade, dar efeitos imediatos à decisão (mérito noticiado no Informativo 740). Ao apreciar os embargos de declaração, o Ministro Dias Toffoli (relator) asseverou não existir omissão, contradição ou obscuridade, aliado à impossibilidade de se analisar, em ação direta, todas as situações concretas decorrentes da declaração de inconstitucionalidade. No entanto, a respeito dos servidores da educação básica da rede estadual de ensino, informações trazidas aos autos teriam demonstrado necessidade de alargamento do prazo estipulado, porque a decisão teria alcançado 80 mil servidores em pleno ano letivo, com concursos em andamento e outros cuja validade teria sido prorrogada. No tocante ao ensino superior, teriam sido publicados editais de concurso para preenchimento de vagas. Nesse ponto, o relator acolheu, em parte, os embargos de declaração para, em relação aos servidores da educação básica e superior do Estado-membro, estender o prazo de modulação dos efeitos até o final de dezembro de 2015. Relativamente à questão de ordem apresentada, o relator declarou, ainda, que deveriam ser mantidos válidos os efeitos produzidos pelo acordo celebrado entre a União, o Estado de Minas Gerais e o INSS — o qual teria sido homologado pelo STJ em julgamento de recurso especial — no que tange à aplicação de regime próprio de previdência social aos servidores atingidos pela declaração de inconstitucionalidade parcial do art. 7º da LC 100/2007, com a manutenção do período de contribuição junto ao regime próprio. Em seguida, pediu vista a Ministra Cármen Lúcia.
ADI 4876 ED/DF, rel. Min. Dias Toffoli, 26.3.2015. (ADI-4876) (Inform. STF 779)

ADI: Previdência dos militares e lei específica - 1

O Plenário iniciou julgamento de ação direta ajuizada em face da LC 39/2002, do Estado do Pará, que institui o Regime de Previdência Estadual e estabelece regras jurídico-previdenciárias aplicáveis tanto a servidores públicos civis quanto a militares daquele ente federativo. O Ministro Luiz Fux (relator) julgou parcialmente procedente o pedido formulado para declarar a inconstitucionalidade dos dispositivos que regulam a previdência dos militares, no que foi acompanhado pelos Ministros Cármen Lúcia, Rosa Weber e Dias Toffoli. Afirmou que o regime jurídico previdenciário dos militares estaduais deveria ser fixado em lei específica, compreendida como lei monotemática, não orgânica e exclusivamente destinada a essa categoria de agentes públicos. Ressaltou que a Constituição, com as alterações promovidas pela EC 18/1998, teria imposto um dever de reconhecimento da situação especial dos militares, em virtude das peculiaridades de suas atividades, inerentes à soberania nacional e à segurança pública (CF, art. 142, § 3º, X). No caso, a LC estadual 39/2002 estabelecera em único diploma regra jurídico-previdenciária aplicada a servidores civis e militares do Estado do Pará. Desse modo, teria contrariado expressa e literalmente o art. 42, § 1º, c/c o art. 142, § 3º, X, da CF ("Art. 42 Os membros das Polícias Militares e Corpos de Bombeiros Militares, instituições organizadas com base na hierarquia e disciplina, são militares dos Estados, do Distrito Federal e dos Territórios. § 1º Aplicam-se aos militares dos Estados, do Distrito Federal e dos Territórios, além do que vier a ser fixado em lei, as disposições do art. 14, § 8º; do art. 40, § 9º; e do art. 142, §§ 2º e 3º, cabendo a lei estadual específica dispor sobre as matérias do art. 142, § 3º, inciso X, sendo as patentes dos oficiais conferidas pelos respectivos governadores. Art. 142. As Forças Armadas, constituídas pela Marinha, pelo Exército e pela Aeronáutica, são instituições nacionais permanentes e regulares, organizadas com base na hierarquia e na disciplina, sob a autoridade suprema do Presidente da República, e destinam-se à defesa da Pátria, à garantia dos poderes constitucionais e, por iniciativa de qualquer destes, da lei e da ordem. ... X - a lei disporá sobre o ingresso nas Forças Armadas, os limites de idade, a estabilidade e outras condições de transferência do militar para a inatividade, os direitos, os deveres, a remuneração, as prerrogativas e outras situações especiais dos militares, consideradas as peculiaridades de suas atividades, inclusive aquelas cumpridas por força de compromissos internacionais e de guerra").
ADI 5154/PA, rel. Min. Luiz Fux, 5.2.2015. (ADI-5154)

ADI: Previdência dos militares e lei específica - 2

A Ministra Cármen Lúcia ponderou que considerar as expressões constitucionais "nos termos da lei" ou "conforme a lei" como sinônimos de "lei específica" seria reconhecer que a Constituição conteria palavras inúteis, o que contrariaria a teoria constitucional. Em divergência, o Ministro Teori Zavascki julgou improcedente o pedido formulado. Pontuou que, no que se refere à exigência de lei específica para dispor sobre o regime dos militares, o sentido da palavra "lei" seria um sentido de tratamento normativo. Desse modo, não se poderia confundir essa exigência com a de simplesmente ter duas leis do ponto de vista formal. Assim, reputou ter havido tratamento jurídico específico para militares, embora inserido formalmente em lei que disporia também, mas de modo diferente, sobre o Regime Jurídico dos Servidores Civis. Salientou que compreendida a questão do ponto de vista material, ou seja, da imposição constitucional de existência de um regime jurídico específico para militares e não de uma lei específica do ponto de vista formal, não haveria a alegada inconstitucionalidade. Em seguida, pediu vista o Ministro Gilmar Mendes.
ADI 5154/PA, rel. Min. Luiz Fux, 5.2.2015. (ADI-5154) (Inform. STF 773)

ADI: constituição estadual e afastamento sindical

O Plenário, por maioria, julgou improcedente pedido formulado em ação direta ajuizada contra o § 7º do art. 110 da Constituição do Estado do Amazonas ("Art. 110 - O Estado e os Municípios instituirão, no âmbito de sua competência, regime jurídico único e planos de carreira para os servidores da administração pública direta, das autarquias e das fundações instituídas e mantidas pelo Poder Público. ... § 7º. O servidor público, investido em função executiva em Instituição Sindical representativa de classe, será afastado do serviço pelo tempo que durar seu mandato, sendo-lhe assegurados todos os direitos e vantagens do cargo como se em exercício estivesse, exceto promoção por merecimento"). Inicialmente, a Corte afastou preliminar de prejudicialidade da ação, porque lei estadual superveniente limitara-se a regulamentar o dispositivo atacado. No mérito, o Tribunal afirmou que o § 7º do art. 110 da Constituição estadual continuaria em vigor e o preceito questionado, quanto ao afastamento para o mandato sindical, teria o mesmo teor da norma referente aos servidores federais (Lei 8.112/1990). Rememorou que, no julgamento da medida cautelar, o STF teria assentado que a Constituição estadual se afiguraria instrumento normativo hábil para assegurar aos respectivos dirigentes sindicais o afastamento do exercício do cargo, sem prejuízo de vencimentos e vantagens. Ressaltou que, se seria legítimo à União conceder aos servidores federais licença para o desempenho de atividade sindical por lei ordinária, com mais razão os Estados-membros poderiam adotar a mesma benesse por norma constitucional. Refutou a alegação de que o Estado-membro teria ônus pelo número de servidores que possivelmente tivesse de contratar, porquanto nada impediria que o legislador estadual viesse a fixar número máximo de servidores afastados. Sublinhou que a garantia da remuneração e dos direitos inerentes ao exercício de cargo público, ao servidor afastado para atividade em função executiva em instituição sindical, teria suporte no art. 37, VI, da CF. Destacou que sem essa prerrogativa ficaria inviável a atividade sindical por servidores públicos que dependeriam de remuneração. Vencido o Ministro Marco Aurélio, que julgava procedente o pedido. Pontuava que haveria inconstitucionalidade formal por vício de iniciativa, em virtude de a norma questionada não ter sido proposta pelo Poder Executivo. **ADI 510/AM, rel. Min. Cármen Lúcia, 11.6.2014. (ADI-510) (Inform. STF 750)**

REPERCUSSÃO GERAL EM RE N. 797.905-SE

RELATOR: MIN. GILMAR MENDES

Recurso extraordinário. Repercussão Geral da questão constitucional reconhecida. Reafirmação de jurisprudência. A omissão referente à edição da Lei Complementar a que se refere o art. 40, §4º, da CF/88, deve ser imputada ao Presidente da República e ao Congresso Nacional. 2. Competência para julgar mandado de injunção sobre a referida questão é do Supremo Tribunal Federal. 3. Recurso extraordinário provido para extinguir o mandado de injunção impetrado no Tribunal de Justiça. **(Inform. STF 748)**

AG. REG. NO MI N. 1.675-DF

RELATORA: MIN. ROSA WEBER

EMENTA: AGRAVO REGIMENTAL EM MANDADO DE INJUNÇÃO. ART. 40, § 4º, III, DA MAGNA CARTA. ORDEM CONCEDIDA PARA ASSEGURAR O EXAME DE PEDIDO DE APOSENTADORIA ESPECIAL DE SERVIDOR PÚBLICO À LUZ DO ART. 57 DA LEI 8.213/91.

Ordem injuncional fundada na inexistência de norma regulamentadora do art. 40, § 4º, III, da Carta da República, a impedir o exercício de direito constitucionalmente assegurado, qual seja, a aposentadoria especial do servidor público que exerce atividades sob condições prejudiciais à saúde ou à integridade física.

Ao julgamento do MI 721-7/DF, o Plenário do STF fixou o entendimento de que, evidenciada a mora legislativa em disciplinar a aposentadoria especial do servidor público prevista no art. 40, § 4º, da Lei Maior, se impõe a adoção supletiva, via pronunciamento judicial, da disciplina própria do Regime Geral da Previdência Social, a teor do art. 57 da Lei 8.213/1991.
Precedentes.
Agravo Regimental conhecido e não provido. **(Inform. STF 713)**

EMB. DECL. NO MI N. 1.551-DF

RELATORA: MIN. ROSA WEBER
EMENTA: EMBARGOS DE DECLARAÇÃO RECEBIDOS COMO AGRAVO RE-GIMENTAL. MANDADO DE INJUNÇÃO. SERVIDOR PÚBLICO. PRETENSÃO DE ASSEGURAR A CONTAGEM E AVERBAÇÃO DE TEMPO DE SERVIÇO PRESTADO EM CONDIÇÕES ESPECIAIS. INIDONEIDADE DA VIA ELEITA.
Pressuposto do *writ* previsto no art. 5º, LXXI, da Constituição da República é a existência de omissão legislativa que torne inviável o exercício dos direitos e liberdades constitucionais e das prerrogativas inerentes à nacionalidade, à soberania e à cidadania.

A conversão de períodos especiais em comuns, para fins de contagem diferenciada e averbação nos assentamentos funcionais de servidor público, não constitui pretensão passível de tutela por mandado de injunção, à míngua de dever constitucional de legislar sobre a matéria. Precedentes: MI 2140 AgR/DF, MI 2123 AgR/DF, MI 2370 AgR/DF e MI 2508 AgR/DF.
Embargos de declaração recebidos como agravo regimental, ao qual se nega provimento. **(Inform. STF 713)**

📄 Súmula vinculante STF nº 20

A Gratificação de Desempenho de Atividade Técnico-Administrativa – GDATA, instituída pela Lei n. 10.404/2002, deve ser deferida aos inativos nos valores correspondentes a 37,5 (trinta e sete vírgula cinco) pontos no período de fevereiro a maio de 2002 e, nos termos do artigo 5º, parágrafo único, da Lei n. 10.404/2002, no período de junho de 2002 até a conclusão dos efeitos do último ciclo de avaliação a que se refere o artigo 1º da Medida Provisória no 198/2004, a partir da qual passa a ser de 60 (sessenta) pontos.

📄 Súmula vinculante STF nº 16

Os artigos 7º, IV, e 39, § 3º (redação da EC 19/98), da Constituição, referem-se ao total da remuneração percebida pelo servidor público.

📄 Súmula vinculante STF nº 15

O cálculo de gratificações e outras vantagens do servidor público não incide sobre o abono utilizado para se atingir o salário mínimo.

📄 Súmula STF nº 726

Para efeito de aposentadoria especial de professores, não se computa o tempo de serviço prestado fora da sala de aula.

No julgamento da ADI 3772 (DJe 29.10.2009), o Supremo Tribunal Federal, em Sessão Plenária, por maioria, decidiu que as funções de direção, coordenação e assessoramento pedagógico integram a carreira do magistério, desde que exercidos, em estabelecimentos de ensino básico, por professores de carreira, excluídos os especialistas em educação, fazendo jus aqueles que as desempenham ao regime especial de aposentadoria estabelecido nos arts. 40, § 4º, e 201, § 1º, da Constituição Federal.

📄 Súmula STF nº 686

Só por lei se pode sujeitar a exame psicotécnico a habilitação de candidato a cargo público.

📄 Súmula STF nº 685

É inconstitucional toda modalidade de provimento que propicie ao servidor investir-se, sem prévia aprovação em concurso público destinado ao seu provimento, em cargo que não integra a carreira na qual anteriormente investido.

📄 Súmula STF nº 684

É inconstitucional o veto não motivado à participação de candidato a concurso público.

📄 Súmula STF nº 683

O limite de idade para a inscrição em concurso público só se legitima em face do art. 7º, XXX, da Constituição, quando possa ser justificado pela natureza das atribuições do cargo a ser preenchido.

📄 Súmula STF nº 681

É inconstitucional a vinculação do reajuste de vencimentos de servidores estaduais ou municipais a índices federais de correção monetária.

📄 Súmula STJ nº 467

Prescreve em cinco anos, contados do término do processo administrativo, a pretensão da Administração Pública de promover a execução da multa por infração ambiental.

📄 Súmula STJ nº 378

Reconhecido o desvio de função, o servidor faz jus às diferenças salariais decorrentes.

📄 Súmula STJ nº 377

O portador de visão monocular tem direito de concorrer, em concurso público, às vagas reservadas aos deficientes.

6. PODER LEGISLATIVO

6.1. Poder legislativo em geral

Parlamentar e imunidade
A imunidade parlamentar é uma proteção adicional ao direito fundamental de todas as pessoas à liberdade de expressão, previsto no art. 5º, IV e IX, da Constituição. Assim, mesmo quando desbordem e se enquadrem em tipos penais, as palavras dos congressistas, desde que guardem alguma pertinência com suas funções parlamentares, estarão cobertas pela imunidade material do art. 53, "caput", da Constituição ("Art. 53. Os Deputados e Senadores são invioláveis, civil e penalmente, por quaisquer de suas opiniões, palavras e votos"). Com base nessa orientação, a Primeira Turma, em julgamento conjunto e por maioria, rejeitou a queixa-crime oferecida em face de senador a quem fora imputado a prática dos delitos de calúnia, injúria e difamação. Na espécie, parlamentar teria postado na rede social "facebook" que ex--Presidente da República teria cometido crimes e, ainda, teria impetrado "habeas corpus" preventivo relativo a atos de corrupção ocorrido no âmbito da Petrobrás. De início, a Turma assentou o caráter reprovável e lamentável com o qual as críticas à suposta condutas de um ex-Presidente da República teriam sido feitas. Na sequência, ressaltou que a imunidade material conferida aos parlamentares não seria uma prerrogativa absoluta. Restringir-se-ia a opiniões e palavras externadas, dentro ou fora do recinto do Congresso Nacional, mas no exercício do mandato ou em razão dele. Prevaleceria, portanto, a compreensão de que a imunidade parlamentar não se estenderia para opiniões ou palavras que pudessem malferir a honra de alguém quando essa manifestação estivesse dissociada do exercício do mandato. Para o Colegiado, a Constituição teria garantido uma tolerância com o uso — que normalmente fosse considerado abusivo — do direito de expressar livremente suas opiniões, quando proveniente de parlamentar no exercício de seus respectivos mandatos. Essa condescendência se justificaria para assegurar um bem maior — a própria democracia. Entre um parlamentar acuado pelo eventual receio de um processo criminal e um parlamentar livre para expor as suspeitas que pairassem sobre outros homens públicos, mesmo que de forma que pudesse ser considerada abusiva e, portanto, criminosa, o caminho trilhado pela Constituição seria o de conferir liberdade ao congressista. Assim, a regra da imunidade deveria prevalecer nas situações limítrofes em que não fosse delineada a conexão entre a atividade parlamentar e as ofensas irrogadas a pretexto de exercê-la, mas que, igualmente, não se pudesse, de plano, dizer que exorbitassem do exercício do mandato.
Inq 4088/DF, rel. Min. Edson Fachin, 1º.12.2015. (Inq-4088)
Inq 4097/DF, rel. Min. Edson Fachin, 1º.12.2015. (Inq-4097) (Inform. STF 810)

Agravo regimental e interesse recursal
O Plenário, por maioria, não conheceu de agravo regimental interposto pelo Presidente da Câmara dos Deputados em face de decisão monocrática que indeferira pedido de medida liminar formulado em mandado de segurança em que se pleiteava a suspensão da análise isolada, pela Câmara dos

5. DIREITO CONSTITUCIONAL

Deputados, dos Projetos de Decreto Legislativo 384/1997, 1.376/2009, 40/2011 e 42/2011, mas que sinalizara ao Congresso Nacional que as votações futuras de contas presidenciais anuais deveriam ocorrer em sessão conjunta. A Corte afirmou que estaria configurada, na espécie, a falta de interesse recursal, na medida em que não haveria, na decisão monocrática objeto de impugnação, ato com conteúdo decisório desfavorável ao agravante. Naquela decisão, quando da apreciação do pedido de liminar, fora assentada a existência do "fumus boni iuris". Isso porque decorreria da Constituição que a competência para julgar as contas do Presidente da República seria das duas casas do Congresso Nacional e não de cada uma delas individualmente. Essa interpretação seria extraída do seguinte conjunto de argumentos constitucionais, então demonstrados: a) caráter exemplificativo do rol de hipóteses de sessões conjuntas (CF, art. 57, § 3º); b) natureza mista da comissão incumbida do parecer sobre as contas (CF, art. 161, § 1º); c) reserva da matéria ao regimento comum, que disciplina as sessões conjuntas (CF, art. 161, "caput" e § 2º), nas quais ambas as Casas se manifestam de maneira simultânea; d) previsão expressa, pois quando a Constituição desejara a atuação separada de uma das Casas em matéria de contas presidenciais assim o fizera (CF, art. 51, II); e e) simetria entre a forma de deliberação das leis orçamentárias e a de verificação do respectivo cumprimento. Portanto, fora destacada, naquele ato, a existência de plausibilidade do direito alegado. No entanto, constatado que, na ocasião, as contas presidenciais em questão já haviam sido julgadas, não se verificaria o "periculum in mora", devendo ser denegada a liminar. Assim, não teria sido praticado nenhum ato desfavorável à Câmara dos Deputados. Em última análise, o agravo em questão se insurgiria contra a fundamentação da decisão monocrática proferida, na parte do "fumus boni iuris". Vencido o Ministro Gilmar Mendes, que negava provimento ao agravo regimental por entender presente o interesse recursal.
MS 33729/DF, rel. Min. Roberto Barroso, 3.9.2015. (MS-33729) (Inform. STF 797)

EMENTA: CPI/PETROBRAS. IMPUGNAÇÃO MANDAMENTAL AO ATO QUE DETERMINOU BUSCA E APREENSÃO *DE DOCUMENTOS E COMPUTADORES* DOS IMPETRANTES. **NATUREZA** *DOS PODERES DE INVESTIGAÇÃO* DAS COMISSÕES PARLAMENTARES DE INQUÉRITO. **DELIMITAÇÃO CONSTITU-CIONAL** DAS ATRIBUIÇÕES *DESSE ÓRGÃO DE INVESTIGAÇÃO LEGISLA-TIVA.* ATOS CUJA PRÁTICA *É PERMITIDA* A QUALQUER CPI. **PRECEDENTES.** **IMPOSSIBILIDADE JURÍDICA** *DE CPI* PRATICAR ATOS **SOBRE OS QUAIS** IN-CIDA *A CLÁUSULA CONSTITUCIONAL DA RESERVA DE JURISDIÇÃO*, COMO A BUSCA E APREENSÃO *DOMICILIAR*, v.g.. **DOUTRINA. PRECEDENTE.** **POSSIBILIDADE**, *CONTUDO*, **DE A CPI** ORDENAR *BUSCA E APREENSÃO* DE BENS, OBJETOS E COMPUTADORES, **DESDE QUE** ESSA DILIGÊNCIA **NÃO SE EFETIVE** *EM LOCAL INVIOLÁVEL, COMO OS ESPAÇOS DOMICI-LIARES,* **SOB PENA** *, EM TAL HIPÓTESE* , **DE INVALIDADE** DA DILIGÊNCIA **E DE INEFICÁCIA PROBATÓRIA** DOS ELEMENTOS INFORMATIVOS DELA RESULTANTES. **DELIBERAÇÃO** *DA CPI/PETROBRAS* QUE, **EMBORA NÃO ABRANGENTE** DO DOMICÍLIO DOS IMPETRANTES, **RESSENTIR-SE-IA DA FALTA** *DA NECESSÁRIA FUNDAMENTAÇÃO SUBSTANCIAL.* **AUSÊNCIA** DE INDICAÇÃO, *NA ESPÉCIE*, DE CAUSA PROVÁVEL **E** DE FATOS CONCRETOS QUE, *SE PRESENTES*, AUTORIZARIAM *A MEDIDA EXCEPCIONAL* DA BUSCA E APREENSÃO, **MESMO** *A DE CARÁTER NÃO DOMICILIAR* . **LEGITIMIDADE CONSTITUCIONAL** DO PODER DE CONTROLE, *PELO JUDICIÁRIO*, DOS ATOS E DELIBERAÇÕES EMANADOS DE COMISSÕES PARLAMENTARES DE INQUÉRITO, **NOS CASOS** EM QUE SE INVOQUE *SUPOSTO* ABUSO DE PODER **POR PARTE** DESSE ÓRGÃO DE INVESTIGAÇÃO LEGISLATIVA. **PRECEDENTES. MEDIDA CAUTELAR DEFERIDA** . MS 33.663 - MC/DF. RELATOR: Ministro Celso de Mello **(Inform. STF 791)**

Inq N. 3.817-DF

RELATOR: MIN. MARCO AURÉLIO
EMENTA: PARLAMENTAR – IMUNIDADE. A imunidade parlamentar, ante ideias veiculadas fora da tribuna da Casa Legislativa, pressupõe nexo de causalidade com o exercício do mandato.
QUEIXA – IMUNIDADE PARLAMENTAR – ARTIGO 53 DA CONSTITUIÇÃO FEDERAL – INCIDÊNCIA. As declarações do investigado, na qualidade de 2º Vice-Presidente da Comissão Permanente de Turismo e Desporto da Câmara dos Deputados, alusivas aos dirigentes do futebol brasileiro, fizeram-se ligadas ao exercício do mandato, estando cobertas pela imunidade parlamentar material. **(Inform. STF 785)**

Imunidade parlamentar de vereador e exercício do mandato
Nos limites da circunscrição do Município e havendo pertinência com o exercício do mandato, garante-se a imunidade prevista no art. 29, VIII, da CF aos vereadores ("Art. 29. O Município reger-se-á por lei orgânica, votada em dois turnos, com o interstício mínimo de dez dias, e aprovada por dois terços dos membros da Câmara Municipal, que a promulgará, atendidos os princípios estabelecidos nesta Constituição, na Constituição do respectivo Estado e os seguintes preceitos: ... VIII - inviolabilidade dos Vereadores por suas opiniões, palavras e votos no exercício do mandato e na circunscrição do Município"). Essa a conclusão do Plenário que, por maioria, proveu recurso extraordinário em que se discutia o alcance da imunidade material de vereador em discurso, supostamente ofensivo à honra, proferido da tribuna da Casa Legislativa municipal. O Colegiado reputou que, embora as manifestações fossem ofensivas, teriam sido proferidas durante a sessão da Câmara dos Vereadores — portanto na circunscrição do Município — e teriam como motivação questão de cunho político, tendo em conta a existência de representação contra o prefeito formulada junto ao Ministério Público — portanto no exercício do mandato. O Ministro Teori Zavascki enfatizou ser necessário presumir que a fala dos parlamentares, em circunstâncias como a do caso, teria relação com a atividade parlamentar. Do contrário, seria difícil preservar a imunidade constitucional. O Ministro Gilmar Mendes sublinhou que, se o vereador tivesse de atuar com bons modos e linguagem escorreita, não haveria necessidade de a Constituição garantir a imunidade parlamentar. O Ministro Celso de Mello destacou que se o vereador, não obstante amparado pela imunidade material, incidisse em abuso, seria passível de censura, mas da própria Casa Legislativa a que pertencesse. Vencido o Ministro Marco Aurélio (relator), que desprovia o recurso. Considerava que a inviolabilidade dos vereadores exigiria a correlação entre as manifestações e o desempenho do mandato, o que não teria havido na espécie.
RE 600063/SP, rel. orig. Min. Marco Aurélio, red. p/ o acórdão Min. Roberto Barroso, 25.2.2015. (RE-600063) (Inform. STF 775)

Imunidade material de parlamentar: calúnia e publicação em blogue
A imunidade material de parlamentar (CF, art. 53, "caput"), quanto a crimes contra a honra, alcança as supostas ofensas irrogadas fora do Parlamento, quando guardarem conexão com o exercício da atividade parlamentar. Com base nessa orientação, a 1ª Turma, por maioria, recebeu denúncia oferecida contra deputado federal pela suposta prática do crime de calúnia (CP, art. 138). Na espécie, o investigado, em blogue pessoal, imputara a delegado de polícia o fato de ter arquivado investigações sob sua condução para atender a interesses políticos de seus aliados — conduta definida como crime de corrupção passiva e/ou prevaricação. A Turma consignou que as afirmações expressas no blogue do investigado não se inseririam no exercício de sua atividade parlamentar e não guardariam liame com ela. Concluiu, pois, que a imunidade material não seria aplicável ao caso concreto. Vencido o Ministro Dias Toffoli, que rejeitava a denúncia por considerar a conduta atípica. Aduzia que a crítica mais dura e ríspida faria parte da atividade de fiscalização parlamentar. Ressaltava que o fato de a crítica ter sido feita em um blogue em nada retiraria a sua qualidade de atividade fiscalizatória. **Inq 3672/RJ, rel. Min. Rosa Weber, 14.10.2014. (Inq-3672) (Inform. STF 763)**

ADI: regras atinentes à perda de mandato estadual
O Plenário julgou procedente pedido formulado em ação direta, para declarar a inconstitucionalidade da expressão "nos crimes apenados com reclusão, atentatórios ao decoro parlamentar", contida no art. 16, VI, da Constituição do Estado de São Paulo, introduzido pela EC 18/2004 ("Artigo 16 - Perderá o mandato o Deputado: ... VI - que sofrer condenação criminal em sentença transitada em julgado, nos crimes apenados com reclusão, atentatórios ao decoro parlamentar"). O Tribunal asseverou que contrariaria a Constituição Federal jungir a atuação da Assembleia Legislativa, quanto à perda de mandato de deputado estadual, no caso de condenação criminal, aos crimes apenados com reclusão e atentatórios ao decoro parlamentar. Apontou que os princípios do § 1º do art. 27 da CF ("§ 1º - Será de quatro anos o mandato dos Deputados Estaduais, aplicando-se-lhes as regras desta Constituição sobre sistema eleitoral, inviolabilidade, imunidades, remuneração, perda de mandato, licença, impedimentos e incorporação às Forças Armadas") deveriam ser observados. Destacou que a limitação da Constituição paulista conflitaria com o que a Constituição Federal dispõe relativamente a deputados federais. **ADI 3200/SP, rel. Min. Marco Aurélio, 22.5.2014. (ADI-3200) (Inform. STF 747)**

Sessão extraordinária e pagamento de remuneração

É inconstitucional o pagamento de remuneração a parlamentares em virtude de convocação de sessão extraordinária. Com base nessa orientação, o Plenário julgou procedente pedido formulado em ação direta para declarar a inconstitucionalidade do art. 147, § 5º, do Regimento Interno da Assembleia Legislativa do Estado de Goiás ["§5° - As sessões extraordinárias serão remuneradas até o máximo de 8 (oito) por mês e pelo comparecimento a elas será pago valor não excedente, por reunião, a um trinta avos da remuneração"]. O Tribunal afirmou que o art. 57, § 7º, da CF vedaria pagamento de parcela indenizatória aos parlamentares em razão de convocação extraordinária. Ressaltou que essa norma seria de reprodução obrigatória pelos Estados-membros por força do art. 27, § 2º, da CF. Realçou que o art. 39, § 4º, da CF, seria expresso ao vedar acréscimo de qualquer gratificação, adicional, abono, prêmio, verba de representação ou outra espécie remuneratória ao subsídio percebido pelos parlamentares. **ADI 4587/GO, rel. Min. Ricardo Lewandowski, 22.5.2014. (ADI-4587) (Inform. STF 747)**

ADI e complementariedade à Constituição

O Plenário julgou improcedente pedido formulado em ação direta de inconstitucionalidade proposta contra o art. 54 da Constituição do Estado da Paraíba ("Compete privativamente à Assembleia Legislativa: ... XXII – autorizar e resolver definitivamente sobre empréstimo, acordos e convênios que acarretem encargos ou compromissos gravosos ao patrimônio estadual"). A Corte assentou que, nos termos do que decidido na medida cautelar, a norma questionada apenas serviria de complemento ao texto da Constituição Federal, sem que se pudesse considerar comprometida a continuidade da Administração. Destacou que, nesse sistema de complementariedade, o texto federal poderia ser influenciado, via poder constituinte reformador, pelas experiências das constituições estaduais. **Precedente citado: ADI 4.298 MC/ TO (DJe de 27.11.2009). ADI 331/PB, rel. Min. Gilmar Mendes, 3.4.2014. (ADI-331) (Inform. STF 741)**

ADI: ex-deputados estaduais e prejudicialidade

O Plenário julgou parcialmente procedente pedido formulado em ação direta para declarar a inconstitucionalidade do art. 272 da Constituição do Estado de Rondônia (*Os Ex-Deputados da Assembleia Legislativa que forem servidores públicos, vencida a legislatura, optarão pelo seu retorno ao órgão de origem ou ficarão em disponibilidade*). O Colegiado consignou, ainda, o prejuízo do pleito quanto aos artigos 101, que estipula as funções institucionais do Ministério Público; e 102, IV, que dispõe sobre aposentadoria voluntária de membros do Ministério Público da referida Constituição estadual. Ademais, também julgou prejudicado o pedido em relação ao art. 37 do ADCT estadual, que concede anistia de dívida entre a Assembleia Legislativa e o Instituto de Previdência do Estado de Rondônia - IPERO, até o mês de março de 1989. **ADI 119/RO, rel. Min. Dias Toffoli, 19.2.2014. (ADI-119) (Inform. STF 736)**

CPI estadual e quebra de sigilo fiscal - 6

Em conclusão de julgamento, o Plenário, em virtude da perda superveniente de objeto, assentou o prejuízo de pedido formulado em ação cível originária, processada segundo o rito do mandado de segurança. A ação havia sido ajuizada pela Assembleia Legislativa do Estado do Rio de Janeiro – Alerj contra ato coator do Chefe da Superintendência Regional da Receita Federal na 7ª Região Fiscal. Na espécie, questionava-se decisão da mencionada autoridade, que, com base no dever do sigilo fiscal, negara pedido de transferência de dados fiscais relativos aos principais investigados em comissão parlamentar de inquérito - CPI, criada pela autora, destinada a apurar a ação de milícias no referido Estado-membro — v. Informativo 578. Na presente assentada, em voto-vista, o Ministro Dias Toffoli julgou prejudicado o pedido diante do encerramento das atividades da mencionada CPI. Não obstante, ressalvou seu entendimento quanto à possibilidade de CPI estadual obter informações dessa ordem, desde que observado o âmbito de poder e das competências que um Estado-membro teria. O Ministro Joaquim Barbosa, relator e Presidente, reajustou seu voto no sentido do prejuízo. **ACO 1271/RJ, rel. Min. Joaquim Barbosa, 12.2.2014. (ACO-1271) (Inform. STF 735)**

EMENTA: *RECURSO EM MANDADO DE SEGURANÇA. **EXTINÇÃO SUPERVENIENTE** DO MANDATO PARLAMENTAR DO IMPETRANTE. **LEGITIMAÇÃO ATIVA** "AD CAUSAM" **QUE NÃO MAIS SUBSISTE** EM FACE DE O CONGRESSISTA, ELEITO PARA OUTRO CARGO PÚBLICO, **JÁ NÃO TITULARIZAR** A CONDIÇÃO POLÍTICO-JURÍDICA **DE MEMBRO** DO CONGRESSO NACIONAL **QUE LHE CONFERIA A PRERROGATIVA DE***

*REQUISITAR INFORMAÇÕES AO PODER EXECUTIVO (**CF**, ART. 50, § 2º). **NECESSIDADE** DE SE ACHAREM PRESENTES, NO MOMENTO DA RESOLUÇÃO DO LITÍGIO (**CPC**, ART. 462), **TODAS** AS CONDIÇÕES DA AÇÃO. **RELAÇÃO DE CONTEMPORANEIDADE** NÃO MAIS EXISTENTE. **EXTINÇÃO ANÔMALA** DO PROCESSO MANDAMENTAL. **DOUTRINA.PRECEDENTE ESPECÍFICO** DO SUPREMO TRIBUNAL FEDERAL. **PROCESSO JULGADO EXTINTO, PREJUDICADA**, EM CONSEQUÊNCIA, **A APRECIAÇÃO** DOS RECURSOS DEDUZIDOS NOS AUTOS.* **RMS 28337/DF, RELATOR: Min. Celso de Mello, DJe de 5.8.2013 (Inform. STF 713)**

Inq N. 2.915-PA

RELATOR: MIN. LUIZ FUX
Ementa: PENAL. INQUÉRITO. CRIME CONTRA A HONRA: CALÚNIA E DIFAMAÇÃO. DECLARAÇÕES PROFERIDAS EM PROGRAMA RADIOFÔNICO POR PARLAMENTAR FEDERAL. IMUNIDADE. INEXISTÊNCIA. QUEIXA-CRIME. RECEBIMENTO.

1. O crime de calúnia, para a sua configuração, reclama a imputação de fato específico, que seja criminoso, e a intenção de ofender à honra; enquanto para o delito de difamação pressupõe-se, para a concretização, a existência de ofensa à honra, objetivo do querelante.

2. In casu, em programa radiofônico, o parlamentar federal teria imputado ao querelante a prática do delito de ameaça de morte a repórter, fazendo-o de modo concreto, indicando o local, a data e o móvel da suposta conduta delituosa, bem como a imputação do crime previsto no artigo 28 da Lei nº 11.343/2006 – uso de drogas. Afirmou, também, "ter o querelante praticado falcatruas durante as eleições municipais, bem como realizado transações ilícitas, agressões à imprensa e às pessoas que não lhe fossem simpáticas politicamente, realçando que o prefeito/querelante é pessoa que se dá a bebedeiras, é moleque e vagabundo, agindo com desrespeito em relação às mulheres residentes na comarca".

3. O animus calumniandi presente naquele que imputa a outrem, falsamente, as condutas de ameaça de morte e de consumo de drogas, delitos previstos no artigo 147 do Código Penal e no artigo 28 da Lei nº 11.343/2006, respectivamente, configura a prática do crime de calúnia.

4. O delito de difamação considera-se perpetrado por quem, afirmando fato certo e definido, ofende a honra de outrem, ainda que se repisem fatos sobre aquilo que os outros reputam a respeito da cidadão, no tocante a seus atributos físicos, intelectuais e morais. Precedente: Inquérito nº 2.503, Plenário, Relator Ministro Eros Grau, DJe de 21/05/2010.

5. Imunidade parlamentar. Inexistência, quando não se verificar liame entre o fato apontado como crime contra a honra e o exercício do mandato parlamentar pelo ofensor. Os atos praticados em local distinto do recinto do Parlamento escapam à proteção absoluta da imunidade, que abarca apenas manifestações que guardem pertinência, por um nexo de causalidade, com o desempenho das funções do mandato (Precedentes).

6. Os indícios da prática dos crimes de calúnia e difamação nas declarações prestadas pelo querelado em programa radiofônico no caso sub judice, impõem o recebimento da queixa-crime. **(Inform. STF 708)**

Súmula STF nº 245

A imunidade parlamentar não se estende ao corréu sem essa prerrogativa.

6.2. Processo Legislativo em geral e iniciativa legislativa

ADI N. 1.077-RS

RELATOR: MIN. GILMAR MENDES
Ação direta de inconstitucionalidade.

2. Governador do Estado do Rio Grande do Sul.

3. Lei estadual nº 10.114, de 16 de março de 1994.

4. Alegação de ofensa aos artigos 2º; 5º, *caput* e incisos XVII, XVIII e XX; e 61, § 1º, II, "e", da Constituição Federal.

5. Lei que dispõe sobre entidades municipais legitimadas a integrar órgão da administração pública estadual ou firmar convênios com o Estado-membro.

6. Usurpação da competência legislativa exclusiva do Chefe do Poder Executivo. Artigo 61, § 1º, inciso II, "e", da Constituição Federal. Precedentes. Inconstitucionalidade formal configurada.

7. Violação aos princípios da autonomia municipal e da isonomia. Artigos 30, inciso I; 34, inciso VII, "c"; e art. 5º, *caput* da Constituição Federal. Inconstitucionalidade material configurada.

8. Ação julgada procedente. **(Inform. STF 809)**

5. DIREITO CONSTITUCIONAL 387

Medida provisória: emenda parlamentar e "contrabando legislativo" - 1
É incompatível com a Constituição a apresentação de emendas sem relação de pertinência temática com medida provisória submetida a sua apreciação. Essa a conclusão do Plenário — com efeitos "ex nunc" e imediata cientificação do Poder Legislativo — que, por maioria, julgou improcedente pedido formulado em ação direta ajuizada em face do art. 76 da Lei 12.249/2010, inserido mediante emenda parlamentar em projeto de conversão de medida provisória em lei, a versar sobre objeto distinto daquele originalmente veiculado no texto apresentado à conversão. O dispositivo impugnado regula o exercício e a fiscalização da profissão contábil, ao passo que a Medida Provisória 472/2009, convertida na lei em comento, contemplava, originalmente, matérias educacionais, fiscais, tributárias e outras. O Colegiado assinalou que as regras formais do processo legislativo seriam construídas mediante escolhas fundamentais da comunidade nos momentos constituintes, de modo a canalizar os futuros julgamentos políticos e tomadas de decisão. Equacionou que a questão constitucional em foco diria respeito a dois aspectos relevantes: a) necessidade de lei específica para restringir o exercício de profissão; e b) possibilidade de, em processo legislativo de conversão de medida provisória em lei, ser apresentada emenda parlamentar com conteúdo temático distinto daquele objeto da medida provisória. No que se refere à suposta exigência de lei específica (CF, art. 5º, XIII), o texto constitucional seria claro ao estabelecer o direito fundamental ao livre exercício de qualquer trabalho, ofício ou profissão, trazendo a possibilidade de que lei estabeleça qualificações e exigências para o exercício desse direito fundamental. Assim, a liberdade profissional, em que pese seja direito individual de liberdade, impondo ao Estado um dever, em princípio, de abstenção, não fora outorgada sem limites. Não obstante, qualquer limitação legal somente poderia fixar exigências e limitações que guardassem nexo lógico com as funções e atividades a serem desempenhadas, sob pena de vício de inconstitucionalidade por violação ao princípio da igualdade. Destacou que essa restrição ao direito fundamental ao exercício de qualquer trabalho, ofício ou profissão consistiria em restrição legal qualificada. Nesse sentido, a Constituição não se limitaria a exigir que eventual restrição ao âmbito de proteção de determinado direito fosse apenas prevista em lei, mas também estabeleceria as condições especiais, os fins a serem perseguidos pela limitação. No caso, a reserva legal qualificada fora satisfeita pela Lei 12.249/2010, tendo em vista que a matéria de seu art. 76 tem por finalidade não a mera restrição ao direito fundamental de livre exercício da profissão de contador, mas a imposição de qualificações para que o exercício desse direito, no âmbito da profissão contábil, seja mais adequadamente realizado. A necessidade de lei formal para o estabelecimento de qualificações para o exercício profissional deveria, portanto, observar as regras de competência legislativa e não poderia impedir o exercício da profissão. Ao contrário, deveria antes servir para assegurar à sociedade que determinados profissionais, em especial os liberais, fossem efetiva e adequadamente qualificados para exercer uma específica atividade. No ponto, a Lei 12.249/2010 estabelece, em seu art. 76, a exigência de determinadas qualificações a serem cumpridas para o regular exercício da profissão de contador. Inova ao fixar essas exigências e ainda estabelece uma regra de transição àqueles que exerçam o ofício de técnicos em contabilidade. O Tribunal assentou que estariam cumpridos os requisitos formais e materiais impostos constitucionalmente. Destacou, por outro lado, que o processo legislativo de conversão de medida provisória, não obstante ser peculiar e de tramitação mais célere, consistiria em espécie constitucionalmente prevista, sem restrição quanto à matéria versada na lei impugnada. Assim, não implicaria inconstitucionalidade o simples fato de a lei haver resultado de projeto de conversão de medida provisória.
ADI 5127/DF, rel. orig. Min. Rosa Weber, red. p/ o acórdão Min. Edson Fachin, 15.10.2015. (ADI-5127)

Medida provisória: emenda parlamentar e "contrabando legislativo" - 2
O Plenário, no que concerne à possibilidade de, em processo legislativo de conversão de medida provisória em lei, ser apresentada emenda parlamentar com conteúdo temático distinto daquele objeto da medida provisória, consignou que esta seria espécie normativa primária, de caráter excepcional, sujeita a condição resolutiva e de competência exclusiva do Presidente da República (CF, artigos 59, V; e 62, § 3º). Como espécie normativa de competência exclusiva do Presidente da República e excepcional, não seria possível tratar de temas diversos daqueles fixados como relevantes e urgentes. Uma vez estabelecido o tema relevante e urgente, toda e qualquer emenda parlamentar em projeto de conversão de medida provisória em lei se limitaria e circunscreveria ao tema definido como urgente e relevante. Assim, seria possível emenda parlamentar ao projeto de conversão, desde que observada a devida pertinência lógico-temática. De outro lado, editada a medida provisória, competiria ao Legislativo realizar o seu controle. Esse

controle seria político e jurídico, pois diria respeito à urgência e relevância exigidas constitucionalmente. O Colegiado frisou que o uso hipertrofiado da medida provisória, instrumento excepcional, deturparia o processo legislativo, gerando distorções ilegítimas. Nessa quadra, a prática das emendas parlamentares no processo de conversão de medida provisória em lei com conteúdo temático distinto apresentaria fortes complexidades democráticas. O Legislativo , no procedimento de conversão, poderia aprovar emendas aditivas, modificativas ou supressivas. Por outro lado, o fato de a Constituição não ter expressamente disposto no art. 62 a impossibilidade de se transbordar a temática da medida provisória não significaria que o exercício da faculdade de emendar pelo Congresso fosse incondicionado.
ADI 5127/DF, rel. orig. Min. Rosa Weber, red. p/ o acórdão Min. Edson Fachin, 15.10.2015. (ADI-5127)

Medida provisória: emenda parlamentar e "contrabando legislativo" - 3
O Tribunal reputou que, quando uma medida provisória, ao ser convertida em lei, passa a tratar de diversos temas inicialmente não previstos, o seu papel de regulação da vida comum estaria enfraquecido do ponto de vista da legitimidade democrática. Com essa prática, se geraria insegurança. Um processo legislativo democrático, público e transparente deveria primar por uma uniformidade temática que o tornasse sempre mais acessível, pelos outros poderes e pelo povo. Esse entendimento não significaria fortalecimento do Executivo, tendo em vista a importante função de controle do Legislativo no que diz respeito aos pressupostos autorizadores de medida provisória. Ademais, também não implicaria, necessariamente, o reconhecimento da inconstitucionalidade de todas as leis de conversão promulgadas até o presente julgamento, inclusive a lei objeto desta ação. Isso se daria por duas razões: em primeiro lugar, seria a primeira oportunidade de a Corte enfrentar o tema, e a compreensão diversa subtrairia a possibilidade de diálogo entre os diversos ramos do Estado sobre a matéria. Em segundo lugar, essa prática alusiva à conversão de medidas provisórias estaria arraigada, a resultar em diversas normas produzidas de acordo com o procedimento. Assim, a decisão da Corte não poderia provocar insegurança jurídica, de modo que estariam preservadas as leis fruto de conversão de medida provisória, no que diz respeito à inconstitucionalidade formal. O Ministro Roberto Barroso acrescentou que o entendimento pela inconstitucionalidade das emendas parlamentares sem pertinência temática com a medida provisória decorreria de nova interpretação da Constituição quanto a esse costume, à luz do fato de que a prática seria reiterada há muito tempo. O Ministro Teori Zavascki frisou a LC 95/1998, a tratar da técnica de formulação das leis, segundo a qual a necessidade de pertinência temática estaria prevista. O Ministro Gilmar Mendes enfatizou a necessidade de se sinalizar ao Congresso Nacional que essa prática, muito embora mantidos os atos praticados até o momento, não poderia se repetir doravante. Vencidos os Ministros Rosa Weber (relatora), Marco Aurélio e Ricardo Lewandowski (Presidente), que julgavam o pedido procedente; e o Ministro Dias Toffoli, que julgava o pleito improcedente em maior extensão, por considerar que não caberia ao STF avaliar a pertinência temática entre a medida provisória e a emenda, o que seria de competência do Congresso Nacional.
ADI 5127/DF, rel. orig. Min. Rosa Weber, red. p/ o acórdão Min. Edson Fachin, 15.10.2015. (ADI-5127) (Inform. STF 803)

Constituição estadual e separação de poderes - 1
O Plenário, por maioria, julgou improcedente pedido formulado em ação direta e declarou a constitucionalidade do art. 77, XXIII, da Constituição do Estado do Rio de Janeiro ("XXIII - ressalvada a legislação federal aplicável, ao servidor público estadual é proibido substituir, sobre qualquer pretexto, trabalhadores de empresas privadas em greve"). O Colegiado asseverou, quanto à regularidade formal da norma, que o STF consolidara entendimento de que as regras básicas do processo legislativo presentes na CF/1988 incorporariam noções elementares do modelo de separação dos poderes, o que as torna de observância inafastável no âmbito local (CF, art. 25). As regras de iniciativa reservada, por demarcarem as competências privativas assinaladas a cada uma das instâncias políticas do País, estariam entre as disposições mais representativas da Federação, razão pela qual a jurisprudência da Corte assevera que à força normativa dessas regras corresponderia não apenas um encargo positivo a ser cumprido pelas assembleias legislativas, mas também uma eficácia negativa, que as impede de abordar temas de iniciativa de outras autoridades públicas. Em casos nos quais o STF rechaçara a existência de regras, em Constituição local, que deveriam constar de legislação ordinária, ficara consignado que esses conteúdos deveriam contar com a avaliação do Chefe do Executivo local, investido da conveniência e oportunidade de propor o debate a respeito de temas que estariam tipicamente submetidos à

sua alçada política, como remuneração de cargos, regime jurídico de servidores, organização da administração local, entre outros. Permitir o tratamento dessa temática diretamente na Constituição estadual equivaleria, portanto, a esvaziar as competências do Chefe do Executivo.

ADI 232/RJ, rel. Min. Teori Zavascki, 5.8.2015. (ADI-232)

Constituição estadual e separação de poderes - 2

O Plenário afirmou que, contudo, isso não significaria que as assembleias constituintes estaduais seriam submetidas a uma completa interdição na disciplina das regras gerais de funcionamento da Administração local, devendo se ater à estrita reprodução do texto federal. Somente as normas de cunho substantivo deveriam ser necessariamente adotadas pelo Constituinte local. Assim, desde que: a) as linhas básicas que regem a relação entre os poderes federados (no que se incluem as regras de reserva de iniciativa) fossem respeitadas; e b) o parlamento local não suprimisse do governador a possibilidade de exercício de uma opção política legítima dentre aquelas contidas na sua faixa de competências típicas, a Constituição estadual poderia dispor de modo singular a respeito do funcionamento da Administração, sobretudo quando essa disciplina peculiar traduzisse a concretização de princípios também contemplados no texto federal. No caso, ressalvada a legislação federal aplicável, o texto impugnado proíbe que servidor público estadual seja designado para substituir, sob qualquer pretexto, trabalhadores de empresas privadas em greve. Embora o preceito esteja relacionado ao funcionamento da Administração local, ele não se sobrepusera ao campo de discricionariedade política que a Constituição Federal reserva, com exclusividade, à iniciativa do governador. Tampouco a regra dera à Administração local configuração definitiva em desacordo com o texto federal. A norma em exame não teria deficiência formal. Seu conteúdo, basicamente expletivo, veda a substituição de trabalhadores grevistas por servidores públicos, a coibir a institucionalização do desvio de função como prática a frustrar o direito de greve dos trabalhadores da iniciativa privada. A Constituição local apenas textualizara um comportamento administrativo já condenável pela ordem constitucional federal. Este texto contém hipóteses de excepcionalidade, em que envolvidas necessidades inadiáveis da comunidade (CF, art. 9º, § 1º) que poderiam justificar o deslocamento de servidores para o exercício temporário de funções alheias aos correspondentes cargos. Presentes situações emergenciais, a Constituição Federal relativiza até mesmo a exigência de concurso público (CF, art. 37, IX). A norma adversada contempla uma ressalva de emergencialidade, tanto que remete à legislação federal a respeito de greve. O preceito não retira do governador uma alternativa viável de aproveitamento dos servidores a ele submetidos para o benefício da Administração. O que se proíbe é que a substituição dos grevistas viesse a ser implementada para servir a pretextos outros que não o da própria emergencialidade. Vencidos os Ministros Marco Aurélio e Ricardo Lewandowski (Presidente), que julgavam procedente o pedido. Entendiam que o constituinte local anteciparia-se ao disciplinar a matéria, de iniciativa do governador. O Ministro Marco Aurélio acrescia que a lei também padeceria de vício material, pois estaria indevidamente acrescida no texto constitucional local.

ADI 232/RJ, rel. Min. Teori Zavascki, 5.8.2015. (ADI-232) (Inform. STF 793)

Emenda parlamentar e pertinência temática

O Plenário julgou procedente pedido formulado em ação direta para declarar a inconstitucionalidade do art. 2º da LC 376/2007 do Estado de Santa Catarina. Na espécie, em projeto de iniciativa do governador do referido Estado-Membro (CF, art. 61, § 1º, II, a), a assembleia legislativa aprovara emenda aditiva sem pertinência com a proposição inicial do chefe do Poder Executivo. Assim, a referida emenda aditiva — formalizada no curso da tramitação de projeto de lei complementar que visava a criação de funções comissionadas no âmbito da Secretaria de Estado de Educação, Ciência e Tecnologia — impusera ao governador o reenquadramento de servidores do Instituto de Previdência estadual. A Corte afirmou que a ausência de pertinência temática de emenda da Casa Legislativa a projeto de lei de iniciativa exclusiva do Executivo levaria a concluir-se pela sua inconstitucionalidade formal. Ademais, aplicar-se-ia ao caso o teor do Enunciado 685 da Súmula do STF, no sentido de ser inconstitucional toda modalidade de provimento que propiciasse ao servidor investir-se, sem prévia aprovação em concurso público, em cargo que não integrasse a carreira na qual anteriormente investido.

ADI 3926/SC, rel. Min. Marco Aurélio, 5.8.2015. (ADI3926) (Inform. STF 793)

Processo legislativo: quórum qualificado e votação simbólica

É constitucional a LC 56/1987 — revogada pela LC 116/2003 —, que versava sobre ISS. Com base nesse entendimento, o Plenário proveu recurso extraordinário para reformar acórdão em que declarada a inconstitucionalidade formal do diploma. O Tribunal "a quo" assentara que o requisito de aprovação por maioria absoluta, no momento da votação na Câmara dos Deputados, não teria sido observado. De início, o Colegiado admitiu o recurso. No ponto, ainda que o julgamento do acórdão recorrido tivesse sido realizado por órgão fracionado, este proclamara a inconstitucionalidade formal da aludida lei complementar. A Constituição, em seu art. 102, III, b, não exigiria que a declaração de inconstitucionalidade, objeto do recurso extraordinário, fosse proferida por órgão específico. No mérito, o Colegiado aduziu que a LC 56/1987 teria sido aprovada por votação simbólica, na qual não se poderia aferir o número exato de votos alcançados. Esse método de votação estaria de acordo com o Regimento Interno da Câmara dos Deputados então em vigor, embora o art. 50 da Constituição pretérita estabelecesse que as leis complementares somente seriam aprovadas se obtivessem maioria absoluta dos votos dos membros das duas Casas do Congresso Nacional. Sucede que o citado regimento permitiria ao deputado que tivesse dúvida quanto ao resultado proclamado pedir verificação imediata. Assim, existente o instrumento de verificação, não seria possível dizer que fora desrespeitado o quórum qualificado apenas porque adotada a votação simbólica. No caso, não haveria notícia de ter sido utilizada essa prerrogativa, a revelar a inexistência de dúvida sobre a formação da maioria absoluta. Assim, não se poderia supor que teria sido ignorada a exigência do quórum qualificado, em franco desrespeito à Constituição. Esclareceu, por fim, que a alegação de inconstitucionalidade não teria por fundamento o chamado voto de liderança ou a participação somente dos líderes na votação.

RE 254559/SP, rel. Min. Marco Aurélio, 20.5.2015. (RE-254559) (Inform. STF 786)

Interpretação do Art. 62, § 6º, da CF e limitação do sobrestamento - 2

O Plenário retomou julgamento de mandado de segurança impetrado contra decisão do Presidente da Câmara dos Deputados que, em questão de ordem, formalizara, perante o Plenário dessa Casa Legislativa, seu entendimento no sentido de que o sobrestamento das deliberações legislativas, previsto no § 6º do art. 62 da CF ("§ 6º Se a medida provisória não for apreciada em até quarenta e cinco dias contados de sua publicação, entrará em regime de urgência, subseqüentemente, em cada uma das Casas do Congresso Nacional, ficando sobrestadas, até que se ultime a votação, todas as demais deliberações legislativas da Casa em que estiver tramitando"), só se aplicaria, supostamente, aos projetos de lei ordinária — v. Informativo 572. Em voto-vista, a Ministra Cármen Lúcia acompanhou o relator e denegou a segurança. Destacou que seria não apenas da competência do Presidente da Câmara valer-se da interpretação conforme, como também seria compatível com princípios e regras da Constituição. Nesse ponto, a interpretação conforme seria instrumento que poderia ser exercido tanto pelo Poder Judiciário quanto pelo Poder Legislativo no exercício da interpretação constitucional. Assim, na decisão questionada, ficara consignado que o regime de urgência, previsto no § 6º do art. 62 da CF, a impor o sobrestamento das deliberações legislativas das Casas do Congresso seria referente somente às matérias que se mostrassem passíveis de regramento por medida provisória. Estariam excluídos do âmbito de incidência das medidas provisórias, como dispõe o art. 62, § 1º, da CF, em consequência, as propostas de emenda à Constituição, os projetos de lei complementar, os projetos de decreto legislativo, os projetos de resolução e, até mesmo, tratando-se de projetos de lei ordinária, aqueles que veiculassem temas pré-excluídos, por determinação constitucional. Em seguida, pediu vista o Ministro Roberto Barroso.

MS 27931/DF, rel. Min. Celso de Mello, 18.3.2015. (MS-27931) (Inform. STF 778)

Lei municipal e vício de iniciativa

Por vício de iniciativa, o Plenário deu provimento a recurso extraordinário para declarar a inconstitucionalidade dos incisos II, III, VIII, bem como dos §§ 1º e 2º do art. 55 da Lei Orgânica de Cambuí/MG, que concede benefícios a servidores públicos daquela municipalidade. Na espécie, a norma questionada decorrera de iniciativa de câmara legislativa municipal. A Corte asseverou que lei orgânica de município não poderia normatizar direitos de servidores, porquanto a prática afrontaria a iniciativa do chefe do Poder Executivo.

RE 590829/MG, rel. Min. Marco Aurélio, 5.3.2015. (RE-590829) (Inform. STF 776)

5. DIREITO CONSTITUCIONAL

Vício de iniciativa e fonte de custeio - 1

O Plenário iniciou julgamento de ação direta ajuizada em face do parágrafo único do art. 110 da Lei 915/2005 do Estado do Amapá, que trata do regime próprio de previdência social dos servidores estaduais e da entidade de previdência estadual ["Art. 110. O Estado responderá subsidiariamente pelo pagamento das aposentadorias e pensões concedidas na forma desta Lei, na hipótese de extinção, insolvência ou eventuais insuficiências financeiras do Regime Próprio de Previdência Social do Estado. Parágrafo único – No prazo de 180 (cento e oitenta) dias, contados da publicação desta Lei, a Amapá Previdência, desde que provocada pelo Órgão interessado, assumirá o pagamento dos benefícios de aposentadoria e pensão que tenham sido concedidos por qualquer dos Poderes do Estado, pelo Ministério Público ou pelo Tribunal de Contas durante o período de vigência do Decreto 87, de 6 de junho de 1991, e que, nesta data, estejam sendo suportados exclusiva e integralmente pelo Tesouro Estadual"]. O Ministro Dias Toffoli (relator) julgou procedente o pedido formulado para declarar a inconstitucionalidade do parágrafo único da mencionada norma. De início, afastou vício de inconstitucionalidade formal. Afirmou não haver ofensa à reserva de iniciativa legislativa privativa do chefe do Poder Executivo para tratar de matéria sobre organização e funcionamento da administração pública. Esclareceu que a Lei estadual 915/2005 seria oriunda de proposição legislativa feita pelo próprio Governador do Estado do Amapá. Ressaltou que a inserção do parágrafo único do art. 110, ora impugnado, teria sido obra de emenda de origem parlamentar. Salientou que a Constituição somente vedaria ao Poder Legislativo formalizar emendas a projetos de iniciativa exclusiva do Poder Executivo se delas resultasse aumento de despesa pública ou se elas fossem totalmente impertinentes à matéria. No caso, não houvera aumento de despesas, pois o pagamento dos benefícios de aposentadoria e pensão já viria sendo suportado pelo Tesouro estadual. Tampouco haveria impertinência temática da emenda parlamentar em relação ao projeto de lei apresentado pelo governador.
ADI 3628/AP, rel. Min. Dias Toffoli, 5.2.2015. (ADI-3628)

Vício de iniciativa e fonte de custeio - 2

Quanto ao mérito, o relator consignou que, durante o período de vigência do Decreto 87/1991, não teria havido contribuição dos servidores ao antigo Instituto de Previdência do Estado do Amapá (IPEAP) para o custeio dos benefícios de aposentadoria. Destacou que o art. 254 da Lei estadual 66/1993, expressamente, determinara que as despesas decorrentes com aposentadoria fossem de responsabilidade integral do governo do Estado do Amapá. A transferência à Amapá Previdência (Aprev) da responsabilidade pelo pagamento das aposentadorias e pensões que tivessem sido concedidas pelos Poderes do Estado, pelo Ministério Público ou pelo Tribunal de Contas durante a vigência do Decreto 84/1991, sem contrapartida dos segurados ou do próprio Estado do Amapá, acarretara grave ofensa à regra do equilíbrio financeiro e atuarial do sistema próprio de previdência. Essa regra destinar-se-ia à preservação da suficiência presente e futura do fundo de previdência, tendo em vista o equilíbrio entre as receitas e as despesas com os benefícios, que ficariam prejudicados com a assunção de obrigação desprovida de contraprestação pecuniária. Não caberia à Aprev arcar com o pagamento desses benefícios, os quais deveriam permanecer sob responsabilidade exclusiva e integral do Tesouro estadual. A inclusão do dispositivo ora impugnado, via emenda parlamentar, sem qualquer indicação de fonte de custeio, destoaria por completo do regime contributivo e contábil previsto no projeto legislativo original. Por fim, para que não ocorresse descontinuidade no pagamento dos benefícios de aposentadoria e pensão de que trata o dispositivo, o relator propôs a modulação dos efeitos da declaração de inconstitucionalidade, nos termos do art. 27 da Lei 9.868/1999, para dar efeitos prospectivos à decisão, de modo que somente produzisse seus efeitos a partir de seis meses, contados da data da publicação da ata julgamento da ação direta, tempo hábil para que os órgãos estaduais envolvidos cumprissem a decisão da Corte e regularizassem a situação perante o instituto Aprev. Em seguida, pediu vista o Ministro Teori Zavascki.
ADI 3628/AP, rel. Min. Dias Toffoli, 5.2.2015. (ADI-3628) (Inform. STF 773)

Medida provisória: Sistema Financeiro Nacional e requisitos do art. 62 da CF - 1

É constitucional o art. 5º da Medida Provisória 2.170-36/2001 ("Nas operações realizadas pelas instituições integrantes do Sistema Financeiro Nacional, é admissível a capitalização de juros com periodicidade inferior a um ano"). Essa conclusão do Plenário que, por maioria, proveu recurso extraordinário em que discutida a constitucionalidade do dispositivo, tendo em conta suposta ofensa ao art. 62 da CF ("Em caso de relevância e urgência, o Presidente

da República poderá adotar medidas provisórias, com força de lei, devendo submetê-las de imediato ao Congresso Nacional"). Preliminarmente, o Colegiado afastou alegação de prejudicialidade do recurso. Afirmou que o STJ, ao declarar a possibilidade de capitalização nos termos da referida norma, o fizera sob o ângulo estritamente legal, de modo que não estaria prejudicada a análise da regra sob o enfoque constitucional. No mérito, enfatizou que a medida provisória já teria aproximadamente 15 anos, e que a questão do prolongamento temporal dessas espécies normativas estaria resolvida pelo art. 2º da EC 32/2001 ("As medidas provisórias editadas em data anterior à da publicação desta emenda continuam em vigor até que medida provisória ulterior as revogue explicitamente ou até deliberação definitiva do Congresso Nacional"). Além disso, não estaria em discussão o teor da medida provisória, cuja higidez material estaria de acordo com a jurisprudência do STF, segundo a qual, nas operações do Sistema Financeiro Nacional, não se aplicariam as limitações da Lei da Usura.
RE 592377/RS, rel. orig. Min. Marco Aurélio, red. p/o acórdão Min. Teori Zavascki, 4.2.2015. (RE-592377)

Medida provisória: Sistema Financeiro Nacional e requisitos do art. 62 da CF - 2

O Colegiado asseverou que os requisitos de relevância e urgência da matéria seriam passíveis de controle pelo STF, desde que houvesse demonstração cabal da sua inexistência. Assim, do ponto de vista da relevância, por se tratar de regulação das operações do Sistema Financeiro, não se poderia declarar que não houvesse o requisito. No que se refere à urgência, a norma fora editada em período consideravelmente anterior, cuja realidade financeira seria diferente da atual, e vigoraria até hoje, de modo que seria difícil afirmar com segurança que não haveria o requisito naquela oportunidade. Ademais, o cenário econômico contemporâneo, caracterizado pela integração da economia nacional ao mercado financeiro mundial, exigiria medidas céleres, destinadas à adequação do Sistema Financeiro Nacional aos padrões globais. Desse modo, se a Corte declarasse a inconstitucionalidade da norma, isso significaria atuar sobre um passado em que milhares de operações financeiras poderiam, em tese, ser atingidas. Por esse motivo, também, não se deveria fazê-lo. Vencido o Ministro Marco Aurélio (relator), que desprovia o recurso e declarava a inconstitucionalidade da norma. Considerava não atendido o teor do art. 62 da CF, e sublinhava que o art. 2º da EC 32/2001 não teria o poder de perpetuar norma editada para viger por período limitado.
RE 592377/RS, rel. orig. Min. Marco Aurélio, red. p/o acórdão Min. Teori Zavascki, 4.2.2015. (RE-592377) (Inform. STF 773)

ADI: vício de iniciativa e forma de provimento de cargo público

O Plenário julgou procedente pedido formulado em ação direta ajuizada em face da LC 259/2002 do Estado do Espírito Santo. A norma impugnada, de iniciativa parlamentar, autoriza o Poder Executivo a instituir o Sistema Estadual de Auditoria da Saúde - SEAS e institui normas para sua estrutura e funcionamento, o que, conforme alegado, ofenderia os artigos 37, II; 61, § 1º, II, a e c; 63, I e 84, III, todos da CF, porquanto seria de competência privativa do Poder Executivo a iniciativa de leis concernentes à criação de cargos e estruturação de órgãos da Administração direta e autárquica, além de ser vedada a criação de forma derivada de provimento de cargo público. O Colegiado afirmou que, além da inconstitucionalidade formal evidenciada, o art. 13 da mencionada lei também padeceria de vício material, porque, ao ter possibilitado o provimento derivado — de servidores investidos em cargos de outras carreiras — no cargo de auditor de saúde, teria violado o disposto no art. 37, II, da CF, que exige a prévia aprovação em concurso para a investidura em cargo público, ressalvadas as exceções previstas na Constituição. O STF teria, inclusive, entendimento consolidado sobre o tema, revelado no Enunciado 685 de sua Súmula ("É inconstitucional toda modalidade de provimento que propicie ao servidor investir-se, sem prévia aprovação em concurso público destinado ao seu provimento, em cargo que não integra a carreira na qual anteriormente investido"). **ADI 2940/ES, rel. Min. Marco Aurélio, 11.12.2014. (ADI-2940) (Inform. STF 771)**

ADI: chefia da polícia civil e iniciativa legislativa

O Plenário julgou procedente pedido formulado em ação direta para dar interpretação conforme ao § 1º do art. 106 da Constituição do Estado de Santa Catarina, no sentido de que se mostra inconstitucional nomear, para a chefia da polícia civil, delegado que não integre a respectiva carreira, ou seja, que nela não tenha ingressado por meio de concurso público. A norma impugnada, na redação conferida pela EC estadual 18/1999 — esta última de iniciativa parlamentar —, dispõe que o chefe da polícia civil, nomeado pelo governador, será escolhido entre os delegados de polícia. Na sua redação originária — norma também impugnada — o dispositivo determinava que a escolha recaísse sobre delegados de final de carreira. O Colegiado asseverou que, no caso, estaria viabilizada a disciplina da matéria em comento mediante emenda constitucional, considerado o parâmetro da Constituição Federal, portanto, a simetria. Não procederia, assim, a alegação de vício formal decorrente do vício de iniciativa privativa do Poder Executivo. No tocante ao vício material, ressaltou que, consoante disposto no art. 144, § 4º, da CF ("Às polícias civis, dirigidas por delegados de polícia de carreira, incumbem, ressalvada a competência da União, as funções de polícia judiciária e a apuração de infrações penais, exceto as militares"), as polícias civis seriam dirigidas por delegados de carreira. Não caberia, portanto, a inobservância da citada qualificação, nem a exigência de que se encontrassem no último nível da organização policial. **ADI 3038/SC, rel. Min. Marco Aurélio, 11.12.2014. (ADI-3038) (Inform. STF 771)**

ADI: norma administrativa e vício de iniciativa

O Plenário, por maioria, julgou procedente pedido formulado em ação direta para declarar a inconstitucionalidade da Lei 10.877/2001, do Estado de São Paulo, de iniciativa parlamentar ["Fica a Secretaria da Segurança Pública obrigada a enviar por correio, com 30 (trinta) dias de antecedência, aviso de vencimento da validade da Carteira Nacional de Habilitação, aos portadores cadastrados nos terminais da Companhia de Processamento de Dados do Estado de São Paulo – PRODESP"]. A Corte entendeu que, por ser tipicamente administrativa, a matéria deveria ser regulada pelo Poder Executivo e não pelo Poder Legislativo. Salientou que a norma criara ônus administrativo e financeiro ao obrigar a Secretaria de Segurança a destacar pessoal, equipamentos, tempo e energia para advertir o cidadão de que o prazo de validade da sua carteira estaria a expirar. Vencidos os Ministros Marco Aurélio (relator) e Luiz Fux, que julgavam improcedente o pedido. Pontuavam não haver inconstitucionalidade na lei em questão, que apenas buscaria valorizar a relação entre Estado e cidadão. **ADI 3169/SP, rel. Min. Marco Aurélio, red. p/ o acórdão Min. Roberto Barroso, 11.12.2014. (ADI-3169) (Inform. STF 771)**

Lei municipal e vício de iniciativa

Por vício de iniciativa, o Plenário deu provimento a recurso extraordinário para declarar, de forma incidental, a inconstitucionalidade do art. 1º da Lei 10.905/1990, do Município de São Paulo, que autoriza oficial de justiça a estacionar seu veículo de trabalho em vias públicas secundárias e em zonas azuis, sem pagamento das tarifas próprias. Na espécie, a norma questionada decorrera de iniciativa de vereador e, mesmo vetada pelo chefe do Poder Executivo local, fora aprovada pelo Poder Legislativo municipal. Dessa forma, ao aprovar a Lei 10.905/1990, a Câmara Municipal de São Paulo, por seus vereadores, teria criado regras para a prática de atos típicos da Administração pública municipal. Ademais, ao eximir os oficiais de justiça do pagamento da denominada "zona azul", a lei acarretara redução de receita legalmente estimada, cuja atribuição seria do Poder Executivo, a evidenciar afronta aos princípio da harmonia e independência dos Poderes ("Art. 2º São Poderes da União, independentes e harmônicos entre si, o Legislativo, o Executivo e o Judiciário). **RE 239458/SP, rel. Min. Cármen Lúcia, 11.12.2014. (RE-239458) (Inform. STF 771)**

Vedação ao nepotismo e iniciativa legislativa - 1

Leis que tratam dos casos de vedação a nepotismo não são de iniciativa exclusiva do Chefe do Poder Executivo. Esse o entendimento do Plenário, que, por maioria, deu provimento a recurso extraordinário para reconhecer a constitucionalidade da Lei 2.040/1990, do Município de Garibaldi/RS, que proíbe a contratação, por parte do Executivo, de parentes de 1º e 2º graus do prefeito e vice-prefeito, para qualquer cargo do quadro de servidores, ou função pública. Discutia-se eventual ocorrência de vício de iniciativa. Na espécie, o acórdão recorrido, proferido em sede de ação direta de inconstitucionalidade, declarara a inconstitucionalidade formal do referido diploma normativo sob o fundamento de que, por se tratar de matéria respeitante ao regime jurídico dos servidores municipais, a iniciativa do processo legislativo competiria ao Chefe do Poder Executivo. O Colegiado, de início, rejeitou preliminares suscitadas acerca das supostas intempestividade do recurso e ilegitimidade do Procurador-Geral do Estado para a interposição de recurso extraordinário contra acórdão proferido em ação direta de inconstitucionalidade estadual. No tocante à legitimidade do

Procurador-Geral do Estado para o recurso, a Corte destacou o que disposto no § 4º do art. 95 da Constituição do Estado do Rio Grande do Sul ("Quando o Tribunal de Justiça apreciar a inconstitucionalidade, em tese, de norma legal ou de ato normativo, citará previamente o Procurador-Geral do Estado, que defenderá o ato ou texto impugnado"), que repetiria, por simetria, o disposto no § 3º do art. 103 da CF ("Quando o Supremo Tribunal Federal apreciar a inconstitucionalidade, em tese, de norma legal ou ato normativo, citará, previamente, o Advogado-Geral da União, que defenderá o ato ou texto impugnado"). Pela teoria dos poderes implícitos, se a Constituição atribuísse competência a determinada instituição jurídica, a ela também deveria ser reconhecida a possibilidade de se utilizar dos instrumentos jurídicos adequados e necessários para o regular exercício da competência atribuída. No caso, a Constituição Estadual conferira ao Procurador-Geral do Estado — em simetria com o Advogado-Geral da União — o papel de defesa da norma estadual ou municipal atacada via ação direta, o que o tornaria, portanto, legitimado para a interposição de recurso extraordinário contra acórdão que tivesse declarado a inconstitucionalidade da norma defendida, sob pena de se negar a efetiva defesa desta última.

Vedação ao nepotismo e iniciativa legislativa - 2

No mérito, o Colegiado reafirmou o quanto decidido na ADI 1.521/RS (DJe de 13.8.2013), no sentido de que a vedação a que cônjuges ou companheiros e parentes consanguíneos, afins ou por adoção, até o segundo grau, de titulares de cargo público ocupassem cargos em comissão visaria a assegurar, sobretudo, o cumprimento ao princípio constitucional da isonomia, bem assim fazer valer os princípios da impessoalidade e moralidade na Administração Pública. Ademais, seria importante destacar a decisão proferida no RE 579.951 (DJe de 24.10.2008) — principal paradigma do Enunciado 13 da Súmula Vinculante do STF —, a afirmar que a vedação do nepotismo não exigiria a edição de lei formal para coibi-lo, proibição que decorreria diretamente dos princípios contidos no art. 37, "caput", da CF. Portanto, se os princípios do citado dispositivo constitucional sequer precisariam de lei para que fossem obrigatoriamente observados, não haveria vício de iniciativa legislativa em norma editada com o objetivo de dar evidência à força normativa daqueles princípios e estabelecer casos nos quais, inquestionavelmente, se configurassem comportamentos administrativamente imorais ou não-isonômicos. Vencido o Ministro Marco Aurélio, que negava provimento ao recurso. Reconhecia a existência de reserva de iniciativa, haja vista que a lei municipal em comento teria disposto sobre relação jurídica mantida pelo Executivo com o prestador de serviços desse mesmo Poder. **RE 570392/RS, rel. Min. Cármen Lúcia, 11.12.2014. (RE-570392) (Inform. STF 771)**

ADI: órgão de segurança pública e vício de iniciativa

O Plenário julgou procedente pedido formulado em ação direta ajuizada em face da EC 10/2001, que inseriu a Polícia Científica no rol dos órgãos de segurança pública previsto na Constituição do Estado do Paraná. A Corte afirmou que não se observara a reserva de iniciativa legislativa do Chefe do Poder Executivo para disciplinar o funcionamento de órgão administrativo de perícia. **ADI 2616/PR, rel. Min. Dias Toffoli, 19.11.2014. (ADI-2616) (Inform. STF 768)**

ADI e participação de empregados em órgãos de gestão

É constitucional o art. 24 da Lei Orgânica do Distrito Federal ("A direção superior das empresas públicas, autarquias, fundações e sociedades de economia mista terá representantes dos servidores, escolhidos do quadro funcional, para exercer funções definidas, na forma da lei"). Com base nesse entendimento, o Plenário julgou improcedente pedido formulado em ação direta de inconstitucionalidade. O Tribunal esclareceu que a norma em questão, por ser oriunda do poder constituinte originário decorrente, não sofreria vício de reserva de iniciativa legislativa do chefe do Poder Executivo. Frisou, ainda, não haver violação da competência privativa da União para legislar sobre direito comercial. Além disso, a norma observaria a diretriz constitucional voltada à realização da ideia de gestão democrática. **ADI 1167/DF, rel. Min. Dias Toffoli, 19.11.2014. (ADI-1167) (Inform. STF 768)**

ADI: servidor público e iniciativa legislativa

O Plenário julgou procedente pedido formulado em ação direta ajuizada em face da Lei 751/2003 do Estado do Amapá. A norma impugnada, de iniciativa do Poder Legislativo, dispõe sobre a carga horária diária e semanal de cirurgiões-dentistas nos centros odontológicos do referido Estado-membro. A Corte afirmou que a disciplina legislativa da matéria em comento — jornada

5. DIREITO CONSTITUCIONAL

de trabalho de servidores públicos — seria de iniciativa privativa do Poder Executivo. Além do mais, o fato de o Governador do Estado ter sancionado a lei não sanaria o referido vício. **ADI 3627/AP, rel. Min. Teori Zavascki, 6.11.2014. (ADI-3627) (Inform. STF 766)**

ADI: disciplina de cargos em tribunal de contas estadual e iniciativa de lei

O Plenário julgou procedente pedido formulado em ação direta ajuizada em face do art. 35 da Lei 10.926/1998 do Estado de Santa Catarina. Na espécie, apontava-se a inconstitucionalidade formal do dispositivo em comento em razão de suposto vício de iniciativa, violados os artigos 75, "caput", e 96, da CF. A norma impugnada, de iniciativa do Poder Legislativo, determina a transposição de cargos de provimento efetivo do tribunal de contas estadual, com os respectivos ocupantes, para o quadro único de pessoal da administração pública direta, em órgão vinculado ao Poder Executivo. **ADI 3223/SC, rel. Min. Dias Toffoli, 6.11.2014. (ADI-3223) (Inform. STF 766)**

ADI e emenda parlamentar - 1

O Plenário, por maioria, confirmou medida acauteladora e julgou procedente pedido formulado em ação direta para declarar a inconstitucionalidade do art. 2º da Lei 10.385/1995 do Estado do Rio Grande do Sul. O artigo impugnado decorre de emenda parlamentar ao texto de iniciativa do Poder Judiciário. Considera, de efetivo exercício, "para todos os efeitos legais, os dias de paralisação dos servidores do Poder Judiciário, compreendidos no período de 13 de março de 1995 a 12 de abril de 1995, mediante compensação a ser definida pelo próprio Poder". O Tribunal asseverou que a jurisprudência do STF admitiria emendas parlamentares a projetos de lei de iniciativa privativa dos Poderes Executivo e Judiciário, desde que guardassem pertinência temática e não importassem em aumento de despesas. O cotejo entre o Projeto de Lei 54/1995, apresentado pelo Poder Judiciário gaúcho e a Proposta de Emenda Parlamentar 4/1995, que dera origem à norma ora impugnada evidenciaria que a emenda não guardaria pertinência temática com o projeto originário — reajuste de vencimentos dos servidores do Poder Judiciário gaúcho. Ao fundamento de que o preceito desrespeitaria os limites do poder de emenda, o Tribunal entendeu haver ofensa ao princípio da separação de Poderes (CF, art. 2º). Por se tratar de iniciativa de competência do Poder Judiciário, inviável à assembleia legislativa gaúcha propor emendas que afetassem a autonomia financeira e administrativa do Poder Judiciário, sob pena de exercer poder de iniciativa paralela. Vencido o Ministro Marco Aurélio, que julgava improcedente o pedido. Apontava que a Constituição, em seu art. 96, nada disporia sobre a iniciativa privativa de lei voltada à anistia. Dessa forma, o Poder Legislativo poderia atuar no sentido de implementar a anistia.

ADI e emenda parlamentar - 2

O Plenário confirmou medida cautelar (noticiada no Informativo 189) e julgou procedente pedido formulado em ação direta para declarar a inconstitucionalidade do art. 1º das Disposições Transitórias da Lei 10.207/1999 do Estado de São Paulo. O dispositivo questionado, resultante de emenda parlamentar, determina a admissão automática de servidores da Fundação para o Desenvolvimento da Universidade Estadual Paulista - Fundnesp no quadro de pessoal da recém-criada Fundação Instituto de Terras do Estado de São Paulo "José Gomes da Silva" - Itesp. O Tribunal assentou que o aproveitamento de empregados em cargo público, submetidos a simples processo seletivo, sem concurso, afrontaria o art. 37, II, da CF. Ademais, também conflitaria com a Constituição introduzir, em projeto de iniciativa do Poder Executivo, emenda parlamentar a implicar aumento de despesas (CF, artigos 61, § 1º, II, a e c; e 63, I). **Precedente citado: ADI 2.305/SE (DJe de 4.8.2011). ADI 2186/SP, rel. Min. Marco Aurélio, 29.10.2014. (ADI-2186) (Inform. STF 765)**

Anistia e vício de iniciativa

O Plenário, por maioria, confirmou medida acauteladora (noticiada no Informativo 33) e julgou procedente pedido formulado em ação direta ajuizada em face da Lei 10.076/1996 do Estado de Santa Catarina. A norma trata de concessão de anistia a servidores públicos punidos em virtude de participação em movimentos reivindicatórios. O Colegiado registrou a ocorrência de vício formal, uma vez cuidar-se de lei que dispõe sobre servidores públicos, mas que não tivera a iniciativa do Chefe do Executivo (CF, art. 61, § 1º, II, c). Vencido o Ministro Marco Aurélio, que julgava o pedido improcedente. Entendia que lei a versar sobre anistia não requereria iniciativa privativa do Chefe do Executivo. **ADI 1440/SC, rel. Min. Teori Zavascki, 15.10.2014. (ADI-1440) (Inform. STF 763)**

Emenda parlamentar e aumento de despesa

O Plenário, por maioria, confirmou medida cautelar (noticiada no Informativo 118) e julgou parcialmente procedente pedido formulado em ação direta para declarar a inconstitucionalidade da expressão "e extrajudiciais" contida no parágrafo único do art. 1º da Lei Complementar 164/1998 do Estado de Santa Catarina. Na espécie, o dispositivo impugnado estende aos servidores inativos e extrajudiciais aumento remuneratório dado aos servidores do Poder Judiciário daquele Estado. O Colegiado esclareceu que referida lei complementar tem origem em emenda aditiva parlamentar a projeto do Poder Judiciário local. Assinalou a constitucionalidade da extensão do aumento remuneratório aos servidores inativos do tribunal de justiça, porquanto a norma questionada, editada no início de 1998, seria anterior às reformas da regime público de previdência (EC 20/1998 e EC 41/2003), quando a Corte entendia que a cláusula de equiparação seria de aplicabilidade imediata. Reputou que, ante a ampliação de despesa não prevista no projeto originalmente encaminhado, estaria caracterizada a inconstitucionalidade da extensão do aumento aos servidores extrajudiciais. Vencido o Ministro Marco Aurélio, que julgava improcedente o pedido. Assinalava não vislumbrar ingerência do Poder Legislativo porque a iniciativa do projeto teria sido do Poder Judiciário. **ADI 1835/SC, rel. Min. Dias Toffoli, 17.9.2014. (ADI-1835) (Inform. STF 759)**

ADI: lei estadual e vício de iniciativa

O Plenário confirmou medida cautelar (noticiada no Informativo 342) e julgou procedente pedido formulado em ação direta para declarar a inconstitucionalidade da Lei 11.605/2001 do Estado do Rio Grande do Sul. A referida lei, de iniciativa parlamentar, versa sobre programa estadual de desenvolvimento do cultivo e aproveitamento da cana-de-açúcar e dispõe sobre a estrutura de órgão da administração pública. O Tribunal consignou que haveria vício de iniciativa em relação à referida norma, na medida em que seria atribuição do chefe do Poder Executivo deflagrar o processo legislativo que envolvesse órgão da administração pública, nos termos do art. 61, §1º, II, e, da CF ["Art. 61. A iniciativa das leis complementares e ordinárias cabe a qualquer membro ou Comissão da Câmara dos Deputados, do Senado Federal ou do Congresso Nacional, ao Presidente da República, ao Supremo Tribunal Federal, aos Tribunais Superiores, ao Procurador-Geral da República e aos cidadãos, na forma e nos casos previstos nesta Constituição. § 1º. São de iniciativa privativa do Presidente da República as leis que: ... II - disponham sobre: ... e) criação e extinção de Ministérios e órgãos da administração pública, observado o disposto no art. 84, VI"]. **ADI 2799/RS, rel. Min. Marco Aurélio, 18.9.2014. (ADI-2799) (Inform. STF 759)**

ADI e vício de iniciativa - 1

O Plenário confirmou medida cautelar e julgou procedente pedido formulado em ação direta para declarar a inconstitucionalidade da Lei 899/1995, do Distrito Federal. A referida norma, de iniciativa parlamentar, dentre outras providências, transfere da Região Administrativa IX – Ceilândia, e inclui "... à base territorial de jurisdição administrativa da RA IV - Brazlândia, parte da área onde se situa o Núcleo denominado INCRA 9...". O Tribunal assentou que compete privativamente ao Presidente da República a iniciativa de lei que disponha sobre a organização administrativa federal (CF, art. 61, § 1º, II, b), prerrogativa que cabe ao Governador do Distrito Federal, quando se tratar dessa unidade da Federação.

ADI e vício de iniciativa - 2

O Plenário confirmou medida cautelar (noticiada no Informativo 578) e julgou procedente pedido formulado em ação direta ajuizada contra a Lei distrital 3.189/2003, que inclui no calendário anual de eventos oficiais do Distrito Federal o "Brasília Music Festival". A referida norma destina, ainda, recursos do Poder Executivo para o patrocínio do festival, além de aparato de segurança e controle de trânsito a cargo da Secretaria de Segurança Pública distrital. O Tribunal asseverou que a norma questionada, de iniciativa parlamentar, teria afrontado os artigos 61, § 1º, II, b, e 165, III, ambos da CF. **ADI 4180/DF, rel. Min. Gilmar Mendes, 11.9.2014. (ADI-4180) (Inform. STF 758)**

ADI: Diário Oficial estadual e iniciativa de lei

O Plenário confirmou medida cautelar e julgou procedente pedido formulado em ação direta para declarar a inconstitucionalidade da Lei 11.454/2000, do Estado do Rio Grande do Sul. A lei, de iniciativa parlamentar, disciplina as matérias suscetíveis de publicação pelo Diário Oficial do Estado, órgão vinculado ao Poder Executivo. O Tribunal consignou que, no caso, estaria configurada a inconstitucionalidade formal e material do ato normativo impugnado. Afirmou que a edição de regra que disciplinasse o modo de atuação de órgão integrante da Administração Indireta do Estado-membro somente poderia advir de ato do Chefe do Poder Executivo estadual. Haveria, ademais, na edição da norma em comento, nítida afronta ao princípio constitucional da separação dos Poderes, na medida em que, ao se restringir a proibição de publicações exclusivamente ao Poder Executivo, teria sido criada situação discriminatória em relação a um dos Poderes do Estado-membro. **ADI 2294/RS, rel. Min. Ricardo Lewandowski, 27.8.2014. (ADI-2294) (Inform. STF 756)**

ADI: aumento de despesas e vício de iniciativa - 1
É possível emenda parlamentar a projeto de lei de iniciativa reservada ao Chefe do Poder Executivo, desde que haja pertinência temática e não acarrete aumento de despesas. Com base nesse entendimento, o Plenário, por maioria, concedeu medida cautelar em ação direta de inconstitucionalidade para suspender a vigência do art. 31 do ADCT da Constituição do Estado do Rio Grande do Norte, com a redação dada pelo art. 2º da EC 11/2013 ("Art. 31. Não serão computados, para efeito dos limites remuneratórios de que trata o art. 26, inciso XI, da Constituição Estadual, valores recebidos a título de indenização prevista em lei, nos termos do art. 37, § 11, da Constituição Federal, o abono de permanência de que trata o art. 40, § 19, da Constituição Federal, bem como o adicional por tempo de serviço e outras vantagens pessoais percebidos até 31 de dezembro de 2003, data da publicação da Emenda Constitucional nº 41, de 19 de dezembro de 2003, que compunham a remuneração ou integravam o cálculo de aposentadoria ou pensão do ocupante de cargo, função e emprego público da Administração Direta e Indireta, observado, neste último caso, o disposto no § 9º do art. 37 da Constituição Federal, do membro de qualquer dos Poderes do Estado, do Ministério Público, do Tribunal de Contas, da Defensoria Pública, do Procurador Público, dos demais agentes políticos e dos beneficiários de proventos, pensões ou outra espécie remuneratória, percebidos cumulativamente ou não").

ADI: aumento de despesas e vício de iniciativa - 2
No caso, a norma contestada resultara de processo legislativo desencadeado pela governadora do estado-membro que, com base no art. 37, § 12, da CF, encaminhara à assembleia legislativa proposta de alteração de um único artigo da Constituição Estadual (art. 26, XI), que passaria a prever o subsídio mensal, em espécie, dos desembargadores do tribunal de justiça, como teto para a remuneração de todos os servidores estaduais, à exceção dos deputados estaduais, conforme determinado pela Constituição Federal após a EC 41/2003. No curso de sua tramitação na casa legislativa, o projeto fora alterado pelos parlamentares para excluir, do referido teto, as verbas contidas no art. 31 do ADCT. O Tribunal afirmou que os traços básicos do processo legislativo estadual deveriam prestar reverência obrigatória ao modelo contemplado no texto da Constituição Federal, inclusive no tocante à reserva de iniciativa do processo legislativo. Sublinhou que, por força da prerrogativa instituída pelo art. 61, § 1º, II, a, da CF, somente o Chefe do Poder Executivo estadual teria autoridade para instaurar processo legislativo sobre o regime jurídico dos servidores estaduais, no que se incluiria a temática do teto remuneratório. Salientou que esta prerrogativa deveria ser observada mesmo quanto a iniciativas de propostas de emenda à Constituição Estadual. A Corte frisou que o dispositivo ora impugnado configuraria imoderação no exercício do poder parlamentar de emenda. Concluiu que, ao criar hipóteses de exceção à incidência do teto remuneratório do serviço público estadual e, consequentemente, exceder o prognóstico de despesas contemplado no texto original do projeto encaminhado pelo Chefe do Poder Executivo estadual, a assembleia legislativa atuara em domínio temático sobre o qual não lhe seria permitido interferir, de modo a configurar abuso de poder legislativo. Vencido, em parte, o Ministro Marco Aurélio, que deferia a medida cautelar em menor extensão para suspender, por vício material e formal, os dispositivos que excluem do teto o adicional por tempo de serviço e, de uma forma genérica, outras vantagens pessoais percebidas até 31.12.2003. Pontuava que a Constituição Federal excluiria do teto as verbas recebidas a título de indenização, nelas incluída o abono de permanência (CF, art. 40, § 19). **ADI 5087 MC/DF, rel. Min. Teori Zavascki, 27.8.2014. (ADI-5087) (Inform. STF 756)**

ADI e vício de iniciativa - 1
Usurpa a competência privativa do Chefe do Poder Executivo norma de iniciativa parlamentar que dispõe sobre regime jurídico, remuneração e critérios de provimento de cargo público. Com base nesse entendimento, o Plenário julgou procedente pedido formulado em ação direta para declarar a inconstitucionalidade da Lei 7.385/2002, do Estado do Espírito Santo, que dispõe sobre a reestruturação da carreira de fotógrafo criminal pertencente ao quadro de serviços efetivos da polícia civil daquele Estado-membro. O Tribunal destacou que a norma impugnada conteria vício formal de iniciativa.

ADI e vício de iniciativa - 2
O Plenário confirmou medida cautelar e julgou procedente pedido formulado em ação direta para declarar a inconstitucionalidade da Lei 5.729/1995, do Estado de Alagoas, que insere regras atinentes à transferência para a reserva, à reforma e à elegibilidade de policiais militares. A Corte asseverou que a matéria tratada na norma seria de reserva do Governador, porém, o diploma impugnado decorrera de iniciativa parlamentar.

ADI e vício de iniciativa - 3
Ao confirmar a orientação proferida quando do julgamento de medida cautelar no sentido de que compete ao Chefe do Poder Executivo a iniciativa de lei referente a direitos e vantagens de servidores públicos, o Plenário julgou procedente pedido formulado em ação direta para declarar a inconstitucionalidade da LC 11.370/1999 do Estado do Rio Grande do Sul. Na espécie, a norma impugnada, de iniciativa parlamentar, veda a supressão administrativa de direitos e vantagens que foram legalmente incorporados ao patrimônio funcional dos servidores, que somente poderiam tê-los suprimido pela via judicial. O Tribunal asseverou que a lei complementar operara modificação no estado de direito, em área de competência privativa do Governador. **ADI 2300/RS, rel. Min. Teori Zavascki, 21.8.2014. (ADI-2300) (Inform. STF 755)**

ADI: agentes públicos e vício de iniciativa
Ao confirmar a orientação proferida quando do julgamento da medida cautelar no sentido de que compete ao Poder Executivo estadual a iniciativa de lei referente aos direitos e deveres de servidores públicos (CF, art. 61, § 1º, II, c), o Plenário julgou procedente pedido formulado em ação direta para declarar a inconstitucionalidade da Lei Complementar 109/2005, do Estado do Paraná. Na espécie, a norma impugnada, de iniciativa da Assembleia Legislativa paranaense, previa prazo de 90 dias, após o trânsito em julgado, sob pena de multa correspondente a 1/30 do montante da remuneração mensal, para os procuradores ajuizarem ação regressiva contra os agentes públicos que, nesta qualidade, por dolo ou culpa, tivessem dado causa à condenação da Administração Pública, direta ou indireta em ações de responsabilidade civil. O Tribunal asseverou que o Chefe do Executivo estadual seria a autoridade competente para iniciar o processo legislativo de norma criadora de obrigações funcionais aos servidores de procuradoria-geral estadual. Consignou que a Constituição conferiria aos Estados-membros a capacidade de auto-organização e autogoverno e imporia observância obrigatória de vários princípios, dentre os quais o pertinente ao processo legislativo. Assentou que o legislador estadual não poderia, validamente, dispor sobre as matérias reservadas à iniciativa privativa do Chefe do Executivo. O Ministro Marco Aurélio acrescentou que a norma, ao disciplinar tema que envolveria, em tese, a própria prescrição, estaria, de forma indireta, a disciplinar sobre processo, tema de competência exclusiva da União. **ADI 3564/PR, rel. Min. Luiz Fux, 13.8.2014. (ADI-3564) (Inform. STF 754)**

ADI: conselho estadual de educação e vício de iniciativa
O Plenário confirmou orientação proferida quando do julgamento da medida cautelar no sentido de que compete ao Chefe do Poder Executivo a iniciativa privativa das leis que disponham sobre a organização e a estruturação de Conselho Estadual de Educação, órgão integrante da Administração Pública. Assim, julgou procedente pedido formulado em ação direta para declarar a inconstitucionalidade da Emenda Constitucional 24/2002, do Estado de Alagoas. A norma impugnada regula o processo de escolha dos integrantes do referido órgão e prevê que um dos representantes do mencionado Conselho seria indicado pela Assembleia Legislativa. O Tribunal asseverou que, além da ofensa ao princípio da separação de Poderes, teria sido afrontado o disposto no art. 61, § 1º, II, e, da CF. Por fim, esclareceu que o presente julgamento teria efeitos "ex tunc". **ADI 2654/AL, rel. Min. Dias Toffoli, 13.8.2014. (ADI-2654) (Inform. STF 754)**

5. DIREITO CONSTITUCIONAL

Aumento de despesa: iniciativa de lei e separação de Poderes

O Plenário concedeu medida cautelar em ação direta de inconstitucionalidade, para suspender a vigência do art. 5º da Lei 11.634/2010, do Estado da Bahia. O dispositivo incorpora gratificação à remuneração de servidores do estado--membro que se encontram à disposição do Poder Judiciário há pelo menos dez anos, assegurada a irredutibilidade de vencimentos, inclusive para fins de aposentadoria. Asseverou-se que a norma buscaria conferir caráter perene à percepção da mencionada gratificação por servidores que não integrariam o quadro permanente do Judiciário estadual, o que implicaria modificação do regime jurídico do servidor público e repercussão financeira para outros Poderes e órgãos estaduais. Salientou-se que o exercício de função comissionada durante vários anos não obstaria o caráter provisório do cargo correspondente, que dependeria de vínculo contínuo de confiança. Acresceu-se que a regra teria sido introduzida ao então projeto de lei por meio de emenda parlamentar. Rememorou-se que a Corte já afirmara a obrigatoriedade de os entes federados observarem a separação de Poderes, inclusive quanto às regras específicas de processo legislativo. Nesse sentido, o estado-membro deveria observar a Constituição quanto à reserva de iniciativa do Chefe do Executivo no tocante a projetos de lei concernentes à remuneração e ao regime jurídico dos respectivos servidores, o que não teria ocorrido. Ademais, frisou-se que a norma impugnada também gerara aumento de despesa em matéria de iniciativa reservada a governador, em ofensa ao art. 63, I, da CF (*Art. 63. Não será admitido aumento da despesa prevista: I - nos projetos de iniciativa exclusiva do Presidente da República, ressalvado o disposto no art. 166, § 3º e § 4º*). Ressalvou-se que não se apreciariam argumentos quanto à eventual inconstitucionalidade da gratificação de função, porque não pleiteado exame nesse sentido. No ponto, salientou-se a inviabilidade da proclamação de inconstitucionalidade de ato normativo de ofício, conforme precedentes da Corte. Concluiu-se não se poder cogitar de inconstitucionalidade por arrastamento, porquanto a insubsistência da verba remuneratória não decorreria, necessariamente, da invalidade da incorporação da gratificação. O Ministro Celso de Mello destacou que a Constituição admitiria a possibilidade de emenda independentemente da exclusividade de iniciativa, desde que dela não resultasse aumento de despesa. Discorreu que, em relação a projetos de iniciativa reservada ao Judiciário, teria de haver relação de pertinência, com o fim de evitar abusos no exercício do poder de emenda. Observou que o caso em discussão cuidaria de emenda parlamentar que implicara claro aumento da despesa global, de modo que existiria restrição constitucional ao exercício legítimo do poder de emenda. **ADI 4759 MC/BA, rel. Min. Marco Aurélio, 5.2.2014. (ADI-4759) (Inform. STF 734)**

MS: projeto de lei e criação de novos partidos políticos - 1

O Plenário iniciou julgamento de mandado de segurança preventivo em que senador alega ofensa ao devido processo legislativo na tramitação do Projeto de Lei - PL 4.470/2012, que estabelece novas regras para a distribuição de recursos do fundo partidário e de horário de propaganda eleitoral no rádio e na televisão, nas hipóteses de migração partidária. Em 24.4.2013, o Min. Gilmar Mendes, relator, por vislumbrar possível violação ao direito público subjetivo do parlamentar de não se submeter a processo legislativo inconstitucional, deferira pedido de liminar para suspender a tramitação do aludido projeto. Aduzira, na ocasião, os seguintes fundamentos: a) excepcionalidade do caso, confirmada pela velocidade no trâmite do PL, em detrimento de ponderação a nortear significativa mudança na organização política nacional; b) aparente tentativa casuística de alterar as regras para criação de partidos na vigente legislatura, em prejuízo das minorias políticas e, por conseguinte, da própria democracia; e c) contradição entre a proposição em tela e a decisão proferida na ADI 4430/DF (acórdão pendente de publicação, v. Informativo 672), na qual definida a forma de distribuição do tempo de propaganda eleitoral entre os partidos políticos. Preliminarmente, o Tribunal, por maioria, negou provimento a agravo regimental, interposto pela União, que impugnava a admissão dos amici curiae. Asseverou-se que a Corte vinha aceitando a possibilidade de ingresso do amicus curiae não apenas em processos objetivos de controle abstrato de constitucionalidade, mas também em outros feitos com perfil de transcendência subjetiva. O relator, ante a ampla repercussão do tema e a feição de controle preventivo do writ, afirmou que a participação de alguns parlamentares e partidos políticos, nessa qualidade, não feriria a dogmática processual. Destacou, inclusive, a viabilidade da admissão deles como litisconsortes. O Min. Celso de Mello consignou que a figura do amicus curiae não poderia ser reduzida à condição de mero assistente, uma vez que ele não interviria na situação de terceiro interessado na solução da controvérsia. Pluralizaria o debate constitucional, de modo que o STF pudesse dispor de todos os elementos informativos possíveis e necessários ao enfrentamento da questão, a enfatizar a impessoalidade do litígio constitucional.

MS: projeto de lei e criação de novos partidos políticos - 2

Ficaram vencidos os Ministros Teori Zavascki, Ricardo Lewandowski e Marco Aurélio, que davam provimento ao regimental. O Min. Teori Zavascki salientava que o writ conteria pretensão de controle preventivo de constitucionalidade de norma. Tendo isso em conta, afirmava a existência de dois óbices para a admissão de amicus curiae: a) incompatibilidade dessa figura com o mandado de segurança no seu sentido estrito de tutela de direitos subjetivos individuais ameaçados ou lesados; e b) óbice legislativo do ingresso de terceiros em ação direta de inconstitucionalidade. Registrava que os peticionantes teriam natureza de assistentes do autor, a defender interesse próprio. O Min. Ricardo Lewandowski, em acréscimo, ressaltava a jurisprudência do Supremo no sentido do não cabimento do amicus curiae em mandado de segurança. Observava que a feição objetiva da presente ação seria examinada durante o julgamento do writ. O Min. Marco Aurélio assentava, ainda, a vedação legal da participação do terceiro juridicamente interessado (Lei 12.016/2009: "Art. 24. Aplicam-se ao mandado de segurança os arts. 46 a 49 da Lei nº 5.869, de 11 de janeiro de 1973 - Código de Processo Civil"). Reputava não ser possível acionar a legislação que disporia sobre o processo objetivo para permitir-se o ingresso do amigo da Corte em mandado de segurança, voltado à proteção de direito individual. Em seguida, após o relatório e as sustentações orais, o julgamento foi suspenso.

MS: projeto de lei e criação de novos partidos políticos - 3

O Plenário retomou julgamento de mandado de segurança preventivo em que senador alega ofensa ao devido processo legislativo na tramitação do Projeto de Lei - PL 4.470/2012 (Câmara dos Deputados), convertido no Senado no Projeto de Lei da Câmara - PLC 14/2013, que estabelece novas regras para a distribuição de recursos do fundo partidário e de horário de propaganda eleitoral no rádio e na televisão, nas hipóteses de migração partidária — v. Informativo 709. O Min. Gilmar Mendes, relator, concedeu, em parte, a segurança para declarar a inconstitucionalidade da deliberação legislativa sobre o PLC 14/2013, nos termos atuais, isto é, se aprovado para reger esta legislatura e, portanto, as eleições que ocorrerão em 2014. De início, assentou a possibilidade de mandado de segurança ser impetrado para suspender a tramitação não apenas de proposta de emenda à Constituição, mas, também, de projeto de lei alegadamente violador de cláusula pétrea. Assinalou ser percebível a inconstitucionalidade do PLC 14/2013 ao se verificar o seu conteúdo e a circunstância a envolver a sua deliberação, a revelar ser ofensivo a direitos fundamentais como a isonomia, a igualdade de chances, a proporcionalidade, a segurança jurídica e a liberdade de criação de legendas, cláusulas pétreas da Constituição. Rememorou que o projeto de lei em exame pretenderia impor interpretação constitucional diametralmente oposta à exarada pelo STF no julgamento da ADI 4430/DF (acórdão pendente de publicação, v. Informativo 672), por se tratar de coisa julgada dotada de eficácia erga omnes. Asseverou que a sua não observância afrontaria a segurança jurídica em sua expressão concernente à proteção da confiança legítima, uma vez que todo o sistema político confiaria que, nas próximas eleições gerais, a regra seria aquela fixada naquele julgado. Observou que, caso aprovado, o mencionado projeto transgrediria o princípio da igualdade de chances e, por consequência, o direito das minorias políticas de livremente mobilizarem-se para a criação de novas legendas. Aduziu que, no processo democrático eleitoral, as regras deveriam ser previsíveis e justas, sob pena de minarem as condições de legitimidade do regime democrático.

MS: projeto de lei e criação de novos partidos políticos - 4

Destacou que a segurança jurídica e a isonomia exigiriam que nova conformação jurisprudencial ou legislativa da matéria somente poderia ser debatida e produzir efeitos a partir, pelo menos, da próxima legislatura. Apontou que os direitos políticos, neles contidos a livre criação de partidos em situação isonômica à dos demais, o pluripartidarismo e o direito à participação política, também seriam cláusulas pétreas da Constituição. Enfatizou não se tratar de "judicialização da política", quando as questões políticas estiverem configuradas como verdadeiras questões de direitos. O Min. Dias Toffoli acompanhou o relator para conceder, em parte, a segurança. De início, ressaltou o direito líquido e certo subjetivo do impetrante, a não apreciar texto aprovado pela Câmara se entender atentar contra cláusulas pétreas. Sublinhou o caráter casuístico do projeto, porquanto grupos majoritários no Parlamento pretenderiam atingir a essência da disputa democrática por meio de importantes instrumentos do debate político e eleitoral, que seriam acesso a rádio e televisão gratuitamente, seja pelo programa partidário ou fundo partidário, disciplinados pela Lei 9.096/95, seja pelas normas para

394 VADE MECUM DE JURISPRUDÊNCIA – STF/STJ

eleição contidas na Lei 9.504/97. Registrou que, a admitir-se o pretendido pelo projeto, as maiorias políticas estariam a sufocar as minorias, o que afrontaria a jurisprudência do STF no que diz respeito à cláusula de barreira e à decisão da ADI 4430/DF.

MS: projeto de lei e criação de novos partidos políticos - 5

O Min. Teori Zavascki, em divergência, denegou a segurança. Reputou evidente que o direito líquido e certo afirmado na impetração, de o parlamentar não ser obrigado a participar do processo legislativo em comento, não traduziria a verdadeira questão debatida, pois ele teria o direito de, espontaneamente, abster-se de votar. Buscar-se-ia, a pretexto de tutelar direito individual, provimento no sentido de inibir a própria tramitação do projeto de lei. Considerou que as eventuais inconstitucionalidades do texto impugnado poderiam ser resolvidas se e quando o projeto se transformasse em lei. Ademais, a discussão sobre a legitimidade do controle constitucional preventivo de proposta legislativa teria consequências transcendentais, com reflexos para além do caso em pauta, pois tocaria o cerne da autonomia dos poderes. Reputou que o sistema constitucional pátrio não autorizaria o controle de constitucionalidade prévio de atos normativos, e que a jurisprudência da Corte estaria consolidada no sentido de deverem ser, em regra, rechaçadas as demandas judiciais com essa finalidade. Delimitou haver duas exceções a essa regra: a) proposta de emenda à Constituição manifestamente ofensiva a cláusula pétrea; e b) projeto de lei ou de emenda em cuja tramitação se verificasse manifesta ofensa a cláusula constitucional que disciplinasse o correspondente processo legislativo. Aduziu que, em ambas as hipóteses, a justificativa para excepcionar a regra estaria claramente definida na jurisprudência do STF. O vício de inconstitucionalidade estaria diretamente relacionado aos aspectos formais e procedimentais da atuação legislativa. Nessas hipóteses, a impetração de segurança seria admissível porque buscaria corrigir vício efetivamente concretizado, antes e independentemente da final aprovação da norma.

MS: projeto de lei e criação de novos partidos políticos - 6

Assinalou que o caso em exame não se enquadraria em qualquer dessas duas excepcionais situações, pois sustentado apenas que o projeto de lei teria conteúdo incompatível com os artigos 1º, V; e 17, caput, ambos da CF. Ressaltou que a mais notória consequência de eventual concessão da ordem seria a universalização do controle preventivo de constitucionalidade, em descompasso com a Constituição e com a jurisprudência já consolidada. Destacou a existência de modelo de exclusivo de controle de normas (sucessivo repressivo), exercido pelos órgãos e instituições arrolados no art. 103 da CF, mediante ação própria. Admitir-se-ia, se prevalecente entendimento diverso, controle jurisdicional por ação da constitucionalidade material de projeto de norma, a ser exercido exclusivamente por parlamentar. Esse modelo de controle prévio não teria similar no direito comparado e ultrapassaria os limites constitucionais da intervenção do Judiciário no processo de formação das leis. Asseverou que as discussões políticas, nesse âmbito, pertenceriam ao Legislativo e não ao Judiciário, cujas decisões somente seriam consideradas políticas quando tivessem por substrato interpretação e aplicação de leis de conteúdo político. Sublinhou o distanciamento que as Cortes constitucionais deveriam ter dos processos políticos, inclusive pela sua inaptidão para resolver, por via de ação, os conflitos carregados de paixões dessa natureza. Salientou não fazer sentido, ademais, atribuir a parlamentar, a quem a Constituição não habilitaria para provocar o controle abstrato de constitucionalidade normativa, prerrogativa muito mais abrangente e eficiente de provocar esse controle sobre os próprios projetos legislativos. Além disso, subtrair-se-ia dos outros Poderes a prerrogativa de exercerem o controle constitucional preventivo de leis.

MS: projeto de lei e criação de novos partidos políticos - 7

A Min. Rosa Weber acompanhou a divergência. Frisou a jurisprudência da Corte, no sentido de ser inviável a fiscalização preventiva em abstrato, pelo STF, de meras proposições normativas em formação. Examinou que esse tipo de controle seria mais marcadamente político, cujo local mais adequado seria o Parlamento. Sublinhou, entretanto, que a apreciação formal de projeto de lei, entendido como o resguardo da regularidade jurídico-constitucional do processo legislativo, pelo Judiciário, seria admissível de acordo com precedentes do Supremo. Assim, não seria cabível mandado de segurança impetrado para impedir a tramitação de projeto de lei, simplesmente com base em alegação de que seu conteúdo entraria em choque com algum princípio constitucional. Possível violação à Constituição só ocorreria depois de o

projeto se transformar em lei, ou de a proposta de emenda ser aprovada. Reputou que, por se tratar de mandado de segurança, e não de controle concentrado de constitucionalidade, aplicar-se-ia o princípio da demanda, e o pedido seria o arquivamento do projeto ou a suspensão de seu trâmite. A via eleita não seria adequada, porém, para impedir o debate legislativo, mormente porque não suscitado vício formal ou afronta a cláusula pétrea.

MS: projeto de lei e criação de novos partidos políticos - 8

A seu turno, o Min. Luiz Fux também denegou a ordem. Destacou o dever de cautela redobrado no exercício da jurisdição constitucional. Nesse sentido, os tribunais não poderiam asfixiar a autonomia pública dos cidadãos, ao substituir as escolhas políticas de seus representantes por preferências pessoais de magistrados. Dever-se-ia, portanto, rechaçar leitura maximalista das cláusulas constitucionais, a amesquinhar o papel da política ordinária na vida social. Assinalou, ainda, a posição central que a Constituição ocuparia no sistema jurídico, pois definidora dos cânones estruturantes do Estado de Direito. A respeito da jurisprudência da Corte, no que tange às violações do direito público subjetivo do parlamentar de não se submeter a processo legislativo a veicular preposição tendente a abolir cláusulas pétreas, analisou inexistir precedente específico. Asseverou que o art. 60, § 4º, da CF seria categórico ao não admitir propostas de emenda tendentes a abolir esses direitos. Não haveria alusão a projetos de lei ou outras espécies normativas. Ademais, se o constituinte pretendesse emprestar o mesmo regime jurídico às propostas de emendas e aos projetos de lei, não teria apartado o regramento dessas espécies normativas primárias no texto constitucional. Haveria, desse modo, disciplina normativa específica para cada uma delas. Reconheceu, além disso, que, ao se admitir o controle prévio de projeto de lei, subverter-se-ia a sistemática atual do controle de constitucionalidade, cuja repressão ocorreria a posteriori. Somente se autorizaria o juízo preventivo de inconstitucionalidade excepcionalmente. Exemplificou que, caso se considerasse que o PLC 14/2013 deveria ser arquivado, a médio e longo prazo haveria uma série de demandas da mesma espécie perante a Corte. Nesse sentido, o STF atuaria como uma espécie de terceiro participante das rodadas parlamentares, e exerceria papel típico do Legislativo. O controle repressivo de constitucionalidade cederia espaço, então, ao controle preventivo. Além disso, a não suspensão do trâmite desse projeto significaria não extinguir o debate político. Se por um lado seria admissível atuação do Supremo para assegurar os direitos individuais indispensáveis para a participação popular no procedimento democrático de tomada de decisões, por outro não caberia antecipar o desfecho de um debate parlamentar. Impenderia vedar a "supremocracia". Discorreu que a Corte deveria atuar como catalisador deliberativo, ao promover a interação e o diálogo institucional, de modo a maximizar a qualidade democrática em produzir boas decisões. Sob esse aspecto, dever-se-ia propiciar ao governo, em conjunto com a sociedade, a oportunidade de debater e resolver questões constitucionais por meio de canais democráticos.

MS: projeto de lei e criação de novos partidos políticos - 9

O Min. Ricardo Lewandowski também denegou a ordem. Afirmou que discussão de projeto de lei concernente à migração partidária, durante certa legislatura, bem como à transferência de recurso do fundo partidário e do horário de propaganda eleitoral não colidiria com as cláusulas pétreas, razão pela qual não poderia ser objeto de controle prévio de constitucionalidade. Salientou, ainda, que a via eleita não seria adequada, porque inexistente direito líquido e certo. Reputou que simples projeto de lei, ainda que aprovado, sancionado e publicado, não ameaçaria a higidez da Constituição. Eventual interferência do Judiciário nesse processo seria abusiva e inconstitucional. Consignou que somente após a regular tramitação do projeto estaria o STF autorizado a examinar sua compatibilidade com a Constituição, mediante o instrumento adequado. Assim, negar ao Congresso o direito de estabelecer sua própria pauta seria negar a democracia, bem assim colidiria com a cláusula pétrea da separação de Poderes.

MS: projeto de lei e criação de novos partidos políticos - 10

O Min. Marco Aurélio, preliminarmente, não conheceu do mandado de segurança. Destacou que a impetração decorreria de suposto vício quanto ao conteúdo do projeto de lei, à luz do que decidido na ADI 4430/DF, sem que fosse apontado erro procedimental. Evidenciou que o objetivo seria controle prévio de constitucionalidade, por suposta ofensa a princípios constitucionais. Consignou que isso seria inadmissível, consoante jurisprudência da Corte. Rememorou que, na vigente ordem constitucional, apenas seria cabível obstar o trâmite de emenda constitucional tendente a atingir cláusula pétrea (CF, art. 60, § 4º). Tratar-se-ia de situação taxativa em que a Constituição

5. DIREITO CONSTITUCIONAL

permitiria o controle de constitucionalidade antecipado. Nessa situação, considerados os riscos de alteração da Constituição, seria necessário que o controle sobre essa atividade legislativa fosse reforçado, tendo em vista os aspectos fundantes da ordem constitucional e a defesa da identidade do pacto originário. Anotou que, no que se refere a processos legislativos ordinários, os projetos de lei apenas seriam impugnáveis, na via eleita, quando e se verificada inobservância a dispositivos reguladores do processo legislativo. Asseverou que, no caso, se admitida a plena discussão sobre a constitucionalidade do projeto de lei, estaria comprometido não só o modelo de controle repressivo amplo em vigor, mas a própria separação de Poderes. Nesse sentido, sublinhou que a admissão de mandado de segurança em hipóteses semelhantes permitiria a inclusão do STF no processo legislativo ordinário, e a Corte se tornaria partícipe dessa deliberação, com poder de veto prévio. Reputou que a impetração teria por objetivo impedir o debate parlamentar legítimo e que caberia ao Supremo, eventualmente, enfrentar a matéria na via judicial repressiva adequada.

MS: projeto de lei e criação de novos partidos políticos - 11
No mérito, indeferiu a ordem. Afastou a tese de que o legislador estaria vinculado aos efeitos da decisão proferida na ADI 4430/DF, o que viabilizaria a tramitação do projeto de lei questionado, embora pudesse ter, em tese, conteúdo "desafiador" de interpretação anterior do STF. Assinalou que a celeridade na tramitação do texto não afrontaria o devido processo legislativo. Apontou que a "superinterpretação" do texto constitucional, forma de interpretação ilegítima ou de ativismo judicial distorcido, teria como exemplo as interferências na tramitação de matéria legislativa. Arrematou que os atores do devido processo legislativo não seriam os juízes, mas os representantes do povo. Em seguida, deliberou-se suspender o julgamento.

MS: projeto de lei e criação de novos partidos - 12
Em conclusão, o Plenário, por maioria, denegou mandado de segurança preventivo em que senador alegava ofensa ao devido processo legislativo na tramitação do Projeto de Lei - PL 4.470/2012 (Câmara dos Deputados), convertido, no Senado, no Projeto de Lei da Câmara - PLC 14/2013, que estabelece novas regras para a distribuição de recursos do fundo partidário e de horário de propaganda eleitoral no rádio e na televisão, nas hipóteses de migração partidária — v. Informativos 709 e 710. Preliminarmente, por votação majoritária, conheceu-se do writ, vencidos os Ministros Marco Aurélio e Cármen Lúcia. Estes consideravam que o objetivo da impetração seria controle prévio de constitucionalidade de lei, por suposta ofensa a princípios constitucionais, o que seria inadmissível, consoante jurisprudência da Corte. No que se refere a processo legislativo ordinário, acresciam que os projetos de lei apenas seriam impugnáveis, na via eleita, quando e se verificada inobservância a dispositivos reguladores desse procedimento. Ademais, essa forma de controle também seria admissível na hipótese de emenda constitucional atentatória à cláusula pétrea (CF, art. 60, § 4º). No ponto, a Min. Cármen Lúcia destacava que, se houvesse projeto de lei a contrariar essas cláusulas, o controle judicial em mandado de segurança também seria cabível, embora não fosse o caso.

MS: projeto de lei e criação de novos partidos - 13
No mérito, prevaleceu o voto do Min. Teori Zavascki. Considerou que as eventuais inconstitucionalidades do texto impugnado poderiam ser resolvidas se e quando o projeto se transformasse em lei. Ademais, a discussão sobre a legitimidade do controle constitucional preventivo de proposta legislativa teria consequências transcendentais, com reflexos para além do caso em pauta, pois tocaria o cerne da autonomia dos Poderes. Reputou que o sistema constitucional pátrio não autorizaria o controle de constitucionalidade prévio de atos normativos, e que a jurisprudência da Corte estaria consolidada no sentido de, em regra, deverem ser rechaçadas as demandas judiciais com essa finalidade. Delimitou haver duas exceções a essa regra: a) proposta de emenda à Constituição manifestamente ofensiva a cláusula pétrea; e b) projeto de lei ou de emenda em cuja tramitação se verificasse manifesta afronta a cláusula constitucional que disciplinasse o correspondente processo legislativo. Aduziu que, em ambas as hipóteses, a justificativa para excepcionar a regra estaria claramente definida na jurisprudência do STF. O vício de inconstitucionalidade estaria diretamente relacionado aos aspectos formais e procedimentais da atuação legislativa. Nessas circunstâncias, a impetração de segurança seria admissível porque buscaria corrigir vício efetivamente concretizado, antes e independentemente da final aprovação da norma.

MS: projeto de lei e criação de novos partidos - 14
Assinalou que o caso em exame não se enquadraria em qualquer dessas duas excepcionais situações, pois sustentado apenas que o projeto de lei teria conteúdo incompatível com os artigos 1º, V; e 17, caput, ambos da CF. Ressaltou que a mais notória consequência de eventual concessão da ordem seria a universalização do controle preventivo de constitucionalidade, em descompasso com a Constituição e com a jurisprudência já consolidada. Destacou a existência de modelo exclusivo de controle de normas, exercido pelos órgãos e instituições arrolados no art. 103 da CF, mediante ação própria. Admitir-se-ia, se prevalecente entendimento diverso, controle jurisdicional por ação da constitucionalidade material de projeto de norma, a ser exercido exclusivamente por parlamentar. Esse modelo de controle prévio não teria similar no direito comparado e ultrapassaria os limites constitucionais da intervenção do Judiciário no processo de formação das leis. Asseverou que as discussões políticas, nesse âmbito, pertenceriam ao Legislativo e não ao Judiciário. Sublinhou o distanciamento que as Cortes constitucionais deveriam ter dos processos políticos, inclusive pela sua inaptidão para resolver, por via da ação, os conflitos carregados de paixões dessa natureza. Salientou não fazer sentido, ademais, atribuir a parlamentar, a quem a Constituição não habilitaria para provocar o controle abstrato de constitucionalidade normativa, prerrogativa muito mais abrangente e eficiente de provocar esse controle sobre os próprios projetos legislativos. Além disso, subtrair-se-ia dos outros Poderes a prerrogativa de exercerem o controle constitucional preventivo de leis.

MS: projeto de lei e criação de novos partidos - 15
O Min. Luiz Fux exemplificou que, caso se considerasse que o PLC 14/2013 deveria ser arquivado, a médio e longo prazo haveria uma série de demandas da mesma espécie perante a Corte. Nesse sentido, o STF atuaria como uma espécie de terceiro participante das rodadas parlamentares, e exerceria papel típico do Legislativo. O controle repressivo de constitucionalidade cederia espaço, então, ao controle preventivo. O Min. Marco Aurélio afastou a tese de que o legislador estaria vinculado aos efeitos da decisão proferida na ADI 4430/DF (acórdão pendente de publicação, v. Informativo 672), o que viabilizaria a tramitação do projeto de lei questionado, embora pudesse ter, em tese, conteúdo "desafiador" de interpretação anterior do STF. Assinalou que a celeridade na tramitação do texto não afrontaria o devido processo legislativo. Apontou que a "superinterpretação" do texto constitucional, forma de interpretação ilegítima ou de ativismo judicial distorcido, teria como exemplo as interferências na tramitação de matéria legislativa. Arrematou que os atores do devido processo legislativo não seriam os juízes, mas os representantes do povo.

MS: projeto de lei e criação de novos partidos - 16
Vencidos os Ministros Gilmar Mendes, relator, Dias Toffoli e Celso de Mello, que concediam parcialmente a segurança, para declarar a inconstitucionalidade da deliberação legislativa sobre o PLC 14/2013, se aprovado para reger as eleições que ocorrerão em 2014. O relator assentava a possibilidade de mandado de segurança ser impetrado para suspender a tramitação de projeto de lei alegadamente violador de cláusula pétrea. Registrava que o projeto de lei em comento seria ofensivo à isonomia, à igualdade de chances, à proporcionalidade, à segurança jurídica e à liberdade de criação de partidos. Rememorava que pretender-se-ia impor interpretação constitucional diametralmente oposta à exarada no julgamento da ADI 4430/DF. O Min. Dias Toffoli sublinhava o caráter casuístico do projeto, porquanto grupos majoritários no Parlamento pretenderiam atingir a essência da disputa democrática por meio de importantes instrumentos do debate político e eleitoral, que seriam acesso ao rádio e televisão gratuitamente, seja pelo programa partidário ou fundo partidário, disciplinados pela Lei 9.096/95, seja pelas normas para eleição contidas na Lei 9.504/97. O Min. Celso de Mello consignava a possibilidade jurídico-constitucional de fiscalização de determinados atos emanados do Executivo ou do Legislativo, quando alegadamente eivados de vício de inconstitucionalidade formal ou material, sem vulnerar a separação de Poderes. Afirmava que, mesmo que em seu próprio domínio institucional, nenhum órgão estatal poderia pretender-se superior ou supor-se fora do alcance da autoridade da Constituição. Nesse sentido, a separação de Poderes jamais poderia ser invocada como princípio destinado a frustrar a resistência jurídica a qualquer ato de repressão estatal ou a qualquer ensaio de abuso de poder e desrespeito a cláusula pétrea. Frisava jurisprudência da Corte no sentido da possibilidade de controle jurisdicional de atos políticos. Por fim, o Tribunal cassou a decisão liminar anteriormente deferida. **MS 32033/DF, rel. orig. Min. Gilmar Mendes, red. p/ o acórdão Min. Teori Zavascki, 20.6.2013. (MS-32033) (Inform. STF 711)**

Súmula STF nº 651

A medida provisória não apreciada pelo congresso nacional podia, até a Emenda Constitucional n. 32/01, ser reeditada dentro do seu prazo de eficácia de trinta dias, mantidos os efeitos de lei desde a primeira edição.

6.3. Fiscalização Contábil, Financeira e Orçamentária

TCU e critério de escolha de Ministro

O Plenário confirmou medida cautelar e julgou parcialmente procedente pedido formulado em ação direta para declarar a inconstitucionalidade do art. 105, III, da Lei 8.443/1992 - Lei Orgânica do TCU ("Art. 105. O processo de escolha de ministro do Tribunal de Contas da União, em caso de vaga ocorrida ou que venha a ocorrer após a promulgação da Constituição de 1988, obedecerá ao seguinte critério: ... III - a partir da décima vaga, reinicia-se o processo previsto nos incisos anteriores, observada a alternância quanto à escolha de auditor e membro do Ministério Público junto ao Tribunal, nos termos do inciso I do § 2º do art. 73 da Constituição Federal"), bem como do art. 280, III, do Regimento Interno do TCU. Referidas normas dispõem sobre o processo de escolha de Ministros daquela Corte de Contas. O Colegiado ressaltou que, a persistirem os dispositivos impugnados, haveria possibilidade de não se observar a razão de ser da distribuição das vagas, que se destacaria pela composição heterogênea daquele Tribunal. Registrou a necessidade de se respeitar a regra contida no § 2º do art. 73 da CF. **ADI 2117/DF, rel. Min. Marco Aurélio, 27.8.2014. (ADI-2117) (Inform. STF 756)**

Tribunal de Contas estadual: preenchimento de vagas e separação de Poderes - 1

O Plenário iniciou julgamento de recurso extraordinário em que se discute a constitucionalidade de eventual preenchimento, por membro do Ministério Público de Contas estadual, de cargo vago de conselheiro da Corte de Contas local, a ser escolhido pelo Governador, cujo ocupante anterior teria sido nomeado mediante indicação da Assembleia Legislativa. O Ministro Marco Aurélio (relator), acompanhado pelos Ministros Dias Toffoli, Cármen Lúcia e Ricardo Lewandowski (Presidente eleito), proveu o recurso, e assentou a competência da Assembleia Legislativa para a indicação do nome do futuro ocupante da vaga aberta ante a aposentadoria de conselheiro anteriormente escolhido pelo aludido órgão legislativo. Apontou as premissas fáticas do caso: a) a Corte de Contas seria composta por sete Conselheiros, quatro indicados pela Assembleia Legislativa e três pelo Governador, um deles nomeado pelo Executivo antes da CF/1988; b) a inexistência de conselheiros oriundos do Ministério Público Especial no Tribunal de Contas até o momento; c) o primeiro concurso público para ingresso no Ministério Público Especial junto ao Tribunal de Contas ocorrera em 2008, e a primeira posse, em 2011; d) a aposentadoria, em 2012, de um dos Conselheiros indicados pela Assembleia, e o surgimento da vaga em questão. O relator examinou o alcance dos artigos 73, § 2º, I e II ("Art. 73. O Tribunal de Contas da União, integrado por nove Ministros, tem sede no Distrito Federal, quadro próprio de pessoal e jurisdição em todo o território nacional, exercendo, no que couber, as atribuições previstas no art. 96. ... § 2º - Os Ministros do Tribunal de Contas da União serão escolhidos: I - um terço pelo Presidente da República, com aprovação do Senado Federal, sendo dois alternadamente dentre auditores e membros do Ministério Público junto ao Tribunal, indicados em lista tríplice pelo Tribunal, segundo os critérios de antiguidade e merecimento; II - dois terços pelo Congresso Nacional"); e 75 ("As normas estabelecidas nesta seção aplicam-se, no que couber, à organização, composição e fiscalização dos Tribunais de Contas dos Estados e do Distrito Federal, bem como dos Tribunais e Conselhos de Contas dos Municípios"), ambos da CF.

Tribunal de Contas estadual: preenchimento de vagas e separação de Poderes - 2

O Ministro Marco Aurélio, no ponto, afirmou que os Tribunais de Contas possuiriam a atribuição, constitucionalmente estabelecida, de auxiliar o Legislativo no controle da execução do orçamento público e de emitir parecer final sobre as contas da Administração. Asseverou que o constituinte, no sentido de concretizar o sistema de freios e contrapesos e viabilizar a natureza eminentemente técnica desempenhada por esses órgãos, disciplinara modelo heterogêneo de composição, e o fizera em dois níveis: partilhara a formação, consoante a autoridade responsável pela indicação, entre o Legislativo e o Executivo (CF, art. 73, § 2º, I e II); e, tendo em vista o âmbito de escolha

deste, determinara fosse uma vaga reservada a auditor, e outra, a membro do Ministério Público Especial (CF, art. 73, § 2º, I). Frisou que, para o TCU, composto por nove Ministros, o aludido § 2º dispõe que 1/3 seja indicado pelo Presidente da República, observadas as vagas específicas acima descritas, e 2/3 pelo Congresso Nacional. No tocante aos tribunais estaduais, integrados por sete Conselheiros, essas regras devem ser aplicadas no que couberem (CF, art. 75), e o STF, no Enunciado 653 de sua Súmula, definira que a escolha de quatro membros competiria à Assembleia Legislativa, e a de três, ao Governador. Nesse último caso, um deles seria de livre escolha, um auditor e um membro do Ministério Público Especial. Sintetizou que o constituinte preconizara a formação dos Tribunais de Contas em dois passos: a partilha interpoderes, fundada no princípio da separação de Poderes; e a intrapoder, no âmbito das indicações do Executivo, motivada pela necessidade de conferir tecnicidade e independência ao órgão.

Tribunal de Contas estadual: preenchimento de vagas e separação de Poderes - 3

O relator consignou que o Supremo, ao enfrentar o tema, proclamara prevalecer a regra constitucional de divisão proporcional das indicações entre o Legislativo e o Executivo sobre a obrigatória indicação de clientelas específicas pelos Governadores. Apontou que o STF definira tratar-se de regras sucessivas: primeiro, observar-se-ia a proporção de escolhas entre os Poderes para, então, cumprirem-se os critérios impostos ao Executivo. Não haveria exceção, nem mesmo em face de ausência de membro do Ministério Público Especial. Assim, o atendimento da norma quanto à distribuição de cadeiras em favor de auditores e do Ministério Público somente poderia ocorrer quando surgida vaga pertencente ao Executivo, e não seria legítimo o sacrifício ao momento e ao espaço de escolha do Legislativo. Explicitou não haver autêntico conflito entre normas constitucionais contidas no art. 73, § 2º, da CF, mas dualidade de critérios a reclamar aplicação sucessiva: dever-se-ia cumprir, primeiro, o critério a levar em conta o órgão competente para a escolha e, depois, o ligado à clientela imposta ao Executivo. Sublinhou que, de acordo com a jurisprudência do Tribunal, a liberdade para formular ordem de escolha de conselheiros, a fim de, mais efetivamente, estruturar as Cortes de Contas segundo as balizas constitucionais, não permitiria afastar, mesmo transitoriamente, a regra de proporção dessas vagas entre o Executivo e o Legislativo. De acordo com a Constituição, mais importaria a autoridade que indica do que a clientela à qual pertencente o indicado. Assim, a escolha desta última, em qualquer circunstância, incluída a de ausência de membro do Ministério Público Especial do Tribunal de Contas, apenas poderia ocorrer se estivesse disponível cadeira pertencente à cota do Governador.

Tribunal de Contas estadual: preenchimento de vagas e separação de Poderes - 4

O Ministro Marco Aurélio ressaltou ser inequívoca a circunstância de a vaga em exame decorrer de aposentadoria de conselheiro escolhido pelo Legislativo local, a significar a impossibilidade de destiná-la a membro do Ministério Público Especial do Tribunal de Contas, mediante indicação do Chefe do Executivo. Assinalou que o fato de a Corte de Contas estadual possuir membro nomeado sob a égide da Constituição pretérita não seria capaz de alterar essa premissa. Assentou que, mesmo que as Cortes de Contas não estivessem inteiramente organizadas segundo a disciplina constitucional vigente, a liberdade dos Estados-membros quanto à ocupação de vagas por clientelas específicas seria limitada pela preponderância temporal da partilha das cadeiras entre Assembleia e Governador. Afirmou que a ausência de membro do Ministério Público Especial no Tribunal de Contas não autorizaria a superação dessa regra, solução esta que deveria ser reservada a situações nas quais presente conflito de princípios. Anotou haver, na espécie, regras rígidas que reclamariam o cumprimento sucessivo no plano temporal e institucional, cuja sequência teria sido claramente definida pelo STF. O Ministro Dias Toffoli acrescentou que o Ministério Público não seria um dos três Poderes, mas sim função essencial à Justiça. No caso, o Ministério Público de Contas exerceria o mister de fiscalização do órgão encarregado de análise das prestações de contas. A Ministra Cármen Lúcia pontuou que o art. 73, § 2º, da CF deveria ser aplicado como norma de simetria e, portanto, de repetição obrigatória por parte dos Estados-membros. O Ministro Ricardo Lewandowski (Presidente eleito) sublinhou que o constituinte de 1988 quisera dar ao Poder Legislativo preeminência maior no que tange ao controle externo das contas dos demais Poderes, razão pela qual o número de indicados estaria estabelecido nessa proporção.

Tribunal de Contas estadual: preenchimento de vagas e separação de Poderes - 5

Em divergência, os Ministros Teori Zavascki, Rosa Weber, Luiz Fux e Celso de Mello desproveram o recurso. O Ministro Teori Zavascki salientou a existência, no plano normativo, de disposição constitucional segundo a qual quatro membros do Tribunal de Contas Estadual deveriam ser indicados pela Assembleia Legislativa e três pelo Governador. Observou, por outro lado, que haveria outra disposição normativa constitucional, de mesma hierarquia, a estabelecer que um dos membros do Tribunal de Contas deveria ser representante do Ministério Público, dentre os três indicados pelo Governador. Assinalou que, embora esses dois comandos constitucionais fossem harmônicos, na situação dos autos um deles deveria ser restringido, de acordo com alguns princípios: o da necessidade; o da menor restrição possível ou da proibição do excesso; e o da manutenção do núcleo essencial dos princípios colidentes no plano concreto. Lembrou que, se fosse chancelada a possibilidade de a Assembleia Legislativa nomear novo conselheiro, isso significaria perpetuar a situação de não haver representante ministerial no Tribunal de Contas. Considerou que a solução recorrida, por sua vez, seria mais adequada, porque privilegiaria a participação do Ministério Público no órgão e determinaria que a próxima vaga, que seria de indicação do Governador, fosse atendida pela Assembleia. Assim, não obstante mantida, momentaneamente, uma disfunção constitucional, desde logo seria sanado um vício importante, que seria a ausência de membro do Ministério Público. A Ministra Rosa Weber sublinhou que o caso revelaria situação transitória, tendo em vista que uma das cadeiras do Tribunal de Contas ainda seria ocupada por membro designado em momento anterior à Constituição atual, e que, considerados os valores em conflito, deveria prevalecer a exigência de membro do Ministério Público na composição do órgão.

Tribunal de Contas estadual: preenchimento de vagas e separação de Poderes - 6

O Ministro Luiz Fux frisou a supremacia do interesse da sociedade em ter, na composição do Tribunal e Contas, membro do Ministério Público, em face de indicação de Conselheiro ora pela Assembleia Legislativa, ora pelo Executivo. Apontou que a integração de membro ministerial levaria em conta a necessidade de haver Conselheiros de fora da classe política, que auxiliariam o Legislativo na aferição do gasto do dinheiro público. Reputou que, na solução de problemas de transição de um para outro modelo constitucional, deveria prevalecer, sempre que possível, a interpretação que viabilizasse a implementação mais rápida do novo ordenamento. Assinalou que, no caso, desde o advento da CF/1988 ainda não haveria membro do Ministério Público nos quadros do Tribunal de Contas local. O Ministro Celso de Mello registrou que a situação concreta de permanente transgressão constitucional, que a solução recorrida buscaria superar, não poderia subsistir, tendo em conta a ausência, na composição do Tribunal de Contas, de representante ministerial. Em seguida, o julgamento foi suspenso para se aguardar o voto desempate do Ministro Gilmar Mendes.

Tribunal de Contas estadual: preenchimento de vagas e separação de Poderes - 7

Para definir-se a ocupação de cadeiras vagas nos Tribunais de Contas estaduais, nos casos de regime de transição, prevalece a regra constitucional de divisão proporcional das indicações entre o Legislativo e o Executivo em face da obrigatória indicação de clientelas específicas pelos Governadores. Esse o entendimento do Plenário que, em conclusão e por maioria, proveu recurso extraordinário em que discutida a constitucionalidade de eventual preenchimento, por membro do Ministério Público de Contas estadual, de cargo vago de conselheiro da Corte de Contas local, a ser escolhido pelo Governador, cujo ocupante anterior teria sido nomeado mediante indicação da Assembleia Legislativa — v. Informativo 754. O Colegiado assentou a competência da Assembleia Legislativa para a indicação do nome do futuro ocupante da vaga aberta ante a aposentadoria de conselheiro anteriormente escolhido pelo aludido órgão legislativo. Afirmou que os Tribunais de Contas possuiriam a atribuição, constitucionalmente estabelecida, de auxiliar o Legislativo no controle da execução do orçamento público e de emitir parecer final sobre as contas da Administração. Asseverou que o constituinte, no sentido de concretizar o sistema de freios e contrapesos e viabilizar a natureza eminentemente técnica desempenhada por esses órgãos, disciplinara modelo heterogêneo de composição, e o fizera em dois níveis: partilhara a formação, consoante a autoridade responsável pela indicação, entre o Legislativo e o Executivo (CF, art. 73, § 2º, I e II); e, tendo em vista o âmbito de escolha

deste, determinara fosse uma vaga reservada a auditor, e outra, a membro do Ministério Público Especial (CF, art. 73, § 2º, I). Frisou que, para o TCU, composto por nove Ministros, o aludido § 2º dispõe que 1/3 seja indicado pelo Presidente da República, observadas as vagas específicas acima descritas, e 2/3 pelo Congresso Nacional. No tocante aos tribunais estaduais, integrados por sete Conselheiros, essas regras devem ser aplicadas no que couberem (CF, art. 75), e o STF, no Enunciado 653 de sua Súmula, definira que a escolha de quatro membros competiria à Assembleia Legislativa, e a de três, ao Governador. Nesse último caso, um deles seria de livre escolha, um auditor e um membro do Ministério Público Especial. Sintetizou que o constituinte preconizara a formação dos Tribunais de Contas em dois passos: a partilha interpoderes, fundada no princípio da separação de Poderes; e a intrapoder, no âmbito das indicações do Executivo, motivada pela necessidade de conferir tecnicidade e independência ao órgão.

Tribunal de Contas estadual: preenchimento de vagas e separação de Poderes - 8

O Plenário apontou haver regras sucessivas: primeiro, observar-se-ia a proporção de escolhas entre os Poderes para, então, cumprirem-se os critérios impostos ao Executivo. Não haveria exceção, nem mesmo em face de ausência de membro do Ministério Público Especial. Assim, o atendimento da norma quanto à distribuição de cadeiras em favor de auditores e do Ministério Público somente poderia ocorrer quando surgida vaga pertencente ao Executivo, e não seria legítimo o sacrifício ao momento e ao espaço de escolha do Legislativo. Explicitou não haver autêntico conflito entre normas constitucionais contidas no art. 73, § 2º, da CF, mas dualidade de critérios a reclamar aplicação sucessiva: dever-se-ia cumprir, primeiro, o critério a levar em conta o órgão competente para a escolha e, depois, o ligado à clientela imposta ao Executivo. De acordo com a Constituição, mais importaria a autoridade que indica do que a clientela à qual pertencente o indicado. Assim, a escolha desta última, em qualquer circunstância, incluída a de ausência de membro do Ministério Público Especial do Tribunal de Contas, apenas poderia ocorrer se estivesse disponível cadeira pertencente à cota do Governador. Ressaltou ser inequívoca a circunstância de a vaga em exame decorrer de aposentadoria de conselheiro escolhido pelo Legislativo local, a significar a impossibilidade de destiná-la a membro do Ministério Público Especial junto ao Tribunal de Contas, mediante indicação do Chefe do Executivo. Assinalou que o fato de a Corte de Contas estadual possuir membro nomeado sob a égide da Constituição pretérita não seria capaz de alterar essa premissa. Assentou que, mesmo que as Cortes de Contas não estivessem inteiramente organizadas segundo a disciplina constitucional vigente, a liberdade dos Estados-membros quanto à ocupação de vagas por clientelas específicas seria limitada pela preponderância temporal da partilha das cadeiras entre Assembleia e Governador. Vencidos os Ministros Teori Zavascki, Rosa Weber, Luiz Fux e Celso de Mello, que desproviam o recurso, ao fundamento de que a solução impugnada seria a mais adequada, por privilegiar a participação do Ministério Público. **RE 717424/AL, rel. Min. Marco Aurélio, 21.8.2014. (RE-717424) (Inform. STF 755)**

Tribunal de Contas: competências institucionais e modelo federal

O Plenário confirmou medida cautelar e julgou procedente pedido formulado em ação direta para declarar a inconstitucionalidade da expressão "licitação em curso, dispensa ou inexigibilidade", contida no inciso XXVIII do art. 19 e no § 1º do art. 33; da expressão "excetuados os casos previstos no § 1º deste artigo", constante do inciso IX do art. 33; e do inteiro teor do § 5º do art. 33, todos da Constituição do Estado do Tocantins, com a redação dada pela EC estadual 16/2006. Na decisão acauteladora, o Tribunal consignara que os preceitos atribuiriam, à Assembleia Legislativa, a competência para sustar as licitações em curso, e os casos de dispensa e inexigibilidade de licitação, bem como criariam recurso, dotado de efeito suspensivo, para o Plenário da Assembleia Legislativa, das decisões do Tribunal de Contas estadual acerca do julgamento das contas dos administradores e demais responsáveis por dinheiro, bens e valores públicos. Naquela assentada, entendera que os preceitos impugnados não observariam o modelo instituído pela Constituição Federal, de observância compulsória pelos Estados-membros (CF, art. 75), que limitaria a competência do Congresso Nacional a sustar apenas os contratos (CF, art. 71, § 1º), e não preveria controle, pelo Poder Legislativo, das decisões proferidas pelo Tribunal de Contas, quando do julgamento das referidas contas (CF, art. 71, II). **ADI 3715/TO, rel. Min. Gilmar Mendes, 21.8.2014. (ADI-3715) (Inform. STF 755)**

Execução de multa aplicada por Tribunal de Contas estadual a agente político municipal e legitimidade

O estado-membro não tem legitimidade para promover execução judicial para cobrança de multa imposta por Tribunal de Contas estadual à autoridade municipal, uma vez que a titularidade do crédito é do próprio ente público prejudicado, a quem compete a cobrança, por meio de seus representantes judiciais. Com base nessa orientação, a 1ª Turma negou provimento a agravo regimental em recurso extraordinário, no qual se discutia a legitimidade ad causam de município para execução de multa que lhe fora aplicada. O Min. Dias Toffoli destacou que, na omissão da municipalidade nessa execução, o Ministério Público poderia atuar.
RE 580943 AgR/AC, rel. Min. Ricardo Lewandowski, 18.6.2013. (RE-580943) (Inform. STF 711)

MS N. 31.344-DF

RELATOR: MIN. MARCO AURÉLIO
TRIBUNAL DE CONTAS – ATUAÇÃO – NATUREZA. A atividade do Tribunal de Contas é exercida no campo administrativo.
CONTRADITÓRIO – PRINCÍPIO CONSTITUCIONAL – ADEQUAÇÃO. A exigibilidade do contraditório pressupõe o envolvimento, no processo administrativo, de acusado ou de litígio. Descabe observá-lo em julgamento implementado pelo Tribunal de Contas da União ante auditoria realizada em órgão público.
DECADÊNCIA – ARTIGO 54 DA LEI Nº 9.784/99 – ATO DO TRIBUNAL DE CONTAS – ADEQUAÇÃO. Aplica-se à atuação do Tribunal de Contas o disposto no artigo 54 da Lei nº 9.784/99, presente situação jurídica constituída há mais de cinco anos. **(Inform. STF 706)**

TCU: repactuação de termos contratados, limites de atuação e via processual adequada - 1

A 1ª Turma iniciou julgamento de mandado de segurança no qual se postula anular decisão do TCU que condenara a empresa impetrante, solidariamente, à devolução de valores ao erário, apurados a título de sobrepreço. Segundo aquela Corte de Contas, teria havido superfaturamento de preços, constatado em aditamentos contratuais celebrados entre o Departamento de Estradas e Rodagens - DNER de determinado estado-membro e a impetrante (construtora). Os referidos contratos destinavam-se a obras em rodovia que tiveram o aporte de recursos federais oriundos de convênios firmados com o extinto Departamento Nacional de Estradas de Rodagem - DNER. Com o intuito de cumprir determinação do TCU, o ente federado tentara repactuar os termos do contrato, o que não fora aceito. Diante da negativa da empresa contratada, o estado teria rescindido o instrumento contratual e seus aditivos, com base no art. 78, VII, da Lei 8.666/93. Esse fato dera origem à tomada de contas especial, perante o TCU, objeto da presente impetração. Na espécie, alegava-se: a) participação regular no processo licitatório, abarcado pelo Decreto-Lei 2.300/86, e cumprimento das especificações do edital, inclusive quanto ao preço dos serviços a serem executados; b) incompetência do TCU para promover alteração retroativa e unilateral dos preços, a modificar cláusulas econômico-financeiras de contrato; c) necessidade de preservação dos direitos adquiridos ou dos efeitos consolidados desses contratos e aditivos, no que se refere aos serviços já executados, ainda que o TCU pudesse anular contrato ou aditivos firmados com a impetrante e fixar novos preços; e d) violação ao devido processo legal por não terem sido considerados os elementos técnicos favoráveis à impetrante, somado ao indeferimento de produção de prova pericial por parte da empresa.

TCU: repactuação de termos contratados, limites de atuação e via processual adequada - 2

O Min. Dias Toffoli, relator, denegou a ordem, no que foi acompanhado pelo Min. Luiz Fux. De início, o Relator destacou que a impetrante não fora condenada a restituir valores recebidos em razão da execução de contrato, tampouco se trataria de modificação de cláusulas econômico-financeiras. Ela teria sido condenada a devolver aos cofres públicos a diferença de valores superfaturados apontados pelo TCU. Ressurtiu que o núcleo das prerrogativas do TCU no exame de atos e negócios administrativos estaria contido no inciso IX do art. 71 da CF ("Art. 71. O controle externo, a cargo do Congresso Nacional, será exercido com o auxílio do Tribunal de Contas da União, ao qual compete: ... IX - assinar prazo para que o órgão ou entidade adote as providências necessárias ao exato cumprimento da lei, se verificada ilegalidade"). Asseverou que as atribuições daquela Corte de Contas abrangeriam a fixação de prazo ao órgão ou à entidade a fim de que adotasse providências necessárias ao exato cumprimento da lei, se verificada ilegalidade. Julgou

ser legítima a condenação da impetrante ao ressarcimento do dano causado ao erário, bem como a sua consequente inscrição no CADIN, no caso de inadimplemento, nos termos da Lei 8.443/92.

TCU: repactuação de termos contratados, limites de atuação e via processual adequada - 3

Ressaltou que, ante o estreito limite da ação mandamental, extrair-se-ia dos autos que a impugnação padeceria de liquidez necessária, uma vez que demandaria análise pericial e verificação dos preços, dados e tabelas apresentados; em suma, revolvimento de fatos e provas. Frisou não prosperar a alegação de afronta ao princípio do devido processo legal, porque a impetrante teria participado, de forma efetiva, tanto do processo de denúncia, como da tomada de contas especial, com apresentação de defesa e interposição dos respectivos recursos. Por fim, aduziu que o mandado de segurança não seria a via adequada para impor ao TCU a análise de elementos técnicos ou o deferimento de requerimento de produção de prova pericial. Reconheceu, entretanto, a possibilidade da impetrante de buscar seus direitos pelas vias ordinárias, passível de obter, inclusive, antecipação de tutela, oportunidade em que seriam discutidos dados técnicos. O Min. Luiz Fux ponderou que a Constituição estabeleceria a competência do TCU e traria as sanções ("Art. 71 ... VIII - aplicar aos responsáveis, em caso de ilegalidade de despesa ou irregularidade de contas, as sanções previstas em lei, que estabelecerá, entre outras cominações, multa proporcional ao dano causado ao erário") àqueles que agissem com ilegalidade nas contas públicas, a fazer valer os preceitos de seu art. 37. **MS 29599/DF, rel. Min. Dias Toffoli, 7.5.2013. (MS-29599)**

TCU: auditoria e decadência

O disposto no art. 54 da Lei 9.784/99 ("Art. 54. O direito da Administração de anular os atos administrativos de que decorram efeitos favoráveis para os destinatários decai em cinco anos, contados da data em que foram praticados, salvo comprovada má-fé") aplica-se às hipóteses de auditorias realizadas pelo TCU em âmbito de controle de legalidade administrativa. Com base nesse entendimento, a 1ª Turma reconheceu a decadência e, por conseguinte, concedeu mandado de segurança para afastar a exigibilidade de devolução de certas parcelas. Tratava-se de writ impetrado contra ato do TCU que, em auditoria realizada no Tribunal Regional Eleitoral do Piauí, em 2005, determinara o ressarcimento de valores pagos em duplicidade a servidores no ano de 1996. Salientou-se a natureza simplesmente administrativa do ato. Dessa forma, a atuação do TCU estaria submetida à Lei 9.784/99, sob o ângulo da decadência e presentes relações jurídicas específicas, a envolver a Corte tomadora dos serviços e os prestadores destes. Consignou-se que a autoridade impetrada glosara situação jurídica já constituída no tempo. Aduziu-se que conclusão em sentido diverso implicaria o estabelecimento de distinção onde a norma não o fizera, conforme o órgão a praticar o ato administrativo. Destacou-se, por fim, que o caso não se confundiria com aquele atinente a ato complexo, a exemplo da aposentadoria, no que inexistente situação aperfeiçoada. Leia o inteiro teor do voto condutor na seção "Transcrições" deste Informativo. **MS 31344/DF, rel. Min. Marco Aurélio, 23.4.2013. (MS-31344) (Inform. STF 703)**

MS N. 31.835-DF

RELATORA: MIN. CÁRMEN LÚCIA
EMENTA: MANDADO DE SEGURANÇA. SERVIDOR APOSENTADO DO TRIBUNAL DE CONTAS DA UNIÃO PORTADOR DE NEOPLASIA MALIGNA. BENEFÍCIOS (INTEGRALIZAÇÃO DA APOSENTADORIA, ISENÇÃO DO IMPOSTO DE RENDA, REDUÇÃO DA BASE DE CÁLCULO DA CONTRIBUIÇÃO PREVIDENCIÁRIA). LAUDO PERICIAL COM PRAZO DE VALIDADE. REAVALIAÇÃO DO QUADRO CLÍNICO DO APOSENTADO. JUNTA MÉDICA OFICIAL. CONTROLE DA PATOLOGIA. CANCELAMENTO DOS BENEFÍCIOS. LAUDO PERICIAL DEFICIENTEMENTE FUNDAMENTADO. INOBSERVÂNCIA DO CONTRADITÓRIO E DA AMPLA DEFESA. ORDEM CONCEDIDA.
1. A alteração na aposentadoria do Impetrante foi efetivada por ato do Presidente do Tribunal de Contas da União, autoridade que figura dentre aquelas arroladas na al. d do inc. I do art. 102 da Constituição da República: exclusão da Secretaria de Gestão de Pessoas da Secretaria Geral de Administração do Tribunal de Contas da União do polo passivo da impetração.
2. O reconhecimento da condição de portador de neoplasia maligna ao Impetrante gerou presunção juris tantum de manutenção desse quadro no prazo estipulado no Manual de Perícia Médica da Área de Saúde do Tribunal de Contas da União (cinco anos): imprestabilidade de mera declaração de ausência de evidências clínicas de sinais e sintomas dessa enfermidade.

5. DIREITO CONSTITUCIONAL

3. O prazo de validade do laudo pericial no qual constatada a doença (§ 1º do art. 30 da Lei n. 9.250/1995) exige o comparecimento do servidor perante junta médica oficial para reavaliação do seu quadro de saúde, para atestar o controle ou a cura da doença por laudo fundamentado, a fim de se garantir o contraditório e a ampla defesa do interessado.
4. Mandado de segurança concedido. **(Inform. STF 702)**

Contraditório e laudo pericial

A 2ª Turma concedeu mandado de segurança para anular laudo pericial e tornar sem efeito as alterações realizadas na aposentadoria do impetrante por portaria do Tribunal de Contas da União. No caso, servidor aposentado do TCU obtivera isenção integral do imposto de renda e redução da base de cálculo da contribuição previdenciária em decorrência de ter contraído neoplasia maligna. Em seguida, fora submetido a procedimento cirúrgico e, aproximadamente um ano após, realizara exame pericial que constatara não haver sinais ou sintomas da continuidade da doença, a ensejar portaria de revisão que cancelara os benefícios. Ressaltou-se que, pela legislação, só se consideraria a cura após 5 anos sem intercorrência. Afirmou-se, ademais, a legitimidade dos órgãos administrativos, em geral, e do TCU, especificamente, para estabelecer normas e fixar prazo para realização de laudos periciais. No entanto, reputou-se, especialmente nas hipóteses em que possível restringir direitos e alterar situações, imprescindível observar-se o contraditório de modo a possibilitar o direito de defesa até para se questionar o laudo, o que não teria ocorrido na espécie. Consignou-se que o laudo estaria deficientemente fundamentado e seria extremamente frágil para afastar a invalidez, de modo a lesar direito líquido e certo do impetrante. **MS 31835/DF, rel. Min. Cármen Lúcia, 2.4.2013. (MS-31835) (Inform. STF 700).**

Reposição ao erário: contraditório e ampla defesa

A 2ª Turma concedeu, em parte, mandado de segurança para anular acórdão do TCU no ponto que determinara majoração de descontos na remuneração de magistrados do Tribunal Regional do Trabalho da 2ª Região. Na espécie, a Corte de Contas assentara que os descontos das quantias pagas indevidamente a título de recálculo da parcela autônoma de equivalência fossem reajustados de 1% para 25% da remuneração. Destacou-se jurisprudência da 1ª Turma quanto ao tema da insegurança jurídica. Obtemperou-se que, se houvesse ilegalidade, essa não teria sido causada pelo servidor ou magistrado e, por isso, a fixação dos descontos deveria ser nos termos da lei. Manteve-se o percentual de 1%, valor esse que não fora objeto do ato coator do TCU, sem prejuízo de reavaliação do Tribunal Regional do Trabalho da 2ª Região quanto à adequação legal. **MS 30932/DF, rel. Min. Cármen Lúcia, 18.12.2012. (MS-30932) (Inform. STF 693).**

🗏 Súmula vinculante STF nº 3

Nos processos perante o Tribunal de Contas da União asseguram-se o contraditório e a ampla defesa quando da decisão puder resultar anulação ou revogação de ato administrativo que beneficie o interessado, excetuada a apreciação da legalidade do ato de concessão inicial de aposentadoria, reforma e pensão.

🗏 Súmula STF nº 347

O Tribunal de Contas, no exercício de suas atribuições, pode apreciar a constitucionalidade das leis e dos atos do poder público.

7. PODER EXECUTIVO

Autonomia federativa: crimes de responsabilidade e crimes comuns praticados por governador - 1

O Plenário iniciou julgamento conjunto de três ações diretas de inconstitucionalidade ajuizadas, respectivamente, em face de expressões contidas no art. 44, VII e VIII, e no art. 81, ambos da Constituição do Estado do Acre; no art. 26, XI e XVI, e no art. 68, ambos da Constituição do Estado de Mato Grosso; bem assim no art. 63, XIII, e no art. 104, ambos da Constituição do Estado do Piauí. Todos os trechos legais impugnados tratam da competência privativa da Assembleia Legislativa local para processar e julgar o governador nos crimes de responsabilidade e cuidam do processo e julgamento do Chefe do Executivo estadual, em crimes comuns, mediante admissão da acusação pelo voto de 2/3 da representação popular local. O Ministro Celso de Mello (relator) julgou parcialmente procedentes os pedidos nos três casos. De início, assinalou a legitimidade da Advocacia-Geral da União para emitir

pronunciamento favorável à parcial procedência da ação, uma vez se tratar de conteúdo normativo já declarado incompatível com a Constituição pelo STF. No mérito, acentuou que a Corte, em reiterados pronunciamentos, afirmara competir privativamente à União a atribuição de legislar em tema de crimes de responsabilidade, seja para tipificá-los, seja para definir-lhes o rito aplicável. Assim, de acordo com a orientação majoritária, não caberia ao Estado-Membro dispor sobre o tema, sob pena de ofensa ao art. 22, I, da CF, na linha do que contido no Enunciado 46 da Súmula Vinculante ("A definição dos crimes de responsabilidade e o estabelecimento das respectivas normas de processo e julgamento são da competência legislativa privativa da União"). Entretanto, expôs entendimento pessoal no sentido de que o crime de responsabilidade, de natureza jurídica político-constitucional, teria caráter extrapenal, razão pela qual o Estado-Membro poderia legislar a respeito. Constatou, enfim, que, no caso, as expressões normativas alusivas ao processo e julgamento de governador nos crimes de responsabilidade, constantes dos dispositivos impugnados, seriam inconstitucionais.
ADI 4764/AC, rel. Min. Celso de Mello, 5.8.2015. (ADI-4764)
ADI 4797/MT, rel. Min. Celso de Mello, 5.8.2015. (ADI-4797)
ADI 4798/PI, rel. Min. Celso de Mello, 5.8.2015. (ADI-4798)

Autonomia federativa: crimes de responsabilidade e crimes comuns praticados por governador - 2

O relator, no que se refere às expressões relacionadas à possibilidade de controle prévio, por parte das Assembleias Legislativas locais, para processo e julgamento do governador em crimes comuns, afirmou que o princípio republicano consagra a ideia de que todos os agentes públicos, inclusive governadores, seriam responsáveis perante a lei. Além disso, a organização federativa do País e a autonomia institucional dos Estados-Membros desempenhariam papel importante na definição dos requisitos condicionadores da persecução penal eventualmente instaurada contra os Chefes do Executivo local. A respeito, a jurisprudência dominante do STF qualificara a necessidade de prévio consentimento da Assembleia Legislativa local como requisito de procedibilidade para a válida instauração da persecução penal contra o governador. Essa orientação tem por fundamento a preservação da intangibilidade da autonomia estadual. Em suma, reputou inconstitucionais os trechos normativos impugnados que atribuem ao Estado-Membro competência para tipificar crimes de responsabilidade e para definir-lhes o respectivo processo e julgamento, reconhecendo, de outro lado, a plena validade constitucional das expressões legais segundo as quais o governador, tratando-se de infração penal comum, só poderá sofrer a instauração de processo penal uma vez admitida a acusação pela representação popular legislativa local. Em seguida, pediu vista dos autos o Ministro Roberto Barroso.
ADI 4764/AC, rel. Min. Celso de Mello, 5.8.2015. (ADI-4764)
ADI 4797/MT, rel. Min. Celso de Mello, 5.8.2015. (ADI-4797)
ADI 4798/PI, rel. Min. Celso de Mello, 5.8.2015. (ADI-4798) (Inform. STF 793)

Norma estadual e princípio da simetria

Por reputar inexistir ofensa ao princípio da simetria, o Plenário julgou improcedente pedido formulado em ação direta de inconstitucionalidade proposta contra a expressão "e ao Vice-Governador", constante do art. 65 da Constituição do Estado do Mato Grosso ("Aplicam-se ao Governador e ao Vice-Governador, no que couber, as proibições e impedimentos estabelecidos para os Deputados Estaduais"). A Corte assentou que a determinação de observância aos princípios constitucionais não significaria caber ao constituinte estadual apenas copiar as normas federais. A inexistência da vedação no plano federal não obstacularizaria o constituinte de o fazer com relação ao vice-governador. Asseverou que o estabelecimento de restrições a certas atividades ao vice-governador, visando a preservar a sua incolumidade política, seria matéria que o Estado-Membro poderia desenvolver no exercício da sua autonomia constitucional. Precedentes citados: ADI 4.298 MC/TO (DJe de 27.11.2009) e ADI 331/PB (DJe de 2.5.2014).
ADI 253/MT, rel. Min. Gilmar Mendes, 28.5.2015. (ADI-253) (Inform. STF 787)

EMENTA: MANDADO DE SEGURANÇA. **DENÚNCIA** CONTRA A PRESIDENTE DA REPÚBLICA. **PRINCÍPIO** DA LIVRE DENUNCIABILIDADE POPULAR (**Lei** nº 1.079/50, art. 14). **IMPUTAÇÃO** DE CRIME DE RESPONSABILIDADE À CHEFE DO PODER EXECUTIVO DA UNIÃO. **NEGATIVA DE SEGUIMENTO** POR PARTE DO PRESIDENTE DA CÂMARA DOS DEPUTADOS. **RECURSO** DO CIDADÃO DENUNCIANTE AO PLENÁRIO DESSA CASA LEGISLATIVA. DELIBERAÇÃO QUE DEIXA DE ADMITIR REFERIDA MANIFESTAÇÃO

RECURSAL. IMPUGNAÇÃO MANDAMENTAL A ESSE ATO EMANADO *DO PRESIDENTE DA CÂMARA DOS DEPUTADOS*. **RECONHECIMENTO**, *NA ESPÉCIE*, **DA COMPETÊNCIA ORIGINÁRIA** DO SUPREMO TRIBUNAL FEDERAL PARA O PROCESSO **E** O JULGAMENTO DA CAUSA MANDAMENTAL. **PRECEDENTES. A QUESTÃO** *DO "JUDICIAL REVIEW"* **E O PRINCÍPIO** *DA SEPARAÇÃO DE PODERES*. **ATOS** *"INTERNA CORPORIS"* **E DISCUS-SÕES** *DE NATUREZA REGIMENTAL*: **APRECIAÇÃO VEDADA** AO PODER JUDICIÁRIO, **POR TRATAR-SE** DE TEMA *QUE DEVE SER RESOLVIDO* NA ESFERA DE ATUAÇÃO *DO PRÓPRIO* CONGRESSO NACIONAL **OU** DAS CASAS LEGISLATIVAS QUE O COMPÕEM. **PRECEDENTES**. MANDADO DE SEGURANÇA *NÃO CONHECIDO*. MS 33558/DF. RELATOR: Ministro Celso de Mello (Inform. STF 783)

Licença prévia para julgamento de governador em crime de responsabilidade e crime comum - 1

Por violar a competência privativa da União, o Estado-membro não pode dispor sobre crime de responsabilidade. No entanto, durante a fase inicial de tramitação de processo por crime de responsabilidade instaurado contra governador, a Constituição estadual deve obedecer à sistemática disposta na legislação federal. Assim, é constitucional norma prevista em Constituição estadual que preveja a necessidade de autorização prévia da Assembleia Legislativa para que sejam iniciadas ações por crimes comuns e de responsabilidade eventualmente dirigidas contra o governador de Estado. Com base nesse entendimento, o Plenário, em julgamento conjunto e por maioria, julgou parcialmente procedentes os pedidos formulados em ações diretas para declarar a inconstitucionalidade das expressões "processar e julgar o Governador ... nos crimes de responsabilidade" e "ou perante a própria Assembleia Legislativa, nos crimes de responsabilidade" previstas, respectivamente, nos artigos 54 e 89 da Constituição do Estado do Paraná. Declarou também a inconstitucionalidade do inciso XVI do art. 29, e da expressão "ou perante a Assembleia Legislativa, nos crimes de responsabilidade", contida no art. 67, ambos da Constituição do Estado de Rondônia, bem como a inconstitucionalidade do inciso XXI do art. 56, e da segunda parte do art. 93, ambos da Constituição do Estado do Espírito Santo. A Corte rememorou que a Constituição Estadual deveria seguir rigorosamente os termos da legislação federal sobre crimes de responsabilidade, por imposição das normas dos artigos 22, I, e 85, da CF, que reservariam a competência para dispor sobre matéria penal e processual penal à União. Ademais, não seria possível interpretar literalmente os dispositivos atacados de modo a concluir que o julgamento de mérito das imputações por crimes de responsabilidade dirigidas contra o governador de Estado teria sido atribuído ao discernimento da Assembleia Legislativa local, e não ao Tribunal Especial previsto no art. 78, § 3º, da Lei 1.079/1950. Esse tipo de exegese ofenderia os artigos 22, I, e 85, da CF.
ADI 4791/PR, rel. Min. Teori Zavascki, 12.2.2015. (ADI-4791)
ADI 4800/RO, rel. Min. Cármen Lúcia, 12.2.2015. (ADI-4800)
ADI 4792/ES, rel. Min. Cármen Lúcia, 12.2.2015. (ADI-4792)

Licença prévia para julgamento de governador em crime de responsabilidade e crime comum - 2

Por outro lado, o Colegiado reconheceu a constitucionalidade das normas das Constituições estaduais que exigiriam a aprovação de dois terços dos membros da Assembleia Legislativa como requisito indispensável — a denominada licença prévia — para se admitir a acusação nas ações por crimes comuns e de responsabilidade, eventualmente dirigidas contra o governador do Estado. Consignou que o condicionamento da abertura de processo acusatório ao beneplácito da Assembleia Legislativa, antes de constituir uma regalia antirrepublicana deferida em favor da pessoa do governador, serviria à preservação da normalidade institucional das funções do Executivo e à salvaguarda da autonomia política do Estado-membro, que haveria de sancionar, pelo voto de seus representantes, medida de drásticas consequências para a vida pública local. Salientou que a exigência de licença para o processamento de governador não traria prejuízo para o exercício da jurisdição, porque, enquanto não autorizado o prosseguimento da ação punitiva, ficaria suspenso o transcurso do prazo prescricional contra a autoridade investigada cujo marco interruptivo contaria da data do despacho que solicitasse a anuência do Poder Legislativo para a instauração do processo, e não da data da efetiva manifestação. O controle político exercido pelas Assembleias Legislativas sobre a admissibilidade das acusações endereçadas contra governadores não conferiria aos parlamentos locais a autoridade para decidir sobre atos constritivos acessórios à investigação penal, entre eles as prisões cautelares. Todavia, a supressão da exigência de autorização das respectivas Casas parlamentares para a formalização de processos contra deputados e senadores (CF, art. 51, I), materializada pela EC 35/2001, não alterara o regime de responsabilização dos governadores de Estado. Isso encontraria justificativa no fato de que — diferentemente do que ocorreria com o afastamento de um governador de Estado, que tem valor crucial para a continuidade de programas de governo locais — a suspensão funcional de um parlamentar seria uma ocorrência absolutamente menos expressiva para o pleno funcionamento do Poder Legislativo.
ADI 4791/PR, rel. Min. Teori Zavascki, 12.2.2015. (ADI-4791)
ADI 4800/RO, rel. Min. Cármen Lúcia, 12.2.2015. (ADI-4800)
ADI 4792/ES, rel. Min. Cármen Lúcia, 12.2.2015. (ADI-4792)

Licença prévia para julgamento de governador em crime de responsabilidade e crime comum - 3

Vencido o Ministro Marco Aurélio, que julgava improcedente o pedido formulado em relação à atribuição da Assembleia quanto aos crimes de responsabilidade, e procedente para afastar a necessidade de licença para fins de persecução criminal contra governador nos crimes comuns. Pontuava que a Constituição estadual poderia reger a matéria pertinente a crime de responsabilidade. Afastava a possibilidade de se cogitar do Tribunal Especial, previsto no art. 78, § 3º, da Lei 1.079/1950, que seria tribunal de exceção, porque não fora criado em norma jurídica, mas estaria apenas previsto sem se ter, inclusive, indicação da composição. Esse Tribunal Especial seria incompatível com o inciso XXXVI do art. 5º da CF, que vedaria juízo ou tribunal de exceção. No que se refere aos crimes comuns, reputava que os artigos 51, I, e 86, da CF, deveriam ser interpretados restritivamente, especialmente porque o texto seria expresso ao tratar do Presidente da República, de modo que não se poderia estender a governador e muito menos a prefeito. Destacava que a competência do STJ para julgar governador de Estado não estaria condicionada a aprovação de licença prévia como se poderia observar do art. 105 da CF. Sublinhava, ademais, que, mantida essa licença, haveria transgressão à Constituição Federal e estaria colocado, em segundo plano, o primado do Judiciário, pois somente haveria persecução criminal por crime comum de governador se ele não tivesse bancada na Casa Legislativa.
ADI 4791/PR, rel. Min. Teori Zavascki, 12.2.2015. (ADI-4791)
ADI 4800/RO, rel. Min. Cármen Lúcia, 12.2.2015. (ADI-4800)
ADI 4792/ES, rel. Min. Cármen Lúcia, 12.2.2015. (ADI-4792) (Inform. STF 774)

ADI N. 1.964-ES
RELATOR: MIN. DIAS TOFFOLI
EMENTA: Ação direta de inconstitucionalidade. Constituição do Estado do Espírito Santo. Alteração da redação de parte dos dispositivos impugnados, eliminando-se as expressões objeto do pedido. Parcial prejudicialidade da ação. Previsão de julgamento das contas anuais do presidente da câmara municipal pela respectiva casa legislativa. Ofensa ao modelo constitucional. Agressão aos arts. 31, § 2º; 71, I e II; e 75 da Lei Fundamental. Conhecimento parcial da ação, a qual, nessa parte, é julgada procedente.
1. Prejudicialidade parcial da ação, em virtude de alteração substancial da redação dos incisos I e II do art. 71 da Constituição do Estado do Espírito Santo, a qual resultou na eliminação das expressões impugnadas.
2. A Constituição Federal foi assente em definir o papel específico do legislativo municipal para julgar, após parecer prévio do tribunal de contas, as contas anuais elaboradas pelo chefe do poder executivo local, sem abrir margem para a ampliação para outros agentes ou órgãos públicos. O art. 29, § 2º, da Constituição do Estado do Espírito Santo, ao alargar a competência de controle externo exercida pelas câmaras municipais para alcançar, além do prefeito, o presidente da câmara municipal, alterou o modelo previsto na Constituição Federal.
3. Ação direta de inconstitucionalidade de que se conhece parcialmente e que se julga, na parte de que se conhece, procedente. **(Inform. STF 762)**

ADI e vício material

O Plenário confirmou medida cautelar (noticiada no Informativo 334) e julgou procedente pedido formulado em ação direta para declarar a inconstitucionalidade da Lei 14.235/2003 do Estado do Paraná. A norma citada proíbe o Poder Executivo estadual de iniciar, renovar e manter, em regime de exclusividade, as contas dos depósitos que especifica, em qualquer instituição bancária privada, e adota outras providências. O Tribunal asseverou que a norma questionada teria intentado revogar o regime anterior, estabelecido pela Lei 12.909/2000, além de desconstituir os atos e contratos firmados com base em suas normas. Destacou, ainda, que o art. 3º da Lei 14.235/2003, ao afirmar

5. DIREITO CONSTITUCIONAL · 401

que "caberá ao Poder Executivo revogar, imediatamente, todos os atos e contratos firmados nas condições previstas no art. 1º desta lei", teria violado os princípios da separação dos Poderes e da segurança jurídica. **ADI 3075/ PR, rel. Min. Gilmar Mendes, 24.9.2014. (ADI-3075) (Inform. STF 760)**

ADI e princípios da separação de Poderes e da segurança jurídica
O Plenário confirmou medida cautelar (noticiada no Informativo 231) e julgou procedente pedido formulado em ação direta para declarar a inconstitucionalidade da Lei 11.529/2000 do Estado do Rio Grande do Sul. Referida norma, de origem parlamentar, dispõe sobre a unificação, por meio do número 190, de central de atendimento telefônico para emergências, naquele estado-membro. Em preliminar, a Corte rejeitou a alegação de prejudicialidade do pedido em face da modificação do parâmetro de controle (nova redação dada ao art. 61, § 1º, II, e, da CF pela EC 32/2001). Destacou que a EC 32/2001 não retirara a iniciativa privativa do Chefe do Executivo para enviar projetos de lei sobre as atribuições e a estruturação de órgãos da Administração Pública. Ao contrário, teria permitido que essas medidas fossem veiculadas por decreto, desde que não houvesse aumento de despesa, nem criação e extinção de entes públicos. No mérito, aduziu a permanência da vedação de o Poder Legislativo iniciar proposições que interfiram na organização de órgãos da Administração. **ADI 2443/RS, rel. Marco Aurélio, 25.9.2014. (ADI-2443) (Inform. STF 760)**

ADI e autonomia entre Poderes
O Plenário confirmou medida cautelar e julgou procedente pedido formulado em ação direta para declarar a inconstitucionalidade dos artigos 61, III; e 115, parágrafo único, ambos da Constituição do Estado de Sergipe ("Art. 61. São de iniciativa privativa do Governador do Estado as leis que disponham sobre: ... III - organização administrativa e judiciária, matéria tributária e orçamentária"; ... "Art. 115. O Conselho Estadual de Justiça é o órgão de controle externo da atividade administrativa e do desempenho dos deveres funcionais do Poder Judiciário e do Ministério Público. Parágrafo único. Lei complementar definirá a organização e funcionamento do Conselho Estadual de Justiça, em cuja composição haverá membros indicados pela Assembleia Legislativa, Poder Judiciário, Ministério Público e Conselho Seccional da Ordem dos Advogados do Brasil"). A Corte aduziu, à época, que a norma questionada comprometeria a autonomia e a independência do Poder Judiciário, bem como desencadearia conflitos entre Poderes do Estado. **ADI 197/SE, rel. Min. Gilmar Mendes, 3.4.2014. (ADI-197) (Inform. STF 741)**

ADI: chefia do Poder Executivo estadual e autorização para viagem - 1
O Plenário confirmou medida cautelar e julgou procedente pedido formulado em ação direta para declarar a inconstitucionalidade das expressões "ou do País por qualquer tempo" e "por qualquer tempo", contidas, respectivamente, no inciso IV do art. 53 e no art. 81, ambos da Constituição do Estado do Rio Grande do Sul ("Art. 53 - Compete exclusivamente à Assembleia Legislativa, além de outras atribuições previstas nesta Constituição: ... IV - autorizar o Governador e o Vice Governador a afastar-se do Estado por mais de quinze dias, ou do País por qualquer tempo"; ... "Art. 81 - O Governador e o Vice Governador não poderão, sem licença da Assembleia Legislativa, ausentarem-se do País, por qualquer tempo, nem do Estado, por mais de quinze dias, sob pena de perda do cargo"). A Corte asseverou, na cautelar, que a referência temporal contida na Constituição gaúcha não encontraria parâmetro na Constituição Federal.

ADI: chefia do Poder Executivo estadual e autorização para viagem - 2
O Plenário confirmou medida cautelar e julgou procedente pedido formulado em ação direta para declarar a inconstitucionalidade da expressão "por qualquer tempo", contida no inciso X do art. 54 e no "caput" do art. 86 da Constituição do Estado do Paraná, com a redação dada pela EC 7/2000 ("Art. 54. Compete, privativamente, à Assembleia Legislativa: ... X - conceder licença, bem como autorizar o Governador e o Vice-Governador a se ausentarem do País por qualquer tempo, e do Estado, quando a ausência exceder a quinze dias"; ... "Art. 86. O Governador e o Vice-Governador não poderão, sem licença da Assembleia Legislativa, ausentar-se do País, por qualquer tempo, e do Estado, quando a ausência exceder a quinze dias, sob pena de perda do cargo"). A Corte asseverou, na cautelar, que o processo legislativo dos Estados-membros deveria obedecer aos parâmetros federais. Aduziu haver falta de simetria com o modelo federal (CF: "Art. 49. É da competência exclusiva do Congresso Nacional: ... III - autorizar o Presidente e o Vice-Presidente da República a se ausentarem do País, quando a ausência exceder a quinze dias"). **ADI 2453/PR, rel. Min. Marco Aurélio, 3.4.2014. (ADI-2453) (Inform. STF 741)**

ADI: auto-organização de Estado-membro e separação de Poderes
O Plenário conheceu, em parte, de ação direta e, na parte conhecida, julgou procedente pedido formulado para declarar a inconstitucionalidade de diversos dispositivos do ADCT da Constituição do Estado do Rio Grande do Sul. Os preceitos impugnados fixam prazo para o Poder Executivo encaminhar proposições legislativas e praticar atos administrativos. Preliminarmente, o Tribunal assentou o prejuízo em relação ao parágrafo único do art. 7º; ao parágrafo único do art. 12; ao inciso I do art. 16; ao § 1º do art. 25; ao art. 57; e ao art. 62, tendo em conta o pleno exaurimento da eficácia desses preceitos, porquanto teriam sido objeto de posterior regulamentação. No mérito, a Corte reputou inconstitucionais os artigos 4º; 9º, parágrafo único; 11; 12, *caput*, 13; 16, inciso II e parágrafo único; 19; 26; 28; 29; 30; 31; 38; 50; 60; 61 e 63 ao fundamento de que exorbitariam da autorização constitucional para fins de auto-organização da unidade federativa. Asseverou a indevida interferência dos dispositivos questionados na independência e harmonia entre os Poderes ao criar verdadeiro plano de governo. **ADI 179/RS, rel. Min. Dias Toffoli, 19.2.2014. (ADI-179) (Inform. STF 736)**

8. PODER JUDICIÁRIO

8.1. Em geral

AG. REG. NO RE N. 733.657-DF

RELATORA: MIN. CÁRMEN LÚCIA

EMENTA: AGRAVO REGIMENTAL NO RECURSO EXTRAORDINÁRIO. CONSTITUCIONAL. ACÓRDÃO PROFERIDO POR ÓRGÃO FRACIONÁRIO QUE AFASTA A APLICAÇÃO DE LEI COM FUNDAMENTO EM PRINCÍPIO EXTRAÍDO DA CONSTITUIÇÃO DA REPÚBLICA. AFRONTA AO PRINCÍPIO DA RESERVA DE PLENÁRIO, ART. 97 DA CONSTITUIÇÃO. SÚMULA VINCULANTE N. 10 DO SUPREMO TRIBUNAL FEDERAL. AGRAVO REGIMENTAL AO QUAL SE NEGA PROVIMENTO. **(Inform. STF 722)**

Vara especializada e competência
É constitucional lei estadual que confere poderes ao Conselho da Magistratura para atribuir aos juizados da infância e juventude competência para processar e julgar crimes de natureza sexual praticados contra criança e adolescente, nos exatos limites da atribuição que a Constituição Federal confere aos tribunais. Com base nesse entendimento, a 2ª Turma denegou *habeas corpus* em que se discutia a incompetência absoluta de vara especializada para processar e julgar o paciente pela suposta prática de delito de atentado violento ao pudor contra menor (CP, artigos 214 e 224). Reputou-se que não haveria violação aos princípios constitucionais da legalidade, do juiz natural e do devido processo legal, visto que a leitura interpretativa do art. 96, I, a, da CF admitiria a alteração da competência dos órgãos do Poder Judiciário por deliberação dos tribunais. Consignou-se que a especialização de varas consistiria em alteração de competência territorial em razão da matéria, e não em alteração de competência material, regida pelo art. 22 da CF. **HC 113018/RS, rel. Min. Ricardo Lewandowski, 29.10.2013. (HC-113018) (Inform. STF 726)**

EMENTA: "QUINTO CONSTITUCIONAL" (CF, art. 94). ELABORAÇÃO DE LISTA TRÍPLICE POR TRIBUNAL DE JUSTIÇA. OBSERVÂNCIA DO PRINCÍPIO DA PUBLICIDADE, EM OPOSIÇÃO À PRÁTICA DOS "ARCANA IMPERII", COMO FATOR DE LEGITIMAÇÃO CONSTITUCIONAL DAS DELIBERAÇÕES DOS ÓRGÃOS DO PODER JUDICIÁRIO. APARENTE VALIDADE DA RESOLUÇÃO DO CONSELHO NACIONAL DE JUSTIÇA QUE CONSAGROU, EM TAL HIPÓTESE, A NECESSIDADE DE "votação aberta, nominal e fundamentada". IMPORTÂNCIA DA TRANSPARÊNCIA DOS ATOS ESTATAIS COMO ELEMENTO VIABILIZADOR DO ESCRUTÍNIO PÚBLICO. A RUPTURA DOS CÍRCULOS DE INDEVASSABILIDADE DAS DELIBERAÇÕES DO PODER. INSTITUIÇÃO DO REGIME DE SIGILO FORA DAS HIPÓTESES CONSTITUCIONALMENTE AUTORIZADAS: MEDIDA QUE TRANSGRIDE O PRINCÍPIO DEMOCRÁTICO E QUE VULNERA O ESPÍRITO DA REPÚBLICA. A QUESTÃO DO REPÚDIO A ATOS INCONSTITUCIONAIS E A DEFESA DA INTEGRIDADE DA CONSTITUIÇÃO POR ÓRGÃOS ADMINISTRATIVOS: DISTINÇÃO NECESSÁRIA ENTRE DECLARAÇÃO DE INCONSTITUCIONALIDADE (MATÉRIA SOB RESERVA DE JURISDIÇÃO) E RECUSA DE APLICABILIDADE DE ATOS REPUTADOS INCONSTITUCIONAIS. PRETENSÃO MANDAMENTAL APARENTEMENTE DESVESTIDA DE PLAUSIBILIDADE JURÍDICA. MEDIDA CAUTELAR INDEFERIDA. **MS 31923 MC/ RN. RELATOR: Min. Celso de Mello. DJe de 22.4.2013. (Inform. STF 702)**

Alegação de inconstitucionalidade e "Zona Azul"

A 2ª Turma deliberou afetar ao Plenário julgamento de recurso extraordinário em que se alega a inconstitucionalidade de lei municipal paulistana, de iniciativa de vereador, que autorizaria oficiais de justiça estacionar seus veículos em áreas denominadas "Zona Azul", sem pagamento das tarifas próprias. Destacou-se que o recurso poderia ser paradigmático, apesar de anterior à sistemática da repercussão geral, porque esses estacionamentos rotativos onerosos existiriam em muitas localidades brasileiras. **RE 239458/SP, rel. Min. Cármen Lúcia, 18.12.2012. (RE-239458) (Inform. STF 693).**

📖 Súmula vinculante STF 27

Compete à Justiça estadual julgar causas entre consumidor e concessionária de serviço público de telefonia, quando a ANATEL não seja litisconsorte passiva necessária, assistente, nem oponente.

📖 Súmula vinculante STF nº 17

Durante o período previsto no parágrafo 1º do artigo 100 da Constituição, não incidem juros de mora sobre os precatórios que nele sejam pagos.

📖 Súmula vinculante STF nº 10

Viola a cláusula de reserva de plenário (CF, artigo 97) a decisão de órgão fracionário de tribunal que, embora não declare expressamente a inconstitucionalidade de lei ou ato normativo do poder público, afasta sua incidência, no todo ou em parte.

📖 Súmula STF nº 727

Não pode o magistrado deixar de encaminhar ao Supremo Tribunal Federal o Agravo de Instrumento interposto da decisão que não admite recurso extraordinário, ainda que referente a causa instaurada no âmbito dos Juizados Especiais.

📖 Súmula STF nº 702

A competência do Tribunal de Justiça para julgar prefeitos restringe-se aos crimes de competência da justiça comum estadual; nos demais casos, a competência originária caberá ao respectivo tribunal de segundo grau.

📖 Súmula STF nº 451

A competência especial por prerrogativa de função não se estende ao crime cometido após a cessação definitiva do exercício funcional.

📖 Súmula STJ nº 434

O pagamento da multa por infração de trânsito não inibe a discussão judicial do débito.

📖 Súmula STJ nº 367

A competência estabelecida pela EC n. 45/2004 não alcança os processos já sentenciados.

📖 Súmula STJ nº 311

Os atos do presidente do tribunal que disponham sobre processamento e pagamento de precatório não têm caráter jurisdicional.

📖 Súmula STJ nº 201

Os honorários advocatícios não podem ser fixados em salários mínimos.

📖 Súmula STJ nº 140

Compete à Justiça Comum estadual processar e julgar crime em que o indígena figure como autor ou vítima.

📖 Súmula STJ nº 59

Não há conflito de competência se já existe sentença com trânsito em julgado, proferida por um dos juízos conflitantes.

📖 Súmula STJ nº 42

Compete à Justiça Comum estadual processar e julgar as causas cíveis em que é parte sociedade de economia mista e os crimes praticados em seu detrimento.

📖 Súmula STJ nº 15

Compete à justiça estadual processar e julgar os litígios decorrentes de acidente do trabalho.

8.2. Supremo Tribunal Federal

Competência do STF e ação ordinária contra ato do CNJ

A Segunda Turma iniciou julgamento de agravo regimental em reclamação em que se discute a competência do STF para apreciar ações ordinárias ajuizadas contra ato do CNJ. O referido agravo busca desconstituir decisão monocrática que, ao acolher o pedido formulado na reclamação, assentara a competência do STF para o julgamento em questão. Na espécie, o CNJ anulara resolução administrativa de TRT e determinara a suspensão de processo de escolha de desembargador no âmbito daquela Corte. A justiça federal de primeira instância, então, deferira liminar em ação ordinária ajuizada para suspender a referida decisão do CNJ. A Ministra Cármen Lúcia (relatora) negou provimento ao agravo regimental. Afirmou que a Constituição conferira ao CNJ a competência para exercer o controle da atuação administrativa do Poder Judiciário (CF, art. 103-B, § 4º, II). Outrossim, o julgamento das questões relativas ao desempenho das atribuições daquele órgão competiria ao STF, não havendo, conforme inferido do disposto na alínea r do inciso I do art. 102 da CF, restrição ao instrumento processual a ser utilizado, como ocorreria com as autoridades mencionadas na alínea d do mesmo dispositivo constitucional ["Art. 102. Compete ao Supremo Tribunal Federal, precipuamente, a guarda da Constituição, cabendo-lhe: I - processar e julgar, originariamente: ... d) o 'habeas corpus', sendo paciente qualquer das pessoas referidas nas alíneas anteriores; o mandado de segurança e o 'habeas data' contra atos do Presidente da República, das Mesas da Câmara dos Deputados e do Senado Federal, do Tribunal de Contas da União, do Procurador-Geral da República e do próprio Supremo Tribunal Federal; ... r) as ações contra o Conselho Nacional de Justiça e contra o Conselho Nacional do Ministério Público"]. Em seguida, pediu vista dos autos o Ministro Teori Zavascki. **Rcl 15551/GO, rel. Min. Cármen Lúcia, 25.8.2015. (Rcl-15551) (Inform. STF 796)**

Competência do STF e ação ordinária contra ato do CNJ - 2

A Segunda Turma retomou julgamento de agravo regimental em reclamação em que se discute a competência do STF para apreciar ações ordinárias ajuizadas contra ato do CNJ. O referido agravo busca desconstituir decisão monocrática que, ao acolher o pedido formulado na reclamação, assentara a competência do STF para o julgamento em questão. Na espécie, o CNJ anulara resolução administrativa de TRT e determinara a suspensão de processo de escolha de desembargador no âmbito daquela Corte. A justiça federal de primeira instância, então, deferira liminar em ação ordinária ajuizada para suspender a referida decisão do CNJ — v. Informativo 796. Em voto-vista, o Ministro Teori Zavascki deu provimento ao agravo regimental para julgar improcedente a reclamação. Reiterou o que decidido na ACO 1680 AgR/AL (DJe de 1º.12.2014) e na AO 1.814 QO/MG (DJe de 3.12.2014) no sentido de que não se enquadraria na competência originária do STF, de que trata o art. 102, I, "r", da CF, a ação de rito comum ordinário. Ademais, quanto ao tema da correta aplicação do art. 1º, § 1º, da Lei 8.437/1992 ("Não será cabível, no juízo de primeiro grau, medida cautelar inominada ou a sua liminar, quando impugnado ato de autoridade sujeita, na via de mandado de segurança, à competência originária de tribunal"), o controle jurisdicional do acerto ou desacerto da decisão reclamada deveria ser realizado pelas vias recursais ordinárias. Já o Ministro Dias Toffoli acompanhou voto anteriormente proferido pela Ministra Cármen Lúcia (relatora) para negar provimento ao agravo. Em seguida, pediu vista dos autos o Ministro Gilmar Mendes. **Rcl 15551/GO, rel. Min. Cármen Lúcia, 24.11.2015. (Rcl-15551) (Inform. STF 809)**

Competência originária do STF e repasse de recursos estaduais

O Plenário iniciou julgamento de ação cível originária ajuizada, pelo Estado da Bahia, em face da União e de duas instituições financeiras, visando compelir as últimas ao cumprimento das obrigações previstas na Lei estadual 9.276/2004 e no Decreto 9.197/2004. O art. 1º da referida lei estabelece a obrigação de as instituições financeiras recebedoras de depósitos judiciais oriundos da Justiça local repassarem determinado percentual para conta bancária do Sistema de Caixa Único do Estado da Bahia. No caso, assevera o autor que o descumprimento da obrigação de transferência estaria a acarretar prejuízos, presente a alegada dificuldade para prover o Fundo de Aparelhamento Judiciário (FAJ) com os recursos necessários ao desempenho das atribuições do Judiciário estadual. O Ministro Marco Aurélio (relator) não conheceu da ação, no que foi acompanhado pelos Ministros Roberto Barroso, Rosa Weber, Luiz Fux e Cármen Lúcia. Assentou não caber ao Supremo

5. DIREITO CONSTITUCIONAL

julgar o feito, considerado o disposto no artigo 102, I, f, da CF. No caso, tratar-se-ia de controvérsia meramente patrimonial, sem que se justificasse a presença da União no polo passivo. Em seguida, pediu vista dos autos o Ministro Gilmar Mendes.
ACO 989/BA, rel. Min. Marco Aurélio, 11.6.2015. (ACO-989) (Inform. STF 789)

STF e competência em decisões negativas do CNMP

O Supremo Tribunal Federal não tem competência para processar e julgar ações decorrentes de decisões negativas do CNMP e do CNJ. Com base nessa orientação, a Primeira Turma, por maioria, não conheceu de mandado de segurança impetrado para fins de anular decisão do CNMP proferida em Reclamação para Preservação da Autonomia do Ministério Público – RPA, que mantivera avocação de inquérito civil público instaurado para investigar atos praticados no âmbito da administração superior de Ministério Público estadual. Na espécie, promotoras de justiça instauraram procedimento para apurar o encaminhamento, à Assembleia Legislativa, de projeto de lei que criara cargos em comissão e concedera aumento aos servidores comissionados do Ministério Público estadual, a afrontar o art. 37, II e V, da CF. Na sequência, o Colégio de Procuradores de Justiça reconheceu, em razão do disposto no § 1º do art. 8º da LC estadual 25/1998, a competência do decano para a condução do inquérito, ante a existência de investigação a respeito de possível prática de atos de improbidade por parte do Procurador-Geral de Justiça e dos demais membros da administração superior. Com base nessa decisão, o Procurador de Justiça decano avocou o inquérito civil público, que foi arquivado por ausência de ilegalidade, decisão homologada pelo CNMP estadual. Seguiu-se o ajuizamento de RPA em que pretendida a nulidade do ato de avocação, julgada improcedente. A Turma asseverou que não se trataria de negativa de acesso à jurisdição, mas as impetrantes não teriam acesso à jurisdição do STF. Reiterou o quanto decidido no MS 31453 AgR/DF (DJe de 10.2.2015), sentido de que o pronunciamento do CNJ — aqui, o CNMP, órgão similar — que consubstanciasse recusa de intervir em determinado procedimento, ou, então, que envolvesse mero reconhecimento de sua incompetência, não faz instaurar, para efeito de controle jurisdicional, a competência originária do STF. Vencido o Ministro Marco Aurélio, que deferia a ordem para restaurar a investigação interrompida na origem e cujo processo fora avocado pela administração superior de Ministério Público Estadual. Esclarecia que a situação concreta em que o Conselho não adentrasse a controvérsia seria distinta daquela em que apreciasse e referendasse o pronunciamento de origem. Aduzia que, por analogia, estaria configurado o disposto no art. 512 do CPC ("O julgamento proferido pelo tribunal substituirá a sentença ou a decisão recorrida no que tiver sido objeto de recurso"), a revelar que a decisão subsequente a confirmar ou a reformar a anterior, por ela seria substituída.
MS 33163/DF, rel. orig. Min. Marco Aurélio, red. p/ o acórdão Min. Roberto Barroso, 5.5.2015. (MS-33163) (Inform. STF 784)

EMENTA: EXECUÇÃO JUDICIAL CONTRA ESTADO ESTRANGEIRO. COMPETÊNCIA ORIGINÁRIA DO SUPREMO TRIBUNAL FEDERAL (**CF**, art. 102, I, "e"). IMUNIDADE DE JURISDIÇÃO (*imunidade à jurisdição cognitiva*) **E** IMUNIDADE DE EXECUÇÃO (*imunidade à jurisdição executiva*). *O "STATUS QUAESTIONIS"* NA JURISPRUDÊNCIA DO SUPREMO TRIBUNAL FEDERAL. **PRECEDENTES**. **DOUTRINA**. **PREVALÊNCIA** DO ENTENDIMENTO NO SENTIDO *DA IMPOSSIBILIDADE JURÍDICA* DE EXECUÇÃO JUDICIAL CONTRA ESTADOS ESTRANGEIROS, **EXCETO** *NA HIPÓTESE DE EXPRESSA RENÚNCIA*, POR ELES, A ESSA PRERROGATIVA DE ORDEM JURÍDICA. **POSIÇÃO PESSOAL DO RELATOR** (MINISTRO CELSO DE MELLO), **QUE ENTENDE VIÁVEL** A EXECUÇÃO **CONTRA** ESTADOS ESTRANGEIROS, **DESDE** QUE OS ATOS DE CONSTRIÇÃO JUDICIAL **RECAIAM** SOBRE BENS **QUE NÃO GUARDEM VINCULAÇÃO ESPECÍFICA** COM A ATIVIDADE DIPLOMÁTICA **E/OU** CONSULAR. **OBSERVÂNCIA**, *NO CASO*, PELO RELATOR, *DO PRINCÍPIO DA COLEGIALIDADE*. JULGAMENTO DA CAUSA **NOS TERMOS** *DA JURISPRUDÊNCIA PREDOMINANTE* NO SUPREMO TRIBUNAL FEDERAL. PROCESSO DE EXECUÇÃO *DECLARADO EXTINTO*, **SEM** RESOLUÇÃO DE MÉRITO. ACO 1.769/PE. RELATOR: Ministro Celso de Mello **(Inform. STF 779)**

"Habeas corpus" e impetração contra órgão do STF

Ao reafirmar o Enunciado 606 da Súmula do STF ("Não cabe 'habeas corpus' originário a Tribunal Pleno de decisão de Turma ou do Plenário, proferida em 'habeas corpus' ou no respectivo recurso"), o Plenário, por maioria, não conheceu de "writ", impetrado contra decisão colegiada da 2ª Turma, em que se discutia suposta nulidade decorrente de ausência de publicação da pauta para o julgamento de "habeas corpus". O Ministro Roberto Barroso

destacou a possibilidade de, em situações teratológicas, superar o referido enunciado sumular. Porém, entendia não ser o caso dos autos. Vencidos os Ministros Marco Aurélio (relator) e Ricardo Lewandowski, que conheciam da impetração, mas denegavam a ordem. Sustentavam que a adequação do "habeas corpus" pressuporia apenas que se apontasse na inicial um ato de constrangimento, que alcançasse a liberdade de ir e vir do cidadão, e um órgão capaz de apreciar o ato praticado. Apontavam ocorrer essa situação na hipótese de decisão de órgão fracionário do Tribunal, diante da possibilidade de o Plenário analisá-la. No mérito, destacavam que os artigos 83, § 1º, e 131, § 2º, do RISTF, dispensariam a publicação da pauta. **HC 117091/MG, rel. orig. Min. Marco Aurélio, red. p/ o acórdão Min. Roberto Barroso, 22.5.2014. HC 117091 (HC-117091) (Inform. STF 747)**

Simetria entre carreiras e incompetência originária do STF

Ao reafirmar a incompetência do STF para apreciar a demanda, a 2ª Turma negou provimento a agravo regimental em ação originária ajuizada por magistrado federal. Na espécie, juizado especial federal suscitara a competência originária do Supremo para processar ação em que alegadamente envolvidos direitos, interesses ou vantagens atinentes à magistratura. A Turma apontou que o agravante, juiz federal, objetivava a percepção de ajuda de custo em razão de mudança de domicílio. Destacou que, na origem, tratava-se de pedido de simetria entre as carreiras da magistratura federal e a do Ministério Público da União. Ponderou que o mencionado benefício não estaria dirigido a todos os membros da magistratura. **AO 1840 AgR/PR, rel. Min. Ricardo Lewandowski, 11.2.2014. (AO-1840) (Inform. STF 735)**

AG. REG. NA Rcl N. 15.607-SC
RELATORA: MIN. CÁRMEN LÚCIA
EMENTA: AGRAVO REGIMENTAL NA RECLAMAÇÃO. CONSTITUCIONAL. INVESTIDURA NO CARGO DE JUIZ FEDERAL SUBSTITUTO. AJUDA DE CUSTO. MATÉRIA DE INTERESSE DE TODA A MAGISTRATURA. COMPETÊNCIA DO SUPREMO TRIBUNAL FEDERAL: ART. 102, INC. I, ALÍNEA *N*, DA CONSTITUIÇÃO DA REPÚBLICA. PRECEDENTES. AGRAVO REGIMENTAL AO QUAL SE NEGA PROVIMENTO. **(Inform. STF 735)**

AG. REG. NO RE N. 594.368-MA
RELATOR: MIN. MARCO AURÉLIO
COMPETÊNCIA – INTERESSE DE TODA A MAGISTRATURA – ARTIGO 102, INCISO I, ALÍNEA "N", DA CONSTITUIÇÃO FEDERAL – ALCANCE. O deslocamento da competência para o Supremo, considerada controvérsia envolvendo magistrados, pressupõe o interesse de toda a magistratura. **(Inform. STF 708)**

AG. REG. NA AÇÃO CAUTELAR N. 2.596-DF
RELATOR: MIN. CELSO DE MELLO
E M E N T A: AÇÃO POPULAR – AJUIZAMENTO CONTRA O PRESIDENTE DA CÂMARA LEGISLATIVA DO DISTRITO FEDERAL - AUSÊNCIA DE COMPETÊNCIA ORIGINÁRIA DO SUPREMO TRIBUNAL FEDERAL - AÇÃO POPULAR DE QUE NÃO SE CONHECE - AGRAVO IMPROVIDO.
O PROCESSO E O JULGAMENTO DE AÇÕES POPULARES CONSTITUCIONAIS (CF, ART. 5º, LXXIII) NÃO SE INCLUEM NA ESFERA DE COMPETÊNCIA DO SUPREMO TRIBUNAL FEDERAL.
- O Supremo Tribunal Federal - por ausência de previsão constitucional - não dispõe de competência originária para processar e julgar ação popular promovida contra o Presidente da Câmara Legislativa do Distrito Federal ou contra qualquer outro órgão ou autoridade da República, mesmo que o ato cuja invalidação se pleiteie tenha emanado do Presidente da República, das Mesas da Câmara dos Deputados ou do Senado Federal ou, ainda, de qualquer dos Tribunais Superiores da União. Jurisprudência. Doutrina.
- A competência originária do Supremo Tribunal Federal, por qualificar-se como um complexo de atribuições jurisdicionais de extração essencialmente constitucional - e ante o regime de direito estrito a que se acha submetida -, não comporta a possibilidade de ser estendida a situações que extravasem os rígidos limites fixados, em "numerus clausus", pelo rol exaustivo inscrito no art. 102, I, da Carta Política. Doutrina. Precedentes. **(Inform. STF 702)**

📄 **Súmula STF nº 735**

Não cabe recurso extraordinário contra acórdão que defere medida liminar.

📄 **Súmula STF nº 734**

Não cabe reclamação quando já houver transitado em julgado o ato judicial que se alega tenha desrespeitado decisão do Supremo Tribunal Federal.

Súmula STF nº 733

Não cabe recurso extraordinário contra decisão proferida no processamento de precatórios.

Súmula STF nº 731

Para fim da competência originária do Supremo Tribunal Federal, é de interesse geral da magistratura a questão de saber se, em face da Lei Orgânica da Magistratura Nacional, os juízes têm direito à licença prêmio.

Súmula STF nº 691

Não compete ao Supremo Tribunal Federal conhecer de *habeas corpus* impetrado contra decisão do relator que, em *habeas corpus* requerido a Tribunal Superior, indefere a liminar.

Súmula STF nº 640

É cabível recurso extraordinário contra decisão proferida por juiz de primeiro grau nas causas de alçada, ou por Turma Recursal de Juizado Especial Cível e Criminal.

Súmula STF nº 624

Não compete ao Supremo Tribunal Federal conhecer originariamente de mandado de segurança contra atos de outros tribunais.

Súmula STF nº 72

No julgamento de questão constitucional, vinculada à decisão do Tribunal Superior Eleitoral, não estão impedidos os Ministros do Supremo Tribunal Federal que ali tenham funcionado no mesmo processo, ou no processo originário.

8.3. Tribunais Regionais Federais e Juízes Federais

RE N. 586.453-SE

REDATOR P/ O ACÓRDÃO: MIN. DIAS TOFFOLI
EMENTA: Recurso extraordinário – Direito Previdenciário e Processual Civil – Repercussão geral reconhecida – Competência para o processamento de ação ajuizada contra entidade de previdência privada e com o fito de obter complementação de aposentadoria – Afirmação da autonomia do Direito Previdenciário em relação ao Direito do Trabalho – Litígio de natureza eminentemente constitucional, cuja solução deve buscar trazer maior efetividade e racionalidade ao sistema – Recurso provido para afirmar a competência da Justiça comum para o processamento da demanda - Modulação dos efeitos do julgamento, para manter, na Justiça Federal do Trabalho, até final execução, todos os processos dessa espécie em que já tenha sido proferida sentença de mérito, até o dia da conclusão do julgamento do recurso (20/2/13).
1. A competência para o processamento de ações ajuizadas contra entidades privadas de previdência complementar é da Justiça comum, dada a autonomia do Direito Previdenciário em relação ao Direito do Trabalho. Inteligência do art. 202, § 2º, da Constituição Federal a excepcionar, na análise desse tipo de matéria, a norma do art. 114, inciso IX, da Magna Carta.
2. Quando, como ocorre no presente caso, o intérprete está diante de controvérsia em que há fundamentos constitucionais para se adotar mais de uma solução possível, deve ele optar por aquela que efetivamente trará maior efetividade e racionalidade ao sistema.
3. Recurso extraordinário de que se conhece e ao qual se dá provimento para firmar a competência da Justiça comum para o processamento de demandas ajuizadas contra entidades privadas de previdência buscando-se o complemento de aposentadoria.
4. Modulação dos efeitos da decisão para reconhecer a competência da Justiça Federal do Trabalho para processar e julgar, até o trânsito em julgado e a correspondente execução, todas as causas da espécie em que houver sido proferida sentença de mérito até a data da conclusão, pelo Plenário do Supremo Tribunal Federal, do julgamento do presente recurso (20/2/2013).
5. Reconhecimento, ainda, da inexistência de repercussão geral quanto ao alcance da prescrição de ação tendente a questionar as parcelas referentes à aludida complementação, bem como quanto à extensão de vantagem a aposentados que tenham obtido a complementação de aposentadoria por entidade de previdência privada sem que tenha havido o respectivo custeio.
(Inform. STF 709)

Súmula STJ nº 428

Compete ao Tribunal Regional Federal decidir os conflitos de competência entre juizado especial federal e juízo federal da mesma seção judiciária.

Súmula STJ nº 150

Compete à Justiça Federal decidir sobre a existência de interesse jurídico que justifique a presença, no processo, da União, suas autarquias ou empresas públicas.

Súmula STJ nº 55

Tribunal Regional Federal não é competente para julgar recurso de decisão proferida por juiz estadual não investido de jurisdição federal.

8.4. Tribunais e Juízes do Trabalho

MS N. 31.375-DF

RELATORA: MIN. CÁRMEN LÚCIA
EMENTA: MANDADO DE SEGURANÇA. NOMEAÇÃO DE MAGISTRADO PARA TRIBUNAL REGIONAL DO TRABALHO DA 2ª REGIÃO: O IMPETRANTE EM TRÊS LISTAS TRÍPLICES CONSECUTIVAS PARA PROMOÇÃO POR MERECIMENTO PARA DESEMBARGADOR DO TRIBUNAL REGIONAL DO TRABALHO DA 2ª REGIÃO (ART. 115, INC. II, DA CONSTITUIÇÃO DA REPÚBLICA). OBSERVÂNCIA OBRIGATÓRIA DO ART. 93, INC. II, AL. *A*, DA CONSTITUIÇÃO DA REPÚBLICA. REGRA APLICÁVEL À MAGISTRATURA. PRECEDENTE. SEGURANÇA CONCEDIDA. AGRAVO REGIMENTAL PREJUDICADO. **(Inform. STF 714)**

Súmula vinculante STF nº 23

A Justiça do Trabalho é competente para processar e julgar ação possessória ajuizada em decorrência do exercício do direito de greve pelos trabalhadores da iniciativa privada.

Súmula vinculante STF nº 22

A Justiça do Trabalho é competente para processar e julgar as ações de indenização por danos morais e patrimoniais decorrentes de acidente de trabalho propostas por empregado contra empregador, inclusive aquelas que ainda não possuíam sentença de mérito em primeiro grau quando da promulgação da Emenda Constitucional n. 45/04.

Súmula STF nº 736

Compete à Justiça do Trabalho julgar as ações que tenham como causa de pedir o descumprimento de normas trabalhistas relativas à segurança, higiene e saúde dos trabalhadores.

Súmula STF nº 433

É competente o Tribunal Regional do Trabalho para julgar mandado de segurança contra ato de seu presidente em execução de sentença trabalhista.

Súmula STJ nº 15

Compete à justiça estadual processar e julgar os litígios decorrentes de acidente do trabalho.

8.5. Tribunais e Juízes Estaduais

Art. 93, XI, da CF: Tribunal Pleno e Órgão Especial - 4
Compete aos tribunais de justiça definir as competências que serão delegadas ao Órgão Especial, desde que aprovadas pela maioria absoluta de seus membros. Esse o entendimento do Plenário que, em conclusão de julgamento, deferiu medida liminar em mandado de segurança para suspender a eficácia de decisão do CNJ. A decisão impugnada deferira, em parte, medida liminar em procedimento de controle administrativo - PCA para anular a expressão "a ser submetida à apreciação do Tribunal Pleno", contida no art. 1º e todo o art. 5º da Portaria 7.348/2006 do Presidente do TJSP, bem como para cassar todas as deliberações administrativas ou normativas do Tribunal Pleno que usurparam atribuições do Órgão Especial, em violação do Enunciado Administrativo 2 do CNJ e das Constituições Estadual e Federal. Entendera o voto condutor da decisão do CNJ que todas as atribuições administrativas e jurisdicionais que eram do Pleno, exceto a eletiva, passariam automaticamente para a competência do Órgão Especial, assim que este fosse criado. Na espécie, diante da extinção dos Tribunais de Alçada paulistas (EC 45/2004, art. 4º), o Presidente do TJSP convocara o Plenário para deliberar sobre as competências a delegar ao Órgão Especial, haja vista o disposto no novo inciso XI do art. 93 da CF. Isso resultara no requerimento de instauração do aludido PCA, ao CNJ, por integrantes do Órgão Especial, visando manter a supremacia jurisdicional e administrativa deste (CF, art. 93: "XI - nos tribunais com número superior a vinte e cinco

julgadores, poderá ser constituído órgão especial, com o mínimo de onze e o máximo de vinte e cinco membros, para o exercício das atribuições administrativas e jurisdicionais delegadas da competência do tribunal pleno, provendo-se metade das vagas por antiguidade e a outra metade por eleição pelo tribunal pleno") — v. Informativo 460.
MS 26411 MC/DF, rel. orig. Min. Sepúlveda Pertence, red. p/ o acórdão Min. Teori Zavascki, 26.11.2015. (MS-26411)

Art. 93, XI, da CF: Tribunal Pleno e Órgão Especial - 5
O Colegiado reputou que a decisão do CNJ minimiza a inovação substancial do texto ditado pela EC 45/2004 para o inciso XI do art. 93 da CF. Seria de importância decisiva a menção, nele contida, ao exercício de atribuições delegadas da competência do Tribunal Pleno, inexistente nos textos anteriores concernentes à instituição do Órgão Especial - compulsória na EC 7/1977 à Constituição anterior, e facultada no texto original da atual. Afirmou que a Constituição não delega competências, mas as confere aos órgãos que ela própria constitui, e que, por isso, a delegação introduzida pela EC 45/2004 tem dois pressupostos sucessivos: primeiro, que o seu objeto seja da competência original do órgão delegante e, segundo, o ato deste que delega a outro o seu exercício. Assim, a Constituição nem institui, ela própria, o Órgão Especial nos grandes tribunais — diferentemente do que determinava a EC 7/1977 —, nem lhe concede todas as atribuições jurisdicionais e administrativas do Tribunal Pleno, mas apenas faculta a este que, por meio de delegação, transfira o exercício dessas atribuições ao Órgão Especial que resolva instituir. Diante disso, concluiu caber ao Tribunal Pleno constituir ou manter o Órgão Especial e delegar-lhe parcial ou totalmente suas atribuições com, pelo menos, uma única exceção, qual seja, o poder normativo de elaborar o regimento interno do tribunal e nele dispor sobre a competência e o funcionamento dos respectivos órgãos jurisdicionais e administrativos. O Ministro Teori Zavascki acrescentou que, incumbindo ao Plenário, de modo facultativo, a criação do Órgão Especial, competiria somente a ele definir as atribuições delegadas ao referido órgão, que, por expressa disciplina do art. 93, XI, da CF, exerce as atribuições administrativas e jurisdicionais da competência do Pleno que lhes sejam delegadas.
MS 26411 MC/DF, rel. orig. Min. Sepúlveda Pertence, red. p/ o acórdão Min. Teori Zavascki, 26.11.2015. (MS-26411) (Inform. STF 809)

ADI e estrutura organizacional de tribunal de justiça
O Plenário confirmou medida cautelar e julgou procedente pedido formulado em ação direta para assentar a inconstitucionalidade de dispositivos da Constituição do Estado do Ceará e de seu ADCT. Na espécie, foram declarados inconstitucionais: a) a expressão "ou a determinação de abertura de tal procedimento contra o juiz acusado" contida no art. 96, II, f; b) o § 1º do art. 105; c) a expressão "vinte e um", constante do art. 107; d) o art. 109, "caput" e parágrafos; e) os artigos 110 a 113; f) o § 5º do art. 11 do ADCT; e g) o art. 12 do ADCT. As normas questionadas alteram a estrutura organizacional do tribunal de justiça cearense e a carreira da magistratura.
ADI 251/CE, rel. Min. Gilmar Mendes, 27.8.2014. (ADI-251) (Inform. STF 756)

Procurador-Geral do Estado e foro por prerrogativa de função - 1
O Plenário denegou a ordem em "habeas corpus", afetado pela 2ª Turma, no qual discutida eventual nulidade de ação penal por incompetência do juízo de 1º grau e pretendida a revogação da prisão cautelar imposta ao paciente. Ademais declarou, "incidenter tantum", a inconstitucionalidade da expressão "os Agentes Públicos a ele equiparados", contida no art. 77, X, a, da Constituição do Estado de Roraima. No caso, o paciente, Procurador-Geral do Estado à época dos fatos, pretendia fosse-lhe garantido o foro por prerrogativa de função no TJ/RR, à luz da regra prevista no art. 77, X, a, da Constituição estadual ["Art. 77. Compete ao Tribunal de Justiça: ... X - processar e julgar, originariamente: a) nos crimes comuns e de responsabilidade, o Vice-governador do Estado, os Secretários de Estado, os Agentes Públicos a ele equiparados, os Juízes Estaduais, os membros do Ministério Público e os Prefeitos, ressalvada a competência da Justiça Eleitoral"], bem assim do que disposto no parágrafo único do art. 4º da LC Estadual 71/2003 ("O Procurador-Geral do Estado terá, além do contido nesta Lei Complementar, as mesmas prerrogativas, subsídio e obrigações de Secretário de Estado"). Inicialmente, o Tribunal rememorou decisão proferida, em situação análoga, nos autos da ADI 3.140/CE (DJU de 29.6.2007), oportunidade em que declarada a inconstitucionalidade de norma de Constituição estadual, tendo em vista ser ela incompatível com o art. 125, § 1º, da CF. Salientou que, na

ocasião, o STF ponderara que a Constituição estadual haveria de definir, de um lado, o que o tribunal de justiça poderia julgar e, de outro, quem poderia ser julgado por aquela Corte. Nesse sentido, o art. 125, § 1º, da CF, firma o âmbito de atuação do constituinte estadual na matéria especificada, de modo a caber a ele definir a competência do tribunal de justiça. Em outras palavras, a Constituição da República convoca o constituinte estadual para demarcar a competência do tribunal de justiça. O Colegiado salientou que esse mesmo entendimento deveria nortear a decisão em comento, na qual o constituinte do Estado de Roraima, ao promulgar norma aberta referente à definição de competência do tribunal estadual, delegara ao legislador infraconstitucional o poder de dispor sobre a matéria e de ampliar seus limites, circunstância incompatível com o art. 125, § 1º, da CF. Concluiu, no ponto, pela inconstitucionalidade da expressão acima referida, contida na norma constitucional estadual.

Procurador-Geral do Estado e foro por prerrogativa de função - 2
O Plenário afastou, de igual modo, a invocação do princípio da simetria. Segundo a defesa, o cargo de Procurador-Geral do Estado equivaleria, na esfera estadual, ao de Advogado-Geral da União, a quem o STF reconhecera foro por prerrogativa de função igual ao de Ministro de Estado, por ocasião do julgamento do Inq 1.660 QO/DF (DJU de 6.6.2003). A respeito, a Corte afirmou não haver similitude com o quadro normativo considerado no exame da aludida questão de ordem. Frisou que, naquele caso, o STF reconhecera sua competência originária ao adotar como premissa a existência de norma segundo a qual o Advogado-Geral da União seria Ministro de Estado. Por outro lado, ressaltou que a legislação estadual roraimense não estabeleceria que o Procurador-Geral do Estado seria Secretário de Estado. Nesse aspecto, o parágrafo único do art. 4º da LC estadual roraimense não afirmaria que o Procurador-Geral seria Secretário, mas dispensaria a ele o mesmo tratamento dado aos Secretários, equiparação que não garantiria foro por prerrogativa de função no TJ/RR. No que concerne à segregação cautelar do paciente, o Colegiado não identificou incompatibilidade com o art. 312 do CPP. Constatou que a ordem de prisão preventiva estaria devidamente fundamentada, voltada à garantia da ordem pública, consubstanciada na possibilidade de reiteração delituosa. Sublinhou que haveria evidências acerca de vasta rede de crimes sexuais contra menores, sob influência política e funcional do paciente. Além disso, registrou que o paciente tentara evadir-se do distrito da culpa, mediante plano de fuga, com o uso de recursos estaduais, o que demonstraria a intenção de furtar-se à aplicação da lei penal. **HC 103803/ RR, rel. Min. Teori Zavascki, 1º.7.2014. (HC-103803) (Inform. STF 756)**

8.6. Conselho Nacional de Justiça

Ato do CNJ e controle de constitucionalidade - 1
A Segunda Turma retomou julgamento de agravo regimental ajuizado contra liminar deferida em mandado de segurança impetrado contra decisão monocrática de conselheira do CNJ que, em procedimento de controle administrativo, determinara a tribunal de justiça estadual que elaborasse nova lista de antiguidade de membros da magistratura, com exclusão de critério não previsto na Lei Orgânica da Magistratura Nacional - Loman. No caso, a conselheira afastara como critério de desempate o tempo de serviço público fixado em lei complementar estadual para considerar-se apenas o tempo na magistratura e, mantido o empate, a classificação no concurso, respeitada a ordem de investidura da magistratura estadual. Na sessão de 30.6.2015, o Ministro Teori Zavascki (relator) desproveu o agravo regimental e manteve a liminar que suspendera os efeitos do ato do CNJ até o julgamento de mérito do mandado de segurança. Afirmou que a alteração do critério adotado há muito tempo pelo tribunal, por decisão monocrática da conselheira relatora, sem a participação direta dos atingidos, evidenciaria a plausibilidade do argumento de afronta ao direito à ampla defesa, tese que teria respaldo da orientação firmada pelo Plenário do STF no julgamento do MS 27.154/DF (DJe de 8.2.2011). Na sessão de 25.8.2015, o Ministro Dias Toffoli, em voto-vista, deu provimento ao agravo regimental para indeferir a liminar. Frisou que o vício de procedimento considerado pelo relator deveria ser superado tendo em conta que o ato impugnado estaria em consonância com o entendimento pacífico do STF, no sentido da impossibilidade de se adotar o tempo de serviço público como critério de desempate entre magistrados. Dessa forma, deveria ser mantida a decisão atacada, sob pena de postergar-se a aplicação da orientação adequada para a solução da matéria.
MS 33586 AgR/DF, rel. Min. Teori Zavascki, 1º.12.2015. (MS-33586)

Ato do CNJ e controle de constitucionalidade - 2

Nessa assentada, a Ministra Cármen Lúcia salientou que o Regimento Interno do CNJ conferiria ao relator a atribuição de deferir, monocraticamente, pedido em estrita obediência a enunciado administrativo ou a entendimento firmado pelo CNJ ou pelo STF. Sublinhou que, apesar de a decisão impugnada harmonizar-se com a orientação do STF, a lei estadual não teria sido declarada inconstitucional. Além disso, a incidência da teoria dos motivos determinantes teria sido rejeitada pelo STF. Assim, a aplicação da norma regimental exigiria a declaração de inconstitucionalidade do dispositivo legal pelo STF. Realçou que a inconstitucionalidade do dispositivo da lei estadual teria sido assentada por decisão singular de membro de órgão administrativo ao qual a jurisprudência do STF não reconheceria a competência para exercer o controle de constitucionalidade de leis (AC 2.390 MC/PB, DJe de 2.5.2011). A Ministra Cármen Lúcia não vislumbrou, contudo, relevância jurídica suficiente para deferir a liminar pleiteada, pois, no julgamento de mérito do mandado de segurança, o STF poderia, prestigiando a jurisprudência, declarar incidentalmente a inconstitucionalidade da norma legal, A adoção desse procedimento imporia a denegação da ordem, a despeito dos vícios observados no ato impugnado. A anulação do ato do CNJ, nessas circunstâncias excepcionais, serviria apenas para postergar a aplicação do entendimento consolidado pelo STF, do qual não poderia o CNJ dissentir. Em seguida, pediu vista o Ministro Gilmar Mendes.

MS 33586 AgR/DF, rel. Min. Teori Zavascki, 1º.12.2015. . (MS-33586) (Inform. STF 810)

CNJ e revisão disciplinar

A Segunda Turma iniciou julgamento de mandado de segurança impetrado em face de ato do CNJ, no qual aplicada a pena de disponibilidade com proventos proporcionais a magistrada acusada de condicionar o resultado de medida liminar em processo sob sua responsabilidade a favorecimento pessoal. Na espécie, o tribunal de justiça em que atuava a impetrante instaurara processo administrativo disciplinar para a apuração da referida conduta, sendo-lhe imposta, ao fim da instrução processual, a pena de censura. Tendo em conta essa decisão, o Ministério Público estadual requerera ao CNJ a instauração de revisão disciplinar — ao fundamento de ser desproporcional a pena aplicada em relação à gravidade da infração disciplinar praticada —, que fora julgada procedente. A Ministra Cármen Lúcia (relatora) denegou a segurança, no que foi acompanhada pelo Ministro Teori Zavascki. Asseverou não procederem as alegações de intempestividade e descabimento da revisão disciplinar, tampouco de ilegitimidade ativa do Ministério Público para instaurá-la. No inciso V do § 4º do art. 103-B da CF não se estabeleceria prazo para o julgamento do pedido de revisão pelo CNJ, apenas prazo para a instauração da revisão. O processo administrativo disciplinar instaurado contra a impetrante fora julgado pelo tribunal de justiça em 17.12.2008 e o pedido de revisão disciplinar fora protocolizado no Conselho em menos de um ano (15.12.2009), do que decorreria sua tempestividade. Por outro lado, a Constituição Federal e o Regimento Interno do CNJ confeririam legitimidade universal para propositura da revisão disciplinar, a qual poderia ser instaurada por provocação de terceiros e até mesmo de ofício, o que demonstraria a legitimidade do Ministério Público para atuar na matéria em comento. Ademais, a possibilidade de instauração da revisão disciplinar de ofício ou por provocação de qualquer interessado, juntamente com o extenso prazo para sua apresentação e a previsão regimental de se poder modificar a pena imposta, corroborariam a assertiva de que a revisão não se trataria de recurso ou revisão administrativa ordinária, menos ainda de instrumento exclusivo da defesa. Outrossim, estariam configurados, no caso, os pressupostos para instauração da revisão disciplinar — na forma do art. 83 do Regimento Interno do CNJ —, dado que a decisão proferida pelo tribunal local seria contrária à lei e às provas coligidas nos autos. Isso se daria porque a pena aplicada não seria condizente com a gravidade da conduta. Assim, concluíra o CNJ que os fatos apurados evidenciariam comportamento de acentuada reprovabilidade, insusceptível de aplicação de pena de censura. Esta última incidiria nas hipóteses de "reiterada negligência no cumprimento dos deveres do cargo, ou no de procedimento incorreto, se a infração não justificar punição mais grave" (LC 35/1979, art. 44). Nessa senda, constatar-se-ia que a parte final do preceito seria suficientemente clara, ao dispor que o descumprimento dos deveres funcionais poderia justificar a aplicação de pena mais grave. Disso decorreria que a manifesta inadequação da reprimenda aplicada diante da gravidade da conduta redundar na necessidade de revisão disciplinar. Em seguida, pediu vista dos autos o Ministro Gilmar Mendes.

MS 30364/PA, rel. Min. Cármen Lúcia, 17.11.2015. (MS-30364) (Inform. STF 808)

CNJ: revisão disciplinar e prazo de instauração

A Segunda Turma concedeu a ordem em mandado de segurança para determinar o arquivamento de reclamação disciplinar em trâmite no CNJ. Na espécie, após a instauração da reclamação disciplinar em comento, esta fora sobrestada para que se aguardasse a conclusão de processo administrativo disciplinar que apurava os mesmos fatos no âmbito de tribunal de justiça local. No julgamento do referido processo administrativo disciplinar, o impetrante fora absolvido por ausência de provas. O CNJ, então, requerera ao tribunal de justiça o envio da íntegra dos autos, bem como do acórdão, para a análise de eventual revisão disciplinar, nos termos do art. 103-B, §4º, V, da CF ("Art. 103-B. ... § 4º Compete ao Conselho o controle da atuação administrativa e financeira do Poder Judiciário e do cumprimento dos deveres funcionais dos juízes, cabendo-lhe, além de outras atribuições que lhe forem conferidas pelo Estatuto da Magistratura: ... V - rever, de ofício ou mediante provocação, os processos disciplinares de juízes e membros de tribunais julgados há menos de um ano"). Sustentava a impetrante que teria ocorrido a decadência do prazo constitucional da revisão disciplinar. O Colegiado afirmou que, apesar de o CNJ ter instaurado processo disciplinar para apuração dos fatos antes de se ter o julgamento da questão pela corregedoria local, o feito encontrar-se-ia sobrestado, no aguardo de decisão por parte desta última. Uma vez que se dera o julgamento do processo disciplinar no tribunal de justiça, a pretensão de reapreciação dos fatos — se não estabelecida por meio de um processo apuratório concomitante ao instaurado na origem — adquiriria natureza revisional. Em razão disso, deveria ser retomada dentro do prazo constitucional estabelecido, ou seja, em 1 ano. Haveria, portanto, um específico efeito que o julgamento pelo órgão de origem implicaria à apreciação disciplinar do CNJ. Seria iniciada a sua pretensão revisional (art. 103-B, §4º, V) que tanto incidiria sobre a reapreciação propriamente dita dos fatos — por meio de processo instaurado especificamente para esse fim —, como também sobre a continuidade de apuração eventualmente em curso, que deveria ser retomada dentro do citado prazo. Admitir o contrário, ou seja, que o CNJ pudesse, a qualquer tempo, reavivar discussão travada em processo disciplinar já julgado — somente porque já instaurado processo apuratório antes daquele julgamento —, seria desconsiderar o prazo inserto no art. 103-B, § 4º, V, da CF. Seria, ainda, ignorar o poder disciplinar das instâncias locais, dotado, como o concretizado no âmbito do CNJ, de imperatividade, atributo que não poderia ser desconsiderado por meio de reapreciação tardia dos mesmos fatos. Em que pese o CNJ estar em posição hierárquica, no âmbito do Poder Judiciário, que lhe permitiria proferir a última decisão administrativa em questões disciplinares, esse fato não excluiria o poder censório do órgão local. Esse poder seria concorrente ao exercível pelo Conselho, dele diferindo apenas pela ausência de terminatividade, já que sujeito ao exercício do poder revisional pela Corregedoria Nacional, desde que exercitado no prazo de 1 ano. No caso dos autos, o CNJ fora cientificado da decisão proferida no procedimento disciplinar local em 7.8.2012, tendo, porém, adotado a primeira medida para revisão do julgado apenas em 23.12.2013, após, portanto, o decurso do lapso temporal constitucional.

MS 32724/DF, rel. Min. Dias Toffoli, 17.11.2015. (MS-32724) (Inform. STF 808)

CNJ: sindicância e delegação de competência

É regular a designação de juiz auxiliar, seja ele originário do Judiciário estadual ou federal, para a condução de sindicância, por delegação do CNJ, ainda que o investigado seja magistrado federal. Com base nesse entendimento, a Segunda Turma denegou mandado de segurança impetrado em face de ato do Corregedor-Nacional de Justiça, que instaurara sindicância para apurar violação, por parte de magistrado federal, à Lei Complementar 35/1979, delegando a prática de diligências a juiz estadual. Inicialmente, a Turma reiterou o que decidido na ADI 4.638 MC-Ref/DF (DJe de 30.10.2014), no sentido de que a competência constitucional do CNJ seria autônoma, não prosperando a tese da subsidiariedade de sua atuação. Outrossim, relativamente à alegada nulidade da designação de juiz estadual para cumprir diligência determinada pelo Corregedor-Nacional de Justiça, asseverou que a autoridade delegada atuaria em nome da Corregedoria, sendo irrelevante se o magistrado fosse oriundo da esfera estadual ou da esfera federal.

MS 28513/DF, rel. Min. Teori Zavascki, 15.9.2015. (MS-28513) (Inform. STF 799)

MS N. 28.932-DF

RELATORA: MIN. CÁRMEN LÚCIA

EMENTA: *MANDADO DE SEGURANÇA. CONSELHO NACIONAL DE JUSTIÇA. VOTO DIVULGADO DIFERENTE DO VOTO LIDO EM SESSÃO. FORMAÇÃO DA LISTA DE ANTIGUIDADE DA MAGISTRATURA PAULISTA. ALTERAÇÃO DE CRITÉRIOS. PROCURADOR-GERAL DA REPÚBLICA. DISTRIBUIÇÃO POR PREVENÇÃO. DESCABIMENTO: PRORROGAÇÃO DA COMPETÊNCIA (§ 1º DO ART. 69 DO REGIMENTO INTERNO DO SUPREMO TRIBUNAL FEDERAL). FALTA DE PEÇA ESSENCIAL PARA A COMPROVAÇÃO DO ALEGADO. PROVA PRÉ-CONSTITUÍDA. IMPOSSIBILIDADE DE DILAÇÃO PROBATÓRIA. PRECEDENTES. POSSIBILIDADE DE O ÓRGÃO JURISDICIONAL COMPETENTE ALTERAR DE OFÍCIO O RESULTADO DE JULGAMENTO NÃO PUBLICADO. PRECEDENTES. MANDADO DE SEGURANÇA DENEGADO.* **(Inform. STF 788)**

EMENTA: **CONSELHO NACIONAL DE JUSTIÇA (CNJ)**. CORREGEDORA NACIONAL DE JUSTIÇA. **ATO** *QUE SUSPENDE A EFICÁCIA DE DECISÃO MONOCRÁTICA* **PROFERIDA** *NOS AUTOS DE AÇÃO CAUTELAR.* **INADMISSIBILIDADE**. ATUAÇÃO *"ULTRA VIRES"* DA SENHORA CORREGEDORA NACIONAL DE JUSTIÇA, **PORQUE EXCEDENTE** *DOS ESTRITOS LIMITES* QUE CONFORMAM O EXERCÍCIO *DAS ATRIBUIÇÕES MERAMENTE ADMINISTRATIVAS* OUTORGADAS PELA CONSTITUIÇÃO DA REPÚBLICA *AO CONSELHO NACIONAL DE JUSTIÇA* **E** *AOS ÓRGÃOS E AGENTES QUE O INTEGRAM.* **INCOMPETÊNCIA ABSOLUTA** DO CONSELHO NACIONAL DE JUSTIÇA, **NÃO OBSTANTE** *ÓRGÃO CONSTITUCIONAL DE CONTROLE INTERNO DO PODER JUDICIÁRIO,* **PARA INTERVIR** *EM PROCESSOS E EM DECISÕES DE NATUREZA JURISDICIONAL.* **IMPOSSIBILIDADE CONSTITUCIONAL** DE O CONSELHO NACIONAL DE JUSTIÇA (**QUE SE QUALIFICA** *COMO ÓRGÃO DE CARÁTER EMINENTEMENTE ADMINISTRATIVO)* **FISCALIZAR, REEXAMINAR E SUSPENDER** OS EFEITOS DECORRENTES *DE ATO DE CONTEÚDO JURISDICIONAL.* **PRECEDENTES** DO SUPREMO TRIBUNAL FEDERAL. **MAGISTÉRIO** DA DOUTRINA. **MEDIDA LIMINAR DEFERIDA**. MS 33.570-MC/DF. RELATOR: Min. Celso de Mello **(Inform. STF 788)**

CNJ: PAD e punição de magistrado

É desnecessário esgotar as vias ordinárias para que o CNJ instaure processo de revisão disciplinar. Com base nessa orientação, a 1ª Turma negou provimento a agravo regimental em mandado de segurança. A Turma assinalou que a análise do processo de revisão disciplinar instaurado contra magistrado pelo CNJ cumpriria os requisitos previstos nos artigos 82 e 83 de seu regimento interno, de modo que seria desnecessária a comprovação do esgotamento das vias ordinárias. De igual maneira, reiterou o que decidido em julgado monocrático no sentido de ser possível a aplicação subsidiária da Lei 8.112/1990 nos casos em que a LC 35/1979 (Loman) se mostrasse omissa, porém, não seria aplicável a prescrição da pretensão punitiva em perspectiva. **MS 28918 AgR/DF, rel. Min. Dias Toffoli, 4.11.2014. (MS-28918) (Inform. STF 766)**

MS N. 32.375-DF

RELATORA: MIN. CÁRMEN LÚCIA

EMENTA: *MANDADO DE SEGURANÇA. CONSELHO NACIONAL DE JUSTIÇA. RECLAMAÇÃO DISCIPLINAR. SUSTENTAÇÃO ORAL. PEDIDO DE VISTA. RETOMADA DO JULGAMENTO. COMPOSIÇÃO DO CONSELHO ALTERADA. PRETENSÃO DE RENOVAÇÃO DO JULGAMENTO: ALEGADA VIOLAÇÃO AO DEVIDO PROCESSO LEGAL E SEUS COROLÁRIOS. INOCORRÊNCIA. PRECEDENTES. MANDADO DE SEGURANÇA DENEGADO.*
1. A informatização do processo tem facilitado o acesso dos julgadores a todos os elementos existentes nos autos, conferindo-lhes, assim, o pleno conhecimento das questões jurídicas postas na causa e os argumentos desenvolvidos a favor e contra as teses das partes, autorizando a participação no julgamento daqueles que não tenham assistido à sustentação oral, ao relatório ou aos debates.
2. Mandado de segurança denegado. **(Inform. STF 764)**

PAD no âmbito do CNJ: sindicados de tribunais diversos e princípio do juiz natural

Por reputar observado o princípio do juiz natural, a 1ª Turma denegou ordem em mandado de segurança impetrado em face do CNJ, com o objetivo de anular decisão administrativa que determinava a instauração de processo administrativo disciplinar - PAD em desfavor do impetrante. Este alegava que a designação do Ministro-Corregedor para a relatoria do processo teria violado os princípios do juiz natural e do devido processo legal, uma vez

que, de acordo com o Regimento Interno do Conselho Nacional de Justiça - RICNJ, àquele conselheiro não deveriam ser distribuídos processos administrativos disciplinares. Sustentava que a distribuição seria livre, dentre todos os conselheiros, inclusive ausentes ou licenciados por até 30 dias. Defendia que, no tocante ao processamento de procedimentos disciplinares, a competência do Corregedor Nacional de Justiça estaria adstrita à realização de sindicâncias, inspeções e correições, quando houvesse fatos graves ou relevantes que as justificassem. A Turma afirmou que o caso diria respeito a suposto envolvimento de quatro magistrados integrantes de tribunais diversos, inclusive de tribunal superior. Anotou que o ato impugnado registrara omissão do RICNJ quanto à instauração de processo disciplinar decorrente de sindicância com multiplicidade de sindicados de tribunais diversos, e que o CNJ concluíra, com fulcro no art. 120 do aludido diploma ("Os casos omissos serão resolvidos pelo Plenário"), designar o Corregedor Nacional de Justiça como relator. A Turma, ademais, reputou viger, à época da decisão adversada, o art. 44 da Resolução CNJ 2/2005 ("Não serão objeto de distribuição os feitos de natureza disciplinar cuja tramitação, após protocolizada a respectiva peça na Secretaria, se inicia na Corregedoria do Conselho"), bem assim normas do RICNJ a preverem a competência do Plenário para receber e conhecer das reclamações contra membros ou órgãos do Judiciário e para julgar os processos disciplinares regularmente instaurados. **MS 27021/DF, rel. Min. Dias Toffoli, 14.10.2014. (MS-27021) (Inform. STF 763)**

MS N. 28.127-DF

RELATOR: MIN. DIAS TOFFOLI

EMENTA: **Mandado de segurança. Conselho Nacional de Justiça. Decadência do direito de instaurar o processo de revisão disciplinar não configurada. Competência do colegiado. Motivação do ato. Respeito à garantia constitucional do devido processo legal. Segurança indeferida.**
1. Compete ao plenário do CNJ instaurar, de ofício, processo de revisão disciplinar (art. 86 do RICNJ), consistindo o posterior despacho do Corregedor Nacional de Justiça mera execução material da decisão administrativa.
2. O julgamento pelo plenário do CNJ ocorreu em data anterior ao decurso do prazo disposto no inciso V do § 4º do art. 103-B da Constituição Federal, razão pela qual não se configura a decadência do direito do Poder Público de instaurar o procedimento.
3. A instauração de ofício foi motivada nos elementos do processo disciplinar objeto da revisão, os quais eram de conhecimento do impetrante, uma vez que os autos se encontravam apensados ao processo revisional. Não houve violação da garantia constitucional do devido processo legal.
4. Segurança indeferida. **(Inform. STF 762)**

Ato praticado pelo CNJ e competência - 1

O Plenário iniciou julgamento conjunto de questão de ordem em ação originária e de agravo de instrumento em ação cível originária nas quais se discute o alcance do disposto na alínea r do inciso I do art. 102 da CF. Em ambos os casos, examina-se o órgão competente para processar e julgar demanda que envolva ato do CNJ: se o STF, à luz do art. 102, I, r, da CF, ou se a justiça federal, conforme o art. 109, I, da CF. O Ministro Marco Aurélio, relator da ação originária, resolveu a questão de ordem no sentido de fixar a competência do juízo federal. Explicou que os autos referir-se-iam a ação movida por magistrado tendo em vista supostos descontos em seu subsídio. Asseverou que o art. 102, I, r, da CF, deveria ser interpretado de maneira sistemática. Consignou que a referência a "ações" alcançaria apenas mandado de segurança. Aduziu que seria impróprio concluir que toda e qualquer ação a envolver o CNJ ou o CNMP competiria ao STF, uma vez que, no tocante a atos do Presidente da República, das Mesas da Câmara dos Deputados e do Senado Federal, do TCU, do Procurador-Geral da República e do próprio STF, caberia a esta Corte apreciar somente mandado de segurança. Assentou que, proposta ação contra a União, ainda que alusiva a ato do CNJ, cumpriria ao juízo federal processá-la e julgá-la, a teor do art. 109, I, da CF. O Ministro Teori Zavascki, relator da ação cível originária, adotou essa mesma orientação e negou provimento ao agravo regimental. Acresceu que o STF não seria competente para processar e julgar apenas mandado de segurança impetrado contra ato do CNJ, mas também as outras ações tipicamente constitucionais: mandado de injunção, "habeas data" e "habeas corpus". Mencionou que a Corte já firmara esse posicionamento na AO 1.706 AgR/DF (DJe de 18.2.2014). Em seguida, pediu vista o Ministro Dias Toffoli.

Ato praticado pelo CNJ e competência - 2

Em regra, à justiça federal compete, nos termos do art. 109, I, da CF ("Art. 109. Aos juízes federais compete processar e julgar: I - as causas em que a União, entidade autárquica ou empresa pública federal forem interessadas na condição de autoras, rés, assistentes ou oponentes, exceto as de falência, as de acidentes de trabalho e as sujeitas à Justiça Eleitoral e à Justiça do Trabalho") processar e julgar demanda que envolva ato praticado pelo CNJ. Ao STF compete julgar apenas as ações tipicamente constitucionais movidas em face desse mesmo órgão. Essa a conclusão do Plenário que, em julgamento conjunto, resolveu questão de ordem em ação originária e desproveu agravo regimental em ação cível originária nas quais discutido o alcance do disposto na alínea r do inciso I do art. 102 da CF ["Art. 102. Compete ao Supremo Tribunal Federal, precipuamente, a guarda da Constituição, cabendo-lhe: I - processar e julgar, originariamente: ... r) as ações contra o Conselho Nacional de Justiça e contra o Conselho Nacional do Ministério Público] — v. Informativo 744. O Colegiado asseverou que o art. 102, I, r, da CF, deveria ser interpretado de maneira sistemática. Consignou que a referência a "ações" alcançaria apenas mandado de segurança, mandado de injunção, "habeas data" e "habeas corpus". Aduziu que seria impróprio concluir que toda e qualquer ação a envolver o CNJ ou o CNMP competiria ao STF, uma vez que, no tocante a atos do Presidente da República, das Mesas da Câmara dos Deputados e do Senado Federal, do TCU, do Procurador-Geral da República e do próprio STF, caberia a esta Corte apreciar somente mandado de segurança. Assentou que, proposta ação ordinária contra a União, ainda que alusiva a ato do CNJ, cumpriria ao juízo federal processá-la e julgá-la.

Ato praticado pelo CNJ e competência - 3

O Ministro Dias Toffoli, ao acompanhar o dispositivo da decisão do Pleno — tendo em conta as particularidades dos casos concretos, haja vista um deles envolver serventias extrajudiciais, e o outro, supostos descontos em subsídio de magistrado —, adotou fundamentos diversos. Analisou que o critério para a fixação da competência não deveria ser formal, mas material. Frisou que não seria a pessoalidade na integração do polo passivo o elemento definidor da competência originária do STF, e sim o objeto do ato do CNJ. Assim, deveriam ser preservadas à apreciação primária do Supremo as demandas que dissessem respeito a atividades disciplinadora e fiscalizadora do CNJ, a repercutirem frontalmente sobre os tribunais ou seus membros (magistrados), ainda que não veiculadas por ação mandamental, ou seja, todas as ações alusivas à autonomia dos tribunais ou ao regime disciplinar da magistratura. Além disso, a Corte também seria competente para processar e julgar demanda a respeito de decisões do CNJ que desconstituíssem ato normativo ou deliberação de tribunal, relacionados a matérias diretamente afetas a este. Ademais, o STF possuiria competência no tocante aos casos em que a atuação do CNJ se desse, precipuamente, na consecução de sua atividade finalística, quando direta e especialmente incidente sobre membros (magistrados) e órgãos a ele diretamente subordinados. **AO 1814 QO/MG, rel. Min. Marco Aurélio, 24.9.2014. (AO-1814) ACO 1680 AgR/AL, rel. Min. Teori Zavascki, 24.9.2014. (AO-1680) (Inform. STF 760)**

MS 32.865 - MC/RJ
RELATOR: Ministro Celso de Mello
EMENTA: CONSELHO NACIONAL DE JUSTIÇA. CONTROLE DE CONSTITU-CIONALIDADE. INADMISSIBILIDADE. ATRIBUIÇÃO ESTRANHA À ESFERA DE COMPETÊNCIA DESSE ÓRGÃO *DE PERFIL ESTRITAMENTE ADMINIS-TRATIVO*. ATUAÇÃO *"ULTRA VIRES"*. LEGITIMIDADE DO CONTROLE JU-RISDICIONAL. PRECEDENTES DO SUPREMO TRIBUNAL FEDERAL (PLENO). *AUTOGOVERNO* DA MAGISTRATURA, *PRERROGATIVA INSTITUCIONAL* DOS TRIBUNAIS JUDICIÁRIOS E *AUTONOMIA* DOS ESTADOS-MEMBROS: LIMITAÇÕES CONSTITUCIONAIS *QUE NÃO PODEM SER DESCONSIDERA-DAS* PELO CONSELHO NACIONAL DE JUSTIÇA. LIMINAR MANDAMENTAL E A QUESTÃO DA INVESTIDURA APARENTE. PRINCÍPIOS *DA SEGURANÇA JURÍDICA, DA PROTEÇÃO DA CONFIANÇA E DA BOA-FÉ OBJETIVA*. CON-SEQUENTE SUBSISTÊNCIA *DOS ATOS ADMINISTRATIVOS E/OU JURISDI-CIONAIS* PRATICADOS EM DECORRÊNCIA DO PROVIMENTO CAUTELAR, AINDA *QUE EVENTUALMENTE DENEGADO* O MANDADO DE SEGURANÇA. DOUTRINA. JURISPRUDÊNCIA. MEDIDA CAUTELAR DEFERIDA. DJe de 5.6.2014. (Inform. STF 760)

Quinto constitucional: requisito constitucional da reputação ilibada e inquérito - 1

A 2ª Turma iniciou julgamento de mandado de segurança em que se discute a legitimidade de ato do CNJ, que, em procedimento de controle administrativo, obstara liminarmente a posse de advogado no cargo de desembargador em vaga destinada ao quinto constitucional (CF: "Art. 94. Um quinto dos lugares dos Tribunais Regionais Federais, dos Tribunais dos Estados, e do Distrito Federal e Territórios será composto de membros, do Ministério Público, com mais de dez anos de carreira, e de advogados de notório saber jurídico e de reputação ilibada, com mais de dez anos de efetiva atividade profissional, indicados em lista sêxtupla pelos órgãos de representação das respectivas classes"). Na espécie, o MPF promovera a instauração do procedimento de controle adminis-trativo com o intuito de obstar a posse de advogado investigado em inquérito, o que, segundo alegara, demonstraria a ausência do requisito constitucional da reputação ilibada. No âmbito do CNJ, o relator do referido procedimento, ao deferir liminar cujo conteúdo acatava o argumento do MPF, afirma, ademais, que o CNJ não teria, ainda, decidido se integrantes de tribunais regionais eleitorais poderiam, ou não, ser candidatos ao cargo de desembargador. O Ministro Ricardo Lewandowski (relator), de início, assentua a legitimidade ativa "ad causam" da OAB. Consignou que, no caso, a OAB buscaria preservar sua própria competência no tocante à elaboração de lista sêxtupla encaminhada ao tribunal de justiça. Além disso, seria função institucional da referida enti-dade defender a Constituição e a ordem jurídica, conforme disposto na Lei 8.906/1994. No mérito, o relator ressaltou ser pacífica a jurisprudência do STF no sentido de que o princípio constitucional da presunção de inocência vedaria o tratamento diferenciado a qualquer pessoa, ou a restrição de seus direitos, pelo simples fato de responder a inquérito. Registrou que, por conseguinte, a existência de um único inquérito instaurado em face do postulante ao cargo de desembargador, não demonstraria sua ind0neidade moral. Ressaltou, inclusive, que o aludido inquérito tramitaria há mais de sete anos e que nem mesmo a denúncia teria sido formulada, à míngua de provas. Observou, ainda, que o fato de o indicado ser, à época, juiz de TRE, nomeado pelo Presidente da República, reforçaria o entendimento de que ele preencheria as condições exigidas para ocupar o cargo de desembargador. Quanto à alegação de que o CNJ não teria, ainda, decidido sobre a viabilidade de juiz de TRE tornar-se desembargador, o relator afirmou que não existiria impedimento legal e que, por isso, a ausência de pronunciamento do CNJ não prejudicaria o nomeado. Em seguida, pediu vista dos autos o Ministro Gilmar Mendes.

Quinto constitucional: requisito constitucional da reputação ilibada e inquérito - 2

Em conclusão de julgamento, a 2ª Turma concedeu mandado de segurança para anular ato do CNJ, que, em procedimento de controle administrativo, obstara liminarmente a posse de advogado no cargo de desembargador em vaga destinada ao quinto constitucional (CF: "Art. 94. Um quinto dos lugares dos Tribunais Regionais Federais, dos Tribunais dos Estados, e do Distrito Federal e Territórios será composto de membros, do Ministério Público, com mais de dez anos de carreira, e de advogados de notório saber jurídico e de reputação ilibada, com mais de dez anos de efetiva atividade profissional, indicados em lista sêxtupla pelos órgãos de representação das respectivas classes") — v. Informativo 754. A Turma ressaltou ser pacífica a jurisprudência do STF no sentido de que o princípio constitucional da presunção de inocência vedaria o tratamento diferenciado a qualquer pessoa, ou a restrição de seus direitos, pelo simples fato de responder a inquérito. Observou que o fato de o indicado ser, à época, juiz de TRE, nomeado pelo Presidente da República, reforçaria o entendimento de que ele preencheria as condições exigidas para ocupar o cargo de desembargador. Quanto à alegação de que o CNJ não teria, ainda, decidido sobre a viabilidade de juiz de TRE tornar-se desembargador, a Turma afirmou que não existiria impedimento legal e que, por isso, a ausência de pronunciamento do CNJ não prejudicaria o nomeado. **MS 32491/DF, rel. Min. Ricardo Lewandowski, 19.8.2014. (MS-32491) (Inform. STF 755)**

Ações contra atos do CNJ e competência do STF

A competência originária do STF para as ações ajuizadas contra o CNJ se restringe ao mandado de segurança, mandado de injunção, "habeas data" e "habeas corpus". As demais ações em que questionado ato do CNJ ou do CNMP submetem-se consequentemente ao regime de competência estabelecido pelas normas comuns de direito processual. Com base nesse entendimento, a 2ª Turma, negou provimento a agravos regimentais em ações cíveis originárias e manteve a decisão monocrática atacada que assentara a incompetência do STF e remetera os autos à justiça federal. **ACO 2373 AgR/DF, rel. Min. Teori Zavascki, 19.8.2014. (ACO-2373) (Inform. STF 755)**

5. DIREITO CONSTITUCIONAL

CNJ: deferimento de liminares e dispensa de interstício para remoção de magistrados
A 1ª Turma concedeu mandado de segurança para anular ato do CNJ que, em procedimento de controle administrativo, suspendera, liminarmente, decisão do Órgão Especial do TJ/RJ, a qual determinara a adoção do critério do interstício de dois anos de exercício, na mesma entrância, como requisito para a remoção de magistrados (CF, art. 93, II, <u>b</u>). De início, a Turma assentou a competência do CNJ para o deferimento de medidas liminares. No mérito, registrou a impossibilidade de aplicação do mencionado interstício, porque inexistiriam candidatos que preenchessem essa exigência. **MS 27704/RJ, rel. Min. Dias Toffoli, 5.8.2014. (MS-27704) (Inform. STF 753)**

Promoção por antiguidade: recusa de juiz mais antigo e quórum de deliberação - 1
Em julgamento conjunto, a 1ª Turma, por maioria, concedeu mandados de segurança para anular ato do CNJ que, em procedimento de controle administrativo instaurado para verificar a legitimidade de recusa de magistrado à promoção por antiguidade, entendera incabível a relativização do quórum de deliberação previsto na alínea <u>d</u> do inciso II do art. 93 da CF ("Art. 93. Lei complementar, de iniciativa do Supremo Tribunal Federal, disporá sobre o Estatuto da Magistratura, observados os seguintes princípios: ... II - promoção de entrância para entrância, alternadamente, por antiguidade e merecimento, atendidas as seguintes normas: ... d) na apuração de antiguidade, o tribunal somente poderá recusar o juiz mais antigo pelo voto fundamentado de dois terços de seus membros, conforme procedimento próprio, e assegurada ampla defesa, repetindo-se a votação até fixar-se a indicação"). Discutia-se, na espécie, qual o parâmetro a ser adotado na fixação do quórum de deliberação. Segundo o CNJ, dever-se-ia ter em conta o número de cargos de desembargador existentes na estrutura do tribunal de justiça. Para um dos impetrantes, a totalidade dos membros da Corte local, assim considerados aptos a exercer a jurisdição, excluídos do cômputo os desembargadores afastados dos cargos em caráter não eventual. E, para o outro impetrante, o número de cargos de desembargador efetivamente preenchidos em determinado momento, descontados os vagos.

Promoção por antiguidade: recusa de juiz mais antigo e quórum de deliberação - 2
Prevaleceu o voto do Ministro Marco Aurélio (relator) que, de início, registrou que a previsão constitucional de quórum qualificado para a deliberação acerca da recusa de promoção por antiguidade de magistrado representaria importante norma protetiva dos integrantes da magistratura nacional. Consignou que a relativização do quórum acarretaria, portanto, a fragilização da sistemática prevista na Constituição para o acesso aos cargos nos tribunais. Afirmou, entretanto, que a interpretação do dispositivo constitucional em comento não prescindiria da análise detida do cenário excepcional em que aplicado. O constituinte, ao prever o quórum qualificado, teria levado em consideração a composição legal do órgão, a presumir que os tribunais atuassem na sua composição plena, ou seja, providos todos os seus cargos. Em circunstâncias normais, portanto, o quórum de deliberação deveria ser computado tendo como base o número de cargos da estrutura do tribunal. Ressaltou, porém, que a contingência fática caracterizada pela eventual incompletude da composição teria de ser sopesada pelo intérprete. Pontuou, então, que a vontade do órgão composto por uma pluralidade de agentes resultaria da conjugação de vontades externadas por seus membros, desde que devidamente investidos nos respectivos cargos, e desde que juridicamente aptos a exercer suas atribuições. Nesse sentido, enfatizou que os cargos vagos, bem como os cargos providos, mas cujos ocupantes estivessem afastados cautelarmente do exercício da função jurisdicional, não deveriam ser computados para o fim de determinação do referido quórum. Contudo, deveriam ser levados em consideração os cargos preenchidos por membros afastados em caráter eventual, nesses incluídos todos aqueles que, juridicamente aptos a exercer suas atribuições, estivessem impedidos por motivos transitórios. Vencidos os Ministros Rosa Weber e Dias Toffoli, que denegavam os mandados de segurança. A Ministra Rosa Weber destacava que as prerrogativas judiciais visariam mais do que a pessoa do

juiz, mas a própria sociedade, e, portanto, entendia adequado um olhar mais rígido sobre o mencionado quórum de deliberação. **MS 31357/DF, rel. Min. Marco Aurélio, 5.8.2014. (MS-31357) MS 31361/MT, rel. Min. Marco Aurélio, 5.8.2014. (MS-31361) (Inform. STF 753)**

Competência do STF: ato do CNJ e interesse de toda a magistratura
Compete ao STF julgar mandado de segurança contra ato do Presidente do TJDFT que, na condição de mero executor, apenas dá cumprimento à resolução do CNJ. Com base nessa orientação, a 2ª Turma julgou procedente pedido formulado em reclamação ajuizada pela União para determinar a remessa ao Supremo dos autos do "writ" impetrado pela Associação dos Magistrados do Distrito Federal e Territórios (Amagis/DF). No caso, a impetrante obtivera liminarmente, junto ao TJDFT, a suspensão do ato praticado pelo Presidente daquela Corte que, em obediência aos artigos 3°, 4° e 12 da Resolução 13/2006 do CNJ, excluíra o adicional por tempo de serviço do subsídio mensal dos juízes vinculados ao tribunal. A Turma consignou que teria havido usurpação de competência do STF. Destacou que a verdadeira autoridade coatora seria o CNJ e que, na situação, se discutiria matéria de interesse da magistratura nacional (CF, art. 102, I, <u>n</u> e <u>r</u>). **Rcl 4731/DF, rel. Min. Cármen Lúcia, 5.8.2014. (Rcl-4731) (Inform. STF 753)**

CNJ e âmbito de atuação
A 2ª Turma concedeu mandado de segurança para anular decisão do CNJ que declarara a invalidade de norma do regimento interno de tribunal de justiça estadual, que dispõe sobre a competência de Vice-Presidentes ("Compete ao 1° Vice-Presidente indeferir a distribuição de recursos, bem como das ações e outras medidas de competência originária do Tribunal, quando manifestamente inadmissíveis no que concerne à tempestividade, preparo e ausência de peças obrigatórias e, ainda, declarar a deserção e homologar pedidos de desistência ou renúncia; e ao 2° Vice-Presidente decidir sobre pedidos de desistência de recursos, antes da distribuição"). Na espécie, em procedimento de controle administrativo, o CNJ assentara a invalidade da norma regimental ao fundamento de sua incompatibilidade com os artigos 93, XV e 96, I, <u>a</u>, da CF e, de imediato, determinara a distribuição dos autos. A Turma asseverou que a existência de mais de uma vice-presidência e a fixação de suas competências por norma regimental estariam previstas no § 1° do art. 103 da LC 35/1979 (Loman). Destacou a possibilidade de tribunal local, por meio de seu regimento, estabelecer regras de competência interna, organização e atuação, desde que respeitadas a lei e a Constituição. Frisou que, ao instituir o CNJ, a EC 45/2004 a ele teria atribuído o controle da atuação administrativa e financeira do Poder Judiciário e do cumprimento dos deveres funcionais dos juízes. No ponto, afirmou que as competências e limitações institucionais daquele Conselho seriam as mesmas previstas para os órgãos administrativos de igual natureza existentes no País, dos quais se distinguiria em face de sua competência nacional e de seu fundamento constitucional, ausente a função jurisdicional. Por fim, assinalou que a decisão questionada teria feito inserção em matéria que a Constituição não incluíra no rol de competências do CNJ. **MS 30793/DF, rel. Min. Cármen Lúcia, 5.8.2014. (MS-30793) (Inform. STF 753)**

Princípio da inamovibilidade e elevação de entrância de comarca
O princípio da inamovibilidade, assegurado aos magistrados, não admite a abertura de concurso — seja para promoção, seja para remoção — sem que o cargo a ser ocupado esteja vago. Essa a conclusão da 1ª Turma ao denegar mandado de segurança impetrado contra ato do CNJ que determinara ao tribunal de justiça estadual a anulação de concurso de promoção por merecimento ao juízo de determinada comarca — terceira entrância —, em que fora beneficiado o impetrante. Na espécie, lei estadual elevara de segunda para terceira entrância a comarca em que o impetrante atuava como magistrado titular. Na sequência, o tribunal de justiça local, aberto processo de provimento para a mencionada comarca (por remoção ou promoção), pelo critério de merecimento, viera a promover o impetrante. Por sua vez, quando magistrado integrara, pela terceira vez consecutiva, lista de promoção pelo critério do merecimento. Essa a origem do procedimento de controle administrativo por parte do CNJ, iniciado pelo magistrado preterido, ora impetrante. A Turma enfatizou que o juiz que figurara pela terceira vez consecutiva em lista de merecimento teria direito à promoção compulsória. Frisou que aquele tribunal, ao promover o impetrante em

detrimento daquele magistrado, desrespeitara o disposto no art. 93, II, da CF. Destacou ser legítima, por parte do CNJ, a glosa de ato administrativo que não se coadunasse com a Constituição. Asseverou que, ainda que a comarca tivesse sido elevada à terceira entrância por lei estadual, nada obstaria a permanência do juiz que anteriormente a ocupasse na condição de titular, com todas as prerrogativas do cargo, inclusive a inamovibilidade. Rememorou o Enunciado 40 da Súmula do STF ("A elevação da entrância da comarca não promove automaticamente o Juiz, mas não interrompe o exercício de suas funções na mesma comarca"). Explicou que o ato do CNJ salvaguardara os interesses do próprio impetrante que, na condição de juiz de segunda entrância, não poderia ser removido compulsoriamente, salvo por motivo de interesse público, na forma do art. 93, VIII, da CF. **MS 26366/ PI, rel. Min. Marco Aurélio, 24.6.2014. (MS-26366) (Inform. STF 752)**

CNJ: processo de revisão disciplinar e prazo de instauração
O despacho do Corregedor Nacional de Justiça que instaura processo de revisão disciplinar com base no art. 86 do Regimento Interno do CNJ ("A instauração de ofício da Revisão de Processo Disciplinar poderá ser determinada pela maioria absoluta do Plenário do CNJ, mediante proposição de qualquer um dos Conselheiros, do Procurador-Geral da República ou do Presidente do Conselho Federal da OAB") é mero ato de execução material da decisão do Plenário do CNJ e não deve ser considerado na contagem do prazo previsto no inciso V do § 4º do art. 103-B da CF ("§ 4º Compete ao Conselho o controle da atuação administrativa e financeira do Poder Judiciário e do cumprimento dos deveres funcionais dos juízes, cabendo-lhe, além de outras atribuições que lhe forem conferidas pelo Estatuto da Magistratura: ... V - rever, de ofício ou mediante provocação, os processos disciplinares de juízes e membros de tribunais julgados há menos de um ano"). Com base nessa orientação, a 1ª Turma denegou mandado de segurança impetrado em face de ato do CNJ, que, em processo de revisão disciplinar, aplicara a pena de aposentadoria compulsória a juiz de direito. Na espécie, alegava-se ofensa ao que disposto no referido preceito constitucional quanto ao prazo de instauração do processo de revisão disciplinar. A Turma aduziu que a determinação para instaurar o processo revisional teria ocorrido em 19.6.2006, quando o Plenário do CNJ, por unanimidade, determinara a instauração, de ofício, do referido processo. Consignou que o despacho do Corregedor Nacional de Justiça, datado de 29.8.2006, e protocolado em 15.9.2006, constituiria mera execução material do que antes já decidira o CNJ, pela sua maioria absoluta, na forma do art. 86 do seu regimento interno. Consignou, portanto, que, ocorrido o julgamento pelo tribunal de origem em 23.8.2005, e determinada, em 19.6.2006, a instauração do processo de revisão por deliberação do Plenário do CNJ, estaria devidamente respeitado o prazo do mencionado dispositivo constitucional. Quanto à arguição de desrespeito à garantia do devido processo legal, no ponto em que não teriam sido especificados os motivos fáticos ou jurídicos que deram ensejo à instauração do juízo revisional, a Turma destacou que o fato atribuído ao impetrante, e acerca do qual deveria exercer o contraditório e a ampla defesa, seria o mesmo tratado no processo disciplinar do juízo de origem, objeto da revisão no âmbito do CNJ. No ponto, consignou que o processo revisional estaria devidamente instruído e que, ademais, não haveria nulidade sem prejuízo. **MS 28127/DF, rel. Min. Dias Toffoli, 25.6.2014. (MS-28127) (Inform. STF 752)**

Ato do CNJ e matéria sujeita à apreciação judicial
Tendo em conta a jurisprudência da Corte no sentido de que o CNJ não pode se manifestar quando a matéria está submetida à apreciação do Poder Judiciário, a 2ª Turma concedeu mandado de segurança para declarar nula decisão do CNJ, proferida em sede de procedimento de controle administrativo. Na decisão impugnada, o CNJ determinara que o TJ/MT deixasse de conceder qualquer afastamento aos magistrados daquela unidade federativa, nos termos do Código de Organização e Divisão Judiciárias do Estado-membro (art. 252, _b_). A Turma ressaltou a existência de mandado de segurança com o mesmo objeto. **MS 27650/DF, rel. Min. Cármen Lúcia, 24.6.2014. (MS-27650) (Inform. STF 752)**

MS 32.582-MC/DF
RELATOR: Ministro Celso de Mello
Conselho Nacional de Justiça. Processo legislativo **instaurado** _por iniciativa_ de Tribunal de Justiça. **Suposta** _eiva de inconstitucionalidade_. **Impossibilidade** de o Conselho Nacional de Justiça, **sob** **alegação** de "_aparente vício do projeto original_", **impor**, _cautelarmente_, **ao Presidente** do Tribunal de Justiça, **que se abstenha** _de cumprir o diploma legislativo editado_. **Limitações** _que incidem sobre a competência_ do Conselho Nacional de Justiça

(**CF**, art. 103-B, § 4º). **Precedentes**. **Magistério da doutrina**. **A instauração** _do processo legislativo_ **como ato** de caráter **eminentemente** político **e** de extração **essencialmente** constitucional. **Doutrina**. **A questão** _do controle_ _de constitucionalidade_ pelo Conselho Nacional de Justiça. **Reconhecimento**, pelo Relator **desta** causa, _de que há_, na matéria, **controvérsia doutrinária**. **Inadmissibilidade**, _contudo_, de referida fiscalização _segundo precedentes_ do STF **e** do próprio CNJ. **Medida cautelar deferida**. DJe de 11.2.2014. **(Inform. STF 744)**

MS N. 28.102-DF
RELATOR: MIN. JOAQUIM BARBOSA
Ementa: MANDADO DE SEGURANÇA. ATO DO CONSELHO NACIONAL DE JUSTIÇA. REVISÃO DE PROCESSO DISCIPLINAR. RESPONSABILIDADE DE JUIZ DE DIREITO. ENCARCERAMENTO DE MENOR DO SEXO FEMININO EM CELA SOBRELOTADA COM HOMENS. PRIMEIRA DE DUAS AÇÕES DE MANDADO DE SEGURANÇA. ALEGADAS VIOLAÇÕES DA (A) UNICIDADE DO PROCESSO ADMINISTRATIVO DISCIPLINAR; (B) SOBERANIA DA DECISÃO EXONERATÓRIA PROFERIDA PELO TRIBUNAL DE JUSTIÇA LOCAL EM FAVOR DE SEU INTEGRANTE; (C) CONSTATAÇÃO DE PLANO DA INOCÊNCIA DA IMPETRANTE; (D) DISTINÇÃO ENTRE O QUADRO EXAMINADO PELO CNJ E O QUADRO QUE PODERIA TER SIDO INVESTIGADO.
SEGURANÇA DENEGADA.
A) O art. 103-B, § 4º da Constituição dá competência ao CNJ para fazer o controle da atuação administrativa dos Tribunais, e o exame dos requisitos para a instauração do processo disciplinar faz parte de tal controle. A cisão sindicância-processo disciplinar é apenas de procedimento, mas a sequência processual continua íntegra;
B) se o CNJ somente pudesse examinar os processos disciplinares efetivamente instaurados, sua função seria reduzida à de órgão revisor de decisões desfavoráveis aos magistrados. Isto porque a decisão negativa de instauração do processo disciplinar pelos Tribunais de Justiça e pelos Tribunais Regionais Federais teria eficácia bloqueadora de qualquer iniciativa do CNJ.
B1) O Regimento Interno do CNJ não poderia reduzir-lhe a competência constitucional;
C) Quanto à alegada possibilidade de os fatos atribuídos à impetrante serem infirmados de plano (art. 5º, LV da Constituição), o atendimento do pleito dependeria de ampla instrução probatória.
D) Não há disparidade entre o que disposto na portaria de instauração da sindicância e da decisão pelo CNJ, pois a circunstância de a menina ser menor foi irrelevante. Os fatos em comum examinados tanto no TJ/PA como no CNJ são dois: (a) a circunstância de deixar mulher encarcerada com homens e (b) a fraude ou falsidade ideológica.
Segurança denegada. **(Inform. STF 709)**

DIREITO CONSTITUCIONAL. DIREITO CIVIL. MANDADO DE SEGURANÇA. PARTIDO POLÍTICO COM REPRESENTAÇÃO NO CONGRESSO NACIONAL. LEGITIMIDADE "AD CAUSAM" RECONHECIDA. RESOLUÇÃO Nº 175 DO CNJ. VEDAÇÃO ÀS AUTORIDADES COMPETENTES DE HABILITAÇÃO, CELEBRAÇÃO DE CASAMENTO CIVIL OU CONVERSÃO DA UNIÃO ESTÁVEL EM CASAMENTO. ATO NORMATIVO DOTADO DE GENERALIDADE, ABSTRAÇÃO E IMPESSOALIDADE. INADEQUAÇÃO DA VIA ELEITA (SÚMULA Nº 266 DO STF). CONSTITUCIONALIDADE DO ATO IMPUGNADO. COMPETÊNCIA NORMATIVA DO CNJ RECONHECIDA NA ADC Nº 12, REL. MIN. AYRES BRITTO. POSSIBILIDADE DE O CNJ FORMULAR EX ANTE E IN ABSTRACTO JUÍZOS ACERCA DA VALIDADE DE DADA SITUAÇÃO FÁTICA. MANDADO DE SEGURANÇA EXTINTO SEM RESOLUÇÃO DE MÉRITO.
1. A legitimidade ad causam de Partido Político para a impetração do mandado de segurança coletivo, ex vi do art. 5º, LXX, alínea "a", é satisfeita com representação em qualquer das Casas Legislativas, sob pena de frustrar a teleologia subjacente à norma Constitucional.
2. A Resolução nº 175 do CNJ, enquanto dotada de generalidade, abstração e impessoalidade, não se expõe ao controle jurisdicional pela via do mandado de segurança, nos termos da Súmula nº 266 do STF.
3. O Supremo Tribunal Federal, nos autos da ADC nº 12, Rel. Min. Ayres Britto, reconheceu o poder normativo do Conselho Nacional de Justiça, para inovar na ordem jurídica a partir de parâmetros erigidos constitucionalmente.
4. O Conselho Nacional de Justiça pode emitir juízos, ex ante e in abstracto, acerca da validade ou invalidade de determinada situação fática concreta.
5. Mandado de segurança extinto sem resolução de mérito. MS 32077/DF. RELATOR: Min. Luiz Fux. **(Inform. STF 708)**

9. RECLAMAÇÃO

Lei de Imprensa e abuso do direito de informar - 1

A Segunda Turma retomou julgamento de agravo regimental em reclamação na qual se impugna acórdão proferido em suposta ofensa ao que decidido pelo STF na ADPF 130/DF (DJe de 6.11.2009), que assentara a não recepção da Lei 5.250/1967 (Lei de Imprensa) pela CF/1988. Na espécie, a decisão agravada julgara procedente a reclamação para declarar a invalidade do acórdão impugnado — que condenara jornalista ao pagamento de danos morais em razão de abuso do direito de informar —, reconhecida, portanto, a ofensa à decisão proferida na referida ADPF. No agravo alega-se, em suma, que o acórdão reclamado não teria usurpado a competência do STF, tampouco teria ferido a autoridade de suas decisões, uma vez que não se teria aplicado qualquer dispositivo da Lei de Imprensa. Assim, não haveria que se falar em descumprimento da citada decisão. Por outro lado, a própria jurisprudência da Corte assentaria não ser cabível reclamação constitucional para garantir a autoridade e a eficácia do quanto decidido na arguição em referência. Na sessão de 30.6.2015, o Ministro Celso de Mello (relator), ao negar provimento ao agravo, primeiramente assentou a admissibilidade da reclamação nos casos em que se sustentasse, como na hipótese em comento, transgressão à eficácia vinculante de que se mostraria impregnado o julgamento do STF proferido em processos objetivos de controle normativo abstrato, como a ADPF 130/DF. Relativamente ao mérito, destacou que a questão em exame assumiria indiscutível magnitude de ordem político-jurídica, notadamente em face de seus claros lineamentos constitucionais, analisados, de modo efetivo, no julgamento da referida ADPF, em cujo âmbito o STF pusera em destaque, de maneira muito expressiva, uma das mais relevantes franquias constitucionais: a liberdade de manifestação do pensamento, que representaria um dos fundamentos em que se apoiaria a própria noção de Estado Democrático de Direito. O exercício concreto, pelos profissionais da imprensa, da liberdade de expressão, cujo fundamento residiria no próprio texto da Constituição, asseguraria ao jornalista o direito de expender crítica, ainda que desfavorável e em tom contundente, contra quaisquer pessoas ou autoridades. No contexto de uma sociedade fundada em bases democráticas, mostrar-se-ia intolerável a repressão estatal ao pensamento, ainda mais quando a crítica — por mais dura que fosse — se revelasse inspirada pelo interesse coletivo e decorresse da prática legítima de uma liberdade pública de extração eminentemente constitucional (CF, art. 5º, IV, c/c o art. 220). Desse modo, a crítica jornalística traduziria direito impregnado de qualificação constitucional, plenamente oponível aos que exercessem qualquer atividade de interesse da coletividade em geral, pois o interesse social, que legitimaria o direito de criticar, sobrepor-se-ia a eventuais suscetibilidades que pudessem revelar as figuras públicas, independentemente de ostentarem qualquer grau de autoridade.

Rcl 15243/RJ, rel. Min. Celso de Mello, 6.10.2015. (Rcl-15243)

Lei de Imprensa e abuso do direito de informar - 2

Na presente assentada, o Ministro Teori Zavascki, em voto-vista, deu provimento ao agravo regimental para julgar improcedente a reclamação, divergindo do relator. Asseverou que a reclamação seria cabível para preservação da competência do STF e para garantia da autoridade de suas decisões ou para atacar atos que contrariassem ou indevidamente aplicassem enunciado da súmula vinculante. Em ambas as hipóteses, os atos reclamados deveriam estrita aderência ao parâmetro de controle utilizado. Não haveria, porém, no caso em comento, qualquer incompatibilidade com decisão do STF. Embora o julgado impugnado tratasse de indenização por danos morais e direito de resposta em decorrência da veiculação de matéria jornalística, o aresto não estaria assentado na Lei de Imprensa. Não haveria, assim, a indispensável identidade material entre o ato reclamado e o parâmetro de controle, o que seria suficiente para o não acolhimento do pedido. Não haveria dúvida, por outro lado, que a declaração de não recepção dos dispositivos da Lei de Imprensa na ADPF 130/DF teria representado um precedente histórico e fundamental para inibir a prática de qualquer controle prévio sobre a liberdade de imprensa e expurgar indevidas limitações infraconstitucionais ao exercício desse direito. Todavia, embora tivesse afirmado categoricamente a liberdade de expressão, esse precedente não teria chegado ao ponto de afirmar a absoluta irresponsabilidade civil ou penal de quem, abusivamente, expressasse ou veiculasse publicamente informações que causassem a terceiro danos morais ou materiais. Realmente, a não recepção da Lei de Imprensa não teria afastado nem limitado a observância aos direitos fundamentais da personalidade relacionados no art. 5º da CF, como os que protegem os atingidos por danos materiais ou morais praticados por abusivo exercício da liberdade de manifestação. Assim, verificada a violação desses direitos fundamentais por publicação de matéria jornalística, nada impediria que, independentemente da não recepção da lei em questão, fosse assegurado não apenas o direito de resposta, mas também o direito à reparação dos correspondentes danos, nos termos da lei civil e da própria Constituição. Em seguida, pediu vista dos autos a Ministra Cármen Lúcia.

Rcl 15243/RJ, rel. Min. Celso de Mello, 6.10.2015. (Rcl-15243) (Inform. STF 802)

Reclamação: conflito federativo e usurpação de competência do STF

A 1ª Turma julgou procedente pedido formulado em reclamação para determinar a remessa ao STF de três ações correlacionadas que tramitam na 7ª Vara Federal da Seção Judiciária do Amazonas. ["Art. 102. Compete ao Supremo Tribunal Federal, precipuamente, a guarda da Constituição, cabendo-lhe: I - processar e julgar, originariamente: ... f) as causas e os conflitos entre a União e os Estados, a União e o Distrito Federal, ou entre uns e outros, inclusive as respectivas entidades da administração indireta"]. No caso, o Estado do Amazonas propusera, contra a União e o Instituto do Patrimônio Histórico e Artístico Nacional - IPHAN, ação ordinária com o objetivo de anular o processo administrativo de tombamento do "Encontro das Águas dos Rios Negro e Solimões". Em razão da alegada ofensa aos princípios ambientais da informação e da participação, o juízo reclamado deferira parcialmente o pedido para declarar a nulidade do processo administrativo a partir do tombamento provisório do fenômeno natural. Na exordial, o Ministério Público Federal argumentava que o juiz federal, ao conhecer da ação e demais causas a ela relacionadas, teria usurpado competência do STF por se tratar de ação instaurada entre o Estado do Amazonas, a União e uma autarquia federal. Aduzia que o Estado do Amazonas não se voltara simplesmente contra supostas irregularidades formais do processo de tombamento. Salientava que o fim último do ente estatal seria evitar a proteção do "Encontro das Águas" como forma de garantir a instalação de empreendimento portuário privado no seu entorno. A Turma destacou que, mesmo reconhecido o conflito entre entes da federação, a disputa deveria ter densidade suficiente para abalar o pacto federativo e, assim, deslocar a competência para o STF. Registrou que, após a decisão que anulara o tombamento provisório e suspendera a impossibilidade de licenciamento, o Instituto de Proteção Ambiental do Amazonas - IPAAM concedera autorização de instalação para o porto privado em tempo recorde. Consignou, a partir da moldura fático-jurídica do objeto da reclamação, que o agente motivador oculto nos autos da ação ordinária de anulação seria a autonomia do Estado do Amazonas na gestão de seus recursos naturais. Asseverou que o tombamento do "Encontro das Águas" pela União — para preservação do cenário paisagístico como patrimônio cultural brasileiro — acabaria por se contrapor ao interesse jurídico, econômico, financeiro e social do Estado do Amazonas. Dessa forma, concluiu que a controvérsia seria apta a colocar em risco o equilíbrio federativo e suficiente para instaurar a jurisdição de competência originária do Supremo. **Rcl 12957/AM, rel. Min. Dias Toffoli, 26.8.2014. (Rcl-12957) (Inform. STF 756)**

Reclamação e competência legislativa

A 2ª Turma julgou improcedente pedido formulado em reclamação ajuizada em face de decisão que denegara mandado de segurança preventivo. Na espécie, alegava-se ofensa ao que decidido na Representação 1.246/PR (DJU de 12.9.1986) na qual, sob a égide da CF/1967, se afirmara a competência exclusiva da União para legislar sobre normas gerais de produção, comércio e consumo de mercadorias que contivessem substâncias nocivas, e se declarara a inconstitucionalidade de determinados dispositivos de lei estadual e respectivo decreto regulamentar. A Turma afirmou que a CF/1988 mudara o modelo de repartição de competências legislativas no Brasil e que, em consequência, o Estado-membro seria competente para condicionar a prévio cadastramento o uso de agrotóxicos e biocidas em seu território. Asseverou, ademais, que a reclamação não seria meio apto a questionar eventual desrespeito a fundamentos determinantes de votos proferidos em decisão do STF ou para se afirmar, ou não, a recepção de dispositivos que tenham sido examinados sob a égide da CF/1967. **Rcl 5847/PR, rel. Min. Cármen Lúcia, 25.6.2014. (Rcl-5847) (Inform. STF 752)**

AG. REG. NA Rcl N. 8.686-CE
RELATOR: MIN. MARCO AURÉLIO

RECLAMAÇÃO – AÇÃO DECLARATÓRIA DE CONSTITUCIONALIDADE Nº 11/DF – LIMINAR – VIGÊNCIA EXAURIDA – NEGATIVA DE SEGUIMENTO AO PEDIDO. Exaurida a vigência de medida acauteladora em ação declaratória de constitucionalidade, torna-se insubsistente a eficácia vinculante a viabilizar o manuseio da reclamação. **(Inform. STF 746)**

Reclamação: cabimento e Senado Federal no controle da constitucionalidade - 11

Em conclusão de julgamento, o Plenário, por maioria, julgou procedente pedido formulado em reclamação ajuizada sob o argumento de ofensa à autoridade da decisão da Corte no HC 82.959/SP (DJU de 1º.9.2006), em que declarada a inconstitucionalidade do § 1º do art. 2º da Lei 8.072/1990, que veda a progressão de regime a condenados pela prática de crimes hediondos. Na espécie, juiz de 1º grau indeferira pedido de progressão de regime em favor de condenados a penas de reclusão em regime integralmente fechado, à luz do aludido disposto legal — v. Informativos 454, 463 e 706. O Ministro Gilmar Mendes, relator, determinou a cassação das decisões impugnadas, ao assentar que caberia ao juízo reclamado proferir nova decisão para avaliar se, no caso concreto, os interessados atenderiam ou não os requisitos para gozar do referido benefício. Considerou possível determinar, para esse fim, e desde que de modo fundamentado, a realização de exame criminológico. Preliminarmente, quanto ao cabimento da reclamação, o relator afastou a alegação de inexistência de decisão do STF cuja autoridade deveria ser preservada.

Reclamação: cabimento e Senado Federal no controle da constitucionalidade - 12

O relator afirmou, inicialmente, que a jurisprudência do STF evoluíra relativamente à utilização da reclamação em sede de controle concentrado de normas, de maneira que seria cabível a reclamação para todos os que comprovassem prejuízo resultante de decisões contrárias às suas teses, em reconhecimento à eficácia vinculante "erga omnes" das decisões de mérito proferidas em sede de controle concentrado. Em seguida, entendeu ser necessário, para análise do tema, verificar se o instrumento da reclamação fora usado de acordo com sua destinação constitucional: garantir a autoridade das decisões do STF; e, superada essa questão, examinar o argumento do juízo reclamado no sentido de que a eficácia "erga omnes" da decisão no HC 82.959/SP dependeria da expedição de resolução do Senado que suspendesse a execução da lei (CF, art. 52, X). Para apreciar a dimensão constitucional do tema, discorreu sobre o papel do Senado Federal no controle de constitucionalidade. Aduziu que, de acordo com a doutrina tradicional, a suspensão da execução, pelo Senado, do ato declarado inconstitucional pelo STF seria ato político que empretaria eficácia "erga omnes" às decisões definitivas sobre inconstitucionalidade proferidas em caso concreto. Asseverou, no entanto, que a amplitude conferida ao controle abstrato de normas e a possibilidade de se suspender, liminarmente, a eficácia de leis ou atos normativos, com eficácia geral, no contexto da CF/1988, concorreriam para infirmar a crença na própria justificativa do instituto da suspensão da execução do ato pelo Senado, inspirado em concepção de separação de poderes que hoje estaria ultrapassada. Ressaltou, ademais, que, ao alargar, de forma significativa, o rol de entes e órgãos legitimados a provocar o STF no processo de controle abstrato de normas, o constituinte restringira a amplitude do controle difuso de constitucionalidade.

Reclamação: cabimento e Senado Federal no controle da constitucionalidade - 13

O relator considerou que, em razão disso, bem como da multiplicação de decisões dotadas de eficácia geral e do advento da Lei 9.882/1999, alterara-se de forma radical a concepção que dominava sobre a divisão de Poderes, e seria comum no sistema a decisão com eficácia geral, excepcional sob a EC 16/1965 e a CF/1967. Salientou serem inevitáveis, portanto, as reinterpretações dos institutos vinculados ao controle incidental de inconstitucionalidade, notadamente o da exigência da maioria absoluta para declaração de inconstitucionalidade e o da suspensão de execução da lei pelo Senado Federal. Reputou ser legítimo entender que, atualmente, a fórmula relativa à suspensão de execução da lei pelo Senado haveria de ter simples efeito de publicidade, ou seja, se o STF, em sede de controle incidental, declarasse, definitivamente, que a lei é inconstitucional, essa decisão teria efeitos gerais, fazendo-se a comunicação àquela Casa legislativa para que publicasse a decisão no Diário do Congresso.

Reclamação: cabimento e Senado Federal no controle da constitucionalidade - 14

O Ministro Teori Zavascki registrou que a discussão estaria polarizada em torno do sentido e do alcance do art. 52, X, da CF. Observou que também deveria ser apreciada a temática relativa à possibilidade, ou não, de concessão de eficácia "erga omnes" às decisões do STF, de modo a reconhecer a inconstitucionalidade, mesmo quando proferidas no âmbito do controle incidental. Entendeu que esse debate não seria, por si só, fator determinante do não conhecimento ou da improcedência da reclamação. Asseverou que, ainda que se reconhecesse que a resolução do Senado permaneceria com aptidão para conferir eficácia "erga omnes" às decisões do STF que, em controle difuso, declarassem a inconstitucionalidade de preceitos normativos, isso não significaria que essa aptidão expansiva das decisões só ocorreria quando e se houvesse intervenção do Senado. Por outro lado, ponderou que, ainda que as decisões da Corte, além das indicadas no art. 52, X, da CF, tivessem força expansiva, isso não significaria que seu cumprimento pudesse ser exigido por via de reclamação. Explicou que o direito pátrio estaria em evolução, voltada a um sistema de valorização dos precedentes emanados dos tribunais superiores, aos quais se atribuiria, com crescente intensidade, força persuasiva e expansiva. Demonstrou que o Brasil acompanharia movimento semelhante ao de outros países nos quais adotado o sistema da "civil law", que se aproximariam, paulatinamente, de uma cultura do "stare decisis", própria do sistema da "common law". Sublinhou a existência de diversas previsões normativas que, ao longo do tempo, confeririam eficácia ampliada para além das fronteiras da causa em julgamento.

Reclamação: cabimento e Senado Federal no controle da constitucionalidade - 15

O Ministro Teori Zavascki considerou, ainda, que certas decisões seriam naturalmente dotadas de eficácia "ultra partes", como aquelas produzidas no âmbito do processo coletivo. Destacou, nesse sentido, o mandado de injunção, especialmente se levado em conta seu perfil normativo-concretizador atribuído pela jurisprudência do Supremo. Sublinhou que as sentenças decorrentes do mandado de injunção teriam o escopo de preencher, ainda que provisoriamente, a omissão do legislador, razão pela qual seriam revestidas de características reguladoras e prospectivas semelhantes às dos preceitos normativos. Frisou que seria inimaginável admitir que, no âmbito da jurisdição injuntiva, fossem produzidas soluções casuísticas e anti-isonômicas para situações semelhantes. Asseverou que o sistema normativo pátrio atualmente atribuiria força "ultra partes" aos precedentes das Cortes superiores, especialmente o STF. Reputou que esse entendimento seria fiel ao perfil institucional atribuído ao STF, na seara constitucional, e ao STJ, no campo do direito federal, que teriam, dentre suas principais finalidades, a de uniformização da jurisprudência e a de integração do sistema normativo. Anotou que a força vinculativa dos precedentes do STF fora induzida por via legislativa, cujo passo inicial fora a competência, atribuída ao Senado, para suspender a execução das normas declaradas inconstitucionais, nos termos do art. 52, X, da CF. Entretanto, assinalou que a resolução do Senado não seria a única forma de ampliação da eficácia subjetiva das decisões do STF, porque diria respeito a área limitada da jurisdição constitucional (apenas decisões declaratórias de inconstitucionalidade). Haveria outras sentenças emanadas desta Corte, não necessariamente relacionadas com o controle de constitucionalidade, com eficácia subjetiva expandida para além das partes vinculadas ao processo.

Reclamação: cabimento e Senado Federal no controle da constitucionalidade - 16

O Ministro Teori Zavascki registrou que a primeira dessas formas ocorrera com o sistema de controle de constitucionalidade por ação, cujas sentenças seriam dotadas naturalmente de eficácia "erga omnes" e vinculante, independentemente da intervenção do Senado. Ademais, citou a criação das súmulas vinculantes e da repercussão geral das questões constitucionais discutidas em sede de recurso extraordinário. Destacou, ainda, a modulação de efeitos nos julgamentos do STF, o que significaria dispor sobre a repercussão de acórdão específico a outros casos análogos. Lembrou que houvera modulação no "habeas corpus" de que cuida a presente reclamação, para que não gerasse consequências jurídicas em relação a penas já extintas. Sopesou, por outro lado, que nem todas essas decisões com eficácia expansiva, além das englobadas pelo art. 52, X, da CF, ensejariam ajuizamento de reclamação, sob pena de a Corte se transformar em órgão de controle dos atos executivos decorrentes de seus próprios acórdãos. Assinalou que o descumprimento de

5. DIREITO CONSTITUCIONAL 413

quaisquer deles implicaria ofensa à autoridade das decisões do STF. Todavia, seria recomendável conferir interpretação estrita a essa competência. Sob esse aspecto, a reclamação não poderia ser utilizada como inadmissível atalho processual destinado a permitir, por motivos pragmáticos, a submissão imediata do litígio ao exame direto desta Corte.

Reclamação: cabimento e Senado Federal no controle da constitucionalidade - 17
O Ministro Teori Zavascki concluiu que, sem negar a força expansiva de uma significativa gama de decisões do STF, deveria ser mantida a jurisprudência segundo a qual, em princípio, a reclamação somente seria admitida quando proposta por quem fosse parte na relação processual em que proferida a decisão cuja eficácia se buscaria preservar. A legitimação ativa mais ampla apenas seria cabível em hipóteses expressamente previstas, notadamente a súmula vinculante e contra atos ofensivos a decisões tomadas em ações de controle concentrado. Haveria de se admitir também a reclamação ajuizada por quem fosse legitimado para propositura de ação de controle concentrado, nos termos do art. 103 da CF. Entendeu que, no caso concreto, à luz da situação jurídica existente quando da propositura da reclamação, ela não seria cabível. Porém, anotou que, no curso do julgamento, fora editado o Enunciado 26 da Súmula Vinculante do STF ("Para efeito de progressão de regime no cumprimento de pena por crime hediondo, ou equiparado, o juízo de execução observará a inconstitucionalidade do art. 2º da Lei n. 8.072, de 25 de julho de 1990, sem prejuízo de avaliar se o condenado preenche, ou não, os requisitos objetivos e subjetivos do benefício, podendo determinar, para tal fim, de modo fundamentado, a realização de exame criminológico"). Ponderou que, considerado esse fato superveniente, que deveria ser levado em consideração à luz do art. 462 do CPC, impor-se-ia conhecer e deferir o pedido.

Reclamação: cabimento e Senado Federal no controle da constitucionalidade - 18
O Ministro Roberto Barroso, ao acompanhar essa orientação, frisou que a expansão do papel dos precedentes atenderia a três finalidades constitucionais: segurança jurídica, isonomia e eficiência. Explicou que essa tendência tornaria a prestação jurisdicional mais previsível, menos instável e mais fácil, porque as decisões poderiam ser justificadas à luz da jurisprudência. Assinalou que, embora os precedentes só vinculassem verticalmente e para baixo, na linha da doutrina "stare decisis", eles deveriam vincular horizontalmente, para que os próprios tribunais preservassem, conforme possível, a sua jurisprudência. Sublinhou que, na medida em que expandido o papel dos precedentes, seria necessário produzir decisões em que a tese jurídica fosse mais nítida, o que seria denominado, pelo direito anglo-saxão, de "holding". Considerou que o denominado processo de mutação constitucional encontraria limite na textualidade dos dispositivos da Constituição. Nesse sentido, a suposta mutação do art. 52, X, da CF não poderia prescindir da mudança de texto da norma. Vencidos os Ministros Sepúlveda Pertence, Joaquim Barbosa (Presidente), Ricardo Lewandowski e Marco Aurélio, que não conheciam da reclamação, mas concediam "habeas corpus" de ofício para que o juízo de 1º grau examinasse os requisitos para progressão de regime dos condenados. O Ministro Marco Aurélio registrava que as reclamações exigiriam que o ato supostamente inobservado deveria ser anterior ao ato atacado. Na situação dos autos, somente após a prática do ato reclamado surgira o verbete vinculante. Ademais, reputava que não se poderia emprestar ao controle difuso eficácia "erga omnes", pois seria implementado por qualquer órgão jurisdicional. **Rcl 4335/AC, rel. Min. Gilmar Mendes, 20.3.2014. (Rcl-4335) (Inform. STF 739)**

10. CONTROLE DE CONSTITUCIONALIDADE

Juntada do incidente de inconstitucionalidade - 4
Em conclusão de julgamento e, por maioria, o Plenário deu provimento a agravo regimental em recurso extraordinário no sentido de dispensar a exigência de juntada do aresto que servira de base ao acórdão recorrido nas hipóteses em que já houver o pronunciamento do STF sobre a questão. Assim como ocorreu no caso concreto, a Corte entendeu que, se o parágrafo único do art. 481 do CPC ("Art. 481. Se a alegação for rejeitada, prosseguirá o julgamento; se for acolhida, será lavrado o acórdão, a fim de ser submetida a questão ao tribunal pleno. Parágrafo único. Os órgãos fracionários dos tribunais não submeterão ao plenário, ou ao órgão especial, a arguição de inconstitucionalidade, quando já houver pronunciamento destes ou do plenário do Supremo Tribunal Federal sobre a questão) permite que, nesses casos, o órgão fracionário não submeta ao plenário do STF o incidente de inconstitucionalidade, exigir-se a juntada do inteiro teor do acórdão proferido pelo Tribunal "a quo" no incidente de inconstitucionalidade para o conhecimento do recurso extraordinário resultaria em desmedida valoração do julgamento do órgão especial do Tribunal de origem sobre a decisão do STF. Na espécie, trata-se de agravo regimental interposto contra decisão de relator que, ante a ausência da juntada da arguição de inconstitucionalidade aos autos, negara seguimento a recurso extraordinário. Tal recurso fora manejado contra acórdão de tribunal regional federal que, fundado em precedente do Plenário daquela Corte, não integrado aos autos, reconhecera a inconstitucionalidade do art. 3º, I, da Lei 8.200/1991, declarado constitucional pelo STF nos autos do RE 201.465/MG (DJU de 17.10.2003) — v. Informativos 310, 346 e 583. A Corte destacou que, embora o órgão recorrido não tenha transcrito integralmente o acórdão do tribunal regional que apreciara o incidente de inconstitucionalidade, sua ementa fora reproduzida. Apontou que estariam sumariadas as razões da decisão, suficientes para afastar qualquer dúvida a respeito do tema. Ademais, o acórdão recorrido conteria vasta e minuciosa fundamentação própria a respeito da matéria constitucional, condição suficiente para atestar a higidez do que nele contido e viabilizar o conhecimento do recurso extraordinário. Vencidos os Ministros Sepúlveda Pertence (relator), Cármen Lúcia, Eros Grau e Marco Aurélio, que negavam provimento ao recurso. Afastavam a incidência, na espécie, do parágrafo único do art. 481 do CPC. **RE 196752 AgR/MG, rel. orig. Min. Sepúlveda Pertence, red. p/ o acórdão Min. Gilmar Mendes, 5.11.2015. (RE-196752) (Inform. STF 806)**

Ato de efeitos concretos e Enunciado 10 da Súmula Vinculante
A Segunda Turma iniciou julgamento de agravo regimental interposto de decisão que desprovera reclamação, em que discutido se órgão fracionário de tribunal regional federal, ao afastar a aplicação do Decreto Legislativo 006/2010, editado pela Assembleia Legislativa do Estado de Roraima, teria violado o Enunciado 10 da Súmula Vinculante ["Viola a cláusula de reserva de plenário (CF, artigo 97) a decisão de órgão fracionário de tribunal que, embora não declare expressamente a inconstitucionalidade de lei ou ato normativo do Poder Público, afasta sua incidência, no todo ou em parte"]. O referido decreto determina a sustação do andamento de ação penal movida contra deputado estadual, com fundamento no art. 53, § 3º, da CF e no art. 34, §§ 4º e 5º, da Constituição do Estado de Roraima. Sustenta o agravante, em suma, que o ato normativo possuiria grau de abstração, generalidade e impessoalidade suficientes a exigir a observância do art. 97 da CF e do Enunciado 10 da Súmula Vinculante. O Ministro Teori Zavascki (relator) negou provimento ao agravo regimental. Considerou que, por não se tratar o referido decreto legislativo de lei em sentido formal ou material, bem como por não possuir caráter de ato normativo, não se aplicaria ao caso a regra inscrita no art. 97 da CF, não havendo, dessa forma, ofensa ao Enunciado 10 da Súmula Vinculante. Em divergência, o Ministro Gilmar Mendes, ao prover o agravo regimental, reputou que a jurisprudência da Corte, atenta à ideia de que o controle abstrato, a rigor, teria a ver com seus próprios requisitos processuais, passara a admitir a propositura de ações diretas em face de atos normativos de efeitos individuais e concretos, afastando-se da compreensão tradicional de que, para ser ato normativo, teria de ser dotado de generalidade e abstração. Assinalou que se a Constituição submete a lei ao processo de controle abstrato, não seria admissível que o intérprete debilitasse essa garantia, isentando um número elevado de atos aprovados, sob a forma de lei, do controle abstrato de normas e, muito provavelmente, de qualquer forma de controle. Ressaltou, ainda, a índole política da discussão, pois o tribunal local, por meio de órgão fracionário, teria frustrado uma decisão tomada por uma assembleia legislativa. Por sua vez, o Ministro Celso de Mello acompanhou o relator. Entendeu que o decreto legislativo em apreço, por ter um destinatário específico e se referir a uma dada situação individual e concreta, exaurindo-se no momento de sua promulgação, não atenderia às exigências da abstração, da generalidade e da impessoalidade, de maneira que caracterizaria um típico ato estatal de efeitos concretos. Em seguida, pediu vista dos autos o Ministro Dias Toffoli. **Rcl 18165 AgR/RR, rel. Min. Teori Zavascki, 2.6.2015. (Rcl-18165) (Inform. STF 788)**

Efeitos da declaração de inconstitucionalidade e ação rescisória

A decisão do Supremo Tribunal Federal que declara a constitucionalidade ou a inconstitucionalidade de preceito normativo não produz a automática reforma ou rescisão das decisões anteriores que tenham adotado entendimento diferente. Para que haja essa reforma ou rescisão, será indispensável a interposição do recurso próprio ou, se for o caso, a propositura da ação rescisória própria, nos termos do art. 485, V, do CPC, observado o respectivo prazo decadencial (CPC, art. 495). Com base nessa orientação, o Plenário negou provimento a recurso extraordinário em que discutida a eficácia temporal de decisão transitada em julgado fundada em norma superveniente declarada inconstitucional pelo STF. À época do trânsito em julgado da sentença havia preceito normativo segundo o qual, nos casos relativos a eventuais diferenças nos saldos do FGTS, não caberiam honorários advocatícios. Dois anos mais tarde, o STF declarara a inconstitucionalidade da verba que vedava honorários. Por isso, o autor da ação voltara a requerer a fixação dos honorários. Examinava-se, assim, se a declaração de inconstitucionalidade posterior teria reflexos automáticos sobre a sentença anterior transitada em julgado. A Corte asseverou que não se poderia confundir a eficácia normativa de uma sentença que declara a inconstitucionalidade — que retira do plano jurídico a norma com efeito "ex tunc" — com a eficácia executiva, ou seja, o efeito vinculante dessa decisão. O efeito vinculante não nasceria da inconstitucionalidade, mas do julgado que assim a declarasse. Desse modo, o efeito vinculante seria "pro futuro", isto é, da decisão do Supremo para frente, não atingindo os atos passados, sobretudo a coisa julgada. Apontou que, quanto ao passado, seria indispensável a ação rescisória. Destacou que, em algumas hipóteses, ao declarar a inconstitucionalidade de norma, o STF modularia os efeitos para não atingir os processos julgados, em nome da segurança jurídica.
RE 730462/SP, rel. Min. Teori Zavascki, 28.5.2015. (RE-730462) (Inform. STF 787)

ADI e conversão de julgamento de medida cautelar em julgamento de mérito

O Plenário, ao resolver questão de ordem suscitada pelo Ministro Roberto Barroso (relator), converteu o julgamento de medida cautelar em ação direta de inconstitucionalidade em julgamento de mérito, a ser realizado futuramente. O relator explicitou que, por ocasião do exame conjunto de cautelares em duas ações diretas, o Ministro Joaquim Barbosa, então relator, proferira o mesmo voto em relação aos dois casos. Entretanto, a Ministra Ellen Gracie, em voto-vista, entendera que os pedidos formulados em ambas as ações não seriam idênticos, pois um deles seria mais amplo. Em razão disso, o Ministro Joaquim Barbosa indicara adiamento em relação à ação direta cujo objeto seria mais extenso - e sobre a qual incide a presente questão de ordem —, e o Plenário prosseguira apenas na apreciação relativa ao outro caso — v. Informativos 614 e 623. O relator afirmou que seria necessário definir se o voto proferido pelo Ministro Joaquim Barbosa, no tocante ao julgamento adiado, deveria ser computado ou não. O Colegiado entendeu que, tendo em vista se tratar de análise de medida cautelar, e em razão da relevância do tema, a cuidar de tributação de embalagens em atividade gráfica, seria mais salutar proceder diretamente ao mérito de ambas as ações diretas, superando-se a questão do cômputo do voto já proferido em cautelar.
ADI 4413 MC QO/DF, rel. Min. Roberto Barroso, 15.4.2015. (ADI-4413) (Inform. STF 781)

Art. 27 da Lei 9.868/99 e suspensão de julgamento - 3

O Plenário retomou julgamento de questão de ordem suscitada no sentido de se aguardar a presença de Ministro que não participara da sessão em que declarada a inconstitucionalidade do § 1º do art. 7º da Lei 10.254/1990 do Estado de Minas Gerais, para colher o seu voto relativamente à modulação de efeitos na referida decisão — v. Informativo 481. O Ministro Ricardo Lewandowski (Presidente), em voto-vista, acompanhado pela Ministra Cármen Lúcia, rejeitou a proposição. Considerou totalmente encerrado o julgamento da ADI 2.949/MG (v. Informativo 481) e, por conseguinte, preclusa, à luz do postulado do devido processo legal, a possibilidade de reabertura da deliberação sobre a modulação dos efeitos da declaração de inconstitucionalidade. Sublinhou que a modulação dos efeitos da declaração de inconstitucionalidade configuraria exceção à regra legal dos efeitos "ex tunc", de modo que não poderia dar interpretação extensiva ao dispositivo que o consagrasse. Ressaltou que o art. 27 da Lei 9.868/1999 seria claro no sentido de se exigir a maioria qualificada de dois terços dos membros do Tribunal, ou seja, oito votos, para superação dos efeitos "ex tunc". Contudo, em nenhuma circunstância esse diploma legal teria imposto, para a votação, a presença da totalidade dos membros da Corte. Pensar de modo diverso

equivaleria a exigir sempre a presença de todos os integrantes da Casa nos julgamentos das ações diretas de inconstitucionalidade. Em outras palavras, estar-se-ia a criar regra procedimental em matéria da mais alta relevância que não encontraria respaldo no ordenamento jurídico. Pontuou, por fim, que o julgamento dessa ação direta se encerrara na sessão de 26.9.2007, com a regular proclamação do resultado final. Portanto, não seria possível cogitar-se de sua reabertura. Em seguida, pediu vista o Ministro Roberto Barroso.
ADI 2949 QO/MG, rel. Min. Joaquim Barbosa, 5.3.2015. (ADI-2949) (Inform. STF 776)

Art. 27 da Lei 9.868/1999 e suspensão de julgamento - 4

Em ação direta de inconstitucionalidade, com a proclamação do resultado final, se tem por concluído e encerrado o julgamento e, por isso, inviável a sua reabertura para fins de modulação. Com base nesse entendimento, o Plenário, por maioria, resolveu questão de ordem no sentido de afirmar que o exame da presente ação direta fora concluído e que não seria admissível reabrir discussão após o resultado ter sido proclamado. Na espécie, na data do julgamento estavam presentes dez Ministros da Corte, porém, não se teria obtido a maioria de dois terços (oito votos) para se modular os efeitos da decisão, nos termos do art. 27 da Lei 9.868/1999 ("Ao declarar a inconstitucionalidade de lei ou ato normativo, e tendo em vista razões de segurança jurídica ou de excepcional interesse social, poderá o Supremo Tribunal Federal, por maioria de dois terços de seus membros, restringir os efeitos daquela declaração ou decidir que ela só tenha eficácia a partir de seu trânsito em julgado ou de outro momento que venha a ser fixado") e o julgamento fora encerrado Na sessão subsequente, tendo em conta o comparecimento do Ministro ausente da sessão anterior, cogitou-se prosseguir no julgamento quanto à modulação — v. Informativos 481 e 776. A Corte destacou que a análise da ação direta de inconstitucionalidade seria realizada de maneira bifásica: a) primeiro se discutiria a questão da constitucionalidade da norma, do ponto de vista material; e, b) declarada a inconstitucionalidade, seria discutida a aplicabilidade da modulação dos efeitos temporários, nos termos do art. 27 da Lei 9.868/1999. Assim, se a proposta de modulação tivesse ocorrido na data do julgamento de mérito, seria possível admiti-la. Ressalvou que não teria havido erro material e, uma vez que a apreciação do feito fora concluída e proclamado o resultado, não se poderia reabrir o que decidido. Por conseguinte, estaria preclusa, à luz do postulado do devido processo legal, a possibilidade de nova deliberação. Vencidos os Ministros Gilmar Mendes, Menezes Direito e Teori Zavascki, que admitiam a retomada do julgamento quanto à modulação dos efeitos. Para o Ministro Teori Zavascki, teria havido "error in procedendo". Apontava que, em caso de modulação, se não fosse alcançado o quórum e houvesse magistrado para votar, o julgamento deveria ser adiado.
ADI 2949 QO/MG, rel. orig. Min. Joaquim Barbosa, red. p/o acórdão Min. Marco Aurélio, 8.4.2015. (ADI-2949) (Inform. STF 780)

AG. REG. NA ADI N. 4.600-DF

RELATOR: MIN. LUIZ FUX
Ementa: AGRAVO REGIMENTAL NA AÇÃO DIRETA DE INCONSTITU-CIONALIDADE. AÇÃO PROPOSTA PELA ASSOCIAÇÃO NACIONAL DOS MAGISTRADOS ESTADUAIS – ANAMAGES. ENTIDADE QUE REPRESENTA APENAS PARTE OU FRAÇÃO DA CATEGORIA PROFISSIONAL DOS MAGIS-TRADOS. ILEGITIMIDADE ATIVA AD *CAUSAM*. AÇÃO QUE NÃO MERECE SER CONHECIDA. PRECEDENTES. AGRAVO A QUE SE NEGA PROVIMENTO.
1. As associações que congregam mera fração ou parcela de categoria profissional por conta de cujo interesse vem a juízo não possuem legitimidade ativa para provocar a fiscalização abstrata de constitucionalidade. Precedentes: ADI 4.372, redator para o acórdão Min. Luis Fux, Pleno, DJe de 26/09/2014; ADPF 154-AgR, rel. Min. Cármen Lúcia, Pleno, DJe de 28/11/2014; ADI 3.6717-AgR, rel. Min. Cezar Peluso, Pleno, DJe de 1/7/2011.
2. *In casu*, à luz do estatuto social da agravante, resta claro que a entidade tem por finalidade representar os magistrados estaduais, defendendo seus interesses e prerrogativas. Nota-se, assim, que a entidade congrega apenas fração da categoria profissional dos magistrados, uma vez que não compreende, dentro de seu quadro, os Juízes Federais, por exemplo.
3. É firme o entendimento do Supremo Tribunal Federal no sentido da ilegitimidade ativa da ANAMAGES para a propositura de Ação Direta de Inconstitucionalidade, ou qualquer outra ação do controle concentrado de constitucionalidade.
4. Agravo regimental a que se nega provimento. **(Inform. STF 779)**

5. DIREITO CONSTITUCIONAL

REFERENDO EM MED.CAUT. EM ADC N 27-DF
RELATOR: MIN. MARCO AURÉLIO
PROCESSO OBJETIVO – LIMINAR – APRECIAÇÃO – COLEGIADO. Cumpre ao Colegiado o exame de pedido de liminar, apenas cabendo a atuação individual do relator ante a impossibilidade de atuação, a tempo, do Órgão Maior. AÇÃO DECLARATÓRIA DE CONSTITUCIONALIDADE – REFERENDO. Uma vez não atendidos os requisitos de relevância e urgência, incumbe indeferir o pleito de implemento de medida acauteladora. **(Inform. STF 777)**

Entidade de classe e legitimidade ativa
O Plenário, por maioria, não conheceu de ação direta proposta pela Federação Nacional de Entidades de Oficiais Militares - FENEME, pelo Clube dos Oficiais da Polícia Militar do Pará - COPMPA, pelo Clube dos Oficiais do Corpo de Bombeiros Militar do Pará - COCB, pela Associação dos Cabos e Soldados da Polícia Militar do Pará - ASSUBSAR e pelo Instituto de Defesa dos Servidores Públicos Civis e Militares do Estado do Pará - INDESPCMEPA, em razão da falta de legitimidade ativa "ad causam", reiterado o quanto decidido na ADI 4.473 AgR/PA (DJe de 1º.8.2012). No referido precedente, a Corte decidira que a FENEME não abrangeria a totalidade dos atuantes dos corpos militares estaduais, compostos de praças e oficiais. Ademais, aquela entidade não preencheria o requisito da ampla representatividade do conjunto de todas as pessoas às quais a norma atacada se aplicaria. No presente caso, a norma impugnada — LC 39/2002 do Estado do Pará — institui o regime de previdência dos servidores do Estado do Pará e dá outras providências. Vencido, em parte, o Ministro Marco Aurélio, que reconhecia a legitimidade ativa da FENEME. Afirmava que, no caso, tratar-se-ia de ação direta de inconstitucionalidade ajuizada por associação de classe de âmbito nacional, cuja legitimidade estaria prevista no art. 103 da CF.
ADI 4967/PA, rel. Min. Luiz Fux, 5.2.2015. (ADI-4967) (Inform. STF 773)

ADPF: fungibilidade e erro grosseiro
O Plenário desproveu agravo regimental em arguição de descumprimento de preceito fundamental, na qual se discutia a inconstitucionalidade por omissão relativa à Lei 12.865/2013. O Tribunal, de início, reconheceu a possibilidade de conversão da arguição de descumprimento de preceito fundamental em ação direta quando imprópria a primeira, e vice-versa, se satisfeitos os requisitos para a formalização do instrumento substituto. Afirmou que dúvida razoável sobre o caráter autônomo de atos infralegais impugnados, como decretos, resoluções e portarias, e alteração superveniente da norma constitucional dita violada legitimariam a Corte a adotar a fungibilidade em uma direção ou em outra, a depender do quadro normativo envolvido. Ressaltou, porém, que essa excepcionalidade não estaria presente na espécie. O recorrente incorrera naquilo que a doutrina processual denominaria de erro grosseiro ao escolher o instrumento formalizado, ante a falta de elementos, considerados os preceitos legais impugnados, que pudessem viabilizar a arguição. No caso, ainda que a arguição de descumprimento de preceito fundamental tivesse sido objeto de dissenso no STF quanto à extensão da cláusula da subsidiariedade, nunca houvera dúvida no tocante à inadequação da medida quando o ato pudesse ser atacado mediante ação direta de inconstitucionalidade. Por se tratar de impugnação de lei ordinária federal pós-constitucional, propor a arguição em vez de ação direta, longe de envolver dúvida objetiva, encerraria incontestável erro grosseiro, por configurar atuação contrária ao disposto no § 1º do art. 4º da Lei 9.882/1999. Os Ministros Roberto Barroso, Gilmar Mendes e Cármen Lúcia negaram provimento ao agravo por outro fundamento. Consideraram que o requerente, Sindicato Nacional das Empresas de Medicina de Grupo, por não ser uma confederação sindical, não preencheria o requisito da legitimação ativa "ad causam". **ADPF 314 AgR/DF, rel. Min. Marco Aurélio, 11.12.2014. (ADPF-314) (Inform. STF 771)**

ADC N. 33-DF
RELATOR: MIN. GILMAR MENDES
Ação Declaratória de Constitucionalidade. Medida Cautelar. 2. Julgamento conjunto com as ADIs 4.947, 5.020 e 5.028. 3. Relação de dependência lógica entre os objetos das ações julgadas em conjunto. Lei Complementar 78/1993, Resolução/TSE 23.389/2013 e Decreto Legislativo 424/2013, este último objeto da ação em epígrafe. 4. O Plenário considerou que a presente ADC poderia beneficiar-se da instrução levada a efeito nas ADIs e transformou o exame da medida cautelar em julgamento de mérito. 5. Impossibilidade de alterar-se os termos de lei complementar, no caso, a LC 78/1993, pela via do decreto legislativo. 6. Ausência de previsão constitucional para a edição de

decretos legislativos que visem a sustar atos emanados do Poder Judiciário. Violação à separação dos poderes. 7. O DL 424/2013 foi editado no mês de dezembro de 2013, portanto, há menos de 1 (um) ano das eleições gerais de 2014. Violação ao princípio da anterioridade eleitoral, nos termos do art. 16 da CF/88. 8. Inconstitucionalidade formal e material do Decreto Legislativo 424/2013. Ação Declaratória de Constitucionalidade julgada improcedente. **(Inform. STF 765)**

Declaração de inconstitucionalidade por órgão fracionário e cláusula de reserva de plenário
A existência de pronunciamento anterior, emanado do Plenário do STF ou do órgão competente do tribunal de justiça local, sobre a inconstitucionalidade de determinado ato estatal, autoriza o julgamento imediato, monocrático ou colegiado, de causa que envolva essa mesma inconstitucionalidade, sem que isso implique violação à cláusula da reserva de plenário (CF, art. 97). Essa a conclusão da 2ª Turma, que desproveu agravo regimental em reclamação na qual discutido eventual desrespeito ao Enunciado 10 da Súmula Vinculante do STF ["Viola a cláusula de reserva de plenário (CF, artigo 97) a decisão de órgão fracionário de tribunal que, embora não declare expressamente a inconstitucionalidade de lei ou ato normativo do poder público, afasta sua incidência, no todo ou em parte"]. No caso, a eficácia de norma estadual fora suspensa, em virtude de provimento cautelar em ação direta de inconstitucionalidade ajuizada perante a Corte local. Em seguida, a eficácia desse provimento cautelar fora mantida pelo STF. Os reclamantes ajuizaram ação perante o juízo de 1º grau, que declarara, incidentalmente, a inconstitucionalidade da mesma lei estadual, decisão esta mantida, em apelação, por câmara do tribunal de justiça, com base na decisão do STF. Alegava-se que esse órgão não teria competência para proferir declaração de inconstitucionalidade. A Turma reputou que o citado órgão fracionário apenas teria cumprido a decisão do STF, sem infringir a cláusula da reserva de plenário. Além disso, não haveria motivo para se submeter a questão a julgamento do Plenário da Corte local, que já teria decidido a controvérsia. **Rcl 17185 AgR/MT, rel. Min. Celso de Mello, 30.9.2014. (Rcl-17185) (Inform. STF 761)**

AG. REG. NA ADI N. 4.036-DF
RELATOR: MIN. ROBERTO BARROSO
Ementa: AGRAVO REGIMENTAL. AÇÃO DIRETA DE INCONSTITUCIO-NALIDADE. 1. Se a decisão agravada adota dois ou mais fundamentos autônomos, suficientes para mantê-la, a ausência de impugnação de um ou de alguns deles torna inviável o agravo regimental. Aplicação analógica da Súmula 283/STF.
2. Agravo a que se nega provimento. **(Inform. STF 761)**

Inconstitucionalidade de lei e decisão monocrática - 2
É possível o julgamento de recurso extraordinário por decisão monocrá-tica do relator nas hipóteses oriundas de ação de controle concentrado de constitucionalidade em âmbito estadual de dispositivo de reprodução obrigatória, quando a decisão impugnada refletir pacífica jurisprudência do STF sobre o tema. Com base nessa orientação, por maioria, o Ple-nário recebeu os embargos de declaração como agravo regimental e a este negou provimento. Na espécie, tratava-se de declaratórios opostos de decisão monocrática proferida pelo Ministro Dias Toffoli (CPC, art. 557, § 1º, a), na qual assentada — com fundamento na jurisprudência consolidada da Corte — a inconstitucionalidade de lei que dispõe sobre a criação de cargos em comissão para funções que não exigissem o requisito da confiança para o seu preenchimento. Na mencionada deci-são, o relator destacara que os cargos, consoante a norma impugnada, deveriam ser ocupados por pessoas determinadas conforme a descrição nela constante — v. Informativo 707. Em acréscimo, o Ministro Teori Zavascki, tendo em conta a natureza objetiva do recurso extraordinário nesses casos, destacou que o procedimento se justificaria pelas mesmas razões que autorizariam a dispensa da cláusula da reserva de plenário (CPC, art. 481, parágrafo único), invocáveis por analogia. Observou, também, que a análise pelo órgão colegiado não estaria excluída, pois poderia ser provocada por recurso interno. Vencido o Ministro Marco Aurélio quanto à conversão e ao mérito. Destacava impossibilidade de o relator, monocraticamente, julgar o tema de fundo de processo objetivo a envolver controvérsia constitucional. **RE 376440 ED/DF, rel. Min. Dias Toffoli, 18.9.2014. (RE-376440) (Inform. STF 759)**

ADI 5.089-MC/CE
RELATOR: Ministro Celso de Mello
CONTROLE ABSTRATO DE CONSTITUCIONALIDADE. LEI COMPLEMENTAR *MUNICIPAL*. AÇÃO DIRETA AJUIZADA, *ORIGINARIAMENTE*, **PERANTE** O SUPREMO TRIBUNAL FEDERAL. **IMPOSSIBILIDADE**. FALTA DE COMPETÊNCIA ORIGINÁRIA DA SUPREMA CORTE. **INVIABILIDADE** DE FISCALIZAÇÃO *ABSTRATA* DE CONSTITUCIONALIDADE, *MEDIANTE AÇÃO DIRETA*, DE LEI **MUNICIPAL** CONTESTADA EM FACE DA CONSTITUIÇÃO **FEDERAL**. **DOUTRINA**. **PRECEDENTES**. **POSSIBILIDADE**, *TÃO SOMENTE*, DE CONTROLE INCIDENTAL DE LEI MUNICIPAL, *CONFRONTADA COM A CONSTITUIÇÃO FEDERAL*, EM FISCALIZAÇÃO REALIZADA, *DE MODO DIFUSO*, NO EXAME *DE UMA DADA SITUAÇÃO CONCRETA*. **CONTROLE** PRÉVIO DO PROCESSO OBJETIVO DE FISCALIZAÇÃO **CONCENTRADA** DE CONSTITUCIONALIDADE **PELO RELATOR** DA CAUSA. **LEGITIMIDADE** DO EXERCÍCIO *MONOCRÁTICO* DESSE PODER PROCESSUAL (**RTJ** 139/67, *v.g.*). AÇÃO DIRETA **NÃO** CONHECIDA. DJe de 20.2.2014. **(Inform. STF 749)**

AG. REG. NA ADI N. 4.116-SP
RELATOR: MIN. GILMAR MENDES
Agravo regimental na ação direta de inconstitucionalidade. 2. Associação. Ilegitimidade ativa. Associação que não representa uma classe definida. 3. Não comprovação do efetivo caráter nacional. 4. Agravo regimental ao qual se nega provimento. **(Inform. STF 747)**

RE interposto de representação de inconstitucionalidade e prazo em dobro - 1
A Fazenda Pública possui prazo em dobro para interpor recurso extraordinário de acórdão proferido em sede de representação de inconstitucionalidade (CF, art. 125, § 2º). Com base nesse entendimento, a 1ª Turma, por maioria, reputou tempestivo o recurso extraordinário, mas lhe negou provimento para manter o aresto do tribunal de justiça. No caso, a Corte de origem, em sede de controle concentrado de constitucionalidade, declarara a inconstitucionalidade de lei municipal que condicionava o acesso aos serviços públicos à apresentação do cartão-cidadão, destinado aos munícipes. Contra essa decisão, o Município interpusera recurso extraordinário dentro do prazo em dobro. Preliminarmente, a Turma, por maioria, rejeitou proposta suscitada pelo Ministro Marco Aurélio para afetar o processo ao Plenário. O Colegiado afirmou que a Turma seria competente e, portanto, desnecessário o deslocamento do processo ao Pleno, na hipótese de se confirmar a declaração de inconstitucionalidade feita na origem. Vencido o suscitante, que asseverava não ser possível interpretar o art. 97 da CF de forma literal. Afiançava que, quer para declarar a lei harmônica com a Constituição, quer para declará-la conflitante, a competência seria do Plenário. Pontuava que, ao assim proceder, apreciar-se-ia primeiro a preliminar e depois a questão de fundo.

RE interposto de representação de inconstitucionalidade e prazo em dobro - 2
A Turma sublinhou que se aplicaria o disposto no art. 188 do CPC ("Computar-se-á em quádruplo o prazo para contestar e em dobro para recorrer quando a parte for a Fazenda Pública ou o Ministério Público"). Mencionou que não haveria razão para que existisse prazo em dobro no controle de constitucionalidade difuso e não houvesse no controle concentrado. Aludiu que o prazo em dobro seria uma prerrogativa exercida pela Fazenda Pública em favor do povo. Vencidos os Ministros Roberto Barroso e Rosa Weber, que julgavam intempestivo o recurso. Enfatizavam que, de acordo com a jurisprudência predominante do STF, inclusive em julgamento realizado no Plenário, o prazo em dobro somente se aplicaria aos processos subjetivos. Rejeitavam eventual alegação de cerceamento de direito à Fazenda Pública ao não se reconhecer esse privilégio. Realçavam não haver direito subjetivo em jogo, mas uma questão institucional. Destacavam que não se deveria fomentar a cultura brasileira de se recorrer de tudo, pois em outros ordenamentos jurídicos, as questões seriam julgadas em um grau de jurisdição, e, por exceção, encaminhadas a um segundo grau de jurisdição. Ponderavam que, no Brasil, em alguns casos, haveria quatro graus de jurisdição. ARE 661288/SP, rel. Min. Dias Toffoli, 6.5.2014. (ARE-661288) **(Inform. STF 745)**

RE 659.424/RS
RELATOR: Ministro Celso de Mello
"*AMICUS CURIAE*". *JURISDIÇÃO CONSTITUCIONAL* E *LEGITIMIDADE DEMOCRÁTICA*. O SUPREMO TRIBUNAL FEDERAL COMO "*mediador entre as diferentes forças com legitimação no processo constitucional*" (GILMAR MENDES). **POSSIBILIDADE DA INTERVENÇÃO** DE TERCEIROS, NA CONDIÇÃO

DE "*AMICUS CURIAE*", **EM SEDE** DE RECURSO EXTRAORDINÁRIO **COM** REPERCUSSÃO GERAL RECONHECIDA. **NECESSIDADE**, *CONTUDO*, **DE PREENCHIMENTO**, *PELA ENTIDADE INTERESSADA*, **DO PRÉ-REQUISITO** CONCERNENTE *À REPRESENTATIVIDADE ADEQUADA*. **DOUTRINA**. CONDIÇÃO **NÃO OSTENTADA** *POR PESSOA FÍSICA* **OU** *NATURAL*. **CONSEQUENTE INADMISSIBILIDADE** DE SEU INGRESSO, **NA QUALIDADE** DE "*AMICUS CURIAE*", EM RECURSO EXTRAORDINÁRIO **COM** REPERCUSSÃO GERAL RECONHECIDA. **PRECEDENTES**. **PEDIDO INDEFERIDO.** **(Inform. STF 742)**

ADPF-MC 288/DF
RELATOR: Ministro Celso de Mello
CONTROLE NORMATIVO ABSTRATO. **AUTORA QUE SE QUALIFICA** COMO "*ENTIDADE CONFEDERATIVA SINDICAL*". **INEXISTÊNCIA**, *CONTUDO*, QUANTO A ELA, **DE REGISTRO SINDICAL** EM ÓRGÃO ESTATAL COMPETENTE. **A QUESTÃO** *DO DUPLO REGISTRO*: O REGISTRO CIVIL **E** O REGISTRO SINDICAL. **DOUTRINA**. **PRECEDENTES** DO SUPREMO TRIBUNAL FEDERAL (**RTJ** 159/413-414, *v.g.*). *CADASTRO NACIONAL DE ENTIDADES SINDICAIS* **MANTIDO** PELO MINISTÉRIO DO TRABALHO E EMPREGO: **COMPATIBILIDADE** DESSE REGISTRO ESTATAL COM O POSTULADO DA LIBERDADE SINDICAL (**SÚMULA** 677/STF). **AUSÊNCIA** *DO NECESSÁRIO REGISTRO SINDICAL* **COMO FATOR DE DESCARACTERIZAÇÃO** DA QUALIDADE **PARA AGIR** EM SEDE DE FISCALIZAÇÃO ABSTRATA. **FEDERAÇÃO SINDICAL**, *MESMO DE ÂMBITO NACIONAL*, **NÃO DISPÕE** DE LEGITIMIDADE ATIVA **PARA O AJUIZAMENTO** *DE ADPF*. **PRECEDENTE ESPECÍFICO** DO SUPREMO TRIBUNAL FEDERAL **EM RELAÇÃO** *À PRÓPRIA FASUBRA*. **INADMISSIBILIDADE** DA ADPF **QUANDO AJUIZADA** CONTRA DECISÃO **JÁ TRANSITADA** EM JULGADO. **CONTROLE** PRÉVIO DAS CONDIÇÕES DA ARGUIÇÃO DE DESCUMPRIMENTO DE PRECEITO FUNDAMENTAL **PELO RELATOR** DA CAUSA. **LEGITIMIDADE DO EXERCÍCIO** *DESSE PODER MONOCRÁTICO* (**RTJ** 139/67, *v.g.*). ARGUIÇÃO DE DESCUMPRIMENTO **NÃO** CONHECIDA. **DJ 25.10.2013 (Inform. STF 736)**

Rcl 16.431-MC/RS
RELATOR: Ministro Celso de Mello
FISCALIZAÇÃO NORMATIVA ABSTRATA. AÇÃO DIRETA DE INCONSTITUCIONALIDADE. **TRIBUNAL DE JUSTIÇA**. COMPETÊNCIA ORIGINÁRIA. **POSSIBILIDADE** (**CF**, ART. 125, § 2º). **PARÂMETRO ÚNICO DE CONTROLE**: A CONSTITUIÇÃO **DO PRÓPRIO** ESTADO-MEMBRO **OU**, *QUANDO FOR O CASO*, A LEI ORGÂNICA DO DISTRITO FEDERAL. **IMPOSSIBILIDADE**, *CONTUDO*, **QUANDO SE TRATAR** DE JURISDIÇÃO CONSTITUCIONAL "*IN ABSTRACTO*" NO ÂMBITO DO ESTADO-MEMBRO, **DE ERIGIR-SE** *A PRÓPRIA CONSTITUIÇÃO DA REPÚBLICA COMO PARADIGMA DE CONFRONTO*. **APARENTE USURPAÇÃO** DA COMPETÊNCIA DESTA SUPREMA CORTE, **EM SUA CONDIÇÃO** DE "*guardiã primacial da Constituição Federal*" (**Rcl** 337/DF, Rel. Min. PAULO BROSSARD, Pleno). **MEDIDA CAUTELAR DEFERIDA**. DJe de 25.10.2013 **(Inform. STF 734)**

ADI e ato de efeito concreto
O Plenário não conheceu de pedido formulado em ação direta de inconstitucionalidade ajuizada contra a modificação do Decreto 6.161/2007 pelo Decreto 6.267/2007. O diploma questionado dispõe sobre a inclusão e exclusão, no Programa Nacional de Desestatização - PND, de empreendimentos de transmissão de energia elétrica integrantes da Rede Básica do Sistema Elétrico Interligado Nacional - SIN, e determina à Agência Nacional de Energia Elétrica - Aneel a promoção e o acompanhamento dos processos de licitação das respectivas concessões. Asseverou-se inexistir impugnação do pleito de declaração de inconstitucionalidade. Não haveria impugnação específica sobre os pontos em que a legislação adversada contrariaria a Constituição. Demais disso, assentou-se que se trataria de ato de efeito concreto e que o diploma regulamentaria lei.
ADI 4040/DF, rel. Min. Cármen Lúcia, 19.6.2013. (ADI-4040) (Inform. STF 711)

AG. REG. NA Rcl N. 14.185-SP
RELATOR: MIN. MARCO AURÉLIO
LEI – INCONSTITUCIONALIDADE VERSUS INTERPRETAÇÃO – VERBETE VINCULATE Nº 10 DA SÚMULA DO SUPREMO – INADEQUAÇÃO. Estando o pronunciamento judicial baseado em simples interpretação de norma legal, descabe cogitar de enfrentamento de conflito desta com o texto constitucional e, assim, da adequação do Verbete Vinculante nº 10 da Súmula do Supremo. **(Inform. STF 710)**

ADI ajuizada por governador e legitimidade

A O Plenário, por maioria, negou provimento a agravo regimental interposto de decisão proferida pelo Min. Dias Toffoli, relator, em sede de ação direta de inconstitucionalidade ajuizada pelo Governador do Estado de Alagoas. Nesta decisão, o Relator não conhecera de anterior agravo interno, haja vista que a peça não teria sido subscrita pelo procurador-geral, mas por um dos procuradores do estado-membro. Anotou-se que, nessa hipótese, faleceria legitimidade recursal ao ente federado. Vencidos os Ministros Marco Aurélio e Luiz Fux, que reconheciam a legitimidade. O Min. Marco Aurélio registrava que a referida peça teria como escopo defender interesse do autor. Considerava que a qualidade do procurador, se geral ou não, estaria restrita ao âmbito administrativo da procuradoria-geral do estado. O Min. Luiz Fux acrescia ser evidente que a pessoa interessada no agravo e conhecedora de seu conteúdo seria o governador, de modo que não seria necessário exigir a formalidade da subscrição do recurso pelo procurador-geral do estado. **ADI 1663 AgR/AL, rel. Min. Dias Toffoli, 24.4.2013. (ADI-1663) (Inform. STF 703)**

DIREITO CONSTITUCIONAL E PROCESSUAL CIVIL. NÃO CONFIGURAÇÃO DE OFENSA AO PRINCÍPIO DA RESERVA DE PLENÁRIO. É válida a decisão de órgão fracionário de tribunal que reconhece, com fundamento na CF e em lei federal, a nulidade de ato administrativo fundado em lei estadual, ainda que esse órgão julgador tenha feito menção, mas apenas como reforço de argumentação, à inconstitucionalidade da lei estadual. Nessas circunstâncias, não ocorre ofensa à cláusula da reserva de plenário. **AgRg no REsp 1.435.347-RJ, Rel. Min. Mauro Campbell Marques, julgado em 19/8/2014. (Inform. STJ 546)**

▧ Súmula vinculante STF nº 10

Viola a cláusula de reserva de plenário (CF, artigo 97) a decisão de órgão fracionário de tribunal que, embora não declare expressamente a inconstitucionalidade de lei ou ato normativo do poder público, afasta sua incidência, no todo ou em parte.

▧ Súmula STF nº 729

A decisão na ADC-4 não se aplica à antecipação de tutela em causa de Natureza previdenciária.

▧ Súmula STF nº 649

É inconstitucional a criação, por constituição estadual, de órgão de controle administrativo do Poder Judiciário do qual participem representantes de outros poderes ou entidades.

▧ Súmula STF nº 642

Não cabe ação direta de inconstitucionalidade de lei do distrito federal derivada da sua competência legislativa municipal.

11. MINISTÉRIO PÚBLICO

Procedimento de controle administrativo e notificação pessoal

Reveste-se de nulidade a decisão do Conselho Nacional do Ministério Público - CNMP que, em procedimento de controle administrativo (PCA) notifica o interessado por meio de edital publicado no Diário Oficial da União para restituir valores aos cofres públicos. Com base nessa orientação, a Segunda Turma concedeu a ordem em mandado de segurança impetrado por servidor para determinar a anulação do PCA a partir do momento em que deveria ter sido notificado pessoalmente, sem prejuízo da renovação dos procedimentos voltados à apuração das irregularidades a ele associadas nesse processo administrativo. Na espécie, no PCA considerara-se indevido o pagamento de gratificação de adicional de tempo de serviço sobre férias e licença-prêmio não gozadas, por caracterizar tempo de serviço ficto, além de não existir previsão legal. A Turma aduziu que referida comunicação fora feita com fundamento no art. 105 do Regimento Interno do Ministério Público ("O Relator determinará a oitiva da autoridade que praticou o ato impugnado e, por edital, dos eventuais beneficiários de seus efeitos, no prazo de quinze dias"), de conteúdo semelhante a uma disposição normativa que existia no CNJ e que o STF declarara inconstitucional. Os Ministros Dias Toffoli e Cármen Lúcia ressaltaram que decisões do CNJ contra determinações de caráter normativo geral não implicariam a necessidade de intimação pessoal de todos os atingidos, como no caso dos concursos públicos. **MS 26419/DF, rel. Min. Teori Zavascki, 27.10.2015. (MS-26419) (Inform. STF 805)**

Controle de constitucionalidade e órgão administrativo - 2

O direito subjetivo do exercente da função de Promotor de Justiça de permanecer na comarca elevada de entrância não pode ser analisado sob o prisma da constitucionalidade da lei local que previu a ascensão, máxime se a questão restou judicializada no STF. Com base nessa orientação, a Primeira Turma concedeu a ordem em mandado de segurança impetrado por procurador-geral de justiça contra decisão do Conselho Nacional do Ministério Público – CNMP, que declarara a inconstitucionalidade de norma local e glosara a pretensão do impetrante de permanecer na comarca que fora elevada de entrância — v. Informativo 745. A Turma asseverou que o CNMP não ostentaria competência para efetuar controle de constitucionalidade de lei, haja vista se tratar de órgão de natureza administrativa, cuja atribuição se circunscreveria ao controle da legitimidade dos atos administrativos praticados por membros ou órgãos do Ministério Público federal e estadual (CF, art. 130-A, § 2º). Assim, o CNMP, ao declarar a inconstitucionalidade do art. 141, "in fine", da Lei Orgânica do Ministério Público de Santa Catarina ("O membro do Ministério Público terá garantida a sua permanência na comarca cuja entrância for elevada e, quando promovido, nela será efetivado, desde que formalize a opção no prazo de cinco dias") teria exorbitado de suas funções, que se limitariam ao controle de legitimidade dos atos administrativos praticados por membros do "parquet". **MS 27744/DF, rel. Min. Luiz Fux, 14.4.2015. (MS-27744)**

Controle de constitucionalidade e órgão administrativo - 3

O Ministro Roberto Barroso acompanhou o Ministro Luiz Fux (relator) para conceder a ordem, porém, com fundamentação diversa. Aduziu que não houvera, na espécie, controle abstrato de constitucionalidade. A declaração de inconstitucionalidade da parte final do art. 141 da LC estadual 197/2000 fora feita "incidenter tantum" e desconstituíra, de forma específica, determinadas "promoções virtuais". Assinalou que o acórdão atacado não alcançara promoções pretéritas ou futuras, mas apenas aquelas havidas à época do Processo de Controle Administrativo - PCA, por não terem as respectivas promotorias de justiça sido ofertadas aos demais membros do Ministério Público estadual. Dessa forma, o controle teria se realizado no caso concreto. Defendeu que quem tem a incumbência de aplicar a norma a uma situação concreta não poderia ser compelido a deixar de aplicar a Constituição e aplicar a norma que com ela considerasse incompatível. Concluiu ser razoável que os membros do Ministério Público, ao serem promovidos, pudessem permanecer nas promotorias que já ocupassem, sem que fossem obrigados a deixá-las apenas porque teriam sido pré-elevadas de entrância. Do contrário, além de acarretar gastos públicos com remoção e trânsito, a medida prejudicaria a continuidade da linha de atuação ministerial local e a manutenção das unidades familiares dos promotores. **MS 27744/DF, rel. Min. Luiz Fux, 14.4.2015. (MS-27744) (Inform. STF 781)**

Conflito de atribuições e Fundef - 3

O Plenário retomou julgamento de ação cível originária em que o Ministério Público Federal suscita conflito negativo de atribuição relativamente ao Ministério Público do Estado do Rio Grande do Norte para a investigação de supostas irregularidades concernentes à gestão de recursos oriundos do Fundo de Manutenção e Desenvolvimento do Ensino Fundamental e de Valorização do Magistério - Fundef — v. Informativos 604 e 699. Em voto-vista, o Ministro Joaquim Barbosa (Presidente), acompanhado pelos Ministros Roberto Barroso e Rosa Weber, não conheceu do conflito de atribuições. O Ministro Roberto Barroso assinalou que a competência do STF seria de direito estrito, e não poderia ser ampliada, sobretudo acerca de tema que deveria ser resolvido intrainstitucionalmente. Consignou não haver razão para o Poder Judiciário resolver conflito de atribuições no âmbito do Ministério Público. Ponderou que o órgão apto a dirimir a controvérsia seria o Conselho Nacional do Ministério Público, tendo em conta sua composição plural. Salientou, no ponto, o art. 130-A, § 2º, da CF. Destacou que esse conflito seria tipicamente administrativo e que, muito embora não conhecesse do feito, deveria ser apontada solução nesse sentido. Em seguida, pediu vista dos autos o Ministro Dias Toffoli. **ACO 1394/RN, rel. Min. Marco Aurélio, 1º.7.2014. (ACO-1394) (Inform. STF 752)**

Controle de constitucionalidade e órgão administrativo

A 1ª Turma iniciou julgamento de mandado de segurança em que se discute a possibilidade de o Conselho Nacional do Ministério Público - CNMP exercer controle de constitucionalidade. No caso, promotor de justiça requerera, com base em lei orgânica do Ministério Público estadual, permanência na

VADE MECUM DE JURISPRUDÊNCIA – STF/STJ

comarca que teria sido elevada de entrância. Em seguida, o CNMP declarara a inconstitucionalidade da norma local e glosara a pretensão do impetrante. O Ministro Luiz Fux (relator) concedeu a segurança para cassar o ato impugnado. Ressaltou que o direito subjetivo de promotor de justiça de permanecer na comarca elevada de entrância não poderia ser analisado sob o prisma da constitucionalidade da lei local, que previra a ascensão, máxime se a questão já estivesse judicializada no STF. Destacou que, por ser órgão de natureza administrativa cuja atribuição adstringir-se-ia ao controle de legitimidade dos atos administrativos praticados por membros ou órgãos do Ministério Público federal ou estadual (CF, art. 130, § 2º), o CNMP não ostentaria a competência para efetuar controle de constitucionalidade de lei. Afirmou que o CNMP, ao declarar a inconstitucionalidade do mencionado diploma normativo, exorbitara de suas funções. Em seguida, pediu vista o Ministro Roberto Barroso. **MS 27744/DF, rel. Min. Luiz Fux, 6.5.2014. (MS-27744) (Inform. STF 745)**

DIREITO CONSTITUCIONAL. PRERROGATIVA INSTITUCIONAL DO MP DE TOMAR ASSENTO À DIREITA DO MAGISTRADO.
É prerrogativa institucional dos membros do Ministério Público sentar-se à direita dos juízes singulares ou presidentes dos órgãos judiciários perante os quais oficiem, independentemente de estarem atuando como parte ou fiscal da lei. Com efeito, o Ministério Público é instituição permanente, essencial à função jurisdicional do Estado, incumbindo-lhe a defesa da ordem jurídica, do regime democrático e dos interesses sociais e individuais indisponíveis, conforme estabelece o art. 127 da CF. Dessa forma, em razão da sua relevância para o Estado Democrático de Direito, essa instituição possui prerrogativas e garantias para que possa exercer livremente suas atribuições. Ademais, não se pode falar em privilégio ou quebra da igualdade entre os litigantes, uma vez que a citada garantia é proveniente de lei (art. 41, XI, da Lei 8.625/1993 e art. 18, I, a, da LC 75/1993). **Precedentes citados: RMS 6.887-RO, Primeira Turma, DJ 15/12/1997; AgRg na MC 12.417-SP, Segunda Turma, DJ 20/6/2007; e RMS 19.981-RJ, Quinta Turma, DJ 3/9/2007. RMS 23.919-SP, Rel. Min. Mauro Campbell Marques, julgado em 5/9/2013. (Inform. STJ 529)**

AG. REG. NA Rcl N. 9.327-RJ
RELATOR: MIN. DIAS TOFFOLI
EMENTA: Agravo regimental na reclamação. Legitimidade ativa autônoma do Ministério Público estadual para propor reclamação perante a Suprema Corte. Precedente. Alegado descumprimento das Súmulas Vinculantes nºs 9 e 10/STF. Feito ajuizado em razão de ato judicial acobertado pelo trânsito em julgado. Não cabimento. Incidência da Súmula nº 734/STF. Precedentes. Regimental não provido.
1. É da jurisprudência contemporânea da Corte o entendimento de que o Ministério Púbico estadual detém legitimidade ativa autônoma para propor reclamação constitucional perante o Supremo Tribunal Federal (RCL nº 7.358/SP, Tribunal Pleno, Relatora a Ministra **Ellen Gracie**, DJe de 3/6/11).
2. Impropriedade do uso da reclamação em face da coisa julgada incidente sobre o ato reclamado, a teor do enunciado da Súmula nº 734/STF.
3. Agravo regimental a que se nega provimento. **(Inform. STF 713)**

MS N. 28.028-ES
RELATORA: MIN. CÁRMEN LÚCIA
EMENTA: MANDADO DE SEGURANÇA. CONSELHO NACIONAL DO MINISTÉRIO PÚBLICO. ANULAÇÃO DE ATO DO CONSELHO SUPERIOR DO MINISTÉRIO PÚBLICO DO ESTADO DO ESPÍRITO SANTO EM TERMO DE AJUSTAMENTO DE CONDUTA. ATIVIDADE-FIM DO MINISTÉRIO PÚBLICO ESTADUAL. INTERFERÊNCIA NA AUTONOMIA ADMINISTRATIVA E NA INDEPENDÊNCIA FUNCIONAL DO CONSELHO SUPERIOR DO MINISTÉRIO PÚBLICO NO ESPÍRITO SANTO – CSMP/ES. MANDADO DE SEGURANÇA CONCEDIDO. **(Inform. STF 709)**

📖 **Súmula STJ nº 470**
O Ministério Público não tem legitimidade para pleitear, em ação civil pública, a indenização decorrente do DPVAT em benefício do segurado.

📖 **Súmula STJ nº 226**
O Ministério Público tem legitimidade para recorrer na ação de acidente do trabalho, ainda que o segurado esteja assistido por advogado.

📖 **Súmula STJ nº 99**
O Ministério Público tem legitimidade para recorrer no processo em que oficiou como fiscal da lei, ainda que não haja recurso da parte.

12. ADVOCACIA E DEFENSORIA PÚBLICA

Art. 132 da CF e criação de cargos comissionados
O Plenário referendou medida liminar concedida monocraticamente com o fim de suspender os efeitos da alínea a do inciso I do art. 3º; dos artigos 16 e 19; e do Anexo IV, todos da Lei 8.186/2007, do Estado da Paraíba. Os dispositivos criam cargos em comissão, no âmbito do Estado-membro, de "Consultor Jurídico do Governo"; "Coordenador da Assessoria Jurídica"; e "Assistente Jurídico". O Colegiado reputou violado o art. 132 da CF, que confere aos Procuradores de Estado a representação exclusiva do Estado--membro em matéria de atuação judicial e de assessoramento jurídico, sempre mediante investidura fundada em prévia aprovação em concurso público. O aludido dispositivo constitucional teria por escopo conferir às procuradorias não apenas a representação judicial, como também o exame da legalidade interna dos atos estaduais, a consultoria e a assistência jurídica. O órgão deveria possuir ocupantes detentores das garantias constitucionais conducentes à independência funcional, para o bom exercício de seu mister, em ordem a que os atos não fossem praticados somente de acordo com a vontade do administrador, mas também conforme a lei. Assim, essa função não poderia ser exercida por servidores não efetivos, como no caso. Por fim, julgou prejudicados embargos declaratórios opostos pelo Governador. **ADI 4843 MC-Referendo/PB, rel. Min. Celso de Mello, 11.12.2014. (ADI-4843) (Inform. STF 771)**

ADI e Prerrogativas de Procuradores de Estado - 1
O Tribunal iniciou julgamento de ação direta de inconstitucionalidade proposta pelo Governador do Estado do Rio Grande do Norte contra o inciso I e os §§ 1º e 2º do art. 86, e os incisos V, VI, VIII e IX do art. 87, e o art. 88, todos da Lei Complementar 240/2002, do referido Estado-membro, que outorgam a garantia de vitaliciedade aos Procuradores do Estado, criam ação civil para decretação de perda de cargo destes, conferem-lhes privilégio quanto à prisão especial, forma de depoimento, prerrogativa de foro, bem como a eles autorizam o porte de arma independentemente de qualquer ato formal de licença ou autorização. Por unanimidade, o Tribunal declarou a inconstitucionalidade do inciso I e §§ 1º e 2º do art. 86, e dos incisos V, VI, VIII e IX do art. 87, da lei em questão. Entendeu-se que a garantia da vitaliciedade não se coaduna com a estrutura hierárquica a que se submetem as Procuradorias estaduais, diretamente subordinadas aos Governadores de Estado. Assim, em face da inconstitucionalidade da concessão de vitaliciedade, por arrastamento, declarou-se a inconstitucionalidade dos preceitos relativos às hipóteses de perda do cargo e de ação civil para decretação da perda do cargo. Quanto às questões concernentes à prisão cautelar e à forma de depoimento em inquérito ou processo, considerou-se que, com exceção do depoimento perante a autoridade policial - no qual há competência legislativa concorrente, por se tratar de procedimento em matéria processual -, os demais incisos usurpam a competência privativa da União para legislar sobre matéria processual (CF, art. 22, I). Julgou-se inconstitucional, da mesma forma, o preceito que trata da prerrogativa de foro, por afronta ao § 1º do art. 125 da CF, que estabelece que a competência dos tribunais será definida na Constituição do Estado--membro. Em relação ao art. 88, que autoriza o porte de arma, o Min. Eros Grau, relator, também julgou procedente o pedido, no que foi acompanhado pelo Min. Carlos Velloso, por entender que o dispositivo viola o art. 22, I, da CF, porquanto a isenção à regra que define a ilicitude penal só pode ser concedida por norma penal. Quanto a esse ponto, o julgamento foi suspenso em virtude do pedido de vista do Min. Gilmar Mendes.

ADI e prerrogativas de Procuradores de Estado - 2
Em conclusão, o Plenário julgou procedente pedido formulado em ação direta para declarar a inconstitucionalidade da expressão "com porte de arma, independente de qualquer ato formal de licença ou autorização", contida no art. 88 da Lei Complementar 240/2002, do Estado do Rio Grande do Norte. A norma impugnada dispõe sobre garantias e prerrogativas dos Procuradores do Estado. Na sessão de 16.11.2005, o Plenário assentou a inconstitucionalidade do inciso I e §§ 1º e 2º do art. 86, e dos incisos V, VI, VIII e IX do art. 87 da aludida lei — v. Informativo 409. Na presente assentada, concluiu-se o exame do pleito remanescente relativo ao art. 88, que autoriza o porte de arma aos integrantes daquela carreira.

5. DIREITO CONSTITUCIONAL 419

Asseverou-se que, se apenas à União fora atribuída competência privativa para legislar sobre matéria penal, somente ela poderia dispor sobre regra de isenção de porte de arma. Em acréscimo, o Min. Gilmar Mendes ressaltou que o registro, a posse e a comercialização de armas de fogo e munição estariam disciplinados no Estatuto do Desarmamento (Lei 10.826/2003). Esse diploma criara o Sistema Nacional de Armas - Sinarm e transferira à polícia federal diversas atribuições até então executadas pelos estados--membros, com o objetivo de centralizar a matéria em âmbito federal. Mencionou precedentes da Corte no sentido da constitucionalidade do Estatuto e da competência privativa da União para autorizar e fiscalizar a produção e o comércio de material bélico (CF, art. 21, VI). Aduziu que, não obstante a necessidade especial que algumas categorias profissionais teriam do porte funcional de arma, impenderia um diálogo em seara federal. **Precedentes citados: ADI 3112/DF (DJe 26.10.2007); ADI 2035 MC/RJ (DJU de 1º.8.2003); ADI 3258/RO (DJU de 9.9.2005). ADI 2729/RN, rel. orig. Min. Luiz Fux, red. p/ o acórdão Min. Gilmar Mendes, 19.6.2013. (ADI-2729) (Inform. STF 711)**

EMENTA: Defensoria Pública. Implantação. Omissão estatal que compromete e frustra direitos fundamentais de pessoas necessitadas. Situação constitucionalmente intolerável. O reconhecimento, em favor de populações carentes e desassistidas, postas à margem do sistema jurídico, do "direito a ter direitos" como pressuposto de acesso aos demais direitos, liberdades e garantias. Intervenção jurisdicional concretizadora de programa constitucional destinado a viabilizar o acesso dos necessitados à orientação jurídica integral e à assistência judiciária gratuitas (CF, art. 5º, inciso LXXIV, e art. 134). Legitimidade dessa atuação dos Juízes e Tribunais. O papel do Poder Judiciário na implementação de políticas públicas instituídas pela Constituição e não efetivadas pelo Poder Público. A fórmula da reserva do possível na perspectiva da teoria dos custos dos direitos: impossibilidade de sua invocação para legitimar o injusto inadimplemento de deveres estatais de prestação constitucionalmente impostos ao Estado. A teoria da "restrição das restrições" (ou da "limitação das limitações"). Controle jurisdicional de legitimidade sobre a omissão do Estado: atividade de fiscalização judicial que se justifica pela necessidade de observância de certos parâmetros constitucionais (proibição de retrocesso social, proteção ao mínimo existencial, vedação da proteção insuficiente e proibição de excesso). Doutrina. Precedentes. A função constitucional da Defensoria Pública e a essencialidade dessa instituição da República. Recurso extraordinário conhecido e provido. **AI 598.212/PR. RELATORES: Min. Celso De Mello (Inform. STF 711)**

13. DEFESA DO ESTADO E DAS INSTITUIÇÕES DEMOCRÁTICAS

ADI: órgão de segurança pública e repristinação - 1
O Plenário iniciou julgamento de ação direta ajuizada em face da EC 10/2001, que inseriu a Polícia Científica no rol dos órgãos de segurança pública previsto na Constituição do Estado do Paraná. Além disso, também se impugna o art. 50 da Constituição estadual ("A Polícia Científica, com estrutura própria, incumbida das perícias de criminalística e médico-legais, e de outras atividades técnicas congêneres, será dirigida por peritos de carreira da classe mais elevada, na forma da lei") em virtude da repristinação de sua redação primitiva, diante da declaração de inconstitucionalidade da EC 10/2001. O Ministro Dias Toffoli (relator) julgou parcialmente procedente o pedido formulado para declarar a inconstitucionalidade da EC 10/2001 — já mencionada no caso acima —, bem como para conferir interpretação conforme à expressão "polícia científica", constante da redação primitiva do art. 50 da Constituição do Estado do Paraná. O relator rememorou o entendimento firmado na ADI 2.827/RS (DJe de 6.4.2011) no sentido de que o rol de órgãos encarregados do exercício da segurança pública, previsto no art. 144, I a V, da CF, seria taxativo e de que esse modelo federal deveria ser observado pelos Estados-membros e pelo Distrito Federal. Frisou que nada impediria que a polícia científica, órgão responsável pelas perícias, continuasse a existir e a desempenhar suas funções, sem estar, necessariamente, vinculada à polícia civil, razão pela qual afastou a alegada inconstitucionalidade da redação originária do art. 50 da Constituição paranaense. Contudo, reputou necessário, com vistas a evitar confusão pelo uso do termo "polícia científica", conferir-lhe interpretação conforme, para afastar qualquer interpretação que lhe outorgasse o caráter de órgão de segurança pública.

ADI: órgão de segurança pública e repristinação - 2
Em divergência, o Ministro Roberto Barroso julgou integralmente procedente o pedido formulado. Inicialmente, acompanhou o relator na parte em que declarada a inconstitucionalidade da citada emenda. Entretanto, dissentiu, em parte, para não repristinar o art. 50 da Constituição paranaense. Considerou que esse artigo cairia por arrastamento, pelos mesmos fundamentos pelos quais julgada inconstitucional a aludida emenda, qual seja, a de instituir órgão — polícia técnica — fora da estrutura da polícia civil, o que seria materialmente incompatível com a Constituição. Sublinhou não ser possível criar uma polícia técnica fora da estrutura dos órgãos de segurança pública. Enfatizou que a polícia técnica deveria ter autonomia e não poderia estar subordinada ao delegado de polícia, mas sim à estrutura geral da polícia civil, a qual integraria, por mandamento constitucional. Ressaltou que sem a polícia técnica, a polícia civil não poderia cumprir as duas missões que a Constituição lhe atribuíra: polícia judiciária e a condução da investigação criminal. Em seguida, pediu vista o Ministro Teori Zavascki. **ADI 2575/PR, rel. Min. Dias Toffoli, 19.11.2014. (ADI-2575) (Inform. STF 768)**

14. TRIBUTAÇÃO E ORÇAMENTO

ADI: matéria orçamentária e competência legislativa
O Plenário julgou parcialmente procedente pedido formulado em ação direta para declarar a inconstitucionalidade do inciso I do art. 189 da Constituição do Estado de Rondônia, inserido pela EC estadual 17/1999, e confirmou, quanto a esse dispositivo, medida cautelar anteriormente deferida (noticiada no Informativo 195). A Corte afirmou que a norma impugnada, ao considerar como integrantes da receita aplicada na manutenção e desenvolvimento do ensino as despesas empenhadas, liquidadas e pagas no exercício financeiro, afrontaria o quanto disposto no art. 24, I, II, e § 1º, da CF ("Art. 24. Compete à União, aos Estados e ao Distrito Federal legislar concorrentemente sobre: I - direito tributário, financeiro, penitenciário, econômico e urbanístico; II - orçamento; ... § 1º - No âmbito da legislação concorrente, a competência da União limitar-se-á a estabelecer normas gerais"). O Ministro Roberto Barroso, ao acompanhar esse entendimento, acrescentou que o art. 212 da CF ("A União aplicará, anualmente, nunca menos de dezoito, e os Estados, o Distrito Federal e os Municípios vinte e cinco por cento, no mínimo, da receita resultante de impostos, compreendida a proveniente de transferências, na manutenção e desenvolvimento do ensino") estabeleceria a necessidade de efetiva liquidação das despesas nele versadas. Não bastaria, portanto, o simples empenho da despesa para que se considerasse cumprido o mandamento constitucional, prática adotada pelo Estado de Rondônia. **ADI 2124/RO, rel. Min. Gilmar Mendes, 19.11.2014. (ADI-2124) (Inform. STF 768)**

ADI e vinculação de receita
O Plenário, por maioria, julgou parcialmente procedente pedido formulado em ação direta para declarar a inconstitucionalidade dos artigos 309, § 1º, e 314, "caput", § 5º e da expressão "e garantirá um percentual mínimo de 10% (dez por cento) para a educação especial", contida na parte final do § 2º do art. 314, todos da Constituição do Estado do Rio de Janeiro. Além disso, o Colegiado declarou a inconstitucionalidade por arrastamento das expressões "à UERJ e", "306, § 1º (atual 309), e" e "e, na hipótese da UERJ, sobre a sua receita tributária líquida" do art. 1º da Lei fluminense 1.729/1990 e do art. 6º da Lei fluminense 2.081/1993, que regulamentam os referidos dispositivos da Constituição estadual. As citadas normas estabelecem vinculação de receita para a educação em geral e, especificamente, para a UERJ e a FAPERJ. O Tribunal ressaltou que a jurisprudência do STF seria pacífica no sentido da inconstitucionalidade das normas que estabelecessem vinculação de parcelas das receitas tributárias a órgãos, fundos ou despesas. Frisou que essas leis desrespeitariam a vedação contida no art. 167, IV, da CF, bem como restringiriam a competência constitucional do Poder Executivo para a elaboração das propostas de leis orçamentárias. Essa regra constitucional somente seria excepcionada nos casos expressamente previstos na parte final do inciso IV do art. 167 da CF, que ressalva "a destinação de recursos para as ações e serviços públicos de saúde, para manutenção e desenvolvimento do ensino e para realização de atividades da administração tributária, como determinado, respectivamente, pelos artigos 198, § 2º, 212 e 37, XXII, e a prestação de garantias às operações de crédito por antecipação de receita, previstas no art. 165, § 8º, bem como o disposto no § 4º deste artigo". Em relação ao art. 332 da Constituição fluminense, também impugnado, o Colegiado recordou que o STF já teria declarado a constitucionalidade de

norma de conteúdo semelhante prevista no art. 329 da Constituição estadual. Rememorou que a EC 32/2003 à Constituição estadual apenas alterara a sua redação sem modificar sua essência, além de deslocar essa norma para o art. 332 da Constituição estadual ["Art. 332. O Estado do Rio de Janeiro destinará, anualmente, à Fundação de Amparo à Pesquisa - FAPERJ, 2% (dois por cento) da receita tributária do exercício, deduzidas as transferências e vinculações constitucionais e legais"]. Concluiu que o art. 332 da Constituição fluminense estaria em harmonia com o art. 218, § 5º, da CF. Vencido, em parte, o Ministro Marco Aurélio, que julgava procedente o pedido para declarar também a inconstitucionalidade do art. 332, por afrontar a iniciativa do Chefe do Poder Executivo para propor lei orçamentária. **ADI 4102/RJ, rel. Min. Cármen Lúcia, 30.10.2014. (ADI-4102) (Inform. STF 765)**

Súmula vinculante STF 32

O ICMS não incide sobre alienação de salvados de sinistro pelas seguradoras.

Súmula vinculante STF 31

É inconstitucional a incidência do Imposto sobre Serviços de Qualquer Natureza – ISS sobre operações de locação de bens móveis.

Súmula vinculante STF 29

É constitucional a adoção, no cálculo do valor de taxa, de um ou mais elementos da base de cálculo própria de determinado imposto, desde que não haja integral identidade entre uma base e outra.

Súmula vinculante STF 28

É inconstitucional a exigência de depósito prévio como requisito de admissibilidade de ação judicial na qual se pretenda discutir a exigibilidade de crédito tributário.

Súmula vinculante STF 24

Não se tipifica crime material contra a ordem tributária, previsto no art. 1º, incisos I a IV, da Lei n. 8.137/90, antes do lançamento definitivo do tributo.

Súmula vinculante STF nº 19

A taxa cobrada exclusivamente em razão dos serviços públicos de coleta, remoção ou tratamento ou destinação de lixo ou resíduos provenientes de imóveis, não viola o artigo 145, II, da Constituição Federal.

Súmula vinculante STF nº 8

São inconstitucionais o parágrafo único do artigo 5º do Decreto-lei n. 1.569/1977 e os artigos 45 e 46 da Lei n. 8.212/1991, que tratam de prescrição e decadência de crédito tributário.

Súmula STF nº 70

É inadmissível a interdição de estabelecimento como meio coercitivo para cobrança de tributo.

Súmula STJ nº 468

A base de cálculo do PIS, até a edição da MP n. 1.212/1995, era o faturamento ocorrido no sexto mês anterior ao do fato gerador.

Súmula STJ nº 463

Incide imposto de renda sobre os valores percebidos a título de indenização por horas extraordinárias trabalhadas, ainda que decorrentes de acordo coletivo.

Súmula STJ nº 461

O contribuinte pode optar por receber, por meio de precatório ou por compensação, o indébito tributário certificado por sentença declaratória transitada em julgado.

Súmula STJ nº 460

É incabível o mandado de segurança para convalidar a compensação tributária realizada pelo contribuinte.

Súmula STJ nº 458

A contribuição previdenciária incide sobre a comissão paga ao corretor de seguros.

Súmula STJ nº 447

Os Estados e o Distrito Federal são partes legítimas na ação de restituição de imposto de renda retido na fonte proposta por seus servidores.

15. ORDEM SOCIAL

REPERCUSSÃO GERAL EM RE N. 858.075-RJ
RELATOR: MIN. MARCO AURÉLIO
ORÇAMENTO – APLICAÇÃO DE RECURSOS MÍNIMOS NA ÁREA DA SAÚDE – CONTROLE JUDICIAL – SEPARAÇÃO DE PODERES – ALCANCE DOS ARTIGOS 2º, 160, PARÁGRAFO ÚNICO, INCISO II, E 198, § 2º E § 3º, DO CORPO PERMANENTE E 77, INCISO III, § 3º E § 4º, DO ATO DAS DISPOSIÇÕES TRANSITÓRIAS DA CARTA DE 1988 – RECURSO EXTRAORDINÁRIO – REPERCUSSÃO GERAL CONFIGURADA. Possui repercussão geral a controvérsia alusiva à possibilidade de o Poder Judiciário impor aos municípios e à União a aplicação de recursos mínimos na área da saúde, antes da edição da lei complementar referida no artigo 198, § 3º, da Constituição Federal, considerados os preceitos dos artigos 2º, 160, parágrafo único, inciso II, e 198, § 2º e § 3º, do corpo permanente e 77, inciso III, § 3º e § 4º, do Ato das Disposições Transitórias da Carta de 1988. **(Inform. STF 790)**

Publicidade de bebidas alcoólicas e omissão legislativa - 1

O Plenário, por maioria, conheceu de ação direta de inconstitucionalidade por omissão, e, no mérito, julgou improcedente pedido formulado em face de alegada omissão legislativa parcial do Congresso Nacional, tendo em vista ausência de regulamentação acerca da propaganda de bebidas de teor alcoólico inferior a 13 graus Gay Lussac (13º GL), em desacordo com o comando constitucional previsto no art. 220, § 4º, da CF ("§ 4º - A propaganda comercial de tabaco, bebidas alcoólicas, agrotóxicos, medicamentos e terapias estará sujeita a restrições legais, nos termos do inciso II do parágrafo anterior, e conterá, sempre que necessário, advertência sobre os malefícios decorrentes de seu uso"). O Tribunal, de início, asseverou que estaria assentada na jurisprudência do STF, com fundamento na interpretação dos princípios da harmonia e independência entre os Poderes, a impossibilidade de, em sede jurisdicional, criar-se norma geral e abstrata em substituição ao legislador, reiterado o quanto decidido na ADI 1.755/DF (DJU de 18.5.2001). No entanto, no caso em comento, o primeiro item a ser considerado deveria ser a real existência da alegada omissão inconstitucional em matéria de propaganda de bebidas alcoólicas. O legislador federal, no exercício da atribuição a ele conferida pelo poder constituinte originário, aprovara a Lei 9.294/1996, que dispõe sobre as restrições ao uso e à propaganda de produtos fumígeros, bebidas alcoólicas, medicamentos, terapias e defensivos agrícolas, nos termos do § 4º do art. 220 da CF. Da análise do trâmite do projeto que dera origem à referida lei constatar-se-ia que a matéria teria sido amplamente debatida durante sete anos nas casas do Congresso Nacional. A elaboração da lei em análise teria sido, inclusive, seguida de: a) aprovação do Decreto 2.018/1996, que a regulamenta; b) instituição da Política Nacional sobre o Álcool — que dispõe sobre as medidas para redução do uso indevido de álcool e respectiva associação com a violência e criminalidade —, aprovada pelo Decreto 6.117/2007; e c) regulamentação e fiscalização implementadas pelo Conselho Nacional de Autorregulamentação Publicitária - Conar. Não se demonstraria, pois, omissão inconstitucional na espécie. **ADO 22/DF, rel. Min. Cármen Lúcia, 22.4.2015. (ADO-22)**

Publicidade de bebidas alcoólicas e omissão legislativa - 2

A Corte destacou que a análise dos dados constantes da norma vigente e mesmo do elemento histórico — o qual não seria o melhor critério de interpretação, mas fator demonstrativo da ação legislativa, a deitar por terra, no caso, a afirmativa de omissão do legislador —, comprovariam que a questão estaria afeita ao exercício de competência legítima e prioritária do Poder Legislativo. Ademais, a irressignância quanto ao critério fixado no parágrafo único do art. 1º da Lei 9.294/1996 — bebidas alcoólicas, para efeitos da lei, seriam as bebidas potáveis com teor alcoólico superior a 13º GL — não seria suficiente para evidenciar a alegada omissão inconstitucional, dado que, como dito, estaria demonstrado nos autos ter sido a matéria relativa à propaganda de bebidas alcoólicas objeto de amplos debates em ambas as Casas do Poder Legislativo. Ainda que se pudessem considerar relevantes as razões sociais motivadoras da ação direta em apreciação, o pedido não poderia prosperar. Isso porque, tão importante quanto a preservação da saúde daqueles que se excedem no uso de bebidas alcoólicas, e que poderiam consumi-las em níveis menores, seria a observância de princípios fundamentais do direito constitucional, como o da separação dos Poderes. Assim, para afirmar a omissão inconstitucional na espécie, o STF teria de analisar a conveniência política de normas legitimamente elaboradas pelos representantes eleitos pelo povo. Portanto, não se estaria diante de uma omissão, mas diante de uma

5. DIREITO CONSTITUCIONAL

opção, ou seja, o que teria havido seria uma opção do legislador na escolha das propagandas que seriam viáveis, ou não. Outrossim, a Lei 9.294/1996 não contraditaria a Lei 11.705/2008, pela qual instituída a chamada "Lei Seca", estabelecendo-se restrições ao uso de álcool por motoristas. No caso, estaria em discussão a questão da liberdade de expressão com relação à propaganda. Não se estaria a julgar teor alcoólico de bebida, e, sim, até que limite poderia ir sua publicidade. Vencido, em parte, o Ministro Marco Aurélio, que não conhecia da ação direta, dado que seu autor seria carecedor de ação.
ADO 22/DF, rel. Min. Cármen Lúcia, 22.4.2015. (ADO-22) (Inform. STF 782)

ED e demarcação da terra indígena Raposa Serra do Sol - 1
O Plenário, por maioria, proveu em parte embargos de declaração opostos de decisão proferida em sede de ação popular (Pet 3388/RR, DJe de 1º.7.2010), na qual julgara-se parcialmente procedente o pedido formulado para, observadas algumas condições, declarar a validade da Portaria 534, de 13.4.2005, do Ministro de Estado da Justiça, que demarcou a Terra Indígena Raposa Serra do Sol, e do Decreto Presidencial de 15.4.2005, que a homologou. Sustentava-se que o acórdão seria contraditório, na medida em que daria natureza mandamental a decisão declaratória proferida em sede de ação popular. Além disso, alegava-se que o Estado de Roraima não teria sido citado para integrar a lide como litisconsorte do autor, embora a competência da Corte para julgar a ação popular resultasse da existência de conflito federativo. Suscitavam-se, também, as seguintes questões: a) se pessoas miscigenadas poderiam permanecer na reserva; b) se pessoas que vivem maritalmente com índios poderiam permanecer na reserva; c) se autoridades religiosas de denominações não indígenas poderiam continuar a exercer suas atividades na reserva; d) se templos religiosos já construídos deveriam ser destruídos; e) se escolas públicas estatuais e municipais poderiam continuar em funcionamento; f) se, em caso positivo, poderiam continuar a lecionar conteúdo voltado à população não indígena; g) se a passagem de não índios pela única rodovia federal a ligar Boa Vista a Pacaraima, na fronteira com a Venezuela, teria sido negada ou assegurada, no todo ou em parte, ou se dependeria de autorização; h) se o mesmo ocorreria quanto à rodovia que liga Normandia a Pacaraima; i) a quem caberia autorizar a passagem por essas rodovias; j) qual seria a situação das ações individuais que questionam a boa-fé dos portadores de títulos de propriedade, se estariam automaticamente extintas ou se seriam julgadas individualmente; e k) como se procederia a posse das fazendas desocupadas.

ED e demarcação da terra indígena Raposa Serra do Sol - 2
No tocante à ausência de citação do Estado de Roraima, desproveram-se os embargos. Lembrou-se que, após encerrada a instrução, esse Estado-membro teria pleiteado ingresso como litisconsorte ativo, e o STF teria rejeitado o pedido, para admitir o ente federativo somente como assistente simples, a fim de ingressar no processo na situação em que se encontrava. Quanto à natureza da decisão proferida em ação popular, desproveu-se o recurso. Registrou-se que não seria mais aceito em caráter absoluto entendimento segundo o qual apenas sentenças condenatórias seriam suscetíveis de execução. Essa percepção teria sido reforçada após a alteração do CPC, que suprimira a referência a sentença condenatória proferida em processo civil. Sobreviera o art. 475-N, cujo inciso I identificaria como título executivo a sentença proferida no processo civil que reconhecesse a existência de obrigação de fazer, não fazer, entregar coisa ou pagar quantia. Assentou-se que esse dispositivo aplicar-se-ia à sentença que, ao julgar improcedente, parcial ou totalmente, o pedido de declaração de inexistência de relação jurídica obrigacional, reconhecesse a existência de obrigação do demandante para com o demandado. No caso, apontou-se que o STF teria declarado a validade da Portaria 534, de 13.4.2005, do Ministro de Estado da Justiça, que estabelecera a demarcação, bem como as condições em que seria implementada. Assim, o objeto executado na decisão da Corte seria o decreto presidencial que homologara essa portaria. Ademais, destacou-se que simples declaração judicial não teria o condão de fazer cessar, de forma imediata, toda e qualquer oposição indevida aos direitos reconhecidos no processo. Concluiu-se que o STF optara por dar execução própria a essa decisão, de modo a concretizar a portaria do Poder Executivo.

ED e demarcação da terra indígena Raposa Serra do Sol - 3
No que se refere às demais questões formuladas nos embargos, assinalou-se que pessoas miscigenadas, ou que vivessem maritalmente com índios, poderiam permanecer na área. Explicou-se que a CF/88 teria caráter

pluralista e inclusivo, de maneira que o critério adotado pelo acórdão do STF não seria genético, mas sociocultural. Desse modo, poderiam permanecer na área demarcada e valer-se de seu usufruto todos que integrassem as comunidades indígenas locais. Importaria, para esse fim, a comunhão com o modo de vida tradicional dos índios da região. Reputou-se que a indagação acerca da presença de autoridades religiosas ou de templos de denominações não indígenas não teria sido debatida no acórdão de forma específica, mas reforçou-se que o objetivo da Constituição seria resguardar, para os índios, um espaço exclusivo onde pudessem viver a própria cultura e religiosidade. Esse direito, entretanto, não exigiria a ausência de contato com pessoas de fora desse espaço, como os não indígenas. Ressalvou-se, por outro lado, que não seria legítima a presença de indivíduos que tivessem como propósito interferir sobre a religião dos índios. Sublinhou-se, ainda, que a Constituição não teria por objetivo impedir os índios de fazer suas próprias escolhas, como se devessem permanecer em isolamento incondicional. Concluiu-se que, nos termos do acórdão, seria aplicável à questão religiosa a mesma lógica aplicada quanto ao usufruto das riquezas do solo, que seria conciliável com a eventual presença de não índios, desde que tudo ocorresse sob a liderança institucional da União. Asseverou-se caber às comunidades indígenas o direito de decidir se, como, e em quais circunstâncias seria admissível a presença dos missionários e seus templos. Não se trataria de ouvir a opinião dos índios, mas de dar a ela o caráter definitivo que qualquer escolha existencial mereceria. No tocante às escolas públicas, explicitou-se que o acórdão teria sido expresso ao dizer que as entidades federadas deveriam continuar a prestar serviços públicos nas terras indígenas, desde que sob a liderança da União (CF, art. 22, XIV). Assim, seria necessária a presença de escolas públicas na área, desde que respeitadas as normas federais sobre a educação dos índios, inclusive quanto ao currículo escolar e o conteúdo programático. No que se refere à passagem de não índios pelas rodovias citadas, lembrou-se que o acórdão estabelecera esse direito de passagem, visto que os índios não exerceriam poder de polícia, sequer poderiam obstar a passagem de outros pelas vias públicas que cruzassem a área demarcada. Quanto às ações individuais que questionam a boa-fé dos portadores de títulos de propriedade, proveu-se o recurso para explicitar que ao STF não teriam sido submetidos outros processos a respeito de questões individuais relacionadas à área. Assentou-se que, uma vez transitada em julgado a sentença de mérito proferida em ação popular, nos termos do art. 18 da Lei 4.717/65 ("*Art. 18. A sentença terá eficácia de coisa julgada oponível 'erga omnes', exceto no caso de haver sido a ação julgada improcedente por deficiência de prova; neste caso, qualquer cidadão poderá intentar outra ação com idêntico fundamento, valendo-se de nova prova*"), todos os processos relacionados a essa terra indígena deveriam adotar as seguintes premissas: a) a validade da portaria do Ministério da Justiça e do decreto presidencial, observadas as condições estabelecidas no acórdão; e b) a caracterização da área como terra indígena, para os fins dos artigos 20, XI, e 231 da CF. Disso resultaria a inviabilidade de pretensões possessórias ou dominiais de particulares, salvo no tocante a benfeitorias derivadas da ocupação de boa-fé. Por fim, quanto à posse das fazendas desocupadas, desproveu-se o recurso. Frisou-se que o tema não teria sido objeto de decisão no acórdão, mas eventuais disputas do tipo deveriam ser resolvidas pelas comunidades interessadas, com a participação da Funai e da União, sem prejuízo da intervenção do Ministério Público e do Judiciário. Vencido, em parte, o Ministro Marco Aurélio, que, considerados os esclarecimentos prestados pelo Plenário quanto a essas questões, provia os embargos em maior extensão.

ED e demarcação da terra indígena Raposa Serra do Sol - 4
Em seguida, o Plenário, por maioria, proveu parcialmente embargos declaratórios nos quais impugnadas as condições incorporadas ao dispositivo do acórdão recorrido. Alegava-se que não caberia ao STF traçar parâmetros abstratos de conduta, que sequer teriam sido objeto de discussão na lide. Sustentava-se que condições definidas em caráter geral e abstrato só poderiam ser impostas, a partir de casos concretos, por meio de súmula vinculante, inviável na hipótese porque inexistiriam reiteradas decisões da Corte sobre o tema. A Corte afirmou que as citadas condições seriam pressupostos para o reconhecimento da demarcação válida. Dessa forma, se o fundamento para se reconhecer a validade da demarcação é o sistema constitucional, seria o caso de não apenas explicitar o resultado, mas também as diretrizes que confeririam substância ao usufruto indígena e o compatibilizariam com outros elementos protegidos pela Constituição. Ponderou-se que seria impossível

resolver o conflito fundiário apresentado sem enunciar os aspectos básicos do regime jurídico aplicável à área demarcada. Nesse sentido, as condições integrariam o objeto da decisão e fariam coisa julgada material. Portanto, a incidência das referidas diretrizes na reserva em comento não poderia ser objeto de questionamento em outros processos. Ressalvou-se, porém, que isso não significaria transformação da coisa julgada em ato normativo geral e abstrato, vinculante para outros processos que discutissem matéria similar. Assim, a decisão proferida na ação popular não vincularia juízes e tribunais quanto ao exame de outros processos relativos a terras indígenas diversas. Entretanto, uma vez pronunciado o entendimento da Corte sobre o tema, a partir da interpretação do sistema constitucional, seria natural que esse pronunciamento servisse de diretriz relevante para as autoridades estatais que viessem a enfrentar novamente as mesmas questões. Em suma, ainda que o acórdão embargado não tivesse efeitos vinculantes em sentido formal, ostentaria a força de decisão da mais alta Corte do País, do que decorreria elevado ônus argumentativo nos casos em que se cogitasse de superação das suas razões.

ED e demarcação da terra indígena Raposa Serra do Sol - 5
A parte recorrente sustentava, ainda, que o STF teria dado primazia incondicionada a interesses da União, bem como à tutela do meio ambiente, em detrimento dos direitos indígenas. No ponto, o Tribunal observou que o acórdão teria sido expresso a respeito da orientação adotada, sem que se pudesse vislumbrar primazia incondicionada em favor de alguém. Explicou-se que se aplicariam aos índios, como a quaisquer outros brasileiros nas suas terras, os regimes de proteção ambiental e de segurança nacional. O acórdão embargado teria definido como seriam conciliadas, em princípio, as pretensões antagônicas existentes. Sublinhou-se que essa seria tarefa ordinária do legislador, mas, na ausência de disposições claras sobre essas questões, coubera à Corte discorrer sobre o sentido das exigências constitucionais na matéria, à luz do caso concreto. Destacou-se que essa ponderação em abstrato, feita pelo STF, não impediria que outros julgadores chegassem a conclusões específicas diversas, que poderiam ser questionadas pelas vias próprias.

ED e demarcação da terra indígena Raposa Serra do Sol - 6
Alegava-se, também, que a utilização das terras indígenas pela União dependeria da prévia edição de lei complementar (CF, art. 231, § 6º). A respeito, o Tribunal asseverou que, de acordo com a interpretação conferida pelo acórdão, a reserva de lei complementar prevista nesse dispositivo não alcançaria toda e qualquer atuação da União nas terras indígenas. Em particular, o patrulhamento de fronteiras, a defesa nacional e a conservação ambiental nas áreas demarcadas não dependeriam da prévia promulgação da referida lei.

ED e demarcação da terra indígena Raposa Serra do Sol - 7
Indagava-se, ademais, como se realizaria a participação das comunidades indígenas nas deliberações que afetassem seus interesses e direitos. A respeito, a Corte afirmou que a consulta aos indígenas seria elemento central da Convenção 169 da OIT, que integraria o direito pátrio e teria sido considerada no acórdão. Entretanto, frisou-se que esse direito de participação não seria absoluto. Assim, certos interesses também protegidos pela Constituição poderiam excepcionar ou limitar, sob certas condições, o procedimento de consulta prévia. No caso, lembrou-se que a decisão destacara que o direito de prévia consulta deveria ceder diante de questões estratégicas relacionadas à defesa nacional. Via de regra, o planejamento das operações militares não envolveria a necessidade de prévia consulta, mas, em relação a outros temas, ainda que estrategicamente relevantes, caberia às autoridades, e eventualmente ao Judiciário, utilizar-se da referida Convenção para ponderar os interesses em jogo. Salientou-se que a relevância da consulta às comunidades indígenas não significaria que as decisões dependessem formalmente da aceitação dessas comunidades como requisito de validade. A mesma lógica se aplicaria em matéria ambiental, de modo que não haveria problema no fato de que as tradições e costumes indígenas fossem considerados como apenas mais um fator, a ser sopesado pela autoridade ambiental. Assim, a autoridade responsável pela administração das áreas de preservação não poderia decidir apenas com base nos interesses dos indígenas, e deveria levar em conta as exigências relacionadas à tutela do meio ambiente. Assinalou-se que, em qualquer caso, estaria garantido o acesso ao Judiciário para impugnar qualquer decisão da autoridade competente.

ED e demarcação da terra indígena Raposa Serra do Sol - 8
Questionava-se, ainda, a vedação à ampliação das áreas demarcadas, nos termos do que decidido pelo Plenário. Primeiramente, o Tribunal esclareceu que o instrumento da demarcação, previsto no art. 231 da CF, não poderia ser empregado, em sede de revisão administrativa, para ampliar a terra indígena já reconhecida, sob pena de insegurança jurídica quanto ao espaço adjacente. Isso não impediria, entretanto, que a área sujeita a uso pelos índios fosse aumentada por outras vias previstas no direito. Nesse sentido, os índios e suas comunidades poderiam adquirir imóveis na forma da lei. Além disso, a União poderia obter o domínio de outras áreas, por meio de compra e venda, doação ou desapropriação. Em segundo lugar, a Corte explicitou que o acórdão não proibiria toda e qualquer revisão do ato de demarcação. Permitir-se-ia o controle judicial, e a limitação prevista no ato decisório alcançaria apenas o exercício da autotutela administrativa. Portanto, não haveria espaço para nenhum tipo de revisão fundada na conveniência e oportunidade do administrador. Isso não ocorreria, porém, nos casos de vício no processo de demarcação. Impor-se-ia o dever à Administração de anular suas decisões quando ilícitas, observado o prazo decadencial de 5 anos. Nesses casos, a anulação deveria ser precedida de procedimento administrativo idôneo. Ademais, como a nulidade configuraria vício de origem, fatos ou interesses supervenientes à demarcação não poderiam ensejar a cassação administrativa do ato. Em terceiro lugar, o Tribunal explicitou que seria vedado à União rever os atos de demarcação da Terra Indígena Raposa Serra do Sol, ainda que no exercício de autotutela administrativa, considerado o fato de que sua correção formal e material teria sido atestada pela Corte. Vencidos os Ministros Marco Aurélio e Joaquim Barbosa, Presidente, que proviam os embargos quanto às condicionantes expostas na parte dispositiva do acórdão, visto que encerrariam normas abstratas autônomas. Aduziam não caber ao STF atuar de forma tão alargada, como legislador positivo, para introduzir regras que somente poderiam existir mediante atuação do Poder Legislativo.

ED e demarcação da terra indígena Raposa Serra do Sol - 9
Em seguida, o Plenário proveu parcialmente embargos de declaração nos quais, em face da condicionante do acórdão a estipular que o usufruto dos índios não compreenderia a garimpagem ou a faiscação, que dependeriam de permissão de lavra garimpeira, alegava-se que caberia apenas aos indígenas o aproveitamento de jazimento mineral localizado naquelas terras. A Corte rememorou que o acórdão embargado não discutira à exaustão o regime legal e regulamentar aplicável à espécie, mas apenas definira que o usufruto não conferiria aos índios o direito de explorar os recursos minerais sem autorização da União, nos termos de lei específica (CF, artigos 176, § 1º, e 231, § 3º). Diferenciou-se mineração, como atividade econômica, das formas tradicionais de extrativismo, praticadas imemorialmente, nas quais a coleta constituiria expressão cultural de determinadas comunidades indígenas. Assim, no primeiro caso, não haveria como afastarem-se as exigências constitucionais citadas. Ademais, indagava-se como se realizaria o pagamento de indenização quando a feitura de obras públicas, fora da terra indígena, prejudicasse o usufruto exclusivo dos índios sobre a área. Esclareceu-se que o ponto não integraria o objeto da ação e, por isso, não teria sido abordado na decisão embargada. Salientou-se que a configuração do dever de indenizar dependeria de pressupostos que deveriam ser examinados em cada caso concreto, à luz da legislação pertinente.

ED e demarcação da terra indígena Raposa Serra do Sol - 10
Seguindo no julgamento do recurso, o Plenário deliberou, em face de questão de ordem apresentada pelo Ministro Roberto Barroso, relator, que tão logo transitado em julgado o acórdão, cessaria a competência do STF em relação ao feito. Anotou-se que a execução do que decidido pela Corte estaria a transcorrer, na justiça federal local, normalmente, e que não haveria mais conflito federativo a sanar. Dessa forma, eventuais processos a envolver a área em questão deveriam ser julgados pelos órgãos locais competentes.
Pet 3388 ED - Primeiros a Sétimos/RR, rel. Min. Roberto Barroso, 23.10.2013. (Pet-3388) (Inform. STF 725)

🗐 Súmula vinculante STF nº 12

A cobrança de taxa de matrícula nas universidades públicas viola o disposto no art. 206, IV, da Constituição Federal.

🗐 Súmula STF nº 732

É constitucional a cobrança da contribuição do salário-educação, seja sob a Carta de 1969, seja sob a Constituição Federal de 1988, e no regime da Lei 9424/1996.

5. DIREITO CONSTITUCIONAL | 423

Súmula STF nº 729

A decisão na ADC-4 não se aplica à antecipação de tutela em causa de Natureza previdenciária.

Súmula STF nº 650

Os incisos I e XI do art. 20 da Constituição Federal não alcançam terras de aldeamentos extintos, ainda que ocupadas por indígenas em passado remoto.

Súmula STJ nº 469

Aplica-se o Código de Defesa do Consumidor aos contratos de plano de saúde.

Súmula STJ nº 467

Prescreve em cinco anos, contados do término do processo administrativo, a pretensão da Administração Pública de promover a execução da multa por infração ambiental.

Súmula STJ nº 416

É devida a pensão por morte aos dependentes do segurado que, apesar de ter perdido essa qualidade, preencheu os requisitos legais para a obtenção de aposentadoria até a data do seu óbito.

16. DISPOSIÇÕES CONSTITUCIONAIS GERAIS

AG. REG. EM MS N. 29.583-DF

RELATOR: MIN. TEORI ZAVASCKI
Ementa: CONSTITUCIONAL. SERVENTIA EXTRAJUDICIAL. PROVIMENTO SEM CONCURSO PÚBLICO. ILEGITIMIDADE. ART. 236, E PARÁGRAFOS, DA CONSTITUIÇÃO FEDERAL: NORMAS AUTOAPLICÁVEIS, COM EFEITOS IMEDIATOS, MESMO ANTES DA LEI 9.835/1994. INAPLICABILIDADE DO PRAZO DECADENCIAL DO ART. 54 DA LEI 9.784/1999. PRECEDENTES DO PLENÁRIO. AGRAVO NÃO PROVIDO.
1. A jurisprudência do STF é no sentido de que o art. 236, *caput*, e o seu § 3º da CF/88 são normas autoaplicáveis, que incidiram imediatamente desde a sua vigência, produzindo efeitos, portanto, mesmo antes do advento da Lei 8.935/1994. Assim, a partir de 5/10/1988, o concurso público é pressuposto inafastável para a delegação de serventias extrajudiciais, inclusive em se tratando de remoção, observado, relativamente a essa última hipótese, o disposto no art. 16 da referida lei, com a redação que lhe deu a Lei 10.506/2002. As normas estaduais editadas anteriormente, que admitem o ingresso na atividade notarial e de registro independentemente de prévio concurso público, são incompatíveis com o art. 236, § 3º, da Constituição, razão pela qual não foram por essa recepcionadas.
2. É igualmente firme a jurisprudência do STF no sentido de que a atividade notarial e de registro, sujeita a regime jurídico de caráter privado, é essencialmente distinta da exercida por servidores públicos, cujos cargos não se confundem.
3. O Plenário do STF, em reiterados julgamentos, assentou o entendimento de que o prazo decadencial de 5 (cinco) anos, de que trata o art. 54 da Lei 9.784/1999, não se aplica à revisão de atos de delegação de serventias extrajudiciais editados após a Constituição de 1988, sem o atendimento das exigências prescritas no seu art. 236.
4. É legítima, portanto, a decisão da autoridade impetrada que considerou irregular o provimento de serventia extrajudicial, sem concurso público, com ofensa ao art. 236, § 3º, da Constituição. Jurisprudência reafirmada no julgamento do MS 28.440 AgR, de minha relatoria, na Sessão do Plenário de 19/6/2013.
5. Agravo regimental a que se nega provimento. **(Inform. STF 788)**

Provimento de serventias extrajudiciais e desistência de mandado de segurança
Não é cabível a desistência de mandado de segurança, nas hipóteses em que se discute a exigibilidade de concurso público para delegação de serventias extrajudiciais, quando na espécie já houver sido proferida decisão de mérito, objeto de sucessivos recursos. Com base nessa orientação, a Segunda Turma, em julgamento conjunto, resolveu questão de ordem suscitada pelo Ministro Teori Zavascki (relator) e deliberou não homologar pedidos de desistência formulados em mandados de segurança que impugnavam atos proferidos pelo CNJ, nos quais foram considerados irregulares os provimentos — decorrentes de permuta, e, portanto, sem concurso público — de serventias extrajudiciais, em ofensa ao art. 236, § 3º, da CF. A Turma destacou que a jurisprudência do STF seria pacífica quanto à necessidade de realização de concurso público para o provimento das serventias extrajudiciais. No caso em apreciação na questão de ordem — desistências formuladas em mandados de segurança quando em apreciação agravos regimentais a impugnar decisões proferidas em sede de embargos de declaração interpostos em face de decisões monocráticas de mérito sobre a referida matéria —, o STF estaria a apreciar ações originárias, sendo, portanto, a última instância sobre o caso. Essas desistências não se dariam simplesmente porque se estaria de acordo com os atos do CNJ. Tudo levaria a crer que teriam como finalidade secundária levar essa matéria em ação ordinária perante a justiça comum, perpetuando a controvérsia. No mérito, superada a questão quanto à continuidade de apreciação dos mandados de segurança, a Turma negou provimento a agravos regimentais neles interpostos, reiterado o quanto decidido no MS 28.440 ED-AgR (DJe de 7.2.2014) e no MS 30.180 AgR (DJe de 21.11.2014).
MS 29093 ED-ED-AgR/DF, rel. Min. Teori Zavascki, 14.4.2015. (MS-29093)
MS 29129 ED-ED-AgR/DF, rel. Min. Teori Zavascki, 14.4.2015. (MS-29129)
MS 29189 ED-ED-AgR/DF, rel. Min. Teori Zavascki, 14.4.2015. (MS-29189)
MS 29128 ED-ED-AgR/DF, rel. Min. Teori Zavascki, 14.4.2015. (MS-29128)
MS 29130 ED-ED-AgR/DF, rel. Min. Teori Zavascki, 14.4.2015. (MS-29130)
MS 29186 ED-ED-AgR/DF, rel. Min. Teori Zavascki, 14.4.2015. (MS-29186)
MS 29101 ED-ED-AgR/DF, rel. Min. Teori Zavascki, 14.4.2015. (MS-29101)
MS 29146 ED-ED-AgR/DF, rel. Min. Teori Zavascki, 14.4.2015. (MS-29146)
(Inform. STF 781)

Serventia extrajudicial: oitiva de titular efetivado e declaração de nulidade - 1
A 1ª Turma iniciou julgamento de recurso extraordinário em que se discute a declaração de nulidade de ato do Presidente do Tribunal de Justiça do Estado de Santa Catarina que efetivara, em 15.6.90, o recorrente na titularidade de cartório sem concurso público, consoante o art. 14 do ADCT da Constituição da mencionada unidade federativa. Na origem, trata-se de mandado de segurança impetrado contra o ato mediante o qual, em 12.2.98, Presidente daquela Corte afastara a aludida outorga da delegação, sem oitiva do interessado, tendo em conta inconstitucionalidade assentada, com eficácia retroativa, do citado artigo (ADI 363/SC, DJU de 3.5.96) e deferimento de medida cautelar, com efeitos *ex tunc*, na ADI 1573/SC (DJU de 5.9.97). Aduz o recorrente: a) a inobservância do devido processo legal; e b) a incompetência da autoridade para emanar a decisão hostilizada, que caberia ao Executivo. Além disso, aponta infringência à Constituição (art. 2º; incisos LIV e LV do art. 5º; cabeça e § 1º do art. 236).

Serventia extrajudicial: oitiva de titular efetivado e declaração de nulidade - 2
O Min. Marco Aurélio, relator, deu provimento ao recurso para conceder a segurança e declarar a nulidade do ato impugnado, com as consequências próprias. Ressaltou que o processo motivador da interposição deste feito mostrar-se-ia subjetivo, diversamente daqueloutro aludido nas contrarrazões e no parecer, que declarara a inconstitucionalidade do art. 14. Salientou que na ADI 363/SC, o pronunciamento do Supremo ganhara eficácia retroativa, irradiando-se, mas não a ponto de, por si mesmo, afastar do cenário jurídico situações em curso, situações constituídas. Aduziu que a titularidade fora suprimida sem que se tivesse aberto oportunidade, ao então detentor, de se manifestar, de exercer, procedente ou não, o direito de defesa. Reportou, então, ao que asseverado no RE 158543/RS (DJU de 6.10.95). Dessumiu inobservados o devido processo legal, com o desrespeito do contraditório, haja vista que possuiria situação jurídica aperfeiçoada por ato de Presidente da Corte estadual, fulminada sem a manifestação do interessado.

Serventia extrajudicial: oitiva de titular efetivado e declaração de nulidade - 3
Relativamente à alegação de incompetência para a prática do ato que implicara a declaração de vacância da serventia, asseverou que haveria de se levar em conta a autoria daquele que o antecedera. Ressaltou que a controvérsia teria solução considerada a origem do ato da outorga. Acresceu que o desfazimento deveria ser implementado pela mesma autoridade. Consignou, ainda, que não caberia potencializar a referência, no art. 236 da CF, à delegação do Poder Público, nem o veto ocorrido ao art. 2º da Lei 8.935/94, que dispunha competir .ao Poder Judiciário operar a delegação. A Min. Rosa Weber acompanhou o relator apenas quanto ao fundamento de que, no mínimo, deveria ter sido ouvido o recorrente, a assegurar-lhe o contraditório e a ampla defesa. Após, pediu vista o Min. Luiz Fux.

424 VADE MECUM DE JURISPRUDÊNCIA – STF/STJ

Serventia extrajudicial: oitiva de titular efetivado e declaração de nulidade - 4

A 1ª Turma retomou julgamento de recurso extraordinário em que se discute a declaração de nulidade de ato do Presidente do Tribunal de Justiça do Estado de Santa Catarina que efetivara, em 15.6.90, o recorrente na titularidade de cartório sem concurso público, consoante o art. 14 do ADCT da Constituição da mencionada unidade federativa. Na origem, trata-se de mandado de segurança impetrado contra o ato mediante o qual, em 12.2.98, Presidente daquela Corte afastara a aludida outorga da delegação, sem oitiva do interessado, tendo em conta inconstitucionalidade assentada, com eficácia retroativa, do citado artigo (ADI 363/SC, DJU de 3.5.96) e deferimento de medida cautelar, com efeitos ex tunc, na ADI 1573/SC (DJU de 5.9.97). Alega o recorrente: a) a inobservância do devido processo legal; e b) a incompetência da autoridade para emanar a decisão hostilizada, que caberia ao Executivo. Além disso, aponta infringência à Constituição (art. 2º; incisos LIV e LV do art. 5º; caput e § 1º do art. 236) — v. Informativo 668.

Serventia extrajudicial: oitiva de titular efetivado e declaração de nulidade - 5

O Min. Luiz Fux, em divergência aos Ministros Marco Aurélio, relator, e Rosa Weber, negou provimento ao recurso extraordinário, no que foi acompanhado pelo Min. Dias Toffoli. Consignou que o acórdão recorrido estaria de acordo com a diretriz jurisprudencial desta Corte. Aduziu que a *mens legislatoris* dos artigos 14, 15 e 39, § 2º, da Lei 8.935/94 (Lei dos Cartórios) apontaria que a autoridade competente para proceder à declaração de vacância seria a judicial, mais especificamente o Presidente do tribunal de justiça da respectiva unidade da Federação. Isto porque, ante a ausência de menção expressa e tendo o legislador ordinário federal condicionado a delegação para os exercícios das atividades notariais à prévia aprovação em concurso público de provas e títulos realizado pelo Poder Judiciário (arts. 14 e 15), supor-se-ia que a declaração de vacância dessa serventia incumbiria ao próprio Poder Judiciário. Ressaltou que o Supremo teria fixado entendimento segundo o qual a investidura para o exercício dos serviços notariais e de registro, após o advento da CF/88, dependeria de prévia habilitação em concurso público (CF, art. 37, II).

Serventia extrajudicial: oitiva de titular efetivado e declaração de nulidade - 6

Sublinhou que o art. 22, XXV, da CF, que atribuiria à União competência para legislar sobre registros públicos, c/c o art. 236 § 1º, da CF ("§ 1º Lei regulará as atividades, disciplinará a responsabilidade civil e criminal dos notários, dos oficiais de registro e de seus prepostos, e definirá a fiscalização de seus atos pelo Poder Judiciário"), que outorgaria à lei regulamentar as atividades dos notários e dos oficiais de registro, indicaria inexoravelmente que a competência para regular e disciplinar a autoridade competente para declarar a vacância de serventias extrajudiciais recairia sobre a União. Essa conclusão levaria ao afastamento, com declaração incidental de inconstitucionalidade formal, da Lei Complementar 183/99, do Estado de Santa Catarina, por usurpação de competência legislativa privativa da União para legislar sobre registros públicos. Por fim, reputou que, uma vez comprovado que o ato de habilitação teria ocorrido em desacordo com o aludido imperativo constitucional, não se cogitaria de instauração de processo administrativo àqueles que se encontrassem nessa situação. Seria, ademais, irrelevante o lapso temporal em que exercidas as atividades. Após, o julgamento foi suspenso para aguardar-se o voto de desempate.

RE 336739/SC, rel. Min. Marco Aurélio, 14.5.2013. (RE-336739) (Inform. STF 706)

17. ATO DAS DISPOSIÇÕES CONSTITUCIONAIS TRANSITÓRIAS

EMB. DECL. NO RE N. 368.090-PR

RELATOR: MIN. GILMAR MENDES

Embargos de declaração em recurso extraordinário. 2. Direito Constitucional. Anistia. Art. 8º do ADCT. Extensão. Promoções e indenizações pertinentes a carreiras de servidores públicos e empregados. Precedentes. 3. Confisco decorrente de sanção pela prática de enriquecimento ilícito. Pedido de restituição de bens confiscados. Impossibilidade. Inaplicabilidade do art. 8º do ADCT. 4. Ausência de contradição, obscuridade ou omissão da decisão recorrida. Tese que objetiva a concessão de efeitos infringentes aos embargos declaratórios. Mero inconformismo. Precedentes. Embargos protelatórios. Imposição de multa. 5. Embargos de declaração rejeitados. **(Inform. STF 703)**

18. OUTRAS MATÉRIAS E DECISÕES DE CONTEÚDOS VARIADOS

Lei 12.485/2011 e TV por assinatura - 1

O Plenário iniciou julgamento de ações diretas ajuizadas em face de diversos dispositivos da Lei 12.485/2011, que dispõe sobre a comunicação audiovisual de acesso condicionado. O Ministro Luiz Fux (relator) julgou procedente em parte o pedido formulado na ADI 4.679/DF para declarar a inconstitucionalidade apenas do art. 25 da Lei 12.485/2011, e improcedentes os pedidos formulados nas demais ações diretas. O relator asseverou que a norma adversada, ao instituir o novo marco regulatório da TV por assinatura no Brasil, teria almejado unificar a disciplina normativa aplicável ao setor, até então fragmentada em diplomas diferentes, a depender da tecnologia usada para a transmissão do sinal ao consumidor. Em linhas gerais, a lei em referência promoveria a uniformização regulatória do setor de TV por assinatura frente ao processo de convergência tecnológica; reduziria as barreiras à entrada no mercado; restringiria a verticalização da cadeia produtiva; proibiria a propriedade cruzada entre setores de telecomunicação e radiodifusão; e, por fim, instituiria cotas para produtoras e programadoras brasileiras. Na espécie, o desafio que se colocaria perante o STF seria o de conciliar os valores democrático-republicanos, especificamente a existência de efetivo controle judicial dos atos estatais e os riscos associados à intervenção judiciária sobre os marcos regulatórios desenhados pelo legislador. Relativamente à alegada inconstitucionalidade formal dos artigos 9º, parágrafo único, 10, 12, 13, 15, 19, §3º, 21, 22, 25, § 1º e 42, todos da Lei 12.485/2011, em razão de suposta violação à iniciativa legislativa privativa do Chefe do Poder Executivo, destacou que a iniciativa normativa verificada quando da edição da lei em questão estaria amparada, em primeiro lugar, na competência da União para legislar sobre telecomunicações (CF, art. 22, IV), e, em segundo lugar, na autoridade do Congresso Nacional para dar concretude a diversos dispositivos do Capítulo V ("Comunicação Social") do Título VIII ("Da Ordem Social") da Constituição, no que teriam destaque, em especial, os princípios constitucionais incidentes sobre a produção e a programação das emissoras de rádio e televisão (CF, art. 221). Esse entendimento não implicaria ab-rogação hermenêutica da sistemática constitucional aplicável ao processo legislativo, notadamente no que respeitasse às matérias sujeitas a iniciativa reservada. A Constituição conteria diversas regras sobre o tema, sendo todas de observância compulsória e passíveis de exigibilidade judicial sempre que descumpridas. Contudo, não se poderia interpretar o art. 61, §1º, da CF sem maiores considerações sobre a dinâmica da separação de Poderes, sob pena de, em vez de harmônicos entre eles (CF, art. 2º), ter-se Poderes rivais uns dos outros. Por outro lado, os referidos dispositivos da lei impugnada não criariam novas atribuições para a Ancine. Na realidade, apenas promoveriam a adaptação das regras que estabelecem a competência da referida agência para regular e fiscalizar as atividades de comunicação audiovisual, contidas no art. 7º da Medida Provisória 2.228-1/2001, às hipóteses em que a prestação dessas atividades ocorresse por meio do serviço de acesso condicionado. Com efeito, a citada medida provisória, ao criar a Ancine, lhe teria atribuído, dentre outras missões, a de "fiscalizar o cumprimento da legislação referente à atividade cinematográfica e videofonográfica nacional e estrangeira nos diversos segmentos de mercados". Portanto, o que se estaria a promover seria exatamente o cumprimento das atribuições da Ancine, sem a criação de nenhum órgão ou ministério (CF, art. 61), que conduzisse à inconstitucionalidade formal dos dispositivos.

ADI 4747/DF, rel. Min. Luiz Fux, 25.6.2015. (ADI-4747)
ADI 4756/DF, rel. Min. Luiz Fux, 25.6.2015. (ADI-4756)
ADI 4923/DF rel. Min. Luiz Fux, 25.6.2015. (ADI-4923)
ADI 4679/DF, rel. Min. Luiz Fux, 25.6.2015. (ADI-4679)

Lei 12.485/2011 e TV por assinatura - 2

O relator destacou que, em relação à impugnação aos artigos art. 5º, "caput" e §1º, e 6º, I e II, da Lei 12.485/2011 — dispositivos que estabelecem restrições à propriedade cruzada entre os setores de telecomunicações e de radiodifusão, bem como segmentam a cadeia de valor do audiovisual, separando as atividades de produção de conteúdo e de transmissão do produto ao consumidor final —, não haveria que se falar em inconstitucionalidade. As

diretrizes constitucionais antitruste (CF, artigos 173, § 4º, e 220, § 5º), voltadas a coibir o abuso do poder econômico, e a evitar concentração excessiva dos mercados, permitiriam combater a ineficiência econômica e a injustiça comutativa tendentes a florescer em regimes de monopólio e oligopólio. No setor audiovisual prestar-se-ia também a promover a diversificação do conteúdo produzido, impedindo que o mercado se fechasse e asfixiasse a produção de novas manifestações. Nessa senda, as normas impugnadas pretenderiam, de forma imediata, concretizar os comandos constitucionais inscritos nos referidos dispositivos constitucionais, com o objetivo de realizarem de forma mediata a dimensão objetiva do direito fundamental à liberdade de expressão e de informação, no que teria destaque o papel promocional do Estado no combate à concentração do poder comunicativo. Relativamente à alegada inconstitucionalidade dos artigos 9º, parágrafo único, 21 e 22 da Lei 12.485/2011, que teriam estendido os poderes normativos conferidos à Ancine, ressaltou serem legítimos os dispositivos. A moderna concepção do princípio da legalidade, em sua acepção principiológica, ou formal-axiológica, chancelaria a atribuição de poderes normativos ao Poder Executivo, desde que pautada por princípios inteligíveis, capazes de permitir o controle legislativo e judicial sobre os atos da Administração. Na espécie, as normas impugnadas, apesar de conferirem autoridade normativa à Ancine, estariam acompanhadas por parâmetros aptos a conformar a conduta de todas as autoridades do Estado envolvidas na disciplina do setor audiovisual, o que impediria que qualquer delas se transformasse em órgão titular de um pretenso poder regulatório absoluto. No que toca à restrição à participação de estrangeiros nas atividades de programação e empacotamento de conteúdo audiovisual de acesso condicionado verificada no art. 10, "caput" e §1º, asseverou que a CF/1988 não teria estabelecido qualquer regra jurídica que interditasse a distinção entre brasileiro e estrangeiro, ao contrário do que aconteceria com a situação do brasileiro nato e do naturalizado. Para esses, haveria explícita reserva constitucional acerca das hipóteses de tratamento diferenciado, na forma do art. 12, § 2º, da CF. Mas seria juridicamente possível ao legislador ordinário fixar regimes distintos — respeitado o princípio geral da igualdade — revelando fundamento constitucional suficiente para a diferenciação, bem como demonstrando a pertinência entre o tratamento diferenciado e a causa jurídica distintiva. No caso em comento, o art. 10º, "caput" e § 1º, da lei referida, ao restringir a gestão, a responsabilidade editorial e as atividades de seleção e de direção — inerentes à programação e ao empacotamento —, a brasileiros natos e naturalizados há mais de dez anos, teria representado típica intervenção legislativa evolutiva do comando constitucional encartado no art. 222, § 2º, da CF. Isso seria condizente com os vetores axiológicos que informariam, em âmbito constitucional, a atividade de comunicação de massa, entre os quais a preservação da soberania e identidades nacionais, o pluralismo informativo e a igualdade entre os prestadores de serviço, a despeito da tecnologia utilizada na atividade.
ADI 4747/DF, rel. Min. Luiz Fux, 25.6.2015. (ADI-4747)
ADI 4756/DF, rel. Min. Luiz Fux, 25.6.2015. (ADI-4756)
ADI 4923/DF rel. Min. Luiz Fux, 25.6.2015. (ADI-4923)
ADI 4679/DF, rel. Min. Luiz Fux, 25.6.2015. (ADI-4679)

Lei 12.485/2011 e TV por assinatura - 3
O Ministro Luiz Fux asseverou que descaberia falar, ademais, em inconstitucionalidade dos artigos 12, 13, 31, "caput", §§ 1º e 2º, da lei sob análise, que estabelecem: a) a exigência de prévio credenciamento junto à Ancine para exercício das atividades de programação e empacotamento, b) o dever de prestação de informações solicitadas pela agência para fins de fiscalização do cumprimento das obrigações de programação, empacotamento e publicidade; e c) a vedação à distribuição de conteúdo empacotado por empresa não credenciada pela Ancine. Em realidade, tratar-se-ia de exercício típico do poder de polícia preventivo do Estado, ou mesmo do chamado direito administrativo ordenador. O poder de polícia administrativa manifestar-se-ia tanto preventiva quanto repressivamente, traduzindo-se ora no consentimento prévio para o exercício regular de certas liberdades, ora na sanção aplicada ao particular em razão do descumprimento de regras materiais aplicáveis à atividade regulada. Em qualquer caso, a ingerência estatal, fiscalizatória e punitiva, seria garantia da efetividade da disciplina jurídica aplicável. No caso sob exame, os artigos 12 e 13 da Lei 12.485/2011 simplesmente fixariam deveres instrumentais de colaboração das empresas para fins de permitir a atividade fiscalizatória da Ancine quanto ao cumprimento das novas obrigações materiais a que estariam sujeitos todos os agentes do mercado audiovisual. Já o art. 31, "caput", §§ 1º e 2º, da mesma lei, consubstanciaria engenhosa estratégia do legislador para conduzir as empacotadoras ao credenciamento exigido pela nova disciplina normativa, bem como induzir

o cumprimento das respectivas cotas de conteúdo nacional. No que diz com a fixação de cotas de conteúdo nacional, nos moldes em que estabelecida nos artigos 16, 17, 18, 19, 20 e 23 — dispositivos também impugnados nas ações diretas em apreciação —, a questão perante o STF seria saber se o legislador teria agido com excesso, impondo restrições arbitrárias ou desproporcionais aos direitos do cidadão. Nesse passo, constatar-se-ia que a legitimidade constitucional de toda intervenção do Estado sobre a esfera jurídica do particular estaria condicionada à existência de uma finalidade lícita que a motivasse, bem como ao respeito ao postulado da proporcionalidade. As referidas normas, ao fixarem cotas de conteúdo nacional para canais e pacotes de TV por assinatura, promoveria a cultura brasileira e estimularia a produção independente, dando concretude ao art. 221 da CF e ao art. 6º da Convenção Internacional sobre a Proteção e Promoção da Diversidade das Expressões Culturais. Outrossim, também não haveria que se falar em inconstitucionalidade em relação ao art. 24 da Lei 12.485/2011, dispositivo que fixa limites máximos para a publicidade comercial na TV por assinatura. A citada norma encontrar-se-ia em harmonia com o dever constitucional de proteção do consumidor (CF, art. 170, V), haja vista o histórico quadro registrado pela Anatel de reclamação de assinantes quanto ao volume de publicidade na grade de programação dos canais pagos.
ADI 4747/DF, rel. Min. Luiz Fux, 25.6.2015. (ADI-4747)
ADI 4756/DF, rel. Min. Luiz Fux, 25.6.2015. (ADI-4756)
ADI 4923/DF rel. Min. Luiz Fux, 25.6.2015. (ADI-4923)
ADI 4679/DF, rel. Min. Luiz Fux, 25.6.2015. (ADI-4679)

Lei 12.485/2011 e TV por assinatura - 4
O relator afirmou, contudo, que, relativamente ao art. 25 da Lei 12.485/2011, o argumento de inconstitucionalidade mereceria acolhida, em virtude da violação ao princípio constitucional da isonomia (CF, art. 5º, "caput"), núcleo elementar de qualquer regime republicano e democrático. Esse princípio, enquanto regra de ônus argumentativo, exigiria que o tratamento diferenciado entre os indivíduos fosse acompanhado de causas jurídicas suficientes para amparar a discriminação, cujo exame de consistência, embora preservasse um pequeno espaço de discricionariedade legislativa, seria sempre passível de aferição judicial por força do princípio da inafastabilidade da jurisdição. O art. 25 da lei proíbe a oferta de canais que veiculem publicidade comercial direcionada ao público brasileiro contratada no exterior por agência de publicidade estrangeira, estabelecendo uma completa exclusividade em proveito das empresas brasileiras e não apenas preferência percentual, sem prazo para ter fim e despida de qualquer justificação que indicasse a vulnerabilidade das empresas brasileiras de publicidade, sendo, portanto, inconstitucional. Relativamente à impugnação ao art. 29 da Lei 12.485/2011, que estabelece a possibilidade de outorga do serviço de distribuição de acesso condicionado por autorização administrativa, sem necessidade de prévia licitação, não se verificaria qualquer inconstitucionalidade. O dever constitucional de licitar, previsto no art. 37, XXI, da CF, somente incidiria nas hipóteses em que o acesso de particulares a alguma situação jurídica de vantagem relacionada ao Poder Público não pudesse ser universalizada. Descaberia cogitar de certame licitatório quando a contratação pública não caracterizasse escolha da Administração e todo cidadão pudesse ter acesso ao bem pretendido. Ademais, no campo das telecomunicações, seria certo que Constituição admitiria a outorga de serviço mediante simples autorização, como previsto no art. 21, XI, da CF. O art. 29, ora em análise, viabilizaria que a atividade de distribuição de serviço de acesso condicionado fosse outorgado mediante autorização administrativa, sem necessidade de prévio procedimento licitatório. Isso se justificaria diante da nova e abrangente definição desse serviço de acesso condicionado previsto no art. 2º da lei sob debate, apta a abarcar todas as possíveis plataformas tecnológicas existentes, e não apenas cabos físicos e ondas de radiofrequência, bem como diante da qualificação privada recebida pela atividade no novo marco regulatório da comunicação audiovisual. Quanto à suposta inconstitucionalidade do artigo 32, §§ 2º, 13 e 14, da Lei 12.485/2011, ressaltou que impor a disponibilidade gratuita dos canais de TV aberta pelas distribuidoras e geradoras de programação de TV por assinatura não ofenderia a liberdade de iniciativa nem os direitos de propriedade intelectual, porquanto o serviço de radiodifusão seria hoje inteiramente disponibilizado aos usuários de forma gratuita. A lei do serviço de acesso condicionado apenas teria replicado, no âmbito desse serviço, a lógica vigente na televisão aberta.
ADI 4747/DF, rel. Min. Luiz Fux, 25.6.2015. (ADI-4747)
ADI 4756/DF, rel. Min. Luiz Fux, 25.6.2015. (ADI-4756)
ADI 4923/DF rel. Min. Luiz Fux, 25.6.2015. (ADI-4923)
ADI 4679/DF, rel. Min. Luiz Fux, 25.6.2015. (ADI-4679)

Lei 12.485/2011 e TV por assinatura - 5

O Ministro Luiz Fux ressaltou que, no tocante ao art. 36 da Lei 12.485/2011, que permite o cancelamento do registro de agente econômico perante a Ancine, por descumprimento de obrigações legais, do mesmo modo não haveria que se falar em inconstitucionalidade. De fato, a referida norma representaria a garantia de eficácia das normas jurídicas aplicáveis ao setor, sendo certo que haveria evidente contradição ao se impedir o início da atividade sem o registro, por não preenchimento originário das exigências legais, e, ao mesmo tempo, permitir a continuidade da sua exploração quando configurada a perda superveniente de regularidade. Desse modo, a possibilidade de cancelamento do registro seria análoga à possibilidade do indeferimento do credenciamento. Por fim, destacou que seria constitucionalmente válido o regime jurídico de transição, fixado no art. 37, §§ 1º, 5º, 6º, 7º e 11, da Lei 12.485/2011, que fixa regras sobre a renovação das outorgas após o fim do respectivo prazo original de vigência de normas pertinentes a alterações subjetivas sobre a figura do prestador de serviço. Não haveria direito definitivo à renovação automática da outorga, sendo, ademais, possível a margem de conformação do legislador para induzir os antigos prestadores a migrarem para o novo regime. Outrossim, o art. 37, §§ 1º e 5º, ao vedar o pagamento de indenização aos antigos prestadores dos serviços, em virtude das novas obrigações não previstas no ato de outorga original, não violaria qualquer previsão constitucional. Isso porque, em um cenário regulatório e contratual marcado pela liberdade de preços, descaberia cogitar de qualquer indenização pela criação de novas obrigações legais, desde que constitucionalmente válidas. É que eventuais aumentos de custos que pudessem surgir em razão dessa transição obrigatória deveriam ser administrados exclusivamente pelas próprias empresas, que poderiam, inclusive, repassá-los aos consumidores, bem como retê-los em definitivo. Seria, assim, impertinente a invocação, no âmbito privado, do equilíbrio econômico-financeiro dos contratos, regra essa que se aplicaria aos contratos administrativos. Em seguida, o julgamento foi suspenso.

ADI 4747/DF, rel. Min. Luiz Fux, 25.6.2015. (ADI-4747)
ADI 4756/DF, rel. Min. Luiz Fux, 25.6.2015. (ADI-4756)
ADI 4923/DF rel. Min. Luiz Fux, 25.6.2015. (ADI-4923)
ADI 4679/DF, rel. Min. Luiz Fux, 25.6.2015. (ADI-4679) (Inform. STF 791)

Lei 12.485/2011 e TV por assinatura - 6

O Plenário retomou julgamento de ações diretas de inconstitucionalidade ajuizadas em face de diversos dispositivos da Lei 12.485/2011, que dispõe sobre a comunicação audiovisual de acesso condicionado — v. Informativo 791. Na sessão de 25.6.2015, o Ministro Luiz Fux (relator) julgara procedente em parte o pedido formulado na ADI 4.679/DF para declarar a inconstitucionalidade apenas do art. 25 da lei impugnada ("Art. 25. Os programadores não poderão ofertar canais que contenham publicidade de serviços e produtos em língua portuguesa, legendada em português ou de qualquer forma direcionada ao público brasileiro, com veiculação contratada no exterior, senão por meio de agência de publicidade nacional. § 1º A Ancine fiscalizará o disposto no 'caput' e oficiará à Anatel e à Secretaria da Receita Federal do Brasil em caso de seu descumprimento. § 2º A Anatel oficiará às distribuidoras sobre os canais de programação em desacordo com o disposto no § 1º, cabendo a elas a cessação da distribuição desses canais após o recebimento da comunicação"), e improcedentes os pedidos formulados nas demais ações diretas. Na presente assentada, o Ministro Edson Fachin divergiu parcialmente do voto preferido pelo relator e julgou totalmente improcedentes os pedidos formulados nas ações. Assim, reputou constitucional inclusive o referido art. 25 da Lei 12.485/2011, na perspectiva de se respeitar a espacialidade da liberdade de conformação normativa pelo Poder Legislativo, sobretudo na hipótese de refundação de um marco regulatório, o que se daria com a edição da lei em questão. O quadro fático-normativo permitiria reputar justificada a escolha legislativa, à luz da correção da conduta estatal, podendo-se observar uma preocupação do Poder Legislativo em relação à publicidade, tendo em conta o que consignado nos §§ 3º e 4º do art. 220 da CF, reiterado o quanto decidido na ADI 1.950/SP (DJU de 2.6.2006). Os Ministros Roberto Barroso, Teori Zavascki e Rosa Weber acompanharam o relator e também julgaram parcialmente procedente o pedido para declarar a inconstitucionalidade apenas do art. 25 da Lei 12.485/2011. Em seguida, pediu vista dos autos o Ministro Dias Toffoli.

ADI 4747/DF, rel. Min. Luiz Fux, 5.8.2015. (ADI-4747)
ADI 4756/DF, rel. Min. Luiz Fux, 5.8.2015. (ADI4756)
ADI 4923/DF, rel. Min. Luiz Fux, 5.8.2015. (ADI-4923)
ADI 4679/DF, rel. Min. Luiz Fux, 5.8.2015. (ADI4679) (Inform. STF 793)

Resolução 80/2009 do CNJ e extinção de serventia - 1

O Plenário iniciou julgamento de agravo regimental em mandado de segurança em que se requer a submissão do *writ* ao crivo do Colegiado. Na espécie, cuida-se de impetração contra ato do Corregedor do Conselho Nacional de Justiça - CNJ, que negara seguimento a recurso administrativo. Este, por sua vez, fora deduzido em face de decisão do CNJ que mantivera na relação de serventias declaradas vagas (Resolução 80/2009 do CNJ) — a fim de ser submetida a concurso público para outorga de delegação — aquela para a qual o ora impetrante fora removido, por permuta, mediante decreto judiciário (Decreto Judiciário 665/92 do TJ/PR). O impetrante pleiteia a declaração de insubsistência do ato tido como coator ou, na hipótese de não ser acatado este pedido, que ele seja colocado à disposição, recebendo vencimentos proporcionais aos valores que aufere na serventia até que futuramente lhe seja concedida outra (CF, art. 41, § 3º). Alega, ainda, que teria ingressado na atividade notarial e de registro mediante aprovação em concurso público, conforme o Decreto Judiciário 372/92 do TJ/PR. Além disso, afirma que não poderia retornar para a serventia de origem, uma vez que esta teria sido extinta.

Resolução 80/2009 do CNJ e extinção de serventia - 2

O Ministro Dias Toffoli, relator, negou provimento ao agravo regimental. Assinalou que o recorrente não prestara certame para a atual serventia. Aludiu à jurisprudência do STF no sentido de que, a partir de 5.10.88, o concurso público seria pressuposto infestável para a delegação de serventias extrajudiciais, inclusive em se tratando de remoção (CF, art. 236, § 3º). Além disso, estaria sedimentado no Supremo que a atividade notarial e de registro sujeitar-se-ia a regime jurídico de caráter privado. Em divergência, os Ministros Marco Aurélio e Roberto Barroso deram provimento ao agravo regimental para que o mandado de segurança tivesse sequência e fosse submetido ao Colegiado. O primeiro salientou que se deveria viabilizar o exame do mandado de segurança, já aparelhado com parecer da Procuradoria-Geral da República. O segundo enfatizou ser necessário avaliar se a situação dos autos distinguir-se-ia da regra geral. Após, pediu vista o Ministro Joaquim Barbosa, Presidente. **MS 29286 AgR/DF, rel. Min. Dias Toffoli, 17.10.2013. (MS-29286) (Inform. STF 724)**

📖 Súmula STJ nº 410

A prévia intimação pessoal do devedor constitui condição necessária para a cobrança de multa pelo descumprimento de obrigação de fazer ou não fazer.

📖 Súmula STJ nº 193

O direito de uso de linha telefônica pode ser adquirido por usucapião.

6. DIREITO ADMINISTRATIVO

1. PRINCÍPIOS ADMINISTRATIVOS

AG. REG. NO ARE N. 880.159-SC
RELATOR: MIN. DIAS TOFFOLI
EMENTA: Agravo regimental no recurso extraordinário com agravo. Administrativo. Princípio da legalidade. Ofensa reflexa. Servidor público. Gratificação. Direito à percepção. Fatos e provas. Reexame. Impossibilidade. Valores recebidos de boa-fé. Restituição. Discussão. Ausência de repercussão geral. Precedentes.

1. A afronta aos princípios da legalidade, do devido processo legal, da ampla defesa, do contraditório, dos limites da coisa julgada ou da prestação jurisdicional, quando depende, para ser reconhecida como tal, da análise de normas infraconstitucionais, configura apenas ofensa indireta ou reflexa à Constituição Federal.

2. Não se presta o recurso extraordinário para o exame do conjunto fático-probatório da causa. Incidência da Súmula nº 279/STF.

3. O Supremo Tribunal Federal no exame do AI nº 841.473/RS, Relator o Ministro **Cezar Peluso**, assentou a ausência de repercussão geral do tema relativo à "restituição de valores pagos indevidamente pela Administração Pública à beneficiário de boa-fé" em razão da inexistência de questão constitucional a ser examinada.

4. Agravo regimental não provido. **(Inform. STF 797)**

Incorporação de quintos e princípio da legalidade - 1

Ofende o princípio da legalidade a decisão que concede a incorporação de quintos pelo exercício de função comissionada no período entre 8.4.1998 — edição da Lei 9.624/1998 — até 4.9.2001 — edição da Medida Provisória 2.225-45/2001 —, ante a carência de fundamento legal. Essa a conclusão do Plenário que, por maioria, deu provimento a recurso extraordinário em que discutida possibilidade da incorporação de quintos decorrente do exercício de funções comissionadas e/ou gratificadas no período. Preliminarmente, o Colegiado, por decisão majoritária, conheceu do recurso. Assentou que haveria jurisprudência da Corte no sentido de ser inadmissível o recurso extraordinário interposto contra decisão do STJ que, em recurso especial, se fundamentasse em matéria constitucional já apreciada e decidida na instância inferior e não impugnada diretamente no STF mediante recurso extraordinário. Assim, não interposto o recurso extraordinário contra a decisão de segunda instância dotada de duplo fundamento — legal e constitucional — ficaria preclusa a oportunidade processual de se questionar a matéria constitucional. Novo recurso extraordinário somente seria admissível para suscitar a questão constitucional surgida originariamente no recurso especial pelo STJ. Porém, o caso seria peculiar. O tema, por suscitar a interpretação da legislação aplicável à matéria, costumaria ser tratado como de índole estritamente infraconstitucional. No entanto, essa forma de abordar a matéria representaria apenas um dos enfoques possíveis quanto à legalidade. Nada impediria que a controvérsia debatida nas instâncias inferiores, inclusive no STJ, fosse abordada por outra perspectiva no STF, porque a causa de pedir em recurso extraordinário seria aberta. A mesma questão debatida, devidamente prequestionada, poderia ser apreciada no Supremo, o qual poderia enfrentar o tema sob o enfoque constitucional. Nessa hipótese, seria cabível o recurso extraordinário, tendo em vista que, apreciada a questão novamente pelo STJ, apenas restaria a via recursal extraordinária para que o STF analisasse a controvérsia. No caso, a questão seria visivelmente constitucional. Não se cuidaria de mera discussão sobre ilegalidade, ou ofensa ao direito ordinário. Constituiria, em verdade, afronta ao postulado fundamental da legalidade. O Tribunal aduziu que se, de um lado, a transferência para o STJ da atribuição para conhecer das questões relativas à observância do direito federal reduzira a competência do STF às controvérsias de índole constitucional, por outro, essa alteração dera ensejo ao Supremo para redimensionar o conceito de questão constitucional. Nesse sentido, o significado do princípio da legalidade, positivado no art. 5°, II, da CF, deveria ser efetivamente explicitado, para que dele se extraíssem relevantes consequências jurídicas. Esse postulado, entendido como o princípio da supremacia ou da preeminência da lei, ou como o princípio da reserva legal, conteria limites para

os três Poderes constituídos. Dever-se-ia indagar, no ponto, se o tema versaria simples questão legal, insuscetível de apreciação na via extraordinária, ou se teria contornos constitucionais e mereceria ser examinado no STF. Ademais, dever-se-ia questionar se a decisão judicial adversada por suposta falta de fundamento legal poderia ser considerada contrária à Constituição, a suscitar questão constitucional. Nessa linha, seria necessário perquirir se a aplicação errônea do direito ordinário poderia dar ensejo a uma questão constitucional. Reputou que o princípio da reserva legal explicitaria as matérias que deveriam ser disciplinadas diretamente pela lei. Esse postulado afirmaria a inadmissibilidade de utilização de qualquer outra fonte de direito distinta da lei. Por outro lado, admitiria que apenas a lei pudesse estabelecer eventuais limitações ou restrições. Por seu turno, o princípio da supremacia ou da preeminência da lei submeteria a Administração e os tribunais ao regime da lei, a impor a exigência de aplicação da lei e a proibição de desrespeito ou de violação da lei.
RE 638115/CE, rel. Min. Gilmar Mendes, 18 e 19.3.2015. (RE-638115)

Incorporação de quintos e princípio da legalidade - 2

O Colegiado ponderou que uma decisão judicial que, sem fundamento legal, afetasse situação individual, revelar-se-ia contrária à ordem constitucional, pelo menos ao direito subsidiário da liberdade de ação. Se admitido, como expressamente estabelecido na Constituição, que os direitos fundamentais vinculariam todos os Poderes e que a decisão judicial deveria observar a Constituição e a lei, então a decisão judicial que se revelasse desprovida de base legal afrontaria ao menos o princípio da legalidade. Essa orientação poderia converter a Corte em autêntico tribunal de revisão, se fosse admitido que toda decisão contrária ao direito ordinário seria inconstitucional. Por isso, deveria ser formulado um critério a limitar a impugnação das decisões judiciais mediante recurso constitucional. A admissibilidade dependeria da demonstração de que, na interpretação e aplicação do direito, o juiz tivesse desconsiderado por completo ou essencialmente a influência dos direitos fundamentais, que a decisão fosse manifestamente arbitrária na aplicação do direito ordinário ou, ainda, que tivessem sido ultrapassados os limites da construção jurisprudencial. Assim, uma decisão que, por exemplo, ampliasse o sentido de um texto penal para abranger determinada conduta seria inconstitucional, por afronta ao princípio da legalidade. Seria, portanto, admitida uma aferição de constitucionalidade tanto mais intensa quanto maior fosse o grau de intervenção no âmbito de proteção dos direitos fundamentais. Em suma, seria possível aferir uma questão constitucional na violação da lei pela decisão ou ato dos Poderes constituídos. A decisão ou ato sem fundamento legal ou contrário ao direito ordinário violaria, portanto, o princípio da legalidade. O Ministro Teori Zavascki também conheceu do recurso, mas por outro fundamento. Afirmou que, em razão de o mesmo tema também chegar ao STF por meio de mandados de segurança, a Corte não fugiria do exame do mérito da questão. Não faria sentido distinguir uma decisão com repercussão geral de outra, sem essa qualidade, a conferir eficácias diferentes para decisões do Supremo. Todas elas, por sua própria natureza, teriam eficácia expansiva necessária e peso institucional semelhante. O Ministro Marco Aurélio acresceu que não se deveria exigir, para ter-se configurado o prequestionamento, a referência no acórdão recorrido a dispositivo da Constituição. Seria suficiente a adoção de entendimento sobre a norma constitucional. No caso, a decisão recorrida trataria claramente da existência de direito adquirido por parte dos servidores. Além disso, citou precedentes da Corte em recursos extraordinários nos quais discutida transgressão ao devido processo legal ou ao princípio da legalidade. Frisou que se estaria diante de situação concreta a reclamar manifestação do STF, para pacificar-se o tema. O Ministro Ricardo Lewandowski (Presidente) sublinhou que, na repercussão geral, o STF teria a discricionariedade de admitir certos casos, se eles se enquadrassem nos conceitos abertos de relevância política, econômica, social ou jurídica. Vencidos, quanto ao conhecimento, os Ministros Rosa Weber, Luiz Fux, Cármen Lúcia e Celso de Mello. Entendiam que o tema cuidaria de ofensa meramente reflexa à Constituição. Além disso, o acórdão recorrido seria calcado em matéria infraconstitucional.
RE 638115/CE, rel. Min. Gilmar Mendes, 18 e 19.3.2015. (RE-638115)

Incorporação de quintos e princípio da legalidade - 3

No mérito, o Plenário pontuou que a decisão judicial a determinar incorporação dos quintos careceria de fundamento legal e, assim, violaria o princípio da legalidade. A decisão recorrida baseara-se no entendimento segundo o qual a Medida Provisória 2.225-45/2001, em seu art. 3º, permitiria a incorporação dos quintos no período compreendido entre a edição da Lei 9.624/1998 e a edição da aludida medida provisória. O referido art. 3º transformara em Vantagem Pessoal Nominalmente Identificada - VPNI a incorporação das parcelas a que se referem os artigos 3º e 10 da Lei 8.911/1994 e o art. 3º da Lei 9.624/1998. Não se poderia considerar que houvera o restabelecimento ou a reinstituição da possibilidade de incorporação das parcelas de quintos ou décimos. A incorporação de parcelas remuneratórias remontaria à Lei 8.112/1990. Seu art. 62, § 2º, na redação original, concedera aos servidores públicos o direito à incorporação da gratificação por exercício de cargo de direção, chefia ou assessoramento à razão de um quinto por ano, até o limite de cinco quintos. A Lei 8.911/1994 disciplinara a referida incorporação. Por sua vez, a Medida Provisória 1.195/1995 alterara a redação dessas leis para instituir a mesma incorporação na proporção de um décimo, até o limite de dez décimos. A Medida Provisória 1.595-14/1997, convertida na Lei 9.527/1997, extinguira a incorporação de qualquer parcela remuneratória, com base na Lei 8.911/1994, e proibira futuras incorporações. As respectivas parcelas foram transformadas em VPNI. A Lei 9.527/1997 não teria sido revogada pela Lei 9.624/1998, pois esta seria apenas a conversão de uma cadeia distinta de medidas provisórias — reeditadas validamente — iniciada anteriormente à própria Lei 9.527/1997. Desde a edição da Medida Provisória 1.595-14/1997, portanto, seria indevida qualquer concessão de parcelas remuneratórias referentes a quintos ou décimos. Em suma, a concessão de quintos somente seria possível até 28.2.1995, nos termos do art. 3º, I, da Lei 9.624/1998, enquanto que, de 1º.3.1995 a 11.11.1997 — edição da Medida Provisória 1.595-14/1997 — a incorporação devida seria de décimos, nos termos do art. 3º, II e parágrafo único, da Lei 9.624/1998, sendo indevida qualquer concessão após 11.11.1997. Nesse quadro, a Medida Provisória 2.225/2001 não viera para extinguir definitivamente o direito à incorporação que teria sido revogado pela Lei 9.624/1998, mas somente para transformar em VPNI a incorporação das parcelas referidas nas Leis 8.911/1994 e 9.624/1998. Assim, o direito à incorporação de qualquer parcela remuneratória, fosse quintos ou décimos, já estaria extinto. O restabelecimento de dispositivos normativos anteriormente revogados, a permitir a incorporação de quintos ou décimos, somente seria possível por determinação expressa em lei. Em outros termos, a repristinação de normas dependeria de expressa determinação legal. Assim, se a Medida Provisória 2.225/2001 não repristinara expressamente as normas que previam a incorporação de quintos, não se poderia considerar como devida uma vantagem remuneratória pessoal não prevista no ordenamento. Em conclusão, não existiria norma a permitir o ressurgimento dos quintos ou décimos levada a efeito pela decisão recorrida. Vencidos os Ministros Luiz Fux, Cármen Lúcia e Celso de Mello, que desproviam o recurso. Assentavam que a incorporação de gratificação relativa ao exercício de função comissionada no período de 8.4.1998 a 5.9.2001, transformando as referidas parcelas em VPNI, teria sido autorizada pela Medida Provisória 2.225-45/2001, em razão de ter promovido a revogação dos artigos 3º e 10 da Lei 8.911/1994. Por fim, o Plenário, por decisão majoritária, modulou os efeitos da decisão para desobrigar a devolução dos valores recebidos de boa-fé pelos servidores até a data do julgamento, cessada a ultra-atividade das incorporações concedidas indevidamente. Vencido o Ministro Marco Aurélio, que não modulava os efeitos da decisão.
RE 638115/CE, rel. Min. Gilmar Mendes, 18 e 19.3.2015. (RE-638115) (Inform. STF 778)

Verba indenizatória e publicidade - 1

O Plenário iniciou julgamento de mandado de segurança impetrado contra ato do Senado Federal, que indeferira pedido de acesso aos comprovantes apresentados pelos senadores para recebimento de verba indenizatória, no período de setembro a dezembro de 2008. O Ministro Roberto Barroso (relator) concedeu a ordem para que o Senado forneça à impetrante cópia reprográfica dos documentos comprobatórios do uso da verba indenizatória solicitados, no que foi acompanhado pelos Ministros Teori Zavascki, Rosa Weber, Cármen Lúcia e Marco Aurélio. De início, reconheceu a legitimidade ativa da impetrante, por considerar que os veículos de imprensa teriam direito líquido e certo à obtenção desses elementos, com base no princípio da publicidade (CF, art. 37, "caput") e em outras disposições constitucionais correlatas, notadamente a liberdade de informação jornalística (CF, art. 220, § 1º). Ressaltou que as referidas verbas destinar-se-iam a indenizar despesas

diretas e exclusivamente relacionadas ao exercício da função parlamentar. Sua natureza pública estaria presente tanto na fonte pagadora — o Senado Federal — quanto na finalidade, vinculada ao exercício da representação popular. Nesse contexto, a regra geral seria a publicidade e decorreria de um conjunto de normas constitucionais, como o direito de acesso à informação por parte dos órgãos públicos (CF, art. 5º, XXXIII) — especialmente no tocante à documentação governamental (CF, art. 216, § 2º) —, o princípio da publicidade (CF, art. 37, "caput" e § 3º, II) e o princípio republicano (CF, art. 1º), do qual se originariam os deveres de transparência e prestação de contas, bem como a possibilidade de responsabilização ampla por eventuais irregularidades. Recordou que o art. 1º, parágrafo único, da CF enuncia que "todo o poder emana do povo". Assim, os órgãos estatais teriam o dever de esclarecer ao seu mandante, titular do poder político, como seriam usadas as verbas arrecadadas da sociedade para o exercício de suas atividades. Observou que a Constituição ressalvara a regra da publicidade apenas em relação às informações cujo sigilo fosse imprescindível à segurança da sociedade e do Estado (CF, art. 5º, XXXIII, parte final) e às que fossem protegidas pela inviolabilidade conferida à intimidade, vida privada, honra e imagem das pessoas (CF, art. 5º, X, c/c art. 37, § 3º, II). Por se tratar de situações excepcionais, o ônus argumentativo de demonstrar a caracterização de uma dessas circunstâncias incumbiria a quem pretendesse afastar a regra geral da publicidade.

Verba indenizatória e publicidade - 2

O relator consignou que a autoridade impetrada teria justificado sua recusa nas duas exceções acima citadas. Refutou a assertiva de que a concessão da ordem poderia gerar um perigoso precedente, uma vez que permitiria igualmente o acesso a informações sobre verbas indenizatórias pagas no âmbito de outros órgãos estratégicos, como a ABIN, o Centro de Inteligência do Exército e da Marinha, a Comissão Nacional de Energia Nuclear do Ministério da Ciência e da Tecnologia, a Presidência da República e mesmo os tribunais superiores. Sublinhou que o caráter estratégico das atividades desenvolvidas por determinado órgão não tornaria automaticamente secretas todas as informações a ele referentes. No caso do Senado Federal, as atividades ordinárias de seus membros estariam muito longe de exigir um caráter predominantemente sigiloso. Em se tratando de órgão de representação popular por excelência, presumir-se-ia justamente o contrário. Nesse domínio, eventual necessidade de sigilo não poderia ser invocada de forma genérica, devendo ser concretamente justificada. Quanto à segunda exceção que justificaria a restrição à publicidade — informações relacionadas à intimidade, vida privada, honra e imagem das pessoas —, entendeu não ser pertinente que se invocasse a intimidade, de forma genérica, para restringir a transparência acerca do emprego de verbas públicas exclusivamente relacionadas ao exercício da função parlamentar. Salientou que a hipótese nada teria a ver com uma devassa genérica na vida privada dos agentes políticos. Não se cuidaria da divulgação, pelo Poder Público, da forma como os senadores gastariam o subsídio recebido a título de remuneração ou mesmo sobre o emprego de outras rendas privadas auferidas a título diverso. Em seguida, pediu vista dos autos o Ministro Ricardo Lewandowski (Presidente). **MS 28178/DF, rel. Min. Roberto Barroso, 3.12.2014. (MS-28178)**

Verba indenizatória e publicidade - 3

Em conclusão de julgamento, o Plenário concedeu a ordem em mandado de segurança impetrado por veículo da imprensa contra ato do Senado Federal, que indeferira pedido de acesso aos comprovantes apresentados pelos senadores para recebimento de verba indenizatória, no período de setembro a dezembro de 2008 — v. Informativo 770. De início, reconheceu a legitimidade ativa da impetrante, por considerar haver direito líquido e certo à obtenção desses elementos, com base no princípio da publicidade (CF, art. 37, "caput") e em outras disposições constitucionais correlatas, notadamente a liberdade de informação jornalística (CF, art. 220, § 1º). Ressaltou que as referidas verbas destinar-se-iam a indenizar despesas direta e exclusivamente relacionadas ao exercício da função parlamentar. Sua natureza pública estaria presente tanto na fonte pagadora — o Senado Federal — quanto na finalidade, vinculada ao exercício da representação popular. Nesse contexto, a regra geral seria a publicidade e decorreria de um conjunto de normas constitucionais, como o direito de acesso à informação por parte dos órgãos públicos (CF, art. 5º, XXXIII) — especialmente no tocante à documentação governamental (CF, art. 216, § 2º) —, o princípio da publicidade (CF, art. 37, "caput" e § 3º, II) e o princípio republicano (CF, art. 1º), do qual se originariam os deveres de transparência e prestação de

6. DIREITO ADMINISTRATIVO   429

contas, bem como a possibilidade de responsabilização ampla por eventuais irregularidades. Recordou que o art. 1º, parágrafo único, da CF enuncia que "todo o poder emana do povo". Assim, os órgãos estatais teriam o dever de esclarecer ao seu mandante, titular do poder político, como seriam usadas as verbas arrecadadas da sociedade para o exercício de suas atividades. A Constituição ressalvaria a regra da publicidade apenas em relação às informações cujo sigilo fosse imprescindível à segurança da sociedade e do Estado (CF, art. 5º, XXXIII, parte final) e às que fossem protegidas pela inviolabilidade conferida à intimidade, vida privada, honra e imagem das pessoas (CF, art. 5º, X, c/c art. 37, § 3º, II). Por se tratar de situações excepcionais, o ônus argumentativo de demonstrar a caracterização de uma dessas circunstâncias incumbiria a quem pretendesse afastar a regra geral da publicidade.
MS 28178/DF, rel. Min. Roberto Barroso, 4.3.2015. (MS-28178)

Verba indenizatória e publicidade - 4
O Plenário consignou que a autoridade impetrada teria justificado sua recusa nas duas exceções acima citadas. Refutou a assertiva de que a concessão da ordem poderia gerar um perigoso precedente, uma vez que permitiria igualmente o acesso a informações sobre verbas indenizatórias pagas no âmbito de outros órgãos estratégicos, como a ABIN, o Centro de Inteligência do Exército e da Marinha, a Comissão Nacional de Energia Nuclear do Ministério da Ciência e da Tecnologia, a Presidência da República e mesmo os tribunais superiores. Sublinhou que o caráter estratégico das atividades desenvolvidas por determinado órgão não tornaria automaticamente secretas todas as informações a ele referentes. No caso do Senado Federal, as atividades ordinárias de seus membros estariam muito longe de exigir um caráter predominantemente sigiloso. Em se tratando de órgão de representação popular por excelência, presumir-se-ia justamente o contrário. Nesse domínio, eventual necessidade de sigilo não poderia ser invocada de forma genérica, devendo ser concretamente justificada. Quanto à segunda exceção que justificaria a restrição à publicidade — informações relacionadas à intimidade, vida privada, honra e imagem das pessoas —, não seria pertinente que se invocasse a intimidade, de forma genérica, para restringir a transparência acerca do emprego de verbas públicas exclusivamente relacionadas ao exercício da função parlamentar. A hipótese nada teria a ver com uma devassa genérica na vida privada dos agentes políticos. Não se cuidaria da divulgação, pelo Poder Público, da forma como os senadores gastariam o subsídio recebido a título de remuneração ou mesmo sobre o emprego de outras rendas privadas auferidas a título diverso. Além disso, anotou que o custo das cópias solicitadas seria arcado pela impetrante.
MS 28178/DF, rel. Min. Roberto Barroso, 4.3.2015. (MS-28178) (Inform. STF 776)

ADI: divulgação de obras públicas e princípio da publicidade
O Plenário julgou improcedente pedido formulado em ação direta ajuizada em face da Lei 11.521/2000 do Estado Rio Grande do Sul, a qual obriga o Poder Executivo do referido Estado-membro a divulgar na imprensa oficial e na internet a relação completa de obras atinentes a rodovias, portos e aeroportos. A Corte apontou não se verificar a existência de vício formal ou material na edição da norma em comento, visto que editada em atenção aos princípios da publicidade e da transparência, a viabilizar a fiscalização das contas públicas. **ADI 2444/RS, rel. Min. Dias Toffoli, 6.11.2014. (ADI-2444) (Inform. STF 766)**

ADPF e atos judicial e administrativo - 1
O Plenário referendou medida cautelar em arguição de descumprimento de preceito fundamental para suspender decisão de tribunal regional federal, que determinara o cumprimento de cronograma inicialmente proposto de implementação de audiodescrição por parte dos prestadores de radiodifusão de sons e imagens e de retransmissão de televisão. O Colegiado suspendeu, ainda, a Portaria 332/A/2013 do Ministério das Comunicações, editada em observância àquele pronunciamento judicial. Na espécie, o Ministério das Comunicações editara a Portaria 310/2006, que estabeleceu cronograma de implementação do recurso de audiodescrição, consistente na narrativa, em língua portuguesa, integrada ao som original da obra audiovisual, em que se descrevem sons e elementos visuais e quaisquer informações adicionais que sejam relevantes para possibilitar a melhor compreensão da obra por pessoas com deficiência visual e intelectual. Consoante a Portaria 310/2006, o recurso de acessibilidade deveria ser executado no prazo de 24 a 132 meses, a contar de sua publicação,

e segundo escala crescente de disponibilidade temporal dentro da programação diária. Verificadas dificuldades técnicas e após consulta pública, o Ministério das Comunicações concluíra pela inviabilidade dos prazos estabelecidos e editara nova portaria – Portaria 188/2010 –, que alterou o cronograma originário e as metas impostas para a implantação do citado recurso. Na sequência, via ação civil pública, o Ministério Público requerera o cumprimento do cronograma originário previsto na aludida Portaria 310/2006. O feito fora extinto sem julgamento de mérito. Entretanto, em grau de recurso, o tribunal regional federal afastara as mudanças promovidas pela Portaria 188/2010 e determinara a observância dos prazos inicialmente fixados. Em virtude disso, o Ministério das Comunicações editara a questionada Portaria 332/A/2013.

ADPF e atos judicial e administrativo - 2
O STF assentou que o ato judicial que impusera novo lapso temporal implicara reavaliação de diagnósticos e prognósticos feitos pelo órgão especializado competente. Destacou que o novo cronograma fora fixado após audiência pública, ouvidas as partes interessadas. Aduziu que a Portaria 188/2010 seria providência adotada por órgão revestido de capacidade cognitiva para investigar as condições materiais e de tempo imprescindíveis à implantação da medida de acessibilidade e para definir o procedimento pertinente. Assinalou que o Ministério das Comunicações estaria habilitado, diante de seu quadro de pessoal e de sua função constitucional, a tomar decisões complexas como a ora examinada, considerados aspectos essencialmente técnicos, com amplo domínio sobre as limitações fáticas e as perspectivas operacionais dos destinatários da política pública em jogo. Esclareceu que as múltiplas variáveis que teriam motivado a edição da Portaria 188/2010 não seriam imunes ao crivo judicial, em especial se levada em conta a relevância constitucional do propósito social buscado. Ressaltou que a complexidade requereria cautela por parte dos magistrados e maior deferência às soluções encontradas pelos órgãos especialistas na área. Concluiu que a decisão do tribunal regional federal afrontara preceitos fundamentais como a separação de Poderes, o devido processo legal e a eficiência administrativa. **ADPF 309 Referendo-MC/DF, rel. Min. Marco Aurélio, 25.9.2014. (ADPF-309) (Inform. STF 760)**

ADI e decisão administrativa: cabimento e reserva legal
O Plenário julgou procedente pedido formulado em ação direta, para declarar a inconstitucionalidade de decisão proferida por tribunal de justiça local, nos autos de processo administrativo, em que reconhecido o direito à gratificação de 100% aos interessados — servidores daquele tribunal — e estendida essa gratificação aos demais servidores do órgão em situação análoga. Preliminarmente, por maioria, conheceu-se da ação. No ponto, o Ministro Roberto Barroso salientou que a decisão da Corte de origem teria conteúdo normativo, com generalidade e abstração, porque estendera os efeitos da concessão de gratificação a um número expressivamente maior de pessoas, em comparação às diretamente interessadas no procedimento administrativo. Desse modo, ponderou cabível o controle abstrato de constitucionalidade. A Ministra Rosa Weber destacou que esse caráter de generalidade seria aferível a partir da indeterminação subjetiva das pessoas eventualmente atingidas pela decisão discutida. O Ministro Ricardo Lewandowski constatou que os servidores beneficiados com a decisão favorável no tocante à gratificação serviriam como paradigmas a partir dos quais o mesmo benefício seria estendido a outros servidores, em número indeterminado. Ademais, registrou que a decisão em comento fundar-se-ia diretamente na Constituição, porque invocado o princípio da isonomia. Vencida, quanto à preliminar, a Ministra Cármen Lúcia, relatora, que não conhecia da ação por considerar inadequada a via eleita. Reputava que o ato adversado não seria dotado de autonomia, suficiência, generalidade, abstração e obrigatoriedade de cumprimento para todos. No mérito, o Colegiado asseverou que o tribunal de justiça local teria estendido o recebimento da gratificação por ato diverso de lei, em contrariedade ao art. 37, X, da CF (*X - a remuneração dos servidores públicos e o subsídio de que trata o § 4º do art. 39 somente poderão ser fixados ou alterados por lei específica, observada a iniciativa privativa em cada caso, assegurada revisão geral anual, sempre na mesma data e sem distinção de índices*). Assinalou que teria havido, ademais, equiparação remuneratória entre servidores, vedada pelo art. 37, XIII, da CF (*XIII - é vedada a vinculação ou equiparação de quaisquer espécies remuneratórias para o efeito de remuneração de pessoal do serviço público*), conforme reiterada jurisprudência do STF. Acrescentou que a decisão impugnada

adotara como fundamento o princípio da isonomia. Entretanto, de acordo com o Enunciado 339 da Súmula do STF (*Não cabe ao Poder Judiciário, que não tem função legislativa, aumentar vencimentos de servidores públicos sob fundamento de isonomia*), afirmou que não se poderia invocar esse postulado para obtenção de ganho remuneratório sem respaldo legal. Nesse sentido, se ao Poder Judiciário, em sua função jurisdicional, não seria permitido o aumento de vencimento de servidores com base no referido princípio, menos ainda no exercício de função administrativa. **ADI 3202/RN, rel. Min. Cármen Lúcia, 5.2.2014. (ADI-3202) (Inform. STF 734)**

EMENTA: PROCEDIMENTO ADMINISTRATIVO E DESCONSIDERAÇÃO EXPANSIVA DA PERSONALIDADE JURÍDICA. "DISREGARD DOCTRINE" E RESERVA DE JURISDIÇÃO: EXAME DA POSSIBILIDADE DE A ADMINISTRAÇÃO PÚBLICA, MEDIANTE ATO PRÓPRIO, AGINDO "PRO DOMO SUA", DESCONSIDERAR A PERSONALIDADE CIVIL DA EMPRESA, EM ORDEM A COIBIR SITUAÇÕES CONFIGURADORAS DE ABUSO DE DIREITO OU DE FRAUDE. A COMPETÊNCIA INSTITUCIONAL DO TRIBUNAL DE CONTAS DA UNIÃO E A DOUTRINA DOS PODERES IMPLÍCITOS. INDISPENSABILIDADE, OU NÃO, DE LEI QUE VIABILIZE A INCIDÊNCIA DA TÉCNICA DA DESCONSIDERAÇÃO DA PERSONALIDADE JURÍDICA EM SEDE ADMINISTRATIVA. A ADMINISTRAÇÃO PÚBLICA E O PRINCÍPIO DA LEGALIDADE: SUPERAÇÃO DE PARADIGMA TEÓRICO FUNDADO NA DOUTRINA TRADICIONAL? O PRINCÍPIO DA MORALIDADE ADMINISTRATIVA: VALOR CONSTITUCIONAL REVESTIDO DE CARÁTER ÉTICO-JURÍDICO, CONDICIONANTE DA LEGITIMIDADE E DA VALIDADE DOS ATOS ESTATAIS. O ADVENTO DA LEI Nº 12.846/2013 (ART. 5º, IV, "e", E ART. 14), AINDA EM PERÍODO DE "VACATIO LEGIS". DESCONSIDERAÇÃO DA PERSONALIDADE JURÍDICA E O POSTULADO DA INTRANSCENDÊNCIA DAS SANÇÕES ADMINISTRATIVAS E DAS MEDIDAS RESTRITIVAS DE DIREITOS. MAGISTÉRIO DA DOUTRINA. JURISPRUDÊNCIA. PLAUSIBILIDADE JURÍDICA DA PRETENSÃO CAUTELAR E CONFIGURAÇÃO DO "PERICULUM IN MORA". MEDIDA LIMINAR DEFERIDA. MS 32.494-MC/DF, Rel. Ministro Celso de Mello, j. Em 11.11.2013. **(Inform. STF 732)**

AG. REG. NO ARE N. 681.780-DF

RELATOR: MIN. DIAS TOFFOLI
EMENTA: **Agravo regimental no recurso extraordinário com agravo. Administrativo. Servidor público. Remoção de ofício. Impossibilidade de continuar frequentando curso superior na nova lotação. Impossibilidade de remoção do cônjuge para acompanhá-lo. Circunstâncias fáticas que nortearam a decisão da origem em prol do princípio da proteção à família. Reexame de fatos e provas. Impossibilidade. Precedentes.**
1. A Corte de origem concluiu, em razão de circunstâncias fáticas específicas, que o princípio da proteção à família deveria prevalecer em relação ao princípio da supremacia do interesse público, ante o evidente prejuízo que a remoção acarretaria ao servidor e à sua família.
2. Ponderação de interesses que, **in casu**, não prescinde do reexame dos fatos e das provas dos autos, o que é inadmissível em recurso extraordinário. Incidência da Súmula nº 279/STF.
3. Agravo regimental não provido. **(Inform. STF 725)**

AG. REG. NO RE N. 701.993-SC

RELATORA: MIN. ROSA WEBER
EMENTA: DIREITO ADMINISTRATIVO. POSSIBILIDADE DE A ADMINISTRAÇÃO ANULAR OU REVOGAR SEUS ATOS. SÚMULA 473/STF. AS RAZÕES DO AGRAVO REGIMENTAL NÃO SÃO APTAS A INFIRMAR OS FUNDAMENTOS DA DECISÃO AGRAVADA. ACÓRDÃO RECORRIDO PUBLICADO EM 15.8.2011.
A jurisprudência da Corte é firme no sentido de que a Administração Pública pode anular os seus próprios atos quando eivados de vícios que os tornem ilegais, desde que observado o devido processo legal, conforme disposto na Súmula 473/STF: "*A Administração pode anular seus próprios atos, quando eivados de vícios que os tornam ilegais, porque deles não se originam direitos; ou revogá-los, por motivo de conveniência ou oportunidade, respeitados os direitos adquiridos, e ressalvada em todos os casos, a apreciação judicial*".
As razões do agravo regimental não são aptas a infirmar os fundamentos que lastrearam a decisão agravada.
Agravo regimental conhecido e não provido. **(Inform. STF 717)**

AG. REG. NO ARE N. 718.343-RS

RELATORA: MIN. ROSA WEBER
EMENTA: DIREITO ADMINISTRATIVO. CONTROLE DE LEGALIDADE DOS ATOS ADMINISTRATIVOS PELO PODER JUDICIÁRIO. PRINCÍPIO DA SEPARAÇÃO DE PODERES. SUPOSTA AFRONTA AOS ARTS. 2º E 37 DA CONSTITUIÇÃO DA REPÚBLICA.OFENSA NÃO CONFIGURADA. ACÓRDÃO RECORRIDO DISPONIBILIZADO EM 7.5.2012.
O controle de legalidade dos atos administrativos pelo Poder Judiciário não ofende o princípio da separação dos poderes. Precedentes
Agravo regimental conhecido e não provido. **(Inform. STF 716)**

AG. REG. NO RE N. 636.686-RS

RELATOR: MIN. GILMAR MENDES
Agravo regimental em recurso extraordinário. 2. Direito Administrativo. 3. Defensoria pública. Implantação de plantão permanente na cidade de Erechim. Mérito administrativo. Impossibilidade de ingerência do Poder Judiciário ante a ausência de ilegalidade ou abuso de poder. Princípio da separação dos poderes. Precedentes. Inexistência de argumentos capazes de infirmar a decisão agravada. 5. Agravo regimental a que se nega provimento. **(Inform. STF 715)**

AG. REG. NO RE N. 628.159-MA

RELATORA: MIN. ROSA WEBER
EMENTA: DIREITO ADMINISTRATIVO. SEGURANÇA PÚBLICA. IMPLEMENTAÇÃO DE POLÍTICAS PÚBLICAS. PRINCÍPIO DA SEPARAÇÃO DE PODERES. OFENSA NÃO CONFIGURADA. ACÓRDÃO RECORRIDO PUBLICADO EM 04.11.2004.
O Poder Judiciário, em situações excepcionais, pode determinar que a Administração Pública adote medidas assecuratórias de direitos constitucionalmente reconhecidos como essenciais, sem que isso configure violação do princípio da separação de poderes. Precedentes.
Agravo regimental conhecido e não provido. **(Inform. STF 715)**

AG. REG. NO AI N. 810.410-GO

RELATOR: MIN. DIAS TOFFOLI
EMENTA: **Agravo regimental no agravo de instrumento. Constitucional. Poder Judiciário. Determinação para implementação de políticas públicas. Segurança pública. Destacamento de policiais para garantia de segurança em estabelecimento de custódia de menores infratores. Violação do princípio da separação dos Poderes. Não ocorrência. Precedentes.**
1. O Poder Judiciário, em situações excepcionais, pode determinar que a Administração pública adote medidas assecuratórias de direitos constitucionalmente reconhecidos como essenciais sem que isso configure violação do princípio da separação dos poderes.
2. Agravo regimental não provido. **(Inform. STF 714)**

DIREITO CONSTITUCIONAL E ADMINISTRATIVO. ACESSO A INFORMAÇÕES DE CARTÃO CORPORATIVO DO GOVERNO FEDERAL. O não fornecimento pela União do extrato completo – incluindo tipo, data, valor das transações efetuadas dos fornecedores e CNPJ do cartão de pagamentos (cartão corporativo) do Governo Federal utilizado por chefe de Escritório da Presidência da República constitui ilegal violação ao direito de acesso à informação de interesse coletivo, quando não há evidência de que a publicidade desses elementos atentaria contra a segurança do Presidente e Vice-Presidente da República ou de suas famílias. No caso, o não fornecimento de documentos e informações constitui ilegal violação ao direito de acesso à informação de interesse coletivo, sendo importante a sua divulgação, regida pelos princípios da publicidade e da transparência – consagrados na CF e na Lei 12.527/2011 (Lei de Acesso à Informação). De igual forma, não há evidência de que a publicidade de tais elementos atentaria contra a segurança do Presidente e Vice-Presidente da República ou de suas famílias. Ressalte-se que o fornecimento apenas de planilha em que os gastos aparecem de forma genérica impede a elaboração de análise minimamente conclusiva. Deve-se, ainda, assinalar que a transparência dos gastos e das condutas governamentais não deve ser apenas um *flatus vocis*, mas sim um comportamento constante e uniforme. Além disso, a divulgação dessas informações seguramente contribui para evitar episódios lesivos e prejudicantes. **MS 20.895-DF, Rel. Min. Napoleão Nunes Maia Filho, julgado em 12/11/2014. (Inform. STJ 552)**

6. DIREITO ADMINISTRATIVO · 431

DIREITO ADMINISTRATIVO E CONSTITUCIONAL. PUBLICIDADE ACERCA DE PASSAPORTES DIPLOMÁTICOS. O Ministério das Relações Exteriores não pode sonegar o nome de quem recebe passaporte diplomático emitido na forma do parágrafo 3º do art. 6º do Anexo do Decreto 5.978/2006. O nome de quem recebe um passaporte diplomático emitido por interesse público não pode ficar escondido do público. O interesse público pertence à esfera pública, e o que se faz em seu nome está sujeito ao controle social, não podendo o ato discricionário de emissão daquele documento ficar restrito ao domínio do círculo do poder. A noção de interesse público não pode ser linearmente confundida com "razões de Estado" e, no caso, é incompatível com o segredo da informação. Noutra moldura, até é possível que o interesse público justifique o sigilo, não aqui. **MS 16.179-DF, Rel. Min. Ari Pargendler, julgado em 9/4/2014. (Inform. STJ 543)**

📄 Súmula STF nº 654

A garantia da irretroatividade da Lei, prevista no art. 5º, XXXVI, da Constituição da república, não é invocável pela entidade estatal que a tenha editado.

📄 Súmula STF nº 473

A administração pode anular seus próprios atos, quando eivados de vícios que os tornam ilegais, porque deles não se originam direitos; ou revogá-los, por motivo de conveniência ou oportunidade, respeitados os direitos adquiridos, e ressalvada, em todos os casos, a apreciação judicial.

📄 Súmula STF nº 346

A administração pública pode declarar a nulidade dos seus próprios atos.

2. PODERES ADMINISTRATIVOS

Guarda municipal e fiscalização de trânsito - 1

O Plenário iniciou julgamento de recurso extraordinário em que se discute a possibilidade de lei local designar a guarda municipal para atuar na fiscalização, no controle e na orientação do trânsito e do tráfego, em face dos limites funcionais dispostos no art. 144, § 8º, da CF ("§ 8º - Os Municípios poderão constituir guardas municipais destinadas à proteção de seus bens, serviços e instalações, conforme dispuser a lei"). O Ministro Marco Aurélio (relator) — no que acompanhado pelos Ministros Teori Zavascki, Rosa Weber e Ricardo Lewandowski (Presidente) — proveu parcialmente o recurso, para dar interpretação conforme à Constituição aos dispositivos municipais em debate, de maneira a restringir a atribuição da guarda municipal para exercer a fiscalização e o controle do trânsito aos casos em que existir conexão entre a atividade a ser desempenhada e a proteção de bens, serviços e equipamentos municipais, respeitados os limites das competências municipais versados na legislação federal. Reputou não subsistir o argumento de usurpação da competência da Polícia Militar, prevista no art. 144, § 5º, da CF, e de inobservância ao princípio federativo (CF, artigos 1º e 18). O fato de o constituinte ter atribuído a essa instituição o policiamento ostensivo e a preservação da ordem pública não impediria os entes municipais de fiscalizarem o cumprimento da legislação de trânsito ou de desempenharem outras funções estabelecidas na Lei 9.503/1997 - CTB (CF, art. 22, XI). Não haveria redução de autonomia do Estado-Membro, mas simples cooperação na atuação repressiva dos municípios no combate às infrações de trânsito. Os entes federativos deveriam se esforçar para, nos limites das competências de cada qual, assegurarem a efetividade das normas de trânsito. Nesse sentido, a União, no exercício da competência privativa para legislar sobre trânsito, editara o CTB, e incumbira expressamente os órgãos e entidades executivos de trânsito municipais de cumprirem e fazerem cumprir a legislação e as normas de trânsito, no âmbito das respectivas atribuições. Ademais, a EC 82/2014 acrescentara o § 10 ao art. 144 da CF, que determina competir, inclusive aos Municípios, a garantia da segurança viária e do direito à mobilidade urbana eficiente. Assim, estaria afastada a alegação de competência privativa da Polícia Militar, órgão estadual, para a autuação e imposição de penalidades por descumprimento da legislação de trânsito. Na mesma linha, dispõe o art. 280, § 4º, do CTB, que é competente para lavrar o auto de infração servidor civil, estatutário ou celetista. Assim, não mereceria prosperar alegação no sentido de as guardas municipais não poderem aplicar multas por não integrarem o sistema previsto no art. 7º do CTB. Não existiria preceito, nesse diploma, a preconizar que os órgãos executivos municipais citados nos incisos III e IV do referido artigo tivessem somente atribuições relativas a trânsito. Sucede que a União, a pretexto de exercer a competência privativa na matéria, não poderia restringir a autonomia dos Municípios a ponto de dispor sobre atribuições de órgãos e

estruturas do Executivo local. A capacidade de autoadministração integraria o núcleo essencial da autonomia municipal. Portanto, os entes municipais teriam competência para exercer a fiscalização, a orientação e o controle do trânsito, inclusive com a aplicação de sanções, respeitados os limites da legislação federal. Especificamente, no que se refere à competência da guarda municipal para atuar como órgão ou entidade executiva de trânsito nos municípios, o Relator invocou o art. 144, § 8º, da CF. A respeito, aduziu que o legislador não seria livre para definir as atribuições da guarda municipal. Nesse sentido, a regulamentação legal das funções desses servidores somente seria válida se mantivesse alguma relação com a proteção dos bens, serviços e instalações municipais. Ademais, considerada a regra do art. 22, XI, da CF, qualquer norma local a versar os deveres da guarda municipal deveria observar as regras do CTB. Em suma, a lei poderia conferir às guardas municipais a prerrogativa de promover autuações e aplicar multas de trânsito, desde que as atividades de repressão e prevenção a infrações fossem conexas à proteção dos bens, serviços e instalações municipais. Outrossim, o exercício da polícia de trânsito por guardas municipais deveria estar em harmonia com a legislação federal. A respeito, os artigos 280, § 4º, do CTB e os artigos 3º, III, e 5º, VI, da Lei 13.022/2014 autorizariam os guardas municipais a exercerem as atribuições de trânsito conferidas a eles, dentro dos limites legais. Por fim, propôs a seguinte tese, para efeito de repercussão geral: "É constitucional a lei local que confira à guarda municipal a atribuição de fiscalizar e controlar o trânsito, com a possibilidade de imposição de multas, desde que observada a finalidade constitucional da instituição de proteger bens, serviços e equipamentos públicos (CF, art. 144, § 8º) e limites da competência municipal em matéria de trânsito, estabelecidos pela legislação federal (CF, art. 22, XI)".
RE 658570/MG, rel. Min. Marco Aurélio, 13.5.2015. (RE-658570)

Guarda municipal e fiscalização de trânsito - 2

Por sua vez, o Ministro Roberto Barroso, acompanhado pelos Ministros Luiz Fux, Dias Toffoli e Celso de Mello, negou provimento ao recurso, para admitir a possibilidade de lei local designar a guarda municipal para atuar na fiscalização, no controle e na orientação do trânsito, sem a limitação imposta pelo Relator. Asseverou que poder de polícia não se confundiria com segurança pública. O exercício daquele não seria prerrogativa exclusiva das entidades policiais, a quem a Constituição outorgara, com exclusividade, no art. 144, apenas as funções de promoção da segurança pública. Ademais, a fiscalização do trânsito com aplicação das sanções administrativas legalmente previstas, embora pudesse se dar ostensivamente, constituiria mero exercício de poder de polícia. Não haveria, portanto, óbice ao seu exercício por entidades não policiais. O CTB, observando os parâmetros constitucionais, estabelecera a competência comum dos entes da Federação para o exercício da fiscalização de trânsito. Dentro de sua esfera de atuação, delimitada pelo CTB, os Municípios poderiam determinar que o poder de polícia que lhes compete fosse exercido pela guarda municipal. O art. 144, § 8º, da CF, não impediria que a guarda municipal exercesse funções adicionais à de proteção dos bens, serviços e instalações do município. Até mesmo instituições policiais poderiam cumular funções típicas de segurança pública com o exercício do poder de polícia. Enunciou, por fim, a seguinte tese, para efeito de repercussão geral: "É constitucional a atribuição às guardas municipais do exercício de poder de polícia de trânsito, inclusive para imposição de sanções administrativas legalmente previstas". Em seguida, o julgamento foi suspenso.
RE 658570/MG, rel. Min. Marco Aurélio, 13.5.2015. (RE-658570)

Guarda municipal e fiscalização de trânsito - 3

É constitucional a atribuição às guardas municipais do exercício de poder de polícia de trânsito, inclusive para imposição de sanções administrativas legalmente previstas. Com base nesse orientação, o Plenário, por maioria e em conclusão de julgamento, desproveu recurso extraordinário em que se discutia a possibilidade de lei local designar a guarda municipal para atuar na fiscalização, no controle e na orientação do trânsito e do tráfego, em face dos limites funcionais dispostos no art. 144, § 8º, da CF ("§ 8º - Os Municípios poderão constituir guardas municipais destinadas à proteção de seus bens, serviços e instalações, conforme dispuser a lei") — v. Informativo 785. A Corte destacou que o poder de polícia não se confundiria com a segurança pública. O exercício daquele não seria prerrogativa exclusiva das entidades policiais, a quem a Constituição outorgara, com exclusividade, no art. 144, apenas as funções de promoção da segurança pública. Ademais, a fiscalização do trânsito com aplicação das sanções administrativas legalmente previstas, embora pudesse se dar ostensivamente, constituiria mero exercício de poder de polícia.

432 VADE MECUM DE JURISPRUDÊNCIA – STF/STJ

Não haveria, portanto, óbice ao seu exercício por entidades não policiais. O CTB, observando os parâmetros constitucionais, estabelecera a competência comum dos entes da Federação para o exercício da fiscalização de trânsito. Dentro de sua esfera de atuação, delimitada pelo CTB, os Municípios poderiam determinar que o poder de polícia que lhes compete fosse exercido pela guarda municipal. O art. 144, § 8º, da CF, não impediria que a guarda municipal exercesse funções adicionais à de proteção de bens, serviços e instalações do Município. Até mesmo instituições policiais poderiam cumular funções típicas de segurança pública com o exercício do poder de polícia. Vencidos os Ministros Marco Aurélio (relator), Teori Zavascki, Rosa Weber, Ricardo Lewandowski (Presidente) e Cármen Lúcia, que davam parcial provimento ao recurso. Entendiam ser constitucional a lei local que conferisse à guarda municipal a atribuição de fiscalizar e controlar o trânsito, inclusive com a possibilidade de imposição de multas, porém, desde que observada a finalidade constitucional da instituição de proteger bens, serviços e equipamentos públicos (CF, art. 144, § 8º) e os limites da competência municipal em matéria de trânsito, estabelecidos pela legislação federal (CF, art. 22, XI).
RE 658570/MG, rel. orig. Min. Marco Aurélio, red. p/ o acórdão Min. Roberto Barroso, 6.8.2015. (RE658570) (Inform. STF 793)

AG. REG. NO AI N. 822.770-ES
RELATOR: MIN. DIAS TOFFOLI
EMENTA: Agravo regimental no agravo de instrumento. Administrativo. Órgão de fiscalização. Poder de polícia. Imposição de multa. Princípio da legalidade. Legislação infraconstitucional. Ofensa reflexa. Precedentes. Fundamentos não impugnados. Precedentes.
1. O Tribunal de origem, analisando as Leis nºs 5.966/73 e 9.933/99, concluiu que havia amparo legal para a imposição de multa pelo INMETRO à parte agravante, em decorrência de essa haver descumprido normas pertinentes à uniformidade e à racionalização das unidades de medida.
2. Inadmissível, em recurso extraordinário, a análise da legislação infraconstitucional. Incidência da Súmulas nº 636/STF.
3. A jurisprudência do Supremo Tribunal é firme no sentido de que a parte deve impugnar, na petição de agravo regimental, todos os fundamentos da decisão agravada.
4. Agravo regimental não provido. **(Inform. STF 738)**

DIREITO ADMINISTRATIVO. INCOMPETÊNCIA DO INMETRO PARA FISCALIZAR BALANÇAS GRATUITAMENTE DISPONIBILIZADAS POR FARMÁCIAS.
O Instituto Nacional de Metrologia, Normatização e Qualidade Industrial (INMETRO) não é competente para fiscalizar as balanças de pesagem corporal disponibilizadas gratuitamente aos clientes nas farmácias. Essas balanças, existentes em farmácias, não condicionam nem tampouco se revelam essenciais para o desenvolvimento da atividade-fim desse ramo comercial (venda de medicamentos). Por não se tratar de equipamento essencial ao funcionamento e às atividades econômicas das farmácias, essas balanças não se expõem à fiscalização periódica do INMETRO, conforme inteligência das Leis 5.966/1973 e da 9.933/1999 e da Resolução 11/1988 do CONMETRO. Nesse contexto, a jurisprudência do STJ firmou-se no sentido de que a Taxa de Serviços Metrológicos, decorrente do poder de polícia do INMETRO em fiscalizar a regularidade das balanças (art. 11 da Lei 9.933/1999), visa a preservar precipuamente as relações de consumo, sendo imprescindível, portanto, verificar se o equipamento objeto de aferição fiscalizatória é essencial, ou não, à atividade mercantil desempenhada pela empresa junto à clientela (REsp 1.283.133-RS, Segunda Turma, DJe 9/3/2012; e REsp 1.455.890-SC, Segunda Turma, DJe 15/8/2014). Precedente citado: AgRg no REsp 1.465.186-PR, Segunda Turma, DJe 27/11/2014. **REsp 1.384.205-SC, Rel. Min. Sérgio Kukina, julgado em 5/3/2015, DJe 12/3/2015 (Inform. STJ 557).**

DIREITO ADMINISTRATIVO E PENAL. SANÇÃO PENAL E ADMINISTRATIVA DECORRENTE DA MESMA CONDUTA. COMPETÊNCIA.
Se o ato ensejador do auto de infração caracteriza infração penal tipificada apenas em dispositivos de leis de crimes ambientais, somente o juízo criminal tem competência para aplicar a correspondente penalidade. Os fiscais ambientais têm competência para aplicar penalidades administrativas. No entanto, se a conduta ensejadora do auto de infração configurar crime ou contravenção penal, somente o juízo criminal é competente para aplicar a respectiva sanção. Precedente citado: AgRg no AREsp 67.254-MA, DJe 2/8/2012. **REsp 1.218.859-ES, Rel. Min. Arnaldo Esteves Lima, julgado em 27/11/2012. (Inform. STJ 511).**

📖 Súmula STF nº 646
Ofende o princípio da livre concorrência lei municipal que impede a instalação de estabelecimentos comerciais do mesmo ramo em determinada área.

📖 Súmula STF nº 645
É competente o município para fixar o horário de funcionamento de estabelecimento comercial.

📖 Súmula STF nº 419
Os municípios têm competência para regular o horário do comércio local, desde que não infrinjam Leis estaduais ou federais válidas.

📖 SÚMULA STJ nº 510
A liberação de veículo retido apenas por transporte irregular de passageiros não está condicionada ao pagamento de multas e despesas.

📖 Súmula STJ nº 127
É ilegal condicionar a renovação da licença de veículo ao pagamento de multa, da qual o infrator não foi notificado.

📖 Súmula STJ nº 19
A fixação do horário bancário, para atendimento ao público, é da competência da União.

3. ATOS ADMINISTRATIVOS

Administração Pública: ressarcimento e decadência - 1
A Primeira Turma iniciou julgamento de mandado de segurança impetrado em face de ato do TCU, que determinara a órgão da Administração Pública federal a adoção de providências voltadas à restituição de quantia paga a servidora pública, relativamente a auxílio-moradia, entre outubro de 2003 e novembro de 2010. A impetrante sustenta a decadência do direito da Administração Pública de anular os atos dos quais decorreram efeitos favoráveis e a necessidade de observância do princípio da proteção da confiança, ante a presunção de legalidade dos atos praticados por agentes públicos. Salienta a patente boa-fé no recebimento dos valores. O Ministro Marco Aurélio (relator) deferiu a ordem para obstar a sequência de qualquer medida tendente a obter a devolução das quantias recebidas pela impetrante no período referido. Afirmou, de início, que a impetrante realmente não satisfazia os requisitos para o recebimento da parcela, tendo em conta o que disposto no art. 1º do Decreto 1.840/1996. No entanto, não se poderia desconsiderar que a Constituição Federal encerraria a segurança jurídica, porquanto elemento ínsito a um Estado Democrático de Direito, a exigir a manutenção da estabilidade das relações sociais. Assim, o princípio reclamaria dos destinatários a previsibilidade das respectivas ações e das situações que viessem a constituir ou a disciplinar. Nesse sentido, os atos estatais criariam, nos indivíduos, expectativa no tocante às posições jurídicas que passassem a titularizar. A evocação da segurança jurídica, portanto, como garantia da cidadania frente a guinadas estatais, conferiria relevância à passagem do tempo, sendo previstos, no cenário jurídico, os institutos da prescrição e da decadência. Na espécie, incidiria o disposto no art. 54 da Lei 9.784/1999 ("O direito da Administração de anular os atos administrativos de que decorram efeitos favoráveis para os destinatários decai em cinco anos, contados da data em que foram praticados, salvo comprovada má-fé"), relativamente à determinação de ressarcimento dos valores percebidos, ante a existência de situação jurídica consolidada, capaz de obstar a atuação do TCU. Ademais, não haveria que se falar em má-fé da servidora, uma vez que a própria Administração Pública concluíra, em mais de uma oportunidade — quando do deferimento inicial do benefício e ao acolher razões apresentadas após manifestação do órgão de contas —, pela ausência de contrariedade ao Decreto 1.840/1996. Logo, criara legítima expectativa quanto à legitimidade da conduta. **MS 32569/DF, rel. Min. Marco Aurélio, 10.11.2015. (MS-32569)**

Administração Pública: ressarcimento e decadência - 2
O Ministro Edson Fachin, em divergência, denegou a ordem. Asseverou que não haveria que se falar, nesses casos de pretensão ressarcitória do Estado, em prescrição e decadência, tendo em conta o disposto no art. 37, § 5º, da CF ("A lei estabelecerá os prazos de prescrição para ilícitos praticados por qualquer agente, servidor ou não, que causem prejuízos ao erário, ressalvadas as respectivas ações de ressarcimento"). Por outro lado, verificar a legitimidade da percepção do auxílio-moradia e a existência de boa-fé da impetrante, demandaria incursão na análise de fatos e provas. Tal questão, portanto, deveria ser debatida em ação ordinária, de ampla cognição, mas

6. DIREITO ADMINISTRATIVO 433

não na via estreita do mandado de segurança. Em seguida, pediu vista dos autos o Ministro Roberto Barroso.

MS 32569/DF, rel. Min. Marco Aurélio, 10.11.2015. (MS-32569) (Inform. STF 807)

Convalidação de atos e nulidade

Se determinada decisão do STF declara a nulidade processual a partir de certo "decisium" a repercutir, inclusive, nos atos subsequentes, o órgão reclamado não pode os declarar convalidados. Com base nessa orientação, a Primeira Turma julgou procedente pedido formulado em reclamação e determinou fosse afastada a custódia que decorrera da prática dos atos implementados de forma automática. No caso, ao apreciar "habeas corpus" do reclamante, a Primeira Turma anulara o que decidido por tribunal regional federal, uma vez demonstrada a impossibilidade de comparecimento do representante processual à sessão de apreciação de recurso em sentido estrito, com formal pedido de adiamento. Além disso, em embargos declaratórios, a Turma esclarecera que a nulidade alcançara todos os atos posteriores ao exame do referido recurso, inclusive os alusivos à custódia e ao julgamento popular. Ocorre que, ao reapreciá-lo, a turma especializada do mencionado tribunal restabelecera atos no processo-crime que teriam sido afastados pela Primeira Turma do STF no campo da automaticidade, a caracterizar ofensa ao que decidido no "habeas corpus" paradigma (HC 89.387/RJ, DJe de 8.6.2007).

Rcl 8823/RJ, rel. Min. Marco Aurélio, 20.10.2015. (Rcl-8823) (Inform. STF 804)

REPERCUSSÃO GERAL EM RE N. 817.338-DF

RELATOR: MIN. DIAS TOFFOLI

EMENTA: Direito Constitucional e Administrativo. Segurança concedida para declarar a decadência de ato da Administração por meio do qual se anulou portaria anistiadora. Análise quanto à existência ou não de frontal violação do art. 8º do ADCT. Julgamento de tese sobre a possibilidade de um ato administrativo, caso evidenciada a violação direta do texto constitucional, ser anulado pela Administração Pública quando decorrido o prazo decadencial previsto na Lei nº 9.784/99. Matéria dotada de repercussão econômica e jurídica. Questões suscetíveis de repetição em inúmeros processos. Repercussão geral reconhecida. **(Inform. STF 802)**

AG. REG. EM MS N. 29.551-DF

RELATOR: MIN. TEORI ZAVASCKI

Ementa: CONSTITUCIONAL. SERVENTIA EXTRAJUDICIAL. PROVIMENTO, MEDIANTE REMOÇÃO, SEM CONCURSO PÚBLICO. ILEGITIMIDADE. ARTIGO 236 E PARÁGRAFOS DA CONSTITUIÇÃO FEDERAL: NORMAS AUTOAPLICÁVEIS, COM EFEITOS IMEDIATOS, MESMO ANTES DA LEI 9.835/1994. INAPLICABILIDADE DO PRAZO DECADENCIAL DO ARTIGO 54 DA LEI 9.784/1999. PRECEDENTES DO PLENÁRIO. AGRAVO NÃO PROVIDO.
1. A jurisprudência do STF é no sentido de que o art. 236, *caput*, e o seu § 3º da CF/88 são normas autoaplicáveis, que incidiram imediatamente desde a sua vigência, produzindo efeitos, portanto, mesmo antes do advento da Lei 8.935/1994. Assim, a partir de 5/10/1988, o concurso público é pressuposto inafastável para a delegação de serventias extrajudiciais, inclusive em se tratando de remoção, observado, relativamente a essa última hipótese, o disposto no art. 16 da referida lei, com a redação que lhe deu a Lei 10.506/2002. As normas estaduais editadas anteriormente, que admitem a remoção na atividade notarial e de registro independentemente de prévio concurso público, são incompatíveis com o art. 236, § 3º, da Constituição, razão pela qual não foram por essa recepcionadas.
2. É igualmente firme a jurisprudência do STF no sentido de que a atividade notarial e de registro, sujeita a regime jurídico de caráter privado, é essencialmente distinta da exercida por servidores públicos, cujos cargos não se confundem.
3. O Plenário do STF, em reiterados julgamentos, assentou o entendimento de que o prazo decadencial de 5 (cinco) anos, de que trata o art. 54 da Lei 9.784/1999, não se aplica à revisão de atos de delegação de serventias extrajudiciais editados após a Constituição de 1988, sem o atendimento das exigências prescritas no seu art. 236.
4. É de ser mantida, portanto, a decisão da autoridade impetrada que interferiu na atuação irregular do Tribunal submetido ao seu controle e considerou ilegítimo o provimento de serventia extrajudicial, sem concurso público, decorrente de remoção, com ofensa ao art. 236, § 3º, da Constituição. Jurisprudência reafirmada no julgamento do MS 28.440 AgR, de minha relatoria, na Sessão do Plenário de 19/6/2013.
5. Agravo regimental desprovido. **(Inform. STF 802)**

AG. REG. NO RE N. 555.421-AM

RELATOR: MIN. DIAS TOFFOLI

EMENTA: Agravo regimental no recurso extraordinário. Efeitos de revogação de decreto do Poder Executivo. Discussão, no âmbito da Administração Pública, com observância dos princípios do contraditório e da ampla defesa. Necessidade.
1. A revogação de decreto editado pelo Poder Executivo não implica automática repristinação de anterior legislação editada sobre o tema.
2. É necessário rediscutir-se a matéria, em sede administrativa, com a observância dos princípios do contraditório e da ampla defesa, até mesmo em respeito à decisão proferida pelo Supremo Tribunal Federal nos autos da SS nº 3.030/AM, a evitar, assim, grave lesão à ordem pública, considerada em termos de ordem jurídico-constitucional. **(Inform. STF 787)**
3. **Agravo regimental não provido.**

TCU: registro de aposentadoria e prazo decadencial - 1

A 1ª Turma iniciou julgamento de mandado de segurança no qual se postula a cessação dos efeitos de acórdão do TCU que negara registro ao ato de aposentadoria da impetrante. A Corte de Contas também reputara ilegal a forma de cálculo dos quintos/décimos de função comissionada incorporada pela servidora, com base na Portaria 474/87 do MEC. A impetrante alega que a forma de cálculo de seus proventos lhe fora assegurada por decisão judicial passada em julgado, de acordo com o que preconizado pela aludida portaria, razão por que não incidiria a redução de vencimentos prevista na Lei 8.168/91. Sustenta, ainda, o transcurso do prazo decadencial de cinco anos para a Administração Pública revisar o ato de sua aposentadoria, nos termos do art. 54 da Lei 9.784/99. O Ministro Luiz Fux, relator, denegou a ordem. Afirmou que o aresto do TCU não teria contrariado o conteúdo de qualquer decisão judicial transitada em julgado. Isto porque o ato daquele tribunal objetivaria apenas adequar a forma de cálculo do pagamento das referidas vantagens, a compatibilizá-las com a legislação vigente. Portanto, não houvera anulação de ato de pagamento, mas, ao revés, determinação de que se verificasse se a base de cálculo estaria em conformidade com a lei. Registrou que a Corte de Contas teria assentado a alteração da fórmula de cálculo das vantagens concedidas judicialmente, conforme planos de carreira e as legislações posteriores à decisão judicial, de modo a observar a irredutibilidade dos proventos. Destarte, considerou que não prosperaria a alegação da impetrante de que o TCU teria contrariado decisão judicial. Consignou não configurar ofensa à Constituição transformar, por lei, gratificações incorporadas em vantagem pessoal nominalmente identificada (VPNI), reajustável pelos índices gerais de revisão de vencimentos dos servidores públicos, máxime porque inexistiria direito adquirido a regime jurídico. Asseverou que não incidiria o art. 54 da Lei 9.784/99. Assinalou que, de acordo com as informações prestadas pela autoridade coatora, a despeito de a impetrante ter se aposentado em 27.11.1992, o ato concessivo de sua aposentadoria somente teria sido disponibilizado para análise do TCU, em 14.3.2008, tendo sido lavrado acórdão em 24.1.2012. Assim, apenas nesta data se teria verificado o aperfeiçoamento do ato concessivo de aposentadoria, motivo pelo qual não decorrera o lapso necessário à configuração da decadência administrativa. Sublinhou que esse entendimento não se distanciaria da jurisprudência do STF, segundo a qual a aposentadoria se afiguraria ato administrativo complexo, que somente se tornaria perfeito e acabado após seu exame e registro pelo TCU. Após, pediu vista o Min. Roberto Barroso.

TCU: registro de aposentadoria e prazo decadencial - 2

Ao concluir julgamento de mandado de segurança, a 1ª Turma, por maioria, denegou *writ* em que se postulava a cessação dos efeitos de acórdão do TCU que negara registro ao ato de aposentadoria da impetrante. Alegava-se que a forma de cálculo dos proventos fora assegurada por decisão judicial passada em julgado, razão pela qual não incidiria a redução de vencimentos prevista em legislação posterior. Sustentava-se, ainda, o transcurso do prazo decadencial de cinco anos para a Administração Pública revisar o ato de aposentadoria (Lei 9.784/99, art. 54) — v. Informativo 716. A Turma afirmou que o aresto do TCU não teria contrariado o conteúdo de qualquer decisão judicial transitada em julgado. Isso porque o ato daquele tribunal objetivaria apenas adequar a forma de cálculo do pagamento das referidas vantagens, a compatibilizá-las com a legislação vigente. Portanto, não houvera anulação de ato de pagamento, mas, ao revés, determinação de que se verificasse se a base de cálculo estaria em conformidade com a lei. Registrou-se que a Corte de Contas teria assentado a alteração da fórmula de cálculo das vantagens concedidas judicialmente, conforme planos de

VADE MECUM DE JURISPRUDÊNCIA – STF/STJ

carreira e legislações posteriores à decisão judicial, de modo a observar a irredutibilidade dos proventos. Consignou-se não configurar ofensa à Constituição transformar, por lei, gratificações incorporadas em Vantagem Pessoal Nominalmente Identificada (VPNI), reajustável pelos índices gerais de revisão de vencimentos dos servidores públicos, máxime porque inexistiria direito adquirido a regime jurídico.

TCU: registro de aposentadoria e prazo decadencial - 3
Asseverou-se, ainda, não incidir o art. 54 da Lei 9.784/99. Assinalou-se que, de acordo com as informações prestadas pela autoridade coatora, a despeito de a impetrante ter se aposentado em 27.11.92, o ato concessivo de sua aposentação somente teria sido disponibilizado para análise do TCU em 14.3.2008, tendo sido lavrado acórdão em 24.1.2012. Assim, apenas nesta data ter-se-ia verificado o aperfeiçoamento do ato concessivo de aposentadoria, motivo pelo qual não decorrera o lapso necessário à configuração da decadência administrativa. Sublinhou-se que esse entendimento não se distanciaria da jurisprudência do STF, segundo a qual a aposentadoria afigura-se ato administrativo complexo, que somente se tornaria perfeito e acabado após seu exame e registro pelo TCU. Por fim, afastou-se a incidência dos princípios da isonomia e da segurança jurídica. Destacou-se a impossibilidade de, em nome do princípio da isonomia, cometer-se um equívoco para a correção de eventuais injustiças. Ademais, salientou-se a ausência de pressupostos para a aplicação do princípio da segurança jurídica, porquanto, no caso, a impetrante não estaria recebendo esse benefício sem qualquer contestação, sendo posteriormente surpreendida com a sua retirada. Aduziu-se, no ponto, que o direito à aposentadoria seria controvertido, haja vista o longo decurso da discussão judicial a envolver a forma de cálculo dos proventos em questão. Vencido o Ministro Roberto Barroso que, tendo em conta a excepcionalidade do caso e os imperativos da segurança jurídica e da isonomia, concedia parcialmente o *writ* para afastar a redução no valor nominal total dos proventos da impetrante, sem impedir, porém, que reajustes futuros fossem corretamente calculados. Ressaltava o decurso de quase vinte anos da aposentação e o fato de a outra câmara do TCU haver mantido esse benefício a outros aposentados em idêntica situação à da impetrante. **MS 31736/DF, rel. Min. Luiz Fux, 10.9.2013. (MS-31736) (Inform. STF 719)**

SEGUNDO AG. REG. NO RE N. 450.458-DF

RELATOR: MIN. TEORI ZAVASCKI
Ementa: ADMINISTRATIVO. AGRAVOS REGIMENTAIS NO RECURSO EXTRAORDINÁRIO. SERVIDOR PÚBLICO. APOSENTADORIA DECLARADA ILEGAL PELO TRIBUNAL DE CONTAS. DEVOLUÇÃO DOS VALORES INDEVIDAMENTE RECEBIDOS. TERMO INICIAL. DATA DA DECISÃO DO ÓRGÃO DE CONTAS. APLICAÇÃO DA SÚMULA 106 DO TCU. PRECEDENTES. SERVIDOR INDUZIDO A ERRO PELA ADMINISTRAÇÃO. AUSÊNCIA DE PREQUESTIONAMENTO. SÚMULA 282/STF. 1. O Plenário do Supremo Tribunal Federal, em diversas oportunidades, já assentou que, havendo boa-fé do servidor público que recebe valores indevidos a título de aposentadoria, só a partir da data em que for ela julgada ilegítima pelo órgão competente deverá ser devolvida a quantia recebida a maior (MS 26085, Relator(a): Min. CÁRMEN LÚCIA, Tribunal Pleno, DJe de 13-06-2008; e MS 24781, Relator(a): Min. ELLEN GRACIE, Relator(a) p/ Acórdão: Min. GILMAR MENDES, Tribunal Pleno, DJe de 09-06-2011). 2. Agravos regimentais a que se nega provimento. **(Inform. STF 716)**

AG. REG. NO ARE N.737.035-RN

RELATOR: MIN. GILMAR MENDES
Agravo regimental em recurso extraordinário com agravo. 2. Direito Administrativo. 3. Decisão judicial que designa delegado de polícia civil. Mérito administrativo. Impossibilidade de ingerência do Poder Judiciário ante a ausência de ilegalidade ou abuso de poder. Princípio da separação dos poderes. Precedentes. 4. Inexistência de argumentos capazes de infirmar a decisão agravada. 5. Agravo regimental a que se nega provimento. **(Inform. STF 707)**

Controle de ato administrativo e separação dos Poderes
Ao assinalar que não viola o princípio da separação dos Poderes o controle de legalidade exercido pelo Judiciário, a 1ª Turma negou provimento a agravo regimental, das Centrais Elétricas da Mantiqueira S/A, interposto de decisão do Min. Dias Toffoli, que desprovera agravo de instrumento, do qual relator. No acórdão recorrido, o Tribunal de origem consignara que "*em linha de princípio, o Poder Judiciário controla somente o aspecto da legalidade estrita*

do ato administrativo, ou seja, o plano de validade do mesmo. 7. Todavia, em se tratando de direitos da terceira geração, envolvendo interesses difusos e coletivos, como ocorre com afetação negativa do meio ambiente, o controle deve ser da legalidade ampla". Inicialmente, explicitou-se que, na espécie, referir-se-ia à suspensão de estudos de viabilização de usina hidrelétrica. Asseverou-se não ser o caso de ofensa ao aludido princípio (CF, art. 2º). No mais, sublinhou-se ser vedado o reexame de fatos e provas dos autos. **AI 817564 AgR/MG, rel. Min. Dias Toffoli, 18.12.2012. (AI-817564) (Inform. STF 693)**.

DIREITO ADMINISTRATIVO. MOTIVAÇÃO POSTERIOR DO ATO DE REMOÇÃO EX OFFICIO DE SERVIDOR.
O vício consistente na falta de motivação de portaria de remoção ex officio de servidor público pode ser convalidado, de forma excepcional, mediante a exposição, em momento posterior, dos motivos idôneos e preexistentes que foram a razão determinante para a prática do ato, ainda que estes tenham sido apresentados apenas nas informações prestadas pela autoridade coatora em mandado de segurança impetrado pelo servidor removido. De fato, a remoção de servidor público por interesse da Administração Pública deve ser motivada, sob pena de nulidade. Entretanto, consoante entendimento doutrinário, nos casos em que a lei não exija motivação, não se pode descartar alguma hipótese excepcional em que seja possível à Administração demonstrar de maneira inquestionável que: o motivo extemporaneamente alegado preexistia; que era idôneo para justificar o ato; e que o motivo foi a razão determinante da prática do ato. Se esses três fatores concorrem, há de se entender que o ato se convalida com a motivação ulterior. Precedentes citados: REsp 1.331.224-MG, Segunda Turma, DJe 26/2/13; MS 11.862-DF, Primeira Seção, DJe 25/5/09. **AgRg no RMS 40.427-DF, Rel. Min. Arnaldo Esteves Lima, julgado em 3/9/2013. (Inform. STJ 529)**

DIREITO ADMINISTRATIVO. CONVALIDAÇÃO DE VÍCIO DE COMPETÊNCIA EM PROCESSO LICITATÓRIO.
Não deve ser reconhecida a nulidade em processo licitatório na hipótese em que, a despeito de recurso administrativo ter sido julgado por autoridade incompetente, tenha havido a posterior homologação de todo o certame pela autoridade competente. Isso porque o julgamento de recurso por autoridade incompetente não é, por si só, bastante para acarretar a nulidade do ato e dos demais subsequentes, tendo em vista o saneamento da irregularidade por meio da homologação do procedimento licitatório pela autoridade competente. Com efeito, o ato de homologação supõe prévia e detalhada análise de todo o procedimento, atestando a legalidade dos atos praticados, bem como a conveniência de ser mantida a licitação. Ademais, o vício relativo ao sujeito, competência, pode ser convalidado pela autoridade superior quando não se tratar de competência exclusiva. **REsp 1.348.472-RS, Rel. Min. Humberto Martins, julgado em 21/5/2013. (Inform. STJ 524)**

DIREITO ADMINISTRATIVO. POSSIBILIDADE DE ENTREGA DE CARNÊS DE IPTU E ISS POR AGENTES ADMINISTRATIVOS DO MUNICÍPIO.
A entrega de carnês de IPTU e ISS pelos municípios sem a intermediação de terceiros no seu âmbito territorial não constitui violação do privilégio da União na manutenção do serviço público postal. Isso porque a notificação, por fazer parte do processo de constituição do crédito tributário, é ato próprio do sujeito ativo da obrigação, que pode ou não delegar tal ato ao serviço público postal. Precedente citado: REsp 1.141.300-MG, Primeira Seção, DJe 5/10/2010 (REPETITIVO). **AgRg no AREsp 228.049-MG, Rel. Min. Mauro Campbell Marques, julgado em 21/3/2013. (Inform. STJ 519)**

📄 Súmula Vinculante STF 3

Nos processos perante o Tribunal de Contas da União asseguram-se o contraditório e a ampla defesa quando da decisão puder resultar anulação ou revogação de ato administrativo que beneficie o interessado, excetuada a apreciação da legalidade do ato de concessão inicial de aposentadoria, reforma e pensão.

📄 Súmula STF nº 473

A administração pode anular seus próprios atos, quando eivados de vícios que os tornam ilegais, porque deles não se originam direitos; ou revogá-los, por motivo de conveniência ou oportunidade, respeitados os direitos adquiridos, e ressalvada, em todos os casos, a apreciação judicial.

📄 Súmula STF nº 346

A administração pública pode declarar a nulidade dos seus próprios atos.

6. DIREITO ADMINISTRATIVO

4. ESTRUTURA DA ADMINISTRAÇÃO E ENTIDADES PARAESTATAIS

Reclamação e sociedade de economia mista

A Primeira Turma, em conclusão de julgamento e por maioria, negou provimento a agravo regimental interposto de decisão que determinara a remessa dos autos de ação civil pública — que fora apreciada pela Justiça do Trabalho — à justiça comum. Na espécie, a decisão agravada acolhera o argumento de que teria havido afronta à decisão proferida na ADI 3395 MC/DF (DJU de 10.11.2006). Prevaleceu o voto do Ministro Luiz Fux (relator), que manteve o que decidido na decisão monocrática para assegurar o processamento dos litígios entre servidores temporários e a Administração Pública perante a justiça comum. A Ministra Rosa Weber, por sua vez, acompanhou o relator na conclusão, ao negar provimento ao agravo, porém, divergiu quanto à fundamentação. Assentou que no julgamento da ADI 3395 MC/DF, o Tribunal decidira não competir à Justiça do Trabalho a apreciação de litígios que envolvessem servidores estatutários ou vinculados de qualquer forma por relação jurídico-administrativa com pessoas jurídicas de direito público, da Administração direta e indireta. Apontou que a Prodesp seria sociedade de economia mista e fora questionada sobre a validade de seus contratos de trabalho sem o prévio concurso público. Dessa forma, seus trabalhadores, por força do ordenamento constitucional, não poderiam ser vinculados a relações estatutárias. Frisou que os ora agravantes seriam os reclamantes beneficiados pelo julgamento da reclamação que lhes dera razão e determinara a remessa dos autos à justiça comum. Aduziu que o único ponto discutido no presente recurso seria se, ante a declaração de incompetência absoluta da Justiça do Trabalho, haveria ou não necessidade de decretar nulidade de atos decisórios da Justiça do Trabalho. Por ser vedada a "reformatio in pejus", negava provimento ao agravo regimental. Vencido o Ministro Marco Aurélio, que provia o recurso. Assentava que, ao se ajuizar processo trabalhista, até mesmo para se declarar o autor carecedor dessa ação, competente seria a justiça do trabalho.
Rcl 6527 AgR/SP, rel. Min. Luiz Fux, 25.8.2015. (Rcl-6527) (Inform. STF 809)

Organizações sociais e contrato de gestão - 7

Em conclusão de julgamento, o Plenário, por maioria, acolheu, em parte, pedido formulado em ação direta de inconstitucionalidade para conferir interpretação conforme a Constituição à Lei 9.637/1998 — que dispõe sobre a qualificação como organizações sociais de pessoas jurídicas de direito privado, a criação do Programa Nacional de Publicização, a extinção dos órgãos e entidades que menciona, a absorção de suas atividades por organizações sociais, e dá outras providências — e ao inciso XXIV do art. 24 da Lei 8.666/1993 — com a redação dada pelo art. 1º da Lei 9.648/1998, que autoriza a celebração de contratos de prestação de serviços com organizações sociais, sem licitação —, para explicitar que: a) o procedimento de qualificação das organizações sociais deveria ser conduzido de forma pública, objetiva e impessoal, com observância dos princípios do "caput" do art. 37 da CF, e de acordo com parâmetros fixados em abstrato segundo o disposto no art. 20 da Lei 9.637/1998; b) a celebração do contrato de gestão fosse conduzida de forma pública, objetiva e impessoal, com observância dos princípios do "caput" do art. 37 da CF; c) as hipóteses de dispensa de licitação para contratações (Lei 8.666/1993, art. 24, XXIV) e outorga de permissão de uso de bem público (Lei 9.637/1998, art. 12, § 3º) deveriam ser conduzidas de forma pública, objetiva e impessoal, com observância dos princípios do "caput" do art. 37 da CF; d) a seleção de pessoal pelas organizações sociais seria conduzida de forma pública, objetiva e impessoal, com observância dos princípios do "caput" do art. 37 da CF, e nos termos do regulamento próprio a ser editado por cada entidade; e e) qualquer interpretação que restringisse o controle, pelo Ministério Público e pelo Tribunal de Contas da União, da aplicação de verbas públicas deveria ser afastada — v. Informativos 621 e 627 (medida cautelar noticiada nos Informativos 421, 454 e 474).
ADI 1923/DF, rel. orig. Min. Ayres Britto, red. p/ o acórdão Min. Luiz Fux, 15 e 16.4.2015. (ADI-1923)

Organizações sociais e contrato de gestão - 8

A Corte admitiu a possibilidade de contratos serem celebrados por organização social com terceiros, com recursos públicos, desde que fossem conduzidos de forma pública, objetiva e impessoal, com observância dos princípios do art. 37, "caput", da CF, e nos termos do regulamento próprio a ser editado por cada entidade. Destacou a necessidade de se averiguar o que é constitucionalmente imposto de forma invariável e o que é suscetível de escolha pela maioria política no que tange à intervenção do Estado nos domínios sociais. Aduziu que a Constituição permitiria interpretação, fundada no pluralismo político, a ensejar a prática de projetos políticos diferentes. Destacou serem os setores de cultura, desporto, lazer, ciência, tecnologia e meio ambiente atividades-deveres do Estado e também da sociedade. A Constituição conteria dispositivos em que seria facultada a livre iniciativa, inclusive pelo setor privado, nos serviços de saúde e educação. Os referidos setores seriam os chamados "serviços públicos sociais", de natureza não exclusiva e não privativos, em que a titularidade poderia ser compartilhada pelo Poder Público e pela iniciativa privada. Assim, o Plenário optou por dar interpretação conforme a alguns dispositivos porque, na essência, aduziriam ao que aconteceria com determinadas entidades extintas e seu patrimônio. Ponderou que, se fossem transformadas todas as organizações sociais em órgãos da Administração Pública e se fossem assumidos todos os seus empregados e serviços por elas prestados, o Estado não teria como arcar com essas despesas. Por outro lado, as organizações sociais exerceriam papel relevante, pela sua participação coadjuvante em serviços que não seriam exclusivos do Estado, e a Constituição admitiria essa coparticipação particular. Haveria, hoje, uma flexibilização das atividades que não seriam exclusivas do Estado, no que reconhecido como um novo modelo gerencial da Administração Pública. Dessa forma, o programa de publicização permitiria ao Estado compartilhar com a comunidade, as empresas e o terceiro setor a responsabilidade pela prestação de serviços públicos, como os de saúde e de educação. Reconheceu que a atuação da Corte não poderia traduzir forma de engessamento e de cristalização de um determinado modelo pré-concebido de Estado, a impedir que, nos limites constitucionais assegurados, as maiorias políticas prevalecentes no jogo democrático pluralista pudessem pôr em prática seus projetos de governo, de forma a moldar o perfil e o instrumental do Poder Público conforme a vontade coletiva. Os setores de saúde, educação, cultura, desporto e lazer, ciência e tecnologia e meio ambiente (CF, artigos 199, "caput"; 209, "caput"; 215; 217; 218 e 225, respectivamente) configurariam serviços públicos sociais, em relação aos quais a Constituição, ao mencionar que seriam "deveres do Estado e da Sociedade" e que seriam "livres à iniciativa privada", permitiria a atuação, por direito próprio, dos particulares, sem que para tanto fosse necessária a delegação pelo Poder Público, de forma que não incidiria o art. 175, "caput", da CF ("Art. 175. Incumbe ao Poder Público, na forma da lei, diretamente ou sob regime de concessão ou permissão, sempre através de licitação, a prestação de serviços públicos").
ADI 1923/DF, rel. orig. Min. Ayres Britto, red. p/ o acórdão Min. Luiz Fux, 15 e 16.4.2015. (ADI-1923)

Organizações sociais e contrato de gestão - 9

O Tribunal apontou que a atuação do Poder Público no domínio econômico e social poderia ser viabilizada por intervenção direta ou indireta, quando disponibilizasse utilidades materiais aos beneficiários, no primeiro caso, ou quando fizesse uso, no segundo caso, de seu instrumental jurídico para induzir que os particulares executassem atividades de interesses públicos por meio da regulação, com coercitividade, ou do fomento, pelo uso de incentivos e estímulos a comportamentos voluntários. Em qualquer das situações, o cumprimento efetivo dos deveres constitucionais de atuação estaria, invariavelmente, submetido ao que a doutrina contemporânea denomina de controle da Administração Pública sob o ângulo do resultado. O fomento público no domínio dos serviços sociais seria posto em prática pela cessão de recursos, bens e pessoal da Administração Pública para as entidades privadas, após a celebração de contrato de gestão, o que viabilizaria o direcionamento, pelo Poder Público, da atuação do particular em consonância com o interesse público, pela inserção de metas e resultados a serem alcançados, sem que isso configurasse qualquer forma de renúncia aos deveres constitucionais de atuação. A extinção das entidades mencionadas nos artigos 18 a 22 da Lei 9.637/1998 não afrontaria a Constituição, dada a irrelevância do fator tempo na opção pelo modelo de fomento — se simultaneamente ou após a edição da lei em comento — porque essas atividades distintas poderiam optar por serem qualificadas como organizações sociais. O procedimento de qualificação de entidades, na sistemática da lei em questão, consistiria em etapa inicial e embrionária, pelo deferimento do título jurídico de "organização social", para que o Poder Público e particular colaborassem na realização de um interesse comum, ausente a contraposição de interesses, com feição comutativa e com intuito lucrativo, que consistiria no núcleo conceitual da figura do contrato administrativo, o que tornaria inaplicável o dever constitucional de licitar (CF, art. 37, XXI). As dispensas de licitação instituídas

no art. 24, XXIV, da Lei 8.666/1993 e no art. 12, § 3º, da Lei 9.637/1998 teriam a finalidade hoje denominada função regulatória da licitação, a significar que esse procedimento passaria a ser visto como mecanismo de indução de determinadas práticas sociais benéficas, a fomentar a atuação de organizações sociais que já ostentassem, à época da contratação, o título de qualificação, e que por isso fossem reconhecidamente colaboradoras do Poder Público no desempenho dos deveres constitucionais no campo dos serviços sociais. O afastamento do certame licitatório não eximiria, porém, o administrador público da observância dos princípios constitucionais, de modo que a contratação direta deveria observar critérios objetivos e impessoais, com publicidade de forma a permitir o acesso a todos os interessados. As organizações sociais, por integrarem o terceiro setor, não fariam parte do conceito constitucional de Administração Pública, razão pela qual não se submeteriam, em suas contratações com terceiros, ao dever de licitar. Por receberem recursos públicos, bens públicos e servidores públicos, porém, seu regime jurídico teria de ser minimamente informado pela incidência do núcleo essencial dos princípios da Administração Pública (CF, art. 37, "caput"), dentre os quais se destacaria o princípio da impessoalidade, de modo que suas contratações deveriam observar o disposto em regulamento próprio (Lei 9.637/1998, art. 4º, VIII), que fixara regras objetivas e impessoais para o dispêndio de recursos públicos ("Art. 4º Para os fins de atendimento dos requisitos de qualificação, deverão ser atribuições privativas do Conselho de Administração, dentre outras: ... VIII - aprovar por maioria, no mínimo, de dois terços de seus membros, o regulamento próprio contendo os procedimentos que deve adotar para a contratação de obras, serviços, compras e alienações e o plano de cargos, salários e benefícios dos empregados da entidade").
ADI 1923/DF, rel. orig. Min. Ayres Britto, red. p/ o acórdão Min. Luiz Fux, 15 e 16.4.2015. (ADI-1923)

Organizações sociais e contrato de gestão - 10
A Corte frisou que os empregados das organizações sociais não seriam servidores públicos, mas sim empregados privados, por isso sua remuneração não deveria ter base em lei (CF, art. 37, X), mas nos contratos de trabalho firmados consensualmente. Por identidade de razões, também não se aplicaria às organizações sociais a exigência de concurso público (CF, art. 37, II). A seleção de pessoal, da mesma maneira como a contratação de obras e serviços, deveria ser posta em prática através de um procedimento objetivo e impessoal. Inexistiria violação aos direitos dos servidores públicos cedidos às organizações sociais, na medida em que preservado o paradigma com o cargo de origem, desnecessária a previsão em lei para que verbas de natureza privada fossem pagas pelas organizações sociais. Os artigos 4º, "caput", e 10 da Lei 9.637/1998, ao disporem sobre a estruturação interna da organização social e o dever de representação dos responsáveis pela fiscalização, não mitigariam a atuação de ofício dos órgãos constitucionais. De igual forma, a previsão de percentual de representantes do Poder Público no conselho de administração das organizações sociais não afrontaria o art. 5º, XVII e XVIII, da CF, uma vez que dependente, para se concretizar, de adesão voluntária das entidades privadas às regras do marco legal do terceiro setor. Vencidos, em parte, o Ministro Ayres Britto (relator), que o julgava parcialmente procedente, e os Ministros Marco Aurélio e Rosa Weber, que julgavam procedente o pedido em maior extensão, para declarar a) a inconstitucionalidade dos artigos 1º; 2º, II; 4º, V, VII, VIII; 5º; 6º, "caput" e parágrafo único; 7º, II; 11 a 15; 17; 20 e 22 da Lei 9.637/1998; b) a inconstitucionalidade do art. 1º da Lei 9.648/98, na parte em que inseriria o inciso XXIV ao art. 24 da Lei 8.666/1993; c) a inconstitucionalidade, sem redução de texto, dos artigos 4º, X, 9º e 10, "caput", da Lei 9.637/1998, de modo a afastar toda e qualquer interpretação no sentido de que os órgãos de controle interno e externo — em especial, o Ministério Público e o Tribunal de Contas — fossem impedidos de exercer a fiscalização da entidade de forma independente das instâncias de controle previstas no mencionado diploma.
ADI 1923/DF, rel. orig. Min. Ayres Britto, red. p/ o acórdão Min. Luiz Fux, 15 e 16.4.2015. (ADI-1923) (Inform. STF 781)

ADI e submissão de membros da Administração Pública ao Poder Legislativo - 1
O Plenário iniciou julgamento de ação direta ajuizada contra os incisos XVIII, XXXI e XXXII do art. 33, bem como os §§ 1º e 2º do art. 111, todos da Constituição do Estado de Roraima, na redação dada pelas EC 23/2009 e EC 30/2012. O inciso XVIII exige a submissão do titular da defensoria pública, da procuradoria-geral do Estado, dos presidentes das fundações públicas e autarquias e do presidente das sociedades de economia mista à sabatina da assembleia legislativa antes de suas nomeações. Já o inciso XXXII obriga os titulares da Universidade Estadual de Roraima, da Companhia de Água e Esgoto, além de outros membros da Administração Pública a comparecer anualmente ao Poder Legislativo para prestar contas, sob pena de serem sumariamente destituídos do cargo. O Ministro Ricardo Lewandowski (Presidente e relator) não conheceu do pleito quanto ao art. 111 e parágrafos. Afirmou que o requerente não fundamentara o pleito nesse ponto. No entanto, julgou parcialmente procedente o pedido para declarar a inconstitucionalidade do inciso XVIII do art. 33, a fim de excluir de sua abrangência o Procurador-Geral do Estado. Observou que essa autoridade deveria, pelo princípio da simetria, ter o mesmo tratamento dado ao Advogado-Geral da União, cargo de livre nomeação do Presidente da República, dispensado de ser sabatinado pelo Senado. Por outro lado, seria legítima essa exigência do titular da defensoria pública estadual, tendo em vista que, no âmbito federal, a Constituição Federal prevê a aprovação do Defensor Público-Geral Federal pelo Senado. Consignou que o pedido seria procedente quanto aos presidentes das empresas públicas e das sociedades de economia mista, já que essas entidades da Administração Pública indireta obedeceriam ao regime das empresas privadas. Portanto, elas não poderiam sofrer nenhum crivo e nenhuma ingerência pelo o Poder Legislativo. Contudo, seria lícita essa regra quanto aos presidentes das autarquias e das fundações. Ressaltou, ainda, que seria inconstitucional o dispositivo que estabelece a obrigatoriedade de comparecimento anual ao Poder Legislativo por parte de titulares de altos cargos públicos. Em seguida, pediu vista o Ministro Roberto Barroso.
ADI 4284/RR, rel. Min. Ricardo Lewandowski, 12.3.2015. (ADI-4284)

ADI e submissão de membros da Administração Pública ao Poder Legislativo - 2
Em conclusão de julgamento, o Plenário conheceu em parte de pedido formulado em ação direta e, na parte conhecida, julgou-o procedente, para declarar a inconstitucionalidade dos incisos XXXI e XXXII do art. 33 da Constituição do Estado de Roraima, na redação dada pelas EC 23/2009 e EC 30/2012 — v. Informativo 777. De início, o Colegiado afirmou, no tocante ao art. 111, §§ 1º e 2º, do mesmo diploma, que o pleito não deveria ser conhecido, por ausência de fundamentação pelo requerente. De igual modo, o pedido também não deveria ser conhecido quanto ao inciso XVIII do art. 33, haja vista que o dispositivo, trazido em aditamento à inicial, teria sido impugnado, em sua redação original, em outra ação direta (ADI 2.167/RR, pendente de julgamento), mas não teria sido questionado na inicial da presente ação. Relativamente às demais normas, reputou sua inconstitucionalidade. O inciso XXXI dispõe sobre o afastamento e nulidade dos atos praticados por pessoas indicadas para certos cargos da alta Administração direta e indireta, caso seus nomes não sejam submetidos à Assembleia Legislativa estadual. Já o inciso XXXII obriga os titulares da Universidade Estadual de Roraima, da Companhia de Água e Esgoto, além de outros membros da Administração Pública a comparecer anualmente ao Poder Legislativo para prestar contas, sob pena de serem sumariamente destituídos do cargo. O Colegiado afirmou que esses incisos, por tratarem de regime jurídico de servidores públicos sem observância da iniciativa privativa do Chefe do Executivo, ofenderiam a Constituição, em seu art. 61, § 1º, c, mesmo porque os preceitos não adviriam da redação originária do texto estadual, mas sim de emendas à Constituição local, que deveriam observar as regras de iniciativa privativa. Do ponto de vista material, o inciso XXXI seria inválido em relação ao Procurador-Geral do Estado e aos presidentes de empresas públicas e sociedades de economia mista, mas não no que diz respeito a dirigentes de autarquias e fundações. No que se refere ao inciso XXXII, prescreveria modelo de fiscalização exacerbado e incompatível com o princípio da separação de Poderes. Reajustou seu voto o Ministro Ricardo Lewandowski (Presidente e relator).
ADI 4284/RR, rel. Min. Ricardo Lewandowski, 9.4.2015. (ADI-4284) (Inform. STF 780)

Agência reguladora estadual e destituição de dirigentes
Por ofensa ao princípio da separação de Poderes (CF, art. 2º), o Plenário julgou parcialmente procedente pedido formulado em ação direta para declarar a inconstitucionalidade do art. 8º da Lei 10.931/1997, do Estado do Rio Grande do Sul, em sua redação originária e na decorrente de alteração promovida pela Lei gaúcha 11.292/1998. O dispositivo impugnado prevê a destituição, no curso do mandato, de dirigentes da Agência Estadual de Regulação dos Serviços Públicos Delegados do Rio Grande do Sul - AGERGS por decisão exclusiva da assembleia legislativa. O Tribunal aduziu que o legislador infraconstitucional não poderia criar ou ampliar os campos de intersecção entre

6. DIREITO ADMINISTRATIVO

os Poderes estatais constituídos, sem autorização constitucional, como no caso em que extirpa a possibilidade de qualquer participação do governador na destituição de dirigente de agência reguladora e transfere de maneira ilegítima, a totalidade da atribuição ao Poder Legislativo local. Afirmou que a natureza da investidura a termo no referido cargo, bem assim a incompatibilidade da demissão "ad nutum" com esse regime, exigiriam a fixação de balizas precisas quanto às situações de demissibilidade dos dirigentes dessas entidades. A Corte destacou que, em razão do vácuo normativo resultante da inconstitucionalidade da legislação estadual, fixaria, enquanto perdurasse a omissão normativa, hipóteses específicas de demissibilidade dos dirigentes da entidade. No ponto, foi além do que decidido na medida cautelar (noticiada no Informativo 171), para estabelecer, por analogia ao que disposto na Lei federal 9.986/2000, que a destituição desses dirigentes, no curso dos mandatos, dar-se-ia em virtude de: a) renúncia; b) condenação judicial transitada em julgado; ou c) processo administrativo disciplinar, sem prejuízo da superveniência de outras possibilidades legais, desde que observada a necessidade de motivação e de processo formal, sem espaço para discricionariedade pelo chefe do Executivo. O Colegiado assentou, também, a constitucionalidade do art. 7º da aludida lei gaúcha, que determina a prévia aprovação da indicação pela assembleia legislativa para nomeação e posse dos dirigentes da autarquia. Asseverou que a Constituição permite que a legislação condicione a nomeação de determinados titulares de cargos públicos à prévia aprovação do Senado Federal (art. 52, III), aplicável aos Estados-membros, por simetria. **ADI 1949/RS, rel. Min. Dias Toffoli, 17.9.2014. (ADI-1949) (Inform. STF 759)**

Serviços sociais autônomos e exigência de concurso público - 1

Os serviços sociais autônomos, por possuírem natureza jurídica de direito privado e não integrarem a Administração Pública, mesmo que desempenhem atividade de interesse público em cooperação com o ente estatal, não estão sujeitos à observância da regra de concurso público (CF, art. 37, II) para contratação de seu pessoal. Essa a conclusão do Plenário, que negou provimento a recurso extraordinário no qual se discutia a necessidade de realização de concurso público para a contratação de empregados por pessoa jurídica integrante do chamado "Sistema S". De início, a Corte afastou preliminar de ilegitimidade do Ministério Público do Trabalho para interpor o presente recurso extraordinário. Destacou que, nos termos dos artigos 83, VI, e 107, "caput", ambos da LC 75/1993, incumbiria àquele órgão oficiar perante o TST, o que abrangeria a atribuição de interpor recurso perante o STF. Esclareceu que os precedentes citados pelo recorrido (SEST - Serviço Social do Transporte) não se aplicariam à espécie, porque neles o Ministério Público do Trabalho teria atuado de forma originária perante o STF, o que seria vedado. No mérito, o Tribunal lembrou que a configuração jurídica dessas entidades relacionadas aos serviços sociais teriam sido expressamente recepcionadas pelo art. 240 da CF e pelo art. 62 do ADCT. Recordou ainda que os serviços sociais do Sistema "S" (SEST - Serviço Social do Transporte; SESCOOP - Serviço Nacional de Aprendizagem no Cooperativismo; SESC - Serviço Social do Comércio; SENAC - Serviço Nacional de Aprendizagem; SESI - Serviço Social da Indústria; SENAI - Serviço de Aprendizado Industrial; e SENAR - Serviço Nacional de Aprendizagem Rural), vinculados às entidades patronais de grau superior e patrocinados, basicamente, por recursos recolhidos do próprio setor produtivo beneficiado, teriam inegável autonomia administrativa. Asseverou que essa autonomia teria limites no controle finalístico exercido pelo TCU quanto à aplicação dos recursos recebidos, sujeição que decorreria do art. 183 do Decreto-lei 200/1967 e do art. 70 da Constituição. Ademais, mencionou que, no caso concreto, a entidade estaria sujeita às auditorias a cargo do Ministério dos Transportes e à aprovação de seus orçamentos pelo Poder Executivo. Assinalou que a não obrigatoriedade de submissão das entidades do denominado Sistema "S" aos ditames constitucionais do art. 37, notadamente ao seu inciso II, não as eximiria de manter um padrão de objetividade e eficiência na contratação e nos gastos com seu pessoal. Enfatizou que essa exigência traduziria um requisito de legitimidade da aplicação dos recursos arrecadados na manutenção de sua finalidade social, porquanto entidades de cooperação a desenvolver atividades de interesse coletivo.

Serviços sociais autônomos e exigência de concurso público - 2

A Corte enunciou as características básicas desses entes autônomos: a) dedicam-se a atividades privadas de interesse coletivo cuja execução não é atribuída de maneira privativa ao Estado; b) atuam em regime de mera colaboração com o Poder Público; c) possuem patrimônio e receita próprios,

constituídos, majoritariamente, pelo produto das contribuições compulsórias que a própria lei de criação institui em seu favor; e d) possuem a prerrogativa de autogerir seus recursos, inclusive no que se refere à elaboração de seus orçamentos, ao estabelecimento de prioridades e à definição de seus quadros de cargos e salários, segundo orientação política própria. Alertou para a necessidade de não se confundir essas entidades e tampouco equipará-las a outras criadas após a CF/1988, como a Associação dos Pioneiros Sociais - APS; a Agência de Promoção de Exportações do Brasil - APEX; e também a Agência Brasileira de Desenvolvimento Industrial - ABDI, cuja configuração jurídica teria peculiaridades próprias: a) criadas por autorização de lei e implementadas pelo Poder Executivo, não por entidades sindicais; b) não destinadas a prover prestações sociais ou de formação profissional a determinadas categorias de trabalhadores, mas a atuar na prestação de assistência médica qualificada e na promoção de políticas públicas de desenvolvimento setoriais; c) financiadas, majoritariamente, por dotações consignadas no orçamento da União; d) obrigadas a gerir seus recursos de acordo com os critérios, metas e objetivos estabelecidos em contrato de gestão cujos termos seriam definidos pelo próprio Poder Executivo; e e) supervisionadas pelo Poder Executivo, quanto à gestão de seus recursos. Feitas essas considerações, o Colegiado pontuou que, embora o recorrido tenha sido criado após a CF/1988, a natureza das atividades por ele desenvolvidas, a forma de financiamento e o regime de controle a que estaria sujeito o enquadrariam no conceito original de serviço social autônomo, vinculado e financiado por determinado segmento produtivo. Concluiu, assim, que, em razão de sua natureza jurídica de direito privado e não integrante da Administração Pública, direta ou indireta, a ele não se aplicaria o inciso II do art. 37 da Constituição. Registrou que a ausência de imposição normativa de observância obrigatória dos princípios gerais da Administração Pública na contratação de pessoal, não se aplicaria a certos serviços sociais (como APS, APEX e ABDI) e outras espécies de entidades colaboradoras com o Poder Público, cuja disciplina geral imporia a adoção desses princípios. Precedentes citados: ADI 1.864/PR (DJe de 2.5.2008); ARE 683.979/DF (DJe de 23.8.2012); RE 366.168/SC (DJU de 14.5.2004) e AI 349.477 AgR/PR (DJU de 28.2.2003). **RE 789874/DF, rel. Min. Teori Zavascki, 17.9.2014. (RE-789874) (Inform. STF 759)**

Nomeação de dirigentes: aprovação legislativa e fornecimento de informações protegidas por sigilo fiscal

O Plenário, por maioria, julgou parcialmente procedente pedido formulado em ação direta para declarar a inconstitucionalidade da expressão "empresas públicas, sociedades de economia mista" constante do art. 1º, bem assim da íntegra do inciso IV do art. 2º e do art. 3º, todos da Lei 11.288/1999 do Estado de Santa Catarina. A norma impugnada estabelece condições e critérios a serem observados para o exercício de cargos de direção da Administração Indireta da referida unidade federativa. Quanto ao art. 1º da aludida lei catarinense ("A nomeação para cargos de presidente, vice--presidente, diretor e membro do conselho de administração de autarquias, empresas públicas, sociedades de economia mista e fundações do Estado de Santa Catarina, obedecerá as condições estabelecidas nesta Lei"), o Tribunal confirmou a orientação fixada no julgamento da medida cautelar no sentido da impossibilidade de a Assembleia Legislativa manifestar-se sobre a indicação de dirigentes de empresa pública e de sociedade de economia mista feita pelo Poder Executivo. Assentou, contudo, não haver óbice relativamente aos dirigentes de autarquias. No tocante ao inciso IV do art. 2º e ao art. 3º ("Art. 2º O pretendente a um dos cargos referidos no artigo anterior deverá apresentar à Assembleia Legislativa os seguintes documentos: ... IV - declaração atualizada de bens, contendo informações quanto à pessoa física e as pessoas jurídicas de que seja sócio ou tenha sido sócio-gerente nos últimos cinco anos; ... Art. 3º Com a exoneração do cargo, a pedido ou no interesse do serviço público, deverá apresentar à Assembleia Legislativa, no período de dois anos seguintes ao da exoneração: I - declaração atualizada de bens; II - comunicação de ocupação de cargos ou subscrição de cotas ou ações em empresas que operem no mesmo ramo de atuação da empresa estatal em que trabalhou, ou em empresa de consultoria, assessoramento e intermediação de contratos com o Poder Público"), o Colegiado aduziu que os preceitos extrapolariam o sistema de freios e contrapesos autorizado pela Constituição. Asseverou que os artigos em questão, além de determinarem o fornecimento de informações protegidas por sigilo fiscal como condição para a aprovação prévia pelo Poder Legislativo dos titulares de determinados cargos, criariam mecanismo de fiscalização pela Assembleia Legislativa que se estenderia após a exoneração dos ocupantes dos citados cargos. Reputou, ainda, violado o princípio da separação dos Poderes (CF, art. 2º) em virtude da outorga à Assembleia Legislativa de competências para fiscalizar, de modo rotineiro e indiscriminado, a evolução patrimonial dos postulantes de cargos de direção da Administração Indireta do Estado-membro e de seus ex-ocupantes, bem como as atividades por eles desenvolvidas nos dois anos seguintes à exoneração. Destacou que essas atribuições não teriam relação com as funções próprias do Legislativo. Vencidos, em parte, os Ministros Teori Zavascki e Gilmar Mendes, que, por não vislumbrarem inconstitucionalidade no art. 2º, IV, da Lei catarinense 11.288/1999, julgavam o pleito improcedente em maior extensão. O primeiro consignava inexistir incompatibilidade com a Constituição na exigência de apresentação de demonstrativo patrimonial, para efeito de emissão de juízo político de aprovação/reprovação do candidato. O último, em acréscimo, ressaltava a ausência de impedimento para que a Assembleia solicitasse informações básicas sobre a vida do pretendente, que poderia vir a dirigir entidade com grande poder econômico-financeiro. **ADI 2225/SC, rel. Min. Dias Toffoli, 21.8.2014. (ADI-2225) (Inform. STF 755)**

DIREITO ADMINISTRATIVO. NECESSIDADE DE APRESENTAÇÃO DE DECLARAÇÃO DE BENS E RENDIMENTOS POR CONSELHEIRO REGIONAL SUPLENTE DO SERVIÇO SOCIAL DO COMÉRCIO NO DF.
O conselheiro regional suplente do SESC-DF tem o dever de apresentar declaração de bens e rendimentos ao Conselho Regional da referida entidade. Apesar de possuírem personalidade jurídica de direito privado, as entidades paraestatais se submetem a algumas nuances do regime jurídico de direito público. Entre as particularidades a que estão sujeitos os entes de cooperação estatal, destaca-se o fato de receberem recursos públicos provenientes de contribuições parafiscais. O SESC é pessoa de cooperação governamental que, embora não integre a administração indireta, tem sua criação autorizada por lei e recebe recursos considerados públicos, razão pela qual é imprescindível que os responsáveis por sua administração sujeitem-se ao controle público. Segundo o art. 5º, V, da Lei n. 8.443/1992, estão sujeitos a prestar contas ao TCU os responsáveis por entidades dotadas de personalidade jurídica de direito privado que recebam contribuições parafiscais e prestem serviço de interesse público ou social. Ademais, de acordo com o art. 4º da Lei n. 8.730/1993, toda pessoa que, por força de lei, estiver sujeita a prestar contas ao TCU deve apresentar cópia da declaração de rendimentos e de bens relativa ao período base da gestão. O SESC-DF é administrado por um órgão colegiado, o Conselho Regional, cabendo ao presidente desse conselho apenas a função de materializar as decisões, após discussão, votação e aprovação do órgão colegiado. Assim, todos os conselheiros devem ser considerados como responsáveis pela administração da entidade, sendo dever de cada um deles a apresentação de declaração de bens e rendimentos. **REsp 1.356.484-DF, Rel. Min. Humberto Martins, julgado em 5/2/2013. (Inform. STJ 516).**

📄 **Súmula STF nº 25**

A nomeação a termo não impede a livre demissão pelo presidente da república, de ocupante de cargo dirigente de autarquia.

📄 **Súmula STF nº 8**

Diretor de sociedade de economia mista pode ser destituído no curso do mandato.

📄 **Súmula STJ nº 525**

A Câmara de Vereadores não possui personalidade jurídica, apenas personalidade judiciária, somente podendo demandar em juízo para defender os seus direitos institucionais.

5. AGENTES PÚBLICOS

5.1. Regime Jurídico e espécies de vínculos

Nomeação de servidor e nepotismo
A Segunda Turma iniciou julgamento de reclamação em que se discute a prática de nepotismo em face de nomeação de servidor público. No caso, servidor público teria sido nomeado para ocupar o cargo de Assessor de Controle Externo de tribunal de contas de município. Nesse mesmo tribunal, seu tio, parente em linha colateral de 3º grau, já exerceria o cargo de Assessor-Chefe de gabinete de conselheiro. O Ministro Gilmar Mendes (relator) julgou procedente o pedido formulado na reclamação para determinar a exoneração do servidor. Assinalou que o STF teria firmado entendimento no sentido da vedação constitucional ao nepotismo no âmbito dos Poderes Judiciário,

Executivo e Legislativo, conforme se observaria do Enunciado 13 da Súmula Vinculante do STF ("A nomeação de cônjuge, companheiro ou parente em linha reta, colateral ou por afinidade, até o terceiro grau, inclusive, da autoridade nomeante ou de servidor da mesma pessoa jurídica investido em cargo de direção, chefia, ou assessoramento, para o exercício de cargo em comissão ou de confiança ou, ainda, de função gratificada na administração pública direta ou indireta em qualquer dos poderes da União, dos Estados, do Distrito Federal e dos Municípios, compreendido o ajuste mediante designações recíprocas, viola a Constituição Federal"). Afirmou que haveria presunção objetiva que impediria a nomeação de parentes de servidores já investidos em funções de confiança ou em cargos em comissão, de modo a evitar que esses também assumissem funções diferenciadas no mesmo órgão. Ademais, não seria necessária, para a caracterização de nepotismo, a subordinação funcional ou hierárquica, direta ou indireta, entre os servidores. Além disso, a finalidade do Enunciado seria evitar nomeações diretas ou cruzadas de parentes, as quais presumidamente envolveriam escolhas pessoais em detrimento dos princípios constitucionais da impessoalidade, da moralidade, da publicidade e da eficiência administrativa. Em seguida, pediu vista a Ministra Cármen Lúcia.
Rcl 18564/SP, rel. Min. Gilmar Mendes, 25.8.2015. (Rcl-18564) (Inform. STF 796)

ADI: extinção de cargo de escrivão judiciário e competência dos Estados-Membros
O Plenário julgou improcedente pedido formulado em ação direta e declarou a constitucionalidade do art. 2º, §§ 1º, 2º, 3º, 4º e 5º, da Lei 7.971, do Estado do Espírito Santo, que extingue o cargo de escrivão judiciário e cria, em seu lugar, função de confiança para o exercício de atividades de direção, chefia e assessoramento, por servidor público ocupante de cargo efetivo. O Tribunal asseverou que os tribunais de justiça estaduais possuiriam competência para propor ao Poder Legislativo respectivo a criação e a extinção de cargos, nos termos do art. 96, II, b, da CF. Consignou que a extinção do cargo de escrivão judiciário não configuraria incursão indevida na esfera de competência da União para legislar sobre Direito Processual (CF, art. 22, I), mormente por se tratar de vínculo administrativo-funcional, inserido na autoadministração dos Estados-Membros (CF, art. 18). Ademais, a vacância do cargo público não se confundiria com a sua extinção; enquanto a primeira significaria a saída do servidor do cargo público ocupado, a última seria a eliminação de um núcleo de atribuições e responsabilidades na estrutura organizacional da Administração Pública. Além disso, a exigência de critérios e garantias especiais para a perda do cargo pelo servidor público estável, que desenvolvesse atividades exclusivas de Estado (CF, art. 247), somente se aplicaria à vacância de cargo público e apenas nas estritas hipóteses do art. 41, § 1º, III, e do art. 169, § 7º, da CF, não constituindo, portanto, qualquer óbice à extinção de cargo público por lei. No caso, a lei estadual atacada extinguira o cargo de escrivão judiciário em sede estadual e criara, em seu lugar, função de confiança para o exercício de atividades de direção, chefia e assessoramento, por servidor público ocupante de cargo efetivo, em total consonância com o ordenamento constitucional, o que não configuraria transposição ou qualquer outra forma de provimento vedada pelo Enunciado 685 da Súmula do STF.
ADI 3711/ES, rel. Min. Luiz Fux, 5.8.2015. (ADI-3711) (Inform. STF 793)

AG. REG. NO ARE N. 808.607-RO

RELATORA: MIN. ROSA WEBER
EMENTA: DIREITO ADMINISTRATIVO E PROCESSUAL CIVIL. SERVIDOR PÚBLICO. VANTAGEM OBTIDA POR SENTENÇA TRABALHISTA. PASSAGEM PARA O REGIME JURÍDICO ÚNICO. EFEITOS DA SENTENÇA TRABALHISTA LIMITADOS AO ADVENTO DA LEI Nº 8.112/1990. DIREITO ADQUIRIDO. INEXISTÊNCIA. CONSONÂNCIA DA DECISÃO RECORRIDA COM A JURIS-PRUDÊNCIA CRISTALIZADA NO SUPREMO TRIBUNAL FEDERAL. NEGATIVA DE PRESTAÇÃO JURISDICIONAL. ARTIGO 93, IX, DA CONSTITUIÇÃO DA REPÚBLICA. NULIDADE. INOCORRÊNCIA. RAZÕES DE DECIDIR EXPLICITA-DAS PELO ÓRGÃO JURISDICIONAL. RECURSO EXTRAORDINÁRIO QUE NÃO MERECE TRÂNSITO. ACÓRDÃO RECORRIDO PUBLICADO EM 22.02.2011.
1. O entendimento adotado pela Corte de origem, nos moldes do assinalado na decisão agravada, não diverge da jurisprudência firmada no âmbito deste Supremo Tribunal Federal, no sentido de que diante da transposição do servidor público celetista para o regime estatutário, extinto em decorrência do contrato de trabalho, não há falar em direito adquirido a diferenças remuneratórias deferidas em decisão trabalhista.

6. DIREITO ADMINISTRATIVO

2. Inexiste violação do artigo 93, IX, da Constituição Federal. A jurisprudência do Supremo Tribunal Federal é no sentido de que o referido dispositivo constitucional exige a explicitação, pelo órgão jurisdicional, das razões do seu convencimento, dispensando o exame detalhado de cada argumento suscitado pelas partes.
3. As razões do agravo regimental não se mostram aptas a infirmar os fundamentos que lastrearam a decisão agravada.
4. Agravo regimental conhecido e não provido. **(Inform. STF 790)**

ADI e norma antinepotismo - 2
Em conclusão de julgamento, o Plenário, por maioria, acolheu pedido formulado em ação direta para dar interpretação conforme à Constituição ao inciso VI do art. 32 da Constituição do Estado do Espírito Santo — que estabelece ser "vedado ao servidor público servir sob a direção imediata de cônjuge ou parente até segundo grau civil" — no sentido de o dispositivo ser válido somente quando incidisse sobre os cargos de provimento em comissão, função gratificada, cargos de direção e assessoramento — v. Informativo 443. O Colegiado entendeu que a vedação não poderia alcançar os servidores admitidos mediante prévia aprovação em concurso público, ocupantes de cargo de provimento efetivo, haja vista que isso poderia inibir o próprio provimento desses cargos, violando, dessa forma, o art. 37, I e II, da CF, que garante o livre acesso aos cargos, funções e empregos públicos aos aprovados em concurso público. Vencido o Ministro Marco Aurélio, que julgava improcedente o pedido.
ADI 524/ES, rel. orig. Min. Sepúlveda Pertence, red. p/ o acórdão Min. Ricardo Lewandowski, 20.5.2015. (ADI-524) (Inform. STF 786)

Progressão funcional de servidor público e iniciativa legislativa
O Plenário referendou medida cautelar concedida em ação direta de inconstitucionalidade, com o fim de suspender a eficácia do art. 1º da Lei 10.011/2013 do Estado de Mato Grosso. A norma impugnada, de iniciativa parlamentar, dispõe sobre critério de progressão funcional de servidores do referido Estado-membro, matéria cuja iniciativa seria reservada ao chefe do Poder Executivo (CF, art. 61, § 1º, II).
ADI 5091 Referendo-MC/MT, rel. Min. Dias Toffoli, 4.2.2015. (ADI-5091) (Inform. STF 773)

Criação de cargos comissionados e processo legislativo
A iniciativa de competência privativa do Poder Executivo não impede a apresentação de emendas parlamentares, presente a identidade de matéria e acompanhada da estimativa de despesa e respectiva fonte de custeio. Com base nessa orientação, o Plenário julgou improcedente pedido formulado em ação direta em face do art. 2º da Lei 11.075/2004, que dispõe sobre a criação de 435 cargos em comissão do Grupo-Direção e Assessoramento Superiores - DAS e Funções Gratificadas - FG. O Plenário enfatizou que a Lei 11.075/2004 resultaria da fusão de conteúdo de duas normas de iniciativas presidenciais que contaram com parecer de comissão mista parlamentar incumbida da apreciação da matéria. Asseverou que, no caso, a incorporação ou a fusão de um projeto de lei em outro — projeto de conversão de medida provisória em lei — por emenda parlamentar seria admissível, desde que ambos tivessem sido propostos pela mesma autoridade, em respeito à competência para iniciar o processo legislativo. Frisou que a emenda parlamentar não desvirtuara a proposta inicial e tampouco incorrera na vedação ao aumento da despesa originalmente prevista (CF, art. 63, I e II). Ademais, a eventual superação do limite estabelecido pela LC 101/2000 para despesas com pessoal, decorrente da criação de novos cargos em comissão e das funções gratificadas, não importaria em ofensa direta e imediata à Constituição, porque seu exame estaria restrito à verificação de sua legalidade.
ADI 3942/DF, rel. Min. Cármen Lúcia, 5.2.2014. (ADI-3942) (Inform. STF 773)

Regime jurídico de servidor público e vício de iniciativa
O Plenário julgou procedente pedido formulado em ação direta para declarar a inconstitucionalidade da Lei 6.841/1996 do Estado de Mato Grosso. A norma impugnada, de iniciativa parlamentar, dispõe sobre a indenização por morte e invalidez permanente dos servidores públicos militares do referido Estado-membro. Segundo alegado, a norma em comento ofenderia os artigos 2º; 61, § 1º, II, c e f; 63, II; e 84, III, todos da CF, a ensejar sua inconstitucionalidade formal, porquanto se trataria de matéria relativa a regime jurídico dos servidores militares, a implicar acréscimo de despesa pública. O Colegiado, de início, afastou a preliminar de decadência da ação direta, aplicável, no caso, o Verbete 360 da Súmula do STF ("Não há prazo de decadência para a representação de inconstitucionalidade prevista no art. 8º, parágrafo único, da Constituição Federal"). Também rejeitou argumento segundo o qual teria havido a convalidação do ato impugnado em razão da sanção do governador, haja vista o vício formal de iniciativa. Quanto ao mérito, a Corte destacou que a locução "regime jurídico" abrangeria, entre outras regras, aquelas relativas aos direitos e às vantagens de ordem pecuniária dos servidores públicos. Ademais, a lei teria criado indenização a ser paga pelo Executivo.
ADI 3920/MT, rel. Min. Marco Aurélio, 5.2.2015. (ADI-3920) (Inform. STF 773)

DIREITO ADMINISTRATIVO. INAPLICABILIDADE DO DIREITO A RECONDUÇÃO PREVISTO NO ART. 29, I, DA LEI 8.112/1990 A SERVIDOR PÚBLICO ESTADUAL.
Não é possível a aplicação, por analogia, do instituto da recondução previsto no art. 29, I, da Lei 8.112/1990 a servidor público estadual na hipótese em que o ordenamento jurídico do estado for omisso acerca desse direito. Isso porque a analogia das legislações estaduais e municipais com a Lei 8.112/1990 somente é possível se houver omissão no tocante a direito de cunho constitucional autoaplicável que seria necessário para suprir a omissão da legislação estadual, bem como que a situação não dê azo ao aumento de gastos. **RMS 46.438-MG, Rel. Min. Humberto Martins, julgado em 16/12/2014, DJe 19/12/2014 (Inform. STJ 553).**

Ascensão funcional e transposição: servidor público distrital e provimento derivado
Ao reafirmar jurisprudência da Corte segundo a qual a ascensão e a transposição constituem formas inconstitucionais de provimento derivado de cargos por violarem o princípio do concurso público, o Plenário, em votação majoritária, julgou parcialmente procedente pedido formulado em ação direta para declarar a inconstitucionalidade dos artigos 8º e 17 da Lei 68/1989 e do 6º da Lei 82/1989, ambas do Distrito Federal. Os preceitos questionados dispõem sobre a possibilidade de provimento em carreira diversa por meio de ascensão e transposição de cargos. De início, o Colegiado assentou a competência do STF para exercer o controle concentrado de normas que tratam sobre organização de pessoal, tendo em conta a impossibilidade de se distinguir se a sua natureza seria municipal ou estadual. Em seguida, não conheceu do pleito no tocante à impugnação aos artigos 1º e 2º da Lei distrital 282/1992, porquanto eventual ofensa ao texto constitucional seria indireta, haja vista a necessidade de cotejo com outras normas infraconstitucionais. Reputou, ainda, prejudicada a análise do art. 3º da Lei distrital 66/1989 e do art. 6º da Lei distrital 83/1989 — ante a superveniente perda de objeto em face de revogações sucessivas —, bem assim do art. 1º da Lei distrital 96/1990 — uma vez que o Tribunal já afirmara a constitucionalidade desse dispositivo no julgamento de outra ação direta. Vencido, em parte, o Ministro Marco Aurélio, que conferia interpretação conforme aos artigos 8º e 17 da Lei distrital 68/1989 e ao art. 6º da Lei distrital 82/1989. Ressalvava as situações jurídicas em que o ingresso do prestador de serviços ocorrera por meio de concurso público e aquelas cuja escolaridade exigida para os novos cargos fosse idêntica à do concurso público pretérito. **ADI 3341/DF, rel. Min. Ricardo Lewandowski, 29.5.2014. (ADI-3341) (Inform. STF 748)**

Servidor público: acesso e provimento derivado
Por ofensa ao princípio da ampla acessibilidade aos cargos públicos (CF, art. 37, II), o Plenário julgou procedente pedido formulado em ação direta para declarar a inconstitucionalidade dos artigos 15 e 17 do ADCT da Constituição do Estado do Rio Grande do Norte. O referido art. 15 autoriza o denominado "enquadramento", ao permitir que servidores públicos estaduais, da administração direta, autárquica e fundacional, com tempo igual ou superior a cinco anos de exercício e que há mais de dois anos estejam à disposição de órgão diverso daquele de sua lotação, optem pelo enquadramento definitivo no órgão em que estiverem a serviço, ainda que de outro Poder. O art. 17, por seu turno, possibilita que o servidor estadual tenha acesso a cargo ou emprego de nível superior identificado ou equivalente à formação do curso de nível superior que venha a concluir. O Tribunal asseverou que reiterados julgamentos da Corte teriam assentado a indispensabilidade da prévia aprovação em concurso de provas ou de provas e títulos para investidura em cargo público de provimento efetivo. Destacou que a matéria fora objeto do Verbete 685 da Súmula do STF ("É inconstitucional toda modalidade de provimento que propicie ao servidor investir-se, sem prévia aprovação em concurso público destinado ao seu provimento, em cargo que não integra

440 VADE MECUM DE JURISPRUDÊNCIA – STF/STJ

a carreira na qual anteriormente investido"). Esclareceu que a estabilidade excepcional garantida pelo art. 19 do ADCT da CF não conferiria direito a qualquer tipo de reenquadramento em cargo público. Sublinhou que ao servidor estável, nos termos do preceito citado, seria assegurada somente a permanência no cargo para o qual fora contratado, sem que pudesse integrar carreira distinta. Aduziu que, com a promulgação da atual Constituição, teriam sido banidos do ordenamento jurídico brasileiro os modos de investidura derivada. Frisou que a finalidade de corrigir eventuais distorções existentes no âmbito do serviço público estadual não tornaria legítima a norma impugnada. Precedentes citados: ADI 248/RJ (DJU de 8.4.1994) e ADI 2.689/RN (DJU de 21.11.2003). **ADI 351/RN, rel. Min. Marco Aurélio, 14.5.2014. (ADI-351) (Inform. STF 746)**

AG. REG. NO RMS N. 29.403-DF
RELATOR: MIN. TEORI ZAVASCKI
Ementa: ADMINISTRATIVO. AGRAVO REGIMENTAL NO RECURSO ORDINÁRIO EM MANDADO DE SEGURANÇA. DEPARTAMENTO DE GESTÃO DA DÍVIDA ATIVA DA PROCURADORIA-GERAL DA FAZENDA NACIONAL. CARGO DE DIRETOR.
1. Os cargos em comissão não privativos de bacharel em Direito, por serem de livre provimento, podem ser ocupados por pessoa estranha ao quadro da Advocacia-Geral da União.
2. A nomeação de auditor fiscal para o cargo de Diretor de unidade da Procuradoria-Geral da Fazenda Nacional que não desempenhe atividade de representação judicial ou extrajudicial da União, nem de consultoria ou assessoramento jurídicos, não viola direito líquido e certo a ser tutelado por mandado de segurança.
3. Agravo regimental a que se nega provimento. **(Inform. STF 742)**

Cargo em comissão e provimento por pessoa fora da carreira
O cargo em comissão de Diretor do Departamento de Gestão da Dívida Ativa da Procuradoria-Geral da Fazenda Nacional - PGFN, não privativo de bacharel em direito, pode ser ocupado por pessoa estranha a esse órgão. Com base nessa orientação, a 2ª Turma negou provimento a agravo regimental em que sindicato reiterava alegação acerca da necessidade de provimento do aludido cargo, exclusivamente, por procuradores da Fazenda Nacional. A Turma considerou que as atividades desempenhadas pelo referido cargo não seriam essencialmente jurídicas, especialmente por não abarcarem consultoria e assessoramento, tampouco por não envolverem a coordenação da representação judicial ou extrajudicial da União na execução da dívida. Ademais, afirmou que o cargo em questão seria de livre nomeação e exoneração (CF, art. 37, II). Consignou que a nomeação de auditor fiscal para o cargo encontraria respaldo na Lei 11.890/2008, que permite aos integrantes da Auditoria da Receita Federal — servidores de outra carreira — ter exercício na PGFN. Destacou que, se todas as atividades desenvolvidas pela PGFN fossem de natureza jurídica, conforme aduzido pelo ora agravante, não haveria subordinação administrativa ao Ministro de Estado da Fazenda. **RMS 29403 AgR/DF, rel. Min. Teori Zavascki, 25.3.2014. (RMS-29403) (Inform. STF 740)**

AG. REG. NO ARE N. 758.277-DF
RELATOR: MIN. DIAS TOFFOLI
EMENTA: Agravo regimental no recurso extraordinário com agravo. Administrativo. Servidor público celetista. Advento da Lei nº 8.112/90, que transformou vínculos celetistas em estatutários. Pretensão de manutenção de vantagens do regime anterior. Impossibilidade. Princípios da coisa julgada, do devido processo legal, da ampla defesa e do contraditório. Ofensa reflexa. Precedentes.
1. É pacífica a jurisprudência da Corte no sentido da impossibilidade de o servidor público que teve o vínculo com a Administração transformado de celetista em estatutário pela Lei nº 8.112/90 manter as vantagens típicas do regime anterior.
2. A afronta aos princípios da legalidade, do devido processo legal, da ampla defesa e do contraditório, dos limites da coisa julgada e da prestação jurisdicional, quando depende, para ser reconhecida como tal, da análise de normas infraconstitucionais, configura apenas ofensa indireta ou reflexa à Constituição da República, o que não enseja o reexame da questão em recurso extraordinário.
3. Agravo regimental não provido. **(Inform. STF 738)**

EMB. DECL. NO AG. REG. NO AI N. 651.512-RS
RELATOR: MIN. RICARDO LEWANDOWSKI
Ementa: EMBARGOS DE DECLARAÇÃO NO AGRAVO REGIMENTAL NO AGRAVO DE INSTRUMENTO. EMPRESA BRASILEIRA DE CORREIOS E TELÉGRAFOS - ECT. DEMISSÃO IMOTIVADA DE SUA EMPREGADA. IMPOSSIBILIDADE. NECESSIDADE DE MOTIVAÇÃO DA DISPENSA. EMBARGOS ACOLHIDOS COM EFEITOS INFRINGENTES.
I - O Plenário do Supremo Tribunal Federal, ao julgar o mérito do RE 589.998/PI, de minha relatoria, com repercussão geral reconhecida, firmou o entendimento no sentido de que a dispensa de empregados de empresas públicas e sociedades de economia mista prestadoras de serviços públicos deve ser motivada, em obediência aos princípios da impessoalidade e isonomia que regem a admissão por concurso público, afastando-se, entretanto, o direito à estabilidade prevista no art. 41 da Constituição Federal.
II - Embargos de declaração acolhidos para, atribuindo-lhes excepcionais efeitos infringentes, cassar o acórdão embargado, dar provimento ao agravo regimental, para dar provimento ao agravo de instrumento, para dar provimento ao recurso extraordinário, em conformidade ao que foi decidido no julgamento do RE 589.998-RG/PI. **(Inform. STF 734)**

AG. REG. NO ARE N. 732.512-MG
RELATOR: MIN. GILMAR MENDES
1. Agravo regimental em recurso extraordinário com agravo. 2. Transposição do regime celetista para estatutário. 3. Ausência de direito adquirido às vantagens do regime anterior. 4. Inexistência de argumentos suficientes para infirmar a decisão recorrida. 5. Agravo regimental a que se nega provimento. **(Inform. STF 711)**

SEGUNDO AG. REG. NO RE N. 634.732-PR
RELATOR: MIN. TEORI ZAVASCKI
Ementa: CONSTITUCIONAL. SERVIDOR PÚBLICO. PROVENTOS DE APOSENTADORIA. LEI SUPERVENIENTE ESTABELECENDO VENCIMENTO ÚNICO PARA A CARREIRA. DIREITO ADQUIRIDO A REGIME JURÍDICO. INEXISTÊNCIA, ASSEGURADA A IRREDUTIBILIDADE DO VALOR PERCEBIDO. PRECEDENTES DO SUPREMO TRIBUNAL FEDERAL.
1. A jurisprudência do Supremo Tribunal Federal consolidou-se no sentido de que não existe direito adquirido nem a regime jurídico, nem aos critérios que determinaram a composição da remuneração ou dos proventos, desde que o novo sistema normativo assegure a irredutibilidade dos ganhos anteriormente percebidos.
2. Não havendo redução dos proventos percebidos pelo inativo, não há inconstitucionalidade na lei que estabelece, para a carreira, o sistema de vencimento único, com absorção de outras vantagens remuneratórias.
3. Agravo regimental desprovido. **(Inform. STF 711)**

Cargos em comissão e nepotismo - 1
O Plenário julgou parcialmente procedente pedido formulado em ação direta para declarar a inconstitucionalidade do art. 4º ("Ficam extintos os cargos em comissão que não atendam às disposições do parágrafo 4º do artigo 20 e do artigo 32, caput, da Constituição do Estado"), bem assim das expressões "4º e" e "inclusive de extinção de cargos em comissão e de exoneração" constantes do art. 6º ("O Governador do Estado, o Presidente do Tribunal de Justiça e a Mesa da Assembleia Legislativa, no âmbito dos respectivos Poderes, o Procurador-Geral de Justiça e o Presidente do Tribunal de Contas do Estado, no âmbito das suas respectivas instituições, emitirão os atos administrativos declaratórios de atendimento das disposições dos artigos 4º e 5º desta emenda constitucional, inclusive de extinção de cargos em comissão e de exoneração"), ambos da Emenda Constitucional 12/95, do Estado do Rio Grande do Sul, que cuida da criação, disciplina e extinção de cargos em comissão na esfera dos Poderes locais. Conferiu-se ao parágrafo único do art. 6º interpretação conforme a Constituição Federal para abranger apenas os cargos situados no âmbito do Poder Executivo. Além disso, assentou-se a inconstitucionalidade, por arrastamento, do art. 7º, a, da referida emenda. Por fim, entendeu-se pela improcedência do pleito no tocante aos artigos 1º, 2º, 5º e 7º, b, desse mesmo diploma. Reportou-se aos fundamentos expendidos quando do julgamento da medida cautelar (DJU de 17.3.2000) e enfatizou-se que a matéria sobre o nepotismo estaria pacificada nesta Corte mediante a Súmula Vinculante 13.

6. DIREITO ADMINISTRATIVO

Cargos em comissão e nepotismo - 2

Quanto ao art. 4º, asseverou-se que a extinção de cargos públicos, efetivos ou em comissão não poderia ser tratada por norma genérica inserida na Constituição estadual. Esse tema pressuporia lei específica nesse sentido, a dispor quantos e quais cargos seriam extintos. Destacou-se que o dispositivo apresentaria inconstitucionalidade formal, ou seja, vício de iniciativa, porquanto a Assembleia Legislativa teria determinado a extinção de cargos que integrariam a estrutura funcional de outros Poderes, a invadir competência privativa destes na matéria. Distinguiu-se o que disposto no art. 4º do que contido no art. 5º – que estabeleceria extinção do provimento, após respectiva exoneração, dos cargos em comissão nas situações em que providos de maneira a configurar nepotismo –, porquanto este prescindiria de lei. A proibição de ocupar os cargos decorreria da própria Constituição.

Cargos em comissão e nepotismo - 3

No que concerne ao art. 6º, registrou-se que, em virtude do art. 4º, a inconstitucionalidade dos termos expungidos seria mera consequência daquele primeiro vício, pois a extinção do cargo não poderia ocorrer por ato administrativo. Relativamente ao parágrafo único do art. 6º ("Governador do Estado poderá delegar atribuições para a prática dos atos previstos neste artigo"), explicitou-se que a delegação só poderia ocorrer no âmbito do Poder Executivo, porque essa transferência de atribuições, pelo Governador, de atos de competência exclusiva do Judiciário ou do Legislativo configuraria ingerência indevida nos demais Poderes. Ato contínuo, ao cuidar do art. 7º, consignou-se que, embora a alínea a tivesse sofrido alteração pela EC 14/97 do ente federativo, a revogação do texto impugnado não prejudicaria a ação direta. No entanto, somente teria motivo para ser mantida íntegra se subsistisse o art. 4º, pois guardaria inteira dependência normativa com ele. A respeito da alínea b, registrou-se inexistir razão para declará-la inconstitucional, uma vez que disporia sobre a vigência de dispositivo considerado constitucional. **ADI 1521/RS, rel. Min. Ricardo Lewandowski, 19.6.2013. (ADI-1521) (Inform. STF 711)**

ADI e vedação ao nepotismo

O Plenário julgou procedente pedido formulado em ação direta para declarar a inconstitucionalidade do parágrafo único do art. 1º da Lei 13.145/97, do Estado de Goiás. Entendeu-se que o dispositivo questionado, ao permitir a nomeação, admissão ou permanência de até dois parentes das autoridades mencionadas no caput do preceito, além do cônjuge do Chefe do Poder Executivo, criaria hipóteses que excepcionariam a vedação ao nepotismo. **ADI 3745/GO, rel. Min. Dias Toffoli, 15.5.2013. (ADI-3745) (Inform. STF 706)**

DIREITO ADMINISTRATIVO. EXAME MÉDICO PARA INGRESSO EM CARGO PÚBLICO. O candidato a cargo público federal pode ser eliminado em exame médico admissional, ainda que a lei que discipline a carreira não confira caráter eliminatório ao referido exame. Isso porque a inspeção de saúde é exigência geral direcionada a todos os cargos públicos federais (arts. 5º, VI, e 14 da Lei 8.112/1990), daí a desnecessidade de constar expressamente na lei que disciplina a carreira da qual se pretende o ingresso. Ademais, a referida inspeção clínica não se confunde com o teste físico ou psicológico, os quais são exigências específicas para o desempenho de determinados cargos e, portanto, devem possuir previsão legal em lei específica. Precedente citado: REsp 944.160-DF, Quinta Turma, DJe 6/12/2010. **AgRg no REsp 1.414.990-DF, Rel. Min. Humberto Martins, julgado em 3/4/2014. (Inform. STJ 538)**

DIREITO ADMINISTRATIVO. INAPLICABILIDADE DO ART. 19-A DA LEI N. 8.036/1990 NA HIPÓTESE DE CONTRATO DE TRABALHO TEMPORÁRIO DECLARADO NULO EM RAZÃO DO DISPOSTO NO ART. 37, § 2º, DA CF. Não é devido o depósito do FGTS na conta vinculada do trabalhador cujo contrato de trabalho temporário efetuado com a Administração Pública sob o regime de "contratação excepcional" tenha sido declarado nulo em razão da falta de realização de concurso público. De acordo com o art. 19-A da Lei n. 8.036/1990, é devido o depósito do FGTS na conta vinculada do trabalhador cujo contrato de trabalho tenha sido declarado nulo devido à inobservância das regras referentes ao concurso público previstas na CF. A questão disciplinada por esse artigo diz respeito à necessidade de recolhimento do FGTS em favor do ex-servidor que teve sua investidura em cargo ou emprego público anulada. O trabalhador admitido sob o regime de contrato temporário, entretanto, não se submete a esse regramento. **AgRg nos EDcl no AREsp 45.467-MG, Rel. Min. Arnaldo Esteves Lima, julgado em 5/3/2013. (Inform. STJ 518)**

DIREITO ADMINISTRATIVO. CÔMPUTO DO PERÍODO DE LICENÇA-PRÊMIO NÃO GOZADA COMO DE EFETIVO EXERCÍCIO PARA O FIM DE ENQUADRAMENTO NO PLANO DE CARREIRA INSTITUÍDO PELA LEI N. 11.091/2005. O período de licença-prêmio não gozada deve ser computado como de efetivo exercício para o fim de enquadramento no Plano de Carreira dos Cargos Técnico-Administrativos em Educação no âmbito das Instituições Federais de Ensino – instituído pela Lei n. 11.091/2005 – se, na época da aposentadoria do servidor, vigia o art. 102, VIII, "e", da Lei n. 8.112/1990 em sua redação original, que considerava a licença-prêmio como de efetivo exercício. Com efeito, se a licença-prêmio não gozada foi computada para o fim de aposentadoria como tempo efetivo de serviço, não pode, posteriormente, ser desconsiderada para efeito do enquadramento previsto na Lei n. 11.091/2005. É o que se infere dos termos da Súmula 359 do STF, segundo a qual, ressalvada a revisão prevista em lei, os proventos da inatividade serão regulados pela lei vigente ao tempo em que o militar ou o servidor civil reuniram os requisitos necessários para tanto. Ressalte-se que, embora o referido enunciado trate da norma aplicável para a concessão do benefício, também pode ser aplicado, *mutatis mutandis*, à hipótese de enquadramento em plano de carreira. **REsp 1.336.566-RS, Rel. Min. Humberto Martins, julgado em 7/2/2013. (Inform. STJ 516).**

▣ Súmula Vinculante STF 13

A nomeação de cônjuge, companheiro ou parente em linha reta, colateral ou por afinidade, até o terceiro grau, inclusive, da autoridade nomeante ou de servidor da mesma pessoa jurídica investido em cargo de direção, chefia ou assessoramento, para o exercício de cargo em comissão ou de confiança ou, ainda, de função gratificada na administração pública direta e indireta em qualquer dos Poderes da União, dos Estados, do Distrito Federal e dos Municípios, compreendido o ajuste mediante designações recíprocas, viola a Constituição Federal.

▣ Súmula STF nº 39

À falta de Lei, funcionário em disponibilidade não pode exigir, judicialmente, o seu aproveitamento, que fica subordinado ao critério de conveniência da administração.

▣ Súmula STF nº 22

O estágio probatório não protege o funcionário contra a extinção do cargo.

▣ Súmula STF nº 17

A nomeação de funcionário sem concurso pode ser desfeita antes da posse.

▣ Súmula STF nº 16

Funcionário nomeado por concurso tem direito à posse.

▣ Súmula STJ nº 218

Compete à Justiça dos Estados processar e julgar ação de servidor estadual decorrente de direitos e vantagens estatutárias no exercício de cargo em comissão.

▣ Súmula STJ nº 137

Compete à justiça comum estadual processar e julgar ação de servidor público municipal, pleiteando direitos relativos ao vínculo estatutário.

5.2. Concurso Público

Concurso público: direito subjetivo à nomeação e surgimento de vagas - 1
O Plenário, por maioria, negou provimento a recurso extraordinário em que se discutia a existência de direito subjetivo à nomeação de candidatos aprovados fora do número de vagas previstas no edital de concurso público, no caso de surgimento de novas vagas durante o prazo de validade do certame. A Corte afirmou que, a partir de 1988, com a promulgação da Constituição da República, o concurso público de provas e títulos teria se consolidado como um primoroso instrumento democrático para a seleção republicana e impessoal para cargos e empregos públicos. Assim, teria sido estabelecido, constitucionalmente, o melhor mecanismo para a Administração assegurar, dentre outros, os princípios da isonomia e da impessoalidade na concorrência entre aqueles que almejassem servir ao Estado. Sua ideia decorreria da necessidade de se garantir que assumisse determinado cargo aquele indivíduo que, competindo em iguais condições com todos os candidatos (CF, art. 5º, "caput"), estivesse, em tese, melhor preparado. Vedar-se-ia, desse modo, a prática inaceitável de o Poder Público conceder privilégios a alguns ou de dispensar

442 VADE MECUM DE JURISPRUDÊNCIA – STF/STJ

tratamento discriminatório e arbitrário a outros. Outrossim, a Administração, ao iniciar um processo seletivo, manifestaria uma evidente intenção e necessidade de preencher determinados cargos públicos, submetendo-se às determinações dos editais que publicasse, o que tornaria relevante o prévio planejamento na sua confecção, a fim de que houvesse uma perfeita adequação entre o quantitativo de pessoal necessário e o número de vagas a serem providas nos termos do instrumento convocatório. Por outro lado, o chamado "cadastro de excedentes" revelar-se-ia medida apropriada para possibilitar o aproveitamento célere e eficiente daqueles já aprovados, sem a necessidade de abertura de novo concurso, na medida em que o administrador público não poderia estimar, durante a validade do concurso, de forma precisa, quantos cargos ficariam vagos, e quantos seriam necessários para determinada repartição. Na linha da jurisprudência do STF, em relação aos candidatos aprovados dentro do número de vagas previstas em edital, a Administração poderia, dentro do prazo de validade do processo seletivo, escolher o momento em que se realizaria a nomeação, mas não poderia dispor sobre a própria nomeação. Essa última passaria a constituir um direito do concursando aprovado e, dessa forma, um dever imposto ao Poder Público. Apesar disso, não se poderia dizer o mesmo daqueles aprovados fora do número de vagas previstas em edital, ou seja, dentro do cadastro de reserva. Esses candidatos possuiriam mera expectativa de direito à nomeação, situação que, apenas excepcionalmente, se convolaria em direito subjetivo.
RE 837311/PI, rel. Min. Luiz Fux, 14.10.2015. (RE-837311)

Concurso público: direito subjetivo à nomeação e surgimento de vagas - 2
O plenário destacou que incumbiria à Administração, no âmbito de seu espaço de discricionariedade, avaliar, de forma racional e eficiente, a conveniência e oportunidade de novas convocações durante a validade do certame. Assim, o surgimento de novas vagas durante o prazo de validade de concurso não geraria, automaticamente, um direito à nomeação dos candidatos aprovados fora das vagas do edital, nem mesmo que novo concurso fosse aberto durante a validade do primeiro. O provimento dos cargos dependeria de análise discricionária da Administração Pública, moldada pelo crivo de conveniência e oportunidade. A despeito da vacância dos cargos e da publicação do novo edital durante a validade do concurso, poderiam surgir circunstâncias e legítimas razões de interesse público que justificassem a inocorrência da nomeação no curto prazo, de modo a obstaculizar eventual pretensão de reconhecimento do direito subjetivo à nomeação dos aprovados em colocação além do número de vagas. A referida discricionariedade, porém, seria aquela consentânea com o Direito Administrativo contemporâneo, ou seja, não seria livre e irrestrita, mas vinculada a certas premissas. Ou seja, deveria basear-se no dever de boa-fé da Administração Pública, além de pautar-se por um incondicional respeito aos direitos fundamentais e aos princípios da eficiência, da impessoalidade, da moralidade e da proteção da confiança, todos inerentes ao Estado de Direito. Em suma, se seria verdade que a nomeação dos candidatos aprovados em concurso público, além do número de vagas do edital, estaria sujeita à discricionariedade da Administração Pública, não menos verdadeiro seria que essa discricionariedade deveria ser exercida legitimamente. Desse modo, nenhum candidato, estivesse ele dentro ou fora do número de vagas do edital, poderia ficar refém de condutas que, deliberadamente, deixassem escoar, desnecessariamente e, por vezes, de modo reprovável, o prazo de validade do concurso para que fossem nomeados, apenas, os aprovados em novo concurso. Se a Administração decidisse preencher imediatamente determinadas vagas por meio do necessário concurso, e existissem candidatos aprovados em cadastro de reserva de concurso válido, o princípio da boa-fé vincularia a discricionariedade da Administração e lhe imporia o necessário preenchimento das vagas pelos aprovados no certame ainda em validade. Desse modo, quem fosse aprovado em concurso além das vagas previstas no edital não ostentaria um direito subjetivo de ser nomeado, mesmo que aberto novo edital durante a validade do certame (CF, art. 37, IV). Possuiria, ao revés, mera expectativa de direito que seria convolada em direito adquirido à nomeação, apenas, na excepcional circunstância de ficar demonstrado, de forma inequívoca, a necessidade de novas nomeações durante a validade do concurso. Uma coisa seria a vacância do cargo, outra a vacância acompanhada do manifesto comportamento da Administração destinado a prover os cargos durante a validade do concurso, e isso, contudo, não ficaria caracterizado pela mera publicação de novo edital de concurso.
RE 837311/PI, rel. Min. Luiz Fux, 14.10.2015. (RE-837311)

Concurso público: direito subjetivo à nomeação e surgimento de vagas - 3
O Plenário ressaltou que a aprovação em concurso público só originaria direito subjetivo à nomeação: a) quando ela ocorresse dentro do número de vagas previstas no edital; b) quando houvesse preterição na nomeação por inobservância da ordem de classificação no concurso; e c) quando surgissem novas vagas durante a validade do concurso e, excepcionalmente, a Administração Pública, mesmo após reconhecer, de forma inequívoca e demonstrada casuisticamente, a necessidade do provimento das vagas durante a validade do concurso, deixasse o referido prazo escoar para nomear candidatos de concurso superveniente, o que teria ocorrido na espécie. O Ministro Edson Fachin, ao também negar provimento ao recurso, considerou, no entanto, que a necessidade de observância da eficiência administrativa e do adequado manejo dos recursos públicos, ensejaria o dever de a administração convocar todos os candidatos aprovados em concursos públicos, até o preenchimento de todas as vagas, ressalvados motivos financeiros e razões de eficiência administrativa. A Ministra Rosa Weber apontou a necessidade de se observar o princípio da discricionariedade vinculada ao Direito, na medida em que, no caso em comento, quando aberto novo edital de concurso, já seriam conhecidos os classificados no certame anterior. Vencidos os Ministros Roberto Barroso, Teori Zavascki e Gilmar Mendes, que davam provimento ao recurso por entenderem inexistente o direito subjetivo à nomeação dos candidatos aprovados em concurso público fora do número de vagas previstas em edital, salvo em caso de preterição. Em seguida, o julgamento foi suspenso para posterior fixação de tese de repercussão geral.
RE 837311/PI, rel. Min. Luiz Fux, 14.10.2015. (RE-837311)

Concurso público: direito subjetivo à nomeação e surgimento de vagas - 4
O surgimento de novas vagas ou a abertura de novo concurso para o mesmo cargo, durante o prazo de validade do certame anterior, não gera automaticamente o direito à nomeação dos candidatos aprovados fora das vagas previstas no edital, ressalvadas as hipóteses de preterição arbitrária e imotivada por parte da administração, caracterizada por comportamento tácito ou expresso do Poder Público capaz de revelar a inequívoca necessidade de nomeação do aprovado durante o período de validade do certame, a ser demonstrada de forma cabal pelo candidato. Assim, o direito subjetivo à nomeação do candidato aprovado em concurso público exsurge nas seguintes hipóteses: a) quando a aprovação ocorrer dentro do número de vagas dentro do edital; b) quando houver preterição na nomeação por não observância da ordem de classificação; e c) quando surgirem novas vagas, ou for aberto novo concurso durante a validade do certame anterior, e ocorrer a preterição de candidatos de forma arbitrária e imotivada por parte da administração nos termos acima. Essa a tese que, por maioria, o Plenário fixou para efeito de repercussão geral. Na espécie, discutia-se a existência de direito subjetivo à nomeação de candidatos aprovados fora do número de vagas previstas no edital de concurso público, no caso de surgimento de novas vagas durante o prazo de validade do certame. Em 14.10.2014, a Corte julgou o mérito do recurso, mas deliberara pela posterior fixação da tese de repercussão geral — v. Informativo 803. O Ministro Luiz Fux (relator) destacou que o enunciado fora resultado de consenso entre os Ministros do Tribunal, cujo texto fora submetido anteriormente à análise. Vencido o Ministro Marco Aurélio, que se manifestava contra o enunciado, porque conflitava com as premissas lançadas pela corrente vitoriosa no julgamento do recurso extraordinário. Aduzia que a preterição se caracterizava quando, na vigência do concurso, convocava-se novo certame, a revelar a necessidade de se arregimentar mão de obra.
RE 837311/PI, rel. Min. Luiz Fux, 9.12.2015. (RE-837311) (Inform. STF 811)

Decisão do STJ e reintegração de defensores não concursados
A Segunda Turma julgou procedente o pedido formulado em reclamação para cassar decisão do STJ, que reintegrava os interessados nos quadros da Defensoria Pública no Estado de Minas Gerais sem concurso público. Entendeu que a decisão reclamada contraria a autoridade da decisão proferida pelo STF no julgamento da ADI 3.819/MG (DJe de 23.8.2008). Nessa ação direta, a Corte assentara a inconstitucionalidade, com efeitos prospectivos, de leis estaduais que admitiram, na função de defensor público, servidores que não ingressaram na carreira mediante concurso. A Turma consignou o expresso pronunciamento do Plenário, durante os debates sobre a modulação de efeitos, acerca da impossibilidade de permanência dos servidores beneficiados pelas normas declaradas inconstitucionais. O prazo conferido para que a decisão paradigma produzisse seus efeitos apenas tinha o propósito

6. DIREITO ADMINISTRATIVO

de permitir ao Estado de Minas Gerais a adoção das medidas necessárias para solucionar eventual risco à continuidade dos serviços prestados pela defensoria pública.
Rcl 16950/MG, rel. Min. Cármen Lúcia, 1º.12.2015. (Rlc-16950) (Inform. STF 810)

Concurso público e nomeação precária - 2

O candidato que toma posse em concurso público por força de decisão judicial precária assume o risco de posterior reforma desse julgado que, em razão do efeito "ex tunc", inviabiliza a aplicação da teoria do fato consumado em tais hipóteses. Assim a Primeira Turma concluiu o julgamento, por maioria, ao negar provimento a recurso ordinário em mandado de segurança no qual se pretendia a incidência da teoria do fato consumado, bem como a anulação da portaria que tornara sem efeito nomeação para o cargo de auditor-fiscal do trabalho. Na espécie, a candidata participara de segunda etapa de concurso público, mediante deferimento de liminar, com sua consectária posse no cargo. Após mais de 15 anos, em julgamento de mérito, denegara-se a ordem e, por conseguinte, o Ministério do Trabalho editara ato em que tornada sem efeito respectiva nomeação — v. Informativo 688. De início, a Turma salientou que o STF reconhecera a existência de repercussão geral cuja tese abrangeria a circunstância contemplada no presente feito (RE 608.482/RN, DJe de 2.5.2012). Explicou que as particularidades da situação em apreço conduziriam para a não aplicação da teoria do fato consumado. A recorrente tivera sua participação na segunda etapa do concurso assegurada por decisão judicial que, ao final, fora reformada (denegada) e transitara em julgado, sem que ela ajuizasse ação rescisória. A pretensão da ora recorrente, portanto, já estaria fulminada na origem. É certo que sua nomeação somente fora implementada por força de decisão proferida nos autos de outro processo proposto pela impetrante (ação de obrigação de fazer), no qual obtivera, em última instância, decisão favorável. Todavia, essa segunda demanda guardaria nítida relação de dependência com aquela que transitara em julgado e lhe fora desfavorável. Portanto, seja pela aplicação do entendimento firmado em repercussão geral, seja pelas particularidades processuais que envolvem o caso concreto, a Turma entendeu não ser possível aplicar a teoria do fato consumado. Vencido o Ministro Luiz Fux (relator), que, com base no princípio da proteção da confiança legítima, dava provimento ao recurso ordinário, a fim de assegurar a permanência da recorrente no cargo.
RMS 31538/DF, rel. orig. Min. Luiz Fux, red. p/ o acórdão Min. Marco Aurélio, 17.11.2015. (RMS-31538) (Inform. STF 808)

Concurso público e suspeita de irregularidade de titulação - 1

A Primeira Turma iniciou julgamento de mandado de segurança impetrado contra ato do CNJ que invalidara critério estabelecido por comissão de concurso para aferir pontos de títulos de especialização em certame voltado à outorga de delegações de notas e registros. No caso, diversos candidatos teriam apresentado diplomas de pós-graduação, na modalidade especialização, que teriam sido inicialmente admitidos pela comissão do concurso. Diante da existência de suspeitas quanto à regularidade de muitas das titulações, a comissão interpretara o edital e a Resolução 81/2009/CNJ de modo a impedir que títulos inidôneos servissem à classificação, sem que antes fossem submetidos à avaliação no tocante à validade. Esse fato levara vários candidatos beneficiados pela contabilização de títulos a ingressarem com procedimentos de controle administrativo no CNJ para que fosse declarada a nulidade do ato da comissão, com a consequente divulgação do resultado definitivo do certame. Com o acolhimento parcial dos pedidos formulados, o CNJ afastara a orientação da comissão. O Ministro Marco Aurélio (relator) deferiu parcialmente a ordem para permitir, no âmbito do controle de legalidade, ante as condições específicas dos candidatos e das instituições de ensino, a desconsideração de certificados emitidos em contrariedade ao disposto na legislação educacional ou em situações de superposições e acúmulos desarrazoados, fraudulentos ou abusivos. Consignou que a criação de parâmetro de julgamento após iniciado o concurso seria ilegítima, pois abalaria a confiança depositada no tocante ao cumprimento das regras vigentes quando da abertura do procedimento. Ressaltou que a comissão, ao apreciar os certificados apresentados, deveria limitar-se a observar a Resolução 81/2009/CNJ e o edital. Porém, não estaria descartada, à luz do caso concreto, a possibilidade de afastamento dos certificados que, presente a disciplina jurídica em vigor, revelassem situações de irregularidade, fraude ou abuso de direito, ligadas às instituições ou aos candidatos. Estes deveriam arcar com as consequências das respectivas condutas. Salientou que não se poderia admitir que os responsáveis pela análise dos documentos fechassem os olhos para situações nas quais candidatos teriam frequentado

elevadíssimo número de cursos de pós-graduação, com duração mínima de 360 horas, em curto espaço de tempo, de forma presencial e em diferentes unidades da Federação. Sublinhou, ainda, que não se estaria a assentar a legitimidade de restrição genérica relativamente à quantidade máxima de diplomas de pós-graduação, mas apenas o reconhecimento de que situações de evidente abuso devessem ser rechaçadas. A fase de apresentação de certificados não poderia dissociar-se das finalidades inerentes ao certame público, considerada a necessidade de recrutamento de pessoal qualificado e apto ao exercício de funções públicas. Seria ilegítimo o recebimento de diplomas em desrespeito a parâmetros de razoabilidade, cabendo ao tribunal de origem a correspondente análise, observadas as balizas objetivamente fixadas no momento da instauração do certame.
MS 33406/DF, rel. Min. Marco Aurélio, 17.112015. (MS-33406)

Concurso público e suspeita de irregularidade de titulação - 2

O Ministro Edson Fachin divergiu parcialmente do relator. Acolheu o pleito sucessivo para julgar procedente o pedido e determinar a aplicação da Resolução 187/2014 do CNJ, publicada após o edital, ao presente concurso. Considerou que haveria omissão específica da Administração Pública consubstanciada na inércia frente ao desvirtuamento das condições de igualdade do certame para outorga de delegações. Ademais, uma análise comparativa com os demais certames integrados por provas de títulos demonstraria que o cômputo realizado pelo concurso em questão seria desproporcional, ao permitir atribuir mais pontos às especializações do que a títulos muito mais exigentes, como mestrados e doutorados. Enfatizou que a aplicação da nova Resolução do CNJ poderia solucionar a irregularidade identificada. Em seguida, pediu vista o Ministro Roberto Barroso.
MS 33406/DF, rel. Min. Marco Aurélio, 17.112015. (MS-33406) (Inform. STF 808)

Princípio do concurso público e provimento derivado - 1

O Plenário julgou procedente pedido formulado em ação direta para declarar a inconstitucionalidade da Lei amazonense 2.917/2004; bem assim das expressões "e de Comissário de Polícia", do inciso V, art. 5º; do parágrafo único do art. 10; da expressão e "Comissário de Polícia", constante do Anexo III; e da parte do Anexo IV que determina a transposição dos servidores do antigo cargo de Comissário de Polícia para o novo cargo de Comissário de Polícia de Classe Única (PC.COM-U), contidos na Lei amazonense 2.875/2004. No caso, os dois diplomas impugnados, ao promoverem a reestruturação do quadro de pessoas da polícia civil estadual, teriam engendrado uma espécie de ascensão funcional de servidores investidos no cargo de comissário de polícia, içando-os à carreira de delegado de polícia sem concurso público. Primeiramente, o Tribunal analisou as características do cargo de comissário de polícia, segundo a legislação estadual. Demonstrou que o cargo, inicialmente, requeria formação de nível médio, até sua extinção. Após seu ressurgimento, a investidura passara a ter os mesmos requisitos de qualificação exigidos para o cargo de delegado de polícia. Porém, o cargo distinguia-se do de delegado pelo fato de ter natureza isolada e por ter remuneração menor. Além disso, as atribuições do comissário não seriam definidas em lei. Com o advento da ora questionada Lei estadual 2.875/2004, fora instituído um novo formato para o cargo de comissário, em que a remuneração fora equiparada à dos delegados de polícia de 5ª classe. Além disso, fora instituído um grupo ocupacional denominado de "autoridade policial", composto por titulares dos cargos de delegado de polícia civil e de comissário de polícia civil, dos quais constituiriam competência privativa a presidência de inquérito policial, a lavratura de autos de prisão em flagrante e de termos circunstanciados de ocorrência. Posteriormente, a adversada Lei estadual 2.917/2004 determinara a transformação de 124 cargos de comissário de polícia existentes em cargos de delegado de polícia de 5ª classe. Em suma, o cargo de comissário, criado com natureza de cargo isolado, fora transformado no cargo inicial da carreira de delegado de polícia.
ADI 3415/AM, rel. Min. Teori Zavascki, 24.9.2015. (ADI-3415)

Princípio do concurso público e provimento derivado - 2

O Colegiado reputou que o art. 37, II, da CF preconizaria o concurso público como requisito inafastável de acesso aos cargos públicos, e que esse entendimento seria exaustivamente reiterado pela jurisprudência do STF. Haveria situações excepcionais em que a Corte admitiria a transfiguração de cargos públicos e o consequente aproveitamento dos seus antigos titulares na nova classificação funcional. De acordo com esses precedentes, a passagem de servidores de uma carreira em extinção para outra recém-criada poderia ser feita como forma de racionalização administrativa, desde que houvesse substancial correspondência entre as características dos dois cargos, sobretudo a respeito das atribuições incluídas nas esferas de competência de cada qual. Além disso, esses casos revelariam um processo de sincretismo funcional, cujo ponto final seria uma previsível fusão. Na hipótese em debate, porém, a reinserção do cargo de comissário no quadro funcional do Estado-Membro se dera de modo heterodoxo. O cargo teria competências indefinidas, com requisitos idênticos aos de delegado de polícia. Não haveria, além disso, clara distinção de ordem hierárquica entre os dois cargos. Embora a realidade de fato revelasse desvio de aproveitamento funcional dos comissários, haveria diferença de grau de responsabilidade entre cada um dos postos. Ademais, não haveria perspectiva de promoção quanto ao cargo de comissário, ao contrário do cargo de delegado. As distinções, portanto, não seriam meramente formais. Não haveria, de igual modo, um gradual processo de sincretismo entre os cargos. Portanto, houvera burla ao postulado do concurso público, mediante o favorecimento de agentes públicos alçados por via legislativa a cargo de maior responsabilidade do que aquele para o qual aprovados em concurso. Assim, tanto a transformação do cargo de comissário no de delegado quanto a equiparação das atribuições dos dois cargos — a quebrar a hierarquia antes existente e violar o art. 144, § 4º, da CF —, promovidas pelas leis em debate, seriam inconstitucionais. **ADI 3415/AM, rel. Min. Teori Zavascki, 24.9.2015. (ADI-3415) (Inform. STF 800)**

Concurso público: procurador da república e atividade jurídica
A referência a "três anos de atividade jurídica", contida no art. 129 da CF, não se limita à atividade privativa de bacharel em direito. Esse o entendimento da Primeira Turma, que concedeu a ordem em mandado de segurança impetrado por candidato ao cargo de procurador da república que pleiteava o reconhecimento da atividade exercida enquanto técnico judiciário e assistente I e IV na Justiça federal, ambas, segundo alegado, com a atuação em atividades finalísticas do Poder Judiciário, compatíveis com o cargo almejado. **MS 27601/DF, rel. Min. Marco Aurélio, 22.9.2015. (MS-27601) (Inform. STF 800)**

REPERCUSSÃO GERAL EM RE N. 898.450-SP
RELATOR: MIN. LUIZ FUX
EMENTA: REPERCUSSÃO GERAL NO RECURSO EXTRAORDINÁRIO. ADMINISTRATIVO. CONCURSO PÚBLICO. EDITAL. REQUISITOS. IMPEDIMENTO DO PROVIMENTO DE CARGO, EMPREGO OU FUNÇÃO PÚBLICA DECORRENTE DA EXISTÊNCIA DE TATUAGEM NO CORPO DO CANDIDATO. AFERIÇÃO DA CONSTITUCIONALIDADE DA EXIGÊNCIA ESTATAL DE QUE A TATUAGEM ESTEJA DENTRO DE DETERMINADOS PARÂMETROS. ARTS. 5º, I E 37, I E II DA CRFB/88. REPERCUSSÃO GERAL RECONHECIDA. (Inform. STF 798)

CNJ: concurso público e Resolução 187/2014
A Resolução 187/2014 do CNJ, que disciplina a contagem de títulos em concursos públicos para outorga de serventias extrajudiciais, não se aplica a concursos já em andamento quando do início de sua vigência. Com base nesse entendimento, a Primeira Turma denegou mandado de segurança impetrado em face de ato do CNJ, que, em procedimento de controle administrativo, anulara edital de concurso público que adequara regras de certame já em curso às regras fixadas pela superveniente Resolução 187/2014. O Colegiado consignou que o CNJ, no exercício de suas atribuições, teria estabelecido normas voltadas a reger os concursos públicos realizados pelos tribunais de justiça para a outorga de delegações de serventias extrajudiciais, vindo a editar, com esse propósito, a Resolução 81/2009. O ato normativo disporia de maneira abrangente acerca dos processos seletivos, trazendo, em anexo, minuta de instrumento convocatório a ser utilizada pelos órgãos que os promovessem. A leitura dos dispositivos constantes na referida norma e das cláusulas presentes na minuta que a acompanha permitiria assentar inexistir vedação expressa à possibilidade de cumulação de certificados de pós-graduação para a obtenção de pontos na etapa de avaliação de títulos do certame. Essa orientação, entretanto, viera a ser revista com o advento da Resolução 187/2014, que altera o teor da Resolução 81/2009, passando, então, a ser limitada a quantidade de títulos de pós-graduação passível de avaliação nessa fase do certame. Contudo, em atenção ao princípio da segurança jurídica, o CNJ deliberara modular os efeitos da mudança, a qual somente seria aplicável aos concursos públicos em que ainda não realizada alguma das etapas. Na espécie, o Edital 1/2013 do tribunal de justiça local, por meio do qual deflagrado o concurso público em apreço, fora publicado quando ainda vigente a mencionada Resolução 81/2009, na redação originária. O referido ato convocatório não apresentaria ressalvas quanto ao

número máximo de certificados de pós-graduação a serem apresentados na fase pertinente. Desse modo, ao tempo em que fixadas as regras atinentes ao concurso público em tela e abertas inscrições aos possíveis interessados, não somente o ato convocatório se mostraria silente no tocante à restrição aos títulos de pós-graduação, como a visão do CNJ seria a de que a restrição do número de certificados apresentados na etapa de avaliação de títulos dependeria de emenda à Resolução 81/2009. A aplicação das modificações promovidas pela Resolução 187/2014 a concurso em andamento — intento do Edital 12/2014 do certame, anulado pelo CNJ — implicaria abalo à confiança depositada no tocante à observância da versão original do instrumento convocatório, ao qual o tribunal de justiça encontrar-se-ia vinculado. O aludido ato normativo, ainda que validamente destinado a afastar a indiscriminada apresentação de títulos pelos aspirantes a vagas em serventias extrajudiciais, não poderia suplantar a estabilidade de certame já iniciado, sob pena de abalar-se o necessário respeito à segurança jurídica. **MS 33094/ES, rel. Min. Marco Aurélio, 23.6.2015. (MS-33094) (Inform. STF 791)**

Concurso público e limite de idade
O limite de idade, quando regularmente fixado em lei e no edital de determinado concurso público, há de ser comprovado no momento da inscrição no certame. Com base nessa orientação e, em face da peculiaridade do caso, a Primeira Turma negou provimento a agravo regimental em recurso extraordinário com agravo. Na espécie, candidato preenchia o requisito etário previsto no edital quando da inscrição para o certame. Ocorre que houvera atrasos no andamento do concurso, fazendo com que o candidato não mais preenchesse esse requisito. A Turma destacou a jurisprudência da Corte no sentido de que a regra quanto ao limite de idade, por ocasião da inscrição, se justificaria ante a impossibilidade de se antever a data em que seria realizada a fase final do concurso, caso fosse fixada como parâmetro para aferição da idade limite. Os Ministros Marco Aurélio e Rosa Weber entenderam que a idade limite seria aquela da data da posse no cargo, porém, em razão do destaque dado pelo tribunal local quanto à demora e à desídia da Administração Pública para prosseguir no certame, acompanharam o relator. **ARE 840.592/CE, Min. Roberto Barroso, 23.6.2015. (ARE-840.592) (Inform. STF 791)**

AG. REG. EM MS N. 28.264-DF
RELATOR: MIN. ROBERTO BARROSO
Ementa: DIREITO CONSTITUCIONAL. AGRAVO REGIMENTAL EM MANDADO DE SEGURANÇA. SERVENTIA EXTRAJUDICIAL. EFETIVAÇÃO DE SUBSTITUTO SEM CONCURSO PÚBLICO. VAGA SURGIDA APÓS A PROMULGAÇÃO DA CONSTITUIÇÃO DE 1988.
1. A aquisição do direito à efetivação, previsto no art. 208 da CF/69, subordinava-se à existência de vaga. Na hipótese, a vacância do cargo ocorreu na vigência da Constituição de 1988, que passou a exigir expressamente prévia aprovação em concurso público para o ingresso na atividade notarial e de registro. Jurisprudência pacífica do STF.
2. O Plenário desta Corte confirmou, recentemente, o entendimento de que o prazo decadencial quinquenal do art. 54 da Lei nº 9.784/1999 não se aplica à revisão de atos de delegação de serventia extrajudicial editados após a Constituição de 1988, sem a observância do requisito previsto no seu art. 236, § 3º (MS 26.860, Rel. Min. Luiz Fux).
3. Agravo regimental a que se nega provimento. **(Inform. STF 791)**

AG. REG. NA ACO N. 1.936-DF
RELATOR: MIN. LUIZ FUX
Ementa: AGRAVO REGIMENTAL NA AÇÃO CIVIL ORIGINÁRIA. PEDIDO DE REVISÃO DE DECISÃO DO MINISTÉRIO PÚBLICO QUE ANULOU QUESTÃO DE PROVA OBJETIVA DO CONCURSO PARA PROCURADOR DA REPÚBLICA. IMPOSSIBILIDADE JURÍDICA. AUTOTUTELA ADMINISTRATIVA (SÚMULA Nº 473 DO STF). INDEPENDÊNCIA E AUTONOMIA DO MINISTÉRIO PÚBLICO (ART. 127, § 2º, DA CRFB). CONSELHO NACIONAL DO MINISTÉRIO PÚBLICO COMO ÓRGÃO DO PARQUET. IMPOSSIBILIDADE DE INCURSÃO NO MÉRITO ADMINISTRATIVO RELATIVO AOS CRITÉRIOS UTILIZADOS PELO MINISTÉRIO PÚBLICO PARA ANULAR A QUESTÃO. ILEGITIMIDADE AD CAUSAM DA AUTORA PARA POSTULAR EM NOME DOS CANDIDATOS SUPOSTAMENTE PRETERIDOS. INEXISTÊNCIA DO INTERESSE DE AGIR. INCOMPETÊNCIA ORIGINÁRIA DO SUPREMO TRIBUNAL FEDERAL PARA CONHECER E JULGAR AÇÕES NÃO MANDAMENTAIS EM FACE DO CONSELHO NACIONAL DO MINISTÉRIO PÚBLICO. CONFUSÃO ENTRE OS

6. DIREITO ADMINISTRATIVO 445

POLOS ATIVO E PASSIVO DA DEMANDA. AGRAVO REGIMENTAL A QUE SE NEGA PROVIMENTO.

1. A jurisprudência do Supremo Tribunal Federal entende, em regra, como insindicável judicialmente a controvérsia atinente a critérios de correção de questões de concurso público, sob pena de o Poder Judiciário substituir-se à banca examinadora de concurso público.

2. O Ministério Público, embora não detenha personalidade jurídica própria, é órgão vocacionado à preservação dos valores constitucionais, dotado de autonomia financeira, administrativa e institucional que lhe conferem a capacidade ativa para a tutela da sociedade e de seus próprios interesses em juízo, sendo descabida a atuação da União em defesa dessa instituição.

3. Inexiste interesse de agir quando não caracterizada a necessidade de controle jurisdicional do mérito administrativo.

4. Não atrai a competência originária do Supremo Tribunal Federal prevista no art. 102, I, *r*, da Constituição Federal a ação ordinária proposta em face do Conselho Superior do Ministério Público. Precedente: AO 1.814-QO, rel. Min. Marco Aurélio, Tribunal Pleno, DJe de 03/12/2014.

5. *In casu*, cuida-se de ação originariamente proposta pela União em face do Conselho Nacional do Ministério Público. A propositura de ação não mandamental em face do Conselho Nacional do Ministério Público tem o condão de situar no polo passivo a União, ente a quem se atribui o ato que se pretende combater, situação que caracteriza a confusão entre os polos ativo e passivo, atraindo a incidência do art. 267, IX, do CPC.

6. Agravo regimental a que se nega provimento. (**Inform. STF 787**)

AG. REG. NO ARE N. 859.441-PI

RELATOR: MIN. DIAS TOFFOLI

EMENTA: Agravo regimental no recurso extraordinário com agravo. Administrativo. Concurso público. Teste de aptidão física. Direito à segunda chamada. Inexistência, salvo previsão editalícia em sentido contrário. Validade das provas de segunda chamada realizadas até 15/5/13 assegurada (RE nº 630.733/DF). Precedentes.

1. O Plenário do Supremo Tribunal Federal, no exame do RE nº 630.733/DF, Relator o Ministro Gilmar Mendes, concluiu pela inexistência de direito de realização de segunda chamada de teste físico para os candidatos impossibilitados de realizá-lo ao tempo da convocação, salvo expressa previsão nesse sentido no instrumento convocatório do concurso público.

2. Na mesma ocasião, a Corte decidiu, por razões de segurança jurídica, pela manutenção da validade das provas realizadas em decorrência de determinações judiciais realizadas até o dia 15/5/13, data da sessão de julgamento do citado acórdão.

3. Agravo regimental não provido. (**Inform. STF 787**)

Serviço notarial e de registro: concurso público e princípio da isonomia - 1

O Plenário iniciou o julgamento de ação direta ajuizada em face do inciso I e da expressão "e apresentação de temas em congressos relacionados com os serviços notariais e registrais", constante do inciso II, ambos do art. 17 da Lei 12.919/1998 do Estado de Minas Gerais, que dispõe sobre os concursos de ingresso e remoção nos serviços notariais e de registro do Estado-membro ("Art. 17 - O candidato não eliminado nas provas de conhecimento poderá apresentar títulos, considerando-se como tais os seguintes: I- tempo de serviço prestado como titular, interino, substituto ou escrevente em serviço notarial ou de registro; II - trabalhos jurídicos publicados, de autoria única, e apresentação de temas em congressos relacionados com os serviços notariais e registrais"). De início, o Colegiado confirmou parcialmente medida cautelar (noticiada no Informativo 415) e assentou a procedência do pedido, para, no tocante ao concurso de ingresso, declarar a inconstitucionalidade do inciso e da expressão impugnada. Ademais, em relação ao concurso de remoção, fixou interpretação conforme a Constituição no sentido de que a consideração dos títulos referidos nos textos legais adversados deveria ter como marco inicial o ingresso no serviço notarial e de registro. A Corte assinalou que a disciplina do assunto, na espécie, revelaria diferenciação arbitrária, bem assim que a inconstitucionalidade existente alcançaria não apenas concurso de ingresso, mas também de remoção. Sucede que o inciso II em comento, que trata de "apresentação de temas em congressos relacionados com os serviços notariais e registrais" privilegiaria não apenas os que exercessem atividade notarial e de registro, mas qualquer pessoa que tivesse apresentado temas nos referidos congressos. Quanto ao inciso I, não teria relevância prática, pois o art. 24 da mesma lei já determinaria que "ao concurso de remoção somente serão admitidos os titulares de serviços notariais e de registro que, por nomeação ou designação, exerçam a atividade por mais de dois

anos, no Estado". Além disso, o art. 28 do diploma legal prescreveria que as disposições relativas ao concurso de ingresso seriam aplicáveis ao concurso de remoção apenas "no que couber". Não obstante, o Tribunal, ao julgar a ADI 3.522 ED/RS (DJU de 7.12.2006), fixara entendimento no sentido de que, em hipóteses como essa, seria necessário distinguir os concursos de ingresso e de remoção, de forma que, em relação aos de remoção só não poderia ser levado em conta o tempo de serviço notarial anterior ao ingresso nesse serviço. Assim, no caso de concurso de remoção, a consideração do tempo de serviço teria como marco inicial a assunção do cargo mediante concurso, sem que isso implicasse violação à isonomia. Em seguida, o julgamento foi suspenso para, oportunamente, deliberar-se quanto a eventual modulação dos efeitos da decisão.

ADI 3580/MG, rel. Min. Gilmar Mendes, 4.2.2015. (ADI-3580)

Serviço notarial e de registro: concurso público e princípio da isonomia - 2

Em conclusão de julgamento, o Plenário confirmou parcialmente medida cautelar (noticiada no Informativo 415) e assentou a procedência do pedido formulado em ação direta para, no tocante ao concurso de ingresso em serviço notarial e registral, declarar a inconstitucionalidade do inciso I e da expressão "e apresentação de temas em congressos relacionados com os serviços notariais e registrais", constante do inciso II, ambos do art. 17 da Lei 12.919/1998 do Estado de Minas Gerais, que dispõe sobre os concursos de ingresso e remoção nos serviços notariais e de registro do Estado-Membro ("Art. 17 - O candidato não eliminado nas provas de conhecimento poderá apresentar títulos, considerando-se como tais os seguintes: I- tempo de serviço prestado como titular, interino, substituto ou escrevente em serviço notarial ou de registro; II - trabalhos jurídicos publicados, de autoria única, e apresentação de temas em congressos relacionados com os serviços notariais e registrais"). Ademais, em relação ao concurso de remoção, fixou interpretação conforme a Constituição no sentido de que a consideração dos títulos referidos nos textos legais adversados deveria ter como marco inicial o ingresso no serviço notarial e de registro — v. Informativo 773. A Corte assinalou que a disciplina do assunto, na espécie, revelaria diferenciação arbitrária, bem assim que a inconstitucionalidade existente alcançaria não apenas concurso de ingresso, mas também de remoção. Sucede que o inciso II em comento, que trata de "apresentação de temas em congressos relacionados com os serviços notariais e registrais" privilegiaria não apenas os que exercessem atividade notarial e de registro, mas qualquer pessoa que tivesse apresentado temas nos referidos congressos. Quanto ao inciso I, não teria relevância prática, pois o art. 24 da mesma lei já determinaria que "ao concurso de remoção somente serão admitidos os titulares de serviços notariais e de registro que, por nomeação ou designação, exerçam a atividade por mais de dois anos, no Estado". Além disso, o art. 28 do diploma legal prescreveria que as disposições relativas ao concurso de ingresso seriam aplicáveis ao concurso de remoção apenas "no que couber". Não obstante, o Tribunal, ao julgar a ADI 3.522 ED/RS (DJU de 7.12.2006), fixara entendimento no sentido de que, em hipóteses como essa, seria necessário distinguir os concursos de ingresso e de remoção, de forma que, em relação aos de remoção só não poderia ser levado em conta o tempo de serviço notarial anterior ao ingresso nesse serviço. Assim, no caso de concurso de remoção, a consideração do tempo de serviço teria como marco inicial a assunção do cargo mediante concurso, sem que isso implicasse violação à isonomia. Por fim, o Colegiado deliberou, por maioria, modular os efeitos da decisão, para que a declaração de inconstitucionalidade só tivesse efeitos a partir da data da concessão da medida cautelar. Vencido, no ponto, o Ministro Marco Aurélio.

ADI 3580/MG, rel. Min. Gilmar Mendes, 20.5.2015. (ADI-3580) (Inform. STF 786)

Questões de concurso público e controle jurisdicional

Os critérios adotados por banca examinadora de concurso público não podem ser revistos pelo Poder Judiciário. Essa a conclusão do Plenário que, por maioria, proveu recurso extraordinário em que discutida a possibilidade de realização de controle jurisdicional sobre o ato administrativo que corrige questões de concurso público. No caso, candidatas de concurso para provimento de cargo do Executivo estadual pretendiam fosse declarada a nulidade de dez questões do certame, ao fundamento de que não teria havido resposta ao indeferimento de recursos administrativos. Ademais, defendiam que as questões impugnadas possuiriam mais de uma assertiva correta, uma vez que o gabarito divulgado contrariaria leis federais, conceitos oficiais, manuais técnicos e a própria doutrina recomendada pelo edital do concurso. O Colegiado afirmou ser antiga a jurisprudência do STF no sentido de não competir ao Poder Judiciário substituir a banca examinadora para reexaminar o conteúdo das questões e os critérios de correção utilizados, salvo ocorrência de ilegalidade e inconstitucionalidade. Nesse sentido, seria exigível apenas que a banca examinadora desse tratamento igual a todos os candidatos, ou seja, que aplicasse a eles, indistintamente, a mesma orientação. Na espécie, o acórdão recorrido divergira desse entendimento ao entrar no mérito do ato administrativo e substituir a banca examinadora para renovar a correção de questões de concurso público, a violar o princípio da separação de Poderes e a reserva de Administração. Desse modo, estaria em desacordo com orientação no sentido da admissibilidade de controle jurisdicional de concurso público quando não se cuidasse de aferir a correção dos critérios da banca examinadora, a formulação das questões ou a avaliação das respostas, mas apenas de verificar se as questões formuladas estariam no programa do certame, dado que o edital seria a lei do concurso. Vencido o Ministro Marco Aurélio, que, preliminarmente, não conhecia do recurso, por falta de prequestionamento e, no mérito, o desprovia, por entender que a banca examinadora entrara em contradição ao adotar certa linha doutrinária no edital, mas não o fazê-lo quanto à solução das questões impugnadas. **RE 632853/CE, rel. Min. Gilmar Mendes, 23.4.2015. (RE-632853) (Inform. STF 782)**

Concurso público: prova objetiva e resoluções do CNMP e CSMPF - 1

A 1ª Turma iniciou julgamento de agravo regimental em mandado de segurança impetrado contra ato praticado pelo PGR, na qualidade de Presidente da Banca Examinadora do 26º Concurso para Provimento de Cargos de Procurador da República. Na espécie, a impetrante pleiteia a anulação de três questões da prova objetiva que apresentavam ao candidato uma sequência de proposições a serem analisadas, individualmente, quanto à correção, para posterior marcação, no gabarito, de uma única alternativa, dentre quatro disponíveis, a indicar apenas a quantidade de assertivas que seriam verdadeiras ou falsas. Sustenta que essa formulação estaria em desacordo com o disposto nos artigos 29 da Resolução 116/2009 do Conselho Superior do Ministério Público Federal-CSMPF e 17 da Resolução 14/2006 do Conselho Nacional do Ministério Público-CNMP, que disciplinam aspectos formais da redação a ser conferida às questões de múltipla escolha. Aduz que, embora não aplicável diretamente ao concurso, a Resolução 57/2009 do CNJ é explícita quanto à ilegalidade na estruturação de questões que não agrupam, precisamente, as assertivas que devem ser julgadas verdadeiras e falsas pelos candidatos. De início, a Ministra Rosa Weber (relatora) ressaltou que a natureza da controvérsia não se assemelharia à pretensão de revisão do mérito administrativo no âmbito de concursos públicos, porquanto o seu exame jurisdicional se limitaria ao controle de legalidade do ato administrativo. Cotejou a redação das questões impugnadas e as exigências das normas do CSMPF e CNMP — "questões objetivas, de pronta resposta e apuração padronizada". Destacou que, apesar de as referidas questões apresentarem estrutura objetivamente diversa das demais perguntas da prova, isso conferiria apenas nuance de dificuldade proposta igualmente a todos os candidatos e condizente com o objetivo de um concurso destinado a medir conhecimentos de vários tipos — não só jurídicos, mas também lógicos e gramaticais. Ademais, acrescentou que a invocação da Resolução 57/2009 do CNJ não seria suficiente para configurar, diante das peculiaridades da controvérsia, o direito líquido e certo necessário à concessão da ordem. Salientou que, embora o CNJ e o CNMP possuíssem estruturas semelhantes e mesma origem constitucional, seriam órgãos autônomos e que não haveria falar, portanto, em lacuna na normatização do tema pelo CNMP. Após os votos dos Ministros Luiz Fux e Dias Toffoli, que acompanhavam o entendimento da relatora, pediu vista dos autos o Ministro Marco Aurélio. **MS 31323 AgR/DF, rel. Min. Rosa Weber, 16.9.2014. (MS-31323)**

Concurso público: prova objetiva e resoluções do CNMP e CSMPF - 2

A 1ª Turma, em conclusão de julgamento e por maioria, julgou prejudicado agravo regimental e denegou mandado de segurança impetrado contra ato da Comissão Examinadora do 26º Concurso para ingresso na carreira de Procurador da República. Na espécie, fora negado provimento a recurso interposto pela impetrante para atacar a formatação conferida a questões da primeira fase do certame, que apontava padecerem de nulidade insanável pela não observância de parâmetros de transparência e objetividade — v. Informativo 759. A Turma destacou que o exame jurisdicional da controvérsia não demonstraria potencial para que se excedesse o controle de legalidade e se avançasse na seara do mérito administrativo. Dessa forma, o debate seria diferente de outros precedentes relativos ao amplo tema dos concursos públicos, em que a ordem fora indeferida diante da inviabilidade de subs-

tituição do juízo de mérito administrativo pelo jurisdicional. Asseverou que não existiria deficiência no modo de redação das perguntas sob o aspecto da pronta resposta exigida pelas resoluções que disciplinaram o certame, de modo a traduzir violação às normas reguladoras do concurso, nos moldes em que postas à época, ou ao edital. Vencido o Ministro Marco Aurélio, que concedia a segurança para declarar a nulidade das questões apontadas pela impetrante e reconhecer a validade de seu ingresso na carreira de Procurador da República. Afirmava que as perguntas questionadas não se revestiriam da objetividade necessária. Aduzia que o padrão adotado nas três questões impugnadas não seria compatível com fase objetiva de concurso público. **MS 31323 AgR/DF, rel. Min. Rosa Weber, 17.3.2015. (MS-31323) (Inform. STF 778)**

Estatuto do Idoso e critérios de desempate em concurso público - 1

O Estatuto do Idoso, por ser lei geral, não se aplica como critério de desempate, no concurso público de remoção para outorga de delegação notarial e de registro, porque existente lei estadual específica reguladora do certame, a tratar das regras aplicáveis em caso de empate. Com base nessa orientação, a 1ª Turma denegou a ordem em mandado de segurança. Na espécie, decisão do CNJ determinara o afastamento do impetrante do cartório em que exerce atividade, por concurso público, há mais de dois anos. Entendera o CNJ que, no caso, prevaleceria a legislação especial reguladora dos concursos públicos de remoção para outorga de serventias extrajudiciais de notas e registro público, a Lei 8.935/1994 e a Lei paranaense 14.594/2004, em detrimento do Estatuto do Idoso. Assim, o tribunal de justiça estadual deveria adotar o critério previsto no item II do artigo 11 da referida lei estadual, a recair sobre o candidato que contasse com maior tempo de serviço público e não o de maior idade. Em preliminar, a Corte rejeitou questão de ordem suscitada no sentido do deslocamento do processo ao Plenário, porque a lei estadual teria sido impugnada na ADI 3.748/PR, pendente de julgamento. Apontou que a referida pendência não tornaria prevento o Colegiado para debater demanda em que a validade da norma fosse discutida. No mérito, quanto aos serviços notariais e de registro, a Turma destacou que o constituinte originário teria fixado poucas diretrizes na Constituição, e que deixara a critério de legislação ordinária a maior parte da disciplina sobre o assunto. Por isso, ao intentar regulamentar o art. 236 da CF, que dispõe sobre os serviços notariais e de registro, o legislador federal teria editado a Lei 8.935/1994. O referido diploma teria sedimentado qualquer controvérsia existente a respeito da competência para disciplinar as normas e os critérios a respeito dos concursos de notários e registradores. Dispusera expressamente que, em se tratando de concurso de remoção, seria dos Estados-membros a iniciativa de regulamentá-los. Nesse contexto, e no exercício de sua competência, o ente federativo teria editado a Lei estadual 14.594/2004, que prevê critério próprio em caso de empate de candidatos ("Art. 11. Havendo empate entre os candidatos, a precedência na classificação será decidida de acordo com os seguintes critérios, sucessivamente: I - o mais antigo na titularidade de serviço notarial ou de registro; II - aquele que contar com maior tempo de serviço público; III - o mais idoso). Aduziu que, no plano dogmático, o conflito entre o critério de especialidade e o critério cronológico deveria ser resolvido em favor do primeiro. **MS 33046/PR, rel. Min. Luiz Fux, 10.3.2015. (MS-33046)**

Estatuto do Idoso e critérios de desempate em concurso público - 2

A Turma enfatizou que não se estaria a negar vigência ao Estatuto do Idoso, responsável por concretizar os direitos fundamentais da proteção do idoso na ordem jurídica brasileira, amparado nos princípios da cidadania e da dignidade da pessoa humana. Ocorre que, nesse certame em particular, a lei estadual, por ser norma especial a regular o concurso público de remoção para outorga de delegação notarial e de registro, deveria prevalecer sobre o Estatuto do Idoso no ponto em que tratasse de critérios de desempate. Não obstante, dentre os critérios previstos na lei estadual, o primeiro deles, a favorecer o candidato mais antigo na titularidade no serviço notarial ou de registro, não poderia ser utilizado para desempatar o certame, uma vez que fora considerado inconstitucional no julgamento da ADI 3.522/RS (DJe de 12.5.2006). Frisou que, no caso, teriam concorrido dois servidores/delegatários, já aprovados em concurso público, que realizaram concurso de remoção para titularizar outra serventia e, ao obterem a mesma pontuação, fora privilegiado, com base em escolha legislativa específica, aquele que possuíria o maior tempo de serviço. Desse modo, apenas se poderia adotar o critério de desempate que privilegiasse o mais idoso, como requeria o impetrante, se os candidatos tivessem também empatado quanto ao tempo de serviço público. **MS 33046/PR, rel. Min. Luiz Fux, 10.3.2015. (MS-33046) (Inform. STF 777)**

6. DIREITO ADMINISTRATIVO

Concurso público: nomeação por via judicial e direito à indenização - 1
O Plenário iniciou julgamento de recurso extraordinário em que se discute eventual direito, de candidatos nomeados e empossados em cargos públicos por força de decisão transitada em julgado, à indenização por danos materiais em decorrência da demora na nomeação determinada judicialmente. Na espécie, os recorridos foram aprovados, dentro do número de vagas, na primeira fase do certame. Entretanto, antes da realização da etapa seguinte (curso de formação), a Administração promovera novos concursos e empossara os respectivos aprovados, a despeito daqueles candidatos do concurso anterior. Os ora recorridos somente participaram da segunda fase do concurso em virtude de decisão judicial transitada em julgado, sendo ao final, aprovados, nomeados e empossados. O tribunal de origem assentara o direito dos recorridos a receberem indenização relativa ao período compreendido entre a data na qual deveriam ter assumido o cargo correspondente, e a data da efetiva posse, considerado o interregno decorrente do trâmite processual. O Ministro Marco Aurélio (relator) desproveu o recurso, no que foi acompanhado pelo Ministro Luiz Fux. Destacou que não se trataria de pretensão de receber vencimentos ou subsídios e sim pagamento de quantia certa, em dinheiro, a título de indenização por danos materiais, a caracterizar típica obrigação do civilmente responsável. Ficara comprovado em juízo que o ato ilícito da Administração causara a nomeação e posse tardia dos recorridos. Dessa forma, seria devida a indenização, em face da responsabilidade civil objetiva do Estado pelo ato ilegal de seus agentes (CF, art. 37, § 6º). A decisão que assentara a ilicitude da Administração estaria preclusa e, na via do recurso extraordinário, seria inviável a revisão dos termos inicial e final do cômputo da indenização, considerada a necessidade do reexame das premissas fáticas utilizadas pelo tribunal de origem. Nesse sentido, deveria ser observado o Verbete 279 da Súmula do STF ("Para simples reexame de prova não cabe recurso extraordinário"). Em divergência, os Ministros Roberto Barroso e Dias Toffoli deram provimento ao recurso. Consideraram que o pagamento de remuneração a servidor público e o reconhecimento de efeitos funcionais pressuporia efetivo exercício do cargo, o que não ocorrera, sob pena de enriquecimento sem causa. O Ministro Roberto Barroso citou jurisprudência da Corte, segundo a qual seria indevida indenização pelo tempo que se teria aguardado a solução judicial definitiva sobre aprovação em concurso público. Em seguida, pediu vista o Ministro Teori Zavascki. **RE 724347/DF, rel. Min. Marco Aurélio, 23.10.2014. (RE-724347)**

Posse em cargo público por determinação judicial e dever de indenizar - 2
Na hipótese de posse em cargo público determinada por decisão judicial, o servidor não faz jus à indenização, sob fundamento de que deveria ter sido investido em momento anterior, salvo situação de arbitrariedade flagrante. Com base nesse entendimento, o Plenário, em conclusão de julgamento e por maioria, deu provimento a recurso extraordinário em que se discutia eventual direito, de candidatos nomeados e empossados em cargos públicos por força de decisão transitada em julgado, à indenização por danos materiais em decorrência da demora na nomeação determinada judicialmente. No caso, candidatos aprovados, dentro do número de vagas, na primeira fase de concurso público, somente participaram da segunda fase do certame em virtude de decisão judicial transitada em julgado, sendo ao final, aprovados, nomeados e empossados — v. Informativo 764. A Corte de origem assentara o direito de candidatos aprovados em concurso público a receberem indenização relativa ao período compreendido entre a data na qual deveriam ter assumido o cargo correspondente e a data da efetiva posse, considerado o interregno decorrente do trâmite processual. O Supremo destacou que, por se ressentir de disciplina legal mais exaustiva, a aplicação de concursos públicos suscitaria pródigo contencioso judicial. Nesse sentido, saber quando a nomeação de candidato aprovado deixasse de constituir opção administrativa e se transformasse em direito subjetivo seria controvérsia que, em especial, mereceria destaque na crônica jurisprudencial do tema. Para solucionar impasses da espécie, o STF teria produzido respostas a tomar como referência o contraponto mais agudo às expectativas dos concursandos — a preterição —, o que estaria consubstanciado no Enunciado 15 de sua Súmula ("Dentro do prazo de validade do concurso, o candidato aprovado tem o direito à nomeação, quando o cargo for preenchido sem observância da classificação"). Esse enunciado, produzido antes de 1988, inclusive teria sido assimilado pela ordem constitucional vigente por meio do art. 37, IV, da CF ("Durante o prazo improrrogável previsto no edital de convocação, aquele aprovado em concurso público de provas ou de provas e títulos será convocado com prioridade sobre os novos concursados para assumir cargo ou emprego, na carreira"). **RE 724347/DF, rel. orig. Min. Marco Aurélio, red. p/ o acórdão Min. Roberto Barroso, 26.2.2015. (RE-724347)**

Posse em cargo público por determinação judicial e dever de indenizar - 3
A Corte asseverou que o tônus normativo da noção constitucional de prioridade, que militaria em favor da contratação dos aprovados em concursos públicos, imporia uma série de deveres sucessivos à Administração, dentre os quais os de: a) convocar os aprovados dentro do número de vagas previsto em edital; b) motivar apropriadamente eventual não convocação; c) não preterir a ordem de classificação estabelecida após a correção das provas, salvo se por imposição de determinação judicial; e d) não empregar expedientes de contratação precários durante o prazo de validade de concursos para a mesma função. Ocorrendo o descumprimento de quaisquer desses deveres implícitos, os aprovados teriam uma pretensão legítima a ser exercida contra a Administração por meio de ação judicial. Ademais, se durante o processamento da demanda não ficassem provados fatos extintivos, impeditivos ou modificativos do direito de prioridade, seguir-se-ia a nomeação como desfecho natural. Contudo, apesar de estar consolidado esse entendimento na jurisprudência, a reversão judicial de eventuais violações ao art. 37, IV, da CF nem sempre se operaria com a celeridade esperada. Assim, como o provimento judicial de nomeação implicaria carga de onerosidade semelhante aos comandos de "liberação de recurso, inclusão em folha de pagamento, reclassificação, equiparação, concessão de aumento ou extensão de vantagens a servidor" — cuja execução estaria condicionada ao trânsito em julgado da decisão concessiva, nos termos do art. 2º-B da Lei 9.494/1997 —, também a nomeação em decorrência de decisão judicial ficaria submetida ao princípio de prudência judiciária que, em resguardo ao erário, limitaria a execução provisória das decisões judiciais. Desse modo, as nomeações somente seriam implementadas após o trânsito em julgado das decisões que as tivessem assegurado. Igualmente, o diferimento da eficácia dessas decisões em sede de concurso público provocaria ainda outro efeito secundário, qual seja, o atraso na nomeação dos postulantes, quando verificada a procedência do direito reclamado. **RE 724347/DF, rel. orig. Min. Marco Aurélio, red. p/ o acórdão Min. Roberto Barroso, 26.2.2015. (RE-724347)**

Posse em cargo público por determinação judicial e dever de indenizar - 4
O Plenário pontuou que não se poderia deixar de reconhecer, em abstrato, a possibilidade de que determinadas condutas praticadas pelo Estado na aplicação de concursos públicos pudessem vir a ocasionar danos materiais passíveis de indenização. Isso se daria notadamente nos casos em que eventual preterição decorresse de inequívoca e manifesta ilegitimidade do comportamento da Administração, suscetível de identificação sem maiores digressões jurídicas. Dessa feita, o dever de reparação eventualmente surgido na condução de concursos públicos não poderia alcançar todas as hipóteses possíveis de judicialização. Fosse isso verdadeiro, a responsabilidade estatal assumiria elastério desproporcional, a tornar os procedimentos seletivos praticamente inadministráveis, já que a impugnação de qualquer aspecto poderia provocar, em tese, o adiamento do desfecho do certame e, consequentemente, das nomeações. Admitir essa premissa resultaria em considerar possível o nascimento do dever de reparação civil em decorrência de atrasos causados, por exemplo, pela impugnação de cláusulas editalícias de alcance genérico, bem como pelo questionamento de etapas intermediárias da avaliação, como a correção do gabarito de determinada questão de prova objetiva. A rigor, porém, nenhuma dessas situações deveria gerar dever estatal de reparação. Isso porque, embora algumas delas pudessem constituir demora qualificável na nomeação no cargo, em nenhuma delas estaria consolidada a situação de aprovação do candidato, pressuposto indispensável para a configuração da posição jurídica tida como prioritária pelo art. 37, IV, da CF. Não seria, portanto, a anulação judicial de qualquer ato administrativo praticado em concurso público que atrairia a incidência pura e simples do art. 37, § 6º, da CF. No caso, os recorridos não ostentariam condição jurídica e fática de postular o provimento das nomeações, porque, quando da impetração de mandados de segurança no juízo "a quo", ainda não estariam definitivamente aprovados no concurso em questão, composto por duas etapas, ambas de caráter eliminatório. Desse modo, se a controvérsia judicial então instaurada apresentara por objeto situação jurídica primitiva à nomeação, ou seja, se ao tempo da propositura das ações os recorridos tinham mera expectativa de investidura em cargo público, o art. 37, § 6º, da CF, não constituiria base normativa suficiente para adjudicar, em favor deles, reparação similar ao que seria pago pelo exercício do cargo. Assim, ainda que se pudesse conjecturar, em tese, sobre um direito secundário de reparação, derivado do descumprimento da positividade irredutível do

448 VADE MECUM DE JURISPRUDÊNCIA – STF/STJ

art. 37, IV, da CF — o que, de resto, não poderia ser tido como manifesto e fora de qualquer dúvida jurídica —, não haveria fundamento concreto, no caso, para afirmar esse direito, porque os postulantes ainda não teriam sido efetivamente aprovados no concurso de que participavam. Por fim, o pagamento de remuneração a servidor público e o reconhecimento de efeitos funcionais pressuporia efetivo exercício do cargo, o que não ocorrera, sob pena de enriquecimento sem causa. Vencidos os Ministros Marco Aurélio (relator) e Luiz Fux, que desproviam o recurso por considerarem devida a indenização, em face da responsabilidade civil objetiva do Estado pelo ato ilegal de seus agentes (CF, art. 37, § 6º), além do que, não se trataria, no caso, de pretensão de receber vencimentos ou subsídios, e sim pagamento de quantia certa, em dinheiro, a título de indenização por danos materiais, a caracterizar típica obrigação do civilmente responsável.

RE 724347/DF, rel. orig. Min. Marco Aurélio, red. p/ o acórdão Min. Roberto Barroso, 26.2.2015. (RE-724347) (Inform. STF 775)

Concurso público: reenquadramento e art. 19 do ADCT - 1

O Plenário confirmou em parte medida cautelar (noticiada no Informativo 229) e julgou parcialmente procedente pedido formulado em ação direta para declarar a inconstitucionalidade dos §§ 3º, 4º e 6º do art. 231 da LC 167/1999 do Estado do Rio Grande do Norte, com a redação da LC estadual 174/2000 ["Art. 231. Os atuais cargos de escrivão, Escrevente Substituto e Ajudante de Cartório Oficializado são transformados nos cargos de Técnico Judiciário. ... § 3º Fica assegurado aos Auxiliares de Cartórios, que se encontravam com cinco (05) anos cumpridos de exercício ao tempo da promulgação da Constituição Federal de 1988, e que permaneceram vinculados ao serviço, quando da vigência da Lei Complementar n.º 165, de 28 de abril de 1999, o direito de optar pelo enquadramento definitivo no Quadro Permanente de Pessoal do Poder Judiciário. § 4º O enquadramento de que trata o parágrafo anterior dar-se-á no cargo de Auxiliar Técnico – Nível AT-1, e far-se-á mediante requerimento do interessado, dirigido ao Presidente do Tribunal de Justiça, ficando o requerente obrigado a apresentar documentação comprobatória do ato da designação perante a serventia judicial e do termo de compromisso, bem como da permanência vinculada à Secretaria Judicial. ... § 6º O disposto no § 3º deste artigo aplica-se aos serviços extra-judiciais que estiverem vagos na data da vigência desta Lei ou os que vierem a vagar no prazo de um ano, desde que preencham os requisitos ali previstos."]. Ademais, conferiu interpretação conforme a Constituição quanto ao § 2º do citado artigo ("§ 2º Os escriváes que acumulam as funções notarial e registral podem optar pelo cargo de Técnico Judiciário, contanto que o façam no prazo de dez dias a partir da instalação da Secretaria do respectivo Juízo"), a fim de assentar a abrangência da norma apenas aos escriváes que vinham acumulando funções notarial e registral além das atinentes a cargo efetivo, alcançado mediante concurso.

ADI 2433/RN, rel. Min. Marco Aurélio, 4.2.2015. (ADI-2433)

Concurso público: reenquadramento e art. 19 do ADCT - 2

Preliminarmente, o Ministro Marco Aurélio (relator) consignou que a manifestação do Advogado-Geral da União no feito deveria restringir-se à defesa do ato ou texto impugnado, nos termos do art. 103 da CF, de modo que não caberia a emissão de parecer. No mérito, o Colegiado afirmou que a jurisprudência da Corte seria no sentido da indispensabilidade da prévia aprovação em concurso público, nos termos do Enunciado 685 da Súmula do STF ("É inconstitucional toda modalidade de provimento que propicie ao servidor investir-se, sem prévia aprovação em concurso público destinado ao seu provimento, em cargo que não integra a carreira na qual anteriormente investido"). No caso, os §§ 3º, 4º e 6º do art. 231 da norma em questão confeririam aos auxiliares de cartório que contavam com cinco anos de exercício quando promulgada a CF/1988, o direito a enquadramento definitivo. No entanto, a estabilidade excepcional garantida pelo art. 19 do ADCT não daria direito à efetividade ou a qualquer tipo de transposição. O servidor estável, segundo o referido preceito, teria assegurada somente a permanência no cargo para o qual arregimentado, excluído o direito a, sem concurso público, ser efetivado. Por outro lado, o § 2º da norma estadual versaria a acumulação de cargos no que se refere a funções notarial e registral e cogitaria da opção pelo cargo de técnico judiciário. Uma vez presumido que os escriváes ocupariam cargo efetivo, obtido por concurso, a regra deveria ser interpretada para ter como beneficiários apenas os escriváes que cumprissem esse requisito.

ADI 2433/RN, rel. Min. Marco Aurélio, 4.2.2015. (ADI-2433) (Inform. STF 773)

RMS 32.732-TA/DF
RELATOR: Ministro Celso de Mello
Concurso público. **Pessoa portadora de deficiência**. **Reserva percentual** de cargos e empregos públicos (**CF**, art. 37, VIII). **Ocorrência**, *na espécie*, **dos requisitos necessários** ao reconhecimento do direito vindicado pela recorrente. **Atendimento**, *no caso*, **da exigência de compatibilidade entre** *o estado de deficiência* **e** *o conteúdo ocupacional ou funcional* do cargo público disputado, **independentemente** de a deficiência *produzir dificuldade* para o exercício da atividade funcional. **Pessoa portadora de necessidades especiais** cuja situação de deficiência **não** a incapacita **nem** a desqualifica, *de modo absoluto*, **para o exercício** das atividades funcionais. **Inadmissibilidade** *da exigência adicional* de a situação de deficiência **também produzir** "*dificuldades para o desempenho das funções do cargo*". **Reconhecimento**, *em favor de pessoa comprovadamente portadora de necessidades especiais*, **do direito** de investidura em cargos públicos, **desde que** – *obtida prévia aprovação* em concurso público de provas **ou** de provas e títulos **dentro** da reserva percentual **a que alude** o art. 37, VIII, da Constituição – **a deficiência** *não se revele absolutamente incompatível* com as atribuições funcionais **inerentes** ao cargo **ou** ao emprego público. **Incidência**, *na espécie*, **das cláusulas de proteção** fundadas *na Convenção das Nações Unidas sobre os Direitos das Pessoas com Deficiência*. **Incorporação** desse ato de direito *internacional público*, **com eficácia e hierarquia** *de norma constitucional* (**CF**, art. 5º, § 3º), **ao ordenamento doméstico brasileiro** (**Decreto** nº 6.949/2009). **Primazia** *da norma mais favorável*: critério **que deve reger** a interpretação judicial, **em ordem a tornar mais efetiva** a proteção *das pessoas e dos grupos vulneráveis*. **Precedentes**. **Vetores que informam** *o processo hermenêutico* **concernente** à interpretação/aplicação *da Convenção Internacional sobre os Direitos das Pessoas portadoras de deficiência* (**Artigo** 3). **Mecanismos compensatórios** *que concretizam*, **no plano** da atividade estatal, **a implementação** *de ações afirmativas*. **Necessidade de recompor**, *pelo respeito* à *diversidade humana* **e** à *igualdade de oportunidades*, **sempre vedada** *qualquer ideia de discriminação*, **o próprio** sentido de igualdade **inerente** às instituições republicanas. **Parecer favorável** da Procuradoria-Geral da República. **Recurso ordinário provido**. DJe de 19.5.2014. **(Inform. STF 762)**

AR: concurso público, direito adquirido à nomeação e coisa julgada - 1

O Plenário iniciou julgamento de ação rescisória em que a União requer seja desconstituída a decisão proferida pela 2ª Turma do STF no julgamento do RMS 23.040/DF (DJU de 14.9.1999). Naquele acórdão, a Turma assentara que o Ministro do Trabalho não poderia nomear candidatos aprovados em concursos posteriores para o cargo de fiscal do trabalho, enquanto não concluído o mesmo concurso objeto da AR 2.274/DF, acima noticiada, com a nomeação dos outrora impetrantes para a 2ª etapa do certame. A Ministra Cármen Lúcia (relatora), acompanhada pelo Ministro Dias Toffoli (revisor), reportou-se ao que decidido no caso anterior para julgar procedente o pedido e rescindir o acórdão proferido no aludido RMS. Inicialmente, afastou eventual decadência da ação, haja vista que o tema já teria sido enfrentado pela Corte em sede de embargos declaratórios (AR 1.685 ED/DF, DJe de 25.9.2008), oportunidade em que saneado o processo. Sublinhou, no ponto, o art. 473 do CPC ("É defeso à parte discutir, no curso do processo, as questões já decididas, a cujo respeito se operou a preclusão"). No que se refere a suposto julgamento "extra petita" — tendo em conta o que o pedido no RMS 23.040/DF seria a convocação para a 2ª etapa do concurso, mas o STF, ao julgar a Rcl 1.728/DF (DJU de 6.11.2001), teria garantido o direito de nomeação e o exercício do cargo — e a erro de fato no acórdão rescindendo — uma vez que teria sido determinada, pelo STF, a nomeação de candidatos, muito embora não existissem mais vagas a serem preenchidas —, explicou que os alegados vícios não existiriam. Assinalou que a 2ª Turma do STF, ao julgar o RMS 23.040/DF, teria apenas assegurado o direito à convocação para a 2ª etapa do certame antes que fosse feita a nomeação de outros candidatos, aprovados em concurso posterior, para o mesmo cargo. Anotou que a decisão proferida na Rcl 1.728/DF não seria objeto da ação rescisória em debate, e não poderia ser analisada, sob pena de ofensa ao art. 460 do CPC. Em seguida, pediu vista dos autos o Ministro Luiz Fux.

AR: concurso público, direito adquirido à nomeação e coisa julgada - 2

O Plenário, em conclusão de julgamento e por maioria, assentou a improcedência de pedido formulado em ação rescisória em que a União requeria fosse desconstituída decisão proferida pela 2ª Turma do STF no julgamento do RMS 23.040/DF (DJU de 14.9.1999). O acórdão rescindendo assegurara que o Ministro do Trabalho não poderia nomear candidatos aprovados em concursos posteriores para o cargo de fiscal do trabalho, enquanto não

6. DIREITO ADMINISTRATIVO

concluído o processo seletivo com a convocação dos impetrantes para a segunda etapa do certame (programa de formação) — v. Informativo 746. Na espécie, diante do descumprimento da decisão proferida no RMS 23.040/DF, os recorrentes ajuizaram a Rcl 1.728/DF (DJU de 6.11.2001), cujo pedido fora declarado procedente e, determinada à autoridade reclamada que procedesse à efetivação dos atos de nomeação dos impetrantes ao cargo pleiteado. Em questão de ordem, a União requerera e obtivera prorrogação de prazo para cumprimento da decisão reclamada (Rcl 1.728 QO/DF, DJU de 19.12.2001). Nesse ínterim, a União ajuizara a presente ação rescisória, com fundamento no art. 485, V e IX, do CPC, por entender violado o art. 47 do CPC, ao argumento de que inúmeros candidatos atingidos pelos efeitos da concessão da ordem não teriam integrado a lide. Na sequência, a liminar fora deferida para antecipar os efeitos da tutela pretendida para que a Administração não fosse compelida a implementar as nomeações dos ora réus. Essa decisão fora referendada pelo Plenário (AR 1.685 MC/DF, DJU de 12.6.2002). O Colegiado salientou que haveria previsão, no edital, no sentido de que o concurso seria realizado em duas fases, e o provimento dar-se-ia em vagas existentes ou que viessem a ocorrer no seu prazo de validade. Assinalou que teriam surgido vagas durante a validade do certame e, ao invés de convocar os aprovados, a Administração promovera novo concurso. Assentou que haveria erro de fato na reclamação, que assegurara a posse dos réus e que o acórdão rescindendo não a impugnaria, mas sim a decisão prolatada em sede de recurso em mandado de segurança. Destacou que o julgado da reclamação fora "extra petita" e que o recurso em mandado de segurança fora decidido de acordo com o pedido e com a "causa petendi". Ponderou, assim, que a reclamação é que seria passível de ser rescindida. Frisou que o acórdão rescindendo não se enquadraria em qualquer das hipóteses de rescindibilidade contidas no art. 485 do CPC. Consignou que condicionar o exercício do direito de ação a citar mais de nove mil candidatos seria o mesmo que negar o exercício do direito de ação. Aduziu que a formação do litisconsórcio necessário não poderia esbarrar na cláusula pétrea de acesso à Justiça. Vencidos os Ministros Cármen Lúcia (relatora), Teori Zavascki e Rosa Weber, que julgavam procedente o pedido. Entendiam ter havido contrariedade à literal disposição da lei (CPC, art. 47). O Ministro Dias Toffoli reajustou seu voto. **AR 1685/DF, rel. orig. Min. Cármen Lúcia, redator p/ o acórdão Min. Dias Toffoli, 1º.10.2014. (AR-1685) (Inform. STF 761)**

CNJ: concurso público e prova de títulos
A 1ª Turma, por maioria, concedeu mandados de segurança para cassar decisão do CNJ que referendara a reprovação dos ora impetrantes em concurso público de provas e títulos realizado para o preenchimento de vagas em serventias extrajudiciais. Na espécie, discutia-se a possibilidade de — em razão do estabelecimento de determinado critério de cálculo das notas atribuídas aos candidatos —, se atribuir caráter eliminatório à prova de títulos no referido certame. De início, a Turma, por maioria, rejeitou preliminar suscitada pela Ministra Rosa Weber quanto à impossibilidade de conhecimento dos mandados de segurança, visto que impetrados em face de deliberação negativa do CNJ. A suscitante afirmava que as deliberações negativas do CNJ, porquanto não substituíssem o ato originalmente questionado, não estariam sujeitas à apreciação por mandado de segurança impetrado diretamente no STF. O Colegiado entendeu, porém, que a jurisprudência do STF distinguiria as situações em que o CNJ adentrasse, ou não, na matéria de fundo. Asseverou, ademais, que, mesmo no campo administrativo, sempre que houvesse competência recursal, a decisão do órgão recursal substituiria a decisão do órgão "a quo". Vencidos a suscitante e o Ministro Dias Toffoli. No mérito, a Turma afirmou que as provas de títulos em concurso público para provimento de cargos públicos efetivos na Administração Pública, em qualquer dos Poderes e em qualquer nível federativo, não poderiam ostentar natureza eliminatória. A finalidade das provas seria, unicamente, classificar os candidatos, sem jamais justificar sua eliminação do certame. Vencida, também no mérito, a Ministra Rosa Weber, que indeferia os mandados de segurança. **MS 31176/DF, rel. Min. Luiz Fux, 2.9.2014. (MS-31176) MS 32074/DF, rel. Min. Luiz Fux, 2.9.2014. (MS-32074) (Inform. STF 757)**

Contratações pela Administração Pública sem concurso público e efeitos trabalhistas
É nula a contratação de pessoal pela Administração Pública sem a observância de prévia aprovação em concurso público, razão pela qual não gera quaisquer efeitos jurídicos válidos em relação aos empregados eventualmente contratados, ressalvados os direitos à percepção dos salários referentes ao período trabalhado e, nos termos do art. 19-A da Lei 8.036/1990, ao levantamento dos depósitos efetuados no Fundo de Garantia do Tempo de Serviço - FGTS. Com

base nessa orientação, o Plenário negou provimento a recurso extraordinário no qual trabalhadora — que prestava serviços a fundação pública estadual, embora não tivesse sido aprovada em concurso público — sustentava que o § 2º do art. 37 da CF ("A não observância do disposto nos incisos II e III implicará a nulidade do ato e a punição da autoridade responsável, nos termos da lei") não imporia a supressão de verbas rescisórias relativas a aviso prévio, gratificação natalina, férias e respectivo 1/3, indenização referente ao seguro desemprego, multa prevista no art. 477, § 8º, da CLT entre outras. Discutiam-se, na espécie, os efeitos trabalhistas decorrentes de contratação pela Administração Pública sem observância do art. 37, II, da CF. O Tribunal asseverou que o citado § 2º do art. 37 da CF constituiria referência normativa que não poderia ser ignorada na avaliação dos efeitos extraíveis das relações estabelecidas entre a Administração e os prestadores de serviços ilegitimamente contratados. Destacou a importância que a Constituição atribuiria ao instituto do concurso público e às consequências jurídicas decorrentes de sua violação. Mencionou, também, que as Turmas possuiriam jurisprudência assente no tocante à negativa de pagamento, com base na responsabilidade extracontratual do Estado (CF, art. 37, § 6º), de outras verbas rescisórias típicas do contrato de trabalho, ainda que a título de indenização. O Colegiado consignou que o suposto prejuízo do trabalhador contratado sem concurso público não constituiria dano juridicamente indenizável e que o reconhecimento do direito a salários pelos serviços efetivamente prestados afastaria a alegação de enriquecimento ilícito. **RE 705140/RS, rel. Min. Teori Zavascki, 28.8.2014. (RE-705140) (Inform. STF 756)**

Concurso público: prova oral e recurso administrativo
A 2ª Turma concedeu mandado de segurança para cassar decisão proferida pelo CNJ, que excluíra a ora impetrante de concurso público para ingresso em magistratura estadual. No caso, o então candidato ao cargo de juiz substituto, após ter sido reprovado na prova oral do concurso, tivera seu recurso administrativo provido pela comissão organizadora, a qual anulara algumas questões formuladas naquela fase e recalculara a nota a ele atribuída, o que resultara em sua aprovação. O CNJ, em processo de controle administrativo instaurado por outro candidato — que, a despeito de se encontrar em situação similar à do ora impetrante, tivera seu recurso administrativo negado —, excluíra ambos os concorrentes da fase subsequente à prova oral, sob o fundamento de que, segundo o art. 70, § 1º, da Resolução 75/2009 do CNJ, a nota atribuída na prova oral seria irretratável em sede recursal. A Turma, de início, afastou as alegações de ocorrência de ofensa ao devido processo legal e de extrapolação dos limites objetivos do processo de controle administrativo. Consignou que não se poderia transpor para o processo administrativo a integralidade das regras que regem o processo judicial, sob pena de desnaturá-lo. Afirmou que o exercício do controle da atuação administrativa dos órgãos que compõem o Poder Judiciário imporia ao CNJ o poder-dever de apurar e corrigir irregularidades, nos termos do art. 103-B da CF. Em razão disso, a inclusão do ora impetrante como interessado no processo administrativo em análise, aliada à faculdade que tivera, e exercera, de defender a validade da decisão administrativa que o beneficiara em detrimento de outro candidato, evidenciariam a improcedência das referidas assertivas de ofensa ao devido processo legal e de extrapolação dos limites objetivos do processo de controle administrativo. Quanto à discussão relativa à suposta impossibilidade de a comissão examinadora do concurso público revisar notas de prova oral, a Turma asseverou que o § 1º do art. 70 da Resolução 75/2009 do CNJ ("É irretratável em sede recursal a nota atribuída na prova oral") pressuporia a validade da prova feita. Assinalou que conclusão diversa redundaria no não cabimento de recurso administrativo quando houvesse, inclusive, eventuais erros manifestos no processamento de concursos públicos. No caso, a comissão examinadora reconhecera o descumprimento de normas do edital do concurso no que diz com as questões que deveriam ter sido cobradas na fase oral. Ocorre que seria assente no STF o entendimento segundo o qual o edital de concurso público rege as relações entre os candidatos e a Administração Pública. Ambos estariam submetidos, portanto, às suas regras, e, eventual desrespeito ao que nele disciplinado consubstanciaria violação ao princípio da legalidade, o que autorizaria o candidato a buscar sua correção. **MS 32042/DF, rel. Min. Cármen Lúcia, 26.8.2014. (MS-32042) (Inform. STF 756)**

Concurso público: direito subjetivo à nomeação e discricionariedade
A 1ª Turma acolheu embargos de declaração para, emprestando-lhes efeitos modificativos, dar provimento a recurso extraordinário em que se discutia a existência de discricionariedade por parte Administração na nomeação de candidatos aprovados em concurso público para o preenchimento de vagas no TRE/PR. No caso, os ora embargantes, embora aprovados, estariam

classificados além do número de vagas previsto no edital do certame. Antes de expirar o prazo de validade do concurso — o que se daria em 28.6.2004 —, fora editada a Lei 10.842, de 20.2.2004, a qual criara novos cargos nos quadros de pessoal dos tribunais regionais eleitorais. Posteriormente, o TSE editara a Resolução 21.832, de 22.6.2004, em cujo art. 2º dispunha-se que os tribunais regionais deveriam aproveitar, nos cargos criados pela Lei 10.842/2004, os candidatos habilitados em concurso público, realizado ou em andamento na data de publicação da referida lei. O TRE/PR optara, entretanto, por deixar expirar o prazo de validade do concurso e realizar novo certame, publicado o respectivo edital em 23.12.2004. A Turma afirmou que, no caso, não haveria discricionariedade por parte do TRE/PR na nomeação dos candidatos aprovados no concurso em comento, configurado, portanto, o direito subjetivo dos embargantes à nomeação, respeitada a ordem classificatória do certame. Consignou que a Resolução 21.832/2004 teria estabelecido um dever, para os tribunais regionais eleitorais, de aproveitamento dos candidatos aprovados em concursos públicos vigentes à época da edição da Lei 10.842/2004. Assim, tratar-se-ia de uma decisão vinculada. Com relação ao argumento de que a referida resolução fora editada apenas seis dias antes de expirar o prazo de validade do certame, o Colegiado asseverou que a norma somente formalizara orientação que já vinha sendo reiteradamente expendida pelo TSE. **RE 607590/PR, rel. Min. Roberto Barroso, 19.8.2014. (RE-607590) (Inform. STF 755)**

Posse em concurso público por medida judicial precária e "fato consumado" - 1

A posse ou o exercício em cargo público por força de decisão judicial de caráter provisório não implica a manutenção, em definitivo, do candidato que não atende a exigência de prévia aprovação em concurso público (CF, art. 37, II), valor constitucional que prepondera sobre o interesse individual do candidato, que não pode invocar, na hipótese, o princípio da proteção da confiança legítima, pois conhece a precariedade da medida judicial. Com base nessa orientação, o Plenário, por maioria, deu provimento a recurso extraordinário para reformar acordão que, com base na "teoria do fato consumado", concluíra pela permanência da recorrida no cargo público por ela ocupado desde 2002. Discutia-se a possibilidade de manutenção de candidato investido em cargo público em decorrência de decisão judicial de natureza provisória. Na espécie, a recorrida tomara posse no cargo de agente da polícia civil em virtude de medida liminar deferida em ação cautelar, embora ela tivesse sido reprovada na segunda etapa do certame (teste físico) e não tivesse se submetido à terceira fase (exame psicotécnico).

Posse em concurso público por medida judicial precária e "fato consumado" - 2

O Tribunal destacou, de início, a existência de conflito entre duas ordens de valores que, ante a incompatibilidade, deveriam ser sopesadas. De um lado, o interesse individual da candidata em permanecer no cargo público que, por força de liminar, exerceria há mais de 12 anos. De outro lado, o interesse público no cumprimento do art. 37, II, da CF e de seus consectários. Em seguida, mencionou que a jurisprudência predominante da Corte seria no sentido da prevalência à estrita observância das normas constitucionais. Asseverou que, na questão em debate, não seria cabível o argumento da boa-fé ou do princípio, a ela associado, da proteção da confiança legítima do administrado. No ponto, aduziu que essa alegação seria viável quando, por ato de iniciativa da própria Administração, decorrente de equivocada interpretação da lei ou dos fatos, o servidor seria alçado a determinada condição jurídica ou seria incorporada determinada vantagem ao seu patrimônio funcional, de modo que essas peculiares circunstâncias provocassem em seu íntimo justificável convicção de que se trataria de um "status" ou de uma vantagem legítima. Assim, superveniente constatação da ilegitimidade desses proveitos configuraria comprometimento da boa-fé ou da confiança legítima provocada pelo primitivo ato da Administração, o que poderia autorizar, ainda que em nome do "fato consumado", a manutenção do "status quo", ou, pelo menos, a dispensa de restituição de valores. O Colegiado frisou, no entanto, a excepcionalidade dessa hipótese.

Posse em concurso público por medida judicial precária e "fato consumado" - 3

A Corte salientou, ainda, que a situação dos autos seria distinta, porquanto a nomeação e posse no cargo teriam ocorrido por provocação da recorrida e contra a vontade da Administração, a qual apresentara resistência no plano processual. Explicitou, também, que o acórdão recorrido não

afirmara a plausibilidade do direito de a recorrida permanecer no cargo, mas somente se limitara a aplicar a "teoria do fato consumado", tendo em conta que a liminar vigoraria, à época, há mais de sete anos. O Colegiado observou que, na espécie, não faria sentido invocar-se o princípio da proteção da confiança legítima nos atos administrativos, haja vista que a beneficiária não desconheceria, porque decorrente de lei expressa, a natureza provisória do provimento, cuja revogação poderia se dar a qualquer momento e acarretar automático efeito retroativo. Acrescentou que a concessão das medidas antecipatórias correria por conta e responsabilidade do requerente. Assim, afastado o princípio da proteção da confiança legítima, o Plenário registrou que apenas o interesse individual na manutenção do cargo sobejaria como fundamento para sustentar a conclusão do acórdão impugnado. Considerou, todavia, que a pretensão da recorrida não poderia justificar o desatendimento do superior interesse público no cumprimento das normas constitucionais. Frisou, ademais, que esse interesse individual se oporia, inclusive, ao interesse de mesma natureza de candidato que, aprovado no concurso, fora alijado do cargo, ocupado sem observância das regras constitucionais. Por fim, o Tribunal assegurou à recorrida os vencimentos e as vantagens percebidos até a data do julgamento.

Posse em concurso público por medida judicial precária e "fato consumado" - 4

Vencidos os Ministros Roberto Barroso e Luiz Fux negavam provimento ao recurso extraordinário. O Ministro Roberto Barroso entendia que, no caso, a ponderação não se daria entre interesse privado do indivíduo e interesse público da Administração, mas, entre o princípio da confiança legítima e o mandamento do concurso público. Esclarecia que, como em toda ponderação, nem sempre seria possível estabelecer, "prima facie", qual dos dois princípios deveria prevalecer. Aduzia que essa ponderação deveria ser feita à luz dos elementos do caso concreto. Registrava que a proteção da confiança legítima seria valor constitucional decorrente do princípio da segurança jurídica e, por isso, se mostraria impróprio o argumento no sentido de ser inexistente tese constitucional em favor da recorrida. Destacava que a ideia de segurança jurídica teria vertente objetiva a impedir a retroatividade das normas. Nesse ponto, sublinhava que haveria proteção ao ato jurídico perfeito, ao direito adquirido e à coisa julgada, a amparar as expectativas legítimas das pessoas, a preservar, inclusive, efeitos de atos eventualmente inválidos. Reiterava que as situações de investiduras de servidor público envolveriam muitas nuanças, do que decorreria a necessidade de se conhecer o caso "sub judice" para se proceder à interpretação constitucionalmente adequada. Propunha a observância de parâmetros para a aferição de eventual confiança legítima: a) o tempo decorrido entre as decisões contraditórias, adotando-se, por analogia, o prazo de cinco anos previsto no art. 54 da Lei 9.784/1999; b) a boa-fé do candidato; c) o grau de estabilidade da decisão judicial, de maneira que uma decisão de 2º grau geraria maior expectativa de direito; d) o órgão prolator da decisão, pois quanto mais elevado o órgão judicial, maior a expectativa de direito originada; e e) a plausibilidade da tese jurídica que justificara a investidura e a ausência de conduta processual procrastinatória.

Posse em concurso público por medida judicial precária e "fato consumado" - 5

O Ministro Luiz Fux, por sua vez, enfatizava que a recorrida teria prestado concurso público e sido aprovada com nota exemplar no curso de aperfeiçoamento, apesar de não ter se submetido ao exame psicotécnico. Registrava que a função desse teste seria aferir condições biopsicológicas no exercício de uma função, e a recorrida a exercera, de forma exemplar por vários anos, o que superaria completamente a ausência do referido exame. Reputava que a recorrida tivera seu direito reafirmado em sentença de mérito e confirmado em acórdão que perdurara por mais de 12 anos. Frisava que a tendência mundial seria fazer com que o jurisdicionado se contentasse com uma só decisão judicial e o advento de uma segunda decisão, por órgão colegiado, apuraria a sua juridicidade. Comparava, no ponto, com o que contido na denominada "Lei da Ficha Limpa", que prevê a decisão colegiada para fins de tornar alguém inelegível. Aduzia que, na espécie, estaria em jogo direito fundamental encartado no art. 5º da CF e, como direito fundamental, prevaleceria sobre outros interesses correlatos à causa.
RE 608482/RN, rel. Min. Teori Zavascki, 7.8.2014. (RE-608482) (Inform. STF 753)

6. DIREITO ADMINISTRATIVO 451

EMENTA: Agravo regimental no recurso extraordinário. Administrativo. Concurso público. Prequestionamento. Ausência. Prazo de validade. Prorrogação. Ato discricionário. Reexame de cláusulas editalícias e de fatos e provas. Impossibilidade. Precedentes.
1. Não se admite o recurso extraordinário quando os dispositivos constitucionais que nele se alega violados não estão devidamente prequestionados. Incidência das Súmulas nºs 282 e 356/STF.
2. A Corte tem reconhecido a discricionariedade da Administração pública no tocante à prorrogação do prazo de validade de concursos públicos.
3. Inadmissível, em recurso extraordinário, a análise de cláusulas editalícias e o reexame do conjunto fático-probatório da causa. Incidência das Súmulas nºs 454 e 279/STF.
4. Agravo regimental não provido. **(Inform. STF 748)**

AR: concurso público e direito adquirido à nomeação - 1

O Plenário julgou improcedente pedido formulado em ação rescisória na qual se buscava desconstituir decisão proferida pela 2ª Turma do STF, nos autos do RE 367.460/DF (DJe de 9.10.2008). No caso, os ora autores teriam sido aprovados na 1ª etapa de concurso público para fiscal do trabalho, mas não teriam sido selecionados para a 2ª fase do certame (programa de formação). Esperavam que, no prazo de validade do concurso, fossem convocados para a 2ª etapa e, na sequência, nomeados. No aludido recurso extraordinário, ficara consignado que a jurisprudência da Corte seria pacífica no sentido de inexistir direito adquirido à nomeação em hipóteses análogas. No que se refere à rescisória, de início, a Corte afastou suposta contrariedade ao art. 485, II, do CPC ("Art. 485. A sentença de mérito, transitada em julgado, pode ser rescindida quando: ... II - proferida por juiz impedido ou absolutamente incompetente"). A respeito, os autores alegavam que o Ministro Gilmar Mendes, relator do RE 367.460/DF, estaria impedido, pois teria atuado como Advogado-Geral da União em processos nos quais discutida idêntica matéria tratada na decisão rescindenda. No ponto, o Colegiado assentou que o impedimento, nos termos do art. 485, II, do CPC, pressupõe que o magistrado tivesse contrariado as regras do art. 134 do CPC no processo em que atuasse. Assim, a circunstância de o Ministro Gilmar Mendes ter funcionado como Advogado-Geral da União em processos distintos não causaria seu impedimento no RE 367.460/DF.

AR: concurso público e direito adquirido à nomeação - 2

Os autores sustentavam, ainda, suposta ofensa ao art. 485, V, do CPC ("V - violar literal disposição de lei"), tendo em vista que: a) o edital do concurso disporia que o provimento dar-se-ia em vagas existentes ou que viessem a ocorrer no prazo de validade do concurso; e b) a decisão formulada nos autos do RMS 23.040/DF (DJU de 14.9.1999) seria aplicável ao caso. O Plenário consignou que a decisão proferida no RE 367.460/DF registraria a ausência de direito líquido e certo de os autores serem convocados para a 2ª etapa do certame, pois o prazo de validade do concurso não fora prorrogado e não houvera convocação para cadastro de reserva. O Tribunal assinalou que esse entendimento estaria de acordo com a jurisprudência da Corte, segundo a qual o candidato aprovado na 1ª fase de concurso público, classificado além do número de vagas existentes para a 2ª etapa, não teria direito líquido e certo à nomeação, pois a prorrogação de concurso público seria ato discricionário da Administração. Reputou que o cabimento de ação rescisória com fulcro no art. 485, V, do CPC exigiria que a decisão rescindenda fosse manifestamente contrária ao dispositivo legal apontado, o que não seria o caso.

AR: concurso público e direito adquirido à nomeação - 3

Os autores alegavam, ademais, eventual erro de fato (CPC, art. 485, IX), uma vez que o relator do RE 367.460/DF teria feito alusão à AR 1.685/DF como precedente a fundamentar a decisão, mas este caso ainda não teria sido julgado. Aduziam, além disso, que a decisão proferida em sede de embargos declaratórios seria nula, pois contrariaria o art. 93, IX, da CF ("IX - todos os julgamentos dos órgãos do Poder Judiciário serão públicos, e fundamentadas todas as decisões, sob pena de nulidade, podendo a lei limitar a presença, em determinados atos, às próprias partes e a seus advogados, ou somente a estes, em casos nos quais a preservação do direito à intimidade do interessado no sigilo não prejudique o interesse público à informação"). No ponto, o Plenário asseverou que o erro de fato passível de subsidiar ação rescisória seria relacionado a fato averiguável mediante o exame das provas existentes no processo originário. Desse modo, não constituiria erro de fato a simples menção de acórdão proferido em medida cautelar para demonstrar que a decisão estaria de acordo com a jurisprudência do STF. Sublinhou que,

para o cabimento de rescisória com esteio no art. 485, IX, do CPC, o erro de fato deveria surgir da interpretação dos atos e documentos da causa, ou seja, dos elementos constantes dos autos que seriam objeto da decisão rescindenda, o que não teria ocorrido. Acresceu que a suposta nulidade de acórdão por ofensa ao art. 93, IX, da CF, não prosperaria, porque devidamente fundamentado. **AR 2274/DF, rel. Min. Cármen Lúcia, 15.5.2014. (AR-2274) (Inform. STF 746)**

AG. REG. EM MS N. 31.790-DF
RELATOR: MIN. GILMAR MENDES

Agravo regimental em mandado de segurança. 2. Direito Administrativo. 3. Concurso público. Formação de cadastro de reserva. 4. Candidato aprovado em certame para formação de reserva não tem direito subjetivo à nomeação, mas mera expectativa. 5. Agravo regimental a que se nega provimento. **(Inform. STF 746)**

AG. REG. NO RE N. 607.590-PR
RELATOR: MIN. ROBERTO BARROSO

EMENTA: AGRAVO REGIMENTAL EM RECURSO EXTRAORDINÁRIO. CONCURSO PÚBLICO. APROVADOS FORA DO NÚMERO DE VAGAS PREVISTAS NO EDITAL. PRETERIÇÃO NÃO CONFIGURADA. AUSÊNCIA DE DIREITO SUBJETIVO À NOMEAÇÃO. PRORROGAÇÃO DE CONCURSO PÚBLICO. ATO DISCRICIONÁRIO DA ADMINISTRAÇÃO. PRECEDENTES.
O Supremo Tribunal Federal, após reconhecer a existência de repercussão geral da matéria no RE 598.099-RG, julgado sob a relatoria do Ministro Gilmar Mendes, entendeu que, em regra, apenas o candidato aprovado entre as vagas previstas no edital de concurso público tem direito líquido e certo à nomeação. A jurisprudência desta Corte é pacífica ao afirmar se tratar de decisão discricionária da Administração a questão relativa à prorrogação ou não de concurso público. Precedentes.
Agravo regimental a que se nega provimento. **(Inform. STF 742)**

ED: serventia extrajudicial e concurso público

Por reputar ausentes os pressupostos de embargabilidade, o Plenário rejeitou embargos de declaração e manteve o entendimento firmado no sentido de não haver direito adquirido do substituto, que preencheu os requisitos do art. 208 da Constituição pretérita, à investidura na titularidade de cartório, quando a vaga tenha surgido após a promulgação da Constituição de 1988, a qual exige expressamente, no seu art. 236, § 3º, a realização de concurso público de provas e títulos para o ingresso na atividade notarial e de registro. Inicialmente, a Corte denegou pedido de sobrestamento do feito para que fosse apreciado, em conjunto, com a ADI 4.300/DF. O ora embargante arguia a ocorrência de conexão por prejudicialidade, uma vez que na mencionada ação direta questiona-se a legitimidade constitucional do modo de atuar do Conselho Nacional de Justiça - CNJ no tocante a questão dos cartórios brasileiros. A Ministra Rosa Weber (relatora) destacou anterior deferimento de pleito formulado pela mesma parte para que os embargos apenas fossem examinados após o julgamento do MS 26.860/DF, que versaria o mesmo tema do presente processo. Salientou sua perplexidade diante de requerimento manifestado da tribuna, para que o feito fosse analisado anteriormente ao aludido MS 26.860/DF. O Ministro Joaquim Barbosa (Presidente) observou que, dessa maneira, estar-se-ia sempre fazendo remissão a outro processo. Em seguida, o Tribunal aduziu que o acórdão impugnado não padeceria de quaisquer dos vícios que autorizariam a oposição de embargos declaratórios. Consignou tratar-se de tentativa de rediscussão da matéria. Asseverou que, não obstante a Ministra Rosa Weber tivesse adotado, no MS 26.860/DF, tese consentânea à defendida pelo ora embargante, haveria distinção entre mérito da causa e mérito do recurso. Afirmou que o mérito do recurso em debate diria respeito à presença, ou não, de vícios ensejadores de embargos de declaração. O Colegiado reiterou, ainda, a inocorrência de omissão em torno dos temas relativos à decadência para a Administração Pública e aos princípios constitucionais da segurança jurídica e da boa-fé, devidamente analisadas e afastados. **MS 28279 ED/DF, rel. Min. Rosa Weber, 2.4.2014. (MS-28279) (Inform. STF 741)**

Serventia extrajudicial e concurso público - 5

Inexiste direito adquirido à efetivação na titularidade de cartório quando a vacância do cargo ocorre na vigência da Constituição de 1988, que exige a submissão a concurso público, de modo a afastar a incidência do art. 54 da Lei 9.784/1999 ("O direito da Administração de anular os atos administrativos de que decorram efeitos favoráveis para os destinatários decai em cinco anos, contados da data em que foram praticados, salvo comprovada má-fé") a situações flagrantemente inconstitucionais. Ao ratificar essa diretriz firmada no MS 28.279/DF (DJe de 29.4.2011), o Tribunal, em conclusão de julgamento, denegou mandado de segurança em que se pleiteava a declaração de insubsistência de resolução do Conselho Nacional de Justiça - CNJ por meio da qual determinara a imediata desconstituição da outorga de titularidade de serventia extrajudicial aos impetrantes. Tratava-se de substitutos efetivados entre 1992 e 1994 — por ato do Tribunal de Justiça do Estado de Mato Grosso do Sul, com fundamento no, ora revogado, art. 31 do ADCT da Constituição da mesma unidade federativa —, sem prévia aprovação em concurso público, em serventias cujas vacâncias ocorreram posteriormente à atual Constituição — v. Informativo 659. Por conseguinte, o Colegiado declarou o prejuízo dos agravos regimentais interpostos da decisão que indeferira a medida liminar. Destacou que o art. 236, § 3º, da CF ("Art. 236. Os serviços notariais e de registro são exercidos em caráter privado, por delegação do Poder Público. ... § 3º - O ingresso na atividade notarial e de registro depende de concurso público de provas e títulos, não se permitindo que qualquer serventia fique vaga, sem abertura de concurso de provimento ou de remoção, por mais de seis meses") seria norma constitucional autoaplicável. Assim, rejeitou tese de que somente com a edição da Lei 8.935/1994 — que regulamenta o art. 236 da CF, ao dispor sobre serviços notariais e de registro — a referida norma teria conquistado plena eficácia. Aduziu, ademais, que o aludido preceito condicionaria o ingresso na atividade notarial e de registro à aprovação em concurso público de provas e títulos. Ponderou que os princípios republicanos da igualdade, da moralidade e da impessoalidade deveriam nortear a ascensão às funções públicas.

Serventia extrajudicial e concurso público - 6

Sob o ângulo do princípio da confiança, consectário da segurança jurídica do Estado de Direito, a Corte acentuou que o mencionado postulado pressuporia, desde a origem, situação a que o administrado não teria dado ensejo. Registrou que nas hipóteses em que o exercício do direito calcar-se-ia em inconstitucionalidade flagrante, seria evidente a ausência de boa-fé, requisito indispensável para a incidência do princípio da proteção da confiança. Frisou que o prazo decadencial basear-se-ia na ausência de má-fé. O Ministro Roberto Barroso acompanhou a conclusão, porém, por fundamento diverso. Salientou que a situação dos autos não versaria sobre vício banal de ilicitude, mas sobre inconstitucionalidade, causa de invalidade mais grave do sistema jurídico. Afirmou que, paralelamente à técnica da modulação temporal da declaração de inconstitucionalidade, seria possível a fixação, nesses casos, de um marco final para a desconstituição de efeitos jurídicos. Ponderou pela incidência do maior prazo previsto no Código Civil, qual seja, vinte anos no código de 1916 e dez anos no vigente. Tendo isso em conta, assentou que não se verificaria a decadência no tocante aos atos questionados. Vencidos a Ministra Rosa Weber e o Ministro Marco Aurélio, que concediam a segurança. Observavam que o CNJ teria cassado atos praticados por tribunal de justiça há mais de dez anos. Além disso, realçavam não estar descaracterizada a boa-fé dos impetrantes. Por fim, o Tribunal reiterou a autorização aos relatores para decidirem monocraticamente sobre o tema. **MS 26860/DF, rel. Min. Luiz Fux, 2.4.2014. (MS-26860) (Inform. STF 741)**

AG. REG. NO RE N. 782.997-DF
RELATOR: MIN. DIAS TOFFOLI
EMENTA: Agravo regimental no recurso extraordinário. Administrativo. Concurso público. Exame psicotécnico. Subjetividade dos critérios de avaliação. Impossibilidade. Precedentes.
1. É pacífica a jurisprudência do Tribunal no sentido de ser possível a exigência de teste psicotécnico como condição de ingresso no serviço público, desde que i) haja previsão no edital regulamentador do certame e em lei; ii) que referido exame seja realizado mediante critérios objetivos e iii) que se confira a publicidade aos resultados da avaliação, a fim de viabilizar sua eventual impugnação.
2. Agravo regimental não provido. **(Inform. STF 741)**

AG. REG. NO ARE N. 735.077-ES
RELATOR: MIN. DIAS TOFFOLI
EMENTA: Agravo regimental no recurso extraordinário com agravo. Concurso público. Reserva de vagas para portadores de deficiência. Arredondamento do coeficiente fracionário para o primeiro número inteiro subsequente. Impossibilidade. Precedentes.

1. A Corte de origem concluiu que o arredondamento do percentual de vagas destinadas aos portadores de deficiência equivaleria a 100% das vagas ofertadas.
2. A jurisprudência da Corte firmou o entendimento de que a reserva de vagas para portadores de deficiência deve ater-se aos limites da lei, na medida da viabilidade das vagas oferecidas, não sendo possível seu arredondamento no caso de majoração das porcentagens mínima e máxima previstas.
3. Agravo regimental não provido. **(Inform. STF 741)**

ARE 733.957-AgR/CE
RELATOR: Ministro Celso de Mello
CONCURSO PÚBLICO. AGENTE PENITENCIÁRIO. **INVESTIGAÇÃO SOCIAL. VIDA PREGRESSA** DO CANDIDATO. **EXISTÊNCIA** DE REGISTROS CRIMINAIS. **PROCEDIMENTOS PENAIS** *DE QUE NÃO RESULTOU* CONDENAÇÃO CRIMINAL **TRANSITADA** EM JULGADO. **EXCLUSÃO** DO CANDIDATO. **IMPOSSIBILIDADE. TRANSGRESSÃO** AO POSTULADO CONSTITUCIONAL *DA PRESUNÇÃO DE INOCÊNCIA* (**CF**, ART. 5º, LVII). RECURSO EXTRAORDINÁRIO **A QUE SE NEGA** SEGUIMENTO.
- **A exclusão** de candidato **regularmente** inscrito em concurso público, **motivada**, *unicamente*, **pelo fato** de existirem registros de infrações penais *de que não resultou* condenação criminal **transitada** em julgado **vulnera**, *de modo frontal*, **o postulado constitucional** *do estado de inocência*, **inscrito** no art. 5º, **inciso** LVII, da Lei Fundamental da República. **Precedentes**. DJe de 12.12.2013 **(Inform. STF 741)**

Servidores admitidos sem concurso: serviços essenciais e modulação de efeitos - 1

O Plenário, por maioria, julgou parcialmente procedente pedido formulado em ação direta, para declarar a inconstitucionalidade dos incisos I, II, IV e V do art. 7º da LC 100/2007, do Estado de Minas Gerais ("Art. 7º Em razão da natureza permanente da função para a qual foram admitidos, são titulares de cargo efetivo, nos termos do inciso I do art. 3º da Lei Complementar nº 64, de 2002, os servidores em exercício na data da publicação desta lei, nas seguintes situações: I - a que se refere o art. 4º da Lei nº 10.254, de 1990, e não alcançados pelos arts. 105 e 106 do Ato das Disposições Constitucionais Transitórias da Constituição do Estado; II - estabilizados nos termos do art. 19 do Ato das Disposições Constitucionais Transitórias da Constituição da República; ... IV - de que trata a alínea 'a' do § 1º do art. 10 da Lei nº 10.254, de 1990, admitidos até 16 de dezembro de 1998, desde a data do ingresso; V - de que trata a alínea 'a' do § 1º do art. 10 da Lei nº 10.254, de 1990, admitidos após 16 de dezembro de 1998 e até 31 de dezembro de 2006, desde a data do ingresso."). O dispositivo impugnado dispõe sobre a transformação de servidores atuantes na área de educação, mantenedores de vínculo precário com a Administração, em titulares de cargos efetivos, sem necessidade de concurso público.

Servidores admitidos sem concurso: serviços essenciais e modulação de efeitos - 2

Preliminarmente, o Colegiado afastou suposta conexão com a ADI 3.842/MG. Asseverou que as ações diretas cuidariam de atos normativos distintos e autônomos. Rejeitou, ademais, assertiva de que o autor deveria impugnar as normas a que o art. 7º da LC estadual 100/2007 faz referência. Ainda em preliminar, repeliu argumento no sentido de que o autor deveria atacar cada um dos incisos do art. 7º com fundamentos específicos. No ponto, aduziu que a justificativa comum a todos os incisos seria a alegada ofensa ao art. 37, II, da CF. No mérito, o Tribunal reputou o inciso III ("Art. 7º Em razão da natureza permanente da função para a qual foram admitidos, são titulares de cargo efetivo, nos termos do inciso I do art. 3º da Lei Complementar nº 64, de 2002, os servidores em exercício na data da publicação desta lei, nas seguintes situações: ... III - a que se refere o 'caput' do art. 107 da Lei nº 11.050, de 19 de janeiro de 1993") da norma adversada seria hígido, pois referente a servidores que, de acordo com a lei nele referida, teriam sido aprovados mediante concurso público, para ocupação de cargos efetivos. No tocante aos demais incisos, porém, analisou que tratariam de pessoas contratadas por meio de convênios, sem concurso público, bem assim de servidores estáveis que seriam efetivados como titulares de cargos públicos, também sem concurso. Vencidos, em parte, os Ministros Joaquim Barbosa (Presidente), e Marco Aurélio, que julgavam o pedido totalmente procedente. Entendiam não haver justificativa plausível para a existência do inciso III, exceto para beneficiar servidores estáveis e não efetivos.

6. DIREITO ADMINISTRATIVO

Servidores admitidos sem concurso: serviços essenciais e modulação de efeitos - 3

Em seguida, o Plenário, por decisão majoritária, modulou os efeitos da declaração de inconstitucionalidade para, em relação aos cargos para os quais não houvesse concurso público em andamento ou com prazo de validade em curso, dar efeitos prospectivos à decisão, de modo a somente produzir efeitos a partir de 12 meses, contados da data da publicação da ata de julgamento. Esse seria tempo hábil para a realização de concurso público, para a nomeação e a posse de novos servidores. No ponto, a Corte sublinhou que a medida evitaria prejuízo aos serviços públicos essenciais prestados à população. No que se refere aos cargos para os quais existisse concurso em andamento ou dentro do prazo de validade, consignou que a decisão deveria surtir efeitos imediatamente. O Colegiado destacou, entretanto, que ficariam ressalvados dos efeitos da decisão: a) aqueles que já estivessem aposentados e aqueles servidores que, até a data de publicação da ata do julgamento, tivessem preenchidos os requisitos para a aposentadoria, exclusivamente para seus efeitos, o que não implicaria efetivação nos cargos ou convalidação da lei inconstitucional para esses servidores; b) os que tivessem se submetido a concurso público quanto aos cargos para os quais aprovados; e c) os servidores que adquiriram estabilidade pelo cumprimento dos requisitos previstos no art. 19 do ADCT. A respeito, o Ministro Ricardo Lewandowski salientou ser necessário preservar a situação de pessoas que, de boa-fé, teriam prestado serviço público como se efetivos fossem, ao abrigo de legislação aparentemente legítima. Seriam servidores públicos de fato, aos quais, em alguns casos, fora deferida regularmente a aposentadoria. Reputou que essas situações deveriam ser protegidas, como medida de justiça. Vencidos, no tocante à modulação, os Ministros Presidente e Marco Aurélio. O Presidente modulava os efeitos da decisão em menor extensão, para preservar apenas as situações jurídicas daqueles que, após prestarem serviços nos termos da lei ora declarada inconstitucional, estivessem aposentados ou preenchessem os requisitos para aposentadoria até a data de publicação da ata de julgamento, e desde que requeressem o benefício no prazo de um ano, contado da mesma data. O Ministro Marco Aurélio, por sua vez, não modulava os efeitos da decisão.

ADI 4876/DF, rel. Min. Dias Toffoli, 26.3.2014. (ADI-4876) (Inform. STF 740)

Concurso público: fase recursal e participação da OAB - 1

A 1ª Turma, por maioria, concedeu mandado de segurança para anular decisão do Conselho Nacional do Ministério Público - CNMP e assegurar a participação dos impetrantes na fase seguinte do concurso público para ingresso na carreira de promotor de justiça. No caso, em razão de erro grosseiro no enunciado de questões e pela exigência de conteúdo não previsto no edital, os impetrantes, candidatos ao referido cargo, teriam sido reprovados na primeira fase do certame. Diante desse quadro, interpuseram recurso para a comissão do concurso, que anulara apenas uma questão da prova objetiva. Em seguida, com fulcro em lei orgânica do Ministério Público estadual, que admite recurso contra decisão da referida comissão, os impetrantes provocaram o Conselho Superior do Ministério Público estadual — que anulara mais duas questões —, bem como o Colégio de Procuradores de Justiça — que anulara mais uma questão. Em seguida, fora publicado o resultado definitivo da prova objetiva com aprovação dos impetrantes. Entretanto, outros candidatos acionaram o CNMP, que anulara as decisões do Conselho Superior do Ministério Público e do Colégio de Procuradores de Justiça sob o fundamento de que seria obrigatória a participação da OAB em todas as etapas do concurso, o que não teria ocorrido na fase recursal. Além disso, o CNMP entendera que existiria incompatibilidade entre o edital do concurso e a citada lei estadual e concluíra que o princípio da segurança jurídica justificaria a preponderância das normas editalícias sobre as disposições legais, uma vez que o edital publicado seria lei entre as partes. Inicialmente, a Turma, por votação majoritária, rejeitou questão de ordem, suscitada pelo Ministro Marco Aurélio, no sentido de afetar o caso ao Plenário. Vencidos o suscitante e a Ministra Rosa Weber.

Concurso público: fase recursal e participação da OAB - 2

A Turma afirmou que seria incontroverso que a lei orgânica do Ministério Público estadual comporia o conjunto de normas que regulamentaria o certame, consoante disposto em previsão editalícia ("1. O ingresso na carreira do Ministério Público far-se-á mediante concurso público de provas e títulos e observando-se, nas nomeações, a ordem de classificação. O concurso será regido pelas disposições constantes da Lei Federal nº 8.625, de 12 de fevereiro

de 1993 - Lei Orgânica Nacional do Ministério Público, Lei Estadual nº 72, de 12 de dezembro de 2008 - Lei Orgânica e Estatuto do Ministério Público do Estado do Ceará ..."). A Turma entendeu, desse modo, que a Administração Pública assumira o compromisso de respeitar os preceitos da aludida lei, o que teria criado expectativa legítima dos candidatos de oferecerem recurso. Concluiu, portanto, que a interpretação de cláusula do edital não poderia restringir direito previsto em lei. Rememorou precedente do Plenário no sentido de não competir a órgão de controle de natureza administrativa declarar a inconstitucionalidade de lei. Reputou, por conseguinte, que o CNMP não teria competência para, com fundamento extraído da Constituição (CF, art. 129, § 3º), negar eficácia a dispositivos da lei orgânica do *Parquet* estadual. Entendeu, contudo, que o CNMP poderia, no controle da atuação administrativa do Ministério Público estadual, analisar o respeito aos princípios constitucionais da Administração Pública, entre eles a legalidade, considerados os critérios extraídos da interpretação conferida à lei estadual, o que não teria ocorrido.

Concurso público: fase recursal e participação da OAB - 3

A Turma sublinhou que seria legítimo o exercício da autotutela pela Administração Pública, a qual, diante de ilegalidade, poderia anular seus próprios atos sem que isso importasse em desrespeito aos princípios da segurança jurídica ou da confiança. Aludiu que esse entendimento estaria pacificado na Corte (Enunciados 346 e 473 da Súmula do STF). Consignou que seria legítima a atuação revisional do Conselho Superior do Ministério Público e do Colégio de Procuradores de Justiça no tocante à legalidade do resultado da prova objetiva, resguardada a competência da comissão do concurso, integrada por representante da OAB, para decidir quanto ao conteúdo da prova e ao mérito das questões. Vencidos os Ministros Marco Aurélio e Rosa Weber, que pontuavam a necessidade da participação da OAB em todas as fases do concurso, inclusive a recursal.

MS 32176/DF, rel. Min. Dias Toffoli, 18.3.2014. (MS-32176) (Inform. STF 739)

AG. REG. NO AI N. 814.164-MG

RELATOR: MIN. DIAS TOFFOLI

EMENTA: Agravo regimental no agravo de instrumento. Administrativo. Concurso público. Alteração legal dos requisitos para provimento no cargo. Certame em andamento. Adequação do edital à norma. Possibilidade. Nomeação posterior por força de lei. Indenização pelo período não trabalhado. Impossibilidade.

1. Firmou-se, no Supremo Tribunal Federal o entendimento de que é possível a alteração de edital de concurso público, desde que esse não esteja concluído e homologado, quando houver necessidade de adaptação do certame a nova legislação aplicável ao caso.

2. A jurisprudência da Corte é de que o pagamento de remuneração a servidor público, assim como o reconhecimento dos correspondentes efeitos funcionais, pressupõem o efetivo exercício do cargo, sob pena de enriquecimento sem causa.

3. Agravo regimental não provido. (Inform. STF 738)

AG. REG. NO RE N. 733.596-MA

RELATOR: MIN. LUIZ FUX

Ementa: AGRAVO REGIMENTAL NO RECURSO EXTRAORDINÁRIO. ADMINISTRATIVO. CONCURSO PÚBLICO. DIREITO SUBJETIVO À NOMEAÇÃO. CONTRATAÇÃO TEMPORÁRIA. EXISTÊNCIA DE CANDIDATOS DEVIDAMENTE APROVADOS E HABILITADOS EM CERTAME VIGENTE. PRECEDENTES.

1. A contratação precária para o exercício de atribuições de cargo efetivo durante o prazo de validade do concurso público respectivo traduz preterição dos candidatos aprovados e confere a esses últimos direitos subjetivo à nomeação. Precedentes: ARE 692.368-AgR, Rel. Min. Cármen Lúcia, Segunda Turma, DJe 4/10/2012 e AI 788.628-AgR, Rel. Min. Ricardo Lewandowski, Segunda Turma, DJe 8/10/2012.

2. *In casu*, o acórdão recorrido assentou: *"ADMINISTRATIVO. CONSTITUCIONAL. CONCURSO PÚBLICO. PROFESSOR. CANDIDATO APROVADO FORA DO NÚMERO DE VAGAS PREVISTO NO EDITAL. EXPECTATIVA DE DIREITO À NOMEAÇÃO. POSTERIOR CONTRATAÇÃO TEMPORÁRIA. EXISTÊNCIA DE VAGAS NO PRAZO DE VALIDADE DO CONCURSO PARA O MESMO CARGO COMPROVADA. DIREITO LÍQUIDO E CERTO À NOMEAÇÃO".*

3. Agravo regimental **DESPROVIDO. (Inform. STF 737)**

Concurso público e cláusula de barreira - 1

É constitucional a regra denominada "cláusula de barreira", inserida em edital de concurso público, que limita o número de candidatos participantes de cada fase da disputa, com o intuito de selecionar apenas os concorrentes mais bem classificados para prosseguir no certame. Essa a conclusão do Plenário, que proveu recurso extraordinário no qual se discutia a legitimidade da aludida cláusula à luz do princípio da isonomia. Preliminarmente, a Corte rejeitou questão de ordem, suscitada da tribuna, no sentido de que a matéria dos autos estaria alegadamente contida no RE 608.482/RN, com repercussão geral reconhecida. A respeito, o Tribunal afirmou tratar-se de temas distintos. No mérito, o Colegiado explicou que o crescente número de candidatos ao ingresso em carreira pública provocaria a criação de critérios editalícios que restringissem a convocação de concorrentes de uma fase para outra dos certames. Nesse sentido, as regras restritivas subdividir-se-iam em "eliminatórias" e "cláusulas de barreira". As eliminatórias previriam, como resultado de sua aplicação, a eliminação do candidato do concurso por insuficiência em algum aspecto de seu desempenho. Reputou comum a conjunção, com esta, da cláusula de barreira, que restringiria o número de candidatos para a fase seguinte do certame, para determinar que, no universo de pessoas não excluídas pela regra eliminatória, participaria da etapa subsequente apenas número predeterminado de concorrentes, de modo a contemplar apenas os mais bem classificados. Assinalou que estas regras não produziriam eliminação por insuficiência de desempenho, mas estipulariam um corte deliberado no número de concorrentes que poderiam participar de fase posterior. Asseverou que o acórdão recorrido registrara que esse corte premeditado de classificados violaria o princípio da isonomia, porque todos os que tivessem obtido notas mínimas nas fases anteriores seriam tratados indevidamente de forma diferenciada, uns aptos a participar da fase subsequente, outros não. No ponto, o Pleno consignou que nem todas as distinções implicariam quebra de isonomia, postulado que demandaria tratamento igual aos iguais e desigual aos desiguais. Sublinhou jurisprudência no sentido de estar justificado o tratamento desigual entre candidatos de concursos públicos, a concretizar esse princípio.

Concurso público e cláusula de barreira - 2

O Colegiado frisou, ainda, que haveria intrínseca relação entre a isonomia e a impessoalidade na realização de concurso público, que poderia ser definido como um conjunto de atos administrativos concatenados, com prazo preestabelecido para sua conclusão, destinado a selecionar, entre vários candidatos, os que melhor atendessem ao interesse público, considerada a qualificação técnica dos concorrentes. Sob esse aspecto, o concurso público objetivaria selecionar os mais preparados para ocupar determinado cargo, e a impessoalidade significaria buscar critério meritório, que não distinguisse atributos meramente subjetivos. Pontuou que regras diferenciadoras de candidatos em concursos públicos também poderiam estar justificadas em razão da necessidade da Administração de realizar o concurso de maneira eficaz. Assim, a delimitação de número específico de candidatos seria fator imprescindível para a realização de determinados certames, à luz da exigência constitucional de eficiência. Analisou que, no caso concreto, a cláusula de barreira estipulada utilizara-se, como discrímen, do desempenho meritório dos concorrentes nas etapas anteriores do concurso, o que estaria de acordo com os propósitos constitucionais. O Tribunal destacou que as cláusulas de barreira, de modo geral, elegeriam critérios diferenciadores de candidatos em perfeita consonância com a Constituição, à luz do art. 37, *caput* e II. Apontou que essas regras não constituiriam apenas medida operacional fundada em questões financeiras, mas também levariam em conta a limitação de recursos humanos presente na maioria dos concursos. Elucidou que o estabelecimento do número de candidatos aptos a participar de determinada etapa de concurso público também passaria pelo critério de conveniência e oportunidade da Administração, e não infringiria o princípio da isonomia quando o critério de convocação fosse vinculado ao desempenho do concorrente em etapas anteriores. Acresceu que decisões judiciais ampliadoras do rol de participantes em determinada etapa de certame, no afã de atender à isonomia, desrespeitariam o postulado, porque ensejariam a possível preterição de candidatos mais bem classificados.

Concurso público e cláusula de barreira - 3

Em seguida, por decisão majoritária, o Plenário deliberou não modular os efeitos da decisão proferida no extraordinário. No ponto, o Ministro Teori Zavascki ponderou que, não obstante o recorrido tivesse sido empossado em cargo público por força de decisão cautelar, não se poderia retirar de provimentos dessa natureza sua precariedade. Acrescentou que o candidato, investido no cargo nessa condição, não poderia desconhecer esse fato. Ponderou, entretanto, que deveriam ser assegurados os vencimentos já percebidos e as vantagens do cargo até a decisão final. A Ministra Cármen Lúcia assinalou que a situação precária estaria fundada no descumprimento da regra do edital, que submeteria todos os candidatos, indistintamente. Vencidos os Ministros Roberto Barroso e Luiz Fux, que modulavam os efeitos da decisão para, embora endossar a tese jurídica firmada pelo Tribunal, não decretar a exoneração do recorrido. Assinalavam que ele já se encontraria no exercício do cargo há mais de oito anos, por decisão judicial. Acresciam que ele teria sido investido dentro do número de vagas previstas no edital. Destacavam, ainda, os princípios da segurança jurídica e da confiança.

RE 635739/AL, rel. Min. Gilmar Mendes, 19.2.2014. (RE-635739) (Inform. STF 736)

AG. REG. NO ARE N. 656.360-BA

RELATOR: MIN. DIAS TOFFOLI

EMENTA: Agravo regimental no recurso extraordinário com agravo. Administrativo. Concurso público. Limitação do número de habilitados na fase anterior para participação na subsequente. Possibilidade. Abertura de novo concurso. Prazo de validade. Legislação infraconstitucional. Reexame de fatos e provas. Impossibilidade. Precedentes.

1. Não viola a Constituição Federal a limitação, pelo edital do concurso, do número de candidatos que participarão das fases subsequentes do certame, ainda que importe na eliminação de participantes que, não obstante tenham atingido as notas mínimas necessárias à habilitação, tenham se classificado além do número de vagas previsto no instrumento convocatório.

2. A Corte de origem concluiu, com base em normas infraconstitucionais e nos fatos e nas provas dos autos, que o prazo do concurso do qual participaram os ora agravantes já havia expirado quando da abertura da nova seleção.

3. Inadmissível, em recurso extraordinário, a análise da legislação infraconstitucional e o reexame do conjunto fático-probatório da causa. Incidência das Súmulas nºs 636 e 279/STF. (Inform. STF 736)

4. Agravo regimental não provido.

AG. REG. NO ARE N. 685.870-MG

RELATORA: MIN. CÁRMEN LÚCIA

EMENTA: AGRAVO REGIMENTAL NO RECURSO EXTRAORDINÁRIO COM AGRAVO. PROCESSUAL CIVIL E ADMINISTRATIVO. CONCURSO PÚBLICO. POLICIAL CIVIL. LIMITE DE IDADE. AGRAVO REGIMENTAL AO QUAL SE NEGA PROVIMENTO.

1. A comprovação do requisito etário estabelecido na lei deve ocorrer no momento da inscrição no certame, e não no momento da inscrição do curso de formação. (Inform. STF 735)

AG. REG. NO ARE N. 682.101-GO

RELATOR: MIN. LUIZ FUX

Ementa: AGRAVO REGIMENTAL NO RECURSO EXTRAORDINÁRIO COM AGRAVO. ADMINISTRATIVO. CONCURSO PÚBLICO. POLÍCIA MILITAR. QUESTÃO NÃO PREVISTA NO EDITAL DO CERTAME. ANULAÇÃO. REEXAME DO CONJUNTO FÁTICO-PROBATÓRIO E DE CLÁUSULAS EDITALÍCIAS. IMPOSSIBILIDADE. INCIDÊNCIA DAS SÚMULAS 279 E 454 DO STF.

1. A anulação, por via judicial, de questões de prova objetiva de concurso público, quando *sub judice* a controvérsia sobre a vinculação da Administração Pública ao edital, demanda análise das cláusulas do certame, bem como o reexame do conjunto fático-probatório dos autos, o que atrai a incidência das Súmulas 279 e 454 desta Corte.

2. O recurso extraordinário não se presta ao exame de questões que demandam revolvimento do contexto fático-probatório dos autos, adstringindo-se à análise da violação direta da ordem constitucional.

3. A interpretação de cláusulas editalícias não viabiliza o recurso extraordinário, a teor do Enunciado da Súmula 454 do Supremo Tribunal Federal.

4. *In casu*, o acórdão recorrido assentou: *"MANDADO DE SEGURANÇA. CONCURSO DA POLÍCIA MILITAR DO ESTADO DE GOIÁS. AUSÊNCIA DE PREVISÃO EDITALÍCIA DO CONTEÚDO PROGRAMÁTICO EXIGIDO. ILEGALIDADE. ANULAÇÃO DA QUESTÃO"*.

5. Agravo regimental **DESPROVIDO.** (Inform. STF 735)

6. DIREITO ADMINISTRATIVO 455

Servidores admitidos sem concurso: serviços essenciais e modulação de efeitos - 1
Por ofensa ao art. 37, II, da CF, o Plenário julgou procedente pedido formulado em ação direta ajuizada contra a EC 38/2005, do Estado do Acre, que efetivara todos os servidores públicos admitidos, naquele ente federado, sem concurso público até 31.12.94. Asseverou-se que a investidura em cargo ou emprego público dependeria da prévia aprovação em concurso público desde a promulgação da CF/88, e não a partir de qualquer outro marco fundado em lei estadual. Salientou-se que a situação daqueles que tivessem ingressado no serviço público antes da CF/88 deveria observar o disposto no art. 19 do ADCT, se cabível. O Min. Marco Aurélio registrou competir à Advocacia-Geral da União, exclusivamente, defender o ato adversado em sede de controle concentrado de constitucionalidade. Em seguida, o Min. Dias Toffoli, relator, acompanhado pelos Ministros Teori Zavascki, Rosa Weber, Luiz Fux, Ricardo Lewandowski, Gilmar Mendes e Celso de Mello, votou no sentido de dar efeitos prospectivos à decisão, de modo que somente produzisse seus efeitos a partir de doze meses contados da data da publicação da ata de julgamento. Ponderou que se trataria de mais de onze mil servidores, que atuariam em diversas áreas essenciais, como saúde, educação e segurança. Assim, impenderia fornecer tempo hábil à realização de concurso público, nomeação e posse de novos profissionais, para que a população não fosse prejudicada. Anotou, ainda, que o lapso de doze meses proposto teria fundamento em dois precedentes do STF a versar matéria semelhante, num deles fixado período idêntico (ADI 4125/TO, DJe de 15.2.2011); no outro, de apenas seis meses (ADI 3819/MG, DJe de 28.3.2008). Por sua vez, o Min. Joaquim Barbosa, Presidente, não modulou os efeitos da decisão. Asseverou que entendimento contrário incentivaria o descumprimento da Constituição. Após, deliberou-se suspender o julgamento para que fossem colhidos os votos dos demais Ministros.

Servidores admitidos sem concurso: serviços essenciais e modulação de efeitos - 2
Em conclusão de julgamento, o Plenário, por maioria, acompanhou o voto do Ministro Dias Toffoli, relator, para modular os efeitos de decisão proferida em ação direta. No julgamento da referida ação, havia sido declarada a inconstitucionalidade do art. 37 do ADCT da Constituição do Estado do Acre, acrescido pela EC 38/2005, que efetivara servidores públicos estaduais, sem concurso público, admitidos até 31.12.1994. Naquela assentada, o Tribunal reputara violado o princípio da ampla acessibilidade aos cargos públicos (CF, art. 37, II). Asseverara que a investidura em cargo ou emprego público dependeria da prévia aprovação em concurso público desde a promulgação da Constituição, e não a partir de qualquer outro marco fundado em lei estadual. Salientara, ainda, que a situação daqueles que tivessem ingressado no serviço público antes da CF/1988 deveria observar o disposto no art. 19 do ADCT, se cabível — v. Informativo 706. Na presente sessão, a Corte deliberou no sentido de que a decisão somente tenha eficácia a partir de 12 meses contados da data da publicação da ata de julgamento. Vencidos, neste ponto, os Ministros Joaquim Barbosa, Presidente, e Marco Aurélio, que não modulavam os efeitos do julgado. Consideravam que a Constituição deveria ser respeitada e, por isso, não poderia prevalecer, por mais um ano, quadro de inconstitucionalidade declarada. Pontuavam que a modulação deveria ser praticada em circunstâncias relevantes, sob pena de se banalizar situações inconstitucionais.
ADI 3609/AC, rel. Min. Dias Toffoli, 5.2.2014. (ADI-3609) (Inform. STF 734)

ADI: concurso público e equiparação remuneratória
O Plenário, por maioria, julgou improcedente pedido formulado em ação direta de inconstitucionalidade proposta contra o art. 1º, *caput* e § 1º, da Lei Complementar 372/2008, do Estado do Rio Grande do Norte. A norma impugnada autoriza o enquadramento, cálculo e pagamento a servidores ocupantes de cargo de nível médio no mesmo patamar de vencimentos conferido a servidores aprovados em concurso público para cargo de nível superior. O Tribunal asseverou que o dispositivo questionado não implicaria provimento derivado, de modo a afastar-se a alegação de ofensa à exigência de concurso público. Afirmou não ter havido a criação de cargos ou a transformação dos já existentes, bem como novo enquadramento, transposição ou nova investidura. Destacou que a lei complementar potiguar mantivera as atribuições e a denominação dos cargos, e estabelecera, para os futuros certames, nível superior de escolaridade. Rejeitou, também, a assertiva de equiparação entre as espécies remuneratórias. Salientou que o mencionado instituto pressuporia cargos distintos, o que não ocorreria no caso. Aduziu,

ademais, que o acolhimento da alegação resultaria em quebra do princípio da isonomia, haja vista a concessão de pagamentos distintos a ocupantes de mesmos cargos, com idênticas denominação e estrutura de carreira. Consignou, por fim, a inviabilidade do exame, na via eleita, de eventuais diferenças entre as atribuições dos servidores afetados pela norma. Vencidos os Ministros Marco Aurélio e Joaquim Barbosa, Presidente, que declaravam a inconstitucionalidade do dispositivo. O primeiro assentava a ilegitimidade do Advogado-Geral da União para se pronunciar sobre a inconstitucionalidade da lei, considerado o seu papel de curador da norma, a justificar a sua intervenção no feito. No mérito, reputava que o enquadramento dos servidores que prestaram concurso com exigência de nível médio nas escalas próprias de vencimentos à de nível superior transgrediria os artigos 37, II, e 39, § 1º, II, ambos da CF.
ADI 4303/RN, rel. Min. Cármen Lúcia, 5.2.2014. (ADI-4303) (Inform. STF 734)

Concurso público para cartórios e pontuação em prova de títulos - 1
O Plenário indeferiu mandados de segurança, julgados conjuntamente, em que se impugnava decisão do CNJ, proferida em sede de procedimento de controle administrativo, a qual determinara a cumulatividade na contagem de títulos de mesma categoria, observado o teto de pontuação previsto no edital, em etapa classificatória de concurso público para ingresso e remoção em serviços notariais e de registro. O CNJ reformara orientação do tribunal de justiça, responsável pelo certame, segundo a qual a pontuação para uma mesma categoria de títulos referir-se-ia à pontuação única, independentemente da quantidade de títulos da mesma espécie apresentados. A impetração sustentava: a) ofensa a ampla defesa no procedimento de controle administrativo ante a falta de intimação de todos os candidatos, o que acarretaria a nulidade do feito; b) violação da razoabilidade e proporcionalidade pelos critérios de cumulação de pontos de títulos da mesma categoria, diante da possibilidade de excessos, a gerar distorções na classificação dos candidatos; e c) usurpação de competência da comissão de concurso pela suposta intromissão do CNJ na disciplina interna do certame.

Concurso público para cartórios e pontuação em prova de títulos - 2
Preliminarmente, o Tribunal rejeitou o ingresso da Associação Nacional de Defesa dos Concursos para Cartório - Andecc como *amicus curiae*. Ressaltou que os amigos da Corte não seriam assistentes litisconsorciais e não teriam legitimidade para atuar na defesa de seus próprios interesses. Salientou que, à época das impetrações, o presidente da referida associação fora admitido como litisconsorte ativo num dos mandados de segurança. Além disso, durante o trâmite dos *writs*, nova eleição para a presidência e vice-presidência da Andecc fora realizada, com a vitória de chapa composta por candidatas aprovadas no mesmo certame questionado. O Colegiado também aduziu que — embora possuísse precedente no sentido do abrandamento da orientação que veda a admissão de *amici curiae* em processos de cunho subjetivo (MS 32033/DF, acórdão pendente de publicação, v. Informativo 711) —, no caso, não estariam presentes circunstâncias aptas a configurar exceção àquele entendimento.

Concurso público para cartórios e pontuação em prova de títulos - 3
A Corte afastou, ainda, impugnações acerca da determinação feita pela Ministra Rosa Weber, relatora, para a intimação de litisconsortes. Enfatizou que, conquanto a Ministra Ellen Gracie, então relatora, não tivesse vislumbrado essa necessidade à época da impetração, nesse ínterim, vários atos foram praticados pela comissão do concurso a gerar expectativas concretas nos candidatos e o aumento do nível de litigiosidade. Mencionou, ademais, jurisprudência segundo a qual a existência de situações jurídicas incorporadas torna imprescindível a citação dos que serão atingidos pela decisão a ser proferida (MS 27513/DF, DJe de 29.8.2008). Reconheceu, pois, a existência de litisconsórcio unitário, o que tornaria imperiosa a intimação de todos os interessados para que se manifestassem de acordo com sua conveniência. Assim, rejeitou as alegações de que a intimação dos candidatos interessados ofenderia o art. 10, § 2º, da Lei 12.016/2009 (*"O ingresso de litisconsorte ativo não será admitido após o despacho da petição inicial"*), o art. 47, parágrafo único, do CPC (*"O juiz ordenará ao autor que promova a citação de todos os litisconsortes necessários, dentro do prazo que assinar, sob pena de declarar extinto o processo"*) e o Enunciado 631 da Súmula do STF (*"Extingue-se o processo de mandado de segurança se o impetrante não promove, no prazo assinado, a citação do litisconsorte passivo necessário"*). No ponto, o Pleno reputou incabível a pretensão de extinção do processo pela ausência

de citação dos litisconsortes necessários antes do despacho da inicial, pois inexistente, na ocasião, despacho a ser descumprido, haja vista que a Ministra Ellen Gracie não considerara necessária a formação de litisconsórcio.

Concurso público para cartórios e pontuação em prova de títulos - 4

No mérito, a Corte observou as peculiaridades da situação em comento, na qual se impugnava decisão do CNJ, proferida em procedimento de controle administrativo, a qual permitira, em fase classificatória do certame, o acúmulo de pontuação de títulos da mesma categoria, se apresentados mais de um, desde que respeitado, no somatório geral, o teto estipulado em cláusula editalícia. O Colegiado enfatizou que estaria em análise a atuação do CNJ no exame de legalidade de decisão específica da comissão de concurso, sendo impertinentes questionamentos quanto à elaboração de teses genéricas acerca da natureza da prova de títulos, em certames para delegações de serviços notariais, ou a emissão de juízos sobre os melhores critérios de valoração possíveis, porquanto não se trataria de processo objetivo. Repeliu, em seguida, a alegação de ofensa aos princípios da ampla defesa e do contraditório. Aludiu a precedentes nos quais foi estabelecido que, veiculada a classificação, os aprovados devem ser intimados sobre a existência de processo administrativo que possa provocar mudança de situação jurídica aperfeiçoada. Observou que, no entanto, o caso em comento não se enquadraria à jurisprudência firmada. Aduziu que a comissão apenas teria divulgado lista com os nomes dos aprovados, convocando-os à apresentação dos títulos. Sublinhou que, na citada relação, não constariam notas referentes ao desempenho dos candidatos até aquele momento. Assim, impossível extrair-se sequer uma classificação provisória, de molde a corroborar afirmações dos impetrantes de perda de colocação específica. O Pleno verificou que essas argumentações teriam origem em lista provisória e extraoficial elaborada pelos próprios candidatos, a partir da cessão voluntária das notas que cada um deles poderia acessar, de modo particular e restrito, no sítio eletrônico da instituição organizadora do concurso, com o fornecimento do número do CPF. Constatou, ainda, que requerimentos de vários impetrantes pela divulgação da classificação provisória antes da apreciação dos títulos foram indeferidos pela comissão. Por conseguinte, inexistiria prova documental idônea a demonstrar que o CNJ teria atuado com desprezo a situações fático-jurídicas pré-constituídas e regularmente incorporadas ao patrimônio dos candidatos. O Tribunal aduziu haver especulações dos aprovados sobre a exata posição classificatória de cada um deles, as quais não se prestariam ao reconhecimento judicial de direito líquido e certo. Consignou que a decisão do CNJ teria repercutido de forma indistinta sobre todos os candidatos.

Concurso público para cartórios e pontuação em prova de títulos - 5

O Plenário rechaçou, outrossim, arguição de que o CNJ teria usurpado competência da comissão de concurso para regular a seleção de ingresso. Destacou, de início, deficiências no edital no tocante à indefinição de critérios para pontuação por títulos. Realçou que o edital, todavia, não fora impugnado à época de sua publicação por nenhum interessado direto, somente pelo Ministério Público junto ao Tribunal de Contas, por meio de pedido de providências, e de forma parcial. A Corte assinalou que, dentre os questionamentos feitos pelo *parquet* que guardariam pertinência com a controvérsia, os tópicos relativos à ausência de balizas objetivas a respeito do modo de realização das provas escritas e de seus critérios de correção; o aparente caráter apenas eliminatório das provas escritas, o que levaria à distinção entre os candidatos pela prova de títulos; e a supervalorização de itens relacionados à atividade notarial e de registro teriam sido julgados pelo CNJ, em alguma medida, potencialmente danosos ao interesse público, pois não garantiriam a escolha impessoal dos candidatos. Assim, a determinação de esclarecimentos ou de supressões no edital não significaria avocação de tarefas dos organizadores do concurso. O Colegiado asseverou que, por imperativo constitucional, o CNJ teria competência para o exame da legalidade do ato praticado, devendo-se distinguir competência para a prática do ato e competência para a análise da legalidade do ato praticado. Registrou que a primeira caberia à comissão de concurso, mas a segunda, ao CNJ.

Concurso público para cartórios e pontuação em prova de títulos - 6

O Plenário rememorou que, dias antes do término do prazo para a entrega dos títulos, alguns dispositivos referentes aos tipos de títulos, previstos em lei estadual regulatória dos concursos de ingresso e remoção nos serviços notariais e de registro na unidade federativa, tiveram a vigência suspensa por liminar posteriormente referendada pelo STF (ADI 4178 MC/GO, DJe de 7.5.2010). Em decorrência disso, houvera profunda alteração

nas possibilidades originais de pontuação. Ocorre que, no mesmo dia em que concedida a liminar, a comissão do concurso corrigira falhas no edital a respeito da ausência de pontuação atribuída a certos itens. Logo, parcela considerável da pontuação a ser atingida fora definida pela comissão quando esta já possuíra os documentos concernentes a parte dos aprovados. Tendo isso em conta, vários processos administrativos foram apresentados ao tribunal de justiça. Diante dessas provocações, a comissão estabelecera que a pontuação seria única para cada categoria, não sendo possível contar mais de uma vez títulos da mesma natureza. O Supremo reiterou que, novamente, outra decisão acerca da classificação dos candidatos fora tomada quando a comissão detinha, em termos potenciais, condições para aferir de antemão a extensão prática do provimento. Consignou, além disso, outros procedimentos de controle administrativo apreciados paralelamente pelo CNJ a envolver pontuação de títulos, a exemplo da valoração de títulos não incluídos na norma estadual e o desmembramento de rubrica, de forma a permitir a cumulação referente a mestrado, doutorado e pós-doutorado. Em face de todo o quadro fático, frisou que a única decisão da comissão de concurso a respeito da contagem de títulos que fora glosada pelo CNJ, ao longo de todo o certame, diria respeito a que proibira a cumulação de pontos, pela eventual apresentação de mais de um título subsumido na mesma alínea. As demais determinações editalícias e outras manifestações da comissão, ainda que de tempestividade questionável, foram consideradas legítimas.

Concurso público para cartórios e pontuação em prova de títulos - 7

O Tribunal afastou, de igual modo, a arguição de decadência para impetração dos mandados de segurança. Alguns impetrantes sustentavam que a matéria já teria sido decidida desde o pedido de providências proposto pelo Ministério Público junto ao Tribunal de Contas em face de diversas cláusulas do edital de concurso. Segundo eles, a decisão impugnada, proferida no subsequente procedimento de controle administrativo, seria mera reiteração da manifestação anterior do CNJ, o que não permitiria a abertura de novo prazo para impetração de *mandamus*. Não obstante a Corte reconhecesse certa similaridade entre as decisões, afirmou que, no pedido de providências, a controvérsia diria respeito à inexistência de limite geral na prova de títulos, enquanto na decisão questionada, a temática envolveria o trato específico da limitação de cumulação em cada categoria de títulos, individualmente consideradas. Lembrou que a discussão principal dos autos surgira e ganhara força quando iniciada a fase de apresentação de títulos.

Concurso público para cartórios e pontuação em prova de títulos - 8

O Colegiado reconheceu que o CNJ agira com coerência durante as reiteradas manifestações proferidas ao longo de vários procedimentos de controle, atendo-se à concretização do princípio republicano do concurso público, sem perder de vista o respeito à autonomia da Administração Pública para estipular regras editalícias convenientes, com a devida margem de discricionariedade. Refutou, então, tese de parcela dos impetrantes de que a controvérsia referir-se-ia à definição do melhor sentido de determinada cláusula editalícia, ou seja, de que, existentes duas interpretações possíveis de um texto, não caberia ao CNJ determinar qual delas seria a melhor. Ressaltou que, embora esse juízo hipotético fosse teoricamente válido, não seria aplicável à espécie, uma vez que o CNJ não fizera escolha, pois se limitara a cumprir suas atribuições constitucionais de garantir a legalidade e os demais princípios incidentes em concurso público. Concluiu que o CNJ pautara-se pelo devido respeito à autonomia do tribunal de justiça na condução do concurso e que, ao intervir sobre questão específica, limitara-se a fazê-lo dentro de um juízo estrito de legalidade, conformando a Administração às regras do edital que ela mesma publicara.

Concurso público para cartórios e pontuação em prova de títulos - 9

Em seguida, a Corte afastou arguição no sentido de que a soma dos pontos possíveis para os títulos ultrapassaria o teto previsto originariamente no item editalício. Asseverou que a irressignação levaria em conta elementos que fariam parte da definição do problema, a exemplo do cômputo em separado de pontuações para os títulos de mestrado, doutorado e pós-doutorado, além da valoração pela publicação de livros jurídicos e o exercício de magistério. Considerou que os impetrantes não demonstraram que o edital, em sua forma original, permitiria que os candidatos lograssem o teto estabelecido nas pontuações programadas se ausente a cumulação em cada rubrica. Consignou que, ainda que tivesse ocorrido equívoco do CNJ a respeito do somatório possível, manter-se-ia toda a fundamentação exposta, acerca das correlações entre a atividade do CNJ e a garantia dos

6. DIREITO ADMINISTRATIVO — 457

diversos princípios constitucionais concretizados pelo concurso público. Registrou, também, a impertinência da alegação de que a prova de títulos no concurso em questão apresentaria caráter principal. Reiterou que essa impugnação já teria sido analisada e sublinhou a inexistência de menção à fase de título nem mesmo como fator de desempate. Mencionou, ademais, a impropriedade da assertiva de injustiça cometida pelo CNJ. Realçou que os mesmos argumentos suscitados pelos impetrantes também serviriam para os litisconsortes passivos que defenderiam o ato do CNJ. Constatou que o motivo dessa aparente incongruência decorreria de pequena variação na nota entre o primeiro e os últimos candidatos (1,67), de maneira que a pontuação atribuída aos títulos influenciaria sobremaneira na classificação final. Isso não seria, portanto, efeito de decisão proferida pelo CNJ e independeria do sistema de contagem que se pretendesse adotar, porque as alternâncias de colocação seriam inevitáveis. Na sequência, o Plenário cassou a liminar concedida, que suspendia os efeitos da decisão do CNJ até o julgamento do mérito.

Concurso público para cartórios e pontuação em prova de títulos - 10
Por fim, o Tribunal deliberou encaminhar à Comissão de Regimento proposta no sentido de alterar o Regimento Interno do Supremo Tribunal Federal, para outorgar às Turmas competência para processar e julgar originariamente mandados de segurança e ações ajuizadas contra o CNJ e o CNMP, ressalvada a competência do Plenário para apreciar, em sede originária, mandado de segurança impetrado contra atos individuais do Presidente do STF e do Procurador-Geral da República na condição de Presidentes, respectivamente, do CNJ e do CNMP. **MS 28290/DF, rel. Min. Rosa Weber, 4.12.2013. (MS-28290). MS 28330/DF, rel. Min. Rosa Weber, 4.12.2013 (MS-28330). MS 28375/DF, rel. Min. Rosa Weber, 4.12.2013. (MS-28375). MS 28477/GO, rel. Min. Rosa Weber, 4.12.2013. (MS-28477) (Inform. STF 731)**

AG. REG. NO RE N. 733.110-RS

RELATOR: MIN. DIAS TOFFOLI
EMENTA: Agravo regimental no recurso extraordinário. Administrativo. Concurso público. Ato administrativo ilegal. Controle judicial. Possibilidade. Candidata aprovada dentro do número de vagas previstas no edital. Direito à nomeação. Análise de cláusulas de edital. Reexame de fatos e provas. Impossibilidade. Precedentes.
1. Não viola o princípio da separação dos poderes o controle de legalidade exercido pelo Poder Judiciário sobre os atos administrativos.
2. O Plenário da Corte, ao apreciar o mérito do RE nº 598.099/MS-RG, Relator o Ministro **Gilmar Mendes**, concluiu que o candidato aprovado em concurso público dentro do número de vagas previstas no edital tem direito subjetivo à nomeação.
3. Inadmissível, em recurso extraordinário, a análise das cláusulas de edital de concurso público e o reexame dos fatos e das provas dos autos. Incidência das Súmulas nºs 454 e 279.
4. Agravo regimental não provido. **(Inform. STF 729)**

AG. REG. NO RE N. 505.654-DF

RELATOR: MIN. MARCO AURÉLIO
CONCURSO PÚBLICO – PROVA DE ESFORÇO FÍSICO. Caso a caso, há de perquirir-se a sintonia da exigência, no que implica fator de tratamento diferenciado, com a função a ser exercida. Não se tem como inconstitucional a exigência de prova física desproporcional à cabível habilitação aos cargos de escrivão, papiloscopista, perito criminal e perito médico-legista de Polícia Civil. **(Inform. STF 728)**

AG. REG. NO ARE N. 768.267-AL

RELATORA: MIN. CÁRMEN LÚCIA
EMENTA: AGRAVO REGIMENTAL NO RECURSO EXTRAORDINÁRIO COM AGRAVO. ADMINISTRATIVO. CONCURSO PÚBLICO. CANDIDATO APROVADO FORA DO NÚMERO DE VAGAS E NÃO NOMEADO. INEXISTÊNCIA DE CARGO EFETIVO VAGO. CONTRATAÇÃO DE TEMPORÁRIO. AUSÊNCIA DE PRETERIÇÃO. AGRAVO REGIMENTAL AO QUAL SE NEGA PROVIMENTO. (Inform. STF 728)

Servidor público: acesso e provimento de cargo - 1
O Plenário iniciou julgamento de ação direta de inconstitucionalidade ajuizada contra o inciso IV do art. 20 e o art. 27, §§ 1º a 5º, da Lei 10.961/1992, do Estado de Minas Gerais, que dispõe sobre acesso, enquanto forma de

provimento dos cargos públicos naquela unidade federativa. Por vislumbrar ofensa ao princípio constitucional do concurso público (CF, art. 37, II), o Supremo deferira, em 1993, medida cautelar a fim de suspender a vigência dos citados artigos da lei mineira, até o julgamento final da presente ação. Nesta assentada, o Ministro Marco Aurélio, relator, julgou parcialmente procedente o pedido para dar interpretação conforme a Constituição aos dispositivos, de maneira a excluir a movimentação de servidor para cargo de carreira diversa daquela na qual ingressara mediante concurso público. Destacou que a movimentação horizontal de servidor pressuporia situarem-se os cargos dentro da mesma carreira. Apontou a inconstitucionalidade de toda modalidade de provimento que propiciasse ao servidor investir-se, sem prévia aprovação em concurso público destinado ao seu provimento, em cargo que não integrasse a carreira na qual anteriormente investido. O Ministro Celso de Mello, por sua vez, observou que a norma teria sido revogada. O Ministro Roberto Barroso apontou não ter havido revogação expressa, mas sim a edição de leis posteriores que tratariam da mesma matéria. Na sequência, os Ministros Cármen Lúcia, Gilmar Mendes, Celso de Mello, Joaquim Barbosa, Presidente, e Roberto Barroso julgaram procedente o pleito. Entenderam que a previsão de que "*o acesso precederá o concurso público observado o percentual de até trinta por cento das vagas a serem preenchidas*" constituiria ofensa à cláusula constitucional do concurso público universal de provas e títulos. Depois dessas manifestações, pediu vista dos autos o Ministro Teori Zavascki.

Servidor público: acesso e provimento de cargo - 2
Por ofensa ao princípio da ampla acessibilidade aos cargos públicos (CF, art. 37, II), o Plenário, em conclusão de julgamento e por maioria, julgou procedente pedido formulado em ação direta para declarar a inconstitucionalidade do §§ 1º ao 5º do artigo 27 da Lei 10.961/1992, do Estado de Minas Gerais, que dispõem sobre o acesso como forma de provimento dos cargos públicos naquela unidade federativa — v. Informativo 726. Apontou-se que a norma impugnada permitiria que o procedimento de acesso viabilizasse a investidura em cargo de carreira diversa por meio de provimento derivado. Asseverou-se não haver base constitucional para manter na norma estadual o instituto do acesso a novas carreiras por seleções internas. Ponderou-se que essa forma de provimento privilegiaria indevidamente uma categoria de pretendentes que já possuía vínculo com a Administração estadual, em detrimento do público externo. Destacou-se que a norma estaria em antagonismo com o postulado da universalidade que, por imposição constitucional, deveria reger os procedimentos seletivos destinados à investidura em cargos, funções ou empregos públicos. Vencido, em parte, o Ministro Marco Aurélio, que dava parcial provimento ao pedido. Aduzia que o concurso público para ingresso na carreira significaria tratamento igualitário àqueles que se apresentassem para o certame. Frisava que a ordem jurídica constitucional não protegeria a movimentação vertical do servidor, apenas a horizontal, ou seja, dentro da mesma carreira. Afastava a interpretação da norma que contemplasse a denominada movimentação vertical.
ADI 917/MG, rel. orig. Min. Marco Aurélio, red. p/ o acórdão Min. Teori Zavascki, 6.11.2013. (ADI-917) (Inform. STF 727)

AG. REG. NO ARE N. 661.760-PB

RELATOR: MIN. DIAS TOFFOLI
EMENTA: Agravo regimental no recurso extraordinário com agravo. Administrativo. Concurso público. Candidata aprovada, inicialmente, fora das vagas do edital. Desistência dos candidatos mais bem classificados. Direito a ser nomeada para ocupar a única vaga prevista no edital de convocação. Precedentes.
1. O Tribunal de origem assentou que, com a desistência dos dois candidatos mais bem classificados para o preenchimento da única vaga prevista no instrumento convocatório, a ora agravada, classificada inicialmente em 3º lugar, tornava-se a primeira, na ordem classificatória, tendo, assim, assegurado o seu direito de ser convocada para assumir a referida vaga.
2. Não se tratando de surgimento de vaga, seja por lei nova ou vacância, mas de vaga já prevista no edital do certame, aplica-se ao caso o que decidido pelo Plenário da Corte, o qual, ao apreciar o mérito do RE nº 598.099/MS-RG, Relator o Ministro **Gilmar Mendes**, concluiu que o candidato aprovado em concurso público dentro do número de vagas previstas no edital tem direito subjetivo à nomeação.
3. Agravo regimental não provido. **(Inform. STF 726)**

AG. REG. NO ARE N. 683.278-MG

RELATOR: MIN. LUIZ FUX

Ementa: AGRAVO REGIMENTAL NO RECURSO EXTRAORDINÁRIO COM AGRAVO. CONCURSO PÚBLICO. NOMEAÇÃO. POSSE. AGRAVO QUE NÃO ATACA OS FUNDAMENTOS DA DECISÃO QUE INADMITIU O RECURSO EXTRAORDINÁRIO. SUM. 287/STF. INCIDÊNCIA.

1. A impugnação específica da decisão agravada, quando ausente, conduz à inadmissão do recurso extraordinário. Súmula 287 do STF. Precedentes: ARE 680.279-AgR/RS, Rel. Min. Cármen Lúcia, Primeira Turma, DJe 22/5/2012 e ARE 735.978-AgR/PE, Rel. Min. Ricardo Lewandowski, Segunda Turma, DJe 4/9/2013.

2. *In casu*, o acórdão originariamente recorrido assentou: *"CONCURSO PÚBLICO - NOMEAÇÃO E POSSE - COMPARECIMENTO DO CANDIDATO DENTRO DO PRAZO - NECESSIDADE DE EXAMES COMPLEMENTARES - PRORROGAÇÃO DA DATA DA POSSE - ATO DA ADMINISTRAÇÃO - RAZOABILIDADE. - É razoável exigir-se da Administração a prorrogação da data para posse de candidato aprovado em concurso público e devidamente nomeado, se este, comparecendo dentro do prazo, é obstado de tomar posse ante a necessidade de realizar exames complementares a serem realizados pela própria Administração que, por seu turno, não estava preparada para realizá-lo a tempo".*

3. Agravo regimental **DESPROVIDO**. **(Inform. STF 726)**

AG. REG. NO RE N. 594.233-DF

RELATOR: MIN. DIAS TOFFOLI

EMENTA: Administrativo. Servidor público. Anistia. Extinção de empresa pública. Estrutura absorvida pela Administração direta. Direito ao aproveitamento que não representa violação da exigência de concurso público. Possibilidade de o empregado anistiado vir a ocupar cargo público oriundo de transformação.

1. A benesse concedida pela Lei nº 8.878/94 ficou condicionada à transferência ou absorção da atividade desenvolvida pelo ente extinto por outro órgão da Administração Pública Federal. É possível inferir do acórdão regional que o feixe de competências antes atribuído à Empresa Brasileira de Transportes Urbanos foi conferido ao Ministério dos Transportes.

2. A jurisprudência da Corte já reconheceu que o implemento da exigência prevista na lei de anistia constitui direito do empregado/servidor ao aproveitamento.

3. Não há qualquer ofensa à exigência de concurso público na hipótese, uma vez que o recorrente já figurava nos quadros da Administração, exercendo emprego que, por força de reforma administrativa, foi convertido em cargo público.

4. O recorrente que mantinha vínculo permanente não foi investido em cargo público com burla da regra do concurso público, mas, sim, aproveitado pela Administração por força da conversão de seu vínculo anterior.

5. Com relação ao agravante que mantinha vínculo precário com a Administração, nada há a prover, pelo fato de sua pretensão não estar acobertada pela envergadura da lei de anistia. Essa conclusão a que chegou a Corte de origem somente poderia ser ilidida a partir de nova imersão no cenário fático-probatório constante dos autos. Incide, nesse particular, a Súmula nº 279 da Corte. **(Inform. STF 725)**

AG. REG. NO RE N. 739.426-MA

RELATORA: MIN. ROSA WEBER

EMENTA: DIREITO ADMINISTRATIVO. CONTRATAÇÃO DE TEMPORÁRIOS. CANDIDATA APROVADA EM CONCURSO PÚBLICO. PRETERIÇÃO. DIREITO À NOMEAÇÃO. PRECEDENTES. ACÓRDÃO RECORRIDO PUBLICADO EM 27.8.2012.

A jurisprudência desta Corte é firme no sentido de que a contratação de temporários para o exercício de atribuições próprias do cargo efetivo, quando existem candidatos aprovados em concurso público vigente, configura preterição na ordem de nomeação e faz surgir para os referidos candidatos o direito à nomeação. Precedentes.

Agravo regimental conhecido e não provido. **(Inform. STF 722)**

Concurso: criação de cargos e não instalação do órgão

O fato de haver o esgotamento do prazo de validade do concurso antes da instalação do órgão a que vinculadas vagas obstaculiza o reconhecimento do direito do candidato à nomeação. Essa conclusão da 1ª Turma ao desprover agravo regimental. No caso, o STJ consignara cuidar-se de candidato

aprovado fora do número de vagas previstas no edital. Reputou-se inexistir direito subjetivo à nomeação. Esclareceu-se que os cargos públicos teriam sido criados no período de validade do certame. No entanto, o órgão fora instalado muito após o término do prazo de validade do concurso.

RE 748105 AgR/DF, rel. Min. Marco Aurélio, 17.9.2013. (RE-748105) (Inform. STF 720)

Concurso público: impossibilidade de participação de mulheres e isonomia

A imposição de discrímen de gênero para fins de participação em concurso público somente é compatível com a Constituição nos excepcionais casos em que demonstradas a fundamentação proporcional e a legalidade da imposição, sob pena de ofensa ao princípio da isonomia. Com base nessa jurisprudência, a 2ª Turma deu provimento a recurso ordinário em mandado de segurança no qual se questionava edital de concurso público para ingresso em curso de formação de oficiais de polícia militar estadual que previa a possibilidade de participação apenas de candidatos do sexo masculino. Assentou-se a afronta ao mencionado princípio da isonomia, haja vista que tanto o edital quanto a legislação que regeria a matéria não teriam definido qual a justificativa para não permitir que mulheres concorressem ao certame e ocupassem os quadros da polícia militar. **RE 528684/MS, rel. Min. Gilmar Mendes, 3.9.2013. (RE-528684) (Inform. STF 718)**

AG. REG. NO ARE N. 713.138-CE

RELATORA: MIN. ROSA WEBER

DIREITO ADMINISTRATIVO. CONCURSO PÚBLICO. SOLDADO DA POLÍCIA CIVIL. CANDIDATO. ELIMINAÇÃO NA FASE DE INVESTIGAÇÃO SOCIAL. TRANSAÇÃO PENAL PACTUADA. AUSÊNCIA DE CARÁTER CONDENATÓRIO. PRINCÍPIO DA PRESUNÇÃO DE INOCÊNCIA. AS RAZÕES DO AGRAVO REGIMENTAL NÃO SÃO APTAS A INFIRMAR OS FUNDAMENTOS QUE LASTREARAM A DECISÃO AGRAVADA. ACÓRDÃO RECORRIDO PUBLICADO EM 23.02.2012.

A jurisprudência desta Corte firmou o entendimento de que viola o princípio da presunção de inocência a exclusão de certame público de candidato que responda a inquérito policial ou ação penal sem trânsito em julgado da sentença condenatória. Precedentes.

As razões do agravo regimental não são aptas a infirmar os fundamentos que lastrearam a decisão agravada.

Agravo regimental conhecido e não provido. (Inform. STF 718)

AG. REG. NO ARE N. 675.202-PB

RELATOR: MIN. RICARDO LEWANDOWSKI

EMENTA: AGRAVO REGIMENTAL EM RECURSO EXTRAORDINÁRIO COM AGRAVO. RAZÕES DO AGRAVO REGIMENTAL DISSOCIADAS DO QUE DELIBERADO NA DECISÃO MONOCRÁTICA. INCIDÊNCIA DA SÚMULA 284 DO STF. CONSTITUCIONAL. ADMINISTRATIVO. CONCURSO PÚBLICO. FISIOTERAPEUTA. CLASSIFICAÇÃO DENTRO DO NÚMERO DE VAGAS PREVISTO NO EDITAL. DIREITO À NOMEAÇÃO. AGRAVO IMPROVIDO.

I – Deficiente a fundamentação do agravo regimental cujas razões estão dissociadas do que decidido na decisão monocrática. Incide, na hipótese, a Súmula 284 desta Corte.

II – O Plenário desta Corte, no julgamento do RE 598.099/MS, Rel. Min. Gilmar Mendes, firmou jurisprudência no sentido do direito subjetivo à nomeação de candidato aprovado dentro do número de vagas previstas no edital de concurso público. Tal direito também se estende ao candidato aprovado fora do número de vagas previstas no edital, mas que passe a figurar entre as vagas em decorrência da desistência de candidatos classificados em colocação superior.

III – Agravo Regimental improvido. **(Inform. STF 716)**

AG. REG. NO AI N. 698.618-SP

RELATOR: MIN. DIAS TOFFOLI

EMENTA: **Agravo regimental no agravo de instrumento. Administrativo. Concurso público. Prazo de validade. Negativa de prestação jurisdicional. Não ocorrência. Legislação infraconstitucional. Reexame de fatos e provas. Nomeação por decisão judicial. Preterição de candidato. Inexistência. Violação do art. 5º, inciso XXXVI, da Constituição Federal. Ofensa reflexa. Precedentes.**

1. A jurisdição foi prestada pelo Tribunal de origem mediante decisão suficientemente fundamentada.

6. DIREITO ADMINISTRATIVO

2. Inadmissível, ern recurso extraordinário, a análise da legislação infraconstitucional e o reexame de fatos e provas dos autos. Incidência das Súmulas nºs 636 e 279/STF.
3. É pacífica a jurisprudência da Corte de que não há falar em desrespeito à ordem de classificação em concurso público quando a Administração nomeia candidatos menos bem colocados por força de determinação judicial.
4. A alegada violação do art. 5º, inciso XXXVI, da Constituição Federal, caso ocorresse, seria indireta ou reflexa, haja vista que sua verificação não prescinde, no caso, da análise da legislação infraconstitucional, das cláusulas do instrumento convocatório e dos fatos e das provas dos autos, a qual é inviável em recurso extraordinário.
5. Agravo regimental não provido. **(Inform. STF 714)**

AG. REG. NO ARE N. 659.921-MA
RELATOR: MIN. DIAS TOFFOLI
EMENTA: Agravo regimental no recurso extraordinário com agravo. Administrativo. Concurso público. Nomeação de servidores temporários. Preterição de candidata aprovada em concurso vigente. Direito à nomeação. Precedentes.
1. A jurisprudência da Corte é no sentido de que, havendo aprovados em concurso público ainda vigente, configura preterição na ordem de nomeação a contratação temporária de pessoal para o exercício das atribuições destinadas aos aprovados no certame.
2. Agravo regimental não provido. **(Inform. STF 714)**

AG. REG. NO AI N. 728.699-RS
RELATORA: MIN. ROSA WEBER
EMENTA: DIREITO ADMINISTRATIVO. CONCURSO PÚBLICO. PRAZO DE VALIDADE. EXISTÊNCIA DE VAGAS. CANDIDATOS APROVADOS. DIREITO SUBJETIVO À NOMEAÇÃO. JURISPRUDÊNCIA PACÍFICA. ACÓRDÃO RECORRIDO DISPONIBILIZADO EM 28.4.2008.
A jurisprudência desta Corte firmou-se no sentido de que os candidatos aprovados em concurso público têm direito subjetivo à nomeação para a posse que vier a ser dada nos cargos vagos existentes ou nos que vierem a vagar no prazo de validade do concurso. Reconhecida pela Corte de origem a existência de cargos vagos e de candidatos aprovados, surge o direito à nomeação.
Agravo regimental conhecido e não provido. (Inform. STF 713)

AG. REG. NO AI N. 830.680-PE
RELATORA: MIN. ROSA WEBER
EMENTA: DIREITO ADMINISTRATIVO E PROCESSUAL CIVIL. MILITAR. CONCURSO. LIMITE DE IDADE. PREVISÃO EM LEI. NECESSIDADE. PRECEDENTES. RECURSO QUE NÃO ATACA OS FUNDAMENTOS DA DECISÃO AGRAVADA. IRREGULARIDADE FORMAL. ART. 317, §1º, RISTF. ACÓRDÃO RECORRIDO PUBLICADO EM 19.11.2009.
Não preenchimento do requisito de regularidade formal expresso no artigo 317, § 1º, do RISTF (a petição conterá, sob pena de rejeição liminar, as razões do pedido de reforma da decisão agravada). Ausência de ataque, nas razões do agravo regimental, aos fundamentos da decisão agravada, mormente no que se refere à conformidade do acórdão recorrido com a jurisprudência desta Corte.
Agravo regimental conhecido e não provido. (Inform. STF 713)

AG. REG. NO ARE N. 728.049-RJ
RELATOR: MIN. GILMAR MENDES
Agravo regimental em recurso extraordinário com agravo. 2. Concurso público. 3. Comprovação de habilitação. Momento da posse. Exigência de apresentação de diploma e registro no órgão de classe competente após a conclusão do curso de formação que, no caso, consiste em etapa do referido concurso. 3. Precedentes da Corte. 4. Ausência de argumentos capazes de infirmar a decisão agravada. 5. Agravo regimental a que se nega provimento. **(Inform. STF 712)**

MS N. 28.603-DF
REDATOR P/ O ACÓRDÃO: MIN. MARCO AURÉLIO
PROCESSO ADMINISTRATIVO – SITUAÇÃO CONSTITUÍDA – INTERESSADOS – CIÊNCIA. Uma vez constatada a ocorrência de situação jurídica constituída, cumpre dar ciência do processo administrativo aos interessados.

PROCESSO ADMINISTRATIVO – CIÊNCIA FICTA. A ciência ficta do processo administrativo, mediante notícia veiculada em Diário, pressupõe o conhecimento da existência pelos destinatários.
NULIDADE – MÉRITO – ARTIGO 249 DO CÓDIGO DE PROCESSO CIVIL – COLEGIADO. O disposto no artigo 249 do Código de Processo Civil, a revelar que não se declarará a nulidade quando possível decidir o mérito em benefício da parte a quem o reconhecimento da pecha aproveitaria, guarda pertinência com a atuação judicante, quer individual, quer no Colegiado.
CONCURSO PÚBLICO – PASSAGEM A FASES SUCESSIVAS – NÚMERO DE CANDIDATOS – ALTERAÇÃO. A alteração do número de candidatos aprovados a passarem a fase subsequente não prejudica o concurso, no que se mostra linear.
CONCURSO PÚBLICO – CANDIDATOS – FEITURA DAS PROVAS – APROVEITAMENTO. Tanto quanto possível, há de placitar-se a aprovação em concurso público, mormente quando o aproveitamento dos candidatos não implica prejuízo a terceiros, sendo desinfluente, para o Direito, a simples expectativa de futuros candidatos no que, ocupadas vagas, venham a inscrever-se em novo certame – considerações. **(Inform. STF 710)**

AG. REG. NO AI N. 712.683-SE
RELATOR: MIN. MARCO AURÉLIO
RECURSO EXTRAORDINÁRIO RESERVA DE PLENÁRIO. Descabe confundir reserva de Plenário – artigo 97 da Constituição Federal – com interpretação de normas legais.
CONCURSO PÚBLICO – PROVA DE ESFORÇO FÍSICO. Caso a caso, há de perquirir-se a sintonia da exigência, no que implica fator de tratamento diferenciado a partir da função a ser exercida. Não se tem como constitucional a exigência de prova desproporcional à habilitação ao cargo de médico. **(Inform. STF 708)**

AG. REG. NO RE N. 602.264-DF
RELATOR: MIN. RICARDO LEWANDOWSKI
Ementa: AGRAVO REGIMENTAL EM RECURSO EXTRAORDINÁRIO. ADMINISTRATIVO. ASCENSÃO FUNCIONAL. INCONSTITUCIONALIDADE. OFENSA À REGRA DO CONCURSO PÚBLICO. PRECEDENTES. SEGURANÇA JURÍDICA E BOA-FÉ. INAPLICABILIDADE AO CASO. PLEITO QUE REVELA A PRETENSÃO DE CONSTITUIR NOVA SITUAÇÃO JURÍDICA E NÃO A PRESERVAÇÃO DE UMA POSIÇÃO CONSOLIDADA. AGRAVO IMPROVIDO.
I – A jurisprudência do Supremo Tribunal Federal firmou-se no sentido de que a promoção do servidor por ascensão funcional constitui forma de provimento derivado incompatível com a determinação prevista no art. 37, II, da Constituição de que os cargos públicos devem ser providos por concurso.
II – Inviável a invocação dos princípios da segurança jurídica e da boa-fé no caso em que se pretende o reconhecimento de uma nova posição jurídica incompatível com a Constituição e não a preservação de uma situação concreta sedimentada.
III – Agravo regimental improvido. **(Inform. STF 708)**

AG. REG. NO AI N. 764.423-SE
RELATOR: MIN. MARCO AURÉLIO
CONCURSO PÚBLICO – ALTURA MÍNIMA – INEXISTÊNCIA DE LEI. Longe fica de vulnerar a Constituição Federal pronunciamento no sentido da inexigibilidade de altura mínima para habilitação em concurso público quando esta for prevista estritamente no edital, e não em lei em sentido formal e material.
AGRAVO – ARTIGO 557, § 2º, DO CÓDIGO DE PROCESSO CIVIL – MULTA. Se o agravo é manifestamente infundado, impõe-se a aplicação da multa prevista no § 2º do artigo 557 do Código de Processo Civil, arcando a parte com o ônus decorrente da litigância de má-fé. **(Inform. STF 707)**

Concurso público e segunda chamada em teste de aptidão física - 2
Ressaltou-se que a discussão não se restringiria à eventual violação do princípio da isonomia pela mera remarcação de teste de aptidão física. Afirmou-se que, embora esta Corte tivesse considerado legítima a possibilidade de se remarcar teste físico em razão de casos fortuitos, a existência de previsão editalícia que prescrevesse que alterações corriqueiras de saúde não seriam aptas a ensejar a remarcação de teste físico não ofenderia o princípio da isonomia. Esse princípio implicaria tratamento desigual àqueles que se encontrassem em situação de desigualdade. Deste modo, aplicável em hipótese na qual verificado de forma clara que a atuação estatal tivesse beneficiado determinado indivíduo em detrimento de outro nas mesmas condições.

Asseverou-se, portanto, que, em essência, o princípio da isonomia não possibilitaria, de plano, a realização de segunda chamada em etapa de concurso público decorrente de situações individuais e pessoais de cada candidato, especialmente, quando o edital estabelecesse tratamento isonômico a todos os candidatos que, em presumida posição de igualdade dentro da mesma relação jurídica, seriam tratados de forma igualitária.

Concurso público e segunda chamada em teste de aptidão física - 3
Aduziu-se que o concurso público permitiria não apenas a escolha dos candidatos mais bem qualificados, mas também que o processo de seleção fosse realizado com transparência, impessoalidade, igualdade e com o menor custo para os cofres públicos. Dessa maneira, não seria razoável a movimentação de toda a máquina estatal para privilegiar determinados candidatos que se encontrassem impossibilitados de realizar alguma das etapas do certame por motivos exclusivamente individuais. Consignou-se que, ao se permitir a remarcação do teste de aptidão física nessas circunstâncias, possibilitar-se-ia o adiamento, sem limites, de qualquer etapa do certame, pois o candidato talvez não se encontrasse em plenas condições para realização da prova, o que causaria tumulto e dispêndio desnecessário para a Administração. Aludiu-se que não seria razoável que a Administração ficasse à mercê de situações adversas para colocar fim ao certame, de modo a deixar os concursos em aberto por prazo indeterminado.

Concurso público e segunda chamada em teste de aptidão física - 4
Assinalou-se que, na espécie, entretanto, o recorrido realizara a prova de aptidão física de segunda chamada em razão de liminar concedida pelo Poder Judiciário, em 2002, confirmada por sentença e por acórdão de tribunal regional, tendo sido empossado há quase dez anos. Sublinhou-se que, em casos como este, em que se alteraria jurisprudência longamente adotada, seria sensato considerar a necessidade de se modular os efeitos da decisão com base em razões de segurança jurídica. Essa seria a praxe nesta Corte para as hipóteses de modificação sensível de jurisprudência. Destacou-se que não se trataria de declaração de inconstitucionalidade em controle abstrato, a qual poderia suscitar a modulação dos efeitos da decisão mediante a aplicação do art. 27 da Lei 9.868/99. Tratar-se-ia de substancial mudança de jurisprudência, decorrente de nova interpretação do texto constitucional, a impor ao STF, tendo em vista razões de segurança jurídica, a tarefa de proceder a ponderação das consequências e o devido ajuste do resultado, para adotar a técnica de decisão que pudesse melhor traduzir a mutação constitucional operada. Registrou-se que a situação em apreço não diria respeito a referendo à teoria do fato consumado, tal como pedido pelo recorrido, mas de garantir a segurança jurídica também nos casos de sensível mudança jurisprudencial. Por fim, conquanto o recurso tivesse sido interposto antes da sistemática da repercussão geral, atribuiu-se-lhe os efeitos dela decorrentes e assegurou-se a validade das provas de segunda chamada ocorridas até a data de conclusão do presente julgamento.

Concurso público e segunda chamada em teste de aptidão física - 5
Vencido o Min. Marco Aurélio, que também negava provimento ao recurso, mas com fundamentação diversa. Anotava que a pretensão do recorrido teria sido agasalhada pelo tribunal regional em observância aos princípios da acessibilidade aos cargos públicos, isonomia e razoabilidade, e seria socialmente aceitável. Explanava que em situações excepcionais, desde que demonstrada a justa causa, seria possível colocar em segundo plano o edital. Reputava que, considerada a aplicação da lei no tempo – haja vista que o interesse em recorrer surgira em 3.11.2003, antes, portanto, da introdução do instituto da repercussão geral pela EC 45/2004 – não se poderia emprestar a este julgamento as consequências próprias da admissibilidade da repercussão geral, a irradiar-se a ponto de ficarem os tribunais do país autorizados a declarar prejuízo de outros recursos.
RE 630733/DF, rel. Min. Gilmar Mendes, 15.5.2013. (RE-630733) (Inform. STF 706)

AG. REG. NO AI N. 574.052-RS
RELATOR: MIN. MARCO AURÉLIO
CONCURSO PÚBLICO – DIREITO À NOMEAÇÃO. Possui direito à nomeação candidato aprovado e classificado dentro de número de vagas anunciadas em edital de certame público, haja vista o disposto no artigo 37 da Carta da República. Precedente – Recurso Extraordinário 192.568/PI, de minha relatoria. **(Inform. STF 703)**

Concurso público e conteúdo programático do edital
A 1ª Turma concedeu mandado de segurança para anular acórdãos do TCU que teriam determinado ao impetrante, Conselho Regional de Medicina Veterinária do Estado do Rio Grande do Sul - CRMV/RS, a dispensa de servidores admitidos por concurso público. Na espécie, a Corte de Contas concluíra que o edital se revestira de subjetividade, ao prever etapa classificatória em que os candidatos seriam avaliados em seus *curricula vitae* via quesitos pontuáveis, a saber, experiência, qualificação técnica e capacidade de comunicação. Entendeu-se, em síntese, que, ao contrário do que decidido pelo TCU, o certame não teria se revestido de critérios subjetivos. Destacou-se que o edital especificara, em termos objetivos, os critérios de avaliação e pontuação que vinculavam a comissão responsável pela seleção pública. Asseverou-se que teriam sido atendidos os critérios de impessoalidade, objetividade e isonomia. **MS 26424/DF, Min. Dias Toffoli, 19.2.2013. (MS-26424) (Inform. STF 695)**

Concurso público: conteúdo programático e anulação de questões - 1
A 1ª Turma iniciou julgamento de mandado de segurança no qual pretendida anulação de questões objetivas de concurso público destinado ao provimento de cargo de Procurador da República, porquanto em suposta desconformidade com o conteúdo programático de direito internacional previsto no edital. O impetrante sustenta que fora eliminado na 1ª fase do certame, visto que não atingira o percentual mínimo exigido em um dos grupos em que dividida a prova e que sua inabilitação decorreria desse desacordo. O Min. Luiz Fux, relator, denegou a ordem, no que acompanhado pela Min. Rosa Weber. Salientou inviável esta análise em sede de mandado de segurança, uma vez que demandaria dilação probatória. Ressaltou a jurisprudência do STF no sentido de que o Poder Judiciário seria incompetente para substituir-se à banca examinadora de concurso público no reexame de critérios de correção das provas e de conteúdo das questões formuladas. Assentou que, existente previsão de um determinado tema, cumpriria ao candidato estudar e procurar conhecer, de forma global, os elementos que pudessem ser exigidos nas provas, de modo a abarcar todos os atos normativos e casos paradigmáticos pertinentes. Do contrário, significaria exigir-se das bancas examinadoras a previsão exaustiva, no edital de qualquer concurso, de todos os atos normativos e de todos os *cases* atinentes a cada um dos pontos do conteúdo programático do concurso, o que fugiria à razoabilidade.

Concurso público: conteúdo programático e anulação de questões - 2
Ademais, reputou que estaria comprovada pela autoridade impetrada a congruência entre as questões impugnadas e o disposto no edital do concurso, sendo que os conhecimentos necessários para a indicação das respostas corretas estariam acessíveis em ampla bibliografia, o que afastaria a possibilidade de anulação em juízo. Dissentiu o Min. Marco Aurélio, que concedia, em parte, a ordem para, afastadas as questões, recalcular-se a situação do impetrante. Asseverou que o edital seria a lei do concurso e vincularia tanto os candidatos quanto a Administração Pública. Frisou que o que poderia ser indagado em termos de resolução da ONU teria sido mencionado no conteúdo programático de forma exaustiva, e não exemplificativa. Entretanto, elaborara-se questão disposta em outra resolução, sequer incorporada ao ordenamento jurídico pátrio, a dispensar a instrução do processo para concluir-se sobre o descompasso. Após, pediu vista o Min. Dias Toffoli.

Concurso público: conteúdo programático e anulação de questões - 3
A 1ª Turma retomou julgamento de mandado de segurança no qual pretendida anulação de questões objetivas de concurso público destinado ao provimento de cargo de Procurador da República, porquanto em suposta desconformidade com o conteúdo programático de direito internacional previsto no edital. O impetrante sustenta que fora eliminado na 1ª fase do certame, visto que não atingira o percentual mínimo exigido em um dos grupos em que dividida a prova e que sua inabilitação decorreria desse desacordo – v. Informativo 658. O Min. Dias Toffoli, em voto-vista, acompanhou o Min. Marco Aurélio, para conceder, em parte, a segurança, a fim de assentar a insubsistência das questões impugnadas. Asseverou não se comprometer com a tese de que sempre seria possível a ingerência judicial na análise dos gabaritos oferecidos pelas bancas examinadoras de concurso público, mas que, em cada caso submetido à apreciação judicial, deveria ser enfrentado segundo suas peculiaridades. O Min. Luiz Fux, relator, reajustou voto para conceder, em parte, a segurança. Após, pediu vista a Min. Cármen Lúcia.

6. DIREITO ADMINISTRATIVO

Concurso público: conteúdo programático e anulação de questões - 4
Em conclusão, a 1ª Turma, após retificar a proclamação anteriormente proferida, denegou mandado de segurança no qual pretendida anulação de questões objetivas de concurso público destinado ao provimento de cargo de Procurador da República, porquanto em suposta desconformidade com o conteúdo programático de direito internacional previsto no edital. O impetrante sustentava que fora eliminado na 1ª fase do certame, visto que não atingira o percentual mínimo exigido em um dos grupos em que dividida a prova e que sua inabilitação decorreria desse desacordo – v. Informativos 658 e 660. Ressaltou-se a jurisprudência do STF no sentido de que o Poder Judiciário seria incompetente para substituir-se à banca examinadora de concurso público no reexame de critérios de correção das provas e de conteúdo das questões formuladas. Assentou-se que, existente previsão de um determinado tema, cumpriria ao candidato estudar e procurar conhecer, de forma global, os elementos que pudessem ser exigidos nas provas, de modo a abarcar todos os atos normativos e casos paradigmáticos pertinentes. Do contrário, significaria exigir-se das bancas examinadoras a previsão exaustiva, no edital de qualquer concurso, de todos os atos normativos e de todos os *cases* atinentes a cada um dos pontos do conteúdo programático do concurso, o que fugiria à razoabilidade. Ademais, reputou-se que estaria comprovada pela autoridade impetrada a congruência entre as questões impugnadas e o disposto no edital do concurso. Assim, os conhecimentos necessários para a indicação das respostas corretas estariam acessíveis em ampla bibliografia, o que afastaria a possibilidade de anulação em juízo. Por fim, cassou-se a liminar anteriormente deferida. **MS 30860/DF, rel. Min. Luiz Fux, 28.8.2012. (MS-30860)**

DIREITO ADMINISTRATIVO. DESISTÊNCIA DE CANDIDATO APROVADO EM CONCURSO PÚBLICO DENTRO DO NÚMERO DE VAGAS.
O candidato aprovado fora do número de vagas previstas no edital de concurso público tem direito subjetivo à nomeação quando o candidato imediatamente anterior na ordem de classificação, aprovado dentro do número de vagas, for convocado e manifestar desistência. O posicionamento do STJ (RMS 33.875-MT, Primeira Turma, DJe 22/6/2015; e AgRg nos EDcl nos EDcl no Ag 1.398.319-ES, Segunda Turma, DJe 9/3/2012) induz à conclusão de que o candidato constante de cadastro de reserva, ou, naqueles concursos em que não se utiliza essa expressão, aprovado fora do número de vagas previsto no edital, só terá direito à nomeação nos casos de comprovada preterição, seja pela inobservância da ordem de classificação, seja por contratações irregulares. Contudo, deve-se acrescentar e destacar que a desistência de candidatos aprovados dentro do número de vagas previsto no edital do certame é hipótese diversa e resulta em direito do próximo classificado à convocação para a posse ou para a próxima fase do concurso, conforme o caso. É que, nessa hipótese, a necessidade e o interesse da Administração no preenchimento dos cargos ofertados estão estabelecidos no edital de abertura do concurso, e a convocação do candidato que, logo após, desiste, comprova a necessidade de convocação do próximo candidato na ordem de classificação. Precedentes do STF citados: ARE 866.016 AgR, Primeira Turma, DJe 29/10/2013; ARE 661.760 AgR, Primeira Turma, DJe 29/10/2013; RE 643.674 AgR, Segunda Turma, DJe 28/8/2013; ARE 675.202 AgR, Segunda Turma, DJe 22/8/2013. **AgRg no ROMS 48.266-TO, Rel. Min. Benedito Gonçalves, julgado em 18/8/2015, DJe 27/8/2015 (Inform. STJ 567).**

DIREITO ADMINISTRATIVO. DESISTÊNCIA DE CANDIDATO APROVADO EM CONCURSO PÚBLICO FORA DO NÚMERO DE VAGAS.
O candidato aprovado fora do número de vagas previstas no edital de concurso público tem direito subjetivo à nomeação quando o candidato imediatamente anterior na ordem de classificação, embora aprovado fora do número de vagas, for convocado para vaga surgida posteriormente e manifestar desistência. O posicionamento do STJ (RMS 33.875-MT, Primeira Turma, DJe 22/6/2015; e AgRg nos EDcl nos EDcl no Ag 1.398.319-ES, Segunda Turma, DJe 9/3/2012) induz à conclusão de que o candidato constante de cadastro de reserva, ou, naqueles concursos em que não se utiliza essa expressão, aprovado fora do número de vagas previsto no edital, só terá direito à nomeação nos casos de comprovada preterição, seja pela inobservância da ordem de classificação, seja por contratações irregulares. Contudo, deve-se acrescentar e destacar que a desistência de candidatos aprovados dentro do número de vagas previsto no edital do certame é hipótese diversa e resulta em direito do próximo classificado à

convocação para a posse ou para a próxima fase do concurso, conforme o caso. É que, nessa hipótese, a necessidade e o interesse da Administração no preenchimento dos cargos ofertados estão estabelecidos no edital de abertura do concurso, e a convocação do candidato que, logo após, desiste, comprova a necessidade de convocação do próximo candidato na ordem de classificação. Embora exista diferença entre as situações fático-jurídicas daqueles que se encontram classificados imediatamente após o candidato desistente de vaga disponibilizada no edital do concurso e daqueles classificados imediatamente após o candidato desistente classificado fora das vagas ofertadas, deve-se reconhecer que o ato administrativo que convoca candidato para preencher outras vagas, oferecidas após o preenchimento daquelas previstas pelo edital, gera o mesmo efeito do ato de convocação dos candidatos aprovados dentro de número de vagas quando há desistência. É que, também nessa hipótese, a Administração, por meio de ato formal, manifesta necessidade e interesse no preenchimento da vaga. O ato administrativo que prevê novas vagas para o certame adita o edital inaugural, necessitando preencher os mesmos requisitos de validade e produzindo os mesmos efeitos jurídicos com relação aos candidatos. Assim, se o ato de convocação, perfeito, válido e eficaz, encontra motivação nas novas vagas ofertadas, não há fundamento para se diferenciar o entendimento aplicável às mencionadas categorias de candidatos, à luz dos princípios constitucionais da isonomia, da moralidade e da legalidade. **AgRg no RMS 41.031-PR, Rel. Min. Benedito Gonçalves, julgado em 18/8/2015, DJe 27/8/2015 (Inform. STJ 567).**

DIREITO ADMINISTRATIVO. AGREGAÇÃO DE MILITAR QUE PARTICIPA DE CURSO DE FORMAÇÃO. **O militar aprovado em concurso público tem direito a ser agregado durante o prazo de conclusão de curso de formação, com direito à opção pela respectiva remuneração.** Precedentes citados: AgRg no AREsp 134.481-BA, Segunda Turma, DJe 2/5/2012; AgRg no AREsp 172.343-RO, Segunda Turma, DJe 1/8/2012; e AgRg no REsp 1.007.130-RJ, Sexta Turma, DJe 21/2/2011. **AgRg no REsp 1.470.618-RN, Rel. Min. Herman Benjamin, julgado em 16/10/2014. (Inform. STJ 551)**

DIREITO ADMINISTRATIVO E PROCESSUAL CIVIL. TERMO INICIAL DO PRAZO DECADENCIAL PARA IMPETRAR MS CONTRA ATO ADMINISTRATIVO QUE EXCLUI CANDIDATO DE CONCURSO PÚBLICO. **O termo inicial do prazo decadencial para a impetração de mandado de segurança no qual se discuta regra editalícia que tenha fundamentado eliminação em concurso público é a data em que o candidato toma ciência do ato administrativo que determina sua exclusão do certame, e não a da publicação do edital.** Precedente citado: EREsp 1.266.278-MS, Corte Especial, DJe 10/5/2013. **REsp 1.124.254-PI, Rel. Min. Sidnei Beneti, julgado em 1º/7/2014. (Inform. STJ 545)**

DIREITO ADMINISTRATIVO. SURDEZ UNILATERAL EM CONCURSO PÚBLICO. **Candidato em concurso público com surdez unilateral não tem direito a participar do certame na qualidade de deficiente auditivo.** Isso porque o Decreto 5.296/2004 alterou a redação do art. 4º, II, do Decreto 3.298/1999 – que dispõe sobre a Política Nacional para Integração de Pessoa Portadora de Deficiência - e excluiu da qualificação "deficiência auditiva" os portadores de surdez unilateral. Vale ressaltar que a jurisprudência do STF confirmou a validade da referida alteração normativa. Precedente citado do STF: MS 29.910 AgR, Segunda Turma, DJe 1º/8/2011. **MS 18.966-DF, Rel. Min. Castro Meira, Rel. para acórdão Min. Humberto Martins, julgado em 2/10/2013. (Inform. STJ 535)**

DIREITO ADMINISTRATIVO. INVESTIGAÇÃO SOCIAL EM CONCURSO PÚBLICO. **Na fase de investigação social em concurso público, o fato de haver instauração de inquérito policial ou propositura de ação penal contra candidato, por si só, não pode implicar a sua eliminação.** A eliminação nessas circunstâncias, sem o necessário trânsito em julgado da condenação, viola o princípio constitucional da presunção de inocência. Precedentes citados do STF: ARE 754.528 AgR, Primeira Turma, DJe 28/8/2013; e AI 769.433 AgR, Segunda Turma, DJe 4/2/2010; precedentes citados do STJ: REsp 1.302.206-MG, Segunda Turma, DJe 4/10/2013; EDcl no AgRg no REsp 1.099.909-RS, Quinta Turma, DJe 13/3/2013 e AgRg no RMS 28.825-AC, Sexta Turma, DJe 21/3/2012. **AgRg no RMS 39.580-PE, Rel. Min. Mauro Campbell Marques, julgado em 11/2/2014. (Inform. STJ 535)**

462 VADE MECUM DE JURISPRUDÊNCIA – STF/STJ

DIREITO ADMINISTRATIVO. EXAME PSICOLÓGICO EM CONCURSO PÚBLICO. É admitida a realização de exame psicotécnico em concursos públicos se forem atendidos os seguintes requisitos: previsão em lei, previsão no edital com a devida publicidade dos critérios objetivos fixados e possibilidade de recurso. Precedentes citados do STF: MS 30.822-DF, Segunda Turma, DJe 26/6/2012; e AgRg no RE 612.821-DF, Segunda Turma, DJe 1º/6/2011. **RMS 43.416-AC, Rel. Min. Humberto Martins, julgado em 18/2/2014. (Inform. STJ 535)**

DIREITO ADMINISTRATIVO. MANDADO DE SEGURANÇA CONTRA LIMITE DE IDADE EM CONCURSO PÚBLICO. O prazo decadencial para impetrar mandado de segurança contra limitação de idade em concurso público conta-se da ciência do ato administrativo que determina a eliminação do candidato pela idade, e não da publicação do edital que prevê a regra da limitação. Precedentes citados: AgRg no AREsp 258.950-BA, Segunda Turma, DJe 18/3/2013; AgRg no AREsp 259.405-BA, Primeira Turma, DJe 18/4/2013. **AgRg no AREsp 213.264-BA, Rel. Min. Benedito Gonçalves, julgado em 5/12/2013. (Inform. STJ 533)**

DIREITO ADMINISTRATIVO. LIMITE ETÁRIO EM CONCURSO PÚBLICO PARA INGRESSO NA CARREIRA DE POLICIAL MILITAR. Não tem direito a ingressar na carreira de policial militar o candidato à vaga em concurso público que tenha ultrapassado, no momento da matrícula no curso de formação, o limite máximo de idade previsto em lei específica e em edital. Precedente citado: RMS 31.923-AC, Primeira Turma, DJe 13/10/2011. **RMS 44.127-AC, Rel. Min. Humberto Martins, julgado em 17/12/2013. (Inform. STJ 533)**

DIREITO ADMINISTRATIVO. EXPECTATIVA DE DIREITO À NOMEAÇÃO EM CONCURSO PÚBLICO. O candidato aprovado fora das vagas previstas no edital não tem direito subjetivo à nomeação, ainda que surjam novas vagas durante o prazo de validade do certame, seja em decorrência de vacância nos quadros funcionais seja em razão da criação de novas vagas por lei. Isso porque, dentro do parâmetro fixado em repercussão geral pelo STF, os candidatos aprovados em concurso público, mas inseridos em cadastro de reserva, têm apenas expectativa de direito à nomeação. Nesses casos, compete à Administração, no exercício do seu poder discricionário (juízo de conveniência e oportunidade), definir as condições do preenchimento dos seus cargos vagos. Precedentes citados do STJ: AgRg no RMS 38.892-AC, Primeira Turma, DJe 19/4/2013; e RMS 34.789-PB, Primeira Turma, DJe 25/10/2011. Precedente citado do STF: RE 598.099-MS, Plenário, DJ 10/08/2011. **MS 17.886-DF, Rel. Min. Eliana Calmon, julgado em 11/9/2013. (Inform. STJ 531)**

DIREITO ADMINISTRATIVO. DESVIO DE FUNÇÃO NO SERVIÇO PÚBLICO. A Administração Pública não pode, sob a simples alegação de insuficiência de servidores em determinada unidade, designar servidor para o exercício de atribuições diversas daqueles referentes ao cargo para o qual fora nomeado após aprovação em concurso. O administrador deve agir de acordo com o que estiver expresso em lei, devendo designar cada servidor para exercer as atividades que correspondam àquelas legalmente previstas. Apenas em circunstâncias excepcionais previstas em lei – o que não ocorre na situação em análise –, poderá o servidor público desempenhar atividade diversa daquela pertinente ao seu cargo. Inexistindo as circunstâncias excepcionais, tem o servidor público o direito de ser designado para exercer as atividades correspondentes ao cargo para o qual tenha sido aprovado. **RMS 37.248-SP, Rel. Min. Mauro Campbell Marques, julgado em 27/8/2013. (Inform. STJ 530)**

DIREITO ADMINISTRATIVO. FALTA DE IDENTIFICAÇÃO DO TIPO DE CADERNO DE QUESTÕES EM CERTAME PÚBLICO. Não tem direito à correção de cartão-resposta de prova aplicada em certame público o candidato que, descumprindo regra contida no edital e expressa no próprio cartão-resposta, abstenha-se de realizar a identificação do seu tipo de caderno de questões. Isso porque viabilizar a correção da folha de resposta de candidato que não tenha observado as instruções contidas no regulamento do certame e ressalvadas no próprio cartão-resposta implicaria privilegiar um candidato em detrimento dos demais, que concorreram em circunstâncias iguais de maturidade, preparação, estresse e procedimento, configurando flagrante violação do princípio da isonomia. **REsp 1.376.731-PE, Rel. Min. Humberto Martins, julgado em 14/5/2013. (Inform. STJ 525)**

DIREITO ADMINISTRATIVO. OFENSA AOS PRINCÍPIOS DA RAZOABILIDADE E DA INTERPRETAÇÃO CONFORME O INTERESSE PÚBLICO. É ilegal o ato administrativo que determine a exclusão de candidato já emancipado e a menos de dez dias de completar a idade mínima de 18 anos exigida em edital de concurso público para oficial da Polícia Militar, por este não haver atingido a referida idade na data da matrícula do curso de formação, ainda que lei complementar estadual estabeleça essa mesma idade como sendo a mínima necessária para o ingresso na carreira. Nessa situação, ocorre ofensa aos princípios da razoabilidade e da interpretação conforme o interesse público. De fato, estabelece o art. 2º, parágrafo único, da Lei 9.784/1999 que nos processos administrativos devem ser observados, entre outros, os critérios da "adequação entre meios e fins, vedada a imposição de obrigações, restrições e sanções em medida superior àquelas estritamente necessárias ao atendimento do interesse público" (VI) e da "interpretação da norma administrativa da forma que melhor garanta o atendimento do fim público a que se dirige, vedada aplicação retroativa de nova interpretação" (XIII). Nesse contexto, com a interpretação então conferida, o administrador, a pretexto de cumprir a lei, terminou por violá-la, pois, com o ato praticado, desconsiderou a adequação entre meios e fins, impôs restrição em medida superior àquela estritamente necessária ao atendimento do interesse e, além disso, deixou de interpretar a lei da maneira que garantisse mais efetivamente o atendimento do fim público a que se dirige. **RMS 36.422-MT, Rel. Min. Sérgio Kukina, julgado em 28/5/2013. (Inform. STJ 524)**

DIREITO ADMINISTRATIVO. TERMO INICIAL DO PRAZO PARA IMPETRAÇÃO DE MANDADO DE SEGURANÇA OBJETIVANDO A NOMEAÇÃO EM CARGO PÚBLICO. Na hipótese em que houver, em ação autônoma, o reconhecimento da nulidade de questões de concurso público, o termo inicial do prazo para que o candidato beneficiado impetre mandado de segurança objetivando sua nomeação no cargo público será a data do trânsito em julgado da decisão judicial. Isso porque o candidato favorecido pela decisão judicial somente passa a ter direito líquido e certo à nomeação a partir da referida data. **AgRg no REsp 1.284.773-AM, Rel. Min. Benedito Gonçalves, julgado em 23/4/2013. (Inform. STJ 522)**

DIREITO ADMINISTRATIVO. RESERVA DE VAGAS EM CONCURSO PÚBLICO PARA PESSOAS COM DEFICIÊNCIA. Os candidatos que tenham "pé torto congênito bilateral" têm direito a concorrer às vagas em concurso público reservadas às pessoas com deficiência. A mencionada deficiência física enquadra-se no disposto no art. 4º, I, do Dec. 3.298/1999. **RMS 31.861-PE, Rel. Min. Sérgio Kukina, julgado em 23/4/2013. (Inform. STJ 522)**

DIREITO ADMINISTRATIVO. NOMEAÇÃO DE CANDIDATO APROVADO FORA DO NÚMERO DE VAGAS OFERECIDAS NO EDITAL. Ainda que sejam criados novos cargos durante a validade do concurso, a Administração Pública não poderá ser compelida a nomear candidato aprovado fora do número de vagas oferecidas no edital de abertura do certame na hipótese em que não haja inexista dotação orçamentária específica. Isso porque, para a criação e provimento de novos cargos, a Administração deve observar o disposto na Lei de Responsabilidade Fiscal (LC 101/2000), sendo imprescindível a demonstração do suporte orçamentário e financeiro necessário. A propósito, vale ressaltar que o STF, em repercussão geral, identificou hipóteses excepcionais em que a Administração pode deixar de realizar a nomeação de candidato aprovado dentro do número de vagas, desde que tenham as seguintes características: a) superveniência: os eventuais fatos ensejadores de uma situação excepcional devem ser necessariamente posteriores à publicação do edital do certame público; b) imprevisibilidade: a situação deve ser determinada por circunstâncias extraordinárias, imprevisíveis à época da publicação do edital; c) gravidade: os acontecimentos extraordinários e imprevisíveis devem ser extremamente graves, implicando onerosidade excessiva, dificuldade ou mesmo impossibilidade de cumprimento efetivo das regras do edital; d) necessidade: a solução drástica e excepcional de não cumprimento do dever de nomeação deve ser extremamente necessária, de forma que a Administração somente pode adotar tal medida quando absolutamente não existirem outros meios menos gravosos para lidar com a situação excepcional e imprevisível. **RMS 37.700-RO, Rel. Min. Mauro Campbell Marques, julgado em 4/4/2013. (Inform. STJ 522)**

6. DIREITO ADMINISTRATIVO

DIREITO ADMINISTRATIVO. CONVOCAÇÃO DE CANDIDATO PARA FASE DE CONCURSO PÚBLICO.
A convocação de candidato para a fase posterior de concurso público não pode ser realizada apenas pelo diário oficial na hipótese em que todas as comunicações anteriores tenham ocorrido conforme previsão editalícia de divulgação das fases do concurso também pela internet. Efetivamente, a comunicação realizada apenas pelo diário oficial, nessa situação, caracteriza violação dos princípios da publicidade e da razoabilidade. Ademais, a divulgação das fases anteriores pela internet gera aos candidatos a justa expectativa de que as demais comunicações do certame seguirão o mesmo padrão. Cabe ressaltar, ainda, que o diário oficial não tem o mesmo alcance de outros meios de comunicação, não sendo razoável exigir que os candidatos aprovados em concurso público o acompanhem. **AgRg no RMS 33.696-RN, Rel. Min. Eliana Calmon, DJe 22/4/2013. (Inform. STJ 522)**

DIREITO ADMINISTRATIVO. EFEITOS DE PREVISÃO EDITALÍCIA QUE POSSIBILITE A NOMEAÇÃO DOS APROVADOS, CONFORME DISPONIBILIDADE ORÇAMENTÁRIA, EM NÚMERO INFERIOR OU SUPERIOR ÀS VAGAS DE CERTAME DESTINADO À CONTRATAÇÃO DE SERVIDORES TEMPORÁRIOS.
Não tem direito líquido e certo à nomeação o candidato aprovado dentro do número de vagas em processo seletivo especial destinado à contratação de servidores temporários na hipótese em que o edital preveja a possibilidade de nomeação dos aprovados, conforme a disponibilidade orçamentária existente, em número inferior ou superior ao das vagas colocadas em certame. As regras a serem aplicadas no processo seletivo especial destinado à contratação de servidores temporários devem ser as mesmas do concurso público para cargo efetivo. Todavia, conquanto não se olvide o já decidido pelo STJ acerca do direito subjetivo que nasce para o candidato aprovado em concurso público dentro do número de vagas, deve-se considerar que a situação em análise traz circunstância peculiar – a existência de previsão no edital referente à possibilidade de nomeação dos aprovados, conforme a disponibilidade orçamentária existente, em número inferior ou superior ao das vagas colocadas em certame –, o que afasta o direito líquido e certo à nomeação dos candidatos aprovados, ainda que dentro do número de vagas previsto no edital. **RMS 35.211-SP, Rel. Min. Mauro Campbell Marques, julgado em 2/4/2013. (Inform. STJ 521)**

DIREITO ADMINISTRATIVO. REMARCAÇÃO DE TESTE DE APTIDÃO FÍSICA EM CONCURSO PÚBLICO MOTIVADA PELA GRAVIDEZ DE CANDIDATA.
É possível a remarcação de teste de aptidão física em concurso público com o objetivo de proporcionar a participação de candidata comprovadamente grávida, ainda que o edital não contenha previsão nesse sentido. Nesse contexto, a gravidez deve ser considerada como motivo de força maior, apto a possibilitar a remarcação do referido teste, sem que se configure qualquer ofensa ao princípio constitucional da isonomia. **RMS 37.328-AP, Rel. Min. Humberto Martins, julgado em 21/3/2013. (Inform. STJ 520)**

DIREITO ADMINISTRATIVO. INEXISTÊNCIA DE DIREITO DE BIOMÉDICO À PARTICIPAÇÃO EM CONCURSO PÚBLICO DESTINADO AO PROVIMENTO DE CARGO DE BIÓLOGO.
Os biomédicos não possuem o direito de participar de concurso público cujo edital prescreva como atribuições do cargo atividades específicas de biólogo. Da análise da Lei 6.684/1979 e dos Decretos 88.438/1983 e 88.439/1983, extrai-se a conclusão de que as profissões de biólogo e de biomédico, apesar de se assemelharem em alguns pontos, são distintas, com atribuições e áreas de atuação próprias. Foram, inclusive, reguladas por atos normativos diversos e seus profissionais são registrados em conselhos profissionais distintos. Dessa forma, a Administração, entendendo necessitar de biólogos, não é obrigada a aceitar, em concurso destinado a suprir essa necessidade, profissionais de outras áreas. **REsp 1.331.548-RJ, Rel. Min. Mauro Campbell Marques, julgado em 4/4/2013. (Inform. STJ 520)**

DIREITO ADMINISTRATIVO. EXIGÊNCIA EM CONCURSO PÚBLICO DE REQUISITO NÃO PREVISTO NA LEGISLAÇÃO DE REGÊNCIA.
No caso em que lei estadual que regule a carreira de professor estabeleça, como requisito para a admissão no cargo, apenas a apresentação de diploma em ensino superior, não é possível que o edital do respectivo concurso exija do candidato diploma de pós-graduação. Nesse contexto, é ilegal a exigência estabelecida no edital do concurso, pois impõe o preenchimento de requisito que não encontra fundamento na legislação de regência. **RMS 33.478-RO, Rel. Min. Mauro Campbell Marques, julgado em 21/3/2013. (Inform. STJ 518)**

DIREITO ADMINISTRATIVO. RECLASSIFICAÇÃO DE CANDIDATO EM CONCURSO DE REMOÇÃO DECORRENTE DA EXCLUSÃO DE CRITÉRIO DE CLASSIFICAÇÃO CONSIDERADO INCONSTITUCIONAL.
É legal a reclassificação de candidato em concurso público de remoção, com a consequente destituição da remoção efetivada, na hipótese em que tenha havido alteração do resultado do certame devido à exclusão de critérios de classificação considerados inconstitucionais pelo STF em ação direta de inconstitucionalidade. Precedentes citados: RMS 23.828-RS, Segunda Turma, DJe 20/4/2009, e RMS 24.092-RS, Primeira Turma, DJ 1º/2/2008. **RMS 37.221-RS, Rel. Min. Herman Benjamin, julgado em 7/2/2013. (Inform. STJ 517).**

DIREITO ADMINISTRATIVO. DIREITO DO CANDIDATO APROVADO EM CONCURSO PÚBLICO A SER COMUNICADO PESSOALMENTE SOBRE SUA NOMEAÇÃO.
O candidato tem direito a ser comunicado pessoalmente sobre sua nomeação no caso em que o edital do concurso estabeleça expressamente o seu dever de manter atualizados endereço e telefone, não sendo suficiente a sua convocação apenas por meio de diário oficial se, tendo sido aprovado em posição consideravelmente fora do número de vagas, decorrer curto espaço de tempo entre a homologação final do certame e a publicação da nomeação. Nessa situação, a convocação do candidato apenas por publicação em Diário Oficial configura ofensa aos princípios da razoabilidade e da publicidade. A existência de previsão expressa quanto ao dever de o candidato manter atualizado seu telefone e endereço demonstra, ainda que implicitamente, o intuito da Administração Pública de, no momento da nomeação, entrar em contato direto com o candidato aprovado. Ademais, nesse contexto, não seria possível ao candidato construir real expectativa de ser nomeado e convocado para a posse em curto prazo. Assim, nessa situação, deve ser reconhecido o direito do candidato a ser convocado, bem como a tomar posse, após preenchidos os requisitos constantes do edital do certame. Precedente citado: AgRg no RMS 35.494-RS, DJe 26/3/2012. **AgRg no RMS 37.227-RS, Rel. Min. Mauro Campbell Marques, julgado em 6/12/2012. (Inform. STJ 515).**

DIREITO ADMINISTRATIVO. CANDIDATA GESTANTE QUE, SEGUINDO ORIENTAÇÃO MÉDICA, DEIXE DE APRESENTAR, NA DATA MARCADA, APENAS ALGUNS DOS VÁRIOS EXAMES EXIGIDOS EM CONCURSO PÚBLICO.
Ainda que o edital do concurso expressamente preveja a impossibilidade de realização posterior de exames ou provas em razão de alterações psicológicas ou fisiológicas temporárias, é ilegal a exclusão de candidata gestante que, seguindo a orientação médica de que a realização de alguns dos vários exames exigidos poderia causar dano à saúde do feto, deixe de entregá-los na data marcada, mas que se prontifique a apresentá-los em momento posterior. É certo que, segundo a jurisprudência do STJ, não se pode dispensar tratamento diferenciado a candidatos em virtude de alterações fisiológicas temporárias, mormente quando existir previsão no edital que vede a realização de novo teste, sob pena de ofensa ao princípio da isonomia, principalmente se o candidato deixar de comparecer na data de realização do teste, contrariando regra expressa do edital que preveja a eliminação decorrente do não comparecimento a alguma fase. Todavia, diante da proteção conferida pelo art. 6º da CF à maternidade, deve-se entender que a gravidez não pode ser motivo para fundamentar qualquer ato administrativo contrário ao interesse da gestante, muito menos para impor-lhe qualquer prejuízo. Assim, em casos como o presente, ponderando-se os princípios da legalidade, da isonomia e da razoabilidade, em consonância com a jurisprudência do STF, há de ser possibilitada a remarcação da data para a avaliação, buscando-se dar efetivo cumprimento ao princípio da isonomia, diante da peculiaridade da situação em que se encontra a candidata impossibilitada de realizar o exame, justamente por não estar em igualdade de condições com os demais concorrentes. **RMS 28.400-BA, Rel. Min. Sebastião Reis Júnior, julgado em 19/2/2013. (Inform. STJ 515).**

DIREITO ADMINISTRATIVO. INDENIZAÇÃO POR DANOS MATERIAIS EM DECORRÊNCIA DE NOMEAÇÃO TARDIA PARA CARGO PÚBLICO DETERMINADA EM DECISÃO JUDICIAL.
É indevida a indenização por danos materiais a candidato aprovado em concurso público cuja nomeação tardia decorreu de decisão judicial. O STJ mudou o entendimento sobre a matéria e passou a adotar a orientação do STF no sentido de que não é devida indenização pelo tempo em que se aguardou solução judicial definitiva para que se procedesse à nomeação de candidato para cargo público. Assim, não assiste ao concursado o direito

de receber o valor dos vencimentos que poderia ter auferido até o advento da nomeação determinada judicialmente, pois essa situação levaria a seu enriquecimento ilícito em face da inexistência da prestação de serviços à Administração Pública. Precedentes citados: EREsp 1.117.974-RS, DJe 19/12/2011, e AgRg no AgRg no RMS 34.792-SP, DJe 23/11/2011. **AgRg nos EDcl nos EDcl no RMS 30.054-SP, Rel. Min. Og Fernandes, julgado em 19/2/2013. (Inform. STJ 515).**

Súmula Vinculante STF 43

É inconstitucional toda modalidade de provimento que propicie ao servidor investir-se, sem prévia aprovação em concurso público destinado ao seu provimento, em cargo que não integra a carreira na qual anteriormente investido.

Súmula Vinculante STF 44

Só por lei se pode sujeitar a exame psicotécnico a habilitação de candidato a cargo público.

Súmula STJ nº 552

O portador de surdez unilateral não se qualifica como pessoa com deficiência para o fim de disputar as vagas reservadas em concursos públicos.

Súmula STF nº 686

Só por Lei se pode sujeitar a exame psicotécnico a habilitação de candidato a cargo público.

Súmula STF nº 685

É inconstitucional toda modalidade de provimento que propicie ao servidor investir-se, sem prévia aprovação em concurso público destinado ao seu provimento, em cargo que não integra a carreira na qual anteriormente investido.

Súmula STF nº 684

É inconstitucional o veto não motivado à participação de candidato a concurso público.

Súmula STF nº 683

O limite de idade para a inscrição em concurso público só se legitima em face do art. 7º, XXX, da Constituição, quando possa ser justificado pela natureza das atribuições do cargo a ser preenchido.

Súmula STF nº 15

Dentro do prazo de validade do concurso, o candidato aprovado tem o direito à nomeação, quando o cargo for preenchido sem observância da classificação.

Súmula STJ nº 466

O titular da conta vinculada ao FGTS tem o direito de sacar o saldo respectivo quando declarado nulo seu contrato de trabalho por ausência de prévia aprovação em concurso público.

Súmula STJ nº 377

O portador de visão monocular tem direito de concorrer, em concurso público, às vagas reservadas aos deficientes.

Súmula STJ nº 266

O diploma ou habilitação legal para o exercício do cargo deve ser exigido na posse e não na inscrição para o concurso público.

5.2.1. Contratação temporária de excepcional interesse público

Policiais temporários e princípio do concurso público - 1

O Plenário iniciou julgamento de ação direta ajuizada em face da Lei 17.822/2012 do Estado de Goiás, que institui o Serviço de Interesse Militar Voluntário Estadual - SIMVE na Polícia Militar e no Corpo de Bombeiros Militar do Estado-membro. O Colegiado, de início, assentou a inconstitucionalidade material e formal do diploma impugnado. Quanto à inconstitucionalidade material, assinalou que, anteriormente à edição da lei em comento, o governo estadual lançara concurso público de provas e títulos para provimento de cargos de policial militar, com a subsequente seleção de candidatos. A lei adversada, por sua vez — em vigor durante o prazo de validade do concurso —, a pretexto de ter fundamento de validade na Lei 4.735/1964 (Lei do Serviço Militar), instituíra uma classe de policiais temporários, cujos integrantes, após serem aprovados em seleção e em curso de formação, passariam a

ocupar cargo de natureza policial militar. Esses temporários seriam remunerados por subsídio, sujeitos à legislação militar e às normas específicas da Polícia Militar e do Corpo de Bombeiros Militar estaduais. Intentara-se, assim, a realização de um corte de gastos relacionados com a segurança pública. Ao possibilitar que voluntários tivessem função de policiamento preventivo e repressivo, além de terem o direito de usar os uniformes, insígnias e emblemas utilizados pela corporação, com a designação "SV", recebendo subsídio, a lei objetivara criar policiais temporários, disfarçados sob a classificação de voluntários, para a execução de atividades militares, em detrimento da exigência constitucional de concurso público. O Colegiado sublinhou, ademais, que as Forças Armadas seriam instituições nacionais, regulares e permanentes (CF, art. 142), não admitida a existência de forças temporárias. Seus membros seriam chamados de "militares", termo também empregado constitucionalmente para designar policiais militares e bombeiros militares (CF, art. 42). Entretanto, não se poderia confundir os membros das Forças Armadas com os militares estaduais. A Constituição vedaria que os Estados-membros possuíssem Exército, Marinha e Aeronáutica. Todavia, admitiria que eles constituíssem polícias militarizadas para segurança interna e manutenção da ordem no território (CF, art. 144, § 5º). Assim, os militares estaduais seriam destinados à função de segurança pública, integrariam a estrutura do Poder Executivo estadual e não seguiriam o mesmo regime constitucional alusivo às Forças Armadas. Essa diferença também diria respeito à forma de ingresso na carreira. Enquanto a admissão nas Forças Armadas dar-se-ia tanto pela via compulsória do recrutamento oficial quanto pela via voluntária de ingresso nos cursos de formação, os servidores militares estaduais seriam submetidos, sempre voluntariamente, a concurso público. Com o advento da EC 18/1998, houvera a distinção entre servidores públicos civis e militares e, em relação a estes, distinguiram-se os dos Estados e do Distrito Federal e os das Forças Armadas. Daí o art. 42 da CF determinar a aplicação, aos militares estaduais, do art. 142, §§ 2º e 3º, e remeter a lei estadual a disciplina das matérias do art. 142, § 3º, X, da CF. Portanto, o constituinte não optara por excluir a obrigatoriedade do concurso público para ingresso na Polícia Militar e no Corpo de Bombeiros Militar. O seu objetivo original, ao estabelecer o postulado do concurso público, seria traduzido na necessidade essencial de o Estado conferir efetividade ao princípio constitucional da igualdade. Seria vedada, desse modo, a prática inaceitável de concessão de privilégios arbitrários. **ADI 5163/GO, rel. Min. Luiz Fux, 26.3.2015. (ADI-5163)**

Policiais temporários e princípio do concurso público - 2

O Colegiado assinalou que o concurso público seria uma forma de a Administração assegurar os princípios maiores da isonomia e da impessoalidade na concorrência dos candidatos aos cargos públicos. Todos os Poderes estariam jungidos à observância do preceito, inclusive o Executivo estadual ao contratar policiais militares. Além disso, o constituinte previra expressamente exceções quanto à obrigatoriedade de concurso público. Assim, estabelecera genericamente a possibilidade de nomeação para cargo em comissão declarado em lei de livre nomeação e exoneração (CF, art. 37, II) e previra a contratação por tempo determinado para atender a necessidade temporária de excepcional interesse público (CF, art. 37, IX). Haveria outras exceções, como, por exemplo os cargos eletivos. Em todas as hipóteses, a base constitucional seria taxativa, e dentre elas não estariam os policiais militares. Ademais, sequer a lei impugnada configuraria o permissivo do art. 37, IX, da CF. Não estariam presentes os requisitos e limites para esse tipo de contratação. A necessidade temporária de excepcional interesse público não dependeria de mera escolha discriminatória da Administração. Ela exigiria o atendimento de um fim próximo e a demonstração da impossibilidade de consecução desse fim com os recursos humanos de que disporia a Administração. No caso, a lei em debate permitira a contratação de 2.400 policiais temporários, embora houvesse cerca de 1.400 concursados aprovados em cadastro reserva aguardando convocação. Além disso, no caso dos contratados em caráter temporário, tratara-se de contratação para atividade previsível, permanente e ordinária. Assim, seria inconstitucional a lei que, a pretexto de satisfazer o art. 37, IX, da CF, não estabelecesse prazo determinado ou não especificasse a contingência fática que evidenciasse a situação emergencial. **ADI 5163/GO, rel. Min. Luiz Fux, 26.3.2015. (ADI-5163)**

Policiais temporários e princípio do concurso público - 3

O Colegiado reputou que, no tocante à inconstitucionalidade formal, o diploma em questão violaria o art. 24 da CF, ao usurpar a competência da União para legislar sobre o tema. Aos Estado-membros a Constituição permitiria

6. DIREITO ADMINISTRATIVO

o estabelecimento de regras ou disposições que permitissem a aplicação das diretrizes gerais e principiológicas impostas pela União. Nas hipóteses constitucionalmente previstas de competência legislativa concorrente entre União e Estados-membros, situação em que caberia à União estabelecer normas gerais e a estes normas suplementares, a única situação permissiva de exame de constitucionalidade em sede de fiscalização normativa abstrata seria aquela a configurar inconstitucionalidade direta, imediata e frontal. É o que ocorreria na espécie. A norma federal a cuidar do tema — Lei 10.029/2000 — fora editada para trazer os parâmetros de organização de serviço voluntário nas Polícias Militares e Corpos de Bombeiros Militares. Assim, a lei estadual deveria ser expungida no que divergisse ou inovasse em relação à lei federal. Esta, além de restringir o exercício do serviço militar voluntário a atividades administrativas e auxiliares, proibiria porte de arma de fogo e exercício de poder de polícia pelos voluntários, estabeleceria auxílio mensal de caráter indenizatório não superior a dois salários mínimos e impossibilitaria a caracterização de vínculo empregatício e de natureza previdenciária pela prestação dos serviços voluntários. O contraste com a norma estadual seria, portanto, radical e insanável.
ADI 5163/GO, rel. Min. Luiz Fux, 26.3.2015. (ADI-5163)

Policiais temporários e princípio do concurso público - 4
Ato contínuo, o Ministro Luiz Fux (relator) propôs fossem modulados os efeitos da decisão de inconstitucionalidade, a fim de que tivesse eficácia a partir de novembro de 2015, quando expiraria o prazo de validade do concurso público vigente. Pontuou que a declaração de inconstitucionalidade da norma com eficácia "ex tunc" poderia gerar uma série de problemas, como a exigência de devolução dos valores percebidos pelos policiais temporários. Com a modulação nos termos propostos, poderiam ser arregimentados apenas os aprovados no concurso público, e o Estado-membro não sofreria a consequência de ter cerca de 2.500 agentes de segurança pública — ainda que admitidos sem concurso — colocados subitamente fora de serviço. A Ministra Cármen Lúcia, por sua vez, modulou os efeitos apenas para determinar que outras forças fossem convocadas — como as Forças Armadas, por exemplo — para suprir a carência de agentes de segurança no Estado-membro até o término da validade do concurso público em vigor, tendo em conta o risco potencial que significaria manter servidores de fato, com porte de arma, que saberiam do fim iminente de seu trabalho remunerado. O Ministro Marco Aurélio, por sua vez, não modulou os efeitos da decisão. Em seguida, o julgamento foi suspenso.
ADI 5163/GO, rel. Min. Luiz Fux, 26.3.2015. (ADI-5163)

Policiais temporários e princípio do concurso público - 5
Em conclusão de julgamento, o Plenário julgou procedente pedido formulado em ação direta para declarar a inconstitucionalidade da Lei 17.822/2012 do Estado de Goiás, que instituiu o Serviço de Interesse Militar Voluntário Estadual - SIMVE na Polícia Militar e no Corpo de Bombeiros Militar do Estado-Membro — v. Informativo 779. Quanto à inconstitucionalidade material da norma, o Colegiado assinalou que, anteriormente à edição da lei em comento, o governo estadual lançara concurso público de provas e títulos para provimento de cargos de policial militar, com a subsequente seleção de candidatos. A lei adversada, por sua vez — em vigor durante o prazo de validade do concurso —, a pretexto de ter fundamento de validade na Lei 4.735/1964 (Lei do Serviço Militar), instituiria uma classe de policiais temporários, cujos integrantes, após serem aprovados em seleção e em curso de formação, passariam a ocupar cargo de natureza policial militar. Esses temporários seriam remunerados por subsídio, sujeitos à legislação militar e às normas específicas da Polícia Militar e do Corpo de Bombeiros Militar estaduais. Intentara-se, assim, a realização de um corte de gastos relacionados com a segurança pública. Ao possibilitar que voluntários tivessem função de policiamento preventivo e repressivo, além de terem o direito de usar os uniformes, insígnias e emblemas utilizados pela corporação, com a designação "SV", recebendo subsídio, a lei objetivara criar policiais temporários, disfarçados sob a classificação de voluntários, para a execução de atividades militares, em detrimento da exigência constitucional de concurso público. O Colegiado sublinhou, ademais, que as Forças Armadas seriam instituições nacionais, regulares e permanentes (CF, art. 142), não admitida a existência de forças temporárias. Seus membros seriam chamados de "militares", termo também empregado constitucionalmente para designar policiais militares e bombeiros militares (CF, art. 42). Entretanto, não se poderia confundir os membros das Forças Armadas com os militares estaduais.

A Constituição vedaria que os Estados-Membros possuíssem Exército, Marinha e Aeronáutica. Todavia, admitiria que eles constituíssem polícias militarizadas para segurança interna e manutenção da ordem no território (CF, art. 144, § 5º). Assim, os militares estaduais seriam destinados à função de segurança pública, integrariam a estrutura do Poder Executivo estadual e não seguiriam o mesmo regime constitucional alusivo às Forças Armadas. Essa diferença também diria respeito à forma de ingresso na carreira. Enquanto a admissão nas Forças Armadas dar-se-ia tanto pela via compulsória do recrutamento oficial quanto pela via voluntária de ingresso nos cursos de formação, os servidores militares estaduais seriam submetidos, sempre voluntariamente, a concurso público. Com o advento da EC 18/1998, houvera a distinção entre servidores públicos civis e militares e, em relação a estes, distinguiram-se os dos Estados e do Distrito Federal e os das Forças Armadas. Daí o art. 42 da CF determinar a aplicação, aos militares estaduais, do art. 142, §§ 2º e 3º, e remeter à lei estadual a disciplina das matérias do art. 142, § 3º, X, da CF. Portanto, o constituinte não optara por excluir a obrigatoriedade do concurso público para ingresso na Polícia Militar e no Corpo de Bombeiros Militar. O seu objetivo original, ao estabelecer o postulado do concurso público, seria traduzido na necessidade essencial de o Estado conferir efetividade ao princípio constitucional da igualdade. Seria vedada, desse modo, a prática inaceitável de concessão de privilégios arbitrários.
ADI 5163/GO, rel. Min. Luiz Fux, 8.4.2015. (ADI-5163)

Policiais temporários e princípio do concurso público - 6
O Colegiado assinalou que o concurso público seria uma forma de a Administração assegurar os princípios maiores da isonomia e da impessoalidade na concorrência dos candidatos aos cargos públicos. Todos os Poderes estariam jungidos à observância do preceito, inclusive o Executivo estadual ao contratar policiais militares. Além disso, o constituinte previra expressamente exceções quanto à obrigatoriedade de concurso público. Assim, estabelecera genericamente a possibilidade de nomeação para cargo em comissão declarado em lei de livre nomeação e exoneração (CF, art. 37, II) e previra a contratação por tempo determinado para atender a necessidade temporária de excepcional interesse público (CF, art. 37, IX). Haveria outras exceções, como, por exemplo os cargos eletivos. Em todas as hipóteses, a base constitucional seria taxativa, e entre elas não estariam os policiais militares. Ademais, sequer a lei impugnada configuraria o permissivo do art. 37, IX, da CF. Não estariam presentes os requisitos e limites para esse tipo de contratação. A necessidade temporária de excepcional interesse público não dependeria de mera escolha discriminatória da Administração. Ela exigiria o atendimento de um fim próximo e a demonstração da impossibilidade de consecução desse fim com os recursos humanos de que disporia a Administração. Na situação dos autos, a lei em debate permitira a contratação de 2.400 policiais temporários, embora houvesse cerca de 1.400 concursados aprovados em cadastro reserva aguardando convocação. Além disso, no caso dos contratados em caráter temporário, tratar-se-ia de contratação para atividade previsível, permanente e ordinária. Assim, seria inconstitucional a lei que, a pretexto de satisfazer o art. 37, IX, da CF, não estabelecesse prazo determinado ou não especificasse a contingência fática que evidenciasse a situação emergencial.
ADI 5163/GO, rel. Min. Luiz Fux, 8.4.2015. (ADI-5163)

Policiais temporários e princípio do concurso público - 7
O Tribunal reputou que, no tocante à inconstitucionalidade formal, o diploma em questão violaria o art. 24 da CF, ao usurpar a competência da União para legislar sobre o tema. Aos Estados-Membros a Constituição permitiria o estabelecimento de regras ou disposições que permitissem a aplicação das diretrizes gerais e principiológicas impostas pela União. Nas hipóteses constitucionalmente previstas de competência legislativa concorrente entre União e Estados-membros, situação em que caberia à União estabelecer normas gerais e a estes normas suplementares, a única situação permissiva de exame de constitucionalidade em sede de fiscalização normativa abstrata seria aquela a configurar inconstitucionalidade direta, imediata e frontal. É o que ocorreria na espécie. A norma federal a cuidar do tema — Lei 10.029/2000 — fora editada para trazer os parâmetros de organização de serviço voluntário nas Polícias Militares e Corpos de Bombeiros Militares. Assim, a lei estadual deveria ser expungida no que divergisse ou inovasse em relação à lei federal. Esta, além de restringir o exercício do serviço militar voluntário a atividades administrativas e auxiliares, proibiria porte de arma de fogo e exercício de poder de polícia pelos voluntários, estabeleceria

auxílio mensal de caráter indenizatório não superior a dois salários mínimos e impossibilitaria a caracterização de vínculo empregatício e de natureza previdenciária pela prestação dos serviços voluntários. O contraste com a norma estadual seria, portanto, radical e insanável. Por fim, o Colegiado não modulou os efeitos da declaração de inconstitucionalidade, uma vez não atingido o número de votos necessário para tanto.
ADI 5163/GO, rel. Min. Luiz Fux, 8.4.2015. (ADI-5163) (Inform. STF 780)

ADI: contratação temporária e especificação de hipótese emergencial
Por não especificar, suficientemente, as hipóteses emergenciais que justificariam medidas de contratação excepcional (CF, art. 37, IX), o Plenário, por maioria, julgou procedente pedido formulado em ação direta para declarar a inconstitucionalidade da Lei 4.599/2005, do Estado do Rio Janeiro. A norma impugnada dispõe sobre a contração de pessoal por prazo determinado, pela administração pública direta, autárquica e fundacional naquela unidade federativa. A Corte ressaltou que a lei questionada indicaria a precarização na prestação de alguns tipos de serviços básicos, como educação e saúde pública, bem como demonstraria a falta de prioridade dos governos nessas áreas. Afirmou, ainda, que essa norma permitiria contratações de natureza política em detrimento da regra fundamental do concurso público. Vencidos, parcialmente, os Ministros Luiz Fux (relator) e Marco Aurélio, que apenas declaravam a inconstitucionalidade da expressão "considerando-se criados os cargos necessários à realização da atividade", contida no art. 3º da Lei Fluminense 4.599/2005 ("Art. 3º - Até o limite estabelecido no art. 2º desta Lei, a Administração Estadual providenciará abertura de concurso público, considerando-se criados os cargos necessários à realização da atividade, salvo se verificada dispensável a continuidade do serviço"). O relator conferia, também, interpretação conforme a Constituição para que as contratações temporárias a serem realizadas pelo Estado-membro fossem permitidas, apenas, para atender a comprovada necessidade temporária de excepcional interesse público nas funções legalmente previstas. Ademais, interpretava o art. 2º da impugnada no sentido de que os prazos lá previstos só alcançassem as hipóteses de contratação temporária não decorrente da vacância de cargo efetivo ["Art. 2º - As contratações, de que trata o art. 1º desta Lei, serão feitas por tempo determinado, até o prazo de 02 (dois) anos. Parágrafo único - É admitida a prorrogação do contratos pelo prazo máximo de até 01 (um) ano, desde que o prazo total seja de 03 (três) anos"]. Sublinhava que, quando a contratação ocorresse em virtude da vacância de cargo efetivo, ela não poderia ter duração superior a 12 meses. Em seguida, o Tribunal, por maioria, modulou os efeitos da declaração de inconstitucionalidade para preservar os contratos celebrados até a data da sessão de julgamento da ação direta. Consignou que os referidos contratos não poderiam exceder a 12 meses de duração. Os Ministros Luiz Fux (relator), Teori Zavascki, Rosa Weber, Cármen Lúcia, Ricardo Lewandowski, Gilmar Mendes e Celso de Mello, ante as circunstâncias especiais do caso — tendo em conta a realização da Copa do Mundo e de eleições neste ano —, estipulavam o prazo de 18 meses. No entanto, em virtude de não se ter alcançado o quórum de 2/3 dos membros da Corte, prevaleceu, para fins de modulação, o voto intermediário com a fixação do mencionado prazo de 12 meses para que fosse observado o disposto no art. 37, II, da CF. Vencido o Ministro Marco Aurélio, que não modula os efeitos.
ADI 3649/RJ, rel. Min. Luiz Fux, 28.5.2014. (ADI-3649) (Inform. STF 748)

Contratação temporária e serviços essenciais
Tendo em conta o que decidido nos autos do RE 658.026/MG (v. em Repercussão Geral), o Plenário proveu recurso extraordinário para declarar a inconstitucionalidade dos artigos 2º, 3º e 4º da LC 1.120/2003, do Município de Congonhal/MG. Os dispositivos tratam da contratação temporária, sem concurso público, de servidores municipais em diversas áreas de atuação. O Colegiado, ainda, por decisão majoritária, modulou os efeitos da decisão no tocante ao art. 2º, I, III e VIII, do aludido diploma ("Art. 2º - Considera-se necessidade temporária de excepcional interesse público a contratação de: I - médicos, dentistas, enfermeiros, técnicos em enfermagem, bioquímico, técnicos em RX, auxiliares de enfermagem e agentes comunitários de saúde, para atendimento no serviço de saúde; ... III - professores, para lecionar nas escolas municipais; ... VIII - técnicos para atender as necessidades do Plano Diretor de Erradicação do 'Aedes Aegypti' do Brasil - PEAs, elaborado pelo Governo Federal e Secretaria Municipal de Saúde"), para preservar os contratos firmados até a data do julgamento, os quais não poderiam ter duração superior a doze meses. O Tribunal destacou a importância dos cargos referidos, que priorizariam a saúde e a educação públicas na municipalidade. Vencido o Ministro Marco Aurélio, que não modula os efeitos da decisão.
RE 527109/MG, rel. Min. Cármen Lúcia, 9.4.2014. (RE-527109) (Inform. STF 742)

Contratação temporária de servidor público sem concurso - 1
É inconstitucional lei que institua hipóteses abrangentes e genéricas de contratações temporárias sem concurso público e tampouco especifique a contingência fática que evidencie situação de emergência. Essa a conclusão do Plenário ao prover, por maioria, recurso extraordinário no qual se discutia a constitucionalidade do art. 192, III, da Lei 509/1999, do Município de Bertópolis/MG ("Art. 192 - Consideram-se como necessidade temporária de excepcional interesse público as contratações que visem a: ... III - suprir necessidades de pessoal na área do magistério"). Prevaleceu o voto do Ministro Dias Toffoli (relator). Ponderou que seria indeclinável a observância do postulado constitucional do concurso público (CF, art. 37, II). Lembrou que as exceções a essa regra somente seriam admissíveis nos termos da Constituição, sob pena de nulidade. Citou o Enunciado 685 da Súmula do STF ("É inconstitucional toda modalidade de provimento que propicie ao servidor investir-se, sem prévia aprovação em concurso público destinado ao seu provimento, em cargo que não integra a carreira na qual anteriormente investido"). Apontou que as duas principais exceções à regra do concurso público seriam referentes aos cargos em comissão e à contratação de pessoal por tempo determinado para atender a necessidade temporária de excepcional interesse público (CF, art. 37, II, "in fine", e IX, respectivamente). Destacou que, nesta última hipótese, deveriam ser atendidas as seguintes condições: a) previsão legal dos cargos; b) tempo determinado; c) necessidade temporária de interesse público; e d) interesse público excepcional. Afirmou que o art. 37, IX, da CF deveria ser interpretado restritivamente, de modo que a lei que excepcionasse a regra de obrigatoriedade do concurso público não poderia ser genérica, como no caso. Frisou que a existência de meios ordinários, por parte da Administração, para atender aos ditames do interesse público, ainda que em situação de urgência e de temporariedade, obstaria a contratação temporária. Além disso, sublinhou que a justificativa de a contratação de pessoal buscar suprir deficiências na área de educação, ou de apenas ser utilizada para preencher cargos vagos, não afastaria a inconstitucionalidade da norma. No ponto, asseverou que a lei municipal regulara a contratação temporária de profissionais para realização de atividade essencial e permanente, sem que fossem descritas as situações excepcionais e transitórias que fundamentassem esse ato, como calamidades e exonerações em massa, por exemplo.

Contratação temporária de servidor público sem concurso - 2
O Ministro Teori Zavascki corroborou o caráter genérico da norma ao autorizar a dispensa de concurso público para suprir necessidade de contratação na área de magistério, e realçou que remanesceria a possibilidade de a Administração contratar dessa forma, desde que justificadamente, o que não seria o caso. O Ministro Marco Aurélio aduziu que a Constituição Estadual proibiria esse tipo de contratação genérica, no tocante ao magistério. Vencido, em parte, o Ministro Roberto Barroso, que dava parcial provimento ao recurso para conferir interpretação conforme a Constituição à norma adversada, no sentido de que as contratações temporárias referidas somente pudessem ocorrer no prazo de doze meses, contados do encerramento do último concurso destinado a preencher os cargos cujas atribuições devessem ser exercidas excepcionalmente por contratados temporários. Ressaltava que, na área do magistério, deveria haver a possibilidade de reposição temporária de profissionais, sob pena de se deixar alunos sem assistência durante determinado período. Em seguida, o Colegiado deliberou, por decisão majoritária, modular os efeitos da decisão, no sentido de manter os contratos firmados até a data do julgamento. Observou, entretanto, que a duração desses contratos não poderia ultrapassar doze meses, nos termos do art. 192, § 1º, II, da referida lei municipal. Além disso, vedou a contratação realizada nos termos do art. 193 do mesmo diploma. Destacou, ainda, que a modulação atingiria apenas os contratos que não fossem nulos por outro motivo além do discutido no recurso. Vencido o Ministro Marco Aurélio, que não modula os efeitos da decisão.
RE 658026/MG, rel. Min. Dias Toffoli, 9.4.2014. (RE-658026) (Inform. STF 742)

ADI: contratação temporária de professor - 1
O Plenário, por maioria, julgou parcialmente procedente pedido formulado em ação direta, proposta contra o art. 2º, VII, da Lei 6.915/1997, do Estado do Maranhão. Conferiu interpretação conforme a Constituição, de modo a permitir contratações temporárias pelo prazo máximo de 12 meses, contados do último concurso realizado para a investidura de professores. A norma impugnada disciplina a contração temporária de professores ["Art. 1º Para

6. DIREITO ADMINISTRATIVO

atender a necessidade temporária de excepcional interesse público, os órgãos da administração direta, as autarquias e as fundações públicas poderão efetuar contratação de pessoal por tempo determinado, nas condições e prazos previstos nesta Lei. Art. 2º Considera-se necessidade temporária de excepcional interesse público: (...) VII – admissão de professores para o ensino fundamental, ensino especial, ensino médio e instrutores para oficinas pedagógicas e profissionalizantes, desde que não existam candidatos aprovados em concurso público e devidamente habilitados"]. A Corte concluiu que a natureza da atividade pública a ser exercida, se eventual ou permanente, não seria o elemento preponderante para legitimar a forma excepcional de contratação de servidor. Afirmou que seria determinante para a aferição da constitucionalidade de lei, a transitoriedade da necessidade de contratação e a excepcionalidade do interesse público a justificá-la. Aludiu que seria possível haver situações em que o interesse fosse excepcional no sentido de fugir ao ordinário, hipóteses nas quais se teria condição social a demandar uma prestação excepcional, inédita, normalmente imprevista. Citou o exemplo de uma contingência epidêmica, na qual a necessidade de médicos em determinada região, especialistas em uma moléstia específica, permitiria a contratação de tantos médicos quantos fossem necessários para solucionar aquela demanda. Sublinhou que a natureza permanente de certas atividades públicas — como as desenvolvidas nas áreas de saúde, educação e segurança pública — não afastaria, de plano, a autorização constitucional para contratar servidores destinados a suprir uma demanda eventual ou passageira. Mencionou que seria essa necessidade circunstancial, agregada ao excepcional interesse público na prestação do serviço, o que autorizaria a contratação nos moldes do art. 37, IX, da CF.

ADI: Contratação temporária de professor - 2
O Tribunal enfatizou que a citada lei maranhense explicitaria de modo suficiente as situações que caracterizariam a possibilidade de contratação temporária. Além disso, definiria o tempo de duração e vedaria prorrogação. Reputou que a autorização contida na norma questionada teria respaldo no art. 37, IX, da CF, e não representaria contrariedade ao art. 37, II, da CF. Ponderou que eventual inconstitucionalidade, se existisse, decorreria de interpretação desarrazoada que levaria ao desvirtuamento da norma, ao aplicá-la a casos desprovidos de excepcionalidade e que representassem necessidade de contratação duradoura. Esse fato subverteria a regra geral do concurso público como forma de acesso ao cargo público. Assinalou que a manutenção da norma impugnada no ordenamento jurídico não autorizaria o Estado do Maranhão a abandonar as atividades de planejamento, tampouco o desobrigaria de adequar seu quadro de professores efetivos à demanda de ensino. Pontuou que os termos do art. 2º, VII, da norma impugnada mereceriam interpretação conforme a Constituição, apenas para que a literalidade da norma não servisse a uma pretensa escolha do administrador entre a realização de concurso e as contratações temporárias. Ressaltou que a inexistência de "candidatos aprovados em concurso público e devidamente habilitados" pressuporia, por óbvio, a realização de um concurso público que, no entanto, não lograra satisfazer o quantitativo de vagas. Consignou que estaria caracterizada a necessidade de contratação temporária apenas dentro do lapso de 12 meses do encerramento do último concurso destinado a preencher vagas para essa finalidade. Fora dessa hipótese, haveria, em verdade, descumprimento da obrigação constitucional do Estado de realizar concursos públicos para preenchimento das vagas e formação de cadastro de reserva para atividades de caráter permanente. Vencidos, em parte, os Ministros Marco Aurélio e Joaquim Barbosa (Presidente), que julgavam totalmente procedente o pedido, para declarar a inconstitucionalidade do referido preceito legal. Pontuavam que o inciso IX do art. 37 da CF, por ser exceção à regra do *caput* do art. 37, deveria ser interpretado restritivamente. Observavam que a cláusula final do inciso VII do art. 2º da aludida lei, no que versa uma condição — "desde que não existam candidatos aprovados em concurso público e devidamente habilitados" —, já sinalizaria que não se trataria de situação jurídica enquadrável no inciso IX do art. 37 da CF.
ADI 3247/MA, rel. Min. Cármen Lúcia, 26.3.2014. (ADI-3247) (Inform. STF 740)

ADI: contratações por tempo determinado - 1
Em conclusão de julgamento, o Plenário julgou procedente, em parte, pedido formulado em ação direta para declarar a inconstitucionalidade das contratações por tempo determinado autorizadas para atender as atividades finalísticas do Hospital das Forças Armadas - HFA e aquelas desenvolvidas no âmbito dos projetos do Sistema de Vigilância da Amazônia - SIVAM e do Sistema de Proteção da Amazônia – SIPAM, previstas no art. 2º, VI, d

e g, da Lei 8.745/1993, com as alterações da Lei 9.849/1999. O Colegiado asseverou que a previsão de regulamentação contida no art. 37, IX, da CF ("A lei estabelecerá os casos de contratação por tempo determinado para atender a necessidade temporária de excepcional interesse público") criaria mecanismo de flexibilidade limitada para viabilizar a organização da Administração. Consignou que, além da limitação formal decorrente da exigência de lei, haveria limitação material, pela exigência cumulativa na discriminação de cada hipótese autorizadora da contratação temporária, quanto ao tempo determinado e à necessidade temporária de excepcional interesse público. Destacou que essas restrições contidas na Constituição vedariam ao legislador a edição de normas que permitissem burlas ao concurso público. Assinalou que, não obstante situações de nítida inconstitucionalidade, haveria margem admissível de gradações na definição do excepcional interesse público. Ponderou que o art. 4º da Lei 8.745/1993, ao fixar prazo máximo para a contratação, teria observado a primeira parte do inciso IX do art. 37 da Constituição. Quanto às contratações temporárias para o exercício de atividades finalísticas no âmbito do HFA, o Tribunal aduziu que a nota técnica do Ministério do Planejamento, Orçamento e Gestão, a justificar esse procedimento, não pareceria satisfatória a ponto de fundamentar essa medida. Pontuou que a alegada carência de recursos humanos no Poder Executivo e a indefinição jurídica resultante da inviabilidade atual de contratações por tempo determinado resultante da decisão desta Corte no julgamento da ADI 2.135 MC/DF (DJe de 7.3.2008), ADI 2.315/DF (DJU de 15.12.2004) e da ADI 2.310/DF (DJU de 15.12.2004) não seriam argumentos suficientes a embasar a excessiva abrangência da norma atacada. Enfatizou não desconhecer a perturbação, que logo ao parcial, que eventual anulação dos contratos temporários provocaria nos serviços do HFA. Registrou que o art. 4º, II, da Lei 8.745/1993 estipularia o prazo máximo de contratação temporária fixado em um ano para as situações descritas na alínea d do inciso VI do art. 2º dessa norma. Assim, a Corte determinou que a declaração de inconstitucionalidade quanto às contratações pelo HFA passaria a ter efeito a partir de um ano após a publicação, no Diário Oficial da União, de sua decisão final. Esclareceu, ainda, que seriam permitidas as prorrogações a que se refere o parágrafo único do art. 4º da referida lei, nos casos de vencimento do contrato em período posterior ao término do julgamento, para a continuação dos contratos até o início dos efeitos dessa decisão.

ADI: contratações por tempo determinado - 2
Ao declarar a inconstitucionalidade das contratações por tempo determinado desenvolvidas no âmbito dos projetos do SIVAM e do SIPAM, previstas no art. 2º, VI, g, da Lei 8.745/1993, com as alterações da Lei 9.849/1999, o Tribunal frisou que, embora as notas técnicas do Ministério do Planejamento mencionassem que esses projetos teriam prazo definido para implementação e entrada em funcionamento, nos termos do Decreto 4.200/2002, essa norma não conteria limitação específica a indicar a transitoriedade das contratações. Salientou que seria necessário que a própria lei estipulasse metas e cronograma para justificar a situação excepcional. Considerou que a generalidade da lei questionada sugeriria a permanência das contratações temporárias. Limitou os efeitos da declaração de inconstitucionalidade, no tocante ao art. 2º, VI, g, da Lei 8.745/1993, para que ocorressem após quatro anos da publicação da decisão final da ação direta no Diário Oficial da União. Por fim, o Pleno julgou improcedente o pedido quanto à declaração de inconstitucionalidade do inciso IV do art. 2º da Lei 8.745/1993, referente à contratação temporária para atividades letivas. Sinalizou que o Ministério da Educação teria demonstrado que as limitações trazidas pela lei 8.745/1993, em seu art. 2º, § 1º, seriam aptas a preservar o concurso público como regra. Mencionou as dificuldades apontadas por aquele Ministério nas contratações por concurso público para cargos efetivos, a envolver procedimentos cuja demanda de tempo poderia gerar danos irreversíveis do ponto de vista pedagógico. Não obstante mantida a norma, quanto aos professores temporários, concluiu que essas problemáticas não poderiam driblar a regra do concurso público. **ADI 3237/DF, rel. Min. Joaquim Barbosa, 26.3.2014. (ADI-3237) (Inform. STF 740)**

DIREITO ADMINISTRATIVO. CONTRATAÇÃO TEMPORÁRIA DE SERVIDOR PÚBLICO PARA ATIVIDADES DE CARÁTER PERMANENTE.
Ainda que para o exercício de atividades permanentes do órgão ou entidade, admite-se a contratação por tempo determinado para atender a necessidade temporária de excepcional interesse público (arts. 37, IX, da CF e 2º da Lei 8.745/1993) - qual seja, o crescente número de demandas e o elevado passivo de procedimentos administrativos parados junto ao órgão, que se encontra com o quadro de pessoal efetivo completo, enquanto pendente

de análise no Congresso Nacional projeto de lei para a criação de vagas adicionais. O art. 37, IX, da CF dispõe que "a lei estabelecerá os casos de contratação por tempo determinado para atender a necessidade temporária de excepcional interesse público". Por sua vez, a Lei 8.745/1993, ao regulamentar o referido dispositivo, estabelece, em seu art. 2º, VI, "i", que "Considera-se necessidade temporária de excepcional interesse público: [...] atividades: [...] técnicas especializadas necessárias à implantação de órgãos ou entidades ou de novas atribuições definidas para organizações existentes ou as decorrentes de aumento transitório no volume de trabalho que não possam ser atendidas mediante a aplicação do art. 74 da Lei nº 8.112, de 11 de dezembro de 1990". Soma-se a isso o fato de que o STF já emitiu entendimento de que a CF autoriza contratações de servidores, sem concurso público, quer para o desempenho das atividades de caráter eventual, temporário ou excepcional, quer para o desempenho das atividades de caráter regular e permanente, desde que indispensáveis ao atendimento de necessidade temporária de excepcional interesse público. No caso ora em análise, observa-se o crescente número de demandas e o enorme passivo de procedimentos administrativos parados junto ao órgão, cujos atos de impulso não poderiam se dar, simplesmente, por meio de serviço extraordinário. Ademais, além de os temporários contratados estarem vinculados a uma demanda transitória e pontual, pautada no excesso do volume de trabalho em diversas áreas, é certo que a espera pela eventual realização do certame público poderá acarretar sérios prejuízos tanto ao erário como para a sociedade. Não restam dúvidas, portanto, que os fatos que justificam a contratação temporária (acúmulo do serviço) não está a violar a regra constitucional do concurso público, até mesmo porque se aguarda a tramitação no Congresso Nacional de projetos para criação de vagas adicionais. Precedentes citados do STF: ADI 3.247-MA, Tribunal Pleno, DJe 18/8/2014; ADI 3.386-DF, Tribunal Pleno, DJe 24/8/2011; e ADI 3.068-AM, Tribunal Pleno, DJ 24/2/2006. **MS 20.335-DF, Rel. Min. Benedito Gonçalves, julgado em 22/4/2015, DJe 29/4/2015 (Inform. STJ 560).**

DIREITO ADMINISTRATIVO. CONTRATAÇÃO TEMPORÁRIA DE SERVIDOR QUE JÁ POSSUIU CONTRATO COM ÓRGÃO DIVERSO. É possível nova contratação temporária, também com fundamento na Lei 8.745/1993, precedida por processo seletivo equiparável a concurso público, para outra função pública e para órgão sem relação de dependência com aquele para o qual fora contratado anteriormente, ainda que a nova contratação tenha ocorrido em período inferior a 24 meses do encerramento do contrato temporário anterior. De fato, a vedação prevista no art. 9º, III, da Lei 8.745/1993, que proíbe nova contratação temporária do servidor antes de decorridos 24 meses do encerramento do contrato anterior celebrado com apoio na mesma lei, deve ser interpretada restritivamente, de acordo com a finalidade para qual foi criada, ou seja, impedir a continuidade do servidor temporário no exercício de funções públicas permanentes, em burla ao princípio constitucional que estabelece o concurso público como regra para a investidura em cargos públicos. Nesse sentido, na hipótese de contratação de servidor temporário para outra função pública, para outro órgão, sem relação de dependência com aquele para o qual fora contratado anteriormente, precedida por processo seletivo equiparável a concurso público, não se aplica a vedação do art. 9º, III, da Lei 8.745/1993, por referir-se a cargo distinto do que foi ocupado anteriormente. Assim, não deve incidir a referida restrição que, além de não estar abrangida no escopo da lei, implicaria ofensa ao princípio constitucional da igualdade de acesso aos cargos, funções e empregos públicos e da escolha do mais capacitado. Ademais, a elaboração de processo seletivo com características essenciais dos concursos públicos (publicidade, ampla concorrência e provas eliminatórias e classificatórias), diferenciando-se apenas pelo fato de que não concorriam a cargo público efetivo, mas mera contratação temporária, afasta a existência de motivo idôneo a justificar a não contratação do servidor. Precedente citado: REsp 503.823-MG, Quinta Turma, DJ 17/12/2007. **REsp 1.433.037-DF, Rel. Min. Humberto Martins, julgado em 25/2/2014. (Inform. STJ 540)**

5.3. Estágio probatório, estabilidade, vitaliciedade e vacância

Art. 19 do ADCT e fundação pública de natureza privada - 1
O Plenário iniciou julgamento de recurso extraordinário em que se discute a extensão a empregados de fundação pública de direito privado, da estabilidade prevista no art. 19 do ADCT ("Os servidores públicos civis da União, dos Estados, do Distrito Federal e dos Municípios, da administração direta, autárquica e das fundações públicas, em exercício na data da promulgação da Constituição, há pelo menos cinco anos continuados, e que não tenham sido admitidos na forma regulada no art. 37, da Constituição, são considerados estáveis no serviço público"). No caso, o recorrido ingressara na fundação em 1981 e se aposentara espontaneamente em 1995, sem quebra de continuidade do vínculo jurídico, já que continuara trabalhando até 2005, quando fora demitido sem justa causa. Em virtude disso, pleiteara a reintegração, negada pelo juízo e também pelo tribunal regional sob o fundamento de que a aposentadoria espontânea extinguiria o contrato de trabalho. Na sequência, o TST provera recurso de revista para reconhecer a não extinção do referido contrato, além da estabilidade prevista no art. 19 do ADCT. O Ministro Dias Toffoli (relator) deu provimento ao recurso extraordinário para reconhecer a legalidade da demissão sem justa causa e afastar a decisão que determinara a reintegração do recorrido. Rememorou a jurisprudência do STF no sentido de que a aposentadoria espontânea somente daria causa à extinção do contrato de trabalho se ocorresse o encerramento da relação empregatícia. Constatou que o acórdão recorrido estaria, nesse ponto, de acordo com a orientação jurisprudencial da Corte. Observou que os objetivos institucionais da entidade — exploração de atividades de rádio e televisão com objetivos educacionais e culturais — revelaria que ela não exerceria atividade estatal típica. Notou que, tanto no atual regime constitucional como no anterior, a exploração dos serviços de telecomunicação pelo Estado poderia se dar diretamente ou por meio de concessão pública. Frisou que, apesar da alta relevância social da fundação, não se poderia caracterizá-la como serviço público próprio por não implicar exercício de poder de polícia, tendente à limitação das liberdades dos cidadãos. Por conseguinte, seria plenamente viável a instituição de fundação de natureza privada para a exploração de parte desse complexo comunicacional, na área de rádio e televisão. Sublinhou que a referida fundação se sujeitaria ao regime de direito privado, cuja conformação se assemelharia mais à das empresas públicas e das sociedades de economia mista, do que à das autarquias. Ressaltou que não teria sido por outra razão que a lei autorizara a sua instituição e definira o regime de pessoal como celetista.

Art. 19 do ADCT e fundação pública de natureza privada - 2
O Ministro Dias Toffoli aduziu que a efetividade seria atributo do cargo, enquanto a estabilidade seria a aderência no serviço público quando houvesse o preenchimento de determinadas condições fixadas em lei. Destacou que, na aplicação do art. 19 do ADCT, o servidor público, quando preenchidas as condições fixadas no dispositivo, seria estável, mas não efetivo, ou seja, teria o direito de permanecer no serviço público, no cargo em que fora admitido, mas não seria incorporado à carreira, não teria direito à progressão funcional nem tampouco aos mesmos benefícios dos integrantes da carreira. Consignou que, em relação às empresas públicas e às sociedades de economia mista, o STF teria afastado a possibilidade de reconhecimento da estabilidade especial. Enfatizou que a estabilidade especial do art. 19 do ADCT não se harmonizaria com os direitos e deveres previstos na legislação trabalhista, em especial, com o regime de proteção definido pelo FGTS, consagrado no art. 7º, III, da CF. Reputou que o art. 19 do ADCT só se aplicaria aos servidores públicos, isto é, servidores de pessoas jurídicas de direito público. Essa dedução seria corroborada pelo fato de não haver uma única menção nos autos de que a fundação recorrente tivesse, após a Constituição, realizado a transformação dos empregos em cargos públicos, ocupados automaticamente pelos antigos servidores celetistas, até porque essa mutação seria imprescindível para a devida adequação do quadro de pessoal da fundação ao disposto no art. 39 da CF. Concluiu que, como o recorrido não se beneficiara dessa estabilidade, seria possível sua demissão sem justa causa, sem incorrer em afronta ao art. 7º, I, da CF. Em seguida, pediu vista a Ministra Rosa Weber.
RE 716378/SP, rel. Min. Dias Toffoli, 1º.10.2014. (RE-716378) (Inform. STF 761)

ADI e estabilidade de servidor público
O Plenário confirmou medida cautelar (noticiada no Informativo 137) e julgou procedente pedido formulado em ação direta para declarar a inconstitucionalidade do art. 6º do ADCT da Constituição do Estado do Amazonas, que confere estabilidade aos empregados de empresas públicas, sociedades de economia mista e demais entidades de direito privado sob o controle de estados-membros e municípios. O Tribunal reputou não ser possível à Constituição estadual estender as hipóteses contempladas pelo art. 19 do ADCT da Constituição Federal, que concedera estabilidade no serviço público apenas aos servidores da administração direta, autárquica e de fundações públicas. **ADI 1808/AM, rel. Min. Gilmar Mendes, 18.9.2014. (ADI-1808) (Inform. STF 759)**

6. DIREITO ADMINISTRATIVO

ECT: despedida de empregado e motivação - 7

Servidores de empresas públicas e sociedades de economia mista, admitidos por concurso público, não gozam da estabilidade preconizada no art. 41da CF, mas sua demissão deve ser sempre motivada. Essa a conclusão do Plenário ao, por maioria, prover parcialmente recurso extraordinário interposto pela Empresa Brasileira de Correios e Telégrafos - ECT contra acórdão do TST em que discutido se a recorrente teria o dever de motivar formalmente o ato de dispensa de seus empregados. Na espécie, o TST reputara inválida a despedida de empregado da recorrente, ao fundamento de que "a validade do ato de despedida do empregado da ECT está condicionada à motivação, visto que a empresa goza das garantias atribuídas à Fazenda Pública" — v. Informativo 576.

ECT: despedida de empregado e motivação - 8

Preliminarmente, rejeitou-se questão de ordem, formulada da tribuna, no sentido de que o feito fosse julgado em conjunto com o RE 655283/DF, com repercussão geral reconhecida, uma vez que este trataria de despedida motivada em razão da aposentadoria do empregado — tema que se confundiria com o ora em apreço, motivo pelo qual haveria suposta vinculação entre os casos. Reputou-se que as situações seriam, na verdade, distintas. Ademais, reconhecida a repercussão geral naquele extraordinário, não haveria prejuízo. No mérito, prevaleceu o voto do Min. Ricardo Lewandowski, relator. Salientou que, relativamente ao debate sobre a equiparação da ECT à Fazenda Pública, a Corte, no julgamento da ADPF 46/DF (DJe de 26.2.2010), confirmara o seu caráter de prestadora de serviços públicos, e declarara recepcionada, pela ordem constitucional vigente, a Lei 6.538/78, que instituiu o monopólio das atividades postais, excluídos do conceito de serviço postal apenas a entrega de encomendas e impressos. Asseverou, em passo seguinte, que o dever de motivar o ato de despedida de empregados estatais, admitidos por concurso, aplicar-se-ia não apenas à ECT, mas a todas as empresas públicas e sociedades de economia mista que prestariam serviços públicos, em razão de não estarem alcançadas pelas disposições do art. 173, § 1º, da CF, na linha de precedentes do Tribunal.

ECT: despedida de empregado e motivação - 9

Observou que, embora a rigor, as denominadas empresas estatais ostentassem natureza jurídica de direito privado, elas se submeteriam a regime híbrido, ou seja, sujeitar-se-iam a um conjunto de limitações que teriam por escopo a realização do interesse público. Assim, no caso dessas entidades, dar-se-ia derrogação parcial das normas de direito privado em favor de certas regras de direito público. Citou como exemplo dessas restrições, as quais seriam derivadas da própria Constituição, a submissão dos servidores dessas empresas ao teto remuneratório, a proibição de acumulação de cargos, empregos e funções, e a exigência de concurso para ingresso em seus quadros. Ressaltou que o fato de a CLT não prever realização de concurso para a contratação de pessoal destinado a integrar o quadro de empregados das referidas empresas significaria existir mitigação do ordenamento jurídico trabalhista, o qual se substituiria, no ponto, por normas de direito público, tendo em conta essas entidades integrarem a Administração Pública indireta, sujeitando-se, por isso, aos princípios contemplados no art. 37 da CF. Rejeitou, por conseguinte, a assertiva de ser integralmente aplicável aos empregados da recorrente o regime celetista no que diz respeito à demissão.

ECT: despedida de empregado e motivação - 10

Afirmou que o objetivo maior da admissão de empregados das estatais por meio de certame público seria garantir a primazia dos princípios da isonomia e da impessoalidade, a impedir escolhas de índole pessoal ou de caráter puramente subjetivo no processo de contratação. Ponderou que a motivação do ato de dispensa, na mesma linha de argumentação, teria por objetivo resguardar o empregado de eventual quebra do postulado da impessoalidade por parte do agente estatal investido do poder de demitir, razão pela qual se imporia, na situação, que a despedida fosse não só motivada, mas também precedida de procedimento formal, assegurado ao empregado o direito ao contraditório e à ampla defesa. Rejeitou, ainda, o argumento de que se estaria a conferir a esses empregados a estabilidade prevista no art. 41 da CF, haja vista que a garantia não alcançaria os empregados de empresas públicas e sociedades de economia mista, nos termos de orientação já fixada pelo Supremo, que teria ressalvado, apenas, a situação dos empregados públicos aprovados em concurso público antes da EC 19/98.

ECT: despedida de empregado e motivação - 11

Aduziu que o paralelismo entre os procedimentos para a admissão e o desligamento dos empregados públicos estaria, da mesma forma, indissociavelmente ligado à observância do princípio da razoabilidade, porquanto não se vedaria aos agentes do Estado apenas a prática de arbitrariedades, contudo se imporia ademais o dever de agir com ponderação, decidir com justiça e, sobretudo, atuar com racionalidade. Assim, a obrigação de motivar os atos decorreria não só das razões acima explicitadas como também, e especialmente, do fato de os agentes estatais lidarem com a res publica, tendo em vista o capital das empresas estatais — integral, majoritária ou mesmo parcialmente — pertencer ao Estado, isto é, a todos os cidadãos. Esse dever, além disso, estaria ligado à própria ideia de Estado Democrático de Direito, no qual a legitimidade de todas as decisões administrativas teria como pressuposto a possibilidade de que seus destinatários as compreendessem e o de que pudessem, caso quisessem, contestá-las. No regime político que essa forma de Estado consubstanciaria, impenderia demonstrar não apenas que a Administração, ao agir, visara ao interesse público, mas também que agira legal e imparcialmente. Mencionou, no ponto, o disposto no art. 50 da Lei 9.784/99, a reger o processo administrativo no âmbito da Administração Pública Federal ("Art. 50. Os atos administrativos deverão ser motivados, com indicação dos fatos e dos fundamentos jurídicos, quando: I - neguem, limitem ou afetem direitos ou interesses; ... § 1º A motivação deve ser explícita, clara e congruente, podendo consistir em declaração de concordância com fundamentos de anteriores pareceres, informações, decisões ou propostas, que, neste caso, serão parte integrante do ato"). Salientou que, na hipótese de motivação dos atos demissórios das estatais, não se estaria a falar de uma justificativa qualquer, simplesmente pro forma, mas de uma que deixasse clara tanto sua legalidade extrínseca quanto sua validade material intrínseca, sempre à luz do ordenamento legal em vigor. Destarte, sublinhou não se haver de confundir a garantia da estabilidade com o dever de motivar os atos de dispensa, nem de imaginar que, com isso, os empregados teriam "dupla garantia" contra a dispensa imotivada, visto que, concretizada a demissão, eles teriam direito, apenas, às verbas rescisórias previstas na legislação trabalhista.

ECT: despedida de empregado e motivação - 12

Ao frisar a equiparação da demissão a ato administrativo, repeliu a alegação de que a dispensa praticada pela ECT prescindiria de motivação, por configurar ato inteiramente discricionário e não vinculado, e que a empresa teria plena liberdade de escolha no que se refere ao seu conteúdo, destinatário, modo de realização e, ainda, à sua conveniência e oportunidade. Justificou que a natureza vinculada ou discricionária do ato administrativo seria irrelevante para a obrigatoriedade da motivação da decisão. Além disso, o que configuraria a exigibilidade da motivação no caso concreto não seria a discussão sobre o espaço para o emprego de juízo de oportunidade pela Administração, mas o conteúdo da decisão e os valores que ela envolveria. Por fim, reiterou que o entendimento ora exposto decorreria da aplicação, à espécie, dos princípios inscritos no art. 37 da CF, notadamente os relativos à impessoalidade e isonomia, cujo escopo seria o de evitar o favorecimento e a perseguição de empregados públicos, seja em sua contratação, seja em seu desligamento.

ECT: despedida de empregado e motivação - 13

O Min. Teori Zavascki destacou que a espécie seria de provimento parcial do extraordinário, e não desprovimento, conforme o Relator teria explicitado na parte dispositiva de seu voto, proferido em assentada anterior. Sucede que a Corte estaria a afastar a estabilidade, nos termos do art. 41 da CF, mas também a exigir demissão motivada. Por outro lado, negar provimento ao recurso significaria manter o acórdão recorrido, que sufragaria a estabilidade. No ponto, o relator reajustou seu voto. Vencidos, parcialmente, os Ministros Eros Grau, que negava provimento ao recurso, e Marco Aurélio, que o provia. O Min. Marco Aurélio aduzia que o contrato de trabalho, na espécie, seria de direito privado e regido pela CLT. Não se poderia falar em terceiro e novo sistema. Isso seria corroborado pelo art. 173, II, da CF, a firmar sujeição ao regime jurídico próprio das empresas privadas, já que a ECT prestaria atividade econômica. Ao fim, rejeitou-se questão de ordem, suscitada da Tribuna, no sentido de que os efeitos da decisão fossem modulados. Deliberou-se que o tema poderia ser oportunamente aventado em sede de embargos de declaração. **RE 589998/PI, rel. Min. Ricardo Lewandowski, 20.3.2013. (RE-589998) (Inform. STF 699)**

VADE MECUM DE JURISPRUDÊNCIA – STF/STJ

📄 Súmula STF nº 47

Reitor de universidade não é livremente demissível pelo presidente da república durante o prazo de sua investidura.

📄 Súmula STJ nº 346

É vedada aos militares temporários, para aquisição de estabilidade, a contagem em dobro de férias e licenças não gozadas.

5.4. Remuneração

AG. REG. NO ARE N. 825.531-CE

REDATOR P/ O ACÓRDÃO: MIN. DIAS TOFFOLI

EMENTA: Agravo regimental no recurso extraordinário com agravo. Constitucional e administrativo. Servidor público. Pretensão de manutenção de vantagem remuneratória adquirida no exercício de cargo de carreira diversa. Impossibilidade. Precedentes.
1. A pretensão do ora agravado era a manutenção de vantagem remuneratória adquirida no exercício de cargo público no Judiciário estadual e a transposição dessa vantagem funcional para o cargo atualmente exercido na Justiça Federal.
2. O Supremo Tribunal Federal no julgamento de mérito do recurso extraordinário nº 587.371/DF-RG, Relator o Ministro **Teori Zavascki**, DJe de 24/6/14, cuja repercussão geral havia sido reconhecida, assentou a impossibilidade de as vantagens remuneratórias adquiridas no exercício de determinado cargo público serem transportadas para outro cargo pertencente a carreira e regime jurídico distintos para o qual o agente público venha a ser nomeado posteriormente.
3. No referido julgamento, consignou o relator que "**as vantagens remuneratórias adquiridas no exercício de determinado cargo público não autoriza o seu titular, quando extinta a correspondente relação funcional, a transportá-las para o âmbito de outro cargo, pertencente a carreira e regime jurídico distintos, criando, assim, um direito de *tertium genus*, composto das vantagens de dois regimes diferentes**".
4. Agravo regimental provido para que se conheça do agravo e se dê provimento ao recurso extraordinário interposto pela União, julgando-se, por conseguinte, improcedente a ação proposta pelo ora agravado, com a ressalva de preservação dos valores eventualmente já recebidos, em respeito ao princípio da boa-fé. **(Inform. STF 810)**

Adicional por tempo de serviço: coisa julgada e art. 17 do ADCT - 2

Não há garantia à continuidade de recebimento de adicionais por tempo de serviço em percentual superior àquele previsto em legislação posterior sob o fundamento de direito adquirido. Com base nessa orientação, o Plenário, em conclusão de julgamento e por maioria, denegou a segurança no tocante a percepção dos referidos adicionais. No caso, os impetrantes pretendiam restabelecer, sob a alegação de ofensa à coisa julgada e ao direito adquirido, a percepção da parcela relativa ao adicional por tempo de serviço, suprimida de seus proventos pelo TCU com base no art. 17 do ADCT ("Os vencimentos, a remuneração, as vantagens e os adicionais, bem como os proventos de aposentadoria que estejam sendo percebidos em desacordo com a Constituição serão imediatamente reduzidos aos limites dela decorrentes, não se admitindo, neste caso, invocação de direito adquirido ou percepção de excesso a qualquer título") — v. Informativo 403. O Colegiado entendeu que, a partir da vigência da Lei 6.035/1974, seria incabível a pretensão dos impetrantes no sentido de manter a sistemática de aquisição de adicionais por tempo de serviço prevista na Lei 4.097/1962. Nesse ponto, a perpetuação do direito a adicionais, na forma estabelecida em lei revogada, implicaria, na situação dos autos, na possibilidade de aquisição de direitos com base em regras abstratas decorrentes de sistema remuneratório já não mais em vigor, em clara afronta ao princípio da legalidade. Quanto a esse tema, a jurisprudência da Corte teria se consolidado no sentido de não haver direito adquirido a regime jurídico. Ademais, no julgamento do RE 146.331 EDiv/SP, DJU de 20.4.2007, — no qual se discutiu a legitimidade da cumulação de adicionais sob o mesmo fundamento, o chamado "efeito cascata" ou "repique", com base em decisão judicial proferida antes do advento da Constituição de 1988 —, o Plenário decidiu que a coisa julgada não estaria a salvo da incidência do disposto no art. 17 do ADCT. Esse entendimento teria sido ratificado no exame do RE 600.658/PE (DJe 16.6.2011), com repercussão geral. Vencidos os Ministros Eros Grau (relator) e Ricardo Lewandowski (Presidente), que concediam a ordem. O relator entendia que o ato impugnado afrontaria o art. 5º, XXXVI, da CF, haja vista que o adicional em questão fora garantido aos impetrantes por sentença com trânsito em julgado. Para o Presidente,

o art. 17 do ADCT vedava, na realidade, o denominado repique ou efeito cascata no cálculo de vantagens pessoais, uma sobre a outra. Apontava que na hipótese do adicional por tempo de serviço não haveria essa ocorrência. **MS 22423/RS, rel. orig. Min. Eros Grau, red. p/ o acórdão Min. Gilmar Mendes, 26.11.2015. (MS-22423) (Inform. STF 809)**

REPERCUSSÃO GERAL EM RE N. 905.357-RR

REDATOR P/ O ACÓRDÃO: MIN. TEORI ZAVASCKI
Ementa: ADMINISTRATIVO E CONSTITUCIONAL. RECURSO EXTRAORDINÁRIO. ESTADO DE RORAIMA. SERVIDORES PÚBLICOS. REVISÃO GERAL ANUAL. ÍNDICE DE 5%. PREVISÃO NA LEI DE DIRETRIZES ORÇAMENTÁRIAS (LEI ESTADUAL 339/02). AUSÊNCIA DA DOTAÇÃO ORÇAMENTÁRIA CORRESPONDENTE NA LEI ORÇAMENTÁRIA DO RESPECTIVO ANO. EXISTÊNCIA OU NÃO DE DIREITO SUBJETIVO. REPERCUSSÃO GERAL CONFIGURADA.
1. Possui repercussão geral a controvérsia relativa à existência ou não de direito subjetivo a revisão geral da remuneração dos servidores públicos por índice previsto apenas na Lei de Diretrizes Orçamentárias, sem correspondente dotação orçamentária na Lei Orçamentária do respectivo ano.
2. Repercussão geral reconhecida. **(Inform. STF 809)**

Teto remuneratório: EC 41/2003 e vantagens pessoais - 1

Computam-se, para efeito de observância do teto remuneratório do art. 37, XI, da CF, também os valores percebidos anteriormente à vigência da EC 41/2003 a título de vantagens pessoais pelo servidor público, dispensada a restituição de valores eventualmente recebidos em excesso e de boa-fé até o dia 18.11.2015. Essa a conclusão do Plenário que, por maioria, proveu recurso extraordinário em que discutida possibilidade de servidor público aposentado continuar a receber as vantagens pessoais incorporadas antes da EC 41/2003, que dera nova redação ao art. 37, XI, da CF. O Colegiado rememorou o que decidido nos autos do RE 609.381/GO (DJe de 11.12.2014), oportunidade em que o Tribunal, em repercussão geral, reputara necessária a imediata adequação dos vencimentos pagos aos servidores públicos, desde a promulgação da EC 41/2003, ao teto nela previsto para cada esfera do funcionalismo. Entretanto, ainda remanesceria à Corte definir a exegese do cômputo das vantagens pessoais para fins de incidência do teto. A jurisprudência do STF revelaria o seguinte quadro: a) entendimento segundo o qual o art. 37, XI, da CF, na redação da EC 41/2003, de eficácia plena e aplicabilidade imediata, alcançaria as vantagens pessoais; b) expressivo número de julgados nos quais a garantia da irredutibilidade de vencimentos, modalidade qualificada de direito adquirido, impede que as vantagens percebidas antes da vigência da EC 41/2003 sejam por ela alcançadas; e c) existência de tese fixada em repercussão geral, no julgamento do RE supracitado, no sentido de que o teto estabelecido pela EC 41/2003 tem eficácia imediata e abrange todas as verbas de natureza remuneratória percebidas pelos servidores públicos da União, Estados-Membros, do Distrito Federal e dos Municípios, ainda que adquiridas de acordo com regime legal anterior. O art. 37, XI, da CF, na redação da EC 41/2003, é expresso ao incluir as vantagens pessoais ou de qualquer outra natureza para fins de limitação dos ganhos ao teto remuneratório do serviço público. Caberia perquirir, assim, se essa nova redação afrontaria as garantias do direito adquirido e da irredutibilidade de vencimentos. Nessa perspectiva, se o regime anterior assegurava a percepção dessas vantagens contra eventual abatimento imposto pelo teto, a supressão superveniente pela referida emenda careceria de validade no tocante às vantagens até então legalmente recebidas pelo servidor, integrantes de seu patrimônio jurídico. **RE 606358/SP, rel. Min. Rosa Weber, 18.11.2015. (RE-606358)**

Teto remuneratório: EC 41/2003 e vantagens pessoais - 2

O Colegiado assinalou que a EC 41/20013 não violaria a cláusula do direito adquirido, porque o postulado da irredutibilidade de vencimentos, desde sua redação original, já indicava a precedência do disposto no art. 37, XI, da CF, ao delimitar-lhe o âmbito de incidência. A respeito, a EC 19/1998 tornara mais explícita a opção pelo teto remuneratório como verdadeiro limite de aplicação da garantia da irredutibilidade. Assim, essa garantia não poderia ser estendida aos valores excedentes do teto remuneratório, incluídas as vantagens pessoais. Em outras palavras, a Constituição assegura a irredutibilidade do subsídio e dos vencimentos dos exercentes de cargos e empregos públicos que se inserem nos limites impostos pelo art. 37, XI, da CF. Ultrapassado o teto, cessa a garantia oferecida pelo art. 37, XV, da CF, que tem sua aplicabilidade vinculada ao montante correspondente. Acrescentou que a EC 41/2003 teria por objetivo afastar distorções remuneratórias

6. DIREITO ADMINISTRATIVO

históricas e promover o equilíbrio financeiro e atuarial das contas públicas, a consagrar mecanismo moralizador da folha de pagamentos da Administração Pública. Nesse sentido, reconhecer nas vantagens pessoais predicado apto a excepcioná-las do teto remuneratório iria contra o sentido expresso constitucionalmente. Estaria incluída, para efeito de observância do teto, qualquer verba remuneratória paga com recursos públicos. A Constituição não só autoriza como exige o cômputo, para efeito de incidência do teto, de adicionais por tempo de serviço, sexta parte, prêmio de produtividade e gratificações, ainda que qualificados como vantagens de natureza pessoal percebidas antes do advento da EC 41/2003. A limitação, ao teto, da despesa efetiva da Administração com a remuneração de uma única pessoa não se confundiria com a supressão do respectivo patrimônio jurídico, uma vez preservado o direito à percepção progressiva sempre que, majorado o teto, ainda não alcançada a integralidade da verba. A incorporação de vantagens permaneceria hígida, e apenas não oponível ao corte exigido pelo imperativo da adequação ao teto. Vencido o Ministro Marco Aurélio, que desprovia o recurso. Considerava haver pronunciamentos do STF no sentido de que, até a promulgação da EC 41/2003, de vigência prospectiva, as vantagens pessoais não poderem ser computadas para efeito do teto.
RE 606358/SP, rel. Min. Rosa Weber, 18.11.2015. (RE-606358) (Inform. STF 808)

QUARTO AG. REG. NO RE N. 285.302-SP

RELATOR: MIN. TEORI ZAVASCKI
EMENTA: ADMINISTRATIVO E CONSTITUCIONAL. AGRAVO REGIMENTAL NO RECURSO EXTRAORDINÁRIO. AÇÃO DIRETA DE INCONSTITUCIONALIDADE ESTADUAL. ART. 70 DA LEI 9.167/80, DO MUNICÍPIO DE SÃO PAULO, NA REDAÇÃO DADA PELA LEI MUNICIPAL 11.548/94. APLICAÇÃO, AOS SERVIDORES DO TRIBUNAL DE CONTAS MUNICIPAL, DA LEGISLAÇÃO ESTABELECIDA PARA O QUADRO FUNCIONAL DA CÂMARA MUNICIPAL, INCLUSIVE NO QUE TOCA AOS "VALORES E FORMAS DE CÁLCULO DAS VANTAGENS" E ÀS "ESCALAS DE VENCIMENTOS". ATRIBUIÇÃO DA REGULAMENTAÇÃO DA MATÉRIA À CORTE DE CONTAS, POR RESOLUÇÃO. INCONSTITUCIONALIDADE. OFENSA AOS ARTS. 2º, 37, X, 39, § 1º, 73 E 96, II, 'B', DA CONSTITUIÇÃO FEDERAL.
1. A isonomia a que se referia o art. 39, § 1º, da CF/88, na redação anterior à EC 19/98, era princípio dirigido ao legislador, a quem cabia concretizá-lo, considerando especificamente os cargos de atribuições iguais ou assemelhadas, por meio da observância recíproca das leis de fixação de vencimentos (ADI 1.776-MC, Rel. Min. SEPÚLVEDA PERTENCE, Tribunal Pleno, DJ de 26/5/2000; RMS 21.512, Rel. Min. MOREIRA ALVES, Primeira Turma, DJ de 19/2/1993).
2. Não obstante haja, no caso em exame, lei formal prevendo a aplicação da legislação referente aos servidores da Câmara Municipal ao quadro funcional do Tribunal de Contas, a referida norma não identificou os cargos de atribuições iguais ou assemelhados, limitando-se a conferir à Corte de Contas a competência para, por meio de resolução, aplicar a seus servidores a legislação pertinente ao quadro funcional da Câmara Municipal.
3. Ao regular a matéria de que trata o art. 70 da Lei 9.167/80, o Tribunal de Contas terminaria por dispor pormenorizadamente acerca "dos valores e formas de cálculo das vantagens e das escalas de vencimentos" aplicáveis a seus servidores, extrapolando, em muito, os limites do poder normativo inerente à função administrativa desempenhada pelo órgão e imiscuindo-se em atribuição do Poder Legislativo Municipal, em manifesta violação ao princípio da separação dos poderes, no qual encontra-se implícita a restrição de delegação legislativa (ADI 3.090-MC, Rel. Min. GILMAR MENDES, DJe de 26/10/2007), mormente de matéria cuja reserva de lei é prescrita pela própria Carta Magna.
4. A norma municipal impugnada usurpa a iniciativa legislativa privativa conferida pela Constituição Federal aos tribunais de contas para tratar da fixação da remuneração de seu quadro funcional, uma vez que, observada a legislação municipal, a esse órgão caberia apenas adequar aos seus servidores o disposto em resolução da Câmara Municipal.
5. Agravo regimental a que se nega provimento **(Inform. STF 804)**

Vencimentos de servidores públicos e parcelamento - 1
O Plenário iniciou julgamento de agravo regimental interposto contra decisão do Ministro Ricardo Lewandowski (Presidente), que indeferira liminar na qual se pretendia a suspensão de decisões de Corte local favoráveis ao pagamento integral de vencimentos de servidores públicos estaduais. Na espécie, associações e sindicatos ingressaram em juízo com mandados de

segurança contra anúncio do governo estadual que, ao fundamento de não ter condições de pagar integralmente os servidores públicos, parcelaria os vencimentos daqueles que recebessem a partir de determinado limite. Contra a decisão do tribunal de justiça estadual que entendera pelo não parcelamento dos vencimentos, o Estado-Membro ajuizou suspensão de liminar, cujo pedido de liminar fora indeferido e interposto o presente agravo regimental. Os Ministros Ricardo Lewandowski (relator), Marco Aurélio e Edson Fachin negaram provimento ao recurso. O Ministro Ricardo Lewandowski destacou que a Constituição estadual determina que os vencimentos dos servidores públicos devem ser pagos, impreterivelmente, até o último dia do mês do trabalho prestado. Lembrou que a constitucionalidade da referida norma fora questionada na ADI 657/RS (DJU de 28.9.2001) e a Corte concluíra pela inexistência de inconstitucionalidade. Apontou, ainda, que dado o caráter alimentar dos vencimentos, não poderiam ser parcelados. Em seguida, pediu vista dos autos o Ministro Teori Zavascki.
SL 883 MC-AgR/RS, rel. Min. Ricardo Lewandowski, 3.8.2015. (SL-883)

Vencimentos de servidores públicos e parcelamento - 2
O Plenário retomou julgamento de agravo regimental interposto contra decisão do Ministro Ricardo Lewandowski (Presidente), que indeferira liminar na qual se pretende a suspensão de decisões de Corte local favoráveis ao pagamento integral de vencimentos de servidores públicos estaduais. Na espécie, associações e sindicatos ingressaram em juízo com mandados de segurança contra anúncio do governo estadual que, ao fundamento de não ter condições de pagar integralmente os servidores públicos, parcelaria os vencimentos daqueles que recebessem a partir de determinado limite. Contra a decisão do tribunal de justiça estadual que entendera pelo não parcelamento dos vencimentos, o Estado-Membro ajuizara suspensão de liminar, cujo pedido de liminar fora indeferido e interposto o presente agravo regimental — v. Informativo 793. Os Ministros Teori Zavascki, Roberto Barroso e Cármen Lúcia deram provimento parcial ao agravo regimental para suspender a aplicação de astreintes. Afirmaram que o não pagamento decorreria da impossibilidade material. Portanto, a sanção pecuniária para forçar o adimplemento seria inócua, pois agravaria a situação financeira do Estado-Membro. O Ministro Teori Zavascki ressaltou, ainda, que não haveria, na concessão de liminar, uma imediata possibilidade de causar grave lesão à ordem, à saúde, à segurança pública ou à economia, já que tudo o que fosse devido por força de mandado de segurança, a partir da impetração, teria que ser pago por meio de precatório. O Ministro Gilmar Mendes divergiu do relator e deu provimento ao agravo regimental para suspender a liminar. Considerou que, tendo em vista as dificuldades existentes, o parcelamento dos salários seria ato excepcional, o que justificaria o atraso. Com mais razão, não se poderia impor multa nesse caso. Ato contínuo, pediu vista o Ministro Dias Toffoli. Em seguida, o Tribunal, por maioria, acolheu proposta de sua Excelência, no sentido de deferir liminar para que, desde logo, fosse suspensa a astreinte determinada pelo tribunal local, até a apreciação final do agravo regimental, vencidos os Ministros Marco Aurélio e Presidente.
SL 883 MC-AgR/RS, rel. Min. Ricardo Lewandowski, 24.9.2015. (SL-883) (Inform. STF 800)

REPERCUSSÃO GERAL EM RE N. 881.502-RS

RELATOR: MIN. TEORI ZAVASCKI
Ementa: PROCESSUAL CIVIL E ADMINISTRATIVO. RECURSO EXTRAORDINÁRIO. GRATIFICAÇÃO DE DESEMPENHO. DEMORA DO PODER PÚBLICO EM PROCEDER ÀS AVALIAÇÕES DOS SERVIDORES. INDENIZAÇÃO POR DANOS MATERIAIS. MATÉRIA INFRACONSTITUCIONAL. AUSÊNCIA DE REPERCUSSÃO GERAL.
1. Possui natureza infraconstitucional a controvérsia relativa à pretensão de indenização por danos materiais decorrentes da demora do Poder Público em proceder à avaliação dos servidores em atividade, para o fim de pagamento de gratificação de desempenho. **2.** É cabível a atribuição dos efeitos da declaração de ausência de repercussão geral quando não há matéria constitucional a ser apreciada ou quando eventual ofensa à Carta Magna ocorra de forma indireta ou reflexa (RE 584.608 RG, Min. ELLEN GRACIE, DJe de 13/3/2009). **3.** Ausência de repercussão geral da questão suscitada, nos termos do art. 543-A do CPC. **(Inform. STF 789)**

ADI e reajuste de vencimentos - 3
O Plenário retomou julgamento conjunto de ações diretas de inconstitucionalidade ajuizadas em face da Lei 12.301/2005 do Estado do Rio Grande do Sul, que reajusta os vencimentos dos servidores da Assembleia Legislativa

do referido Estado-Membro, e da Lei 12.299/2005, também do Estado do Rio Grande do Sul, que reajusta os vencimentos dos servidores do Poder Judiciário daquela unidade federativa — v. Informativo 472. Em voto-vista, a Ministra Cármen Lúcia julgou procedentes os pedidos formulados nas ações para declarar a inconstitucionalidade das leis impugnadas, em razão da contrariedade aos artigos 37, X, e 61, § 1º, II, a, da CF. Isso se daria porque, diferentemente dos reajustes setoriais de iniciativa do chefe de cada um dos Poderes, a revisão — que diria respeito à reposição do valor da moeda cuja desvalorização em determinado período tivesse sido comprovada — haveria de ser geral, de iniciativa privativa do chefe do Poder Executivo. Nos casos em análise, nas justificativas dos Poderes Judiciário e Legislativo gaúcho, — constantes dos projetos que deram origem às leis impugnadas — ter-se-ia expressamente que os seus objetivos teriam sido recuperar a perda do poder aquisitivo da moeda. Nessa senda, o STF teria assentado a natureza de revisão geral anual da recomposição de vencimentos por meio de índice que visasse à recuperação da perda do poder aquisitivo decorrente das perdas inflacionárias. Assim, seria da competência privativa do chefe do Poder Executivo apresentar projeto de lei a dispor sobre revisão geral anual. Em seguida, pediu vista dos autos o Ministro Roberto Barroso.

ADI 3543/RS, rel. Min. Dias Toffoli, 28.5.2015. (ADI-3543)

ADI 3538/RS, rel. Min. Gilmar Mendes, 28.5.2015. (ADI-3538) (Inform. STF 787)

ADI: aumento de vencimentos e efeitos financeiros - 2

O Plenário retomou julgamento de ação direta de inconstitucionalidade ajuizada em face das Leis 1.866/2007 e 1.868/2007 do Estado do Tocantins, que tornaram sem efeito o aumento dos valores dos vencimentos dos servidores públicos estaduais anteriormente concedido pelas Leis tocantinenses 1.855/2007 e 1.861/2009 — v. Informativo 590. Em voto-vista, o Ministro Dias Toffoli acompanhou o voto da Ministra Cármen Lúcia (relatora) para conhecer em parte da ação, apenas no tocante aos artigos 2º, da Lei 1.866/2007; e 2º, da Lei 1.868/2007. No mérito, em divergência, julgou o pedido improcedente. Analisou que a questão debatida diria respeito a saber se o aumento remuneratório fora incorporado ou não ao patrimônio jurídico dos servidores beneficiados. Para tanto, seria necessário verificar o momento em que as normas revogadas passariam a vigorar e a produzir efeitos. De acordo com essas normas, a entrada em vigor dos novos valores remuneratórios ocorreria em 1º.1.2008. Assim, embora constasse em outros dispositivos das Leis 1.855/2007 e 1.861/2007 a expressão padrão de entrada em vigor da norma na data de sua publicação, fora estabelecido caso especial de vigência para esses dispositivos alterados. Não se trataria de mera postergação dos efeitos financeiros decorrentes da aplicação da lei, mas de adiamento da própria vigência das normas. Portanto, como as leis alteradoras, ora impugnadas, teriam sido publicadas em 20.12.2007, as modificações perpetradas teriam sido feitas no período de "vacatio legis" das previsões de aumento remuneratório. Explicou que, de acordo com o art. 1º da Lei de Introdução às Normas do Direito Brasileiro (LINDB), salvo disposição contrária, a lei começaria a vigorar em todo o país 45 dias depois de oficialmente publicada. Desse modo, ainda que promulgado e publicado o ato normativo, se estivesse em curso o prazo de "vacatio legis", a norma não poderia ser aplicada, pois sem aptidão para ser eficaz. No caso, o aumento da remuneração dos servidores sequer chegara a viger, pois as modificações perpetradas posteriormente teriam sido feitas dentro desse prazo. Assim, a exigibilidade de cumprimento das normas mais antigas sequer existiria, porque revogados os dispositivos antes de sua vigência. O aumento remuneratório não tivera eficácia jurídico-patrimonial, sequer fora incorporado ao patrimônio jurídico dos servidores. Nesse sentido, a atestação de eventual direito adquirido dependeria da existência de norma incidente ou que tivesse incidido em algum momento, o que não seria o caso.

ADI 4013/TO, rel. Min. Cármen Lúcia, 11.2.2015. (ADI-4013)

ADI: aumento de vencimentos e efeitos financeiros - 3

O Ministro Roberto Barroso, ao acompanhar a divergência, equacionou que seria necessário perquirir se o direito ao aumento remuneratório fora adquirido no momento da vigência ou da eficácia da norma revogada. Entendeu que os efeitos se produziriam somente a partir de 1º.1.2008, sem que se pudesse falar em direito adquirido antes da eficácia. No caso, eventual direito a acréscimo na remuneração apenas seria consumado se os servidores já tivessem recebido o aumento, o que não ocorrera. O Ministro Teori Zavascki, ao votar nesse mesmo sentido, ressaltou que a questão principal diria respeito a examinar a cláusula constitucional que limita o poder do legislador, restrito

à observância do direito adquirido, do ato jurídico perfeito e da coisa julgada. De acordo com a LINDB, no que diz respeito a direito adquirido, haveria duas situações: a) a que considera direito adquirido aquele que pode ser exercido, ainda que esse exercício não tenha havido; e b) a que trata dos direitos cujo exercício está condicionado. Eles são existentes, diferentes, portanto, de mera expectativa de direito, em que não há sequer a existência do direito. No caso, os servidores adquiririam direito a aumento remuneratório, em janeiro de 2008, somente quando houvesse prestação de serviço naquele mês. Antes disso haveria promessa de vencimento, regime estatutário a prever aumento futuro, e não haveria direito à manutenção desse estatuto. Assim, o direito adquirido suporia a ocorrência de elemento fático componente do fato gerador. Enquanto não houvesse fato gerador, seria possível falar apenas em expectativa de direito. Existiria regime jurídico, mas não direito subjetivo. Por isso, a jurisprudência da Corte permitiria a modificação legislativa enquanto não implementado o suporte fático necessário para a incidência da norma. Após o voto do Ministro Ricardo Lewandowski (Presidente), que também julgou o pedido improcedente, o julgamento foi suspenso.

ADI 4013/TO, rel. Min. Cármen Lúcia, 11.2.2015. (ADI-4013)

ADI: aumento de vencimentos e efeitos financeiros - 4

O Plenário retomou julgamento de ação direta de inconstitucionalidade ajuizada contra as Leis tocantinenses 1.866/2007 e 1.868/2007, que tornaram sem efeito o aumento dos valores dos vencimentos dos servidores públicos estaduais concedidos pelas Leis tocantinenses 1.855/2007 e 1.861/2007 — v. Informativos 590 e 774. Os Ministros Rosa Weber, Luiz Fux, Marco Aurélio e Celso de Mello acompanharam a Ministra Cármen Lúcia (relatora) para conhecer em parte do pedido e, na parte conhecida, julgaram-no procedente para declarar a inconstitucionalidade das normas legais referidas. Destacaram estar em jogo a aplicação da lei no tempo e as normas teriam entrado em vigor imediatamente, a gerar efeitos. No caso, teria havido ofensa à intangibilidade do direito adquirido. Nos termos da Lei de Introdução às normas do Direito Brasileiro, seriam considerados adquiridos os direitos cujo começo do exercício tivesse termo prefixo, conforme ocorrido na espécie. Assim, ao estabelecer um "dies a quo", ter-se-ia a suspensão do exercício, mas não a aquisição do direito. O Ministro Gilmar Mendes acompanhou a divergência iniciada pelo Ministro Dias Toffoli para conhecer em parte do pedido e, na parte conhecida, julgá-lo improcedente. Em seguida, o julgamento foi suspenso para colher o voto de desempate do Ministro a ser empossado.

ADI 4013/TO, rel. Min. Cármen Lúcia, 20.5.2015. (ADI-4013) (Inform. STF 786)

REPERCUSSÃO GERAL EM ARE N. 665.632-RN

RELATOR: MIN. TEORI ZAVASCKI

Ementa: ADMINISTRATIVO. RECURSO EXTRAORDINÁRIO COM AGRAVO. MILITARES DAS FORÇAS ARMADAS E DO DISTRITO FEDERAL (POLICIAIS E BOMBEIROS MILITARES). EQUIPARAÇÃO DE VENCIMENTOS. ILEGITIMIDADE. VEDAÇÃO DO ART. 37, XIII, DA CF/88. PRECEDENTES. REPERCUSSÃO GERAL CONFIGURADA. REAFIRMAÇÃO DA JURISPRUDÊNCIA SOBRE A MATÉRIA.1. É improcedente a demanda visando ao pagamento dos soldos dos integrantes das Forças Armadas no mesmo patamar da remuneração devida aos militares do Distrito Federal. Isto porque, a pretensão fundamenta-se no art. 24 do Decreto-Lei 667/69 que, reproduzindo vedação constante do art. 13, § 4º, da Constituição de 1967, na redação da EC 1/69, proíbe o pagamento de remuneração superior à fixada para os postos e graduações correspondentes no Exército ao pessoal das Polícias Militares e Corpo de Bombeiros Militares das Unidades da Federação.2. Salienta-se que o impedimento do art. 13, § 4º, da Constituição de 1967, na redação da EC 1/69, não foi mantido na Constituição de 1988, cujos arts. 42, § 1º, e 142, § 3º, X, limitam-se a conferir aos Estados a competência para fixar, mediante lei estadual específica, a remuneração dos militares integrantes dos quadros das suas Polícias Militares e Corpo de Bombeiros Militares.

3. Já os arts. 42, § 1º, e 142, § 3º, X, da Carta Magna não se aplicam ao Distrito Federal, cujas Polícias Civil e Militar e Corpo de Bombeiros Militar, por disposição do art. 21, XIV, da CF/88, são organizadas e mantidas pela União, a quem compete privativamente legislar sobre o vencimento dos integrantes de seus respectivos quadros. A propósito, há entendimento sumulado: "compete privativamente à União legislar sobre vencimentos dos membros das Polícias Civil e Militar do Distrito Federal" (Súmula 647/STF, cuja orientação foi recentemente adotada pela Súmula Vinculante 39).4. O art. 37, XIII, da CF/88 coíbe a vinculação ou equiparação de quaisquer espécies remuneratórias no âmbito do serviço público. Destarte, a pretensão

6. DIREITO ADMINISTRATIVO

dos recorrentes se afigura evidentemente incompatível com a Constituição Federal de 1988, uma vez que importa a equiparação de vencimentos entre os integrantes das Forças Armadas e os militares do Distrito Federal. Precedentes de ambas as Turmas em casos idênticos: ARE 652.202-AgR, Rel. Min. ROSA WEBER, Primeira Turma, DJe de 17/9/2014; ARE 651.415-AgR, Rel. Min. GILMAR MENDES, Segunda Turma, DJe de 25/4/2012.5. Agravo conhecido para negar provimento ao recurso extraordinário, com o reconhecimento da repercussão geral do tema e a reafirmação da jurisprudência sobre a matéria. **(Inform. STF 783)**

REPERCUSSÃO GERAL EM ARE N. 871.499-MA

RELATOR: MIN. TEORI ZAVASCKI
Ementa: PROCESSUAL CIVIL. RECURSO EXTRAORDINÁRIO COM AGRAVO. SERVIDORES PÚBLICOS. ESTADO DO MARANHÃO. REAJUSTE CONCEDIDO PELO ART. 4º DA LEI ESTADUAL 8.369/06. NATUREZA DE REVISÃO GERAL ANUAL. MATÉRIA INFRACONSTITUCIONAL. AUSÊNCIA DE REPERCUSSÃO GERAL. **(Inform. STF 782)**
1. A controvérsia relativa à natureza do reajuste concedido pelo art. 4º da Lei Estadual 8.369/06, se de revisão geral anual ou não, é de caráter infraconstitucional.
2. É cabível a atribuição dos efeitos da declaração de ausência de repercussão geral quando não há matéria constitucional a ser apreciada ou quando eventual ofensa à Carta Magna ocorra de forma indireta ou reflexa (RE 584.608 RG, Min. ELLEN GRACIE, DJe de 13/3/2009).
3. Ausência de repercussão geral da questão suscitada, nos termos do art. 543-A do CPC. **(Inform. STF 782)**

Subsídio vitalício a ex-governador - 3
Em conclusão de julgamento, o Plenário, por maioria, deferiu medida acauteladora em ação direta de inconstitucionalidade para suspender a eficácia do art. 305 da Constituição do Estado do Pará, o qual dispõe que "cessada a investidura no cargo de Governador, quem o tiver exercido em caráter permanente fará jus, a título de representação, a um subsídio mensal e vitalício igual à remuneração do cargo de Desembargador do Tribunal de Justiça do Estado" e, por arrastamento, de seu § 1º ("O pagamento de subsídio estabelecido neste artigo será suspenso durante o período em que o beneficiário estiver no exercício de mandato eletivo ou em cargo em comissão, salvo direito de opção") — v. informativo 616. Afastou, de início, a assertiva de que o subsídio em apreço teria natureza de representação. Embora assim mencionado na norma questionada, a representação teria causas jurídicas e funcionais inocorrentes para ex-detentor de cargo político, porquanto não haveria remissão a um gabinete responsável por custeios a serem aperfeiçoados com aquele pagamento e, tampouco, o recebimento de remuneração cuja parcela pudesse ser integrada por essa representação. Além disso, não se poderia cogitar de pensão previdenciária, porquanto, no serviço público, o benefício somente seria conferido ao dependente do agente público em razão de sua morte (CF, art. 40, § 7º). De igual modo, não haveria possibilidade de enquadramento do subsídio como pensão civil, haja vista que esta seria devida para o caso de lesão ou outra ofensa à saúde (CC, art. 949). Ademais, a remissão ao vencimento de desembargador para a fixação do subsídio em comento significaria a extensão dessa espécie remuneratória a quem não mais trabalharia no Estado. Não haveria parâmetro constitucional nacional para o benefício adversado, que configuraria inauguração de padrão normativo estadual em desconformidade com princípios constitucionais, notadamente os relativos à Administração Pública e às regras orçamentárias. Por fim, o Colegiado assentou a higidez do § 2º do artigo impugnado ao fundamento de ser regra autônoma ("O Presidente e os ex-Presidentes do Poder Legislativo, o Governador e os ex-Governadores do Estado, o Presidente e os ex-Presidentes do Tribunal de Justiça, em caso de acidente ou doença, terão custeadas pelo Estado as despesas com o tratamento médico e hospitalar"). Vencido o Ministro Dias Toffoli, que concedia a medida cautelar em parte para: a) atribuir interpretação conforme a Constituição à primeira parte do "caput" do art. 305 da Constituição estadual, que concede subsídio mensal e vitalício a ex-governadores, para que se entendesse por constitucional a pensão fixada nas hipóteses de comprovada insuficiência financeira do ex-mandatário, aferida a partir de critérios razoáveis a serem definidos na legislação ordinária; b) suspender a expressão "igual à remuneração do cargo de Desembargador do Tribunal de Justiça do Estado" contida no "caput" do art. 305 da Constituição estadual; e c) suspender a expressão "salvo direito de opção" contida no § 1º do mencionado art. 305, bem como conferir interpretação conforme a Constituição ao dispositivo, para

explicitar que o pagamento da pensão seria suspenso durante o período em que o beneficiário estivesse no exercício de atividade remunerada a afastar o critério da insuficiência econômica.
ADI 4552 MC/DF, rel. Min. Cármen Lúcia, 9.4.2015. (ADI-4552) (Inform. STF 780)

AG. REG. NA SS N. 4.836-DF

RELATOR: MINISTRO PRESIDENTE
Ementa: AGRAVO REGIMENTAL NA SUSPENSÃO DE SEGURANÇA. TETO REMUNERATÓRIO. EMENDA CONSTITUCIONAL 41/2003. EFICÁCIA IMEDIATA DOS LIMITES NELA FIXADOS. EXCESSOS. GRAVE LESÃO À ORDEM E À ECONOMIA PÚBLICAS. DECISÃO AGRAVADA QUE DEFERIU A SUSPENSÃO DE SEGURANÇA. AGRAVO REGIMENTAL A QUE SE NEGA PROVIMENTO. I - A natureza excepcional da contracautela permite tão somente juízo mínimo de delibação sobre a matéria de fundo e análise do risco de grave lesão à ordem, à saúde, à segurança e à economia públicas. Controvérsia sobre matéria constitucional evidenciada e risco de lesão à ordem e à economia públicas comprovado. II - O Supremo Tribunal Federal pacificou o entendimento de que a percepção, por servidores públicos, de proventos ou remuneração acima do limite estabelecido no art. 37, XI, da Constituição da República enseja lesão à ordem pública. III - Observância do limite remuneratório dos servidores públicos estabelecido pelo art. 37, XI, da Constituição Federal, com redação dada pela Emenda Constitucional 41/2003. IV - Impõe-se a suspensão das decisões como forma de evitar o efeito multiplicador, que se consubstancia no aforamento, nos diversos tribunais, de processos visando ao mesmo escopo. Precedentes. V - Agravo regimental a que se nega provimento. **(Inform. STF 779)**

ADO N. 6-PR

RELATOR: MIN. RICARDO LEWANDOWSKI
Ementa: AÇÃO DIRETA DE INCONSTITUCIONALIDADE POR OMISSÃO. GOVERNADOR DO ESTADO DO PARANÁ. ALEGADA AUSÊNCIA DE INICIATIVA DO PROCESSO LEGISLATIVO QUANTO AOS ARTS. 39, § 4º, 128, § 5º, I, C , 135 e 144, § 9º, DA CONSTITUIÇÃO, QUE DETERMINA A ADOÇÃO DO SUBSÍDIO COMO FORMA DE REMUNERAÇÃO PARA OS MEMBROS DO MINISTÉRIO PÚBLICO, PROCURADORES DO ESTADO, DEFENSORES PÚBLICOS, POLICIAIS E INTEGRANTES DOS CORPOS DE BOMBEIROS MILITARES. ILEGITIMIDADE QUANTO AO MINISTÉRIO PÚBLICO. PREJUDICIALIDADE RECONHECIDA NO TOCANTE AOS DEMAIS AGENTES. AÇÃO CONHECIDA EM PARTE E JULGADA PREJUDICADA NA PARTE CONHECIDA.I - A remuneração dos membros do Parquet deve ser fixada na forma do subsídio, porém, por iniciativa do Procurador-Geral de Justiça, pois a competência conferida ao Ministério Público para propor a criação e extinção dos seus cargos compreende a de fixar os respectivos vencimentos. II - O modelo remuneratório dos Defensores Públicos do Estado do Paraná foi alterado pela Lei Complementar estadual 136/2011, o que acarreta a perda superveniente de objeto da ação no ponto. III - Idêntica situação de prejuízo desta ação verifica-se quanto ao modelo de remuneração dos policiais civis, diante do advento da Lei estadual 17.170/2012, que instituiu o subsídio para a Polícia Civil e os Delegados do Estado do Paraná. IV - A Lei Complementar estadual 161/2013 alterou a remuneração da carreira de Procurador do Estado do Paraná para a forma de subsídio.V - Por seu turno, a Lei estadual 17.169/2012 dispôs sobre o subsídio da Polícia Militar e do Corpo de Bombeiros do Estado do Paraná.VI - Ação conhecida em parte e na parte conhecida julgada prejudicada. **(Inform. STF 778)**

AG. REG. EM MS N. 32.061-DF

RELATOR: MIN. LUIZ FUX
EMENTA: AGRAVO REGIMENTAL EM MANDADO DE SEGURANÇA. DIREITO ADMINISTRATIVO. ACÓRDÃO DO TCU QUE DETERMINOU A EXCLUSÃO DE VANTAGEM ECONÔMICA RECONHECIDA POR DECISÃO COM TRÂNSITO EM JULGADO (PLANO COLLOR, 84,32%). COMPETÊNCIA CONSTITUCIONAL ATRIBUÍDA À CORTE DE CONTAS. MODIFICAÇÃO DE FORMA DE CÁLCULO DA REMUNERAÇÃO. INOCORRÊNCIA DE OFENSA AOS PRINCÍPIOS CONSTITUCIONAIS DA COISA JULGADA, DO DIREITO ADQUIRIDO E DA IRREDUTIBILIDADE DE VENCIMENTOS. AGRAVO A QUE SE NEGA PROVIMENTO.
1. A garantia fundamental da coisa julgada (CRFB/88, art. 5º, XXXVI) não resta violada nas hipóteses em que ocorrerem modificações no contexto fático-jurídico em que produzida – como as inúmeras leis que fixam novos regimes jurídicos de remuneração.

VADE MECUM DE JURISPRUDÊNCIA – STF/STJ

2. As vantagens remuneratórias pagas aos servidores inserem-se no âmbito de uma relação jurídica continuativa, e, assim, a sentença referente a esta relação produz seus efeitos enquanto subsistir a situação fática e jurídica que lhe deu causa. A modificação da estrutura remuneratória ou a criação de parcelas posteriormente à sentença são fatos novos, não abrangidos pelos eventuais provimentos judiciais anteriores.

3. É cediço que a alteração, por lei, da composição da remuneração do agente público assegura-lhe somente a irredutibilidade da soma total antes recebida, assim concebido: os vencimentos e proventos constitucionais e legais. Precedentes: RE 563.965/RN-RG, Rel. Min. Cármen Lúcia, Tribunal Pleno, DJe 20/3/2009; MS 24.784, Rel. Min. Carlos Velloso, Tribunal Pleno, DJe 25/6/2004.

4. Agravo regimental a que se nega provimento. **(Inform. STF 776)**

Professores de rede estadual e regime de subsídio

O Plenário conheceu em parte de ação direta ajuizada em face dos artigos 1º a 7º da LC 428/2007 do Estado do Espírito Santo e, na parte conhecida, julgou o pedido improcedente. Os dispositivos impugnados tratam da instituição do regime de subsídio para o pagamento dos professores da rede estadual de ensino. Além disso, estabelecem que os profissionais já integrantes do quadro possam optar pelo novo regime ou pelo anterior, de vencimentos e vantagens pessoais. Preliminarmente, o Colegiado, por maioria, reconheceu a legitimidade ativa da requerente, Confederação Nacional dos Trabalhadores em Educação - CNTE. No ponto, ressaltou haver precedente do STF a admitir a mesma entidade como legitimada em ação de controle concentrado, tendo em vista se tratar de confederação sindical, de âmbito nacional, conforme atestado pelo Ministério do Trabalho (ADI 1.969/DF, DJe de 31.8.2007). A CNTE contaria com expressiva representatividade e, além disso, haveria tendência histórica da Corte no sentido de flexibilizar os requisitos quanto à admissão de legitimados ativos. Outrossim, a entidade cumpriria o que exigido pelo art. 103, IX, da CF. Vencido, quanto à preliminar, o Ministro Teori Zavascki, que não reconhecia a legitimidade ativa da requerente. Entendia não bastar que a entidade sindical fosse denominada "Confederação", mas que seria necessário que atendesse aos requisitos do art. 535 da CLT ["As Confederações organizar-se-ão com o mínimo de 3 (três) federações e terão sede na Capital da República"]. Na espécie, a CNTE contaria com apenas uma federação. No mérito, o Plenário destacou que estariam cumulados dois pedidos: de declaração de inconstitucionalidade por ação e por omissão, esta no que se refere ao art. 3º da norma impugnada. Esse dispositivo trata dos valores dos subsídios e, segundo a requerente, deveria ser aplicado a todos os servidores da categoria ou, subsidiariamente, ser retirado do mundo jurídico. No ponto, o Colegiado afirmou haver precedente no sentido de reconhecer a relativa fungibilidade entre as ações diretas de inconstitucionalidade por ação e por omissão (ADI 875/DF, DJe de 30.4.2010). Além disso, o pedido, na espécie, seria alternativo, por isso juridicamente viável. Ademais, o Plenário considerou não haver violação a direito adquirido, porque os professores já em atividade teriam a opção quanto ao regime de pagamento. Tampouco haveria violação à irredutibilidade de vencimentos, porque essa opção poderia ser realizada a qualquer tempo, então o profissional poderia permanecer no regime antigo até o momento em que não mais fosse vantajoso. Além disso, não estaria violada a isonomia, pois a convivência dos dois regimes seria favorável aos professores, permitiria que escolhessem a situação que mais lhes aprouvesse. Não existiria discriminação ilegítima. Por outro lado, não seria possível cumular os dois regimes jurídicos, para somar o subsídio, de maior valor, às vantagens pessoais adquiridas anteriormente. Por fim, o Colegiado afastou a impugnação quanto ao art. 2º da norma adversada, uma vez não haver fundamentos, na inicial, quanto a esse dispositivo. O pedido, no ponto, seria genérico, razão pela qual a ação não deveria ser conhecida nesse aspecto.

ADI 4079/ES, rel. Min. Roberto Barroso, 25 e 26.2.2015. (ADI-4079) (Inform. STF 775)

Poder Judiciário: teto estadual e isonomia - 1

O Plenário, por maioria, julgou procedente pedido formulado em ação direta para declarar a inconstitucionalidade dos artigos 2º e 3º da Lei 11.905/2010 do Estado da Bahia ["Art. 2º A remuneração dos servidores públicos ocupantes de cargos, funções e empregos no âmbito do Poder Judiciário do Estado da Bahia, e os proventos, pensões e outras espécies remuneratórias, percebidos cumulativamente ou não, incluídas as vantagens pessoais ou de qualquer outra natureza, não poderão exceder o valor de R$ 22.000,00 (vinte e dois mil reais). Art. 3º O subsídio fixado no art. 1º e o valor estabelecido no art. 2º desta Lei somente poderão ser alterados por Lei específica, de iniciativa do Tribunal de Justiça do Estado da Bahia"]. O Colegiado frisou que a Constituição, ao tratar de teto e subteto de vencimentos, teria estabelecido certa sistemática. No que

se refere ao subteto dos servidores, haveria duas possibilidades: a) de acordo com o art. 37, XI, da CF, haveria o teto geral, válido para a União, ou seja, o subsídio de Ministro do STF. Esse mesmo dispositivo estabeleceria o teto por entidade federativa, Municípios e Estados-membros, portanto. No âmbito dos Estados-membros, o art. 37, XI, preconizaria a possibilidade de subtetos por Poder. Desse modo, no âmbito do Executivo, seria o do governador; no âmbito do Legislativo, o do deputado; no âmbito do Judiciário, o de desembargador; e b) de acordo com o § 12 do art. 37 da CF, haveria, no âmbito dos Estados--membros, um teto único para os Poderes, representado pelo subsídio de desembargador. Portanto, ou o subteto seria fixado de acordo com o respectivo Poder, ou seria único. Isso significaria que, para os servidores do Judiciário, em qualquer caso, o teto seria o subsídio de desembargador. No caso concreto, a Constituição local optara pela sistemática do § 12, e a lei impugnada, por sua vez, fugiria desse parâmetro, bem assim estabeleceria um teto, o que somente poderia ser feito mediante emenda constitucional estadual. Além disso, o diploma quebraria a isonomia, porque fixaria um teto apenas para os servidores do Judiciário, a exclui-lo dos demais Poderes. O Ministro Luiz Fux acrescentou que o subteto fixado na lei teria sido implementado explicitamente para evitar que o reajuste do subsídio dos magistrados implicasse aumento exacerbado da remuneração dos demais servidores integrantes do mesmo Poder, o que evidenciaria a inconstitucionalidade.

ADI 4900/DF, rel. orig. Min. Teori Zavascki, red. p/ o acórdão Min. Roberto Barroso, 11.2.2015. (ADI-4900)

Poder Judiciário: teto estadual e isonomia - 2

Vencido o Ministro Teori Zavascki (relator), que julgava o pedido parcialmente procedente, para conferir interpretação conforme a Constituição ao art. 2º da Lei estadual 11.905/2010, de forma a excluir da sua incidência os magistrados vinculados ao tribunal de justiça local. Entendia que a criação de um subteto no âmbito do Poder Judiciário estadual teria sido pensada para satisfazer a necessidade de ajustar os gastos ao limite preconizado pela legislação de responsabilidade fiscal. A Constituição não possuiria restrição explícita à autonomia dos entes federados para o estabelecimento de tetos remuneratórios inferiores aos previstos no art. 37, XI, da CF. Além disso, consideraria que a garantia da irredutibilidade de vencimentos não comprometeria o diploma adversado quanto à sua validade em abstrato, pois não haveria afronta a direito adquirido ou direito a reajustes posteriores a serem reconhecidos na ação. Somente sua aplicação em concreto poderia revelar eventuais inconstitucionalidades, que deveriam ser resolvidas por meio das vias processuais adequadas para o resguardo do direito subjetivo de possíveis afetados. Ademais, o subteto estabelecido deveria excluir os magistrados, em atendimento ao art. 93, V, da CF. Por fim, o Plenário não modulou os efeitos da decisão — proposta realizada pelo Ministro Roberto Barroso, para que a declaração de inconstitucionalidade só produzisse efeitos a partir da data do julgamento — tendo em vista que não houve oito votos nesse sentido.

ADI 4900/DF, rel. orig. Min. Teori Zavascki, red. p/ o acórdão Min. Roberto Barroso, 11.2.2015. (ADI-4900) (Inform. STF 774)

Revisão de remuneração de servidores públicos e iniciativa legislativa

É inconstitucional o dispositivo de Constituição estadual que disponha sobre a revisão concomitante e automática de valores incorporados à remuneração de servidores públicos em razão do exercício de função ou mandato quando reajustada a remuneração atinente à função ou ao cargo paradigma, matéria cuja iniciativa de projeto é reservada ao Governador. Com base nesse entendimento, o Plenário julgou procedente pedido formulado em ação direta para declarar a inconstitucionalidade do art. 89, § 6º, da Constituição do Estado do Rio de Janeiro ("O valor incorporado a qualquer título pelo servidor ativo ou inativo, como direito pessoal, pelo exercício de funções de confiança ou de mandato, será revisto na mesma proporção e na mesma data, sempre que se modificar a remuneração do cargo que lhe deu causa").

ADI 3848/RJ, rel. Min. Marco Aurélio, 11.2.2015. (ADI-3848) (Inform. STF 774)

REPERCUSSÃO GERAL EM RE N. 808.202-RS

RELATOR: MIN. DIAS TOFFOLI

EMENTA: DIREITO CONSTITUCIONAL. NOTÁRIOS E REGISTRADORES. LIMITE À REMUNERAÇÃO DOS SUBSTITUTOS OU INTERINOS DESIGNADOS PARA O EXERCÍCIO DE FUNÇÃO DELEGADA. SERVENTIAS EXTRAJUDICIAIS. TETO REMUNERATÓRIO. DISCUSSÃO QUANTO À INCIDÊNCIA OU NÃO NA HIPÓTESE DOS ARTS. 37, INCISOS II E XI, E 236, § 3º, DA CONSTITUIÇÃO FEDERAL. REPERCUSSÃO GERAL RECONHECIDA. **(Inform. STF 773)**

6. DIREITO ADMINISTRATIVO

REPERCUSSÃO GERAL EM ARE N. 837.041-PE

RELATOR: MIN. TEORI ZAVASCKI
Ementa: ADMINISTRATIVO. RECURSO EXTRAORDINÁRIO COM AGRAVO. MANDADO DE INJUNÇÃO. ESTADO DE PERNAMBUCO. SERVIDORES PÚBLICOS. ART. 7º, IX, DA CONSTITUIÇÃO. REGULAMENTAÇÃO DO PAGAMENTO DE ADICIONAL NOTURNO. MATÉRIA INFRACONSTITUCIONAL. AUSÊNCIA DE REPERCUSSÃO GERAL.
1. A controvérsia relativa à regulamentação do pagamento de adicional noturno para servidores públicos do Estado de Pernambuco, fundada na interpretação da Lei Estadual 10.784/92, é de natureza infraconstitucional.
2. É cabível a atribuição dos efeitos da declaração de ausência de repercussão geral quando não há matéria constitucional a ser apreciada ou quando eventual ofensa à Carta Magna se dê de forma indireta ou reflexa (RE 584.608 RG, Min. ELLEN GRACIE, DJe de 13/3/2009).
3. Ausência de repercussão geral da questão suscitada, nos termos do art. 543-A do CPC. **(Inform. STF 770)**

ADI: servidores públicos e vinculação remuneratória
O Plenário julgou procedente pedido formulado em ação direta para declarar a inconstitucionalidade do art. 47, "caput", da Constituição do Estado da Bahia ("Lei disporá sobre a isonomia entre as carreiras de policiais civis e militares, fixando os vencimentos de forma escalonada entre os níveis e classes, para os civis, e correspondentes postos e graduações, para os militares"). A Corte, ao reiterar o que decidido na ADI 3.295/AM (DJe de 5.8.2011) e na ADI 3.930/RO (DJe de 23.10.2009), afirmou que o estabelecimento de política remuneratória de servidores do Poder Executivo, à luz da separação de Poderes, seria de competência exclusiva do chefe daquele Poder (CF, art. 61, § 1º, II, a). Além disso, a norma constitucional estadual em exame, ao estabelecer, a toda evidência, hipótese de vinculação remuneratória entre policiais militares e policiais civis do Estado da Bahia, ofenderia o disposto no art. 37, XIII, da CF ("XIII - é vedada a vinculação ou equiparação de quaisquer espécies remuneratórias para o efeito de remuneração de pessoal do serviço público"). Ademais, o argumento de que se trataria de uma disposição meramente programática ou autorizativa para o legislador infraconstitucional, se revelaria frágil, uma vez que não se poderia conceder ao legislador autorização para editar atos normativos em desconformidade com o que estatui a Constituição Federal. O Ministro Roberto Barroso acompanhou o entendimento do Colegiado apenas quanto à inconstitucionalidade material da norma, no tocante à violação ao art. 37, XIII, da CF.
ADI 3777/BA, rel. Min. Luiz Fux, 19.11.2014. (ADI-3777) (Inform. STF 768)

Aumento de jornada de trabalho e irredutibilidade de vencimentos - 1
O Plenário iniciou julgamento de recurso extraordinário em que se discute a legitimidade de decreto estadual que alterara a jornada de trabalho de servidores públicos, sem majorar a remuneração. Na espécie, o referido ato normativo ampliara a jornada de odontólogos, de 20 para 40 horas semanais, sem acréscimo remuneratório. O Ministro Dias Toffoli (relator) deu provimento ao recurso extraordinário. Reputou que aumentar a carga horária de servidores ou de empregados públicos sem a elevação proporcional dos vencimentos violaria o princípio constitucional da irredutibilidade dos vencimentos (CF, art. 37, XV). Reconheceu que, no caso, houvera inegável redução de vencimentos, tendo em vista a não previsão de pagamento pelo aumento da carga horária de trabalho. Rememorou jurisprudência consolidada no sentido de não existir direito adquirido em relação a mudança de regime jurídico. Destarte, não vislumbrou ilicitude no decreto que elevara a jornada de trabalho. Afirmou, entretanto, que, independentemente da possibilidade de alteração legislativa da carga horária, seria impositivo respeitar o princípio da irredutibilidade de vencimentos. Registrou que o decreto mencionado não concedera ao servidor estadual opção quanto à duração de sua jornada de trabalho. Ressaltou que essa norma apenas impusera nova carga horária sem aumento de remuneração. Por fim, reconheceu a inconstitucionalidade da regra fixada pelo decreto estadual e determinou que nova sentença fosse prolatada diante da necessidade de se apreciar outros pedidos. Em seguida, o relator indicou adiamento.

Aumento de jornada de trabalho e irredutibilidade de vencimentos - 2
A ampliação de jornada de trabalho sem alteração da remuneração do servidor consiste em violação da regra constitucional da irredutibilidade de vencimentos (CF, art. 37, XV). Esse o entendimento do Plenário que, em conclusão de julgamento e por maioria, proveu recurso extraordinário no qual discutida a legitimidade de decreto estadual que alterara a jornada de

trabalho de servidores públicos, sem majorar a remuneração. Na espécie, o referido ato normativo ampliara a jornada de odontólogos, de 20 para 40 horas semanais, sem acréscimo remuneratório — v. Informativo 757. O Colegiado reconheceu que, no caso, houvera inegável redução de vencimentos, tendo em vista a não previsão de pagamento pelo aumento da carga horária de trabalho. Rememorou jurisprudência consolidada no sentido de não existir direito adquirido em relação a mudança de regime jurídico. Desse modo, não vislumbrou ilicitude no decreto que elevara a jornada de trabalho. Entretanto, independentemente da possibilidade de alteração legislativa da carga horária, seria impositivo respeitar o princípio da irredutibilidade de vencimentos. Ocorre que o decreto mencionado não concedera ao servidor estadual opção quanto à duração de sua jornada de trabalho, mas apenas impusera nova carga horária sem aumento de remuneração. Concluiu que o decreto não seria aplicável aos servidores que, antes de sua edição, estivessem legitimamente subordinados a carga horária inferior a 40 horas semanais. Assim, declarou a inconstitucionalidade parcial, sem redução de texto, do dispositivo. Além disso, determinou a prolação de nova sentença, na origem, após a produção de provas requerida pelas partes, levada em conta a questão de direito firmada no julgamento. Vencido, em parte, o Ministro Marco Aurélio, que se limitava a prover o recurso, nos termos em que requerido.

Servidor público: reajuste de vencimentos e dever estatal de indenização - 3
O Plenário retomou julgamento de recurso extraordinário em que se discute eventual direito de indenização por danos patrimoniais decorrentes de omissão do Poder Executivo estadual pelo não envio de projeto de lei destinado a viabilizar o reajuste geral e anual dos vencimentos de servidores públicos da respectiva unidade federativa, consoante previsto no inciso X do art. 37 da CF ("A remuneração dos servidores públicos e o subsídio de que trata o § 4º do art. 39 somente poderão ser fixados ou alterados por lei específica, observada a iniciativa privativa em cada caso, assegurada revisão geral anual, sempre na mesma data e sem distinção de índices") — v. Informativo 630. Em voto-vista, a Ministra Cármen Lúcia acompanhou o Ministro Marco Aurélio, relator, para dar provimento ao recurso. Salientou, de início, a inovação introduzida no sistema constitucional brasileiro a partir de 1998, com a fixação de dever ao empregador estatal de realizar a revisão geral como garantia necessária em uma economia ainda frágil, com índices inflacionários a corroer o valor da moeda e o ganho dos trabalhadores. Em seguida, a Ministra distinguiu reajuste de revisão. Asseverou, ainda, que o não cumprimento da obrigação de promover a revisão geral anual expressamente prevista no texto constitucional teria causado danos aos servidores públicos. Rememorou que o STF já reconhecera a mora do Governador do Estado de São Paulo pela ausência de lei específica nos moldes exigidos pelo art. 37, X, da CF, quando da análise da ADI 2.492/SP (DJU de 22.3.2002). Tendo em vista se tratar de omissão ilícita, reputou que o ressarcimento devido teria natureza reparatória. Afastou, também, a incidência do Enunciado 339 da Súmula do STF ("Não cabe ao Poder Judiciário, que não tem função legislativa, aumentar vencimentos de servidores públicos sob fundamento de isonomia"), porque a situação dos autos não envolveria aumento ou reajuste sem lei específica. Observou, além disso, que no Estado de São Paulo foram editadas leis meramente simbólicas, desprovidas de conteúdo concretizador do direito à revisão geral anual.

Servidor público: reajuste de vencimentos e dever estatal de indenização - 4
Por outro lado, o Ministro Roberto Barroso inaugurou a divergência e negou provimento ao extraordinário. Ressaltou não vislumbrar no artigo em questão dever específico de que a remuneração dos servidores fosse objeto de aumentos anuais e, tampouco, em percentual obrigatoriamente correspondente à inflação apurada no período. Aduziu que a exegese do termo "revisão" abarcaria entendimento no sentido de que o art. 37, X, da CF exigiria uma avaliação anual, que poderia resultar, ou não, em concessão de aumento. Destacou, outrossim, que o preceito deveria ser interpretado em conjunto com outros dispositivos que se distanciariam da lógica de reajustes automáticos e de indexação econômica (CF, artigos 7º, IV, e 37, XIII). Assinalou que a tese segundo a qual a adoção de índice inferior à inflação de determinado período importaria automaticamente em degradação do direito de propriedade mereceria temperamentos. Consignou que a indexação, embora legítima na tentativa de neutralizar o fenômeno inflacionário, teria como efeito colateral a retroalimentação desse mesmo processo de inflação. Advertiu para a necessidade de que os reajustes fossem condicionados às circunstâncias econômicas de cada momento. Por fim,

VADE MECUM DE JURISPRUDÊNCIA – STF/STJ

concluiu que o art. 37, X, da CF imporia ao Chefe do Poder Executivo o dever de se pronunciar anualmente e de forma fundamentada sobre a conveniência e a possibilidade de reajuste anual do funcionalismo. Na sequência, pediu vista dos autos o Ministro Teori Zavascki.

Servidor público: reajuste de vencimentos e dever estatal de indenização - 5

O Plenário retomou julgamento de recurso extraordinário em que se discute eventual direito de indenização por danos patrimoniais decorrentes de omissão do Poder Executivo estadual pelo não envio de projeto de lei destinado a viabilizar o reajuste geral e anual dos vencimentos de servidores públicos da respectiva unidade federativa, consoante previsto no inciso X do art. 37 da CF ("X - A remuneração dos servidores públicos e o subsídio de que trata o § 4º do art. 39 somente poderão ser fixados ou alterados por lei específica, observada a iniciativa privativa em cada caso, assegurada revisão geral anual, sempre na mesma data e sem distinção de índices") — v. Informativos 630 e 741. Em voto-vista, o Ministro Teori Zavascki, ao acompanhar divergência inaugurada pelo Ministro Roberto Barroso, negou provimento ao recurso, no que foi acompanhado pelos Ministros Rosa Weber e Gilmar Mendes. Afirmou, inicialmente, que o inciso X do art. 37 da CF, na redação dada pela EC 19/1998, estabeleceria o direito dos servidores públicos à revisão anual de sua remuneração e, em contrapartida, o dever da Administração Pública de encaminhar, aprovar e cumprir lei específica sobre a matéria. Asseverou que a Constituição, entretanto, não fixaria critérios ou índices a serem observados na revisão. Determinaria, apenas, que ela fosse efetuada sem distinção de índices entre os beneficiados. Por isso, assentou não haver a possibilidade de se extrair do texto constitucional qualquer indicação de índice mínimo, ainda que para efetuar a manutenção real do poder aquisitivo dos servidores públicos. Concluiu, portanto, não existir na Constituição nenhuma disposição que garantisse a reposição anual dos índices inflacionários. Consignou, ademais, que não caberia, no caso, invocar o princípio constitucional da irredutibilidade de vencimentos, visto que a jurisprudência do STF seria no sentido de que sua eventual ofensa ocorreria quando houvesse redução do valor nominal dos vencimentos, mas não quando se deixasse de reajustá-los para repor seu poder de compra. Assinalou — após reafirmar a jurisprudência da Corte quanto à inviabilidade de implementação judicial de aumento de vencimentos de servidores públicos — que a pretensão deduzida no recurso extraordinário em comento acabaria por transferir a ausência de lei específica de revisão de vencimentos para o domínio da responsabilidade civil do Estado. Anotou, então, que, em razão da ausência de previsão constitucional relativa a índices mínimos de revisão anual dos vencimentos, suprir essa falta por sentença equivaleria a legislar. O Ministro Luiz Fux acompanhou os Ministros Marco Aurélio (relator) e Cármen Lúcia, e, em consequência, deu provimento ao recurso. Registrou que a norma constitucional em questão — que não precisaria da intermediação do legislador —, estabeleceria um direito subjetivo público do servidor, qual seja, a revisão geral e anual de seus vencimentos. Em seguida, pediu vista dos autos o Ministro Dias Toffoli. **RE 565089/SP, rel. Min. Marco Aurélio, 2.10.2014. (RE-565089) (Inform. STF 761)**

EC 41/2003: fixação de teto constitucional e irredutibilidade de vencimentos - 1

O teto de retribuição estabelecido pela EC 41/2003 é de eficácia imediata, e submete às referências de valor máximo nele discriminadas todas as verbas de natureza remuneratória percebidas pelos servidores públicos da União, dos Estados, do Distrito Federal e dos Municípios, ainda que adquiridas de acordo com regime legal anterior. Esse o entendimento do Plenário que, por maioria, deu provimento a recurso extraordinário em que se discutia a aplicabilidade da referida emenda constitucional a servidores públicos que percebessem remuneração acima do teto constitucional. Na espécie, servidores estaduais aposentados e pensionistas, vinculados ao Poder Executivo local, tiveram seus rendimentos submetidos a cortes, sob a vigência da EC 41/2003, promovidos com o propósito de adequar suas remunerações aos subsídios do Governador. Preliminarmente, o Colegiado não conheceu de agravo regimental interposto da tribuna por "amicus curiae", que impugnava anterior decisão monocrática do Ministro Teori Zavascki (relator), que indeferira pedido, formulado na véspera do julgamento, cujo conteúdo ampliaria o objeto do recurso extraordinário. O agravante postulava, tendo em conta alegada ineficácia de eventual recurso interposto após o julgamento, que fosse aceito o agravo oral. O Plenário consignou que a legitimidade recursal dos "amici curiae" seria limitada às hipóteses em que não tivesse sido admitida sua intervenção no feito, o que não se daria no caso.

EC 41/2003: fixação de teto constitucional e irredutibilidade de vencimentos - 2

No mérito, a Corte afastou, de início, a alegação de nulidade do acórdão em razão de suposta negativa de jurisdição. Ao reafirmar a jurisprudência do STF quanto à matéria, consignou que o pronunciamento do tribunal de origem teria adotado fundamentação suficiente ao julgar o caso. Vencido, no ponto, o Ministro Marco Aurélio, que assentava a nulidade. Em seguida, e no tocante à aplicabilidade da EC 41/2003, o Plenário asseverou que o teto de retribuição constituiria norma constitucional de estrutura complexa, porque estabelecida pela conjunção de diferentes dispositivos do texto constitucional, cujo sentido normativo seria chancelado por quatro principais ingredientes constitutivos: a) a limitação da autonomia de cada ente federativo, ao se apresentar um ápice remuneratório que deveria ser obrigatoriamente seguido; b) a abrangência inclusiva do teto, a compreender tudo o quanto viesse a remunerar o trabalho do servidor, a qualquer título; c) o recado normativo complementar, presente no ADCT e nos artigos 29 da EC 19/1998 e 9º da EC 41/2003, a determinar que aquilo que sobejasse da incidência do teto constituiria excesso, cuja percepção não poderia ser reclamada, ainda que o direito a ela tivesse sido licitamente adquirido segundo uma ordem jurídica anterior; e, por fim, d) a disposição, que decorreria do sistema constitucional, no sentido de que a garantia da irredutibilidade de proventos não ampararia a percepção de verbas remuneratórias que desbordassem do teto de retribuição. Frisou que esta última assertiva seria depreendida da parte final do inciso III do art. 95, e da alínea c do inciso I do § 5º do art. 128, todos da CF, em sua redação originária ["Art. 95. Os juízes gozam das seguintes garantias: ... III - irredutibilidade de vencimentos, observado, quanto à remuneração, o que dispõem os arts. 37, XI, 150, II, 153, III, e 153, § 2º, I; Art. 128. O Ministério Público abrange: ... § 5º - Leis complementares da União e dos Estados, cuja iniciativa é facultada aos respectivos Procuradores-Gerais, estabelecerão a organização, as atribuições e o estatuto de cada Ministério Público, observadas, relativamente a seus membros: I - as seguintes garantias: ... c) irredutibilidade de vencimentos, observado, quanto à remuneração, o que dispõem os arts. 37, XI, 150, II, 153, III, 153, § 2º, I"], e, além disso, da atual redação do inciso XV do art. 37, também da CF ("Art. 37. A administração pública direta e indireta de qualquer dos Poderes da União, dos Estados, do Distrito Federal e dos Municípios obedecerá aos princípios de legalidade, impessoalidade, moralidade, publicidade e eficiência e, também, ao seguinte: ... XV - o subsídio e os vencimentos dos ocupantes de cargos e empregos públicos são irredutíveis, ressalvado o disposto nos incisos XI e XIV deste artigo e nos arts. 39, § 4º, 150, II, 153, III, e 153, § 2º, I"). Assinalou que, ao condicionar a fruição da garantia de irredutibilidade de vencimentos à observância do teto de retribuição (CF, art. 37, XI), a literalidade dos citados dispositivos constitucionais deixaria fora de dúvida que o respeito ao teto representaria verdadeira condição de legitimidade para o pagamento das remunerações no serviço público. Concluiu que nada, nem mesmo concepções de estabilidade fundamentadas na cláusula do art. 5º, XXXVI, da CF ("a lei não prejudicará o direito adquirido, o ato jurídico perfeito e a coisa julgada"), justificariam excepcionar a imposição do teto de retribuição.

EC 41/2003: fixação de teto constitucional e irredutibilidade de vencimentos - 3

O Plenário destacou que a garantia da irredutibilidade, que hoje assistiria igualmente a todos os servidores, constituiria salvaguarda a proteger a sua remuneração de retrações nominais que viessem a ser determinadas por meio de lei. O mesmo não ocorreria, porém, quando a alteração do limite remuneratório fosse determinada pela reformulação da própria norma constitucional de teto de retribuição. Isso porque a cláusula da irredutibilidade possuiria âmbito de incidência vinculado ao próprio conceito de teto de retribuição, e operaria somente dentro do intervalo remuneratório por ele definido. Esclareceu que a irredutibilidade de vencimentos constituiria modalidade qualificada de direito adquirido. Todavia, o seu âmbito de incidência exigiria a presença de pelo menos dois requisitos cumulativos: a) que o padrão remuneratório nominal tivesse sido obtido conforme o direito, e não de maneira juridicamente ilegítima, ainda que por equívoco da Administração Pública; e b) que o padrão remuneratório nominal estivesse compreendido dentro do limite máximo pré-definido pela Constituição. Aduziu que os excessos eventualmente percebidos fora dessas condições, ainda com o beneplácito de disciplinas normativas anteriores, não estariam amparados pela regra da irredutibilidade. Ressaltou, ademais, que o pagamento de remunerações superiores aos tetos de retribuição, além de se contrapor a noções primárias de moralidade, de transparência e de austeridade na administração dos gastos com custeio, representaria gravíssima quebra da coerência hierárquica essencial à orga-

6. DIREITO ADMINISTRATIVO

nização do serviço público. Lembrou, por fim, que o fato de o art. 9º da EC 41/2003 ser objeto de ação direta de inconstitucionalidade ainda pendente de apreciação, não impediria, contudo, que o STF fizesse impor a força normativa do próprio art. 37, XI, da CF, cujo enunciado seria suficiente para coibir situações inconstitucionais de remuneração excessiva. Vencidos os Ministros Marco Aurélio, Celso de Mello e Ricardo Lewandowski (Presidente), que negavam provimento ao recurso. O Ministro Marco Aurélio destacava, de início, a balizas objetivas do acórdão impugnado, que teria decidido que o direito adquirido se sobreporia à novidade que teria vindo com a EC 41/2003. Afirmava, então, que, de acordo com o rol de garantias constitucionais, nem mesmo a lei — entendida esta de forma abrangente, a apanhar as emendas constitucionais — poderia colocar em segundo plano o direito adquirido, o ato jurídico perfeito e a coisa julgada. O Ministro Celso de Mello reafirmava seu entendimento quanto à inconstitucionalidade do art. 9º da EC 41/2003 e à intangibilidade do direito adquirido. O Ministro Ricardo Lewandowski acrescentava que a decisão recorrida, ao perfilhar o entendimento do STF em casos semelhantes, seria de extrema razoabilidade ao assentar o direito dos ora recorridos ao percebimento da integralidade de seus proventos, até que o montante excedente do teto fosse absorvido por subsídio fixado em lei. **RE 609381/GO, rel. Min. Teori Zavascki, 2.10.2014. (RE-609381) (Inform. STF 761)**

Pagamento de adicionais por tempo de serviço: coisa julgada e art. 17 do ADCT - 2

Em conclusão de julgamento, o Plenário concedeu mandado de segurança e considerou devidos os adicionais por tempo de serviço que teriam sido incorporados aos proventos de inativo por decisão transitada em julgado após a CF/1988. Assentou, em consequência, a inaplicabilidade, ao caso, do art. 17 do ADCT ("Art. 17. Os vencimentos, a remuneração, as vantagens e os adicionais, bem como os proventos de aposentadoria que estejam sendo percebidos em desacordo com a Constituição serão imediatamente reduzidos aos limites dela decorrentes, não se admitindo, neste caso, invocação de direito adquirido ou percepção de excesso a qualquer título. § 1º - É assegurado o exercício cumulativo de dois cargos ou empregos privativos de médico que estejam sendo exercidos por médico militar na administração pública direta ou indireta. § 2º - É assegurado o exercício cumulativo de dois cargos ou empregos privativos de profissionais de saúde que estejam sendo exercidos na administração pública direta ou indireta"). Na espécie, o impetrante fora beneficiado de decisão judicial proferida em 7.6.1988, com trânsito em julgado em 2.2.1989, pela qual teria sido reconhecido o seu direito, e de outros litisconsortes, à percepção do adicional por tempo de serviço previsto na Lei 4.047/1961 — v. Informativo 565. O Colegiado asseverou que, como a Constituição não estabelecera percentuais mínimos ou máximos para a percepção de vantagem, caberia à legislação infraconstitucional fazê-lo, o que ocorrera no caso. Constatou, também, que os montantes em disputa nos autos seriam distantes do teto fixado para os vencimentos dos servidores públicos. Assinalou que, na situação em apreço, não ocorrera o denominado "repique", porque a gratificação objeto do presente "mandamus" não fora computada, tampouco acumulada, para fins de concessão de ulteriores acréscimos. Sublinhou, no entanto, que a presente decisão não teria o condão de perpetuar o regime jurídico acerca de pagamento da parcela em percentual de 51% sobre o valor do vencimento se houvesse reestruturação de carreira ou mudança do regime jurídico de pagamento. Recordou a jurisprudência da Corte quanto à inexistência de direito adquirido a regime jurídico da forma de cálculo de parcela remuneratória, garantida ao servidor público somente a irredutibilidade de vencimentos. Reputou que a parcela adicional incorporada aos proventos de aposentadoria por ordem judicial transitada em julgado em favor do ora impetrante não afrontara o art. 37, XIV, da CF/1988, em sua redação original. **MS 22682/RJ, rel. Min. Cármen Lúcia, 24.9.2014. (MS-22682) (Inform. STF 760)**

ADI: remuneração de servidores públicos e instituição de gratificação por ato normativo

O Plenário confirmou medida cautelar e julgou procedente pedido formulado em ação direta para declarar a inconstitucionalidade de ato normativo editado pela Presidência do STJ, em 19.12.1997, nos autos do Processo STJ 2400/1997 ["a) Os servidores das carreiras de Analista Judiciário, Técnico Judiciário e Auxiliar Judiciário do Quadro de Pessoal do Superior Tribunal de Justiça perceberão, a título de Gratificação de Representação Mensal, valor correspondente a 85% (oitenta e cinco por cento) da remuneração das Funções Comissionadas FC-6, FC-5 e FC-4, respectivamente, prevista no artigo 14 da Lei nº 9.421/96; b) para efeito de cálculo dos valores anuais

da Representação Mensal serão considerados os valores dos anexos V, VI e VII da Lei nº 9.421/96, bem como o disposto em seu artigo 4º, § 2º; c) a Gratificação de Representação Mensal somente é devida aos servidores em efetivo exercício no Superior Tribunal de Justiça; d) é vedada a percepção cumulativa da Gratificação de Representação Mensal com a retribuição pelo exercício de função comissionada, assegurada a situação mais vantajosa para o servidor; e) tal vantagem é extensiva aos servidores aposentados e aos pensionistas, nos termos do art. 40, §§ 4º e 5º da Constituição Federal; f) as despesas decorrentes da aplicação desta Resolução correrão a conta das dotações orçamentárias do Superior Tribunal de Justiça; g) os efeitos financeiros serão a partir de 1º de janeiro de 1998"]. O Colegiado consignou que a instituição de gratificação remuneratória por meio de ato normativo interno de tribunal sempre fora vedada pela Constituição, mesmo antes da reforma administrativa advinda com a promulgação da EC 19/1998. Acrescentou que a utilização do fundamento de isonomia remuneratória entre os diversos membros e servidores dos Poderes da República, antes contida no art. 39, § 1º, da CF, não prescindiria de veiculação normativa por meio de lei específica, inclusive quando existisse dotação orçamentária suficiente. Ademais, reputou que também teria havido ofensa ao art. 96, II, b, da CF. **ADI 1776/DF, rel. Min. Dias Toffoli, 4.9.2014. (ADI-1776) (Inform. STF 757)**

Aumento de vencimento e isonomia

Não cabe ao Poder Judiciário, que não tem a função legislativa, aumentar vencimentos de servidores públicos sob o fundamento de isonomia. Com base nesse entendimento, o Plenário, por maioria, reafirmou o Enunciado 339 da Súmula do STF e deu provimento a recurso extraordinário para reformar acórdão que estendera gratificação com base no princípio da isonomia. O Tribunal afirmou que a jurisprudência do STF seria pacífica no sentido de que o aumento de vencimentos de servidores dependeria de lei e não poderia ser efetuado apenas com base no princípio da isonomia. Salientou que tampouco seria possível a equiparação salarial, a pretexto de resguardar a isonomia entre servidores de mesmo cargo, quando o paradigma emanasse de decisão judicial transitada em julgado. Observou que, nos termos da Lei 2.377/1995 do Município do Rio de Janeiro, a gratificação de gestão de sistemas administrativos seria específica para os servidores em exercício na Secretaria Municipal de Administração - SMA. Frisou que o recorrido, apesar de ocupante de cargo efetivo da SMA, estaria em exercício em secretaria diversa. Dessa forma, não cumpriria os requisitos legais para o recebimento e a incorporação da referida gratificação. Vencidos os Ministros Marco Aurélio e Rosa Weber, quanto ao conhecimento do recurso. Pontuavam que o conflito de interesse teria solução final no âmbito do Poder Judiciário estadual, já que a controvérsia envolveria interpretação conferida à lei municipal e ao decreto que a regulamentara. Além disso, seria necessário revolver os elementos probatórios para assentar premissas diversas das constantes do acórdão recorrido. Vencido também no mérito o Ministro Marco Aurélio, que negava provimento ao recurso extraordinário. **RE 592317/RJ, rel. Min. Gilmar Mendes, 28.8.2014. (RE-592317) (Inform. STF 756)**

ADI e adicional de férias a servidor em inatividade

O servidor público em inatividade não pode gozar de férias, porquanto deixou de exercer cargo ou função pública, razão pela qual a ele não se estende adicional de férias concedido a servidores em atividade. Com base nessa orientação, o Plenário confirmou medida cautelar e julgou procedente pedido formulado em ação direta para declarar a inconstitucionalidade do § 2º do art. 9º da Lei 1.897/1989 do Estado do Amazonas. Referida norma estende adicional de férias, no valor de 1/3 da remuneração, aos servidores inativos. O Tribunal asseverou que cláusula de extensão aos servidores inativos dos benefícios e vantagens que viessem a ser concedidos aos servidores ativos não autorizaria a concessão de vantagens pecuniárias compatíveis tão somente com o regime jurídico dos servidores em atividade. **ADI 1158/AM, rel. Min. Dias Toffoli, 20.8.2014. (ADI-1158) (Inform. STF 755)**

ADPF: vinculação de vencimentos e superveniência da EC 19/1998 - 1

Ante o óbice à vinculação ou à equiparação de vencimentos consagrado pela EC 19/1998, a alcançar quaisquer espécies remuneratórias, o Plenário julgou parcialmente procedente pedido formulado em arguição de descumprimento de preceito fundamental para declarar não recepcionado, pela citada emenda, o art. 65 da LC 22/1994 do Estado do Pará, no trecho em que vincula os vencimentos dos delegados de polícia aos dos procuradores de estado ("correspondendo a de maior nível ao vencimento de Procurador do Estado

478 VADE MECUM DE JURISPRUDÊNCIA – STF/STJ

de último nível"). De início, o Tribunal, por maioria, rejeitou preliminar, suscitada pelo Ministro Marco Aurélio, de falta de interesse de agir da Associação dos Procuradores dos Estados - Anap. A Corte asseverou que a requerente seria entidade de classe de âmbito nacional e estaria configurado o vínculo de afinidade temática entre o objeto da demanda e os seus objetivos institucionais. Registrou a suficiência da presença do interesse público no controle, em virtude da feição objetiva do processo. Ademais, ressaltou eventual possibilidade de engessamento remuneratório em decorrência do fato de a categoria servir como paradigma. Vencido o suscitante, por não vislumbrar em que medida os interesses da categoria profissional congregada pela requerente seriam abarcados pela lei impugnada, que versa sobre a remuneração dos delegados de polícia do Estado do Pará. Em seguida, o Colegiado, por votação majoritária, assentou o cabimento da ADPF, nos termos do art. 1º, parágrafo único, I, da Lei 9.882/1999. Considerou evidenciada a relevante controvérsia constitucional sobre lei estadual anterior ao parâmetro de constitucionalidade invocado. Salientou a inviabilidade do ajuizamento de ação direta de inconstitucionalidade para esse fim. Vencido o Ministro Marco Aurélio, que declarava inadequada a ação ao fundamento de que se estaria a potencializar o conceito de preceito fundamental para requerer-se a manifestação declarativa do Supremo sobre alegada não-recepção de um diploma estadual.

ADPF: vinculação de vencimentos e superveniência da EC 19/1998 - 2
Por outro lado, o Tribunal não conheceu da ADPF quanto à pretendida limitação, à vigência da EC 19/1998, dos efeitos de decisão proferida em mandado de segurança — no qual reconhecido aos integrantes da Associação dos Delegados de Polícia do Estado do Pará - Adepol/PA o direito à isonomia de vencimentos relativamente aos procuradores do mesmo ente federativo —, cujo trânsito em julgado ocorrera em 28.5.1997. O Colegiado mencionou que o art. 65 da lei adversada entrara em vigor em 24.3.1994 e não haveria informação de revogação por legislação infraconstitucional superveniente. Destacou que não se questionariam a sua validade e os efeitos por ela produzidos no período compreendido entre o início de sua vigência e a promulgação da EC 19, em 4.7.1998. Apontou que o caso não versaria a possibilidade de desconstituição da coisa julgada formada naquele processo, na medida em que a requerente buscaria a declaração de não-recepção do preceito estadual com a consequente ineficácia, a partir da vigência da EC 19/1998, da decisão proferida em mandado de segurança. Ao ressaltar a natureza subjetiva do "writ", a Corte concluiu que a solicitação não poderia ser apreciada em sede de ADPF. O Ministro Teori Zavascki observou que não estaria em discussão a validade da sentença, de modo a se saber se ela seria passível de rescisão ou não, mas, sim, a sua eficácia temporal. Aduziu que a ADPF não deveria ser conhecida, tendo em conta a desnecessidade desse instrumento para retirar a eficácia da sentença, que seria automática pelo advento da própria emenda constitucional. Frisou que a sentença possuiria eficácia "rebus sic stantibus", razão pela qual se houvesse alteração no estado de direito, despicienda uma sentença rescisória.

ADPF: vinculação de vencimentos e superveniência da EC 19/1998 - 3
O Plenário, então, conheceu da ADPF apenas no que se refere ao pleito de declaração de não recepção do art. 65 da LC paraense 22/1994 pela EC 19/1998. Consignou que a redação conferida pela referida emenda aos artigos 37, XIII, e 39, § 1º, da CF vedara a possibilidade de vinculação ou equiparação de cargos, empregos ou funções, por força de ato normativo infraconstitucional. Além disso, afirmou que a supressão do texto original do art. 241 e a nova redação conferida aos artigos 39, §§ 1º e 4º, e 144, § 9º, ambos da CF, definiriam as balizas a serem observadas daí em diante para a fixação, por lei, da remuneração dos delegados de polícia. Ao enfatizar o redesenho trazido pela EC 19/1998 à ordem constitucional-administrativa, a Corte concluiu pela incompatibilidade material do preceito questionado. Reconheceu, ainda, inexistir incompatibilidade do referido dispositivo estadual com a ordem constitucional vigente naquilo em que tão somente determina a fixação do vencimento básico do delegado de polícia civil com diferença não superior a 5% de uma classe para outra da carreira. Aludiu à jurisprudência da Corte no sentido da validade constitucional da instituição de mera graduação remuneratória relacionada ao escalonamento hierárquico interno de uma carreira.
ADPF 97/PA, rel. Min. Rosa Weber, 21.8.2014. (ADPF-97) (Inform. STF 755)

MS: admissão de "amicus curiae" e teto remuneratório em serventias extrajudiciais
Não é cabível a intervenção de "amicus curiae" em mandado de segurança. Com base nessa orientação, a 1ª Turma resolveu questão de ordem suscitada pelo Ministro Dias Toffoli (relator) no sentido de se indeferir pedido formulado pela Associação dos Notários e Registradores do Brasil - Anoreg/Br para que fosse admitida no presente feito na condição de "amicus curiae". A Turma consignou que, tendo em conta o quanto disposto no art. 24 da Lei 12.016/2009 — dispositivo que afirma serem aplicáveis ao rito do mandado de segurança as normas do CPC que disciplinam exclusivamente o litisconsórcio —, a intervenção de terceiros nessa classe processual seria limitada e excepcional. Asseverou que entendimento contrário poderia, inclusive, comprometer a celeridade do "writ" constitucional. No mérito, a Turma denegou a segurança e, em consequência, cassou liminar anteriormente deferida. Reafirmou a jurisprudência do STF no sentido da necessidade de concurso público para o preenchimento de vaga em serventias extrajudiciais. Assentou, por outro lado, a legitimidade da incidência do teto remuneratório, aplicável aos servidores públicos em geral, àqueles interinamente responsáveis pelos trabalhos nas serventias vagas. **MS 29192/DF, rel. Min. Dias Toffoli, 19.8.2014. (MS-29192) (Inform. STF 755)**

Polícia civil do DF: extensão de gratificação e legitimidade passiva da União - 1
A 1ª Turma iniciou julgamento de recurso extraordinário em que se discute a legitimidade da União para figurar como parte passiva em ação na qual integrante da polícia civil do Distrito Federal reivindica a extensão de gratificação recebida por policiais federais e, consequentemente, o deslocamento da competência para a justiça federal. Na espécie, o acórdão recorrido concluiu pela ilegitimidade passiva da União e, assim, pela incompetência absoluta da justiça federal. O Ministro Marco Aurélio, relator, negou provimento ao recurso extraordinário. Reputou que a legitimidade seria do Distrito Federal, o que implicaria incompetência absoluta da justiça federal. Afirmou que não se poderia confundir a cláusula incerta no inciso XIV do art. 21 da CF, que previa a competência da União para organizar e manter a polícia civil, com relação jurídica a envolver servidores e o Distrito Federal. Em seguida, pediu vista o Ministro Roberto Barroso.

Polícia civil do DF: extensão de gratificação e legitimidade passiva da União - 2
A União tem legitimidade para figurar como parte passiva em ação na qual integrante da Polícia Civil do Distrito Federal reivindica a extensão de gratificação recebida por policiais federais. Por conseguinte, compete à justiça federal processar e julgar o feito. Essa orientação da 1ª Turma que, em conclusão de julgamento e por maioria, proveu recurso extraordinário — v. Informativo 737. Prevaleceu o voto do Ministro Roberto Barroso. Afirmou que não apenas a competência legislativa em relação aos policiais do Distrito Federal seria da União, como também o ônus financeiro. O Ministro Luiz Fux acrescentou que haveria previsão constitucional expressa no sentido de que competiria à União manter a Polícia Civil do Distrito Federal. Assentou que, se por regra constitucional, o ônus financeiro relacionado àquele órgão seria da União, toda ação que buscasse modificar esse ônus seria, consequentemente, de competência da justiça federal. Vencido o Ministro Marco Aurélio (relator), que desprovia o recurso. Reputava não se poder confundir a cláusula do inciso XIV do art. 21 da CF, que prevê a competência da União para organizar e manter a polícia civil, com relação jurídica a envolver servidores e o Distrito Federal. Precedente citado: SS 1.154/DF (DJU de 6.6.1997). **RE 275438/DF, rel. orig. Min. Marco Aurélio, red. p/ o acórdão Min. Roberto Barroso, 27.5.2014. (RE-275438) (Inform. STF 748)**

Autonomia dos entes federados e vinculação de subsídios
A vinculação automática de subsídios de agentes políticos de distintos entes federativos é inconstitucional. Com base nesse entendimento, o Plenário julgou procedente pedido formulado em ação direta para declarar a inconstitucionalidade do art. 1º da Lei 7.456/2003, do Estado do Espírito Santo. No caso, a norma estadual impugnada estabelece como subsídio mensal pago a deputados estaduais o valor correspondente a 75% do subsídio mensal pago a deputados federais. O Tribunal destacou que qualquer aumento no valor dos subsídios destes resultaria, automaticamente, no aumento dos subsídios daqueles. Assim, reputou haver violação ao princípio da autonomia dos entes federados. **ADI 3461/ES, rel. Min. Gilmar Mendes, 22.5.2014. (ADI-3461) (Inform. STF 747)**

6. DIREITO ADMINISTRATIVO · 479

AG. REG. NA SL N. 665-SP
RELATOR: MINISTRO PRESIDENTE
Ementa: Teto Constitucional. Licença-Prêmio Indenizada. Agente Fiscal de Rendas do Estado de São Paulo. Suspensão da Execução de Decisão que Deferiu o Levantamento da Indenização até o Trânsito em Julgado da Sentença de Mérito. Agravo Regimental ao qual se Nega Provimento.

No caso da licença-prêmio não usufruída, paga em pecúnia ao servidor aposentado, a conclusão pela natureza indenizatória é válida apenas no que se refere ao seu valor total (§ 11 do art. 37 da Constituição, na redação da EC 47/2005).

O caráter indenizatório da parcela não se estende à remuneração do servidor, ainda que para o fim específico de cálculo da licença-prêmio, sob pena de violação ao inc. XI do art. 37 da Constituição, na redação da EC 41/2003. Entendimento deste Supremo Tribunal Federal no sentido de que afronta a ordem pública a decisão que afasta a aplicação do teto constitucional.

Agravo regimental ao qual se nega provimento, com a manutenção da decisão da Presidência que deferiu a suspensão da execução até o trânsito em julgado da sentença de mérito proferida no processo de origem. **(Inform. STF 747)**

AG. REG. NO AG. REG. NOS EMB. DECL. NA SS N. 4.416-SP
RELATOR: MINISTRO PRESIDENTE
Ementa: Teto Constitucional. Licença-Prêmio Indenizada. Agente Fiscal de Rendas do Estado de São Paulo. Suspensão da Execução de Decisão que Deferiu o Levantamento da Indenização até o Trânsito em Julgado da Sentença de Mérito. Agravo Regimental ao qual se Nega Provimento.

No caso da licença-prêmio não usufruída, paga em pecúnia ao servidor aposentado, a conclusão pela natureza indenizatória é válida apenas no que se refere ao seu valor total (§ 11 do art. 37 da Constituição, na redação da EC 47/2005).

O caráter indenizatório da parcela não se estende à remuneração do servidor, ainda que para o fim específico de cálculo da licença-prêmio, sob pena de violação ao inc. XI do art. 37 da Constituição, na redação da EC 41/2003. Entendimento deste Supremo Tribunal Federal no sentido de que afronta a ordem pública a decisão que afasta a aplicação do teto constitucional.

Agravo regimental ao qual se nega provimento, com a manutenção da decisão da Presidência que deferiu a suspensão da execução até o trânsito em julgado da sentença de mérito proferida no processo de origem. **(Inform. STF 747)**

AG. REG. NO ARE N. 794.339-DF
RELATORA: MIN. CÁRMEN LÚCIA
EMENTA: AGRAVO REGIMENTAL NO RECURSO EXTRAORDINÁRIO COM AGRAVO. ADMINISTRATIVO. DELEGADO DE POLÍCIA. VANTAGEM DE NATUREZA PESSOAL. ABSORÇÃO POR SUBSÍDIO. INEXISTÊNCIA DE DIREITO ADQUIRIDO A FÓRMULA DE COMPOSIÇÃO DA REMUNERAÇÃO. AGRAVO REGIMENTAL AO QUAL SE NEGA PROVIMENTO. **(Inform. STF 745)**

REPERCUSSÃO GERAL EM ARE N. 800.721-PE
RELATOR: MIN. TEORI ZAVASCKI
Ementa: PROCESSUAL CIVIL. RECURSO EXTRAORDINÁRIO COM AGRAVO. LEI 10.698/03. CONCESSÃO DE "VANTAGEM PECUNIÁRIA INDIVIDUAL". OFENSA AO ART. 37, X, DA CF. MATÉRIA INFRACONSTITUCIONAL. AUSÊNCIA DE REPERCUSSÃO GERAL.

1. A controvérsia relativa à incorporação, a vencimento de servidor, do reajuste de 13,23% sobre sua remuneração é de natureza infraconstitucional, já que decidida pelo Tribunal de origem com base nas Leis 10.697/03 e 10.698/03, não havendo, portanto, matéria constitucional a ser analisada.

2. É cabível a atribuição dos efeitos da declaração de ausência de repercussão geral quando não há matéria constitucional a ser apreciada ou quando eventual ofensa à Constituição Federal se dê de forma indireta ou reflexa (RE 584.608 RG, Min. ELLEN GRACIE, Pleno, DJe de 13/03/2009).

3. Ausência de repercussão geral da questão suscitada, nos termos do art. 543-A do CPC. **(Inform. STF 744)**

AG. REG. NO RE N. 687.395-MG
RELATOR: MIN. DIAS TOFFOLI
EMENTA: Agravo regimental no recurso extraordinário. Administrativo. Servidor público. Município. Base de cálculo do adicional de insalubridade. Ausência de previsão legal. Incidência sobre o vencimento básico. Possibilidade. Súmula Vinculante n° 4. Precedentes.

1. Diante da proibição constitucional de vinculação de qualquer vantagem de servidor público ou empregado ao salário mínimo e da impossibilidade da modificação da respectiva base de cálculo, não viola a Constituição a decisão do Tribunal que, em razão da omissão legislativa, fixa o vencimento básico do servidor como base de cálculo do adicional de insalubridade.

2. Agravo regimental não provido. **(Inform. STF 738)**

AG. REG. NO ARE N. 788.879-SP
RELATORA: MIN. CÁRMEN LÚCIA
EMENTA: AGRAVO REGIMENTAL NO RECURSO EXTRAORDINÁRIO COM AGRAVO. ADMINISTRATIVO. TETO REMUNERATÓRIO. VERBA INDENIZARÓRIA: NATUREZA JURÍDICA. OFENSA CONSTITUCIONAL INDIRETA. PRECEDENTES. AGRAVO REGIMENTAL AO QUAL SE NEGA PROVIMENTO. **(Inform. STF 738)**

ADI: vinculação de vencimentos de servidores públicos e piso salarial profissional - 1

Ao confirmar a orientação proferida quando do julgamento da medida cautelar no sentido do óbice à vinculação de vencimentos de servidores públicos estaduais a piso salarial profissional, o Plenário julgou procedente pedido formulado em ação direta. Declarou, em consequência, a inconstitucionalidade da expressão *assegurada aos servidores ocupantes de cargos ou empregos de nível médio e superior remuneração não inferior ao salário mínimo profissional estabelecido em lei*, contida no inciso II do art. 27 da Constituição do Estado de Santa Catarina, bem como da íntegra da Lei estadual 1.117/1990. O Tribunal acresceu que, reconhecidas as inconstitucionalidades formal e material do art. 1°, *caput* e parágrafos, da Lei catarinense 1.117/1990, deveria ser reconhecida a inconstitucionalidade, por arrastamento, da totalidade do mencionado diploma legal, o qual se limitaria a veicular normas instrumentalizadoras da aplicação do seu art. 1°.

ADI: vinculação de vencimentos de servidores públicos e piso salarial profissional - 2

Ao aplicar o entendimento acima mencionado, o Plenário confirmou a medida cautelar para julgar procedente pedido formulado em ação direta e declarar, por conseguinte, a inconstitucionalidade do inciso XII do art. 55 da Constituição do Estado de Alagoas (*Art. 55 - São direitos especificamente assegurados aos servidores públicos civis: ... XII - piso salarial profissional para as categorias com habilitação profissional específica*). **ADI 668/AL, rel. Min. Dias Toffoli, 19.2.2014. (ADI-668)**

ADI: remuneração de magistrados e de servidores públicos estaduais do Poder Judiciário

Ao confirmar, em parte, a medida acauteladora concedida em ação direta, o Plenário assentou a extinção do processo no que se refere à LC 2/1990, do Estado de Mato Grosso, e julgou parcialmente procedente pedido formulado para declarar a inconstitucionalidade da expressão *que servirá de limite máximo para a remuneração dos cargos do Poder Judiciário*, constante do inciso XXXI do art. 26, assim como da expressão *e Judiciário*, contida no *caput* do art. 145, ambos da Constituição do Estado de Mato Grosso. Os preceitos impugnados dispõem sobre a remuneração no âmbito dos Poderes Legislativo, Executivo e Judiciário. Inicialmente, o Tribunal registrou a carência superveniente da ação, em virtude do desaparecimento do interesse processual, haja vista a revogação da LC estadual 2/1990 pela LC 16/1992. Em seguida, quanto aos demais dispositivos questionados, afirmou a vedação de se estabelecer, em nível estadual, limites à remuneração do Poder Judiciário, os quais seriam fixados na Constituição. Destacou, ademais, que a iniciativa legislativa seria do STF e que a matéria também seria regulada pela Lei Orgânica da Magistratura Nacional – Loman, recepcionada em face da Constituição vigente. **ADI 509/MT, rel. Min. Ricardo Lewandowski, 19.4.2014. (ADI-509) (Inform. STF 736)**

AG. REG. NO ARE N. 705.661-BA
RELATORA: MIN. ROSA WEBER
EMENTA: DIREITO ADMINISTRATIVO. SERVIDORES PÚBLICOS FEDERAIS. VANTAGEM PECUNIÁRIA INDIVIDUAL. REAJUSTE. LEI 10.698/2003. ALEGADA CONTRARIEDADE AO ART. 37, X, DA CONSTITUIÇÃO DA REPÚBLICA. DEBATE INFRACONSTITUCIONAL. AUMENTO DE VENCIMENTOS DE SERVIDORES PÚBLICOS PELO PODER JUDICIÁRIO SOB O FUNDAMENTO DA ISONOMIA. IMPOSSIBILIDADE. ÓBICE DA SÚMULA 339/STF. ACÓRDÃO RECORRIDO PUBLICADO EM 22.9.2011.

O exame da alegada ofensa ao art. 37, X, da Constituição Federal, dependeria de prévia análise da legislação infraconstitucional aplicada à espécie, Lei 10.698/2003, o que refoge à competência jurisdicional extraordinária, prevista no art. 102 da Constituição Federal.

Divergir do entendimento do acórdão recorrido quanto à natureza do pagamento da vantagem no valor fixo de R$ 59,87 (cinquenta e nove reais e oitenta e sete centavos), estabelecida pela Lei 10.698/03, se revisão geral ou vantagem pecuniária individual, demandaria a análise de legislação infraconstitucional aplicada à espécie, o que torna oblíqua e reflexa eventual ofensa, insuscetível, portanto, de viabilizar o conhecimento do recurso extraordinário. Na esteira da jurisprudência desta Corte, a equiparação de vencimentos requer a edição de lei específica, razão pela qual não se admite a extensão, pela via judicial, de vantagem de natureza pessoal, legalmente instituída, a pretexto de se empregar tratamento isonômico. Óbice da Súmula 339/STF. As razões do agravo regimental não são aptas a infirmar os fundamentos que lastrearam a decisão agravada, mormente no que se refere à ausência de ofensa direta e literal a preceito da Constituição da República.

Agravo regimental conhecido e não provido. (Inform. STF 735)

Incorporação de quintos e regime jurídico anterior - 1

É vedada a incorporação de quintos, aos vencimentos de magistrados, decorrente de exercício de função comissionada em cargo público, ocorrido em data anterior ao ingresso na magistratura. Com base nessa orientação, o Tribunal, por maioria, deu parcial provimento a recurso extraordinário em que se discutia, à luz dos artigos 2º, 5º, XXXVI, e 93 da CF, a ocorrência de direito adquirido à incorporação da mencionada vantagem. Em preliminar, por maioria, a Corte conheceu do recurso extraordinário. Pontuou que a controvérsia estabelecida no caso fora considerada, em decisão do Plenário Virtual, como de natureza constitucional e com repercussão geral. Salientou que esse reconhecimento não impossibilitaria que cada Ministro, quando do julgamento final do recurso extraordinário, pudesse se pronunciar em sentido diverso, inclusive quanto à incognoscibilidade do recurso extraordinário. Asseverou que, embora a configuração ou não de direito adquirido constituísse, em geral, matéria de disciplina infraconstitucional, predominaria entendimento de que a discussão relacionada ao sentido e aos limites da própria cláusula da Constituição que estabelecesse essa garantia assumiria características constitucionais. Na espécie, teria natureza constitucional debate acerca do direito à manutenção de regime jurídico. Vencidos, no ponto, os Ministros Luiz Fux, Dias Toffoli e Celso de Melo, que não conheciam do recurso. Afirmavam, com base em precedentes, que, não obstante o sistema constitucional impusesse o respeito ao direito adquirido, a Constituição não o definiria e, em nosso ordenamento positivo, esse conceito representaria matéria de caráter legal. Consideravam que o debate seria concernente à extensão da LC 35/79 (Loman) e, por isso, não haveria conflito direto com a Constituição. Ressaltavam que o pronunciamento do Tribunal seria em tema de estrita legalidade, a dar um desfecho para a dimensão normativa da Loman.

Incorporação de quintos e regime jurídico anterior - 2

No mérito, o Tribunal recordou expressivo número de recursos em que assentado não haver direito adquirido a regime jurídico. Aduziu que a Constituição asseguraria ao titular de direito adquirido a garantia de sua preservação, inclusive em face de lei nova, a incluir a faculdade de exercê-lo no devido tempo. Ponderou que esses direitos subjetivos somente poderiam ser gozados nos termos em que formados. Além disso, deveriam estar de acordo com a estrutura que lhes conferira o correspondente regime jurídico no âmbito do qual adquiridos e em face daqueles que teriam o dever jurídico de entregar a prestação. Consignou que somente no âmbito deste regime é que o titular do direito adquirido estaria habilitado a exigir a correspondente prestação. Registrou, ademais, que o direito pleiteado não estaria revestido de portabilidade a permitir que os recorridos pudessem exercê-lo fora da relação jurídica de onde se originaram, ainda mais quando dissipada essa vinculação. Observou que, inexistente o vínculo funcional, não haveria sentido em afirmar a sobrevivência de certa parcela remuneratória dessa relação jurídica desfeita. Lembrou que, considerada a vedação constitucional de se acumular cargos remunerados, não seria legítimo possuir, em um dos cargos, vantagem devida pelo exercício de outro. Assinalou não haver direito a se formar regime jurídico híbrido, de caráter pessoal e individual, que acumulasse, em um dos cargos, vantagem própria e exclusiva de outro. Aduziu que a garantia de preservação de direito adquirido não serviria para sustentar a criação e o exercício de um direito de *tertium genus*, composto de vantagens de dois regimes diferentes, cujo exercício cumulativo não

teria amparo na lei ou na Constituição. Concluiu pela inexistência de direito adquirido dos recorridos em continuar a receber os quintos incorporados, após a mudança de regime jurídico. Preservou, no entanto, os valores da incorporação já percebidos em respeito ao princípio da boa-fé.

Incorporação de quintos e regime jurídico anterior - 3

Vencidos os Ministros Luiz Fux e Dias Toffoli, que negavam provimento ao recurso. Rememoravam que os recorridos postulavam a vantagem até o advento da lei dos subsídios. Fixavam a necessidade de se conceder a vantagem aos que não a tivessem recebido, até o advento dessa norma. Estipulavam que o resultado do presente julgamento deveria ter eficácia a partir do presente, sob pena de se gerar situações anti-isonômicas entre magistrados. Vencido, ainda, o Ministro Marco Aurélio, que dava provimento ao recurso em maior extensão. Apontava que o valor recebido à margem da Constituição durante certo período deveria ser alvo de devolução. Frisava que o Estatuto dos Servidores Públicos preveria a devolução, ainda que em parcelas. Asseverava a inexistência, com as consequências próprias, no caso concreto, de direito adquirido dos recorridos. RE 587371/DF, rel. Min. Teori Zavascki, 14.11.2013. (RE-587371) (Inform. STF 728)

AG. REG. NO SEGUNDO AG. REG. NO RE N. 590.164-SP

RELATOR: MIN. DIAS TOFFOLI

EMENTA: Agravo regimental no segundo agravo regimental no recurso extraordinário. Verba de representação de Procuradores do Estado de São Paulo. Inclusão no teto remuneratório. Precedentes.

1. A verba de representação recebida pelos Procuradores do Estado de São Paulo não se caracteriza como vantagem de natureza pessoal e, por isso, deve ser incluída no teto remuneratório da categoria.

2. Agravo regimental não provido. (Inform. STF 727)

AG. REG. NO ARE N. 718.339-RS

RELATOR: MIN. MARCO AURÉLIO

ISONOMIA – VENCIMENTOS – DELEGADO DE POLÍCIA *VERSUS* PROCURADOR DO ESTADO – DIFERENÇA – TERMO INICIAL – PRECEDENTES. Ante o decidido na Ação Direta de Inconstitucionalidade nº 761, as diferenças salariais decorrentes da isonomia entre delegados de polícia e procuradores do Estado do Rio Grande do Sul são devidas a partir da edição da Lei estadual nº 9.696/92.

AGRAVO – ARTIGO 557, § 2º, DO CÓDIGO DE PROCESSO CIVIL – MULTA. Surgindo do exame do agravo o caráter manifestamente infundado, impõe-se a aplicação da multa prevista no § 2º do artigo 557 do Código de Processo Civil. (Inform. STF 726)

AG. REG. NO ARE N.705.174-PR

RELATOR: MIN. DIAS TOFFOLI

EMENTA: Servidor público preso preventivamente. Descontos nos proventos. Ilegalidade. Precedentes.

1. A jurisprudência da Corte fixou entendimento no sentido de que o fato de o servidor público estar preso preventivamente não legitima a Administração a proceder a descontos em seus proventos.

2. Agravo regimental não provido. (Inform. STF 725)

Conversão monetária: competência e irredutibilidade de vencimentos - 1

O direito de servidor público a determinado percentual compensatório em razão de incorreta conversão do padrão monetário — de Cruzeiro Real para Unidade Real de Valor - URV — decorre exclusivamente dos parâmetros estabelecidos pela Lei 8.880/94, e o *quantum debeatur* deve ser apurado no momento da liquidação de sentença. Ademais, esse percentual não pode ser compensado ou abatido por aumentos remuneratórios supervenientes e deve incidir até reestruturação remuneratória da carreira, que, ao suprimir o índice, não poderá ofender o princípio da irredutibilidade de vencimentos. Essa a conclusão do Plenário, que proveu parcialmente recurso extraordinário no qual se discutia a conversão dos vencimentos de servidora pública estadual, tendo em conta a diferença de padrões estabelecidos entre a Lei 8.880/94 e a Lei 6.612/94, do Estado do Rio Grande do Norte. Preliminarmente, admitiu-se a manifestação de *amici curiae*, à luz do art. 543-A, § 6º, do CPC ("§ 6º O Relator poderá admitir, na análise da repercussão geral, a manifestação de terceiros, subscrita por procurador habilitado, nos termos do Regimento Interno do Supremo Tribunal Federal"). No mérito, explicou-se que a Lei 8.880/94, instituidora do Plano Real, regulara a conversão do

6. DIREITO ADMINISTRATIVO 481

Cruzeiro Real em URV, parâmetro viabilizador da criação do Real. Afirmou-se que, no momento da conversão, inúmeros servidores públicos teriam sido prejudicados em decorrência dos critérios adotados, haja vista o decréscimo em seus vencimentos. Destacou-se haver casos específicos em que o prejuízo teria sido ainda maior, em decorrência de leis estaduais que teriam modificado os parâmetros de conversão firmados pela lei nacional. Sublinhou-se o art. 22, VI, da CF ("*Art. 22. Compete privativamente à União legislar sobre: ... VI - sistema monetário e de medidas, títulos e garantias dos metais*") e aduziu-se que essa competência privativa da União seria tema pacífico. Asseverou-se que a Lei 8.880/94 trataria de sistema monetário, ao passo que seu art. 28 cuidaria da conversão da remuneração de servidores públicos de maneira geral, e não apenas federais. Assim, salientou-se o caráter nacional dessa norma. Concluiu-se que estados-membros e municípios não estariam autorizados a legislar sobre a matéria em detrimento do que previsto na Lei 8.880/94. Demonstrou-se que esse entendimento estaria de acordo com a jurisprudência da Corte. No caso, apontou-se que a Lei potiguar 6.612/94 não poderia ter disciplinado a conversão do padrão monetário a ser observado em relação aos servidores estaduais de forma distinta daquela disposta na Lei 8.880/94. Portanto, seria formalmente inconstitucional. Assim, a Corte declarou, *incidenter tantum*, a inconstitucionalidade da referida Lei 6.612/94, do Estado do Rio Grande do Norte.

Conversão monetária: competência e irredutibilidade de vencimentos - 2
Reputou-se que a simples conversão de padrão monetário seria distinta de aumento da remuneração, pois naquele caso os vencimentos permaneceriam no mesmo patamar, conforme precedentes do STF. Assim, nos termos do art. 169, § 1º, I e II, da CF, a concessão de vantagem ou aumento de remuneração é que dependeriam de prévia dotação orçamentária. No particular, não se cuidaria de qualquer dessas duas hipóteses, porquanto a incorporação do índice compensatório representaria apenas medida a evitar perda remuneratória, e não acréscimo nos vencimentos. Rememorou-se que o índice de 11,98% fora reconhecido aos servidores federais no âmbito do Legislativo, do Judiciário e do Ministério Público (ADI 2323 MC/DF, DJU de 20.4.2000). No caso do Executivo Federal, por exemplo, o servidor não teria direito ao aludido percentual, nos termos do que já decidido pela Corte. Sublinhou-se que o direito a diferença decorrente da conversão do Cruzeiro Real em URV incidiria quando o cálculo considerasse valor discrepante do correspondente à data do efetivo pagamento, conforme também já reconhecido pelo STF. Explicitou-se que a incorporação de determinado índice decorrente de conversão equivocada seria medida legítima e necessária, sob pena de a supressão originar ofensa ao princípio da irredutibilidade da remuneração dos servidores públicos. Eventual exclusão do índice durante período em que não alterada a estrutura remuneratória do servidor representaria medida ofensiva ao direito adquirido. Consignou-se que esse índice seria devido em decorrência de equívoco na conversão da moeda, o que não impediria seu acúmulo com índice de aumento posterior concedido a servidores para assegurar poder de compra. Entretanto, a incorporação do índice compensatório não poderia subsistir quando a carreira tivesse sofrido reestruturação, pois o percentual não poderia permanecer indeterminadamente. Assim, por exemplo, com a entrada em vigor da Lei 10.475/2002, a reestruturar as carreiras dos cargos efetivos da Justiça Federal, os valores das parcelas decorrentes de decisões administrativas e judiciais teriam sido absorvidos pela nova tabela de vencimentos. Nesse sentido, a possibilidade de o regime jurídico de servidor público sofrer alterações obstaria a tese de que o montante compensatório devesse ser mantido indefinidamente. Portanto, seria correto vedar a compensação desse percentual com aumentos supervenientes concedidos a servidores públicos.
RE 561836/RN, rel. Min. Luiz Fux, 25 e 26.9.2013. (RE-561836) (Inform. STF 721)

EMB. DECL. NA ADI N. 4.364-SC
RELATOR: MIN. DIAS TOFFOLI
Embargos de declaração. Ação direta de inconstitucionalidade. Constitucionalidade dos pisos salariais estaduais definidos por norma do Estado de Santa Catarina. Inexistência de omissão, contradição ou obscuridade. Caráter consultivo sobre situação concreta não abarcada pelo julgado. Embargos acolhidos para esclarecimento. A menção ao dever de obediência a patamar mínimo fixado em lei foi feita - em relação aos trabalhadores alcançados pela lei estadual, não abrangidos por nenhuma forma de negociação coletiva anterior - como reforço argumentativo, com o intuito de realçar a liberdade de atuação dos órgãos sindicais na construção das políticas salariais dos seus representados. Como foi destacado, o piso salarial fixado pela legislação estadual, em razão da limitação contida na Lei Complementar Federal nº 103/2000 e conforme ressalva expressa no art. 3º

da lei estadual questionada, não incidirá sobre as profissões que tenham convenção ou acordo coletivo de trabalho, preservando-se e ressalvando-se os pisos salariais assim definidos. Por sua vez, em relação aos trabalhadores não abrangidos por nenhuma forma anterior de negociação coletiva, o piso salarial estadual incidirá, passando a ser esse, portanto, o patamar mínimo legalmente assegurado à categoria, e não mais o "salário mínimo nacional". 2. Embargos acolhidos somente para se prestarem esclarecimentos, não se alterando o dispositivo do acórdão embargado. **(Inform. STF 720)**

AG. REG. NO RE N. 449.427-PR
RELATOR: MIN. TEORI ZAVASCKI
Ementa: ADMINISTRATIVO. AGRAVO REGIMENTAL NO RECURSO EXTRAORDINÁRIO. AUSÊNCIA DE IMPUGNAÇÃO ESPECÍFICA A FUNDAMENTO DA DECISÃO AGRAVADA. SÚMULA 284/STF. SERVIDOR PÚBLICO. TETO SALARIAL CALCULADO COM LASTRO EM VENCIMENTO BASE INFERIOR AO SALÁRIO MÍNIMO NACIONAL. POSSIBILIDADE. PRECEDENTES DO TRIBUNAL PLENO. OFENSA AO ART. 37, XV, DA CF. INOCORRÊNCIA. OBSERVÂNCIA DO VALOR NOMINAL DA REMUNERAÇÃO GLOBAL DO SERVIDOR.
1. A aplicação do art. 7º, IV, da CF aos servidores públicos leva em conta a remuneração total recebida, não havendo óbice para a fixação de vencimento base em quantia inferior ao salário mínimo nacional (RE 197072, Relator(a): Min. MARCO AURÉLIO, Tribunal Pleno, DJ de 08-06-2001; RE 265129, Relator(a): Min. ILMAR GALVÃO, Tribunal Pleno, DJ de 14-11-2002).
2. A jurisprudência do Supremo Tribunal Federal é firme no sentido de que o princípio da irredutibilidade salarial não é ofendido quando o valor nominal da remuneração global do servidor é preservado.
3. Agravo regimental parcialmente conhecido e, nessa parte, desprovido. **(Inform. STF 716)**

AG.REG. NO RE N. 671.734-MG
RELATORA: MIN. CÁRMEN LÚCIA
EMENTA: AGRAVO REGIMENTAL NO RECURSO EXTRAORDINÁRIO. ADMINISTRATIVO. MUNICÍPIO DE IPATINGA. SERVIDOR PÚBLICO. BASE DE CÁLCULO DO ADICIONAL DE INSALUBRIDADE. AUSÊNCIA DE LEGISLAÇÃO LOCAL QUE DISCIPLINE O TEMA. ACÓRDÃO DA JUSTIÇA DO TRABALHO QUE SUPRE A OMISSÃO LEGISLATIVA. AUSÊNCIA DE CONTRARIEDADE À SÚMULA VINCULANTE N. 4 DO SUPREMO TRIBUNAL FEDERAL. AGRAVO REGIMENTAL AO QUAL SE NEGA PROVIMENTO. **(Inform. STF 715)**

AG. REG. NO ARE N. 654.260- RJ
RELATOR: MIN. DIAS TOFFOLI
EMENTA: Agravo regimental no recurso extraordinário com agravo. Teto remuneratório. Empregado de sociedade de economia mista. CEDAE. Entidade sem autonomia financeira. Aplicação do art. 37, inciso XI, da CF. Precedentes.
1. A limitação remuneratória estabelecida pelo art. 37, inciso XI, da Constituição Federal aplica-se também aos empregados das empresas públicas e das sociedades de economia mista que receberem recursos públicos para pagamento de pessoal e custeio em geral, conforme disposto no § 9º do referido artigo. 2. Agravo regimental não provido. **(Inform. STF 712)**

AG. REG. EM MS N. 27.439-DF
RELATOR: MIN. DIAS TOFFOLI
EMENTA: Agravo regimental em mandado de segurança. Incorporação retroativa de quintos. Período que antecede à criação da função comissionada. Lei nº 8.911/94, art. 3º. Resolução da Câmara dos Deputados nº 70, de 1994. Agravo regimental a que se nega provimento.
1. A Corte assentou entendimento no sentido da insubsistência do agravo regimental quando ele se limita a reiterar os argumentos apresentados na inicial, conforme consagrado no art. 317, § 1º, do RISTF.
2. A Corte já assentou a necessidade de haver o efetivo exercício na função comissionada para efeito de incorporação de quintos (MS nº 22.735/DF, Rel. Min. Ilmar Galvão, Tribunal Pleno, DJ de 6/2/98).
3. Não há amparo legal para a obtenção de quintos relativos a período que antecede a criação da função comissionada, ou seja, a período anterior ao efetivo exercício da função comissionada. A mera atribuição de natureza especial ao cargo dos agravantes não suplanta a exigência legal que impõe o efetivo exercício na função comissionada a partir do respectivo ato de designação.
4. Agravo regimental a que se nega provimento. **(Inform. STF 707)**

AG. REG. NO RE N. 265.407-SC

RELATOR: MIN. TEORI ZAVASCKI
Ementa: ADMINISTRATIVO E PROCESSUAL CIVIL. AGRAVO REGIMENTAL NO RECURSO EXTRAORDINÁRIO. DELEGADOS DE POLÍCIA E PROCURADORES DO ESTADO. ISONOMIA. EXIGÊNCIA DE LEI ESPECÍFICA. PRECEDENTES. PERDA DE OBJETO. INOCORRÊNCIA.
AGRAVO REGIMENTAL A QUE SE NEGA PROVIMENTO. **(Inform. STF 707)**

DIREITO ADMINISTRATIVO. FIXAÇÃO DE LIMITAÇÃO TEMPORAL PARA O RECEBIMENTO DE NOVA AJUDA DE CUSTO. RECURSO REPETITIVO (ART. 543-C DO CPC E RES. 8/2008-STJ). TEMA 538.
A fixação de limitação temporal para o recebimento da indenização prevista no art. 51, I, da Lei 8.112/1990, por meio de normas infralegais, não ofende o princípio da legalidade. De fato, o art. 51, I, da Lei 8.112/1990 estabelece que constitui indenização ao servidor a "ajuda de custo". Além disso, o art. 56 desse mesmo diploma legal determina, no seu *caput*, que "Será concedida ajuda de custo àquele que, não sendo servidor da União, for nomeado para cargo em comissão, com mudança de domicílio" e, no seu parágrafo único, prescreve: "No afastamento previsto no inciso I do art. 93, a ajuda de custo será paga pelo órgão cessionário, quando cabível". Realmente, há normas infralegais que impõem limite temporal para o recebimento de nova ajuda de custo. Nesse ponto, pode-se pensar que, se a Lei 8.112/1990 não estabeleceu limite temporal para a concessão da "ajuda de custo", o legislador administrativo não pode fazê-lo. Esse pensamento, todavia, não deve prevalecer. O art. 52 da Lei 8.112/1990 determina de forma expressa que os critérios para a concessão da ajuda de custo sejam regulamentados por norma infralegal: "Os valores das indenizações estabelecidas nos incisos I a III do art. 51, assim como as condições para a sua concessão, serão estabelecidos em regulamento". Nesse contexto, ao estabelecer o termo "condições" – que o vernáculo entende, entre outros sentidos, como antecedente necessário –, a Lei 8.112/1990 permitiu restrições/limitações que nada mais são que requisitos que qualificam o servidor para o recebimento da indenização. Aliás, a despeito das alterações legislativas ocorridas neste artigo, os valores e as condições para a concessão da ajuda de custo sempre foram fixados em regulamento, na medida em que a Lei atribuiu benefícios, mas nunca estabeleceu a possibilidade de abuso desses benefícios, sobretudo contra o patrimônio público. Ademais, não é imperativo que essa regulamentação seja feita por meio de norma hierárquica imediatamente inferior (decreto), consoante interpretação realizada a partir do art. 84, VI, da CF poderia sugerir. Isso porque, de acordo com o STF (RE 570.680-RS, Pleno, DJe 4/12/2009), a competência regulamentadora não é exclusiva do Presidente da República: "é compatível com a Carta Magna a norma infraconstitucional que atribui a órgão integrante do Poder Executivo da União a faculdade de estabelecer alíquotas do Imposto de Importação. Competência que não é privativa do Presidente da República". Além disso, mesmo que não fosse a expressa autorização legal para regulamentação da ajuda de custo, outras razões hermenêuticas e axiomáticas reforçam a legitimidade de resoluções que prescrevam a limitação temporal em análise, visto se tratar de medidas limitadoras que obedecem aos princípios da moralidade administrativa, da razoabilidade, da impessoalidade, da eficiência e da economicidade da gestão pública. Nesse sentido, ressalta-se que o *fator tempo* não pode ser desconsiderado por ocasião da fixação de limites para a concessão de ajuda de custo, ante fundamentos atrelados à *ratio* do benefício, aos impactos financeiros da presente decisão, à conveniência e oportunidade da concessão e ao histórico do tratamento da matéria. Além do mais, ir além e questionar os termos em que estabelecido o limite temporal exigiria a invasão do mérito dos atos administrativos que estabelecessem essa limitação, o que é permitido apenas em hipótese excepcional de flagrante ilegalidade (AgRg no Ag 1.298.842-RJ, Segunda Turma, DJe 29/6/2010; e AgRg nos EDcl no REsp 902.419-RS, Segunda Turma, DJe 15/2/2008). De mais a mais, o CNJ e o STF ratificam essas limitações. Nesse sentido, cabe ressaltar a afirmação realizada pelo CNJ ao analisar pedido de ajuda de custo de magistrado (Pedidos de Providência 2007.10000007809 e 2007.10000011825): "Observo ainda que os decretos regulamentadores da ajuda de custo, no plano federal, limitam a concessão da ajuda de custo a um ano, ou seja, o magistrado não pode receber em período inferior a um ano mais de uma ajuda de custo. Esta regra deve ser seguida nas concessões de ajuda de custo, sob pena da conversão dos magistrados em peregrinos, contrariando inclusive a própria natureza da ajuda de custo, com o que a ajuda de custo somente é devida em remoções que ocorrerem em prazo superior a um ano". Seguindo a mesma *ratio*, a Resolução 382/2008 do STF, que dispõe sobre a concessão de ajuda de custo no âmbito do Supremo Tribunal Federal, assevera, em seu art. 9º, *caput* I, que "Não será concedida

ajuda de custo ao Ministro ou ao servidor que [...] tiver recebido indenização dessa espécie no período correspondente aos doze meses imediatamente anteriores, ressalvada a hipótese de retorno de ofício, de que trata o § 6º do art. 3º". **REsp 1.257.665-CE, Rel. Min. Herman Benjamin, Primeira Seção, julgado em 8/10/2014, DJe 17/9/2015 (Inform. STJ 569).**

DIREITO ADMINISTRATIVO. LIMITE TEMPORAL PARA APLICAÇÃO DO REAJUSTE SALARIAL DE 3,17% CONCEDIDO A SERVIDORES PÚBLICOS DO MAGISTÉRIO SUPERIOR. RECURSO REPETITIVO (ART. 543-C DO CPC E RES. 8/2008-STJ). TEMA 804.
O pagamento do reajuste de 3,17% está limitado à data da reestruturação ou reorganização da carreira, nos termos do art. 10 da Medida Provisória 2.225-45/2001, não configurando tal marco o advento da Lei 9.678, de 3 de julho de 1998, que estabeleceu a Gratificação de Estímulo à Docência - GED, uma vez que esse normativo não reorganizou ou reestruturou a carreira dos servidores públicos do magistério superior lotados em instituições de ensino dos Ministérios da Educação e da Defesa. **REsp 1.371.750-PE, Rel. Min. Og Fernandes, Primeira Seção, julgado em 25/3/2015, DJe 10/4/2015 (Inform. STJ 559).**

DIREITO ADMINISTRATIVO. PERÍODO DE INCIDÊNCIA DO REAJUSTE DE 28,86% SOBRE A GRATIFICAÇÃO DE ESTÍMULO À FISCALIZAÇÃO E ARRECADAÇÃO. RECURSO REPETITIVO (ART. 543-C DO CPC E RES. 8/2008-STJ).
O reajuste de 28,86% sobre a Gratificação de Estímulo à Fiscalização e Arrecadação - GEFA incide, após a edição da MP 831/1995 até a edição da MP 1.915-1/1999, mais precisamente, no período de janeiro de 1995 a julho de 1999. A despeito de ser firme o entendimento do STJ no sentido de não incidir o reajuste de 28,86% sobre a GEFA, porque essa gratificação seria calculada com base no vencimento básico do respectivo servidor, sob pena de bis in idem, observa-se que esse entendimento não se aplica indistintamente durante todo o período em que vigorou a referida vantagem. Nessa linha intelectiva, analisando-se os reajustes concedidos pelas Leis 8.460/1992, 8.622/1993 e 8.627/1993, não há como se confundir o pagamento do reajuste de 28,86% sobre o vencimento básico do Auditor Fiscal com o compensável pelo reposicionamento) com o pagamento do mesmo reajuste sobre a GEFA, cuja base de cálculo é o padrão A-III multiplicado por oito, no período de janeiro de 1995 a julho de 1999. Assim, os reajustes concedidos pelas Leis 8.622/1993 e 8.627/1993 não justificaram compensação, à luz do entendimento do STF no RMS 22.307-DF e da Súmula 672 do STF. Portanto, não restam dúvidas acerca da incidência do reajuste de 28,86% sobre GEFA a partir da edição da MP 831/1995, quando houve a modificação da base de cálculo da referida gratificação, uma vez que o aumento salarial concedido aos servidores pela Lei 8.627/1993, a despeito do reposicionamento em três padrões de vencimento (art. 3º, II), não é compensável com o reajuste de 28,86%, posto tratar-se de aumentos distintos, um decorrente de reposicionamento e o outro de revisão geral de vencimentos, conforme firmado pelo Pretório Excelso. Por fim, com a edição da MP 1.915, de 30/7/1999, houve reestruturação da carreira de Auditoria do Tesouro Nacional, alterando a nomenclatura para "Carreira Auditoria da Receita Federal", além de dispor, em seu art. 14, que "os integrantes da Carreira da Auditoria-Fiscal da Previdência Social e da Carreira Fiscalização do Trabalho não fazem jus à percepção da Gratificação de Estímulo à Fiscalização e Arrecadação - GEFA, criada pelo Decreto-Lei nº 2.371, de 18 de novembro de 1987", que foi substituída pela Gratificação de Desempenho de Atividade Tributária - GDAT (art. 7º), calculada no percentual de até cinquenta por cento, incidente sobre o vencimento básico do servidor. **REsp 1.478.439-RS, Rel. Min. Mauro Campbell Marques, Primeira Seção, julgado em 25/3/2015, DJe 27/3/2015 (Inform. STJ 558).**

DIREITO ADMINISTRATIVO. AUXÍLIO-ALIMENTAÇÃO REFERENTE A PERÍODO DE FÉRIAS.
O servidor público tem direito ao recebimento de auxílio-alimentação referente a período de férias. **Precedentes citados: AgRg no AREsp 276.991-BA, Segunda Turma, DJe 8/5/2013; e AgRg no REsp 1.082.563-CE, Sexta Turma, DJe 1º/2/2011.** AgRg no REsp 1.360.774-RS, Rel. Min. Humberto Martins, julgado em 18/6/2013. **(Inform. STJ 526)**

DIREITO ADMINISTRATIVO. ABSORÇÃO DA VPNI PELO ACRÉSCIMO REMUNERATÓRIO DECORRENTE DA PROGRESSÃO NA CARREIRA.
A simples absorção do valor referente à VPNI pelo acréscimo remuneratório decorrente da progressão na carreira independe de processo administrativo anterior. A jurisprudência desta Corte Superior sedimentou-se no sentido

6. DIREITO ADMINISTRATIVO   483

de que a absorção da vantagem pessoal nominalmente identificada (VPNI) pelos acréscimos remuneratórios decorrentes da progressão na carreira não importa redução nominal de vencimentos, não havendo ofensa ao princípio da irredutibilidade de vencimentos. Nessa esteira de entendimento, por não se tratar de redução de vencimentos, é desnecessária a prévia abertura de processo administrativo para proceder à absorção da VPNI nos moldes da lei. Precedentes citados: AgRg no REsp 1.162.982-RS, Quinta Turma, DJe 2/10/2012; e REsp 935.358-RS, Quinta Turma, DJe 31/5/2010. **AgRg no REsp 1.370.740-RS, Rel. Min. Humberto Martins, julgado em 18/6/2013. (Inform. STJ 524)**

DIREITO ADMINISTRATIVO. GRATIFICAÇÃO DE ATIVIDADE (GAE) PAGA AOS ADVOGADOS DA UNIÃO. RECURSO REPETITIVO (ART. 543-C DO CPC E RES. 8/2008-STJ).
A Gratificação de Atividade (GAE) instituída pela Lei Delegada 13/1992 é devida aos Advogados da União somente até a edição da MP 2.048-26/2000, momento em que foi substituída pela Gratificação de Desempenho de Atividade Jurídica (GDAJ). A MP 2.048-26/2000 reestruturou e reorganizou carreiras, cargos e funções comissionadas técnicas no âmbito da Administração Pública Federal, entre as quais a de Advogado da União, concedendo-lhes, no art. 41, uma nova gratificação, a GDAJ. Assim, não obstante o fato de o art. 1º dessa medida provisória não ter se referido ao cargo de Advogado da União, devem ser interpretados, sistemática e teleologicamente, seus arts. 41 e 59 para concluir que a GAE foi retirada de todos os cargos tratados por ela – e não apenas dos relacionados às carreiras elencadas em seu art. 1º – para ser substituída pela GDAJ. REsp **1.353.016-AL, Rel. Min. Mauro Campbell Marques, julgado em 12/6/2013. (Inform. STJ 522)**

DIREITO ADMINISTRATIVO. COBRANÇA DE REAJUSTE INCIDENTE SOBRE PARCELA REMUNERATÓRIA INCORPORADA. RECURSO REPETITIVO (ART. 543-C DO CPC E RES. 8/2008-STJ).
A incorporação da Parcela Autônoma do Magistério (PAM) aos vencimentos dos professores públicos do Estado do Rio Grande do Sul não implica, por si só, a prescrição do fundo de direito da pretensão de cobrança dos reajustes incidentes sobre a parcela incorporada instituídos, antes da incorporação, pela Lei Estadual 10.395/1995. De fato, embora a PAM tenha sido incorporada aos vencimentos dos professores públicos do Estado do Rio Grande do Sul (Lei Estadual 11.662/2001), os reajustes incidentes sobre a parcela incorporada e anteriores a esse evento repercutem continuamente na esfera jurídico-patrimonial dos servidores, gerando efeitos financeiros de trato sucessivo. Assim, não há que se falar em negativa inequívoca do direito à revisão da verba incorporada ante a incorporação. Nessa situação, incide a regra da Súmula 85 do STJ, segundo a qual, nas relações jurídicas de trato sucessivo em que a Fazenda Pública figure como devedora, quando não tiver sido negado o próprio direito reclamado, a prescrição atinge apenas as prestações vencidas antes do quinquênio anterior à propositura da ação. Precedentes citados: REsp 1.313.586-RS, Segunda Turma, DJe 4/2/2013 e AgRg no REsp 1.313.646-RS, Primeira Turma, DJe 21/9/2012. **REsp 1.336.213-RS, Rel. Ministro Herman Benjamin, julgado em 12/6/2013. (Inform. STJ 522)**

DIREITO ADMINISTRATIVO. EXTENSÃO DA VPE CRIADA PELA LEI 11.134/2005 AOS MILITARES DO ANTIGO DISTRITO FEDERAL.
A vantagem pecuniária especial (VPE) criada pela Lei 11.134/2005 é devida aos militares da Polícia Militar e do Corpo de Bombeiros Militar do atual Distrito Federal deve ser estendida aos inativos e pensionistas do antigo Distrito Federal. Isso porque o art. 65, § 2º, da Lei 10.486/2002 assegurou aos militares inativos e pensionistas integrantes da Polícia Militar e do Corpo de Bombeiros Militar do antigo DF as vantagens previstas para os policiais militares do atual DF. Percebe-se, assim, que a Lei 10.486/2002 estabelece uma vinculação jurídica permanente entre os militares do antigo e do atual DF, sendo todos igualmente remunerados pela União. A intenção do legislador, ao estabelecer essa vinculação entre os servidores deste e do antigo DF, não foi outra senão a de conferir as vantagens que porventura fossem criadas para os servidores deste distrito àqueles do antigo, até por medida de efetiva justiça. Dessa forma, é desnecessária a menção expressa no art. 1º da Lei 11.134/2005 de que a VPE também deve ser paga aos militares do antigo DF. **EREsp 1.121.981-RJ, Rel. Min. Alderita Ramos de Oliveira (Desembargadora convocada do TJ-PE), julgado em 8/5/2013. (Inform. STJ 521)**

DIREITO ADMINISTRATIVO. NOVA SISTEMÁTICA REMUNERATÓRIA INSTITUÍDA PELA MP 43/2002 PARA OS PROCURADORES DA FAZENDA NACIONAL.
A remuneração dos procuradores da Fazenda Nacional, no período de 1º/3/2002 a 25/6/2002, deve ser realizada do seguinte modo: a) vencimento básico calculado na forma da MP 43/2002; b) pró-labore em valor fixo; c) representação mensal sobre o novo vencimento básico, nos percentuais do DL 2.371/1987; d) gratificação temporária conforme a Lei 9.028/1995; e e) VPNI, em caso de eventual redução na totalidade da remuneração. De acordo com a jurisprudência consolidada do STJ, a Lei 10.549/2002, que resultou da conversão da MP 43/2002, implantou nova sistemática remuneratória para os procuradores da Fazenda Nacional. A citada MP somente teve eficácia retroativa em relação ao novo vencimento básico, conforme o art. 3º da Lei 10.549/2002, não se estendendo ao disposto nos arts. 4º e 5º, referentes ao pró-labore e à representação mensal, que tiveram disposições modificadas somente a partir da publicação da MP 43/2002, em 26/6/2002. Ressalte-se ainda que, na hipótese de decréscimo remuneratório a partir de 26/6/2002, a diferença deverá ser paga a título de Vantagem Pessoal Nominalmente Identificada, a ser reduzida à medida que for reajustado o valor dos vencimentos, nos termos do art. 6º da MP 43/2002. Precedentes citados: AgRg no REsp 1.239.287-RS, Segunda Turma, DJe 5/12/2012; AgRg no AREsp 136.238-AL, Segunda Turma, DJe 15/8/2012, e AgRg no REsp 877.486-RS, Sexta Turma, DJe 5/9/2012. **AgRg no AREsp 272.247-GO, Rel. Min. Herman Benjamin, julgado em 2/4/2013. (Inform. STJ 521)**

DIREITO ADMINISTRATIVO. IMPOSSIBILIDADE DE PAGAMENTO DA GDPGPE NO PERCENTUAL DE 80% AOS SERVIDORES INATIVOS E AOS PENSIONISTAS ATÉ A DATA DA REGULAMENTAÇÃO DA GRATIFICAÇÃO.
Não é possível estender o pagamento da Gratificação de Desempenho do Plano Geral de Cargos do Poder Executivo (GDPGPE) no percentual de 80% do seu valor máximo – devido aos servidores ativos nos moldes do art. 7º-A, § 7º, da Lei 11.357/2006 – aos servidores inativos e aos pensionistas até a data da regulamentação da referida gratificação. Embora o § 7º do art. 7º-A da Lei 11.357/2006 (incluído pela Lei 11.784/2008) determine a percepção de um percentual fixo (80%) até que seja regulamentada a GDPGPE (o que, inclusive, já ocorreu com a expedição do Dec. 7.133/2010) e até que sejam processados os resultados da primeira avaliação individual e institucional, consoante dicção do § 6º do mesmo artigo, a primeira avaliação de desempenho gerará efeitos desde 1º/1/2009. Deve existir, inclusive, compensação das eventuais diferenças pagas a maior ou a menor aos servidores ativos a título de GDGPGE quando do resultado da avaliação. Nesse contexto, é irrelevante a determinação do art. 10, § 6º, do Dec. 7.133/2010 relativamente à produção de efeitos financeiros a partir da publicação da portaria ministerial que previr as metas globais referentes à avaliação de desempenho institucional. Não se trata, portanto, de bonificação atribuída de forma linear a todo servidor; pelo contrário, trata-se de gratificação devida em razão do efetivo exercício do cargo e variável conforme critérios de avaliação da instituição e do servidor, que, ademais, não tem garantias do quanto lhe será permitido levar para a inatividade. Dessa forma, conclui-se que foi atribuída à GDPGPE, desde a sua implantação – uma vez que os efeitos da primeira avaliação de desempenho retroagirão a 1º/1/2009 –, caráter de vantagem pessoal propter laborem, atrelada à consecução de atividades específicas, na medida em que ela tem por base o desempenho específico e individualizado de cada servidor, sendo o seu valor fixado conforme o resultado da aludida avaliação de desempenho. Consequentemente, não há base legal para que se promova a extensão, aos inativos e pensionistas, do percentual da gratificação devido aos servidores ativos. **REsp 1.368.150-PE, Rel. Min. Humberto Martins, julgado em 16/4/2013. (Inform. STJ 521)**

DIREITO ADMINISTRATIVO. ALCANCE DO REAJUSTE DE 31,87% CONCEDIDO PELAS LEIS 8.622, 8260;1993 E 8.627/1993.
Os demais servidores públicos não fazem jus à diferença entre o reajuste de 31,87% concedido aos oficiais-generais do Exército pelas Leis 8.622/1993 e 8.627/1993, e o reajuste de 28,86%, deferido a todo o funcionalismo público. Isso porque o reajuste concedido aos oficiais-generais não caracteriza revisão geral apta a ser estendida a todos servidores. Precedente citado: EREsp 550.687-PE, Terceira Seção, DJ 31/5/2004. **AgRg no REsp 1.342.593-SC, Rel. Min. Mauro Campbell Marques, julgado em 21/3/2013. (Inform. STJ 519)**

DIREITO ADMINISTRATIVO. PAGAMENTO DE ADICIONAL NOTURNO AO SERVIDOR PÚBLICO FEDERAL QUE PRESTE O SEU SERVIÇO EM HORÁRIO NOTURNO SOB O REGIME DE PLANTÃO.

O adicional noturno previsto no art. 75 da Lei 8.112/1990 será devido ao servidor público federal que preste o seu serviço em horário compreendido entre 22 horas de um dia e 5 horas do dia seguinte, ainda que o serviço seja prestado em regime de plantão. Inicialmente, por determinação expressa do art. 39, § 3º, da CF, aplica-se aos servidores ocupantes de cargo público o disposto no inciso IX do art. 7º da CF, que impõe, como direito básico dos trabalhadores urbanos e rurais, a "remuneração do trabalho noturno superior à do diurno". Nesse contexto, com a finalidade de possibilitar a busca pelo significado mais adequado para a norma constante do referido inciso IX, deve-se lançar mão de quatro princípios de hermenêutica constitucional. Primeiro, tendo em conta o princípio da unidade da constituição – pelo qual as normas constitucionais devem ser interpretadas em seu contexto, e não isoladamente, de modo a evitar as antinomias aparentes –, deve-se considerar o fato de que o direito social referente à superioridade da remuneração do trabalho noturno encontra amparo nos princípios constitucionais da dignidade da pessoa humana e da valorização do trabalho, que exigem uma interpretação não restritiva da norma em questão, de modo que se possa promover uma compensação (nesses casos, financeira) ao trabalhador pelos desgastes sofridos em razão da jornada noturna de trabalho. Isso porque o trabalho noturno é mais penoso, mais desgastante, do que o diurno e, além disso, impõe ao trabalhador o sacrifício de ter que abdicar, muitas vezes, da vida social, do convívio com a família e com os amigos. Segundo, em consideração ao princípio da interpretação conforme a constituição – que obriga o intérprete a buscar o sentido e o alcance da norma dentro da própria Constituição, sobretudo nos seus princípios e valores estruturantes –, deve-se interpretar a norma constante do art. 7º, IX, da CF de modo a promover, em qualquer circunstância, a compensação financeira pelo trabalho noturno, uma vez que essa norma não pode ser interpretada de modo a infringir os princípios constitucionais que a sustentam (como foi dito, os princípios da dignidade da pessoa humana e da valorização do trabalho). Terceiro, não se pode conferir aplicabilidade restrita à norma em análise, de modo a amesquinhar, ou reduzir significativamente, seu campo de aplicação. Pelo contrário, ela deve ser interpretada de modo extensivo, apto a permitir a maior amplitude normativa possível, tendo em vista o princípio da máxima efetividade da norma constitucional – segundo o qual, na interpretação das normas constitucionais, deve-se atribuir-lhes o sentido que lhes empreste maior eficácia. Quarto, a norma consignada no referido inciso IX não deve ser interpretada de maneira casuística ou de modo a afastar sua aplicação a casos específicos não previstos pela Constituição, tendo em conta o princípio do efeito integrador – para o qual, na interpretação constitucional, deve-se dar prioridade à exegese que favoreça a integração social e possibilite o reforço da unidade política. Sendo assim, interpretando o disposto no inciso IX do art. 7º da CF, deve-se determinar o pagamento do adicional noturno sem qualquer restrição ao servidor público federal que preste o seu serviço em horário noturno. Aplica-se aqui, ademais, a regra básica de hermenêutica segundo a qual não cabe ao intérprete restringir na hipótese em que a lei não restringiu, sobretudo quando a norma interpretada é de estatura constitucional e consagra um direito social dos trabalhadores. Ademais, a norma constitucional em apreço é de eficácia plena, portanto de vigência imediata. Além de todas essas considerações, também não se pode conferir interpretação restritiva ao art. 75 da Lei 8.112/1990 – que regulamentou, no plano do serviço público civil federal, o art. 7º, IX, da CF –, uma vez que a norma extraída do art. 75 do Estatuto dos Servidores Públicos da União decorre diretamente da norma constitucional constante do mencionado inciso IX. De mais a mais, quanto ao fato de o trabalhador subordinar-se ao regime de plantão, não haverá alteração desse panorama em relação a ele, pelo menos não completamente, porquanto o plantonista se submete aos mesmos desgastes sofridos pelos demais trabalhadores noturnos nos dias em que dobra a jornada. Ele é obrigado a trocar o dia pela noite, bem como também se vê privado de vivenciar um dia a dia normal, já que a vida dos homens urbanos rege-se pelo horário comercial das empresas. Nesse contexto, é necessário ressaltar que não há por que recusar, nesses casos, eficácia e aplicabilidade ao enunciado da Súmula 213 do STF: "É devido o adicional de serviço noturno, ainda que sujeito o empregado ao regime de revezamento". Isso porque, embora a referida súmula tenha sido editada ainda sob o império da Constituição de 1946, permanece válida a interpretação nela consagrada, uma vez que não houve alteração semântica do texto constitucional quanto ao adicional noturno – visto que o art. 157, III, daquela Constituição determinava "salário do trabalho noturno superior ao do diurno".

Por fim, além de tudo que já foi mencionado, o TST, ao examinar o art. 73 da CLT (que regulamenta o adicional noturno para os trabalhadores da iniciativa privada) tem decidido que esse adicional é perfeitamente compatível com o regime de plantões. **REsp 1.292.335-RO, Rel. Min. Castro Meira, julgado em 9/4/2013. (Inform. STJ 519)**

DIREITO ADMINISTRATIVO. FIXAÇÃO DO SOLDO EM VALOR INFERIOR AO SALÁRIO MÍNIMO.

É possível fixar o soldo em valor inferior ao do salário mínimo, desde que a remuneração total percebida pelo militar, já consideradas as vantagens pecuniárias, seja igual ou superior àquele valor. Conforme os arts. 7º, IV, e 39, § 3º, da CF, nenhum servidor público ativo ou inativo poderá receber remuneração mensal inferior ao salário mínimo, não vigorando essa restrição ao vencimento básico, como no caso do soldo. Precedente citado: REsp 1.186.889-DF, Segunda Turma, DJ 2/6/2010. **AgRg no AREsp 258.848-PE, Rel. Min. Herman Benjamin, julgado em 7/2/2013. (Inform. STJ 517)**.

DIREITO ADMINISTRATIVO. INCORPORAÇÃO DA GAE AOS VENCIMENTOS DOS INTEGRANTES DA CARREIRA DO MAGISTÉRIO SUPERIOR.

A incorporação da GAE aos vencimentos dos integrantes da carreira do Magistério Superior, nos termos da Lei n. 11.784/2008, não significa que os novos vencimentos básicos devam corresponder à soma do valor referente ao padrão anterior com o da mencionada gratificação. A Lei n. 11.784/2008, que reestruturou o plano de carreira do Magistério Superior, extinguiu, em seu art. 21, a Gratificação de Atividade Executiva – GAE, ficando seu valor incorporado à tabela dos novos vencimentos básicos dos servidores integrantes da respectiva carreira, de forma a ser preservada a irredutibilidade de vencimentos. Nesse contexto, o STJ entende que o parágrafo único do referido dispositivo legal previu a incorporação da GAE à tabela de vencimentos básicos, e não a soma do valor da gratificação aos valores dos vencimentos básicos anteriormente recebidos pelos servidores. Precedentes citados: AgRg no REsp 1.334.876-RS, Segunda Turma, DJe 10/10/2012, e REsp 1.314.554-SC, Primeira Turma, DJe 27/6/2012. **REsp 1.321.727-RS, Rel. Min. Herman Benjamin, julgado em 7/2/2013. (Inform. STJ 516)**.

DIREITO ADMINISTRATIVO. IMPOSSIBILIDADE DE REAJUSTE DAS INDENIZAÇÕES DE TRABALHO DE CAMPO CRIADAS PELO ART. 16 DA LEI N. 8.216/1991 EM RAZÃO DAS ALTERAÇÕES PROMOVIDAS PELO DEC. N. 5.554/2005 AOS ADICIONAIS DE LOCALIDADE PREVISTOS NO DEC. N. 1.656/1995.

As alterações promovidas pelo Dec. n. 5.554/2005 quanto ao adicional de localidade previsto no Dec. n. 1.656/1995, devido ao servidor que receba diárias por deslocamento, não implicam reajuste das indenizações de trabalho de campo criadas pelo art. 16 da Lei n. 8.216/1991, ainda que se considere que essas indenizações devam ser reajustadas com o mesmo percentual e na mesma data de eventual revisão legislativa dos valores das diárias. As diárias são destinadas a cobrir custos suportados pelo servidor no exercício de atividades fora do local de sua lotação. Nesse contexto, o Dec. n. 1.656/1995 estabeleceu, além das diárias, o pagamento de um adicional específico que incide sobre o valor das diárias a depender da cidade para a qual o servidor se desloca, guardando relação com o custo de vida e dificuldade de acesso de cada localidade. O pagamento desse adicional de localidade, contudo, não se relaciona às indenizações de trabalho de campo, criadas pelo art. 16 da Lei n. 8.216/1991, tendo em vista que estas são destinadas a cobrir os custos que o servidor tem na prestação de serviços efetuados fora de sua sede administrativa, mas dentro da mesma localidade de sua lotação funcional. Por esse motivo, as alterações promovidas pelo Dec. n. 5.554/2005 no Dec. n. 1.656/1995, que não reajustaram o valor das diárias – o que implicaria reajuste das indenizações de trabalho de campo criadas pelo art. 16 da Lei n. 8.216/1991 conforme o art. 15 da Lei n. 8.270/1991 –, mas apenas modificaram o rol das localidades para as quais o deslocamento do servidor importaria na percepção de adicional de localidade, não implicam reajuste das indenizações de trabalho de campo criadas pelo art. 16 da Lei n. 8.216/1991. **AgRg no REsp 1.283.707-PB, Rel. Min. Humberto Martins, julgado em 18/12/2012. (Inform. STJ 516)**.

DIREITO ADMINISTRATIVO. PAGAMENTO DE AUXÍLIO-TRANSPORTE A SERVIDOR PÚBLICO QUE UTILIZA VEÍCULO PRÓPRIO.

É devido o pagamento de auxílio-transporte ao servidor público que utiliza veículo próprio no deslocamento para o trabalho. Esse é o entendimento do STJ sobre o disposto no art. 1º da MP n. 2.165-36/2001. Precedentes citados:

6. DIREITO ADMINISTRATIVO

AgRg nos EDcl no Ag 1.261.686-RS, DJe 3/10/2011, e EDcl nos EDcl no AgRg no REsp 576.442-PR, DJe 4/10/2010. **AgRg no AREsp 238.740-RS, Rel. Min. Mauro Campbell Marques, julgado em 18/12/2012. (Inform. STJ 515).**

DIREITO ADMINISTRATIVO. SERVIDOR PÚBLICO FEDERAL. LIMITAÇÃO DO REAJUSTE DE 3,17%. REESTRUTURAÇÃO DA CARREIRA. AUDITORES FISCAIS DA PREVIDÊNCIA SOCIAL.
Não é devido o pagamento do reajuste de 3,17% – estendido aos servidores públicos federais do Poder Executivo pela MP n. 2.225-45/2001 – aos auditores fiscais da Previdência Social nomeados após a estruturação da respectiva carreira, a qual se deu com a edição da MP n. 1.915-1/1999, convertida na Lei n. 10.593/2002. O reajuste de 3,17% foi estendido aos servidores públicos federais do Poder Executivo pela MP n. 2.225-45/2001, tendo como limites, conforme os arts. 8º, 9º e 10 da referida norma, o mês de janeiro de 1995 e a data da reestruturação da carreira dos servidores. A MP n. 1.915-1/1999, com suas reedições, organizou e estruturou a carreira dos auditores fiscais da Previdência Social, tendo o percentual de 3,17 sido absorvido em suas remunerações. Assim, a MP n. 1.915-1/1999, convertida na Lei n. 10.593/2002, constitui termo para pagamento do resíduo de 3,17% aos auditores fiscais da Previdência Social, conforme o art. 10 da MP n. 2.225/2001. Precedente citado: AgRg no REsp 1.086.435-PR, DJ 31/8/2009. **AgRg no Ag 1.428.564-DF, Rel. Min. Arnaldo Esteves Lima, julgado em 4/12/2012. (Inform. STJ 512).**

DIREITO ADMINISTRATIVO. AÇÃO DE COBRANÇA DE VERBAS SALARIAIS. COMPROVAÇÃO DO VÍNCULO ENTRE ADMINISTRAÇÃO PÚBLICA E O SERVIDOR.
Incumbe à Administração Pública demonstrar, enquanto fato impeditivo, modificativo ou extintivo do direito da parte autora (art. 333, II, do CPC), que não houve o efetivo exercício no cargo, para fins de recebimento da remuneração, na hipótese em que é incontroversa a existência do vínculo funcional. Isso porque o recebimento da remuneração por parte do servidor público pressupõe, além do efetivo vínculo entre ele e a Administração Pública, o exercício no cargo. Precedente citado: AgRg no AREsp 149.514-GO, DJe 29/5/2012. **AgRg no AREsp 116.481-GO, Rel. Min. Arnaldo Esteves Lima, julgado em 4/12/2012. (Inform. STJ 511).**

📄 Súmula Vinculante STF 42
É inconstitucional a vinculação do reajuste de vencimentos de servidores estaduais ou municipais a índices federais de correção monetária.

📄 Súmula Vinculante STF 51
O reajuste de 28,86%, concedido aos servidores militares pelas Leis 8622/1993 e 8627/1993, estende-se aos servidores civis do poder executivo, observadas as eventuais compensações decorrentes dos reajustes diferenciados concedidos pelos mesmos diplomas legais.

📄 Súmula Vinculante STF 37
Não cabe ao Poder Judiciário, que não tem função legislativa, aumentar vencimentos de servidores públicos sob o fundamento de isonomia.

📄 Súmula Vinculante STF 16
Os artigos 7º, IV, e 39, § 3º (redação da EC 19/98), da Constituição, referem-se ao total da remuneração percebida pelo servidor público.

📄 Súmula Vinculante STF 15
O cálculo de gratificações e outras vantagens do servidor público não incide sobre o abono utilizado para se atingir o salário mínimo.

📄 Súmula Vinculante STF 6
Não viola a Constituição o estabelecimento de remuneração inferior ao salário mínimo para as praças prestadoras de serviço militar inicial.

📄 Súmula Vinculante STF 4
Salvo nos casos previstos na Constituição, o salário mínimo não pode ser usado como indexador de base de cálculo de vantagem de servidor público ou de empregado, nem ser substituído por decisão judicial.

📄 Súmula STF nº 682
Não ofende a Constituição a correção monetária no pagamento com atraso dos vencimentos de servidores públicos.

📄 Súmula STF nº 681
É inconstitucional a vinculação do reajuste de vencimentos de servidores estaduais ou municipais a índices federais de correção monetária.

📄 Súmula STF nº 679
A fixação de vencimentos dos servidores públicos não pode ser objeto de convenção coletiva.

📄 Súmula STJ nº 378
Reconhecido o desvio de função, o servidor faz jus às diferenças salariais decorrentes.

📄 Súmula STF nº 339
Não cabe ao poder judiciário, que não tem função legislativa, aumentar vencimentos de servidores públicos sob fundamento de isonomia.

📄 Súmula STF nº 43
Não contraria a Constituição Federal o art. 61 da Constituição de São Paulo, que equiparou os vencimentos do ministério público aos da magistratura.

📄 Súmula STJ nº 552
O portador de surdez unilateral não se qualifica como pessoa com deficiência para o fim de disputar as vagas reservadas em concursos públicos.

5.5. Aposentadoria e Pensão

AG. REG. NO MI. N. 6.519-DF
RELATORA: MIN. CÁRMEN LÚCIA
EMENTA: AGRAVO REGIMENTAL NO MANDADO DE INJUNÇÃO. CONSTITUCIONAL E ADMINISTRATIVO. APOSENTADORIA ESPECIAL DE SERVIDOR PÚBLICO PORTADOR DE DEFICIÊNCIA: ART. 40, § 4º, INC. I, DA CONSTITUIÇÃO DA REPÚBLICA. A AUTORIDADE ADMINISTRATIVA RESPONSÁVEL PELO EXAME DO PEDIDO DE APOSENTADORIA É COMPETENTE PARA AFERIR, NA ESPÉCIE EM EXAME, O PREENCHIMENTO DE TODOS OS REQUISITOS PARA A APOSENTAÇÃO PREVISTOS NO ORDENAMENTO JURÍDICO VIGENTE. PRECEDENTES. AGRAVO REGIMENTAL AO QUAL SE NEGA PROVIMENTO.

REPERCUSSÃO GERAL EM RE N. 683.621-RS
RELATOR: MIN. MARCO AURÉLIO
APOSENTADORIA DE EX-COMBATENTE – CONVERSÃO – ARTIGO 53, INCISO V, DO ATO DAS DISPOSIÇÕES CONSTITUCIONAIS TRANSITÓRIAS – REQUISITO DO TEMPO DE SERVIÇO EFETIVO – ALCANCE – RECURSO EXTRAORDINÁRIO – REPERCUSSÃO GERAL CONFIGURADA. Possui repercussão geral a controvérsia acerca do alcance do inciso V do artigo 53 da Carta da República, considerada a expressão "serviço efetivo, em qualquer regime jurídico", a orientar a hipótese de conversão de aposentadoria especial de aeronauta, implementada por meio da contagem de tempo ficto, em aposentadoria de ex-combatente. **(Inform. STF 800)**

AG. REG. NO MI N. 6.326-DF
RELATOR: MIN. LUIZ FUX
EMENTA: AGRAVO REGIMENTAL NO MANDADO DE INJUNÇÃO. CONSTITUCIONAL E ADMINISTRATIVO. APOSENTADORIA ESPECIAL DE SERVIDOR PÚBLICO PORTADOR DE DEFICIÊNCIA. ORIENTAÇÃO JURISPRUDENCIAL CORRENTE NESTA CORTE PELA APLICABILIDADE DA LEI COMPLEMENTAR 142/2013 ATÉ QUE SOBREVENHAM AS LEIS COMPLEMENTARES QUE REGULAMENTEM O ART. 40, § 4º, DA CONSTITUIÇÃO. PRECEDENTES DO STF. PERMANÊNCIA DO DEVER DA AUTORIDADE ADMINISTRATIVA COMPETENTE PARA A CONCESSÃO DA APOSENTADORIA DE VERIFICAR O PREENCHIMENTO DOS REQUISITOS LEGAIS NO CASO CONCRETO. LIMITES OBJETIVOS DA DECISÃO EM MANDADO DE INJUNÇÃO. AGRAVO REGIMENTAL A QUE SE NEGA PROVIMENTO.
1. A aposentadoria especial de servidor público portador de deficiência é assegurada mediante a aplicação da Lei Complementar 142/2013, até que editada a lei complementar exigida pelo art. 40, § 4º, I, da Constituição Federal. Precedentes do STF.
2. A decisão concessiva da ordem no mandado de injunção deve limitar-se à determinação da norma regulamentadora de direito constitucional aplicável ao caso *sub judice*, sem, no entanto, abordar o efetivo preenchimento dos requisitos legais no caso concreto para a concessão da aposentadoria especial, a serem verificados pela autoridade administrativa competente.

486 VADE MECUM DE JURISPRUDÊNCIA – STF/STJ

3. *In casu*, a omissão legislativa diz respeito tão somente à adoção de critérios diferenciados para a concessão da aposentadoria especial. Nesse ponto, a decisão agravada colmatou integralmente a lacuna, ao determinar a incidência da sistemática prevista na Lei Complementar 142/2013.
4. Agravo regimental desprovido. **(Inform. STF 799)**

AG. REG. NA STA N. 729-SC
RELATOR: MINISTRO PRESIDENTE
Ementa: AGRAVO REGIMENTAL. SUSPENSÃO DE TUTELA ANTECIPADA. SERVIDOR PÚBLICO ESTADUAL. CASSAÇÃO DE APOSENTADORIA. CONSTITUCIONALIDADE. DECISÃO AGRAVADA QUE DEFERIU A SUSPENSÃO DE TUTELA ANTECIPADA. AGRAVO REGIMENTAL IMPROVIDO.
I – A natureza excepcional da contracautela permite tão somente juízo mínimo de delibação sobre a matéria de fundo e análise do risco de grave lesão à ordem, à saúde, à segurança e à economia públicas. Controvérsia sobre matéria constitucional evidenciada e risco de lesão à ordem e à economia públicas verificado.
II – O Plenário Supremo Tribunal Federal já se manifestou pela constitucionalidade da cassação da aposentadoria, inobstante o caráter contributivo de que se reveste o benefício previdenciário. Precedentes: MS 21.948/RJ, Rel. Min. Néri da Silveira, MS 23.299/SP, Rel. Min. Sepúlveda Pertence e MS 23.219-AgR/RS, Rel. Min. Eros Grau.
III – Impõe-se a suspensão das decisões como forma de evitar o efeito multiplicador, que se consubstancia no aforamento, nos diversos tribunais, de processos visando ao mesmo escopo. Precedentes.
IV – Agravo regimental a que se nega provimento. **(Inform. STF 791)**

AG. REG. NO MI N. 6.460-DF
RELATOR: MIN. ROBERTO BARROSO
Ementa: DIREITO ADMINISTRATIVO. AGRAVO REGIMENTAL EM MANDADO DE INJUNÇÃO COLETIVO. PROVENTOS DOS JUÍZES CLASSISTAS DE PRIMEIRA INSTÂNCIA. REAJUSTE. ART. 40, § 8°, DA CF/1988.
1. Os proventos dos juízes classistas de primeira instância que adquiriram direito à aposentadoria antes da Lei n° 9.528/1997 são reajustados na mesma época e no mesmo percentual concedido, em caráter geral, aos servidores públicos federais em atividade, por força da regra da paridade da Lei n° 6.903/1981 e do disposto na Lei n° 9.655/1998.
2. Não há, portanto, omissão quanto ao reajuste de tais proventos. No cenário atual, como a sorte do benefício está atrelada à revisão geral anual dos servidores públicos federais, aplica-se a jurisprudência desta Corte no sentido de que, com a edição das Leis n° 10.331/2001 e 10.697/2003, restou regulamentado o art. 37, X, da CF/1988.3. Agravo regimental a que se nega provimento. **(Inform. STF 791)**

Mandado de Injunção: aposentadoria especial de oficiais de justiça - 5
O Plenário retomou julgamento de mandado de injunção coletivo impetrado contra alegada omissão quanto à regulamentação do art. 40, § 4°, da CF, para fins de aposentadoria especial de ocupantes do cargo de oficial de justiça avaliador federal. O Sindicato impetrante requer, ainda, a aplicação analógica da disciplina prevista na LC 51/1985, no que regulamenta a aposentadoria especial para servidor público policial — v. Informativo 594. Em voto-vista, o Ministro Roberto Barroso denegou a ordem, no que foi acompanhado pelo Ministro Gilmar Mendes. Para o Ministro Roberto Barroso, a eventual exposição a situações de risco — a que poderiam estar sujeitos os servidores ora substituídos — não garantiria direito subjetivo constitucional à aposentadoria especial. A percepção de gratificações ou adicionais de periculosidade, assim como o fato de poderem obter autorização para porte de arma de fogo de uso permitido (art. 10, § 1°, I, da Lei 10.826/2003, c/c o art. 18, § 2°, I, da IN 23/2005-DG-DPF, e art. 68 da Lei 8.112/1990) não seriam suficientes para reconhecer o direito à aposentadoria especial, em razão da autonomia entre o vínculo funcional e o previdenciário. Os incisos do § 4° do art. 40 da CF utilizaram expressões abertas: "portadores de deficiência", "atividades de risco" e "condições especiais que prejudiquem a saúde ou a integridade física". Dessa forma, a Constituição teria reservado a concretização desses conceitos a leis complementares, com relativa liberdade de conformação, por parte do legislador, para traçar os contornos dessas definições. A lei poderia prever critérios para identificação da periculosidade em maior ou menor grau, nos limites da discricionariedade legislativa, mas o estado de omissão inconstitucional restringir-se-ia à indefinição das atividades inerentemente perigosas. Quanto às atribuições dos oficiais de justiça, previstas no art. 143 do CPC, eles poderiam estar sujeitos a situações de risco,

notadamente quando no exercício de suas funções em áreas dominadas pela criminalidade, ou em locais marcados por conflitos fundiários. No entanto, esse risco seria contingente, e não inerente ao serviço, ou seja, o perigo na atividade seria eventual.

Mandado de Injunção: aposentadoria especial de oficiais de justiça - 6
Segundo o Ministro Roberto Barroso, não se estaria a defender a impossibilidade jurídica de a lei prever critérios para aferição de situações concretas de risco no serviço público, para fins de concessão de aposentadoria especial. Seria uma questão de constatar que somente se enquadrariam no conceito de "atividade de risco" aquelas atividades perigosas por sua própria natureza. Portanto, somente em relação a essas atividades existiria um estado de omissão inconstitucional, salvo no caso das "estritamente policiais", já contempladas pela LC 51/1985. No tocante às demais, o reconhecimento do direito à aposentadoria especial dependeria da discricionariedade legislativa, respeitadas as disposições da Constituição. No que tange à alegada prerrogativa para portar arma de fogo, essa não projetaria, de forma automática, efeitos sobre o vínculo previdenciário, de modo a reduzir o tempo de contribuição necessário para aposentadoria. Os diferentes requisitos para usufruir de adicionais trabalhistas e para obter aposentadoria especial demonstrariam a autonomia entre esses institutos. O Congresso Nacional, ao cumprir o dever de legislar previsto no art. 40, § 4°, II, da CF, poderia prever critérios mais ou menos elásticos para identificação das "atividades de risco", mas não poderia deixar de contemplar as atividades inerentemente perigosas, sob pena de violação ao núcleo essencial do dispositivo. Assim, embora as atividades dos substituídos processualmente pudessem ser, em tese, previstas na lei a ser editada, a norma dependeria de escolha política, a ser exercida dentro do espaço próprio de deliberação majoritária, respeitadas as disposições constitucionais.

Mandado de Injunção: aposentadoria especial de oficiais de justiça - 7
O Ministro Teori Zavascki concedeu a ordem, em parte. Lembrou que, desde o julgamento do MI 721/DF (DJe 30.11.2007) o Tribunal reconhecera a omissão e o direito, em tese, à aposentadoria especial dos servidores públicos exercentes de atividades de risco. O pedido, porém, não poderia ser atendido nos termos em que formulado, porque buscaria aplicação subsidiária não da Lei 8.213/1991 e do Decreto 3.048/1999, mas sim da LC 51/1985, que regulamenta atividade específica de servidor público policial, situação diversa daquela exercida pelos representantes da entidade de classe impetrante. O policial, mesmo que não trabalhasse nas atividades externas, perceberia o benefício pelo fato de ser integrante da corporação, por opção política do legislador. Sob esse aspecto, quanto ao oficial de justiça, ainda que eventualmente se submetesse a risco, não se poderia suprir omissão simplesmente com a aplicação da regra de aposentadoria dos policiais. Por fim, fugiria ao âmbito do mandado de injunção a análise específica do enquadramento ou não da atividade desempenhada pelos servidores em algumas das hipóteses abrangidas pelo regime geral da previdência social - RGPS. Por essa razão, a exigência de prova do trabalho habitual e permanente em condições especiais — a partir de 29.4.1995, com a modificação do art. 57, § 3°, da Lei 8.213/1991 pela Lei 9.032/1995 e as limitações efetuadas pelo já revogado Decreto 2.172/1997, a partir de 6.3.1997 — deveria ser apreciada no pleito de aposentadoria especial e não na via do mandado de injunção. Determinou que a autoridade administrativa competente procedesse à análise do pedido de aposentadoria especial dos servidores públicos representados pela entidade impetrante, com a aplicação subsidiária dos dispositivos do RGPS nos termos acima referidos, conforme o Enunciado 33 da Súmula Vinculante ("Aplicam-se ao servidor público, no que couber, as regras do regime geral da previdência social sobre aposentadoria especial de que trata o artigo 40, § 4°, inciso III da Constituição Federal, até a edição de lei complementar específica"). Propôs que fosse conferida a essa decisão efeito expansivo, para determinar que a Administração Pública observasse essa orientação em todas as demais situações semelhantes. Em seguida, pediu vista dos autos o Ministro Luiz Fux. **MI 833/DF. rel. Min. Cármen Lúcia, 22.10.2014. (MI-833)**

Mandado de Injunção: aposentadoria especial de oficiais de justiça - 8
O Plenário, em conclusão de julgamento e por maioria, denegou a ordem em mandado de injunção coletivo impetrado contra alegada omissão quanto à regulamentação do art. 40, § 4°, da CF, para fins de aposentadoria especial de ocupantes do cargo de oficial de justiça avaliador federal. O sindicato impetrante requeria, ainda, a aplicação analógica da disciplina prevista na LC 51/1985, no que regulamenta a aposentadoria especial para servidor público

6. DIREITO ADMINISTRATIVO

policial — v. Informativos 594 e 764. A Corte afirmou que a eventual exposição a situações de risco — a que poderiam estar sujeitos os servidores ora substituídos — não garantiria direito subjetivo constitucional à aposentadoria especial. A percepção de gratificações ou adicionais de periculosidade, assim como o fato de poderem obter autorização para porte de arma de fogo de uso permitido (Lei 10.826/2003, art. 10, § 1º, I, c/c o art. 18, § 2º, I, da IN 23/2005-DG-DPF, e art. 68 da Lei 8.112/1990) não seriam suficientes para reconhecer o direito à aposentadoria especial, em razão da autonomia entre o vínculo funcional e o previdenciário. Os incisos do § 4º do art. 40 da CF utilizariam expressões abertas: "portadores de deficiência", "atividades de risco" e "condições especiais que prejudiquem a saúde ou a integridade física". Dessa forma, a Constituição teria reservado a concretização desses conceitos a leis complementares, com relativa liberdade de conformação, por parte do legislador, para traçar os contornos dessas definições. A lei poderia prever critérios para identificação da periculosidade em maior ou menor grau, nos limites da discricionariedade legislativa, mas o estado de omissão inconstitucional restringir-se-ia à indefinição das atividades inerentemente perigosas. Quanto às atribuições dos oficiais de justiça, previstas no art. 143 do CPC, eles poderiam estar sujeitos a situações de risco, notadamente quando no exercício de suas funções em áreas dominadas pela criminalidade, ou em locais marcados por conflitos fundiários. No entanto, esse risco seria contingente, e não inerente ao serviço, ou seja, o perigo na atividade seria eventual.
MI 833/DF, rel. Min. Cármen Lúcia, red. p/ o acórdão Min. Roberto Barroso, 11.6.2015. (MI-833)

Mandado de Injunção: aposentadoria especial de oficiais de justiça - 9
O Plenário asseverou que não se estaria a defender, entretanto, a impossibilidade jurídica de a lei prever critérios para aferição de situações concretas de risco no serviço público, para fins de concessão de aposentadoria especial. Seria uma questão de constatar que somente se enquadrariam no conceito de "atividade de risco" aquelas atividades perigosas por sua própria natureza. Portanto, somente em relação a essas atividades existiria um estado de omissão inconstitucional, salvo no caso das "estritamente policiais", já contempladas pela LC 51/1985. No tocante às demais, o reconhecimento do direito à aposentadoria especial dependeria da discricionariedade legislativa, respeitadas as disposições da Constituição. No que tange à alegada prerrogativa para portar arma de fogo, essa não projetaria, de forma automática, efeitos sobre o vínculo previdenciário, de modo a reduzir o tempo de contribuição necessário para aposentadoria. Os diferentes requisitos para usufruir de adicionais trabalhistas e para obter aposentadoria especial demonstrariam a autonomia entre esses institutos. O Congresso Nacional, ao cumprir o dever de legislar previsto no art. 40, § 4º, II, da CF, poderia prever critérios mais ou menos elásticos para identificação das "atividades de risco", mas não poderia deixar de contemplar as atividades inerentemente perigosas, sob pena de violação ao núcleo essencial do dispositivo. Assim, embora as atividades dos substituídos processualmente pudessem ser, em tese, previstas na lei a ser editada, a norma dependeria de escolha política, a ser exercida dentro do espaço próprio de deliberação majoritária, respeitadas as disposições constitucionais. Vencidos os Ministros Cármen Lúcia (relatora) e Ricardo Lewandowski (Presidente), que concediam em parte a ordem para integrar a norma constitucional e garantir a viabilidade do direito assegurado aos substituídos que estivessem no desempenho efetivo da função de oficial avaliador, aplicado o inciso I do art. 1º da LC 51/1985, no que coubesse, a partir da comprovação dos dados, em cada caso concreto, perante a autoridade administrativa competente, e o Ministro Teori Zavascki, que também concedia a ordem em parte, mas por outros fundamentos. Entendia que fugiria ao âmbito do mandado de injunção a análise específica do enquadramento ou não da atividade desempenhada pelos servidores em algumas das hipóteses abrangidas pelo regime geral da previdência social - RGPS. Por essa razão, a exigência de prova do trabalho habitual e permanente em condições especiais — a partir de 29.4.1995, com a modificação do art. 57, § 3º, da Lei 8.213/1991 pela Lei 9.032/1995 e as limitações efetuadas pelo já revogado Decreto 2.172/1997, a partir de 6.3.1997 — deveria ser apreciada no pleito de aposentadoria especial e não na via do mandado de injunção. Assim, determinava que a autoridade administrativa competente procedesse à análise do pedido de aposentadoria especial dos servidores públicos representados pela entidade impetrante, com a aplicação subsidiária das normas do RGPS, conforme o Enunciado 33 da Súmula Vinculante.
MI 833/DF, rel. Min. Cármen Lúcia, red. p/ o acórdão Min. Roberto Barroso, 11.6.2015. (MI-833) (Inform. STF 789)

Servidor público: contribuição previdenciária sobre parcelas não incorporáveis aos proventos - 1
O Plenário iniciou julgamento de recurso extraordinário em que discutido se haveria incidência de contribuição previdenciária sobre terço de férias e adicionais por serviços extraordinários e por insalubridade. Na espécie, servidora pública federal pretendera impedir a União de efetuar descontos previdenciários sobre aquelas verbas, bem como quaisquer outras de caráter transitório que viesse a receber, posto a impossibilidade de incorporá-las aos proventos de aposentadoria. O acórdão recorrido afastara a pretensão deduzida, e reconhecera que a contribuição deveria incidir mesmo com relação às verbas consideradas não incorporáveis. O Tribunal "a quo" destacara que a EC 41/2003 inaugurara regime marcadamente solidário, de modo que as únicas parcelas excluídas da base imponível seriam aquelas previstas expressamente em lei. O Ministro Roberto Barroso (relator) e a Ministra Rosa Weber deram parcial provimento ao recurso. De início, o relator destacou que, embora vários dispositivos fizessem menção ao regime próprio e ao regime geral, seu voto estaria focado apenas no regime próprio dos servidores públicos. O texto do art. 40, § 3º, da CF utilizaria a expressão "remuneração" ("Art. 40 - ... § 3º Para o cálculo dos proventos de aposentadoria, por ocasião da sua concessão, serão consideradas as remunerações utilizadas como base para as contribuições do servidor aos regimes de previdência de que tratam este artigo e o art. 201, na forma da lei"). O § 12 do art. 40 da CF determinaria a aplicação subsidiária das regras do regime geral às regras do regime próprio ora tratado ("Art. 40, ... § 12 - Além do disposto neste artigo, o regime de previdência dos servidores públicos titulares de cargo efetivo observará, no que couber, os requisitos e critérios fixados para o regime geral de previdência social"). Além disso, o art. 201, § 11, da CF seria aplicável também ao regime próprio de previdência ("Art. 201 - ... § 11 - Os ganhos habituais do empregado, a qualquer título, serão incorporados ao salário para efeito de contribuição previdenciária e conseqüente repercussão em benefícios, nos casos e na forma da lei"). O art. 40, § 3º, da CF mencionaria remuneração e o art. 201, § 11, citaria ganhos individuais e, nessa determinação da base econômica da incidência da contribuição previdenciária, sobreviera a Lei 9.783/1999 — posteriormente revogada pela Lei 10.887/2004 —, que regulamentaria essa matéria. O parágrafo único de seu art. 1º, por sua vez, preveria algumas exclusões da base de cálculo (Art. 1º ... Parágrafo único. Entende-se como remuneração de contribuição o vencimento do cargo efetivo, acrescido das vantagens pecuniárias permanentes estabelecidas em lei, os adicionais de caráter individual, ou quaisquer vantagens, inclusive as relativas à natureza ou ao local de trabalho, ou outra paga sob o mesmo fundamento, excluídas: I - as diárias; II - a ajuda de custo em razão de mudança de sede; III - a indenização de transporte; IV - o salário-família").
RE 593068/SC, rel. Min. Roberto Barroso, 4.3.2015. (RE-593068)

Servidor público: contribuição previdenciária sobre parcelas não incorporáveis aos proventos - 2
O Ministro Roberto Barroso relembrou que o texto da Lei 9.783/1999 iniciara discussão para saber se somente estariam excluídas do cálculo as verbas taxativamente mencionadas naquele dispositivo ("numerus clausus") ou, se além dessas, outras verbas não incorporadas aos proventos também estariam excluídas. A dirimir o debate, o STF, em sessão administrativa de 18.12.2002, teria firmado o entendimento no sentido de que as exceções contidas na lei não seriam taxativas e concluíra que a contribuição previdenciária do servidor público não poderia incidir sobre parcelas não computadas para o cálculo dos benefícios de aposentadoria. Nesse mesmo sentido teriam se seguido decisões das Turmas do STF. Idêntica orientação teriam adotado o CNJ e o CJF. Após a consolidação da jurisprudência do STF, a Lei 12.688/2012 teria inserido, dentre outros, os incisos X a XIX no § 1º do art. 4º da Lei 10.887/2004, para afastar da base de cálculo da contribuição previdenciária do servidor público o adicional de férias, o adicional pelo serviço extraordinário e o adicional noturno, típicas parcelas não incorporáveis aos proventos de aposentadoria. Essa seria a jurisprudência aplicada ainda antes da vigência da norma que assim o regulamentara. Apontou que os recolhimentos indevidos ora pleiteados seriam anteriores à LC 118/2005, entretanto, o ajuizamento da ação se dera em momento posterior à entrada em vigor da referida norma. O STF, no julgamento do RE 566.621/RS (DJe 11.10.2001) deixara claro que o art. 3º da LC 118/2005 não produziria efeitos retroativos ("Art. 3º. Para efeito de interpretação do inciso I do art. 168 da Lei nº 5.172, de 25 de outubro de 1966 — Código Tributário Nacional, a extinção do crédito tributário ocorre, no caso de tributo sujeito a lançamento por homologação, no momento do pagamento antecipado de que trata o § 1º do art. 150 da referida Lei"). Entretanto, essa regra se aplicaria às ações ajuizadas em data

VADE MECUM DE JURISPRUDÊNCIA – STF/STJ

posterior à sua promulgação, ainda que o recolhimento do tributo tivesse se dado em momento anterior. Nesse ponto, reconheceu a prescrição das parcelas cujo recolhimento tenha ocorrido há mais de cinco anos a contar da propositura da ação, fato que ocorrera em 16.10.2006. Como a requerente postulara repetição de período de maio/1999 a setembro/2004, parte de seu pedido não poderia ser atendido. Assegurou, ainda, a restituição dos valores referentes ao período não alcançado pela prescrição.
RE 593068/SC, rel. Min. Roberto Barroso, 4.3.2015. (RE-593068)

Servidor público: contribuição previdenciária sobre parcelas não incor-poráveis aos proventos - 3
Em divergência, o Ministro Teori Zavascki negou provimento ao recurso. Lembrou que o regime previdenciário consagrado na Constituição, em especial após a EC 41/2003, que alterara o art. 40, § 4º, teria o caráter contributivo mas traria incorporado um princípio antes previsto apenas para o regime geral, que é o da solidariedade. Por força do princípio da solidariedade, o financiamento da previdência não teria como contrapartida necessária a previsão de prestações específicas ou proporcionais em favor do contribuinte. A manifestação mais evidente desse princípio seria a sujei-ção à contribuição dos próprios inativos e pensionistas. Ademais, tanto no regime geral como no regime especial, os ganhos habituais utilizados para efeito de base de cálculo deveriam se considerar incorporados para efeito de benefício, de alguma forma. Não haveria qualquer incompatibilidade entre o preceito constitucional do § 11 do artigo 201 com a definição de base de cálculo do regime próprio dos servidores públicos, previsto no artigo 4º da Lei 10.887/2004, cuja constitucionalidade, portanto, não poderia ser contestada. A partir da EC 41/2003, não haveria nenhuma incompatibilidade da lei que dispusesse que, para efeitos de contribuição, se teria que adotar a totalidade da remuneração. Em seguida, pediu vista o Ministro Luiz Fux.
RE 593068/SC, rel. Min. Roberto Barroso, 4.3.2015. (RE-593068)

Servidor público: contribuição previdenciária sobre parcelas não incor-poráveis aos proventos - 4
O Plenário retomou julgamento de recurso extraordinário em que discutido se haveria incidência de contribuição previdenciária sobre terço de férias e adicionais por serviços extraordinários e por insalubridade. Na espécie, servidora pública federal pretendera impedir a União de efetuar descontos previdenciários sobre aquelas verbas, bem como quaisquer outras de caráter transitório que viesse a receber, haja vista a impossibilidade de incorporá-las aos proventos de aposentadoria — v. Informativo 776. Em voto-vista, o Mi-nistro Luiz Fux acompanhou o Ministro Roberto Barroso (relator), para prover parcialmente o recurso. Destacou a convergência, no âmbito constitucional, entre o Regime Geral de Previdência Social - RGPS e o Regime Próprio de Previdência Social - RPPS. Anotou que, antes das alterações constitucionais em debate, a jurisprudência do STF seria no sentido de que a contribuição previdenciária de servidor público não poderia incidir sobre parcelas não computadas para o cálculo dos benefícios de aposentadoria, tendo em conta que: a) a natureza indenizatória dessas parcelas não se amoldaria ao conceito de remuneração; e b) essas parcelas não seriam incorporáveis aos proventos dos servidores, o que levaria à desconsideração da dimensão contributiva do RPPS. Uma vez existirem controvérsias quanto à natureza das parcelas, remanesceria o segundo argumento. No ponto, o RPPS teria migrado, da redação originária do texto constitucional, de natureza solidária e distributiva, para um regime de natureza também contributiva (EC 3/1993). Posterior-mente, com a entrada em vigor da EC 20/1998, o aspecto contributivo fora reforçado, colocando em aparente conflito os princípios da contributividade e da solidariedade. A EC 41/2003, por sua vez, reforçara o caráter solidário do sistema, mas não derrogara o seu caráter contributivo. Afirmou que a aplicação do princípio da solidariedade afastaria relação sinalagmática e simétrica entre contribuição e benefício. Contudo, o princípio contributivo impediria a cobrança de contribuição previdenciária sem que se conferisse ao segurado qualquer contraprestação, efetiva ou potencial, em termos de serviços ou benefícios. Além disso, com o advento da EC 41/2003, o forta-lecimento de algumas regras de capitalização coletiva não poderia desvirtuar a intenção do constituinte de fazer incidir contribuição apenas sobre parcelas cujo proveito ao beneficiário fosse possível em alguma medida. Se o Estado buscasse fortalecimento atuarial, poderia agravar alíquota incidente sobre os participantes ou até aumentar sua participação no custeio, mas não poderia haver tributação sobre base não imponível, em arrepio ao postulado da so-lidariedade. Nesse sentido, a referibilidade entre remuneração e contribuição seria confirmada pela interpretação sistemática dos §§ 2º e 3º do art. 40, c/c o

art. 201, todos da CF. Nesse aspecto, seria também expressa a nova redação do art. 4º, § 1º, da Lei 10.887/2004, dada pela Lei 12.688/2012, a inserir os incisos X a XIX, para afastar da base de cálculo da contribuição previdenci-ária dos servidores públicos o adicional de férias, de serviço extraordinário e de serviço noturno, típicas parcelas não incorporáveis aos proventos de aposentadoria. Por essa razão, a jurisprudência da Corte estaria estruturada na natureza das verbas, e não na existência de previsão legal para a sua exclusão, com o fim de fixar a não-incidência das contribuições. Assim, as exclusões não seriam taxativas. Portanto, o princípio estrutural da solidarie-dade, em substituição à solidariedade de grupo, deslocaria o fundamento das contribuições sociais do princípio do custo-benefício para o da capacidade contributiva. Nesse diapasão, ainda que o princípio da solidariedade fosse pedra angular do sistema dos servidores, não poderia esvaziar o conteúdo do princípio contributivo, informado pelo princípio do custo-benefício, tendo em conta a necessidade de um sinalagma mínimo, ainda que não importasse em perfeita simetria entre o que se paga e o que se recebe.
RE 593068/SC, rel. Min. Roberto Barroso, 27.5.2015. (RE-593068)

Servidor público: contribuição previdenciária sobre parcelas não incor-poráveis aos proventos - 5
Por sua vez, o Ministro Dias Toffoli acompanhou a divergência, para desprover o recurso. Aduziu que o rol exemplificativo do art. 4º das Leis 9.783/1999 e 10.884/2004 deveria ser interpretado no sentido da possibilidade de se incluí-rem na base de cálculo das contribuições previdenciárias, independentemente da repercussão direta e imediata do valor do benefício, parcelas remuneratórias recebidas pelos servidores a título de ganhos habituais, excluindo-se, portanto, os ganhos não habituais e aqueles que, mesmo recebidos com habitualidade, tivessem caráter indenizatório. A questão atinente à natureza da verba, inclu-sive seu caráter indenizatório ou não, para fins de incidência da contribuição previdenciária, seria matéria a implicar juízo de legalidade e de fatos e provas, inviável em sede de recurso extraordinário. Afirmou que deveria haver pro-porcionalidade entre as contribuições exigidas e o benefício concedido. Desse modo, o servidor deveria ser protegido de alterações abruptas do regime, mas não teria direito subjetivo a uma estrita vinculação do valor do benefício com as contribuições vertidas ao sistema da seguridade social. Ademais, a base econômica da contribuição previdenciária do servidor público não constaria do art. 40, § 3º, da CF, mas de seu art. 195, II, o qual dispõe sobre o financiamento da seguridade social para toda a sociedade. Assim, a base de cálculo das con-tribuições seria a folha de salários, o total dos rendimentos, a qualquer título. Entretanto, o art. 201, § 11, da CF estabelece que todos os ganhos habituais do trabalhador deveriam compor a base de cálculo das contribuições, a delimitar, para fins de incidência, o que seria considerado "total dos rendimentos". Dessa perspectiva, no custeio da seguridade social, os princípios da solidariedade e da universalidade, conquanto não criassem poderes restritivos, já regulados por outras normas, teriam a função de delimitar os contornos do exercício dos poderes previstos nas regras constitucionais de competência. Em seguida, pediu vista dos autos a Ministra Cármen Lúcia.
RE 593068/SC, rel. Min. Roberto Barroso, 27.5.2015. (RE-593068) (Inform. STF 787)

Servidores não efetivos e regime de previdência: modulação de efeitos
O Plenário acolheu, em parte, embargos de declaração opostos de acórdão que decidira que a instituição de planos de saúde e planos odontológicos por parte do Estado de Minas Gerais estaria excluída da previsão constitucional dos benefícios de previdência e assistência social, porquanto a contribuição deveria ser voluntária. A Corte apontou que serviços teriam sido prestados e, se fosse declarada a inconstitucionalidade com eficácia "ex tunc", os planos teriam de devolver o dinheiro das prestações pagas e recebidas. Em razão desses fatos, o Plenário conferiu efeitos prospectivos à declaração de inconstitucionalidade proferida pelo STF no julgamento de mérito da presente ação direta. Fixou como marco temporal de início da sua vigência a data de conclusão daquele julgamento (14 de abril de 2010) e reconheceu a impos-sibilidade de repetição das contribuições recolhidas junto aos servidores públicos do Estado de Minas Gerais até a referida data.
ADI 3106 ED/MG, rel. Min. Luiz Fux, 20.5.2015. (ADI-3106) (Inform. STF 786)

EC 88/2015 e aposentadoria compulsória - 1
O Plenário, por maioria, deferiu pedido de medida cautelar em ação direta de inconstitucionalidade para: a) suspender a aplicação da expressão "nas condições do art. 52 da Constituição Federal" contida no art. 100 do ADCT, introduzido pela EC 88/2015, por vulnerar as condições materiais necessárias

6. DIREITO ADMINISTRATIVO 489

ao exercício imparcial e independente da função jurisdicional, ultrajando a separação dos Poderes, cláusula pétrea inscrita no art. 60, § 4°, III, da CF; b) fixar a interpretação, quanto à parte remanescente da EC 88/2015, de que o art. 100 do ADCT não pudesse ser estendido a outros agentes públicos até que fosse editada a lei complementar a que alude o art. 40, § 1°, II, da CF, a qual, quanto à magistratura, é a lei complementar de iniciativa do STF, nos termos do art. 93 da CF; c) suspender a tramitação de todos os processos que envolvessem a aplicação a magistrados do art. 40, § 1°, II, da CF e do art. 100 do ADCT, até o julgamento definitivo da ação direta em comento; e d) declarar sem efeito todo e qualquer pronunciamento judicial ou administrativo que afastasse, ampliasse ou reduzisse a literalidade do comando previsto no art. 100 do ADCT e, com base neste fundamento, assegurasse a qualquer outro agente público o exercício das funções relativas a cargo efetivo após ter completado 70 anos de idade. A norma impugnada — introduzida no ADCT pela EC 88/2015 — dispõe que, "até que entre em vigor a lei complementar de que trata o inciso II do § 1° do art. 40 da Constituição Federal, os Ministros do Supremo Tribunal Federal, dos Tribunais Superiores e do Tribunal de Contas da União aposentar-se-ão, compulsoriamente, aos 75 (setenta e cinco) anos de idade, nas condições do art. 52 da Constituição Federal". Alegava-se, na espécie, que a expressão "nas condições do art. 52 da Constituição Federal" incorreria em vício material por ofensa à garantia da vitaliciedade (CF, art. 93, "caput") e à separação dos Poderes (CF, art. 2°), exorbitando dos limites substantivos ao poder de reforma da Constituição (CF, art. 60, §4°, III e IV).
ADI 5316 MC/DF, rel. Min. Luiz Fux, 21.5.2015. (ADI-5316)

EC 88/2015 e aposentadoria compulsória - 2
A Corte, inicialmente, assentou a regularidade processual na cumulação de pedidos típicos de ADI e ADC em uma única demanda de controle concentrado, o que se daria na espécie, vencido o Ministro Marco Aurélio. Asseverou que a cumulação de ações seria não só compatível como também adequada à promoção dos fins a que destinado o processo objetivo de fiscalização abstrata de constitucionalidade, destinado à defesa, em tese, da harmonia do sistema constitucional, reiterado o que decidido na ADI 1.434 MC/SP (DJU de 22.11.1996). Além disso, a cumulação objetiva de demandas consubstanciaria categoria própria à teoria geral do processo. Como instrumento, o processo existiria para viabilizar finalidades materiais que lhes seriam externas. A cumulação objetiva apenas fortaleceria essa aptidão na medida em que permitiria o enfrentamento judicial coerente, célere e eficiente de questões minimamente relacionadas entre elas. Não seria legítimo que o processo de controle abstrato fosse diferente. Outrossim, rejeitar a possibilidade de cumulação de ações — além de carecer de fundamento expresso na Lei 9.868/1999 — apenas ensejaria a propositura de nova demanda com pedido e fundamentação idênticos, a ser distribuída por prevenção, como ocorreria em hipóteses de ajuizamento de ADI e ADC em face de um mesmo diploma. Ademais, os pedidos articulados na inicial não seriam incompatíveis jurídica ou logicamente, sendo provenientes de origem comum. Por outro lado, o requisito relativo à existência de controvérsia judicial relevante, necessário ao processamento e julgamento da ADC (Lei 9.868/1999, art. 14, III), seria qualitativo e não quantitativo, isto é, não diria respeito unicamente ao número de decisões judiciais num ou noutro sentido. Dois aspectos tornariam a controvérsia em comento juridicamente relevante. O primeiro diria respeito à estatura constitucional do diploma que estaria sendo invalidado nas instâncias inferiores — a EC 88/2015, que introduzira o art. 100 ao ADCT —, ou seja, uma emenda à Constituição, expressão mais elevada da vontade do parlamento brasileiro. Em segundo lugar, decisões similares poderiam vir a se proliferar pelos Estado-Membros, a configurar real ameaça à presunção de constitucionalidade da referida emenda constitucional.
ADI 5316 MC/DF, rel. Min. Luiz Fux, 21.5.2015. (ADI-5316)

EC 88/2015 e aposentadoria compulsória - 3
Com relação ao mérito, o Plenário asseverou que a EC 88/2015 alterara o corpo permanente da Constituição para possibilitar, na forma a ser definida por lei complementar, a aposentadoria compulsória de servidores públicos aos 75 anos (CF, art. 40, §1°, II). Até que viesse à lume a referida lei complementar, a emenda constitucional em questão estabeleceria regra transitória para alguns servidores públicos, permitindo que os ministros do STF, dos tribunais superiores e do TCU se aposentassem compulsoriamente apenas aos 75 anos de idade, nas condições do art. 52 da CF. Nessa senda, tornar-se-ia necessário delimitar o preciso sentido da expressão impugnada, qual seja, "nas condições do art. 52 da Constituição Federal". Em uma primeira leitura, a referência poderia parecer sem sentido, afinal a única previsão do art. 52 pertinente ao caso cuidaria do ingresso de cidadãos nos cargos de ministros de tribunais

superiores e do TCU (CF, art. 52, III, a e b). Não haveria regras no art. 52 da CF que tratassem da aposentadoria de magistrados e membros do TCU. Daí ser curioso que o art. 100 do ADCT determinasse que a aposentadoria fosse processada com base em dispositivo que não trataria de aposentadoria. Essa perplexidade inicial, porém, seria dissipada tanto pela leitura sistemática da EC 88/2015 quanto pela análise dos debates legislativos que lhe deram origem. Assim, pelo ângulo sistemático, seria evidente que o art. 100 do ADCT cumpriria provisoriamente o papel da lei complementar indicada na nova redação do art. 40 da CF. Esse papel seria exatamente o de fixar as condições para aposentadoria aos 75 anos. Isso porque, pela redação atual do artigo 40, §1°, II, da CF, a aposentadoria do servidor público ocorreria, em regra, aos 70 anos, embora fosse possível a extensão desse limite para os 75 anos segundo critérios a serem fixados em lei complementar. O art. 100 do ADCT simplesmente teria esclarecido que, provisoriamente e quanto aos agentes públicos ali mencionados, as condições de permanência até os 75 anos seriam idênticas àquelas de ingresso. Mais especificamente, a condição seria a sabatina perante o Senado Federal. Essa interpretação seria confirmada pelo ângulo histórico, na análise de documentos que integraram o processo legislativo resultante na EC 88/2015. Não haveria dúvidas, portanto, de que a expressão "nas condições do art. 52 da Constituição Federal" fixaria, inequivocamente, nova sabatina perante o Senado Federal como requisito para a permanência no cargo, para além dos 70 anos, de ministros do STF, dos tribunais superiores e do TCU. Assim, a presente controvérsia jurídica diria respeito à validade material da condição imposta pelo constituinte derivado.
ADI 5316 MC/DF, rel. Min. Luiz Fux, 21.5.2015. (ADI-5316)

EC 88/2015 e aposentadoria compulsória - 4
A Corte ressaltou que o controle judicial de emendas constitucionais colocaria em evidência a tensão latente que existiria entre soberania popular e Estado de Direito. De um lado, seria certo que as cláusulas pétreas (CF, art. 60, §4°), ao consubstanciarem limites materiais ao poder de reforma da Constituição, consagrariam um núcleo mínimo de identidade constitucional, a afastar da esfera de atuação dos agentes políticos determinados valores considerados mais elevados. Por outro lado, as cláusulas pétreas não deveriam ser interpretadas como se incorporassem um sufocamento absoluto das tentativas de o próprio povo brasileiro redesenhar as instituições do Estado na busca do seu contínuo aperfeiçoamento. A sutileza que se colocaria perante o STF seria, portanto, a de encontrar o ponto ótimo de equilíbrio entre a deferência em relação às decisões do constituinte derivado e a salvaguarda dos princípios e valores mais fundamentais do Estado Democrático de Direito. Nesse quadro, o controle de constitucionalidade das emendas deveria ser reservado às hipóteses de inequívoca violação ao núcleo das cláusulas pétreas, o que ocorreria no caso em análise. A CF/1988 teria conferido algum grau de densidade semântica ao postulado da separação dos Poderes, a afirmar serem-lhe atributos próprios a independência e a harmonia (CF, art. 2°: "São Poderes da União, independentes e harmônicos entre si, o Legislativo, o Executivo e o Judiciário"). Na situação dos autos, interessaria, em particular, a independência entre os Poderes. Embora fosse saudável que houvesse, em certa medida, influências recíprocas entre os Poderes da República, mecanismos de "checks and balances" não poderiam jamais comprometer a independência funcional de cada braço da autoridade do Estado. A harmonia a que alude o art. 2° da CF não poderia significar cumplicidade entre os Poderes, particularmente em relação ao Poder Judiciário, cuja independência seria pressuposto indispensável à imparcialidade necessária a qualquer ato de julgamento. Não seria o caso, porém, de, com isso, interditar toda e qualquer iniciativa do legislador em reformar as instituições existentes, inclusive o Poder Judiciário. Não se poderia jamais transigir, no entanto, com a imparcialidade da função jurisdicional, cuja obrigação vulneraria o núcleo essencial da separação dos Poderes (CF, art. 60, § 4°, III). Na espécie, portanto, haveria verossimilhança nas alegações de que a nova sabatina, introduzida pela EC 88/2015, degradaria ou estreitaria a imparcialidade jurisdicional. Seria tormentoso imaginar que o exercício da jurisdição pudesse ser desempenhado com isenção quando o julgador, para permanecer no cargo, carecesse da confiança política do Poder Legislativo, cujos atos, seriam muitas vezes questionados perante aquele mesmo julgador. Por outro lado, estaria configurado o "periculum in mora". No âmbito do TCU e dos tribunais da cúpula do Poder Judiciário, haveria ao menos 20 ministros em vias de se aposentar compulsoriamente nos próximos anos. Considerando que a sabatina seria designada para período anterior àquele em que o agente público completasse os setenta anos de idade, seria de se imaginar que o preceito impugnado produziria efeitos no curto lapso de tempo, o que caracterizaria o perigo na demora.
ADI 5316 MC/DF, rel. Min. Luiz Fux, 21.5.2015. (ADI-5316)

EC 88/2015 e aposentadoria compulsória - 5

O Plenário destacou que haveria uma segunda questão colocada na hipótese em exame, que se desdobraria em outras duas. De um lado, estaria em discussão o sentido da expressão "lei complementar" na nova redação do art. 40, §1º, II, da CF. No contexto específico da magistratura, restaria definir se a aludida lei complementar seria de caráter nacional ou de caráter estadual. No ponto, porém, e em relação à magistratura, não haveria dúvidas de que se trataria da lei complementar nacional, de iniciativa do STF, indicada no art. 93 da CF. De outro lado, seria debatida a validade, à luz da noção de unidade do Poder Judiciário, da regra transitória contida no artigo 100 do ADCT, que limitara a eficácia imediata da aposentadoria compulsória aos 75 anos apenas aos integrantes da cúpula do Poder Judiciário e do TCU. Nesse diapasão, constatar-se-ia que o princípio da igualdade não proibiria de modo absoluto as diferenciações de tratamento. Vedaria apenas distinções arbitrárias. Nesse sentido, a carreira da magistratura seria nacional. Independentemente da instância em que atuassem, os magistrados estariam submetidos a um mesmo regime jurídico, na medida em que integrantes de uma única carreira. Não obstante isso, seria constitucionalmente possível que houvesse distinções pontuais entre os cargos da magistratura, especialmente quanto às condições para o seu provimento e vacância. Assim, o ingresso no cargo de ministro de tribunal superior ou do TCU decorreria da aprovação em sabatina e seria exaurida em evidente processo político com notória peculiaridade. Igualmente, as funções desempenhadas pelos destinatários atingidos pelo art. 100 do ADCT seriam técnicas, mas de resplandecente repercussão política, social e econômica, o que legitimaria o estabelecimento de critérios distintos daqueles dispensados aos demais agentes públicos. Então, a referida distinção consubstanciaria fundamento razoável para a existência de regra de transição exclusiva para os magistrados do STF e tribunais superiores bem como para os membros do TCU sabatinados em relação à futura vacância do cargo oriunda da aposentadoria compulsória. O referido discrímen não alcançaria o cerne fundamental do regime jurídico da magistratura, mas apenas o momento a partir do qual haveria compulsoriedade da aposentadoria. Assim, a distinção de tratamento dispensada pelo art. 100 do ADCT seria legítima, materialmente constitucional, e por não ofensiva à isonomia, deveria ser observada pelos demais órgãos do Poder Judiciário, caracterizado, portanto, o "fumus boni juris". O "periculum in mora" também estaria configurado na medida em que haveria o elevado risco de que magistrados não integrantes da cúpula do Poder Judiciário e do TCU obtivessem decisões liminares favoráveis que afastassem a regra veiculada pelo art. 40 § 1º, II, da CF, introduzida pela EC 88/2015. O afastamento da referida exigência, mediante uma vulgarização indevida alicerçada em errônea aplicação do princípio da isonomia e da unicidade da magistratura, poderia comprometer a legítima vontade do parlamento, que apenas teria reconhecido a eficácia imediata da majoração da idade da aposentadoria compulsória para um grupo muito específico de agentes públicos. Vencidos, em parte, os Ministros Teori Zavascki e Marco Aurélio, que davam interpretação conforme à parte final do art. 100 do ADCT, introduzido pela EC 88/2015, para excluir enfoque que fosse conducente a concluir-se pela segunda sabatina, considerado o mesmo cargo em relação ao qual ocorrida a primeira sabatina. Vencido, ainda, o Ministro Marco Aurélio, que não conhecia do pedido com conteúdo de ação declaratória de constitucionalidade, por entender incabível a cumulação de ações procedida por meio de aditamento à inicial, e, superada a questão, indeferia a concessão de cautelar, porquanto esta medida seria prevista pela Constituição unicamente quanto à ação direta de inconstitucionalidade. Não caberia, assim, a suspensão de processos em curso nas diversas instâncias do Judiciário, que deveriam tramitar, considerado o devido processo legal. O exame de ameaça ou lesão a direito pelo Poder Judiciário configura cláusula pétrea que não poderia ser afastado sequer por lei.

ADI 5316 MC/DF, rel. Min. Luiz Fux, 21.5.2015. (ADI-5316) (Inform. STF 786)

EC 41/2003: pensão por óbito posterior à norma e direito à equiparação - 2

Os pensionistas de servidor falecido posteriormente à EC 41/2003 têm direito à paridade com servidores em atividade (EC 41/2003, art. 7º), caso se enquadrem na regra de transição prevista no art. 3º da EC 47/2005. Não têm, contudo, direito à integralidade (CF, art. 40, § 7º, I). Com base nesse entendimento, o Plenário, em conclusão de julgamento, deu parcial provimento a recurso extraordinário em que se discutia eventual direito de pensionistas ao recebimento de pensão por morte de ex-servidor, aposentado

antes do advento da EC 41/2003, mas falecido após a sua promulgação, nos mesmos valores (critério da integralidade) dos proventos do servidor falecido, se vivo fosse — v. Informativo 772. O Tribunal asseverou que a EC 41/2003 teria posto fim à denominada "paridade", ou seja, à garantia constitucional que reajustava os proventos de aposentadoria e as pensões sempre que se corrigissem os vencimentos dos servidores da ativa. A regra estava prevista no art. 40, § 8º, da CF, incluído pela EC 20/1998. A nova redação dada pela EC 41/2003 prevê apenas "o reajustamento dos benefícios para preservar--lhes, em caráter permanente, o valor real". Dessa forma, se o falecimento do servidor tivesse ocorrido após a vigência da EC 41/2003, não teriam seus pensionistas direito à paridade. Isso porque, assim como a aposentadoria se regeria pela legislação vigente à época em que o servidor implementara as condições para sua obtenção, a pensão igualmente regular-se-ia pela lei vigente por ocasião do falecimento do segurado instituidor, em observância ao princípio "tempus regit actum". A EC 47/2005, entretanto, teria excepcionado essa regra. Nela teria ficado garantida a paridade às pensões derivadas de óbito de servidores aposentados na forma de seu art. 3º, ou seja, preservara o direito à paridade para aqueles que tivessem ingressado no serviço público até 16.12.1998 e que preenchessem os requisitos nela consignados. No caso, o servidor instituidor da pensão ingressara no serviço público e se aposentara anteriormente à EC 20/1998 e, além disso, atendera ao que disposto no citado art. 3º da EC 47/2005. No entanto, essa emenda constitucional somente teria estendido aos pensionistas o direito à paridade, e não o direito à integralidade. Portanto, na espécie, estaria configurado o direito dos recorridos à paridade, porém, não o direito à integralidade.

RE 603580/RJ, rel. Min. Ricardo Lewandowski, 20.5.2015. (RE-603580) (Inform. STF 786)

Servidor público: omissão legislativa e contagem diferenciada de tempo de serviço - 1

O Plenário iniciou julgamento de mandado de injunção no qual se discute se haveria omissão pela ausência de lei complementar referida no art. 40, § 4º, III, da CF ("Art. 40. ... § 4º. É vedada a adoção de requisitos e critérios diferenciados para a concessão de aposentadoria aos abrangidos pelo regime de que trata este artigo, ressalvados, nos termos definidos em leis complementares, os casos de servidores: ... III cujas atividades sejam exercidas sob condições especiais que prejudiquem a saúde ou a integridade física") no que se refere à possibilidade jurídica de averbar tempo de serviço prestado por servidor público em regime especial antes de concluído o ciclo de tempo necessário para a aposentadoria. Na espécie, o "writ" fora impetrado por servidora pública federal que exercera atividade insalubre durante oito anos e requerera averbação e contagem diferenciada de tempo especial, com base no art. 57, § 5º, da Lei 8.213/1991 ["Art. 57. A aposentadoria especial será devida, uma vez cumprida a carência exigida nesta Lei, ao segurado que tiver trabalhado sujeito a condições especiais que prejudiquem a saúde ou a integridade física, durante 15 (quinze), 20 (vinte) ou 25 (vinte e cinco) anos, conforme dispuser a lei. ... § 5º O tempo de trabalho exercido sob condições especiais que sejam ou venham a ser consideradas prejudiciais à saúde ou à integridade física será somado, após a respectiva conversão ao tempo de trabalho exercido em atividade comum, segundo critérios estabelecidos pelo Ministério da Previdência e Assistência Social, para efeito de concessão de qualquer benefício"]. O Ministro Roberto Barroso (relator) concedeu a ordem em parte para reconhecer a existência de omissão normativa quanto ao direito à aposentadoria especial de servidores públicos (CF, art. 40, § 4º, III) e determinar à autoridade administrativa que analise o requerimento da impetrante à luz da disciplina vigente no regime geral de previdência social (Lei 8.213/1991, art. 57). Propôs que, caso o Tribunal entendesse pelo não cabimento do mandado de injunção, que afirmasse, de forma inequívoca, a possibilidade jurídica de averbação e contagem diferenciada de tempo especial por parte de servidores públicos, com base no art. 57, § 5º, da Lei 8.213/1991, a ser buscada pelas vias ordinárias. Lembrou que, ao editar o Enunciado 33 de sua Súmula Vinculante ("Aplicam-se ao servidor público, no que couber, as regras do regime geral da previdência social sobre aposentadoria especial de que trata o artigo 40, § 4º, inciso III da Constituição Federal, até a edição de lei complementar específica"), o STF reconhecera a existência de lacuna normativa na disciplina da aposentadoria especial em relação a atividades exercidas sob condições especiais que prejudicassem a saúde ou a integridade física do servidor público.

MI 4204/DF, rel. Min. Roberto Barroso, 30.4.2015. (MI-4204)

6. DIREITO ADMINISTRATIVO

Servidor público: omissão legislativa e contagem diferenciada de tempo de serviço - 2

O Ministro Roberto Barroso apontou que, quando da aprovação do referido Enunciado, existia farta jurisprudência do Plenário no sentido da aplicação do art. 57, "caput" e § 1º, da Lei 8.213/1991, que preveem aposentadoria integral em 15, 20 ou 25 anos de atividade, a depender do grau de insalubridade. Excluíra-se, porém, a possibilidade de se averbar o tempo de serviço em condições especiais e sua conversão em tempo comum, mediante a incidência de fator multiplicador que estaria contemplado no art. 57, § 5º, da Lei 8.213/1991. Significa dizer que a jurisprudência do STF afastara a aplicação, no que diz respeito aos servidores públicos, de parte das regras previstas para os trabalhadores em geral. Asseverou que a vedação à contagem de tempo ficto (CF, art. 40, § 10: "A lei não poderá estabelecer qualquer forma de contagem de tempo de contribuição fictício") não proibiria o cômputo diferenciado de tempo de serviço especial, pois em realidade não se trataria de tempo ficto, porque fora efetivamente prestado em condições de insalubridade. Aduziu que o art. 40, § 10, da CF se destinaria a proscrever a contagem de tempo não trabalhado. A necessidade de "requisitos e critérios diferenciados" no que se refere ao tempo de serviço prestado em condições prejudiciais à saúde e à integridade física decorreria do art. 40, § 4º, III, da CF. Frisou que nem todo servidor que exercesse atividades em condições prejudiciais à saúde ou à integridade física teria, por certo, direito à aposentadoria especial propriamente dita. Por outro lado, seria fora de dúvida que o tempo exercido nessas condições deveria ser computado de forma diferenciada (CF, art. 40, § 4º, III). Por outro lado, também não se poderia vedar a contagem diferenciada de tempo especial a pretexto da possibilidade de superveniência de lei que alterasse os requisitos antes da aquisição do direito à aposentadoria. Considerou que a contagem diferenciada do tempo de serviço especial decorreria diretamente do direito à aposentadoria disposto no art. 40, § 4º, da CF. Atualmente, o exercício desse direito estaria obstado por lacuna legislativa, entretanto, nada impediria que essa omissão fosse reconhecida em mandado de injunção. Concluiu que não se trataria de via imprópria para esse fim, mas de sede propícia para a correção de estados de omissão legislativa inconstitucional. Em seguida, pediu vista o Ministro Gilmar Mendes.
MI 4204/DF, rel. Min. Roberto Barroso, 30.4.2015. (MI-4204) (Inform. STF 783)

ADI: Previdência dos militares e lei específica - 3

O Plenário retomou julgamento de ação direta de inconstitucionalidade ajuizada em face da LC 39/2002 do Estado do Pará, que institui o Regime de Previdência Estadual e estabelece regras jurídico-previdenciárias aplicáveis tanto a servidores públicos civis quanto a militares daquele ente federativo — v. Informativo 773. O Ministro Gilmar Mendes, em voto-vista, acompanhado pelo Ministro Dias Toffoli, que reajustou seu voto, e pelo Ministro Celso de Mello, julgou improcedente o pedido. Explicou que não se deveria confundir lei específica com lei de conteúdo exclusivo. Asseverou que a Constituição, quando exige que uma lei regule exclusivamente determinada matéria, o faz expressamente. Dessa forma, a LC 39/2002 do Estado do Pará estaria de acordo com o que a norma constitucional prescreve. A disciplina previdenciária dos militares teria sido tratada de modo autônomo, individualizado, bem como o seu conteúdo teria sido delimitado dentro do conjunto "servidores públicos". Apontou que não seria razoável exigir do legislador estadual a elaboração de duas leis formais para tratar de uma mesma matéria, quando o preceito constitucional que garantiria tratamento diferenciado aos militares, consideradas as peculiaridades de suas atividades, pudesse ser atendido em uma única lei, como no caso em comento. Os Ministros Marco Aurélio e Ricardo Lewandowski (Presidente), por sua vez, julgaram parcialmente procedente o pedido. O Ministro Marco Aurélio afirmou que o que art. 42, § 1º, da CF exigiria, para a disciplina do direito dos militares dos Estados--Membros não seria certo diploma legal, com artigos a versarem sobre os direitos dos servidores militares. Seria necessário diploma específico que dispusesse unicamente sobre os militares estaduais. Lembrou que, embora a Constituição não o exigisse, a norma impugnada viera na forma de lei complementar, cujos requisitos seriam mais rígidos, inclusive para alteração, seriam diversos das leis em geral. O Ministro Ricardo Lewandowski (Presidente) enfatizou a necessidade de se ter uma lei monotemática a tratar da disciplina. Na espécie, na forma como posta na Constituição, os militares deveriam ter um texto diferenciado e único, a englobar todas as vantagens, garantias, prerrogativas, deveres e direitos dessa categoria de servidores públicos armados, dedicados à segurança dos demais cidadãos. Em seguida, o julgamento foi suspenso.
ADI 5154/PA, rel. Min. Luiz Fux, 22.5.2015. (ADI-5154) (Inform. STF 782)

EC 20/1998 e acumulação de proventos civis e militares

O Plenário, por decisão majoritária, negou provimento a embargos de divergência opostos em face de decisão proferida pela Primeira Turma, na qual decidido que a acumulação de aposentadorias civil e militar é admissível se o reingresso no serviço público se der antes da publicação da EC 20/1998, ainda que a aposentadoria tenha ocorrido já sob a vigência da emenda. No caso, o embargado fora transferido para a reserva remunerada do Exército em 1980 e, naquele mesmo ano, fora transferido para a Secretaria de Assuntos Estratégicos da Presidência da República, para ser posteriormente lotado no Comando do Exército. Sua aposentadoria compulsória se dera no cargo civil de analista de informações, em 2004. O Colegiado constatou haver precedentes da Primeira Turma no mesmo sentido do acórdão embargado. Por outro lado, em sentido contrário, a Segunda Turma teria julgado a afirmar a impossibilidade de acumulação de proventos civis e militares quando a aposentadoria ocorresse sob a égide da EC 20/1998. Explicou que o § 10 do art. 37 da CF, inserido com a referida emenda, vedaria a percepção simultânea de proventos. No entanto, haveria ressalva quanto à situação dos inativos, servidores e militares, que, até a data da publicação da EC 20/1998, tivessem ingressado novamente no serviço público (EC 20/1998, art. 11). Com base nesse dispositivo, a jurisprudência da Corte assentara-se no sentido da possibilidade de acumulação de proventos civis e militares quando a reforma se dera sob a égide da CF/1967 e a aposentadoria ocorrera antes da vigência da EC 20/1998. Nesses casos, não se aplicaria a proibição do art. 11 da emenda, pois não se trataria de percepção de mais de uma aposentadoria pelo regime previdenciário do art. 40 da CF, mas sim da percepção de proventos civis e militares. Assim, seria irrelevante que a aposentadoria civil tivesse se dado na vigência da EC 20/1998, bastando que o reingresso no serviço público ocorresse antes do advento da alteração constitucional, de forma a ensejar a incidência da ressalva do art. 11 da emenda, cuja aplicação incidiria aos membros de poder e aos inativos, servidores e militares, que, até a publicação da emenda, tivessem ingressado novamente no serviço público. Assim, no caso em exame, seria plenamente possível a acumulação de proventos civis e militares, uma vez que a reforma do embargado ocorrera sob a égide da CF/1967, e seu reingresso no serviço público, antes da publicação da EC 20/1998. Vencido o Ministro Marco Aurélio, que provia os embargos. Entendia não ser relevante distinguir a época em que o recorrido alcançara o que percebido antes da reforma, mas perquirir se, sob a vigência da Constituição atual, ele teria direito à dupla aposentadoria.
AI 801096 AgR-EDv/DF, rel. Min. Teori Zavascki, 22.4.2015. (AI-801096) (Inform. STF 782)

AG. REG. NO ARE N. 833.985-MS

RELATOR: MIN. LUIZ FUX
Ementa: AGRAVO REGIMENTAL NO RECURSO EXTRAORDINÁRIO COM AGRAVO. ADMINISTRATIVO. PENSÃO POR MORTE. PRORROGAÇÃO DO BENEFÍCIO. LIMITE DE IDADE. MATÉRIA INFRACONSTITUCIONAL. NECESSIDADE DE ANÁLISE DA LEGISLAÇÃO INFRACONSTITUCIONAL LOCAL. INCIDÊNCIA DA SÚMULA Nº 280/STF. DECLARAÇÃO DE INCONSTITUCIONALIDADE DE TRATADO OU LEI FEDERAL. INEXISTÊNCIA. RECURSO EXTRAORDINÁRIO INTERPOSTO COM FUNDAMENTO NAS ALÍNEAS C E D DO PERMISSIVO CONSTITUCIONAL. INVIABILIDADE.

1. A pensão por morte, quando *sub judice* a controvérsia sobre a sua prorrogação em face do limite de idade, demanda a análise da legislação infraconstitucional aplicável à espécie. Precedentes: ARE 740.855-AgR, Rel. Min. Gilmar Mendes, Segunda Turma, DJe de 25/11/2013, e ARE 667.498-AgR, Rel. Min. Rosa Weber, Primeira Turma, DJe de 27/8/2013.
2. A violação reflexa e oblíqua da Constituição Federal decorrente da necessidade de análise de malferimento do dispositivo infraconstitucional local, torna inadmissível o recurso extraordinário, a teor do Enunciado da Súmula nº 280 do Supremo Tribunal Federal, *verbis*: "*Por ofensa a direito local não cabe recurso extraordinário*".
3. A admissibilidade do recurso extraordinário interposto com fulcro na alínea *b* do permissivo constitucional exige que o recorrente demonstre inequivocamente que o Tribunal *a quo* declarou a inconstitucionalidade de tratado ou de lei federal, o que não se verifica na espécie.
4. O Tribunal *a quo* não julgou válida lei ou ato de governo local contestado em face da Constituição, tampouco julgou válida lei local contestada em face de lei federal, o que afasta o cabimento de recurso extraordinário com base nas alíneas *c* e *d*, do art. 102, III, da CF.
5. *In casu*, o acórdão recorrido assentou: "*MANDADO DE SEGURANÇA – PENSÃO POR MORTE – INTERRUPÇÃO PELA MAIORIDADE CIVIL – BENEFICIÁRIO*

CURSANDO ENSINO SUPERIOR – PRELIMINARES DE ILEGITIMIDADE PASSIVA DO ESTADO E LITISCONSÓRCIO PASSIVO NECESSÁRIO DA AGE-PREV AFASTADAS – PRELIMINARES DE IMPROPRIEDADE DA VIA ELEITA E CARÊNCIA DA AÇÃO AFASTADAS – POSSIBILIDADE DE PRORROGAÇÃO DO BENEFÍCIO ATÉ 24 ANOS – APLICAÇÃO ANALÓGICA DA LEI 9.250/95 – VIOLAÇÃO AOS PRINCÍPIOS CONSTITUCIONAIS DA DIGNIDADE DA PESSOA HUMANA E DO ACESSO À EDUCAÇÃO – VIOLAÇÃO A DIREITO LÍQUIDO E CERTO CARACTERIZADA – ORDEM CONCEDIDA."
6. Agravo regimental **DESPROVIDO. (Inform. STF 782)**

Policiais civis e militares do sexo feminino e aposentadoria - 1
O Plenário, por maioria, julgou improcedente pedido formulado em ação direta de inconstitucionalidade por omissão, ajuizada com o objetivo de ser declarada a mora legislativa do Estado de São Paulo na elaboração de lei complementar estadual sobre os critérios diferenciados para aposentadoria de policiais civis e militares do sexo feminino, nos termos do art. 40, §§ 1º e 4º, da CF. No tocante ao regime das policiais civis, o Colegiado mencionou a existência da LC estadual 1.062/2008, que dispõe sobre requisitos e critérios diferenciados para a concessão de aposentadoria voluntária aos policiais civis locais. Por outro lado, no plano federal, apontou haver a LC 144/2014, em alteração à LC 51/1985, que cuida da aposentadoria do funcionário policial, para regulamentar a aposentadoria da mulher servidora policial. A edição de lei complementar nacional, na atual configuração centralizadora da Federação, seria impositiva, pois a matéria exigiria regramento uniforme, de caráter geral, mediante edição de lei pela União, a fim de evitar criação de regras distintas pelos Estados-Membros para servidores em situações semelhantes. Assim, se a lei federal sobre a matéria regulamenta o tempo de contribuição para efeito de aposentadoria dos policiais de forma exaustiva, não poderia a lei estadual dispor de modo diverso, sob pena de afrontar as regras de repartição de competência firmadas pela Constituição. Quanto às servidoras policiais civis, o pleito aduzido no sentido de que se adotassem critérios diferenciados para aposentadoria de policiais do sexo feminino já teria sido atendido pela LC 144/2014, que possui abrangência nacional e incide, portanto, sobre servidores do Estado de São Paulo. Ademais, não haveria de se falar em perda superveniente de objeto, porque a LC 144/2014 fora editada em data anterior ao ajuizamento da presente ação, a evidenciar a inexistência de omissão inconstitucional. Sequer poderia se falar em inconstitucionalidade da referida lei complementar, objeto da ADI 5.129/DF, pendente de julgamento. A constitucionalidade da norma seria presumida até eventual julgamento pelo STF em sentido diverso.
ADO 28/SP, rel. Min. Cármen Lúcia, 16.4.2015. (ADO-28)

Policiais civis e militares do sexo feminino e aposentadoria - 2
O Plenário asseverou que, relativamente às policiais militares, o parâmetro de controle de inconstitucionalidade por omissão não se mostraria adequado. Com o advento das EC 18/1998 e EC 20/1998, os militares teriam sido excluídos do conceito de "servidores públicos" anteriormente concedido pela Constituição, para que não mais houvesse vínculo com os servidores civis. A organização e o regime jurídico dos militares, desde a forma de investidura até as formas de inatividade, diferiria fundamentalmente do regime dos servidores civis. A Polícia Militar e o Corpo de Bombeiros Militar seriam forças destinadas à execução dos serviços de segurança pública. Especificamente, as Polícias Militares estaduais seriam instituições de natureza perene, com a competência constitucional de polícias ostensivas. Seus membros integrariam carreira típica estadual (CF, art. 42). Assim, haveria a necessidade jurídica de um regime previdenciário próprio dos militares estaduais, a ser normatizado em lei estadual específica, diversa da lei que regulasse o regime próprio dos servidores públicos. Nesse sentido, conforme jurisprudência da Corte, a interpretação do § 1º do art. 42 da CF impor-se-ia no sentido da inaplicabilidade da regra de aposentadoria especial prevista no art. 40, § 4º, da CF em favor de policial militar estadual. Esse entendimento fora confirmado também em julgamentos de ações nas quais o STF analisara a possibilidade de cumulação de proventos decorrentes de aposentadoria na condição de servidor público civil com proventos oriundos de aposentadoria na carreira militar. Fosse de se reconhecer a identidade do regime previdenciário a que submetida essa aposentadoria, não poderia a Corte ter garantido o direito de acumulação pleiteado na origem, pela vedação expressa do art. 40, § 6º, da CF. Desse modo, existiriam duas espécies de regimes previdenciários próprios: um para servidores civis e outro para militares. Por isso, o art. 40, § 2º, da CF somente permite a existência de um regime próprio de previdência social para os servidores titulares de cargos efetivos, ressalvado o disposto

no art. 142, § 3º, X, da CF. Portanto, não haveria omissão inconstitucional quanto ao art. 40, §§ 1º e 4º, da CF, porque essa norma constitucional seria inaplicável aos militares. Ademais, a aposentadoria dos policiais militares paulistas seria regulamentada pelo Decreto-Lei estadual 260/1970 e pela LC estadual 1.150/2011. Vencido o Ministro Marco Aurélio, que não conhecia do pedido formulado. Entendia que o STF não teria competência para julgar a ação, tendo em vista suposta omissão do governador e da assembleia legislativa estadual. Reputava que seria competente o Judiciário local. No mérito, julgava o pedido procedente.
ADO 28/SP, rel. Min. Cármen Lúcia, 16.4.2015. (ADO-28) (Inform. STF 781)

ADI N. 4.641-SC
RELATOR: MIN. TEORI ZAVASCKI
Ementa: PREVIDENCIÁRIO E CONSTITUCIONAL. LEI ESTADUAL QUE INCLUIU NO REGIME PRÓPRIO DE PREVIDÊNCIA SEGURADOS QUE NÃO SÃO SERVIDORES DE CARGOS EFETIVOS NA ADMINISTRAÇÃO PÚBLICA. ART. 40 DA CONSTITUIÇÃO FEDERAL. NECESSÁRIA VINCULAÇÃO AO REGIME GERAL DE PREVIDÊNCIA SOCIAL.
1. O art. 40 da Constituição de 1988, na redação hoje vigente após as Emendas Constitucionais 20/98 e 41/03, enquadra como segurados dos Regimes Próprios de Previdência Social apenas os servidores titulares de cargo efetivo na União, Estado, Distrito Federal ou Municípios, ou em suas respectivas autarquias e fundações públicas, qualidade que não aproveita aos titulares de serventias extrajudiciais.
2. O art. 95 da Lei Complementar 412/2008, do Estado de Santa Catarina, é materialmente inconstitucional, por incluir como segurados obrigatórios de seu RPPS os cartorários extrajudiciais (notários, registradores, oficiais maiores e escreventes juramentados) admitidos antes da vigência da Lei federal 8.935/94 que, até 15/12/98 (data da promulgação da EC 20/98), não satisfaziam os pressupostos para obter benefícios previdenciários.
3. Ação direta de inconstitucionalidade julgada procedente, com modulação de efeitos, para assegurar o direito adquirido dos segurados e dependentes que, até a data da publicação da ata do presente julgamento, já estivessem recebendo benefícios previdenciários juntos ao regime próprio paranaense ou já houvessem cumprido os requisitos necessários para obtê-los. **(Inform. STF 780)**

Notários e oficiais de registro e regime previdenciário
O Plenário julgou procedentes pedidos formulados em ações diretas para declarar a inconstitucionalidade da Lei 15.150/2005 do Estado de Goiás — que cria regime diferenciado de aposentadoria para determinadas categorias profissionais (participantes: do serviço notarial e registral, não remunerados pelos cofres públicos; da serventia do foro judicial, admitidos antes da vigência da Lei 8.935/1994 e facultativos com contribuição em dobro) — e da LC 412/2008 do Estado de Santa Catarina, que inclui os cartorários extrajudiciais entre os segurados obrigatórios do regime próprio de previdência social do Estado-membro. De início, no que se refere à lei goiana, o Colegiado explicou que ela fixara um regime específico para as três classes de agentes colaboradores do Estado de Goiás: a) os delegatários de serviço notarial, que tiveram seus direitos assegurados na Lei 8.935/1994; b) os serventuários do foro judicial, admitidos antes da vigência da Lei 8.935/1994; e c) os antigos segurados facultativos com contribuição em dobro, filiados ao regime próprio de previdência estadual antes da Lei 12.964/1996. O Colegiado assentou que a Lei estadual 15.150/2005 alterara o regime vigente desde 1986, e passara a regulamentar: a) as modalidades de aposentadoria; b) a fórmula de cômputo das contribuições, dos respectivos proventos e das pensões; c) as condições de desvinculação espontânea e automática do sistema; d) o cômputo do tempo de serviço e contribuição; e) a cobertura do sistema; f) as condições para a vinculação na qualidade de dependente; g) a autoridade responsável pela administração do sistema; e h) as condições de reajuste dos benefícios. A lei impugnada estruturara, em proveito de agentes que há muito teriam migrado para o regime geral, sistema previdenciário inédito, com condições de contribuição, elegibilidade e cobertura diversos daqueles previstos tanto no regime próprio estadual quanto no regime geral. Destacou, entretanto, que a lei impugnada não tratara de estender o regime próprio de previdência local aos destinatários por ela especificados, mas criara modelo alternativo. O legislador estadual, no pretenso exercício de sua competência concorrente (CF, art. 24, XII), dispusera sobre matéria previdenciária, no desiderato de regular situações jurídicas específicas, respeitantes a colaboradores sem vínculo efetivo com o Estado, de modo inteiramente distinto do

6. DIREITO ADMINISTRATIVO

regime próprio de previdência. O sistema instituído pela lei adversada não poderia ser classificado como um regime previdenciário complementar, pois, embora fosse de adesão facultativa, não seria destinado a complementar a renda obtida com outro vínculo previdenciário, mas funcionaria como regime exclusivo. Assim, a lei local desviara-se do desenho institucional, bem assim houvera usurpação de competência, o que resultaria na invalidade de todo o diploma. O Colegiado assinalou que estariam violados, em suma, os artigos 40, 201 e 202 da CF. Explicitou que a lei catarinense incorreria nas mesmas inconstitucionalidades, embora não tivesse sido criado novo regime. No caso, as mesmas categorias de profissionais teriam sido incorporadas no regime próprio de previdência estadual. Por fim, o Plenário, por maioria, modulou os efeitos da declaração de inconstitucionalidade, para preservar as situações dos segurados que, abrangidos pelas leis impugnadas, tivessem sido inseridos nos respectivos regimes previdenciários, bem assim efetuado o recolhimento das contribuições devidas e, cumpridos os requisitos legais, tivessem passado a receber os benefícios. Desse modo, deveriam ser ressalvadas dos efeitos da decisão as situações dos destinatários dessas leis que estivessem percebendo ou tivessem reunido as condições para obter os benefícios até a data da publicação da ata de julgamento. Vencido, quanto à modulação, o Ministro Marco Aurélio.
ADI 4639/GO e ADI 4641/SC, rel. Min. Teori Zavascki, 11.3.2015. (ADI-4639) (Inform. STF 777)

Contribuição previdenciária de inativos e pensionistas: isenção e patologias incapacitantes - 3
O Plenário, em conclusão de julgamento e por maioria, acolheu, em parte, pedido formulado em ação direta para estabelecer que o parágrafo único do art. 3º da Lei 8.633/2005 do Estado do Rio Grande do Norte ["Art. 3º. Os aposentados e os pensionistas de qualquer dos Poderes do Estado, do Ministério Público e do Tribunal de Contas do Estado, incluídas suas autarquias e fundações, e dos Militares Estaduais contribuirão para o regime próprio de previdência social, com 11 % (onze por cento) incidentes sobre o valor da parcela dos proventos de aposentadorias e pensões que supere o limite máximo estabelecido para os benefícios do regime geral de previdência social, fixado pela legislação federal. Parágrafo único. São isentos da contribuição de que trata o 'caput' deste artigo, os aposentados e pensionistas que sejam portadores de patologias incapacitantes, abrangidos pela isenção oferecida pela legislação do Imposto de Renda"] deve ser interpretado à luz do limite previsto no art. 40, § 21, da CF ("§ 21. A contribuição prevista no § 18 deste artigo incidirá apenas sobre as parcelas de proventos de aposentadoria e de pensão que superem o dobro do limite máximo estabelecido para os benefícios do regime geral de previdência social de que trata o art. 201 desta Constituição, quando o beneficiário, na forma da lei, for portador de doença incapacitante") — v. Informativo 646. O Colegiado destacou que a norma adversada seria extremamente simpática do ponto de vista da justiça social, a qual deveria valer para todos, sob pena de se ferir a isonomia. Ademais, ela alcançaria grande parte dos aposentados e pensionistas. Entretanto, o mencionado parágrafo único, ao conceder isenção total, seria mais amplo do que o § 21 do art. 40 da CF, que confere benefício limitado. Vencido, em parte, o Ministro Cezar Peluso (relator), que julgava o pedido parcialmente procedente para declarar a inconstitucionalidade do aludido parágrafo único, que criaria isenção não prevista constitucionalmente.
ADI 3477/RN, rel. orig. Min. Cezar Peluso, red. p/ o acórdão Min. Luiz Fux, 4.3.2015. (ADI-3477) (Inform. STF 776)

AG. REG. EM MS N. 25.678-DF

RELATOR: MIN. LUIZ FUX
EMENTA: AGRAVO REGIMENTAL EM MANDADO DE SEGURANÇA. DIREITO ADMINISTRATIVO. PROVENTOS. APOSENTADORIA. ACÓRDÃO DO TCU QUE DETERMINOU A EXCLUSÃO DE VANTAGEM ECONÔMICA RECONHECIDA POR DECISÃO COM TRÂNSITO EM JULGADO (URP, 26,05%). COMPETÊNCIA CONSTITUCIONAL ATRIBUÍDA À CORTE DE CONTAS. MODIFICAÇÃO DE FORMA DE CÁLCULO DA REMUNERAÇÃO. INEXISTÊNCIA DE OFENSA AOS PRINCÍPIOS CONSTITUCIONAIS DA COISA JULGADA, DO DIREITO ADQUIRIDO E DA IRREDUTIBILIDADE DE VENCIMENTOS. DECADÊNCIA. INOCORRÊNCIA. AMPLA DEFESA E CONTRADITÓRIO. AUSÊNCIA DE VIOLAÇÃO. AGRAVO A QUE SE NEGA PROVIMENTO.
1. A garantia fundamental da coisa julgada (CRFB/88, art. 5º, XXXVI) não resta violada nas hipóteses em que ocorrerem modificações no contexto fático-jurídico em que produzida – como as inúmeras leis que fixam novos regimes jurídicos de remuneração.

2. As vantagens remuneratórias pagas aos servidores inserem-se no âmbito de uma relação jurídica continuativa, e, assim, a sentença referente a esta relação produz seus efeitos enquanto subsistir a situação fática e jurídica que lhe deu causa. A modificação da estrutura remuneratória ou a criação de parcelas posteriormente à sentença são fatos novos, não abrangidos pelos eventuais provimentos judiciais anteriores.
3. É cediço que a alteração, por lei, da composição da remuneração do agente público assegura-lhe somente a irredutibilidade da soma total antes recebida, assim concebido: os vencimentos e proventos constitucionais e legais. Precedentes: RE 563.965/RN-RG, Rel. Min. Cármen Lúcia, Tribunal Pleno, DJe 20/3/2009; MS 24.784, Rel. Min. Carlos Velloso, Tribunal Pleno, DJe 25/6/2004.
4. A decadência prevista no art. 54 da Lei 9.784/99 não se consuma no período compreendido entre o ato administrativo concessivo de aposentadoria ou pensão e o posterior julgamento de sua legalidade e registro pelo Tribunal de Contas da União, que consubstancia o exercício da competência constitucional de controle externo (CRFB/88, art. 71, III) -, porquanto o respectivo ato de aposentação é juridicamente complexo, e se aperfeiçoa com o registro na Corte de Contas. Precedentes: MS 30916, Rel. Min. Cármen Lúcia, 1ª Turma, DJe 08.06.2012; MS 25525, Rel. Min. Marco Aurélio, Tribunal Pleno, DJe 19.03.2010; MS 25697, Rel. Min. Cármen Lúcia, Tribunal Pleno, DJe 12.03.2010.
5. O processo de registro de aposentadoria, desde que não tenha transcorrido período de tempo superior a cinco anos entre o início do processo no TCU e o indeferimento do registro, não impõe o contraditório.
6. As URPs - Unidades de Referência de Preço - foram previstas visando a repor o poder aquisitivo de salários e vencimentos até a data-base da categoria, quando verificado o acerto de contas; entendimento sumulado pelo egrégio Tribunal Superior do Trabalho, *verbis: "Súmula 322: Os reajustes salariais decorrentes dos chamados Gatilhos e URP's, previstos legalmente como antecipação, são devidos tão-somente até a data-base de cada categoria."*
7. Agravo regimental a que se nega provimento. **(Inform. STF 776)**

GDATFA: gratificações de desempenho e retroação de efeitos financeiros - 1
O termo inicial do pagamento diferenciado das gratificações de desempenho entre servidores ativos e inativos é o da data da homologação do resultado das avaliações, após a conclusão do primeiro ciclo de avaliações, não podendo a Administração retroagir os efeitos financeiros a data anterior. Com base nessa orientação, o Plenário negou provimento a recurso extraordinário no qual se discutia, à luz do art. 40, § 8º, da CF, a obrigatoriedade de extensão, aos servidores inativos e pensionistas, do pagamento da Gratificação de Desempenho de Atividade Técnica de Fiscalização Agropecuária - GDATFA, instituída pela Lei 10.484/2002, no mesmo percentual pago àqueles em atividade. O Tribunal, inicialmente, destacou que a questão em debate seria análoga àquela decidida no julgamento do RE 476.279/DF (DJe de 15.6.2007) e do RE 476.390/DF (DJe de 29.6.2007), nos quais fora apreciada a extensão de outra gratificação — Gratificação de Desempenho de Atividade Técnico--Administrativa – GDATA — aos inativos, e cujo entendimento estaria sedimentado no Enunciado 20 da Súmula Vinculante ["A Gratificação de Desempenho de Atividade Técnico-administrativa - GDATA, instituída pela Lei nº 10.404/2002, deve ser deferida aos inativos nos valores correspondentes a 37,5 (trinta e sete vírgula cinco) pontos no período de fevereiro a maio de 2002 e, nos termos do artigo 5º, parágrafo único, da Lei nº 10.404/2002, no período de junho de 2002 até a conclusão dos efeitos do último ciclo de avaliação a que se refere o artigo 1º da Medida Provisória nº 198/2004, a partir da qual passa a ser de 60 (sessenta) pontos"]. A GDATFA e a GDATA seriam gratificações com as mesmas natureza e características. Originalmente, ambas teriam sido concedidas a todos os servidores de forma geral e irrestrita, apesar de criadas com o propósito de serem pagas de modo diferenciado, segundo a produção ou o desempenho profissional, individual ou institucional. A redação originária do art. 2º da Lei 10.404/2002 teria previsto que o pagamento da GDATA poderia variar entre 10 e 100 pontos, sendo que a pontuação mínima fora posteriormente ampliada para 30 pontos pela Lei 12.702/2012. Já a GDATFA teria limites similares: o art. 2º da Lei 10.484/2002 traria a variação de 10 a 100 pontos, posteriormente modificado para 30 a 100 pontos pela Lei 11.907/2009. Ambas, portanto, tratariam de forma diferenciada os servidores públicos, a variar de acordo com a atuação individual e o desempenho coletivo da instituição.

VADE MECUM DE JURISPRUDÊNCIA – STF/STJ

GDATFA: gratificações de desempenho e retroação de efeitos financeiros - 2

A Corte ressaltou, entretanto, que, ao contrário da GDATA, em relação à GDA-TFA a Administração teria iniciado e efetivado as avaliações que justificariam o uso do critério diferenciador no pagamento — desempenho individual do servidor e institucional do órgão de lotação —, circunstância imprescindível para legitimar a ausência de paridade entre os servidores ativos e os servidores inativos e pensionistas. Portanto, no caso, a meritocracia pretendida com a criação das gratificações de desempenho teria sido efetivada, o que permitiria a distinção no seu pagamento entre os servidores na ativa — de acordo com a produtividade e o desempenho profissional de cada um —, e entre estes e os aposentados e pensionistas. Outrossim, o Enunciado 20 da Súmula Vinculante tratara de gratificação específica — GDATA — que, em razão da inexistência de critérios de avaliação justificadores do tratamento diferenciado dos servidores ativos e inativos, acabara devendo de modo equivalente para ativos e inativos. Todavia, com relação à GDATFA, apesar de criada com características semelhantes, teria sido implementado, durante sua vigência, o requisito necessário à legitimação do pagamento diferenciado. Contudo, mesmo assim, teria ficado pendente o debate sobre o termo final do direito à paridade. O STF, quando do julgamento do RE 631.389/CE (DJe 3.6.2014) — o qual tratara da Gratificação de Desempenho do Plano Geral de Cargos do Poder Executivo - GDPGPE —, assentara que o marco temporal para o início do pagamento diferenciado das gratificações de desempenho para ativos e inativos seria o dia de conclusão da avaliação do primeiro ciclo, que corresponderia à data igual ou posterior ao final do ciclo, não podendo retroagir ao seu início. Na situação dos autos, o primeiro ciclo de avaliação de desempenho dos servidores públicos que receberiam a GDATFA se iniciara em 25.10.2010, data da publicação da Portaria MAPA 1.031/2010, que retroagira a essa data o início dos efeitos financeiros. Essa retroação, portanto, teria contrariado a jurisprudência do STF. Na prática, deveria ser observado o dia 23.12.2010, data da conclusão do ciclo e da homologação dos resultados das avaliações. Seria, portanto, ilegítima a mencionada Portaria MAPA no ponto em que fizera retroagir os efeitos financeiros da GDATFA ao início do ciclo avaliativo. **RE 662406/AL, rel. Min. Teori Zavascki, 11.12.2014. (RE-662406) (Inform. STF 771)**

REPERCUSSÃO GERAL EM RE N. 759.518-AL

RELATOR: MIN. GILMAR MENDES

Recurso extraordinário. Repercussão geral da questão constitucional reconhecida. Reafirmação de jurisprudência. 2. Direito Administrativo e Direito Previdenciário. Vinculação de pensões e proventos de aposentadoria de servidores públicos efetivos a subsídios de agentes políticos. Impossibilidade. 3. Alteração de padrão remuneratório. Matéria de iniciativa privativa do chefe do Poder Executivo. Inconstitucionalidade formal. 4. Impossibilidade de vinculação de vencimentos de cargos distintos. Inconstitucionalidade material. 5. Declarada a inconstitucionalidade do artigo 273 da Constituição do Estado de Alagoas, tanto na sua redação atual como na original. Recurso extraordinário provido. **(Inform. STF 769)**

REPERCUSSÃO GERAL EM ARE N. 791.475-RJ

RELATOR: MIN. DIAS TOFFOLI

EMENTA: Direto Constitucional. Direito Administrativo. Aposentadoria por invalidez permanente decorrente de acidente em serviço, moléstia profissional ou doença grave, contagiosa ou incurável, na forma da lei. Concessão com base no art. 40, §§ 1º a 3º da Constituição da República, com a redação dada pela EC nº 41/03. Exegese dos arts. 1º e 2º da EC nº 70/12. Direito a proventos integrais. Discussão acerca do alcance das referidas normas constitucionais. Matéria passível de se repetir em inúmeros processos e de repercutir na esfera de interesse de inúmeros servidores aposentados. Presença de repercussão geral. **(Inform. STF 768)**

Pensão a menor sob guarda de ex-servidor - 1

A 2ª Turma concedeu mandado de segurança para anular acórdão do TCU que considerara ilegal pensão temporária concedida a menor sob guarda de ex-servidora pública federal. Na espécie, o impetrante, beneficiário desde 2003, tivera a pensão deferida com fundamento no art. 217, II, b, da Lei 8.112/1990 ["Art. 217 São beneficiários das pensões: (...) II - temporária: (...) b) o menor sob guarda ou tutela até 21 (vinte e um) anos de idade"]. O TCU considerara ilegal o referido benefício ao fundamento de que a Lei 8.213/1991 não contemplaria o pagamento de pensão a menor sob guarda e que a relação de beneficiários prevista no seu art. 16 teria sofrido ajustes

a partir das edições da Lei 9.032/1995 e da Medida Provisória 1.536/1996, convertida na Lei 9.528/1997. Aquela Corte de Contas destacou que a pensão civil a menor sob guarda teria deixado de ser devida desde o advento do art. 5º da Lei 9.717/1998, que derrogara, do regime próprio de previdência social dos servidores públicos da União, as categorias de pensão civil estatutária destinadas, dentre outros, a menor sob guarda, prevista na Lei 8.112/1990. A Turma asseverou que o TCU, ao exercer sua competência (CF, art. 71, III) no exame da legalidade do ato concessivo de pensão, não estaria submetido aos princípios da ampla defesa e do contraditório e, por isso, estaria afastada a regra da parte inicial do Enunciado 33 da Súmula Vinculante do STF ("Nos processos perante o Tribunal de Contas da União assegura-se o contraditório e a ampla defesa quando da decisão puder resultar anulação ou revogação de ato administrativo que beneficie o interessado, excetuada a apreciação da legalidade do ato de concessão inicial de aposentadoria, reforma e pensão"). De igual forma, aduziu que não teriam sido desrespeitados os princípios da segurança jurídica e da confiança nos atos praticados pela Administração, pois entre a data da aposentadoria e o exame de sua legalidade não teriam transcorrido mais de cinco anos. A previsão do benefício da pensão por morte ao dependente do segurado na Lei de Planos e Benefícios da Previdência Social (Lei 8.213/1991, art. 18, II, a) seria suficiente para autorizar a concessão do mesmo benefício nos regimes próprios dos servidores públicos, indiferente, juridicamente, a discrepância entre o rol de beneficiários da pensão. As reformas constitucionais ocorridas em matéria previdenciária não teriam tido o condão de extirpar dos entes federados a competência para criar e dispor sobre regime próprio para os seus servidores, com a observância de critérios que preservassem o equilíbrio financeiro e atuarial e, por óbvio, das normas gerais estabelecidas pela União. Sob essa perspectiva, a interpretação do art. 5º da Lei 9.717/1998 a admitir a vinculação dos critérios de concessão de benefícios nos regimes próprios àqueles estipulados no Regime Geral de Previdência Social ofenderia o art. 24, XII, da CF.

Pensão a menor sob guarda de ex-servidor - 2

A Turma ressalvou que o fato de se cuidar de vinculação ao regime previdenciário dos servidores da União tampouco afastaria a existência de vício na interpretação conferida ao dispositivo. De igual modo, estaria caracterizada a impossibilidade de a lei atender à norma constitucional inserida por emenda a ela posterior. Nesse ponto, a Lei 9.717/1998 — que não disporia do fundamento constitucional invocado pelo TCU — seria resultado da conversão, em 27.11.1998, da Medida Provisória1.723, editada em 29.10.1998. Houvesse o dispositivo constitucional invocado (art. 40, § 12) estipulado a adoção de parâmetros de simetria entre os dois regimes na forma preconizada pelo TCU, não constaria em seu texto a ressalva "no que couber". Sinalizou a inexistência de lacuna legislativa a autorizar a aplicação subsidiária do RGPS no que se refere aos benefícios previstos no regime próprio de previdência dos servidores federais. A Lei 8.112/1990 apresentaria disciplina exaustiva sobre a pensão por morte, em cumprimento ao que disposto no § 5º da norma originária do art. 40 da CF, hoje § 7º. Considerada a diversidade da natureza das normas previdenciárias em discussão, não se poderia falar em revogação expressa de uma lei pela outra, tampouco em derrogação tácita das alíneas do inciso II do art. 217 da Lei 8.112/1990 (regime próprio) pelo § 2º do art. 16 da Lei 8.213/1991 (regime geral). Ademais, as normas dos sistemas de proteção social deveriam ser fundadas na ideia de abrigo aos menos favorecidos, quando colocados em situação de desamparo pela ocorrência de risco social. Dentre as situações constitucionalmente inseridas na previdência social brasileira, estaria a morte de segurado que fosse provedor econômico de determinada pessoa. Nesse aspecto, a preocupação com os indivíduos em relação a eventos que lhes pudessem causar dificuldade ou até mesmo impossibilidade de subsistência estaria na gênese da proteção social almejada pelo Estado contemporâneo. Enfatizou que a interpretação conferida ao art. 5º da Lei 9.717/1998 pelo TCU, que excluísse da ordem dos beneficiários, tradicionalmente consagrados pela previdência social, pessoa em comprovada situação de dependência econômica do segurado, seria divorciar-se do sistema de proteção formatado na Constituição, a afrontar, ainda, os princípios da vedação do retrocesso social e da proteção ao hipossuficiente. **MS 31770/DF, rel. Min. Cármen Lúcia, 3.11.2014. (MS-31770) (Inform. STF 766)**

MI: aposentadoria especial e servidores do Poder Judiciário e do Ministério Público - 2

Por ocasião do julgamento do MI 833/DF o Tribunal apreciou, em conjunto, o MI 844/DF — v. Informativo 594. Na espécie, o substituto processual requer o benefício da aposentadoria especial aos servidores inspetores e

6. DIREITO ADMINISTRATIVO   495

agentes de segurança judiciária, analistas e técnicos do Ministério Público da União com atribuições de segurança, e demais servidores com atribuições relacionadas a funções de segurança. Após os votos dos Ministros Roberto Barroso e Gilmar Mendes, no sentido da denegação da ordem, e do voto do Ministro Teori Zavascki, no sentido da concessão parcial da ordem, pediu vista o Ministro Luiz Fux. **MI 844/DF, rel. Min. Ricardo Lewandowski, 22.10.2014. (MI-844) (Inform. STF 764)**

Contagem recíproca de tempo de serviço - 3
A imposição de restrições, por legislação local, à contagem recíproca do tempo de contribuição na Administração Pública e na atividade privada para fins de concessão de aposentadoria afronta o art. 202, § 2°, da CF, com redação anterior à EC 20/1998. Ao reafirmar a jurisprudência do STF, o Plenário reconheceu a existência de repercussão geral do tema e deu parcial provimento a recurso extraordinário para determinar à municipalidade que examine o pedido de aposentadoria do recorrente, considerando a contagem recíproca do tempo de contribuição na Administração Pública e na atividade privada com o fim de sua concessão. Discutia-se pleito de aposentadoria proporcional do funcionalismo público formulado por então ocupante, sem vínculo efetivo, de cargo em comissão, anteriormente à EC 20/1998, que modificou o sistema de previdência social, estabeleceu normas de transição e deu outras providências. Na espécie, o serviço de previdência social de Franco da Rocha/SP indeferira o benefício pretendido sob o fundamento de que a Lei 1.109/1981, daquela localidade, exigiria dez anos de efetivo exercício para obtenção de direito à contagem recíproca do tempo de serviço público municipal e de atividade privada, com a finalidade de conceder aposentação — v. Informativo 652. O Tribunal consignou que, ao se cotejar a Constituição em face da norma local, a expressão "segundo critérios estabelecidos em lei", contida na Constituição, diria respeito às compensações, com a reciprocidade de distribuição financeira do ônus, e não com a contagem do tempo de serviço. Destacou que a lei municipal veicularia restrição a direito consagrado pela Constituição sem qualquer condicionante. Além do mais, referida norma local não teria sido recepcionada pela CF/1988. O Ministro Roberto Barroso destacou que o presente julgado ratificaria tese materializada no Enunciado 359 da Súmula do STF ("Ressalvada a revisão prevista em lei, os proventos da inatividade regulam-se pela lei vigente ao tempo em que o militar, ou o servidor civil, reuniu os requisitos necessários"). Asseverou, ainda, que a legislação local, mais restritiva, não poderia afetar os direitos à aposentadoria na forma como dispostos na Constituição. **RE 650851 QO/ SP, rel. Min. Gilmar Mendes, 1º.10.2014. (RE-650851) (Inform. STF 761)**

EC 41/2003: teto remuneratório e vantagens pessoais
A 2ª Turma concedeu mandado de segurança para reconhecer a procurador da república aposentado o direito de — a partir da data da impetração — continuar a receber, sem redução, o montante bruto que percebia anteriormente à EC 41/2003, até a sua total absorção pelas novas formas de composição de seus proventos. A Turma, na sessão de 18.10.2011, concedera a segurança, por maioria, para assentar a existência do direito líquido e certo do impetrante, nos termos acima estabelecidos — v. Informativo 645. Ocorre que, na assentada de 9.9.2014, o Colegiado acolhera questão de ordem suscitada pelo Ministro Gilmar Mendes (relator), para anular o acórdão então prolatado, porquanto a União não teria sido intimada da data do respectivo julgamento. Determinara, em consequência, a inclusão do feito em pauta, com a devida intimação do referido ente, para nova apreciação. Na presente sessão, a Turma consignou que a irredutibilidade de vencimentos seria garantia fundamental, e, portanto, inelidível por emenda à Constituição. Afirmou que o impetrante não possuiria direito adquirido a regime de remuneração, mas direito líquido e certo de não receber a menor, a despeito do advento de nova forma de composição de seus proventos. Ressalvou que, nos termos dos Enunciados 269 e 271 da Súmula do STF, o mandado de segurança não se prestaria aos fins de ação de cobrança, de forma que a concessão da segurança não produziria efeitos patrimoniais em relação ao período anterior à impetração. **MS 27565/ DF, rel. Min. Gilmar Mendes, 23.9.2014. (MS-27565) (Inform. STF 760)**

Aposentadoria: contagem recíproca e restrições indevidas
O Plenário julgou procedente pedido formulado em ação direta para declarar a inconstitucionalidade do art. 119, VI, da Lei 6.677/1994, do Estado da Bahia ["Art. 119. Contar-se-á para efeito de aposentadoria e disponibilidade: ... VI - até 10 (dez) anos do tempo de serviço em atividade privada vinculada à previdência social, desde que um decênio, pelo menos, no serviço público estadual, ressalvada a legislação federal regulamentadora da matéria"]. O Tribunal confirmou a liminar deferida

e consignou que, na sua redação original, o § 2° do art. 202 da CF seria autoaplicável ("Art. 202. É assegurada aposentadoria, nos termos da lei, calculando-se o benefício sobre a média dos trinta e seis últimos salários de contribuição, corrigidos monetariamente mês a mês, e comprovada a regularidade dos reajustes dos salários de contribuição de modo a preservar seus valores reais e obedecidas as seguintes condições: ... § 2° - Para efeito de aposentadoria, é assegurada a contagem recíproca do tempo de contribuição na administração pública e na atividade privada, rural e urbana, hipótese em que os diversos sistemas de previdência social se compensarão financeiramente, segundo critérios estabelecidos em lei"). **ADI 1798/BA, rel. Min. Gilmar Mendes, 27.8.2014. (ADI-1798) (Inform. STF 756)**

Inativos do DNER e Plano Especial de Cargos do DNIT
Estendem-se aos servidores aposentados e pensionistas os efeitos financeiros decorrentes do enquadramento de servidores ativos do extinto Departamento Nacional de Estradas de Rodagem - DNER, os quais passaram a gozar de benefícios e vantagens resultantes do Plano Especial de Cargos do Departamento Nacional de Infraestrutura de Transportes - DNIT, instituído pela Lei 11.171/2005. Essa a conclusão do Plenário, que negou provimento a recurso extraordinário em que se discutia o direito de servidores aposentados e pensionistas do DNER — órgão extinto pela Lei 10.233/2001 — à paridade remuneratória em relação aos servidores ativos, que foram absorvidos pelo DNIT. De início, o Tribunal afastou a incidência do Enunciado 339 de sua Súmula. Consignou jurisprudência consolidada no sentido de que o art. 40, § 8°, da CF, com a redação dada pela EC 20/1998, ao estatuir a regra de paridade de vencimentos entre servidores ativos e inativos que tivessem exercido cargos correspondentes, dispensaria a edição de lei que promovesse a extensão das vantagens. Assim, o próprio texto constitucional, à luz do princípio da isonomia, estabeleceria essa extensão. Em seguida, no que se refere à reestruturação da carreira dos servidores ativos do DNER no Plano Especial de Cargos do DNIT, o Colegiado mencionou que, para se assegurar a inativos e pensionistas do DNER o direito à paridade, tendo em conta a autoaplicabilidade do preceito constitucional em comento, seria necessário apenas cogitar-se da: a) existência de lei que conferisse aos servidores ativos determinada vantagem ou benefício remuneratório; e b) natureza jurídica dos privilégios deferidos aos servidores da ativa. Logo, seria suficiente verificar-se se os servidores aposentados e os pensionistas gozariam dos benefícios caso estivessem em atividade. A Corte reconheceu a incidência da cláusula constitucional da paridade remuneratória, nos moldes previstos pela EC 20/1998, em favor dos inativos e pensionistas do DNER, haja vista a possibilidade inaugurada pela lei de que os servidores ativos do mencionado órgão pudessem ser alocados, por conta de suas atribuições, para o DNIT. **RE 677730/RS, rel. Min. Gilmar Mendes, 28.8.2014. (RE-677730) (Inform. STF 756)**

Vantagem de caráter geral e extensão a inativos
As vantagens remuneratórias de caráter geral conferidas a servidores públicos, por serem genéricas, são extensíveis a inativos e pensionistas. Com base nessa orientação, o Plenário negou provimento a recurso extraordinário em que se discutia a possibilidade de extensão a servidores aposentados de Verba de Incentivo de Aprimoramento à Docência, instituída pela LC 159/2004, do Estado do Mato Grosso. O Tribunal ressaltou que a aludida verba constituiria vantagem remuneratória concedida indistintamente aos professores ativos. Portanto, extensível aos professores inativos e pensionistas, nos termos do art. 40, § 8°, da CF, em sua redação original. Observou que a recorrida, na condição de professora aposentada antes da EC 41/2003, preencheria os requisitos constitucionais para que fosse reconhecido o seu direito ao percebimento desse benefício. Em seguida, a Corte, por maioria, fixou diretrizes com efeito "erga omnes", para que os objetivos da tutela jurisdicional especial alcançassem de forma eficiente os seus resultados jurídicos: a) as vantagens remuneratórias legítimas e de caráter geral conferidas a determinada categoria, carreira ou, indistintamente, a servidores públicos, por serem vantagens genéricas, seriam extensíveis aos servidores inativos e pensionistas; b) nesses casos, a extensão alcançaria os servidores que tivessem ingressado no serviço público antes da publicação da EC 20/1998 e da EC 41/2003, e tivessem se aposentado ou adquirido o direito à aposentadoria antes da EC 41/2003; c) em relação aos servidores que tivessem ingressado e se aposentado no serviço público após a EC 41/2003, deveriam ser observados os requisitos estabelecidos na regra de transição contida em seu

art. 7°, em virtude da extinção da paridade integral entre ativos e inativos contida no art. 40, § 8°, da CF, redação original, para os servidores que tivesse ingressado no serviço público após a publicação da EC 41/2003; e d) com relação aos servidores que tivessem ingressado no serviço público antes da EC 41/2003 e tivessem se aposentado ou adquirido o direito à aposentadoria após a sua edição, afirmou que seria necessário observar a incidência das regras de transição fixadas pela EC 47/2005, a qual estabelecera efeitos retroativos à data de vigência da EC 41/2003. Vencido, quanto a esses parâmetros, o Ministro Marco Aurélio, que não os fixava para casos diversos. Pontuava que não seria possível julgar matéria, pela primeira vez, em sede extraordinária, muito menos para fugir às balizas intransponíveis da própria causa. **RE 596962/MT, rel. Min. Dias Toffoli, 21.8.2014. (RE-596962) (Inform. STF 755)**

Aposentadoria por invalidez com proventos integrais: doença incurável e rol taxativo
A concessão de aposentadoria por invalidez com proventos integrais exige que a doença incapacitante esteja prevista em rol taxativo da legislação de regência. Com base nessa orientação, o Plenário deu provimento a recurso extraordinário para reformar acórdão que deferira à recorrida aposentadoria com proventos integrais por invalidez decorrente de doença grave e incurável, embora a enfermidade da qual portadora não estivesse incluída em lei, tendo em conta que norma não poderia alcançar todas as hipóteses consideradas pela medicina como graves, contagiosas e incuráveis. Discutia-se a possibilidade de concessão de aposentadoria por invalidez com proventos integrais nos casos em que a moléstia incurável não estivesse especificada em lei. O Tribunal aduziu que o art. 40, § 1°, I, da CF assegura aos servidores públicos abrangidos pelo regime de previdência nele estabelecido o direito à aposentadoria por invalidez com proventos proporcionais ao tempo de contribuição. Registrou, no entanto, que esse benefício seria devido com proventos integrais quando a invalidez fosse decorrente de acidente em serviço, moléstia profissional ou doença grave, contagiosa ou incurável, "na forma da lei". Asseverou, desse modo, pertencer ao domínio normativo ordinário a definição das doenças e moléstias que ensejariam aposentadoria por invalidez com proventos integrais, cujo rol, segundo a jurisprudência do STF, teria natureza taxativa. **RE 656860/MT, rel. Min. Teori Zavascki, 21.8.2014. (RE-656860) (Inform. STF 755)**

AG. REG. NO RE N. 439.484-RJ
RELATOR: MIN. ROBERTO BARROSO
EMENTA: AGRAVO REGIMENTAL EM RECURSO EXTRAORDINÁRIO. PENSÃO POR MORTE INSTIUÍDA ANTES DA CONSTITUIÇÃO FEDERA DE 1988. CÔNJUGE VARÃO. VIOLAÇÃO AO PRINCÍPIO DA IGUALDADE. PRECEDENTES.
O cônjuge varão faz jus ao recebimento de pensão por morte no caso em que o óbito ocorreu na vigência da Constituição Federal de 1969, tendo em conta o princípio da igualdade. Precedentes.
Agravo regimental a que se nega provimento. **(Inform. STF 745)**

TCU: menor sob guarda e pensão
Com base nos princípios constitucionais da proteção à criança e ao adolescente (CF, art. 227), a 1ª Turma negou provimento a agravo regimental e confirmou medida liminar que concedera, em parte, a segurança para garantir, a menor de vinte e um anos sob guarda de servidor, o direito à pensão por morte. Na espécie, o TCU, ao analisar o ato concessório da pensão dos impetrantes, deferida com base no art. 217, II, b, da Lei 8.112/1990, negara o registro por considerá-la ilegal. A Corte de Contas entendera que o art. 5° da Lei 9.717/1998 (*Os regimes próprios de previdência social dos servidores públicos da União, dos Estados, do Distrito Federal e dos Municípios, dos militares dos Estados e do Distrito Federal não poderão conceder benefícios distintos dos previstos no Regime Geral de Previdência Social, de que trata a Lei n° 8.213, de 24 de julho de 1991, salvo disposição em contrário da Constituição Federal*) teria derrogado as pensões civis estatutárias destinadas ao filho emancipado e não inválido; ao irmão emancipado e não inválido; ao menor sob guarda; e à pessoa designada, previstas no art. 217, II, a, b, c e d, da Lei 8.112/1990, do regime próprio de previdência social dos servidores públicos da União. A Turma excluíra, ainda, dois dos impetrantes que, ao tempo da impetração, já não mais deteriam condição legal objetiva de *menor sob guarda até vinte e um anos de idade*. **MS 31687 AgR/DF, rel. Min. Dias Toffoli, 11.3.2014. (MS-31687) (Inform. STF 738)**

AG. REG. NO ARE N. 760.902-RS
RELATOR: MIN. RICARDO LEWANDOWSKI
Ementa: AGRAVO REGIMENTAL NO RECURSO EXTRAORDINÁRIO COM AGRAVO. ADMINISTRATIVO. SERVIDOR PÚBLICO. PROVENTOS. DIFERENCIAÇÃO DO VALOR DA GRATIFICAÇÃO EM DECORRÊNCIA DE SER A APOSENTADORIA INTEGRAL OU PROPORCIONAL. CONTROVÉRSIA INFRACONSTITUCIONAL. OFENSA INDIRETA À CONSTITUIÇÃO. AGRAVO A QUE SE NEGA PROVIMENTO.
I – É inadmissível o recurso extraordinário quando sua análise implica rever a interpretação de norma infraconstitucional que fundamenta a decisão *a quo*. A afronta à Constituição, se ocorrente, seria apenas indireta. Precedentes.
II – Agravo regimental a que se nega provimento. **(Inform. STF 734)**

AG. REG. NO ARE N. 741.457-DF
RELATOR: MIN. DIAS TOFFOLI
EMENTA: Agravo regimental no recurso extraordinário com agravo. Administrativo. Polícia civil. Curso de formação. Averbação do período para fins de aposentadoria. Ofensa reflexa. Precedentes.
1. A Corte de origem concluiu, com base na Lei n° 4878/65, que a frequencia no curso de formação profissional da Academia de Polícia deve ser considerada como de efetivo exercício para fins de aposentadoria.
2. Inadmissível, em recurso extraordinário, a análise da legislação infraconstitucional e o exame de ofensa reflexa à Constituição Federal. Incidência da Súmula n° 636/STF.
3. Agravo regimental não provido. **(Inform. STF 726)**

Aposentadoria e reestruturação de carreira - 1
Desde que mantida a irredutibilidade, o servidor inativo, embora aposentado no último patamar da carreira anterior, não tem direito adquirido de perceber proventos correspondentes aos da última classe da nova carreira reestruturada por lei superveniente. Todavia, relativamente à reestruturação da carreira disciplinada pela Lei 13.666/2002, do Estado do Paraná, assegura-se aos servidores inativos, com base no art. 40, § 8°, da CF (na redação anterior à EC 41/2003), o direito de terem seus proventos ajustados em condições semelhantes aos dos servidores da ativa, com alicerce nos requisitos objetivos decorrentes do tempo de serviço e da titulação, aferíveis até a data da inativação. Com fundamento no voto médio, essa foi a conclusão do Plenário que, por maioria, deu parcial provimento a recurso extraordinário em que discutidos os reflexos da criação de novo plano de carreira na situação jurídica de servidores aposentados. No acórdão recorrido, ao prover a apelação, a Corte local entendera que a mudança na classificação do quadro próprio do Poder Executivo estadual esbarraria no princípio da isonomia estabelecida entre servidores ativos e inativos (CF, art. 40, § 8°, no texto originário) e nos direitos por estes adquiridos. A Corte consignou jurisprudência — sobre revisão dos proventos de aposentadoria — segundo a qual o reescalonamento dos ativos na carreira não teria, necessariamente, reflexo no direito assegurado pelo citado dispositivo constitucional. Asseverou, ainda, inexistir direito adquirido a regime jurídico.

Aposentadoria e reestruturação de carreira - 2
O Tribunal, também, enfatizou que, com a norma estadual, os inativos de nível mais elevado, assim como os ativos de igual patamar, foram enquadrados no nível intermediário do plano de reclassificação. Ressalvou que, na espécie, quando houvera essa reestruturação, teriam sido estabelecidas novas classes e novos níveis com a possibilidade de promoção automática dos servidores em atividade embasada em três requisitos: tempo de serviço, titulação e avaliação de desempenho. Observou que a avaliação de desempenho do inativo não mais seria possível, mas, se permitida a promoção automática pelo tempo de serviço ou pela titulação dos servidores em atividade, em última análise, a lei estaria contornando a paridade estabelecida pelo § 8° do art. 40, na redação anterior. Em virtude disso, seria permitido que os inativos pudessem, de igual forma, ser beneficiados com os critérios objetivos relativos ao tempo de serviço e à titulação. O Ministro Roberto Barroso sublinhou que a regra constitucional da paridade garantiria aos inativos o direito às vantagens decorrentes de quaisquer benefícios posteriormente concedidos aos ativos, desde que fundados em critérios objetivos, e não apenas à irredutibilidade do valor nominal dos proventos e à revisão remuneratória geral dada àqueles em atividade. O Ministro Luiz Fux acentuou que, muito embora não devessem ser posicionados no patamar mais alto do novo plano de cargos e salários pelo simples fato de terem se aposentado em nível mais elevado da carreira, eles deveriam experimentar o enquadramento compatível com as promoções e

6. DIREITO ADMINISTRATIVO

progressões a que teriam jus à época da aposentação. Somou-se aos votos pelo provimento parcial do recurso o proferido pelo Ministro Marco Aurélio, que o desprovia. Reputava não poder examinar legislação ordinária para perquirir quais seriam as condições cujo atendimento se impusera como necessário para a progressão do pessoal da ativa. Realçava que, no tocante aos inativos, o tribunal de justiça teria vislumbrado, de forma acertada, haver a incidência pura e simples da Constituição na disciplina que antecedera a EC 41/2003. Vencidos os Ministros Dias Toffoli, Cármen Lúcia, Gilmar Mendes e Celso de Mello, que davam provimento integral ao recurso extraordinário do Estado do Paraná, uma vez que não concediam aos inativos, no caso concreto, o direito a terem seus proventos ajustados. **RE 606199/PR, rel. Min. Teori Zavascki, 9.10.2013. (RE-606199) (Inform. STF 723)**

Gratificação de desempenho a ativos e inativos - 1

Os servidores inativos e pensionistas do Departamento Nacional de Obras Contra as Secas - DNOCS têm direito à Gratificação de Desempenho do Plano Geral de Cargos do Poder Executivo - GDPGPE, prevista na Lei 11.357/2006, em percentual igual ao dos servidores ativos, até a implantação do primeiro ciclo de avaliação de desempenho. Com base nessa orientação, o Plenário, por maioria, negou provimento a recurso extraordinário em que discutida, à luz dos artigos 2º; 40, § 8º; 61, § 1º, II, a; e 169, parágrafo único, da CF, a constitucionalidade de se fixar pagamento de gratificação de desempenho nos mesmos patamares a ativos e inativos. Na espécie, o acórdão recorrido estabelecera que, enquanto não adotadas as medidas para a avaliação de desempenho dos servidores em atividade, a gratificação revestir-se-ia de caráter genérico. O Tribunal destacou que, embora a mencionada gratificação tivesse sido prevista com base no trabalho individualmente desenvolvido pelo servidor, norma de transição teria disposto que, independentemente da avaliação e até que esta ocorresse, seriam atribuídos aos servidores, indistintamente, oitenta pontos, de um máximo de cem. Referida pontuação também seria concedida aos pensionistas, aos que tivessem se aposentado de acordo com a regra de transição e àqueles que preenchessem os requisitos para a aposentadoria quando da publicação da EC 41/2003.

Gratificação de desempenho a ativos e inativos - 2

Aduziu-se que o acórdão recorrido não conflitaria com a Constituição porque, no período a anteceder a avaliação dos servidores, a gratificação revestiu-se de natureza linear, a ser observada de forma abrangente para ativos e inativos. Asseverou-se que, inexistente a avaliação de desempenho, a Administração não poderia conceder vantagem diferenciada entre servidores ativos e inativos porque não configurado o caráter *pro labore faciendo* da GDPGPE. Pontuou-se que, adotadas as medidas para as referidas avaliações, seria possível tratar diferentemente ativos e inativos dentro dos critérios legais. Fixou-se, como termo final do direito aos oitenta por cento pelos inativos e pensionistas, a data em que implementado o primeiro ciclo avaliativo. Vencido o Ministro Teori Zavascki, que dava provimento ao recurso. Frisava que a regra do art. 7º-A, § 6º, da Lei 11.784/2009, ao dispor que "*o resultado da primeira avaliação gera efeitos financeiros a partir de 1º de janeiro de 2009, devendo ser compensadas eventuais diferenças pagas a maior ou a menor*", traria uma avaliação de desempenho com efeitos desde a origem. Observava que, a se considerar a referida disposição, que impõe a retroação dos efeitos da avaliação à vigência da lei, não haveria nenhum período a descoberto em relação a essa mesma avaliação. Consignava que essa gratificação fora, desde 1º.1.2009, de natureza jurídica *pro labore faciendo*. Assinalava que, nessa linha de entendimento, inspirara-se o Enunciado 20 da Súmula Vinculante ["*A Gratificação de Desempenho de Atividade Técnico-Administrativa - GDATA, instituída pela Lei nº 10.404/2002, deve ser deferida aos inativos nos valores correspondentes a 37,5 (trinta e sete vírgula cinco) pontos no período de fevereiro a maio de 2002 e, nos termos do artigo 5º, parágrafo único, da Lei nº 10.404/2002, no período de junho de 2002 até a conclusão dos efeitos do último ciclo de avaliação a que se refere o artigo 1º da Medida Provisória no 198/2004, a partir da qual passa a ser de 60 (sessenta) pontos.*"] **RE 631389/CE, rel. Min. Marco Aurélio, 25.9.2013. (RE-631389) (Inform. STF 721)**

AG. REG. NO RE N. 429.189-PE

RELATOR: MIN. TEORI ZAVASCKI
Ementa: PROCESSUAL CIVIL E ADMINISTRATIVO. AGRAVO REGIMENTAL NO RECURSO EXTRAORDINÁRIO. EXAME DOS REQUISITOS DE ADMISSIBILIDADE DO RECURSO EXTRAORDINÁRIO E DO AGRAVO REGIMENTAL DO ESTADO DE PERNAMBUCO. PREENCHIMENTO. APOSENTADORIA COMPULSÓRIA. NOTÁRIOS E REGISTRADORES. IDADE LIMITE ATINGIDA

ANTES DE PROMULGADA A EC 20/98. APLICABILIDADE DO INSTITUTO. PRECEDENTE DO TRIBUNAL PLENO.
1. O Plenário do Supremo Tribunal Federal, na ADI 2.602, rel. Min. Joaquim Barbosa, rel. p/ acórdão Min. Eros Grau, DJ de 31/03/2006, reafirmou o entendimento de que se aplica a aposentadoria compulsória aos notários e registradores que completaram 70 anos antes de promulgada a EC 20/98.
2. Agravo regimental a que se nega provimento. **(Inform. STF 716)**

AG. REG. NO ARE N. 699.864-RJ

RELATOR: MIN. TEORI ZAVASCKI
Ementa: DIREITO ADMINISTRATIVO. AGRAVO REGIMENTAL NO RECURSO EXTRAORDINÁRIO COM AGRAVO. SERVIDOR PÚBLICO. PENSÃO POR MORTE CONCEDIDA ANTERIORMENTE À CONSTITUIÇÃO FEDERAL DE 1988. LEI VIGENTE À DATA DO ÓBITO. AUTOAPLICABILIDADE DO ART. 40, §7º, DA CONSTITUIÇÃO. PRECEDENTES.
1. A jurisprudência desta Corte firmou-se no sentido de que a pensão por morte rege-se pelas leis vigentes à data do óbito.
2. Deve haver paridade entre os valores da pensão recebida e a totalidade dos vencimentos que o servidor falecido percebia, ainda que o óbito seja anterior à Constituição de 1988, pois o artigo 40, § 7º é norma autoaplicável. Precedentes.
3. Agravo regimental a que se nega provimento. **(Inform. STF 716)**

AG. REG. NO ARE N. 650.374-CE

RELATORA: MIN. ROSA WEBER
EMENTA: DIREITO ADMINISTRATIVO. PENSÃO POR MORTE. BENEFÍCIO INTEGRAL. AUTO-APLICABILIDADE DO ART. 40, §5º, DA CONSTITUIÇÃO FEDERAL (ATUAL §7º). NATUREZA DA VANTAGEM RECEBIDA PELO INSTITUIDOR DO BENEFÍCIO. EXTENSÃO AOS INATIVOS E PENSIONISTAS. DEBATE DE ÂMBITO INFRACONSTITUCIONAL. ACÓRDÃO RECORRIDO PUBLICADO EM 12.08.2010.
A jurisprudência do Supremo Tribunal Federal é pacífica no sentido de que o artigo 40, § 5º, da Constituição Federal, atual § 7º, é norma de aplicabilidade imediata e determina que o cálculo de pensão por morte de servidor público deve corresponder à totalidade dos vencimentos ou proventos deste quando em atividade. Precedentes.
A controvérsia acerca da possibilidade de extensão aos aposentados e pensionistas das vantagens percebidas pelos servidores em atividade assim como sobre a natureza jurídica das referidas vantagens, está restrita ao âmbito infraconstitucional. Precedentes.
As razões do agravo regimental não são aptas a infirmar os fundamentos que lastrearam a decisão agravada, mormente no que se refere à ausência de ofensa direta e literal a preceito da Constituição da República. Agravo regimental conhecido e não provido. **(Inform. STF 716)**

Pensão e policial militar excluído da corporação

A 2ª Turma negou provimento a recurso extraordinário interposto de decisão que concedera segurança a dependentes de policial militar excluído da corporação, em sentença transitada em julgado. No caso, a decisão recorrida afastara a alegada inconstitucionalidade do art. 117 da Lei Complementar 53/90, do Estado de Mato Grosso do Sul. O mencionado artigo garantiria, aos dependentes de policial militar excluído ou demitido da corporação, com dez anos de serviço, pensão proporcional ao tempo de contribuição feito à previdência local. Destacou-se que, embora a ADI 1542/MS (DJe de 20.3.2013) — em que se discutia a constitucionalidade da mencionada norma — tenha sido julgada prejudicada, diante da revogação superveniente daquele dispositivo, este fato não atingiria situações consolidadas, do ponto de vista jurídico. Asseverou-se que a Constituição, em seu art. 42, § 1º, estabeleceria competir à lei estadual específica dispor sobre as matérias do art. 142, § 3º, X ("X - *a lei disporá sobre o ingresso nas Forças Armadas, os limites de idade, a estabilidade e outras condições de transferência do militar para a inatividade, os direitos, os deveres, a remuneração, as prerrogativas e outras situações especiais dos militares, consideradas as peculiaridades de suas atividades, inclusive aquelas cumpridas por força de compromissos internacionais e de guerra*"). Enfatizou-se, ainda, que caberia aos estados-membros, por lei especial, regular os direitos previdenciários dos integrantes de sua polícia militar, conforme o art. 42, § 2º, da CF ("*§ 2º Aos pensionistas dos militares dos Estados, do Distrito Federal e dos Territórios aplica-se o que for fixado em lei específica do respectivo ente estatal*"). Concluiu-se que haveria um locupletamento ilícito por parte do Estado, se viesse a se apropriar do referido benefício. **RE 610290/MS, rel. Min. Ricardo Lewandowski, 25.6.2013. (RE-610290) (Inform. STF 712)**

AG. REG. NO MI N. 4.771-DF

RELATOR: MIN. TEORI ZAVASCKI
Ementa: MANDADO DE INJUNÇÃO. APOSENTADORIA ESPECIAL DE SERVIDOR PÚBLICO. ART. 40, § 4º, DA CONSTITUIÇÃO FEDERAL. APLICAÇÃO DAS NORMAS DO REGIME GERAL DE PREVIDÊNCIA SOCIAL. AGRAVO DESPROVIDO.
1. Segundo a jurisprudência do STF, a omissão legislativa na regulamentação do art. 40, § 4º, da Constituição, deve ser suprida mediante a aplicação das normas do Regime Geral de Previdência Social previstas na Lei 8.213/91 e no Decreto 3.048/99. Ainda, o mandado de injunção não é o meio processual adequado para assegurar o direito à aposentadoria especial de servidor público já aposentado, diante da falta de impedimento ao exercício do direito.
2. Agravo regimental desprovido. **(Inform. STF 711)**

AG. REG. NO AI N. 640.141-RJ

RELATOR: MIN. MARCO AURÉLIO
PROVENTOS – ALTERAÇÃO – PESSOAL DA ATIVA – SUPRESSÃO DE PARCELA – EXTENSÃO – IMPROPRIEDADE. Surge inadequada a supressão de parcela integrante de proventos ou pensão, a pretexto de imprimir tratamento igualitário considerado pessoal da ativa. **(Inform. STF 711)**

AG. REG. NO RE N. 392.172-PR

RELATOR: MIN. MARCO AURÉLIO
APOSENTADORIA – REINGRESSO EM CARGO PÚBLICO – VEDAÇÃO – RESSALVA – ARTIGO 11 DA EMENDA CONSTITUCIONAL Nº 20/98. Mediante o preceito do artigo 11 da Emenda Constitucional nº 20/98, afastou-se a proibição versada no artigo 37, § 10, da Carta Federal relativamente àqueles que, à época da promulgação, tivessem reingressado no serviço público por meio de concurso. **(Inform. STF 708)**

SEGUNDO AG. REG. NO MI N. 1.508-DF

RELATOR: MIN. TEORI ZAVASCKI
MANDADO DE INJUNÇÃO. APOSENTADORIA ESPECIAL DE SERVIDOR PÚBLICO. ART. 40, § 4º, DA CONSTITUIÇÃO FEDERAL. APLICAÇÃO DAS NORMAS DO REGIME GERAL DE PREVIDÊNCIA SOCIAL. AGRAVO DESPROVIDO.
1. Segundo a jurisprudência do STF, a omissão legislativa na regulamentação do art. 40, § 4º, da Constituição, deve ser suprida mediante a aplicação das normas do Regime Geral de Previdência Social previstas na Lei 8.213/91 e no Decreto 3.048/99. Não se admite a conversão de períodos especiais em comuns, mas apenas a concessão da aposentadoria especial mediante a prova do exercício de atividades exercidas em condições nocivas. Ainda, o STF tem competência para apreciar os mandados de injunção impetrados por servidores públicos municipais, estaduais e distritais. Fundamentos observados pela decisão agravada.
2. Agravo regimental desprovido. **(Inform. STF 705)**

AG. REG. NO AI N. 465.497-RS

RELATOR: MIN. DIAS TOFFOLI
Agravo regimental no agravo de instrumento. Servidor público. Cargo em comissão. Aposentadoria proporcional. Exoneração anterior à postulação do pedido. Impossibilidade.
1. O Plenário desta Corte reconheceu a impossibilidade da concessão de aposentadoria proporcional, quando o servidor ocupante de cargo em comissão não apresentar mais a condição de servidor público, em razão de sua exoneração.
2. Agravo regimental não provido. **(Inform. STF 704)**

AG. REG. NO ARE N. 727.541-MS

RELATOR: MIN. MARCO AURÉLIO
ATIVIDADES EXERCIDAS EM CONDIÇÕES DE RISCO OU INSALUBRES – APOSENTADORIA ESPECIAL – SERVIDOR PÚBLICO – ARTIGO 40, § 4º, DA CONSTITUIÇÃO FEDERAL – INEXISTÊNCIA DE LEI COMPLEMENTAR – MORA LEGISLATIVA – PRECEDENTES DO PLENÁRIO. O pronunciamento do Tribunal de origem está em harmonia com a jurisprudência do Supremo. Enquanto não editada a lei reguladora do direito assegurado constitucionalmente, o critério a ser levado em conta é o da Lei nº 8.213/91, mais precisamente o definido no artigo 57. Adotam-se os parâmetros previstos para os trabalhadores em geral. **(Inform. STF 703)**

Aposentadoria com "Gratificação Extraordinária" e incidência de parcela da GAJ - 4

Em conclusão, a 1ª Turma, por maioria, negou provimento a recurso ordinário em mandado de segurança, em que se requeria a manutenção de cálculo de benefício previdenciário com o restabelecimento da Gratificação de Atividade Judiciária - GAJ, suprimida, pelo art. 8º, § 2º da Lei 10.475/2002, da remuneração de servidores retribuídos por função comissionada e por cargo em comissão – v. Informativo 637. De início, reconheceu-se a ilegitimidade do Presidente do TRF da 1ª Região para figurar como autoridade coatora, por ser mero executor de pronunciamento de observância obrigatória emanado do Conselho da Justiça Federal - CJF. Aduziu-se que a parcela remuneratória vindicada no mandamus fora instituída, pela Lei 7.757/89, com a denominação de "Gratificação Extraordinária". Posteriormente, com a Lei 9.421/96, a referida parcela passara a ser designada "Gratificação de Atividade Judiciária - GAJ". Esta Lei fora editada com o fim de criar as carreiras dos servidores do Poder Judiciário, bem como de fixar os respectivos valores de remuneração. Nessa perspectiva, com objetivo de implementação das carreiras dos servidores do Poder Judiciário da União e do Distrito Federal e dos Territórios, instaurara-se processo administrativo nesta Suprema Corte, no qual se decidira pela transformação de cargos por área de atividade e pelo enquadramento dos servidores efetivos nas carreiras de analista judiciário, técnico judiciário ou auxiliar judiciário, respeitadas, entre outras, as definições de nível de escolaridade exigido anteriormente.

Aposentadoria com "Gratificação Extraordinária" e incidência de parcela da GAJ - 5

No tocante a aposentados e pensionistas relacionados com o cargo efetivo de Chefe de Secretaria, observara-se, no aludido processo administrativo, que o cargo efetivo não mais subsistiria quando da edição da Lei 9.421/96, o que impossibilitaria análise quanto à sua transformação para a nova carreira de servidores efetivos. Em respeito, entretanto, à correspondência de atribuições antes exercidas pelos servidores ocupantes do cargo efetivo de Chefe de Secretaria e aquelas previstas para o cargo de provimento em comissão de Diretor de Secretaria, resguardara-se o pagamento do benefício previdenciário de acordo com o cargo em comissão equivalente. Explicitou-se que a função comissionada correspondente ao extinto cargo efetivo de Chefe de Secretaria corresponderia à FC-09, na época da edição da Lei 9.421/96. Apontou-se que teria sido assegurado, com a edição dessa Lei, aos aposentados e pensionistas relacionados com o extinto cargo efetivo de Chefe de Secretaria, tratamento favorável, se comparado aos demais cargos efetivos de provimento isolado na ordem jurídica anterior ainda subsistentes. Consignou-se que não se poderia invocar a garantia do direito de paridade entre servidores ativos e inativos no regime de previdência dos servidores públicos, previsto no § 4º do art. 40 da CF/88, em sua redação original, uma vez que, ao tempo da edição da Lei 9.421/96, não haveria servidores ativos no exercício do cargo efetivo de Chefe de Secretaria. Assinalou-se que a Lei 9.421/96 não teria se limitado a reajustar a GAJ, mas também o valor das funções comissionadas em respeito à correspondência de atribuições disciplinada na Lei 6.026/74. Por fim, sublinhou-se não haver havera decréscimo do total da remuneração paga. Ao contrário, os aposentados e os pensionistas relacionados com o extinto cargo efetivo de Chefe de Secretaria experimentaram elevação dos proventos pagos em seu benefício. Vencido o Min. Marco Aurélio, que dava provimento ao recurso.
RMS 26612/DF, rel. orig. Min. Marco Aurélio, red. p/ o acórdão Min. Dias Toffoli, 23.4.2013. (RMS-26612) (Inform. STF 703)

DIREITO ADMINISTRATIVO E PREVIDENCIÁRIO. PENSÃO ESPECIAL DE EX-COMBATENTE A NETO MENOR DE IDADE SOB SUA GUARDA.
Diante da morte de titular de pensão especial de ex-combatente, o seu neto menor de dezoito anos que estava sob sua guarda deve ser enquadrado como dependente (art. 5º da Lei 8.059/1990) para efeito de recebimento da pensão especial que recebia o guardião (art. 53, II, do ADCT), dispensando-se, inclusive, o exame de eventual dependência econômica entre eles. De fato, o art. 5º da Lei 8.059/1990 não atribui a condição de dependente ao neto menor de dezoito anos e que estava sob a guarda do falecido titular de pensão especial de ex-combatente. Todavia, essa omissão não tem o condão de afastar o direito daquele à pensão aqui analisada, diante do disposto no art. 33, § 3º, do ECA - norma específica, segundo a qual o vínculo da "guarda confere à criança ou adolescente a condição de dependente, para todos os fins e efeitos, inclusive previdenciários" -, bem como tendo em vista o Princípio da Prioridade Absoluta assegurada

pela Constituição Federal (art. 227, caput, e § 3°, II) e a Doutrina da Proteção Integral da criança e do adolescente, estampada no art. 1° do ECA. Além disso, dispensa-se o exame de eventual dependência econômica, visto ser presumida por força da guarda do menor pelo instituidor do benefício. Precedente citado: REsp 1.339.645-MT, Primeira Turma, DJe 4/5/2015. **REsp 1.550.168-SE, Rel. Min. Mauro Campbell Marques, julgado em 15/10/2015, DJe 22/10/2015. (Inform. STJ 572)**

DIREITO ADMINISTRATIVO E PREVIDENCIÁRIO. PERCEPÇÃO DE PENSÃO MILITAR POR FILHO MENOR DE 24 ANOS.

O falecimento de militar após o advento da Lei 6.880/1980 e antes da vigência da Medida Provisória 2.215-10/2001 gera direito à percepção de pensão por morte a filho universitário menor de 24 anos e não remunerado. Em 1960, foi promulgada a Lei 3.765, que dispôs sobre as pensões militares, prevendo, em seu art. 7°, II, que "a pensão militar defere-se na seguinte ordem: [...] aos filhos de qualquer condição, exclusive os maiores do sexo masculino, que não sejam interditos ou inválidos". Posteriormente, foi editada a Lei 6.880/1980, que dispôs sobre o "Estatuto dos Militares". Em seu art. 50, § 2°, IV, estabeleceu que "são considerados dependentes do militar: [...] o filho estudante, menor de 24 (vinte e quatro) anos, desde que não receba remuneração". De fato, verifica-se uma aparente antinomia normativa surgida à época da promulgação da Lei 6.880/1980, ocasião em que ainda vigia a redação original da Lei 3.765/1960. Isso porque, em que pese a nova consideração da condição de dependente aos filhos estudantes, menores de 24 anos, desde que não recebessem remuneração, a Lei 3.765/1960 continuava a prever que não era devida a pensão por morte aos filhos do sexo masculino, após a maioridade. Possivelmente por conta disso, promulgou-se a Lei 8.216/1991, que, dentre outras disposições, promoveu mudança na Lei 3.765/1960, para prescrever que "a pensão militar é deferida em processo de habilitação na seguinte ordem de prioridade e condições: primeira ordem de prioridade - viúva ou viúvo; companheira ou companheiro; filhas solteiras e filhos menores de 21 anos ou, quando estudantes, menores de 24 anos". Contudo, por vício formal, o STF, na ADI 574-DF, julgada em 3/6/1993, declarou a inconstitucionalidade da redação dada pelo art. 29 da Lei 8.216/1991 ao art. 7° da Lei 3.765/1960. A incongruência normativa, que teria sido resolvida em 1991 (não fosse a declaração de inconstitucionalidade), somente foi dissipada, textualmente, em 2001, com a promulgação da Medida Provisória 2.215-10, que alterou o referido art. 7°, passando a dispor que "a pensão militar é deferida em processo de habilitação, tomando-se por base a declaração de beneficiários preenchida em vida pelo contribuinte, na ordem de prioridade e condições a seguir: [...] filhos ou enteados até vinte e um anos de idade ou até vinte e quatro anos de idade, se estudantes universitários ou, se inválidos, enquanto durar a invalidez". Posto isso, cabe esclarecer que a interpretação histórica e sistemática do tema e do ordenamento não permite aplicação do princípio da especialidade para, simplesmente, desconsiderar o que está disposto, desde 1980, no Estatuto dos Militares, o qual conferiu a condição de dependente aos filhos estudantes, menores de 24 anos, desde que não recebessem remuneração. Nesse mesmo sentido, não tem aplicação o princípio do tempus regit actum como fundamento para negar o direito à pensão quando o óbito ocorreu após a vigência da Lei 6.880/1980. Isso porque, desde a edição da mencionada Lei (e não só com a edição da Medida Provisória 2.215-10, de 31/8/2001), deve-se considerar o direito à pensão por morte dos filhos até 24 anos de idade, se estudantes universitários. A edição da Medida Provisória 2.215-10/2001 apenas buscou adequar, textualmente, o que por meio de uma interpretação sistemática se extraía do ordenamento: a condição de dependente dos filhos estudantes, menores de 24 anos, e, por consequência, seu direito à pensão por morte do genitor militar. Sendo assim, quando igualmente vigentes ambos os diplomas (Lei 3.765/1960 e Lei 6.880/1980) na data do óbito do instituidor da pensão, o filho estudante de até 24 anos, desde que não receba remuneração, será beneficiário da pensão por morte de militar. **EREsp 1.181.974-MG, Rel. Min. Og Fernandes, julgado em 16/9/2015, DJe 16/10/2015. (Inform. STJ 571)**

DIREITO ADMINISTRATIVO. PENSÃO ESPECIAL DE EX-COMBATENTE A CRIANÇA OU ADOLESCENTE SOB SUA GUARDA.

Na hipótese de morte do titular de pensão especial de ex-combatente, o menor de dezoito anos que estava sob sua guarda deve ser enquadrado como dependente (art. 5° da Lei 8.059/1990) para efeito de recebimento, na proporção que lhe couber, da pensão especial (art. 53, II, do ADCT) que recebia o seu guardião. Da leitura do art. 5° da Lei 8.059/1990, verifica-se que o legislador não incluiu o menor de dezoito anos sob guarda no rol dos beneficiários da pensão especial. Essa omissão, contudo, não tem o condão

de afastar a pretensão do menor de dezoito anos de receber a aludida vantagem, uma vez que o art. 33, § 3°, da Lei 8.069/1990 (ECA) dispõe: "a guarda confere à criança ou adolescente a condição de dependente, para todos os fins e efeitos de direito, inclusive previdenciários". Nessa perspectiva, a ênfase dada para que essa condição especial do menor de dezoito anos envolva, inclusive, os benefícios previdenciários não pode conduzir a uma interpretação restritiva e contrária ao próprio espírito da norma, que cuidou de proporcionar uma proteção mais ampla aos direitos e interesses dos infantes. Além disso, o art. 227 da CF exige da família, da sociedade e do Estado a conjugação de esforços no sentido de prestar atendimento prioritário a todos os interesses de crianças e adolescentes. Assim, o ECA se encontra em absoluta sintonia com a diretriz hermenêutica demarcada no plano constitucional, não sendo admissível a exegese de que a pensão especial de ex-combatente, por não possuir natureza previdenciária, afastaria a aplicação da regra prevista no ECA. Nessa ordem de ideias, do cotejo entre a Lei 8.059/1990 (art. 5°) e o ECA, este diploma legal, mais benéfico, deve prevalecer, em razão do critério da especialidade. **REsp 1.339.645-MT, Rel. Min. Sérgio Kukina, julgado em 3/3/2015, DJe 4/5/2015 (Inform. STJ 561).**

DIREITO ADMINISTRATIVO. ACUMULAÇÃO DE APOSENTADORIA DE EMPREGO PÚBLICO COM REMUNERAÇÃO DE CARGO TEMPORÁRIO.

É possível a cumulação de proventos de aposentadoria de emprego público com remuneração proveniente de exercício de cargo temporário. Preceitua o art. 118, § 3°, da Lei 8.112/1990 que se considera "acumulação proibida a percepção de vencimento de cargo ou emprego público efetivo com proventos da inatividade, salvo quando os cargos de que decorram essas remunerações forem acumuláveis na atividade". Com efeito, da simples leitura do comando normativo infere-se que a vedação nele contida diz respeito apenas à acumulação de proventos de aposentadoria com remuneração de cargo ou emprego público efetivo, categorias nas quais não se insere a função pública exercida por força de contratação temporária, preenchida via processo seletivo simplificado. Do mesmo modo, o art. 6° da Lei 8.745/1993 - diploma normativo que regulamenta o art. 37, IX, da CF - dispõe que "É proibida a contratação, nos termos desta Lei, de servidores da Administração direta ou indireta da União, dos Estados, do Distrito Federal e dos Municípios, bem como de empregados ou servidores de suas subsidiárias e controladas". Ademais, ainda que assim não fosse, a aposentadoria se deu pelo Regime Geral de Previdência Social - RGPS, não se lhe aplicando, portanto, o disposto no § 10 do art. 37 da CF, segundo o qual "É vedada a percepção simultânea de proventos de aposentadoria decorrentes do art. 40 ou dos arts. 42 e 142 com a remuneração de cargo, emprego ou função pública, ressalvados os cargos acumuláveis na forma desta Constituição, os cargos eletivos e os cargos em comissão declarados em lei de livre nomeação e exoneração", dispositivo constitucional ao qual não se pode atribuir interpretação extensiva em prejuízo do empregado público aposentado pelo RGPS, disciplinado pelo artigo 201 da CF. **REsp 1.298.503-DF, Rel. Min. Humberto Martins, julgado em 7/4/2015, DJe 13/4/2015 (Inform. STJ 559).**

DIREITO ADMINISTRATIVO E PREVIDENCIÁRIO. APOSENTADORIA DE SERVIDOR PÚBLICO COM DOENÇA NÃO PREVISTA NO ART. 186 DA LEI 8.112/1990.

Serão proporcionais - e não integrais - os proventos de aposentadoria de servidor público federal diagnosticado com doença grave, contagiosa ou incurável não prevista no art. 186, § 1°, da Lei 8.112/1990 nem indicada em lei. A jurisprudência do STJ firmara-se no sentido de que o rol de doenças constantes do § 1° do art. 186 da Lei 8.112/1990 para fins de aposentadoria integral não seria taxativo, mas exemplificativo, tendo em vista a impossibilidade de a norma prever todas as doenças consideradas pela medicina como graves, contagiosas ou incuráveis. No entanto, o STF, reconhecendo a repercussão geral da matéria, entendeu que "pertence, portanto, ao domínio normativo ordinário a definição das doenças e moléstias que ensejam aposentadoria por invalidez com proventos integrais, cujo rol, segundo a jurisprudência assentada pelo STF, tem natureza taxativa" (RE 656.860-MT, Tribunal Pleno, DJe 18/9/2014). Nesse contexto, em atendimento ao art. 543-B, § 3°, do CPC, a aposentadoria de servidor público federal diagnosticado com moléstia não mencionada no § 1° do art. 186 da Lei 8.112/1990, não pode se dar com o pagamento de proventos integrais, mas sim proporcionais. **REsp 1.324.671-SP, Rel. Min. Humberto Martins, julgado em 3/3/2015, DJe 9/3/2015 (Inform. STJ 557).**

DIREITO ADMINISTRATIVO. PENSÃO POR MORTE DE SERVIDOR PÚBLICO FEDERAL.
Para fins de concessão da pensão por morte de servidor público federal, a designação do beneficiário nos assentos funcionais do servidor é prescindível se a vontade do instituidor em eleger o dependente como beneficiário da pensão houver sido comprovada por outros meios idôneos. Precedentes citados: AgRg no REsp 1.362.822-PE, Primeira Turma, DJe 17/4/2013; AgRg no REsp 1.295.320-RN, Segunda Turma, DJe 28/6/2012; e REsp 1.307.576-PE, Segunda Turma, DJe 25/4/2012. **REsp 1.486.261-SE, Rel. Min. Herman Benjamin, julgado em 20/11/2014, DJe 5/12/2014 (Inform. STJ 553).**

DIREITO ADMINISTRATIVO. DEPENDÊNCIA ECONÔMICA PARA CONCESSÃO DE PENSÃO POR MORTE DE SERVIDOR PÚBLICO FEDERAL. Não se exige prova de dependência econômica para a concessão de pensão por morte a filho inválido de servidor público federal. Isso porque, nos termos do art. 217 da Lei 8.112/1990, não há exigência de prova da dependência econômica para o filho inválido, ainda que maior de 21 anos de idade. Conforme se infere do texto expresso da lei, a prova da dependência econômica somente é exigível, nas pensões vitalícias, da mãe, do pai e da pessoa designada maior de 60 anos ou portadora de deficiência. Quanto às pensões temporárias, a prova da dependência é exigida restritivamente do irmão órfão ou da pessoa designada, em qualquer caso até 21 anos ou, se inválido, enquanto perdurar eventual invalidez. **REsp 1.440.855-PB, Rel. Min. Humberto Martins, julgado em 3/4/2014. (Inform. STJ 539)**

DIREITO ADMINISTRATIVO. CARÁTER GERAL DE GRATIFICAÇÃO DE DESEMPENHO DE SERVIDOR PÚBLICO. Devem ser estendidas a todos os aposentados e pensionistas as gratificações de desempenho pagas indistintamente a todos os servidores da ativa, no mesmo percentual, ainda que possuam caráter *pro labore faciendo*. Isso porque as referidas vantagens, quando pagas indistintamente a todos os servidores na ativa, no mesmo percentual, assumem natureza genérica. Precedentes citados: AgRg no REsp 1.314.529-SC, Segunda Turma, DJe 14/8/2012 e REsp 1.291.011/MG, Segunda Turma, DJe 10/2/2012.**AgRg no REsp 1.372.058-CE, Rel. Min. Benedito Gonçalves, julgado em 4/2/2014. (Inform. STJ 534)**

DIREITO ADMINISTRATIVO. RESERVA DE COTA-PARTE DE PENSÃO POR MORTE DE SERVIDOR PÚBLICO.
Não é possível reservar cota-parte de pensão por morte a fim de resguardar eventual beneficiário que ainda não tenha se habilitado. **Isso porque, somente após a habilitação, mesmo que tardia, é que a Administração deverá realizar novo rateio do benefício entre os beneficiários concorrentes.** Precedente citado: REsp 1.002.419-CE, Quinta Turma, DJe 28/9/2009. AgRg no REsp 1.273.009-RJ, Rel. Min. Benedito Gonçalves, julgado em 17/10/2013. **(Inform. STJ 532)**

DIREITO ADMINISTRATIVO. CÔMPUTO DO TEMPO DE SERVIÇO PRESTADO NAS FORÇAS ARMADAS PARA O FIM DE APOSENTADORIA ESPECIAL.
Não é possível computar, para a concessão da aposentadoria especial prevista no art. 1º da LC 51/1985, o tempo de serviço prestado nas Forças Armadas. Observe-se, inicialmente, que a Administração está adstrita ao princípio da legalidade, razão pela qual todos os seus atos devem estar de acordo com a lei, não sendo possível contrariá-la ou tratar de tema que nela não esteja previsto. No caso, dispõe o art. 1º da LC 51/1985 que o "funcionário policial" será aposentado, voluntariamente, com proventos integrais, após trinta anos de serviço, desde que conte pelo menos vinte anos de exercício em cargo de "natureza estritamente policial". Nesse contexto, não há, efetivamente, como proceder à extensão da aposentadoria especial, diante da existência de restrição legal. Ressalte-se que, de acordo com a jurisprudência do STF, a aposentadoria especial será concedida àqueles que tenham exposto sua vida a riscos e prejuízos à saúde e à integridade física, sendo necessária, ainda, expressa previsão em lei complementar. Ademais, é certo que as atividades das Forças Armadas e das carreiras responsáveis pela segurança pública até podem, por vezes, apresentar semelhanças, devido ao uso de armas, hierarquia e coerção para a ordem. Todavia, distinguem-se quanto às finalidades e quanto às atribuições das respectivas carreiras. De fato, deve-se observar que as finalidades e atribuições dos militares das Forças Armadas não são idênticas às dos policiais civis, militares, federais, rodoviários ou ferroviários. Com efeito, enquanto as Forças Armadas se destinam à defesa da pátria, à garantia dos poderes constitucionais, da lei e da ordem, as atribuições dos policiais estão relacionadas com a segurança pública,

visando à preservação da ordem pública e da incolumidade das pessoas e do patrimônio. **REsp 1.357.121-DF, Rel. Min. Humberto Martins, julgado em 28/5/2013. (Inform. STJ 524)**

DIREITO ADMINISTRATIVO. INAPLICABILIDADE DA APOSENTADORIA COMPULSÓRIA POR IDADE A SERVIDOR PÚBLICO OCUPANTE EXCLUSIVAMENTE DE CARGO EM COMISSÃO.
Não é aplicável a regra da aposentadoria compulsória por idade na hipótese de servidor público que ocupe exclusivamente cargo em comissão. Com efeito, a regra prevista no art. 40, § 1º, II, da CF, cujo teor prevê a aposentadoria compulsória do septuagenário, destina-se a disciplinar o regime jurídico dos servidores efetivos, não se aplicando aos servidores em geral. Assim, ao que ocupa exclusivamente cargo em comissão, aplica-se, conforme determina o § 13 do art. 40 da CF, o regime geral de previdência social, no qual não é prevista a aposentadoria compulsória por idade. **RMS 36.950-RO, Rel. Min. Castro Meira, DJe 26/4/2013. (Inform. STJ 523)**

DIREITO ADMINISTRATIVO. REFORMA DE MILITAR TEMPORÁRIO POR INCAPACIDADE DEFINITIVA PARA O SERVIÇO ATIVO NAS FORÇAS ARMADAS.
Não tem direito à reforma o militar temporário no caso de incapacidade definitiva para o serviço castrense causada por evento que não guarde relação com o exercício da função. Isso porque aos militares temporários somente é garantida a reforma no caso de incapacidade definitiva para o serviço ativo das Forças Armadas se for comprovado que a lesão decorre de circunstância inerente ao exercício da função. Observe-se que o critério de concessão de reforma para militar temporário é diferente daquele considerado para militar estável. Com efeito, para a concessão de reforma de militar temporário, são consideradas duas informações: a extensão da incapacidade para o trabalho e a relação de causalidade da lesão com a atividade militar. Quanto à extensão da incapacidade para o trabalho, o Estatuto dos Militares (Lei 6.880/1980) a distingue em dois tipos: uma chamada de incapacidade definitiva para o serviço ativo nas Forças Armadas (que abrange exclusivamente as atividades militares, não considerando as atividades laborais civis) e a invalidez (conceito que engloba todas as atividades, castrenses ou civis). Quanto ao nexo causal da lesão incapacitante com o exercício da função militar, se comprovado, o militar temporário terá direito à reforma independentemente de sua extensão (incapacidade definitiva ou invalidez). Contudo, se o evento incapacitante não guardar relação com a função castrense, o militar temporário somente terá direito à reforma no caso de invalidez. REsp 1.328.915-RS, Rel. Min. Mauro Campbell Marques, julgado em 4/4/2013. **(Inform. STJ 522)**

DIREITO ADMINISTRATIVO. TERMO INICIAL DOS EFEITOS DA PENSÃO POR MORTE NO CASO DE HABILITAÇÃO POSTERIOR DE DEPENDENTE.
No caso de concessão integral da pensão por morte de servidor público, a posterior habilitação, que inclua novo dependente, produz efeitos a partir da data de seu requerimento na via administrativa. Presume-se que nessa data tenha ocorrido a ciência da Administração sobre o fato gerador a ensejar a concessão do benefício, o que se infere da análise das regras contidas nos arts. 215, 218 e 219, parágrafo único, da Lei n. 8.112/1990. **REsp 1.348.823-RS, Rel. Min. Mauro Campbell Marques, julgado em 7/2/2013. (Inform. STJ 516).**

DIREITO ADMINISTRATIVO. PRESCINDIBILIDADE DE DEMONSTRAÇÃO DO NEXO CAUSAL ENTRE A DOENÇA INCAPACITANTE E O SERVIÇO MILITAR PARA CONCESSÃO DE REFORMA A MILITAR.
Para a concessão de reforma por invalidez a militar, é desnecessário que a moléstia incapacitante sobrevenha, necessariamente, em consequência de acidente ou doença que tenha relação de causa e efeito com o serviço militar. Segundo a jurisprudência do STJ, deve ser concedida a reforma ao militar quando ficar demonstrada a incapacidade para o serviço castrense, sendo suficiente, para isso, que a doença se manifeste durante o período de prestação do serviço militar. Precedentes citados: AgRg no Ag 1.025.285-MS, DJe 21/9/2009, e REsp 647.335-RJ, DJ 23/4/2007. **AgRg no REsp 980.270-RJ, Rel. Min. Jorge Mussi, julgado em 6/12/2012. (Inform. STJ 514)**.

DIREITO ADMINISTRATIVO. PENSÃO POR MORTE DE EX-COMBATENTE. BENEFICIÁRIO INCAPAZ. TERMO INICIAL DO BENEFÍCIO.
A pensão por morte de ex-combatente paga a beneficiário absolutamente incapaz é devida a partir do óbito do segurado, pois contra aquele não

6. DIREITO ADMINISTRATIVO

corre prescrição. Precedentes citados: AgRg no REsp 1.263.900-PR, DJe 18/6/2012, e REsp 1.257.059-RS, DJe 8/5/2012. **REsp 1.141.465-SC, Rel. Min. Alderita Ramos de Oliveira (Desembargadora convocada do TJ-PE), julgado em 11/12/2012. (Inform. STJ 512).**

🔲 Súmula Vinculante STF 34

A Gratificação de Desempenho de Atividade de Seguridade Social e do Trabalho – GDASST, instituída pela Lei 10.483/2002, deve ser estendida aos inativos no valor correspondente a 60 (sessenta) pontos, desde o advento da Medida Provisória 198/2004, convertida na Lei 10.971/2004, quando tais inativos façam jus à paridade constitucional (EC 20/1998, 41/2003 e 47/2005).

🔲 Súmula Vinculante STF 33

Aplicam-se ao servidor público, no que couber, as regras do regime geral da previdência social sobre aposentadoria especial de que trata o artigo 40, § 4º, inciso III da Constituição Federal, até a edição de lei complementar específica.

🔲 Súmula Vinculante STF 20

A Gratificação de Desempenho de Atividade Técnico-Administrativa – GDATA, instituída pela Lei n. 10.404/2002, deve ser deferida aos inativos nos valores correspondentes a 37,5 (trinta e sete vírgula cinco) pontos no período de fevereiro a maio de 2002 e, nos termos do artigo 5º, parágrafo único, da Lei nº 10.404/2002, no período de junho de 2002 até a conclusão dos efeitos do último ciclo de avaliação a que se refere o artigo 1º da Medida Provisória no 198/2004, a partir da qual passa a ser de 60 (sessenta) pontos.

🔲 Súmula STF nº 680

O direito ao auxílio-alimentação não se estende aos servidores inativos.

🔲 Súmula STF nº 38

Reclassificação posterior à aposentadoria não aproveita ao servidor aposentado.

🔲 Súmula STF nº 36

Servidor vitalício está sujeito à aposentadoria compulsória, em razão da idade.

🔲 Súmula STF nº 10

O tempo de serviço militar conta-se para efeito de disponibilidade e aposentadoria do servidor público estadual.

5.6. Acumulação remuneratória

AG. REG. NO RE N. 613.100-RS
RELATOR: MIN. ROBERTO BARROSO
EMENTA: AGRAVO REGIMENTAL EM RECURSO EXTRAORDINÁRIO. SERVIDOR PÚBLICO. CUMULAÇÃO DE DOIS CARGOS DE PROFESSOR. COMPATIBILIDADE DE HORÁRIOS. AUSÊNCIA DE CONTROVÉRSIA CONSTITUCIONAL. SÚMULA 279/STF.
Para dissentir da conclusão do acórdão recorrido, seria necessário nova apreciação dos fatos e do material probatório constantes dos autos. Incidência da Súmula 279/STF. Precedentes.
Agravo regimental a que se nega provimento. **(Inform. STF 748)**

Acumulação de cargo e decadência - 3
Em conclusão de julgamento, a 1ª Turma, por maioria, desproveu recurso ordinário em mandado de segurança no qual se pretendia desconstituir a pena de demissão do cargo de agente administrativo do Ministério da Saúde aplicada a servidora pública que acumulara, também, o de professora na rede estadual de ensino — v. Informativo 659. Prevaleceu o voto da Ministra Cármen Lúcia. Destacou, inicialmente, que o recurso ordinário em mandado de segurança teria efeitos equivalentes ao da apelação, e devolveria toda a matéria componente da lide. Asseverou, entretanto, que, na espécie, os dois únicos argumentos trazidos pela recorrente não teriam sido suscitados anteriormente, e que a análise deles implicaria supressão de instância. No que se refere à suposta compatibilidade de horários, em razão da aposentadoria da recorrente do cargo de professora, reputou não constituir elemento suficiente a justificar a indevida acumulação de cargos públicos, pois a vedação constitucional inscrita no art. 37, XVI, da CF, apenas comportaria exceção nos casos ali especificados.

Acumulação de cargo e decadência - 4
A Ministra Cármen Lúcia registrou que, a partir da análise das atribuições do cargo ocupado pela recorrente no Ministério da Saúde, seria possível concluir que não teria natureza técnica. No ponto, assinalou que a natureza técnica apenas poderia ser conferida aos cargos que exigissem, no desempenho de suas atribuições, a aplicação de conhecimentos especializados de alguma área do saber. Anotou que não estariam nessa categoria os cargos que implicassem a prática de atividades meramente burocráticas, de caráter repetitivo e que não exigissem formação específica. Nesse sentido, atividades de agente administrativo, descritas como atividades de nível médio, não se enquadrariam no conceito constitucional. No que diz respeito à eventual decadência do direito da União de anular os atos de nomeação nos cargos que ensejaram a acumulação, aduziu que o limite temporal de cinco anos teria sido fixado no art. 54 da Lei 9.784/1999. Frisou que a jurisprudência da Turma orientar-se-ia no sentido de que esse prazo decadencial seria aplicável somente a partir da vigência da citada norma. Assim, não teria havido decadência na espécie, uma vez que a portaria de demissão da recorrente teria sido publicada apenas três anos após a entrada em vigor da Lei 9.784/1999. Realçou, ainda, que o prazo decadencial deveria ser contado a partir do conhecimento da ilegalidade pela Administração, o que teria ocorrido em 1997, antes da vigência da citada lei. Afastou, ademais, boa-fé por parte da recorrente, que teria deixado tanto de declarar a ocupação do cargo de professora quanto de optar por um dos cargos quando convocada para esse fim. Vencido o Ministro Luiz Fux (relator), que provia o recurso. **RMS 28497/DF, rel. orig. Min. Luiz Fux, red. p/ o acórdão Min. Cármen Lúcia, 20.5.2014. (RMS-28497) (Inform. STF 747)**

AG. REG. NO ARE N. 677.617-AP
RELATOR: MIN. ROBERTO BARROSO
EMENTA: AGRAVO REGIMENTAL EM RECURSO EXTRAORDINÁRIO COM AGRAVO. PEDIDO DE ACUMULAÇÃO DE CARGOS PÚBLICOS DE PROFESSOR E DE FARMACÊUTICO. INCOMPATIBILIDADE DE HORÁRIOS VERIFICADA PELO ACÓRDÃO RECORRIDO. INCIDÊNCIA DA SÚMULA 279/STF.
Para dissentir da conclusão do Tribunal de origem, seria necessária uma nova apreciação dos fatos e do material probatório constante dos autos. Incidência da Súmula 279/STF.
Agravo regimental a que se nega provimento. **(Inform. STF 741)**

SEGUNDO AG. REG. NO ARE N. 708.176-RJ
RELATOR: MIN. MARCO AURÉLIO
SERVIDOR PÚBLICO – APOSENTADORIA – NOVA INVESTIDURA – IMPOSSIBILIDADE DE ACUMULAÇÃO. O artigo 11 da Emenda Constitucional nº 20/1998 contém regramento explícito quanto à impossibilidade de acumulação de proventos decorrentes de aposentadorias regidas pelo artigo 40 da Constituição Federal. **(Inform. STF 722)**

AG. REG. NO AI N. 747.057-RJ
RELATOR: MIN. MARCO AURÉLIO
RECURSO EXTRAORDINÁRIO – APOSENTADORIA – ACUMULAÇÃO. VALORES ORIUNDOS DE REFORMA MILITAR E PROVENTOS – POSSIBILIDADE. A ressalva contida no artigo 11 da Emenda Constitucional nº 20/1998 não exclui o recebimento simultâneo de valores relativos a reforma militar e proventos de aposentadoria de servidor que retornou ao serviço público antes da promulgação da referida Emenda. (Inform. STF 720)

AG. REG. NO AI N. 532.392-PR
RELATOR: MIN. TEORI ZAVASCKI
Ementa: ADMINISTRATIVO. AGRAVO REGIMENTAL NO AGRAVO DE INSTRUMENTO. SERVIDORA PÚBLICA. ACUMULAÇÃO DE PROVENTOS COM VENCIMENTOS DE PROFESSOR. ACÚMULO TRÍPLICE DE REMUNERAÇÕES. ART. 11 DA EC 20/98. INVIABILIDADE.
1. Segundo a jurisprudência do Supremo Tribunal Federal, apenas se permite a acumulação de proventos e vencimentos quando se tratar de cargos, funções, ou empregos acumuláveis na atividade, conforme permitido pela Constituição.
2. Não se admite acúmulo tríplice de provimentos e vencimentos de professor, mesmo que decorrentes de aprovações em concursos públicos anteriores à vigência da EC 20/98 (AI 545.424 Agrar, 2ª Turma, Min. Celso de Mello, Dje de 25/03/13; AI 529.499 AgR, 1ª Turma, Min. Ricardo Lewandowski, DJe 17/11/10). Precedentes. 3. Agravo regimental a que se nega provimento. **(Inform. STF 716)**

502 VADE MECUM DE JURISPRUDÊNCIA – STF/STJ

AG. REG. NO AI. N. 717.747-SP

RELATOR: MIN. DIAS TOFFOLI

EMENTA: Agravo regimental no agravo de instrumento. Acumulação de proventos com vencimentos. Concurso público para o novo cargo posterior à EC nº 20/98. Inadmissibilidade.

1. Não se tratando de emprego ou função pública acumulável na atividade, na forma prevista na Constituição Federal, não se admite a acumulação se o retorno ao serviço público ocorreu somente após a Emenda Constitucional nº 20/98.

2. Agravo regimental não provido. **(Inform. STF 704)**

DIREITO ADMINISTRATIVO. INADMISSIBILIDADE DE JORNADA SEMANAL SUPERIOR A SESSENTA HORAS NA HIPÓTESE DE ACUMULAÇÃO DE CARGOS PRIVATIVOS DE PROFISSIONAIS DE SAÚDE. É vedada a acumulação de dois cargos públicos privativos de profissionais de saúde quando a soma da carga horária referente aos dois cargos ultrapassar o limite máximo de sessenta horas semanais. Segundo o que dispõe a alínea *c* do inciso XVI do art. 37 da CF, é vedada a acumulação remunerada de cargos públicos, exceto, quando houver compatibilidade de horários, observado em qualquer caso o disposto no inciso XI, a de dois cargos ou empregos privativos de profissionais de saúde, com profissões regulamentadas. Por se constituir como exceção à regra da não acumulação, a acumulação de cargos deve ser interpretada de forma restritiva. Ademais, a acumulação remunerada de cargos públicos deve atender ao princípio constitucional da eficiência, na medida em que o profissional da área de saúde precisa estar em boas condições físicas e mentais para bem exercer as suas atribuições, o que certamente depende de adequado descanso no intervalo entre o final de uma jornada de trabalho e o início da outra, o que é impossível em condições de sobrecarga de trabalho. Observa-se, assim, que a jornada excessiva de trabalho atinge a higidez física e mental do profissional de saúde, comprometendo a eficiência no desempenho de suas funções e, o que é mais grave, coloca em risco a vida dos usuários do sistema público de saúde. Também merece relevo o entendimento do TCU no sentido da coerência do limite de sessenta horas semanais – uma vez que cada dia útil comporta onze horas consecutivas de descanso interjornada, dois turnos de seis horas (um para cada cargo), e um intervalo de uma hora entre esses dois turnos (destinado à alimentação e deslocamento) –, fato que certamente não decorre de coincidência, mas da preocupação em se otimizarem os serviços públicos, que dependem de adequado descanso dos servidores públicos (TCU, Acórdão 2.133/2005, DOU 21/9/2005). **MS 19.336-DF, Rel. originária Min. Eliana Calmon, Rel. para acórdão Min. Mauro Campbell Marques, julgado em 26/2/2014. (Inform. STJ 549)**

DIREITO ADMINISTRATIVO. ACUMULAÇÃO DE CARGOS PÚBLICOS INDEPENDENTEMENTE DE CARGA HORÁRIA MÁXIMA CONSIDERADA EM ACÓRDÃO DO TCU.

Havendo compatibilidade de horários, é possível a acumulação de dois cargos públicos privativos de profissionais de saúde, ainda que a soma da carga horária referente àqueles cargos ultrapasse o limite máximo de sessenta horas semanais considerado pelo TCU na apreciação de caso análogo. De fato, o art. 37, XVI, da CF e o art. 118, § 2º, da Lei 8.112/1990 somente condicionam a acumulação lícita de cargos à compatibilidade de horários, não havendo qualquer dispositivo que estabeleça limite máximo, diário ou semanal, à carga horária a ser cumprida. Dessa forma, não se pode negar o direito à acumulação com base numa suposta incompatibilidade com decisão proferida pelo TCU (Acórdão 2.133/2005), a qual não possui força normativa capaz de se sobrepor à garantia constitucional e legal. Ademais, mostra-se desarrazoado negar o referido direito com fundamento em mera presunção de que a realização de jornada de trabalho superior a sessenta horas semanais comprometeria a qualidade do serviço a ser prestado. Precedentes citados: AgRg no REsp 1.168.979-RJ, Sexta Turma, DJe 14/12/2012; MS 15.663-DF, Primeira Seção, DJe 3/4/2012; e EDcl no REsp 1.195.791-RJ, Segunda Turma, DJe 28/6/2012. **AgRg no AREsp 291.919-RJ, Rel. Min. Napoleão Nunes Maia Filho, julgado em 18/4/2013. (Inform. STJ 521)**

DIREITO ADMINISTRATIVO. ACUMULAÇÃO DE CARGOS DE MÉDICO MILITAR COM O DE PROFESSOR DE INSTITUIÇÃO PÚBLICA DE ENSINO.

Caso exista compatibilidade de horários, é possível a acumulação do cargo de médico militar com o de professor de instituição pública de ensino. Com base na interpretação sistemática dos arts. 37, XVI, "c", 42, § 1°, e 142, § 3°, II, da CF, a jurisprudência do STJ admite a acumulação, por militares,

de dois cargos privativos de médico ou profissionais de saúde, desde que o servidor não desempenhe funções típicas da atividade castrense. Nesse contexto, conclui-se que o fato de o profissional de saúde integrar os quadros de instituição militar não configura, por si só, impedimento à acumulação de cargos. No entanto, ela só será possível nas hipóteses previstas no art. 37, XVI, da CF, entre as quais se encontra a autorização de acumulação de um cargo de professor com outro técnico ou científico. Desse modo, deve-se considerar lícito, caso haja compatibilidade de horários, o acúmulo remunerado de um cargo de médico e outro de professor. Isso porque aquele possui natureza científica e sua ocupação pressupõe formação em área especializada do conhecimento, dotada de método próprio, de modo a caracterizar um cargo "técnico ou científico", na forma em que disposto na alínea "b" do inciso XVI do art. 37 da CF. Ademais, não parece razoável admitir a acumulação de um cargo de professor com outro técnico ou científico por um lado e, por outro, eliminar desse universo o cargo de médico, cuja natureza científica é indiscutível. **RMS 39.157-GO, Rel. Min. Herman Benjamin, julgado em 26/2/2013. (Inform. STJ 518)**

5.7. Outros direitos dos agentes públicos

Greve de servidor público e desconto de dias não trabalhados - 1

O Plenário iniciou o julgamento de recurso extraordinário em que se discute a possibilidade de desconto, nos vencimentos dos servidores públicos, dos dias não trabalhados em razão do exercício do direito de greve. Preliminarmente, o Colegiado, ao resolver questão de ordem suscitada pelo Ministro Dias Toffoli (relator), deliberou, por decisão majoritária, que uma vez reconhecida a repercussão geral da questão constitucional discutida no caso, não seria possível às partes a desistência do processo. Na situação dos autos, pouco tempo antes de instaurar-se a sessão de julgamento, a parte recorrida peticionara no sentido da desistência do mandado de segurança que enseja-ra o recurso extraordinário. O relator destacou que o precedente firmado no RE 669.367/RJ (DJe de 29.10.2014) — segundo o qual a parte impetrante poderia desistir de mandado de segurança, independentemente da aquiescência da autoridade apontada como coatora, da parte contrária, da entidade estatal interessada ou dos litisconsortes passivos necessários — não seria aplicável à espécie, uma vez tratar-se de processo revestido de objetividade, à luz da repercussão geral reconhecida. Frisou, ainda, o art. 998 do novo CPC, no sentido de que eventual desistência de recurso não impediria a análise de repercussão geral já reconhecida. Vencido o Ministro Marco Aurélio, que admitia a desistência.

RE 693456/RJ, rel. Min. Dias Toffoli, 2.9.2015. (RE-693456)

Greve de servidor público e desconto de dias não trabalhados - 2

No mérito, o relator conheceu em parte do recurso e a ele deu provimento, para assentar que: a) a deflagração de greve por servidor público civil corresponde à suspensão do trabalho e, ainda que a greve não seja abusiva, como regra geral, a remuneração dos dias de paralisação não deve ser paga; e b) o desconto somente não se realizará se a greve tiver sido provocada por atraso no pagamento aos servidores públicos civis ou se houver outras circunstâncias excepcionais que justifiquem o afastamento da premissa da suspensão da relação funcional ou de trabalho, como aquelas em que o ente da Administração ou o empregador tenha contribuído, mediante conduta recriminável, para que a greve ocorra ou em que haja negociação sobre a compensação dos dias parados ou mesmo o parcelamento dos descontos. Assinalou, de início, que o apelo extremo não deveria ser conhecido relativamente à suposta ofensa ao art. 100 da CF. Sucede que, no caso de provimento do recurso, não caberia falar em pagamento dos valores em discussão por meio de precatório, de acordo com precedentes da Corte. Quanto à parte conhecida, rememorou entendimento jurisprudencial pela legalidade dos descontos remuneratórios alusivos aos dias de paralisação, a exemplo do que fixado no MI 708/DF (DJe de 30.10.2008). Frisou inexistir legislação específica acerca do direito de greve no setor público, razão pela qual, quando o tema alcança o STF, tem-se decidido pela aplicação da regra atinente ao setor privado. Destacou a existência, em outros países democráticos, dos fundos de greve, geridos pelos sindicatos, cujos recursos seriam usados para remunerar os servidores públicos grevistas, de forma a não onerar o Estado. Além disso, haveria países, também democráticos, em que inexistiria o direito de greve a servidores públicos. Não seria a situação brasileira, em que esse direito estaria constitucionalmente assegurado. Sublinhou a importância da negociação coletiva para resolver questões remuneratórias, muito embora os avanços no sentido da aplicação desse instituto no setor público ainda

6. DIREITO ADMINISTRATIVO

fossem pouco expressivos. Eventual compensação de dias e horas não trabalhados deveria ser sempre analisada na esfera da discricionariedade administrativa, não havendo norma a impor sua obrigatoriedade. Anotou que alguns entes federados teriam editado atos normativos impeditivos de abono ou compensação na hipótese de greve. Sem prejuízo da eventual constitucionalidade dessas normas, seria possível inferir que a opção da Administração deveria ser respeitada, inclusive ao estabelecer premissas normativas impeditivas de negociações sobre determinados pontos, desde que razoáveis e proporcionais, até o advento de lei de regência nacional sobre o tema. Enquanto isso não ocorresse, o instrumento da negociação seria o melhor caminho para solucionar conflitos em cada caso, observados os limites acima traçados. Salientou que, na espécie, não haveria dados sobre imposição de sanção administrativa , ou sobre a existência de processos disciplinares contra os grevistas. Pelo contrário, a autoridade impetrada apenas cumprira a lei e reconhecera a legitimidade dos descontos. Não haveria, por outro lado, certeza quanto à alegação de que os dias não trabalhados seriam devidamente compensados, o que seria impassível de exame no recurso. Não existiria, portanto, violação a direito líquido e certo dos impetrantes, ora recorridos.
RE 693456/RJ, rel. Min. Dias Toffoli, 2.9.2015. (RE-693456)

Greve de servidor público e desconto de dias não trabalhados - 3

O Ministro Edson Fachin acompanhou o relator quanto ao conhecimento parcial do recurso, mas, na parte conhecida, em divergência, negou-lhe provimento. Considerou que a greve dos servidores públicos seria direito fundamental, ligado ao Estado Democrático de Direito. Nesse sentido, deveria existir separação entre política e Administração como condição de efetividade dos princípios constitucionais da Administração Pública. Deveria haver um aparelho burocrático com capacidade de decidir por mecanismos próprios, alheios a fatores externos de pressão. A respeito, a jurisprudência da Corte seria pacífica acerca da possibilidade da realização de greve no setor público, apesar da mora legislativa na matéria (MI 670/ES, DJe de 30.10.2008, e MI 780/DF, DJe de 18.8.2015). Como a greve seria o principal instrumento de reivindicações civilizatórias da classe funcional pública diante do Estado, a suspensão do pagamento da remuneração dos servidores tocaria a essencialidade do direito em debate. A adesão de servidor a movimento grevista não poderia representar uma opção economicamente intolerável ao próprio servidor e ao respectivo núcleo familiar. Ademais, consoante os citados precedentes, dever-se-ia aplicar, no que coubesse, a legislação incidente à classe trabalhadora privada, uma vez ainda inexistente regulamentação específica no tocante ao setor público. Contudo, não seria simétrica a lógica da greve nas relações trabalhistas privadas com o ambiente do serviço público. Seria necessário evitar transposições que não atendessem a essa diferenciação. No âmbito privado, a greve implicaria prejuízo ao empregador e ao trabalhador. Imposto esse ônus a ambas as partes, seria natural a busca por uma solução célere ao impasse. Isso não ocorreria no serviço público, entretanto. Por vezes, a opção do administrador seria postergar ao máximo o início das negociações. Assim, permitir o desconto imediato na remuneração dos servidores significaria que os prejuízos do movimento paredista seriam suportados por apenas uma das partes em litígio. Portanto, a interpretação da legislação aplicável (Lei 7.783/1989) conforme à Constituição significaria que as relações obrigacionais entre agente público e Administração deveriam ser regidas e sindicalizadas por decisão judicial, dada a impossibilidade de acordo, convenção ou laudo arbitral. Isso não significaria falta de consequências aos grevistas, que deveriam compensar as horas não trabalhadas ao fim da greve. Dessa forma, a suspensão do pagamento de servidores grevistas exigiria ordem judicial, que reconhecesse a ilegalidade ou abusividade da greve em concreto. Do mesmo modo, a decisão judicial deveria fixar condições para o exercício desse direito, nos termos da lei mencionada, e com o menor prejuízo possível aos beneficiários do serviço público afetado. Em seguida, pediu vista o Ministro Roberto Barroso.
RE 693456/RJ, rel. Min. Dias Toffoli, 2.9.2015. (RE-693456) (Inform. STF 797)

Administração Pública e princípio da intranscendência

O princípio da intranscendência subjetiva das sanções, consagrado pelo STF, inibe a aplicação de severas sanções às administrações por ato de gestão anterior à assunção dos deveres públicos. Com base nessa orientação e, com ressalva de fundamentação do Ministro Marco Aurélio, a Primeira Turma, em julgamento conjunto, negou provimento a agravos regimentais em ações cautelares ajuizadas com a finalidade de se determinar a suspensão

da condição de inadimplente de Estado-Membro, bem como das limitações dela decorrentes, com relação a convênios com a União. Na espécie, em face de decisões que julgaram procedentes os pedidos a favor dos entes federativos, a fim de suspender as inscrições dos requerentes de todo e qualquer sistema de restrição ao crédito utilizado pela União, foram interpostos os presentes recursos. A Turma consignou que, em casos como os presentes, em que os fatos teriam decorrido de administrações anteriores e os novos gestores estivessem tomando providências para sanar as irregularidades verificadas, aplicar-se-ia o princípio da intranscendência subjetiva. O propósito seria neutralizar a ocorrência de risco que pudesse comprometer, de modo grave ou irreversível, a continuidade da execução de políticas públicas ou a prestação de serviços essenciais à coletividade. Nesse sentido, a tomada de contas especial seria medida de rigor com o ensejo de alcançar-se o reconhecimento definitivo de irregularidades, permitindo-se, só então, a inscrição dos entes nos cadastros de restrição aos créditos organizados e mantidos pela União. O Ministro Marco Aurélio asseverou que, por se tratar de governança, preponderaria o princípio contido no art. 37 da CF, ou seja, o da impessoalidade. **Precedentes citados: ACO 1.848 AgR/MA (DJe de 21.11.2014) e ACO 1.612 AgR/MS (DJe de 12.12.2014).**
AC 2614/PE, rel. Min. Luiz Fux, 23.6.2015. (AC-2614)
AC 781/PI, rel. Min. Luiz Fux, 23.6.2015. (AC-2614)
AC 2946/PI, rel. Min. Luiz Fux, 23.6.2015. (AC-2614) (Inform. STF 791)

RELATOR: MIN. MARCO AURÉLIO
SERVIDOR TEMPORÁRIO – DIREITOS SOCIAIS – EXTENSÃO. De acordo com o entendimento do Supremo, o servidor contratado temporariamente tem jus aos direitos sociais previstos no artigo 7º da Constituição Federal. Precedentes: Recurso Extraordinário nº 287.905/SC, da relatoria da ministra Ellen Gracie, redator do acórdão ministro Joaquim Barbosa; Recurso Extraordinário nº 234.186/SP, da relatoria do ministro Sepúlveda Pertence. **(Inform. STF 790)**

RECURSO ORD. EM MS N. 32.552-DF
RELATOR: MIN. MARCO AURÉLIO
PENSÃO – UNIÃO ESTÁVEL – TÍTULO JUDICIAL. Uma vez constando de título judicial o reconhecimento da união estável, cumpre observar, no campo administrativo, as consequências que lhe são próprias, considerado o direito a pensão por morte do servidor público que a integrou. **(Inform. STF 790)**

ACO N. 555-DF
RELATOR: MIN. DIAS TOFFOLI
EMENTA: Ação civil originária. Distrito Federal. Servidora cedida para a União, com ônus para o órgão cessionário. Ausência de repasse dos valores referentes às remunerações e demais encargos sociais. Procedência da ação.
1. Previsão expressa no ato da Presidência da Câmara Legislativa do Distrito Federal de que a cessão da servidora distrital à União se deu com ônus para o órgão cessionário. Atuação do ente federativo pautada no art. 93, inciso I e parágrafo único, da Lei federal nº 8.112/90, cujas disposições se aplicam aos servidores do Distrito Federal, por força do art. 5º da Lei distrital nº 197/91. 2. Não é condizente com a Constituição da República a interpretação restritiva dada pela Administração Federal quanto à impossibilidade de custeio dos ônus remuneratórios da servidora cedida em face da ausência de norma federal que previsse tal responsabilidade até o advento da Medida Provisória nº 1.573-9/97. 3. Sendo a cessão de servidores parte do arco maior da cooperação federativa, caberia à União, como regra de isonomia, ressarcir os valores desembolsados pelo Distrito Federal com a servidora cedida. 4. Ação julgada procedente. **(Inform. STF 789)**

Cessão de servidor e ônus remuneratório

O Plenário julgou procedente pedido formulado em ação civil originária na qual se pleiteava a condenação da União ao ressarcimento dos valores dispendidos no pagamento da remuneração e demais encargos sociais decorrentes da cessão de servidora de órgão distrital para órgão da União. No caso, a cessão fora realizada com a condição de que o órgão cessionário assumisse todos os encargos decorrentes da cessão, mas a União deixara de proceder os repasses e pleiteara a devolução dos valores já pagos. Alegava-se que, em virtude do contido no art. 93, I e § 1º, da Lei 8.112/1990, o ônus remuneratório derivado de cessão de servidores públicos deveria ser suportado pelo órgão cessionário, uma vez que seria esse o beneficiário do trabalho desempenhado

504 VADE MECUM DE JURISPRUDÊNCIA – STF/STJ

pelo agente. Ademais, afirmava que a própria União reconhecera ser dela o ônus financeiro pelos servidores por ela requisitados quando da edição da Medida Provisória 1.573-9/1997, que acrescentou o § 5º ao art. 93 da Lei 8.112/1990. O Plenário asseverou que o órgão cedente deixara claro ser encargo do órgão cessionário arcar com todos os proventos da servidora. **ACO 555/DF, rel. Min. Dias Toffoli, 23.4.2015. (ACO-555) (Inform. STF 782)**

REPERCUSSÃO GERAL EM RE N. 778.889-PE
RELATOR: MIN. ROBERTO BARROSO
Ementa: PERÍODO DE LICENÇA-MATERNIDADE. SERVIDORAS PÚBLICAS. EQUIPARAÇÃO ENTRE GESTANTES E ADOTANTES. PRESENÇA DE REPERCUSSÃO GERAL. 1. Constitui questão constitucional saber se a lei pode ou não instituir prazos diferenciados para a licença-maternidade concedida às servidoras gestantes e às adotantes, especialmente à luz do art. 227, § 6º, da CF/88. 2. Repercussão geral reconhecida. **(Inform. STF 777)**

Procuradores federais e férias - 1
Os procuradores federais têm o direito às férias de 30 dias, por força do que dispõe o art. 5º da Lei 9.527/1997, porquanto não recepcionados com natureza complementar o art. 1º da Lei 2.123/1953 e o art. 17, parágrafo único, da Lei 4.069/1962. Com base nessa orientação, o Plenário conheceu em parte de recurso extraordinário e, na parte conhecida, deu-lhe provimento. Na espécie, discutia-se a compatibilidade, com a CF/1988, de leis que estabelecem férias de 60 dias a procuradores federais. A turma recursal de tribunal local entendera que normatividade anterior à vigente Constituição teria sido por ela recepcionada com "status" de lei complementar, razão pela qual o art. 1º da Lei 2.123/1953 (que garante aos procuradores das autarquias federais as mesmas prerrogativas dos membros do Ministério Público da União) e o parágrafo único do art. 17 da Lei 4.069/1962 (que fixa vencimentos, gratificações e vantagens aos demais membros do serviço jurídico da União), ambos revogados pelo art. 18 da Lei 9.527/1997, somente poderiam ter sido eliminados do mundo jurídico por norma de igual ou superior hierarquia. O tribunal de origem concluíra que as disposições normativas anteriormente citadas continuariam em vigor, pois não teriam sido revogadas pela LC 73/1993. Em preliminar, por ausência de prequestionamento do tema, a Corte não conheceu da alegada incompetência absoluta de juizado especial federal cível para julgar a causa.

Procuradores federais e férias - 2
No mérito, esclareceu que a questão posta estaria centrada na interpretação do art. 131, "caput", da CF ("A Advocacia-Geral da União é a instituição que, diretamente ou através de órgão vinculado, representa a União, judicial e extrajudicialmente, cabendo-lhe, nos termos da lei complementar que dispuser sobre sua organização e funcionamento, as atividades de consultoria e assessoramento jurídico do Poder Executivo") e sua aplicação aos procuradores federais. A evolução da matéria demonstraria que, até o advento da Medida Provisória 2.229-43/2001, não haveria a carreira de procurador federal mas, sim, cargos diversos cujos titulares seriam responsáveis pela representação judicial, consultoria e assessoria jurídica das autarquias e fundações públicas parcelariais. A esses cargos se referiram o art. 1º da Lei 2.123/1953 e o art. 17, parágrafo único, da Lei 4.069/1962. A Medida Provisória 2.229-43/2001 criara a carreira de procurador federal, com subordinação administrativa ao Advogado-Geral da União. A procuradoria-geral federal fora criada posteriormente, com a Lei 10.480/2002, e se estruturara segundo o que posto em leis ordinárias, em especial após a Constituição de 1988. Assim, o art. 131 da CF não tratara da Procuradoria-Geral Federal ou dos procuradores federais, ou seja, esse dispositivo constitucional não disciplinara a representação judicial e extrajudicial das autarquias e fundações públicas (Administração indireta), mas apenas da União (Administração direta). O § 3º do art. 131 da CF referira-se à Advocacia-Geral da União e à Procuradoria-Geral da Fazenda Nacional ("Na execução da dívida ativa de natureza tributária, a representação da União cabe à Procuradoria-Geral da Fazenda Nacional, observado o disposto em lei"). Ou seja, à representação judicial e extrajudicial das autarquias e fundações públicas federais não se aplicaria o art. 131 da CF, pelo que a LC 73/1993 (Lei Orgânica da Advocacia-Geral da União) limitara-se a dispor, em seu art. 17, que os "órgãos jurídicos" das autarquias e das fundações públicas seriam vinculados à Advocacia-Geral da União. De toda sorte, a organização e a estrutura não diria respeito com o regime jurídico específico dos membros daquela carreira. Assim, não ofenderia o art. 131 da CF a revogação do art. 1º da Lei 2.123/1953 e do art.

17, parágrafo único, da Lei 4.069/1962 pelo art. 18 da Lei 9.527/1997, pois os dispositivos revogados não teriam sido recepcionados pela Constituição como leis complementares. Juridicamente inadequado, portanto, manter a equiparação dos procuradores autárquicos (hoje procuradores federais) aos membros do Ministério Público Federal. Aqueles teriam perdido, desde a CF/1988, a função de representantes jurídicos da União, transferida para a Advocacia-Geral da União, nos termos do art. 131 da CF. **RE 602381/AL, rel. Min. Cármen Lúcia, 20.11.2014. (RE-602381) (Inform. STF 768)**

Art. 84, § 2º, da Lei 8.112/1990: licença para acompanhar cônjuge e provimento originário
A licença para o acompanhamento de cônjuge ou companheiro de que trata o § 2º do art. 84 da Lei 8.112/1990 não se aplica aos casos de provimento originário de cargo público ("Art. 84. Poderá ser concedida licença ao servidor para acompanhar cônjuge ou companheiro que foi deslocado para outro ponto do território nacional, para o exterior ou para o exercício de mandato eletivo dos Poderes Executivo e Legislativo. ... § 2º No deslocamento de servidor cujo cônjuge ou companheiro também seja servidor público, civil ou militar, de qualquer dos Poderes da União, dos Estados, do Distrito Federal e dos Municípios, poderá haver exercício provisório em órgão ou entidade da Administração Federal direta, autárquica ou fundacional, desde que para o exercício de atividade compatível com o seu cargo"). Com base nessa orientação, a 1ª Turma indeferiu mandado de segurança impetrado por servidor de tribunal regional eleitoral que pretendia obter licença para acompanhar cônjuge, aprovado em concurso público, mas nomeado em lotação diversa daquela do impetrante. A Turma ressalvou, entretanto, que o acórdão impugnado não teria efeito sobre as nomeações dos impetrantes para exercício de cargos em comissão ou funções de confiança, de livre nomeação e exoneração pela autoridade competente, observada a vedação à prática de nepotismo. **MS 28620/DF, rel. Min. Dias Toffoli, 23.9.2014. (MS-28620) (Inform. STF 760)**

AG. REG. NO AI N. 836.957-MA
RELATOR: MIN. DIAS TOFFOLI
EMENTA: Agravo regimental no agravo de instrumento. Servidor público. Férias não gozadas. Indenização. Possibilidade. Precedentes.
1. É pacífica jurisprudência da Corte no sentido de que o servidor público tem direito ao recebimento de indenização pelas férias não gozadas por vontade da Administração, tendo em vista a vedação ao enriquecimento sem causa. 2. Agravo regimental não provido. **(Inform. STF 741)**

AG. REG. NO ARE N. 786.527-BA
RELATORA: MIN. CÁRMEN LÚCIA
EMENTA: AGRAVO REGIMENTAL NO RECURSO EXTRAORDINÁRIO COM AGRAVO. ADMINISTRATIVO. SERVIDOR PÚBLICO. FÉRIAS NÃO GOZADAS NO INTERESSE DA ADMINISTRAÇÃO PÚBLICA. INDENIZAÇÃO PECUNIÁRIA. POSSIBILIDADE. ACÓRDÃO RECORRIDO EM HARMONIA COM A JURISPRUDÊNCIA DO SUPREMO TRIBUNAL FEDERAL. AGRAVO REGIMENTAL AO QUAL SE NEGA PROVIMENTO. (Inform. STF 738)

ADI e disponibilidade remunerada de servidores públicos - 1
O Plenário julgou parcialmente procedente pedido formulado em ação direta para declarar a inconstitucionalidade da expressão *pelo prazo máximo de um ano*, contida no art. 90, § 3º, da Constituição do Estado do Rio de Janeiro, e reconhecer a não recepção, pela Constituição de 1988, da expressão *com vencimentos e vantagens integrais*, disposta no mesmo preceito, tendo em vista a redação dada pela EC 19/1998 ao dispositivo constitucional paradigma. A norma impugnada versa sobre o instituto da disponibilidade remunerada de servidores públicos (*Art. 90 - São estáveis, após dois anos de efetivo exercício, os servidores nomeados em virtude de concurso público. ... § 3º - Ocorrendo extinção do cargo, o funcionário estável ficará em disponibilidade remunerada, com vencimentos e vantagens integrais, pelo prazo máximo de um ano, até seu aproveitamento obrigatório em função equivalente no serviço público*). O Tribunal aduziu que a EC 19/1998 teria alterado substancialmente parte do art. 41, § 3º, da CF, o qual configuraria paradigma de controle na presente ação. Destacou jurisprudência no sentido da necessidade da adoção de dois juízos subsequentes pela Corte. O primeiro entre o preceito impugnado e o texto constitucional vigente na propositura da ação, com o fim de se verificar a existência de compatibilidade entre ambos, ou seja, juízo de constitucionalidade. O segundo entre o artigo questionado e o parâmetro alterado, atualmente em vigor, com o objetivo de se averiguar sua eventual recepção pelo texto constitucional superveniente. **ADI 239/RJ, rel. Min. Dias Toffoli, 19.2.2014. (ADI-239)**

6. DIREITO ADMINISTRATIVO

ADI e disponibilidade remunerada de servidores públicos - 2
Em seguida, o Pleno asseverou que a imposição do prazo de um ano para o aproveitamento de servidor em disponibilidade ofenderia materialmente a Constituição, porquanto o Poder Legislativo criara obrigação que não decorreria direta ou indiretamente dos pressupostos essenciais à aplicação do instituto da disponibilidade, definidos na Constituição. Além disso, destacou que a norma violaria o postulado da independência dos Poderes. O Colegiado salientou, também, que o art. 41, § 3º, da CF, em sua redação originária, seria silente em relação ao *quantum* da remuneração devida ao servidor posto em disponibilidade. Observou, no entanto, que a modificação trazida pela EC 19/1998 suplantara a previsão contida na Constituição fluminense, pois determinara, expressamente, que a remuneração do servidor em disponibilidade fosse proporcional ao tempo de serviço. O Ministro Teori Zavascki consignou que, embora acompanhasse o posicionamento já firmado pela Corte, reputava não se tratar propriamente do fenômeno da recepção, mas de inconstitucionalidade, haja vista o envolvimento de duas normas constitucionais. **ADI 239/RJ, rel. Min. Dias Toffoli, 19.2.2014. (ADI-239) (Inform. STF 736)**

DIREITO ADMINISTRATIVO. POSSE DE MEMBRO DO MINISTÉRIO PÚBLICO NO CARGO DE DESEMBARGADOR FEDERAL E DIREITO À TRANSFERÊNCIA UNIVERSITÁRIA DE DEPENDENTE.
O filho de membro do Ministério Público do Trabalho tem, em razão da mudança de domicílio de seu pai para tomar posse no cargo de Desembargador Federal do Trabalho, direito a ser transferido para instituição de ensino superior congênere nos termos do art. 49 da Lei 9.394/1996, c/c art. 1º da Lei 9.536/1997. Com efeito, os arts. 49 da Lei 9.394/1996 e 1º da Lei 9.536/1997 preveem o direito de transferência ex officio para instituição de educação superior aos servidores civis ou militares, bem como a seus dependentes, quando a mudança de domicílio ocorrer no interesse da Administração. A hipótese aqui analisada é caso de transferência por interesse da Administração, tendo em vista que o interesse público decorre de dispositivo constitucional (art. 114, I, da CF). Frise-se não se tratar de provimento inicial. Isso porque o provimento originário é aquele que se faz por meio de nomeação e pressupõe a inexistência de nenhuma vinculação entre a situação funcional anterior e o preenchimento da posição, o que não ocorre no caso em análise. Ademais, o parágrafo único do art. 1º da Lei 9.536/97 cita expressamente todos os casos em que é vedada a transferência ex officio. São eles: transferência para assumir cargo efetivo em razão de concurso público, cargo em comissão ou função de confiança. Como se vê, a transferência de membro do Ministério Público para assumir cargo de Desembargador Federal em decorrência do preenchimento do quinto constitucional não se encontra entre as hipóteses impeditivas. **REsp 1.536.723-RS, Rel. Min. Humberto Martins, julgado em 13/10/2015, DJe 20/10/2015. (Inform. STJ 571)**

DIREITO ADMINISTRATIVO. FÉRIAS GOZADAS EM PERÍODO COINCIDENTE COM O DA LICENÇA À GESTANTE.
A Lei 8.112/1990 não assegura à servidora pública o direito de usufruir, em momento posterior, os dias de férias já gozados em período coincidente com o da licença à gestante. Ressalta-se que a coincidência das férias com a licença-gestante – sem a possibilidade de gozo ulterior dos dias de férias em que essa coincidência se verificar – não importa violação do direito constitucional a férias. Isso porque, nesse período, há efetivo gozo de férias, ainda que ao mesmo tempo em que a servidora faz jus à licença-gestante, tendo em vista que a referida licença não é causa interruptiva das férias. Observe o art. 80 da Lei 8.112/1990 assim dispõe: "As férias somente poderão ser interrompidas por motivo de calamidade pública, comoção interna, convocação para júri, serviço militar ou eleitoral, ou por necessidade do serviço declarada pela autoridade máxima do órgão ou entidade". Nesse contexto, vê-se que a palavra "somente" limita a consideração de hipóteses de interrupção de férias e não possibilita eventuais aplicações extensivas. Torna-se indevida, assim, qualquer ampliação do rol desse dispositivo. Nesse sentido, aliás, a Segunda Turma do STJ já decidiu pela impossibilidade de aplicação extensiva do art. 80, caput, da Lei 8.112/1990: "Discute-se nos autos a possibilidade de alteração das férias, em decorrência de licença médica, após iniciado o período de gozo [...] Nos termos da legislação de regência, as hipóteses de interrupção de férias são taxativamente previstas no artigo 80 da Lei n. 8.112/90, dentre as quais não se insere o acometimento de doença e a respectiva licença para tratamento médico" (AgRg no REsp 1.438.415-SE, Segunda Turma, DJe 13/5/2014). **AgRg no RMS 39.563-PE, Rel. Min. Mauro Campbell Marques, julgado em 6/8/2015, DJe 18/8/2015 (Inform. STJ 566).**

DIREITO ADMINISTRATIVO. INCONSTITUCIONALIDADE DO ART. 170 DA LEI 8.112/1990. Não deve constar dos assentamentos individuais de servidor público federal a informação de que houve a extinção da punibilidade de determinada infração administrativa pela prescrição. O art. 170 da Lei 8.112/1990 dispõe que, "Extinta a punibilidade pela prescrição, a autoridade julgadora determinará o registro do fato nos assentamentos individuais do servidor". Entretanto, o STF declarou incidentalmente a inconstitucionalidade do referido artigo no julgamento do MS 23.262-DF (Tribunal Pleno, DJe 29/10/2014). Nesse contexto, não se deve utilizar norma legal declarada inconstitucional pelo STF (mesmo em controle difuso, mas por meio de posição sufragada por sua composição Plenária) como fundamento para anotação de atos desabonadores nos assentamentos funcionais individuais de servidor, por se tratar de conduta que fere, em última análise, a própria CF. **MS 21.598-DF, Rel. Min. Og Fernandes, julgado em 10/6/2015, DJe 19/6/2015 (Inform. STJ 564).**

DIREITO ADMINISTRATIVO. AUXÍLIO-RECLUSÃO A SERVIDORES OCUPANTES DE CARGO EFETIVO.
Para concessão de auxílio-reclusão, não se aplica aos servidores públicos estatutários ocupantes de cargos efetivos a exigência de baixa renda prevista no art. 13 da EC 20/1998. Isso porque o referido dispositivo legal foi dirigido apenas aos servidores públicos vinculados ao Regime Geral da Previdência Social (RGPS). Ademais, por ocasião do julgamento do RE 486.413-SP, o STF examinou a questão do auxílio-reclusão sob a ótica de saber se, para sua concessão, a renda a ser considerada é a do próprio segurado preso ou aquela de seus dependentes. Naquela oportunidade, o STF assentou que "a Constituição circunscreve a concessão do auxílio-reclusão às pessoas que: (i) estejam presas; (ii) possuam dependentes; (iii) sejam seguradas da Previdência Social; e (iv) tenham baixa renda", tendo o voto vencedor expressamente registrado que "um dos escopos da referida Emenda Constitucional foi o de restringir o acesso ao auxílio-reclusão, utilizando, para tanto, a renda do segurado" (RE 486.413-SP, Tribunal Pleno, DJe 8/5/2009). Assim, conclui-se que o art. 13 da EC 20/1998 não afeta a situação jurídica dos servidores ocupantes de cargo público de provimento efetivo, mas apenas os servidores vinculados ao RGPS, isto é, empregados públicos, contratados temporariamente e exclusivamente titulares de cargos comissionados. Precedente citado: REsp 1.421.533-PB, Segunda Turma, DJe 25/9/2014. **AgRg no REsp 1.510.425-RJ, Rel. Min. Humberto Martins, julgado em 16/4/2015, DJe 22/4/2015 (Inform. STJ 560).**

DIREITO ADMINISTRATIVO. HIPÓTESE DE NÃO LEVANTAMENTO DE FGTS. RECURSO REPETITIVO (ART. 543-C DO CPC E RES. 8/2008-STJ). A suspensão do contrato de trabalho em decorrência de nomeação em cargo em comissão não autoriza o levantamento do saldo da conta vinculada ao FGTS. Isso porque o art. 20, VIII, da Lei 8.036/1990 condiciona a liberação do saldo da conta do FGTS ao fato de o trabalhador permanecer três anos ininterruptos "fora do regime do FGTS", circunstância que não ocorre quando o empregado tem seu contrato de trabalho suspenso por força de nomeação em cargo público em comissão. De fato, não ocorre a ruptura do vínculo laboral, nem o empregado fica "fora" do regime do FGTS, mas permanece nele, embora não ocorrendo depósitos por força da suspensão do contrato de trabalho. **REsp 1.419.112-SP, Rel. Min. Og Fernandes, julgado em 24/9/2014. (Inform. STJ 548)**

DIREITO ADMINISTRATIVO. EXIGÊNCIA DO CUMPRIMENTO DO PRAZO DE DOZE MESES DE EXERCÍCIO PARA A PRIMEIRA FRUIÇÃO DE FÉRIAS DE MAGISTRADO. Para o primeiro período aquisitivo de férias de juiz federal substituto serão exigidos doze meses de exercício. De fato, a LC 35/1979 (Loman), ao tratar das férias dos magistrados, não disciplina o início do período aquisitivo do direito a férias na magistratura. Dessa forma, ante o silêncio da Loman, incide o art. 77, § 1º, da Lei 8.112/1990, aplicada subsidiariamente, segundo o qual "Para o primeiro período aquisitivo de férias serão exigidos 12 (doze) meses de exercício". Além disso, o CNJ (PP 0001123-19.2007.2.00.0000, julgado em 4/12/2007) entendeu que o gozo do direito de férias pelo juiz é adquirido após um ano na magistratura, tendo consignado que "o princípio norteador das férias, inclusive dos empregados da iniciativa privada, tal como estabelece a Consolidação das Leis do Trabalho e para os servidores públicos, como definido no Estatuto próprio, é o do período aquisitivo, de sorte que, para adquirir direito ao primeiro período o empregado, servidor ou magistrado deverá completar o período de um ano de serviço prestado". Aliás, esse mesmo entendimento foi reiterado recentemente pelo CNJ (PCA 0001795-51.2012.2.00.0000, julgado em 21/5/2012). Cabe salientar, também, que, em 2004, o Conselho Federal da Justiça normatizou a referida matéria na Resolução 383/2004, que dispõe: "Art. 5º Para o primeiro período aquisitivo de férias, serão exigidos doze meses de exercício", sendo certo que essa disposição se seguiu nas Resoluções 585/2007, 14/2008 e 130/2010 do Conselho da Justiça Federal. Ademais, essa mesma orientação é seguida pelo Conselho Superior da Justiça do Trabalho (TST-CSJT-122/2005-000-90-00.8). **REsp 1.421.612-PB**, Rel. Min. Herman Benjamin, julgado em 3/6/2014. (Inform. STJ 543)

DIREITO ADMINISTRATIVO. SUSPENSÃO CAUTELAR DO PORTE DE ARMA DE FOGO DE SERVIDOR MILITAR POR DECISÃO ADMINISTRATIVA. A Polícia Militar pode, mediante decisão administrativa fundamentada, determinar a suspensão cautelar do porte de arma de policial que responde a processo criminal. Apesar do art. 6º da Lei 10.826/2006 (Estatuto do Desarmamento) conferir o direito ao porte de arma aos servidores militares das forças estaduais, a medida não é absoluta. Com efeito, a suspensão do porte de arma está amparada pela legalidade, uma vez que o Estatuto do Desarmamento possui regulamentação no art. 33, § 1º, do Decreto 5.123/2004, que outorga poderes normativos às forças militares estaduais para restringir o porte de arma de seu efetivo. Nessa conjuntura, verificada a existência de base fática que dê suporte à decisão administrativa, não há que se falar em violação ao princípio constitucional da presunção de inocência. **RMS 42.620-PB**, Rel. Min. Humberto Martins, julgado em 25/2/2014. (Inform. STJ 537)

Licença médica e dispensa

Não é possível a dispensa — com o consequente rompimento do vínculo trabalhista — de servidor ocupante apenas de cargo em comissão, em licença médica para tratamento de doença. Com base nessa orientação, a 1ª Turma, negou provimento ao agravo regimental.

AI 759882 AgR/MG, rel. Min. Marco Aurélio, 10.12.2013. (AI-759882) (Inform. STF 732)

AG. REG. NO ARE N. 707.221-BA

RELATORA: MIN. ROSA WEBER
DIREITO ADMINISTRATIVO. SERVIDORA PÚBLICA ESTADUAL. LICENÇA MATERNIDADE. PRORROGAÇÃO. MATÉRIA INFRACONSTITUCIONAL. EVENTUAL VIOLAÇÃO REFLEXA DA CONSTITUIÇÃO DA REPÚBLICA NÃO VIABILIZA O MANEJO DE RECURSO EXTRAORDINÁRIO. AUSÊNCIA DE PREQUESTIONAMENTO. APLICAÇÃO DA SÚMULA STF 282. INAPTIDÃO DO PREQUESTIONAMENTO IMPLÍCITO OU FICTO PARA ENSEJAR O CONHECIMENTO DO APELO EXTREMO. INTERPRETAÇÃO DA SÚMULA STF 356. ACÓRDÃO RECORRIDO PUBLICADO EM 30.11.2010.
A jurisprudência desta Corte é firme no sentido de que a discussão referente à prorrogação de licença maternidade de servidora pública estadual é de natureza infraconstitucional, o que torna oblíqua e reflexa eventual ofensa, insuscetível, portanto de viabilizar o conhecimento do recurso extraordinário. Precedentes.
O requisito do prequestionamento obsta o conhecimento de questões constitucionais inéditas. Esta Corte não tem procedido à exegese a contrario sensu da Súmula STF 356 e, por consequência, somente considera prequestionada a questão constitucional quando tenha sido enfrentada, de modo expresso, pelo Tribunal a quo. A mera oposição de embargos declaratórios não basta para tanto. Logo, as modalidades ditas implícita e ficta de prequestionamento não ensejam o conhecimento do apelo extremo. Aplicação da Súmula STF 282: "É inadmissível o recurso extraordinário, quando não ventilada, na decisão recorrida, a questão federal suscitada". Agravo regimental conhecido e não provido. (Inform. STF 718)

AG. REG. NO RE N. 725.359-SP

RELATOR: MIN. DIAS TOFFOLI
EMENTA: **Agravo regimental no recurso extraordinário. Pedido de cabos da aeronáutica para serem promovidos, dentro dos respectivos quadros, da mesma maneira que os cabos do corpo feminino da corporação. Impossibilidade.**
1. Mostra-se inviável a aplicação do princípio da isonomia quando, como no caso ora em análise, há diversos regramentos legais a disciplinar, dentro da mesma carreira, a ascensão funcional de homens e mulheres.
2. Pacífica jurisprudência da Suprema Corte assim dispondo. 3. Agravo regimental não provido. (Inform. STF 716)

AG. REG. NO AI N. 760.595-GO

RELATORA: MIN. ROSA WEBER
EMENTA: DIREITO CONSTITUCIONAL E ADMINISTRATIVO. SERVIDOR PÚBLICO. LICENÇA-PRÊMIO NÃO USUFRUÍDA. PERÍODO ANTERIOR À VIGÊNCIA DA EC 20/98. APOSENTADORIA. CONTAGEM DE TEMPO EM DOBRO. POSSIBILIDADE. DIREITO ADQUIRIDO. ART. 5º, XXXVI, DA LEI MAIOR. JURISPRUDÊNCIA PACÍFICA. ACÓRDÃO RECORRIDO PUBLICADO EM 08.10.2008.
A jurisprudência desta Corte firmou-se no sentido de que o servidor público que completou os requisitos para usufruir da licença-prêmio em data anterior à EC 20/1998, e não a utilizou, tem direito ao cômputo em dobro do tempo de serviço prestado nesse período para fins de aquisição de aposentadoria. Agravo regimental conhecido e não provido. (Inform. STF 712)

AG. REG. NO ARE N. 731.803-RJ

RELATOR: MIN. RICARDO LEWANDOWSKI
Ementa: AGRAVO REGIMENTAL NO RECURSO EXTRAORDINÁRIO COM AGRAVO. ADMINISTRATIVO. SERVIDOR PÚBLICO ESTADUAL. FÉRIAS NÃO GOZADAS POR VONTADE DA ADMINISTRAÇÃO. INDENIZAÇÃO. POSSIBILIDADE. VEDAÇÃO AO ENRIQUECIMENTO SEM CAUSA. REPERCUSSÃO GERAL. RECONHECIMENTO. CONFIRMAÇÃO DA JURISPRUDÊNCIA. AGRAVO IMPROVIDO.
I - A jurisprudência desta Corte firmou-se no sentido de que o servidor público faz jus à indenização por férias não gozadas por vontade da Administração, tendo em vista a responsabilidade objetiva desta e a vedação ao enriquecimento sem causa. Precedentes.
II - O Supremo Tribunal Federal, no julgamento do ARE 721.001/RJ, Rel. Min. Gilmar Mendes, reconheceu a repercussão geral do tema em debate e confirmou a jurisprudência dominante sobre a matéria.
III - Agravo regimental improvido. (Inform. STF 708)

Servidores públicos municipais: remoção e conveniência – 3

Em conclusão de julgamento, a 1ª Turma, por maioria, não conheceu de recurso extraordinário interposto contra acórdão do Tribunal de Justiça do Estado de São Paulo que, ao reconhecer o juízo de conveniência e oportunidade da Administração Pública, reformara sentença que concedera a servidores públicos municipais, removidos para outras unidades, o direito de retornarem ao local de origem ou de optarem por outro de sua conveniência – v. Informativo 403. Assinalou-se a ausência de prequestionamento. Frisou-se que, para se chegar à conclusão pretendida pelos recorrentes, no sentido de que o ato de remoção tivera caráter punitivo, impenderia o reexame do conjunto fático-probatório, vedado pelo Verbete 279 da Súmula do STF. À derradeira, reputou-se que a matéria envolveria análise de legislação local. Vencido o Min. Marco Aurélio, relator, que conhecia do recurso e a ele dava provimento para restabelecer a decisão concessiva da ordem. Participou da votação o Min. Teori Zavascki, por suceder ao Min. Cezar Peluso, que pedira vista dos autos. **RE 275280/SP**, rel. orig. Min. Marco Aurélio, red. p/ o acórdão Min. Teori Zavascki, 5.3.2013. (RE-275280) (Inform. STF 697).

DIREITO ADMINISTRATIVO. REMOÇÃO PARA ACOMPANHAR CÔNJUGE APROVADO EM CONCURSO DE REMOÇÃO.
O servidor público federal não tem direito de ser removido a pedido, independentemente do interesse da Administração, para acompanhar seu cônjuge, também servidor público, que fora removido em razão de aprovação em concurso de remoção. Isso porque o art. 36, parágrafo único, III, a, da Lei 8.112/1990, que prevê a possibilidade de remoção para acompanhar cônjuge ou companheiro, não ampara a referida pretensão, tendo em vista que, na hipótese, a remoção do cônjuge não se deu ex officio, mas voluntariamente. **AgRg no REsp 1.290.031-PE**, Rel. Min. Arnaldo Esteves Lima, julgado em 20/8/2013. (Inform. STJ 527)

DIREITO ADMINISTRATIVO. DIREITO DE SERVIDOR PÚBLICO FEDERAL À REMOÇÃO PARA ACOMPANHAMENTO DE CÔNJUGE EMPREGADO DE EMPRESA PÚBLICA FEDERAL.
O servidor público federal tem direito de ser removido a pedido, independentemente do interesse da Administração, para acompanhar o seu cônjuge empregado de empresa pública federal que foi deslocado para outra localidade no interesse da Administração. O art. 36, parágrafo único, III, "a", da Lei 8.112/1990 confere o direito ao servidor público federal de ser removido para acompanhar o seu cônjuge "servidor público civil ou militar,

6. DIREITO ADMINISTRATIVO   507

de qualquer dos Poderes da União, dos Estados, do Distrito Federal e dos Municípios" que foi deslocado no interesse da Administração. A jurisprudência do STJ vem atribuindo uma interpretação ampliativa ao conceito de servidor público para alcançar não apenas os que se vinculam à Administração Direta, mas também os que exercem suas atividades nas entidades da Administração Indireta. Desse modo, o disposto no referido dispositivo legal deve ser interpretado de forma a possibilitar o reconhecimento do direto de remoção também ao servidor público que pretende acompanhar seu cônjuge empregado de empresa pública federal, até mesmo porquanto a CF, em seu art. 226, consagra o princípio da proteção à família, bem maior que deve ser protegido pelo Poder Público, mormente quando este figura como empregador. **MS 14.195-DF, Rel. Min. Sebastião Reis Júnior, julgado em 13/3/2013. (Inform. STJ 519)**

DIREITO ADMINISTRATIVO. REGRAS DE PROGRESSÃO NA CARREIRA DA EDUCAÇÃO BÁSICA, TÉCNICA E TECNOLÓGICA.
Até o advento do Decreto n. 7.806/2012, que regulamenta o art. 120 da Lei n. 11.784/2008, era possível a docente da Carreira da Educação Básica, Técnica e Tecnológica progredir por titulação sem observância de interstício temporal. Conforme o art. 120 da Lei n. 11.784/2008, "o desenvolvimento na Carreira de Magistério do Ensino Básico, Técnico e Tecnológico dos servidores que integram os Quadros de Pessoal das Instituições Federais de Ensino, subordinadas ou vinculadas ao Ministério da Educação, ocorrerá mediante progressão funcional, exclusivamente, por titulação e desempenho acadêmico, nos termos do regulamento". Ainda, conforme o § 1º do referido artigo, a progressão funcional será feita após o cumprimento, pelo professor, do interstício de dezoito meses de efetivo exercício no nível respectivo. Ocorre que o § 5º do aludido dispositivo legal prevê que, até que seja publicado o regulamento previsto no *caput* para fins de progressão funcional e desenvolvimento na respectiva carreira, devem ser aplicadas as regras estabelecidas nos arts. 13 e 14 da Lei n. 11.344/2006, nas quais há previsão de progressão por titulação sem cumprimento de interstício temporal. Assim, o entendimento do STJ é que a progressão dos docentes da carreira do magistério básico, técnico e tecnológico federal, até a publicação do Decreto n. 7.806/2012, é regida pelas disposições da Lei n. 11.344/2006, com duas possibilidades: por interstício, com avaliação de desempenho; e por titulação, sem observância do interstício. **REsp 1.335.953-RS, Rel. Ministro Herman Benjamin, julgado em 7/2/2013. (Inform. STJ 517).**

DIREITO ADMINISTRATIVO. CONCESSÃO DE LICENÇA PARA ACOMPANHAMENTO DE CÔNJUGE.
É cabível a concessão de licença a servidor público para acompanhamento de cônjuge na hipótese em que se tenha constatado o preenchimento dos requisitos legais para tanto, ainda que o cônjuge a ser acompanhado não seja servidor público e que o seu deslocamento não tenha sido atual. O art. 84, *caput* e § 1º, da Lei n. 8.112/1990 estabelece o direito à licença para o servidor público afastar-se de suas atribuições, por prazo indeterminado e sem remuneração, com o fim de acompanhar cônjuge ou companheiro. A referida norma não exige a qualidade de servidor público do cônjuge do servidor que pleiteia a licença, tampouco que o deslocamento daquele tenha sido atual, não cabendo ao intérprete condicionar a respectiva concessão a requisitos não previstos pelo legislador. A jurisprudência do STJ firmou-se no sentido de que a referida licença é um direito assegurado ao servidor público, de sorte que, preenchidos os requisitos legais, não há falar em discricionariedade da Administração quanto a sua concessão. Precedentes citados: AgRg no REsp 1.195.954-DF, DJe 30/8/2011, e AgRg no Ag 1.157.234-RS, DJe 6/12/2010. **AgRg no REsp 1.243.276-PR, Rel. Min. Benedito Gonçalves, julgado em 5/2/2013. (Inform. STJ 515).**

DIREITO ADMINISTRATIVO. TERMO *A QUO* DO PRAZO PRESCRICIONAL PARA PLEITEAR INDENIZAÇÃO REFERENTE A FÉRIAS NÃO GOZADAS POR SERVIDOR PÚBLICO FEDERAL.
Se um servidor público federal passar à inatividade no serviço público, o prazo prescricional para pleitear indenização referente a férias não gozadas por ele tem início na data da sua inatividade. Isso porque o termo inicial do prazo prescricional para pleitear indenização referente a férias não gozadas inicia-se com a impossibilidade de o servidor usufruí-las. Precedentes citados: AgRg no AREsp 185.117-BA, DJe 25/9/2012, e AgRg no RMS 22.246-ES, DJe 18/4/2012. **AgRg no AREsp 255.215-BA, Rel. Min. Humberto Martins, julgado em 6/12/2012. (Inform. STJ 514).**

5.8. Infração e processo disciplinar

AG. REG. NO RMS N. 31.515-DF
RELATOR: MIN. LUIZ FUX
Ementa: AGRAVO REGIMENTAL NO RECURSO ORDINÁRIO EM MANDADO DE SEGURANÇA. PROCESSO ADMINISTRATIVO DISCIPLINAR. APLICAÇÃO DE PENA DE DEMISSÃO A POLICIAL RODOVIÁRIO FEDERAL. ABSOLVIÇÃO DO DENUNCIADO NA ESFERA PENAL POR AUSÊNCIA DE PROVAS. FATOS NOVOS. DENÚNCIA DAS ÚNICAS TESTEMUNHAS PELO MINISTÉRIO PÚBLICO FEDERAL POR DENUNCIAÇÃO CALUNIOSA. CONDENAÇÃO E RETRATAÇÃO. ENQUADRAMENTO NA HIPÓTESE DE INEXISTÊNCIA DO FATO. IMPOSSIBILIDADE DE APLICAÇÃO DA PENA NA ESFERA ADMINISTRATIVA. INOCORRÊNCIA DE INVASÃO DO PODER JUDICIÁRIO NO MÉRITO ADMINISTRATIVO DO ATO. INEXISTÊNCIA DE FALTA RESIDUAL. INOCORRÊNCIA DE DECISÃO *EXTRA PETITA*. MERA INDICAÇÃO DA POSSIBILIDADE DE PLEITEAR INDENIZAÇÃO NAS INSTÂNCIAS ORDINÁRIAS. AGRAVO REGIMENTAL A QUE SE NEGA PROVIMENTO.
1. A absolvição penal e a comunicabilidade do resultado na instância administrativa é tema jurídico que prescinde de dilação probatória.
2. A absolvição penal baseada na inexistência do fato ou autoria afasta a responsabilidade administrativa, tendo em vista a comunicabilidade das instâncias.
3. *In casu:* a) O juízo criminal, quando da absolvição do agravado, não negou, expressamente, a existência do fato ou da sua autoria. Ocorre que a superveniência dos fatos novos conduzem à conclusão no sentido da inexistência do fato, porquanto houve a condenação de dois dos denunciantes, um por denunciação caluniosa e outro por falso testemunho, além da retratação das demais testemunhas. b) A Comissão Processante não sugeriu a aplicação de pena de demissão ao policial com fundamento no fato de ter permitido que o motorista buscasse a CNH conduzindo seu próprio veículo. Desse modo, não se verifica falta residual. Súmula 18 do STF. c) Inocorreu exame de conveniência, oportunidade e utilidade do ato primitivo pelo Poder Judiciário, mas, apenas, a apreciação quanto à sua legalidade.
4. A mera indicação da possibilidade de se pleitear indenização nas instâncias ordinárias, sem a existência desse requerimento no recurso ordinário, não configura decisão *extra petita*.
5. Agravo regimental a que se nega provimento. **(Inform. STF 811)**

RMS N. 32.202-DF
RELATOR: MIN. MARCO AURÉLIO
DEVIDO PROCESSO LEGAL – DEFESA – VIABILIZAÇÃO. Uma vez viabilizada a defesa, descabe agasalhar alegação de ofensa ao devido processo legal.
DEMISSÃO – FUNDAMENTOS. Surgindo fundamentado o ato de demissão, fica afastado o vício de forma.
SANÇÃO ADMINISTRATIVA – ATO DA COMISSÃO PROCESSANTE – INDEPENDÊNCIA. A autoridade julgadora não está vinculada à conclusão da comissão processante.
PRESCRIÇÃO – PROCESSO ADMINISTRATIVO – LEGISLAÇÃO PENAL. A influência da legislação penal faz-se consideradas balizas a englobarem a pena máxima prevista para o delito.
PROCESSO ADMINISTRATIVO – PROCESSO-CRIME – REPERCUSSÃO. A teor do disposto no artigo 935 do Código Civil, a repercussão do que decidido no processo-crime pressupõe pronunciamento, precluso na via da recorribilidade, afastando o fato ou a autoria. **(Inform. STF 810)**

AG. REG. NO ARE N. 894.463-SP
RELATOR: MIN. DIAS TOFFOLI
EMENTA: Agravo regimental no recurso extraordinário com agravo. Direito Administrativo. Servidor militar. Processo administrativo disciplinar. Prequestionamento. Ausência. Violação dos princípios do contraditório, da ampla defesa e da legalidade. Ofensa reflexa. Legislação infraconstitucional. Fatos e provas. Reexame. Impossibilidade. Artigo 125, §§ 4º e 5º da CF. Exclusão da Corporação. Comando-Geral da Polícia. Competência. Possibilidade. Julgamento colegiado. Composição. Precedentes.
1. Inadmissível o recurso extraordinário quando os dispositivos constitucionais que nele se alega violados não estão devidamente prequestionados. Incidência das Súmulas nºs 282 e 356/STF.
2. A afronta aos princípios da legalidade, do devido processo legal, da ampla defesa, do contraditório, dos limites da coisa julgada ou da prestação jurisdicional, quando depende, para ser reconhecida como tal, da análise de normas infraconstitucionais, configura apenas ofensa indireta ou reflexa à Constituição Federal.

3. Inadmissível, em recurso extraordinário, o reexame dos fatos e das provas e a análise da legislação infraconstitucional. Incidência das Súmulas n°s 636, 279 e 280 /STF.
4. O art. 125, § 4°, da Constituição Federal somente se aplica quando a perda da graduação for pena acessória de sanção criminal aplicada em processo penal, e não, como no caso dos autos, quando o comando-geral da polícia aplicar a pena de demissão após apuração de falta grave em processo administrativo disciplinar.
5. O art. 125, § 5°, da Constituição Federal contém exigência de que as demandas que tenham por objeto ato disciplinar cometido por militar sejam julgadas em primeiro grau por juiz de direito, não fazendo, entretanto, nenhuma menção acerca dos julgamentos colegiados de tais demandas.
6. Agravo regimental não provido. **(Inform. STF 804)**

AG. REG. NO ARE N. 903.291-BA
RELATORA: MIN. ROSA WEBER
EMENTA: DIREITO ADMINISTRATIVO E PROCESSUAL CIVIL. PROCESSO ADMINISTRATIVO DISCIPLINAR. AGENTE DE POLÍCIA. APLICAÇÃO DE PENA DE SUSPENSÃO. NULIDADE DO ATO ADMINISTRATIVO IMPUGNADO. FALHAS PROCEDIMENTAIS. ALEGAÇÃO DE OFENSA AO ART. 5°, XXXV, XXXVI, LIV E LV, DA CONSTITUIÇÃO DA REPÚBLICA. CONTRADITÓRIO E AMPLA DEFESA. DEVIDO PROCESSO LEGAL. INAFASTABILIDADE DA JURISDIÇÃO. DEBATE DE ÂMBITO INFRACONSTITUCIONAL. EVENTUAL VIOLAÇÃO REFLEXA DA CONSTITUIÇÃO DA REPÚBLICA NÃO VIABILIZA O MANEJO DE RECURSO EXTRAORDINÁRIO. NEGATIVA DE PRESTAÇÃO JURISDICIONAL. ARTIGO 93, IX, DA CONSTITUIÇÃO DA REPÚBLICA. NULIDADE. INOCORRÊNCIA. RAZÕES DE DECIDIR EXPLICITADAS PELO ÓRGÃO JURISDICIONAL. ACÓRDÃO RECORRIDO PUBLICADO EM 18.3.2008.
1. Inexiste violação do artigo 93, IX, da Lei Maior. A jurisprudência do Supremo Tribunal Federal é no sentido de que o referido dispositivo constitucional exige a explicitação, pelo órgão jurisdicional, das razões do seu convencimento, dispensando o exame detalhado de cada argumento suscitado pelas partes.
2. O exame da alegada ofensa ao art. 5°, XXXV, XXXVI, LIV e LV, da Constituição Federal, observada a estreita moldura com que devolvida a matéria à apreciação desta Suprema Corte, dependeria de prévia análise da legislação infraconstitucional aplicada à espécie, o que refoge à competência jurisdicional extraordinária prevista no art. 102 da Magna Carta.
3. As razões do agravo regimental não se mostram aptas a infirmar os fundamentos que lastrearam a decisão agravada, mormente no que se refere à ausência de ofensa direta e literal a preceito da Constituição da República.
4. Agravo regimental conhecido e não provido. **(Inform. STF 802)**

PAD: prova emprestada e nulidade
A Primeira Turma iniciou julgamento de recurso ordinário em mandado de segurança no qual se pleiteia a declaração de nulidade de processo administrativo disciplinar em decorrência de: a) defeitos na formação da comissão de inquérito e no termo de indiciação; b) cerceamento de defesa proveniente da falta de intimação de relatório final; c) impossibilidade de compartilhamento de prova colhida em ação penal; e, por fim, d) ausência de transcrição integral de dados obtidos por meio de interceptação telefônica. O Ministro Marco Aurélio (relator) deu provimento ao recurso para, afastadas as provas obtidas a partir de indevido aproveitamento, declarar a insubsistência de portaria da qual resultara a demissão do recorrente do serviço público, no que foi acompanhado pelo Ministro Edson Fachin. O relator, inicialmente, afastou a alegada nulidade do ato de designação da comissão processante, nulidade que decorreria da manutenção dos mesmos membros de comissão anteriormente dissolvida. Não teria ficado demonstrada a parcialidade dos servidores indicados, como consignado nos artigos 18 a 21 da Lei 9.784/1999. Ademais, mostrar-se-ia inviável presumir dano ao direito de defesa. O art. 169 da Lei 8.112/1990, ao versar "a constituição de outra comissão para a instauração de novo processo", não conteria restrições quanto à designação de servidores. A óptica deveria ser semelhante àquela encontrada em âmbito judicial: a anulação de decisão não impediria a devolução da matéria para idêntico órgão julgador. Da mesma forma, seria insubsistente a alegação de nulidade do termo de indiciação. O art. 161 da Lei 8.112/1990 não exigiria prévia menção à potencial pena a ser aplicada, e sim a descrição dos fatos imputados e das provas, o que teria sido atendido ao longo do processo. Também não se poderia assentar o cerceamento de defesa no tocante à ausência de vista após a elaboração do relatório final. A Lei 8.112/1990, ao disciplinar o rito do inquérito administrativo, mostrar-se-ia silente quanto à comunicação do indiciado, quando já superada

a fase de defesa administrativa. Outrossim, o relatório final não possuiria conteúdo decisório, assumindo a natureza de peça informativa, a embasar futuro pronunciamento da autoridade julgadora, contra o qual poderia ser interposto recurso hierárquico ou, presentes os requisitos autorizadores, formalizada revisão disciplinar. Relativamente à alegada invalidade da utilização de dados de interceptações telefônicas procedidas em ação penal, ressaltou ser inválida a prova originária do processo administrativo, porque obtida em desrespeito aos limites constitucionais, havendo, portanto, que se reconhecer a nulidade da sanção imposta ao recorrente, em razão de o acervo probatório restante ser dela derivado ou, ainda, por ela diretamente influenciado. Isso se daria porque, considerado o disposto no inciso XII do art. 5° da CF, mostrar-se-ia inadequado o aproveitamento da referida prova. Na espécie, a quebra do sigilo telefônico fora determinada por órgão judicial para efeito específico, qual seja, investigação criminal ou instrução processual penal. Descaberia alargar, pela via da interpretação, o campo de preceito do qual se depreenderia relevante concretização da tutela constitucional da intimidade. O Ministro Edson Fachin acrescentou que não haveria comprovação nos autos de que o indiciado tivesse levado, pessoalmente, vantagem com a sua conduta. O Ministro Roberto Barroso negou provimento ao recurso, no que foi acompanhado pela Ministra Rosa Weber (Presidente), em razão de não verificar, no caso, as nulidades alegadas, sequer quanto à prova emprestada. Em seguida, o julgamento foi suspenso para aguardar o voto de desempate do Ministro Luiz Fux.
RMS 28774/DF, rel. Min. Marco Aurélio, 22.9.2015. (RMS-28774) (Inform. STF 800)

AG. REG. NO ARE N. 678.980-RJ
RELATOR: MIN. ROBERTO BARROSO
EMENTA: DIREITO ADMINISTRATIVO. AGRAVO REGIMENTAL EM RECURSO EXTRAORDINÁRIO COM AGRAVO. SERVIDOR PÚBLICO. PROCESSO ADMINISTRATIVO DISCIPLINAR. GARANTIAS CONSTITUCIONAIS DO PROCESSO. TERMO *A QUO* DO PRAZO PRESCRICIONAL. MATÉRIA INFRACONSTICIONAL. LEI N° 8.112/1990. SÚMULA 279/STF. PRECEDENTES.
1. A jurisprudência do Supremo Tribunal Federal afasta o cabimento de recurso extraordinário para o questionamento de alegadas violações à legislação infraconstitucional, sem que se discuta o seu sentido à luz da Constituição.
2. Decisão que está devidamente fundamentada, embora em sentido contrário aos interesses da parte agravante.
3. Para dissentir da solução conferida pelo Tribunal de origem, faz-se necessário nova apreciação da legislação infraconstitucional pertinente (Lei n° 8.112/1990), bem como dos fatos e do material probatório constantes dos atos, o que é vedado na instância recursal extraordinária (Súmula 279/STF). Precedentes.
4. Agravo regimental a que se nega provimento. **(Inform. STF 790)**

Servidor público e processo administrativo disciplinar
A 2ª Turma iniciou julgamento de recurso ordinário em mandado de segurança no qual se impugna decisão do STJ que mantivera demissão do recorrente do cargo de Auditor-Fiscal da Receita Federal em razão da prática de ilícito administrativo. Na espécie, o recorrente reitera o argumento de que o ato impugnado estaria contaminado por vício de forma que tornaria nulo o processo administrativo disciplinar. Segundo o recorrente, servidor em estágio probatório não poderia compor comissão de inquérito, sob pena de descumprir-se o "caput" do art. 149 da Lei 8.112/1990 ("Art 149. O processo disciplinar será conduzido por comissão composta de três servidores estáveis designados pela autoridade competente, observado o disposto no § 3° do art. 143, que indicará, dentre eles, o seu presidente, que deverá ser ocupante de cargo efetivo superior ou de mesmo nível, ou ter nível de escolaridade igual ou superior ao do indiciado"). Sustenta, ainda, que haveria desproporcionalidade da pena administrativa aplicada, que não levara em conta a absolvição na esfera criminal. A Ministra Cármen Lúcia (relatora), negou provimento ao recurso. Destacou que a estabilidade, exigida pelo art. 149 da Lei 8.112/1990, teria sido adquirida pelo servidor em 1993. O que o "caput" da referida norma exigiria seria que, no momento da designação, o servidor já tivesse atingido a estabilidade. Ademais, o servidor integrante da comissão processante não participara de qualquer ato decisório no processo disciplinar, não demonstrado prejuízo ao recorrente. Quanto à alegada desproporcionalidade da pena em decorrência da absolvição na esfera criminal, a relatora destacou que a jurisprudência da Corte reconheceria a independência entre as esferas penal e administrativa. Nesse ponto, haveria repercussão da primeira na segunda somente nos casos de reconhecimento da inexistência material dos fatos ou da negativa de autoria, até porque o que se valoraria na esfera administrativa

6. DIREITO ADMINISTRATIVO

não seria o mesmo da esfera penal. No presente caso, a improcedência do pedido condenatório na esfera penal decorrera de falta de prova, admitida, no processo administrativo, a produção de prova suficiente para a formação do convencimento condenatório disciplinar. Em seguida, pediu vista dos autos o Ministro Gilmar Mendes. **RMS 32357/DF, rel. Min. Cármen Lúcia, 4.11.2014. (RMS-32357) (Inform. STF 766)**

Procedimento administrativo disciplinar e impedimento jurisdicional - 2
Em conclusão de julgamento, a 1ª Turma, por maioria, denegou "habeas corpus" em que se discutia nulidade processual por suposto impedimento de desembargador integrante de órgão especial de tribunal, que julgara procedimento administrativo disciplinar contra magistrada — v. Informativo 742. No caso, o mesmo fato teria sido apreciado, primeiro, sob o ângulo administrativo e, depois, sob o criminal. A Turma asseverou que o rol do art. 252 do CPP seria taxativo e deveria ser interpretado de modo restritivo ("Art. 252. O juiz não poderá exercer jurisdição no processo em que: I - tiver funcionado seu cônjuge ou parente, consanguíneo ou afim, em linha reta ou colateral até o terceiro grau, inclusive, como defensor ou advogado, órgão do Ministério Público, autoridade policial, auxiliar da justiça ou perito; II - ele próprio houver desempenhado qualquer dessas funções ou servido como testemunha; III - tiver funcionado como juiz de outra instância, pronunciando--se, de fato ou de direito, sobre a questão; IV - ele próprio ou seu cônjuge ou parente, consanguíneo ou afim em linha reta ou colateral até o terceiro grau, inclusive, for parte ou diretamente interessado no feito"). Explicitou que o inciso III do referido dispositivo trataria de instância judicial e que o julgador — mesmo que tivesse tido contato com provas ou analisado a circunstância sob a perspectiva do processo administrativo ou civil — poderia e deveria se ausentar de si mesmo para julgar. Enfatizou que esse primeiro contato não contaminaria uma análise jurisdicional posterior, na qual seria aplicado outro arcabouço jurídico com ampla defesa e contraditório. Em voto-vista, o Ministro Roberto Barroso acresceu que, ainda que em determinados Estados-membros fosse admissível impedir a participação de determinado desembargador no julgamento criminal por haver participado do processo administrativo, tendo em conta a quantidade de juízes de 2º grau, isso apenas seria possível em poucas unidades da federação, que contariam com efetivo expressivo de magistrados. Dessa forma, o mesmo entendimento não poderia ser aplicado aos demais Estados-membros por uma impossibilidade prática, exceto se admitido que toda punição a envolver instância administrativa e instância judicial desaguasse no STF, o que não seria viável. Vencida a Ministra Rosa Weber, que concedia a ordem por vislumbrar que haveria nulidade em decorrência do impedimento, cuja razão de ser diria respeito à presunção absoluta de que, por ter conhecido os fatos sob outra ótica, o julgador não deveria participar de um juízo condenatório com relação aos mesmos fatos. **HC 120017/SP, rel. Min. Dias Toffoli, 27.5.2014. (HC-120017) (Inform. STF 748)**

PAD: cerceamento de defesa e sanidade mental - 1
A 2ª Turma negou provimento a recurso ordinário em mandado de segurança em que se discutia a nulidade de processo administrativo disciplinar - PAD — que culminara com a demissão de policial rodoviário federal — por suposto cerceamento de defesa e afronta ao devido processo legal e ao contraditório. A defesa sustentava, ainda, a necessidade da realização do exame de sanidade mental, nos termos do art. 160 da Lei 8.112/1990 ("Art. 160. Quando houver dúvida sobre a sanidade mental do acusado, a comissão proporá à autoridade competente que ele seja submetido a exame por junta médica oficial, da qual participe pelo menos um médico psiquiatra. Parágrafo único. O incidente de sanidade mental será processado em auto apartado e apenso ao processo principal, após a expedição do laudo pericial"). No caso, o recorrente fora demitido pelo cometimento da infração disciplinar prevista no art. 117, IX, da mencionada lei ("Art. 117. Ao servidor é proibido: ... IX – valer-se do cargo para lograr proveito pessoal ou de outrem, em detrimento da dignidade da função pública") pela prática de abastecimentos irregulares de viaturas da polícia rodoviária federal.

PAD: cerceamento de defesa e sanidade mental - 2
A Turma afirmou, inicialmente, a inviabilidade do recurso ordinário para suscitar originariamente omissão no julgado questionado, situação passível de impugnação por embargos de declaração, não opostos pelo recorrente. Aludiu não ser aplicável o disposto no art. 515, § 3º, do CPC, do qual se extrairia a denominada "teoria da causa madura", pois a competência originária para conhecimento

da causa decorreria diretamente da Constituição. Em seguida, a Turma se reportou ao parecer da Procuradoria-Geral da República, que consignara que o recorrente não comparecera aos interrogatórios para os quais fora intimado, mesmo estando apto para tanto, conforme atestado pela junta médica oficial. Além disso, segundo o mencionado parecer, recusara-se a receber o mandado de citação e o despacho de instrução e indiciação. Por consequência, fora declarado revel, nos termos do art. 164 da Lei 8.112/1990, sendo-lhe nomeado defensor dativo, que apresentara defesa escrita. A Turma salientou que, embora os defensores do recorrente não tivessem conseguido ter acesso aos autos em determinada ocasião, eles teriam tido várias oportunidades de manifestação de defesa. Recordou, ainda, que a esposa do recorrente obtivera cópias do feito logo após a recusa dele em receber o mandado de citação, de modo que não se poderia falar em cerceamento de defesa. Sublinhou que o defensor dativo fora regularmente nomeado, haja vista a recusa do recorrente em receber o mandado de citação e apresentar a defesa escrita. Assim, teria sido lavrado o termo de revelia e expedida portaria que designara o defensor. Enfatizou que o exame de sanidade mental, nos termos do art. 160 da Lei 8.112/1990, só deveria ser realizado quando houvesse dúvida sobre a sanidade mental do acusado, o que não seria o caso do recorrente, conforme atestado por junta médica oficial. Asseverou não existir prejuízo à defesa do recorrente, de forma que seria incabível a anulação do PAD, tendo em conta a diretriz estabelecida no Verbete 5 da Súmula Vinculante do STF ("A falta de defesa técnica por advogado no processo administrativo disciplinar não ofende a Constituição"). **RMS 31858/DF, rel. Min. Cármen Lúcia, 13.5.2014. (RMS-31858) (Inform. STF 746)**

RMS N. 32.758-DF
RELATORA: MIN. CÁRMEN LÚCIA
EMENTA: RECURSO ORDINÁRIO EM MANDADO DE SEGURANÇA. SERVIDORA PÚBLICA FEDERAL. ANALISTA TRIBUTÁRIO DA RECEITA FEDERAL DO BRASIL. INDIGNIDADE DA FUNÇÃO PÚBLICA. ATO DE IMPROBIDADE ADMINISTRATIVA. PROCESSO ADMINISTRATIVO DISCIPLINAR: DEMISSÃO. ALEGADA OFENSA AO DEVIDO PROCESSO LEGAL E SEUS COROLÁRIOS. INOCORRÊNCIA. PRETENDIDA REAPRECIAÇÃO DE MATÉRIA DE FATO CONTROVERTIDA. DESCABIMENTO. RECURSO ORDINÁRIO EM MANDADO DE SEGURANÇA IMPROCEDENTE. **(Inform. STF 746)**

Art. 170 da Lei 8.112/1990: registro de infração prescrita e presunção de inocência
O art. 170 da Lei 8.112/1990 ("Extinta a punibilidade pela prescrição, a autoridade julgadora determinará o registro do fato nos assentamentos individuais do servidor") é inconstitucional. Essa a conclusão do Plenário ao conceder mandado de segurança para cassar decisão do Presidente da República que, embora reconhecendo a prescrição da pretensão punitiva de infração disciplinar praticada pelo impetrante, determinara a anotação dos fatos apurados em assentamento funcional. O Tribunal asseverou que, em virtude do reconhecimento da extinção da punibilidade pela prescrição, obstar-se-ia a imposição de punição administrativo-disciplinar, tendo em conta que a pretensão punitiva da Administração estaria comprometida de modo direto e imediato. Assim, afirmou que a anotação dessa ocorrência em ficha funcional violaria o princípio da presunção de inocência. Em consequência, a Corte, por maioria, declarou a inconstitucionalidade incidental do art. 170 da Lei 8.112/1990. O Ministro Dias Toffoli (relator) aduziu que o mencionado dispositivo remontaria a prática surgida, em especial, na Formulação 36 do extinto Departamento de Administração do Serviço Público - DASP ("Se a prescrição for posterior à instauração do inquérito, deve-se registrar nos assentamentos do funcionário a prática da infração apenada"). O Ministro Luiz Fux salientou que o registro, em si, seria uma punição, que acarretaria efeitos deletérios na carreira do servidor, em ofensa também ao princípio da razoabilidade. O Ministro Marco Aurélio realçou, de igual forma, que o aludido artigo discreparia da Constituição sob o ângulo da razoabilidade. Por sua vez, o Ministro Ricardo Lewandowski acrescentou que o preceito em questão atentaria contra a imagem funcional do servidor. Vencido o Ministro Teori Zavascki, que não reputava o art. 170 da Lei 8.112/1990 inconstitucional. Consignava que a incompatibilidade dependeria da interpretação conferida ao dispositivo. Aduzia não conflitar com a Constituição o entendimento de que se trataria de documentação de um fato, ou seja, de que o servidor respondera a um processo e que a ele não fora aplicada pena em razão da prescrição. **MS 23262/DF, rel. Min. Dias Toffoli, 23.4.2014. (MS-23262) (Inform. STF 743)**

Aplicação de penalidade administrativa e autoridade competente - 1

O Plenário, por maioria, concedeu mandado de segurança para declarar a insubsistência de penalidade de suspensão aplicada pelo Presidente do STF à servidora pública do respectivo tribunal. No caso, a impetrante cometera infração administrativa e, em consequência, fora-lhe imposta pela Presidência do STF — ao acolher parecer da assessoria jurídica, endossado pelo Diretor-Geral — pena de 60 dias de suspensão. De início, o Colegiado afastou a assertiva de violação ao contraditório e à ampla defesa em decorrência de a impetrante não ter sido ouvida durante a confecção do referido parecer. Registrou que o envio do processo à Presidência ocorrera em virtude da observância do que disposto no Regulamento da Secretaria do Supremo Tribunal Federal. Constatou, ademais, que não se estabeleceria contraditório entre a atividade de consultoria interna prestada no âmbito da Administração, que teria por objetivo fornecer subsídios jurídicos à autoridade competente para decidir, e o eventual interessado no procedimento. Na sequência, ressaltou que o art. 141, I e II, da Lei 8.112/1990 expressamente excluiria da esfera de atribuições da presidência dos tribunais federais a aplicação de penalidades que não fossem de demissão, cassação de aposentadoria ou disponibilidade de servidor vinculado ao respectivo Poder, órgão ou entidade ["Art. 141. As penalidades disciplinares serão aplicadas: I - pelo Presidente da República, pelos Presidentes das Casas do Poder Legislativo e dos Tribunais Federais e pelo Procurador-Geral da República, quando se tratar de demissão e cassação de aposentadoria ou disponibilidade de servidor vinculado ao respectivo Poder, órgão, ou entidade; II - pelas autoridades administrativas de hierarquia imediatamente inferior àquelas mencionadas no inciso anterior quando se tratar de suspensão superior a 30 (trinta) dias"]. A Corte consignou haver discrepância entre a previsão da Lei 8.112/1990, quanto à aplicação de punições disciplinares, e o disposto no art. 65, IX, n, do Regulamento da Secretaria do STF, que limita a suspensão de servidores pelo Diretor-Geral ao prazo máximo 30 dias ["Art. 65. Além das fixadas no Regimento Interno, são atribuições do Diretor-Geral da Secretaria: ... IX - praticar atos de gestão de pessoal, administrativa, orçamentária, financeira e patrimonial, a saber: ... n) elogiar servidores e aplicar penas disciplinares de advertência e de suspensão até trinta dias, submetendo ao Presidente aquelas que excederem a esse período"]. Destacou que o descompasso entre o regulamento administrativo e a lei resolver-se-ia em favor desta última. **MS 28033/DF, rel. Min. Marco Aurélio, 23.4.2014. (MS-28033)**

Aplicação de penalidade administrativa e autoridade competente - 2

O Tribunal afirmou que o princípio da legalidade exigiria plena submissão da atividade administrativa ao estabelecido em lei. Além disso, aduziu que esse princípio seria garantia de o administrado não ser submetido a arbitrariedades. Sublinhou que o princípio hierárquico, que regeria as relações internas da Administração, não se sobreporia ao da legalidade, mas nele estaria contido. Ponderou que a hierarquia encontraria fundamento e limites na letra da lei. Enfatizou que, segundo a jurisprudência do STF, o art. 5º, LV, da CF consagraria o direito ao duplo grau administrativo, independentemente de depósito prévio de valores. Asseverou que a manutenção do ato impugnado contrariaria esse entendimento. Vencidos os Ministros Roberto Barroso, Luiz Fux e Ricardo Lewandowski, que denegavam o mandado de segurança. Pontuavam que a aplicação da penalidade pelo Presidente do STF não macularia o processo administrativo, tendo em conta a possibilidade de a mencionada autoridade exercer a avocação. Por fim, o Ministro Marco Aurélio (relator) declarou a inconstitucionalidade da expressão "até trinta dias, submetendo ao Presidente aquelas que excederem a esse período", contida na alínea n do inciso IX do artigo 65 do Regulamento da Secretaria do Supremo. Por outro lado, os Ministros Teori Zavascki e Cármen Lúcia reputavam que a questão resolver-se-ia no campo da legalidade. O Ministro Dias Toffoli, por sua vez, entendeu desnecessária a declaração de inconstitucionalidade, pois o referido regulamento poderia ser alterado em sessão administrativa. O Ministro Celso de Mello salientou que o conflito hierárquico normativo permitiria ao STF, em sede mandamental, afastar a aplicabilidade da norma prevista no regulamento — em observância ao princípio da estrita legalidade —, de modo a incidir a norma legal. Contudo, não se alcançou o quórum para a declaração de inconstitucionalidade. Precedente citado: RE 388.359/PE (DJU de 28.3.2007). **MS 28033/DF, rel. Min. Marco Aurélio, 23.4.2014. (MS-28033) (Inform. STF 743)**

RMS N. 28.638-DF

RELATOR: MIN. DIAS TOFFOLI

EMENTA: Recurso ordinário em mandado de segurança. Servidor público. Processo administrativo disciplinar. Incursão na conduta prevista no art. 132, IX, da Lei nº 8.112/90. Penalidade de demissão. Recurso ordinário em mandado de segurança ao qual se nega provimento.
1. A mera demonstração de nomeações e exonerações em cargos comissionados e funções de confiança não tem o condão de configurar a ilegalidade de comissão disciplinar, a qual decorreria da ausência de estabilidade de seus integrantes.
2. Diante da gravidade da infração atribuída ao recorrente, não há que se falar em violação do princípio da proporcionalidade, haja vista que a pena aplicada tem previsão legal e foi imposta após a comprovação, por meio de regular procedimento disciplinar, da autoria e da materialidade da transgressão a ele atribuída.
3. Conclusão diversa acerca da adequação da conduta do recorrente, a teor do art. 128 da Lei 8.112/90, demandaria exame e reavaliação de todas as provas integrantes do feito administrativo, procedimento incompatível com a via estreita do **writ**.
4. Recurso ordinário em mandado de segurança ao qual se nega provimento. **(Inform. STF 739)**

Sindicância administrativa e súmula vinculante

O Verbete 14 da Súmula Vinculante do STF (*É direito do defensor, no interesse do representado, ter acesso amplo aos elementos de prova que, já documentados em procedimento investigatório realizado por órgão com competência de polícia judiciária, digam respeito ao exercício do direito de defesa*) não alcança sindicância que objetiva elucidação de fatos sob o ângulo do cometimento de infração administrativa. Com base nessa orientação, a 1ª Turma negou provimento a agravo regimental em que se reiterava alegação de ofensa ao referido enunciado, ante a negativa de acesso a sindicância. **Rcl 10771 AgR/RJ, rel. Min. Marco Aurélio, 4.2.2014. (Rcl-10771) (Inform. STF 734)**

AG. REG. NO ARE N. 748.456-GO

RELATORA: MIN. CÁRMEN LÚCIA
EMENTA: AGRAVO REGIMENTAL NO RECURSO EXTRAORDINÁRIO COM AGRAVO. CONSTITUCIONAL. DEMISSÃO DE SERVIDOR PÚBLICO ESTADUAL. POSSIBILIDADE DE DELEGAÇÃO DE COMPETÊNCIA DE GOVERNADOR A SECRETÁRIO DE ESTADO. PRINCÍPIO DA SIMETRIA. PRECEDENTES. AGRAVO REGIMENTAL AO QUAL SE NEGA PROVIMENTO. **(Inform. STF 734)**

EMENTA: Recurso ordinário em mandado de segurança. Servidor público. Processo administrativo disciplinar. Incursão na conduta prevista no art. 132, IX, da Lei nº 8.112/90. Penalidade de demissão. Recurso ordinário em mandado de segurança ao qual se nega provimento.
1. A mera demonstração de nomeações e exonerações em cargos comissionados e funções de confiança não tem o condão de configurar a ilegalidade de comissão disciplinar, a qual decorreria da ausência de estabilidade de seus integrantes.
2. Diante da gravidade da infração atribuída ao recorrente, não há que se falar em violação do princípio da proporcionalidade, haja vista que a pena aplicada tem previsão legal e foi imposta após a comprovação, por meio de regular procedimento disciplinar, da autoria e da materialidade da transgressão a ele atribuída.
3. Conclusão diversa acerca da adequação da conduta do recorrente, a teor do art. 128 da Lei 8.112/90, demandaria exame e reavaliação de todas as provas integrantes do feito administrativo, procedimento incompatível com a via estreita do **writ**.
4. Recurso ordinário em mandado de segurança ao qual se nega provimento. RMS 28638/DF, rel. Min. Dias Toffoli, DJ 24.10.2013 (Inform. STF 731)

AG. REG. NO ARE N. 637.958-MG

RELATORA: MIN. ROSA WEBER
EMENTA: DIREITO ADMINISTRATIVO E PROCESSUAL CIVIL. POLICIAL MILITAR. TRANSGRESSÃO DISCIPLINAR. INSTAURAÇÃO DO PROCEDIMENTO ADMINISTRATIVO DISCIPLINAR – PAD. DEMISSÃO. NEGATIVA DE PRESTAÇÃO JURISDICIONAL NÃO CONFIGURADA. ALEGAÇÃO DE OFENSA

6. DIREITO ADMINISTRATIVO

AO DEVIDO PROCESSO LEGAL, AO CONTRADITÓRIO E À AMPLA DEFESA. MATÉRIA INFRACONSTITUCIONAL. EVENTUAL VIOLAÇÃO REFLEXA DA CONSTITUIÇÃO DA REPÚBLICA NÃO VIABILIZA O MANEJO DE RECURSO EXTRAORDINÁRIO. AS RAZÕES DO AGRAVO REGIMENTAL NÃO SÃO APTAS A INFIRMAR OS FUNDAMENTOS DA DECISÃO AGRAVADA. ACÓRDÃO RECORRIDO PUBLICADO EM 20.10.2010. Inexiste violação do artigo 93, IX, da Constituição Federal. Na compreensão desta Suprema Corte, o texto constitucional exige que o órgão jurisdicional explicite as razões de seu convencimento, sem necessidade, contudo, do exame detalhado de cada argumento esgrimido pelas partes. Precedentes. O exame da alegada ofensa ao art. 5º, XXXIX, LIII, LIV e LV, da Constituição Federal dependeria de prévia análise da legislação infraconstitucional aplicada à espécie, o que refoge à competência jurisdicional extraordinária, prevista no art. 102 da Constituição Federal. Agravo regimental conhecido e não provido. **(Inform. STF 728)**

AG. REG. NO ARE N. 763.426-ES

RELATORA: MIN. CÁRMEN LÚCIA
EMENTA: AGRAVO REGIMENTAL NO RECURSO EXTRAORDINÁRIO COM AGRAVO. ADMINISTRATIVO. POLICIAL MILITAR. PROCESSO ADMINISTRATIVO DISCIPLINAR. DEMISSÃO. ABSOLVIÇÃO NA ESFERA PENAL. INDEPENDÊNCIA RELATIVA ENTRE AS ESFERAS ADMINISTRATIVA E PENAL. OBSERVÂNCIA DO DEVIDO PROCESSO LEGAL. REEXAME DE PROVAS. SÚMULA N. 279 DO SUPREMO TRIBUNAL FEDERAL. AGRAVO REGIMENTAL AO QUAL SE NEGA PROVIMENTO. **(Inform. STF 726)**

RMS N. 32.034-DF

RELATORA: MIN. CÁRMEN LÚCIA
EMENTA: RECURSO ORDINÁRIO EM MANDADO DE SEGURANÇA. ADMINISTRATIVO. DEMISSÃO DE SERVIDOR PÚBLICO. PRESCRIÇÃO DA PRETENSÃO PUNITIVA NÃO CONFIGURADA. INFRAÇÕES DISCIPLINARES CAPITULADAS COMO CRIME. PRAZO FIXADO A PARTIR DA LEI PENAL (ART. 142, § 2º, DA LEI N. 8.112/1990). PORTARIA DE INSTAURAÇÃO DE PROCESSO ADMINISTRATIVO. DESNECESSIDADE DE DESCRIÇÃO PORMENORIZADA DAS IRREGULARIDADES EM APURAÇÃO. INDIVIDUALIZAÇÃO DAS CONDUTAS PARA APLICAÇÃO DA PENA. RECURSO ORDINÁRIO EM MANDADO DE SEGURANÇA AO QUAL SE NEGA PROVIMENTO. **(Inform. STF 722)**

MANDADO DE SEGURANÇA. AUTONOMIA DAS INSTÂNCIAS PENAL E ADMINISTRATIVO-DISCIPLINAR. ABSOLVIÇÃO PENAL _POR FALTA DE PROVA_. INOCORRÊNCIA, _EM TAL HIPÓTESE_, DE REPERCUSSÃO DA COISA JULGADA PENAL NA ESFERA DO PROCEDIMENTO DISCIPLINAR. DOUTRINA. PRECEDENTES. MANDADO DE SEGURANÇA INDEFERIDO.
- O exercício do poder disciplinar pelo Estado não está sujeito ao prévio encerramento da "persecutio criminis" que venha a ser instaurada perante órgão competente do Poder Judiciário nem se deixa influenciar por eventual sentença penal absolutória, exceto se, nesta última hipótese, a absolvição judicial resultar do reconhecimento categórico (a) da inexistência de autoria do fato, (b) da inocorrência material do próprio evento ou, ainda, (c) da presença de qualquer das causas de justificação penal. Hipótese em que a absolvição penal dos impetrantes se deu em razão de insuficiência da prova produzida pelo Ministério Público. Consequente ausência, no caso, de repercussão da coisa julgada penal na esfera administrativo-disciplinar. Doutrina. Precedentes. **Rel. Min. Celso de Mello, MS 23.190/RJ, DJ 1º/08/133 (Inform. STF 715)**

DIREITO ADMINISTRATIVO. EXECUÇÃO IMEDIATA DE PENALIDADE IMPOSTA EM PAD.
Não há ilegalidade na imediata execução de penalidade administrativa imposta em PAD a servidor público, ainda que a decisão não tenha transitado em julgado administrativamente. Primeiro, porque os atos administrativos gozam de auto-executoriedade, possibilitando que a Administração Pública realize, através de meios próprios, a execução dos seus efeitos materiais, independentemente de autorização judicial ou do trânsito em julgado da decisão administrativa. Segundo, pois os efeitos materiais de penalidade imposta ao servidor público independem do julgamento de recurso interposto na esfera administrativa, que, em regra, não possui efeito suspensivo (art. 109 da Lei 8.112/1990). Precedentes citados: MS 14.450-DF, Terceira Seção, DJe 19/12/2014; MS 14.425-DF, Terceira Seção, DJe 1/10/2014; e MS 10.759-DF, Terceira Seção, DJ 22/5/2006. **MS 19.488-DF, Rel. Min. Mauro Campbell Marques, julgado em 25/3/2015, DJe 31/3/2015 (Inform. STJ 559).**

DIREITO ADMINISTRATIVO. TERMO INICIAL DA PRESCRIÇÃO DA PRETENSÃO PUNITIVA DE AÇÃO DISCIPLINAR. No âmbito de ação disciplinar de servidor público federal, o prazo de prescrição da pretensão punitiva estatal começa a fluir na data em que a irregularidade praticada pelo servidor tornou-se conhecida por alguma autoridade do serviço público, e não, necessariamente, pela autoridade competente para a instauração do processo administrativo disciplinar. Isso porque, de acordo com o art. 142, § 1º, da Lei 8.112/1990, o prazo prescricional da pretensão punitiva começa a correr da data em que a Administração toma conhecimento do fato imputado ao servidor. Ressalte-se que não se desconhece a existência de precedentes desta Corte no sentido de que o termo inicial da prescrição seria a data do conhecimento do fato pela autoridade competente para instaurar o PAD. No entanto, não seria essa a melhor exegese, uma vez que geraria insegurança jurídica para o servidor público, considerando, ademais, que o § 1º, supra, não é peremptório a respeito. Pressupõe, tão só, a data em que o fato se tornou conhecido. Assim, é patente que o conhecimento pela chefia imediata do servidor é suficiente para determinar o termo inicial da prescrição, levando-se em conta, ainda, o art. 143 da mesma lei, que dispõe que "A autoridade que tiver ciência de irregularidade no serviço público é obrigada a promover a sua apuração imediata, mediante sindicância ou processo administrativo disciplinar, assegurada ao acusado ampla defesa". Precedentes citados do STJ: MS 7.885-DF, Terceira Seção, DJ 17/10/2005; e MS 11.974-DF, Terceira Seção, DJe 6/8/2007. Precedente citado do STF: RMS 24.737-DF, Primeira Turma, DJ 1º/6/2004. **MS 20.162-DF, Rel. Min. Arnaldo Esteves Lima, julgado em 12/2/2014. (Inform. STJ 543)**

DIREITO ADMINISTRATIVO. AFASTAMENTO DAS CONCLUSÕES DA COMISSÃO EM PAD.
No processo administrativo disciplinar, quando o relatório da comissão processante for contrário às provas dos autos, admite-se que a autoridade julgadora decida em sentido diverso daquele apontado nas conclusões da referida comissão, desde que o faça motivadamente. Isso porque, segundo o parágrafo único do art. 168 da Lei 8.112/1990, quando "o relatório da comissão contrariar as provas dos autos, a autoridade julgadora poderá, motivadamente, agravar a penalidade proposta, abrandá-la ou isentar o servidor de responsabilidade". Precedentes citados: MS 15.826-DF, Primeira Seção, DJe 31/05/2013; e MS 16.174-DF, Primeira Seção, DJe 17/02/2012. **MS 17.811-DF, Rel. Min. Humberto Martins, julgado em 26/6/2013. (Inform. STJ 526)**

DIREITO ADMINISTRATIVO. DESTITUIÇÃO DE CARGO EM COMISSÃO.
Deve ser aplicada a penalidade de destituição de cargo em comissão na hipótese em que se constate que servidor não ocupante de cargo efetivo, valendo-se do cargo, tenha indicado irmão, nora, genro e sobrinhos para contratação por empresas recebedoras de verbas públicas, ainda que não haja dano ao erário ou proveito pecuniário e independentemente da análise de antecedentes funcionais. Com efeito, é de natureza formal o ilícito administrativo consistente na inobservância da proibição de que o servidor se valha do cargo para lograr proveito pessoal ou de outrem, em detrimento da dignidade da função pública (art. 117, IX, da Lei 8.112/1990). Nesse contexto, não importa, para configuração do ilícito, qualquer discussão acerca da eventual ocorrência de dano ao erário ou da existência de proveito pecuniário, pois o que se pretende é impedir o desvio de conduta por parte do servidor. Ressalte-se que a existência de bons antecedentes funcionais não é suficiente para impedir a aplicação da penalidade, pois a Administração Pública, quando se depara com situações como essa, não dispõe de discricionariedade para aplicar pena menos gravosa, tratando-se, sim, de ato vinculado. **MS 17.811-DF, Rel. Min. Humberto Martins, julgado em 26/6/2013. (Inform. STJ 526)**

DIREITO ADMINISTRATIVO. DESNECESSIDADE DE SUSPENSÃO DE PROCESSO ADMINISTRATIVO DISCIPLINAR DIANTE DA EXISTÊNCIA DE AÇÃO PENAL RELATIVA AOS MESMOS FATOS.
Não deve ser paralisado o curso de processo administrativo disciplinar apenas em função de ajuizamento de ação penal destinada a apurar criminalmente os mesmos fatos investigados administrativamente. As esferas administrativa e penal são independentes, não havendo falar em suspensão do processo administrativo durante o trâmite do processo penal. Ademais, é perfeitamente possível que determinados fatos constituam infrações administrativas, mas não ilícitos penais, permitindo a aplicação de penalidade ao servidor pela Administração, sem que haja a correspondente

aplicação de penalidade na esfera criminal. Vale destacar que é possível a repercussão do resultado do processo penal na esfera administrativa no caso de absolvição criminal que negue a existência do fato ou sua autoria, devendo ser revista a pena administrativa porventura aplicada antes do término do processo penal. **MS 18.090-DF, Rel. Min. Humberto Martins, julgado em 8/5/2013. (Inform. STJ 523)**

DIREITO ADMINISTRATIVO. DESNECESSIDADE DE INTIMAÇÃO DO INTE-RESSADO APÓS O RELATÓRIO FINAL DE PAD.
Não é obrigatória a intimação do interessado para apresentar alegações finais após o relatório final de processo administrativo disciplinar. Isso porque não existe previsão legal nesse sentido. Precedentes citados: RMS 33.701-SC, Primeira Turma, DJe 10/6/2011; e MS 13.498-DF, Terceira Seção, DJe 2/6/2011. **MS 18.090-DF, Rel. Min. Humberto Martins, julgado em 8/5/2013. (Inform. STJ 523)**

DIREITO ADMINISTRATIVO. IRRELEVÂNCIA DO VALOR AUFERIDO PARA A APLICAÇÃO DA PENA DE DEMISSÃO DECORRENTE DA OBTENÇÃO DE PROVEITO ECONÔMICO INDEVIDO.
Deve ser aplicada a penalidade de demissão ao servidor público federal que obtiver proveito econômico indevido em razão do cargo, independentemente do valor auferido. Isso porque não incide, na esfera administrativa, ao contrário do que se tem na esfera penal, o princípio da insignificância quando constatada falta disciplinar prevista no art. 132 da Lei 8.112/1990. Dessa forma, o proveito econômico recebido pelo servidor é irrelevante para a aplicação da penalidade administrativa de demissão, razão pela qual é despiciendo falar, nessa hipótese, em falta de razoabilidade ou proporcionalidade da pena. Conclui-se, então, que o ato de demissão é vinculado, cabendo unicamente ao administrador aplicar a penalidade prevista. **MS 18.090-DF, Rel. Min. Humberto Martins, julgado em 8/5/2013. (Inform. STJ 523)**

DIREITO ADMINISTRATIVO. UTILIZAÇÃO DE INTERCEPTAÇÃO TELEFÔNICA EM PAD.
É possível utilizar, em processo administrativo disciplinar, na qualidade de "prova emprestada", a interceptação telefônica produzida em ação penal, desde que devidamente autorizada pelo juízo criminal e com observância das diretrizes da Lei 9.296/1996. Precedentes citados: MS 14.226-DF, Terceira Seção, DJe 28/11/2012; e MS 14.140-DF, Terceira Seção, DJe 8/11/2012. **MS 16.146-DF, Rel. Min. Eliana Calmon, julgado em 22/5/2013. (Inform. STJ 523)**

DIREITO ADMINSTRATIVO. PRORROGAÇÃO DE PRAZO DE CONCLUSÃO DO PAD.
A prorrogação motivada do prazo para a conclusão dos trabalhos da comissão em processo administrativo disciplinar não acarreta, por si só, a nulidade do procedimento. De fato, a comissão deve cercar-se de todas as cautelas para colher os elementos de prova de modo a subsidiar a conclusão dos trabalhos. Muitas vezes, até mesmo para preservar o exercício da ampla defesa, é necessário que diversos atos sejam praticados no PAD, nem sempre possíveis dentro do prazo assinalado pela autoridade instauradora. Assim, se as prorrogações de prazo forem efetuadas de forma motivada, não há razão para inquiná-las de ilegalidade. **MS 16.031-DF, Rel. Ministro Humberto Martins, julgado em 26/6/2013. (Inform. STJ 523)**

DIREITO ADMINISTRATIVO. INAPLICABILIDADE DO ART. 125, § 4º, DA CF NO CASO DE EXCLUSÃO DE MILITAR ESTADUAL COMO SANÇÃO DECORRENTE DE PAD.
Em processo administrativo disciplinar, é possível impor sanção consistente na exclusão de militar estadual que viole regras de conduta necessárias à sua permanência na corporação. De fato, admite-se aplicar essa sanção no âmbito administrativo, independentemente da regra contida no § 4º do art. 125 da CF, que estabelece competir à justiça militar estadual processar e julgar os militares dos estados, nos crimes militares definidos em lei, e as ações judiciais contra atos disciplinares militares, ressalvada a competência do júri quando a vítima for civil, cabendo ao tribunal competente decidir sobre a perda do posto e da patente dos oficiais e da graduação das praças. Isso porque, de acordo com a jurisprudência do STF, o referido dispositivo legal somente se aplica no caso em que a perda da graduação for pena acessória de sanção criminal aplicada em processo penal, não incidindo quando se tratar de pena de demissão resultante da apuração de falta grave em processo administrativo disciplinar. **RMS 40.737-PE, Rel. Min. Humberto Martins, julgado em 16/4/2013. (Inform. STJ 523)**

DIREITO ADMINISTRATIVO. UTILIZAÇÃO, EM PROCESSO ADMINISTRA-TIVO DISCIPLINAR, DE PROVA EMPRESTADA VALIDAMENTE PRODUZIDA EM PROCESSO CRIMINAL.
É possível a utilização, em processo administrativo disciplinar, de prova emprestada validamente produzida em processo criminal, independentemente do trânsito em julgado da sentença penal condenatória. Isso porque, em regra, o resultado da sentença proferida no processo criminal não repercute na instância administrativa, tendo em vista a independência existente entre as instâncias. Precedentes citados: MS 17.472-DF, Primeira Seção, DJe 22/6/2012; e MS 15.787-DF, Primeira Seção, DJe 6/8/2012. **RMS 33.628-PE, Rel. Min. Humberto Martins, julgado em 2/4/2013. (Inform. STJ 521)**

DIREITO ADMINISTRATIVO. NECESSIDADE DE PREJUÍZO PARA O RECONHECIMENTO DE NULIDADE EM PROCESSO ADMINISTRATIVO DISCIPLINAR.
O excesso de prazo para a conclusão do processo administrativo disciplinar não gera, por si só, qualquer nulidade no feito, desde que não haja prejuízo para o acusado. Isso porque não se configura nulidade sem prejuízo (pas de nulité sans grief). Precedentes citados: MS 16.815-DF, Primeira Seção, DJe 18/4/2012; MS 15.810-DF, Primeira Seção, DJe 30/3/2012. **RMS 33.628-PE, Rel. Min. Humberto Martins, julgado em 2/4/2013. (Inform. STJ 521)**

📖 **Súmula Vinculante STF 5**

A falta de defesa técnica por advogado no processo administrativo disciplinar não ofende a Constituição.

📖 **Súmula STF nº 56**

Militar reformado não está sujeito à pena disciplinar.

📖 **Súmula STF nº 55**

Militar da reserva está sujeito à pena disciplinar.

📖 **Súmula STF nº 21**

Funcionário em estágio probatório não pode ser exonerado nem demitido sem inquérito ou sem as formalidades legais de apuração de sua capacidade.

📖 **Súmula STF nº 20**

É necessário processo administrativo com ampla defesa, para demissão de funcionário admitido por concurso.

📖 **Súmula STF nº 19**

É inadmissível segunda punição de servidor público, baseada no mesmo processo em que se fundou a primeira.

📖 **Súmula STF nº 18**

Pela falta residual, não compreendida na absolvição pelo juízo criminal, é admissível a punição administrativa do servidor público.

📖 **Súmula STJ nº 343**

É obrigatória a presença de advogado em todas as fases do processo administrativo disciplinar. (vide Súmula Vinculante STF n. 5)

6. RESPONSABILIDADE DO ESTADO

REPERCUSSÃO GERAL EM ARE N. 900.968-BH

RELATOR: MINISTRO PRESIDENTE
Ementa: RECURSO EXTRAORDINÁRIO COM AGRAVO. DIREITO ADMI-NISTRATIVO E DIREITO DO CONSUMIDOR. RESPONSABILIDADE CIVIL. EMPRESA PRESTADORA DE SERVIÇO PÚBLICO. SUSPENSÃO DO FOR-NECIMENTO DE ENERGIA ELÉTRICA. DANOS. INDENIZAÇÃO. MATÉRIA DE ÍNDOLE INFRACONSTITUCIONAL. OFENSA INDIRETA À CONSTITUIÇÃO. INEXISTÊNCIA DE REPERCUSSÃO GERAL.
I – A controvérsia relativa à ocorrência de dano indenizável em virtude da suspensão do fornecimento de energia elétrica por empresa prestadora de serviço público está restrita ao âmbito infraconstitucional.
II – O exame da questão constitucional não prescinde da prévia análise de normas infraconstitucionais, o que afasta a possibilidade de reconhecimento do requisito constitucional da repercussão geral.
III – Repercussão geral inexistente. **(Inform. STF 809)**

6. DIREITO ADMINISTRATIVO — 513

Responsabilidade civil do Estado: superpopulação carcerária e dever de indenizar - 1
O Plenário iniciou julgamento de recurso extraordinário em que discutida a responsabilidade do Estado e o consequente dever de indenizar, por danos morais, o cidadão preso e submetido a tratamento desumano e degradante pela excessiva população carcerária. No caso, o tribunal de origem entendera caracterizado o dano moral porque, após realizado laudo de vigilância sanitária no presídio e decorrido lapso temporal, não teriam sido sanados problemas de superlotação e de falta de condições mínimas de saúde e de higiene do estabelecimento penal. Considerara, ainda, que não assegurado o mínimo existencial, não se poderia aplicar a teoria da reserva do possível. O Ministro Teori Zavascki (relator) deu provimento ao recurso, por reputar presente a responsabilidade civil do Estado, no que foi acompanhado pelo Ministro Gilmar Mendes. O relator registrou, de início, não haver qualquer controvérsia a respeito dos fatos da causa. Pontuou que o próprio acórdão recorrido reconhecera a precariedade do sistema penitenciário estadual, que teria lesado direitos fundamentais do recorrente, quanto à dignidade, intimidade, higidez física e integridade psíquica. Assim, situada a matéria jurídica no âmbito da responsabilidade civil do Estado, cabe a ele responder pelos danos causados por ação ou omissão de seus agentes, em face da autoaplicabilidade do art. 37, § 6º, da CF, que não se sujeitaria a intermediação legislativa ou a providência administrativa de qualquer espécie. Ocorrido o dano e estabelecido o seu nexo causal com a atuação da Administração ou dos seus agentes, nasceria a responsabilidade civil do Estado. Logo, reconhecido o dever estatal, imposto pelo sistema normativo, de manter em seus presídios os padrões mínimos de humanidade previstos no ordenamento jurídico, seria também responsabilidade do Poder Público ressarcir os danos, inclusive morais, comprovadamente causados aos detentos em decorrência da falta ou insuficiência das condições legais de encarceramento.

Responsabilidade civil do Estado: superpopulação carcerária e dever de indenizar - 2
O relator asseverou que as violações a direitos fundamentais causadoras de danos pessoais a detentos em estabelecimentos carcerários não poderiam ser relevadas ao argumento de que a indenização não teria o alcance para eliminar o grave problema prisional globalmente considerado, dependente da definição e da implantação de políticas públicas específicas, providências de atribuição legislativa e administrativa, não de provimentos judiciais. Aduziu que, admitida essa assertiva, significaria justificar a perpetuação da desumana situação constatada em presídios como aquele em que cumpre pena o recorrente. A criação de subterfúgios teóricos — como a separação dos Poderes, a reserva do possível e a natureza coletiva dos danos sofridos — para afastar a responsabilidade estatal pelas calamitosas condições da carceragem afrontaria não apenas o sentido do art. 37, § 6º, da CF, como determinaria o esvaziamento das inúmeras cláusulas constitucionais e convencionais [Pacto Internacional de Direitos Civis e Políticos das Nações Unidas; Convenção Americana de Direitos Humanos; Princípios e Boas Práticas para a Proteção de Pessoas Privadas de Liberdade nas Américas contida na Resolução 1/2008, aprovada pela Comissão Interamericana de Direitos Humanos; Convenção da ONU contra Tortura e Outros Tratamentos ou Penas Cruéis, Desumanos ou Degradantes; Regras Mínimas para o Tratamento de Prisioneiros (adotadas no 1º Congresso das Nações Unidas para a Prevenção do Crime e Tratamento de Delinquentes)]. O descumprimento reiterado dessas cláusulas se transformaria em mero e inconsequente ato de fatalidade, o que não poderia ser tolerado. Enfatizou que a invocação seletiva de razões de Estado para negar, especificamente a determinada categoria de sujeitos, o direito à integridade física e moral, não seria compatível com o sentido e o alcance do princípio da jurisdição. Acolher essas razões seria o mesmo que recusar aos detentos os mecanismos de reparação judicial dos danos sofridos, a descoberto de qualquer proteção estatal, em condição de vulnerabilidade juridicamente desastrosa. Seria dupla negativa: do direito e da jurisdição. A garantia mínima de segurança pessoal, física e psíquica dos detentos constituiria inescusável dever estatal. Em seguida, pediu vista dos autos o Ministro Roberto Barroso. **RE 580252/MS, rel. Min. Teori Zavascki, 3.12.2014. (RE-580252)**

Responsabilidade civil do Estado: superpopulação carcerária e dever de indenizar - 3
O Plenário retomou o julgamento de recurso extraordinário em que discutida a responsabilidade do Estado e o consequente dever de indenizar, por danos morais, o cidadão preso e submetido a tratamento desumano e degradante. No caso, o tribunal de origem entendera caracterizado o dano moral porque,

após realizado laudo de vigilância sanitária no presídio e decorrido lapso temporal, não teriam sido sanados problemas de superlotação e de falta de condições mínimas de saúde e de higiene do estabelecimento penal. Considerara, ainda, que não assegurado o mínimo existencial, não se poderia aplicar a teoria da reserva do possível — v. Informativo 770. Em voto-vista, o Ministro Roberto Barroso proveu o recurso, para reconhecer o direito do recorrente a ser indenizado pelos danos morais sofridos, mediante remição de parte do tempo de execução da pena. Entendeu haver responsabilidade civil do Estado pelos danos morais comprovadamente causados aos presos em decorrência de violações à sua dignidade, provocadas pela superlotação prisional e pelo encarceramento em condições desumanas ou degradantes. Nesse sentido, o descumprimento do dever estatal de garantir condições dignas de encarceramento estaria diretamente relacionado a uma deficiência crônica de políticas públicas prisionais adequadas, que atingiria boa parte da população carcerária e cuja superação seria complexa e custosa. Enfatizou não ser legítima a invocação da cláusula da reserva do possível para negar a uma minoria estigmatizada o direito à indenização por lesões evidentes aos seus direitos fundamentais. O dever de reparação de danos decorreria de norma constitucional de aplicabilidade direta e imediata, que independeria da execução de políticas públicas ou de qualquer outra providência estatal para sua efetivação. Por outro lado, diante do caráter estrutural e sistêmico das graves disfunções verificadas no sistema prisional brasileiro, a entrega de uma indenização em dinheiro conferiria resposta pouco efetiva aos danos morais suportados pelos detentos, além de drenar recursos escassos que poderiam ser empregados na melhoria das condições de encarceramento. Assim, seria preciso adotar mecanismo de reparação alternativo, a conferir primazia ao ressarcimento "in natura" ou na forma específica dos danos, por meio da remição de parte do tempo de execução da pena, em analogia ao art. 126 da LEP. A indenização em pecúnia deveria ostentar caráter subsidiário, cabível apenas nas hipóteses em que o preso já tivesse cumprido integralmente a pena ou em que não fosse possível aplicar-lhe a remição. Por fim, enunciou a seguinte tese, para fins de repercussão geral: "O Estado é civilmente responsável pelos danos, inclusive morais, comprovadamente causados aos presos em decorrência de violações à sua dignidade, provocadas pela superlotação prisional e pelo encarceramento em condições desumanas ou degradantes. Em razão da natureza estrutural e sistêmica das disfunções verificadas no sistema prisional, a reparação dos danos morais deve ser efetivada preferencialmente por meio não pecuniário, consistente na remição de um dia de pena por cada três a sete dias de pena cumprida em condições atentatórias à dignidade humana, a ser postulada perante o juízo da execução penal. Subsidiariamente, caso o detento já tenha cumprido integralmente a pena ou não seja possível aplicar-lhe a remição, a ação para ressarcimento dos danos morais será fixada em pecúnia pelo juízo cível competente". Em seguida, pediu vista dos autos a Ministra Rosa Weber.
RE 580252/MS, rel. Min. Teori Zavascki, 6.5.2015. (RE-580252) (Inform. STF 784)

Responsabilidade civil do Estado e instituição de pensão especial para vítimas de crimes
O Plenário confirmou medida cautelar (noticiada no Informativo 16) e julgou procedente pedido formulado em ação direta para declarar a inconstitucionalidade da Lei 842/1994 do Distrito Federal, na redação dada pela Lei 913/1995, bem como do art. 2º da Lei 913/1995, também daquele ente federativo. As normas impugnadas, ao instituírem pensão especial a ser concedida pelo Governo do Distrito Federal em benefício dos cônjuges de pessoas vítimas de determinados crimes hediondos — independentemente de o autor do crime ser ou não agente do Estado —, ampliariam, de modo desmesurado, a responsabilidade prevista no art. 37, § 6º, da CF ("As pessoas jurídicas de direito público e as de direito privado prestadoras de serviços públicos responderão pelos danos que seus agentes, nessa qualidade, causarem a terceiros, assegurado o direito de regresso contra o responsável nos casos de dolo ou culpa").
ADI 1358/DF, rel. Min. Gilmar Mendes, 4.2.2015. (ADI-1358) (Inform. STF 773)

AG. REG. NO ARE N. 894.024-SE
RELATOR: MIN. DIAS TOFFOLI
EMENTA: Agravo regimental no recurso extraordinário com agravo. Direito Civil. Princípios do contraditório e da ampla defesa. Ofensa reflexa. Dano moral. Pressupostos da responsabilidade civil demonstrados na origem. Fatos e provas. Reexame. Impossibilidade. Ausência de repercussão geral. Precedentes.

514 VADE MECUM DE JURISPRUDÊNCIA – STF/STJ

1. A afronta aos princípios da legalidade, do devido processo legal, da ampla defesa e do contraditório, dos limites da coisa julgada e da prestação jurisdicional, quando depende, para ser reconhecida como tal, da análise de normas infraconstitucionais, configura apenas ofensa indireta ou reflexa à Constituição da República.

2. O Tribunal de origem concluiu, ante as circunstâncias fáticas peculiares do caso concreto, que a conduta da agravante teria sido apta a causar dano à honra do agravado, ensejando assim sua condenação ao pagamento de indenização por danos morais.

3. A ponderação de interesses, **in casu**, não prescinde do reexame do conjunto fático-probatório da causa, o qual é inadmissível em recurso extraordinário. Incidência da Súmula nº 279/STF.

4. O Plenário da Corte, no exame do ARE nº 739.382/RJ, Relator o Ministro **Gilmar Mendes**, concluiu pela ausência de repercussão geral do tema relativo à configuração da responsabilidade civil por dano à imagem ou à honra, haja vista que o deslinde da questão não ultrapassa o interesse subjetivo das partes, tampouco prescinde do reexame de fatos e provas.

5. Agravo regimental não provido. **(Inform. STF 807)**

ADI: reconhecimento de responsabilidade civil do Estado e iniciativa legislativa

O Plenário julgou improcedente pedido formulado em ação direta ajuizada em face da Lei 5.645/1998 do Estado do Espírito Santo. A referida norma, de iniciativa parlamentar, autoriza o Poder Executivo estadual a reconhecer sua responsabilidade civil pelas violações aos direitos à vida e à integridade física e psicológica decorrentes das atuações de seus agentes contra cidadãos sob a guarda legal do Estado. A Corte destacou não haver, na espécie, a alegada violação ao art. 61, § 1º, II, **b**, da CF, que fixa a competência privativa do Presidente da República para dispor sobre a organização administrativa e judiciária, matéria tributária e orçamentária, serviços públicos e pessoal da administração dos Territórios. Ademais, a disciplina estabelecida na norma impugnada, a dispor sobre responsabilidade civil — matéria de reserva legal —, seria, inclusive, salutar. Permitiria que a Administração reconhecesse, "motu proprio", a existência de violação aos direitos nela mencionados. **ADI 2255/ES, rel. Min. Gilmar Mendes, 19.11.2014. (ADI-2255) (Inform. STF 768)**

Ação de ressarcimento e imprescritibilidade - 1

O Plenário iniciou julgamento de recurso extraordinário em que se discute a imprescritibilidade das ações de ressarcimento intentadas em favor do erário. No caso, o Tribunal de origem considerara prescrita a ação de ressarcimento de danos materiais promovida com fundamento em acidente de trânsito, proposta em 2008, por dano ocorrido em 1997. O Ministro Teori Zavascki (relator) negou provimento ao recurso, no que foi acompanhado pelos Ministros Rosa Weber e Luiz Fux. Mencionou que a controvérsia jurídica diria respeito ao alcance do disposto na parte final do art. 37, § 5º, da CF ("§ 5º - A lei estabelecerá os prazos de prescrição para ilícitos praticados por qualquer agente, servidor ou não, que causem prejuízos ao erário, ressalvadas as respectivas ações de ressarcimento"). Afirmou não haver dúvidas de que a parte final do dispositivo constitucional em comento veicularia, sob a forma da imprescritibilidade, uma ordem de bloqueio destinada a conter eventuais iniciativas legislativas displicentes com o patrimônio público. Todavia, não seria adequado embutir na norma de imprescritibilidade um alcance ilimitado, ou limitado apenas pelo conteúdo material da pretensão a ser exercida — o ressarcimento — ou pela causa remota que dera origem ao desfalque no erário — um ato ilícito em sentido amplo. Frisou que, de acordo com o sistema constitucional, o qual reconheceria a prescritibilidade como princípio, se deveria atribuir um sentido estrito aos ilícitos previstos no § 5º do art. 37 da CF.

Ação de ressarcimento e imprescritibilidade - 2

O relator fixou tese de repercussão geral no sentido de que a imprescritibilidade a que se refere a aludida norma diria respeito apenas a ações de ressarcimento de danos decorrentes de ilícitos tipificados como de improbidade administrativa e como ilícitos penais. Recordou que, no caso concreto, a pretensão de ressarcimento estaria fundamentada em suposto ilícito civil que, embora tivesse causado prejuízo material ao patrimônio público, não revelaria conduta revestida de grau de reprovabilidade mais pronunciado, nem se mostraria especialmente atentatória aos princípios constitucionais aplicáveis à Administração Pública. Por essa razão, não seria admissível reconhecer a regra excepcional de imprescritibilidade. Observou que se

---

deveria aplicar o prazo prescricional comum para as ações de indenização por responsabilidade civil em que a Fazenda figurasse como autora. Recordou que, ao tempo do fato, o prazo prescricional seria de 20 anos de acordo como o CC/1916 (art. 177). Porém, com o advento do CC/2002, o prazo passara para três anos e tivera sua aplicação imediata, em razão da regra de transição do art. 2.028, que preconizara a imediata incidência dos prazos prescricionais reduzidos pela nova lei nas hipóteses em que ainda não houvesse transcorrido mais da metade do tempo estabelecido no diploma revogado. O Ministro Roberto Barroso acompanhou o relator quanto à negativa de provimento ao recurso, no que concerne à demanda posta. Entretanto, restringiu a tese de repercussão geral para assentar que seria prescritível a ação de reparação de danos à Fazenda Pública decorrente de ilícito civil. Pontuou que o caso em exame não trataria da imprescritibilidade em matéria de improbidade nem tampouco de matéria criminal. Assim, na ausência de contraditório, não seria possível o pronunciamento do STF de matéria não ventilada nos autos. Em seguida, pediu vista o Ministro Dias Toffoli. **RE 669069/MG, rel. Min. Teori Zavascki, 12.11.2014. (RE-669069) (Inform. STF 767)**

AG. REG. NO RE N. 435.444-RS
RELATOR: MIN. ROBERTO BARROSO
EMENTA: AGRAVO REGIMENTAL EM RECURSO EXTRAORDINÁRIO. RESPONSABILIDADE OBJETIVA DO ESTADO. DANOS CAUSADOS AOS PRÓPRIOS AGENTES PÚBLICOS.
O Supremo Tribunal Federal firmou entendimento no sentido de que excluir da responsabilidade do Estado os danos causados aos próprios agentes públicos acabaria por esvaziar o preceito do art. 37, § 6º, da Constituição Federal, estabelecendo distinção nele não contemplada. Precedentes.
Agravo regimental a que se nega provimento. (Inform. STF 750)

AG. REG. NO RE N. 761.510-DF
RELATOR: MIN. ROBERTO BARROSO
EMENTA: AGRAVO REGIMENTAL EM RECURSO EXTRAORDINÁRIO. RESPONSABILIDADE CIVIL DA ADMINISTRAÇÃO PÚBLICA. ROMPIMENTO DA BARRAGEM DE CAMARÁ. AUSÊNCIA DE MATÉRIA CONSTITUCIONAL.
O Supremo Tribunal Federal, em casos análogos, concluiu que a alegada ofensa ao art. 37, § 6º, da Constituição Federal esbarra na necessidade do reexame dos fatos e do material probatório dos autos. Nessas condições, a hipótese atrai a incidência da Súmula 279/STF.
Agravo regimental a que se nega provimento. (Inform. STF 748)

AG. REG. NO ARE N. 692.442-SC
RELATOR: MIN. GILMAR MENDES
Agravo regimental no recurso extraordinário com agravo. 2. Direito Administrativo. 3. Responsabilidade Civil do Município. Indenização por danos morais. Flagrante de tráfico de drogas forjado por servidor público municipal no exercício de suas funções de vigilância sanitária. Fato comprovado definitivamente na esfera criminal. Ocorrência de prejuízo ao dono do estabelecimento comercial (prisão indevida). Nexo de causalidade comprovado. 4. Reexame de conteúdo fático-probatório. Incidência do Enunciado 279 da Súmula do STF. Precedentes. 5. Ausência de argumentos capazes de infirmar a decisão agravada. 6. Agravo regimental a que se nega provimento. **(Inform. STF 747)**

Lei Geral da Copa: responsabilidade civil, auxílio especial e isenção de custas - 1

O Plenário, por maioria, julgou improcedente pedido formulado em ação direta ajuizada em face dos artigos 23, 37 a 47 e 53, todos da Lei 12.663/2012 (Lei Geral da Copa). Os dispositivos impugnados tratam da responsabilidade civil da União perante a FIFA; da concessão de prêmio em dinheiro e de auxílio especial mensal para jogadores das seleções brasileiras campeãs em 1958, 1962 e 1970; e da isenção de custas processuais concedida à FIFA perante a justiça federal. Prevaleceu o voto do Ministro Ricardo Lewandowski (relator). Inicialmente, explicou que a FIFA solicitara ao governo federal a assinatura de 12 garantias governamentais para a realização da Copa do Mundo de 2014 no Brasil, e que houvera a decisão soberana do país em se comprometer com o conjunto de garantias apresentadas. Asseverou que haveria significativo impacto econômico para o País em decorrência do evento, além de outros benefícios, como o incremento de serviços e maior aproveitamento do potencial turístico, por exemplo. No que se refere à responsabilidade civil da União (Lei 12.663/2012, art. 23), discorreu que o Brasil assumira, desde a Constituição de 1946, uma postura mais publicista, quando fora adotada a teoria do risco administrativo, segundo a qual não se exigiria a

6. DIREITO ADMINISTRATIVO

demonstração de culpa ou dolo para a responsabilização do Poder Público por prejuízo causado a terceiro, mas somente a demonstração de nexo de causalidade entre o dano e a ação do Estado. Afirmou que a Constituição atual abrigaria essa teoria, e incorporaria a ideia de que a responsabilidade civil extracontratual, quer do Estado, quer de pessoa jurídica de direito privado prestadora de serviço público, passara a ser objetiva em relação a terceiros. Ressaltou, porém, que o caso fortuito, a força maior e a culpa exclusiva da vítima configurariam excludentes da responsabilidade estatal, porque o nexo causal entre a atividade administrativa e o dano não ficaria evidenciado.

Lei Geral da Copa: responsabilidade civil, auxílio especial e isenção de custas - 2
O relator assinalou que a disposição contida no art. 37, § 6º, da CF, não esgotaria a matéria atinente à responsabilidade civil imputável à Administração, mas configuraria mandamento básico sobre o assunto. Mencionou exemplos de adoção da teoria do risco integral no sistema pátrio. Realçou que nessa modalidade de responsabilidade seria desnecessária a demonstração de nexo causal entre a ação do Estado e o dano. Lembrou que a Constituição, ao estabelecer a competência da União para explorar serviços e instalações nucleares de qualquer natureza e para exercer o monopólio estatal sobre a pesquisa, a lavra, o enriquecimento e o reprocessamento, a industrialização e o comércio de minérios nucleares e derivados, prevê que a responsabilidade civil por danos atômicos independeria da existência de culpa (CF, art. 21, XXIII, d). Destacou, ainda, que a opção por essa mesma teoria teria sido feita pelo constituinte quando tratara do dano ambiental (CF, art. 225, § 3º). Citou, também, a responsabilidade civil da União perante terceiros no caso de atentado terrorista, ato de guerra ou eventos correlatos, contra aeronaves de matrícula brasileira operadas por empresas brasileiras de transporte aéreo, excluídas as empresas de táxi aéreo (Lei 10.744/2003). Resumiu que, em situações especiais de grave risco para a população ou de relevante interesse público, o Estado poderia ampliar a responsabilidade por danos decorrentes de sua ação ou omissão, para além das balizas do citado dispositivo constitucional, para dividir os ônus decorrentes dessa extensão com toda a sociedade. Destacou que a lei poderia impor a responsabilidade do Estado por atos absolutamente estranhos a ele, o que não configuraria responsabilidade civil propriamente dita, mas outorga de benefício a terceiros lesados. Reputou que a espécie configuraria a teoria do risco social, uma vez tratar de risco extraordinário assumido pelo Estado, mediante lei, em face de eventos imprevisíveis, em favor da sociedade como um todo. Acrescentou que o artigo impugnado não se amoldaria à teoria do risco integral, porque haveria expressa exclusão dos efeitos da responsabilidade civil na medida em que a FIFA ou a vítima houvesse concorrido para a ocorrência do dano. Anotou que se estaria diante de garantia adicional, de natureza securitária, em favor de vítimas de danos incertos que poderiam emergir em razão dos eventos patrocinados pela FIFA, excluídos os prejuízos para os quais a entidade organizadora ou mesmo as vítimas tivessem concorrido.

Lei Geral da Copa: responsabilidade civil, auxílio especial e isenção de custas - 3
No que se refere à concessão de prêmio em dinheiro e pagamento de auxílio especial mensal aos ex-jogadores (Lei 12.663/2012, artigos 37 a 47), o relator discorreu que o aludido prêmio seria cedido pelo Ministério do Esporte, em parcela única no valor fixo de R$ 100.000,00 a todos os titulares e reservas das equipes campeãs em 1958, 1962 e 1970. Quanto aos ex-jogadores já falecidos, o pagamento seria feito a seus sucessores, os quais poderiam habilitar-se para receber montantes proporcionais à respectiva cota-parte, desde que indicados em alvará judicial expedido a requerimento dos interessados, independentemente de inventário ou arrolamento. Ademais, a produção de efeitos dos comandos ora examinados iniciar-se-ia em 1º.1.2013, afastada a incidência do imposto de renda e da contribuição previdenciária sobre os pagamentos. Além disso, as despesas necessárias para seu custeio constariam de programação orçamentária específica do Ministério do Esporte. Quanto ao auxílio especial mensal, frisou que seria destinado apenas aos ex-jogadores que estivessem vivendo em dificuldade financeira. O pagamento mensal seria feito pelo INSS, e o valor seria complementar à renda mensal do favorecido, até que fosse alcançado o máximo do salário de benefício do Regime Geral de Previdência Social. A renda mensal de cada um dos beneficiários, a ser apurada para esses efeitos, consistiria na fração de 1/12 do valor total dos rendimentos informados na Declaração de Ajuste Anual do Imposto de Renda da Pessoa Física. Também teriam direito à percepção desse auxílio especial mensal, quanto a atletas já falecidos, a esposa ou companheira, os filhos menores de 21 anos ou os que tivessem sido declarados inválidos antes de completar essa idade. Se houvesse

mais de um familiar, o valor de complementação, a ser pago mediante rateio entre os beneficiários, seria baseado na renda do núcleo familiar, sem que fosse permitido reverter aos demais a parte do dependente cujo direito ao auxílio cessasse. O relator enfatizou que estaria previsto o pagamento retroativo do auxílio especial mensal à data em que, atendidos os requisitos, tivesse sido protocolado requerimento ao INSS. Definiu que as despesas necessárias ao custeio do auxílio constariam de programação orçamentária do Ministério da Previdência Social, portanto não estariam atreladas ao orçamento próprio da Seguridade Social.

Lei Geral da Copa: responsabilidade civil, auxílio especial e isenção de custas - 4
O relator afastou preliminar de prejudicialidade parcial do pleito, tendo em conta o suposto pagamento integral dos prêmios em dinheiro. No ponto, informou que, dos 51 ex-jogadores contemplados pela lei, 39 deles já teriam recebido o valor respectivo. Consignou, no mérito, que tanto os prêmios quanto os auxílios mensais não ofenderiam o postulado constitucional da isonomia. A respeito, aduziu que o tratamento jurídico diferenciado conferido a determinado indivíduo ou grupo nem sempre seria inconstitucional, e seria indispensável, para se chegar a essa conclusão, averiguar-se a legitimidade das causas que ensejassem a desequiparação. Advertiu que a Constituição não proibiria o tratamento privilegiado, mas a concessão de privilégios injustificáveis. No caso, registrou que o art. 217, IV, da CF, imporia ao Poder Público, como valor a ser necessariamente observado, a proteção e o incentivo às manifestações desportivas de criação nacional. Sublinhou que a expressão "de criação nacional" não significaria necessariamente que se tratasse de invenção brasileira, mas de prática desportiva que já tivesse se incorporado aos hábitos e costumes do país. Nesse sentido, o futebol, esporte plenamente incorporado aos costumes nacionais, deveria ser protegido e incentivado por expressa imposição constitucional. Lembrou, ainda, o art. 215, § 1º, da CF, a dispor que o Estado deve proteger as manifestações das culturas populares. Além disso, citou o art. 216 da CF. Diante dessas diretrizes constitucionais, assinalou que seria justificada a iniciativa do legislador em premiar materialmente a visibilidade internacional positiva proporcionada por esse grupo específico e restrito de esportistas, bem como em evitar que a penúria material na qual se encontrariam alguns deles e suas famílias colocasse em xeque o sentimento nacional com relação às seleções campeãs já referidas. Anotou que o diploma impugnado limitara a concessão do auxílio especial mensal aos necessitados, tendo em vista o período histórico por eles vivenciado, no qual o profissionalismo incipiente no futebol brasileiro ainda não permitia aos jogadores retorno financeiro minimamente condizente com o interesse já despertado no povo pelo esporte. Entendeu, ainda, que o texto legal seria razoável ao prever o pagamento de mera complementação da renda mensal auferida por cada contemplado, até que alcançado o teto do Regime Geral de Previdência Social.

Lei Geral da Copa: responsabilidade civil, auxílio especial e isenção de custas - 5
O relator, no que se refere a eventual ofensa ao art. 195, § 5º, da CF, tendo em conta a suposta falta de indicação, na instituição do auxílio especial mensal, da correspondente fonte de custeio total, repeliu a inconstitucionalidade da lei. Rememorou que o benefício discutido não seria figura estranha ao ordenamento jurídico. Observou, a partir do complexo normativo regulador da Seguridade Social, que paralelamente aos benefícios, serviços, programas e projetos expressamente previstos, existiriam outros que seriam qualificados como benefícios especiais ou benefícios de legislação especial. Salientou que esses benefícios especiais teriam sido criados para conceder prerrogativas a algumas categorias profissionais ou para atender a demandas sociais ou individuais de projeção social geradas por fatos extraordinários de repercussão nacional. Nesta segunda hipótese, possuiriam natureza indenizatória ou assistencial e não exigiriam contrapartida dos respectivos beneficiários. Aludiu a diversos exemplos de pensões especiais instituídas em razão da percepção do legislador ordinário com relação a demandas sociais ou de projeção social ligadas a acontecimentos ou realizações excepcionais de inegável repercussão nacional. Também declinou vários casos de pensões especiais de caráter assistencial concedidas em favor de um ou mais indivíduos que, embora indissociavelmente ligados a fatos ou feitos extraordinários de valor histórico, cultural, político ou social e de inegável repercussão nacional, estariam necessitados de amparo material por parte do Estado. Reputou que esses benefícios especiais, por terem como alvo vicissitudes ligadas a circunstâncias excepcionais, imprevisíveis e não reeditáveis, não poderiam estar hipoteticamente descritos em leis preexistentes.

VADE MECUM DE JURISPRUDÊNCIA – STF/STJ

Lei Geral da Copa: responsabilidade civil, auxílio especial e isenção de custas - 6

O relator entendeu que o auxílio mensal especial criado pela lei em debate se enquadraria como pensão especial de caráter assistencial concedida em favor de um grupo específico de indivíduos nominalmente identificáveis que, embora inegavelmente vinculados a feitos desportivos internacionais extraordinários e de grande repercussão nacional, estariam em situação de penúria. Assinalou que o auxílio especial mensal, por não fazer parte do rol de benefícios e serviços regularmente mantidos e prestados pelo sistema de seguridade social, não estaria submetido à exigência prevista no art. 195, § 5º, da CF. Salientou que a Constituição prescreveria que as ações governamentais na área de assistência social não seriam realizadas apenas com os recursos do orçamento da seguridade social, mas também por meio de outras fontes. Observou que haveria, somente após a promulgação da Constituição atual, 25 leis federais de efeitos concretos que concedem ou reajustam pensões especiais mensais, indenizações em prestação única, auxílios especiais e bolsas especiais de educação, nas quais também fora indicado, no lugar da fonte de custeio, a responsabilidade orçamentária da União ou do Tesouro Nacional pelos respectivos encargos. Concluiu que, no caso, por não se tratar de benefício previdenciário, mas de benesse assistencial criada por legislação especial para atender demanda de projeção nacional, o auxílio especial mensal instituído pela Lei da Copa não pressuporia a existência de contribuição ou indicação de fonte de custeio total.

Lei Geral da Copa: responsabilidade civil, auxílio especial e isenção de custas - 7

O Ministro Ricardo Lewandowski repeliu, ainda, suposta inconstitucionalidade do art. 53 da lei em comento, a tratar de isenção de custas e outras despesas judiciais, tendo em conta eventual ofensa ao princípio da isonomia tributária (CF, art. 150, II). Anotou que embora a Lei Geral da Copa tivesse, em seu Capítulo IX, disposições permanentes, o art. 53 estaria inserido no Capítulo X, relativo às disposições finais. Assim, aplicar-se-ia a essa norma o previsto no art. 1º da lei, o qual estabelece, como objeto específico do diploma, dispor, primordialmente, sobre as medidas relativas à Copa das Confederações FIFA 2013, à Copa do Mundo FIFA 2014 e aos eventos relacionados, que serão realizados no Brasil. Além dessas duas competições, o art. 2º, VI, da lei em exame, define como eventos correlatos os congressos da FIFA; as cerimônias; os sorteios; os seminários em geral; as atividades culturais; as partidas; e as sessões de treino, dentre outros. Analisou que a isenção de custas e despesas impugnada somente incidiria sobre demandas provenientes de fatos ocorridos na realização das referidas competições, bem assim de eventos correlatos (Lei 12.663/2012, art. 2º, VI, *e*). Reputou que seria norma dotada de vigência com expressa limitação temporal e material.

Lei Geral da Copa: responsabilidade civil, auxílio especial e isenção de custas - 8

O relator anotou que o dispositivo objurgado conteria comandos normativos que estabeleceriam, em favor da FIFA e no âmbito dos órgãos do Poder Judiciário da União, a dispensa: a) da antecipação das despesas judiciais (CPC, art. 19); e b) do pagamento das custas e despesas processuais. Destacou que, embora o preceito legal examinado tivesse se utilizado da expressão "são isentos" para estabelecer a dispensa do adiantamento das custas e de outras despesas, a referida prerrogativa processual não se confundiria com o benefício fiscal da isenção, porquanto todas essas despesas seriam de responsabilidade final da parte vencida. Ressaltou que o postulado do art. 150, II, da CF, seria alheio ao afastamento da condenação nas despesas processuais, porque apenas as custas e os emolumentos possuiriam natureza tributária, e seriam qualificados como taxas judiciárias remuneratórias de serviços estatais específicos e divisíveis. Assim, não se confundiriam com as despesas processuais devidas a pessoas estranhas ao corpo funcional do Judiciário, como os peritos, assistentes técnicos, leiloeiros e depositários. Assinalou que o art. 150, § 6º, da CF, dispõe que qualquer subsídio ou isenção, redução de base de cálculo, concessão de crédito presumido, anistia ou remissão, relativos a impostos, taxas ou contribuições, poderia ser concedido mediante a edição de lei específica federal, estadual ou municipal a regular exclusivamente essas matérias ou o correspondente tributo ou contribuição. Assentou que a exigência constitucional de edição de lei específica ficaria regularmente atendida mesmo nas hipóteses em que a norma concessiva de isenção ficasse inserida em diploma a dispor de outras questões correlatas, desde que existente inequívoca pertinência entre a isenção e o tema geral objeto da legislação que o instituíra.

Lei Geral da Copa: responsabilidade civil, auxílio especial e isenção de custas - 9

O relator frisou que, na espécie, a isenção encontrar-se-ia plenamente inserida no contexto da adoção de todas as medidas necessárias, inclusive jurídicas, para assegurar a realização da Copa das Confederações e da Copa do Mundo. Salientou que a isenção tributária não seria privilégio de classe ou de pessoas, mas política de aplicação da regra da capacidade contributiva ou de incentivos de determinadas atividades, que o Estado buscaria incrementar pela conveniência pública. Concluiu que, no caso em debate, a isenção das custas judiciais não teria sido concedida a um beneficiário em particular, de modo a configurar privilégio indevido. Ao contrário, seria benefício fiscal concedido por Estado soberano que, mediante política pública formulada pelo governo, buscara garantir a realização, em seu território, de eventos da maior expressão, o que tornaria legítimos os estímulos destinados a atrair a FIFA, de modo a alcançar os benefícios econômicos e sociais pretendidos. Ressaltou que, para atingir esse mesmo desiderato, outras isenções tributárias de impostos e contribuições sociais federais teriam sido concedidas à FIFA, à sua subsidiária no Brasil e aos seus prestadores de serviços, relativas aos fatos geradores decorrentes das atividades diretamente vinculadas à organização ou realização dos aludidos eventos, por meio da Lei 12.350/2010. Registrou que a realização de grandes eventos internacionais esportivos, dotados de inegável potencial de gerar empregos e atrair investimentos, configuraria interesse constitucionalmente relevante.

Lei Geral da Copa: responsabilidade civil, auxílio especial e isenção de custas - 10

O Ministro Roberto Barroso acrescentou que a análise da lei em debate configuraria hipótese típica de autocontenção judicial. Nesse sentido, a visão do julgador em relação a essa decisão política não poderia se sobrepor a decisões de conveniência e oportunidade tomadas pelos agentes públicos eleitos. Explicou que, caso não se configurasse inconstitucionalidade evidente, de direitos fundamentais e das regras da democracia, não haveria razão para que o STF se sobrepusesse à valoração feita pelos agentes políticos. O Ministro Luiz Fux, no que se refere aos prêmios e aos auxílios concedidos a ex-jogadores, destacou o direito ao reconhecimento — tendo em vista o valor cultural do esporte para a nação e para o mundo — como uma faceta da isonomia. Vencido, em parte, o Ministro Joaquim Barbosa (Presidente), que assentava apenas a inconstitucionalidade do art. 53 da Lei Geral da Copa. Reputava que a concessão de isenções fiscais a entidades privadas envolvidas no evento violaria o princípio da isonomia e a imprescindibilidade de motivação idônea para qualquer tipo de exoneração fiscal. **ADI 4976/DF, rel. Min. Ricardo Lewandowski, 7.5.2014. (ADI-4976) (Inform. STF 745)**

Responsabilidade civil do Estado por ato lícito: intervenção econômica e contrato - 6

A União, na qualidade de contratante, possui responsabilidade civil por prejuízos suportados por companhia aérea em decorrência de planos econômicos existentes no período objeto da ação. Essa a conclusão do Plenário ao finalizar o julgamento de três recursos extraordinários nos quais se discutia eventual direito a indenização de companhia aérea em virtude da suposta diminuição do seu patrimônio decorrente da política de congelamento tarifário vigente, no País, de outubro de 1985 a janeiro de 1992. A empresa, ora recorrida, requerera também o restabelecimento do equilíbrio econômico-financeiro do contrato de serviço de transporte aéreo, com o ressarcimento dos prejuízos suportados, acrescidos de danos emergentes, lucros cessantes, correção monetária e juros, em face de cláusula contratual — v. Informativo 705. O Tribunal, por maioria, negou provimento aos recursos extraordinários do Ministério Público Federal, na parte em que conhecido, e da União. Não conheceu, ainda, do outro recurso extraordinário da União, referente à participação do *parquet* desde o início da demanda.

Responsabilidade civil do Estado por ato lícito: intervenção econômica e contrato - 7

O Colegiado acompanhou o voto proferido pela Ministra Cármen Lúcia, relatora, que, inicialmente, entendeu prequestionados apenas os artigos 37, XXI e § 6º; 127; 129, IX; 175, parágrafo único, II e IV, da atual Constituição, além do art. 167, II, da EC 1/1969. Além disso, a relatora reputou improcedente o pleito da empresa aérea de incidência dos Enunciados 283 (*É inadmissível o recurso extraordinário, quando a decisão recorrida assenta em mais de um fundamento suficiente e o recurso não abrange todos eles*) e 284 (*É inadmissível o recurso extraordinário, quando a deficiência na sua*

6. DIREITO ADMINISTRATIVO

fundamentação não permitir a exata compreensão da controvérsia), ambos da Súmula do STF. Assinalou inexistir prejuízo dos recursos extraordinários, considerado o julgamento ocorrido no STJ, uma vez que aquela Corte somente teria modificado percentual de honorários advocatícios. No que tange à intervenção do órgão ministerial, asseverou descabida a discussão sobre nulidade decorrente do momento de sua intimação para integrar a lide, tendo em conta o trânsito em julgado dos fundamentos infraconstitucionais, autônomos para a manutenção da decisão proferida. Por outro lado, admitiu o recurso extraordinário do Ministério Público Federal na condição de *custos legis* (CPC, art. 499, § 2º). Quanto à arguição de pretenso equívoco na fórmula utilizada para fixação do valor indenizatório apto a recompor o equilíbrio do contrato, sublinhou que a análise do princípio do equilíbrio econômico-financeiro delineada pelos recorrentes encontraria óbice no Enunciado 279 da Súmula do STF, a vedar o reexame de provas.

Responsabilidade civil do Estado por ato lícito: intervenção econômica e contrato - 8

A Ministra Cármen Lúcia consignou que a questão a respeito da responsabilidade da União fora suscitada de forma direta e objetiva exclusivamente no recurso do Ministério Público Federal. Mencionou que duas seriam as abordagens sobre o tema constitucional da responsabilidade do Estado: uma fundada na responsabilidade objetiva (CF, art. 37, § 6º) e outra no dever de manutenção das condições efetivas da proposta (CF, art. 37, XXI), de viés contratual. Observou que responsabilidade estatal por atos lícitos, incluídos os decorrentes de políticas públicas, não constituiria novidade no direito, inclusive, no brasileiro. Delimitou que a pretensão seria de ver atribuída a responsabilidade ao Estado por prejuízos financeiros suportados pela companhia aérea ante a implantação de planos econômicos. Assinalou haver cláusula contratual que estipularia a correspondência entre as tarifas a serem aplicadas e os fatores de custo da atividade objeto do contrato de concessão. A relatora retratou que se cuidaria de cláusula essencial ou necessária, tendo como fonte mandamento constitucional de manutenção do equilíbrio econômico e financeiro do negócio administrativo, princípio previsto expressamente no art. 167, II, da CF/1967, mantido idêntico dispositivo na EC 1/1969, vigente na data da outorga por concessão do serviço aéreo à recorrida. Acentuou que a Constituição atual conteria igual exigência (art. 37, XXI), regra repetida na Lei 8.987/1995 (Lei das Concessões e Permissões) e, também, no Decreto-Lei 2.300/1986 (art. 55, II). Registrou que, portanto, no período do desequilíbrio apontado, o Brasil estaria dotado de normas de eficácia plena referentes ao princípio do equilíbrio econômico e financeiro do contrato.

Responsabilidade civil do Estado por ato lícito: intervenção econômica e contrato - 9

Na sequência, a relatora asseverou que o princípio constitucional da estabilidade econômico-financeira seria uma das expressões do princípio da segurança jurídica. Por meio desse princípio, buscar-se-ia conferir maior segurança ao negócio jurídico-administrativo, garantindo à empresa contratada, tanto quanto possível, a permanência das circunstâncias e das expectativas que a animaram a assumir a execução, por sua conta e risco, no interesse público, de atribuições que competiriam a pessoa jurídica de direito público. Explicitou que o caso demonstraria que os reajustes efetivados teriam sido insuficientes para cobrir a variação de custos, consoante afirmado por perito oficial em laudo técnico. A Ministra Cármen Lúcia reportou-se a precedente da Corte segundo o qual os danos patrimoniais gerados pela intervenção estatal em determinado setor imporiam a indenização, tendo-se em vista a adoção, no Brasil, da teoria da responsabilidade objetiva do Estado com base no risco administrativo. Para a aplicação da referida doutrina, suficiente a configuração do dano e a verificação do nexo de causalidade entre aquele e a ação estatal (RE 422.941/DF, DJU de 24.3.2006).

Responsabilidade civil do Estado por ato lícito: intervenção econômica e contrato - 10

A Ministra Cármen Lúcia ponderou que os atos que comporiam o "Plano Cruzado" — conquanto não tivessem se afastado do princípio da legalidade, porque plenamente justificados por imperioso interesse do Estado e da sociedade brasileira — teriam provocado diretamente danos à recorrida. Esclareceu que a empresa nada poderia providenciar contra o que lhe fora determinado, pois jungida às regras da concessão de serviço público. Repisou que não se estaria a discutir a legalidade da decisão política. Salientou que, no entanto, os atos administrativos, mesmo os legislativos, submeter-se-iam, em um Estado de Direito, aos ditames constitucionais. Assim, inconteste que

o Estado deveria ser responsabilizado pela prática de atos lícitos quando deles decorressem prejuízos específicos, expressos e demonstrados. Na condição de concessionária, não poderia a companhia esquivar-se dos danos, uma vez que não deteria liberdade para atuar conforme sua conveniência. Destacou que a comprovação dos prejuízos ocorrera nas instâncias próprias de exame do acervo fático-probatório. Por fim, considerou irretocável a decisão recorrida, fundada na teoria da responsabilidade do Estado por ato lícito.

Responsabilidade civil do Estado por ato lícito: intervenção econômica e contrato - 11

Vencidos os Ministros Joaquim Barbosa (Presidente), e Gilmar Mendes, que negavam provimento ao segundo recurso extraordinário da União e davam provimento à parte conhecida do recurso da União e ao do Ministério Público Federal, para julgar improcedente o pedido de indenização formulado pela recorrida. Realçavam que o congelamento de preços não afetara de modo exclusivo a recorrida, haja vista que as consequências do ajuste tiveram impacto em vários setores da economia, bem assim em cidadãos economicamente ativos no País no período. O Presidente rememorava que a responsabilidade do Estado por ato de caráter legislativo seria excepcional. Rejeitava, ainda, o pleiteado reequacionamento do contrato administrativo, porquanto a adoção de medidas para a manutenção do equilíbrio econômico-financeiro da avença exigiria anterior alteração unilateral, pela Administração, das condições de prestação do serviço. Aduzia que, na espécie, a suposta quebra decorreria somente de atos legislativos editados pelo governo federal para combater a hiperinflação. Afastava, outrossim, a incidência da teoria da imprevisão, porque a recorrida, quando celebrara o contrato, estaria ciente da situação econômica do País, bem como das tentativas governamentais de controle inflacionário. O Ministro Gilmar Mendes, em acréscimo, consignava a inadequação de se acolher, na situação dos autos, a responsabilidade da União por fato do legislador, em se tratando de medida genérica, sob o risco de transformar o ente federativo em um tipo de seguradora universal. **RE 571969/DF, rel. Min. Cármen Lúcia, 12.3.2014. (RE-571969) (Inform. STF 738)**

Ementa: AGRAVO REGIMENTAL NO RECURSO EXTRAORDINÁRIO COM AGRAVO. ADMINISTRATIVO. RESPONSABILIDADE OBJETIVA DO ESTADO. ACIDENTE. BURACO EM VIA PÚBLICA. CABIMENTO DE INDENIZAÇÃO. NECESSIDADE DO REEXAME DO CONJUNTO FÁTICO-PROBATÓRIO. INCIDÊNCIA DA SÚMULA 279/STF.

1. O nexo de causalidade apto a gerar indenização por dano moral em face da responsabilidade do Estado, quando controversa sua existência, demanda a análise do conjunto fático-probatório dos autos, o que atrai a incidência da Súmula 279/STF que dispõe *verbis*: "*Para simples reexame de prova não cabe recurso extraordinário*".

2. O recurso extraordinário não se presta ao exame de questões que demandam revolvimento do contexto fático-probatório dos autos, adstringindo-se à análise da violação direta da ordem constitucional.

3. *In casu*, o acórdão recorrido assentou: "*APELAÇÃO CÍVEL – INDENIZATÓRIA – DANOS MORAIS, ESTÉTICOS E MATERIAIS*".

4. Agravo regimental **DESPROVIDO. (Inform. STF 734)**

AG. REG. NO ARE N. 742.737-PB

RELATOR: MIN. LUIZ FUX

Ementa: AGRAVO REGIMENTAL NO RECURSO EXTRAORDINÁRIO COM AGRAVO. ADMINISTRATIVO. RESPONSABILIDADE CIVIL. INSERÇÃO DE RESTRIÇÃO INDEVIDA NA CNH DE CONDUTORES. ADMISSIBILIDADE DE RECURSO DE CORTES DIVERSAS. MATÉRIA COM REPERCUSSÃO GERAL REJEITADA PELO PLENÁRIO DO STF NO RE Nº 598.365. CONTROVÉRSIA DE ÍNDOLE INFRACONSTITUCIONAL.

1. Os requisitos de admissibilidade dos recursos da competência de cortes diversas não revelam repercussão geral apta a dar seguimento ao apelo extremo, consoante decidido pelo Plenário virtual do STF, na análise do RE nº 598.365, da Relatoria do Min. Ayres Britto.

2. *In casu*, o acórdão originariamente recorrido assentou: "*ADMINISTRATIVO. RESPONSABILIDADE CIVIL. INSERÇÃO DE RESTRIÇÃO INDEVIDA NA CARTEIRA NACIONAL DE HABILITAÇÃO DE CONDUTORES. OFENSA AO ART. 535 DO CPC NÃO CARACTERIZADA. CONFIGURAÇÃO DO DANO. REVOLVIMENTO DE PROVAS. SÚMULA 7/STJ. 1. Trata-se, na origem, de Recurso Especial com intuito de revisar entendimento do acórdão recorrido que condenou o DETRAN/PE ao pagamento de indenização por danos morais no valor de R$ 10.000,00 em decorrência da indevida inclusão da frase "vedada para atividade remunerada" na Carteira Nacional de Habilitação do ora*

agravado. 2. A solução integral da controvérsia, com fundamento suficiente, não caracteriza ofensa ao art. 535 do CPC. 3. A pretensão recursal que impõe a alteração dos pressupostos fáticos assentados no acórdão recorrido para a conclusão da ocorrência de danos demanda reexame dos elementos probatórios dos autos. Incidência do óbice de admissibilidade da Súmula 7/ STJ. 4. Agravo Regimental não provido".
3. Agravo regimental **DESPROVIDO. (Inform. STF 728)**

AG. REG. NO ARE N. 680.506-SP
RELATORA: MIN. ROSA WEBER
EMENTA: DIREITO ADMINISTRATIVO. RESPONSABILIDADE CIVIL DO ESTADO. INDENIZAÇÃO POR DANOS MORAIS E MATERIAIS. AUSÊNCIA DE CULPA ADMINISTRATIVA. ANÁLISE DA OCORRÊNCIA DE EVENTUAL AFRONTA AO PRECEITO CONSTITUCIONAL INVOCADO NO APELO EXTREMO DEPENDENTE DA REELABORAÇÃO DA MOLDURA FÁTICA CONSTANTE NO ACÓRDÃO REGIONAL. SÚMULA 279/STF. ACÓRDÃO RECORRIDO PUBLICADO EM 17.01.2011.
A análise da ocorrência de eventual afronta ao preceito constitucional invocado no apelo extremo demandaria a reelaboração da moldura fática delineada na origem, inviável em sede recursal extraordinária, em face do óbice da Súmula 279/STF.
Agravo regimental conhecido e não provido. **(Inform. STF 728)**

AG. REG. NO ARE N.679.802-PE
RELATOR: MIN. DIAS TOFFOLI
EMENTA: Agravo regimental no recurso extraordinário com agravo. Administrativo. Responsabilidade civil do Poder Público. Disparo de arma de fogo por policial militar em serviço. Lesão corporal. Dever de indenizar demonstrado na origem. Indenização. Valor. Reexame de fatos e provas. Impossibilidade. Precedentes.
1. O Tribunal de Justiça concluiu, com base nos fatos e nas provas dos autos, que o Estado tinha o dever de indenizar o agravado, policial militar, pelos danos por estes sofridos em decorrência de disparo de arma de fogo desferido por outro policial militar dentro da Corporação.
2. Para rever a conclusão a que chegou a Corte de origem acerca do dever de indenizar, bem como quanto ao montante da indenização, seria necessário reexaminar os fatos e as provas dos autos, o que é inadmissível em recurso extraordinário. Incidência da Súmulas nº 279 da Corte.
3. Agravo regimental não provido. **(Inform. STF 725)**

Imprescritibilidade e ação patrimonial
A 1ª Turma deu provimento a agravo regimental em agravo de instrumento para fazer subir recurso extraordinário e submetê-lo ao Plenário. No caso, a decisão agravada entendera pela imprescritibilidade de ação patrimonial. O Min. Marco Aurélio ressaltou que seria inconcebível reconhecer a imprescritibilidade da referida ação. Aduziu a necessidade de a lei dispor sobre os prazos de prescrição para ilícitos praticados por agente público. Porém, afirmou que a Constituição teria ressalvado essa necessidade no caso de ações de ressarcimento, uma vez que já haveria diploma normativo a tratar desse tema (CF: "Art. 37. ... § 4º Os atos de improbidade administrativa importarão a suspensão dos direitos políticos, a perda da função pública, a indisponibilidade dos bens e o ressarcimento ao erário, na forma e gradação previstas em lei, sem prejuízo da ação penal cabível ... § 5ºA lei estabelecerá os prazos de prescrição para ilícitos praticados por qualquer agente, servidor ou não, que causem prejuízos ao erário, ressalvadas as respectivas ações de ressarcimento"). Consignou que a ressalva não poderia gerar a imprescritibilidade de ação patrimonial.
AI 819135 AgR/SP, rel. Min. Luiz Fux, 28.5.2013. (AI-819135) (Inform. STF 708)

AG. REG. NO ARE N. 697.326-RS
RELATOR: MIN. DIAS TOFFOLI
EMENTA: Agravo regimental no recurso extraordinário com agravo. Administrativo. Estabelecimento de ensino. Ingresso de aluno portando arma branca. Agressão. Omissão do Poder Público. Responsabilidade objetiva. Elementos da responsabilidade civil estatal demonstrados na origem. Reexame de fatos e provas. Impossibilidade. Precedentes.
1. A jurisprudência da Corte firmou-se no sentido de que as pessoas jurídicas de direito público respondem objetivamente pelos danos que causarem a terceiros, com fundamento no art. 37, § 6º, da Constituição Federal, tanto

por atos comissivos quanto por omissivos, desde que demonstrado o nexo causal entre o dano e a omissão do Poder Público.
2. O Tribunal de origem concluiu, com base nos fatos e nas provas dos autos, que restaram devidamente demonstrados os pressupostos necessários à configuração da responsabilidade extracontratual do Estado.
3. Inadmissível, em recurso extraordinário, o reexame de fatos e provas dos autos. Incidência da Súmula nº 279/STF.
4. Agravo regimental não provido. **(Inform. STF 703)**

DIREITO ADMINISTRATIVO E DO CONSUMIDOR. DANO MORAL *IN RE IPSA* NO CASO DE EXTRAVIO DE CARTA REGISTRADA.
Se a Empresa Brasileira de Correios e Telégrafos (ECT) não comprovar a efetiva entrega de carta registrada postada por consumidor nem demonstrar causa excludente de responsabilidade, há de se reconhecer o direito a reparação por danos morais in re ipsa, desde que o consumidor comprove minimamente a celebração do contrato de entrega da carta registrada. Nesse caso, deve-se reconhecer a existência de dano moral in re ipsa, que exonera o consumidor do encargo de demonstrar o dano que, embora imaterial, é de notória existência. De fato, presume-se que ninguém remete uma carta, ainda mais registrada, sem que seja importante o seu devido e oportuno recebimento pelo destinatário, independentemente do seu conteúdo. Assim, simplesmente negar esse dano seria pactuar com a má prestação de serviço que estaria autorizada mediante a mera devolução do valor pago na confiança de que o serviço fosse satisfatoriamente executado. Além do mais, não se trata de aborrecimento sem maiores consequências, mas de ineficiência com graves consequências, porquanto o serviço contratado não executado frustrou a finalidade do recebimento oportuno. Ademais, a contratação de serviços postais oferecidos pelos Correios por meio de tarifa especial, para envio de carta registrada - que permite o posterior rastreamento pelo próprio órgão de postagem -, revela a existência de contrato de consumo, devendo a fornecedora responder objetivamente ao cliente por danos morais advindos da falha do serviço quando não comprovada a efetiva entrega. Além disso, é verdade que o STF, por ocasião do julgamento da ADPF 46-DF (Tribunal Pleno, DJe 26/2/2010), fixou como atividades típicas de Estado, objeto de monopólio, aquelas previstas no art. 9º da Lei 6.538/1978, entre as quais se encontra arrolada a expedição e a entrega de cartas e cartões-postais (inciso I). Aliás, como bem assentado pela doutrina, "sendo o princípio maior o da livre iniciativa (leia-se, também, livre concorrência), somente em hipóteses restritas e constitucionalmente previstas poderá o Estado atuar diretamente, como empresário, no domínio econômico. Essas exceções se resumem aos casos de: a) imperativo da segurança nacional (CF, art. 173, caput); b) relevante interesse coletivo (CF, art. 173, caput); c) monopólio outorgado pela União (e.g., CF, art. 177)". Portanto, o caso ora em análise revela o exercício de típico serviço público (art. 21, X, da CF), relevante ao interesse social, exercido por meio de monopólio ou privilégio conferido aos Correios (art. 9º da Lei 6.538/1978), a quem incumbe o "recebimento, transporte e entrega no território nacional, e a expedição, para o exterior, de carta e cartão-postal", o que acarreta sua responsabilidade objetiva (art. 37, § 6º, da CF e arts. 14 e 22 do CDC). **EREsp 1.097.266-PB, Rel. Min. Ricardo Villas Bôas Cueva, julgado em 10/12/2014, DJe 24/2/2015 (Inform. STJ 556).**

DIREITO ADMINISTRATIVO. RESPONSABILIDADE CIVIL DO ESTADO EM RAZÃO DA EXISTÊNCIA DE CADÁVER EM DECOMPOSIÇÃO EM RESERVATÓRIO DE ÁGUA.
O consumidor faz jus a reparação por danos morais caso comprovada a existência de cadáver em avançado estágio de decomposição no reservatório do qual a concessionária de serviço público extrai a água fornecida à população. De início, fica configurada a responsabilidade subjetiva por omissão da concessionária decorrente de falha do dever de efetiva vigilância do reservatório de água. Ainda que se alegue que foram observadas todas as medidas cabíveis para a manutenção da segurança do local, fato é que ele foi invadido, e o reservatório passível de violação quando nele foi deixado um cadáver humano. Ficou caracterizada, ademais, a falha na prestação do serviço, indenizável por dano moral, quando a concessionária não garantiu a qualidade da água distribuída à população, porquanto inegável que, se o corpo estava em decomposição, a água ficou por determinado período contaminada. Outrossim, é inegável, diante de tal fato, a ocorrência de afronta à dignidade da pessoa humana, consistente no asco, angústia, humilhação, impotência da pessoa que toma ciência que consumiu água contaminada por cadáver em avançado estágio de decomposição. Sentimentos que não podem ser confundidos com o mero dissabor cotidiano. Ainda que assim não fosse, há que se reconhecer a ocorrência de dano moral in re ipsa, o qual

6. DIREITO ADMINISTRATIVO

dispensa comprovação do prejuízo extrapatrimonial, sendo suficiente a prova da ocorrência de ato ilegal, uma vez que o resultado danoso é presumido. (AgRg no REsp 1.354.077-SP, Terceira Turma, DJe 22/9/2014 e AgRg no AREsp 163.472-RJ, Segunda Turma, DJe 2/8/2012). **REsp 1.492.710-MG, Rel. Min. Humberto Martins, julgado em 16/12/2014, DJe 19/12/2014 (Inform. STJ 553).**

DIREITO ADMINISTRATIVO E CIVIL. RESPONSABILIDADE DA CEF PELA SEGURANÇA DE CASA LOTÉRICA. A Caixa Econômica Federal – CEF não tem responsabilidade pela segurança de agência com a qual tenha firmado contrato de permissão de loterias. Isso porque as regras de segurança previstas na Lei 7.102/1983, que dispõe sobre segurança para estabelecimentos financeiros, não alcançam as unidades lotéricas. De acordo com o art. 17 da Lei 4.595/1964, são considerados instituições financeiras as pessoas jurídicas públicas ou privadas que tenham como atividade principal ou acessória a captação, intermediação ou aplicação de recursos financeiros próprios ou de terceiros, em moeda nacional ou estrangeira, e a custódia de valor de propriedade de terceiros. Ademais, nos termos do art. 18 da Lei 4.595/1964, essas instituições apenas podem funcionar no país mediante prévia autorização do Banco Central da República do Brasil. Assim, forçoso reconhecer que as unidades lotéricas não possuem como atividade principal ou acessória, a captação, intermediação e aplicação de recursos financeiros, tampouco dependem de autorização da autoridade central para funcionamento. Vale destacar que, apesar de as unidades lotéricas prestarem alguns serviços também oferecidos pelas agências bancárias, isso não as torna instituições financeiras submetidas aos ditames da Lei 7.102/1983. Nesse contexto, fica afastada a responsabilidade civil da CEF sobre eventuais prejuízos sofridos pela unidade lotérica, aplicando-se o disposto no art. 2º, IV, da Lei 8.987/1995, segundo o qual o permissionário deve demonstrar capacidade para o desempenho da prestação dos serviços públicos que lhe foram delegados por sua conta e risco. Precedente citado: REsp 1.317.472-RJ, Terceira Turma, DJe 8/3/2013. **REsp 1.224.236-RS, Rel. Min. Luis Felipe Salomão, julgado em 11/3/2014. (Inform. STJ 536)**

DIREITO PROCESSUAL CIVIL E ADMINISTRATIVO. LEGITIMIDADE DE AGENTE PÚBLICO PARA RESPONDER DIRETAMENTE POR ATOS PRATICADOS NO EXERCÍCIO DE SUA FUNÇÃO. Na hipótese de dano causado a particular por agente público no exercício de sua função, há de se conceder ao lesado a possibilidade de ajuizar ação diretamente contra o agente, contra o Estado ou contra ambos. De fato, o art. 37, § 6º, da CF prevê uma garantia para o administrado de buscar a recomposição dos danos sofridos diretamente da pessoa jurídica, que, em princípio, é mais solvente que o servidor, independentemente de demonstração de culpa do agente público. Nesse particular, a CF simplesmente impõe ônus maior ao Estado decorrente do risco administrativo. Contudo, não há previsão de que a demanda tenha curso forçado em face da administração pública, quando o particular livremente dispõe do bônus contraposto; tampouco há imunidade do agente público de não ser demandado diretamente por seus atos, o qual, se ficar comprovado dolo ou culpa, responderá de qualquer forma, em regresso, perante a Administração. Dessa forma, a avaliação quanto ao ajuizamento da ação contra o agente público ou contra o Estado deve ser decisão do suposto lesado. Se, por um lado, o particular abre mão do sistema de responsabilidade objetiva do Estado, por outro também não se sujeita ao regime de precatórios, os quais, como é de cursivo conhecimento, não são rigorosamente adimplidos em algumas unidades da Federação. Posto isso, o servidor público possui legitimidade passiva para responder, diretamente, pelo dano gerado por atos praticados no exercício de sua função pública, sendo que, evidentemente, o dolo ou culpa, a ilicitude ou a própria existência de dano indenizável são questões meritórias. Precedente citado: REsp 731.746-SE, Quarta Turma, DJe 4/5/2009. **REsp 1.325.862-PR, Rel. Min. Luis Felipe Salomão, julgado em 5/9/2013. (Inform. STJ 532)**

DIREITO ADMINISTRATIVO. RESPONSABILIDADE CIVIL DO ESTADO. Na fixação do valor da indenização, não se deve aplicar o critério referente à teoria da perda da chance, e sim o da efetiva extensão do dano causado (art. 944 do CC), na hipótese em que o Estado tenha sido condenado por impedir servidor público, em razão de interpretação equivocada, de continuar a exercer de forma cumulativa dois cargos públicos regularmente acumuláveis. Na hipótese de perda da chance, o objeto da reparação é a perda da possibilidade de obter um ganho como provável, sendo que há que fazer a distinção entre o resultado perdido e a possibilidade de consegui--lo. A chance de vitória terá sempre valor menor que a vitória futura, o que

refletirá no montante da indenização. Contudo, na situação em análise, o dano sofrido não advém da perda de uma chance, pois o servidor já exercia ambos os cargos no momento em que foi indevidamente impedido de fazê-lo, sendo este um evento certo, em relação ao qual não restam dúvidas. Não se trata, portanto, da perda de uma chance de exercício cumulativo de ambos os cargos, porque isso já ocorria, sendo que o ato ilícito imputado ao ente estatal gerou dano de caráter certo e determinado, que deve ser indenizado de acordo com sua efetiva extensão (art. 944 do CC). **REsp 1.308.719-MG, Rel. Min. Mauro Campbell Marques, julgado em 25/6/2013. (Inform. STJ 530)**

DIREITO ADMINISTRATIVO. RESPONSABILIDADE OBJETIVA DO ESTADO NO CASO DE SUICÍDIO DE DETENTO. A Administração Pública está obrigada ao pagamento de pensão e indenização por danos morais no caso de morte por suicídio de detento ocorrido dentro de estabelecimento prisional mantido pelo Estado. Nessas hipóteses, não é necessário perquirir eventual culpa da Administração Pública. Na verdade, a responsabilidade civil estatal pela integridade dos presidiários é objetiva em face dos riscos inerentes ao meio no qual foram inseridos pelo próprio Estado. Assim, devem ser reconhecidos os referidos direitos em consideração ao disposto nos arts. 927, parágrafo único, e 948, II, do CC. **AgRg no REsp 1.305.259-SC, Rel. Min. Mauro Campbell Marques, julgado em 2/4/2013. (Inform. STJ 520)**

DIREITO ADMINISTRATIVO. DANOS MORAIS EM DECORRÊNCIA DE LESÕES SOFRIDAS POR MILITAR EM SERVIÇO. Não é cabível indenização por danos morais em decorrência de lesões sofridas por militar oriundas de acidente ocorrido durante sessão de treinamento na qual não tenha havido exposição a risco excessivo e desarrazoado. Os militares, no exercício de suas atividades rotineiras de treinamento, são expostos a situações de risco que ultrapassam a normalidade dos servidores civis, tais como o manuseio de armas de fogo, explosivos etc. As sequelas físicas decorrentes de acidente sofrido por militar em serviço não geram, por si sós, o direito à indenização por danos morais, os quais devem estar vinculados à demonstração de existência de eventual abuso ou negligência dos agentes públicos responsáveis pelo respectivo treinamento, de forma a revelar a submissão do militar a condições de risco que ultrapassem aquelas consideradas razoáveis no contexto no qual foi inserido. Precedente citado: REsp 1.021.500-PR, DJe 13/10/2009. **AgRg no AREsp 29.046-RS, Rel. Min. Arnaldo Esteves Lima, julgado em 21/2/2013. (Inform. STJ 515).**

7. BENS PÚBLICOS

Aquisição de imóvel funcional das Forças Armadas e servidor civil - 3
Em conclusão de julgamento, a Segunda Turma desproveu recurso ordinário em mandado de segurança no qual pretendida a aquisição de imóvel funcional das Forças Armadas por servidor civil, nos termos da Lei 8.025/1990 e do Decreto 99.664/1990. Na espécie, o STJ denegara o "writ" lá impetrado ao entendimento de que o ora recorrente não ocuparia de forma regular o bem colimado, na medida em que se aposentara antes da vigência das normas em questão. — v. Informativo 657. A Turma rememorou jurisprudência da Corte no sentido de que a condição de aposentado não retiraria do requerente o "status" de legítimo ocupante do imóvel se o ocupasse regularmente, no momento de sua aposentadoria, nele residindo até a promulgação da Lei 8.025/1990. De outro lado, reputou que o bem em litígio não poderia ser alienado. Isso porque administrado pelas Forças Armadas e destinado à ocupação por militares. Explicitou que a limitação de alheamento desses imóveis residenciais imporia a restrição sobre a coisa, e não sobre o militar. Assim, explicou que a permissão de compra por civil constituiria interpretação deturpada da legislação. Outrossim, salientou que o Decreto 99.664/1990 proibiria a venda do imóvel a qualquer pessoa, logo, o óbice não seria pessoal. Nesse contexto, asseverou que a circunstância de o bem ser administrado pelas Forças Armadas evidenciaria sua destinação precípua à ocupação por militar, de maneira que sua excepcional ocupação por civil não o desnaturaria ou desafetaria. **RMS 23111/DF, rel. Min. Gilmar Mendes, 17.11.2015. (RMS-23111) (Inform. STF 808)**

Terras devolutas e transferência de domínio a particulares - 1
O Plenário iniciou o julgamento de ação cível originária em que se pretende a declaração de nulidade e o cancelamento do registro imobiliário de aquisição de terras devolutas arrecadadas pela União, objeto de transferência de domínio

do Estado do Tocantins a particulares. O Ministro Dias Toffoli (relator) julgou o pedido procedente para declarar a nulidade de título definitivo emitido pelo Instituto de Terras do Estado do Tocantins - Itertins em favor dos réus, bem como para determinar o cancelamento da matrícula do imóvel, estendendo-se o vício aos negócios jurídicos subsequentes, assegurados aos réus adquirentes os direitos decorrentes da evicção, nos termos do art. 447 e seguintes do CC. Preliminarmente, assentou a legitimidade ativa da União na matéria. No mérito, assinalou que a jurisprudência da Corte seria firme no sentido de não subsistir o ato de transmissão de propriedade efetuado por Estado-membro, se o imóvel rural nunca tivesse pertencido ao ente federado. Após os votos dos Ministros Roberto Barroso, Teori Zavascki, Rosa Weber e Luiz Fux, nesse mesmo sentido, pediu vista dos autos o Ministro Marco Aurélio.
ACO 478/TO, rel. Min. Dias Toffoli, 26.3.2015. (ACO-478)

Terras devolutas e transferência de domínio a particulares - 2

Em conclusão de julgamento, o Plenário acolheu pedido formulado em ação cível originária para declarar a nulidade do Título Definitivo 1.449, emitido pelo Instituto de Terras do Estado do Tocantins - Itertins em favor de réus que figuraram na presente ação, bem como determinar o cancelamento da matrícula R-1-M-368, efetuada pelo Registro de Imóveis do Município de Marianópolis do Tocantins. Estendeu o vício aos negócios jurídicos subsequentes, assegurados aos réus adquirentes os direitos decorrentes da evicção, nos termos do art. 447 e seguintes do CC, e fixados os honorários advocatícios em 20% do valor atualizado da causa, nos termos do art. 20, § 4º, do CPC, a ser rateado equitativamente pelos réus — v. Informativo 779. O Colegiado, preliminarmente, assentou a legitimidade ativa da União na matéria. No mérito, assinalou que a jurisprudência da Corte seria firme no sentido de não subsistir o ato de transmissão de propriedade efetuado por Estado-Membro, se o imóvel rural nunca tivesse pertencido ao ente federado. Vencido, em parte, o Ministro Marco Aurélio, que suscitava questão preliminar de incompetência do STF para apreciar a matéria, haja vista se tratar de controvérsia patrimonial, sem qualquer impacto político ou institucional entre os entes federados.
ACO 478/TO, rel. Min. Dias Toffoli, 5.8.2015. (ACO-478) (Inform. STF 793)

Conflito federativo e limites territoriais - 1

O Plenário deu parcial provimento a ações cíveis originárias para que fossem fixadas as linhas divisórias entre os Estados da Bahia e de Goiás e entre os Estados do Piauí e do Tocantins segundo laudo técnico realizado pelo Serviço Geográfico do Exército. A Corte estabeleceu que, demarcados os limites territoriais entre os Estados, seriam preservados os títulos de posse e de propriedade anteriormente definidos. Decidiu, também, que eventuais disputas de posse e de propriedade relativas às áreas delimitadas não seriam decididas pelo STF, mas em ação própria no juízo competente. Assentou que as ações judiciais referentes às áreas abrangidas por essas ações cíveis originárias e ainda não sentenciadas deveriam ser redistribuídas ao juízo competente. Consignou, ainda, que se dois Estados tivessem emitido título de posse ou de propriedade em relação a uma mesma área abrangida por estas ações, prevaleceria o título concedido judicialmente, e, no caso de dois títulos judiciais, o que já houvesse transitado em julgado. O Colegiado asseverou que, na ausência do trânsito em julgado, prevaleceria o primeiro provimento judicial oriundo do juízo competente "ratione loci", à luz do laudo realizado pelo Exército. Determinou, desde logo, a nomeação do Serviço Geográfico do Exército para executar o julgado com a demarcação necessária das divisas entre os Estados conforme o laudo técnico apresentado. Tratava-se, na espécie, de ações cíveis originárias em que se discutia o critério a ser adotado para a fixação de divisas entre os Estados de Minas Gerais, Tocantins, Bahia, Piauí e Goiás. Na ACO 347/BA, o litígio gravitara em torno da demarcação de divisas territoriais entre os Estados da Bahia e Goiás e teria como litisdenunciados, os Estados de Minas Gerais, Piauí e Tocantins. Na ACO 652/PI, apensada àqueles autos, o Estado do Piauí requerera a determinação e demarcação de sua divisa com o Estado do Tocantins. As questões debatidas decorreram de alegadas incertezas quanto ao traçado das linhas limítrofes ante a imprecisão de recursos técnicos disponíveis à época, a gerar insegurança jurídica e conflitos. Realizada audiência de conciliação entre os Estados litigantes, somente o Estado de Minas Gerais aderira ao acordo. Remanesceram os litígios entre os Estados de Tocantins e Piauí e entre os Estados da Bahia e de Goiás em virtude das divergências quanto aos laudos técnicos a serem adotados, se a carta topográfica do IBGE de 1980 ou se aquele elaborado pelo Exército.

Conflito federativo e limites territoriais - 2

O Tribunal frisou que o laudo realizado pelo Serviço Geográfico do Exército — que levara em consideração marcos fixados em estudos anteriormente efetivados — apresentara caráter preciso e técnico. Destacou que a designação do Exército se dera: a) por indicação das partes; e b) por deter técnicas mais atuais no atendimento de parâmetros objetivos e seguros. Esclareceu que a prova pericial feita pelo órgão militar reunira grande quantidade de dados disponíveis sobre as fronteiras em discussão, e fora baseada em preciso mapeamento geográfico. Sublinhou que os limites das divisas em questão teriam sido traçados de modo definitivo e absolutamente claro. Constatou que considerar como pontos de partida para a demarcação das divisas em litígio elementos geográficos diferentes dos divisores das bacias hidrográficas — como propuseram os Estados da Bahia e de Tocantins (nas ACOs 347/BA e 652/PI, respectivamente) — e desconsiderar os trabalhos periciais realizados pelo Exército, além de ser contrário ao que fora acordado desde o início do século passado entre as partes, afrontaria o princípio da economicidade. Considerou consentâneo com os princípios constitucionais da razoabilidade, da segurança jurídica, além da economicidade, que os traçados fronteiriços em debate fossem delineados a partir do arbitrado pelas unidades federadas no acordo de 1919, tomados como ponto de partida os divisores de águas das bacias hidrográficas que teriam ensejado a realização da prova pericial efetivada pelo Serviço Geográfico do Exército. Lembrou que as partes requereram e pagaram pela perícia realizada pelo Exército, que agira dentro da cautela e da técnica. Por fim, ponderou que o instituto do "venire contra factum proprium" desautorizaria o abandono do laudo do Exército como parâmetro para a demarcação. **ACO 347/BA, rel. Min. Luiz Fux, 8.10.2014. (ACO-347) ACO 652/PI, rel. Min. Luiz Fux, 8.10.2014. (ACO-652) (Inform. STF 762)**

Remarcação de terra indígena demarcada anteriormente à CF/1988

É vedada a remarcação de terras indígenas demarcadas em período anterior à CF/1988. Essa a conclusão da 2ª Turma, que proveu recurso ordinário em mandado de segurança para anular a Portaria 3.508/2009, do Ministério da Justiça. Na espécie, o processo administrativo de demarcação de determinada terra indígena iniciara-se na década de 1970, e sua homologação ocorrera em 1983. Posteriormente, a Funai constituíra novo grupo técnico para estudar a remarcação e ampliação dessa reserva, o que embasara expedição da citada portaria, a homologar a nova demarcação, em 2009. A Turma rememorou o que decidido no Caso Raposa Serra do Sol (Pet 3.388/RR, DJe de 25.9.2009), oportunidade em que a Corte erigira salvaguardas institucionais que assegurariam a validade daquela demarcação e serviriam de norte para as futuras, muito embora a decisão não tivesse eficácia vinculante. Afirmou que, dentre essas salvaguardas, haveria condicionante segundo a qual seria vedada a ampliação de terra indígena já demarcada, tendo em conta o princípio da segurança jurídica. A Turma ressalvou que isso não significaria o afastamento de qualquer possibilidade de ampliação de terra indígena no futuro. Assinalou que, apesar de a Administração não se poder valer do instrumento da demarcação (CF, art. 231) para aumentar terra já demarcada, salvo em hipótese de vício de ilegalidade e, ainda assim, respeitado o prazo decadencial, haveria outros instrumentos capazes de atender às necessidades das comunidades indígenas. Acrescentou que a autotutela da Administração, se necessário, deveria ser exercida em cinco anos (Lei 9.754/1999, art. 54), de maneira que não seria aplicável à espécie, uma vez que a homologação original teria mais de 30 anos. **RMS 29542/DF, rel. Min. Cármen Lúcia, 30.9.2014. (RMS-29542) (Inform. STF 761)**

RMS: demarcação de terra indígena e análise de requisitos - 1

A 2ª Turma retomou julgamento de recurso ordinário em mandado de segurança em que se impugna portaria que declarara a posse permanente de terra indígena em área situada no Mato Grosso do Sul. Na espécie, o impetrante alega violação a direito líquido e certo, uma vez que o ato teria transformado em indígenas as terras cujo domínio e posse lhe pertenceriam. Argumenta que: a) a declaração de posse indígena pretérita não corresponderia à realidade; b) o processo demarcatório teria sido produzido unilateralmente pela Funai; c) o Decreto 1.775/1994 seria inconstitucional; e d) a ele teria sido negado o direito à ampla defesa no processo administrativo. Na sessão de 29.11.2013, o Ministro Ricardo Lewandowski (relator) negou provimento ao recurso. Consignou que o impetrante não teria trazido qualquer prova pré-constituída que pudesse infirmar o laudo elaborado pela Funai, uma vez que a ocupação da terra pelos índios transcenderia a mera posse, no conceito do direito civil. Nesse sentido, aduziu que para apurar se a área demarcada guardaria ligação anímica com a comunidade indígena e ilidir as conclusões

6. DIREITO ADMINISTRATIVO   521

obtidas pela Funai seria necessária a produção de prova, o que — de acordo com a jurisprudência consolidada do Tribunal — não poderia ser feito no presente "writ" ante seus estreitos limites. Por fim, asseverou que o caso Raposa Serra do Sol teria sido atípico, em que se reivindicavam, praticamente, dois terços de um Estado-membro da Federação brasileira, razão pela qual esse precedente, à vista de suas peculiaridades, não poderia ser estendido para além daquele caso. Ademais, não teria nenhum efeito vinculante.

RMS: demarcação de terra indígena e análise de requisitos - 2
Na presente assentada, o Ministro Gilmar Mendes, em voto-vista, proveu o recurso. Ressaltou que apenas se reconheceriam aos índios os direitos sobre as terras que tradicionalmente ocupassem se a área estivesse habitada por eles na data da promulgação da Constituição Federal (marco temporal) e, complementarmente, se houvesse a efetiva relação dos índios com a terra (marco da tradicionalidade da ocupação). No caso em análise, salientou que o relatório de identificação e delimitação da terra indígena, elaborado pela Funai, indicaria que há mais de 70 anos não existiria comunidade indígena ou posse indígena no local em disputa. Logo, o marco objetivo temporal insubstituível não estaria preenchido, e se mostraria desnecessário averiguar a tradicionalidade da posse dos índios, bem como impossível reconhecer a posse indígena daquelas terras. Por outro lado, aduziu ser viável analisar, em recurso ordinário em mandado de segurança, se os requisitos do procedimento demarcatório teriam sido corretamente seguidos, bem como sobre a eventual prova da efetiva e formal presença indígena, no local, em 5.10.1988. Nesse sentido, consignou que, na situação dos autos, a questão posta seria própria do mandado de segurança, pois o laudo da Funai atestaria a inexistência, no local, de posse indígena na data da promulgação da Constituição. Ademais, frisou que o relatório da autarquia mencionada teria adotado como fundamento para a declaração da terra indígena o mero fato de ter havido, em momento pretérito, ocupação indígena no local. Assentou que esse argumento seria insuficiente para legitimar a demarcação pretendida e invocou o Enunciado 650 da Súmula do STF ("Os incisos I e XI do art. 20 da Constituição Federal não alcançam terras de aldeamentos extintos, ainda que ocupadas por indígenas em passado remoto"). Além disso, aduziu que, após o caso Raposa Serra do Sol, o procedimento de demarcação de terras indígenas deveria contar com mais um pressuposto: a observância das salvaguardas institucionais reafirmadas pelo STF. Assentou que essas orientações não seriam apenas direcionadas àquele feito específico, mas a todos os processos sobre o mesmo tema, de forma que o entendimento da Corte firmado naquela ocasião deveria servir de apoio moral e persuasivo a todas as demandas sobre demarcação de terras indígenas. Em seguida, pediu vista dos autos a Ministra Cármen Lúcia.

RMS: demarcação de terra indígena e análise de requisitos - 3
A 2ª Turma retomou julgamento de recurso ordinário em mandado de segurança em que se impugna portaria que declarara a posse permanente de terra indígena em área situada no Mato Grosso do Sul. Na espécie, o impetrante alega violação a direito líquido e certo, uma vez que o ato teria transformado em indígenas as terras cujo domínio e posse lhe pertenceriam. Argumenta que: a) a declaração de posse indígena pretérita não corresponderia à realidade; b) o processo demarcatório teria sido produzido unilateralmente pela Funai; c) o Decreto 1.775/1994 seria inconstitucional; e d) a ele teria sido negado o direito à ampla defesa no processo administrativo — v. Informativo 752. Em voto-vista, a Ministra Cármen Lúcia acompanhou a divergência iniciada pelo Ministro Gilmar Mendes e proveu o recurso. Ressaltou, de início, a gravidade da situação fundiária instaurada no referido Estado-membro, o que teria conduzido ao acirramento do conflito entre índios e proprietários rurais. Afirmou que o equacionamento do problema — que englobaria fatores de ordem social, econômica, territorial e política —, deveria assentar-se na garantia da segurança das relações sociais e na confiança que todos devem ter nos atos estatais. Consignou que, no julgamento da Petição 3.388/RR (DJe 25.9.2009) — caso Raposa Serra do Sol —, o STF, ao examinar o regime jurídico constitucional de demarcação de terras indígenas no Brasil, teria erigido salvaguardas institucionais intrinsecamente relacionadas e complementares que teriam assegurado a validade da demarcação analisada naqueles autos, mas que serviriam de norte para futuras contendas a serem resolvidas judicialmente. Reafirmou, então, a força jurídico-constitucional daquele precedente histórico, cujos fundamentos, portanto, haveriam de influir, direta ou indiretamente, na aplicação do direito pelos magistrados. Asseverou que a análise da observância, ou não, das mencionadas salvaguardas, no caso dos autos, não dependeria de dilação probatória, inviável em mandado de

segurança. Destacou ser incontroversa, na espécie, a inexistência de índios na região na data da promulgação da CF/1988, marco temporal — necessário ao reconhecimento da posse tradicional indígena — firmado no mencionado processo. Em seguida, a Turma deliberou suspender o julgamento para aguardar-se o voto do Ministro Celso de Mello.

RMS: demarcação de terra indígena e análise de requisitos - 4
Em conclusão de julgamento, a 2ª Turma, por maioria, deu provimento a recurso ordinário em mandado de segurança para declarar a nulidade da portaria e do processo administrativo que visavam a demarcação de terra indígena no Estado do Mato Grosso do Sul — v. Informativos 752 e 758. A Turma consignou que a questão da terra representaria o aspecto fundamental dos direitos e das prerrogativas constitucionais asseguradas ao índio. Asseverou que sem a garantia de permanência nas terras por ele já tradicionalmente ocupadas, expor-se-ia o índio ao risco da desintegração cultural, da perda de sua identidade étnica, da dissolução de seus vínculos históricos, sociais e antropológicos e da erosão de sua própria consciência. Entretanto, destacou que somente se reconheceriam aos índios os direitos sobre as terras que tradicionalmente ocupassem se a área estivesse habitada por eles na data da promulgação da Constituição Federal (marco temporal) e, complementarmente, se houvesse a efetiva relação dos índios com a terra (marco da tradicionalidade da ocupação). Salientou que o relatório de identificação e delimitação da terra indígena, elaborado pela Funai, indicaria ser incontroverso que há mais de 70 anos não existiria comunidade indígena ou posse indígena no local em disputa. Logo, o marco objetivo temporal insubstituível não estaria preenchido, e se mostraria desnecessário averiguar a tradicionalidade da posse dos índios, bem como impossível reconhecer a posse indígena daquelas terras. Pontou ser viável analisar, em recurso ordinário em mandado de segurança, se os requisitos do procedimento demarcatório teriam sido corretamente seguidos, bem como sobre a eventual prova da efetiva e formal presença indígena, no local, em 5.10.1988. Destacou que, no julgamento da Petição 3.388/RR (DJe 25.9.2009) — caso Raposa Serra do Sol —, o STF, ao examinar o regime jurídico constitucional de demarcação de terras indígenas no Brasil, teria erigido salvaguardas institucionais intrinsecamente relacionadas e complementares que teriam assegurado a validade da demarcação analisada naqueles autos, mas que serviriam de norte para futuras contendas a serem resolvidas judicialmente. Asseverou que a análise da observância, ou não, das mencionadas salvaguardas, no caso dos autos, não dependeria de dilação probatória, inviável em mandado de segurança. Aduziu que, se houver a necessidade de terras para que se possam acolher as populações indígenas — mas ausentes os requisitos qualificadores da posse previstos no art. 231 da CF — impor-se-ia que a União, valendo-se da sua competência funcional, formulasse uma declaração expropriatória que conduzisse a um procedimento em que houvesse o pagamento de uma justa e prévia indenização em dinheiro. Vencido o Ministro Ricardo Lewandowski (relator), que negava provimento ao recurso. Entendia que para apurar se a área demarcada guardaria ligação anímica com a comunidade indígena e ilidir as conclusões obtidas pela Funai seria necessária a produção de prova, o que não poderia ser feito ante seus estreitos limites. Explicava que o caso Raposa Serra do Sol teria sido atípico, razão pela qual não poderia ser estendido para além daquele caso e, ademais, não teria nenhum efeito vinculante. **RMS 29087/DF, rel. orig. Min. Ricardo Lewandowski, red. p/o acórdão, Min. Gilmar Mendes, 16.9.2014. (RMS-29087) (Inform. STF 759)**

DIREITO ADMINISTRATIVO. LEVANTAMENTO DA ÁREA A SER DEMARCADA EM PROCEDIMENTO DE DEMARCAÇÃO DE TERRAS INDÍGENAS.
No procedimento administrativo de demarcação das terras indígenas, regulado pelo Decreto 1.775/1996, é imprescindível a realização da etapa de levantamento da área a ser demarcada, ainda que já tenham sido realizados trabalhos de identificação e delimitação da terra indígena de maneira avançada. Da análise do Decreto 1.775/1996, verifica-se que o procedimento de demarcação das terras indígenas passa por duas etapas obrigatórias: estudo técnico antropológico e levantamento da área demarcada. Nesse sentido, o art. 2º, § 1º, desse diploma legal estabelece a necessidade da realização de "estudos complementares de natureza etno-histórica, sociológica, jurídica, cartográfica, ambiental" e de "levantamento fundiário" para a delimitação das terras indígenas. O procedimento estabelecido pela lei não pode ser interpretado de maneira diferente, visto que a delimitação da área indígena será executada pela Administração Pública, por meio de um procedimento previamente delimitado em lei, o que leva ao órgão executor o dever de agir em estrita legalidade, não havendo, nessa atividade, espaço

para locuções de conveniência e oportunidade. Assim, o levantamento da área demarcada não se mostra como um elemento secundário e dispensável, dada a incidência, aliás, do princípio da continuidade que, por sua vez, informa que devem ser resguardados aos índios o uso tradicional da área ocupada necessária à reprodução física e cultural da etnia. **REsp 1.551.033-PR, Rel. Min. Humberto Martins, julgado em 6/10/2015, DJe 16/10/2015. (Inform. STJ 571)**

DIREITO ADMINISTRATIVO E CONSTITUCIONAL. IMPOSSIBILIDADE DE REMARCAÇÃO AMPLIATIVA DE TERRA INDÍGENA.
A alegação de que a demarcação da terra indígena não observou os parâmetros estabelecidos pela CF/1988 não justifica a remarcação ampliativa de áreas originariamente demarcadas em período anterior à sua promulgação. O STF, no julgamento da Pet 3.388-RR (Caso Raposa Serra do Sol), ao estabelecer as denominadas "salvaguardas institucionais", estipulou que "é vedada a ampliação da terra indígena já demarcada" (salvaguarda XVII). Em que pese a ausência de eficácia vinculante formal desse julgado, observa-se que o STF entendeu que "os pressupostos erigidos naquela decisão para o reconhecimento da validade da demarcação realizada em Roraima decorreriam da Constituição da República, pelo que tais condicionantes ou diretrizes lá delineadas haveriam de ser consideradas em casos futuros, especialmente pela força jurídico-constitucional do precedente histórico, cujos fundamentos influenciam, direta ou indiretamente, na aplicação do direito pelos magistrados aos casos semelhantes" (RMS 29.542-DF, Segunda Turma, DJe 13/11/2014). Nesse mesmo julgado, o STF esclareceu que, "embora o Poder Público não se possa valer do instrumento administrativo da demarcação (art. 231 da Constituição da República) para ampliar área já afetada, salvo em caso de vício de ilegalidade do ato de demarcação e, ainda assim, respeitado o prazo decadencial, não está ele inibido de valer-se de outros instrumentos para fazer frente aos anseios e às necessidades das comunidades indígenas". Firmou, ainda, o entendimento de que "A mudança de enfoque atribuído à questão indígena a partir da promulgação da Constituição da República de 1988, que marcou a evolução de uma perspectiva integracionista para a de preservação cultural do grupamento étnico, não é fundamentação idônea para amparar a revisão administrativa dos limites da terra indígena já demarcada, em especial quando exaurido o prazo decadencial para revisão de seus atos". Estabeleceu, ademais, que "Os vetores sociais, políticos e econômicos então existentes conformaram-se para construir solução para a comunidade indígena que habitava a região, o que permitiu a demarcação daquele espaço como terra indígena. A estabilidade social e jurídica alcançada na região a partir desse ato não pode ser abalada pela pretendida remarcação ampliativa da área". Nesse amplo contexto, cabe ao STJ analisar as questões pertinentes às demarcações de terras indígenas com os olhos voltados para as diretrizes fixadas pelo STF, até mesmo em homenagem aos princípios da razoável duração do processo e da segurança jurídica. Desse modo, caso se constate que o procedimento de remarcação está fundamentado unicamente na circunstância de a demarcação originária não haver sido feita em consonância com o art. 231 da CF/1988, não há como deixar de reconhecer o desatendimento à salvaguarda XVII estabelecida pelo STF no julgamento da Pet 3.388-RR. **MS 21.572-AL, Rel. Min. Sérgio Kukina, julgado em 10/6/2015, DJe 18/6/2015 (Inform. STJ 564).**

DIREITO ADMINISTRATIVO E CIVIL. INEXISTÊNCIA DE DIREITO A INDENIZAÇÃO PELAS ACESSÕES E DE RETENÇÃO PELAS BENFEITORIAS EM BEM PÚBLICO IRREGULARMENTE OCUPADO. Quando irregularmente ocupado o bem público, não há que se falar em direito de retenção das benfeitorias realizadas, tampouco em direito à indenização pelas acessões, ainda que as benfeitorias tenham sido realizadas de boa-fé. Isso porque nesta hipótese não há posse, mas mera detenção, de natureza precária. Dessa forma, configurada a ocupação indevida do bem público, resta afastado o direito de retenção por benfeitorias e o pleito indenizatório à luz da alegada boa-fé. Precedentes citados: AgRg no AREsp 456.758-SP, Segunda Turma, DJe 29/4/2014; e REsp 850.970-DF, Primeira Turma, DJe 11/3/2011. **AgRg no REsp 1.470.182-RN, Rel. Min. Mauro Campbell Marques, julgado em 4/11/2014. (Inform. STJ 551)**

Súmula STF nº 650

Os incisos I e XII do art. 20 da Constituição Federal não alcançam terras de aldeamentos extintos, ainda que ocupadas por indígenas em passado remoto.

Súmula STF nº 479

As margens dos rios navegáveis são de domínio público, insuscetíveis de expropriação e, por isso mesmo, excluídas de indenização.

Súmula STF nº 477

As concessões de terras devolutas situadas na faixa de fronteira, feitas pelos estados, autorizam, apenas, o uso, permanecendo o domínio com a união, ainda que se mantenha inerte ou tolerante, em relação aos possuidores.

Súmula STJ nº 496

Os registros de propriedade particular de imóveis situados em terrenos de marinha não são oponíveis à União.

Súmula STJ nº 103

Incluem-se entre os imóveis funcionais que podem ser vendidos os administrados pelas forças armadas e ocupados pelos servidores civis.

8. INTERVENÇÃO NA PROPRIEDADE

8.1. Desapropriação

Comunidade dos quilombos e decreto autônomo - 6

O Plenário retomou julgamento de ação direta de inconstitucionalidade ajuizada contra o Decreto 4.887/2003, que regulamenta o procedimento para identificação, reconhecimento, delimitação, demarcação e titulação das terras ocupadas por remanescentes das comunidades dos quilombos de que trata o art. 68 do ADCT ("Aos remanescentes das comunidades dos quilombos que estejam ocupando suas terras é reconhecida a propriedade definitiva, devendo o Estado emitir-lhes os títulos respectivos") — v. Informativo 662. Em voto-vista, a Ministra Rosa Weber acompanhou o Ministro Cezar Peluso (relator) quanto à rejeição das preliminares arguidas, por entender que o Decreto 4.887/2003 se credenciaria ao controle concentrado de constitucionalidade por ostentar coeficiente mínimo de normatividade, generalidade e abstração. No mérito, divergiu do relator e julgou improcedente o pedido. Asseverou tratar-se de norma definidora de direito fundamental de grupo étnico-racial minoritário, dotada, portanto, de eficácia plena e aplicação imediata e, assim, exercitável o direito subjetivo nela assegurado, independentemente de integração legislativa. Como norma de eficácia plena e aplicabilidade direta, imediata e integral, o art. 68 do ADCT estaria apto a produzir todos os seus efeitos no momento em que entrasse em vigor a Constituição, independentemente de norma integrativa infraconstitucional. O enunciado contido no art. 68 do ADCT configuraria efetivo exercício do poder regulamentar da Administração, inserido nos limites estabelecidos pelo art. 84, IV e VI, da CF e, por isso, não teria havido mácula aos postulados da legalidade e da reserva de lei. Esclareceu que os chamados quilombolas, povos tradicionais cuja contribuição histórica à formação cultural plural do Brasil somente fora reconhecida na Constituição de 1988, embora não fossem propriamente nativos, como os povos indígenas, ostentariam, à semelhança desses, traços étnico-culturais distintivos marcados por especial relacionamento sociocultural com a terra ocupada: se tornaram nativos e se incorporaram ao ambiente territorial. Assim, ao mesmo tempo em que, de um lado, não seria possível chegar a um significado de quilombo dotado de rigidez absoluta, de outro, tampouco se poderia afirmar que o conceito vertido no art. 68 do ADCT alcançaria toda e qualquer comunidade rural predominantemente afrodescendente, sem nenhuma vinculação histórica ao uso linguístico desse vocábulo. A autoatribuição como critério de determinação da identidade quilombola não se ressentiria de ilegitimidade perante a ordem constitucional. Destacou que se deveria presumir a boa-fé e que a ninguém se poderia recusar a identidade a si mesmo atribuída e, para a má-fé, o direito administrativo disporia de remédios apropriados.
ADI 3239/DF, rel. Min. Cezar Peluso, 25.3.2015. (ADI-3239)

Comunidade dos quilombos e decreto autônomo - 7

A Ministra Rosa Weber reconheceu que, nesse ponto, o Estado brasileiro teria incorporado ao seu direito interno a Convenção 169 da Organização Internacional do Trabalho - OIT sobre Povos Indígenas e Tribais, aprovada pelo Decreto Legislativo 143/2002 e ratificada pelo Decreto 5.051/2004, que consagrou a "consciência da própria identidade" como critério para determinar os grupos tradicionais — indígenas ou tribais — aos quais se aplicaria esse instrumento. Para os efeitos do Decreto 4.887/2003, a autodefinição da comunidade como quilombola fora atestada por certidão emitida pela Fundação Cultural Palmares, nos termos do art. 2°, III, da Lei 7.668/1988. Registrou que, embora houvesse congruências, não seria possível estabelecer sobreposição entre o conceito de consciência da própria identidade, consagrado na Convenção 169 da OIT, e o de autoatribuição/autodefinição,

6. DIREITO ADMINISTRATIVO

da forma como empregado no Decreto 4.887/2003. Corretamente compreendido e dimensionado, o critério da autoidentificação cumpriria a tarefa de trazer à luz os destinatários do art. 68 do ADCT, e não se prestaria a inventar novos destinatários, de forma a ampliar indevidamente o universo daqueles a quem a norma fora dirigida. Para os fins específicos da incidência desse dispositivo constitucional transitório, além de uma dada comunidade ser qualificada como remanescente de quilombo, também se mostraria necessária a satisfação de um elemento objetivo, empírico: que a reprodução da unidade social, que se afirma originada de um quilombo, estivesse atrelada a uma ocupação continuada do espaço, constatada como ainda existente, em sua organicidade, em 5.10.1988, a caracterizá-la como efetiva atualização histórica das comunidades dos quilombos. De igual forma, o preceito não alcançaria as comunidades desintegradas no momento em que promulgada a Constituição. Frisou que o Decreto 4.887/2003 não cuidaria da apropriação individual pelos integrantes da comunidade, e sim da formalização da propriedade coletiva das terras, atribuída à unidade sociocultural.
ADI 3239/DF, rel. Min. Cezar Peluso, 25.3.2015. (ADI-3239)

Comunidade dos quilombos e decreto autônomo - 8
A Ministra Rosa Weber destacou ainda que, para os efeitos específicos — entidade jurídica — que é a comunidade quilombola, o título emitido seria coletivo, pró-indiviso e em nome das associações que legalmente representassem as comunidades quilombolas. Assim, ao determinar que fossem levados em consideração, na medição e na marcação da terra, os critérios de territorialidade indicados pelos remanescentes das comunidades quilombolas, longe de submeter o procedimento demarcatório ao arbítrio dos próprios interessados, a norma positivaria o devido processo legal, na garantia de que as comunidades envolvidas tivessem voz e fossem ouvidas. A leitura do Decreto 4.887/2003 não ampararia a conclusão de que a delimitação das terras ocupadas pelos remanescentes seria deixada ao arbítrio exclusivo dos interessados. Concluir nesse sentido corresponderia a verdadeiro "non sequitur", sequer admitida, como possibilidade hermenêutica legítima. No mais, constatada a situação de fato — ocupação tradicional por remanescentes dos quilombos —, a Constituição conferir-lhes-ia o título de propriedade. Haveria de se buscar na Constituição a solução para a questão procedimental atinente à eventual existência de títulos em nome de terceiros relativos às mesmas terras, já que ela não reputaria nulos ou extintos os títulos eventualmente incidentes sobre as terras ocupadas por remanescentes das comunidades dos quilombos. A Constituição não invalidaria os títulos de propriedade eventualmente registrados, de modo que a regularização do registro exigiria o necessário procedimento expropriatório. Por outro lado, se já ocorrera o usucapião em favor dos remanescentes das comunidades quilombolas, não haveria razão para instaurar procedimento de desapropriação. Diversamente, se não ocorrera a prescrição aquisitiva — pela intercorrência de alguma causa suspensiva ou interruptiva — haveria a desapropriação. Por prever direito que não se esgotaria na dimensão do direito real de propriedade, e sim direito qualificado pelo caráter de direito cultural fundamental, o art. 68 do ADCT deveria ser interpretado em conjunto com o art. 216, § 1º, da CF, que expressamente autoriza a desapropriação para a proteção do patrimônio cultural brasileiro. Concluiu que não haveria vício de inconstitucionalidade no procedimento de desapropriação previsto no Decreto 4.887/2003. Em seguida, pediu vista dos autos o Ministro Dias Toffoli.
ADI 3239/DF, rel. Min. Cezar Peluso, 25.3.2015. (ADI-3239) (Inform. STF 779)

AG. REG. NA ACO N. 644-GO

RELATOR: MIN. DIAS TOFFOLI

EMENTA: Agravo regimental em ação cível originária. Ação de indenização. Desapropriação indireta. Denunciação da lide. Conflito federativo não configurado. Incompetência do STF. Não provimento do agravo.
1. A norma inscrita no art. 102, I, f, segundo o entendimento assentado na Corte, restringe-se, tão somente, àqueles litígios cuja potencialidade ofensiva se revele apta a vulnerar os valores que informam o princípio fundamental que rege, em nosso ordenamento jurídico, o pacto federativo. O caso dos autos está desvestido de qualquer projeção de caráter institucional e em nada afeta as relações políticas entre as unidades federadas, não possuindo densidade suficiente para abalar o pacto federativo, sendo, portanto, inapta para provocar a manifestação do STF na qualidade de Tribunal da Federação. Precedente (ACO 578/MT-QO, Rel. Min. Ellen Gracie, DJ de 22/8/11).
2. Os agravantes demandaram, diretamente à Corte, ação de desapropriação indireta, ancorada no art. 102, I, f, CF, com a pretensão de incluir o Estado

de Goiás na relação processual, para resguardar a devida reparação indenizatória. Denunciação per saltum. Inovação. Artigo 456, caput, do Código Civil. O denunciado não mantém relação processual com o adversário do denunciante, não integrando a relação processual principal. Conflito federativo não configurado.
3. Agravo regimental a que se nega provimento. **(Inform. STF 707)**

DIREITO ADMINISTRATIVO. INDENIZAÇÃO PARA FINS DE DESAPROPRIAÇÃO QUANDO A ÁREA MEDIDA FOR MAIOR DO QUE A ESCRITURADA.
Se, em procedimento de desapropriação por interesse social, constatar-se que a área medida do bem é maior do que a escriturada no Registro de Imóveis, o expropriado receberá indenização correspondente à área registrada, ficando a diferença depositada em Juízo até que, posteriormente, se complemente o registro ou se defina a titularidade para o pagamento a quem de direito. A indenização devida deverá considerar a área efetivamente desapropriada, ainda que o tamanho real seja maior do que o constante da escritura, a fim de não se configurar enriquecimento sem causa em favor do ente expropriante. Precedentes citados: REsp 1.286.886-MT, Segunda Turma, DJe 22/5/2014; REsp 1.395.490-PE, Segunda Turma, DJe 28/2/2014; e REsp 1.321.842-PE, Segunda Turma, DJe 24/10/2013. **REsp 1.466.747-PE, Rel. Min. Humberto Martins, julgado em 24/2/2015, DJe 3/3/2015 (Inform. STJ 556).**

DIREITO ADMINISTRATIVO E PROCESSUAL CIVIL. DISPENSA DE CITAÇÃO DO CÔNJUGE NA DESAPROPRIAÇÃO POR UTILIDADE PÚBLICA. Na ação de desapropriação por utilidade pública, a citação do proprietário do imóvel desapropriado dispensa a do respectivo cônjuge. Isso porque o art. 16 do Decreto-Lei 3.365/1941 (Lei das Desapropriações) dispõe que a "citação far-se-á por mandado na pessoa do proprietário dos bens; a do marido dispensa a da mulher". Ressalte-se que, apesar de o art. 10, § 1º, I, do CPC dispor que "ambos os cônjuges serão necessariamente citados para as ações que versem sobre direitos reais imobiliários", o art. 42 do referido Decreto-Lei preconiza que o CPC somente incidirá no que for omissa a Lei das Desapropriações. Assim, havendo previsão expressa quanto à matéria, não se aplica a norma geral. Precedente citado do STF: RE 86.933, Segunda Turma, DJ 18/6/1979. **REsp 1.404.085-CE, Rel. Min. Herman Benjamin, julgado em 5/8/2014. (Inform. STJ 547)**

DIREITO ADMINISTRATIVO. CONSIDERAÇÃO DE RESERVA FLORESTAL NO CÁLCULO DA PRODUTIVIDADE DO IMÓVEL RURAL PARA FINS DE DESAPROPRIAÇÃO. Não se encontrando averbada no registro imobiliário antes da vistoria, a reserva florestal não poderá ser excluída da área total do imóvel desapropriando para efeito de cálculo da produtividade do imóvel rural. Precedente citado do STJ: AgRg no AREsp 196.566-PA, Segunda Turma, DJe 24/9/2012. Precedente citado do STF: MS 24.924-DF, Tribunal Pleno, DJe 4/11/2011. **AgRg no REsp 1.301.751-MT, Min. Rel. Herman Benjamin, julgado em 8/4/2014. (Inform. STJ 539)**

DIREITO ADMINISTRATIVO. COBRANÇA DE LAUDÊMIO NA HIPÓTESE DE DESAPROPRIAÇÃO DO DOMÍNIO ÚTIL DE IMÓVEL AFORADO DA UNIÃO.
A transferência, para fins de desapropriação, do domínio útil de imóvel aforado da União constitui operação apta a gerar o recolhimento de laudêmio. Isso porque, nessa situação, existe uma transferência onerosa entre vivos, de modo a possibilitar a incidência do disposto no art. 3º do Decreto-lei 2.398/1987, cujo teor estabelece ser devido o laudêmio no caso de "transferência onerosa, entre vivos, de domínio útil de terreno aforado da União ou de direitos sobre benfeitorias neles construídas, bem assim a cessão de direito a eles relativos". Nesse contexto, ainda que a transferência ocorra compulsoriamente, é possível identificar a onerosidade de que trata a referida lei, uma vez que há a obrigação de indenizar o preço do imóvel desapropriado àquele que se sujeita ao império do interesse do Estado. **REsp 1.296.044-RN, Rel. Min. Mauro Campbell Marques, julgado em 15/8/2013. (Inform. STJ 528)**

DIREITO ADMINISTRATIVO. AÇÃO DE INDENIZAÇÃO PELO ARRENDATÁRIO DIRETAMENTE CONTRA A UNIÃO NO CASO DE DESAPROPRIAÇÃO PARA REFORMA AGRÁRIA.
A União é parte legítima para figurar no polo passivo de ação em que o arrendatário objetive ser indenizado pelos prejuízos decorrentes da desapropriação, por interesse social para a reforma agrária, do imóvel arrendado. Isso porque o direito à indenização do arrendatário não se sub-roga no preço do imóvel objeto de desapropriação por interesse social para a reforma agrária, pois a

relação entre arrendante (expropriado) e arrendatário é de direito pessoal. Assim, não se aplica, nessa hipótese, o disposto no art. 31 do Decreto-Lei 3.365/1941, pois a sub-rogação no preço ocorre apenas quanto aos direitos reais constituídos sobre o bem expropriado. **REsp 1.130.124-PR, Rel. Min. Eliana Calmon, julgado em 4/4/2013. (Inform. STJ 522)**

Súmula STF nº 652

Não contraria a Constituição o art. 15, § 1º, do Decreto-Lei 3365/1941 (Lei da Desapropriação por Utilidade Pública).

Súmula STF nº 618

Na desapropriação, direta ou indireta, a taxa dos juros compensatórios é de 12% (doze por cento) ao ano.

Súmula STF nº 617

A base de cálculo dos honorários de advogado em desapropriação é a diferença entre a oferta e a indenização, corrigidas ambas monetariamente.

Súmula STF nº 561

Em desapropriação, é devida a correção monetária até a data do efetivo pagamento da indenização, devendo proceder-se à atualização do cálculo, ainda que por mais de uma vez.

Súmula STF nº 476

Desapropriadas as ações de uma sociedade, o poder desapropriante, imitido na posse, pode exercer, desde logo, todos os direitos inerentes aos respectivos títulos.

Súmula STF nº 416

Pela demora no pagamento do preço da desapropriação não cabe indenização complementar além dos juros.

Súmula STF nº 378

Na indenização por desapropriação incluem-se honorários do advogado do expropriado.

Súmula STF nº 218

É competente o juízo da fazenda nacional da capital do estado, e não o da situação da coisa, para a desapropriação promovida por empresa de energia elétrica, se a união federal intervém como assistente.

Súmula STF nº 164

No processo de desapropriação, são devidos juros compensatórios desde a antecipada imissão de posse, ordenada pelo juiz, por motivo de urgência.

Súmula STF nº 157

É necessária prévia autorização do presidente da república para desapropriação, pelos estados, de empresa de energia elétrica.

Súmula STF nº 23

Verificados os pressupostos legais para o licenciamento da obra, não o impede a declaração de utilidade pública para desapropriação do imóvel, mas o valor da obra não se incluirá na indenização, quando a desapropriação for efetivada.

Súmula STJ nº 408

Nas ações de desapropriação, os juros compensatórios incidentes após a Medida Provisória n. 1.577, de 11/06/1997, devem ser fixados em 6% ao ano até 13/09/2001 e, a partir de então, em 12% ao ano, na forma da Súmula n. 618 do Supremo Tribunal Federal.

Súmula STJ nº 354

A invasão do imóvel é causa de suspensão do processo expropriatório para fins de reforma agrária.

Súmula STJ nº 141

Os honorários de advogado em desapropriação direta são calculados sobre a diferença entre a indenização e a oferta, corrigidas monetariamente.

Súmula STJ nº 131

Nas ações de desapropriação incluem-se no cálculo da verba advocatícia as parcelas relativas aos juros compensatórios e moratórios, devidamente corrigidas.

Súmula STJ nº 119

A ação de desapropriação indireta prescreve em vinte anos.

Súmula STJ nº 114

Os juros compensatórios, na desapropriação indireta, incidem a partir da ocupação, calculados sobre o valor da indenização, corrigido monetariamente.

Súmula STJ nº 113

Os juros compensatórios, na desapropriação direta, incidem a partir da imissão na posse, calculados sobre o valor da indenização, corrigido monetariamente.

Súmula STJ nº 70

Os juros moratórios, na desapropriação direta ou indireta, contam-se desde o trânsito em julgado da sentença.

Súmula STJ nº 69

Na desapropriação direta, os juros compensatórios são devidos desde a antecipada imissão na posse e, na desapropriação indireta, a partir da efetiva ocupação do imóvel.

Súmula STJ nº 67

Na desapropriação, cabe a atualização monetária, ainda que por mais de uma vez, independente do decurso de prazo superior a um ano entre o cálculo e o efetivo pagamento da indenização.

Súmula STJ nº 12

Em desapropriação, são cumuláveis juros compensatórios e moratórios.

9. TRÂNSITO

REPERCUSSÃO GERAL EM N. 657.871-SP

RELATOR: MIN. DIAS TOFFOLI
EMENTA: Recurso extraordinário representativo da controvérsia. Aplicação retroativa de lei mais benéfica às infrações de trânsito. Exegese das normas de trânsito. Interpretação realizada à luz das normas do Código Brasileiro de Trânsito revogado e do vigente. Matéria eminentemente infraconstitucional. Ausência de repercussão geral.
1. Não apresenta repercussão geral o recurso extraordinário que discute efeitos de normas de trânsito revogadoras e revogadas.
2. É pacífica a jurisprudência da Corte no sentido de que os conceitos dos institutos do direito adquirido, do ato jurídico perfeito e da coisa julgada não se encontram na Constituição Federal, senão na legislação ordinária, mais especificamente na Lei de Introdução às Normas do Direito Brasileiro.
3. Ausência de repercussão geral. **(Inform. STF 768)**

DIREITO ADMINISTRATIVO. RESPONSABILIDADE POR INFRAÇÃO RELACIONADA À CONDUÇÃO E À PROPRIEDADE E REGULARIDADE DE VEÍCULO. Devem ser impostas tanto ao condutor quanto ao proprietário do veículo as penalidades de multa e de registro de pontos aplicadas em decorrência da infração de trânsito consistente em conduzir veículo que não esteja registrado e devidamente licenciado (art. 230, V, do CTB). De fato, nos termos do art. 230, V, do CTB, o verbo que designa a ação proibida é "conduzir", ou seja, a ação é imputada ao motorista. Manter veículo sem licenciamento, por si só, não configura infração de trânsito, a qual ocorre quando o veículo é posto em circulação. Todavia, ao proprietário caberá sempre a responsabilidade pela infração referente à prévia regularização e preenchimento das formalidades e condições exigidas para o trânsito do veículo (art. 257, § 1º, CTB). Dessa forma, fica caracterizada a responsabilidade solidária do proprietário e do condutor, pois caberia ao primeiro o dever de registrar e licenciar o veículo de sua propriedade, e, ao segundo, não conduzir veículo sem o devido licenciamento. **REsp 1.524.626-SP, Rel. Min. Humberto Martins, julgado em 5/5/2015, DJe 11/5/2015 (Inform. STJ 561).**

DIREITO ADMINISTRATIVO. PRESCINDIBILIDADE DE PRÉVIO PROCESSO ADMINISTRATIVO PARA NEGAR EXPEDIÇÃO DE CNH DEFINITIVA. Não depende de prévio procedimento administrativo a recusa à expedição da CNH definitiva motivada pelo cometimento de infração de trânsito de natureza grave durante o prazo anual de permissão provisória para dirigir (art. 148, § 3º, do CTB). O STJ já se pronunciou no sentido de que o direito à obtenção da habilitação definitiva somente se perfaz se o candidato, após um ano da expedição da permissão para dirigir, não tiver cometido infração

6. DIREITO ADMINISTRATIVO 525

de natureza grave ou gravíssima e não for reincidente em infração média, segundo disposto no § 3º do art. 148 do CTB. Assim, a expedição da CNH é mera expectativa de direito, que se concretizará com o implemento das condições estabelecidas na lei. Havendo o cometimento de infração grave, revela-se desnecessária a instauração de prévio processo administrativo, considerando que a aferição do preenchimento dos requisitos estabelecidos pela lei para a concessão da CNH definitiva se dá de forma objetiva. Precedente citado: REsp 726.842-SP, Segunda Turma, DJ 11/12/2006. **REsp 1.483.845-RS, Rel. Min. Mauro Campbell Marques, julgado em 16/10/2014. (Inform. STJ 550)**

DIREITO ADMINISTRATIVO. CONCESSÃO DA CNH DEFINITIVA A MOTORISTA QUE TENHA COMETIDO INFRAÇÃO DE NATUREZA GRAVE NA QUALIDADE DE PROPRIETÁRIO DO VEÍCULO.
É possível conceder a carteira nacional de habilitação definitiva a motorista que tenha cometido, durante o prazo anual de permissão provisória para dirigir, infração administrativa de natureza grave, não na qualidade de condutor, mas na de proprietário do veículo. Conforme o art. 148, § 3º, do CTB, a carteira nacional de habilitação definitiva será conferida ao condutor de veículo no término de um ano, desde que ele não tenha cometido infração de natureza grave ou gravíssima, nem seja reincidente no cometimento de infração média. A jurisprudência do STJ é no sentido de que o referido dispositivo legal visa assegurar a habilitação definitiva ao motorista que não interferiu na segurança do trânsito e da coletividade, não sendo aplicável à hipótese em que o motorista é apenado por infração administrativa, ainda que grave, na condição de proprietário do veículo, e não na de condutor, o que não configuraria óbice legal à concessão da habilitação. Precedentes citados: AgRg no REsp 1.231.072-RS, Primeira Turma, DJe 14/5/2012, e REsp 980.851-RS, Segunda Turma, DJ 27/8/2009. **AgRg no AREsp 262.701-RS, Rel. Min. Humberto Martins, julgado em 12/3/2013. (Inform. STJ 518)**

DIREITO ADMINISTRATIVO. IMPOSSIBILIDADE DE APLICAÇÃO RETROATIVA DA REDAÇÃO DADA PELA LEI N. 11.334/2006 AO ART. 218, III, DO CTB.
A redação dada pela Lei n. 11.334/2006 ao art. 218, III, do CTB não pode ser aplicada às infrações cometidas antes da vigência daquela lei, ainda que a nova redação seja mais benéfica ao infrator do que a anterior. A regra constante no art. 218, III, do Código de Trânsito Brasileiro – CTB diz respeito a infração que não esteja tipificada como crime, mas apenas como infração de cunho administrativo consistente na direção em velocidade superior à máxima permitida. Assim, como não se trata de norma de natureza penal, não há como aplicar a retroatividade da norma mais benéfica. **AgRg nos EDcl no REsp 1.281.027-SP, Rel. Min. Mauro Campbell Marques, julgado em 18/12/2012. (Inform. STJ 516)**.

DIREITO ADMINISTRATIVO. POSSIBILIDADE DE CONCESSÃO DE CNH DEFINITIVA AO CONDUTOR QUE PRATIQUE A INFRAÇÃO DE QUE TRATA O ART. 233 DO CTB.
A prática da infração administrativa de natureza grave de que trata o art. 233 do CTB pelo detentor de "permissão para dirigir" não impede que a ele seja concedida a CNH definitiva. De acordo com o art. 148, § 3º, do Código de Trânsito Brasileiro – CTB, o não cometimento de infração grave durante o período em que o condutor trafega com "permissão para dirigir" constitui condição para a concessão de habilitação definitiva. A interpretação teleológica desse dispositivo legal conduz ao entendimento de que o fim buscado pelo legislador foi preservar os objetivos básicos do Sistema Nacional de Trânsito, em especial a segurança e educação para o trânsito, estabelecidos no inciso I do art. 6º do CTB. Assim, não é razoável impedir a concessão de CNH definitiva em razão da falta administrativa prevista no art. 233 do CTB, consistente na conduta de deixar de efetuar o registro da propriedade do veículo no prazo e nas hipóteses legais, porquanto se trata de infração que nada tem a ver com a segurança do trânsito e nenhum risco impõe à coletividade. Precedentes citados: REsp 980.851-RS, Segunda Turma, DJe 27/8/2009, e AgRg no REsp 1.231.072-RS, Primeira Turma, DJe 14/5/2012. **AgRg no AREsp 262.219-RS, Rel. Min. Mauro Campbell Marques, julgado em 7/2/2013. (Inform. STJ 516)**.

DIREITO ADMINISTRATIVO. AUTO DE INFRAÇÃO E APLICAÇÃO DE MULTA COM BASE NO ART. 14, I, DA LEI N. 6.938/1981.
O art. 14, I, da Lei n. 6.938/1981, por si só, constitui fundamento suficiente para embasar a autuação de infração e a aplicação de multa administrativa em decorrência de queimada não autorizada. A Lei n. 6.938/1981, que dispõe sobre a Política Nacional do Meio Ambiente, prevê no art. 14, I, a aplicação de multa simples ou diária, com a especificação do respectivo valor, para os casos de "não cumprimento das medidas necessárias à preservação ou correção dos inconvenientes e danos causados pela degradação da qualidade ambiental". A hipótese de queimadas ilegais insere-se nesse dispositivo legal, que constitui base suficiente para a imposição da multa por degradação do meio ambiente, não sendo válido o argumento de que se trata de norma genérica, tampouco a conclusão de que não poderia embasar a aplicação da penalidade. Ademais, qualquer exceção a essa proibição geral, além de estar prevista expressamente em lei federal, deve ser interpretada restritivamente pelo administrador e pelo magistrado. Precedente citado: REsp 1.000.731-RO, DJe 8/9/2009. **REsp 996.352-PR, Rel. Min. Castro Meira, julgado em 5/2/2013. (Inform. STJ 515)**.

> 📋 **Súmula STJ nº 434**
> O pagamento da multa por infração de trânsito não inibe a discussão judicial do débito.

10. CONSELHOS PROFISSIONAIS

EMB. DECL. NO ARE N. 748.309-RN
RELATOR: MIN. TEORI ZAVASCKI
Ementa: PROCESSUAL CIVIL. EMBARGOS DE DECLARAÇÃO RECEBIDOS COMO AGRAVO REGIMENTAL. RECURSO EXTRAORDINÁRIO COM AGRAVO. CONSELHOS PROFISSIONAIS. CUSTAS PROCESSUAIS. ISENÇÃO. INEXISTÊNCIA. ART. 4º, PARÁGRAFO ÚNICO, DA LEI 9.289/1996.
1. Apesar de ostentarem a natureza de autarquia, os Conselhos Profissionais estão excluídos da isenção do pagamento de custas. É o que estabelece o parágrafo único do art. 4º da Lei 9.289/1996.
2. Agravo regimental a que se nega provimento. **(Inform. STF 789)**

AG. REG. NA Rcl N 18.384-SP
RELATOR: MIN. TEORI ZAVASCKI
Ementa: AGRAVO REGIMENTAL NA RECLAMAÇÃO. CONSTITUCIONAL E ADMINISTRATIVO. MULTA APLICADA PELO CONSELHO REGIONAL DE FARMÁCIA. PRÉVIO RECOLHIMENTO PARA FINS DE RECURSO ADMINISTRATIVO. EXIGÊNCIA AFASTADA PELO ACÓRDÃO RECLAMADO. DETERMINAÇÃO DE JULGAMENTO DOS RECURSOS ADMINISTRATIVOS QUE NÃO FORAM CONHECIDOS PELA NÃO SATISFAÇÃO DE EXIGÊNCIA CONSIDERADA INDEVIDA. OFENSA À SÚMULA VINCULANTE 21. NÃO CONFIGURAÇÃO.
AGRAVO REGIMENTAL A QUE SE NEGA PROVIMENTO. **(Inform. STF 786)**

AG. REG. NO RE N. 704.386-RJ
RELATOR: MIN. LUIZ FUX
Ementa: AGRAVO REGIMENTAL NO RECURSO EXTRAORDINÁRIO. CONSELHO DE FISCALIZAÇÃO PROFISSIONAL. NATUREZA JURÍDICA DA AUTARQUIA. FISCALIZAÇÃO. ATIVIDADE TÍPICA DE ESTADO. ESTABILIDADE DO SERVIDOR. APLICABILIDADE DO ARTIGO 19 DO ADCT. REINTEGRAÇÃO NO CARGO. RECURSO CONTRA ACÓRDÃO DO STJ. CONTROVÉRSIA CONSTITUCIONAL SURGIDA NA INSTÂNCIA ORDINÁRIA. INADMISSIBILIDADE DO RE.
1. O recurso extraordinário contra acórdão do Superior Tribunal de Justiça proferido em recurso especial só é cabível quando a questão constitucional objeto da controvérsia for diversa da decidida pela instância ordinária. Nesses casos, só é admissível o apelo extremo que a suposta violação constitucional tiver sido, originariamente, apreciada pela Corte Especial. Precedentes: RE 750.300-ED, Rel. Min. Celso de Mello, DJe de 6/9/2013, ARE 644.906-AgR, Rel. Min. Ricardo Lewandowski, Segunda Turma, DJe de 12/4/2012.
2. *In casu*, o acórdão extraordinariamente recorrido assentou: *"ADMINISTRATIVO. CONSELHO DE FISCALIZAÇÃO PROFISSIONAL. REGIME JURÍDICO. OBSERVÂNCIA DA LEI DE REGÊNCIA EM CADA PERÍODO. RECORRENTE CONTRATADA EM 7.11.1975 E DEMITIDA EM 2.01.2007. VIGÊNCIA DA LEI Nº 9.649/98, ART. 58, PARÁGRAFO 3º. REGIME CELETISTA. DESNECESSIDADE DE PRÉVIO PROCESSO ADMINISTRATIVO. DECISÃO DO STF NA ADI Nº 2.135-MC COM EFEITOS EX NUNC. RECURSO ESPECIAL A QUE SE NEGA PROVIMENTO."*
3. Agravo regimental **DESPROVIDO. (Inform. STF 764)**

REPERCUSSÃO GERAL EM RE N. 795.467-SP
RELATOR: MIN. TEORI ZAVASCKI
Ementa: ADMINISTRATIVO E CONSTITUCIONAL. RECURSO EXTRAORDI-NÁRIO. INSCRIÇÃO NA ORDEM DOS MÚSICOS DO BRASIL (OMB). PAGA-MENTO DE ANUIDADES. NÃO-OBRIGATORIEDADE. OFENSA À GARANTIA DA LIBERDADE DE EXPRESSÃO (ART. 5º, IX, DA CF). REPERCUSSÃO GERAL CONFIGURADA. REAFIRMAÇÃO DA JURISPRUDÊNCIA.
1. O Plenário do Supremo Tribunal Federal, no julgamento do RE 414.426, rel. Min. ELLEN GRACIE, DJe de 10-10-2011, firmou o entendimento de que a atividade de músico é manifestação artística protegida pela garantia da liberdade de expressão, sendo, por isso, incompatível com a Constituição Federal de 1988 a exigência de inscrição na Ordem dos Músicos do Brasil, bem como de pagamento de anuidade, para o exercício de tal profissão.
2. Recurso extraordinário provido, com o reconhecimento da repercussão geral do tema e a reafirmação da jurisprudência sobre a matéria. **(Inform. STF 752)**

SEGUNDO AG. REG. EM MS N. 28.469-DF
RED. P/ O ACÓRDÃO: MIN. LUIZ FUX
Ementa: AGRAVO REGIMENTAL NO MANDADO DE SEGURANÇA. ADMINIS-TRATIVO. ACÓRDÃO DO TRIBUNAL DE CONTAS DA UNIÃO. CONSELHO DE FISCALIZAÇÃO PROFISSIONAL. NATUREZA JURÍDICA. AUTARQUIA FEDERAL. EXIGÊNCIA DE CONCURSO PÚBLICO. OBSERVÂNCIA DO ART. 37, II, DA CONSTITUIÇÃO FEDERAL. FISCALIZAÇÃO. ATIVIDADE TÍPICA DO ESTADO. PRINCÍPIO DA PROTEÇÃO DA CONFIANÇA LEGÍTIMA. ANÁLISE. AGRAVO REGIMENTAL PROVIDO PARA RESTAURAR O DEVIDO PROCES-SAMENTO DO MANDADO DE SEGURANÇA E POSSIBILITAR UM MELHOR EXAME DA MATÉRIA.
1. Os conselhos de fiscalização profissional têm natureza jurídica de autar-quias, consoante decidido no MS 22.643, ocasião na qual restou consignado que: (i) estas entidades são criadas por lei, tendo personalidade jurídica de direito público com autonomia administrativa e financeira; (ii) exercem a atividade de fiscalização de exercício profissional que, como decorre do dis-posto nos artigos 5º, XIII, 21, XXIV, é atividade tipicamente pública; (iii) têm o dever de prestar contas ao Tribunal de Contas da União (art. 71, II, CRFB/88).
2. Os conselhos de fiscalização profissional, posto autarquias criadas por lei e ostentando personalidade jurídica de direito público, exercendo atividade tipicamente pública, qual seja, a fiscalização do exercício profissional, submetem-se às regras encartadas no artigo 37, inciso II, da CRFB/88, quando da contratação de servidores. Precedente: RE 539.224, 1ª Turma Rel. Min. Luiz Fux, DJe. - 18/06/2012.
3. A fiscalização das profissões, por se tratar de uma atividade típica de Estado, que abrange o poder de polícia, de tributar e de punir, não pode ser delegada (ADI 1.717), excetuando-se a Ordem dos Advogados do Brasil (ADI 3.026).
4. In casu, está em discussão tese relacionada à contratação dos impetrantes, ocorrida há mais de 10 (dez) anos, e a alegação de desrespeito ao processo de seleção e às regras constitucionais aplicáveis (art. 37, II, CRFB/88), fatos que tornam imperativa a análise mais apurada do mandado de segurança, sobretudo em decorrência do princípio da proteção da confiança legítima.
5. Agravo regimental provido apenas para possibilitar um melhor exame do mandado de segurança e facultar às partes a oportunidade de sustentação oral. **(Inform. STF 705)**

DIREITO ADMINISTRATIVO. TERMO INICIAL DA PRESCRIÇÃO DA PRETENSÃO PUNITIVA DE PROFISSIONAL LIBERAL POR INFRAÇÃO ÉTICO-PROFISSIONAL.
Conta-se do conhecimento do respectivo fato pelo conselho profissional o prazo de prescrição da sua pretensão de punir profissional liberal por infração ética sujeita a processo disciplinar. Preliminarmente, ressalte-se que não há que se confundir prescrição do direito de ação do prejudicado ou denunciante para acionar civilmente o profissional liberal com a prescrição do direito do órgão fiscalizador de classe apreciar e julgar infrações éticas. O art. 1º da Lei 6.838/1980 dispõe que "a punibilidade de profissional liberal, por falta sujeita a processo disciplinar, através de órgão em que esteja ins-crito, prescreve em 5 (cinco) anos, contados da data de verificação do fato respectivo". O mencionado artigo define a quem compete punir o profissional liberal por falta disciplinar, o prazo para extinção da punibilidade e a forma pela qual se dá a aferição do início da prescrição da pretensão punitiva. No que diz respeito ao termo inicial do prazo prescricional, evidencia-se que o comando inserto no art. 1º não estabelece ser a data do fato o parâmetro a ser considerado para a observância do início da prescrição, mas sim a data

em que ocorreu a verificação do fato, supostamente, incompatível com a conduta ético-profissional. A exegese a ser dada sobre a quem considerar apto a verificar o fato deve levar em consideração a competência para o exercício do direito de investigar e punir a falta ético-profissional, ou seja, a norma tem por destinatário o conselho profissional no qual se encontra inscrito o profissional, razão por que o início do prazo prescricional se dá pela verificação do fato pelo órgão de classe. **REsp 1.263.157-PE, Rel. Min. Be-nedito Gonçalves, julgado em 5/3/2015, DJe 11/3/2015 (Inform. STJ 557).**

DIREITO ADMINISTRATIVO. COMPETÊNCIA PARA FISCALIZAR PRESENÇA DE FARMACÊUTICO EM DROGARIAS E FARMÁCIAS. RECURSO REPETITIVO (ART. 543-C DO CPC E RES. 8/2008-STJ).
Os Conselhos Regionais de Farmácia possuem competência para fiscali-zação e autuação das farmácias e drogarias, quanto ao cumprimento da exigência de manterem profissional legalmente habilitado (farmacêutico) durante todo o período de funcionamento dos respectivos estabelecimen-tos, sob pena de esses incorrerem em infração passível de multa, nos termos do art. 24 da Lei 3.820/1960, c/c o art. 15 da Lei 5.991/1973. A interpretação dos dispositivos legais atinentes à matéria em apreço (arts. 10, "c", e 24 da Lei 3.820/1960 e art. 15 da Lei 5.991/1973) conduz ao entendimento de que os Conselhos Regionais de Farmácia são competentes para promover a fiscalização das farmácias e drogarias em relação à per-manência de profissionais legalmente habilitados durante o período integral de funcionamento das empresas farmacêuticas. Já a atuação da Vigilância Sanitária está circunscrita ao licenciamento do estabelecimento e à sua fiscalização no que tange ao cumprimento de padrões sanitários relativos ao comércio exercido, convivendo, portanto, com as atribuições a cargo dos Conselhos. É o que se depreende, claramente, do disposto no art. 21 da Lei 5.991/1973. Precedentes citados: EREsp 380.254-PR, Primeira Seção, DJ 8/8/2005; REsp 1.085.436-SP, Segunda Turma, DJe 3/2/2011; AgRg no REsp 975.172-SP, Primeira Turma, DJe 17/12/2008. **REsp 1.382.751-MG, Rel. Min. Og Fernandes, Primeira Seção, julgado em 12/11/2014, DJe 2/2/2015 (Inform. STJ 554).**

DIREITO ADMINISTRATIVO. DESNECESSIDADE DE INSCRIÇÃO DE DE-TERMINADOS PROFISSIONAIS NO CONSELHO REGIONAL DE EDUCAÇÃO FÍSICA.
Não é obrigatória a inscrição, nos Conselhos de Educação Física, dos professores e mestres de dança, ioga e artes marciais (karatê, judô, tae-kwon-do, kickboxing, jiu-jitsu, capoeira e outros) para o exercício de suas atividades profissionais. Isso porque o disposto nos arts. 2º e 3º da Lei 9.696/1998 estabelece quais são as competências do profissional de educação física e definem, expressa e restritivamente, quais serão aqueles obrigatoriamente inscritos nos Conselhos Regionais, quais sejam, os de-tentores de diploma em Educação Física e aqueles que, à época da edição da referida lei, exerciam atividades próprias dos profissionais de educação física. Assim, a Resolução 46/2002 do Conselho Federal de Educação Física (CONFEF), ao dispor que entre os profissionais de educação física estavam inseridos aqueles especializados em lutas, danças, ioga, entre outros, exigindo destes o registro no Conselho, extrapolou o previsto no normativo federal. Portanto, não pode a mencionada resolução modificar o rol de profissionais a serem inscritos no Conselho, violando expressa disposição legal. Prece-dente citado: REsp 1.012.692-RS, Primeira Turma, DJe 16/5/2011. **REsp 1.450.564-SE, Rel. Min. Og Fernandes, julgado em 16/12/2014, DJe 4/2/2015 (Inform. STJ 554).**

DIREITO ADMINISTRATIVO. NÃO OBRIGATORIEDADE DE CONTRATAÇÃO DE NUTRICIONISTAS E DE REGISTRO EM CONSELHOS DE NUTRIÇÃO.
Bares, restaurantes e similares não são obrigados a se registrarem em Conselhos de Nutrição nem a contratarem nutricionistas. Segundo enten-dimento do STJ, o critério determinante para a necessidade de registro em conselho de fiscalização do exercício profissional, bem como da necessidade de contratação de responsável técnico, é a atividade básica exercida pela empresa ou a natureza dos serviços por ela prestados. O serviço prestado por bares e restaurantes encontra-se associado ao comércio de alimentos e bebidas, além do oferecimento à população de verdadeiras opções de lazer e entretenimento, como apresentações musicais e de dança, transmissão televisiva, entre outros. Da interpretação da legislação que regula o tema (art. 10 da Lei 6.839/1980; art. 15, parágrafo único, da Lei 6.583/1978; art. 18 do Decreto 84.444/1980), não se pode aferir que a atividade básica que bares, restaurantes e similares desempenham esteja ligada à fabricação de alimentos destinados ao consumo humano. A atividade que tais estabelecimentos desempenham tampouco se

6. DIREITO ADMINISTRATIVO   527

aproxima do conceito de saúde versado na legislação trazida a lume, não se imiscuindo aí preocupação relativa à área de nutrição e dietética, mas sim conceitos voltados à arte culinária e à gastronomia, associados, não raras vezes, a outras formas de expressão cultural. Muito embora haja liberalidade na contratação de técnicos em nutrição em tais estabelecimentos, tal prática não pode ser entendida como exigência, principalmente porque não há previsão legal nesse sentido. De outro norte, é certo que a atividade desempenhada por bares e restaurantes já se encontra submetida ao controle e fiscalização do Estado, no exercício de seu poder de polícia, notadamente através da atuação da vigilância sanitária, responsável por tomar medidas preventivas em termos de saúde pública, atestando as boas condições de funcionamento dos estabelecimentos, inclusive no que concerne à higiene e preparação de gêneros alimentícios. Assim, o acompanhamento de profissional de nutrição, embora aconselhável, não se mostra estritamente obrigatório nesses casos. **REsp 1.330.279-BA, Rel. Min. Og Fernandes, julgado em 20/11/2014, DJe 10/12/2014 (Inform. STJ 553).**

DIREITO ADMINISTRATIVO. INSCRIÇÃO DE INDÚSTRIA DE LATICÍNIOS NO CONSELHO DE QUÍMICA. A pessoa jurídica cuja finalidade precípua é a industrialização e o comércio de laticínios e derivados não é obrigada a registrar-se no Conselho Regional de Química. Precedentes citados: REsp 410.421-SC, Segunda Turma, DJ 1º/8/2005; e REsp 816.846-RJ, Primeira Turma, DJ 17/4/2006. **REsp 1.410.594-PR, Rel. Min. Herman Benjamin, julgado em 22/10/2013. (Inform. STJ 534)**

DIREITO ADMINISTRATIVO E PROCESSUAL CIVIL. INTIMAÇÃO PESSOAL DO REPRESENTANTE DE CONSELHO DE FISCALIZAÇÃO PROFISSIONAL EM EXECUÇÃO FISCAL. RECURSO REPETITIVO (ART. 543-C DO CPC E RES. 8/2008-STJ).
O representante judicial de conselho de fiscalização profissional possui a prerrogativa de ser intimado pessoalmente no âmbito de execução fiscal promovida pela entidade. Incide, nessa hipótese, o disposto no art. 25 da Lei 6.830/1980 (LEF). Deve-se ressaltar, a propósito do tema, que o STF consolidou o entendimento de que os referidos conselhos possuem natureza jurídica autárquica, pois exercem atividade típica de Estado, de modo a abranger, no que concerne à fiscalização de profissões regulamentadas, o poder de polícia, o de tributar e o de punir. Nesse contexto, os créditos dos conselhos de fiscalização profissional devem ser cobrados por execução fiscal, pois a expressão "Fazenda Pública" constante do § 1º do art. 2º da LEF – "Qualquer valor, cuja cobrança seja atribuída por lei às entidades de que trata o artigo 1º, será considerado Dívida Ativa da Fazenda Pública." –, deve ser interpretada de maneira a abranger as autarquias. Dessa forma, existindo regra específica sobre a intimação pessoal dos representes da Fazenda Pública em execução fiscal (art. 25 da LEF), essa prerrogativa deve ser observada no caso dos representantes dos conselhos de fiscalização profissional. **REsp 1.330.473-SP, Rel. Min. Arnaldo Esteves Lima, julgado em 12/6/2013. (Inform. STJ 526)**

DIREITO ADMINISTRATIVO. IMPOSSIBILIDADE DE CONFERIR AOS PSICÓLOGOS, POR RESOLUÇÃO, AUTORIZAÇÃO PARA O EXERCÍCIO DA TÉCNICA DA ACUPUNTURA.
É inadmissível que resolução do Conselho Federal de Psicologia estenda aos profissionais da área a possibilidade de utilização da acupuntura como método complementar de tratamento, ainda que no Brasil não exista legislação que discipline o exercício dessa técnica. Não se pode deduzir, a partir desse vácuo normativo, que se possa permitir, por intermédio de ato administrativo editado pelo conselho profissional, a prática da acupuntura. Ademais, não é possível aos profissionais de psicologia estender seu campo de trabalho por meio de resolução, pois suas competências já estão fixadas na Lei 4.119/1962, que regulamenta o exercício da profissão. **REsp 1.357.139-DF, Rel. Min. Napoleão Nunes Maia Filho, julgado em 18/4/2013. (Inform. STJ 520)**

📑 **Súmula STJ nº 413**

O farmacêutico pode acumular a responsabilidade técnica por uma farmácia e uma drogaria ou por duas drogarias.

📑 **Súmula STJ nº 275**

O auxiliar de farmácia não pode ser responsável técnico por farmácia ou drogaria.

📑 **Súmula STJ nº 120**

O oficial de farmácia, inscrito no conselho regional de farmácia, pode ser responsável técnico por drogaria.

📑 **Súmula STJ nº 79**

Os bancos comerciais não estão sujeitos a registro nos conselhos regionais de economia.

11. LICITAÇÃO

Licitação e demonstração de prejuízo ao erário ou favorecimento - 1
A Segunda Turma iniciou julgamento de denúncia na qual se imputa a deputada federal, então secretária de estado, a prática dos crimes previstos no art. 312, "caput", do CP (peculato desvio) e do art. 89 da Lei 8.666/1993 (inexigibilidade indevida de licitação). No caso, segundo a inicial acusatória, a indiciada teria desviado vultosa quantia de convênio entre Estado-Membro e o Fundo Nacional de Desenvolvimento da Educação - FNDE. Teria, também, deixado de exigir licitação fora das hipóteses previstas em lei, ao contratar determinada empresa para prestar serviços de capacitação de professores. O Ministro Gilmar Mendes (relator) rejeitou a denúncia, no que foi acompanhado pelo Ministro Teori Zavascki. No que se refere ao art. 312 do CP, assinalou que não haver plausibilidade da acusação, uma vez que os recursos teriam sido incorporados ao Tesouro — caixa único do Estado. Desclassificou essa conduta para a prevista no art. 315 do CP e reconheceu a prescrição da pretensão punitiva do Estado e, consequentemente, declarou extinta a punibilidade da denunciada em relação ao crime previsto no art. 315 do CP. Quanto à inexigibilidade de licitação, essa teria sido fundada no art. 25, II, da Lei 8.666/1993. O objeto da contratação fora enquadrado como "serviço técnico de treinamento e aperfeiçoamento de pessoal, de natureza singular, com profissionais de notória especialização". Afirmou que a hipótese não se harmonizaria ao dispositivo legal, pois a empresa que formulara proposta para prestar o serviço contratado não demonstrara a especialização exigida. Essa pessoa jurídica teria acostado atestados de competência técnica referentes à capacitação e aperfeiçoamento de pessoal voltado para as áreas de administração e marketing, mas não para área atinente ao treinamento pretendido — capacitação de educadores do ensino de jovens e adultos. Ademais, a procuradoria administrativa teria opinado pela viabilidade da contratação, mas alertara para a necessidade da justificativa de preços. No entanto, a procuradoria-geral do Estado-Membro considerara que a adoção de parecer anterior supriria a necessidade. Ocorre que o parecer mencionado não faria qualquer menção à justificativa do preço. A realização de pesquisa de mercado após a escolha da fornecedora, muito embora não provasse, por si só, qualquer ilícito, levantaria suspeita para o direcionamento indevido da contratação. Esses seriam elementos adicionais a indicar que a contratação direta não teria sido a decisão juridicamente correta. **Inq 3731/DF, rel. Min. Gilmar Mendes 18.8.2015. (Inq-3731)**

Licitação e demonstração de prejuízo ao erário ou favorecimento - 2
O relator consignou, no entanto, que a jurisprudência do STF, ao interpretar o art. 89 da Lei 8.666/1993, exigiria a demonstração do prejuízo ao erário e da finalidade específica de favorecimento indevido para reconhecer a adequação típica. O objetivo desse entendimento seria separar os casos em que ocorrera interpretação equivocada das normas, ou mesmo puro e simples erro do administrador daqueles em que a dispensa buscara efetivo favorecimento dos agentes envolvidos. Mencionou que, a despeito disso tudo, os elementos não demonstrariam que a denunciada tivesse agido com intenção de causar prejuízo ao erário ou favorecer a contratada. Não haveria elemento que indicasse que a denunciada tivesse pessoalmente exercido influência na escolha. Assim, em princípio, a denunciada teria agido com a crença de que a contratação seria conveniente e adequada e de que a licitação seria inexigível de acordo com os critérios jurídicos. Por fim, não vislumbrou elementos suficientes a indicar vontade de causar prejuízo ao erário ou favorecer a contratada. Em seguida, a Ministra Cármen Lúcia pediu vista. **Inq 3731/DF, rel. Min. Gilmar Mendes 18.8.2015. (Inq-3731) (Inform. STF 795)**

AG. REG. NO ARE N. 791.625-AP

RELATOR: MIN. GILMAR MENDES

Agravo regimental em recurso extraordinário com agravo. 2. Hipótese de dispensa de licitação. Convocação, pelo administrador, de diversas empresas para apresentar propostas de preços. Negociação individual com apenas uma das participantes. Contratação por valor superior àquele apresentado pela impetrante. Ofensa ao art. 24 da Lei 8.666/93. Matéria infraconstitucional. Fatos e provas. Súmula 279. 3. Competência da Justiça Federal. Art. 109, I, CF. Não configuração. Mera alegação de interesse da União não desloca julgamento para Justiça Federal. 4. Não viola o princípio da separação de poderes o exame da legalidade dos atos administrativos pelo Poder Judiciário. 5. Agravo regimental a que se nega provimento. **(Inform. STF 789)**

TCU e declaração de inidoneidade para licitar

O TCU tem competência para declarar a inidoneidade de empresa privada para participar de licitações promovidas pela Administração Pública. Com base nessa orientação, o Tribunal, por maioria, denegou mandado de segurança impetrado em face de decisão do TCU que declarara não poder aquela pessoa jurídica, por cinco anos, participar de licitações públicas. No caso, a Corte de Contas aplicara a referida penalidade porq
ue a impetrante fraudara documentos que teriam permitido a sua habilitação em procedimentos licitatórios. A decisão fora fundamentada no art. 46 da Lei 8.443/1992 — Lei Orgânica do TCU ("Art. 46. Verificada a ocorrência de fraude comprovada à licitação, o Tribunal declarará a inidoneidade do licitante fraudador para participar, por até cinco anos, de licitação na Administração Pública Federal"). A Corte destacou que, no julgamento da Pet 3.606 AgR/DF (DJU de 27.10.2006), o Plenário do STF reconhecera a validade do art. 46 da Lei Orgânica do TCU e esclarecera que "o poder outorgado pelo legislador ao TCU, de declarar, verificada a ocorrência de fraude comprovada à licitação, a inidoneidade do licitante fraudador para participar, por até cinco anos, de licitação na Administração Pública Federal (art. 46 da L. 8.443/92), não se confunde com o dispositivo da Lei das Licitações (art. 87), que - dirigido apenas aos altos cargos do Poder Executivo dos entes federativos (§ 3º) - é restrito ao controle interno da Administração Pública e de aplicação mais abrangente". Lembrou que outras decisões foram proferidas no sentido de assentar a constitucionalidade das atribuições que são delegadas a certas entidades privadas (organizações sociais e entidades do "Sistema S") e que teriam como um dos fundamentos básicos a submissão dessas entidades ao Tribunal de Contas e, portanto, sujeitas às sanções correspondentes por ele aplicadas. Asseverou que a base normativa que legitima, a partir da Constituição, o exercício desse dever/poder de fiscalizar, de controlar e de reprimir eventuais fraudes ou ilicitudes no âmbito da Administração Pública residiria no art. 46 da Lei 8.443/1992. Ademais, o parágrafo único do art. 70 da CF ("Art. 70. ... Parágrafo único. Prestará contas qualquer pessoa física ou jurídica, pública ou privada, que utilize, arrecade, guarde, gerencie ou administre dinheiros, bens e valores públicos ou pelos quais a União responda, ou que, em nome desta, assuma obrigações de natureza pecuniária") submeteria essa competência material do TCU não apenas as pessoas de direito público, mas também as pessoas jurídicas de direito privado e até mesmo as pessoas naturais. Vencido o Ministro Marco Aurélio, que concedia a ordem. Assinalava que o § 3º do art. 71 da CF, ao estabelecer que as decisões do TCU de que resultasse imputação de débito ou multa terão eficácia de título executivo, conduziria, em interpretação sistemática e teleológica, à conclusão de que o pronunciamento diria respeito à Administração Pública. Nesse contexto, frisava que o art. 46 da Lei 8.443/1992 implicaria — a colocar em segundo plano a higidez — aditamento ao rol das práticas autorizadas pelo art. 71 da CF e à Lei 8.666/1993, a qual seria categórica ao preconizar o que incumbiria, de forma exclusiva, ao Ministro de Estado, ao Secretário Estadual ou Municipal aplicar sanção ["Art. 87. ... § 3º. A sanção estabelecida no inciso IV deste artigo é de competência exclusiva do Ministro de Estado, do Secretário Estadual ou Municipal, conforme o caso, facultada a defesa do interessado no respectivo processo, no prazo de 10 (dez) dias da abertura de vista, podendo ser a reabilitação ser requerida após 2 (dois) anos de sua aplicação"]. Assim, assentava a inconstitucionalidade do art. 46 da Lei 8.443/1992.
MS 30788/MG, rel. orig. Min. Marco Aurélio, red. p/ o acórdão Min. Roberto Barroso, 21.5.2015. (MS-30788) (Inform. STF 786)

Inexigibilidade de licitação e critérios para contratação direta de escritório de advocacia - 1

Por ausência de justa causa para a propositura da ação penal, a 1ª Turma, por maioria, rejeitou denúncia ajuizada contra deputado federal — então prefeito à época dos fatos — pela suposta prática do crime previsto no art. 89 da Lei 8.666/1993 ("Dispensar ou inexigir licitação fora das hipóteses previstas em lei, ou deixar de observar as formalidades pertinentes à dispensa ou à inexigibilidade"). A acusação sustentava que o parlamentar teria contratado indevidamente, mediante inexigibilidade de licitação, escritório de advocacia

para consultoria jurídica e patrocínio judicial na retomada dos serviços de abastecimento de água e esgoto do município. Constava da denúncia que inexistiria singularidade do objeto do contrato, pois o trabalho jurídico teria natureza ordinária e não seria dotado de complexidade que justificasse a contratação de profissional com notória especialização a justificar a inexigibilidade de licitação. O Ministro Roberto Barroso (relator) consignou que a contratação direta de escritório de advocacia deveria observar os seguintes parâmetros: a) necessidade de procedimento administrativo formal; b) notória especialização do profissional a ser contratado; c) natureza singular do serviço; d) demonstração da inadequação da prestação do serviço pelos integrantes do Poder Público; e e) cobrança de preço compatível com o mercado para o serviço.

Inexigibilidade de licitação e critérios para contratação direta de escritório de advocacia - 2

O relator destacou que o procedimento formal teria sido regularmente observado, inclusive com a oitiva do Procurador-Geral do Município, e que teria havido publicação no Diário Oficial com um resumo do ato justificativo de inexigibilidade. Asseverou que as provas dos autos demonstrariam que a notória especialização estaria presente, pois comprovado que o escritório contratado teria atuado em serviços de advocacia afetos à concessão de saneamento básico de diversos municípios e estados-membros. Explicitou que, na situação dos autos, pela primeira vez, em 30 anos, seria feita a retomada de um serviço de saneamento básico que atenderia a quase 300 mil pessoas. Asseverou que essas circunstâncias, aliadas ao fato de haver resistência declarada da concessionária anterior e a magnitude financeira da operação, não indicariam se tratar de matéria trivial que não exigiria algum grau de sofisticação, razão pela qual a hipótese seria de singularidade do objeto. Acrescentou que a contratação de escritório de advocacia envolveria um teor mínimo de confiança tanto na "expertise", como de confiança pessoal no advogado. Por fim, concluiu que o preço cobrado pelo escritório teria sido módico, uma vez que o serviço envolveria a retomada de uma concessão de valor vultoso, para uma ação judicial que, notadamente, se prolongaria por muito tempo. Vencido o Ministro Marco Aurélio, que recebia a denúncia. Aduzia se tratar de grande município que contaria com corpo jurídico estruturado, remunerado pela população e que estaria à altura de conduzir a defesa da entidade federada. Ressaltava que a Procuradoria já teria preparado inicial para a propositura da ação e, mesmo assim, se optara por contratar o escritório de advocacia. **Inq 3074/SC, rel. Min. Roberto Barroso, 26.8.2014. (Inq-3074) (Inform. STF 756)**

AG. REG. NO AI N. 851.342-DF

RELATOR: MIN. DIAS TOFFOLI
EMENTA: Agravo regimental no agravo de instrumento. Administrativo. Prequestionamento. Ausência. Negativa de prestação jurisdicional. Não ocorrência. Permuta. Dispensa de licitação. Discussão. Legislação infraconstitucional. Ofensa reflexa. Reexame de fatos e provas. Impossibilidade. Precedentes.
1. Não se admite o recurso extraordinário quando os dispositivos constitucionais que nele se alega violados não estão devidamente prequestionados. Incidência das Súmulas nºs 282 e 356/STF.
2. A jurisdição foi prestada pelo Tribunal de origem mediante decisão suficientemente motivada.
3. Inadmissível, em recurso extraordinário, a análise da legislação infraconstitucional e o reexame de fatos e provas dos autos. Incidência das Súmulas nºs 636 e 279/STF.
4. Agravo regimental não provido. **(Inform. STF 745)**

Processo licitatório: punição e proporcionalidade

A 1ª Turma, por maioria, deu provimento a recurso ordinário em mandado de segurança para afastar sanção prevista no art. 7º da Lei 10.520/2002 ["Art. 7º. Quem, convocado dentro do prazo de validade da sua proposta, não celebrar o contrato, deixar de entregar ou apresentar documentação falsa exigida para o certame, ensejar o retardamento da execução de seu objeto, não mantiver a proposta, falhar ou fraudar na execução do contrato, comportar-se de modo inidôneo ou cometer fraude fiscal, ficará impedido de licitar e contratar com a União, Estados, Distrito Federal ou Municípios e, será descredenciado no Sicaf, ou nos sistemas de cadastramento de fornecedores a que se refere o inciso XIV do art. 4º desta Lei, pelo prazo de até 5 (cinco) anos, sem prejuízo das multas previstas em edital e no contrato e das demais cominações legais"]. Na espécie, a empresa, ao concorrer em certame licitatório, após

6. DIREITO ADMINISTRATIVO

apuração de irregularidade em atestado de capacidade técnica, fora penalizada com suspensão, pelo prazo de um ano, de participar de licitações, bem como impedida de contratar com a Administração Pública com fundamento no aludido preceito. De início, a Turma ressaltou que o certame fora posteriormente revogado pela Administração Pública ante a ausência de conveniência e oportunidade na contratação dos serviços pela alteração do quadro fático subjacente à abertura do pregão. Em seguida, reputou ausentes o prejuízo para a Administração Pública e a demonstração de dolo ou má-fé por parte do licitante. Assim, incabível a subsunção do fato descrito ao art. 7º da Lei 10.520/2002. Vencida, em parte, a Ministra Rosa Weber, que propunha a redução do prazo de inabilitação. **RMS 31972/DF, rel. Min. Dias Toffoli, 3.12.2013. (RMS-31972) (Inform. STF 731)**

Convênios de prestação de serviços de assistência à saúde: Geap e licitação - conclusão

Em conclusão de julgamento, o Plenário, por maioria, denegou mandados de segurança coletivos, impetrados contra acórdão do TCU, em que se discutia a validade de convênios de prestação de serviços de assistência à saúde entre a Geap - Fundação de Seguridade Social e vários órgãos e entidades da Administração Pública. Na espécie, a Corte de Contas reputara regulares apenas os convênios firmados com os entes patrocinadores da entidade (os Ministérios da Saúde e da Previdência Social, a Empresa de Tecnologia e Informação da Previdência Social - Dataprev e o Instituto Nacional do Seguro Social - INSS). Entendera obrigatória a licitação para a celebração de quaisquer outras avenças com os demais entes da Administração Pública que não os órgãos legítimos detentores da condição de patrocinadores, observado, assim, o disposto no art. 1º, I e II, do Decreto 4.978/2004, alterado pelo Decreto 5.010/2004, e no art. 37, XXI, da CF — v. Informativos 563, 573 e 649. Considerou-se não atendidas as exigências legais a permitir convênios com aqueloutros órgãos e entidades. Registrou-se a legitimidade do ato do TCU. Além disso, assentou-se a ausência de ilegalidade, de ameaça ou violação a direitos no acórdão impugnado. O Min. Ricardo Lewandowski salientou que a Geap não se enquadraria nos requisitos que excepcionariam a obrigatoriedade da realização de procedimento licitatório para a consecução de convênios de adesão com a Administração Pública. O Min. Marco Aurélio enfatizou que a Corte de Contas teria atuado a partir do arcabouço normativo, principalmente o constitucional. O Min. Teori Zavascki complementou que o reconhecimento do direito imporia condição a envolver e modificar a esfera jurídica da Geap, o que não seria possível no caso. Vencidos os Ministros Ayres Britto, relator, Eros Grau e Dias Toffoli, que deferiam parcialmente as ordens. MS 25855/DF, rel. orig. Min. Ayres Britto, red. p/ o acórdão Min. Cármen Lúcia, 20.3.2013. (MS-25855). MS 25866/DF, rel. orig. Min. Ayres Britto, red. p/ o acórdão Min. Cármen Lúcia, 20.3.2013. (MS-25866). MS 25891/DF, rel. orig. Min. Ayres Britto, red. p/ o acórdão Min. Cármen Lúcia, 20.3.2013. (MS-25891). MS 25901/DF; rel. orig. Min. Ayres Britto, red. p/ o acórdão Min. Cármen Lúcia, 20.3.2013. (MS-25901). MS 25919/DF, rel. orig. Min. Ayres Britto, red. p/ o acórdão Min. Cármen Lúcia, 20.3.2013. (MS-25919). MS 25922/DF, rel. orig. Min. Ayres Britto, red. p/ o acórdão Min. Cármen Lúcia, 20.3.2013. (MS-25922). MS 25928/DF; rel. orig. Min. Ayres Britto, red. p/ o acórdão Min. Cármen Lúcia, 20.3.2013. (MS-25928). MS 25934/DF, rel. orig. Min. Ayres Britto, red. p/ o acórdão Min. Cármen Lúcia, 20.3.2013. (MS-25934). MS 25942/DF, rel. orig. Min. Ayres Britto, red. p/ o acórdão Min. Cármen Lúcia, 20.3.2013. (MS-25942) **(Inform. STF 699)**

DIREITO ADMINISTRATIVO. TERMO INICIAL PARA EFEITO DE DETRAÇÃO DA PENALIDADE PREVISTA NO ART. 7º DA LEI 10.520/2002.

O termo inicial para efeito de detração da penalidade prevista no art. 7º da Lei 10.520/2002 (impedimento de licitar e contratar com a União, bem como o descredenciamento do SICAF, pelo prazo de até 5 anos), aplicada por órgão federal, coincide com a data em que foi publicada a decisão administrativa no Diário Oficial da União - e não com a do registro no SICAF. De fato, há o direito de descontar (detração) o tempo de penalidade já cumprido da sanção definitiva aplicada administrativamente. A Lei 10.520/2002, entretanto, silencia quanto ao início do fluxo do prazo para a contagem da detração. O Decreto 5.450/2005, realmente, prevê, em seus arts. 3º, § 2º, 25, § 1º, e 28, parágrafo único, que o credenciamento do licitante condiciona-se ao registro atualizado no Sistema de Cadastramento Unificado de Fornecedores (SICAF). Contudo, a necessária publicidade surge em momento anterior, isto é, com a publicação da penalidade no veículo de imprensa oficial, no caso o DOU. Com efeito, se a União impõe uma penalidade por um órgão da sua própria estrutura, a presunção é a de que o próprio ente federado esteja ciente de que, a partir daquela publicação, foi aplicada uma sanção administrativa. Situação diversa

dar-se-ia, por exemplo, se a reprimenda fosse imposta por um Estado ou Município, caso em que seria lógico consultar um banco de dados central que reunisse informações sobre a higidez de empresas participantes de certames licitatórios. Vale consignar que a própria Lei 8.666/1993, em seu art. 6º, XIII, estabelece, como linha de princípio, que os atos relativos aos procedimentos licitatórios federais serão divulgados no DOU. Por conseguinte, se a publicação se dá em órgão da imprensa oficial, nos termos do que prevê o art. 37, caput, da CF, seria contraditório e artificial se supor que, a partir dali, não haveria ciência do ente federal, e, consequentemente, não seria capaz de dar início ao cômputo da detração. Por outro lado, verifica-se que a conclusão de que o marco inicial da detração coincidiria com a inscrição no SICAF é extraída de leitura sistemática do decreto regulamentador. A Lei 10.520/2002, todavia, ato normativo primário, nada explicitou sobre essa questão, o que se traduz, se não em violação, em vulneração ao princípio da legalidade estrita. É válido consignar que o que ora se sustenta não censura a relevância e a importância do SICAF, nem com ele é inconciliável. Há de se reconhecer que ao órgão incumbe o registro, mas é razoável e consentâneo com as diretrizes do princípio da publicidade que o dies a quo tenha fluência a partir da data em que foi publicada a penalidade no DOU. **MS 20.784-DF, Rel. Min. Sérgio Kukina, Rel. para acórdão Min. Arnaldo Esteves Lima, julgado em 9/4/2015, DJe 7/5/2015 (Inform. STJ 561).**

DIREITO ADMINISTRATIVO. EXIGÊNCIA DE QUALIFICAÇÃO TÉCNICA EM LICITAÇÃO.

É lícita cláusula em edital de licitação exigindo que o licitante, além de contar, em seu acervo técnico, com um profissional que tenha conduzido serviço de engenharia similar àquele em licitação, já tenha atuado em serviço similar. Esse entendimento está em consonância com a doutrina especializada que distingue a qualidade técnica profissional da qualidade técnica operacional e com a jurisprudência do STJ, cuja Segunda Turma firmou o entendimento de que "não fere a igualdade entre os licitantes, tampouco a ampla competitividade entre eles, o condicionamento editalício referente à experiência prévia dos concorrentes no âmbito do objeto licitado, a pretexto de demonstração de qualificação técnica, nos termos do art. 30, inc. II, da Lei n. 8.666/93" (REsp 1.257.886-PE, julgado em 3/11/2011). Além disso, outros dispositivos do mesmo art. 30 permitem essa inferência. Dessa forma, o § 3º do art. 30 da Lei 8.666/1993 estatui que existe a possibilidade de que a comprovação de qualificação técnica se dê por meio de serviços similares, com complexidade técnica e operacional idêntica ou superior. Ainda, o § 10 do art. 30 da mesma lei frisa ser a indicação dos profissionais técnicos responsáveis pelos serviços de engenharia uma garantia da administração. **RMS 39.883-MT, Rel. Min. Humberto Martins, julgado em 17/12/2013. (Inform. STJ 533)**

DIREITO ADMINISTRATIVO. DESCLASSIFICAÇÃO DE LICITANTE DECORRENTE DA FALTA DE APRESENTAÇÃO DE DECLARAÇÃO DE CONCORDÂNCIA DO RESPONSÁVEL TÉCNICO NA FASE DE HABILITAÇÃO.

A sociedade empresária que, em concorrência realizada para ampliação de prédio público, deixe de apresentar, no envelope de habilitação, declaração de concordância do responsável técnico, descumprindo exigência prevista no edital, não tem direito líquido e certo a realizar o referido ato em momento posterior e por meio diverso do estabelecido no instrumento convocatório, tampouco a ser considerada habilitada no procedimento licitatório, ainda que tenha apresentado documentos assinados por seu responsável legal que comprovem ser este um engenheiro civil. Deve-se registrar, de início, que a exigência de apresentação de atestado de concordância do responsável técnico encontra respaldo no art. 30, II e § 1º, I, da Lei 8.666/1993. Isso posto, deve-se ressaltar que atos assinados pelo sócio administrador da sociedade empresária, ainda que seja profissional da engenharia civil, não suprem a exigência de concordância deste com o encargo de responsável técnico da obra, munus cujas responsabilidades civil, administrativa e penal diferem das próprias de sócio. Desse modo, a Administração Pública, por conta própria, não pode atribuir a responsabilidade técnica por presunção, uma vez que é necessária expressa concordância do profissional. Assim, não se pode falar que a referida declaração seria pura formalidade que poderia ser relevada pela administração. Ademais, prevendo o edital que a declaração de concordância de responsável técnico deve constar do envelope referente aos documentos de habilitação, configuraria violação dos princípios da legalidade e da impessoalidade dar oportunidade a algum dos licitantes de comprovar o cumprimento da referida exigência por meio diverso do previsto no instrumento convocatório ou em momento posterior do estabelecido no edital, conferindo-lhe prazo superior ao dos demais licitantes. **RMS 38.359-SE, Rel. Min. Benedito Gonçalves, julgado em 11/4/2013. (Inform. STJ 520)**

DIREITO ADMINISTRATIVO. LIMITE DE DISPENSA DE LICITAÇÃO PREVISTO NO ART. 24, II, DA LEI N. 8.666/1993.

Não se amolda à hipótese de dispensa de licitação prevista no art. 24, II, da Lei n. 8.666/1993 a situação em que, contratada organizadora para a realização de concurso público por valor inferior ao limite previsto no referido dispositivo, tenha-se verificado que a soma do valor do contrato com o total arrecado a título de taxa de inscrição supere o limite de dispensa previsto no aludido inciso. A Constituição da República estabelece como regra a obrigatoriedade da realização de licitação, que é desnecessária nas excepcionais hipóteses previstas em lei, como na dispensa para a contratação de serviços de valor inferior ao limite estabelecido no art. 24, II, da Lei n. 8.666/1993. Não cabe ao intérprete criar novos casos de dispensa, sobretudo porquanto a licitação é destinada a garantir a observância do princípio constitucional da isonomia e a seleção da proposta mais vantajosa para a administração (art. 3º da Lei n. 8.666/93). Nesse contexto, ainda que os valores recolhidos como taxa de inscrição não sejam públicos, a adequada destinação deles é de interesse público primário. Mesmo que a contratação direta de banca realizadora de concurso sem licitação não afete o interesse público secundário (direitos patrimoniais da Administração Pública), é contrária ao interesse público primário, pois a destinação de elevado montante de recursos a empresa privada ocorrerá sem o processo competitivo, violando, dessa maneira, o princípio da isonomia. **REsp 1.356.260-SC, Rel. Min. Humberto Martins, julgado em 7/2/2013. (Inform. STJ 516).**

LICITAÇÃO. PREVISÃO DE RECURSOS ORÇAMENTÁRIOS.

A Lei de Licitações exige, para a realização de licitação, a existência de previsão de recursos orçamentários que assegurem o pagamento das obrigações decorrentes de obras ou serviços a serem executados no exercício financeiro em curso, de acordo com o respectivo cronograma, ou seja, a lei não exige a disponibilidade financeira (fato de a Administração ter o recurso antes do início da licitação), mas, tão somente, que haja previsão desses recursos na lei orçamentária. **REsp 1.141.021-SP, Rel. Min. Mauro Campbell Marques, julgado em 21/8/2012. (Inform. STJ 502)**

12. CONTRATOS ADMINISTRATIVOS

AG. REG. NA Rcl N. 21.632-PE

RELATOR: MIN. LUIZ FUX
Ementa: Agravo Regimental na Reclamação. Responsabilidade Subsidiária. Artigo 71, § 1º, da Lei 8.666/93. Constitucionalidade. ADC 16. Administração Pública. Dever de fiscalização. Responsabilidade do Estado. Agravo regimental a que se nega provimento.
1. A Administração tem o dever de fiscalizar o fiel cumprimento do contrato pelas empresas prestadoras de serviço, também no que diz respeito às obrigações trabalhistas referentes aos empregados vinculados ao contrato celebrado, sob pena de atuar com culpa *in eligendo* ou *in vigilando*.
2. A aplicação do artigo 71, § 1º, da Lei n. 8.666/93, declarado constitucional pelo Supremo Tribunal Federal, no julgamento da ADC 16, não exime a entidade da Administração Pública do dever de observar os princípios constitucionais a ela referentes, entre os quais os da legalidade e da moralidade administrativa.
3. A decisão que reconhece a responsabilidade do ente público com fulcro no contexto fático-probatório carreado aos autos não pode ser alterada pelo manejo da reclamação constitucional. Precedentes: Rcl 11985-AgR, Rel. Min. CELSO DE MELLO, Tribunal Pleno, julgado em 21/02/2013, PROCESSO ELETRÔNICO DJe-050 DIVULG 14-03-2013 PUBLIC 15-03-2013.
4. Agravo regimental a que se nega provimento. **(Inform. STF 804)**

AG. REG. NA Rcl N. 19.998-SC

RELATOR: MIN. LUIZ FUX
Ementa: Agravo Regimental na Reclamação. Responsabilidade Subsidiária. Artigo 71, § 1º, da Lei 8.666/93. Constitucionalidade. ADC 16. Administração Pública. Dever de fiscalização. Responsabilidade da Empresa Pública. Agravo regimental a que se nega provimento.
1. A Administração tem o dever de fiscalizar o fiel cumprimento do contrato pelas empresas prestadoras de serviço, também no que diz respeito às obrigações trabalhistas referentes aos empregados vinculados ao contrato celebrado, sob pena de atuar com culpa *in eligendo* ou *in vigilando*. **2.** A aplicação do artigo 71, § 1º, da Lei n. 8.666/93, declarado constitucional pelo

Supremo Tribunal Federal, no julgamento da ADC 16, não exime a entidade da Administração Pública do dever de observar os princípios constitucionais a ela referentes, entre os quais os da legalidade e da moralidade administrativa.
3. A decisão que reconhece a responsabilidade do ente público com fulcro no contexto fático-probatório carreado aos autos não pode ser alterada pelo manejo da reclamação constitucional. Precedentes: Rcl 11985-AgR, Rel. Min. CELSO DE MELLO, Tribunal Pleno, julgado em 21/02/2013, PROCESSO ELETRÔNICO DJe-050 DIVULG 14-03-2013 PUBLIC 15-03-2013. **4.** Agravo regimental a que se nega provimento. **(Inform. STF 789)**

REPERCUSSÃO GERAL EM ARE N. 713.211-MG

RELATOR: MIN. LUIZ FUX
RECURSO EXTRAORDINÁRIO COM AGRAVO. ADMINISTRATIVO. AÇÃO CIVIL PÚBLICA. POSSIBILIDADE DE TERCEIRIZAÇÃO E SUA ILÍCITUDE. CONTROVÉRSIA SOBRE A LIBERDADE DE TERCEIRIZAÇÃO. FIXAÇÃO DE PARÂMETROS PARA A IDENTIFICAÇÃO DO QUE REPRESENTA ATIVIDADE-FIM. POSSIBILIDADE. REPERCUSSÃO GERAL RECONHECIDA. (Inform. STF 749)

Reclamação e art. 71, § 1º, da Lei 8.666/1993

O Plenário retomou julgamento de agravo regimental em que se discute a responsabilidade subsidiária do Estado pelo pagamento de direitos decorrentes de serviço prestado por meio de terceirização, tendo em conta o que decidido pelo STF nos autos da ADC 16/DF (DJe de 9.9.2011). Na espécie, Estado-membro impugna decisão monocrática proferida pelo Ministro Dias Toffoli (relator), que negara seguimento a reclamação, ao fundamento de inadequação da via para reapreciar a decisão do tribunal de origem formulada com base em situação concreta. Na sessão de 27.2.2014, o relator negou provimento ao agravo. Salientou que a reclamação não se amoldaria ao que decidido no paradigma, pois estaria provada a desídia, por parte da Administração, na fiscalização do contrato. Explicou que não se trataria de reconhecer a responsabilidade objetiva estatal, mas de constatar que, no caso concreto, não teria havido o pertinente acompanhamento da execução contratual. Na presente assentada, o Ministro Joaquim Barbosa (Presidente), em voto-vista, acompanhou o relator. Lembrou que, na ADC 16/DF, a Corte afirmara a constitucionalidade do art. 71, § 1º, da Lei 8.666/1993. Consignou que, de acordo com aquela decisão, a análise da situação concreta poderia resultar na responsabilidade subsidiária da Administração em face do inadimplemento de direitos trabalhistas. Analisou que a culpa do ente estatal poderia decorrer da ausência de fiscalização da empresa contratada, e que seria essa a hipótese dos autos. Em divergência, os Ministros Marco Aurélio e Teori Zavascki proveram o agravo. O Ministro Marco Aurélio afirmou que, de acordo com a decisão tomada na ADC 16/DF, não caberia responsabilidade subsidiária da entidade pública que contratasse empresa para prestar serviços terceirizados. Sublinhou que o órgão público não poderia se substituir à própria empresa para fiscalizar a observância dos direitos trabalhistas, mesmo porque não haveria previsão legal nesse sentido. O Ministro Teori Zavascki reputou que a Corte decidira pela impossibilidade de se transferir à Administração a responsabilidade civil, no caso de inadimplemento contratual. Afirmou que remanesceria a possibilidade de ocorrência responsabilidade principal — e não subsidiária —, quando existente nexo entre a ação ou a omissão do Estado e o dano causado. Considerou, entretanto, que a hipótese dos autos trataria de responsabilidade por transferência, o que seria vedado. Em seguida, pediu vista dos autos o Ministro Gilmar Mendes. **Rcl 15052 AgR/RO, rel. Min. Dias Toffoli, 30.4.2014. (Rcl-15052) (Inform. STF 744)**

Responsabilidade subsidiária da Administração Pública por débitos trabalhistas

O Plenário iniciou julgamento conjunto de três reclamações nas quais se alega que decisões do TST e dos TRT's da 3ª e da 9ª Região teriam afastado a aplicação do art. 71, § 1º, da Lei 8.666/1993 ("[a] inadimplência do contratado, com referência aos encargos trabalhistas, fiscais e comerciais não transfere à Administração Pública a responsabilidade por seu pagamento, nem poderá onerar o objeto do contrato ou restringir a regularização e o uso das obras e edificações, inclusive perante o Registro de Imóveis"). Referida norma teria sido declarada constitucional no julgamento da ADC 16/DF (DJe de 9.9.2011). Os reclamantes sustentam que as decisões questionadas teriam ainda descumprido o Enunciado 10 da Súmula Vinculante do STF. No caso, a Administração Pública (tomadora de serviços) fora condenada a responder, de forma subsidiária, pelo cumprimento das obrigações trabalhistas de empresas contratadas. Os acórdãos reclamados foram fundamentados no

Enunciado 331, IV e V, do TST ("*IV - O inadimplemento das obrigações trabalhistas, por parte do empregador, implica a responsabilidade subsidiária do tomador dos serviços quanto àquelas obrigações, desde que haja participado da relação processual e conste também do título executivo judicial. V - Os entes integrantes da Administração Pública direta e indireta respondem subsidiariamente, nas mesmas condições do item IV, caso evidenciada a sua conduta culposa no cumprimento das obrigações da Lei n.º 8.666, de 21.06.1993, especialmente na fiscalização do cumprimento das obrigações contratuais e legais da prestadora de serviço como empregadora. A aludida responsabilidade não decorre de mero inadimplemento das obrigações trabalhistas assumidas pela empresa regularmente contratada*"). As decisões reclamadas concluíram haver presunção da culpa *in eligendo* ou culpa *in vigilando* por parte do ente estatal. A Ministra Cármen Lúcia, relatora, julgou procedentes os pedidos formulados nas reclamações. Destacou que os atos da Administração Pública presumir-se-iam válidos, legítimos e legais. Apontou que a escolha do contratado privado não seria livre, tampouco discricionária, mas segundo processo licitatório em que seriam observadas todas as fases. Asseverou que, para se comprovar que a Administração Pública teria sido relapsa ou omissa, necessária a prova de que teria assinado contrato e não mais o fiscalizara, o que não ocorrera. Ponderou que, ao contrário do que decidido nas decisões impugnadas, competiria às partes reclamadas o ônus de comprovar, nos autos, que a Administração Pública agira com culpa *in eligendo* ou culpa *in vigilando*. Após, pediu vista dos autos a Ministra Rosa Weber.
Rcl 14996/MG, rel. Min. Cármen Lúcia, 7.11.2013. (Rcl-14996)
Rcl 15106/MG, rel. Min. Cármen Lúcia, 7.11.2013. (Rcl-15106)
Rcl 15342/PR, rel. Min. Cármen Lúcia, 7.11.2013. (Rcl-15342) (Inform. STF 727)

AG. REG. NA Rcl N. 12.758-DF

RELATOR: MIN. LUIZ FUX
Ementa: Agravo Regimental na Reclamação. Responsabilidade Subsidiária. Artigo 71, § 1º, da Lei 8.666/93. Constitucionalidade. ADC nº 16. Administração Pública. Dever de fiscalização. Responsabilização do ente público nos casos de culpa "in eligendo" e de culpa "in vigilando". Reexame de matéria fático-probatória. Impossibilidade. Agravo regimental a que se nega provimento.
1. A aplicação do artigo 71, § 1º, da Lei n. 8.666/93, declarado constitucional pelo Supremo Tribunal Federal no julgamento da ADC nº 16, não exime a entidade da Administração Pública do dever de observar os princípios constitucionais a ela referentes, entre os quais os da legalidade e da moralidade administrativa.
2. As entidades públicas contratantes devem fiscalizar o cumprimento, por parte das empresas contratadas, das obrigações trabalhistas referentes aos empregados vinculados ao contrato celebrado. Precedente: Rcl 11985-AgR, Rel. Min. CELSO DE MELLO, Tribunal Pleno, julgado em 21/02/2013, PROCESSO ELETRÔNICO DJe-050 DIVULG 14-03-2013 PUBLIC 15-03-2013.
3. A comprovação de culpa efetiva da Administração Pública não se revela cognoscível na estreita via da Reclamação Constitucional, que não se presta ao reexame de matéria fático-probatória. Precedentes: Rcl 3.342/AP, Rel. Min. Sepúlveda Pertence; Rcl 4.272/RS, Rel. Min. Celso de Mello; Rcl. 4.733/MT, Rel. Min. Cezar Peluso; Rcl. 3.375-AgR/PI, Rel. Min. Gilmar Mendes.
4. Agravo regimental a que se nega provimento. **(Inform. STF 722)**

DIREITO ADMINISTRATIVO. IMPOSSIBILIDADE DE CONDENAÇÃO DE RESSARCIMENTO AO ERÁRIO FUNDADA EM LESÃO PRESUMIDA.
Ainda que procedente o pedido formulado em ação popular para declarar a nulidade de contrato administrativo e de seus posteriores aditamentos, não se admite reconhecer a existência de lesão presumida para condenar os réus a ressarcir ao erário se não houve comprovação de lesão aos cofres públicos, mormente quando o objeto do contrato já tenha sido executado e existam laudo pericial e parecer do Tribunal de Contas que concluam pela inocorrência de lesão ao erário. De fato, a ação popular consiste em um relevante instrumento processual de participação política do cidadão, destinado eminentemente à defesa do patrimônio público, bem como da moralidade administrativa, do meio ambiente e do patrimônio histórico e cultural. Nesse contexto, essa ação possui pedido imediato de natureza desconstitutivo-condenatória, porquanto objetiva, precipuamente, a insubsistência do ato ilegal e lesivo a qualquer um dos bens ou valores enumerados no inciso LXXIII do art. 5º da CF e a condenação dos responsáveis e dos beneficiários diretos ou ressarcimento ou às perdas e danos correspondentes. Tem-se, dessa forma,

como imprescindível a comprovação do binômio ilegalidade-lesividade, como pressuposto elementar para a procedência da ação popular e de consequente condenação dos requeridos a ressarcimento ao erário em face dos prejuízos comprovadamente atestados ou nas perdas e danos correspondentes (arts. 11 e 14 da Lei 4.717/1965). Eventual violação à boa-fé e aos valores éticos esperados nas práticas administrativas não configura, por si só, elemento suficiente para ensejar a presunção de lesão ao patrimônio público, uma vez que a responsabilidade dos agentes em face de conduta praticada em detrimento do patrimônio público exige a comprovação e a quantificação do dano, nos termos do art. 14 da Lei 4.717/1965. Entendimento contrário implicaria evidente enriquecimento sem causa do ente público, que usufruiu dos serviços prestados em razão do contrato firmado durante o período de sua vigência. Precedente citado: REsp 802.378-SP, Primeira Turma, DJ 4/6/2007. **REsp 1.447.237-MG, Rel. Min. Napoleão Nunes Maia Filho, julgado em 16/12/2014, DJe 9/3/2015 (Inform. STJ 557).**

13. SERVIÇOS PÚBLICOS

ADI e extinção de contratos de serviços públicos - 1
O Plenário confirmou medida cautelar e declarou a inconstitucionalidade do parágrafo único do art. 293 da Constituição do Estado de São Paulo, que estabelece o prazo de até 25 anos para o pagamento de indenização à Companhia de Saneamento Básico daquele Estado (Sabesp) em decorrência de encampação, após auditoria conjunta entre a Secretaria da Fazenda do Estado e o Município. O Colegiado lembrou que contrato de concessão consubstanciaria acordo típico, bilateral e oneroso, formalizado entre o poder concedente e a empresa concessionária, a prever vantagens e encargos recíprocos e no qual se fixariam, entre outras cláusulas, a forma de prestação e de remuneração do serviço e os termos de encerramento do pacto celebrado. Destacou que, presentes o interesse público e a necessidade de melhorar o atendimento aos usuários, o poder concedente poderia alterar as regras do contrato de maneira unilateral. Esclareceu que eventual modificação não poderia desrespeitar o equilíbrio econômico-financeiro do pacto e as vantagens inicialmente asseguradas à empresa concessionária. Ponderou que não seriam relevantes apenas os valores alusivos à tarifa decorrente da prestação do serviço, mas também a forma e os prazos de pagamentos e indenizações. Asseverou que a dilação do prazo de ressarcimento, no caso de encampação, para até 25 anos, traria grave ônus financeiro à contratada. Sublinhou que mencionada regra possibilitaria: a) a expropriação imediata do patrimônio de pessoa jurídica de direito privado, sem indenização concomitante; b) a desconsideração dos investimentos realizados pela empresa na garantia da continuidade e da atualidade do abastecimento de água e esgoto; e c) a retirada de bens e instalações utilizados na prestação do serviço. Aduziu que o poder de modificar unilateralmente o contrato constituiria prerrogativa à disposição da Administração para atender ao interesse público, e não instrumento de arbitrariedade ou fonte de enriquecimento ilícito do Estado.

ADI e extinção de contratos de serviços públicos - 2
A Corte frisou a necessidade de se observar as garantias decorrentes do ato jurídico perfeito e do art. 37, XXI, da CF, o qual impõe à Administração o respeito às condições efetivas da proposta formalizada. Assinalou que o cumprimento das regras da proposta inicial significaria observância do equilíbrio primitivo existente entre direitos e obrigações, instituto indispensável à segurança jurídica da citada sociedade de economia mista do Estado de São Paulo e dos respectivos sócios minoritários. Ressaltou que o cálculo do valor, o modo e o prazo para o pagamento da indenização devida em virtude do encerramento antecipado do pacto administrativo, por motivos de conveniência e oportunidade, integrariam o núcleo de direitos iniciais que deveriam ser preservados durante o contrato de concessão. A par desse aspecto, o Tribunal consideraria que o constituinte estadual teria legislado sobre matéria reservada à União (CF, artigos 22, XXVII, e 175, I). Concluiu que os princípios norteadores da Administração Pública (legalidade, impessoalidade, moralidade, igualdade, publicidade, probidade administrativa e respeito aos direitos fundamentais dos licitantes e contratados) serviriam a todo e qualquer certame licitatório e contrato administrativo, independentemente do objeto. **ADI 1746/SP, rel. Min. Marco Aurélio, 18.9.2014. (ADI-1746) (Inform. STF 759)**

VADE MECUM DE JURISPRUDÊNCIA – STF/STJ

Telecomunicações: Lei 9.295/1996 - 9

Em conclusão de julgamento, o Plenário, por maioria, indeferiu pedido formulado em medida cautelar em ação direta de inconstitucionalidade referente ao § 2º do art. 8º da Lei 9.295/1996. O preceito dispõe que "As entidades que, na data de vigência desta Lei, estejam explorando o Serviço de Transporte de Sinais de Telecomunicações por Satélite, mediante o uso de satélites que ocupem posições orbitais notificadas pelo Brasil, têm assegurado o direito à concessão desta exploração". Na presente ação, questionava-se a constitucionalidade do art. 4º e parágrafo único; art. 5º; art. 8º, § 2º; art. 10 e parágrafo único; e art. 13, parágrafo único, da referida norma, que dispõe sobre os serviços de telecomunicações e sua organização. À exceção do § 2º do art. 8º da lei, os demais dispositivos foram julgados em sessões anteriores — v. Informativos 64, 65, 116 e 117. O Tribunal destacou que o "caput" do art. 8º da Lei 9.295/1996 fora revogado pela Lei 9.472/1997, porém, seu § 2º seria autônomo, hábil a ser apreciado nessa via de controle concentrado de constitucionalidade. Apontou que o longo tempo ocorrido até a retomada desse julgamento não prejudicara a presente ação direta pela possibilidade de se renovar o prazo estipulado para a concessão da exploração de serviço de transporte de sinal de telecomunicações por satélites (15 anos). Considerou que, somente a partir da edição da Lei 9.295/1996, esse serviço teria adquirido caráter autônomo e, ainda que se contasse o prazo a partir da data de sua publicação, ocorrido em 20.7.1996, eventual renovação da concessão realizada nessa data pelo prazo máximo fixado na lei somente terminaria em 2026. Pontuou que, ao menos em tese, não se poderia cogitar do exaurimento da eficácia da norma questionada, porque a certeza em relação a essa circunstância dependeria de informações quanto aos prazos das eventuais outorgas de concessões efetivadas com fundamento nessa mesma regra, a serem prestadas por ocasião da análise de mérito. Entendeu plausível a condição que afasta a exigência de licitação contida no art. 175, "caput", da CF ("Incumbe ao Poder Público, na forma da lei, diretamente ou sob regime de concessão ou permissão, sempre através de licitação, a prestação de serviços públicos"). Destacou que a norma questionada fora editada após o advento da EC 8/1995, que permitiu a abertura do setor de telecomunicações à iniciativa privada, no que se convencionou chamar de processo de desestatização do setor de telecomunicações. Apontou que o controle estatal na prestação de serviço de telecomunicações, como determinado expressamente na norma originária do inciso XI do art. 21 da CF, tornaria despicienda a exigência de prévia licitação posta no art. 175 da CF. Lembrou que, à época da edição da Lei 9.295/1996, objeto da presente ação direta de inconstitucionalidade, não se conheceriam os efeitos do processo de desestatização sobre as atividades prestadas pelas empresas a serem privatizadas. Enfatizou que o dispositivo impugnado apenas conferiria características de regime peculiar contratual na prestação de serviço de transporte de sinais de telecomunicações por satélite, no momento em que lhe fora reconhecida a autonomia, a garantir a regularidade, continuidade, eficiência e segurança durante o processo de desestatização do setor de telecomunicação.

Telecomunicações: Lei 9.295/1996 - 10

A Corte realçou que a única entidade operadora de satélites na data da edição da norma questionada seria a Embratel, desmembrada do antigo Sistema Telebrás de Comunicações em 22.5.1998, posteriormente privatizada em leilão da Bolsa de Valores do Rio de Janeiro em 29.6.1998, quando já vigente a Lei Geral de Telecomunicações (Lei 9.472/1997), que, dentre vários dispositivos que revogara da Lei 9.295/1996, estaria o "caput" do artigo 8º, pelo qual se atribuiu o serviço de transporte de sinais telecomunicações à condição de serviço autônomo, passível, portanto, de concessão pelo Poder Público. Quanto à situação das entidades enquadradas no dispositivo impugnado, aduziu que a Lei Geral de Telecomunicações disporia que, até a sua regulamentação, continuariam regidos pela Lei 9.295/1996, os serviços por ela disciplinados e os respectivos atos e procedimentos de outorga. Acentuou que o respeito às cláusulas e condições estabelecidos em contratos e respectivos atos de outorga vigentes até a data de regulamentação pela Anatel fora ratificado pelo Decreto 3.896/2001, que dispõe sobre a regência dos serviços de telecomunicações. O Colegiado frisou que a Anatel informaria em seu sítio na internet que a exploração de satélite não seria serviço de telecomunicações, o que afastaria a necessidade de concessão para a sua prestação. Concluiu que, em razão das alterações legislativas posteriores à propositura da presente ação, aliado ao transcurso de longo período de vigência do dispositivo questionado e, ainda, o fato de não divergir do entendimento do STF no julgamento da ADI 1.582/DF (DJU de 6.9.2002) e da ADI 1.863/DF (DJe de 15.2.2008), mostrar-se-ia conveniente a manutenção dos efeitos do § 2º do art. 8º da Lei 9.295/1996. Vencidos, no ponto, os Ministros Carlos Velloso e

Marco Aurélio, que deferiam a cautelar. O Ministro Marco Aurélio destacava que não se poderia projetar no tempo a prestação de serviço de transporte de sinais de telecomunicações sem a devida licitação. **ADI 1491 MC/DF, rel. Min. Ricardo Lewandowski, 8.5.2014. (ADI-4976) (Inform. STF 745)**

Contrato de adesão para exploração portuária e alteração unilateral - 1

A 1ª Turma negou provimento a recurso ordinário em mandado de segurança em que se requeria tornar sem efeito ato do Ministro de Estado dos Transportes, que determinara ao Secretário de Transportes Aquaviários que procedesse a modificação de cláusula de contrato de adesão firmado entre a União e os titulares de terminais portuários privativos. No caso, cláusula contratual (*A autorizada, quando a operação do terminal exigir a utilização de proteção e acesso aquaviários operados e mantidos pela União ou por concessionária de serviço portuário, acordará com uma ou outra, conforme o caso, a forma da remuneração proporcional que será devida pelo uso da referida infraestrutura*) fora alterada por termo aditivo de ratificação ao contrato de adesão que lhe dera nova redação (*A autorizada obriga-se a remunerar, mensalmente, pela utilização da infraestrutura aquaviária operada e mantida pela União ou concessionária de serviço portuário, de acordo com a tarifa portuária homologada pelo Conselho de Autoridade Portuária - CAP, calculada sobre a tonelagem embarcada e desembarcada ou baldeada nos terminais, a partir da publicação do extrato no D.O.U. dos respectivos instrumentos*). A impetrante alegava violação a ato jurídico perfeito, especialmente por ser o contrato de adesão ato administrativo condicionado e sujeito a prazo determinado, que não poderia ser revogado ou modificado por ato unilateral da Administração, sem prejuízo à manutenção do equilíbrio econômico-financeiro da avença.

Contrato de adesão para exploração portuária e alteração unilateral - 2

A Turma afirmou que a Administração Pública, ao contratar com particulares, conduziria o interesse público e poderia, unilateralmente, modificar cláusula contratual, desde que observados os termos da lei. Mencionou que o interesse público seria pressuposto essencial do contrato administrativo. Assim, ressalvados o objeto do procedimento licitatório e a essência do contrato dele proveniente, alterações contratuais seriam legalmente aceitáveis. Afiançou que o direito do interessado de construir, reformar, ampliar, melhorar, arrendar e explorar instalação portuária (Lei 8.630/1993, artigos 4º, I e II, e 6º, § 1º) se dará por ato unilateral da União, mediante autorização. Asseverou que a delegação desses serviços sujeitar-se-ia às normas de direito público, e seria autorização unilateral, ainda que formalizada por contrato de adesão. Consignou que, ao instituir o contrato de arrendamento como único meio para exploração das áreas e instalações portuárias, a Lei 8.630/1993 revogara, expressamente, norma que permitiria contrato com prazo menor. Naquela época, embora ainda não editada a Lei 8.987/1995, a Turma aludiu que a disciplina assemelhar-se-ia ao regime jurídico da concessão de serviço público, pois a exploração de portos marítimos, fluviais e lacustres sempre teria sido atribuída à União, de forma direta ou mediante autorização, concessão ou permissão, nos termos do art. 21, XII, f, da CF.

Contrato de adesão para exploração portuária e alteração unilateral - 3

A Turma assinalou, ademais, que, atualmente, o Decreto 6.620/2008 determinaria a aplicação da Lei 8.666/1993 e da Lei 8.987/1995, que disporiam sobre o regime de concessão e permissão de serviços públicos ao processo administrativo de licitação para o arrendamento de instalações portuárias. Concluiu que a Administração Pública não teria causado nenhum desequilíbrio econômico-financeiro aos terminais privativos com a nova cláusula contratual. Pontuou que a remuneração devida pela utilização da área portuária permaneceria proporcional ao seu uso. Assegurou que a obrigação de pagar pelo uso da infraestrutura portuária já estaria prevista no contrato de adesão originário. Reputou que se estabelecera, agora, critério proporcional à tonelagem embarcada, desembarcada e baldeada, para o cálculo da tarifa pela utilização da infraestrutura portuária, com a devida permissão legal (Lei 8.630/1993, art. 1º, V).

DIREITO ADMINISTRATIVO. ILEGALIDADE DA COBRANÇA DE TARIFA DE ÁGUA REALIZADA POR ESTIMATIVA DE CONSUMO.

Na falta de hidrômetro ou defeito no seu funcionamento, a cobrança pelo fornecimento de água deve ser realizada pela tarifa mínima, sendo vedada a cobrança por estimativa. Isso porque a tarifa deve ser calculada com base no consumo efetivamente medido no hidrômetro, sendo a tarifa por estimativa de consumo ilegal por ensejar enriquecimento ilícito da concessionária.

6. DIREITO ADMINISTRATIVO — 533

Ademais, tendo em vista que é da concessionária a obrigação pela instalação do hidrômetro, a cobrança no caso de inexistência do referido aparelho deve ser realizada pela tarifa mínima. **REsp 1.513.218-RJ, Rel. Min. Humberto Martins, julgado em 10/3/2015, DJe 13/3/2015 (Inform. STJ 557).**

DIREITO ADMINISTRATIVO. OBTENÇÃO DE RECEITA ALTERNATIVA EM CONTRATO DE CONCESSÃO DE RODOVIA.
Concessionária de rodovia pode cobrar de concessionária de energia elétrica pelo uso de faixa de domínio de rodovia para a instalação de postes e passagem de cabos aéreos efetivadas com o intuito de ampliar a rede de energia, na hipótese em que o contrato de concessão da rodovia preveja a possibilidade de obtenção de receita alternativa decorrente de atividades vinculadas à exploração de faixas marginais. O caput do art. 11 da Lei 8.987/1995 (Lei de Concessões e Permissões) prescreve que, "No atendimento às peculiaridades de cada serviço público, poderá o poder concedente prever, em favor da concessionária, no edital de licitação, a possibilidade de outras fontes provenientes de receitas alternativas, complementares, acessórias ou de projetos associados, com ou sem exclusividade, com vistas a favorecer a modicidade das tarifas, observado o disposto no art. 17 desta Lei". Ressalte-se que, como a minuta do contrato de concessão deve constar no edital - conforme dispõe o art. 18, XIV, da Lei 8.987/1995 -, o mencionado art. 11, ao citar "no edital", não inviabiliza que a possibilidade de aferição de outras receitas figure apenas no contrato, haja vista se tratar de parte integrante do edital. Sendo assim, desde que haja previsão no contrato de concessão da rodovia, permite-se a cobrança, a título de receita alternativa, pelo uso de faixa de domínio, ainda que a cobrança recaia sobre concessionária de serviços de distribuição de energia elétrica. Ademais, havendo previsão contratual, não há como prevalecer o teor do art. 2º do Decreto 84.398/1980 em detrimento do referido art. 11 da Lei 8.987/1995. Precedente citado: REsp 975.097-SP, Primeira Seção, DJe 14/5/2010. **EREsp 985.695-RJ, Rel. Min. Humberto Martins, julgado em 26/11/2014, DJe 12/12/2014 (Inform. STJ 554).**

DIREITO ADMINISTRATIVO E PROCESSUAL CIVIL. OBJETO DE AÇÃO CIVIL PÚBLICA PARA ANULAR PERMISSÕES PRECÁRIAS. Em ação civil pública movida para anular permissões para a prestação de serviços de transporte coletivo concedidas sem licitação e para condenar o Estado a providenciar as licitações cabíveis, não cabe discutir eventual indenização devida pelo Estado ao permissionário. A ação civil pública é o instrumento processual destinado à defesa judicial de interesses difusos e coletivos, permitindo a tutela jurisdicional do Estado com vistas à proteção de certos bens jurídicos. Por meio desta ação, reprime-se ou previne-se a ocorrência de danos ao meio ambiente, ao consumidor, ao patrimônio público, aos bens e direitos de valor artístico, estético, histórico, turístico e paisagístico, dentre outros, podendo ter por objeto a condenação em dinheiro ou o cumprimento de obrigação de fazer ou não fazer. Assim, não cabe neste tipo de ação, em que se busca a tutela do bem coletivo, a condenação do Estado a indenizar o réu – na hipótese, a permissionária de transporte público – pelos investimentos realizados, o que pode ser pleiteado em ação autônoma. **AgRg no REsp 1.435.347-RJ, Rel. Min. Mauro Campbell Marques, julgado em 19/8/2014. (Inform. STJ 546)**

DIREITO ADMINISTRATIVO, CONSTITUCIONAL E PROCESSUAL CIVIL. TERMO FINAL DE CONTRATO DE PERMISSÃO NULO. Declarada a nulidade de permissão outorgada sem licitação pública ainda antes da Constituição Federal de 1988, é possível ao magistrado estabelecer, independentemente de eventual direito a indenização do permissionário, prazo máximo para o termo final do contrato de adesão firmado precariamente. Considerando-se o disposto nos arts. 37, caput e inciso XXI, da CF e 2º da Lei 8.666/1993, o interesse privado do permissionário no eventual direito de ser indenizado não pode ser privilegiado, perpetuando-se um contrato reconhecido como nulo pela ausência de licitação. Nessa linha, a jurisprudência do STJ é no sentido de que "extinto o contrato de concessão por decurso do prazo de vigência, cabe ao Poder Público a retomada imediata da prestação do serviço, até a realização de nova licitação, a fim de assegurar a plena observância do princípio da continuidade do serviço público, não estando condicionado o termo final do contrato ao pagamento prévio de eventual indenização, que deve ser pleiteada nas vias ordinárias" (AgRg no REsp 1.139.802-SC, Primeira Turma, DJe 25/4/2011). **AgRg no REsp 1.435.347-RJ, Rel. Min. Mauro Campbell Marques, julgado em 19/8/2014. (Inform. STJ 546)**

DIREITO ADMINISTRATIVO E CONSTITUCIONAL. IMPOSSIBILIDADE DE MANUTENÇÃO POR LONGO PRAZO DE PERMISSÃO PRECÁRIA. A não adoção pelo poder concedente das providências do § 3º do art. 42 da Lei 8.987/1995 não justifica a permanência por prazo muito longo de permissões para a prestação de serviços de transporte coletivo concedidas sem licitação antes da Constituição Federal de 1988. A redação do § 2º do art. 42 da Lei 8.987/1995 fixa o prazo de 24 meses como tempo mínimo necessário que deve ser observado pela Administração Pública para a realização de levantamentos e avaliações indispensáveis à organização das licitações exigidas. Já a exigibilidade da licitação é proveniente da CF. Assim, a legislação infraconstitucional deve ser compatibilizada com os preceitos insculpidos nos arts. 37, XXI, e 175 da CF, não podendo admitir-se um longo lapso temporal, com respaldo no art. 42, § 2º, da Lei 8.987/1995, uma vez que o comando constitucional deve ser plenamente cumprido. Dessa forma, com a prorrogação do contrato de permissão por longo prazo, fundamentada na necessidade de se organizar o procedimento licitatório, prevaleceria suposto direito econômico das empresas, que não pode se sobrepor ao preceito constitucional que obriga a licitar e visa garantir e resguardar o interesse público da contratação precedida de licitação. No mais, o fato de o parágrafo único do art. 40 da Lei 8.987/1995 determinar a aplicação às permissões de todos os demais preceitos legais não a desnatura nem tampouco a torna idêntica à concessão, até porque, segundo regra hermenêutica, a norma não pode ser interpretada em dissonância com o todo legal ou mesmo com o caput do artigo que integra. O caput do art. 40 confirma o que diz o art. 2º, IV, da mesma lei, ou seja, que a permissão será formalizada mediante licitação e observará os termos legais, sobretudo – diferentemente da concessão –, quanto à precariedade e à revogabilidade unilateral pelo poder concedente. **AgRg no REsp 1.435.347-RJ, Rel. Min. Mauro Campbell Marques, julgado em 19/8/2014. (Inform. STJ 546)**

DIREITO ADMINISTRATIVO. EQUILÍBRIO ECONÔMICO-FINANCEIRO EM CONTRATO DE PERMISSÃO DE SERVIÇO PÚBLICO. Não há garantia da manutenção do equilíbrio econômico-financeiro do contrato de permissão de serviço de transporte público realizado sem prévia licitação. Precedentes citados: AgRg nos EDcl no REsp 799.250-MG, Segunda Turma, DJe 4/2/2010, e AgRg no Ag 800.898-MG, Segunda Turma, DJe 2/6/2008. **REsp 1.352.497-DF, Rel. Min. Og Fernandes, julgado em 4/2/2014. (Inform. STJ 535)**

DIREITO ADMINISTRATIVO. TARIFA DE ESGOTAMENTO SANITÁRIO. RECURSO REPETITIVO (ART. 543-C DO CPC E RES. 8/2008-STJ).
É legal a cobrança de tarifa de esgoto na hipótese em que a concessionária realize apenas uma – e não todas – das quatro etapas em que se desdobra o serviço de esgotamento sanitário (a coleta, o transporte, o tratamento e a disposição final de dejetos). De fato, o art. 3º, I, "b", da Lei 11.445/2007, ao especificar as atividades contempladas no conceito de serviço público de esgotamento sanitário, referiu-se à coleta, ao transporte, ao tratamento e à disposição final de dejetos. Deve-se ressaltar, contudo, que a legislação em vigor não estabelece que o serviço público de esgotamento sanitário somente existirá quando todas as etapas forem efetivadas, tampouco proíbe a cobrança da tarifa pela prestação de uma só ou de algumas dessas atividades. Além do mais, o art. 9º do Decreto 7.217/2010, que regulamenta a referida legislação, confirma a ideia de que o serviço de esgotamento sanitário é formado por um complexo de atividades, explicitando que qualquer uma delas é suficiente para, autonomamente, permitir a cobrança da respectiva tarifa: "Consideram-se serviços públicos de esgotamento sanitário os serviços constituídos por uma ou mais das seguintes atividades: I - coleta, inclusive ligação predial, dos esgotos sanitários; II - transporte dos esgotos sanitários; III - tratamento dos esgotos sanitários; e IV - disposição final dos esgotos sanitários e dos lodos originários da operação de unidades de tratamento coletivas ou individuais, inclusive fossas sépticas". Além disso, a efetivação de alguma das etapas em que se desdobra o serviço de esgotamento sanitário representa dispêndio que deve ser devidamente ressarcido, pois, na prática, entender de forma diferente inviabilizaria a prestação do serviço pela concessionária, prejudicando toda a população que se beneficia com a coleta e escoamento dos dejetos, já que a finalidade da cobrança da tarifa é manter o equilíbrio financeiro do contrato, possibilitando a prestação contínua do serviço público. Precedentes citados: REsp 1.330.195-RJ, Segunda Turma, DJe 4/2/2013; e REsp 1.313.680-RJ, Primeira Turma, DJe 29/6/2012. **REsp 1.339.313-RJ, Rel. Min. Benedito Gonçalves, julgado em 12/6/2013. (Inform. STJ 530)**

VADE MECUM DE JURISPRUDÊNCIA – STF/STJ

Súmula Vinculante STF 19
A taxa cobrada exclusivamente em razão dos serviços públicos de coleta, remoção e tratamento ou destinação de lixo ou resíduos provenientes de imóveis, não viola o artigo 145, II, da Constituição Federal.

Súmula STJ nº 506
A Anatel não é parte legítima nas demandas entre a concessionária e o usuário de telefonia decorrentes de relação contratual.

Súmula STJ nº 407
É legítima a cobrança da tarifa de água fixada de acordo com as categorias de usuários e as faixas de consumo.

14. PROCESSO ADMINISTRATIVO

Supressão de gratificação e contraditório - 2
Em conclusão de julgamento, o Plenário concedeu mandado de segurança impetrado contra ato do TCU que suprimira, sem observância do contraditório, vantagem pessoal incorporada aos vencimentos de servidor. No caso, após ocupar o cargo de analista de finanças do Ministério da Fazenda, o impetrante integrara-se ao quadro funcional do TCU, e lhe fora deferida a averbação de tempo de serviço prestado em função comissionada no citado Ministério, para fins de vantagem pessoal ("quintos") — v. Informativo 575. O Colegiado assentou a nulidade do processo. Aduziu que o impetrante alcançara situação remuneratória posteriormente retirada do cenário jurídico sem que a ele fosse dada oportunidade para se manifestar. Enfatizou que a Corte já proclamara que a anulação de ato administrativo cuja formalização houvesse repercutido no campo de interesses individuais não prescindiria da observância da instauração de processo administrativo que viabilizasse a audição daquele que teria a situação jurídica modificada. Salientou que cumpriria dar ciência ao servidor, e a autotutela administrativa não poderia afastar o próprio direito de defesa. **MS 25399/DF, rel. Min. Marco Aurélio, 15.10.2014. (MS-25399) (Inform. STF 763)**

Redução de proventos: devolução de parcelas e contraditório - 3
Em conclusão de julgamento, o Plenário denegou ordem em mandado de segurança coletivo impetrado pela Associação Nacional de Delegados de Polícia Federal - ADPF e outra, no qual se questionava ato do TCU, que suspendera o pagamento da Gratificação de Atividade pelo Desempenho de Função - GADF — recebida cumulativamente com parcela relativa a décimos e quintos — a aposentados e pensionistas filiados àquela entidade e determinara a devolução do montante recebido a esse título nos últimos cinco anos — v. Informativo 575. O Colegiado consignou não se exigir, quanto à tramitação do processo de aposentadoria, a bilateralidade, o contraditório e a audição do servidor envolvido (Enunciado 3 da Súmula Vinculante: "Nos processos perante o Tribunal de Contas da União asseguram-se o contraditório e a ampla defesa quando da decisão puder resultar anulação ou revogação de ato administrativo que beneficie o interessado, excetuada a apreciação da legalidade do ato de concessão inicial de aposentadoria, reforma e pensão"). Enfatizou, ademais, que o conflito retratado na espécie não envolveria incorporação, mas sim ausência do direito à cumulatividade, o que tornaria irrelevante a incorporação anteriormente vertida no art. 193 da Lei 8.112/1990. No tocante à devolução das parcelas recebidas, assinalou que a Administração Pública seria regida pelo princípio da legalidade estrita e que somente poderiam ser satisfeitos valores quando previstos em lei. **MS 25561/DF, rel. Min. Marco Aurélio, 15.10.2014. (MS-25561) (Inform. STF 763)**

Recurso administrativo e julgamento pela mesma autoridade
A 2ª Turma deu provimento parcial a recurso ordinário em mandado de segurança para, apenas, declarar nula decisão proferida por Ministro de Estado e determinar que seja realizado novo julgamento de recurso administrativo interposto pela recorrente. No caso, a autoridade administrativa que revogara a permissão da impetrante para serviço de retransmissão televisiva rejeitara pedido de reconsideração formulado pela permissionária. Posteriormente, a aludida autoridade teria sido alçada ao cargo de Ministro de Estado e, nessa qualidade, julgara o respectivo recurso administrativo interposto. A Turma concluiu que o recurso administrativo deveria ter sido apreciado por autoridade superior e diferente daquela que o decidira anteriormente, de modo que seria nula a decisão proferida pela mesma pessoa. Mencionou o art. 18 da Lei 9.784/1999, que impediria de atuar no processo administrativo o servidor ou a autoridade que tivesse decidido ou participado como perito, testemunha ou representante, nos casos em que já tivesse atuado. **RMS 26029/DF, rel. Min. Cármen Lúcia, 11.3.2014. (RMS-26029) (Inform. STF 738)**

Poder geral de cautela da Administração e suspensão de pagamento de vantagem - 1
A 2ª Turma iniciou julgamento de recurso ordinário em mandado de segurança no qual se impugna decisão do Conselho da Justiça Federal - CJF, que determinara a instauração de processo administrativo para fins de cancelamento de incorporação de quintos percebidos pela ora recorrente, bem assim ordenara, no exercício geral de cautela, a suspensão do pagamento da vantagem até a conclusão do feito administrativo. Na espécie, a impetrante possuía vínculo empregatício com a Empresa Brasileira de Pesquisa Agropecuária - Embrapa, no exercício da função de advogada entre o período de 27.1.78 até 19.2.2000, quando assumira cargo efetivo de analista judiciário em tribunal regional federal. O conselho de administração do mencionado tribunal, ao aproveitar o tempo de serviço prestado em cargo comissionado, concedera à impetrante a incorporação de cinco quintos de função comissionada por ela exercida. A Ministra Cármen Lúcia, relatora, negou provimento ao recurso, no que acompanhada pelo Min. Ricardo Lewandowski. Não constatou ilegalidade na decisão e tampouco ofensa a direito líquido e certo da impetrante, haja vista que teria sido instaurado processo administrativo no qual garantido o seu direito de defesa. Mencionou orientação fixada pelo STF em julgamento de processo com repercussão geral (RE 594296/MG, DJe de 10.2.2012) no sentido de ser facultado ao Estado a revogação de atos que reputar ilegalmente praticados, desde que seu desfazimento seja precedido de regular processo administrativo, quando desses atos já tiverem decorrido efeitos concretos. Além disso, corroborou o entendimento esposado na decisão recorrida de que a suspensão do pagamento de verba relativa à incorporação de quintos, em situação não consolidada pelo decurso do tempo, impediria que a servidora, ao final do processo administrativo, tivesse descontados de seu salário os valores indevidamente recebidos, na hipótese de anulação do ato. Após, o Ministro Teori Zavascki pediu vista.

Poder geral de cautela da Administração e suspensão de pagamento de vantagem - 2
Os denominados "quintos" incorporados aos vencimentos de servidor podem ser suspensos, no curso de processo administrativo, com fundamento no poder cautelar da Administração (Lei 9.784/1999: *Art. 45: Em caso de risco iminente, a Administração Pública poderá motivadamente adotar providências acauteladoras sem a prévia manifestação do interessado*). Essa a conclusão da 2ª Turma ao finalizar julgamento de recurso ordinário em mandado de segurança no qual se impugnava decisão do Conselho da Justiça Federal - CJF que, em processo administrativo, determinara o cancelamento de incorporação de quintos percebidos pela ora recorrente, bem assim ordenara, no exercício geral de cautela, a suspensão do pagamento da vantagem até a conclusão do feito administrativo. Na espécie, a impetrante possuía vínculo empregatício com a Empresa Brasileira de Pesquisa Agropecuária - Embrapa, como advogada, no período de 27.1.1978 até 19.2.2000, quando assumira cargo efetivo de analista judiciário em Tribunal Regional Federal. O mencionado tribunal, ao aproveitar o tempo de serviço prestado, concedera à impetrante a incorporação de cinco quintos de função comissionada por ela exercida — v. Informativo 719. A Turma pontuou que, na espécie, não estaria em debate o processo administrativo, devidamente instaurado, ou o direito à ampla defesa, mas a possibilidade de a Administração suspender a parcela questionada. Asseverou que, por se tratar de quintos impugnados pelo TCU, a decisão da autoridade administrativa competente teria sido devidamente motivada e não teria comprometido as finanças da servidora. **RMS 31973/DF, rel. Min. Cármen Lúcia, 25.2.2014. (RMS-31973) (Inform. STF 737)**

Processo administrativo: contraditório e ampla defesa
Por ofensa aos princípios do contraditório e da ampla defesa, a 2ª Turma deu provimento a recurso ordinário em mandado de segurança para declarar nulo ato administrativo e seus consectários, a fim de garantir à impetrante manifestação prévia em processo administrativo destinado a verificar a regularidade da concessão de benefício fiscal. Asseverou-se que a prerrogativa de a Administração Pública controlar seus próprios atos não dispensaria a observância dos postulados supramencionados em âmbito administrativo. Ademais, ressaltou-se que a manifestação em recurso administrativo não supriria a ausência de intimação da recorrente. Pontuou-se que caberia à Administração dar oportunidade ao interessado em momento próprio e que a impugnação, mediante recurso, de ato que anulara benefício anteriormente concedido, mesmo diante de exame exaustivo das razões de defesa apresentadas, não satisfaria o direito de defesa da impetrante. **RMS 31661/DF, rel. Min. Gilmar Mendes, 10.12.2013. (RMS-31661) (Inform. STF 732)**

6. DIREITO ADMINISTRATIVO 535

Súmula Vinculante STF 21
É inconstitucional a exigência de depósito ou arrolamento prévios de dinheiro ou bens para admissibilidade de recurso administrativo.

Súmula STJ nº 373
É ilegítima a exigência de depósito prévio para admissibilidade de recurso administrativo.

Súmula STJ nº 312
No processo administrativo para imposição de multa de trânsito, são necessárias as notificações da autuação e da aplicação da pena decorrente da infração.

15. PRESCRIÇÃO

ECT e prescrição - 1
A Primeira Turma iniciou julgamento de controvérsia relativa à aplicação da prescrição quinquenal prevista no Decreto 20.910/1932 à Empresa Brasileira de Correios e Telégrafos - ECT. A Ministra Rosa Weber (relatora) manteve a decisão agravada, no que foi acompanhada pelo Ministro Roberto Barroso. Entendeu que o conceito de fazenda pública se estenderia à ECT, empresa pública federal prestadora de serviço público. Em divergência, os Ministros Marco Aurélio e Edson Fachin deram provimento ao agravo regimental para assegurar o trânsito do recurso extraordinário. Pontuaram que o Tribunal deveria examinar o tema a respeito da sujeição de empresas públicas ao regime de direito privado. Em seguida, a Turma suspendeu o exame do processo para aguardar o voto de desempate do Ministro Luiz Fux.
RE 790059 AgR-AgR/DF, rel. Min. Rosa Weber, 1º.9.2015. (RE-790059) (Inform. STF 797)

ECT e prescrição - 2
A Primeira Turma, em conclusão de julgamento e por maioria, proveu agravo regimental para determinar que o recurso extraordinário tenha sequência. Na espécie, debate-se a possibilidade, à luz do art. 173, § 1º, II, da CF, de equiparação da Empresa Brasileira de Correios e Telégrafos (ECT) com a Fazenda Pública — v. Informativo 797. A Turma destacou que a matéria deveria ser examinada em razão de várias prerrogativas de direito público já terem sido reconhecidas aos Correios. Vencidos a Ministra Rosa Weber (relatora) e o Ministro Roberto Barroso que mantinham a decisão agravada no sentido de que o conceito de fazenda pública se estenderia à ECT. Agravo regimental em agravo regimental em recurso extraordinário provido para assegurar o trânsito em julgado do recurso extraordinário em que se questiona a aplicação da prescrição quinquenal prevista no Decreto 20.910/1932 à referida empresa pública prestadora de serviço público.
RE 790059 AgR-AgR/DF, rel. orig. Min. Rosa Weber, red. p/ o acórdão Min. Marco Aurélio, 3.11.2015. (RE-790059) (Inform. STF 806)

Prescrição não tributária e Enunciado 8 da Súmula Vinculante - 3
Em conclusão de julgamento, a 1ª Turma, por maioria, deu provimento a agravo regimental em recurso extraordinário para afirmar que o Enunciado 8 da Súmula Vinculante do STF ("São inconstitucionais o parágrafo único do artigo 5º do Decreto-lei nº 1.569/1977 e os artigos 45 e 46 da Lei nº 8.212/1991, que tratam de prescrição e decadência de crédito tributário") não se aplica aos casos de prescrição de créditos não tributários. Na espécie, o acórdão recorrido entendera que a pretensão da União de executar crédito inscrito em dívida ativa, decorrente de multa administrativa imposta em razão de descumprimento da legislação trabalhista, por possuir natureza administrativa, sujeitar-se-ia à prescrição quinquenal de que trata o art. 1º do Decreto 20.910/1932, aplicável ao caso analogicamente. A União invocara em seu favor o parágrafo único do art. 5º do Decreto-lei 1.569/1977 ("Sem prejuízo da incidência da atualização monetária e dos juros de mora, bem como da exigência da prova de quitação para com a Fazenda Nacional, o Ministro da Fazenda poderá determinar a não inscrição como Dívida Ativa da União ou a sustação da cobrança judicial dos débitos de comprovada inexequibilidade e de reduzido valor"). O argumento, porém, fora afastado pelo tribunal "a quo", tendo em conta o referido enunciado sumular — v. informativos 767 e 770. A Turma, inicialmente, assentou que a matéria em análise possuiria envergadura constitucional, notadamente por envolver a interpretação do aludido enunciado e a sua eventual incidência sobre os créditos não tributários. Aduziu, então, que o texto do parágrafo único do art. 5º do Decreto-lei 1.569/1977 abrangeria duas diferentes normas: a) a aplicação do "caput" do art. 5º daquele diploma normativo, com a consequente suspensão da

prescrição de créditos tributários; e b) a aplicação do "caput" do mesmo dispositivo, com a suspensão da prescrição de créditos não tributários. No entanto, segundo se depreenderia da análise dos precedentes que deram origem ao Enunciado 8 da Súmula Vinculante, somente a primeira norma teria sido submetida à apreciação da Corte e considerada inconstitucional por ofensa ao art. 18, § 1º, da CF/1969, que exigia lei complementar para tratar de normas gerais de direito tributário. Extrair-se-ia desses precedentes, portanto, o sentido de que o parágrafo único do art. 5º do Decreto-lei 1.569/1977 teria sido declarado inconstitucional apenas na parte em que se referisse à suspensão da prescrição dos créditos tributários, por se exigir, quanto ao tema, lei complementar. Teria permanecido, assim, com presunção de constitucionalidade a segunda norma do dispositivo, isto é, a suspensão da prescrição de créditos não tributários. Vencidos os Ministros Marco Aurélio (relator) e Rosa Weber, que negavam provimento ao agravo.
RE 816084 AgR/DF , rel. orig. Min. Marco Aurélio, red. p/ o acórdão Min. Dias Toffoli, 10.3.2015. (RE-816084) (Inform. STF 777)

DIREITO ADMINISTRATIVO. TERMO INICIAL DA PRESCRIÇÃO DE PRETENSÃO INDENIZATÓRIA DECORRENTE DE TORTURA E MORTE DE PRESO. O termo inicial da prescrição de pretensão indenizatória decorrente de suposta tortura e morte de preso custodiado pelo Estado, nos casos em que não chegou a ser ajuizada ação penal para apurar os fatos, é a data do arquivamento do inquérito policial. Precedentes citados: REsp 618.934-SC, Primeira Turma, DJ 13/12/2004; REsp 591.419-RS, Primeira Turma, DJ 25/10/2004; e AgRg no Ag 972.675-BA, Segunda Turma, DJe 13/3/2009. **REsp 1.443.038-MS, Rel. Ministro Humberto Martins, julgado em 12/2/2015, DJe 19/2/2015 (Inform. STJ 556).**

DIREITO ADMINISTRATIVO. PRESCRIÇÃO DA PRETENSÃO DE REAVER VALORES DESPENDIDOS PELO INSS COM PENSÃO POR MORTE. Nas demandas ajuizadas pelo INSS contra o empregador do segurado falecido em acidente laboral, visando ao ressarcimento dos valores decorrentes do pagamento da pensão por morte, o termo a quo da prescrição quinquenal é a data da concessão do referido benefício previdenciário. De fato, a Primeira Seção do STJ, no julgamento do REsp 1.251.993-RS (julgado sob o rito dos recursos repetitivos) firmou posicionamento no sentido de que se aplica o prazo prescricional quinquenal, previsto no Decreto 20.910/1932, nas ações indenizatórias ajuizadas contra a Fazenda Pública. Dessa forma, em respeito ao princípio da isonomia, quando a demanda indenizatória for ajuizada pelo ente estatal contra particular, o prazo prescricional será também o de 5 anos, ou seja, o mesmo aplicado às ações indenizatórias ajuizadas contra a Fazenda Pública. Ressalte-se que a referida demanda ajuizada pelo INSS, por ser de natureza ressarcitória, não possui qualquer pertinência com as normas previdenciárias. Não se aplicam, assim, os arts. 103 e 104 da Lei 8.213/1991, uma vez que a referida lei regula apenas as relações entre os segurados, seus dependentes e a Previdência Social, não atingindo terceiros que não integram esse específico regime jurídico. Diante disso, o termo a quo da prescrição da pretensão deve ser a data da concessão do referido benefício previdenciário, revelando-se absolutamente incompatível a aplicação da tese de que o lapso prescricional não atinge o fundo de direito. **REsp 1.457.646-PR, Rel. Min. Sérgio Kukina, julgado em 14/10/2014. (Inform. STJ 550)**

DIREITO ADMINISTRATIVO E PROCESSUAL CIVIL. PRAZO PRESCRICIONAL PARA A AGÊNCIA NACIONAL DE SAÚDE (ANS) PROMOVER EXECUÇÃO FISCAL DOS VALORES DESPENDIDOS PELO SUS EM FAVOR DE SERVIÇOS PRESTADOS A CONTRATANTES DE PLANOS DE SAÚDE. Prescreve em cinco anos, nos termos do art. 1º do Decreto 20.910/1932, – e não em três anos como previsto no art. 206, § 3º, V, do CC – a pretensão da ANS de promover execução fiscal para reaver de operadora de plano de saúde os valores despendidos por instituição pública ou privada, conveniada ou contratada pelo SUS, pelos atendimentos efetuados em favor dos contratantes de plano de saúde e respectivos dependentes, quando os serviços prestados estejam previstos em contrato firmado entre a operadora de plano de saúde e seus filiados. Com efeito, o art. 32 da Lei 9.656/1998 estabelece que serão ressarcidos pelas operadoras de plano de saúde os valores despendidos por instituições públicas ou privadas, conveniadas ou contratadas pelo SUS, em razão da prestação de serviços de saúde previstos em contrato firmado entre a operadora de plano de saúde e seus filiados e respectivos dependentes. Já o § 5º do referido dispositivo legal preceitua que os valores devidos e não recolhidos pelas operadoras de plano de saúde devem ser inscritos na dívida ativa da ANS, a qual detém competência para cobrar judicialmente o débito. Desse modo, inscritos em dívida ativa, os valores não se qualificam mais como espécie de indenização civil, como se extrai do art. 39, § 2º, da Lei 4.320/1964. Esclareça-se que, embora o STJ tenha pacificado o entendimento de que a Lei 9.873/1999 só se aplica aos prazos de prescrição referentes à pretensão decorrente do exercício da ação punitiva da Administração Pública, há muito tempo esse Tribunal Superior firmou o entendimento de que a pretensão executória de créditos não tributários observa o prazo quinquenal do Decreto 20.910/1932 (REsp 1.284.645-RS, Segunda Turma, DJe 10/2/2012; e AgRg no REsp 941.671-RS, Primeira Turma, DJe 2/2/2010). Além do mais, a relação jurídica que há entre a ANS e as operadoras de planos de saúde é regida pelo Direito Administrativo, por isso inaplicável o prazo prescricional previsto no Código Civil. **REsp 1.435.077-RS, Min. Rel. Humberto Martins, julgado em 19/8/2014. (Inform. STJ 545)**

DIREITO ADMINISTRATIVO E PREVIDENCIÁRIO. APLICABILIDADE DO ART. 1º DO DECRETO 20.910/1932 AOS CASOS DE REVISÃO DE APOSENTADORIA DE SERVIDOR PÚBLICO. Nos casos em que o servidor público busque a revisão do ato de aposentadoria, ocorre a prescrição do próprio fundo de direito após o transcurso de mais de cinco anos – e não de dez anos – entre o ato de concessão e o ajuizamento da ação. Trata-se da aplicação do art. 1º do Decreto 20.910/1932, segundo o qual as "dívidas passivas da União, dos Estados e dos Municípios, bem assim todo e qualquer direito ou ação contra a Fazenda federal, estadual ou municipal, seja qual for a sua natureza, prescrevem em cinco anos contados da data do ato ou fato do qual se originarem". A existência de norma específica que regula a prescrição quinquenal, nos feitos que envolvem as relações de cunho administrativo – tais como aquelas que envolvem a Administração Pública e os seus servidores –, afasta a adoção do prazo decenal previsto no art. 103, *caput*, da Lei 8.213/1991, que dispõe sobre os Planos de Benefícios da Previdência Social. Ressalte-se, ademais, que os requisitos e critérios fixados para o regime geral de previdência social – cuja adoção não poderá ser diferenciada tão somente para efeito de aposentadoria – serão aplicáveis aos regimes de previdência dos servidores públicos titulares de cargo efetivo "no que couber", conforme determina a redação do art. 40, § 12, da CF. Precedentes citados: AgRg no AREsp 86.525-RS, Primeira Turma, DJe 16/5/2014; e AgRg no REsp 1.242.708-RS, Segunda Turma, DJe 14/4/2014. **Pet 9.156-RJ, Rel. Min. Arnaldo Esteves Lima, julgado em 28/5/2014. (Inform. STJ 542)**

DIREITO ADMINISTRATIVO. PRAZO PRESCRICIONAL DA PRETENSÃO DE RECEBIMENTO DE VALORES REFERENTES À INCORPORAÇÃO DE QUINTOS PELO EXERCÍCIO DE FUNÇÃO OU CARGO EM COMISSÃO ENTRE 8/4/1998 E 5/9/2001. RECURSO REPETITIVO (ART. 543-C DO CPC E RES. 8/2008-STJ). Não está prescrita a pretensão dos servidores da justiça federal de recebimento de valores retroativos referentes à incorporação de quintos pelo exercício de função comissionada ou cargo em comissão entre 8/4/1998 a 5/9/2001 – direito surgido com a edição da MP 2.225-45/2001 –, encontrando-se o prazo prescricional suspenso até o encerramento do Processo Administrativo 2004.164940 do CJF, no qual foi interrompida a prescrição. De fato, nesse processo, foi interrompida a prescrição, tendo em vista o reconhecimento administrativo, em decisão do Ministro Presidente do CJF, do direito dos servidores, inclusive com o pagamento de duas parcelas retroativas, em dezembro de 2004 e dezembro de 2006. Para chegar a essa conclusão, cumpre expor algumas premissas. Nos termos do art. 1º do Dec. 20.910/1932, as "dívidas passivas da União, dos Estados e dos Municípios, bem assim todo e qualquer direito ou ação contra a Fazenda federal, estadual ou municipal, seja qual for a sua natureza, prescrevem em cinco anos contados da data do ato ou fato do qual se originarem". Pelo princípio da actio nata, o direito de ação surge com a efetiva lesão do direito tutelado, quando nasce a pretensão a ser deduzida em juízo, conforme o art. 189 do CC. Deve-se considerar, ainda, que o ato administrativo de reconhecimento do direito pelo devedor pode ter as seguintes consequências: a) interrupção do prazo prescricional, caso ainda esteja em curso (art. 202, VI, do CC); ou b) sua renúncia, quando já se tenha consumado (art. 191 do CC). Interrompido o prazo, a prescrição volta a correr pela metade (dois anos e meio) a contar da data do ato que a interrompeu ou do último ato ou termo do respectivo processo, nos termos do que dispõe o art. 9º do Dec. 20.910/1932. Assim, tendo sido a prescrição interrompida no curso de um processo administrativo, o prazo prescricional não volta a fluir de imediato, mas apenas "do último ato ou termo do processo", consoante dicção do art. 9º do Dec. 20.910/1932. O art. 4º desse diploma legal, por sua vez, estabelece que a prescrição não corre durante o tempo necessário para a Administração apurar a dívida e individualizá-la em relação a cada um dos beneficiados pelo direito. O prazo prescricional interrompido somente volta

a fluir, pela metade, quando a Administração pratica algum ato incompatível com o interesse de saldar a dívida, ou seja, quando se torna inequívoca a sua mora. Nesse contexto, observa-se que o direito à incorporação dos quintos surgiu com a edição da MP 2.225-45/2001. Portanto, em 4/9/2001, quando publicada a MP, teve início o prazo prescricional quinquenal do art. 1º do Dec. 20.910/1932. A prescrição foi interrompida em 17/12/2004, com a decisão do Ministro Presidente do CJF exarada nos autos do Processo Administrativo 2004.164940, que reconheceu o direito de incorporação dos quintos aos servidores da Justiça Federal. Ocorre que esse processo administrativo ainda não foi concluído. Assim, como ainda não foi encerrado o processo no qual foi interrompida a prescrição e tendo sido pagas duas parcelas de retroativos – em dezembro de 2004 e dezembro de 2006 –, não flui o prazo prescricional, que não voltou a correr pela metade, nos termos dos art. 4º e 9º do Dec. 20.910/1932. **REsp 1.270.439-PR, Rel. Min. Castro Meira, julgado em 26/6/2013. (Inform. STJ 527)**

DIREITO ADMINISTRATIVO. IMPRESCRITIBILIDADE DA PRETENSÃO DE INDENIZAÇÃO POR DANO MORAL DECORRENTE DE ATOS DE TORTURA. É imprescritível a pretensão de recebimento de indenização por dano moral decorrente de atos de tortura ocorridos durante o regime militar de exceção. Precedentes citados: AgRg no AG 1.428.635-BA, Segunda Turma, DJe 9/8/2012; e AgRg no AG 1.392.493-RJ, Segunda Turma, DJe 1/7/2011. **REsp 1.374.376-CE, Rel. Min. Herman Benjamin, julgado em 25/6/2013. (Inform. STJ 523)**

DIREITO ADMINISTRATIVO. PRAZO PRESCRICIONAL NA HIPÓTESE DE PRETENSÃO INDENIZATÓRIA DECORRENTE DE DESAPROPRIAÇÃO INDIRETA. A pretensão indenizatória decorrente de desapropriação indireta prescreve em vinte anos na vigência do CC/1916 e em dez anos na vigência do CC/2002, respeitada a regra de transição prevista no art. 2.028 do CC/2002. De início, cumpre ressaltar que a ação de desapropriação indireta possui natureza real e, enquanto não transcorrido o prazo para aquisição da propriedade por usucapião, ante a impossibilidade de reivindicar a coisa, subsiste a pretensão indenizatória em relação ao preço correspondente ao bem objeto do apossamento administrativo. Com base nessa premissa e com fundamento no art. 550 do CC/1916, dispositivo legal cujo teor prevê prazo de usucapião, o STJ firmou a orientação de que "a ação de desapropriação indireta prescreve em vinte anos" (Súmula 119/STJ). O CC/2002, entretanto, reduziu o prazo da usucapião extraordinária para quinze anos (art. 1.238, caput) e previu a possibilidade de aplicação do prazo de dez anos nos casos em que o possuidor tenha estabelecido no imóvel sua moradia habitual ou realizado obras ou serviços de caráter produtivo. Assim, considerando que a desapropriação indireta pressupõe a realização de obras pelo poder público ou sua destinação em função da utilidade pública ou do interesse social, com fundamento no atual Código Civil, o prazo prescricional aplicável às desapropriações indiretas passou a ser de dez anos. **REsp 1.300.442-SC, Rel. Min. Herman Benjamin, julgado em 18/6/2013. (Inform. STJ 523)**

DIREITO ADMINISTRATIVO. COBRANÇA DE REAJUSTE INCIDENTE SOBRE PARCELA REMUNERATÓRIA INCORPORADA. RECURSO REPETITIVO (ART. 543-C DO CPC E RES. 8/2008-STJ). A incorporação da Parcela Autônoma do Magistério (PAM) aos vencimentos dos professores públicos do Estado do Rio Grande do Sul não implica, por si só, a prescrição do fundo de direito da pretensão de cobrança dos reajustes incidentes sobre a parcela incorporada instituídos, antes da incorporação, pela Lei Estadual 10.395/1995. De fato, embora a PAM tenha sido incorporada aos vencimentos dos professores públicos do Estado do Rio Grande do Sul (Lei Estadual 11.662/2001), os reajustes incidentes sobre a parcela incorporada e anteriores a esse evento repercutem continuamente na esfera jurídico-patrimonial dos servidores, gerando efeitos financeiros de trato sucessivo. Assim, não há que se falar em negativa inequívoca do direito à revisão da verba incorporada ante a incorporação. Nessa situação, incide a regra da Súmula 85 do STJ, segundo a qual, nas relações jurídicas de trato sucessivo em que a Fazenda Pública figure como devedora, quando não tiver sido negado o próprio direito reclamado, a prescrição atinge apenas as prestações vencidas antes do quinquênio anterior à propositura da ação. Precedentes citados: REsp 1.313.586-RS, Segunda Turma, DJe 4/2/2013 e AgRg no REsp 1.313.646-RS, Primeira Turma, DJe 21/9/2012. **REsp 1.336.213-RS, Rel. Ministro Herman Benjamin, julgado em 12/6/2013. (Inform. STJ 522)**

6. DIREITO ADMINISTRATIVO 537

Súmula STF nº 383

A prescrição em favor da fazenda pública recomeça a correr, por dois anos e meio, a partir do ato interruptivo, mas não fica reduzida aquém de cinco anos, embora o titular do direito a interrompa durante a primeira metade do prazo.

Súmula STJ nº 467

Prescreve em cinco anos, contados do término do processo administrativo, a pretensão da Administração Pública de promover a execução da multa por infração ambiental.

16. CONTROLE INTERNO E PELO TRIBUNAL DE CONTAS

Coisa julgada e TCU - 2

O Plenário, por maioria, denegou mandado de segurança impetrado contra ato do TCU que determinara a suspensão do pagamento da incorporação do reajuste de 26,05% e 26,06% — referentes aos vencimentos de fevereiro de 1989 e julho de 1987, respectivamente — aos proventos de servidora pública aposentada — v. Informativo 454. Na espécie, a impetrante teria requerido o pagamento do índice de 26,05% fixado para URP relativa ao mês de fevereiro de 1989 e consequente incorporação deste percentual a partir de março de 1989. O Tribunal reconheceu que a controvérsia em exame não se referiria ao alcance da coisa julgada, mas à eficácia temporal da sentença. Por essa razão, limitada a discussão à eficácia temporal da sentença, não haveria falar--se em imutabilidade da própria decisão. Ademais, sequer seria o caso de se cogitar em uma ação revisional, pois as modificações das razões de fato ou de direito, que serviriam de suporte para a sentença, operariam efeitos imediata e automaticamente, dispensando-se novo pronunciamento judicial. Frisou que, na situação dos autos, com a modificação da estrutura remuneratória da impetrante, a decisão que lhe favorecera deveria ter produzido efeitos somente durante a vigência do regime jurídico anterior. Com a mudança de regime, não seria possível manter o pagamento de vantagem econômica sem qualquer limitação temporal. Destacou que a alteração do regime jurídico garantiria à impetrante o direito à irredutibilidade dos vencimentos, mas não à manutenção no regime anterior. Assim, tendo a impetração suscitado ofensa à coisa julgada, não se poderia reconhecer direito líquido e certo, porque o ato atacado apenas interpretara o alcance da eficácia temporal da coisa julgada. Vencido o Ministro Eros Grau, que concedia a ordem. Em seguida, o Plenário, por maioria, assentou que as verbas recebidas até o momento do julgamento, ante o princípio da boa fé e da segurança jurídica, não teriam que ser devolvidas. Vencido, em parte, o Ministro Teori Zavascki, que resguardava os valores recebidos até a concessão da liminar proferida pelo relator em 2005.

MS 25430/DF, rel. orig. Eros Grau, red. p/ o acórdão Min. Edson Fachin, 26.11.2015. (MS-25430) (Inform. STF 809)

AG. REG. EM MS N. 27.052-DF

RELATOR: MIN. LUIZ FUX
Ementa: AGRAVO REGIMENTAL EM MANDADO DE SEGURANÇA. ACÓRDÃO DO TRIBUNAL DE CONTAS DA UNIÃO QUE JULGOU ILEGAL O ATO DE CONCESSÃO DE PENSÃO CIVIL. BENEFICIÁRIA. MENOR SOB GUARDA TEMPORÁRIA. JURISPRUDÊNCIA CONSOLIDADA. AGRAVO REGIMENTAL AO QUAL SE NEGA PROVIMENTO.
1. A Primeira Câmara do Tribunal de Contas da União considerou ilegal e negou registro à pensão civil instituída por servidora pública federal falecida e concedida em favor da impetrante, sua neta, nascida em 28/10/1996, ao argumento de que a genitora da impetrante é economicamente ativa, o que descaracterizava a dependência econômica da menor em relação à instituidora do benefício.
2. O recebimento de pensão temporária até completar 21 (vinte um) anos de idade (alínea "b", do inciso II, do art. 217, da Lei nº 8.112/1990) é assegurado ao menor de idade que esteja sob a guarda do servidor na data do seu óbito. Irrelevante o fato de a guarda ser provisória ou definitiva. (MS 25.823/DF, Redator para o acórdão Min. Ayres Britto, Plenário, DJe 28/08/2009).
3. O art. 205 do Regimento Interno desta Suprema Corte, na redação conferida pela Emenda Regimental nº 28/2009, expressamente autoriza o Relator a julgar monocraticamente o mandado de segurança, quando a matéria em debate for objeto de jurisprudência consolidada do Supremo Tribunal Federal.
4. In casu, a decisão do TCU teve por fundamento, apenas, a necessidade de comprovação da dependência econômica da ora impetrante. Dessa forma, anulada a decisão questionada e não existindo outra fundamentação para a negativa do registro, a Corte de Contas deve procedê-lo na forma legal.
5. **Agravo regimental a que se nega provimento. (Inform. STF 806)**

TCU: tomada de contas e nulidade

A Segunda Turma desproveu agravo regimental interposto de decisão que negara seguimento a mandado de segurança impetrado contra ato do TCU, o qual determinara a devolução de valores indevidamente recebidos pelo impetrante a título de auxílio moradia, além de impor multa. No caso, o agravante alegava que o acórdão do TCU e a decisão agravada teriam partido de premissa equivocada no que diz respeito ao recebimento do auxílio moradia, pois não haveria norma que vedasse o recebimento da vantagem por quem possuísse imóvel próprio no local de lotação. Sustentava, ainda, indevido aproveitamento, pelo ato impetrado, do processo administrativo disciplinar anulado pelo STJ, bem como o recebimento de citação por pessoa estranha, já que entregue carta registrada em endereço no qual não mais residiria. A Turma afirmou que ficara demonstrada a entrega de carta registrada no endereço que o próprio impetrante fizera constar no cadastro da Receita Federal do Brasil e na petição inicial do aludido mandado de segurança ajuizado no STJ. Portanto, não se poderia falar em nulidade na citação no processo de tomada de contas especial. Ademais, tendo em vista a independência das atribuições do TCU e da autoridade responsável pelo processo administrativo disciplinar, não haveria ilegalidade na condenação do impetrante a ressarcir o erário e pagar multa em decorrência de procedimento instaurado de forma independente, por conta de notícias publicadas na imprensa acerca de possíveis danos aos cofres públicos causados pelo impetrante.

MS 27427 AgR/DF, rel. Min. Teori Zavascki, 8.9.2015. (MS-27427) (Inform. STF 798)

Modificação de decisão judicial pelo TCU e coisa julgada - 1

A 2ª Turma retomou julgamento de agravo regimental interposto de decisão do Ministro Celso de Mello (relator), proferida em mandado de segurança, na qual cassada decisão do TCU. No caso, a Corte de Contas determinara a supressão do percentual de 28,86% dos proventos da impetrante, servidora de universidade federal. Aduz-se, na impetração, que o TCU, ao assim decidir, teria desrespeitado decisão judicial transitada em julgado, proferida nos autos de ação ordinária, no sentido de estender aos professores daquela universidade o mesmo índice de reajuste salarial (28,86%) anteriormente concedido aos militares pela Lei 8.622/1993. Na sessão de 29.4.2014, o relator desproveu o agravo. Asseverou que o TCU não disporia, constitucionalmente, de poder para rever decisão judicial transitada em julgado, sequer para determinar a suspensão de benefícios garantidos por sentença revestida da autoridade da coisa julgada, ainda que o direito reconhecido pelo Poder Judiciário não tivesse o beneplácito da jurisprudência prevalecente no âmbito do STF, pois a "res judicata", em matéria civil, só poderia ser legitimamente desconstituída mediante ação rescisória. Acresceu que a norma inscrita no art. 474 do CPC impossibilitaria a instauração de nova demanda para rediscutir a controvérsia, mesmo que com fundamento em novas alegações, pois o instituto da coisa julgada material absorveria, necessariamente, tanto as questões discutidas como as que poderiam ser, mas não foram. Acrescentou que, no direito brasileiro, seriam cabíveis a ação autônoma de impugnação e a ação de modificação, mas sempre em sede estritamente jurisdicional, de modo que caberia à parte interessada ir a juízo pedir revisão (CPC, art. 471, I). Concluiu existir estreito vínculo entre a coisa julgada material e o Estado Democrático de Direito.

Modificação de decisão judicial pelo TCU e coisa julgada - 2

Na presente assentada, o Ministro Teori Zavascki, em divergência, proveu o regimental. De início, afirmou que a força vinculativa das sentenças com trânsito em julgado atuaria "rebus sic stantibus". Assim, a decisão judicial levaria em consideração as circunstâncias fáticas e jurídicas apresentadas no momento de sua prolação. Reputou que, nas relações jurídicas de trato continuado, a eficácia temporal da sentença permaneceria enquanto inalterados os pressupostos que lhe serviriam de suporte. Concluiu, no ponto, que não atentaria contra a coisa julgada o entendimento de que, em face de efetiva alteração do estado de direito superveniente, a sentença anterior, a partir de então, deixaria de ter eficácia. Analisou que essa posterior perda de eficácia da sentença não dependeria de ação rescisória, uma vez que, alteradas as premissas originalmente adotadas pela sentença, a cessação de seus efeitos, via de regra, seria imediata e automática, sem depender de novo pronunciamento judicial. Destacou que as exceções a essa automática cessação da eficácia vinculante da sentença, por decorrência de alteração do "status quo", ocorreriam se, por imposição expressa de lei, fosse atribuída ao beneficiado a iniciativa de provocar o pronunciamento judicial a respeito, o que configuraria espécie de direito potestativo. Assinalou que, na espécie,

538 VADE MECUM DE JURISPRUDÊNCIA – STF/STJ

o TCU não desconsiderara a existência de decisão judicial com trânsito em julgado garantidora da inclusão do percentual de 28,86% na remuneração da impetrante. Por outro lado, a Corte de Contas promovera juízo sobre a eficácia temporal da decisão judicial, ao assentar que, com o advento da MP 1.704/1998, que estendera o aumento inicialmente concedido aos servidores militares também aos civis, bem assim de leis posteriores reestruturadoras da carreira da impetrante, houvera significativa mudança no estado de direito, e não mais subsistiria o quadro fático-normativo que dera suporte à diferença de vencimentos reconhecida em decisão judicial. Frisou que as supervenientes alterações ocorridas na carreira da impetrante teriam absorvido integralmente a referida diferença. Considerou que os fundamentos adotados pelo TCU seriam compatíveis com o entendimento manifestado pelo STF em situações análogas, inclusive em repercussão geral (RE 561.836/RN, DJe de 10.2.2014). Em seguida, pediu vista dos autos o Ministro Gilmar Mendes.
MS 32435 AgR/DF, rel. Min. Celso de Mello, 3.6.2014. (MS-32435)

Modificação de decisão judicial pelo TCU e coisa julgada - 3
Não atenta contra a coisa julgada o entendimento de que, em face de efetiva alteração do estado de direito superveniente, a sentença anterior, a partir de então, deixa de ter eficácia. Assim, modificadas as premissas originalmente adotadas pela sentença, a cessação de seus efeitos, via de regra, é imediata e automática, sem depender de novo pronunciamento judicial. Com base nessa orientação, a Segunda Turma, em conclusão de julgamento e por maioria, deu provimento a agravo regimental para denegar a segurança. Na espécie, o TCU determinara a supressão do percentual de 28,86% dos proventos da impetrante, servidora de universidade federal. Aduzira-se, na impetração, que aquela Corte de Contas, ao assim decidir, teria desrespeitado decisão judicial transitada em julgado, proferida nos autos de ação ordinária, no sentido de estender aos professores daquela universidade o mesmo índice de reajuste salarial (28,86%) anteriormente concedido aos militares pela Lei 8.622/1993 — v. Informativo 749. A Turma apontou que o ato atacado apenas emitira juízo sobre a eficácia temporal da decisão, tendo em vista que, com o advento da Medida Provisória 1.704/1998 e de leis posteriores reestruturadoras da carreira do magistério superior, houvera significativa mudança no estado de direito, não mais subsistindo o quadro fático-normativo que dera suporte à diferença de vencimentos reconhecida em ação judicial transitada em julgado. Asseverou que a coisa julgada atuaria "rebus sic stantibus" e, no caso, restringira-se a garantir o referido reajuste aos vencimentos dos professores, sem mencionar sua necessária incidência também para efeito de proventos de aposentadoria. A coisa julgada deveria ser invocada, a princípio, para efeitos de pagamento de vencimentos, sem significar que, para o cálculo dos proventos, essa proteção jurídica se estendesse desde logo. Nesse sentido, o cômputo seria feito caso a caso, sob pena de reconhecer-se a perpetuação de um direito declarado a ponto de alcançar um instituto jurídico diverso: o instituto dos proventos. Vencido o Ministro Celso de Mello (relator), que negava provimento ao recurso de agravo. Observava que, após proferir seu voto no presente recurso, fixera consignar, em decisões supervenientes, as mesmas razões da tese ora vencedora, porém, mantinha seu voto original nos presentes autos. Precedentes citados: RE 596.663/RJ (DJe de 26.11.2014); MS 26.980 AgR/DF (DJe de 8.5.2014); MS 32.416/DF (DJe de 19.12.2013); MS 30.725/DF (DJe de 22.12.2011).
MS 32435 AgR/DF, rel. orig. Min. Celso de Mello, red. p/o acórdão, Min. Teori Zavascki, 4.8.2015. (MS-32435) (Inform. STF 793)

SEGUNDO AG. REG. EM MS N. 33.399-DF
RELATOR: MIN. ROBERTO BARROSO
Ementa: DIREITO ADMINISTRATIVO. AGRAVO REGIMENTAL EM MANDADO DE SEGURANÇA. TCU. EXCLUSÃO DE VANTAGEM RECONHECIDA POR DECISÃO JUDICIAL COM TRÂNSITO EM JULGADO. PERDA DE EFICÁCIA DA SENTENÇA.
1. Afastamento da decadência do direito de o TCU rever o ato concessivo da aposentadoria, conforme jurisprudência deste Tribunal.
2. A Corte de Contas não desconsiderou a existência de decisão judicial com trânsito em julgado, mas apenas determinou que a parcela ali reconhecida fosse paga na forma de vantagem pessoal nominalmente identificada VPNI, a ser absorvida por reajustes e reestruturações posteriormente concedidos aos servidores públicos.
3. O Pleno da Corte, em repercussão geral, decidiu que "*a sentença que reconhece ao trabalhador ou servidor o direito a determinado percentual de acréscimo remuneratório deixa de ter eficácia a partir da superveniente incorporação definitiva do referido percentual nos seus ganhos*" (RE 596.663, Rel. p/ acórdão Min. Teori Zavascki).

4. Cessação de efeitos que se opera, em regra, automática e imediatamente com a alteração das premissas fáticas em que se baseou a sentença, sem a necessidade de ação rescisória ou revisional.
5. Agravo regimental a que se nega provimento. **(Inform. STF 788)**

TCU: sigilo bancário e BNDES - 1
A Primeira Turma, por maioria, denegou mandado de segurança impetrado em face de ato do TCU, que determinara ao Banco Nacional de Desenvolvimento Econômico e Social – BNDES e ao BNDES Participações S.A. – BNDESPAR o envio de documentos específicos alusivos a operações realizadas entre as referidas entidades financeiras e determinado grupo empresarial. Os bancos impetrantes sustentavam a impossibilidade de fornecimento das informações solicitadas pelo TCU, sob o fundamento de que isso comprometeria o sigilo bancário e empresarial daqueles que com eles contrataram e que desempenhariam atividades econômicas em regime concorrencial. O Colegiado, inicialmente, afirmou que o TCU ostentaria a condição de órgão independente na estrutura do Estado brasileiro, cujas principais funções se espraiariam pelos diversos incisos do art. 71 da CF. Seus membros possuiriam as mesmas prerrogativas que as asseguradas aos magistrados, tendo suas decisões a natureza jurídica de atos administrativos passíveis de controle jurisdicional. Tratar-se-ia de tribunal de índole técnica e política que deveria fiscalizar o correto emprego de recursos públicos. As Cortes de Contas implementariam autêntico controle de legitimidade, economicidade e de eficiência, porquanto deveriam aferir a compatibilidade dos atos praticados pelos entes controlados com a plenitude do ordenamento jurídico, em especial com a moralidade, eficiência, proporcionalidade. Assim, no atual contexto juspolítico brasileiro, em que teria ocorrido expressiva ampliação de suas atribuições, a Corte de Contas deveria ter competência para aferir se o administrador teria atuado de forma prudente, moralmente aceitável e de acordo com o que a sociedade dele esperasse. Ademais, o TCU, ao deixar de ser órgão do Parlamento para tornar-se da sociedade, representaria um dos principais instrumentos republicanos destinados à concretização da democracia e dos direitos fundamentais, na medida em que o controle do emprego de recursos públicos propiciaria, em larga escala, justiça e igualdade. Por outro lado, o sigilo empresarial seria fundamental para o livre exercício da atividade econômica. Tratar-se-ia de preocupação universal destinada a assegurar credibilidade e estabilidade ao sistema bancário e empresarial. A divulgação irresponsável de dados sigilosos de uma sociedade empresária poderia, por razões naturais, inviabilizar a exploração de uma atividade econômica ou expor, indevidamente, um grupo econômico, na medida em que os competidores passariam a ter acesso a informações privilegiadas que não deteriam numa situação normal. A proteção estatal ao sigilo bancário e empresarial deveria ser, nesse contexto, compreendida como corolário da preservação à intimidade assegurada pelo art. 5º, X, da CF. O que se discutiria, no caso, seria assentar a extensão dessa garantia à luz dos cânones pós-positivistas que regeriam a tutela do patrimônio público. Sem prejuízo da necessidade de tutela da privacidade e dos seus consectários — o sigilo bancário e empresarial —, as exigências do presente momento histórico compeliriam à adoção de uma política de governança corporativa responsável no âmbito dos grupos econômicos, o que impediria uma visão pueril de irresponsável ampliação do alcance da tutela ao sigilo bancário e empresarial.
MS 33340/DF, rel. Min. Luiz Fux, 26.5.2015. (MS-33340)

TCU: sigilo bancário e BNDES - 2
A Turma destacou que, no âmbito do Direito Público, a Administração, também, estaria pautada por princípios basilares estampados no art. 37 da CF, dentre eles o da publicidade, preceito que recomendaria a atuação transparente do agente público. Por se tratar de princípio, ele, também, comportaria exceções, todas fundadas no texto constitucional: a) o sigilo que fosse imprescindível à segurança da sociedade e do Estado (CF, art. 5º, XXXIII), e b) o sigilo que dissesse respeito à intimidade ou ao interesse social (CF, art. 5º, LX). Nesse contexto, seria tarefa simples aceitar que a necessidade de preservação do sigilo bancário e empresarial poderia estar contida nas exceções constitucionais, seja porque resultante da reserva de segurança da sociedade, ou por representar um desdobramento da preservação da intimidade ou do interesse social. Em decorrência dessa premissa, o que se vedaria ao TCU seria a quebra do sigilo bancário e fiscal, "tout court", consoante decisões proferidas no MS 22.801/DF (DJe de 14.3.2008) e no MS 22.934/DF (DJe 9.5.2012) no sentido de que a LC 105/2001, que dispõe sobre o sigilo das operações de instituições financeiras, não poderia ser manejada pelo TCU para que fosse determinada a quebra de sigilo bancário e empresarial.

6. DIREITO ADMINISTRATIVO   539

O caso em comento, entretanto, seria diferente dos referidos precedentes, porquanto a atuação do TCU teria amparo no art. 71 da CF e se destinaria, precipuamente, a controlar as operações financeiras realizadas pelo BNDES e pelo BNDESPAR. Cuidar-se-ia de regular hipótese de controle legislativo financeiro de entidades federais por iniciativa do Parlamento, que o fizera por meio da Comissão de Fiscalização e Controle da Câmara dos Deputados. Nesse particular, o referido órgão determinara ao TCU que realizasse auditoria nas operações de crédito envolvendo as citadas instituições financeiras, com fundamento no art. 71, IV, da CF. Ademais, não se estaria diante de requisição para a obtenção de informações de terceiros, mas de informações das próprias instituições, que contrataram terceiros com o emprego de recursos de origem pública. A pretensão do TCU seria o mero repasse de informações no seio de um mesmo ente da federação, e isso não ostentaria a conotação de quebra de sigilo bancário. Essa diferença seria relevante para legitimar a atuação da Corte de Contas, sob pena de inviabilizar o pleno desempenho de sua missão constitucionalmente estabelecida. O BNDES atuaria como banco de fomento com características muito próprias, sendo um banco de fomento econômico e social, e não uma instituição financeira privada comum. Por mais que ele detivesse a natureza de pessoa de direito privado da Administração Indireta, também sofreria intensa influência do regime de Direito Público. Nessa senda, ressoaria imperioso destacar que o sigilo de informações necessárias para a preservação da intimidade seria relativizado quando se estivesse diante do interesse da sociedade de se conhecer o destino dos recursos públicos.
MS 33340/DF, rel. Min. Luiz Fux, 26.5.2015. (MS-33340)

TCU: sigilo bancário e BNDES - 3
O Colegiado ressaltou que a preservação, na espécie, do sigilo das operações realizadas pelo BNDES e BNDESPAR com terceiros, não apenas impediria a atuação constitucionalmente prevista para o TCU, como também representaria uma acanhada, insuficiente, e, por isso mesmo, desproporcional limitação ao direito fundamental de preservação da intimidade. Partindo-se da premissa de que nem mesmo os direitos fundamentais seriam absolutos, a identificação do seu núcleo duro e intransponível poderia ser feita por meio da teoria germânica da restrição das restrições, ou seja, a limitação a um direito fundamental, como o da preservação da intimidade, do sigilo bancário e empresarial, deveria inserir-se no âmbito do que fosse proporcional. Deveria haver, assim, uma limitação razoável do alcance do preceito que provocasse a restrição ao direito fundamental. Assim, quando um ato estatal limitasse a privacidade do cidadão por meio da publicidade de atos por ele realizados, haveria a necessidade de se verificar se essa contenção, resultante da divulgação do ato, se amoldaria ao que fosse proporcional. Essa ótica da publicidade em face da intimidade não poderia ir tão longe, de forma a esvaziar desproporcionalmente a tutela do dinheiro público. A insuficiente limitação ao direito à privacidade revelar-se-ia, por outro ângulo, lesiva aos interesses da sociedade de exigir do Estado brasileiro uma atuação transparente, incidindo em proteção deficiente. Nesse contexto, a teoria da restrição das restrições legitimaria a exigência do TCU dirigida ao BNDES para o fornecimento de dados sigilosos, na medida em que o sigilo bancário e empresarial comportaria proporcional limitação destinada a permitir o controle financeiro da Administração Publica por órgão constitucionalmente previsto e dotado de capacidade institucional para tanto.
MS 33340/DF, rel. Min. Luiz Fux, 26.5.2015. (MS-33340)

TCU: sigilo bancário e BNDES - 4
A Turma asseverou que a exigência de TCU de fornecimento dos documentos pelo BNDES satisfaria integralmente os subprincípios da proporcionalidade: necessidade, adequação e proporcionalidade em sentido estrito. Do ponto de vista da adequação, identificar-se-ia que os documentos em questão — saldo devedor de operações de crédito, dados sobre situação cadastral no BNDES, dados sobre a situação de adimplência, "rating" de crédito e a estratégia de "hedge", todos relativos ao grupo empresarial que contratara com a referida instituição financeira — seriam apropriados para viabilizar o controle financeiro do BNDES pelo TCU. Sem eles, tornar-se-ia impossível avaliar se os atos praticados pelo BNDES seriam válidos e aceitáveis para o nosso ordenamento jurídico. Quanto ao subprincípio da necessidade, verificar-se-ia que a medida do TCU seria a que menos geraria prejuízos para os destinatários do controle. Não se vislumbraria qualquer outra determinação estatal capaz de, simultaneamente, permitir o controle financeiro das operações efetuadas pelo BNDES e que pudesse originar menos prejuízos à própria instituição ou à sociedade. Sob o prisma da proporcionalidade em

sentido estrito, os benefícios para a sociedade, advindos do fornecimento das informações necessárias para o controle do BNDES, seriam maiores que as desvantagens para aquele que entrevê o sigilo de sua sociedade empresarial passar às mãos de um órgão estatal controlador responsável e dotado de estatura constitucional. Outrossim, sob o ângulo consequencialista, seria preciso evitar um desastroso efeito sistêmico que uma decisão favorável aos impetrantes poderia provocar. A partir de eventual reconhecimento judicial de que os impetrantes não precisassem fornecer dados alusivos às suas operações, toda e qualquer empresa pública ou sociedade de economia mista passaria a se recusar a fornecer informações semelhantes, o que inviabilizaria o eficaz funcionamento da Corte de Contas. Igualmente, sob a perspectiva da livre iniciativa e da concorrência, nada haveria nos autos que comprovasse, de maneira incontroversa, que o fornecimento das informações requisitadas pelo TCU pudesse ensejar uma instabilidade financeira e um impacto desastroso no mercado e na competição entre os que explorassem atividade econômica. Vencido o Ministro Roberto Barroso, que concedia parcialmente a ordem para reconhecer que o BNDES não estaria obrigado a fornecer ao TCU informações pertinentes ao "rating" de crédito do grupo empresarial que fora parte nas operações financeiras em discussão na espécie, isso por considerar que se trataria de informação protegida pelo sigilo bancário. Além disso, a referida instituição financeira não estaria obrigada a fornecer àquele tribunal a estratégia de "hedge" do mesmo grupo, que seria protegida pelo sigilo empresarial. Ambas a informações, no entanto, poderiam ser obtidas por decisão judicial.
MS 33340/DF, rel. Min. Luiz Fux, 26.5.2015. (MS-33340) (Inform. STF 787)

TCU: anulação de acordo extrajudicial e tomada de contas especial
O TCU tem legitimidade para anular acordo extrajudicial firmado entre particulares e a Administração Pública, quando não homologado judicialmente. Com base nessa orientação, a Primeira Turma, por maioria, denegou mandado de segurança impetrado em face de ato do TCU, que, em procedimento de tomada de contas especial, declarara a ilegalidade de acordo extrajudicial firmado entre os ora impetrantes e o Poder Público, e determinara a devolução de valores recebidos e a aplicação de multa. A Turma, inicialmente, assentou a possibilidade de o TCU apurar a responsabilidade de administradores e particulares que tivessem firmado acordo extrajudicial tido como irregular, sendo permitida a aplicação de sanções. A celebração de transação entre as partes, na forma do art. 269, III, do CPC, não retiraria a competência jurisdicional para a análise da legalidade do ato, a fim de homologar o acordo celebrado. Na espécie, não haveria prova de homologação judicial do acordo firmado entre os impetrantes e a Administração Pública, tendo ocorrido somente a desistência de ação judicial na qual se discutia a responsabilidade do Poder Público por supostos prejuízos sofridos pelos impetrantes, discussão esta que dera ensejo à celebração do acordo extrajudicial em discussão. Assim, não haveria que se falar em julgamento do mérito da questão pelo Poder Judiciário, a afastar a atuação do TCU, que ocorreria em sede administrativa. Seria certo, ademais, que a jurisprudência do STF seria pacífica no sentido da independência entre as instâncias cível, penal e administrativa. Outrossim, haveria, na hipótese, uma incompatibilidade absoluta entre o valor pago pela Administração no bojo do acordo extrajudicial e o dano efetivo que estaria sendo discutido em juízo quando de sua celebração, desproporcionalidade esta cuja avaliação demandaria o revolvimento de matéria probatória, incabível em sede de mandado de segurança. Vencido o Ministro Marco Aurélio, que deferia a segurança por entender que, na espécie, não se teria situação jurídica em que o TCU, órgão administrativo, tivesse imposto sanção. No caso, aquele tribunal simplesmente teria determinado a particulares, que não eram administradores, a devolução de certo numerário recebido. Esse procedimento não seria possível, porquanto a atuação daquela Corte de Contas referir-se-ia aos administradores, como previsto na Constituição. Tendo o pronunciamento do TCU força de título executivo, por esta via, sem o envolvimento de servidor ou de administrador, obstaculizar-se-ia o que poderia ser um processo de conhecimento no Judiciário para discutir-se a controvérsia e o conflito de interesses. Não caberia, portanto, ao TCU, quer impor sanção a particular, quer determinar a este a devolução de numerário.
MS 24379/DF, rel. Min. Dias Toffoli, 7.4.2015. (MS-24379) (Inform. STF 780)

TCU: medida cautelar de indisponibilidade de bens e tomada de contas especial
A 2ª Turma denegou mandado de segurança impetrado em face de acórdão do TCU, que, em procedimento de tomada de contas especial, decretara a indisponibilidade de bens dos ora impetrantes. Estes apontavam a violação

ao contraditório e à ampla defesa, ao direito de propriedade, bem como a nulidade da decisão impugnada, em razão da inexistência de fundamentação, da ausência de individualização das condutas supostamente irregulares e da falta de demonstração dos requisitos legais autorizadores da medida constritiva. O Colegiado asseverou que não haveria que se falar em ilegalidade ou abuso de poder em relação à atuação do TCU, que, ao determinar a indisponibilidade dos bens, teria agido em consonância com suas atribuições constitucionais, com as disposições legais e com a jurisprudência do STF. Com efeito, o ato impugnado estaria inserido no campo das atribuições constitucionais de controle externo exercido por aquela corte de contas (CF, art. 71). A jurisprudência do STF reconheceria assistir ao TCU um poder geral de cautela, que se consubstanciaria em prerrogativa institucional decorrente das próprias atribuições que a Constituição expressamente lhe outorgara para seu adequado funcionamento e alcance de suas finalidades. Seria possível, inclusive, ainda que de forma excepcional, a concessão, sem audiência da parte contrária, de medidas cautelares, por deliberação fundamentada daquela Corte, sempre que necessárias à neutralização imediata de situações de lesividade ao interesse público ou à garantia da utilidade prática de suas deliberações finais. Ademais, o TCU disporia de autorização legal expressa (Lei 8.443/1992, art. 44, § 2º) para decretação cautelar de indisponibilidade de bens, o que também encontraria previsão em seu regimento interno (artigos 273, 274 e 276). Destacou, outrossim, que o relatório da decisão atacada seria integrado por diversidade de elementos e análises decorrentes de aprofundados relatórios de fiscalização elaborados pela equipe de auditoria do TCU, o que afastaria a alegação de nulidade da decisão atacada no ponto em que supostamente ausente a individualização de condutas comissivas ou omissivas a ensejar possível responsabilização. Além disso, dever-se-ia ressaltar que, de fato, estariam presentes os requisitos legais para a decretação cautelar da medida de indisponibilidade de bens, na medida em que o ato impugnado teria acentuado a robustez dos elementos de convicção colhidos, a vislumbrar alta reprovabilidade das condutas identificadas e elevado prejuízo causado. A referida determinação de indisponibilidade guardaria pertinência com os requisitos legais para que se evitasse a ocorrência de danos ao erário ou a inviabilidade de ressarcimento (Lei 8.443/1992, art. 44, "caput"). Essa medida também se coadunaria com a exigência legal de promover a indisponibilidade de bens dos responsáveis para garantir o ressarcimento dos danos em apuração (Lei 8.443/1992, art. 44, § 2º). Por fim, a mera cogitação de que o valor dos bens eventualmente tornados indisponíveis por meio da medida constritiva fosse muito inferior ao valor supostamente devido a título de ressarcimento, como alegado, não seria justificativa apta a impedir a adoção da medida cautelar pelo TCU.
MS 33092/DF, rel. Min. Gilmar Mendes, 24.3.2015. (MS-33092) (Inform. STF 779)

MS: pagamento de quintos e autoridade competente
Em conclusão, o Plenário julgou prejudicado mandado de segurança preventivo em que servidores públicos do TCU discutiam o limite temporal, em razão de sucessivas edições de medidas provisórias e leis, para a incorporação de quintos/décimos. A Corte deliberou que o STF seria competente para processar e julgar atos do Presidente do TCU. Na espécie, houvera ato prévio à impetração, praticado pelo Secretário-Geral da Administração do TCU, que determinara o pagamento das parcelas de quintos/décimos referente ao período de 9.4.1998 a 4.9.2004. Dessa forma, o "writ" teria sido impetrado em relação a ato que não fora praticado por Presidente do TCU.
MS 25845/DF, rel. orig. Min. Joaquim Barbosa, red. p/ o acórdão Min. Gilmar Mendes, 18 e 19.3.2015. (MS-25845) (Inform. STF 778)

MS e reconhecimento de legalidade de incorporação de quintos e décimos pelo TCU - 2
Em conclusão, o Plenário, por maioria, conheceu de mandado de segurança e concedeu a ordem para assentar a ilegalidade da incorporação de quintos/décimos aos vencimentos de servidores federais, no período compreendido entre 9.4.1998 e 4.9.2001, com base no artigo 3º da MP 2.225/2001 — v. Informativo 590. A Corte asseverou que não se trataria de norma em tese e, por isso, não incidiria o Enunciado 266 da Súmula do STF ("Não cabe mandado de segurança contra lei em tese"). Apontou que seriam aplicados os mesmos fundamentos da decisão proferida no RE 638.115/CE (v. em Repercussão Geral). Vencidos os Ministros Eros Grau (relator), Cármen Lúcia e Rosa Weber, que não conheciam do "writ". Entendiam que a ausência de efeitos concretos no ato impugnado denunciaria a falta de interesse de agir da impetrante.
MS 25763/DF, rel. orig. Min. Eros Grau, red. p/ o acórdão Min. Gilmar Mendes, 18 e 19.3.2015. (MS-25763) (Inform. STF 778)

TCU: fiscalização de pessoa jurídica de direito privado e "bis in idem"
A 1ª Turma denegou a ordem em mandado de segurança impetrado com o objetivo de anular decisão do TCU que condenara pessoa jurídica de direito privado a ressarcir ao erário débito decorrente de malversação de verbas públicas recebidas de ministério. O impetrante sustentava que a instauração de procedimentos, pela Corte de Contas, em face de pessoas jurídicas de direito privado seria possível apenas depois do advento da EC 19/1998, e o recebimento do valor discutido teria ocorrido em momento anterior. Além disso, alegava que o objeto do aludido procedimento seria similar ao de ação civil pública em trâmite na justiça federal, o que configuraria "bis in idem". A Turma asseverou que o TCU teria atribuição fiscalizadora acerca de verbas recebidas do Poder Público, porquanto implícito ao sistema constitucional a aferição da escorreita aplicação de recursos oriundos da União (CF, art. 71, II). O alcance desse dispositivo seria vasto, de forma a abarcar todos que detivessem, de alguma forma, dinheiro público. Além disso, o Decreto 200/1967 dispõe que quem quer que utilize dinheiros públicos tem de justificar seu bom e regular emprego na conformidade das leis, regulamentos e normas emanadas das autoridades administrativas. Demais disso, o TCU, sem prejuízo de seu mister constitucional, atuaria com fundamento infraconstitucional, previsto no art. 8º de sua lei orgânica. Por fim, as instâncias judicial e administrativa não se confundiriam, razão pela qual a fiscalização do TCU não inibiria a propositura de ação civil pública, mesmo porque, na hipótese de condenação ao final do processo judicial, bastaria comprovar a quitação do débito na esfera administrativa ou vice-versa, de modo que não ocorreria duplo ressarcimento em favor da União pelo mesmo fato. **MS 26969/DF, rel. Min. Luiz Fux, 18.11.2014. (MS-26969) (Inform. STF 768)**

Controle externo: declaração de bens e autonomia dos Poderes
O Plenário julgou procedente pedido formulado na ADI 4.232/RJ para declarar a inconstitucionalidade dos incisos II a V do art. 1º; dos incisos II a XII e XIV a XIX e das alíneas b a e do inciso XX do art. 2º; todos da Lei fluminense 5.388/2009. Esses dispositivos estabelecem normas suplementares de fiscalização financeira, com fundamento na competência constitucional de controle externo por parte do Poder Legislativo, de modo a determinar a obrigatoriedade da declaração de bens e rendas para o exercício de cargos, empregos e funções nos três Poderes estaduais. Além disso, o Colegiado conferiu interpretação conforme a Constituição ao art. 5º do mesmo diploma legal, para que a obrigação nele contida somente se dirija aos administradores ou responsáveis por bens e valores públicos ligados ao Poder Legislativo. Na mesma assentada, em julgamento conjunto, a Corte julgou parcialmente procedente pedido formulado na ADI 4.203/RJ, na qual se impugnava a integralidade da aludida lei, para declarar a inconstitucionalidade dos dispositivos já mencionados. O Tribunal entendeu que a norma impugnada, ao obrigar os magistrados estaduais a apresentarem declaração de bens à assembleia legislativa, criara modalidade de controle direto dos demais Poderes por aquele órgão, sem o auxílio do tribunal de contas do Estado. Assim, na ausência de fundamento constitucional a essa fiscalização, não poderia a assembleia legislativa, ainda que mediante lei, outorgar-se competência que seria de todo estranha à fisionomia institucional do Poder Legislativo. Ademais, por violar a autonomia do Poder Judiciário (CF, art. 93), assentou a inconstitucionalidade formal da lei estadual, de origem parlamentar, na parte em que pretendera submeter aos seus ditames os magistrados estaduais. **ADI 4203/RJ, rel. Min. Dias Toffoli, 30.10.2014. (ADI-4203) ADI 4232/RJ, rel. Min. Dias Toffoli, 30.10.2014. (ADI-4232) (Inform. STF 765)**

REPERCUSSÃO GERAL EM ARE N. 823.347-MA
RELATOR: MIN. GILMAR MENDES
Recurso extraordinário com agravo. Repercussão geral da questão constitucional reconhecida. Reafirmação de jurisprudência. 2. Direito Constitucional e Direito Processual Civil. Execução das decisões de condenação patrimonial proferidas pelos Tribunais de Contas. Legitimidade para propositura da ação executiva pelo ente público beneficiário. 3. Ilegitimidade ativa do Ministério Público, atuante ou não junto às Cortes de Contas, seja federal, seja estadual. Recurso não provido. **(Inform. STF 765)**

TCU e jornada de trabalho de médicos - 3
O Plenário, em conclusão de julgamento e por maioria, concedeu mandado de segurança impetrado contra ato do Presidente do TCU, para manter a situação jurídica dos impetrantes que ingressaram no quadro do TCU antes da Lei 10.356/2001, a qual dispõe sobre o quadro de pessoal e o plano de carreira da Corte de Contas. O referido ato determinara aos ocupantes do cargo de

6. DIREITO ADMINISTRATIVO · 541

analista de controle externo — área de apoio técnico e administrativo, especialidade medicina —, que optassem por uma das jornadas de trabalho estabelecidas na mencionada lei e, consequentemente, por remuneração equitativa ao número de horas laboradas — v. Informativos 592 e 648. O Tribunal entendeu que o novo texto legal seria aplicável somente aos profissionais de medicina que ingressaram no quadro do TCU a partir da vigência da nova regra, ou seja, dezembro de 2001. Considerou não ser possível, diante da alteração substancial da jornada, bem assim do transcurso de quatro anos, a incidência da lei relativamente aos servidores que se encontrassem, à época em que passara a vigorar, no quadro funcional do TCU, sob pena de se desconhecer por completo a situação jurídica constitucionalmente constituída. Assim, a lei questionada — ao impor a jornada de trabalho de 40 horas semanais para percepção do mesmo padrão remuneratório e permitir a manutenção da jornada de 20 horas semanais com redução proporcional de vencimentos aos servidores médicos que àquela época já atuavam no TCU — implicaria decesso, o que afrontaria o art. 37, XV, da CF. Vencido o Ministro Gilmar Mendes, que indeferia a ordem. Pontuava que somente haveria redução de vencimentos, no caso concreto, se a remuneração prevista na nova tabela trazida pela Lei 10.356/2001, para a carga de trabalho de 20 horas semanais, fosse inferior àquela estabelecida em tabela de remuneração vinculada à lei anterior (Lei 9.436/1997) para a jornada de quatro horas diárias. **MS 25875/DF, rel. Min. Marco Aurélio, 9.10.2014. (MS-25875) (Inform. STF 762)**

Tribunal de contas: fiscalização e acesso a documentos
O Plenário confirmou medida cautelar (noticiada no Informativo 245) e julgou procedente pedido formulado em ação direta para declarar a inconstitucionalidade do § 3º do art. 47 da Lei 12.509/1995, alterado pelo art. 2º da Lei 13.037/2000, ambas do Estado do Ceará. O dispositivo questionado retira, do controle do Tribunal de Contas estadual, o conteúdo de pesquisas e consultorias solicitadas pela Administração para direcionamento de suas ações, bem como de documentos relevantes, cuja divulgação possa importar em danos para o estado-membro. O Tribunal assentou a impropriedade de se inviabilizar o acesso, pela Corte de Contas, a documentos para fins de controle da Administração Pública. **ADI 2361/CE, rel. Min. Marco Aurélio, 24.9.2014. (ADI-2361) (Inform. STF 760)**

TCU: julgamento de tomada de contas especial e intimação pessoal
A 2ª Turma denegou mandado de segurança em que se pleiteava a anulação de processo de tomada de contas especial no qual fora aplicada pena de multa ao ora impetrante em razão da suposta prática de ato atentatório à Lei 8.666/1993 - Lei de Licitações. Na espécie, a impetração alegava a ocorrência de nulidade do referido processo de tomada de contas em virtude da ausência de intimação pessoal do advogado do então investigado, impetrante do "writ", para a respectiva sessão de julgamento. De início, a Turma consignou que os julgamentos do TCU não teriam caráter judicial. Motivo pelo qual, não haveria necessidade de notificação prévia e pessoal do advogado. Afirmou que bastaria a publicação, no diário oficial, da data em que se daria a sessão. Pontuou que, a despeito disso, no caso dos autos, o diário oficial teria, de fato, publicado a data da sessão e o deferimento da sustentação oral que fora pleiteada. **MS 28644/DF, rel. Min. Ricardo Lewandowski, 12.8.2014. (MS-28644) (Inform. STF 754)**

TCU: correção da forma de pagamento de proventos de magistrado
A 1ª Turma iniciou julgamento de mandado de segurança em que se discute decisão do TCU que teria considerado irregular o pagamento, ao impetrante, de proventos equivalentes ao subsídio de Desembargador Federal. No caso, o impetrante — juiz federal — embora tivesse passado à inatividade no ano de 2010, teria adquirido o direito de se aposentar em 1994, quando ainda em vigor o art. 192 da Lei 8.112/1990 ("Art. 192. O servidor que contar tempo de serviço para aposentadoria com provento integral será aposentado: I - com a remuneração do padrão de classe imediatamente superior àquela em que se encontra posicionado"), que garantiria a ele o direito de se aposentar com remuneração equivalente ao cargo imediatamente superior ao seu. O Ministro Roberto Barroso (relator) indeferiu a segurança. Ressaltou que o impetrante pretenderia fosse reconhecido seu direito adquirido a regime jurídico, o que se mostraria contrário à jurisprudência do STF. Destacou que a consolidação da situação individual não se confundiria com a vigência do regime que a embasasse: o legislador poderia alterar os critérios relativos à composição dos proventos dos servidores públicos. Pontuou que o único limite seria a irredutibilidade do valor nominal do benefício, que corresponderia à quantia apurada segundo a legislação vigente ao tempo em que adquirira o direito à

aposentadoria, nos termos do Enunciado 359 da Súmula do STF ("Ressalvada a revisão prevista em lei, os proventos da inatividade regulam-se pela lei vigente ao tempo em que o militar, ou o servidor civil, reuniu os requisitos necessários"). Asseverou que não teria havido afronta à irredutibilidade de proventos. Sublinhou que o TCU teria se limitado a determinar que a Seção Judiciária do Distrito Federal procedesse à correção da forma de pagamento de magistrados que tivessem jus ao benefício do art. 192 da Lei 8.112/1990, para que passassem a perceber o subsídio correspondente ao cargo em que se aposentaram, acrescido de parcela compensatória a assegurar a irredutibilidade da respectiva remuneração. Esclareceu que essa parcela seria desvinculada das rubricas que a ela teriam dado origem, passível de atualização pelos índices gerais de reajuste dos servidores públicos e a ser incorporada em razão dos aumentos específicos do respectivo subsídio. Frisou que o TCU não exigira a devolução de valores, ordem essa que partira do Juiz Federal Diretor do Foro e, nesse ponto, deveria ser impugnada no órgão competente. Em divergência, o Ministro Marco Aurélio concedeu a segurança, nos limites de seu voto. Consignou que o impetrante teria direito aos proventos calculados com a incidência do inciso I do art. 192 da Lei 8.112/1990, que passaria a ser parcela única, entretanto, não se vincularia "ad aeternum". Em seguida, pediu vista dos autos a Ministra Rosa Weber. **MS 32726/DF, rel. Min. Roberto Barroso, 24.6.2014. (MS-32726) (Inform. STF 752)**

Contribuição sindical e fiscalização do TCU
As contribuições sindicais compulsórias possuem natureza tributária e constituem receita pública, estando os responsáveis sujeitos à competência fiscalizadora do TCU, cujo controle sobre a atuação das entidades sindicais não representa violação à respectiva autonomia assegurada na Constituição. Com base nessa orientação, a 1ª Turma denegou mandado de segurança em que sindicato buscava se desvencilhar da obrigação de prestar contas. **MS 28465/DF, rel. Min. Marco Aurélio, 18.3.2014. (MS-28465) (Inform. STF 739)**

Anistia e registro de aposentadoria - 1
O Tribunal iniciou julgamento de mandado de segurança impetrado contra ato do Tribunal de Contas da União - TCU que negara registro à aposentadoria das impetrantes — beneficiadas pela anistia com fundamento no art. 8º, § 5º, do ADCT, e reintegradas no quadro funcional do Ministério da Educação —, por ausência de comprovação de vínculo empregatício com órgãos da Administração Pública Federal, antes da concessão da anistia. Sustentam as impetrantes: a) a decadência (Lei 9.784/99, art. 54: "O direito da Administração de anular os atos administrativos de que decorram efeitos favoráveis para os destinatários decai em cinco anos, contados da data em que foram praticados, salvo comprovada má-fé.") e b) a violação ao devido processo legal, por não terem sido ouvidas no procedimento que resultara no ato atacado. O Min. Marco Aurélio, relator, indeferiu a segurança, no que foi acompanhado pelos Ministros Cármen Lúcia, Ricardo Lewandowski, Eros Grau, Joaquim Barbosa e Carlos Britto. Ressaltou que o TCU limitou-se a examinar a concessão da aposentadoria com base no art. 71, III, da CF, não considerando a anistia em si, mas o fato de, em momento posterior, não ter sido demonstrado o ingresso no serviço público suficiente a gerar o direito à aposentadoria. Salientou, ademais, não ser aplicável, quando se trata de registro de aposentadoria, o prazo decadencial de 5 anos previsto na Lei 9.784/99. Após, o julgamento foi suspenso com o pedido de vista do Min. Cezar Peluso.

Anistia e registro de aposentadoria - 2
Em conclusão de julgamento, o Plenário denegou mandado de segurança impetrado contra ato do TCU, que negara registro às aposentadorias das impetrantes — v. Informativo 477. No caso, as impetrantes teriam sido beneficiadas pela anistia, com fundamento no art. 8º, § 5º, do ADCT, e reintegradas no quadro funcional do Ministério da Educação. Ressaltou-se que o TCU limitara-se a examinar a concessão da aposentadoria com base no art. 71, III, da CF e não a anistia em si. Reputou-se que as impetrantes não teriam ocupado cargo, função ou emprego público na Administração Pública Federal, mas apenas teriam desempenhado atividade temporária sem qualquer vínculo, junto a pessoas jurídicas de direito privado para a efetivação do transitório Programa Nacional de Alfabetização.
MS 25916/DF, rel. Min. Marco Aurélio, 19.9.2013. (MS-25916) (Inform. STF 720)

VADE MECUM DE JURISPRUDÊNCIA – STF/STJ

SEGUNDO AG. REG. NO RE N. 450.458-DF

RELATOR: MIN. TEORI ZAVASCKI
Ementa: ADMINISTRATIVO. AGRAVOS REGIMENTAIS NO RECURSO EXTRAORDINÁRIO. SERVIDOR PÚBLICO. APOSENTADORIA DECLARADA ILEGAL PELO TRIBUNAL DE CONTAS. DEVOLUÇÃO DOS VALORES INDEVIDAMENTE RECEBIDOS. TERMO INICIAL. DATA DA DECISÃO DO ÓRGÃO DE CONTAS. APLICAÇÃO DA SÚMULA 106 DO TCU. PRECEDENTES. SERVIDOR INDUZIDO A ERRO PELA ADMINISTRAÇÃO. AUSÊNCIA DE PREQUESTIONAMENTO. SÚMULA 282/STF.
1. O Plenário do Supremo Tribunal Federal, em diversas oportunidades, já assentou que, havendo boa-fé do servidor público que recebe valores indevidos a título de aposentadoria, só a partir da data em que for ela julgada ilegítima pelo órgão competente deverá ser devolvida a quantia recebida a maior (MS 26085, Relator(a): Min. CÁRMEN LÚCIA, Tribunal Pleno, DJe de 13-06-2008; e MS 24781, Relator(a): Min. ELLEN GRACIE, Relator(a) p/ Acórdão: Min. GILMAR MENDES, Tribunal Pleno, DJe de 09-06-2011).
2. Agravos regimentais a que se nega provimento. **(Inform. STF 716)**

📋 Súmula STF nº 653

No tribunal de contas estadual, composto por sete conselheiros, quatro devem ser escolhidos pela assembleia legislativa e três pelo chefe do poder executivo estadual, cabendo a este indicar um dentre auditores e outro dentre membros do ministério público, e um terceiro a sua livre escolha.

📋 Súmula STF nº 347

O tribunal de contas, no exercício de suas atribuições, pode apreciar a constitucionalidade das Leis e dos atos do poder público.

📋 Súmula STF nº 42

É legítima a equiparação de juízes do tribunal de contas, em direitos e garantias, aos membros do poder judiciário.

📋 Súmula STF nº 7

Sem prejuízo de recurso para o congresso, não é exequível contrato administrativo a que o tribunal de contas houver negado registro.

📋 Súmula STF nº 6

A revogação ou anulação, pelo poder executivo, de aposentadoria, ou qualquer outro ato aprovado pelo tribunal de contas, não produz efeitos antes de aprovada por aquele tribunal, ressalvada a competência revisora do judiciário.

17. CONTROLE JURISDICIONAL DE POLÍTICAS PÚBLICAS E DIREITOS SOCIAIS

AG. REG. NO AI N. 692.541-SP

RELATOR: MIN. ROBERTO BARROSO
EMENTA: DIREITO ADMINISTRATIVO E CONSTITUCIONAL. AGRAVO REGIMENTAL EM AGRAVO DE INSTRUMENTO. MEIO AMBIENTE. IMPLEMENTAÇÃO DE POLÍTICAS PÚBLICAS. POSSIBILIDADE. INEXISTÊNCIA DE VIOLAÇÃO AO PRINCÍPIO DA SEPARAÇÃO DOS PODERES.
1. O Supremo Tribunal Federal já assentou ser possível ao Judiciário, em situações excepcionais, determinar ao Poder Executivo a implementação de políticas públicas para garantir direitos constitucionalmente assegurados, sem que isso implique ofensa ao princípio da separação dos Poderes. Precedentes.
2. O acórdão do Tribunal de origem está devidamente fundamentado, embora em sentido contrário aos interesses da parte agravante.
3. Agravo regimental a que se nega provimento. **(Inform. STF 800)**

Obras emergenciais em presídios: reserva do possível e separação de poderes - 1

É lícito ao Poder Judiciário impor à Administração Pública obrigação de fazer, consistente na promoção de medidas ou na execução de obras emergenciais em estabelecimentos prisionais para dar efetividade ao postulado da dignidade da pessoa humana e assegurar aos detentos o respeito à sua integridade física e moral, nos termos do que preceitua o art. 5°, XLIX, da CF, não sendo oponível à decisão o argumento da reserva do possível nem o princípio da separação dos poderes. Essa a conclusão do Plenário, que proveu recurso extraordinário em que discutida a possibilidade de o Poder Judiciário determinar ao Poder Executivo estadual obrigação de fazer consistente na execução de obras em

estabelecimentos prisionais, a fim de garantir a observância dos direitos fundamentais dos presos. O Colegiado assentou tratar-se, na espécie, de estabelecimento prisional cujas condições estruturais seriam efetivamente atentatórias à integridade física e moral dos detentos. Pontuou que a pena deveria ter caráter de ressocialização, e que impor ao condenado condições sub-humanas atentaria contra esse objetivo. Entretanto, o panorama nacional indicaria que o sistema carcerário como um todo estaria em quadro de total falência, tendo em vista a grande precariedade das instalações, bem assim episódios recorrentes de sevícias, torturas, execuções sumárias, revoltas, superlotação, condições precárias de higiene, entre outros problemas crônicos. Esse evidente caos institucional comprometeria a efetividade do sistema como instrumento de reabilitação social. Além disso, a questão afetaria também estabelecimentos destinados à internação de menores. O quadro revelaria desrespeito total ao postulado da dignidade da pessoa humana, em que haveria um processo de "coisificação" de presos, a indicar retrocesso relativamente à lógica jurídica atual. A sujeição de presos a penas a ultrapassar mera privação de liberdade prevista na lei e na sentença seria um ato ilegal do Estado, e retiraria da sanção qualquer potencial de ressocialização. A temática envolveria a violação de normas constitucionais, infraconstitucionais e internacionais. Dessa forma, caberia ao Judiciário intervir para que o conteúdo do sistema constitucional fosse assegurado a qualquer jurisdicionado, de acordo com o postulado da inafastabilidade da jurisdição. Os juízes seriam assegurados do poder geral de cautela mediante o qual lhes seria permitido conceder medidas atípicas, sempre que se mostrassem necessárias para assegurar a efetividade do direito buscado. No caso, os direitos fundamentais em discussão não seriam normas meramente programáticas, sequer se trataria de hipótese em que o Judiciário estaria ingressando indevidamente em campo reservado à Administração. Não haveria falar em indevida implementação de políticas públicas na seara carcerária, à luz da separação dos poderes. Ressalvou que não seria dado ao Judiciário intervir, de ofício, em todas as situações em que direitos fundamentais fossem ameaçados. Outrossim, não caberia ao magistrado agir sem que fosse provocado, transmudando-se em administrador público. O juiz só poderia intervir nas situações em que se evidenciasse um "não fazer" comissivo ou omissivo por parte das autoridades estatais que colocasse em risco, de maneira grave e iminente, os direitos dos jurisdicionados.
RE 592581/RS, rel. Min. Ricardo Lewandowski, 13.8.2015. (RE-592581)

Obras emergenciais em presídios: reserva do possível e separação de poderes - 2

O Ministro Edson Fachin ponderou que a cláusula da reserva do possível somente seria oponível se objetivamente verificado o justo motivo que tivesse sido suscitado pelo poder público para não realizar o mandamento constitucional. Seria preciso ponderar que o magistrado não deveria substituir o gestor público, mas poderia compeli-lo a cumprir o programa constitucional vinculante, mormente quando se tratasse de preservar a dignidade da pessoa humana. O Ministro Roberto Barroso aduziu que a judicialização não substituiria a política, mas haveria exceções, como no caso, em que se trataria de proteger os direitos de uma minoria sem direitos políticos, sem capacidade de vocalizar as próprias pretensões. Além disso, se cuidaria de um problema historicamente crônico de omissão do Executivo, e se o Estado se arrogasse do poder de privar essas pessoas de liberdade, deveria exercer o dever de proteção dessas pessoas. O Ministro Luiz Fux reforçou a ideia de que a intervenção judicial seria legítima se relacionada a obras de caráter emergencial, para proteger a integridade física e psíquica do preso. A Ministra Cármen Lúcia lembrou que determinadas políticas, como de melhoria do sistema penitenciário, seriam impopulares com o eleitorado, mas isso não justificaria o descumprimento reiterado de um mandamento constitucional. Ademais, não caberia falar em falta de recursos, tendo em vista a criação do Fundo Penitenciário, para suprir essa demanda específica. O Ministro Gilmar Mendes salientou que a questão não envolveria apenas direitos humanos, mas segurança pública. Presídios com condições adequadas permitiriam melhor policiamento, melhor monitoramento e dificultariam o crescimento de organizações criminosas nesses locais. Frisou que a lei contemplaria hipótese de o juiz da execução poder interditar estabelecimento penal que funcionasse em condições inadequadas ou ilegais, bem assim que caberia às corregedorias e ao Ministério Público zelar pelo correto funcionamento desses estabelecimentos. O Ministro Celso de Mello afirmou que a hipótese seria de excesso de execução — em que o Estado imporia ao condenado pena mais gravosa do que a prevista em lei —, portanto de comportamento estatal ao arrepio da lei.
RE 592581/RS, rel. Min. Ricardo Lewandowski, 13.8.2015. (RE-592581) (Inform. STF 794)

6. DIREITO ADMINISTRATIVO

REPERCUSSÃO GERAL EM RE N. 855.178-SE

RELATOR: MIN. LUIZ FUX
RECURSO EXTRAORDINÁRIO. CONSTITUCIONAL E ADMINISTRATIVO. DIREITO À SAÚDE. TRATAMENTO MÉDICO. RESPONSABILIDADE SOLIDÁRIA DOS ENTES FEDERADOS. REPERCUSSÃO GERAL RECONHECIDA. REAFIRMAÇÃO DE JURISPRUDÊNCIA.
O tratamento médico adequado aos necessitados se insere no rol dos deveres do Estado, porquanto responsabilidade solidária dos entes federados. O polo passivo pode ser composto por qualquer um deles, isoladamente, ou conjuntamente. **(Inform. STF 778)**

REPERCUSSÃO GERAL EM RE N. 684.612-RJ

RELATORA: MIN. CÁRMEN LÚCIA
EMENTA: ADMINISTRATIVO E CONSTITUCIONAL. IMPLEMENTAÇÃO DE POLÍTICAS PÚBLICAS ESPEFICIAMENTE QUANTO À SUFICIÊNCIA DE PROFISSIONAIS NA ÁREA DE SAÚDE. ALEGADA CONTRARIEDADE AOS ARTS. 2º E 196 DA CONSTITUIÇÃO DA REPÚBLICA. Repercussão geral reconhecida do tema relativo aos limites da competência do Poder Judiciário para determinar obrigações de fazer ao Estado, consistentes em concursos públicos, contratação de servidores e execução de obras que atendam o direito social da saúde, ao qual a Constituição da República garante especial proteção. **(Inform. STF 749)**

AG. REG. NO RE N. 788.170-DF

RELATORA: MIN. CÁRMEN LÚCIA
EMENTA: AGRAVO REGIMENTAL NO RECURSO EXTRAORDINÁRIO. ADMINISTRATIVO E CONSTITUCIONAL. INTERVENÇÃO EXCEPCIONAL DO PODER JUDICIÁRIO NA IMPLEMENTAÇÃO DE POLÍTICAS PÚBLICAS: POSSIBILIDADE. PRECEDENTES. AGRAVO REGIMENTAL AO QUAL SE NEGA PROVIMENTO. **(Inform. STF 745)**

AG. REG. NO RE N. 756.149-RS

RELATOR: MIN. DIAS TOFFOLI
Agravo regimental no recurso extraordinário. Administrativo. Direito à saúde. Dever do Estado. Solidariedade entre os entes federativos. Precedentes.
1. Incumbe ao Estado, em todas as suas esferas, prestar assistência à saúde da população, nos termos do art. 196 da Constituição Federal, configurando essa obrigação, consoante entendimento pacificado na Corte, responsabilidade solidária entre os entes da Federação.
2. Agravo regimental não provido. **(Inform. STF 736)**

EMENTA: AMPLIAÇÃO E MELHORIA NO ATENDIMENTO **DE GESTANTES** EM MATERNIDADES ESTADUAIS. **DEVER ESTATAL** *DE ASSISTÊNCIA MATERNO-INFANTIL* **RESULTANTE** DE NORMA CONSTITUCIONAL. **OBRIGAÇÃO JURÍDICO-CONSTITUCIONAL** *QUE SE IMPÕE* AO PODER PÚBLICO, **INCLUSIVE** AOS ESTADOS-MEMBROS. **CONFIGURAÇÃO,** *NO CASO,* **DE TÍPICA HIPÓTESE** *DE OMISSÃO INCONSTITUCIONAL* **IMPUTÁVEL** AO ESTADO--MEMBRO. **DESRESPEITO À CONSTITUIÇÃO** PROVOCADO *POR INÉRCIA ESTATAL* **(RTJ** 183/818-819). **COMPORTAMENTO** *QUE TRANSGRIDE* A AUTORIDADE DA LEI FUNDAMENTAL DA REPÚBLICA **(RTJ** 185/794-796). **A QUESTÃO** *DA RESERVA DO POSSÍVEL*: **RECONHECIMENTO** DE SUA INAPLICABILIDADE, **SEMPRE** QUE A INVOCAÇÃO DESSA CLÁUSULA **PUDER COMPROMETER** O NÚCLEO BÁSICO **QUE QUALIFICA** *O MÍNIMO EXISTENCIAL* **(RTJ** 200/191-197). **O PAPEL** DO PODER JUDICIÁRIO **NA IMPLEMENTAÇÃO** DE POLÍTICAS PÚBLICAS **INSTITUÍDAS** PELA CONSTITUIÇÃO E *NÃO EFETIVADAS* PELO PODER PÚBLICO. **A FÓRMULA** *DA RESERVA DO POSSÍVEL* **NA PERSPECTIVA** *DA TEORIA DOS CUSTOS DOS DIREITOS*: **IMPOSSIBILIDADE** DE SUA INVOCAÇÃO *PARA LEGITIMAR O INJUSTO INADIMPLEMENTO* **DE DEVERES ESTATAIS DE PRESTAÇÃO** *CONSTITUCIONALMENTE IMPOSTOS* AO ESTADO. **A TEORIA** DA "*RESTRIÇÃO DAS RESTRIÇÕES*" **(OU** DA "*LIMITAÇÃO DAS LIMITAÇÕES*"). **CARÁTER COGENTE E VINCULANTE** DAS NORMAS CONSTITUCIONAIS, *INCLUSIVE DAQUELAS DE CONTEÚDO PROGRAMÁTICO,* **QUE VEICULAM** DIRETRIZES DE POLÍTICAS PÚBLICAS **(CF,** ART. 227). **A COLMATAÇÃO** DE OMISSÕES INCONSTITUCIONAIS *COMO NECESSIDADE INSTITUCIONAL* FUNDADA EM COMPORTAMENTO **AFIRMATIVO** DOS JUÍZES **E** TRIBUNAIS **E DE QUE RESULTA** *UMA POSITIVA CRIAÇÃO JURISPRUDENCIAL* DO DIREITO. **CONTROLE JURISDICIONAL DE LEGITIMIDADE** DA OMISSÃO DO ESTADO: *ATIVIDADE DE FISCALIZAÇÃO JUDICIAL* **QUE SE JUSTIFICA** PELA NECESSIDADE DE OBSERVÂNCIA *DE CERTOS* PARÂMETROS CONSTITUCIONAIS (*PROIBIÇÃO* DE RETROCESSO

SOCIAL, *PROTEÇÃO* AO MÍNIMO EXISTENCIAL, *VEDAÇÃO* DA PROIBIÇÃO INSUFICIENTE **E** *PROIBIÇÃO* DE EXCESSO). **DOUTRINA. PRECEDENTES** DO SUPREMO TRIBUNAL FEDERAL **EM TEMA** DE IMPLEMENTAÇÃO DE POLÍTICAS PÚBLICAS **DELINEADAS** NA CONSTITUIÇÃO DA REPÚBLICA **(RTJ** 174/687 – **RTJ** 175/1212-1213 – **RTJ** 199/1219-1220). **POSSIBILIDADE JURÍDICO-PROCESSUAL** DE UTILIZAÇÃO DAS "*ASTREINTES*" **(CPC,** ART. 461, § 5º) *COMO MEIO COERCITIVO INDIRETO.* **EXISTÊNCIA,** NO CASO EM EXAME, *DE RELEVANTE INTERESSE SOCIAL.* 2. **AÇÃO CIVIL PÚBLICA:** INSTRUMENTO PROCESSUAL ADEQUADO À PROTEÇÃO JURISDICIONAL DE DIREITOS **REVESTIDOS** *DE METAINDIVIDUALIDADE.* **LEGITIMAÇÃO ATIVA** DO MINISTÉRIO PÚBLICO **(CF,** ART. 129, III). **A FUNÇÃO INSTITUCIONAL** DO MINISTÉRIO PÚBLICO *COMO "DEFENSOR DO POVO"* **(CF,** ART. 129, II). **DOUTRINA. PRECEDENTES. RECURSO EXTRAORDINÁRIO** DO MINISTÉRIO PÚBLICO ESTADUAL **CONHECIDO E PROVIDO**. RE 581352, rel. Min. Celso de Mello, J. em 24.09.13. **(Inform. STF 726)**

DIREITO CONSTITUCIONAL E ADMINISTRATIVO. CONTROLE JURISDICIONAL DE POLÍTICAS PÚBLICAS RELACIONADO A INÚMERAS IRREGULARIDADES ESTRUTURAIS E SANITÁRIAS EM CADEIA PÚBLICA. Constatando-se inúmeras irregularidades em cadeia pública – superlotação, celas sem condições mínimas de salubridade para a permanência de presos, notadamente em razão de defeitos estruturais, de ausência de ventilação, de iluminação e de instalações sanitárias adequadas, desrespeito à integridade física e moral dos detentos, havendo, inclusive, relato de que as visitas íntimas seriam realizadas dentro das próprias celas e em grupos, e que existiriam detentas acomodadas improvisadamente –, a alegação de ausência de previsão orçamentária não impede que seja julgada procedente ação civil pública que, entre outras medidas, objetive obrigar o Estado a adotar providências administrativas e respectiva previsão orçamentária para reformar a referida cadeia pública ou construir nova unidade, mormente quando não houver comprovação objetiva da incapacidade econômico-financeira da pessoa estatal. De fato, evidencia-se, na hipótese em análise, clara situação de violação à garantia constitucional de respeito da integridade física e moral do preso (art. 5º, XLIX, da CF) e aos princípios da *dignidade da pessoa humana* e do *mínimo existencial*. Nessas circunstâncias – em que o exercício da discricionariedade administrativa pelo não desenvolvimento de determinadas políticas públicas acarreta grave vulneração a direitos e garantias fundamentais assegurados pela Constituição –, a intervenção do Poder Judiciário se justifica como forma de implementar, concreta e eficientemente, os valores que o constituinte elegeu como "supremos de uma sociedade fraterna, pluralista e sem preconceitos fundada na harmonia social", como apregoa o preâmbulo da CF. Há, inclusive, precedentes do STF (RE-AgR 795.749, Segunda Turma, DJe 20/5/2014; e ARE-AgR 639.337, Segunda Turma, DJe 15/9/2011) e do STJ (AgRg no REsp 1.107.511-RS, Segunda Turma, DJe 6/12/2013) endossando a possibilidade de excepcional controle judicial de políticas públicas. Além disso, não há, na intervenção em análise, ofensa ao princípio da *separação dos poderes*. Isso porque a concretização dos direitos sociais não pode ficar condicionada à boa vontade do Administrador, sendo de suma importância que o Judiciário atue como órgão controlador da atividade administrativa. Seria distorção pensar que o princípio da *separação dos poderes*, originalmente concebido com o escopo de garantia dos direitos fundamentais, pudesse ser utilizado como óbice à realização dos direitos sociais, igualmente importantes. Tratando-se de direito essencial, incluso no conceito de mínimo existencial, inexistirá empecilho jurídico para que o Judiciário estabeleça a inclusão de determinada política pública nos planos orçamentários do ente político, mormente quando não houver comprovação objetiva da incapacidade econômico-financeira da pessoa estatal. Ademais, também não há como falar em ofensa aos arts. 4º, 6º e 60 da Lei 4.320/1964 (que preveem a necessidade de previsão orçamentária para a realização das obras em apreço), na medida em que a ação civil pública analisada objetiva obrigar o Estado a realizar previsão orçamentária das obras solicitadas, não desconsiderando, portanto, a necessidade de previsão orçamentária das obras. Além do mais, tem-se visto, recorrentemente, a invocação da teoria da reserva do possível, importada do Direito alemão, como escudo para o Estado se escusar do cumprimento de suas obrigações prioritárias. Não se pode deixar de reconhecer que as limitações orçamentárias são um entrave para a efetivação dos direitos sociais. No entanto, é preciso ter em mente que o princípio da reserva do possível não pode ser utilizado de forma indiscriminada. Na verdade, o direito alemão construiu essa teoria no sentido de que o indivíduo só pode requerer do Estado uma prestação que se dê nos limites do razoável, ou seja, na qual o peticionário atenda aos

544   VADE MECUM DE JURISPRUDÊNCIA – STF/STJ

requisitos objetivos para sua fruição. Informa a doutrina especializada que, de acordo com a jurisprudência da Corte Constitucional alemã, os direitos sociais prestacionais estão sujeitos à reserva do possível no sentido daquilo que o indivíduo, de maneira racional, pode esperar da sociedade. Ocorre que não se podem importar preceitos do direito comparado sem atentar para Estado brasileiro. Na Alemanha, os cidadãos já dispõem de um mínimo de prestações materiais capazes de assegurar existência digna. Por esse motivo, o indivíduo não pode exigir do Estado prestações supérfluas, pois isso escaparia do limite do razoável, não sendo exigível que a sociedade arque com esse ônus. Eis a correta compreensão do princípio da reserva do possível, tal como foi formulado pela jurisprudência germânica. Todavia, situação completamente diversa é a que se observa nos países periféricos, como é o caso do Brasil, país no qual ainda não foram asseguradas, para a maioria dos cidadãos, condições mínimas para uma vida digna. Nesse caso, qualquer pleito que vise a fomentar uma existência minimamente decente não pode ser encarado como sem razão, pois garantir a dignidade humana é um dos objetivos principais do Estado brasileiro. É por isso que o princípio da reserva do possível não pode ser oposto a um outro princípio, conhecido como princípio do mínimo existencial. Desse modo, somente depois de atingido esse mínimo existencial é que se poderá discutir, relativamente aos recursos remanescentes, em quais outros projetos se deve investir. Ou seja, não se nega que haja ausência de recursos suficientes para atender a todas as atribuições que a Constituição e a Lei impuseram ao estado. Todavia, se não se pode cumprir tudo, deve-se, ao menos, garantir aos cidadãos um mínimo de direitos que são essenciais a uma vida digna, entre os quais, sem a menor dúvida, podemos incluir um padrão mínimo de dignidade às pessoas encarceradas em estabelecimentos prisionais. Por esse motivo, não havendo comprovação objetiva da incapacidade econômico-financeira da pessoa estatal, inexistirá empecilho jurídico para que o Judiciário determine a inclusão de determinada política pública nos planos orçamentários do ente político. **REsp 1.389.952-MT**, Rel. Min. Herman Benjamin, julgado em 3/6/2014. (Inform. STJ 543)

18. PROCESSO CIVIL EM GERAL APLICADO À FAZENDA PÚBLICA

Condenação contra a Fazenda Pública e índices de correção monetária - 1
O Plenário iniciou julgamento de recurso extraordinário em que se discute a validade da utilização dos índices oficiais de remuneração básica da caderneta de poupança para a correção monetária e a fixação de juros moratórios incidentes sobre condenações impostas à Fazenda Pública, conforme determina o art. 1º-F da Lei 9.494/1997, com a redação dada pela Lei 11.960/2009 ("Nas condenações impostas à Fazenda Pública, independentemente de sua natureza e para fins de atualização monetária, remuneração do capital e compensação da mora, haverá a incidência uma única vez, até o efetivo pagamento, dos índices oficiais de remuneração básica e juros aplicados à caderneta de poupança"). Na espécie, o ora recorrido ajuizara ação ordinária em face do INSS com pedido de concessão do benefício assistencial previsto no art. 203, V, da CF. O juízo de primeiro grau, então, julgara procedente o pedido e determinara que o INSS instituísse, em favor do autor, benefício de prestação continuada, na forma do art. 20 da LOAS. O pagamento das prestações vencidas deveria ser acrescido de correção monetária pelo IPCA, a partir de cada parcela, e juros de mora de acordo com o índice oficial de remuneração básica da caderneta de poupança. Interposta apelação pela autarquia previdenciária, a sentença fora mantida. O Ministro Luiz Fux (relator), acompanhado pelos Ministros Edson Fachin, Roberto Barroso e Rosa Weber, deu provimento parcial ao recurso extraordinário para: a) assentar a natureza assistencial da relação jurídica em exame (caráter não-tributário) e b) manter a concessão de benefício de prestação continuada (Lei 8.742/1993, art. 20) ao recorrido, obedecidos os seguintes critérios: 1) atualização monetária a ser procedida segundo o IPCA-E, desde a data fixada na sentença e 2) juros moratórios fixados segundo a remuneração da caderneta de poupança, na forma do art. 1º-F da Lei 9.494/1997, com a redação dada pela Lei 11.960/2009. Destacou, inicialmente, que as decisões proferidas pelo STF na ADI 4.357/DF (DJe de 26.9.2014) e na ADI 4.425/DF (DJe de 19.12.2013) não teria fulminado por completo o art. 1º-F da Lei 9.494/1997, na redação dada pela Lei 11.960/2009. Nesses julgados fora declarada a inconstitucionalidade da correção monetária pela TR apenas quanto ao intervalo de tempo compreendido entre a inscrição do crédito em precatório e o efetivo pagamento. Isso porque a norma constitucional impugnada nas ADIs (CF, art. 100, § 12, incluído pela EC 62/2009) referia-se apenas à atualização do precatório e não à atualização

da condenação após a conclusão da fase de conhecimento. A redação do art. 1º-F da Lei 9.494/1997, como fixada pela Lei 11.960/2009, seria, porém, mais ampla, englobando tanto a atualização de precatórios quanto a atualização da própria condenação. Não haveria, contudo, qualquer motivo para aplicar critérios distintos de correção monetária de precatórios e de condenações judiciais da Fazenda Pública. **RE 870947/SE, rel. Min. Luiz Fux, 10.12.2015. (RE-870947)**

Condenação contra a Fazenda Pública e índices de correção monetária - 2
O relator ressaltou que a finalidade básica da correção monetária seria preservar o poder aquisitivo da moeda diante da sua desvalorização nominal provocada pela inflação. Esse estreito nexo entre correção monetária e inflação exigiria, por imperativo de adequação lógica, que os instrumentos destinados a realizar a primeira fossem capazes de capturar a segunda. Índices de correção monetária deveriam ser, ao menos em tese, aptos a refletir a variação de preços que caracterizaria o fenômeno inflacionário, o que somente seria possível se consubstanciassem autênticos índices de preços. Os índices criados especialmente para captar o fenômeno inflacionário seriam sempre obtidos em momentos posteriores ao período de referência e guardariam, por definição, estreito vínculo com a variação de preços na economia. Assim, no caso, estaria em discussão o direito fundamental de propriedade do cidadão (CF, art. 5º, XXII) e a restrição que lhe teria sido imposta pelo legislador ordinário ao fixar critério específico para a correção judicial das condenações da Fazenda Pública (Lei 9.494/1997, art. 1º-F). Essa restrição seria real na medida em que a remuneração da caderneta de poupança não guardaria pertinência com a variação de preços na economia, sendo manifesta e abstratamente incapaz de mensurar a variação do poder aquisitivo da moeda. Nenhum dos componentes da remuneração da caderneta de poupança guardaria relação com a variação de preços de determinado período de tempo, como disciplinado pelo art. 12 da Lei 8.177/1991. Assim, a remuneração da caderneta de poupança prevista no art. 1º-F da Lei 9.494/1997, na redação dada pela Lei 11.960/2009, não consubstanciaria índice constitucionalmente válido de correção monetária das condenações impostas à Fazenda Pública. O Ministro Teori Zavascki, em divergência, deu provimento no recurso e assentou a constitucionalidade do dispositivo em comento. Asseverou que não decorreria da Constituição a indispensabilidade de que os indexadores econômicos legítimos fossem apenas os medidos pela inflação. O legislador deveria ter liberdade de conformação na matéria. O Ministro Marco Aurélio, preliminarmente, não conheceu do recurso, porquanto este estaria consubstanciado na apreciação de matéria estritamente legal. No mérito, negou-lhe provimento tendo em conta que, no tocante aos débitos para com a Previdência Social, haveria incidência da Selic, como previsto no art. 34 da Lei 8.212/1991. Tratando-se, no caso em comento, de credor previdenciário, o índice aplicável, relativamente aos juros moratórios, deveria ser o mesmo aplicável à Fazenda. Em seguida, pediu vista dos autos o Ministro Dias Toffoli.

RE 870947/SE, rel. Min. Luiz Fux, 10.12.2015. (RE-870947) (Inform. STF 811)

Abono variável e competência do STF - 1
Compete ao STF para processar e julgar, originariamente, demanda ajuizada por magistrado estadual a respeito de pagamento de correção monetária sobre valores correspondentes a abono variável. Essa a conclusão da Segunda Turma que, por maioria, deu provimento a agravo regimental em recurso extraordinário em que debatida a definição da competência. Afirmou que o Plenário já se manifestara no sentido de ser o STF competente para processar e julgar as ações ajuizadas por magistrados federais referentes à correção monetária do abono variável prevista na Lei 10.474/2002. Assinalou que a ação de cobrança, no caso concreto, visaria ao pagamento da correção monetária incidente sobre o abono variável, vantagem instituída pela Lei 9.655/1998 correspondente à diferença entre a remuneração mensal de cada magistrado e o valor do subsídio que viesse a ser fixado na vigência da EC 19/1998. A Lei 9.655/1998, no entanto, não estabelecera o valor nominal dos subsídios devidos aos magistrados. Apenas escalonara os respectivos estipêndios com base no subsídio mensal dos Ministros do STF, que não teria sido fixado pela lei exigida nos termos do art. 48, XV, da CF. A aplicação do art. 6º da Lei Federal 9.655/98 dependeria, portanto, da edição da lei de fixação do subsídio dos Ministros do STF. Assim, com o fim de dar eficácia ao art. 6º da Lei Federal 9.655/1998, a Lei Federal 10.474/2002, ao tratar da remuneração da magistratura da União, determinara que até que fosse editada a lei prevista no art. 48, XV, da CF, o vencimento básico do Ministro do STF seria fixado em R$ 3.950,31. Embora as disposições acima se apliquem apenas à magistratura da União, fora editada, no âmbito do Estado

6. DIREITO ADMINISTRATIVO

do Rio de Janeiro, a Lei fluminense 4.631/2005 que aplicara aos membros do Poder Judiciário estadual o disposto no art. 2º, "caput", e § 1º, da Lei Federal 10.474/2002.

RE 608847 AgR/RJ, rel. orig. Min. Cármen Lúcia, red. p/ o acórdão Min. Teori Zavascki, 1º.12.2015. (RE-608847)

Abono variável e competência do STF - 2

A Turma frisou que, embora as disposições normativas aplicáveis à magistratura da União e do Estado do Rio de Janeiro não fossem absolutamente idênticas, em ambas as situações, apenas os membros do Poder Judiciário que tivessem recebido o abono variável no período de 1º.1.1998 a 28.6.2002 teriam interesse na causa, de modo que, quanto a esse ponto, não haveria distinção entre o presente caso e aqueles apreciados pelo Plenário. Portanto, a limitação temporal do interesse da magistratura na matéria ocorreria tanto no âmbito federal quanto no estadual, de modo que não se poderia afastar a aplicação do art. 102, I, "n", da CF. Ademais, o fato de a controvérsia interessar apenas a magistrados estaduais também não seria suficiente para obstar a aplicação do entendimento firmado pelo Plenário em hipóteses relativas a magistrados federais. Isso porque, conquanto interpretação literal do art. 102, I, "n", da CF permitisse concluir pela necessidade de envolvimento de todos os membros da magistratura de forma direta ou indireta para a aplicação da competência originária do STF, dever-se-ia ter em conta que essa disposição normativa constitucional não possuiria outro objetivo senão o de deslocar a competência para evitar-se, ainda que de forma geral, o julgamento da causa por interessados. Vencida a Ministra Cármen Lúcia (relatora) e vencido o Ministro Celso de Mello. Pontuou que a discussão sobre a incidência de correção monetária no sistema de pagamento do abono variável criado especificamente no Estado do Rio de Janeiro não se inseriria no rol de matérias aptas a atrair a competência originária do STF, prevista no art. 102, I, "n", da CF, cuja interpretação deveria ser restritiva. Não haveria, na espécie vertente, interesse direto ou indireto de toda a magistratura estadual autorizador do deslocamento da competência para o STF.

RE 608847 AgR/RJ, rel. orig. Min. Cármen Lúcia, red. p/ o acórdão Min. Teori Zavascki, 1º.12.2015. (RE-608847) (Inform. STF 810)

REPERCUSSÃO GERAL EM RE N. 922.144-MG

RELATOR: MIN. ROBERTO BARROSO

Ementa: DIREITO CONSTITUCIONAL E DIREITO ADMINISTRATIVO. DESAPROPRIAÇÃO. GARANTIA DE JUSTA E PRÉVIA INDENIZAÇÃO EM DINHEIRO. COMPATIBILIDADE COM O REGIME DE PRECATÓRIOS. PRESENÇA DE REPERCUSSÃO GERAL.

1. Constitui questão constitucional saber se e como a justa e prévia indenização em dinheiro assegurada pelo art. 5º, XXIV, da CRFB/1988 se compatibiliza com o regime de precatórios instituído no art. 100 da Carta.

2. Repercussão geral reconhecida. **(Inform. STF 808)**

Contratação de servidores temporários e competência - 2

A justiça comum é competente para processar e julgar causas em que se discuta a validade de vínculo jurídico-administrativo entre o poder público e servidores temporários. Esse o entendimento do Plenário que, em conclusão e por maioria, deu provimento a agravo regimental e julgou procedente pedido formulado em reclamação ajuizada com o objetivo de suspender ação civil pública proposta pelo Ministério Público do Trabalho perante vara trabalhista. No caso, o "parquet" pretendia a anulação de contratações e de credenciamentos de profissionais — ditos empregados públicos — sem a prévia aprovação em concurso público. Alegava-se afronta ao que decidido pelo STF na ADI 3.395 MC/DF (DJU de 10.11.2006), tendo em conta que o julgado da lide competiria à justiça comum — v. Informativo 596. O Colegiado asseverou que a orientação firmada na decisão paradigma seria no sentido de competir à justiça comum o julgamento de litígios baseados em contratação temporária para o exercício de função pública, instituída por lei local em vigência antes ou depois da CF/1988. Isso não atrairia a competência da justiça trabalhista a alegação de desvirtuamento do vínculo. Assim, a existência de pedidos fundados na CLT ou no FGTS não descaracterizaria a competência da justiça comum. Por fim, o Tribunal deliberou anular os atos decisórios até então proferidos pela justiça laboral e determinar o envio dos autos da ação civil pública à justiça comum competente. Vencidos os Ministros Marco Aurélio (relator) e Rosa Weber, que negavam provimento ao agravo.

Rcl 4351 MC-AgR/PE, rel. orig. Min. Marco Aurélio, red. p/ o acórdão Min. Dias Toffoli, 11.11.2015. (Rcl-4351 MC-AgR) (Inform. STF 807)

AG. REG. NO ARE N. 910.280-DF

RELATOR: MIN. ROBERTO BARROSO

EMENTA: DIREITO CONSTITUCIONAL E DIREITO DO TRABALHO. AGRAVO REGIMENTAL EM RECURSO EXTRAORDINÁRIO COM AGRAVO. COMPETÊNCIA DA JUSTIÇA DO TRABALHO. CONTRATO DE TRABALHO ANTERIOR À CF/1988. INEXISTÊNCIA DE TRANSPOSIÇÃO AO REGIME JURÍDICO ÚNICO. ALEGAÇÃO DE NULIDADE DO CONTRATO DE TRABALHO. SÚMULA 284/STF. PRECEDENTES.

1. A controvérsia dos autos não é fundada em vínculo estatutário ou em contrato de trabalho temporário submetido a lei especial. Trata-se de contrato que fora celebrado antes do advento da Constituição Federal de 1988, em época na qual se admitia a vinculação à Administração Pública de servidores sob o regime da CLT. A competência, portanto, é da Justiça do Trabalho. Precedentes.

2. O Plenário Virtual do Supremo Tribunal Federal, ao apreciar o ARE 906.491-RG, sob a relatoria do Ministro Teori Zavascki, reconheceu a existência de repercussão geral da questão constitucional em análise e reafirmou a jurisprudência da Corte sobre a questão.

3. As razões do recurso extraordinário quanto à nulidade do vínculo com a Administração Pública não guardam pertinência com a fundamentação do acórdão recorrido. Nessas circunstâncias, incide a Súmula 284/STF.

4. Agravo regimental a que se nega provimento. **(Inform. STF 806)**

AG. REG. NO AI N. 698.106-SP

RELATOR: MIN. LUIZ FUX

Ementa: AGRAVO REGIMENTAL NO AGRAVO DE INSTRUMENTO. ADMINISTRATIVO. OBRA EM LOGRADOURO MUNICIPAL SEM AUTORIZAÇÃO. MULTA. ANÁLISE DE LEGISLAÇÃO INFRACONSTITUCIONAL LOCAL. INCURSIONAMENTO NO CONTEXTO FÁTICO-PROBATÓRIO DOS AUTOS. SÚMULAS Nº 279 E Nº 280 DO STF. PREQUESTIONAMENTO. ALEGAÇÃO TARDIA. INVIABILIDADE.

1. A multa decorrente do uso e ocupação do solo urbano sem autorização administrativa, nas hipóteses em que *sub judice* sua regularidade, encerra a análise de norma infraconstitucional local e o reexame do conjunto fático-probatório dos autos.

2. A violação reflexa e oblíqua da Constituição Federal decorrente da necessidade de análise de malferimento de dispositivo infraconstitucional local torna inadmissível o recurso extraordinário, a teor do Enunciado da Súmula nº 280 do Supremo Tribunal Federal, *verbis*: "*Por ofensa a direito local não cabe recurso extraordinário*".

3. O recurso extraordinário não se presta ao exame de questões que demandam revolvimento do contexto fático-probatório dos autos, adstringindo-se à análise da violação direta da ordem constitucional.

4. O prequestionamento da questão constitucional é requisito indispensável à admissão do recurso extraordinário. A Súmula nº 282 do STF dispõe, *verbis*: "*É inadmissível o recurso extraordinário, quando não ventilada, na decisão recorrida, a questão federal suscitada*".

5. A alegação tardia da matéria constitucional, só suscitada em sede de embargos de declaração, não supre o requisito do prequestionamento. Precedentes: ARE 693.333-AgR, Rel. Min. Cármen Lúcia, Primeira Turma, DJe de 19/9/2012, e AI 738.152-AgR, Rel. Min. Ricardo Lewandowski, Segunda Turma, DJe de 8/11/2012.

6. *In casu*, o acórdão recorrido assentou: "*Administrativo - Ação de nulidade de autuações e cautelar afim - Obras em logradouro público sem autorização administrativa - Instalação de rede de fibra ótica com vistas a serviço de telefonia – Autuações municipais válidas - Formalidades observadas - Exorbitância das multas, todavia - Poder regulamentar que não pode extrapolar a lei - Redução - Procedência parcial decretada, no lugar da improcedência - Processo cautelar extinto, em não persistindo o interesse processual – Recurso dos autos principais provido em parte, desacolhido o da cautelar, com alteração do dispositivo sentencial e rejeitada a preliminar.*"

7. Agravo regimental **DESPROVIDO. (Inform. STF 787)**

REPERCUSSÃO GERAL EM RE N. 870.947-SE

RELATOR: MIN. LUIZ FUX

EMENTA: DIREITO CONSTITUCIONAL. REGIME DE ATUALIZAÇÃO MONETÁRIA E JUROS MORATÓRIOS INCIDENTE SOBRE CONDENAÇÕES JUDICIAIS DA FAZENDA PÚBLICA. ART. 1º-F DA LEI Nº 9.494/97 COM A REDAÇÃO DADA PELA LEI Nº 11.960/09. TEMA 810. REPERCUSSÃO GERAL RECONHECIDA. **(Inform. STF 783)**

AG. REG. NO ARE N. 853.884-DF

RELATORA: MIN. ROSA WEBER

EMENTA: DIREITO ADMINISTRATIVO E PROCESSUAL CIVIL. FORNE-CIMENTO DE ÁGUA E ESGOTO. REPETIÇÃO DE INDÉBITO. EXECUÇÃO. ALEGAÇÃO DE OFENSA AO ART. 5º, II, XXXV, LIV E LV, DA CONSTITUIÇÃO FEDERAL. LEGALIDADE. CONTRADITÓRIO E AMPLA DEFESA. DEVIDO PROCESSO LEGAL. INAFASTABILIDADE DA JURISDIÇÃO. DEBATE DE ÂMBITO INFRACONSTITUCIONAL. EVENTUAL VIOLAÇÃO REFLEXA DA CONSTITUIÇÃO DA REPÚBLICA NÃO VIABILIZA O MANEJO DE RECURSO EXTRAORDINÁRIO. NEGATIVA DE PRESTAÇÃO JURISDICIONAL. ARTIGO 93, IX, DA CONSTITUIÇÃO DA REPÚBLICA. NULIDADE. INOCORRÊNCIA. RAZÕES DE DECIDIR EXPLICITADAS PELO ÓRGÃO JURISDICIONAL. COMPETÊNCIA LEGISLATIVA. ARTS. 21, XX, 22, VI, e 23, IX, DA MAGNA CARTA. SÚMULAS 282 E 356 DO SUPREMO TRIBUNAL FEDERAL. AUSÊN-CIA DE PREQUESTIONAMENTO. ACÓRDÃO PROFERIDO PELO SUPERIOR TRIBUNAL DE JUSTIÇA. PRECLUSÃO DA QUESTÃO CONSTITUCIONAL SURGIDA NO *DECISUM* DO TRIBUNAL LOCAL. ACÓRDÃO RECORRIDO PUBLICADO EM 16.6.2014.

Inexiste violação do artigo 93, IX, da Lei Maior. O Supremo Tribunal Federal entende que o referido dispositivo constitucional exige que o órgão jurisdicional explicite as razões do seu convencimento, dispensando o exame detalhado de cada argumento suscitado pelas partes.

O exame da alegada ofensa ao art. 5º, II, XXXV, LIV e LV, da Constituição Federal, observada a estreita moldura com que devolvida a matéria à apreciação desta Suprema Corte, dependeria de prévia análise da legislação infraconstitucional aplicada à espécie, o que refoge à competência jurisdicional extraordinária, prevista no art. 102 da Magna Carta.

Cristalizada a jurisprudência desta Suprema Corte, a teor das Súmulas 282 e 356: *"Inadmissível o recurso extraordinário, quando não ventilada, na decisão recorrida, a questão federal suscitada"*, bem como que *"O ponto omisso da decisão, sobre o qual não foram opostos embargos declaratórios, não pode ser objeto de recurso extraordinário, por faltar o requisito do prequestionamento."*

O acórdão proferido pelo Superior Tribunal de Justiça, em sede de recurso especial, somente legitima o uso do apelo extremo se versar questão constitucional diversa daquela debatida na anterior instância – o que não se observa na presente hipótese. Precedentes.

As razões do agravo regimental não se mostram aptas a infirmar os fundamentos que lastrearam a decisão agravada, mormente no que se refere à ausência de ofensa direta e literal a preceito da Constituição da República. Agravo regimental conhecido e não provido. **(Inform. STF 781)**

Mandado de segurança e prova pré-constituída

A Segunda Turma deu provimento a recurso ordinário em mandado de segurança que impugnava acórdão do STJ em que se pleiteava o pagamento da Gratificação de Desempenho de Atividade Técnica de Fiscalização Agropecuária - GDATFA aos inativos em paridade com o pessoal da ativa. Na espécie, aquele tribunal superior assentara a ausência de prova pré-constituída e, por não ser permitida a dilação probatória, julgara extinto o "writ" sem julgamento de mérito. A Turma esclareceu que a impetrante pretende obter, em favor de seus substituídos, a percepção de determinada vantagem remuneratória que teria natureza genérica, não inerente ao exercício do cargo. Para tanto, aduz que, com o advento da Lei 10.484/2002, os servidores ocupantes de cargos técnicos ativos do Poder Executivo teriam passado a perceber, a título de GDATFA, o equivalente a 100 pontos, enquanto os servidores inativos estariam limitados a 20 pontos. Segundo o Colegiado, a discussão se circunscreveria com a existência ou não do direito dos inativos à equiparação ao pessoal da ativa no que se refere ao pagamento da vantagem em questão, nos termos do voto condutor do acórdão recorrido. Nesse ponto, frisou não ser possível ao STF, desde logo, entrar no mérito, porque a jurisprudência da Corte seria no sentido de que não se aplicaria, em sede de recurso ordinário em mandado de segurança, o disposto no art. 515, § 3º, do CPC ["Art. 515. A apelação deverá ao tribunal o conhecimento da matéria impugnada. (...) § 3º Nos casos de extinção do processo sem julgamento do mérito (art. 267), o tribunal pode julgar desde logo a lide, se a causa versar questão exclusivamente de direito e estiver em condições de imediato julgamento"]. No entanto, deu provimento ao recurso ordinário para afastar o fundamento do acórdão recorrido, de forma que os autos retornassem ao STJ para que prosseguisse no exame do mandado de segurança.

RMS 29914/DF, rel. Min. Teori Zavascki, 10.11.2015. (RMS-29914) (Inform. STF 807)

RE: formalização de acordo e perda de objeto

Em conclusão de julgamento, a 1ª Turma negou provimento a agravo regimental no qual se alegava perda de objeto do recurso extraordinário em decorrência de acordo efetuado entre o Estado-membro e os autores da demanda, com o consequente pagamento dos débitos estaduais por meio de precatório. No extraordinário, discutia-se o valor de vencimentos percebidos por magistrados da justiça estadual, tendo em conta o montante recebido por secretários de Estado e por Ministros do STF. A Turma asseverou que os fatos relacionados ao acordo, bem como aos pagamentos efetuados pelo Estado-membro, deveriam ser devidamente apreciados na origem, e não interfeririam no recurso extraordinário. Frisou incumbir ao tribunal local analisar a validade dessa tratativa, bem como o destino das verbas advindas dos cofres públicos. Consignou, ademais, que os pagamentos teriam sido realizados e recebidos de boa-fé. O Ministro Marco Aurélio ressaltou que o Estado-membro teria negado a formalização do acordo, a revelar inconformismo com a execução provisória do julgado, o que seria suficiente para desprover o agravo.

RE 222239 AgR/RJ, rel. Min. Dias Toffoli, 27.5.2014. (RE-222239) (Inform. STF 748)

AG. REG. EM MS N. 29.307-DF

RELATOR: MIN. TEORI ZAVASCKI

Ementa: PROCESSUAL CIVIL. MANDADO DE SEGURANÇA CONTRA ATO DO CORREGEDOR NACIONAL DE JUSTIÇA. INTEMPESTIVIDADE. IMPETRAÇÃO EM PRAZO SUPERIOR A 120 DIAS APÓS A CIÊNCIA DO PRIMEIRO ATO. INTERPOSIÇÃO DE RECURSO ADMINISTRATIVO E INEXISTÊNCIA DE INTER-RUPÇÃO DO PRAZO DECADENCIAL. SEGUNDA DECISÃO QUE CONFIRMOU A ANTERIOR. DELIBERAÇÃO NEGATIVA. AGRAVO REGIMENTAL A QUE SE NEGA PROVIMENTO. **(Inform. STF 747)**

DIREITO ADMINISTRATIVO. RESTITUIÇÃO AO ERÁRIO DOS VALORES RECEBIDOS POR FORÇA DE DECISÃO JUDICIAL PRECÁRIA POSTE-RIORMENTE REVOGADA. É devida a restituição ao erário dos valores de natureza alimentar pagos pela Administração Pública a servidores públicos em cumprimento a decisão judicial precária posteriormente revogada. Não é possível, em tais casos, aplicar o entendimento de que a restituição não seria devida, sob o argumento de que o servidor encontrava-se de boa fé, porquanto sabedor da fragilidade e provisoriedade da tutela concedida. Precedente citado: EREsp 1.335.962-RS, Primeira Seção, DJe 2/8/2013. **EAREsp 58.820-AL**, Rel. Min. Benedito Gonçalves, julgado em 8/10/2014. **(Inform. STJ 549)**

Fazenda Pública: litigância de má-fé e depósito prévio de multa - 2

A 1ª Turma retomou julgamento de embargos de declaração opostos de decisão, proferida em agravo regimental em recurso extraordinário, na qual impusera multa recursal à Fazenda Pública. O Município embargante sustenta a dispensabilidade do recolhimento prévio do valor da multa aplicada, tendo em vista o disposto no art. 1º-A da Lei 9.494/97 (*"Estão dispensadas de depósito prévio, para interposição de recurso, as pessoas jurídicas de direito público federais, estaduais, distritais e municipais"*) — v. Informativo 624. Em voto-vista, o Ministro Luiz Fux acompanhou o Ministro Ricardo Lewandowski, relator, para não conhecer dos embargos. Destacou que a jurisprudência da Corte seria assente no sentido de que o prévio depósito da multa aplicada, com base no art. 557, § 2º, do CPC, configuraria pressuposto objetivo de recorribilidade. Apontou que a ausência do respectivo depósito inviabilizaria o recurso, ainda que tivesse sido interposto para afastar a mencionada multa. Asseverou que esse requisito seria aplicável inclusive à Fazenda Pública. Aduziu que, como os embargos de declaração estariam previstos no CPC, no capítulo dos recursos — e os primeiros declaratórios foram considerados inadmissíveis e protelatórios —, o depósito da multa seria requisito de admissibilidade de um recurso posterior e, por isso, exigível nos presentes embargos de declaração. Em divergência, os Ministros Marco Aurélio e Dias Toffoli conheciam do recurso. Asseveraram que os embargos de declaração, por visarem esclarecer ou integrar a decisão proferida, não comportariam a exigência do depósito da multa prevista no art. 557, § 2º, do CPC. Sublinharam que a jurisdição ainda não teria se completado. Após, pediu vista dos autos o Ministro Roberto Barroso. **RE 414963 ED-AgR/RS, rel. Min. Ricardo Lewandowski, 26.11.2013. (RE-414963) (Inform. STF 730)**

6. DIREITO ADMINISTRATIVO

AG. REG. NO ARE N. 700.246-BA

RELATOR: MIN. ROBERTO BARROSO
EMENTA: AGRAVO REGIMENTAL EM RECURSO EXTRAORDINÁRIO COM AGRAVO. POLICIAL MILITAR DO ESTADO DA BAHIA. PROVENTOS POR INATIVIDADE CALCULADOS SOBRE O SOLDO ATRIBUÍDO À GRADUAÇÃO IMEDIATAMENTE SUPERIOR. AUSÊNCIA DE QUESTÃO CONSTITUCIONAL. O exame do recurso extraordinário permite constatar que, de fato, a hipótese envolveria alegadas violações à legislação infraconstitucional, sem que se discuta o seu sentido à luz da Constituição.
O Plenário do Supremo Tribunal Federal já assentou o entendimento, quanto à alegação de ofensa ao art. 93, IX, da Constituição, de que as decisões judiciais não precisam ser necessariamente analíticas, bastando que contenham fundamentos suficientes para justificar suas conclusões. Agravo regimental a que se nega provimento. **(Inform. STF 720)**

EMB. DECL. NO AI N. 814.490-RS

RELATOR: MIN. RICARDO LEWANDOWSKI
Ementa: EMBARGOS DE DECLARAÇÃO OPOSTOS DE DECISÃO MONOCRÁTICA. CONVERSÃO EM AGRAVO REGIMENTAL. EXECUÇÃO CONTRA A FAZENDA PÚBLICA. JUROS DE MORA. ART. 1º-F DA LEI 9.494/1997, COM REDAÇÃO DA MP 2.180-35/2001. CONSTITUCIONALIDADE. EFICÁCIA IMEDIATA. AGRAVO IMPROVIDO.
I – O Supremo Tribunal Federal, ao julgar o AI 842.063/RS, Rel. Min. Presidente, reconheceu a repercussão geral do tema em debate e reafirmou sua jurisprudência no sentido de que a norma do art. 1º-F da Lei 9.494/97, modificada pela Medida Provisória 2.180-35/2001, é constitucional e possui aplicabilidade imediata, ou seja, desde o início de sua vigência, independentemente da data do ajuizamento da ação. Precedentes.
II – Embargos de declaração recebidos como agravo regimental, ao qual se nega provimento. **(Inform. STF 708)**

AG. REG. NO ARE N. 715.882-DF

RELATORA: MIN. ROSA WEBER
EMENTA: DIREITO DO TRABALHO E PROCESSUAL CIVIL. OBRIGAÇÕES TRABALHISTAS INADIMPLIDAS. CONDENAÇÃO SUBSIDIÁRIA DA FAZENDA PÚBLICA. 1º-F DA LEI 9.494/1997. INEXISTÊNCIA DE REPERCUSSÃO GERAL - ARE 696.101-RG/DF. INSURGÊNCIA VEICULADA CONTRA A APLICAÇÃO DA SISTEMÁTICA DA REPERCUSSÃO GERAL (ARTS. 324 DO RISTF E 543-B DO CPC). PRECEDENTES. ACÓRDÃO RECORRIDO PUBLICADO 11.11.2009.
O Plenário Virtual desta Corte já proclamou a inexistência de repercussão geral da questão relativa à aplicabilidade dos juros de mora previstos no art. 1º-F da Lei 9.494/1997 aos casos em que a Fazenda Pública é condenada subsidiariamente pelas obrigações trabalhistas inadimplidas pelo empregador principal, em face do caráter infraconstitucional do debate (ARE 696.101-RG/DF). Decisão que se aplica a todos os recursos sobre matéria idêntica. Incidência do art. 328 do RISTF e aplicação do art. 543-B do CPC.
Consoante a regra do art. 324, § 2º, do RISTF, quando o relator declara que a matéria é infraconstitucional, a ausência de pronunciamento dos demais Ministros no prazo de 20 dias será considerada como manifestação pela inexistência de repercussão geral.
Agravo regimental conhecido e não provido. **(Inform. STF 708)**

AG. REG. NO AG. REG. NO AI N. 765.895-RS

RELATORA: MIN. CÁRMEN LÚCIA
EMENTA: AGRAVO REGIMENTAL NO AGRAVO REGIMENTAL NO AGRAVO DE INSTRUMENTO. DECISÃO MONOCRÁTICA. ADMINISTRATIVO E CONSTITUCIONAL. 1. Execução contra a Fazenda Pública. Constitucionalidade do art. 1º-F da Lei n. 9.494/1997. Aplicabilidade imediata da limitação de juros em 6% ao ano. Precedentes. 2. Fixação dos ônus sucumbenciais: juízo de execução. 3. Agravo regimental ao qual se nega provimento. **(Inform. STF 707)**

DIREITO ADMINISTRATIVO E PROCESSUAL CIVIL. BLOQUEIO DE VERBAS PÚBLICAS PARA GARANTIR O FORNECIMENTO DE MEDICAMENTOS PELO ESTADO. RECURSO REPETITIVO (ART. 543-C DO CPC E RES. 8/2008-STJ).

É possível ao magistrado determinar, de ofício ou a requerimento das partes, o bloqueio ou sequestro de verbas públicas como medida coercitiva para o fornecimento de medicamentos pelo Estado na hipótese em que a demora no cumprimento da obrigação acarrete risco à saúde e à vida do demandante. De acordo com o caput do art. 461 do CPC, na "ação que tenha por objeto o cumprimento de obrigação de fazer ou não fazer, o juiz concederá a tutela

específica da obrigação ou, se procedente o pedido, determinará providências que assegurem o resultado prático equivalente ao do adimplemento". O teor do § 5º do mesmo art. 461, por sua vez, estabelece que, para "a efetivação da tutela específica ou a obtenção do resultado prático equivalente, poderá o juiz, de ofício ou a requerimento, determinar as medidas necessárias, tais como a imposição de multa por tempo de atraso, busca e apreensão, remoção de pessoas e coisas, desfazimento de obras e impedimento de atividade nociva, se necessário com requisição de força policial". Nesse contexto, deve-se observar que não é taxativa a enumeração, no aludido § 5º do art. 461, das medidas necessárias à efetivação da tutela específica ou à obtenção do resultado prático equivalente, tendo em vista a impossibilidade de previsão legal de todas as hipóteses fáticas relacionadas à norma. Dessa forma, é lícito o magistrado adotar, com o intuito de promover a efetivação da tutela, medida judicial que não esteja explicitamente prevista no § 5º do art. 461, mormente na hipótese em que a desídia do ente estatal frente a comando judicial possa implicar grave lesão à saúde ou risco à vida da parte demandante, uma vez que, nessas hipóteses, o direito fundamental à saúde (arts. 6º e 196 da CF) prevalece sobre os interesses financeiros da Fazenda Nacional. Precedentes citados: EREsp 770.969-RS, Primeira Seção, DJ 21/8/2006; REsp. 840.912-RS, Primeira Turma, DJ 23/4/2007; e REsp. 1.058.836/RS, Segunda Turma, DJe 1º/9/2008. **REsp 1.069.810-RS, Rel. Min. Napoleão Nunes Maia Filho, julgado em 23/10/2013. (Inform. STJ 532)**

DIREITO ADMINISTRATIVO E PROCESSUAL CIVIL. CUMPRIMENTO DE PORTARIA QUE RECONHECE A CONDIÇÃO DE ANISTIADO POLÍTICO.

O procedimento de execução contra a Fazenda Pública (art. 730 do CPC) não é adequado ao cumprimento de portaria ministerial que tenha reconhecido condição de anistiado político. Isso porque não se trata apenas do recebimento de prestação pecuniária, mas sim do integral cumprimento de ato administrativo que reconhece a condição de anistiado político. Ademais, essa espécie de portaria não pode ser considerada título executivo extrajudicial nos termos do art. 585, II, do CPC, pois o referido dispositivo deve ser interpretado de forma restritiva. Ressalte-se, ainda, que não estão presentes, nesse tipo de portaria, os requisitos da certeza e da exigibilidade, que caracterizam os títulos executivos extrajudiciais, devendo o interessado, primeiramente, ingressar com processo de conhecimento para que a dívida seja reconhecida, obtendo, assim, o título executivo hábil ao manejo de uma execução contra a Fazenda Pública. Precedente citado: AgRg no REsp 1.303.419-PE, Segunda Turma, DJe 20/8/2012. **AgRg no REsp 1.362.644-PE, Rel. Min. Humberto Martins, julgado em 23/4/2013. (Inform. STJ 523)**

DIREITO ADMINISTRATIVO. POSSIBILIDADE DE EXECUÇÃO PROVISÓRIA CONTRA A FAZENDA PÚBLICA NOS CASOS DE PENSÃO POR MORTE DE SERVIDOR PÚBLICO.

É possível a execução provisória contra a Fazenda Pública nos casos de instituição de pensão por morte de servidor público. Isso porque a referida situação não está inserida nas vedações do art. 2º-B da Lei 9.494/1997, cuja interpretação deve ser restritiva. Com efeito, embora acarrete, por via reflexa, a liberação de recursos públicos, não se trata de concessão de aumento ou extensão de vantagem. Precedentes citados: AgRg no Ag 1.364.594-SP, Primeira Turma, DJe 27/5/2011, e AgRg no Ag 1.168.784-ES, Quinta Turma, DJe 9/8/2010. **AgRg no AREsp 230.482-RS, Rel. Min. Sérgio Kukina, julgado em 7/3/2013. (Inform. STJ 519)**

DIREITO ADMINISTRATIVO E PROCESSUAL CIVIL. TITULARIDADE DOS HONORÁRIOS ADVOCATÍCIOS SUCUMBENCIAIS. ENTIDADES DA ADMINISTRAÇÃO PÚBLICA.

Os honorários advocatícios de sucumbência não constituem direito autônomo do procurador judicial quando vencedora a Administração Pública direta da União, dos Estados, do Distrito Federal e dos Municípios, ou as autarquias, as fundações instituídas pelo Poder Público, as empresas públicas, ou as sociedades de economia mista, visto que integram o patrimônio público da entidade. Precedentes citados: REsp 1.213.051-RS, DJe 8/2/2011, e AgRg no AgRg no REsp 1.251.563-RS, DJe 14/10/2011. **AgRg no AREsp 233.603-RS, Rel. Min. Arnaldo Esteves Lima, julgado em 20/11/2012. (Inform. STJ 510)**

Súmula STJ nº 497

Os créditos das autarquias federais preferem aos créditos da Fazenda estadual desde que coexistam penhoras sobre o mesmo bem.

Súmula STJ nº 483

O INSS não está obrigado a efetuar depósito prévio do preparo por gozar das prerrogativas e privilégios da Fazenda Pública.

Súmula STJ nº 452

A extinção das ações de pequeno valor é faculdade da Administração Federal, vedada a atuação judicial de ofício.

19. MANDADO DE SEGURANÇA

AG. REG. EM MS N. 28.528-MA

RELATOR: MIN. DIAS TOFFOLI

EMENTA: Agravo regimental em mandado de segurança. Conselho Nacional de Justiça. Ilegitimidade passiva *ad causam* do órgão apontado como coator. Decadência. Serventia extrajudicial. Inobservância da regra do concurso público. Agravo regimental ao qual se nega provimento.

1. O ato questionado consiste em ato comissivo do Tribunal de Justiça do Maranhão. A decadência fica configurada quando presente ato inequívoco da administração que indefira a pretensão do impetrante.

2. O Conselho Nacional de Justiça não tem legitimidade para compor o polo passivo, pois a existência (eventual) de lesão a direito deriva de concurso público de responsabilidade do Tribunal de Justiça do Maranhão.

3. O STF possui jurisprudência pacífica no sentido da autoaplicabilidade do art. 236, § 3º, da CF/88. Portanto, após a promulgação da Constituição Federal de 1988, é inconstitucional o provimento em serviços notarial e de registro sem a prévia aprovação em concurso público. Precedentes.

4. Agravo regimental ao qual se nega provimento. **(Inform. STF 729)**

Mandado de segurança e autoridade competente

A 2ª Turma negou provimento a recurso ordinário em mandado de segurança em que se pretendia o pagamento de verba de representação mensal de 175% sobre os vencimentos básicos devidos aos juízes do Tribunal Marítimo. No caso, o mandado de segurança apontara como autoridade coatora o Ministro do Planejamento, Orçamento e Gestão. O STJ denegara a ordem sob o fundamento de que a autoridade competente para apreciar o pedido seria o Secretário de Recursos Humanos daquele Ministério. Além disso, a questão constituiria objeto de outro mandado de segurança impetrado na justiça federal de 1º grau. A Turma manteve a decisão recorrida, que afastara a incidência da teoria da encampação e que assentara não competir ao STJ realizar, por meio de mandado de segurança, o exame da legalidade de decisão proferida por autoridades não mencionadas no art. 105, I, b, da CF.

RMS 32004/DF, rel. Min. Cármen Lúcia, 15.10.2013. (RMS-32004) (Inform. STF 724)

DIREITO ADMINISTRATIVO. TERMO INICIAL DO PRAZO PARA IMPETRAÇÃO DE MANDADO DE SEGURANÇA OBJETIVANDO A NOMEAÇÃO EM CARGO PÚBLICO.

Na hipótese em que houver, em ação autônoma, o reconhecimento da nulidade de questões de concurso público, o termo inicial do prazo para que o candidato beneficiado impetre mandado de segurança objetivando sua nomeação no cargo público será a data do trânsito em julgado da decisão judicial. Isso porque o candidato favorecido pela decisão judicial somente passa a ter direito líquido e certo à nomeação a partir da referida data. **AgRg no REsp 1.284.773-AM, Rel. Min. Benedito Gonçalves, julgado em 23/4/2013. (Inform. STJ 522)**

DIREITO ADMINISTRATIVO E PROCESSUAL CIVIL. ILEGITIMIDADE DO GOVERNADOR DE ESTADO PARA FIGURAR COMO AUTORIDADE COATORA EM MANDADO DE SEGURANÇA EM QUE SE BUSQUE A ATRIBUIÇÃO DE PONTUAÇÃO EM CONCURSO PÚBLICO.

O Governador do Estado é parte ilegítima para figurar como autoridade coatora em mandado de segurança no qual o impetrante busque a atribuição da pontuação referente à questão de concurso público realizado para o provimento de cargos do quadro de pessoal da respectiva unidade federativa. A autoridade coatora, para impetração de mandado de segurança, é aquela que pratica ou ordena, de forma concreta e específica, o ato ilegal, ou, ainda, aquela que detém competência para corrigir a suposta ilegalidade, conforme se extrai do art. 6º, § 3º, da Lei 12.016/2009. Na hipótese em análise, constatada a não atribuição de pontuação após a anulação de questão, a autoridade competente para proceder à reclassificação dos impetrantes seria

a banca examinadora responsável pelo certame, que é a executora direta do ato impugnado. O Governador do Estado teria competência para nomear e dar posse aos candidatos, mas não para corrigir a ilegalidade apontada. **AgRg no RMS 37.924-GO, Rel. Min. Mauro Campbell Marques, julgado em 9/4/2013. (Inform. STJ 519)**

DIREITO ADMINISTRATIVO. TERMO INICIAL DO PRAZO DECADENCIAL DO MANDADO DE SEGURANÇA. SUPRESSÃO DE HORAS EXTRAS INCORPORADAS.

O termo inicial do prazo decadencial para impetração de mandado de segurança na hipótese de supressão de valores referentes a horas extras supostamente incorporadas por servidor público é a data em que a verba deixou de ser paga. A exclusão do pagamento de horas extras é ato comissivo que atinge o fundo de direito, portanto está sujeita ao prazo decadencial do art. 23 da Lei n. 12.016/2009, cuja contagem se inicia na data do primeiro pagamento em que houve a supressão da verba, ocasião em que toma ciência o interessado, não se renovando nos meses subsequentes. De modo diverso, no caso de redução, ficaria configurada a prestação de trato sucessivo, pois não haveria a negação do próprio fundo de direito. Precedentes citados: AgRg no Ag 1.337.066-BA, DJe 16/2/2009, e AgRg no REsp 1.110.192-CE, DJe 24/5/2010. **RMS 34.363-MT, Rel. Min. Herman Benjamin, julgado em 6/12/2012. (Inform. STJ 513).**

DIREITO ADMINISTRATIVO. MANDADO DE SEGURANÇA. CABIMENTO. CONFIGURAÇÃO DE PROVA PRÉ-CONSTITUÍDA DA LIQUIDEZ E CERTEZA DO DIREITO À OBTENÇÃO DE MEDICAMENTOS E INSUMOS. LAUDO MÉDICO PARTICULAR.

A instrução de MS somente com laudo médico particular não configura prova pré-constituída da liquidez e certeza do direito do impetrante de obter do Poder Público determinados medicamentos e insumos para o tratamento de enfermidade acometida por ele. O laudo de médico particular, embora aceito como elemento de prova, não pode ser imposto ao magistrado como se a matéria fosse, exclusivamente, de direito. Esse parecer não é espécie de prova suprema ou irrefutável, ainda mais quando a solução da controvérsia, de natureza complexa, depende de conhecimento técnico-científico, necessário para saber a respeito da possibilidade de substituição do medicamento ou sobre sua imprescindibilidade. Além do mais, o laudo médico, como elemento de prova, deve submeter-se ao contraditório, à luz do que dispõe o art. 333, II, do CPC, principalmente quando, para o tratamento da enfermidade, o Sistema Único de Saúde ofereça tratamento adequado, regular e contínuo. Nesse contexto, o laudo médico particular, não submetido ao crivo do contraditório, é apenas mais um elemento de prova, que pode ser ratificado ou infirmado por outras provas a serem produzidas no processo instrutório, dilação probatória incabível no MS. Desse modo, as vias ordinárias, e não a via do MS, representam o meio adequado ao reconhecimento do direito à obtenção de medicamentos do Poder Público, uma vez que, como foi dito, apenas o laudo médico atestado por profissional particular sem o crivo do contraditório não evidencia direito líquido e certo para impetração de MS. **RMS 30.746-MG, Rel. Min. Castro Meira, julgado em 27/11/2012. (Inform. STJ 511).**

Súmula STF nº 632

É constitucional Lei que fixa o prazo de decadência para a impetração de mandado de segurança.

Súmula STF nº 631

Extingue-se o processo de mandado de segurança se o impetrante não promove, no prazo assinado, a citação do litisconsorte passivo necessário.

Súmula STF nº 630

A entidade de classe tem legitimação para o mandado de segurança ainda quando a pretensão veiculada interesse apenas a uma parte da respectiva categoria.

Súmula STF nº 629

A impetração de mandado de segurança coletivo por entidade de classe em favor dos associados independe da autorização destes.

Súmula STF nº 627

No mandado de segurança contra a nomeação de magistrado da competência do presidente da república, este é considerado autoridade coatora, ainda que o fundamento da impetração seja nulidade ocorrida em fase anterior do procedimento.

6. DIREITO ADMINISTRATIVO

Súmula STF nº 626

A suspensão da liminar em mandado de segurança, salvo determinação em contrário da decisão que a deferir, vigorará até o trânsito em julgado da decisão definitiva de concessão da segurança ou, havendo recurso, até a sua manutenção pelo Supremo Tribunal Federal, desde que o objeto da liminar deferida coincida, total ou parcialmente, com o da impetração.

Súmula STF nº 625

Controvérsia sobre matéria de direito não impede concessão de mandado de segurança.

Súmula STF nº 624

Não compete ao Supremo Tribunal Federal conhecer originariamente de mandado de segurança contra atos de outros tribunais.

Súmula STF nº 623

Não gera por si só a competência originária do Supremo Tribunal Federal para conhecer do mandado de segurança com base no art. 102, i, "n", da Constituição, dirigir-se o pedido contra deliberação administrativa do tribunal de origem, da qual haja participado a maioria ou a totalidade de seus membros.

Súmula STF nº 622

Não cabe agravo regimental contra decisão do relator que concede ou indefere liminar em mandado de segurança.

Súmula STF nº 512

Não cabe condenação em honorários de advogado na ação de mandado de segurança.

Súmula STF nº 510

Praticado o ato por autoridade, no exercício de competência delegada, contra ela cabe o mandado de segurança ou a medida judicial.

Súmula STF nº 474

Não há direito líquido e certo, amparado pelo mandado de segurança, quando se escuda em Lei cujos efeitos foram anulados por outra, declarada constitucional pelo Supremo Tribunal Federal.

Súmula STF nº 430

Pedido de reconsideração na via administrativa não interrompe o prazo para o mandado de segurança.

Súmula STF nº 429

A existência de recurso administrativo com efeito suspensivo não impede o uso do mandado de segurança contra omissão da autoridade.

Súmula STF nº 405

Denegado o mandado de segurança pela sentença, ou no julgamento do agravo, dela interposto, fica sem efeito a liminar concedida, retroagindo os efeitos da decisão contrária.

Súmula STF nº 392

O prazo para recorrer de acórdão concessivo de segurança conta-se da publicação oficial de suas conclusões, e não da anterior ciência à autoridade para cumprimento da decisão.

Súmula STF nº 330

O Supremo Tribunal Federal não é competente para conhecer de mandado de segurança contra atos dos tribunais de justiça dos estados.

Súmula STF nº 319

O prazo do recurso ordinário para o Supremo Tribunal Federal, em "habeas corpus" ou mandado de segurança, é de cinco dias.

Súmula STF nº 304

Decisão denegatória de mandado de segurança, não fazendo coisa julgada contra o impetrante, não impede o uso da ação própria.

Súmula STF nº 272

Não se admite como ordinário recurso extraordinário de decisão denegatória de mandado de segurança.

Súmula STF nº 271

Concessão de mandado de segurança não produz efeitos patrimoniais em relação a período pretérito, os quais devem ser reclamados administrativamente ou pela via judicial própria.

Súmula STF nº 270

Não cabe mandado de segurança para impugnar enquadramento da Lei 3.780, de 12/7/1960, que envolva exame de prova ou de situação funcional complexa.

Súmula STF nº 269

O mandado de segurança não é substitutivo de ação de cobrança.

Súmula STF nº 268

Não cabe mandado de segurança contra decisão judicial com trânsito em julgado.

Súmula STF nº 267

Não cabe mandado de segurança contra ato judicial passível de recurso ou correição.

Súmula STF nº 266

Não cabe mandado de segurança contra Lei em tese.

Súmula STF nº 248

É competente, originariamente, o Supremo Tribunal Federal, para mandado de segurança contra ato do Tribunal de Contas da União.

Súmula STF nº 101

O mandado de segurança não substitui a ação popular.

Súmula STJ nº 202

A impetração de segurança por terceiro, contra ato judicial, não se condiciona à interposição de recurso.

Súmula STJ nº 177

O Superior Tribunal de Justiça é incompetente para processar e julgar, originariamente, mandado de segurança contra ato de órgão colegiado presidido por ministro de estado.

Súmula STJ nº 105

Na ação de mandado de segurança não se admite condenação em honorários advocatícios.

Súmula STJ nº 41

O Superior Tribunal de Justiça não tem competência para processar e julgar, originariamente, mandado de segurança contra ato de outros tribunais ou dos respectivos órgãos.

20. OUTROS TEMAS DE DIREITO ADMINISTRATIVO

Anistia e regime celetista

A Primeira Turma negou provimento a recurso ordinário em mandado de segurança em que servidores anistiados pleiteavam o reingresso ao serviço público em regime estatutário. No caso, os recorrentes, anistiados pela Lei 8.878/1994, teriam questionado ato que determinara o retorno ao serviço público, em quadro especial em extinção do Ministério das Cidades, sob o regime celetista. A Turma afirmou que a possibilidade de transformação de empregos em cargos públicos não garantiria amparo automático à pretensão dos recorrentes. Ressaltou que a Lei 8.878/1994 dera tratamento especial aos casos de exoneração, demissão ou dispensa em virtude de o tomador dos serviços haver sido extinto, liquidado ou privatizado. O benefício previsto na citada lei ficara jungido à transferência, absorção ou execução da atividade do órgão extinto por outro da Administração Pública Federal. Enfatizou que o reingresso nos quadros do Poder Executivo não implicaria necessária submissão ao estatuto dos servidores públicos federais. Na situação concreta, a manutenção do regime celetista resultaria das características originais dos vínculos rompidos. Salientou que isso se dera em atenção às normas que regulamentaram a anistia, as quais teriam previsto a observância do cargo ou emprego anteriormente ocupado (Lei 8.878/1994, art. 2º e Decreto 6.077/2007). Ademais, descaberia atribuir natureza autárquica à extinta Empresa Brasileira de Transportes Urbanos – EBTU, simplesmente em razão das atividades por ela desempenhadas.

A entidade teria sido expressamente qualificada como empresa pública, consoante previsão do art. 5º da Lei 6.291/1975, dotada, portanto, de personalidade jurídica de direito privado e, consequentemente, submetidas à CLT. O Ministro Edson Fachin consignou que a adoção do regime estatutário violaria, também, o princípio do concurso público.
RMS 30548/DF, rel. Min. Marco Aurélio, 15.9.2015. (RMS-30548) (Inform. STF 799)

AG. REG. NA AC N. 932-AP
RELATOR: MIN. LUIZ FUX
Ementa: AGRAVO REGIMENTAL NA AÇÃO CAUTELAR. CONSTITUCIONAL. ADMINISTRATIVO. FINANCEIRO. INSCRIÇÃO DE ESTADO-MEMBRO EM CADASTRO DE INADIMPLENTES. TOMADA DE CONTAS ESPECIAL. ATOS DECORRENTES DE GESTÕES ANTERIORES. APLICAÇÃO DO PRINCÍPIO DA INTRANSCENDÊNCIA SUBJETIVA DAS SANÇÕES. PRECEDENTES. INEXISTÊNCIA DE OFENSA AO PRINCÍPIO COLEGIADO. AGRAVO REGIMENTAL A QUE SE NEGA PROVIMENTO.
1. O princípio da intranscendência subjetiva das sanções, consagrado pela Corte Suprema, inibe a aplicação de severas sanções às administrações por ato de gestão anterior à assunção dos deveres Públicos. Precedentes: ACO 1.848-AgR, rel. Min. Celso Mello, Tribunal Pleno, DJe de 6/11/2014; ACO 1.612-AgR, rel. Min. Celso de Mello, Tribunal Pleno, DJe de 12/02/2015.
2. É que, em casos como o presente, o propósito é de neutralizar a ocorrência de risco que possa comprometer, de modo grave e/ou irreversível, a continuidade da execução de políticas públicas ou a prestação de serviços essenciais à coletividade.
3. A tomada de contas especial é medida de rigor com o ensejo de alcançar-se o reconhecimento definitivo de irregularidades, permitindo-se, só então, a inscrição do ente nos cadastros de restrição ao crédito organizados e mantidos pela União. Precedentes: ACO 1.848-AgR, rel. Min. Celso Mello, Tribunal Pleno, DJe de 6/11/2014; AC 2.032, Rel. Min. Celso de Mello, Tribunal Pleno, DJe de 20/03/2009.
4. Agravo regimental a que se nega provimento. **(Inform. STF 799)**

Serventia judicial e vaga ofertada em litígio

A Primeira Turma concedeu mandado de segurança para assegurar que serventias extrajudiciais cujas vacâncias estiverem sendo questionadas judicialmente tenham sua inclusão em edital de concurso, mas que não sejam providas até o trânsito em julgado das respectivas decisões. Na espécie, o CNJ determinara que as delegações em relação às quais existissem pendências judiciais, mas que tivessem sido reconhecidas previamente como vagas, seriam incluídas na lista geral de vacâncias. Entretanto, seria imperioso que houvesse advertência pública acerca da condição "sub judice" da delegação ofertada no concurso, de modo que o candidato faria a escolha por sua conta e risco, sem direito a qualquer reclamação posterior caso o resultado da ação judicial correspondente frustrasse sua escolha e seu exercício. A Turma consignou que o princípio da razoabilidade recomendaria que não se desse provimento a serventia cuja vacância estivesse sendo contestada judicialmente, antes do trânsito em julgado da respectiva decisão. Por conseguinte, a entrega da serventia ao aprovado no certame dependeria do encerramento da lide com o trânsito em julgado das decisões de todos os processos alusivos à referida serventia.
MS 31228/DF, rel. Min. Luiz Fux, 4.8.2015. (MS-31228) (Inform. STF 793)

Servidor público e divulgação de vencimentos

É legítima a publicação, inclusive em sítio eletrônico mantido pela Administração Pública, dos nomes de seus servidores e do valor dos correspondentes vencimentos e vantagens pecuniárias. Esse o entendimento do Plenário ao dar provimento a recurso extraordinário em que discutida a possibilidade de se indenizar, por danos morais, servidora pública que tivera seu nome publicado em sítio eletrônico do município, em que teriam sido divulgadas informações sobre a remuneração paga aos servidores públicos. A Corte destacou que o âmbito de proteção da privacidade do cidadão ficaria mitigado quando se tratasse de agente público. O servidor público não poderia pretender usufruir da mesma privacidade que o cidadão comum. Esse princípio básico da Administração — publicidade — visaria à eficiência. Precedente citado: SS 3902/SP (DJe de 3.10.2011).
ARE 652777/SP, rel. Min. Teori Zavascki, 23.4.2015. (ARE-652777) (Inform. STF 782)

Inscrição de ente público em cadastro federal de inadimplência e devido processo legal - 1

O Plenário julgou parcialmente procedente pedido formulado em ação cível originária para assentar a suspensão do registro lançado com o nome do autor — o Estado da Bahia — no Cadastro Único de Convênios – CAUC, até que lhe sejam disponibilizados os elementos indispensáveis à prestação de contas, e para determinar à ré — União — que se abstenha de, com base na mencionada restrição, obstar a contratação de empréstimos pelo Estado-membro. No caso, sustentava-se que a União teria feito a inscrição no CAUC e no Sistema Integrado de Administração Financeira – SIAFI, por haver ocorrido reprovação na prestação de contas alusiva a convênios, em que figuravam como partes a Secretaria Estadual de Educação e a União, todos relativos a verbas do Fundo Nacional de Desenvolvimento da Educação – FNDE. Alegava-se que, por motivo de força maior, o Estado-membro não tivera possibilidade de encaminhar a documentação necessária à manutenção dos convênios, e que, em virtude dessa pendência, a Secretaria de Educação fora inserida no CAUC, o que supostamente violaria o devido processo legal. Ademais, em razão disso, estariam paralisadas as operações de crédito necessárias à continuidade dos programas de educação estaduais. O Colegiado, preliminarmente, firmou a competência do STF para julgar a ação. Além da presença, em polos distintos, de Estado-membro e União, estaria em jogo a inscrição do ente local em cadastro federal de inadimplência, a impedir a contratação de operações de crédito, a celebração de convênios e o recebimento de transferências de recursos. A situação revelaria possível abalo ao pacto federativo, a ensejar a incidência do art. 102, I, f, da CF. Ademais, embora o FNDE possuísse personalidade jurídica própria, caberia à União, na qualidade de gestora, proceder à inscrição no CAUC e no SIAFI.
ACO 1995/BA, rel. Min. Marco Aurélio, 26.3.2015. (ACO-1995)

Inscrição de ente público em cadastro federal de inadimplência e devido processo legal - 2

No mérito, o Plenário entendeu configurada ofensa ao devido processo legal apenas quanto a um dos convênios em discussão. No tocante a esse convênio, teria sido demonstrada a ocorrência de incêndio que destruíra a documentação concernente à execução dos recursos advindos de convênios anteriores alusivos a programas educacionais. A inscrição nos cadastros federais de inadimplência teria sido lançada, ademais, sem que o autor tivesse pleno conhecimento dos elementos necessários à apresentação de defesa. No caso, com a notícia de reprovação de contas alusivas ao mencionado convênio ante a perda acidental da documentação, o órgão estadual solicitara ao FNDE o fornecimento de cópia da prestação de contas que fora destruída, pedido este que fora atendido em parte, pois não teriam sido fornecidos dados essenciais à reapresentação da prestação de contas. Assim, seria impróprio categorizar ao ente federado a condição de inadimplente no tocante ao citado convênio. A respeito, o Colegiado reafirmou entendimento no sentido de ser necessário observar o devido processo legal, o contraditório e a ampla defesa no tocante à inscrição de entes públicos nos cadastros federais de inadimplência. O Plenário reputou que os outros convênios em comento, por sua vez, não estariam atingidos por violação aos mencionados princípios, pois não estariam diretamente relacionados ao evento configurador de força maior.
ACO 1995/BA, rel. Min. Marco Aurélio, 26.3.2015. (ACO-1995) (Inform. STF 779)

Poder Executivo e quinto constitucional

A exigência de submissão do nome escolhido pelo governador à Casa Legislativa, para preenchimento de vaga destinada ao quinto constitucional, invade a atuação do Poder Executivo. Com base nessa orientação, o Plenário acolheu preliminar de conhecimento parcial da ação e julgou parcialmente procedente pedido formulado em ação direta de inconstitucionalidade ajuizada em face da EC estadual 25/2008, que dera "nova redação ao artigo 63 da Constituição do Estado de São Paulo – Capítulo IV – Do Poder Judiciário" (medida cautelar noticiada no Informativo 523). O Tribunal assentou a declaração de inconstitucionalidade da expressão "depois de aprovada a escolha pela maioria absoluta da Assembléia Legislativa", incluída no parágrafo único do art. 63 da Constituição do Estado de São Paulo. Esclareceu que, embora o autor tivesse buscado a declaração de inconstitucionalidade da integralidade da EC paulista 25/2008, restringira-se a discorrer sobre os motivos para a invalidade da expressão acrescentada à parte final do parágrafo único do artigo 63 da Constituição estadual. A Corte asseverou que o art. 94 da CF

6. DIREITO ADMINISTRATIVO

regula de maneira exaustiva o procedimento destinado à escolha dos membros dos tribunais de justiça oriundos do quinto constitucional. Precedente citado: ADI 202/BA (DJU de 7.3.1997).
ADI 4150/SP, rel. Min. Marco Aurélio, 25.2.2015. (ADI-4150) (Inform. STF 775)

Vinculação a salário mínimo e criação de órgão

O Plenário concedeu medida cautelar em ação direta de inconstitucionalidade para dar interpretação conforme a Constituição aos artigos 5º, c, 9º, e, 14 e 17 da Lei 1.598/2011 do Estado do Amapá, que institui o programa "Renda para Viver Melhor" no âmbito da Administração direta do Executivo estadual. A referida norma prevê o pagamento de metade do valor de um salário mínimo às famílias que se encontrem em situação de pobreza e extrema pobreza, consoante critérios de enquadramento nela definidos. A norma impugnada, de iniciativa parlamentar, também cria o "Conselho Gestor" do programa. A Corte, no tocante à interpretação conforme, assentou que as alusões ao salário mínimo deveriam ser entendidas como a revelarem o valor vigente na data da publicação da lei questionada, vedada qualquer vinculação futura por força do inciso IV do art. 7º da CF. Nesse ponto, a referência ao salário mínimo contida na norma de regência do benefício haveria de ser considerada como a fixar, na data da edição da lei, certo valor. A partir desse montante referencial, passaria a ser corrigido segundo fator diverso do mencionado salário. Asseverou ainda que, ao criar o Conselho Gestor, vinculado à Secretaria de Estado da Inclusão e Mobilização Social, a disciplinar-lhe as atribuições, a composição e o posicionamento na estrutura administrativa estadual, teria afrontado, à primeira vista, a competência do Poder Executivo, a incorrer em inconstitucionalidade formal. **ADI 4726 MC/AP, rel. Min. Marco Aurélio, 11.2.2015. (Inform. STF 774)**

AG. REG. NA AO N. 1.933-PR

RELATOR: MIN. LUIZ FUX
Ementa: AGRAVO REGIMENTAL NA AÇÃO ORIGINÁRIA. DIREITO ADMINISTRATIVO. RESOLUÇÃO DO CONSELHO NACIONAL DE JUSTIÇA. EXIGÊNCIA DE CONCURSO PÚBLICO PARA INGRESSO POR REMOÇÃO NA TITULARIDADE DE SERVIÇOS NOTARIAIS E REGISTRAIS. INCOMPETÊNCIA DO STF PARA JULGAMENTO DA AÇÃO. ENTENDIMENTO FIRMADO PELO TRIBUNAL PLENO NO JULGAMENTO DA AO 1.706, REL. MIN. CELSO DE MELLO. COMPETÊNCIA ORIGINÁRIA DO STF SOMENTE NAS HIPÓTESES DE MANDADO DE SEGURANÇA, DE HABEAS DATA, DE HABEAS CORPUS OU DE MANDADO DE INJUNÇÃO CONTRA O CNJ. MANUTENÇÃO DA DECISÃO AGRAVADA PELOS SEUS PRÓPRIOS FUNDAMENTOS. AGRAVO REGIMENTAL A QUE SE NEGA PROVIMENTO. **(Inform. STF 761)**

AG. REG. NA Rcl N. 9.351-DF

RELATOR: MIN. LUIZ FUX
Ementa: AGRAVO REGIMENTAL NA RECLAMAÇÃO. CONCURSO PÚBLICO. JUIZ DO TRABALHO. COMPROVAÇÃO DE ATIVIDADE JURÍDICA. ALEGAÇÃO DE AFRONTA AO QUE DECIDIDO NA ADI 3.460. INEXISTÊNCIA. AUSÊNCIA DE IDENTIDADE ESPECÍFICA DE TEMAS ENTRE O ATO RECLAMADO E O PARADIGMA DESTA CORTE. TEMA SUBJACENTE SUBMETIDO À REPERCUSSÃO GERAL. AGRAVO REGIMENTAL A QUE SE NEGA PROVIMENTO. **(Inform. STF 761)**

Serventia extrajudicial: oitiva de titular efetivado e declaração de nulidade - 7

A 1ª Turma, por maioria, negou provimento a recurso extraordinário em que se discutia a declaração de nulidade de ato do Presidente do Tribunal de Justiça do Estado de Santa Catarina, que efetivara, em 15.6.1990, o recorrente na titularidade de cartório sem concurso público, consoante o art. 14 do ADCT da Constituição da mencionada unidade federativa. Na origem, tratava-se de mandado de segurança impetrado contra o ato mediante o qual, em 12.2.1998, o Presidente daquela Corte afastara a aludida outorga da delegação, sem oitiva do interessado, tendo em conta a inconstitucionalidade assentada, com eficácia retroativa, do citado artigo (ADI 363/SC, DJU de 3.5.1996), e o deferimento de medida cautelar, com efeitos "ex tunc", na ADI 1.573/SC (DJU de 5.9.1997). Alegava o recorrente: a) a inobservância do devido processo legal; e b) a incompetência da autoridade para emanar a decisão hostilizada, que caberia ao Poder Executivo. Além disso, apontava infringência à Constituição (art. 2º; art. 5º, LIV e LV; e art. 236, "caput" e § 1º) — v. Informativos 668 e 706.

Serventia extrajudicial: oitiva de titular efetivado e declaração de nulidade - 8

A Turma consignou que o acórdão recorrido estaria de acordo com a diretriz jurisprudencial do STF. Aduziu que a "mens legislatoris" dos artigos 14, 15 e 39, § 2º, da Lei 8.935/1994 (Lei dos Cartórios) apontaria que a autoridade competente para proceder à declaração de vacância seria a judicial, mais especificamente o Presidente do tribunal de justiça da respectiva unidade da Federação. Isto porque, ante a ausência de menção expressa e tendo o legislador ordinário federal condicionado a delegação para os exercícios das atividades notariais à prévia aprovação em concurso público de provas e títulos realizado pelo Poder Judiciário (Lei 8.935/1994, artigos 14 e 15), supor-se-ia que a declaração de vacância dessa serventia incumbiria ao próprio Poder Judiciário. Ressaltou que o Supremo teria fixado entendimento segundo o qual a investidura para o exercício dos serviços notariais e de registro, após o advento da CF/1988, dependeria de prévia habilitação em concurso público (CF, art. 37, II). Sublinhou que o art. 22, XXV, da CF — que atribui à União competência para legislar sobre registros públicos —, c/c o art. 236 § 1º, da CF — que outorga à lei regulamentar as atividades dos notários e dos oficiais de registro —, indicaria inexoravelmente que a competência para regular e disciplinar a autoridade competente para declarar a vacância de serventias extrajudiciais recairia sobre a União. Essa conclusão levaria ao afastamento, com declaração incidental de inconstitucionalidade formal, da LC 183/1999, do Estado de Santa Catarina, por usurpação de competência legislativa privativa da União para legislar sobre registros públicos. Por fim, reputou que, uma vez comprovado que o ato de habilitação teria ocorrido em desacordo com o aludido imperativo constitucional, não se cogitaria da instauração de processo administrativo àqueles que se encontrassem nessa situação. Seria, ademais, irrelevante o lapso temporal em que exercidas as atividades. Vencidos os Ministros Marco Aurélio (relator) e Rosa Weber, que davam provimento ao recurso. **RE 336739/SC, rel. orig. Min. Marco Aurélio, red. p/ o acórdão Min. Luiz Fux, 6.5.2014. (RE-336739) (Inform. STF 745)**

Devido processo legal e vacância de serventia - 2

Ao aplicar o entendimento acima mencionado, a 1ª Turma, por maioria, negou provimento a recurso extraordinário em que se pleiteava, de igual modo, a anulação de ato que declarara vaga serventia titularizada pela recorrente, sem a instauração de procedimento administrativo — v. Informativo 377. Vencidos os Ministros Marco Aurélio (relator) e Rosa Weber, que davam provimento ao recurso. **RE 355856/SC, rel. orig. Min. Marco Aurélio, red. p/ o acórdão Min. Roberto Barroso, 6.5.2014. (RE-355856) (Inform. STF 745)**

AG. REG. NO ARE N. 725.451-RJ

RELATORA: MIN. CÁRMEN LÚCIA
EMENTA: AGRAVO REGIMENTAL NO RECURSO EXTRAORDINÁRIO COM AGRAVO. CONSTITUCIONAL. ANISTIA. ART. 8º DO ATO DAS DISPOSIÇÕES CONSTITUCIONAIS TRANSITÓRIAS. PROMOÇÃO RESTRITA AO POSTO QUE O MILITAR ALCANÇARIA SE TIVESSE SIDO REFORMADO PELOS TRÂMITES LEGAIS. PRECEDENTES. AGRAVO REGIMENTAL AO QUAL SE NEGA PROVIMENTO. (Inform. STF 725)

DIREITO AMINISTRATIVO. MILITAR ANISTIADO. ANULAÇÃO DE TERMO DE ADESÃO. LEI Nº 11.354/06. DEBATE DE ÂMBITO INFRACONSTITUCIONAL. ALEGAÇÃO DE OFENSA AO ART. 5º, XXXV E XXXVI, DA CONSTITUIÇÃO DA REPÚBLICA. EVENTUAL VIOLAÇÃO REFLEXA DA CONSTITUIÇÃO DA REPÚBLICA NÃO VIABILIZA O MANEJO DE RECURSO EXTRAORDINÁRIO. APLICAÇÃO DA SÚMULA 636/STF. ACÓRDÃO RECORRIDO PUBLICADO EM 27.8.2010.
Tendo a Corte Regional examinado a matéria à luz da legislação infraconstitucional, obter decisão em sentido diverso demandaria a análise de matéria infraconstitucional, o que torna oblíqua e reflexa eventual ofensa, insuscetível de viabilizar o conhecimento do recurso extraordinário, considerada a disposição do art. 102, III, da Lei Maior.
O exame da alegada ofensa ao art. 5º, XXXV e XXXVI, da Constituição Federal, dependeria de prévia análise da legislação infraconstitucional aplicável à espécie, o que refoge à competência jurisdicional extraordinária.
Não cabe recurso extraordinário por contrariedade ao princípio constitucional da legalidade, quando a sua verificação pressuponha rever a interpretação dada a normas infraconstitucionais pela decisão recorrida (Súmula 636/STF).
Agravo regimental conhecido e não provido. **(Inform. STF 718)**

AG. REG. NO ARE N. 724.006-RJ
RELATOR: MIN. GILMAR MENDES
1. Agravo regimental em recurso extraordinário com agravo. 2. Direito Administrativo. 3. Anistia política. Reparação econômica. Ajuizamento de ação pelo anistiado com intuito de pleitear a incidência de juros e correção monetária. Descumprimento de requisito previsto em acordo. Anulação do termo de adesão pela autoridade coatora. 4. Análise de legislação infraconstitucional. Lei 11.354/06. Ofensa meramente reflexa ao texto constitucional. 5. Reexame do conteúdo fático-probatório. Impossibilidade. Incidência do Enunciado 279 da Súmula do STF. Precedentes. 6. Ausência de argumentos capazes de infirmar a decisão agravada. 7. Agravo regimental a que se nega provimento. **(Inform. STF 708)**

DIREITO ADMINISTRATIVO. COMPETÊNCIA PARA JULGAR RECURSO EM IMPUGNAÇÃO A REGISTRO DE LOTEAMENTO URBANO.
Compete à Corregedoria do Tribunal de Justiça ou ao Conselho Superior da Magistratura - e não ao órgão jurisdicional de segunda instância do Tribunal de Justiça - julgar recurso intentado contra decisão de juízo que julga impugnação ao registo de loteamento urbano. De fato, o caráter eminentemente administrativo do pedido de registro de loteamento urbano, iniciado perante o Oficial de Registros Públicos, não se transmuda pelo fato de a impugnação intentada por terceiros ser decidida no âmbito do Judiciário, que, ao fazê-lo, não exerce, a toda evidência, atividade típica jurisdicional. De acordo com o § 1º do art. 236 da CF, incumbe ao Poder Judiciário, de modo atípico, exercer função correcional e regulatória sobre a atividade registral e notarial, a ser exercida, nos termos da Lei de Organização Judiciária e Regimento Interno de cada Estado, pelo Juiz Corregedor, Corregedorias dos Tribunais e Conselho Superior da Magistratura. É justamente no desempenho desta função correcional que o Estado-juiz exerce, dentre outras atividades (como a de direção e a de disciplina), o controle de legalidade dos atos registrais e notariais, de modo a sanear eventuais irregularidades constatadas ou suscitadas, o que se dará por meio de processo administrativo. A atuação do Judiciário, ao solver a impugnação ao registro de loteamento urbano apresentada por terceiros, não exara provimento destinado a pôr fim a um suposto conflito de interesses (hipótese em que se estaria diante do exercício da jurisdição propriamente dita), ou mesmo a possibilitar a consecução de determinado ato ou à produção válida dos efeitos jurídicos perseguidos (caso em que se estaria no âmbito da jurisdição voluntária). Como enfatizado, o Estado-juiz restringe-se a verificar a presença de requisitos exigidos em lei para a realização do registro, tão-somente. A própria lei de regência preconiza que, em havendo controvérsia de alta indagação, deve-se remeter o caso às vias ordinárias (art. 19, § 2º, Lei 6.766/1979), depreendendo-se, por consectário lógico, que o "juiz competente" referido na lei, ao solver a impugnação ao registro de loteamento, de modo algum exerce jurisdição, mas sim, atividade puramente administrativa de controle de legalidade do ato registral. Devidamente delimitada a natureza da atividade estatal desempenhada pelo Poder Judiciário ao julgar o incidente sob comento, a via recursal deve, igualmente, observar os comandos legais pertinentes ao correlato procedimento administrativo. Nessa linha de raciocínio, cabe recurso administrativo, e não apelação, da decisão que julga a impugnação ao registro de loteamento. Em se tratando de questão essencialmente administrativa, o conhecimento e julgamento do recurso administrativo acima referenciado integra, inarredavelmente, a competência das Corregedorias dos Tribunais ou do Conselho Superior da Magistratura (a depender do que dispõe o Regimento Interno e a Lei de Organização Judiciária do Estado), quando do desempenho, igualmente, da função fiscalizadora e correcional sobre as serventias e órgãos prestadores de serviços notariais e de registro. **REsp 1.370.524-DF, Rel. Min. Marco Buzzi, julgado em 28/4/2015, DJe 27/10/2015. (Inform. STJ 572)**

DIREITO ADMINISTRATIVO, CONSTITUCIONAL E PROCESSUAL CIVIL. PAGAMENTO DE PRECATÓRIO PREFERENCIAL.
A limitação de valor para o direito de preferência previsto no art. 100, § 2º, da CF aplica-se para cada precatório de natureza alimentar, e não para a totalidade dos precatórios alimentares de titularidade de um mesmo credor preferencial, ainda que apresentados no mesmo exercício financeiro e perante o mesmo devedor. De fato, o art. 100, § 2º, da CF (com a redação dada pela EC 62/2009) delimita dois requisitos para o pagamento preferencial nele previsto, quais sejam: a) ser o débito de natureza alimentícia; e b) ser o titular do crédito maior de 60 anos de idade ou portador de doença grave. Da leitura do dispositivo, denota-se, também, que o limitador quantitativo do pagamento com preferência seria o valor equivalente ao triplo do fixado para a Requisição de Pequeno Valor (RPV). Salientado isso, verifica-se que a redação da norma não estabelece expressamente que tal limitação deva ocorrer em relação ao total de precatórios de um mesmo credor preferencial, mas sim em relação a cada débito de natureza alimentícia de titularidade daqueles que atendam o requisito de natureza subjetiva. Desse modo, a norma constitucional não elencou a impossibilidade de o beneficiário participar na listagem de credor preferencial por mais de uma vez no mesmo exercício financeiro, perante um mesmo Ente Político, não podendo, portanto, o exegeta restringir essa possibilidade. Ressalte-se que, no exercício de interpretação de normas constitucionais, buscando a exegese daquilo que foi a intenção do constituinte quando da elaboração da redação do dispositivo, deve-se recorrer aos princípios insertos na Carta Magna, de modo a compatibilizar da melhor forma a prevalência dos valores e objetivos inerentes ao normativo. Nesse contexto, ainda que, de um lado, se alegue que o pagamento da preferência deve ser limitado, dentro do mesmo exercício orçamentário, por credor, para que se possa proporcionar o pagamento de débitos a um maior número de credores — atendendo o interesse patrimonial de mais particulares — deve-se, de outro lado, atentar para a natureza e a qualidade dos beneficiários do pagamento prioritário. De fato, o crédito de natureza alimentícia é indispensável para a subsistência do titular, tendo fundamento no princípio da dignidade da pessoa humana e visando à proteção de bens jurídicos da mais alta relevância, tais como a vida e a saúde. Ademais, a norma prevê requisitos em relação ao credor para que faça jus ao recebimento prioritário do valor do precatório, definindo que ele ocorra apenas aos idosos ou portadores de doenças consideradas graves em lei. Nesses casos, o princípio em voga tem ainda mais relevância. Com efeito, trata-se de particulares que demandam maiores cuidados e com expectativa de vida menor em relação ao restante da população. Dessa forma, mitigar essa prioridade feriria princípios e direitos fundamentais de grande relevância para o ordenamento jurídico pátrio, não se justificando a interpretação que visa restringir direito de particular além do que expressamente prevê a norma constitucional. **RMS 46.155-RO, Rel. Min. Napoleão Nunes Maia Filho, julgado em 22/9/2015, DJe 29/9/2015 (Inform. STJ 570).**

DIREITO ADMINISTRATIVO. BASE DE CÁLCULO DA COMPENSAÇÃO FINANCEIRA PARA A EXPLORAÇÃO DE RECURSOS MINERAIS.
O valor correspondente aos custos do acondicionamento em garrafas ou embalagem de água mineral em estado natural integra a base de cálculo da Compensação Financeira para a Exploração de Recursos Minerais (CFEM). Isso porque, nos termos do art. 6º da Lei 7.990/1989, a CFEM "será de até 3% (três por cento) sobre o valor do faturamento líquido resultante da venda do produto mineral", tendo por consideração o produto obtido não no momento da sua mineração, mas sim "após a última etapa do processo de beneficiamento adotado" (isto é, após o seu acondicionamento em garrafas ou embalagem, ainda em estado natural) "e antes de sua transformação industrial" (tendo em vista que esse simples acondicionamento não constitui "transformação industrial"). Conquanto o conceito de "processo de beneficiamento" esteja definido no art. 14, III, do Decreto 1/1991, o legislador é omisso quanto ao significado da expressão "transformação industrial". Nesse contexto, ante o silêncio da legislação específica, torna-se importante esclarecer a influência, no caso em análise, do conceito de industrialização utilizado pela legislação do Imposto sobre Produtos Industrializados (IPI). O conceito de industrialização, conforme o art. 3º da Lei 4.502/1964, abrange tanto as operações de que resulte alteração da natureza do produto (industrialização em sentido estrito: a transformação industrial) quanto as operações que alteram o funcionamento, a utilização, o acabamento ou apresentação do produto (beneficiamento, montagem, acondicionamento ou recondicionamento). Para o IPI, portanto, é indiferente se tratar de transformação industrial, beneficiamento, montagem, acondicionamento, ou recondicionamento, pois tudo está dentro do fato gerador do tributo. Cabe ressaltar, ainda, que o IPI somente não incide sobre o acondicionamento ou a embalagem da água mineral em garrafas em razão da imunidade prevista no art. 155, § 3º, da CF, para as operações relativas a minerais. Contudo, havendo transformação industrial, abre-se a possibilidade de tributação pelo IPI. No caso da água mineral, a lei entendeu por espécie nova a sua transformação em água que "contenha como ingrediente principal inositol, glucoronolactona, taurina ou cafeína" (art. 14, parágrafo único, da Lei 13.097/2015). Assim, se a água mineral não for mais a natural, submete-se à tributação pelo IPI. Diante disso, *mutatis mutandis*, o mesmo registro se faz quanto à expressão final contida no art. 6º da Lei 7.990/1989: "[...] antes de sua transformação industrial", de modo que o simples acondicionamento

6. DIREITO ADMINISTRATIVO

em garrafas ou embalagem da água mineral em seu estado natural não constitui "transformação industrial", mas sim etapa anterior que, para os efeitos da legislação da CFEM, é compreendida dentro do conceito amplo de beneficiamento. **REsp 1.275.910-RS, Rel. Min. Mauro Campbell Marques, julgado em 4/8/2015, DJe 12/8/2015 (Inform. STJ 566).**

DIREITO ADMINISTRATIVO. HIPÓTESE DE SUSPENSÃO DE EXECUÇÃO DE DECISÃO LIMINAR IMPEDITIVA DE DESCONTO SALARIAL DE SERVIDORES GREVISTAS.

Deve ser suspensa a execução da decisão liminar (art. 25, § 3º, da Lei 8.038/1990) proibitiva de desconto salarial dos dias de paralisação decorrentes de greve dos professores do Estado de São Paulo, movimento paredista que durava mais de 60 dias até a análise do pedido de suspensão de segurança, sem êxito nas tentativas de acordo e sem notícia de decisão judicial sobre as relações obrigacionais entre grevistas e o Estado, e que, além disso, já havia levado ao dispêndio de vultosos recursos na contratação de professores substitutos, como forma de impedir a iminente interrupção da prestação do serviço público educacional do Estado. Nessa situação, encontra-se configurada grave lesão à ordem e à economia pública do referido Estado. Com efeito, evidenciam-se danos aos cofres públicos decorrentes da possibilidade de dispêndio de vultosos valores com o pagamento dos dias parados, somados ao considerável montante gasto com a contratação de professores temporários em substituição aos servidores grevistas, de modo a evitar a iminente interrupção do já notoriamente precário ensino público, serviço cuja fundamentalidade é reconhecida pela CF. Na situação em análise, cabe ressaltar, a decisão autorizativa do corte não atenta contra o direito constitucional à greve. A propósito, o STF já concluiu que, "nos termos do art. 7º da Lei n. 7.783/1989, a deflagração da greve, em princípio, corresponde à suspensão do contrato de trabalho. Na suspensão do contrato de trabalho não há falar propriamente em prestação de serviços, nem tampouco no pagamento de salários. Como regra geral, portanto, os salários dos dias de paralisação não deverão ser pagos, salvo no caso em que a greve tenha sido provocada justamente por atraso no pagamento ou por outras situações excepcionais que justifiquem o afastamento da premissa da suspensão do contrato de trabalho." (STA 207-RS, DJ 8/4/2008). Trata-se, na verdade, da necessária ponderação que deve ser feita entre o regular exercício do direito de greve e o direito à prestação dos serviços públicos fundamentais. E o fato é que, na perspectiva do exame da grave lesão à ordem pública e econômica, vislumbra-se sério risco a justificar a concessão da medida de contracautela na hipótese que ora se analisa. O STJ, inclusive, já manifestou o entendimento de que "a deflagração do movimento grevista suspende, no setor público, o vínculo funcional e, por conseguinte, desobriga o Poder Público do pagamento referente aos dias não trabalhados" e de que a "existência de acordo, convenção coletiva, laudo arbitral ou decisão judicial regulando as relações obrigacionais decorrentes do movimento paredista pode prever a compensação dos dias de greve (ex vi do art. 7º, in fine, da Lei nº 7.783/89). Todavia, à míngua dessas tratativas, não há direito líquido e certo dos servidores sindicalizados a ser tutelado na via mandamental, já que, nesses casos, deve prevalecer o poder discricionário da Administração, a quem cabe definir pelo desconto, compensação ou outras maneiras de administrar o conflito, sem que isso implique qualquer ofensa aos princípios da proporcionalidade ou razoabilidade" (MS 17.405-DF, Corte Especial, DJe 9/5/2012). Ademais, no STJ já foi deferida suspensão de segurança em caso análogo, no qual ficou consignado que "no setor público, o Brasil tem enfrentado greves que se arrastam por meses. Algumas com algum sucesso, ao final. Outras sem consequência qualquer para os servidores. O público, porém, é sempre penalizado. A lei nº 7.783, de 1989, se aplica, no que couber, ao setor público. Salvo melhor juízo, a decisão administrativa que determina o desconto em folha de pagamento dos servidores grevistas é compatível com o regime da lei. A que limite estará sujeita a greve, se essa medida não for tomada? Como compensar faltas que se sucedem por meses?" (SS 2.606-DF, decisão monocrática, DJe 7/8/2012). E não é outra a situação aqui enfrentada: a manifestação grevista, até a análise do pedido de suspensão da segurança, durava mais de 60 dias e não lograram êxito as tentativas de conciliação realizada entre governantes e membros do movimento paredista. Ressalte-se, por oportuno, que qualquer argumentação que envolva a discussão sobre a legalidade ou ilegalidade da greve deve ser discutida na seara recursal própria. **AgRg na SS 2.784-SP, Rel. Min. Francisco Falcão, julgado em 3/6/2015, DJe 12/6/2015 (Inform. STJ 563).**

DIREITO ADMINISTRATIVO. INCOMPETÊNCIA DO PODER JUDICIÁRIO PARA AUTORIZAR O FUNCIONAMENTO DE RÁDIO EDUCATIVA.

O Poder Judiciário não tem competência para autorizar, ainda que a título precário, a prestação de serviço de radiodifusão com finalidade exclusivamente educativa. O art. 223 da CF atribui competência ao Poder Executivo para outorgar e renovar concessão, permissão e autorização, bem como fiscalizar o serviço de radiodifusão sonora e de sons e imagens. Em consonância com essa previsão constitucional, além de obedecidas as disposições do Decreto-Lei 236/1967 (que complementa e modifica o Código Brasileiro de Telecomunicações), as outorgas para a execução dos serviços de radiodifusão com finalidade exclusivamente educativa requerem procedimento administrativo seletivo divulgado pela publicação de avisos de habilitação no Diário Oficial da União, os quais informam a quantidade de municípios, as sedes das outorgas, bem como convidam os interessados a apresentarem propostas ao Ministério das Comunicações. Nesse contexto, a despeito de não caber ao STJ analisar os dizeres de portarias, cumpre salientar que, nos termos do art. 13 da Portaria MC 355/2012, à vista do parecer da Consultoria Jurídica, o Ministro de Estado das Comunicações poderá adjudicar e homologar o procedimento seletivo de radiodifusão educativa. Compete à ANATEL, em momento posterior, administrar o serviço. Exsurge, pois, a conclusão de que o funcionamento das rádios com finalidade educativa exige prévia autorização do Executivo, de modo que não cabe ao Judiciário adentrar a esfera de competência estrita àquele Poder, mostrando-se inviável a autorização judicial para funcionamento de rádios com finalidade educativa, mesmo que a título precário, por ser essa outorga ato administrativo complexo. **REsp 1.353.341-PE, Rel. Min. Humberto Martins, julgado em 12/5/2015, DJe 19/5/2015 (Inform. STJ 562).**

DIREITO CONSTITUCIONAL E ADMINISTRATIVO. DESMEMBRAMENTO DE SERVENTIAS.

Na hipótese de desmembramento de serventias, não há necessidade de consulta prévia aos titulares atingidos pela medida. Não há direito adquirido ao não desmembramento de serviços notariais e de registro, conforme consolidado na Súmula 46 do STF. Diante disso, outorgado o direito de opção – previsto no art. 29, I, da Lei 8.935/1994 – e atendidos os demais ditames legais, não há cogitar violação do direito de defesa, do contraditório ou de outro princípio constitucional. **RMS 41.465-RO, Rel. Min. Humberto Martins, julgado em 3/9/2013. (Inform. STJ 530)**

DIREITO ADMINISTRATIVO. DIREITO DE ANISTIADO POLÍTICO MILITAR AOS BENEFÍCIOS INDIRETOS DOS MILITARES.

A condição de anistiado político confere ao militar o direito aos planos de seguro e de assistência médica, odontológica e hospitalar assegurados aos militares. Isso porque, conforme o art. 14 da Lei 10.559/2002 (Lei de Anistia), ao "anistiado político são também assegurados os benefícios indiretos mantidos pelas empresas ou órgãos da Administração Pública a que estavam vinculados quando foram punidos". Portanto, os anistiados políticos fazem jus aos benefícios em questão, pois estes constituem direito dos militares, consoante o disposto no art. 50, IV, "e", da Lei 6.880/1980 (Estatuto dos Militares). **MS 10.642-DF, Rel. Min. Og Fernandes, julgado em 12/6/2013. (Inform. STJ 526)**

DIREITO ADMINISTRATIVO. REGRAS DE PROGRESSÃO NA CARREIRA DA EDUCAÇÃO BÁSICA, TÉCNICA E TECNOLÓGICA. RECURSO REPETITIVO (ART. 543-C DO CPC E RES. N. 8/2008-STJ).

Até o advento do Decreto 7.806/2012, que regulamenta o art. 120 da Lei 11.784/2008, era possível a docente da Carreira da Educação Básica, Técnica e Tecnológica progredir por titulação sem observância de interstício temporal. Conforme o art. 120 da Lei n. 11.784/2008, "o desenvolvimento na Carreira de Magistério do Ensino Básico, Técnico e Tecnológico dos servidores que integram os Quadros de Pessoal das Instituições Federais de Ensino, subordinadas ou vinculadas ao Ministério da Educação, ocorrerá mediante progressão funcional, exclusivamente, por titulação e desempenho acadêmico, nos termos do regulamento". Ainda, conforme o § 1º do mesmo artigo, a progressão funcional será feita após o professor cumprir o interstício de dezoito meses de efetivo exercício no nível respectivo. Ocorre que o § 5º do aludido dispositivo legal prevê que, até que seja publicado o regulamento previsto no caput para fins de progressão funcional e desenvolvimento na respectiva carreira, devem ser aplicadas as regras estabelecidas nos arts. 13 e 14 da Lei n. 11.344/2006, nas quais há previsão de progressão por titulação sem cumprimento de interstício temporal. Assim, o entendimento do STJ é que a progressão dos docentes da carreira do magistério básico, técnico e tecnológico federal, até a publicação do Decreto n. 7.806/2012, é regida pelas disposições da Lei n. 11.344/2006, com duas possibilidades: por interstício, com avaliação de desempenho; e por titulação, sem observância do interstício. **REsp 1.343.128-SC, Rel. Min. Mauro Campbell Marques, julgado em 12/6/2013. (Inform. STJ 525)**

DIREITO ADMINISTRATIVO E CONSTITUCIONAL. PROIBIÇÃO DE RETIRADA DOS AUTOS POR QUALQUER DAS PARTES NOS CINCO DIAS ANTERIORES AO JULGAMENTO PELO TRIBUNAL DO JÚRI.
Não configura ilegalidade a determinação do Juiz-Presidente do Tribunal do Júri que estabeleça a proibição de retirada dos autos por qualquer das partes, inclusive no caso de réu assistido pela Defensoria Pública, nos cinco dias que antecedam a realização da sessão de julgamento. Com efeito, deve-se considerar lícita a referida limitação, já que tem por objetivo garantir a concretização de princípios materiais do processo, equilibrando a prerrogativa legal da Defensoria Pública com o direito das demais partes. É certo que o art. 128, VII, da LC 80/1994 confere à Defensoria Pública a prerrogativa de ter vista pessoal dos processos fora dos cartórios e secretarias, ressalvadas as vedações legais. Por sua vez, dispõe o art. 803 do CPP que, salvo nos casos expressos em lei, é proibida a retirada de autos do cartório, ainda que em confiança, sob pena de responsabilidade do escrivão. Ocorre que, na hipótese, a solução da controvérsia exige a ponderação entre os dispositivos legais, à luz do princípio da igualdade e da necessidade de garantir a amplitude da defesa e do contraditório, nos termos do art. 5º, LV, da CF. Nesse contexto, afigura-se razoável e proporcional equacionar a prerrogativa de retirada dos autos de uma das partes com o direito da outra de realizar vista em cartório. **RMS 41.624-RJ, Rel. Min. Humberto Martins, julgado em 7/5/2013. (Inform. STJ 524)**

DIREITO ADMINISTRATIVO. INSCRIÇÃO NO CADIN POR DÉBITOS DE OPERADORAS DE PLANO DE SAÚDE RELATIVOS AO NÃO RESSARCIMENTO DE VALORES AO SUS.
As operadoras de planos de saúde que estejam em débito quanto ao ressarcimento de valores devidos ao SUS podem, em razão da inadimplência, ser inscritas no Cadastro Informativo dos créditos não quitados de órgãos e entidades federais (Cadin). Isso porque as referidas quantias não se enquadram na ressalva contida no § 8º do art. 2º da Lei 10.522/2002, de acordo com a qual os débitos referentes a "preços de serviços públicos" ou "operações financeiras que não envolvam recursos orçamentários" não podem ser inscritos no cadastro. Precedente citado: AgRg no REsp 841.509-RJ, Segunda Turma, DJ 21/8/2009. **AgRg no AREsp 307.233-RJ, Rel. Min. Benedito Gonçalves, julgado em 6/6/2013. (Inform. STJ 524)**

DIREITO ADMINISTRATIVO. PROMOÇÃO DE ANISTIADO POLÍTICO MILITAR. RECURSO REPETITIVO (ART. 543-C DO CPC E RES. 8/2008-STJ).
Não é possível a promoção de anistiado político (art. 6º da Lei 10.559/2002) para carreira militar diversa da que ele integra. De fato, ao anistiado político foi assegurado, na forma do art. 8º do ADCT, as promoções a que teria direito se na ativa estivesse, em observância ao disposto no art. 6º, §§ 3º e 4º, da Lei 10.559/2002. Essa prerrogativa, contudo, é restrita às promoções da carreira à qual o anistiado pertence. Precedentes citados do STJ: AgRg no REsp 1.279.476-RJ, Primeira Turma, DJe 14/11/2012; e AgRg no AREsp 283.211-RJ, Primeira Turma, DJe 18/3/2013. Precedentes do STF: ARE 692.360-RJ AgR; e RE 630.868-RJ AgR. **REsp 1.357.700-RJ, Rel. Min. Herman Benjamin, julgado em 12/6/2013. (Inform. STJ 522)**

Súmula STF nº 674

A anistia prevista no art. 8º do ato das disposições constitucionais transitórias não alcança os militares expulsos com base em legislação disciplinar ordinária, ainda que em razão de atos praticados por motivação política.

7. DIREITO TRIBUTÁRIO

1. PRINCÍPIOS E DIREITOS DOS CONTRIBUINTES

IR: aumento de alíquota e irretroatividade
É inconstitucional a aplicação retroativa de lei que majora a alíquota incidente sobre o lucro proveniente de operações incentivadas ocorridas no passado, ainda que no mesmo ano-base, tendo em vista que o fato gerador se consolida no momento em que ocorre cada operação de exportação, à luz da extrafiscalidade da tributação na espécie. Com base nesse entendimento, o Plenário deu provimento a recurso extraordinário em que se discutia a possibilidade de aplicação de lei que majora alíquota do Imposto de Renda sobre fatos geradores ocorridos no mesmo ano de sua publicação, para pagamento do tributo com relação ao exercício seguinte. Declarou, assim, a inconstitucionalidade do art. 1º, I, da Lei 7.988/1989. A majoração de alíquota de 6% para 18%, a qual se refletiria na base de cálculo do Imposto de Renda pessoa jurídica, incidente sobre o lucro das operações incentivadas no ano-base de 1989, ofenderia os princípios da irretroatividade e da segurança jurídica. **RE 592396/SP, rel. Min. Edson Fachin, 3.12.2015. (RE-592396) (Inform. STF 810)**

REPERCUSSÃO GERAL EM RE N. 736.090-SC

RELATOR: MIN. LUIZ FUX
Ementa: RECURSO EXTRAORDINÁRIO. TRIBUTÁRIO. MULTA FISCAL QUALIFICADA. SONEGAÇÃO, FRAUDE E CONLUIO. 150% SOBRE A TOTALIDADE OU DIFERENÇA DO IMPOSTO OU CONTRIBUIÇÃO NÃO PAGA, NÃO RECOLHIDA, NÃO DECLARADA OU DECLARADA DE FORMA INEXATA (ATUAL § 1º C/C O INCISO I DO CAPUT DO ARTIGO 44 DA LEI FEDERAL Nº 9.430/1996). VEDAÇÃO AO EFEITO CONFISCATÓRIO. MATÉRIA CONSTITUCIONAL. QUESTÃO RELEVANTE DOS PONTOS DE VISTA ECONÔMICO E JURÍDICO. TRANSCENDÊNCIA DE INTERESSES. REPERCUSSÃO GERAL RECONHECIDA. **(Inform. STF 809)**

REPERCUSSÃO GERAL EM ARE N. 914.045-MG

RELATOR: MIN. EDSON FACHIN
RECURSO EXTRAORDINÁRIO COM AGRAVO. REPERCUSSÃO GERAL. REAFIRMAÇÃO DE JURISPRUDÊNCIA. DIREITO TRIBUTÁRIO E DIREITO PROCESSUAL CIVIL. CLÁUSULA DA RESERVA DE PLENÁRIO. ART. 97 DA CONSTITUIÇÃO FEDERAL. JURISPRUDÊNCIA DO TRIBUNAL PLENO DO STF. RESTRIÇÕES IMPOSTAS PELO ESTADO. LIVRE EXERCÍCIO DA ATIVIDADE ECONÔMICA OU PROFISSIONAL. MEIO DE COBRANÇA INDIRETA DE TRIBUTOS.
1. A jurisprudência pacífica desta Corte, agora reafirmada em sede de repercussão geral, entende que é desnecessária a submissão de demanda judicial à regra da reserva de plenário na hipótese em que a decisão judicial estiver fundada em jurisprudência do Plenário do Supremo Tribunal Federal ou em Súmula deste Tribunal, nos termos dos arts. 97 da Constituição Federal, e 481, parágrafo único, do CPC.
2. O Supremo Tribunal Federal tem reiteradamente entendido que é inconstitucional restrição imposta pelo Estado ao livre exercício de atividade econômica ou profissional, quanto aquelas forem utilizadas como meio de cobrança indireta de tributos.
3. Agravo nos próprios autos conhecido para negar seguimento ao recurso extraordinário, reconhecida a inconstitucionalidade, incidental e com os efeitos da repercussão geral, do inciso III do §1º do artigo 219 da Lei 6.763/75 do Estado de Minas Gerais. **(Inform. STF 808)**

AG. REG. NO ARE N. 669.072-MG
RELATORA: MIN. ROSA WEBER
EMENTA: DIREITO CONSTITUCIONAL E TRIBUTÁRIO. COFINS E CSLL. COMPENSAÇÃO. REVOGAÇÃO MEDIANTE MEDIDA PROVISÓRIA. AUSÊNCIA DE HIERARQUIA ENTRE LEI COMPLEMENTAR E LEI ORDINÁRIA. CONSONÂNCIA DA DECISÃO RECORRIDA COM A JURISPRUDÊNCIA CRISTALIZADA NO SUPREMO TRIBUNAL FEDERAL. ALEGAÇÃO DE OFENSA AO ART. 5º, II, LIV E LV, DA CONSTITUIÇÃO DA REPÚBLICA. LEGALIDADE. CONTRADITÓRIO E AMPLA DEFESA. DEVIDO PROCESSO LEGAL. NATUREZA INFRACONSTITUCIONAL DA CONTROVÉRSIA. NEGATIVA DE PRESTAÇÃO JURISDICIONAL. ARTIGO 93, IX, DA CARTA MAGNA. NULIDADE. INOCORRÊNCIA. RAZÕES DE DECIDIR EXPLICITADAS PELO ÓRGÃO JURISDICIONAL. RECURSO EXTRAORDINÁRIO QUE NÃO MERECE TRÂNSITO. ACÓRDÃO RECORRIDO PUBLICADO EM 16.3.2011.
1. O entendimento adotado pela Corte de origem, nos moldes do assinalado na decisão agravada, não diverge da jurisprudência firmada no âmbito deste Supremo Tribunal Federal, no sentido da inexistência de reserva de lei complementar para dispor sobre isenção pertinente à Cofins, bem como ausente relação hierárquica entre lei complementar e lei ordinária (art. 59 da Constituição) porquanto, em matéria tributária, a reserva de lei complementar é definida em razão da matéria.
2. Obstada a análise da suposta afronta aos incisos II e LV do artigo 5º da Carta Magna, porquanto dependeria de prévia análise da legislação infraconstitucional aplicada à espécie, procedimento que refoge à competência jurisdicional extraordinária desta Corte Suprema, a teor do art. 102 da Magna Carta.
3. Inexiste violação do artigo 93, IX, da Constituição Federal. A jurisprudência do Supremo Tribunal Federal é no sentido de que o referido dispositivo constitucional exige a explicitação, pelo órgão jurisdicional, das razões do seu convencimento, dispensado o exame detalhado de cada argumento suscitado pelas partes.
4. As razões do agravo regimental não se mostram aptas a infirmar os fundamentos que lastrearam a decisão agravada.
5. Agravo regimental conhecido e não provido. **(Inform. STF 797)**

REPERCUSSÃO GERAL EM RE N. 851.108-SP

RELATOR: MIN. DIAS TOFFOLI
EMENTA: RECURSO EXTRAORDINÁRIO. REPERCUSSÃO GERAL. ITCMD. BENS LOCALIZADOS NO EXTERIOR. ARTIGO 155, § 1º, III, LETRAS A E B, DA CONSTITUIÇÃO FEDERAL. LEI COMPLEMENTAR. NORMAS GERAIS. COMPETÊNCIA PARA INSTITUIÇÃO.
É de se definir, nas hipóteses previstas no art. 155, § 1º, III, letras a e b, da Constituição, se, ante a omissão do legislador nacional em estabelecer as normas gerais pertinentes à competência para instituir imposto sobre transmissão causa mortis ou doação de quaisquer bens ou direitos (ITCMD), os Estados-membros podem fazer uso de sua competência legislativa plena com fulcro no art. 24, § 3º, da Constituição e no art. 34, § 3º, do ADCT. **(Inform. STF 795)**

ICMS: decreto regulamentar e ofensa ao princípio da legalidade tributária
Somente lei em sentido formal pode instituir o regime de recolhimento do ICMS por estimativa. Esse o entendimento do Plenário, que reconheceu a existência de repercussão geral do tema e deu provimento a recurso extraordinário para declarar a inconstitucionalidade dos Decretos 31.632/2002 e 35.219/2004, ambos do Estado do Rio de Janeiro, que dispõem sobre o pagamento do ICMS no âmbito do referido Estado-Membro. No caso, discutia-se a possibilidade de se disciplinar, mediante decreto, forma de recolhimento do ICMS diferentemente do que prevista na LC 87/1996. A Corte afirmou que, apesar de o fato gerador do ICMS acontecer no momento da saída do estabelecimento, a circunstância de ser um imposto não-cumulativo (CF, art. 155, § 2º, I) impediria a cobrança após cada operação, salvo excepcionalmente, conforme estatuído na LC 87/1996. Por isso, o recolhimento deveria ocorrer ao término de certo lapso de tempo, cabendo à legislação estadual fixar o período de apuração do imposto (LC 87/1996: "Art. 24 - A legislação tributária estadual disporá sobre o período de apuração do imposto. As obrigações consideram-se vencidas na data em que termina o período de apuração e são liquidadas por compensação ou mediante pagamento em dinheiro como disposto neste artigo"). Findo o prazo designado pela lei estadual, ao contribuinte incumbiria recolher o tributo, já efetuado o encontro entre créditos e débitos. A citada lei

complementar, entretanto, admitiria exceção à regra ("Art. 26. Em substituição ao regime de apuração mencionado nos arts. 24 e 25, a lei estadual poderá estabelecer: ... III - que, em função do porte ou da atividade do estabelecimento, o imposto seja pago em parcelas periódicas e calculado por estimativa, para um determinado período, assegurado ao sujeito passivo o direito de impugná-la e instaurar processo contraditório. ... § 1º Na hipótese do inciso III, ao fim do período, será feito o ajuste com base na escrituração regular do contribuinte, que pagará a diferença apurada, se positiva; caso contrário, a diferença será compensada com o pagamento referente ao período ou períodos imediatamente seguintes"). Portanto, a adoção do regime previsto no transcrito inciso III pressuporia a edição de lei estadual específica, por configurar excepcionalidade. Assim, não seria cabível, no caso, a alegação segundo a qual o art. 39 da Lei fluminense 2.657/1996 seria o fundamento dos decretos em questão ("Art. 39 - O imposto é pago na forma e no prazo fixados pelo Poder Executivo"). A criação de nova maneira de recolhimento do tributo — na espécie, com respaldo em estimativas do mês anterior — revelar-se-ia em descompasso com o poder regulamentar do qual investido o governador do Estado por força do mencionado dispositivo. A determinação de que fosse antecipado o imposto devido valendo-se de base de cálculo ficta, com posterior ajuste, como na hipótese em comento, olvidaria o poder atribuído pela lei para disciplinar "forma" e "prazo" de pagamento. A prova do excesso de poder regulamentar estaria no fato de que a LC 87/1996 exigiria a edição de lei estadual visando nova sistemática de apuração, diploma esse inexistente. O art. 150 da CF veda a exigência de tributo sem lei que o estabeleça. Se não houvesse informação quanto à ocorrência do fato gerador, mostrar-se-ia impossível reconhecer a existência da obrigação tributária, como almejado pelo Estado do Rio de Janeiro. Os decretos impugnados modificariam o modo de apuração do ICMS e, assim, implicariam afronta ao princípio constitucional da legalidade estrita. Vencidos os Ministros Marco Aurélio (relator), Cármen Lúcia e Luiz Fux, apenas quanto ao reconhecimento da repercussão geral.
RE 632265/RJ, rel. Min. Marco Aurélio, 18.6.2015. (RE-632265) (Inform. STF 790)

AG. REG. NO AI N. 810.740-MG
RELATOR: MIN. DIAS TOFFOLI
EMENTA: Agravo regimental no agravo de instrumento. Ausência de fundamentação. Inexistência. Prequestionamento. Ausência. Contribuição social. Majoração de alíquota. Medida Provisória nº 1.523/96. Lei nº 9.528/97. Cláusula de convalidação. Possibilidade. Anterioridade nonagesimal. Termo inicial. Primeira edição. Precedentes.
1. Não procede a alegada violação do art. 93, inciso IX, da Constituição Federal, haja vista que a jurisdição foi prestada, no caso, mediante decisões suficientemente motivadas, não obstante contrárias à pretensão da parte recorrente. 2. Não se admite o recurso extraordinário quando o dispositivo constitucional que nele se alega violado não está devidamente prequestionado. Incidência das Súmulas nºs 282 e 356/STF. 3. A Lei nº 9.528/97 convalidou os atos praticados com base na Medida Provisória nº 1.523/96, fazendo tal cláusula as vezes de decreto legislativo (AI nº 857.374/MG-AgR, Primeira Turma, Relator o Ministro **Marco Aurélio**, DJe de 18/12/13). 4. O termo inicial para o cômputo da anterioridade nonagesimal é a edição da primeira medida provisória que majora a contribuição social, no caso de reedições. Precedentes. 5. Agravo regimental não provido. **(Inform. STF 789)**

Reserva legal e fixação de recolhimento antecipado de tributo por decreto estadual - 1
O Plenário iniciou julgamento de recurso extraordinário em que se discute a possibilidade de Estado-Membro exigir o pagamento antecipado da diferença resultante entre as alíquotas interestadual e interna, relativo ao ICMS, por meio de decreto. No caso, pleiteia-se a reforma de acórdão que decidira pela impossibilidade de decreto estadual realizar alteração do aspecto temporal da hipótese de incidência tributária — desconsiderado o que disposto em lei estadual —, assim como estabelecido pelo Decreto 40.900/1991 do Estado do Rio Grande do Sul, que exige dos estabelecimentos comerciais gaúchos, adquirentes de mercadorias de outras unidades da federação, o recolhimento antecipado do ICMS. O Ministro Dias Toffoli (relator), negou provimento ao recurso, no que foi acompanhado pelo Ministro Roberto Barroso. Observou, inicialmente, que a exigência de reserva legal não se aplicaria à fixação de prazo para o recolhimento do

tributo. Isso porque o tempo para o pagamento da exação não integraria a regra matriz de incidência tributária (CTN, artigos 97 e 160). Não haveria maiores questionamentos sobre se o prazo para o pagamento do tributo seria fixado pela legislação tributária após a verificação da ocorrência do fato gerador, caminho tradicional para o adimplemento da obrigação surgida. O caminho comum para a satisfação da obrigação tributária seria este: com a ocorrência do fato gerador, surgiria a obrigação tributária principal, de forma automática e infalível, a qual teria por objeto o pagamento da exação — ou a penalidade pecuniária —, nos termos do art. 113 do CTN. Nasceria, então, para o contribuinte, o dever de pagar o tributo, e, para o Fisco, o crédito se tornaria exigível após o regular lançamento. Nessa ordem de ideias, antes da ocorrência do fato gerador, não haveria obrigação tributária nem crédito constituído, ao menos nos moldes gerais fixados pelo CTN e estabelecidos na doutrina. Assim, não haveria que se falar em regulamentação de prazo de pagamento, uma vez que inexistiria dever de pagar. Ao se antecipar o surgimento da obrigação tributária, o que existiria, necessariamente, seria, também, a antecipação, por ficção, da ocorrência do fato gerador da exação, já que a relação entre esse e aquela seria, como dito, automática e infalível. Apenas por lei isso seria possível, já que o momento da ocorrência do fato gerador seria um dos aspectos da regra matriz de incidência. Portanto, a conclusão inafastável seria pela impossibilidade de, por meio de simples decreto — como no caso —, a pretexto de fixar prazo de pagamento, se exigir o recolhimento antecipado do ICMS na entrada da mercadoria no território do Estado-Membro.
RE 598677/RS, rel. Min. Dias Toffoli, 13.5.2015. (RE-598677)

Reserva legal e fixação de recolhimento antecipado de tributo por decreto estadual - 2
O Relator asseverou, outrossim, que não se poderia argumentar, na hipótese em comento, que a delegação prevista na Lei gaúcha 8.820/1989 seria suficiente para autorizar a antecipação tributária. Com efeito, o art. 24, § 7º, do citado diploma estadual conferiria ao regulamento, de maneira genérica e ilimitada, a possibilidade de se exigir o pagamento antecipado do imposto sempre que houvesse necessidade ou conveniência. Porém, como se notaria, o diálogo com o ato infralegal se dera em branco, o que não seria admitido pelo STF, reiterado o que decidido no RE 111.152/SP (DJU de 12.2.1988). Assim, superada a questão da reserva legal para dispor sobre o momento da ocorrência do fato jurídico tributário, caberia analisar se a matéria estaria submetida à reserva de lei complementar (CF, art. 146, III, b, c/c o art. 155, § 2º, XII, b). A jurisprudência do STF admitiria a figura da antecipação tributária, desde que o sujeito passivo — contribuinte ou substituto — e o momento eleito pelo legislador estivessem vinculados ao fato gerador da respectiva obrigação e que houvesse uma relação de conexão entre as fases, de modo que se pudesse afirmar que a fase preliminar seria efetivamente preliminar da outra. A par disso, como, no regime de antecipação tributária sem substituição, seria antecipado o momento — critério temporal — da hipótese de incidência, as únicas exigências do art. 150, § 7º, da CF, seriam as de que a antecipação se fizesse por lei, e o momento eleito pelo legislador estivesse de algum modo vinculado ao núcleo da exigência tributária. A cobrança antecipada do ICMS constituiria simples recolhimento cautelar enquanto não houvesse o negócio jurídico da circulação, no qual a regra jurídica, quanto ao imposto, incidiria. Apenas a antecipação tributária com substituição estaria submetida à reserva de lei complementar, por determinação expressa do art. 155, § 2º, XII, b, da CF. Em seguida, pediu vista dos autos o Ministro Teori Zavascki.
RE 598677/RS, rel. Min. Dias Toffoli, 13.5.2015. (RE-598677) (Inform. STF 785)

AG. REG. NO RE N. 748.257-SE
RELATOR: MIN. RICARDO LEWANDOWSKI
Ementa: AGRAVO REGIMENTAL EM RECURSO EXTRAORDINÁRIO. TRIBUTÁRIO. MULTA FISCAL. PERCENTUAL SUPERIOR A 100%. CARÁTER CONFISCATÓRIO. ALEGADA OFENSA AO ART. 97 DA CONSTITUIÇÃO. INEXISTÊNCIA. AGRAVO IMPROVIDO.
I – Esta Corte firmou entendimento no sentido de que são confiscatórias as multas fixadas em 100% ou mais do valor do tributo devido.
II – A obediência à cláusula de reserva de plenário não se faz necessária quando houver jurisprudência consolidada do STF sobre a questão constitucional discutida.
III – Agravo regimental improvido. **(Inform. STF 716)**

7. DIREITO TRIBUTÁRIO

AG. REG. NO RE N. 525.802-SE

RELATOR: MIN. RICARDO LEWANDOWSKI
Ementa: AGRAVO REGIMENTAL NO RECURSO EXTRAORDINÁRIO. TRIBUTÁRIO. ICMS. IMPOSSIBILIDADE DE IMPOR AO CONTRIBUINTE INADIMPLENTE A OBRIGAÇÃO DO RECOLHIMENTO ANTECIPADO DO TRIBUTO. FORMA OBLÍQUA DE COBRANÇA. VIOLAÇÃO AOS PRÍNCIPIOS DA LIVRE CONCORRÊNCIA E DA LIBERDADE DE TRABALHO E COMÉRCIO. AGRAVO IMPROVIDO.
I – Impor ao contribuinte inadimplente a obrigação de recolhimento antecipado do ICMS, como meio coercitivo para pagamento do débito fiscal, importa em forma oblíqua de cobrança de tributo e em contrariedade aos princípios da livre concorrência e da liberdade de trabalho e comércio. Precedentes.
II – Agravo regimental improvido. **(Inform. STF 707)**

DIREITO TRIBUTÁRIO. EXIGÊNCIA DE GARANTIA PARA LIBERAÇÃO DE MERCADORIA IMPORTADA.
A autoridade fiscal não pode condicionar a liberação de mercadoria importada à prestação de garantia no caso em que a retenção da referida mercadoria decorra da pretensão da Fazenda de efetuar reclassificação tarifária. Precedente citado: AgRg no Ag 1.183.602-RS, Primeira Turma, DJe 7/6/2010. **AgRg no REsp 1.227.611-RS, Rel. Min. Arnaldo Esteves Lima, julgado em 19/3/2013. (Inform. STJ 518)**

📄 **Súmula Vinculante STF 50**

Norma legal que altera o prazo de recolhimento de obrigação tributária não se sujeita ao princípio da anterioridade.

📄 **Súmula Vinculante STF 28**

É inconstitucional a exigência de depósito prévio como requisito de admissibilidade de ação judicial na qual se pretenda discutir a exigibilidade de crédito tributário.

📄 **Súmula Vinculante STF 21**

É inconstitucional a exigência de depósito ou arrolamento prévios de dinheiro ou bens para admissibilidade de recurso administrativo.

📄 **Súmula STF nº 669**

Norma legal que altera o prazo de recolhimento da obrigação tributária não se sujeita ao princípio da anterioridade.

📄 **Súmula STF nº 667**

Viola a garantia constitucional de acesso à jurisdição a taxa judiciária calculada sem limite sobre o valor da causa.

📄 **Súmula STF nº 547**

Não é lícito à autoridade proibir que o contribuinte em débito adquira estampilhas, despache mercadorias nas alfândegas e exerça suas atividades profissionais.

📄 **Súmula STF nº 323**

É inadmissível a apreensão de mercadorias como meio coercitivo para pagamento de tributos.

📄 **Súmula STF nº 70**

É inadmissível a interdição de estabelecimentos como meio coercitivo para cobrança de tributo.

📄 **Súmula STF nº 69**

A Constituição Estadual não pode estabelecer limite para o aumento de tributos municipais.

📄 **Súmula STF nº 67**

É inconstitucional a cobrança do tributo que houver sido criada ou aumentado no mesmo exercício financeiro.

📄 **Súmula STJ nº 373**

É ilegítima a exigência de depósito prévio para admissibilidade de recurso administrativo.

📄 **Súmula TFR nº 206**

O reajuste da base de cálculo de contribuições previdenciárias, instituído pelo art. 5º e parágrafos da Lei 6.332, de 1976, não está sujeito ao princípio da anterioridade.

2. IMUNIDADES

Imunidade recíproca e sociedade de economia mista - 3
O Plenário retomou julgamento de recurso extraordinário em que se discute a aplicação da imunidade tributária (CF, art. 150, VI, a) a empresa de saneamento básico, constituída sob a forma de empresa pública, cuja composição acionária seja negociada em bolsa de valores. No caso, o acórdão recorrido entendera que a empresa recorrente não poderia gozar de benefícios fiscais não extensivos ao setor privado — v. Informativo 749. Nessa assentada, a Ministra Rosa Weber e os Ministros Gilmar Mendes e Dias Toffoli negaram provimento ao recurso. A Ministra Rosa Weber entendeu que a obtenção de lucro, por si só, não afastaria a regra da imunidade. Seria até desejável que a entidade imune estivesse economicamente abastecida para otimizar o desempenho de suas atividades. Não haveria risco de abalo ao sistema federativo tributar uma sociedade de economia mista que explora atividade econômica. Conferir imunidade, no caso, seria afrontar a Constituição. O Ministro Gilmar Mendes salientou que a hipótese seria tratada pelo art. 150, § 3º, da CF ("§ 3º As vedações do inciso VI, a, e do parágrafo anterior não se aplicam ao patrimônio, à renda e aos serviços, relacionados com exploração de atividades econômicas regidas pelas normas aplicáveis a empreendimentos privados, ou em que haja contraprestação ou pagamento de preços ou tarifas pelo usuário, nem exonera o promitente comprador da obrigação de pagar imposto relativamente ao bem imóvel"), por se cuidar de atividade econômica "latu sensu". O Ministro Dias Toffoli, ao subscrever a posição do Ministro Gilmar Mendes, destacou que a atividade em debate estaria aberta ao mercado, e não seria monopolizada pelo Estado. Em seguida, pediu vista a Ministra Cármen Lúcia.
RE 600867/SP, rel. Min. Joaquim Barbosa, 6.8.2015. (RE-600867) (Inform. STF 793)

PSV: imunidade tributária e instituições de assistência social
O Plenário rejeitou proposta de edição de enunciado de súmula vinculante, resultante da conversão do Enunciado 730 da Súmula do STF, e com o seguinte teor: "A imunidade tributária conferida a instituições de assistência social sem fins lucrativos pelo art. 150, VI, c, da Constituição, somente alcança as entidades fechadas de previdência social privada se não houver contribuição dos beneficiários". Os Ministros Dias Toffoli, Marco Aurélio, Cármen Lúcia e Teori Zavascki, ao votar pela rejeição da proposta, consignaram que o art. 150, VI, c, da CF, não distinguiria as entidades de assistência social, ou seja, se apenas seriam beneficiárias da imunidade aquelas que não contassem com a contribuição dos beneficiários ou se todas as entidades. Ademais, o entendimento relativo à matéria não estaria pacificado a ponto de se tornar vinculante, preservado, no entanto, o Enunciado 730 da Súmula do STF.
PSV 109/DF, 9.4.2015. (PSV-109) (Inform. STF 780)

REPERCUSSÃO GERAL EM RE N. 759.244-SP
RELATOR: MIN. ROBERTO BARROSO
Ementa: Possui repercussão geral a controvérsia a respeito da aplicação, ou não, da imunidade prevista no art. 149, § 2º, I, da Constituição às exportações indiretas, isto é, aquelas intermediadas por "trading companies".
(Inform. STF 773)

ECT: imunidade tributária recíproca e IPVA
São imunes à incidência do IPVA os veículos automotores pertencentes à Empresa Brasileira de Correios e Telégrafos - ECT (CF, art. 150, VI, a). Esse o entendimento do Plenário, que, por maioria, julgou procedente pleito formulado em ação cível originária na qual a referida empresa pública buscava o afastamento da exigibilidade do IPVA cobrado por Estado-membro, bem como das sanções decorrentes do não pagamento do tributo, tendo em conta o alegado desempenho de atividades típicas de serviço público obrigatório e exclusivo. A Corte reafirmou sua jurisprudência no sentido de ser aplicável a imunidade tributária recíproca em favor da ECT, inclusive em relação ao IPVA, reiterado o quanto decidido no RE 601.392/PR (DJe de 5.6.2013), na ACO 819 AgR/SE (DJe de 5.12.2011) e na ACO 803 AgR/SP (acórdão pendente de publicação). Vencido o Ministro Marco Aurélio (relator), que julgava improcedente o pedido. Destacava que só se poderia cogitar de imunidade recíproca quando houvesse possibilidade jurídica de ser, a um só tempo, sujeito passivo e sujeito ativo tributário, o que não ocorreria com as pessoas jurídicas de direito privado, como a ECT.
ACO 879/PB, rel. Min. Marco Aurélio, red. p/ o acórdão Min. Roberto Barroso, 26.11.2014. (ACO-879) (Inform. STF 769)

ICMS: Correios e imunidade tributária recíproca - 1

Não incide o ICMS sobre o serviço de transporte de bens e mercadorias realizado pela Empresa Brasileira de Correios e Telégrafos - ECT. Esse o entendimento do Plenário, que, por maioria, deu provimento a recurso extraordinário em que se discutia o alcance da imunidade tributária recíproca (CF, art. 150, VI, a) relativamente ao referido imposto, incidente sobre específica modalidade de serviço postal realizado pela ECT. A Corte afastou, inicialmente, questão posta no acórdão recorrido no sentido de que a ECT, quando da realização do transporte de mercadoria, e tendo em conta a natureza jurídica de direito privado daquela entidade, não estaria albergada pela proteção da imunidade tributária recíproca. Segundo esse entendimento, tratar-se-ia, na espécie, de contrato oneroso de transporte, ausente norma legal a amparar o tratamento diferenciado. O Colegiado asseverou que o fluxo de atividade dos Correios, no que diz com o serviço postal, estaria previsto no art. 7°, "caput", e § 3°, da Lei 6.538/1978 ("Constitui serviço postal o recebimento, expedição, transporte e entrega de objetos de correspondência, valores e encomendas, conforme definido em regulamento. ... § 3° - Constitui serviço postal relativo a encomendas a remessa e entrega de objetos, com ou sem valor mercantil, por via postal"). O transporte de encomendas, portanto, também estaria inserido no rol das atividades desempenhadas pela entidade em comento, e esta, como assentado no RE 601.392/PR (DJe de 5.6.2013), deveria cumprir o encargo de alcançar todos os lugares do Brasil, sem a possibilidade de recusa, diferentemente das empresas privadas. Além disso, haveria, para os Correios, a possibilidade de terceirizar o serviço, mediante licitação, e as empresas eventualmente contratadas seriam contribuintes do ICMS sobre a prestação dos serviços de transporte. Esse transporte, que se daria entre unidades próprias da ECT, em nenhum momento ensejaria à empresa terceirizada a atividade de receber ou entregar as correspondências ou encomendas diretamente ao usuário do serviço postal. Por outro lado, sendo obrigatórias a regularidade do serviço postal e a garantia de sua continuidade, não seria despropositado que a ECT aproveitasse espaços ociosos nos veículos que utilizasse para exercer atividades afins. Não se estaria, assim, a criar determinada estrutura exclusivamente para competir com particulares, mas, meramente a aproveitar meios já disponíveis e utilizados, necessários ao serviço postal. Ademais, as atividades exercidas sob regime concorrencial existiriam para custear aquela exercida sob o regime constitucional de monopólio. Se assim não fosse, frustrar-se-ia o objetivo do legislador de viabilizar a integração nacional e dar exequibilidade à fruição do direito básico do indivíduo de se comunicar com outras pessoas ou instituições e de exercer outros direitos, com esse relacionados, fundados na própria Constituição. Outrossim, seria impossível separar topicamente as atividades concorrenciais para que se verificasse a tributação. Além disso, o desempenho daquelas atividades não descaracterizaria o viés essencialmente público das finalidades institucionais da empresa pública em comento. Por fim, a ECT não poderia nem deveria ser equiparada a empresa de transporte comum — cuja atividade fim fosse o transporte de mercadorias —, na medida em que, não apenas o recebimento e a entrega de correspondências e encomendas, mas, notadamente, o próprio transporte, seriam todas fases indissociáveis de um serviço postal que se qualificaria pela incindibilidade, tendo em vista a sua última destinação e sua própria função.
RE 627051/PE, rel. Min. Dias Toffoli, 12.11.2014. (RE-627051)

ICMS: Correios e imunidade tributária recíproca - 2

Vencidos os Ministros Roberto Barroso e Marco Aurélio, que desproviam o recurso. O Ministro Roberto Barroso inicialmente destacava o caráter predominantemente econômico do serviço postal. Se considerado serviço público, este, de modo geral, deveria ser prestado em regime concorrencial. Portanto, todas as atividades da ECT deveriam ser prestadas por ela, mas sem exclusão de outras empresas. Quanto à tese do subsídio cruzado, afirmou que a invocação deste, sem demonstração contábil a revelar sua indispensabilidade, seria argumento retórico. Além disso, a atividade a ser tributada na espécie não teria sido incluída no regime de privilégio conferido à ECT, conforme decido pelo STF na ADPF 46/DF (DJe de 26.2.2010). Em decorrência, estar-se-ia a conferir vantagem competitiva à ECT em atividades que esta disputaria com a iniciativa privada. Outrossim, a imunidade recíproca, aplicada a tributo que seria, em última análise, repassado ao consumidor final, no intuito de dar vantagem competitiva à referida entidade em atividade não monopolizada, não teria nenhum grau de substrato constitucional. O Ministro Marco Aurélio, ao reiterar entendimento sustentado quando do julgamento da ADPF 46/DF,

aduziu não haver, na cláusula constitucional de manutenção do serviço postal pela União, o encerramento de monopólio. A despeito disso, este último, conforme fora decidido naquela assentada, teria ficado restrito à atividade essencial, sem chegar, portanto, às atividades enquadradas como atividades secundárias. Ressaltou que a Corte estaria, de forma pretoriana, passo a passo, a alargar o conceito constitucional da imunidade recíproca. Ademais, não se poderia deixar de levar em conta a livre concorrência, considerada a opção pelo privado, advinda da CF/1988. Ao se desprezar estes predicados — princípios básicos da economia —, estar-se-ia a gerar um contexto de verdadeiro privilégio, e todo privilégio seria odioso. Dever-se-ia buscar, tanto quanto possível, no caso, o tratamento igualitário, tendo presente, inclusive, o disposto no art. 173, § 1°, II, da CF.
RE 627051/PE, rel. Min. Dias Toffoli, 12.11.2014. (RE-627051) (Inform. STF 767)

ECT: imunidade recíproca e IPTU - 1

A imunidade tributária recíproca reconhecida à Empresa Brasileira de Correios e Telégrafos - ECT alcança o IPTU incidente sobre imóveis de sua propriedade, bem assim os por ela utilizados. No entanto, se houver dúvida acerca de quais imóveis estariam afetados ao serviço público, cabe à administração fazendária produzir prova em contrário, haja vista militar em favor do contribuinte a presunção de imunidade anteriormente conferida em benefício dele. Com base nesse entendimento, o Plenário, por maioria, desproveu recurso extraordinário no qual se discutia o alcance da imunidade tributária recíproca relativa ao IPTU, incidente sobre imóveis de propriedade da ECT. O Tribunal salientou que, embora a interpretação literal da Constituição reconhecesse a imunidade recíproca apenas às pessoas políticas, autarquias e fundações, a jurisprudência do STF estendera o beneplácito às empresas públicas e às sociedades de economia mista, desde que prestadoras de serviço público. Assentou que essas entidades poderiam figurar como instrumentalidades das pessoas políticas, de modo a ocupar-se dos serviços públicos atribuídos aos entes federativos aos quais estariam vinculadas, franqueado o regime tributário próprio das autarquias e das fundações públicas. Frisou, no tocante aos tributos incidentes sobre o patrimônio das empresas públicas e das sociedades de economia mista, a necessidade de se analisar a capacidade contributiva, para fins de imunidade, a partir da materialidade do tributo. Distinguiu os institutos da isenção — que seria uma benesse decorrente da lei — e da imunidade — que decorreria diretamente do texto constitucional. Deduziu que, no primeiro caso, incumbiria ao contribuinte que pretendesse a fruição da benesse o ônus de demonstrar seu enquadramento na situação contemplada, enquanto, no segundo, as presunções sobre o enquadramento originalmente conferido deveriam militar a favor do contribuinte. Constatou, a partir desse cenário, que se a imunidade já houvesse sido deferida o seu afastamento só poderia ocorrer mediante a constituição de prova em contrário produzida pelo Fisco. Sublinhou que o oposto ocorreria com a isenção, que constituiria mero benefício fiscal concedido pelo legislador ordinário, presunção que militaria em favor da Fazenda Pública.
RE 773992/BA, rel. Min. Dias Toffoli, 15.10.2014. (RE-773992)

ECT: imunidade recíproca e IPTU - 2

A Corte observou que, no caso dos autos, a autuação fiscal se dera sob a alegação de que a ECT seria empresa pública sujeita ao regime jurídico de direito privado, a atrair a regra do art. 173, § 1°, da CF. Ressaltou, todavia, que esse argumento já teria sido refutado em manifestações anteriores do Colegiado. Destacou que, ao reconhecer a abrangência da imunidade recíproca às empresas prestadoras de serviço público de prestação obrigatória e exclusiva do Estado — a exemplo da ECT —, o STF não se pautaria pelo regime jurídico da entidade integrante da Administração Indireta. Vencidos os Ministros Marco Aurélio e Roberto Barroso, que proviam o recurso. O primeiro pontuava que a imunidade recíproca seria inerente ao pacto federativo, a contemplar apenas os entes políticos e não as pessoas jurídicas de direito privado. Além disso, asseverava que a imunidade seria incompatível com a distribuição de dividendo. O segundo considerava que a Constituição não teria tratado o serviço postal como serviço público e, ainda que o tivesse, ele não seria serviço público de natureza autárquica, um serviço público típico. Ponderava que conceder imunidade à ECT implicaria reconhecer vantagem competitiva contra as empresas privadas, o que seria vedado pelo art. 173 da CF.
RE 773992/BA, rel. Min. Dias Toffoli, 15.10.2014. (RE-773992) (Inform. STF 763)

7. DIREITO TRIBUTÁRIO 559

Veículo de radiodifusão e imunidade tributária
O Plenário confirmou medida cautelar e julgou procedente pedido formulado em ação direta para declarar a inconstitucionalidade da expressão "e veículos de radiodifusão", constante do art. 193, VI, d, da Constituição do Estado do Rio de Janeiro, bem como da expressão "e veículo de radiodifusão", constante do art. 40, XIV, da Lei estadual 1.423/1989. Os dispositivos se referem à concessão de imunidade tributária no tocante a livros, jornais, periódicos, o papel destinado a sua impressão e a veículos de radiodifusão. O Colegiado reputou que teria havido expansão indevida do modelo de imunidade relativo a livros, jornais, periódicos e o papel destinado a sua impressão.
ADI 773/RJ, rel. Min. Gilmar Mendes, 20.8.2014. (ADI-773) (Inform. STF 755)

Componentes eletrônicos que acompanham livro e imunidade tributária - 1
O Plenário iniciou julgamento de recurso extraordinário em que se discute o alcance da imunidade prevista no art. 150, VI, d, da CF, de modo a abarcar componentes eletrônicos que acompanham e complementam material didático impresso, utilizados em curso prático de montagem de computadores. No caso, após o indeferimento de mandado de segurança, pelo juízo, sob o fundamento de que os componentes eletrônicos não se enquadrariam na figura do livro eletrônico e, por isso, não gozariam da imunidade, o tribunal de origem reformara a sentença para reconhecer o benefício. No acórdão recorrido, a Corte local assentara tratar-se de conjunto integrado, de cunho educativo, em que os fascículos impressos ensinam como montar um sistema de testes, enquanto os elementos eletrônicos permitem o demonstrativo prático da montagem pretendida. O Ministro Marco Aurélio (relator) negou provimento ao recurso extraordinário para reconhecer a imunidade tributária, no que foi acompanhado pelos Ministros Roberto Barroso, Teori Zavascki, Rosa Weber e Luiz Fux. Inicialmente, descreveu o impacto das inovações tecnológicas sobre a realidade fática e sobre o direito. Sublinhou que a informática revolucionara os meios de ensino e de difusão da cultura e do pensamento. Observou que o acesso aos conteúdos didáticos e às informações mais variadas, em razão da rede mundial de computadores, ou por meio de CD-ROMs ou similares, teria sido ampliada de forma extraordinária. Constatou que, no chamado "ambiente virtual", a troca de informações e a aquisição de conteúdos didáticos, especialmente por meio de cópias de arquivos realizadas em "sites" especializados, ou até mesmo em periódicos das mais prestigiadas universidades do mundo, imporiam o redimensionamento da compreensão tradicional acerca desses meios. Salientou que o ensino e a exposição de ideias por meio digital teriam se tornado parte essencial e construtiva da cultura moderna, o que diferenciaria em estrutura, procedimento, velocidade, facilidade e amplitude de acesso relativo ao que existia antes. Registrou que isso não significaria o abandono por completo dos livros ou das mídias impressas. Destacou que, em vez de exclusão de formas, presenciar-se-ia, ao menos até a época atual, fenômeno de integração ou de complementação de meios. Consignou que a difusão de ideias e a profusão da cultura ainda ocorreriam por meios tradicionais, mas não mais apenas por eles. Lembrou que o invento de Gutemberg manteria utilidade e relevância, agora acompanhado e integrado aos meios digitais e aos elementos eletrônicos.
RE 595676/RJ, rel. Min. Marco Aurélio, 6.8.2014. (RE-595676)

Componentes eletrônicos que acompanham livro e imunidade tributária - 2
O relator analisou que a situação em debate não se faria presente em 1988, quando da promulgação da Constituição. À época, o legislador constituinte não poderia antever tamanha evolução tecnológica. Reconheceu a necessidade de aperfeiçoamento interpretativo da nova e irreversível realidade digital quanto aos campos da informação, da comunicação e da educação. Avaliou que a interpretação constitucional haveria de ser modernizante, sem afastar-se do texto da Constituição. Nesse desafio hermenêutico ao qual seria lançado, o STF deveria adentrar o tema discutido, para desempenhar o papel de intérprete contemporâneo na medida do possível. Afirmou que, de um lado, a interpretação literal, mais direta e imediata do enunciado constitucional, favoreceria o alcance restrito à regra de imunidade, excluídos da abrangência os ditos elementos eletrônicos. De outro, a interpretação sistêmico-teleológica do dispositivo, consideradas ainda as premissas fáticas fixadas pelo tribunal de origem, apontaria em sentido diverso, na direção do desprovimento do extraordinário e da conclusão de imunidade quanto aos componentes eletrônicos que veiculariam informações e conteúdos didáticos junto com os livros e periódicos impressos. Constatou que essas seriam os balizas do caso, cuja definição deveria ser precedida da compreensão

adequada da razão das imunidades tributárias no sistema constitucional pátrio — especificamente, a dos livros, jornais e periódicos (CF, art. 150, VI, d) —, bem como da evolução tecnológica apontada. Explicitou que as normas de imunidade tributária constantes da Constituição visariam proteger valores políticos, morais, culturais e sociais essenciais, e não permitiriam que os entes tributassem certas pessoas, bens, serviços ou situações ligadas a esses valores. Recordou que onde houvesse regra constitucional de imunidade, não poderia haver exercício da competência tributária. Asseverou que as regras de imunidade deveriam ser vistas como elementos de um sistema harmônico e integrado de normas e propósitos constitucionais e interpretadas em função do papel que cumprissem em favor dos valores prestigiados por esse sistema. Isso valeria, especialmente, para as imunidades previstas no mencionado art. 150, VI, considerados os impostos. Destacou a necessidade permanente de compatibilizar a abordagem finalística das imunidades com o conjunto normativo e axiológico que seria a Constituição. Frisou que, nela, existiria uma variedade de objetivos opostos, estabelecidos em normas de igual hierarquia. Reputou que nesse âmbito de antinomias potenciais, o elemento sistemático adquiriria relevância prática junto ao teleológico. Sob tal perspectiva, cada norma jurídica deveria ser interpretada com consideração de todas as demais, e não de forma isolada, presente a busca pela harmonia e integridade sistêmica da Constituição. Concluiu que combinados os elementos sistemático e teleológico, a interpretação deveria cumprir função de harmonização, influenciada, prioritariamente, por princípios como o da dignidade da pessoa humana, da igualdade, do Estado Democrático de Direito, da República e da Federação.
RE 595676/RJ, rel. Min. Marco Aurélio, 6.8.2014. (RE-595676)

Componentes eletrônicos que acompanham livro e imunidade tributária - 3
O Ministro Marco Aurélio assinalou que a postura hermenêutica do STF alusiva às normas de imunidade das alíneas a, b e c do inciso VI do art. 150 da CF seria a mesma adotada para a norma da alínea d do preceito constitucional, ou seja, em relação à imunidade dos livros, jornais e periódicos. O dispositivo visaria promover a educação, garantir o princípio da liberdade de manifestação do pensamento e da expressão da atividade intelectual, artística, científica e de comunicação, de modo a facilitar e estimular a circulação de ideias, o direito de informar e de ser informado e a própria liberdade de imprensa. Acresceu que considerados esses propósitos, a imunidade se apresentaria como essencial ao próprio desenvolvimento da cultura, da democracia e da cidadania participativa e reivindicatória. Aduziu que a definição interpretativa do alcance da norma constitucional deveria guardar relação mais do que íntima com a compreensão da função política e social que a imunidade cumprisse em favor da difusão das ideias, da educação, da cultura, da democracia e da cidadania. A norma objetivaria proteger não simplesmente o livro, jornal ou periódico como suportes físicos de ideias e comunicação, mas o valor intrínseco do conteúdo veiculado, de natureza educacional, informativa, expressiva do pensamento individual ou coletivo. Sublinhou que o meio seria secundário, e importaria, precipuamente, promover e assegurar o direito fundamental à educação, à cultura, à informação, à participação política dos cidadãos. Mencionou que o STF teria compreendido bem a distinção e aplicado a norma de imunidade com base nessa diretriz. Frisou que as normas constitucionais deveriam ser aplicadas aos fatos da vida. No entanto, o intérprete deveria observar o contexto cuja regulação configurasse o fim da norma e, sensibilizado ou mesmo influenciado por esse fim, definir a extensão e o conteúdo de sua incidência. Ressaltou que as normas também precisariam se conformar aos fatos, sociais e políticos. Assim, em busca de equilíbrio entre a realidade dos fatos e o texto normativo, a interpretação constitucional não poderia olhar apenas para o passado, mas também para o presente e o futuro, de modo que a concretização da Constituição não resultasse em retrocessos sociais indesejados quanto aos valores por ela própria prestigiados.
RE 595676/RJ, rel. Min. Marco Aurélio, 6.8.2014. (RE-595676)

Componentes eletrônicos que acompanham livro e imunidade tributária - 4
O relator ponderou que a abordagem teleológica e sistemática da imunidade discutida deveria, portanto, conformar à Constituição de 1988 à evolução tecnológica vivida já na segunda década do Século XXI. Enfatizou que, para não ter uma Constituição ultrapassada, a evolução interpretativa do preceito constitucional deveria avançar ainda mais e observar as novas dimensões dos meios de ensino e comunicação. Afiançou que o impacto tecnológico implicara a ampliação dos conceitos de livro, imprensa e revistas periódicas, fenômeno ao qual o Supremo não poderia ficar alheio. Ignorar essa

realidade colocaria em risco a própria efetividade da Constituição. Realçou que, tendo em vista o uso cada vez maior de meios digitais e magnéticos em substituição aos tradicionais livros e jornais, não evoluir na interpretação significaria reduzir, dia após dia, o alcance da imunidade em referência. Declarou que considerada a realidade fático-tecnológica, poder-se-ia dizer que negar a imunidade aos novos formatos de transmissão de educação, cultura e informação resultaria, hoje, em amesquinhar a norma constitucional e, amanhã, esvaziá-la por completo. Assegurou que o acórdão recorrido não mereceria reparos, uma vez que a extensão da imunidade tributária em favor desses elementos justificar-se-ia em razão de constituírem material complementar ao conteúdo educativo. Asseverou que não se trataria de bens que pudessem ser caracterizados como brindes comerciais, disponíveis apenas como forma de atrair a aquisição do produto pelo público, tampouco seriam ornamentos. Representariam, inequivocamente, elementos indispensáveis ao conjunto didático, a integrar o produto final, acabado, voltado a veicular informações de cunho educativo atinentes a cursos de montagem de computadores, comercializados pela recorrida. Destacou que fascículo impresso e componentes eletrônicos seriam partes fisicamente distinguíveis, finalística e funcionalmente unitárias. Assim, reconheceu atendido o pressuposto básico da imunidade de que cuidaria a alínea d do inciso VI do art. 150 da CF. Depreendeu que a circunstância de esse elemento revestir a forma de peças eletrônicas não conduziria a negar a validade constitucional dessa conclusão, considerado o alcance interpretativo que o STF conferiria ao aludido preceito. A interpretação literal deveria ser afastada como método isolado para a solução de casos tão complexos como o dos autos, mas poderia servir como ponto de partida para a utilização dos demais métodos segundo os valores envolvidos e imanentes à norma. Em acréscimo, o Ministro Roberto Barroso pontuou ser necessário haver relação de unidade entre o fascículo e o bem que o acompanhasse. Por sua vez, o Ministro Teori Zavascki pontuou que, para reconhecer a imunidade, os equipamentos teriam de ser parte acessória e não principal, sem autonomia própria. Em seguida, o julgamento foi suspenso em razão do pedido de vista do Ministro Dias Toffoli.

RE 595676/RJ, rel. Min. Marco Aurélio, 6.8.2014. (RE-595676) (Inform. STF 753)

Entidades beneficentes de assistência social e imunidade - 1
O Plenário iniciou julgamento conjunto de recurso extraordinário, com repercussão geral reconhecida, e de quatro ações diretas de inconstitucionalidade em que debatida a constitucionalidade do art. 55 da Lei 8.212/1991, o qual dispõe sobre as exigências que devem ser cumulativamente cumpridas por entidades beneficentes de assistência social para fins de concessão de imunidade tributária em relação às contribuições para a seguridade social. No RE 566.622/RS, a controvérsia envolve a discussão quanto à constitucionalidade da redação original do preceito mencionado. Na ADI 2.028/DF e na ADI 2.036/DF, são impugnados o art. 1º — na parte em que alterou a redação do art. 55, III, da Lei 8.212/1991, e acrescentou-lhe os §§ 3º, 4º e 5º —, bem como os artigos 4º, 5º e 7º, da Lei 9.732/1998. Na ADI 2.228/DF, são contestados o art. 55, II e III, da Lei 8.212/1991, com a redação conferida pelo art. 5º da Lei 9.429/1996, e, subsidiariamente, o art. 18, III e IV, da Lei 8.742/1993; os artigos 2º, IV, e 3º, VI e parágrafos 1º e 4º, o art. 4º, "caput" e parágrafo único, todos do Decreto 2.536/1998; e, subsidiariamente os artigos 1º, IV, 2º, IV e parágrafos 1º e 3º, o art. 7º, § 4º, do Decreto 752/1993. Por fim, na ADI 2.621/DF, são questionados os artigos 3º — na parte em que altera a redação do art. 55, II, da Lei 8.212/1991 — e 5º — na parte em que altera a redação dos artigos 9º e 18, III e IV, da Lei 8.742/1993 —, ambos da MP 2.187-13/2001, bem assim os artigos 2º, IV, 3º, VI, parágrafos 1º e 4º, "caput" e parágrafo único, do art. 4º, todos do Decreto 2.536/1998; e, subsidiariamente os artigos 1º, IV, 2º, IV, §§ 1º e 3º, 7º, § 4º, do Decreto 752/1993.

Entidades beneficentes de assistência social e imunidade - 2
No recurso extraordinário, sociedade beneficente de assistência social, ora recorrente, defende que as modificações e exigências trazidas pelas alterações legislativas caracterizariam requisitos para concessão de imunidade e, por isso, deveriam ser veiculadas por lei complementar (CF, art. 146, II). Aduz preencher as exigências do art. 14 do CTN ("O disposto na alínea 'c' do inciso IV do artigo 9º é subordinado à observância dos seguintes requisitos pelas entidades nele referidas: I - não distribuírem qualquer parcela de seu patrimônio ou de suas rendas, a qualquer título; II - aplicarem integralmente, no País, os seus recursos na manutenção dos seus objetivos institucionais; III - manterem escrituração de suas receitas e despesas em livros revestidos de formalidades capazes de assegurar sua exatidão. § 1º Na falta de

cumprimento do disposto neste artigo, ou no § 1º do artigo 9º, a autoridade competente pode suspender a aplicação do benefício. § 2º Os serviços a que se refere a alínea 'c' do inciso IV do artigo 9º são exclusivamente, os diretamente relacionados com os objetivos institucionais das entidades de que trata este artigo, previstos nos respectivos estatutos ou atos constitutivos"). A recorrente infere, ainda, ser titular da imunidade tributária prevista na Constituição ("Art. 195. A seguridade social será financiada por toda a sociedade, de forma direta e indireta, nos termos da lei, mediante recursos provenientes dos orçamentos da União, dos Estados, do Distrito Federal e dos Municípios, e das seguintes contribuições sociais: ... § 7º - São isentas de contribuição para a seguridade social as entidades beneficentes de assistência social que atendam às exigências estabelecidas em lei"). O Ministro Marco Aurélio (relator) deu provimento ao recurso extraordinário. Explicou que as normas de imunidade tributária constantes da Constituição objetivariam proteger valores políticos, morais, culturais e sociais essenciais, a não permitir que os entes tributassem certas pessoas, bens, serviços ou situações ligadas a esses valores. Lembrou que o § 7º do art. 195 da CF traria dois requisitos para o gozo da imunidade: ser pessoa jurídica a desempenhar atividades beneficentes de assistência social e atender a parâmetros legais. No que se refere à primeira condição, asseverou que o STF conferiria sentido mais amplo ao termo "assistência social" constante do artigo 203 da CF, a concluir que, entre as formas de promover os objetivos revelados nos incisos desse preceito, estariam incluídos os serviços de saúde e educação. Reputou que toda pessoa jurídica a prestar esses serviços, sem fins lucrativos, com caráter assistencial, em favor da coletividade e, em especial, dos hipossuficientes, atuaria em conjunto com o Poder Público na satisfação de direitos fundamentais sociais. Destacou que essa seria a razão de o constituinte ter assegurado a imunidade a essas pessoas em relação tanto aos impostos como às contribuições sociais, a partir da impossibilidade de tributar atividades típicas do Estado em favor da realização de direitos fundamentais no campo da assistência social.

Entidades beneficentes de assistência social e imunidade - 3
O Ministro Marco Aurélio frisou que a definição do alcance formal e material do segundo requisito (observância de "exigências estabelecidas em lei") deveria considerar o motivo da imunidade em discussão — a garantia de realização de direitos fundamentais sociais. Sinalizou que, por se tratar de limitação ao poder de tributar, as "exigências legais" ao exercício das imunidades seriam sempre "normas de regulação" às quais o constituinte originário teria referência no inciso II do art. 146 da CF, a serem dispostas em lei complementar. Assinalou que para disciplinar as condições referidas no § 7º do art. 195 da CF, dever-se-ia observar a reserva absoluta de lei complementar, sob pena de negar-se que a imunidade discutida fosse uma limitação ao poder de tributar. Ponderou caber à lei ordinária apenas prever requisitos que não extrapolassem os estabelecidos no CTN ou em lei complementar superveniente. Seria, portanto, vedado criar obstáculos novos, adicionais aos já previstos em ato complementar. Pontuou que, sob o pretexto de disciplinar aspectos das entidades pretendentes à imunidade, o legislador ordinário teria restringido o alcance subjetivo da regra constitucional, a impor condições formais reveladoras de autênticos limites à imunidade. Entendeu que teria ocorrido regulação do direito sem que estivesse autorizado pelo art. 146, II, da CF. Aduziu que o art. 55 da Lei 8.212/1991 preveria requisitos para o exercício da imunidade tributária contida no § 7º do art. 195 da CF, a revelar condições prévias ao aludido direito. Assim, deveria ser reconhecida a inconstitucionalidade formal desse dispositivo no que ultrapassasse o definido no art. 14 do CTN, por afronta ao art. 146, II, da CF. Considerou que os requisitos legais exigidos na parte final do mencionado § 7º, enquanto não editada nova lei complementar sobre a matéria, seriam somente aqueles do aludido art. 14 do CTN. Concluiu por assegurar o direito à imunidade de que trata o art. 195, § 7º, da CF — haja vista que reconhecido pelo tribunal "a quo" que a entidade preencheria os requisitos exigidos no CTN — e, por consequência, desconstituir o crédito tributário inscrito em dívida ativa, com a extinção da respectiva execução fiscal. Após o voto dos Ministros Joaquim Barbosa (Presidente), Cármen Lúcia e Roberto Barroso, no mesmo sentido do relator, pediu vista dos autos o Ministro Teori Zavascki.

Entidades beneficentes de assistência social e imunidade - 4
Na sequência, o Ministro Joaquim Barbosa (Presidente), relator das ações diretas de inconstitucionalidade, rejeitou preliminar de não conhecimento, suscitada da tribuna pela Advocacia-Geral da União - AGU. Para o referido órgão, as ações diretas teriam por objeto dispositivos substancialmente alterados por legislação posterior, inclusive com a revogação expressa de alguns

7. DIREITO TRIBUTÁRIO

artigos impugnados, o que inviabilizaria a análise em controle concentrado de constitucionalidade. A AGU aduzia, também, haver aditado a inicial para incluir a Lei 12.101/1999, publicada após a inserção dos feitos em pauta para julgamento. Arguia que, embora o STF admitisse aditamento de petição inicial, seria necessária a abertura de prazo para a manifestação dos requeridos, o que não ocorrera. O Presidente asseverou que legislação tributária seria prolixa, de inovação quase cotidiana e, no que diz respeito à imunidade tributária, as alterações quantitativas não teriam modificado o cerne da controvérsia constitucional. Destacou que o apelo ao vício do processo legislativo sempre fora argumento fraco para a construção de critérios decisórios relativos à imunidade tributária. Reconheceu que o art. 195, § 7º, da CF aludiria à lei, sem qualificá-la, para dispor que o reconhecimento da situação de imunidade dependeria do que dispusesse o ordenamento infraconstitucional. Realçou que vinculações mais restritas à livre disposição do indivíduo para agir no campo da benemerência ou filantropia exigiriam o rigor da lei complementar, nos termos do inciso II do art. 146 da CF. Salientou que o art. 195, § 7º, da CF não poderia ser interpretado de forma isolada e sem observância do disposto no art. 146, II, da CF. Sublinhou que a competência para dispor sobre imunidade deveria ser construída de forma a prever a utilização da lei complementar. Explicou que o art. 195, § 7º, da CF adotaria três critérios para o reconhecimento da imunidade ao pagamento de contribuições destinadas ao custeio da seguridade social: a) o caráter beneficente da entidade, ou seja, a ausência de fins lucrativos destinados ao benefício ou aumento patrimonial para os participantes da entidade; b) a dedicação às atividades de assistência social; e c) a observância às exigências definidas em lei.

Entidades beneficentes de assistência social e imunidade - 5

O Ministro Joaquim Barbosa acrescentou que o art. 203 da CF definiria os contornos da assistência social, a indicar quais seriam as finalidades que deveriam ser atingidas com as respectivas ações. Ademais, para caracterizar-se como ação de assistência social, a prestação dos benefícios e serviços deveria ser universal — prestada a quem dela necessitasse — e gratuita, independente de contribuição. Observou que os artigos 150, VI, c; 195, § 7º; e 206, todos da CF não condicionariam o reconhecimento da imunidade à exclusividade da prestação de serviços ou benefícios gratuitos, uma vez que os conceitos de beneficência e ação de assistência social não se confundiriam no plano constitucional. Advertiu que a circunstância de a entidade cobrar pela prestação de alguns de seus serviços ou benefícios, ou possuir outras fontes de receita que buscassem o lucro, não lhe retiraria a condição de beneficente. Por fim, o Presidente julgou parcialmente procedentes os pedidos formulados nas ações diretas para reconhecer a inconstitucionalidade do art. 1º — na parte em que alterou a redação do art. 55, III, da Lei 8.212/1991, e acrescentou-lhe os parágrafos 3º, 4º e 5º —, bem como dos artigos 4º, 5º e 7º, da Lei 9.732/1998. Declarou, ainda, a inconstitucionalidade do art. 55, II, da Lei 8.212/1991, tanto em sua redação original, como na redação dada pela Lei 9.429/1996; do art. 18, III e IV, da Lei 8.742/1993; do art. 2º, IV, 3º, VI, parágrafos 1º e 4º e parágrafo único, do Decreto 2.536/1998 e dos artigos 1º, IV, 2º, IV, parágrafos 3º, 4º e 7º, do Decreto 752/1993. Após o voto dos Ministros Cármen Lúcia e Roberto Barroso, no mesmo sentido do relator, pediu vista dos autos o Ministro Teori Zavascki. **ADI 2028/DF, rel. Min. Joaquim Barbosa, 4.6.2014. (ADI-2028) ADI 2036/DF, rel. Min. Joaquim Barbosa, 4.6.2014. (ADI 2036) ADI 2621/DF, rel. Min. Joaquim Barbosa, 4.6.2014. (ADI-2621) ADI 2228/DF, rel. Min. Joaquim Barbosa, 4.6.2014. (ADI-2228) RE 566622/RS, rel. Min. Marco Aurélio, 4.6.2014. (RE-566622) (Inform. STF 749)**

Crédito tributário: sucessão e imunidade recíproca - 1

A imunidade tributária recíproca (CF, art. 150, VI, a) não afasta a responsabilidade tributária por sucessão, na hipótese em que o sujeito passivo era contribuinte regular do tributo devido. Com base nessa orientação, o Plenário deu provimento a recurso extraordinário para reformar acórdão que considerara aplicável a imunidade recíproca a débitos tributários da extinta Rede Ferroviária Federal S.A. – RFFSA, sucedida pela União. No recurso extraordinário, discutia-se a aplicação da imunidade tributária recíproca de créditos tributários já constituídos e transferidos à União por sucessão. Na espécie, o Município ajuizara execução fiscal referente ao IPTU e contribuição de melhoria, incidente sobre imóvel de propriedade da RFFSA. A União, após suceder a RFFSA em direitos e obrigações, opusera embargos à execução, julgados procedentes sob o fundamento da imunidade recíproca. O Colegiado afirmou que a imunidade tributária recíproca seria norma constitucional de competência que proibiria a instituição de impostos sobre o patrimônio, a

renda ou os serviços dos entes federados. Consignou que essa imunidade seria instrumento de preservação e calibração do pacto federativo, destinado a proteger os entes federados de eventuais pressões econômicas, projetadas para induzir escolhas políticas ou administrativas da preferência do ente tributante. Nesse contexto, realçou que a imunidade tributária recíproca seria inaplicável se a atividade ou a entidade tributada demonstrasse capacidade contributiva; se houvesse risco à livre iniciativa e às condições de justa concorrência econômica; ou se não houvesse risco ao pleno exercício da autonomia política que a Constituição conferira aos entes federados. Mencionou que a Constituição seria expressa ao excluir da imunidade: a) o patrimônio; b) a renda; e c) os serviços relacionados com a exploração de atividades econômicas regidas pelas normas aplicáveis a empreendimentos privados ou em que houvesse contraprestação ou pagamento de preço ou tarifas pelo usuário. Assinalou que a RFFSA, por ser sociedade de economia mista, constituída sob a forma de sociedade por ações, apta, portanto, a cobrar pela prestação de seus serviços e a remunerar o capital investido, não teria jus à imunidade. Registrou que, com a liquidação da pessoa jurídica e com a já mencionada sucessão, a União se tornara responsável tributária pelos créditos inadimplidos, nos termos dos artigos 130 e seguintes do CTN.

Crédito tributário: sucessão e imunidade recíproca - 2

A Corte frisou que a regra constitucional da imunidade, por se destinar à proteção específica do ente federado, seria inaplicável aos créditos tributários constituídos legitimamente contra pessoas jurídicas dotadas de capacidade contributiva e cuja tributação em nada afetaria o equilíbrio do pacto federativo. Anotou que qualquer imunidade tributária prejudicaria, em certa medida, a expectativa de arrecadação dos entes federados. Aduziu que essa perda deveria ser tolerada pelos entes para satisfazer a outros valores, tão ou mais relevantes, previstos na Constituição. Reputou, porém, que haveria desequilíbrio no pacto federativo, ao invés de sua preservação, caso se deixasse de tributar pessoa jurídica dotada de capacidade contributiva. Ressaltou que a União não poderia se livrar da responsabilidade tributária ao alegar simplesmente que o tributo seria devido por sociedade de economia mista, tampouco por sugerir a aplicação de regra constitucional que protegeria a autonomia política de entes federados. Sublinhou que a responsabilidade tributária dos sucessores protegeria o erário de um tipo de inadimplência bastante específica, que seria o desaparecimento jurídico do contribuinte, conjugado com a transferência integral ou parcial do patrimônio a outra pessoa jurídica. Assim, a desconstituição da pessoa jurídica faria com que o crédito tributário não pudesse mais ser exigido contra o contribuinte original, que deixaria de existir juridicamente. Explicou que o patrimônio — material ou imaterial — transferido deveria garantir o crédito. Salientou, por fim, que o sucessor, ainda que se tratasse de um ente federado, deveria arcar com a dívida. **RE 599176/PR, rel. Min. Joaquim Barbosa, 5.6.2014. (RE-599176) (Inform. STF 749)**

Imunidade recíproca e sociedade de economia mista - 1

O Plenário iniciou julgamento de recurso extraordinário em que se discute a aplicação da imunidade tributária (CF, art. 150, VI, a) a empresa de saneamento básico, constituída sob a forma de empresa pública, cuja composição acionária seja negociada em bolsa de valores. No caso, o acórdão recorrido entendera que a empresa recorrente, não poderia gozar de benefícios fiscais não extensivos ao setor privado. O Ministro Joaquim Barbosa (relator e Presidente) negou provimento ao recurso, no que foi acompanhado pelos Ministros Teori Zavascki e Luiz Fux. Afirmou que o Estado-membro optara por prestar serviços de esgoto e de fornecimento de água por meio da administração indireta, sob a forma de sociedade de economia mista. Frisou que essa empresa teria o capital aberto e suas ações seriam negociadas em bolsa de valores. Registrou, ademais, que a recorrente obtivera significativo lucro nos últimos anos e que fora classificada como investimento viável de rentabilidade por agência de classificação de risco. Ressaltou que os investidores da recorrente seriam beneficiados com a distribuição de lucros, sob as formas legais admissíveis, como dividendos, juros sobre capital próprio, debêntures, partes negociáveis, entre outros. Não obstante, ponderou não existir reprovação no desiderato e na realização de lucros. Pelo contrário: a Constituição expressamente teria reservado à iniciativa privada o exercício de atividades econômicas. Mencionou que a intervenção direta do Estado na economia e no mercado seria expressamente subsidiária. Contudo, realçou que consistiria em desvio sistêmico assegurar garantias indissociáveis do Estado e do interesse público a empreendimentos dotados de capacidade contributiva e cuja função seria distribuir os resultados dessa atividade ao

VADE MECUM DE JURISPRUDÊNCIA – STF/STJ

patrimônio dos empreendedores. O Presidente salientou que a circunstância de o sócio majoritário ser um ente federado não impressionaria, pois não seria função primária do Estado participar nos lucros de qualquer pessoa jurídica, nem de auferir quaisquer outros tipos de receita. Explicou que as receitas primárias e secundárias não seriam uma finalidade em si. Asseverou que, se o Estado-membro optara por prestar serviços essenciais por meio de uma pessoa jurídica capaz de distribuir lucros, haveria capacidade contributiva. Consequentemente, não existiria qualquer risco ao pacto federativo. Afiançou que a imunidade tributária recíproca se daria em detrimento da competência tributária de outros entes federados. Destacou que não faria sentido desprover municípios e a própria União de recursos legítimos, a pretexto de assegurar à pessoa jurídica distribuidora de lucros vantagem econômica incipiente em termos de harmonia federativa. Avaliou que, se a carga tributária realmente fosse proibitiva, bastaria ao Estado escolher outra forma de regência de personalidade jurídica, que não envolvesse a possibilidade de acumulação e de distribuição de lucros. Assim, sempre que um ente federado criasse uma instrumentalidade estatal dotada de capacidade contributiva, capaz de acumular e de distribuir lucros, de contratar pelo regime geral das leis trabalhistas, não haveria ameaça ao pacto federativo a justificar a incidência da imunidade recíproca.

Imunidade recíproca e sociedade de economia mista - 2
Em divergência, o Ministro Roberto Barroso deu provimento ao recurso. Lembrou que o tema da extensão da imunidade recíproca às sociedades de economia mista suscitara inúmeras discussões no âmbito do STF com a identificação de diversos cenários específicos que poderiam exigir tratamento próprio. Recordou que a hipótese mais singela teria sido objeto de acórdão específico do Plenário a envolver a prestação de serviço público em regime de exclusividade e sem intuito de lucro. Naquele caso prevalecera o entendimento de que a imunidade deveria ser reconhecida. Da mesma forma, a 2ª Turma teria reconhecido a salvaguarda nas situações em houvesse intuito de lucro, desde que se tratasse de serviço público em ambiente não concorrencial. Destacou que o art. 150, VI, a, da CF estabelece a imunidade recíproca sobre os serviços de cada um dos entes políticos, assim como os respectivos patrimônios e rendas. Nesses termos, a prestação do serviço público pela administração direta de determinado ente geraria a incidência da imunidade. Consignou que esse seria o elemento central que deveria induzir a interpretação teleológica das demais hipóteses. Assinalou que o fato de o Poder Público optar pela delegação de determinado serviço público não deveria onerar a sua prestação por ser em regime não concorrencial. Aduziu que a Constituição pretendera desonerar o próprio serviço, notadamente para fins de promoção da modicidade tarifária. Enfatizou que a prestação por agentes privados, teoricamente justificada pela busca da eficiência, não deveria ter o efeito adverso de fazer incidir uma obrigação tributária sobre o serviço ou sobre bens que estivessem a ele diretamente afetos. Considerou que a negociação de participação acionária em bolsa não afastaria esse interesse legítimo. Registrou que seria pouco provável que a tributação produzisse impacto sobre as margens de lucro da equação econômico-financeira da concessão. Em vez disso, o impacto tributário tenderia a ser repassado no preço da tarifa. Sublinhou que não haveria razão para estender a imunidade ao patrimônio que não estivesse afetado ao serviço ou mesmo à renda auferida pela sociedade de economia mista. Essa seria uma renda própria da entidade personalizada, sujeita normalmente aos efeitos da tributação. Aludiu que a distribuição de dividendos ao Poder Público, se tributáveis, poderia ser objeto de eventual imunização. Por fim, reiterou que a imunidade recairia sobre o serviço e que a maior preocupação do constituinte seria com a questão da modicidade tarifária. Em seguida, o julgamento foi suspenso. **RE 600867/SP, rel. Min. Joaquim Barbosa, 5.6.2014. (RE-600867) (Inform. STF 749)**

RELATOR: MIN. DIAS TOFFOLI
EMENTA: **Agravo regimental no recurso extraordinário com agravo. Cadastro de contribuintes. Inscrição. Exoneração de obrigação legal. Questão infraconstitucional. Imunidade. Afronta reflexa.**
1. A orientação da Corte é no sentido de que a imunidade tributária, por si só, não autoriza a exoneração de cumprimento das obrigações acessórias impostas por lei.
2. O Tribunal de origem restringiu-se a examinar as normas infraconstitucionais de regência, sendo certo que a suposta afronta ao texto constitucional, caso ocorresse, seria reflexa ou indireta.
3. Agravo regimental não provido. **(Inform. STF 736)**

Entidades beneficentes: contribuição para o PIS e imunidade
A imunidade tributária prevista no art. 195, § 7°, da CF (*§ 7° - São isentas de contribuição para a seguridade social as entidades beneficentes de assistência social que atendam às exigências estabelecidas em lei*), regulamentada pelo art. 55 da Lei 8.212/1991, abrange a contribuição para o PIS. Com base nessa orientação, o Plenário negou provimento a recurso extraordinário em que se discutia o reconhecimento de imunidade tributária às entidades filantrópicas em relação à contribuição para o PIS, por suposta ausência de lei específica a tratar dos requisitos para o gozo da mencionada imunidade. Preliminarmente, por maioria, o Tribunal conheceu do recurso. Vencido, no ponto, o Ministro Marco Aurélio, que entendia que a matéria seria de ordem estritamente legal. No mérito, a Corte assinalou que a jurisprudência orientar-se-ia no sentido de que a contribuição para o PIS seria tributo e estaria abrangida pela imunidade consagrada na Lei 8.212/1991. Acresceu que não seria necessário lei complementar para a completude do que estabelecido no art. 195, § 7°, da CF. Sublinhou que as exigências constitucionais feitas às entidades beneficentes de assistência social, para o gozo de imunidade, estariam satisfeitas com a simples edição de lei ordinária, que seria a Lei 8.212/1991. Precedentes citados: RE 469079/SP (DJU de 20.4.2006); ADI 2028 MC/DF (DJU de 23.11.99); e MI 616/SP (DJU de 25.10.2002).
RE 636941/RS, rel. Min. Luiz Fux, 13.2.2014. (RE-636941) (Inform. STF 735)

AG. REG. NO AI N. 674.339-SP
RELATOR: MIN. DIAS TOFFOLI
EMENTA: **IMUNIDADE. ENTIDADE EDUCACIONAL. ARTIGO 150, INCISO VI, ALÍNEA C, DA CONSTITUIÇÃO FEDERAL. IPTU. IMÓVEL VAGO. FINALIDADES ESSENCIAIS. PRESUNÇÃO. ÔNUS DA PROVA. PRECEDENTES.**
1. A condição de um imóvel estar vago ou sem edificação não é suficiente, por si só, para destituir a garantia constitucional da imunidade.
2. A regra da imunidade se traduz numa negativa de competência, limitando, **a priori**, o poder impositivo do Estado.
3. Na regra imunizante, como a garantia decorre diretamente da Carta Política, mediante decote de competência legislativa, as presunções sobre o enquadramento originalmente conferido devem militar a favor das pessoas ou entidades que se socorrem da norma constitucional.
4. Quanto à imunidade prevista no art. 150, inciso VI, alínea c, da Constituição Federal, o ônus de elidir a presunção de vinculação às atividades essenciais é do Fisco.
5. A não utilização temporária do imóvel deflagra uma neutralidade, não atentando contra os requisitos autorizadores da imunidade. Precedentes da Corte.
6. Agravo regimental não provido. **(Inform. STF 735)**

Imunidade tributária e serviço de impressão gráfica – (conclusão)
As prestadoras de serviços de composição gráfica, que realizam serviços por encomenda de empresas jornalísticas ou editoras de livros, não estão abrangidas pela imunidade tributária prevista no art. 150, VI, d, da CF (*"Art. 150. Sem prejuízo de outras garantias asseguradas ao contribuinte, é vedado à União, aos Estados, ao Distrito Federal e aos Municípios: ... VI - instituir impostos sobre: ... d) livros, jornais, periódicos e o papel destinado a sua impressão"*). Com base nesta orientação, a 2ª Turma, em conclusão de julgamento e por maioria, negou provimento a agravo regimental em recurso extraordinário em que discutida a exigibilidade do ISS relativamente à confecção/impressão (insumos intangíveis) de jornais para terceiros — v. Informativos 497, 541 e 550. A Turma destacou que a garantia da imunidade estabelecida pela Constituição, em favor dos livros, dos jornais, dos periódicos e do papel destinado à sua impressão revestir-se-ia de significativa importância de ordem político-jurídica, destinada a preservar e a assegurar o próprio exercício das liberdades de manifestação do pensamento e de informação jornalística. Pontuou que a mencionada imunidade objetivaria preservar direitos fundamentais — como a liberdade de informar e o direito do cidadão de ser informado —, a evitar situação de submissão tributária das empresas jornalísticas. Frisou que, no ponto, os serviços de composição gráfica realizados por empresas contratadas para realizar esses trabalhos, seriam meros prestadores de serviço e, por isso, a eles não se aplicaria a imunidade tributária. Vencido o Ministro Eros Grau, que dava provimento ao recurso.
RE 434826 AgR/MG, rel. orig. Min. Cezar Peluso, red. p/ o acórdão Min. Celso de Mello, 19.11.2013. (RE-434826) (Inform. STF 729)

7. DIREITO TRIBUTÁRIO

REPERCUSSÃO GERAL EM RE N. 727.851-MG

RELATOR: MIN. MARCO AURÉLIO
IPVA – AUTOMÓVEL – ALIENAÇÃO FIDUCIÁRIA – RELAÇÃO JURÍDICA A ENVOLVER O ESTABELECIMENTO FINANCEIRO E O MUNICÍPIO – IMUNIDADE RECÍPROCA ADMITIDA NA ORIGEM – RECURSO EXTRAORDINÁRIO – REPERCUSSÃO GERAL CONFIGURADA. Possui repercussão geral a controvérsia relativa à incidência da imunidade recíproca, prevista no artigo 150, inciso VI, alínea "a", da Carta da República, no tocante ao Imposto sobre a Propriedade de Veículos Automotores – IPVA a recair em automóvel alienado fiduciariamente por instituição financeira a município. **(Inform. STF 726)**

AG. REG. NO ARE N. 694.453-DF

RELATOR: MIN. RICARDO LEWANDOWSKI
Ementa: AGRAVO REGIMENTAL NO RECURSO EXTRAORDINÁRIO COM AGRAVO. IMUNIDADE TRIBUTÁRIA. ENTIDADE RELIGIOSA. IMÓVEL DESTINADO À RESIDÊNCIA DE MINISTRO RELIGIOSO. INCIDÊNCIA DO ART. 150, VI, **B**, DA CONSTITUIÇÃO. APLICABILIDADE DAS RAZÕES QUE DERAM ENSEJO À EDIÇÃO DA SÚMULA 724 DESTA CORTE. AGRAVO IMPROVIDO.
I – Este Tribunal, no julgamento do RE 325.822/SP, Relator para o acórdão o Ministro Gilmar Mendes, assentou que a imunidade prevista no art. 150, VI, **b**, da Constituição impede a incidência de IPTU sobre imóveis de propriedade de entidade religiosa mas locados a terceiros, na hipótese em que a renda decorrente dos aluguéis é vertida em prol das atividades essenciais da entidade.
II – Se a circunstância de a entidade religiosa alugar o imóvel de sua propriedade a terceiro, sem qualquer vínculo com ela, não afasta a imunidade mencionada, nada justifica o óbice ao gozo do benefício na hipótese de o bem em questão ser destinado à residência dos seus ministros religiosos.
III – Agravo regimental improvido. **(Inform. STF 715)**

Imunidade tributária e imóvel vago
A 1ª Turma, por maioria, negou provimento a recurso extraordinário em que discutido se imóvel não edificado pertencente ao Serviço Social da Indústria - SESI estaria alcançado pela imunidade tributária. Na espécie, reconheceu-se que, por ser o recorrido entidade de direito privado, sem fins lucrativos, encaixar-se-ia na hipótese do art. 150, VI, c, da CF e, por isso, estaria imune. Apontou-se que a constatação de que imóvel vago ou sem edificação não seria suficiente, por si só, para destituir a garantia constitucional da imunidade tributária. Ponderou-se que, caso já tivesse sido deferido o *status* de imune ao contribuinte, o afastamento dessa imunidade somente poderia ocorrer mediante prova em contrário produzida pela administração tributária. Asseverou-se não ser possível considerar que determinado imóvel destinar-se-ia a finalidade diversa da exigida pelo interesse público apenas pelo fato de, momentaneamente, estar sem edificação ou ocupação. Assinalou-se que a qualquer momento poderia deixar sua condição de imóvel vago. Vencido o Min. Marco Aurélio, que dava provimento ao recurso. Assentava não poder concluir que um imóvel não edificado estivesse diretamente relacionado a serviço prestado. Explicitava que a imunidade do art. 150, VI, c, da CF não seria linear, tendo em vista a restrição disposta no seu § 4º (*"As vedações expressas no inciso VI, alíneas 'b' e 'c', compreendem somente o patrimônio, a renda e os serviços, relacionados com as finalidades essenciais das entidades nelas mencionadas"*).
RE 385091/DF, rel. Min. Dias Toffoli, 6.8.2013. (RE-385091) (Inform. STF 714)

Art. 150, VI, d, da CF: imunidade tributária e Finsocial
A contribuição para o Finsocial, incidente sobre o faturamento das empresas, não está abrangida pela imunidade objetiva prevista no art. 150, VI, d, da CF/88, anterior art. 19, III, d, da Carta de 1967/69 (*"Art. 150. Sem prejuízo de outras garantias asseguradas ao contribuinte, é vedado à União, aos Estados, ao Distrito Federal e aos Municípios: ... VI - instituir impostos sobre: ... d) livros, jornais, periódicos e o papel destinado a sua impressão"*). Com base nessa orientação, o Plenário, por maioria, negou provimento a recurso extraordinário em que se discutia a extensão da aludida imunidade tributária a fatos geradores ocorridos anteriormente e posteriormente à CF/88. Reafirmou-se jurisprudência da Corte no sentido de que a contribuição para o Finsocial possuiria natureza tributária de imposto (de competência residual da União), incidente sobre o faturamento das empresas. Caracterizar-se-ia como tributo pessoal e, desse modo, não levaria em consideração a capacidade contributiva do comprador de livros, mas sim a do vendedor. Assim, aduziu-se que a imunidade recairia sobre o livro (objeto tributado) e não sobre o livreiro ou sobre a editora. Vencido o Min. Marco Aurélio, que dava provimento ao recurso. Ao conferir interpretação mais ampla ao

dispositivo constitucional, reputava que o Finsocial estaria alcançado pela imunidade, porquanto se trataria de imposto incidente sobre a renda bruta. Alguns precedentes citados: RE 103778/DF (DJU de 13.12.85); RE 109484/PR (DJU de 27.5.88); RE 252132/SP (DJU de 19.11.99); RE 174476/SP (DJU de 12.12.97). **RE 628122/SP, rel. Min. Gilmar Mendes, 19.6.2013. (RE-628122) (Inform. STF 711)**

EMENTA: Casa da Moeda do Brasil (CMB). Empresa governamental delegatária de serviços públicos. Emissão de papel moeda, cunhagem de moeda metálica, fabricação de fichas telefônicas e impressão de selos postais. Regime constitucional de monopólio (CF, art. 21, VII). Outorga de delegação à CMB, mediante lei, que não descaracteriza a estatalidade do serviço público, notadamente quando constitucionalmente monopolizado pela pessoa política (a União Federal, no caso) que é dele titular. A delegação da execução de serviço público, mediante outorga legal, não implica alteração do regime jurídico de direito público, inclusive o de direito tributário, que incide sobre referida atividade. Consequente extensão, a essa empresa pública, em matéria de impostos, da proteção constitucional fundada na garantia da imunidade tributária recíproca (CF, art. 150, VI, a). O alto significado político-jurídico dessa prerrogativa constitucional, que traduz uma das projeções concretizadoras do princípio da Federação. Imunidade tributária da Casa da Moeda do Brasil, em face do ISS, quanto às atividades executadas no desempenho do encargo, que, a ela outorgado mediante delegação, foi deferido, constitucionalmente, à União Federal. Doutrina (Regina Helena Costa, inter alios). Precedentes. Recurso extraordinário improvido. **RE 610517/RJ* RELATOR: Min. Celso de Mello (Inform. STF 710)**

AG. REG. NO AI N. 797.034-SP
RELATOR: MIN. MARCO AURÉLIO
IMUNIDADE RECÍPROCA – INFRAERO – PRESTAÇÃO DE SERVIÇO PÚBLICO – ARTIGO 150, INCISO VI, ALÍNEA "A, DA CONSTITUIÇÃO FEDERAL. O Tribunal reafirmou o entendimento jurisprudencial e concluiu pela possibilidade de extensão da imunidade tributária recíproca à Empresa Brasileira de Infraestrutura Aeroportuária – INFRAERO, na qualidade de empresa pública prestadora de serviço público. **(Inform. STF 710)**

RE N. 601.392-PR
RED P/ O ACÓRDÃO: MIN. GILMAR MENDES
Recurso extraordinário com repercussão geral. 2. Imunidade recíproca. Empresa Brasileira de Correios e Telégrafos. 3. Distinção, para fins de tratamento normativo, entre empresas públicas prestadoras de serviço público e empresas públicas exploradoras de atividade. Precedentes. 4. Exercício simultâneo de atividades em regime de exclusividade e em concorrência com a iniciativa privada. Irrelevância. Existência de peculiaridades no serviço postal. Incidência da imunidade prevista no art. 150, VI, "a", da Constituição Federal. 5. Recurso extraordinário conhecido e provido. **(Inform. STF 709)**

Imunidade: PIS/Cofins e receita cambial decorrente de exportação - 1
É inconstitucional a incidência da contribuição para PIS e Cofins sobre a receita decorrente da variação cambial positiva obtida nas operações de exportação. Com base nessa orientação, o Plenário negou provimento a recurso extraordinário no qual sustentada ofensa aos artigos 149, § 2º, I, e 150, § 6º, da CF, sob a alegação de que a expressão contida no texto constitucional "receitas decorrentes de exportação" não autorizaria interpretação extensiva a alcançar receita decorrente de variação cambial positiva. Rememorou-se que o STF teria assentado que a imunidade prevista no art. 149, § 2º, I, da CF somente tutelaria as receitas decorrentes das operações de exportação, de modo a não alcançar o lucro das empresas exportadoras. Isso porque se trataria de imunidade objetiva, concedida às receitas advindas das operações de exportação, e não subjetiva, a tutelar as empresas exportadoras, ou que se refere ao seu lucro (RE 474132/SC, DJe de 1º.12.2010 e RE 564413/SC, DJe de 3.11.2010). Recordou-se que, nos aludidos precedentes, fora fixado que receitas seriam ganhos auferidos pela pessoa jurídica e que se incorporariam ao seu patrimônio. Desta forma, não se restringiriam à noção de faturamento (percebido na alienação de mercadorias e serviços), mas abarcariam também o produto de operações financeiras e qualquer outra natureza, desde que revelador de capacidade contributiva. Esclareceu que exportação, por sua vez, seria a operação de envio de bem ou prestação de serviço a pessoa residente ou sediada no exterior. Portanto, receita decorrente de exportação configuraria o ingresso proveniente de operação de exportação de bem ou serviço, sempre que se incorporasse ao patrimônio da empresa exportadora.
RE 627815/PR, rel. Min. Rosa Weber, 23.5.2013. (RE-627815)

Imunidade: PIS/Cofins e receita cambial decorrente de exportação - 2

Consignou-se que variações cambiais constituiriam atualizações de obrigações ou de direitos estabelecidos em contratos de câmbio e estariam compreendidas entre dois grandes marcos: a contratação (fechamento) do câmbio com a venda para uma instituição financeira, por parte do exportador, da moeda estrangeira que resultaria da operação de exportação; e a liquidação do câmbio com a entrega da moeda estrangeira à instituição financeira e o consequente pagamento, ao exportador, do valor equivalente em moeda nacional, à taxa de câmbio acertada na data do fechamento do contrato de câmbio. Assinalou-se que as variações cambiais poderiam ser consideradas: a) ativas, quando fossem favoráveis ao contribuinte, a gerar-lhe receitas; e b) passivas, quando o desfavorecessem, a implicar perdas. Aduziu-se que o contrato de câmbio revelaria transação inerente à exportação, diretamente associada aos negócios realizados em moeda estrangeira. Consubstanciaria etapa inafastável de processo de exportação de bens e serviços, pois todas as transações com residentes no exterior pressuporiam a efetivação de uma operação cambial, consistente na troca de moedas: o exportador venderia a divisa estrangeira que receberia do comprador à instituição financeira autorizada a operar com câmbio, a fim de receber o pagamento em moeda nacional. Ou seja, o exportador estaria obrigado a celebrar o contrato de câmbio, pois não se permitiria que recebesse o pagamento em moeda estrangeira. **RE 627815/PR, rel. Min. Rosa Weber, 23.5.2013. (RE-627815)**

Imunidade: PIS/Cofins e receita cambial decorrente de exportação - 3

Destacou-se que o STF, em inúmeras oportunidades em que debatida a questão da hermenêutica constitucional aplicada ao tema das imunidades, adotara a interpretação teleológica do instituto, a emprestar-lhe abrangência maior, com escopo de assegurar à norma supralegal máxima efetividade. Ademais, enfatizou-se que a imunidade em questão não seria concedida apenas às "receitas de exportação", mas sim às "receitas decorrentes de exportação". Sublinhou que o adjetivo "decorrentes" conferiria maior amplitude à desoneração constitucional, a suprimir do alcance da competência impositiva federal todas as receitas que resultassem da exportação, que nela encontrassem a sua causa, representando consequências financeiras do negócio jurídico de compra e venda internacional. Evidenciaria, assim, a intenção, contida na Constituição, de se desonerarem as exportações por completo, a fim de que as empresas brasileiras não fossem coagidas a exportarem tributos que, de outra forma, onerariam operações de exportação, quer de modo direto, quer indireto. Por fim, concluiu-se que eventual variação da taxa de câmbio entre o fechamento e a liquidação do contrato configuraria receita decorrente de exportação, sempre que fosse favorável ao exportador. Logo, as receitas cambiais relativas à exportação estariam abrangidas pela imunidade do art. 149, § 2º, I, da CF. **RE 627815/PR, rel. Min. Rosa Weber, 23.5.2013. (RE-627815) (Inform. STF 707)**

Imunidade e imóvel vago

A 1ª Turma, por maioria, deu provimento a agravo regimental para desprover agravo de instrumento interposto de decisão que não admitira recurso extraordinário em que discutido se imóvel vago pertencente à instituição educacional estaria alcançado pela imunidade tributária. Na espécie, o Min. Dias Toffoli, ao conhecer do agravo de instrumento, provera o extraordinário para assentar a pretendida benesse. Na ocasião, registrara o descompasso entre a jurisprudência do STF e o acórdão recorrido. A Corte de origem teria entendido que entidade educacional sem fins lucrativos não gozaria de imunidade tributária referente ao imóvel vago, sem edificação, já que a propriedade em questão encontrar-se-ia vazia e sem utilização relacionada às suas finalidades essenciais. O Min. Marco Aurélio consignou que a imunidade das instituições educacionais compreenderia somente o patrimônio, a renda e os serviços relacionados às finalidades essenciais dessas entidades (CF, art. 150 § 4º). Ressaltou que o referido terreno não estaria sendo utilizado em busca do êxito das finalidades essenciais da instituição. A Min. Rosa Weber assentou que não teria como prover o recurso extraordinário sem reexaminar a premissa fática de que o imóvel não estaria sendo usado de acordo com suas finalidades essenciais. Vencido o Min. Dias Toffoli, que mantinha a decisão agravada. **AI 661713 AgR/SP, rel. orig. Min. Dias Toffoli, red. p/ o acórdão Min. Marco Aurélio, 19.3.2013. (AI-661713) (Inform. STF 699)**

Caixa de assistência de advogados e art. 150, VI, a e c, da CF – 1

Ao acolher proposta do Min. Ricardo Lewandowski, relator, a 2ª Turma recebeu embargos de declaração com efeitos modificativos para afetar ao Plenário julgamento de recurso extraordinário – anterior à sistemática da repercussão geral – em que discutida a extensão de imunidades tributárias, previstas nas alíneas a e c do inciso VI do art. 150 da CF, à embargante, Caixa de Assistência dos Advogados de Minas Gerais [CF: "*Art. 150. Sem prejuízo de outras garantias asseguradas ao contribuinte, é vedado à União, aos Estados, ao Distrito Federal e aos Municípios: ... VI - instituir impostos sobre: a) patrimônio, renda ou serviços, uns dos outros; ... c) patrimônio, renda ou serviços dos partidos políticos, inclusive suas fundações, das entidades sindicais dos trabalhadores, das instituições de educação e de assistência social, sem fins lucrativos, atendidos os requisitos da lei*"]. Na situação em comento, cuida-se de embargos opostos de acórdão em que negado provimento a recurso interposto de decisão do Relator, mediante a qual dera provimento a apelo extraordinário deduzido, na origem, pelo Município de Belo Horizonte, ora embargado. **RE 405267 ED-AgR/MG, rel. Min. Ricardo Lewandowski, 12.3.2013. (RE-405267)**

Caixa de assistência de advogados e art. 150, VI, a e c, da CF - 2

Ressaltou-se que, no tocante à imunidade relacionada na alínea c, esta Corte constatara a existência de repercussão geral da questão constitucional suscitada nos autos do RE 600010/SP (DJe de 19.3.2010), pendente de análise do mérito. Sublinhou-se que o tema adversado levaria em conta circunstância de que Caixa de Assistência dos Advogados seria órgão integrante da OAB nos termos dos artigos 45, IV, e 62, ambos da Lei 8.906/94 - Estatuto da Advocacia. Assinalou-se que o presente processo trataria não apenas de matéria semelhante àquela com repercussão geral reconhecida, como também da imunidade recíproca da alínea a do mesmo dispositivo constitucional. Afim, aludiu-se à necessidade de se prevenir ocorrência de decisões divergentes. **RE 405267 ED-AgR/MG, rel. Min. Ricardo Lewandowski, 12.3.2013. (RE-405267) (Inform. STF 698)**.

DIREITO TRIBUTÁRIO. ICMS E IMUNIDADE DAS ENTIDADES DE ASSISTÊNCIA SOCIAL SEM FINS LUCRATIVOS. Não há imunidade tributária em relação ao ICMS decorrente da prática econômica desenvolvida por entidade de assistência social sem fins lucrativos que tem por finalidade realizar ações que visem à promoção da pessoa com deficiência, quando desempenhar atividade franqueada da Empresa Brasileira de Correios e Telégrafos (ECT), ainda que a renda obtida reverta-se integralmente aos fins institucionais da referida entidade. De fato, a jurisprudência do STF é firme no sentido de que a imunidade prevista no art. 150, VI, *c*, da CF também se aplica ao ICMS, desde que a atividade seja relacionada com as finalidades essenciais da entidade. Assim, a referida imunidade compreende somente o patrimônio, a renda e os serviços, relacionados com as finalidades essenciais das entidades nele mencionadas (art. 150, § 4º, da CF). Nesse mesmo sentido, o art. 14, § 2º, do CTN afirma que os serviços imunes das instituições de assistência social são, exclusivamente, os diretamente relacionados com os objetivos institucionais da entidade, previstos nos respectivos estatutos ou atos constitutivos. Desse modo, a imunidade em relação ao ICMS não pode ser concedida no caso, porquanto a atividade econômica fraqueada dos Correios foge dos fins institucionais da entidade, ou seja, o serviço prestado não possui relação com seus trabalhos na área de assistência social, ainda que o resultado das vendas seja revertido em prol das suas atividades essenciais. **RMS 46.170-MS, Rel. Min. Humberto Martins, julgado em 23/10/2014. (Inform. STJ 551)**

DIREITO TRIBUTÁRIO E INTERNACIONAL PÚBLICO. COBRANÇA DE TRIBUTO DE ESTADO ESTRANGEIRO. O Município não pode cobrar IPTU de Estado estrangeiro, embora possa cobrar taxa de coleta domiciliar de lixo. Encontra-se pacificado na jurisprudência do STJ o entendimento de que os Estados estrangeiros possuem imunidade tributária e de jurisdição, segundo os preceitos das Convenções de Viena de 1961 (art. 23) e de 1963 (art. 32), que concedem isenção sobre impostos e taxas, ressalvadas aquelas decorrentes da prestação de serviços individualizados e específicos que lhes sejam prestados. Assim, em tese, a Taxa de Coleta Domiciliar de Lixo que decorra da prestação de serviço específico pode ser cobrada do Estado estrangeiro. Ademais, a Súmula Vinculante 19 do STF preconiza que "a taxa cobrada exclusivamente em razão dos serviços públicos de coleta, remoção e tratamento ou destinação de lixo ou resíduos provenientes de imóveis não viola o artigo 145, II, da Constituição Federal". **RO 138-RJ, Rel. Min. Herman Benjamin, julgado em 25/2/2014. (Inform. STJ 538)**

7. DIREITO TRIBUTÁRIO

DIREITO TRIBUTÁRIO. REQUISITOS PARA A CONCESSÃO DE IMUNIDADE TRIBUTÁRIA A INSTITUIÇÃO DE ENSINO SEM FINS LUCRATIVOS. Não é possível condicionar a concessão de imunidade tributária prevista para as instituições de educação e de assistência social sem fins lucrativos à apresentação de certificado de entidade de assistência social na hipótese em que prova pericial tenha demonstrado o preenchimento dos requisitos para a incidência da norma imunizante. De fato, o art. 150, VI, c, da CF/1988 prevê a concessão de imunidade tributária às instituições de educação sem fins lucrativos, delegando à lei infraconstitucional os requisitos para a incidência da norma imunizante. Nesse contexto, o art. 14 do CTN elencou os pressupostos para qualificar uma instituição de ensino como entidade desprovida de finalidade lucrativa, dispondo que essas entidades não podem distribuir qualquer parcela de seu patrimônio ou de suas rendas a qualquer título, devem aplicar integralmente no país os seus recursos na manutenção dos seus objetivos institucionais e devem manter escrituração de suas receitas e despesas em livros revestidos de formalidades capazes de assegurar sua exatidão. Assim, condicionar a concessão de imunidade tributária à apresentação do certificado de entidade de assistência social, na hipótese em que perícia técnica tenha demonstrado o preenchimento dos requisitos legais, implica acréscimo desarrazoado e ilegal de pressupostos não previstos em lei para tanto, ainda mais quando o próprio texto constitucional prevê como condicionante para a concessão do referido benefício apenas a inexistência de finalidade lucrativa por parte da instituição. **AgRg no AREsp 187.172-DF, Rel. Min. Napoleão Nunes Maia Filho, julgado em 18/2/2014. (Inform. STJ 535)**

DIREITO PROCESSUAL CIVIL E TRIBUTÁRIO. ÔNUS DA PROVA REFERENTE À IMUNIDADE TRIBUTÁRIA DE ENTIDADE DE RELIGIOSA. Para fins de cobrança de ITBI, é do município o ônus da prova de que imóvel pertencente a entidade religiosa está desvinculado de sua destinação institucional. De fato, em se tratando de entidade religiosa, há presunção relativa de que o imóvel da entidade está vinculado às suas finalidades essenciais, o que impede a cobrança de impostos sobre aquele imóvel de acordo com o art. 150, VI, c, da CF. Nesse contexto, a descaracterização dessa presunção para que incida ITBI sobre imóvel de entidade religiosa é ônus da Fazenda Pública municipal, nos termos do art. 333, II, do CPC. Precedentes citados: AgRg no AREsp 239.268-MG, Segunda Turma, DJe 12.12.2012 e AgRg no AG 849.285-MG, Primeira Turma, DJ 17.5.2007. **AgRg no AREsp 444.193-RS, Rel. Min. Mauro Campbell Marques, julgado em 4/2/2014. (Inform. STJ 534)**

DIREITO TRIBUTÁRIO E PROCESSUAL CIVIL. ÔNUS DA PROVA RELACIONADO AO AFASTAMENTO DA IMUNIDADE TRIBUTÁRIA PREVISTA NO § 2º DO ART. 150 DA CF. O ônus de provar que o imóvel não está afetado a destinação compatível com os objetivos e finalidades institucionais de entidade autárquica recai sobre o ente tributante que pretenda, mediante afastamento da imunidade tributária prevista no § 2º do art. 150 da CF, cobrar IPTU sobre o referido imóvel. Isso porque, conforme orientação jurisprudencial predominante no STJ, presume-se que o imóvel de entidade autárquica está afetado a destinação compatível com seus objetivos e finalidades institucionais. Precedentes citados: AgRg no REsp 1.233.942-RJ, Primeira Turma, DJe 26/9/2012; e AgRg no AREsp 236.545-MG, Segunda Turma, DJe 26/11/2012. **AgRg no AREsp 304.126-RJ, Rel. Min. Benedito Gonçalves, julgado em 13/8/2013. (Inform. STJ 527)**

Súmula Vinculante STF 52

Ainda quando alugado a terceiros, permanece imune ao IPTU o imóvel pertencente a qualquer das entidades referidas pelo art. 150, VI, "c", da Constituição Federal, desde que o valor dos aluguéis seja aplicado nas atividades para as quais tais entidades foram constituídas.

Súmula STF nº 730

A imunidade tributária conferida a instituições de assistência social sem fins lucrativos pelo art. 150, VI, c, da Constituição, somente alcança as entidades fechadas de previdência social privada se não houver contribuição dos beneficiários.

Súmula STF nº 724

Ainda quando alugado a terceiros, permanece imune ao IPTU o imóvel pertencente a qualquer das entidades referidas pelo art. 150, VI, c, da Constituição, desde que o valor dos aluguéis seja aplicado nas atividades essenciais de tais entidades.

Súmula STF nº 657

A imunidade prevista no art. 150, VI, d, da CF abrange os filmes e papéis fotográficos necessários à publicação de jornais e periódicos.

Súmula STF nº 591

A imunidade ou a isenção tributária do comprador não se estende ao produtor contribuinte do Imposto sobre Produtos Industrializados.

Súmula STF nº 336

A imunidade da autarquia financiadora, quanto ao contrato de financiamento, não se estende à compra e venda entre particulares, embora constantes os dois atos de um só instrumento.

Súmula STJ nº 352

A obtenção ou a renovação do Certificado de Entidade Beneficente de Assistência Social (Cebas) não exime a entidade do cumprimento dos requisitos legais supervenientes. *(Comentário: o certificado é exigido para o reconhecimento da imunidade)*

Súmula TFR nº 166

Os Municípios não estão sujeitos ao recolhimento do salário-educação.

3. LEGISLAÇÃO, FONTES E HIERARQUIA

AG. REG. NO AI N. 633.572-SP
RELATOR: MIN. DIAS TOFFOLI
EMENTA: Agravo regimental no agravo de instrumento. PIS. Medida provisória nº 1.212/95 e reedições. Constitucionalidade.
1. É legítima a disciplina de matéria de natureza tributária por meio de medida provisória, instrumento a que a Constituição confere força de lei.
2. Não perde eficácia a medida provisória não apreciada pelo Congresso Nacional que é reeditada dentro de seu prazo de validade.
3. O Pleno do Supremo Tribunal Federal, na ocasião do julgamento da ADI nº 1.417/DF, somente declarou a inconstitucionalidade da parte final do art. 18 da Lei nº 9.715/98.
4. Ausência de violação dos princípios da legalidade, da irretroatividade e da anterioridade.
5. Anterioridade nonagesimal observada, conforme o art. 13 da Medida Provisória nº 1.212/95 e a Lei de Conversão nº 9.715/98.
6. Agravo regimental não provido. **(Inform. STF 717)**

Súmula Vinculante STF 8

São inconstitucionais o parágrafo único do artigo 5º do decreto-lei n. 1.569/1977 e os artigos 45 e 46 da lei n. 8.212/1991, que tratam de prescrição e decadência de crédito tributário. *(Comentário: contribuições previdenciárias são tributos e a matéria – prescrição e decadência tributárias – é regulada por lei complementar, de modo que se aplicam os prazos quinquenais do CTN).*

4. FATO GERADOR, OBRIGAÇÃO, LANÇAMENTO E CRÉDITO

REPERCUSSÃO GERAL EM ARE N. 784.682-MG
RELATOR: MIN. MARCO AURÉLIO
REPERCUSSÃO GERAL – IPVA – LOCAL DE RECOLHIMENTO – ARTIGOS 146, INCISOS I E III, E 155, INCISO III, DA CARTA DA REPÚBLICA. Possui repercussão geral a controvérsia acerca do local a ser pago o Imposto sobre a Propriedade de Veículos Automotores – IPVA, se em favor do estado no qual se encontra sediado ou domiciliado o contribuinte ou onde registrado e licenciado o veículo automotor cuja propriedade constitui fato gerador do tributo. **(Inform. STF 743)**

Indústria de cigarros: cancelamento de registro especial e obrigação tributária - 4
A cassação de registro especial para a fabricação e comercialização de cigarros, em virtude de descumprimento de obrigações tributárias por parte da empresa, não constitui sanção política. Essa a conclusão do Plenário que, ao finalizar julgamento, por decisão majoritária, negou provimento a recurso extraordinário, interposto por indústria de cigarros, em que se discutia a validade de norma que prevê interdição de estabelecimento, por

VADE MECUM DE JURISPRUDÊNCIA – STF/STJ

meio de cancelamento de registro especial, em caso do não cumprimento de obrigações tributárias (Decreto-Lei 1.593/77) – v. Informativo 505. Preponderou o voto do Min. Joaquim Barbosa, relator e Presidente. Salientou, inicialmente, precedentes da Corte no sentido da proibição constitucional às sanções políticas. Asseverou que essa orientação não serviria, entretanto, de escusa ao deliberado e temerário desrespeito à legislação tributária. Não haveria se falar em sanção política se as restrições à prática de atividade econômica combatessem estruturas empresariais que se utilizassem da inadimplência tributária para obter maior vantagem concorrencial. Assim, para ser reputada inconstitucional, a restrição ao exercício de atividade econômica deveria ser desproporcional. Aduziu que a solução da controvérsia seria, no entanto, mais sutil do que o mero reconhecimento do art. 2º, II, do Decreto-Lei 1.593/77 como sanção política ou como salvaguarda da saúde pública e do equilíbrio concorrencial. A questão de fundo consistiria em saber se a interpretação específica adotada pelas autoridades fiscais, no caso concreto, caracterizaria sanção política, dada a ambiguidade do texto normativo em questão. Assim, a norma extraída a partir da exegese do aludido dispositivo legal seria inconstitucional se atentasse contra um dos três parâmetros constitucionais: 1) relevância do valor dos créditos tributários em aberto, cujo não pagamento implicaria a restrição ao funcionamento da empresa; 2) manutenção proporcional e razoável do devido processo legal de controle do ato de aplicação da penalidade; 3) manutenção proporcional e razoável do devido processo legal de controle de validade dos créditos tributários cujo inadimplemento importaria na cassação do registro especial. Julgou atendidas essas três salvaguardas constitucionais, e concluiu que a interpretação dada pela Secretaria da Receita Federal não reduziria a norma ao status de sanção política.

Indústria de cigarros: cancelamento de registro especial e obrigação tributária - 5
Ressaltou que seriam relevantes tanto o montante dos créditos cuja compensação não fora homologada quanto o montante total do débito tributário atribuído à empresa. Além disso, o risco à efetividade da tutela jurisdicional relativa à cassação do registro especial, existente por ocasião do julgamento da AC 1657 MC/SP (DJU de 11.5.2007), enfraqueceria com o julgamento de mérito da questão, já que, realizado o controle de constitucionalidade incidental da norma, não haveria mais expectativa juridicamente importante de reversão da penalidade. Ademais, não estaria demonstrado o risco à efetividade da tutela jurisdicional, no tocante ao controle de validade dos créditos tributários cujo inadimplemento levaria à cassação do registro especial. Considerou, ainda, ausente a plausibilidade da tese que defenderia a possibilidade de compensação de créditos referentes às antigas obrigações do Estado, cujos títulos teriam sido denominados "moeda podre", em virtude de sua duvidosa liquidez e de restrições postas pela legislação ordinária. Enfatizou pesarem, também, alegações graves contra a recorrente. Diante do contexto excepcional, a parte deveria ter demonstrado com precisão os motivos que teriam conduzido à sistemática e reiterada inobservância das normas de tributação. Não bastaria apontar a inconstitucionalidade absoluta do dispositivo analisado. Por fim, reputou que a assertiva imprecisa da existência de discussão sobre o sistema de tributação da indústria do cigarro com o IPI, fundada na suposta inconstitucionalidade da tributação via pautas de preços fixos, não teria sido parte do quadro apresentado ao tribunal de origem. O argumento não poderia ser usado para confirmar a plausibilidade da tese de violação do direito ao livre exercício de atividade econômica lícita.

Indústria de cigarros: cancelamento de registro especial e obrigação tributária - 6
O Min. Ricardo Lewandowski sublinhou que o descumprimento reiterado de obrigações fiscais por parte de empresas do ramo provocaria distorção do mercado, pois permitiria o comércio de produtos em patamar de preço inferior à concorrência. Nesse sentido, a livre iniciativa não seria absoluta. Ressaltou, ainda, que os Enunciados 70 ("É inadmissível a interdição de estabelecimento como meio coercitivo para cobrança de tributo"), 323 ("É inadmissível a apreensão de mercadorias como meio coercitivo para pagamento de tributos") e 547 ("Não é lícito à autoridade proibir que o contribuinte em débito adquira estampilhas, despache mercadorias nas alfândegas e exerça suas atividades profissionais") da Súmula do STF não seriam aplicáveis à espécie, por aludirem a devedores inseridos no regime geral de atividades econômicas. Além disso, a norma em comento não estabeleceria meio coercitivo para cobrança de tributo, mas sanções por práticas de atos ilícitos contra a ordem tributária.

Indústria de cigarros: cancelamento de registro especial e obrigação tributária - 7
Vencidos os Ministros Gilmar Mendes, Marco Aurélio e Celso de Mello, que proviam o recurso e, incidentalmente, declaravam a inconstitucionalidade do art. 2º, II, do Decreto-Lei 1.593/77. O Min. Gilmar Mendes consignava que a norma impugnada não teria outro sentido além de reforçar a eficácia das normas tributárias a onerar o segmento econômico em questão. Tratar-se-ia, portanto, de sanção política estabelecida em benefício da arrecadação fiscal, o que estaria em descompasso com a jurisprudência da Corte. Nesse sentido, destacava os Enunciados 70, 323 e 547 da Súmula do STF. Reconhecia que o caso cuidaria de contumaz sonegadora, mas alertava para a gravidade de se impedir o exercício de atividade econômica em face de mero inadimplemento de tributo, mormente diante dos princípios constitucionais da livre iniciativa e do devido processo legal. O Min. Marco Aurélio apontava que não se trataria de norma a tutelar a saúde, porque caso a atividade fosse proibida, sequer caberia discutir a regra em comento. Ao contrário, condicionar-se-ia indevidamente a continuidade dessa atividade ao adimplemento de obrigações tributárias, principais ou acessórias. O Min. Celso de Mello acentuava que o poder de tributar não poderia chegar à desmedida do poder de destruir, pois esta extraordinária prerrogativa do Estado traduziria poder que somente deveria ser exercido dentro dos limites que o tornassem compatível com a liberdade de trabalho, comércio e indústria, bem assim com o direito de propriedade. **RE 550769/RJ, rel. Min. Joaquim Barbosa, 22.5.2013. (RE-550769) (Inform. STF 707)**

DIREITO TRIBUTÁRIO. IRREGULARIDADE DE NOTIFICAÇÃO DE LANÇAMENTO REFERENTE À TCFA DIANTE DA AUSÊNCIA DE PRAZO PARA A APRESENTAÇÃO DE DEFESA ADMINISTRATIVA.
É irregular a notificação de lançamento que vise constituir crédito tributário referente à taxa de controle e fiscalização ambiental – TCFA na hipótese em que não conste, na notificação, prazo para a apresentação de defesa administrativa. A cobrança de TCFA submete-se ao procedimento administrativo fiscal, que contempla exigências prévias para a constituição do crédito tributário mediante lançamento. Entre essas exigências, encontra-se, em consideração ao art. 11, II, do Dec. n. 70.235/1972, a obrigatoriedade de constância, na notificação de lançamento, de prazo para a sua impugnação. **AgRg no REsp 1.352.234-PR, Rel. Min. Humberto Martins, julgado em 21/2/2013. (Inform. STJ 516).**

DIREITO TRIBUTÁRIO. IMPRESCINDIBILIDADE DE LANÇAMENTO DE DÉBITOS OBJETO DE COMPENSAÇÃO INDEVIDA DECLARADA EM DCTF ENTREGUE ANTES DE 31/10/2003.
É necessário o lançamento de ofício para a cobrança de débitos objeto de compensação indevida declarada em DCTF apresentada antes de 31/10/2003. A Declaração de Débitos e Créditos Tributários Federais - DCTF é documento complexo que comporta a constituição do crédito tributário (rubrica "débitos apurados"), a declaração de valores que, na ótica do contribuinte, devem ser abatidos desse crédito (rubrica "créditos vinculados") e a confissão inequívoca de determinado valor (rubrica "saldo a pagar"). Da interpretação do art. 5º do Decreto-Lei n. 2.124/1984, do art. 2º da IN/SRF n. 45/1998, do art. 7º da IN/SRF n. 126/1998, do art. 90 da MP n. 2.158-35/2001, do art. 3º da MP n. 75/2002 e do art. 8º da IN/SRF n. 255/2002, extrai-se que, antes de 31/10/2003, havia a necessidade de lançamento de ofício para cobrar a diferença do "débito apurado" em DCTF decorrente de compensação indevida. De 31/10/2003 em diante, a partir da edição do art. 18 da MP n. 135/2003, convertida na Lei n. 10.833/2003, o lançamento de ofício deixou de ser necessário. Cabe ressaltar, no entanto, que o encaminhamento do "débito apurado" em DCTF decorrente de compensação indevida para inscrição em dívida ativa passou a ser precedido de notificação do sujeito passivo para pagar ou apresentar manifestação de inconformidade, recurso este que suspende a exigibilidade do crédito tributário na forma do art. 151, III, do CTN (art. 74, § 11, da Lei n. 9.430/1996). Precedente citado: REsp 1.205.004-SC, DJe 16/5/2011. **REsp 1.332.376-PR, Rel. Min. Mauro Campbell Marques, julgado em 6/12/2012. (Inform. STJ 515).**

DIREITO TRIBUTÁRIO. INCIDÊNCIA DE JUROS DE MORA SOBRE MULTA FISCAL PUNITIVA.
É legítima a incidência de juros de mora sobre multa fiscal punitiva, a qual integra o crédito tributário. Precedentes citados: REsp 1.129.990-PR, DJe 14/9/2009, e REsp 834.681-MG, DJe 2/6/2010. **AgRg no REsp 1.335.688-PR, Rel. Min. Benedito Gonçalves, julgado em 4/12/2012. (Inform. STJ 511).**

7. DIREITO TRIBUTÁRIO

Súmula STF nº 565

A multa fiscal moratória constitui pena administrativa, não se incluindo no crédito habilitado em falência.

Súmula STF nº 563

O concurso de preferência a que se refere o parágrafo único do art. 187, do Código Tributário Nacional, é compatível com o disposto no art. 9º, I, da Constituição Federal.

Súmula STF nº 192

Não se inclui no crédito habilitado em falência a multa fiscal com efeito de pena administrativa.

Súmula STJ nº 436

A entrega de declaração pelo contribuinte reconhecendo débito fiscal constitui o crédito tributário, dispensada qualquer outra providência por parte do fisco. *(Comentário: o fisco pode inscrever o débito em dívida ativa e executá-lo, independentemente de outra providência)*

Súmula STJ nº 409

Em execução fiscal, a prescrição ocorrida antes da propositura da ação pode ser decretada de ofício (art. 219, § 5º, do CPC).

Súmula STJ nº 250

É legítima a cobrança de multa fiscal de empresa em regime de concordata.

Súmula STJ nº 112

O depósito somente suspende a exigibilidade do crédito tributário se for integral e em dinheiro.

Súmula STJ nº 85

Nas relações jurídicas de trato sucessivo em que a Fazenda Pública figure como devedora, quando não tiver sido negado o próprio direito reclamado, a prescrição atinge apenas as prestações vencidas antes do quinquênio anterior à propositura da ação.

Súmula TFR nº 248

O prazo da prescrição interrompido pela confissão e parcelamento da dívida fiscal recomeça a fluir no dia em que o devedor deixar de cumprir o acordo celebrado.

Súmula TFR nº 227

A mudança de critério jurídico adotado pelo fisco não autoriza a revisão do lançamento.

Súmula TFR nº 219

Não havendo antecipação de pagamento, o direito de constituir o crédito previdenciário extingue-se decorridos 5 (cinco) anos do primeiro dia do exercício seguinte àquele em que ocorreu o fato gerador.

Súmula TFR nº 163

Nas relações jurídicas de trato sucessivo, em que a Fazenda Pública figure como devedora, somente prescrevem as prestações vencidas antes do quinquênio anterior à propositura da ação.

Súmula TFR nº 153

Constituído, no quinquênio, através de auto de infração ou notificação de lançamento, o crédito tributário, não há que se falar em decadência, fluindo, a partir daí, em princípio, o prazo prescricional que, todavia, fica em suspenso, até que sejam decididos os recursos administrativos.

Súmula TFR nº 106.

A seguradora não tem direito à restituição do Imposto sobre Produtos Industrializados, no caso de sinistro ocorrido com mercadoria, após a sua saída do estabelecimento produtor.

Súmula TFR nº 45

As multas fiscais, sejam moratórias ou punitivas, estão sujeitas à correção monetária.

5. SUJEIÇÃO PASSIVA, RESPONSABILIDADE E DENÚNCIA ESPONTÂNEA

DIREITO TRIBUTÁRIO. TERMO INICIAL DA CORREÇÃO MONETÁRIA INCIDENTE SOBRE OS CRÉDITOS ESPONTANEAMENTE RECONHECIDOS PELA ADMINISTRAÇÃO TRIBUTÁRIA.
A correção monetária incide a partir do término do prazo de trezentos e sessenta dias, previsto no art. 24 da Lei 11.457/2007, contado da data do protocolo do pedido administrativo de ressarcimento realizado pelo contribuinte. Isso porque, conforme dispõe o art. 24 da Lei 11.457/2007, é "obrigatório que seja proferida decisão administrativa no prazo máximo de 360 (trezentos e sessenta) dias a contar do protocolo de petições, defesas ou recursos administrativos do contribuinte". Portanto, o Fisco somente deve ser considerado em mora a partir do término do referido prazo, quando, então, estará configurada a denominada "resistência ilegítima" prevista na Súmula 411 do STJ: "É devida a correção monetária ao creditamento do IPI quando há oposição ao seu aproveitamento decorrente de resistência ilegítima do Fisco". **REsp 1.331.033-SC, Rel. Min. Mauro Campbell Marques, Segunda Turma, julgado em 2/4/2013. (Inform. STJ 522)**

Súmula STJ nº 435

Presume-se dissolvida irregularmente a empresa que deixar de funcionar no seu domicílio fiscal, sem comunicação aos órgãos competentes, legitimando o redirecionamento da execução fiscal para o sócio-gerente.

Súmula STJ nº 430

O inadimplemento da obrigação tributária pela sociedade não gera, por si só, a responsabilidade solidária do sócio-gerente.

Súmula STJ nº 360

O benefício da denúncia espontânea não se aplica aos tributos sujeitos a lançamento por homologação regularmente declarados, mas pagos a destempo.

6. SUSPENSÃO, EXTINÇÃO E EXCLUSÃO DO CRÉDITO

REPERCUSSÃO GERAL EM RE N. 878.313-SC
RELATOR: MIN. MARCO AURÉLIO
CONTRIBUIÇÃO SOCIAL – ARTIGO 1º DA LEI COMPLEMENTAR Nº 110/2001 – FINALIDADE EXAURIDA – ARTIGOS 149 E 154, INCISO I, DA CARTA DE 1988 – ARGUIÇÃO DE INCONSTITUCIONALIDADE SUPERVENIENTE – RECURSO EXTRAORDINÁRIO – REPERCUSSÃO GERAL CONFIGURADA. Possui repercussão geral a controvérsia relativa a saber se, constatado o exaurimento do objetivo – custeio dos expurgos inflacionários das contas vinculadas do Fundo de Garantia do Tempo de Serviço – em razão do qual foi instituída a contribuição social versada no artigo 1º da Lei Complementar nº 110, de 29 de junho de 2001, deve ser assentada a extinção do tributo ou admitida a perpetuação da cobrança ainda que o produto da arrecadação seja destinado a fim diverso do original. **(Inform. STF 800)**

REPERCUSSÃO GERAL EM RE N. 855.026-SP
RELATOR: MIN. TEORI ZAVASCKI
Ementa: TRIBUTÁRIO. RECURSO EXTRAORDINÁRIO. EMBARGOS À EXECUÇÃO. CAIXA ECONÔMICA FEDERAL. IMÓVEIS DO PROGRAMA DE ARRENDAMENTO RESIDENCIAL (PAR). ISENÇÃO DO PAGAMENTO DA TAXA DE COLETA DE LIXO. MATÉRIA INFRACONSTITUCIONAL. AUSÊNCIA DE REPERCUSSÃO GERAL.
1. A controvérsia relativa à isenção do pagamento da Taxa de Coleta de Lixo de imóveis do Programa de Arrendamento Residencial, fundada na interpretação da Lei Municipal 11.988/04, é de natureza infraconstitucional.
2. É cabível a atribuição dos efeitos da declaração de ausência de repercussão geral quando não há matéria constitucional a ser apreciada ou quando eventual ofensa à Carta Magna se dê de forma indireta ou reflexa (RE 584.608 RG, Min. ELLEN GRACIE, DJe de 13/3/2009).
3. Ausência de repercussão geral da questão suscitada, nos termos do art. 543-A do CPC. **(Inform. STF 776)**

VADE MECUM DE JURISPRUDÊNCIA – STF/STJ

FGTS: prazo prescricional para cobrança em juízo - 1

Limita-se a cinco anos o prazo prescricional relativo à cobrança judicial de valores devidos, pelos empregados e pelos tomadores de serviço, ao FGTS. Com base nesse entendimento, o Plenário, por maioria, negou provimento a recurso extraordinário com agravo e alterou orientação jurisprudencial — que fixava prazo prescricional de 30 anos — para estabelecer novo lapso temporal (quinquenário), a contar do presente julgado. Na espécie, o TST confirmara julgado do TRT que garantira a empregado que prestara serviços no exterior o prazo prescricional trintenário para a cobrança de contribuições devidas ao FGTS, a ser calculado sobre todas as parcelas de natureza salarial. O TST aplicara, assim, o Enunciado 362 de sua Súmula ["É trintenária a prescrição do direito de reclamar contra o não-recolhimento da contribuição para o FGTS, observado o prazo de 2 (dois) anos após o término do contrato de trabalho"]. O agravante (empregador) defendia a não aplicação da prescrição trintenária para a cobrança de diferenças do FGTS, ao fundamento de que o referido fundo integraria o rol dos direitos dos trabalhadores. Alegava, assim, que o FGTS derivaria do vínculo de emprego, razão pela qual a ele seria aplicado o prazo quinquenal previsto no art. 7º, XXIX, da CF. A Corte sublinhou que a questão constitucional ora versada seria diversa daquela que ensejara a interposição do RE 584.608/SP (DJe de 13.8.2009), cuja repercussão geral fora negada pelo STF. Apontou que, no mencionado recurso, discutia-se o prazo prescricional aplicável sobre a cobrança da correção monetária incidente sobre a multa de 40% sobre os depósitos do FGTS. No presente apelo, seria discutido o prazo prescricional aplicável para a cobrança das contribuições ao FGTS não depositadas tempestivamente pelos empregadores e tomadores de serviço e, portanto, não meras diferenças nos recolhimentos.

FGTS: prazo prescricional para cobrança em juízo - 2

O Colegiado apontou que normas diversas a disciplinar o FGTS teriam ensejado diferentes teses quanto à sua natureza jurídica: híbrida, tributária, previdenciária, de salário diferido, de indenização, dentre outras. Em verdade, antes do advento da CF/1988, o Supremo já afastara a tese do suposto caráter tributário ou previdenciário das contribuições devidas a esse fundo e salientara ser o FGTS direito de índole social e trabalhista. Ressaltou que, não obstante julgados que assentaram a finalidade estritamente social de proteção ao trabalhador, o STF continuara a perfilhar a tese da prescrição trintenária do FGTS, em virtude do disposto no art. 20 da Lei 5.107/1966 c/c art. 144 da Lei 3.807/1960. Ao se posicionar pela prescrição trintenária aos casos de recolhimento e de não recolhimento do FGTS, a jurisprudência da Corte estaria em divergência com a ordem constitucional vigente. Isso porque o art. 7º, XXIX, da CF prevê, de forma expressa, o prazo quinquenário a ser aplicado à propositura das ações atinentes a "créditos resultantes das relações de trabalho". Desse modo, a existência de disposição constitucional expressa acerca do prazo aplicável à cobrança do FGTS, após a promulgação da CF/1988, significaria não mais subsistirem razões para se adotar o prazo de prescrição trintenário. Via de consequência, o Plenário reconheceu a inconstitucionalidade dos artigos 23, § 5º, da Lei 8.036/1990; e 55, do Regulamento do FGTS aprovado pelo Decreto 99.684/1990, na parte em que ressalvam o "privilégio do FGTS à prescrição trintenária", por afronta ao art. 7º, XXIX, da CF. No caso, o recorrido ajuizara sua reclamação trabalhista em 19.4.2007, com pedido de pagamento de FGTS relativo ao período de maio de 2001 a dezembro de 2003. Não obstante a reclamação tivesse sido ajuizada no biênio imediatamente posterior ao término da relação de emprego, ela somente seria apta a alcançar os valores devidos e não adimplidos nos cinco anos anteriores ao seu ajuizamento. A dizer de outro modo, deveria ser dado parcial provimento ao presente recurso extraordinário para reconhecer como não devidas as contribuições ao FGTS quanto ao período anterior a 19.4.2002, em razão da prescrição. Entretanto, por mais de vinte anos e mesmo com o advento da CF/1988, o STF e o TST entendiam que o prazo prescricional aplicável ao FGTS seria o trintenário. O Colegiado destacou, ainda, a necessidade de garantia da segurança jurídica, tendo em conta a mudança jurisprudencial operada.

FGTS: prazo prescricional para cobrança em juízo - 3

Vencidos o Ministro Marco Aurélio, que provia o recurso em parte, e os Ministros Teori Zavascki e Rosa Weber, que desproviam o recurso, mas mantinham a jurisprudência anterior da Corte. O Ministro Marco Aurélio assentava que, observado o biênio, seria possível pleitear, na inicial da reclamação trabalhista, as parcelas dos últimos cinco anos. Esclarecia que o provimento seria parcial porque haveria parcelas não prescritas. Os Ministros Teori Zavascki e Rosa Weber entendiam que o prazo prescricional ora debatido seria de trinta anos.

O Ministro Teori Zavascki reputava que, no caso do FGTS, haveria duas relações jurídicas completamente distintas: a) a relação estabelecida entre o FGTS e o empregador, cuja natureza não seria de salário, nem de verba trabalhista diretamente, porque o Fundo não poderia ser credor trabalhista e, portanto, não poderia ser empregado; b) a relação entre o empregado e o Fundo, em que se poderia até mesmo cogitar da aplicação do inciso XXIX, do art. 7º, da CF, mas não na relação jurídica posta quanto à execução de uma contribuição ao Fundo, não feita oportunamente, sob pena de haver prazos prescricionais diferentes para a mesma pretensão. **ARE 709212/DF, rel. Min. Gilmar Mendes, 13.11.2014. (ARE-709212) (Inform. STF 767)**

RPV: débitos tributários e compensação - 1

O Plenário iniciou julgamento de recurso extraordinário em que se discute a possibilidade de compensação de requisições de pequeno valor - RPV com débitos tributários, nos termos dos parágrafos 9º e 10 do art. 100 da CF ["§ 9º No momento da expedição dos precatórios, independentemente de regulamentação, deles deverá ser abatido, a título de compensação, valor correspondente aos débitos líquidos e certos, inscritos ou não em dívida ativa e constituídos contra o credor original pela Fazenda Pública devedora, incluídas parcelas vincendas de parcelamentos, ressalvados aqueles cuja execução esteja suspensa em virtude de contestação administrativa ou judicial. § 10. Antes da expedição dos precatórios, o Tribunal solicitará à Fazenda Pública devedora, para resposta em até 30 (trinta) dias, sob pena de perda do direito de abatimento, informação sobre os débitos que preencham as condições estabelecidas no § 9º, para os fins nele previstos"]. Na espécie, o acórdão recorrido afirmara que a compensação somente seria possível em relação a pagamentos a serem efetuados por meio de precatórios, excetuadas, portanto, as obrigações definidas em lei como de pequeno valor, nos termos do § 3º do art. 100 da CF ("O disposto no 'caput' deste artigo relativamente à expedição de precatórios não se aplica aos pagamentos de obrigações definidas em leis como de pequeno valor que as Fazendas referidas devam fazer em virtude de sentença judicial transitada em julgado"). O Ministro Luiz Fux (relator) se manifestou pela prejudicialidade do recurso em virtude da declaração de inconstitucionalidade dos parágrafos 9º e 10 do art. 100 da CF proferida na ADI 4.357/DF (DJe de 26.9.2014) e na ADI 4.425/DF (DJe de 19.12.2013). Após os votos dos Ministros Roberto Barroso e Rosa Weber, que acompanharam o relator, pediu vista dos autos o Ministro Marco Aurélio.

RPV: débitos tributários e compensação - 2

A declaração de inconstitucionalidade dos parágrafos 9º e 10 do art. 100 da CF ["§ 9º No momento da expedição dos precatórios, independentemente de regulamentação, deles deverá ser abatido, a título de compensação, valor correspondente aos débitos líquidos e certos, inscritos ou não em dívida ativa e constituídos contra o credor original pela Fazenda Pública devedora, incluídas parcelas vincendas de parcelamentos, ressalvados aqueles cuja execução esteja suspensa em virtude de contestação administrativa ou judicial. § 10. Antes da expedição dos precatórios, o Tribunal solicitará à Fazenda Pública devedora, para resposta em até 30 (trinta) dias, sob pena de perda do direito de abatimento, informação sobre os débitos que preencham as condições estabelecidas no § 9º, para os fins nele previstos"], proferida na ADI 4.357/DF (DJe de 26.9.2014) e na ADI 4.425/DF (DJe de 19.12.2013), também se aplica às requisições de pequeno valor - RPV. Essa a conclusão do Plenário ao finalizar a análise de recurso extraordinário e a ele negar provimento. Discutia-se a possibilidade de compensação de RPV com débitos tributários, nos termos dos referidos dispositivos constitucionais — v. Informativo 762. Reajustaram seus votos os Ministros Luiz Fux (relator), Roberto Barroso e Rosa Weber. **RE 657686/DF, rel. Min. Luiz Fux, 23.10.2014. (RE-657686) (Inform. STF 764)**

REPERCUSSÃO GERAL EM RE N. 796.939-RS

RELATOR: MIN. RICARDO LEWANDOWSKI

Ementa: CONSTITUCIONAL. PROCESSO ADMINISTRATIVO TRIBUTÁRIO. INDEFERIMENTO DE PEDIDOS DE RESSARCIMENTO, RESTITUIÇÃO OU COMPENSAÇÃO DE TRIBUTOS. MULTAS. INCIDÊNCIA *EX LEGE*. SUPOSTO CONFLITO COM O ART. 5º, XXXIV. REPERCUSSÃO GERAL RECONHECIDA.

I – A matéria constitucional versada neste recurso consiste na análise da constitucionalidade dos §§ 15 e 17 do art. 74 da Lei 9.430/1996, com redação dada pelo art. 62 da Lei 12.249/2010.

II – Questão constitucional que ultrapassa os limites subjetivos da causa, por possuir relevância econômica e jurídica.

III – Repercussão geral reconhecida. **(Inform. STF 751)**

7. DIREITO TRIBUTÁRIO

DIREITO TRIBUTÁRIO. DESINFLUÊNCIA DA EMISSÃO DE DCG NO MARCO INICIAL DA PRESCRIÇÃO TRIBUTÁRIA.
A emissão de "Débito Confessado em GFIP - DCG" não altera o termo inicial da prescrição tributária. O "Débito Confessado em GFIP - DCG" é o documento no qual se registra o débito decorrente de divergência entre os valores recolhidos em documento de arrecadação previdenciária e os declarados em "Guia de Recolhimento do Fundo de Garantia do Tempo de Serviço e Informações à Previdência Social - GFIP", nos termos do art. 460, V, da Instrução Normativa 971/2009 da Secretaria da Receita Federal. Salientado isso, verifica-se que a jurisprudência deste Tribunal Superior firmou compreensão no sentido de que a "entrega de Declaração de Débitos e Créditos Tributários Federais - DCTF, de Guia de Informação e Apuração do ICMS - GIA, ou de outra declaração dessa natureza prevista em lei (dever instrumental adstrito aos tributos sujeitos a lançamento por homologação), é modo de constituição do crédito tributário, dispensando a Fazenda Pública de qualquer outra providência conducente à formalização do valor declarado" (AgRg no AgRg no REsp 1.143.085-SP, Primeira Turma, DJe 3/6/2015). Desse modo, conforme a jurisprudência do STJ, quando o crédito tributário for constituído por meio de GFIP, o prazo prescricional previsto no art. 174 do CTN para a propositura da execução judicial começará a correr da data do vencimento da obrigação tributária e, quando não houver pagamento, da data da entrega da declaração, se esta for posterior àquele (AgRg no AREsp 349.146-SP, Primeira Turma, DJe 14/11/2013). Assim, uma vez constituído o crédito por meio de declaração realizada pelo contribuinte, compete à autoridade tributária tão somente a realização de cobrança, não caracterizando a emissão do DCG Batch novo lançamento, e, consequentemente, marco de início de prazo prescricional. REsp 1.497.248-RS, Rel. Min. Og Fernandes, julgado em 6/8/2015, DJe 20/8/2015 (Inform. STJ 567).

DIREITO TRIBUTÁRIO. RECLAMAÇÃO ADMINISTRATIVA INCAPAZ DE SUSPENDER A EXIGIBILIDADE DO CRÉDITO TRIBUTÁRIO.
Não suspende a exigibilidade do crédito tributário a reclamação administrativa interposta perante o Conselho Administrativo de Recursos Fiscais (CARF) na qual se questione a legalidade do ato de exclusão do contribuinte de programa de parcelamento. Nessa situação, é inaplicável o art. 151, II, do CTN. De fato, o parcelamento fiscal, concedido na forma e condição estabelecidas em lei específica, é causa suspensiva da exigibilidade do crédito tributário, assim como as reclamações e recursos administrativos (art. 151, III e VI, do CTN). As reclamações e recursos previstos nesse dispositivo legal, entretanto, são aqueles que discutem o próprio lançamento tributário, ou seja, a exigibilidade do crédito tributário. No caso em análise, a reclamação administrativa apresentada apenas questiona a legalidade do ato de exclusão do parcelamento. Logo, não suspendem a exigibilidade do crédito. Ressalta-se que tal entendimento encontra respaldo na doutrina e no art. 5º, § 3º, da Resolução CG/REFIS 9/2001. REsp 1.372.368-PR, Rel. Min. Humberto Martins, julgado em 5/5/2015, DJe 11/5/2015 (Inform. STJ 561).

DIREITO TRIBUTÁRIO. APLICABILIDADE DE LIMITES À COMPENSAÇÃO TRIBUTÁRIA RELACIONADOS A TRIBUTO DECLARADO INCONSTITUCIONAL. Os limites estabelecidos pelas Leis 9.032/1995 e 9.129/1995 são aplicáveis à compensação de indébito tributário, ainda que este decorra da declaração de inconstitucionalidade da contribuição social pelo STF. Isso porque a Primeira Seção do STJ consolidou o entendimento de que, "enquanto não declaradas inconstitucionais as Leis 9.032/1995 e 9.129/1995, em sede de controle difuso ou concentrado, sua observância é inafastável pelo Poder Judiciário, uma vez que a norma jurídica, enquanto não regularmente expurgada do ordenamento, nele permanece válida, razão pela qual a compensação do indébito tributário, ainda que decorrente da declaração de inconstitucionalidade da exação, submete-se às limitações erigidas pelos diplomas legais que regem a compensação tributária" (REsp 796.064-RJ, Primeira Seção, DJe 10/11/2008). Precedentes citados: EREsp 905.288-SP, Primeira Seção, DJe 6/11/2009; e EREsp 860.370-SP, Primeira Seção, DJe 6/11/2009. EREsp 872.559-SP, Rel. Min. Ari Pargendler, julgado em 9/4/2014. (Inform. STJ 543)

DIREITO PROCESSUAL CIVIL E TRIBUTÁRIO. EXIGÊNCIA DE TRÂNSITO EM JULGADO PARA FINS DE COMPENSAÇÃO TRIBUTÁRIA. O disposto no art. 170-A do CTN, que exige o trânsito em julgado para fins de compensação de crédito tributário, somente se aplica às demandas ajuizadas após a vigência da LC 104/2001, a qual acrescentou o referido artigo ao CTN. Precedentes citados: REsp 1.266.798-CE, Segunda Turma,

DJe 25/4/2012; e AgRg nos EDcl no REsp 1.100.424-PR, Segunda Turma, DJe 27/4/2011. AgRg no REsp 1.240.038-PR, Rel. Min. Og Fernandes, julgado em 8/4/2014. (Inform. STJ 541)

DIREITO TRIBUTÁRIO. EFEITOS DA SUSPENSÃO DA NORMA AUTORIZADORA DE PARCELAMENTO DO CRÉDITO TRIBUTÁRIO. Ocorre a prescrição da pretensão executória do crédito tributário objeto de pedido de parcelamento após cinco anos de inércia da Fazenda Pública em examinar esse requerimento, ainda que a norma autorizadora do parcelamento tenha tido sua eficácia suspensa por medida cautelar em ação direta de inconstitucionalidade. De fato, em caso análogo, a Primeira Turma do STJ já decidiu que a concessão de medida cautelar em ADI que suspende a lei ensejadora do pedido de parcelamento não suspende a exigibilidade do crédito tributário, na medida em que esse provimento judicial não impede o fisco de indeferir, desde logo, o pedido de administrativo e, ato contínuo, promover a respectiva execução. Isso porque o deferimento de cautelar com eficácia *ex nunc* em ação direta de inconstitucionalidade constitui determinação dirigida aos aplicadores da norma contestada para que, nas suas futuras decisões, (a) deixem de aplicar o preceito normativo objeto da ação direta de inconstitucionalidade e (b) apliquem a legislação anterior sobre a matéria, mantidas, no entanto, as decisões anteriores em outro sentido (salvo se houver expressa previsão de eficácia *ex tunc*). Precedente citado: AgREsp 1.234.307-DF, Rel. Min. Benedito Gonçalves, DJe de 12/6/2012. REsp 1.389.795-DF, Rel. Min. Ari Pargendler, julgado em 5/12/2013. (Inform. STJ 534)

DIREITO TRIBUTÁRIO. IMPOSSIBILIDADE DE COMPENSAÇÃO DE PRECATÓRIO ESTADUAL COM CRÉDITO TRIBUTÁRIO FEDERAL. Não é possível a compensação de precatórios estaduais com dívidas oriundas de tributos federais. Isso porque, nessa hipótese, não há identidade entre devedor e credor. Precedentes citados: AgRg no AREsp 94.667-BA, Primeira Turma, DJe 2/4/2012; e AgRg no AREsp 125.196-RS, Segunda Turma, DJe 15/2/2013. AgRg no AREsp 334.227-RS, Rel. Min. Sérgio Kukina, julgado em 6/8/2013. (Inform. STJ 528)

DIREITO TRIBUTÁRIO. IMPOSSIBILIDADE DE CONSTITUIÇÃO DE CRÉDITO TRIBUTÁRIO COM BASE EM CONFISSÃO DE DÍVIDA REALIZADA APÓS A EXTINÇÃO DO CRÉDITO PELA DECADÊNCIA. RECURSO REPETITIVO (ART. 543-C DO CPC E RES. 8/2008-STJ). Não é possível a constituição de crédito tributário com base em documento de confissão de dívida tributária apresentado, para fins de parcelamento, após o prazo decadencial previsto no art. 173, I, do CTN. A decadência, consoante disposto no art. 156, V, do referido diploma legal, é forma de extinção do crédito tributário. Sendo assim, uma vez extinto o direito, não pode ser reavivado por qualquer sistemática de lançamento ou autolançamento, seja ela via documento de confissão de dívida, declaração de débitos, parcelamento seja de outra espécie qualquer (DCTF, GIA, DCOMP, GFIP etc.). Isso porque, além de não haver mais o que ser confessado sob o ponto de vista jurídico (os fatos podem ser sempre confessados), não se pode dar à confissão de débitos eficácia superior àquela própria do lançamento de ofício (arts. 145 e 149), forma clássica de constituição do crédito tributário da qual evoluíram todas as outras formas – lançamento por declaração (art. 147), lançamento por arbitramento (art. 148) e lançamento por homologação (art. 150). Se a administração tributária, de conhecimento dos mesmos fatos confessados, não pode mais lançar de ofício o tributo, por certo que este não pode ser constituído via autolançamento ou confissão de dívida existente dentro da sistemática do lançamento por homologação. Dessa forma, a confissão de dívida para fins de parcelamento não tem efeitos absolutos, não podendo reavivar crédito tributário já extinto. REsp 1.355.947–SP, Rel. Min. Mauro Campbell Marques, julgado em 12/6/2013. (Inform. STJ 522)

🗎 Súmula Vinculante STF 8

São inconstitucionais o parágrafo único do artigo 5º do decreto-lei nº 1.569/1977 e os artigos 45 e 46 da lei n. 8.212/1991, que tratam de prescrição e decadência de crédito tributário. *(Comentário: contribuições previdenciárias são tributos e a matéria – prescrição e decadência tributárias – é regulada por lei complementar, de modo que se aplicam os prazos quinquenais do CTN).*

🗎 Súmula STF nº 544

Isenções tributárias concedidas sob condição onerosa não podem ser livremente suprimidas.

VADE MECUM DE JURISPRUDÊNCIA – STF/STJ

Súmula STJ nº 409

Em execução fiscal, a prescrição ocorrida antes da propositura da ação pode ser decretada de ofício (art. 219, § 5º, do CPC).

Súmula STJ nº 250

É legítima a cobrança de multa fiscal de empresa em regime de concordata.

Súmula STJ nº 112

O depósito somente suspende a exigibilidade do crédito tributário se for integral e em dinheiro.

Súmula STJ nº 85

Nas relações jurídicas de trato sucessivo em que a Fazenda Pública figure como devedora, quando não tiver sido negado o próprio direito reclamado, a prescrição atinge apenas as prestações vencidas antes do quinquênio anterior à propositura da ação.

Súmula TFR nº 248

O prazo da prescrição interrompido pela confissão e parcelamento da dívida fiscal recomeça a fluir no dia em que o devedor deixar de cumprir o acordo celebrado.

Súmula TFR nº 219

Não havendo antecipação de pagamento, o direito de constituir o crédito previdenciário extingue-se decorridos 5 (cinco) anos do primeiro dia do exercício seguinte àquele em que ocorreu o fato gerador.

Súmula TFR nº 163

Nas relações jurídicas de trato sucessivo, em que a Fazenda Pública figure como devedora, somente prescrevem as prestações vencidas antes do quinquênio anterior à propositura da ação.

Súmula TFR nº 153

Constituído, no quinquênio, através de auto de infração ou notificação de lançamento, o crédito tributário, não há que se falar em decadência, fluindo, a partir daí, em princípio, o prazo prescricional, que, todavia, fica em suspenso, até que sejam decididos os recursos administrativos.

7. IMPOSTOS EM ESPÉCIE

7.1. Imposto de importação e imposto de exportação

DIREITO TRIBUTÁRIO. ISENÇÕES DE IPI E DE II A INSTITUIÇÕES CULTURAIS. As entidades com finalidade eminentemente cultural fazem jus às isenções de Imposto de Importação (II) e de Imposto sobre Produtos Industrializados (IPI) previstas nos arts. 2º, I, "b", e 3º, I, da Lei 8.032/1990. Conquanto a Lei 8.032/1990 estabeleça isenções de II e de IPI para as "instituições de educação" (art. 2º, I, "b", da Lei 8.032/1990), as entidades com finalidade eminentemente cultural estão inseridas nessa expressão legal, visto que não se pode dissociar cultura de educação. Precedente citado: REsp 262.590-CE, Segunda Turma, DJ 6/5/2002. REsp 1.100.912-RJ, Rel. Min. Sérgio Kukina, julgado em 28/4/2015, DJe 14/5/2015 (Inform. STJ 561).

DIREITO TRIBUTÁRIO. DEMORA INJUSTIFICADA DA ADMINISTRAÇÃO NA CONCESSÃO DO BENEFÍCIO DE EX-TARIFÁRIO. A concessão do benefício de *ex-tarifário* alcança a importação realizada entre o pedido do referido benefício fiscal e a sua efetiva concessão, se a administração fazendária demorar injustificadamente a analisar e conceder o benefício. A concessão do benefício fiscal denominado *ex-tarifário* consiste na isenção ou redução de alíquota do imposto de importação, a critério da administração fazendária, para o produto desprovido de similar nacional, sob a condição de comprovação dos requisitos pertinentes. Sobre o referido benefício cabe uma interpretação sistemática e a incidência do princípio da razoabilidade. É certo que a autorização de desembaraço aduaneiro com suspensão de tributos constitui ato discricionário do Ministro de Estado da Fazenda (art. 12 do Decreto-Lei 2.472/1988), sujeito, portanto, a juízo de oportunidade e conveniência. Porém, a injustificada demora da Administração na análise do pedido de concessão de regime *ex-tarifário*, por se tratar de importação de mercadoria sem similar nacional, somente concluída para a internação do bem, não pode prejudicar o contribuinte que atuou com prudente antecedência, sob pena de flagrante e direta ofensa ao princípio da razoabilidade. Assim, deve-se assegurar ao requerente a redução de alíquota do imposto de importação, nos termos da legislação de regência. Não haveria lógica em entender de modo diferente, pois acarretaria a situação de o requerente, apesar de iniciar o procedimento para concessão do benefício fiscal, apresentar os documentos exigidos e preencher todos os requisitos necessários, não se beneficiar do *ex-tarifário*, mas somente abrir portas para que seus concorrentes paguem o imposto de importação com a alíquota reduzida. **REsp 1.174.811-SP, Rel. Min. Arnaldo Esteves Lima, julgado em 18/2/2014. (Inform. STJ 544)**

DIREITO TRIBUTÁRIO. PENA DE MULTA PREVISTA NO ART. 108 DO DECRETO-LEI 37/1966.
É aplicável a pena de multa (art. 108 do Decreto-Lei 37/1966) – e não a pena de perdimento (art. 105, VI) – na hipótese de subfaturamento de mercadoria importada. A pena de perdimento incide nos casos de falsificação ou adulteração de documento necessário ao embarque ou desembaraço da mercadoria. A de multa, por sua vez, destina-se a punir declaração inexata de valor, natureza ou quantidade da mercadoria importada. Precedentes citados: AgRg no REsp 1.341.312-PR, Segunda Turma, DJe 8/3/2013; e REsp 1.242.532-RS, Segunda Turma, DJe 2/8/2012. **REsp 1.240.005-RS, Rel. Min. Eliana Calmon, julgado em 5/9/2013. (Inform. STJ 530)**

DIREITO TRIBUTÁRIO. APLICABILIDADE DA ISENÇÃO GENÉRICA DE II E DE IPI PREVISTA NOS ARTS. 2º, II, J, E 3º, I, DA LEI 8.032/1990.
As isenções de imposto de importação e de imposto sobre produtos industrializados previstas no art. 2º, II, "j", e no art. 3º, I, da Lei 8.032/1990 (restabelecidas pelo art. 1º, IV, da Lei 8.402/1992) aplicam-se às importações de peças e componentes de reposição, reparo e manutenção necessárias ao funcionamento de plataformas petrolíferas, sendo indiferente a revogação que o art. 13 da Lei 8.032/1990 trouxe em relação ao Decreto-lei 1.953/1982. De fato, o Decreto-lei 1.953/1982 trata de isenções especificamente relacionadas a bens destinados a prospecção e produção de petróleo. Por sua vez, os arts. 2º, II, "j", e 3º, I, da Lei 8.032/1990 cuidam de isenção genericamente relacionada a embarcações, nas quais se incluem as plataformas petrolíferas. Nesse contexto, deve-se asseverar que a revogação da legislação especial não impede a concessão da isenção genérica. **REsp 1.341.077-RJ, Rel. Min. Mauro Campbell Marques, julgado em 9/4/2013. (Inform. STJ 519)**

7.2. Imposto de Renda

AG. REG. NO RE N. 809.476-SP
RELATOR: MIN. MARCO AURÉLIO

IMPOSTO DE RENDA – PESSOA NATURAL – TABELA PROGRESSIVA – CORREÇÃO – ATUAÇÃO JUDICIAL –IMPOSSIBILIDADE – PRECEDENTE. Não cabe ao Poder Judiciário autorizar a correção monetária, ante a ausência de previsão legal nesse sentido, da tabela progressiva do Imposto de Renda devido por pessoas naturais. Precedente: Recurso Extraordinário nº 388.312/MG, Pleno de minha relatoria, acórdão redigido pela ministra Cármen Lúcia, Diário da Justiça de 11 de outubro de 2011. Ressalva da óptica pessoal. (Inform. STF 811)

REPERCUSSÃO GERAL EM RE N. 855.649-RS
RELATOR: MIN. MARCO AURÉLIO
IMPOSTO DE RENDA – DEPÓSITOS BANCÁRIOS – ORIGEM DOS RECURSOS NÃO COMPROVADA – OMISSÃO DE RENDIMENTOS CARACTERIZADA – INCIDÊNCIA – ARTIGO 42 DA LEI Nº 9.430, DE 1996 – ARTIGOS 145, § 1º, 146, INCISO III, ALÍNEA "A", E 153, INCISO III, DA CONSTITUIÇÃO FEDERAL – RECURSO EXTRAORDINÁRIO – REPERCUSSÃO GERAL CONFIGURADA. Possui repercussão geral a controvérsia acerca da constitucionalidade do artigo 42 da Lei nº 9.430, de 1996, a autorizar a constituição de créditos tributários do Imposto de Renda tendo por base, exclusivamente, valores de depósitos bancários cuja origem não seja comprovada pelo contribuinte no âmbito de procedimento fiscalizatório. **(Inform. STF 800)**

Plano Verão: IRPJ e correção monetária de balanço - 5
Em conclusão de julgamento, o Plenário proveu recurso extraordinário em que discutida a constitucionalidade dos artigos 29 e 30 da Lei 7.799/1989 ("Art. 29. A correção monetária de que trata esta Lei será efetuada a partir do balanço levantado em 31 de dezembro de 1988. Art. 30. Para efeito da conversão em número de BTN, os saldos das contas sujeitas à correção monetária, existentes em 31 de janeiro de 1989, serão atualizados monetariamente tomando-se por base o valor da OTN de NCz$ 6,92. § 1º Os saldos das contas sujeitas à

7. DIREITO TRIBUTÁRIO

correção monetária, atualizados na forma deste artigo, serão convertidos em número de BTN mediante a sua divisão pelo valor do BTN de NCz$ 1,00. § 2° Os valores acrescidos às contas sujeitas à correção monetária, a partir de 1° de fevereiro até 30 de junho de 1989, serão convertidos em número de BTN mediante a sua divisão pelo valor do BTN vigente no mês do acréscimo.") — v. Informativos 427 e 782. O Colegiado declarou a inconstitucionalidade do § 2° do art. 30 da Lei 7.799/1989, por entender caracterizada a ofensa aos princípios da anterioridade e da irretroatividade (CF, art. 150, III, a e b). Asseverou que se deixara de observar o direito introduzido pela Lei 7.730/1989 — que afastara a inflação e revogara o art. 185 da Lei 6.404/1976 e as normas de correção monetária de balanço previstas no Decreto-Lei 2.341/1987 —, porquanto a retroatividade implementada incidira sobre fatos surgidos em período em que inexistente a correção, implicando situação gravosa, ante o surgimento de renda a ser tributada.
RE 188083/PR, rel. Min. Marco Aurélio, 5.8.2015. (RE-188083) (Inform. STF 793)

REPERCUSSÃO GERAL EM RE N. 855.091-RS

RELATOR: MIN. DIAS TOFFOLI
EMENTA: TRIBUTÁRIO. REPERCUSSÃO GERAL. RECURSO EXTRAORDINÁRIO. INCIDÊNCIA DO IMPOSTO DE RENDA PESSOA FÍSICA. JUROS DE MORA. ART. 3°, § 1°, DA LEI Nº 7.713/1988 E ART. 43, INCISO II, § 1°, DO CTN. ANTERIOR NEGATIVA DE REPERCUSSÃO. MODIFICAÇÃO DA POSIÇÃO EM FACE DA SUPERVENIENTE DECLARAÇÃO DE INCONSTITUCIONALIDADE DE LEI FEDERAL POR TRIBUNAL REGIONAL FEDERAL. **(Inform. STF 792)**

Teto constitucional e base de cálculo para incidência de imposto e contribuição - 1
Subtraído o montante que exceder o teto ou subteto previstos no art. 37, XI, da CF, tem-se o valor que serve como base de cálculo para a incidência do imposto de renda e da contribuição previdenciária ("XI - a remuneração e o subsídio dos ocupantes de cargos, funções e empregos públicos da administração direta, autárquica e fundacional, dos membros de qualquer dos Poderes da União, dos Estados, do Distrito Federal e dos Municípios, dos detentores de mandato eletivo e dos demais agentes políticos e os proventos, pensões ou outra espécie remuneratória, percebidos cumulativamente ou não, incluídas as vantagens pessoais ou de qualquer outra natureza, não poderão exceder o subsídio mensal, em espécie, dos Ministros do Supremo Tribunal Federal, aplicando-se como limite, nos Municípios, o subsídio do Prefeito, e nos Estados e no Distrito Federal, o subsídio mensal do Governador no âmbito do Poder Executivo, o subsídio dos Deputados Estaduais e Distritais no âmbito do Poder Legislativo e o subsídio dos Desembargadores do Tribunal de Justiça, limitado a noventa inteiros e vinte e cinco centésimos por cento do subsídio mensal, em espécie, dos Ministros do Supremo Tribunal Federal, no âmbito do Poder Judiciário, aplicável este limite aos membros do Ministério Público, aos Procuradores e aos Defensores Públicos"). Essa a conclusão do Plenário, que negou provimento a recurso extraordinário em que discutida a definição do montante remuneratório recebido por servidores públicos, para fins de incidência do teto constitucional. No caso, servidores públicos estaduais aposentados, vinculados aos quadros do Executivo local, pretendiam que seus proventos líquidos fossem limitados ao subsídio bruto do governador. O Colegiado registrou, preliminarmente, que a aplicação do redutor da remuneração ao teto remuneratório, conhecido como "abate--teto", previsto no art. 37, XI, da CF a alterado pela EC 41/2003, seria objeto de outros recursos extraordinários com repercussão geral reconhecida. No entanto, o caso em exame seria distinto dos demais, porque a matéria não seria relacionada à submissão de determinadas parcelas remuneratórias ao teto, mas à definição da base remuneratória para a aplicação do teto: se o total da remuneração ou se apenas o valor líquido, apurado depois das deduções previdenciárias e do imposto de renda. A respeito, reputou que a EC 19/1998 modificara o sistema remuneratório dos agentes públicos, com a criação do subsídio como forma de remunerar agentes políticos e certas categorias de agentes administrativos civis e militares. A expressão "espécies remuneratórias" compreenderia o subsídio, os vencimentos e a remuneração. A fixação de limites e tetos para a remuneração de agentes públicos seria um dos mecanismos usados para tolher abusos, na medida em que poucos servidores perceberiam vencimentos muito acima da média do funcionalismo, enquanto os demais seriam mal remunerados. Assim, qualquer tipo de remuneração dos servidores deveria sujeitar-se ao teto remuneratório, além de proventos e pensões, percebidos cumulativamente ou não, incluídas as vantagens pessoais ou de qualquer outra natureza.
RE 675978/SP, rel. Min. Cármen Lúcia, 15.4.2015. (RE-675978)

Teto constitucional e base de cálculo para incidência de imposto e contribuição - 2
O Tribunal enfatizou, no que se refere ao termo "remuneração", que a legislação lhe daria sentidos diversos, de caráter mais amplo ou mais restrito. Numa acepção mais extensiva, remuneração seria a designação genérica dada à totalidade de valores pecuniários recebidos pelo servidor, ativo ou inativo, como retribuição pelo exercício do respectivo cargo público. Em caráter mais restrito, remuneração seria o vencimento do cargo efetivo, acrescido das vantagens permanentes estabelecidas em lei. Dessa forma, definido que a remuneração constituiria os valores recebidos como contraprestação pelos serviços prestados à Administração e que o subsídio seria a remuneração paga aos agentes políticos e aos membros de Poder em parcela única — ambos compreendendo o valor total previsto para o cargo —, de acordo com o art. 37, XI, da CF, o teto remuneratório deveria incidir sobre o montante integral pago ao servidor, ou seja, sobre sua remuneração bruta. Nos termos da redação constitucional, o redutor teria aplicação sobre a remuneração e o subsídio dos ocupantes de cargos, funções e empregos públicos da Administração direta, autárquica e fundacional. Essa conclusão seria reforçada, inclusive, pelo fato de que o parâmetro para a incidência do limite remuneratório — o subsídio dos Ministros do STF — seria verificado em sua totalidade, sem quaisquer descontos, e não seria razoável realizar a comparação para fins de redução com o valor líquido a ser recebido pelo servidor. Seria necessário, portanto, comparar valores da mesma ordem: valor bruto com valor bruto, para, em seguida, aplicar os descontos devidos. Se assim não fosse, dar-se-ia à norma do limite remuneratório exegese mais elástica do que se permite, uma vez que a imposição do teto remuneratório teria também entre seus propósitos hierarquizar o serviço público, de forma a evitar distorções como a do subordinado que percebesse mais do que seu superior máximo. Portanto, as deduções de imposto de renda e de contribuições previdenciárias deveriam incidir após a aplicação do "abate-teto". Além disso, aplicar o redutor remuneratório após as deduções devidas afrontaria o princípio da capacidade contributiva (CF, art. 145, § 1°). Por outro lado, o art. 43 do CTN dispõe que o imposto sobre a renda e proventos de qualquer natureza teria como fato gerador a aquisição da disponibilidade econômica ou jurídica de renda e de proventos de qualquer natureza. Nessa linha, imposto de renda somente poderia incidir quando ocorresse acréscimo patrimonial. Não se poderia considerar, para fins de incidência tributária, os montantes não percebidos em virtude da aplicação do teto constitucional. Essas verbas não adentrariam o patrimônio dos servidores e nem seriam por eles usufruídas, de modo que não se poderia cogitar da incidência de tributo sobre elas. Se fosse possível a ultimação dessas retenções em momento anterior à aplicação do "abate-teto", o Estado faria incidir tributos sobre base econômica não disponibilizada pelo sujeito passivo, em ofensa aos princípios da capacidade contributiva e da vedação da utilização do tributo com efeito de confisco. Nessa hipótese, ao final, o valor pago pelo servidor se daria sobre uma base econômica maior do que aquela efetivamente posta à sua disposição. Assim, o Estado enriqueceria ilicitamente e o contribuinte sofreria decréscimo patrimonial sem causa legítima. Ademais, a retenção do imposto de renda, bem como da contribuição previdenciária, somente poderia ocorrer após a aplicação do teto, de forma a incidir o redutor, portanto, sobre a remuneração bruta do servidor.
RE 675978/SP, rel. Min. Cármen Lúcia, 15.4.2015. (RE-675978)

Teto constitucional e base de cálculo para incidência de imposto e contribuição - 3
O Plenário acrescentou que a discussão sobre a exegese do art. 37, XI, da CF seria antiga no âmbito do STF, que reiteradamente afirmara a autoaplicação dos limites traçados pela EC 41/2003. A expressão "remuneração percebida" não deveria ser lida como o valor líquido da remuneração. Isso porque, em primeiro lugar, o art. 37, XI, da CF seria taxativo ao fixar que a remuneração e o subsídio de servidores públicos não poderiam exceder o subsídio mensal, em espécie, dos Ministros do STF. Em segundo lugar, porque o subsídio mensal pago aos Ministros do STF e adotado como teto máximo para todos os servidores públicos e agentes políticos corresponderia a um valor bruto fixado em lei, sobre o qual incidiria o imposto de renda e a contribuição previdenciária. Entendimento contrário implicaria afronta aos princípios da igualdade e da razoabilidade. Sucede que os próprios Ministros do STF pagariam imposto de renda e contribuição previdenciária sobre o valor integral de seus subsídios, no limite estipulado em lei como teto geral constitucional. Além disso, o princípio da razoabilidade seria afrontado pela desobediência aos fundamentos do sistema tributário, previdenciário e administrativo na definição e oneração da renda dos que seriam remunerados pelos cofres públicos. Essa limitação

constitucional do valor pago a título de remuneração, proventos ou subsídio importaria também limitação ao poder de tributar do Estado, que não poderia exigir tributo sobre valor que não poderia pagar ao particular. Ademais, se o valor líquido das remunerações e subsídios de qualquer servidor pudesse atingir o valor bruto dos subsídios das autoridades, elas deixariam de ocupar os respectivos cargos. A observância das normas constitucionais atinentes aos tetos fixados no sistema remuneratório nacional decorreria da necessidade de o cidadão saber a quem paga e quanto paga a cada qual dos agentes estatais. Por sua vez, a remuneração que eventualmente superasse o teto ou o subteto constitucional não seria necessariamente ilegal, porque as parcelas que a compõem, em geral, estariam pautadas em atos normativos cuja presunção de constitucionalidade não se poria em questão. Por isso, o STF já admitira a possibilidade de recebimento automático de parcelas em decorrência de futura elevação do subsídio de Ministro do STF e dos demais agentes políticos do art. 37, XI, da CF.
RE 675978/SP, rel. Min. Cármen Lúcia, 15.4.2015. (RE-675978) (Inform. STF 781)

IRPF e valores recebidos acumuladamente - 4
É inconstitucional o art. 12 da Lei 7.713/1988 ("No caso de rendimentos recebidos acumuladamente, o imposto incidirá, no mês do recebimento ou crédito, sobre o total dos rendimentos, diminuídos do valor das despesas com ação judicial necessárias ao seu recebimento, inclusive de advogados, se tiverem sido pagas pelo contribuinte, sem indenização"). Com base nessa orientação, em conclusão de julgamento e por maioria, o Plenário negou provimento a recurso extraordinário em que se discutia a constitucionalidade da referida norma — v. Informativo 628. O Tribunal afirmou que o sistema não poderia apenar o contribuinte duas vezes. Esse fenômeno ocorreria, já que o contribuinte, ao não receber as parcelas na época própria, deveria ingressar em juízo e, ao fazê-lo, seria posteriormente tributado com uma alíquota superior de imposto de renda em virtude da junção do que percebido. Isso porque a exação em foco teria como fato gerador a disponibilidade econômica e jurídica da renda. A novel Lei 12.350/2010, embora não fizesse alusão expressa ao regime de competência, teria implicado a adoção desse regime mediante inserção de cálculos que direcionariam à consideração do que apontara como "épocas próprias", tendo em conta o surgimento, em si, da disponibilidade econômica. Desse modo, transgredira os princípios da isonomia e da capacidade contributiva, de forma a configurar confisco e majoração de alíquota do imposto de renda. Vencida a Ministra Ellen Gracie, que dava provimento ao recurso por reputar constitucional o dispositivo questionado. Considerava que o preceito em foco não violaria o princípio da capacidade contributiva. Enfatizava que o regime de caixa seria o que melhor aferiria a possibilidade de contribuir, uma vez que exigiria o pagamento do imposto à luz dos rendimentos efetivamente percebidos, independentemente do momento em que surgido o direito a eles.
RE 614406/RS, rel. orig. Min. Ellen Gracie, red. p/ o acórdão Min. Marco Aurélio, 23.10.2014. (RE-614406) (Inform. STF 764)

REPERCUSSÃO GERAL EM ARE N. 784.854-CE
RELATOR: MINISTRO PRESIDENTE
EMENTA: TRIBUTÁRIO. GRATIFICAÇÃO DE ATIVIDADE DE COMBATE E CONTROLE DE ENDEMIAS – GACEN. NATUREZA JURÍDICA. IMPOSTO DE RENDA. INCIDÊNCIA. MATÉRIA DE ÍNDOLE INFRACONSTITUCIONAL. ATRIBUIÇÃO DOS EFEITOS DA AUSÊNCIA DE REPERCUSSÃO GERAL. **(Inform. STF 764)**

IR de pessoa jurídica: fato gerador - 5
Ante a peculiaridade do caso, consistente no uso do imposto de renda com função extrafiscal, o Plenário, em conclusão de julgamento e por maioria, negou provimento a recurso extraordinário e, em consequência, afastou a incidência retroativa do art. 1º, I, da Lei 7.988/1989. A mencionada norma, editada em 28.12.1989, elevou de 6% para 18% a alíquota do imposto de renda aplicável ao lucro decorrente de exportações incentivadas, apurado no ano-base de 1989 — v. Informativos 111, 419 e 485. Prevaleceu o voto do Ministro Nelson Jobim. Observou, de início, que o Enunciado 584 da Súmula do STF ("Ao imposto de renda calculado sobre os rendimentos do ano-base, aplica-se a lei vigente no exercício financeiro em que deve ser apresentada a declaração") continuaria sendo adotado para fins de interpretação do fato gerador do imposto de renda, de modo a corroborar orientação no sentido de que, em razão de o fato gerador do imposto de renda ocorrer somente em 31 de dezembro, se a lei fosse editada antes dessa data, sua aplicação a fatos ocorridos no mesmo ano da edição não violaria o princípio da irretroatividade.

Ressaltou, entretanto, que na situação dos autos ter-se-ia utilizado o imposto de renda em seu caráter extrafiscal. No ponto, esclareceu que a União, por meio do Decreto-lei 2.413/1988, reduzira a alíquota do imposto cobrada sobre a renda auferida sobre certos negócios e atividades, a fim de estimular as exportações, a determinar o comportamento do agente econômico. Essas operações teriam, portanto, tributação diferenciada das demais, e seriam tratadas como unidades contábeis distintas das demais operações. Por isso, o Ministro Nelson Jobim reputou falacioso o argumento da União de que seria materialmente impossível tomar os rendimentos como unidades isoladas, pois, do contrário, não poderia haver o incentivo de operações específicas. Asseverou que, uma vez alcançado o objetivo extrafiscal, não seria possível modificar as regras de incentivo, sob pena de quebra do vínculo de confiança entre o Poder Público e a pessoa privada, e da própria eficácia de políticas de incentivo fiscal. Concluiu, destarte, que, no caso do imposto de renda ser utilizado em caráter extrafiscal, a configuração do fato gerador dar-se-ia no momento da realização da operação para, então, ser tributado com alíquota reduzida. Dessa forma, depois da realização do comportamento estimulado, a lei nova apenas poderia ter eficácia para novas possibilidades de comportamentos, sob pena de ofensa ao princípio da irretroatividade da lei em matéria de extrafiscalidade. Os Ministros Carlos Velloso (relator), Joaquim Barbosa e Marco Aurélio também negaram provimento ao recurso, sob entendimento de que o fato gerador do imposto de renda de pessoa jurídica seria complexivo – e ocorreria nos diversos momentos em que acontecessem os fatos econômicos que afetassem o patrimônio da pessoa jurídica. Assim, afastaram o Enunciado 584 da Súmula do STF. Vencidos os Ministros Eros Grau e Menezes Direito, que davam provimento ao recurso extraordinário. Entendiam aplicável o Enunciado 584 da Súmula do STF, mesmo nos casos de imposto de renda com função extrafiscal. **RE 183130/PR, rel. orig. Min. Carlos Velloso, red. p/ o acórdão Min. Teori Zavascki, 25.9.2014. (RE-183130) (Inform. STF 760)**

IR: nova hipótese de incidência e irretroatividade tributária
A 1ª Turma desproveu recurso extraordinário em que se pleiteava a incidência do art. 63, § 1º, da MP 812/1994, convertida na Lei 8.981/1995, sobre conduta que teria sido praticada em momento anterior à edição daquele ato normativo ("Art. 63. Os prêmios distribuídos sob a forma de bens e serviços, através de concursos e sorteios de qualquer espécie, estão sujeitos à incidência do imposto, à alíquota de trinta e cinco por cento, exclusivamente na fonte. § 1º O imposto de que trata este artigo incidirá sobre o valor de mercado do prêmio, na data da distribuição, e será pago até o terceiro dia útil da semana subsequente ao da distribuição"). No caso, em 30.11.1994, a associação recorrida fora autorizada a distribuir gratuitamente prêmios a seus associados. No entanto, posteriormente a essa autorização, em 31.12.1994, fora editada a referida medida provisória, que criara nova hipótese de incidência do imposto de renda, ao incluir a distribuição de prêmios na abrangência daquela exação. O Ministro Marco Aurélio (relator) destacou que a autorização em comento precedera à medida provisória e por isso, à época em que distribuídos os prêmios, não haveria a hipótese de incidência. Dessa forma, consignou que não caberia a imposição do ônus, pois a lei nova não poderia retroagir, visto que não existiria, ainda, a base de incidência ao fato imponível. O Ministro Roberto Barroso acompanhou o relator, porém por fundamento diverso. Considerou que a criação de um tributo, por medida provisória, no último dia do exercício, seria uma burla ao direito fundamental à anterioridade e à segurança jurídica. **RE 230536/SP, rel. Min. Marco Aurélio, 10.6.2014. (RE-230536) (Inform. STF 750)**

AO 63/RS
RELATOR: Ministro Celso de Mello
EMENTA: IMPOSTO DE RENDA. VERBA DE REPRESENTAÇÃO DE MAGISTRADO (**LOMAN**, art. 65, V). **PRETENDIDO RECONHECIMENTO**, *POR JUÍZES DO TRABALHO*, **DA INEXISTÊNCIA** DE OBRIGAÇÃO TRIBUTÁRIA **NO EXERCÍCIO** DE 1988. **INVOCAÇÃO**, *PARA TANTO*, **DO DECRETO-LEI** Nº 2.019/83 (art. 2º). **INCOMPATIBILIDADE MATERIAL** ENTRE ESSA LEGISLAÇÃO **PRÉ**-CONSTITUCIONAL **E A SUPERVENIENTE** CONSTITUIÇÃO DE 1988, **QUE CONSAGRA** *O PRINCÍPIO DA ISONOMIA TRIBUTÁRIA* (**CF**, art. 150, II). **PRECEDENTES** DO SUPREMO TRIBUNAL FEDERAL. **OCORRÊNCIA**, *NA ESPÉCIE*, **DE TÍPICA HIPÓTESE DE REVOGAÇÃO** DO DIPLOMA LEGISLATIVO *ANTERIOR* E *INFERIOR* À LEI FUNDAMENTAL DA REPÚBLICA. **O FENÔMENO DA RECEPÇÃO E AS CONSEQUÊNCIAS JURÍDICAS** DELE DECORRENTES: **UMA VISÃO** DESSE TEMA NA JURISPRUDÊNCIA CONSTITUCIONAL DO STF. "*AÇÃO DECLARATÓRIA*" **JULGADA IMPROCEDENTE**. DJe de 17.2.2014. **(Inform. STF 745)**

7. DIREITO TRIBUTÁRIO 573

REPERCUSSÃO GERAL EM ARE N. 802.082-SC
RELATOR: MIN. TEORI ZAVASCKI

Ementa: PROCESSUAL CIVIL. RECURSO EXTRAORDINÁRIO COM AGRAVO. ESTADO DE SANTA CATARINA. SERVIDORES PÚBLICOS. HORAS DE SOBREAVISO. INCIDÊNCIA DE IMPOSTO DE RENDA. NATUREZA DA VERBA. MATÉRIA INFRACONSTITUCIONAL. AUSÊNCIA DE REPERCUSSÃO GERAL.

1. A controvérsia relativa à incidência do Imposto de Renda sobre a importância paga a título de horas de sobreaviso é de natureza infraconstitucional, já que o caráter indenizatório da verba foi decidido pelo Tribunal de origem à luz da legislação estadual pertinente, não havendo, portanto, matéria constitucional a ser analisada.

2. O Supremo Tribunal Federal firmou entendimento no sentido de que é ônus do recorrente a demonstração formal e fundamentada de repercussão geral da matéria constitucional versada no recurso extraordinário, com indicação específica das circunstâncias reais que evidenciem, no caso concreto, a relevância econômica, política, social ou jurídica. No presente caso, a alegação de repercussão geral não está acompanhada de fundamentação nos moldes exigidos pela jurisprudência desta Corte.

3. A teor do art. 102, III, *a*, da Constituição, fundamento da interposição do presente recurso extraordinário, não cabe invocar nesse apelo a violação a norma infraconstitucional, razão pela qual não se conhece a alegada violação aos arts. 43, I e II, do CTN, 45, II, e 638, do Decreto 3.000/99.

4. É cabível a atribuição dos efeitos da declaração de ausência de repercussão geral quando não há matéria constitucional a ser apreciada ou quando eventual ofensa à Constituição Federal se dê de forma indireta ou reflexa (RE 584.608 RG, Min. ELLEN GRACIE, Pleno, DJe de 13/03/2009).

5. Ausência de repercussão geral da questão suscitada, nos termos do art. 543-A do CPC. (Inform. STF 744)

Plano Verão: IRPJ e correção monetária de balanço - conclusão
Preliminarmente, por maioria, o Tribunal conheceu os recursos, vencidos, no ponto, os Ministros Eros Grau e Joaquim Barbosa, Presidente, que entendiam que as decisões recorridas fundar-se-iam em interpretação de legislação infraconstitucional, o que ensejaria ofensa indireta à Constituição. No mérito, o Plenário considerou que o valor fixado para a OTN, decorrente de expectativa de inflação, além de ter sido aplicado de forma retroativa, em ofensa à garantia do direito adquirido (CF, art. 5º, XXXVI) e ao princípio da irretroatividade (CF, art. 150, III, a), ficara muito aquém daquele efetivamente verificado no período. Reputou que isso implicaria majoração da base de incidência do imposto sobre a renda e criação fictícia de renda ou lucro, por via imprópria. Além disso, consignou que não teriam sido utilizados os meios próprios para inibir os efeitos inflacionários, ante a obrigação tributária, em afronta aos princípios da capacidade contributiva e da igualdade (CF, artigos 145, § 1º, e 150, II). Asseverou que essa fixação realizara-se sem observância da própria base de cálculo do aludido imposto. A Corte aduziu, ainda, que se deixara de observar o direito introduzido pela Lei 7.730/1989 — a afastar a inflação e a revogar o art. 185 da Lei 6.404/1976 e as normas de correção monetária de balanço previstas no Decreto-lei 2.341/1987 —, porquanto a retroatividade implementada incidiria sobre fatos surgidos em período no qual inexistente a correção. Assentou que isso implicaria situação gravosa, ante o surgimento de renda a ser tributada. Mencionou, também, o efeito repristinatório da declaração de inconstitucionalidade, a restaurar a eficácia das normas derrogadas pelos dispositivos ora reputados inconstitucionais. Os Ministros Roberto Barroso e Ricardo Lewandowski fizeram ressalva no sentido de não caber ao STF estipular o índice aplicável. Vencidos os Ministros Dias Toffoli, Luiz Fux e Gilmar Mendes, que desproviam os recursos. Anotavam que seria defeso ao Judiciário substituir-se ao Legislativo para fixar índices de correção monetária diversos daqueles estabelecidos em lei. Salientavam, também, que a alteração do critério legal para a indexação das demonstrações financeiras das pessoas jurídicas, nos moldes em que realizada pela legislação questionada, não seria equiparável à majoração de tributo. Registravam, também, não haver direito constitucional à observância de determinado índice de correção monetária.
RE 208526/RS, rel. Min. Marco Aurélio, 20.11.2013. (RE-208526)
RE 256304/RS, rel. Min. Marco Aurélio, 20.11.2013. (RE-256304)
(Inform. STF 729)

Imposto de renda e dedução de prejuízos - 2
O direito ao abatimento dos prejuízos fiscais acumulados em exercícios anteriores decorre de benefício fiscal em favor do contribuinte, que é instrumento de política tributária passível de revisão pelo Estado. Ademais, a Lei 8.981/1995 não incide sobre fatos geradores ocorridos antes do início de sua vigência. Com base nessa orientação, a 1ª Turma, em conclusão de julgamento e por maioria, conheceu em parte do recurso extraordinário e, na parte conhecida, negou-lhe provimento. No caso, o acórdão recorrido considerara legítima a aplicação — para o período-base de 1994 — dos artigos 42 e 58 da Medida Provisória 812, publicada no DOU de 31.12.1994 (convertida na Lei 8.981/1995), que limitaram em 30% a parcela dos prejuízos verificados em exercícios anteriores, para efeito da determinação do lucro real para pagamento de imposto de renda, e para fixação da base de cálculo da contribuição social sobre o lucro — v. Informativo 185. A Turma afirmou que a questão teria sido dirimida pelo Plenário do STF no julgamento do RE 344944/SP (DJe de 28.8.2009), de modo que o precedente deveria ser aplicado ao presente feito. Vencido o Ministro Ilmar Galvão, relator, que conhecia em parte do recurso e, na parte conhecida, dava-lhe provimento.
RE 244293/SC, rel. orig. Ilmar Galvão, red. p/o acórdão Min. Dias Toffoli, 19.11.2013. (RE-244293) (Inform. STF 729)

Dedução do valor da CSLL e base de cálculo do IRPJ - 7
Não é possível a dedução do valor equivalente à CSLL de sua própria base de cálculo, bem como da base de cálculo do IRPJ, nos termos previstos no art. 1º, parágrafo único, da Lei 9.316/96 ("Art. 1º O valor da contribuição social sobre o lucro líquido não poderá ser deduzido para efeito de determinação do lucro real, nem de sua própria base de cálculo. Parágrafo único. Os valores da contribuição social a que se refere este artigo, registrados como custo ou despesa, deverão ser adicionados ao lucro líquido do respectivo período de apuração para efeito de determinação do lucro real e de sua própria base de cálculo"). Essa a conclusão do Plenário que, por maioria, negou provimento a recurso extraordinário no qual alegada transgressão aos artigos 145, § 1º; 146, III, a; e 153, III, todos da CF – v. Informativo 525. Preliminarmente, rejeitou-se pedido no sentido de que fosse realizada nova sustentação oral, em decorrência do transcurso de cinco anos do início da apreciação feito e da mudança na composição da Corte, desde então. Asseverou-se que, nos termos do art. 134, § 2º, do RISTF, os Ministros que não assistiram ao relatório e à sustentação oral poderiam participar do julgamento se se declarassem habilitados a votar.

Dedução do valor da CSLL e base de cálculo do IRPJ - 8
No mérito, prevaleceu o voto do Min. Joaquim Barbosa, relator e Presidente. Aduziu que o valor devido a título de CSLL não deveria, nos termos da Constituição, ser tratado como despesa operacional ou necessária para fins de apuração do IRPJ e, portanto, dedutível. Ressaltou que nem todas as despesas seriam relevantes à apuração do IR, pois a despesa operacional ou a necessária deveria estar direta, intrínseca ou intimamente ligada à atividade empresarial. Realçou que o valor devido a título de CSLL não consistiria em despesa necessária ou operacional à realização da operação ou do negócio que antecederiam o fato jurídico tributário: auferir renda. Rejeitou a assertiva de que a proibição da dedução implicaria cálculo do tributo sobre valor que efetivamente não corresponderia à renda. Salientou que o quadro em exame seria marcado por dois momentos distintos: no primeiro, o contribuinte receberia um fluxo de novas riquezas que, depois da devida apuração, representaria ou não renda; no segundo, se confirmada a existência do lucro real e em razão da incidência das regras-matrizes do IRPJ e da CSLL, uma parte daquele valor teria de ser destinada aos cofres públicos. Concluiu não haver dupla tributação ou incidência do IRPJ sobre a CSLL, haja vista que o valor que deveria ser pago a título de CSLL não deixara de ser lucro ou renda para o contribuinte, em razão da destinação que por ele seria dada após a apuração de ambas as exações.

Dedução do valor da CSLL e base de cálculo do IRPJ - 9
Pelas mesmas razões, o Relator não vislumbrou a apontada ofensa à reserva de lei complementar para dispor sobre normas gerais em matéria de IR (CF, art. 146, III, a), porquanto os artigos 43 e 44 do CTN não especificariam o que se deveria entender por lucro real, na extensão pretendida pela recorrente, nem conceituariam renda, tomado o mesmo parâmetro, nada havendo nesses dispositivos que viabilizassem a identificação dos valores pagos a título de CSLL como despesa operacional ou necessária à atividade empresarial, para fins de tornar obrigatório o cômputo dos gastos na apuração do IRPJ. Repeliu,

de igual modo, a mencionada afronta ao princípio da capacidade contributiva (CF, art. 145, §1º), na sua acepção objetiva ou subjetiva, visto que a vedação da dedução do valor da CSLL na apuração do IRPJ não levaria inexoravelmente à tributação do patrimônio ou de qualquer outra grandeza que não fosse renda. Consignou que, independentemente de ser alocado à extinção do crédito tributário, o valor pago a título de CSLL também representaria renda para o contribuinte, podendo ser incluído no cálculo da obrigação tributária referente ao IRPJ. Aduziu, ademais, não haver indicação de que a ausência da dedução pleiteada exasperasse demasiadamente a carga tributária, de modo a torná-la desproporcional, proibitiva ou punitiva da atividade.

Dedução do valor da CSLL e base de cálculo do IRPJ - 10
Por fim, reputou improcedente o argumento de desrespeito à regra da anterioridade. Considerou que o prazo previsto pela regra da anterioridade especial, aplicável à CSLL (CF, art. 195, § 7º), não se somaria à regra da anterioridade tradicional (CF, art. 150, III, b), aplicável ao IR. Além disso, a circunstância de qualquer aumento pertinente à CSLL somente ser exigível após noventa dias da data de publicação da respectiva lei que o determinar não afetaria a contagem do prazo de anterioridade para tributo da espécie imposto, como seria o caso do IR. Tendo em conta que o período discutido nos autos do mandado de segurança impetrado pela ora recorrente limitar--se-ia ao ano-base de 1997, e que a obrigação tributária deveria ser solvida em 30.3.98, constatou que, independentemente de se considerar relevante para a incidência da regra de anterioridade o momento em que ocorrido o fato gerador ou aquele em que apurado o tributo, o período discutido pelo contribuinte já teria extrapolado o prazo de anterioridade previsto no art. 150, III, a, da CF. Vencido o Min. Marco Aurélio, que dava provimento ao recurso.
RE 582525/SP, rel. Min. Joaquim Barbosa, 9.5.2013. (RE-582525) (Inform. STF 705)

DIREITO TRIBUTÁRIO. INCIDÊNCIA DE IMPOSTO DE RENDA SOBRE O ADICIONAL DE 1/3 DE FÉRIAS GOZADAS. RECURSO REPETITIVO (ART. 543-C DO CPC E RES. 8/2008-STJ). TEMA 881.
Incide imposto de renda sobre o adicional de 1/3 (um terço) de férias gozadas. De fato, a jurisprudência do STJ, há algum tempo, é pacífica quanto à incidência do imposto de renda sobre o adicional de 1/3 das férias gozadas. Este é inclusive o entendimento que vem sendo replicado por ambas as Turmas que compõe a Seção de Direito Público. Ocorre que a controvérsia acerca da incidência ou não do imposto de renda sobre o terço constitucional das férias gozadas passou a ganhar mais relevo quando o STJ, para alinhar sua jurisprudência à do STF, passou a considerar que a referida parcela não pode ser tributada pela contribuição previdenciária sobre a folha de salários (Pet 7.296-PE, Primeira Seção, DJe 10/11/2009). Entretanto, as razões pelas quais o STF concluiu pela não sujeição do terço constitucional de férias às contribuições previdenciárias não são suficientes para que o STJ conclua pelo caráter indenizatório da parcela em debate e altere seu entendimento também acerca da sua sujeição ao imposto de renda. Com efeito, do voto condutor da Pet 7.296-PE, verifica-se que a sua motivação foi a de alinhar o STJ ao posicionamento do Pretório Excelso. Ocorre que o STF, essencialmente, afastou a incidência das contribuições previdenciárias sobre o terço constitucional das férias gozadas, não em razão do seu caráter indenizatório, mas sim em razão da não incorporação para fins de aposentadoria. Ou seja, o fundamento adotado pela Suprema Corte diz respeito ao caráter retributivo da contribuição previdenciária no cálculo do benefício, pressuposto esse que não condiciona a legitimidade de tributação pelo imposto de renda, a qual deve ser analisada à luz da ocorrência ou não do seu fato gerador, que é o acréscimo patrimonial. A par disso, frise-se que a referida conclusão da Corte Suprema referente à contribuição previdenciária não está sedimentada, pois pende de julgamento o RE 593.068-SC, submetido ao rito da repercussão geral. Dessa forma, o STF ainda não pacificou a controvérsia acerca da natureza indenizatória ou remuneratória do terço constitucional referente às férias gozadas, de sorte que é necessário o amplo debate a esse respeito, bem como acerca da ocorrência ou não de acréscimo patrimonial em decorrência de seu recebimento, a fim de que se delibere a respeito de sua submissão ou não à incidência do imposto de renda. Com efeito, o referido acréscimo à remuneração recebida pelo trabalhador no período referente às férias é um direito social previsto no inciso XVII do art. 7º da CF e tem por finalidade conferir ao trabalhador um aumento da sua remuneração durante período das férias, a fim de que possa desenvolver atividades diferentes das que exerce em seu cotidiano, no intuito de lhe garantir a oportunidade de ter momentos de lazer e

prazer, tão necessários ao restabelecimento do equilíbrio físico e mental do trabalhador quanto o descanso. Assim, o recebimento de tal valor, assim como o das férias gozadas, decorre da normal fruição da relação jurídica existente entre o trabalhador e o empregador. Esse direito social tem a mesma natureza do salário, sendo oponível em face do empregador, que deve adimplir essa obrigação mediante retribuição pecuniária, lato sensu. Essa é a inteligência do art. 148 da CLT: "A remuneração das férias, ainda quando devida após a cessação do contrato de trabalho, terá natureza salarial, para os efeitos do art. 449". Dessa forma, o fato de a verba não constituir ganho habitual e de ser destinada, em tese, ao desenvolvimento de atividades que minimizem os efeitos "do desgaste natural sofrido pelo trabalhador" não a transforma em indenização, justamente porque constitui um reforço, um acréscimo na remuneração em um período específico e fundamental para o trabalhador, que são as férias, ao passo que a indenização visa à reposição do patrimônio (material ou imaterial) daquele que sofre lesão a algum direito. A par disso, o art. 16 da Lei 4.506/1964 dispõe que, para fins de imposto de renda, serão classificados como rendimentos do trabalho assalariado todas as espécies de remuneração por trabalho ou serviços prestados no exercício dos empregos, cargos ou funções, tais como: "I - Salários, ordenados, vencimentos, soldos, soldadas, vantagens [...]; II - Adicionais, extraordinários, suplementações, abonos, bonificações, gorjetas; III - Gratificações [...]", entre outros. Não há dúvida de que o adicional de férias está incluído nesse rol. Frise-se que a exclusão do adicional de férias do conceito de remuneração, para os efeitos da Lei 8.852/1994 (art. 1º, III, "j"), concernentes ao teto remuneratório, não infirma o caráter retributivo da verba, assim definido pelo caput do art. 1º dessa mesma lei. Destaca-se ainda que, por essa lei, "o décimo-terceiro salário" (também conhecido como adicional ou gratificação natalina) também está excluído do conceito de remuneração (art. 1º, III, "f"); todavia, inexistem dúvidas sobre o caráter retributivo e a tributação do imposto de renda sobre os valores recebidos a esse título. Nesse contexto, resta claro que o recebimento de adicional de férias configura aquisição de disponibilidade econômica que configura acréscimo patrimonial ao trabalhador, atraindo, assim, a incidência do imposto de renda, nos termos do art. 43 do CTN. Diferentemente seria se o trabalhador, não obstante já tivesse adquirido o direito às férias, não viesse a delas usufruir, o que transmudaria a natureza da verba para o viés indenizatório (reparação pelo não exercício regular do direito), intangível à tributação pelo imposto de renda, conforme assentado no julgamento do REsp 1.111.223-SP, Primeira Seção, DJe 4/5/2009, submetido ao rito do art. 543-C do CPC. Por fim, cumpre destacar que, ainda que se admita o caráter indenizatório da quantia recebida, tal caráter, por si só, não afasta a incidência do imposto de renda, sobretudo quando a indenização tem por escopo a recomposição do patrimônio lesado. Diante dessas ponderações, a conclusão acerca da natureza da verba em questão nos julgamentos da Pet 7.296-PE e do REsp 1.230.957-RS, por si só, não infirma a hipótese de incidência do imposto de renda, cujo fato gerador não está relacionado com a composição do salário de contribuição para fins previdenciários ou com a habitualidade de percepção dessa verba, mas sim com à existência, ou não, de acréscimo patrimonial, que, como visto, é patente quando do recebimento do adicional de férias gozadas. **REsp 1.459.779-MA, Rel. Min. Mauro Campbell Marques, Rel. para acórdão Min. Benedito Gonçalves, Primeira Seção, julgado em 22/04/2015, DJe 18/11/2015. (Inform. STJ 573)**

DIREITO TRIBUTÁRIO. CESSÃO DE CRÉDITO DE PRECATÓRIO E CÁLCULO DO IMPOSTO DE RENDA DEVIDO POR OCASIÃO DE SEU PAGAMENTO.
Se pessoa jurídica adquire por meio de cessão de direito precatório cujo beneficiário seja pessoa física, o cálculo do imposto de renda (IR) retido na fonte (art. 46 da Lei 8.541/1992) na ocasião do pagamento da carta precatória deverá ser realizado com base na alíquota que seria aplicável à pessoa física cedente, ainda que tal alíquota aplicável a pessoa física seja maior do que a imposta a pessoa jurídica. Segundo o art. 43 do CTN, o fato gerador do imposto de renda, em seu critério material da hipótese de incidência, é a aquisição da disponibilidade econômica ou jurídica de renda ou de proventos de qualquer natureza. Importa esclarecer que **"não se deve confundir disponibilidade econômica com disponibilidade financeira. Enquanto esta última (disponibilidade financeira) se refere à imediata 'utilidade' da renda, a segunda (disponibilidade econômica) está atrelada ao simples acréscimo patrimonial, independentemente da existência de recursos financeiros"** (REsp 983.134-RS, Segunda Turma, DJe 17/4/2008). Por sua vez, o precatório é uma carta (precatória) expedida pelo juiz da execução ao Presidente do Tribunal respectivo a

fim de que, por seu intermédio, seja enviado à pessoa jurídica de direito público obrigada o ofício de requisição de pagamento. Trata-se de um documento que veicula um direito de crédito líquido, certo e exigível proveniente de uma decisão judicial transitada em julgado. Sendo assim, o precatório veicula um direito cuja aquisição da disponibilidade econômica e jurídica já se operou com o trânsito em julgado da sentença a favor de um determinado beneficiário, motivo pelo qual esse credor original do precatório pode realizar a cessão total ou parcial do crédito, conforme o disposto no § 13 do art. 100 da CF. Desse modo, o momento em que nasce a obrigação tributária referente ao Imposto de Renda com a ocorrência do seu critério material da hipótese de incidência (disponibilidade econômica ou jurídica) é anterior ao pagamento do precatório (disponibilidade financeira) e essa obrigação já nasce com a sujeição passiva determinada pelo titular do direito que foi reconhecido em juízo (beneficiário), não podendo ser modificada pela cessão do crédito, por força do art. 123 do CTN ("Salvo disposições de lei em contrário, as convenções particulares, relativas à responsabilidade pelo pagamento de tributos, não podem ser opostas à Fazenda Pública, para modificar a definição legal do sujeito passivo das obrigações tributárias correspondentes"). Assim, o pagamento efetivo do precatório é apenas a disponibilidade financeira do valor correspondente, o que seria indiferente para efeito do Imposto de Renda não fosse o disposto no art. 46 da Lei 8.541/1992 (art. 718 do RIR/1999), que elenca esse segundo momento como sendo o momento do pagamento (retenção na fonte) do referido tributo ou o critério temporal da hipótese de incidência. Nesse contexto, o caput do aludido art. 46 determina que "O imposto sobre a renda incidente sobre os rendimentos pagos em cumprimento de decisão judicial será retido na fonte pela pessoa física ou jurídica obrigada ao pagamento, no momento em que, por qualquer forma, o rendimento se torne disponível para o beneficiário". Com efeito, o "beneficiário" a que alude o art. 46 da Lei 8.541/1992 (art. 718 do RIR/1999) é o credor originário do precatório, de modo que, para efeito da alíquota aplicável na retenção na fonte, não importa se houve cessão de direito anterior, e, igualmente, não interessa a condição pessoal do cessionário, até porque o credor originário (cedente) não pode ceder parte do crédito do qual não dispõe referente ao Imposto de Renda a ser retido na fonte. Dessa maneira, no momento em que o credor originário cede o crédito consubstanciado no precatório, está cedendo o direito ao recebimento do rendimento que lhe será pago nos termos e limites do art. 46 da Lei 8.541/1992, ou seja, o valor líquido em relação ao desconto referente ao Imposto de Renda. Em outras palavras, a natureza da obrigação tributária, pelos motivos já alinhavados, permite concluir que a totalidade do crédito compreende tão somente o valor do qual o beneficiário pode dispor, qual seja, aquele que lhe será entregue por ocasião do pagamento deduzida a importância retida na fonte a título de Imposto de Renda. Interpretação contrária implicaria a cessão de parte do crédito do qual o beneficiário não dispõe, ou seja, cessão da própria parcela do Imposto de Renda. Por fim, não é possível desconsiderar a relação jurídica original em que figura no polo ativo da execução o beneficiário primeiro do crédito objeto de sentença transitada em julgado (o cedente), sob pena de permitir situações absurdas como, por exemplo, a cessão do crédito a terceiro isento ou imune, para fins de não pagamento do tributo em questão, subvertendo-se a sistemática de arrecadação do Estado e, até mesmo, possibilitando eventuais fraudes, abuso das formas e elusões fiscais, que devem ser evitadas. RMS 42.409-RJ, Rel. Min. Mauro Campbell Marques, julgado em 6/10/2015, DJe 16/10/2015. (Inform. STJ 571)

DIREITO TRIBUTÁRIO. INCIDÊNCIA DE IR SOBRE LUCROS CESSANTES.
Os valores percebidos, em cumprimento de decisão judicial, a título de pensionamento por redução da capacidade laborativa decorrente de dano físico causado por terceiro são tributáveis pelo Imposto de Renda (IR). Para a materialização da hipótese de incidência do IR, requer-se, simplesmente, a existência de acréscimo patrimonial, consistente na aquisição de riqueza nova, independentemente da fonte ou procedência do ganho, exceto em situações de imunidade ou isenção. Tal afirmação encontra-se em sintonia com o princípio tributário intitulado *pecunia non olet*, que, de acordo com a doutrina, "significa que o 'dinheiro não tem cheiro'", razão pela qual "o tributo será cobrado de todos aqueles que apresentam capacidade contributiva (capacidade econômica)". Feitas essas considerações, sob a ótica do Código Civil, notadamente dos arts. 402 e 403, tem-se que indenização corresponde a perdas e danos, devendo englobar não apenas o que o indivíduo perdeu, como

também o que deixou de lucrar, este último denominado "lucros cessantes". Nesse contexto, a natureza indenizatória dos lucros cessantes não os retira do âmbito de incidência do IR, pois o que interessa para a tributação por intermédio do referido tributo, como visto acima, é a obtenção de riqueza nova, ou seja, a ocorrência de acréscimo patrimonial. Assim, para fins de incidência do IR, o *nomen iuris* atribuído à verba é irrelevante. No caso dos valores percebidos a título de pensionamento por redução da capacidade laborativa decorrente de dano físico causado por terceiro, não obstante a verba ostente a natureza de lucros cessantes – o que a qualifica como verba indenizatória –, há acréscimo patrimonial apto a autorizar a incidência do IR com base no art. 43, II, do CTN. REsp 1.464.786-RS, Rel. Min. Og Fernandes, julgado em 25/8/2015, DJe 9/9/2015 (Inform. STJ 568).

DIREITO TRIBUTÁRIO. INCIDÊNCIA DE IRPJ E CSLL SOBRE OS VALORES DE REPETIÇÃO DO INDÉBITO TRIBUTÁRIO.
Incide IRPJ – apurado pelo regime de lucro real ou presumido – e CSLL sobre os valores referentes à restituição ou à compensação de indébito tributário se, em períodos anteriores, tiverem sido computados como despesas dedutíveis do lucro real e da base de cálculo da CSLL. De fato, o art. 53 da Lei 9.430/1996 dispõe que "Os valores recuperados, correspondentes a custos e despesas, inclusive com perdas no recebimento de créditos, deverão ser adicionados ao lucro presumido ou arbitrado para determinação do imposto de renda, salvo se o contribuinte comprovar não os ter deduzido em período anterior no qual tenha se submetido ao regime de tributação com base no lucro real ou que se refiram a período no qual tenha se submetido ao regime de tributação com base no lucro presumido ou arbitrado". Tendo em vista o referido dispositivo, o art. 1º do Ato Declaratório Interpretativo da Secretaria da Receita Federal 25/2003 assim disciplinou: "Os valores restituídos a título de tributo pago indevidamente serão tributados pelo Imposto sobre a Renda das Pessoas Jurídicas (IRPJ) e pela Contribuição Social sobre o Lucro Líquido (CSLL), se, em períodos anteriores, tiverem sido computados como despesas dedutíveis do lucro real e da base de cálculo da CSLL". A interpretação literal do art. 1º do ADI SRF 25/2003 poderia levar à conclusão de que os valores recuperados, correspondentes a despesas deduzidas anteriormente da receita do contribuinte, somente poderiam ser adicionados ao lucro presumido ou arbitrado, mas não ao lucro real. Todavia, como a regra de adições e exclusões, para a definição da base de cálculo do IRPJ, é típica do regime de apuração pelo lucro real, infere-se que o espírito do legislador foi tão somente positivar a possibilidade de adicionar, mesmo na sistemática do lucro presumido ou do lucro arbitrado, os valores ressarcidos ao contribuinte. Acrescente-se que a quantia eventualmente recuperada de despesas, tributárias ou não, que em dado exercício foram excluídas da base de cálculo do IRPJ e da CSLL, configura acréscimo patrimonial, de modo que o valor restituído deve ser adicionado à referida base no período de apuração em que ele se tornar disponível. Logo, independentemente da previsão contida no art. 53 da Lei 9.430/1996, que apenas explicita que o raciocínio é válido para os casos de tributação pelo lucro presumido ou arbitrado, é da própria hipótese de incidência do imposto de renda (arts. 43, II, e 44, do CTN) que decorre a exigência do tributo. O mesmo raciocínio se aplica ao fato de o art. 53 da Lei 9.430/1996 não constar do rol do art. 28 da mesma lei como passível de aplicação à apuração da base de cálculo e ao pagamento da CSLL, haja vista a existência de outras "normas da legislação vigente" que possibilitam a incidência da exação. Agregue-se, dentro da ótica de que para fins de incidência tributária a regra é que o acessório segue a sorte do principal, que a Primeira Seção do STJ pacificou entendimento, em acórdão submetido ao regime do art. 543-C do CPC, no sentido de que os "juros incidentes na repetição do indébito tributário, inobstante a constatação de se tratarem de juros moratórios, se encontram dentro da base de cálculo do IRPJ e da CSLL, dada a sua natureza de lucros cessantes, compondo o lucro operacional da empresa a teor art. 17, do Decreto-lei n. 1.598/77, em cuja redação se espelhou o art. 373, do Decreto n. 3.000/99 – RIR/99, assim como o art. 9º, §2º, do Decreto-Lei nº 1.381/74 e art. 161, IV do RIR/99, estes últimos explícitos quanto à tributação dos juros de mora em relação às empresas individuais" (REsp 1.138.695-SC, Primeira Seção, DJe 31/5/2013). Nesse contexto, firmada a orientação de que os juros incidentes na repetição do indébito tributário se incluem na base de cálculo do IRPJ e da CSLL, dessume-se que a verba principal não foge à tributação. REsp 1.385.860-CE, Rel. Min. Humberto Martins, julgado em 12/5/2015, DJe 19/5/2015 (Inform. STJ 562).

VADE MECUM DE JURISPRUDÊNCIA – STF/STJ

DIREITO TRIBUTÁRIO. ISENÇÃO DE IMPOSTO DE RENDA SOBRE PROVENTOS ORIUNDOS DE PREVIDÊNCIA PRIVADA COMPLEMENTAR. São isentos do imposto de renda os proventos percebidos de fundo de previdência privada a título de complementação da aposentadoria por pessoa física acometida de uma das doenças arroladas no art. 6º, XIV, da Lei 7.713/1988. Isso porque a isenção do imposto de renda prevista no art. 6º, XIV, da Lei 7.713/1988 – da qual faz jus pessoa física portadora de doença grave arrolada nesse inciso que receba proventos de aposentadoria ou reforma – engloba benefício complementar pago por entidade de previdência privada. É preciso ressaltar que o regime da previdência privada é facultativo e baseia-se na constituição de reservas que garantam o benefício contratado, nos termos do art. 202 da CF e da exegese do art. 1º da LC 109/2001. Assim, o capital acumulado em plano de previdência privada representa patrimônio destinado à geração de aposentadoria – ainda que intitulada de complementar –, possuindo natureza previdenciária, mormente ante o fato de estar inserida na seção sobre Previdência Social da CF (EREsp 1.121.719-SP, Segunda Seção, DJe 4/4/2014), o que legitima a isenção sobre a parcela complementar. Além disso, o caráter previdenciário da aposentadoria privada encontra respaldo no próprio Regulamento do Imposto de Renda (Decreto 3.000/1999), que estabelece a isenção sobre os valores decorrentes da complementação de aposentadoria no § 6º do seu art. 39: "As isenções de que tratam os incisos XXXI e XXXIII também se aplicam à complementação de aposentadoria, reforma ou pensão". Ademais, conforme a doutrina, "os planos previdenciários privados têm por ponto principal permitir uma continuidade no padrão de vida da pessoa, numa fase madura da vida". Nesse sentido, a isenção concedida aos portadores de doença grave consubstancia benefício fiscal que visa abrandar o impacto da carga tributária sobre a renda necessária à sua subsistência e sobre os custos inerentes ao tratamento da doença, legitimando um "padrão de vida" o mais digno possível diante do estado de enfermidade. Precedente citado: REsp 1.204.516-PR, Segunda Turma, DJe 23/11/2010. **REsp 1.507.320-RS, Rel. Min. Humberto Martins, julgado em 10/2/2015, DJe 20/2/2015 (Inform. STJ 556).**

DIREITO TRIBUTÁRIO. CORREÇÃO MONETÁRIA DO VALOR DO IR INCIDENTE SOBRE VERBAS RECEBIDAS ACUMULADAMENTE EM AÇÃO TRABALHISTA. RECURSO REPETITIVO (ART. 543-C DO CPC E RES. 8/2008-STJ). Até a data da retenção na fonte, a correção do IR apurado e em valores originais deve ser feita sobre a totalidade da verba acumulada e pelo mesmo fator de atualização monetária dos valores recebidos acumuladamente, sendo que, em ação trabalhista, o critério utilizado para tanto é o Fator de Atualização e Conversão dos Débitos Trabalhistas (FACDT). Essa sistemática não implica violação do art. 13 da Lei 9.065/1995, do art. 61, § 3º, da Lei 9.430/1996, dos arts. 8º, I, e 39, § 4º, da Lei 9.250/1995, uma vez que se refere à equalização das bases de cálculo do imposto de renda apuradas pelo regime de competência e pelo regime de caixa e não à mora, seja do contribuinte, seja do Fisco. Ressalte-se que a taxa SELIC, como índice único de correção monetária do indébito, incidirá somente após a data da retenção indevida. **REsp 1.470.720-RS, Rel. Min. Mauro Campbell Marques, Primeira Seção, julgado em 10/12/2014, DJe 18/12/2014 (Inform. STJ 553).**

DIREITO TRIBUTÁRIO. RESPONSABILIDADE PELO RECOLHIMENTO DO IMPOSTO DE RENDA CUJA DECLARAÇÃO FOI TRANSMITIDA COM DADO EQUIVOCADO PELA FONTE PAGADORA. Mesmo que a fonte pagadora (substituta tributária) equivocadamente tenha deixado de efetuar a retenção de determinada quantia, a título de imposto de renda, sobre importância paga a empregado, tendo, ainda, expedido comprovante de rendimentos informando que a respectiva renda classifica-se como rendimento isento e não tributável, o sujeito passivo da relação jurídico-tributária (substituído tributário) deverá arcar com o imposto de renda devido e não recolhido. Isso porque o STJ tem entendimento pacífico de que o contribuinte substituído, que realiza o fato gerador, é quem efetivamente tem o dever de arcar com o ônus da tributação, que não é afastado pela responsabilidade pessoal do substituto tributário. Precedentes citados: REsp 962.610-RS, Segunda Turma, DJ 7/2/2008; e AgRg no REsp 716.970-CE, Primeira Turma, DJ 29/8/2005. **REsp 1.218.222-RS, Rel. Min. Mauro Campbell Marques, julgado em 4/9/2014. (Inform. STJ 548)**

DIREITO TRIBUTÁRIO. HIPÓTESE DE INCIDÊNCIA DE IMPOSTO DE RENDA SOBRE IMPORTÂNCIA RECEBIDA EM RAZÃO DE OBRIGAÇÃO ALTERNATIVA ASSUMIDA EM ACORDO COLETIVO DE TRABALHO. Incide imposto de renda sobre a quantia recebida pelo empregado em razão de acordo coletivo de trabalho firmado com o empregador, no qual fora ajustado a constituição de fundo de aposentadoria e pensão e, alternativamente, o pagamento de determinado valor em dinheiro correspondente ao que seria vertido para o aludido fundo. Isso porque os valores recebidos pelo empregado, em razão da não perfectibilização do fundo de aposentadoria e pensão, possuem natureza jurídica de acréscimo patrimonial, a ensejar incidência do imposto de renda. Precedentes citados: REsp 996.341-RS, Primeira Turma, DJe 26/6/2008; e REsp 1.058.771-RS, Segunda Turma, DJe 31/8/2009. **REsp 1.218.222-RS, Rel. Min. Mauro Campbell Marques, julgado em 4/9/2014. (Inform. STJ 548)**

DIREITO TRIBUTÁRIO. RESPONSABILIDADE PELO PAGAMENTO DA MULTA APLICADA EM DECORRÊNCIA DO NÃO RECOLHIMENTO DE IMPOSTO DE RENDA. Na hipótese em que a fonte pagadora deixa de efetuar a retenção do imposto de renda, expedindo comprovante de rendimentos o qual os classifica como isentos e não tributáveis, de modo a induzir o empregado/contribuinte a preencher equivocadamente sua declaração de imposto de renda, não é este – mas sim o empregador – o responsável pelo pagamento da multa prevista no art. 44, I, da Lei 9.430/1996. De fato, eximir o contribuinte da multa prevista no art. 44, I, da Lei 9.430/1996 (art. 957, I, do Decreto 3.000/1999 – multa de 75% sobre o valor não recolhido) sempre que não houver a intenção de omitir os valores devidos é excessivamente permissivo e faz tábula rasa ao disposto no art. 136 do CTN, uma vez que, segundo a dicção legal, a omissão dos valores na declaração de imposto de renda enseja a responsabilização objetiva do contribuinte. No entanto, na hipótese em foco, há situação específica em que não houve a omissão dos valores tributáveis na declaração; mas, sim, o registro desses valores como rendimentos isentos e não tributáveis, em razão da informação equivocada fornecida pela fonte pagadora/empregador. Nesse passo, o art. 722 do Decreto 3.000/1999 fixa a responsabilidade exclusiva da fonte pagadora pelo recolhimento da multa aplicada de ofício e dos juros de mora, quando não há recolhimento do tributo devido, mas o rendimento se encontrar incluído na declaração de imposto de renda do contribuinte. Desse modo, a fonte pagadora/empregador deve ser responsabilizada diretamente pela multa prevista no art. 44, I, da Lei 9.430/1996, liberando-se o contribuinte, por ter sido induzido a erro, da referida responsabilidade. Precedentes citados: REsp 374.603-SC, Primeira Turma, DJ 25/5/2006; e REsp 383.309-SC, Segunda Turma, DJ 7/4/2006. **REsp 1.218.222-RS, Rel. Min. Mauro Campbell Marques, julgado em 4/9/2014. (Inform. STJ 548)**

DIREITO TRIBUTÁRIO E PROCESSUAL CIVIL. ILEGITIMIDADE ATIVA DA FONTE PAGADORA PARA PLEITEAR RESTITUIÇÃO DE IRPJ PAGO A MAIOR. Não tem legitimidade para pleitear a restituição do indébito a pessoa jurídica que retém na fonte IRPJ a maior relativo às importâncias pagas a outra pessoa jurídica pela prestação de serviços caracterizadamente de natureza profissional. Segundo os arts. 121 e 165 do CTN, a repetição de indébito tributário pode ser postulada pelo sujeito passivo que pagou, ou seja, que arcou efetivamente com ônus financeiro da exação. Em face disso, pode-se concluir que a empresa que é a fonte pagadora da renda não tem legitimidade ativa para postular a repetição de indébito de IR que foi retido quando do pagamento para a empresa contribuinte. Isso porque a obrigação legal imposta pelo art. 45, parágrafo único, do CTN é a de proceder à retenção e ao repasse ao Fisco do IR devido pelo contribuinte. Não há propriamente pagamento por parte da responsável tributária, uma vez que o ônus econômico da exação é assumido direta e exclusivamente pelo contribuinte que realizou o fato gerador correspondente, cabendo a este, tão-somente, o direito à restituição. Precedentes citados: REsp 596.275-RJ, Primeira Turma, DJ 9/10/2006; e AgREsp 895.824-RS, Segunda Turma, DJe 30/9/2008. **REsp 1.318.163-PR, Rel. Min. Benedito Gonçalves, julgado em 20/5/2014. (Inform. STJ 543)**

DIREITO TRIBUTÁRIO. ÍNDICE APLICÁVEL À CORREÇÃO MONETÁRIA DAS DEMONSTRAÇÕES FINANCEIRAS DO ANO-BASE DE 1989. O IPC é o índice aplicável à correção monetária das demonstrações financeiras de janeiro de 1989, para fins de apuração da base de cálculo do Imposto de Renda da Pessoa Jurídica. Com efeito, o STF reconheceu a inconstitucionalidade dos arts. 30, § 1º, da Lei 7.730/1989 e 30 da Lei 7.799/1989, normas que veiculavam a indexação da correção monetária das demonstrações financeiras no período-base de 1989, para efeito da apuração do Imposto de Renda da Pessoa Jurídica e Contribuição Social sobre o Lucro Líquido, no âmbito do Plano de Estabilização Econômica - Plano Verão. Cumpre esclarecer que, antes de implementar o referido plano econômico, a inflação era medida

7. DIREITO TRIBUTÁRIO

com base nas coletas de preços praticados entre o dia 15 do mês anterior e o dia 14 do mês de referência. Daí a escolha do dia 15 de janeiro de 1989 para servir de base ao chamado "choque" de preços e implantação do Plano Verão. Ocorre que a última coleta de preços abrangeu somente o período de 15/11/1988 a 14/12/1988, dela resultando o IPC de 28,79% que, por sua vez, foi utilizado na apuração da OTN de janeiro de 1989, a chamada OTN "cheia", cujo valor atingiu Cz$6.170,17 (NCz$ 6,17). Sendo assim, o período de 15/12/1988 a 14/1/1989 ficou à margem da coleta de preços e, consequentemente, não deu sua contribuição à obtenção do valor da OTN de janeiro/1989, situação que não foi solucionada com o uso da OTN Fiscal, cujo valor atingia, no dia 15/1/1989, NCz$ 6,92. Posteriormente ao dia 15/1/1989, foi concluída a coleta de preços do período faltante e o número oficial obtido do IPC foi expressivo: 70,28%, índice que não foi considerado de nenhuma forma nos cálculos dos valores das OTNs. Desse modo, ficou caracterizado prejuízo aos contribuintes do Imposto de Renda pela aplicação dos arts. 30, § 1º, da Lei 7.730/1989 e 30, da Lei 7.799/1989, só recentemente declarado inconstitucional pelo STF, pois houve um significativo expurgo da parcela real de correção monetária, implicando desrespeito ao direito dos contribuintes de corrigirem suas demonstrações financeiras com base em índices que refletissem a real inflação do período. Neste contexto, após a declaração de inconstitucionalidade dos arts. 30, § 1º, da Lei 7.730/1989 e 30 da Lei 7.799/1989 pelo STF, é necessária a revisão da jurisprudência do STJ no sentido de que a correção monetária das demonstrações financeiras no período-base de 1989 deverá tomar como parâmetro os termos da legislação revogada pelo Plano Verão. Destarte, considerando que até 15 de janeiro de 1989 a OTN já era fixada com base no IPC, e que somente no próprio mês de janeiro, por disposição especifica da Lei 7.799/1989 (art. 30, declarado inconstitucional), o seu valor foi determinado de forma diferente (NCz$ 6,92) e também que a BTN criada passou a ser fixada pelo IPC, deverá ser aplicado o IPC para o período como índice de correção monetária, consoante os arts. 6º, parágrafo único, do Decreto-Lei 2.283/1986, 6º, parágrafo único, do Decreto-Lei 2.284/1986, e 5º, §2º, da Lei 7.777/1989. Assim, deve ser afastado o reconhecimento da duplicidade de índices de correção monetária por este STJ para um mesmo período, quer se trate de obrigação civil ou tributária. Ou seja, não se pode ter como válido em direito tributário o percentual de 28,79% para janeiro de 1989 (OTN de NCz$ 6,17), quando o mesmo já fora afastado pelos precedentes do STJ para as dívidas civis. Sendo assim, os índices do IPC aplicáveis são aqueles consagrados pela jurisprudência do STJ e já referidos no REsp 43.055-SP (Corte Especial, DJ 25/8/1994) e nos EREsp 439.677-SP (Primeira Seção, DJ 25/9/2006), quais sejam: índice de 42,72% em janeiro de 1989 e reflexo lógico de 10,14% em fevereiro de 1989, não se aplicando o mencionado índice de 70,28% ou o índice de 28,79%. **EREsp 1.030.597-MG, Rel. Min. Mauro Campbell Marques, julgado em 23/4/2014. (Inform. STJ 539)**

DIREITO TRIBUTÁRIO. NÃO INCIDÊNCIA DE IR SOBRE VERBA INDENIZATÓRIA DECORRENTE DE DEMISSÃO SEM JUSTA CAUSA NO PERÍODO DE ESTABILIDADE PROVISÓRIA.
Não incide imposto de renda sobre o valor da indenização paga ao empregado demitido sem justa causa no período de estabilidade provisória. Precedentes citados: REsp 1.335.511-PB, Segunda Turma, DJe 10/10/2012; e AgRg no REsp 1.011.594-SP, Segunda Turma, DJe 28/9/2009. **AgRg no REsp 1.215.211-RJ, Rel. Min. Napoleão Nunes Maia Filho, Primeira Turma, julgado em 6/8/2013. (Inform. STJ 528)**

DIREITO TRIBUTÁRIO. DEDUÇÃO NA DECLARAÇÃO DE IMPOSTO DE RENDA DE GASTOS COM PROFISSIONAL DE SAÚDE NÃO INSCRITO EM CONSELHO PROFISSIONAL.
Na declaração anual de imposto de renda, é possível a dedução de valor referente à despesa do contribuinte com profissional de saúde, mesmo que este não seja regularmente inscrito no respectivo conselho profissional. Isso porque o art. 8º, I, da Lei 8.134/1990, que estabelece rol de hipóteses de dedução do imposto de renda, não fez qualquer restrição à devida inscrição nos respectivos conselhos profissionais. Ademais, o § 1º, "c", do referido artigo exige apenas a comprovação do gasto por meio de recibo no qual conste nome, endereço, CPF ou CNPJ do emissor ou indicação do nome do profissional no cheque emitido pelo contribuinte. Assim, uma vez verificado que o contribuinte comprovou as despesas médicas nos termos da legislação de regência, é possível a dedução efetuada na declaração de ajuste anual do imposto de renda. **AgRg no REsp 1.375.793-RJ, Rel. Min. Humberto Martins, julgado em 4/6/2013. (Inform. STJ 525)**

DIREITO TRIBUTÁRIO. INCIDÊNCIA DE IRPJ E CSLL SOBRE OS JUROS REMUNERATÓRIOS DEVIDOS NA DEVOLUÇÃO DOS DEPÓSITOS JUDICIAIS. RECURSO REPETITIVO (ART. 543-C DO CPC E RES. 8/2008-STJ).
Incidem IRPJ e CSLL sobre os juros remuneratórios devidos na devolução dos depósitos judiciais efetuados para suspender a exigibilidade do crédito tributário. Inicialmente, é importante estabelecer que a taxa Selic pode possuir natureza jurídica de acordo com a previsão legal ou relação jurídica que origina sua incidência, ou seja, ora pode ter natureza de juros compensatórios, ora de juros moratórios ou até mesmo de correção monetária. Nesse contexto, o art. 1º, § 3º, da Lei 9.703/1998, que regula os depósitos judiciais para fins de suspensão da exigibilidade de tributos, estabelece que o depósito, após o encerramento da lide, deve ser devolvido ao depositante vitorioso "acrescido de juros", na forma do art. 39, § 4º, da Lei 9.250/1995 (Selic). Esta lei, por sua vez, atribui a natureza jurídica de juros à remuneração do capital depositado. Portanto, a natureza jurídica da remuneração do capital é de juros remuneratórios, o que resulta em acréscimo patrimonial que compõe a esfera de disponibilidade do contribuinte. Assim, considerando o fato de que a legislação do IRPJ trata os juros como receitas financeiras, deve-se concluir que incidem IRPJ e CSLL sobre os juros remuneratórios decorrentes dos depósitos judiciais devolvidos. Precedentes citados: AgRg no Ag 1.359.761-SP, Primeira Turma, DJe 6/9/2011; e REsp 1.086.875-PR, Segunda Turma, DJe 6/8/2012. **REsp 1.138.695-SC, Rel. Min. Mauro Campbell Marques, julgado em 22/5/2013. (Inform. STJ 521)**

DIREITO TRIBUTÁRIO. INCIDÊNCIA DE IRPJ E CSLL SOBRE OS JUROS DE MORA DECORRENTES DE REPETIÇÃO DO INDÉBITO. RECURSO REPETITIVO (ART. 543-C DO CPC E RES. 8/2008-STJ).
Incidem IRPJ e CSLL sobre os juros decorrentes da mora na devolução de valores determinada em ação de repetição do indébito tributário. O STJ entende que, embora os juros de mora na repetição do indébito tributário decorrente de sentença judicial configurem verbas indenizatórias, eles possuem natureza jurídica de lucros cessantes, constituindo evidente acréscimo patrimonial, razão pela qual é legítima a tributação pelo IRPJ, salvo a existência de norma específica de isenção ou a constatação de que a verba principal a que se referem os juros é isenta ou está fora do campo de incidência do imposto (tese em que o acessório segue o principal). No caso da repetição do indébito, o tributo (principal), quando efetivamente pago, pode ser deduzido como despesa (art. 7º da Lei n. 8.541/1992) e, a contrario sensu, se o valor for devolvido, deve integrar as receitas da empresa a fim de compor o lucro real e o lucro líquido ajustado como base de cálculo do IRPJ e da CSLL. Desse modo, a tese da acessoriedade dos juros de mora não socorre aos contribuintes, pois a verba principal não escapa à base de cálculo das referidas exações. Ainda, conforme a legislação do IRPJ, os juros moratórios – dada a natureza de lucros cessantes – encontram-se dentro da base de cálculo dos impostos, na medida em que compõem o lucro operacional da empresa. Precedente citado: EDcl no REsp 1.089.720-RS, Primeira Seção, DJe 6/3/2013. **REsp 1.138.695-SC, Rel. Min. Mauro Campbell Marques, julgado em 22/5/2013. (Inform. STJ 521)**

DIREITO TRIBUTÁRIO. INCIDÊNCIA DE IR SOBRE O LUCRO AUFERIDO EM OPERAÇÃO DE VENDA DE TDA.
Incide imposto de renda sobre o ganho de capital oriundo da diferença positiva entre o preço de aquisição e o preço de venda de TDA a terceiros. O recebimento de indenização em virtude de desapropriação para fins de reforma agrária não entra no cômputo do rendimento bruto da pessoa física ou do lucro real da pessoa jurídica, mesmo se for apurado nessa transferência ganho de capital, consoante o art. 22, parágrafo único, da Lei 7.713/1988 e o art. 184, § 5º, da CF/1988. Outrossim, não é tributada a operação financeira consistente na obtenção do rendimento do título da dívida agrária – TDA. Essas "isenções" têm recebido amparo no STJ e foram estendidas pela jurisprudência aos terceiros portadores do título no que diz respeito ao resgate do seu valor principal ou dos valores correspondentes a juros compensatórios e moratórios ali previstos. Ocorre que, na hipótese tratada, o que se pretende excluir da tributação é a própria operação de compra e venda desses títulos no mercado, ou seja, uma operação financeira como outra qualquer, suscetível de gerar rendimento tributável (art. 43, I, do CTN). Trata-se de situação diferente da aquisição do título como indenização pro soluto da desapropriação realizada, ou do recebimento dos juros que remuneram o título na medida em que não vencido o principal, ou do recebimento do valor do título quando de seu vencimento. A venda de TDA pode gerar lucro ou prejuízo se comparados os preços de aquisição e de venda. O lucro gerado é ganho de capital que deve submeter-se à tributação do imposto

de renda como qualquer outro título mobiliário. Não há aí qualquer impacto na justa e prévia indenização, visto que a tributação somente ocorre quando o título for alienado com lucro (ganho de capital) pelo expropriado ou pelo portador. **REsp 1.124.133-RJ, Rel. Min. Mauro Campbell Marques, julgado em 7/3/2013. (Inform. STJ 520)**

DIREITO TRIBUTÁRIO. APLICABILIDADE DA ISENÇÃO GENÉRICA DE II E DE IPI PREVISTA NOS ARTS. 2°, II, J, E 3°, I, DA LEI 8.032/1990.
As isenções de imposto de importação e de imposto sobre produtos industrializados previstas no art. 2°, II, "j", e no art. 3°, I, da Lei 8.032/1990 (restabelecidas pelo art. 1°, IV, da Lei 8.402/1992) aplicam-se às importações de peças e componentes de reposição, reparo e manutenção necessárias ao funcionamento de plataformas petrolíferas, sendo indiferente a revogação que o art. 13 da Lei 8.032/1990 trouxe em relação ao Decreto-lei 1.953/1982. De fato, o Decreto-lei 1.953/1982 trata de isenções especificamente relacionadas a bens destinados a prospecção e produção de petróleo. Por sua vez, os arts. 2°, II, "j", e 3°, I, da Lei 8.032/1990 cuidam de isenção genericamente relacionada a embarcações, nas quais se incluem as plataformas petrolíferas. Nesse contexto, deve-se asseverar que a revogação da legislação especial não impede a concessão da isenção genérica. **REsp 1.341.077-RJ, Rel. Min. Mauro Campbell Marques, julgado em 9/4/2013. (Inform. STJ 519)**

DIREITO TRIBUTÁRIO. INCIDÊNCIA DO IMPOSTO DE RENDA SOBRE OS RENDIMENTOS AUFERIDOS PELO PORTADOR DE CADIOPATIA GRAVE NÃO APOSENTADO.
O portador de cardiopatia grave não tem direito à isenção do imposto de renda sobre seus vencimentos no caso em que, mesmo preenchendo os requisitos para a aposentadoria por invalidez, opte por continuar trabalhando. O art. 6°, XIV, da Lei n. 7.713/1988 exige, para que se reconheça o direito à isenção, a presença de dois requisitos cumulativos: que os rendimentos sejam relativos a aposentadoria, pensão ou reforma; e que a pessoa física seja portadora de uma das doenças ali elencadas. Inexiste, portanto, previsão legal expressa da situação em análise como hipótese de exclusão do crédito tributário, o que se exige em face da regra contida no art. 150, § 6°, da CF. Ademais, o art. 111, II, do CTN determina que seja interpretada literalmente a legislação tributária que disponha sobre outorga de isenção. Ressalte-se, ainda, que não se caracteriza qualquer ofensa ao princípio da isonomia em face da comparação da situação do indivíduo aposentado com o que esteja em atividade. Com efeito, há de ser observada a finalidade do benefício, que é diminuir o sacrifício dos definitivamente aposentados, aliviando-os dos encargos financeiros. Por fim, deve-se considerar que a parte final do inciso XIV do art. 6° da Lei n. 7.713/1988, ao estabelecer que haverá isenção do imposto de renda "mesmo que a doença tenha sido contraída depois da aposentadoria ou reforma", tem por objetivo apenas afastar o risco de tratamento diferenciado entre os inativos. Assim, não são isentos os rendimentos auferidos pelo contribuinte não aposentado em razão de sua atividade, ainda que se trate de pessoa portadora de uma das moléstias ali referidas. **RMS 31.637-CE, Rel. Min. Castro Meira, julgado em 5/2/2013. (Inform. STJ 516).**

DIREITO TRIBUTÁRIO. DEDUÇÃO DAS DESPESAS COM FÉRIAS DE EMPREGADO NA DECLARAÇÃO DO IRPJ.
É possível ao empregador deduzir as despesas relacionadas ao pagamento de férias de empregado na declaração do IRPJ correspondente ao ano do exercício em que o direito às férias foi adquirido pelos empregados. De fato, uma vez adquirido o direito às férias, a despesa em questão corresponde a uma obrigação líquida e certa contraída pelo empregador, embora não realizada imediatamente. Dispõe o art. 134 da CLT que "as férias serão concedidas por ato do empregador, em um só período, nos 12 (doze) meses subsequentes à data em que o empregado tiver adquirido o direito". De acordo com o art. 47 da Lei n. 4.506/1964, são operacionais as despesas não computadas nos custos necessárias à atividade da empresa e à manutenção da respectiva fonte produtora. Ainda, conforme o § 1° do referido artigo, são necessárias as despesas pagas ou incorridas para a realização das transações ou operações exigidas pela atividade da empresa. Despesa incorrida é aquela que existe e possui os atributos de liquidez e certeza. A legislação autoriza o abatimento dessas despesas na apuração do lucro operacional da empresa (art. 43 da Lei n. 4.506/1964). Se a lei permite a dedução das despesas pagas e das incorridas, não só aquelas já foram efetivamente adimplidas são dedutíveis. Na legislação tributária, prevalece a regra do regime de competência, de modo que as despesas devem ser deduzidas no lucro real do período base competente, ou seja, naquele em que, jurídica ou economicamente, tornarem-se devidas ou em que possam ser excluídas do lucro líquido para determinação do lucro real. Com a aquisição do direito às férias pelo empregado, a obrigação de concedê-las juntamente com o pagamento das verbas remuneratórias correspondentes passa a existir juridicamente para o empregador de forma líquida e certa. Nesse momento, a pessoa jurídica incorre numa despesa passível de dedução na apuração do lucro real do ano-calendário em que se aperfeiçoou o direito adquirido do empregado. **REsp 1.313.879-SP, Rel. Min. Herman Benjamin, julgado em 7/2/2013. (Inform. STJ 516).**

DIREITO TRIBUTÁRIO. INCIDÊNCIA DO IMPOSTO DE RENDA SOBRE JUROS DE MORA PAGOS EM RAZÃO DE DECISÃO JUDICIAL QUE CONDENE A UNIÃO A RESSARCIR SERVIDORES POR PROMOÇÕES QUE NÃO TENHAM SIDO EFETIVADAS NO MOMENTO OPORTUNO.
Incide imposto de renda sobre o valor correspondente aos juros de mora relativos a quantias pagas em decorrência de decisão judicial que condene a União a ressarcir servidores públicos por promoções que, de forma ilegal, não tenham sido efetivadas no momento oportuno. Em regra, incide imposto de renda sobre os juros de mora, de acordo com o disposto no art. 16, parágrafo único, da Lei n. 4.506/1964, segundo a qual serão também classificados como rendimentos de trabalho assalariado os juros de mora e quaisquer outras indenizações pelo atraso no pagamento das remunerações ali previstas. As exceções à regra, reconhecidas pela jurisprudência do STJ, dizem respeito aos juros de mora incidentes sobre verba principal isenta ou fora do campo de incidência do IR e àqueles decorrentes de verbas trabalhistas pagas no contexto de despedida ou rescisão do contrato de trabalho. A situação em tela não se encaixa em qualquer das exceções supracitadas, pois se trata do pagamento de verbas que são sabidamente remuneratórias não isentas, devendo, assim, prevalecer a regra geral contida no parágrafo único do art. 16 da Lei n. 4.506/1964. **AgRg no REsp 1.348.003-PR, Rel. Min. Mauro Campbell Marques, julgado em 6/12/2012. (Inform. STJ 515).**

DIREITO TRIBUTÁRIO. INCIDÊNCIA DE IMPOSTO DE RENDA DA PESSOA FÍSICA SOBRE JUROS DE MORA DECORRENTES DE BENEFÍCIOS PREVIDENCIÁRIOS PAGOS EM ATRASO.
Incide imposto de renda da pessoa física sobre os juros moratórios decorrentes de benefícios previdenciários pagos em atraso. Conforme o art. 16, parágrafo único, da Lei n. 4.506/1964, "serão também classificados como rendimentos de trabalho assalariado os juros de mora e quaisquer outras indenizações pelo atraso no pagamento das remunerações previstas neste artigo". Assim, os juros moratórios, apesar de terem a natureza jurídica de lucros cessantes, amoldam-se à hipótese de incidência do imposto de renda prevista no inciso II do art. 43 do CTN (proventos de qualquer natureza). Nesse contexto, há duas exceções à regra da incidência do imposto de renda sobre os juros de mora. Nos termos do art. 6°, V, da Lei n. 7.713/1988, na situação excepcional em que o trabalhador perde o emprego, os juros de mora incidentes sobre as verbas remuneratórias ou indenizatórias que lhe são pagas são isentos de imposto de renda. Além disso, não incide o referido tributo sobre os juros de mora decorrentes de verba principal isenta ou fora do seu campo de incidência (tese do acessório que segue o principal). Por outro lado, não há regra isentiva para os juros de mora incidentes sobre verbas previdenciárias remuneratórias pagas a destempo, o que acarreta a aplicação da regra geral do art. 16, parágrafo único, da Lei n. 4.506/1964. Precedentes citados: REsp 1.089.720-RS, DJe 28/11/2012, e REsp 1.227.133-RS, DJe 19/10/2011. **AgRg no AREsp 248.264-RS, Rel. Min. Mauro Campbell Marques, julgado em 27/11/2012. (Inform. STJ 514).**

Súmula STF n° 587

Incide Imposto de Renda sobre o pagamento de serviços técnicos contratados no exterior e prestados no Brasil.

Súmula STF n° 586

Incide o Imposto de Renda sobre os juros remetidos para o exterior, com base em contrato de mútuo.

Súmula STF n° 584

Ao Imposto de Renda calculado sobre os rendimentos do ano-base, aplica-se a lei vigente no exercício financeiro em que deve ser apresentada a declaração.

7. DIREITO TRIBUTÁRIO | 579

Súmula STJ nº 498

Não incide imposto de renda sobre a indenização por danos morais.

Súmula STJ nº 463

Incide imposto de renda sobre os valores percebidos a título de indenização por horas extraordinárias trabalhadas, ainda que decorrentes de acordo coletivo.

Súmula STJ nº 386

São isentas de imposto de renda as indenizações de férias proporcionais e o respectivo adicional.

Súmula STJ nº 215

A indenização recebida pela adesão ao programa de incentivo à demissão voluntária não está sujeita à incidência do imposto de renda.

Súmula STJ nº 136

O pagamento de licença-prêmio não gozada por necessidade do serviço não está sujeito ao Imposto de Renda.

Súmula STJ nº 125

O pagamento de férias não gozadas por necessidade de serviço não está sujeito à incidência do Imposto de Renda.

Súmula TFR nº 264

As cooperativas não estão sujeitas à tributação do Imposto de Renda por excesso de retirada de seus dirigentes.

Súmula TFR nº 182

É ilegítimo o lançamento do Imposto de Renda arbitrado com base apenas em extratos ou depósitos bancários.

Súmula TFR nº 130

No cálculo do Imposto de Renda, não se inclui o ágio cambial pago na aquisição da moeda estrangeira a ser remetida ao Exterior a título de juros devidos.

Súmula TFR nº 101

As multas fiscais não são dedutíveis como despesas operacionais, para fins do Imposto de Renda.

Súmula TFR nº 76

Em tema de Imposto de Renda, a desclassificação da escrita somente se legitima na ausência de elementos concretos que permitam a apuração do lucro real da empresa, não a justificando o simples atraso na escrita.

Súmula TFR nº 39

Não está sujeita ao Imposto de Renda a indenização recebida por pessoa jurídica em decorrência de desapropriação amigável ou judicial.

7.3. IPI

AG. REG. NO RE N. 881.908-CE

RELATOR: MIN. MARCO AURÉLIO
IMPOSTO SOBRE PRODUTOS INDUSTRIALIZADOS – FRETE – BASE DE CÁLCULO – INCLUSÃO – LEI ORDINÁRIA – INCONSTITUCIONALIDADE FORMAL. Viola o artigo 146, inciso III, alínea "a", da Carta Federal norma ordinária segundo a qual hão de ser incluídos, na base de cálculo do Imposto sobre Produtos Industrializados – IPI, valores em descompasso com o disposto na alínea "a" do inciso II do artigo 47 do Código Tributário Nacional. Precedente – Recurso Extraordinário nº 567.935/SC, de minha relatoria, Pleno, apreciado sob o ângulo da repercussão geral. **(Inform. STF 802)**

REPERCUSSÃO GERAL EM RE N. 398.365-RS

RELATOR: MIN. GILMAR MENDES
Recurso extraordinário. Repercussão geral. 2. Tributário. Aquisição de insumos isentos, não tributados ou sujeitos à alíquota zero. 3. Creditamento de IPI. Impossibilidade. 4. Os princípios da não cumulatividade e da seletividade, previstos no art. 153, § 3°, I e II, da Constituição Federal, não asseguram direito de crédito presumido de IPI para o contribuinte adquirente de insumos não tributados ou sujeitos à alíquota zero. Precedentes. 5. Recurso não provido. Reafirmação de jurisprudência. **(Inform. STF 800)**

IPI e importação de automóveis para uso próprio - 1

O Plenário iniciou julgamento de recurso extraordinário em que se discute a incidência do IPI na importação de automóveis para uso próprio, por pessoa física, como consumidor final, que não atua na compra e venda de veículos, ante o princípio da não-cumulatividade do referido tributo. O Ministro Marco Aurélio (relator) desproveu o recurso para assentar a exigibilidade do IPI relativo à importação, praticada por pessoa natural não contribuinte, de veículo automotor para uso próprio. Ressaltou que o IPI incidiria sobre produtos enquadrados como industrializados, ou seja, decorrentes da produção. Afirmou que, conforme preceitua o art. 153, § 3°, da CF, o IPI seria seletivo, em função da essencialidade do produto. A cláusula ensejaria a consideração, consoante o produto e a utilidade que apresentasse, de alíquotas distintas. O IPI seria um tributo não cumulativo. A definição desse instituto estaria no inciso II do referido parágrafo. Resultaria na compensação do que devido em cada operação subsequente, quando cobrado, com o montante exigido nas operações anteriores. Frisou que, no entanto, não incidiria sobre produtos destinados ao exterior. Nesse ponto, notar-se-ia que a recíproca, em termos de normatização constitucional, não seria verdadeira. A imunidade, porque o benefício estaria preconizado na Constituição e não em outra legislação, apenas alcançaria os produtos industrializados que fossem exportados.

IPI e importação de automóveis para uso próprio - 2

O relator consignou que a Constituição não distinguiria o contribuinte do imposto que, ante a natureza, poderia ser um nacional, pessoa natural ou pessoa jurídica brasileira, de modo que seria neutro o fato de não estar no âmbito do comércio e a circunstância de adquirir o produto para uso próprio. Assinalou a impossibilidade de o tributo ser confundido com o de importação. Recordou que o CTN preveria, em atendimento ao disposto no art. 146 da CF, os parâmetros necessários a ter-se como legítima a incidência do IPI em bens importados, presente a definição do fato gerador, da base de cálculo e do contribuinte. O art. 46 do CTN esclareceria que o imposto recairia em produtos industrializados e, no caso, teria como fato gerador o desembaraço aduaneiro, quando de procedência estrangeira (inciso I). O parágrafo único do citado artigo definiria produto industrializado, considerado como aquele submetido a qualquer operação que lhe modificasse a natureza ou a finalidade, ou o aperfeiçoasse para consumo. Sob o ângulo da base de cálculo, disporia o art. 47 do CTN que, se o produto adviesse do estrangeiro, o preço normal seria o versado no inciso II do artigo 20 do CTN, acrescido do montante do Imposto sobre a Importação, das taxas exigidas para entrada do produto no País, dos encargos cambiais efetivamente pagos pelo importador ou dele exigíveis.

IPI e importação de automóveis para uso próprio - 3

O Ministro Marco Aurélio considerou que incidiria o referido imposto quando ocorresse a produção em território nacional. Ponderou que políticas de mercado referentes à isonomia deveriam ser conducentes a homenagear, tanto quanto possível, a circulação dos produtos nacionais, sem prejuízo, evidentemente, do fenômeno no tocante aos estrangeiros. A situação estaria invertida se, simplesmente, desprezada a regência constitucional e legal, fosse assentado não incidir o imposto em produtos industrializados de origem estrangeira, fabricados fora do País e neste introduzidos via importação. Concluiu que o valor dispendido com o produto importado surgiria como próprio à tributação, sem distinção dos elementos que, porventura, o tivessem norteado. Então, a toda evidência, a cobrança do tributo, pela vez primeira, não implicaria o que vedado pelo princípio da não-cumulatividade, ou seja, a cobrança em cascata. Em seguida, pediu vista o Ministro Roberto Barroso. **RE 723651/PR, rel. Min. Marco Aurélio, 20.11.2014. (RE-723651) (Inform. STF 768)**

IPI e alteração da base de cálculo por lei ordinária - 1

É inconstitucional, por ofensa ao art. 146, III, a, da CF, o § 2° do art. 14 da Lei 4.502/1964, com a redação dada pelo art. 15 da Lei 7.798/1989, no ponto em que determina a inclusão de descontos incondicionais na base de cálculo do IPI ("Art. 14. Salvo disposição em contrário, constitui valor tributável: ... § 2°. Não podem ser deduzidos do valor da operação os descontos, diferenças ou abatimentos, concedidos a qualquer título, ainda que incondicionalmente"). Essa a conclusão do Plenário, que negou provimento a recurso extraordinário no qual se discutia a constitucionalidade do aludido preceito. O Tribunal assentou prevalecer o disposto na alínea a do inciso II do art. 47 do CTN, que define o valor da operação como a base de cálculo do IPI. Recordou que a Constituição previra que a lei complementar exerceria diferentes funções em matéria tributária como, por exemplo, criação de tributos na hipótese dos empréstimos compulsórios (art. 148), criação de impostos não previstos na Constituição (art. 154) e criação de novas fontes de custeio da seguridade social (art. 195, § 4º, c/c o art. 154, I). Avaliou que nesses casos, as normas complementares eventualmente editadas teriam âmbito federal. Asseverou, no entanto, que, na hipótese do art. 146, III, a, da CF, a lei complementar possuiria a qualidade de norma nacional ["Art. 146. Cabe à lei complementar: I - dispor sobre conflitos de competência, em matéria tributária, entre a União, os Estados, o Distrito Federal e os Municípios; II - regular as limitações constitucionais ao poder de tributar; III - estabelecer normas gerais em matéria de legislação tributária, especialmente sobre: a) definição de tributos e de suas espécies, bem como, em relação aos impostos discriminados nesta Constituição, a dos respectivos fatos geradores, bases de cálculo e contribuintes"]. Pontuou que, no âmbito deste último inciso, a lei complementar atuaria entre a rigidez da Constituição e a mutabilidade constante da legislação ordinária.

IPI e alteração da base de cálculo por lei ordinária - 2

A Corte assinalou que a lei complementar, com caráter de lei nacional, explicitaria princípios e conceitos indeterminados da Constituição. Ressaltou que a ação posterior do legislador ordinário deveria, portanto, observar as normas gerais contidas na lei complementar. Consignou que, considerada a aludida alínea a, preceito constitucional aplicável à espécie, cumpriria ao legislador complementar definir os fatos geradores, as bases de cálculo e os contribuintes dos impostos previstos na Constituição. Mencionou que a lei complementar teria papel limitador da instituição de impostos em face do legislador ordinário, além de objetivar a harmonização do sistema impositivo nacional. Reputou que a incidência dos impostos apenas poderia ocorrer se formuladas, previamente, tanto as normas gerais, por meio de lei complementar, quanto as normas instituidoras dessa espécie tributária, de competência do legislador ordinário de cada ente tributante e em conformidade com as aludidas diretrizes gerais. Frisou que as leis ordinárias federais, como a da situação examinada, não poderiam implicar inovação no trato dos fatos geradores, bases de cálculo e contribuintes dos impostos federais, a revelar disciplina dissociada das normas gerais precedentes. Caso isso ocorresse, ter-se-ia invasão de competência a ensejar a declaração de inconstitucionalidade formal do ato ordinário. Observou que a sujeição de todo e qualquer diploma ordinário à lei complementar de normas gerais, incluído o federal, decorreria do caráter nacional do ato complementar. Afirmou que sob a óptica jurídico-contábil, os descontos incondicionais seriam parcelas redutoras dos preços de compra e venda outorgados independentemente de evento posterior. Salientou que esse tipo de abatimento repercutiria necessariamente no preço final praticado, ou seja, no valor da operação. Depreendeu que a legislação ordinária, ao impossibilitar a dedução do desconto incondicional, como se este compusesse o preço final cobrado, acabara por disciplinar de forma inovadora a base de cálculo do IPI, de modo a ampliar o alcance material desse elemento da obrigação tributária para além do previsto na norma complementar competente (CTN). Concluiu que o legislador ordinário incorrera em inconstitucionalidade formal, por invadir área reservada à lei complementar pelo art. 146, III, a, da CF. O Ministro Roberto Barroso ressalvou seu ponto de vista no sentido de que, no caso, haveria inconstitucionalidade material e não formal em razão de a lei ordinária ter vulnerado aspecto material da Constituição. **RE 567935/SC, rel. Min. Marco Aurélio, 4.9.2014. (RE-567935) (Inform. STF 757)**

Decreto-Lei 1.437/1975 e cobrança pelo fornecimento de selos de controle do IPI - 1

O art. 3º do Decreto-Lei 1.437/1975 (*O Ministro da Fazenda poderá determinar seja feito, mediante ressarcimento de custo e demais encargos, em relação aos produtos que indicar e pelos critérios que estabelecer, o fornecimento do selo especial a que se refere o artigo 46 da Lei número 4.502, de 30 de novembro de 1964, com os parágrafos que lhe foram acrescidos pela alteração 12ª do artigo 2º do Decreto-lei nº 34, de 18 de novembro de 1966*) é incompatível com a Constituição de 1988, por violar o princípio da legalidade tributária (CF, art. 150, I), bem assim por vulnerar o art. 25, I, do ADCT. Com base nessa orientação, o Plenário, por maioria, deu provimento a recurso extraordinário em que se discutia a possibilidade de cobrança pelo fornecimento de selo de controle do IPI, nos moldes previstos na mencionada norma. O Tribunal aduziu que, em inúmeros precedentes, o STF teria afastado a incidência da cobrança desses selos, efetuada com fundamento no Decreto-Lei 1.437/1975 e na Lei 4.502/1964. Entretanto, a administração tributária continuaria aplicando o referido decreto-lei, a gerar

assimetria concorrencial. Mencionou que o art. 146-A da CF, incluído pela EC 42/2003, versaria a possibilidade de se utilizar da tributação para prevenir desequilíbrios da concorrência, não o contrário. Aludiu que o art. 170, IV, da CF preveria a livre concorrência como princípio vetor da ordem econômica. Ponderou que estaria em jogo a insubsistência da cobrança pelo fornecimento dos selos de controle do IPI, ante a falta de lei que legitimasse a referida exigência. Rememorou que a gratuidade do selo fora conferida pelo art. 46, § 1º, da Lei 4.502/1964 (*O regulamento poderá determinar, ou autorizar que o Ministério da Fazenda, pelo seu órgão competente, determine a rotulagem, marcação ou numeração, pelos importadores, arrematantes, comerciantes ou repartições fazendárias, de produtos estrangeiros cujo controle entenda necessário, bem como prescrever, para estabelecimentos produtores e comerciantes de determinados produtos nacionais, sistema diferente de rotulagem, etiquetagem obrigatoriedade de numeração ou aplicação de selo especial que possibilite o seu controle quantitativo. § 1º O selo especial de que trata este artigo será de emissão oficial e sua distribuição aos contribuintes será feita gratuitamente, mediante as cautelas e formalidades que o regulamento estabelecer*).

Decreto-Lei 1.437/1975 e cobrança pelo fornecimento de selos de controle do IPI - 2

A Corte acrescentou que essa previsão, todavia, teria sido infirmada pelo art. 3º do Decreto-Lei 1.437/1975. Assinalou que o regramento admitiria a cobrança do selo, com o intuito de ressarcimento de custos e encargos dele decorrentes, conforme critérios definidos pelo Ministro da Fazenda, em ato secundário. Registrou que estaria presente a delegação de poder normativo à autoridade administrativa, que poderia explicitar todos os elementos que compõem a incidência. Consignou que essa delegação não se harmonizaria com o inciso I do art. 25 do ADCT (*Art. 25. Ficam revogados, a partir de cento e oitenta dias da promulgação da Constituição, sujeito este prazo a prorrogação por lei, todos os dispositivos legais que atribuam ou deleguem a órgão do Poder Executivo competência assinalada pela Constituição ao Congresso Nacional, especialmente no que tange a: I - ação normativa*). Assentou que, por ser o selo do IPI pré-condição para a circulação dos produtos alcançados pela regra do art. 46 da Lei 4.502/1964, não se poderia falar em preço público, evidenciado pela voluntariedade, ou seja, pela necessidade de o usuário aquiescer com o pagamento em relação à contraprestação pelo usufruto de serviços públicos. Afirmou que a finalidade da cobrança seria de controle quantitativo, matéria inerente ao exercício de poderes fiscalizatórios por parte da administração fazendária, de modo a incidir o art. 77 do CTN. Ademais, assinalou que o selo do IPI não geraria nenhum proveito ao contribuinte, razão pela qual o fornecimento dele não poderia ser considerado serviço público. Ao contrário, seria requisito de regularidade na prática de uma atividade privada. Asseverou que o art. 150, I, da CF (*Art. 150. Sem prejuízo de outras garantias asseguradas ao contribuinte, é vedado à União, aos Estados, ao Distrito Federal e aos Municípios: I - exigir ou aumentar tributo sem lei que o estabeleça*) preconizaria que a exigência de tributos só se revelaria possível mediante lei formal. Vencidos os Ministros Roberto Barroso e Rosa Weber, que negavam provimento ao recurso. Pontuavam que a cobrança pelo fornecimento dos selos de controle do IPI seria uma obrigação acessória. Ressaltavam que o pagamento pelo custo dos selos seria uma decorrência natural de o contribuinte suportar esse ônus, que não poderia ser repartido por toda a sociedade. Não vislumbravam violação à legalidade, porque haveria previsão expressa da existência do selo, uma vez que a cobrança fora instituída por decreto-lei que, à época, supriria a necessidade de lei formal. **RE 662113/PR, rel. Min. Marco Aurélio, 12.2.2014. (RE-662113) (Inform. STF 735)**

AG. REG. NO RE N. 600.891-PR
RELATORA: MIN. CÁRMEN LÚCIA
EMENTA: AGRAVO REGIMENTAL NO RECURSO EXTRAORDINÁRIO. TRIBUTÁRIO. ARRENDAMENTO MERCANTIL. CONSTITUCIONALIDADE DA INCIDÊNCIA DO IMPOSTO SOBRE PRODUTOS INDUSTRIALIZADOS - IPI. PRECEDENTES. AGRAVO REGIMENTAL AO QUAL SE NEGA PROVIMENTO. **(Inform. STF 721)**

ED: crédito-prêmio do IPI e declaração de inconstitucionalidade - 2

Em conclusão, o Plenário acolheu parcialmente embargos de declaração para assentar a extensão da declaração de inconstitucionalidade do art. 1º do Decreto-Lei 1.724/79 no ponto em que conferia delegação ao Ministro de Estado da Fazenda para extinguir os incentivos fiscais concedidos pelos artigos

7. DIREITO TRIBUTÁRIO

1º e 5º do Decreto-Lei 491/69 (crédito-prêmio do IPI). Os contribuintes, ora embargantes, alegavam a existência de contradição entre o que decidido na conclusão do recurso extraordinário e o que registrado, posteriormente, em sua proclamação – v. Informativo 374. Aduziu-se a discrepância do conteúdo da ata de julgamento acerca da inconstitucionalidade com o voto condutor e com a maioria então formada. O Min. Dias Toffoli acrescentou que o pleito dos contribuintes seria mais amplo, a pretender também a manifestação da Corte sobre questão não decidida e nem debatida na origem, qual seja, a constitucionalidade do art. 3º, I, do Decreto-Lei 1.894/81. **RE 208260 ED/RS, Min. Marco Aurélio, 12.6.2013. (RE-208260) (Inform. STF 711)**

AG. REG. NO RE N. 732.651-RS

RELATOR: MIN. RICARDO LEWANDOWSKI
Ementa: AGRAVO REGIMENTAL NO RECURSO EXTRAORDINÁRIO. CONSTITUCIONAL. TRIBUTÁRIO. IPI. IMPORTAÇÃO DE BEM PARA USO PRÓPRIO POR NÃO CONTRIBUINTE. IMPOSSIBILIDADE DE INCIDÊNCIA. PRINCÍPIO DA NÃO CUMULATIVIDADE. AGRAVO IMPROVIDO.
I – A exigência de IPI na importação de bem para uso próprio por pessoa não contribuinte do tributo implica violação ao princípio da não cumulatividade.
II – Agravo regimental improvido. **(Inform. STF 707)**

DIREITO TRIBUTÁRIO. CREDITAMENTO DE IPI DOS PRODUTOS FINAIS IMPORTADOS E DESTINADOS À ZONA FRANCA DE MANAUS.
O art. 2º da Lei 9.716/1998 (com vigência a partir de 30/10/1998) garantiu a manutenção na escrita do contribuinte dos créditos de IPI provenientes da aquisição de produtos finais do exterior e posteriormente remetidos à Zona Franca de Manaus (ZFM). De fato, na importação de bem acabado, com posterior revenda ao mercado interno, o IPI incide tanto no desembaraço aduaneiro quanto na saída do produto do estabelecimento do importador, ou seja, quando da sua revenda. Nesses casos, o importador compensa o valor pago na saída do produto com o que pagou quando do despacho aduaneiro, diante do princípio da não-cumulatividade. De outro lado, quando o importador de bem acabado revende para a ZFM ou para outras regiões incentivadas, a saída não é tributada. Nesse caso - quando a saída não é tributada - a manutenção desse crédito na escrita fiscal necessita de autorização legal expressa por se tratar de benefício fiscal. Ocorre que existe uma autorização genérica de creditamento presente no art. 2º da Lei 9.716/1998 (com vigência a partir de 30/10/1998). A mesma autorização se encontra também de forma genérica disposta no art. 11 da Lei 9.779/1999 (com vigência a partir de 30/12/1998). Assim, independentemente de o art. 4º da Lei 8.387/1991 dispor que será mantido na escrita do contribuinte o crédito do IPI incidente sobre matérias-primas, produtos intermediários, material de embalagem e equipamentos adquiridos para emprego na industrialização de produtos que venham a ser remetidos para a ZFM, deve-se concluir que todos os dispositivos legais citados convivem harmoniosamente. Se o art. 4º da Lei 8.387/1991 garantiu desde 31/12/1991 a manutenção na escrita do contribuinte dos créditos provenientes da aquisição de insumos empregados na industrialização de produtos remetidos à ZFM, é bem verdade que essa possibilidade foi estendida para as outras saídas isentas ou tributadas à alíquota zero pelo art. 11 da Lei 9.779/1999 (com vigência a partir de 30/12/1998). Não houve aqui qualquer incompatibilidade. Aliás, é de se observar que o art. 226, V e VI, do RIPI/2010 (Decreto 7.212/2010) permite o creditamento dos estabelecimentos equiparados do imposto pago no desembaraço aduaneiro e que o art. 2º, da Lei 9.716/1998 não discrimina a origem do creditamento ou o destino do produto para efeito de sua aplicação. Sendo assim, o art. 2º da Lei 9.716/1998 se aplica tanto ao creditamento proveniente da aquisição de insumos (matérias-primas, produtos intermediários, material de embalagem) quanto ao creditamento proveniente da aquisição de produtos finais (acabados) via importação, indiferente que sejam destinados ou não para a Zona Franca de Manaus. REsp 1.464.935-PR, Rel. Min. Mauro Campbell Marques, julgado em 1º/10/2015, DJe 15/10/2015. (Inform. STJ 571)

DIREITO TRIBUTÁRIO. ISENÇÕES DE IPI E DE II A INSTITUIÇÕES CULTURAIS.
As entidades com finalidade eminentemente cultural fazem jus às isenções de Imposto de Importação (II) e de Imposto sobre Produtos Industrializados (IPI) previstas nos arts. 2º, I, "b", e 3º, I, da Lei 8.032/1990. Conquanto a Lei 8.032/1990 estabeleça isenções de II e de IPI para as "instituições de educação" (art. 2º, I, "b", da Lei 8.032/1990), as entidades com finalidade eminentemente cultural estão inseridas nessa expressão legal, visto que não

se pode dissociar cultura de educação. Precedente citado: REsp 262.590-CE, Segunda Turma, DJ 6/5/2002. **REsp 1.100.912-RJ, Rel. Min. Sérgio Kukina, julgado em 28/4/2015, DJe 14/5/2015 (Inform. STJ 561).**

DIREITO TRIBUTÁRIO. AQUISIÇÃO DE VEÍCULO COM ISENÇÃO DE IPI POR PESSOA COM NECESSIDADES ESPECIAIS QUE TEVE O SEU VEÍCULO ROUBADO.
A isenção de IPI para aquisição de automóvel por pessoa com necessidades especiais (art. 1º, IV, da Lei 8.989/1995) poderá ser novamente concedida antes do término do prazo de 2 anos contado da aquisição (art. 2º) se o veículo vier a ser roubado durante esse período. De acordo com o art. 2º da Lei 8.989/1995, "a isenção do Imposto sobre Produtos Industrializados – IPI de que trata o art. 1º desta Lei somente poderá ser utilizada uma vez, salvo se o veículo tiver sido adquirido há mais de 2 (dois) anos". Esse dispositivo, entretanto, deve ser interpretado de maneira a satisfazer o caráter humanitário da política fiscal, primando pela inclusão das pessoas com necessidades especiais e não restringindo seu acesso. Com efeito, a orientação do STJ é que a Lei 8.989/1995 não pode ser interpretada em óbice à implementação de ação afirmativa para inclusão de pessoas com necessidades especiais (REsp 567.873-MG, Primeira Turma, DJ 25/2/2004). Assim, cabe, na situação em análise, afastar a limitação temporal do art. 2º. da Lei 8.989/1995, com base no princípio da dignidade da pessoa humana e em razão de motivo de força maior. **REsp 1.390.345-RS, Rel. Min. Napoleão Nunes Maia Filho, julgado em 24/3/2015, DJe 7/4/2015 (Inform. STJ 559).**

DIREITO TRIBUTÁRIO. IMPOSSIBILIDADE DE INCIDIR IPI NA IMPORTAÇÃO DE VEÍCULO PARA USO PRÓPRIO. RECURSO REPETITIVO (ART. 543-C DO CPC E RES. 8/2008-STJ).
Não incide IPI no desembaraço aduaneiro de veículo importado por consumidor para uso próprio. Isso porque o fato gerador da incidência do tributo é o exercício de atividade mercantil ou assemelhada, quadro no qual não se encaixa o consumidor final que importa o veículo para uso próprio e não para fins comerciais. Ademais, ainda que assim não fosse, a aplicação do princípio da não cumulatividade afasta a incidência do IPI. Com efeito, segundo o art. 49 do CTN, o valor pago na operação imediatamente anterior deve ser abatido do mesmo imposto em operação posterior. Ocorre que, no caso, por se tratar de importação feita por consumidor final, esse abatimento não poderia ser realizado. Precedentes citados do STJ: AgRg no AREsp 357.532-RS, Segunda Turma, DJe 18/9/2013; AgRg no AREsp 333.428-RS, Segunda Turma, DJe 22/8/2013; AgRg no REsp 1.369.578-SC, Primeira Turma, DJe 12/6/2013; e AgRg no AREsp 215.391-SC, Primeira Turma, DJe 21/6/2013. Precedentes citados do STF: RE 550.170-SP AgR, Primeira Turma, DJe 3/8/2011; e RE 255.090-RS AgR, Segunda Turma, DJe 7/10/2010. **REsp 1.396.488-SC, Rel. Min. Humberto Martins, Primeira Seção, julgado em 25/2/2015, DJe 17/3/2015 (Inform. STJ 557).**

DIREITO TRIBUTÁRIO. FATO GERADOR DO IPI NAS OPERAÇÕES DE COMERCIALIZAÇÃO, NO MERCADO INTERNO, DE PRODUTOS DE PROCEDÊNCIA ESTRANGEIRA.
Havendo incidência do IPI no desembaraço aduaneiro de produto de procedência estrangeira (art. 46, I, do CTN), não é possível nova cobrança do tributo na saída do produto do estabelecimento do importador (arts. 46, II, e 51, parágrafo único, do CTN), salvo se, entre o desembaraço aduaneiro e a saída do estabelecimento do importador, o produto tiver sido objeto de uma das formas de industrialização (art. 46, parágrafo único, do CTN). A norma do parágrafo único do art. 46 do CTN constitui a essência do fato gerador do IPI. A teor dela, o tributo não incide sobre o acréscimo embutido em cada um dos estágios da circulação de produtos industrializados. O IPI incide apenas sobre o montante que, na operação tributada, tenha resultado da industrialização, assim considerada qualquer operação que importe na alteração da natureza, funcionamento, utilização, acabamento ou apresentação do produto, ressalvadas as exceções legais. De outro modo, coincidiriam os fatos geradores do IPI e do ICMS. Consequentemente, os incisos I e II do caput do art. 46 do CTN são excludentes, salvo se, entre o desembaraço aduaneiro e a saída do estabelecimento do importador, o produto tiver sido objeto de uma das formas de industrialização. EREsp 1.411.749-PR, Rel. originário Min. Sérgio Kukina, Rel. para acórdão Min. Ari Pargendler, julgado em 11/6/2014, DJe 18/12/2014 (Inform. STJ 553).

VADE MECUM DE JURISPRUDÊNCIA – STF/STJ

DIREITO TRIBUTÁRIO. INCIDÊNCIA DE IPI NA REVENDA DE PRODUTOS IMPORTADOS. Não é ilegal a nova incidência de IPI no momento da saída de produto de procedência estrangeira do estabelecimento do importador, após a incidência anterior do tributo no desembaraço aduaneiro. Seja pela combinação dos arts. 46, II e 51, parágrafo único, do CTN - que compõem o fato gerador do referido imposto -, seja pela combinação dos arts. 51, II, do CTN, 4º, I, da Lei 4.502/1964, 79 da MP 2.158-35/2001 e 13 da Lei 11.281/2006 - que definem a sujeição passiva -, os produtos importados estão sujeitos a uma nova incidência do IPI quando de sua saída do estabelecimento importador na operação de revenda. Essa interpretação não ocasiona a ocorrência de *bis in idem*, dupla tributação ou bitributação, pois a lei elenca dois fatos geradores distintos: o desembaraço aduaneiro proveniente da operação de compra do produto industrializado do exterior e a saída do produto industrializado do estabelecimento importador equiparado a estabelecimento produtor, isto é, a primeira tributação recai sobre o preço da compra, na qual já está embutida a margem de lucro da empresa estrangeira, e a segunda tributação recai sobre o preço da venda, na qual já está embutida a margem de lucro da empresa brasileira importadora. Além disso, a nova incidência do IPI não onera a cadeia além do razoável, pois o importador, na primeira operação, apenas acumula a condição de contribuinte de fato e de direito em razão da territorialidade, já que o estabelecimento industrial produtor estrangeiro não pode ser eleito pela lei nacional brasileira como contribuinte de direito do IPI - os limites da soberania tributária o impedem -, e a empresa importadora nacional brasileira acumula o crédito do imposto a ser pago na saída do produto como contribuinte de direito - não-cumulatividade -, mantendo-se a tributação apenas sobre o valor agregado. Precedentes citados: REsp 1.386.686-SC, Segunda Turma, DJe 24/10/2013 e REsp 1.385.952-SC, Segunda Turma, DJe 11/9/2013. **REsp 1.429.656-PR, Rel. Ministro Mauro Campbell Marques, julgado em 11/2/2014. (Inform. STJ 535)**

DIREITO TRIBUTÁRIO. MODIFICAÇÃO DA OPÇÃO DO REGIME DE CÁLCULO DE CRÉDITO PRESUMIDO DE IPI. Após optar, em determinado exercício, pela manutenção do sistema original de cálculo do crédito presumido de IPI previsto na Lei 9.363/1996 ou pela migração para o regime alternativo preconizado pela Lei 10.276/2001, o contribuinte não poderá retificar sua opção em relação ao exercício em que ela foi realizada ou em relação aos exercícios anteriores, mesmo que a escolha tenha ocorrido por desídia decorrente da ausência de modificação da sistemática quando legalmente possível (dentro do prazo legal), ou ainda que ela se relacione ao regime mais oneroso. Precedentes citados: AgRg no REsp 1.119.893/RS, Segunda Turma, DJe 1/8/2013; e REsp 1.002.855/SC, Segunda Turma, DJe 15/4/2008. **AgRg no REsp 1.239.867-RS, Rel. Min. Benedito Gonçalves, julgado em 4/2/2014. (Inform. STJ 534)**

DIREITO TRIBUTÁRIO. PRESCRIÇÃO DA PRETENSÃO DE RECONHECIMENTO DE CRÉDITOS PRESUMIDOS DE IPI. Prescreve em cinco anos a pretensão de reconhecimento de créditos presumidos de IPI a título de benefício fiscal a ser utilizado na escrita fiscal ou mediante ressarcimento. Isso porque o referido prazo prescricional deve obedecer ao art. 1º do Dec. 20.910/1932, e não aos dispositivos do CTN. Precedentes citados: REsp 1.129.971-BA, Primeira Seção, DJe 10/3/2010 (julgado sob o procedimento dos recursos repetitivos); REsp 982.020-PE, Segunda Turma, DJe 14/2/2011; e AgRg no REsp 1.240.435-RS, Primeira Turma, DJe 22/11/2011. **AgRg no AREsp 292.142-MG, Rel. Min. Castro Meira, julgado em 21/5/2013. (Inform. STJ 523)**

DIREITO TRIBUTÁRIO. CREDITAMENTO DO IPI EM RELAÇÃO À ENERGIA ELÉTRICA CONSUMIDA NO PROCESSO PRODUTIVO. O contribuinte não tem direito a crédito presumido de IPI, em relação à energia elétrica consumida no processo produtivo, como ressarcimento das contribuições ao PIS/Pasep e à Cofins, na forma estabelecida pelo art. 1º da Lei 9.363/1996. Isso porque a energia elétrica consumida na produção industrial não integra o conceito de "matéria-prima", "produto intermediário" ou "material de embalagem" para efeito da legislação do IPI. Efetivamente, é de se observar que os citados termos veiculam conceitos jurídicos que não se encontram diretamente definidos na legislação que instituiu o benefício do crédito presumido, mas sim na própria legislação do imposto, conforme remissão feita pelo parágrafo único do art. 3º da mesma lei, o qual permite a utilização subsidiária da legislação do IPI para o estabelecimento dos conceitos de "matéria-prima", "produtos

intermediários" e "material de embalagem". Nesse contexto, o art. 82 do Dec. 87.981/1982 (RIPI) prevê que os estabelecimentos industriais poderão creditar-se "do imposto relativo a matérias-primas, produtos intermediários e material de embalagem, adquiridos para emprego na industrialização de produtos tributados, incluindo-se, entre as matérias-primas e produtos intermediários, aqueles que, embora não se integrando ao novo produto, forem consumidos no processo de industrialização". De fato, a expressão "consumidos no processo de industrialização" significa consumo, desgaste ou alteração de suas propriedades físicas ou químicas durante a industrialização. Portanto, a legislação tributária considera como insumo aquilo que se integra, de forma física ou química, ao novo produto ou aquilo que sofre consumo, desgaste ou alteração de suas propriedades físicas ou químicas. Desse modo, a energia elétrica consumida no processo produtivo, por não sofrer ou provocar ação direta mediante contato físico com o produto, não integra o conceito de "matéria-prima" ou "produto intermediário" para efeito da legislação do IPI e, por conseguinte, para efeito da obtenção do crédito presumido do imposto como ressarcimento das contribuições ao PIS/PASEP e à COFINS. Ainda, observe-se que esse entendimento já se encontra pacificado na seara administrativa pela Súmula 12 do Segundo Conselho de Contribuintes do Ministério da Fazenda. Precedentes citados: AgRg no REsp 1.000.848-SC, Primeira Turma, DJe 20/10/2010; e AgRg no REsp 919.628- PR, Segunda Turma, DJe 24/8/2010. **REsp 1.331.033-SC, Rel. Min. Mauro Campbell Marques, julgado em 2/4/2013. (Inform. STJ 522)**

🖹 Súmula STJ nº 495

A aquisição de bens integrantes do ativo permanente da empresa não gera direito a creditamento de IPI.

🖹 Súmula STJ nº 494

O benefício fiscal do ressarcimento do crédito presumido do IPI relativo às exportações incide mesmo quando as matérias-primas ou os insumos sejam adquiridos de pessoa física ou jurídica não contribuinte do PIS/PASEP.

🖹 Súmula STJ nº 411

É devida a correção monetária ao creditamento do IPI quando há oposição ao seu aproveitamento decorrente de resistência ilegítima do Fisco. *(Comentário: se não houve oposição do fisco, é inviável a correção monetária dos créditos do IPI e do ICMS, por conta de sua natureza escritural)*

🖹 Súmula TFR nº 161

Não se inclui na base de cálculo do PIS a parcela relativa ao IPI. *(Comentário: entendimento ultrapassado pelo STJ, que entende inviável a exclusão do IPI da base de cálculo do PIS/COFINS, exceto no caso de crédito presumido de IPI. Ademais, o STF entende que a matéria é mesmo da competência do STJ)*

🖹 Súmula TFR nº 106

A seguradora não tem direito à restituição do Imposto sobre Produtos Industrializados, no caso de sinistro ocorrido com mercadoria, após a sua saída do estabelecimento produtor.

🖹 Súmula TFR nº 81

Mármores e granitos afeiçoados ao emprego final, mediante processo de industrialização, estão sujeitos ao Imposto sobre Produtos Industrializados.

7.4. ITR

DIREITO TRIBUTÁRIO. ISENÇÃO DE ITR RELATIVA A ÁREA DE RESERVA LEGAL. A isenção de Imposto Territorial Rural (ITR) prevista no art. 10, § 1º, II, *a*, da Lei 9.393/1996, relativa à área de reserva legal, depende de prévia averbação desta no registro do imóvel. Precedentes citados: EREsp 1.027.051-SC, Primeira Seção, DJe 21/10/2013; e EREsp 1.310.871-PR, Primeira Seção, DJe 4/11/2013. **AgRg no REsp 1.243.685-PR, Rel. Min. Benedito Gonçalves, julgado em 5/12/2013. (Inform. STJ 533)**

🖹 Súmula STJ nº 139

Cabe à Procuradoria da Fazenda Nacional propor execução fiscal para cobrança do crédito relativo ao ITR. *(Comentário: a atual redação do art. 153, § 4º, III, da CF permite a fiscalização e cobrança do ITR pelos Municípios que assim optarem, na forma da lei)*.

7.5. ICMS

7.5.1. ICMS: Incidência, conflitos de competência

ICMS: venda financiada e hipótese de incidência

A Segunda Turma iniciou julgamento de recurso extraordinário no qual se discute a incidência ou não de ICMS sobre os acréscimos financeiros decorrentes de operações de compra de bens com cartões de crédito emitidos pela própria fornecedora das mercadorias, sem a intermediação de instituição financeira. O Ministro Dias Toffoli, relator, preliminarmente conheceu do recurso extraordinário, por entender que a questão constitucional, concernente à materialidade do ICMS, cuja roupagem consta tanto do art. 155, II, da CF/1988, como do art. 23, II, da CF/1967, teria sido previamente debatida na origem. No mérito, considerou, em essência, que as operações com cartões de crédito emitidos pela própria fornecedora da mercadoria, sem a intermediação de instituição financeira, não configurariam outro tipo de operação que não uma venda a prazo, devendo o ICMS incidir sobre o valor total da operação. O tratamento seria diverso das vendas à vista efetuadas com a utilização de crédito bancário. Para que não houvesse inclusão, seria imprescindível que, ao fim, existissem duas operações distintas: a de compra e venda e a de financiamento. Inexistente intermediação financeira, os encargos devidos a título de ICMS comporiam a base de cálculo sobre a qual o imposto deveria incidir. Em seguida, pediu vista dos autos a Ministra Cármen Lúcia.
RE 514639/RS, rel. Min. Dias Toffoli, 26.5.2015. (RE-514639)

ICMS: venda financiada e hipótese de incidência - 2

A Segunda Turma retomou julgamento de recurso extraordinário no qual se discute a incidência ou não de Imposto sobre Circulação de Mercadorias e Serviços - ICMS sobre os acréscimos financeiros decorrentes de operações de compra de bens com cartões de crédito emitidos pela própria fornecedora das mercadorias, sem a intermediação de instituição financeira, em período anterior a Constituição de 1988 — v. Informativo 787. A Ministra Cármen Lúcia, em voto vista, divergiu do relator para não conhecer do recurso e, se ultrapassado a preliminar, negar provimento ao extraordinário. Frisou não haver prequestionamento dos dispositivos constitucionais tidos por violados. Além disso, o STJ teria decidido a questão com base em normas infraconstitucionais (CTN e Decreto-Lei 406/1968), fundamento suficiente para manutenção do acórdão recorrido. Isso impediria a análise do recurso de acordo com o Enunciado 283 da Súmula do STF. No mérito, quanto ao alcance da incidência do ICMS sobre operações de compra e venda realizadas com cartão de crédito emitido pela própria empresa vendedora, o STJ assentara que na venda efetuada por meio de cartão de crédito, ocorreriam duas operações: a primeira de compra e venda e a segunda de financiamento. No que se refere à diferenciação entre compra e venda a prazo e aquela efetuada com utilização de cartão de crédito, se teria definido que, em relação à primeira, dever-se-ia incidir ICMS, uma vez que se traduziria em elevação do valor da saída da mercadoria do estabelecimento comercial. Por outro lado, no caso de venda mediante cartão de crédito, não deveria incidir o imposto sobre os encargos relativos ao financiamento. Sublinhou que esse entendimento estaria em consonância com precedente da Turma que teria afirmado que o ICMS incidiria sobre o preço ajustado para a venda, não sendo cabível sua incidência sobre valores decorrentes da utilização do crédito concedido pela empresa para financiamento da compra. Portanto, o ICMS deveria ser aplicado somente sobre o valor de venda da mercadoria, estampado em nota fiscal, o qual, na espécie, traduzir-se-ia como preço da venda à vista. Estaria dissociado, desse modo, dos custos que porventura pudessem ser cobrados por inadimplência da obrigação firmada quando da abertura do crédito rotativo na empresa vendedora. Em seguida, pediu vista o Ministro Gilmar Mendes.
RE 514639/RS, rel. Min. Dias Toffoli, 3.11.2015. (RE-514639) (Inform. STF 806)

AG. REG. NOS EMB. DECL. NO AG. REG. NO RE N. 705.264-SC
RELATOR: MIN. MARCO AURÉLIO

EMBARGOS DECLARATÓRIOS – INEXISTÊNCIA DE VÍCIO. Uma vez voltados os embargos declaratórios ao simples rejulgamento de certa matéria, inexistindo, na decisão formalizada, qualquer dos vícios que os respaldam – omissão, contradição e obscuridade –, cumpre desprovê-los.

ICMS – BENS – IMPORTAÇÃO – EMENDA CONSTITUCIONAL Nº 33, DE 2001 – PRINCÍPIO DA LEGALIDADE – PRECEDENTES. É constitucional a incidência do Imposto sobre a Circulação de Mercadorias e Serviços – ICMS em bens importados, prevista na Emenda Constitucional nº 33, de 2001, pressupondo a cobrança a edição de lei complementar e de lei estadual a versar a matéria. Precedentes: Recursos Extraordinários n. 474.267/RS e 439.796/PR, julgados no Pleno, relatados pelo ministro Joaquim Barbosa, acórdãos veiculados, respectivamente, no Diário de 20 e 17 de março de 2014. **(Inform. STF 802)**

REPERCUSSÃO GERAL EM ARE N. 782.749-RS
RELATOR: MIN. TEORI ZAVASCKI

Ementa: PROCESSUAL CIVIL. RECURSO EXTRAORDINÁRIO. IMPOSTO SOBRE OPERAÇÕES RELATIVAS À CIRCULAÇÃO DE MERCADORIAS E SOBRE PRESTAÇÕES DE SERVIÇOS DE TRANSPORTE INTERESTADUAL E INTERMUNICIPAL E DE COMUNICAÇÃO - ICMS. INCIDÊNCIA SOBRE A TARIFA DE "ASSINATURA BÁSICA MENSAL". REPERCUSSÃO GERAL CONFIGURADA.
1. Possui repercussão geral a questão relativa à incidência ou não do ICMS-comunicação (Constituição, art. 155, II) sobre a tarifa denominada "assinatura básica mensal", paga pelo consumidor às concessionárias de telefonia, de forma permanente e contínua, durante toda a vigência do contrato de prestação de serviços.
2. Repercussão geral reconhecida. **(Inform. STF 793)**

DIREITO TRIBUTÁRIO. NÃO INCIDÊNCIA DE ICMS SOBRE A OPERAÇÃO DE VENDA, REALIZADA POR AGÊNCIA DE AUTOMÓVEIS, DE VEÍCULO USADO OBJETO DE CONSIGNAÇÃO PELO PROPRIETÁRIO.

Não incide ICMS sobre a operação de venda, promovida por agência de automóveis, de veículo usado objeto de consignação pelo proprietário. A circulação de mercadorias prevista no art. 155 da CF é a jurídica, que exige efetivo ato de mercancia, para o qual concorrem a finalidade de obtenção de lucro e a transferência de titularidade, a qual, por sua vez, pressupõe a transferência de uma pessoa para outra da posse ou da propriedade da mercadoria. A mera consignação do veículo, cuja venda deverá ser promovida por agência de automóveis, não representa circulação jurídica da mercadoria, porquanto não induz à transferência da propriedade ou da posse da coisa, inexistindo, dessa forma, troca de titularidade a ensejar o fato gerador do ICMS. Nesse negócio jurídico, não há transferência de propriedade à agência de automóveis, pois ela não adquire o veículo de seu proprietário, apenas intermedeia a venda da coisa a ser adquirida diretamente pelo comprador. De igual maneira, não há transferência de posse, haja vista que a agência de automóveis não exerce sobre a coisa nenhum dos poderes inerentes à propriedade (art. 1.228 do CC). Com efeito, a consignação do veículo não pressupõe autorização do proprietário para a agência usar ou gozar da coisa, tampouco a agência pode dispor sobre o destino da mercadoria, pode, apenas, promover a sua venda em conformidade com as condições estabelecidas pelo proprietário. Em verdade, a consignação do veículo significa mera detenção precária da mercadoria para exibição, facilitando, dessa forma, a realização do serviço de intermediação contratado. **REsp 1.321.681-DF, Rel. Min. Benedito Gonçalves, julgado em 26/2/2013. (Inform. STJ 515).**

📖 Súmula Vinculante STF 48

Na entrada de mercadoria importada do exterior, é legítima a cobrança do ICMS por ocasião do desembaraço aduaneiro.

📖 Súmula STF nº 662

É legítima a incidência do ICMS na comercialização de exemplares de obras cinematográficas, gravados em fitas de videocassete.

📖 Súmula STF nº 579

A cal virgem e a hidratada estão sujeitas ao Imposto de Circulação de Mercadorias.

📖 Súmula STJ nº 163

O fornecimento de mercadorias com a simultânea prestação de serviços em bares, restaurantes e estabelecimentos similares constitui fato gerador do ICMS a incidir sobre o valor total da operação.

7.5.2. ICMS: Não incidência

DIREITO TRIBUTÁRIO. NÃO INCIDÊNCIA DE ICMS SOBRE A OPERAÇÃO DE VENDA, REALIZADA POR AGÊNCIA DE AUTOMÓVEIS, DE VEÍCULO USADO OBJETO DE CONSIGNAÇÃO PELO PROPRIETÁRIO.
Não incide ICMS sobre a operação de venda, promovida por agência de automóveis, de veículo usado objeto de consignação pelo proprietário. A circulação de mercadorias prevista no art. 155 da CF é a jurídica, que exige efetivo ato de mercancia, para o qual concorrem a finalidade de obtenção de lucro e a transferência de titularidade, a qual, por sua vez, pressupõe a transferência de uma pessoa para outra da posse ou da propriedade da mercadoria. A mera consignação do veículo, cuja venda deverá ser promovida por agência de automóveis, não representa circulação jurídica da mercadoria, porquanto não induz à transferência da propriedade ou da posse da coisa, inexistindo, dessa forma, troca de titularidade a ensejar o fato gerador do ICMS. Nesse negócio jurídico, não há transferência de propriedade à agência de automóveis, pois ela não adquire o veículo de seu proprietário, apenas intermedeia a venda da coisa a ser adquirida diretamente pelo comprador. De igual maneira, não há transferência de posse, haja vista que a agência de automóveis não exerce sobre a coisa nenhum dos poderes inerentes à propriedade (art. 1.228 do CC). Com efeito, a consignação do veículo não pressupõe autorização do proprietário para a agência usar ou gozar da coisa, tampouco a agência pode dispor sobre o destino da mercadoria, pode, apenas, promover a sua venda em conformidade com as condições estabelecidas pelo proprietário. Em verdade, a consignação do veículo significa mera detenção precária da mercadoria para exibição, facilitando, dessa forma, a realização do serviço de intermediação contratado. **REsp 1.321.681-DF, Rel. Min. Benedito Gonçalves, julgado em 26/2/2013. (Inform. STJ 515).**

Súmula Vinculante 32/STF

O ICMS não incide sobre alienação de salvados de sinistro pelas seguradoras.

Súmula STF nº 573

Não constitui fato gerador do Imposto de Circulação de Mercadorias a saída física de máquinas, utensílios e implementos a título de comodato.

Súmula STJ nº 166

Não constitui fato gerador do ICMS o simples deslocamento de mercadoria de um para outro estabelecimento do mesmo contribuinte.

Súmula STJ nº 135

O ICMS não incide na gravação e distribuição de filmes e videoteipes.

7.5.3. ICMS: Imunidades

AG. REG. NO AI N. 856.945-MS

RELATORA: MIN. ROSA WEBER
EMENTA: DIREITO TRIBUTÁRIO. ICMS. IMUNIDADE. PRETENSÃO DE ENQUADRAMENTO DE PRODUTO DESTI-NA-DO À EXPORTAÇÃO COMO SEMIELABORADO. LEI COMPLEMENTAR 65/1991. DEBATE DE ÂMBITO INFRACONS-TITUCIONAL. EVENTUAL VIOLAÇÃO REFLEXA DA CONS--TI-TUI-ÇÃO DA REPÚBLICA NÃO VIABILIZA O MANEJO DE RECURSO EXTRAORDINÁRIO. ACÓRDÃO RECORRIDO PUBLICADO EM 16.3.2010.
As razões do agravo regimental não são aptas a infirmar os fundamentos que lastrearam a decisão agravada, mormente no que se refere ao âmbito infraconstitucional do debate, a inviabilizar o trânsito do recurso extraordinário.

Agravo regimental conhecido e não provido. (Inform. STF 725)

AG. REG. NO RE N. 296.199-PB
RELATOR: MIN. TEORI ZAVASCKI
Ementa: TRIBUTÁRIO. AGRAVO REGIMENTAL NO RECURSO EXTRA-ORDINÁRIO. ICMS. ART. 155, § 2º, X, B, DA CONSTITUIÇÃO FEDERAL. OPERAÇÕES INTERESTADUAIS ENVOLVENDO COMBUSTÍVEIS E OUTROS DERIVADOS DE PETRÓLEO. IMUNIDADE. BENEFÍCIO QUE NÃO SE APLICA AO CONSUMIDOR FINAL. PRECEDENTE DO PLENÁRIO DO STF: RE 198.088, REL. MIN. ILMAR GALVÃO, DJ DE 05.09.2003.
AGRAVO REGIMENTAL A QUE SE NEGA PROVIMENTO. (Inform. STF 707)

7.5.4. Alíquotas e base de cálculo

ICMS e redução da base de cálculo - 1
A redução da base de cálculo de ICMS equivale à hipótese de isenção parcial, a acarretar a anulação proporcional de crédito desse mesmo imposto, relativo às operações anteriores, salvo disposição em lei estadual em sentido contrário. Assim, reduzida a base de cálculo, tem-se impossibilitado o creditamento integral, sem que se possa falar em ofensa ao princípio da não-cumulatividade (CF, art. 155, § 2º, II, b). Essa a conclusão do Plenário ao julgar conjuntamente dois recursos extraordinários em que se discutia a possibilidade de estorno proporcional de crédito de ICMS nos casos em que as operações subsequentes estivessem sujeitas à redução de base de cálculo. No RE 635.688/RS, com repercussão geral reconhecida, o Tribunal, por maioria, negou provimento ao recurso interposto por empresa contribuinte. Na espécie, questionava-se a possibilidade de o Estado do Rio Grande do Sul proceder à anulação proporcional do crédito fiscal relativo às operações de saída interna de mercadorias componentes da cesta básica, que teriam sido beneficiadas por redução de base de cálculo, nos termos da Lei gaúcha 8.820/1989 e do Convênio ICMS 128/1994. A controvérsia constitucional seria concernente à interpretação do art. 155, § 2º, II, da CF, o qual determina que, em matéria de ICMS, os casos de isenção ou de não incidência, não deverão implicar crédito para compensação com o montante devido nas operações ou prestações seguintes e acarretarão a anulação do crédito relativo às operações anteriores.

ICMS e redução da base de cálculo - 2
O Tribunal recordou que, no julgamento do RE 174.478/SP (DJe de 29.5.2008), a Corte mudara seu entendimento e assentara a tese de que a redução de base de cálculo deveria ser tomada para efeito do que dispõe o art. 155, § 2º, da CF, como forma de "isenção parcial". Asseverou que, embora tivessem estrutura jurídica diversa, tanto a isenção total — que elimina o dever de pagamento do tributo, porque lhe ceifa a incidência — quanto a redução de base de cálculo ou de alíquota — que apenas restringe o critério quantitativo do consequente da regra matriz de incidência tributária — teriam semelhante efeito prático: exonerariam, no todo ou em parte, o contribuinte do pagamento do tributo. Ponderou, no entanto, que o modo como se processaria essa exoneração, em termos jurídicos, seria diferente: a) na isenção total, seria afastada a própria incidência, ou seria dispensado integralmente o pagamento do tributo, em relação aos sujeitos e às situações atingidos pelo benefício; e b) na isenção parcial, haveria a incidência do tributo, mas o valor a ser pago seria menor do que aquele que seria devido não fosse a mudança (redução) no critério quantitativo da norma tributária padrão, seja na alíquota, seja na base de cálculo. Consignou que a obrigação de anular os créditos não estaria contida na Constituição, que apenas relegaria essa opção ao âmbito da discricionariedade política do legislador estadual, a caracterizar típica escolha de política fiscal. Assinalou que a existência de previsão legislativa expressa significaria reconhecer o direito à manutenção do crédito. Por outro lado, ante a falta de norma, seria mandamental a anulação do crédito relativo às operações anteriores. Esclareceu que, na situação dos autos, o Convênio ICMS 128/1994 disporia sobre tratamento tributário para as operações com as mercadorias que compõem a cesta básica e autorizaria expressamente os Estados-membros e o Distrito Federal a "não exigir a anulação proporcional do crédito" nas saídas internas desses produtos.

ICMS e redução da base de cálculo - 3
O Plenário destacou que, a despeito da autorização prevista no § 1º da Cláusula Primeira do Convênio ICMS 128/1994, não constaria que a legislação estadual do Rio Grande do Sul tivesse efetivamente previsto a possibilidade de manutenção integral dos créditos nas hipóteses de redução de base de cálculo. Aduziu que, ao contrário, teria determinado que fosse exigida a anulação proporcional do crédito. Frisou que o legislador estadual poderia ter adotado solução diversa, mas não o fizera. Destacou que, à falta de lei que autorizasse o aproveitamento integral do crédito, teria plena aplicação a regra do art. 155, § 2º, II, b, da CF. Sublinhou que o convênio, por si só, não asseguraria a concessão do benefício em questão. Pontuou que o convênio seria condição necessária, mas não suficiente, porque teria sentido jurídico meramente autorizativo, e não impositivo: permitiria a concessão do benefício fiscal por parte de cada um dos Estados-membros e do Distrito Federal, mas não o criaria "per se". Observou que a essa conclusão se chegaria com a leitura do art. 150, § 6º, com redação dada pela EC 3/1993, combinado com o art. 155, § 2º, XII, g, ambos da CF. Registrou que: a) o primeiro exigiria

lei específica para a veiculação de isenção ou redução de base de cálculo; e b) o segundo determinaria que a concessão de isenções, incentivos e benefícios fiscais, em matéria de ICMS, deveria observar o procedimento de deliberação previsto em lei complementar, atualmente a LC 24/1975. Salientou que, nas hipóteses de isenção parcial de base de cálculo, a Fazenda estadual estaria autorizada a proceder à anulação proporcional dos créditos, ressalvada a previsão em sentido contrário na legislação estadual, o que não se verificara no caso em tela. Vencido o Ministro Marco Aurélio, que dava provimento ao recurso para garantir ao contribuinte o creditamento do ICMS na integralidade. Enfatizava não se poder confundir isenção com redução da base de cálculo. Apontava que, na espécie, o contribuinte não poderia optar pelo sistema tradicional ou pelo sistema com redução da base de cálculo mais creditamento proporcional.

ICMS e redução da base de cálculo - 4
No RE 477.323/RS, a Corte deu provimento ao recurso. Na espécie, o tribunal de origem declarara a inconstitucionalidade de o Fisco estadual negar o direito de contribuinte utilizar-se, integralmente, de créditos do ICMS relativos à aquisição de insumos, envolvida a prestação de serviço de transportes, mesmo na hipótese de operações de saídas tributadas sob o regime de base de cálculo reduzida. O ora recorrente, Estado do Rio Grande do Sul, arguia a constitucionalidade da restrição ao uso de créditos do mencionado imposto ante a possibilidade de o contribuinte escolher pelo regime de benefício fiscal. O Ministro Marco Aurélio (relator) observou que o contribuinte teria tido oportunidade de optar pelos diferentes sistemas — tradicional ou com redução da base de cálculo. O Colegiado, tendo isso em conta, enfatizou que os convênios teriam natureza autorizativa e não impositiva, e, consequentemente, não dispensariam lei em sentido formal para a concretização dos benefícios neles previstos, como exigido pelo art. 150, § 6º, da CF. **RE 635688/ RS, rel. Min. Gilmar Mendes, 16.10.2014. (RE-635688) RE 477323/RS, rel. Min. Marco Aurélio, 16.10.2014. (RE-477323) (Inform. STF 763)**

DIREITO TRIBUTÁRIO. GARANTIA ESTENDIDA E BASE DE CÁLCULO DO ICMS. O valor pago pelo consumidor final ao comerciante a título de "seguro de garantia estendida" não integra a base de cálculo do ICMS incidente sobre a operação de compra e venda da mercadoria. Inicialmente, convém esclarecer que o "seguro de garantia estendida" é um contrato de adesão voluntária estabelecido entre o consumidor (segurado) e uma sociedade seguradora, sendo rotineiramente oferecido e comercializado pela empresa que vendeu a mercadoria, que intermedeia o negócio. Ressalte-se que essa modalidade de seguro foi inicialmente regulamentada pelo Conselho Nacional de Seguros Privados (CNSP) por meio das Resoluções 122/2005 e 296/2013. De acordo com tais regulamentos, essa espécie de seguro tem por escopo fornecer ao segurado/consumidor a extensão e/ou complementação de garantia original da mercadoria adquirida. Importa mencionar, ainda, que a Resolução CNSP 296/2013, em seu art. 13, esclarece expressamente que é "vedado condicionar a compra do bem à contratação do seguro de garantia estendida, assim como condicionar a concessão do desconto no seu preço à aquisição do seguro". De outro lado, a base de cálculo do ICMS, segundo a Lei Kandir (LC 87/1996), é o valor da operação pelo qual se deu a circulação da mercadoria. O imposto, portanto, não está limitado ao preço da mercadoria, abrangendo também o valor relativo às condições estabelecidas e assim exigidas do comprador como pressuposto para a própria realização do negócio. Essa é a inteligência do inciso II do § 1º do art. 13 da LC 87/1996, o qual dispõe que devem integrar a base de cálculo: (a) os seguros, juros e demais importâncias pagas, recebidas ou debitadas, bem como descontos concedidos sob condição; e (b) o frete, caso o transporte seja efetuado pelo próprio remetente ou por sua conta e ordem e seja cobrado em separado. Nessa linha intelectiva, destaque-se que a doutrina ensina que o ICMS deve ser cobrado sobre o prêmio de seguro relativo ao risco do transporte que é contratado e pago pelo vendedor (remetente) e exigido do comprador para a concretização do negócio, pois, nesse caso, tal quantia está compreendida no valor da operação. A par disso, e ponderando os elementos supramencionados, verifica-se que o "seguro de garantia estendida" não se subsume ao art. 13, § 1º, II, "a", da LC 87/1996, pelas razões seguintes. A uma, o pagamento do prêmio dessa modalidade de seguro não deve ser exigido do comprador como condição indispensável para a aquisição da mercadoria. Isso porque o seguro em questão é de adesão voluntária, podendo, ou não, ser contratado diretamente pelo consumidor final. Além disso, o seguro não é pago pelo vendedor para depois ser exigido do comprador, na composição do preço da operação, para o fechamento do negócio; essa, sim, hipótese de incidência do art.

13, § 1º, II, "a", da LC 87/1996. A duas, o seguro de garantia estendida, conforme dispõe o art. 1º da Resolução CNSP 122, de 3/5/2005 e o art. 1º da Resolução CNSP 296, de 25/10/2013, pode ser contratado pelo consumidor quando da aquisição do bem ou posteriormente, durante o prazo de garantia do fabricante, o que denota que esse negócio jurídico, embora relacionado, é autônomo e subsequente à operação de compra, sendo possível a sua contratação depois de já circulada a mercadoria (fato gerador do ICMS), configurando, portanto, nova relação jurídica e, por isso, não pode compor o valor da operação anterior já concretizada. A três, porque os valores pagos pelo consumidor ao comerciante devem ser repassados à companhia seguradora por força contratual da parceria, não configurando, portanto, receita do varejista na espécie. Assim, a garantia estendida é estabelecida entre o consumidor e a empresa seguradora, inexistindo relação jurídico-tributária entre o fisco e o comerciante que possa imputar ao último o dever de recolher tributo sobre receita pertencente a terceiro, sob pena de afronta ao princípio da capacidade contributiva. Entretanto, apenas se o "seguro de garantia estendida" vier a ser indevidamente exigido pelo comerciante, como condição do negócio, a fim de reduzir, por meio de simulação, a base de cálculo do ICMS, poderá o fisco autuar essa conduta irregular do contribuinte com espeque no princípio da realidade (art. 116, I, do CTN). REsp 1.346.749-MG, Rel. Min. Benedito Gonçalves, julgado em 10/2/2015, DJe 4/3/2015 (Inform. STJ 556).

📄 Súmula STF nº 572

No cálculo do Imposto sobre Circulação de Mercadorias devido na saída de mercadorias para o exterior, não se incluem fretes pagos a terceiros, seguros e despesas de embarque.

📄 Súmula STJ nº 457

Os descontos incondicionais nas operações mercantis não se incluem na base de cálculo do ICMS.

📄 Súmula STJ nº 431

É ilegal a cobrança de ICMS com base no valor da mercadoria submetido ao regime de pauta fiscal.

📄 Súmula STJ nº 395

O ICMS incide sobre o valor da venda a prazo constante da nota fiscal.

📄 Súmula STJ nº 391

O ICMS incide sobre o valor da tarifa de energia elétrica correspondente à demanda de potência efetivamente utilizada.

📄 Súmula STJ nº 237

Nas operações com cartão de crédito, os encargos relativos ao financiamento não são considerados no cálculo do ICMS.

7.5.5. ICMS: não cumulatividade, crédito

**DIREITO TRIBUTÁRIO. CREDITAMENTO DE ICMS INCIDENTE SOBRE A ENERGIA ELÉTRICA UTILIZADA NA PRESTAÇÃO DE SERVIÇOS DE TELECOMUNICAÇÕES. RECURSO REPETITIVO (ART. 543-C DO CPC E RES. 8/2008-STJ).
É possível o creditamento do ICMS incidente sobre a energia elétrica utilizada pelas empresas de telefonia na prestação de serviços de telecomunicações.** De fato, o art. 19 da LC 87/1996 estabeleceu a não-cumulatividade do ICMS, prevendo a compensação do que for devido em cada operação relativa à circulação de mercadorias ou "prestação de serviços" de transporte interestadual e intermunicipal e "de comunicação" com o montante cobrado nas anteriores pelo mesmo ou por outro estado. Por sua vez, o art. 33, II, "b", da LC 87/1996 dispõe que a entrada de energia elétrica em estabelecimento implicará direito a crédito quando a energia tiver sido "consumida no processo de industrialização". Por seu turno, o art. 1º do Dec. 640/1962 equiparou os serviços de telecomunicações à indústria básica para todos os efeitos legais. Por conseguinte, a Primeira Seção do STJ instituiu, no julgamento do REsp 842.270-RS, DJe 26/6/2012, a compreensão de que o ICMS incidente sobre a energia elétrica consumida pelas empresas de telefonia, que promovem processo industrial por equiparação, pode ser creditado para abatimento do imposto devido quando da prestação de serviços. Na ocasião, entendeu-se, ademais, que a regra constante do art. 1º do Dec. 640/1962 é inteiramente compatível com o CTN e com a

VADE MECUM DE JURISPRUDÊNCIA – STF/STJ

legislação superveniente e atual, continuando em pleno vigor o referido dispositivo legal, já que não foi revogado. Além disso, considerando a definição de serviço de telecomunicações determinada pelo art. 60 da Lei 9.472/1997 (Lei Geral de Telecomunicações) – segundo o qual serviço de telecomunicações é o conjunto de atividades que possibilita a oferta de "telecomunicação", qualificada, pelo § 1º do dispositivo, como a "transmissão, emissão ou recepção, por fio, radioeletricidade, meios ópticos ou qualquer outro processo eletromagnético, de símbolos, caracteres, sinais, escritos, imagens, sons ou informações de qualquer natureza" –, percebe-se que a energia elétrica é um insumo essencial e indispensável para a realização do processo, equiparável, em seus fundamentos, ao de industrialização, que resulta na prestação do serviço de telecomunicações, o que legitima a incidência do princípio da não-cumulatividade. Ademais, conforme firmado no voto-vista do Min. Castro Meira, ainda no precedente mencionado, o art. 33, II, "b", da Lei Complementar 87/1996 precisa ser interpretado conforme a constituição, de modo a permitir que a não-cumulatividade alcance os três núcleos de incidência do ICMS previstos no texto da Constituição (a circulação de mercadorias, a prestação de serviços de transporte e os serviços de comunicação), sem restringi-la apenas à circulação de mercadorias, que, embora seja a vertente central, não representa a única hipótese de incidência do imposto. Precedentes citados: REsp 842.270-RS, Primeira Seção, DJe 26/6/2012; e AgRg no AgRg no REsp 1.134.930-MS, Segunda Turma, DJe 19/12/2012. **REsp 1.201.635-MG, Rel. Min. Sérgio Kukina, julgado em 12/6/2013. (Inform. STJ 530)** (Comentário: ver informativo STJ 522)

DIREITO TRIBUTÁRIO. CREDITAMENTO DE ICMS SOBRE A ENERGIA ELÉTRICA CONSUMIDA PELAS PRESTADORAS DE SERVIÇOS DE TELECOMUNICAÇÕES. RECURSO REPETITIVO (ART. 543-C DO CPC E RES. 8/2008-STJ).
É possível o creditamento do ICMS incidente sobre a energia elétrica consumida pelas prestadoras de serviços de telecomunicações para abatimento do imposto devido quando da prestação de serviços. O art. 19 da LC 87/1996, em âmbito legal, assegura o direito à não-cumulatividade para o ICMS, prevendo a compensação do que for devido em cada operação relativa à circulação de mercadorias ou prestação de serviços de transporte – interestadual e intermunicipal – e de comunicação com o montante cobrado nas operações anteriores pelo mesmo estado ou por outro. Por sua vez, o art. 33, II, "b", do referido dispositivo legal prevê a possibilidade de creditamento de ICMS relativamente à aquisição de energia elétrica, na hipótese em que o estabelecimento a utilize no processo de industrialização. A propósito, por força do Dec. 640/1962 – recepcionado pela Constituição atual e compatível com a legislação tributária posterior –, os serviços de comunicação são equiparados à indústria. Assim, em virtude da essencialidade da energia elétrica, como insumo, para o exercício da atividade de telecomunicações, induvidoso se revela o direito ao creditamento de ICMS, em atendimento ao princípio da não-cumulatividade. Precedentes citados: REsp 842.270-RS, Primeira Seção, DJe 26/6/2012, e AgRg no AgRg no REsp 1.134.930-MS, Segunda Turma, DJe 19/12/2012. **REsp 1.201.635-MG, Rel. Min. Sérgio Kukina, julgado em 12/6/2013. (Inform. STJ 522)**

DIREITO TRIBUTÁRIO. CREDITAMENTO DE ICMS APURADO NA IMPORTAÇÃO DE EQUIPAMENTO CEDIDO EM COMODATO.
O contribuinte não tem o dever de estornar crédito de ICMS apurado na importação de equipamento destinado ao ativo permanente da empresa na hipótese em que o bem seja, posteriormente, cedido em comodato a terceiro. Esse entendimento é extraído da interpretação dos arts. 20, § 3º, I, e 21, I, ambos da LC n. 87/1996. O primeiro artigo autoriza o creditamento do imposto cobrado na operação que tenha resultado na entrada de mercadoria no estabelecimento, mesmo a destinada ao ativo permanente, mas excepciona a hipótese em que a saída subsequente não for tributada ou estiver isenta. O segundo impõe ao contribuinte o dever de estornar o ICMS creditado se incidir essa regra excepcional, isto é, quando o próprio creditamento for vedado. Se os equipamentos são cedidos em comodato, não se pode falar em "saída" sob a perspectiva da legislação do ICMS, entendida como circulação de mercadoria com transferência de propriedade. Nesse caso, os bens não deixam de integrar o patrimônio do contribuinte. **REsp 1.307.876-SP, Rel. Min. Herman Benjamin, julgado em 5/2/2013. (Inform. STJ 516)**.

📃 **Súmula STJ nº 334**
O ICMS não incide no serviço dos provedores de acesso à Internet.

7.5.6. Sujeição passiva, responsabilidade, substituição tributária

REPERCUSSÃO GERAL EM RE N. 781.926-GO
RELATOR: MIN. LUIZ FUX
EMENTA: RECURSO EXTRAORDINÁRIO COM AGRAVO. TRIBUTÁRIO. IMPOSTO SOBRE CIRCULAÇÃO DE MERCADORIAS E SERVIÇOS - ICMS. AQUISIÇÃO DE MERCADORIA COM DIFERIMENTO. DIREITO À CREDITAMENTO DO TRIBUTO. VEDAÇÃO. HIPÓTESE DE SUBSTITUIÇÃO TRIBUTÁRIA PARA TRÁS. ALEGADA VIOLAÇÃO AO PRINCÍPIO DA NÃO-CUMULATIVIDADE. ADI 4.171. REPERCUSSÃO GERAL RECONHECIDA. **(Inform. STF 737)**

AG. REG. NO RE N. 525.802-SE
RELATOR: MIN. RICARDO LEWANDOWSKI
Ementa: AGRAVO REGIMENTAL NO RECURSO EXTRAORDINÁRIO. TRIBUTÁRIO. ICMS. IMPOSSIBILIDADE DE IMPOR AO CONTRIBUINTE INADIMPLENTE A OBRIGAÇÃO DO RECOLHIMENTO ANTECIPADO DO TRIBUTO. FORMA OBLÍQUA DE COBRANÇA. VIOLAÇÃO AOS PRINCÍPIOS DA LIVRE CONCORRÊNCIA E DA LIBERDADE DE TRABALHO E COMÉRCIO. AGRAVO IMPROVIDO.
I – Impor ao contribuinte inadimplente a obrigação de recolhimento antecipado do ICMS, como meio coercitivo para pagamento do débito fiscal, importa em forma oblíqua de cobrança de tributo e em contrariedade aos princípios da livre concorrência e da liberdade de trabalho e comércio. Precedentes.
II – Agravo regimental improvido. **(Inform. STF 707)**

DIREITO TRIBUTÁRIO. RESTITUIÇÃO DO ICMS PAGO A MAIOR NA HIPÓTESE EM QUE A BASE DE CÁLCULO REAL SEJA INFERIOR À PRESUMIDA.
Na hipótese em que a base de cálculo real do ICMS for inferior à presumida, é possível pedir a restituição da diferença paga a maior a estados não signatários do Convênio Interestadual 13/1997. De fato, o STF, no julgamento da ADI 1.851-AL, já decidiu que, no regime de substituição tributária, somente haverá direito à restituição quando não ocorrer o fato gerador. Deve-se ressaltar, todavia, que os efeitos dessa decisão não alcançam todos os estados integrantes da Federação, mas apenas aqueles que sejam signatários do referido convênio. **AgRg no REsp 1.371.922-SP, Rel. Min. Humberto Martins, julgado em 6/8/2013. (Inform. STJ 526)**

📃 **Súmula STJ nº 432**
As empresas de construção civil não estão obrigadas a pagar ICMS sobre mercadorias adquiridas como insumos em operações interestaduais.

7.5.7. ICMS: Telecomunicações

REPERCUSSÃO GERAL EM ARE N. 668.974-DF
RELATOR: MIN. MARCO AURÉLIO
IMPOSTO SOBRE CIRCULAÇÃO DE MERCADORIAS E SERVIÇOS – TELECOMUNICAÇÕES – INADIMPLÊNCIA ABSOLUTA DOS USUÁRIOS – DIREITO AO CRÉDITO – PRINCÍPIO DA NÃO CUMULATIVIDADE – RECURSO EXTRAORDINÁRIO – REPERCUSSÃO GERAL CONFIGURADA. Possui repercussão geral a controvérsia relativa ao direito do contribuinte de aproveitar valores pagos do Imposto sobre a Circulação de Mercadorias e Serviços, para abatimento do tributo devido quanto a operações subsequentes, alusivos a prestações de serviço de comunicação, quando ocorrida inadimplência absoluta dos respectivos usuários. **(Inform. STF 753)**

AG. REG. NO AI N. 622.948-AC
RELATOR: MIN. ROBERTO BARROSO
EMENTA: AGRAVO REGIMENTAL EM AGRAVO DE INSTRUMENTO. ICMS. SERVIÇOS DE COMUNICAÇÃO. HABILITAÇÃO DE TELEFONE MÓVEL. NÃO INCIDÊNCIA. PRECEDENTES.
O ato de habilitação de aparelho móvel celular não implica serviço efetivo de telecomunicação, mas apenas disponibilização deste. A despeito de a Constituição Federal autorizar a tributação sobre os serviços de comunicação, tal circunstância não permite que legislador amplie a hipótese de incidência de modo a alcançar as atividades que antecedem ou viabilizam o serviço que constitui a materialidade do imposto.
Agravo regimental a que se nega provimento. **(Inform. STF 747)**

7. DIREITO TRIBUTÁRIO

ICMS e habilitação de celular - 4

O serviço de habilitação de celular configura atividade preparatória ao serviço de comunicação, não sujeito à incidência do ICMS. Essa a orientação firmada pelo Plenário, que, em conclusão de julgamento e por maioria, desproveu recurso extraordinário no qual se discutia a possibilidade de cobrança da referida exação — v. Informativo 643. Aduziu-se que, consoante se poderia inferir da Lei Geral de Telecomunicações, o serviço de habilitação de telefonia móvel não seria atividade-fim, mas atividade-meio para o serviço de comunicação. Asseverou-se que a atividade em questão não se incluiria na descrição de serviços de telecomunicação constante do art. 2°, III, da LC 87/1996, por corresponder a procedimento tipicamente protocolar, cuja finalidade referir-se-ia a aspecto preparatório. Ademais, destacou-se que, no ato de habilitação, não ocorreria qualquer serviço efetivo de telecomunicação, mas ele apenas seria disponibilizado, de sorte a assegurar ao usuário a possibilidade de seu uso. Vencidos os Ministros Marco Aurélio, relator, e Ricardo Lewandowski, que davam provimento ao recurso por considerarem a habilitação indispensável para que se utilizasse o telefone móvel. Assim, existente cobrança pelo serviço de forma específica, cabível a tributação. **RE 572020/DF, rel. orig. Min. Marco Aurélio, red. p/ o acórdão Min. Luiz Fux. 6.2.2014. (Inform. STF 734)**

DIREITO TRIBUTÁRIO. ICMS SOBRE SERVIÇOS DE TV POR ASSINATURA VIA SATÉLITE.

Caso o prestador de serviços de televisão por assinatura via satélite forneça pacote de canais por valor fixo mensal para assinantes localizados em outros estados federados, deve-se recolher o ICMS em parcelas iguais para as unidades da Federação em que estiverem localizados o prestador e o tomador. De fato, nos termos do art. 11, III, "c-1", da LC 87/1996 (com redação da LC 102/2000), regra geral, o local da operação ou da prestação, para os efeitos da cobrança do ICMS, é, tratando-se de prestação onerosa de serviço de comunicação, o do estabelecimento ou domicílio do tomador do serviço, quando prestado por meio de satélite. Todavia, o parágrafo 6° do referido artigo traz uma exceção para os casos de serviços não medidos e cujo preço seja cobrado por períodos definidos. Por serviço medido, entende-se que o usuário paga pelo serviço efetivamente utilizado, como por exemplo, os serviços de água, telefonia, luz etc. Nos serviços de televisão por assinatura, o pagamento não é variável pelo tempo de utilização. O assinante opta por um pacote de canais e por ele pagará um valor fixo mensalmente. Logo, entende-se que o serviço prestado pela empresa de televisão por assinatura não é medido e o preço será cobrado por períodos definidos, qual seja, mensal. Desse modo, aplica-se ao caso o disposto no art. 11, § 6°, da LC 87/1996, segundo o qual se deve recolher o ICMS em partes iguais para as unidades da Federação em que estiverem localizados o prestador e o tomador. REsp 1.497.364-GO, Rel. Min. Humberto Martins, julgado em 3/9/2015, DJe 14/9/2015 (Inform. STJ 569).

📖 **Súmula STJ nº 350**

O ICMS não incide sobre o serviço de habilitação de telefone celular.

7.5.8. ICMS: Energia elétrica e combustíveis

ICMS: combustíveis e bitributação - 3

O Plenário retomou o julgamento de ação direta ajuizada em face dos §§ 10 e 11 da Cláusula Vigésima Primeira do Convênio ICMS 110/2007, com a redação conferida pelo Convênio ICMS 136/2008 ("§ 10. Os contribuintes que efetuarem operações interestaduais com os produtos resultantes da mistura de gasolina com AEAC ou da mistura de óleo diesel com B100, deverão efetuar o estorno do crédito do imposto correspondente ao volume de AEAC ou B100 contido na mistura. § 11. O estorno a que se refere o § 10 far-se-á pelo recolhimento do valor correspondente ao ICMS diferido ou suspenso que será apurado com base no valor unitário médio e na alíquota média ponderada das entradas de AEAC ou do B100 ocorridas no mês, observado o § 6° da cláusula vigésima quinta") — v. Informativo 634. A Corte, inicialmente, rejeitou questão preliminar suscitada, e assentou a legitimidade ativa da Confederação Nacional do Comércio - CNC para a propositura de ação direta de inconstitucionalidade. No mérito, o Colegiado, por maioria, julgou o pedido procedente para declarar a inconstitucionalidade dos preceitos referidos. Destacou que os dispositivos impugnados, ao terem estabelecido nova obrigação aos contribuintes que efetuassem operações interestaduais com os produtos resultantes da mistura de gasolina com álcool AEAC ou

da mistura de óleo diesel com Biodiesel B100, a pretexto de criarem um estorno do crédito do ICMS, teriam violado o disposto nos artigos 145, § 1°, 150, I, e 155, § 2°, I, e § 5°, da CF. Isso porque, se quando da aquisição do álcool AEAC ou do Biodiesel B100, nem a refinaria e nem a distribuidora pagariam qualquer valor a título de ICMS — uma vez que o seu pagamento seria diferido —, não poderia haver o estorno de quantia não paga e não recebida pelo Estado. Levando-se em consideração a natureza jurídica do crédito de ICMS, a norma impugnada não poderia excluir, a título de estorno — decorrente da anulação de crédito tributário da operação anterior —, a obrigação de recolhimento de valor de ICMS diferido ou suspenso, como consta da redação do referido §11. **ADI 4171/DF, rel. Min. Ellen Gracie, 5.3.2015. (ADI-4171)**

ICMS: combustíveis e bitributação - 4

A Corte asseverou que não se teria como aceitável a atribuição da responsabilidade às distribuidoras de combustíveis, no caso de operações interestaduais com gasolina "C" ou óleo diesel, pelo recolhimento do valor correspondente ao ICMS diferido ou suspenso, de modo a estornar o crédito do imposto correspondente ao volume de AEAC ou B100 contidos na mistura. Não se poderia exigir o recolhimento de quem não teria a obrigação legal relativamente a ele. Outrossim, não caberia exigir o estorno, na forma de pagamento, para compensar a anulação de crédito meramente contábil. Se o crédito de ICMS, porventura existente na operação anterior, seria meramente escritural, não haveria motivos de ordem prática e jurídica a justificar a obrigação de estorno na forma de pagamento do imposto. O estorno poderia dar-se na forma de compensação contábil, mas não na modalidade de pagamento do imposto. Por outro lado, na espécie, os Estados-membros e o Distrito Federal, sob a supervisão da União, teriam vulnerado o princípio da legalidade tributária, pois, por meio de convênio, teriam estipulado que o mesmo fato gerador se prestaria a servir de instrumento arrecadador para entes federados distintos, a gerar hipótese de bitributação não contemplada na Constituição. Esse fato causaria, portanto, evidente surpresa e prejuízo ao contribuinte, uma vez que agravaria sua situação tributária, em patente violação às limitações constitucionais do poder de tributar. Vencidos os Ministros Luiz Fux e Cármen Lúcia, que julgavam improcedente o pedido. Destacavam que o Convênio ICMS 110/2007 teria definido a refinaria de petróleo como a câmara de compensação do ICMS, a ser recolhido nas operações de circulação de combustíveis derivados do petróleo por um sistema de repasse de deduções. Caberia, então, à refinaria o recolhimento do tributo aos Estados-membros em que situado o destinatário da mercadoria em operações interestaduais. O ICMS seria, então, regido pela regra da tributação integral de destino. No que concerne aos biocombustíveis, porém, a lógica seria diferente. Embora o recolhimento do tributo, pela distribuidora, fosse feito em um único momento, não poderiam ser ignorados seus distintos papéis, de modo que o estorno não incorreria em violação à legalidade tributária, por não criar novo fato gerador, mas apenas impedir a utilização do crédito anterior na operação seguinte, em virtude da imunidade. Na sequência, o Plenário retomou a análise sobre proposta formulada, na sessão de 3.8.2011, pela Ministra Ellen Gracie (relatora). Esta propusera que os efeitos da decisão tivessem a eficácia diferida por seis meses após a publicação do acórdão, no que foi acompanhada, na presente assentada, pelos Ministros Ricardo Lewandowski (Presidente), Roberto Barroso, Teori Zavascki, Luiz Fux, Gilmar Mendes e Celso de Mello. Em divergência, o Ministro Marco Aurélio destacou que, com a modulação de efeitos da decisão de inconstitucionalidade, as distribuidoras estariam compelidas ao pagamento de tributo que não encontraria respaldo na Constituição, visto que, no caso, não se teria um verdadeiro estorno, mas a cobrança do próprio tributo. Em seguida, o julgamento foi suspenso para colher o voto da Ministra Cármen Lúcia quanto à modulação dos efeitos da declaração de inconstitucionalidade. O Ministro Marco Aurélio assentou o não cabimento da suspensão do julgamento, no tocante à conclusão sobre a modulação, para que fosse colhido voto de Ministro ausente. **ADI 4171/DF, rel. Min. Ellen Gracie, 5.3.2015. (ADI-4171)**

ICMS: combustíveis e bitributação - 5

O Plenário, em conclusão de julgamento e por maioria, acolheu pedido formulado em ação direta para declarar a inconstitucionalidade dos §§ 10 e 11 da Cláusula Vigésima Primeira do Convênio ICMS 110/2007, com a redação conferida pelo Convênio ICMS 136/2008 ("§ 10. Os contribuintes que efetuarem operações interestaduais com os produtos resultantes da mistura de gasolina com AEAC ou da mistura de óleo diesel com B100, deverão efetuar o estorno do crédito do imposto correspondente ao volume de AEAC ou B100 contido na mistura. § 11. O estorno a que se refere o § 10 far-se-á pelo recolhimento do valor correspondente ao ICMS diferido ou suspenso que será apurado com base no valor unitário médio e na alíquota média ponderada das entradas de AEAC ou de B100 ocorridas no mês, observado o § 6º da cláusula vigésima quinta") — v. Informativos 634 e 776. O Colegiado destacou que os dispositivos impugnados, ao terem estabelecido nova obrigação aos contribuintes que efetuassem operações interestaduais com os produtos resultantes da mistura de gasolina com álcool AEAC ou da mistura de óleo diesel com Biodiesel B100, a pretexto de criarem um estorno do crédito do ICMS, teriam violado o disposto nos artigos 145, § 1º, 150, I, e 155, § 2º, I, e § 5º, da CF. Isso porque, se quando da aquisição do álcool AEAC ou do Biodiesel B100, nem a refinaria e nem a distribuidora pagariam qualquer valor a título de ICMS — uma vez que o seu pagamento seria diferido —, não poderia haver o estorno de quantia não paga e não recebida pelo Estado. Levando-se em consideração a natureza jurídica do crédito de ICMS, a norma impugnada não poderia excluir, a título de estorno — decorrente da anulação de crédito tributário da operação anterior —, a obrigação de recolhimento de valor de ICMS diferido ou suspenso, como consta da redação do referido §11.

ADI 4171/DF, rel. orig. Min. Ellen Gracie, red. p/ o acórdão Min. Ricardo Lewandowski, 20.5.2015. (ADI-4171)

ICMS: combustíveis e bitributação - 6

A Corte asseverou que não se teria como aceitável a atribuição da responsabilidade às distribuidoras de combustíveis, no caso de operações interestaduais com gasolina "C" ou óleo diesel, pelo recolhimento do valor correspondente ao ICMS diferido ou suspenso, de modo a estornar o crédito do imposto correspondente ao volume de AEAC ou B100 contidos na mistura. Não se poderia exigir o recolhimento de quem não teria a obrigação legal relativamente a ele. Outrossim, não caberia exigir o estorno, na forma de pagamento, para compensar a anulação de crédito meramente contábil. Se o crédito de ICMS, porventura existente na operação anterior, seria meramente escritural, não haveria motivos de ordem prática e jurídica a justificar a obrigação de estorno na forma de pagamento do imposto. O estorno poderia dar-se na forma de compensação contábil, mas não na modalidade de pagamento de imposto. Por outro lado, na espécie, os Estados-Membros e o Distrito Federal, sob a supervisão da União, teriam vulnerado o princípio da legalidade tributária, pois, por meio de convênio, teriam estipulado que o mesmo fato gerador se prestaria a servir de instrumento arrecadador para entes federados distintos, a gerar hipótese de bitributação não contemplada na Constituição. Esse fato causaria, portanto, evidente surpresa e prejuízo ao contribuinte, uma vez que agravaria sua situação tributária, em patente violação às limitações constitucionais do poder de tributar. Vencidos os Ministros Luiz Fux e Cármen Lúcia, que julgavam improcedente o pedido. Na sequência, o Plenário, por maioria, modulou os efeitos da declaração de inconstitucionalidade, para que tivesse a eficácia diferida por seis meses após a publicação do acórdão. Vencido, quanto à modulação, o Ministro Marco Aurélio.

ADI 4171/DF, rel. orig. Min. Ellen Gracie, red. p/ o acórdão Min. Ricardo Lewandowski, 20.5.2015. (ADI-4171) (Inform. STF 786)

AG. REG. NO ARE 825.283-MA

RELATOR: MIN. LUIZ FUX

Ementa: **AGRAVO REGIMENTAL NO RECURSO EXTRAORDINÁRIO COM AGRAVO. ICMS. REVENDA DE COMBUSTÍVEIS. SUBSTITUIÇÃO TRIBUTÁRIA. RAZÕES RECURSAIS QUE NÃO ATACAM TODOS OS FUNDAMENTOS DO ACÓRDÃO RECORRIDO. INCIDÊNCIA DA SÚMULA Nº 283 DO STF. REPERCUSSÃO GERAL NÃO EXAMINADA EM FACE DE OUTROS FUNDAMENTOS QUE OBSTAM A ADMISSÃO DO APELO EXTREMO. 1.** É inadmissível o recurso extraordinário, quando a decisão recorrida assenta em mais de um fundamento suficiente e o recurso não abrange todos eles. (Súmula nº 283/STF). Precedente: RE 505.028-AgR, Rel. Min. Ricardo Lewandowski, Primeira Turma, DJe de 12/9/2008. **2.** Não afasta a incidência da Súmula nº 283 do STF a argumentação suscitada apenas em agravo regimental contra os fundamentos contidos no acórdão recorrido, que não foram atacados no recurso extraordinário. **3.** Inconstitucionalidade da base de cálculo, ilegitimidade passiva e ativa e bitributação indevida constituem fundamentos para, ainda que individualmente admitidos, afastar exigência de obrigação tributária. Inexistência de argumentação contra qualquer desses fundamentos impede a análise do recurso extraordinário com fundamento na Súmula nº 283 do STF. **4.** In casu, o acórdão recorrido extraordinariamente assentou: "DIREITO TRIBUTÁRIO E PROCESSUAL CIVIL. RECURSOS DE APELAÇÃO. AÇÃO ANULATÓRIA DE DÉBITO FISCAL. AUTO DE INFRAÇÃO. ICMS. EMPRESA DISTRIBUIDORA DE COMBUSTÍVEIS.

SUBSTITUIÇÃO TRIBUTÁRIA. RECOLHIMENTO ANTECIPADO DO IMPOSTO PELA REFINARIA. SENTENÇA QUE JULGOU IMPROCEDENTE O PEDIDO E CONDENOU A AUTORA AO PAGAMENTO DE CUSTAS E HONORÁRIOS. AFRONTA AO PRINCIPIO DA LEGALIDADE. FIXAÇÃO DE PREÇOS DIFERENCIADOS POR MEIO DE PORTARIA MINISTERIAL. REGIME DE PAUTA FISCAL. SÚMULA 431 DO STJ. MAJORAÇÃO DA BASE DE CÁLCULO PELOS AUTOS DE INFRAÇÃO. IMPOSSIBILIDADE. RECURSO CONHECIDO E PROVIDO. 1 - Alguns produtos, dentre eles os combustíveis, são comercializados sob a estrutura, que consiste em cobrar na ponta da cadeia os impostos incidentes em todas as etapas. Todos os impostos são cobrados na venda do combustível do produtor para o distribuidor, portanto, as vendas do posto para o consumidor final são isentas de impostos, uma vez que estes já foram cobrados antecipadamente por substituição tributaria. 2 - A Carta Magna, em seu art. 155, § 2º, inciso I, consagra como um dos princípios basilares do ICMS a não cumulatividade, que é operacionalizado pelo instituto da compensação, efetivada pelo abatimento dos créditos decorrentes de operações anteriores, com os débitos referentes à revenda, não necessitando que sejam provenientes da mesma mercadoria ou do mesmo serviço. 3 - A redução da base de cálculo do ICMS na revenda de combustíveis, de acordo com a interpretação dada ao tema pelo Supremo Tribunal Federal, equivale à isenção parcial do tributo. 4 - Sendo caso de isenção, esse princípio, assim como os demais insculpidos na Constituição determina que a desoneração no preço de revenda da mercadoria ou serviço deverá acarretar a proporcional anulação do crédito relativo às operações anteriores (artigo 155, II, 'b'), pois condiciona o aproveitamento do crédito anterior, desde que não seja a operação posterior isenta ou não-incidente do imposto. 5 - A base de cálculo do ICMS há de ser, em face de força do princípio da legalidade, o valor da operação de que decorrer na saída da mercadoria. 6 - Primeiro apelo conhecido e provido a fim de reformar a sentença de base e anular os Autos de Infração e Segundo Apelo negado provimento".**5.** Agravo regimental **DESPROVIDO. (Inform. STF 785)**

REPERCUSSÃO GERAL EM RE N. 748.543-RS

RELATOR: MIN. MARCO AURÉLIO

IMUNIDADE TRIBUTÁRIA – ARTIGO 155, § 2º, INCISO X, ALÍNEA "B", DA CONSTITUIÇÃO FEDERAL – ALCANCE – INTERMEDIÁRIA NA AQUISIÇÃO E ALIENAÇÃO DE ENERGIA ELÉTRICA – RECURSO EXTRAORDINÁRIO – REPERCUSSÃO GERAL VERIFICADA. Possui repercussão geral a controvérsia acerca do alcance da imunidade tributária, prevista no artigo 155, § 2º, inciso X, alínea "b", da Constituição Federal, à intermediária que adquire energia elétrica e a aliena a consumidores no mesmo estado. **(Inform. STF 773)**

REPERCUSSÃO GERAL EM RE N. 714.139-SC

RELATOR: MIN. MARCO AURÉLIO

IMPOSTO SOBRE A CIRCULAÇÃO DE MERCADORIAS E SERVIÇOS – ENERGIA ELÉTRICA – SERVIÇOS DE TELECOMUNICAÇÃO – SELETIVIDADE – ALÍQUOTA VARIÁVEL – ARTIGOS 150, INCISO II, E 155, § 2º, INCISO III, DA CARTA FEDERAL – ALCANCE – RECURSO EXTRAORDINÁRIO – REPERCUSSÃO GERAL CONFIGURADA. Possui repercussão geral a controvérsia relativa à constitucionalidade de norma estadual mediante a qual foi prevista a alíquota de 25% alusiva ao Imposto sobre a Circulação de Mercadorias e Serviços incidente no fornecimento de energia elétrica e nos serviços de telecomunicação, em patamar superior ao estabelecido para as operações em geral – 17%. **(Inform. STF 760)**

REPERCUSSÃO GERAL EM RE N. 753.681-SC

RELATOR: MIN. TEORI ZAVASCKI

Ementa: PROCESSUAL CIVIL. RECURSO EXTRAORDINÁRIO. ICMS SOBRE A ENERGIA ELÉTRICA. REPETIÇÃO DE INDÉBITO. LEGITIMIDADE ATIVA DO CONSUMIDOR FINAL. MATÉRIA INFRACONSTITUCIONAL. AUSÊNCIA DE REPERCUSSÃO GERAL.

1. A controvérsia relativa à legitimidade ativa do consumidor final para ajuizar ação de repetição de indébito de ICMS sobre a energia elétrica, fundada na interpretação do art. 166 do CTN, é de natureza infraconstitucional.

2. É cabível a atribuição dos efeitos da declaração de ausência de repercussão geral quando não há matéria constitucional a ser apreciada ou quando eventual ofensa à Carta Magna se dê de forma indireta ou reflexa (RE 584.608 RG, Min. ELLEN GRACIE, DJe de 13/03/2009).

3. Ausência de repercussão geral da questão suscitada, nos termos do art. 543-A do CPC. **(Inform. STF 756)**

7. DIREITO TRIBUTÁRIO 589

AG. REG. NO RE N. 296.199-PB
RELATOR: MIN. TEORI ZAVASCKI
Ementa: TRIBUTÁRIO. AGRAVO REGIMENTAL NO RECURSO EXTRA-ORDINÁRIO. ICMS. ART. 155, § 2º, X, B, DA CONSTITUIÇÃO FEDERAL. OPERAÇÕES INTERESTADUAIS ENVOLVENDO COMBUSTÍVEIS E OUTROS DERIVADOS DE PETRÓLEO. IMUNIDADE. BENEFÍCIO QUE NÃO SE APLICA AO CONSUMIDOR FINAL. PRECEDENTE DO PLENÁRIO DO STF: RE 198.088, REL. MIN. ILMAR GALVÃO, DJ DE 05.09.2003.
AGRAVO REGIMENTAL A QUE SE NEGA PROVIMENTO. **(Inform. STF 707)**

DIREITO TRIBUTÁRIO. NÃO CUMULATIVIDADE DO ICMS INCIDENTE NA AQUISIÇÃO DE COMBUSTÍVEL POR EMPRESA DE TRANSPORTE FLUVIAL.
O ICMS incidente na aquisição de combustível a ser utilizado por empresa de prestação de serviço de transporte fluvial no desempenho de sua atividade-fim constitui crédito dedutível na operação seguinte (art. 20 da LC 87/1996). Isso porque combustível constitui insumo indispensável à atividade em questão. Com efeito, se o constituinte originário inseriu os prestadores de serviços de transporte e comunicação no âmbito do ICMS, é imperativo que se compatibilize o princípio da não cumulatividade com as suas atividades, o que só será possível mediante a definição de um critério que preserve um mínimo de créditos, imune às constantes tentativas de mitigação por parte dos Estados-membros. Esse novo critério deve garantir o direito de crédito sobre todos os materiais empregados de forma absolutamente necessária nos veículos utilizados na prestação do serviço de transporte, assim como nas centrais telefônicas de propriedade dos prestadores de serviço de comunicação, por exemplo, até porque esses materiais impactam decisivamente a composição do preço do serviço que será oferecido ao público. Ademais, tratando-se o combustível de insumo, não se lhe aplica a limitação prevista no art. 33, I, da LC 87/1996 – de acordo com a qual "somente darão direito de crédito as mercadorias destinadas ao uso ou consumo do estabelecimento nele entradas a partir de 1º de janeiro de 2020" –, pois só alcança as mercadorias destinadas ao uso ou consumo do estabelecimento. **REsp 1.435.626-PA, Rel. Min. Ari Pargendler, julgado em 3/6/2014. (Inform. STJ 543)**

7.5.9. ICMS: importação, *leasing* internacional

"Leasing" e Incidência de ICMS
O Tribunal iniciou julgamento de recurso extraordinário, afetado ao Pleno pela 1ª Turma, em que se discute a constitucionalidade, ou não, da incidência do ICMS na importação de bem móvel realizada mediante operação de arrendamento mercantil (*leasing*). O recurso impugna acórdão do Tribunal de Justiça do Estado de São Paulo, que reputara indevido o recolhimento do referido imposto, quando do desembaraço aduaneiro, ao fundamento de que o contrato de *leasing* é complexo e, no caso, não fora exercida a opção de compra, não se cuidando, dessa forma, de operação que envolvesse circulação de mercadoria, mas prevalecendo a prestação de serviços consoante previsão da Lei Complementar 56/87. A Min. Ellen Gracie, relatora, deu provimento ao recurso, e reportou-se à orientação fixada no julgamento do RE 206069/SP (DJU de 1º.9.2006), de sua relatoria, no sentido de reconhecer a constitucionalidade da incidência do ICMS sobre a entrada de mercadoria importada, qualquer que seja a natureza do ajuste internacional motivador da importação. Asseverou, inicialmente, que o Constituinte de 1988 conferiu tratamento especialíssimo à incidência de ICMS sobre itens importados (CF, art. 155, § 2º, IX, a), e que a análise desse dispositivo revela que, nessa circunstância, a imposição de ICMS prescinde da verificação da natureza do negócio jurídico motivador da importação. Esclareceu que se elegeu o elemento fático "entrada de mercadoria importada" como caracterizador da circulação jurídica para enseja a importação por não estar ele ao e se dispensaram indagações sobre os contornos do negócio jurídico realizado no exterior. Ressaltou que o legislador constituinte assim o fez porque, de outra forma, não seria possível a tributação do negócio jurídico que ensejou a importação por não estar ele ao alcance do fisco brasileiro, nem ter sido pautado pelas leis brasileiras, já que realizado no exterior. Por isso, ante a impossibilidade de tributar o próprio ajuste — a teor da regra das transações internas, em que o vendedor é o contribuinte do ICMS — ele optou por sujeitar ao ICMS o resultado do ajuste, consubstanciado na entrada da mercadoria importada. Daí, em contraponto ao sistema da incidência genérica sobre a circulação econômica, o imposto será recolhido pelo utilizador do bem que seja contribuinte do ICMS. Além disso, frisou que a Lei 6.099/74, que rege a matéria, ao tratar do *leasing* internacional (art. 17), teria objetivado proteger o mercado interno e evitar a

elisão fiscal. Considerou, ainda, que o disposto no inciso VIII do art. 3º da Lei Complementar 87/96, que prevê a incidência do ICMS apenas na hipótese do exercício da opção de compra pelo arrendatário, só se aplicaria nas operações internas, eis que a opção de compra constante do contrato internacional não está no âmbito da incidência do ICMS e o arrendador sediado no exterior não é dele contribuinte. Por fim, observou que a isenção pretendida pela recorrida ocasionaria uma inevitável situação de privilégio em prejuízo aos bens e mercadorias nacionais objetos de *leasing*. Após, antecipou pedido de vista dos autos o Min. Eros Grau. **RE 226899/SP, rel. Min. Ellen Gracie, 4.2.2009**. (RE-226899)
(Comentário: ver Informativo STF 629 – RE 540.839/SP – ICMS em leasing *internacional)*

"Leasing" e incidência de ICMS - 3
O Tribunal retomou julgamento de recurso extraordinário em que se discute a constitucionalidade da incidência do ICMS na importação de bem móvel realizada mediante operação de arrendamento mercantil (*leasing*) — v. Informativos 534 e 570. O Ministro Joaquim Barbosa, Presidente, em voto--vista, negou provimento ao recurso. Considerou possível, mas não a incidência do ICMS nas operações de importação amparadas por contratos de arrendamento mercantil. Entretanto, salientou que um dos obstáculos a ser enfrentado seria a lesão da capacidade contributiva pela ausência de normas gerais adequadas a mensurar o aspecto econômico da operação. Consignou que a tributação não poderia absorver integralmente a utilidade econômica do fato tributado a ponto de torná-lo inviável, a não ser nas hipóteses permitidas pela Constituição e pela lei. Aludiu que a capacidade contributiva conciliaria dois interesses relevantes: do ponto de vista do Estado, asseguraria a solidariedade no custeio dos serviços públicos, de modo que nenhuma atividade que gerasse riqueza pudesse se furtar à manutenção da máquina administrativa (desiderato fiscal); do ponto de vista do contribuinte, garantiria a ele o estímulo necessário ao trabalho e à iniciativa econômica, ao preservar a utilidade e a fruição de sua atividade e ao prevenir o efeito de desestímulo característico das porções mais elevadas da curva de Laffer. Constatou que a jurisprudência do STF tenderia a utilizar o princípio da capacidade contributiva para justificar a tributação, e não para desonerar contribuintes.

"Leasing" e incidência de ICMS - 4
O Presidente citou precedente (RE 547245/SC, DJe de 5.3.2010) em que o Tribunal fixara entendimento segundo o qual o arrendamento mercantil não se confundiria com locação ou com simples compra e venda. Ressaltou que a evolução social e de conceitos teria sido adotada, naquele caso, para ampliar a tributação pelo ISS. Porém, aqui, as virtudes econômicas contemporâneas indicariam caminho contrário em relação ao ICMS-importação, sob pena de instituição de verdadeiro "imposto de importação de competência estadual". Rememorou que, consideradas as características econômicas únicas do contrato, o valor integral da operação não refletiria a expressão econômica do *leasing*, como se compra e venda fosse. Além disso, destacou que outro problema a ser enfrentado diria respeito à competência da União para criar tributos de fins extrafiscais regulatórios, com o escopo de intervir no comércio exterior e na balança comercial. Mencionou que não haveria notícia de que a lei complementar de normas gerais ou os Estados e o Distrito Federal teriam criado mecanismo de controle baseado na existência ou não de similares nacionais, como operaria a Câmara de Comércio Exterior - Camex no âmbito federal. Recordou que alguns convênios Confaz permitiriam a outorga de isenção em casos de aquisição de bens para o ativo fixo, mas essas normas seriam apenas autorizativas e não se aplicariam às importações que não fossem destinadas aos bens de capital. Sublinhou que, tendo em vista a proibição da outorga de isenções heterônomas, seria possível conceber cenário no qual eventual política de estímulo federal estaria prejudicada pela tributação local.

"Leasing" e incidência de ICMS - 5
O Presidente enfatizou, ainda, que a preocupação acerca da manutenção das condições de concorrência equilibrada não se aplicaria às hipóteses em que ausente produto similar nacional. Além disso, destacou que, no caso em exame, teria sido reconhecida a existência de isenção para as operações internas. Deste modo, ponderou que tributar as operações externas e desonerar as operações internas teria como risco iminente a violação da isonomia e o desequilíbrio da concorrência e, como risco próximo, contrariedade a tratados internacionais que exigiriam reciprocidade de tratamento em matéria fiscal. Ademais, considerou essencial abordar a problemática

referente à alegada dificuldade de o aparato fiscal constatar a real natureza do negócio jurídico e de fazer o tributo alcançar a parte localizada em território estrangeiro. Não vislumbrou óbice constitucional para a incidência do ICMS nas operações de entrada de mercadorias, independentemente do negócio jurídico subjacente, desde que justificada pelo risco concreto de lesão do mercado interno. Realçou não ser possível assentar a tributação baseada em simples presunções, sob o risco de subscrever a cobrança de impostos sobre aquilo que efetivamente não fosse riqueza, requisito indispensível da autorização democrática que embasaria o poder fiscal. Por fim, anotou que a grande quantidade de obrigações acessórias e os elevados graus de técnica e profissionalismo dos aparatos fiscais seriam mais do que suficientes para que o Estado verificasse a ocorrência de fatos geradores, apurasse o montante devido, encontrasse os sujeitos passivos e cobrasse a exação. Não haveria, assim, margem para temer a hipossuficiência fiscal ou o risco hipotético de os contribuintes se furtarem impunemente ao pagamento dos débitos. Após a manifestação do Presidente, pediu vista o Ministro Teori Zavascki.

"Leasing" e incidência de ICMS - 6

O ICMS — tributo próprio à circulação de mercadorias qualificada pela compra e venda — não incide na importação de bem móvel realizada mediante operação de arrendamento mercantil quando não exercida a opção de compra e, por consequência, suscetível de devolução ao arrendador. Com base nessa orientação, o Plenário, por maioria e em conclusão de julgamento, reafirmou jurisprudência e desproveu recurso extraordinário interposto contra acórdão de tribunal local que reputara indevido o recolhimento do referido imposto, quando do desembaraço aduaneiro, ao fundamento de que o contrato de "leasing" seria complexo — v. Informativos 534, 570 e 729. Na espécie, a Corte estadual considerara indevido o recolhimento de ICMS, quando do desembaraço aduaneiro, na importação de aeronave realizada mediante contrato de arrendamento mercantil no qual não fora exercida a opção de compra. Por conseguinte, reconhecera devida apenas a incidência do ISS. O Colegiado, ao reafirmar jurisprudência do tema, aplicou o que fora decidido no julgamento do RE 540.829/SP (j. em 26.9.2014, acórdão pendente de publicação, v. Informativo 758), com repercussão geral reconhecida. Destacou que, na espécie, conforme apontado pela decisão recorrida, não se cuidaria de operação a envolver circulação de mercadoria, a prevalecer prestação de serviços consoante previsão da Lei Complementar 56/1987. Os Ministros Teori Zavascki, Gilmar Mendes e Celso de Mello, com ressalvas de pontos de vista pessoal no sentido contrário, aderiram às conclusões do Colegiado para negar provimento ao extraordinário. Vencida a Ministra Ellen Gracie (relatora) que dava provimento. Reconhecia a constitucionalidade da incidência do ICMS sobre a entrada de mercadoria importada, qualquer que fosse a natureza do ajuste internacional motivador da importação. **RE 226899/SP, rel. orig. Min. Ellen Gracie, red. p/ o acórdão Min. Cármen Lúcia, 1º.10.2014. (RE-226899) (Inform. STF 761)**

ICMS e "leasing" internacional – 1

O Plenário iniciou julgamento de recurso extraordinário em que se discute, à luz do art. 155, II e § 2º, IX e XII, a e d, da CF, a constitucionalidade, ou não, da incidência de ICMS sobre operações de importação de mercadorias, sob o regime de arrendamento mercantil internacional. O Min. Gilmar Mendes, relator, proveu o recurso para declarar a incidência do ICMS na importação de bens mediante operações de leasing financeiro com o exterior. Inicialmente, salientou que esta Corte teria posicionamentos divergentes sobre o tema. Em seguida, aduziu que, na vigência da redação original do art. 155, § 2º, IX, a, da CF ("§ 2º - O imposto previsto no inciso I, b, atenderá ao seguinte: ... IX - incidirá também: a) sobre a entrada de mercadoria importada do exterior, ainda quando se tratar de bem destinado a consumo ou ativo fixo do estabelecimento, assim como sobre serviço prestado no exterior, cabendo o imposto ao Estado onde estiver situado o estabelecimento destinatário da mercadoria ou do serviço"), o STF afirmara a não-incidência do tributo em comento nas importações de bens realizadas por pessoa física para uso próprio, o que culminara na edição do Enunciado 660 de sua súmula ("Não incide ICMS na importação de bens por pessoa física ou jurídica que não seja contribuinte do imposto"). Ocorre que o constituinte derivado editara a EC 33/2001, que alterara a redação do aludido dispositivo constitucional ("§ 2.º O imposto previsto no inciso *II atenderá ao seguinte: ... IX - incidirá também: a) sobre a entrada de bem ou mercadoria importados do exterior por pessoa física ou jurídica, ainda que não seja contribuinte habitual do imposto, qualquer que seja a sua finalidade, assim como sobre o serviço prestado no exterior, cabendo o imposto ao Estado onde estiver situado o domicílio ou o estabelecimento do destinatário*

da mercadoria, bem ou serviço"), em típico caso de tentativa de corrigenda da interpretação conferida. Assim, apontou que o constituinte, ao ampliar a base econômica do ICMS, objetivara deixar claro que qualquer pessoa física ou jurídica poderia ser contribuinte da exação, ainda que não fosse contribuinte habitual do imposto. Nesse contexto, destacou que não haveria como subsistir a orientação fixada no RE 461968/SP (DJU de 24.8.2007), no sentido de que o ICMS incide nas hipóteses em que o bem ou a mercadoria importados por meio de arrendamento mercantil internacional tivessem a propriedade transferida para o arrendatário. Isso porque esse entendimento convolar-se-ia em obstáculo à teleologia da norma constitucional. **RE 540829/SP, rel. Min. Gilmar Mendes, 1º.6.2011. (RE-540829)**

ICMS e "leasing" internacional – 2

Explicou que, no leasing financeiro, o arrendatário possuiria, ao término do contrato, as opções de devolução ou compra do bem e de renovação do ajuste. Por esse motivo, a Constituição previra a incidência de ICMS na importação — na entrada do bem ou da mercadoria —, pois, de outra maneira, a exação ficaria à disposição do particular, a depender apenas do tipo de avença que desejasse celebrar. Ressaltou que isso permitiria elisão fiscal, com graves repercussões a partir do negócio jurídico entabulado. Concluiu que a situação em apreço apresentaria as seguintes possibilidades: 1) se determinado bem for adquirido por contrato de compra e venda internacional, incide ICMS, pois haverá a circulação de mercadoria, a qual será transferida ao patrimônio do adquirente; 2) se bem da mesma espécie for adquirido por contrato de compra e venda interno, incide ICMS; 3) se o mesmo bem for objeto de operação de arrendamento mercantil, *leasing* financeiro interno, incide ISS, consoante jurisprudência pacificada neste Tribunal (RE 592905/SC, DJe de 5.3.2010) e 4) se bem similar for objeto de importação mediante arrendamento mercantil internacional em que não seja feita a escolha de compra, a posição que vem se formando no STF impedirá a incidência do ICMS na importação — e tampouco do ISS. Diante desse quadro, notadamente da última hipótese, asseverou a ofensa ao princípio da isonomia, haja vista a concessão de vantagens não estendidas àquelas operações realizadas em âmbito interno. Ademais, reputou-se que, se adotada a mencionada tese, o poder de tributar do Estado ficaria à disposição do contribuinte. Tendo em conta todos esses motivos, asseverou que os fundamentos firmados no RE 206069/SP (DJU de 1º.9.2006), deveriam ser acolhidos, de modo a garantir a incidência do ICMS na importação de bem ou de mercadoria provenientes do exterior, independentemente da natureza do contrato internacional celebrado. **RE 540829/SP, rel. Min. Gilmar Mendes, 1º.6.2011. (RE-540829)**

ICMS e "leasing" internacional – 3

Em divergência, o Min. Luiz Fux desproveu o recurso para manter a jurisprudência decenária desta Corte, segundo a qual a exegese desse novel preceito constitucional pressupõe a entrada e a posterior circulação desse bem para a incidência do ICMS, a fim de não transmudá-lo em imposto de importação. Afirmou que a Constituição delegara à lei complementar o estabelecimento de normas gerais em matéria tributária e o CTN dispusera, como regra de exegese, que na aplicação do direito tributário seriam obedecidos os conceitos de direito privado. Assinalou que o art. 155, II, da CF determinaria que o ICMS seria imposto derivado de uma operação de circulação de mercadoria e que presumiria uma compra e venda. Assim, incabível desnaturarem-se os vínculos de direito privado, de forma a equiparar o *leasing* à compra e venda. Observou que se tentara empreender interpretação teleológica à espécie para que a entrada da mercadoria fosse fato gerador do ICMS. No ponto, reiterou que, conforme realçado no RE 461968/SP (DJU de 24.8.2007), para não haver a transfiguração do ICMS em imposto de importação, aquele apenas incidiria se o ingresso se desse a título de circulação da mercadoria, sob pena de violação não só ao art. 146, III, da CF, como também, à luz dessa interpretação teleológica, do art. 155, § 2º, IX, a, da CF. Enfatizou, ainda, que em nível infraconstitucional, o STJ, em julgamento de recurso especial representativo da controvérsia, assentara que o referido imposto incidiria sobre a entrada de bem ou de mercadoria importados do exterior, desde que atinentes à operação relativa à circulação desses por pessoa física ou jurídica, ainda que não contribuinte habitual do tributo, qualquer que seja a finalidade. Por fim, esclareceu que os conceitos de direito privado não poderiam ser desnaturados pelo direito tributário, assim como, por analogia, seria indevida a criação de tributo inexistente. Após, pediu vista a Min. Cármen Lúcia. **RE 540829/SP, rel. Min. Gilmar Mendes, 1º.6.2011. (RE-540829)**

(Comentário – ver Informativo STF 614 – julgamento do RE 429.306/PR, relativo a II e IPI incidentes sobre operação de leasing internacional)

7. DIREITO TRIBUTÁRIO   591

ICMS e "leasing" internacional - 4

O Plenário retomou julgamento de recurso extraordinário em que se discute a constitucionalidade da incidência de ICMS sobre operações de importação de mercadorias, sob o regime de arrendamento mercantil internacional, em face do art. 155, II e § 2º, IX e XII, $\underline{a}$ e $\underline{d}$, da CF — v. Informativo 629. A Ministra Cármen Lúcia, em voto-vista, acompanhou a divergência e negou provimento ao recurso. De início, aduziu que os fatos narrados neste processo teriam ocorrido antes das alterações perpetradas pela EC 33/2001. Portanto, a norma originária do texto constitucional deveria ser utilizada como parâmetro para a solução da controvérsia. Salientou que a circunstância de se tratar de recurso extraordinário com repercussão geral reconhecida não autorizaria desconsiderar as características do caso concreto em exame. Aduziu que se poderia, no máximo, fazer observações sobre o novo regime instituído pela referida emenda constitucional, mas se deveria aplicar o direito à espécie com base no quadro normativo vigente na data em que o fato gerador do tributo surgira. Destacou a necessidade de se observar a interpretação conjunta do inciso II e do § 2º, IX, $\underline{a}$, do art. 155 da CF. Advertiu que examinar a alínea $\underline{a}$ do inciso IX do § 2º do art. 155 da Constituição, isoladamente, implicaria concluir que qualquer entrada de mercadoria importada estaria sujeita ao ICMS.
RE 540829/SP, rel. Min. Gilmar Mendes, 20.11.2013. (RE-540829)

ICMS e "leasing" internacional - 5

A Ministra Cármen Lúcia consignou que o STF sempre afirmara que o ICMS incide sobre a circulação econômica de mercadorias. Assim, se não houvesse aquisição da mercadoria, mas mera posse decorrente do arrendamento, não se poderia cogitar de circulação econômica. Desta forma, sublinhou que caberia à Fazenda Pública examinar o contrato de arrendamento para verificar a incidência de ICMS. Assinalou que não haveria incidência de ICMS sobre a operação de arrendamento mercantil sempre que a mercadoria fosse passível de restituição ao proprietário e enquanto não fosse efetivada a opção de compra. Por outro lado, afirmou que sobre a operação de arrendamento a envolver bem insuscetível de devolução, seja por circunstâncias naturais ou físicas ou por se tratar de insumo, incidiria ICMS, porque nessa hipótese o contrato teria apenas a forma de arrendamento, mas conteúdo de compra e venda. Apontou que, nos termos do acórdão recorrido, o caso dos autos seria de contrato de arrendamento mercantil internacional de bem suscetível de devolução, sem opção de compra. Ademais, enfatizou que o entendimento de que o ICMS incidiria sobre toda e qualquer entrada de mercadoria importada poderia resultar em situações configuradoras de afronta ao princípio constitucional da vedação de confisco (CF, art. 150, IV). Isso porque, no caso de mercadoria que não constitua o patrimônio do arrendatário, o tributo, ao invés de integrar o valor da mercadoria, como seria da natureza do ICMS, expropriaria parcela do efetivo patrimônio da empresa. Após, pediu vista o Ministro Teori Zavascki.
RE 540829/SP, rel. Min. Gilmar Mendes, 20.11.2013. (RE-540829)

ICMS e "leasing" internacional - 6

Não incide o ICMS importação na operação de arrendamento mercantil internacional, salvo na hipótese de antecipação da opção de compra na medida em que o arrendamento mercantil não implica, necessariamente, transferência de titularidade sobre o bem. Com base nessa orientação, o Plenário, por maioria e em conclusão de julgamento, desproveu recurso extraordinário se discutia a constitucionalidade da incidência de ICMS sobre operações de importação de mercadorias, sob o regime de arrendamento mercantil internacional — v. Informativos 629 e 729. O Tribunal assinalou que a incidência do ICMS pressuporia operação de circulação de mercadoria. Assim, se não houver aquisição da mercadoria, mas mera posse decorrente do arrendamento, não se poderia cogitar de circulação econômica. Dessa forma, sublinhou que caberia à Fazenda Pública examinar o contrato de arrendamento para verificar a incidência de ICMS. Frisou que não haveria a aludida incidência sobre a operação de arrendamento mercantil sempre que a mercadoria fosse passível de restituição ao proprietário e enquanto não fosse efetivada a opção de compra. Por outro lado, afirmou que sobre a operação de arrendamento a envolver bem insuscetível de devolução, fosse por circunstâncias naturais ou físicas ou por se tratar de insumo, incidiria ICMS, porque nessa hipótese o contrato teria apenas a forma de arrendamento, mas conteúdo de compra e venda. Apontou que, nos termos do acórdão recorrido, o caso dos autos seria de contrato de arrendamento mercantil internacional de bem suscetível de devolução, sem opção de compra. Ademais, enfatizou que o entendimento de que o ICMS incidiria sobre toda e qualquer entrada de mercadoria importada poderia resultar em situações configuradoras de afronta ao princípio constitucional da vedação de confisco (CF, art. 150, IV). Isso porque, no caso de mercadoria que não constitua o patrimônio do arrendatário, o tributo, ao invés de integrar o valor da mercadoria, como seria da natureza do ICMS, expropriaria parcela do efetivo patrimônio da empresa. Salientou que os conceitos de direito privado não poderiam ser desnaturados pelo direito tributário. Vencidos os Ministros Gilmar Mendes (relator) e Teori Zavascki, que davam provimento ao recurso. O relator aplicava o precedente firmado no RE 206.069/SP (DJU de 1º.9.2006), de modo a garantir a incidência do ICMS na importação de bem ou mercadoria provenientes do exterior, independentemente da natureza do contrato internacional celebrado. O Ministro Teori Zavascki, em acréscimo, pontuava que a natureza e o conteúdo do contrato celebrado no exterior não poderia comprometer a ocorrência do fato gerador do ICMS. **RE 540829/SP, rel. orig. Min. Gilmar Mendes, red. p/ o acórdão Min. Luiz Fux, 11.9.2014. (RE-540829) (Inform. STF 758)**

AG. REG. NO RE N. 431.075-SP

RELATOR: MIN. GILMAR MENDES

Agravo regimental em recurso extraordinário. 2. Tributário. ICMS. Importação. Sujeito ativo. Alínea "a" do inciso IX do § 2º do art. 155 da CF. 3. Estabelecimento jurídico do importador. O sujeito ativo da relação jurídico-tributária do ICMS é o Estado onde estiver situado o domicílio ou o estabelecimento do destinatário jurídico da mercadoria. 4. Agravo regimental a que se nega provimento. **(Inform. STF 738)**

ICMS: importação e EC 33/2001 - 5

O Plenário retomou julgamento de 2 recursos extraordinários em que se discute a constitucionalidade, ou não, da incidência do ICMS sobre operações de importação de bens realizadas, por pessoas jurídicas que não se dedicam habitualmente ao comércio, durante a vigência da EC 33/2001, a qual deu nova redação ao art. 155, § 2º, IX, a, da CF, que prevê a incidência do aludido tributo "*sobre a entrada de bem ou mercadoria importados do exterior por pessoa física ou jurídica, ainda que não seja contribuinte habitual do imposto, qualquer que seja a sua finalidade, assim como sobre o serviço prestado no exterior, cabendo o imposto ao Estado onde estiver situado o domicílio ou o estabelecimento do destinatário da mercadoria, bem ou serviço*" — v. Informativos 436 e 569. Em voto-vista, o Min. Dias Toffoli negou provimento ao recurso interposto pelo Estado do Rio Grande do Sul e provera o do contribuinte. Concordou, de início, com o posicionamento do relator no tocante à constitucionalidade, em tese, da cobrança do ICMS na importação, por empresas prestadoras de serviços médicos, de aparelhos destinados a integrar seu ativo fixo relativamente a fatos geradores ocorridos depois da vigência da EC 33/2001. Destacou que a nova redação do preceito em comento fora concebida para alcançar situações como a dos autos, uma vez que a jurisprudência da Corte era pacífica no sentido da impossibilidade de tributação das importações de bens destinados ao consumo ou ativo de sociedades civis (Enunciado 660: "*Não incide ICMS na importação de bens por pessoa física ou jurídica que não seja contribuinte do imposto*."). Aduziu que a mencionada norma alcançaria a pessoa natural ou física, bem como a sociedade ou associação civil de fins não econômicos, desde que realizassem o fato imponível, ou seja, a importação de bens do exterior, mesmo que tal negócio jurídico não se destinasse à atividade comercial ou industrial. Observou, ainda, que a materialidade do tributo deveria envolver operações de circulação de bens ou mercadorias, ou seja, a prática de um negócio jurídico que configurasse a transferência de domínio.

ICMS: importação e EC 33/2001 - 6

Em seguida, divergiu do relator — que reputara a questão de índole infraconstitucional — no que concerne à alegada violação da reserva de lei de normas gerais em matéria tributária para dispor sobre a nova modalidade de tributação causada pela ausência ou insuficiência da legislação federal ou da legislação local para dar concreção à ampliada competência tributária. Asseverou que a própria Constituição faria menção à exigência de lei complementar para disciplinar a cobrança do referido tributo, a afastar a conclusão sobre a necessidade de se proceder à interpretação de normas infraconstitucionais. Assinalou que se deveria examinar se a LC 87/96 seria compatível com a ampliação da hipótese de incidência do ICMS na importação veiculada pela EC 33/2001 e se haveria legislação regional integradora apta a viabilizar a cobrança do imposto nas operações de importação de bens efetuadas por pessoas físicas ou jurídicas não comerciantes. Entendeu que, somente com o advento da LC 114/2002 — mais

VADE MECUM DE JURISPRUDÊNCIA – STF/STJ

de 1 ano após a entrada em vigor da EC 33/2001 —, teriam sido definidos os aspectos da hipótese de incidência do ICMS, a recair também sobre os bens importados, seja qual for sua finalidade, reconhecendo, ainda, a qualidade de contribuinte a qualquer pessoa que importe bem, mesmo sem habitualidade ou intuito comercial. Dessa forma, enfatizou que, entre a edição da EC 33/2001 e a LC 114/2002, o ICMS incidente sobre a importação permanecera sob a regência da redação primitiva da LC 87/96, a qual previa a incidência do imposto sobre a importação de mercadorias por contribuinte por intermédio de seus estabelecimentos comerciais. Registrou que, na espécie, as operações teriam sido efetuadas em data anterior à modificação da LC 87/96 pela LC 114/2002, o que tornariam insubsistentes as exações. Rejeitou, também, a possibilidade de utilização das normas estaduais anteriormente editadas sobre o tema, porquanto possuiriam como fundamento de validade a LC 87/96. Assim, considerou que o tributo fora lançado em desconformidade com os princípios aplicáveis à tributação vigente no país. Após, o relator indicou adiamento.

ICMS: Importação e EC 33/2001 - 7

Após a EC 33/2001, é constitucional a instituição do ICMS incidente sobre a importação de bens, sendo irrelevante a classificação jurídica do ramo de atividade da empresa importadora. Ademais, a validade da constituição do crédito tributário depende da existência de lei complementar sobre normas gerais e de legislação local de instituição do ICMS incidente sobre operações de importação realizadas por empresas que não sejam comerciantes, nem prestadoras de serviços de comunicação ou de transporte interestadual ou intermunicipal. Além disso, a incidência do tributo também depende da observância das regras de anterioridade e de irretroatividade, aferidas em cada legislação local de instituição dos novos critérios materiais, pessoais e quantitativos da regra-matriz. Também não se poderia falar em constitucionalidade superveniente para legitimar legislação local anterior à EC 33/2001 ou à Lei Complementar 114/2002, com o único objetivo de validar crédito tributário constituído em momento no qual não haveria permissão constitucional. Com base nesse entendimento, o Plenário negou provimento ao RE 474267/RS, interposto pela Fazenda Pública, e deu provimento ao RE 439796/PR, interposto pelo contribuinte. No caso, discutia-se a constitucionalidade da incidência do ICMS sobre operações de importação de bens realizadas por pessoas jurídicas que não se dedicariam habitualmente ao comércio, durante a vigência da EC 33/2001 — v. Informativos 569 e 613.

ICMS: Importação e EC 33/2001 - 8

Rememorou-se que nenhuma das três restrições observadas pela Corte no julgamento de precedentes relacionados ao tema, firmados antes da EC 33/2000, continuaria aplicável. Afirmou-se que a caracterização de bem como mercadoria independeria da qualidade jurídica do adquirente. Apontou-se a inexistência de cumulatividade a ser equilibrada com a compensação, na medida em que haveria apenas uma única operação. Além disso, mencionou-se que, com a alteração mediante no texto constitucional em 2000, a falta do critério para definição do sujeito ativo teria sido suprida com a inserção da palavra "domicílio" no art. 155, § 2°, IX, a, da CF [*Art. 155. Compete aos Estados e ao Distrito Federal instituir impostos sobre: ... II - operações relativas à circulação de mercadorias e sobre prestações de serviços de transporte interestadual e intermunicipal e de comunicação, ainda que as operações e as prestações se iniciem no exterior ... § 2.º O imposto previsto no inciso II atenderá ao seguinte. ... IX - incidirá também: a) sobre a entrada de bem ou mercadoria importados do exterior por pessoa física ou jurídica, ainda que não seja contribuinte habitual do imposto, qualquer que seja a sua finalidade, assim como sobre o serviço prestado no exterior, cabendo o imposto ao Estado onde estiver situado o domicílio ou o estabelecimento do destinatário da mercadoria, bem ou serviço*"]. Lembrou-se que, de acordo com a jurisprudência desta Corte, a existência de competência tributária seria insuficiente para justificar a cobrança do tributo e a constituição do crédito tributário. Sublinhou-se que a competência legislativa deveria ser observada e que se deveria seguir o procedimento legislativo previsto. Essa diretriz jurisprudencial viria desde antiga discussão sobre a incidência do ICM no fornecimento de alimentos e bebidas por restaurantes e congêneres (Enunciado 574 da Súmula do STF). Consignou-se que a própria norma que instituísse o tributo deveria encontrar fundamento de validade nas normas gerais para assegurar estabilidade e previsibilidade.

ICMS: Importação e EC 33/2001 - 9

Asseverou-se que, para se considerar válida a constituição do crédito tributário, a sua incidência deveria ocorrer na presença concomitante de três condicionantes: existência de competência; exercício dessa competência pela União, com base em norma geral em matéria tributária; e exercício de competência por cada um dos Estados-membros e pelo Distrito Federal, resultante na regra-matriz de incidência tributária. Observou-se que alguns entes federados teriam se precipitado, ora à EC 33/2001, ora à LC 114/2002, e teriam criado regras-matrizes sem o necessário fundamento de validade. Nesses casos, entendeu-se aplicável a orientação firmada por esta Corte no julgamento do RE 346084/PR (DJU de 1°.9.2006) e do RE 390840/MG (DJU de 15.8.2006), que teria afastado o fenômeno da constitucionalidade superveniente do sistema jurídico pátrio. Reputou-se que, para ser constitucionalmente válida a incidência do ICMS sobre operações de importação de bens, as modificações no critério material na base de cálculo e no sujeito passivo da regra-matriz deveriam ter sido realizadas em lei posterior à EC 33/2001 e à LC 114/2002. O relator reajustou, parcialmente, o voto. **RE 439796/PR, rel. Min. Joaquim Barbosa, 6.11.2013. (RE-439796) RE 474267/RS, rel. Min. Joaquim Barbosa, 6.11.2013. (RE-474267) (Inform. STF 727)**

▨ Súmula STF n° 661

Na entrada de mercadoria importada do exterior, é legítima a cobrança do ICMS por ocasião do desembaraço aduaneiro.

▨ Súmula STF n° 660

Não incide ICMS na importação de bens por pessoa física ou jurídica que não seja contribuinte do imposto. *(Comentário: entendimento ultrapassado pela atual redação do art. 155, § 2°, IX, "a" da CF/88)*

▨ Súmula STF n° 577

Na importação de mercadoria do exterior, o fato gerador do Imposto de Circulação de Mercadorias ocorre no momento de sua entrada no estabelecimento do importador.

▨ Súmula STF n° 575

É lícita a cobrança do Imposto de Circulação de Mercadorias sobre produtos importados sobre regime de alíquota zero.

▨ Súmula STJ n° 198

Na importação de veículo por pessoa física, destinado a uso próprio, incide o ICMS.

▨ Súmula STJ n° 155

O ICMS incide na importação de aeronave, por pessoa física, para uso próprio.

▨ Súmula STJ n° 71

O bacalhau importado de país signatário do GATT é isento do ICM. *(Comentário: ver Informativo STJ 386 – Resp 871.760/BA repetitivo – atualmente, o STJ analisa os convênios interestaduais e, inexistindo isenção para o pescado nacional, afasta o benefício em relação ao similar importado)*

▨ Súmula STJ n° 20

A mercadoria importada de país signatário do GATT é isenta do ICM, quando contemplado com esse favor o similar nacional. *(Comentário: ver Informativo STJ 386 – Resp 871.760/BA repetitivo – atualmente, o STJ analisa os convênios interestaduais e, inexistindo isenção para o pescado nacional, afasta o benefício em relação ao similar importado)*

7.5.10. ICMS: Restituição, compensação, creditamento

Crédito de ICMS: transferência - 2

Em conclusão de julgamento, o Plenário declarou o prejuízo, ante a revogação da norma questionada, de medida cautelar em ação direta de inconstitucionalidade, ajuizada em face do art. 17 da Lei 10.789/1998 do Estado de Santa Catarina. O dispositivo impugnado dá nova redação ao § 1° do art. 31 da Lei 10.297/1996, e dispõe sobre a transferência de saldos credores acumulados de ICMS para o pagamento de créditos tributários próprios ou de terceiros — v. Informativo 134. **ADI 1894 MC/SC, rel. orig. Min. Néri da Silveira, red. p/ o acórdão Min. Cármen Lúcia, 19.2.2014. (ADI-1894) (Inform. STF 736)**

7. DIREITO TRIBUTÁRIO 593

AG. REG. NO AG.REG. NO RE N. 515.765-RS
RELATOR: MIN. LUIZ FUX
Ementa: AGRAVOS REGIMENTAIS. RECURSO EXTRAORDINÁRIO. TRIBU-TÁRIO. ICMS. ESTADO DO RIO GRANDE DO SUL. TRANSPORTADORA. SISTEMA DE BASE DE CÁLCULO REDUZIDA. PRINCÍPIO DA NÃO CUMU-LATIVIDADE. DECRETO 33.178/89. SOBRESTAMENTO PELO PRECEDENTE DO RE 433.967-EDv. PLEITO DE MODIFICAÇÃO DE PARADIGMA PARA O RECURSO EXTRAORDINÁRIO Nº 174.478-ED. CABIMENTO. QUADRO FÁTICO DIVERSO. PROVIMENTO.

1. O precedente do RE 433.967-EDv refere-se aos casos de creditamento do ICMS recolhido nas etapas anteriores quando da aquisição de produtos da cesta básica.

2. A hipótese vertente nos autos refere-se a situação diversa, em que a contribuinte, transportadora, pleiteia o creditamento do ICMS proporcional ao valor da redução da base de cálculo.

3. In casu, eis a ementa do acórdão impugnado pelo extraordinário: APELA-ÇÃO CÍVEL. ICMS. EXECUÇÃO FISCAL. SIS-TEMA DE REDUÇÃO DA BASE DE CÁLCULO. APROPRIAÇÃO DE CRÉDITOS SOBRE A BASE REDUZIDA. POSSIBILIDADE. DESCARACTERIZAÇÃO DO TÍTULO EXECUTIVO. 1. A Constituição, para o fim de concretizar o princípio da não cumulatividade do ICMS, determina o sistema de compensação por creditamento. Conflita, por isso, com a Carta Magna, a adoção de qualquer outro sistema, como por exemplo o da redução da base de cálculo, mesmo que seja por opção do contribuinte, desimportando inclusive o resultado pecuniário. É que, no caso, o sistema eleito pela Carta Magna traduz o próprio conteúdo da garantia que ela assegura, que é, em substância, de proveito integral. Exegese do art. 155, § 2.º, I, da CF. Precedentes desta Corte e também do STF. 2. Havendo direito de crédito do ICMS que incidiu sobre a base reduzida, resta desca-racterizada a CDA, levando o processo executório fiscal à extinção, mesmo que, em tese, nem toda apropriação seja legítima. É que a hipótese não é de mera exclusão do excesso mediante cálculos aritméticos, mas de nova apuração do tributo. Precedente do STJ. 3. Apelação desprovida e sentença confirmada em reexame.

4. O Plenário do Supremo, no julgamento do RE nº 174.478-ED, Rel. Min. Cezar Peluso, assentou: EMENTA: TRIBUTO. Imposto sobre Circulação de Mercadorias. ICMS. Créditos relativos à entrada de insumos usados em industrialização de produtos cujas saídas foram realizadas com redução da base de cálculo. Caso de isenção fiscal parcial. Previsão de estorno proporcional. Art. 41, inc. IV, da Lei estadual nº 6.374/89, e art. 32, inc. II, do Convênio ICMS nº 66/88. Constitucionalidade reconhecida. Segurança denegada. Improvimento ao recurso. Aplicação do art. 155, § 2º, inc. II, letra "b", da CF. Alegação de mudança da orientação da Corte sobre os institutos da redução da base de cálculo e da isenção parcial. Distinção irrelevante segundo a nova postura jurisprudencial. Acórdão carente de vício lógico. Embargos de declaração rejeitados. O Supremo Tribunal Federal entrou a aproximar as figuras da redução da base de cálculo do ICMS e da isenção parcial, a ponto de as equiparar, na interpretação do art. 155, § 2º, II, "b", da Constituição da República.

5. Agravo regimental da contribuinte provido para afastar o sobrestamento.

6. Consequente desprovimento do primeiro agravo da contribuinte e pro-vimento do regimental do Estado do Rio Grande do Sul. **(Inform. STF 711)**

DIREITO TRIBUTÁRIO. CREDITAMENTO DE ICMS SOBRE A ENERGIA ELÉ-TRICA CONSUMIDA PELAS PRESTADORAS DE SERVIÇOS DE TELECOMUNI-CAÇÕES. RECURSO REPETITIVO (ART. 543-C DO CPC E RES. 8/2008-STJ).
É possível o creditamento do ICMS incidente sobre a energia elétrica consumida pelas prestadoras de serviços de telecomunicações para abatimento do imposto devido quando da prestação de serviços. O art. 19 da LC 87/1996, em âmbito legal, assegura o direito à não-cumulatividade para o ICMS, prevendo a compensação do que for devido em cada operação relativa à circulação de mercadorias ou prestação de serviços de transporte – interestadual e intermunicipal – e de comunicação com o montante cobrado nas operações anteriores pelo mesmo estado ou por outro. Por sua vez, o art. 33, II, "b", do referido dispositivo legal prevê a possibilidade de creditamento de ICMS relativamente à aquisição de energia elétrica, na hipótese em que o estabelecimento a utilize no processo de industrialização. A propósito, por força do Dec. 640/1962 – recepcionado pela Constituição atual e compatível com a legislação tributária posterior –, os serviços de comunicação são equiparados à indústria. Assim, em virtude da essencialidade da energia elétrica, como insumo, para o exercício da atividade de telecomunicações, induvidoso se revela o direito ao creditamento de ICMS, em atendimento ao princípio da não-cumulatividade. Precedentes citados: REsp 842.270-RS,

Primeira Seção, DJe 26/6/2012, e AgRg no AgRg no REsp 1.134.930-MS, Segunda Turma, DJe 19/12/2012. **REsp 1.201.635-MG, Rel. Min. Sérgio Kukina, julgado em 12/6/2013. (Inform. STJ 522)**

DIREITO TRIBUTÁRIO. CORREÇÃO MONETÁRIA NO CASO DE MORA DA FAZENDA PÚBLICA PARA APRECIAR PEDIDOS ADMINISTRATIVOS DE RESSARCIMENTO DE CRÉDITOS DE IPI EM DINHEIRO OU MEDIANTE COMPENSAÇÃO COM OUTROS TRIBUTOS.
Incide correção monetária sobre o valor relativo a créditos de IPI na hipótese de mora da Fazenda Pública para apreciar pedido administrativo de ressarcimento em dinheiro ou mediante compensação com outros tributos. A situação em análise – que envolve crédito de um determinado tributo recebido em dado período de apuração e utilizado fora da escrita fiscal – não se confunde com a hipótese relativa a crédito escritural – crédito de um determinado tributo recebido em dado período de apuração e utilizado para abatimento desse mesmo tributo em outro período de apuração dentro da escrita fiscal –, caso em que, em regra, não há direito à correção monetária. Com efeito, na hipótese de ressarcimento de créditos – sistemática extraordi-nária de aproveitamento –, os créditos outrora escriturais passam a ser objeto de ressarcimento em dinheiro ou mediante compensação com outros tributos em virtude da impossibilidade de dedução com débitos de IPI decorrentes das saídas de produtos – normalmente porque isentos, não tributados ou sujeitos à alíquota zero –, ou até mesmo por opção do contribuinte, nas hipóteses permitidas por lei. Esses créditos deixam de ser escriturais, pois não estão mais acumulados na escrita fiscal para uso exclusivo no abatimento do IPI devido na saída. São utilizáveis fora da escrita fiscal. Nestes casos, o ressarcimento em dinheiro ou ressarcimento mediante compensação com outros tributos se dá por meio de requerimento do contribuinte que, muitas vezes, diante das vicissitudes burocráticas do Fisco, demora a ser atendido, gerando uma defasagem no valor do crédito que não existiria caso fosse reconhecido anteriormente ou caso pudesse ter sido utilizado na escrita fiscal mediante a sistemática ordinária de aproveitamento. Essa foi exata-mente a situação caracterizada no REsp. 1.035.847-RS, julgado conforme a sistemática dos recursos repetitivos, no qual foi reconhecida a incidência de correção monetária. A lógica é simples: se há pedido de ressarcimento de créditos de IPI (em dinheiro ou via compensação com outros tributos) e esses créditos são reconhecidos pela Receita Federal com mora, essa demora no ressarcimento enseja a incidência de correção monetária, uma vez que caracteriza também a chamada "resistência ilegítima" exigida pela Súmula 411 do STJ. Precedentes citados: REsp. 1.122.800-RS, Segunda Turma, DJe 15/3/2011, e AgRg no REsp 1.082.458-RS, Segunda Turma, DJe 16/2/2011. **EAg 1.220.942-SP, Rel. Min. Mauro Campbell Marques, julgado em 10/4/2013. (Inform. STJ 521)**

DIREITO CIVIL. INEXISTÊNCIA DE DIREITO DO ADQUIRENTE DE EMBA-LAGENS PLÁSTICAS PERSONALIZADAS À INDENIZAÇÃO EM FACE DO FORNECEDOR DO PRODUTO NA HIPÓTESE EM QUE ESTE TENHA INCLUÍDO O ICMS NA OPERAÇÃO DE SAÍDA E TENHA IMPUGNADO JUDICIALMENTE O TRIBUTO.
A empresa fornecedora de embalagens plásticas personalizadas que inclui o ICMS na operação de saída e impugna judicialmente a incidência do tributo não tem que indenizar o adquirente do produto na hipótese em que ela tenha obtido êxito na mencionada demanda judicial e o Fisco, em razão disso, tenha obrigado o adquirente a estornar os valores de ICMS creditados e a recolher o referido imposto. Em hipóteses como a descrita, a empresa fornecedora de embalagens personalizadas que inclui o ICMS na operação de saída e impugna judicialmente a incidência do tributo, depositando os respectivos valores, não pratica ato ilícito, porquanto age em conformidade com norma tributária cogente na época da transação, que lhe impõe o tributo em questão, e dentro do seu direito de questionar a referida norma, tendo em vista o entendimento pacífico do STJ de que não incide ICMS na venda de embalagens personalizadas (Súmula 156 do STJ). Além do mais, entende este Tribunal que o Fisco Estadual, ante a procedência do pedido na ação da fornecedora de embalagens personalizadas e levantamento do valor depositado judicialmente, não pode estornar os valores creditados do ICMS e exigi-los do adquirente. Dessa forma, a insurgência do adquirente deveria ter sido direcionada contra a Fazenda Estadual, fosse para impugnar o estorno dos créditos, fosse para repetir o indébito, na via processual própria, não existindo direito do adquirente à indenização em face da fornecedora. **AgRg no AREsp 122.928-RS, Rel. Min. Luis Felipe Salomão, julgado em 7/2/2013. (Inform. STJ 518)**

VADE MECUM DE JURISPRUDÊNCIA – STF/STJ

DIREITO CIVIL. INEXISTÊNCIA DE DIREITO DO ADQUIRENTE DE EMBALAGENS PLÁSTICAS PERSONALIZADAS À INDENIZAÇÃO EM FACE DO FORNECEDOR DO PRODUTO NA HIPÓTESE EM QUE ESTE TENHA INCLUÍDO O ICMS NA OPERAÇÃO DE SAÍDA E TENHA IMPUGNADO JUDICIALMENTE O TRIBUTO.

A empresa fornecedora de embalagens plásticas personalizadas que inclui o ICMS na operação de saída e impugna judicialmente a incidência do tributo não tem que indenizar o adquirente do produto na hipótese em que ela tenha obtido êxito na mencionada demanda judicial e o Fisco, em razão disso, tenha obrigado o adquirente a estornar os valores de ICMS creditados e a recolher o referido imposto. Em hipóteses como a descrita, a empresa fornecedora de embalagens personalizadas que inclui o ICMS na operação de saída e impugna judicialmente a incidência do tributo, depositando os respectivos valores, não pratica ato ilícito, porquanto age em conformidade com norma tributária cogente na época da transação, que lhe impõe o tributo em questão, e dentro do seu direito de questionar a referida norma, tendo em vista o entendimento pacífico do STJ de que não incide ICMS na venda de embalagens personalizadas (Súmula 156 do STJ). Além do mais, entende este Tribunal que o Fisco Estadual, ante a procedência do pedido na ação da fornecedora de embalagens personalizadas e levantamento do valor depositado judicialmente, não pode estornar os valores creditados do ICMS e exigi-los do adquirente. Dessa forma, a insurgência do adquirente deveria ter sido direcionada contra a Fazenda Estadual, fosse para impugnar o estorno dos créditos, fosse para repetir o indébito, na via processual própria, não existindo direito da adquirente à indenização em face da fornecedora. **AgRg no AREsp 122.928-RS, Rel. Min. Luis Felipe Salomão, julgado em 7/2/2013. (Inform. STJ 518)**

📖 SÚMULA STJ nº 509

É lícito ao comerciante de boa-fé aproveitar os créditos de ICMS decorrentes de nota fiscal posteriormente declarada inidônea, quando demonstrada a veracidade da compra e venda.

7.5.11. ICMS: Outras matérias

REPERCUSSÃO GERAL EM RE N. 851.421-DF

RELATOR: MIN. MARCO AURÉLIO

IMPOSTO SOBRE A CIRCULAÇÃO DE MERCADORIAS E SERVIÇOS – GUERRA FISCAL – BENEFÍCIOS FISCAIS DECLARADOS INCONSTITUCIONAIS – CONVALIDAÇÃO SUPERVENIENTE MEDIANTE NOVA DESONERAÇÃO – RECURSO EXTRAORDINÁRIO – REPERCUSSÃO GERAL CONFIGURADA. Possui repercussão geral a controvérsia relativa à constitucionalidade da prática mediante a qual os estados e o Distrito Federal, respaldados em consenso alcançado no âmbito do Conselho Nacional de Política Fazendária – CONFAZ, perdoam dívidas tributárias surgidas em decorrência do gozo de benefícios fiscais assentados inconstitucionais pelo Supremo, porque implementados em meio à chamada guerra fiscal do ICMS. **(Inform. STF 797)**

ICMS: benefício tributário e guerra fiscal

O Plenário julgou parcialmente procedente pedido formulado em ação direta para declarar a inconstitucionalidade do art. 1º, II, e dos artigos 2º a 4º; 6º a 8º; e 11, todos da Lei 14.985/1996 do Estado do Paraná. O diploma impugnado trata da concessão de benefícios fiscais vinculados ao ICMS. O Colegiado asseverou que o entendimento do STF seria no sentido de que a concessão unilateral de benefícios fiscais relativos ao ICMS sem a prévia celebração de convênio intergovernamental, nos termos da LC 24/1975, afrontaria o art. 155, § 2º, XII, g, da CF. Primeiramente, no que se refere ao art. 1º, "caput", I e parágrafo único; bem assim ao art. 5º da lei impugnada, afirmou serem constitucionais. Esses dispositivos estabeleceriam apenas a suspensão do pagamento do ICMS incidente sobre a importação de matéria-prima ou de material intermediário, e transferiria o recolhimento do tributo do momento do desembaraço aduaneiro para o momento de saída dos produtos industrializados do estabelecimento. No ponto, a jurisprudência do STF permitiria diferir o recolhimento do valor devido a título de ICMS — se não implicasse redução ou dispensa do valor devido —, pois isso não significaria benefício fiscal e prescindiria da existência de convênio. Por outro lado, o lei deveria ser declarada inconstitucional quanto aos dispositivos que previeram parcelamento do pagamento do ICMS em quatro anos sem juros e correção monetária; bem assim que confeririam créditos fictícios de ICMS de forma a reduzir artificialmente o valor do tributo. Haveria deferimento indevido de

benefício fiscal. Ademais, seria também inconstitucional dispositivo que autorizaria o governador a conceder benefício fiscal por ato infralegal, inclusive por afronta à regra da reserva legal. Por fim, o Plenário, por maioria, deliberou modular os efeitos da declaração de inconstitucionalidade, para que tivesse eficácia a partir da data da sessão de julgamento. Ponderou que se trataria de benefícios tributários inconstitucionais, mas que se deveria convalidar os atos jurídicos já praticados, tendo em vista a segurança jurídica e a pouca previsibilidade, no plano fático, quanto às consequências de eventual decretação de nulidade desses atos, existentes no mundo jurídico há anos. Entretanto, o STF não poderia permitir que novos atos inconstitucionais fossem praticados. Vencido, no ponto, o Ministro Marco Aurélio, que não modulava os efeitos da decisão.
ADI 4481/PR, rel. Min. Roberto Barroso, 11.3.2015. (ADI-4481) (Inform. STF 777)

Protocolo Confaz 21/2011: ICMS e operação interestadual não presencial

É inconstitucional a cobrança de ICMS pelo Estado de destino, com fundamento no Protocolo ICMS 21/2011 do Conselho Nacional de Política Fazendária - Confaz, nas operações interestaduais de venda de mercadoria a consumidor final realizadas de forma não presencial. Com base nesse entendimento, o Plenário negou provimento a recurso extraordinário em que se discutia a constitucionalidade do mencionado protocolo, que dispõe sobre a exigência de parcela do ICMS pelo estado-membro destinatário da mercadoria ou bem devida na operação interestadual em que o consumidor final adquire mercadoria ou bem de forma não presencial por meio de internet, "telemarketing" ou "showroom". Julgou, ainda, procedentes os pedidos formulados em ações diretas para declarar a inconstitucionalidade desse mesmo protocolo. O Tribunal frisou que, no julgamento da ADI 4.565 MC/PI (DJe de 27.6.2011), fora assentado que, nas operações interestaduais cuja mercadoria fosse destinada a consumidor final não contribuinte, apenas o estado-membro de origem cobraria o tributo, com a aplicação da alíquota interna. Realçou que regime tributário diverso configuraria bitributação. Mencionou que os signatários do Protocolo teriam invadido a competência dos estados federados de origem, que constitucionalmente seriam os sujeitos ativos da relação tributária quando da venda de bens ou serviços a consumidor final não contribuinte localizado em outra unidade da Federação. Asseverou que essa hipótese ofenderia o princípio do não confisco, bem como o do tráfego de pessoas e bens (CF, art. 150, V). Consignou que o Protocolo impugnado, ao determinar que o estabelecimento remetente fosse o responsável pela retenção e recolhimento do ICMS em favor da unidade federada destinatária, vulnerara a exigência de lei em sentido formal e complementar (CF, art. 155, § 2º, XII, b) para instituir uma nova modalidade de substituição tributária. Em seguida, a Corte, por maioria, deliberou modular os efeitos da declaração de inconstitucionalidade do aludido Protocolo a partir do deferimento da concessão da medida liminar, ressalvadas as ações já ajuizadas. Vencido o Ministro Marco Aurélio, que não modula.
ADI 4628/DF, rel. Min. Luiz Fux, 17.9.2014. (ADI-4628)
ADI 4713/DF, rel. Min. Luiz Fux, 17.9.2014. (ADI-4713)
RE 680089/SE, rel. Min. Gilmar Mendes, 17.9.2014. (RE-680089) (Inform. STF 759)

ICMS: revogação de benefício fiscal e princípio da anterioridade tributária

Configura aumento indireto de tributo e, portanto, está sujeita ao princípio da anterioridade tributária, a norma que implica revogação de benefício fiscal anteriormente concedido. Com base nessa orientação, a 1ª Turma, por maioria, manteve decisão do Ministro Marco Aurélio (relator), que negara seguimento a recurso extraordinário, por entender que o acórdão impugnado estaria em consonância com o precedente firmado na ADI 2.325 MC/DF (DJU de 6.10.2006). Na espécie, o tribunal "a quo" afastara a aplicação — para o ano em que publicados — de decretos estaduais que teriam reduzido benefício de diminuição de base de cálculo do ICMS, sob o fundamento de ofensa ao princípio da anterioridade tributária. A Turma afirmou que os mencionados atos normativos teriam reduzido benefício fiscal vigente e, em consequência, aumentado indiretamente o aludido imposto, o que atrairia a aplicação do princípio da anterioridade. Frisou que a concepção mais adequada de anterioridade seria aquela que afetasse o conteúdo teleológico da garantia. Ponderou que o mencionado princípio visaria garantir que o contribuinte não fosse surpreendido com aumentos súbitos do encargo fiscal, o que propiciaria um direito implícito e inafastável ao planejamento. Asseverou que o prévio conhecimento da carga tributária teria como base a segurança jurídica e, como conteúdo, a garantia da certeza do direito. Ressaltou, por fim, que toda alteração do critério quantitativo do consequente da regra matriz de incidência

7. DIREITO TRIBUTÁRIO

deveria ser entendida como majoração do tributo. Assim, tanto o aumento de alíquota, quanto a redução de benefício, apontariam para o mesmo resultado, qual seja, o agravamento do encargo. Vencidos os Ministros Dias Toffoli e Rosa Weber, que proviam o agravo regimental. Após aduzirem que benefícios fiscais de redução de base de cálculo se caracterizariam como isenção parcial, pontuavam que, de acordo com a jurisprudência do STF, não haveria que se confundir instituição ou aumento de tributos com revogação de isenções fiscais, uma vez que, neste caso, a exação já existiria e persistiria, embora com a dispensa legal de pagamento.
RE 564225 AgR/RS, rel. Min. Marco Aurélio, 2.9.2014. (RE-564225) (Inform. STF 757)

Isenção de ICMS e guerra fiscal

O Plenário, por maioria, confirmou medida cautelar e julgou procedente pedido formulado em ação direta para declarar a inconstitucionalidade da LC 358/2009, do Estado do Mato Grosso, que concede isenção de ICMS para as operações de aquisição de automóveis por oficiais de justiça estaduais. O Colegiado reputou que o pacto federativo reclamaria, para a preservação do equilíbrio horizontal na tributação, a prévia deliberação dos Estados-membros e do Distrito Federal para a concessão de benefícios fiscais relativamente ao ICMS, nos termos do art. 155, § 2º, g, da CF e da LC 24/1975. Pontuou que a lei complementar estadual padeceria de inconstitucionalidade formal, porque careceria do necessário amparo em convênio interestadual, o que caracterizaria hipótese típica de guerra fiscal. Acresceu que a isonomia tributária (CF, art. 150, II) tornaria inválidas as distinções entre contribuintes em razão de ocupação profissional ou função por eles exercida, máxime nas hipóteses em que, sem base no postulado da razoabilidade, fosse conferido tratamento discriminatório em benefício da categoria dos oficiais de justiça estaduais. Vencido o Ministro Marco Aurélio, que julgava o pedido improcedente. Não vislumbrava a existência, no caso, de guerra fiscal, tendo em vista tratar-se de tributo de competência estadual, cuja isenção prejudicaria o próprio ente federado.
ADI 4276/MT, rel. Min. Luiz Fux, 20.8.2014. (ADI-4276) (Inform. STF 755)

ADI: ICMS e isenção tributária - 1

O Plenário, por maioria, julgou parcialmente procedente pedido formulado em ação direta para declarar, sem pronúncia de nulidade, a inconstitucionalidade do § 2º do art. 192 da Constituição do Estado do Ceará. Na mesma assentada, a Corte declarou a inconstitucionalidade do parágrafo único do art. 193; do "caput" e parágrafo único do art. 201; do parágrafo único do art. 273; e do inciso III do art. 283; e a constitucionalidade do § 1º do art. 192, todos da mencionada Constituição estadual. Além disso, deu interpretação conforme ao "caput" do art. 193 da Constituição do Estado do Ceará para excluir de seu âmbito de incidência o imposto sobre operações relativas ao ICMS ("Art. 192. A lei poderá isentar, reduzir ou agravar tributos, com finalidades extrafiscais por incentivo a atividades socialmente úteis ou desestimular práticas inconvenientes ao interesse público, observados os disciplinamentos federais. §1º O ato cooperativo, praticado entre o associado e sua cooperativa, não implica em operação de mercado. §2º Concede-se isenção tributária de ICMS aos implementos e equipamentos destinados aos deficientes físicos auditivos, visuais, mentais e múltiplos, bem como aos veículos automotores de fabricação nacional com até 90 HP de potência adaptados para o uso de pessoas portadoras de deficiência. Art. 193. As microempresas são isentas de tributos estaduais nos limites definidos pela União, como elemento indicativo dessa categoria. Parágrafo único. A isenção tributária se estende a operações relativas à circulação de mercadorias para destinatário localizado neste ou em outro Estado e sobre prestação de transportes interestaduais, intermunicipais e comunicações. ... Art. 201. Não incidirá imposto, conforme a lei dispuser, sobre todo e qualquer produto agrícola pertencente à cesta básica, produzido por pequenos e microprodutores rurais que utilizam apenas a mão-de-obra familiar, vendido diretamente aos consumidores finais. Parágrafo único. A não-incidência abrange produtos oriundos de associações e cooperativas de produção e de produtores, cujos quadros sociais sejam compostos exclusivamente por pequenos e microprodutores e trabalhadores rurais sem terra. ... Art. 273. Toda entidade pública ou privada que inclua o atendimento à criança e ao adolescente, inclusive os órgãos de segurança, tem por finalidade prioritária assegurar-lhes os direitos fundamentais. Parágrafo único. As empresas privadas que absorvam contingentes de até cinco por cento de deficientes no seu quadro funcional gozarão de incentivos fiscais de redução de um por cento no ICMS. ... Art. 283. Para estimular a

confecção e comercialização de aparelhos de fabricação alternativa para as pessoas portadoras de deficiência, o Estado concederá: ... III - isenção de cem por cento do ICMS").

ADI: ICMS e isenção tributária - 2

O Tribunal afirmou que a concessão de benefícios fiscais não seria matéria relativa à iniciativa legislativa privativa do Chefe do Poder Executivo, nos termos do art. 61, § 1º, II, b, da CF. Observou que, à luz das regras de competência tributária, seria correto afirmar que o poder de exonerar corresponderia a uma derivação do poder de tributar. Assim, não haveria impedimentos para que as entidades investidas de competência tributária, como os Estados-membros, definissem hipóteses de isenção ou de não-incidência das espécies tributárias em geral, ainda que por disposição de Constituição estadual. Sublinhou que o art. 146, III, c, da CF determina que lei complementar estabeleça normas gerais sobre matéria tributária e, em especial, quanto ao adequado tratamento tributário a ser conferido ao ato cooperativo praticado pelas sociedades cooperativas. Salientou que o § 1º do art. 192 da Constituição cearense dispõe que o ato cooperativo, praticado entre o associado e sua cooperativa, não implica operação de mercado. Ressaltou não haver a alegada inconstitucionalidade desse preceito, porquanto, nos termos do art. 24, I, da CF, a União — responsável por estabelecer normas gerais —, os Estados-membros e o Distrito Federal — com a prerrogativa de suplementar as lacunas da lei federal de normas gerais, a fim de afeiçoá-las às particularidades locais — detêm competência para legislar sobre direito tributário, concorrentemente e, se não existir lei federal sobre normas gerais, os Estados-membros podem exercer a competência legislativa plena (CF, art. 24, § 3º). Frisou que o STF, ao apreciar situação análoga, assentara que enquanto não fosse promulgada a lei complementar a que se refere o art. 146, III, c, da CF, os Estados-membros — que possuem competência concorrente em se tratando de direito tributário (CF, art. 24, I e § 3º) — poderiam dar às cooperativas o tratamento que julgassem adequado.

ADI: ICMS e isenção tributária - 3

A Corte destacou que a concessão unilateral de benefícios fiscais relativos ao ICMS, sem a prévia celebração de convênio intergovernamental, nos termos do que dispõe a LC 24/1975, afrontaria o art. 155, § 2º, XII, g, da CF. Enfatizou que o comando constitucional contido no art. 155, § 2º, XII, g, da CF, que reserva à lei complementar federal regular a forma como, mediante deliberação dos Estados-membros e do Distrito Federal, isenções, incentivos e benefícios fiscais serão concedidos e revogados, revelaria a manifesta inconstitucionalidade material dos dispositivos da Constituição estadual ao outorgar incentivo fiscal incompatível com a Constituição. Registrou que a jurisprudência do STF seria pacífica no sentido da inconstitucionalidade de texto normativo estadual que outorgasse benefícios fiscais relativos ao ICMS, sem a prévia e necessária celebração de convênio entre os Estados-membros e o Distrito Federal. Ponderou que o "caput" do art. 193 da Constituição do Estado do Ceará daria isenção às microempresas de tributos estaduais, ao passo que seu parágrafo único estenderia o benefício, de forma expressa, ao ICMS. Asseverou que o ICMS deveria ser excluído, mediante interpretação conforme a Constituição, do âmbito de incidência do "caput" do art. 193 da Constituição estadual para não frustrar a declaração de inconstitucionalidade de seu parágrafo único. O Colegiado não vislumbrou inconstitucionalidade em relação aos demais tributos estaduais, porquanto o Estado-membro deteria competência para a medida e a própria Constituição, em seu art. 170, IX, dispõe como princípio da ordem econômica o "tratamento favorecido para as empresas de pequeno porte constituídas sob as leis brasileiras e que tenham sua sede e administração no País". Reconheceu a inconstitucionalidade dos artigos 201, "caput" e parágrafo único; 273, parágrafo único; e 283, II, todos da Constituição cearense, porquanto pela simples leitura dos dispositivos verificar-se-ia que o imposto neles tratado seria o ICMS. Vencido, em parte, o Ministro Marco Aurélio, que julgava inconstitucional o § 1º do art. 192 da Constituição estadual, por vício formal. Pontuava que o mencionado preceito vedaria o poder de iniciativa do Chefe do Executivo. Por fim, o Plenário, por maioria, deliberou modular os efeitos da declaração de inconstitucionalidade do § 2º do art. 192 da Constituição cearense, para conceder o prazo de 12 meses, a partir da publicação da ata da sessão de julgamento, para que essa matéria pudesse ser submetida ao Confaz. Vencido, quanto à modulação, o Ministro Marco Aurélio. **ADI 429/CE, rel. Min. Luiz Fux, 20.8.2014. (ADI-429) (Inform. STF 755)**

REPERCUSSÃO GERAL EM RE N. 790.799-PB
RELATOR: MIN. LUIZ FUX
EMENTA: RECURSO EXTRAORDINÁRIO. TRIBUTÁRIO. ICMS. AQUISIÇÃO DE VEÍCULOS AUTOMOTORES POR PORTADOR DE DEFICIÊNCIA FÍSICA. ISENÇÃO. INTERPRETAÇÃO DE LEGISLAÇÃO INFRACONSTITUCIONAL. IMPOSSIBILIDADE. REEXAME DO CONJUNTO FÁTICO-PROBATÓRIO. INCIDÊNCIA DA SÚMULA 279 DESTA CORTE. INEXISTÊNCIA DE REPERCUSSÃO GERAL. (Inform. STF 744)

AG. REG. NO ARE N. 669.013-SP
RELATORA: MIN. CÁRMEN LÚCIA
EMENTA: AGRAVO REGIMENTAL NO RECURSO EXTRAORDINÁRIO COM AGRAVO. TRIBUTÁRIO. IMPOSTO SOBRE CIRCULAÇÃO DE MERCADORIAS E SERVIÇOS – ICMS. IMPOSSIBILIDADE DE CONCESSÃO DE BENEFÍCIO FISCAL UNILATERAL SEM PRÉVIA AUTORIZAÇÃO POR CONVÊNIO INTERESTADUAL. PRECEDENTES. AGRAVO REGIMENTAL AO QUAL SE NEGA PROVIMENTO. (Inform. STF 738)

Zona Franca de Manaus e isenção de ICMS - 1
O Plenário julgou procedente pedido formulado em ação direta para declarar a inconstitucionalidade dos Convênios ICMS 1, 2 e 6, de 1990, do Conselho Nacional de Política Fazendária - Confaz. O Convênio 1/1990 exclui o açúcar de cana do benefício da não incidência do ICMS quando da remessa para comercialização ou industrialização na Zona Franca de Manaus - ZFM; o Convênio 2/1990 revoga isenção concedida anteriormente e fixa níveis de tributação na remessa de produtos industrializados semielaborados para o Município de Manaus; e o Convênio 6/1990 cancela o benefício da manutenção de crédito resultante da não incidência do ICMS nas operações de remessa de mercadoria nacional para a ZFM. De início, o Colegiado rejeitou questão preliminar de que a ação, supostamente, trataria de normas que implicariam mera ofensa indireta à Constituição. No ponto, esclareceu que a demonstração de invalidade das normas impugnadas prescindiria do cotejo destas com outros preceitos infraconstitucionais, que seriam os artigos 4º e 49 do Decreto-Lei 288/1967. Entretanto, realçou que a ZFM seria considerada um conjunto de incentivos fiscais indutores do desenvolvimento regional e mantida, com esse caráter, pelas Disposições Constitucionais Transitórias. Assim, admitir-se que preceitos infraconstitucionais reduzissem ou eliminassem os favores fiscais existentes esvaziaria de eficácia real o preceito constitucional. O Plenário, então, delimitou que haveria de definir o alcance do art. 40 do ADCT (*Art. 40. É mantida a Zona Franca de Manaus, com suas características de área livre de comércio, de exportação e importação, e de incentivos fiscais, pelo prazo de vinte e cinco anos, a partir da promulgação da Constituição. Parágrafo único. Somente por lei federal podem ser modificados os critérios que disciplinaram ou venham a disciplinar a aprovação dos projetos na Zona Franca de Manaus*), ou seja, se essa norma de caráter temporário teria permitido a recepção do arcabouço pré-constitucional de incentivos à ZFM, ainda que incompatíveis com o sistema constitucional do ICMS instituído a partir de 1988. Ponderou que o conflito dos dispositivos impugnados com o elenco pré-constitucional de incentivos fiscais pertinentes não se resolveria pela aplicação de regras de direito intertemporal, pois a preservação da eficácia dessas normas decorreria da determinação do art. 40 do ADCT.

Zona Franca de Manaus e isenção de ICMS - 2
No mérito, o Tribunal destacou que o art. 92 do ADCT, incluído pela EC 42/2003, aumentara o prazo constante do art. 40 do ADCT, que passou a encerrar-se em 2023. Lembrou que a ZFM, instituída pela Lei 3.173/1957, somente tivera existência jurídica e pleno funcionamento com a edição do Decreto-Lei 288/1967. Colacionou, ainda, o art. 5º da LC 4/1969, que concedera isenção do ICMS nas hipóteses especificadas. Explicou que as indústrias instaladas ou que viessem a instalar-se na ZFM também teriam sido excluídas dos convênios necessários para a concessão ou revogação de isenções do ICMS, regulamentados pela LC 24/1975, que vedara expressamente às demais unidades da federação determinar a exclusão de incentivo fiscal, prêmio ou estímulo concedido pelo Estado do Amazonas. Asseverou que, quando do advento da ordem constitucional vigente, a antiga legislação do ICMS conferia à saída de mercadorias para a ZFM o mesmo tratamento fiscal outorgado à exportação, cujas operações, no regime constitucional anterior, eram feitas sem a cobrança do ICMS, bem como era vedado aos entes federados modificar esse favorecimento fiscal. A Corte frisou que a Constituição atual (art. 155, § 2º, XII, g) agregara novas hipóteses de

incidência do ICMS, razão pela qual alegado que teria sido criado imposto novo, sujeito a disciplina diversa da existente sob a égide da Constituição anterior. Sublinhou a edição do Convênio 65/1988, que tornara expressa a isenção do ICMS sobre circulação de mercadorias às saídas de produtos industrializados de origem nacional para comercialização ou industrialização na área, desde que o estabelecimento destinatário tivesse domicílio em Manaus. Registrou que, no primeiro momento, os Estados-membros e o Distrito Federal teriam repetido, por convênio celebrado nos termos da LC 24/1975, o quadro legal existente quando da promulgação da Constituição atual. Analisou que a inovação da matéria ocorrera a partir dos convênios impugnados nesta ação direta.

Zona Franca de Manaus e isenção de ICMS - 3
O Plenário equacionou que imporia saber se as normas questionadas respaldar-se-iam na competência conferida aos Estados-membros e ao Distrito Federal para disporem sobre isenções, incentivos e benefícios fiscais referentes ao ICMS (CF, art.155, § 2º, XII, g), de modo a conferir ao art. 40 do ADCT natureza de norma programática, cuja intenção teria sido atendida no Convênio 65/1988, sem que daí resultasse a impossibilidade de os Estados-membros definirem, a seu critério, outro alcance do regime de incentivos fiscais da ZFM, como nos convênios impugnados. Reputou que a norma constitucional transitória discutida impusera a preservação do elenco pré-constitucional de incentivos à ZFM, de maneira a restringir o exercício da competência conferida aos Estados-membros e ao Distrito Federal no corpo normativo permanente da Constituição em vigor. Nesse sentido, as normas constitucionais transitórias se explicariam pela necessidade de subtrair temporariamente determinadas situações preexistentes à incidência imediata da nova disciplina constitucional permanente. Aduziu que, para preservar o projeto desenvolvimentista concedido sob a vigência da ordem constitucional anterior para a região setentrional do país, o constituinte originário tornara expressa a manutenção, por tempo determinado, da disciplina jurídica existente, ao afirmar a finalidade de apoio ou fomento para a criação de um centro industrial, comercial e agropecuário na região da ZFM. Consignou que o normativo jurídico pré-constitucional de incentivo fiscal à área teria sido alçado à estatura de norma constitucional pelo art. 40 do ADCT e adquirira, por força dessa regra transitória, a natureza de imunidade tributária. Dessa forma, não se haveria de cogitar de incompatibilidade do regramento pré-constitucional referente aos incentivos fiscais conferidos à ZFM com o sistema tributário nacional surgido com a Constituição em vigor. Por essa razão, o art. 4º do Decreto-Lei 288/1967, que atrairia a não incidência do ICMS estipulada no art. 23, II, § 7º, da Constituição pretérita, estaria vigente, e desoneraria a saída de mercadorias do território nacional para consumo ou industrialização na ZFM. Sublinhou que a desoneração dessas operações também teria sido estendida às hipóteses de incidência do imposto acrescentadas pela ordem constitucional vigente.

Zona Franca de Manaus e isenção de ICMS - 4
A Corte registrou que todos os produtos industrializados destinados à ZFM, semielaborados ou não, estariam cobertos pela não incidência de ICMS incorporada pelo art. 40 do ADCT, e que excluir alguns significaria restringir o alcance da garantia constitucional. Sob esse enfoque, a determinação expressa de manutenção do conjunto de incentivos referentes à ZFM, advinda da legislação pré-constitucional, exigiria a não incidência do ICMS sobre as operações de saída de mercadorias para aquela área de livre comércio, sob pena de se proceder a uma redução do quadro fiscal expressamente mantido por dispositivo constitucional específico. Realçou, ainda, o advento da EC 42/2003, que tornara explícito o reconhecimento da não incidência sobre serviços prestados a destinatários no exterior, e abandonara a subdivisão dos produtos industrializados presente na Constituição (art. 155, § 2º, X, a). Além disso, a aludida emenda assentara a não incidência do ICMS sobre mercadorias destinadas ao exterior, nos termos do art. 4º do Decreto-Lei 288/1967. Por fim, concluiu que a incidência do ICMS determinada nas situações previstas nos convênios questionados gerara redução da eficácia real do art. 40 do ADCT.
ADI 310/AM, rel. Min. Cármen Lúcia, 19.2.2014. (ADI-310) (Inform. STF 736)

ICMS e transporte rodoviário de passageiros - 4
É devida a cobrança de ICMS nas operações ou prestações de serviço de transporte terrestre interestadual e intermunicipal de passageiros e de cargas. Com base nesta orientação, em conclusão de julgamento, o Plenário, por maioria, reputou improcedente pedido formulado em ação direta

7. DIREITO TRIBUTÁRIO

ajuizada contra os artigos 4º; 11, II, a e c; 12, V e XIII, da Lei Complementar 87/1996 (Lei Kandir), que dispõem sobre os contribuintes do ICMS, estabelecem o local da operação ou da prestação de serviço de transporte, para os efeitos da cobrança do imposto, e definem o estabelecimento responsável, bem como fixam o momento de ocorrência da hipótese de incidência do tributo — v. Informativos 415 e 522. Asseverou-se não afrontar o princípio da isonomia o não acolhimento da tese de extensão do resultado da ADI 1.600/DF (DJU de 20.6.2003) — que, à exceção do transporte aéreo de cargas nacional, declarara inconstitucional a instituição de ICMS sobre a prestação de serviços de transporte aéreo intermunicipal, interestadual e internacional — às operações de transporte terrestre de passageiros e de cargas. Pontuou-se não haver indicação precisa da similitude entre os quadros a que se submeteriam a aviação brasileira e as empresas de transporte terrestre, regidas por normativas distintas. Esclareceu-se que os custos, os riscos, a intensidade da prestação, a abrangência, a rotatividade e o grau de submissão à regulação estatal pertinente ao transporte aéreo não seriam os mesmos aplicáveis às empresas que explorariam economicamente a malha viária. Frisou-se que a escolha da LC 87/1996 como objeto da presente ação direta ocultaria o vício efetivamente debatido, que seria a alegada omissão do legislador, circunstância que tornaria essa específica tentativa de controle de constitucionalidade inadequada para a solução da problemática. Lembrou-se que a criação de obrigações acessórias poderia ser feita por lei ordinária, porque não haveria reserva de lei complementar para esse efeito. Destacou-se não ser possível exigir da LC 87/1996 a especificação de todos os detalhes dos documentos que viabilizassem o exercício do direito ao crédito, como a indicação do adquirente da passagem, a sua eventual condição de contribuinte de ICMS, o itinerário, entre outros. Enfatizou-se a compatibilidade da LC 87/1996 com a Constituição, que preservou a repartição de competência tributária e o direito ao crédito, como meio de anular a acumulação da carga tributária. Sublinhou-se ser inequívoco o propósito da Constituição de tributar as operações de transporte terrestre de passageiro, seja por interpretação direta do art. 155, II, da CF, seja pelo exame da incorporação do antigo imposto federal sobre transportes ao ICMS. Vencidos os Ministros Nelson Jobim, relator, Sepúlveda Pertence, Gilmar Mendes e Celso de Mello, que julgavam procedente o pleito, com eficácia *ex nunc*. Os Ministros Gilmar Mendes e Celso de Mello limitavam a modulação dos efeitos do que decidido, com ressalvas apenas à aplicação da eficácia *ex tunc* aos casos concretos *sub judice* em período anterior à conclusão do julgamento da presente ação.
ADI 2669/DF, rel. orig. Min. Nelson Jobim, red. p/ o acórdão Min. Marco Aurélio, 5.2.2014. (Inform. STF 734)

AG. REG. NO AG.REG. NO RE N. 515.765-RS
RELATOR: MIN. LUIZ FUX
Ementa: AGRAVOS REGIMENTAIS. RECURSO EXTRAORDINÁRIO. TRIBU-TÁRIO. ICMS. ESTADO DO RIO GRANDE DO SUL. TRANSPORTADORA. SISTEMA DE BASE DE CÁLCULO REDUZIDA. PRINCÍPIO DA NÃO CUMU-LATIVIDADE. DECRETO 33.178/89. SOBRESTAMENTO PELO PRECEDENTE DO RE 433.967-EDv. PLEITO DE MODIFICAÇÃO DE PARADIGMA PARA O RECURSO EXTRAORDINÁRIO Nº 174.478-ED. CABIMENTO. QUADRO FÁTICO DIVERSO. PROVIMENTO.
1. O precedente do RE 433.967-EDv refere-se aos casos de creditamento do ICMS recolhido nas etapas anteriores quando da aquisição de produtos da cesta básica.
2. A hipótese vertente nos autos refere-se a situação diversa, em que a contribuinte, transportadora, pleiteia o creditamento do ICMS proporcional ao valor da redução da base de cálculo.
3. In casu, eis a ementa do acórdão impugnado pelo extraordinário: APELA-ÇÃO CÍVEL. ICMS. EXECUÇÃO FISCAL. SIS-TEMA DE REDUÇÃO DA BASE DE CÁLCULO. APROPRIAÇÃO DE CRÉDITOS SOBRE A BASE REDUZIDA. POSSIBILIDADE. DESCARACTERIZAÇÃO DO TÍTULO EXECUTIVO. 1. A Constituição, para o fim de concretizar o princípio da não cumulatividade do ICMS, determina o sistema de compensação por creditamento. Conflita, por isso, com a Carta Magna, a adoção de qualquer outro sistema, como por exemplo o da redução da base de cálculo, mesmo que seja por opção do contribuinte, desimportando inclusive o resultado pecuniário. É que, no caso, o sistema eleito pela Carta Magna traduz o próprio conteúdo da garantia que ela assegura, que é em substância, de proveito integral. Exegese do art. 155, § 2.º, I, da CF. Precedentes desta Corte e também do STF. 2. Havendo direito de crédito do ICMS que incidiu sobre a base reduzida, resta descaracterizada a CDA, levando o processo executório fiscal à extinção, mesmo que, em tese, nem toda apropriação seja legítima. É que a hipótese

não é de mera exclusão do excesso mediante cálculos aritméticos, mas de nova apuração do tributo. Precedente do STJ. 3. Apelação desprovida e sentença confirmada em reexame.
4. O Plenário do Supremo, no julgamento do RE nº 174.478-ED, Rel. Min. Cezar Peluso, assentou: EMENTA: TRIBUTO. Imposto sobre Circulação de Mercadorias. ICMS. Créditos relativos à entrada de insumos usados em industrialização de produtos cujas saídas foram realizadas com redução da base de cálculo. Caso de isenção fiscal parcial. Previsão de estorno proporcional. Art. 41, inc. IV, da Lei estadual nº 6.374/89, e art. 32, inc. II, do Convênio ICMS nº 66/88. Constitucionalidade reconhecida. Segurança denegada. Improvimento ao recurso. Aplicação do art. 155, § 2º, inc. II, letra "b", da CF. Alegação de mudança da orientação da Corte sobre os institutos da redução da base de cálculo e da isenção parcial. Distinção irrelevante segundo a nova postura jurisprudencial. Acórdão carente de vício lógico. Embargos de declaração rejeitados. O Supremo Tribunal Federal entrou a aproximar as figuras da redução da base de cálculo do ICMS e da isenção parcial, a ponto de as equiparar, na interpretação do art. 155, § 2º, II, "b", da Constituição da República.
5. Agravo regimental da contribuinte provido para afastar o sobrestamento.
6. Consequente desprovimento do primeiro agravo da contribuinte e provimento do regimental do Estado do Rio Grande do Sul. **(Inform. STF 711)**

📄 Súmula STF nº 615

O princípio constitucional da anualidade (§ 29 do art. 153 da CF) não se aplica à revogação de isenção do ICM.

📄 Súmula STF nº 574

Sem lei estadual que a estabeleça é ilegítima a cobrança do Imposto sobre Circulação de Mercadorias sobre o fornecimento de alimentação e bebidas em restaurante ou estabelecimento similar.

📄 Súmula STF nº 569

É inconstitucional a discriminação de alíquotas do Imposto de Circulação de Mercadorias nas operações interestaduais, em razão de o destinatário ser, ou não, contribuinte. *(Comentário: entendimento ultrapassado pela atual redação constitucional)*

📄 Súmula STJ nº 433

O produto semielaborado, para fins de incidência de ICMS, é aquele que preenche cumulativamente os três requisitos do art. 1º da Lei Complementar n. 65/1991.

📄 Súmula STJ nº 129

O exportador adquire o direito de transferência de crédito do ICMS quando realiza a exportação do produto e não ao estocar a matéria-prima.

📄 Súmula STJ nº 95

A redução da alíquota do Imposto sobre Produtos Industrializados não implica redução do ICMS.

📄 Súmula STJ nº 94

A parcela relativa ao ICMS inclui-se na base de cálculo do FINSOCIAL.

📄 Súmula STJ nº 68

A parcela relativa ao ICM inclui-se na base de cálculo do PIS. *(Comentário: a matéria vem sendo reexaminada pelo STF)*

📄 Súmula TFR nº 258

Inclui-se na base de cálculo do PIS a parcela relativa ao ICM. *(Comentário: a matéria vem sendo reexaminada pelo STF)*

7.6. IPTU

IPTU e progressividade

Declarada inconstitucional a progressividade de alíquota tributária, é devido o tributo calculado pela alíquota mínima correspondente, de acordo com a destinação do imóvel. Essa a conclusão do Plenário que, por maioria, proveu recurso extraordinário em que discutida a possibilidade de cobrança do IPTU pela menor alíquota, entre 1995 e 1999, nos casos de declaração de inconstitucionalidade de sua progressividade, antes do advento da Emenda Constitucional 29/2000. O Colegiado destacou o Enunciado 668 da Súmula do STF ("É inconstitucional a lei municipal que tenha estabelecido, antes da Emenda Constitucional 29/2000, alíquotas progressivas para o

IPTU, salvo se destinada a assegurar o cumprimento da função social da propriedade urbana"). Afirmou que a criação do imposto progressivo sobre a renda seria grande inovação em termos de tributo, tendo em vista seu papel central na redução da desigualdade. Segundo a jurisprudência da Corte, a progressividade deveria incidir sobre todas as espécies tributárias, à luz da capacidade contributiva do contribuinte. Nesse sentido, já se admitiria a progressividade de alíquota relativa ao ITCMD, imposto de caráter real e de competência tributária estadual, pois estaria em jogo a concretização constitucional da igualdade material tributária. No caso, cumpriria decidir somente se a inconstitucionalidade da progressividade de alíquotas inviabilizaria a cobrança do IPTU, durante o lapso temporal anterior à reforma constitucional em discussão. De acordo com a teoria da divisibilidade da lei, somente se deveria proferir a inconstitucionalidade das normas viciadas, não devendo estender o juízo de censura às outras partes da lei. Nesse sentido, a lei municipal só seria inconstitucional no tocante à progressividade das alíquotas, de modo que a solução mais adequada seria manter a exigibilidade do tributo com redução da gravosidade ao patrimônio do contribuinte ao nível mínimo, ou seja, adotando-se a alíquota mínima como mandamento da norma tributária. Ressaltou que o reconhecimento da inconstitucionalidade da progressividade do IPTU não afastaria a cobrança total do tributo. Esta deveria ser realizada pela forma menos gravosa prevista em lei. Portanto, mesmo que a progressividade das alíquotas tenha sido declarada inconstitucional por tribunal de justiça, a única solução possível a compatibilizar a competência tributária dos Municípios e a exação menos gravosa possível ao contribuinte seria assentar a exigibilidade de IPTU na alíquota mínima prevista legalmente, alusiva a período anterior à EC 29/2000. Tal desfecho não incorreria em inconstitucionalidade, pois o IPTU seria cobrado de forma proporcional. Vencido o Ministro Marco Aurélio, que não conhecia do recurso por reputar ausente o prequestionamento. No mérito, desprovia o extraordinário.
RE 602347/MG, rel. Min. Edson Fachin, 4.11.2015. (RE-602347) (Inform. STF 806)

IPTU: majoração da base de cálculo e decreto
É inconstitucional a majoração, sem edição de lei em sentido formal, do valor venal de imóveis para efeito de cobrança do IPTU, acima dos índices oficiais de correção monetária. Com base nessa orientação, o Plenário negou provimento a recurso extraordinário em que se discutia a legitimidade da majoração, por decreto, da base de cálculo acima de índice inflacionário, em razão de a lei municipal prever critérios gerais que seriam aplicados quando da avaliação dos imóveis. Ressaltou-se que o aumento do valor venal dos imóveis não prescindiria da edição de lei, em sentido formal. Consignou-se que, salvo as exceções expressamente previstas no texto constitucional, a definição dos critérios que compõem a regra tributária e, especificamente, a base de cálculo, seria matéria restrita à atuação do legislador. Deste modo, não poderia o Poder Executivo imiscuir-se nessa seara, seja para definir, seja para modificar qualquer dos elementos da relação tributária. Aduziu-se que os municípios não poderiam alterar ou majorar, por decreto, a base de cálculo do IPTU. Afirmou-se que eles poderiam apenas atualizar, anualmente, o valor dos imóveis, com base nos índices anuais de inflação, haja vista não constituir aumento de tributo (CTN, art. 97, § 1º) e, portanto, não se submeter à reserva legal imposta pelo art. 150, I, da CF. O Min. Roberto Barroso, embora tivesse acompanhado a conclusão do relator no tocante ao desprovimento do recurso, fez ressalva quanto à generalização da tese adotada pela Corte. Salientou que o caso concreto não envolveria questão de reserva de lei, mas de preferência de lei, haja vista a existência da referida espécie normativa a tratar da matéria, que não poderia ser modificada por decreto.
RE 648245/MG, rel. Min. Gilmar Mendes, 1º.8.2013. (RE-648245) (Inform. STF 713)

AG. REG. NO AI N. 772.064-SP
RELATORA: MIN. ROSA WEBER
EMENTA: DIREITO TRIBUTÁRIO. IPTU. INSTITUIÇÃO DE ALÍQUOTAS DIFERENCIADAS. IMÓVEL NÃO EDIFICADO. POSSIBILIDADE. PRECEDENTES. ACÓRDÃO RECORRIDO PUBLICADO EM 24.11.2008.
A jurisprudência deste Supremo Tribunal Federal é firme no sentido de que a instituição de alíquotas diferenciadas em razão de estar ou não edificado o imóvel extrai seu fundamento não se confunde com o instituto da progressividade, razão pela qual não se divisa a alegada ofensa à Constituição Federal.
Agravo regimental conhecido e não provido. **(Inform. STF 713)**

DIREITO TRIBUTÁRIO. INCIDÊNCIA DE IPTU SOBRE IMÓVEL PARCIALMENTE SITUADO EM APP COM NOTA NON AEDIFICANDI.
O fato de parte de um imóvel urbano ter sido declarada como Área de Preservação Permanente (APP) e, além disso, sofrer restrição administrativa consistente na proibição de construir (nota non aedificandi) não impede a incidência de IPTU sobre toda a área do imóvel. Nos termos da jurisprudência do STJ, "A restrição à utilização da propriedade referente à área de preservação permanente em parte de imóvel urbano (loteamento) não afasta a incidência do Imposto Predial e Territorial Urbano, uma vez que o fato gerador da exação permanece íntegro, qual seja, a propriedade localizada na zona urbana do município. Cuida-se de um ônus a ser suportado, o que não gera o cerceamento total da disposição, utilização ou alienação da propriedade, como ocorre, por exemplo, nas desapropriações." (REsp 1.128.981-SP, Primeira Turma, DJe 25/3/2010). O fato de parte do imóvel ser considerada como área non aedificandi (área com restrições legais ou contratuais onde não é permitido construir) não afasta o referido entendimento, pois não há perda da propriedade, mas apenas restrições de uso, a fim de viabilizar que a propriedade atenda à sua verdadeira função social. Logo, se o fato gerador do IPTU, conforme o disposto no art. 32 do CTN, é a propriedade de imóvel urbano, a simples limitação administrativa de proibição para construir não impede a sua configuração. Ademais, não há lei que preveja isenção tributária para a situação analisada, conforme a exigência dos arts. 150, § 6º, da CF e 176 do CTN. (AgRg no REsp 1.469.057-AC, Segunda Turma, DJe 20/10/2014). REsp 1.482.184-RS, Rel. Min. Humberto Martins, julgado em 17/3/2015, DJe 24/3/2015 (Inform. STJ 558).

DIREITO TRIBUTÁRIO. DESNECESSIDADE DE PRÉVIA INSCRIÇÃO DE UNIDADES AUTÔNOMAS NO REGISTRO DE IMÓVEIS PARA A COBRANÇA DE IPTU INDIVIDUALIZADO.
O fisco, verificando a divisão de imóvel preexistente em unidades autônomas, pode proceder às novas inscrições de IPTU, ainda que não haja prévio registro das novas unidades em cartório de imóveis. Conforme o art. 32 do CTN, o fato gerador do IPTU é a propriedade, o domínio útil ou a posse. O art. 34 do referido diploma, por sua vez, preconiza que o "contribuinte do imposto é o proprietário do imóvel, o titular do seu domínio útil, ou o seu possuidor a qualquer título". Observa-se, portanto, que é absolutamente dispensável o prévio registro imobiliário das novas unidades para proceder ao lançamento do IPTU individualizado. Basta a configuração da posse do bem imóvel para dar ensejo à exação. Assim, verificando-se a superveniência de unidades autônomas, é devida a cobrança do IPTU de forma individualizada, uma vez que é pacífico o entendimento de que os impostos reais – IPTU e ITBI, em especial – referem-se aos bens autonomamente considerados. Desse modo, seria incabível tratar diversos imóveis com universalidade para fins de tributação. Precedente citado: REsp 722.752-RJ, Segunda Turma, DJe 11/11/2009. **REsp 1.347.693-RS, Rel. Min. Benedito Gonçalves, julgado em 11/4/2013. (Inform. STJ 520)**

🖹 Súmula Vinculante STF 52
Ainda quando alugado a terceiros, permanece imune ao IPTU o imóvel pertencente a qualquer das entidades referidas pelo art. 150, VI, "c", da Constituição Federal, desde que o valor dos aluguéis seja aplicado nas atividades para as quais tais entidades foram constituídas.

🖹 Súmula STF nº 668
É inconstitucional a lei municipal que tenha estabelecido, antes da Emenda Constitucional 29/2000, alíquotas progressivas para o IPTU, salvo se destinada a assegurar o cumprimento da função social da propriedade urbana.

🖹 Súmula STF nº 589
É inconstitucional a fixação de adicional progressivo do Imposto Predial e Territorial Urbano em função do número de imóveis do contribuinte.

🖹 Súmula STF nº 583
Promitente-comprador de imóvel residencial transcrito em nome de autarquia é contribuinte do Imposto Predial e Territorial Urbano.

🖹 Súmula STF nº 539
É constitucional a lei do Município que reduz o Imposto Predial Urbano sobre imóvel ocupado pela residência do proprietário, que não possua outro.

7. DIREITO TRIBUTÁRIO   599

📄 Súmula STJ nº 399

Cabe à legislação municipal estabelecer o sujeito passivo do IPTU.

📄 Súmula STJ nº 397

O contribuinte do IPTU é notificado do lançamento pelo envio do carnê ao seu endereço.

📄 Súmula STJ nº 160

É defeso, ao Município, atualizar o IPTU, mediante decreto, em percentual superior ao índice oficial de correção monetária.

7.7.   ISS

AG. REG. NO ARE N. 901.780-RJ

RELATORA: MIN. ROSA WEBER

EMENTA: DIREITO TRIBUTÁRIO. AFRETAMENTO DE EMBARCAÇÃO A CASCO NU. IMPOSTO SOBRE SERVIÇOS. NATUREZA DA ATIVIDADE. EVENTUAL OFENSA REFLEXA NÃO VIABILIZA O MANEJO DO RECURSO EXTRAORDINÁRIO. ART. 102 DA LEI MAIOR. ACÓRDÃO RECORRIDO PUBLICADO EM 19.5.2015.

1. A controvérsia acerca da natureza das atividades prestadas pela empresa, a teor do já asseverado na decisão guerreada, não alcança estatura constitucional. Não há falar em afronta aos preceitos constitucionais indicados nas razões recursais. Compreender de modo diverso exigiria a análise da legislação infraconstitucional encampada na decisão da Corte de origem, a tornar oblíqua e reflexa eventual ofensa, insuscetível, como tal, de viabilizar o conhecimento do recurso extraordinário. Desatendida a exigência do art. 102, III, "a", da Lei Maior, nos termos da remansosa jurisprudência desta Suprema Corte.

2. As razões do agravo regimental não se mostram aptas a infirmar os fundamentos que lastrearam a decisão agravada.

3. Agravo regimental conhecido e não provido. **(Inform. STF 809)**

REPERCUSSÃO GERAL EM RE N. 882.461-MG

RELATOR: MIN. LUIZ FUX

EMENTA: RECURSO EXTRAORDINÁRIO. TRIBUTÁRIO. ISSQN. INCIDÊNCIA. INDUSTRIALIZAÇÃO POR ENCOMENDA. SUBITEM 14.5 DA LISTA ANEXA À LEI COMPLEMENTAR Nº 116/2003. MULTA FISCAL MORATÓRIA. LIMITES. VEDAÇÃO AO EFEITO CONFISCATÓRIO. MATÉRIA CONSTITU-CIONAL. QUESTÕES RELEVANTES DOS PONTOS DE VISTA ECONÔMICO E JURÍDICO. TRANSCENDÊNCIA DE INTERESSES. REPERCUSSÃO GERAL RECONHECIDA. **(Inform. STF 789)**

REPERCUSSÃO GERAL EM RE N. 634.764-RJ

RELATOR: MIN. GILMAR MENDES

Recurso extraordinário. Repercussão geral reconhecida. 2. Imposto sobre Serviços de Qualquer Natureza. Incidência sobre exploração da atividade de apostas, tais como a venda de bilhetes, pules ou cupons de apostas. Controvérsia quanto à constitucionalidade. 3. Exploração de jogo. Conceito de serviço. Base de cálculo. 4. Repercussão geral reconhecida. **(Inform. STF 737)**

DIREITO TRIBUTÁRIO. INCIDÊNCIA DE ISS SOBRE MONTAGEM DE PNEUS.

Incide ISS - e não ICMS - sobre o serviço de montagem de pneus, ainda que a sociedade empresária também forneça os pneus utilizados na montagem. O art. 1º da LC 116/2003 estabelece, no seu *caput*, que o "Imposto Sobre Serviços de Qualquer Natureza, de competência dos Municípios e do Distrito Federal, tem como fato gerador a prestação de serviços constantes da lista anexa, ainda que esses não se constituam como atividade preponderante do prestador". Ademais, esse mesmo artigo, no seu § 2º, prevê que, "Ressalvadas as exceções expressas na lista anexa, os serviços nela mencionados não ficam sujeitos ao Imposto Sobre Operações Relativas à Circulação de Mercadorias e Prestações de Serviços de Transporte Interestadual e Intermunicipal e de Comunicação - ICMS, ainda que sua prestação envolva fornecimento de mercadorias". Diante disso, a Segunda Turma do STJ decidiu que, quando houver o desenvolvimento de operações mistas, deve ser verificada a atividade desenvolvida pela empresa, a fim de definir o imposto a ser recolhido, sendo que, "Se a atividade desenvolvida estiver sujeita à lista do ISSQN, o imposto a ser pago é o ISSNQ, inclusive sobre as mercadorias envolvidas, com a exclusão do ICMS sobre elas, a não ser que conste expressamente

da lista a exceção" (EDcl no AgRg no AgRg no REsp 1.168.488-SP, DJe 21/6/2010). No mesmo sentido, a Primeira Turma do STJ (REsp 1.102.838-RS, DJe 17/12/2010), mencionando precedente da Primeira Seção (REsp 1.092.206-SP, DJe 23/3/2009), firmou o entendimento no sentido de que "(a) sobre operações 'puras' de circulação de mercadoria e sobre os serviços previstos no inciso II, do art. 155 da CF (transporte interestadual e internacional e de comunicações) incide ICMS; (b) sobre as operações 'puras' de prestação de serviços previstos na lista de que trata a LC 116/03 incide ISS; (c) e sobre operações mistas, incidirá o ISS sempre que o serviço agregado estiver compreendido na lista de que trata a LC 116/03 e incidirá ICMS sempre que o serviço agregado não estiver previsto na referida lista". Além disso, as Turmas que compõem a Primeira Seção do STJ (AgRg no AREsp 118.207-SP, Segunda Turma, DJe 23/9/2014; e REsp 1.183.210-RJ, Primeira Turma, DJe 20/2/2013) firmaram o entendimento segundo o qual a lista de serviços anexa à LC 116/2003, que estabelece quais serviços sofrem a incidência do ISS, comporta interpretação extensiva, para abarcar os serviços correlatos àqueles previstos expressamente, uma vez que, se assim não fosse, ter-se-ia, pela simples mudança de nomenclatura de um serviço, a incidência ou não do ISS. Dessa forma, realizando-se uma interpretação extensiva da legislação de regência, verifica-se que o serviço de montagem de pneus encontra-se inserido dentro do item 14.01 da lista anexa à LC 116/2003, por se enquadrar dentro do item "manutenção e conservação de [...] veículos". Nesse sentido, aliás, vale destacar que a Segunda Turma do STJ, no julgamento do REsp 33.880-SP (DJ 25/3/1996), sob a égide do Decreto-Lei 406/1968 - que, quanto ao ponto, possuía item com idêntica redação à atual ("manutenção e conservação de [...] veículos") - assentou que o serviço de montagem de pneus não estaria sujeito ao ICMS, mas sim ao ISS. REsp 1.307.824-SP, Rel. Min. Mauro Campbell Marques, julgado em 27/10/2015, DJe 9/11/2015. **(Inform. STJ 573)**

DIREITO TRIBUTÁRIO. COMPETÊNCIA PARA EXIGIR ISS INCIDENTE SOBRE A PRESTAÇÃO DE SERVIÇO DE ANÁLISE CLÍNICA.

É competente para cobrar o ISS incidente sobre a prestação de serviço de análise clínica (item 4.02 da lista anexa à LC 116/2003) o município no qual foi feita a contratação do serviço, a coleta do material biológico e a entrega do respectivo laudo, ainda que a análise do material coletado tenha sido realizada em unidade localizada em outro município, devendo-se incidir o imposto sobre a totalidade do preço pago pelo serviço. Dispõe o art. 4º da LC 116/2003 que: "Considera-se estabelecimento prestador o local onde o contribuinte desenvolva a atividade de prestar serviços, de modo permanente ou temporário, e que configure unidade econômica ou profissional, sendo irrelevantes para caracterizá-lo as denominações de sede, filial, agência, posto de atendimento, sucursal, escritório de representação ou contato ou quaisquer outras que venham a ser utilizadas". Diante disso, verifica-se, no caso em análise, que a empresa contribuinte, a despeito de manter seu laboratório em determinado município, estabeleceu unidade econômica e profissional em outra municipalidade com escopo de disponibilizar os seus serviços de análises clínicas para as pessoas dessa localidade. Esse tipo de estabelecimento constituiu unidade econômica porque é lá onde usualmente contrata-se o serviço, providencia-se o pagamento e encerra-se a avença, com a entrega do laudo técnico solicitado pelo consumidor. Também se caracteriza como unidade profissional, uma vez que nesse lugar dá-se a coleta do material biológico, o qual exige conhecimento técnico para a extração, o acondicionamento e o transporte até o laboratório. Por oportuno, deve-se anotar que o caso em análise é absolutamente diferente daquele decidido no Recurso Especial Repetitivo 1.060.210-SC (Primeira Seção, DJe 5/3/2013), em que se decidiu que "[a]pós a vigência da LC 116/2003 é que se pode afirmar que, existindo unidade econômica ou profissional do estabelecimento prestador no Município onde o serviço é perfectibilizado, ou seja, onde ocorrido o fato gerador tributário, ali deverá ser recolhido o tributo". Naqueles autos, que cuidavam do ISS incidente sobre o arrendamento mercantil (leasing), concluiu a Primeira Seção que o núcleo da operação, concernente à concessão do financiamento, era integralmente realizado, com a análise e aprovação do crédito, elaboração do contrato e liberação dos valores, pela empresa arrendadora em seu estabelecimento, normalmente localizado nos grandes centros do País. Depreende-se, assim, que, na hipótese do leasing, a empresa que comercializa o bem desejado não constitui unidade econômica ou profissional da empresa arrendadora, na medida em que, em tais casos, o consumidor somente se dirige à empresa vendedora (concessionária de veículos) para indicar à instituição financeira a res que deverá ser adquirida e disponibilizada. Em outras palavras, o consumidor e a empresa concessionária buscam, ainda que de forma não presencial, o auxílio de instituição financeira sediada noutra localidade para concretizar o negócio. Frise-se, ainda, que a faculdade assegurada à empresa contribuinte de eleger o município onde vai manter os seus laboratórios constitui uma conveniência empresarial e, como tal, não pode vincular a competência do ente tributante. Por fim, mostra-se igualmente importante para a solução da controvérsia o local onde é gerada a riqueza tributável. Na presente hipótese, verifica-se que a receita advinda do contrato de prestação de serviço de análises clínicas é obtida em face do estabelecimento da unidade econômica e profissional sediada no município em que realizada a coleta de material biológico. Nesse contexto, compete a essa municipalidade o direito à tributação sobre a riqueza que foi gerada em seu território, pois ali fora estabelecida a relação jurídico-tributária. De mais a mais, registre-se que não é possível decompor o serviço e o valor a ser tributado. Isso porque o ISS é devido ao primeiro município, em que se estabeleceu a relação jurídico-tributária, e incide sobre a totalidade do preço do serviço pago, não havendo falar em fracionamento, ante a impossibilidade técnica de se dividir ou decompor o fato imponível. A par disso, a remessa do material biológico entre unidades do mesmo contribuinte não constitui fato gerador do tributo, à míngua de relação jurídico-tributário com terceiros ou onerosidade. Em verdade, a hipótese em foco se assemelha, no que lhe for cabível, ao enunciado da Súmula 166 do STJ, verbis: "Não constitui fato gerador do ICMS o simples deslocamento de mercadoria de uma para outro estabelecimento do mesmo contribuinte". REsp 1.439.753-PE, Rel. Min. Arnaldo Esteves Lima, Rel. para acórdão Min. Benedito Gonçalves, julgado em 6/11/2014, DJe 12/12/2014 (Inform. STJ 555).

Súmula Vinculante STF 31

É inconstitucional a incidência do imposto sobre serviços de qualquer natureza – ISS sobre operações de locação de bens móveis.

Súmula STF n° 663

Os §§ 1° e 3° do art. 9° do DL 406/68 foram recebidos pela Constituição. (Comentário: o STJ entende que a tributação fixa do ISS não foi afastada pela LC 116/2003)

Súmula STF n° 588

O Imposto sobre Serviços não incide sobre os depósitos, as comissões e taxas de desconto, cobrados pelos estabelecimentos bancários.

Súmula STJ n° 524

No tocante à base de cálculo, o ISSQN incide apenas sobre a taxa de agenciamento quando o serviço prestado por sociedade empresária de trabalho temporário for de intermediação, devendo, entretanto, englobar também os valores dos salários e encargos sociais dos trabalhadores por ela contratados nas hipóteses de fornecimento de mão de obra.

Súmula STJ n° 424

É legítima a incidência de ISS sobre os serviços bancários congêneres da lista anexa ao DL n. 406/1968 e à LC n. 56/1987.

Súmula STJ n° 274

O ISS incide sobre o valor dos serviços de assistência médica, incluindo-se neles as refeições, os medicamentos e as diárias hospitalares.

Súmula STJ n° 167

O fornecimento de concreto, por empreiteira, para construção civil, preparado no trajeto até a obra em betoneiras acopladas a caminhões, é prestação de serviço, sujeitando-se apenas à incidência do ISS.

Súmula STJ n° 156

A prestação do serviço de composição gráfica, personalizada e sob encomenda, ainda que envolva fornecimento de mercadorias, está sujeita, apenas, ao ISS.

Súmula STJ n° 138

O ISS incide na operação de arrendamento mercantil de coisas móveis.

7.8. ITBI

AG. REG. NO ARE N. 807.255-RJ
RELATOR: MIN. EDSON FACHIN

AGRAVO REGIMENTAL EM RECURSO EXTRAORDINÁRIO COM AGRAVO. DIREITO TRIBUTÁRIO. DIREITO PROCESSUAL CIVIL. DEVIDO PROCESSO LEGAL. ITBI. FATO GERADOR. PROMESSA DE COMPRA E VENDA.
1. A jurisprudência do STF se consolidou no sentido de que suposta ofensa aos princípios do devido processo legal, da ampla defesa, do contraditório e dos limites da coisa julgada, quando a violação é debatida sob a ótica infraconstitucional, não apresenta repercussão geral. Precedente: RE-RG 748.371, de relatoria do Ministro Gilmar Mendes, DJe 1°.8.2013.
2. A transferência do domínio sobre o bem torna-se eficaz a partir do registro público, momento em que incide o Imposto Sobre Transferência de Bens Imóveis (ITBI), de acordo com a jurisprudência do Supremo Tribunal Federal. Logo, a promessa de compra e venda não representa fato gerador idôneo para propiciar o surgimento de obrigação tributária.
3. Agravo regimental a que se nega provimento. (Inform. STF 806)

AG. REG. NO ARE N. 813.943-RJ
RELATOR: MIN. DIAS TOFFOLI

EMENTA: Agravo regimental no recurso extraordinário com agravo. ITBI. Momento da ocorrência do fato gerador. Transferência da propriedade. Antecipação para o momento da promessa de compra e venda. Artigo 150, § 7°, da CF. Alcance. Ausência de debate ou decisão sobre seu alcance. Incidência das Súmulas 282 e 284/STF.
1. A Corte tem reiteradamente decidido que o fato gerador do ITBI somente ocorre com a transferência efetiva da propriedade imobiliária, mediante o registro no cartório competente.
2. O alcance das normas contidas no art. 150, § 7°, da Constituição não foi objeto de debate ou decisão prévios, tampouco o recorrente demonstrou em que medida a legislação do Município do Rio de Janeiro encontraria respaldo no referido dispositivo constitucional. Incidência das Súmulas n°s 282 e 284 da Corte.3. Agravo regimental não provido. (Inform. STF 791)

REPERCUSSÃO GERAL EM RE N. 796.376-SC
RELATOR: MIN. MARCO AURÉLIO

IMPOSTO DE TRANSMISSÃO – ITBI – IMÓVEIS INTEGRALIZADOS AO CAPITAL DA EMPRESA – ARTIGO 156, § 2°, INCISO I, DA CONSTITUIÇÃO FEDERAL – ALCANCE – LIMITAÇÃO OBSERVADA NA ORIGEM – RECURSO EXTRAORDINÁRIO – REPERCUSSÃO GERAL CONFIGURADA. Possui repercussão geral a controvérsia alusiva ao alcance da imunidade quanto ao Imposto de Transmissão nos casos de imóveis integralizados ao capital social da empresa, cujo valor de avaliação ultrapasse o da cota realizada, considerado o preceito do artigo 156, § 2°, inciso I, da Carta Federal. (Inform. STF 778)

Art. 150, VI, c, da CF: ITBI e finalidades essenciais - 1
A destinação do imóvel às finalidades essenciais da entidade deve ser pressuposta no caso do Imposto de Transmissão Inter Vivos de Bens Imóveis - ITBI, sob pena de não haver imunidade para esse tributo [CF: "*Art. 150. Sem prejuízo de outras garantias asseguradas ao contribuinte, é vedado à União, aos Estados, ao Distrito Federal e aos Municípios: ... VI - instituir impostos sobre: ... c) patrimônio, renda ou serviços dos partidos políticos, inclusive suas fundações, das entidades sindicais dos trabalhadores, das instituições de educação e de assistência social, sem fins lucrativos, atendidos os requisitos da lei, ... § 4° - As vedações expressas no inciso VI, alíneas 'b' e 'c', compreendem somente o patrimônio, a renda e os serviços, relacionados com as finalidades essenciais das entidades nelas mencionadas"*]. Com base nesse entendimento, a 1ª Turma proveu recurso extraordinário para reconhecer a imunidade para ITBI relativamente à aquisição do terreno objeto da impetração. Inicialmente, afastou-se alegação de que o caso comportaria revolvimento de fatos e provas, porquanto o tribunal de origem deixara de reconhecer o benefício constitucional da citada imunidade sob o fundamento de que o Serviço Nacional de Aprendizagem - Senac teria que aguardar a realização objetiva do seu projeto — construção de edifício que se destinaria aos fins próprios da entidade — para, só então, evitar a ação defensiva do Poder Público. Consignou-se inexistir controvérsia de fato, mas sim valoração dele.

7. DIREITO TRIBUTÁRIO — 601

Art. 150, VI, c, da CF: ITBI e finalidades essenciais - 2

Observou-se que, na espécie, remanesceria apenas questão de direito sobre a condicionante constitucional da vinculação às finalidades essenciais da entidade, que, conforme assentado pelas instâncias ordinárias, preencheria os requisitos legais para usufruto da imunidade. Acentuou-se que o fato gerador do ITBI seria a transmissão jurídica do imóvel e não fatos supervenientes. Registrou-se que, quanto ao benefício do art. 150, VI, c, da CF, o ônus de elidir a presunção de vinculação às atividades essenciais seria do Fisco. No mais, reportou-se ao que decidido no julgamento do RE 385091/DF (acórdão pendente de publicação, v. Informativo 714). O Ministro Marco Aurélio, ao acompanhar o relator, distinguiu a presente situação daquela referida no precedente em que se teria, de forma projetada no tempo, um imóvel desocupado. Enfatizou, ainda, que o próprio tribunal recorrido teria apontado existir, ao menos, ideia de se construir no imóvel prédio que seria destinado às finalidades do Senac. **RE 470520/SP, rel. Min. Dias Toffoli, 17.9.2013. (RE-470520) (Inform. STF 720)**

▣ Súmula STF n° 656

É inconstitucional a lei que estabelece alíquotas progressivas para o imposto de transmissão inter vivos de bens imóveis - ITBI com base no valor venal do imóvel.

▣ Súmula STF n° 470

O Imposto de Transmissão *Inter Vivos* não incide sobre a construção, ou parte dela, realizada, inequivocamente, pelo promitente-comprador, mas sobre o valor do que tiver sido construído antes da promessa de venda.

▣ Súmula STF n° 329

O Imposto de Transmissão *Inter Vivos* não incide sobre a transferência de ações de sociedade imobiliária.

▣ Súmula STF n° 326

É legítima a incidência do Imposto de Transmissão *Inter Vivos* sobre a transferência do domínio útil.

▣ Súmula STF n° 111

É legítima a incidência do Imposto de Transmissão *Inter Vivos* sobre a restituição, ao antigo proprietário, de imóvel que deixou de servir à finalidade da sua desapropriação.

▣ Súmula STF n° 110

O Imposto de Transmissão *Inter Vivos* não incide sobre a construção, ou parte dela, realizada pelo adquirente, mas sobre o que tiver sido construído ao tempo da alienação do terreno.

▣ Súmula STF n° 108

É legítima a incidência do Imposto de Transmissão *Inter Vivos* sobre o valor do imóvel ao tempo da alienação, e não da promessa, na conformidade da legislação local.

▣ Súmula STF n° 82

São inconstitucionais o Imposto de Cessão e a taxa sobre inscrição de promessa de venda de imóvel, substitutos do Imposto de Transmissão, por incidirem sobre ato que não transfere o domínio.

▣ Súmula STF n° 75

Sendo vendedora uma autarquia, a sua imunidade fiscal não compreende o Imposto de Transmissão *Inter Vivos*, que é encargo do comprador.

8. CONTRIBUIÇÕES EM ESPÉCIE

8.1. PIS, PASEP, COFINS E FINSOCIAL

REPERCUSSÃO GERAL EM RE N. 835.818-PA

RELATOR: MIN. MARCO AURÉLIO

COFINS – PIS – BASE DE CÁLCULO – CRÉDITO PRESUMIDO DE IMPOSTO SOBRE CIRCULAÇÃO DE MERCADORIAS E SERVIÇOS – ARTIGOS 150, § 6°, E 195, INCISO I, ALÍNEA "B", DA CARTA DA REPÚBLICA – RECURSO EXTRA-ORDINÁRIO – REPERCUSSÃO GERAL CONFIGURADA. Possui repercussão geral a controvérsia acerca da constitucionalidade da inclusão de créditos presumidos do Imposto sobre Circulação de Mercadorias e Serviços – ICMS nas bases de cálculo da Cofins e da contribuição ao PIS. **(Inform. STF 800)**

Cofins e revogação de isenção por lei ordinária - 1

O Tribunal iniciou exame de embargos de divergência opostos em face de acórdão da 1ª Turma, que negara provimento a agravo de instrumento sob o fundamento de que a controvérsia diria respeito ao cabimento de recurso de competência de outro tribunal. Na espécie, a embargante suscitava divergência entre o acórdão recorrido — que mantivera decisão do STJ na qual se entendera que a revogação da isenção da Cofins pela Lei 9.430/1996, por não ter sido veiculada em lei complementar, ofenderia o princípio da hierarquia das leis — e a orientação fixada pelo STF no julgamento do RE 377.457 QO/PR (DJe de 19.12.2008) e do RE 381.964 QO/PR (DJe de 19.12.2008), nos quais se assentara a constitucionalidade da revogação da referida isenção estabelecida pela LC 70/1991, por lei ordinária. O Ministro Gilmar Mendes (relator) acolheu os embargos de divergência para reformar o acórdão recorrido e reafirmar a tese de que a isenção concedida às sociedades civis de profissão regulamentada, anteriormente prevista no art. 6°, II, da LC 70/1991, teria sido revogada pelo art. 56 da Lei 9.430/1996. Os Ministros Rosa Weber, Celso de Mello e Ricardo Lewandowski (Presidente) acompanharam o voto do relator. Preliminarmente, o Ministro Gilmar Mendes destacou que o STJ teria efetivamente discutido a questão constitucional relativa à possibilidade de revogação, por lei ordinária, de isenção concedida por lei complementar. Portanto, aquele tribunal não teria se limitado a abordar somente a questão relativa ao cabimento de recurso especial, o que fora assinalado pelo acórdão recorrido. Outrossim, a matéria em discussão seria, de fato, idêntica àquela examinada pelo STF nos precedentes apontados pelo embargante. A jurisprudência tradicional do STF seria no sentido da inexistência de hierarquia constitucional entre lei complementar e lei ordinária, espécies normativas formalmente distintas exclusivamente em relação à matéria eventualmente reservada à lei complementar pela própria Constituição. Ademais, no caso das contribuições sociais, desde logo previstas no texto da Constituição, a jurisprudência também seria pacífica ao afirmar que sua disciplina específica seria perfeitamente factível mediante legislação ordinária, salvo o que se caracterizasse como normas gerais em matéria tributária, relativamente aos aspectos referidos na alínea b do inciso III do art. 146 da CF. Além do mais, especificamente com relação à LC 70/1991, o STF, no julgamento da ADC 1/DF (DJU de 16.6.1995), reconhecera, precisamente pelas razões referidas, que o diploma legal seria, materialmente, lei ordinária. Portanto, ao contrário do que afirmado no acórdão proferido pelo STJ, a questão do conflito aparente entre as normas em comento — art. 56 da Lei 9.430/1996 e art. 6°, II, da LC 70/1991 — não se resolveria por critérios hierárquicos, mas por critérios constitucionais quanto à materialidade própria a cada uma dessas espécies legais. Logo, a solução do conflito seria sim matéria constitucional.

Cofins e revogação de isenção por lei ordinária - 2

O Ministro Marco Aurélio não conheceu do recurso. Ressaltou que o STJ, certo ou errado, teria concluído não poder adentrar o tema de fundo, alusivo ao conflito de interesses, porque envolveria matéria constitucional. Não teria, portanto, definido a questão de direito, se poderia uma lei ordinária afastar ou não isenção prevista em lei complementar. Não se teria, então, o que cotejar em termos de matéria de fundo com os precedentes do STF para dizer que a 1ª Turma não os teria observado. A Turma teria, simplesmente, se defrontado com questão processual, dirimida à luz do CPC. Em seguida, o julgamento foi suspenso. **AI 597906 EDv/PR, rel. Min. Gilmar Mendes, 26.11.2014. (AI-597906) (Inform. STF 769)**

Cooperativa prestadora de serviço e incidência de contribuição social - 1

Incide o PIS/PASEP sobre atos ou negócios jurídicos praticados por cooperativa prestadora de serviço com terceiros tomadores de serviço, resguardadas as exclusões e deduções legalmente previstas. Ademais, são legítimas as alterações introduzidas pela Medida Provisória 1.858/1999, no que revogara a isenção da COFINS e PIS concedidas às sociedades cooperativas. Com base nesse entendimento, o Plenário proveu o RE 599.362/RJ, em que se discutia a exigibilidade da contribuição para o PIS sobre os atos próprios das sociedades cooperativas, tendo em vista o disposto na Medida Provisória 2.158-33/2001, originariamente editada sob o n° 1.858/1999. Na mesma assentada, em julgamento conjunto, o Colegiado deu provimento ao RE 598.085/RJ, em que se debatia a constitucionalidade das alterações introduzidas pela Medida Provisória 1.858/1999, que revogara a isenção da contribuição para o PIS e a COFINS, concedida pela LC 70/1991 às sociedades cooperativas. No primeiro recurso extraordinário, o Tribunal registrou que o cerne da controvérsia seria saber se as receitas auferidas pelas cooperativas de trabalho decorrentes dos negócios jurídicos praticados com terceiros — não cooperados — se inseririam na materialidade da contribuição ao PIS/PASEP. Por outro lado, analisou se, caso não configurasse receita da cooperativa, e sim do cooperado, poderia caracterizá-la como hipótese de não incidência tributária. Afirmou que a Constituição imporia ao Estado o apoio e o estímulo à formação de cooperativa (CF, art. 174, § 2º). Além disso, estabeleceria que a lei complementar dispensasse tratamento adequado dirigido ao ato cooperativo praticado por sociedade cooperativa (CF, art. 146, III, c). Sublinhou que o texto constitucional possibilitaria a tributação de ato cooperativo ao dispor que a lei complementar estabelecesse a forma adequada para tanto. Desta maneira, não garantira a imunidade ou a não incidência de tributos.

Cooperativa prestadora de serviço e incidência de contribuição social - 2
O Colegiado verificou que, do tema em exame, se extrairiam dois importantes valores constitucionais: de um lado, a clara vontade do constituinte de fomentar a criação de organizações cooperativistas; e, de outro, a fixação de regime universalista de financiamento da seguridade social. Ao tratar do financiamento da seguridade social, a Constituição determinara que ele fosse suportado por toda a sociedade (CF, art. 195). Frisou que ficariam imunes das contribuições para a seguridade social apenas as entidades beneficentes de assistência social que atendessem às exigências estabelecidas em lei (CF, art. 195, § 7º). Ressaltou que o art. 146, III, c, da CF não garantira imunidade ou tratamento necessariamente privilegiado às cooperativas, mas tratamento diferenciado. Assim, esse dispositivo vedaria a interferência estatal no funcionamento das cooperativas, além de dispensá-las de autorização para a sua formação (CF, art. 5º, XVIII), e de possibilitar a criação de regime tributário adequado para os seus atos cooperativos. Portanto, no âmbito tributário, o comando constitucional seria dirigido ao ato cooperativo e teria eficácia imediata naquilo que garantisse a quem o praticasse o direito negativo de impedir que os poderes do Estado viessem a inserir nos respectivos ordenamentos regras que deixassem de respeitar a eficácia mínima da norma constitucional. Dessa forma, seria evitado tratamento gravoso ou prejudicial ao ato cooperativo, além de se respeitarem, igualmente, as peculiaridades das cooperativas com relação às demais sociedades de pessoas e de capitais. Nessa perspectiva, até que sobreviesse a lei complementar que definisse o adequado tratamento tributário ao ato cooperativo, a legislação ordinária relativa a cada espécie tributária deveria, com relação a ele, garantir a neutralidade e a transparência, para que o tratamento tributário conferido ao ato cooperativo não resultasse em tributação mais gravosa aos cooperados — pessoas físicas ou pessoas jurídicas — do que aquela que incidisse se as mesmas atividades fossem realizadas sem a associação em cooperativa.

Cooperativa prestadora de serviço e incidência de contribuição social - 3
O Plenário consignou que a Lei 5.764/1971 fora recepcionada pela Constituição com natureza de lei ordinária e que o seu artigo 79 apenas definiria o que seria ato cooperativo, sem nada referir quanto ao regime de tributação. Aduziu que a alegação de que as sociedades cooperativas não possuiriam faturamento, nem receita — e que, portanto, não haveria a incidência de qualquer tributo sobre a pessoa jurídica —, levaria ao mesmo resultado prático de se conferir a elas, sem expressa autorização constitucional, imunidade tributária. Asseverou que o tratamento tributário adequado ao ato cooperativo seria questão política que deveria ser resolvida na esfera competente. Destarte, eventual insuficiência de normas não poderia ser tida por violadora do princípio da isonomia. No segundo recurso extraordinário, o Tribunal assentou não haver hierarquia entre lei complementar e lei ordinária. Afirmou que, por subsumir ao texto constitucional, certas matérias requereriam lei complementar, enquanto outras, lei ordinária. Assim, seria possível que uma lei formalmente complementar, mas materialmente ordinária, fosse revogada por lei ordinária. Ressaltou que isso teria ocorrido no caso concreto. Dessa forma, reputou legítima a revogação da isenção veiculada na LC 70/1991 pela Medida Provisória 1.859/1999, que validamente operara derrogação da norma concessiva de isenção em matéria da COFINS. **RE 599362/RJ, rel. Min. Dias Toffoli, 5 e 6.11.2014 (RE-599362) RE 598085/RJ, rel. Min. Luiz Fux, 5 e 6.11.2014. (RE-598085) (Inform. STF 766)**

Incidência da COFINS sobre o ICMS - 3
O valor retido em razão do ICMS não pode ser incluído na base de cálculo da COFINS sob pena de violar o art. 195, I, b, da CF ["Art. 195. A seguridade social será financiada por toda a sociedade, de forma direta e indireta, nos termos da lei, mediante recursos provenientes dos orçamentos da União, dos Estados,

do Distrito Federal e dos Municípios, e das seguintes contribuições sociais: I - do empregador, da empresa e da entidade a ela equiparada na forma da lei, incidentes sobre: ... b) a receita ou o faturamento"] — v. Informativos 161 e 437. Com base nesse entendimento, o Plenário, em conclusão de julgamento e por maioria, proveu recurso extraordinário. De início, deliberou pelo prosseguimento na apreciação do feito, independentemente do exame conjunto com a ADC 18/DF (cujo mérito encontra-se pendente de julgamento) e com o RE 544.706/PR (com repercussão geral reconhecida em tema idêntico ao da presente controvérsia). O Colegiado destacou a demora para a solução do caso, tendo em conta que a análise do processo fora iniciada em 1999. Ademais, nesse interregno, teria havido alteração substancial na composição da Corte, a recomendar que o julgamento se limitasse ao recurso em questão, sem que lhe fosse atribuído o caráter de repercussão geral. Em seguida, o Tribunal entendeu que a base de cálculo da COFINS somente poderia incidir sobre a soma dos valores obtidos nas operações de venda ou de prestação de serviços. Dessa forma, assentou que o valor retido a título de ICMS não refletiria a riqueza obtida com a realização da operação, pois constituiria ônus fiscal e não faturamento. Vencidos os Ministros Eros Grau e Gilmar Mendes, que desproviam o recurso. O primeiro considerava que o montante do ICMS integraria a base de cálculo da COFINS por estar incluído no faturamento e se tratar de imposto indireto que se agregaria ao preço da mercadoria. O segundo pontuava que a COFINS não incidiria sobre a renda, e nem sobre o incremento patrimonial líquido, que considerasse custos e demais gastos que viabilizassem a operação, mas sobre o produto das operações, da mesma maneira que outros tributos como o ICMS e o ISS. Ressaltava, assim, que, apenas por lei ou por norma constitucional se poderia excluir qualquer fator que compusesse o objeto da COFINS. **RE 240785/MG, rel. Min. Marco Aurélio, 8.10.2014. (RE-240785) (Inform. STF 762)**

REPERCUSSÃO GERAL EM RE N. 633.345-ES
RELATOR: MIN. MARCO AURÉLIO
COFINS E PIS – IMPORTAÇÕES – ALÍQUOTAS DIFERENCIADAS – RECURSO EXTRAORDINÁRIO – REPERCUSSÃO GERAL CONFIGURADA. Possui repercussão geral a controvérsia alusiva à constitucionalidade da previsão, no artigo 8º, incisos I e II, § 9º, da Lei nº 10.865, de 2004, de alíquotas mais onerosas quanto ao regime monofásico de importação de autopeças – 2,3% para a Contribuição ao PIS-Importação e 10,8% para a Cofins-Importação –, apesar de a norma ter estabelecido a observância das alíquotas gerais – 1,65% e 7,6% – relativamente à importação dos mesmos bens por pessoas jurídicas fabricantes de máquinas e veículos. **(Inform. STF 760)**

REPERCUSSÃO GERAL EM ARE N. 790.928-PE
RELATOR: MIN. LUIZ FUX
RECURSO EXTRAORDINÁRIO COM AGRAVO. TRIBUTÁRIO. PRINCÍPIO DA NÃO CUMULATIVIDADE. ART. 195, § 12, CF/88. PIS. COFINS. ARTIGO 3º , NOTADAMENTE INCISO II E §§ 1º E 2º, DAS LEIS Nºs 10.833/2003, 10.637/2002. ARTIGO 31, § 3º, DA LEI Nº 10.865/2004. RELEVÂNCIA DA MATÉRIA E TRANSCENDÊNCIA DE INTERESSES. REPERCUSSÃO GERAL RECONHECIDA. **(Inform. STF 757)**

AG. REG. NO RE N. 548.422-RJ
RELATOR: MIN. ROBERTO BARROSO
EMENTA: DIREITO TRIBUTÁRIO. COFINS. CONCEITO DE FATURAMENTO. RESTRIÇÃO ÀS RECEITAS ESTRITAMENTE RELACIONADAS À VENDA DE MERCADORIAS E SERVIÇOS.
1. Nos termos da jurisprudência do Supremo Tribunal Federal assentada antes da Emenda Constitucional nº 20/1998, as expressões receita bruta e faturamento devem ser tidas como sinônimas, de modo que ambas devem se circunscrever aos valores auferidos com venda de mercadorias, de serviços ou de mercadorias e serviços.
2. O acórdão regional adotou conceito amplo de faturamento, sem atentar para a restrição adotada pelo Plenário da Corte em diversos precedentes.
3. Agravo regimental a que se nega provimento. **(Inform. STF 745)**

REPERCUSSÃO GERAL EM RE N. 698.531-ES
RELATOR: MIN. MARCO AURÉLIO
REPERCUSSÃO GERAL – PIS – EMPRÉSTIMO E AQUISIÇÃO DE MÁQUINAS E EQUIPAMENTOS JUNTO A PESSOA JURÍDICA ESTRANGEIRA – DESPESAS – EXCLUSÃO DA BASE DE CÁLCULO – ARTIGO 3º, INCISOS I E II, DA LEI Nº 10.637/2002 – VEDAÇÃO – ISONOMIA TRIBUTÁRIA

7. DIREITO TRIBUTÁRIO

E PROIBIÇÃO DE DISCRIMINAÇÃO EM RAZÃO DA PROCEDÊNCIA DE BENS E SERVIÇOS. Possui repercussão geral a controvérsia acerca da eventual ofensa aos artigos 150, inciso II, e 152 da Constituição de 1988 por disciplina legal restritiva de créditos da contribuição ao PIS, na sistemática não cumulativa, consideradas operações de empréstimo e aquisição de máquinas e equipamentos com pessoas jurídicas estrangeiras. **(Inform. STF 743)**

RE N. 568.503-RS

RELATORA: MIN. CÁRMEN LÚCIA
EMENTA: TRIBUTÁRIO. CONTRIBUIÇÃO SOCIAL. § 6º DO ART. 195, DA CONSTITUIÇÃO DA REPÚBLICA: APLICAÇÃO À CONTRIBUIÇÃO AO PIS. LEI DE CONVERSÃO DE MEDIDA PROVISÓRIA. DISPOSITIVO SUSCITADO AUSENTE DO TEXTO DA MEDIDA PROVISÓRIA: CONTAGEM DA ANTERIORIDADE NONAGESIMAL A PARTIR DA PUBLICAÇÃO DA LEI.
1. A contribuição ao PIS sujeita-se à regra do § 6º do art. 195 da Constituição da República.
2. Aplicação da anterioridade nonagesimal à majoração de alíquota feita na conversão de medida provisória em lei.
3. Recurso extraordinário ao qual se nega provimento. **(Inform. STF 738)**

PIS e anterioridade nonagesimal
A contribuição social para o PIS submete-se ao princípio da anterioridade nonagesimal (CF, art. 195, § 6º), e, nos casos em que a majoração de alíquota tenha sido estabelecida somente na lei de conversão, o termo inicial da contagem é a data da conversão da medida provisória em lei. Com base nessa orientação, o Plenário negou provimento a recurso extraordinário em que se discutia a não sujeição dessa contribuição ao referido postulado constitucional. No caso, o projeto de lei de conversão da Medida Provisória 164/2004, que resultara na promulgação da Lei 10.865, em 30 de abril de 2004, introduzira dispositivo que teria majorado a alíquota da aludida contribuição para água mineral. Ocorre que tal majoração não havia sido prevista, originariamente, pela Medida Provisória, adotada em janeiro de 2004. Entretanto, as alterações inseridas pela referida lei teriam produzido efeitos a partir de 1º de maio de 2004 (Lei 10.865, art. 50). O Plenário reputou que a jurisprudência seria pacífica no sentido de que se aplicaria o princípio da anterioridade nonagesimal às contribuições sociais. O Ministro Luiz Fux destacou que, em regra, o termo inicial para a contagem do prazo nonagesimal seria a data da publicação da medida provisória e não a da lei na qual fosse convertida. Todavia, se houvesse agravamento da carga tributária pela lei de conversão, a contagem do termo iniciar-se-ia da publicação desta. **RE 568503/RS, rel. Min. Cármen Lúcia, 12.2.2014. (RE-568503) (Inform. STF 735)**

AG. REG. NO RE N. 635.398-SC

RELATORA: MIN. ROSA WEBER
EMENTA: DIREITO TRIBUTÁRIO. CONTRIBUIÇÃO PARA O PIS E COFINS. BASE DE CÁLCULO. SALÁRIOS E ENCARGOS SOCIAIS. EMPRESAS PRESTADORAS DE SERVIÇOS TERCEIRIZADOS. INCIDÊNCIA. PRECEDENTES. ACÓRDÃO RECORRIDO PUBLICADO EM 04.8.2010.
O Tribunal de origem decidiu em sintonia com a jurisprudência firmada por esta Corte, no sentido de que, por se tratarem, receita bruta e faturamento, de termos juridicamente equivalentes, significando, ambos, o total dos valores auferidos com a venda de mercadorias, de serviços ou de mercadorias e serviços, afigura-se inviável a exclusão dos salários e encargos sociais dos trabalhadores temporários da base de cálculo do PIS e da COFINS devido pelas empresas prestadoras de serviço de locação de mão de obra temporária.
Agravo regimental conhecido e não provido. **(Inform. STF 735)**

REPERCUSSÃO GERAL EM RE N. 659.412-RJ

RELATOR: MIN. MARCO AURÉLIO
PIS E COFINS – LOCAÇÃO DE BENS MÓVEIS – FATURAMENTO – ALCANCE – ADMISSIBILIDADE NA ORIGEM – RECURSO EXTRAORDINÁRIO DO CONTRIBUINTE – REPERCUSSÃO GERAL CONFIGURADA. Possui repercussão geral a controvérsia relativa à incidência da contribuição para o Programa de Integração Social – PIS e da Contribuição para o Financiamento da Seguridade Social – Cofins sobre as receitas provenientes da locação de bens móveis. **(Inform. STF 726)**

EMB.DECL. NO AG. REG. NO RE N. 415.296-GO

RELATOR: MIN. TEORI ZAVASCKI
Ementa: PROCESSUAL CIVIL. EMBARGOS DE DECLARAÇÃO NO AGRAVO REGIMENTAL NO RECURSO EXTRAORDINÁRIO. INCLUSÃO DO ICMS NA BASE DE CÁLCULO DO PIS E DA COFINS. REPERCUSSÃO GERAL DO TEMA RECONHECIDA NO RE 574.706 RG, REL. MIN. CÁRMEN LÚCIA, DJE DE 16/05/2008. DEVOLUÇÃO DOS AUTOS À ORIGEM, PARA APLICAÇÃO DA SISTEMÁTICA DA REPERCUSSÃO GERAL. EMBARGOS DE DECLARAÇÃO ACOLHIDOS, COM EFEITOS INFRINGENTES. (Inform. STF 725)

AG. REG. NO RE N. 540.257-SP

RELATOR: MIN. MARCO AURÉLIO
RECURSO EXTRAORDINÁRIO – REPERCUSSÃO GERAL ADMITIDA – PROCESSO VERSANDO A MATÉRIA – SOBRESTAMENTO – MANUTENÇÃO. O tema atinente à constitucionalidade da revogação da isenção dos atos cooperativos, em relação ao PIS e à Cofins, por meio da Medida Provisória nº 1.858/89 teve repercussão geral admitida pelo denominado Plenário Virtual no Recurso Extraordinário nº 598.085/RJ. A matéria de fundo, tanto no mencionado recurso como neste extraordinário, diz respeito à definição da incidência ou não dessas contribuições sobre as receitas decorrentes de tais atos. Impõe-se aguardar o julgamento do mérito do paradigma, considerados o regime da repercussão geral, presentes os processos múltiplos, e a possibilidade de revisão do entendimento. **(Inform. STF 711)**

Imunidade: PIS/Cofins e valores recebidos a título de transferência de ICMS por exportadora - 1
É inconstitucional a incidência da contribuição para PIS e Cofins não cumulativas sobre os valores recebidos por empresa exportadora em razão da transferência a terceiros de créditos de ICMS. Com base nesse entendimento, o Plenário, por maioria, negou provimento a recurso extraordinário em que discutido se os valores correspondentes à transferência de créditos de ICMS integrariam a base de cálculo de contribuição para PIS e Cofins não cumulativas. Inicialmente, aduziu-se que a apropriação de créditos de ICMS na aquisição de mercadorias teria suporte na técnica da não cumulatividade (CF, art. 155, § 2º, I), a fim de evitar que sua incidência em cascata onerasse demasiadamente a atividade econômica e gerasse distorções concorrenciais. Esclareceu-se, na sequência, que a não incidência e a isenção nas operações de saída implicariam a anulação do crédito relativo às operações anteriores. Destacou-se, contudo, que tratamento distinto seria conferido no caso de exportações, uma vez que a Constituição concederia imunidade a essas operações, bem como asseguraria a manutenção e o aproveitamento do montante do imposto cobrado nas operações e prestações anteriores (art. 155, § 2º, X, a). Frisou-se que essa norma teria por finalidade incentivar as exportações ao desonerar as mercadorias nacionais do seu ônus econômico, de maneira a permitir que empresas brasileiras exportassem produtos, e não tributos –, mas não impedir a incidência cumulativa do ICMS.

Imunidade: PIS/Cofins e valores recebidos a título de transferência de ICMS por exportadora - 2
Reputou-se que a exação pretendida pela União violaria a letra e o escopo da imunidade prevista no art. 155, § 2º, X, a, da CF ["Art. 155. Compete aos Estados e ao Distrito Federal instituir impostos sobre: ... II - operações relativas à circulação de mercadorias e sobre prestações de serviços de transporte interestadual e intermunicipal e de comunicação, ainda que as operações e as prestações se iniciem no exterior; ... § 2.º O imposto previsto no inciso II atenderá ao seguinte: ... X - não incidirá: a) sobre operações que destinem mercadorias para o exterior, nem sobre serviços prestados a destinatários no exterior, assegurada a manutenção e o aproveitamento do montante do imposto cobrado nas operações e prestações anteriores"]. Ofender-se-ia seu preceito porque se obstacularizaria o aproveitamento dos créditos, mediante a expropriação parcial deles, correspondente à carga tributária advinda da incidência das contribuições em questão. Transgredir-se-ia seu objetivo, pois se permitiria a exportação de tributos, tendo em conta que o ônus econômico seria acrescido ao valor das mercadorias postas à venda no mercado internacional, a abalar a competitividade das empresas nacionais. Afastou-se, também, a alegação de afronta ao art. 150, § 6º, da CF ("§ 6.º Qualquer subsídio ou isenção, redução de base de cálculo, concessão de crédito presumido, anistia ou remissão, relativos a impostos, taxas ou contribuições, só poderá ser concedido mediante lei específica, federal, estadual ou municipal, que regule exclusivamente as matérias acima enumeradas ou o correspondente tributo ou contribuição, sem prejuízo do disposto no art. 155, § 2º, XII, g"), haja vista que o deslinde da controvérsia não diria respeito à concessão de benefícios fiscais.

Imunidade: PIS/Cofins e valores recebidos a título de transferência de ICMS por exportadora - 3

Além disso, rechaçou-se a assertiva de que o acórdão recorrido teria malferido o art. 195, caput e I, b, da CF ["Art. 195. A seguridade social será financiada por toda a sociedade, de forma direta e indireta, nos termos da lei, mediante recursos provenientes dos orçamentos da União, dos Estados, do Distrito Federal e dos Municípios, e das seguintes contribuições sociais: I - do empregador, da empresa e da entidade a ela equiparada na forma da lei, incidentes sobre: ... b) a receita ou o faturamento"]. Explicitou-se que o conceito constitucional de receita não se confundiria com o conceito contábil. Salientou-se que caberia ao intérprete da Constituição sua definição, à luz de princípios e postulados constitucionais tributários, dentre os quais o princípio da capacidade contributiva. Registrou-se que o aproveitamento dos créditos de ICMS por ocasião da saída imune para o exterior não geraria receita tributável. Tratar-se-ia de mera recuperação do montante pago a título de ICMS na cadeia antecedente, a fim de desonerar a exportadora. Asseverou-se, ainda, que o art. 149, § 2º, I, da CF ("Art. 149. Compete exclusivamente à União instituir contribuições sociais, de intervenção no domínio econômico e de interesse das categorias profissionais ou econômicas, como instrumento de sua atuação nas respectivas áreas, observado o disposto nos arts. 146, III, e 150, I e III, e sem prejuízo do previsto no art. 195, § 6º, relativamente às contribuições a que alude o dispositivo. ... § 2º As contribuições sociais e de intervenção no domínio econômico de que trata o caput deste artigo: I - não incidirão sobre as receitas decorrentes de exportação") – aplicável inclusive às contribuições sociais para financiamento da seguridade social – imunizaria as receitas provenientes de exportação. Ademais, as receitas oriundas da cessão a terceiros, por empresa exportadora, de créditos do ICMS, enquadrar-se-iam como "receitas decorrentes de exportação". Vencido o Min. Dias Toffoli, que dava provimento ao recurso ao fundamento de que a cessão de créditos de ICMS não configuraria operação de exportação, mas sim operação interna. **RE 606107/RS, rel. Min. Rosa Weber, 22.5.2013. (RE-606107) (Inform. STF 707)**

DIREITO TRIBUTÁRIO. AUMENTO DA ALÍQUOTA DA COFINS E SOCIEDADES CORRETORAS DE SEGUROS. RECURSO REPETITIVO (ART. 543-C DO CPC E RES. 8/2008-STJ). TEMA 728.

As "sociedades corretoras de seguros" estão fora do rol de entidades constantes do art. 22, § 1º, da Lei 8.212/1991. Assim, o aumento de 3% para 4% da alíquota da Cofins promovido pelo art. 18 da Lei 10.684/2003 não alcança as sociedades corretoras de seguros. Isso porque as "sociedades corretoras de seguros" não pertencem ao gênero "sociedades corretoras" contido no art. 22, § 1º, da Lei 8.212/1991, a que o art. 18 da Lei 10.684/2003 faz remissão. De início, topograficamente, de ver que o art. 22, § 1º, da Lei 8.212/1991 trata da sujeição passiva tributária em dois blocos distintos. Um bloco referente às entidades relacionadas ao Sistema Financeiro Nacional (bancos comerciais, bancos de investimentos, bancos de desenvolvimento, caixas econômicas, sociedades de crédito, financiamento e investimento, sociedades de crédito imobiliário, sociedades corretoras, distribuidoras de títulos e valores mobiliários, empresas de arrendamento mercantil, cooperativas de crédito) e outro bloco referente às entidades relacionadas ao Sistema Nacional de Seguros Privados (empresas de seguros privados e de capitalização, agentes autônomos de seguros privados e de crédito e entidades de previdência privada abertas e fechadas). Muito embora o art. 8º, "e", do Decreto-Lei 73/1966 preveja que "os corretores habilitados" fazem parte do Sistema Nacional de Seguros Privados, se essas "sociedades corretoras de seguros" não estão expressamente elencadas no segundo bloco, não há como a elas estender a sujeição passiva tributária por analogia às demais entidades que ali estão. A vedação está no art. 108, § 1º, do CTN. De ver que no primeiro bloco, sob o signo "sociedades corretoras", estão as "sociedades corretoras de valores mobiliários" (regidas pela Resolução Bacen 1.655/1989), que evidentemente não são as "sociedades corretoras de seguros" e coexistem ao lado das "sociedades distribuidoras de títulos e valores mobiliários" (regidas pela Resolução CMN 1.120/1986), também dentro do primeiro bloco. A relação do segundo bloco, então, restou incompleta, não abrangendo todas as entidades do Sistema Nacional de Seguros Privados. O equívoco cometido não pode ser corrigido pelo Poder Judiciário, já que ensejaria o uso de analogia vedada, pois isso não há que se falar em interpretação extensiva do termo "sociedades corretoras" contido no primeiro bloco. Com efeito, a expressão "sociedades corretoras" já tem significado próprio no âmbito do Sistema Financeiro Nacional. Outro ponto de relevo é que, para fins de cálculo da Cofins, as várias exclusões na apuração da receita tributável a que faz referência o art. 3º, § 6º, da Lei 9.718/1998 também estão separadas por blocos, sendo que a relação do primeiro bloco (Sistema Financeiro Nacional), donde constam as "sociedades corretoras", corresponde ao inciso I do § 6º do art. 3º da Lei 9.718/1998. De observar que, muito embora o inciso se refira genericamente a "sociedades corretoras", todas as alíneas se reportam a despesas e perdas específicas do setor financeiro, não guardando qualquer relação com a atividade das "sociedades corretoras de seguros", o que reafirma a conclusão de que o termo "sociedades corretoras" somente pode se referir às "sociedades corretoras de valores mobiliários" (regidas pela Resolução Bacen 1.655/1989), já que somente estas é que poderão se beneficiar das deduções elencadas. Já as exclusões na apuração da receita tributável para fins de cálculo da Cofins estabelecidas para o segundo bloco (Sistema Nacional de Seguros Privados) foram feitas em três incisos diferentes do mesmo § 6º do art. 3º da Lei 9.718/1998. Os incisos beneficiam as empresas de seguros privados e de capitalização e as entidades de previdência privada abertas e fechadas. Em nenhum dos incisos há menção a qualquer benesse concedida às "sociedades corretoras de seguros". Nem mesmo os valores que se permite deduzir guardam relação direta com suas atividades. Daí se conclui que não há essa menção justamente porque "sociedades corretoras de seguros" não constam do rol do art. 22, § 1º, da Lei 8.212/1991. Com efeito, se o aumento de um ponto percentual na alíquota da Cofins está relacionado à existência de dedutibilidades específicas para as entidades oneradas, fica evidente que as "sociedades corretoras de seguros", por não terem sido oneradas com o aumento da alíquota, também não foram agraciadas com qualquer dedutibilidade. Ou seja, estão totalmente fora do rol do art. 22, § 1º, da Lei 8.212/1991. Outrossim, observa-se que a própria Secretaria da Receita Federal do Brasil (SRFB) já reconheceu, no Parecer Normativo Cosit 1/1993, que as "sociedades corretoras de seguros" não estão contidas no primeiro bloco, ao registrar que as "sociedades corretoras de seguros" não estão alcançadas pela exigência de apuração do IRPJ pelo lucro real, quando deu interpretação ao art. 5º, III, da Lei 8.541/1992 (artigo que reproduz fielmente a primeira parte do § 1º do art. 22 da Lei 8.212/1991). Por fim, não sensibiliza o argumento de que as regras legais que disciplinam as contribuições destinadas à Seguridade Social devem ser interpretadas em harmonia com o princípio da solidariedade social (art. 195 da CF). Isso porque a presente interpretação não acarretará isenção da contribuição, mas, tão somente, a aplicação de alíquota diversa, que poderá ser menor (3% - Cofins cumulativa) ou maior (7,6% - Cofins não-cumulativa), conforme o caso (art. 10 da Lei 10.833/2003). **REsp 1.400.287-RS, Rel. Min. Mauro Campbell Marques, Primeira Seção, julgado em 22/4/2015, DJe 3/11/2015. (Inform. STJ 572)**

DIREITO TRIBUTÁRIO. INCIDÊNCIA DE PIS/PASEP-IMPORTAÇÃO E COFINS-IMPORTAÇÃO SOBRE A IMPORTAÇÃO DE ANIMAL SILVESTRE.

Há incidência de contribuição para o PIS/PASEP-Importação e de COFINS-Importação sobre a importação de animal silvestre, ainda que sua internalização no território nacional tenha ocorrido via contrato de permuta de animais. O art. 1º, *caput*, da Lei 10.865/2004 instituiu a Contribuição para os Programas de Integração Social e de Formação do Patrimônio do Servidor Público incidente na Importação de Produtos Estrangeiros ou Serviços (PIS/PASEP-Importação) e a Contribuição Social para o Financiamento da Seguridade Social devida pelo Importador de Bens Estrangeiros ou Serviços do Exterior (COFINS-Importação), com base nos arts. 149, § 2º, II, e 195, IV, da CF, observado o disposto no seu art. 195, § 6º. Da análise da referida Lei, verifica-se que o fato gerador de ambas as contribuições, nos termos do art. 3º, I, faz referência a "bens" e não a "produtos" ou "mercadorias". Logo, discutir se os animais objeto do contrato se enquadram nos conceitos de produto e mercadoria é irrelevante no plano infraconstitucional. Ademais, os artigos seguintes da mencionada Lei deixam clara a intenção do legislador em tributar os bens importados, não havendo restrição aos que estariam enquadrados nos conceitos de "produto" ou "mercadoria". Registre-se, *ad argumentandum tantum*, que até mesmo no plano constitucional é despicienda, na hipótese, a análise dos conceitos de "produto" e "mercadoria", tendo em vista que o art. 195, IV, quando trata do financiamento da seguridade social, determina que ela também ocorrerá mediante recursos provenientes de contribuições do importador de bens, não havendo referência, nesse dispositivo constitucional, aos referidos termos. Dessa forma, os animais silvestres objeto de contrato de permuta enquadram-se no conceito de bem definido no art. 82 do CC para fins de incidência do PIS/PASEP-Importação e da COFINS-Importação, pelo que a sua internalização no território nacional está sujeita às referidas contribuições. Ressalte-se que, ainda que no contrato de permuta o pagamento não se realize com moeda, mas sim com a entrega do bem que se pretende trocar, tal fato não retira a possibilidade de se atribuir valor financeiro, ou preço, à operação realizada, sobretudo porque o art. 533 do CC determina a aplicação à permuta das disposições referentes à compra e venda. **REsp 1.254.117-SC, Rel. Min. Mauro Campbell Marques, julgado em 18/8/2015, DJe 27/8/2015 (Inform. STJ 568).**

DIREITO TRIBUTÁRIO. ABRANGÊNCIA DO TERMO INSUMO PARA EFEITOS DA SISTEMÁTICA DE NÃO CUMULATIVIDADE DA CONTRIBUIÇÃO AO PIS/PASEP E DA COFINS.
Os materiais de limpeza/desinfecção e os serviços de dedetização usados no âmbito produtivo do contribuinte fabricante de gêneros alimentícios devem ser considerados como "insumos" para efeitos de creditamento na sistemática de não cumulatividade na cobrança da contribuição ao PIS/PASEP (Lei 10.637/2002) e da COFINS (Lei 10.833/2003). Isso porque há perfeito enquadramento dos referidos materiais e serviços na definição de "insumos" extraída do art. 3º, II, da Lei 10.637/2002 e do art. 3º, II, da Lei 10.833/2003. Na hipótese, a empresa é fabricante de gêneros alimentícios, sujeita, portanto, a rígidas normas de higiene e limpeza. No ramo a que pertence, as exigências de condições sanitárias das instalações, se não atendidas, implicam a própria impossibilidade da produção e substancial perda de qualidade do produto resultante. Ademais, o que se extrai de nuclear da definição de "insumos" para efeito dos referidos artigos é que: (i) o bem ou serviço tenha sido adquirido para ser utilizado na prestação do serviço ou na produção, ou para viabilizá-los (pertinência ao processo produtivo); (ii) a produção ou prestação do serviço dependa daquela aquisição (essencialidade ao processo produtivo); (iii) não se faz necessário o consumo do bem ou a prestação do serviço em contato direto com o produto (possibilidade de emprego indireto no processo produtivo). Assim, são "insumos", para efeitos das citadas normas, todos aqueles bens e serviços que viabilizam ou são pertinentes ao processo produtivo e à prestação de serviços, que neles possam ser direta ou indiretamente empregados e cuja subtração importa na impossibilidade mesma da prestação do serviço ou da produção, isto é, cuja subtração obsta a atividade da empresa, ou implica em substancial perda de qualidade do produto ou serviço daí resultantes. Por seu turno, conforme interpretação teleológica e sistemática do ordenamento jurídico em vigor, a conceituação de "insumos", para efeitos das Leis 10.637/2002 e Lei 10.833/2003, não se identifica com a conceituação adotada na legislação do Imposto sobre Produtos Industrializados (IPI), posto que excessivamente restritiva. Dessa forma, é de se reconhecer a ilegalidade das Instruções Normativas 247/2002 e 404/2004 da Secretaria da Receita Federal, por adotarem definição de insumos semelhante à da legislação do IPI. Do mesmo modo, "insumo" não corresponde exatamente aos conceitos de "Custos e Despesas Operacionais" utilizados na legislação do Imposto de Renda (IR), porque demasiadamente elastecidos. REsp 1.246.317-MG, Rel. Min. Mauro Campbell Marques, julgado em 16/6/2011, DJe 29/6/2015 (Inform. STJ 564).

DIREITO TRIBUTÁRIO. VALORES DO REINTEGRA E BASE DE CÁLCULO DA CONTRIBUIÇÃO AO PIS E DA COFINS.
Até o advento da Lei 12.844/2013, os valores ressarcidos no âmbito do Regime Especial de Reintegração de Valores Tributários para as Empresas Exportadoras (REINTEGRA) incorporavam a base de cálculo da contribuição ao PIS e da COFINS, sobretudo no caso de empresas tributadas pelo lucro real na sistemática da não cumulatividade do PIS e da COFINS instituída pelas Leis 10.637/2002 e 10.833/2003. A Lei 12.546/2011, que institui o REINTEGRA, tem como objetivo reintegrar valores referentes a custos tributários federais residuais existentes nas cadeias de produção de tais empresas. A propósito, extrai-se dos arts. 1º e 2º dessa lei, que esse benefício fiscal tem natureza de "reintegração de valores referentes a custos tributários". Dessa forma, seja por se tratar de recuperação ou devolução de custos, seja por se tratar de subvenção corrente para custeio ou operação, os valores do benefício fiscal criado pelo REINTEGRA integram a receita bruta operacional da empresa por expressa determinação do art. 44 da Lei 4.506/1964, de forma que, salvo autorizativo legal, tais valores integram a base de cálculo do PIS e da COFINS no regime da não cumulatividade previsto nas Leis 10.637/2002 e 10.833/2003. A propósito, conforme entendimento adotado pela Segunda Turma desta Corte nos autos dos EDcl no REsp 1.462.313-RS, DJe 19/12/2014 e do AgRg no REsp 1.518.688-RS, DJe 7/5/2015, os valores do REINTEGRA são passíveis de incidência do imposto de renda, até o advento da MP 651/2014, posteriormente convertida na Lei 13.043/2014, de forma que a conclusão lógica que se tem é a de que tais valores igualmente integram a base de cálculo do PIS e da COFINS, que é mais ampla e inclui, a priori, ressalvadas as deduções legais, os valores relativos ao IRPJ e à CSLL, sobretudo no caso de empresas tributadas pelo lucro real na sistemática da não cumulatividade do PIS e da COFINS instituída pelas Leis 10.637/2002 e 10.833/2003, cuja tributação se dá com base na receita bruta mensal da pessoa jurídica, a qual, por expressa disposição do art. 44 da Lei 4.506/1964, abrange as recuperações ou devoluções de custos, deduções ou provisões e as subvenções correntes, para custeio ou operação, recebidas de pessoas jurídicas de direito público ou privado, ou de pessoas naturais. Nos termos do art. 150, § 6º, da CF, qualquer subsídio ou isenção, redução de base de cálculo, concessão de crédito presumido, anistia ou remissão, relativos a impostos, taxas ou contribuições, só poderá ser concedido mediante lei específica que regule exclusivamente as matérias acima enumeradas ou o correspondente tributo ou contribuição. Nesse sentido, somente com o advento da Lei 12.844/2013, que incluiu o § 12 no art. 2º da Lei 12.546/2011, é que os valores ressarcidos no âmbito do REINTEGRA foram excluídos expressamente da base de cálculo do PIS e da COFINS. Por não se tratar de dispositivo de conteúdo meramente procedimental, mas sim de conteúdo material (exclusão da base de cálculo de tributo), sua aplicação somente alcança os fatos geradores futuros e aqueles cuja ocorrência não tenha sido completada (consoante o art. 105 do CTN), não havendo que se falar em aplicação retroativa. REsp 1.514.731-RS, Rel. Min. Mauro Campbell Marques, julgado em 26/5/2015, DJe 1º/6/2015 (Inform. STJ 563).

DIREITO TRIBUTÁRIO. INCIDÊNCIA DA COFINS SOBRE RECEITA PROVENIENTE DE LOCAÇÃO DE VAGAS EM ESTACIONAMENTO DE SHOPPING CENTER.
Compõe a base de cálculo da COFINS a receita proveniente da locação de vagas em estacionamento de shopping center ou de centros comerciais de prestação de serviços ou de venda de produtos, mesmo que esses estejam constituídos na forma de condomínio e que não haja a intervenção de terceira pessoa jurídica empresária. Mesmo na forma de condomínio – destituído de personalidade jurídica – e sem a intervenção de terceira pessoa jurídica empresária, o shopping center ou o centro comercial de prestação de serviços ou venda de produtos é considerado unidade econômica autônoma para fins de tributação, nos termos do art. 126, III, do CTN. Assim, se o empreendimento gera renda por meio de locação de bens e/ou prestação de serviços – mesmo que em benefício de sua infraestrutura ou a favor dos condôminos – sem a intervenção de terceira pessoa jurídica empresária, os valores que recebe compõem a base de cálculo de contribuições sociais (no caso, a COFINS), porquanto referidos valores fazem parte de seu faturamento. A propósito, nos termos do art. 2º da LC 70/1991, a COFINS incide "sobre o faturamento mensal, assim considerado a receita bruta das vendas de mercadorias, de mercadorias e serviços e de serviço de qualquer natureza". Ademais, o STJ, em diversos casos, tem entendido pela legalidade da incidência da COFINS sobre receitas provenientes da administração e locação procedidas por shopping centers. Ora, se há incidência da contribuição sobre a administração e locação das lojas e salas comerciais (AgRg no Ag 1.213.712-PR, Segunda Turma, DJe 8/10/2010; e AgRg no REsp 1.164.449-PR, Segunda Turma, DJe 4/2/2011), não há falar em não incidência na locação de vagas de estacionamento, as quais, igualmente àquelas, são bens imóveis aptos à locação e obtenção de renda. Além disso, cumpre mencionar que a Primeira Seção do STJ, por ocasião do julgamento do REsp 1.141.065-SC (DJe 1º/2/2010), realizado sob a sistemática do art. 543-C do CPC, no qual decidiu pela incidência da COFINS nas receitas provenientes de locação de mão de obra, fez-se peculiar menção à semelhança do caso com os dos shopping centers. Portanto, nessa linha, e ressalvadas as devidas diferenças entre os casos, se o empreendimento aufere renda da locação de vagas de estacionamento e/ou outra espécie de prestação de serviços, essa renda deve compor a base de cálculo da COFINS. REsp 1.301.956-RJ, Rel. Min. Benedito Gonçalves, julgado em 10/2/2015, DJe 20/2/2015 (Inform. STJ 556).

DIREITO TRIBUTÁRIO. DESCONTO DE CRÉDITOS DO VALOR APURADO A TÍTULO DE CONTRIBUIÇÃO AO PIS E DA COFINS.
É cabível o aproveitamento, na verificação do crédito dedutível da base de cálculo da contribuição ao PIS e da COFINS, das despesas e custos inerentes à aquisição de combustíveis, lubrificantes e peças de reposição utilizados em veículos próprios dos quais faz uso a empresa para entregar as mercadorias que comercializa. Isso porque o creditamento pelos insumos previsto nos arts. 3º, II, da Lei 10.833/2003 e da Lei 10.637/2002 abrange os custos com peças, combustíveis e lubrificantes utilizados por empresa que, conjugada com a venda de mercadorias, exerce também a atividade de prestação de serviços de transporte da própria mercadoria que revende. De fato, o art. 3º, II, da Lei 10.833/2003 registra expressa-

mente que a pessoa jurídica poderá descontar créditos calculados em relação aos bens e serviços utilizados como insumo na prestação de serviços e na produção ou fabricação de bens ou produtos destinados à venda, inclusive combustíveis e lubrificantes. Dessa forma, importante ressaltar que é o próprio dispositivo legal que dá, expressamente, à pessoa jurídica o direito ao creditamento pelos bens utilizados com insumo na prestação de serviços, incluindo no conceito desses bens os combustíveis e lubrificantes. Ademais, fato incontroverso é o de que o valor do transporte da mercadoria vendida está embutido no preço de venda (faturamento), como custo que é da empresa, ingressando assim na base de cálculo das contribuições ao PIS/COFINS (receita bruta). Com o custo do transporte e o correspondente aumento do preço de venda, há evidente agregação de valor, pressuposto da tributação e também da aplicação da não cumulatividade. Por certo, a vedação do creditamento em casos como o presente teria por únicos efeitos (a) forçar a empresa vendedora/transportadora a registrar em cláusula contratual que as despesas da tradição (frete) estariam a cargo do comprador, fornecendo a ele o serviço, ou (b) terceirizar a atividade de transporte de suas mercadorias para uma outra empresa que possivelmente seria criada dentro de um mesmo grupo econômico apenas para se fazer planejamento tributário, com renovados custos burocráticos (custos de conformidade à legislação tributária, empresarial e trabalhista para a criação de uma nova empresa). Em suma, caracterizada a prestação de serviços de transporte, ainda que associada à venda de mercadorias que comercializa, há de ser reconhecido o direito ao creditamento pelo valor pago na aquisição das peças, combustíveis e lubrificantes necessários a esse serviço, tendo em vista que são insumos para a prestação de serviço. REsp 1.235.979-RS, Rel. originário Min. Herman Benjamin, Rel. para acórdão Min. Mauro Campbell Marques, julgado em 16/12/2014, DJe 19/12/2014 (Inform. STJ 554).

DIREITO TRIBUTÁRIO. ISENÇÃO TRIBUTÁRIA DO SENAI REFERENTE À IMPORTAÇÃO DE PRODUTOS E SERVIÇOS. O Serviço Nacional de Aprendizagem Industrial (SENAI) goza de isenção do imposto de importação, da contribuição ao PIS-importação e da COFINS-importação independentemente de a entidade ser classificada como beneficente de assistência social ou de seus dirigentes serem remunerados. Isso porque a isenção decorre diretamente dos arts. 12 e 13 da Lei 2.613/1955. Apesar de o art. 195, § 7º, da CF disciplinar a imunidade das entidades beneficentes de assistência social, não há exclusão de quaisquer outros benefícios fiscais que possam ser concedidos por lei ordinária, tal como o caso da isenção prevista na Lei 2.613/1955. Pensar de forma diferente significaria admitir que para essas entidades o ordenamento jurídico somente possibilitaria a imunidade, sem prever quaisquer outros benefícios fiscais, o que é absurdo lógico. Isso tudo é válido enquanto os arts. 12 e 13 da Lei 2.613/1955 permanecerem em vigor no ordenamento jurídico, ou seja, enquanto não houver sua revogação ou declaração de sua inconstitucionalidade. Desse modo, também se exclui a relevância de se verificar o cumprimento dos requisitos do art. 55 da Lei 8.212/1991 (agora dos arts. 1º, 2º, 18, 19 e 29 da Lei 12.101/2009), notadamente, a existência de remuneração ou não de seus dirigentes. Ademais, também não se vê qualquer conflito com os arts. 175 a 179 do CTN, pois a isenção concedida nos termos dos arts. 12 e 13 da Lei 2.613/1955 se deu por lei e em caráter geral para as entidades SESI, SESC, SENAI e SENAC, criando uma equiparação de tratamento com a União no que diz respeito a seus bens e serviços, o que permite a abrangência dos tributos posteriormente instituídos que onerem tais bens e serviços, havendo, portanto, especificação suficiente dos tributos a que se aplica, pois os invoca justamente pela sua hipótese de incidência (patrimônio, renda e serviços). Precedentes citados: AgRg no AREsp 73.797-CE, Primeira Turma, DJe 11/3/2013; e REsp 1.293.322-ES, Segunda Turma, DJe 24/9/2012. **REsp 1.430.257-CE, Rel. Min. Mauro Campbell Marques, julgado em 18/2/2014. (Inform. STJ 539)**

DIREITO TRIBUTÁRIO. BASE DE CÁLCULO DA CONTRIBUIÇÃO PARA O PIS. A base de cálculo da contribuição para o PIS incidente sobre os ganhos em operações de *swap* com finalidade de *hedge* atreladas à variação cambial deve ser apurada pelo regime de competência – e não pelo regime de caixa – se o contribuinte tiver feito a opção pela apuração segundo aquele regime. Embora o art. 30, *caput*, da MP 2.158-35/2001 excepcione a regra geral do regime de competência estabelecida pela legislação federal, o regime de caixa não decorre de imposição legal, mas do exercício de uma faculdade assegurada ao contribuinte, na medida em que o § 1º desse mesmo artigo garante à pessoa jurídica a opção de continuar a adotar o regime de

competência, inclusive para as receitas mencionadas no *caput*. Pela lógica do sistema, a opção pelo regime de competência implica a dispensa da fruição do regime de caixa. Esses dispositivos da MP 2.158-35/2001 também podem ser aplicados a eventuais ganhos auferidos em operações de *swap* com finalidade de *hedge*, desde que atreladas à variação cambial. Já em relação às operações de *swap/hedge* que não estejam atreladas à variação cambial, não se mostra possível a aplicação do regime de caixa, porquanto extrapola a previsão normativa contida no art. 30 da MP 2.158-35/2001. Observe-se que o contrato de *swap/hedge* produz seus efeitos jurídicos desde a sua celebração, sendo que o encontro de contas que ocorre no seu termo final apenas exaure o objeto do negócio jurídico. Logo, a liquidação do contrato não se caracteriza como condição suspensiva para o adimplemento das obrigações assumidas para só então permitir a tributação da receita financeira, mas apenas encerra a avença que fez repercutir seus efeitos desde o momento em que foi pactuada. **REsp 1.235.220-PR, Rel. Min. Benedito Gonçalves, julgado em 22/4/2014. (Inform. STJ 539)**

DIREITO TRIBUTÁRIO. INCIDÊNCIA DO PIS E DA COFINS SOBRE A CORREÇÃO MONETÁRIA E OS JUROS REFERENTES À VENDA DE IMÓVEL. Os juros e a correção monetária decorrentes de contratos de alienação de imóveis realizados no exercício da atividade empresarial do contribuinte compõem a base de cálculo da contribuição ao PIS e da COFINS. De início, esclareça-se que, no julgamento do RE 585.235-MG (DJe 27/11/2008), o STF apreciou o recurso submetido a repercussão geral e definiu que a noção de faturamento deve ser compreendida no sentido estrito de receita bruta das vendas de mercadorias e da prestação de serviços de qualquer natureza, ou seja, a soma das receitas oriundas do exercício das atividades empresariais, excluindo-se do conceito de faturamento os aportes financeiros estranhos à atividade desenvolvida pela empresa. O STJ, por sua vez, firmou entendimento de que a receita proveniente das atividades de construir, alienar, comprar, alugar, vender imóveis e intermediar negócios imobiliários integra o conceito de faturamento para os fins de tributação a título de PIS e COFINS, incluindo-se aí os provenientes da locação de imóveis próprios e integrantes do ativo imobilizado, ainda que não seja o objeto social da empresa, pois o sentido de faturamento acolhido pela lei e pelo STF não foi o estritamente comercial. Ademais, aplica-se a esses casos, por analogia, o recurso representativo da controvérsia REsp 929.521-SP (Primeira Seção, DJe 13/10/2009) e a Súmula 423 do STJ: "A Contribuição para Financiamento da Seguridade Social – COFINS incide sobre as receitas provenientes das operações de locação de bens móveis". Sendo assim, se a correção monetária e os juros (receitas financeiras) decorrem diretamente das operações de venda de imóveis realizadas pelas empresas – operações essas que constituem os seus objetos sociais –, esses rendimentos devem ser considerados como um produto da venda de bens ou serviços, ou seja, constituem faturamento, base de cálculo das contribuições ao PIS e da COFINS, pois são receitas inerentes e acessórias aos referidos contratos e devem seguir a sorte do principal. **REsp 1.432.952-PR, Rel. Min. Mauro Campbell Marques, julgado em 25/2/2014. (Inform. STJ 537)**

DIREITO TRIBUTÁRIO. MAJORAÇÃO DA ALÍQUOTA DA COFINS. A majoração da alíquota da Cofins de 3% para 4% prevista no art. 18 da Lei 10.684/2003 não alcança as sociedades corretoras de seguro. Isso porque as referidas sociedades, responsáveis por intermediar a captação de interessados na realização de seguros, não podem ser equiparadas aos agentes de seguros privados (art. 22, § 1º, da Lei 8.212/1991), cuja atividade é típica das instituições financeiras na busca de concretizar negócios jurídicos nas bolsas de mercadorias e futuros. Precedentes citados: AgRg no AREsp 341.927/RS, Primeira Turma, DJe 29/10/2013; e AgRg no AREsp 370.921/RS, Segunda Turma, DJe 9/10/2013. **AgRg no AREsp 426.242-RS, Rel. Min. Herman Benjamin, julgado em 4/2/2014. (Inform. STJ 534)**

DIREITO TRIBUTÁRIO. REPETIÇÃO DA CONTRIBUIÇÃO PARA O PIS E DA COFINS NA HIPÓTESE DE CONTRIBUINTE VINCULADO À TRIBUTAÇÃO PELO LUCRO PRESUMIDO. RECURSO REPETITIVO (ART. 543-C DO CPC E RES. 8/2008-STJ). O contribuinte vinculado ao regime tributário por lucro presumido tem direito à restituição de valores – referentes à contribuição para o PIS e à COFINS – pagos a maior em razão da utilização da base de cálculo indicada no § 1º do art. 3º da Lei 9.718/1998, mesmo após a EC 20/1998 e a edição das Leis 10.637/2002 e 10.833/2003. De início, esclarece-se que o STF declarou inconstitucional o § 1º do art. 3º da Lei 9.718/1998, isso porque a norma ampliou indevidamente o conceito de receita bruta, desconsiderando a noção de faturamento pressuposta na redação original do art. 195, I, b, da CF. Assim, o faturamento deve ser compreendido no sentido estrito de receita bruta decorrente da venda de mercadorias e da prestação de serviços de qualquer natureza, ou seja, considerando a soma das receitas oriundas do exercício das atividades empresariais. Entretanto, a reconhecida inconstitucionalidade não se estende às Leis 10.637/2002 e 10.833/2003, tendo em vista a nova redação atribuída ao art. 195, I, b, da CF pela EC 20/1998, prevendo que as contribuições sociais pertinentes também incidissem sobre a receita. Além do mais, deve-se ressaltar que, após a EC 20/1998 e a edição das Leis 10.637/2002 e 10.833/2003, o direito à repetição passou a ser condicionado ao enquadramento no rol do inciso II dos arts. 8º e 10 das referidas leis, respectivamente, que excluem determinados contribuintes da sistemática não-cumulativa, quais sejam: "as pessoas jurídicas tributadas pelo imposto de renda com base no lucro presumido ou arbitrado". Dessa forma, mesmo após as mudanças legislativas mencionadas, o contribuinte vinculado à sistemática de tributação pelo lucro presumido não foi abrangido pelos novos ditames legais, estando submetido à Lei 9.718/1998, com todas as restrições impostas pela declaração de inconstitucionalidade no STF. Precedentes citados do STJ: AgRg no REsp 961.340-SC, Segunda Turma, DJe 23/11/2009; e REsp 979.862-SC, Segunda Turma, DJe 11/6/2010. **REsp 1.354.506-SP, Rel. Min. Mauro Campbell Marques, julgado em 14/8/2013. (Inform. STJ 529)**

DIREITO TRIBUTÁRIO. BASE DE CÁLCULO DAS CONTRIBUIÇÕES PARA O PIS/PASEP E DA COFINS NA HIPÓTESE DE VENDA DE VEÍCULOS NOVOS POR CONCESSIONÁRIA DE VEÍCULOS. RECURSO REPETITIVO (ART. 543-C DO CPC E RES. 8/2008-STJ).
Na venda de veículos novos, a concessionária deve recolher as contribuições para o PIS/PASEP e a COFINS sobre a receita bruta/faturamento (arts. 2º e 3º da Lei 9.718/1998) – compreendido o valor de venda do veículo ao consumidor –, e não apenas sobre a diferença entre o valor de aquisição do veículo junto à fabricante concedente e o valor da venda ao consumidor (margem de lucro). Decerto, entre a pessoa jurídica fabricante (montadora-concedente) e o distribuidor (concessionária), há uma relação de concessão comercial cujo objeto é o veículo a ser vendido ao consumidor. Esse vínculo, sob o ponto de vista comercial, é regido pela Lei 6.729/1979, que caracteriza o fornecimento de mercadorias pela concedente à concessionária como uma compra e venda mercantil, pois estabelece que o preço de venda ao consumidor deve ser livremente fixado pela concessionária, enquanto na relação entre concessionária e concedente cabe a esta fixar "o preço de venda" àquela (art. 13). Confirma o entendimento de que há uma compra e venda mercantil o disposto no art. 23 da mencionada lei, segundo o qual há obrigação da concedente de readquirir da concessionária o estoque de veículos pelo "preço de venda" à rede de distribuição. Desse modo, é evidente que, na relação de "concessão comercial" prevista na Lei 6.729/1979, existe um contrato de compra e venda mercantil que é celebrado entre o concedente e a concessionária e outro contrato de compra e venda que é celebrado entre a concessionária e o consumidor, sendo que é o segundo contrato que gera faturamento para a concessionária. Saliente-se, a propósito, que não há mera intermediação, tampouco operação de consignação. Isso, inclusive, é confirmado pelo art. 5º da Lei 9.718/1998, que, quando equipara para fins tributários as operações de compra e venda de veículos automotores usados a uma operação de consignação, parte do pressuposto de que a operação de compra e venda de carros novos não configura consignação. Efetivamente, só se equipara aquilo que não o é; se já o fosse, não seria necessário equiparar. Sendo assim, caracterizada a venda de veículos automotores novos, a operação se enquadra dentro do conceito de "faturamento" definido pelo STF quando examinou o art. 3º, caput, da Lei n. 9.718/1998, fixando que a base de cálculo do PIS e da COFINS é a receita bruta/faturamento que decorre exclusivamente da venda de mercadorias e/ou de serviços, não se considerando receita bruta de natureza diversa. Precedentes citados: AgRg nos EREsp 529.034-RS, Corte Especial, DJ 1º/8/2006; AgRg no AREsp 67.356-DF, Primeira Turma, DJe 30/4/2012. **REsp 1.339.767-SP, Rel. Min. Mauro Campbell Marques, julgado em 26/6/2013. (Inform. STJ 526)**

🗐 Súmula STF nº 659

É legítima a cobrança da COFINS, do PIS e do FINSOCIAL sobre as operações relativas a energia elétrica, serviços de telecomunicações, derivados de petróleo, combustíveis e minerais do País.

🗐 SÚMULA STJ nº 508

A isenção da Cofins concedida pelo art. 6º, II, da LC n. 70/1991 às sociedades civis de prestação de serviços profissionais foi revogada pelo art. 56 da Lei n. 9.430/1996.

🗐 Súmula STJ nº 468

A base de cálculo do PIS, até a edição da MP n. 1.212/1995, era o faturamento ocorrido no sexto mês anterior ao do fato gerador.

🗐 Súmula STJ nº 423

A Contribuição para Financiamento da Seguridade Social – Cofins incide sobre as receitas provenientes das operações de locação de bens móveis.

🗐 Súmula STJ nº 276

As sociedades civis de prestação de serviços profissionais são isentas da Cofins, irrelevante o regime tributário adotado. *(a partir do entendimento do STF, o STJ cancelou esta súmula para reconhecer a inexistência de isenção)*

8.2. CSLL

ED: cancelamento de voto vogal e supostas contradições - 1
O Plenário, ao julgar embargos de declaração, acolheu-os, sem efeito modificativo, apenas para prestar esclarecimento, mantendo, assim, a orientação firmada no julgamento do recurso extraordinário, em que reconhecida a repercussão geral. Dessa forma, o Tribunal reafirmou o entendimento no sentido de que a Contribuição Social sobre o Lucro Líquido – CSLL incide sobre o lucro das empresas exportadoras, uma vez que a imunidade prevista no art. 149, § 2º, I, da CF (com a redação dada pela EC 33/2001) não o alcança. Inicialmente, a Corte afastou, por maioria, preliminar de nulidade arguida em razão do cancelamento da transcrição do voto vogal do Ministro Celso de Mello na composição do acórdão. Destacou que o cancelamento do voto vogal traduziria faculdade processual reconhecida ao juiz que o tivesse proferido. Vencido o Ministro Marco Aurélio (relator), que provia os embargos de declaração para determinar a juntada do voto do Ministro Celso de Mello. Afirmava que apregoado o processo, tudo que fosse veiculado por integrante do Tribunal mostrar-se-ia público e não ficaria no campo da disponibilidade do autor. Sublinhava que o acórdão revelaria um grande todo e deveria satisfazer a regra do art. 93, IX, da CF ("todos os julgamentos dos órgãos do Poder Judiciário serão públicos e fundamentadas todas as decisões, sob pena de nulidade"). Em seguida, o Tribunal refutou as demais alegações da embargante. No que se refere à primeira delas, a de que não seria possível a qualificação, em tese, de imunidades tributárias como subsídios proibidos ou passíveis de proibição em razão do conceito de subsídio estabelecido no Acordo sobre Subsídios e Medidas Compensatórias – ASMC. O Colegiado ressaltou que filigranas conceituais não estariam em jogo e a norma internacional não as envolveria. Frisou que, consoante o art. 1º do mencionado Acordo, subsídio consistiria em contribuição financeira concedida pelo governo, que poderia ocorrer sob diferentes modalidades: desde transferência direta de fundos, fornecimento de bens e serviços, financiamentos, delegação de atribuições governamentais a corpos privados, até renúncia de receitas públicas por meio de incentivos fiscais. Realçou que a equiparação pelo acordo internacional, sob o rótulo comum de subsídio, de modos tão diversos de contribuições financeiras governamentais, incluída expressamente a concessão de benefícios fiscais, revelaria o quanto seria impróprio pautar-se em esquemas de linguagem, como pretendera a embargante, para reduzir o alcance normativo da expressão subsídio e sustentar a contradição veiculada.

ED: cancelamento de voto vogal e supostas contradições - 2
O Plenário observou que a segunda contradição arguida seria também de ordem conceitual. A embargante teria apontado o descompasso em qualificar a imunidade como possível violação do ASMC, porquanto o Acordo Geral sobre Tarifas e Comércio excluiria expressamente do conceito de subsídio as desonerações relacionadas à exportação. Recordou que o art. 16 do Acordo Geral sobre Tarifas e Comércio traria regras gerais sobre os subsídios à exportação. Rememorou que o dispositivo recebera notas e provisões suplementares, entre as quais a que excepcionaria da denominação de subsídio a desoneração de tributos sobre "produto exportado", desde que prevista idêntica incidência quanto a bens similares destinados ao consumo interno. Ponderou que haveria um ponto fundamental: considerada a referência a "produto exportado" pela norma internacional, a desoneração excepcionada possuiria nítida natureza objetiva. Salientou, portanto, que a discutida nota ou provisão suplementar não teria aplicação no caso debatido, porque a CSLL

não constituiria tributo incidente em "produto exportado", objeto de proteção da nota adicional ao mencionado art.16, mas ônus que recairia na figura do exportador. Assim, se imunidade houvesse ou fosse reconhecida pelo Pleno, essa seria subjetiva, fora do alcance da exceção estabelecida pela nota mencionada. Por último, ante a ausência de antinomia, a Corte rejeitou a assertiva de contradição a envolver a norma constitucional de imunidade e as regras dos acordos internacionais, hipoteticamente solucionada pelo Colegiado em favor das últimas. Depreendeu que os votos da Ministra Ellen Gracie e do Ministro Joaquim Barbosa apenas demonstrariam o uso dos compromissos internacionais firmados pelo Brasil como vetor interpretativo para revelar o alcance mais razoável da EC 33/2001. Consignou que, do conteúdo do voto desse Ministro, seria possível concluir que se de antinomia ele tivesse tratado, resolvera em favor da competência do Poder Legislativo e não dos acordos internacionais, como erroneamente sustentava a embargante. **RE 564413 ED/SC, rel. Min. Marco Aurélio, 13.8.2014. (RE-564413) (Inform. STF 754)**

Correção monetária de demonstrações financeiras

A 1ª Turma, por maioria, negou provimento a agravo regimental em que se discutia a possibilidade de correção monetária de demonstrações financeiras. Inicialmente, a Turma afirmou que a controvérsia a envolver o art. 4º da Lei 9.249/1995, cingir-se-ia a âmbito infraconstitucional. Ademais, verificou que a natureza dos créditos escriturais acumulados concernentes aos prejuízos fiscais do IRPJ e às bases negativas da CSLL seria distinta. Consignou posicionamento da Corte segundo o qual a dedução de prejuízos de exercícios anteriores da base de cálculo do IRPJ e a compensação das bases negativas da CSLL constituiriam favores fiscais. Nesse sentido, os prejuízos ocorridos em exercícios não se caracterizariam como fato gerador, mas meras deduções, cuja proteção para exercícios futuros teria sido autorizada nos termos da lei. Em seguida, a Turma ressaltou que o art. 39, § 4º, da Lei 9.250/1995 não seria aplicável ao caso, uma vez que o dispositivo apenas se referiria à utilização da taxa SELIC aos valores provenientes de tributos pagos indevidamente ou a maior, para fins de compensação, o que não seria a situação dos autos. Vencido o Ministro Marco Aurélio, que provia o agravo. Pontuava que a ausência de correção monetária implicaria transformação do imposto de renda em imposto sobre o patrimônio da própria empresa, em razão da alta inflação existente à época. **RE 807062 AgR/PR, rel. Min. Dias Toffoli, 2.9.2014. (RE-807062) (Inform. STF 757)**

REPERCUSSÃO GERAL EM RE N. 612.686-SC

RELATOR: MIN. LUIZ FUX
Ementa: RECURSO EXTRAORDINÁRIO. DIREITO TRIBUTÁRIO. ENTIDADE FECHADA DE PREVIDÊNCIA COMPLEMENTAR. INCIDÊNCIA DE IRPJ E DE CSLL. BASE DE CÁLCULO PARA AS EXAÇÕES. RENDA E LUCRO. NATUREZA JURÍDICA NÃO-LUCRATIVA DOS FUNDOS DE PENSÃO DETERMINADA POR LEI. ARGUIÇÃO DE INCONSTITUCIONALIDADE DA MP Nº 2.222/2001 REVOGADA PELA LEI Nº 11.053/04. LEI Nº 10.426. INCOMPATIBILIDADE DA RETENÇÃO DO IRPJ NA FONTE. LEI Nº 6.465/77, REVOGADA PELA LEI COMPLEMENTAR Nº 109/01. ALEGAÇÃO DE NÃO OCORRÊNCIA DE FATO GERADOR DECORRENTE DE VEDAÇÃO CONSTITUCIONAL E INFRACONSTITUCIONAL. NATUREZA JURÍDICA. EFEITOS. SITUAÇÃO QUE NÃO SE SUBSUME A TESE DE IMUNIDADE RECHAÇADA PELO PLENÁRIO NO RE 202.700. CONTRADIÇÃO VERIFICADA. ARTIGO 543-A, § 4º, DO CÓDIGO DE PROCESSO CIVIL. REPERCUSSÃO GERAL DA QUESTÃO CONSTITUCIONAL RECONHECIDA.

1. A CSLL e o IRPJ, respectivamente, e a natureza jurídica não-lucrativa das entidades fechadas de previdência complementar, determinada pela lei federal que trata dessas pessoas jurídicas (Lei nº 6.435/77, revogada pela Lei complementar nº 109/01, atualmente em vigor), em tese, afasta a incidência das exações, uma vez que a configuração do fato gerador desses tributos decorre do exercício de atividade empresarial que tenha por objeto ou fim social a obtenção de lucro.
2. Os rendimentos auferidos nas aplicações de fundos de investimento das entidades fechadas, uma vez ausente a finalidade lucrativa dos fundos de pensão para configurar o fato gerador do tributo e as prévias constituições de reserva de contingência e reserva especial e revisão do plano atuarial, ao longo de pelo menos 3 (três) exercícios financeiros para aferir-se sobre a realização ou não do superávit, não equivale a lucro, sob o ângulo contábil, afastada a retenção do IRPJ.
3. In casu, argui-se no recurso extraordinário a alegada inconstitucionalidade da regra do artigo 1º da MP nº 2.222, de 4 de setembro de 2001, ao estabelecer que a partir de 1º de janeiro de 2002, os rendimentos e ganhos auferidos

nas aplicações de recursos das provisões, reservas técnicas e fundos de entidades abertas de previdência complementar e de sociedades seguradoras que operam planos de benefícios de caráter previdenciário, ficam sujeitos à incidência do imposto de renda de acordo com as normas de tributação aplicáveis às pessoas físicas e às pessoas jurídicas não-financeiras.
4. A natureza da entidade de previdência complementar em regra se contrapõe à incidência dos tributos de IRPJ e de CSLL, que pressupõem a ocorrência do fato gerador lucro ou faturamento pela pessoa jurídica, ante à previsão do artigo 195, I, a e c, da CF/88.
5. A inconstitucionalidade da MP nº 2.222/01, reclama, para apreciação dessa questão, a análise prévia sobre a possibilidade jurídica ou não na realização do fato gerador do IRPJ, que é objeto da referida medida provisória.
6. Repercussão geral reconhecida, nos termos do artigo 543-A do Código de Processo Civil. **(Inform. STF 739)**

DIREITO TRIBUTÁRIO. HIPÓTESE DE INCLUSÃO DO ICMS NA BASE DE CÁLCULO DO IRPJ E DA CSLL. No regime de lucro presumido, o ICMS compõe a base de cálculo do IRPJ e da CSLL. Precedentes citados: AgRg no REsp 1.393.280-RN, Segunda Turma, DJe 16/12/2013; e REsp 1.312.024-RS, Segunda Turma, DJe 7/5/2013. **AgRg no REsp 1.423.160-RS, Rel. Min. Herman Benjamin, julgado em 27/3/2014. (Inform. STJ 539)**

DIREITO TRIBUTÁRIO. INCIDÊNCIA DE IRPJ E CSLL SOBRE OS JUROS REMUNERATÓRIOS DEVIDOS NA DEVOLUÇÃO DOS DEPÓSITOS JUDICIAIS. RECURSO REPETITIVO (ART. 543-C DO CPC E RES. 8/2008-STJ). Incidem IRPJ e CSLL sobre os juros remuneratórios devidos na devolução dos depósitos judiciais efetuados para suspender a exigibilidade do crédito tributário. Inicialmente, é importante estabelecer que a taxa Selic pode possuir natureza jurídica de acordo com a previsão legal ou relação jurídica que origina sua incidência, ou seja, ora pode ter natureza de juros compensatórios, ora de juros moratórios ou até mesmo de correção monetária. Nesse contexto, o art. 1º, § 3º, da Lei 9.703/1998, que regula os depósitos judiciais para fins de suspensão da exigibilidade de tributos, estabelece que o depósito, após o encerramento da lide, deve ser devolvido ao depositante vitorioso "acrescido de juros", na forma do art. 39, § 4º, da Lei 9.250/1995 (Selic). Esta lei, por sua vez, atribui a natureza jurídica de juros à remuneração do capital depositado. Portanto, a natureza jurídica da remuneração do capital é de juros remuneratórios, o que resulta em acréscimo patrimonial que compõe a esfera de disponibilidade do contribuinte. Assim, considerando o fato de que a legislação do IRPJ trata os juros como receitas financeiras, deve-se concluir que incidem IRPJ e CSLL sobre os juros remuneratórios decorrentes dos depósitos judiciais devolvidos. Precedentes citados: AgRg no Ag 1.359.761-SP, Primeira Turma, DJe 6/9/2011; e REsp 1.086.875-PR, Segunda Turma, DJe 6/8/2012. **REsp 1.138.695-SC, Rel. Min. Mauro Campbell Marques, julgado em 22/5/2013. (Inform. STJ 521)**

DIREITO TRIBUTÁRIO. INCIDÊNCIA DE IRPJ E CSLL SOBRE OS JUROS DE MORA DECORRENTES DE REPETIÇÃO DO INDÉBITO. RECURSO REPETITIVO (ART. 543-C DO CPC E RES. 8/2008-STJ). Incidem IRPJ e CSLL sobre os juros decorrentes da mora na devolução de valores determinada em ação de repetição do indébito tributário. O STJ entende que, embora os juros de mora na repetição do indébito tributário decorrente de sentença judicial configurem verbas indenizatórias, eles possuem natureza jurídica de lucros cessantes, constituindo evidente acréscimo patrimonial, razão pela qual é legítima a tributação pelo IRPJ, salvo a existência de norma específica de isenção ou a constatação de que a verba principal a que se referem os juros é isenta ou está fora do campo de incidência do imposto (tese em que o acessório segue o principal). No caso da repetição do indébito, o tributo (principal), quando efetivamente pago, pode ser deduzido como despesa (art. 7º da Lei n. 8.541/1992) e, a contrario sensu, se o valor for devolvido, deve integrar as receitas da empresa a fim de compor o lucro real e o lucro líquido ajustado como base de cálculo do IRPJ e da CSLL. Desse modo, a tese da acessoriedade dos juros de mora não socorre aos contribuintes, pois a verba principal não escapa à base de cálculo das referidas exações. Ainda, conforme a legislação do IRPJ, os juros moratórios – dada a natureza de lucros cessantes – encontram-se dentro da base de cálculo dos impostos, na medida em que compõem o lucro operacional da empresa. Precedente citado: EDcl no REsp 1.089.720-RS, Primeira Seção, DJe 6/3/2013. **REsp 1.138.695-SC, Rel. Min. Mauro Campbell Marques, julgado em 22/5/2013. (Inform. STJ 521)**

8.3. Contribuições ao Regime Geral de Previdência Social

AG. REG. NO RE N. 869.633-SC
RELATORA: MIN. ROSA WEBER
EMENTA: DIREITO ADMINISTRATIVO E TRIBUTÁRIO. CONTRIBUIÇÃO PREVIDENCIÁRIA. ADICIONAL DE RISCO DE VIDA. DISCUSSÃO ACERCA DA NATUREZA JURÍDICA DA VERBA. DEBATE DE ÂMBITO INFRACONSTITUCIONAL. ALEGAÇÃO DE OFENSA AO ART. 5º, II, XXXVI, LIV E LV, DA CONSTITUIÇÃO DA REPÚBLICA. LEGALIDADE. CONTRADITÓRIO E AMPLA DEFESA. DEVIDO PROCESSO LEGAL. EVENTUAL OFENSA REFLEXA NÃO VIABILIZA O MANEJO DO RECURSO EXTRAORDINÁRIO. ART. 102 DA LEI MAIOR. NEGATIVA DE PRESTAÇÃO JURISDICIONAL. ARTIGO 93, IX, DA CONSTITUIÇÃO FEDERAL. NULIDADE. INOCORRÊNCIA. RAZÕES DE DECIDIR EXPLICITADAS PELO ÓRGÃO JURISDICIONAL. ACÓRDÃO RECORRIDO PUBLICADO EM 02.6.2014.
1. A controvérsia, a teor do já asseverado na decisão guerreada, não alcança estatura constitucional. Não há falar em afronta aos arts. 150, I, 154, I, e 195, I, "a", da Constituição Federal. Compreender de modo diverso exigiria a análise da legislação infraconstitucional encampada na decisão da Corte de origem, a tornar oblíqua e reflexa eventual ofensa, insuscetível, como tal, de viabilizar o conhecimento do recurso extraordinário.
2. Inexiste violação do artigo 93, IX, da Lei Maior. A jurisprudência do Supremo Tribunal Federal é no sentido de que o referido dispositivo constitucional exige a explicitação, pelo órgão jurisdicional, das razões do seu convencimento, dispensando o exame detalhado de cada argumento suscitado pelas partes.
3. O exame da alegada ofensa ao art. 5º, II, XXXVI, LIV e LV, da Constituição Federal, observada a estreita moldura com que devolvida a matéria à apreciação desta Suprema Corte, dependeria de prévia análise da legislação infraconstitucional aplicada à espécie, o que refoge à competência jurisdicional extraordinária, prevista no art. 102 da Magna Carta.
4. As razões do agravo regimental não se mostram aptas a infirmar os fundamentos que lastrearam a decisão agravada.
5. Agravo regimental conhecido e não provido. **(Inform. STF 797)**

AG. REG. NO AI N. 744.010-MG
RELATOR: MIN. MARCO AURÉLIO
EMENTA: RECURSO EXTRAORDINÁRIO – REPERCUSSÃO GERAL ADMITIDA – PROCESSO VERSANDO A MATÉRIA – SOBRESTAMENTO – MANUTENÇÃO. O tema atinente à constitucionalidade da cobrança de contribuições sociais em face das atividades das cooperativas em geral, tendo em conta a distinção entre "ato cooperativo típico" e "ato cooperativo atípico", teve repercussão geral admitida pelo denominado Plenário Virtual no Recurso Extraordinário nº 672.215/CE, da relatoria do ministro Luís Roberto Barroso. A matéria de fundo, tanto no mencionado recurso como neste extraordinário, diz respeito à definição da incidência ou não desses tributos sobre as receitas decorrentes de tais atos. Impõe-se aguardar o julgamento do mérito do paradigma, considerados o regime da repercussão geral, presentes os processos múltiplos, e a possibilidade de revisão do entendimento. **(Inform. STF 787)**

Contribuição previdenciária e participação nos lucros - 4
Incide contribuição previdenciária sobre as parcelas pagas a título de participação nos lucros referentes ao período entre a promulgação da CF/1988 e a entrada em vigor da Medida Provisória 794/1994, que regulamentou o art. 7º, XI, da CF ("Art. 7º. São direitos dos trabalhadores urbanos e rurais, além de outros que visem à melhoria de sua condição social: ... XI - participação nos lucros, ou resultados, desvinculada da remuneração, e, excepcionalmente, participação na gestão da empresa conforme definido em lei"), convertida, posteriormente, na Lei 10.101/2000. Essa a orientação do Plenário que, em conclusão de julgamento e por maioria, proveu recurso extraordinário em que discutida a questão — v. Informativo 760. O Colegiado asseverou haver precedentes de ambas as Turmas do STF no sentido da incidência da contribuição previdenciária sobre as mencionadas parcelas. Acresceu que a seguridade social seria financiada por toda a sociedade, conforme se depreenderia dos artigos 195, I, a; e 201, § 11, ambos da CF ["Art. 195. A seguridade social será financiada por toda a sociedade, de forma direta e indireta, nos termos da lei, mediante recursos provenientes dos orçamentos da União, dos Estados, do Distrito Federal e dos Municípios, e das seguintes contribuições sociais: I - do empregador, da empresa e da entidade a ela equiparada na forma da lei, incidentes sobre: a) a folha de salários e demais rendimentos do trabalho pagos ou creditados, a qualquer título, à pessoa física que lhe preste serviço, mesmo

sem vínculo empregatício ... Art. 201. A previdência social será organizada sob a forma de regime geral, de caráter contributivo e de filiação obrigatória, observados critérios que preservem o equilíbrio financeiro e atuarial, e atenderá, nos termos da lei, a: ... § 11. Os ganhos habituais do empregado, a qualquer título, serão incorporados ao salário para efeito de contribuição previdenciária e consequente repercussão em benefícios, nos casos e na forma da lei"]. Ao se interpretar teleologicamente a cláusula prevista no inciso XI do art. 7º da CF, concluir-se-ia que o objetivo da desvinculação seria impedir que essa parcela servisse de base de cálculo para outras. A aludida medida provisória teria estabelecido hipótese de isenção e não de não incidência, razão pela qual não poderia abranger período pretérito. Vencido o Ministro Dias Toffoli (relator), que negava provimento ao recurso. Registrava que entendimento diverso implicaria a tributação, inclusive, nas hipóteses de convenção coletiva, a versar sobre participação nos lucros e resultados, firmada anteriormente à lei. **RE 569441/RS, rel. orig. Min. Dias Toffoli, red. p/ o acórdão Min. Teori Zavascki, 30.10.2014. (RE-569441) (Inform. STF 765)**

REPERCUSSÃO GERAL EM RE N. 761.263-SC
RELATOR: MIN. TEORI ZAVASCKI
Ementa: CONSTITUCIONAL. TRIBUTÁRIO. CONTRIBUIÇÃO SOCIAL. SEGURADO ESPECIAL. ARTIGO 195, § 8º, DA CF/88. RESULTADO DA COMERCIALIZAÇÃO DA PRODUÇÃO. ART. 25 DA LEI 8.212/91, DESDE SUA REDAÇÃO ORIGINÁRIA. RECEITA BRUTA. BASE DE CÁLCULO. AUSÊNCIA DE IDENTIDADE. NECESSIDADE DE LEI COMPLEMENTAR. RECONHECIMENTO DA INCONSTITUCIONALIDADE DE DISPOSITIVOS DA LEI 8.212/91. EFEITOS REPRISTINATÓRIOS. Possui repercussão geral a questão atinente à constitucionalidade da contribuição a ser recolhida pelo segurado especial, prevista no art. 25 da Lei 8.212/1991, desde a sua redação originária, diante da ausência de identidade de sua base de cálculo (receita bruta) com a prevista no art. 195, § 8º, da Constituição Federal (resultado da comercialização). **(Inform. STF 746)**

Contribuição sobre serviços prestados por cooperados por intermédio de cooperativas
É inconstitucional a contribuição a cargo de empresa, destinada à seguridade social, no montante de "quinze por cento sobre o valor bruto da nota fiscal ou fatura de prestação de serviços, relativamente a serviços que lhe são prestados por cooperados por intermédio de cooperativas de trabalho", prevista no art. 22, IV, da Lei 8.212/1991, com a redação dada pela Lei 9.876/1999. Com base nessa orientação, o Plenário deu provimento a recurso extraordinário no qual se discutia a obrigação de recolhimento da exação. Na espécie, o tribunal "a quo" entendera ser possível a fixação da mencionada alíquota via lei ordinária. Decidira, ainda, pela validade da equiparação da cooperativa à empresa mercantil, que ampliara o rol dos sujeitos passivos das contribuições sociais. A Corte, de início, salientou que a Lei 9.876/1999 transferira a sujeição passiva da obrigação tributária para as empresas tomadoras dos serviços. Em seguida, assentou que, embora os sócios/usuários pudessem prestar seus serviços no âmbito dos respectivos locais de trabalho, com seus equipamentos e técnicas próprios, a prestação dos serviços não seria dos sócios/usuários, mas da sociedade cooperativa. Apontou que os terceiros interessados nesses serviços efetuariam os pagamentos diretamente à cooperativa, que se ocuparia, posteriormente, de repassar aos sócios/usuários as parcelas relativas às respectivas remunerações. O colegiado aduziu que a tributação de empresas, na forma delineada na Lei 9.876/1999, mediante desconsideração legal da personalidade jurídica das sociedades cooperativas, subverteria os conceitos de pessoa física e de pessoa jurídica estabelecidos pelo direito privado. Reconheceu que a norma teria extrapolado a base econômica delineada no art. 195, I, a, da CF, ou seja, a regra sobre a competência para se instituir contribuição sobre a folha de salários ou sobre outros rendimentos do trabalho. Reputou afrontado o princípio da capacidade contributiva (CF, art. 145, § 1º), porque os pagamentos efetuados por terceiros às cooperativas de trabalho, em face de serviços prestados por seus associados, não se confundiriam com os valores efetivamente pagos ou creditados aos cooperados. Sublinhou que o legislador ordinário, ao tributar o faturamento da cooperativa, descaracterizara a contribuição hipoteticamente incidente sobre os rendimentos do trabalho dos cooperados, com evidente "bis in idem". Assim, o Tribunal concluiu que contribuição destinada a financiar a seguridade social, que tivesse base econômica estranha àquelas indicadas no art. 195 da CF, somente poderia ser legitimamente instituída por lei complementar, nos termos do art. 195, § 4º, da CF. **RE 595838/SP, rel. Min. Dias Toffoli, 23.4.2014. (RE-595838) (Inform. STF 743)**

VADE MECUM DE JURISPRUDÊNCIA – STF/STJ

Transportador autônomo: alteração da base de cálculo e princípio da legalidade - 4

Em conclusão, o Plenário, por maioria, deu provimento a recurso ordinário em mandado de segurança coletivo, afetado pela 2ª Turma, em que pretendida a declaração de ilegalidade da Portaria 1.135/2001, editada pelo Ministro de Estado da Previdência e Assistência Social. Alegava-se que a referida norma, ao alterar a redação do Decreto 3.048/99, teria aumentado a base de cálculo da contribuição social incidente sobre as remunerações ou retribuições pagas ou creditadas a transportador autônomo pelo frete, carreto ou transporte de passageiros realizado por conta própria, prevista no art. 22, III, da Lei 8.212/91 ("Art. 22. A contribuição a cargo da empresa, destinada à Seguridade Social, além do disposto no art. 23, é de: ... III - vinte por cento sobre o total das remunerações pagas ou creditadas a qualquer título, no decorrer do mês, aos segurados contribuintes individuais que lhe prestem serviços") – v. Informativos 431 e 445.

Transportador autônomo: alteração da base de cálculo e princípio da legalidade - 5

Preponderou o voto do Min. Marco Aurélio, que restabeleceu os parâmetros constantes da redação anterior do Decreto 3.048/99, no sentido de se utilizar a alíquota de 11,71% sobre o valor bruto do frete, carreto ou transporte de passageiros. Asseverou que não haveria campo para incidência do inciso III do art. 22 da Lei 8.212/91, porquanto o frete satisfeito visaria também fazer frente ao combustível, ao desgaste do veículo, e a outros ônus, situação concreta não prevista na aludida lei. Por essa razão, teria sido editado o decreto para regulamentá-la. Considerou que este seria inconstitucional por ferir o princípio da legalidade – visto que a nova percentagem teria sido estabelecida por simples portaria –, mas que, em face dos limites do pedido – por se tratar de processo subjetivo –, necessário reconhecer apenas a inconstitucionalidade da portaria impugnada. Vencidos os Ministros Eros Grau, relator, e Gilmar Mendes, que negavam provimento ao recurso. Assentavam a inconstitucionalidade do decreto e da portaria que o alterara, mas reconheciam que a mera declaração de ilegalidade da portaria implicaria a conservação do percentual fixado pelo decreto, o qual estaria ainda mais distante da base de cálculo definida pela Lei 8.212/91, e não poderia ser declarado inconstitucional na via eleita, sob pena de reformatio in pejus. Declaravam que a consequência natural desse ato seria a incidência do tributo sobre a integralidade da remuneração, o que agravaria a situação da recorrente. **RMS 25476/DF, rel. orig. Min. Eros Grau, red. p/ o acórdão Min. Marco Aurélio, 22.5.2013. (RMS-25476) (Inform. STF 707)**

DIREITO TRIBUTÁRIO E PREVIDENCIÁRIO. INCIDÊNCIA DE CONTRIBUIÇÃO PREVIDENCIÁRIA NO AUXÍLIO QUEBRA DE CAIXA.

Incide contribuição previdenciária sobre o auxílio quebra de caixa, consubstanciado em pagamento efetuado mês a mês ao empregado em razão da função que desempenha, que tenha sido pago por liberalidade do empregador, mesmo que não se verifiquem diferenças no caixa. O empregado, quando exerce função de operador de caixa, auxiliar de caixa, conferente, tesoureiro, cobrador ou qualquer outra função que possibilite o desconto na sua remuneração quando há diferença entre a quantia existente em caixa e a que efetivamente deveria existir, faz jus ao recebimento do auxílio quebra de caixa, desde que previsto em norma coletiva, já que não há previsão legal para o seu pagamento. Nesse contexto, esse auxílio consubstancia-se no pagamento efetuado mês a mês ao empregado como uma forma de compensar os riscos assumidos pela função exercida. Considerando que a Primeira Seção do STJ (EREsp 775.701-SP, DJ 1º/8/2006) assentou a natureza não-indenizatória das gratificações feitas por liberalidade do empregador, o auxílio quebra de caixa, consubstanciado no pagamento efetuado mês a mês ao empregado em razão da função que desempenha, que tenha sido pago por liberalidade do empregador tem nítida natureza salarial e, portanto, integra a remuneração, razão pela qual se tem como pertinente a incidência da contribuição previdenciária. Isso porque, nos termos do art. 28, I, da Lei 8.212/1991, o salário de contribuição tem como base de cálculo a remuneração considerada como os rendimentos pagos, devidos ou creditados a qualquer título, durante o mês, destinado a retribuir o trabalho. Precedente citado: EDcl no REsp 733.362-RJ, Segunda Turma, DJe 14/4/2008. **REsp 1.434.082-RS, Rel. Min. Humberto Martins, julgado em 1º/10/2015, DJe 9/10/2015 (Inform. STJ 570).**

DIREITO TRIBUTÁRIO E PREVIDENCIÁRIO. GRATIFICAÇÕES E PRÊMIOS E CONTRIBUIÇÃO PREVIDÊNCIÁRIA.

Não incide contribuição previdenciária sobre prêmios e gratificações de caráter eventual. A fim de verificar a sua inclusão ou não no salário-de-contribuição, uma das principais características a ser aferida sobre as gratificações e os prêmios é a habitualidade ou não de seu pagamento. Havendo pagamento com habitualidade, manifesto o caráter salarial, implicando ajuste tácito entre as partes, razão pela qual incide contribuição previdenciária. A propósito, o STF possui entendimento firmado pela Súmula 207 ("As gratificações habituais, inclusive a de natal, consideram-se tacitamente convencionadas, integrando o salário"). Tratando-se de prêmio ou gratificação eventual, fica afastada a incidência da contribuição, conforme o art. 28, § 9º, "e", 7, da Lei 8.212/1991. **REsp 1.275.695-ES, Rel. Min. Mauro Campbell Marques, julgado em 20/8/2015, DJe 31/8/2015 (Inform. STJ 568).**

DIREITO TRIBUTÁRIO E PREVIDENCIÁRIO. SALÁRIO-FAMÍLIA E CONTRIBUIÇÃO PREVIDENCIÁRIA.

Não incide contribuição previdenciária sobre salário-família. A doutrina aponta que a natureza jurídica do salário-família não é de salário, em que pese o nome, na medida em que não é pago como contraprestação de serviços prestados pelo empregado. Realizando-se uma interpretação sistemática da legislação de regência (art. 70 da Lei 8.213/1991 e art. 28, § 9º, "a", da Lei 8.212/1991), verifica-se que se trata de benefício de natureza previdenciária não incorporável ao cômputo dos rendimentos que integrarão a aposentadoria do trabalhador. **REsp 1.275.695-ES, Rel. Min. Mauro Campbell Marques, julgado em 20/8/2015, DJe 31/8/2015 (Inform. STJ 568).**

DIREITO TRIBUTÁRIO. CONTRIBUIÇÃO SOCIAL AO FUNRURAL. A despeito dos arts. 1º da Lei 8.540/1992, 1º da Lei 9.528/1997 e 1º da Lei 10.256/2001, desde a vigência da Lei 8.212/1991, não é possível exigir a contribuição social ao FUNRURAL, a cargo do empregador rural pessoa física, incidente sobre o valor comercial dos produtos rurais. A contribuição social incidente sobre a produção rural foi extinta pela Lei 8.213/1991 para os produtores rurais empregadores pessoas físicas, que passaram a recolher contribuições sobre a folha de salários de seus empregados. Todavia, a referida contribuição foi mantida para os segurados especiais (produtores rurais em regime de economia familiar). Dessa forma, com a criação do Plano de Custeio da Previdência Social pela Lei 8.212/1991, os produtores rurais passaram a contribuir para a Previdência Social, ou sobre o resultado da comercialização (segurados especiais), ou sobre a folha de salários (caso dos empregadores rurais pessoas físicas). Com o advento da Lei 8.540/1992, que deu nova redação ao art. 25 da Lei 8.212/1991, voltou-se a exigir dos produtores rurais empregadores pessoas físicas o recolhimento de contribuição social sobre a comercialização de produtos. Entretanto, o STF, sob o rito do art. 543-B do CPC (RE 596.177-RS, Tribunal Pleno, DJe 29/8/2011), declarou a inconstitucionalidade do art. 1º da Lei 8.540/1992, com base nos seguintes fundamentos: (I) referido dispositivo teria criado nova hipótese de incidência de contribuição social não prevista no art. 195, I, da CF; (II) os empregadores rurais pessoa física estariam sujeitos à dupla tributação ao recolher a Contribuição para Financiamento da Seguridade Social – COFINS, além daquela instituída pela Lei 8.540/1992, ferindo, portanto, o princípio da isonomia; e (III) a lei é formalmente inconstitucional, em razão de que nova fonte de custeio da Seguridade Social só poderia ser criada por meio de Lei Complementar. Saliente-se que as posteriores alterações legislativas impostas ao art. 25 da Lei 8.212/1991 por meio dos arts. 1º da Lei 9.528/1997 e 1º da Lei 10.256/2001 não alteram a conclusão em torno da mesma inconstitucionalidade, haja vista padecerem, por igual, de vício semelhante ao do art. 1º da Lei 8.540/1992, marcadamente no ponto em que havia determinado o restabelecimento da contribuição ao FUNRURAL. **REsp 1.070.441-SC, Rel. Min. Sérgio Kukina, julgado em 2/9/2014. (Inform. STJ 548)**

DIREITO PREVIDENCIÁRIO E TRIBUTÁRIO. CONTRIBUIÇÃO PREVIDENCIÁRIA SOBRE LICENÇA CASAMENTO E LICENÇA PARA PRESTAÇÃO DE SERVIÇO ELEITORAL. Incide contribuição previdenciária a cargo da empresa sobre os valores pagos a título de licença casamento (art. 473, II, da CLT) e de licença para prestação de serviço eleitoral (art. 98 da Lei 9.504/1997). Consoante a jurisprudência do STJ, o parâmetro para incidência da contribuição previdenciária é o caráter salarial da verba, já a não incidência ocorre nas verbas de natureza indenizatória. Posto isso,

7. DIREITO TRIBUTÁRIO

cumpre esclarecer que a licença para prestação do serviço eleitoral e a licença casamento não ostentam caráter indenizatório. Sua natureza estrutural remete ao inafastável caráter remuneratório, integrando parcela salarial cujo ônus é do empregador, sendo irrelevante a inexistência da efetiva prestação laboral no período, porquanto mantido o vínculo de trabalho, o que atrai a incidência tributária sobre as indigitadas verbas. Ademais, não se sustenta, e não encontra albergue na jurisprudência do STJ o parâmetro de que qualquer afastamento ao serviço justificaria o não pagamento de contribuição previdenciária. Assim, há hipóteses em que ocorre o efetivo afastamento do empregado, ou seja, não há a efetiva prestação do serviço ou o efetivo tempo à disposição do empregador, mas ainda assim é devida a incidência tributária, tal como ocorre quanto ao salário-maternidade, situação na qual a mãe se ausenta para cuidar do filho e nem por isso a contribuição é indevida. No mesmo caminho estão as férias gozadas, situação em que o empregado se ausenta por, em regra, 30 dias – período muito maior do que as vinculadas à licença TRE eleição e à licença casamento –, e ainda assim a incidência da contribuição previdenciária se faz presente. **REsp 1.455.089-RS, Rel. Min. Humberto Martins, julgado em 16/9/2014. (Inform. STJ 548)**

DIREITO TRIBUTÁRIO. APLICABILIDADE DA PENA DE PERDIMENTO A MERCADORIAS IMPORTADAS. A mercadoria importada qualificada como bagagem acompanhada que fora apreendida em zona secundária e desacompanhada de Declaração de Bagagem Acompanhada (DBA) será restituída ao viajante até o limite da cota de isenção determinada pela Receita Federal (art. 33 da IN 1.059/2010 da RFB), aplicável a pena de perdimento em relação à mercadoria que exceda esse limite. Isso porque, conforme dispõe o art. 33 da IN 1.059/2010 da RFB, o viajante procedente do exterior poderá trazer, com a isenção a que se refere o *caput* do art. 32, em sua bagagem acompanhada (art. 2°, III), livros, folhetos, periódicos, bens de uso ou consumo pessoal e outros bens cujos limites de valor global não ultrapassem os limites da cota de isenção determinada por esse dispositivo normativo. De fato, de acordo com o art. 3°, os "viajantes que ingressarem no território brasileiro deverão efetuar a declaração do conteúdo de sua bagagem, mediante o preenchimento, a assinatura e a entrega à autoridade aduaneira da Declaração de Bagagem Acompanhada (DBA)". Todavia, o art. 3°-A, *caput*, dessa mesma Instrução Normativa, determina que estão dispensados de apresentar a DBA de que trata do art. 3° "os viajantes que não estiverem obrigados a dirigir-se ao canal 'bens a declarar'". Ocorre que, entre os viajantes que estão obrigados a dirigir-se ao canal "bens a declarar" – e que, portanto, devem apresentar a DBA – enquadra-se o viajante que trouxer "bens cujo valor global ultrapasse o limite de isenção para a via de transporte, de acordo com o disposto no art. 33" (art. 6°, VIII, da IN 1.059/2010 da RFB). Deste modo, o que está dentro da cota de isenção dispensa declaração de bens, conclui-se que a pena de perdimento só é pertinente aos produtos que, por estarem acima dos limites da cota, venham a configurar dano ao erário, nos termos do art. 689 do Decreto 6.759/2009, já que, quanto a eles, há sim a obrigação de apresentação de declaração e demais formalidades de internação. **REsp 1.443.110-PR, Rel. Min. Humberto Martins, julgado em 12/8/2014. (Inform. STJ 546)**

DIREITO TRIBUTÁRIO E PREVIDENCIÁRIO. INCIDÊNCIA DE CONTRIBUIÇÃO PREVIDENCIÁRIA SOBRE FÉRIAS GOZADAS. Incide contribuição previdenciária a cargo da empresa sobre o valor pago a título de férias gozadas. Isso porque as férias gozadas são verbas de natureza remuneratória e salarial, nos termos do art. 148 da CLT, e, portanto, integram o salário de contribuição. Ademais, tem-se que os fundamentos e pressupostos apresentados no REsp 1.230.957-RS (Primeira Seção, DJe 18/3/2014), apreciado pela sistemática dos recursos repetitivos, para justificar a incidência da contribuição previdenciária sobre o salário-maternidade, também servem como sustentação para a incidência do tributo sobre as férias gozadas, quais sejam: "O fato de não haver prestação de trabalho durante o período de afastamento da segurada empregada, associado à circunstância da maternidade ser amparada por um benefício previdenciário, não autoriza conclusão no sentido de que o valor recebido tenha natureza indenizatória ou compensatória, ou seja, em razão de uma contingência (maternidade), paga-se à segurada empregada benefício previdenciário correspondente ao seu salário, possuindo a verba evidente natureza salarial". Precedentes citados: AgRg no REsp 1.355.135-RS, Primeira Turma, DJe 27/2/2013; e AgRg nos EDcl no AREsp 135.682/MG, Segunda Turma, DJe 14/6/2012. **AgRg no REsp 1.240.038-PR, Rel. Min. Og Fernandes, julgado em 8/4/2014. (Inform. STJ 541)**

DIREITO TRIBUTÁRIO. INCIDÊNCIA DE CONTRIBUIÇÃO PREVIDENCIÁRIA SOBRE VERBAS TRABALHISTAS. RECURSO REPETITIVO (ART. 543-C DO CPC E RES. 8/2008-STJ). Estão sujeitas à incidência de contribuição previdenciária as parcelas pagas pelo empregador a título de horas extras e seu respectivo adicional, bem como os valores pagos a título de adicional noturno e de periculosidade. Por um lado, a Lei 8.212/1991, em seu art. 22, I, determina que a contribuição previdenciária a cargo da empresa é de "vinte por cento sobre o *total das remunerações pagas, devidas ou creditadas a qualquer título, durante o mês, aos segurados empregados e trabalhadores avulsos que lhe prestem serviços, destinadas a retribuir o trabalho, qualquer que seja a sua forma,* inclusive as gorjetas, os ganhos habituais sob a forma de utilidades e os adiantamentos decorrentes de reajuste salarial, *quer pelos serviços efetivamente prestados, quer pelo tempo à disposição do empregador ou tomador de serviços,* nos termos da lei ou do contrato ou, ainda, de convenção ou acordo coletivo de trabalho ou sentença normativa". Por outro lado, o § 2° do art. 22 da Lei 8.212/1991, ao consignar que não integram o conceito de remuneração as verbas listadas no § 9° do art. 28 do mesmo diploma legal, expressamente exclui uma série de parcelas da base de cálculo do tributo. Com base nesse quadro normativo, o STJ consolidou firme jurisprudência no sentido de que não sofrem a incidência de contribuição previdenciária "as importâncias pagas a título de indenização, que não correspondam a serviços prestados nem a tempo à disposição do empregador" (REsp 1.230.957-RS, Primeira Seção, DJe 18/3/2014, submetido ao rito do art. 543-C do CPC). Nesse contexto, se a verba trabalhista possuir natureza remuneratória, destinando-se a *retribuir o trabalho, qualquer que seja a sua forma,* ela deve integrar a base de cálculo da contribuição. Desse modo, consoante entendimento pacífico no âmbito da Primeira Seção do STJ, os adicionais noturno e de periculosidade, as horas extras e seu respectivo adicional constituem verbas de natureza remuneratória, razão pela qual se sujeitam à incidência de contribuição previdenciária. Precedentes citados: REsp 1.098.102-SC, Primeira Turma, DJe 17/6/2009; e AgRg no AREsp 69.958-DF, Segunda Turma, DJe 20/6/2012. **REsp 1.358.281-SP, Rel. Min. Herman Benjamin, julgado em 23/4/2014. (Inform. STJ 540)**

DIREITO TRIBUTÁRIO E PREVIDENCIÁRIO. ISENÇÃO DE CONTRIBUIÇÃO SOCIAL SOBRE DESPESAS COM MEDICAMENTOS PAGOS DIRETAMENTE PELO EMPREGADOR. Não incide contribuição social sobre o valor dos medicamentos adquiridos pelo empregado e pagos pelo empregador ao estabelecimento comercial de forma direta, mesmo que o montante não conste da folha de pagamento. De fato, o art. 28, § 9°, *q*, da Lei 8.212/1991 estabelece que não integra o salário de contribuição "o valor relativo à assistência prestada por serviço médico ou odontológico, próprio da empresa ou por ela conveniado, inclusive o reembolso de despesas com medicamentos, óculos, aparelhos ortopédicos, despesas médico--hospitalares e outras similares, desde que a cobertura abranja a totalidade dos empregados e dirigentes da empresa". Ademais, embora não conste na folha de pagamento, trata-se em verdade de forma de reembolso dos valores despendidos pelos empregados com medicamentos, sendo que esse sistema apenas evita etapas do moroso procedimento interno de reembolso via folha de pagamento que, com certeza, seria prejudicial ao empregado. **REsp 1.430.043-PR, Rel. Min. Mauro Campbell Marques, julgado em 25/2/2014. (Inform. STJ 538)**

DIREITO TRIBUTÁRIO E PREVIDENCIÁRIO. INCIDÊNCIA DE CONTRIBUIÇÃO PREVIDENCIÁRIA SOBRE O SALÁRIO PATERNIDADE. RECURSO REPETITIVO (ART. 543-C DO CPC E RES. 8/2008-STJ). Incide contribuição previdenciária a cargo da empresa sobre os valores pagos a título de salário paternidade. Esse salário refere-se ao valor recebido pelo empregado durante os cinco dias de afastamento em razão do nascimento de filho (arts. 7°, XIX, da CF; 473, III, da CLT; e 10, § 1°, do ADCT). Ao contrário do que ocorre com o salário-maternidade, o salário paternidade constitui ônus da empresa, ou seja, não se trata de benefício previdenciário. Desse modo, em se tratando de verba de natureza salarial, é legítima a incidência de contribuição previdenciária. Ademais, ressalte-se que o salário paternidade deve ser tributado, por se tratar de licença remunerada prevista constitucionalmente, sendo não se incluindo no rol dos benefícios previdenciários. Precedente citado: AgRg nos EDcl no REsp 1.098.218-SP, Segunda Turma, DJe 9/11/2009. **REsp 1.230.957-RS, Rel. Min. Mauro Campbell Marques, julgado em 26/2/2014. (Inform. STJ 536)**

612 VADE MECUM DE JURISPRUDÊNCIA – STF/STJ

DIREITO TRIBUTÁRIO E PREVIDENCIÁRIO. INCIDÊNCIA DE CONTRIBUI-ÇÃO PREVIDENCIÁRIA SOBRE O SALÁRIO-MATERNIDADE. RECURSO REPETITIVO (ART. 543-C DO CPC E RES. 8/2008-STJ). Incide contribuição previdenciária a cargo da empresa sobre os valores pagos a título de salário-maternidade. De fato, o art. 201, § 11, da CF estabelece que "os ganhos habituais do empregado, a qualquer título, serão incorporados ao salário para efeito de contribuição previdenciária e consequente reper-cussão em benefícios, nos casos e na forma da lei". Ademais, no âmbito infraconstitucional, o art. 22, I, da Lei 8.212/1991 (redação dada pela Lei 9.876/1999) prescreve que: a contribuição a cargo da empresa, destinada à Seguridade Social incide "sobre o total das remunerações pagas, devidas ou creditadas a qualquer título [...] destinadas a retribuir o trabalho, qual-quer que seja a sua forma, inclusive as gorjetas, os ganhos habituais sob a forma de utilidades e os adiantamentos decorrentes de reajuste salarial, quer pelos serviços efetivamente prestados, quer pelo tempo à disposição do empregador ou tomador de serviços [...]". Posto isso, deve-se observar que o salário-maternidade, para efeitos tributários, tem natureza salarial, e a transferência do encargo à Previdência Social (pela Lei 6.136/1974) não tem o condão de mudar sua natureza. Nos termos do art. 3º da Lei 8.212/1991, "a Previdência Social tem por fim assegurar aos seus beneficiários meios indispensáveis de manutenção, por motivo de incapacidade, idade avançada, tempo de serviço, desemprego involuntário, encargos de família e reclusão ou morte daqueles de quem dependiam economicamente". O fato de não haver prestação de trabalho durante o período de afastamento da segurada empregada, associado à circunstância de a maternidade ser amparada por um benefício previdenciário, não autoriza conclusão no sentido de que o valor recebido tenha natureza indenizatória ou compensatória, ou seja, em razão de uma contingência (maternidade), paga-se à segurada empregada benefício previdenciário correspondente ao seu salário, possuindo a verba evidente natureza salarial. Não é por outra razão que, atualmente, o art. 28, § 2º, da Lei 8.212/1991 dispõe expressamente que o salário maternidade é considerado salário de contribuição. Ademais, sem embargo das posições em sentido contrário, não há indício de incompatibilidade entre a incidência da contribuição previdenciária sobre o salário maternidade e a CF, a qual, em seu art. 5º, I, assegura a igualdade entre homens e mulheres em direitos e obrigações. Por seu turno, o art. 7º, XX, da CF assegura a proteção do mercado de trabalho da mulher, mediante incentivos específicos, nos termos da lei, e, no que se refere ao salário-maternidade, por opção do legislador infraconstitucional, a transferência do ônus referente ao pagamento dos salários, durante o período de afastamento, constitui incentivo suficiente para assegurar a proteção ao mercado de trabalho da mulher. Assim, não é dado ao Poder Judiciário, a título de interpretação, atuar como legislador positivo, a fim de estabelecer política protetiva mais ampla e, desse modo, desincumbir o empregador do ônus referente à contribuição previdenciária incidente sobre o salário-maternidade, quando não foi esta a política legis-lativa. Precedentes citados: AgRg nos EDcl no REsp 1.040.653-SC, Primeira Turma, DJe 15/9/2011; e AgRg no Ag 1.424.039-DF, Segunda Turma, DJe 21/10/2011. **REsp 1.230.957-RS, Rel. Min. Mauro Campbell Marques, julgado em 26/2/2014. (Inform. STJ 536)**

DIREITO TRIBUTÁRIO E PREVIDENCIÁRIO. NÃO INCIDÊNCIA DE CONTRI-BUIÇÃO PREVIDENCIÁRIA SOBRE O TERÇO CONSTITUCIONAL DE FÉRIAS GOZADAS. RECURSO REPETITIVO (ART. 543-C DO CPC E RES. 8/2008-STJ). Não incide contribuição previdenciária a cargo da empresa sobre o valor pago a título de terço constitucional de férias gozadas. Nos termos do art. 7º, XVII, da CF, os trabalhadores urbanos e rurais têm direito ao gozo de férias anuais remuneradas com, pelo menos, um terço a mais do que o salário normal. Com base nesse dispositivo, o STF firmou orientação no sentido de que o terço constitucional de férias tem por finalidade ampliar a capacidade financeira do trabalhador durante seu período de férias, possuindo, portanto, natureza "compensatória/indenizatória". Além disso, levando em considera-ção o disposto no art. 201, § 11 (incluído pela EC 20/1998), da CF ("os ganhos habituais do empregado, a qualquer título, serão incorporados ao salário para efeito de contribuição previdenciária e consequente repercussão em benefícios, nos casos e na forma da lei"), o STF pacificou que somente as parcelas incorporáveis ao salário do servidor sofrem a incidência da contribui-ção previdenciária. Cumpre observar que esse entendimento refere-se a casos em que os servidores são sujeitos a regime próprio de previdência, o que não justifica a adoção de conclusão diversa em relação aos trabalhadores sujeitos ao Regime Geral da Previdência Social – RGPS. Isso porque a orientação do STF se ampara, sobretudo, nos arts. 7º, XVII, e 201, § 11, da CF, sendo

que este último preceito constitucional estabelece regra específica do RGPS. Cabe ressaltar que a adoção desse entendimento não implica afastamento das regras contidas nos arts. 22 e 28 da Lei 8.212/1991, tendo em vista que a importância paga a título de terço constitucional de férias não se destina a retribuir serviços prestados nem configura tempo à disposição do empre-gador. Desse modo, é imperioso concluir que a importância paga a título de terço constitucional de férias possui natureza indenizatória/compensatória, e não constitui ganho habitual do empregado, razão pela qual sobre ela não é possível a incidência de contribuição previdenciária. Precedentes citados do STJ: AgRg nos EREsp 957.719-SC, Primeira Seção, DJe de 16/11/2010; e EDcl no AgRg no AREsp 16.759-RS, DJe 19/12/2011. Precedentes citados do STF: AgR no AI 710.361-MG, Primeira Turma, DJe 8/5/2009; e AgR no RE 587.941-SC, Segunda Turma, DJe 21/11/2008. **REsp 1.230.957-RS, Rel. Min. Mauro Campbell Marques, julgado em 26/2/2014. (Inform. STJ 536)**

DIREITO TRIBUTÁRIO E PREVIDENCIÁRIO. NÃO INCIDÊNCIA DE CONTRI-BUIÇÃO PREVIDENCIÁRIA SOBRE O TERÇO CONSTITUCIONAL DE FÉRIAS INDENIZADAS. RECURSO REPETITIVO (ART. 543-C DO CPC E RES. 8/2008-STJ). Não incide contribuição previdenciária a cargo da empresa sobre o valor pago a título de terço constitucional de férias indenizadas. O art. 28, § 9º, "d", da Lei 8.212/1991 (com redação dada pela Lei 9.528/1997) estabelece que não integram o salário de contribuição "as importâncias recebidas a título de férias indenizadas e respectivo adicional constitucional, inclusive o valor correspondente à dobra da remuneração de férias de que trata o art. 137 da Consolidação das Leis do Trabalho-CLT". Destarte, no que se refere ao adicional de férias relativo às férias indenizadas, a não incidência de contri-buição previdenciária decorre de previsão legal. **REsp 1.230.957-RS, Rel. Min. Mauro Campbell Marques, julgado em 26/2/2014. (Inform. STJ 536)**

DIREITO TRIBUTÁRIO E PREVIDENCIÁRIO. INCIDÊNCIA DE CONTRIBUIÇÃO PREVIDENCIÁRIA SOBRE O AVISO PRÉVIO INDENIZADO. RECURSO REPE-TITIVO (ART. 543-C DO CPC E RES. 8/2008-STJ). Não incide contribuição previdenciária a cargo da empresa sobre o valor pago a título de aviso prévio indenizado. A despeito da atual moldura legislativa (Lei 9.528/1997 e Decreto 6.727/2009), as importâncias pagas a título de indenização, que não correspondam a serviços prestados nem a tempo à disposição do emprega-dor, não ensejam a incidência de contribuição previdenciária. A CLT estabelece que, em se tratando de contrato de trabalho por prazo indeterminado, a parte que, sem justo motivo, quiser a sua rescisão, deverá comunicar a outra da sua intenção com a devida antecedência. Não concedido o aviso prévio pelo empregador, nasce para o empregado o direito aos salários correspondentes ao prazo do aviso, garantida sempre a integração desse período no seu tempo de serviço (art. 487, § 1º, da CLT). Desse modo, o pagamento decorrente da falta de aviso prévio, isto é, o aviso prévio indenizado, visa reparar o dano causado ao trabalhador que não fora alertado sobre a futura rescisão contratual com a antecedência mínima estipulada na CF (atualmente regula-mentada pela Lei 12.506/2011). Dessarte, não há como se conferir à referida verba o caráter remuneratório, por não retribuir o trabalho, mas sim reparar um dano. Ressalte-se que, se o aviso prévio é indenizado, no período que lhe for correspondente o empregado não presta trabalho algum, nem fica à disposição do empregador. Assim, por ser não coincidir com a hipótese de incidência, é irrelevante a circunstância de não haver previsão legal de isenção em relação a tal verba. Precedentes citados: AgRg no REsp 1.218.883-SC, Primeira Turma, DJe de 22/2/2011; e AgRg no REsp 1.220.119-RS, Segunda Turma, DJe de 29/11/2011. **REsp 1.230.957-RS, Rel. Min. Mauro Campbell Marques, julgado em 26/2/2014. (Inform. STJ 536)**

DIREITO TRIBUTÁRIO E PREVIDENCIÁRIO. NÃO INCIDÊNCIA DE CONTRI-BUIÇÃO PREVIDENCIÁRIA SOBRE A IMPORTÂNCIA PAGA NOS QUINZE DIAS QUE ANTECEDEM O AUXÍLIO-DOENÇA. RECURSO REPETITIVO (ART. 543-C DO CPC E RES. 8/2008-STJ). Não incide contribuição previdenci-ária a cargo da empresa sobre a importância paga nos quinze dias que antecedem o auxílio-doença. Inicialmente, no que se refere ao segurado empregado, durante os primeiros quinze dias consecutivos ao do afastamento da atividade por motivo de doença, incumbe ao empregador efetuar o paga-mento do seu salário integral (art. 60, § 3º, da Lei 8.213/1991, com redação dada pela Lei 9.876/1999). Não obstante nesse período haja o pagamento efetuado pelo empregador, a importância paga não é destinada a retribuir o trabalho, sobretudo porque no intervalo dos quinze dias consecutivos ocorre a interrupção do contrato de trabalho, ou seja, nenhum serviço é prestado pelo empregado. Assim, a importância paga não se enquadra na hipótese de

7. DIREITO TRIBUTÁRIO

incidência da exação, que exige verba de natureza remuneratória. Com efeito, esse pagamento tem apenas o escopo de transferir o encargo da Previdência Social para o empregador que, evidentemente, não paga salário, mas sim um "auxílio" cujo pagamento lhe foi transferido pela Lei. Trata-se, pois, de política previdenciária destinada a desonerar os cofres da Previdência. Acrescente-se que a opção legislativa, de estabelecer regra própria para o segurado empregado, não tem o condão de alterar a natureza da verba paga durante o período de incapacidade. Ainda, ressalte-se que a incapacidade não se dá a partir do décimo sexto dia, de modo que não se pode confundir o início do pagamento do benefício pela Previdência Social com o início do período de incapacidade. Precedentes citados: AgRg no REsp 957.719-SC, Primeira Turma, DJe 2/12/2009; e AgRg no REsp 1.100.424-PR, Segunda Turma, DJe 18/3/2010. **REsp 1.230.957-RS, Rel. Min. Mauro Campbell Marques, julgado em 26/2/2014. (Inform. STJ 536)**

DIREITO TRIBUTÁRIO. FISCALIZAÇÃO DA CONTABILIDADE DA PRESTA-DORA DE SERVIÇOS COMO PRESSUPOSTO PARA O RECONHECIMENTO DE SOLIDARIEDADE NA FASE DE COBRANÇA DE CONTRIBUIÇÕES PREVI-DENCIÁRIAS INCIDENTES SOBRE A CESSÃO DE MÃO DE OBRA.
Na cobrança de contribuições previdenciárias realizada com base na redação original do art. 31 da Lei n. 8.212/1991, não é lícita a autuação da tomadora de serviços sem que antes tenha havido a fiscalização da contabilidade da prestadora de serviços executados mediante cessão de mão de obra. O art. 31 da Lei n. 8.212/1991, em sua redação original, reconhece a existência de responsabilidade solidária entre o tomador e o prestador de serviços pelas contribuições previdenciárias incidentes sobre a cessão de mão de obra. A referida solidariedade, entretanto, ocorrerá na fase de cobrança do tributo, pressupondo, desse modo, a regular constituição do crédito tributário, cuja ocorrência, antes da vigência da Lei n. 9.711/1998 – que deu nova redação ao art. 31 da Lei n. 8.212/1991 –, demandava a fiscalização da contabilidade da empresa prestadora dos serviços de mão de obra, devedora principal da contribuição previdenciária. Precedentes citados: AgRg no REsp 1.348.395-RJ, Segunda Turma, DJe 4/12/2012, e AgRg no REsp 1.174.800-RS, Segunda Turma, DJe 23/4/2012. **AgRg no REsp 1.194.485-ES, Rel. Min. Diva Malerbi (Desembargadora convocada do TRF 3ª Região), julgado em 26/2/2013. (Inform. STJ 518)**

📖 Súmula STF nº 732

É constitucional a cobrança da contribuição do salário-educação, seja sob a Carta de 1969, seja sob a Constituição Federal de 1988, e no regime da Lei 9.424/1996.

📖 Súmula STJ nº 425

A retenção da contribuição para a seguridade social pelo tomador do serviço não se aplica às empresas optantes pelo Simples.

📖 Súmula STJ nº 351

A alíquota de contribuição para o Seguro de Acidente do Trabalho (SAT) é aferida pelo grau de risco desenvolvido em cada empresa, individualizada pelo seu CNPJ, ou pelo grau de risco da atividade preponderante quando houver apenas um registro.

8.4. Contribuições para regimes próprios de servidores, fundos de saúde

DIREITO TRIBUTÁRIO. REPETIÇÃO DO INDÉBITO. INCONSTITUCIONALI-DADE DA CONTRIBUIÇÃO RECOLHIDA.
É cabível a repetição do indébito tributário no caso de pagamento de contribuição para custeio de saúde considerada inconstitucional em controle concentrado, independentemente de os contribuintes terem usufruído do serviço de saúde prestado pelo Estado. A declaração de inconstitucionalidade de lei que instituiu contribuição previdenciária é suficiente para justificar a repetição dos valores indevidamente recolhidos. Além do mais, o fato de os contribuintes terem usufruído do serviço de saúde prestado pelo Estado não retira a natureza indevida da exação cobrada. O único pressuposto para a repetição do indébito é a cobrança indevida de tributo, conforme dispõe o art. 165 do CTN. Precedente citado: AgRg no REsp 1.206.761-MG, DJe 2/5/2011. **AgRg no AREsp 242.466-MG, Rel. Min. Castro Meira, julgado em 27/11/2012. (Inform. STJ 512)**.

8.5. Outras contribuições

AG. REG. NO ARE N. 907.065-DF
RELATOR: MIN. EDSON FACHIN
AGRAVO REGIMENTAL EM RECURSO EXTRAORDINÁRIO COM AGRAVO. DIREITO TRIBUTÁRIO. CONTRIBUIÇÃO SINDICAL RURAL. MARCO INICIAL DA PRESCRIÇÃO. CONSOLIDAÇÃO DAS LEIS TRABALHISTAS. RESERVA DE LEI COMPLEMENTAR. CLÁUSULA DA RESERVA DE PLENÁRIO.
1. A jurisprudência do STF é firma no sentido de que a contribuição sindical rural foi recepcionada pela Constituição Federal de 1988, submetendo-se ao regime tributário, de modo que as disposições do CTN lhe são aplicáveis.
2. Por se tratar de espécie tributária prevista na Constituição Federal, é possível a instituição do tributo por meio de lei ordinária, a qual deve fixar o aspecto temporal da hipótese de incidência, à luz do princípio da legalidade. Assim, em nenhum momento se infere dos autos tratamento de matéria reservada à lei complementar.
3. O Plenário desta Corte já atestou que não há repercussão geral na matéria referente ao lançamento de contribuição sindical rural, com base no art. 605 da CLT. Precedente: AI-RG 743.833, de relatoria do Ministro Cezar Peluso, DJe 16.10.2009.
4. O afastamento, pelos órgãos judiciários *a quo*, de lei ou ato normativo do Poder Público sem expressa declaração de inconstitucionalidade constitui ofensa à cláusula de reserva de plenário, consistindo em *error in procedendo* no âmbito do acórdão recorrido, tal como previsto no art. 97 da Constituição Federal e na Súmula Vinculante 10 desta Suprema Corte. Precedente: RE-QO-RG 580.108, de relatoria da Ministra Ellen Gracie, DJe 19.12.2008.
5. Agravo regimental a que se nega provimento. **(Inform. STF 809)**

REPERCUSSÃO GERAL EM RE N. 816.830-SC
RELATOR: MIN. DIAS TOFFOLI
EMENTA: RECURSO EXTRAORDINÁRIO. TRIBUTÁRIO. CONTRIBUIÇÃO AO SENAR. SUBSTITUIÇÃO DA BASE DE CÁLCULO. FOLHA DE SALÁRIO. RECEITA BRUTA PROVENIENTE DA COMERCIALIZAÇÃO DA PRODUÇÃO. PRODUTOR RURAL PESSOA FÍSICA. SEGURADO ESPECIAL. EXISTÊNCIA DE REPERCUSSÃO GERAL. **(Inform. STF 789)**

Contribuição para o Sebrae e desnecessidade de lei complementar
A contribuição destinada ao Sebrae possui natureza de contribuição de intervenção no domínio econômico e não necessita de edição de lei complementar para ser instituída. Com base nessa jurisprudência, o Plenário, por maioria, negou provimento a recurso extraordinário em que se alegava: a) indevida exigência do pagamento da referida exação, pois criada por meio de lei ordinária, em afronta ao art. 146, II, a, da CF; e b) identidade de fato gerador e base de cálculo com outras contribuições, em violação ao art. 195, § 4º, c/c o art. 154, I, ambos da CF. Reputou-se que o acórdão recorrido estaria em consonância com a orientação da Corte. Vencido o Min. Marco Aurélio, que dava provimento ao recurso. Assentava a exigência de lei complementar, bem como realçava o fato de a contribuinte, além de já submetida a outras contribuições, não se incluir no rol de beneficiárias do Sebrae, haja vista não se identificar com micro e pequenas empresas. Precedente citado: RE 396266/SC (DJU de 27.2.2004). **RE 635682/RJ, rel. Min. Gilmar Mendes, 25.4.2013. (RE-635682) (Inform. STF 703)**

DIREITO TRIBUTÁRIO. INCLUSÃO DO ICMS NA BASE DE CÁLCULO DA CONTRIBUIÇÃO SUBSTITUTIVA PREVISTA NA LEI 12.546/2011. A par-cela relativa ao ICMS, ressalvada a retenção decorrente do regime de substituição tributária (ICMS-ST) e demais deduções legais, inclui-se no conceito de receita bruta para fins de determinação da base de cálculo da contribuição substitutiva instituída pelos arts. 7º e 8º da Lei 12.546/2011. De fato, a EC 42/2003 possibilitou a substituição gradual, total ou parcial, da contribuição incidente sobre a folha de salários (art. 195, I, "a", da CF) pela incidente sobre a receita ou o faturamento. Nesse sentido, a Lei 12.546/2011 instituiu a contribuição substitutiva incidente sobre a receita bruta das empresas abrangidas pela desoneração da folha. Quanto a isso, convém esclarecer que, pela sistemática da não-cumulatividade, o conceito de receita bruta é mais amplo, não se aplicando, ao caso, o precedente da Suprema Corte (RE 240.785-MG, Tribunal Pleno, DJe 15/12/2014) que tratou das contribuições ao PIS/Pasep e da COFINS regidas pela Lei 9.718/1998, sob a ótica da sistemática cumulativa.

Nessa linha intelectiva, o STJ, por ocasião do julgamento do REsp 1.330.737-SP, Primeira Seção, julgado em 10/6/2015, submetido ao rito do art. 543-C do CPC, pacificou o entendimento de que é possível a inclusão na receita bruta de parcela relativa a tributos recolhidos a título próprio, refletindo a orientação sufragada nas Súmulas 191 e 258 do TFR e 68 e 94 do STJ. Mutatis mutandis, deve ser aplicada a mesma lógica para as contribuições previdenciárias substitutivas em razão da identidade do fato gerador (receita bruta). Destaque-se, finalmente, que a retenção do ICMS que se faz a título de substituição tributária (ICMS-ST) não se insere no conceito de receita bruta, pois a própria legislação tributária reconhece que tais valores são meros ingressos na contabilidade da empresa (responsável tributário por substituição ou agente arrecadador) que será entregue ao Fisco. REsp 1.528.604-SC, Rel. Min. Mauro Campbell Marques, julgado em 8/9/2015, DJe 17/9/2015 (Inform. STJ 569).

DIREITO TRIBUTÁRIO. NÃO REVOGAÇÃO DE CONTRIBUIÇÃO SOCIAL SOBRE O FGTS.

A contribuição social prevista no art. 1º da LC 110/2001 – baseada no percentual sobre o saldo de FGTS em decorrência da despedida sem justa causa –, a ser suportada pelo empregador, não se encontra revogada, mesmo diante do cumprimento da finalidade para qual a contribuição foi instituída. Inicialmente, esclareça-se que a jurisprudência do STJ tem reconhecido a atualização do saldo de FGTS (REsp 1.111.201-PE, Primeira Seção, DJe 04/03/2010, julgado sob o rito do art. 543-C do CPC). De fato, a finalidade da norma era trazer novas receitas ao FGTS, visto a necessidade de promover complementação de atualização monetária a que fariam jus os trabalhadores, em decorrência dos expurgos inflacionários das contas vinculadas ao referido fundo que não foram devidamente implementadas pela Caixa Econômica Federal. Entretanto, não se pode inferir do normativo complementar que sua regência é temporária e que sua vigência extingue-se com o cumprimento da finalidade para a qual a contribuição foi instituída. Se assim o fosse, haveria expressa previsão, tal como ocorreu com outra contribuição social instituída pela própria LC 110/2001, que estabeleceu prazo de vigência de sessenta meses, a contar de sua exigibilidade (art. 2º, § 2º). Portanto, a contribuição instituída pelo art. 1º da LC 110/2001 ainda é exigível, mormente ante o fato de que sua extinção foi objeto do Projeto de Lei Complementar 200/2012, o qual foi vetado pela Presidência da República e mantido pelo Congresso Nacional em agosto de 2013. REsp 1.487.505-RS, Rel. Min. Humberto Martins, julgado em 17/3/2015, DJe 24/3/2015 (Inform. STJ 558).

DIREITO TRIBUTÁRIO. RESPONSABILIDADE POR DÉBITOS PREVIDENCIÁRIOS NÃO PAGOS POR INCORPORADORA IMOBILIÁRIA FALIDA.

Na hipótese de paralisação de edificação de condomínio residencial, em razão da falência da incorporadora imobiliária, e tendo a obra sido retomada posteriormente pelos adquirentes das unidades imobiliárias comercializadas – condôminos –, estes não podem ser responsabilizados pelo pagamento de contribuições previdenciárias referentes à etapa da edificação que se encontrava sob a responsabilidade exclusiva da incorporadora falida. Nos termos do art. 30, II, da Lei 8.212/1991, "exclui-se a responsabilidade solidária perante a Seguridade Social o adquirente de prédio ou unidade imobiliária que realizar a operação com empresa de comercialização ou incorporador de imóveis, ficando estes solidariamente responsáveis com o construtor". Vale dizer, o construtor é responsável pelas dívidas previdenciárias, mas não o é o adquirente de unidade imobiliária que realizar a operação com empresa de comercialização ou incorporador de imóveis. Nota-se que a lei protege a boa-fé dos adquirentes que comercializam com empresas construtoras, não só como mecanismo de justiça, mas também como instrumento de garantia, de forma que as relações contratuais na área da construção civil se desenvolvam em um sistema de segurança. No caso, até o momento em que a obra estava sob a responsabilidade da pessoa jurídica, é inegável que os condôminos encontravam-se na condição de adquirentes das unidades comercializadas pela construtora, e não como construtores, não sendo possível, portanto, imputar aos condôminos a responsabilidade tributária, já que estariam acobertados pela exceção prevista no inciso VII do art. 30 da Lei 8.212/1991. Precedente citado: REsp 961.246-SC, Primeira Turma, DJe 10/12/2009. REsp 1.485.379-SC, Rel. Min. Og Fernandes, julgado em 16/12/2014, DJe 4/2/2015 (Inform. STJ 554).

DIREITO TRIBUTÁRIO. FUNDO ESPECIAL DE DESENVOLVIMENTO E APERFEIÇOAMENTO DAS ATIVIDADES DE FISCALIZAÇÃO - FUNDAF.

São inexigíveis os valores cobrados de concessionária, com fundamento em atos regulamentares da Receita Federal, a título de contribuição para o Fundo Especial de Desenvolvimento e Aperfeiçoamento das Atividades de Fiscalização (FUNDAF). Os valores cobrados a título de contribuição para o FUNDAF – a qual tem por objetivo ressarcir os custos pelo exercício do poder de polícia na fiscalização aduaneira em porto administrado pela concessionária – têm natureza jurídica de taxa (e não de preço público), tendo em vista que o seu pagamento é compulsório e decorre do exercício regular de típico poder de polícia, conforme se afere do art. 22 do Decreto-Lei 1.455/1976. Nesse contexto, cabe esclarecer que a taxa está sujeita às limitações constitucionais ao poder de tributar, entre as quais o princípio da legalidade estrita, previsto no art. 150, I, da CF e no art. 97 do CTN. Desse modo, na norma instituidora do tributo, devem constar todos os aspectos da tipicidade tributária (aspecto material, aspecto pessoal, aspecto espacial, aspecto temporal e aspecto quantitativo). Entretanto, a referida taxa encontra-se em desconformidade com o citado princípio, tendo em vista que os seus elementos constitutivos estão previstos não em lei, mas em atos regulamentares da Receita Federal, por indevida delegação de competência prevista no Decreto-Lei 1.455/1978 e no Decreto 91.030/1985, os quais não subsistem, por força do disposto no art. 25 do ADCT, o qual expressamente revogou os dispositivos legais que delegavam a órgão do Poder Executivo competência assinalada pela CF/1988 ao Congresso Nacional. REsp 1.275.858-DF, Rel. Min. Benedito Gonçalves, julgado em 19/9/2013. (Inform. STJ 531)

📖 Súmula STJ nº 516

A contribuição de intervenção no domínio econômico para o Incra (Decreto-Lei n. 1.110/1970), devida por empregadores rurais e urbanos, não foi extinta pelas Leis ns. 7.787/1989, 8.212/1991 e 8.213/1991, não podendo ser compensada com a contribuição ao INSS.

📖 Súmula STJ nº 499

As empresas prestadoras de serviços estão sujeitas às contribuições ao SESC e SENAC, salvo se integradas noutro serviço social.

9. TAXAS

REPERCUSSÃO GERAL EM RE N. 838.284-SC

RELATOR: MIN. DIAS TOFFOLI

EMENTA: RECURSO EXTRAORDINÁRIO. REPERCUSSÃO GERAL. TRIBUTÁRIO. TAXA PARA EMISSÃO DE ANOTAÇÃO DE RESPONSABILIDADE TÉCNICA. LEI Nº 6.994/82. PRINCÍPIO DA RESERVA LEGAL. FIXAÇÃO DE VALOR MÁXIMO.

Possui repercussão geral a matéria alusiva à validade da exigência da taxa para expedição da Anotação de Responsabilidade Técnica (ART), baseada na Lei nº 6.994/82 a qual estabeleceu limites máximos para a ART, até o valor de 5 MVR, considerada a exigência do art. 150, I, da Constituição. (Inform. STF 802)

SEGUNDO AG. REG. NO RE N. 828.965-RS

RELATORA: MIN. CÁRMEN LÚCIA

EMENTA: AGRAVO REGIMENTAL NO RECURSO EXTRAORDINÁRIO. TRIBUTÁRIO. ANOTAÇÃO DE RESPONSABILIDADE TÉCNICA – ART. NATUREZA JURÍDICA DE TAXA. OBSERVÂNCIA DO PRINCÍPIO DA LEGALIDADE TRIBUTÁRIA (ART. 150, INC. I, DA CONSTITUIÇÃO DA REPÚBLICA). LEIS NS. 6.496/1977 E 6.994/1982: COBRANÇA INDEVIDA. AGRAVO REGIMENTAL AO QUAL SE NEGA PROVIMENTO. (Inform. STF 790)

AG. REG. NO ARE N. 873.798-RS

RELATORA: MIN. ROSA WEBER

EMENTA: DIREITO TRIBUTÁRIO. TAXA DE SAÚDE SUPLEMENTAR. LEI Nº 9.961/2000. EVENTUAL OFENSA REFLEXA NÃO VIABILIZA O MANEJO DO RECURSO EXTRAORDINÁRIO. ART. 102 DA LEI MAIOR. ACÓRDÃO RECORRIDO PUBLICADO EM 10.7.2014.

A controvérsia, a teor do que já asseverado na decisão guerreada, não alcança estatura constitucional. Não há falar, nesse compasso, em afronta aos preceitos constitucionais indicados nas razões recursais, porquanto compreender de modo diverso exigiria análise da legislação infraconstitucional

7. DIREITO TRIBUTÁRIO 615

encampada na decisão prolatada pela Corte de origem, o que torna oblíqua e reflexa eventual ofensa, insuscetível, portanto, de viabilizar o conhecimento do recurso extraordinário. Desatendida a exigência do art. 102, III, "a", da Lei Maior, nos termos da remansosa jurisprudência desta Corte.

As razões do agravo regimental não se mostram aptas a infirmar os fundamentos que lastrearam a decisão agravada.

Agravo regimental conhecido e não provido. **(Inform. STF 785)**

REPERCUSSÃO GERAL EM RE N. 789.218-MG

RELATOR: MIN. DIAS TOFFOLI
EMENTA: TRIBUTÁRIO. REPERCUSSÃO GERAL. RATIFICAÇÃO DA JURISPRUDÊNCIA. TAXA DE EXPEDIENTE. FATO GERADOR. EMISSÃO DE GUIA PARA PAGAMENTO DE TRIBUTO. AUSÊNCIA DOS CRITÉRIOS EXIGIDOS PELO ART. 145, II, CF/88. INCONSTITUCIONALIDADE.
1. A emissão de guia de recolhimento de tributos é de interesse exclusivo da Administração, sendo mero instrumento de arrecadação, não envolvendo a prestação de um serviço público ao contribuinte.
2. Possui repercussão geral a questão constitucional suscitada no apelo extremo. Ratifica-se, no caso, a jurisprudência da Corte consolidada no sentido de ser inconstitucional a instituição e a cobrança de taxas por emissão ou remessa de carnês/guias de recolhimento de tributos. Precedente do Plenário da Corte: Rp nº 903, Rel. Min. Thompson Flores, DJ de 28/6/74.
3. Recurso extraordinário do qual se conhece, mas ao qual, no mérito, se nega provimento. **(Inform. STF 753)**

ADI: pedágio e preço público - 1
O pedágio cobrado pela efetiva utilização de rodovias não tem natureza tributária, mas de preço público, consequentemente, não está sujeito ao princípio da legalidade estrita. Com base nesse entendimento, o Plenário julgou improcedente pedido formulado em ação direta ajuizada contra o Decreto 34.417/1992, do Estado do Rio Grande do Sul, que autoriza a cobrança de pedágio em rodovia estadual. O Tribunal recordou que a Constituição autoriza a cobrança de pedágio ("Art. 150. Sem prejuízo de outras garantias asseguradas ao contribuinte, é vedado à União, aos Estados, ao Distrito Federal e aos Municípios: ...V - estabelecer limitações ao tráfego de pessoas ou bens, por meio de tributos interestaduais ou intermunicipais, ressalvada a cobrança de pedágio pela utilização de vias conservadas pelo Poder Público"). Rememorou que essa norma reproduziria, em linhas gerais, regra semelhante contida nas Constituições de 1946 e 1967. Ressalvou, contudo, que a EC 1/1969 não repetira a parte final dessa disposição ("Art. 19. É vedado à União, aos Estados, ao Distrito Federal e aos Municípios: ... II - estabelecer limitações ao tráfego de pessoas ou mercadorias, por meio de tributos interestaduais ou intermunicipais"). Ressaltou que a falta de referência à cobrança de pedágio, no regime constitucional precedente despertara a controvérsia a respeito da natureza dessa exação — se tributária ou não tributária —, divergência que persistiria, especialmente no âmbito doutrinário. Afirmou que os defensores da natureza tributária, da subespécie taxa, o fariam sob os seguintes fundamentos: a) a referência ao pedágio, nas limitações constitucionais ao poder de tributar; b) o pagamento de um serviço específico ou divisível, prestado ao contribuinte ou posto à sua disposição; e c) a impossibilidade de remunerar serviços públicos por meio outro que não o de taxa. Aludiu, entretanto, que os defensores da natureza contratual da exação como preço público o fariam com base nas seguintes considerações: a) a inclusão no texto constitucional apenas esclareceria que, apesar de não incidir tributo sobre o tráfego de pessoas ou bens, poderia, excepcionalmente, ser cobrado o pedágio, espécie jurídica diferenciada; b) a ausência de compulsoriedade na utilização de rodovias; e c) a cobrança se daria em virtude da utilização efetiva do serviço, e não seria devida com base no seu oferecimento potencial.

ADI: pedágio e preço público - 2
A Corte realçou que essa discussão teria sido contaminada pela figura do denominado "selo-pedágio", prevista na Lei 7.712/1988, reconhecido como taxa pelo STF. Lembrou, porém, que essa exação seria compulsória a todos os usuários de rodovias federais, por meio de pagamento renovável mensalmente, independentemente da frequência de uso, cobrada antecipadamente, como contrapartida a serviço específico ou divisível, prestado ao contribuinte ou posto à sua disposição. Consignou haver profundas diferenças entre o citado "selo-pedágio" e o pedágio, na forma em que atualmente disciplinado. Asseverou que esse último somente seria cobrado se, quando e cada vez que houvesse efetivo uso da rodovia, o que não ocorreria com o "selo-pedágio",

que seria exigido em valor fixo, independentemente do número de vezes que o contribuinte fizesse uso das estradas durante o mês. Destacou que o enquadramento do pedágio como taxa ou preço público independeria de sua localização topológica no texto constitucional, mas seria relacionado ao preenchimento, ou não, dos requisitos previstos no art. 3º do CTN ("Tributo é toda prestação pecuniária compulsória, em moeda ou cujo valor nela se possa exprimir, que não constitua sanção de ato ilícito, instituída em lei e cobrada mediante atividade administrativa plenamente vinculada").

ADI: pedágio e preço público - 3
O Plenário sublinhou que seria irrelevante também, para a definição da natureza jurídica do pedágio, a existência, ou não, de via alternativa gratuita para o usuário trafegar. Reconheceu que a cobrança de pedágio poderia, indiretamente, limitar o tráfego de pessoas. Observou, todavia, que essa restrição seria agravada quando, por insuficiência de recursos, o Estado não construísse rodovias ou não conservasse adequadamente as existentes. Ponderou que, diante dessa realidade, a Constituição autorizara a cobrança de pedágio em rodovias conservadas pelo Poder Público, inobstante a limitação de tráfego que essa cobrança pudesse eventualmente acarretar. Registrou, assim, que a contrapartida de oferecimento de via alternativa gratuita como condição para a cobrança de pedágio não seria uma exigência constitucional, tampouco estaria prevista em lei ordinária. Consignou que o elemento nuclear para identificar e distinguir taxa e preço público seria o da compulsoriedade, presente na primeira e ausente na segunda espécie. Nesse sentido, mencionou o Enunciado 545 da Súmula do STF ("Preços de serviços públicos e taxas não se confundem, porque estas, diferentemente daqueles, são compulsórias e têm sua cobrança condicionada à prévia autorização orçamentária, em relação à lei que as instituiu"). **ADI 800/RS, rel. Min. Teori Zavascki, 11.6.2014. (ADI-800) (Inform. STF 750)**

REPERCUSSÃO GERAL EM ARE 748.445-SC

RELATOR: MIN. RICARDO LEWANDOWSKI
Ementa: RECURSO EXTRAORDINÁRIO. REPERCUSSÃO GERAL. ANOTAÇÃO DE RESPONSABILIDADE TÉCNICA. LEI 6.496/1977. MANIFESTAÇÃO DO EXERCÍCIO DO PODER DE POLÍCIA. NATUREZA DE TAXA. SUBMISSÃO AO PRINCÍPIO DA ESTRITA LEGALIDADE. EXISTÊNCIA DE REPERCUSSÃO GERAL. RECURSO EXTRAORDINÁRIO A QUE SE NEGA PROVIMENTO.

O Tribunal reconheceu a existência de repercussão geral da matéria debatida nos presentes autos, para reafirmar a jurisprudência desta Corte, no sentido de que a Anotação de Responsabilidade Técnica, instituída pela Lei 6.496/1977, cobrada pelos Conselhos Regionais de Engenharia, Arquitetura e Agronomia, tem natureza jurídica de taxa, sendo, portanto, necessária a observância do princípio da legalidade tributária previsto no art. 150, I, da Constituição. Em consequência, conheceu do recurso extraordinário, desde já, mas lhe negou provimento. **(Inform. STF 735)**

AG. REG. NO AI N. 753.964-RJ

RELATOR: MIN. MARCO AURÉLIO
ÁGUA E ESGOTO – TARIFA *VERSUS* TAXA. A jurisprudência do Supremo é no sentido de haver, relativamente ao fornecimento de água e tratamento de esgoto, o envolvimento de tarifa e não de taxa.

AGRAVO – ARTIGO 557, § 2º, DO CÓDIGO DE PROCESSO CIVIL – MULTA. Surgindo do exame do agravo o caráter manifestamente infundado, impõe-se a aplicação da multa prevista no § 2º do artigo 557 do Código de Processo Civil. **(Inform. STF 726)**

Taxa e número de empregados - 1
O número de empregados não pode ser utilizado como base de cálculo para a cobrança da taxa de localização e funcionamento de estabelecimento industrial e comercial. Com base nesse entendimento, a 1ª Turma, por maioria, desproveu recurso extraordinário em que se discutia a exigibilidade da mencionada taxa. No caso, o município arguia que a taxa cobrada, objeto da Lei paulistana 9.670/83, corresponderia à atividade estatal de polícia, a qual se traduziria pela efetiva fiscalização de posturas municipais. Rejeitou-se, em votação majoritária, questão de ordem no sentido de que a matéria fosse submetida ao Plenário. Vencido o Ministro Marco Aurélio, suscitante, por entender que a questão debatida diria respeito a conflito de lei municipal — no tocante à base de incidência da taxa — com a Constituição. No mérito, esclareceu-se que, ao contrário do que ocorreria com o tamanho do imóvel, o número de empregados não poderia ser elemento integrante da base de

616 VADE MECUM DE JURISPRUDÊNCIA – STF/STJ

cálculo de nenhum imposto. Destacou-se que o legislador municipal, ao se basear no número de empregados para dimensionar a atividade municipal de fiscalização, teria levado em conta qualidades externas e estranhas ao exercício do poder de polícia, sem pertinência quanto ao aspecto material da hipótese de incidência. Refutou-se assertiva quanto à pertinência da norma com o disposto no Enunciado 29 da Súmula Vinculante ("*É constitucional a adoção, no cálculo do valor de taxa, de um ou mais elementos da base de cálculo própria de determinado imposto, desde que não haja integral identidade entre uma base e outra*"). Recordou-se que a taxa seria tributo contraprestacional (vinculado) usado na remuneração de atividade específica, seja serviço ou exercício do poder de polícia e, por isso, não se ateria a sinais presuntivos de riqueza. Explicou-se que as taxas se comprometeriam somente com o custo do serviço específico e divisível que as motivaria, ou com a atividade de polícia desenvolvida. **Precedentes citados: RE 220316/MG (DJe de 29.6.2001); RE 588322/RO (DJe de 3.10.2010); RE 88327/SP (DJU de 28.9.79); RE 108495/SP (DJU de 16.5.86); RE 100201/SP (DJ U de 22.11.85); RE 190776/RJ (DJU de 24.10.97).**

Taxa e número de empregados - 2
Vencido o Ministro Marco Aurélio, que dava provimento ao recurso. Consignava que o fato de a taxa considerar, entre outros fatores, o número de empregados não transgrediria o princípio da razoabilidade, presente a definição de poder de polícia contida no art. 78 do CTN ("*Considera-se poder de polícia atividade da administração pública que, limitando ou disciplinando direito, interesse ou liberdade, regula a prática de ato ou abstenção de fato, em razão de interesse público concernente à segurança, à higiene, à ordem, aos costumes, à disciplina da produção e do mercado, ao exercício de atividades econômicas dependentes de concessão ou autorização do Poder Público, à tranquilidade pública ou ao respeito à propriedade e aos direitos individuais ou coletivos. Parágrafo único. Considera-se regular o exercício do poder de polícia quando desempenhado pelo órgão competente nos limites da lei aplicável, com observância do processo legal e, tratando-se de atividade que a lei tenha como discricionária, sem abuso ou desvio de poder*").
RE 554951/SP, rel. Min. Dias Toffoli, 15.10.2013. (RE-554951) (Inform. STF 724)

AG. REG. NO RE N. 727.579-SP
RELATORA: MIN. ROSA WEBER
EMENTA: DIREITO TRIBUTÁRIO. EMBARGOS À EXECUÇÃO FISCAL. TAXA DE INSTALAÇÃO, LOCALIZAÇÃO E FUNCIONAMENTO. BASE DE CÁLCULO. NÚMERO DE EMPREGADOS DO ESTABELECIMENTO. ELEMENTO ESTRANHO AO CUSTO DA ATIVIDADE ESTATAL NO REGULAR EXERCÍCIO DO PODER DE POLÍCIA. INCONSTITUCIONALIDADE. DECISÃO REGIONAL EM HARMONIA COM A JURISPRUDÊNCIA DO STF. PRECEDENTES. ACÓRDÃO REGIONAL DISPONIBILIZADO EM 01.12.2011.
As razões do agravo regimental não são aptas a infirmar os fundamentos da decisão agravada, mormente no que se refere à conformidade do entendimento regional com a jurisprudência do STF, a inviabilizar o trânsito do recurso extraordinário.
Agravo regimental conhecido e não provido. **(Inform. STF 715)**

AG. REG. NO AI N. 510.583-SP
RELATOR: MIN. MARCO AURÉLIO
TAXA DE COMBATE A SINISTROS – CONSTITUCIONALIDADE. O Tribunal, no julgamento do Recurso Extraordinário nº 206.777/SP, da relatoria do ministro Ilmar Galvão, concluiu pela constitucionalidade da Taxa de Combate a Sinistros. **(Inform. STF 707)**

DIREITO TRIBUTÁRIO. ILEGALIDADE DA DEFINIÇÃO DO VALOR DE TAXA RELACIONADA AO SICOBE.
É ilegal impor às pessoas jurídicas que importam ou industrializam refrigerante, cerveja, água e refresco, com base no Ato Declaratório do Executivo RFB 61/2008, o ressarcimento à Casa da Moeda do Brasil pela realização por esta dos procedimentos de integração, instalação e manutenção preventiva e corretiva de todos os equipamentos que compõem o Sistema de Controle de Produção de Bebidas (Sicobe). O art. 58-T da Lei 10.833/2003 (com redação dada pela Lei 11.827/2008) instituiu obrigação tributária acessória, haja vista que (a) "instalar equipamentos contadores de produção, que possibilitem, ainda, a identificação do tipo de produto, de embalagem e sua marca comercial" é dever de fazer estabelecido pela legislação tributária; (b) este

dever não tem caráter patrimonial, pois seu objetivo não é o recolhimento de quantia em dinheiro; e (c) impõe-se como medida de fiscalização e no interesse da arrecadação do IPI e PIS/COFINS. A respeito da forma como seria custeado esse Sistema de Controle de Produção de Bebidas (Sicobe), o art. 58-T da Lei 10.833/2003 (com redação dada pela Lei 11.827/2008) indicou a aplicação dos arts. 27 a 30 da Lei 11.488/2007. Nos termos dos §§ 2º e 3º do art. 28 da Lei 11.488/2007, definiu-se que o estabelecimento industrial deve ressarcir (entregar dinheiro) a Casa da Moeda do Brasil por possibilitar o funcionamento do Sicobe. A partir do momento em que nasce o dever de pagar quantia ao Estado, de forma compulsória, tem vida a obrigação tributária principal. Assim, existem duas obrigações tributárias distintas circunscritas ao Sicobe: (a) o dever de implementá-lo, de natureza acessória; e (b) o dever de ressarcir a Casa da Moeda do Brasil, de natureza principal. No presente caso, a Lei impôs obrigação pecuniária compulsória, em moeda, fruto de ato lícito. Esta obrigação subsume-se perfeitamente ao que o art. 3º do CTN definiu como tributo. Assim, a despeito de ter sido intitulada de ressarcimento, a cobrança instituída pelo art. 58-T da Lei 10.833/2003, c/c o art. 28 da Lei 11.488/2007 é, em verdade, tributo, qualificando-se como taxa (art. 77 do CTN). Na espécie, os valores exigidos à guisa de ressarcimento originam-se do exercício de poderes fiscalizatórios por parte da Fazenda Nacional, para evitar que as empresas produtoras de bebidas incidam em evasão fiscal. Tais atos fiscalizatórios são ínsitos ao poder de polícia de que está investida a União Federal, cuja remuneração pode ser perpetrada por meio da taxa de polícia. Até aqui, mal algum há na conduta do Estado, pois lhe é amplamente permitido criar novas taxas por meio de lei. No entanto, o vício surge na forma como se estabeleceu a alíquota e a base de cálculo da referida taxa. É que o art. 97, IV, do CTN estatui que somente lei pode fixar alíquota e base de cálculo dos tributos. Todavia, a Lei 11.488/2007, em seu art. 28, § 4º, não previu o quantum que deveria ser repassado à Empresa Pública, apenas atribuiu à Secretaria da Receita Federal do Brasil a competência para fazê-lo. Em cumprimento, foi editado o Ato Declaratório do Executivo RFB 61/2008, que estabeleceu como devido o valor de R$ 0,03 (três centavos de real) por unidade de produto controlado pelo Sicobe. Desta forma, a cobrança do ressarcimento, com base no referido ato infralegal, viola o art. 97, IV, do CTN. Ademais, o Ato Declaratório do Executivo RFB 61/2008, quando definiu o valor cobrado a título de ressarcimento em número fixo por unidade de produto, não respeitou o contido no próprio dispositivo que lhe outorgou esta competência. O art. 28, § 4º, da Lei 11.488/2007 estabeleceu a premissa segundo a qual os valores do ressarcimento deveriam ser proporcionais à capacidade produtiva do estabelecimento industrial, mas a Secretaria da Receita Federal do Brasil, ao regulamentar o tema, sequer mencionou quanto seriam os gastos despendidos pela Casa da Moeda do Brasil para manejar o Sicobe, de modo que não se pode afirmar que a cobrança estabelecida sem qualquer parâmetro é proporcional às despesas de implementação e manutenção. Além disso, ainda que apresentada planilha de cálculo demonstrando a correspondência do valor cobrado com os reais custos, o requisito da proporcionalidade a que se refere a Lei 11.488/2007 não estaria preenchido: esta não exigia que o valor fosse proporcional às expensas, mas à capacidade produtiva do estabelecimento. **REsp 1.448.096-PR, Rel. Min. Napoleão Nunes Maia Filho, julgado em 1º/10/2015, DJe 14/10/2015. (Inform. STJ 571)**

DIREITO TRIBUTÁRIO. TAXA DE SAÚDE SUPLEMENTAR POR REGISTRO DE PRODUTO.
É ilegal a cobrança da Taxa de Saúde Suplementar por Registro de Produto, prevista no art. 20, II, da Lei 9.961/2000, em relação a requerimentos de registro efetuados antes de 1º de janeiro de 2000, data do início da vigência dessa lei. Precedente citado: REsp 1.064.236-RJ, Segunda Turma, DJe 13/2/2009. **REsp 1.192.225-RJ, Rel. Min. Eliana Calmon, julgado em 21/5/2013. (Inform. STJ 524)**

Súmula Vinculante STF 41

O serviço de iluminação pública não pode ser remunerado mediante taxa.

Súmula Vinculante STF 29

É constitucional a adoção, no cálculo do valor de taxa, de um ou mais elementos da base de cálculo própria de determinado imposto, desde que não haja integral identidade entre uma base e outra.

Súmula Vinculante STF 19

A taxa cobrada exclusivamente em razão dos serviços públicos de coleta, remoção e tratamento ou destinação de lixo ou resíduos provenientes de imóveis, não viola o artigo 145, II, da constituição federal.

7. DIREITO TRIBUTÁRIO

📄 Súmula STF nº 670

O serviço de iluminação pública não pode ser remunerado mediante taxa. *(Comentário: os Municípios e o DF podem cobrar a contribuição do art. 149-A da CF)*

📄 Súmula STF nº 665

É constitucional a Taxa de Fiscalização dos Mercados de Títulos e Valores Mobiliários instituída pela Lei 7.940/1989.

📄 Súmula STF nº 545

Preços de serviços públicos e taxas não se confundem, porque estas, diferentemente daqueles, são compulsórias e têm sua cobrança condicionada à prévia autorização orçamentária, em relação à lei que as instituiu.

📄 Súmula STJ nº 412

A ação de repetição de indébito de tarifas de água e esgoto sujeita-se ao prazo prescricional estabelecido no Código Civil. *(Comentário: STJ adotou o entendimento de que tarifa de água e esgoto não tem natureza tributária, independentemente de ser cobrada por concessionária ou autarquia)*

10. EMPRÉSTIMOS COMPULSÓRIOS

AG. REG. NO ARE N. 861.275-RJ

RELATOR: MIN. LUIZ FUX
Ementa: **AGRAVO REGIMENTAL NO RECURSO EXTRAORDINÁRIO COM AGRAVO. TRIBUTÁRIO. EMPRÉSTIMO COMPULSÓRIO. ELETROBRÁS. LEI Nº 4.156/1962. PRESCRIÇÃO. DEFINIÇÃO DO PRAZO. OFENSA REFLEXA. AUSÊNCIA DE PREQUESTIONAMENTO. SÚMULAS Nº 282 E 356 DO STF. INOVAÇÃO RECURSAL. IMPOSSIBILIDADE. PRINCÍPIOS DA AMPLA DEFESA E DO CONTRADITÓRIO. MATÉRIA COM REPERCUSSÃO GERAL REJEITADA PELO PLENÁRIO DO STF NO ARE Nº 748.371. CONTROVÉRSIA DE ÍNDOLE INFRACONSTITUCIONAL.**
1. A definição do prazo prescricional para demandar em juízo a restituição dos valores tomados a título de empréstimo compulsório em favor da ELETROBRÁS, nos termos da Lei nº 4.156/1962, quando *sub judice* a controvérsia, não dá ensejo ao cabimento do recurso extraordinário, por situar-se no âmbito infraconstitucional.
2. O prequestionamento da questão constitucional é requisito indispensável à admissão do recurso extraordinário. As súmulas 282 e 356 do STF dispõem, respectivamente, *verbis*: *"É inadmissível o recurso extraordinário, quando não ventilada, na decisão recorrida, a questão federal suscitada"* e *"O ponto omisso da decisão, sobre o qual não foram opostos embargos declaratórios, não podem ser objeto de recurso extraordinário, por faltar o requisito do prequestionamento".*
3. A alegação tardia de matéria constitucional, só suscitada em sede de embargos de declaração, não supre o requisito do prequestionamento. Precedentes: ARE 693.333-AgR, Rel. Min. Cármen Lúcia, Primeira Turma, DJe de 19/9/2012; e AI 738.152-AgR, Rel. Min. Ricardo Lewandowski, Segunda Turma, DJe de 8/11/2012.
4. A inovação de argumentos em agravo regimental é incabível. Precedente: AI 518.051-AgR, Rel. Min. Ellen Gracie, Segunda Turma, DJ de 17/2/2006.
5. Os princípios da ampla defesa, do contraditório, do devido processo legal e os limites da coisa julgada, quando debatidos sob a ótica infraconstitucional, não revelam repercussão geral apta a tornar o apelo extremo admissível, consoante decidido pelo Plenário virtual do STF, na análise do ARE 748.371-RG.
6. *In casu*, o acórdão recorrido extraordinariamente assentou: *"TRIBUTÁRIO - EXECUÇÃO POR TÍTULO EXTRAJUDICIAL - DEBÊNTURES EMITIDAS PELA ELETROBRÁS EM RAZÃO DO EMPRÉSTIMO COMPULSÓRIO SOBRE O CONSUMO DE ENERGIA ELÉTRICA (LEI 4.156/62) - PRESCRIÇÃO - AUSÊNCIA DE CERTEZA, LIQUIDEZ E EXIGIBILIDADE DO TÍTULO - ALEGAÇÃO DE MATÉRIA DE ORDEM PÚBLICA".*
7. Agravo regimental **DESPROVIDO. (Inform. STF 785)**

DIREITO TRIBUTÁRIO. CESSÃO DE CRÉDITO DECORRENTE DE EMPRÉSTIMO COMPULSÓRIO SOBRE ENERGIA ELÉTRICA.
É possível a cessão dos créditos decorrentes de empréstimo compulsório sobre energia elétrica. De fato, o empréstimo compulsório instituído em favor da Eletrobrás pela Lei 4.156/1962 e alterações posteriores tem a forma de resgate disciplinada pelo Dec.-Lei 1.512/1976. Ao estabelecer o modo de devolução do referido tributo, a legislação de regência não criou óbice à cessão do respectivo crédito a terceiros, razão pela qual não há impedimento

para tanto. Precedente citado: REsp 1.094.429-RJ, Segunda Turma, DJe 4/11/2009. **AgRg no REsp 1.090.784-DF, Rel. Min. Arnaldo Esteves Lima, julgado em 11/4/2013. (Inform. STJ 520)**

11. CONTRIBUIÇÃO DE MELHORIA

DIREITO TRIBUTÁRIO. REQUISITOS PARA A INSTITUIÇÃO DE CONTRIBUIÇÃO DE MELHORIA.
A instituição de contribuição de melhoria depende de lei prévia e específica, bem como da ocorrência de efetiva valorização imobiliária em razão da obra pública, cabendo ao ente tributante o ônus de realizar a prova respectiva. Precedentes citados: REsp 927.846-RS, Primeira Turma, DJe 20/8/2010; e AgRg no REsp 1.304.925-RS, Primeira Turma, DJe 20/4/2012. **REsp 1.326.502-RS, Rel. Min. Ari Pargendler, julgado em 18/4/2013. (Inform. STJ 522)**

12. ADMINISTRAÇÃO TRIBUTÁRIA, FISCALIZAÇÃO, CERTIDÕES, DÍVIDA ATIVA, CADIN

REPERCUSSÃO GERAL EM RE N. 770.149-PE

RELATOR: MIN. MARCO AURÉLIO
MUNICÍPIO – PODERES EXECUTIVO E LEGISLATIVO – DÉBITO – CERTIDÃO POSITIVA DE DÉBITO COM EFEITO DE NEGATIVA – INADIMPLÊNCIA DO PODER LEGISLATIVO – ALCANCE – RECURSO EXTRAORDINÁRIO – REPERCUSSÃO GERAL CONFIGURADA. Possui repercussão geral a controvérsia atinente ao direito do Município, como entidade da Federação, à Certidão Positiva de Débito com Efeito de Negativa – CPDEN, apesar da inadimplência do Poder Legislativo local quanto ao cumprimento de obrigações tributárias acessórias. **(Inform. STF 754)**

Exigência de garantia para impressão de nota fiscal - 1
A exigência, pela Fazenda Pública, de prestação de fiança, garantia real ou fidujossória para a impressão de notas fiscais de contribuintes em débito com o Fisco viola as garantias do livre exercício do trabalho, ofício ou profissão (CF, art. 5º, XIII), da atividade econômica (CF, art. 170, parágrafo único) e do devido processo legal (CF, art. 5º, LIV). Com base nessa orientação, o Plenário deu provimento a recurso extraordinário para restabelecer sentença, que deferira a segurança e assegurara o direito do contribuinte à impressão de talonários de notas fiscais independentemente da prestação de garantias. O Tribunal declarou, ainda, a inconstitucionalidade do parágrafo único do art. 42 da Lei 8.820/1989, do Estado do Rio Grande do Sul ("A Fiscalização de Tributos Estaduais, quando da autorização para impressão de documentos fiscais, poderá limitar a quantidade a ser impressa e exigir garantia, nos termos do art. 39, quando a utilização dos referidos documentos puder prejudicar o pagamento do imposto vincendo, ou quando ocorrer uma das hipóteses mencionadas no art. 39"). Discutia-se eventual configuração de sanção política em decorrência do condicionamento de expedição de notas fiscais mediante a oferta de garantias pelo contribuinte inadimplente com o fisco. No caso, a Corte de origem dera provimento parcial à apelação interposta pelo Fisco para reconhecer a constitucionalidade da Lei gaúcha 8.820/1989. Dessa forma, autorizara a impressão de talonários de notas fiscais de contribuinte em mora somente após a prestação, pelo devedor, de fiança idônea, garantia real ou outra fidejussória capaz de cobrir obrigações tributárias futuras decorrentes de operações mercantis presumidas.

Exigência de garantia para impressão de nota fiscal - 2
O Colegiado consignou que o aludido dispositivo legal vincularia a continuidade da atividade econômica do contribuinte em mora ao oferecimento de garantias ou ao pagamento prévio do valor devido a título de tributo. Mencionou que, ante a impossibilidade de impressão de talonário de notas fiscais, salvo garantia prevista com base em débitos ainda não existentes, o contribuinte encontrar-se-ia coagido a quitar a pendência sem poder questionar o passivo, o que poderia levar ao encerramento de suas atividades. Aludiu que se trataria de providência restritiva de direito, complicadora ou mesmo impeditiva da atividade empresarial do contribuinte para forçá-lo ao adimplemento dos débitos. Sublinhou que esse tipo de medida, denominada pelo Direito Tributário, sanção

política, desafiaria as liberdades fundamentais consagradas na Constituição, ao afastar a ação de execução fiscal, meio legítimo estabelecido pela ordem jurídica de cobrança de tributos pelo Estado. Realçou que, ao assim proceder, o Estado incorreria em desvio de poder legislativo. Rememorou precedente em que assentada a inconstitucionalidade de sanções políticas por afrontar o direito ao exercício de atividades econômicas e profissionais lícitas, bem como por ofensa ao devido processo legal substantivo em virtude da falta de proporcionalidade e razoabilidade dessas medidas gravosas que objetivariam substituir os mecanismos de cobrança de créditos tributários. O Tribunal, ademais, ressaltou o teor dos Enunciados 70 ("É inadmissível a interdição de estabelecimento como meio coercitivo para cobrança de tributo"), 323 ("É inadmissível a apreensão de mercadorias como meio coercitivo para pagamento de tributos") e 547 ("Não é lícito à autoridade proibir que o contribuinte em débito adquira estampilhas, despache mercadorias nas alfândegas e exerça suas atividades profissionais") de sua Súmula. Precedentes citados: ADI 173/DF (DJe de 20.9.2009) e RE 413.782/SC (DJU de 1º.4.2005). **RE 565048/RS, rel. Min. Marco Aurélio. 29.5.2014. (RE-565048) (Inform. STF 748)**

Indústria de cigarros: cancelamento de registro especial e obrigação tributária - 4
A cassação de registro especial para a fabricação e comercialização de cigarros, em virtude de descumprimento de obrigações tributárias por parte da empresa, não constitui sanção política. Essa a conclusão do Plenário que, ao finalizar julgamento, por decisão majoritária, negou provimento a recurso extraordinário, interposto por indústria de cigarros, em que se discutia a validade de norma que prevê interdição de estabelecimento, por meio de cancelamento de registro especial, em caso do não cumprimento de obrigações tributárias (Decreto-Lei 1.593/77) – v. Informativo 505. Preponderou o voto do Min. Joaquim Barbosa, relator e Presidente. Salientou, inicialmente, precedentes da Corte no sentido da proibição constitucional às sanções políticas. Asseverou que essa orientação não serviria, entretanto, de escusa ao deliberado e temerário desrespeito à legislação tributária. Não haveria se falar em sanção política se as restrições à prática de atividade econômica combatessem estruturas empresariais que se utilizassem da inadimplência tributária para obter maior vantagem concorrencial. Assim, para ser reputada inconstitucional, a restrição ao exercício de atividade econômica deveria ser desproporcional. Aduziu que a solução da controvérsia seria, no entanto, mais sutil do que o mero reconhecimento do art. 2º, II, do Decreto-Lei 1.593/77 como sanção política ou como salvaguarda da saúde pública e do equilíbrio concorrencial. A questão de fundo consistiria em saber se a interpretação específica adotada pelas autoridades fiscais, no caso concreto, caracterizaria sanção política, dada a ambiguidade do texto normativo em questão. Assim, a norma extraída a partir da exegese do aludido dispositivo legal seria inconstitucional se atentasse contra um dos três parâmetros constitucionais: 1) relevância do valor dos créditos tributários em aberto, cujo não pagamento implicaria a restrição ao funcionamento da empresa; 2) manutenção proporcional e razoável do devido processo legal de controle do ato de aplicação da penalidade; 3) manutenção proporcional e razoável do devido processo legal de controle de validade dos créditos tributários cujo inadimplemento importaria na cassação do registro especial. Julgou atendidas essas três salvaguardas constitucionais, e concluiu que a interpretação dada pela Secretaria da Receita Federal não reduziria a norma ao status de sanção política.

Indústria de cigarros: cancelamento de registro especial e obrigação tributária - 5
Ressaltou que seriam relevantes tanto o montante dos créditos cuja compensação não fora homologada quanto o montante total do débito tributário atribuído à empresa. Além disso, o risco à efetividade da tutela jurisdicional relativa à cassação do registro especial, existente por ocasião do julgamento da AC 1657 MC/SP (DJU de 11.5.2007), enfraqueceria com o julgamento de mérito da questão, já que, realizado o controle de constitucionalidade incidental da norma, não haveria mais expectativa juridicamente importante de reversão da penalidade. Ademais, não estaria demonstrado o risco à efetividade da tutela jurisdicional, no tocante ao controle de validade dos créditos tributários cujo inadimplemento levaria à cassação do registro especial. Considerou, ainda, ausente a plausibilidade da tese que defenderia a possibilidade de compensação de créditos referentes às antigas obrigações do Estado, cujos títulos teriam sido denominados "moeda podre", em virtude de sua duvidosa liquidez e de restrições postas pela legislação ordinária. Enfatizou pesarem, também, alegações graves contra a recorrente. Diante do contexto excepcional, a parte deveria ter demonstrado com precisão os

motivos que teriam conduzido à sistemática e reiterada inobservância das normas de tributação. Não bastaria apontar a inconstitucionalidade absoluta do dispositivo analisado. Por fim, reputou que a assertiva imprecisa da existência de discussão sobre o sistema de tributação da indústria do cigarro com o IPI, fundada na suposta inconstitucionalidade da tributação via pautas de preços fixos, não teria sido parte do quadro apresentado ao tribunal de origem. O argumento não poderia ser usado para confirmar a plausibilidade da tese de violação do direito ao livre exercício de atividade econômica lícita.

Indústria de cigarros: cancelamento de registro especial e obrigação tributária - 6
O Min. Ricardo Lewandowski sublinhou que o descumprimento reiterado de obrigações fiscais por parte de empresas do ramo provocaria distorção do mercado, pois permitiria o comércio de produtos em patamar de preço inferior à concorrência. Nesse sentido, a livre iniciativa não seria absoluta. Ressaltou, ainda, que os Enunciados 70 ("É inadmissível a interdição de estabelecimento como meio coercitivo para cobrança de tributo"), 323 ("É inadmissível a apreensão de mercadorias como meio coercitivo para pagamento de tributos") e 547 ("Não é lícito à autoridade proibir que o contribuinte em débito adquira estampilhas, despache mercadorias nas alfândegas e exerça suas atividades profissionais") da Súmula do STF não seriam aplicáveis à espécie, por aludirem a devedores inseridos no regime geral de atividades econômicas. Além disso, a norma em comento não estabeleceria meio coercitivo para cobrança de tributo, mas sanções por práticas de atos ilícitos contra a ordem tributária.

Indústria de cigarros: cancelamento de registro especial e obrigação tributária - 7
Vencidos os Ministros Gilmar Mendes, Marco Aurélio e Celso de Mello, que proviam o recurso e, incidentalmente, declaravam a inconstitucionalidade do art. 2º, II, do Decreto-Lei 1.593/77. O Min. Gilmar Mendes consignava que a norma impugnada não teria outro sentido além de reforçar a eficácia das normas tributárias a onerar o segmento econômico em questão. Tratar-se-ia, portanto, de sanção política estabelecida em benefício da arrecadação fiscal, o que estaria em descompasso com a jurisprudência da Corte. Nesse sentido, destacava os Enunciados 70, 323 e 547 da Súmula do STF. Reconhecia que o caso cuidaria de contumaz sonegadora, mas alertava para a gravidade de se impedir o exercício de atividade econômica em face de mero inadimplemento de tributo, mormente diante dos princípios constitucionais da livre iniciativa e do devido processo legal. O Min. Marco Aurélio apontava que não se trataria de norma a tutelar a saúde, porque caso a atividade fosse proibida, sequer caberia discutir a regra em comento. Ao contrário, condicionar-se-ia indevidamente a continuidade dessa atividade ao adimplemento de obrigações tributárias, principais ou acessórias. O Min. Celso de Mello acentuava que o poder de tributar não poderia chegar à desmedida do poder de destruir, pois esta extraordinária prerrogativa do Estado traduziria poder que somente deveria ser exercido dentro dos limites que o tornassem compatível com a liberdade de trabalho, comércio e indústria, bem assim com o direito de propriedade. **RE 550769/RJ, rel. Min. Joaquim Barbosa, 22.5.2013. (RE-550769) (Inform. STF 707)**

DIREITO TRIBUTÁRIO. HIPÓTESE DE NÃO EXPEDIÇÃO DE CERTIDÃO POSITIVA COM EFEITOS DE NEGATIVA. A penhora de bem de valor inferior ao débito não autoriza a expedição de certidão positiva com efeitos de negativa. Isso porque a expedição da referida certidão está condicionada à existência de penhora suficiente ou à suspensão da exigibilidade do crédito tributário, nos termos dos arts. 151 e 206 do CTN. Precedentes citados: EDcl no Ag 1.389.047-SC, Segunda Turma, DJe 31/8/2011; e AgRg no REsp 1.022.831-SP, Primeira Turma, DJe 8/5/2008. **REsp 1.479.276-MG, Rel. Min. Mauro Campbell Marques, julgado em 16/10/2014. (Inform. STJ 550)**

DIREITO TRIBUTÁRIO. HIPÓTESE DE IMPOSSIBILIDADE DE EXPEDIÇÃO DE CERTIDÃO POSITIVA COM EFEITO DE NEGATIVA. Não é possível a expedição de certidão positiva com efeito de negativa em favor de sócio que tenha figurado como fiador em Termo de Confissão de Dívida Tributária na hipótese em que o parcelamento dele decorrente não tenha sido adimplido. De fato, o art. 4º, II, da Lei 6.830/1980 dispõe que a execução fiscal poderá ser promovida contra o fiador. Assim sendo, a responsabilidade do sócio fiador, na hipótese, decorre de sua presença como fiador do parcelamento não adimplido. **REsp 1.444.692-CE, Rel. Min. Herman Benjamin, julgado em 13/5/2014. (Inform. STJ 543)**

7. DIREITO TRIBUTÁRIO   619

DIREITO TRIBUTÁRIO. PROTESTO DE CDA. É possível o protesto de Certidão de Dívida Ativa (CDA). No regime instituído pelo art. 1º da Lei 9.492/1997 ("Protesto é o ato formal e solene pelo qual se prova a inadimplência e o descumprimento de obrigação originada em títulos e outros documentos de dívida."), o protesto foi ampliado, desvinculando-se dos títulos estritamente cambiariformes para abranger todos e quaisquer "títulos ou documentos de dívida". Nesse sentido, há, tanto no STJ (REsp 750.805/RS) quanto na Justiça do Trabalho, precedentes que autorizam o protesto, por exemplo, de decisões judiciais condenatórias, líquidas e certas, transitadas em julgado. Dada a natureza bifronte do protesto – o qual representa, de um lado, instrumento para constituir o devedor em mora e provar a inadimplência e, de outro, modalidade alternativa para cobrança de dívida –, não é dado ao Poder Judiciário substituir-se à Administração para eleger, sob o enfoque da necessidade (utilidade ou conveniência), as políticas públicas para recuperação, no âmbito extrajudicial, da dívida ativa da Fazenda Pública. A manifestação sobre essa relevante matéria, com base na valoração da necessidade e pertinência desse instrumento extrajudicial de cobrança de dívida, carece de legitimação por romper com os princípios da independência dos poderes (art. 2º da CF) e da imparcialidade. Quanto aos argumentos de que o ordenamento jurídico (Lei 6.830/1980) já instituiu mecanismo para a recuperação do crédito fiscal e de que o sujeito passivo não participou da constituição do crédito, estes são falaciosos. A Lei das Execuções Fiscais disciplina exclusivamente a cobrança judicial da dívida ativa e não autoriza, por si, a conclusão de que veda, em caráter permanente, a instituição ou utilização de mecanismos de cobrança extrajudicial. A defesa da tese de impossibilidade do protesto seria razoável apenas se versasse sobre o "Auto de Lançamento", esse sim procedimento unilateral dotado de eficácia para imputar débito ao sujeito passivo. A inscrição em dívida ativa, de onde se origina a posterior extração da Certidão que poderá ser levada a protesto, decorre ou do exaurimento da instância administrativa (na qual foi possível impugnar o lançamento e interpor recursos administrativos) ou de documento de confissão de dívida, apresentado pelo próprio devedor (como o DCTF, a GIA e o Termo de Confissão para adesão ao parcelamento). O sujeito passivo, portanto, não pode alegar que houve "surpresa" ou "abuso de poder" na extração da CDA, uma vez que esta pressupõe sua participação na apuração do débito. Note-se, aliás, que o preenchimento e entrega da DCTF ou GIA (documentos de confissão de dívida) corresponde integralmente ao ato do emitente de cheque, nota promissória ou letra de câmbio. Outrossim, a possibilidade do protesto da CDA não implica ofensa aos princípios do contraditório e do devido processo legal, pois subsiste, para todo e qualquer efeito, o controle jurisdicional, mediante provocação da parte interessada, em relação à higidez do título levado a protesto. Ademais, a Lei 9.492/1997 deve ser interpretada em conjunto com o contexto histórico e social. De acordo com o "II Pacto Republicano de Estado por um sistema de Justiça mais acessível, ágil e efetivo", definiu-se como meta específica para dar agilidade e efetividade à prestação jurisdicional a "revisão da legislação referente à cobrança da dívida ativa da Fazenda Pública, com vistas à racionalização dos procedimentos em âmbito judicial e administrativo". Nesse sentido, o CNJ considerou que estão conformes com o princípio da legalidade normas expedidas pelas Corregedorias de Justiça dos Estados do Rio de Janeiro e de Goiás que, respectivamente, orientam seus órgãos a providenciar e admitir o protesto de CDA e de sentenças condenatórias transitadas em julgado, relacionadas às obrigações alimentares. A interpretação contextualizada da Lei 9.492/1997 representa medida que corrobora a tendência moderna de intersecção dos regimes jurídicos próprios do Direito Público e Privado. REsp 1.126.515-PR, Rel. Min. Herman Benjamin, julgado em 3/12/2013. (Inform. STJ 533)

DIREITO TRIBUTÁRIO. CAUÇÃO PARA EXPEDIÇÃO DE CERTIDÃO POSITIVA COM EFEITOS DE NEGATIVA.
O contribuinte pode, após o vencimento de sua obrigação e antes da execução fiscal, garantir o juízo de forma antecipada mediante o oferecimento de fiança bancária, a fim de obter certidão positiva com efeitos de negativa. De fato, a prestação de caução mediante o oferecimento de fiança bancária, ainda que no montante integral do valor devido, não se encontra encartada nas hipóteses elencadas no art. 151 do CTN, não suspendendo a exigibilidade do crédito tributário. Entretanto, tem o efeito de garantir o débito exequendo em equiparação ou antecipação à penhora, permitindo-se, neste caso, a expedição de certidão positiva com efeitos de negativa. AgRg no Ag 1.185.481-DF, Rel. Min. Napoleão Nunes Maia Filho, julgado em 14/10/2013. (Inform. STJ 532)

DIREITO TRIBUTÁRIO. MANIFESTAÇÃO ADMINISTRATIVA CONTRA A COBRANÇA DE DÉBITO INSCRITO EM DÍVIDA ATIVA.
O pedido administrativo realizado pelo contribuinte de cancelamento de débito inscrito em dívida ativa não suspende a exigibilidade do crédito tributário, não impedindo o prosseguimento da execução fiscal e a manutenção do nome do devedor no CADIN. A leitura do art. 151, III, do CTN revela que não basta o protocolo de reclamações ou recursos para a suspensão da exigibilidade do crédito tributário. A manifestação de inconformidade ("reclamações" ou "recursos"), para ser dotada de efeito suspensivo, deve estar expressamente disciplinada na legislação específica que rege o processo tributário administrativo. Nesse contexto, a manifestação administrativa (é irrelevante o nomen iuris, isto é, "defesa", "pedido de revisão de débito inscrito na dívida ativa" ou qualquer outro) não constitui "recurso administrativo", dele diferindo em sua essência e nos efeitos jurídicos. O recurso é o meio de impugnação à decisão administrativa que analisa a higidez da constituição do crédito e, portanto, é apresentado no curso do processo administrativo, de forma antecedente à inscrição em dívida ativa, possuindo, por força do art. 151, III, do CTN, aptidão para suspender a exigibilidade da exação. A manifestação apresentada após a inscrição em dívida ativa, por sua vez, nada mais representa que o exercício do direito de petição aos órgãos públicos. É essencial registrar que, após a inscrição em dívida ativa, há presunção relativa de que foi encerrado, de acordo com os parâmetros legais, o procedimento de apuração do quantum debeatur. Se isso não impede, por um lado, o administrado de se utilizar do direito de petição para pleitear à Administração o desfazimento do ato administrativo (na hipótese em análise, o cancelamento da inscrição em dívida ativa) – já que esta tem o poder-dever de anular os atos ilegais –, por outro lado, não reabre, nos termos acima (ou seja, após a inscrição em dívida ativa), a discussão administrativa. Pensar o contrário implicaria subverter o ordenamento jurídico, conferindo ao administrado o poder de duplicar ou "ressuscitar", tantas vezes quantas lhe for possível e/ou conveniente, o contencioso administrativo. Cabe ressaltar, a propósito, que inexiste prejuízo ao contribuinte porque a argumentação apresentada após o encerramento do contencioso administrativo, como se sabe, pode plenamente ser apreciada na instância jurisdicional. É inconcebível, contudo, que a Administração Pública ou o contribuinte criem situações de sobreposição das instâncias administrativa e jurisdicional. Se a primeira foi encerrada, ainda que irregularmente, cabe ao Poder Judiciário a apreciação de eventual lesão ou ameaça ao direito do sujeito processual interessado. REsp 1.389.892-SP, Rel. Min. Herman Benjamin, julgado em 27/8/2013. (Inform. STJ 532)

DIREITO TRIBUTÁRIO. FORMAÇÃO DA CERTIDÃO DE DÍVIDA ATIVA.
A ausência de prévio processo administrativo não enseja a nulidade da Certidão de Dívida Ativa (CDA) nos casos de tributos sujeitos a lançamento de ofício. Com efeito, cabe ao contribuinte impugnar administrativamente a cobrança tributária e não ao fisco que, com observância da lei aplicável ao caso, lançou o tributo. Precedentes citados: AgRg no REsp 1.080.522-RJ, Primeira Turma, Dje 29/10/2008; e REsp 1.095.425-MG, Primeira Turma, Dje 22/4/2009. AgRg no AREsp 370.295-SC, Rel. Min. Humberto Martins, julgado em 1º/10/2013. (Inform. STJ 531)

DIREITO TRIBUTÁRIO E PREVIDENCIÁRIO. IMPOSSIBILIDADE DE INSCRIÇÃO EM DÍVIDA ATIVA DE VALOR INDEVIDAMENTE RECEBIDO A TÍTULO DE BENEFÍCIO PREVIDENCIÁRIO. RECURSO REPETITIVO (ART. 543-C DO CPC E RES. 8/2008-STJ).
Não é possível a inscrição em dívida ativa de valor correspondente a benefício previdenciário indevidamente recebido e não devolvido ao INSS. Isso porque a inscrição em dívida ativa de valor decorrente de ilícito extracontratual deve ser fundamentada em dispositivo legal específico que a autorize expressamente. Ocorre que, nas leis próprias do INSS (Lei 8.212/1991 e Lei 8.213/1991), não há dispositivo legal semelhante ao disposto no parágrafo único do art. 47 da Lei 8.112/1990 – o qual prevê a inscrição em dívida ativa de valores não pagos pelo servidor público federal que tiver sido demitido, exonerado ou tiver sua aposentadoria ou disponibilidade cassada. Se o legislador quisesse que o recebimento indevido de benefício previdenciário ensejasse a inscrição em dívida ativa, teria previsto expressamente na Lei 8.212/1991 ou na Lei 8.213/1991, o que não fez. Incabível, assim, por se tratar de restrição de direitos, qualquer analogia com o que dispõe o art. 47 da Lei 8.112/1990. Isso significa que, recebido o valor a maior pelo beneficiário, a forma prevista em lei para o INSS reavê-lo se dá através do desconto do próprio benefício a ser pago em períodos posteriores e, nos casos de dolo, fraude ou má-fé, a lei prevê a restituição de uma só vez (descontando-se do benefício) ou mediante acordo de parcelamento (art. 115, II e § 1º, da Lei 8.213/1991 e art. 154, II e

§ 2°, do Dec. 3.048/1999). Na impossibilidade da realização desses descontos, seja porque o beneficiário deixou de sê-lo (suspensão ou cessação), seja porque seu benefício é insuficiente para a realização da restituição de uma só vez ou, ainda, porque a pessoa que recebeu os valores o fez indevidamente jamais tendo sido a real beneficiária, a lei não prevê a inscrição em dívida ativa. Nessas situações, por falta de lei específica que determine a inscrição em dívida ativa, torna-se imperativo que seu ressarcimento seja precedido de processo judicial para o reconhecimento do direito do INSS à repetição. De ressaltar, ademais, que os benefícios previdenciários indevidamente recebidos, qualificados como enriquecimento ilícito, não se enquadram no conceito de crédito tributário ou não tributário previsto no art. 39, § 2°, da Lei 4.320/1964, a justificar sua inscrição em dívida ativa. Sendo assim, o art. 154, § 4°, II, do Dec. 3.048/99, que determina a inscrição em dívida ativa de benefício previdenciário pago indevidamente, não encontra amparo legal. Precedentes citados: AgRg no AREsp. 225.034-BA, Segunda Turma, DJe 19/2/2013; e AgRg no AREsp 188.047-AM, Primeira Turma, DJe 10/10/2012. **REsp 1.350.804-PR, Rel. Min. Mauro Campbell Marques, julgado em 12/6/2013. (Inform. STJ 522)**

DIREITO TRIBUTÁRIO. FISCALIZAÇÃO DA CONTABILIDADE DA PRESTADORA DE SERVIÇOS COMO PRESSUPOSTO PARA O RECONHECIMENTO DE SOLIDARIEDADE NA FASE DE COBRANÇA DE CONTRIBUIÇÕES PREVIDENCIÁRIAS INCIDENTES SOBRE A CESSÃO DE MÃO DE OBRA.
Na cobrança de contribuições previdenciárias realizada com base na redação original do art. 31 da Lei n. 8.212/1 991, não é lícita a autuação da tomadora de serviços sem que antes tenha havido a fiscalização da contabilidade da prestadora de serviços executados mediante cessão de mão de obra. O art. 31 da Lei n. 8.212/1991, em sua redação original, reconhece a existência de responsabilidade solidária entre o tomador e o prestador de serviços pelas contribuições previdenciárias incidentes sobre a cessão de mão de obra. A referida solidariedade, entretanto, ocorrerá na fase de cobrança do tributo, pressupondo, desse modo, a regular constituição do crédito tributário, cuja ocorrência, antes da vigência da Lei n. 9.711/1998 – que deu nova redação ao art. 31 da Lei n. 8.212/1991 –, demandava a fiscalização da contabilidade da empresa prestadora dos serviços de mão de obra, devedora principal da contribuição previdenciária. Precedentes citados: AgRg no REsp 1.348.395-RJ, Segunda Turma, DJe 4/12/2012, e AgRg no REsp 1.174.800-RS, Segunda Turma, DJe 23/4/2012. **AgRg no REsp 1.194.485-ES, Rel. Min. Diva Malerbi (Desembargadora convocada do TRF 3ª Região), julgado em 26/2/2013. (Inform. STJ 518)**

DIREITO TRIBUTÁRIO. EXIGÊNCIA DE GARANTIA PARA LIBERAÇÃO DE MERCADORIA IMPORTADA.
A autoridade fiscal não pode condicionar a liberação de mercadoria importada à prestação de garantia no caso em que a retenção da referida mercadoria decorra da pretensão da Fazenda de efetuar reclassificação tarifária. Precedente citado: AgRg no Ag 1.183.602-RS, Primeira Turma, DJe 7/6/2010. **AgRg no REsp 1.227.611-RS, Rel. Min. Arnaldo Esteves Lima, julgado em 19/3/2013. (Inform. STJ 518)**

📃 **Súmula STF n° 473**

A administração pode anular seus próprios atos, quando eivados de vícios que os tronam ilegais, porque deles não se originam direitos; ou revogá-los, por motivo de conveniência e oportunidade, respeitados os direitos adquiridos, e ressalvada, em todos os casos, a apreciação judicial.

📃 **Súmula STF n° 346**

A administração pública pode declarar a nulidade dos seus próprios atos.

📃 **Súmula STJ n° 446**

Declarado e não pago o débito tributário pelo contribuinte, é legítima a recusa de expedição de certidão negativa ou positiva com efeito de negativa.

📃 **Súmula STJ n° 439**

Estão sujeitos à fiscalização tributária, ou previdenciária, quaisquer livros comerciais, limitado o exame aos pontos objeto da investigação.

📃 **Súmula TFR n° 38**

Os certificados de quitação e de regularidade de situação não podem ser negados, se o débito estiver garantido por penhora regular (Código Tributário Nacional, art. 206).

📃 **Súmula TFR n° 29**

Os certificados de quitação e de regularidade não podem ser negados, enquanto pendente de decisão, na via administrativa, o débito levantado.

13. AÇÕES TRIBUTÁRIAS, PROCESSUAL TRIBUTÁRIO

13.1. Execução Fiscal: citação, competência, penhora, fiança, depósito, substituição, reforço, levantamento

DIREITO PROCESSUAL CIVIL E TRIBUTÁRIO. NÃO INCIDÊNCIA DO PRAZO DO ART. 892 DO CPC EM EXECUÇÃO FISCAL.
O prazo de cinco dias previsto no art. 892 do CPC não é aplicável aos depósitos judiciais referentes a créditos tributários, de tal sorte que são exigíveis multa e juros caso o depósito não seja realizado dentro do prazo para o pagamento do tributo. Isso porque, ao se interpretar a norma processual conforme o princípio da legalidade tributária estrita, reconhece-se que o prazo para o depósito judicial previsto no art. 892 do CPC ("Tratando-se de prestações periódicas, uma vez consignada a primeira, pode o devedor continuar a consignar, no mesmo processo e sem mais formalidades, as que se forem vencendo, desde que os depósitos sejam efetuados até 5 (cinco) dias, contados da data do vencimento") não se aplica às consignatórias de crédito tributário, por incompatibilidade normativa. Nos termos do art. 113, § 1°, do CTN, "A obrigação principal surge com a ocorrência do fato gerador, tem por objeto o pagamento de tributo ou penalidade pecuniária e extingue-se juntamente com o crédito dela decorrente", sendo que, conforme estabelece o art. 140 do CTN, "As circunstâncias que modificam o crédito tributário, sua extensão ou seus efeitos, ou as garantias ou os privilégios a ele atribuídos, ou que excluem a exigibilidade do crédito tributário não afetam a obrigação tributária que lhe deu origem". Ademais, o crédito tributário só se extingue ou tem sua exigibilidade suspensa ou excluída nos casos previstos no CTN (art. 141); a suspensão da exigibilidade do crédito tributário se dá com o depósito do seu montante integral, o que não dispensa o cumprimento das obrigações acessórias (art. 151, II e parágrafo único); e a extinção do crédito tributário em razão do depósito judicial só se dá por ocasião de sua conversão em renda (art. 156, VI). Nessa linha, deve-se afirmar que a consignação em pagamento do montante do tributo discutido, que tem por fim a suspensão da exigibilidade do crédito tributário, a qual, ao final, pode implicar sua extinção, é aquela em que o crédito é depositado dentro do prazo de vencimento da obrigação, ou em que há o depósito do montante integral do débito (AgRg no Ag 1.239.917-SP, Segunda Turma, DJe 17/5/2010). Isso porque não se pode ignorar que o crédito tributário é exigível a partir do termo de vencimento. Inadimplido, por força de lei, é acrescido de juros, multa e correção monetária. Por isso que, por ocasião do depósito judicial da parcela respectiva, a parte deve depositar todo o montante devido: crédito principal, juros e multa. O depósito judicial, então, elide a mora do contribuinte ou responsável que ingressa em juízo para discutir a obrigação tributária tão somente quando realizado nos termos e condições próprias para o pagamento integral do crédito tributário; só assim a conversão do depósito em renda poderá implicar a extinção do crédito tributário. Não se pode permitir que o contribuinte ou responsável tributário, por estar em juízo, seja agraciado com mais cinco dias para adimplir o tributo, só porque ajuíza ação consignatória em pagamento. Caso admitida essa tese, diretamente, estar-se-ia criando distinção entre contribuintes/responsáveis, o que é vedado pelo art. 150, I, da CF, além de estar-se estabelecendo espécie de moratória tributária, de caráter geral, sem previsão legal. **AgRg no REsp 1.365.761-RS, Rel. Min. Benedito Gonçalves, julgado em 9/6/2015, DJe 17/6/2015 (Inform. STJ 564).**

DIREITO PROCESSUAL CIVIL E TRIBUTÁRIO. OFERECIMENTO DE SEGURO GARANTIA EM EXECUÇÃO FISCAL.
O inciso II do art. 9° da Lei 6.830/1980 (LEF), alterado pela Lei 13.043/2014, que faculta expressamente ao executado a possibilidade de oferecer fiança bancária ou seguro garantia nas execuções fiscais, possui aplicabilidade imediata aos processos em curso. Isso porque o referido dispositivo é de cunho processual. Ressalte-se que a jurisprudência do STJ, em atenção ao princípio da especialidade, era no sentido do não cabimento do seguro garantia judicial, uma vez que o art. 9° da LEF não contemplava essa modalidade como meio adequado à garantia da Execução Fiscal. No entanto, a Lei 13.043/2014 deu nova redação ao art. 9°, II, da LEF para facultar expressamente ao executado a possibilidade de "oferecer fiança bancária ou seguro garantia". **REsp 1.508.171-SP, Rel. Min. Herman Benjamin, julgado em 17/3/2015, DJe 6/4/2015 (Inform. STJ 559).**

7. DIREITO TRIBUTÁRIO

DIREITO TRIBUTÁRIO. REQUISITOS PARA A MEDIDA DE INDISPONIBILI-DADE DE BENS E DIREITOS (ART. 185-A DO CTN). RECURSO REPETITIVO (ART. 543-C DO CPC E RES. 8/2008-STJ).
A indisponibilidade de bens e direitos autorizada pelo art. 185-A do CTN depende da observância dos seguintes requisitos: (i) citação do devedor; (ii) inexistência de pagamento ou apresentação de bens à penhora no prazo legal; e (iii) a não localização de bens penhoráveis após o esgotamento das diligências realizadas pela Fazenda, ficando este caracterizado quando houver nos autos (a) pedido de acionamento do Bacen Jud e consequente determinação pelo magistrado e (b) a expedição de ofícios aos registros públicos do domicílio do executado e ao Departamento Nacional ou Estadual de Trânsito - DENATRAN ou DETRAN. Quanto aos requisitos para indisponibilidade de bens e direitos, infere-se do art. 185-A do CTN que a ordem judicial para a decretação da indisponibilidade de bens e direitos do devedor ficou condicionada aos seguintes: (i) citação do executado; (ii) inexistência de pagamento ou de oferecimento de bens à penhora no prazo legal; e, por fim, (iii) não forem encontrados bens penhoráveis. (Nesse sentido: AgRg no REsp 1.409.433-PE, Primeira Turma, DJe 18/12/2013). Especificamente em relação ao último requisito, a Primeira Seção do STJ firmou entendimento no sentido de que o credor deve comprovar o esgotamento das diligências aptas à localização dos bens do devedor, quando pretender a indisponibilidade de bens e direitos com base no art. 185-A do CTN (AgRg no AREsp 343.969-RS, Segunda Turma, DJe 3/12/2013; e AgRg no AREsp 428.902-BA, Primeira Turma, DJe 28/11/2013). Nessa medida, importa ponderar a respeito das diligências levadas a efeito pela Fazenda Pública, para saber se as providências tomadas correspondem, razoavelmente, a todas aquelas que poderiam ser realizadas antes do requerimento de indisponibilidade de bens requerida no âmbito do Poder Judiciário (art. 185-A do CTN). Sob essa perspectiva, tem-se que o acionamento do Bacen Jud e a expedição de ofícios aos registros públicos de bens no cartório do domicílio do executado são medidas razoáveis a se exigir do Fisco quando este pretender a indisponibilidade de bens do devedor. Além dessas medidas, tem-se ainda por razoável a exigência de prévia expedição de ofício ao Departamento de Trânsito Nacional ou Estadual (DENATRAN ou DETRAN) pois, se houver um veículo na titularidade do executado, facilmente se identificará. **REsp 1.377.507-SP**, Rel. Min. Og Fernandes, julgado em 26/11/2014. (Inform. STJ 552)

DIREITO PROCESSUAL CIVIL E TRIBUTÁRIO. MANDADO DE INTIMAÇÃO E NECESSIDADE DE EXPRESSA MENÇÃO DO PRAZO PARA INTERPOSIÇÃO DE EMBARGOS À EXECUÇÃO FISCAL. Em sede de execução fiscal, é necessário que o mandado de intimação da penhora contenha expressa menção do prazo legal para o oferecimento de embargos à execução. Isso porque a intimação é feita na pessoa do devedor, razão pela qual o mandado deve registrar, expressamente, o prazo de defesa, de modo que o executado possa dimensionar o espaço temporal de que dispõe para constituir advogado com vista à defesa técnica que os princípios constitucionais do contraditório e da ampla defesa lhe asseguram. Precedentes citados: AgRg no REsp 1.085.967-RJ, Segunda Turma, DJe 23/4/2009; e AgRg no REsp 1.063.263-RS, Primeira Turma, DJe 6/8/2009. **EREsp 1.269.069-CE**, Rel. Min. Herman Benjamin, julgado em 6/4/2014. (Inform. STJ 546)

DIREITO PROCESSUAL CIVIL E TRIBUTÁRIO. ARREMATAÇÃO DE IMÓVEL EM EXECUÇÃO FISCAL DE DÉBITOS PREVIDENCIÁRIOS POR VALOR ABAIXO AO DA AVALIAÇÃO. Em segundo leilão realizado no âmbito de execução fiscal de Dívida Ativa originalmente do INSS e agora da União, é válida a arrematação de bem imóvel por valor abaixo ao da avaliação, exceto por preço vil. Isso porque, nessa situação, incide o regramento especial estabelecido na Lei 8.212/1991, sendo subsidiária a aplicação do CPC. A alienação do bem no segundo leilão por qualquer valor, excetuado o vil, é permitida pelo art. 98, II, da Lei 8.212/1991. Assim, o art. 690, § 1º, do CPC não é aplicável a essa hipótese, pois, ao exigir a alienação do imóvel por valor nunca inferior ao da avaliação, revela-se incompatível com o art. 98 da Lei 8.212/1991. **REsp 1.431.155-PB**, Rel. Min. Mauro Campbell Marques, julgado em 27/5/2014. (Inform. STJ 542)

DIREITO PROCESSUAL CIVIL E TRIBUTÁRIO. ARREMATAÇÃO DE IMÓVEL MEDIANTE PAGAMENTO PARCELADO EM EXECUÇÃO FISCAL DE DÉBITOS PREVIDENCIÁRIOS. Em segundo leilão realizado no âmbito de execução fiscal de Dívida Ativa originalmente do INSS e agora da União, é válida a arrematação de bem imóvel mediante pagamento parcelado, podendo a primeira parcela ser inferior a 30% do valor da avaliação. Isso porque, nessa situação, incide o regramento especial estabelecido na Lei 8.212/1991,

sendo subsidiária a aplicação do CPC. O art. 98, § 1º, da Lei 8.212/1991 permite a alienação do bem no segundo leilão mediante pagamento parcelado do valor da arrematação, na forma prevista para os parcelamentos administrativos de débitos previdenciários (hodiernamente, arts. 10 e seguintes da Lei 10.522/2002). Assim, o art. 690, § 1º, do CPC não é aplicável a essa hipótese, pois, ao exigir oferta de bens menos 30% do valor à vista e priorizar a "proposta mais conveniente", revela-se incompatível com o art. 98 da Lei 8.212/1991. **REsp 1.431.155-PB**, Rel. Min. Mauro Campbell Marques, julgado em 27/5/2014. (Inform. STJ 542)

DIREITO PROCESSUAL CIVIL E TRIBUTÁRIO. ARREMATAÇÃO DE IMÓVEL EM EXECUÇÃO FISCAL EM CONDIÇÕES NÃO PUBLICADAS EM EDITAL DE LEILÃO. Em segundo leilão realizado no âmbito de execução fiscal de Dívida Ativa originalmente do INSS e agora da União, caso não publicadas as condições do parcelamento no edital do leilão, é nula a arrematação de bem imóvel por valor abaixo ao da avaliação e mediante o pagamento da primeira parcela em montante inferior a 30% ao da avaliação. Isso porque, nessa situação, incide o regramento especial estabelecido na Lei 8.212/1991, sendo subsidiária a aplicação do CPC. O art. 98, § 2º, da Lei 8.212/1991 determina que todas as condições do parcelamento constem do edital de leilão. A falta dos requisitos do parcelamento do valor da arrematação no edital de leilão gera nulidade na forma do art. 244 do CPC, casos em que a nulidade poderia ser sanada se o ato, realizado de outra forma, alcançasse sua finalidade. Na hipótese, acaso houvesse sido publicada a possibilidade de parcelamento, poderiam acorrer à hasta pública outros licitantes, que foram afastados pelas condições mais duras de arrematação. Embora a arrematação tenha ocorrido, e o preço não tenha sido vil, a falta de publicação das condições do parcelamento no edital de leilão prejudicou a concorrência e, por consequência, o executado, que viu seu bem ser alienado por valor inferior ao que poderia atingir se houvesse outros concorrentes. **REsp 1.431.155-PB**, Rel. Min. Mauro Campbell Marques, julgado em 27/5/2014. (Inform. STJ 542)

DIREITO PROCESSUAL CIVIL E TRIBUTÁRIO. GARANTIA DO JUÍZO NO ÂMBITO DE EXECUÇÃO FISCAL. A garantia do juízo no âmbito da execução fiscal (arts. 8º e 9º da Lei 6.830/1980) deve abranger honorários advocatícios que, embora não constem da Certidão de Dívida Ativa (CDA), venham a ser arbitrados judicialmente. Em relação aos honorários advocatícios, é preciso distinguir duas situações: há hipóteses em que a verba é expressamente incluída entre os encargos a serem lançados na CDA (por exemplo, Decreto-Lei 1.025/1969, que se refere à dívida ativa da União); e há situação em que os honorários advocatícios são arbitrados judicialmente (seja a título provisório, por ocasião do recebimento da petição inicial, seja com o trânsito em julgado da sentença proferida nos embargos do devedor). Na primeira hipótese, em que os honorários advocatícios estão abrangidos entre os encargos da CDA, não há dúvida de que a garantia judicial deve abrangê-los, pois, conforme já decidido pelo STJ (REsp 687.862-RJ, Primeira Turma, DJ 5/9/2005), a segurança do juízo está vinculada aos valores descritos na CDA, a saber: principal, juros e multa de mora e demais encargos constantes da CDA. Na segunda hipótese, em que os honorários são arbitrados judicialmente, deve-se atentar que a legislação processual é aplicável subsidiariamente à execução fiscal, conforme art. 1º da Lei 6.830/1980. Posto isso, o art. 659 do CPC, seja em sua redação original, de 1973, seja com a alteração promovida pela Lei 11.382/2006, sempre determinou que a penhora de bens seja feita de modo a incluir o principal, os juros, as custas e os honorários advocatícios. Assim, por força da aplicação subsidiária do CPC e por exigência da interpretação sistemática e histórica das leis, tendo sempre em mente que a Lei 6.830/1980 foi editada com o propósito de tornar o processo judicial de recuperação dos créditos públicos mais célere e eficiente que a execução comum do CPC, tudo aponta para a razoabilidade da exigência de que a garantia inclua os honorários advocatícios, estejam eles lançados ou não na CDA. **REsp 1.409.688-SP**, Rel. Min. Herman Benjamin, julgado em 11/2/2014. (Inform. STJ 539)

DIREITO TRIBUTÁRIO. CAUÇÃO EM EXECUÇÃO FISCAL.
O seguro garantia judicial não pode ser utilizado como caução em execução fiscal. Isso porque não há norma legal disciplinadora do seguro garantia judicial, não estando essa modalidade de caução entre as previstas no art. 9º da Lei 6.830/1980. Precedentes citados: AgRg no AREsp 266.570-PA, Segunda Turma, DJe 18/3/2013; e AgRg no REsp 1.201.075-RJ, Primeira Turma, DJe 9/8/2011. AgRg no REsp 1.394.408-SP, Rel. Min. Napoleão Nunes Maia Filho, julgado em 17/10/2013. (Inform. STJ 532)

DIREITO TRIBUTÁRIO E PROCESSUAL CIVIL. PENHORA, POR DÍVIDAS TRIBUTÁRIAS DA MATRIZ, DE VALORES DEPOSITADOS EM NOME DE FILIAIS. RECURSO REPETITIVO (ART. 543-C DO CPC E RES. 8/2008-STJ).
Os valores depositados em nome das filiais estão sujeitos à penhora por dívidas tributárias da matriz. De início, cabe ressaltar que, no âmbito do direito privado, cujos princípios gerais, à luz do art. 109 do CTN, são informadores para a definição dos institutos de direito tributário, a filial é uma espécie de estabelecimento empresarial, fazendo parte do acervo patrimonial de uma única pessoa jurídica, partilhando os mesmos sócios, contrato social e firma ou denominação da matriz. Nessa condição, consiste, conforme doutrina majoritária, em uma universalidade de fato, não ostenta personalidade jurídica própria, nem é sujeito de direitos, tampouco uma pessoa distinta da sociedade empresária. Cuida-se de um instrumento para o exercício da atividade empresarial. Nesse contexto, a discriminação do patrimônio da sociedade empresária mediante a criação de filiais não afasta a unidade patrimonial da pessoa jurídica, que, na condição de devedora, deve responder, com todo o ativo do patrimônio social, por suas dívidas à luz da regra de direito processual prevista no art. 591 do CPC, segundo a qual "o devedor responde, para o cumprimento de suas obrigações, com todos os seus bens presentes e futuros, salvo as restrições estabelecidas em lei". Cumpre esclarecer, por oportuno, que o princípio tributário da autonomia dos estabelecimentos, cujo conteúdo normativo preceitua que estes devem ser considerados, na forma da legislação específica de cada tributo, unidades autônomas e independentes nas relações jurídico-tributárias travadas com a administração fiscal, é um instituto de direito material ligado ao nascimento da obrigação tributária de cada imposto especificamente considerado e não tem relação com a responsabilidade patrimonial dos devedores, prevista em um regramento de direito processual, ou com os limites da responsabilidade dos bens da empresa e dos sócios definidos no direito empresarial. Além disso, a obrigação de que cada estabelecimento se inscreva com número próprio no CNPJ tem especial relevância para a atividade fiscalizatória da administração tributária, não afastando a unidade patrimonial da empresa, cabendo ressaltar que a inscrição da filial no CNPJ é derivada da inscrição do CNPJ da matriz. Diante do exposto, limitar a satisfação do crédito público, notadamente do crédito tributário, a somente o patrimônio do estabelecimento que participou da situação caracterizada como fato gerador é adotar interpretação absurda e odiosa. Absurda porque não se concilia, por exemplo, com a cobrança dos créditos em uma situação de falência, em que todos os bens da pessoa jurídica (todos os estabelecimentos) são arrecadados para pagamento dos credores; com a possibilidade de responsabilidade contratual subsidiária dos sócios pelas obrigações da sociedade como um todo (arts. 1.023, 1.024, 1.039, 1.045, 1.052 e 1.088 do CC); ou com a administração de todos os estabelecimentos da sociedade pelos mesmos órgãos de deliberação, direção, gerência e fiscalização. Odiosa porque, por princípio, o credor privado não pode ter mais privilégios que o credor público, salvo exceções legalmente expressas e justificáveis. **REsp 1.355.812-RS, Rel. Min. Mauro Campbell Marques, julgado em 22/5/2013. (Inform. STJ 524)**

DIREITO PROCESSUAL CIVIL. INTIMAÇÃO POR CARTA COM AVISO DE RECEBIMENTO DO REPRESENTANTE DA FAZENDA PÚBLICA NACIONAL. RECURSO REPETITIVO (ART. 543-C DO CPC E RES. 8/2008-STJ).
É válida a intimação do representante judicial da Fazenda Pública Nacional por carta com aviso de recebimento quando o respectivo órgão não possuir sede na comarca em que tramita o feito. O STJ uniformizou o entendimento de que a Fazenda Pública Nacional, em regra, possui a prerrogativa da intimação pessoal. Entretanto, no caso de inexistência de órgão de representação judicial na comarca em que tramita o feito, admite-se a intimação pelos Correios, à luz do art. 237, II, do CPC, aplicável subsidiariamente às execuções fiscais. Ademais, o próprio legislador adotou a mesma solução nos casos de intimações a serem concretizadas fora da sede do juízo (art. 6°, § 2°, da Lei 9.028/1995). Precedentes citados: EREsp 743.867-MG, Primeira Seção, DJ 26/3/2007; REsp 1.234.212-RO, Segunda Turma, DJe 31/3/2011; e REsp 1.001.929-SP, Primeira Turma, DJe 7/10/2009. **REsp 1.352.882-MS, Rel. Min. Herman Benjamin, julgado em 12/6/2013. (Inform. STJ 522)**

DIREITO PROCESSUAL CIVIL. NOMEAÇÃO DE BENS À PENHORA EM EXECUÇÃO FISCAL. RECURSO REPETITIVO (ART. 543-C DO CPC E RES. 8/2008-STJ).
Na execução fiscal, o executado não tem direito subjetivo à aceitação do bem por ele nomeado à penhora em desacordo com a ordem estabelecida no art. 11 da Lei 6.830/1980 e art. 655 do CPC na hipótese em que não tenha apresentado elementos concretos que justifiquem a incidência

do princípio da menor onerosidade (art. 620 do CPC). Em princípio, nos termos do art. 9°, III, da Lei 6.830/1980, cumpre ao executado nomear bens à penhora, observada a ordem do art. 11 do mesmo diploma legal. É do devedor o ônus de comprovar a imperiosa necessidade de afastar a ordem legal dos bens penhoráveis e, para que essa providência seja adotada, é insuficiente a mera invocação genérica do art. 620 do CPC. Exige-se, para a superação da ordem legal estabelecida, que estejam presentes circunstâncias fáticas especiais que justifiquem a prevalência do princípio da menor onerosidade para o devedor no caso concreto. Precedentes citados: EREsp 1.116.070-ES, Primeira Seção, DJ 16/11/2010; e AgRg no Ag 1.372.520-RS, Segunda Turma, DJe 17/3/2011. **REsp 1.337.790-PR, Rel. Min. Herman Benjamin, julgado em 12/6/2013. (Inform. STJ 522)**

DIREITO TRIBUTÁRIO E PROCESSUAL CIVIL. REAVALIAÇÃO DOS BENS PENHORADOS EM EXECUÇÃO FISCAL.
Ainda que a avaliação dos bens penhorados em execução fiscal tenha sido efetivada por oficial de justiça, caso o exame seja objeto de impugnação pelas partes antes de publicado o edital de leilão, é necessária a nomeação de avaliador oficial para que proceda à reavaliação. O referido entendimento deriva da redação do art. 13, § 1°, da Lei n. 6.830/1980, estando consagrado na jurisprudência do STJ. Precedentes citados: REsp 1.213.013-RS, DJe 19/11/2010, e REsp 1.026.850-RS, DJe 2/4/2009. **REsp 1.352.055-SC, Rel. Min. Mauro Campbell Marques, julgado em 6/12/2012. (Inform. STJ 515).**

📄 **SÚMULA STJ n° 515**

A reunião de execuções fiscais contra o mesmo devedor constitui faculdade do Juiz.

📄 **Súmula STJ n° 452**

A extinção das ações de pequeno valor é faculdade da Administração Federal, vedada a atuação judicial de ofício.

📄 **Súmula STJ n° 451**

É legítima a penhora da sede do estabelecimento comercial.

📄 **Súmula STJ n° 429**

A citação postal, quando autorizada por lei, exige o aviso de recebimento.

📄 **Súmula STJ n° 414**

A citação por edital na execução fiscal é cabível quando frustradas as demais modalidades.

📄 **Súmula STJ n° 406**

A Fazenda Pública pode recusar a substituição do bem penhorado por precatório.

📄 **Súmula STJ n° 400**

O encargo de 20% previsto no DL n. 1.025/1969 é exigível na execução fiscal proposta contra a massa falida.

📄 **Súmula STJ n° 375**

O reconhecimento da fraude à execução depende do registro da penhora do bem alienado ou da prova de má-fé do terceiro adquirente.

📄 **Súmula STJ n° 190**

Na execução fiscal, processada perante a Justiça Estadual, cumpre à Fazenda Pública antecipar o numerário destinado ao custeio das despesas com o transporte dos oficiais de justiça.

📄 **Súmula STJ n° 189.**

É desnecessária a intervenção do Ministério Público nas execuções fiscais.

📄 **Súmula STJ n° 128**

Na execução fiscal haverá segundo leilão, se no primeiro não houver lanço superior à avaliação.

📄 **Súmula STJ n° 121**

Na execução fiscal o devedor deverá ser intimado, pessoalmente, do dia e hora da realização do leilão.

📄 **Súmula STJ n° 58**

Proposta a execução fiscal, a posterior mudança de domicílio do executado não desloca a competência já fixada.

7. DIREITO TRIBUTÁRIO

📖 Súmula TFR nº 224

O fato de não serem adjudicados bens que, levados a leilão, deixaram de ser arrematados, não acarreta a extinção do processo de execução.

📖 Súmula TFR nº 210

Na execução fiscal, não sendo encontrado o devedor, nem bens arrestáveis, é cabível a citação editalícia.

📖 Súmula TFR nº 209

Nas execuções fiscais da Fazenda Nacional é legítima a cobrança cumulativa de juros de mora e multa moratória.

📖 Súmula TFR nº 190

A intimação pessoal da penhora ao executado torna dispensável a publicação de que trata o art. 12 da Lei das Execuções Fiscais.

📖 Súmula TFR nº 189

Proposta a execução fiscal, a posterior mudança de domicílio do executado não desloca a competência já fixada.

📖 Súmula TFR nº 99

A Fazenda Pública, nas execuções fiscais, não está sujeita a prévio depósito para custear despesas do avaliador.

📖 Súmula TFR nº 44

Ajuizada a execução fiscal anteriormente à falência, com penhora realizada antes desta, não ficam os bens penhorados sujeitos à arrecadação no juízo falimentar; proposta a execução fiscal contra a massa falida, a penhora far-se-á no rosto dos autos do processo de quebra, citando-se o síndico.

13.2. Execução Fiscal: redirecionamento, responsabilidade

DIREITO TRIBUTÁRIO E PROCESSUAL CIVIL. REDIRECIONAMENTO DA EXECUÇÃO CONTRA SÓCIO-GERENTE.
É possível redirecionar a execução fiscal contra o sócio-gerente que exercia a gerência por ocasião da dissolução irregular da sociedade contribuinte, independentemente do momento da ocorrência do fato gerador ou da data do vencimento do tributo. De fato, existem precedentes do STJ no sentido de que, embora seja necessário demonstrar quem ocupava o posto de gerente no momento da dissolução, é preciso, antes, que aquele responsável pela dissolução tenha sido também, simultaneamente, o detentor da gerência na oportunidade do surgimento da obrigação tributária – com a materialização do fato gerador – ou do vencimento do respectivo tributo. Em outras palavras, seria necessário que o sócio-gerente estivesse no comando da sociedade quando da dissolução irregular ou do ato caracterizador de sua presunção e também fizesse parte do quadro societário à época dos fatos geradores ou do vencimento da obrigação tributária. No entanto, a solução dessa questão jurídica deve partir das premissas também já reconhecidas pelo STJ em diversos precedentes de que (i) o mero inadimplemento do débito fiscal não se enquadra na hipótese do art. 135, III, do CTN para fins de redirecionamento da execução ao sócio-gerente; (ii) a dissolução irregular da sociedade inclui-se no conceito de "infração à lei" previsto no art. 135, caput, do CTN; e (iii) a certificação, no sentido de que a sociedade deixou de funcionar no seu domicílio fiscal sem comunicação aos órgãos competentes, gera presunção de dissolução irregular apta a atrair a incidência do art. 135, III, do CTN para redirecionar a execução ao sócio-gerente. Com base nessas premissas, deve-se concluir que o pedido de redirecionamento da execução fiscal, quando fundado na dissolução irregular ou em ato que presuma sua ocorrência – encerramento das atividades empresariais no domicílio fiscal, sem comunicação aos órgãos competentes (Súmula 435/STJ) –, pressupõe a permanência do sócio na administração da sociedade no momento dessa dissolução ou do ato presumidor de sua ocorrência, uma vez que, nos termos do art. 135, caput, III, CTN, combinado com a orientação constante da Súmula 435/STJ, o que desencadeia a responsabilidade tributária é a infração de lei evidenciada na existência ou presunção de ocorrência de referido fato. Por essas razões, é irrelevante para a definição da responsabilidade por dissolução irregular (ou sua presunção) a data da ocorrência do fato gerador da obrigação tributária, bem como o momento em que vencido o prazo para pagamento do respectivo débito. Por fim,

registre-se que a alteração social realizada em obediência à legislação civil e empresarial não merece reparo. Pondera-se, contudo, que se as instâncias ordinárias, na hipótese acima descrita, constatarem, à luz do contexto fático-probatório, que referida alteração ocorreu com o fim específico de lesar a Administração Tributária – o Fisco –, não resta dúvida de que essa conduta corresponderá à infração de lei, já que eivada de vícios por pretender afastar a aplicação da legislação tributária que disciplina a responsabilidade pelo débito nos termos do art. 135 do CTN. Tal circunstância admitirá, portanto, o redirecionamento da execução fiscal ao sócio-gerente, mesmo que não constante do quadro societário ou da respectiva gerência no momento da dissolução irregular ou da prática de ato apto a presumir a sua ocorrência, nos termos da Súmula 435/STJ. REsp 1.520.257-SP, Rel. Min. Og Fernandes, julgado em 16/6/2015, DJe 23/6/2015 (Inform. STJ 564).

DIREITO PROCESSUAL CIVIL E TRIBUTÁRIO. PERMANÊNCIA DA RESPONSABILIDADE DA PESSOA JURÍDICA APESAR DO REDIRECIONAMENTO DE EXECUÇÃO FISCAL PARA SÓCIO-GERENTE. Nos casos de dissolução irregular da sociedade empresária, o redirecionamento da Execução Fiscal para o sócio-gerente não constitui causa de exclusão da responsabilidade tributária da pessoa jurídica. O STJ possui entendimento consolidado de que "Os diretores não respondem pessoalmente pelas obrigações contraídas em nome da sociedade, mas respondem para com esta e para com terceiros solidária e ilimitadamente pelo excesso de mandato e pelos atos praticados com violação do estatuto ou lei" (EREsp 174.532-PR, Primeira Seção, DJe 20/8/2001). Isso, por si só, já seria suficiente para conduzir ao entendimento de que persiste a responsabilidade da pessoa jurídica. Além disso, atente-se para o fato de que nada impede que a Execução Fiscal seja promovida contra sujeitos distintos, por cumulação subjetiva em regime de litisconsórcio. Com efeito, são distintas as causas que deram ensejo à responsabilidade tributária e, por consequência, à definição do polo passivo da demanda: a) no caso da pessoa jurídica, a responsabilidade decorre da concretização, no mundo material, dos elementos integralmente previstos em abstrato na norma que define a hipótese de incidência do tributo; b) em relação ao sócio-gerente, o "fato gerador" de sua responsabilidade, conforme acima demonstrado, não é o simples inadimplemento da obrigação tributária, mas a dissolução irregular (ato ilícito). Além do mais, não há sentido em concluir que a prática, pelo sócio-gerente, de ato ilícito (dissolução irregular) constitui causa de exclusão da responsabilidade tributária da pessoa jurídica, fundada em circunstância independente. Em primeiro lugar, porque a legislação de Direito Material (CTN e legislação esparsa) não contém previsão legal nesse sentido. Ademais, a prática de ato ilícito imputável a um terceiro, posterior à ocorrência do fato gerador, não afasta a inadimplência (que é imputável à pessoa jurídica, e não ao respectivo sócio-gerente) nem anula ou invalida o surgimento da obrigação tributária e a constituição do respectivo crédito, o qual, portanto, subsiste normalmente. Entender de modo diverso, seria concluir que o ordenamento jurídico conteria a paradoxal previsão de que um ato ilícito – dissolução irregular –, ao fim, implicaria permissão para a pessoa jurídica (beneficiária direta da aludida dissolução) proceder ao arquivamento e ao registro de sua baixa societária, uma vez que não mais subsistiria débito tributário a ela imputável, em detrimento de terceiros de boa-fé (Fazenda Pública e demais credores). **REsp 1.455.490-PR**, Rel. Min. Herman Benjamin, julgado em 26/8/2014. (Inform. STJ 550)

DIREITO PROCESSUAL CIVIL. HIPÓTESE DE REDIRECIONAMENTO DE EXECUÇÃO FISCAL DE DÍVIDA ATIVA NÃO-TRIBUTÁRIA CONTRA REPRESENTANTE LEGAL DA SOCIEDADE EMPRESÁRIA EXECUTADA. RECURSO REPETITIVO (ART. 543-C DO CPC E RES. 8/2008-STJ).
Quando a sociedade empresária for dissolvida irregularmente, é possível o redirecionamento de execução fiscal de dívida ativa não-tributária contra o sócio-gerente da pessoa jurídica executada, independentemente da existência de dolo. Na esteira do entendimento firmado na Súmula 435 do STJ, a qual foi concebida no âmbito de execução fiscal de dívida tributária, a dissolução irregular da sociedade empresária é causa suficiente para o redirecionamento da execução fiscal contra o sócio-gerente. Isso porque o sócio-gerente tem o dever de manter atualizados os registros empresariais e comerciais, em especial quanto à localização da sociedade empresária e a sua dissolução. Caso não proceda assim, ocorrerá presunção de ilícito, uma vez que a ilicitude se dá justamente pela inobservância do rito próprio para a dissolução da sociedade empresarial, nos termos das

Leis 8.934/1994 e 11.101/2005 e dos arts. 1.033 a 1.038 e 1.102 a 1.112 do CC. Desse modo, é obrigação dos gestores das sociedades empresárias manter atualizados os respectivos cadastros, incluindo os atos relativos à mudança de endereço dos estabelecimentos e, especialmente, os referentes à dissolução da sociedade. Nessa linha intelectiva, não se pode conceber que a dissolução irregular da sociedade seja considerada "infração à lei" para efeito do art. 135 do CTN e assim não seja para efeito do art. 10 do Decreto 3.078/1919. Aliás, cabe registrar que o art. 135, III, do CTN traz similar comando ao do art. 10 do referido Decreto, sendo que a única diferença entre eles é que, enquanto o CTN enfatiza a exceção – a responsabilização dos sócios em situações excepcionais –, o Decreto enfatiza a regra – a ausência de responsabilização dos sócios em situações regulares. Ademais, ambos trazem a previsão de que os atos praticados em nome da sociedade com excesso de poder (mandato), em violação a lei, contrato ou estatutos sociais ensejam a responsabilização dos sócios perante terceiros (redirecionamento) e a própria sociedade da qual fazem parte, não havendo em nenhum dos casos a exigência de dolo. Precedentes citados: REsp 697.108-MG, Primeira Turma, DJe 13/5/2009; e AgRg no AREsp 8.509-SC, Segunda Turma, DJe 4/10/2011.**REsp 1.371.128-RS, Rel. Min. Mauro Campbell Marques, julgado em 10/9/2014. (Inform. STJ 547)**

> 📄 **Súmula STJ nº 435**
>
> Presume-se dissolvida irregularmente a empresa que deixar de funcionar no seu domicílio fiscal, sem comunicação aos órgãos competentes, legitimando o redirecionamento da execução fiscal para o sócio-gerente.

> 📄 **Súmula STJ nº 430**
>
> O inadimplemento da obrigação tributária pela sociedade não gera, por si só, a responsabilidade solidária do sócio-gerente.

> 📄 **Súmula STJ nº 251**
>
> A meação só responde pelo ato ilícito quando o credor, na execução fiscal, provar que o enriquecimento dele resultante aproveitou ao casal.

> 📄 **Súmula TFR nº 112**
>
> Em execução fiscal, a responsabilidade pessoal do sócio-gerente de sociedade por quotas, decorrente de violação da lei ou excesso de mandato, não atinge a meação de sua mulher.

13.3. Execução Fiscal: prescrição, prazos

DIREITO PROCESSUAL CIVIL E TRIBUTÁRIO. PRESCINDIBILIDADE DE REQUERIMENTO DO RÉU PARA A EXTINÇÃO DE EXECUÇÃO FISCAL POR ABANDONO DA CAUSA. Se a Fazenda Pública — tendo sido intimada pessoalmente para se manifestar sobre seu interesse no prosseguimento de execução fiscal não embargada – permanecer inerte por mais de trinta dias, não será necessário requerimento do executado para que o juiz determine, *ex officio*, a extinção do processo sem julgamento de mérito (art. 267, III, do CPC), afastando-se, nesse caso, a incidência da Súmula 240 do STJ. Precedente citado: REsp 1.120.097-SP, Primeira Seção, DJe 26/10/2010 (julgado sob o procedimento dos Recursos Repetitivos). **AgRg no REsp 1.450.799-RN, Rel. Min. Assusete Magalhães, julgado em 21/8/2014. (Inform. STJ 549)**

DIREITO PROCESSUAL CIVIL E TRIBUTÁRIO. INOCORRÊNCIA DE PRECLUSÃO PARA A FAZENDA PÚBLICA EM EXECUÇÃO FISCAL. Não implica preclusão a falta de imediata impugnação pela Fazenda Pública da alegação deduzida em embargos à execução fiscal de que o crédito tributário foi extinto pelo pagamento integral. A preclusão consiste na simples perda de uma faculdade processual. Nos casos relacionados a direitos materiais indisponíveis da Fazenda Pública, a falta de manifestação não autoriza concluir automaticamente que são verdadeiros os fatos alegados pela parte contrária. Em razão da indisponibilidade do direito controvertido e do princípio do livre convencimento, nada impede, inclusive, que o juízo examine esse tema. **REsp 1.364.444-RS, Rel. Min. Herman Benjamin, julgado em 8/4/2014. (Inform. STJ 542)**

> 📄 **Súmula STJ nº 314**
>
> Em execução fiscal, não localizados bens penhoráveis, suspende-se o processo por um ano, findo o qual se inicia o prazo da prescrição quinquenal intercorrente.

13.4. Execução Fiscal: CDA

DIREITO TRIBUTÁRIO E PROCESSUAL CIVIL. EXECUÇÃO FISCAL PROMOVIDA EM FACE DE HOMÔNIMO. Deve ser extinta a execução fiscal que, por erro na CDA quanto à indicação do CPF do executado, tenha sido promovida em face de pessoa homônima. Em princípio, a indicação equivocada do CPF do executado constitui simples erro material, que pode ser corrigido, na forma do art. 2º, § 8º, da Lei 6.830/1980, porque, em regra, não modifica o polo passivo se os demais dados como nome, endereço e número do processo administrativo estiverem indicados corretamente. Entretanto, quando se trata de homônimo, o erro na indicação do CPF acaba por incluir no processo executivo pessoa diversa daquela, em tese, efetivamente devedora do imposto. Ressalte-se que, em caso de homonímia, só é possível verificar quem é o real executado por intermédio do CPF. Assim, tem aplicação a Súmula 392 do STJ, segundo a qual "a Fazenda Pública pode substituir a certidão de dívida ativa (CDA) até a prolação da sentença de embargos, quando se tratar de correção de erro material ou formal, vedada a modificação do sujeito passivo da execução". **REsp 1.279.899-MG, Rel. Min. Napoleão Nunes Maia Filho, julgado em 18/2/2014. (Inform. STJ 536)**

> 📄 **Súmula STJ nº 392**
>
> A Fazenda Pública pode substituir a certidão de dívida ativa (CDA) até a prolação da sentença de embargos, quando se tratar de correção de erro material ou formal, vedada a modificação do sujeito passivo da execução.

13.5. Execução Fiscal: embargos e exceção de pré-executividade

DIREITO PROCESSUAL CIVIL E TRIBUTÁRIO. TERMO INICIAL DO PRAZO PARA O OFERECIMENTO DE EMBARGOS À EXECUÇÃO FISCAL QUANDO AFASTADA A NECESSIDADE DE GARANTIA PRÉVIA. No caso em que a garantia à execução fiscal tenha sido totalmente dispensada de forma expressa pelo juízo competente – inexistindo, ainda que parcialmente, a prestação de qualquer garantia (penhora, fiança, depósito, seguro-garantia) –, o prazo para oferecer embargos à execução deverá ter início na data da intimação da decisão que dispensou a apresentação de garantia, não havendo a necessidade, na intimação dessa dispensa, de se informar expressamente o prazo para embargar. De fato, o STJ já reconheceu, em sede de recurso representativo da controvérsia (REsp 1.127.815-SP, Primeira Seção, DJe 14/12/2010), que a insuficiência patrimonial do devedor inequívoca e devidamente comprovada é justificativa plausível à apreciação dos embargos à execução sem que o executado proceda ao reforço da penhora. A toda evidência, pelas mesmas razões, essa compreensão abrange os casos em que a dispensa de apresentação de garantia é total. Acerca de situações nas quais houve garantia apresentada (penhora, fiança, depósito, seguro-garantia), ainda que parcial, a jurisprudência do STJ tem determinado qual seria o respectivo termo inicial do prazo para o oferecimento de embargos do devedor: intimação do depósito, da penhora, da aceitação do seguro-garantia etc. Nesse contexto, nota-se que a regra subjacente a todos estes casos é a de que o prazo para o oferecimento de embargos do devedor tem início na data da intimação do ato que caracteriza a informação aos atores processuais da existência da garantia – nascimento da aptidão para embargar, pois não se embarga o ato constritivo, mas a execução –, tendo em vista o disposto no caput do art. 16 da Lei 6.830/1980. Do mesmo modo, nos casos em que a dispensa de apresentação de garantia é total, o prazo para oferecer embargos à execução fiscal deverá ter início na data da intimação da decisão que dispensou a apresentação de garantia, já que é este o ato que caracteriza a informação aos atores processuais da desnecessidade da garantia e a aptidão para embargar. Trata-se, portanto, de aplicação por analogia do disposto no mesmo art. 16 da Lei 6.830/1980. Ademais, não faz qualquer sentido a aplicação analógica do art. 738, do CPC – segundo o qual "Os embargos serão oferecidos no prazo de 15 (quinze) dias, contados da data da juntada aos autos do mandado de citação" –, posto que, na data da juntada aos autos do mandado de citação do feito executivo, o executado não tem conhecimento de que foi dispensada a garantia e de que já está apto a embargar. Além disso, não há necessidade, na intimação da dispensa de garantia, de se informar expressamente o prazo para embargar. Até porque não se pode olvidar que a garantia do juízo é dispensada justamente com o propósito de permitir ao executado oferecer embargos à execução. Desse modo, seria de todo incompreensível se, intimado da desnecessidade dessa garantia, não houvesse prazo a ser cumprido para embargar, criando uma condição perene à efetividade do feito executivo e contrariando a segurança jurídica. REsp 1.440.639-PE, Rel. Min. Mauro Campbell Marques, julgado em 2/6/2015, DJe 10/6/2015 (Inform. STJ 563).

DIREITO PROCESSUAL CIVIL E TRIBUTÁRIO. HIPÓTESE DE NÃO SUJEIÇÃO DE SENTENÇA A REEXAME NECESSÁRIO. Não se sujeita ao reexame necessário, ainda que a Fazenda Pública tenha sido condenada a pagar honorários advocatícios, a sentença que extinguiu execução fiscal em razão do acolhimento de exceção de pré-executividade pela qual se demonstrara o cancelamento, pelo Fisco, da inscrição em dívida ativa que lastreava a execução. Em relação à dívida ativa da Fazenda Pública, a lei somente prevê a remessa oficial em caso de sentença de procedência nos respectivos embargos do devedor (art. 475, II, do CPC). O CPC nada dispôs sobre o instituto do reexame necessário na hipótese do *decisum* que acolhe exceção de pré-executividade, tendo em vista tratar-se esse meio impugnativo de criação jurisprudencial. Se a matéria suscitada em exceção de pré-executividade fosse ventilada em embargos do devedor, o acolhimento do pedido, contra a argumentação fazendária, acarretaria a incidência do art. 475 do CPC. Por coerência, se a extinção da execução fiscal decorrer de acolhimento de exceção de pré-executividade, o reexame necessário somente deverá ser afastado na hipótese em que a Fazenda Pública, intimada para se manifestar sobre a referida objeção processual, a ela expressamente anuiu. Já a condenação ao pagamento dos encargos de sucumbência, por si só, não enseja a aplicação do art. 475 do CPC. A imposição do dever de pagamento dos honorários advocatícios possui natureza condenatória, mas reflete mera decorrência da derrota da parte, de modo que, se se entender que representa, por si, hipótese sujeita ao disposto no art. 475 do CPC, o procedimento da submissão ao duplo grau de jurisdição constituirá regra aplicável em qualquer hipótese, isto é, nos casos de julgamento com ou sem resolução do mérito, conclusão inadmissível. Dessa forma, somente a condenação ao pagamento dos honorários que tenha por fonte causadora a derrota da Fazenda Pública em relação ao conteúdo da exceção de pré-Executividade é que estará sujeita ao reexame necessário (aplicação, por analogia, da Súmula 325 do STJ). Caso a execução fiscal seja encerrada por força do cancelamento da CDA (art. 26 da Lei 6.830/1980), seja este motivado por reconhecimento expresso da Fazenda Pública quanto à procedência das alegações lançadas na objeção pré-executiva, seja por iniciativa de ofício do Fisco, o cabimento em si da condenação ao pagamento de verba honorária, ou a discussão quanto ao seu montante, somente poderá ser debatido por meio de recurso voluntário, não incidindo o art. 475, I, do CPC. REsp 1.415.603-CE, Rel. Min. Herman Benjamin, julgado em 22/5/2014. (Inform. STJ 544)

DIREITO PROCESSUAL CIVIL E TRIBUTÁRIO. GARANTIA DO JUÍZO PARA EMBARGOS À EXECUÇÃO FISCAL. Não devem ser conhecidos os embargos à execução fiscal opostos sem a garantia do juízo, mesmo que o embargante seja beneficiário da assistência judiciária gratuita. De um lado, a garantia do pleito executivo é condição de procedibilidade dos embargos de devedor nos exatos termos do art. 16, § 1º, da Lei 6.830/1980. De outro lado, o art. 3º da Lei 1.060/1950 é cláusula genérica, abstrata e visa à isenção de despesas de natureza processual, como custas e honorários advocatícios, não havendo previsão legal de isenção de garantia do juízo para embargar. Assim, em conformidade com o princípio da especialidade das leis, o disposto no art. 16, § 1º, da Lei 6.830/1980 deve prevalecer sobre o art. 3º, VII, da Lei 1.060/1950, o qual determina que os beneficiários da justiça gratuita ficam isentos dos depósitos previstos em lei para interposição de recurso, ajuizamento de ação e demais atos processuais inerentes ao exercício da ampla defesa e do contraditório. Precedentes citados: AgRg no REsp 1.257.434-RS, Segunda Turma, DJe 30/8/2011; e REsp 1.225.743-RS, Segunda Turma, DJe 16/3/2011. REsp 1.437.078-RS, Rel. Min. Humberto Martins, julgado em 25/3/2014. (Inform. STJ 538)

DIREITO PROCESSUAL CIVIL E TRIBUTÁRIO. HONORÁRIOS ADVOCATÍCIOS EM EXCEÇÃO DE PRÉ-EXECUTIVIDADE PARCIALMENTE PROCEDENTE. Julgada procedente em parte a exceção de pré-executividade, são devidos honorários de advogado na medida do respectivo proveito econômico. REsp 1.276.956-RS, Rel. Min. Ari Pargendler, julgado em 4/2/2014. (Inform. STJ 534)

DIREITO PROCESSUAL CIVIL E TRIBUTÁRIO. HONORÁRIOS DE SUCUMBÊNCIA NO ÂMBITO DE EMBARGOS À EXECUÇÃO FISCAL NO CASO DE RENÚNCIA PARA ADESÃO A PARCELAMENTO. São cabíveis honorários de sucumbência no âmbito de embargos à execução fiscal ajuizada para a cobrança de valores inscritos em Dívida Ativa pelo INSS, ainda que extintos com resolução de mérito em decorrência de renúncia ao direito sobre o qual se funda a ação para fins de adesão ao parcelamento de que trata a Lei 11.941/2009. Ao julgar o REsp 1.353.826-SP, submetido ao regime do art. 543-C do CPC, a Primeira Seção ratificou o entendimento de que o art. 6º, § 1º, da Lei 11.941/2009 só dispensou dos honorários advocatícios o sujeito passivo que desistir de ação ou renunciar ao direito em demanda na qual se requer "o restabelecimento de sua opção ou a sua reinclusão em outros parcelamentos". Nos demais casos, à míngua de disposição legal em sentido contrário, aplica-se a regra geral do art. 26 do CPC. Além disso, no crédito executado não está incluído o encargo legal de 20% previsto no art. 1º do Decreto-Lei 1.025/1969, que substitui os honorários advocatícios nas execuções fiscais da União. A orientação da Súmula 168 do TFR ("O encargo de 20%, do Decreto-Lei 1.025, de 1969, é sempre devido nas execuções fiscais da União e substitui, nos embargos, a condenação do devedor em honorários advocatícios") não pode ser ampliada, pois tem aplicação específica às hipóteses de embargos à execução fiscal da União, em que o encargo de 20% do Decreto-Lei 1.025/1969 compõe a dívida (REsp 1.143.320-RS, Primeira Seção, submetido ao rito do art. 543-C do CPC, DJe 21/5/2010). Nos demais processos em que se discute o crédito fiscal, a exemplo das ações declaratórias, condenatórias, cautelares e dos embargos à execução fiscal de dívida que não contempla o encargo de 20% do Decreto-Lei 1.025/1969, deve prevalecer o disposto no art. 26 do CPC, segundo o qual, se "o processo terminar por desistência ou reconhecimento do pedido, as despesas e os honorários serão pagos pela parte que desistiu ou reconheceu". REsp 1.392.607-RS, Rel. Min. Herman Benjamin, julgado em 15/10/2013. (Inform. STJ 533)

DIREITO PROCESSUAL CIVIL E TRIBUTÁRIO. REQUISITOS PARA A ATRIBUIÇÃO DE EFEITO SUSPENSIVO AOS EMBARGOS À EXECUÇÃO FISCAL. RECURSO REPETITIVO (ART. 543-C DO CPC E RES. 8/2008-STJ). A oposição de embargos à execução fiscal depois da penhora de bens do executado não suspende automaticamente os atos executivos, fazendo-se necessário que o embargante demonstre a relevância de seus argumentos ("fumus boni juris") e que o prosseguimento da execução poderá lhe causar dano de difícil ou de incerta reparação ("periculum in mora"). Com efeito, as regras da execução fiscal não se incompatibilizam com o art. 739-A do CPC/1973, que condiciona a atribuição de efeitos suspensivos aos embargos do devedor ao cumprimento de três requisitos: apresentação de garantia, verificação pelo juiz da relevância da fundamentação e perigo de dano irreparável ou de difícil reparação. Para chegar a essa conclusão, faz-se necessária uma interpretação histórica dos dispositivos legais pertinentes ao tema. A previsão no ordenamento jurídico pátrio da regra geral de atribuição de efeito suspensivo aos embargos do devedor somente ocorreu com o advento da Lei 8.953/1994, que promoveu a reforma do processo de execução do CPC/1973, nele incluindo o § 1º do art. 739 e o inciso I do art. 791. Antes dessa reforma, inclusive na vigência do Decreto-lei 960/1938 – que disciplinava a cobrança judicial da dívida ativa da Fazenda Pública em todo o território nacional – e do CPC/1939, nenhuma lei previa expressamente a atribuição, em regra, de efeitos suspensivos aos embargos do devedor. Nessa época, o efeito suspensivo derivava de construção doutrinária que, posteriormente, quando suficientemente amadurecida, culminou no projeto que foi convertido na citada Lei n. 8.953/1994. Sendo assim, é evidente e equívoco da premissa de que a Lei 6.830/1980 (LEF) e a Lei 8.212/1991 (LOSS) adotaram a postura suspensiva dos embargos do devedor antes mesmo de essa postura ter sido adotada expressamente pelo próprio CPC/1973 (com o advento da Lei 8.953/1994). Dessa forma, à luz de uma interpretação histórica dos dispositivos legais pertinentes ao tema e tendo em vista os princípios que influenciaram as várias reformas no CPC/1973 e as regras dos feitos executivos da Fazenda Pública – considerando, em especial, a eficácia material do processo executivo, a primazia do crédito público sobre o privado e a especialidade das execuções fiscais –, é ilógico concluir que a LEF e o art. 53, § 4º, da Lei 8.212/1991 foram, em algum momento, ou são incompatíveis com a ausência de efeito suspensivo aos embargos do devedor. Isso porque, quanto ao regime jurídico desse meio de impugnação, há a invocação – com derrogações específicas sempre no sentido de dar maiores garantias ao crédito público – da aplicação subsidiária do disposto

VADE MECUM DE JURISPRUDÊNCIA – STF/STJ

no CPC/1973, que tinha redação dúbia a respeito, admitindo diversas interpretações doutrinárias. Por essa razão, nem a LEF nem o art. 53, § 4º, da LOSS devem ser considerados incompatíveis com a atual redação do art. 739-A do CPC/1973. Cabe ressaltar, ademais, que, embora por fundamentos variados – fazendo uso da interpretação sistemática da LEF e do CPC/1973, trilhando o inovador caminho da teoria do diálogo das fontes ou utilizando da interpretação histórica dos dispositivos (o que se faz nesta oportunidade) – a conclusão acima exposta tem sido adotada predominantemente no STJ. Saliente-se, por oportuno, que, em atenção ao princípio da especialidade da LEF, mantido com a reforma do CPC/1973, a nova redação do art. 736 do CPC, dada pela Lei 11.382/2006 – artigo que dispensa a garantia como condicionante dos embargos –, não se aplica às execuções fiscais, haja vista a existência de dispositivo específico, qual seja, o art. 16, § 1º, da LEF, que exige expressamente a garantia para a admissão de embargos à execução fiscal. Precedentes citados: AgRg no Ag 1.381.229-PR, Primeira Turma, DJe de 2/2/2012; e AgRg nos EDcl no Ag 1.389.866-PR, Segunda Turma, DJe de DJe 21/9/2011. **REsp 1.272.827-PE, Rel. Min. Mauro Campbell Marques, julgado em 22/5/2013. (Inform. STJ 526)**

📖 Súmula STJ nº 394

É admissível, em embargos à execução, compensar os valores de imposto de renda retidos indevidamente na fonte com os valores restituídos apurados na declaração anual.

📖 Súmula STJ nº 393

A exceção de pré-executividade é admissível na execução fiscal relativamente às matérias conhecíveis de ofício que não demandem dilação probatória.

📖 Súmula STJ nº 153

A desistência da execução fiscal, após o oferecimento dos embargos, não exime o exequente dos encargos da sucumbência.

📖 Súmula TFR nº 184

Em execução movida contra sociedade por quotas, o sócio-gerente, citado em nome próprio, não tem legitimidade para opor embargos de terceiro, visando livrar da constrição judicial seus bens particulares.

13.6.   Execução Fiscal: outros temas

REPERCUSSÃO GERAL EM AI N. 837.409-SE

RED P/ O ACÓRDÃO: MIN. GILMAR MENDES
Agravo de instrumento. 2. Direito Tributário. IPTU. Execução fiscal. Competência tributária ativa. Controvérsia. Declaração de inconstitucionalidade de dispositivo que definia limites territoriais de município. 3. Requisitos contidos no art. 18, § 4º, da Constituição Federal. Mitigação. 4. Discussão quanto à correta aplicação do artigo 96 da CF/88. 5. Repercussão geral reconhecida. **(Inform. STF 778)**

REPERCUSSÃO GERAL EM RE N. 774.458-PR

RELATOR: MIN. TEORI ZAVASCKI
Ementa: PROCESSUAL CIVIL. RECURSO EXTRAORDINÁRIO. CONSELHOS DE FISCALIZAÇÃO PROFISSIONAL. EXECUÇÃO FISCAL. EXTINÇÃO. VALOR IRRISÓRIO DO DÉBITO EXECUTADO. ART. 8º DA LEI 12.514/11. MATÉRIA INFRACONSTITUCIONAL. AUSÊNCIA DE REPERCUSSÃO GERAL.
1. Tem natureza infraconstitucional a controvérsia relativa à extinção da execução fiscal de créditos de conselho de fiscalização profissional em função do valor irrisório do débito executado, decidida que foi pelo Tribunal de origem à luz do art. 8º da Lei 12.514/11.
2. Inviável, em recurso extraordinário, apreciar violação ao art. 5º, XXXV e XXXVI, da Constituição Federal, que pressupõe intermediário exame e aplicação de normas infraconstitucionais (AI 796.905-AgR, Rel. Min. LUIZ FUX, Primeira Turma, DJe de 21.5.2012; AI 622.814-AgR, Rel. Min. DIAS TOFFOLI, Primeira Turma, DJe de 08.3.2012; ARE 642.062-AgR, Rel. Min. ELLEN GRACIE, Segunda Turma, DJe de 19.8.2011).
3. É cabível a atribuição dos efeitos da declaração de ausência de repercussão geral quando não há matéria constitucional a ser apreciada ou quando eventual ofensa à Carta Magna se dê de forma indireta ou reflexa (RE 584.608 RG, Min. ELLEN GRACIE, Plenário, DJe de 13/03/2009).
4. Ausência de repercussão geral da questão suscitada, nos termos do art. 543-A do CPC. **(Inform. STF 757)**

DIREITO PROCESSUAL CIVIL E TRIBUTÁRIO. DISPENSABILIDADE DA INDICAÇÃO DO CPF E/OU RG DO DEVEDOR (PESSOA FÍSICA) NAS AÇÕES DE EXECUÇÃO FISCAL. RECURSO REPETITIVO (ART. 543-C DO CPC E RES. 8/2008 DO STJ).
Em ações de execução fiscal, descabe indeferir a petição inicial sob o argumento da falta de indicação do CPF e/ou RG da parte executada, visto tratar-se de requisito não previsto no art. 6º da Lei 6.830/1980 (LEF), cujo diploma, por sua especialidade, ostenta primazia sobre a legislação de cunho geral, como ocorre em relação à exigência contida no art. 15 da Lei 11.419/2006. A Lei 6.830/1980, ao elencar no art. 6º os requisitos da petição inicial, não previu o fornecimento do CPF da parte executada, providência, diga-se, também não contemplada no art. 282, II, do CPC. A previsão de que a petição inicial de qualquer ação judicial contenha o CPF ou o CNPJ do réu encontra suporte, unicamente, no art. 15 da Lei 11.419/2006, que disciplina a informatização dos processos judiciais, cuidando-se, nessa perspectiva, de norma de caráter geral. Portanto, não se pode cogitar do indeferimento da petição inicial com base em exigência não consignada na legislação específica (Lei 6.830/1980-LEF), tanto mais quando o nome e endereço da parte executada, trazidos com a inicial, possibilitem, em tese, a efetivação do ato citatório. A Primeira Seção do STJ concluiu, em sede de repetitivo, por afastar a exigência de que a exordial da execução se fizesse acompanhar, também, da planilha discriminativa de cálculos; isso porque "A petição inicial da execução fiscal apresenta seus requisitos essenciais próprios e especiais que não podem ser exacerbados a pretexto da aplicação do Código de Processo Civil, o qual, por conviver com a lex specialis, somente se aplica subsidiariamente" (REsp 1.138.202-ES, Primeira Seção, DJe 1º/2/2010). Em tal perspectiva, deve-se reconhecer que, por seu caráter geral, o art. 15 da Lei 11.419/2006, no que impõe à parte o dever de informar, ao distribuir a petição inicial de qualquer ação judicial, o CPF ou CNPJ de pessoas físicas e jurídicas, encerra comando que cede frente aos enxutos requisitos contidos na legislação de regência da execução fiscal (Lei 6.830/1980), notadamente em seu artigo 6º. Embora o questionado fornecimento do CPF ou CNPJ não chegue a revelar incompatibilidade maior com o procedimento fiscal em juízo, a falta de apresentação desses dados pelo fisco, por não se erigir em requisito expressamente reclamado na lei especial de regência, não poderá obstruir o curso da execução, sem prejuízo de que esses dados possam aportar ao feito em momento ulterior. **REsp 1.450.819-AM, Rel. Min. Sérgio Kukina, Primeira Seção, julgado em 12/11/2014, DJe 12/12/2014 (Inform. STJ 553).**

DIREITO PROCESSUAL CIVIL E TRIBUTÁRIO. DISPENSABILIDADE DA INDICAÇÃO DO CNPJ DO DEVEDOR (PESSOA JURÍDICA) NAS AÇÕES DE EXECUÇÃO FISCAL. RECURSO REPETITIVO (ART. 543-C DO CPC E RES. 8/2008 DO STJ).
Em ações de execução fiscal, descabe indeferir a petição inicial sob o argumento da falta de indicação do CNPJ da parte executada, visto tratar-se de requisito não previsto no art. 6º da Lei 6.830/1980 (LEF), cujo diploma, por sua especialidade, ostenta primazia sobre a legislação de cunho geral, como ocorre em relação à exigência contida no art. 15 da Lei 11.419/2006. A Lei 6.830/1980, ao elencar no art. 6º os requisitos da petição inicial, não previu o fornecimento do CNPJ da parte executada, providência, diga-se, também não contemplada no art. 282, II, do CPC. A previsão de que a petição inicial de qualquer ação judicial contenha o CPF ou o CNPJ do réu encontra suporte, unicamente, no art. 15 da Lei 11.419/2006, que disciplina a informatização dos processos judiciais, cuidando-se, nessa perspectiva, de norma de caráter geral. Portanto, não se pode cogitar do indeferimento da petição inicial com base em exigência não consignada na legislação específica (Lei 6.830/1980), tanto mais quando o nome e endereço da parte executada, trazidos com a inicial, possibilitem, em tese, a efetivação do ato citatório. A Primeira Seção do STJ concluiu, em sede de repetitivo, por afastar a exigência de que a exordial da execução se fizesse acompanhar, também, da planilha discriminativa de cálculos, isso porque "A petição inicial da execução fiscal apresenta seus requisitos essenciais próprios e especiais que não podem ser exacerbados a pretexto da aplicação do Código de Processo Civil, o qual, por conviver com a lex specialis, somente se aplica subsidiariamente" (REsp 1.138.202-ES, Primeira Seção, DJe 1º/2/2010). Em tal perspectiva, deve-se reconhecer que, por seu caráter geral, o art. 15 da Lei 11.419/2006, no que impõe à parte o dever de informar, ao distribuir a petição inicial de qualquer ação judicial, o CPF ou CNPJ de pessoas físicas e jurídicas, encerra comando que cede frente aos

7. DIREITO TRIBUTÁRIO   627

enxutos requisitos contidos na legislação de regência da execução fiscal (Lei 6.830/1980), notadamente em seu artigo 6º. Embora o questionado fornecimento do CPF ou CNPJ não chegue a revelar incompatibilidade maior com o procedimento fiscal em juízo, a falta de apresentação desses dados pelo fisco, por não se erigir em requisito expressamente reclamado na lei especial de regência, não poderá obstruir o curso da execução, sem prejuízo de que esses dados possam aportar ao feito em momento ulterior. REsp 1.455.091-AM, Rel. Min. Sérgio Kukina, Primeira Seção, julgado em 12/11/2014, DJe 2/2/2015 (Inform. STJ 553).

DIREITO PROCESSUAL CIVIL E TRIBUTÁRIO. EXECUÇÃO FISCAL AJUIZADA CONTRA PESSOA JURÍDICA FALIDA. RECURSO REPETITIVO (ART. 543-C DO CPC E RES. 8/2008-STJ). A constatação posterior ao ajuizamento da execução fiscal de que a pessoa jurídica executada tivera sua falência decretada antes da propositura da ação executiva não implica a extinção do processo sem resolução de mérito. Por um lado, a sentença que decreta a falência apenas estabelece o início da fase do juízo concursal, ao fim do qual, então, ocorrerá a extinção da personalidade jurídica. Não há, portanto, dois ou mais entes com personalidade jurídica a concorrerem à legitimidade passiva da execução, mas uma pessoa jurídica em estado falimentar. A massa falida, como se sabe, não detém personalidade jurídica, mas apenas personalidade judiciária, isto é, atributo que permite a participação nos processos instaurados pela pessoa jurídica ou contra ela no Poder Judiciário. Trata-se de universalidade que sucede, em todos os direitos e obrigações, a pessoa jurídica. Assim, deve-se dar oportunidade de retificação da denominação do executado – o que não implica alteração do sujeito passivo da relação processual –, sendo plenamente aplicável a regra do art. 284 do CPC: "Verificando o juiz que a petição inicial não preenche os requisitos exigidos nos arts. 282 e 283, ou que apresenta defeitos e irregularidades capazes de dificultar o julgamento de mérito, determinará que o autor a emende, ou a complete, no prazo de 10 (dez) dias". Esse entendimento também se extrai do disposto no art. 51 do CC: "nos casos de dissolução da pessoa jurídica ou cassada a autorização para seu funcionamento, ela subsistirá para os fins de liquidação, até que esta se conclua". Por outro lado, à luz do disposto no art. 2º, § 8º, da Lei 6.830/1980 ("Até a decisão de primeira instância, a Certidão de Dívida Ativa poderá ser emendada ou substituída, assegurada ao executado a devolução do prazo para embargos"), além da correção da petição inicial, é igualmente necessária a retificação da CDA. Outrossim, a extinção do processo sem resolução de mérito violaria os princípios da celeridade e da economia processual. Por fim, trata-se de correção de "erro material ou formal", e não de "modificação do sujeito passivo da execução", não se caracterizando afronta à Súmula 392 do STJ: "A Fazenda Pública pode substituir a certidão de dívida ativa (CDA) até a prolação da sentença de embargos, quando se tratar de correção de erro material ou formal, vedada a modificação do sujeito passivo da execução". Precedentes citados: REsp 1.192.210-RJ, Segunda Turma, DJe 4/2/2011; REsp 1.359.041-SE, Segunda Turma, DJe 28/6/2013; e EDcl no REsp 1.359.259-SE, Segunda Turma, DJe 7/5/2013. **REsp 1.372.243-SE, Rel. originário Min. Napoleão Nunes Maia Filho, Rel. para acórdão Min. Og Fernandes, julgado em 11/12/2013. (Inform. STJ 538)**

DIREITO PROCESSUAL CIVIL. APLICABILIDADE DO ART. 20 DA LEI 10.522/2002 EM EXECUÇÃO FISCAL PROMOVIDA PELA PROCURADORIA-GERAL FEDERAL. RECURSO REPETITIVO (ART. 543-C DO CPC E RES. 8/2008-STJ). As execuções fiscais de crédito de autarquia federal promovidas pela Procuradoria-Geral Federal para cobrança de débitos iguais ou inferiores a R$ 10 mil não devem, com base no art. 20 da Lei 10.522/2002, ter seus autos arquivados sem baixa na distribuição. Efetivamente, o comando inserido no artigo mencionado refere-se unicamente aos débitos inscritos na Dívida Ativa da União pela Procuradoria-Geral da Fazenda Nacional ou por ela cobrados, de valor consolidado igual ou inferior a R$ 10 mil. No entanto, pela leitura dos arts. 10, *caput* e parágrafos 11, 12 e 13, da Lei 10.480/2002, 22 da Lei 11.457/2007, 12 da LC 73/1973 e 1º do Decreto-Lei 147/1967, verifica-se que são distintas as atribuições da Procuradoria-Geral Federal e da Procuradoria-Geral da Fazenda Nacional, não sendo possível, por isso, equipará-las para os fins do art. 20 da Lei 10.522/2002. Além disso, nos casos em que a representação judicial é atribuída à Procuradoria-Geral Federal, os requisitos para a dispensa de inscrição de crédito, a autorização para o não ajuizamento de ações e a não interposição de recursos, assim como o requerimento de extinção das ações em curso ou de desistência dos respectivos recursos judiciais, estão previstos no art. 1º-A da Lei 9.469/1997, que exclui expressamente sua aplicação aos casos em que a representação

judicial é atribuída à Procuradoria-Geral da Fazenda Nacional. Ressalte-se que, com a União, representada pela Procuradoria da Fazenda Nacional, compondo o polo ativo da ação, a Primeira Seção, no RESP 1.111.982-SP, julgado conforme a sistemática dos recursos repetitivos, decidiu que o art. 20 da Lei 10.522/2002 não determina a extinção do processo sem resolução de mérito, mas apenas o arquivamento do feito sem baixa na distribuição, quando do caráter irrisório da execução fiscal. Precedente citado: REsp 1.363.163-SP, Primeira Seção, DJe 30/9/2013. **REsp 1.343.591-MA, Rel. Min. Og Fernandes, julgado em 11.12.2013. (Inform. STJ 533)**

DIREITO PROCESSUAL CIVIL E TRIBUTÁRIO. VALOR DOS HONORÁRIOS DE SUCUMBÊNCIA NO ÂMBITO DE EMBARGOS À EXECUÇÃO FISCAL NO CASO DE RENÚNCIA PARA ADESÃO A PARCELAMENTO. No âmbito de embargos à execução fiscal ajuizada para a cobrança de valores inscritos em Dívida Ativa pelo INSS, extintos com resolução de mérito em decorrência de renúncia ao direito sobre o qual se funda a ação para fins de adesão ao parcelamento de que trata a Lei 11.941/2009, a verba de sucumbência deve ser de 1% do valor consolidado do débito parcelado. A Segunda Turma do STJ entende aplicável, por analogia, a essas situações de adesão a parcelamento, a norma do art. 4º da Lei 10.684/2003 – que incide nos débitos com a Previdência Social –, segundo o qual "o valor da verba de sucumbência será de um por cento do valor do débito consolidado decorrente da desistência da respectiva ação judicial". Precedente citado: REsp 1.247.620-RS, Segunda Turma, DJe 11/10/2012. **REsp 1.392.607-RS, Min. Herman Benjamin, julgado em 15/10/2013. (Inform. STJ 533)**

📄 Súmula STJ nº 521

A legitimidade para a execução fiscal de multa pendente de pagamento imposta em sentença condenatória é exclusiva da Procuradoria da Fazenda Pública.

13.7.   Mandado de segurança

DIREITO TRIBUTÁRIO E PROCESSUAL CIVIL. LEGITIMIDADE PASSIVA EM MS PARA INGRESSO NO SIMPLES NACIONAL. A legitimidade passiva em mandado de segurança impetrado contra o indeferimento, por autoridade fiscal integrante de estrutura administrativa estadual, do ingresso no Simples Nacional, em razão da existência de débitos do impetrante com a Fazenda Estadual sem exigibilidade suspensa, é da autoridade estadual – e não do Delegado da Receita Federal. O art. 16, § 6º, da LC 123/2006 dispõe que "O indeferimento da opção pelo Simples Nacional será formalizado mediante ato da Administração Tributária segundo regulamentação do Comitê Gestor". O Comitê Gestor do Simples Nacional (CGSN), composto por representantes de todos os entes federados (art. 2º da LC 116/2003), por meio da Resolução 4, de 30 de maio de 2007, estabeleceu que o termo de indeferimento será expedido pela Administração Tributária do ente federado que indeferiu o ingresso no Simples Nacional, inclusive na hipótese da existência de débitos tributários (art. 8º, *caput*, da Resolução CGSN 4), regulamentação mantida no art. 14 da Resolução CGSN 94, de 29 de novembro de 2011. Constata-se, portanto, que o ato de indeferimento de ingresso no Simples Nacional pela existência de débitos com os fiscos federal, estaduais, municipais ou distrital é de responsabilidade da Administração Tributária do respectivo ente federado. Por conseguinte, incide o art. 41, § 5º, I, da LC 123/2006, que exclui "os mandados de segurança nos quais se impugnem atos de autoridade coatora pertencente a Estado, Distrito Federal ou Município" da regra contida no *caput*, segundo a qual os processos relativos a impostos e contribuições abrangidos pelo Simples Nacional serão ajuizados em face da União. **REsp 1.319.118-RS, Rel. Min. Benedito Gonçalves, julgado em 13/6/2014. (Inform. STJ 545)**

📄 Súmula STF nº 625

Controvérsia sobre matéria de direito não impede concessão de mandado de segurança.

📄 Súmula STF nº 512

Não cabe condenação em honorários de advogado na ação de mandado de segurança.

📄 Súmula STF nº 510

Praticado o ato por autoridade, no exercício de competência delegada, contra ela cabe o mandado de segurança ou a medida judicial.

Súmula STF nº 460

É incabível o mandado de segurança para convalidar a compensação tributária realizada pelo contribuinte.

Súmula STF nº 405

Denegado o mandado de segurança pela sentença, ou no julgamento do agravo, dela interposto, fica sem efeito a liminar concedida, retroagindo os efeitos da decisão contrária.

Súmula STF nº 304

Decisão denegatória de mandado de segurança, não fazendo coisa julgada contra o impetrante, não impede o uso da ação própria.

Súmula STF nº 271

Concessão de mandado de segurança não produz efeitos patrimoniais em relação a período pretérito, os quais devem ser reclamados administrativamente ou pela via judicial própria.

Súmula STF nº 269

O mandado de segurança não é substitutivo da ação de cobrança.

Súmula STF nº 267

Não cabe mandado de segurança contra decisão judicial com trânsito em julgado.

Súmula STF nº 266

Não cabe mandado de segurança contra lei em tese.

Súmula STJ nº 213

O mandado de segurança constitui ação adequada para a declaração do direito à compensação tributária.

Súmula STJ nº 169

São inadmissíveis embargos infringentes no processo de mandado de segurança.

Súmula STJ nº 105

Na ação de mandado de segurança não se admite condenação em honorários advocatícios.

Súmula TFR nº 145

Extingue-se o processo de mandado de segurança, se o autor não promover, no prazo assinado, a citação do litisconsorte necessário.

Súmula TFR nº 59

A autoridade fiscal de primeiro grau que expede a notificação para pagamento do tributo está legitimada passivamente para a ação de segurança, ainda que sobre a controvérsia haja decisão, em grau de recurso, de conselho de contribuintes.

13.8. Repetição, compensação, anulatória, declaratória

AG. REG. NO ARE N. 903.790-RJ

RELATORA: MIN. ROSA WEBER

EMENTA: DIREITO PROCESSUAL CIVIL E TRIBUTÁRIO. PRESCRIÇÃO DA PRETENSÃO DE REPETIÇÃO DE INDÉBITO TRIBUTÁRIO. MATÉRIA COM REPERCUSSÃO GERAL RECONHECIDA E JULGADA. RE 566.621 (REL. MIN. ELLEN GRACIE). ACÓRDÃO RECORRIDO CONFORME O PRECEDENTE. PREVIDÊNCIA PRIVADA. IMPOSTO DE RENDA. RESGATE. REPETIÇÃO DE INDÉBITO. PRESCRIÇÃO. VERIFICAÇÃO. MATÉRIA INFRACONSTITUCIONAL. INCIDÊNCIA DE IMPOSTO DE RENDA SOBRE BENEFÍCIO DE PREVIDÊNCIA COMPLEMENTAR APÓS A LEI 9.250/95. EVENTUAL OFENSA REFLEXA NÃO VIABILIZA O MANEJO DO RECURSO EXTRAORDINÁRIO. ART. 102 DA LEI MAIOR. ACÓRDÃO RECORRIDO PUBLICADO EM 06.05.2015.

1. Ao exame do RE 566.621, Rel. Min. Ellen Gracie, esta Suprema Corte declarou a inconstitucionalidade do art. 4º, segunda parte, da LC 118/2005, considerando válida a aplicação do novo prazo prescricional de 5 anos tão somente às ações ajuizadas após o decurso da *vacatio legis* de 120 dias, ou seja, a partir de 9 de junho de 2005. O entendimento adotado pela Corte de origem não divergiu dessa orientação.

2. A controvérsia não alcança estatura constitucional. Não há falar em afronta aos preceitos constitucionais indicados nas razões recursais. Compreender de modo diverso exigiria a análise da legislação infraconstitucional encampada na decisão da Corte de origem, a tornar oblíqua e reflexa eventual ofensa, insuscetível, como tal, de viabilizar o conhecimento do recurso extraordinário. Desatendida a exigência do art. 102, III, "a", da Lei Maior, nos termos da remansosa jurisprudência desta Suprema Corte.

3. As razões do agravo regimental não se mostram aptas a infirmar os fundamentos que lastrearam a decisão agravada.

4. Agravo regimental conhecido e não provido. **(Inform. STF 799)**

Desvinculação de contribuição e legitimidade de contribuinte

O disposto no art. 76 do ADCT — que desvincula 20% do produto da arrecadação da União em impostos, contribuições sociais e contribuições de domínio econômico de órgão, fundo ou despesa —, independente de sua validade constitucional, não gera direito a repetição de indébito. Com base nesse entendimento, o Plenário desproveu recurso extraordinário em que se discutia a constitucionalidade da desvinculação tributária levada a efeito pelas EC 27/2000 e EC 42/2003. No caso, a recorrente alegava ter direito à restituição da denominada Desvinculação de Receitas da União - DRU em razão de sua suposta inconstitucionalidade. O Tribunal afirmou que os impostos seriam tributos classificados como não-vinculados. Assim, seria possível a exação sem contraprestação específica de determinado serviço público, pois o montante arrecadado não teria destinação predeterminada (CF, art. 167, IV). Todavia, a Constituição vincularia a arrecadação de impostos a determinados fins, conforme observado de seus artigos 158, 159, 198, § 2º, 212 e 37, XXII. As contribuições sociais e as contribuições de intervenção no domínio econômico, por outro lado, seriam tributos com destinação de arrecadação vinculada. Todas seriam alcançadas pela desvinculação estabelecida pelo art. 76 do ADCT. De qualquer forma, não seria possível concluir que, da eventual inconstitucionalidade da desvinculação parcial da receita das contribuições sociais, decorreria a devolução ao contribuinte do montante correspondente ao percentual desvinculado. Sublinhou que a tributação não seria inconstitucional ou ilegal, hipótese em que se autorizaria a repetição do indébito tributário ou o reconhecimento de inexistência de relação jurídico-tributária. Portanto, faltaria legitimidade processual à recorrente, pois ela não seria beneficiada pela declaração de inconstitucionalidade. **RE 566007/RS, rel. Min. Cármen Lúcia, 13.11.2014. (RE-566007) (Inform. STF 767)**

DIREITO TRIBUTÁRIO E PROCESSUAL CIVIL. ILEGITIMIDADE PASSIVA "AD CAUSAM" DO INSS EM AÇÃO DE REPETIÇÃO DE INDÉBITO TRIBUTÁRIO. Após a vigência da Lei 11.457/2007, o INSS não possui legitimidade passiva nas demandas em que se questione a exigibilidade das contribuições sociais previstas nas alíneas "a", "b" e "c" do parágrafo único do art. 11 da Lei 8.212/1991, ainda que se tenha por objetivo a restituição de indébito de contribuições recolhidas em momento anterior ao advento da Lei 11.457/2007. De fato, da leitura dos arts. 2º, 16 e 23 da Lei 11.457/2007, infere-se que as atividades referentes à tributação, fiscalização, arrecadação, cobrança e recolhimento das contribuições sociais vinculadas ao INSS foram transferidas à Secretaria da Receita Federal do Brasil, órgão da União, cuja representação, após os prazos estipulados no art. 16 da Lei 11.457/2007, ficou a cargo exclusivo da Procuradoria-Geral da Fazenda Nacional. Precedente citado: REsp 1.265.333-RS, Segunda Turma, DJe 26/2/2013.**REsp 1.355.613-RS, Rel. Min. Humberto Martins, julgado em 24/4/2014. (Inform. STJ 539)**

DIREITO TRIBUTÁRIO. IMPOSSIBILIDADE DE COMPENSAÇÃO DE PRE-CATÓRIOS DO IPERGS COM CRÉDITOS TRIBUTÁRIOS DO ESTADO DO RIO GRANDE DO SUL. Os precatórios emitidos por dívidas do Instituto de Previdência do Estado do Rio Grande do Sul – IPERGS não podem ser utilizados para compensar créditos tributários de titularidade do Estado do Rio Grande do Sul. Precedentes citados: AgRg no AREsp 113.781-RS, Segunda Turma, DJe 15/2/2013; e AgRg no REsp 1.238.247-RS, Primeira Turma, DJe 13/6/2012. **AgRg no AREsp 48.935-RS, Rel. Min. Sérgio Kukina, julgado em 19/3/2013. (Inform. STJ 518)**

Súmula STF nº 546

Cabe restituição do tributo pago indevidamente, quando reconhecido, por decisão, que o contribuinte *de jure* não recuperou do contribuinte *de facto* o *quantum* respectivo.

7. DIREITO TRIBUTÁRIO

☐ Súmula STF n° 383

A prescrição em favor da Fazenda Pública recomeça a correr, por 2 (dois) anos e meio, a partir do ato interruptivo, mas não fica reduzida aquém de 5 (cinco) anos, embora o titular do direito a interrompa durante a primeira metade do prazo.

☐ Súmula STF n° 262

Não cabe medida possessória liminar para liberação alfandegária de automóveis.

☐ Súmula STF n° 239

Decisão que declara indevida a cobrança do imposto em determinado exercício não faz coisa julgada em relação aos posteriores.

☐ Súmula STF n° 150

Prescreve a execução no mesmo prazo de prescrição da ação.
Súmula STJ n° 523
A taxa de juros de mora incidente na repetição de indébito de tributos estaduais deve corresponder à utilizada para cobrança do tributo pago em atraso, sendo legítima a incidência da taxa Selic, em ambas as hipóteses, quando prevista na legislação local, vedada sua cumulação com quaisquer outros índices.

☐ Súmula STJ n° 461

O contribuinte pode optar por receber, por meio de precatório ou por compensação, o indébito tributário certificado por sentença declaratória transitada em julgado.

☐ Súmula STJ n° 447

Os Estados e o Distrito Federal são partes legítimas na ação de restituição de imposto de renda retido na fonte proposta por seus servidores.

☐ Súmula STJ n° 232

A Fazenda Pública, quando parte no processo, fica sujeita à exigência do depósito prévio dos honorários do perito.

☐ Súmula STJ n° 188

Os juros moratórios, na repetição de indébito tributário, são devidos a partir do trânsito em julgado da sentença.

☐ Súmula STJ n° 162

Na repetição de indébito tributário, a correção monetária incide a partir do pagamento indevido.

☐ Súmula STJ n° 106

Proposta a ação no prazo fixado para o seu exercício, a demora na citação, por motivos inerentes ao mecanismo da Justiça, não justifica o acolhimento da arguição de prescrição ou decadência.

☐ Súmula TFR n° 247

Não constitui pressuposto da ação anulatória do débito fiscal o depósito de que cuida o art. 38 da Lei 6.830, de 1980.

☐ Súmula TFR n° 213.

O exaurimento da via administrativa não é condição para a propositura de ação de natureza previdenciária.

☐ Súmula TFR n° 47

Cancelado o débito fiscal, a correção monetária, relativa à restituição da importância depositada em garantia de instância, incide a partir da data da efetivação do depósito.

☐ Súmula TFR n° 46

Nos casos de devolução do depósito efetuado em garantia de instância e de repetição do indébito tributário, a correção monetária é calculada desde a data do depósito ou do pagamento indevido e incide até o efetivo recebimento da importância reclamada.

14. PROGRAMAS DE PARCELAMENTO, REFIS, PAES

DIREITO TRIBUTÁRIO. PRESCRIÇÃO DA PRETENSÃO DE COBRANÇA DE CRÉDITOS TRIBUTÁRIOS DEVIDOS POR CONTRIBUINTE EXCLUÍDO DO REFIS. Não interrompe o prazo prescricional o fato de o contribuinte, após ser formalmente excluído do Programa de Recuperação Fiscal (Refis), continuar efetuando, por mera liberalidade, o pagamento mensal das parcelas do débito tributário. De fato, a Primeira e a Segunda Turmas do STJ têm entendimento no sentido de que o pedido de parcelamento no Refis – que não se confunde com a sua concessão –, por constituir reconhecimento inequívoco do débito, nos termos do art. 174, parágrafo único, IV, do CTN, interrompe o prazo prescricional, que recomeça a fluir a partir da data em que o devedor deixa de cumprir o acordo (AgRg no REsp 1.340.871-SC, Primeira Turma, julgado em 5/6/2014, DJe 13/6/2014; e AgRg no REsp 1.528.020-PR, Segunda Turma, julgado em 26/5/2015, DJe 2/6/2015). Além disso, de acordo com precedentes da Segunda Turma do STJ (EDcl no AgRg no REsp 1.338.513-RS, DJe 21/3/2013; e AgRg no REsp 1.534.509-RS, DJe 24/8/2013), o marco inicial para a cobrança é a data da exclusão do parcelamento, pois, conforme se extrai do disposto no art. 5°, § 1°, da Lei 9.964/2000, a exclusão da pessoa jurídica do Refis implicará exigibilidade imediata da totalidade do crédito confessado e ainda não pago. Sendo assim, se o devedor optou por ingressar no Refis, mas, por não cumprir as exigências legais para fazer jus ao parcelamento, ocorreu a sua exclusão formal do programa, surge, neste momento, a pretensão de cobrança dos valores devidos. Além do mais, o fato de o devedor ter continuado a realizar de forma voluntária e extemporânea o pagamento mensal das parcelas não tem o condão de configurar ato de reconhecimento do débito (confissão de dívida) – já que o crédito, na data da exclusão formal, já era exigível –, de modo que não há como falar na extensão da interrupção do prazo prescricional. REsp 1.493.115-SP, Rel. Min. Mauro Campbell Marques, julgado em 15/9/2015, DJe 25/9/2015 (Inform. STJ 570).

DIREITO TRIBUTÁRIO. TRANSFERÊNCIA DE DÉBITOS TRIBUTÁRIOS DE UM REGIME DE PARCELAMENTO PARA OUTRO. É ilegal o art. 1° da Portaria Conjunta SRF/PGFN 900/2002, o qual veda a transferência dos débitos inscritos no REFIS (Lei 9.964/2000) para o programa de parcelamento previsto na Medida Provisória 38/2002. Embora a Lei 9.964/2000, que instituiu o REFIS, expressamente disponha que a opção pelo programa de parcelamento exclui qualquer outra forma de parcelamento de débitos relativos aos tributos federais com vencimento até 29/2/2000, não se impede a transferência dos débitos para novo programa de parcelamento mais vantajoso. Em verdade, o que o art. 3°, § 1°, da Lei 9.964/2000 proíbe é que o beneficiário obtenha, nas mesmas condições estabelecidas no REFIS, novo parcelamento da dívida consolidada. Tanto é que a jurisprudência pacífica do STJ permite a transferência dos débitos inscritos no REFIS para o PAES. Assinale-se que o parcelamento instituído pela MP 38/2002 concedeu aos seus optantes vantagens não concedidas àqueles do REFIS, tais como, exclusão de multas e juros moratórios até 31/1/1999. Desse modo, não se tratando de adesão a um novo parcelamento nas mesmas condições estabelecidas pelo REFIS, a vedação contida no art. 1° da Portaria Conjunta SRF/PGFN 900/2002 é ilegal, porquanto extrapola os limites de regulamentação, pois cria vedação não prevista na MP 38/2002 e na Lei 9.964/2000. REsp 1.368.821-SP, Rel. Min. Humberto Martins, julgado em 19/5/2015, DJe 26/5/2015 (Inform. STJ 562).

DIREITO TRIBUTÁRIO. EXCLUSÃO DE HONORÁRIOS DE SUCUMBÊNCIA DA CONSOLIDAÇÃO DE DÍVIDA PREVIDENCIÁRIA PARCELADA COM BASE NA LEI 11.941/2009. O parcelamento autorizado pela Lei 11.941/2009 implica que os débitos de origem previdenciária cobrados pela PGFN sejam consolidados com a redução da totalidade do valor relativo a honorários de sucumbência. Os benefícios fiscais previstos nos incisos do art. 1°, § 3°, da Lei 11.941/2009, quando mencionam a redução do "encargo legal", estão se referindo ao encargo legal previsto no art. 1° do Decreto-Lei 1.025/1969. O referido encargo legal tem por objetivo atender a despesas referentes à arrecadação de verbas tributárias não pagas pelo contribuinte, abrangendo, inclusive, a verba sucumbencial. Com o regime da Lei 11.457/2007, houve a unificação de tratamento no que se refere aos débitos de contribuições previdenciárias e aos demais débitos tributários, tornando-se atribuição da Secretaria da Receita Federal do Brasil (além das competências atribuídas pela legislação vigente à Secretaria da Receita Federal) "planejar, executar, acompanhar e avaliar as atividades relativas a tributação, fiscalização, arrecadação, cobrança e recolhimento das contribuições sociais previstas nas alíneas 'a', 'b' e 'c' do parágrafo único do art. 11 da Lei nº 8.212, de 24 de julho de 1991, e das contribuições instituídas a título de substituição" (art. 2º). Dessa forma, os chamados "honorários previdenciários" foram substituídos pelo encargo legal. Além disso, a Lei 11.941/2009 incluiu o art. 37-A na Lei 10.522/2002, o qual dispõe que "os créditos das autarquias e fundações públicas federais, de qualquer natureza, não pagos nos prazos previstos na legislação, serão acrescidos de juros e multa de mora, calculados nos termos e na forma da legislação aplicável aos tributos federais", sendo que "os créditos inscritos em Dívida Ativa serão acrescidos de encargo legal, substitutivo da condenação do devedor em honorários advocatícios, calculado nos termos e na forma da legislação aplicável à Dívida Ativa da União" (§ 1º). A interpretação teleológica e sistemática da legislação, sobretudo da Lei 11.941/2009, impõe a conclusão de que a não inclusão dos chamados honorários previdenciários no valor consolidado nas hipóteses em que a lei exclui o encargo legal atende à finalidade buscada pelo legislador – incentivar a adesão ao programa de parcelamento fiscal. Não se trata de interpretação extensiva da legislação tributária, tampouco ampliação da lei que concede o parcelamento, mas do enquadramento adequado das verbas em confronto – encargo legal e honorários advocatícios. **REsp 1.430.320-AL, Rel. Min. Mauro Campbell Marques, julgado em 21/8/2014. (Inform. STJ 545)**

DIREITO TRIBUTÁRIO. EXCLUSÃO DO PROGRAMA DE RECUPERAÇÃO FISCAL (REFIS) DECORRENTE DA INEFICÁCIA DO PARCELAMENTO.
A pessoa jurídica pode ser excluída do REFIS quando se demonstre a ineficácia do parcelamento, em razão de o valor das parcelas ser irrisório para a quitação do débito. Com efeito, o REFIS é um programa que impõe ao contribuinte o pagamento das dívidas fiscais por meio de parcelamento, isto é, o débito tributário é amortizado pelo adimplemento mensal. A par disso, a impossibilidade de quitar o débito é equiparada à inadimplência para efeitos de exclusão de parcelamento com fundamento no art. 5º, II, da Lei 9.964/2000. Nessa hipótese, em razão da "tese da parcela ínfima", é justificável a exclusão de contribuinte do REFIS, uma vez que o programa de parcelamento foi criado para regularizar as pendências fiscais, prevendo penalidades pelo descumprimento das obrigações assumidas, bem como a suspensão do crédito tributário enquanto o contribuinte fizer parte do programa. Assim, não se pode admitir a existência de débito tributário perene, ou até, absurdamente, que o valor da dívida fiscal aumente tendo em vista o transcurso de tempo e a irrisoriedade das parcelas pagas. Nesse passo, o STJ já decidiu ser possível a exclusão do contribuinte do REFIS quando a parcela se mostrar ínfima, nos mesmos moldes do Programa de Parcelamento Especial – PAES, criado pela Lei 10.684/2003. De fato, a finalidade de todo parcelamento, salvo disposição legal expressa em sentido contrário, é a quitação do débito, e não o seu crescente aumento. Nesse passo, ao se admitir a existência de uma parcela que não é capaz de quitar sequer os encargos do débito, não se está diante de parcelamento ou de moratória, mas de uma remissão, pois o valor do débito jamais será quitado. Entretanto, a remissão deve vir expressa em lei, e não travestida de parcelamento, consoante exigência do art. 150, § 6º, da CF. Ademais, a fragmentação do débito fiscal em parcelas ínfimas estimularia a evasão fiscal, pois a pessoa jurídica devedora estaria suscetível a ter a sua receita e as suas atividades esvaziadas por seus controladores, os quais *pari passu* estariam encorajados a constituir nova pessoa jurídica, que assumiria a receita e as atividades desenvolvidas por aqueloutra incluída no REFIS. Esse procedimento de manter a pessoa jurídica antiga endividada para com o Fisco, pagando eternamente parcelas irrisórias, e nova pessoa jurídica desenvolvendo as mesmas atividades outrora desenvolvidas pela antiga, constitui simulação vedada expressamente pelo CTN. Por fim, em relação aos crimes previstos nos arts. 1º e 2º da Lei 8.137/1990 e 95 da Lei 8.212/1991, durante o período em que a pessoa jurídica relacionada com o agente dos aludidos crimes estiver incluída no REFIS, a pretensão punitiva se encontrará suspensa, demonstrando a toda evidência a opção legislativa pelo recebimento do crédito tributário em vez de efetuar a punição criminal. Por tudo isso, não há como sustentar um programa de parcelamento que permita o aumento da dívida ao invés de sua amortização, em verdadeiro descompasso com o ordenamento jurídico, que não tolera a conduta criminosa, a evasão fiscal e a perenidade da dívida tributária para com o Fisco. Precedente citado: REsp 1.238.519-PR, Segunda Turma, DJe 28/8/2013. **REsp 1.447.131-RS, Rel. Min. Mauro Campbell Marques, julgado em 20/5/2014. (Inform. STJ 542)**

DIREITO PROCESSUAL CIVIL E TRIBUTÁRIO. PENHORA EFETIVADA APÓS ADESÃO A PARCELAMENTO TRIBUTÁRIO. Não cabe a efetivação da penhora pelo sistema BacenJud após a adesão ao parcelamento tributário disposto pela Lei 11.419/2009, ainda que o pedido de bloqueio de valores tenha sido deferido antes da referida adesão. O art. 11, I, da Lei 11.941/2009 prevê a manutenção de penhora realizada previamente ao parcelamento do débito. Como o parcelamento representa hipótese de suspensão da exigibilidade do crédito tributário, a causa incide a partir dele, sem efeito retroativo. Em contrapartida, se ainda não havia penhora na execução fiscal, a suspensão decorrente do parcelamento obsta o andamento do feito no que diz respeito às medidas de cobrança. **REsp 1.421.580-SP, Rel. Min. Herman Benjamin, julgado em 4/2/2014. (Inform. STJ 537)**

DIREITO TRIBUTÁRIO. ERRO NA INDICAÇÃO DE VALORES NO REFIS. O contribuinte não pode, com fundamento no art. 5º, III, da Lei 9.964/2000, ser excluído do Programa de Recuperação Fiscal (REFIS) em razão de, por erro, ter indicado valores a menor para as operações já incluídas em sua confissão de débitos. De fato, o art. 5º, III, da Lei 9.964/2000 prevê a exclusão do contribuinte que deixar de incluir débitos no parcelamento, ou seja, deixar de indicar na confissão de dívidas obrigações tributárias que sabe existentes. Entretanto, o dispositivo não visa punir aquele que, por erro, subdimensiona os valores das operações já incluídas em sua confissão de débitos. Com efeito, não demonstrada a conduta dolosa do contribuinte, não há razão para excluí-lo do programa de parcelamento. Precedente citado: REsp 1.147.613-RS, Segunda Turma, DJe 27/4/2011. **AgRg no AREsp 228.080-MG, Rel. Min. Arnaldo Esteves Lima, julgado em 5/11/2013. (Inform. STJ 533)**

DIREITO TRIBUTÁRIO. MANUTENÇÃO DA PENHORA NA HIPÓTESE DE PARCELAMENTO TRIBUTÁRIO.
São constitucionais os arts. 10 e 11, I, segunda parte, da Lei 11.941/2009, que não exigem a apresentação de garantia ou arrolamento de bens para o parcelamento de débito tributário, embora autorizem, nos casos de execução fiscal já ajuizada, a manutenção da penhora efetivada. Não há infringência ao princípio constitucional da isonomia tributária (art. 150, II, CF), pois o que a lei realiza, ao regrar a faculdade de obtenção do parcelamento – sem contudo determinar o cancelamento da penhora –, é distinguir situações diversas, ou seja, aquela em que ainda não haja penhora decorrente do ajuizamento da execução fiscal, e aquela em que já exista a penhora decretada judicialmente. Note-se que o devedor que ainda não chegou a ser acionado revela-se, em princípio e concretamente, menos recalcitrante ao adimplemento da dívida tributária do que o devedor que já chegou a ter contra si processo de execução e penhora, devedor este que, certamente, tem débito mais antigo – tanto que lhe foi possível antes o questionar, inclusive em processo administrativo. A garantia, no caso do devedor que já tem penhora contra si, deve realmente ser tratada com maior cautela, em prol da Fazenda Pública. Assim, a distinção das situações jurídicas leva à diferença de tratamento das consequências. Isso quer dizer que, já havendo penhora em execução fiscal ajuizada, a exigibilidade do crédito tributário não se suspende, permanecendo intacto, exigível. A propósito, os comandos legais em questão não pressuporiam lei complementar (art. 146, III, b, da CF c/c art. 97, VI, do CTN), pois a reserva legal não vai além da necessidade de lei ordinária, diante da diversidade de situações jurídicas semelhantes. **AI no REsp 1.266.318-RN, Rel. originário Min. Napoleão Nunes Maia Filho, Rel. para acórdão Min. Sidnei Beneti, julgado em 6/11/2013. (Inform. STJ 532)**

DIREITO PROCESSUAL CIVIL. HONORÁRIOS SUCUMBENCIAIS NO CASO DE RENÚNCIA AO DIREITO OU DESISTÊNCIA DE AÇÃO COM O OBJETIVO DE ADERIR AO REGIME DE PARCELAMENTO DA LEI 11.941/2009. RECURSO REPETITIVO (ART. 543-C DO CPC E RES. 8/2008-STJ).
São devidos honorários advocatícios sucumbenciais na hipótese de renúncia ao direito ou desistência de ação com o objetivo de aderir ao regime de parcelamento tributário instituído pela Lei 11.941/2009. O art. 6º desse diploma legal dispõe que "o sujeito passivo que possuir ação judicial em curso, na qual requer o restabelecimento de sua opção ou sua reinclusão em outros parcelamentos, deverá, como condição para valer-se das prerrogativas dos arts. 1º, 2º e 3º desta Lei, desistir da respectiva ação judicial e renunciar a qualquer alegação de direito sobre a qual se funda a referida ação [...]". Ainda, conforme o § 1º deste artigo, "ficam dispensados os honorários advocatícios em razão da extinção da ação [...]". Assim, entende-se que a renúncia ao direito sobre o qual se funda a ação, para fins de adesão a parcelamento, não tem como efeito necessário a dispensa

7. DIREITO TRIBUTÁRIO | 631

dos honorários. Há que analisar, no caso concreto, se existe subsunção ao disposto no art. 6º, § 1º, da Lei 11.941/2009, que condiciona a exoneração do pagamento dos honorários sucumbenciais à hipótese de extinção do processo com resolução de mérito por desistência ou renúncia em demanda na qual o sujeito passivo requer o restabelecimento de sua opção ou sua reinclusão em outros parcelamentos. Essa regra é excepcional em nosso sistema processual civil, o qual impõe os ônus sucumbenciais à parte que desistir ou reconhecer a renúncia (art. 26 do CPC), devendo, por conseguinte, ser interpretada restritivamente. Precedentes citados: EREsp 1.181.605-RS, Corte Especial, DJe 28/11/2012 e AgRg no REsp 1.258.563-RS, Segunda Turma, DJe 28/11/2012. **REsp 1.353.826-SP, Rel. Ministro Herman Benjamin, julgado em 12/6/2013. (Inform. STJ 522)**

DIREITO TRIBUTÁRIO. PRESCRIÇÃO. TERMO *A QUO* DO PRAZO PRESCRI-CIONAL QUINQUENAL PARA A COBRANÇA DE CRÉDITOS TRIBUTÁRIOS EXCLUÍDOS DO REFIS.
Quando interrompido pelo pedido de adesão ao Refis, o prazo prescricional de 5 anos para a cobrança de créditos tributários devidos pelo contribuinte excluído do programa reinicia na data da decisão final do processo administrativo que determina a exclusão do devedor do referido regime de parcelamento de débitos fiscais. O Programa de Recuperação Fiscal – Refis, regime peculiar de parcelamento dos tributos devidos à União, é causa de suspensão da exigibilidade do crédito tributário (art. 151, VI, do CTN) e, ao mesmo tempo, causa de interrupção da prescrição (art. 174, parágrafo único, IV, do CTN), na medida em que representa confissão extrajudicial do débito. Dessa forma, o crédito tributário submetido ao aludido programa será extinto se houver quitação integral do parcelamento, ou, ao contrário, retomará a exigibilidade em caso de rescisão do programa, hipótese em que o prazo prescricional será reiniciado, uma vez que, como foi dito, a submissão do crédito ao programa representa causa de interrupção, e não de suspensão, da prescrição. Ocorre que, no caso do Refis, o Fisco, atento aos princípios do contraditório e da ampla defesa, prevê a obrigatoriedade de instauração de processo administrativo para a exclusão de tal regime de parcelamento, nos moldes da Resolução CG/Refis 9/2001, com as alterações promovidas pela Resolução CG/Refis 20/2001 – editada conforme autorização legal do art. 9º da Lei n. 9.964/2000 para regulamentar a exclusão. Assim, considerando o fato de que o STJ possui entendimento de que a instauração do contencioso administrativo, além de representar causa de suspensão da exigibilidade do crédito tributário, amolda-se à hipótese do art. 151, III, do CTN – razão pela qual perdurará a suspensão da exigibilidade até decisão final na instância administrativa –, deve ser prestigiada a orientação de que, uma vez instaurado o contencioso administrativo, a exigibilidade do crédito tributário – e, com ela, a fluência da prescrição – somente será retomada após a decisão final da autoridade fiscal. **REsp 1.144.963-SC, Rel. Min. Herman Benjamin, julgado em 20/11/2012. (Inform. STJ 511)**.

📄 Súmula STJ nº 437

A suspensão da exigibilidade do crédito tributário superior a quinhentos mil reais para opção pelo Refis pressupõe a homologação expressa do comitê gestor e a constituição de garantia por meio do arrolamento de bens.

📄 Súmula STJ nº 355

É válida a notificação do ato de exclusão do programa de recuperação fiscal do Refis pelo Diário Oficial ou pela Internet.

15. SISTEMAS SIMPLIFICADOS DE TRIBUTAÇÃO, SIMPLES

Simples Nacional: vedação e isonomia - 1
É constitucional a exigência contida no art. 17, V, da LC 123/2006 (*"Art. 17. Não poderão recolher os impostos e contribuições na forma do Simples Nacional a microempresa ou a empresa de pequeno porte: ... V - que possua débito com o Instituto Nacional do Seguro Social - INSS, ou com as Fazendas Públicas Federal, Estadual ou Municipal, cuja exigibilidade não esteja suspensa"*). Essa a conclusão do Plenário ao desprover, por maioria, o recurso extraordinário. De início, rememorou-se que o Simples Nacional teria sido criado com o objetivo de concretizar as diretrizes constitucionais do tratamento jurídico diferenciado às microempresas e empresas de pequeno porte (CF, artigos 170, IX, e 179). Lembrou-se, ainda, que a EC 42/2003 trouxera modificações ao texto constitucional, dentre elas a

necessidade de edição de lei complementar para se definir o tratamento favorecido às microempresas e às empresas de pequeno porte, e facultara a instituição de regime único de arrecadação de impostos e contribuições da União, dos Estados, do Distrito Federal e dos Municípios (CF, art. 146, III, d, e parágrafo único). Salientou-se existir o princípio constitucional do tratamento favorecido para microempresas e empresas de pequeno porte, fundado em questões sociais e econômicas ligadas à necessidade de se conferirem condições justas e igualitárias de competição para essas empresas. Destacou-se, no ponto, a relevância do setor na geração de emprego e renda no País. Sinalizou-se, ainda, que a alta carga tributária seria o segundo principal motivo para o encerramento das atividades em empresas dessa categoria. Frisou-se que, nesse contexto, teria sido promulgada a LC 123/2006, a estabelecer tratamento diferenciado e favorecido especialmente no que se refere a regime de arrecadação tributária; cumprimento de obrigações trabalhistas e previdenciárias; acesso a crédito e ao mercado; capitalização e inovação tecnológica; associativismo; regras de inclusão; acesso à justiça, dentre outros. Esse tratamento favorável estaria inserto no contexto das políticas públicas voltadas à concretude dos objetivos da Constituição.

Simples Nacional: vedação e isonomia - 2
Assinalou-se que o Simples Nacional seria regime especial de tributação de caráter opcional por parte dos contribuintes, mas de observância obrigatória pelos entes federados. Não configuraria mero benefício fiscal, mas microssistema tributário próprio, aplicável apenas a alguns contribuintes, no contexto constitucional aludido. Assim, mesmo que a adesão fosse facultativa e que as vedações ao ingresso no regime constassem expressamente do texto legal, os critérios da opção legislativa precisariam, necessariamente, ser compatíveis com a Constituição. No que se refere aos critérios adotados pelo legislador, observou-se que, primeiramente, ter-se-ia definido o universo dos contemplados pela proteção constitucional com base na receita bruta auferida pela pessoa jurídica. Além disso, ter-se-ia estipulado requisitos e hipóteses de vedações, norteados por aspectos relacionados ao contribuinte e por fatores predominantemente extrafiscais (LC 123/2006, art. 17). Sublinhou-se que a Corte já teria afirmado não haver ofensa ao princípio da isonomia tributária se a lei, por motivos extrafiscais, imprimisse tratamento desigual a microempresas e empresas de pequeno porte de capacidade contributiva distinta, ao afastar do Simples Nacional as pessoas jurídicas cujos sócios teriam condição de disputar o mercado de trabalho sem assistência do Estado. A Corte, ainda, teria reconhecido a possibilidade de se estabelecerem exclusões do regime simplificado com base em critérios subjetivos. Dessa forma, reputou-se não haver óbice a que o legislador infraconstitucional criasse restrições de ordem subjetiva a uma proteção constitucionalmente prevista.

Simples Nacional: vedação e isonomia - 3
Asseverou-se, no tocante à vedação disposta no inciso V da norma em debate, que toda e qualquer exigência de regularidade fiscal sempre teria, como efeito indireto, a indução ao pagamento, ainda que parcelado, de tributos. Caberia perquirir, portanto, se a citada regra imporia discriminação arbitrária, desarrazoada e incompatível com a isonomia, considerada a capacidade contributiva dos agentes. No ponto, anotou-se que a instituição do Simples Nacional teria por escopo implementar justiça tributária, ao diferenciar microempresas e empresas de pequeno porte dos demais contribuintes, em razão da capacidade contributiva presumidamente menor naqueles casos. Observou-se que, em razão desse regime tributário favorecido, houvera significativa redução na carga tributária das empresas, a tornar mais fácil o cumprimento das obrigações para com o Fisco. Frisou-se que essa presunção de capacidade contributiva reduzida, porém, não seria válida, aprioristicamente, aos inadimplentes. Assim, o tratamento tributário a ser conferido nesses casos não poderia implicar desoneração, pois todos os contribuintes estariam adstritos ao pagamento de tributos. Afirmou-se que não seria razoável favorecer aqueles em débito com o Fisco, que participariam do mercado com vantagem competitiva em relação aos adimplentes. Consignou-se, ainda, que nos termos da lei complementar, para que o empreendedor usufruísse de outras benesses do sistema, como o acesso a crédito, dentre outros, também não poderia estar em débito com o Fisco e com o INSS. Salientou-se, ainda, que as micro e pequenas empresas teriam a prerrogativa de parcelamento de débitos dessa natureza, o que corroboraria a ideia de que o Simples Nacional estimularia o ingresso de contribuintes.

Simples Nacional: vedação e isonomia - 4

Ponderou-se que admitir o ingresso no programa daquele que não possui regularidade fiscal, e que sequer pretende parcelar o débito ou suspender seu pagamento, significaria comunicar ao adimplente que o dever de pagar seus tributos seria inconveniente, pois receberia o mesmo tratamento dado ao inadimplente. Dessa perspectiva, a norma em discussão não violaria o princípio da isonomia, mas o confirmaria, pois o adimplente e o inadimplente não estariam na mesma situação jurídica. Ressaltou-se que a imposição de confissão de dívida mediante parcelamento de débito para aderir ao regime não violaria o acesso à justiça, o contraditório e a ampla defesa, pois seria requisito exigido de todo contribuinte que pretendesse parcelar seu débito. Além disso, não haveria impedimento ao acesso ao Judiciário. Ademais, lembrou-se que a Corte inadmitiria apenas expediente sancionatório indireto para forçar o cumprimento da obrigação tributária pelo contribuinte, o que não seria o caso. Reputou-se, de outro lado, que a regularidade fiscal, nos termos da LC 123/2006, também teria como fundamento extrafiscal o incentivo ao ingresso dos empreendedores no mercado formal. Registrou-se que a condicionante em análise não seria fator de desequilíbrio concorrencial, pois seria exigência imposta a todas as empresas, e representaria forma indireta de se reprovar a infração das leis fiscais, de forma a garantir a neutralidade, com enfoque na livre concorrência. Vencido o Ministro Marco Aurélio, que provia o recurso por reputar inconstitucional o preceito em questão, que configuraria coação política. **RE 627543/RS, rel. Min. Dias Toffoli, 30.10.2013. (RE-627543) (Inform. STF 726)**

DIREITO TRIBUTÁRIO. EMPRESAS OPTANTES PELO SIMPLES E SUS-PENSÃO DO IPI.

O benefício da suspensão do IPI na saída do produto do estabelecimento industrial (art. 29 da Lei 10.637/2002) não se estende às empresas optantes pelo SIMPLES. O tratamento diferenciado instituído às microempresas e às empresas de pequeno porte, simplificando o cumprimento de suas obrigações administrativas, tributárias e previdenciárias, estabelece o recolhimento de tributos de forma unificada e, em relação ao IPI, prescreve que ele incide cumulado com outros impostos, por alíquota fixa sobre a receita bruta. Essa sistemática de arrecadação já institui forma de benefício fiscal que determina pagamento único e que, consequentemente, exclui qualquer outra vantagem estabelecida às demais empresas, até porque, contrario sensu, a extensão do benefício quanto à suspensão do IPI da saída do estabelecimento industrial (art. 29 da Lei 10.637/2002) conduziria à concessão de dupla vantagem – uma, decorrente do recolhimento mitigado do IPI pela opção ao SIMPLES, e outra, pela sua total exclusão – sem expressa previsão legal. Precedentes citados: AgRg no Ag 1.171.321-SC, Primeira Turma, DJe 9/4/2010; e AgRg no REsp 986.560-PR, DJe 11/5/2009. REsp 1.497.591-PE, Rel. Min. Humberto Martins, julgado em 9/12/2014, DJe 15/12/2014 (Inform. STJ 554).

📖 **Súmula STJ nº 448**

A opção pelo Simples de estabelecimentos dedicados às atividades de creche, pré-escola e ensino fundamental é admitida somente a partir de 24/10/2000, data de vigência da Lei n. 10.034/2000.

16. ÍNDICES, SELIC

DIREITO TRIBUTÁRIO. TERMO INICIAL DA CORREÇÃO MONETÁRIA INCIDENTE SOBRE OS CRÉDITOS ESPONTANEAMENTE RECONHECIDOS PELA ADMINISTRAÇÃO TRIBUTÁRIA.

A correção monetária incide a partir do término do prazo de trezentos e sessenta dias, previsto no art. 24 da Lei 11.457/2007, contado da data do protocolo do pedido administrativo de ressarcimento realizado pelo contribuinte. Isso porque, conforme dispõe o art. 24 da Lei 11.457/2007, é "obrigatório que seja proferida decisão administrativa no prazo máximo de 360 (trezentos e sessenta) dias a contar do protocolo de petições, defesas ou recursos administrativos do contribuinte". Portanto, o Fisco somente deve ser considerado em mora a partir do término do referido prazo, quando, então, estará configurada a denominada "resistência ilegítima" prevista na Súmula 411 do STJ: "É devida a correção monetária ao creditamento do IPI quando há oposição ao seu aproveitamento decorrente de resistência ilegítima do Fisco". **REsp 1.331.033-SC, Rel. Min. Mauro Campbell Marques, Segunda Turma, julgado em 2/4/2013. (Inform. STJ 522)**

17. OUTRAS MATÉRIAS

Correção monetária, demonstrações financeiras, imposto de renda e Lei 8.200/1991 - 3

É constitucional o inc. I do art. 3º da Lei 8.200/1991, que dispõe sobre a correção monetária das demonstrações financeiras para efeitos fiscais e societários. Com base nessa orientação, o Tribunal, em preliminar e, por maioria, conheceu do recurso e, no mérito, deu-lhe provimento. Na espécie, tribunal regional federal entendera que a devolução parcelada da diferença verificada no ano de 1990 entre a variação do IPC e do BTNF, estabelecida pela mencionada norma, teria configurado empréstimo compulsório sem observância dos requisitos constitucionais — v. Informativos 369 e 434. O Tribunal adotou a jurisprudência por ele firmada no julgamento do RE 201.465/MG (DJU de 17.10.2003) no sentido de que referido dispositivo, posteriormente modificado pelo art. 11 da Lei 8.682/1993, não representaria ilegítima e disfarçada espécie de empréstimo, mas sim favor fiscal criado pelo legislador. Vencidos os Ministros Marco Aurélio (relator), Ricardo Lewandowski (Presidente), Ayres Britto e Rosa Weber, que a ele negavam provimento. Apontavam que a devolução parcelada da diferença verificada no ano de 1990 entre a variação do IPC e do BTNF configuraria empréstimo compulsório porque ausentes requisitos constitucionais. **RE 201512/MG, rel. orig. Min. Marco Aurélio, red. p/ o acórdão Min. Cármen Lúcia.5.11.2015. (RE-201512) (Inform. STF 806)**

AG. REG. NO AI N 682.983-RS

RELATOR: MIN. ROBERTO BARROSO

EMENTA: AGRAVO REGIMENTAL NO AGRAVO DE INSTRUMENTO. PARCELAMENTO. EXTENSÃO ÀS EMPRESAS PRIVADAS. IMPOSSIBILIDADE. TAXA SELIC. DÉBITO TRIBUTÁRIO. POSSIBILIDADE. MULTA MORATÓRIA. CARÁTER CONFISCATÓRIO RECONHECIDO. REDUÇÃO PARA 20%.

1. O Supremo Tribunal Federal já assentou a ausência de repercussão geral da controvérsia relativa à violação aos princípios do contraditório, da ampla defesa, do devido processo legal e dos limites da coisa julgada, quando o julgamento da causa depender de prévia análise da adequada aplicação de normas infraconstitucionais (ARE 748.371-RG, Rel. Min. Gilmar Mendes).

2. Esta Corte já decidiu pela impossibilidade de extensão do parcelamento de débito previdenciário em 240 meses, previsto na Lei nº 8.620/1993, às empresas do setor privado, porquanto o Poder Judiciário não pode atuar como legislador positivo.

3. Nos termos do entendimento fixado nos autos do RE 582.461-RG, julgado sob relatoria do Ministro Gilmar Mendes, a utilização da Taxa Selic como índice de atualização de débitos tributários não contraria qualquer preceito constitucional.

4. A aplicação de multa moratória acima do patamar de 20% detém caráter confiscatório. Trata-se de montante que se coaduna com a ideia de que a impontualidade é uma falta menos grave, aproximando-se, inclusive, do valor que um dia já foi positivado na Constituição.

5. Agravo regimental a que se dá parcial provimento para determinar a redução da multa moratória para 20% (vinte por cento) sobre o valor do tributo. **(Inform. STF 796)**

AG. REG. NO AI N. 738.804-SP

RELATORA: MIN. ROSA WEBER

EMENTA: DIREITO TRIBUTÁRIO. IPTU. IMUNIDADE. ENTIDADE DE ASSISTÊNCIA SOCIAL SEM FINS LUCRATIVOS. LOCAÇÃO DE IMÓVEL. DESTINAÇÃO DA RENDA OBTIDA COM O ALUGUEL. SÚMULA 279/STF. ANÁLISE DA OCORRÊNCIA DE EVENTUAL AFRONTA À CONSTITUIÇÃO DA REPÚBLICA DEPENDENTE DO REEXAME DA MOLDURA FÁTICA CONSTANTE NO ACÓRDÃO REGIONAL. ACÓRDÃO RECORRIDO PUBLICADO EM 19.12.2007.

À luz da moldura fática delineada no acórdão recorrido, a pretensão da recorrente de obter decisão em sentido diverso do acórdão recorrido encontra óbice na Súmula 279/STF.

Agravo regimental conhecido e não provido. (Inform. STF 725)

DIREITO TRIBUTÁRIO. RETENÇÃO DE TRIBUTOS FEDERAIS NA FONTE QUANDO DO PAGAMENTO DE CONTRATO DE FRETAMENTO DE AERONAVE PELA ADMINISTRAÇÃO PÚBLICA FEDERAL.

É possível reter na fonte, na forma dos arts. 64 da Lei 9.430/1996 e 34 da Lei 10.833/2003, o IRPJ, a CSLL, a contribuição para o PIS/PASEP e a COFINS, quando do pagamento de contrato de fretamento de aeronave pela administração pública federal. Da análise do art. 133 da Lei 7.565/1986 (Código Brasileiro de Aeronáutica), verifica-se que o contrato de fretamento ocorre quando uma das partes, chamada fretador, obriga-se para com a outra, chamada afretador, mediante o pagamento do frete por este, a realizar uma ou mais viagens preestabelecidas ou durante certo período de tempo, reservando-se ao fretador o controle sobre a tripulação e a condução técnica da aeronave. O referido dispositivo legal ressalta a existência de reserva de controle técnico sobre o bem móvel objeto do contrato em questão, fato que remete o contrato a uma natureza mais próxima do conceito de prestação de serviços do que do conceito de mera locação de bem móvel. Sendo assim, não se deve aplicar os precedentes do STF no sentido de que os contratos de locação de bem móvel não se submetem à tributação a título de ISS por não serem prestação de serviços ou locação de serviços (Súmula Vinculante 31 do STF). É que o contrato em questão (fretamento de aeronave) possui em seu bojo indubitável prestação de serviços. Outrossim, também está embutida no contrato de fretamento a locação do bem móvel (aeronave), que constitui em si o fornecimento do bem, além da prestação de serviços efetivada pela tripulação, pelo que não há como a atividade escapar à hipótese de incidência descrita no art. 64 da Lei 9.430/1996 e no art. 34 da Lei 10.833/2003, que estabelecem a técnica de arrecadação de retenção na fonte quando da realização dos pagamentos efetuados por órgãos, autarquias e fundações, bem como empresas públicas, sociedades de economia mista e demais entidades de que a União detenha a maioria do capital social com direito a voto. Com efeito, devido à essa natureza híbrida do contrato de fretamento de aeronave, se as situações individualmente consideradas, relativamente ao fornecimento de bem, locação de bem móvel ou prestação de serviço já ensejariam a retenção dos tributos na fonte, tanto mais deve ensejar a retenção na fonte a hipótese em questão, que possui mais de uma situação ensejadora de sua incidência. Por fim, de registrar que, ainda que não houvesse a arrecadação pela técnica de antecipação mediante retenção na fonte, a empresa continuaria a se submeter à tributação pelo IRPJ, CSLL, PIS/PASEP e COFINS, posto que praticante dos respectivos fatos geradores, atrelados à aferição de lucro real, lucro líquido ajustado, e receita ou faturamento, respectivamente. REsp 1.218.639-RJ, Rel. Min. Mauro Campbell Marques, julgado em 28/4/2015, DJe 7/5/2015 (Inform. STJ 561).

DIREITO TRIBUTÁRIO. IMPOSSIBILIDADE DE EXIGÊNCIA CONCOMITANTE DA MULTA ISOLADA E DA MULTA DE OFÍCIO PREVISTAS NO ART. 44 DA LEI 9.430/1996.
Quando a situação jurídico-tributária se alinhar com ambas as hipóteses de incidência da multa do art. 44 da Lei 9.430/1996 – previstas no inciso I e no inciso II –, incidirá apenas a "multa de ofício" pela falta de recolhimento de tributo (inciso I). A multa do inciso I do art. 44 da Lei 9.430/1996 é aplicável nos casos de "totalidade ou diferença de imposto ou contribuição nos casos de falta de pagamento ou recolhimento, de falta de declaração e nos de declaração inexata". Por sua vez, a multa do inciso II do mesmo diploma, entretanto, é cobrada isoladamente sobre o valor do pagamento mensal: "a) na forma do art. 8º da Lei nº 7.713, de 22 de dezembro de 1988, que deixar de ser efetuado, ainda que não tenha sido apurado imposto a pagar na declaração de ajuste, no caso de pessoa física; e b) na forma do art. 2º desta Lei, que deixar de ser efetuado, ainda que tenha sido apurado prejuízo fiscal ou base de cálculo negativa para a contribuição social sobre o lucro líquido, no ano-calendário correspondente, no caso de pessoa jurídica". Sistematicamente, nota-se que a multa do inciso II do referido artigo somente poderá ser aplicada quando não possível a multa do inciso I. Destaca-se que o inadimplemento das antecipações mensais do imposto de renda, por exemplo, não implica, por si só, a ilação de que haverá tributo devido. Os recolhimentos mensais, ainda que configurem obrigações de pagar, não representam, no sentido técnico, o tributo em si. Este apenas será apurado ao final do ano-calendário, quando ocorrer o fato gerador. Assim, as hipóteses do inciso II, "a" e "b", em regra, não trazem novas hipóteses de cabimento da multa. A melhor exegese revela que não são multas distintas, mas apenas formas distintas de aplicação da multa do art. 44, em consequência de, nos casos ali descritos, não haver nada a ser cobrado a título de obrigação tributária principal. As chamadas "multas isoladas", portanto, apenas servem aos casos em que não possam ser as multas exigidas juntamente com o tributo devido (inciso I), na medida em

que são elas apenas formas de exigência das multas descritas no caput. Esse entendimento é corolário da lógica do sistema normativo-tributário que pretende prevenir e sancionar o descumprimento de obrigações tributárias. De fato, a infração que se pretende repreender com a exigência isolada da multa é completamente abrangida por eventual infração que acarrete, ao final do ano-calendário, o recolhimento a menor dos tributos e que dê azo, assim, à cobrança da multa de forma conjunta. Ademais, em se tratando as multas tributárias de medidas sancionatórias, aplica-se a lógica do princípio penal da consunção, em que a infração mais grave abrange aquela menor que lhe é preparatória ou subjacente. O princípio da consunção (ou da absorção) é aplicável nos casos em que há uma sucessão de condutas típicas com existência de um nexo de dependência entre elas. Segundo esse preceito, a infração mais grave absorve aquelas de menor gravidade. Sob esse enfoque, não pode ser exigida concomitantemente a multa isolada e a multa de ofício por falta de recolhimento de tributo apurado ao final do exercício e também por falta de antecipação sob a forma estimada. Cobra-se apenas a multa de ofício pela falta de recolhimento de tributo. REsp 1.496.354-PR, Rel. Min. Humberto Martins, julgado em 17/3/2015, DJe 24/3/2015 (Inform. STJ 558).

DIREITO ADMINISTRATIVO E TRIBUTÁRIO. PENA DE PERDA DE VEÍCULO CONDUTOR DE MERCADORIA SUJEITA À PENA DE PERDIMENTO.
Dá ensejo à pena de perda do veículo a conduta dolosa do transportador que utiliza veículo próprio para conduzir ao território nacional mercadoria estrangeira sujeita à pena de perdimento, independentemente de o valor do veículo ser desproporcional ao valor das mercadorias apreendidas. De fato, o inciso V do art. 104 do Decreto-Lei 37/1966 dispõe que a pena de perda do veículo é aplicada "quando o veículo conduzir mercadoria sujeita à pena de perda, se pertencente ao responsável por infração punível com aquela sanção". Nessa mesma linha, o inciso V do art. 688 do Decreto 6.759/2009, por sua vez, dispõe que se aplica a pena de perdimento do veículo, por configurar dano ao Erário, "quando o veículo conduzir mercadoria sujeita a perdimento, se pertencente ao responsável por infração punível com essa penalidade". Nesse contexto, até mesmo em atenção ao que dispõe a Súmula Vinculante 10 do STF, não se mostra adequado que se afaste a norma legal em razão da simples comparação entre os valores das mercadorias e do veículo que as transporta, ao pretexto de observância do princípio da proporcionalidade, salvo se declarada sua inconstitucionalidade. Além disso, "na aplicação da lei, o juiz atenderá aos fins sociais a que ela se dirige e às exigências do bem comum" (art. 5º da LINDB). Nesse passo, não há dúvidas de que a legislação aduaneira, ao tratar da pena de perdimento de veículo, é severa em razão de uma finalidade nítida, como coibir a sonegação tributária, por meio do descaminho ou de contrabando. Nessa linha, deve-se entender, como acima assinalado, que a pena de perdimento do veículo (inciso V do art. 688 do Decreto 6.759/2009 e inciso V do art. 104 do Decreto-Lei 37/1966), refere-se à conduta dolosa do transportador na internalização de sua própria mercadoria em veículo de sua propriedade. REsp 1.498.870-PR, Rel. Min. Benedito Gonçalves, julgado em 12/2/2015, DJe 24/2/2015 (Inform. STJ 556).

DIREITO PROCESSUAL CIVIL E TRIBUTÁRIO. LEVANTAMENTO PARCIAL DE DEPÓSITO JUDICIAL PELO MUNICÍPIO.
Não caracteriza hipótese de conversão de depósito em renda (art. 156, VI, do CTN) – caso de extinção do crédito tributário – o repasse aos municípios previsto no § 2º do art. 1º da Lei 10.819/2003. A Lei 10.819/2003 concede ao município que instituir fundo de reserva destinado a garantir eventual obrigação de ressarcimento o repasse de parcela correspondente a 70% do valor dos depósitos em instituição financeira referentes a créditos tributários controvertidos de competência municipal efetuados a partir de sua vigência (arts. 1° e 2°). O repasse em questão configura hipótese de levantamento parcial sob a condição resolutiva de que o contribuinte venha a ser vencedor no processo. Com efeito, estabelece o art. 4° da Lei 10.819/2003 que, "encerrado o processo litigioso com ganho de causa para o depositante, mediante ordem judicial, o valor do depósito efetuado nos termos desta Lei, acrescido da remuneração que lhe foi originalmente atribuída, será colocado à disposição do depositante pela instituição financeira responsável, no prazo de três dias úteis (...)". REsp 1.365.433-MG, Rel. Min. Herman Benjamin, julgado em 5/9/2013. (Inform. STJ 531)

DIREITO TRIBUTÁRIO. INEXISTÊNCIA DE ABUSIVIDADE NA COBRANÇA DE TARIFA DE ENERGIA ELÉTRICA COM BASE EM DEMANDA DE POTÊNCIA.

É possível a cobrança da tarifa binômia, composta pelo efetivo consumo de energia elétrica e pela demanda disponibilizada, dos consumidores enquadrados no Grupo A da Resolução n. 456/2000 da Aneel. A prestação de serviço de energia elétrica aos usuários do Grupo A – aqueles que utilizam tensão igual ou superior a 2.300 volts – é tarifada com base no binômio demanda de potência disponibilizada e energia efetivamente medida e consumida. Nesse contexto, o entendimento do STJ é que não é abusiva a cobrança pela disponibilização de um potencial de energia a esses usuários. Precedentes citados: AgRg no AREsp 236.788-RS, DJe 26/11/2012, e AgRg no AgRg no Ag 1.418.172-RJ, DJe 13/12/2011. **AgRg no REsp 1.110.226-PR, Rel. Min. Napoleão Nunes Maia Filho, julgado em 5/2/2013. (Inform. STJ 515).**

DIREITO TRIBUTÁRIO. EXTENSÃO DE ISENÇÃO FISCAL A CATEGORIA NÃO CONTEMPLADA.

Não é possível ao Poder Judiciário estender benefício de isenção fiscal a categoria não abrangida por regra isentiva na hipótese de alegação de existência de situação discriminatória e ofensa ao princípio da isonomia. A concessão de isenção fiscal é ato discricionário, fundado em juízo de conveniência e oportunidade do Poder Público, não sendo possível ao Poder Judiciário, sob o pretexto de tornar efetivo o princípio da isonomia, reconhecer situação discriminatória de categorias não abrangidas pela regra isentiva e estender, por via transversa, benefício fiscal sem que haja previsão legal específica. Precedente citado do STF: RE 405.579-PR, DJ 3/8/2011. **AgRg no AREsp 248.264-RS, Rel. Min. Mauro Campbell Marques, julgado em 27/11/2012. (Inform. STJ 514).**

DIREITO TRIBUTÁRIO. COBRANÇA DE TARIFA DE ESGOTAMENTO SANITÁRIO NA HIPÓTESE EM QUE A CONCESSIONÁRIA RESPONSÁVEL PELO SERVIÇO REALIZE APENAS A COLETA E O TRANSPORTE DOS DEJETOS SANITÁRIOS.

É possível a cobrança de tarifa de esgotamento sanitário mesmo na hipótese em que a concessionária responsável pelo serviço realize apenas a coleta e o transporte dos dejetos sanitários, sem a promoção do seu tratamento final. O art. 3°, I, b, da Lei n. 11.445/2007 deixa claro que o serviço de esgotamento sanitário é constituído por diversas atividades, dentre as quais a coleta, o transporte e o tratamento final dos dejetos, mas não estabeleceu que somente exista o serviço público de esgotamento sanitário na hipótese em que todas as etapas estejam presentes, nem proibiu a cobrança de tarifa pela só prestação de uma ou algumas destas atividades. Ademais, o art. 9° do Dec. n. 7.217/2010, que regulamenta a Lei n. 11.445/2007, confirma a ideia de que o serviço de esgotamento sanitário encerra um complexo de atividades, qualquer delas suficiente e autônoma a permitir a cobrança da respectiva tarifa, uma vez que o dispositivo legal é expresso ao afirmar que constitui serviço de esgotamento sanitário "[...] uma ou mais das seguintes atividades: I – coleta [...]; II – transporte [...]; III – tratamento dos esgotos sanitários [...]". Além disso, o concessionário é remunerado pela tarifa que cobra pela realização do serviço, o que viabiliza a própria prestação das atividades de coleta e transporte. Se a concessionária é onerada com a instalação, operação e manutenção de toda a estrutura necessária à coleta e ao escoamento do esgoto, deve ser remunerada por isso, sob pena de não haver receita suficiente para custear o sistema já implantado, sua manutenção e expansão. Por fim, deve-se ressaltar que o benefício individualmente considerado para o usuário do serviço de esgotamento sanitário está na coleta e escoamento dos dejetos, sendo o tratamento final de efluentes uma etapa complementar, de destacada natureza socioambiental, travada entre a concessionária e o Poder Público. Assim, não pode o usuário do serviço, sob a alegação de que não há tratamento, evadir-se do pagamento da tarifa. Precedentes citados: REsp 1.313.680-RJ, DJe 29/6/2012, e AREsp 208.959-RJ, DJ 30/10/2012. **REsp 1.330.195-RJ, Rel. Min. Castro Meira, julgado em 6/12/2012. (Inform. STJ 514).**

📖 Súmula STF n° 473

A administração pode anular seus próprios atos, quando eivados de vícios que os tronam ilegais, porque deles não se originam direitos; ou revogá-los, por motivo de conveniência ou oportunidade, respeitados os direitos adquiridos, e ressalvada, em todos os casos, a apreciação judicial.

📖 Súmula STF n° 400

Decisão que deu razoável interpretação à lei, ainda que não seja a melhor, não autoriza recurso extraordinário, pela letra a do art. 101, III, da Constituição Federal.

📖 Súmula STJ n° 353

As disposições do Código Tributário Nacional não se aplicam às contribuições para o FGTS. *(Comentário: contribuições ao FGTS não têm natureza tributária)*

📖 Súmula STF n° 346

A administração pública pode declarar a nulidade dos seus próprios atos.

📖 Súmula STJ n° 345

São devidos honorários advocatícios pela Fazenda Pública nas execuções individuais de sentença proferida em ações coletivas, ainda que não embargadas.

📖 Súmula STJ n° 317

É definitiva a execução de título extrajudicial, ainda que pendente apelação contra sentença que julgue improcedentes os embargos.

📖 Súmula TFR n° 47

Cancelado o débito fiscal, a correção monetária, relativa à restituição da importância depositada em garantia de instância, incide a partir da data da efetivação do depósito.

📖 Súmula TFR n° 46

Nos casos de devolução do depósito efetuado em garantia de instância e de repetição do indébito tributário, a correção monetária é calculada desde a data do depósito ou do pagamento indevido e incide até o efetivo recebimento da importância reclamada.

8. DIREITO EMPRESARIAL

1. DESCONSIDERAÇÃO DA PERSONALIDADE

DIREITO EMPRESARIAL. LEGITIMIDADE DA BRASIL TELECOM S/A PARA RESPONDER PELOS ATOS PRATICADOS PELA TELESC. RECURSO REPETITIVO (ART. 543-C DO CPC E RES. 8/2008-STJ).
A Brasil Telecom S/A tem legitimidade para responder pelos atos praticados pela Telesc quanto a credores cujo título não tiver sido constituído até o ato de incorporação, independentemente de se referir a obrigações anteriores a ele. Isso porque a sucessão, por incorporação, de empresas determina a extinção da personalidade jurídica da incorporada, com a transmissão de seus direitos e obrigações à incorporadora. De fato, a incorporação, conforme o art. 227 da Lei 6.404/1976 e o art. 1.116 do CC, é a operação pela qual uma ou mais sociedades são absorvidas por outra, que lhes sucede em todos os direitos e obrigações. Por esse instituto, em linhas gerais, determinada sociedade empresarial, a incorporadora, engloba outra, a incorporada, integrando ao seu patrimônio tanto o ativo quanto o passivo da incorporada, a qual terá extinta sua personalidade jurídica, conforme se extrai dos enunciados normativos dos arts. 219 e 227, § 3º, da Lei 6.404/1976 e do art. 1.118 do CC. Dessa forma, fica claro que a incorporação caracteriza-se, essencialmente, por dois requisitos: a absorção total do patrimônio da incorporada pela incorporadora (todos os direitos e obrigações) e a extinção da personalidade jurídica da incorporada. Assim, deve-se reconhecer a legitimidade da sociedade empresária sucessora, por incorporação, para responder pelos atos da incorporada, inclusive quanto a credores cujo título não esteja constituído até o ato de incorporação, independentemente de se referir a obrigações anteriores a ele. **REsp 1.322.624-SC, Rel. Ministro Paulo de Tarso Sanseverino, julgado em 12/6/2013. (Inform. STJ 522)**

DIREITO EMPRESARIAL E PROCESSUAL CIVIL. DESCONSIDERAÇÃO DA PERSONALIDADE JURÍDICA. EXTENSÃO, NO ÂMBITO DE PROCEDIMENTO INCIDENTAL, DOS EFEITOS DA FALÊNCIA À SOCIEDADE DO MESMO GRUPO.
É possível, no âmbito de procedimento incidental, a extensão dos efeitos da falência às sociedades do mesmo grupo, sempre que houver evidências de utilização da personalidade jurídica da falida com abuso de direito, para fraudar a lei ou prejudicar terceiros, e desde que, demonstrada a existência de vínculo societário no âmbito do grupo econômico, seja oportunizado o contraditório à sociedade empresária a ser afetada. Nessa hipótese, a extensão dos efeitos da falência às sociedades integrantes do mesmo grupo da falida encontra respaldo na teoria da desconsideração da personalidade jurídica, sendo admitida pela jurisprudência firmada no STJ. **AgRg no REsp 1.229.579-MG, Rel. Min. Raul Araújo, julgado em 18/12/2012. (Inform. STJ 513)**.

2. SOCIEDADE ANÔNIMA

DIREITO EMPRESARIAL E PROCESSUAL CIVIL. LEGITIMIDADE ATIVA PARA AÇÃO SOCIAL.
Acionistas e companhia podem litigar em litisconsórcio facultativo ativo em ação de responsabilidade civil contra o administrador pelos prejuízos causados ao patrimônio da sociedade anônima (art. 159 da Lei 6.404/1976), quando não proposta a ação pela companhia no prazo de três meses após a deliberação da assembleia-geral (§ 3º). Da análise do art. 159 da Lei 6.404/1976, constata-se que a denominada ação social, assim compreendida como aquela voltada a reparar danos causados à própria sociedade anônima pela atuação ilícita de seus administradores, pode ser promovida: i) pela própria companhia (ação social ut universi), desde que devidamente autorizada por sua assembleia geral; e ii) por qualquer acionista, caso a demanda não seja intentada pela companhia nos três meses seguintes à deliberação assemblear, ou por acionistas que representem ao menos 5% (cinco por cento) do capital social, na hipótese em que a assembleia geral tenha deliberado por não acionar os administradores (em ambos os casos, tem-se a denominada ação social ut singuli). Na ação social ut singuli, o acionista que a promove o faz em nome

próprio, na defesa dos direitos e interesses da companhia. Está-se, pois, diante de uma legitimação extraordinária. Aliás, o § 5º do artigo sob exame, de modo a explicitar tal circunstância, deixa claro que o resultado obtido com a demanda é deferido à sociedade, e não ao acionista promovente. Preceitua o dispositivo legal, ainda, que o acionista demandante será indenizado por todas as despesas que suportar com o processo, nos limites do resultado. Por consectário, caso o resultado da demanda seja negativo, o autor responde pessoalmente pelas despesas processuais. Além disso, o preceito legal ainda dispõe em seu § 7º sobre a possibilidade de qualquer acionista ou terceiro promover ação destinada a reparar prejuízo próprio (e não da sociedade anônima, ressalta-se), ocasionado por ato de administrador. É a denominada ação individual, que, ante a diversidade de objetos, não se confunde com a ação social acima discriminada. De outro lado, é de se constatar que, durante os três meses contados da deliberação da assembleia geral que autoriza a companhia a promover a ação contra o administrador, somente a própria sociedade, com exclusão de qualquer outro acionista, pode assim proceder. No curso de tal interregno, portanto, a lei confere legitimidade exclusiva à sociedade anônima para promover a ação social. Após o término do aludido termo, o regramento legal expressamente admite que qualquer acionista promova a ação social, caso a companhia não o tenha feito naquele período. Veja-se, portanto, que, em tal circunstância – após o término dos três meses contados da deliberação assemblear – possuem legitimidade ativa ad causam tanto a companhia, como qualquer acionista para promover a ação social. Está-se, pois, nesse caso, diante de legitimidade concorrente – que se dá tanto na seara ordinária, como na extraordinária –,a considerar que ambos, tanto a companhia, como qualquer acionista, estão, por lei, autorizados a discutir em juízo a presente situação jurídica (consistente na reparação de danos sofridos pela companhia por ato de administrador). Como é de sabença, na legitimidade concorrente simples ou isolada, qualquer dos legitimados pode atuar sozinho no feito. Naturalmente, em se tratando de legitimidade extraordinária, caso o titular do direito (a companhia) promova a ação isoladamente, o posterior ajuizamento de ação pelo substituto processual (qualquer acionista) consubstanciará, inequivocamente, caso de litispendência. Veja-se, que, nessa hipótese, a ação posterior deve ser extinta em virtude da existência de ação anterior idêntica, e não porque, ao substituto processual, falta legitimidade. De se destacar, ainda, que, efetivamente, não há qualquer óbice legal para a formação de um litisconsórcio ativo facultativo integrado por sujeitos de direito que, repisa-se, simultaneamente ostentam legitimidade (concorrente) para, em juízo, defender os interesses da companhia. Pode-se antever, como inarredável consequência de tal proceder, no máximo, que os autores da ação, caso não logrem êxito em seu intento, venham a arcar, cada qual, com as despesas processuais decorrentes da sucumbência em partes iguais. De todo modo, havendo expressa previsão legal a conferir legitimidade aos acionistas para ajuizarem ação social, após três meses da deliberação da assembleia, possível, inclusive, a formação de litisconsórcio facultativo ativo entre a companhia e aqueles. **REsp 1.515.710-RJ, Rel. Min. Marco Aurélio Bellizze, julgado em 12/5/2015, DJe 2/6/2015 (Inform. STJ 563).**

DIREITO EMPRESARIAL E PROCESSUAL CIVIL. IMPOSSIBILIDADE DE UTILIZAÇÃO DE CRÉDITO PERTENCENTE À SOCIEDADE ANÔNIMA PARA GARANTIR OBRIGAÇÃO DE SÓCIO. Não cabe bloqueio judicial de parte de crédito cobrado em execução judicial movida por sociedade anônima contra terceiro, na hipótese em que a decisão judicial que o determina é proferida em sede de ação cautelar movida por ex-cônjuge em face do outro ex-consorte, a fim de garantir àquele direito a ações da referida sociedade anônima, quando a participação acionária já se encontra assegurada por sentença com trânsito em julgado proferida em ação de sobrepartilha de bens sonegados. De fato, o reconhecimento posterior do direito à meação de cônjuge em relação às ações sonegadas traz como consequência natural apenas a possibilidade de assunção da condição de acionista da companhia, posição essa que não garante a ele, por si só, direito sobre créditos da pessoa jurídica em face de terceiros. Isso porque nenhum acionista tem direito de apossamento sobre créditos pertencentes à pessoa jurídica, a serem recebidos em ação ajuizada por esta em face de terceiros. Ressalte-se que, nos termos do que dispõe o art. 109, I, da Lei 6.404/1976 (Lei das Sociedades Anônimas), o que se garante ao acionista é a participação nos lucros sociais da companhia, participação essa que ocorre com o recebimento de dividendos, quando, na forma e no percentual estabelecidos pelo estatuto da sociedade. Aponte-se, ainda, que o direito à percepção dividendos é antecedido por procedimento de relativa complexidade, o que, em princípio, impede que tal direito (o recebimento de dividendos) seja decantado de forma singela de um crédito a ser recebido pela sociedade em ação própria ajuizada contra terceiros. Por outra ótica, mesmo que se buscasse os dividendos recebidos pelo outro ex-consorte relativamente às ações sonegadas, com mais razão o conflito não diria respeito à pessoa jurídica, que efetivamente pagara dividendos a quem figurava como acionista da companhia e não deu causa a possíveis ilegalidades – devendo eventuais prejuízos serem recompostos perante quem, eventualmente, recebeu de forma indevida os dividendos. De resto, a própria Lei das Sociedades Anônimas traz as formas de constituição de garantias incidentes sobre ações da companhia, o que, em princípio, seria suficiente ao acautelamento da eficácia da decisão proferida na sobrepartilha, que é a averbação do gravame nos livros próprios – livro "Registro de Ações Nominativas" ou nos livros da instituição financeira –, como prevê o art. 40, hipótese em que o direito de preferência sobre as ações seria oponível contra terceiros. Por outra linha de fundamentação, reconhecer a condição de acionista de ex-cônjuge, com direito a parcela das ações da companhia, e posteriormente determinar que o patrimônio da própria pessoa jurídica suporte o pagamento dos valores equivalentes ao que teria direito o acionista, implica reconhecer um direito de recesso ou retirada não previsto em lei, mediante uma espécie de dissolução parcial da sociedade, no tocante às ações sonegadas, o que contraria a própria essência das sociedades anônimas. Com efeito, a decisão que determinou à sociedade anônima o pagamento, com patrimônio próprio, dos valores a que faria jus o acionista em razão de ações de que é titular, procedeu, a toda evidência, a uma autorização de retirada ou recesso sem previsão legal, e isso tudo sem observância dos procedimentos mínimos de apuração em balanço especial e no bojo de ação na qual a pessoa jurídica não figurou como parte, circunstância que denuncia a extrapolação dos limites subjetivos da coisa julgada. **REsp 1.179.342-GO, Rel. Min. Luis Felipe Salomão, julgado em 27/5/2014. (Inform. STJ 544)**

DIREITO CIVIL, EMPRESARIAL E PROCESSUAL CIVIL. CÁLCULO DE DIVIDENDOS NO ÂMBITO DE DEMANDA DE COMPLEMENTAÇÃO DE AÇÕES RELATIVAS A CONTRATO DE PARTICIPAÇÃO FINANCEIRA. RECURSO REPETITIVO (ART. 543-C DO CPC E RES. 8/2008-STJ). No âmbito de demanda de complementação de ações relativas a contrato de participação financeira para a aquisição de linha telefônica, deve-se observar – ressalvada a manutenção de critérios diversos nas hipóteses de coisa julgada – os seguintes critérios no que diz respeito à obrigação de pagar dividendos: a) os dividendos são devidos durante todo o período em que o consumidor integrou ou deveria ter integrado os quadros societários; b) sobre o valor dos dividendos não pagos, incide correção monetária desde a data de vencimento da obrigação e juros de mora desde a citação; e, c) no caso das ações convertidas em perdas e danos, é devido o pagamento de dividendos desde a data em que as ações deveriam ter sido subscritas até a data do trânsito em julgado do processo de conhecimento, incidindo juros de mora e correção monetária segundo os critérios do item anterior. Realmente, a Lei das Sociedades por Ações (Lei 6.404/1976) assegura aos acionistas direitos essenciais, entre os quais o direito de "participar dos lucros sociais" (art. 109, I), que se dá, principalmente, na forma de distribuição de dividendos, conforme a redação do art. 202, *caput*, da mesma lei: "Os acionistas têm direito de receber como dividendo obrigatório, em cada exercício, a parcela dos lucros estabelecida no estatuto ou, se este for omisso, a importância determinada de acordo com as seguintes normas". Assim, havendo lucro, o titular de ação de uma S/A, especialmente o titular de ações preferenciais, tem direito ao recebimento de dividendos, salvo hipóteses excepcionais – como as previstas no art. 202, §§ 3º e 4º, da Lei 6.404/1976. Ademais, o § 3º do art. 205 da Lei 6.404/1976 estabelece que o "dividendo deverá ser pago, salvo deliberação em contrário da assembleia-geral, no prazo de 60 (sessenta) dias da data em que for declarado e, em qualquer caso, dentro do exercício social", o que implica afirmar que os dividendos são uma obrigação de dar quantia certa, de trato sucessivo (pois se repete a cada exercício), com datas de vencimento previamente estabelecidas. Desse modo, a incidência de correção monetária e juros de mora segue o mesmo critério utilizado para obrigações dessa natureza, qual seja, correção monetária desde o vencimento (art. 205, § 3º, Lei 6.404/1976) e juros de mora desde a citação (arts. 389 e 405 do CC). Quanto aos termos inicial e final da obrigação de pagar dividendos, tem-se que, conforme o art. 205, *caput*, da Lei 6.404/1976, os dividendos são devidos "à pessoa que, na data do ato de declaração do dividendo, estiver inscrita como proprietária ou usufrutuária da ação". Em outras palavras, os

dividendos são devidos durante todo o período em que o consumidor integrou ou deveria ter integrado os quadros societários. Sendo assim, o termo inicial da obrigação de pagar os dividendos é a data em que o consumidor se tornou acionista da sociedade, ou seja, a data da subscrição das ações – que não se confunde com a data da assinatura do contrato de participação financeira. Nesse contexto, um consumidor que tivesse pagado R$ 1.000,00 por um contrato de participação financeira a ser cumprido no prazo de 12 meses poderia ter, com o fim do prazo, recebido uma linha telefônica e, por exemplo, 1.000 ações da companhia. Posteriormente, analisando-se os critérios para o cálculo do número de ações e sendo verificado que o consumidor deveria ter recebido 1.200 ações – restando, portanto, um saldo de 200 ações a serem complementadas –, teria ele direito a todos os dividendos distribuídos a partir do término do prazo de 12 meses do seu contrato (data em que todas 1.200 ações deveriam ter sido subscritas). No tocante ao termo final da obrigação de pagar dividendos, há duas situações distintas: relativamente às 1.000 ações efetivamente subscritas, a obrigação se estende até a data da alienação destas ações (com as devidas formalidades), momento em que os dividendos serão devidos ao adquirente das ações; já com relação às 200 ações a serem complementadas, a obrigação vai até a data do trânsito em julgado da ação de conhecimento, data em que, hipoteticamente, o consumidor teria deixado de ser acionista. **REsp 1.301.989-RS, Rel. Min. Paulo de Tarso Sanseverino, julgado em 12/3/2014. (Inform. STJ 538)**

DIREITO CIVIL, EMPRESARIAL E PROCESSUAL CIVIL. CRITÉRIO PARA A CONVERSÃO DA OBRIGAÇÃO DE SUBSCREVER AÇÕES EM PERDAS E DANOS. RECURSO REPETITIVO (ART. 543-C DO CPC E RES. 8/2008-STJ). No âmbito de demanda de complementação de ações relativas a contrato de participação financeira para a aquisição de linha telefônica, converte-se a obrigação de subscrever ações em perdas e danos multiplicando-se o número de ações devidas pela cotação destas no fechamento do pregão da Bolsa de Valores no dia do trânsito em julgado, com juros de mora desde a citação; ressalvada a manutenção de outros critérios definidos em título executivo ante a existência de coisa julgada. Precedentes citados: REsp 1.025.298-RS, Segunda Seção, DJe 11/2/2011; e EDcl no REsp 1.025.298-RS, Segunda Seção, DJe 1/2/2013. **REsp 1.301.989-RS, Rel. Min. Paulo de Tarso Sanseverino, julgado em 12/3/2014. (Inform. STJ 538)**

DIREITO PROCESSUAL CIVIL E EMPRESARIAL. LEGITIMIDADE ATIVA EM AÇÃO DE COMPLEMENTAÇÃO DE AÇÕES FUNDAMENTADA EM CESSÃO DE DIREITOS RELACIONADA A CONTRATO DE PARTICIPAÇÃO FINANCEIRA. RECURSO REPETITIVO (ART. 543-C DO CPC E RES. 8/2008-STJ). O cessionário de contrato de participação financeira para a aquisição de linha telefônica tem legitimidade para ajuizar ação de complementação de ações somente na hipótese em que o instrumento de cessão lhe conferir, expressa ou tacitamente, o direito à subscrição de ações, conforme apurado nas instâncias ordinárias. De fato, os contratos de participação financeira, no sistema de telefonia, continham dois objetos distintos: a habilitação de uma linha telefônica e a subscrição de ações da companhia telefônica. Desse modo, o consumidor que pretendesse transferir seus direitos a terceiros dispunha, essencialmente, de três alternativas: (a) ceder a titularidade da linha telefônica; (b) ceder a titularidade das ações que lhe foram subscritas; ou (c) ceder o direito à subscrição de ações. Na alternativa (a), o cessionário sucedia o consumidor apenas na titularidade da linha telefônica, nada lhe assistindo no que tange a ações da companhia. Na alternativa (b), o cessionário passava a titularizar as ações já efetivamente subscritas em nome do consumidor, não lhe assistindo o direito à complementação de ações. Na alternativa (c), o cessionário passava a suceder o consumidor no direito à subscrição de ações, assistindo-lhe o direito de titularizar as ações complementares, ou seja, aquelas ainda não subscritas em nome do consumidor. Nesse contexto, um consumidor que tivesse pagado R$ 1.000,00 por um contrato de participação financeira a ser cumprido no prazo de 12 meses poderia ter, com o fim do prazo, recebido uma linha telefônica e, por exemplo, 1.000 ações da companhia. Posteriormente, analisando-se os critérios para o cálculo do número de ações e sendo verificado que o consumidor deveria ter recebido 1.200 ações – restando, portanto, um saldo de 200 ações a serem complementadas –, no caso de cessão de direitos: na hipótese da alternativa (a), essas 200 ações deverão ser subscritas em nome do consumidor, pois o cessionário somente adquiriu a linha telefônica; na alternativa (b), as 200 ações também deverão ser subscritas em nome do consumidor, pois esse cedeu apenas as ações que detinha (1.000 ações), não cedeu o direito à subscrição de ações; e na alternativa (c), as 200 ações deverão ser subscritas em nome do cessionário, porque esse passou a ser titular do direito à subscrição de ações. Ante o exposto, verifica-se que o cessionário somente

8. DIREITO EMPRESARIAL

terá legitimidade para pleitear a complementação de ações se tiver sucedido o consumidor também no direito à subscrição de ações. Precedentes citados: REsp 453.805-RS, Segunda Seção, DJ 10/2/2003; AgRg no Ag 1.390.714-PR, Quarta Turma, DJe 25/4/2013; e AgRg nos EDcl no AgRg nos EDcl no Ag 932.217-RS, Terceira Turma, DJe 6/10/2009. **REsp 1.301.989-RS, Rel. Min. Paulo de Tarso Sanseverino, julgado em 12/3/2014. (Inform. STJ 538)**

DIREITO EMPRESARIAL. PRAZO PRESCRICIONAL PARA A COBRANÇA DE DEBÊNTURES.
Prescreve em cinco anos a pretensão de cobrança de valores relativos a debêntures. Isso porque, nessa hipótese, deve ser aplicada a regra prevista no art. art. 206, § 5°, I, do CC, que estabelece em cinco anos o prazo de prescrição "de cobrança de dívidas líquidas constantes de instrumento público ou particular". Ressalte-se que não cabe na hipótese, por ampliação ou analogia, sem qualquer previsão legal, aplicar às debêntures o prazo prescricional relativo às notas promissórias e às letras de câmbio, bem como o prazo prescricional para haver o pagamento de título de crédito propriamente dito. Com efeito, deve-se considerar que a interpretação das normas sobre prescrição e decadência não pode ser realizada de forma extensiva. Precedentes citados: AgRg no AREsp 94.684-DF, Primeira Turma, DJe 25/5/2012; e AgRg no REsp 1.149.542-PR, Segunda Turma, DJe 21/5/2010. **REsp 1.316.256-RJ, Rel. Min. Luis Felipe Salomão, julgado em 18/6/2013. (Inform. STJ 526)**

DIREITO EMPRESARIAL. LEGITIMIDADE DA BRASIL TELECOM S/A PARA RESPONDER PELOS ATOS PRATICADOS PELA TELESC. RECURSO REPETITIVO (ART. 543-C DO CPC E RES. 8/2008-STJ).
A Brasil Telecom S/A tem legitimidade para responder pelos atos praticados pela Telesc quanto a credores cujo título não tiver sido constituído até o ato de incorporação, independentemente de se referir a obrigações anteriores a ele. Isso porque a sucessão, por incorporação, de empresas determina a extinção da personalidade jurídica da incorporada, com a transmissão de seus direitos e obrigações à incorporadora. De fato, a incorporação, conforme o art. 227 da Lei 6.404/1976 e o art. 1.116 do CC, é a operação pela qual uma ou mais sociedades são absorvidas por outra, que lhes sucede em todos os direitos e obrigações. Por esse instituto, em linhas gerais, determinada sociedade empresarial, a incorporadora, engloba outra, a incorporada, integrando ao seu patrimônio tanto o ativo quanto o passivo da incorporada, a qual terá extinta sua personalidade jurídica, conforme se extrai dos enunciados normativos dos arts. 219 e 227, § 3°, da Lei 6.404/1976 e do art. 1.118 do CC. Dessa forma, fica claro que a incorporação caracteriza-se, essencialmente, por dois requisitos: a absorção total do patrimônio da incorporada pela incorporadora (todos os direitos e obrigações) e a extinção da personalidade jurídica da incorporada. Assim, deve-se reconhecer a legitimidade da sociedade empresária sucessora, por incorporação, para responder pelos atos da incorporada, inclusive quanto a credores cujo título não esteja constituído até o ato de incorporação, independentemente de se referir a obrigações anteriores a ele. **REsp 1.322.624-SC, Rel. Ministro Paulo de Tarso Sanseverino, julgado em 12/6/2013. (Inform. STJ 522)**

3. SOCIEDADE COOPERATIVA

DIREITO CIVIL. NECESSIDADE DE RATEIO PROPORCIONAL DOS PREJUÍZOS EXPERIMENTADOS POR COOPERATIVA.
A distribuição aos cooperados dos eventuais prejuízos da cooperativa deve ocorrer de forma proporcional à fruição, por cada um deles, dos serviços prestados pela entidade, ainda que haja alteração do estatuto, por deliberação da Assembleia Geral Ordinária, determinando que a distribuição dos prejuízos seja realizada de forma igualitária. Primeiramente, não é possível o estabelecimento do critério igualitário para o rateio dos prejuízos em razão de alteração estatutária promovida por Assembleia Geral Ordinária, porquanto a alteração do estatuto social de uma cooperativa é de competência exclusiva da Assembleia Geral Extraordinária, nos termos do art. 46, I, da Lei 5.764/1971. Além disso, embora a Assembleia Geral dos associados seja, nos termos do art. 38 da Lei 5.764/1971, o órgão supremo da sociedade, as suas deliberações não podem ultrapassar os limites estatutários, muito menos os legais. Nesse contexto, não seria admitido o estabelecimento de distribuição igualitária ou linear dos prejuízos entre os cooperados, na medida em que essa deliberação seria contrária ao disposto no art. 89 da Lei 5.764/1971, segundo o qual a distribuição dos prejuízos de cooperativa deve ser realizada de forma proporcional à fruição dos serviços da cooperativa

por cada cooperado. Por fim, pontue-se que a ressalva contida no art. 80, parágrafo único, da Lei 5.764/1971 trata tão somente da possibilidade de previsão em estatuto de cooperativa do rateio igualitário das despesas gerais da sociedade – as quais não se confundem com os prejuízos –, que devem ser apuradas mediante levantamento contábil separado para possibilitar o seu rateio linear se houver autorização estatutária. **REsp 1.303.150-DF, Rel. Min. Nancy Andrighi, julgado em 5/3/2013. (Inform. STJ 520)**

4. FALÊNCIA

4.1. Falência: competência jurisdicional

DIREITO EMPRESARIAL E PROCESSUAL CIVIL. JUÍZO UNIVERSAL DA FALÊNCIA.
O reconhecimento, por sentença transitada em julgado, de que elidiu a falência o depósito do valor principal do título executivo extrajudicial cujo inadimplemento baseou o pedido de quebra (art. 1°, § 3°, Decreto-Lei 7.661/1995) não torna prevento o juízo para um segundo pedido de falência fundado na execução frustrada (art. 2°, I, do Decreto-Lei 7.661/1945) do título executivo advindo daquela sentença quanto aos juros e a correção monetária. O juízo da falência é indivisível porque competente para todas as ações sobre bens e interesses da massa falida, conforme enfatizava o art. 7°, § 2°, da antiga Lei Falimentar (Decreto-Lei 7.661/45), norma repetida no art. 76 da atual Lei de Recuperação de Empresas (Lei 11.101/2005). O objetivo da *vis atractiva* do juízo falimentar é submeter a universalidade dos bens do devedor comum a um regime único, evitando que apareçam duas ou mais falências paralelas em juízos diferentes, para que, assim, haja paridade no tratamento dos créditos. É necessário, portanto, que, para se instaurar o juízo universal da falência, seja efetivamente decretada a falência pelo juízo competente. Na hipótese em análise, houve reconhecimento do depósito elisivo do primitivo pedido de quebra, por sentença transitada em julgado, desaparecendo a possibilidade de decretação da falência com fundamento no título de crédito, não se tendo, por isso, instaurado o juízo universal da falência. Efetivamente, o fato de existir uma execução frustrada, advinda de um título judicial nascido de uma ação falimentar extinta pelo depósito elisivo parcial, não tem o condão de determinar a distribuição, por prevenção, de um segundo pedido de falência, pelo fato de que não mais existe a possibilidade de ocorrerem falências em juízos diferentes. **REsp 702.417-SP, Rel. Min. Raul Araújo, julgado em 11/3/2014. (Inform. STJ 539)**

4.2. Falência: pressupostos, requerimento, depósito elisivo

DIREITO EMPRESARIAL. INTERPRETAÇÃO DO ART. 94, III, F, DA LEI DE FALÊNCIAS.
A mudança de domicílio da sociedade em recuperação judicial, devidamente informada em juízo, ainda que sem comunicação aos credores e sem data estabelecida para a instalação do novo estabelecimento empresarial, não é causa, por si só, para a decretação de ofício da falência. Nos termos do art. 94, III, "f", da Lei 11.101/2005, decreta-se a falência do devedor que se ausenta sem deixar representante habilitado e com recursos suficientes para pagar os credores, abandona estabelecimento ou tenta ocultar-se de seu domicílio, do local de sua sede ou de seu principal estabelecimento. De fato, a fuga e a ocultação do devedor ou o abandono do estabelecimento empresarial, com o fim de furtar-se de suas obrigações, não podem ser condutas que obtenham a condescendência do Poder Judiciário. De outro lado, conforme a doutrina, a mudança do domicílio comercial desacompanhada de comunicação aos credores não é suficiente, por si só, para caracterização do abandono. Desse modo, embora a ocultação, ou a sua tentativa, pressuponha a ideia de que o comerciante, fatalmente, deixará de cumprir as suas obrigações, a mudança do domicílio comercial, mesmo que sem aviso aos credores, ainda não é motivo bastante para caracterização da fuga. Isso porque é necessário provar que a mudança foi furtiva e realizada com o objetivo de fraudá-los. É a má-fé, portanto, indubitavelmente, que norteia a decretação da falência ante a ocultação dolosa do devedor, ou seja, com o fim de descumprir suas obrigações empresariais. Aquela, contudo e como se sabe, há de ser provada, enquanto a boa-fé é presumida, magistério que se colhe de vetusto brocardo jurídico. Dessa forma, a simples alteração de endereço não é causa suficiente para o decreto de quebra, havendo que se perquirir se houve, de fato, abandono ou ocultação pelo devedor, o que deverá se dar sob o crivo do contraditório e da ampla defesa, de modo que a sociedade empresária em

recuperação deverá ser intimada para, em se constatando que não mais exerce sua empresa em seu antigo endereço, informar ao juízo acerca do ocorrido e fazer prova de que não houve tentativa de furtar-se ao cumprimento de suas obrigações. **REsp 1.366.845-MG, Rel. Min. Maria Isabel Gallotti, julgado em 18/6/2015, DJe 25/6/2015 (Inform. STJ 564).**

DIREITO EMPRESARIAL. PEDIDO DE FALÊNCIA FUNDADO EM IMPONTU-ALIDADE INJUSTIFICADA. Em pedido de falência requerido com fundamento na impontualidade injustificada (art. 94, I, da Lei 11.101/2005), é desnecessária a demonstração da insolvência econômica do devedor, independentemente de sua condição econômica. Os dois sistemas de execução por concurso universal existentes no direito pátrio – insolvência civil e falência –, entre outras diferenças, distanciam-se de um o outro no tocante à concepção do que seja estado de insolvência, necessário em ambos. O processo de insolvência civil apoia-se no pressuposto da insolvência econômica, que consiste na presença de ativo deficitário para fazer frente ao passivo do devedor, nos termos do art. 748 do CPC: "Dá-se a insolvência toda vez que as dívidas excederem à importância dos bens do devedor". O sistema falimentar, ao contrário, não tem alicerce na insolvência econômica. O pressuposto para a instauração de processo de falência é a insolvência jurídica, que é caracterizada a partir de situações objetivamente apontadas pelo ordenamento jurídico. No direito brasileiro, caracteriza a insolvência jurídica, nos termos do art. 94 da Lei 11.101/2005, a impontualidade injustificada (inciso I), execução frustrada (inciso II) e a prática de atos de falência (inciso III). Nesse sentido, a insolvência que autoriza a decretação de falência é presumida, uma vez que a lei decanta a insolvência econômica de atos caracterizadores da insolvência jurídica, pois se presume que o empresário individual ou a sociedade empresária que se encontram em uma das situações apontadas pela norma estão em estado pré-falimentar. É bem por isso que se mostra possível a decretação de falência independentemente de comprovação da insolvência econômica. **REsp 1.433.652-RJ, Rel. Min. Luis Felipe Salomão, julgado em 18/9/2014. (Inform. STJ 550)**

DIREITO EMPRESARIAL. HIPÓTESE EM QUE NÃO SE CARACTERIZA USO ABUSIVO DA VIA FALIMENTAR. Diante de depósito elisivo de falência requerida com fundamento na impontualidade injustificada do devedor (art. 94, I, da Lei 11.101/2005), admite-se, embora afastada a decretação de falência, a conversão do processo falimentar em verdadeiro rito de cobrança para apurar questões alusivas à existência e à exigibilidade da dívida cobrada, sem que isso configure utilização abusiva da via falimentar como sucedâneo de ação de cobrança/execução. Com efeito, o referido uso abusivo da via falimentar tem sido uma preocupação tanto da lei quanto da jurisprudência, ainda na vigência do Decreto-Lei 7.661/1945 (antiga Lei de Falências). De um modo geral, entendia-se que "o processo de falência não deve ser desvirtuado para servir de instrumento de coação para a cobrança de dívidas. Considerando os graves resultados que decorrem da quebra da empresa, o seu requerimento merece ser examinado com rigor formal, e afastado sempre que a pretensão do credor seja tão somente a satisfação do seu crédito" (REsp 136.565-RS, Quarta Turma, DJ 14/6/1999). Nesse particular, é de se ter em mente que, diferentemente da Lei 11.101/2005 (art. 94, I), o sistema disciplinado pelo Decreto-Lei 7.661/1945 não estabelecia valor mínimo para que o credor ajuizasse pedido de falência do devedor com base na impontualidade injustificada. Tal circunstância propiciava pedidos de falência apoiados em valores de somenos importância, sugestivos, deveras, de mera substituição do processo de execução/cobrança pelo falimentar. No sistema antigo, por não haver parâmetro legal seguro para abortar essas empreitadas, ficou a cargo da jurisprudência obstar o abuso no exercício do direito de pleitear a quebra do devedor. Porém, a anomia anterior quanto a critérios de aferição do abuso foi colmatada com a edição da Lei de Falências atual, tendo esta previsto o valor de 40 salários mínimos como piso a justificar o pedido de falência com fulcro na impontualidade injustificada. Com efeito, a questão do abuso ou da substituição da cobrança por falência há de ser vista sob o enfoque da nova Lei de Falências. Os pedidos de falência por impontualidade de dívidas aquém desse piso são legalmente considerados abusivos, e a própria lei encarrega-se de embaraçar o atalhamento processual, pois elevou tal requisito à condição de procedibilidade da falência (art. 94, I). Porém, superando-se esse valor, a ponderação legal já foi realizada segundo a ótica e prudência do legislador. Assim, não cabe ao Judiciário obstar pedidos de falência que observaram os critérios estabelecidos pela lei, a partir dos quais o legislador separou as situações já de longa data conhecidas, de uso controlado e abusivo da via falimentar. Portanto, tendo o pedido de falência sido aparelhado em impontualidade injustificada de títulos que superam o piso legal de 40 salários mínimos (art. 94, I, da Lei 11.101/2005), por abso-

luta presunção legal, fica afastada a alegação de atalhamento do processo de execução pela via falimentar, devendo a ação prosseguir, mesmo que seja sob o rito de mera cobrança, tendo em vista o depósito elisivo efetuado com o propósito de afastar a possibilidade de decretação da quebra (art. 98, parágrafo único). Precedente citado: REsp 604.435-SP, Terceira Turma, DJ 1º/2/2006. **REsp 1.433.652-RJ, Rel. Min. Luis Felipe Salomão, julgado em 18/9/2014. (Inform. STJ 550)**

DIREITO EMPRESARIAL. HIPÓTESES AUTÔNOMAS DE PEDIDO DE FALÊNCIA. É desnecessário o prévio ajuizamento de execução forçada para se requerer falência com fundamento na impontualidade do devedor. Isso porque o art. 94, I e II, da Lei de Falências (Lei 11.101/2005) prevê a impontualidade e a execução frustrada como hipóteses autônomas de falência, não condicionando a primeira à segunda. Precedentes citados: REsp 1.079.229-SP, Quarta Turma, DJe 12/6/2014; e AgRg no Ag 1.073.663-PR, Quarta Turma, DJe 10/2/2011. **REsp 1.354.776-MG, Min. Rel. Paulo de Tarso Sanseverino, julgado em 26/8/2014. (Inform. STJ 547)**

DIREITO EMPRESARIAL. INSTRUÇÃO DO PEDIDO DE FALÊNCIA COM DU-PLICATAS VIRTUAIS. A duplicata virtual protestada por indicação é título executivo apto a instruir pedido de falência com base na impontualidade do devedor. Isso porque o art. 94, I, da Lei de Falências (Lei 11.101/2005) não estabelece nenhuma restrição quanto à cartularidade do título executivo que embasa um pedido de falência. **REsp 1.354.776-MG, Min. Rel. Paulo de Tarso Sanseverino, julgado em 26/8/2014. (Inform. STJ 547)**

📄 **Súmula STJ nº 361**

A notificação do protesto, para requerimento de falência da empresa devedora, exige a identificação da pessoa que a recebeu.

📄 **Súmula STJ nº 248**

Comprovada a prestação dos serviços, a duplicata não aceita, mas protestada, é título hábil para instruir pedido de falência.

📄 **Súmula STJ nº 29**

No pagamento em juízo para elidir falência, são devidos correção monetária, juros e honorários de advogado.

4.3. Falência: créditos, habilitação, preferências, extraconcursais, restituição

DIREITO EMPRESARIAL. DECLARAÇÃO DE EXTINÇÃO DAS OBRIGAÇÕES DO FALIDO.
O reconhecimento da extinção das obrigações não tributárias do falido nos termos do art. 135 do Decreto-Lei 7.661/1945 (art. 158 da Lei 11.101/2005) não depende de prova da quitação de tributos. Inicialmente, destaca-se que, tanto no regramento anterior (Decreto-Lei 7.661/1945) quanto na atual Lei de Falências (Lei 11.101/2005), a questão é tratada da mesma forma. Nesse passo, se o art. 187 do CTN - mesmo com a redação anterior à LC 118/2005 - é taxativo ao dispor que a cobrança judicial do crédito tributário não é sujeita a concurso de credores ou habilitação em falência, e se o mesmo CTN não arrola a falência como uma das causas de suspensão da prescrição do crédito tributário (art. 151), não há mesmo como se deixar de inferir que o crédito fiscal não se sujeita aos efeitos da falência. Tem-se, então, que o pedido de extinção das obrigações do falido poderá ser deferido: a) com maior abrangência, quando satisfeitos os requisitos da Lei Falimentar e também os do art. 191 do CTN, mediante a "prova de quitação de todos os tributos"; ou b) em menor extensão, quando atendidos apenas os requisitos da Lei Falimentar, mas sem a prova de quitação de todos os tributos, caso em que as obrigações tributárias não serão alcançadas pelo deferimento do pedido de extinção. Assim, na segunda hipótese, como o Fisco continua com seu direito independente do juízo falimentar, a solução será a procedência do pedido de declaração de extinção das obrigações do falido consideradas na falência, desde que preenchidos os requisitos da Lei Falimentar, sem alcançar, porém, as obrigações tributárias, permanecendo a Fazenda Pública com a possibilidade de cobrança de eventual crédito fiscal. De fato, a declaração de extinção das obrigações do falido poderá referir-se somente às obrigações que foram habilitadas ou consideradas no processo falimentar, não tendo o falido, necessidade de apresentar a quitação dos créditos fiscais para conseguir o reconhecimento da extinção daquelas suas obrigações, em menor extensão. **REsp 834.932-MG, Rel. Min. Raul Araújo, julgado em 25/8/2015, DJe 29/10/2015. (Inform. STJ 572)**

DIREITO EMPRESARIAL. ABRANGÊNCIA DE EXPRESSÃO DOS ARTS. 67, CAPUT, E 84, V, DA LEI 11.101/2005.

Nos termos dos arts. 67, caput, e 84, V, da Lei 11.101/2005, em caso de decretação de falência, serão considerados extraconcursais os créditos decorrentes de obrigações contraídas pelo devedor entre a data em que se defere o processamento da recuperação judicial e a data da decretação da falência, inclusive aqueles relativos a despesas com fornecedores de bens ou serviços e contratos de mútuo. Isso porque a expressão "durante a recuperação judicial" gravada nos arts. 67, caput, e 84, V, da Lei 11.101/2005 abrange o período compreendido entre a data em que se defere o processamento da recuperação judicial e a decretação da falência. De fato, pode-se questionar se o termo inicial do benefício de que tratam os referidos artigos dá-se: (a) com o ajuizamento do pedido de recuperação (art. 51 da LF); (b) a partir da decisão que defere o seu processamento (art. 52 da LF); ou (c) da decisão que a concede (art. 58 da LF). É bem verdade que a redação do caput do art. 67 e do inciso V do art. 84 da LF não se reveste de clareza e precisão. Nesse contexto, é dever constitucional do STJ atribuir à lei federal sua mais adequada interpretação, para tanto se valendo dos recursos que orientam o processo hermenêutico, destacando-se, no caso presente, os métodos lógico e sistemático, não se olvidando que "na aplicação da lei, o juiz atenderá aos fins sociais a que ela se dirige e às exigências do bem comum", conforme determina o art. 5º da LINDB, que indica a fórmula teleológica. No campo da teleologia, há de se ter por indubitável que o intento da Lei de Falências é conferir primazia à recuperação da empresa, como orienta seu art. 47, segundo o qual "a recuperação judicial tem por objetivo viabilizar a superação da situação de crise econômico-financeira do devedor, a fim de permitir a manutenção da fonte produtora, do emprego dos trabalhadores e dos interesses dos credores, promovendo, assim, a preservação da empresa, sua função social e o estímulo à atividade econômica". Nessa conjuntura, é certo que a adoção do entendimento de que o termo inicial do benefício legal em análise seria (c) a decisão que concede a recuperação judicial (art. 58) reduziria as vulnerabilidades de outros credores nas hipóteses de ocorrência de fraudes, sendo autêntica a preocupação com o risco de, por força de uma interpretação mais abrangente da expressão utilizada no texto legal, esse instituto possa servir, eventualmente, à prática de ardis ou procedimentos inspirados por motivações menos nobres. Apesar disso, o direito positivo e, sobretudo, a própria Lei de Recuperação e Falências cuidam de proteger os credores das ilegalidades que venham a ser praticadas pela empresa recuperanda se no intento de lhes causar prejuízo. Não há dúvida de que, comprovado o escopo fraudulento, deverá o magistrado declarar a ineficácia do privilégio legal, sem prejuízo das demais sanções previstas na lei. Tanto é assim que, para os fins do art. 84, V, só serão qualificadas como extraconcursais as "obrigações resultantes de atos jurídicos válidos". Além disso, na decisão que defere o processamento do pedido de recuperação, o magistrado, de pronto, designa um administrador judicial, a quem compete, dentre outros deveres, "exigir dos credores, do devedor ou seus administradores quaisquer informações" (art. 22, I, "d"). Por conseguinte, desde a (b) decisão que defere o processamento da recuperação judicial (art. 52), cuidou o legislador de pôr a empresa recuperanda sob fiscalização, evidenciando a preocupação com sua manutenção e visando a evitar a utilização do instituto para a prática de ilegalidades. A disposição é sintomática e denota que esse momento processual guarda relevância, ao se traduzindo simples despacho protocolar, mas efetiva avaliação, ainda que superficial, acerca das atuais condições da empresa e dos requisitos para o deferimento da recuperação. Afinal, o administrador judicial não é um adorno ou mero coadjuvante no processo, cabendo-lhe até mesmo requerer a falência do devedor no caso de descumprimento das obrigações assumidas no plano de recuperação (art. 22, II, "b"). O citado art. 52 apresenta, ainda, outras disposições que bem demonstram a profundidade da (b) decisão que defere seu processamento e a preocupação do legislador com o risco de fraude, merecendo destaque os incisos IV e V, que determinam, respectivamente, a obrigação de o devedor apresentar contas mensais enquanto perdurar a recuperação judicial, sob pena de destituição de seus administradores, bem como a intimação do Ministério Público, da Fazenda Pública Federal e de todos os estados e municípios em que tiver estabelecimento, para que possam resguardar seus interesses e exercer fiscalização sobre os atos do recuperando. Além do mais, o parágrafo único do art. 67 determina que os "créditos quirografários sujeitos à recuperação judicial pertencentes a fornecedores de bens ou serviços que continuarem a provê-los normalmente após o pedido de recuperação judicial terão privilégio geral de recebimento em caso de decretação de falência, no limite do valor dos bens ou serviços fornecidos durante o período da recuperação". De fato, a leitura desse dispositivo – em especial, do trecho "após o pedido de recuperação judicial" – induz-nos a concluir que benefício não valerá tão logo (a) seja ajuizado

o pedido de recuperação (art. 51), senão em momento posterior, que tanto poderá ser tanto (b) a partir da decisão que defere o processamento da recuperação (art. 52) quanto (c) da decisão que a concede (art. 58). Todavia, o mencionado parágrafo único do art. 67 da LF contém uma sutil indicação de que a classificação dos créditos dos fornecedores como extraconcursais não poderia ser remetida somente para quando (c) concedida a recuperação. Com efeito, reza o referido dispositivo que o credor-fornecedor, titular de créditos quirografários vinculados à recuperação judicial (segundo o art. 49, sujeitam-se à recuperação os créditos existentes na data do pedido, ainda que não vencidos), que continuar a prover o devedor de bens e serviços após o pedido de recuperação judicial, terá seus créditos (os anteriores ao pedido, reitere-se) alçados à categoria dos que têm privilégio geral (art. 83, V), até o limite dos bens ou serviços fornecidos durante o período da recuperação. Ou seja, em prevalecendo a interpretação de que a regra do parágrafo do art. 67 só tem incidência para créditos constituídos após a (c) decisão que concede a recuperação (art. 58), o resultado prático seria de que os valores decorrentes de operações praticadas no lapso temporal que vai do pedido até a decisão concessória não gozariam do mesmo privilégio que aqueles relativos a operações anteriores, o que se mostra discrepante do objetivo da lei. Ora, os momentos que sucedem o requerimento de recuperação são os mais delicados para a empresa. Registre-se que, quando deferido o processamento, há a obrigação de se publicar edital noticiando o pedido (art. 52, § 1º), o que torna oficialmente públicas as dificuldades pelas quais passa a devedora, induzindo os credores à natural postura da autodefesa. Decerto que optarão pela solução de continuidade do fornecimento de bens e serviços, ante a relevante incerteza quanto à viabilidade da pessoa jurídica requerente. Nessas condições, devem ser recompensados os que acreditaram e contribuíram para a reabilitação, mesmo com o resultado infrutífero do esforço, em razão da decretação da falência. Ademais, quando (c) deferida a recuperação, os credores têm mais transparentes as condições da empresa, conhecendo de modo exato qual é o plano que visa a reergê-la. Pode-se fiscalizá-lo com mais rigor. Antes disso, porém – e, em especial, desde o (b) deferimento até a (c) concessão –, verifica-se o momento de maior risco. Se não houver estímulo aos fornecedores, nada mais será provido à empresa, exacerbando o risco da falência. Sendo assim, forçoso concluir que os efeitos da recuperação judicial não se efetivam somente após o momento em que (c) formalmente concedida pelo juiz (art. 58). A par das consequências que são expressamente atribuídas à (b) decisão que defere o processamento (art. 52), outros dispositivos da lei indicam que a expressão "durante a recuperação judicial" não se limita aos momentos que sucedem a decisão concessiva. Nesse sentido, o art. 49 dispõe que "estão sujeitos à recuperação judicial todos os créditos existentes na data do pedido, ainda que não vencidos", inspirando-nos à conclusão de que os créditos posteriores a esse momento devem, efetivamente, receber tratamento diferenciado. Do mesmo modo, o art. 64 prevê que o devedor é mantido sob fiscalização do comitê de credores e do administrador judicial "durante o procedimento de recuperação judicial", fiscalização, aliás, que pode e deve ser exercida tão logo deferido o processamento (art. 52, I e § 2º). Precedente citado: REsp 1.398.092-SC, Terceira Turma, DJe 19/5/2014. **REsp 1.399.853-SC, Rel. originária Min. Maria Isabel Gallotti, Rel. para acórdão Min. Antonio Carlos Ferreira, julgado em 10/2/2015, DJe 13/3/2015 (Inform. STJ 557).**

DIREITO EMPRESARIAL. FALÊNCIA DE INCORPORADORA IMOBILIÁRIA E CLASSIFICAÇÃO DOS CRÉDITOS ORIUNDOS DE DESPESAS EFETUADAS POR ADQUIRENTE DE IMÓVEL PARA A CONCLUSÃO DE PRÉDIO RESIDENCIAL.

Quando o adquirente de unidade imobiliária – em razão da impossibilidade de conclusão da edificação por parte da incorporadora responsável, ante a decretação de sua falência – tenha assumido despesas necessárias à conclusão do prédio residencial, os gastos desembolsados pelo adquirente devem ser inscritos no processo de falência da referida incorporadora como créditos quirografários. No processo falimentar, especialmente no tocante aos créditos habilitados, o princípio norteador é o da *par conditio creditorum*, na esteira do qual os credores do falido devem ser tratados em igualdade de condições, salvo se a lei expressamente dispuser de forma contrária, como ocorre com os créditos com preferências e privilégios eleitos pelo legislador como dignos de prioridade no pagamento. Neste contexto, o art. 43, III, da Lei 4.591/1964 (Lei de Incorporações Imobiliárias) preconiza que, no caso de decretação da quebra do incorporador e ante a impossibilidade de término da construção do edifício pela maioria dos adquirentes, estes se tornam credores privilegiados em relação aos valores já pagos ao incorporador pela compra do imóvel. Na hipótese em foco, o valor ora pleiteado é oriundo de mero ressarcimento dos custos das obras de finalização do empreendimento imobiliário. Assim, o crédito em análise não se encontra inserto em nenhuma das hipóteses previstas no art. 102, §§ 2º e 3º, do Decreto-Lei 7.661/1945 – que previa a classificação de créditos como privilegiados e especiais –, sendo certo, portanto, que a atribuição de privilégio previsto no art. 43, III, da Lei das Incorporações Imobiliárias refere-se, tão somente, aos créditos decorrentes das importâncias pagas ao incorporador pela aquisição das unidades autônomas, e não por despesas com construção do prédio residencial. **REsp 1.185.336-RS, Rel. Luis Felipe Salomão, julgado em 2/9/2014. (Inform. STJ 548)**

DIREITO EMPRESARIAL. EFICÁCIA DE ARREMATAÇÃO DE BEM IMÓVEL EM RELAÇÃO À MASSA FALIDA. É eficaz em relação à massa falida o ato de transferência de imóvel ocorrido em virtude de arrematação em praça pública e realizado após a decretação da falência. De fato, de acordo com o que se infere da interpretação do art. 52, *caput* e inciso VIII, do Decreto-Lei 7.661/1945 (a revogada Lei de Falências), não produz efeito em relação à massa falida a venda ou a transferência de estabelecimento comercial feita pelo devedor sem o consentimento ou pagamento de todos os credores que impossibilite a solvência do passivo – excetuada a hipótese de anuência tácita dos credores, previamente notificados do negócio. Todavia, conforme já salientado pelo STJ (REsp 1.187.706-MG, Terceira Turma, DJe 13/5/2013), o artigo em questão torna ineficaz as alienações realizadas entre particulares a partir do termo legal da falência, em face da possibilidade de fraude em relação ao patrimônio da massa falida, causando prejuízo aos seus credores (sem destaque no original). Nesse contexto, é necessário consignar que a arrematação não constitui ato cuja prática pode ser imputada à falida, pois se trata de negócio jurídico estabelecido entre o Estado e o arrematante. A doutrina atual, nesse sentido, a conceitua como sendo o negócio jurídico de direito público pelo qual o Estado, no exercício de sua soberania, transfere, ao licitante vencedor, o domínio da coisa penhorada mediante o pagamento do preço. Há, além do mais, precedente do STJ (REsp 533.108-SP, Terceira Turma, DJ 17/12/2004) no qual já se afirmou que a ineficácia prevista no art. 52, VIII, do Decreto-lei 7.661/45 não abrange as hipóteses de arrematação de bem da falida. Além disso, o referido dispositivo legal está inserido topograficamente no Decreto-Lei 7.661/1945 na Seção que regula especificamente as hipóteses de revogação de atos praticados pelo devedor antes da falência (Seção Quinta do Título II). **REsp 1.447.271-SP, Rel. Min. Nancy Andrighi, julgado em 22/5/2014. (Inform. STJ 543)**

DIREITO PROCESSUAL CIVIL E EMPRESARIAL. CLASSIFICAÇÃO DE CRÉDITO REFERENTE A HONORÁRIOS ADVOCATÍCIOS NO PROCESSO DE FALÊNCIA. RECURSO REPETITIVO (ART. 543-C DO CPC E RES. N. 8/2008-STJ). Os créditos resultantes de honorários advocatícios, sucumbenciais ou contratuais, têm natureza alimentar e equiparam-se aos trabalhistas para efeito de habilitação em falência, seja pela regência do Decreto-Lei 7.661/1945, seja pela forma prevista na Lei 11.101/2005, observado o limite de valor previsto no art. 83, I, do referido diploma legal. A questão deve ser entendida a partir da interpretação do art. 24 da Lei 8.906/1994 (EOAB), combinado com o art. 102 do Decreto-lei 7.661/1945, dispositivo este cuja regra foi essencialmente mantida pelo art. 83 da Lei 11.101/2005 no que concerne à posição dos créditos trabalhistas e daqueles com privilégio geral e especial. Da interpretação desses dispositivos, entende-se que os créditos decorrentes de honorários advocatícios, contratuais ou sucumbenciais, equiparam-se a créditos trabalhistas para a habilitação em processo falimentar. Vale destacar que, por força da equiparação, haverá o limite de valor para o recebimento – tal como ocorre com os credores trabalhistas –, na forma preconizada pelo art. 83, I, da Lei de Recuperação Judicial e Falência. Esse fator inibe qualquer possibilidade de o crédito de honorários obter mais privilégio que o trabalhista, afastando também suposta alegação de prejuízo aos direitos dos obreiros. Precedentes citados do STJ: REsp 988.126-SP, Terceira Turma, DJe 6/5/2010; e REsp 793.245-MG, Terceira Turma, DJ 16/4/2007. **REsp 1.152.218-RS, Rel. Min. Luis Felipe Salomão, julgado em 7/5/2014. (Inform. STJ 540)**

DIREITO PROCESSUAL CIVIL E EMPRESARIAL. CLASSIFICAÇÃO DE CRÉDITO REFERENTE A HONORÁRIOS ADVOCATÍCIOS POR SERVIÇOS PRESTADOS À MASSA FALIDA. RECURSO REPETITIVO (ART. 543-C DO CPC E RES. N. 8/2008-STJ). São créditos extraconcursais os honorários de advogado resultantes de trabalhos prestados à massa falida, depois do decreto de falência, nos termos dos arts. 84 e 149 da Lei 11.101/2005. De início, cumpre ressaltar que os credores da falida não se confundem com os credores da massa falida. Os credores da falida são titulares de valores de origem anterior à quebra, que devem ser habilitados no quadro geral de créditos concursais pela regência da nova lei (art. 83 da Lei 11.101/2005). As dívidas da massa falida, por sua vez, são créditos relacionados ao próprio processo de falência, nascidos, portanto, depois da quebra, e pelo atual sistema legal devem ser pagos antes dos créditos

concursais (art. 84 da Lei 11.101/2005), com exceção dos créditos trabalhistas de natureza estritamente salarial vencidos nos três meses anteriores à decretação da falência, que serão pagos tão logo haja disponibilidade em caixa (art. 151 da Lei 11.101/2005). Em outras palavras, os serviços prestados à massa falida após a decretação da falência são créditos extraconcursais (arts. 84 e 149 da Lei 11.101/2005), que devem ser satisfeitos antes, inclusive, dos trabalhistas, à exceção do que dispõe o art. 151. **REsp 1.152.218-RS, Rel. Min. Luis Felipe Salomão, julgado em 7/5/2014. (Inform. STJ 540)**

DIREITO EMPRESARIAL. COMPENSAÇÃO NO PROCESSO FALIMENTAR. Os valores a serem restituídos à massa falida decorrentes da procedência de ação revocatória não podem ser compensados com eventual crédito habilitado no processo de falência pelo réu condenado. Isso porque à ação revocatória subjaz uma situação de ilegalidade preestabelecida em prejuízo da coletividade de credores, ilegalidade que não pode beneficiar quem a praticou, viabilizando satisfação expedita de seus créditos. Nessa ordem de ideias, a ação revocatória, de eficaz instrumento vocacionado à restituição de bens que escoaram fraudulentamente do patrimônio da falida, tornar-se-ia engenhosa ferramenta de lavagem de capitais recebidos em desconformidade com a par conditio creditorum. Ademais, a doutrina vem apregoando que as hipóteses legais que impedem a compensação do crédito perante a massa não estão listadas exaustivamente no art. 46 do Decreto-Lei n. 7.661/1945 (correspondente, em parte, ao art. 122 da Lei n. 11.101/2005). Aplicam-se também ao direito falimentar as hipóteses que vedam a compensação previstas no direito comum, como aquelas previstas nos arts. De 1.015 a 1.024 do CC de 1916, entre as quais se destaca a compensação realizada em prejuízo de direitos de terceiros (art. 1.024). **REsp 1.121.199-SP, Rel. originário Min. Raul Araújo, Rel. para acórdão Min. Luis Felipe Salomão, julgado em 10/9/2013. (Inform. STJ 531)**

DIREITO EMPRESARIAL E PROCESSUAL CIVIL. CUSTAS JUDICIAIS NAS HABILITAÇÕES RETARDATÁRIAS DE CRÉDITO. Nas falências regidas pelo Decreto-Lei 7.661/1945, a habilitação retardatária de crédito enseja o pagamento de custas judiciais. Embora os arts. 82 e 98 do Decreto-Lei 7.661/1945, que tratavam da habilitação de crédito, não fizessem menção expressa ao recolhimento de custas processuais nas habilitações retardatárias, o art. 23 do referido diploma legal estabelecia que, em algumas situações, haveria a necessidade de seu recolhimento. Desse modo, enquanto a habilitação de crédito formulada no prazo do edital de convocação de credores é mero incidente processual – o que acarreta a isenção de custas –, a habilitação tardia do crédito constitui procedimento autônomo, que acarreta a movimentação de toda a máquina judiciária para seu processamento e para sua análise, ensejando, assim, o pagamento de custas judiciais. Confirmando esse entendimento, a Lei 11.101/2005, em seu art. 10, § 3º, prevê que os credores retardatários ficarão sujeitos ao pagamento de custas. Isso ocorre porque são eles que dão causa às despesas, com a efetivação dos atos processuais da habilitação. **REsp 512.406-SP, Rel. Min. Raul Araújo, julgado em 27/8/2013. (Inform. STJ 528)**

DIREITO EMPRESARIAL. LEGITIMIDADE PARA A PROPOSITURA DE AÇÃO DE NULIDADE DE NEGÓCIO JURÍDICO EFETIVADO PELA SOCIEDADE EMPRESARIAL FALIDA. O ajuizamento de típica ação revocatória pelo síndico no âmbito de procedimento falencial regido pelo Decreto-Lei n. 7.661/1945 não retira a legitimidade de qualquer credor habilitado para a propositura de ação com pedido de reconhecimento de nulidade de negócio jurídico envolvendo bem de sociedade empresarial falida. Cuidando-se de ações distintas, não é aplicável à ação de nulidade o regramento da ação revocatória estabelecido pelo art. 55 do Decreto-Lei n. 7.661/1945, cujo teor confere legitimidade apenas subsidiária aos credores em relação ao síndico da massa. Desse modo, qualquer credor, por força do disposto art. 30, II, do Decreto-Lei n. 7.661/1945, é, em princípio, parte legítima para a propositura da ação anulatória. **REsp 1.353.864-GO, Rel. Min. Sidnei Beneti, julgado em 7/3/2013. (Inform. STJ 517).**

DIREITO EMPRESARIAL. INAPLICABILIDADE DO PRAZO PREVISTO NO ART. 56, § 1º, DO DECRETO-LEI N. 7.661/1945 À AÇÃO ANULATÓRIA DE NEGÓCIO JURÍDICO REALIZADO POR SOCIEDADE EMPRESARIAL FALIDA. O direito de credor habilitado da massa falida de anular, mediante ação anulatória, negócio jurídico realizado pela sociedade empresarial falida não está sujeito ao prazo decadencial de um ano. Efetivamente, a referida ação não se confunde com a típica ação revocatória, de modo que não lhe é aplicável o prazo previsto no art. 56, § 1º, do Decreto-Lei n. 7.661/1945. **REsp 1.353.864-GO, Rel. Min. Sidnei Beneti, julgado em 7/3/2013. (Inform. STJ 517).**

8. DIREITO EMPRESARIAL 641

DIREITO EMPRESARIAL. POSSIBILIDADE DE INCLUSÃO DE MULTA MORATÓRIA DE NATUREZA TRIBUTÁRIA NA CLASSIFICAÇÃO DOS CRÉDITOS DE FALÊNCIA DECRETADA NA VIGÊNCIA DA LEI N. 11.101/2005.
É possível a inclusão de multa moratória de natureza tributária na classificação dos créditos de falência decretada na vigência da Lei n. 11.101/2005, ainda que a multa seja referente a créditos tributários anteriores à vigência da lei mencionada. No regime do Decreto-Lei n. 7.661/1945, impedia-se a cobrança da multa moratória da massa falida, tendo em vista a regra prevista em seu art. 23, parágrafo único, III, bem como o entendimento consolidado nas Súmulas 192 e 565 do STF. Com a vigência da Lei n. 11.101/2005, tornou-se possível a cobrança da multa moratória de natureza tributária da massa falida, pois o art. 83, VII, da aludida lei preceitua que "as multas contratuais e as penas pecuniárias por infração das leis penais ou administrativas, inclusive as multas tributárias" sejam incluídas na classificação dos créditos na falência. Além disso, deve-se observar que a Lei n. 11.101/2005 é aplicável às falências decretadas após a sua vigência, em consideração ao disposto em seu art. 192. **REsp 1.223.792-MS, Rel. Min. Mauro Campbell Marques, julgado em 19/2/2013. (Inform. STJ 515).**

DIREITO EMPRESARIAL E PROCESSUAL CIVIL. LEGITIMIDADE ATIVA. IMPOSSIBILIDADE DE A SOCIEDADE FALIDA AJUIZAR AÇÃO COM O OBJETIVO DE RECEBER VALOR QUE DEVERIA TER SIDO EXIGIDO PELA MASSA FALIDA.
A sociedade empresária falida não tem legitimidade para o ajuizamento de ação cujo objetivo seja o recebimento de valor que, segundo alega, deveria ter sido exigido pela massa falida, mas não o fora. Decretada sua falência, a sociedade não mais possui personalidade jurídica e não pode postular, em nome próprio, representada por um de seus sócios, direitos da massa falida, nem mesmo em caráter extraordinário. Somente a massa falida, por seu representante legal, que é o síndico (administrador), tem legitimidade para postular em juízo buscando assegurar seus próprios direitos. É certo que se assegura à sociedade falida o direito de fiscalizar a administração da massa; todavia, mesmo nessa hipótese, a falida somente poderá intervir na condição de assistente, mas nunca como autora. **REsp 1.330.167-SP, Rel. Min. Sidnei Beneti, julgado em 5/2/2013. (Inform. STJ 513).**

📖 Súmula STF nº 565

A multa fiscal moratória constitui pena administrativa, não se incluindo no crédito habilitado em falência. *(Comentário: atualmente, o art. 83, VII, da Lei 11.101/2005 prevê as multas tributárias como créditos oponíveis à massa. Ademais, a habilitação do crédito tributário no processo de falência é uma prerrogativa do fisco – ver Informativo STJ 389 – REsp 1.103.405/MG)*

📖 Súmula STF nº 495

A restituição em dinheiro da coisa vendida a crédito, entregue nos quinze dias anteriores ao pedido de falência ou de concordata, cabe, quando, ainda que consumida ou transformada, não faça o devedor prova de haver sido alienada a terceiro. (Comentário: lembre-se que a legislação atual não prevê concordata, mas apenas recuperação judicial ou extrajudicial)

📖 Súmula STF nº 417

Pode ser objeto de restituição, na falência, dinheiro em poder do falido, recebido em nome de outrem, ou do qual, por Lei ou contrato, não tivesse ele a disponibilidade.

📖 Súmula STF nº 192

Não se inclui no crédito habilitado em falência a multa fiscal com efeito de pena administrativa. *(Comentário: atualmente, o art. 83, VII, da Lei 11.101/2005 prevê as multas tributárias como créditos oponíveis à massa. Ademais, a habilitação do crédito tributário no processo de falência é uma prerrogativa do fisco – ver Informativo STJ 389 – REsp 1.103.405/MG)*

📖 Súmula STJ nº 307

A restituição de adiantamento de contrato de câmbio, na falência, deve ser atendida antes de qualquer crédito.

📖 Súmula STJ nº 219

Os créditos decorrentes de serviços prestados à massa falida, inclusive a remuneração do síndico, gozam dos privilégios próprios dos trabalhistas. *(Comentário: ver art. 84 da Lei 11.101/2005 – créditos extraconcursais)*

📖 Súmula STJ nº 36

A correção monetária integra o valor da restituição, em caso de adiantamento de câmbio, requerida em concordata ou falência.

4.4. Falência: processo

DIREITO EMPRESARIAL. PRAZO DE REALIZAÇÃO DE PROTESTO PARA FINS FALIMENTARES.
O protesto tirado contra o emitente do cheque é obrigatório para o fim de comprovar a impontualidade injustificada do devedor no procedimento de falência (art. 94, I, da Lei 11.101/2005) e deve ser realizado em até seis meses contados do término do prazo de apresentação (prazo prescricional da ação cambial). Do ponto de vista cambial, a execução do cheque pode ser direcionada contra o emitente, os endossantes ou os respectivos avalistas (art. 47 da Lei 7.357/1985). Nesse contexto, a distinção entre a pretensão dirigida contra o emitente e aquela dirigida contra o endossante conduz a outra diferenciação, que deve ser estabelecida entre o protesto facultativo e o obrigatório. Dessa forma, no caso da pretensão dirigida contra o emitente, o protesto (ou a apresentação) do cheque é ato meramente facultativo do credor, que pode optar por executar diretamente o título, desde que o faça no prazo de prescrição de seis meses, contados da expiração do prazo de apresentação (art. 59 da Lei do Cheque e Súmula 600 do STF). Já na hipótese de pretensão dirigida contra o endossante, o protesto (ou apresentação) é obrigatório, sob pena de perda de eficácia executiva do título contra o coobrigado. Essa diferenciação entre o protesto cambial facultativo e o obrigatório foi analisada por este Tribunal Superior, quando do julgamento do REsp 1.297.797-MG (Terceira Turma, DJe 27/2/2015), ocasião em que se firmou, quanto ao prazo de realização de protesto, o seguinte: "A exigência de realização do protesto antes de expirado o prazo de apresentação do cheque é dirigida apenas ao protesto obrigatório à propositura da execução do título, nos termos dos arts. 47 e 48 da Lei n. 7.357/85". Salientando isso, tem-se que, do ponto de vista falimentar, o protesto é medida obrigatória para comprovar a impontualidade do devedor (art. 94, I, da Lei 11.101/2005). Sobre a distinção entre o protesto cambial e o protesto falimentar, parte da doutrina ensina que: "Conforme sua finalidade, o protesto extrajudicial se subdivide em: cambial e falimentar (também denominado de protesto especial). Aquele é o modo pelo qual o portador de um título de crédito comprova a sua apresentação ao devedor (por exemplo, para aceite ou pagamento). Constitui uma faculdade do credor, um ônus do qual ele deve desincumbir-se para assegurar seu direito de ação contra os coobrigados no título, como endossantes e avalistas, mas é dispensável para cobrar o crédito do devedor principal. Por outro lado, o protesto para fins falimentares é obrigatório e visa a comprovar a impontualidade injustificada do devedor empresário, tornando o título hábil a instruir o pedido de falência [...]. Cabe esclarecer, entretanto, que tal distinção é meramente acadêmica, uma vez que o protesto é único e comprova o mesmo fato: a apresentação formal de um título, independentemente da finalidade visada pelo credor (se pedido de falência ou garantia do direito de ação contra coobrigados)". À luz das distinções acima delineadas, verifica-se que um protesto cambial facultativo é obrigatório do ponto de vista falimentar, de modo que pode ser realizado, para este último fim, até a data de prescrição do cheque. **REsp 1.249.866-SC, Rel. Min. Paulo de Tarso Sanseverino, julgado em 6/10/2015, DJe 27/10/2015. (Inform. STJ 572)**

DIREITO EMPRESARIAL E PROCESSUAL CIVIL. CAPACIDADE PROCESSUAL DO FALIDO.
O falido tem capacidade para propor ação rescisória para desconstituir a sentença transitada em julgado que decretou a sua falência. Com a decretação da falência, o falido sofre uma capitis diminutio referente aos direitos patrimoniais envolvidos na falência, sendo afastado da administração dos seus bens. Sendo assim, num processo em que se discuta, por exemplo, a venda desses bens, o falido apenas poderia acompanhá-lo como assistente. Ele não poderia, portanto, tomar a iniciativa das ações com relação a bens da massa. Entretanto, no caso em que se pretenda rescindir decisão que decreta falência, a situação é diferente. Nesse caso, nem a massa nem os credores têm interesse na desconstituição da decretação de falência. Realmente, o falido é o único interessado. Por isso, se a legitimidade deste para propor a rescisão do decreto falimentar fosse retirada, ele ficaria eternamente falido, ainda que injustamente, ainda que contrariamente à ordem legal. Com efeito, a decisão que decreta a falência, conquanto acarrete ao falido uma capitis diminutio em relação aos seus bens, não o torna incapaz, de sorte que ele mantém a legitimidade para a propositura de ações pessoais. Ora, dizer que o falido não pode propor ação rescisória contra o decreto falencial é dar uma extensão que a lei não deu. Desse modo, ele tem todos os poderes processuais e todos os poderes como sujeito de direito para tentar reverter o referido decreto falimentar. **REsp 1.126.521-MT, Rel. originário Min. Ricardo Villas Bôas Cueva, Rel. para acórdão Min. João Otávio de Noronha, julgado em 17/3/2015, DJe 26/3/2015 (Inform. STJ 558).**

VADE MECUM DE JURISPRUDÊNCIA – STF/STJ

DIREITO EMPRESARIAL. ALIENAÇÃO EXTRAORDINÁRIA DE ATIVO DA FALIDA E DESNECESSIDADE DE PRÉVIA PUBLICAÇÃO DE EDITAL.
Na hipótese de alienação extraordinária de ativo da falida (arts. 144 e 145 da Lei 11.101/2005), não é necessária a prévia publicação de edital em jornal de grande circulação prevista no § 1° do art. 142 da Lei 11.101/2005. A Lei de Falências, em seu art. 142, prevê três modalidades ordinárias de alienação do ativo, quais sejam: leilão, pregão e propostas fechadas. Além disso, os arts. 144 e 145 do referido diploma legal preveem a alienação extraordinária do ativo da pessoa jurídica mediante proposta aprovada ou homologada pelo juiz. Ciente disso, verifica-se que não é necessário que a alienação extraordinária do ativo seja precedida de publicação de edital em jornal de grande circulação, para que seja dada ampla publicidade à intenção de venda, como exige o art. 142, § 1°, da Lei de Falências. Isso porque o referido dispositivo legal diz respeito exclusivamente à alienação ordinária, por três motivos, a saber: primeiro, por uma razão topográfica, pois o enunciado normativo do art. 142 diz respeito à alienação ordinária, sendo que a alienação extraordinária somente passa a ser tratada no art. 144 da Lei de Falências; segundo, por uma razão ontológica, uma vez que a necessidade de edital prévio praticamente eliminaria a diferença entre a alienação ordinária e a extraordinária, haja vista que, depois de publicado o edital, pouco restaria ao juiz além de proclamar a melhor proposta ou fazer uma sessão de lances mediante pregão ou leilão; e terceiro, por uma razão teleológica, pois a exigência de edital comprometeria a celeridade do procedimento de alienação do ativo, podendo inviabilizar a continuidade da atividade empresária, que é um dos principais objetivos da Lei de Falências. Por fim, cabe lembrar que até mesmo na execução individual, em que o devedor merece maior proteção do que na execução concursal, já se admite a venda direta de ativo, inclusive por preço inferior ao da avaliação, sem necessidade de publicação de editais, à luz do que dispõe o art. 685-C do CPC. **REsp 1.356.809-GO, Rel. Min. Paulo De Tarso Sanseverino, julgado em 10/2/2015, DJe 18/2/2015 (Inform. STJ 555).**

DIREITO EMPRESARIAL. LEGITIMIDADE PARA A PROPOSITURA DE AÇÃO DE NULIDADE DE NEGÓCIO JURÍDICO EFETIVADO PELA SOCIEDADE EMPRESARIAL FALIDA.
O ajuizamento de típica ação revocatória pelo síndico no âmbito de procedimento falencial regido pelo Decreto-Lei n. 7.661/1945 não retira a legitimidade de qualquer credor habilitado para a propositura de ação com pedido de reconhecimento de nulidade de negócio jurídico envolvendo bem de sociedade empresarial falida. Cuidando-se de ações distintas, não é aplicável à ação de nulidade o regramento da ação revocatória estabelecido pelo art. 55 do Decreto-Lei n. 7.661/1945, cujo teor confere legitimidade apenas subsidiária aos credores em relação ao síndico da massa. Desse modo, qualquer credor, por força do disposto art. 30, II, do Decreto-Lei n. 7.661/1945, é, em princípio, parte legítima para a propositura da ação anulatória. **REsp 1.353.864-GO, Rel. Min. Sidnei Beneti, julgado em 7/3/2013. (Inform. STJ 517).**

DIREITO EMPRESARIAL. INAPLICABILIDADE DO PRAZO PREVISTO NO ART. 56, § 1°, DO DECRETO-LEI N. 7.661/1945 À AÇÃO ANULATÓRIA DE NEGÓCIO JURÍDICO REALIZADO POR SOCIEDADE EMPRESARIAL FALIDA.
O direito de credor habilitado da massa falida de anular, mediante ação anulatória, negócio jurídico realizado pela sociedade empresarial falida não está sujeito ao prazo decadencial de um ano. Efetivamente, a referida ação não se confunde com a típica ação revocatória, de modo que não lhe é aplicável o prazo previsto no art. 56, § 1°, do Decreto-Lei n. 7.661/1945. **REsp 1.353.864-GO, Rel. Min. Sidnei Beneti, julgado em 7/3/2013. (Inform. STJ 517).**

DIREITO EMPRESARIAL E PROCESSUAL CIVIL. IMPOSSIBILIDADE DE SUSTENTAÇÃO ORAL NO JULGAMENTO DE AGRAVO DE INSTRUMENTO OCORRIDO APÓS A REVOGAÇÃO DO § 1° DO ART. 207 DO DEC.-LEI 7.661/1945, NO CASO DE FALÊNCIA DECRETADA ANTES DA VIGÊNCIA DA LEI 11.101/2005.
No caso de falência decretada antes do início da vigência da Lei n. 11.101/2005, não é possível a realização de sustentação oral no agravo de instrumento se, na data da sessão de julgamento, já não mais vigorava o § 1° do art. 207 do Decreto-lei n. 7.661/1945, revogado pela Lei n. 6.014/1973. A falência decretada antes da entrada em vigor da Lei n. 11.101/2005 deve seguir as regras contidas no Decreto-lei n. 7.661/1945. A Lei n. 6.014/1973 excluiu o § 1° do art. 207 do referido decreto-lei, eliminando a possibilidade de sustentação oral no julgamento do agravo de instrumento em processo falimentar e determinando que, em tais processos, os procedimentos e os prazos do agravo de instrumento deveriam observar as normas contidas no CPC. Assim, se, na data da sessão de julgamento, já não mais vigorava o § 1° do art. 207 do Decreto-lei n. 7.661/1945, devem ser aplicadas, subsidia-

riamente, as normas do CPC, que não autorizam a realização de sustentação oral em agravo de instrumento. **AgRg no REsp 1.229.579-MG, Rel. Min. Raul Araújo, julgado em 18/12/2012. (Inform. STJ 513).**

> 📖 **Súmula STF n° 265**

Na apuração de haveres não prevalece o balanço não aprovado pelo sócio falecido, excluído ou que se retirou.

> 📖 **Súmula STJ n° 88**

São admissíveis embargos infringentes em processo falimentar.

> 📖 **Súmula STJ n° 25**

Nas ações da lei de falências o prazo para a interposição de recurso conta-se da intimação da parte.

4.5. Falência: outros temas

DIREITO EMPRESARIAL E CIVIL. CÁLCULO DO VALOR DA GARANTIA DEVIDA PELO FGC.
Quando houver a liquidação extrajudicial de instituição financeira na qual estejam aplicadas reservas técnicas de entidade fechada de previdência privada, o Fundo Garantidor de Créditos (FGC), para fins de cálculo do valor da garantia dos investimentos realizados na instituição liquidanda, considerará como investidor garantido a entidade de previdência como um todo – e não cada um dos participantes desta, como se estes fossem vários investidores. A criação do FGC, entidade privada sem fins lucrativos, foi autorizada pelo Conselho Monetário Nacional mediante a Resolução 2.197/1995 com o fim de proteger titulares de créditos contra instituições financeiras associadas ao fundo, prestando aos pequenos investidores suporte financeiro por meio das contribuições que reúne dos integrantes do sistema. Como a doutrina denomina, o FGC integra uma rede de proteção bancária erigida pelo Bacen na década de 1990 para a garantia do equilíbrio do sistema, revelada a sua natureza como um seguro de depósitos. Destaque-se que, desde a sua ideação, estampou-se o intento do direcionamento da cobertura do FGC aos pequenos poupadores. Nessa medida, o mecanismo de suporte operado pelo FGC, em consonância com o seu regulamento, não alcança todo e qualquer fato a causar prejuízo a investidores, mas, apenas, a falência, a liquidação extrajudicial ou a declaração de insolvência de instituição financeira pelo Bacen. Em outras palavras, o FGC não é ativado em relação a toda e qualquer instituição financeira em que haja valores investidos, mas, tão somente, em função daquelas que participam do referido fundo. Igualmente, o FGC não está voltado a socorrer qualquer tipo ou valor de investimento, mas, somente, os expressamente discriminados e nos montantes referidos no seu regulamento (Resolução 2.211/1995 do Conselho Monetário Nacional e Lei 4.595/1964). Nessa ordem de ideias, o equilíbrio do sistema depende da observância estrita aos termos do regulamento do FGC, não se podendo expandir a garantia sem que a lei assim o permita. De outro lado, convém esclarecer que a entidade fechada privada de previdência complementar é constituída por um vasto patrimônio personificado voltado à consecução de fins previdenciários e é – ou tem à sua disposição – profissional da área de investimentos que leva à frente o sucesso do plano que instituíra. Aliás, a entidade de previdência privada é considerada como um investidor qualificado e institucional, alcançando os seus objetivos sociais, também, mediante significativos investimentos no mercado financeiro. Outro ponto que merece ser destacado é o de que há riscos quando se escolhe participar de fundo de previdência, uma vez que o contrato firmado é executado de forma continuada e é de longa duração. Contudo, os riscos assumidos pelos participantes são diferenciados daqueles assumidos por investidor profissional. Basta atentar para o fato de que: i) são limitados os valores das reservas técnicas que se propõem a serem investidos pela entidade de previdência; ii) a atividade de previdência complementar é amplamente fiscalizada; e iii) as entidades de previdência contam com suporte econômico e expertise. É conveniente elucidar também que os participantes da entidade de previdência privada complementar são poupadores que sequer têm ciência exata das espécies de riscos assumidos pela aludida entidade e não possuem qualquer participação na decisão sobre os investimentos que serão levados a efeito para a consecução dos fins previdenciários contratados, sendo informados, no máximo, com apoio em balanços periódicos, se o plano é deficitário ou superavitário. Nesse passo, quando do recolhimento das contribuições dos participantes e patrocinadores à entidade de previdência privada, esses valores passam a ser por esta titularizados e investidos em nome dos participantes do plano de previdência e em cotas de fundos de investimento. Isto é, cada um dos

8. DIREITO EMPRESARIAL

integrantes do plano de previdência não figura como investidor individual da instituição financeira em liquidação. Isso porque eles não atuam individualmente perante o mercado financeiro na tentativa de auferir rentabilidade de acordo com a volatilidade dos investimentos realizados. Em verdade, o investimento é levado a efeito por aqueles que mais detêm meios para identificar os riscos negociais do mercado financeiro, ou seja, as entidades de previdência privada complementar. Ciente dessas considerações, verifica-se que o regulamento do FGC, de forma expressa e clara, avaliza determinado valor por investidor/instituição. Desse modo, não se pode abrir oportunidades para que os altos riscos assumidos pelos investidores profissionais sejam absorvidos pelo fundo, combalindo, assim, o mecanismo de proteção erigido para incrementar a credibilidade do sistema bancário em favor de pequenos poupadores. Portanto, o regulamento do FGC não prevê a cobertura dos investimentos realizados por instituições coletivas em relação a cada um dos participantes, tendo a entidade de previdência privada, na verdade, como uma única investidora. Com isso, para fins de cobertura pelo FGC, não se pode considerar cada um dos integrantes da entidade de previdência como poupador/investidor, calculando-se o valor da garantia não em razão de cada participante, mas, tão somente, em função da entidade de previdência como sendo uma só investidora. **REsp 1.453.957-SP, Rel. Min. Paulo de Tarso Sanseverino, julgado em 2/6/2015, DJe 26/6/2015 (Inform. STJ 564).**

DIREITO PROCESSUAL CIVIL. HIPÓTESE DE NÃO INCIDÊNCIA DO ART. 18, "A", DA LEI 6.024/1974.
A suspensão das ações e execuções ajuizadas em desfavor de instituições financeiras sob regime de liquidação extrajudicial e o veto à propositura de novas demandas após o decreto de liquidação (art. 18, "a", da Lei 6.024/1974) não alcançam as ações de conhecimento voltadas à obtenção de provimento judicial relativo à certeza e liquidez do crédito. A liquidação extrajudicial é uma modalidade de execução concursal, e a regra prevista no art. 18, "a", da Lei 6.024/1974 tem por escopo preservar os interesses da massa, evitando o esvaziamento de seu acervo patrimonial, bem como assegurando que seja respeitada a ordem de preferência no recebimento do crédito. Por isso é que a interpretação do dispositivo não deve ser feita de forma literal, mas sim com temperamento, afastando-se sua incidência nas hipóteses em que o credor ainda busca obter uma declaração judicial a respeito do seu crédito e, consequentemente, a formação do título executivo, que, então, será passível de habilitação no processo de liquidação. Esse entendimento, aplicado às hipóteses de suspensão de ações de conhecimento ajuizadas antes do decreto de liquidação, igualmente tem incidência para afastar o óbice ao ajuizamento de ações a ele posteriores. O dispositivo legal em exame não pode ser interpretado de forma a impedir a parte interessada de buscar judicialmente a constituição do seu pretenso crédito, até porque o provimento judicial a ser obtido na ação de conhecimento não terá o condão de redundar em qualquer redução do acervo patrimonial da massa objeto de liquidação. Precedentes citados: REsp 1.105.707-RJ, Terceira Turma, DJe de 1º/10/2012; e AgRg no Ag 1.415.635-PR, Quarta Turma, DJe de 24/9/2012. **REsp 1.298.237-DF, Rel. Min. João Otávio de Noronha, julgado em 19/5/2015, DJe 25/5/2015 (Inform. STJ 562).**

DIREITO EMPRESARIAL. SUSPENSÃO DA FLUÊNCIA DE JUROS LEGAIS E CONTRATUAIS EM LIQUIDAÇÃO EXTRAJUDICIAL. Após a decretação da liquidação extrajudicial de instituição financeira, os juros contra a massa liquidanda, sejam eles legais ou contratuais, terão sua fluência ou contagem suspensa enquanto o passivo não for integralmente pago aos credores habilitados, devendo esses juros serem computados e pagos apenas após a satisfação integral do passivo se houver ativo que os suporte, observando-se a ordem do quadro geral de credores. De fato, a regra legal segundo a qual a decretação da liquidação extrajudicial produzirá, de imediato, a não fluência de juros (art. 18, d, da Lei 6.024/1974) não discrimina a natureza destes, se remuneratórios, moratórios ou legais. A respeito dessa discriminação, deve-se dizer que se trata de tipificação abrangente, na medida em que visa à preservação do ativo para pagamento da massa, por presumir, com caráter relativo, que o ativo não é suficiente para o pagamento de todos os credores. Dessa forma, na liquidação extrajudicial, os juros, sejam eles legais ou contratuais, têm sua fluência suspensa por força do art. 18, d, da Lei 6.024/1974, a exemplo do que ocorre durante o processamento da falência (art. 124 da Lei 11.101/2005, que, de forma expressa, prevê a inexigibilidade dos juros "previstos em lei ou em contrato" que tenham vencido após a decretação da falência, condicionada à ausência de ativo para o pagamento dos credores). **REsp 1.102.850-PE, Rel. Min. Maria Isabel Gallotti, julgado em 4/11/2014. (Inform. STJ 551)**

Súmula STJ nº 305

É descabida a prisão civil do depositário quando, decretada a falência da empresa, sobrevém a arrecadação do bem pelo síndico.

5. RECUPERAÇÃO JUDICIAL E EXTRAJUDICIAL

DIREITO EMPRESARIAL. RETIFICAÇÃO DO QUADRO GERAL DE CREDORES APÓS HOMOLOGAÇÃO DO PLANO DE RECUPERAÇÃO JUDICIAL.
Ainda que o plano de recuperação judicial já tenha sido homologado, é possível a retificação do quadro geral de credores fundada em julgamento de impugnação. No âmbito da recuperação judicial, existem duas fases distintas e paralelas, quais sejam: (a) a verificação e a habilitação de créditos, previstas na Seção II da Lei 11.101/2005, arts. 7º ao 20; e (b) a fase de apresentação e deliberação do plano de recuperação judicial, com assento nas Seções III e IV, arts. 53 ao 69. Assim, uma vez deferido o processamento da recuperação judicial (art. 52), o juiz determina a expedição de edital com a relação nominal de credores e respectivos créditos e, a partir de então, a um só tempo, iniciam-se a fase de verificação e habilitação de créditos (art. 52, § 1º) e o prazo improrrogável de 60 dias para a apresentação do plano de recuperação judicial, sob pena de convolação em falência (art. 53). Por serem fases que ocorrem de maneira paralela, é possível que a aprovação do plano de recuperação judicial ocorra antes da pacificação dos créditos, ou seja, é possível que o plano de recuperação judicial seja aprovado antes do julgamento de impugnação de crédito e, consequentemente, antes da consolidação do quadro geral de credores. Dessa maneira, a existência do plano de recuperação judicial já homologado não pode ser um entrave à consolidação do quadro geral de credores. De fato, a retificação do quadro geral de credores após o julgamento da impugnação é consequência lógica e previsível, própria da fase de verificação e habilitação dos créditos. Salienta-se, inclusive, que esse julgamento é requisito indispensável para a consolidação do quadro geral de credores, sendo completamente desinfluente para a higidez do plano de recuperação judicial já aprovado o fato de o julgamento se concretizar após sua homologação. Com efeito, tal circunstância coaduna-se com a sistemática prevista na Lei de Recuperação Judicial, pois as questões passíveis de serem objeto de impugnação judicial contra a relação de credores, que são expressamente previstas no art. 8º, somente se consolidam (art. 18) após o julgamento da citada impugnação, de modo que se admite a retificação do quadro geral de credores no tocante à ausência, legitimidade, importância ou classificação de crédito, mesmo após a aprovação do plano de recuperação judicial. Ademais, interpretação em sentido contrário tornaria praticamente inócuas as impugnações judiciais contra a relação de credores, pois, no plano fático, muitas vezes não é possível harmonizar as demandas de uma empresa em recuperação judicial, cujo plano de reestruturação é, sem dúvida, a principal peça para a viabilização da atividade econômica, com a tramitação judicial do procedimento de verificação e habilitação de créditos. Além disso, o fator "tempo" ou a duração do processo não pode prejudicar o credor que, na forma da lei, busca a declaração do seu crédito. **REsp 1.371.427-RJ, Rel. Min. Ricardo Villas Bôas Cueva, julgado em 6/8/2015, DJe 24/8/2015 (Inform. STJ 567).**

DIREITO EMPRESARIAL. CRÉDITO DE HONORÁRIOS ADVOCATÍCIOS SUCUMBENCIAIS CONSTITUÍDO APÓS O PEDIDO DE RECUPERAÇÃO JUDICIAL.
Na hipótese em que crédito de honorários advocatícios sucumbenciais tenha sido constituído após o pedido de recuperação judicial, não haverá habilitação desse crédito no juízo universal da recuperação judicial – e, portanto, a execução desses honorários prosseguirá no juízo comum, não ficando suspensa –, mas o juízo universal da recuperação judicial deverá exercer o controle sobre os atos de constrição ou expropriação patrimonial do devedor. A jurisprudência do STJ sedimentou o entendimento de que os créditos posteriores ao pedido de recuperação judicial não estão sujeitos ao plano de recuperação judicial aprovado, independentemente da natureza do crédito (AgRg no AREsp 468.895-MG, Quarta Turma, DJe 14/11/2014; EDcl nos EDcl nos AgRg no CC 105.345-DF, Segunda Seção, DJe 25/11/2011). Ademais, segundo o caput do art. 49 da Lei 11.101/2005, todos os créditos existentes até a data em que foi protocolizado o pedido estão sujeitos à recuperação judicial e aos seus efeitos. Por conseguinte, os créditos constituídos após o pedido de recuperação judicial ficarão excluídos dos efeitos da recuperação. Nesse passo, o juízo universal da recuperação é o competente para decidir acerca da forma de pagamento dos débitos da sociedade empresária que foram constituídos até o pedido de recuperação. Cumpre destacar que o objetivo do legislador, ao excluir as obrigações

constituídas posteriormente ao pedido de recuperação, foi possibilitar ao devedor ter acesso a contratos comerciais, bancários e trabalhistas, a fim de viabilizar a recuperação da empresa. Entretanto, somente aqueles credores que, efetivamente, contribuíram com a empresa recuperanda nesse delicado momento – como é o caso dos contratantes e trabalhadores – devem ser tidos como os destinatários da norma. No caso, por exemplo, dos credores de honorários advocatícios de sucumbência – que tem o seu crédito constituído em razão de processos nos quais a empresa em recuperação ficou vencida –, não se trata de credores que contribuíram para o soerguimento da recuperanda no período posterior ao pedido da recuperação judicial. Muito pelo contrário, são créditos oriundos de trabalhos prestados em desfavor da empresa, os quais, muito embora de elevadíssima virtude, não se equiparam – ao menos para o propósito de soerguimento empresarial – a credores negociais ou trabalhistas. Observe-se que o crédito de honorários advocatícios de sucumbência constituídos após o pedido de recuperação não podem integrar o plano de recuperação, uma vez que este já fora aprovado em assembleia e também por violar a literalidade da Lei 11.001/2005. Mesmo assim, deve se fazer uso do mesmo raciocínio que guia o art. 49, § 3º, da Lei 11.101/2005, segundo o qual mesmo os credores cujos créditos não se sujeitam ao plano de recuperação não podem expropriar bens essenciais à atividade empresarial, na mesma linha do que entendia a jurisprudência quanto ao crédito fiscal, antes do advento da Lei 13.043/2014. Por consequência, embora esse crédito não se sujeite ao plano de recuperação – e, portanto, a execução prossiga –, o juízo universal deverá exercer o controle sobre atos constritivos de patrimônio, aquilatando a essencialidade do bem à atividade empresarial. **REsp 1.298.670-MS, Rel. Min. Luis Felipe Salomão, julgado em 21/5/2015, DJe 26/6/2015 (Inform. STJ 564).**

DIREITO EMPRESARIAL. DEFERIMENTO DO PROCESSAMENTO DE RECUPERAÇÃO JUDICIAL E CADASTROS DE RESTRIÇÃO AO CRÉDITO E TABELIONATOS DE PROTESTOS.

O deferimento do processamento de recuperação judicial, por si só, não enseja a suspensão ou o cancelamento da negativação do nome do devedor nos cadastros de restrição ao crédito e nos tabelionatos de protestos. O deferimento do processamento de recuperação judicial suspende o curso das ações e execuções propostas em face do devedor, nos termos do art. 6º, caput e § 4º, da Lei 11.101/2005. Contudo, isso não significa que ele atinge o direito creditório propriamente dito, o qual permanece materialmente indene. Este é o motivo pelo qual o mencionado deferimento não é capaz de ensejar a suspensão ou o cancelamento da negativação do nome do devedor nos cadastros de restrição ao crédito e tabelionatos de protestos. Nessa linha, o Enunciado 54 da I Jornada de Direito Comercial do CJF estabelece que: "O deferimento do processamento da recuperação judicial não enseja o cancelamento da negativação do nome do devedor nos órgãos de proteção ao crédito e nos tabelionatos de protestos". Ademais, destaca-se que essa também foi a conclusão acolhida pela Terceira Turma do STJ, que, apesar de não ter analisado a questão à luz da decisão de processamento (arts. 6º e 52), estabeleceu que somente após a concessão da recuperação judicial, com a homologação do plano e a novação dos créditos (arts. 58 e 59), é que pode haver a retirada do nome da recuperanda dos cadastros de inadimplentes (REsp 1.260.301-DF, DJe 21/8/2012). Por fim, ainda que se entendesse possível a retirada da negativação do nome do devedor nos cadastros de restrição ao crédito e tabelionatos de protestos, em razão da suspensão das ações e execuções, não se pode olvidar que a própria Lei 11.101/2005 traz hipóteses em que determinadas ações e execuções não irão ser suspensas (art. 52, III), tais como as execuções fiscais, o que, por si só, permitiria a mantença da inscrição no tocante aos referidos processos (REsp 1.269.703-MG, Quarta Turma, DJe 30/11/2012). **REsp 1.374.259-MT, Rel. Min. Luis Felipe Salomão, Quarta Turma, julgado em 2/6/2015, DJe 18/6/2015 (Inform. STJ 564).**

DIREITO EMPRESARIAL. EXTINÇÃO DAS EXECUÇÕES INDIVIDUAIS PROPOSTAS CONTRA DEVEDOR EM RECUPERAÇÃO JUDICIAL.

Após a aprovação do plano de recuperação judicial pela assembleia de credores e a posterior homologação pelo juízo competente, deverão ser extintas – e não apenas suspensas – as execuções individuais até então propostas contra a recuperanda nas quais se busca a cobrança de créditos constantes do plano. De fato, a recuperação judicial divide-se, essencialmente, em duas fases: (i) a primeira inicia-se com o deferimento de seu processamento (arts. 6º e 52 da Lei 11.101/2005); (ii) a segunda com a aprovação do plano pelos credores reunidos em assembleia, seguida da concessão da recuperação por sentença (arts. 57 e 58, caput) ou, excepcionalmente, pela concessão forçada da recuperação pelo juiz, nas hipóteses previstas nos incisos do § 1º do

art. 58 – Cram Down. Na primeira fase, apresentado o pedido por empresário ou sociedade empresária que busca o soerguimento, estando em ordem a petição inicial – com a documentação exigida pelo art. 51 da Lei 11.101/2005 –, o juiz deferirá o processamento da recuperação judicial (art. 52), iniciando-se em seguida a fase de formação do quadro de credores, com apresentação e habilitação dos créditos. Portanto, uma vez deferido o processamento da recuperação, entre outras providências a serem adotadas pelo magistrado, determina-se a suspensão de todas as ações e execuções, nos termos dos arts. 6º e 52, III, da Lei 11.101/2005. Nesse momento, justifica-se apenas a suspensão das execuções individuais – e não a extinção –, essencialmente, por duas razões: (i) trata-se de um prazo de suspiro para que o devedor melhor reorganiza suas contas e estabeleça estratégias, em conjunto com a coletividade de credores, acerca de como solverá seu passivo, sem a necessidade de se defender em inúmeros processos individuais que podem tramitar em foros distintos; (ii) nos termos do que dispõe o art. 6º, § 4º, da Lei 11.101/2005, esgotado o prazo de 180 (cento e oitenta) dias – com todo o abrandamento que lhe tem justificadamente conferido a jurisprudência –, restaura-se "o direito dos credores de iniciar ou continuar suas ações e execuções, independentemente de pronunciamento judicial". Em suma, a razão de ser da norma que determina a pausa momentânea das ações e execuções – stay period – na recuperação judicial é a de permitir que o devedor em crise consiga negociar, de forma conjunta, com todos os credores (plano de recuperação) e, ao mesmo tempo, preservar o patrimônio do empreendimento, o qual se verá liberto, por um lapso de tempo, de eventuais constrições de bens imprescindíveis à continuidade da atividade empresarial, impedindo o seu fatiamento, além de afastar o risco da falência. Todavia, coisa diversa ocorre na segunda fase, com a aprovação do plano e a posterior homologação (concessão) pelo juízo competente, em que não se aplicam os dispositivos legais referentes à suspensão das execuções individuais (arts. 6º, caput, e 52 da Lei 11.101/2005). Diferentemente da primeira fase, em que as ações são suspensas, a aprovação do plano opera novação dos créditos e a decisão homologatória constitui, ela própria, novo título executivo judicial, nos termos do que dispõe o art. 59, caput e § 1º, da Lei 11.101/2005. Nesse particular, cabe ressaltar que, muito embora seja sui generis a novação resultante da concessão da recuperação judicial, pois mantém as garantias prestadas por terceiros (REsp 1.333.349-SP, Segunda Seção, DJe 2/2/2015), as execuções individuais ajuizadas contra a própria devedora devem ser extintas, e não apenas suspensas. Isso porque, uma vez ocorrida a novação, com a constituição de título executivo judicial, caso haja inadimplemento da obrigação assumida por ocasião da aprovação do plano, não há mais possibilidade de as execuções antes suspensas retomarem o curso normal. Nesse caso, abrem-se três possibilidades: (i) se o inadimplemento ocorrer durante os 2 anos a que se refere o caput do art. 61 da Lei 11.101/2005, o juiz deve convolar a recuperação em falência; (ii) se o descumprimento ocorrer depois de escoado o prazo de 2 anos, qualquer credor poderá pedir a execução específica assumida no plano de recuperação; ou (iii) requerer a falência com base no art. 94 da Lei. Com efeito, não há possibilidade de a execução individual de crédito constante no plano de recuperação – antes suspensa – prosseguir no juízo comum, mesmo que haja inadimplemento posterior, porquanto, nessa hipótese, se executa a obrigação específica constante no novo título judicial ou a falência é decretada, caso em que o credor, igualmente, deverá habilitar seu crédito no juízo universal. Por fim, cabe ressaltar que, no caso de ser decretada a falência, "os credores terão reconstituídos seus direitos e garantias nas condições originalmente contratadas" (art. 61, § 2º), hipótese na qual, da mesma forma, as execuções individuais não têm curso no juízo comum, mas no universal. Precedentes citados: CC 88.661-SP, Segunda Seção, DJe 3/6/2008; EDcl no Ag 1.329.097-RS, Quarta Turma, DJe 03/02/2014; e AgRg no CC 125.697-SP, Segunda Seção, DJe 15/2/2013. **REsp 1.272.697-DF, Rel. Min. Luis Felipe Salomão, julgado em 2/6/2015, DJe 18/6/2015 (Inform. STJ 564).**

DIREITO EMPRESARIAL E PROCESSUAL CIVIL. INAPLICABILIDADE DO PRAZO EM DOBRO PARA RECORRER AOS CREDORES NA RECUPERAÇÃO JUDICIAL.

No processo de recuperação judicial, é inaplicável aos credores da sociedade recuperanda o prazo em dobro para recorrer previsto no art. 191 do CPC. Inicialmente, consigne-se que pode ser aplicada ao processo de recuperação judicial, mas apenas em relação ao litisconsórcio ativo, a norma prevista no art. 191 do CPC que dispõe que "quando os litisconsortes tiverem diferentes procuradores, ser-lhes-ão contados em dobro os prazos para contestar, para recorrer e, de modo geral, para falar nos autos". Todavia, não se pode olvidar que a recuperação judicial configura processo sui generis, em que o empresário atua como requerente, não havendo polo passivo. Assim, não se mostra possível o reconhecimento de litisconsórcio passivo em favor dos credores da sociedade recuperanda, uma vez que não há réus na recuperação judicial, mas credores interessados, que, embora participando do processo e atuando diretamente na aprovação do plano, não figuram como parte adversa – já que não há nem mesmo litígio propriamente dito. Com efeito, a sociedade recuperanda e os credores buscam, todos, um objetivo comum: a preservação da atividade econômica da empresa em dificuldades financeiras a fim de que os interesses de todos sejam satisfeitos. Dessa forma, é inaplicável o prazo em dobro para recorrer aos credores da sociedade recuperanda. Ressalte-se, por oportuno, que, conforme jurisprudência do STJ, o prazo em dobro para recorrer, previsto no art. 191 do CPC, não se aplica a terceiros interessados. **REsp 1.324.399-SP, Rel. Min. Paulo de Tarso Sanseverino, julgado em 3/3/2015, DJe 10/3/2015 (Inform. STJ 557).**

DIREITO EMPRESARIAL. RECUPERAÇÃO JUDICIAL DE DEVEDOR PRINCIPAL E TERCEIROS DEVEDORES SOLIDÁRIOS OU COOBRIGADOS EM GERAL. RECURSO REPETITIVO (ART. 543-C DO CPC E RES. 8/2008-STJ).
A recuperação judicial do devedor principal não impede o prosseguimento das execuções nem induz suspensão ou extinção de ações ajuizadas contra terceiros devedores solidários ou coobrigados em geral, por garantia cambial, real ou fidejussória, pois não se lhes aplicam a suspensão prevista nos arts. 6º, caput, e 52, III, ou a novação a que se refere o art. 59, caput, por força do que dispõe o art. 49, § 1º, todos da Lei 11.101/2005. De fato, a recuperação judicial divide-se, essencialmente, em duas fases: (a) a primeira inicia-se com o deferimento de seu processamento (arts. 6º, caput, e 52, III, da Lei 11.101/2005); e (b) a segunda, com a aprovação do plano pelos credores reunidos em assembleia, seguida da concessão da recuperação por sentença (arts. 57 e 58, caput) ou, excepcionalmente, pela concessão forçada da recuperação pelo juiz, nas hipóteses previstas nos incisos do § 1º do art. 58 (Cram Down). No que diz respeito à primeira fase (a), uma vez deferido o processamento da recuperação, entre outras providências a serem adotadas pelo magistrado, determina-se a suspensão de todas as ações e execuções. É o que prescreve o art. 6º, caput, da Lei 11.101/2005: "A decretação da falência ou o deferimento do processamento da recuperação judicial suspende o curso da prescrição e de todas as ações e execuções em face do devedor, inclusive aquelas dos credores particulares do sócio solidário". No mesmo sentido, o art. 52, III, do mesmo diploma legal: "Estando em termos a documentação exigida no art. 51 desta Lei, o juiz deferirá o processamento da recuperação judicial e, no mesmo ato: [...] III – ordenará a suspensão de todas as ações ou execuções contra o devedor, na forma do art. 6º desta Lei, permanecendo os respectivos autos no juízo onde se processam, ressalvadas as ações previstas nos §§ 1º, 2º e 7º do art. 6º desta Lei e as relativas a créditos excetuados na forma dos §§ 3º e 4º do art. 49 desta Lei [...]". A par disso, ressalte-se ainda que, em não raras vezes, o devedor solidário é, também, sócio da pessoa jurídica em recuperação. Contudo, os devedores solidários da obrigação – que tem como devedor principal a empresa recuperanda – não podem alegar em seu favor a parte final do caput do referido art. 6º como fundamento do pedido de suspensão das ações individuais ajuizadas contra eles, invocando, assim, a redação que determina a suspensão das ações não apenas contra o devedor principal, mas também "aquelas dos credores particulares do sócio solidário". Isso porque o caput do art. 6º da Lei 11.101/2005, no que concerne à suspensão das ações por ocasião do deferimento da recuperação, alcança os sócios solidários, figuras presentes naqueles tipos societários em que a responsabilidade pessoal dos consorciados não é subsidiária ou limitada às suas respectivas quotas/ações, como é o caso, por exemplo, da sociedade em nome coletivo (art. 1.039 do CC/2002) e da sociedade em comandita simples, no que concerne aos sócios comanditados (art. 1.045 do CC/2002). Diferentemente, é a situação dos devedores solidários ou coobrigados, haja vista que para eles a disciplina é exatamente inversa, prevendo o § 1º do art. 49, expressamente, a preservação de suas obrigações na eventualidade de ser deferida a recuperação judicial do devedor principal: "Os credores do devedor em recuperação judicial conservam seus direitos e privilégios contra os coobrigados, fiadores e obrigados de regresso". Portanto, não há falar em suspensão da execução direcionada a codevedores ou a devedores solidários pelo só fato de o devedor principal ser sociedade cuja recuperação foi deferida, pouco importando se o executado é também sócio da recuperanda ou não, uma vez não se tratar de sócio solidário. Nesse sentido, aliás, o Enunciado 43 da I Jornada de Direito Comercial realizada pelo CJF/STJ determina que a "suspensão das ações e execuções previstas no art. 6º da Lei n. 11.101/2005 não se estende aos coobrigados do devedor". Sob outro enfoque, no tocante à segunda fase (b), a aprovação do plano opera – diferentemente da primeira fase – novação dos créditos, e a decisão homologatória constitui, ela própria, novo título executivo judicial. É o que dispõe o art. 59, caput e § 1º, da Lei 11.101/2005: "O plano de recuperação judicial

implica novação dos créditos anteriores ao pedido, e obriga o devedor e todos os credores a ele sujeitos, sem prejuízo das garantias, observado o disposto no § 1º do art. 50 desta Lei [...] § 1º A decisão judicial que conceder a recuperação judicial constituirá título executivo judicial, nos termos do art. 584, inciso III, do caput da Lei nº 5.869, de 11 de janeiro de 1973 – Código de Processo Civil". Antes de prosseguir, a respeito da novação comum, destaque-se que os arts. 364 e 365 do CC prescrevem, respectivamente, que "A novação extingue os acessórios e garantias da dívida, sempre que não houver estipulação em contrário. Não aproveitará, contudo, ao credor ressalvar o penhor, a hipoteca ou a anticrese, se os bens dados em garantia pertencerem a terceiro que não foi parte na novação" e que "Operada a novação entre o credor e um dos devedores solidários, somente sobre os bens do que contrair a nova obrigação subsistem as preferências e garantias do crédito novado. Os outros devedores solidários ficam por esse fato exonerados". A despeito disso, as execuções intentadas contra a empresa recuperanda e seus garantes não podem ser extintas nos termos dos referidos arts. 364 e 365 do CC. De igual sorte, as garantias concedidas não podem ser restabelecidas em caso de futura decretação de falência, apesar do disposto no art. 61, § 2º, da Lei 11.101/2005, segundo o qual "Decretada a falência, os credores terão reconstituídos seus direitos e garantias nas condições originalmente contratadas, deduzidos os valores eventualmente pagos e ressalvados os atos validamente praticados no âmbito da recuperação judicial". Tudo isso porque a novação prevista na lei civil é bem diversa daquela disciplinada na Lei 11.101/2005. Se a novação civil faz, como regra, extinguir as garantias da dívida, inclusive as reais prestadas por terceiros estranhos ao pacto (art. 364 do CC), a novação decorrente do plano de recuperação traz, como regra, ao reverso, a manutenção das garantias (art. 59, caput, da Lei 11.101/2005), as quais só serão suprimidas ou substituídas "mediante aprovação expressa do credor titular da respectiva garantia", por ocasião da alienação do bem gravado (art. 50, § 1º). Além disso, a novação específica da recuperação desfaz-se na hipótese de falência, quando então os "credores terão reconstituídos seus direitos e garantias nas condições originalmente contratadas" (art. 61, § 2º). Daí se conclui que o plano de recuperação judicial opera uma novação sui generis e sempre sujeita a condição resolutiva – que é o eventual descumprimento do que ficou acertado no plano –, circunstância que a diferencia, sobremaneira, daquela outra, comum, prevista na lei civil. Dessa forma, muito embora o plano de recuperação judicial opere novação das dívidas a ele submetidas, as garantias reais ou fidejussórias são preservadas, circunstância que possibilita ao credor exercer seus direitos contra terceiros garantidores e impõe a manutenção das ações e execuções aforadas em face de fiadores, avalistas ou coobrigados em geral. Importa ressaltar que não haveria lógica no sistema se a conservação dos direitos e privilégios dos credores contra coobrigados, fiadores e obrigados de regresso (art. 49, § 1º, da Lei 11.101/2005) dissesse respeito apenas ao interregno temporal que medeia o deferimento da recuperação e a aprovação do plano, cessando tais direitos após a concessão definitiva com a decisão judicial. Precedentes citados: REsp 1.326.888-RS, Quarta Turma, DJe 5/5/2014; REsp 1.269.703-MG, Quarta Turma, DJe 30/11/2012; AgRg no REsp 1.334.284-MT, Terceira Turma, DJe 15/9/2014; AgRg nos EDcl no REsp 1.280.036-SP, Terceira Turma, DJe 5/9/2013; e EAg 1.179.654-SP, Segunda Seção, DJe 13/4/2012. **REsp 1.333.349-SP, Rel. Min. Luis Felipe Salomão, Segunda Seção, julgado em 26/11/2014, DJe 2/2/2015 (Inform. STJ 554).**

DIREITO EMPRESARIAL E PROCESSUAL CIVIL. INCOMPETÊNCIA DO JUÍZO UNIVERSAL PARA JULGAR AÇÃO DE DESPEJO MOVIDA CONTRA SOCIEDADE EMPRESÁRIA EM RECUPERAÇÃO JUDICIAL. Não se submete à competência do juízo universal da recuperação judicial a ação de despejo movida, com base na Lei 8.245/1991 (Lei do Inquilinato), pelo proprietário locador para obter, unicamente, a retomada da posse direta do imóvel locado à sociedade empresária em recuperação. A Lei da Recuperação Judicial (Lei 11.101/2005) não prevê exceção que ampare o locatário que tenha obtido o deferimento de recuperação judicial, estabelecendo, ao contrário, que o credor proprietário de bem imóvel, quanto à retomada do bem, não se submete aos efeitos da recuperação judicial (art. 49, § 3º, da Lei 11.101/2005). Na espécie, tratando-se de credor titular da posição de proprietário, prevalecem os direitos de propriedade sobre a coisa, sendo inaplicável à hipótese de despejo a exceção prevista no § 3º, *in fine*, do art. 49 da Lei 11.101/2005 – que não permite, durante o prazo de suspensão a que se refere o § 4º do art. 6º da referida lei, a venda ou a retirada do estabelecimento do devedor dos bens de capital essenciais a sua atividade empresarial –, pois, no despejo, regido por legislação especial, tem-se a retomada do imóvel locado, e não se trata de venda ou mera retirada do estabelecimento do devedor de bem essencial a sua atividade empresarial. Nesse sentido, a melhor interpretação a ser conferida aos arts. 6º e 49 da Lei 11.101/2005 é a de que, em regra, apenas os credores de quantia líquida se submetem ao juízo da recuperação, com exclusão, dentre outros, do titular do direito de propriedade. Portanto, conclui-se que a efetivação da ordem do despejo não se submete à competência do Juízo universal da recuperação, não se confundindo com eventual execução de valores devidos pelo locatário relativos a aluguéis e consectários, legais e processuais, ainda que tal pretensão esteja cumulada na ação de despejo. **Precedente citado: AgRg no CC 103.012-GO, Segunda Seção, DJe de 24/6/2010. CC 123.116-SP, Rel. Min. Raul Araújo, julgado em 14/8/2014. (Inform. STJ 551)**

DIREITO EMPRESARIAL. NÃO SUBMISSÃO DE CRÉDITO GARANTIDO POR ALIENAÇÃO FIDUCIÁRIA AOS EFEITOS DE RECUPERAÇÃO JUDICIAL. Não se submetem aos efeitos da recuperação judicial os créditos garantidos por alienação fiduciária de bem não essencial à atividade empresarial. O art. 49, *caput*, da Lei 11.101/2005 estabelece que estão sujeitos à recuperação judicial todos os créditos existentes na data do pedido, ainda que não vencidos. Por sua vez, o § 3º do mesmo artigo prevê hipóteses em que os créditos não se submeterão aos efeitos da recuperação judicial, entre eles, os créditos garantidos por alienação fiduciária. A jurisprudência do STJ, no entanto, tendo por base a limitação prevista na parte final do § 3º do art. 49 – que impede a venda ou a retirada do estabelecimento do devedor dos bens de capital essenciais à sua atividade empresarial – e inspirada no princípio da preservação da empresa, tem estabelecido hipóteses em que se abre exceção à regra da não submissão do crédito garantido por alienação fiduciária ao procedimento da recuperação judicial. De acordo com a linha seguida pelo STJ, a exceção somente é aplicada a casos que revelam peculiaridades que recomendem tratamento diferenciado visando à preservação da atividade empresarial, como, por exemplo, no caso em que o bem dado em alienação fiduciária componha o estoque da sociedade, ou no caso de o bem alienado ser o imóvel no qual se situa a sede da empresa. Em suma, justifica-se a exceção quando se verificar, pelos elementos constantes dos autos, que a retirada dos bens prejudique de alguma forma a atividade produtiva da sociedade. Caso contrário, isto é, inexistente qualquer peculiaridade que justifique excepcionar a regra legal do art. 49, § 3º, deve prevalecer a regra de não submissão, excluindo-se dos efeitos da recuperação judicial os créditos de titularidade da interessada que possuem garantia de alienação fiduciária. **CC 131.656-PE, Rel. Min. Maria Isabel Gallotti, julgado em 8/10/2014. (Inform. STJ 550)**

DIREITO EMPRESARIAL. CONTROLE JUDICIAL DO PLANO DE RECUPERAÇÃO JUDICIAL. Cumpridas as exigências legais, o juiz deve conceder a recuperação judicial do devedor cujo plano tenha sido aprovado em assembleia (art. 58, caput, da Lei 11.101/2005), não lhe sendo dado se imiscuir no aspecto da viabilidade econômica da empresa. De fato, um vértice sobre o qual se apoia a referida lei é, realmente, a viabilidade econômica da empresa, exigindo-se expressamente que o plano de recuperação contenha demonstrativo nesse sentido (art. 53, II). No entanto, se é verdade que a intervenção judicial no quadrante mercadológico de uma empresa em crise visa tutelar interesses públicos relacionados à sua função social e à manutenção da fonte produtiva e dos postos de trabalho, não é menos certo que a recuperação judicial, com a aprovação do plano, desenvolve-se essencialmente por uma nova relação negocial estabelecida entre o devedor e os credores reunidos em assembleia. Realmente, existe previsão legal para o magistrado conceder, *manu militari*, a recuperação judicial contra decisão assemblear – *cram down* (art. 58, § 1º) –, mas não o inverso, porquanto isso geraria exatamente o fechamento da empresa, com a decretação da falência (art. 56, § 4º), solução que se posiciona exatamente na contramão do propósito declarado da lei. Ademais, o magistrado não é a pessoa mais indicada para aferir a viabilidade econômica de planos de recuperação judicial, sobretudo daqueles que já passaram pelo crivo positivo dos credores em assembleia, haja vista que as projeções de sucesso da empreitada e os diversos graus de tolerância obrigacional recíproca estabelecida entre credores e devedor não são questões propriamente jurídicas, devendo, pois, acomodar-se na seara negocial da recuperação judicial. Assim, o magistrado deve exercer o controle de legalidade do plano de recuperação – no que se insere o repúdio à fraude e ao abuso de direito –, mas não o controle de sua viabilidade econômica. Nesse sentido, na I Jornada de Direito Comercial CJF/STJ, foram aprovados os Enunciados 44 e 46, que refletem com precisão esse entendimento: 44: "A homologação de plano de recuperação judicial aprovado pelos credores está sujeita ao controle de legalidade"; e 46: "Não compete ao juiz deixar de conceder a recuperação judicial ou de homologar

a extrajudicial com fundamento na análise econômico-financeira do plano de recuperação aprovado pelos credores". **REsp 1.359.311-SP, Rel. Min. Luis Felipe Salomão, julgado em 9/9/2014. (Inform. STJ 549)**

DIREITO EMPRESARIAL. CRÉDITOS EXTRACONCURSAIS E DEFERIMENTO DO PROCESSAMENTO DE RECUPERAÇÃO JUDICIAL. São extraconcursais os créditos originários de negócios jurídicos realizados após a data em que foi deferido o pedido de processamento de recuperação judicial. Inicialmente, impõe-se assentar como premissa que o ato deflagrador da propagação dos principais efeitos da recuperação judicial é a decisão que defere o pedido de seu processamento. Importa ressaltar, ainda, que o ato que defere o pedido de processamento da recuperação é responsável por conferir publicidade à situação de crise econômico-financeira da sociedade, a qual, sob a perspectiva de fornecedores e de clientes, potencializa o risco de se manter relações jurídicas com a pessoa em recuperação. Esse incremento de risco associa-se aos negócios a serem realizados com o devedor em crise, fragilizando a atividade produtiva em razão da elevação dos custos e do afastamento de fornecedores, ocasionando, assim, perda de competitividade. Por vislumbrar a formação desse quadro e com o escopo de assegurar mecanismos de proteção àqueles que negociarem com a sociedade em crise durante o período de recuperação judicial, o art. 67 da Lei 11.101/2005 estatuiu que "os créditos decorrentes de obrigações contraídas pelo devedor durante a recuperação judicial [...] serão considerados extraconcursais [...] em caso de decretação de falência". Em semelhante perspectiva, o art. 84, V, do mesmo diploma legal dispõe que "serão considerados créditos extraconcursais [...] os relativos a [...] obrigações resultantes de atos jurídicos válidos praticados durante a recuperação judicial". Desse modo, afigura-se razoável concluir que conferir precedência na ordem de pagamentos na hipótese de quebra do devedor foi a maneira encontrada pelo legislador para compensar aqueles que participem ativamente do processo de soerguimento da empresa. Não se pode perder de vista que viabilizar a superação da situação de crise econômico-financeira da sociedade devedora – objetivo do instituto da recuperação judicial – é pré-condição necessária para promoção do princípio maior da Lei 11.101/2005 consagrado em seu art. 47: o de preservação da empresa e de sua função social. Nessa medida, a interpretação sistemática das normas insertas na Lei 11.101/2005 (arts. 52, 47, 67 e 84) autorizam a conclusão de que a sociedade empresária deve ser considerada "em recuperação judicial" a partir do momento em que obtém o deferimento do pedido de seu processamento. **REsp 1.398.092-SC, Rel. Min. Nancy Andrighi, julgado em 6/5/2014. (Inform. STJ 543)**

DIREITO EMPRESARIAL E PROCESSUAL CIVIL. REPERCUSSÃO DA HOMOLOGAÇÃO DE PLANO DE RECUPERAÇÃO JUDICIAL. A homologação do plano de recuperação judicial da devedora principal não implica extinção de execução de título extrajudicial ajuizada em face de sócio coobrigado. Com efeito, a novação disciplinada na Lei 11.101/2005 é muito diversa da novação prevista na lei civil. Se a novação civil faz, como regra, extinguir as garantias da dívida, inclusive as reais prestadas por terceiros estranhos ao pacto (art. 364 do CC), a novação decorrente do plano de recuperação judicial traz, como regra, a manutenção das garantias (art. 59, *caput*, da Lei 11.101/2005), sobretudo as reais, que só serão suprimidas ou substituídas "mediante aprovação expressa do credor titular da respectiva garantia" por ocasião da alienação do bem gravado (art. 50, § 1º, da Lei 11.101/2005). Além disso, a novação específica da recuperação judicial desfaz-se na hipótese de falência, quando então os "credores terão reconstituídos seus direitos e garantias nas condições originalmente contratadas" (art. 61, § 2º, da Lei 11.101/2005). O plano de recuperação judicial opera, portanto, uma novação *sui generis* e sempre sujeita a uma condição resolutiva, que é o eventual descumprimento do que ficou acertado no plano. Dessa forma, embora o plano de recuperação judicial opere novação das dívidas a ele submetidas, as garantias reais ou fidejussórias são, em regra, preservadas, circunstância que possibilita ao credor exercer seus direitos contra terceiros garantidores e impõe a manutenção das ações e execuções aforadas em face de fiadores, avalistas ou coobrigados em geral. Ressalte-se, ainda, que não haveria lógica no sistema se a conservação dos direitos e privilégios dos credores contra coobrigados, fiadores e obrigados de regresso (art. 49, § 1º, da Lei 11.101/2005) dissesse respeito apenas ao interregno temporal entre o deferimento da recuperação e a aprovação do plano, cessando esses direitos após a concessão definitiva com a homologação judicial. REsp 1.326.888-RS, Rel. Min. Luis Felipe Salomão, julgado em 8/4/2014. (Inform. STJ 540)

8. DIREITO EMPRESARIAL 647

DIREITO EMPRESARIAL. SUJEIÇÃO DE CRÉDITO DERIVADO DE HONO-RÁRIOS ADVOCATÍCIOS SUCUMBENCIAIS À RECUPERAÇÃO JUDICIAL.
Os créditos derivados de honorários advocatícios sucumbenciais estão sujeitos aos efeitos da recuperação judicial, mesmo que decorrentes de condenação proferida após o pedido de recuperação. De fato, essa verba não pode ser considerada como "créditos existentes à data do pedido de recuperação judicial" (art. 49 da Lei 11.101/2005) na hipótese que tenha nascido de sentença prolatada em momento posterior ao pedido de recuperação. Essa circunstância, todavia, não é suficiente para excluí-la, automaticamente, das consequências da recuperação judicial. Cabe registrar que possuem natureza alimentar os honorários advocatícios, tanto os contratualmente pactuados como os de sucumbência. Desse modo, tanto honorários advocatícios quanto créditos de origem trabalhista constituem verbas que ostentam natureza alimentar. Como consequência dessa afinidade ontológica, impõe-se dispensar-lhes, na espécie, tratamento isonômico, de modo que aqueles devem seguir – na ausência de disposição legal específica – os ditames aplicáveis às quantias devidas em virtude da relação de trabalho. Assim, em relação à ordem de classificação dos créditos em processos de execução concursal, os honorários advocatícios têm tratamento análogo àquele dispensado aos créditos trabalhistas. É necessário ressaltar que os créditos trabalhistas estão submetidos aos efeitos da recuperação judicial, ainda que reconhecidos em juízo posteriormente ao seu processamento. Dessa forma, a natureza comum de ambos os créditos – honorários advocatícios de sucumbência e verbas trabalhistas – autoriza que sejam regidos, para efeitos de sujeição à recuperação judicial, da mesma forma. Sabe-se que o art. 24 do Estatuto da Advocacia (Lei 8.906/1994) prevê a necessidade de habilitação dos créditos decorrentes de honorários quando se constatar a ocorrência de "concurso de credores, falência, liquidação extrajudicial, concordata ou insolvência civil". É importante ressaltar que o Estatuto da Advocacia (Lei 8.906/1994) é anterior à publicação da Lei de Recuperação Judicial e Falência (Lei 11.101/2005), de modo que, por imperativo lógico, não se poderia exigir que vislumbrasse nas hipóteses de concessão de recuperação judicial. **REsp 1.377.764-MS, Rel. Min. Nancy Andrighi, julgado em 20/8/2013. (Inform. STJ 531)**

DIREITO EMPRESARIAL. NÃO SUJEIÇÃO DO CRÉDITO GARANTIDO POR CESSÃO FIDUCIÁRIA DE DIREITO CREDITÓRIO AO PROCESSO DE RECUPERAÇÃO JUDICIAL.
O crédito garantido por cessão fiduciária de direito creditório não se sujeita aos efeitos da recuperação judicial, nos termos do art. 49, § 3°, da Lei n. 11.101/2005. Conforme o referido dispositivo legal, os créditos decorrentes da propriedade fiduciária de bens móveis e imóveis não se submetem aos efeitos da recuperação judicial. A cessão fiduciária de títulos de crédito é definida como "o negócio jurídico em que uma das partes (cedente fiduciante) cede à outra (cessionária fiduciária) seus direitos de crédito perante terceiros em garantia do cumprimento de obrigações ". Apesar de, inicialmente, o CC/2002 ter restringido a possibilidade de constituição de propriedade fiduciária aos bens móveis infungíveis, a Lei n. 10.931/2004 contemplou a possibilidade de alienação fiduciária de coisa fungível e de cessão fiduciária de direitos sobre coisas móveis ou de títulos de crédito, hipóteses em que, salvo disposição contrária, é atribuída ao credor a posse direta e indireta do bem objeto da propriedade fiduciária ou do título representativo do direito ou do crédito. Além disso, a Lei n. 10.931/2004 incluiu o art. 1.368-A ao CC/2002, com a seguinte redação: "as demais espécies de propriedade fiduciária ou de titularidade fiduciária submetem-se à disciplina específica das respectivas leis especiais, somente se aplicando as disposições deste Código naquilo que não for incompatível com a legislação especial". Desse modo, pode-se concluir que a propriedade fiduciária contempla a alienação fiduciária de bens móveis, infungíveis (arts. 1.361 a 1.368-A do CC) e fungíveis (art. 66-B da Lei n. 4.728/1965), além da cessão fiduciária de direitos sobre coisas móveis ou de títulos de crédito. Assim, o crédito garantido por cessão fiduciária de direito creditório, espécie do gênero propriedade fiduciária, não se submete aos efeitos da recuperação judicial. Como consequência, os direitos do proprietário fiduciário não podem ser suspensos na hipótese de recuperação judicial, já que a posse direta e indireta do bem e a conservação da garantia são direitos assegurados ao credor fiduciário pela lei e pelo contrato. **REsp 1.202.918-SP, Rel. Min. Villas Bôas Cueva, julgado em 7/3/2013. (Inform. STJ 518)**

DIREITO EMPRESARIAL. SUJEIÇÃO DOS CRÉDITOS CEDIDOS FIDUCIA-RIAMENTE AOS EFEITOS DA RECUPERAÇÃO JUDICIAL.
Não estão sujeitos aos efeitos da recuperação judicial os créditos representados por títulos cedidos fiduciariamente como garantia de contrato de abertura de crédito na forma do art. 66-B, § 3°, da Lei n. 4.728/1965. A Lei n. 11.101/2005 estabelece, como regra geral, que estão sujeitos à recuperação judicial todos os créditos existentes na data do pedido, ainda que não vencidos (art. 49, *caput*). Todavia, há alguns créditos que, embora anteriores ao pedido de recuperação judicial, não se sujeitam aos seus efeitos. Segundo o § 3° do art. 49 da Lei n. 11.101/2005, o credor titular da posição de proprietário fiduciário de bens móveis não se submete aos efeitos da recuperação judicial. Ademais, de acordo com o art. 83 do CC/2002, consideram-se móveis, para os efeitos legais, os direitos pessoais de caráter patrimonial e as respectivas ações. O § 3° do art. 49 da Lei n. 11.101/2005, após estabelecer a regra de que o credor titular da posição de proprietário fiduciário de bens móveis ou imóveis "não se submeterá aos efeitos da recuperação judicial", estabelece que "prevalecerão os direitos de propriedade sobre a coisa e as condições contratuais, observada a legislação respectiva, não se permitindo, contudo, durante o prazo de suspensão a que se refere o § 4° do art. 6° desta Lei, a venda ou a retirada do estabelecimento do devedor dos bens de capital essenciais a sua atividade empresarial". Isso, contudo, não permite inferir que, não sendo o título de crédito "coisa corpórea", à respectiva cessão fiduciária não se aplicaria a regra da exclusão do titular de direito fiduciário do regime de recuperação. Com efeito, a explicitação contida na oração "prevalecerão os direitos de propriedade sobre a coisa" tem como escopo deixar claro que, no caso de bens corpóreos, estes poderão ser retomados pelo credor para a execução da garantia, salvo em se tratando de bens de capital essenciais à atividade empresarial, hipótese em que a lei concede o prazo de cento e oitenta dias durante o qual é vedada a sua retirada do estabelecimento do devedor. Assim, tratando-se de credor titular da posição de proprietário fiduciário de bens móveis ou imóveis, de arrendador mercantil, de proprietário ou promitente vendedor de imóvel cujos respectivos contratos contenham cláusulas de irrevogabilidade ou irretratabilidade, inclusive em incorporações imobiliárias, ou de proprietário em contrato de venda com reserva de domínio, seu crédito não se submeterá aos efeitos da recuperação judicial e prevalecerão os direitos de propriedade sobre a coisa e as condições contratuais, observada a legislação respectiva, não se permitindo, contudo, durante o prazo de suspensão a que se refere o § 4° do art. 6° desta Lei, a venda ou a retirada do estabelecimento do devedor dos bens de capital essenciais a sua atividade empresarial. Portanto, em face da regra do art. 49, § 3°, da Lei n. 11.101/2005, devem ser excluídos dos efeitos da recuperação judicial os créditos que possuem garantia de cessão fiduciária. **REsp 1.263.500-ES, Rel. Min. Maria Isabel Gallotti, julgado em 5/2/2013. (Inform. STJ 514)**

DIREITO CIVIL E EMPRESARIAL. RECUPERAÇÃO JUDICIAL. TRANS-FERÊNCIA DE VALORES LEVANTADOS EM CUMPRIMENTO DE PLANO HOMOLOGADO PARA A GARANTIA DE JUÍZO DE EXECUÇÃO FISCAL EM TRÂMITE SIMULTÂNEO.
As verbas previstas em plano de recuperação judicial aprovado e essenciais ao seu cumprimento não podem ser transferidas a juízo executivo com o intuito de garantir o juízo de execução fiscal ajuizada em face da empresa em crise econômico-financeira, ainda que a inexistência de garantia do juízo da execução gere a suspensão do executivo fiscal. O princípio da preservação da empresa foi alçado como paradigma a ser promovido em nome do interesse público e coletivo, e não com esteio em meros interesses privados circunstancialmente envolvidos, uma vez que a empresa, na qualidade de importante instrumento de organização produtiva, encerra em si um feixe de múltiplos interesses, entre os quais se destacam os interesses dos sócios (majoritários e minoritários), dos credores, dos parceiros e fornecedores, dos empregados, dos consumidores e da comunidade (ante a geração de impostos, criação de postos de trabalho e movimentação do mercado). Dessa forma, embora o deferimento do processamento da recuperação judicial ou a homologação do plano aprovado não tenham, por si só, o condão de suspender as execuções fiscais ajuizadas contra a empresa em crise econômico-financeira, são vedados os atos judiciais que inviabilizem a recuperação judicial da empresa, ainda que indiretamente resultem efetiva suspensão do procedimento executivo fiscal, não pelo mero deferimento do processamento da recuperação ou pela simples homologação do plano, mas por ausência de garantia do juízo executivo. Por consequência, os valores previstos em plano de recuperação judicial aprovado e essenciais ao seu cumprimento não podem ser transferidos a juízo executivo com o intuito de garantir o juízo de execução fiscal, na medida em que representam atos judiciais que inviabilizam a recuperação judicial da empresa. O interesse no prosseguimento da execução

VADE MECUM DE JURISPRUDÊNCIA – STF/STJ

fiscal que não fora oportunamente garantida não pode se sobrepor de tal maneira a fazer sucumbir o interesse público da coletividade na manutenção da empresa tida ainda por economicamente viável. **REsp 1.166.600-RJ, Rel. Min. Nancy Andrighi, julgado em 4/12/2012. (Inform. STJ 512).**

📖 Súmula STJ nº 480

O juízo da recuperação judicial não é competente para decidir sobre a constrição de bens não abrangidos pelo plano de recuperação da empresa.

📖 Súmula STJ nº 264

É irrecorrível o ato judicial que apenas manda processar a concordata preventiva. (Comentário: lembre-se que a legislação atual não prevê concordata, mas apenas recuperação judicial ou extrajudicial)

📖 Súmula STJ nº 250

É legítima a cobrança de multa fiscal de empresa em regime de concordata.

📖 Súmula STJ nº 133

A restituição da importância adiantada, a conta de contrato de câmbio, independe de ter sido a antecipação efetuada nos quinze dias anteriores ao requerimento da concordata.

📖 Súmula STJ nº 8

Aplica-se a correção monetária aos créditos habilitados em concordata preventiva, salvo durante o período compreendido entre as datas de vigência da lei 7.274, de 10-12-84, e do decreto-lei 2.283, de 27-02-86.

6. CONTRATOS EMPRESARIAIS

6.1. Alienação Fiduciária

Alienação fiduciária de veículos e registro em cartório - 1
É desnecessário o registro do contrato de alienação fiduciária de veículos em cartório. Com base nesse entendimento, o Plenário, em julgamento conjunto, proveu recurso extraordinário e julgou parcialmente procedente o pedido formulado na ADI 4.333/DF, para assentar que os §§ 1º e 2º do art. 6º da Lei 11.882/2008 ("Art. 6º. Em operação de arrendamento mercantil ou qualquer outra modalidade de crédito ou financiamento a anotação da alienação fiduciária de veículo automotor no certificado de registro a que se refere a Lei nº 9.503, de 23 de setembro de 1997, produz plenos efeitos probatórios contra terceiros, dispensado qualquer outro registro público. § 1º Consideram-se nulos quaisquer convênios celebrados entre entidades de títulos e registros públicos e as repartições de trânsito competentes para o licenciamento de veículos, bem como portarias e outros atos normativos por elas editados, que disponham de modo contrário ao disposto no caput deste artigo. § 2º O descumprimento do disposto neste artigo sujeita as entidades e as pessoas de que tratam, respectivamente, as Leis nos 6.015, de 31 de dezembro de 1973, e 8.935, de 18 de novembro de 1994, ao disposto no art. 56 e seguintes da Lei nº 8.078, de 11 de setembro de 1990, e às penalidades previstas no art. 32 da Lei nº 8.935, de 18 de novembro de 1994") não se aplicam aos convênios celebrados antes da publicação dessa norma. Além disso, declarou a constitucionalidade do art. 1.361, § 1º, segunda parte, do CC ("Art. 1.361. Considera-se fiduciária a propriedade resolúvel de coisa móvel infungível que o devedor, com escopo de garantia, transfere ao credor. § 1º Constitui-se a propriedade fiduciária com o registro do contrato, celebrado por instrumento público ou particular, que lhe serve de título, no Registro de Títulos e Documentos do domicílio do devedor, ou, em se tratando de veículos, na repartição competente para o licenciamento, fazendo-se a anotação no certificado de registro"), bem como a constitucionalidade do art. 14, § 7º, da Lei 11.795/2008 ["Art. 14. No contrato de participação em grupo de consórcio, por adesão, devem estar previstas, de forma clara, as garantias que serão exigidas do consorciado para utilizar o crédito. (...) § 7º A anotação da alienação fiduciária de veículo automotor ofertado em garantia ao grupo de consórcio no certificado de registro a que se refere o Código de Trânsito Brasileiro, Lei nº 9.503, de 23 de setembro de 1997, produz efeitos probatórios contra terceiros, dispensado qualquer outro registro público"]. Discutia-se a obrigatoriedade do registro, no cartório de títulos e documentos, do contrato de alienação fiduciária de veículos automotores, mesmo com a anotação no órgão de licenciamento. Ainda na mesma assentada, o Tribunal não conheceu do pleito formulado da ADI 4.227/DF, em razão de o autor não ter impugnado todo o bloco normativo pertinente à controvérsia.

Alienação fiduciária de veículos e registro em cartório - 2
A Corte afirmou que o Congresso Nacional editara quatro atos normativos (CTB, CC, Lei 11.795/2008 e Lei 11.882/2008) destinados a afastar a exigência de registro, em cartório, do contrato de alienação fiduciária em garantia de automóveis. Salientou que a exigência de registro do contrato de alienação fiduciária nas serventias extrajudiciais teria sido criada na década de 1960 pelo Decreto-Lei 911/1969. Portanto, nada impediria que o legislador, ante o implemento de política pública diferente, extinguisse a obrigatoriedade. Ademais, por mais analítica que fosse a Constituição, descaberia extrair dela a compulsoriedade de registro de um contrato específico em uma instituição determinada. Pontuou que os requisitos atinentes à formação, validade e eficácia de contratos privados consubstanciariam matéria evidentemente ligada à legislação federal e não ao texto constitucional. Ressaltou que, embora o exercício em caráter privado da atividade notarial e de registro estivesse previsto no art. 236 da CF, não haveria conceito constitucional fixo e estático de registro público. Ao reverso, no § 1º do mesmo dispositivo, estaria estabelecida a competência da lei ordinária para a regulação das atividades registrais. Consignou que, como no pacto a tradição seria ficta e a posse do bem continuaria com o devedor, uma política pública adequada recomendaria a criação de meios conducentes a alertar eventuais compradores sobre o real proprietário do bem, de modo a evitar fraudes, de um lado, e assegurar o direito de oposição da garantia contra todos, de outro. De acordo com o legislador, contudo, a exigência de registro em serventia extrajudicial acarretaria ônus e custos desnecessários ao consumidor, além de não conferir ao ato a publicidade adequada. Para o leigo, seria mais fácil, intuitivo e célere verificar a existência de gravame no próprio certificado de propriedade do veículo, em vez de peregrinar por diferentes cartórios de títulos e documentos ou ir ao cartório de distribuição, nos Estados-Membros que contassem com serviço integrado, em busca de informações.

Alienação fiduciária de veículos e registro em cartório - 3
O Plenário realçou que o parlamento não agira de maneira inconstitucional quando extinguira procedimento registral desprovido de utilidade maior. Além disso, o alcance que o requerente pretendera atribuir à expressão constitucional "registro público", retirando do legislador ordinário qualquer liberdade para delimitação da atividade, colocaria todos os cadastros de informações em banco de dados com acesso geral sujeitos à disciplina do art. 236 da CF, o que atingiria até mesmo a atividade realizada por outros entes privados, como os serviços de proteção ao crédito. Sublinhou que não haveria ofensa ao princípio da separação de Poderes, pois a atividade fiscalizatória desempenhada pelo Judiciário seria restrita aos serviços prestados pelos cartórios extrajudiciais, conforme versado em lei. Asseverou que a Lei 11.882/2008, ao simplificar o procedimento ligado à alienação fiduciária de veículo automotor, não causaria ingerência da União nos órgãos de trânsito estaduais ou ofensa ao pacto federativo. Os dispositivos impugnados nessa norma visariam evitar a burla. A nulidade de eventuais convênios seria mera consequência lógica. Quanto à alegação de ofensa a ato jurídico perfeito e à segurança jurídica, em razão dos convênios celebrados entre os órgãos de trânsito estaduais e os titulares das serventias extrajudiciais, o Colegiado conferiu interpretação conforme à Constituição aos dispositivos em exame, de modo a permitir que os convênios já pactuados por ocasião da edição da lei tivessem vigência até o término do prazo estabelecido, vedada qualquer prorrogação. **RE 611639/ RJ, rel. Min. Marco Aurélio, 21.10.2015. (RE-611639) ADI 4333/DF, rel. Min. Marco Aurélio, 21.10.2015. (ADI-4333) ADI 4227/DF, rel. Min. Marco Aurélio, 21.10.2015. (ADI-4227) (Inform. STF 804)**

DIREITO CIVIL. IMPOSSIBILIDADE DE PURGAÇÃO DA MORA EM CONTRATOS DE ALIENAÇÃO FIDUCIÁRIA FIRMADOS APÓS A VIGÊNCIA DA LEI 10.931/2004. RECURSO REPETITIVO (ART. 543-C DO CPC E RES. 8/2008-STJ). Nos contratos firmados na vigência da Lei 10.931/2004, que alterou o art. 3º, §§ 1º e 2º, do Decreto-lei 911/1969, compete ao devedor, no prazo de cinco dias após a execução da liminar na ação de busca e apreensão, pagar a integralidade da dívida – entendida esta como os valores apresentados e comprovados pelo credor na inicial –, sob pena de consolidação da propriedade do bem móvel objeto de alienação fiduciária. De início, convém esclarecer que a Súmula 284 do STJ, anterior à Lei 10.931/2004, orienta que a purgação da mora, nos contratos de alienação fiduciária, só é permitida quando já pagos pelo menos 40% (quarenta por cento) do valor financiado. A referida súmula espelha a redação primitiva do § 1º do art. 3º do Decreto-lei 911/1969, que tinha a seguinte redação: "Despachada a inicial e executada a liminar, o réu será citado para, em três dias, apresentar contestação ou, se já houver pago 40% (quarenta por cento) do preço financiado, requerer a purgação de mora." Contudo, do cotejo entre a redação originária e a atual – conferida pela Lei 10.931/2004 –, fica límpido que a lei não faculta mais ao devedor a purgação da mora, expressão inclusive suprimida das disposições atuais, não se extraindo do texto legal a interpretação de que é possível o pagamento apenas da dívida vencida. Ademais, a redação vigente do art. 3º, §§ 1º e 2º, do Decreto-lei 911/1969 estabelece que o devedor fiduciante poderá pagar a integralidade da dívida pendente e, se assim o fizer, o bem lhe será restituído livre de ônus, não havendo, portanto, dúvida acerca de se tratar de pagamento de toda a dívida, isto é, de extinção da obrigação. Vale a pena ressaltar que é o legislador quem está devidamente aparelhado para apreciar as limitações necessárias à autonomia privada em face de outros valores e direitos constitucionais. A propósito, a normatização do direito privado desenvolveu-se de forma autônoma em relação à Constituição, tanto em perspectiva histórica quanto em conteúdo, haja vista que o direito privado, em regra, disponibiliza soluções muito mais diferenciadas para conflitos entre os seus sujeitos do que a Constituição poderia fazer. Por isso não se pode presumir a imprevidência do legislador que, sopesando as implicações sociais, jurídicas e econômicas da modificação do ordenamento jurídico, vedou para alienação fiduciária de bem móvel a purgação da mora, sendo, pois, a matéria insuscetível de controle jurisdicional infraconstitucional. Portanto, sob pena de se gerar insegurança jurídica e violar o princípio da tripartição dos poderes, não cabe ao Poder Judiciário, a pretexto de interpretar a Lei 10.931/2004, criar hipótese de purgação da mora não contemplada pela lei. Com efeito, é regra basilar de hermenêutica a prevalência da regra excepcional, quando há confronto entre as regras específicas e as demais do ordenamento jurídico. Assim, como o CDC não regula contratos específicos, em casos de incompatibilidade entre a norma consumerista e a aludida norma específica, deve prevalecer essa última, pois a lei especial traz novo regramento a par dos já existentes. Nessa direção, é evidente que as disposições previstas no CC e no CDC são aplicáveis à relação contratual envolvendo alienação fiduciária de bem móvel, quando houver compatibilidade entre elas. Saliente-se ainda que a alteração operada pela Lei 10.931/2004 não alcança os contratos de alienação fiduciária firmados anteriormente à sua vigência. De mais a mais, o STJ, em diversos precedentes, já afirmou que, após o advento da Lei 10.931/2004, que deu nova redação ao art. 3º do Decreto-lei 911/1969, não há falar em purgação da mora, haja vista que, sob a nova sistemática, após o decurso do prazo de 5 (cinco) dias contados da execução da liminar, a propriedade do bem fica consolidada em favor do credor fiduciário, devendo o devedor efetuar o pagamento da integralidade do débito remanescente a fim de obter a restituição do bem livre de ônus. Precedentes citados: AgRg no REsp 1.398.434-MG, Quarta Turma, DJe 11/2/2014; e AgRg no REsp 1.151.061-MS, Terceira Turma, DJe 12/4/2013.**REsp 1.418.593-MS**, Rel. Min. Luis Felipe Salomão, julgado em 14/5/2014. (Inform. STJ 540)

Alienação fiduciária em garantia. DECRETO-LEI Nº 911/69. EQUIPAÇÃO DO DEVEDOR-FIDUCIANTE AO DEPOSITÁRIO. Prisão civil do devedor-fiduciante em face do princípio da proporcionalidade. A prisão civil do devedor-fiduciante no âmbito do contrato de alienação fiduciária em garantia viola o princípio da proporcionalidade, visto que: a) o ordenamento jurídico prevê outros meios processuais-executórios postos à disposição do credor-fiduciário para a garantia do crédito, de forma que a prisão civil, como medida extrema de coerção do devedor inadimplente, não passa no exame da proporcionalidade como proibição de excesso, em sua tríplice configuração: adequação, necessidade e proporcionalidade em sentido estrito; e b) o Decreto-Lei nº 911/69, ao instituir uma ficção jurídica, equiparando o devedor-fiduciante ao depositário, para todos os efeitos previstos nas leis civis e penais, criou uma figura atípica de depósito, transbordando os limites do conteúdo semântico da expressão "depositário infiel" insculpida no art. 5º, inciso LXVII, da Constituição e, dessa forma, desfigurando o instituto do depósito em sua conformação constitucional, o que perfaz a violação ao princípio da reserva legal proporcional. Recurso extraordinário conhecido e não provido. **RE N. 349.703-RS. RELATOR P/ O ACÓRDÃO: MIN. GILMAR MENDES.** (Inform. STF 549)

Súmula Vinculante STF 25

É ilícita a prisão civil de depositário infiel, qualquer que seja a modalidade do depósito.

Súmula STJ nº 419

Descabe a prisão civil do depositário judicial infiel.

Súmula STJ nº 384

Cabe ação monitória para haver saldo remanescente oriundo de venda extrajudicial de bem alienado fiduciariamente em garantia.

Súmula STJ nº 284

A purga da mora, nos contratos de alienação fiduciária, só é permitida quando já pagos pelo menos 40% (quarenta por cento) do valor financiado.

Súmula STJ nº 245

A notificação destinada a comprovar a mora nas dívidas garantidas por alienação fiduciária dispensa a indicação do valor do débito.

Súmula STJ nº 92

A terceiro de boa-fé não e oponível a alienação fiduciária não anotada no certificado de registro do veículo automotor.

Súmula STJ nº 72

A comprovação da mora é imprescindível à busca e apreensão do bem alienado fiduciariamente.

Súmula STJ nº 28

O contrato de alienação fiduciária em garantia pode ter por objeto bem que já integrava o patrimônio do devedor.

6.2. Distribuição, representação e concessão comercial

DIREITO EMPRESARIAL. RESOLUÇÃO DE CONTRATO DE REPRESENTAÇÃO COMERCIAL POR JUSTA CAUSA E PAGAMENTO DE AVISO PRÉVIO. Não é devida a verba atinente ao aviso prévio – um terço das comissões auferidas pelo representante comercial nos três meses anteriores à resolução do contrato (art. 34 da Lei 4.886/1965) –, quando o fim do contrato de representação comercial se der por justa causa. Segundo entendimento doutrinário, o aviso prévio é incompatível com a arguição de falta grave cometida pela outra parte. Assim, se cometida falta grave, a denúncia do contrato de representação comercial terá natureza abrupta, rompendo-se a avença tão logo a denúncia chegue ao conhecimento da parte faltosa. Precedentes citados: REsp 417.058-MG, Terceira Turma, DJ 10/3/2003; e REsp 1.085.903-RS, Terceira Turma, DJe 30/11/2009. **REsp1.190.425-RJ, Rel. Min. Luis Felipe Salomão, julgado em 2/9/2014. (Inform. STJ 546)**

DIREITO EMPRESARIAL. INCIDÊNCIA DA BOA-FÉ OBJETIVA NO CONTRATO DE REPRESENTAÇÃO COMERCIAL.
Não é possível ao representante comercial exigir, após o término do contrato de representação comercial, a diferença entre o valor da comissão estipulado no contrato e o efetivamente recebido, caso não tenha havido, durante toda a vigência contratual, qualquer resistência ao recebimento dos valores em patamar inferior ao previsto no contrato. Inicialmente, cumpre salientar que a Lei 4.886/1965 dispõe serem vedadas, na representação comercial, alterações que impliquem, direta ou indiretamente, a diminuição da média dos resultados auferidos pelo representante nos últimos seis meses de vigência do contrato. De fato, essa e outras previsões legais introduzidas pela Lei 8.420/1992 tiveram caráter social e protetivo em relação ao representante comercial autônomo que, em grande parte das vezes, ficava à mercê do representado, que alterava livre e unilateralmente o contrato de acordo com os seus interesses e, normalmente, em prejuízo do representante, pois economicamente dependente daquele. Essa restrição foi introduzida para compensar o desequilíbrio entre o representado e o representante, este reconhecidamente mais fraco do ponto de vista jurídico e econômico. Nesse sentido, nem mesmo as alterações consensuais e bilaterais são admitidas quando resultarem em prejuízos diretos ou indiretos para o representante. Todavia, no caso em que a comissão tenha sido paga ao representante em valor inferior ao que celebrado no contrato, durante toda a sua vigência, sem resistência ou impugnação por parte do representante, pode-se concluir que a este interessava a manutenção do contrato, mesmo que em termos remuneratórios inferiores, tendo em vista sua anuência tácita para tanto. Verifica-se, nessa hipótese, que não houve uma redução da comissão do representante em relação à média dos resultados auferidos nos últimos seis meses de vigência do contrato, o que, de fato, seria proibido nos termos do art. 32, § 7º, da Lei 4.886/1965. Desde o início da relação contratual, tendo sido a comissão paga em valor inferior ao que pactuado, conclui-se que a estipulada quanto a estipula pagamento de comissão em outro valor nunca chegou a viger. Ainda, observa-se que, nessa situação, não houve qualquer redução da remuneração do representante que lhe pudesse causar prejuízos, de forma a contrariar o caráter eminentemente protetivo e

social da lei. Se o representante permanece silente durante todo o contrato em relação ao valor da comissão, pode-se considerar que tenha anuído tacitamente com essa condição de pagamento, não sendo razoável que, somente após o término do contrato, venha a reclamar a diferença. Com efeito, a boa-fé objetiva, princípio geral de direito recepcionado pelos arts. 113 e 422 do CC/2002 como instrumento de interpretação do negócio jurídico e norma de conduta a ser observada pelas partes contratantes, exige de todos um comportamento condizente com um padrão ético de confiança e lealdade, induz deveres acessórios de conduta, impondo às partes comportamentos obrigatórios implicitamente contidos em todos os contratos, a serem observados para que se concretizem as justas expectativas oriundas da própria celebração e execução da avença, mantendo-se o equilíbrio da relação. Essas regras de conduta não se orientam exclusivamente ao cumprimento da obrigação, permeando toda a relação contratual, de modo a viabilizar a satisfação dos interesses globais envolvidos no negócio, sempre tendo em vista a plena realização da sua finalidade social. Além disso, o referido princípio tem a função de limitar o exercício dos direitos subjetivos. A esta função, aplica-se a teoria do adimplemento substancial das obrigações e a teoria dos atos próprios como meio de rever a amplitude e o alcance dos deveres contratuais, daí derivando o instituto da supressio, que indica a possibilidade de considerar suprimida determinada obrigação contratual na hipótese em que o não exercício do direito correspondente, pelo credor, gerar ao devedor a legítima expectativa de que esse não exercício se prorrogará no tempo. Em outras palavras, haverá redução do conteúdo obrigacional pela inércia qualificada de uma das partes em exercer direito ou faculdade ao longo da execução do contrato, criando para a outra a sensação válida e plausível, a ser apurada casuisticamente, de ter havido a renúncia àquela prerrogativa. Assim, o princípio da boa-fé objetiva torna inviável a pretensão do representante comercial de exigir retroativamente valores que foram por ele dispensados, de forma a preservar uma expectativa legítima, construída e mantida ao longo de toda a relação contratual pelo representado. **REsp 1.162.985-RS, Rel. Ministra Nancy Andrighi, julgado em 18/6/2013. (Inform. STJ 523)**

DIREITO EMPRESARIAL. BASE DE CÁLCULO DA COMISSÃO DE REPRESENTANTE COMERCIAL.
O valor dos tributos incidentes sobre as mercadorias integra a base de cálculo da comissão do representante comercial. De acordo com o art. 32, § 4º, da Lei 4.886/1965, a comissão paga ao representante comercial deve ser calculada pelo valor total das mercadorias. Nesse contexto, na base de cálculo da comissão do representante, deve ser incluído o valor dos tributos incidentes sobre as mercadorias. Isso porque, no Brasil, o preço total da mercadoria traz embutido tanto o IPI, cobrado na indústria, quanto o ICMS, compondo o próprio preço do produto. Não é o que ocorre em outros países, onde se compra a mercadoria e o imposto é exigido depois, destacado do preço. No Brasil, o preço total da mercadoria inclui os tributos indiretos incidentes até a fase de cada operação. Ademais, depreende-se da leitura do art. 32, § 4º, que a lei não faz distinção, para os fins de cálculo da comissão do representante, entre o preço líquido da mercadoria, com a exclusão dos tributos, e aquele pelo qual a mercadoria é efetivamente vendida, constante da nota fiscal, razão pela qual a interpretação que deve ser dada ao dispositivo legal é que a comissão do representante comercial deve incidir sobre o preço final, pelo qual a mercadoria é vendida. Nesse sentido, o referido dispositivo legal veio vedar a prática antiga de descontar uma série variada de custos do valor da fatura, como despesas financeiras, impostos e despesas de embalagens. De fato, o preço constante na nota fiscal é o que melhor reflete o resultado obtido pelas partes (representante e representado), sendo justo que sobre ele incida o cálculo da comissão. Precedente citado: REsp 998.591-SP, Quarta Turma, DJe 27/6/2012. **REsp 1.162.985-RS, Rel. Ministra Nancy Andrighi, julgado em 18/6/2013. (Inform. STJ 523)**

6.3. Outros contratos empresariais

DIREITO EMPRESARIAL. FACTORING E DESNECESSIDADE DE NOTIFICAÇÃO DE EMITENTE DE TÍTULO DE CRÉDITO.
É desnecessária a notificação de emitente de cheque com cláusula "à ordem", para que o faturizador que tenha recebido a cártula por meio de endosso possa cobrar o crédito decorrente de operação de factoring. Como é cediço, o interesse social visa proporcionar ampla circulação dos títulos de crédito, dando aos terceiros de boa-fé plena garantia e segurança na sua aquisição, constituindo a inoponibilidade das exceções fundadas em direito pessoal do devedor a mais importante afirmação do direito moderno em favor da segurança da circulação e negociabilidade dos títulos de crédito. Nesse passo, o art. 20 da Lei do Cheque estabelece que o endosso transmite todos

os direitos resultantes do cheque, e o art. 22, caput, do mesmo diploma legal dispõe que o detentor de cheque "à ordem" é considerado portador legitimado, se provar seu direito por uma série ininterrupta de endossos, mesmo que o último seja em branco. Registre-se que abalizada doutrina civilista propugna não serem aplicáveis os arts. 288 e 290 do CC para obtenção, por meio tão somente do endosso de cheque "à ordem", dos mesmos efeitos de cessão de crédito. Com efeito, a menos que o emitente do cheque tenha aposto no título a cláusula "não à ordem" - hipótese em que o título somente se transfere pela forma de cessão de crédito -, o endosso tem efeito de cessão de crédito, não havendo cogitar de observância da forma necessária à cessão ordinária civil de crédito, isto é, a notificação prevista no art. 290 do CC, segundo o qual "A cessão do crédito não tem eficácia em relação ao devedor, senão quando a este notificada; mas por notificado se tem o devedor que, em escrito público ou particular, se declarou ciente da cessão feita". Por outro lado, o art. 905, caput, do CC estabelece que o possuidor de título ao portador tem direito à prestação nele indicada, mediante a sua simples apresentação ao devedor, e o parágrafo único estipula que a prestação é devida ainda que o título tenha entrado em circulação contra a vontade do emitente. De fato, não se pode perder de vista que é desnecessária a exigência, sem nenhum supedâneo legal, de que, com o endosso de cheque "à ordem", a factoring endossatária devesse se acautelar - mesmo adquirindo pelo meio próprio crédito de natureza autônoma (cambial) -, demonstrando ter feito notificação ao emitente. Assim, não é possível chancelar a restrição a direitos conferidos por lei ao faturizador, em manifesta ofensa a diversas regras, institutos e princípios do direito cambiário - e, até mesmo, a direitos fundamentais consagrados pela Constituição Federal (art. 5º, II e XXII). **REsp 1.236.701-MG, Rel. Min. Luis Felipe Salomão, julgado em 5/11/2015, DJe 23/11/2015. (Inform. STJ 573)**

DIREITO EMPRESARIAL. PRAZO DE PRESCRIÇÃO DA PRETENSÃO DE COBRANÇA DE DEMURRAGE.
Prescreve em cinco anos a pretensão de cobrança de valores estabelecidos em contrato de transporte marítimo de cargas (unimodal) para as despesas de sobre-estadia de contêiner (demurrage). A distinção entre o que se denominou ser transporte multimodal e o transporte dito unimodal, pelo menos para fins de definição do prazo prescricional aplicável à eventual pretensão de cobrança de despesas de sobre-estadia de contêineres, não se fazia relevante até a entrada em vigor do novo Código Civil, já que, ainda que se admitisse a existência de demurrage no transporte multimodal, para ambos os casos o prazo previsto necessariamente seria ânuo. No caso do transporte unimodal, por força do estabelecido pelo Código Comercial e, no do transporte multimodal, em virtude da específica regra do art. 22 da Lei 9.611/1998. Ocorre que o artigo do Código Comercial que estabelecia o prazo de prescrição de um ano para a hipótese (art. 449, 3) foi expressamente revogado pelo Código Civil de 2002 (art. 2.045). Já quanto ao não cumprimento das responsabilidades decorrentes do transporte multimodal, o prazo prescricional permanece sendo de um ano por expressa previsão no art. 22 da Lei 9.611/1998. Ademais, nenhuma relação com a hipótese guarda o art. 8º do Decreto-Lei 116/1967, haja vista dispor no sentido de que prescrevem "ao fim de um ano, contado da data do término da descarga do navio transportador", as ações decorrentes do eventual extravio da carga transportada, bem como da falta de conteúdo, diminuição, perdas e avarias ou danos a esta. Quanto à aplicação analógica do art. 22 da Lei 9.611/1998, esta é absolutamente incabível, pois não se coaduna com os princípios gerais que regem o Direito Civil brasileiro, além de constituir verdadeiro atentado à segurança jurídica. É justamente a diferença existente entre as atividades desempenhadas pelo transportador marítimo e aquelas legalmente exigidas do Operador de Transporte Multimodal que revela, por si só, a manifesta impossibilidade de se estender à pretensão de cobrança de despesas decorrentes da sobre-estadia de contêineres (pretensão do transportador unimodal contra o contratante do serviço) a regra que estabelece o prazo prescricional ânuo para as ações fundadas no não cumprimento das responsabilidades decorrentes do transporte multimodal (pretensões dos contratantes do serviço contra o Operador de Transporte Multimodal). Vale destacar que, no caso do transporte unimodal (marítimo), a responsabilidade do transportador é restrita ao percurso marítimo, que se inicia após o recebimento da carga a bordo do navio no porto de origem, cessando imediatamente após o içamento das cargas e o consequente desembarque no porto de destino. Ou seja, os demais serviços e atos correlatos, tais como desembaraço aduaneiro, transporte, desunitização dos contêineres etc., são de exclusiva responsabilidade do afretador, e, por tal motivo, a demora na conclusão desse procedimento pode resultar em demasiado atraso na devolução dos contêineres utilizados no transporte da carga ao transportador. Essa situação que não se verifica no transporte multimodal de cargas, visto que este compreende, consoante expressamente

8. DIREITO EMPRESARIAL — 651

disposto no art. 3º da Lei 9.611/1998, "além do transporte em si, os serviços de coleta, unitização, desunitização, movimentação, armazenagem e entrega da carga ao destinatário, bem como a realização dos serviços correlatos que forem contratados entre a origem e o destino, inclusive os de consolidação e desconsolidação documental de cargas". Em outras palavras, em nenhum momento a unidade de carga deixa de estar sob a posse e o controle do operador de transporte multimodal, sendo descabido, portanto, falar, em tal caso, na existência de responsabilidade do contratante por suposta sobre-estadia de contêineres. Além da dessemelhança das situações em apreço, certo é que, em se tratando de regras jurídicas sobre prazos prescricionais, a interpretação analógica ou extensiva sequer é admitida pelo ordenamento jurídico. A própria inteligência do caput do art. 205 do Código Civil evidencia a impossibilidade de interpretação analógica ou extensiva de norma sobre prescrição, visto que estabelece o prazo prescricional decenal como regra geral a ser aplicada nas hipóteses em que prazo inferior não seja expressamente fixado por lei. Desse modo, diante da certeza de que o art. 22 da Lei 9.611/1998 não alcança as ações de cobrança de despesas de sobre-estadia decorrentes da execução de contrato de transporte de cargas unimodal e de que inexiste lei especial vigente que defina prazo prescricional específico para a referida pretensão, a matéria deve ser regida pelas disposições insertas no Código Civil. Não por outro motivo é que ambas as Turmas julgadoras integrantes da Segunda Seção do STJ já haviam reconhecido que, em se tratando de transporte unimodal de cargas, quando a taxa de sobre-estadia objeto da cobrança for oriunda de disposição contratual que estabeleça os dados e os critérios necessários ao cálculo dos valores devidos a título de ressarcimento pelos prejuízos causados em virtude do retorno tardio do contêiner, será quinquenal o prazo prescricional (art. 206, § 5º, I, do CC); caso contrário, ou seja, nas hipóteses em que inexistente prévia estipulação contratual, aplica-se a regra geral do art. 205 do CC, ocorrendo a prescrição em dez anos. Precedentes citados: REsp 1.192.847-SP, Terceira Turma, DJe 1º/8/2014; e REsp 1.355.173-SP, Quarta Turma, DJe 17/2/2014. **REsp 1.340.041-SP, Rel. Min. Ricardo Villas Bôas Cueva, julgado em 24/6/2015, DJe 4/9/2015 (Inform. STJ 568).**

DIREITO EMPRESARIAL. OPOSIÇÃO DE EXCEÇÕES PESSOAIS A EMPRESA DE FACTORING.

O sacado pode opor à faturizadora a qual pretende lhe cobrar duplicata recebida em operação de factoring exceções pessoais que seriam passíveis de contraposição ao sacador, ainda que o sacado tenha eventualmente aceitado o título de crédito. Na operação de factoring, em que há envolvimento mais profundo entre faturizada e faturizadora, não se opera um simples endosso, mas a negociação de um crédito cuja origem é – ou pelo menos deveria ser – objeto de análise pela faturizadora. Nesse contexto, a faturizadora não pode ser equiparada a um terceiro de boa-fé a quem o título pudesse ser transferido por endosso. De fato, na operação de factoring, há verdadeira cessão de crédito, e não mero endosso, ficando autorizada a discussão da causa debendi, na linha do que determina o art. 294 do CC, segundo o qual: "O devedor pode opor ao cessionário as exceções que lhe competirem, bem como as que, no momento em que veio a ter conhecimento da cessão, tinha contra o cedente". Provada a ausência de causa para a emissão das duplicatas, não há como a faturizadora exigir do sacado o pagamento respectivo. Cabe ressaltar, por oportuno, que a presunção favorável à existência de causa que resulta do aceite lançado nas duplicatas não se mostra absoluta e deve ceder quando apresentada exceção pessoal perante o credor originário ou seu faturizador. Precedente citado: REsp 612.423-DF, Terceira Turma, DJ 26/6/2006. **REsp 1.439.749-RS, Rel. Min. João Otávio de Noronha, julgado em 2/6/2015, DJe 15/6/2015 (Inform. STJ 564).**

DIREITO EMPRESARIAL. LEI RENATO FERRARI. PAGAMENTO ANTECIPADO AO FATURAMENTO.

O distribuidor não poderá exigir da concessionária de veículos automotores o pagamento antecipado do preço das mercadorias por ele fornecidas se não houver a referida previsão no contrato, hipótese em que o pagamento somente poderá ser exigido após o faturamento do respectivo pedido, e, apenas se não realizado o pagamento, poderá ser oposta a exceção de contrato não cumprido. A Lei Renato Ferrari (Lei n. 6.729/1979) estabelece, de forma genérica, os direitos e obrigações do concedente e do concessionário, dispondo, em seu art. 11, que o "pagamento do preço das mercadorias fornecidas pelo concedente não poderá ser exigido, no todo ou em parte, antes do faturamento, salvo ajuste diverso entre o concedente e sua rede de distribuição". As Convenções da Categoria Econômica dos Produtores e da Categoria Econômica dos Distribuidores de Veículos Automotores foram firmadas como fontes supletivas de direitos e obrigações para disciplinar as relações desse ramo econômico. Tais convenções não determinam que o pagamento do preço seja efetuado

antes do faturamento do pedido de mercadoria. Portanto, somente ocorrendo o descumprimento da obrigação de uma das partes, pode a outra deixar de cumprir sua parcela na obrigação, conforme art. 476 do CC (exceção de contrato não cumprido), porque, em tese, poderá não receber o que lhe seria devido. Assim, a concessionária só pode ser penalizada se deixar de cumprir sua obrigação de pagar à vista e após o faturamento. Precedente citado: REsp 981.750-MG, DJe 23/4/2010. **REsp 1.345.653-SP, Rel. Min. Ricardo Villas Bôas Cueva, julgado em 4/12/2012. (Inform. STJ 512).**

📄 Súmula STJ nº 469

Aplica-se o Código de Defesa do Consumidor aos contratos de plano de saúde.

📄 Súmula STJ nº 465

Ressalvada a hipótese de efetivo agravamento do risco, a seguradora não se exime do dever de indenizar em razão da transferência do veículo sem a sua prévia comunicação.

📄 Súmula STJ nº 402

O contrato de seguro por danos pessoais compreende os danos morais, salvo cláusula expressa de exclusão.

📄 Súmula STJ nº 371

Nos contratos de participação financeira para a aquisição de linha telefônica, o Valor Patrimonial da Ação (VPA) é apurado com base no balancete do mês da integralização.

📄 Súmula STJ nº 335

Nos contratos de locação, é válida a cláusula de renúncia à indenização das benfeitorias e ao direito de retenção.

📄 Súmula STJ nº 326

Na ação de indenização por dano moral, a condenação em montante inferior ao postulado na inicial não implica sucumbência recíproca.

📄 Súmula STJ nº 308

A hipoteca firmada entre a construtora e o agente financeiro, anterior ou posterior à celebração da promessa de compra e venda, não tem eficácia perante os adquirentes do imóvel.

📄 Súmula STJ nº 294

Não é potestativa a cláusula contratual que prevê a comissão de permanência, calculada pela taxa média de mercado apurada pelo Banco Central do Brasil, limitada à taxa do contrato.

📄 Súmula STJ nº 291

A ação de cobrança de parcelas de complementação de aposentadoria pela previdência privada prescreve em cinco anos.

📄 Súmula STJ nº 290

Nos planos de previdência privada, não cabe ao beneficiário a devolução da contribuição efetuada pelo patrocinador.

📄 Súmula STJ nº 289

A restituição das parcelas pagas a plano de previdência privada deve ser objeto de correção plena, por índice que recomponha a efetiva desvalorização da moeda.

📄 Súmula STJ nº 239

O direito à adjudicação compulsória não se condiciona ao registro do compromisso de compra e venda no cartório de imóveis.

📄 Súmula STJ nº 229

O pedido do pagamento de indenização à seguradora suspende o prazo de prescrição até que o segurado tenha ciência da decisão.

📄 Súmula STJ nº 76

A falta de registro do compromisso de compra e venda de imóvel não dispensa a prévia interpelação para constituir em mora o devedor.

📄 Súmula STJ nº 61

O seguro de vida cobre o suicídio não premeditado.

📄 Súmula STJ nº 60

É nula a obrigação cambial assumida por procurador do mutuário vinculado ao mutuante, no exclusivo interesse deste.

7. TÍTULOS DE CRÉDITO

7.1. Aspectos gerais

DIREITO EMPRESARIAL. NÃO CANCELAMENTO DO PROTESTO PELA PRESCRIÇÃO DO TÍTULO CAMBIAL.
A prescrição da pretensão executória de título cambial não enseja o cancelamento automático de anterior protesto regularmente lavrado e registrado. Da leitura do art. 26 da Lei 9.492/1997, vê-se que o cancelamento do protesto advém, normalmente, do pagamento do título. Por qualquer outra razão, somente poderá o devedor obter o cancelamento mediante decisão judicial favorável, caso o juiz, examinando as razões apresentadas, considere relevantes as circunstâncias do caso concreto. Nada na lei permite inferir que o cancelamento do protesto possa ser exigido por fato objetivo outro que não o pagamento. Assim, a prescrição do título, objetivamente considerada, não tem como consequência automática o cancelamento do protesto. Note-se que, de acordo com o art. 1º da Lei 9.492/1997, o "Protesto é o ato formal e solene pelo qual se prova a inadimplência e o descumprimento de obrigação originada em títulos e outros documentos de dívida". Portanto, o protesto não se prende imediatamente à exequibilidade do título ou de outro documento de dívida, mas sim à inadimplência e ao descumprimento da obrigação representada nestes papéis. Ora, a inadimplência e o descumprimento não desaparecem com a mera prescrição do título executivo não quitado. Ao contrário, permanecem, em princípio. Então, não pode ser o protesto cancelado simplesmente em função da inaptidão do título prescrito para ser objeto de ação de execução. Precedentes citados: REsp 671.486-PE, Terceira Turma, DJ de 25/4/2005; e REsp 369.470-SP, Terceira Turma, DJe 23/11/2009. **REsp 813.381-SP, Rel. Min. Raul Araújo, julgado em 20/11/2014, DJe 20/5/2015 (Inform. STJ 562).**

DIREITO EMPRESARIAL. ÔNUS DO CANCELAMENTO DE PROTESTO. RECURSO REPETITIVO (ART. 543-C DO CPC E RES. 8/2008-STJ). No regime próprio da Lei 9.492/1997, legitimamente protestado o título de crédito ou outro documento de dívida, salvo inequívoca pactuação em sentido contrário, incumbe ao devedor, após a quitação da dívida, providenciar o cancelamento do protesto. Com efeito, tendo em vista os critérios hermenêuticos da especialidade e da cronologia, a solução para o caso deve ser buscada, em primeira linha, no Diploma especial que cuida dos serviços de protesto (Lei 9.492/1997), e não no consumerista. Ademais, a interpretação sistemática do ordenamento jurídico também conduz à conclusão de que, ordinariamente, incumbe ao devedor, após a quitação do débito, proceder ao cancelamento. Observe-se que, tendo em vista que o protesto regular é efetuado por decorrência do descumprimento da obrigação – ou recusa do aceite –, o art. 325 do CC estabelece que as despesas com o pagamento e quitação presumem-se a cargo do devedor. Outrossim, não se pode ignorar que a quitação do débito estampado em título de crédito implica a devolução da cártula ao devedor (o art. 324 do CC, inclusive, dispõe que a entrega do título ao devedor firma a presunção de pagamento). Efetivamente, como o art. 26, *caput*, da Lei 9.492/1997 disciplina que o cancelamento do registro do protesto será solicitado mediante a apresentação do documento protestado – conforme o § 1º, apenas na impossibilidade de apresentação do original do título ou do documento de dívida protestado é que será exigida a declaração de anuência –, é possível inferir que o ônus do cancelamento é mesmo do devedor, pois seria temerária para com os interesses do devedor e eventuais coobrigados a interpretação de que a lei especial estivesse dispondo que, mesmo com a quitação da dívida, o título de crédito devesse permanecer em posse do credor. Nessa linha de intelecção, é bem de ver que a documentação exigida para o cancelamento do protesto – título de crédito ou outro documento de dívida protestado, ou declaração de anuência daquele que figurou no registro de protesto como credor – também permite concluir que, ordinariamente, não é o credor que providenciará o cancelamento do protesto. É bem de ver que o art. 19 da Lei 9.492/1997 estabelece que o pagamento do título ou do documento de dívida apresentado para protesto será feito diretamente no tabelionato competente, no valor igual ao declarado pelo apresentante, acrescido dos emolumentos e demais despesas – isto é, incumbe ao devedor que realizar o pagamento do débito antes do registro do protesto pagar emolumentos. Assim, não é razoável imaginar que, para o cancelamento após a quitação do débito, tivesse o credor da obrigação extinta que arcar com o respectivo montante, acrescido de tributos, que devem ser pagos por ocasião do requerimento de cancelamento. Dessa forma, conforme entendimento consolidado no STJ, no tocante ao cancelamento do protesto regularmente efetuado, não obstante o referido art. 26 da Lei de Protestos faça referência a "qualquer interessado", a melhor interpretação é a de que

este é o devedor, de modo a pesar, ordinariamente, sobre sua pessoa o ônus do cancelamento. Ressalte-se que, ao estabelecer que o cancelamento do registro do protesto poderá ser solicitado por qualquer interessado, não se está a dizer que não possam as partes pactuar que o cancelamento do protesto incumbirá ao credor (que passará a ter essa obrigação, não por decorrência da lei de regência, mas contratual). Precedentes citados: AgRg no AREsp 493.196-RS, Terceira Turma, DJe 9/6/2014; e EDcl no Ag 1.414.906-SC, Quarta Turma, DJe 11/3/2013. **REsp 1.339.436-SP, Rel. Min. Luis Felipe Salomão, julgado em 10/9/2014. (Inform. STJ 549)**

DIREITO EMPRESARIAL. EXECUÇÃO DE AVALISTA DE NOTA PROMISSÓRIA DADA EM GARANTIA DE CRÉDITO CEDIDO POR FACTORING.
Para executar, em virtude da obrigação avalizada, o avalista de notas promissórias dadas pelo faturizado em garantia da existência do crédito cedido por contrato de factoring, o faturizador exequente não precisa demonstrar a inexistência do crédito cedido. Com efeito, ainda que as notas promissórias tenham sido emitidas para garantir a exigibilidade do crédito cedido, o avalista não integra a relação comercial que ensejou esse crédito, nem é parte no contrato de fomento mercantil. Na condição de avalista, questões atinentes à relação entre o devedor principal das notas promissórias e a sociedade de fomento mercantil lhe são estranhas. Isso decorre da natureza pessoal dessas questões e da autonomia característica do aval. Assim, na ação cambial somente é admissível defesa fundada em direito pessoal decorrente das relações diretas entre devedor e credor cambiários, em defeito de forma do título ou na falta de requisito necessário ao exercício da ação. **REsp 1.305.637-PR, Rel. Min. Nancy Andrighi, julgado em 24/9/2013. (Inform. STJ 532)**

📄 **Súmula STJ nº 476**

O endossatário de título de crédito por endosso-mandato só responde por danos decorrentes de protesto indevido se extrapolar os poderes de mandatário.

📄 **Súmula STJ nº 475**

Responde pelos danos decorrentes de protesto indevido o endossatário que recebe por endosso translativo título de crédito contendo vício formal extrínseco ou intrínseco, ficando ressalvado seu direito de regresso contra os endossantes e avalistas.

7.2. Cheque

DIREITO EMPRESARIAL E PROCESSUAL CIVIL. RESPONSABILIDADE POR AUSÊNCIA DE NOTIFICAÇÃO DE INSCRIÇÃO DE CORRENTISTA NO CCF. RECURSO REPETITIVO (ART. 543-C DO CPC E RES. 8/2008-STJ). TEMA 874. O Banco do Brasil, na condição de gestor do Cadastro de Emitentes de Cheques sem Fundos (CCF), não tem a responsabilidade de notificar previamente o devedor acerca da sua inscrição no aludido cadastro, tampouco legitimidade passiva para as ações de reparação de danos diante da ausência de prévia comunicação. Inicialmente, destaca-se que a Segunda Seção do STJ, no julgamento do REsp 1.061.134-RS, fixou, para os efeitos do art. 543-C do CPC, a tese de que "os órgãos mantenedores de cadastros possuem legitimidade passiva para as ações que buscam a reparação dos danos morais e materiais decorrentes da inscrição, sem prévia notificação, do nome de devedor em seus cadastros restritivos, inclusive quando os dados utilizados para a negativação são oriundos do CCF do Banco Central ou de outros cadastros mantidos por entidades diversas". No entanto, o CCF tem natureza, finalidade e características específicas, que não se confundem com as de outros cadastros a que se refere imediatamente a lógica daquele julgado. Com efeito, o CCF tem natureza pública, visa à proteção do crédito em geral e à preservação da higidez do sistema financeiro nacional, servindo aos interesses da coletividade (art. 192 do CF), envolvendo relevante interesse de ordem pública, submetido a normas de cunho estatutário obrigatório, estabelecidas pelas autoridades monetárias, operando sob controle do Banco Central do Brasil (Bacen), sem prevalente intuito de obtenção de ganhos. Já os demais cadastros são de natureza privada, instituídos e mantidos no interesse de particulares, sociedades empresárias atuantes, sem vínculo sistêmico, no ramo comercial, submetidos a normas de índole meramente contratual, operados por entidades privadas, que os exploram com nítido intuito da obtenção de lucro. Segundo a Resolução 1.682/1990 do Bacen, a inclusão no CCF ocorre automaticamente quando o cheque é devolvido por: a) falta de provisão de fundos (motivo 12), na segunda apresentação; b) conta encerrada (motivo 13); e c) prática espúria (motivo 14). Conforme o art. 10 da referida Resolução e o item 14 da Circular 2.989/2000 do Bacen: "Nas devoluções pelos motivos 12 a 14, o banco sacado é responsável pela inclusão do emitente no Cadastro de Emitentes de Cheques sem Fundos (CCF)". A mesma Resolução dispõe que a instituição financeira, ao recusar o pagamento de cheque por motivo que enseje a inclusão de ocorrência

8. DIREITO EMPRESARIAL **653**

no CCF, deve providenciar a referida inclusão no prazo de quinze dias, contados da data de devolução do cheque. Por sua vez, o correntista não fica prejudicado pela inscrição de seu nome no CCF, senão após previamente notificado, pois as ocorrências do CCF devem ser obrigatoriamente comunicadas pela instituição financeira sacada, por escrito, ao respectivo correntista emitente do cheque e, somente após, serão consolidadas pelo executante dos serviços de compensação de cheques e outros papéis e distribuídas, em meios magnéticos, às instituições bancárias, conforme o art. 16 e o art. 27, "a", da Resolução 1.682/1990 do Bacen, alterado pelo art. 1º da Circular 2.250 do Bacen. Assim, tratando-se de sistema financeiro, não pode o Banco do Brasil encarregar-se de desempenhar função estranha, notificação prévia de emitente de cheque sem provisão de fundos, dever que as normas de regência do sistema atribuem corretamente a outro componente do sistema, o próprio banco sacado, instituição financeira mais próxima do correntista, detentor do cadastro desse cliente e do próprio saldo da conta do correntista, como depositário. É, pois, de reconhecer-se a ilegitimidade do Banco do Brasil, na condição de gestor do CCF, para responder pela ausência de prévia notificação aos correntistas inscritos no CCF, pelo que descabe cogitar-se de sua responsabilização por danos materiais ou morais, exceto nas hipóteses em que também figure como banco sacado. Precedentes citados: REsp 1.425.756-RS, Terceira Turma, DJe de 16/6/2014; e AgRg no AREsp 230.981-RS, Quarta Turma, DJe de 17/9/2014. **REsp 1.354.590-RS, Rel. Min. Raul Araújo, Segunda Seção, julgado em 9/9/2015, DJe 15/9/2015 (Inform. STJ 568).**

DIREITO EMPRESARIAL. PROTESTO DE CHEQUE NÃO PRESCRITO.
É legítimo o protesto de cheque efetuado contra o emitente depois do prazo de apresentação, desde que não escoado o prazo prescricional relativo à ação cambial de execução. De fato, o lapso prescricional para a execução de cheque é de 6 meses após o prazo de apresentação – que é de 30 dias, contados da emissão, se da mesma praça; ou de 60 dias, se de praça diversa, nos termos do art. 59 da Lei 7.357/1985. Por sua vez, o protesto é, em regra, facultativo, pois dele não necessita o credor para exigir em juízo a obrigação constante do título cambial. Nas circunstâncias, porém, em que o exercício do direito depende, por exigência legal, do protesto, será considerado necessário. Assim, a exigência de realização do protesto antes de expirado o prazo de apresentação prevista no art. 48 da Lei 7.357/1985 é dirigida apenas ao protesto necessário, isto é, contra os coobrigados, para o exercício do direito de regresso, e não em relação ao emitente do título. Portanto, nada impede o protesto facultativo do cheque, mesmo que apresentado depois do prazo mencionado no art. 48, c/c o art. 33, ambos da Lei 7.357/1985. Isso porque o protesto do título pode ser utilizado pelo credor com outras finalidades que não o ajuizamento da ação de execução do título executivo. Findo o prazo previsto no caput do art. 48 da Lei 7.357/1985, o credor tem a faculdade de cobrar seu crédito por outros meios, sendo legítima a realização do protesto. **REsp 1.297.797-MG, Rel. João Otávio de Noronha, julgado em 24/2/2015, DJe 27/2/2015 (Inform. STJ 556).**

DIREITO EMPRESARIAL. TERMO INICIAL DOS JUROS DE MORA RELATIVOS A CRÉDITO VEICULADO EM CHEQUE.
Os juros de mora sobre a importância de cheque não pago contam-se da primeira apresentação pelo portador à instituição financeira, e não da citação do sacador. A mora ex re independe de qualquer ato do credor, como interpelação ou citação, porquanto decorre do próprio inadimplemento de obrigação positiva, líquida e com termo implementado, desde que não seja daquelas em que a própria lei afasta a constituição de mora automática. Assim, em se tratando de mora ex re, aplica-se o antigo e conhecido brocardo dies interpellat pro homine (o termo interpela no lugar do credor). Com efeito, fica límpido que o art. 219 do CPC, assim como o 405 do CC, deve ser interpretado à luz do ordenamento jurídico, tendo aplicação residual para casos de mora ex persona – evidentemente, se ainda não houve a prévia constituição em mora por outra forma legalmente admitida. Assim, citação implica caracterização da mora apenas se ela já não tiver ocorrido pela materialização de uma das diversas hipóteses indicadas no ordenamento jurídico. No caso, a matéria referente aos juros relativos à cobrança de crédito estampado em cheque por seu portador é regulada pela Lei do Cheque, que estabelece a incidência dos juros de mora a contar da primeira apresentação do título (art. 52, II). Ademais, por materializar uma ordem a terceiro para pagamento à vista, o momento natural de realização do cheque é a apresentação (art. 32), quando a instituição financeira verifica a existência de disponibilidade de fundos (art. 4º, § 1º), razão pela qual a apresentação é necessária. **REsp 1.354.934-RS, Rel. Min. Luis Felipe Salomão, julgado em 20/8/2013. (Inform. STJ 532)**

DIREITO EMPRESARIAL. EFEITOS DA PÓS-DATAÇÃO DE CHEQUE.
A pós-datação de cheque não modifica o prazo de apresentação nem o prazo de prescrição do título. Isso porque conferir eficácia à referida pactuação extracartular em relação aos prazos de apresentação e de prescrição descaracterizaria o cheque como ordem de pagamento à vista. Além disso, configuraria infringência ao disposto no art. 192 do CC, de acordo com o qual os prazos de prescrição não podem ser alterados por acordo das partes. Ademais, resultaria violação dos princípios cambiários da abstração e da literalidade. Dessa forma, deve-se ressaltar que o prazo de apresentação deve ser contado da data de emissão (isto é, aquela regularmente consignada na cártula, oposta no espaço reservado para a data), sendo de trinta dias para os cheques emitidos na mesma praça daquela em que se situa a agência pagadora; e de sessenta dias, a contar também da data de emissão, para os cheques emitidos em outra praça. O prazo de prescrição, por sua vez, inicia-se seis meses contados a partir da expiração do prazo de apresentação. **REsp 1.124.709-TO, Rel. Min. Luis Felipe Salomão, julgado em 18/6/2013. (Inform. STJ 528)**

DIREITO EMPRESARIAL. PROTESTO DE CHEQUE NOMINAL À ORDEM POR ENDOSSATÁRIO TERCEIRO DE BOA-FÉ.
É possível o protesto de cheque nominal à ordem, por endossatário terceiro de boa-fé, após o decurso do prazo de apresentação, mas antes da expiração do prazo para ação cambial de execução, ainda que, em momento anterior, o título tenha sido sustado pelo emitente em razão do inadimplemento do negócio jurídico subjacente à emissão da cártula. Isso porque o cheque, sendo título de crédito, submete-se aos princípios da literalidade, da abstração, da autonomia das obrigações cambiais e da inoponibilidade das exceções pessoais a terceiros de boa-fé. Além disso, caracterizando o cheque levado a protesto como título executivo extrajudicial, dotado de inequívoca certeza e exigibilidade, não se concebe que o credor de boa-fé possa ser tolhido de seu direito de se resguardar quanto à prescrição, tanto no que tange ao devedor principal, quanto em relação aos demais coobrigados, haja vista que, conforme o disposto no art. 202, III, do CC, o protesto cambial interrompe o prazo prescricional para ajuizamento de ação cambial de execução – ficando, nesse contexto, superada, com a vigência do CC, a Súmula 153 do STF. Além do mais, tem-se que o protesto – meio extrajudicial mediante o qual o devedor é intimado pelo tabelião para que pague ou providencie a sustação do protesto, antes que venha a ser lavrado – representa medida bem menos severa ao emitente se comparada a outra medida cabível em consideração à executividade do cheque levado a protesto: a execução do título de crédito na via judicial. Isso porque, além de o protesto não envolver atos de agressão ao patrimônio do executado, a publicidade negativa ao demandado em execução é tão ou mais ampla do que a decorrente do protesto, haja vista que, além de ser possível a consulta do processo mediante simples acesso aos sites de tribunais, os órgãos de proteção ao crédito também fazem uso de dados de caráter público da distribuição do Judiciário, referentes a ações executivas para negativação do nome dos executados. Ademais, como o art. 1º da Lei 9.492/1997, em cláusula aberta, admite o protesto de outros "documentos de dívida" – entenda-se: prova escrita a demonstrar a existência de obrigação pecuniária, líquida, certa e exigível –, não há razoabilidade em entender que o protesto, instituto desde a sua origem concebido para protesto cambial, seja imprestável para o protesto facultativo de título de crédito dotado de executividade. **REsp 1.124.709-TO, Rel. Min. Luis Felipe Salomão, julgado em 18/6/2013. (Inform. STJ 528)**

▤ **Súmula STF nº 600**

Cabe ação executiva contra o emitente e seus avalistas, ainda que não apresentado o cheque ao sacado no prazo legal, desde que não prescrita a ação cambiária.

▤ **Súmula STF nº 28**

O estabelecimento bancário é responsável pelo pagamento de cheque falso, ressalvadas as hipóteses de culpa exclusiva ou concorrente do correntista.

▤ **Súmula STJ nº 388**

A simples devolução indevida de cheque caracteriza dano moral.

▤ **Súmula STJ nº 370**

Caracteriza dano moral a apresentação antecipada de cheque pré-datado.

▤ **Súmula STJ nº 299**

É admissível a ação monitória fundada em cheque prescrito.

7.3. Cédula de crédito rural, Cédula de Produto Rural

DIREITO EMPRESARIAL. AVAL EM CÉDULAS DE CRÉDITO RURAL.
Admite-se aval em cédulas de crédito rural. Isso porque a proibição contida no § 3º do art. 60 do Decreto-Lei 167/1967 não se refere ao caput (cédulas de crédito), mas apenas ao § 2º (nota promissória e duplicata rurais). Dispõe o art. 60 do DL 167/1967 que "Aplicam-se à cédula de crédito rural, à nota promissória rural e à duplicata rural, no que forem cabíveis, as normas de direito cambial, inclusive quanto a aval, dispensado porém o protesto para assegurar o direito de regresso contra endossantes e seus avalistas". O § 2º do referido artigo, por sua vez, impõe ser "nulo o aval dado em Nota Promissória Rural ou Duplicata Rural, salvo quando dado pelas pessoas físicas participantes da empresa emitente ou por outras pessoas jurídicas". Já o § 3º preceitua que "também são nulas quaisquer outras garantias, reais ou pessoais, salvo quando prestadas pelas pessoas físicas participantes da empresa emitente, por esta ou por outras pessoas jurídicas". Observe-se que a afirmação de que "também são nulas" outras garantias só pode complementar dispositivo no qual haja referência a outra nulidade, e o único dispositivo do citado artigo a fazer tal assertiva é o § 2º, no tocante à nulidade do aval. É dizer que a afirmação de que "também são nulas" outras garantias não pode mesmo dizer respeito ao caput, que não contém previsão alguma acerca de nulidade de garantias. Frise-se, ademais, que os arts. 11, 17 e 18 do Decreto-Lei 167/1967 fazem referência textual a garantias prestadas por terceiros em cédulas de crédito rural. De mais a mais, observa-se que as alterações promovidas pela Lei 6.754/1979 – que acrescentou ao art. 60 os parágrafos 1º a 4º –, pretenderam retirar a responsabilidade cambiária do produtor rural pelo endosso e aval nas notas promissórias rurais ou duplicatas rurais descontadas em instituição bancária, quando o principal devedor, a indústria agrícola, fraudulentamente ou não, deixava de honrar a dívida garantida pelas cártulas. A disciplina das cédulas de crédito rural, por sua vez, é absolutamente diferente. Mesmo porque se trata de títulos de crédito referentes a financiamentos tomados pelos produtores rurais com integrantes do sistema nacional de crédito rural ou cooperativas (nesse sentido, são os arts. 1º, caput e parágrafo único, 14, IV, 20, IV, 25, IV, e 77, parágrafo único, todos do Decreto-Lei 167/1967). Com efeito, as alterações trazidas pela Lei 6.754/1979, a toda evidência, não tiveram como destinatárias as Cédulas de Crédito, pois estas são títulos representativos de financiamento rural tomado pelo produtor ou cooperado para o incremento de suas próprias atividades. Ou seja, nelas o produtor figura mesmo como devedor, ao contrário da nota promissória rural e da duplicata rural, nas quais o devedor é o comprador do produto rural a prazo – no mais das vezes, a agroindústria de grande porte. Nessa linha de raciocínio, o aval prestado por terceiros nas cédulas de crédito rural constitui reforço de garantia do próprio produtor rural, sem o qual figuraria sozinho como responsável pelo financiamento perante o credor. A um só tempo, o crédito rural estaria sensivelmente dificultado – e certamente mais caro – ao pequeno produtor rural, e, além disso, tal circunstância vai de encontro ao próprio sistema do crédito rural, o qual tem como um dos principais objetivos "possibilitar o fortalecimento econômico dos produtores rurais, notadamente pequenos e médios" (Lei 4.829/1965, art. 3º, III). **REsp 1.315.702-MS, Rel. Min. Luis Felipe Salomão, julgado em 10/3/2015, DJe 13/4/2015 (Inform. STJ 559).**

DIREITO CIVIL E EMPRESARIAL. ÍNDICE DE REAJUSTE DE SALDO DEVEDOR DE CRÉDITO RURAL. O índice de correção monetária aplicável às cédulas de crédito rural no mês de março de 1990, nas quais prevista a indexação aos índices da caderneta de poupança, é o BTN no percentual de 41,28%. Precedentes citados: REsp 47.186-RS, Segunda Seção, DJ 4/12/1995; AgRg nos EDcl no REsp 1.428.280-RS, Terceira Turma, DJe 03/04/2014; AgRg no AREsp 84.842-RS, Terceira Turma, DJe 1/7/2013; e AgRg no REsp 1320198-RS, Quarta Turma, julgado em 17/9/2013, DJe 27/9/2013. **REsp 1.319.232-DF, Rel. Min. Paulo de Tarso Sanseverino, julgado em 4/12/2014. (Inform. STJ 552)**

DIREITO EMPRESARIAL. GARANTIA PESSOAL PRESTADA EM CÉDULA DE CRÉDITO RURAL. Admite-se o aval nas cédulas de crédito rural. Isso porque a vedação contida no § 3º do art. 60 do Decreto-Lei 167/1967 ("são nulas quaisquer outras garantias, reais ou pessoais, salvo quando prestadas pelas pessoas físicas participantes da empresa emitente, por esta ou por outras pessoas jurídicas") não alcança o referido título, sendo aplicável apenas às notas e duplicatas rurais. Enquanto as notas promissórias rurais e as duplicatas rurais representam o preço de vendas a prazo de bens de natureza agrícola (Decreto-Lei 167/1967, arts. 42 e 46), as cédulas de crédito rural correspondem a financiamentos obtidos com as instituições financeiras (Decreto-Lei 167/1967, art. 1º). Por consequência, o mecanismo de contratação envolvendo a cédula de crédito rural é direto, ou seja, há a participação da instituição de crédito no negócio firmado entre essas e o produtor rural, ao contrário do que ocorre com as notas promissórias e duplicatas rurais, nas quais as instituições financeiras não participam da relação jurídica originária, ingressando na relação cambial apenas durante o ciclo de circulação do título de crédito (nota promissória e duplicata rural). Frise-se ainda que, na cédula de crédito rural, o financiamento é viabilizado no interesse do produtor, sendo prática comum que se faça o respectivo pagamento com o resultado da venda da produção. A par disso e atendo-se a pareceres emitidos por comissões parlamentares sobre o projeto de lei que culminou na aprovação da Lei 6.754/1979, bem como à exposição de motivos do referido diploma legal, apresenta-se inexorável a conclusão de que a inclusão dos parágrafos 1º a 4º do art. 60 do Decreto-Lei 167/1967, operada pela Lei 6.754/1979, não teve como alvo as cédulas de crédito rural, sobretudo pelo fato dessa modalidade cambial não ter sido mencionada nas referidas proposições. Ademais, a apontada linha interpretativa é a que melhor atende à função social do contrato, haja vista que, no plano objetivo, diante da impossibilidade de oferecer garantia pessoal (aval), uma gama enorme de pequenos produtores rurais tem acesso ao crédito obstruído ou só o encontra franqueado em linhas de crédito menos vantajosas. Nesse passo, observa-se, como consequência, o encarecimento do crédito rural na medida em que, mantida a vedação à garantia de natureza pessoal para as cédulas de crédito rural, as instituições financeiras passam, na prática, a realizar as mesmas operações, utilizando-se de cédulas de crédito bancário, que admitem o aval. Por fim, não se descura que o art. 11, III, "c", da LC 95/1998 estabelece que "os parágrafos devem traduzir aspectos complementares à norma enunciada no caput do artigo e as exceções à regra por este estabelecida". Contudo, afigura-se imprecisa a invocação da LC 95/1998 para se interpretar o art. 60 do Decreto-Lei 167/1967, uma vez que essa linha hermenêutica parte do arcabouço normativo que visa a orientação do legislador, e não do intérprete. Além disso, não se pode olvidar que as alterações propostas pela Lei 6.754 datam do ano de 1979, ou seja, são muito anteriores à edição da referida Lei Complementar. **REsp 1.483.853-MS, Rel. Min. Moura Ribeiro, julgado em 4/11/2014. (Inform. STJ 552)**

DIREITO EMPRESARIAL. CAPITALIZAÇÃO DE JUROS EM CONTRATOS DE CRÉDITO RURAL. RECURSO REPETITIVO (ART. 543-C DO CPC E RES. 8/2008 DO STJ). A legislação sobre cédulas de crédito rural admite o pacto de capitalização de juros em periodicidade inferior à semestral. Diante da pacificação do tema, publicou-se a Súmula 93 do STJ, segundo a qual "a legislação sobre cédulas de crédito rural, comercial e industrial admite o pacto de capitalização de juros". Assim, nas cédulas de crédito rural, industrial e comercial, a capitalização semestral dos juros possui autorização *ex lege*, não dependendo de pactuação expressa, a qual, por sua vez, é necessária para a incidência de juros em intervalo inferior ao semestral. Essa disciplina não foi alterada pela MP 1.963-17, de 31/3/2000. Com efeito, há muito é pacífico no STJ o entendimento de que, na autorização contida no art. 5º do Decreto-Lei 167/1967, inclui-se a permissão para a capitalização dos juros nas cédulas de crédito rural, ainda que em periodicidade mensal, desde que pactuada no contrato ("as importâncias fornecidas pelo financiador vencerão juros às taxas que o Conselho Monetário Nacional fixar e serão exigíveis em 30 de junho e 31 de dezembro ou no vencimento das prestações, se assim acordado entre as partes; no vencimento do título e na liquidação, por outra forma que vier a ser determinada por aquele Conselho, podendo o financiador, nas datas previstas, capitalizar tais encargos na conta vinculada a operação"). A autorização legal está presente desde a concepção do título de crédito rural pela norma específica, que no particular prevalece sobre o art. 4º do Decreto 22.626/1933 (Lei de Usura), e não sofreu qualquer influência com a edição da MP 1.963-17/2000 (2.170-36/2001). **REsp 1.333.977-MT, Rel. Min. Maria Isabel Gallotti, julgado em 26/2/2014. (Inform. STJ 537)**

DIREITO EMPRESARIAL. AVAL EM CÉDULA DE CRÉDITO RURAL.
Tratando-se de Cédula de Crédito Rural emitida por pessoa física, é nulo o aval prestado por pessoa física estranha ao negócio jurídico garantido. Segundo o art. 60, *caput*, do Decreto-lei 167/1967, são aplicáveis às cédulas de crédito rural as mesmas regras de direito cambiário, no que forem cabíveis, inclusive em relação ao aval, dispensado o protesto para assegurar o direito de regresso contra endossantes e seus avalistas. Contudo, o § 3º do mencionado dispositivo define que são nulas quaisquer outras garantias reais ou pessoais, salvo quando prestadas pelas pessoas físicas participantes da empresa emitente, pela própria empresa ou por outras pessoas jurídicas. Precedente citado: REsp 599.545-SP, Terceira Turma, DJ 25/10/2007. **REsp 1.353.244-MS, Rel. Min. Sidnei Beneti, julgado em 28/5/2013. (Inform. STJ 525)**

8. DIREITO EMPRESARIAL

📖 Súmula STJ nº 298

O alongamento de dívida originada de crédito rural não constitui faculdade da instituição financeira, mas, direito do devedor nos termos da lei.

📖 Súmula STJ nº 93

A legislação sobre cédulas de crédito rural, comercial e industrial admite o pacto de capitalização de juros.

📖 Súmula STJ nº 16

A legislação ordinária sobre crédito rural não veda a incidência da correção monetária.

7.4. Cédulas de crédito comercial e industrial

DIREITO EMPRESARIAL E PROCESSUAL CIVIL. EXEQUIBILIDADE DE CÉDULA DE CRÉDITO BANCÁRIO. RECURSO REPETITIVO (ART. 543-C DO CPC E RES. 8/2008-STJ).
A Cédula de Crédito Bancário – título executivo extrajudicial, representativo de operações de crédito de qualquer natureza –, quando acompanhada de claro demonstrativo dos valores utilizados pelo cliente, é meio apto a documentar a abertura de crédito em conta-corrente nas modalidades de crédito rotativo ou cheque especial. Com efeito, a partir da Lei 10.931/2004, em superação à jurisprudência firmada pelo STJ, a Cédula de Crédito Bancário passou a ser título executivo extrajudicial representativo de operações de crédito de qualquer natureza, podendo, assim, ser emitida para documentar a abertura de crédito em conta-corrente. Ressalte-se, contudo, que, para ostentar exequibilidade, o título deve atender às exigências taxativamente elencadas nos incisos do § 2º do art. 28 do mencionado diploma legal. Tese firmada para fins do art. 543-C do CPC: "A Cédula de Crédito Bancário é título executivo extrajudicial, representativo de operações de crédito de qualquer natureza, circunstância que autoriza sua emissão para documentar a abertura de crédito em conta corrente, nas modalidades de crédito rotativo ou cheque especial. O título de crédito deve vir acompanhado de claro demonstrativo acerca dos valores utilizados pelo cliente, trazendo o diploma legal, de maneira taxativa, a relação de exigências que o credor deverá cumprir, de modo a conferir liquidez e exequibilidade à Cédula (art. 28, § 2º, incisos I e II, da Lei n. 10.931/2004)". Precedentes citados: REsp 1.283.621-MS, Segunda Seção, DJe 18/6/2012; AgRg no AREsp 248.784-SP, Quarta Turma, DJe 28/5/2013. **REsp 1.291.575-PR, Rel. Min. Luis Felipe Salomão, julgado em 14/8/2013. (Inform. STJ 527)**

📖 Súmula STJ nº 93

A legislação sobre cédulas de crédito rural, comercial e industrial admite o pacto de capitalização de juros.

8. PROPRIEDADE INDUSTRIAL

8.1. Marca

DIREITO EMPRESARIAL. PRODUTOS DESTINADOS À COMERCIALIZAÇÃO NO EXTERIOR E CADUCIDADE DA MARCA.
O fato de produto elaborado e fabricado no Brasil ser destinado exclusivamente ao mercado externo não implica a caducidade do respectivo registro de marca por desuso. De acordo com a Lei de Propriedade Industrial, uma vez passados cinco anos da concessão do registro, se requerida a sua caducidade, deve o titular da marca demonstrar que, na data do requerimento, já iniciou seu uso no Brasil, ou que, ainda que interrompido o seu uso, a interrupção não ultrapassou mais de cinco anos consecutivos, ou que não tenha, nesse prazo, feito uso com modificação que implique alteração de seu caráter distintivo original, sem a apresentação de razões legítimas. Se o titular da marca registrada no Brasil industrializa, fabrica, elabora o produto em território nacional, claramente inicia e faz uso da marca no Brasil, merecendo toda proteção legal, pois aqui empreende, gerando produção, empregos e riqueza, sendo indiferente que a mercadoria aqui produzida seja destinada ao mercado interno ou exclusivamente ao externo. Produzir no País o produto com a marca aqui registrada atende suficientemente ao requisito legal de "uso da marca iniciado no Brasil". **REsp 1.236.218-RJ, Rel. Min. Raul Araújo, julgado em 5/2/2015, DJe 11/6/2015 (Inform. STJ 563).**

DIREITO EMPRESARIAL. CADUCIDADE DE MARCA POR USO ESPORÁDICO.
É possível que se reconheça a caducidade do registro da marca quando, em um período de cinco anos, o valor e o volume de vendas do produto relacionado à marca forem inexpressivos (na situação em análise, 70 pacotes de cigarros que geraram receita de R$ 614,75) em comparação com operações bilionárias realizadas pelo titular no mesmo período (produção de mais de 400 bilhões de cigarros). De acordo com a Lei de Propriedade Industrial, uma vez passados cinco anos da concessão do registro, se requerida a sua caducidade, deve o titular da marca demonstrar que, na data do requerimento, já iniciou seu uso no Brasil, ou que, ainda que interrompido o seu uso, a interrupção não ultrapassou mais de cinco anos consecutivos, ou que não tenha, nesse prazo, feito uso com modificação que implique alteração de seu caráter distintivo original, sem a apresentação de razões legítimas. Quanto ao uso efetivo da marca, a doutrina esclarece que "A Lei não define – e com razão – os atos que hão de constituir uso. O uso é noção intuitiva: usar é exercitar, por em funcionamento. Ao uso, que é uma atividade (= ação), contrapõe-se o desuso, que é, em essência, uma atitude neutra (= omissão). Ambos, uso e desuso, são fatos jurígenos, gerando consequências no campo do Direito. Usar, no sentido que o direito de propriedade industrial empresta a esse verbo, é projetar a marca para o mundo, para que ela, antes mera potencialidade, passe a exercer a função a que se destina. A Lei anterior, ao prever a extinção do registro como sanção para o desuso, empregava o termo uso efetivo. A Lei nova não repete o adjetivo, falando apenas de uso, sem qualquer qualificação. Muito embora o adjetivo 'efetivo' dê acento à realidade do uso, nem por isso nos parece autorizada a conclusão de que a sua ausência leve à aceitação de qualquer uso. É que, em função de sua categoria ôntica, as marcas só podem ser consideradas em uso quando 'ionizem' os bens ou serviços a que se destinem, carregando, simbolicamente, informações sobre eles e comunicando-as ao público. O fio condutor do exame de suficiência de uso é a atuação do titular no sentido de por a sua marca diante do público". Assim, no caso em análise, o uso esporádico da marca, com escassas negociações no mercado, é inexpressivo dentro da magnitude das operações bilionárias realizadas pela empresa, portanto, insuficiente para configurar e comprovar o uso efetivo da marca apto a afastar a caducidade por desuso. **REsp 1.236.218-RJ, Rel. Min. Raul Araújo, julgado em 5/2/2015, DJe 11/6/2015 (Inform. STJ 563).**

DIREITO EMPRESARIAL. UTILIZAÇÃO DE PROPAGANDA COMPARATIVA.
É lícita a propaganda comparativa entre produtos alimentícios de marcas distintas e de preços próximos no caso em que: a comparação tenha por objetivo principal o esclarecimento do consumidor; as informações veiculadas sejam verdadeiras, objetivas, não induzam o consumidor a erro, não depreciem o produto ou a marca, tampouco sejam abusivas (art. 37, § 2º, do CDC); e os produtos e marcas comparados não sejam passíveis de confusão. Com efeito, a propaganda comparativa é a forma de publicidade que identifica explícita ou implicitamente concorrentes de produtos ou serviços afins, consagrando-se, em verdade, como um instrumento de decisão do público consumidor. Embora não haja lei vedando ou autorizando expressamente a publicidade comparativa, o tema sofre influência das legislações consumerista e de propriedade industrial nos âmbitos marcário e concorrencial. Pelo prisma dos arts. 6º, III e IV, 36 e 37, do CDC, a publicidade comparativa não é vedada, desde que obedeça ao princípio da veracidade das informações, seja objetiva, e não seja abusiva. Segundo entendimento doutrinário, para que a propaganda comparativa viole o direito marcário do concorrente, as marcas devem ser passíveis de confusão ou a referência da marca deve estar cumulada com ato depreciativo da imagem de seu produto, acarretando a degenerescência e o consequente desvio de clientela. Além do mais, a doutrina também ensina que a tendência atual é no sentido de permitir a publicidade comparativa, desde que: a) o seu conteúdo seja objetivo – isto é, que se mostre sem enganosidade ou abusividade, confrontando dados e características essenciais e verificáveis (que não sejam de apreciação exclusivamente subjetiva) –, não se admitindo a comparação que seja excessivamente geral; b) não seja enganosa (no sentido de possibilitar a indução em erro dos consumidores e destinatários da mensagem); c) não veicule informação falsa em detrimento do concorrente; e d) distinga de modo claro as marcas exibidas, sem dar ensejo a confusão entre os destinatários da mensagem e sem contribuir para a degenerescência de marca notória. De mais a mais, a Resolução 126/1996, III, do Mercosul e o art. 32 do Código Brasileiro de Autorregulamentação Publicitária (CBAP) também mencionam, como limite à propaganda comparativa – além do fato de não se poder estabelecer confusão entre os produtos ou marcas e de não ser permitido denegrir o objeto da comparação – que o seu principal objetivo seja

o esclarecimento da informação ao consumidor. Além disso, a jurisprudência do STJ já se pronunciou no sentido de que a finalidade da proteção ao uso das marcas – garantida pelo disposto no art. 5°, XXIX, da CF e regulamentada pelo art. 129 da LPI – é dupla: por um lado a protege contra usurpação, proveito econômico parasitário e o desvio desleal de clientela alheia e, por outro, evita que o consumidor seja confundido quanto à procedência do produto (REsp 1.105.422-MG, Terceira Turma, DJe 18/5/2011; e REsp 1.320.842-PR, Quarta Turma, DJe 1/7/2013). Entender de modo diverso seria impedir a livre iniciativa e a livre concorrência (arts. 1°, IV, 170, *caput*, e IV, da CF), ensejando restrição desmedida à atividade econômica e publicitária, o que implicaria retirar do consumidor acesso às informações referentes aos produtos comercializados e o poderoso instrumento decisório, não sendo despiciendo lembrar que o direito da concorrência tem como finalidade última o bem-estar do consumidor. **REsp 1.377.911-SP, Rel. Min. Luis Felipe Salomão, julgado em 2/10/2014. (Inform. STJ 550)**

DIREITO EMPRESARIAL. DIREITO DE USO EXCLUSIVO DE MARCA REGISTRADA. O uso, por quem presta serviço de ensino regular, da mesma marca anteriormente registrada, na classe dos serviços de educação, por quem presta, no mesmo Município, serviços de orientação e reeducação pedagógica a alunos com dificuldades escolares viola o direito de uso exclusivo de marca. O registro da marca, embora garanta proteção nacional à exploração exclusiva por parte do titular, encontra limite no princípio da especialidade, que restringe a exclusividade de utilização do signo a um mesmo nicho de produtos e serviços. Assim, uma mesma marca pode ser utilizada por titulares distintos se não houver qualquer possibilidade de se confundir o consumidor. Para se verificar a possibilidade de confusão na utilização da mesma marca por diferentes fornecedores de produtos e serviços, deve ser observada, inicialmente, a Classificação Internacional de Produtos e de Serviços, utilizada pelo INPI como parâmetro para concessão ou não do registro de uma marca. É verdade que a tabela de classes não deve ser utilizada de forma absoluta para fins de aplicação do princípio da especialidade, servindo apenas como parâmetro inicial na análise de possibilidade de confusão. Porém, na hipótese, embora os serviços oferecidos sejam distintos, eles são complementares, pois têm finalidades idênticas, além de ocuparem os mesmos canais de comercialização. **REsp 1.309.665-SP, Rel. Min. Paulo de Tarso Sanseverino, julgado em 4/9/2014. (Inform. STJ 548)**

DIREITO EMPRESARIAL. PRECEDÊNCIA DE NOME EMPRESARIAL QUE NÃO IMPLICA DIREITO AO REGISTRO DE MARCA. A sociedade empresária fornecedora de medicamentos cujos atos constitutivos tenham sido registrados em Junta Comercial de um Estado antes do registro de marca no Instituto Nacional da Propriedade Industrial (INPI) por outra sociedade que presta serviços médicos em outro Estado, não tem direito ao registro de marca de mesma escrita e fonética, ainda que a marca registrada coincida com seu nome empresarial. Isso porque as formas de proteção ao nome empresarial e à marca comercial não se confundem. A tutela daquele se circunscreve à unidade federativa de competência da Junta Comercial em que registrados os atos constitutivos da empresa, podendo ser estendida a todo o território nacional, desde que feito pedido complementar de arquivamento nas demais Juntas Comerciais. Por sua vez, a proteção à marca obedece ao sistema atributivo, sendo adquirida pelo registro validamente expedido pelo INPI, que assegura ao titular seu uso exclusivo em todo o território nacional, nos termos do art. 129, *caput* e § 1°, da Lei 9.279/1996 (LPI). Conforme esclarecido pela Terceira Turma do STJ, "A interpretação do art. 124, V, da LPI que melhor compatibiliza os institutos da marca e do nome comercial é no sentido de que, para que a reprodução ou imitação de elemento característico ou diferenciado de nome empresarial de terceiros constitua óbice ao registro de marca – que possui proteção nacional –, necessário, nessa ordem: (i) que a proteção ao nome empresarial não goze somente de tutela restrita a alguns Estados, mas detenha a exclusividade sobre o uso do nome em todo o território nacional e (ii) que a reprodução ou imitação seja 'suscetível de causar confusão ou associação com estes sinais distintivos'. Não sendo essa, incontestavelmente, a hipótese dos autos, possível a convivência entre o nome empresarial e a marca, cuja colidência foi suscitada" (REsp 1.204.488-RS, DJe 2/3/2011). Além disso, não cabe a aplicação ao caso do art. 8° da Convenção da União de Paris de 1883 (CUP), pois o escopo desse dispositivo é assegurar a proteção do nome empresarial de determinada sociedade em país diverso o seu de origem, que seja signatário da CUP, e não em seu país de origem, onde se deve atentar às leis locais. Nesse sentido, não se pode olvidar que o art. 1.166 do CC estabelece que "A inscrição do empresário, ou dos atos constitutivos das pessoas jurídicas, ou

as respectivas averbações, no registro próprio, asseguram o uso exclusivo do nome nos limites do respectivo Estado". Já o art. 124, XIX, da LPI veda o registro de marca que reproduza outra preexistente, ainda que em parte e com acréscimo, "suscetível de causar confusão ou associação com marca alheia". Nessa toada, a finalidade da proteção ao uso das marcas é dupla: por um lado protegê-la contra usurpação, proveito econômico parasitário e o desvio desleal de clientela alheia e, por outro, evitar que o consumidor seja confundido (REsp 1.105.422-MG, Terceira Turma, DJe 18/5/2011). Ademais, sem perder de vista o enfoque pelo ângulo do direito marcário, a possibilidade de confusão e/ou associação entre as marcas é notória, por possuírem identidade fonética e escrita quanto ao elemento nominativo e ambas se destinarem ao segmento mercadológico médico. **REsp 1.184.867-SC, Rel. Min. Luis Felipe Salomão, julgado em 15/5/2014. (Inform. STJ 548)**

DIREITO EMPRESARIAL. NECESSIDADE DE OBSERVÂNCIA DA PADRONIZAÇÃO DOS PRODUTOS E SERVIÇOS NO CASO DE LICENÇA DE USO DE MARCA. É possível ao titular do registro de marca, após conceder licença de uso, impedir a utilização da marca pelo licenciado quando não houver observância à nova padronização dos produtos e dos serviços, ainda que o uso da marca tenha sido autorizado sem condições ou efeitos limitadores. De fato, o licenciamento de uso autoriza o titular do registro da marca a exercer controle sobre as especificações, natureza e qualidade dos produtos ou serviços prestados pelo licenciado, conforme disposto no art. 139 da Lei 9.279/1996. A marca é mais que mera denominação: traz em si o conceito do produto ou serviço que a carrega, identificando-o e garantindo seu desempenho e eficiência; possui feição concorrencial, distinguindo-a em relação às marcas dos concorrentes; facilita o reconhecimento e a captação de clientes; diminui o risco para a clientela, que conta com a padronização dos produtos, serviços, atendimento e demais atributos que a cercam. Assim, com a licença de uso, o licenciado compromete-se, *ex lege*, a preservar a integridade e a reputação da marca, obrigando-se a zelar por ela. Ao licenciante assiste o direito de exercer controle efetivo sobre a atenção do licenciado em relação ao zelo da marca que usa. Dessa forma, a não observância dos padrões dos produtos e serviços pelo licenciado para o uso da marca demonstra seu uso indevido e autoriza a tutela inibitória para impedir a utilização. Ademais, mostra-se irrelevante o fato acerca da inexistência de condições ou efeitos limitadores na autorização de uso, pois é da essência da própria marca que, quando utilizada por terceiros, tenha suas características respeitadas, pois a inobservância dos traços distintivos desvirtua a sua existência. **REsp 1.387.244-DF, Rel. Min. João Otávio de Noronha, julgado em 25/2/2014. (Inform. STJ 538)**

DIREITO CIVIL E EMPRESARIAL. TERMO INICIAL DO PRAZO PRESCRICIONAL PARA PLEITEAR INDENIZAÇÃO DECORRENTE DO USO DE MARCA INDUSTRIAL QUE IMITE OUTRA PREEXISTENTE. O termo inicial do prazo prescricional de cinco anos (art. 225 da Lei 9.279/1996) para pleitear indenização pelos prejuízos decorrentes do uso de marca industrial que imite outra preexistente, suscetível de causar confusão ou associação com marca alheia registrada (art. 124, XIX), é a data da violação do direito à propriedade industrial e se renova enquanto houver o indevido uso. Isso porque o prazo prescricional começa a correr tão logo nasça a pretensão, a qual tem origem com a violação do direito subjetivo, o direito de propriedade industrial. Ademais, considerando que a citada violação é permanente, enquanto o réu continuar a utilizar marca alheia registrada, diariamente o direito será violado, nascendo nova pretensão indenizatória, motivo pelo qual não há como reconhecer que a pretensão do autor estava prescrita quando do ajuizamento da demanda. **REsp 1.320.842-PR, Rel. Min. Luis Felipe Salomão, julgado em 14/5/2013.** (Inform. STJ 525)

DIREITO EMPRESARIAL. MITIGAÇÃO DA EXCLUSIVIDADE DECORRENTE DO REGISTRO NO CASO DE MARCA EVOCATIVA. Ainda que já tenha sido registrada no INPI, a marca que constitui vocábulo de uso comum no segmento mercadológico em que se insere – associado ao produto ou serviço que se pretende assinalar – pode ser utilizada por terceiros de boa-fé. Com efeito, marcas evocativas, que constituem expressão de uso comum, de pouca originalidade, atraem a mitigação da regra de exclusividade decorrente do registro, possuindo um âmbito de proteção limitado. Isso porque o monopólio de um nome ou sinal genérico em benefício de um comerciante implicaria exclusividade inadmissível a favorecer a detenção e o exercício do comércio de forma única, com prejuízo não apenas à concorrência empresarial – impedindo os demais industriais do ramo de divulgarem a fabricação de produtos semelhantes através de expressões de

8. DIREITO EMPRESARIAL

conhecimento comum, obrigando-os a buscar nomes alternativos estranhos ao domínio público –, mas sobretudo ao mercado geral, que teria dificuldades para identificar produtos similares aos do detentor da marca. Nesse sentido, a Lei 9.279/1996, que regula direitos e obrigações relativos à propriedade industrial, em seu art. 124, VI, dispõe não ser registrável como marca sinal de caráter genérico, necessário, vulgar ou simplesmente descritivo, quando tiver relação com o produto ou serviço a distinguir, ou aquele empregado comumente para designar uma característica do produto ou serviço. Vale destacar que a linha que divide as marcas genéricas – não sujeitas a registro – das evocativas é extremamente tênue, por vezes imperceptível, fruto da própria evolução ou desenvolvimento do produto ou serviço no mercado. Há expressões, por exemplo, que, não obstante estejam diretamente associadas a um produto ou serviço, de início não estabelecem com este uma relação de identidade tão próxima ao ponto de serem empregadas pelo mercado consumidor como sinônimas. Com o transcorrer do tempo, porém, à medida que se difundem no mercado, o produto ou serviço podem vir a estabelecer forte relação com a expressão, que passa a ser de uso comum, ocasionando sensível redução do seu caráter distintivo. Nesses casos, expressões que, a rigor, não deveriam ser admitidas como marca – por força do óbice contido no art. 124, VI, da Lei 9.279/1996 – acabam sendo registradas pelo INPI, ficando sujeitas a terem sua exclusividade mitigada. Precedente citado: REsp 1.166.498-RJ, Terceira Turma, DJe 30/3/2011. **REsp 1.315.621-SP, Rel. Min. Nancy Andrighi, julgado em 4/6/2013. (Inform. STJ 526)**

DIREITO PROCESSUAL CIVIL. CUMULAÇÃO DO PEDIDO DE RECONHECIMENTO DE NULIDADE DE REGISTRO MARCÁRIO COM O DE REPARAÇÃO DE DANOS.
É indevida a cumulação, em um mesmo processo, do pedido de reconhecimento de nulidade de registro marcário com o de reparação de danos causados por particular que teria utilizado indevidamente marca de outro particular. Tendo em vista o disposto no art. 109, I, da CF, a análise do pedido anulatório é de competência da Justiça Federal, pois há interesse do INPI. A lide reparatória, entretanto, não envolve a entidade autárquica federal, cuidando-se de demanda entre particulares, cuja apreciação compete à Justiça Estadual. Desse modo, não é possível a acumulação de pedidos, porquanto, na forma do artigo 292, § 1º, II, do CPC, esta só é possível na hipótese em que o mesmo juízo é competente para todos conhecer. **REsp 1.188.105-RJ, Rel. Min. Luis Felipe Salomão, julgado em 5/3/2013. (Inform. STJ 519)**

DIREITO EMPRESARIAL. POSSIBILIDADE DE OBTENÇÃO DE UMA DECLARAÇÃO GERAL E ABSTRATA DO INPI REFERENTE À CARACTERIZAÇÃO DE UMA MARCA COMO DE ALTO RENOME.
É legítimo o interesse do titular de uma marca em obter do INPI, pela via direta, uma declaração geral e abstrata de que sua marca é de alto renome. A denominada "marca de alto renome", prevista no art. 125 da Lei de Propriedade Industrial, consiste em um temperamento do princípio da especialidade, pois confere à marca proteção em todos os ramos de atividade. Tal artigo não estabeleceu os requisitos necessários à caracterização do alto renome de uma marca, de modo que a regulamentação do tema ficou a cargo do INPI. Atualmente, a sistemática imposta pela aludida autarquia, por meio da Resolução n. 121/2005, somente admite que o interessado obtenha o reconhecimento do alto renome pela via incidental, a partir do momento em que houver a prática, por terceiros, de atos potencialmente capazes de violar a marca. Inexiste, portanto, um procedimento administrativo tendente à obtenção de uma declaração direta e abstrata. Parte da doutrina entende que o alto renome não dependeria de registro. Nessa concepção, a marca que possuísse a condição de alto renome no plano fático seria absoluta, de sorte que ninguém, em sã consciência, poderia desconhecê-la. Entretanto, ainda que uma determinada marca seja de alto renome, até que haja uma declaração oficial nesse sentido, essa condição será ostentada apenas em tese. Dessa forma, mesmo que exista certo consenso de mercado acerca do alto renome, esse atributo depende da confirmação daquele a quem foi conferido o poder de disciplinar a propriedade industrial no Brasil, declaração que constitui um direito do titular, inerente ao direito constitucional de proteção integral da marca, não apenas para que ele tenha a certeza de que sua marca de fato possui essa peculiaridade, mas, sobretudo, porque ele pode - e deve - atuar preventivamente no sentido de preservar e proteger o seu patrimônio intangível, sendo despropositado supor que o interesse de agir somente irá surgir com a efetiva violação. Deve-se considerar, ainda, que o reconhecimento do alto renome só pela via incidental imporia ao titular um ônus injustificado, de constante acompanhamento dos pedidos de registro de marcas a fim de identificar eventuais ofensas ao seu direito marcário.

Ademais, não se pode perder de vista que muitas vezes sequer ocorre a tentativa de depósito da marca ilegal junto ao INPI, até porque, em geral, o terceiro sabe da inviabilidade de registro, em especial quando a colidência se dá com marca de alto renome. Nesses casos, a controvérsia não chega ao INPI, impedindo que o titular da marca adote qualquer medida administrativa incidental visando à declaração do alto renome. Acrescente-se, por oportuno, que, ao dispor que "a proteção de marcas de alto renome não dependerá de registro na jurisdição em que é reivindicada", a *Association Internationale pour la Protection de la Propriété Industrielle* (AIPPI) não isentou; ou pelo menos não impediu; essas marcas de registro, tampouco afirmou que essa condição; de alto renome - independina de uma declaração oficial; apenas salientou que elas estariam resguardadas mesmo sem prévio registro, ou seja, prevaleceriam sobre marcas colidentes, ainda que estas fossem registradas anteriormente. **REsp 1.162.281-RJ, Rel. Min. Nancy Andrighi, julgado em 19/2/2013. (Inform. STJ 517).**

DIREITO EMPRESARIAL. IMPOSSIBILIDADE DE O PODER JUDICIÁRIO RECONHECER, ANTES DA MANIFESTAÇÃO DO INPI, A CARACTERIZAÇÃO DE UMA MARCA COMO DE ALTO RENOME.
Caso inexista uma declaração administrativa do INPI a respeito da caracterização, ou não, de uma marca como sendo de alto renome, não pode o Poder Judiciário conferir, pela via judicial, a correspondente proteção especial. A lacuna existente na Resolução n. 121/2005 -; que prevê a declaração do alto renome de uma marca apenas pela via incidental -; configura omissão do INPI na regulamentação do art. 125 da LPI, situação que justifica a intervenção do Poder Judiciário. Entretanto, até que haja a manifestação do INPI pela via direta, a única ilegalidade praticada será a inércia da Administração Pública. Assim, é incabível, ao menos nesse momento, a ingerência do Poder Judiciário no mérito do ato omissivo, competindo-lhe, caso provocado, a adoção de medidas tendentes a ocasionar a manifestação do INPI. Desse modo, na ausência de uma declaração administrativa de referida autarquia, a decisão judicial que reconhece o alto renome de uma marca caracteriza usurpação de atividade que legalmente compete àquele órgão, consistindo em violação da tripartição dos poderes do Estado, assegurada pelo art. 2º da CF/1988. **REsp 1.162.281-RJ, Rel. Min. Nancy Andrighi, julgado em 19/2/2013. (Inform. STJ 517).**

DIREITO EMPRESARIAL. IMPOSSIBILIDADE DE IMPORTAÇÃO PARALELA DE UÍSQUE DE MARCA ESTRANGEIRA SEM O CONSENTIMENTO DO TITULAR DA MARCA.
Não é possível a realização de "importação paralela" de uísque de marca estrangeira para o Brasil na hipótese em que o titular da marca se oponha à importação, mesmo que o pretenso importador já tenha realizado, em momento anterior à oposição, "importações paralelas" dos mesmos produtos de maneira consentida e legítima. O titular de determinada marca estrangeira e o seu distribuidor no Brasil podem firmar entre si um contrato de distribuição com cláusula de exclusividade territorial, de modo que aquele distribuidor contratante detenha a garantia de exclusividade na distribuição dos produtos daquela marca no território brasileiro. Nesse contexto, ocorre a chamada "importação paralela" na hipótese em que outro distribuidor - que não tenha acordado cláusula de exclusividade na distribuição dos produtos da marca no território nacional - adquira, no estrangeiro - isto é, fora dos circuitos de distribuição exclusiva -, produtos originais daquela mesma marca estrangeira para a venda no Brasil, considerando o fato de que terceiros não estão obrigados aos termos de contrato celebrado entre o fornecedor e o seu distribuidor brasileiro exclusivo. Nesse caso, a mercadoria entra na área protegida não porque houve venda direta ou atuação invasiva de outro distribuidor, mas porque um adquirente "de segundo grau", que comprou o bem do próprio titular ou de outro concessionário da mesma marca, revendeu-o no território reservado. No tocante ao regramento dado pelo sistema jurídico brasileiro às hipóteses de "importação paralela", deve-se indicar que o art. 132, III, da Lei n. 9.279/1996 proíbe que o titular da marca impeça a livre circulação de produtos originais colocados no mercado interno por ele próprio ou por outrem com o seu consentimento. Ou seja, permitiu-se a chamada comercialização paralela interna ou nacional, hipótese em que, após a primeira venda do produto no mercado interno, o direito sobre a marca se esgota, de modo que o titular da marca não poderá mais invocar o direito de exclusividade para impedir as vendas subsequentes. Com isso, a nova Lei da Propriedade Industrial incorporou ao sistema jurídico brasileiro o conceito de exaustão nacional da marca, segundo o qual o esgotamento do direito sobre a marca somente se dá

658 VADE MECUM DE JURISPRUDÊNCIA – STF/STJ

após o ingresso consentido do produto no mercado nacional, o que implica afirmar que o titular da marca ainda detém direitos sobre ela até o ingresso legítimo do produto no país. Dessa maneira, o titular da marca internacional tem, em princípio, o direito de exigir o seu consentimento para a "importação paralela" dos produtos de sua marca para o mercado nacional. Como ressalva, ademais, cabe afirmar que certos casos, como o dos medicamentos, podem vir a receber tratamento legal diferenciado, imposto por necessidades específicas determinadas por cada Estado, especialmente relacionadas à necessidade de fornecimento de determinados produtos à população, de estímulo à concorrência para evitar a formação de monopólios ou cartéis ou de atendimento privilegiado de determinadas áreas do consumo. Não se cogita, no entanto, nenhuma dessas hipóteses no caso em que se está diante de importação de uísque, produto desprovido de fornecimento imprescindível e que, além disso, possui farto fornecimento por diversos produtores e marcas em salutar concorrência no mercado nacional. REsp 1.200.677-CE, Rel. Min. Sidnei Beneti, julgado em 18/12/2012. (Inform. STJ 514).

📄 Súmula STJ nº 143

Prescreve em cinco anos a ação de perdas e danos pelo uso de marca comercial.

8.2.   Patente e Desenho Industrial

DIREITO EMPRESARIAL. LEI APLICÁVEL NO CASO DE PEDIDO DE REGISTRO DE DESENHO INDUSTRIAL EM ANDAMENTO QUANDO DA VIGÊNCIA DA LEI DE PROPRIEDADE INDUSTRIAL. Na hipótese em que o pedido de registro de desenho industrial tenha sido formulado quando vigente o revogado Código de Propriedade Industrial (Lei 5.772/1971) e a concessão do registro tenha ocorrido já na vigência da Lei de Propriedade Industrial (Lei 9.279/1996), a divulgação do objeto de registro ocorrida durante o "período de graça" (art. 96, § 3º, da Lei 9.279/1996) não afasta a caracterização do requisito da "novidade", ainda que não realizado previamente requerimento de garantia de prioridade (art. 7º da Lei 5.772/1971). De acordo com o revogado Código de Propriedade Industrial, encontrar-se-ia o desenho industrial no "estado da técnica" quando tornado público antes do depósito, perdendo, assim, o requisito da "novidade", sem o qual o registro não poderia ser concedido (art. 6º). Excepcionalmente, seria autorizada a publicidade antes do depósito desde que previamente requerida a denominada "garantia de prioridade", destinada a permitir que a invenção, o modelo ou o desenho industrial fossem submetidos a entidades científicas ou apresentados em exposições oficiais ou oficialmente reconhecidas (arts. 7º e 8º). A Lei 5.772/1971 foi revogada pela Lei 9.279, publicada no DOU de 15/5/1996, que passou a vigorar integralmente em 15/5/1997, na forma do art. 243. A nova lei modificou a definição do "estado da técnica" e, reflexamente, do requisito da "novidade", que permaneceu sendo exigido. A "garantia de prioridade", por sua vez, disciplinada nos arts. 7º e 8º do diploma anterior, foi substituída pelo denominado "período de graça" regido no § 3º do art. 96 da nova Lei, segundo o qual: "Não será considerado como incluído no estado da técnica o desenho industrial cuja divulgação tenha ocorrido durante os 180 (cento e oitenta) dias que precederem a data do depósito ou a da prioridade reivindicada, se promovida nas situações previstas nos incisos I a III do art. 12". Posto isso, surge a seguinte controvérsia: qual a legislação aplicável para definir "estado de técnica" e o requisito material da "novidade" na hipótese em que o pedido de registro do desenho industrial tenha sido formulado quando vigente a Lei 5.772/1971 e a concessão do registro tenha ocorrido já na vigência da Lei 9.279/1996? A propósito do tema, a nova Lei dispôs, em seu art. 229, que aos "pedidos em andamento serão aplicadas as disposições desta Lei, exceto quanto à patenteabilidade das substâncias, matérias ou produtos obtidos por meios ou processos químicos e as substâncias, matérias, misturas ou produtos alimentícios, químico-farmacêuticos e medicamentos de qualquer espécie, bem como os respectivos processos de obtenção ou modificação, que só serão privilegiáveis nas condições estabelecidas nos arts. 230 e 231" (redação original, posteriormente modificada pela Lei 10.196/2001). Desse modo, na situação em análise, incidirá a primeira parte deste dispositivo – que determina a aplicação da Lei 9.279/1996 aos pedidos em andamento – já que o desenho industrial objeto de registro não se insere nas exceções discriminadas pelo artigo, relacionadas à patenteabilidade de produtos e processos químicos, farmacêuticos e alimentícios. Observe-se que, quando o legislador desejou fosse indeferido o pedido em andamento que não preenchesse os requisitos materiais da lei anterior, ele o fez expressamente (vide art. 229-A da Lei 9.279/1996), situação essa que não ocorre na hipótese em apreço, na qual

se deve aplicar a nova Lei. Não se trata propriamente de fazer retroagir a lei aos casos consolidados, decididos pelo INPI, mas de reconhecer que cabe ao Poder Legislativo modificar os requisitos para a concessão de patentes de invenção e de modelo de utilidade e de registro de desenho industrial e de marca. Assim como a lei pode modificar, por exemplo, os requisitos para a usucapião antes da sua aquisição, as hipóteses de retomada de imóveis locados e as regras pertinentes à herança e aos limites de construção civil (leis de posturas), pode também alterar as hipóteses relativas à possibilidade de concessão de registro de propriedade industrial. Frise-se, de mais a mais, que o STF, analisando o art. 117 da Lei 5.772/1972 (dispositivo semelhante ao art. 229 da Lei 9.279/1996), considerou o art. 9º da Lei 5.772/1972 – que relacionou as invenções "não privilegiáveis" – aplicável aos pedidos em andamento quando este diploma entrou em vigor (RE 93.679-3/RJ, Plenário, DJ de 9/3/1984). Ora, assim como a lei nova pode restringir as hipóteses de privilégio, também pode ampliá-las mediante alteração dos requisitos materiais respectivos, aplicando-as aos pedidos em andamento. Ante o exposto, nos termos do art. 96 da Lei 9.279/1996, o desenho industrial, no caso em análise, não se encontra inserido no "estado da técnica", não estando descaracterizado, por esse motivo, o requisito material de "novidade". **REsp 1.050.659-RJ, Rel. Min. Antonio Carlos Ferreira, julgado em 24/2/2015, DJe 4/3/2015 (Inform. STJ 556).**

DIREITO EMPRESARIAL. REQUISITOS DE VALIDADE DE PATENTE DE REVALIDAÇÃO. Uma patente pipeline concedida no exterior e revalidada no Brasil não pode ser anulada ao fundamento de falta de um dos requisitos de mérito do art. 8º da Lei 9.279/1996 (Lei de Propriedade Industrial – LPI), mas apenas por ausência de requisito especificamente aplicável a ela (como, por exemplo, por falta de pagamento da anuidade no Brasil) ou em razão de irregularidades formais. Da leitura dos arts. 230 e 231 da LPI e de acordo com doutrina especializada, uma vez concedida a patente *pipeline* por outra jurisdição, ela não poderá ser anulada invocando-se a ausência de um dos requisitos de mérito previstos no art. 8º da LPI para a concessão das patentes ordinárias (novidade, atividade inventiva e aplicação industrial). Precedentes citados: REsp 1.145.637-RJ, Terceira Turma, DJe 8/2/2010; e REsp 1.092.139-RJ, Terceira Turma, DJe 4/11/2010. **REsp 1.201.454-RJ, Rel. Min. Ricardo Villas Bôas Cueva, julgado em 14/10/2014. (Inform. STJ 550)**

9.   AÇÕES, PROCESSO CIVIL

DIREITO CIVIL E EMPRESARIAL. PRAZO PRESCRICIONAL DAS AÇÕES DE INDENIZAÇÃO CONTRA ARMAZÉNS GERAIS. Nas ações de indenização contra armazéns gerais, o prazo prescricional é de três meses. Isso porque o disposto no art. 11 do Dec. 1.102/1903 é norma especial em relação ao art. 177 do CC/1916. Precedentes citados: REsp 767.246-RJ, Quarta Turma, DJ 27/11/2006; REsp 89.494-MG, Quarta Turma, DJ de 29/8/2005. **AgRg no REsp 1.186.115-RJ, Rel. Min. Isabel Gallotti, julgado em 14/5/2013. (Inform. STJ 525)**

📄 Súmula STJ nº 451

É legítima a penhora da sede do estabelecimento comercial.

📄 Súmula STJ nº 389

A comprovação do pagamento do "custo do serviço" referente ao fornecimento de certidão de assentamentos constantes dos livros da companhia é requisito de procedibilidade da ação de exibição de documentos ajuizada em face da sociedade anônima.

📄 Súmula STJ nº 384

Cabe ação monitória para haver saldo remanescente oriundo de venda extrajudicial de bem alienado fiduciariamente em garantia.

📄 Súmula STJ nº 380

A simples propositura da ação de revisão de contrato não inibe a caracterização da mora do autor.

📄 Súmula STJ nº 375

O reconhecimento da fraude à execução depende do registro da penhora do bem alienado ou da prova de má-fé do terceiro adquirente.

📄 Súmula STJ nº 372

Na ação de exibição de documentos, não cabe a aplicação de multa cominatória.

8. DIREITO EMPRESARIAL 659

📄 Súmula STJ nº 322

Para a repetição de indébito, nos contratos de abertura de crédito em conta--corrente, não se exige a prova do erro.

📄 Súmula STJ nº 300

O instrumento de confissão de dívida, ainda que originário de contrato de abertura de crédito, constitui título executivo extrajudicial.

📄 Súmula STJ nº 299

É admissível a ação monitória fundada em cheque prescrito.

📄 Súmula STJ nº 270

O protesto pela preferência de crédito, apresentado por ente federal em execução que tramita na Justiça Estadual, não desloca a competência para a Justiça Federal.

📄 Súmula STJ nº 199

Na execução hipotecária de crédito vinculado ao sistema financeiro da habitação, nos termos da Lei n. 5.741/71, a petição inicial deve ser instruída com, pelo menos, dois avisos de cobrança.

📄 Súmula STJ nº 143

Prescreve em cinco anos a ação de perdas e danos pelo uso de marca comercial.

📄 Súmula STJ nº 39

Prescreve em vinte anos a ação para haver indenização, por responsabilidade civil, de sociedade de economia mista.

10. OUTROS TEMAS DE DIREITO EMPRESARIAL

Correção monetária, demonstrações financeiras, imposto de renda e Lei 8.200/1991 - 3

É constitucional o inc. I do art. 3º da Lei 8.200/1991, que dispõe sobre a correção monetária das demonstrações financeiras para efeitos fiscais e societários. Com base nessa orientação, o Tribunal, em preliminar e, por maioria, conheceu do recurso e, no mérito, deu-lhe provimento. Na espécie, tribunal regional federal entendera que a devolução parcelada da diferença verificada no ano de 1990 entre a variação do IPC e do BTNF, estabelecida pela mencionada norma, teria configurado empréstimo compulsório sem observância dos requisitos constitucionais — v. Informativos 369 e 434. O Tribunal adotou a jurisprudência por ele firmada no julgamento do RE 201.465/MG (DJU de 17.10.2003) no sentido de que referido dispositivo, posteriormente modificado pelo art. 11 da Lei 8.682/1993, não representaria ilegítima e disfarçada espécie de empréstimo, mas sim favor fiscal criado pelo legislador. Vencidos os Ministros Marco Aurélio (relator), Ricardo Lewandowski (Presidente), Ayres Britto e Rosa Weber, que a ele negavam provimento. Apontavam que a devolução parcelada da diferença verificada no ano de 1990 entre a variação do IPC e do BTNF configuraria empréstimo compulsório porque ausentes requisitos constitucionais.
RE 201512/MG, rel. orig. Min. Marco Aurélio, red. p/ o acórdão Min. Cármen Lúcia.5.11.2015. (RE-201512) (Inform. STF 806)

Plano Verão: IRPJ e correção monetária de balanço - 4

O Plenário retomou julgamento de recurso extraordinário em que se discute a constitucionalidade dos artigos 29 e 30 da Lei 7.799/89 ("Art. 29. A correção monetária de que trata esta Lei será efetuada a partir do balanço levantado em 31 de dezembro de 1988. Art. 30. Para efeito da conversão em número de BTN, os saldos das contas sujeitas à correção monetária, existentes em 31 de janeiro de 1989, serão atualizados monetariamente tomando-se por base o valor da OTN de NCz$ 6,92. § 1º Os saldos das contas sujeitas à correção monetária, atualizados na forma deste artigo, serão convertidos em número de BTN mediante a sua divisão pelo valor do BTN de NCz$ 1,00. § 2º Os valores acrescidos às contas sujeitas à correção monetária, a partir de 1º de fevereiro até 30 de junho de 1989, serão convertidos em número de BTN mediante a sua divisão pelo valor do BTN vigente no mês do acréscimo.") — v. Informativo 427. Em voto-vista o Ministro Luiz Fux acompanhou o relator e deu provimento ao recurso. Em seguida, julgamento foi suspenso. **RE 188083/PR, rel. Min. Marco Aurélio, 23.4.2015. (RE-188083) (Inform. STF 782)**

Plano Real: contrato de locação comercial - 2

O Plenário retomou julgamento conjunto de recursos extraordinários em que discutida a incidência da Medida Provisória 542/1994, instituidora do Plano Real, em relação aos contratos de aluguel de imóveis comerciais firmados anteriormente à sua edição, ante o questionamento sobre a constitucionalidade do art. 21 da Lei 9.069/1995 — v. Informativo 116. Na presente assentada, a Corte apreciou também o RE 211.304/RJ, o RE 222.140/SP e o RE 268.652/RJ, que abordam a referida controvérsia. O Ministro Marco Aurélio, ao prover os recursos, asseverou que a discussão, na espécie, se daria em torno da aplicação retroativa, a alcançar ato jurídico perfeito e acabado, da legislação alusiva ao Plano Real, a contrato formalizado, havendo cláusula importantíssima no ordenamento jurídico constitucional, qual seja, a alusiva à preservação da referida espécie de ato jurídico. Em seguida, pediu vista dos autos o Ministro Teori Zavascki.

Plano Real: contrato de locação comercial - 3

O Plenário, em conclusão de julgamento e por maioria, negou provimento a recursos extraordinários em que discutida a incidência da Medida Provisória 542/1994, instituidora do Plano Real, em relação aos contratos de aluguel de imóveis comerciais firmados anteriormente à sua edição, ante o questionamento sobre a constitucionalidade do art. 21 da Lei 9.069/1995, resultante da conversão da referida Medida Provisória — v. Informativos 116 e 781. Alegava-se que a aplicação dessas normas aos contratos em curso de execução comprometeria a garantia constitucional de preservação do direito adquirido e do ato jurídico perfeito. O Colegiado, inicialmente, destacou que o art. 21 da Lei 9.069/1995 seria um dos mais importantes conjuntos de preceitos normativos do Plano Real, um dos seus pilares essenciais, justamente o que fixaria os critérios para a transposição das obrigações monetárias, inclusive contratuais, do antigo para o novo sistema monetário. Seria, portanto, preceito de ordem pública, e seu conteúdo, por não ser suscetível de disposição por atos de vontade, teria natureza estatutária, a vincular de forma necessariamente semelhante todos os destinatários. Desde logo se deveria registrar que, pelo seu teor, não haveria dúvida de que a norma fora editada para ter aplicação sobre os contratos em curso. Aliás, seria justamente essa a sua finalidade específica. A questão posta, portanto, não seria apenas de direito intertemporal. Se a finalidade da norma fosse disciplinar o regime de correção monetária de contratos em curso, qualquer juízo que importasse a não aplicação a esses contratos suporia, necessariamente, a prévia declaração de sua inconstitucionalidade. O art. 5º, XXXVI, da CF ("A lei não prejudicará o direito adquirido, o ato jurídico perfeito e a coisa julgada") — norma de sobredireito editada com a finalidade de nortear a produção de outras normas — diria respeito não apenas ao poder de legislar sobre direito privado, mas também ao de editar normas de direito público. Todos os preceitos normativos infraconstitucionais, independente da matéria que versassem, deveriam estrita obediência à referida cláusula limitativa. Portanto, também as normas de direito econômico, como as que editassem planos econômicos, haveriam de preservar os direitos adquiridos e o ato jurídico perfeito. Ademais, não se poderia confundir aplicação imediata com aplicação retroativa da lei. A aplicação retroativa seria a que fizesse a norma incidir sobre suportes fáticos ocorridos no passado. Essa incidência seria ilegítima, salvo se dela não resultasse violação a direito adquirido, a ato jurídico perfeito ou a coisa julgada. Assim, não seria vedada a incidência retroativa de norma nova que, por exemplo, importasse situação de vantagem ao destinatário. Por outro lado, aplicação imediata seria a que se desse sobre fatos presentes, atuais, não sobre fatos passados. Em princípio, não haveria vedação alguma a essa incidência, respeitada, evidentemente, a cláusula constitucional antes referida.

Plano Real: contrato de locação comercial - 4

O Plenário acentuou que a jurisprudência do STF sempre teria resolvido a questão fazendo nítida distinção entre: a) situações jurídicas individuais, formadas por ato de vontade — especialmente os contratos —, cuja só celebração, quando legítima, já lhes outorgaria a condição de ato jurídico perfeito e, portanto, imune a modificações legislativas supervenientes; e b) situações jurídicas formadas segundo normas gerais e abstratas, de natureza cogente — denominadas situações institucionais ou estatutárias —, em cujo âmbito os direitos somente poderiam ser considerados adquiridos quando inteiramente formado o suporte fático previsto na lei como necessário à sua incidência. A orientação adotada pelo STF estaria perfeitamente ajustada aos critérios técnicos definidos na doutrina. Com efeito, a configuração do direito adquirido e do ato jurídico perfeito não ocorreria de maneira uniforme em todas as situações jurídicas. Em matéria de direito intertemporal, seria indispensável que se traçasse a essencial distinção entre direito adquirido fundado em ato de vontade — contrato — e direito adquirido fundado em preceito normativo, de cunho institucional, para cuja definição o papel da vontade individual seria absolutamente neutro. Aliás, mesmo nas situações de natureza contratual — nunca encontráveis em estado puro — a lei nova incidiria imediatamente sobre as cláusulas nele incorporadas por força de preceito normativo cogente, ou seja, aquelas cujo conteúdo fugisse ao domínio da vontade dos contratantes. Realmente, em casos de situações jurídicas oriundas de contratos, notadamente em se tratando de contratos de trato sucessivo e execução diferida, a incorporar cláusulas regradas por lei, seria pacífica a jurisprudência no sentido de que não haveria direito adquirido à manutenção de tais cláusulas. Disciplinadas em lei de forma abstrata e geral, elas seriam suscetíveis de alteração com eficácia imediata, inclusive em relação aos contratos em curso de execução. Assim, o caso em análise haveria de ser enfrentado e resolvido com base no pressuposto de que as normas que tratassem do regime monetário — inclusive as de correção monetária —, teriam natureza institucional e estatutária, insuscetíveis de disposição por ato de vontade, razão pela qual sua incidência seria imediata, a alcançar as situações jurídicas em curso de formação ou de execução. Seria, inclusive, irrelevante, para esse efeito de aplicação imediata, que a cláusula estatutária estivesse reproduzida em ato negocial, eis que essa não seria circunstância juridicamente apta a modificar a sua natureza.

Plano Real: contrato de locação comercial - 5
O Plenário destacou, por fim, que as normas sobre correção monetária editadas no âmbito de planos econômicos, como no caso, teriam, de modo geral, a importante e necessária função de manter o equilíbrio da equação financeira das obrigações pecuniárias legais e contratuais nascidas anteriormente. Essas obrigações, formadas em época de profunda crise inflacionária, sofreriam, com a edição desses planos, o impacto de uma nova realidade, que seria a estabilização — ou, pelo menos, a brusca desaceleração — dos preços, imposta por congelamento ou por outros mecanismos com função semelhante. Portanto, considerando que as normas em questão —constantes do art. 21 da Lei 9.069/1995 — editadas no âmbito da implantação de novo sistema monetário, chamado Plano Real, teriam natureza institucional ou estatutária, não haveria inconstitucionalidade em sua aplicação imediata — que não se confundiria com aplicação retroativa —, para disciplinar as cláusulas de correção monetária de contratos em curso. Vencidos — no RE 211.304/RJ, no RE 222.140/SP e no RE 268.652/RJ —, os Ministros Marco Aurélio (relator) e Ricardo Lewandowski (Presidente), e — no RE 212.609/SP e no RE 215.016/SP —, os Ministros Carlos Velloso (relator) e Marco Aurélio, que davam provimento aos recursos, porquanto entendiam estar configurada a ofensa ao art. 5º, XXXVI, da **CF. RE 212609/SP, rel. Min. Carlos Velloso, red. p/o acórdão Min. Teori Zavascki, 29.4.2015. (RE-212609) RE 215016/SP, rel. Min. Carlos Velloso, red. p/o acórdão Min. Teori Zavascki, 29.4.2015. (RE-215016) RE 211304/RJ, rel. Min. Marco Aurélio, red. p/o acórdão Min. Teori Zavascki, 29.4.2015. (RE-211304) RE 222140/SP, rel. Min. Marco Aurélio, red. p/o acórdão Min. Teori Zavascki, 29.4.2015. (RE-222140) RE 268652/RJ, rel. Min. Marco Aurélio, red. p/o acórdão Min. Teori Zavascki, 29.4.2015. (RE-268652) (Inform. STF 783)**

DIREITO EMPRESARIAL. FIXAÇÃO DE CLÁUSULA DE NÃO CONCORRÊNCIA.
Quando a relação estabelecida entre as partes for eminentemente comercial, a cláusula que estabeleça dever de abstenção de contratação com sociedade empresária concorrente pode irradiar efeitos após a extinção do contrato, desde que limitada espacial e temporalmente. Inicialmente, deve-se buscar, na hipótese em análise, a finalidade pretendida pelas partes ao firmarem a cláusula de não concorrência para, então, compreender-se sua adequação, ou não, à autonomia privada conformada pela funcionalização do direito privado, nos termos do art. 421 do CC. Com efeito, a restrição à concorrência no ambiente jurídico nacional, em que vige a livre iniciativa privada, é excepcional e decorre da convivência constitucionalmente imposta entre as liberdades de iniciativa e de concorrência. Saliente-se que essa mesma preocupação com os efeitos concorrenciais potencialmente negativos forneceu substrato doutrinário e ideológico a suportar a vedação de restabelecimento em casos de trespasse de estabelecimento. A referida vedação passou a integrar o ordenamento jurídico nacional por meio do art. 1.147 do CC, segundo o qual, "Não havendo autorização expressa, o alienante do estabelecimento não pode fazer concorrência ao adquirente, nos cinco anos subseqüentes à transferência". Diferentemente da hipótese

em análise, a vedação ao restabelecimento nos casos de trespasse decorre de lei, o que afasta discussões acerca da proporcionalidade da medida. A par disso, tratando-se a concorrência de valor institucional a ser protegido por imposição constitucional, extrai-se a função social de cláusulas autorregulatórias privadas que se adequem a esta finalidade. Por óbvio, essa admissão deverá atender a certos limites, sob pena de se desviarem de sua função, passando a representar conduta abusiva de alguma das partes. Nesse contexto, deve também ser afastada a conclusão no sentido de que, resolvido o vínculo contratual, não teria qualquer eficácia a cláusula de não concorrência. Primeiramente, esse entendimento retira da cláusula toda sua funcionalidade, existente, como demonstrado, na medida em que protege o ambiente concorrencial de distorções indesejadas. Ademais, a exigência de conduta proba das partes, nos termos do art. 422 do CC, não está limitada ao lapso temporal de vigência do contrato principal em que inserida. Nesse diapasão, o enunciado 25 da I Jornada de Direito Civil do CJF, esclarece: "o art. 422 do Código Civil não inviabiliza a aplicação pelo julgador do princípio da boa-fé nas fases pré-contratual e pós-contratual". E, de fato, insere-se na conduta conformada pela boa-fé objetiva a vedação ao estabelecimento de concorrência entre empresas que voluntariamente se associam para ambas auferirem ganhos, bem como o prolongamento dessa exigência por prazo razoável, a fim de propiciar a desvinculação da clientela da representada do empreendimento do representante. Assim, devem ser consideradas válidas as cláusulas contratuais de não-concorrência, desde que limitadas espacial e temporalmente, porquanto adequadas à proteção da concorrência e dos efeitos danosos decorrentes de potencial desvio de clientela – valores jurídicos reconhecidos constitucionalmente. **REsp 1.203.109-MG, Rel. Min. Marco Aurélio Bellizze, julgado em 6/5/2015, DJe 11/5/2015 (Inform. STJ 561).**

DIREITO EMPRESARIAL. CRITÉRIOS PARA A APURAÇÃO DE HAVERES DO SÓCIO RETIRANTE DE SOCIEDADE POR QUOTAS DE RESPONSABILIDADE LIMITADA.
No caso de dissolução parcial de sociedade por quotas de responsabilidade limitada, prevalecerá, para a apuração dos haveres do sócio retirante, o critério previsto no contrato social se o sócio retirante concordar com o resultado obtido, mas, não concordando, aplicar-se-á o critério do balanço de determinação, podendo-se utilizar conjuntamente a metodologia do fluxo de caixa descontado para se aferir, inclusive, o patrimônio intangível da sociedade. No RE 89.464-SP (Segunda Turma, DJ 4/5/1979), acerca da apuração de haveres decorrente de dissolução parcial, a Suprema Corte desenvolveu o raciocínio de que se deveria conceber uma forma de liquidação que assegurasse, concomitantemente, a preservação do empreendimento e uma situação de igualdade entre os sócios. Em respeito a essa premissa, mesmo que o contrato social eleja critério para a apuração de haveres, esse somente prevalecerá caso haja a concordância das partes com o resultado alcançado. Em outras palavras, se o sócio retirante não concordar com o resultado obtido pela aplicação do critério de apuração de haveres previsto no contrato social, facultar-se-á a ele a adoção da via judicial, a fim de que seja determinada a melhor metodologia de liquidação. Nesse mesmo julgado (RE 89.464-SP), o STF decidiu que "deve ser assegurada ao sócio retirante situação de igualdade na apuração de haveres, fazendo-se esta com a maior amplitude possível, com a exata verificação, física e contábil, dos valores do ativo". Ademais, a doutrina, ao comentá-lo, observa que o voto condutor se baseou no fato de que a saída do dissidente "não poderia lhe acarretar resultado patrimonial pior do que se fosse promovida a dissolução total". O STJ, ao assumir o papel uniformizador da legislação infraconstitucional, ratificou esse entendimento, fixando que, "na dissolução de sociedade de responsabilidade limitada, a apuração de haveres [...] há de fazer-se como se dissolução total se tratasse", salientando que a medida "tem por escopo preservar o quantum devido ao sócio retirante [...], evitando-se o locupletamento indevido da sociedade ou sócios remanescentes em detrimento dos retirantes" (REsp 35.702-SP, Terceira Turma, DJ 13/12/1993). Entendimento que, aliás, prevaleceu em outros julgados do STJ (REsp 89.519-ES, Terceira Turma, DJ 4/8/1997; REsp 105.667-SC, Quarta Turma, DJ 6/11/2000; e REsp 197.303-SP, Quarta Turma, DJ 15/4/2002). Nesse contexto, a Terceira Turma do STJ, há tempos (REsp 24.554-SP, DJ 16/11/1992, e 35.702-SP, DJ 13/12/1993), já decidiu que o melhor critério de liquidação de haveres a ser utilizado seria o chamado balanço de determinação, que refletiria o valor patrimonial real da empresa. Melhor explicando, o valor patrimonial é obtido dividindo-se o patrimônio líquido

da sociedade pelo número de quotas. O valor do patrimônio líquido, por sua vez, irá variar conforme o critério adotado para elaboração do balanço. Por isso, na dissolução parcial, deve-se utilizar um levantamento do balanço que confira ao patrimônio líquido – e, por conseguinte, ao valor patrimonial – um valor real. Esse balanço, de acordo com os referidos precedentes, seria justamente o balanço de determinação. O balanço de determinação utiliza um critério diferenciado de avaliação do ativo, que permite uma apuração fidedigna do patrimônio líquido, baseia-se no valor de mercado, correspondendo a uma simulação da realização de todos os bens do ativo e da satisfação do passivo social, com vistas a apurar qual seria o acervo líquido da sociedade se ela estivesse sendo totalmente dissolvida naquela data. Na dissolução parcial, a equiparação à dissolução total – para efeitos da apuração de haveres – constitui mera ficção legal, não se podendo olvidar que a sociedade irá, na prática, continuar em atividade, portanto, beneficiando-se de seus bens intangíveis, cujo valor, naquele momento (de apuração de haveres), deve estar espelhado também nas cotas do sócio dissidente, que até então contribuiu para que formação desse patrimônio intangível. Acrescente-se, por oportuno, que, embora a jurisprudência consolidada mencione que a apuração de haveres há de ser feita como se tratasse de dissolução total (que se realiza mediante balanço de liquidação, portanto com exclusão dos bens intangíveis), os próprios precedentes estabelecem a utilização do balanço de determinação, em que o patrimônio intangível é levado em consideração. Essa aparente contradição se resolve pela mitigação da regra de equiparação da dissolução parcial à total, lembrando que ela constitui uma ficção legal – já que a sociedade se manterá em plena atividade –, bem como que os precedentes que lhe deram origem, desde os seus primórdios (ainda no âmbito do STF), basearam-se no fato de que "deve ser assegurada ao sócio retirante situação de igualdade na apuração de haveres, fazendo-se esta com a maior amplitude possível, com a exata verificação, física e contábil, dos valores do ativo" (RE 89.464-SP). E não se diga que esse temperamento estaria desvirtuando a regra, pois a exegese do comando jurisprudencial de igualdade entre os sócios e de ampla avaliação de todo o ativo evidencia ser impossível dar-lhe cumprimento sem incluir no cálculo dos haveres do dissidente o patrimônio intangível da empresa. Quanto à metodologia a ser usada para a precificação dos haveres do sócio retirante, tem-se que a metodologia do fluxo de caixa descontado que inclua, em seu cálculo, o patrimônio intangível da sociedade representa a que melhor revela a situação econômica e a capacidade de geração de riqueza de uma sociedade por quotas de responsabilidade limitada. Esse modelo avaliatório objetiva, em última análise, estabelecer o preço de mercado da sociedade, ou seja, o valor patrimonial real da empresa. Por isso, essa metodologia é rotineiramente utilizada em operações de aquisição, fusão e incorporação de participações societárias. Trata-se, entretanto, de um método subjetivo, inexistindo regra ou consenso sobre quais variáveis devem obrigatoriamente compor o cálculo. Seja como for, no cálculo do fluxo de caixa descontado, tem-se por praxe a inclusão do patrimônio intangível da sociedade, que corporifica uma expectativa futura de capacidade de geração de caixa ou de excesso de valor do negócio. Dessa forma, conclui-se que a utilização da metodologia do fluxo de caixa descontado vai ao encontro da jurisprudência do STJ, no sentido de que a apuração de haveres na dissolução parcial de sociedade limitada seja realizada mediante cálculo que aponte o valor patrimonial real da sociedade empresária. Nessa conjuntura, a própria orientação do STJ, de que a apuração de haveres se dê por balanço de determinação – que, repise-se, compreende os bens intangíveis da sociedade – sinaliza a possibilidade de utilização do fluxo de caixa descontado. Tanto é assim que, no julgamento do REsp 968.317-RS (DJe 11/5/2009), a Quarta Turma do STJ decidiu que "não configura ofensa ao art. 1.031 do CC/02 o acolhimento das conclusões do laudo pericial que, ao apurar o valor do fundo de comércio, utiliza-se de sistemática de cálculo consistente na projeção da rentabilidade futura trazida ao valor presente, de modo a aferir os efeitos provocados pela perda da parcela intangível do patrimônio (contas de clientes)". Não se ignora o fato de que, ao se desligar da sociedade, o dissidente perde a condição de sócio, não mais se sujeitando aos riscos do negócio, ou seja, deixando de participar de eventuais lucros ou prejuízos apurados. Todavia, também não se pode ignorar que a saída do dissidente ontologicamente não difere da alienação de sua participação societária. Também na dissolução parcial há alienação de quotas sociais. A única diferença é que a adquirente é a própria sociedade (ou os sócios remanescentes). Portanto, se, na alienação de participação societária, aceita-se de forma pacífica que o valor de mercado das quotas seja apurado mediante aplicação da metodologia do

fluxo de caixa descontado, não se vislumbra motivo para que esse mesmo método não seja utilizado na apuração de haveres de sócio retirante. Afinal, não há como reembolsar de forma digna e justa o sócio dissidente sem incluir na apuração de haveres a mais valia da empresa no mercado. Ressalte-se, por fim, que o cálculo do fluxo de caixa descontado apresenta resultados futuros trazidos a valor presente, mediante aplicação de uma taxa de desconto que contempla o custo de oportunidade do capital empregado na remuneração das quotas sociais. Dessa forma, sofrendo a mais valia futura redução a um valor presente, com base em um fator de risco, não se pode falar a rigor em participação do sócio dissidente nos lucros futuros da empresa. **REsp 1.335.619-SP, Rel. originária e voto vencedor Min. Nancy Andrighi, Rel. para acórdão Min. João Otávio de Noronha, julgado em 3/3/2015, DJe 27/3/2015 (Inform. STJ 558).**

DIREITO CIVIL. DISSOLUÇÃO DE SOCIEDADE EM CONTA DE PARTICIPAÇÃO. Aplica-se subsidiariamente às sociedades em conta de participação o art. 1.034 do CC, o qual define de forma taxativa as hipóteses pelas quais se admite a dissolução judicial das sociedades. Apesar de despersonificadas e de os seus sócios possuírem graus de responsabilidade distintos, as sociedades em conta de participação decorrem da união de esforços, com compartilhamento de responsabilidades, comunhão de finalidade econômica e existência de um patrimônio especial garantidor das obrigações assumidas no exercício da empresa. Não há diferença ontológica entre as sociedades em conta de participação e os demais tipos societários personificados, distinguindo-se quanto aos efeitos jurídicos unicamente em razão da dispensa de formalidades legais para sua constituição. Sendo assim, admitindo-se a natureza societária dessa espécie empresarial, deve--se reconhecer a aplicação subsidiária do art. 1.034 do CC – o qual define de forma taxativa as hipóteses pelas quais se admite a dissolução judicial das sociedades – às sociedades em conta de participação, nos termos do art. 996 do CC, enquanto ato inicial que rompe o vínculo jurídico entre os sócios. Ora, as sociedades não personificadas, diversamente das universalidades despersonalizadas, decorrem de um vínculo jurídico negocial e, no mais das vezes, plurissubjetivo. São contratos relacionais multilaterais de longa duração, os quais podem ser rompidos pela vontade das partes, em consenso ou não, porquanto não se pode exigir a eternização do vínculo contratual. E é essa a finalidade do instituto jurídico denominado dissolução. Por fim, ressalte-se que, somente após esse ato inicial, que dissolve as amarras contratuais entre os sócios, inicia-se o procedimento de liquidação. E, nesta fase, sim, a ausência de personalidade jurídica terá clara relevância, impondo às sociedades em conta de participação um regime distinto dos demais tipos societários. Isso porque a especialização patrimonial das sociedades em conta de participação só tem efeitos entre os sócios, nos termos do § 1º do art. 994 do CC, de forma a existir, perante terceiros, verdadeira confusão patrimonial entre o sócio ostensivo e a sociedade. Assim, inexistindo possibilidade material de apuração de haveres, disciplinou o art. 996 do mesmo diploma legal que a liquidação dessas sociedades deveriam seguir o procedimento relativo às prestações de contas, solução que era adotada mesmo antes da vigência do novo Código Civil. Dessa forma, o procedimento especial de prestação de contas refere-se tão somente à forma de sua liquidação, momento posterior à dissolução do vínculo entre os sócios ostensivo e oculto. Contudo, essa disciplina da liquidação não afasta nem poderia atingir o ato inicial, antecedente lógico e necessário, qual seja, a extinção do vínculo contratual de natureza societária por meio da dissolução. **REsp 1.230.981-RJ, Rel. Min. Marco Aurélio Bellizze, julgado em 16/12/2014, DJe 5/2/2015 (Inform. STJ 554).**

DIREITO EMPRESARIAL. ABUSIVIDADE DA VIGÊNCIA POR PRAZO INDETERMINADO DE CLÁUSULA DE NÃO CONCORRÊNCIA.
É abusiva a vigência, por prazo indeterminado, da cláusula de "não restabelecimento" (art. 1.147 do CC), também denominada "cláusula de não concorrência". O art. 1.147 do CC estabelece que "não havendo autorização expressa, o alienante do estabelecimento não pode fazer concorrência ao adquirente, nos cinco anos subsequentes à transferência". Relativamente ao referido artigo, foi aprovado o Enunciado 490 do CJF, segundo o qual "A ampliação do prazo de 5 (cinco) anos de proibição de concorrência pelo alienante ao adquirente do estabelecimento, ainda que convencionada no exercício da autonomia da vontade, pode ser revista judicialmente, se abusiva". Posto isso, cabe registrar que se mostra abusiva a vigência por prazo indeterminado da cláusula de "não restabelecimento", pois o ordenamento jurídico pátrio, salvo expressas exceções, não se coaduna com a ausência de limitações temporais em cláusulas restritivas

ou de vedação do exercício de direitos. Assim, deve-se afastar a limitação por tempo indeterminado, fixando-se o limite temporal de vigência por cinco anos contados da data do contrato, critério razoável adotado no art. 1.147 do CC/2002. **REsp 680.815-PR, Rel. Min. Raul Araújo, julgado em 20/3/2014, DJe 3/2/2015 (Inform. STJ 554).**

DIREITO EMPRESARIAL. LEGITIMIDADE DA BRASIL TELECOM S/A PARA RESPONDER PELOS ATOS PRATICADOS PELA TELESC. RECURSO REPETITIVO (ART. 543-C DO CPC E RES. 8/2008-STJ).
A Brasil Telecom S/A tem legitimidade para responder pelos atos praticados pela Telesc quanto a credores cujo título não tiver sido constituído até o ato de incorporação, independentemente de se referir a obrigações anteriores a ele. Isso porque a sucessão, por incorporação, de empresas determina a extinção da personalidade jurídica da incorporada, com a transmissão de seus direitos e obrigações à incorporadora. De fato, a incorporação, conforme o art. 227 da Lei 6.404/1976 e o art. 1.116 do CC, é a operação pela qual uma ou mais sociedades são absorvidas por outra, que lhes sucede em todos os direitos e obrigações. Por esse instituto, em linhas gerais, determinada sociedade empresarial, a incorporadora, engloba outra, a incorporada, integrando ao seu patrimônio tanto o ativo quanto o passivo da incorporada, a qual terá extinta sua personalidade jurídica, conforme se extrai dos enunciados normativos dos arts. 219 e 227, § 3°, da Lei 6.404/1976 e do art. 1.118 do CC. Dessa forma, fica claro que a incorporação caracteriza--se, essencialmente, por dois requisitos: a absorção total do patrimônio da incorporada pela incorporadora (todos os direitos e obrigações) e a extinção da personalidade jurídica da incorporada. Assim, deve-se reconhecer a legitimidade da sociedade empresária sucessora, por incorporação, para responder pelos atos da incorporada, inclusive quanto a credores cujo título não esteja constituído até o ato de incorporação, independentemente de se referir a obrigações anteriores a ele. **REsp 1.322.624-SC, Rel. Ministro Paulo de Tarso Sanseverino, julgado em 12/6/2013. (Inform. STJ 522)**

Súmula STF nº 646

Ofende o princípio da livre concorrência lei municipal que impede a instalação de estabelecimentos comerciais do mesmo ramo em determinada área.

Súmula STF nº 645

É competente o município para fixar o horário de funcionamento de estabelecimento comercial.

Súmula STJ nº 227

A pessoa jurídica pode sofrer dano moral.

9. DIREITO DO TRABALHO

1. JORNADA DE TRABALHO

Art. 384 da CLT e recepção pela CF/1988 - 1

O art. 384 da CLT ["Em caso de prorrogação do horário normal, será obrigatório um descanso de quinze (15) minutos no mínimo, antes do início do período extraordinário do trabalho"] foi recepcionado pela CF/1988 e se aplica a todas as mulheres trabalhadoras. Essa a conclusão do Plenário que, por maioria, desproveu recurso extraordinário em que discutia a compatibilidade do referido dispositivo com a Constituição vigente, à luz do princípio da isonomia, para fins de pagamento, pela empresa empregadora, de indenização referente ao intervalo de 15 minutos, com adicional de 50% previsto em lei. Preliminarmente, o Colegiado, por decisão majoritária, rejeitou questão de ordem, suscitada pelo Ministro Marco Aurélio, no sentido de não haver quórum para julgamento, tendo em conta se tratar de conflito de norma com a Constituição, e a sessão contar com menos de oito integrantes. No ponto, o Ministro Celso de Mello frisou que não se cuidaria de juízo de constitucionalidade, mas de discussão em torno de direito pré-constitucional. Assim, o juízo da Corte seria positivo ou negativo de recepção. Vencido o suscitante. No mérito, o Colegiado ressaltou que a cláusula geral da igualdade teria sido expressa em todas as Constituições brasileiras, desde 1824. Entretanto, somente com a CF/1934 teria sido destacado, pela primeira vez, o tratamento igualitário entre homens e mulheres. Ocorre que a essa realidade jurídica não teria garantido a plena igualdade entre os sexos no mundo dos fatos. Por isso, a CF/1988 teria explicitado, em três mandamentos, a garantia da igualdade. Assim: a) fixara a cláusula geral de igualdade, ao prescrever que todos são iguais perante a lei, sem distinção de qualquer natureza; b) estabelecera cláusula específica de igualdade de gênero, ao declarar que homens e mulheres são iguais em direitos e obrigações; e c) excepcionara a possibilidade de tratamento diferenciado, que seria dado nos termos constitucionais. Por sua vez, as situações expressas de tratamento desigual teriam sido dispostas formalmente na própria Constituição, a exemplo dos artigos 7º, XX; e 40, § 1º, III, a e b. Desse modo, a Constituição se utilizara de alguns critérios para o tratamento diferenciado. Em primeiro lugar, considerara a histórica exclusão da mulher do mercado regular de trabalho e impusera ao Estado a obrigação de implantar políticas públicas, administrativas e legislativas de natureza protetora no âmbito do direito do trabalho. Além disso, o texto constitucional reputara existir componente biológico a justificar o tratamento diferenciado, tendo em vista a menor resistência física da mulher. Ademais, levara em conta a existência de componente social, pelo fato de ser comum o acúmulo de atividades pela mulher no lar e no ambiente de trabalho. No caso, o dispositivo legal em comento não retrataria mecanismo de compensação histórica por discriminações socioculturais, mas levara em conta os outros dois critérios (componentes biológico e social). O Plenário assinalou que esses parâmetros constitucionais legitimariam tratamento diferenciado, desde que a norma instituidora ampliasse direitos fundamentais das mulheres e atendesse ao princípio da proporcionalidade na compensação das diferenças.
RE 658312/SC, rel. Min. Dias Toffoli, 27.11.2014. (RE-658312)

Art. 384 da CLT e recepção pela CF/1988 - 2

O Colegiado reputou que, ao se analisar o teor da norma discutida, seria possível inferir que ela trataria de forma proporcional de aspectos de evidente desigualdade, ao garantir período mínimo de descanso de 15 minutos antes da jornada extraordinária de trabalho à mulher. Embora, com o tempo, tivesse ocorrido a supressão de alguns dispositivos a cuidar da jornada de trabalho feminina na CLT, o legislador teria mantido a regra do art. 384, a fim de garantir à mulher diferenciada proteção, dada sua identidade biossocial peculiar. Por sua vez, não existiria fundamento sociológico ou comprovação por dados estatísticos a amparar a tese de que essa norma dificultaria ainda mais a inserção da mulher no mercado de trabalho. O discrímen não violaria a universalidade dos direitos do homem, na medida em que o legislador vislumbrara a necessidade de maior proteção a um grupo de trabalhadores, de forma justificada e proporcional. Inexistiria, outrossim, violação da Convenção sobre a Eliminação de Todas as Formas de Discriminação contra a Mulher, recepcionada pela Constituição, que proclamara, inclusive, outros direitos específicos das mulheres: a) nas relações familiares, ao coibir a violência doméstica; e b) no mercado de trabalho, ao proibir a discriminação e garantir proteção especial mediante incentivos específicos. Dessa forma, tanto as disposições constitucionais como as infraconstitucionais não impediriam tratamentos diferenciados, desde que existentes elementos legítimos para o discrímen e que as garantias fossem proporcionais às diferenças existentes entre os gêneros ou, ainda, definidas por conjunturas sociais. Na espécie, não houvera tratamento arbitrário em detrimento do homem. A respeito, o Colegiado anotou outras espécies normativas em que concebida a igualdade não a partir de sua formal acepção, mas como um fim necessário em situações de desigualdade: direitos trabalhistas extensivos aos trabalhadores não incluídos no setor formal; licença maternidade com prazo superior à licença paternidade; prazo menor para a mulher adquirir direito à aposentadoria por tempo de serviço e contribuição; obrigação de partidos políticos reservarem o mínimo de 30% e o máximo de 70% para candidaturas de cada sexo; proteção especial para mulheres vítimas de violência doméstica; entre outras. Além disso, a jurisprudência da Corte entenderia possível, em etapa de concurso público, exigir-se teste físico diferenciado para homens e mulheres quando preenchidos os requisitos da necessidade e da adequação para o discrímen. Não obstante, o Colegiado concluiu que, no futuro, poderia haver efetivas e reais razões fáticas e políticas para a revogação da norma, ou mesmo para ampliação do direito a todos os trabalhadores.
RE 658312/SC, rel. Min. Dias Toffoli, 27.11.2014. (RE-658312)

Art. 384 da CLT e recepção pela CF/1988 - 3

O Ministro Gilmar Mendes sublinhou que a Corte só poderia invalidar a discriminação feita pelo legislador se ela fosse arbitrária, o que não seria o caso. O Ministro Celso de Mello frisou que o juízo negativo de recepção do art. 384 da CLT implicaria transgressão ao princípio que veda o retrocesso social, que cuidaria de impedir que os níveis de concretização de prerrogativas inerentes aos direitos sociais, uma vez atingidos, viessem a ser reduzidos ou suprimidos, exceto nas hipóteses em que políticas compensatórias viessem a ser implementadas. A Ministra Cármen Lúcia acrescentou que a Constituição atual teria inovado no sentido de estabelecer um sistema jurídico capaz de possibilitar novos espaços de concretização de direitos que sempre existiram — notadamente o princípio da igualdade. Vencidos os Ministros Luiz Fux e Marco Aurélio, que proviam o recurso, para assentar a não-recepção do art. 384 da CLT pela CF/1988. O Ministro Luiz Fux ponderava que, em atendimento à isonomia, o dispositivo deveria ser aplicável somente em relação às atividades que demandassem esforço físico. O Ministro Marco Aurélio considerava que o preceito trabalhista não seria norma protetiva, mas criaria discriminação injustificada no mercado de trabalho, em detrimento da mulher.
RE 658312/SC, rel. Min. Dias Toffoli, 27.11.2014. (RE-658312) (Inform. STF 769)

REPERCUSSÃO GERAL EM RE N. 820.729-DF

RELATOR: MIN. TEORI ZAVASCKI

Ementa: PROCESSUAL CIVIL. RECURSO EXTRAORDINÁRIO. NORMA COLETIVA DE TRABALHO. PAGAMENTO DAS HORAS *IN ITINERE*. FIXAÇÃO DE LIMITE INFERIOR À METADE DO TEMPO EFETIVAMENTE GASTO NO TRAJETO ATÉ O LOCAL DO SERVIÇO. VALIDADE. MATÉRIA INFRACONSTITUCIONAL. AUSÊNCIA DE REPERCUSSÃO GERAL.

1. A controvérsia relativa à validade de norma coletiva de trabalho que limita o pagamento de horas *in itinere* a menos da metade do tempo efetivamente gasto pelo trabalhador no seu trajeto até o local do serviço, fundada na interpretação da Consolidação das Leis do Trabalho e da Lei 10.243/01, é de natureza infraconstitucional.

2. É cabível a atribuição dos efeitos da declaração de ausência de repercussão geral quando não há matéria constitucional a ser apreciada ou quando eventual ofensa à Carta Magna se dê de forma indireta ou reflexa (RE 584.608 RG, Min. ELLEN GRACIE, DJe de 13/3/2009).

3. Ausência de repercussão geral da questão suscitada, nos termos do art. 543-A do CPC. **(Inform. STF 761)**

664 VADE MECUM DE JURISPRUDÊNCIA – STF/STJ

📖 Súmula STF nº 675

Os intervalos fixados para descanso e alimentação durante a jornada de seis horas não descaracterizam o sistema de turnos ininterruptos de revezamento para o efeito do art. 7º, XIV, da Constituição.

2. RESCISÃO DO CONTRATO DE TRABALHO

Plano de dispensa incentivada e validade da quitação ampla de parcelas contratuais

A transação extrajudicial que importa rescisão de contrato de trabalho, em razão de adesão voluntária do empregado a plano de dispensa incentivada, enseja quitação ampla e irrestrita de todas as parcelas objeto do contrato de emprego, caso essa condição tenha constado expressamente do acordo coletivo que aprovou o plano, bem como dos demais instrumentos celebrados com o empregado. Com base nessa orientação, o Plenário conheceu de recurso extraordinário e a ele deu provimento. Na espécie, discutia-se a validade de renúncia genérica a direitos contida em termo de adesão ao Programa de Desligamento Incentivado (PDI) com chancela sindical e previsto em norma de acordo coletivo. De início, a Corte não conheceu de agravo regimental interposto contra decisão que admitira ingresso de "amicus curiae". Esclareceu que a admissão de terceiros no processo seria irrecorrível. No mérito, apontou que, quando se tratasse de acordo coletivo, não incidiria a hipótese do art. 477, § 2 º da CLT, que restringe a eficácia liberatória da quitação aos valores e às parcelas discriminadas no termo de rescisão exclusivamente ("Art. 477 - É assegurado a todo empregado, não existindo prazo estipulado para a terminação do respectivo contrato, e quando não haja ele dado motivo para cessação das relações de trabalho, o direto de haver do empregador uma indenização, paga na base da maior remuneração que tenha percebido na mesma empresa. ... § 2º - O instrumento de rescisão ou recibo de quitação, qualquer que seja a causa ou forma de dissolução do contrato, deve ter especificada a natureza de cada parcela paga ao empregado e discriminado o seu valor, sendo válida a quitação, apenas, relativamente às mesmas parcelas."). No âmbito do direito coletivo do trabalho não se verificaria a mesma situação de assimetria de poder presente nas relações individuais de trabalho. Como consequência, a autonomia coletiva da vontade não se encontraria sujeita aos mesmos limites da autonomia individual. O art. 7º, XXVI, da CF teria prestigiado a autonomia coletiva da vontade e a autocomposição dos conflitos trabalhistas, de forma a acompanhar a tendência mundial ao crescente reconhecimento dos mecanismos de negociação coletiva, retratada na Convenção 98/1949 e na Convenção 154/1981 da Organização Internacional do Trabalho. O reconhecimento dos acordos e convenções coletivas permitiria que os trabalhadores contribuíssem para a formulação das normas a reger sua própria vida. Os planos de dispensa incentivada permitiriam reduzir as repercussões sociais das dispensas, assegurando àqueles que optassem por seu desligamento da empresa condições econômicas mais vantajosas do que aquelas que decorreriam da mesma dispensa por decisão do empregador. Acentuou a importância de se assegurar a credibilidade dos planos, para preservar a sua função protetiva e não desestimular o seu uso. Ponderou que os planos de dispensa incentivada teriam se tornado, em alguns cenários econômicos, alternativa social relevante para atenuar o impacto de dispensas em massa por oferecerem, em regra, condições mais favoráveis que aquelas que ordinariamente o trabalhador receberia.
RE 590415/SC, rel. Min. Roberto Barroso, 30.4.2015. (RE-590415)
RE 590415 AgR/SC, rel. Min. Roberto Barroso, 30.4.2015. (RE-590415)
(Inform. STF 783)

REPERCUSSÃO GERAL EM RE N. 631.053-DF

RED. P/ O ACÓRDÃO: MIN. CELSO DE MELLO
E M E N T A: **RECURSO EXTRAORDINÁRIO – EXAME** _DO DIREITO POTESTATIVO_ _DE_ _RESOLUÇÃO_ _UNILATERAL_ DO CONTRATO INDIVIDUAL DE TRABALHO **EM FACE** _DA_ _PROTEÇÃO_ _CONSTITUCIONAL_ **DISPENSADA** _À_ _RELAÇÃO_ _DE EMPREGO_ – **A DISPENSA IMOTIVADA** _COMO ATO MERAMENTE_ _POTESTATIVO_ DO EMPREGADOR – **POSSIBILIDADE**, _OU NÃO_, **O REGULAMENTO INTERNO** DA INSTITUIÇÃO UNIVERSITÁRIA DE ENSINO **RESTRINGIR** O EXERCÍCIO, _PELO EMPREGADOR_, DE SEU DIREITO POTESTATIVO DE PROMOVER A DISPENSA **SEM** JUSTA CAUSA – **O DIREITO** _DO_ _EMPREGADO_ _PROFESSOR_ À LIBERDADE DE CÁTEDRA E À LIVRE PESQUISA **DO DIREITO** – _PRERROGATIVA_ **OPONÍVEL** AO DIREITO POTESTATIVO DA INSTITUIÇÃO UNIVERSITÁRIA DE ENSINO? – **CONSEQUENTE DISCUSSÃO** _EM TORNO DA NECESSIDADE_ DE PRÉVIA INSTAURAÇÃO _DE INQUÉRITO ADMINISTRATIVO_, **PREVISTA** _EM REGULAMENTO INTERNO_, **PARA EFEITO**

DE LEGITIMAR A **DISPENSA**, _SEM JUSTA CAUSA_, **DE PROFESSOR** _POR_ _INSTITUIÇÃO_ _PARTICULAR_ _DE_ _ENSINO_ _SUPERIOR_ – **ALEGADA VIOLAÇÃO** A PRECEITOS **INSCRITOS** NA CONSTITUIÇÃO DA REPÚBLICA (**CF**, ART. 7º, I, **E ADCT/88**, ART. 10, I) – **CONTROVÉRSIA** A CUJO RESPEITO O **PLENÁRIO VIRTUAL** DO SUPREMO TRIBUNAL FEDERAL _RECONHECEU EXISTENTE A_ _REPERCUSSÃO_ _GERAL_. **(Inform. STF 765)**

REPERCUSSÃO GERAL EM RE N. 806.190-GO

RELATOR: MIN. GILMAR MENDES
Recurso extraordinário. Repercussão geral da questão constitucional reconhecida. Reafirmação de jurisprudência. 2. Artigo 31 da Lei 8.880/94. Indenização adicional decorrente de demissão imotivada de empregado. Medida legislativa emergencial. Norma de ajustamento do sistema monetário. Implementação do Plano Real. Competência privativa da União. 3. Inexistência de inconstitucionalidade formal. 4. Recurso extraordinário provido. **(Inform. STF 752)**

AG. REG. NO ARE N. 696.131-SP

RELATOR: MIN. ROBERTO BARROSO
EMENTA: AGRAVO REGIMENTAL NO RECURSO EXTRAORDINÁRIO COM AGRAVO. AUSÊNCIA DE CONTROVÉRSIA SOB A ÓTICA CONSTITUCIONAL. PRESCRIÇÃO TRABALHISTA.
O Plenário do Supremo Tribunal Federal manifestou-se pela ausência de repercussão geral da controvérsia acerca da prescrição trabalhista, se parcial ou total, por entender que a discussão possui natureza infraconstitucional (ARE 697.514-RG, Rel. Min. Gilmar Mendes – Tema 583). Agravo regimental a que se nega provimento. **(Inform. STF 747)**

AG. REG. NO AI N. 737.279-SP

RELATOR: MIN. MARCO AURÉLIO
RECURSO EXTRAORDINÁRIO – SERVIDOR REGIDO PELA CONSOLIDAÇÃO DAS LEIS DO TRABALHO – APOSENTADORIA VOLUNTÁRIA – NÃO EXTINÇÃO DO VÍNCULO EMPREGATÍCIO – CONSEQUÊNCIAS. A aposentadoria voluntária não extingue o vínculo empregatício, pelo que, tendo o servidor regido pela Consolidação das Leis do Trabalho sido demitido em consequência do pedido de aposentadoria, cabe o pagamento de verbas rescisórias. **(Inform. STF 716)**

3. CONVENÇÃO COLETIVA

Convenção coletiva e política salarial - 10

O Plenário retomou julgamento de embargos de divergência opostos contra acórdão da 2ª Turma que, ao entender incorreta a premissa que integrara a "ratio decidendi" do julgamento de recurso extraordinário, concedera efeitos modificativos a embargos declaratórios para assentar a prevalência de lei federal, que institui nova sistemática de reajuste de salário, sobre cláusula de acordo coletivo que prevê que o regime de reajuste de salários ali convencionado será mantido, ainda que sobrevenha nova lei que introduza política salarial menos favorável — v. Informativos 227, 294, 311, 390, 473, 484 e 485. No julgamento do recurso extraordinário, a 2ª Turma fizera prevalecer a cláusula da convenção coletiva em detrimento da Lei 8.030/1990, ao fundamento de que a espécie dos autos possuiria características diferentes de outros precedentes do Tribunal, porquanto as partes teriam sido explícitas ao afastar a incidência do que viesse a ser estipulado normativamente, e de que teria havido ofensa ao ato jurídico perfeito (CF, art. 5º, XXXVI). No acórdão embargado, concluíra-se que a Turma adotara premissa incorreta quanto à distinção do caso em relação à jurisprudência da Corte sobre o tema. Em voto-vista, o Ministro Ricardo Lewandowski (Presidente), acompanhado do Ministro Roberto Barroso, conheceu dos embargos de divergência e lhes deu provimento, para restabelecer o acórdão resultante da apreciação do extraordinário. Não vislumbrou a presença do requisito omissão, apontado pelo embargado no julgamento do recurso extraordinário. Verificou que todos os Ministros integrantes, à época, da 2ª Turma teriam analisado criteriosamente a hipótese. Realçou que os Ministros Marco Aurélio (relator), Celso de Mello e Néri da Silveira teriam entendido que a situação seria análoga a do RE 188.366/SP (DJU de 19.11.1999), precedente em que se reconhecera a vedação da possibilidade de a legislação infraconstitucional, ainda quando de ordem pública, retroagir para alcançar o direito adquirido, o ato jurídico perfeito e a coisa julgada. Consignou que o relator confrontara este caso

9. DIREITO DO TRABALHO

com outros precedentes que, apesar da similaridade, não se mostrariam plenamente adequados, dada a particularidade da cláusula de garantia. Assim, por inexistir qualquer dos pressupostos de admissibilidade dos embargos de declaração, estaria prejudicada a análise dos seus possíveis efeitos modificativos. Ademais, o máximo que se poderia alegar, na espécie, seria erro de julgamento, o que não constituiria pressuposto de embargabilidade. Em seguida, pediu vista o Ministro Teori Zavascki.

RE 194662 Ediv-ED-ED/BA, rel. Min. Sepúlveda Pertence, 5.3.2015. (RE-194662)

Convenção coletiva e política salarial - 11

Os embargos de declaração não se prestam a corrigir possíveis erros de julgamento. Com base nessa orientação, o Plenário, por maioria e em conclusão de julgamento, conheceu e recebeu embargos de divergência para anular acórdão proferido nos primeiros embargos de declaração e restabelecer o julgamento do recurso extraordinário. Na espécie, os embargos de divergência foram opostos contra acórdão da Segunda Turma que, ao entender incorreta a premissa que integrara a "ratio decidendi" do julgamento de recurso extraordinário, concedera efeitos modificativos a embargos declaratórios para assentar a prevalência de lei federal, que instituíra nova sistemática de reajuste de salário, sobre cláusula de acordo coletivo que previra que o regime de reajuste de salários ali convencionado seria mantido, ainda que sobreviesse nova lei que introduzisse política salarial menos favorável. No julgamento do recurso extraordinário, a Segunda Turma fizera prevalecer a cláusula da convenção coletiva em detrimento da Lei 8.030/1990, ao fundamento de que a espécie dos autos possuiria características diferentes de outros precedentes do Tribunal, porquanto as partes teriam sido explícitas ao afastar a incidência do que viesse a ser estipulado normativamente, e de que teria havido ofensa ao ato jurídico perfeito (CF, art. 5º, XXXVI). No acórdão embargado, concluíra-se que a Turma adotara premissa incorreta quanto à distinção do caso em relação à jurisprudência da Corte sobre o tema — v. Informativos 227, 294, 311, 390, 473, 484, 485 e 776. A Corte assentou que se estaria a tratar de convenção coletiva, não do cumprimento de sentença normativa. Além disso, os sindicatos das respectivas categorias profissional e econômica teriam convencionado no sentido da concessão do reajuste independentemente de qualquer alteração em prejuízo dos trabalhadores, que fosse trazido pelo advento de novo diploma legal. Dessa forma, a solução emprestada pela Turma teria implicado rejulgamento da matéria, sem que tivesse havido premissa equivocada, porque não haveria, na jurisprudência do Tribunal, decisão no sentido de que deveria a lei prevalecer sobre a cláusula de convenção coletiva. Apontou precedentes da Corte no sentido de que os embargos de declaração não serviriam à correção de pretendido erro de julgamento.

RE 194662 Ediv-ED-ED/BA, rel. orig. Min. Sepúlveda Pertence, red. p/ o acórdão Min. Marco Aurélio, 14.5.2015. (RE-194662)

Convenção coletiva e política salarial - 12

De outro lado, o Tribunal admitiu os embargos de declaração com efeitos modificativos, desde que para fins de correção de premissas equivocadas. Esclareceu que erro de julgamento e premissa equivocada seriam noções conceituais autônomas, distintas e inconfundíveis, uma vez que a premissa equivocada pressuporia o reconhecimento de erro material ou a desconsideração de fato que, se fosse reconhecido, teria tido influência decisiva no julgamento, ou seja, teria alterado o resultado do julgamento, a caracterizar omissão reparável pelo efeito integrador, e eventualmente modificativo de que poderiam revestir-se os embargos de declaração. Na espécie, se situação anormal houvesse, ela se reduziria, se fosse o caso, a hipótese de erro de julgamento e não de premissa equivocada. Assim, se eventualmente tivesse havido aplicação errônea de precedentes jurisprudenciais na matéria, haveria recurso idôneo a ser ajuizado, mas não os embargos de declaração impregnados de efeitos modificativos. Vencidos os Ministros Gilmar Mendes, Teori Zavascki e Luiz Fux, que não conheciam dos embargos de divergência. Lembravam um dos princípios fundamentais de todo sistema processual moderno, o da função instrumental. Frisavam que o CPC consagraria sistema em que as normas que relativizariam a declaração de nulidades processuais atuariam como normas de sobredireito. Apontavam que vários julgados da Corte, em razão de situações consideradas de caráter excepcional, teriam deixado de lado a interpretação literal e estrita do art. 535 do CPC, para o efeito de acolher embargos de declaração com efeitos infringentes, sempre que fosse necessário corrigir equívocos relevantes no acórdão embargado.

RE 194662 Ediv-ED-ED/BA, rel. orig. Min. Sepúlveda Pertence, red. p/ o acórdão Min. Marco Aurélio, 14.5.2015. (RE-194662) (Inform. STF 785)

AG. REG. NO ARE N.859.280-DF
RELATORA: MIN. ROSA WEBER
EMENTA: DIREITO DO TRABALHO. COMPLEMENTO DA REMUNERAÇÃO MÍNIMA POR NÍVEL E REGIME. INTERPRETAÇÃO DE CLÁUSULAS DE ACORDO COLETIVO. EVENTUAL OFENSA REFLEXA NÃO VIABILIZA O MANEJO DO RECURSO EXTRAORDINÁRIO. INOCORRÊNCIA. ACÓRDÃO RECORRIDO PUBLICADO EM 23.5.2014.A controvérsia, a teor do que já asseverado na decisão guerreada, não alcança estatura constitucional. Não há falar, nesse compasso, em afronta aos preceitos constitucionais indicados nas razões recursais, porquanto compreender de modo diverso exigiria análise da legislação infraconstitucional encampada na decisão prolatada pela Corte de origem, o que torna oblíqua e reflexa eventual ofensa, insuscetível, portanto, de viabilizar o conhecimento do recurso extraordinário. Desatendida a exigência do art. 102, III, "a", da Lei Maior, nos termos da remansosa jurisprudência desta Corte.

Divergir da conclusão do acórdão recorrido exigiria o reexame da interpretação conferida a cláusulas de acordo coletivo, procedimento vedado em sede extraordinária. Aplicação da Súmula 454/STF: *"Simples interpretação de cláusulas contratuais não dá lugar a recurso extraordinário."*Agravo regimental conhecido e não provido. **(Inform. STF 785)**

REPERCUSSÃO GERAL EM ARE N. 859.878- DF
RELATOR: MIN. TEORI ZAVASCKI
Ementa: CONSTITUCIONAL, TRABALHISTA E PROCESSUAL CIVIL. RECURSO EXTRAORDINÁRIO. INFRINGÊNCIA À SÚMULA VINCULANTE 10. INOCORRÊNCIA. PETRÓLEO BRASILEIRO S/A (PETROBRÁS). VALIDADE DO CÁLCULO DO COMPLEMENTO DE REMUNERAÇÃO MÍNIMA POR NÍVEL E REGIME (RMNR). CLÁUSULA 35ª DO ACORDO COLETIVO DE TRABALHO DE 2007/2009. OFENSA CONSTITUCIONAL REFLEXA. AUSÊNCIA DE REPERCUSSÃO GERAL.

1. A controvérsia relativa à legitimidade da forma de cálculo da verba denominada Complemento de Remuneração Mínima por Nível e Regime (RMNR), fundada na interpretação de cláusulas de acordo coletivo de trabalho, não enseja a interposição de recurso extraordinário, uma vez que eventual ofensa à Constituição Federal seria meramente reflexa.

2. É cabível a atribuição dos efeitos da declaração de ausência de repercussão geral quando não há matéria constitucional a ser apreciada ou quando eventual ofensa à Carta Magna se dê de forma indireta ou reflexa (RE 584.608 RG, Min. ELLEN GRACIE, DJe de 13/3/2009).

3. Ausência de repercussão geral da questão suscitada, nos termos do art. 543-A do CPC. **(Inform. STF 778)**

4. SINDICATO E CIPA

Centrais sindicais e contribuição sindical - 8

O Plenário retomou julgamento de ação direta de inconstitucionalidade ajuizada em face dos artigos 1º, II, e 3º da Lei 11.648/2008, bem como dos artigos 589, II, "b" e §§ 1º e 2º; e 593 da CLT, na redação dada pelo art. 5º da referida lei. O debate circunscreve-se sobre duas problemáticas centrais: a) a possibilidade de as centrais sindicais tomarem parte em debates e negociações travados nos espaços de diálogo social de composição tripartite, em defesa do interesse geral dos trabalhadores, ao lado de sindicatos e confederações; e b) a constitucionalidade da inclusão das centrais sindicais no rol das entidades beneficiárias da contribuição sindical — v. Informativos 552, 577 e 578. Em voto-vista, o Ministro Roberto Barroso julgou parcialmente procedente o pedido, no que foi acompanhado pela Ministra Rosa Weber. Acompanhou a divergência iniciada pelo Ministro Marco Aurélio quanto à interpretação conforme dada ao art. 1º, "caput" e inciso II e art. 3º da Lei 11.648/2008, e improcedente quanto aos dispositivos que modificaram os artigos 589 e 593 da CLT. Frisou ser legítima a destinação de 10% do valor das contribuições sindicais para as centrais sindicais, sendo certo que esse percentual não teria sido retirado dos sindicatos nem das confederações, mas sim das parcelas que seriam destinadas ao fundo de amparo do trabalhador. Esclareceu que as alterações de redação realizadas pela Lei 11.648/2008 na CLT teriam mudado a destinação da receita auferida com a contribuição sindical: os 20% anteriormente direcionados à "Conta Especial Emprego e Salário" teriam sido reduzidos para 10% e esse exato percentual fora revertido para as centrais sindicais. Lembrou que a característica essencial às contribuições seria a afetação jurídica da arrecadação, sendo, inclusive, o elemento que os distinguiria dos impostos. Portanto, uma contribuição deveria trazer em sua hipótese de incidência clara destinação do seu produto.

Além disso, o respectivo fim deveria ser constitucionalmente idôneo. Daí a conclusão de que seria inválida a contribuição que não trouxesse a destinação da sua arrecadação ou que apontasse um fim ilegítimo que permitisse a tredestinação do seu produto. **ADI 4067/DF, rel. Min. Joaquim Barbosa, 26.11.2015. (ADI-4067)**

Centrais sindicais e contribuição sindical - 9

O Ministro Roberto Barroso assentou que o art. 149 da Constituição autorizaria a criação de contribuições "de interesse das categorias profissionais ou econômicas" ("Art. 149. Compete exclusivamente à União instituir contribuições sociais, de intervenção no domínio econômico e de interesse das categorias profissionais ou econômicas, como instrumento de sua atuação nas respectivas áreas, observado o disposto nos arts. 146, III, e 150, I e III, e sem prejuízo do previsto no art. 195, § 6º, relativamente às contribuições a que alude o dispositivo"). Nos termos desse artigo, não haveria necessariamente uma vinculação de destinação da receita do tributo para o sistema confederativo. Tanto é que a redação do art. 8º, IV, da CF, ao prever a contribuição confederativa — esta sim direcionada ao sistema confederativo e paga voluntariamente pelos sindicalizados —, ressalvaria a "contribuição prevista em lei", o que denotaria uma diferença essencial entre as duas contribuições. Portanto, contribuição sindical e contribuição confederativa seriam distintas, por força da Constituição e da lei. Em nenhum momento, o art. 149 da CF estabeleceria que a contribuição deveria ser destinada exclusivamente às entidades integrantes da organização sindical, mas sim que atenderia aos interesses das categorias profissionais, o que englobaria entidades de defesa dos trabalhadores que não possuíssem natureza sindical. Assentou que a destinação da receita da contribuição em tela exclusivamente às entidades que formalmente compusessem o sistema sindical não seria a única forma de atender aos interesses das categorias econômicas e profissionais, finalidade constitucionalmente estabelecida para o tributo. Aduziu que não haveria como desvincular as duas orientações: a representatividade dessas entidades levaria necessariamente à validade da destinação de recursos conferida pela lei. Dessa forma, além de não existir tredestinação de arrecadação no presente caso, não haveria qualquer prejuízo às entidades do sistema confederativo. Em seguida, pediu vista dos autos o Ministro Gilmar Mendes. **ADI 4067/DF, rel. Min. Joaquim Barbosa, 26.11.2015. (ADI-4067) (Inform. STF 809)**

Súmula Vinculante STF 40

A contribuição confederativa de que trata o art. 8º, IV, da Constituição Federal, só é exigível dos filiados ao sindicato respectivo.

Súmula STF nº 677

Até que Lei venha a dispor a respeito, incumbe ao ministério do trabalho proceder ao registro das entidades sindicais e zelar pela observância do princípio da unicidade.

Súmula STF nº 676

A garantia da estabilidade provisória prevista no art. 10, II, "a", do ato das disposições constitucionais transitórias, também se aplica ao suplente do cargo de direção de comissões internas de prevenção de acidentes (CIPA).

5. ACIDENTE DE TRABALHO

ACIDENTE DE TRABALHO. DANOS MORAIS. CULPA DE NATUREZA LEVE. AFASTAMENTO DA SÚM. N. 229/STF.
No caso, o recorrente processou a recorrida, empresa industrial, buscando indenização por danos morais, estéticos e emergentes cumulados com lucros cessantes decorrentes de acidente do trabalho. Alegou que, por não trabalhar com equipamentos de proteção, sofreu graves sequelas em acidente ocorrido em 1980. A sentença, proferida antes da EC n. 45/2004, reconheceu a culpa da recorrida e condenou-a a pagar quinhentos salários mínimos por danos morais, mais a diferença entre o valor recebido do INSS e seu último salário, até atingir 65 anos de idade. O acórdão recorrido deu provimento à apelação da recorrida, concluindo que, somente com o advento da CF/1988, é que passou a ser devida a parte da indenização pelo ato ilícito em dano causado por acidente ocorrido no trabalho, independentemente do grau da culpa. O Min. Relator asseverou que a jurisprudência da Terceira e da Quarta Turma firmou-se no sentido de que, desde a edição da Lei n. 6.367/1976, para a responsabilidade do empregador, basta a demonstração da culpa, ainda que

de natureza leve, não sendo mais aplicável a Súm. n. 229/STF, que previa a responsabilização apenas em casos de dolo ou culpa grave. Uma vez reconhecida a culpa da recorrida, cumpre ao STJ aplicar o direito à espécie, nos termos do art. 257 do RISTJ e da Súm. n. 456/STF, por analogia. Assim, perfeitamente cabível a condenação em danos morais. Diante dessa e de outras considerações, a Turma deu parcial provimento ao recurso e fixou a indenização em R$ 250 mil, devendo a correção monetária ser contada a partir da publicação da presente decisão e os juros de mora a partir da data do evento danoso, nos termos da Súm. n. 54/STJ. Em acréscimo, deverá a recorrida pagar mensalmente ao recorrente a diferença salarial determinada pela sentença nos termos por ela fixados, até a data em que o recorrente completar 65 anos de idade. **REsp 406.815-MG, Rel. Min. Antonio Carlos Ferreira, julgado em 12/6/2012. (Inform. STJ 499)**

Súmula Vinculante STF 22

A Justiça do Trabalho é competente para processar e julgar as ações de indenização por danos morais e patrimoniais decorrentes de acidente de trabalho propostas por empregado contra empregador, inclusive aquelas que ainda não possuíam sentença de mérito em primeiro grau quando da promulgação da Emenda Constitucional no 45/04.

Súmula STJ nº 278

O termo inicial do prazo prescricional, na ação de indenização, é a data em que o segurado teve ciência inequívoca da incapacidade laboral.

6. FGTS

Contrato nulo e direito ao FGTS - 1

Os contratos de emprego firmados pela Administração Pública, sem o prévio concurso público, embora nulos, geram direitos em relação ao recolhimento e levantamento do FGTS. Com base nessa orientação, o Plenário, por maioria, reputou improcedente pedido formulado em ação direta ajuizada contra o artigo 19-A e seu parágrafo único e a expressão "declaração de nulidade do contrato de trabalho nas condições do artigo 19-A", constante do inciso II do artigo 20 da Lei 8.036/1990, com a redação dada pela Medida Provisória 2.164-41/2001 ("Art. 19-A. É devido o depósito do FGTS na conta vinculada do trabalhador cujo contrato de trabalho seja declarado nulo nas hipóteses previstas no art. 37, § 2º, da Constituição Federal, quando mantido o direito ao salário. Parágrafo único. O saldo existente em conta vinculada, oriundo de contrato declarado nulo até 28 de julho de 2001, nas condições do 'caput', que não tenha sido levantado até essa data, será liberado ao trabalhador a partir do mês de agosto de 2002. Art. 20. A conta vinculada do trabalhador no FGTS poderá ser movimentada nas seguintes situações: ... II - extinção total da empresa, fechamento de quaisquer de seus estabelecimentos, filiais ou agências, supressão de parte de suas atividades, declaração de nulidade do contrato de trabalho nas condições do artigo 19-A ..."). A Corte reputou que o art. 19-A da Lei 8.036/1990, incluído pela Medida Provisória 2.164-41/2001, não teria afrontado o princípio do concurso público contido no art. 37, II e § 2º, da CF. A norma questionada não infirmara a nulidade da contratação feita à margem dessa exigência, mas apenas permitira o levantamento dos valores recolhidos a título de FGTS pelo trabalhador que efetivamente cumprira suas obrigações contratuais e prestara o serviço devido. **ADI 3127/DF, rel. Min. Teori Zavascki, 26.3.2015. (ADI-3127)**

Contrato nulo e direito ao FGTS - 2

O Colegiado entendeu que, ao contrário do alegado, a Medida Provisória 2.164-41/2001 não teria interferido na autonomia administrativa dos Estados, Distrito Federal e Municípios para organizar o regime funcional de seus respectivos servidores. Essa assertiva se verificaria no fato de que a norma não teria criado qualquer obrigação financeira sem previsão orçamentária, mas dispusera sobre relações jurídicas de natureza trabalhista, a dar nova destinação a um valor que, a rigor, já seria ordinariamente recolhido na conta do FGTS vinculada aos empregados. Ao autorizar o levantamento do saldo eventualmente presente nas contas de FGTS dos empregados desligados até 28.7.2001, e impedir a reversão desses valores ao erário sob a justificativa de anulação contratual, a norma do art. 19-A da Lei 8.036/1990 não teria acarretado novos dispêndios, não desconstituíra qualquer ato jurídico perfeito e tampouco investira contra direito adquirido da Administração Pública. Por fim, o caráter compensatório dessa norma teria sido considerado legítimo pelo Tribunal no julgamento do RE 596.478/RR (DJe de 1º.3.2013) com repercussão geral reconhecida. Vencido o

9. DIREITO DO TRABALHO

Ministro Marco Aurélio, que julgava procedente o pleito. Frisava que o art. 169 da CF disporia que a concessão de qualquer vantagem ou aumento de remuneração, a criação de cargos, empregos e funções ou alteração de estrutura de carreiras, bem como a admissão ou contratação de pessoal, a qualquer título, pressuporia prévia dotação orçamentária. Apontava que não teria sido prevista dotação orçamentária para se atender ao FGTS para os casos de contratação ilícita e ilegítima, sob o ângulo constitucional, porque sem a observância do concurso público.
ADI 3127/DF, rel. Min. Teori Zavascki, 26.3.2015. (ADI-3127) (Inform. STF 779)

REPERCUSSÃO GERAL EM RE N. 541.856-ES
RED. P/ O ACÓRDÃO: MIN. GILMAR MENDES
Recurso Extraordinário. Direito Trabalhista. Prescrição. FGTS. Questão relativa ao termo inicial para questionar o direito à correção de diferenças alusivas ao Fundo de Garantia do Tempo de Serviço. Lei Complementar 110/2001. Controvérsia que se situa no âmbito da legislação infraconstitucional. Ofensa reflexa. Ausência de repercussão geral da questão suscitada. **(Inform. STF 775)**

FGTS: prazo prescricional para cobrança em juízo - 1
Limita-se a cinco anos o prazo prescricional relativo à cobrança judicial de valores devidos, pelos empregados e pelos tomadores de serviço, ao FGTS. Com base nesse entendimento, o Plenário, por maioria, negou provimento a recurso extraordinário com agravo e alterou orientação jurisprudencial — que fixava prazo prescricional de 30 anos — para estabelecer novo lapso temporal (quinquenário), a contar do presente julgado. Na espécie, o TST confirmara julgado do TRT que garantira a empregado que prestara serviços no exterior o prazo prescricional trintenário para a cobrança de contribuições devidas ao FGTS, a ser calculado sobre todas as parcelas de natureza salarial. O TST aplicara, assim, o Enunciado 362 de sua Súmula ["É trintenária a prescrição do direito de reclamar contra o não-recolhimento da contribuição para o FGTS, observado o prazo de 2 (dois) anos após o término do contrato de trabalho"]. O agravante (empregador) defendia a não aplicação da prescrição trintenária para a cobrança de diferenças do FGTS, ao fundamento de que o referido fundo integraria o rol dos direitos dos trabalhadores. Alegava, assim, que o FGTS derivaria do vínculo de emprego, razão pela qual a ele seria aplicado o prazo quinquenal previsto no art. 7º, XXIX, da CF. A Corte sublinhou que a questão constitucional ora versada seria diversa daquela que ensejara a interposição do RE 584.608/SP (DJe de 13.8.2009), cuja repercussão geral fora negada pelo STF. Apontou que, no mencionado recurso, discutia-se o prazo prescricional aplicável sobre a cobrança da correção monetária incidente sobre a multa de 40% sobre os depósitos do FGTS. No presente apelo, seria discutido o prazo prescricional aplicável para a cobrança das contribuições ao FGTS não depositadas tempestivamente pelos empregadores e tomadores de serviço e, portanto, não meras diferenças nos recolhimentos.
ARE 709212/DF, rel. Min. Gilmar Mendes, 13.11.2014. (ARE-709212)

FGTS: prazo prescricional para cobrança em juízo - 2
O Colegiado apontou que normas diversas a disciplinar o FGTS teriam ensejado diferentes teses quanto à sua natureza jurídica: híbrida, tributária, previdenciária, de salário diferido, de indenização, dentre outras. Em verdade, antes do advento da CF/1988, o Supremo já afastara a tese de um suposto caráter tributário ou previdenciário das contribuições devidas a esse fundo e salientara ser o FGTS direito de índole social e trabalhista. Ressaltou que, não obstante julgados que assentaram a finalidade estritamente social de proteção ao trabalhador, o STF continuara a perfilhar a tese da prescrição trintenária do FGTS, em virtude do disposto no art. 20 da Lei 5.107/1966 c/c art. 144 da Lei 3.807/1960. Ao se posicionar pela prescrição trintenária aos casos de recolhimento e de não recolhimento do FGTS, a jurisprudência da Corte estaria em divergência com a ordem constitucional vigente. Isso porque o art. 7º, XXIX, da CF prevê, de forma expressa, o prazo quinquenário a ser aplicado à propositura das ações atinentes a "créditos resultantes das relações de trabalho". Desse modo, a existência de disposição constitucional expressa acerca do prazo aplicável à cobrança do FGTS, após a promulgação da CF/1988, significaria não mais subsistirem razões para se adotar o prazo de prescrição trintenário. Via de consequência, o Plenário reconheceu a inconstitucionalidade dos artigos 23, § 5º, da Lei 8.036/1990; e 55, do Regulamento do FGTS aprovado pelo Decreto 99.684/1990, na parte em que ressalvam o "privilégio do FGTS à prescrição trintenária", por afronta ao art. 7º, XXIX, da CF. No caso, o

recorrido ajuizara sua reclamação trabalhista em 19.4.2007, com pedido de pagamento de FGTS relativo ao período de maio de 2001 a dezembro de 2003. Não obstante a reclamação tivesse sido ajuizada no biênio imediatamente posterior ao término da relação de emprego, ela somente seria apta a alcançar os valores devidos e não adimplidos nos cinco anos anteriores ao seu ajuizamento. A dizer de outro modo, deveria ser dado parcial provimento ao presente recurso extraordinário para reconhecer como não devidas as contribuições ao FGTS quanto ao período anterior a 19.4.2002, em razão da prescrição. Entretanto, por mais de vinte anos e mesmo com o advento da CF/1988, o STF e o TST entendiam que o prazo prescricional aplicável ao FGTS seria o trintenário. O Colegiado destacou, ainda, a necessidade de garantia da segurança jurídica, tendo em conta a mudança jurisprudencial operada.
ARE 709212/DF, rel. Min. Gilmar Mendes, 13.11.2014. (ARE-709212)

FGTS: prazo prescricional para cobrança em juízo - 3
Vencidos o Ministro Marco Aurélio, que provia o recurso em parte, e os Ministros Teori Zavascki e Rosa Weber, que desproviam o recurso, mas mantinham a jurisprudência anterior da Corte. O Ministro Marco Aurélio assentava que, observado o biênio, seria possível pleitear, na inicial da reclamação trabalhista, as parcelas dos últimos cinco anos. Esclarecia que o provimento seria parcial porque haveria parcelas não prescritas. Os Ministros Teori Zavascki e Rosa Weber entendiam que o prazo prescricional ora debatido seria de trinta anos. O Ministro Teori Zavascki reputava que, no caso do FGTS, haveria duas relações jurídicas completamente distintas: a) a relação estabelecida entre o FGTS e o empregador, cuja natureza não seria de salário, nem de verba trabalhista diretamente, porque o Fundo não poderia ser credor trabalhista e, portanto, não poderia ser empregado; b) a relação entre o empregado e o Fundo, em que se poderia até mesmo cogitar da aplicação do inciso XXIX, do art. 7º, da CF, mas não na relação jurídica posta quanto à execução de uma contribuição ao Fundo, não feita oportunamente, sob pena de haver prazos prescricionais diferentes para a mesma pretensão.
ARE 709212/DF, rel. Min. Gilmar Mendes, 13.11.2014. (ARE-709212) (Inform. STF 767)

ED: art. 19-A da Lei 8.036/90 e arguição de irretroatividade - 1
O Plenário iniciou julgamento de embargos de declaração opostos de acórdão no qual assentada, em repercussão geral, a constitucionalidade do art. 19-A da Lei 8.036/90. O mencionado preceito dispõe sobre a obrigatoriedade do depósito do Fundo de Garantia do Tempo de Serviço - FGTS na conta do trabalhador cujo contrato com a Administração Pública seja declarado nulo por ausência de prévia aprovação em concurso público, desde que mantido o seu direito ao salário. O Estado de Roraima sustenta omissão acerca da manifestação sobre eventual irretroatividade da norma, introduzida pelo art. 9º da Medida Provisória 2.164-41/2001. Preliminarmente, o Tribunal rejeitou questão de ordem suscitada pelo procurador estadual no sentido da concomitância de análise com a ADI 3.127/DF, pendente de apreciação. A Corte asseverou não haver prejudicialidade, tendo em conta o reconhecimento da repercussão geral no extraordinário. Salientou a possibilidade, inclusive, de o resultado deste julgamento implicar prejuízo à ação direta.
RE 596478 ED/RR, rel. Min. Dias Toffoli, 5.2.2014. (RE-596478)

ED: art. 19-A da Lei 8.036/90 e arguição de irretroatividade - 2
Em seguida, o Ministro Dias Toffoli, relator, não conheceu dos embargos opostos pela Universidade do Estado do Rio de Janeiro e pelos *amici curiae* (Estados de Rondônia, Mato Grosso do Sul, Piauí, Paraíba, Alagoas, Goiás, Acre, Amazonas e Minas Gerais). No mérito, rejeitou os declaratórios apresentados pelo Estado do Roraima por considerar ausentes os pressupostos de embargabilidade. O relator aduziu que a matéria concernente à irretroatividade do art. 19-A da Lei 8.036/90 já fora efetivamente debatida e decidida pelo Colegiado, que, majoritariamente, consignara a natureza declaratória da norma e afirmara a sua constitucionalidade. Rejeitou, ainda, a alegação de que a causa de pedir em comento consistiria em tese acessória do recurso extraordinário. O Ministro Marco Aurélio, por sua vez, desproveu os embargos, mas por fundamento diverso. Aduziu que, embora o tema houvesse sido examinado no tribunal *a quo*, a parte apenas o ventilara expressamente em sede de agravo de instrumento para o trâmite do extraordinário. Assim, o Plenário não estaria, à época, compelido a analisar a irretroatividade. Depois do voto do Ministro Marco Aurélio, pediu vista dos autos o Ministro Roberto Barroso.
RE 596478 ED/RR, rel. Min. Dias Toffoli, 5.2.2014. (RE-596478)

VADE MECUM DE JURISPRUDÊNCIA – STF/STJ

ED: art. 19-A da Lei 8.036/1990 e arguição de irretroatividade - 3

O Plenário, ao concluir o julgamento de embargos de declaração, rejeitou-os e manteve o entendimento firmado na apreciação do recurso extraordinário, em que reconhecida a repercussão geral. Dessa forma, reafirmou-se a orientação no sentido da constitucionalidade do art. 19-A da Lei 8.036/1990 que dispõe sobre a obrigatoriedade do depósito do FGTS na conta de trabalhador cujo contrato com a Administração Pública tenha sido declarado nulo por ausência de prévia aprovação em concurso público, desde que mantido o seu direito ao salário. O Estado de Roraima sustentava omissão acerca da manifestação sobre a eventual irretroatividade da norma, introduzida pelo art. 9º da Medida Provisória 2.164-41/2001 — v. Informativo 734. Inicialmente, o Tribunal não conheceu dos embargos opostos pela Universidade do Estado do Rio de Janeiro e pelos "amici curiae" (Mato Grosso do Sul, Piauí, Paraíba, Alagoas, Goiás, Acre, Amazonas e Minas Gerais). Conheceu, apenas, dos embargos de declaração apresentados pelo Estado de Roraima — por se tratar de embargante e não de "amicus curiae" — e os rejeitou. Em seguida, a Corte asseverou que o art. 19-A da Lei 8.036/1990, com a redação dada pela MP 2.164/2001, garantiria o depósito do FGTS, sob pena de o trabalhador se encontrar em situação de desamparo. Destacou que a norma seria mera explicitação do fato de serem devidas verbas salariais. Assinalou que, ao se considerar que os depósitos do FGTS constituiriam simples consectário dessa obrigação, forçoso concluir que abrangeriam todo o período em relação ao qual seriam devidas as verbas salariais. Frisou que, assim, a lei não seria propriamente retroativa, mas sim declaratória de um dever já existente. Salientou que o acolhimento da pretensão do embargante significaria dar efeitos infringentes ao recurso, além de se mostrar incompatível com a natureza declaratória da norma e com as razões de decidir que prevaleceram no acórdão embargado. O Ministro Marco Aurélio, por sua vez, desproveu os embargos, mas por fundamento diverso. Aduziu que, embora o tema houvesse sido examinado no tribunal "a quo", a parte apenas o ventilara expressamente em sede de agravo de instrumento para o trâmite do extraordinário. Assim, o Plenário não estaria, à época, compelido a analisar a irretroatividade.
RE 596478 ED/RR, rel. Min. Dias Toffoli, 11.9.2014. (RE-596478) (Inform. STF 758)

DIREITO ADMINISTRATIVO. INCIDÊNCIA DO FGTS SOBRE O TERÇO CONSTITUCIONAL DE FÉRIAS.

A importância paga pelo empregador a título de terço constitucional de férias gozadas integra a base de cálculo do Fundo de Garantia do Tempo de Serviço (FGTS). O FGTS é um direito autônomo dos trabalhadores urbanos e rurais de índole social e trabalhista, não possuindo caráter de imposto nem de contribuição previdenciária. Assim, não é possível a sua equiparação com a sistemática utilizada para fins de incidência de contribuição previdenciária e imposto de renda, de modo que é irrelevante a natureza da verba trabalhista (remuneratória ou indenizatória/compensatória) para fins de incidência da contribuição ao FGTS. Nesse passo, o fato de o legislador optar por excluir da incidência do FGTS as mesmas parcelas de que trata o art. 28, § 9º, da Lei 8.212/1991 - apesar da aproximação dos conceitos - não significa que pretendeu igualar a contribuição previdenciária à mesma base de incidência do FGTS, tratando-se de técnica legislativa. Realizando uma interpretação sistemática da norma de regência, verifica-se que somente em relação às verbas expressamente excluídas pela lei é que não haverá a incidência do FGTS. Desse modo, impõe-se a incidência do FGTS sobre o terço constitucional de férias (gozadas), pois não há previsão legal específica acerca da sua exclusão, não podendo o intérprete ampliar as hipóteses legais de não incidência. Cumpre registrar que essa orientação é adotada no âmbito do TST, que "tem adotado o entendimento de que incide o FGTS sobre o terço constitucional, desde que não se trate de férias indenizadas". Ressalte-se que entendimento em sentido contrário implica prejuízo ao empregado que é o destinatário das contribuições destinadas ao Fundo efetuadas pelo empregador. A propósito, cumpre esclarecer que no caso nas férias indenizadas há expressa previsão legal de não incidência do FGTS, conforme se extrai da redação do art. 15, § 6º, da Lei 8.036/1990, c/c o art. 28, § 9º, "d", da Lei 8.212/1991. Por fim, vale destacar que o terço constitucional de férias diferencia-se do abono pecuniário previsto no art. 143 da CLT, haja vista que este representa uma opção do trabalhador de converter em dinheiro 1/3 dos dias de férias a que tem direito, enquanto o terço constitucional de férias representa um direito constitucionalmente previsto aos trabalhadores urbanos e rurais que tem por finalidade ampliar a capacidade financeira do trabalhador durante seu período de férias. Dessa forma, não há que se falar em bis in idem. Precedente citado do TST: (RR - 81300-05.2007.5.17.0013, 7ª Turma, DEJT 9/11/2012). **REsp 1.436.897-ES, Rel. Min. Mauro Campbell Marques, julgado em 4/12/2014, DJe 19/12/2014 (Inform. STJ 554).**

DIREITO ADMINISTRATIVO. INCIDÊNCIA DO FGTS SOBRE OS PRIMEIROS QUINZE DIAS QUE ANTECEDEM O AUXÍLIO-DOENÇA.

A importância paga pelo empregador durante os primeiros quinze dias que antecedem o afastamento por motivo de doença integra a base de cálculo do Fundo de Garantia do Tempo de Serviço (FGTS). O FGTS é um direito autônomo dos trabalhadores urbanos e rurais de índole social e trabalhista, não possuindo caráter de imposto nem de contribuição previdenciária. Assim, o fato de o Estado fiscalizar e garantir esse direito, com vistas à efetivação regular dos depósitos, não transmuda em sujeito ativo do crédito dele proveniente. O Estado intervém para assegurar o cumprimento da obrigação por parte da empresa, em proteção ao direito social do trabalhador. Dessa forma, não é possível a sua equiparação com a sistemática utilizada para fins de incidência de contribuição previdenciária e imposto de renda, de modo que é irrelevante a natureza da verba trabalhista (remuneratória ou indenizatória/compensatória) para fins de incidência do FGTS. Consiste o FGTS, pois, em um depósito bancário vinculado, pecuniário, compulsório, realizado pelo empregador em favor do trabalhador, visando formar uma espécie de poupança para este, que poderá ser sacado nas hipóteses legalmente previstas. De mais a mais, nos termos do art. 60, caput, da Lei 8.213/1991, "o auxílio-doença será devido ao segurado empregado a contar do décimo sexto dia do afastamento da atividade, e, no caso dos demais segurados, a contar da data do início da incapacidade e enquanto ele permanecer incapaz". Nesse passo, no que se refere ao segurado empregado, durante os primeiros quinze dias consecutivos ao do afastamento da atividade por motivo de doença, incumbe ao empregador efetuar o pagamento do seu salário integral (art. 60, § 3º, da Lei 8.213/1991). No mesmo sentido, os arts. 28, II, do Decreto 99.684/1990 e 15, § 5º, da Lei 8.036/1990 impõem a obrigatoriedade de realização do depósito do FGTS na hipótese de interrupção do contrato de trabalho decorrente de licença para tratamento de saúde de até 15 dias. Ressalte-se, por fim, que entendimento em sentido contrário implica prejuízo ao empregado que é o destinatário das contribuições destinadas ao Fundo efetuadas pelo empregador. **REsp 1.448.294-RS, Rel. Min. Mauro Campbell Marques, julgado em 9/12/2014, DJe 15/12/2014 (Inform. STJ 554).**

DIREITO ADMINISTRATIVO. NÃO INCIDÊNCIA DO FGTS SOBRE O AUXÍLIO-CRECHE.

A importância paga pelo empregador referente ao auxílio-creche não integra a base de cálculo do Fundo de Garantia do Tempo de Serviço (FGTS). O FGTS é um direito autônomo dos trabalhadores urbanos e rurais de índole social e trabalhista, não possuindo caráter de imposto nem de contribuição previdenciária. Assim, o fato de o Estado fiscalizar e garantir esse direito, com vistas à efetivação regular dos depósitos, não transmuda em sujeito ativo do crédito dele proveniente. O Estado intervém para assegurar o cumprimento da obrigação por parte da empresa, em proteção ao direito social do trabalhador. Dessa forma, não é possível a sua equiparação com a sistemática utilizada para fins de incidência de contribuição previdenciária e imposto de renda, de modo que é irrelevante a natureza da verba trabalhista (remuneratória ou indenizatória/compensatória) para fins de incidência do FGTS. Consiste o FGTS, pois, em um depósito bancário vinculado, pecuniário, compulsório, realizado pelo empregador em favor do trabalhador, visando formar uma espécie de poupança para este, que poderá ser sacado nas hipóteses legalmente previstas. De mais a mais, a CF previu, no seu art. 7º, XXV, entre os direitos dos trabalhadores urbanos e rurais, a assistência gratuita aos filhos e dependentes em creches e pré-escolas. O objetivo do instituto é ressarcir despesas efetuadas com o pagamento da creche de livre escolha da empregada-mãe, ou outra modalidade de prestação de serviço desta natureza. Nesse passo, verifica-se que o art. 28, § 9º, "s", da Lei 8.212/1990 expressamente exclui o reembolso creche da base de incidência do FGTS. Ademais, há muito, a Fazenda Nacional aponta uma distinção entre o reembolso-creche (que não integra o salário de contribuição em razão de expressa previsão legal) e o auxílio-creche, especialmente para fins de incidência de contribuição previdenciária. Contudo, essa argumentação não encontra amparo na jurisprudência desta Corte, que se firmou no sentido de que "O Auxílio-creche não integra o salário-de-contribuição" (Súmula 310 do STJ). Destarte, não obstante a maximização das hipóteses de incidência do FGTS constitua princípio que atende à sua finalidade precípua, não se justifica afastar a sua incidência em relação ao "reembolso-creche" e determinar a sua incidência sobre o "auxílio-creche", quando o pagamento da verba - independentemente da forma - ocorra em conformidade com a legislação trabalhista. Além disso, em que pese a distinção procedimental sustentada pela Fazenda, tanto o auxílio creche quanto o reembolso creche possuem a mesma finalidade, ressarcir a trabalhadora pelos gastos efetuados com a creche dos seus filhos menores de 6 anos, em virtude de a empresa não manter em funcionamento uma creche em seu próprio estabelecimento, conforme determina o art. 389 da CLT. Ressalte-se, por oportuno, que o FGTS destina-se a garantir o tempo de serviço do trabalhador e, no caso do auxílio-creche, esse requisito não está presente, na medida em que se destina a reembolsar o trabalhador das despesas que este teve que efetuar em virtude do não oferecimento da creche por parte do empregador. Assim, diante da análise da legislação de regência (art. 15, § 6º, da Lei 8.036/1990, c/c o art. 28, § 9º, "s", da Lei 8.212/1991), impõe-se a conclusão no sentido de que o auxílio-creche (da mesma forma que o reembolso-creche) não integra a base de cálculo do FGTS. **REsp 1.448.294-RS, Rel. Min. Mauro Campbell Marques, julgado em 9/12/2014, DJe 15/12/2014 (Inform. STJ 554).**

DIREITO ADMINISTRATIVO. INAPLICABILIDADE DA TAXA PROGRESSIVA DE JUROS ÀS CONTAS VINCULADAS AO FGTS DE TRABALHADOR AVULSO. RECURSO REPETITIVO (ART. 543-C DO CPC E RES. 8/2008-STJ). Não se aplica a taxa progressiva de juros às contas vinculadas ao FGTS de trabalhadores qualificados como avulsos. Isso porque o trabalhador avulso não preenche os requisitos legais para tanto. Com efeito, a legislação de regência, desde a criação do fundo, prevê que a taxa progressiva de juros estaria condicionada à existência de vínculo empregatício, inclusive impondo percentuais diversos a depender do tempo de permanência na mesma empresa. Por definição legal, inserta no art. 9º, VI, do Decreto 3.048/1999, trabalhador avulso é "aquele que, sindicalizado ou não, presta serviço de natureza urbana ou rural, a diversas empresas, sem vínculo empregatício, com a intermediação obrigatória do órgão gestor de mão-de-obra, nos termos da Lei n. 8.630, de 25 de fevereiro de 1993, ou do sindicato da categoria, assim considerados". Precedentes citados do STJ: REsp 1.176.691-ES, Primeira Turma, DJe 29/6/2010; e AgRg no REsp 1.313.963-RS, Segunda Turma, DJe 18/10/2012. **REsp 1.349.059-SP, Rel. Min. Og Fernandes, julgado em 26/3/2014. (Inform. STJ 546)**

Súmula Vinculante STF 1

Ofende a garantia constitucional do ato jurídico perfeito a decisão que, sem ponderar as circunstâncias do caso concreto, desconsidera a validez e a eficácia de acordo constante de termo de adesão instituído pela Lei Complementar n. 110/2001.

SÚMULA STJ nº 514

A CEF é responsável pelo fornecimento dos extratos das contas individualizadas vinculadas ao FGTS dos Trabalhadores participantes do Fundo de Garantia do Tempo de Serviço, inclusive para fins de exibição em juízo, independentemente do período em discussão.

Súmula STJ nº 466

O titular da conta vinculada ao FGTS tem o direito de sacar o saldo respectivo quando declarado nulo seu contrato de trabalho por ausência de prévia aprovação em concurso público.

Súmula STJ nº 459

A Taxa Referencial (TR) é o índice aplicável, a título de correção monetária, aos débitos com o FGTS recolhidos pelo empregador mas não repassados ao fundo.

Súmula STJ nº 252

Os saldos das contas do FGTS, pela legislação infraconstitucional, são corrigidos em 42,72% (IPC) quanto às perdas de janeiro de 1989 e 44,80% (IPC) quanto às de abril de 1990, acolhidos pelo STJ os índices de 18,02% (LBC) quanto as perdas de junho de 1987, de 5,38% (BTN) para maio de 1990 e 7,00%(TR) para fevereiro de 1991, de acordo com o entendimento do STF (RE 226.855-7-RS).

Súmula STJ nº 210

A ação de cobrança das contribuições para o FGTS prescreve em trinta (30) anos.

10. DIREITO PROCESSUAL DO TRABALHO

1. COMPETÊNCIA

Reclamação e sociedade de economia mista
A Primeira Turma, em conclusão de julgamento e por maioria, negou provimento a agravo regimental interposto de decisão que determinara a remessa dos autos de ação civil pública — que fora apreciada pela Justiça do Trabalho — à justiça comum. Na espécie, a decisão agravada acolhera o argumento de que teria havido afronta à decisão proferida na ADI 3395 MC/DF (DJU de 10.11.2006). Prevaleceu o voto do Ministro Luiz Fux (relator), que manteve o que decidido na decisão monocrática para assegurar o processamento dos litígios entre servidores temporários e a Administração Pública perante a justiça comum. A Ministra Rosa Weber, por sua vez, acompanhou o relator na conclusão, ao negar provimento ao agravo, porém, divergiu quanto à fundamentação. Assentou que no julgamento da ADI 3395 MC/DF, o Tribunal decidira não competir à Justiça do Trabalho a apreciação de litígios que envolvessem servidores estatutários ou vinculados de qualquer forma por relação jurídico-administrativa com pessoas jurídicas de direito público, da Administração direta e indireta. Apontou que a Prodesp seria sociedade de economia mista e fora questionada sobre a validade de seus contratos de trabalho sem o prévio concurso público. Dessa forma, seus trabalhadores, por força do ordenamento constitucional, não poderiam ser vinculados a relações estatutárias. Frisou que os ora agravantes seriam os reclamantes beneficiados pelo julgamento da reclamação que lhes dera razão e determinara a remessa dos autos à justiça comum. Aduziu que o único ponto discutido no presente recurso seria se, ante a declaração de incompetência absoluta da Justiça do Trabalho, haveria ou não necessidade de declarar nulidade de atos decisórios da Justiça do Trabalho. Por ser vedada a "reformatio in pejus", negava provimento ao agravo regimental. Vencido o Ministro Marco Aurélio, que provia o recurso. Assentava que, ao se ajuizar processo trabalhista, até mesmo para se declarar o autor carecedor dessa ação, competente seria a justiça do trabalho.
Rcl 6527 AgR/SP, rel. Min. Luiz Fux, 25.8.2015. (Rcl-6527) (Inform. STF 809)

REPERCUSSÃO GERAL EM ARE N. 906.491-DF
RELATOR: MIN. TEORI ZAVASCKI
Ementa: CONSTITUCIONAL. TRABALHISTA. COMPETÊNCIA. SERVIDOR PÚBLICO ADMITIDO SEM CONCURSO PÚBLICO, PELO REGIME DA CLT, ANTES DO ADVENTO DA CONSTITUIÇÃO DE 1988. DEMANDA VISANDO OBTER PRESTAÇÕES DECORRENTES DA RELAÇÃO DE TRABALHO. COMPETÊNCIA DA JUSTIÇA DO TRABALHO. REPERCUSSÃO GERAL CONFIGURADA. REAFIRMAÇÃO DE JURISPRUDÊNCIA.
1. Em regime de repercussão geral, fica reafirmada a jurisprudência do Supremo Tribunal Federal no sentido de ser da competência da Justiça do Trabalho processar e julgar demandas visando a obter prestações de natureza trabalhista, ajuizadas contra órgãos da Administração Pública por servidores que ingressaram em seus quadros, sem concurso público, antes do advento da CF/88, sob regime da Consolidação das Leis do Trabalho – CLT. Inaplicabilidade, em casos tais, dos precedentes formados na ADI 3.395-MC (Rel. Min. CEZAR PELUSO, DJ de 10/11/2006) e no RE 573.202 (Rel. Min. RICARDO LEWANDOWSKI, DJe de 5/12/2008, Tema 43).
2. Agravo a que se conhece para negar seguimento ao recurso extraordinário. **(Inform. STF 802)**

AG. REG. NO ARE N. 907.826-PI
RELATOR: MIN. ROBERTO BARROSO
EMENTA: DIREITO CONSTITUCIONAL E DIREITO DO TRABALHO. AGRAVO REGIMENTAL EM RECURSO EXTRAORDINÁRIO COM AGRAVO. COMPETÊNCIA DA JUSTIÇA DO TRABALHO. CONTRATO DE TRABALHO ANTERIOR À CF/1988. INEXISTÊNCIA DE TRANSPOSIÇÃO AO REGIME JURÍDICO ÚNICO. ALEGAÇÃO DE NULIDADE DO CONTRATO DE TRABALHO. SÚMULA 284/STF. PRECEDENTES.

1. A controvérsia dos autos não é fundada em vínculo estatutário ou em contrato de trabalho temporário submetido a lei especial. Trata-se de contrato que fora celebrado antes do advento da Constituição Federal de 1988, em época na qual se admitia a vinculação à Administração Pública de servidores sob o regime da CLT. A competência, portanto, é da Justiça do Trabalho. Precedentes.
2. As razões do recurso extraordinário quanto à nulidade do vínculo com a Administração Pública não guardam pertinência com a fundamentação do acórdão recorrido, a atrair a incidência da Súmula 284/STF.
3. Agravo regimental a que se nega provimento. **(Inform. STF 802)**

Período pré-contratual e competência da justiça do trabalho
A justiça do trabalho é competente para julgar as demandas instauradas entre pessoas jurídicas de direito privado integrantes da Administração indireta e seus empregados, cuja relação é regida pela CLT, irrelevante o fato de a ação ser relativa ao período pré-contratual. Com base nesse entendimento, a 2ª Turma negou provimento a agravo regimental em recurso extraordinário com agravo no qual se discutia a competência para o julgamento de causa referente à contratação de advogados terceirizados no lugar de candidatos aprovados em concurso realizado pela Petrobrás Transporte S/A-Transpetro. A Turma ressaltou, ainda, que a jurisprudência do STF seria pacífica no sentido de que a ocupação precária por terceirização para desempenho de atribuições idênticas às de cargo efetivo vago, para o qual houvesse candidatos aprovados em concurso público vigente, configuraria ato equivalente à preterição da ordem de classificação no certame, a ensejar o direito à nomeação.
ARE 774137 AgR/BA, rel. Min. Teori Zavascki, 14.10.2014. (ARE-774137) (Inform. STF 763)

AG. REG. NO RE N. 562.900-RS
RED P/ O ACÓRDÃO: MIN. ROBERTO BARROSO
EMENTA: AGRAVO REGIMENTAL EM RECURSO EXTRAORDINÁRIO. DIREITO PROCESSUAL E MATERIAL DO TRABALHO.
1. São autônomos os acórdãos proferidos em agravo de instrumento e em recurso de revista, ainda que formalizados em um mesmo documento.
2. A interposição de recurso de embargos (CLT, art. 894) contra o acórdão do recurso de revista não impede a impugnação imediata, por recurso extraordinário, do acórdão relativo ao agravo de instrumento. O julgamento dos embargos pode dar ensejo à interposição de outro extraordinário, sem que disso resulte, por si só, a inviabilidade de qualquer um deles.
3. Agravo regimental provido apenas para afastar a causa de inadmissibilidade apontada na decisão ora agravada. (Inform. STF 734)

AG. REG. NO RE N. 716.896-DF
RELATOR: MIN. RICARDO LEWANDOWSKI
AGRAVO REGIMENTAL EM RECURSO EXTRAORDINÁRIO. PROCESSUAL CIVIL. COMPETÊNCIA. COMPLEMENTAÇÃO DE APOSENTADORIA. EX-EMPREGADOR. JUSTIÇA DO TRABALHO. AGRAVO IMPROVIDO.
I - A jurisprudência desta Corte firmou-se no sentido de que compete à Justiça do Trabalho o julgamento de ação de complementação de aposentadoria a cargo de ex-empregador. Precedentes.
II - Agravo regimental improvido. **(Inform. STF 704)**

Competência trabalhista e execução de contribuições sociais
A competência da Justiça do Trabalho para execução de contribuições sociais pressupõe decisão condenatória em parcela trabalhista geradora da incidência da referida espécie tributária. Com fulcro nesse entendimento, a 1ª Turma desproveu agravos regimentais em decisões do Min. Marco Aurélio, que negara provimento a recursos extraordinários, dos quais relator, em que o INSS pretendia estender à Justiça do Trabalho a competência para execução de acordo extrajudicial não baseada em título emanado por essa justiça especializada. Reputou-se que, no caso, a competência constitucional

VADE MECUM DE JURISPRUDÊNCIA – STF/STJ

disposta no art. 114, VIII ("*Art. 114. Compete à Justiça do Trabalho processar e julgar: ... VIII - a execução, de ofício, das contribuições sociais previstas no art. 195, I, a , e II, e seus acréscimos legais, decorrentes das sentenças que proferir*") estaria restrita às decisões prolatadas pela Justiça do Trabalho e que o tribunal *a quo* teria observado o Verbete 368 da Súmula do TST, no sentido de que a competência da justiça trabalhista, quanto à execução das contribuições previdenciárias, limitar-se-ia às sentenças condenatórias em pecúnia que proferir e aos valores, objeto de acordo homologado, que integrassem o salário de contribuição. **RE 564424 AgR/PA, rel. Min. Marco Aurélio, 18.9.2012. (RE-564424), RE 565765 AgR/RS, rel. Min. Marco Aurélio, 18.9.2012. (RE-565765), RE 564526 AgR/PE, rel. Min. Marco Aurélio, 18.9.2012. (RE-564526) (Inform. STF 680)**

DIREITO PROCESSUAL CIVIL. COMPETÊNCIA PARA JULGAR AÇÃO EM QUE O AUTOR PRETENDA, ALÉM DO RECEBIMENTO DE VALORES POR SERVIÇOS PRESTADOS COMO COLABORADOR DE SOCIEDADE DO RAMO PUBLICITÁRIO, A COMPENSAÇÃO POR DANOS MORAIS DECORRENTES DE ACUSAÇÕES QUE SOFRERA.

Compete à Justiça Comum Estadual processar e julgar ação em que o autor pretenda, além do recebimento de valores referentes a comissões por serviços prestados na condição de colaborador de sociedade do ramo publicitário, a compensação por danos morais sofridos em decorrência de acusações infundadas de que alega ter sido vítima na ocasião de seu descredenciamento em relação à sociedade. A competência para julgamento de demanda levada a juízo é fixada em razão da natureza da causa, que, a seu turno, é definida pelo pedido e pela causa de pedir. Na situação em análise, a ação proposta não tem causa de pedir e pedido fundados em eventual relação de trabalho entre as partes, pois em nenhum momento se busca o reconhecimento de qualquer relação dessa natureza ou ainda o recebimento de eventual verba daí decorrente. Trata-se, na hipótese, de pretensões derivadas da prestação de serviços levada a efeito por profissional liberal de forma autônoma e sem subordinação, razão pela qual deve ser aplicada a orientação da Súmula 363 do STJ, segundo a qual compete "à Justiça Estadual processar e julgar a ação de cobrança ajuizada por profissional liberal contra cliente". **CC 118.649-SP, Rel. Min. Raul Araújo, julgado em 24/4/2013. (Inform. STJ 521)**

DIREITO PROCESSUAL CIVIL. COMPETÊNCIA PARA O JULGAMENTO DE AÇÃO ENVOLVENDO CONTRATO DE MÚTUO REALIZADO EM DECORRÊNCIA DE RELAÇÃO DE TRABALHO.
Compete à Justiça do Trabalho processar e julgar ação de execução por quantia certa, proposta por empregador em face de seu ex-empregado, na qual sejam cobrados valores relativos a contrato de mútuo celebrado entre as partes para o então trabalhador adquirir veículo automotor particular destinado ao exercício das atividades laborais. A competência para julgamento de demanda levada a juízo é fixada em razão da natureza da causa, que é definida pelo pedido e pela causa de pedir deduzidos. Na hipótese descrita, a execução possui como causa de pedir um contrato de mútuo firmado dentro da própria relação de trabalho e em função dela. Dessa forma, cuidando-se de lide envolvendo pacto acessório ao contrato de trabalho, é manifesta a competência da Justiça Trabalhista. **CC 124.894-SP, Rel. Min. Raul Araújo, julgado em 10/4/2013. (Inform. STJ 520)**

DIREITO PROCESSUAL CIVIL. COMPETÊNCIA PARA O JULGAMENTO DE AÇÃO DE INDENIZAÇÃO POR DANOS MATERIAIS E DE COMPENSAÇÃO POR DANOS MORAIS PROPOSTA POR PASTOR EM FACE DE CONGREGAÇÃO RELIGIOSA À QUAL PERTENCIA.
Compete à Justiça Comum Estadual processar e julgar ação de indenização por danos materiais e de compensação por danos morais proposta por pastor em face de congregação religiosa à qual pertencia na qual o autor, reconhecendo a inexistência de relação trabalhista com a ré, afirme ter sido afastado indevidamente de suas funções. A competência para julgamento de demanda levada a juízo é fixada em razão da natureza da causa, que é definida pelo pedido e pela causa de pedir deduzidos. Na hipótese em análise, a questão jurídica enfatiza aspectos de política interna de uma congregação religiosa na relação com seus ministros, envolvendo direitos e garantias constitucionais de liberdade e exercício de culto e de crença religiosos (CF, art. 5°, VI e VIII). Trata-se, portanto, de discussão atinente ao alegado direito de pastor excluído supostamente de forma indevida de suas funções à indenização material e reparação moral de direito civil. Nesse contexto, considerando o cunho eminentemente religioso e civil da controvérsia, tem aplicação o entendimento

consolidado nesta Corte de que não compete à Justiça do Trabalho processar e julgar demanda em que a causa de pedir e o pedido deduzidos na inicial não guardem relação com as matérias de competência da Justiça Laboral elencadas no art. 114 da CF. **CC 125.472-BA, Rel. Min. Raul Araújo, julgado em 10/4/2013. (Inform. STJ 520)**

DIREITO PROCESSUAL CIVIL. COMPETÊNCIA PARA DECIDIR SOBRE PEDIDO DE INDENIZAÇÃO POR DANOS QUE TERIAM DECORRIDO DA INADEQUADA ATUAÇÃO DE SINDICATO NO ÂMBITO DE RECLAMAÇÃO TRABALHISTA QUE CONDUZIRA NA QUALIDADE DE SUBSTITUTO PROCESSUAL.
Compete à Justiça do Trabalho processar e julgar demanda proposta por trabalhador com o objetivo de receber indenização em razão de alegados danos materiais e morais causados pelo respectivo sindicato, o qual, agindo na condição de seu substituto processual, no patrocínio de reclamação trabalhista, teria conduzido o processo de forma inadequada, gerando drástica redução do montante a que teria direito a título de verbas trabalhistas. Com efeito, considerando que os alegados danos teriam advindo justamente de deficiente atuação do sindicato na defesa dos interesses do autor perante a Justiça do Trabalho, deve-se concluir que a demanda ora em discussão somente será resolvida adequadamente no âmbito daquela justiça especializada, a mesma que antes conheceu da lide original. **CC 124.930-MG, Rel. Min. Raul Araújo, julgado em 10/4/2013. (Inform. STJ 518)**

DIREITO PROCESSUAL CIVIL. COMPETÊNCIA PARA JULGAMENTO DE DEMANDA CUJA CAUSA DE PEDIR E PEDIDO NÃO SE REFIRAM A EVENTUAL RELAÇÃO DE TRABALHO ENTRE AS PARTES.
Compete à Justiça Comum Estadual processar e julgar ação de reconhecimento e de dissolução de sociedade mercantil de fato, cumulada com pedido de indenização remanescente, na hipótese em que a causa de pedir e o pedido deduzidos na petição inicial não façam referência à existência de relação de trabalho entre as partes. A competência para julgamento de demanda levada a juízo é fixada em razão da natureza da causa, que é definida pelo pedido e pela causa de pedir deduzidos. Na hipótese descrita, a demanda versa sobre relação jurídica de cunho eminentemente civil, não sendo fundada em eventual relação de trabalho existente entre as partes. Nesse contexto, conforme a jurisprudência do STJ, não compete à Justiça do Trabalho processar e julgar demanda em que a causa de pedir e o pedido deduzidos na inicial não guardem relação com as matérias de competência dessa justiça especializada elencadas no art. 114 da CF. Precedentes citados: CC 76.597-RJ, Segunda Seção, DJ 16/8/2007, e CC 72.770-SP, Segunda Seção, DJ 1°/8/2007. **CC 121.702-RJ, Rel. Min. Raul Araújo, julgado em 27/2/2013. (Inform. STJ 518)**

DIREITO PROCESSUAL CIVIL. COMPETÊNCIA DA JUSTIÇA DO TRABALHO PARA PROCESSAR E JULGAR AÇÃO DE INDENIZAÇÃO DECORRENTE DE ATOS OCORRIDOS DURANTE A RELAÇÃO DE TRABALHO.
Compete à Justiça do Trabalho processar e julgar ação de indenização por danos morais e materiais proposta por ex-empregador cuja causa de pedir se refira a atos supostamente cometidos pelo ex-empregado durante o vínculo laboral e em decorrência da relação de trabalho havida entre as partes. Precedentes citados: CC 80.365-RS, Segunda Seção, DJ 10/5/2007, e CC 74.528-SP, Segunda Seção, DJe 4/8/2008. **CC 121.998-MG, Rel. Min. Raul Araújo, julgado em 27/2/2013. (Inform. STJ 518)**

📄 **Súmula Vinculante STF 53**

A competência da Justiça do Trabalho prevista no art. 114, VIII, da Constituição Federal alcança a execução de ofício das contribuições previdenciárias relativas ao objeto da condenação constante das sentenças que proferir e acordos por ela homologados.

📄 **Súmula Vinculante STF 23**

A Justiça do Trabalho é competente para processar e julgar ação possessória ajuizada em decorrência do exercício do direito de greve pelos trabalhadores da iniciativa privada.

📄 **Súmula Vinculante STF 22**

A Justiça do Trabalho é competente para processar e julgar as ações de indenização por danos morais e patrimoniais decorrentes de acidente de trabalho propostas por empregado contra empregador, inclusive aquelas que ainda não possuíam sentença de mérito em primeiro grau quando da promulgação da Emenda Constitucional n. 45/04.

10. DIREITO PROCESSUAL DO TRABALHO — 673

Súmula STF nº 736

Compete a justiça do trabalho julgar as ações que tenham como causa de pedir o descumprimento de normas trabalhistas relativas à segurança, higiene e saúde dos trabalhadores.

Súmula STJ nº 236

Não compete ao Superior Tribunal de Justiça dirimir conflitos de competência entre juízes trabalhistas vinculados a Tribunais Regionais do Trabalho diversos.

Súmula STJ nº 225

Compete ao Tribunal Regional do Trabalho apreciar recurso contra sentença proferida por órgão de primeiro grau da Justiça Trabalhista, ainda que para declarar-lhe a nulidade em virtude de incompetência.

Súmula STJ nº 222

Compete à Justiça Comum processar e julgar as ações relativas à contribuição sindical prevista no art. 578 da CLT.

Súmula STJ nº 180

Na lide trabalhista, compete ao tribunal regional do trabalho dirimir conflito de competência verificado, na respectiva região, entre juiz estadual e junta de conciliação e julgamento.

Súmula STJ nº 170

Compete ao juízo onde primeiro for intentada a ação envolvendo acumulação de pedidos, trabalhista e estatutário, decidi-la nos limites da sua jurisdição, sem prejuízo do ajuizamento de nova causa, com o pedido remanescente, no juízo próprio.

Súmula STJ nº 97

Compete à justiça do trabalho processar e julgar reclamação de servidor público relativamente a vantagens trabalhistas anteriores à instituição do regime jurídico único.

Súmula STJ nº 82

Compete à justiça federal, excluídas as reclamações trabalhistas, processar e julgar os feitos relativos à movimentação do FGTS.

Súmula STJ nº 10

Instalada a junta de conciliação e julgamento, cessa a competência do juiz de direito em matéria trabalhista, inclusive para a Execução das sentenças por ele proferidas.

2. PROCEDIMENTOS, SENTENÇA, RECURSOS E EXECUÇÃO

REPERCUSSÃO GERAL EM ARE N. 907.209-DF

RELATOR: MIN. TEORI ZAVASCKI
Ementa: PROCESSUAL CIVIL. RECURSO EXTRAORDINÁRIO COM AGRAVO. RECLAMATÓRIA TRABALHISTA AJUIZADA POR SINDICATO, NA QUALIDADE DE SUBSTITUTO PROCESSUAL. CONTROVÉRSIA ACERCA DA NATUREZA DOS DIREITOS DEMANDADOS, SE INDIVIDUAIS HOMOGÊNEOS OU HETEROGÊNEOS. MATÉRIA INFRACONSTITUCIONAL. AUSÊNCIA DE REPERCUSSÃO GERAL.
1. A controvérsia relativa à natureza, se individual homogênea ou heterogênea, dos direitos postulados por Sindicato em reclamação trabalhista, na qualidade de substituto processual, é de natureza infraconstitucional.
2. É cabível a atribuição dos efeitos da declaração de ausência de repercussão geral quando não há matéria constitucional a ser apreciada ou quando eventual ofensa à Carta Magna ocorra de forma indireta ou reflexa (RE 584.608-RG, Rel. Min. ELLEN GRACIE, DJe de 13/3/2009).
3. Ausência de repercussão geral da questão suscitada, nos termos do art. 543-A do CPC. **(Inform. STF 806)**

Enunciado 25 da Súmula Vinculante do STF
O Plenário rejeitou proposta de revisão do teor do Enunciado 25 da Súmula Vinculante ("É ilícita a prisão civil do depositário infiel, qualquer que seja a modalidade do depósito"). No caso, o proponente — Associação Nacional dos Magistrados da Justiça do Trabalho - Anamatra — postulava que constasse da redação do enunciado em questão ressalva que permitisse a prisão civil do depositário judiciário infiel, no âmbito geral ou, pelo menos,

na Justiça do Trabalho. A Corte asseverou que, para admitir-se a revisão ou o cancelamento de súmula vinculante, seria necessário demonstrar: a) a evidente superação da jurisprudência do STF no trato da matéria; b) a alteração legislativa quanto ao tema; ou, ainda, c) a modificação substantiva de contexto político, econômico ou social. A proponente, porém, não teria evidenciado, de modo convincente, nenhum dos aludidos pressupostos de admissão. Por fim, o mero descontentamento ou divergência quanto ao conteúdo de verbete vinculante não propiciaria a reabertura das discussões que lhe originaram a edição e cujos fundamentos já teriam sido debatidos à exaustão pelo STF.
PSV 54/DF, 24.9.2015. (PSV-54) (Inform. STF 800)

REPERCUSSÃO GERAL EM ARE N. 679.137-RJ
RELATOR: MIN. MARCO AURÉLIO
FORMALIZAÇÃO DE DISSÍDIO COLETIVO – EXIGÊNCIA DE COMUM ACORDO – ARTIGO 114, § 2º, DA CARTA DE 1988 – EMENDA CONSTITUCIONAL Nº 45/2004 – CONSTITUCIONALIDADE – RECURSO EXTRAORDINÁRIO – AGRAVO PROVIDO NOS PRÓPRIOS AUTOS – SEQUÊNCIA – REPERCUSSÃO GERAL – CONFIGURAÇÃO. Possui repercussão geral a controvérsia acerca da constitucionalidade da previsão de comum acordo entre as partes como requisito para a formalização de dissídio coletivo de natureza econômica, versada no § 2º do artigo 114 da Carta de 1988, com a redação dada pela Emenda Constitucional nº 45, de 2004, considerado o disposto nos artigos 5º, incisos XXXV e XXXVI, e 60, § 4º, do Diploma Maior. **(Inform. STF 800)**

Execução de sentença normativa e ofensa à coisa julgada
Não ofende a coisa julgada decisão extintiva de ação de cumprimento de sentença normativa, na hipótese em que o dissídio coletivo tiver sido extinto sem julgamento de mérito. Com base nessa orientação, o Plenário, por maioria, negou provimento a recurso extraordinário em que pleiteada a reforma de acórdão que extinguira ação de cumprimento de sentença em razão da extinção do dissídio coletivo. O Tribunal reiterou o quanto decidido no RE 394.051 AgR/SP (DJe de 15.4.2014) no sentido de que a extinção da execução de sentença proferida em ação de cumprimento, quando decorrente da perda da eficácia da sentença normativa que a tivesse ensejado, não implicaria violação à coisa julgada. Na realidade, a possibilidade de propositura da ação de cumprimento, antes do trânsito em julgado da sentença normativa em que se fundamentasse, daria ensejo ao que se costumaria classificar como sentença condicional, tendo em vista estar a execução definitiva sujeita a comprovação de que fosse confirmada a decisão proferida na sentença normativa. Em outras palavras, haveria um atrelamento entre as duas ações, de modo que eventual coisa julgada na ação de cumprimento dependeria da solução a ser dada em definitivo na sentença normativa. Disso se concluiria que a extinção do processo por incompetência do juízo que o proferisse, com a consequente modificação da sentença normativa, logicamente, acarretaria a extinção da execução que tivesse por fundamento título excluído do mundo jurídico. Vencidos os Ministros Marco Aurélio (relator) e Rosa Weber, que entendiam estar configurada, no caso, a ofensa à coisa julgada.
RE 428154/PR, rel. Min. Marco Aurélio, red. p/ o acórdão Min. Roberto Barroso, 7.5.2015. (RE-428154) (Inform. STF 784)

AG. REG. NO ARE N. 683.810-DF
RELATOR: MIN. LUIZ FUX
Ementa: AGRAVO REGIMENTAL NO RECURSO EXTRAORDINÁRIO COM AGRAVO. TRABALHISTA. EXECUÇÃO. HORAS EXTRAS. CÁLCULOS. IMPUGNAÇÃO. MOMENTO PROCESSUAL. PRINCÍPIOS DA AMPLA DEFESA E DO CONTRADITÓRIO. MATÉRIA COM REPERCUSSÃO GERAL REJEITADA PELO PLENÁRIO DO STF NO ARE Nº 748.371. CONTROVÉRSIA DE ÍNDOLE INFRACONSTITUCIONAL.
1. Os princípios da ampla defesa, do contraditório, do devido processo legal e dos limites da coisa julgada, quando debatidos sob a ótica infraconstitucional, não revelam repercussão geral apta a tornar o apelo extremo admissível, consoante decidido pelo Plenário virtual do STF, na análise do ARE nº 748.371, da Relatoria do Min. Gilmar Mendes.
2. *In casu*, o acórdão recorrido originariamente assentou: *"AGRAVO. AGRAVO DE INSTRUMENTO. EXECUÇÃO. HORAS EXTRAS. CUMULATIVIDADE. Confirmada a ordem de obstacularização do Recurso de Revista, na medida em que não demonstrada a satisfação dos requisitos de admissibilidade insculpidos no artigo 896 da CLT. Agravo não provido."*
3. Agravo Regimental a que se **NEGA PROVIMENTO. (Inform. STF 720)**

Coisa julgada e ação de cumprimento

A 1ª Turma iniciou julgamento de agravo regimental interposto de decisão do Min. Menezes Direito, que negara seguimento a recurso extraordinário, do qual relator. No caso, o recurso extraordinário fora manejado de acórdão do TST, que declarara extinta a execução de ação de cumprimento, transitada em julgado, fundada em sentença normativa proferida em dissídio coletivo, mas lá reformada em grau de recurso. Ocorre que a ação de cumprimento fora proposta antes do trânsito em julgado da sentença normativa na qual se fundara. O Min. Dias Toffoli, relator, negou provimento ao agravo regimental. Ressaltou que a extinção da ação de cumprimento por afastamento da eficácia da sentença normativa que a embasara não ofenderia a coisa julgada. O Min. Luiz Fux acompanhou o relator. Afirmou que seria insustentável juridicamente dar curso à execução de título que teria por alicerce sentença normativa que não perduraria mais. Em divergência, o Min. Marco Aurélio deu provimento ao agravo regimental, no que foi seguido pela Min. Rosa Weber. Consignou que, uma vez transitada em julgado a ação de cumprimento, a única forma de afastá-la do cenário jurídico seria mediante revisão (CPC: "*Art. 471. Nenhum juiz decidirá novamente as questões já decididas, relativas à mesma lide, salvo: I - se, tratando-se de relação jurídica continuativa, sobreveio modificação no estado de fato ou de direito; caso em que poderá a parte pedir a revisão do que foi estatuído na sentença*"), em se tratando de relação jurídica continuativa, ou rescisória, se cabível. Após, em razão do empate na votação, a Turma suspendeu o julgamento do processo para aguardar convocação de Ministro integrante da 2ª Turma. **RE 394051 AgR/SP, rel. Min. Dias Toffoli, 19.3.2013. (RE-394051) (Inform. STF 699)**.

11. DIREITO DO CONSUMIDOR

1. CONCEITO DE CONSUMIDOR E RELAÇÃO DE CONSUMO

DIREITO CIVIL. INAPLICABILIDADE DO CDC ÀS ENTIDADES FECHADAS DE PREVIDÊNCIA PRIVADA.
O Código de Defesa do Consumidor não é aplicável à relação jurídica entre participantes ou assistidos de plano de benefício e entidade de previdência complementar fechada, mesmo em situações que não sejam regulamentadas pela legislação especial. É conveniente assinalar, para logo, que não se cogita aqui em afastamento das normas especiais inerentes à relação contratual de previdência privada para aplicação do Diploma Consumerista, visto que só terá cabimento pensar na sua aplicação a situações que não tenham regramento específico na legislação especial previdenciária de regência. Dessarte, como regra basilar de hermenêutica, no confronto entre as regras específicas e as demais do ordenamento jurídico, deve prevalecer a regra excepcional. Nesse passo, há doutrina afirmando que, como o CDC não regula contratos específicos, em casos de incompatibilidade há clara prevalência da lei especial nova pelos critérios de especialidade e cronologia. Desse modo, evidentemente, não caberá, independentemente da natureza da entidade previdenciária, a aplicação do CDC de forma alheia às normas específicas inerentes à relação contratual de previdência privada complementar. Esse entendimento foi recentemente pacificado no STJ, em vista da afetação à Segunda Seção do STJ do AgRg no AREsp 504.022-SC (DJe 30/09/2014), tendo constado da ementa que "[...] é descabida a aplicação do Código de Defesa do Consumidor alheia às normas específicas inerentes à relação contratual de previdência privada complementar e à modalidade contratual da transação, negócio jurídico disciplinado pelo Código Civil, inclusive no tocante à disciplina peculiar para o seu desfazimento". Por oportuno, o conceito de consumidor (art. 2º do CDC) foi construído sob ótica objetiva, porquanto voltada para o ato de retirar o produto ou serviço do mercado, na condição de seu destinatário final. Por sua vez, fornecedor (art. 3º, § 2º, do CDC) é toda pessoa física ou jurídica, pública ou privada, nacional ou estrangeira, bem como os entes despersonalizados, que desenvolvem atividade de prestação de serviços, compreendido como "atividade fornecida no mercado de consumo, mediante remuneração" - inclusive as de natureza financeira e securitária -, salvo as de caráter trabalhista. Nessa linha, afastando-se do critério pessoal de definição de consumidor, o legislador possibilita, até mesmo às pessoas jurídicas, a assunção dessa qualidade, desde que adquiram ou utilizem o produto ou serviço como destinatário final. Dessarte, consoante doutrina abalizada sobre o tema, o destinatário final é aquele que retira o produto da cadeia produtiva (destinatário fático), mas não para revendê-lo ou utilizá-lo como insumo na sua atividade profissional (destinatário econômico). No ponto em exame, parece evidente que há diferenças sensíveis e marcantes entre as entidades de previdência privada aberta e fechada. Embora ambas exerçam atividade econômica, apenas as abertas operam em regime de mercado, podem auferir lucro das contribuições vertidas pelos participantes (proveito econômico), não havendo também nenhuma imposição legal de participação de participantes e assistidos, seja no tocante à gestão dos planos de benefícios, seja ainda da própria entidade. Nesse passo, assinala-se que, conforme disposto no art. 36 da LC 109/2001, as entidades abertas de previdência complementar são constituídas unicamente sob a forma de sociedades anônimas. Elas, salvo as instituídas antes da mencionada lei, têm necessariamente, finalidade lucrativa e são formadas por instituições financeiras e seguradoras, autorizadas e fiscalizadas pela Superintendência de Seguros Privados (Susep), vinculada ao Ministério da Fazenda, tendo por órgão regulador o Conselho Nacional de Seguros Privados (CNSP). Assim, parece nítido que as relações contratuais entre as entidades abertas de previdência complementar e participantes e assistidos de seus planos de benefícios - claramente vulneráveis - são relações de mercado, com existência de legítimo auferimento de proveito econômico por parte da administradora do plano de benefícios, caracterizando-se a genuína relação de consumo. Contudo, no tocante às entidades fechadas, as quais, por força de lei, são organizadas "sob a forma de fundação ou sociedade civil, sem fins lucrativos", a questão é tormentosa, pois há um claro mutualismo entre a coletividade integrante dos planos de benefícios administrados por essas entidades. Nesse diapasão, o art. 34, I, da LC 109/2001 deixa límpido que as entidades fechadas de previdência privada "apenas" administram os planos (inclusive, pois, o fundo formado, que não lhes pertence), havendo, conforme dispõe o art. 35, gestão compartilhada entre representantes dos participantes e assistidos e dos patrocinadores nos conselhos deliberativo (órgão máximo da estrutura organizacional) e fiscal (órgão de controle interno). No tocante ao plano de benefícios patrocinado por entidade da administração pública, conforme dispõem os arts. 11 e 15 da LC 108/2001, há gestão paritária entre representantes dos participantes e assistidos - eleitos por seus pares - e dos patrocinadores nos conselhos deliberativos. Ademais, é bem verdade que os valores alocados ao fundo comum obtido, na verdade, pertencem aos participantes e beneficiários do plano, existindo explícito mecanismo de solidariedade, de modo que todo excedente do fundo de pensão é aproveitado em favor de seus próprios integrantes. Diante de tudo que foi assinalado, observa-se que as regras do Código Consumerista, mesmo em situações que não sejam regulamentadas pela legislação especial, não se aplicam às relações envolvendo participantes e/ou assistidos de planos de benefícios e entidades de previdência complementar fechadas. Assim, a interpretação sobre a Súmula 321 do STJ - que continua válida - deve ser restrita aos casos que envolvem entidades abertas de previdência. **REsp 1.536.786-MG, Rel. Min. Luis Felipe Salomão, julgado em 26/8/2015, DJe 20/10/2015. (Inform. STJ 571)**

DIREITO DO CONSUMIDOR. CASO DE INAPLICABILIDADE DO CDC.
Não há relação de consumo entre o fornecedor de equipamento médico-hospitalar e o médico que firmam contrato de compra e venda de equipamento de ultrassom com cláusula de reserva de domínio e de indexação ao dólar americano, na hipótese em que o profissional de saúde tenha adquirido o objeto do contrato para o desempenho de sua atividade econômica. Com efeito, consumidor é toda pessoa física ou jurídica que adquire e utiliza, como destinatário final, produto ou serviço oriundo de um fornecedor. Assim, segundo a teoria subjetiva ou finalista, adotada pela Segunda Seção do STJ, destinatário final é aquele que ultima a atividade econômica, ou seja, que retira de circulação do mercado o bem ou o serviço para consumi-lo, suprindo uma necessidade ou satisfação própria. Por isso, fala-se em destinatário final econômico (e não apenas fático) do bem ou serviço, haja vista que não basta ao consumidor ser adquirente ou usuário, mas deve haver o rompimento da cadeia econômica com o uso pessoal a impedir, portanto, a reutilização dele no processo produtivo, seja na revenda, no uso profissional, na transformação por meio de beneficiamento ou montagem ou em outra forma indireta. Desse modo, a relação de consumo (consumidor final) não pode ser confundida com relação de insumo (consumidor intermediário). Na hipótese em foco, não se pode entender que a aquisição do equipamento de ultrassom, utilizado na atividade profissional do médico, tenha ocorrido sob o amparo do CDC. **REsp 1.321.614-SP, Rel. originário Min. Paulo de Tarso Sanseverino, Rel. para acórdão Min. Ricardo Villas Bôas Cueva, julgado em 16/12/2014, DJe 3/3/2015 (Inform. STJ 556).**

Antinomia entre o CDC e a Convenção de Varsóvia: transporte aéreo internacional - 1
O Plenário iniciou julgamento conjunto de recurso extraordinário e de recurso extraordinário com agravo em que se discute a norma prevalecente nas hipóteses de conflito entre o Código de Defesa do Consumidor - CDC e a Convenção de Varsóvia, alterada posteriormente pelo Protocolo Adicional 4, assinado em Montreal, a qual rege o transporte aéreo internacional. No RE 636.331/RJ, com repercussão geral reconhecida, a controvérsia envolve os limites de indenização por danos materiais em decorrência de extravio de bagagem em voos internacionais. No ARE 766.618/SP, a questão posta em debate diz respeito ao prazo prescricional para fins de ajuizamento de ação de responsabilidade civil por atraso em voo internacional. **RE 636331/RJ, rel. Min. Gilmar Mendes, e ARE 766618/SP, rel. Min. Roberto Barroso, 8.5.2014. (RE-636331)**

Antinomia entre o CDC e a Convenção de Varsóvia: transporte aéreo internacional - 2

No RE 636.331/RJ, o Ministro Gilmar Mendes (relator) assentou a prevalência da Convenção de Varsóvia e demais acordos internacionais subscritos pelo Brasil em detrimento do CDC não apenas na hipótese de extravio de bagagem. Em consequência, deu provimento ao recurso extraordinário para limitar o valor da condenação por danos materiais ao patamar estabelecido na Convenção de Varsóvia, com as modificações efetuadas pelos acordos internacionais posteriores. Aduziu que a antinomia ocorreria, a princípio, entre o art. 14 do CDC, que impõe ao fornecedor do serviço o dever de reparar os danos causados, e o art. 22 da Convenção de Varsóvia — introduzida no direito pátrio pelo Decreto 20.704/1931 —, que fixa limite máximo para o valor devido pelo transportador, a título de reparação. Afastou, de início, a alegação de que o princípio constitucional que impõe a defesa do consumidor (CF, art. 5º, XXXII, e art. 170, V) impediria a derrogação do CDC por norma mais restritiva, ainda que por lei especial. Salientou que a proteção ao consumidor não seria a única diretriz a orientar a ordem econômica. Consignou também que o próprio texto constitucional, desde sua redação originária, determina, no art. 178, a observância dos acordos internacionais, quanto à ordenação do transporte aéreo internacional ("Art. 178. A lei disporá sobre a ordenação dos transportes aéreo, aquático e terrestre, devendo, quanto à ordenação do transporte internacional, observar os acordos firmados pela União, atendido o princípio da reciprocidade"). Realçou que, no tocante à aparente antinomia entre o disposto no CDC e na Convenção de Varsóvia — e demais normas internacionais sobre transporte aéreo —, não haveria diferença de hierarquia entre os diplomas normativos. Ambos teriam estatura de lei ordinária e, por isso, a solução do conflito envolveria a análise dos critérios cronológico e da especialidade.
RE 636331/RJ, rel. Min. Gilmar Mendes, e ARE 766618/SP, rel. Min. Roberto Barroso, 8.5.2014. (RE-636331)

Antinomia entre o CDC e a Convenção de Varsóvia: transporte aéreo internacional - 3

O Ministro Gilmar Mendes destacou, em relação ao critério cronológico, que os acordos internacionais em comento seriam mais recentes que o CDC. Observou que, não obstante o Decreto 20.704 tivesse sido publicado em 1931, sofrera sucessivas modificações que seriam posteriores ao CDC. O relator acrescentou, ainda, que a Convenção de Varsóvia — e os regramentos internacionais que a modificaram — seriam normas especiais em relação ao CDC, porquanto disciplinariam modalidade especial de contrato, qual seja, o contrato de transporte aéreo internacional de passageiros. Tendo em conta tratar-se de conflito entre regras que não possuiriam o mesmo âmbito de validade, sendo uma geral e outra específica, concluiu que deveria ser aplicado o parágrafo 2º do art. 2º da Lei de Introdução às Normas de Direito Brasileiro ("A lei nova, que estabeleça disposições gerais ou especiais a par das já existentes, não revoga nem modifica a lei anterior"). Frisou, ademais, que as disposições previstas nos aludidos acordos internacionais incidiriam exclusivamente nos contratos de transporte aéreo internacional de pessoas, bagagens ou carga. Assim, não alcançariam o transporte nacional de pessoas, que estaria excluído da abrangência do art. 22 da Convenção de Varsóvia. Por fim, esclareceu que a limitação indenizatória abarcaria apenas a reparação por danos materiais, e não morais.
RE 636331/RJ, rel. Min. Gilmar Mendes, e ARE 766618/SP, rel. Min. Roberto Barroso, 8.5.2014. (RE-636331)

Antinomia entre o CDC e a Convenção de Varsóvia: transporte aéreo internacional - 4

No ARE 766.618/SP, o Ministro Roberto Barroso (relator), ao afirmar que por força do art. 178 da CF, em caso de conflito, as normas das convenções que regem o transporte aéreo internacional prevaleceriam sobre o CDC, deu provimento ao recurso. Por conseguinte, julgou improcedente o pleito ante a ocorrência da prescrição. Abordou, de igual modo, os critérios tradicionais de solução de antinomias no Direito brasileiro: o da hierarquia, o cronológico e o da especialização. No entanto, reputou que a existência de dispositivo constitucional legitimaria a admissão dos recursos extraordinários nessa matéria, pois, se assim não fosse, a discussão cingir-se-ia ao âmbito infraconstitucional. Explicou, no ponto, que o art. 178 da CF previra parâmetro para a solução desse conflito, de modo que as convenções internacionais deveriam prevalecer. Reconheceu, na espécie, a incidência do art. 29 da Convenção de Varsóvia, que estabelece o prazo prescricional de dois anos,

a contar da chegada da aeronave. No que se refere ao RE 636.331/RJ, acompanhou o voto proferido pelo Ministro Gilmar Mendes. Após o voto do Ministro Teori Zavascki, que acolhia ambos os recursos ao fundamento de que a Convenção de Varsóvia — e o sucessor Protocolo Adicional 4, de Montreal — preponderaria sobre o CDC, pediu vista a Ministra Rosa Weber.
RE 636331/RJ, rel. Min. Gilmar Mendes, e ARE 766618/SP, rel. Min. Roberto Barroso, 8.5.2014. (RE-636331) (Inform. STF 745)

EMENTA: RECURSO EXTRAORDINÁRIO. DANOS MORAIS DECORRENTES DE ATRASO OCORRIDO EM VOO INTERNACIONAL. APLICAÇÃO DO CÓDIGO DE DEFESA DO CONSUMIDOR. MATÉRIA INFRACONSTITUCIONAL. NÃO CONHECIMENTO.
1. O princípio da defesa do consumidor se aplica a todo o capítulo constitucional da atividade econômica. 2. Afastam-se as normas especiais do Código Brasileiro da Aeronáutica e da Convenção de Varsóvia quando implicarem retrocesso social ou vilipêndio aos direitos assegurados pelo Código de Defesa do Consumidor. 3. Não cabe discutir, na instância extraordinária, sobre a correta aplicação do Código de Defesa do Consumidor ou sobre a incidência, no caso concreto, de específicas normas de consumo veiculadas em legislação especial sobre o transporte aéreo internacional. Ofensa indireta à Constituição de República. 4. Recurso não conhecido. **RE N. 351.750-RJ. RELATOR P/ O ACÓRDÃO: MIN. CARLOS BRITTO. (Inform. STF 560)**

DIREITO DO CONSUMIDOR. CONFIGURAÇÃO DE RELAÇÃO DE CONSUMO ENTRE PESSOAS JURÍDICAS. Há relação de consumo entre a sociedade empresária vendedora de aviões e a sociedade empresária administradora de imóveis que tenha adquirido avião com o objetivo de facilitar o deslocamento de sócios e funcionários. O STJ, adotando o conceito de consumidor da teoria finalista mitigada, considera que a pessoa jurídica pode ser consumidora quando adquirir o produto ou serviço como destinatária final, utilizando-o para atender a uma necessidade sua, não de seus clientes. No caso, a aeronave foi adquirida para atender a uma necessidade da própria pessoa jurídica – o deslocamento de sócios e funcionários –, não para ser incorporada ao serviço de administração de imóveis. Precedentes citados: REsp 1.195.642-PR, Terceira Turma, DJe 21/11/2012; e REsp 733.560-RJ, Terceira Turma, DJe 2/5/2006. **AgRg no REsp 1.321.083-PR, Rel. Min. Paulo de Tarso Sanseverino, julgado em 9/9/2014. (Inform. STJ 548)**

DIREITO DO CONSUMIDOR. APLICAÇÃO DO CDC A CONTRATO DE SEGURO EMPRESARIAL. Há relação de consumo entre a seguradora e a concessionária de veículos que firmam seguro empresarial visando à proteção do patrimônio desta (destinação pessoal) – ainda que com o intuito de resguardar veículos utilizados em sua atividade comercial –, desde que o seguro não integre os produtos ou serviços oferecidos por esta. Cumpre destacar que consumidor é toda pessoa física ou jurídica que adquire ou utiliza, como destinatário final, produto ou serviço oriundo de um fornecedor. Por sua vez, destinatário final, segundo a teoria subjetiva ou finalista, adotada pelo STJ, é aquele que ultima a atividade econômica, ou seja, que retira de circulação do mercado o bem ou o serviço para consumi-lo, suprindo uma necessidade ou satisfação própria, não havendo, portanto, a reutilização ou o reingresso dele no processo produtivo, seja na revenda, no uso profissional, na transformação do bem por meio de beneficiamento ou montagem, ou em outra forma indireta. Nessa medida, se a sociedade empresária firmar contrato de seguro visando proteger seu patrimônio (destinação pessoal), mesmo que seja para resguardar insumos utilizados em sua atividade comercial, mas sem integrar o seguro nos produtos ou serviços que oferece, haverá caracterização de relação de consumo, pois será aquela destinatária final dos serviços securitários. Situação diversa seria se o seguro empresarial fosse contratado para cobrir riscos dos clientes, ocasião em que faria parte dos serviços prestados pela pessoa jurídica, o que configuraria consumo intermediário, não protegido pelo CDC. Precedentes citados: REsp 733.560-RJ, Terceira Turma, DJ 2/5/2006; e REsp 814.060-RJ, Quarta Turma, DJe 13/4/2010. **REsp 1.352.419-SP, Rel. Min. Ricardo Villas Bôas Cueva, julgado em 19/8/2014. (Inform. STJ 548)**

DIREITO DO CONSUMIDOR. INCIDÊNCIA DO CDC AOS CONTRATOS DE APLICAÇÃO FINANCEIRA EM FUNDOS DE INVESTIMENTO. O CDC é aplicável aos contratos referentes a aplicações em fundos de investimento firmados entre as instituições financeiras e seus clientes, pessoas físicas e destinatários finais, que contrataram o serviço da instituição financeira para investir economias amealhadas ao longo da vida. Nessa situação, é

11. DIREITO DO CONSUMIDOR 677

aplicável o disposto na Súmula 297 do STJ, segundo a qual "O Código de Defesa do Consumidor é aplicável às instituições financeiras". Precedentes citados: REsp 1.214.318-RJ, Terceira Turma, DJe de 18/9/2012; e REsp 1.164.235-RJ, Terceira Turma, DJe de 29/2/2012. **REsp 656.932-SP, Rel. Min. Antonio Carlos Ferreira, julgado em 24/4/2014. (Inform. STJ 541)**

DIREITO DO CONSUMIDOR E INTERNACIONAL PRIVADO. INAPLICABI-LIDADE DO CDC AO CONTRATO DE TRANSPORTE INTERNACIONAL DE MERCADORIA DESTINADA A INCREMENTAR A ATIVIDADE COMERCIAL DA CONTRATANTE. Para efeito de fixação de indenização por danos à merca-doria ocorridos em transporte aéreo internacional, o CDC não prevalece sobre a Convenção de Varsóvia quando o contrato de transporte tiver por objeto equipamento adquirido no exterior para incrementar a atividade comercial de sociedade empresária que não se afigure vulnerável na rela-ção jurídico-obrigacional. Na hipótese em foco, a mercadoria transportada destinava-se a ampliar e a melhorar a prestação do serviço e, por conseguinte, aumentar os lucros. Sob esse enfoque, não se pode conceber o contrato de transporte isoladamente. Na verdade, a importação da mercadoria tem natureza de ato complexo, envolvendo (i) a compra e venda propriamente dita, (ii) o desembaraço para retirar o bem do país de origem, (iii) o eventual seguro, (iv) o transporte e (v) o desembaraço no país de destino mediante o recolhimento de taxas, impostos etc. Essas etapas do ato complexo de importação, conforme o caso, podem ser efetivadas diretamente por agentes da própria empresa adquirente ou envolver terceiros contratados para cada fim específico. Mas essa última possibilidade – contratação de terceiros –, por si, não permite que se aplique separadamente, a cada etapa, normas legais diversas da incidente sobre o ciclo completo da importação. Desse modo, não há como considerar a importadora destinatária final do ato complexo de importação nem dos atos e contratos intermediários, entre eles o contrato de transporte, para o propósito da tutela protetiva da legislação consumerista, sobretudo porque a mercadoria importada irá integrar a cadeia produtiva dos serviços prestados pela empresa contratante do transporte. Neste contexto, aplica-se, no caso em análise, o mesmo entendimento adotado pelo STJ nos casos de financiamento bancário ou de aplicação financeira com o propósito de ampliar capital de giro e de fomentar a atividade empresarial. O capital obtido da instituição financeira, evidentemente, destina-se, apenas, a fomentar a atividade industrial, comercial ou de serviços e, com isso, ampliar os negó-cios e o lucro. Daí que nessas operações não se aplica o CDC, pela ausência da figura do consumidor, definida no art. 2º do referido diploma. Assim, da mesma forma que o financiamento e a aplicação financeira mencionados fazem parte e não podem ser desmembrados do ciclo de produção, comer-cialização e de prestação de serviços, o contrato de transporte igualmente não pode ser retirado do ato complexo ora em análise. Observe-se que, num e noutro caso, está-se diante de uma engrenagem complexa, que demanda a prática de vários outros atos com o único escopo de fomentar a atividade da pessoa jurídica. Ademais, não se desconhece que o STJ tem atenuado a incidência da teoria finalista, aplicando o CDC quando, apesar de relação jurídico-obrigacional entre comerciantes ou profissionais, estiver caracteri-zada situação de vulnerabilidade ou hipossuficiência. Entretanto, a empresa importadora não apresenta vulnerabilidade ou hipossuficiência, o que afasta a incidência das normas do CDC. Dessa forma, inexistindo relação de con-sumo, circunstância que impede a aplicação das regras específicas do CDC, há que ser observada a Convenção de Varsóvia, que regula especificamente o transporte aéreo internacional. Precedentes citados: REsp 1.358.231-SP, Terceira Turma, DJ de 17/6/2013; e AgRg no Ag 1.291.994-SP, Terceira Turma, DJe de 6/3/2012. **REsp 1.162.649-SP, Rel. originário Min. Luis Felipe Salomão, Rel. para acórdão Min. Antonio Carlos Ferreira, julgado em 13/5/2014. (Inform. STJ 541)**

DIREITO CIVIL E DO CONSUMIDOR. REGIME JURÍDICO APLICÁVEL EM AÇÃO REGRESSIVA PROMOVIDA PELA SEGURADORA CONTRA COM-PANHIA AÉREA DE TRANSPORTE CAUSADORA DO DANO. Quando não incidir o CDC, mas, sim, a Convenção de Varsóvia, na relação jurídica estabelecida entre a companhia aérea causadora de dano à mercadoria por ela transportada e o segurado – proprietário do bem danificado –, a norma consumerista, também, não poderá ser aplicada em ação regres-siva promovida pela seguradora contra a transportadora. Isso porque a sub-rogação transfere ao novo credor todos os direitos, ações, privilégios e garantias do primitivo, em relação à dívida, contra o devedor principal e os fiadores. Nessa linha, tratando-se de ação regressiva promovida pela seguradora contra o causador do dano, a jurisprudência do STJ confere àquela os mesmo direitos, ações e privilégios do segurado a quem indenizou.

Portanto, inexistindo relação de consumo entre o segurado – proprietário do bem danificado – e a transportadora, não incide as regras específicas do CDC, mas, sim, a Convenção de Varsóvia na ação regressiva ajuizada pela seguradora contra a companhia aérea causadora do dano. Precedente citado: REsp 982.492-SP, Quarta Turma, Dje 17/10/2011; e REsp 705.148-PR, Quarta Turma, DJe 1º/3/2011. **REsp 1.162.649-SP, Rel. originário Min. Luis Felipe Salomão, Rel. para acórdão Min. Antonio Carlos Ferreira, julgado em 13/5/2014. (Inform. STJ 541)**

DIREITO DO CONSUMIDOR. CONSUMIDOR POR EQUIPARAÇÃO.
Em uma relação contratual avençada com fornecedor de grande porte, uma sociedade empresária de pequeno porte não pode ser considerada vulnerável, de modo a ser equiparada à figura de consumidor (art. 29 do CDC), na hipótese em que o fornecedor não tenha violado quaisquer dos dispositivos previstos nos arts. 30 a 54 do CDC. De fato, o art. 29 do CDC dispõe que, "Para os fins deste Capítulo e do seguinte, equiparam-se aos consumidores todas as pessoas determináveis ou não, expostas às práticas nele previstas". Este dispositivo está inserido nas disposições gerais do Capí-tulo V, referente às Práticas Comerciais, e faz menção também ao Capítulo VI, que trata da Proteção Contratual. Assim, para o reconhecimento da situação de vulnerabilidade, o que atrairia a incidência da equiparação prevista no art. 29, é necessária a constatação de violação a um dos dispositivos previstos no art. 30 a 54, dos Capítulos V e VI, do CDC. Nesse contexto, caso não tenha se verificado práticas abusivas na relação contratual examinada, a natural posição de inferioridade do destinatário de bens ou serviços não possibilita, por si só, o reconhecimento da vulnerabilidade. **REsp 567.192-SP, Rel. Min. Raul Araújo, julgado em 5/9/2013. (Inform. STJ 530)**

DIREITO DO CONSUMIDOR. APLICABILIDADE DO CDC AOS CONTRATOS DE ADMINISTRAÇÃO IMOBILIÁRIA.
É possível a aplicação do CDC à relação entre proprietário de imóvel e a imobiliária contratada por ele para administrar o bem. Isso porque o proprietário do imóvel é, de fato, destinatário final fático e também econômico do serviço prestado. Revela-se, ainda, a presunção da sua vulnerabilidade, seja porque o contrato firmado é de adesão, seja porque é uma atividade complexa e especializada ou, ainda, porque os mercados se comportam de forma diferenciada e específica em cada lugar e período. No cenário carac-terizado pela presença da administradora na atividade de locação imobiliária sobressaem pelo menos duas relações jurídicas distintas: a de prestação de serviços, estabelecida entre o proprietário de um ou mais imóveis e a admi-nistradora; e a de locação propriamente dita, em que a imobiliária atua como intermediária de um contrato de locação. Nas duas situações, evidencia-se a destinação final econômica do serviço prestado ao contratante, devendo a relação jurídica estabelecida ser regida pelas disposições do diploma consumerista. **REsp 509.304-PR, Rel. Min. Villas Bôas Cueva, julgado em 16/5/2013. (Inform. STJ 523)**

📄 **Súmula STJ nº 469**

Aplica-se o Código de Defesa do Consumidor aos contratos de plano de saúde.

📄 **Súmula STJ nº 321**

O Código de Defesa do Consumidor é aplicável à relação jurídica entre a entidade de previdência privada e seus participantes.

📄 **Súmula STJ nº 297**

O Código de Defesa do Consumidor é aplicável às instituições financeiras.

2. PRINCÍPIOS E DIREITOS BÁSICOS

AG. REG. NO ARE N. 759.995-RJ
RELATORA: MIN. CÁRMEN LÚCIA
EMENTA: AGRAVO REGIMENTAL NO RECURSO EXTRAORDINÁRIO COM AGRAVO. DIREITO DO CONSUMIDOR. SÍTIO DE BUSCA NA INTERNET. DIVULGAÇÃO DE FOTOGRAFIAS. DETERMINAÇÃO JUDICIAL DE EXCLU-SÃO DO MATERIAL FOTOGRÁFICO. ALEGADA AFRONTA AO PRINCÍPIO DA LEGALIDADE. NECESSIDADE DE PRÉVIA ANÁLISE DA LEGISLAÇÃO INFRACONSTITUCIONAL. OFENSA CONSTITUCIONAL INDIRETA. SÚMULA N. 636 DO SUPREMO TRIBUNAL FEDERAL. AGRAVO REGIMENTAL AO QUAL SE NEGA PROVIMENTO. **(Inform. STF 725)**

DIREITO CIVIL E DO CONSUMIDOR. DEVER DE UTILIZAÇÃO DO SISTEMA BRAILLE POR INSTITUIÇÕES FINANCEIRAS.

As instituições financeiras devem utilizar o sistema braille na confecção dos contratos bancários de adesão e todos os demais documentos fundamentais para a relação de consumo estabelecida com indivíduo portador de deficiência visual. Pela ordem cronológica, destaca-se, de início, o art. 1º da Lei 4.169/1962, que oficializou as Convenções Braille para uso na escrita e leitura dos cegos e o Código de Contrações e Abreviaturas Braille. Posteriormente, a Lei 10.048/2000, ao conferir prioridade de atendimento às pessoas portadoras de deficiência, textualmente impôs às instituições financeiras a obrigação de conferir tratamento prioritário, e, por conseguinte, diferenciado, aos indivíduos que ostentem as aludidas restrições. A referida Lei, ao estabelecer normas gerais e critérios básicos para a promoção da acessibilidade das pessoas portadores de deficiência ou com mobilidade reduzida, bem explicitou a necessidade de supressão de todas as barreiras e de obstáculos, em especial, nos meios de comunicação. E, por fim, em relação ao micro-sistema protetivo das pessoas portadoras de deficiência, cita-se à colação o Decreto 6.949/2009, que promulgou a Convenção Internacional sobre os Direitos das Pessoas com Deficiência e seu Protocolo Facultativo, cujo texto possui valor equivalente ao de uma emenda constitucional, e, por veicular direitos e garantias fundamentais do indivíduo, tem aplicação concreta e imediata (art. 5º, §§ 1º e 3º, da CF). Nesse ínterim, assinala-se que a convenção sob comento impôs aos Estados signatários a obrigação de assegurar o exercício pleno e equitativo de todos os direitos humanos e liberdades fundamentais pelas pessoas portadoras de deficiência, conferindo-lhes tratamento materialmente igualitário (diferenciado na proporção de sua desigualdade) e, portanto, não discriminatório, acessibilidade física e de comunicação e informação, inclusão social, autonomia e independência (na medida do possível, naturalmente), e liberdade para fazer suas próprias escolhas, tudo a viabilizar a consecução do princípio maior da dignidade da pessoa humana. Especificamente sobre a barreira da comunicação, a Convenção, é certo, referiu-se expressamente ao método braille, sem prejuízos de outras formas e sempre com atenção à denominada "adaptação razoável", como forma de propiciar aos deficientes visuais o efetivo acesso às informações. Nesses termos, valendo-se das definições trazidas pelo Tratado, pode-se afirmar, com segurança, que a não utilização do método braille durante todo o ajuste bancário levado a efeito com pessoa portadora de deficiência visual (providência, é certo, que lhe importa em gravame desproporcional à instituição financeira), impedindo-a de exercer, em igualdade de condições com as demais pessoas, seus direitos básicos de consumidor, a acirrar a inerente dificuldade de acesso às correlatas informações, consubstancia, a um só tempo, intolerável discriminação por deficiência e inobservância da almejada "adaptação razoável". A utilização do método braille nos ajustes bancários com pessoas portadoras de deficiência visual encontra lastro, ainda, indiscutivelmente, na legislação consumerista, que preconiza ser direito básico do consumidor o fornecimento de informação suficientemente adequada e clara do produto ou serviço oferecido, encargo, é certo, a ser observado não apenas por ocasião da celebração do ajuste, mas também durante toda a contratação. No caso do consumidor deficiente visual, a consecução deste direito, no bojo de um contrato bancário de adesão, somente é alcançada (de modo pleno, ressalta-se) por meio da utilização do método braille, a facilitar, e mesmo a viabilizar, a integral compreensão e reflexão acerca das cláusulas contratuais submetidas a sua apreciação, especialmente aquelas que impliquem limitações de direito, assim como dos extratos mensais, dando conta dos serviços prestados, taxas cobradas etc. Ressalte-se que, considerada a magnitude dos direitos sob exame, de assento constitucional e legal, afigura-se de menor, ou sem qualquer relevância, o fato de a Resolução 2.878/2001 do BACEN, em seu art. 12, exigir, sem prejuízo de outras providências a critério das instituições financeiras, que as contratações feitas com deficientes visuais sejam precedidas de leitura, em voz alta, por terceiro, das cláusulas contratuais, na presença de testemunhas. Este singelo procedimento, a toda evidência, afigura-se insuficiente, senão inócuo, ao fim que se destina. De fato, esse proceder não confere ao consumidor deficiente visual, como seria de rigor, pleno acesso às informações, para melhor nortear as suas escolhas, bem como para permitir seja aferido, durante toda a contratação, a correlação e mesmo a correção entre os serviços efetivamente prestados com o que restou pactuado (taxas cobradas, condições, consectários de eventual inadimplemento etc.). Nesse contexto, é manifesta, ainda, a afronta ao direito à intimidade do consumidor deficiente visual que, para simples conferência acerca da correção dos serviços prestados, ou mesmo para mera obtenção de prestação de contas, deve se dirigir a agência bancária e, forçosamente, franquear a terceiros, o conteúdo de sua movimentação financeira. O simples envio mensal dos extratos em braille afigurar-se-ia

providência suficiente e razoável para conferir ao cliente, nessas condições, tratamento digno e isonômico. Deve-se, pois, propiciar ao consumidor nessas condições, não um tratamento privilegiado, mas sim diferenciado, na medida de sua desigualdade, a propiciar-lhes igualdade material de tratamento. É de se concluir, assim, que a obrigatoriedade de confeccionar em braille os contratos bancários de adesão e todos os demais documentos fundamentais para a relação de consumo estabelecida com indivíduo portador de deficiência visual, além de encontrar esteio no ordenamento jurídico nacional, afigura-se absolutamente razoável, impondo à instituição financeira encargo próprio de sua atividade, adequado e proporcional à finalidade perseguida, consistente em atender ao direito de informação do consumidor, indispensável à validade da contratação, e, em maior extensão, ao princípio da dignidade da pessoa humana. **REsp 1.315.822-RJ, Rel. Min. Marco Aurélio Bellizze, julgado em 24/3/2015, DJe 16/4/2015 (Inform. STJ 559).**

DIREITO CIVIL E DO CONSUMIDOR. HIPÓTESE DE INAPLICABILIDADE DA TEORIA DA BASE OBJETIVA OU DA BASE DO NEGÓCIO JURÍDICO.

A teoria da base objetiva ou da base do negócio jurídico tem sua aplicação restrita às relações jurídicas de consumo, não sendo aplicável às contratuais puramente civis. A teoria da base objetiva difere da teoria da imprevisão por prescindir da imprevisibilidade de fato que determine oneração excessiva de um dos contratantes. Pela leitura do art. 6º, V, do CDC, basta a superveniência de fato que determine desequilíbrio na relação contratual diferida ou continuada para que seja possível a postulação de sua revisão ou resolução, em virtude da incidência da teoria da base objetiva. O requisito de o fato não ser previsível nem extraordinário não é exigido para a teoria da base objetiva, mas tão somente a modificação nas circunstâncias indispensáveis que existiam no momento da celebração do negócio, ensejando onerosidade ou desproporção para uma das partes. Com efeito, a teoria da base objetiva tem por pressuposto a premissa de que a celebração de um contrato ocorre mediante consideração de determinadas circunstâncias, as quais, se modificadas no curso da relação contratual, determinam, por sua vez, consequências diversas daquelas inicialmente estabelecidas, com repercussão direta no equilíbrio das obrigações pactuadas. Nesse contexto, a intervenção judicial se daria nos casos em que o contrato fosse atingido por fatos que comprometessem as circunstâncias intrínsecas à formulação do vínculo contratual, ou seja, sua base objetiva. Em que pese sua relevante inovação, a referida teoria, ao dispensar, em especial, o requisito de impre-visibilidade, foi acolhida em nosso ordenamento apenas para as relações de consumo, que demandam especial proteção. Ademais, não se admite a aplicação da teoria do diálogo das fontes para estender a todo direito das obrigações regra incidente apenas no microssistema do direito do consumidor. De outro modo, a teoria da quebra da base objetiva poderia ser invocada para revisão ou resolução de qualquer contrato no qual haja modificação das circunstâncias iniciais, ainda que previsíveis, comprometendo em especial o princípio pacta sunt servanda e, por conseguinte, a segurança jurídica. Por fim, destaque-se que, no tocante às relações contratuais puramente civis, quer dizer, ao desamparo das normas protetivas do CDC, a adoção da teoria da base objetiva, a fim de determinar a revisão de contratos, poderia, em decorrência da autuação jurisdicional, impor indesejáveis prejuízos reversos àquele que teria, em tese, algum benefício com a superveniência de fatos que atinjam a base do negócio. **REsp 1.321.614-SP, Rel. originário Min. Paulo de Tarso Sanseverino, Rel. para acórdão Min. Ricardo Villas Bôas Cueva, julgado em 16/12/2014, DJe 3/3/2015 (Inform. STJ 556).**

DIREITO DO CONSUMIDOR. LEGALIDADE DO SISTEMA CREDIT SCORING. RECURSO REPETITIVO (ART. 543-C DO CPC E RES. 8/2008 DO STJ).

No que diz respeito ao sistema credit scoring, definiu-se que: a) é um método desenvolvido para avaliação do risco de concessão de crédito, a partir de modelos estatísticos, considerando diversas variáveis, com atribuição de uma pontuação ao consumidor avaliado (nota do risco de crédito); b) essa prática comercial é lícita, estando autorizada pelo art. 5º, IV, e pelo art. 7º, I, da Lei 12.414/2011 (Lei do Cadastro Positivo); c) na avaliação do risco de crédito, devem ser respeitados os limites estabelecidos pelo sistema de proteção do consumidor no sentido da tutela da privacidade e da máxima transparência nas relações negociais, conforme previsão do CDC e da Lei 12.414/2011; d) apesar de desnecessário o consentimento do consumidor consultado, devem ser a ele fornecidos esclarecimentos, caso solicitados, acerca das fontes dos dados considerados (histórico de crédito), bem como as informações pessoais valoradas; e) o desrespeito aos limites legais na utilização do sistema credit scoring, configurando abuso no exercício desse direito (art. 187 do CC), pode ensejar a responsabilidade objetiva e

11. DIREITO DO CONSUMIDOR

solidária do fornecedor do serviço, do responsável pelo banco de dados, da fonte e do consulente (art. 16 da Lei 12.414/2011) pela ocorrência de danos morais nas hipóteses de utilização de informações excessivas ou sensíveis (art. 3º, § 3º, I e II, da Lei 12.414/2011), bem como nos casos de comprovada recusa indevida de crédito pelo uso de dados incorretos ou desatualizados. REsp 1.419.697-RS, Rel. Min. Paulo de Tarso Sanseverino, julgado em 12/11/2014. (Inform. STJ 551)

DIREITO DO CONSUMIDOR. HIPÓTESE DE DESCABIMENTO DE CONDENAÇÃO EM INDENIZAÇÃO POR DANO MORAL COLETIVO. Não cabe condenação a reparar dano moral coletivo quando, de cláusula de contrato de plano de saúde que excluiu a cobertura de próteses cardíacas indispensáveis a procedimentos cirúrgicos cobertos pelo plano, não tenham decorrido outros prejuízos além daqueles experimentados por quem, concretamente, teve o tratamento embaraçado ou teve de desembolsar os valores ilicitamente sonegados pelo plano. Como categoria autônoma de dano, a qual não se relaciona necessariamente com os tradicionais atributos da pessoa humana relativos à dor, sofrimento ou abalo psíquico, é possível afirmar-se cabível o dano moral coletivo. Além disso, embora o mesmo direito não pertença, a um só tempo, a mais de uma categoria de direito coletivo (direitos difusos, coletivos em sentido estrito e individuais homogêneos), isso não implica dizer que, no mesmo cenário fático ou jurídico conflituoso, violações simultâneas de direitos de mais de uma espécie não possam ocorrer. No entanto, na hipótese não se vislumbra dano de ordem coletiva, cujas vítimas seriam os atuais contratantes do plano de saúde, nem de ordem difusa, cujas vítimas seriam os indetermináveis futuros contratantes do plano. Os prejuízos, na hipótese, dizem respeito a direitos individuais homogêneos. Na verdade, a cláusula contratual restritiva permanece inoperante até que algum contratante venha a pleitear o serviço por ela excluído. Antes disso, é mera previsão contratual abstrata, incapaz de gerar qualquer efeito fora da idealização normativa avençada. Aplica-se a antiga – e cotidianamente repetida – ideia segundo a qual a responsabilidade civil requer, de regra, ilegalidade da conduta (salvo exceções de responsabilização por ato lícito), dano e nexo causal. Se é certo que a cláusula contratual em apreço constitui reconhecida ilegalidade, não é menos certo que nem toda ilegalidade se mostra apta a gerar dano, circunstância essa que se faz presente no caso em exame. REsp 1.293.606-MG, Rel. Min. Luis Felipe Salomão, julgado em 2/9/2014. (Inform. STJ 547)

📖 Súmula STJ nº 407

É legítima a cobrança da tarifa de água fixada de acordo com as categorias de usuários e as faixas de consumo.

3. RESPONSABILIDADE PELO FATO DO PRODUTO OU DO SERVIÇO

AG. REG. NO ARE N. 893.353-SP
RELATOR: MIN. DIAS TOFFOLI
EMENTA: Agravo regimental no recurso extraordinário com agravo. Direito do consumidor. Acidente de consumo. Lucros cessantes e danos morais. Valor. Fixação. Prequestionamento. Ausência. Princípios da legalidade e do devido processo legal. Ofensa reflexa. Fatos e provas. Reexame. Legislação infraconstitucional. Análise. Impossibilidade. Ausência de repercussão geral. Precedentes.
1. Não se admite o recurso extraordinário quando os dispositivos constitucionais que nele se alega violados não estão devidamente prequestionados. Incidência das Súmulas nºs 282 e 356/STF.
2. A afronta aos princípios da legalidade, do devido processo legal, da ampla defesa ou do contraditório, dos limites da coisa julgada ou da prestação jurisdicional, quando depende, para ser reconhecida como tal, da análise de normas infraconstitucionais, configura apenas ofensa indireta ou reflexa à Constituição Federal.
3. Inviável, em recurso extraordinário, o reexame dos fatos e das provas dos autos e a análise da legislação infraconstitucional de regência. Incidência das Súmulas nºs 279 e 636 /STF.
4. O Supremo Tribunal Federal, analisando o ARE nº 743.771/SP-RG, Relator o Ministro **Gilmar Mendes**, assentou a questão da repercussão geral da questão relativa à modificação do valor fixado a título de indenização por danos morais, uma vez que essa discussão não alcança **status** constitucional.
5. Agravo regimental não provido. (Inform. STF 802)

AG. REG. NO RE N 893.234-PR
RELATORA: MIN. ROSA WEBER
EMENTA: DIREITO DO CONSUMIDOR. INDENIZAÇÃO POR DANO MORAL. DEBATE DE ÂMBITO INFRACONSTITUCIONAL. EVENTUAL VIOLAÇÃO REFLEXA DA CONSTITUIÇÃO DA REPÚBLICA NÃO VIABILIZA O MANEJO DE RECURSO EXTRAORDINÁRIO. NEGATIVA DE PRESTAÇÃO JURISDICIONAL. ARTIGO 93, IX, DA CONSTITUIÇÃO DA REPÚBLICA. NULIDADE. INOCORRÊNCIA. RAZÕES DE DECIDIR EXPLICITADAS PELO ÓRGÃO JURISDICIONAL. REELABORAÇÃO DA MOLDURA FÁTICA CONSTANTE DO ACÓRDÃO REGIONAL. IMPOSSIBILIDADE. ACÓRDÃO RECORRIDO PUBLICADO EM 05.3.2015.
1. Inexiste violação do artigo 93, IX, da Lei Maior. A jurisprudência do Supremo Tribunal Federal é no sentido de que o referido dispositivo constitucional exige a explicitação, pelo órgão jurisdicional, das razões do seu convencimento, dispensando o exame detalhado de cada argumento suscitado pelas partes.
2. O exame da alegada ofensa ao art. 5º, XXXV, XXXVI, e LV, da Constituição Federal, observada a estreita moldura com que devolvida a matéria à apreciação desta Suprema Corte, dependeria de prévia análise da legislação infraconstitucional aplicada à espécie, o que refoge à competência jurisdicional extraordinária, prevista no art. 102 da Magna Carta.
3. Divergir da conclusão da Corte Regional exigiria a reelaboração da moldura fática delineada no acórdão da origem, procedimento vedado em sede extraordinária. Aplicação da Súmula 279/STF: "Para simples reexame de prova não cabe recurso extraordinário."
4. As razões do agravo regimental não se mostram aptas a infirmar os fundamentos que lastrearam a decisão agravada, mormente no que se refere à ausência de ofensa direta e literal a preceito da Constituição da República.
5. Agravo regimental conhecido e não provido. (Inform. STF 794)

AG. REG. NO ARE N. 867.170-RS
RELATOR: MIN. ROBERTO BARROSO
EMENTA: DIREITO DO CONSUMIDOR E DIREITO PROCESSUAL CIVIL. AGRAVO REGIMENTAL EM RECURSO EXTRAORDINÁRIO COM AGRAVO. INCLUSÃO EM CADASTRO DE INADIMPLENTES. AUSÊNCIA DE REPERCUSSÃO GERAL. RECURSO MANIFESTAMENTE INADMISSÍVEL.
1. O Plenário Virtual do Supremo Tribunal Federal já assentou a inexistência de repercussão geral das controvérsias debatidas nos autos, relativas à suposta violação aos princípios do contraditório, da ampla defesa, dos limites da coisa julgada e do devido processo legal (ARE 748.371, Rel. Min. Gilmar Mendes), bem como à indenização por danos morais em decorrência de cadastramento indevido em órgãos de proteção ao crédito (RE 602.136-RG, Rel.ª Min.ª Ellen Gracie).
2. Agravo regimental a que se nega provimento, com aplicação da multa prevista no art. 557, § 2º, do CPC. (Inform. STF 791)

AG. REG. NO ARE N. 885.904-SP
RELATORA: MIN. ROSA WEBER
EMENTA: DIREITO CIVIL E DO CONSUMIDOR. RELAÇÃO DE CONSUMO. DÉBITOS EM CONTA-CORRENTE. AUSÊNCIA DE AUTORIZAÇÃO. DANO MORAL. CONFIGURAÇÃO. MATÉRIA INFRACONSTITUCIONAL. EVENTUAL VIOLAÇÃO REFLEXA DA CONSTITUIÇÃO DA REPÚBLICA NÃO VIABILIZA O MANEJO DE RECURSO EXTRAORDINÁRIO. INOVAÇÃO RECURSAL. IMPOSSIBILIDADE. ACÓRDÃO RECORRIDO PUBLICADO EM 05.3.2014.
1. A alegada violação dos arts. 93, IX, e 98, I, da Constituição Federal não foi arguida nas razões do recurso extraordinário, sendo vedado ao agravante inovar no agravo regimental. Precedentes.
2. A controvérsia, a teor do já asseverado na decisão guerreada, não alcança estatura constitucional. Não há falar em afronta aos preceitos constitucionais indicados nas razões recursais. Compreender de modo diverso exigiria a análise da legislação infraconstitucional encampada na decisão da Corte de origem, a tornar oblíqua e reflexa eventual ofensa, insuscetível, como tal, de viabilizar o conhecimento do recurso extraordinário. Desatendida a exigência do art. 102, III, "a", da Lei Maior, nos termos da remansosa jurisprudência desta Corte.
3. As razões do agravo regimental não se mostram aptas a infirmar os fundamentos que lastrearam a decisão agravada, mormente no que se refere à ausência de ofensa direta e literal a preceito da Constituição da República. 4. Agravo regimental conhecido e não provido. (Inform. STF 790)

REPERCUSSÃO GERAL EM ARE N. 867.326-SC
RELATOR: MIN. TEORI ZAVASCKI

Ementa: PROCESSUAL CIVIL. RECURSO EXTRAORDINÁRIO COM AGRAVO. AÇÃO DE INDENIZAÇÃO POR DANOS MORAIS. INCLUSÃO DE NOME EM SISTEMA DE ANÁLISE, AVALIAÇÃO E PONTUAÇÃO DE RISCO DE CRÉDITO, MANTIDO POR INSTITUIÇÃO DE PROTEÇÃO AO CRÉDITO. MATÉRIA INFRA-CONSTITUCIONAL. AUSÊNCIA DE REPERCUSSÃO GERAL.

1. A controvérsia relativa à legitimidade dos sistemas de análise, avaliação e pontuação de risco de crédito a consumidor (denominados *concentre scoring, credit scoring* ou *credscore*), mantidos por instituição de proteção ao crédito, bem como a existência de danos indenizáveis por inserção do nome de consumidor nesses sistemas, é matéria disciplinada por normas infraconstitucionais, sendo apenas reflexa e indireta eventual ofensa a normas constitucionais.

2. Ausência de repercussão geral da questão suscitada, nos termos do art. 543-A do CPC. **(Inform. STF 782)**

DIREITO DO CONSUMIDOR. RESPONSABILIDADE DA INSTITUIÇÃO FINANCEIRA PERANTE SOCIEDADE EMPRESÁRIA QUE RECEBEU CHEQUE INTEGRANTE DE TALIONÁRIO PREVIAMENTE CANCELADO.

A instituição financeira não deve responder pelos prejuízos suportados por sociedade empresária que, no exercício de sua atividade empresarial, recebera como pagamento cheque que havia sido roubado durante o envio ao correntista e que não pôde ser descontado em razão do prévio cancelamento do talionário (motivo 25 da Resolução 1.631/1989 do Bacen). Na situação em análise, a sociedade empresária não pode ser considerada consumidora por equiparação com fundamento no art. 17 do CDC, segundo o qual "Para os efeitos dessa Seção, equiparam-se aos consumidores todas as vítimas do evento". Com efeito, interpretando-se o art. 17 do CDC, deve-se reputar consumidor por equiparação o terceiro, estranho à relação de consumo, que experimenta prejuízos ocasionados diretamente pelo acidente de consumo. Efetivamente, ainda que se afigure possível, segundo a doutrina majoritária nacional, que pessoa jurídica e mesmo intermediários da cadeia de consumo venham a ser considerados vítimas de um acidente de consumo, enquadrando-se, pois, na qualidade de consumidor por equiparação, é imprescindível, para tanto, que os danos suportados possuam relação direta (e não meramente reflexa) de causalidade com o acidente de consumo. Nessa medida, eventuais danos suportados pela pessoa jurídica, no estrito desenvolvimento de sua atividade empresarial, causados diretamente por terceiros (falsários/estelionatários), não podem ser atribuídos à instituição financeira que procedeu em conformidade com a Lei 7.357/1985 e com a Resolução 1.682/1990 do Bacen, regente à hipótese em análise, sob pena de se admitir indevida transferência dos riscos profissionais assumidos por cada qual. Veja-se que a Lei de Cheques (Lei 7.357/1985), em seu art. 39, parágrafo único, reputa ser indevido o pagamento/desconto de cheque falso, falsificado ou alterado, pela instituição financeira, sob pena de sua responsabilização perante o correntista (salvo a comprovação de dolo ou culpa do próprio correntista). Observe-se que esse dispositivo legal preceitua expressamente a responsabilização da instituição financeira perante o correntista (e não ao comerciante que recebe o título como forma de pagamento), por proceder justamente ao indevido desconto de cheque falso. Vê-se, portanto, que, na situação em análise, o defeito do serviço prestado pela instituição financeira (roubo por ocasião do envio do talionário aos clientes) foi devidamente contornado mediante o cancelamento do talionário, impedindo-se, assim, que os correntistas ou terceiros a eles equiparados, sofressem prejuízos ocasionados diretamente por aquele (defeito do serviço). Desse modo, obstou-se a própria ocorrência do acidente de consumo. Nesse contexto, incoerente, senão antijurídico, impor à instituição financeira que, em observância às normas de regência, procedeu ao cancelamento e à devolução dos cheques, sob o motivo 25, responda, de todo modo, agora, pelos prejuízos suportados por comerciante que, no desenvolvimento de sua atividade empresarial e com a assunção dos riscos a ela inerentes, aceita os referidos títulos como forma de pagamento. A aceitação de cheques como forma de pagamento pelo comerciante não decorre de qualquer imposição legal, devendo, caso assuma o risco de recebê-lo, adotar, previamente, todas as cautelas e diligências destinadas a aferir a idoneidade do título, assim como de seu apresentante (e suposto emitente). **REsp 1.324.125-DF, Rel. Min. Marco Aurélio Bellizze, julgado em 21/5/2015, DJe 12/6/2015 (Inform. STJ 564).**

DIREITO CIVIL E DO CONSUMIDOR. RESPONSABILIDADE CIVIL DE TRANSPORTADORA DE PASSAGEIROS E CULPA EXCLUSIVA DO CONSUMIDOR.

A sociedade empresária de transporte coletivo interestadual não deve ser responsabilizada pela partida do veículo, após parada obrigatória, sem a presença do viajante que, por sua culpa exclusiva, não compareceu para reembarque mesmo após a chamada dos passageiros, sobretudo quando houve o embarque tempestivo dos demais. De fato, a responsabilidade decorrente do contrato de transporte é objetiva, nos termos do art. 37, § 6º, da CF e dos arts. 14 e 22 do CDC, sendo atribuído ao transportador o dever reparatório quando demonstrado o nexo causal entre o defeito do serviço e o acidente de consumo (fato do serviço), do qual somente é passível de isenção quando houver culpa exclusiva do consumidor ou uma das causas excludentes de responsabilidade genéricas – força maior ou caso fortuito (arts. 734 e 735 do CC). Deflui do contrato de transporte uma obrigação de resultado que incumbe ao transportador levar o transportado incólume ao seu destino (art. 730 do CC), sendo certo que a cláusula de incolumidade se refere à garantia de que a concessionária de transporte irá empreender todos os esforços possíveis no sentido de isentar o consumidor de perigo e de dano à sua integridade física, mantendo-o em segurança durante todo o trajeto, até a chegada ao destino final. Ademais, ao lado do dever principal de transladar os passageiros e suas bagagens até o local de destino com cuidado, exatidão e presteza, há o transportador que observar os deveres secundários de cumprir o itinerário ajustado e o horário marcado, sob pena de responsabilização pelo atraso ou pela mudança de trajeto. Assim, a mera partida do coletivo sem a presença do viajante não pode ser equiparada automaticamente à falha na prestação do serviço, decorrente da quebra da cláusula de incolumidade, devendo ser analisadas pelas instâncias ordinárias as circunstâncias fáticas que envolveram o evento, tais como, quanto tempo o coletivo permaneceu na parada; se ele partiu antes do tempo previsto ou não; qual o tempo de atraso do passageiro; e se houve por parte do motorista a chamada dos viajantes para reembarque de forma inequívoca. O dever de o consumidor cooperar para a normal execução do contrato de transporte é essencial, impondo-se-lhe, entre outras responsabilidades, que também esteja atento às diretivas do motorista em relação ao tempo de parada para descanso, de modo a não prejudicar os demais passageiros (art. 738 do CC). Nessa linha de intelecção, a pontualidade é não só um dever do transportador como também do passageiro. No caso, tendo havido o chamado, bem como o embarque tempestivo dos demais passageiros, conclui-se pela culpa exclusiva do passageiro decorrente da falta do dever de cuidado. **REsp 1.354.369-RJ, Rel. Min. Luis Felipe Salomão, julgado em 5/5/2015, DJe 25/5/2015 (Inform. STJ 562).**

DIREITO DO CONSUMIDOR. RESPONSABILIDADE CIVIL DA EMPRESA BRASILEIRA DE CORREIOS E TELÉGRAFOS (ECT) POR ASSALTO OCORRIDO NO INTERIOR DE BANCO POSTAL.

A ECT é responsável pelos danos sofridos por consumidor que foi assaltado no interior de agência dos Correios na qual é fornecido o serviço de banco postal. De início, cumpre esclarecer que a questão discutida no caso em análise não é a mesma da enfrentada no julgamento do REsp 1.224.236-RS (DJe 2/4/2014), ocasião na qual a Quarta Turma afastou a incidência do art. 1º, § 1º, da Lei 7.102/1983 no que toca às lotéricas, quando atuando na função de correspondente, ao fundamento de que, apesar de prestarem determinados serviços bancários, não possuem natureza de instituição financeira. Naquele caso, analisava-se contenda entre casa lotérica e a Caixa Econômica Federal, na qual se discutia a relação contratual (seguro) entre elas e a específica relação de permissão de serviço público, para fins de definir quem seria o responsável pela segurança do estabelecimento comercial (agência permissionária). Aqui, ao revés, discute-se a responsabilidade na relação usuário/fornecedor pelo defeito nos serviços prestados na atividade de banco postal, portanto durante a relação de consumo entre as partes, não havendo falar em permissão de serviço público. Posto isso, esclareça-se, por oportuno, que banco postal (serviço financeiro postal especial), segundo o Banco Central, é a marca utilizada pela Empresa Brasileira de Correios e Telégrafos – ECT para a atuação, por meio de sua rede de atendimento, como correspondente contratado de uma instituição financeira. O objetivo dessa atividade é levar os serviços e produtos bancários mais elementares à população de localidades desprovidas de referidos benefícios, proporcionando a inclusão social e acesso ao sistema financeiro, conferindo maior capilaridade ao atendimento bancário, nada mais sendo do que uma longa manus das instituições financeiras que não conseguem atender toda a sua demanda. Efetivamente, é inviável reconhecer a incidência das especializadas regras de segurança previstas na Lei 7.102/1983 com relação à atuação dos Correios, notadamente a exigência de requisitos de segurança para funcionamento de estabelecimento que seja sede de instituição financeira, tais como: equipamentos de filmagem, vigilância ostensiva, artefatos que retardem a ação de criminosos, cabina blindada dentre outros. Todavia, não há como obstar a incidência das regras protetivas do CDC. Com efeito, as contratações tanto dos serviços postais como dos serviços de banco postal oferecidos pelos Correios revelam a existência de contrato de consumo, desde que o usuário se qualifique como "destinatário final" do produto ou serviço. Observe-se, a propósito, que o fato de uma empresa se inserir na categoria de prestadora de serviço público ou de exploradora da atividade econômica, por óbvio, não a afasta das regras próprias do CDC, bastando que seja estabelecida relação de consumo com seus usuários (art. 3º). Nesse contexto, tanto as empresas públicas prestadoras de serviços públicos, assim como as exploradoras da atividade econômica, submetem-se ao regime de responsabilidade civil objetiva, previsto no art. 14 do CDC. Dessarte, considerando a existência de relação de consumo na hipótese, bem como o fato do serviço, resta saber se incide a excludente de responsabilização pelo rompimento do nexo causal – fortuito externo. No caso do banco postal, presta-se um serviço cuja natureza traz, em sua essência, risco à segurança, justamente por tratar de atividade financeira com guarda de valores e movimentação de numerário, além de diversas outras atividades tipicamente bancárias, e que, apesar de o correspondente não ser juridicamente uma instituição financeira para fins de incidência do art. 1º, § 1º, da Lei 7.102/1983, aos olhos do consumidor nada mais é do que um banco, como o próprio nome revela: "banco postal". Deveras, é assente na jurisprudência do STJ que, nas discussões a respeito de assaltos dentro de agências bancárias, sendo o risco inerente à atividade bancária, é a instituição financeira que deve assumir o ônus desses infortúnios. É que os "roubos em agências bancárias são eventos previsíveis, não caracterizando hipótese de força maior, capaz de elidir o nexo de causalidade, requisito indispensável ao dever de indenizar" (REsp 1.093.617-PE, Quarta Turma, DJe 23/3/2009). Na hipótese, o serviço prestado pelos Correios foi inadequado e ineficiente, porque descumpriu o dever de segurança legitimamente esperado pelo consumidor, não havendo falar em caso fortuito para fins de exclusão da responsabilidade com rompimento da relação de causalidade, mas sim fortuito interno, porquanto incide na proteção dos riscos esperados da atividade empresarial desenvolvida. Ademais, como dito, aos olhos do usuário, inclusive em razão do nome e da prática comercial, não se pode concluir de outro modo. Com efeito, o consumidor efetivamente crê que o banco postal (correspondente bancário) nada mais é do que um banco com funcionamento dentro de agência dos Correios. De fato, dentro do seu poder de livremente contratar e oferecer diversos tipos de serviços, ao agregar a atividade de correspondente bancário ao seu empreendimento, acaba-se por criar risco inerente à própria atividade das instituições financeiras, devendo por isso responder pelos danos que essa nova atribuição tenha gerado aos seus consumidores, uma vez que atraiu para si o ônus de fornecer a segurança legitimamente esperada para esse tipo de negócio. **REsp 1.183.121-SC, Rel. Min. Luis Felipe Salomão, julgado em 24/2/2015, DJe 7/4/2015 (Inform. STJ 559).**

DIREITO CIVIL E DO CONSUMIDOR. RESPONSABILIDADE POR OFENSAS PROFERIDAS POR INTERNAUTA E VEICULADAS EM PORTAL DE NOTÍCIAS. A sociedade empresária gestora de portal de notícias que disponibilize campo destinado a comentários de internautas terá responsabilidade solidária por comentários, postados nesse campo, que, mesmo relacionados à matéria jornalística veiculada, sejam ofensivos a terceiro e que tenham ocorrido antes da entrada em vigor do marco civil da internet (Lei 12.965/2014). Inicialmente, cumpre registrar que, de acordo com a classificação dos provedores de serviços na internet apresentada pela Min. Nancy Andrighi no REsp 1.381.610-RS, essa sociedade se enquadra nas categorias: provedora de informação – que produz as informações divulgadas na Internet –, no que tange à matéria jornalística divulgada no site; e provedora de conteúdo – que disponibiliza na rede as informações criadas ou desenvolvidas pelos provedores de informação –, no que tocante às postagens dos usuários. Essa classificação é importante porque tem reflexos diretos na responsabilidade civil do provedor. De fato, a doutrina e a jurisprudência do STJ têm se manifestado pela ausência de responsabilidade dos provedores de conteúdo pelas mensagens postadas diretamente pelos usuários (REsp 1.338.214-MT, Terceira Turma, DJe 2/12/2013) e, de outra parte, pela responsabilidade dos provedores de informação pelas matérias por ele divulgadas (REsp 1.381.610-RS, Terceira Turma, DJe 12/9/2013). Não obstante o entendimento doutrinário e jurisprudencial contrário à responsabilização dos provedores de conteúdo pelas mensagens postadas pelos usuários, o caso em análise traz a particularidade de o provedor ser um portal de notícias, ou seja, uma sociedade cuja atividade é precisamente o fornecimento de informações a um vasto público consumidor. Essa particularidade diferencia o presente caso daqueles outros julgados pelo

STJ, em que o provedor de conteúdo era empresa da área da informática, como a Google, a Microsoft etc. Efetivamente, não seria razoável exigir que empresas de informática controlassem o conteúdo das postagens efetuadas pelos usuários de seus serviços ou aplicativos. Todavia, tratando-se de uma sociedade que desenvolve atividade jornalística, o controle do potencial ofensivo dos comentários não apenas é viável, como necessário, por ser atividade inerente ao objeto da empresa. Ademais, é fato notório, nos dias de hoje, que as redes sociais contêm um verdadeiro inconsciente coletivo que faz com que as pessoas escrevam mensagens, sem a necessária reflexão prévia, falando coisas que normalmente não diriam. Isso exige um controle por parte de quem é profissional da área de comunicação, que tem o dever de zelar para que o direito de crítica não ultrapasse o limite legal consistente no respeito à honra, à privacidade e à intimidade da pessoa criticada. Assim, a ausência de qualquer controle, prévio ou posterior, configura defeito do serviço, uma vez que se trata de relação de consumo. Ressalte-se que o ponto nodal não é apenas a efetiva existência de controle editorial, mas a viabilidade de ele ser exercido. Consequentemente, a sociedade deve responder solidariamente pelos danos causados à vítima das ofensas morais, que, em última análise, é um bystander, por força do disposto no art. 17 do CDC. Saliente-se que, tratando-se de uma sociedade que desenvolva atividade jornalística, não se pode admitir a ausência de qualquer controle sobre as mensagens e comentários divulgados, porque se mesclam com a própria informação, que é o objeto central da sua atividade econômica, devendo oferecer a segurança que dela legitimamente se espera (art. 14, § 1º, do CDC). Cabe esclarecer que o marco civil da internet (Lei 12.965/2014) não se aplica à hipótese em apreço, porque os fatos ocorreram antes da entrada em vigor dessa lei, além de não se tratar da responsabilidade dos provedores de conteúdo. Consigne-se, finalmente, que a matéria poderia também ter sido analisada na perspectiva do art. 927, parágrafo único, do CC, que estatuiu uma cláusula geral de responsabilidade objetiva pelo risco, chegando-se a solução semelhante à alcançada mediante a utilização do CDC. **REsp 1.352.053-AL, Rel. Min. Paulo de Tarso Sanseverino, julgado em 24/3/2015, DJe 30/3/2015 (Inform. STJ 558).**

DIREITO DO CONSUMIDOR. OFENSAS PUBLICADAS EM BLOG E NECESSIDADE DE INDICAÇÃO DOS ENDEREÇOS ELETRÔNICOS PELO OFENDIDO. Na hipótese em que tenham sido publicadas, em um blog, ofensas à honra de alguém, incumbe ao ofendido que pleiteia judicialmente a identificação e rastreamento dos autores das referidas ofensas – e não ao provedor de hospedagem do blog – a indicação específica dos URLs das páginas onde se encontram as mensagens. Os blogs são páginas na internet cuja estrutura possibilita a rápida e constante atualização mediante acréscimo dos denominados posts (comentários, artigos). Essas páginas são hospedadas por provedores, que não exercem controle sobre os conteúdos das páginas criadas e operadas pelos usuários. A esses provedores de hospedagem compete garantir o sigilo, a segurança e a inviolabilidade dos dados cadastrais dos usuários, bem como o funcionamento e manutenção das páginas na internet que contenham os blogs desses usuários. Não cabe ao provedor de hospedagem localizar os artigos ofensivos à honra do ofendido, fazer juízo prévio para fornecer-lhe os dados requeridos, tais como IPs e outros. Cabe ao interessado informar o respectivo URL (Universal Resource Locator, isto é, localizador universal de recursos) em que se encontram os artigos/posts cujo conteúdo se considera lesivo. Sem essa individualização, a providência do provedor se assemelharia a um rastreamento, ficando ao seu arbítrio o apontamento de interesses exclusivos do ofendido, podendo, inclusive, envolver terceiras pessoas com quem não tem relação alguma ou que não sejam responsáveis pelo que pretende o ofendido. É certo que a Constituição Federal, ao assegurar o direito à liberdade de manifestação do pensamento (art. 5º, IV), vedou o anonimato. Em razão disso, deve o provedor manter dados indispensáveis à identificação dos usuários. Isso decorre, inclusive, das disposições do art. 6º, III, do CDC, que instituiu o dever de informação nas relações de consumo. Observe-se, porém, que isso se aplica aos usuários que contrataram os serviços do provedor. Dessa forma, já que a CF veda o anonimato, os provedores de hospedagem de blogs têm de manter um sistema de identificação de usuários; todavia, não estão obrigados a exercer controle do conteúdo dos posts inseridos nos blogs. Deve o ofendido, portanto, realizar a indicação específica dos URLs das páginas onde se encontra a mensagem considerada ofensiva, sem os quais não é possível ao provedor de hospedagem de blogs localizar, com segurança, determinada mensagem considerada ofensiva. **REsp 1.274.971-RS, Rel. Min. João Otávio de Noronha, julgado em 19/3/2015, DJe 26/3/2015 (Inform. STJ 558).**

DIREITO DO CONSUMIDOR. HIPÓTESE DE CONFIGURAÇÃO DE FATO DO PRODUTO E PRAZO PRESCRICIONAL APLICÁVEL.

O aparecimento de grave vício em revestimento (pisos e azulejos), quando já se encontrava devidamente instalado na residência do consumidor, configura fato do produto, sendo, portanto, de cinco anos o prazo prescricional da pretensão reparatória (art. 27 do CDC). Nas relações de consumo, consoante entendimento do STJ, os prazos de 30 dias e 90 dias estabelecidos no art. 26 referem-se a vícios do produto e são decadenciais, enquanto o quinquenal, previsto no art. 27, é prescricional e se relaciona à reparação de danos por fato do produto ou serviço (REsp 411.535-SP, Quarta Turma, DJ de 30/9/2002). O vício do produto, nos termos do art. 18 do CDC, é aquele correspondente ao não atendimento, em essência, das expectativas do consumidor no tocante à qualidade e à quantidade, que o torne impróprio ou inadequado ao consumo ou lhe diminua o valor. Assim, o vício do produto restringe-se ao próprio produto e não aos danos que ele pode gerar para o consumidor, sujeitando-se ao prazo decadencial do art. 26 do CDC. O fato do produto, por sua vez, sobressai quando esse vício for grave a ponto de ocasionar dano indenizável ao patrimônio material ou moral do consumidor, por se tratar, na expressão utilizada pela lei, de defeito. É o que se extrai do art. 12 do CDC, que cuida da responsabilidade pelo fato do produto e do serviço. Ressalte-se que, não obstante o § 1º do art. 12 do CDC preconizar que produto defeituoso é aquele desprovido de segurança, doutrina e jurisprudência convergem quanto à compreensão de que o defeito é um vício grave e causador de danos ao patrimônio jurídico ou moral. Desse modo, a eclosão tardia do vício do revestimento, quando já se encontrava devidamente instalado na residência do consumidor, determina a existência de danos materiais indenizáveis e relacionados com a necessidade de, no mínimo, contratar serviços destinados à substituição do produto defeituoso, caracterizando o fato do produto, sujeito ao prazo prescricional de 5 anos. **REsp 1.176.323-SP, Rel. Min. Villas Bôas Cueva, julgado em 3/3/2015, DJe 16/3/2015 (Inform. STJ 557).**

DIREITO ADMINISTRATIVO E DO CONSUMIDOR. DANO MORAL IN RE IPSA NO CASO DE EXTRAVIO DE CARTA REGISTRADA.

Se a Empresa Brasileira de Correios e Telégrafos (ECT) não comprovar a efetiva entrega de carta registrada postada por consumidor nem demonstrar causa excludente de responsabilidade, há de se reconhecer o direito à reparação por danos morais in re ipsa, desde que o consumidor comprove minimamente a celebração do contrato de entrega da carta registrada. Nesse caso, deve-se reconhecer a existência de dano moral in re ipsa, que exonera o consumidor do encargo de demonstrar o dano que, embora imaterial, é de notória existência. De fato, presume-se que ninguém remete uma carta, ainda mais registrada, sem que seja importante o seu devido e oportuno recebimento pelo destinatário, independentemente do seu conteúdo. Assim, simplesmente negar esse dano seria pactuar com a má prestação de serviço que estaria autorizada mediante a mera devolução do valor pago na confiança de que o serviço fosse satisfatoriamente executado. Além do mais, não se trata de aborrecimento sem maiores consequências, mas de ineficiência com graves consequências, porquanto o serviço contratado não executado frustrou a finalidade do recebimento oportuno. Ademais, a contratação de serviços postais oferecidos pelos Correios por meio de tarifa especial, para envio de carta registrada - que permite o posterior rastreamento pelo próprio órgão de postagem -, revela a existência de contrato de consumo, devendo a fornecedora responder objetivamente ao cliente por danos morais advindos da falha do serviço quando não comprovada a efetiva entrega. Além disso, é verdade que o STF, por ocasião do julgamento da ADPF 46-DF (Tribunal Pleno, DJe 26/2/2010), fixou como atividades típicas de Estado, objeto de monopólio, aquelas previstas no art. 9º da Lei 6.538/1978, entre as quais se encontra arrolada a expedição e a entrega de cartas e cartões-postais (inciso I). Aliás, como bem assentado pela doutrina, "sendo o princípio maior o da livre iniciativa (leia-se, também, livre concorrência), somente em hipóteses restritas e constitucionalmente previstas poderá o Estado atuar diretamente, como empresário, no domínio econômico. Essas exceções se resumem aos casos de: a) imperativo da segurança nacional (CF, art. 173, caput); b) relevante interesse coletivo (CF, art. 173, caput); c) monopólio outorgado pela União (e.g., CF, art. 177)". Portanto, o caso ora em análise revela o exercício de típico serviço público (art. 21, X, da CF), relevante ao interesse social, exercido por meio de monopólio ou privilégio conferido aos Correios (art. 9º da Lei 6.538/1978, a quem incumbe o "recebimento, transporte e entrega no território nacional, e a expedição, para o exterior, de carta e cartão-postal", o que acarreta sua responsabilidade objetiva (art. 37, § 6º, da CF e arts. 14 e 22 do CDC). **EREsp 1.097.266-PB, Rel. Min. Ricardo Villas Bôas Cueva, julgado em 10/12/2014, DJe 24/2/2015 (Inform. STJ 556).**

DIREITO DO CONSUMIDOR. INOCORRÊNCIA DE DANO MORAL PELA SIMPLES PRESENÇA DE CORPO ESTRANHO EM ALIMENTO.

A simples aquisição de refrigerante contendo inseto no interior da embalagem, sem que haja a ingestão do produto, não é circunstância apta, por si só, a provocar dano moral indenizável. Com efeito, a fim de evitar o enriquecimento sem causa, prevalece no STJ o entendimento de que "a simples aquisição do produto danificado, uma garrafa de refrigerante contendo um objeto estranho no seu interior, sem que se tenha ingerido o seu conteúdo, não revela o sofrimento [...] capaz de ensejar indenização por danos morais" (AgRg no Ag 276.671-SP, Terceira Turma, DJ 8/5/2000), em que pese a existência de precedente em sentido contrário (REsp 1.424.304-SP, Terceira Turma, DJe 19/5/2014). Ademais, não se pode esquecer do aspecto tecnológico das embalagens alimentícias. No caso específico dos refrigerantes, verifica-se que os recipientes que recebem a bebida são padronizados e guardam, na essência, os mesmos atributos e qualidades no mundo inteiro. São invólucros que possuem bastante resistência mecânica, suportam razoável pressão e carga, mostrando-se adequados para o armazenamento e transporte da bebida em condições normais, essas consideradas até muito além das ideais. Desse modo, inexiste um sistemático defeito de segurança capaz de colocar em risco a incolumidade da sociedade de consumo, a culminar no desrespeito à dignidade da pessoa humana, no desprezo à saúde pública e no descaso com a segurança alimentar. Precedentes citados: AgRg no AREsp 445.386-SP, Quarta Turma, DJe 26/8/2014; AgRg no REsp 1.305.512-SP, Quarta Turma, DJe 28/6/2013; e AgRg no AREsp 170.396-RJ, Terceira Turma, DJe 5/9/2013. **REsp 1.395.647-SC, Rel. Min. Ricardo Villas Bôas Cueva, julgado em 18/11/2014, DJe 19/12/2014 (Inform. STJ 553).**

DIREITO DO CONSUMIDOR. HIPÓTESE DE DANO MORAL IN RE IPSA PROVOCADO POR COMPANHIA AÉREA.

No caso em que companhia aérea, além de atrasar desarrazoadamente o voo de passageiro, deixe de atender aos apelos deste, furtando-se a fornecer tanto informações claras acerca do prosseguimento da viagem (em especial, relativamente ao novo horário de embarque e ao motivo do atraso) quanto alimentação e hospedagem (obrigando-o a pernoitar no próprio aeroporto), tem-se por configurado dano moral indenizável in re ipsa, independentemente da causa originária do atraso do voo. Inicialmente, cumpre destacar que qualquer causa originária do atraso do voo – acidente aéreo, sobrecarga da malha aérea, condições climáticas desfavoráveis ao exercício do serviço de transporte aéreo etc. – jamais teria o condão de afastar a responsabilidade da companhia aérea por abusos praticados por ela em momento posterior, haja vista tratar-se de fatos distintos. Afinal, se assim fosse, o caos se instalaria por ocasião de qualquer fatalidade, o que é inadmissível. Ora, diante de fatos como esses – acidente aéreo, sobrecarga da malha aérea ou condições climáticas desfavoráveis ao exercício do serviço de transporte aéreo –, deve a fornecedora do serviço amenizar o desconforto inerente à ocasião, não podendo, portanto, limitar-se a, de forma evasiva, eximir-se de suas responsabilidades. Além disso, considerando que o contrato de transporte consiste em obrigação de resultado, o atraso desarrazoado de voo, independentemente da sua causa originária, constitui falha no serviço de transporte aéreo contratado, o que gera para o consumidor direito a assistência informacional e material. Desse modo, a companhia aérea não se libera do dever de informação, que, caso cumprido, atenuaria, no mínimo, o caos causado pelo infortúnio, que jamais poderia ter sido repassado ou imputado ao consumidor. Ademais, os fatos de inexistir providência quanto à hospedagem para o passageiro, obrigando-o a pernoitar no próprio aeroporto, e de não ter havido informações claras quanto ao prosseguimento da viagem permitem aferir que a companhia aérea não procedeu conforme as disposições do art. 6º do CDC. Sendo assim, inexiste na hipótese caso fortuito, que, caso existisse, seria apto a afastar a relação de causalidade entre o defeito do serviço (ausência de assistência material e informacional) e o dano causado ao consumidor. No caso analisado, reputa-se configurado o dano moral, porquanto manifesta a lesão injusta a componentes do complexo de valores protegidos pelo Direito, à qual a reparação civil é garantida por mandamento constitucional, que objetiva recompor a vítima da violação de seus direitos de personalidade (art. 5º, V e X, da CF e art. 6º, VI, do CDC). Além do mais, configurado o fato do serviço, o fornecedor responde objetivamente pelos danos causados aos consumidores, nos termos do art. 14 do CDC. Sendo assim, o dano moral em análise opera-se in re ipsa, prescindindo de prova de prejuízo. Precedentes citados: AgRg no Ag 1.410.645-BA, Terceira Turma, DJe 7/11/2011; e AgRg no REsp 227.005-SP, Terceira Turma, DJ 17/12/2004. **REsp 1.280.372-SP, Rel. Min. Ricardo Villas Bôas Cueva, julgado em 7/10/2014. (Inform. STJ 550)**

11. DIREITO DO CONSUMIDOR

DIREITO DO CONSUMIDOR. DANO MORAL NO CASO DE VEÍCULO ZERO QUILÔMETRO QUE RETORNA À CONCESSINÁRIA POR DIVERSAS VEZES PARA REPAROS. É cabível reparação por danos morais quando o consumidor de veículo automotor zero quilômetro necessita retornar à concessionária por diversas vezes para reparar defeitos apresentados no veículo adquirido. Precedentes citados: REsp 1.395.285-SP, Terceira Turma, DJe 12/12/2013; AgRg no AREsp 60.866-RS, Quarta Turma, DJe 1/2/2012; e AgRg no AREsp 76.980-RS, Quarta Turma, DJe 24/8/2012. **REsp 1.443.268-DF, Rel. Min. Sidnei Beneti, julgado em 3/6/2014. (Inform. STJ 544)**

DIREITO DO CONSUMIDOR. INCIDÊNCIA DO ART. 27 DO CDC ANTE A CARACTERIZAÇÃO DE FATO DO SERVIÇO. Prescreve em cinco anos a pretensão de correntista de obter reparação dos danos causados por instituição financeira decorrentes da entrega, sem autorização, de talonário de cheques a terceiro que, em nome do correntista, passa a emitir várias cártulas sem provisão de fundos, gerando inscrição indevida em órgãos de proteção ao crédito. Na hipótese, o serviço mostra-se defeituoso, na medida em que a instituição financeira não forneceu a segurança legitimamente esperada pelo correntista. Isso porque constitui fato notório que os talonários de cheques depositados em agência bancária somente podem ser retirados pelo próprio correntista, mediante assinatura de documento atestando a sua entrega, para possibilitar o seu posterior uso. O Banco tem a posse desse documento, esperando-se dele um mínimo de diligência na sua guarda e entrega ao seu correntista. A Segunda Seção do STJ, a propósito, editou recentemente enunciado sumular acerca da responsabilidade civil das instituições financeiras, segundo o qual as "instituições financeiras respondem objetivamente pelos danos gerados por fortuito interno relativo a fraudes e delitos praticados por terceiros no âmbito de operações bancárias" (Súmula 479). Sendo assim, em face da defeituosa prestação de serviço pela instituição bancária, não atendendo à segurança legitimamente esperada pelo consumidor, tem-se a caracterização de fato do serviço, disciplinado pelo art. 14 do CDC. O STJ, aliás, julgando um caso semelhante – em que os talões de cheque foram roubados da empresa responsável pela entrega de talonários –, entendeu tratar-se de hipótese de defeito na prestação do serviço, aplicando o art. 14 do CDC (REsp 1.024.791-SP, Quarta Turma, DJe 9/3/2009). Ademais, a doutrina, analisando a falha no serviço de banco de dados, tem interpretado o CDC de modo a enquadrá-la, também, como fato do serviço. Ante o exposto, incidindo o art. 14 do CDC, deve ser aplicado, por consequência, o prazo prescricional previsto no art. 27 do mesmo estatuto legal, segundo o qual prescreve em cinco anos a pretensão à reparação pelos danos causados por fato do serviço, iniciando-se a contagem do prazo a partir do conhecimento do dano e de sua autoria. **REsp, Rel. Min. Paulo de Tarso Sanseverino, julgado em 3/4/2014. (Inform. STJ 542)**

DIREITO DO CONSUMIDOR. DANO MORAL DECORRENTE DA PRESENÇA DE CORPO ESTRANHO EM ALIMENTO. A aquisição de produto de gênero alimentício contendo em seu interior corpo estranho, expondo o consumidor a risco concreto de lesão à sua saúde e segurança, ainda que não ocorra a ingestão de seu conteúdo, dá direito à compensação por dano moral. A lei consumerista protege o consumidor contra produtos que coloquem em risco sua segurança e, por conseguinte, sua saúde, integridade física, psíquica, etc. Segundo o art. 8° do CDC, "os produtos e serviços colocados no mercado de consumo não acarretarão riscos à saúde ou segurança dos consumidores". Tem-se, assim, a existência de um dever legal, imposto ao fornecedor, de evitar que a saúde ou segurança do consumidor sejam colocadas sob risco. Vale dizer, o CDC tutela o dano ainda em sua potencialidade, buscando prevenir sua ocorrência efetiva (o art. 8° diz "não acarretarão riscos", não diz necessariamente "danos"). Desse dever imposto pela lei, decorre a responsabilidade do fornecedor de "reparar o dano causado ao consumidor por defeitos decorrentes de [...] fabricação [...] de seus produtos" (art. 12 do CDC). Ainda segundo o art. 12, § 1°, II, do CDC, "o produto é defeituoso quando não oferece a segurança que dele legitimamente se espera [...], levando-se em consideração [...] o uso e os riscos" razoavelmente esperados. Em outras palavras, há defeito – e, portanto, fato do produto – quando oferecido risco dele não esperado, segundo o senso comum e sua própria finalidade. Assim, na hipótese em análise, caracterizado está o defeito do produto (art. 12 do CDC), o qual expõe o consumidor a risco concreto de dano à sua saúde e segurança, em clara infringência ao dever legal dirigido ao fornecedor, previsto no art. 8° do CDC. Diante disso, o dano indenizável decorre do risco a que fora exposto o consumidor. Ainda que, na espécie,

a potencialidade lesiva do dano não se equipare à hipótese de ingestão do produto contaminado (diferença que necessariamente repercutirá no valor da indenização), é certo que, mesmo reduzida, também se faz presente na hipótese de não ter havido ingestão do produto contaminado. Ademais, a priorização do ser humano pelo ordenamento jurídico nacional exige que todo o Direito deva convergir para sua máxima tutela e proteção. Desse modo, exige-se o pronto repúdio a quaisquer violações dirigidas à dignidade da pessoa, bem como a responsabilidade civil quando já perpetrados os danos morais ou extrapatrimoniais. Nessa linha de raciocínio, tem-se que a proteção da segurança e da saúde do consumidor tem, inegavelmente, cunho constitucional e de direito fundamental, na medida em que esses valores decorrem da especial proteção conferida à dignidade da pessoa humana (art. 1°, III, da CF). Cabe ressaltar que o dano moral não mais se restringe à dor, à tristeza e ao sofrimento, estendendo sua tutela a todos os bens personalíssimos. Em outras palavras, não é a dor, ainda que se tome esse termo no sentido mais amplo, mas sua origem advinda de um dano injusto que comprova a existência de um prejuízo moral ou imaterial indenizável. Logo, uma vez verificada a ocorrência de defeito no produto, a afastar a incidência exclusiva do art. 18 do CDC à espécie (o qual permite a reparação do prejuízo material experimentado), é dever do fornecedor de reparar também o dano extrapatrimonial causado ao consumidor, fruto da exposição de sua saúde e segurança a risco concreto e da ofensa ao direito fundamental à alimentação adequada, corolário do princípio da dignidade da pessoa humana. **REsp 1.424.304-SP, Rel. Min. Nancy Andrighi, julgado em 11/3/2014. (Inform. STJ 537)**

DIREITO DO CONSUMIDOR. PRAZO DE PRESCRIÇÃO EM CASO DE DANO PESSOAL DECORRENTE DE DANO AMBIENTAL. Conta-se da data do conhecimento do dano e de sua autoria – e não da data em que expedida simples notificação pública a respeito da existência do dano ecológico – o prazo prescricional da pretensão indenizatória de quem sofreu danos pessoais decorrentes de contaminação de solo e de lençol freático ocasionada por produtos utilizados no tratamento de madeira destinada à fabricação de postes de luz. Apesar da natural ênfase conferida aos vários aspectos do dano ambiental, trata-se, também, de um acidente de consumo, que se enquadra simultaneamente nos arts. 12 (fato do produto) e 14 do CDC (fato do serviço). Com efeito, os postes de luz constituem um insumo fundamental para a distribuição de energia elétrica aos seus consumidores, sendo que a contaminação ambiental decorreu exatamente dos produtos utilizados no tratamento desses postes. Se o dano sofrido pelos consumidores finais tivesse sido um choque provocado por uma descarga elétrica, não haveria dúvida acerca da incidência do CDC. Ocorre que a regra do art. 17 do CDC, ampliando o conceito básico de consumidor do art. 2°, determina a aplicação do microssistema normativo do consumidor a todas as vítimas do evento danoso, protegendo os chamados *bystandars*, que são as vítimas inocentes de acidentes de consumo. Esse fato, de um lado, constitui fato do produto (art. 12), em face das substâncias químicas utilizadas, e, de outro lado, apresenta-se também como fato do serviço (art. 14), pois o tratamento dos postes de luz liga-se ao serviço de distribuição de energia elétrica. Consequentemente, a prescrição é regulada pela norma do art. 27 do CDC, que estabelece um prazo de cinco anos, flexibilizando o seu termo inicial. Precedente citado: REsp 1.346.489-RS, Terceira Turma, DJe 26/8/2013. **AgRg no REsp 1.365.277-RS, Rel. Min. Paulo de Tarso Sanseverino, julgado em 20/2/2014. (Inform. STJ 537)**

DIREITO DO CONSUMIDOR. RESPONSABILIDADE DE HOSPITAL POR DANOS DECORRENTES DE TRANSFUSÃO DE SANGUE. O hospital que realiza transfusão de sangue com a observância de todas as cautelas exigidas por lei não é responsável pelos danos causados a paciente por futura manifestação de hepatite C, ainda que se considere o fenômeno da janela imunológica. Os estabelecimentos hospitalares são fornecedores de serviços, respondendo objetivamente pela reparação dos danos causados aos consumidores por defeitos dos serviços. Relativamente às transfusões sanguíneas, a doutrina especializada esclarece que ainda não é possível a eliminação total dos riscos de transfusão de sangue contaminado, mesmo que se adotem todos os testes adequados à análise sanguínea. Por isso, não sendo absoluta a segurança que o consumidor razoavelmente pode esperar nesses casos, o só fato da existência do fenômeno da janela imunológica não é passível de tornar defeituoso o serviço prestado pelo hospital. **REsp 1.322.387-RS, Rel. Min. Luis Felipe Salomão, julgado em 20/8/2013. (Inform. STJ 532)**

DIREITO CIVIL E DO CONSUMIDOR. PAGAMENTO COM SUB-ROGAÇÃO.
Aplica-se a regra contida no art. 14 do CDC, que estabelece a responsabilidade objetiva do fornecedor pelo fato do serviço, em ação regressiva ajuizada por seguradora objetivando o ressarcimento de valor pago a segurado que tivera seu veículo roubado enquanto estava sob a guarda de manobrista disponibilizado por restaurante. Isso porque, na ação regressiva, devem ser aplicadas as mesmas regras do CDC que seriam utilizadas em eventual ação judicial promovida pelo segurado (consumidor) contra o restaurante (fornecedor). Com efeito, após o pagamento do valor contratado, ocorre sub-rogação, transferindo-se à seguradora todos os direitos, ações, privilégios e garantias do segurado, em relação à dívida, contra o restaurante, de acordo com o disposto no art. 349 do CC. **REsp 1.321.739-SP, Rel. Min. Paulo de Tarso Sanseverino, julgado em 5/9/2013. (Inform. STJ 530)**

DIREITO DO CONSUMIDOR. RESPONSABILIDADE PELO FATO DO SERVIÇO.
O restaurante que ofereça serviço de manobrista (valet parking) prestado em via pública não poderá ser civilmente responsabilizado na hipótese de roubo de veículo de cliente deixado sob sua responsabilidade, caso não tenha concorrido para o evento danoso. O roubo, embora previsível, é inevitável, caracterizando, nessa hipótese, fato de terceiro apto a romper o nexo de causalidade entre o dano (perda patrimonial) e o serviço prestado. Ressalte-se que, na situação em análise, inexiste exploração de estacionamento cercado com grades, mas simples comodidade posta à disposição do cliente. É certo que a diligência na guarda da coisa está incluída nesse serviço. Entretanto, as exigências de garantia da segurança física e patrimonial do consumidor são menos contundentes do que aquelas atinentes aos estacionamentos de *shopping centers* e hipermercados, pois, diferentemente destes casos, trata-se de serviço prestado na via pública. **REsp 1.321.739-SP, Rel. Min. Paulo de Tarso Sanseverino, julgado em 5/9/2013. (Inform. STJ 530)**

DIREITO DO CONSUMIDOR. PRAZO DE PRESCRIÇÃO DA PRETENSÃO DE RESSARCIMENTO POR DANOS DECORRENTES DA QUEDA DE AERONAVE.
É de cinco anos o prazo de prescrição da pretensão de ressarcimento de danos sofridos pelos moradores de casas atingidas pela queda, em 1996, de aeronave pertencente a pessoa jurídica nacional e de direito privado prestadora de serviço de transporte aéreo. Isso porque, na hipótese, verifica-se a configuração de um fato do serviço, ocorrido no âmbito de relação de consumo, o que enseja a aplicação do prazo prescricional previsto no art. 27 do CDC. Com efeito, nesse contexto, enquadra-se a sociedade empresária no conceito de fornecedor estabelecido no art. 3º do CDC, enquanto os moradores das casas atingidas pela queda da aeronave, embora não tenham utilizado o serviço como destinatários finais, equiparam-se a consumidores pelo simples fato de serem vítimas do evento (bystanders), de acordo com o art. 17 do referido diploma legal. Ademais, não há dúvida de que o evento em análise configura fato do serviço, pelo qual responde o fornecedor, em consonância com o disposto no art. 14 do CDC. Importante esclarecer, ainda, que a aparente antinomia entre a Lei 7.565/1986, Código Brasileiro de Aeronáutica, o CDC e o CC/1916, no que tange ao prazo de prescrição da pretensão de ressarcimento em caso de danos sofridos por terceiros na superfície, causados por acidente aéreo, não pode ser resolvida pela simples aplicação das regras tradicionais da anterioridade, da especialidade ou da hierarquia, que levam à exclusão de uma norma pela outra, mas sim pela aplicação coordenada das leis, pela interpretação integrativa, de forma a definir o verdadeiro alcance de cada uma delas à luz do caso concreto. Tem-se, portanto, uma norma geral anterior (CC/1916), que, por sinal, sequer regulava de modo especial o contrato de transporte, e duas especiais que lhe são posteriores (CBA/1986 e CDC/1990). No entanto, nenhuma delas expressamente revoga a outra, é com ela incompatível ou regula inteiramente a mesma matéria, o que permite afirmar que essas normas se interpenetram, promovendo um verdadeiro diálogo de fontes. A propósito, o CBA regula, nos arts. 268 a 272, a responsabilidade do transportador aéreo perante terceiros na superfície e estabelece, no seu art. 317, II, o prazo prescricional de dois anos da pretensão de ressarcimento dos danos a eles causados. Essa norma especial, no entanto, não foi revogada, como já afirmado, nem impede a incidência do CDC quando evidenciada a relação de consumo entre as partes envolvidas. Destaque-se, por oportuno, que o CBA não se limita a regulamentar apenas o transporte aéreo regular de passageiros, realizado por quem detenha a respectiva concessão, mas todo serviço de exploração de aeronave, operado por pessoa física ou jurídica, proprietária ou não, com ou sem fins lucrativos. Assim, o CBA será plenamente aplicado, desde que a relação jurídica não esteja regida pelo CDC, cuja força normativa é extraída diretamente da CF (art. 5º, XXXII). Ademais, não há falar em incidência do art. 177 do CC/1916, diploma legal reservado ao tratamento das relações jurídicas entre pessoas que se encontrem em patamar de igualdade, o que não ocorre na hipótese. **REsp 1.202.013-SP, Rel. Min. Nancy Andrighi, julgado em 18/6/2013. (Inform. STJ 525)**

DIREITO DO CONSUMIDOR. VIOLAÇÃO DO DEVER DE INFORMAÇÃO PELO FORNECEDOR.
No caso em que consumidor tenha apresentado reação alérgica ocasionada pela utilização de sabão em pó, não apenas para a lavagem de roupas, mas também para a limpeza doméstica, o fornecedor do produto responderá pelos danos causados ao consumidor na hipótese em que conste, na embalagem do produto, apenas pequena e discreta anotação de que deve ser evitado o "contato prolongado com a pele" e que, "depois de utilizar" o produto, o usuário deve lavar e secar as mãos. Isso porque, embora não se possa falar na ocorrência de defeito intrínseco do produto, haja vista que a hipersensibilidade ao produto é condição inerente e individual do consumidor, tem-se por configurado defeito extrínseco do produto, qual seja, a inadequada informação na embalagem do produto, o que implica configuração de fato do produto (CDC, art. 12) e, por efeito, responsabilização civil do fornecedor. Esse entendimento deve prevalecer, porquanto a informação deve ser prestada de forma inequívoca, ostensiva e de fácil compreensão, principalmente no tocante às situações de perigo, haja vista que se trata de direito básico do consumidor (art. 6º, III, do CDC) que se baseia no princípio da boa-fé objetiva. Nesse contexto, além do dever de informar, por meio de instruções, a forma correta de utilização do produto, todo fornecedor deve, também, advertir os usuários acerca de cuidados e precauções a serem adotados, alertando sobre os riscos correspondentes, principalmente na hipótese em que se trate de um grupo de hipervulneráveis (como aqueles que têm hipersensibilidade ou problemas imunológicos ao produto). Ademais, o art. 31 do CDC estabelece que a "oferta e apresentação de produtos ou serviços devem assegurar informações corretas, claras, precisas, ostensivas e em língua portuguesa sobre suas características, qualidades, quantidade, composição, preço, garantia, prazos de validade e origem, entre outros dados, bem como sobre os riscos que apresentam à saúde e segurança dos consumidores". Por fim, ainda que o consumidor utilize o produto para a limpeza do chão dos cômodos da sua casa, e não apenas para a lavagem do seu vestuário, não há como isentar a responsabilidade do fornecedor por culpa exclusiva do consumidor (CDC, art. 12, § 3º, III) em razão de uso inadequado do produto. Isso porque a utilização do sabão em pó para limpeza doméstica não representa, por si só, conduta descuidada apta a colocar a consumidora em risco, haja vista que não se trata de uso negligente ou anormal do produto, sendo, inclusive, um comportamento de praxe nos ambientes residenciais. **REsp 1.358.615-SP, Rel. Min. Luis Felipe Salomão, julgado em 2/5/2013. (Inform. STJ 524)**

🖾 Súmula STF nº 28
O estabelecimento bancário é responsável pelo pagamento de cheque falso, ressalvadas as hipóteses de culpa exclusiva ou concorrente do correntista.

🖾 Súmula STJ nº 547
Nas ações em que se pleiteia o ressarcimento dos valores pagos a título de participação financeira do consumidor no custeio de construção de rede elétrica, o prazo prescricional é de vinte anos na vigência do Código Civil de 1916. Na vigência do Código Civil de 2002, o prazo é de cinco anos se houver previsão contratual de ressarcimento e de três anos na ausência de cláusula nesse sentido, observada a regra de transição disciplinada em seu art. 2.028.

🖾 Súmula STJ nº 479
As instituições financeiras respondem objetivamente pelos danos gerados por fortuito interno relativo a fraudes e delitos praticados por terceiros no âmbito de operações bancárias.

🖾 Súmula STJ nº 388
A simples devolução indevida de cheque caracteriza dano moral.

🖾 Súmula STJ nº 387
É lícita a cumulação das indenizações de dano estético e dano moral.

🖾 Súmula STJ nº 370
Caracteriza dano moral a apresentação antecipada de cheque pré-datado.

11. DIREITO DO CONSUMIDOR 685

📄 Súmula STJ nº 362

A correção monetária do valor da indenização do dano moral incide desde a data do arbitramento.

📄 Súmula STJ nº 227

A pessoa jurídica pode sofrer dano moral.

📄 Súmula STJ nº 186

Nas indenizações por ato ilícito, os juros compostos somente são devidos por aquele que praticou o crime.

📄 Súmula STJ nº 130

A empresa responde, perante o cliente, pela reparação de dano ou furto de veículo ocorridos em seu estacionamento.

📄 Súmula STJ nº 54

Os juros moratórios fluem a partir do evento danoso, em caso de responsabilidade extracontratual.

📄 Súmula STJ nº 43

Incide correção monetária sobre dívida por ato ilícito a partir da data do efetivo prejuízo.

📄 Súmula STJ nº 37

São cumuláveis as indenizações por dano material e dano moral oriundos do mesmo fato.

4. RESPONSABILIDADE POR VÍCIO DO PRODUTO OU DO SERVIÇO

DIREITO DO CONSUMIDOR. DIREITO À REPARAÇÃO DE DANOS POR VÍCIO DO PRODUTO.
Não tem direito à reparação de perdas e danos decorrentes do vício do produto o consumidor que, no prazo decadencial, não provocou o fornecedor para que este pudesse sanar o vício. Os vícios de qualidade por inadequação dão ensejo, primeiro, ao direito do fornecedor ou equiparado a corrigir o vício manifestado, mantendo-se íntegro o contrato firmado entre as partes. Apenas após o prazo trintídio do art. 18, §1º, do CDC ou a negativa de conserto, abre-se ao consumidor a opção entre três alternativas: a) a redibição do contrato; b) o abatimento do preço; ou c) a substituição do produto, ressalvada em qualquer hipótese a pretensão de reparação de perdas e danos decorrentes. A escolha quanto a alguma das soluções elencadas pela lei consumerista deve ser exercida no prazo decadencial do art. 26 do CDC, contado, por sua vez, após o transcurso do prazo trintídio para conserto do bem pelo fornecedor. Nota-se que toda a construção acerca da tutela dos vícios redibitórios, seja sob o enfoque civilista, seja sob o enfoque consumerista, diz respeito a viabilizar a manutenção do contrato e de seu sinalagma original. Isso faz sentido porque os vícios, embora desconhecidos, são contemporâneos ao contrato ou preexistentes. No entanto, na hipótese, a pretensão não é a de recomposição do equilíbrio contratual, mas tão somente a efetiva reparação de dano decorrente de existência de vício oculto que teria provocado a realização de despesas não condizentes com a legítima expectativa do consumidor. Diante dessa distinção entre o regramento dos vícios redibitórios e a pretensão de mera recomposição de prejuízo decorrente do vício, há precedentes que, aparentemente, concluíram pelo afastamento do prazo decadencial do art. 26 do CDC, fazendo incidir na hipótese o prazo prescricional quinquenal do art. 27 do CDC (AgRg no AREsp 52.038-SP, Quarta Turma, DJe 3/11/2011; e REsp 683.809-RS, Quarta Turma, DJe 3/5/2010). Todavia, a moldura fática daqueles precedentes é essencialmente distinta, uma vez que naqueles houve, mais do que a comprovação da reclamação quanto à existência dos vícios dentro do prazo decadencial, a demonstração de que os vícios não foram devidamente sanados no prazo trintídio. A partir daí, está constituído o direito à pretensão de reparação, obviamente sujeita a prazo prescricional, e não a prazo decadencial. Diferente é a hipótese em que não foi demonstrada a realização da notificação do fornecedor dentro do prazo decadencial. Desse modo, não se constituiu o direito à reparação civil, de forma que não há que se discutir qual seria o prazo prescricional aplicável, se o civil (art. 206, § 3º, V, do CC) ou o consumerista (art. 27 do CDC). Entender de modo diverso seria admitir que, transcorrido o prazo decadencial, o adquirente lançasse mão de instrumento diverso para, ao fim e ao cabo, atingir o mesmo objetivo perdido exclusivamente em razão de sua desídia. Noutros termos, seria desnaturar a garantia desenhada por lei que,

embora destinada precipuamente à proteção do adquirente e, em especial, do consumidor, não perde o caráter geral de garantir previsibilidade e segurança às relações jurídicas, resguardando expectativas mútuas legítimas. **REsp 1.520.500-SP, Rel. Min. Marco Aurélio Bellizze, julgado em 27/10/2015, DJe 13/11/2015. (Inform. STJ 573)**

DIREITO DO CONSUMIDOR. RESPONSABILIZAÇÃO CIVIL DE FRANQUEADORA EM FACE DE CONSUMIDOR.
A franqueadora pode ser solidariamente responsabilizada por eventuais danos causados a consumidor por franqueada. No contrato de franquia empresarial, estabelece-se um vínculo associativo entre sociedades empresárias distintas, o qual, conforme a doutrina, caracteriza-se pelo "uso necessário de bens intelectuais do franqueador (*franchisor*) e a participação no aviamento do franqueado (*franchise*)". Dessa forma, verifica-se, novamente com base na doutrina, que o contrato de franquia tem relevância apenas na estrita esfera das empresas contratantes, traduzindo uma clássica obrigação contratual *inter partes*. Ademais, o STJ já decidiu por afastar a incidência do CDC para a disciplina da relação contratual entre franqueador e franqueado (AgRg no REsp 1.193.293-SP, Terceira Turma, DJe 11/12/2012; e AgRg no REsp 1.336.491-SP, Quarta Turma, DJe 13/12/2012). Aos olhos do consumidor, entretanto, trata-se de mera intermediação ou revenda de bens ou serviços do franqueador, que é fornecedor no mercado de consumo, ainda que de bens imateriais. Aliás, essa arquitetura comercial – na qual o consumidor tem acesso a produtos vinculados a uma empresa terceira, estranha à relação contratual diretamente estabelecida entre consumidor e vendedor – não é novidade no cenário consumerista e, além disso, não ocorre apenas nos contratos de franquia. Desse modo, extraindo-se dos arts. 14 e 18 do CDC a responsabilização solidária por eventuais defeitos ou vícios de todos que participem da introdução do produto ou serviço no mercado (REsp 1.058.221-PR, Terceira Turma, DJe 14/10/2011; e REsp 1.309.981-SP, Quarta Turma, DJe 17/12/2013) – inclusive daqueles que organizam a cadeia de fornecimento –, as franqueadoras atraem para si responsabilidade solidária pelos danos decorrentes da inadequação dos serviços prestados em razão da franquia, tendo em vista que cabe a elas a organização da cadeia de franqueados do serviço. **REsp 1.426.578-SP, Rel. Min. Marco Aurélio Bellizze, julgado em 23/6/2015, DJe 22/9/2015 (Inform. STJ 569).**

DIREITO DO CONSUMIDOR. INTERMEDIAÇÃO ENTRE CLIENTE E SERVIÇO DE ASSISTÊNCIA TÉCNICA.
O comerciante não tem o dever de receber e de encaminhar produto viciado à assistência técnica, a não ser que esta não esteja localizada no mesmo município do estabelecimento comercial. De acordo com o caput do art. 18 do CDC, todos os que integram a cadeia de fornecimento respondem solidariamente pelos produtos defeituosos. Dessa forma, se o comerciante opta por ofertar a seus clientes produtos fabricados por terceiros, não pode eximir-se da responsabilização pelos produtos defeituosos inseridos no mercado por ele próprio. Nesse contexto, não se olvida a infindável busca do legislador em proteger o consumidor da inserção irresponsável de produtos viciados no mercado. Todavia, o mesmo legislador obtempera a proteção da boa-fé do consumidor com a impossibilidade fática de se garantir de forma absoluta e apriorística a qualidade dos produtos comercializados. Reconhecendo, portanto, que falhas acontecem, insere-se o direito subjetivo dos fornecedores de corrigir os vícios, como uma demonstração inclusive de sua própria boa-fé objetiva. Envolvida nessa atmosfera ética, exige-se de ambos os contratantes a atuação leal e cooperada, atuação estendida, no âmbito do CDC, a todos os integrantes da cadeia de fornecimento. Nessa ordem de ideias, a disponibilização pelo produtor de um serviço especializado, a fim de dar o necessário suporte aos consumidores na hipótese de os produtos comercializados apresentarem vícios, em princípio, não representa qualquer prejuízo ou desvantagem ao consumidor. Ao contrário, representa o cumprimento de um dever de lealdade e cooperação que subsiste para além da conclusão do contrato, concretizando o ideal ético do CDC, devendo, por essa mesma razão, ser observada pelos consumidores. Claro que essa observância apenas poderá ser exigida na medida em que o serviço seja disponibilizado de forma efetiva, eficaz e eficiente. Do contrário, acabaria por representar uma dificuldade excessiva, caracterizando o exercício abusivo de um direito do produtor. Ora, disponibilizado serviço de assistência técnica de forma eficaz, efetiva e eficiente na mesma localidade do estabelecimento do comerciante, a intermediação do serviço apenas acarretaria delongas e acréscimo de custos. Desse modo, existindo assistência técnica especializada e disponível na localidade de estabelecimento do comerciante (leia-se, no mesmo município) não é razoável a imposição ao comerciante da obrigação

de intermediar o relacionamento entre seu cliente e o serviço disponibilizado, visto que essa exigência apenas dilataria o prazo para efetiva solução e acrescentaria custos ao consumidor, sem agregar-lhe qualquer benefício. **REsp 1.411.136-RS, Rel. Min. Marco Aurélio Bellizze, julgado em 24/2/2015, DJe 10/3/2015 (Inform. STJ 557).**

DIREITO DO CONSUMIDOR. RESCISÃO DE CONTRATO DE ARRENDAMENTO MERCANTIL VINCULADO A CONTRATO DE COMPRA E VENDA DE AUTOMÓVEL.
Na hipótese de rescisão de contrato de compra e venda de automóvel firmado entre consumidor e concessionária em razão de vício de qualidade do produto, deverá ser também rescindido o contrato de arrendamento mercantil do veículo defeituoso firmado com instituição financeira pertencente ao mesmo grupo econômico da montadora do veículo (banco de montadora). Inicialmente, esclareça-se que o microssistema normativo do CDC conferiu ao consumidor o direito de demandar contra quaisquer dos integrantes da cadeia produtiva com o objetivo de alcançar a plena reparação de prejuízos sofridos no curso da relação de consumo. Ademais, a regra do art. 18 do CDC, ao regular a responsabilidade por vício do produto, deixa expressa a responsabilidade solidária entre todos os fornecedores integrantes da cadeia de consumo. Nesse sentido, observe-se que as regras do art. 7º, § único, e do art. 25, § 1º, do CDC, estatuem claramente que, "havendo mais de um responsável pela causação do dano, todos responderão pela reparação prevista nesta e nas Seções anteriores." Amplia-se, assim, o nexo de imputação para abranger pessoas que, no sistema tradicional do Código Civil, não seriam atingidas, como é o caso da instituição financeira integrante do mesmo grupo econômico da montadora. Na hipótese ora em análise, não se trata de instituição financeira que atua como "banco de varejo" – apenas concedendo financiamento ao consumidor para aquisição de um veículo novo ou usado sem vinculação direta com o fabricante –, mas sim de instituição financeira que atua como "banco de montadora", isto é, que integra o mesmo grupo econômico da montadora que se beneficia com a venda de seus automóveis, inclusive estipulando juros mais baixos que a média do mercado para esse segmento para atrair o público consumidor para os veículos da sua marca. É evidente, assim, que o banco da montadora faz parte da mesma cadeia de consumo, sendo também responsável pelos vícios ou defeitos do veículo objeto da negociação. **REsp 1.379.839-SP, Rel. originária Min. Nancy Andrighi, Rel. para Acórdão Min. Paulo de Tarso Sanseverino, julgado em 11/11/2014, DJe 15/12/2014 (Inform. STJ 554).**

DIREITO DO CONSUMIDOR. VÍCIO DO PRODUTO DECORRENTE DA INCOMPATIBILIDADE ENTRE O VEÍCULO ADQUIRIDO E A QUALIDADE DO COMBUSTÍVEL COMERCIALIZADO NO BRASIL. O consumidor pode exigir a restituição do valor pago em veículo projetado para uso *off-road* **adquirido no mercado nacional na hipótese em que for obrigado a retornar à concessionária, recorrentemente por mais de 30 dias, para sanar panes decorrentes da incompatibilidade, não informada no momento da compra, entre a qualidade do combustível necessário ao adequado funcionamento do veículo e a do combustível disponibilizado nos postos nacionais, persistindo a obrigação de restituir ainda que o consumidor tenha abastecido o veículo com combustível de baixa qualidade recomendado para a utilização em meio rural.** De início, esclareça-se que, nos termos do art. 18 do CDC, "Os fornecedores de produtos de consumo duráveis ou não duráveis respondem solidariamente pelos vícios de qualidade ou quantidade que os tornem impróprios ou inadequados ao consumo a que se destinam (...)". Assim, se o veículo funciona com determinado combustível e é vendido no Brasil, deve-se considerar como uso normal o seu abastecimento com quaisquer das variedades desse combustível comercializadas em território nacional. Se apenas uma dessas variedades se mostrasse compatível com o funcionamento adequado do motor, ainda seria possível cogitar na não configuração de vício do produto, se o consumidor houvesse sido adequadamente informado, no momento da compra, de que o automóvel apenas poderia ser abastecido com a variedade específica em questão. Acrescente-se que, se apenas determinado combustível vendido fora do País, pela sua qualidade superior, é compatível com as especificações do fabricante do automóvel, é de se concluir que a utilização de quaisquer das variantes de combustível ofertadas no Brasil mostram-se igualmente contra-recomendadas. Ademais, há de se ressaltar que, na situação em análise, o comportamento do consumidor foi absolutamente desinfluente. Isso porque a causalidade concorrente não afasta a responsabilidade civil do fornecedor diante da inegável existência de vício do produto. Posto isso, salienta-se que o art. 18, § 1º,

do CDC dispõe que, "Não sendo o vício sanado no prazo máximo de trinta dias, pode o consumidor exigir (...) a restituição imediata da quantia paga, monetariamente atualizada, sem prejuízo de eventuais perdas e danos". O vício do produto ocorre quando o produto não se mostra adequado ao fim a que se destina, incompatível com o uso a que se propõe. Nessa conjuntura, não é possível afirmar que o veículo, após visitar a oficina pela primeira vez, tenha retornado sem vício, pois reincidiu nas panes e sempre pelo mesmo motivo. Dessa forma, ainda que o veículo tenha retornado da oficina funcionando e que cada ordem de serviço tenha sido cumprida em menos de 30 dias, o vício não estava expurgado. A propósito, há de se ressaltar que o veículo em questão foi projetado para uso *off-road*. Portanto, é de se admitir que houvesse uma razoável expectativa do consumidor em utilizar, senão habitualmente, ao menos eventualmente, a variedade de combustível disponível em meio rural. Isso corresponde, afinal, ao uso normal que se pode fazer do produto adquirido, dada a sua natureza e finalidade. Assim, é de admitir que o consumidor deveria ter sido, pelo menos, informado de forma adequada, no momento da compra, que o veículo não poderia ser abastecido com combustível recomendado para a utilização em meio rural. Essa era uma informação que poderia interferir decisivamente na opção de compra do bem e não poderia, por isso, ser omitida, sob pena de ofensa ao dever de ampla informação. **REsp 1.443.268-DF, Rel. Min. Sidnei Beneti, julgado em 3/6/2014. (Inform. STJ 544)**

DIREITO DO CONSUMIDOR. VÍCIO DE QUANTIDADE DE PRODUTO NO CASO DE REDUÇÃO DO VOLUME DE MERCADORIA.
Ainda que haja abatimento no preço do produto, o fornecedor responderá por vício de quantidade na hipótese em que reduzir o volume da mercadoria para quantidade diversa da que habitualmente fornecia no mercado, sem informar na embalagem, de forma clara, precisa e ostensiva, a diminuição do conteúdo. É direito básico do consumidor a "informação adequada e clara sobre os diferentes produtos e serviços, com especificação correta de quantidade, características, composição, qualidade e preço, bem como sobre os riscos que apresentem" (art. 6º, III, do CDC). Assim, o direito à informação confere ao consumidor uma escolha consciente, permitindo que suas expectativas em relação ao produto ou serviço sejam de fato atingidas, manifestando o que vem sendo denominado de consentimento informado ou vontade qualificada. Diante disso, o comando legal somente será efetivamente cumprido quando a informação for prestada de maneira adequada, assim entendida aquela que se apresenta simultaneamente completa, gratuita e útil, vedada, no último caso, a diluição da comunicação relevante pelo uso de informações soltas, redundantes ou destituídas de qualquer serventia. Além do mais, o dever de informar é considerado um modo de cooperação, uma necessidade social que se tornou um autêntico ônus proativo incumbido aos fornecedores (parceiros comerciais, ou não, do consumidor), pondo fim à antiga e injusta obrigação que o consumidor tinha de se acautelar (*caveat emptor*). Além disso, o art. 31 do CDC, que cuida da oferta publicitária, tem sua origem no princípio da transparência (art. 4º, *caput*) e é decorrência do princípio da boa-fé objetiva. Não obstante o amparo legal à informação e à prevenção de danos ao consumidor, as infrações à relação de consumo são constantes, porque, para o fornecedor, o lucro gerado pelo dano poderá ser maior do que o custo com a reparação do prejuízo causado ao consumidor. Assim, observe-se que o dever de informar não é tratado como mera obrigação anexa, e sim como dever básico, essencial e intrínseco às relações de consumo, não podendo afastar a índole enganosa da informação que seja parcialmente falsa ou omissa a ponto de induzir o consumidor a erro, uma vez que não é válida a "meia informação" ou a "informação incompleta". Com efeito, o vício que advém da responsabilidade objetiva do fornecedor. Ademais, informação e confiança entrelaçam-se, pois o consumidor possui conhecimento escasso dos produtos e serviços oferecidos no mercado. Ainda, ressalte-se que as leis imperativas protegem a confiança que o consumidor depositou na prestação contratual, na adequação ao fim que razoavelmente dela se espera e na confiança depositada na segurança do produto ou do serviço colocado no mercado. Precedentes citados: REsp 586.316-MG, Segunda Turma, DJe 19/3/2009; e REsp 1.144.840-SP, Terceira Turma, DJe 11/4/2012. **REsp 1.364.915-MG, Rel. Min. Humberto Martins, julgado em 14/5/2013. (Inform. STJ 524)**

📖 **Súmula STJ nº 477**

A decadência do art. 26 do CDC não é aplicável à prestação de contas para obter esclarecimentos sobre cobrança de taxas, tarifas e encargos bancários.

5. PRÁTICAS COMERCIAIS

DIREITO DO CONSUMIDOR. PUBLICIDADE ENGANOSA POR OMISSÃO.
É enganosa a publicidade televisiva que omite o preço e a forma de pagamento do produto, condicionando a obtenção dessas informações à realização de ligação telefônica tarifada. O direito à informação, garantia fundamental da pessoa humana expressa no art. 5º, XIV, da CF, é gênero que tem como espécie o direito à informação previsto no CDC. O Código traz, entre os direitos básicos do consumidor, a "informação adequada e clara sobre os diferentes produtos e serviços, com especificação correta de quantidade, características, composição, qualidade e preço, bem como sobre os riscos que apresentam" (art. 6º, III). Além disso, ao cuidar da oferta nas práticas comerciais, o CDC, no caput do art. 31, determina que a "oferta e apresentação de produtos ou serviços devem assegurar informações corretas, claras, precisas, ostensivas e em língua portuguesa sobre suas características, qualidades, quantidade, composição, preço, garantia, prazos de validade e origem, entre outros dados, bem como sobre os riscos que apresentam à saúde e segurança dos consumidores". Ademais, o CDC atenta para a publicidade, importante técnica pré-contratual de persuasão ao consumo, trazendo, como um dos direitos básicos do consumidor, a "proteção contra a publicidade enganosa e abusiva" (art. 6º, IV). Nesse contexto, frise-se que o dever de informar não é tratado como mero dever anexo, e sim como dever básico, essencial e intrínseco às relações de consumo. Dessa forma, não se pode afastar a índole enganosa da informação que seja parcialmente falsa ou omissa a ponto de induzir o consumidor em erro, uma vez que não é válida a "meia informação" ou a "publicidade incompleta". Nessa conjuntura, a publicidade enganosa pode ser comissiva ou omissiva. A publicidade é enganosa por comissão quando o fornecedor faz uma afirmação, parcial ou total, não verdadeira sobre o produto ou serviço, capaz de induzir o consumidor em erro (art. 37, § 1º). É enganosa por omissão a publicidade que deixa de informar dado essencial sobre o produto ou o serviço, também induzindo o consumidor em erro exatamente por não esclarecer elementos fundamentais (art. 37, § 3º). Diante disso, a hipótese em análise é exemplo de publicidade enganosa por omissão, pois suprime algumas informações essenciais sobre o produto (preço e forma de pagamento), as quais somente podem ser conhecidas pelo consumidor mediante o ônus de uma ligação tarifada, mesmo que a compra não venha a ser concretizada. Além do mais, a liberdade de escolha do consumidor, direito básico previsto no inciso II do artigo 6º do CDC, está vinculada à correta, fidedigna e satisfatória informação sobre os produtos e os serviços postos no mercado de consumo. De fato, a autodeterminação do consumidor depende essencialmente da informação que lhe é transmitida, pois esta é um dos meios de formar a opinião e produzir a tomada de decisão daquele que consome. Logo, se a informação é adequada, o consumidor age com mais consciência; se a informação é falsa, inexistente ou omissa, retira-se-lhe a liberdade de escolha consciente. De mais a mais, o dever de informação do fornecedor tem importância direta no surgimento e na manutenção da confiança por parte do consumidor. Isso porque a informação deficiente frustra as legítimas expectativas do consumidor, maculando sua confiança. Na hipótese aqui analisada, a falta de informação suprime a liberdade de escolha do consumidor de, previamente, recusar o produto e escolher outro, levando-o, ainda que não venha a comprar, a fazer uma ligação tarifada para, só então, obter informações essenciais atinentes ao preço e à forma do pagamento, burlando-lhe a confiança e onerando-o. **REsp 1.428.801-RJ, Rel. Min. Humberto Martins, julgado em 27/10/2015, DJe 13/11/2015. (Inform. STJ 573)**

DIREITO DO CONSUMIDOR. ABUSIVIDADE NA DISTINÇÃO DE PREÇO PARA PAGAMENTO EM DINHEIRO, CHEQUE OU CARTÃO DE CRÉDITO.
Caracteriza prática abusiva no mercado de consumo a diferenciação do preço do produto em função de o pagamento ocorrer em dinheiro, cheque ou cartão de crédito. Essa proposição se ampara na constatação de que, nas compras realizadas em cartão de crédito, é necessária uma distinção das relações jurídica entre consumidor, emissor (eventualmente, administrador) e fornecedor. Na primeira situação, existe uma relação jurídica entre a instituição financeira (emissora) e o titular do cartão (consumidor), o qual obtém crédito e transfere àquela a responsabilização pela compra autorizada mediante o pagamento da taxa de administração ou mesmo de juros oriundos do parcelamento da fatura. Na segunda situação, há uma relação jurídica entre a instituição financeira (empresa emissora e, eventualmente, administradora do cartão de crédito) e o estabelecimento comercial credenciado (fornecedor). A emissora do cartão credencia o estabelecimento comercial e assume o risco integral do crédito e de possíveis fraudes. Para que essa assunção de risco

ocorra, o estabelecimento comercial repassa à emissora, a cada venda feita em cartão de crédito, um percentual dessa operação, previamente contratado. Na terceira situação, também existe uma relação jurídica entre o consumidor e o estabelecimento comercial credenciado (fornecedor). Aqui, o estabelecimento comercial, quando possibilita aos consumidores efetuarem a compra mediante cartão de crédito, incrementa a atividade comercial, aumenta as vendas e obtém lucros, haja vista a praticidade do cartão de crédito, que o torna uma modalidade de pagamento cada vez mais costumeira. Observa-se, assim, diante dessa análise, que o estabelecimento comercial tem a garantia do pagamento das compras efetuadas pelo consumidor por meio de cartão de crédito, pois a administradora assume inteiramente a responsabilidade pelos riscos do crédito, incluindo as possíveis fraudes. O pagamento por cartão de crédito, uma vez autorizada a transação, libera o consumidor de qualquer obrigação ou vinculação junto ao fornecedor, pois este dará ao comprador total quitação. Assim, o pagamento por cartão de crédito é modalidade de pagamento à vista, pro soluto, porquanto implica, automaticamente, a extinção da obrigação do consumidor perante o fornecedor, revelando-se prática abusiva no mercado de consumo, a qual é nociva ao equilíbrio contratual, a diferenciação entre o pagamento em dinheiro, cheque ou cartão de crédito. É, nesse ponto, a exegese do art. 39, V e X, do CDC: "Art. 39. É vedado ao fornecedor de produtos ou serviços, dentre outras práticas abusivas: (...) V - exigir do consumidor vantagem manifestamente excessiva; (...) X - elevar sem justa causa o preço de produtos ou serviços". Ademais, o art. 36, X e XI, da Lei 12.529/2011, que estrutura o Sistema Brasileiro de Defesa da Concorrência, considera infração à ordem econômica, a despeito de culpa ou de ocorrência de efeitos nocivos, a discriminação de adquirentes ou fornecedores de bens ou serviços mediante imposição diferenciada de preços, bem como a recusa à venda de bens ou à prestação de serviços em condições de pagamento corriqueiras na prática comercial. Por sua vez, o CDC é zeloso quanto à preservação do equilíbrio contratual, da equidade contratual e, enfim, da justiça contratual, os quais não coexistem ante a existência de cláusulas abusivas. A propósito, ressalte-se que o art. 51 do CDC traz um rol meramente exemplificativo de cláusulas abusivas, num "conceito aberto" que permite o enquadramento de outras abusividades que atentem contra o equilíbrio entre as partes no contrato de consumo, de modo a preservar a boa-fé e a proteção do consumidor. Precedente citado: REsp 1.133.410-RS, Terceira Turma, DJe 7/4/2010. **REsp 1.479.039-MG, Rel. Min. Humberto Martins, julgado em 6/10/2015, DJe 16/10/2015. (Inform. STJ 571)**

DIREITO DO CONSUMIDOR E PROCESSUAL CIVIL. INTERESSE DE AGIR EM AÇÃO DE CANCELAMENTO DE DIVERSAS INSCRIÇÕES EM CADASTRO NEGATIVO DE PROTEÇÃO AO CRÉDITO.
Há interesse de agir na ação em que o consumidor postula o cancelamento de múltiplas inscrições de seu nome em cadastro negativo de proteção ao crédito, mesmo que somente uma ou algumas delas ultrapassem os prazos de manutenção dos registros previstos no art. 43, §§ 1º e 5º, do CDC. Salienta-se, inicialmente, que nem toda dívida inscrita em cadastro negativo de proteção ao crédito (a exemplo do SPC e Serasa) é igual, pois cada uma delas apresenta características próprias que as diferem das demais, tais como as partes contratantes, o valor da obrigação, a data de vencimento, as garantias contratuais e até eventual foro para dirimir as questões decorrentes do negócio. Assim, como cada dívida pode gerar uma inscrição distinta, vislumbra-se ser possível que o devedor inadimplente, sob os mais variados fundamentos, questione individualmente cada registro. Ademais, quando o art. 43 do CDC utiliza as expressões "cadastros", "dados", "fichas" e "informações", todas no plural, infere-se a ideia de multiplicidade de registros a respeito do consumidor inadimplente. Em decorrência disso, o próprio § 3º do referido dispositivo explicita que: "O consumidor, sempre que encontrar inexatidão nos seus dados e cadastros, poderá exigir sua imediata correção, devendo o arquivista, no prazo de cinco dias úteis, comunicar a alteração aos eventuais destinatários das informações incorretas". Nessa linha de ideias, do ponto de vista do direito material, é plausível concluir que, no âmbito do cadastro de inadimplentes, não há falar em unicidade, pois é possível a existência de múltiplas anotações autônomas, porquanto cada inscrição possuirá origem em diferentes obrigações vencidas e não pagas. De outra banda, sob a ótica do direito processual civil, observa-se que cada dívida enseja uma causa de pedir e um pedido, podendo ser impugnadas, conforme o caso, nos autos de um mesmo processo ou em demanda autônoma, sem que, neste último caso, possa caracterizar eventual litispendência. No ponto, ressalta-se que mesmo quando a petição inicial impugnar variadas anotações, estar-se-á diante de diversas causas de pedir, fundadas em

fatos possivelmente diferentes, na medida em que, como dito acima, cada registro corresponde a uma dívida não paga. Por tal razão, se a parte alega que as inscrições deverão ser canceladas em virtude de estar prescrita a pretensão de cobrança das dívidas ou por fluência do prazo quinquenal, e, ao analisar o caso, o magistrado ou Tribunal verificar que uma ou algumas ainda estão dentro do lapso legal de permanência do registro, deverá julgar parcialmente procedente o pedido, com base no art. 269, I, do CPC. Outrossim, mesmo na situação em que todos os registros questionados ainda se encontrarem dentro do prazo de permanência das anotações, o magistrado julgará improcedentes os pedidos, podendo a ação declaratória de cancelamento de registro ser novamente proposta em razão da fluência de novo lapso temporal. Desse modo, não parece possível a aplicação do princípio da "unicidade dos cadastros de inadimplentes" para reconhecer suposta falta de interesse de agir, tendo em vista que os registros são derivados de distintos distintos, impugnáveis de maneira individual ou conjunta. Ressalta-se, aliás, que entender o contrário poderia criar uma esdrúxula hipótese de perpetuidade dos registros negativos, caso o nome do devedor fosse inscrito no cadastro de proteção ao crédito em momentos diversos, ampliando-se, com isso, o período máximo de permanência da inscrição negativa, em evidente afronta aos comandos insertos nos §§ 1º e 5º do art. 43 do CDC. Além disso, não se pode olvidar que os bancos de dados e os cadastros negativos de proteção ao crédito atingem importante direito da personalidade, qual seja, o nome (art. 16 do CC). Por tal razão, eventuais restrições ao nome devem ser realizadas com temperamentos e em estrita observância à ordem jurídica, principalmente diante da tutela constitucional da dignidade da pessoa humana, imagem e privacidade. Nessa linha de intelecção, há vozes doutrinárias que ensinam que: "A semieternidade dos sistemas de proteção ao crédito - são conhecidos os exemplos de mortos que integravam os bancos de dados de consumo - não instiga o funcionamento do mercado. Em vez de acelerar as transações comerciais, a temporalidade aberta de registros privados (ou mesmo públicos) amarra a estrutura mercadológica, conquanto cristaliza *ad eternum* situações excepcionais que podem não mais representar a realidade do comportamento normal do indivíduo. Um caso isolado não pode ser usado para macular uma vida inteira, passada e futura, de correção como contratante e consumidor". A par disso, nota-se que o enunciado da Súmula 385 do STJ, a despeito de impossibilitar a obtenção de indenização por danos morais em virtude da existência de diversas inscrições em nome do devedor inadimplente, assegura o cancelamento de anotação considerada irregular, permitindo inferir que este Tribunal Superior já reconhece a existência de interesse de agir em caso de multiplicidade de registros em nome de um único devedor. **REsp 1.196.699-RS, Rel. Min. Luis Felipe Salomão, julgado em 22/9/2015, DJe 20/10/2015. (Inform. STJ 571)**

DIREITO DO CONSUMIDOR. RESPONSABILIDADE DO FABRICANTE QUE GARANTE NA PUBLICIDADE A QUALIDADE DOS PRODUTOS OFERTADOS.

Responde solidariamente por vício de qualidade do automóvel adquirido o fabricante de veículos automotores que participa de propaganda publicitária garantindo com sua marca a excelência dos produtos ofertados por revendedor de veículos usados. O princípio da vinculação da oferta reflete a imposição da transparência e da boa-fé nos métodos comerciais, na publicidade e nos contratos, de forma que esta exsurge como princípio máximo orientador, nos termos do art. 30 do CDC. Realmente, é inequívoco o caráter vinculativo da oferta, integrando o contrato, de modo que o fornecedor de produtos ou serviços se responsabiliza também pelas expectativas que a publicidade venha a despertar no consumidor, mormente quando veicula informação de produto ou serviço com a chancela de determinada marca. Trata-se de materialização do princípio da boa-fé objetiva, exigindo do anunciante os deveres anexos de lealdade, confiança, cooperação, proteção e informação, sob pena de responsabilidade. O próprio art. 30 do CDC enfatiza expressamente que a informação transmitida "obriga o fornecedor que a fizer veicular ou dela se utilizar", atraindo a responsabilidade solidária daqueles que participem, notadamente quando expõe diretamente a sua marca no informativo publicitário. A propósito, a jurisprudência do STJ reconhece a responsabilidade solidária de todos os fornecedores que venham a se beneficiar da cadeia de fornecimento, seja pela utilização da marca, seja por fazer parte da publicidade. Trata-se, cabe ressaltar, de caso de responsabilização objetiva. Nesse contexto, dentro do seu poder de livremente avaliar e oferecer diversos tipos de produtos e serviços, ao agregar o seu "carimbo" de excelência aos veículos usados anunciados, a fabricante acaba por atrair a solidariedade pela oferta do produto/serviço e o ônus de fornecer a qualidade legitimamente esperada pelo consumidor.

Na verdade, a utilização de marca de renome – utilização essa consentida, até por força legal (art. 3º, III, da Lei 6.729/1979) – gera no consumidor legítima expectativa de que o negócio é garantido pela montadora, razão pela qual deve esta responder por eventuais desvios próprios dos negócios jurídicos celebrados nessa seara. **REsp 1.365.609-SP, Rel. Min. Luis Felipe Salomão, julgado em 28/4/2015, DJe 25/5/2015 (Inform. STJ 562).**

DIREITO DO CONSUMIDOR. COBRANÇA POR EMISSÃO DE BOLETO BANCÁRIO.

No caso em que foi concedida ao consumidor a opção de realizar o pagamento pela aquisição do produto por meio de boleto bancário, débito em conta corrente ou em cartão de crédito, não é abusiva a cobrança feita ao consumidor pela emissão de boletos bancários, quando a quantia requerida pela utilização dessa forma de pagamento não foi excessivamente onerosa, houve informação prévia de sua cobrança e o valor pleiteado correspondeu exatamente ao que o fornecedor recolheu à instituição financeira responsável pela emissão do boleto bancário. Na hipótese em foco, o fornecedor do produto faculta ao consumidor optar por três modalidades de pagamento pela aquisição do bem: boleto bancário, débito em conta corrente ou em cartão de crédito. Dessa forma, o consumidor tem a liberdade contratual de optar pelo meio de quitação da dívida que entende mais benéfico – autonomia da vontade que merece ser confirmada, já que a escolha não acentua a vulnerabilidade do consumidor. Destaque-se que a imposição do ressarcimento pelos custos da cobrança é que deve ser considerada cláusula abusiva. No caso em apreço, não há obrigação de se adotar o boleto bancário, que não configura "cláusula surpresa", visto existir a possibilidade de outros meios de pagamento, não havendo falar em vantagem exagerada ou enriquecimento sem causa por parte do fornecedor. Desse modo, não se impõe nenhuma desvantagem manifestamente excessiva ao consumidor, pois a despesa pela emissão do boleto não é ordinária, mas decorre do processamento de uma das formas de cobrança realizadas pelo fornecedor. Ademais, a quantia cobrada pela emissão dos boletos bancários dos consumidores que optaram por essa modalidade de pagamento corresponde exatamente ao valor que o fornecedor recolhe à instituição financeira, ou seja, o repasse não se reverte em lucro, mas representa a contraprestação por um serviço adquirido pelo consumidor. Aliás, não configura onerosidade excessiva a cobrança da referida despesa, a qual é inerente ao processamento, à emissão e ao recebimento dos boletos de cobrança. Além disso, o CDC não veda a estipulação contratual que impõe ao consumidor o pagamento das despesas de cobrança; apenas determina que esse direito seja uma via de mão dupla, ou seja, caso necessário, o consumidor poderá ser ressarcido integralmente, podendo cobrar do fornecedor, inclusive, pelo custo adicionado na cobrança. Registre-se, ainda, que foram prestadas informações adequadas e pormenorizadas a respeito do produto ou serviço contratado, motivo pelo qual não há violação ao art. 6º do CDC. Nessa medida, resta cumprido o dever de informação e o direito de opção do consumidor, ficando esclarecido de antemão que, no caso de cobrança por boleto bancário, haverá acréscimo de valor na fatura, quantia que não se mostra excessivamente onerosa na espécie. Por fim, observe-se que a ideia de vulnerabilidade está justamente associada à debilidade de um dos agentes da relação de mercado, no caso, o consumidor, cuja dignidade merece ser sempre preservada. As cláusulas são consideradas ilícitas pela presença de um abuso de direito contratual a partir de condutas eivadas de má-fé e manifesto dirigismo contratual, situação não vislumbrada no caso em análise, em que se respeitada a livre pactuação dos custos, mantidos o equilíbrio contratual, a proporcionalidade do acréscimo cobrado e a boa-fé objetiva do fornecedor. **REsp 1.339.097-SP, Rel. Min. Ricardo Villas Bôas Cueva, julgado em 3/2/2015, DJe 9/2/2015 (Inform. STJ 555).**

DIREITO DO CONSUMIDOR. REPRODUÇÃO DE REGISTRO ORIUNDO DE CARTÓRIO DE PROTESTO EM BANCO DE DADOS DE ÓRGÃO DE PROTEÇÃO AO CRÉDITO. RECURSO REPETITIVO (ART. 543-C DO CPC E RES. 8/2008-STJ).

Diante da presunção legal de veracidade e publicidade inerente aos registros de cartório de protesto, a reprodução objetiva, fiel, atualizada e clara desses dados na base de órgão de proteção ao crédito – ainda que sem a ciência do consumidor – não tem o condão de ensejar obrigação de reparação de danos. Nos termos da CF, o direito de acesso à informação encontra-se consagrado no art. 5º, XXXIII, que preceitua que todos têm direito a receber dos órgãos públicos informações de seu interesse particular, ou de interesse coletivo ou geral, que serão prestadas no prazo da lei, sob pena de responsabilidade, ressalvadas aquelas cujo sigilo seja imprescindível à

11. DIREITO DO CONSUMIDOR — 689

segurança da sociedade e do Estado. Além disso, o art. 37, caput, da CF estabelece ser a publicidade princípio que informa a administração pública, e o cartório de protesto exerce serviço público. Nesse passo, observa-se que o art. 43, § 4°, do CDC disciplina as atividades dos cadastros de inadimplentes, estabelecendo que os bancos de dados e cadastros relativos a consumidores, os serviços de proteção ao crédito e congêneres são considerados entidades de caráter público. Nessa linha de intelecção, consagrando o princípio da publicidade imanente, o art. 1°, c/c art. 5°, III, ambos da Lei 8.935/1994 (Lei dos Cartórios), estabelecem que os serviços de protesto são destinados a assegurar a publicidade, autenticidade e eficácia dos atos jurídicos. Ademais, por um lado, a teor do art. 1°, caput, da Lei 9.492/1997 (Lei do Protesto) e das demais disposições legais, o protesto é o ato formal e solene pelo qual se prova a inadimplência e o descumprimento de obrigação (ou a recusa do aceite) originada em títulos e outros documentos de dívida. Por outro lado, o art. 2° do mesmo diploma esclarece que os serviços concernentes ao protesto são garantidores da autenticidade, publicidade, segurança e eficácia dos atos jurídicos. Com efeito, o registro do protesto de título de crédito ou outro documento de dívida é de domínio público, gerando presunção de veracidade do ato jurídico, dado que deriva do poder certificante que é conferido ao oficial registrador e ao tabelião. A par disso, registre-se que não constitui ato ilícito o praticado no exercício regular de um direito reconhecido, nos termos do art. 188, I, do CC. Dessa forma, como os órgãos de sistema de proteção ao crédito exercem atividade lícita e relevante ao divulgar informação que goza de fé pública e domínio público, não há falar em dever de reparar danos, tampouco em obrigatoriedade de prévia notificação ao consumidor (art. 43, § 2°, do CDC), sob pena de violação ao princípio da publicidade e mitigação da eficácia do art. 1° da Lei 8.935/1994, que estabelece que os cartórios extrajudiciais se destinam a conferir publicidade aos atos jurídicos praticados por seus serviços. Ademais, é bem de ver que as informações prestadas pelo cartório de protesto não incluem o endereço do devedor, de modo que a exigência de notificação resultaria em inviabilização da divulgação dessas anotações. Igualmente, significaria negar vigência ou, no mínimo, esvair a eficácia do disposto no art. 29, caput, da Lei 9.492/1997 que, a toda evidência, deixa nítida a vontade do legislador de que os órgãos de sistema de proteção ao crédito tenham acesso aos registros atualizados dos protestos tirados e cancelados. Outrossim, é bem de ver que os cadastros e dados de consumidores devem ser objetivos, claros e verdadeiros (art. 43, § 1°, do CDC). Assim, caso fosse suprimida a informação sobre a existência do protesto – ainda que com posterior pagamento ou cancelamento –, os bancos de dados deixariam de ser objetivos e verdadeiros. Precedentes citados: AgRg no AgRg no AREsp 56.336-SP, Quarta Turma, DJe 1/9/2014; AgRg no AREsp 305.765-RJ, Terceira Turma, DJe 12/6/2013. **REsp 1.444.469-DF, Rel. Min. Luis Felipe Salomão, Segunda Seção, julgado em 12/11/2014, DJe 16/12/2014 (Inform. STJ 554).**

DIREITO DO CONSUMIDOR. REPRODUÇÃO DE REGISTRO ORIUNDO DE CARTÓRIO DE DISTRIBUIÇÃO EM BANCO DE DADOS DE ÓRGÃO DE PROTEÇÃO AO CRÉDITO. RECURSO REPETITIVO (ART. 543-C DO CPC E RES. 8/2008-STJ).
Diante da presunção legal de veracidade e publicidade inerente aos registros do cartório de distribuição judicial, a reprodução objetiva, fiel, atualizada e clara desses dados na base de órgão de proteção ao crédito – ainda que sem a ciência do consumidor – não tem o condão de ensejar obrigação de reparação de danos. Nos termos da CF, o direito de acesso à informação encontra-se consagrado no art. 5°, XXXIII, que preceitua que todos têm direito a receber dos órgãos públicos informações de seu interesse particular, ou de interesse coletivo ou geral, que serão prestadas no prazo da lei, sob pena de responsabilidade, ressalvadas aquelas cujo sigilo seja imprescindível à segurança da sociedade e do Estado. Além disso, o art. 37, caput, da Carta Magna estabelece ser a publicidade princípio que informa a administração pública. Nesse passo, observa-se que o art. 43, § 4°, do CDC disciplina as atividades dos cadastros de inadimplentes, estabelecendo que os bancos de dados e cadastros relativos a consumidores, os serviços de proteção ao crédito e congêneres são considerados entidades de caráter público. De modo semelhante, o cartório de distribuição judicial exerce serviço público. Nessa linha de intelecção, consagrando o princípio da publicidade imanente, o art. 1°, c/c o art. 5°, VII, ambos da Lei 8.935/1994 (Lei dos Cartórios), estabelecem que os serviços de registros de distribuição são destinados a assegurar a publicidade, autenticidade e eficácia dos atos jurídicos. Nesse sentido, "uma das formas pelas quais os órgãos de proteção ao crédito (SPC/Serasa) obtêm dados para alimentar os seus cadastros é mediante informações constantes nos cartórios de distribuição de processos judiciais, o que conseguem por meio de convênios firmados com o Poder

Judiciário de cada Estado da Federação. Nos termos do art. 5°, incs. XXXIII e LX, da CF, e do art. 155 do CPC, os dados sobre processos, existentes nos cartórios distribuidores forenses, são informações públicas (salvo, é claro, os dados dos processos que correm sob segredo de justiça), eis que publicadas na Imprensa Oficial, e, portanto, de acesso a qualquer interessado, mediante pedido de certidão, conforme autoriza o parágrafo único do art. 155, do CPC. Portanto, se os órgãos de proteção ao crédito reproduzem fielmente o que consta no cartório de distribuição a respeito de determinado processo de execução, não se lhes pode tolher que forneçam tais dados públicos aos seus associados, sob pena de grave afronta ao Estado Democrático de Direito, que prima, como regra, pela publicidade dos atos processuais [...] Com efeito, a existência de processo de execução constitui, além de dado público, fato verdadeiro, que não pode ser omitido dos cadastros mantidos pelos órgãos de proteção ao crédito; porquanto tal supressão equivaleria à eliminação da notícia da distribuição da execução, no distribuidor forense, algo que não pode ser admitido. Aliás, o próprio CDC prevê expressamente que os cadastros e dados de consumidores devem ser objetivos, claros e verdadeiros (art. 43, § 1°). Assim, se se suprimisse a informação sobre a existência do processo de execução, os bancos de dados deixariam de ser objetivos e verdadeiros." (REsp 866.198-SP, Terceira Turma, DJ 5/2/2007). A par disso, registre-se que não constitui ato ilícito aquele praticado no exercício regular de um direito reconhecido, nos termos do art. 188, I, do CC. Dessa forma, como os órgãos de sistema de proteção ao crédito exercem atividade lícita e relevante ao divulgar informação que goza de fé pública e domínio público (como as constantes de cartórios de distribuição judicial), não há falar em dever de reparar danos, tampouco em obrigatoriedade de prévia notificação ao consumidor (art. 43, § 2°, do CDC), sob pena de violação ao princípio da publicidade e mitigação da eficácia do art. 1° da Lei 8.935/1994, que estabelece que os cartórios extrajudiciais se destinam a conferir publicidade aos atos jurídicos praticados por seus serviços. Ademais, é bem de ver que as informações prestadas pelo cartório de distribuição não incluem o endereço do devedor, de modo que a exigência de notificação resultaria em inviabilização da divulgação dessas anotações. Portanto, diante da presunção legal de veracidade e publicidade inerente aos registros dos cartórios de distribuição judicial, não há cogitar em ilicitude ou eventual abuso de direito por parte do órgão do sistema de proteção ao crédito que se limitou a reproduzir informações fidedignas constantes dos registros dos cartórios de distribuição. Precedentes citados: REsp 1.148.179-MG, Terceira Turma, DJe 5/3/2013; AgRg no AgRg no AREsp 56.336-SP, Quarta Turma, DJe 1°/9/2014; AgRg no AREsp 305.765-RJ, Terceira Turma, DJe 12/6/2013; HC 149.812-SP, Quinta Turma, DJe 21/11/2011; e Rcl 6.173-SP, Segunda Seção, DJe 15/3/2012. **REsp 1.344.352-SP, Rel. Min. Luis Felipe Salomão, Segunda Seção, julgado em 12/11/2014, DJe 16/12/2014 (Inform. STJ 554).**

DIREITO DO CONSUMIDOR. VENDA CASADA E DANO MORAL COLETIVO IN RE IPSA.
Configura dano moral coletivo in re ipsa a realização de venda casada por operadora de telefonia consistente na prática comercial de oferecer ao consumidor produto com significativa vantagem – linha telefônica com tarifas mais interessantes do que as outras ofertadas pelo mercado – e, em contrapartida, condicionar a aquisição do referido produto à compra de aparelho telefônico. Inicialmente, cumpre ressaltar que o direito metaindividual tutelado na espécie enquadra-se na categoria de direitos difusos, isto é, tem natureza indivisível e possui titulares indeterminados, que são ligados por circunstâncias de fato, o que permite asseverar ser esse extensível a toda a coletividade. A par disso, por afrontar o direito a livre escolha do consumidor, a prática de venda casada é condenada pelo CDC, que, em seu art. 39, I, prescreve ser "vedado ao fornecedor de produtos ou serviços, entre outras práticas abusivas: I – condicionar o fornecimento de produto ou de serviço ao fornecimento de outro produto ou serviço, bem como, sem justa causa, a limites quantitativos", devendo o Estado engendrar todos os esforços no sentido de reprimi-la. Desse modo, a prática de venda casada por parte de operadora de telefonia é prática comercial apta a causar sensação de repulsa coletiva a ato intolerável, tanto intolerável que encontra proibição expressa em lei. Nesse passo, o dano analisado decorre da própria circunstância do ato lesivo (dano moral in re ipsa), prescindindo de prova objetiva do prejuízo sofrido. Portanto, afastar da espécie o dano moral coletivo é fazer tábula rasa da proibição elencada no art. 39, I, do CDC e, por via reflexa, legitimar práticas comerciais que afrontam os mais basilares direitos do consumidor. **REsp 1.397.870-MG, Rel. Min. Mauro Campbell Marques, julgado em 2/12/2014, DJe 10/12/2014 (Inform. STJ 553).**

DIREITO DO CONSUMIDOR. PRAZO PARA O CREDOR EXCLUIR DE CADASTRO DE PROTEÇÃO AO CRÉDITO A INSCRIÇÃO DO NOME DE DEVEDOR. RECURSO REPETITIVO (ART. 543-C DO CPC E RES. 8/2008-STJ).

Diante das regras previstas no CDC, mesmo havendo regular inscrição do nome do devedor em cadastro de órgão de proteção ao crédito, após o integral pagamento da dívida, incumbe ao credor requerer a exclusão do registro desabonador, no prazo de cinco dias úteis, a contar do primeiro dia útil subsequente à completa disponibilização do numerário necessário à quitação do débito vencido. A jurisprudência consolidada do STJ perfilha o entendimento de que, quando se trata de inscrição em bancos de dados restritivos de crédito (Serasa, SPC, dentre outros), tem-se entendido ser do credor, e não do devedor, o ônus da baixa da indicação do nome do consumidor, em virtude do que dispõe o art. 43, § 3º, combinado com o art. 73, ambos do CDC. No caso, o consumidor pode "exigir" a "imediata correção" de informações inexatas – não cabendo a ele, portanto, proceder a tal correção (art. 43, § 3º) –, constituindo crime "deixar de corrigir imediatamente informação sobre consumidor constante de cadastro, banco de dados, fichas ou registros que sabe ou deveria saber ser inexata" (art. 73). Quanto ao prazo, como não existe regramento legal específico e como os prazos abrangendo situações específicas não estão devidamente amadurecidos na jurisprudência do STJ, faz-se necessário o estabelecimento de um norte objetivo, o qual se extrai do art. 43, § 3º, do CDC, segundo o qual o "consumidor, sempre que encontrar inexatidão nos seus dados e cadastros, poderá exigir sua imediata correção, devendo o arquivista, no prazo de cinco dias úteis, comunicar a alteração aos eventuais destinatários das informações incorretas". Ora, para os órgãos de sistema de proteção ao crédito, que exercem a atividade de arquivamento de dados profissionalmente, o CDC considera razoável o prazo de cinco dias úteis para, após a investigação dos fatos referentes à impugnação apresentada pelo consumidor, comunicar a retificação a terceiros que deles recebeu informações incorretas. Assim, evidentemente, esse mesmo prazo também será considerado razoável para que seja requerida a exclusão do nome do outrora inadimplente do cadastro desabonador por aquele que promove, em exercício regular de direito, a verídica inclusão de dado de devedor em cadastro de órgão de proteção ao crédito. **REsp 1.424.792-BA, Rel. Min. Luis Felipe Salomão, julgado em 10/9/2014. (Inform. STJ 548)**

DIREITO DO CONSUMIDOR. COBRANÇA POR HOSPITAL DE VALOR ADICIONAL PARA ATENDIMENTOS FORA DO HORÁRIO COMERCIAL.

O hospital não pode cobrar, ou admitir que se cobre, dos pacientes conveniados a planos de saúde valor adicional por atendimentos realizados por seu corpo médico fora do horário comercial. A pedra de toque do direito consumerista é o princípio da vulnerabilidade do consumidor, mormente no que tange aos contratos. Nesse contexto, independentemente do exame da razoabilidade/possibilidade de cobrança de honorários médicos majorados para prestação de serviços fora do horário comercial, salta aos olhos que se trata de custos que incumbem ao hospital. Este, por conseguinte, deveria cobrar por seus serviços diretamente das operadoras de planos de saúde, e não dos particulares/consumidores. Além disso, cabe ressaltar que o consumidor, ao contratar um plano de seguro de assistência privada à saúde, tem a legítima expectativa de que, no tocante aos procedimentos médico-hospitalares cobertos, a empresa contratada arcará com os custos necessários, isto é, que haverá integral assistência para a cura da doença. No caso, cuida-se de cobrança iníqua, em prevalecimento sobre a fragilidade do consumidor, de custo que deveria estar coberto pelo preço exigido da operadora de saúde – negócio jurídico mercantil do qual não faz parte o consumidor usuário do plano de saúde –, caracterizando-se como conduta manifestamente abusiva, em violação à boa-fé objetiva e ao dever de probidade do fornecedor, vedada pelos arts. 39, IV, X, e 51, III, IV, X, XIII, XV, do CDC e 422 do CC. Ademais, na relação mercantil existente entre o hospital e as operadoras de planos de saúde, as contratantes são empresárias – que exercem atividade econômica profissional –, não cabendo ao consumidor arcar com os ônus/consequências de eventual equívoco quanto à gestão empresarial. **REsp 1.324.712-MG, Rel. Min. Luis Felipe Salomão, julgado em 24/9/2013. (Inform. STJ 532)**

DIREITO DO CONSUMIDOR. EXIGÊNCIA DE CAUÇÃO PARA ATENDIMENTO MÉDICO DE EMERGÊNCIA.

É incabível a exigência de caução para atendimento médico-hospitalar emergencial. Antes mesmo da vigência da Lei 12.653/2012, a Quarta Turma do STJ (REsp 1.256.703-SP, DJe 27/9/2011) já havia se manifestado no sentido de que é dever do estabelecimento hospitalar, sob pena de responsabilização cível e criminal, da sociedade empresária e prepostos, prestar o pronto atendimento. Com a superveniente vigência da Lei 12.653/2012, que veda a exigência de caução e de prévio preenchimento de formulário administrativo para a prestação de atendimento médico-hospitalar premente, a solução para o caso é expressamente conferida por norma de caráter cogente. **REsp 1.324.712-MG, Rel. Min. Luis Felipe Salomão, julgado em 24/9/2013. (Inform. STJ 532)**

DIREITO DO CONSUMIDOR. INCRIÇÃO DOS NOMES DE CONSUMIDORES EM CADASTROS DE PROTEÇÃO AO CRÉDITO EM RAZÃO DE DÉBITOS DISCUTIDOS JUDICIALMENTE.

É lícita a inscrição dos nomes de consumidores em cadastros de proteção ao crédito por conta da existência de débitos discutidos judicialmente em processos de busca e apreensão, cobrança ordinária, concordata, despejo por falta de pagamento, embargos, execução fiscal, falência ou execução comum na hipótese em que os dados referentes às disputas judiciais sejam públicos e, além disso, tenham sido repassados pelos próprios cartórios de distribuição de processos judiciais às entidades detentoras dos cadastros por meio de convênios firmados com o Poder Judiciário de cada estado da Federação, sem qualquer intervenção dos credores litigantes ou de qualquer fonte privada. Os dados referentes a processos judiciais que não corram em segredo de justiça são informações públicas nos termos dos art. 5º, XXXIII e LX, da CF, visto que publicadas na imprensa oficial, portanto de acesso a qualquer interessado, mediante pedido de certidão, conforme autoriza o parágrafo único do art. 155 do CPC. Sendo, portanto, dados públicos, as entidades detentoras de cadastros de proteção ao crédito não podem ser impedidas de fornecê-los aos seus associados, sob pena de grave afronta ao Estado Democrático de Direito, que prima, como regra, pela publicidade dos atos processuais. Deve-se destacar, nesse contexto, que o princípio da publicidade processual existe para permitir a todos o acesso aos atos do processo, exatamente como meio de dar transparência à atividade jurisdicional. Além disso, o fato de as entidades detentoras dos cadastros fornecerem aos seus associados informações processuais representa medida menos burocrática e mais econômica tanto para os associados, que não precisarão se dirigir, a cada novo negócio jurídico, ao distribuidor forense para pedir uma certidão em nome daquele com quem se negociará, quanto para o próprio Poder Judiciário, que emitirá um número menor de certidões de distribuição, o que implicará menor sobrecarga aos funcionários responsáveis pela tarefa. O STJ, ademais, tem o entendimento pacificado de que a simples discussão judicial da dívida não é suficiente para obstacularizar ou remover a negativação de devedor em banco de dados. Por fim, ressalve-se que, em se tratando de inscrição decorrente de dados públicos, como os de cartórios de protesto de títulos ou de distribuição de processos judiciais, sequer se exige a prévia comunicação do consumidor. Consequentemente, a ausência de precedente comunicação nesses casos não enseja dano moral. Precedente citado: REsp 866.198-SP, Terceira Turma, DJe 5/2/2007. **REsp 1.148.179-MG, Rel. Min. Nancy Andrighi, julgado em 26/2/2013. (Inform. STJ 517).**

DIREITO CIVIL E DO CONSUMIDOR. CANCELAMENTO DE PROTESTO DE TÍTULO PAGO *A POSTERIORI*. ÔNUS DO DEVEDOR.

Legitimamente protestado o título de crédito, cabe ao devedor que paga posteriormente a dívida, e não ao credor, o ônus de providenciar a baixa do protesto em cartório, sendo irrelevante tratar-se de relação de consumo, não havendo que falar em dano moral pela manutenção do apontamento. O pagamento da dívida de título de crédito legitimamente protestado não retira do devedor o ônus de proceder ao cancelamento do registro no cartório competente, independentemente de se tratar de relação de consumo. O art. 26 da Lei n. 9.492/1997 – Lei de Protestos – dispõe que qualquer interessado, mediante apresentação do documento protestado, pode solicitar o cancelamento do registro do protesto no tabelionato de protesto de títulos. Entretanto, o STJ tem entendido que o maior interessado no cancelamento do referido registro é o devedor, sendo, portanto, encargo dele. Vale ressaltar que se tem conferido tratamento diferenciado aos casos de inscrição em bancos de dados restritivos de crédito, ocasião em que o ônus da baixa da indicação do nome do consumidor é do credor em virtude do que dispõe o código consumerista (arts. 43, § 3º, e 73). Precedentes citados: REsp 1.195.668-RS, DJe 17/10/2012, e REsp 880.199-SP, DJ 12/11/2007. **REsp 959.114-MS, Rel. Min. Luis Felipe Salomão, julgado em 18/12/2012. (Inform. STJ 512).**

11. DIREITO DO CONSUMIDOR   691

Súmula STJ nº 550

A utilização de escore de crédito, método estatístico de avaliação de risco que não constitui banco de dados, dispensa o consentimento do consumidor, que terá o direito de solicitar esclarecimentos sobre as informações pessoais valoradas e as fontes dos dados considerados no respectivo cálculo.

Súmula STJ nº 548

Incumbe ao credor a exclusão do registro da dívida em nome do devedor no cadastro de inadimplentes no prazo de cinco dias úteis, a partir do integral e efetivo pagamento do débito.

Súmula STJ nº 532

Constitui prática comercial abusiva o envio de cartão de crédito sem prévia e expressa solicitação do consumidor, configurando-se ato ilícito indenizável e sujeito à aplicação de multa administrativa.

Súmula STJ nº 404

É dispensável o aviso de recebimento (AR) na carta de comunicação ao consumidor sobre a negativação de seu nome em bancos de dados e cadastros.

Súmula STJ nº 385

Da anotação irregular em cadastro de proteção ao crédito, não cabe indenização por dano moral, quando preexistente legítima inscrição, ressalvado o direito ao cancelamento.

Súmula STJ nº 359

Cabe ao órgão mantenedor do Cadastro de Proteção ao Crédito a notificação do devedor antes de proceder à inscrição.

Súmula STJ nº 356

É legítima a cobrança da tarifa básica pelo uso dos serviços de telefonia fixa.

Súmula STJ nº 323

A inscrição do nome do devedor pode ser mantida nos serviços de proteção ao crédito até o prazo máximo de cinco anos, independentemente da prescrição da execução.

6. PROTEÇÃO CONTRATUAL

REPERCUSSÃO GERAL EM RE N. 892.961-SP
RELATOR: MINISTRO PRESIDENTE
Ementa: RECURSO EXTRAORDINÁRIO. DIREITO CIVIL E DIREITO DO CONSUMIDOR. CONTRATO DE COMPRA E VENDA DE IMÓVEL. CLÁUSULAS CONTRATUAIS. ABUSIVIDADE. MATÉRIA DE ÍNDOLE INFRACONSTITUCIONAL. OFENSA INDIRETA À CONSTITUIÇÃO. INEXISTÊNCIA DE REPERCUSSÃO GERAL.
I – A controvérsia relativa à validade da cobrança de comissões e serviços previstos em contrato de compra e venda de imóvel entre consumidores e construtora ou incorporadora, notadamente o Serviço de Assessoria Técnica Imobiliária – SATI, está restrita ao âmbito infraconstitucional.
II – O exame da questão constitucional não prescinde da prévia análise de normas infraconstitucionais, o que afasta a possibilidade de reconhecimento do requisito constitucional da repercussão geral.
III – Repercussão geral inexistente. **(Inform. STF 796)**

AG. REG. NO ARE N. 736.100-SP
RELATOR: MIN. LUIZ FUX
Ementa: AGRAVO REGIMENTAL NO RECURSO EXTRAORDINÁRIO COM AGRAVO. DIREITO DO CONSUMIDOR. RESTITUIÇÃO DE VALORES DESPENDIDOS POR CONSUMIDOR PARA A IMPLANTAÇÃO DE REDE ELÉTRICA EM PROPRIEDADE RURAL. REPERCUSSÃO GERAL REJEITADA PELO PLENÁRIO VIRTUAL NO ARE Nº 683.017-RG. TEMA Nº 604 DA GESTÃO POR TEMAS DA REPERCUSSÃO GERAL.
1. A possibilidade, ou não, de restituição integral dos valores despendidos pelo consumidor para financiar obras de implantação de rede elétrica em propriedade rural, à luz dos incisos II e XXXVI e do § 1º do art. 5º da Constituição Federal de 1988, já restou analisado no ARE n. 683.017-RG, em que o Plenário desta Corte decidiu rejeitar sua repercussão geral, uma vez que a matéria está restrita à análise de norma infraconstitucional.
2. *In casu*, o acórdão originariamente recorrido deu provimento ao recurso inominado e julgou procedente o pedido inicial para declarar nulo o contrato e condenar a parte recorrida a restituir à parte recorrente as quantias indevidamente pagas a título de custeio de fornecimento de energia elétrica.
3. Agravo regimental desprovido. **(Inform. STF 715)**

REPERCUSSÃO GERAL EM ARE N. 675.505-RJ
RELATOR: MIN. GILMAR MENDES
Código de Defesa do Consumidor. 2. Cobrança de tarifas e taxas administrativas acessórias, vinculadas a contratos bancários. Controvérsia que se situa no âmbito da legislação infraconstitucional. Inexistência de repercussão geral. **(Inform. STF 713)**

DIREITO DO CONSUMIDOR. COBERTURA DE HOME CARE POR PLANO DE SAÚDE.
Ainda que, em contrato de plano de saúde, exista cláusula que vede de forma absoluta o custeio do serviço de home care (tratamento domiciliar), a operadora do plano, diante da **ausência de outras regras contratuais que disciplinem a utilização do serviço, será obrigada a custeá-lo em substituição à internação hospitalar contratualmente prevista, desde que haja:** **(i)** condições estruturais da residência; (ii) real necessidade do atendimento domiciliar, com verificação do quadro clínico do paciente; (iii) indicação do médico assistente; (iv) solicitação da família; (v) concordância do paciente; e (vi) não afetação do equilíbrio contratual, como nas hipóteses em que o custo do atendimento domiciliar por dia não supera o custo diário em hospital. De fato, na Saúde Suplementar, o tratamento médico em domicílio não foi incluído no rol de procedimentos mínimos ou obrigatórios que devem ser oferecidos pelos planos de saúde. Efetivamente, o home care não consta das exigências mínimas para as coberturas de assistência médico-ambulatorial e de internação hospitalar previstas na Lei 9.656/1998. Ademais, tendo em vista a normatização feita pela Agência Nacional de Saúde Suplementar (ANS) sobre a questão (art. 3º, II, III e parágrafo único da Resolução Normativa 338/2013), verifica-se que a atenção domiciliar nos planos de saúde não foi vedada, tampouco se tornou obrigatória, devendo obedecer à previsão contratual ou à negociação entre as partes, respeitados os normativos da Anvisa no caso da internação domiciliar. Apesar disso, deve-se asseverar que, embora os planos e seguros privados de assistência à saúde sejam regidos pela Lei 9.656/1998, as operadoras da área que prestam serviços remunerados à população enquadram-se no conceito de fornecedor, existindo, portanto, relação de consumo, o que implica afirmar que as regras do CDC também devem ser aplicadas nesses tipos contratuais. Nesse sentido, incide a Súmula 469 do STJ, segundo a qual "Aplica-se o Código de Defesa do Consumidor aos contratos de plano de saúde". Desse modo, ambos os instrumentos normativos incidem conjuntamente, sobretudo porque esses contratos, de longa duração, lidam com bens sensíveis, como a manutenção da vida. Nesse contexto, verifica-se que o serviço de saúde domiciliar não só se destaca por atenuar o atual modelo hospitalocêntrico, trazendo mais benefícios ao paciente - pois terá tratamento humanizado junto da família e no lar, aumentando as chances e o tempo de recuperação, sofrendo menores riscos de reinternações e de contrair infecções e doenças hospitalares -, mas também, em muitos casos, é mais vantajoso para o plano de saúde, já que há a otimização de leitos hospitalares e a redução de custos (diminuição de gastos com pessoal, alimentação, lavanderia, hospedagem/diárias e outros). Diante disso, será abusiva qualquer cláusula contratual que tenha como consequência a vedação absoluta do custeio do serviço do tratamento domiciliar como alternativa de substituição à internação hospitalar, visto que se revela incompatível com a equidade e a boa-fé, colocando o usuário (consumidor) em situação de desvantagem exagerada (art. 51, IV, do CDC). Cumpre ressaltar, entretanto, que o home care não pode ser concedido de forma automática, tampouco por livre disposição ou comodidade do paciente e de seus familiares. Nessa conjuntura, diante da ausência de regras contratuais que disciplinem a utilização do serviço, a internação domiciliar pode ser obtida, não como extensão da internação hospitalar, mas como conversão desta. Para tanto, há a necessidade de haver (i) condições estruturais da residência; (ii) real necessidade do atendimento domiciliar, com verificação do quadro clínico do paciente; (iii) indicação do médico assistente; (iv) solicitação da família; (v) concordância do paciente; e (vi) não afetação do equilíbrio contratual, como nas hipóteses em que o custo do atendimento domiciliar por dia não supera o custo diário em hospital. Isso porque, nesses casos, como os serviços de atenção domiciliar não foram considerados no cálculo atuarial do fundo mútuo, a concessão indiscriminada deles, quando mais onerosos que os procedimentos convencionais já cobertos e previstos, poderá causar, a longo prazo, desequilíbrio econômico-financeiro do plano de saúde, comprometendo a sustentabilidade das carteiras. **REsp 1.537.301-RJ, Rel. Min. Ricardo Villas Bôas Cueva, julgado em 18/8/2015, DJe 23/10/2015. (Inform. STJ 571)**

DIREITO DO CONSUMIDOR E PROCESSUAL CIVIL. TEMA 939

Recurso Especial afetado à Segunda Seção como representativo da seguinte controvérsia: **"legitimidade passiva da incorporadora (promitente vendedora) para responder pela restituição da comissão de corretagem e da taxa de serviço de assessoria técnico-imobiliária (SATI), sob o fundamento da abusividade da transferência desses encargos ao consumidor"**. REsp 1.551.968-SP, Rel. Min. Paulo de Tarso Sanseverino, DJe 27/10/2015. (Inform. STJ 571)

DIREITO DO CONSUMIDOR. CLÁUSULA-MANDATO VOLTADA À EMISSÃO DE CAMBIAL CONTRA O USUÁRIO DE CARTÃO DE CRÉDITO.

Nos contratos de cartão de crédito, é abusiva a previsão de cláusula--mandato que permita à operadora emitir título cambial contra o usuário do cartão. Inicialmente, é imprescindível esclarecer que o instituto jurídico da cláusula-mandato em sentido amplo, inserida nos contratos de cartão de crédito, possui três sentidos distintos, que embora decorram da relação de representação existente entre os interessados, ensejam efeitos jurídicos e materiais totalmente diversos. O primeiro, inerente a todos os contratos de cartão de crédito (tenham eles sido estabelecidos com as instituições financeiras ou com as administradoras de cartão *private label*), é aquele por meio do qual a administradora/mandatária do cartão se compromete a honrar, mediante eventual anuidade e até o limite de crédito estipulado para aquele consumidor/mandante, o compromisso assumido por este perante comerciantes ou prestadores de serviços. O segundo, inerente aos contratos de cartão *private label*, refere-se à autorização dada pelo consumidor à administradora do cartão de crédito para que, em seu nome, obtenha recursos no mercado financeiro para saldar eventuais dívidas e financiamentos advindos do uso do cartão. O terceiro diz respeito à atribuição de poderes às administradoras/mandatárias do cartão de crédito para emissão de títulos de crédito em nome do consumidor/mandante. Com exceção dos cartões *private label*, a financeira emissora do cartão concede o financiamento, não havendo que se falar em cláusula-mandato para obter recursos no mercado, uma vez que a própria administradora de cartão/financeira já dispõe do numerário em caixa para saldar eventuais dívidas mediante o financiamento do débito. Já relativamente ao cartão do tipo *private label*, a administradora do cartão de crédito não é um banco, razão pela qual o mandato conferido pelos consumidores à operadora, a fim de que esta obtenha recursos no mercado, é elemento essencial para se viabilizar o bom andamento do sistema e do ajuste do contrato, porquanto a operadora, no modelo de operação ora em evidência, não é detentora de recursos próprios ou alheios, a possibilitar a cobertura da dívida contraída pelo usuário que não salda a fatura por completo. Assim, a tomada de empréstimo pela administradora em nome de seu cliente, para financiá-lo, é procedimento que atende ao interesse do usuário do cartão de crédito, haja vista que busca como intermediária, perante o mercado, os recursos necessários ao financiamento do consumidor/mandante. Nesse tipo de disposição contratual não se evidencia qualquer abuso de direito, pois a atuação da administradora de cartão se dá em favor e no interesse do cliente, que avaliará a conveniência de saldar desde logo o valor total cobrado ou efetuar o pagamento mínimo da fatura, parcelando o restante para os meses seguintes. Por esta razão, há inúmeros precedentes do STJ assentindo com a validade dessa cláusula-mandato que possibilita ao mandatário a tomada de recursos perante instituições financeiras, quando inserida no bojo do contrato de cartão de crédito (AgRg no Ag 554.940-RS, Quarta Turma, DJ 16/8/2004; e AgRg no REsp 545.569-RS, Terceira Turma, DJ 31/5/2004). Por outro lado, compreende-se por abusiva a cláusula--mandato que prevê a emissão de título de crédito por parte do mandatário contra o mandante, haja vista que tal procedimento expõe o outorgante à posição de extrema vulnerabilidade, a ponto de converter-se em prática ilegítima, visto que dela resulta um instrumento cambial apto a possibilitar a pronta invasão de seu patrimônio por meio da compensação bancária direta ou pela via executiva, reduzindo, inegavelmente, a sua capacidade defensiva, porquanto a expropriação estará lastrada em cártula que, em regra, por mera autorização contratual firmada em contrato de adesão, será sacada independentemente da intervenção do devedor/mandante. Sob este aspecto, há muito foi sedimentado o entendimento no âmbito do STJ acerca da ilegalidade da cláusula-mandato destinada ao saque de títulos, consoante se extrai do enunciado da Súmula 60 do STJ, assim redigido: "É nula a obrigação cambial assumida por procurador do mutuário vinculado ao mutuante, no exclusivo interesse deste". Isso porque é característica marcante dos títulos de crédito a executoriedade, ou seja, a sua autossuficiência jurídica é assegurada tendo em vista os princípios da cartularidade, da literalidade e da autonomia. Assim, o valor nele contido é certo, e a transmissão de sua titularidade encontra amparo na imunidade dos vícios que não sejam incidentes sobre a própria cártula. Esses atributos facilitam, sobremaneira, a obtenção do valor inserido no título, por meio de procedimento executivo, que terá limitado campo de defesa, em razão das características intrínsecas ao documento executado. Ademais, o saque de título contra usuário de cartão de crédito por parte de sua operadora, mediante mandato, não evidencia benefício ao outorgante, pois resulta daí obrigação cambial a ser saldada, limitando-se o campo de defesa do titular do cartão quanto à existência da dívida ou do *quantum* devido, uma vez que, lançada a cártula, o questionamento do débito no processo executivo é extremamente restrito, face aos atributos e características intrínsecas ao título de crédito. Certamente, a supressão da fase cognitiva para a formação dos elementos obrigacionais cambiais assumidos em nome do cliente só interessa à operadora de cartão de crédito, porquanto possibilita a obtenção de seu crédito de forma mais célere, em detrimento dos princípios da ampla defesa e do contraditório. Ora, a regra no instituto do mandato é que o representante deve atuar em nome do representado, respeitando e agindo dentro dos interesses do mandante, a fim de que não haja um conflito de interesses, tal como o estabelecido quando o mandatário atua em seu próprio interesse, celebrando contrato consigo mesmo ou autocontrato. Assim, não pode o representante agir objetivando o seu próprio interesse concernente ao saneamento de eventual dívida, pois a cláusula-mandato para o saque de título cambial, por somente beneficiar ao mandatário, é considerada abusiva. A propósito, o núcleo do conceito de abusividade presente no art. 51 do CDC está na existência de encargos que coloquem o consumidor em desvantagem exagerada perante o fornecedor, ou seja, funda-se no desequilíbrio das posições contratuais. No caso, a nulidade da modalidade de cláusula-mandato se verifica em razão de sua potestatividade, uma vez que deixa ao alvedrio do mandatário a expedição de cambial, sem que esteja presente a indicação prévia ao usuário do cartão do fator externo que concorreu para a emissão da cártula, dando ciência dos moldes segundo os quais fora concebida. Não é demasiado referir, também, a ocorrência de situação lesiva aos interesses do usuário do cartão, quando este for compelido a pagar dívida já quitada, pois, ocorrendo a circulação do título de crédito, o consumidor cujo débito perante a operadora do cartão já tiver sido saldado poderá, mesmo assim, ser demandado a cumprir a obrigação inserida na cártula por terceiro que dela portar, uma vez que a obrigação cambial é autônoma e independente da relação jurídica-base ensejadora da emissão do título. Assim, em virtude de a cláusula-mandato permissiva de emissão de título de crédito possibilitar a criação de obrigação cambial contra o próprio mandante, em real e efetivo interesse do mandatário, evidencia-se a abusividade nos poderes conferidos pelo mandato, mormente porque a atuação do mandatário ocorre no estrito benefício do cliente/consumidor/mandante, e não contra ele. Desse modo, a cláusula-mandato que possibilita ao mandatário a emissão de cambial contra o mandante, mesmo quando inserida nos contratos de cartão de crédito, é inegavelmente abusiva (art. 51, IV, do CDC). Cumpre destacar que a declaração de ilegalidade da cláusula-mandato permissiva de emissão de cambial, nos contratos de cartão de crédito, não representa risco para a continuidade desse modelo de pagamento, porquanto somente a maneira de se prestar a garantia é que sofrerá limitação, não sendo admitida a expedição de cártula contra o usuário/consumidor. **REsp 1.084.640-SP, Rel. Min. Marco Buzzi, julgado em 23/9/2015, DJe 29/9/2015 (Inform. STJ 570).**

DIREITO DO CONSUMIDOR. COBERTURA DE HOME CARE POR PLANO DE SAÚDE.

No caso em que o serviço de home care (tratamento domiciliar) não constar expressamente do rol de coberturas previsto no contrato de plano de saúde, a operadora ainda assim é obrigada a custeá-lo em substituição à internação hospitalar contratualmente prevista, desde que observados certos requisitos como a indicação do médico assistente, a concordância do paciente e a não afetação do equilíbrio contratual, como nas hipóteses em que o custo do atendimento domiciliar por dia supera a despesa diária em hospital. Isso porque o serviço de home care constitui desdobramento do tratamento hospitalar contratualmente previsto, serviço este que, a propósito, não pode sequer ser limitado pela operadora do plano de saúde, conforme a Súmula 302 do STJ ("É abusiva a cláusula contratual de plano de saúde que limita no tempo a internação hospitalar do segurado"). Além do mais, nota-se que os contratos de planos de saúde, além de constituírem negócios jurídicos de consumo, estabelecem a sua regulamentação mediante cláusulas contratuais gerais, ocorrendo a sua aceitação por simples adesão pelo segurado. Por consequência, a interpretação dessas cláusulas contratuais segue as regras especiais de interpretação dos contratos de adesão ou dos negócios

11. DIREITO DO CONSUMIDOR 693

jurídicos estandardizados, como aquela segundo a qual havendo dúvidas, imprecisões ou ambiguidades no conteúdo de um negócio jurídico, deve-se interpretar as suas cláusulas do modo mais favorável ao aderente. Nesse sentido, ainda que o serviço de home care não conste expressamente no rol de coberturas previstas no contrato do plano de saúde, havendo dúvida acerca das estipulações contratuais, deve preponderar a interpretação mais favorável ao consumidor, como aderente de um contrato de adesão, conforme, aliás, determinam o art. 47 do CDC ("As cláusulas contratuais serão interpretadas de maneira mais favorável ao consumidor"), a doutrina e a jurisprudência do STJ em casos análogos ao aqui analisado. **REsp 1.378.707-RJ, Rel. Min. Paulo de Tarso Sanseverino, julgado em 26/5/2015, DJe 15/6/2015 (Inform. STJ 564).**

DIREITO DO CONSUMIDOR E CIVIL. MANUTENÇÃO DE PLANO DE SAÚDE POR EMPREGADO APOSENTADO DEMITIDO SEM JUSTA CAUSA.
O empregado que, mesmo após a sua aposentadoria, continuou a trabalhar e a contribuir, em decorrência de vínculo empregatício, para o plano de saúde oferecido pelo empregador, totalizando, durante todo o período de trabalho, mais de dez anos de contribuições, e que, após esse período de contribuições, tenha sido demitido sem justa causa por iniciativa do empregador, tem assegurado o direito de manutenção no plano da empresa, na condição de beneficiário aposentado, nas mesmas condições de cobertura assistencial de que gozava quando da vigência do contrato de trabalho. O art. 31 da Lei 9.656/1998 garante ao funcionário aposentado que venha a se desligar da empresa o direito de manutenção (do plano de saúde) "nas mesmas condições de cobertura assistencial de que gozava quando da vigência do contrato de trabalho", sendo que, para o exercício desse direito, se exigem três requisitos: (i) que o funcionário seja aposentado; (ii) que tenha contribuído pelo prazo mínimo de dez anos para o plano ou seguro coletivo de assistência à saúde, em decorrência de vínculo empregatício; e (iii) que assuma a integralidade da contribuição. Como se percebe, a norma não exige que a extinção do contrato de trabalho em razão da aposentadoria se dê no exato momento em que ocorra o pedido de manutenção das condições de cobertura assistencial. Ao revés, exige tão somente que, no momento de requerer o benefício, tenha preenchido as exigências legais, dentre as quais ter a condição de jubilado, independentemente de ser esse o motivo de desligamento da empresa. Trata-se de verdadeiro direito adquirido do contribuinte que venha a preencher os requisitos da lei, incorporando ao seu patrimônio para ser utilizado quando lhe aprouver. Em verdade, referida norma foi a forma encontrada pelo legislador para proteger o usuário/consumidor, evitando que, justamente no momento em que ele se desvincula de seu vínculo laboral e, provavelmente, tenha menos recursos à sua disposição, veja em risco a continuidade e qualidade de atendimento à saúde após contribuir anos a fio para a seguradora que o respaldava. Aliás, é um direito reconhecido pela própria Agência Nacional de Saúde Suplementar – ANS, autarquia responsável pelo setor, que, ao regulamentar os artigos 30 e 31 da Lei 9.656/1998 por meio da Resolução Normativa 279/2011, estabeleceu no Capítulo II, na Seção VIII, intitulada de "Do Aposentado que Continua Trabalhando na Mesma Empresa", que: "Art. 22. Ao empregado aposentado que continua trabalhando na mesma empresa e vem a se desligar da empresa é garantido o direito de manter sua condição de beneficiário observado o disposto no artigo 31 da Lei n° 9.656, de 1998, e nesta Resolução. § 1° O direito de que trata o caput será exercido pelo ex-empregado aposentado no momento em que se desligar do empregador". Portanto, não se faz necessário que o beneficiário rompa sua relação de emprego por causa da aposentadoria, mas sim que tenha as condições legais preenchidas para ver reconhecido o seu direito subjetivo. **REsp 1.305.861-RS, Rel. Min. Luis Felipe Salomão, julgado em 24/2/2015, DJe 17/3/2015 (Inform. STJ 557).**

DIREITO CIVIL E PROCESSUAL CIVIL. UTILIZAÇÃO DA TABELA PRICE NOS CONTRATOS DO SFH. RECURSO REPETITIVO (ART. 543-C DO CPC E RES. 8/2008-STJ).
A análise acerca da legalidade da utilização da Tabela Price – mesmo que em abstrato – passa, necessariamente, pela constatação da eventual capitalização de juros (ou incidência de juros compostos, juros sobre juros ou anatocismo), que é questão de fato e não de direito, motivo pelo qual não cabe ao STJ tal apreciação, em razão dos óbices contidos nas Súmulas 5 e 7 do STJ; é exatamente por isso que, em contratos cuja capitalização de juros seja vedada, é necessária a interpretação de cláusulas contratuais e a produção de prova técnica para aferir a existência da cobrança de juros não lineares, incompatíveis, portanto, com financiamentos celebrados no âmbito do Sistema Financeiro de Habitação (SFH) antes da vigência da Lei 11.977/2009, que acrescentou o art. 15-A à Lei 4.380/1964; em se verificando que matérias de fato ou eminentemente técnicas foram tratadas como exclusivamente de direito, reconhece-se o cerceamento, para que seja realizada a prova pericial. No âmbito do SFH, a Lei 4.380/1964, em sua redação original, não previa a possibilidade de cobrança de juros capitalizados, vindo à luz essa permissão apenas com a edição da Lei 11.977/2009, que acrescentou ao diploma de 1964 o art. 15-A. Daí o porquê de a jurisprudência do STJ ser tranquila em afirmar que, antes da vigência da Lei 11.977/2009, era vedada a cobrança de juros capitalizados em qualquer periodicidade nos contratos de mútuo celebrados no âmbito do SFH. Esse entendimento foi, inclusive, sufragado em sede de julgamento de recurso especial repetitivo, submetido ao rito do art. 543-C do CPC, nos seguintes termos: "Nos contratos celebrados no âmbito do Sistema Financeiro da Habitação, é vedada a capitalização de juros em qualquer periodicidade. Não cabe ao STJ, todavia, aferir se há capitalização de juros com a utilização da Tabela Price, por força das Súmulas 5 e 7" (REsp 1.070.297-PR, Segunda Seção, DJe 18/9/2009). No referido precedente, a Segunda Seção decidiu ser matéria de fato e não de direito a possível capitalização de juros na utilização da Tabela Price, sendo exatamente por isso que as insurgências relativas a essa temática dirigidas ao STJ esbarram nos óbices das Súmulas 5 e 7 do STJ. A despeito disso, nota-se, ainda, a existência de divergência sobre a capitalização de juros na Tabela Price nas instâncias ordinárias, uma vez que os diversos tribunais de justiça das unidades federativas, somados aos regionais federais, manifestam, cada qual, entendimentos diversos sobre a utilização do Sistema Francês de amortização de financiamentos. Nessa linha intelectiva, não é possível que uma mesma tese jurídica – saber se a Tabela Price, por si só, representa capitalização de juros – possa receber tratamento absolutamente distinto, a depender da unidade da Federação ou se a jurisdição é federal ou estadual. A par disso, para solucionar a controvérsia, as "regras de experiência comum" e as "as regras da experiência técnica" devem ceder à necessidade de "exame pericial" (art. 335 do CPC), cabível sempre que a prova do fato "depender do conhecimento especial de técnico" (art. 420, I, do CPC). Realmente, há diversos trabalhos publicados no sentido de não haver anatocismo na utilização da Tabela Price, porém há diversos outros em direção exatamente oposta. As contradições, os estudos técnicos dissonantes e as diversas teorizações demonstram o que já se afirmou no REsp 1.070.297-PR, Segunda Seção, DJe 18/9/2009: em matéria de Tabela Price, nem "sequer os matemáticos chegam a um consenso". Nessa seara de incertezas, cabe ao Judiciário conferir a solução ao caso concreto, mas não lhe cabe imiscuir-se em terreno movediço nos quais os próprios experts tropeçam. Isso porque os juízes não têm conhecimentos técnicos para escolher entre uma teoria matemática e outra, mormente porque não há perfeito consenso neste campo. Dessa maneira, o dissídio jurisprudencial quanto à utilização ou à vedação da Tabela Price decorre, por vezes, dessa invasão do magistrado ou do tribunal em questões técnicas, estabelecendo, a seu arbítrio, que o chamado Sistema Francês de Amortização é legal ou ilegal. Por esses motivos não pode o STJ – sobretudo, e com maior razão, porque não tem contato com as provas dos autos – cometer o mesmo equívoco por vezes praticado pelas instâncias ordinárias, permitindo ou vedando, em abstrato, o uso da Tabela Price. É que, se a análise acerca da legalidade da utilização do Sistema Francês de Amortização passa, necessariamente, pela averiguação da forma pela qual incidiram os juros, a legalidade ou a ilegalidade do uso da Tabela Price não pode ser reconhecida em abstrato, sem apreciação dos contornos do caso concreto. Desse modo, em atenção à segurança jurídica, o procedimento adotado nas instâncias ordinárias deve ser ajustado, a fim de corrigir as hipóteses de deliberações arbitrárias ou divorciadas do exame probatório do caso concreto. Isto é, quando o juiz ou o tribunal, ad nutum, afirmar a legalidade ou ilegalidade da Tabela Price, sem antes verificar, no caso concreto, a ocorrência ou não de juros capitalizados (compostos ou anatocismo), haverá ofensa aos arts. 131, 333, 335, 420, 458 ou 535 do CPC, ensejando, assim, novo julgamento com base nas provas ou nas consequências de sua não produção, levando-se em conta, ainda, o ônus probatório de cada litigante. Assim, por ser a capitalização de juros na Tabela Price questão de fato, deve-se franquear às partes a produção da prova necessária à demonstração dos fatos constitutivos do direito alegado, sob pena de cerceamento de defesa e invasão do magistrado em seara técnica com a qual não é afeito. Ressalte-se que a afirmação em abstrato acerca da ocorrência de capitalização de juros quando da utilização da Tabela Price, como reiteradamente se constata, tem dado azo a insurgências tanto dos consumidores quanto das instituições financeiras, haja vista que uma ou outra conclusão dependerá unicamente do ponto de vista do julgador, manifestado

quase que de forma ideológica, por vez às cegas e desprendida da prova dos autos, a qual, em não raros casos, simplesmente inexiste. Por isso, reservar à prova pericial essa análise, de acordo com as particularidades do caso concreto, beneficiará tanto os mutuários como as instituições financeiras, porquanto nenhuma das partes ficará ao alvedrio de valorações superficiais do julgador acerca de questão técnica. Precedentes citados: AgRg no AREsp 219.959-SP, Terceira Turma, DJe 28/2/2014; AgRg no AREsp 420.450-DF, Quarta Turma, DJe 7/4/2014; AgRg no REsp 952.569-SC, Quarta Turma, DJe 19/8/2010; e REsp 894.682-RS, DJe 29/10/2009. **REsp 1.124.552-RS, Rel. Min. Luis Felipe Salomão, Corte Especial, julgado em 3/12/2014, DJe 2/2/2015 (Inform. STJ 554).**

DIREITO DO CONSUMIDOR. POSSIBILIDADE DE SEGURADORA OU OPE-RADORA DE PLANO DE SAÚDE CUSTEAR TRATAMENTO EXPERIMENTAL.
A seguradora ou operadora de plano de saúde deve custear tratamento experimental existente no País, em instituição de reputação científica reconhecida, de doença listada na CID-OMS, desde que haja indicação médica para tanto, e os médicos que acompanhem o quadro clínico do paciente atestem a ineficácia ou a insuficiência dos tratamentos indicados convencionalmente para a cura ou controle eficaz da doença. Cumpre esclarecer que o art. 12 da Lei 9.656/1998 estabelece as coberturas mínimas que devem ser garantidas aos segurados e beneficiários dos planos de saúde. Nesse sentido, as operadoras são obrigadas a cobrir os tratamentos e serviços necessários à busca da cura ou controle da doença apresentada pelo paciente e listada na Classificação Estatística Internacional de Doenças e Problemas Relacionados com a Saúde, da Organização Mundial de Saúde (CID-OMS). Já o art. 10, I, da referida Lei estabelece que as seguradoras ou operadoras de plano de saúde podem excluir da cobertura o tratamento clínico ou cirúrgico experimental. Nessa linha intelectiva, a autorização legal para que um determinado tratamento seja excluído deve ser entendida em confronto com as coberturas mínimas que são garantidas. Tanto é assim que o art. 10 da Lei 9.656/1998 faz menção expressa ao art. 12 do mesmo diploma legal e vice-versa. Desse modo, o tratamento experimental, por força de sua recomendada utilidade, embora eventual, transmuda-se em tratamento mínimo a ser garantido ao paciente, escopo da Lei 9.656/1998, como se vê nos citados arts. 10 e 12. Isto é, nas situações em que os tra-tamentos convencionais não forem suficientes ou eficientes – fato atestado pelos médicos que acompanham o quadro clínico do paciente –, existindo no País tratamento experimental, em instituição de reputação científica reconhecida, com indicação para a doença, a seguradora ou operadora deve arcar com os custos do tratamento, na medida em que passa a ser o único de real interesse para o contratante. Assim, a restrição contida no art. 10, I, da Lei 9.656/1998 somente deve ter aplicação nas hipóteses em que os tratamentos convencionais mínimos garantidos pelo art. 12 da mesma Lei sejam de fato úteis e eficazes para o contratante segurado. Ou seja, não pode o paciente, à custa da seguradora ou operadora de plano de saúde, optar por tratamento experimental, por considerá-lo mais eficiente ou menos agressivo, pois lhe é disponibilizado tratamento útil, suficiente para atender o mínimo garantido pela Lei. **REsp 1.279.241-SP, Rel. Min. Raul Araújo, julgado em 16/9/2014. (Inform. STJ 551)**

DIREITO CIVIL E DO CONSUMIDOR. RETENÇÃO DE PARTE DO VALOR DAS PRESTAÇÕES NA HIPÓTESE DE DISTRATO.
Na hipótese de distrato referente à compra e venda de imóvel, é justo e razoável admitir-se a retenção, pela construtora vendedora, como forma de indenização pelos prejuízos suportados, de parte do valor corres-pondente às prestações já pagas, compensação que poderá abranger, entre outras, as despesas realizadas com divulgação, comercialização, corretagem e tributos, bem como o pagamento de quantia que corresponda à eventual utilização do imóvel pelo adquirente distratante. Precedente citado: RCDESP no AREsp 208.018-SP, Terceira Turma, DJe 5/11/2012. **REsp 1.132.943-PE, Rel. Min. Luis Felipe Salomão, julgado em 27/8/2013. (Inform. STJ 530)**

DIREITO CIVIL E DO CONSUMIDOR. ABUSIVIDADE DE CLÁUSULA DE DISTRATO.
É abusiva a cláusula de distrato – fixada no contexto de compra e venda imobiliária mediante pagamento em prestações – que estabeleça a possibilidade de a construtora vendedora promover a retenção integral ou a devolução ínfima do valor das parcelas adimplidas pelo consumidor distratante. Isso porque os arts. 53 e 51, IV, do CDC coíbem cláusula de decaimento que determine a retenção de valor integral ou substancial das

prestações pagas, por consubstanciar vantagem exagerada do incorporador. Nesse contexto, o art. 53 dispõe que, nos "contratos de compra e venda de móveis ou imóveis mediante pagamento em prestações, bem como nas alienações fiduciárias em garantia, consideram-se nulas de pleno direito as cláusulas que estabeleçam a perda total das prestações pagas em benefício do credor que, em razão do inadimplemento, pleitear a resolução do contrato e a retomada do produto alienado". O inciso IV do art. 51, por sua vez, estabelece que são nulas de pleno direito, entre outras, as cláusulas contratuais relativas ao fornecimento de produtos e serviços que estabeleçam obrigações con-sideradas iníquas, abusivas, que coloquem o consumidor em desvantagem exagerada ou sejam incompatíveis com a boa-fé ou a equidade. Além disso, o fato de o distrato pressupor um contrato anterior não implica desfiguração da sua natureza contratual. Isso porque, conforme o disposto no art. art. 472 do CC, "o distrato faz-se pela mesma forma exigida para o contrato", o que implica afirmar que o distrato nada mais é que um novo contrato, distinto ao contrato primitivo. Dessa forma, como em qualquer outro contrato, um instrumento de distrato poderá, eventualmente, ser eivado de vícios, os quais, por sua vez, serão passíveis de revisão em juízo, sobretudo no campo das relações consumeristas. Em outras palavras, as disposições estabelecidas em um instrumento de distrato são, como quaisquer outras disposições contratuais, passíveis de anulação por abusividade. **REsp 1.132.943-PE, Rel. Min. Luis Felipe Salomão, julgado em 27/8/2013. (Inform. STJ 530)**

DIREITO DO CONSUMIDOR. APLICAÇÃO DE MULTA A FORNECEDOR EM RAZÃO DO REPASSE AOS CONSUMIDORES DOS VALORES DECORRENTES DO EXERCÍCIO DO DIREITO DE ARREPENDIMENTO.
O Procon pode aplicar multa a fornecedor em razão do repasse aos consu-midores, efetivado com base em cláusula contratual, do ônus de arcar com as despesas postais decorrentes do exercício do direito de arrependimento previsto no art. 49 do CDC. De acordo com o *caput* do referido dispositivo legal, o consumidor pode desistir do contrato, no prazo de sete dias a contar de sua assinatura ou do ato de recebimento do produto ou serviço, sempre que a contratação de fornecimento de produtos e serviços ocorrer fora do estabelecimento comercial, especialmente por telefone ou a domicílio. O parágrafo único do art. 49 do CDC, por sua vez, especifica que o consumidor, ao exercer o referido *direito de arrependimento*, terá de volta, imediatamente e monetariamente atualizados, todos os valores eventualmente pagos, a qualquer título, durante o *prazo de reflexão* – período de sete dias contido no *caput* do art. 49 do CDC –, entendendo-se incluídos nestes valores todas as despesas decorrentes da utilização do serviço postal para a devolução do produto, quantia esta que não pode ser repassada ao consumidor. Aceitar o contrário significaria criar limitação ao direito de arrependimento legalmente não prevista, de modo a desestimular o comércio fora do estabelecimento, tão comum nos dias atuais. Deve-se considerar, ademais, o fato de que eventuais prejuízos enfrentados pelo fornecedor nesse tipo de contratação são inerentes à modalidade de venda agressiva fora do estabelecimento comercial (pela internet, por telefone ou a domicílio). **REsp 1.340.604-RJ, Rel. Min. Mauro Campbell Marques, julgado em 15/8/2013. (Inform. STJ 528)**

DIREITO DO CONSUMIDOR. ABUSIVIDADE DE CLÁUSULA EM CONTRATO DE CONSUMO.
É abusiva a cláusula contratual que atribua exclusivamente ao consumidor em mora a obrigação de arcar com os honorários advocatícios referentes à cobrança extrajudicial da dívida, sem exigir do fornecedor a demonstração de que a contratação de advogado fora efetivamente necessária e de que os serviços prestados pelo profissional contratado sejam privativos da advocacia. É certo que o art. 395 do CC autoriza o ressarcimento do valor de honorários decorrentes da contratação de serviços advocatícios extrajudiciais. Todavia, não se pode perder de vista que, nos contratos de consumo, além da existência de cláusula expressa para a responsabilização do consumidor, deve haver reciprocidade, garantindo-se igual direito ao consumidor na hipótese de inadimplemento do fornecedor. Ademais, deve-se ressaltar que a liberdade contratual, integrada pela boa-fé objetiva, acrescenta ao contrato deveres anexos, entre os quais se destaca o ônus do credor de minorar seu prejuízo mediante soluções amigáveis antes da contratação de serviço especializado. Assim, o exercício regular do direito de ressarcimento aos honorários advo-catícios depende da demonstração de sua imprescindibilidade para a solução extrajudicial de impasse entre as partes contratantes ou para a adoção de medidas preparatórias ao processo judicial, bem como da prestação efetiva de serviços privativos de advogado. **REsp 1.274.629-AP, Rel. Min. Nancy Andrighi, julgado em 16/5/2013. (Inform. STJ 524)**

DIREITO CIVIL E DO CONSUMIDOR. NECESSIDADE DE INTERPRETAÇÃO DE CLÁUSULA DE CONTRATO DE SEGURO DE SAÚDE DA FORMA MAIS FAVORÁVEL À PARTE ADERENTE.

No caso em que o contrato de seguro de saúde preveja automática cobertura para determinadas lesões que acometam o filho de "segurada" nascido durante a vigência do pacto, deve ser garantida a referida cobertura, não apenas ao filho da "segurada titular", mas também ao filho de "segurada dependente". Tratando-se, nessa hipótese, de relação de consumo instrumentalizada por contrato de adesão, as cláusulas contratuais, redigidas pela própria seguradora, devem ser interpretadas da forma mais favorável à outra parte, que figura como consumidora aderente, de acordo com o que dispõe o art. 47 do CDC. Assim, deve-se entender que a expressão "segurada" abrange também a "segurada dependente", não se restringindo à "segurada titular". Com efeito, caso a seguradora pretendesse restringir o campo de abrangência da cláusula contratual, haveria de especificar ser esta aplicável apenas à titular do seguro contratado. **REsp 1.133.338-SP, Rel. Min. Paulo de Tarso Sanseverino, julgado em 2/4/2013. (Inform. STJ 520)**

DIREITO DO CONSUMIDOR. LEGITIMIDADE DE CLÁUSULA DE FIDELIZAÇÃO EM CONTRATO DE TELEFONIA.

A cláusula de fidelização é, em regra, legítima em contrato de telefonia. Isso porque o assinante recebe benefícios em contrapartida à adesão dessa cláusula, havendo, além disso, a necessidade de garantir um retorno mínimo à empresa contratada pelas benesses conferidas. Precedente citado: AgRg no REsp 1.204.952-DF, DJe de 20/8/2012. **AgRg no AREsp 253.609-RS, Rel. Min. Mauro Campbell Marques, julgado em 18/12/2012. (Inform. STJ 515).**

DIREITO DO CONSUMIDOR. ENVIO DE CARTÃO DE CRÉDITO À RESIDÊNCIA DO CONSUMIDOR. NECESSIDADE DE PRÉVIA E EXPRESSA SOLICITAÇÃO.

É vedado o envio de cartão de crédito, ainda que bloqueado, à residência do consumidor sem prévia e expressa solicitação. Essa prática comercial é considerada abusiva nos moldes do art. 39, III, do CDC, contrariando a boa-fé objetiva. O referido dispositivo legal tutela os interesses dos consumidores até mesmo no período pré-contratual, não sendo válido o argumento de que o simples envio do cartão de crédito à residência do consumidor não configuraria ilícito por não implicar contratação, mas mera proposta de serviço. **REsp 1.199.117-SP, Rel. Min. Paulo de Tarso Sanseverino, julgado em 18/12/2012. (Inform. STJ 511).**

📄 Súmula Vinculante STF 25

É ilícita a prisão civil de depositário infiel, qualquer que seja a modalidade do depósito.

📄 Súmula STJ nº 543

Na hipótese de resolução de contrato de promessa de compra e venda de imóvel submetido ao Código de Defesa do Consumidor, deve ocorrer a imediata restituição das parcelas pagas pelo promitente comprador - integralmente, em caso de culpa exclusiva do promitente vendedor/construtor, ou parcialmente, caso tenha sido o comprador quem deu causa ao desfazimento.

📄 Súmula STJ nº 541

A previsão no contrato bancário de taxa de juros anual superior ao duodécuplo da mensal é suficiente para permitir a cobrança da taxa efetiva anual contratada.

📄 Súmula STJ nº 539

É permitida a capitalização de juros com periodicidade inferior à anual em contratos celebrados com instituições integrantes do Sistema Financeiro Nacional a partir de 31/3/2000 (MP n. 1.963-17/2000, reeditada como MP n. 2.170-36/2001), desde que expressamente pactuada.

📄 Súmula STJ nº 538

As administradoras de consórcio têm liberdade para estabelecer a respectiva taxa de administração, ainda que fixada em percentual superior a dez por cento.

📄 Súmula STJ nº 530

Nos contratos bancários, na impossibilidade de comprovar a taxa de juros efetivamente contratada - por ausência de pactuação ou pela falta de juntada do instrumento aos autos -, aplica-se a taxa média de mercado, divulgada pelo Bacen, praticada nas operações da mesma espécie, salvo se a taxa cobrada for mais vantajosa para o devedor.

📄 SÚMULA STJ nº 506

A Anatel não é parte legítima nas demandas entre a concessionária e o usuário de telefonia decorrentes de relação contratual.

📄 Súmula STJ nº 465

Ressalvada a hipótese de efetivo agravamento do risco, a seguradora não se exime do dever de indenizar em razão da transferência do veículo sem a sua prévia comunicação.

📄 Súmula STJ nº 454

Pactuada a correção monetária nos contratos do SFH pelo mesmo índice aplicável à caderneta de poupança, incide a taxa referencial (TR) a partir da vigência da Lei n. 8.177/1991.

📄 Súmula STJ nº 450

Nos contratos vinculados ao SFH, a atualização do saldo devedor antecede sua amortização pelo pagamento da prestação.

📄 Súmula STJ nº 422

O art. 6º, e, da Lei n. 4.380/1964 não estabelece limitação aos juros remuneratórios nos contratos vinculados ao SFH.

📄 Súmula STJ nº 419

Descabe a prisão civil do depositário judicial infiel.

📄 Súmula STJ nº 412

A ação de repetição de indébito de tarifas de água e esgoto sujeita-se ao prazo prescricional estabelecido no Código Civil.

📄 Súmula STJ nº 405

A ação de cobrança do seguro obrigatório (DPVAT) prescreve em três anos.

📄 Súmula STJ nº 402

O contrato de seguro por danos pessoais compreende os danos morais, salvo cláusula expressa de exclusão.

📄 Súmula STJ nº 382

A estipulação de juros remuneratórios superiores a 12% ao ano, por si só, não indica abusividade.

📄 Súmula STJ nº 381

Nos contratos bancários, é vedado ao julgador conhecer, de ofício, da abusividade das cláusulas.

📄 Súmula STJ nº 380

A simples propositura da ação de revisão de contrato não inibe a caracterização da mora do autor.

📄 Súmula STJ nº 379

Nos contratos bancários não regidos por legislação específica, os juros moratórios poderão ser convencionados até o limite de 1% ao mês.

📄 Súmula STJ nº 369

No contrato de arrendamento mercantil (leasing), ainda que haja cláusula resolutiva expressa, é necessária a notificação prévia do arrendatário para constituí-lo em mora.

📄 Súmula STJ nº 308

A hipoteca firmada entre a construtora e o agente financeiro, anterior ou posterior à celebração da promessa de compra e venda, não tem eficácia perante os adquirentes do imóvel.

📄 Súmula STJ nº 302

É abusiva a cláusula contratual de plano de saúde que limita no tempo a internação hospitalar do segurado.

📄 Súmula STJ nº 296

Os juros remuneratórios, não cumuláveis com a comissão de permanência, são devidos no período de inadimplência, à taxa média de mercado estipulada pelo Banco Central do Brasil, limitada ao percentual contratado.

📄 Súmula STJ nº 295

A Taxa Referencial (TR) é indexador válido para contratos posteriores à Lei n. 8.177/91, desde que pactuada.

Súmula STJ nº 294

Não é potestativa a cláusula contratual que prevê a comissão de permanência, calculada pela taxa média de mercado apurada pelo Banco Central do Brasil, limitada à taxa do contrato.

Súmula STJ nº 293

A cobrança antecipada do valor residual garantido (VRG) não descaracteriza o contrato de arrendamento mercantil.

Súmula STJ nº 291

A ação de cobrança de parcelas de complementação de aposentadoria pela previdência privada prescreve em cinco anos.

Súmula STJ nº 290

Nos planos de previdência privada, não cabe ao beneficiário a devolução da contribuição efetuada pelo patrocinador.

Súmula STJ nº 289

A restituição das parcelas pagas a plano de previdência privada deve ser objeto de correção plena, por índice que recomponha a efetiva desvalorização da moeda.

Súmula STJ nº 288

A Taxa de Juros de Longo Prazo (TJLP) pode ser utilizada como indexador de correção monetária nos contratos bancários.

Súmula STJ nº 287

A Taxa Básica Financeira (TBF) não pode ser utilizada como indexador de correção monetária nos contratos bancários.

Súmula STJ nº 286

A renegociação de contrato bancário ou a confissão da dívida não impede a possibilidade de discussão sobre eventuais ilegalidades dos contratos anteriores.

Súmula STJ nº 285

Nos contratos bancários posteriores ao Código de Defesa do Consumidor incide a multa moratória nele prevista.

Súmula STJ nº 284

A purga da mora, nos contratos de alienação fiduciária, só é permitida quando já pagos pelo menos 40% (quarenta por cento) do valor financiado.

Súmula STJ nº 283

As empresas administradoras de cartão de crédito são instituições financeiras e, por isso, os juros remuneratórios por elas cobrados não sofrem as limitações da Lei de Usura.

Súmula STJ nº 257

A falta de pagamento do prêmio do seguro obrigatório de Danos Pessoais Causados por Veículos Automotores de Vias Terrestres (DPVAT) não é motivo para a recusa do pagamento da indenização.

Súmula STJ nº 245

A notificação destinada a comprovar a mora nas dívidas garantidas por alienação fiduciária dispensa a indicação do valor do débito.

Súmula STJ nº 229

O pedido do pagamento de indenização à seguradora suspende o prazo de prescrição até que o segurado tenha ciência da decisão.

Súmula STJ nº 176

É nula a clausula contratual que sujeita o devedor a taxa de juros divulgada pela Anbid/Cetip.

Súmula STJ nº 92

A terceiro de boa-fé não é oponível a alienação fiduciária não anotada no certificado de registro do veículo automotor.

Súmula STJ nº 72

A comprovação da mora é imprescindível na busca e apreensão do bem alienado fiduciariamente.

Súmula STJ nº 61

O seguro de vida cobre o suicídio não premeditado.

Súmula STJ nº 60

É nula a obrigação cambial assumida por procurador do mutuário vinculado ao mutuante, no exclusivo interesse deste.

Súmula STJ nº 35

Incide correção monetária sobre as prestações pagas, quando de sua restituição, em virtude da retirada ou exclusão do participante de plano de consórcio.

Súmula STJ nº 31

A aquisição, pelo segurado, de mais de um imóvel financiado pelo Sistema Financeiro da Habitação, situados na mesma localidade, não exime a seguradora da obrigação de pagamento dos seguros.

Súmula STJ nº 30

A comissão de permanência e a correção monetária são inacumuláveis.

Súmula STJ nº 28

O contrato de alienação fiduciária em garantia pode ter por objeto bem que já integrava o patrimônio do devedor.

7. DEFESA DO CONSUMIDOR EM JUÍZO

DIREITO PROCESSUAL CIVIL. EXECUÇÃO INDIVIDUAL DE SENTENÇA COLETIVA E INCIDÊNCIA DE JUROS REMUNERATÓRIOS E EXPURGOS INFLACIONÁRIOS. RECURSO REPETITIVO (ART. 543-C DO CPC E RES. 8/2008-STJ). TEMA 887.

Na execução individual de sentença proferida em ação civil pública que reconhece o direito de poupadores aos expurgos inflacionários decorrentes do Plano Verão (janeiro de 1989): (i) descabe a inclusão de juros remuneratórios nos cálculos de liquidação se inexistir condenação expressa, sem prejuízo de, quando cabível, o interessado ajuizar ação individual de conhecimento; (ii) incidem os expurgos inflacionários posteriores a título de correção monetária plena do débito judicial, que terá como base de cálculo o saldo existente ao tempo do referido plano econômico, e não os valores de eventuais depósitos da época de cada plano subsequente. Segundo a doutrina, o dispositivo da sentença pode ser direto ou indireto. Será considerado direto quando a sentença especificar a prestação imposta ao vencido. Já o indireto ocorrerá na hipótese em que o juiz, ao sentenciar, apenas se reporta ao pedido do autor para julgá-lo procedente ou improcedente. Nesse último caso, recorre-se à inicial quando a sentença não traz em seu bojo os termos em que o pedido foi acolhido. Convém esclarecer que os juros moratórios, em sua acepção estritamente jurídica, são juros legais, para cuja incidência se dispensa pedido expresso ou mesmo condenação (art. 293 do CPC). Aliás, a Súmula 254 do STJ preceitua que: "Incluem-se os juros moratórios na liquidação, embora omisso o pedido inicial ou a condenação". De outro lado, os juros remuneratórios, no mais das vezes, são contratuais, cujo reconhecimento depende de pedido expresso e, para ser executado, de condenação na fase de conhecimento. Nesse contexto, a jurisprudência do STJ é tranquila no sentido de não permitir a incidência de juros remuneratórios na fase de execução se a sentença foi omissa quanto ao ponto. Além disso, o STJ, a princípio, não amplia a coisa julgada com o propósito de permitir a execução de determinadas rubricas não contempladas no título executivo, a despeito de reconhecer sua decorrência lógica do direito principal tutelado na fase de conhecimento. Por exemplo, na ação civil pública 98.0016021-3, ajuizada pela Associação Paranaense de Defesa do Consumidor – Apadeco na Justiça do Paraná, objetivando o recebimento dos expurgos inflacionários referentes aos meses de junho de 1987 e janeiro de 1989, o STJ não vem permitindo a execução individual de juros remuneratórios não contemplados no título. Por isso que se franqueia a via da ação individual de conhecimento para a busca dos juros remuneratórios a cujo respeito se omitia a ação coletiva 98.0016021-3. Noutro giro, importa assinalar que a jurisprudência do STF e do STJ é firme no sentido de que a correção monetária não consubstancia acréscimo material ao débito principal, mas mera recomposição do valor real em face da corrosão inflacionária de determinado período. Por essa ótica, havendo um montante fixo já definido na sentença – dependente apenas de mero cálculo aritmético –, a inclusão, na fase de execução individual, de correção monetária não contemplada na sentença não hostiliza a coisa julgada, antes, a protege, pois só assim o título permanece hígido com a passagem do tempo em um cenário econômico no qual a inflação não é nula. Nessa medida, para a manutenção da coisa julgada, há de se proceder à correção monetária plena do débito reconhecido. Assim, os expurgos inflacionários do período de inadimplemento devem

11. DIREITO DO CONSUMIDOR   697

compor o cálculo, estejam ou não contemplados na sentença exequenda. Saliente-se, por fim, a existência de duas situações que parecem se baralhar com relativa frequência: (a) uma é a incidência de expurgos inflacionários resultantes de planos econômicos não previstos na sentença coletiva a valores eventualmente existentes em contas de poupança em momento posterior; (b) outra é a incidência, no débito judicial resultante da sentença, de expurgos inflacionários decorrentes de planos econômicos posteriores ao período apreciado pela ação coletiva, a título de correção monetária plena da dívida consolidada. **REsp 1.392.245-DF, Rel. Min. Luis Felipe Salomão, Segunda Seção, julgado em 8/4/2015, DJe 7/5/2015 (Inform. STJ 561).**

DIREITO PROCESSUAL CIVIL. REQUISITOS PARA CONFIGURAÇÃO DO INTERESSE DE AGIR NAS AÇÕES CAUTELARES DE EXIBIÇÃO DE DOCUMENTOS BANCÁRIOS. RECURSO REPETITIVO (ART. 543-C DO CPC E RES. 8/2008-STJ).

A propositura de ação cautelar de exibição de documentos bancários (cópias e segunda via de documentos) é cabível como medida preparatória a fim de instruir a ação principal, bastando a demonstração da existência de relação jurídica entre as partes, a comprovação de prévio pedido à instituição financeira não atendido em prazo razoável e o pagamento do custo do serviço conforme previsão contratual e normatização da autoridade monetária. É por meio da ação cautelar de exibição que, segundo a doutrina, se descobre "o véu, o segredo, da coisa ou do documento, com vistas a assegurar o seu conteúdo e, assim, a prova em futura demanda", sendo que o pedido de exibição pode advir de uma ação cautelar autônoma (arts. 844 e 845 do CPC) ou de um incidente no curso da lide principal (arts. 355 a 363 do CPC). No tocante às ações autônomas, essas poderão ter natureza verdadeiramente cautelar, demanda antecedente, cuja finalidade é proteger, garantir ou assegurar o resultado útil do provimento jurisdicional; ou satisfativa, demanda principal, visando apenas à exibição do documento ou coisa, apresentando cunho definitivo e podendo vir a ser preparatória de uma ação principal – a depender dos dados informados. De mais a mais, da leitura do inciso II do art. 844 do CPC, percebe-se que a expressão "documento comum" refere-se a uma relação jurídica que envolve ambas as partes, em que uma delas (instituição financeira) detém o(s) extrato(s) bancários ao(s) qual/quais o autor da ação cautelar de exibição deseja ter acesso, a fim de verificar a pertinência ou não de propositura da ação principal. É aqui que entra o interesse de agir: há interesse processual para a ação cautelar de exibição de documentos quando o autor pretende avaliar a pertinência ou não do ajuizamento de ação judicial relativa a documentos que não se encontram consigo. A propósito, o conhecimento proporcionado pela exibição do documento não raras vezes desestimula o autor ou mesmo o convence da existência de qualquer outro direito passível de tutela jurisdicional. De fato, o que caracteriza mesmo o interesse de agir é o binômio necessidade-adequação. Assim, é preciso que, a partir do acionamento do Poder Judiciário, se possa extrair algum resultado útil e, ainda, que em cada caso concreto a prestação jurisdicional solicitada seja necessária e adequada. Nesse diapasão, conclui-se que o interesse de agir deve ser verificado em tese e de acordo com as alegações do autor no pedido, sendo imperioso verificar apenas a necessidade da intervenção judicial e a adequação da medida jurisdicional requerida de acordo com os fatos narrados na inicial. Nesse passo, verifica-se que a jurisprudência do STJ é tranquila no sentido de que há interesse de agir na propositura de ação de exibição de documentos objetivando a obtenção de extrato para discutir a relação jurídica deles originada (AgRg no REsp 1.326.450-DF, Terceira Turma, DJe 21/10/2014; e AgRg no AREsp 234.638-MS, Quarta Turma, DJe 20/2/2014). Assim, é certo que, reconhecida a existência de relação obrigacional entre as partes e o dever legal que tem a instituição financeira de manter a escrituração correspondente, revela-se cabível determinar à instituição financeira que apresente o documento. Contudo, exige-se do autor/correntista a demonstração da plausibilidade da relação jurídica alegada, pelo menos, com indícios mínimos capazes de comprovar a própria existência da contratação da conta-poupança, devendo o correntista, ainda, especificar, de modo preciso, os períodos em que pretenda ver exibidos os extratos, tendo em conta que, nos termos do art. 333, I, do CPC, incumbe ao autor provar o fato constitutivo de seu direito. Quanto à necessidade de pedido prévio à instituição financeira e pagamento de tarifas administrativas, é necessária a comprovação de prévio pedido à instituição financeira não atendido em prazo razoável e o pagamento do custo do serviço conforme previsão contratual e a normatização da autoridade monetária. Por fim, não se pode olvidar que o dever de exibição de documentos por parte da instituição bancária decorre do direito de informação ao consumidor (art. 6º, III, do CDC). De fato, dentre os princípios consagrados na lei consumerista, encontra-se a necessidade

de transparência, ou seja, o dever de prestar informações adequadas, claras e precisas acerca do produto ou serviço fornecido (arts. 6º, III, 20, 31, 35 e 54, § 5º). **REsp 1.349.453-MS, Rel. Min. Luis Felipe Salomão, Segunda Seção, julgado em 10/12/2014, DJe 2/2/2015 (Inform. STJ 553).**

DIREITO DO CONSUMIDOR E PROCESSUAL CIVIL. REQUISITOS PARA A PROPOSITURA DE AÇÃO DE EXIBIÇÃO DE DOCUMENTOS RELATIVOS AO CREDISCORE.

Em ação cautelar de exibição de documentos ajuizada por consumidor com o objetivo de obter extrato contendo sua pontuação no sistema Crediscore, exige-se, para a caracterização do interesse de agir, que o requerente comprove: (i) que a recusa do crédito almejado se deu em razão da pontuação que lhe foi atribuída pela dita ferramenta de scoring; e (ii) que tenha havido resistência da instituição responsável pelo sistema na disponibilização das informações requeridas pelo consumidor em prazo razoável. A Segunda Seção, no julgamento do REsp 1.419.697-RS, submetido ao regime do art. 543-C, acabou definindo alguns parâmetros a nortear o interesse de agir nas cautelares de exibição atinentes ao Crediscore. Haverá interesse de agir daquele consumidor que intente ação de exibição de documentos objetivando conhecer os principais elementos e critérios considerados para a análise do seu histórico, e também as informações pessoais utilizadas – respeitado o limite do segredo empresarial –, desde que diretamente atingido por tais critérios quando pretendeu obter crédito no mercado. Não se pode olvidar que, no tocante ao interesse de agir, trata-se de "uma condição da ação essencialmente ligada aos princípios da economicidade e da eficiência. Partindo-se da premissa de que os recursos públicos são escassos, o que se traduz em limitações na estrutura e na força de trabalho do Poder Judiciário, é preciso racionalizar a demanda, de modo a não permitir o prosseguimento de processos que, de plano, revelam-se inúteis, inadequados ou desnecessários. Do contrário, o acúmulo de ações inviáveis poderia comprometer o bom funcionamento do sistema judiciário, inviabilizando a tutela efetiva das pretensões idôneas" (RE 631.240-MG, Tribunal Pleno, DJe 10/11/2014). Nessa perspectiva, vem a jurisprudência exigindo, em algumas circunstâncias, sob o aspecto da necessidade no interesse de agir, a imprescindibilidade de ao menos uma postura ativa do interessado em obter determinado direito (informação ou benefício) antes do ajuizamento da ação pretendida. A mesma lógica deve valer em relação ao Crediscore, inclusive em razão da transparência e boa-fé objetiva que devem primar as relações de consumo e tendo-se em conta a licitude de referido sistema já reconhecida pela 2ª Seção do STJ. Dessarte, o interesse de agir na cautelar de exibição de documentos em relação ao Crediscore exige também, no mínimo, que o requerente comprove que a recusa do crédito almejado se deu em razão da pontuação que lhe foi atribuída pela dita ferramenta de scoring. Somado a isso, deverá, ainda, demonstrar que houve requerimento ou, ao menos, a tentativa de fazê-lo junto à instituição responsável pelo sistema de pontuação para permitir, inclusive, que o fornecedor exerça o seu dever de informação e, ao mesmo tempo, que o consumidor realize o controle dos dados considerados e as respectivas fontes para atribuição da nota (art. 43 do CDC e art. 5º da Lei 12.414/2011) podendo retificá-los ou restringi-los caso se tratarem de informações sensíveis ou excessivas que venham a configurar abuso de direito. Aliás, referida exigência é consentânea com a legislação brasileira no tocante ao habeas data – remédio jurídico que também salvaguarda os direitos do consumidor com relação às suas informações em registros e bancos de dados –, haja vista a determinação de que a petição de introito seja instruída com a prova da recusa (art. 8º da Lei 9.507/1997). Realmente, não se mostra razoável, inclusive tendo como norte a atual jurisprudência do STF e do STJ, que o pedido de exibição de documentos seja feito diretamente ao Judiciário sem que antes se demonstre que a negativa da pretensão creditória junto ao estabelecimento comercial tenha ocorrido justamente em virtude de informações constantes no Crediscore e que, posteriormente, tenha havido resistência da instituição responsável pelo sistema na disponibilização das informações requeridas em prazo razoável. **REsp 1.268.478-RS, Rel. Min. Luis Felipe Salomão, julgado em 18/12/2014, DJe 3/2/2015 (Inform. STJ 553).**

DIREITO PROCESSUAL CIVIL E DO CONSUMIDOR. TUTELA DE INTERESSES INDIVIDUAIS HOMOGÊNEOS, COLETIVOS E DIFUSOS POR UMA MESMA AÇÃO COLETIVA.

Em uma mesma ação coletiva, podem ser discutidos os interesses dos consumidores que possam ter tido tratamento de saúde embaraçado com base em determinada cláusula de contrato de plano de saúde, a ilegalidade em abstrato dessa cláusula e a necessidade de sua alteração em consideração a futuros consumidores do plano de saúde.

O CDC expõe as diversas categorias de direitos tuteláveis pela via coletiva. Com efeito, as tutelas pleiteadas em ações civis públicas não são necessariamente puras e estanques – ou seja, não é preciso que se peça, de cada vez, uma tutela referente a direito individual homogêneo, em outra ação, uma tutela de direitos coletivos em sentido estrito e, em outra, uma tutela de direitos difusos, notadamente em ação manejada pelo Ministério Público, que detém legitimidade ampla no processo coletivo. Sendo verdadeiro que um determinado direito não pertence, a um só tempo, a mais de uma categoria, isso não implica afirmar que, no mesmo cenário fático ou jurídico conflituoso, violações simultâneas de direitos de mais de uma espécie não possam ocorrer. Nesse sentido, tanto em relação aos direitos individuais homogêneos quanto aos coletivos, há – ou, no mínimo, pode haver – uma relação jurídica comum subjacente. Nos direitos coletivos, todavia, a violação do direito do grupo decorre diretamente dessa relação jurídica base, ao passo que nos individuais homogêneos a relação jurídica comum é somente o cenário remoto da violação a direitos, a qual resulta de uma situação fática apenas conexa com a relação jurídica base antes estabelecida. Assim, eventual negativa indevida do plano de saúde pode gerar danos individuais, concretamente identificáveis em posterior liquidação. Mas essa recusa é antecedida por uma relação jurídica comum a todos os contratantes, que podem ou não vir a sofrer danos pela prática abusiva. A mencionada relação jurídica base consiste exatamente no contrato de prestação de serviços de saúde firmado entre uma coletividade de consumidores e a administradora do plano, razão pela qual se pode vislumbrar o direito coletivo, e não exclusivamente um direito individual homogêneo. Vale dizer, portanto, que há uma obrigação nova de indenizar eventuais danos individuais resultantes da recusa indevida em custear tratamentos médicos (direitos individuais homogêneos), mas também há outra, de abstrata ilegalidade da cláusula contratual padrão, e que atinge o grupo de contratantes de forma idêntica e, portanto, indivisível (direitos coletivos em sentido estrito). Por outra ótica, eventual ajuste da cláusula ilegal refere-se a interesses de uma coletividade de pessoas indeterminadas e indetermináveis, traço apto a identificar a pretensão como uma tutela de interesses difusos. **REsp 1.293.606-MG**, Rel. Min. Luis Felipe Salomão, julgado em 2/9/2014. (Inform. STJ 547)

DIREITO DO CONSUMIDOR E PROCESSUAL CIVIL. RESTITUIÇÃO DE TEB EM SEDE DE AÇÃO CIVIL PÚBLICA AJUIZADA POR ASSOCIAÇÃO CIVIL DE DEFESA DO CONSUMIDOR. Em sede de ação civil pública ajuizada por associação civil de defesa do consumidor, instituição financeira pode ser condenada a restituir os valores indevidamente cobrados a título de Taxa de Emissão de Boleto Bancário (TEB) dos usuários de seus serviços. Com efeito, os interesses individuais homogêneos não deixam de ser também interesses coletivos. Porém, em se tratando de direitos coletivos em sentido estrito, de natureza indivisível, estabelece-se uma diferença essencial diante dos direitos individuais homogêneos, que se caracterizam pela sua divisibilidade. Nesse passo, embora os direitos individuais homogêneos se originem de uma mesma circunstância de fato, esta compõe somente a causa de pedir da ação civil pública, já que o pedido em si consiste na reparação do dano (divisível) individualmente sofrido por cada prejudicado. Na hipótese em foco, o mero reconhecimento da ilegalidade da TEB caracteriza um interesse coletivo em sentido estrito, mas a pretensão de restituição dos valores indevidamente cobrados a esse título evidencia um interesse individual homogêneo, perfeitamente tutelável pela via da ação civil pública. Assentir de modo contrário seria esvaziar quase que por completo a essência das ações coletivas para a tutela de direitos individuais homogêneos, inspiradas nas *class actions* do direito anglo-saxão e idealizadas como instrumento de facilitação do acesso à justiça, de economia judicial e processual, de equilíbrio das partes no processo e, sobretudo, de cumprimento e efetividade do direito material, atentando, de uma só vez, contra dispositivos de diversas normas em que há previsão de tutela coletiva de direitos, como as Leis 7.347/1985, 8.078/1990, 8.069/1990, 8.884/1994, 10.257/2001, 10.741/2003, entre outras. **REsp 1.304.953-RS**, Rel. Min. Nancy Andrighi, julgado em 26/8/2014. (Inform. STJ 546)

DIREITO PROCESSUAL CIVIL. LEGITIMIDADE E COISA JULGADA EM EXECUÇÃO INDIVIDUAL DE SENTENÇA COLETIVA QUE JULGOU QUESTÃO REFERENTE A EXPURGOS INFLACIONÁRIOS SOBRE CADERNETAS DE POUPANÇA. RECURSO REPETITIVO (ART. 543-C DO CPC E RES. 8/2008-STJ). A sentença proferida pelo Juízo da 12ª Vara Cível da Circunscrição Especial Judiciária de Brasília-DF, na ação civil coletiva n. 1998.01.1.016798-9, que condenou o Banco do Brasil ao pagamento de diferenças decorrentes de expurgos inflacionários sobre cadernetas de poupança ocorridos em janeiro de 1989 (Plano Verão), é aplicável, por força da coisa julgada, indistintamente a todos os detentores de caderneta de poupança do Banco do Brasil, independentemente de sua residência ou domicílio no Distrito Federal, reconhecendo-se ao beneficiário o direito de ajuizar o cumprimento individual da sentença coletiva no Juízo de seu domicílio ou no Distrito Federal; os poupadores ou seus sucessores detêm legitimidade ativa – também por força da coisa julgada –, independentemente de fazerem parte ou não dos quadros associativos do IDEC, de ajuizarem o cumprimento individual da sentença coletiva proferida na ação civil pública n. 1998.01.1.016798-9, pelo Juízo da 12ª Vara Cível da Circunscrição Especial Judiciária de Brasília-DF. Inicialmente, é oportuno elucidar que o Instituto de Defesa do Consumidor – IDEC ajuizou ação coletiva contra o Banco do Brasil, a qual foi distribuída à 19ª Vara Cível do Fórum Central da Comarca de São Paulo. Acolhendo exceção de incompetência aforada pelo próprio Banco do Brasil, ao fundamento de que "o objetivo do IDEC é obter uma única sentença, permitindo a todos o recebimento dos índices expurgados da poupança, sem que cada um dos poupadores tenha que promover sua demanda individualmente", o Poder Judiciário do Estado de São Paulo concluiu que a ação deveria ter sido proposta na sede do Banco do Brasil, situado no Distrito Federal, em razão de abranger toda uma coletividade de âmbito nacional. O Juízo da 12ª Vara Cível da Circunscrição Especial Judiciária de Brasília, ao qual foi redistribuída a ação coletiva, proferiu sentença, rejeitando a preliminar de inépcia da inicial, arguida sob o fundamento de não ter sido delimitada a abrangência da ação, reconheceu o âmbito nacional da demanda e o efeito *erga omnes* da ação, confirmando a competência da Justiça do Distrito Federal para o processamento do feito. Julgado o mérito da causa, o Banco do Brasil foi condenado, de forma genérica, observado o art. 95 do CDC, a incluir o índice de 48,16% no cálculo do reajuste dos valores depositados nas contas de poupança mantidos em janeiro de 1989, até o advento da MP 32/1989, tudo a ser apurado em liquidação de sentença. A referida sentença foi integralmente confirmada pelas instâncias superiores, a despeito da irresignação recursal do Banco do Brasil para restringir os feitos da sentença aos limites da competência territorial, conforme a interpretação do art. 16 da Lei da Ação Civil Pública. Destaque-se que a sentença é clara ao afirmar a sua abrangência nacional e o efeito *erga omnes*, assertiva que não perde a sua força dispositiva em razão de estar formalmente situada no âmbito da parte da sentença destinada à fundamentação, sem ter sido formalmente reproduzida no dispositivo. Nesse passo, pode-se afirmar que não cabe restringir os efeitos subjetivos da sentença após o trânsito em julgado se na ação civil pública foi pedida eficácia nacional da sentença a ser proferida – motivo esse da declinação da competência da Justiça Paulista para a do Distrito Federal – e se tais razões foram expressamente acolhidas pelo juízo de primeiro grau e confirmadas pelas instâncias superiores, rejeitando-se o pleito de limitação dos efeitos da sentença ao território do Distrito Federal, deduzido precisamente com base no art. 16 (REsp 1.348.425-DF, Quarta Turma, DJe 24/5/2013). Convém ressaltar que a doutrina preceitua ser a coisa julgada um pressuposto negativo endereçado ao juiz do processo futuro – que deve exercer o seu poder-dever de abstenção, sem exercer qualquer juízo de valor acerca da sentença –, pois inclui sob o manto da intangibilidade pan-processual tanto as questões deduzidas como as que poderiam tê-lo sido. Por isso, no plano coletivo, aproxima-se a coisa julgada de uma norma legal e traz embutida ou pressuposta a exegese feita judicialmente, já definida quanto aos seus campos subjetivo e objetivo de aplicação. Ademais, da leitura das decisões que foram prolatadas na ação coletiva, fica nítido que o provimento jurisdicional deve contemplar todos aqueles que mantinham conta de poupança com o Banco do Brasil, e não apenas aqueles poupadores vinculados ao IDEC. Portanto, não há dúvida de que a sentença prolatada na ação coletiva fixou o índice expurgado e abrangeu, indistintamente, todos aqueles que mantinham conta de poupança com o Banco, em janeiro de 1989 (Plano Verão). Esclareça-se que, existindo coisa julgada material, só mediante ações autônomas de impugnação – ação rescisória ou *querela nullitatis insanabilis* –, com amplo contraditório e participação como parte do substituto processual que manejou a ação coletiva, se poderia cogitar sua desconstituição. **REsp 1.391.198-RS**, Rel. Min. Luis Felipe Salomão, julgado em 13/8/2014. (Inform. STJ 544)

DIREITO PROCESSUAL CIVIL. COMPETÊNCIA PARA O JULGAMENTO DE AÇÃO PROPOSTA POR CONSUMIDOR POR EQUIPARAÇÃO. O foro do domicílio do autor da demanda é competente para processar e julgar ação de inexigibilidade de título de crédito e de indenização por danos morais proposta contra o fornecedor de serviços que, sem ter tomado qualquer providência para verificar a autenticidade do título e da assinatura dele constante, provoca o protesto de cheque clonado emitido por falsário em nome do autor da demanda, causando indevida inscrição do nome deste em cadastros de proteção ao crédito. De início, vale ressaltar que

11. DIREITO DO CONSUMIDOR   699

a competência para o julgamento de demanda levada a juízo é fixada em razão da natureza da causa, a qual é definida pelo pedido e pela causa de pedir deduzidos, que, na hipótese, demonstram a ocorrência de acidente de consumo, situação apta a atrair a competência do foro do domicílio do consumidor. Com efeito, a referida lide tem como fundamento dano moral emergente de uma relação de consumo supostamente defeituosa, da qual o autor não teria participado, mas teria sido atingido reflexamente em virtude de alegado descumprimento pelo fornecedor do dever de cuidado. Assim, pode-se afirmar que, nessa situação, houve uma relação de consumo entre o fornecedor de serviços e o suposto falsário, bem como acidente de consumo decorrente da alegada falta de segurança na prestação do serviço por parte do estabelecimento fornecedor, que poderia ter identificado a fraude e evitado o dano provocado ao terceiro com a simples conferência de assinatura em cédula de identidade. Outrossim, claro é o enquadramento do autor, suposta vítima da má prestação do serviço, no conceito de consumidor por equiparação, pois, conquanto não tenha mantido relação de consumo com o demandado, suportou danos que emergiram de um acidente de consumo ocasionado em razão de atitude insegura do estabelecimento comercial. Desse modo, consta no CDC, na Seção que trata da "Responsabilidade pelo Fato do Produto e do Serviço", que, "Para os efeitos desta Seção, equiparam-se aos consumidores todas as vítimas do evento" (art. 17). Nesse contexto, em se tratando de relação de consumo, a competência é absoluta, razão pela qual deve ser fixada no domicílio do consumidor. Precedentes citados: AgRg nos EDcl no REsp 1.192.871-RS, Terceira Turma, DJe 26/9/2012; e REsp 1.100.571-PE, Quarta Turma, DJe 18/8/2011. **CC 128.079-MT, Rel. Min. Raul Araújo, julgado em 12/3/2014. (Inform. STJ 542)**

DIREITO PROCESSUAL CIVIL E DO CONSUMIDOR. LEGITIMIDADE DO MP NA DEFESA DE DIREITOS DE CONSUMIDORES DE SERVIÇOS MÉDICOS. O Ministério Público tem legitimidade para propor ação civil pública cujos pedidos consistam em impedir que determinados hospitais continuem a exigir caução para atendimento médico-hospitalar emergencial e a cobrar, ou admitir que se cobre, dos pacientes conveniados a planos de saúde valor adicional por atendimentos realizados por seu corpo médico fora do horário comercial. Cuida-se, no caso, de buscar a proteção de direitos do consumidor, uma das finalidades primordiais do MP, conforme preveem os arts. 127 da CF e 21 da Lei 7.347/1985. Além disso, tratando-se de interesse social compatível com a finalidade da instituição, o MP tem legitimidade para mover ação civil pública em defesa dos interesses e direitos dos consumidores difusos, coletivos e individuais homogêneos, conforme o disposto no art. 81 do CDC. **REsp 1.324.712-MG, Rel. Min. Luis Felipe Salomão, julgado em 24/9/2013. (Inform. STJ 532)**

DIREITO CIVIL E PROCESSUAL CIVIL. EXECUÇÃO INDIVIDUAL DE SENTENÇA COLETIVA. TERMO INICIAL DOS JUROS DE MORA. Reconhecida a procedência do pedido em ação civil pública destinada a reparar lesão a direitos individuais homogêneos, os juros de mora somente são devidos a partir da citação do devedor ocorrida na fase de liquidação de sentença, e não a partir de sua citação inicial na ação coletiva. De acordo com o art. 95 do CDC, a sentença de procedência na ação coletiva que tenha por causa de pedir danos referentes a direitos individuais homogêneos será, em regra, genérica, dependendo de superveniente liquidação. Essa liquidação serve não apenas para apuração do valor do débito, mas também para aferir a titularidade do crédito, razão pela qual é denominada pela doutrina de "liquidação imprópria". Assim, tratando-se de obrigação que ainda não é líquida, pois não definidos quem são os titulares do crédito, é necessária, para a caracterização da mora, a interpelação do devedor, o que se dá com a sua citação na fase de liquidação de sentença. **AgRg no REsp 1.348.512-DF, Rel. Min. Luis Felipe Salomão, julgado em 18/12/2012. (Inform. STJ 513).**

📖 Súmula Vinculante STF 27

Compete à Justiça estadual julgar causas entre consumidor e concessionária de serviço público de telefonia, quando a ANATEL não seja litisconsorte passiva necessária, assistente, nem opoente.

📖 Súmula STF nº 643

O Ministério Público tem legitimidade para promover ação civil pública cujo fundamento seja a ilegalidade de reajuste de mensalidades escolares.

📖 Súmula STJ nº 470

O Ministério Público não tem legitimidade para pleitear, em ação civil pública, a indenização decorrente do DPVAT em benefício do segurado.

8. DEFESA ADMINISTRATIVA DO CONSUMIDOR

DIREITO DO CONSUMIDOR. FIXAÇÃO DE MULTA POR INFRAÇÃO DAS NORMAS DE DEFESA DO CONSUMIDOR. A pena de multa aplicável às hipóteses de infração das normas de defesa do consumidor (art. 56, I, do CDC) pode ser fixada em reais, não sendo obrigatória a sua estipulação em Unidade Fiscal de Referência (Ufir). O art. 57 do CDC, ao estabelecer que a "multa será em montante não inferior a duzentas e não superior a três milhões de vezes o valor da Unidade Fiscal de Referência (Ufir), ou índice equivalente que venha a substituí-lo", apenas define os limites para a fixação da multa. Precedente citado: AgRg no REsp 1.385.625-PE, Primeira Turma, DJe 11/9/2013. **AgRg no REsp 1.466.104-PE, Rel. Min. Humberto Martins, julgado em 6/8/2015, DJe 17/8/2015 (Inform. STJ 567).**

DIREITO ADMINISTRATIVO E DO CONSUMIDOR. INTERPRETAÇÃO DE CLÁUSULAS CONTRATUAIS E APLICAÇÃO DE SANÇÕES PELO PROCON. O Procon pode, por meio da interpretação de cláusulas contratuais consumeristas, aferir sua abusividade, aplicando eventual sanção administrativa. A alínea "c" do inciso II do art. 4º do CDC legitima a presença plural do Estado no mercado, tanto por meio de órgãos da Administração Pública voltados à defesa do consumidor (tais como o Departamento de Proteção e Defesa do Consumidor, os Procons estaduais e municipais), quanto por meio de órgãos clássicos (Defensorias Públicas do Estado e da União, Ministério Público estadual e federal, delegacias de polícia especializada, agências e autarquias fiscalizadoras, entre outros). Nesse contexto, o Decreto 2.181/1997 dispõe sobre a organização do Sistema Nacional de Defesa do Consumidor – SNDC e estabelece as normas gerais de aplicação das sanções administrativas previstas no CDC. Posto isso, o art. 4º, IV, do referido Decreto enuncia que: "[...] caberá ao órgão estadual, do Distrito Federal e municipal de proteção e defesa do consumidor, criado, na forma da lei, especificamente para este fim, [...] funcionar, no processo administrativo, como instância de instrução e julgamento, no âmbito de sua competência, dentro das regras fixadas pela Lei nº 8.078, de 1990, pela legislação complementar e por este Decreto". O *caput* do art. 22, por sua vez, elucida que: "Será aplicada multa ao fornecedor de produtos ou serviços que, direta ou indiretamente, inserir, fizer circular ou utilizar-se de cláusula abusiva, qualquer que seja a modalidade do contrato de consumo [...]". Assim, se não pudesse o Procon perquirir cláusulas contratuais para identificar as abusivas ou desrespeitosas ao consumidor, como seria possível a tal órgão aplicar a sanção administrativa pertinente? O Procon, embora não detenha jurisdição, está apto a interpretar cláusulas contratuais, porquanto a Administração Pública, por meio de órgãos de julgamento administrativo, pratica controle de legalidade, o que não se confunde com a função jurisdicional propriamente dita pertencente ao Judiciário. Isso sem dizer que o princípio da inafastabilidade da jurisdição faz com que a sanção administrativa oriunda desse órgão da Administração Pública voltado à defesa do consumidor seja passível de ser contestada por ação judicial. Salienta-se, por fim, que a sanção administrativa prevista no art. 57 do CDC é legitimada pelo poder de polícia (atividade administrativa de ordenação) que o Procon detém para cominar multas relacionadas à transgressão dos preceitos da Lei 8.078/1990. Precedente citado: REsp 1.256.998-GO, Primeira Turma, DJe 6/5/2014. **REsp 1.279.622-MG, Rel. Min. Humberto Martins, julgado em 6/8/2015, DJe 17/8/2015 (Inform. STJ 566).**

12. DIREITO AMBIENTAL

1. PROTEÇÃO DA FLORA

DIREITO AMBIENTAL E CIVIL. REQUISITO PARA REGISTRO DA SENTENÇA DECLARATÓRIA DE USUCAPIÃO.
Para que a sentença declaratória de usucapião de imóvel rural sem matrícula seja registrada no Cartório de Registro de Imóveis, é necessário o prévio registro da reserva legal no Cadastro Ambiental Rural (CAR). De fato, o art. 16, § 8º, da Lei 4.771/1965 (Código Florestal revogado) previa que a área de reserva legal deveria ser averbada à margem da inscrição de matrícula do imóvel no registro de imóveis competente, sendo vedada a alteração de sua destinação, nos casos de transmissão a qualquer título, de desmembramento ou de retificação da área. No mesmo sentido, há previsão no art. 167 da Lei 6.015/1973 (Lei dos Registros Públicos). Assim, por uma construção jurisprudencial, respaldada em precedentes do STJ, firmou-se o entendimento de que a averbação da reserva legal seria condição para o registro de qualquer ato de transmissão, desmembramento ou retificação de área de imóvel rural (REsp 831.212-MG, Terceira Turma, DJe 22/9/2009; RMS 18.301-MG, Segunda Turma, DJ 3/10/2005). Nessa linha de raciocínio, seria o caso de impor a averbação da reserva legal como condição para o registro da sentença de usucapião. Contudo, a Lei 12.651/2012 (novo Código Florestal) deu tratamento diverso à matéria da reserva legal ambiental. O novo Código instituiu o Cadastro Ambiental Rural (CAR), que passou a concentrar as informações ambientais dos imóveis rurais, sendo dispensada a averbação da reserva legal no Registro de Imóveis (art. 18, § 4º). Assim, ante esse novo cenário normativo, como condição para o registro da sentença de usucapião no Cartório de Registro de Imóveis, é necessário o prévio registro da reserva legal no CAR. A nova lei não pretendeu reduzir a eficácia da norma ambiental, pretendeu tão somente alterar o órgão responsável pelo "registro" da reserva legal, que antes era o Cartório de Registro de Imóveis, e agora passou a ser o órgão ambiental responsável pelo CAR. A propósito, verifica-se que a parte final do art. 16, § 8º, do Código revogado foi praticamente reproduzida no art. 18, caput, in fine, do novo Código Florestal, tendo havido apenas a supressão da hipótese de "retificação da área". A supressão da hipótese de "retificação de área" teve um propósito específico, de permitir, excepcionalmente, a mudança de localização da reserva legal. Desse modo, a omissão acerca da hipótese de "retificação de área" não atenuou a eficácia da norma em relação às outras hipóteses previstas na lei anterior e repetidas na lei nova.
REsp 1.356.207-SP, Rel. Min. Paulo de Tarso Sanseverino, julgado em 28/4/2015, DJe 7/5/2015 (Inform. STJ 561).

2. COMPETÊNCIA EM MATÉRIA AMBIENTAL

Legislação sobre meio ambiente e competência municipal - 1
O município é competente para legislar sobre o meio ambiente, com a União e o Estado-membro, no limite do seu interesse local e desde que esse regramento seja harmônico com a disciplina estabelecida pelos demais entes federados (CF, art. 24, VI, c/c o art. 30, I e II). Esse o entendimento do Plenário, que, por maioria, deu provimento a recurso extraordinário para declarar a inconstitucionalidade da Lei 1.952/1995 do Município de Paulínia/SP. A referida norma, impugnada em sede de representação de inconstitucionalidade estadual, proíbe, sob qualquer forma, o emprego de fogo para fins de limpeza e preparo do solo no referido município, inclusive para o preparo do plantio e para a colheita de cana-de-açúcar e de outras culturas. Discutia-se a competência de município para legislar sobre meio ambiente e editar lei com conteúdo diverso do que disposto em legislação estadual. A Corte, inicialmente, superou questões preliminares suscitadas, relativas à alegada impossibilidade de conhecimento do recurso. No mérito, o Plenário destacou que a questão em análise, diante de seu caráter eclético e multidisciplinar, envolveria questões sociais, econômicas e políticas — possibilidade de crise social, geração de desemprego, contaminação do meio ambiente em razão do emprego de máquinas, impossibilidade de mecanização em determinados terrenos e existência de proposta federal de redução gradativa do uso da

queima —, em conformidade com informações colhidas em audiência pública realizada sobre o tema. Ao se julgar a constitucionalidade do diploma legal municipal em questão, em um prisma socioeconômico, seria necessário, portanto, sopesar se o impacto positivo da proibição imediata da queima da cana na produtividade seria constitucionalmente mais relevante do que o pacto social em que o Estado brasileiro se comprometera a conferir ao seu povo o pleno emprego para o completo gozo da sua dignidade. Portanto, no caso, o STF, por estar diante de um conjunto fático composto pelo certo e previsível desemprego em massa, juntamente com a mera possibilidade de aumento de produtividade, deveria se investir no papel de guardião da Constituição, em defesa do interesse da minoria qualitativamente representada pela classe de trabalhadores canavieiros, que mereceriam proteção diante do chamado progresso tecnológico e a respectiva mecanização, ambos trazidos pela pretensão de proibição imediata da colheita da cana mediante uso de fogo. Com o dever de garantir a concretude dos direitos fundamentais, evidenciar-se-ia o caráter legitimador desse fundamento protecionista da classe trabalhadora, o que levaria ao viés representativo das camadas menos favorecidas, cujos interesses estariam em jogo. Portanto, mesmo que fosse mais benéfico, para não dizer inevitável, optar pela mecanização da colheita da cana, por conta da saúde do trabalhador e da população a viver nas proximidades da área de cultura, não se poderia deixar de lado o meio pelo qual se considerasse mais razoável para a obtenção desse objetivo: a proibição imediata da queima da cana ou a sua eliminação gradual. Por óbvio, afigurar-se-ia muito mais harmônico com a disciplina constitucional a eliminação planejada e gradual da queima da cana. Por outro lado, em relação à questão ambiental, constatar-se-ia que, se de uma parte a queima causaria prejuízos, de outra, a utilização de máquinas também geraria impacto negativo ao meio ambiente, como a emissão de gás metano decorrente da decomposição da cana, o que contribuiria para o efeito estufa, além do surgimento de ervas daninhas e o consequente uso de pesticidas e fungicidas.
RE 586224/SP, rel. Min. Luiz Fux, 5.3.2015. (RE-586224)

Legislação sobre meio ambiente e competência municipal - 2
O Plenário asseverou que, na espécie, não seria permitida uma interpretação na qual não se reconhecesse o interesse municipal em fazer com que sua população gozasse de um meio ambiente equilibrado. Mas, neste caso, tratar-se-ia de uma questão de identificação da preponderância desses interesses notadamente comuns. A partir desse impasse recorrer-se-ia ao texto constitucional para extrair a "mens legis" da distribuição de competência legislativa. Nesse sentido, o art. 24 da CF estabeleceria uma competência concorrente entre União e Estados-membros, a determinar a edição de norma de caráter genérico pela União e de caráter específico pelos Estados-membros. Sendo assim, o constituinte originário teria definido que o sistema formado pela combinação da legislação estadual com a edição de um diploma legal federal traduziria a disciplina de todos os interesses socialmente relevantes nos temas discriminados no citado dispositivo. Desarte, interessaria analisar a questão do ponto de vista sistêmico, visto que no âmbito das normas gerais federais, a orientação do legislador seguiria no mesmo sentido da disciplina estabelecida em nível estadual (Lei estadual paulista 11.241/2002). As normas federais paradigmáticas a tratar do assunto, expressamente, apontariam para a necessidade de se traçar um planejamento com o intuito de se extinguir gradativamente o uso do fogo como método despalhador e facilitador para o corte da cana (Lei 12.651/2012, art. 40, e Decreto 2.661/1998). Portanto, seria forçoso admitir que todo o sistema do meio ambiente, no tocante à situação dos autos, proporia determinada solução estrita, qual seja, planejar a diminuição gradual da queima da cana, enquanto que o diploma normativo atacado disciplinaria de maneira completamente diversa, na contramão da intenção que se extrairia do plano nacional. Seria, pois, cristalino que o tratamento dispensado pela legislação municipal iria de encontro ao sistema estruturado de maneira harmônica entre as esferas federal e estadual. Outrossim, não se poderia enquadrar a matéria como de interesse local, específico de um único município. O interesse seria abrangente, a atrair, portanto, para a disciplina do tema, a competência do Estado-membro, a apanhar outros municípios.

Contudo, não haveria dúvida de que os municípios disporiam de competência para tratar da questão do meio ambiente. Esse seria um tema materialmente partilhado, seja no plano legislativo, seja no plano administrativo, entre as diversas entidades de direito público. Por fim, a solução trazida pela norma impugnada encontraria óbice na análise de sua proporcionalidade, porquanto já seria prevista pelo ordenamento solução menos gravosa, que equilibraria de maneira mais correta a relação custo-benefício. Desta feita, seria intransponível a conclusão pela sua inconstitucionalidade material. Vencida a Ministra Rosa Weber, que negava provimento ao recurso, considerado o que disposto no art. 23, VI, da CF ("Art. 23. É competência comum da União, dos Estados, do Distrito Federal e dos Municípios: VI - proteger o meio ambiente e combater a poluição em qualquer de suas formas").
RE 586224/SP, rel. Min. Luiz Fux, 5.3.2015. (RE-586224) (Inform. STF 776)

REPERCUSSÃO GERAL EM RE N. 827.538-MG
RELATOR: MIN. MARCO AURÉLIO
POLÍTICA PÚBLICA – MEIO AMBIENTE – SERVIÇOS E INSTALAÇÕES DE ENERGIA ELÉTRICA – APROVEITAMENTO ENERGÉTICO DOS CURSOS DE ÁGUA – LEI Nº 12.503, DE 1997, DO ESTADO DE MINAS GERAIS – COMPETÊNCIA LEGISLATIVA – ARTIGOS 21, INCISO XII, ALÍNEA "B", E 22, INCISO IV E PARÁGRAFO ÚNICO, DA CARTA DA REPÚBLICA – RECURSO EXTRAORDINÁRIO – REPERCUSSÃO GERAL CONFIGURADA. Possui repercussão geral a controvérsia acerca da constitucionalidade, sob o ângulo da competência legislativa – se privativa da União, prevista no inciso IV do artigo 22 da Carta Federal, ou a concorrente, versado o meio ambiente, estabelecida no artigo 23, inciso VI, da Constituição –, de norma estadual mediante a qual foi adotada política pública dirigida a compelir concessionária de geração de energia elétrica a promover investimentos, com recursos identificados como parcela da receita que aufere, voltados à proteção e à preservação de mananciais hídricos. **(Inform. STF 774)**

RE 673.681/SP
RELATOR: Ministro Celso de Mello
Lei **municipal** contestada *em face de Constituição estadual.* **Possibilidade** *de controle normativo abstrato* por Tribunal de Justiça (**CF**, art. 125, § 2º). **Competência** do **Município** *para dispor* sobre *preservação* **e** *defesa da integridade do meio ambiente.* **A incolumidade** *do patrimônio ambiental* **como expressão** de um direito fundamental *constitucionalmente atribuído* à **generalidade** das pessoas (**RTJ** 158/205-206 **RTJ** 164/158-161, *v.g).* A questão *do meio ambiente* como um dos tópicos **mais** relevantes *da presente agenda nacional* e *internacional.* **O poder de regulação** *dos Municípios* **em tema** de formulação de políticas públicas, de regras e de estratégias **legitimadas** *por seu peculiar interesse* **e destinadas a viabilizar,** de modo efetivo, *a proteção local* do meio ambiente. **Relações** *entre alei* **e** *o regulamento.* **Os regulamentos de execução** (*ou subordinados*) **como condição** de eficácia **e** *aplicabilidade* da norma legal **dependente** *de regulamentação executiva.* **Previsão,** *no próprio corpo do diploma legislativo,* **da necessidade** *de sua regulamentação.* **Inocorrência de ofensa,** em tal hipótese, *ao postulado* **reserva** *constitucional de administração*, **que traduz** emanação resultante **do dogma** *da divisão funcional do poder.* **Doutrina.** **Precedentes.** **Legitimidade da competência monocrática** do Relator para, *em sede recursal extraordinária,* **tratando-se** *de fiscalização abstrata* **sujeita** à competência originária dos Tribunais de Justiça (**CF,** art. 125, § 2º), **julgar** o apelo extremo, **em ordem,** *até mesmo,* a declarar a inconstitucionalidade **ou** a confirmar a validade constitucional do ato normativo impugnado. **Precedentes** (**RE** 376.440-ED/DF, Rel. Min. DIAS TOFFOLI, **Pleno,** *v.g.*). **Recurso extraordinário** *conhecido e provido.* DJ 16.12.2014. **(Inform. STF 770)**

DIREITO ADMINISTRATIVO E AMBIENTAL. REGULAMENTAÇÃO DO ACESSO A FONTES DE ABASTECIMENTO DE ÁGUA.
É possível que decreto e portaria estaduais disponham sobre a obrigatoriedade de conexão do usuário à rede pública de água, bem como sobre a vedação ao abastecimento por poço artesiano, ressalvada a hipótese de inexistência de rede pública de saneamento básico. Os estados membros da Federação possuem domínio de águas subterrâneas (art. 26, I, da CF), competência para legislar sobre a defesa dos recursos naturais e a proteção do meio ambiente (art. 24, VI, da CF) e poder de polícia para precaver e prevenir danos ao meio ambiente (art. 23, VI e XI, da CF). Assim, a intervenção desses entes sobre o tema não só é permitida como também imperativa. Vale acrescentar que o inciso II do art. 12 da Lei 9.433/1997 condiciona a extração de água do subterrâneo à respectiva outorga, o que se justifica pela notória escassez do bem, considerado como recurso limitado, de domínio público e de expressivo valor econômico. Nesse contexto, apesar de o art. 45 da Lei 11.445/2007 admitir soluções individuais de abastecimento de água, a interpretação sistemática do dispositivo não afasta o poder normativo e de polícia dos estados no que diz respeito ao acesso às fontes de abastecimento de água e à determinação de conexão obrigatória à rede pública. **REsp 1.306.093-RJ, Rel. Min. Herman Benjamin, julgado em 28/5/2013. (Inform. STJ 525)**

3. DEFESA DO MEIO AMBIENTE EM JUÍZO

DIREITO PROCESSUAL CIVIL E AMBIENTAL. LEGITIMIDADE PARA A PROPOSITURA DE AÇÃO CIVIL PÚBLICA EM DEFESA DE ZONA DE AMORTECIMENTO DE PARQUE NACIONAL.
O MPF possui legitimidade para propor, na Justiça Federal, ação civil pública que vise à proteção de zona de amortecimento de parque nacional, ainda que a referida área não seja de domínio da União. Com efeito, tratando-se de proteção ao meio ambiente, não há competência exclusiva de um ente da Federação para promover medidas protetivas. Impõe-se amplo aparato de fiscalização a ser exercido pelos quatro entes federados, independentemente do local onde a ameaça ou o dano estejam ocorrendo e da competência para o licenciamento. Deve-se considerar que o domínio da área em que o dano ou o risco de dano se manifesta é apenas um dos critérios definidores da legitimidade para agir do MPF. Ademais, convém ressaltar que o poder-dever de fiscalização dos outros entes deve ser exercido quando determinada atividade esteja, sem o devido acompanhamento do órgão local, causando danos ao meio ambiente. **AgRg no REsp 1.373.302-CE, Rel. Min. Humberto Martins, julgado em 11/6/2013. (Inform. STJ 526)**

DIREITO PROCESSUAL CIVIL E AMBIENTAL. CUMULAÇÃO DAS OBRIGAÇÕES DE RECOMPOSIÇÃO DO MEIO AMBIENTE E DE COMPENSAÇÃO POR DANO MORAL COLETIVO.
Na hipótese de ação civil pública proposta em razão de dano ambiental, é possível que a sentença condenatória imponha ao responsável, cumulativamente, as obrigações de recompor o meio ambiente degradado e de pagar quantia em dinheiro a título de compensação por dano moral coletivo. Isso porque vigora em nosso sistema jurídico o princípio da reparação integral do dano ambiental, que, ao determinar a responsabilização do agente por todos os efeitos decorrentes da conduta lesiva, permite a cumulação de obrigações de fazer, de não fazer e de indenizar. Ademais, deve-se destacar que, embora o art. 3º da Lei 7.347/1985 disponha que "a ação civil poderá ter por objeto a condenação em dinheiro ou o cumprimento de obrigação de fazer ou não fazer", é certo que a conjunção "ou" – contida na citada norma, bem como nos arts. 4º, VII, e 14, § 1º, da Lei 6.938/1981 – opera com valor aditivo, não introduzindo, portanto, alternativa excludente. Em primeiro lugar, porque vedar a cumulação desses remédios limitaria, de forma indesejada, a Ação Civil Pública – importante instrumento de persecução da responsabilidade civil de danos causados ao meio ambiente –, inviabilizando, por exemplo, condenações em danos morais coletivos. Em segundo lugar, porque incumbe ao juiz, diante das normas de Direito Ambiental – recheadas que são de conteúdo ético intergeracional atrelado às presentes e futuras gerações –, levar em conta o comando do art. 5º da LINDB, segundo o qual, ao se aplicar a lei, deve-se atender "aos fins sociais a que ela se dirige e às exigências do bem comum", cujo corolário é a constatação de que, em caso de dúvida ou outra anomalia técnico-redacional, a norma ambiental demanda interpretação e integração de acordo com o princípio hermenêutico in dubio pro natura, haja vista que toda a legislação de amparo dos sujeitos vulneráveis e dos interesses difusos e coletivos há sempre de ser compreendida da maneira que lhes seja mais proveitosa e melhor possa viabilizar, na perspectiva dos resultados práticos, a prestação jurisdicional e a ratio essendi da norma. Por fim, a interpretação sistemática das normas e princípios ambientais leva à conclusão de que, se o bem ambiental lesado for imediata e completamente restaurado, isto é, restabelecido à condição original, não há falar, como regra, em indenização. Contudo, a possibilidade técnica, no futuro, de restauração in natura nem sempre se mostra suficiente para reverter ou recompor integralmente, no âmbito da responsabilidade civil, as várias dimensões do dano ambiental causado; por isso não exaure os deveres associados aos princípios do poluidor-pagador e da reparação integral do dano. Cumpre ressaltar que o dano ambiental é multifacetário (ética, temporal, ecológica e patrimonialmente falando, sensível ainda à diversidade do vasto universo de vítimas, que vão do indivíduo isolado à coletividade, às gerações futuras e aos

processos ecológicos em si mesmos considerados). Em suma, equivoca-se, jurídica e metodologicamente, quem confunde prioridade da recuperação *in natura* do bem degradado com impossibilidade de cumulação simultânea dos deveres de repristinação natural (obrigação de fazer), compensação ambiental e indenização em dinheiro (obrigação de dar), e abstenção de uso e nova lesão (obrigação de não fazer). **REsp 1.328.753-MG, Rel. Min. Herman Benjamin, julgado em 28/5/2013. (Inform. STJ 526)**

4. PROTEÇÃO DA FAUNA

DIREITO AMBIENTAL. POSSE IRREGULAR DE ANIMAIS SILVESTRES POR LONGO PERÍODO DE TEMPO. O particular que, por mais de vinte anos, manteve adequadamente, sem indício de maus-tratos, duas aves silvestres em ambiente doméstico pode permanecer na posse dos animais. Nesse caso específico, aplicar o art. 1º da Lei 5.197/1967 ("Os animais de quaisquer espécies, em qualquer fase do seu desenvolvimento e que vivem naturalmente fora do cativeiro, constituindo a fauna silvestre, bem como seus ninhos, abrigos e criadouros naturais são propriedades do Estado, sendo proibida a sua utilização, perseguição, destruição, caça ou apanha") e o art. 25 da Lei 9.605/1998 ("Verificada a infração, serão apreendidos seus produtos e instrumentos, lavrando-se os respectivos autos") equivaleria à negação da sua finalidade, que não é decorrência do princípio da legalidade, mas uma inerência dele. A legislação deve buscar a efetiva proteção dos animais. Assim, seria desarrazoado determinar a apreensão dos animais para duvidosa reintegração ao seu habitat e seria difícil identificar qualquer vantagem em transferir a posse para um órgão da Administração Pública. Ademais, no âmbito criminal, o art. 29, § 2º, da Lei 9.605/1998 expressamente prevê que "no caso de guarda doméstica de espécie silvestre não considerada ameaçada de extinção, pode o juiz, considerando as circunstâncias, deixar de aplicar a pena". Precedente citado: REsp 1.084.347-RS, Segunda Turma, DJe 30/9/2010. **REsp 1.425.943-RN, Rel. Min. Herman Benjamin, julgado em 2/9/2014. (Inform. STJ 550)**

5. RESPONSABILIDADE CIVIL AMBIENTAL

DIREITO AMBIENTAL E CIVIL. RESPONSABILIDADE CIVIL EM DECORRÊNCIA DE DANO AMBIENTAL PROVOCADO PELA EMPRESA RIO POMBA CATAGUASES LTDA. NO MUNICÍPIO DE MIRAÍ-MG. RECURSO REPETITIVO (ART. 543-C DO CPC E RES. 8/2008-STJ). Em relação ao acidente ocorrido no Município de Miraí-MG, em janeiro de 2007, quando a empresa de Mineração Rio Pomba Cataguases Ltda., durante o desenvolvimento de sua atividade empresarial, deixou vazar cerca de 2 bilhões de litros de resíduos de lama tóxica (bauxita), material que atingiu quilômetros de extensão e se espalhou por cidades dos Estados do Rio de Janeiro e de Minas Gerais, deixando inúmeras famílias desabrigadas e sem seus bens (móveis e imóveis): a) a responsabilidade por dano ambiental é objetiva, informada pela teoria do risco integral, sendo o nexo de causalidade o fator aglutinante que permite que o risco se integre na unidade do ato, sendo descabida a invocação, pela empresa responsável pelo dano ambiental, de excludentes de responsabilidade civil para afastar a sua obrigação de indenizar; b) em decorrência do acidente, a empresa deve recompor os danos materiais e morais causados; e c) na fixação da indenização por danos morais, recomendável que o arbitramento seja feito caso a caso e com moderação, proporcionalmente ao grau de culpa, ao nível socioeconômico dos autores, e, ainda, ao porte da empresa recorrida, orientando-se o juiz pelos critérios sugeridos pela doutrina e jurisprudência, com razoabilidade, valendo-se de sua experiência e bom senso, atento à realidade da vida e às peculiaridades de cada caso, de modo a que, de um lado, não haja enriquecimento sem causa de quem recebe a indenização e, de outro lado, haja efetiva compensação pelos danos morais experimentados por aquele que fora lesado. Com efeito, em relação aos danos ambientais, incide a teoria do risco integral, advindo daí o caráter objetivo da responsabilidade, com expressa previsão constitucional (art. 225, § 3º, da CF) e legal (art.14, § 1º, da Lei 6.938/1981), sendo, por conseguinte, descabida a alegação de excludentes de responsabilidade, bastando, para tanto, a ocorrência de resultado prejudicial ao homem e ao ambiente advinda de uma ação ou omissão do responsável (EDcl no REsp 1.346.430-PR, Quarta Turma, DJe 14/2/2013). Ressalte-se que a Lei 6.938/1981, em seu art. 4°, VII, dispõe que, dentre os objetivos da Política Nacional do Meio Ambiente, está "a imposição ao poluidor e ao predador da obrigação de recuperar

e/ou indenizar os danos causados". Mas, para caracterização da obrigação de indenizar, é preciso, além da ilicitude da conduta, que exsurja do dano ao bem jurídico tutelado o efetivo prejuízo de cunho patrimonial ou moral, não sendo suficiente tão somente a prática de um fato *contra legem* ou *contra jus*, ou que contrarie o padrão jurídico das condutas. Assim, a ocorrência do dano moral não reside exatamente na simples ocorrência do ilícito em si, de sorte que nem todo ato desconforme com o ordenamento jurídico enseja indenização por dano moral. O importante é que o ato ilícito seja capaz de irradiar-se para a esfera da dignidade da pessoa, ofendendo-a de forma relativamente significante, sendo certo que determinadas ofensas geram dano moral *in re ipsa*. Na hipótese em foco, de acordo com prova delineada pelas instâncias ordinárias, constatou-se a existência de uma relação de causa e efeito, verdadeira ligação entre o rompimento da barragem com o vazamento de 2 bilhões de litros de dejetos de bauxita e o resultado danoso, caracterizando, assim, dano material e moral. **REsp 1.374.284-MG, Rel. Min. Luis Felipe Salomão, julgado em 27/8/2014. (Inform. STJ 545)**

DIREITO AMBIENTAL. RESPONSABILIDADE CIVIL OBJETIVA POR DANO AMBIENTAL PRIVADO. O particular que deposite resíduos tóxicos em seu terreno, expondo-os a céu aberto, em local onde, apesar da existência de cerca e de placas de sinalização informando a presença de material orgânico, o acesso de outros particulares seja fácil, consentido e costumeiro, responde objetivamente pelos danos sofridos por pessoa que, por conduta não dolosa, tenha sofrido, ao entrar na propriedade, graves queimaduras decorrentes de contato com os resíduos. A responsabilidade civil por danos ambientais, seja por lesão ao meio ambiente propriamente dito (dano ambiental público), seja por ofensa a direitos individuais (dano ambiental privado), é objetiva, fundada na teoria do risco integral, em face do disposto no art. 14, § 1º, da Lei 6.938/1981, que consagra o princípio do poluidor-pagador. A responsabilidade objetiva fundamenta-se na noção de risco social, que está implícito em determinadas atividades, como a indústria, os meios de transporte de massa, as fontes de energia. Assim, a responsabilidade objetiva, calcada na teoria do risco, é uma imputação atribuída por lei a determinadas pessoas para ressarcirem os danos provocados por atividades exercidas no seu interesse e sob seu controle, sem que se proceda a qualquer indagação sobre o elemento subjetivo da conduta do agente ou de seus prepostos, bastando a relação de causalidade entre o dano sofrido pela vítima e a situação de risco criada pelo agente. Imputa-se objetivamente a obrigação de indenizar a quem conhece e domina a fonte de origem do risco, devendo, em face do interesse social, responder pelas consequências lesivas da sua atividade independente de culpa. Nesse sentido, a teoria do risco como cláusula geral de responsabilidade civil restou consagrada no enunciado normativo do parágrafo único do art. 927 do CC, que assim dispôs: "Haverá obrigação de reparar o dano, independentemente de culpa, nos casos especificados em lei, ou quando a atividade normalmente desenvolvida pelo autor do dano implicar, por sua natureza, risco para os direitos de outrem". A teoria do risco integral constitui uma modalidade extremada da teoria do risco em que o nexo causal é fortalecido de modo a não ser rompido pelo implemento das causas que normalmente o abalariam (v.g. culpa da vítima; fato de terceiro, força maior). Essa modalidade é excepcional, sendo fundamento para hipóteses legais em que o risco ensejado pela atividade econômica também é extremado, como ocorre com o dano nuclear (art. 21, XXIII, "c", da CF e Lei 6.453/1977). O mesmo ocorre com o dano ambiental (art. 225, *caput* e § 3º, da CF e art. 14, § 1º, da Lei 6.938/1981), em face da crescente preocupação com o meio ambiente. Nesse mesmo sentido, extrai-se da doutrina que, na responsabilidade civil pelo dano ambiental, não são aceitas as excludentes de fato de terceiro, de culpa da vítima, de caso fortuito ou de força maior. Nesse contexto, a colocação de placas no local indicando a presença de material orgânico não é suficiente para excluir a responsabilidade civil. **REsp 1.373.788-SP, Rel. Min. Paulo de Tarso Sanseverino, julgado em 6/5/2014. (Inform. STJ 544)**

DIREITO PROCESSUAL CIVIL E AMBIENTAL. COMPROVAÇÃO DO EXERCÍCIO DA PESCA PROFISSIONAL PARA LEGITIMAR A PROPOSITURA DE AÇÃO PARA RESSARCIMENTO DE DANO AMBIENTAL. RECURSO REPETITIVO (ART. 543-C DO CPC E RES. 8/2008 DO STJ). Relativamente ao acidente ocorrido no dia 5 de outubro de 2008, quando a indústria Fertilizantes Nitrogenados de Sergipe (Fafen), subsidiária da Petrobras, deixou vazar para as águas do rio Sergipe cerca de 43 mil litros de amônia, que resultou em dano ambiental provocando a morte de peixes, camarões, mariscos, crustáceos e moluscos e consequente quebra da cadeia alimentar do ecossistema fluvial local: para demonstração da legitimidade para vindicar

indenização por dano ambiental que resultou na redução da pesca na área atingida, o registro de pescador profissional e a habilitação ao benefício do seguro-desemprego, durante o período de defeso, somados a outros elementos de prova que permitam o convencimento do magistrado acerca do exercício dessa atividade, são idôneos à sua comprovação. Note-se que, para se habilitar ao benefício do seguro-desemprego, durante o período de defeso, é exigido pelo art. 2º da Lei 10.779/2003 a apresentação ao Ministério do Trabalho e Emprego dos seguintes documentos: "I - registro de pescador profissional devidamente atualizado, emitido pela Secretaria Especial de Aquicultura e Pesca da Presidência da República, com antecedência mínima de um ano da data do início do defeso; II - comprovante de inscrição no Instituto Nacional do Seguro Social - INSS como pescador, e do pagamento da contribuição previdenciária; III - comprovante de que não está em gozo de nenhum benefício de prestação continuada da Previdência ou da Assistência Social, exceto auxílio acidente e pensão por morte; e IV - atestado da Colônia de Pescadores a que esteja filiado, com jurisdição sobre a área onde atue o pescador artesanal, que comprove: a) o exercício da profissão, na forma do art. 1º desta Lei; b) que se dedicou à pesca, em caráter ininterrupto, durante o período compreendido entre o defeso anterior e o em curso; e c) que não dispõe de outra fonte de renda diversa da decorrente da atividade pesqueira. Parágrafo único. O Ministério do Trabalho e Emprego poderá, quando julgar necessário, exigir outros documentos para a habilitação do benefício." **REsp 1.354.536-SE, Rel. Min. Luis Felipe Salomão, julgado em 26/3/2014. (Inform. STJ 538)**

DIREITO CIVIL E AMBIENTAL. RESPONSABILIDADE POR DANOS AMBIENTAIS DECORRENTES DE ACIDENTE CAUSADO POR SUBSIDIÁRIA DA PETROBRAS. RECURSO REPETITIVO (ART. 543-C DO CPC E RES. 8/2008 DO STJ). Relativamente ao acidente ocorrido no dia 5 de outubro de 2008, quando a indústria Fertilizantes Nitrogenados de Sergipe (Fafen), subsidiária da Petrobras, deixou vazar para as águas do rio Sergipe cerca de 43 mil litros de amônia, que resultou em dano ambiental provocando a morte de peixes, camarões, mariscos, crustáceos e moluscos e consequente quebra da cadeia alimentar do ecossistema fluvial local: a responsabilidade por dano ambiental é objetiva, informada pela teoria do risco integral, sendo o nexo de causalidade o fator aglutinante que permite que o risco se integre na unidade do ato, sendo descabida a invocação, pela empresa responsável pelo dano ambiental, de excludentes de responsabilidade civil para afastar a sua obrigação de indenizar. A doutrina menciona que, conforme o art. 14, § 1º, da Lei 6.938/1981, a responsabilidade por dano ambiental é objetiva, tendo por pressuposto a existência de atividade que implique riscos para a saúde e para o meio ambiente, sendo o nexo de causalidade o fator aglutinante que permite que o risco se integre na unidade do ato que é fonte da obrigação de indenizar, de modo que, aquele que explora a atividade econômica coloca-se na posição de garantidor da preservação ambiental, e os danos que digam respeito à atividade estarão sempre vinculados a ela. Por isso descabe a invocação, pelo responsável pelo dano ambiental, de excludentes de responsabilidade civil. No mesmo sentido, há recurso repetitivo do STJ em situação análoga (REsp 1.114.398/PR, Segunda Seção, DJe 16/2/2012). Com efeito, está consolidando no âmbito do STJ a aplicação aos casos de dano ambiental da teoria do risco integral, vindo daí o caráter objetivo da responsabilidade. (AgRg no REsp 1.412.664-SP, Quarta Turma, DJe 11/3/2014, AgRg no AREsp 201.350-PR, Quarta Turma, DJe 8/10/2013). **REsp 1.354.536-SE, Rel. Min. Luis Felipe Salomão, julgado em 26/3/2014. (Inform. STJ 538)**

DIREITO CIVIL E AMBIENTAL. CARÁTER DA RESPONSABILIDADE POR DANOS MORAIS DECORRENTES DE ACIDENTE AMBIENTAL CAUSADO POR SUBSIDIÁRIA DA PETROBRAS. RECURSO REPETITIVO (ART. 543-C DO CPC E RES. 8/2008 DO STJ). Relativamente ao acidente ocorrido no dia 5 de outubro de 2008, quando a indústria Fertilizantes Nitrogenados de Sergipe (Fafen), subsidiária da Petrobras, deixou vazar para as águas do rio Sergipe cerca de 43 mil litros de amônia, que resultou em dano ambiental provocando a morte de peixes, camarões, mariscos, crustáceos e moluscos e consequente quebra da cadeia alimentar do ecossistema fluvial local: é inadequado pretender conferir à reparação civil dos danos ambientais caráter punitivo imediato, pois a punição é função que incumbe ao direito penal e administrativo. O art. 225, § 3º, da CF estabelece que todos têm direito ao meio ambiente ecologicamente equilibrado, bem de uso comum do povo e essencial à sadia qualidade de vida, e que "as condutas e atividades consideradas lesivas ao meio ambiente sujeitarão os infratores, pessoas físicas ou jurídicas, a sanções penais e administrativas,

independentemente da obrigação de reparar os danos causados". Nesse passo, no REsp 1.114.398/PR, (julgado sob o rito do art. 543-C do CPC, DJe 16/2/2012) foi consignado ser patente o sofrimento intenso de pescador profissional artesanal, causado pela privação das condições de trabalho, em consequência do dano ambiental, sendo devida compensação por dano moral, fixada, por equidade. A doutrina realça que, no caso da compensação de danos morais decorrentes de dano ambiental, a função preventiva essencial da responsabilidade civil é a eliminação de fatores capazes de produzir riscos intoleráveis, visto que a função punitiva cabe ao direito penal e administrativo, propugnando que os principais critérios para arbitramento da compensação devem ser a intensidade do risco criado e a gravidade do dano, devendo o juiz considerar o tempo durante o qual a degradação persistirá, avaliando se o dano é ou não reversível, sendo relevante analisar o grau de proteção jurídica atribuído ao bem ambiental lesado. Assim, não há falar em caráter de punição à luz do ordenamento jurídico brasileiro – que não consagra o instituto de direito comparado dos danos punitivos (*punitive damages*) –, haja vista que a responsabilidade civil por dano ambiental prescinde da culpa e que, revestir a compensação de caráter punitivo propiciaria o *bis in idem* (pois, como firmado, a punição imediata é tarefa específica do direito administrativo e penal). Dessa forma, conforme consignado no REsp 214.053-SP, para "se estipular o valor do dano moral devem ser consideradas as condições pessoais dos envolvidos, evitando-se que sejam desbordados os limites dos bons princípios e da igualdade que regem as relações de direito, para que não importe em um prêmio indevido ao ofendido, indo muito além da recompensa ao desconforto, ao desagrado, aos efeitos do gravame suportado" (Quarta Turma, DJ 19/3/2001). Com efeito, na fixação da indenização por danos morais, recomendável que o arbitramento seja feito com moderação, proporcionalmente ao grau de culpa, ao nível socioeconômico dos autores e, ainda, ao porte da empresa recorrida, orientando-se o juiz pelos critérios sugeridos pela doutrina e jurisprudência, com razoabilidade, valendo-se de sua experiência e do bom senso, atento à realidade da vida e às peculiaridades de cada caso. Assim, é preciso ponderar diversos fatores para se alcançar um valor adequado ao caso concreto, para que, de um lado, não haja nem enriquecimento sem causa de quem recebe a indenização e, de outro lado, haja efetiva compensação pelos danos morais experimentados por aquele que fora lesado. **REsp 1.354.536-SE, Rel. Min. Luis Felipe Salomão, julgado em 26/3/2014. (Inform. STJ 538)**

DIREITO CIVIL E AMBIENTAL. VALOR DA INDENIZAÇÃO POR DANOS MORAIS DECORRENTES DE ACIDENTE AMBIENTAL CAUSADO POR SUBSIDIÁRIA DA PETROBRAS. RECURSO REPETITIVO (ART. 543-C DO CPC E RES. 8/2008 DO STJ). Relativamente ao acidente ocorrido no dia 5 de outubro de 2008, quando a indústria Fertilizantes Nitrogenados de Sergipe (Fafen), subsidiária da Petrobras, deixou vazar para as águas do rio Sergipe cerca de 43 mil litros de amônia, que resultou em dano ambiental provocando a morte de peixes, camarões, mariscos, crustáceos e moluscos e consequente quebra da cadeia alimentar do ecossistema fluvial local: em vista das circunstâncias específicas e homogeneidade dos efeitos do dano ambiental verificado no ecossistema do rio Sergipe - afetando significativamente, por cerca de seis meses, o volume pescado e a renda dos pescadores na região afetada -, sem que tenha sido dado amparo pela poluidora para mitigação dos danos morais experimentados e demonstrados por aqueles que extraem o sustento da pesca profissional, não se justifica, em sede de recurso especial, a revisão do *quantum* arbitrado, a título de compensação por danos morais, em R$ 3.000,00. **REsp 1.354.536-SE, Rel. Min. Luis Felipe Salomão, julgado em 26/3/2014. (Inform. STJ 538)**

DIREITO CIVIL E AMBIENTAL. INDENIZAÇÃO POR LUCROS CESSANTES DECORRENTES DE ACIDENTE AMBIENTAL CAUSADO POR SUBSIDIÁRIA DA PETROBRAS. RECURSO REPETITIVO (ART. 543-C DO CPC E RES. 8/2008 DO STJ). Relativamente ao acidente ocorrido no dia 5 de outubro de 2008, quando a indústria Fertilizantes Nitrogenados de Sergipe (Fafen), subsidiária da Petrobras, deixou vazar para as águas do rio Sergipe cerca de 43 mil litros de amônia, que resultou em dano ambiental provocando a morte de peixes, camarões, mariscos, crustáceos e moluscos e consequente quebra da cadeia alimentar do ecossistema fluvial local: o dano material somente é indenizável mediante prova efetiva de sua ocorrência, não havendo falar em indenização por lucros cessantes dissociada do dano efetivamente demonstrado nos autos; assim, se durante o interregno em que foi experimentado os efeitos do dano ambiental, houve o período de "defeso" – incidindo a proibição sobre toda atividade de pesca do lesado –, não há que se cogitar

12. DIREITO AMBIENTAL

em indenização por lucros cessantes durante essa vedação. Nesse passo, o art. 402 do CC estabelece que, salvo as exceções expressamente previstas em lei, as perdas e danos devidos ao credor abrangem, além do que efetivamente perdeu, o que razoavelmente deixou de lucrar por consequência do evento danoso. Esse é o entendimento do STJ (REsp 615.203-MS, Quarta Turma, DJe 8/9/2009; REsp 1.110.417-MA, Quarta Turma, DJe 28/4/2011). Dessarte, tendo sido apurado que, durante o interregno em que foi experimentado os efeitos do dano ambiental, havia o "defeso", em que, a teor do art. 1º, *caput*, da Lei 10.779/2003, é vedada a atividade pesqueira, não há cogitar em indenização por lucros cessantes. Ademais, no caso de recebimento do seguro-desemprego durante o período de "defeso", é bem de ver que o art. 4º, I, II e IV, do mencionado diploma legal estabelece ser proibido o recebimento do benefício simultaneamente ao exercício de atividade remunerada, início de percepção de outra renda ou desrespeito ao período de defeso. **REsp 1.354.536-SE, Rel. Min. Luis Felipe Salomão, julgado em 26/3/2014. (Inform. STJ 538)**

DIREITO PROCESSUAL CIVIL. HONORÁRIOS ADVOCATÍCIOS EM AÇÃO DE INDENIZAÇÃO POR DANOS AMBIENTAIS DECORRENTES DE ACIDENTE CAUSADO POR SUBSIDIÁRIA DA PETROBRAS. RECURSO REPETITIVO (ART. 543-C DO CPC E RES. 8/2008 DO STJ). Relativamente ao acidente ocorrido no dia 5 de outubro de 2008, quando a indústria Fertilizantes Nitrogenados de Sergipe (Fafen), subsidiária da Petrobras, deixou vazar para as águas do rio Sergipe cerca de 43 mil litros de amônia, que resultou em dano ambiental provocando a morte de peixes, camarões, mariscos, crustáceos e moluscos e consequente quebra da cadeia alimentar do ecossistema fluvial local: no caso concreto, os honorários advocatícios, fixados em 20% do valor da condenação arbitrada para o acidente – em atenção às características específicas da demanda e à ampla dilação probatória – não se justifica a sua revisão, em sede de recurso especial. **REsp 1.354.536-SE, Rel. Min. Luis Felipe Salomão, julgado em 26/3/2014. (Inform. STJ 538)**

DIREITO AMBIENTAL E CIVIL. INEXISTÊNCIA DE DANO MORAL DECORRENTE DA NÃO CONCESSÃO DE AUTORIZAÇÃO PARA A REALIZAÇÃO DE DESMATAMENTO E QUEIMADA. Não gera dano moral a conduta do Ibama de, após alguns anos concedendo autorizações para desmatamento e queimada em determinado terreno com a finalidade de preparar o solo para atividade agrícola, deixar de fazê-lo ao constatar que o referido terreno integra área de preservação ambiental. Isso porque a negativa da autarquia recorrente em conceder novas autorizações para queimada e desmatamento constitui a harmonização de dois valores constitucionais supremos: de um lado, o desenvolvimento do trabalho rural como fator de dignificação da pessoa humana, de erradicação da pobreza e de valorização do núcleo familiar; de outro, a preservação do meio ambiente ecologicamente equilibrado como condição de continuidade do desenvolvimento da própria atividade rural. Diante das inúmeras implicações negativas que o uso do fogo traz ao meio ambiente em geral, não se pode considerar que atenda à função social a exploração da terra que provoque danos à saúde, empobrecimento gradual do solo, perda de biodiversidade, danos à rede de transmissão elétrica, entre outros, pois essas "externalidades" não preenchem as exigências do art. 186, I e II, da CF. Com efeito, o atendimento pleno da função social da propriedade requer que a propriedade seja aproveitada de modo racional e adequado, os recursos naturais disponíveis sejam adequadamente utilizados e a preservação do meio ambiente seja observada. Desse modo, o art. 186 está perfeitamente harmonizado com os arts. 5º, XXII, e 225 da CF, pelos quais o agricultor não se escusa do dever de preservar o meio ambiente a pretexto de exercer seu direito constitucional de propriedade. Isso porque, ao mesmo tempo em que o art. 225 da CF prevê a titularidade coletiva do direito ao meio ambiente, determina também que é dever de toda a sociedade defendê-lo e preservá-lo, nela incluído, portanto, o próprio agricultor, que está constitucionalmente comprometido com a exploração sustentável da agricultura. Como se pode depreender, o agricultor é simultaneamente agente agressor do meio ambiente e titular do direito difuso à preservação ambiental contra suas próprias técnicas agropastoris. Assim, não se legitima a pretensão indenizatória que busca responsabilizar o Poder Público por proteger o próprio agricultor – na qualidade de titular coletivo do direito ao meio ambiente ecologicamente equilibrado – contra os danos provocados pelas suas próprias técnicas de plantio. Além disso, a simples vedação da utilização de técnica degradadora no preparo do solo não impede que se dê continuidade à atividade agrícola com o uso sustentável de técnicas alternativas à queima e ao desmatamento. A excepcionalidade do emprego do fogo leva à inarredável conclusão de que se trata de uma técnica de uso residual, subsidiário, devendo ser preferidas as formas de preparo do solo que privilegiem a exploração agrícola sustentável. Ademais, a concessão de autorização para queimada e desmatamento nos anos anteriores não gera um direito para o agricultor, pois a negativa configura nítido exercício do poder de autotutela (Súmula 473 do STF), por meio do qual a Administração Pública busca justamente recompor a legalidade do ato administrativo. Por fim, ganha substancial relevo o princípio da supremacia do interesse público sobre o privado, porque a limitação imposta pelo Poder Público quanto à forma de exploração da propriedade constitui medida restritiva a um direito individual que, todavia, reverte positivamente em favor de um direito de titularidade difusa – o meio ambiente. Posto isso, a eliminação dos fatores de agressão ao meio ambiente, muito antes de obstar a exploração agrícola ou mesmo reduzir sua produtividade, objetiva, justamente, garantir a existência de condições futuras para a continuidade do desenvolvimento da atividade de campo. **REsp 1.287.068-RR, Rel. Min. Herman Benjamin, julgado em 10/9/2013. (Inform. STJ 531)**

6. RESPONSABILIDADE ADMINISTRATIVA AMBIENTAL

DIREITO AMBIENTAL. APLICAÇÃO DE MULTA INDEPENDENTEMENTE DE PRÉVIA ADVERTÊNCIA POR INFRAÇÃO AMBIENTAL GRAVE. Configurada infração ambiental grave, é possível a aplicação da pena de multa sem a necessidade de prévia imposição da pena de advertência (art. 72 da Lei 9.605/1998). De fato, na imposição de penalidade por infração ambiental, a gradação das penalidades é imposta pela própria Lei 9.605/1988, que obriga a autoridade competente a observar, primeiramente, a gravidade do fato e, posteriormente, os antecedentes do infrator e a sua situação econômica (arts. 6º da Lei 9.605/1998 e 4º do Decreto 6.514/2008). Esses são os critérios norteadores do tipo de penalidade a ser imposta. Feitas essas considerações, insta expor que a penalidade de advertência a que alude o art. 72, § 3º, I, da Lei 9.605/1998 tem aplicação tão somente nas infrações de menor potencial ofensivo, justamente porque ostenta caráter preventivo e pedagógico. Assim, na hipótese de infração de pequena intensidade, perfaz-se acertado o emprego de advertência e, caso não cessada e não sanada a violação, passa a ser cabível a aplicação de multa. Porém, no caso de transgressão grave, a aplicação de simples penalidade de advertência atentaria contra os princípios informadores do ato sancionador, quais sejam, a proporcionalidade e a razoabilidade. **REsp 1.318.051-RJ, Rel. Min. Benedito Gonçalves, julgado em 17/3/2015, DJe 12/5/2015 (Inform. STJ 561).**

AMBIENTAL. PESCA. INFRAÇÃO. LEI N. 9.605/1998. CARACTERIZAÇÃO. Trata-se, na origem, de ação ajuizada a fim de anular auto de infração lavrado com base nos arts. 34 e 35 da Lei n. 9.605/1998, uma vez que o recorrido largou uma rede em um rio, em época de piracema, por assustar-se com a presença de agentes. O Min. Relator asseverou que a Administração Pública é regida pelo princípio da legalidade e, em especial, no exercício de atividade sancionadora, da tipicidade/taxatividade, de modo que, se ela não comprova, na esfera judicial, que foi correta a qualificação jurídica feita no lançamento, a autuação não pode subsistir. Todavia, no caso, a autuação foi correta ao enquadrar a ação do infrator. O próprio legislador cuidou, no art. 36, de enunciar o que deve ser entendido como pesca: "ato tendente a retirar, extrair, coletar, apanhar, apreender ou capturar espécimes dos grupos dos peixes". Assim, ao analisar as condutas previstas nos arts. 34 e 35 e o conceito de pesca disposto no art. 36, a Turma concluiu que o recorrido, ao abandonar uma rede (material proibido e predatório) em um rio, em época de piracema, pescou, uma vez que, pela análise de todo o contexto apresentado no acórdão, houve a demonstração de prática de ato tendente a retirar peixe ou qualquer das outras espécies de seu *habitat* próprio elencadas no art. 36. **REsp 1.223.132-PR, Rel. Min. Mauro Campbell Marques, julgado em 5/6/2012. (Inform. STJ 499)**

Súmula STJ nº 467

Prescreve em cinco anos, contados do término do processo administrativo, a pretensão da Administração Pública de promover a execução da multa por infração ambiental.

13. DIREITO DA CRIANÇA E DO ADOLESCENTE

1. PRINCÍPIOS

EMENTA: <u>CRIANÇAS E ADOLESCENTES</u>. <u>DEVER DE PROTEÇÃO INTEGRAL</u> <u>À INFÂNCIA E À JUVENTUDE</u>. <u>OBRIGAÇÃO CONSTITUCIONAL QUE SE IMPÕE AO PODER PÚBLICO</u>. CRIAÇÃO <u>DE DOIS NOVOS CONSELHOS TUTELARES E DISPONIBILIZAÇÃO</u>, PELO MUNICÍPIO DE FLORIANÓPOLIS, DE RECURSOS MATERIAIS E HUMANOS AOS CONSELHOS JÁ EXISTENTES (SETORES ILHA E CONTINENTE). <u>CONFIGURAÇÃO</u>, NO CASO, <u>DE TÍPICA</u> <u>HIPÓTESE DE OMISSÃO INCONSTITUCIONAL IMPUTÁVEL</u> AO MUNICÍPIO. <u>DESRESPEITO À CONSTITUIÇÃO</u> PROVOCADO <u>POR INÉRCIA ESTATAL</u> (RTJ 183/818-819). COMPORTAMENTO <u>QUE TRANSGRIDE</u> A AUTORI- DADE DA LEI FUNDAMENTAL (<u>RTJ</u> 185/794-796). IMPOSSIBILIDADE <u>DE INVOCAÇÃO</u>, <u>PELO PODER PÚBLICO</u>, DA <u>CLÁUSULA DA RESERVA DO POSSÍVEL SEMPRE</u> QUE PUDER RESULTAR, DE SUA APLICAÇÃO, COMPROMETIMENTO DO NÚCLEO BÁSICO <u>QUE QUALIFICA O MÍNIMO EXISTENCIAL</u> (RTJ 200/191-197). O PAPEL DO PODER JUDICIÁRIO <u>NA IMPLEMENTAÇÃO</u> DE POLÍTICAS PÚBLICAS <u>INSTITUÍDAS</u> PELA CONS- TITUIÇÃO <u>E NÃO EFETIVADAS</u> PELO PODER PÚBLICO. <u>A FÓRMULA DA RESERVA DO POSSÍVEL</u> NA PERSPECTIVA DA TEORIA DOS CUSTOS DOS DIREITOS: <u>IMPOSSIBILIDADE</u> DE SUA INVOCAÇÃO <u>PARA LEGITIMAR O INJUSTO INADIMPLEMENTO</u> DE DEVERES ESTATAIS DE PRESTAÇÃO CONSTITUCIONALMENTE IMPOSTOS AO ESTADO. A TEORIA DA "<u>RES-</u> <u>TRIÇÃO DAS RESTRIÇÕES</u>" (OU DA "<u>LIMITAÇÃO DAS LIMITAÇÕES</u>"). <u>CARÁTER COGENTE E VINCULANTE</u> DAS NORMAS CONSTITUCIONAIS, <u>INCLUSIVE DAQUELAS DE CONTEÚDO PROGRAMÁTICO, QUE VEICULAM</u> DIRETRIZES DE POLÍTICAS PÚBLICAS (<u>CF</u>, ART. 227). <u>A COLMATAÇÃO</u> DE OMISSÕES INCONSTITUCIONAIS <u>COMO NECESSIDADE</u> INSTITUCIONAL FUNDADA EM COMPORTAMENTO <u>AFIRMATIVO</u> DOS JUÍZES <u>E</u> TRIBUNAIS E <u>DE QUE RESULTA UMA POSITIVA</u> CRIAÇÃO JURISPRUDENCIAL DO DI- REITO. <u>CONTROLE JURISDICIONAL DE LEGITIMIDADE</u> SOBRE A OMISSÃO DO ESTADO: <u>ATIVIDADE DE FISCALIZAÇÃO JUDICIAL</u> QUE SE JUSTIFICA PELA NECESSIDADE DE OBSERVÂNCIA <u>DE CERTOS</u> PARÂMETROS CONSTITUCIONAIS (<u>PROIBIÇÃO</u> DE RETROCESSO SOCIAL, <u>PROTEÇÃO</u> AO MÍNIMO EXISTENCIAL, <u>VEDAÇÃO</u> DA PROIBIÇÃO INSUFICIENTE <u>E PROIBIÇÃO DE EXCESSO</u>). <u>DOUTRINA</u>. <u>PRECEDENTES</u> DO SUPREMO TRIBUNAL FEDERAL <u>EM TEMA</u> DE IMPLEMENTAÇÃO DE POLÍTICAS PÚBLICAS DELINEADAS NA CONSTITUIÇÃO DA REPÚBLICA (<u>RTJ</u> 174/687 – <u>RTJ</u> 175/1212-1213 – <u>RTJ</u> 199/1219-1220). POSSIBILIDADE <u>JURÍDICO-</u> <u>-PROCESSUAL</u> DE UTILIZAÇÃO DAS "ASTREINTES" (<u>CPC</u>, ART. 461, § 5º) <u>COMO MEIO COERCITIVO INDIRETO</u>. <u>DOUTRINA</u>. <u>JURISPRUDÊNCIA</u>. <u>PRECEDENTE DO STF</u>. RECURSO EXTRAORDINÁRIO DO MINISTÉRIO PÚBLICO ESTADUAL <u>CONHECIDO E PROVIDO</u>. RE 488208/SC, rel. Min. Celso de Mello, J. em 1º.07.2013. (Inform. STF 720)

DIREITO DA CRIANÇA E DO ADOLESCENTE. DIREITO À INFORMAÇÃO E À DIGNIDADE. VEICULAÇÃO DE IMAGENS CONSTRANGEDORAS.
É vedada a veiculação de material jornalístico com imagens que envol- vam criança em situações vexatórias ou constrangedoras, ainda que não se mostre o rosto da vítima. A exibição de imagens com cenas de espancamento e de tortura praticados por adulto contra infante afronta a dignidade da criança exposta na reportagem, como também de todas as crianças que estão sujeitas a sua exibição. O direito constitucional à informação e à vedação da censura não é absoluto e cede passo, por juízo de ponderação, a outros valores fundamentais também protegidos constitucionalmente, como a proteção da imagem e da dignidade das crianças e dos adolescentes (arts. 5º, V, X, e 227 da CF). Assim, esses direitos são restringidos por lei para a proteção dos direitos da infância, conforme os arts. 15, 17 e 18 do ECA. **REsp 509.968-SP, Rel. Min. Ricardo Villas Bôas Cueva, julgado em 6/12/2012. (Inform. STJ 511).**

2. DIREITO À CONVIVÊNCIA FAMILIAR

DIREITO DA CRIANÇA E DO ADOLESCENTE. ADOÇÃO DE CRIANÇA POR PESSOA HOMOAFETIVA.
É possível a inscrição de pessoa homoafetiva no registro de pessoas interessadas na adoção (art. 50 do ECA), independentemente da idade da criança a ser adotada. A legislação não veda a adoção de crianças por solteiros ou casais homoafetivos, tampouco impõe, nessas hipóteses, qual- quer restrição etária. Ademais, sendo a união entre pessoas do mesmo sexo reconhecida como uma unidade familiar, digna de proteção do Estado, não se vislumbra, no contexto do "pluralismo familiar" (REsp 1.183.378-RS, DJe 1º/2/2012), pautado nos princípios da igualdade e da dignidade da pessoa humana, a possibilidade de haver qualquer distinção de direitos ou exigências legais entre as parcelas homoafetiva (ou demais minorias) e heteroafetiva da população brasileira. Além disso, mesmo se se analisar sob o enfoque do menor, não há, em princípio, restrição de qualquer tipo à adoção de crianças por pessoas homoafetivas. Isso porque, segundo a legislação vigente, caberá ao prudente arbítrio do magistrado, sempre sob a ótica do melhor interesse do menor, observar todas as circunstâncias presentes no caso concreto e as perícias e laudos produzidos no decorrer do processo de adoção. Nesse contexto, o bom desempenho e bem-estar da criança estão ligados ao aspecto afetivo e ao vínculo existente na unidade familiar, e não à opção sexual do adotante. Há, inclusive, julgado da Terceira Turma do STJ no qual se acolheu entendimento doutrinário no sentido de que "Estudos feitos no âmbito da Psicologia afirmam que pesquisas '[...] têm demonstrado que os filhos de pais ou mães homossexuais não apresentam comprometimento e problemas em seu desenvolvimento psicossocial quando comparados com filhos de pais e mães heterossexuais. O ambiente familiar sustentado pelas famílias homo e heterossexuais para o bom desenvolvimento psicossocial das crianças parece ser o mesmo'" (REsp 1.281.093-SP, DJe 4/2/2013). No mesmo sentido, em precedente da Quarta Turma do STJ (REsp 889.852, DJe 10/8/2010), afirmou-se que "os diversos e respeitados estudos especializados sobre o tema, fundados em fortes bases científicas (realizados na Universidade de Virgínia, na Universidade de Valência, na Academia Americana de Pediatria), 'não indicam qualquer inconveniente em que crianças sejam adotadas por casais homossexuais, mais importando a qualidade do vínculo e do afeto que permeia o meio familiar em que serão inseridas e que as liga a seus cuidadores'". **REsp 1.540.814-PR, Rel. Min. Ricardo Villas Bôas Cueva, julgado em 18/8/2015, DJe 25/8/2015 (Inform. STJ 567).**

DIREITO DA CRIANÇA E DO ADOLESCENTE. HIPÓTESE DE ADOÇÃO DE DESCENDENTE POR ASCENDENTES. **Admitiu-se, excepcionalmente, a adoção de neto por avós, tendo em vista as seguintes particularidades do caso analisado: os avós haviam adotado a mãe biológica de seu neto aos oito anos de idade, a qual já estava grávida do adotado em razão de abuso sexual; os avós já exercem, com exclusividade, as funções de pai e mãe do neto desde o seu nascimento; havia filiação socioafetiva entre neto e avós; o adotado, mesmo sabendo de sua origem biológica, reconhece os adotantes como pais e trata a sua mãe biológica como irmã mais velha; tanto adotado quanto sua mãe biológica concordaram expressamente com a adoção; não há perigo de confusão mental e emocional a ser gerada no adotando; e não havia predominância de interesse econômico na pretensão de adoção.** De fato, a adoção de descendentes por ascendentes passou a ser censurada sob o fundamento de que, nessa modalidade, havia a *predominância do interesse econômico*, pois as referidas adoções visavam, principalmente, à possibilidade de se deixar uma pensão em caso de falecimento, até como ato de gratidão, quando se adotava quem havia prestado ajuda durante períodos difíceis. Ademais, fundamentou-se a inconveniência dessa modalidade de adoção no argumento de que haveria quebra da harmonia familiar e confusão entre os graus de parentesco, inobservando-se a ordem natural existente entre parentes. Atento a essas críticas, o legislador editou o § 1º do art. 42 do

ECA, segundo o qual "Não podem adotar os ascendentes e os irmãos do adotando", visando evitar que o instituto fosse indevidamente utilizado com intuitos meramente patrimoniais ou assistenciais, bem como buscando proteger o adotando em relação a eventual *confusão mental e patrimonial* decorrente da *transformação* dos avós em pais e, ainda, com a justificativa de proteger, essencialmente, o interesse da criança e do adolescente, de modo que não fossem verificados apenas os fatores econômicos, mas principalmente o lado psicológico que tal modalidade geraria no adotado. No caso em análise, todavia, é inquestionável a possibilidade da mitigação do § 1º do art. 42 do ECA, haja vista que esse dispositivo visa atingir situação distinta da aqui analisada. Diante da leitura do art. 1º do ECA ("Esta Lei dispõe sobre a proteção integral à criança e ao adolescente") e do art. 6º desse mesmo diploma legal ("Na interpretação desta Lei levar-se-ão em conta os fins sociais a que ela se dirige, as exigências do bem comum, os direitos e deveres individuais e coletivos, e a condição peculiar da criança e do adolescente como pessoas em desenvolvimento"), deve-se conferir prevalência aos princípios da *proteção integral* e da *garantia do melhor interesse do menor*. Ademais, o § 7º do art. 226 da CF deu ênfase à família, como forma de garantir a dignidade da pessoa humana, de modo que o direito das famílias está ligado ao princípio da dignidade da pessoa humana de forma molecular. É também com base em tal princípio que se deve solucionar o caso analisado, tendo em vista se tratar de supraprincípio constitucional. Nesse contexto, não se pode descuidar, no direito familiar, de que as estruturas familiares estão em mutação e, para se lidar com elas, não bastam somente as leis. É necessário buscar subsídios em diversas áreas, levando-se em conta aspectos individuais de cada situação e os direitos de 3ª Geração. Dessa maneira, não cabe mais ao Judiciário fechar os olhos à realidade e fazer da letra do § 1º do art. 42 do ECA tábula rasa à realidade, de modo a perpetuar interpretação restrita do referido dispositivo, aplicando-o, por consequência, de forma estrábica e, dessa forma, pactuando com a injustiça. No caso analisado, não se trata de mero caso de adoção de neto por avós, mas sim de regularização de filiação socioafetiva. Deixar de permitir a adoção em apreço implicaria inobservância aos interesses básicos do menor e ao princípio da dignidade da pessoa humana. **REsp 1.448.969-SC, Rel. Min. Moura Ribeiro, julgado em 21/10/2014. (Inform. STJ 551)**

3. PREVENÇÃO

DIREITO DA CRIANÇA E DO ADOLESCENTE. NEGATIVA DE EMBARQUE DE CRIANÇA PARA O EXTERIOR.
É lícita a conduta de companhia aérea consistente em negar o embarque ao exterior de criança acompanhada por apenas um dos pais, desprovido de autorização na forma estabelecida no art. 84 do ECA, ainda que apresentada – conforme estabelecido em portaria da vara da infância e da juventude – autorização do outro genitor escrita de próprio punho e elaborada na presença de autoridade fiscalizadora no momento do embarque. Isso porque, quando se tratar de viagem para o exterior, exige-se a autorização judicial, que somente é dispensada se a criança ou o adolescente estiverem acompanhados de ambos os pais ou responsáveis, ou se viajarem na companhia de um deles, com autorização expressa do outro por meio de documento com firma reconhecida (art. 84 do ECA). Dessa forma, portaria expedida pela vara da infância e juventude que estabeleça a possibilidade de autorização do outro cônjuge mediante escrito de próprio punho elaborado na presença das autoridades fiscalizadoras no momento do embarque não tem a aptidão de suprir a forma legalmente exigida para a prática do ato. Ademais, deve-se ressaltar que o poder normativo da justiça da infância e da juventude deve sempre observar o princípio da proteção integral da criança e do adolescente e, sobretudo, as regras expressas do diploma legal regente da matéria. Além disso, é válido mencionar que, não obstante o País tenha passado por uma onda de desburocratização, a legislação deixou clara a ressalva de que o reconhecimento de firma não seria dispensado quando exigido em lei, bem como que a dispensa seria exclusivamente para documentos a serem apresentados à administração direta e indireta (art. 1º do Dec. 63.166/1968, art. 2º do Dec. 83.936/1979 e art. 9º do Dec. 6.932/2009). **REsp 1.249.489-MS, Rel. Min. Luiz Felipe Salomão, julgado em 13/8/2013. (Inform. STJ 529)**

4. MEDIDAS SOCIOEDUCATIVAS E ATO INFRACIONAL – DIREITO MATERIAL

HC N. 126.910-SP
RELATOR: MIN. GILMAR MENDES
Habeas corpus. 2. Ato infracional equiparado a tráfico e associação para tráfico ilícito de entorpecentes (arts. 33 e 35 da Lei 11.343/2006). 3. Imposição de medida socioeducativa de internação. 4. Ausência de prévia manifestação das instâncias precedentes. Dupla supressão de instância. Superação. 5. Conduta que não se amolda a nenhuma das situações descritas no art. 122 do ECA. Ausência de violência ou grave ameaça ou reiteração. 6. Concessão da ordem, confirmando a liminar deferida para substituir a internação por liberdade assistida. Extensão da decisão colegiada ao outro adolescente em razão da identidade da situação processual (art. 580 do CPP). **(Inform. STF 785)**

HC N. 123.445-MG
RELATOR: MIN. GILMAR MENDES
Habeas Corpus. 2. Medida socioeducativa. Semiliberdade. 3. Adequação e proporcionalidade da medida a alcançar os objetivos do Estatuto da Criança e do Adolescente. 4. Medida aplicada diante de elementos concretos justificadores. 5. Ordem denegada. **(Inform. STF 761)**

DIREITO DA CRIANÇA E DO ADOLESCENTE. HIPÓTESE DE NÃO UNIFICAÇÃO DE MEDIDAS SOCIOEDUCATIVAS.
O adolescente que cumpria medida de internação e foi transferido para medida menos rigorosa não pode ser novamente internado por ato infracional praticado antes do início da execução, ainda que cometido em momento posterior aos atos pelos quais ele já cumpre medida socioeducativa. Dispõe o caput do art. 45 da Lei 12.594/2012 que: "Se, no transcurso da execução, sobrevier sentença de aplicação de nova medida, a autoridade judiciária procederá à unificação, ouvidos, previamente, o Ministério Público e o defensor, no prazo de 3 (três) sucessivos, decidindo-se em igual prazo". Já em seu § 1º, tem-se que "É vedado à autoridade judiciária determinar reinício de cumprimento de medida socioeducativa, ou deixar de considerar os prazos máximos, e de liberação compulsória previstos na Lei n.º 8.069, de 13 de julho de 1990 (Estatuto da Criança e do Adolescente), excetuada a hipótese de medida aplicada por ato infracional praticado durante a execução". Por sua vez, dispõe o § 2º que "É vedado à autoridade judiciária aplicar nova medida de internação, por atos infracionais praticados anteriormente, a adolescente que já tenha concluído cumprimento de medida socioeducativa dessa natureza, ou que tenha sido transferido para cumprimento de medida menos rigorosa, sendo tais atos absorvidos por aqueles aos quais se impôs a medida socioeducativa extrema". Neste preceito normativo, foram traçadas as regras a serem seguidas no caso de superveniência de nova medida socioeducativa em duas situações distintas, quais sejam, por ato infracional praticado durante a execução da medida e por fato cometido antes do início do cumprimento desta. Veja-se que o § 1º do preceito aludido expressamente excepciona a aplicação de seu regramento nas hipóteses de superveniência de medida em razão de ato infracional que tenha sido "praticado durante a execução". Em seguida, em seu § 2º, o legislador fixa uma limitação à aplicação de nova medida extrema, sendo esta vedada em razão de atos infracionais "praticados anteriormente". Em uma interpretação sistemática na norma contida no § 2º, deve-se entender que esta vedação se refere à prática de ato infracional cometido antes do início da execução a que se encontra submetido o menor. Com efeito, o retorno do adolescente à internação após demonstrar que está em recuperação – que já tenha cumprido medida socioeducativa dessa natureza ou que tenha apresentado méritos para progredir para medida em meio aberto – significaria um retrocesso em seu processo de ressocialização. Deve-se ter em mente que, nos termos do ECA, em relação ao menor em conflito com a lei, não existe pretensão punitiva, mas educativa, considerando-se a "condição peculiar da criança e do adolescente como pessoas em desenvolvimento" (art. 6º), sujeitos à proteção integral (art. 1º). Mister considerar, ainda, os princípios que regem a aplicação da medida socioeducativa extrema, quais sejam, da excepcionalidade e do respeito à condição peculiar do jovem em desenvolvimento (art. 121 do ECA), segundo os quais aquela somente deverá ser aplicada como ultima ratio, ou seja, quando outras não forem suficientes à sua recuperação. Conclui-se, pois, que o termo "anteriormente" contido no

13. DIREITO DA CRIANÇA E DO ADOLESCENTE

§ 2º do art. 45 da Lei 12.594/2012 refere-se ao início da execução, não à data da prática do ato infracional que originou a primeira medida extrema imposta. **HC 274.565-RJ, Rel. Min. Jorge Mussi, julgado em 12/5/2015, DJe 21/5/2015 (Inform. STJ 562).**

DIREITO DA CRIANÇA E DO ADOLESCENTE. REITERAÇÃO NA PRÁTICA DE ATOS INFRACIONAIS GRAVES PARA APLICAÇÃO DA MEDIDA DE INTERNAÇÃO. Para se configurar a "reiteração na prática de atos infracionais graves" (art. 122, II, do ECA) – uma das taxativas hipóteses de aplicação da medida socioeducativa de internação –, não se exige a prática de, no mínimo, três infrações dessa natureza. Com efeito, de acordo com a jurisprudência do STF, não existe fundamento legal para essa exigência. O aplicador da lei deve analisar e levar em consideração as peculiaridades de cada caso concreto para uma melhor aplicação do direito. O magistrado deve apreciar as condições específicas do adolescente – meio social onde vive, grau de escolaridade, família – dentre outros elementos que permitam uma maior análise subjetiva do menor. Precedente citado do STJ: HC 231.170-SP, Quinta Turma, DJe 19/4/2013. Precedente citado do STF: HC 84.218-SP, Primeira Turma, DJe 18/4/2008. **HC 280.478-SP, Rel. Min. Marco Aurélio Bellizze, julgado em 18/2/2014. (Inform. STJ 536)**

ECA: estudo do caso e medida de internação - 1

Ante a inadequação da via eleita, a 1ª Turma extinguiu *habeas corpus* em que a defesa pleiteava a nulidade do processo em virtude da ausência de realização de estudo do caso por equipe multidisciplinar para fins de fixação de medida socioeducativa (ECA: *"Art. 186. Comparecendo o adolescente, seus pais ou responsável, a autoridade judiciária procederá à oitiva dos mesmos, podendo solicitar opinião de profissional qualificado ... § 2º Sendo o fato grave, passível de aplicação de medida de internação ou colocação em regime de semiliberdade, a autoridade judiciária, verificando que o adolescente não possui advogado constituído, nomeará defensor, designando, desde logo, audiência em continuação, podendo determinar a realização de diligências e estudo do caso"*). Na situação em comento, tratava-se de menor que perpetrara atos infracionais correspondentes a 2 tentativas e 2 homicídios qualificados, em conjunto com outro adolescente e 3 agentes maiores de idade. De início, assentou-se ser o feito substitutivo de recurso ordinário constitucional. **HC 107473/MG, rel. Min. Rosa Weber, 11.12.2012. (HC-107473)**

ECA: estudo do caso e medida de internação - 2

Ato contínuo, rejeitou-se proposta formulada pelo Min. Marco Aurélio de concessão, de ofício, da ordem. O Colegiado inferiu não haver na espécie manifesta ilegalidade ou teratologia. Ponderou-se, para tanto, que, embora a medida de internação fosse excepcional e se pudesse até razoavelmente divergir acerca de sua pertinência em oportunidades limítrofes, a prática de condutas graves com violência extremada contra pessoa a justificaria. Considerou-se não haver falar em nulidade de processo por falta de laudo técnico, uma vez que este consistiria faculdade do magistrado e a conclusão judicial teria arrimo em outros elementos constantes dos autos. Demais disso, assinalou-se que o estudo seria apenas subsídio para auxiliar o juiz, especialmente para avaliar a medida socioeducativa mais adequada. O Min. Marco Aurélio reputava essencial a existência de relatório de equipe interprofissional à valia de ato a ser praticado, principalmente quando fosse o de internação. Acentuava observar a forma imposta no § 4º do art. 186 do Estatuto (*"Na audiência em continuação, ouvidas as testemunhas arroladas na representação e na defesa prévia, cumpridas as diligências e juntado o relatório da equipe interprofissional, será dada a palavra ao representante do Ministério Público e ao defensor, sucessivamente, pelo tempo de vinte minutos para cada um, prorrogável por mais dez, a critério da autoridade judiciária, que em seguida proferirá decisão"*). **HC 107473/MG, rel. Min. Rosa Weber, 11.12.2012. (HC-107473) (Inform. STF 692).**

🖹 Súmula STJ nº 492

O ato infracional análogo ao tráfico de drogas, por si só, não conduz obrigatoriamente à imposição de medida socioeducativa de internação do adolescente.

5. ATO INFRACIONAL – DIREITO PROCESSUAL

Menor e parecer psicossocial

Parecer psicossocial, que não se reveste de caráter vinculante, é elemento informativo para auxiliar o magistrado na avaliação da medida socioeducativa mais adequada a ser aplicada. Com base nessa orientação, a 1ª Turma negou provimento a recurso ordinário em "habeas corpus" em que pretendida a progressão da medida socioeducativa de internação. Na espécie, o Ministério Público estadual oferecera representação em face do recorrente pela suposta prática de atos infracionais equivalentes aos crimes de homicídio qualificado, na forma tentada, roubo majorado, formação de quadrilha e dano. O Tribunal "a quo" mantivera o indeferimento do benefício com base na fuga noticiada nos autos e na reiteração do reeducando em atos infracionais graves e com violência à pessoa. A Turma asseverou que a decisão recorrida fora lastreada em fundamentação idônea, observada a condição peculiar do adolescente em desenvolvimento. **RHC 126205/PE, rel. Min. Rosa Weber, 24.3.2015. (RHC-1262015) (Inform. STF 779)**

DIREITO DA CRIANÇA E DO ADOLESCENTE. POSSIBILIDADE DE TRANSFERÊNCIA DE ADOLESCENTE SUBMETIDO À INTERNAÇÃO PARA ESTABELECIMENTO SITUADO EM LOCAL DIVERSO DAQUELE EM QUE RESIDAM SEUS PAIS. Na hipótese em que a internação inicial de adolescente infrator se dá em estabelecimento superlotado situado em local diverso daquele onde residam seus pais, é possível a transferência do reeducando para outro centro de internação localizado, também, em lugar diverso do da residência de seus pais. Reconhecendo a importância da família no processo de ressocialização do adolescente, o art. 124, VI, do ECA garante ao adolescente infrator sob o regime de internação o direito de ser custodiado no local ou na localidade mais próxima do domicílio de seus pais. Entretanto, esse direito não é absoluto, como nenhum outro o é no Estado Democrático de Direito, podendo ser afastado em casos excepcionais. Na hipótese, o adolescente encontrava-se, inicialmente, internado em estabelecimento localizado em município diverso daquele em que residia, pois neste não havia centro de internação. Posteriormente, em razão da superlotação do estabelecimento em que se encontrava, o adolescente foi transferido para outro centro de internação localizado em município também diverso da residência de seus pais. Nesse contexto, a transferência de adolescente infrator para localidade diversa daquela em que iniciou o cumprimento de sua internação não é ilegal, pois a manutenção de adolescente em unidade de internação superlotada pode gerar problemas de ressocialização do infrator, o qual poderia ficar sem condições mínimas de higiene e habitabilidade, além da ausência de ações socioeducativas adequadas nos moldes preconizados pelo ECA. Ademais, não se mostra razoável a manutenção de adolescente em unidade de internação com instalações em estado calamitoso e incapaz de manter e educar o adolescente submetido à medida socioeducativa de maneira adequada, sob o argumento de mantê-lo próximo a sua família a todo custo. Além disso, é razoável o critério adotado pela Administração para transferir o infrator, uma vez que, não sendo residente naquela localidade, foi transferido para outra comarca para que os outros adolescentes que morassem naquele município pudessem continuar ali internados. Por fim, tão logo seja possível, deve o adolescente ser colocado em uma unidade de internação sem superlotação próxima à residência de sua família, para facilitar o convívio e a ressocialização. **HC 287.618-MG, Rel. Min. Sebastião Reis Júnior, julgado em 13/5/2014. (Inform. STJ 542)**

Vara especializada e competência

É constitucional lei estadual que confere poderes ao Conselho da Magistratura para atribuir aos juizados da infância e juventude competência para processar e julgar crimes de natureza sexual praticados contra criança e adolescente, nos exatos limites da atribuição que a Constituição Federal confere aos tribunais. Com base nesse entendimento, a 2ª Turma denegou *habeas corpus* em que se discutia a incompetência absoluta de vara especializada para processar e julgar o paciente pela suposta prática de delito de atentado violento ao pudor contra menor (CP, artigos 214 e 224). Reputou-se que não haveria violação aos princípios constitucionais da legalidade, do juiz natural e do devido processo legal, visto que a leitura interpretativa do art. 96, I, a, da CF admitiria a alteração da competência dos órgãos do Poder Judiciário por deliberação dos tribunais. Consignou-

-se que a especialização de varas consistiria em alteração de competência territorial em razão da matéria, e não em alteração de competência material, regida pelo art. 22 da CF.
HC 113018/RS, rel. Min. Ricardo Lewandowski, 29.10.2013. (HC-113018) (Inform. STF 726)

DIREITO DA CRIANÇA E DO ADOLESCENTE. POSSIBILIDADE DE CUMPRIMENTO IMEDIATO DE MEDIDA SOCIOEDUCATIVA IMPOSTA EM SENTENÇA. Nos processos decorrentes da prática de atos infracionais, é possível que a apelação interposta pela defesa seja recebida apenas no efeito devolutivo, impondo-se ao adolescente infrator o cumprimento imediato das medidas socioeducativas prevista na sentença. Primeiramente, em que pese haver a Lei 12.010/2009 revogado o inciso VI do art. 198 do ECA, que conferia apenas o efeito devolutivo ao recebimento dos recursos, continua a viger o disposto no art. 215 do ECA, o qual dispõe que "o juiz poderá conferir efeito suspensivo aos recursos, para evitar dano irreparável à parte". Assim, se é verdade que o art. 198, VI, do ECA não mais existe no mundo jurídico, a repercussão jurisprudencial dessa mutatio legis parece ser inexistente, tamanha a evidência de que a nova lei não veio para interferir em processos por ato infracional, mas apenas em processos cíveis, sobretudo nos de adoção. Isso porque, pela simples leitura da Lei 12.010/2009 percebe-se que todos os seus dispositivos dizem respeito ao processo de adoção, o que permite inferir, induvidosamente, que, ao revogar o inciso VI do art. 198 do ECA – que também tratava de recursos contra sentenças cíveis –, não foi, sequer em hipótese, imaginado pelo legislador que tal modificação se aplicaria a processos por ato infracional, que nada tem a ver com processos de adoção de crianças e adolescentes. Lógico inferir, portanto, que os recursos serão, em regra, recebidos apenas no efeito devolutivo, inclusive e principalmente os recursos contra sentença que acolheu a representação do Ministério Público e impôs medida socioeducativa ao adolescente infrator. Ademais, cuidando-se de medida socioeducativa, a intervenção do Poder Judiciário tem como missão precípua não a punição pura e simples do adolescente em conflito com a lei, mas sim a recuperação e a proteção do jovem infrator. Sendo assim, as medidas previstas nos arts. 112 a 125 do ECA não são penas e possuem o objetivo primordial de proteção dos direitos do adolescente, de modo a afastá-lo da conduta infracional e de uma situação de risco. Além disso, diferentemente do que ocorre na justiça criminal comum, que se alicerça sobre regras que visam proteger o acusado contra ingerências abusivas do Estado em sua liberdade, a justiça menorista apoia-se em bases peculiares, devendo se orientar pelos princípios da proteção integral e da prioridade absoluta, definidos no art. 227 da CF e nos arts. 3° e 4° do ECA. Por esse motivo, e considerando que a medida socioeducativa não representa punição, mas mecanismo de proteção ao adolescente e à sociedade, de natureza pedagógica e ressocializadora, não há de se falar em ofensa ao princípio da não culpabilidade, previsto no art. 5°, LVII, da CF, pela sua imediata execução. Assim, condicionar, de forma automática, o cumprimento da medida socioeducativa ao trânsito em julgado da sentença que acolhe a representação constitui verdadeiro obstáculo ao escopo ressocializador da intervenção estatal, além de permitir que o adolescente permaneça em situação de risco, exposto aos mesmos fatores que o levaram à prática infracional. **HC 301.135-SP, Rel. Min. Rogerio Schietti Cruz, julgado em 21/10/2014, DJe 1°/12/2014 (Inform. STJ 553).**

📰 **Súmula STJ n° 342**

No procedimento para aplicação de medida socioeducativa, é nula a desistência de outras provas em face da confissão do adolescente.

📰 **Súmula STJ n° 338**

A prescrição penal é aplicável nas medidas socioeducativas.

📰 **Súmula STJ n° 265**

É necessária a oitiva do menor infrator antes de decretar-se a regressão da medida socioeducativa.

📰 **Súmula STJ n° 108**

A aplicação de medidas socioeducativas ao adolescente, pela pratica de ato infracional, é da competência exclusiva do juiz.

6. ACESSO À JUSTIÇA E MINISTÉRIO PÚBLICO

ECA e competências da Justiça do Trabalho - 1
O Plenário iniciou julgamento de medida cautelar em ação direta de inconstitucionalidade ajuizada em face do inciso II da Recomendação Conjunta 1/2014 das Corregedorias dos Tribunais de Justiça e do Trabalho, e dos Ministérios Públicos estadual e do Trabalho, todos do Estado de São Paulo; do art. 1°, II, da Recomendação Conjunta 1/2014 dos Ministérios Públicos estadual e do Trabalho, e das Corregedorias do Tribunal de Justiça e do Trabalho, todos do Estado de Mato Grosso; do Ato do Gabinete da Presidência (GP) 19/2013 do TRT da 2ª Região; e, finalmente, do Provimento do Gabinete da Presidência (GP) 7/2014, também do referido TRT, formalizado em conjunto com a respectiva Corregedoria. As normas impugnadas, em suma, atribuem competência à Justiça do Trabalho para processar e apreciar pedidos de autorização visando a participação de crianças e adolescentes em eventos de natureza artística. O Ministro Marco Aurélio (relator) concedeu a cautelar pleiteada, no que foi acompanhado pelo Ministro Edson Fachin, para suspender a eficácia da expressão "inclusive artístico", constante do inciso II da Recomendação Conjunta 1/14 e do art. 1°, II, da Recomendação Conjunta 1/14, bem como para afastar a atribuição, definida no Ato GP 19/2013 e no Provimento GP/CR 07/2014, quanto à apreciação de pedidos de alvará visando a participação de crianças e adolescentes em representações artísticas e a criação do juizado especial na Justiça do Trabalho, ficando suspensos, por consequência, esses últimos preceitos, assentada a competência da justiça comum para analisar os referidos pedidos. Preliminarmente, o relator julgou cabível a ação direta em comento. Afirmou que, não obstante o título de "recomendação", mediante os dois primeiros atos, de caráter geral e abstrato, teria sido definida a atribuição de juízes trabalhistas acerca das aludidas autorizações. Visto que oriundas de corregedorias, os juízes haveriam de observá-las. Delimitara--se, portanto, com inegável caráter cogente e vinculativo, a competência da Justiça do Trabalho no tocante à matéria, que vinha sendo apreciada pela justiça estadual, particularmente, pelos Juízos da Infância e da Juventude. Esses atos, assim como aqueles por meio dos quais fora criado e disciplinado o Juízo da Infância e da Juventude no âmbito da Justiça especializada, teriam inovado no ordenamento jurídico, atribuindo-se atribuição judiciária com fundamento direto nos incisos I e IX do artigo 114 da CF. Cumpririam papel próprio de lei ordinária em sentido material, revelado, assim, o caráter primário e autônomo dos dispositivos atacados, sendo viável a ação direta. No mérito, reputar-se-ia presente a inconstitucionalidade formal e material das normas em questão. No que diz respeito à inconstitucionalidade formal, reputou tratar-se de normas a versar distribuição de competência jurisdicional e criação de juízo auxiliar da infância e da juventude no âmbito da Justiça do Trabalho, que não foram veiculados mediante lei ordinária. Do disposto nos artigos 22, I, 113 e 114, IX, da CF, depreender-se-ia estarem tais medidas sujeitas, inequivocamente, ao princípio da legalidade estrita. Uma vez editados os aludidos atos infralegais para fixar competência jurisdicional e criar órgão judicial, padeceriam de inconstitucionalidade formal.
ADI 5326 MC/DF, rel. Min. Marco Aurélio, 12.8.2015. (ADI-5326)

ECA e competências da Justiça do Trabalho - 2
Relativamente à inconstitucionalidade material, o relator ressaltou que, concretizando o comando do artigo 227 da CF, o legislador ordinário, ao estabelecer o Estatuto da Criança e do Adolescente (ECA), teria previsto a chamada "Justiça da Infância e da Juventude". Teria estabelecido que o Juiz da Infância e da Juventude seria a autoridade judiciária responsável pelos processos de tutela integral dos menores, o qual, apesar da especialização, pertenceria à justiça comum. Tratar-se-ia de competência fixada em razão da matéria, de caráter absoluto, e estabelecida em proveito da especial tutela requerida pelo grupo de destinatários: crianças e adolescentes. Entre as atribuições definidas, destacar-se-ia a de autorizar a participação de menores em eventos artísticos, cuja possibilidade não fora excluída no ECA. Ao contrário, seria observada como importante aspecto do desenvolvimento dos menores, apenas condicionada, nos termos do art. 149, II, do Estatuto, à autorização judicial a ser implementada pelo Juízo da Infância e da Juventude, mediante a expedição de alvará específico. Os parâmetros a serem observados quando da autorização, na forma do § 1° do referido dispositivo, evidenciariam a inequívoca natureza cível da cognição desempenhada pelo juiz, ausente relação de trabalho a ser julgada. A análise seria acerca das condições da representação artística. O juiz deveria investigar se essas condições atenderiam à exigência de proteção do melhor interesse do menor, contida no art.

13. DIREITO DA CRIANÇA E DO ADOLESCENTE   711

227 da CF. O Juízo da Infância e da Juventude seria a autoridade que reuniria os predicados e as capacidades institucionais necessárias para a realização de exame de tamanha relevância e responsabilidade. Assim, o art. 114, I e IX, da CF, na redação dada pela EC 45/2004, que estabelece a competência da Justiça do Trabalho, não alcançaria os casos de pedido de autorização para participação de crianças e adolescentes em eventos artísticos, ante a ausência de conflito atinente a relação de trabalho. Em seguida, pediu vista a Ministra Rosa Weber.
ADI 5326/DF, rel. Min. Marco Aurélio, 12.8.2015. (ADI-5326) (Inform. STF 794)

DIREITO PROCESSUAL CIVIL. LEGITIMIDADE ATIVA DO MP EM AÇÃO CIVIL PÚBLICA PARA DEFESA DE DIREITOS DA CRIANÇA E DO ADOLESCENTE. O Ministério Público tem legitimidade para promover ação civil pública a fim de obter compensação por dano moral difuso decorrente da submissão de adolescentes a tratamento desumano e vexatório levado a efeito durante rebeliões ocorridas em unidade de internação. Isso porque, segundo o art. 201, V, do ECA, o MP é parte legítima para "promover o inquérito civil e a ação civil pública para a proteção dos interesses individuais, difusos ou coletivos relativos à infância e à adolescência". Precedente citado: REsp 440.502-SP, Segunda Turma, DJe 24/9/2010. **AgRg no REsp 1.368.769-SP, Rel. Min. Humberto Martins, julgado em 6/8/2013. (Inform. STJ 526)**

7. CRIMES

ECA: fotografia de atos libidinosos e causas especiais de aumento de pena - 1
A 1ª Turma iniciou julgamento de *habeas corpus* em que se discute a tipicidade da conduta, à época dos fatos, de fotografar atos libidinosos com criança e a aplicação concomitante de duas causas especiais de aumento de pena. A defesa alega que a conduta teria deixado de ser prevista no ECA no período posterior à mudança promovida pela Lei 10.764/2003 e anterior à alteração pela Lei 11.829/2008. Além disso, pleiteia que seja imposta apenas uma causa de aumento dentre aquelas previstas no art. 226 do CP ["*Art. 226. A pena é aumentada: I - de quarta parte, se o crime é cometido com o concurso de 2 (duas) ou mais pessoas; II - de metade, se o agente é ascendente, padrasto ou madrasta, tio, irmão, cônjuge, companheiro, tutor, curador, preceptor ou empregador da vítima ou por qualquer outro título tem autoridade sobre ela*"], tendo em vista o que disposto no parágrafo único do art. 68 do CP ("*No concurso de causas de aumento ou de diminuição previstas na parte especial, pode o juiz limitar-se a um só aumento ou a uma só diminuição, prevalecendo, todavia, a causa que mais aumente ou diminua*").
HC 110960/DF, rel. Min. Luiz Fux, 25.6.2013. (HC-110960)

ECA: fotografia de atos libidinosos e causas especiais de aumento de pena - 2
Os Ministros Luiz Fux, relator, Rosa Weber e Dias Toffoli julgaram extinto o *writ*, por inadequação da via processual, e entenderam não ser caso de concessão, de ofício, da ordem. O relator enfatizou que o tipo legal "*produzir fotografia*" comportaria, no vernáculo, o ato de fotografar. Frisou que a assertiva da atipicidade da conduta careceria de consistência lógica, teleológica e, sobretudo, semântica. Explicitou que a teleologia da norma do ECA visaria à proteção da menoridade contra estes comportamentos deletérios para a vida em sociedade e para a própria formação individual da criança. Em seguida, registrou não vislumbrar arbitrariedade ou teratologia na dosimetria da pena. Acentuou que a previsão do art. 68 do CP estabeleceria, sob o ângulo literal, apenas uma possibilidade de atuação. Após, pediu vista o Min. Marco Aurélio.
HC 110960/DF, rel. Min. Luiz Fux, 25.6.2013. (HC-110960)

ECA: fotografia de atos libidinosos e causas especiais de aumento de pena - 3
Por inadequação da via processual, a 1ª Turma, em conclusão de julgamento e por maioria, declarou a extinção de "habeas corpus", em que discutida a tipicidade da conduta, à época dos fatos, de fotografar atos libidinosos com criança e a aplicação concomitante de duas causas especiais de aumento de pena — v. Informativo 712. A defesa alegava que a conduta teria deixado de ser prevista no ECA no período posterior à mudança promovida pela Lei 10.764/2003 e anterior à alteração pela Lei 11.829/2008. Além disso, pleiteava fosse imposta apenas uma causa de aumento dentre aquelas previstas no art. 226 do CP ["Art. 226. A pena é aumentada: I - de quarta parte, se o crime é

cometido com o concurso de 2 (duas) ou mais pessoas; II - de metade, se o agente é ascendente, padrasto ou madrasta, tio, irmão, cônjuge, companheiro, tutor, curador, preceptor ou empregador da vítima ou por qualquer outro título tem autoridade sobre ela"], tendo em vista o que disposto no parágrafo único do art. 68 do CP ("No concurso de causas de aumento ou de diminuição previstas na parte especial, pode o juiz limitar-se a um só aumento ou a uma só diminuição, prevalecendo, todavia, a causa que mais aumente ou diminua"). O Colegiado reputou ausentes os requisitos para a concessão, de ofício, da ordem. Enfatizou que o tipo legal "produzir fotografia" comportaria, no vernáculo, o ato de fotografar. Frisou que a assertiva da atipicidade da conduta careceria de consistência lógica, teleológica e, sobretudo, semântica. Explicitou que a teleologia da norma do ECA visaria à proteção da menoridade contra esses comportamentos deletérios para a vida em sociedade e para a própria formação individual da criança. Em seguida, registrou não vislumbrar arbitrariedade ou teratologia na dosimetria da pena. Acentuou que a previsão do art. 68 do CP estabeleceria, sob o ângulo literal, apenas uma possibilidade de atuação. Vencido o Ministro Marco Aurélio, que deferia parcialmente a ordem para expungir da pena imposta ao paciente a causa de aumento do art. 226, I, do CPP. Entendia possível observar-se somente uma das hipóteses do aludido dispositivo legal, ou seja, a que implicasse maior majoração.
HC 110960/DF, rel. Min. Luiz Fux, 19.8.2014. (HC-110960) (Inform. STF 755)

DIREITO DA CRIANÇA E DO ADOLESCENTE E PENAL. APLICABILIDADE DE ESCUSA ABSOLUTÓRIA NA HIPÓTESE DE ATO INFRACIONAL. Nos casos de ato infracional equiparado a crime contra o patrimônio, é possível que o adolescente seja beneficiado pela escusa absolutória prevista no art. 181, II, do CP. De acordo com o referido artigo, é isento de pena, entre outras hipóteses, o descendente que comete crime contra o patrimônio em prejuízo de ascendente, ressalvadas as exceções delineadas no art. 183 do mesmo diploma legal, cujo teor proíbe a aplicação da escusa: a) se o crime é de roubo ou de extorsão, ou, em geral, quando haja emprego de grave ameaça ou violência à pessoa; b) ao estranho que participa do crime; ou c) se o crime é praticado contra pessoa com idade igual ou superior a 60 anos. Efetivamente, por razões de política criminal, com base na existência de laços familiares ou afetivos entre os envolvidos, o legislador optou por afastar a punibilidade de determinadas pessoas. Nessa conjuntura, se cumpre aos ascendentes o dever de lidar com descendentes maiores que lhes causem danos ao patrimônio, sem que haja interesse estatal na aplicação de pena, também não se observa, com maior razão, interesse na aplicação de medida socioeducativa ao adolescente pela prática do mesmo fato. Com efeito, tendo em mente que, nos termos do art. 103 do ECA, ato infracional é a conduta descrita como crime ou contravenção penal, é possível a aplicação de algumas normas penais na omissão do referido diploma legal, sobretudo na hipótese em que se mostrarem mais benéficas ao adolescente. Ademais, não há razoabilidade no contexto em que é prevista imunidade absoluta ao sujeito maior de 18 anos que pratique crime em detrimento do patrimônio de seu ascendente, mas no qual seria permitida a aplicação de medida socioeducativa, diante da mesma situação fática, ao adolescente. De igual modo, a despeito da função reeducativa ou pedagógica da medida socioeducativa que eventualmente vier a ser imposta, não é razoável a ingerência do Estado nessa relação específica entre ascendente e descendente, porque, a teor do disposto no art. 1.634, I, do CC, compete aos pais, quanto à pessoa dos filhos menores, dirigir-lhes a criação e educação. Portanto, se na presença da imunidade absoluta aqui tratada não há interesse estatal na aplicação de pena, de idêntico modo, não deve haver interesse na aplicação de medida socioeducativa. **HC 251.681-PR, Rel. Min. Sebastião Reis Júnior, julgado em 3/10/2013. (Inform. STJ 531)**

DIREITO PROCESSUAL PENAL. COMPETÊNCIA PARA PROCESSAR E JULGAR ACUSADO DE CAPTAR E ARMAZENAR, EM COMPUTADORES DE ESCOLAS MUNICIPAIS, VÍDEOS PORNOGRÁFICOS, ORIUNDOS DA INTERNET, ENVOLVENDO CRIANÇAS E ADOLESCENTES. Compete à Justiça Comum Estadual processar e julgar acusado da prática de conduta criminosa consistente na captação e armazenamento, em computadores de escolas municipais, de vídeos pornográficos oriundos da internet, envolvendo crianças e adolescentes. Segundo o art. 109, V, da CF, compete aos juízes federais processar e julgar "os crimes previstos em tratado ou convenção internacional, quando, iniciada a execução no País, o resultado tenha ou devesse ter ocorrido no estrangeiro, ou reciprocamente".

Nesse contexto, de acordo com o entendimento do STJ e do STF, para que ocorra a fixação da competência da Justiça Federal, não basta que o Brasil seja signatário de tratado ou convenção internacional que preveja o combate a atividades criminosas dessa natureza, sendo necessário, ainda, que esteja evidenciada a transnacionalidade do delito. Assim, inexistindo indícios do caráter transnacional da conduta apurada, estabelece-se, nessas circunstâncias, a competência da Justiça Comum Estadual. **CC 103.011-PR, Rel. Min. Assusete Magalhães, julgado em 13/3/2013. (Inform. STJ 520)**

Súmula STJ nº 500

A configuração do crime do art. 244-B do ECA independe da prova da efetiva corrupção do menor, por se tratar de delito formal.

8. INFRAÇÕES ADMINISTRATIVAS

ECA: classificação indicativa e liberdade de expressão - 12

O Plenário retomou julgamento de ação direta de inconstitucionalidade contra a expressão "em horário diverso do autorizado" contida no art. 254 do Estatuto da Criança e do Adolescente - ECA ("Transmitir, através de rádio ou televisão, espetáculo em horário diverso do autorizado ou sem aviso de sua classificação: Pena - multa de vinte a cem salários de referência; duplicada em caso de reincidência a autoridade judiciária poderá determinar a suspensão da programação da emissora por até dois dias") — v. Informativo 650. Em voto-vista, o Ministro Edson Fachin afastou a preliminar de não conhecimento, por entender tratar-se a norma questionada de disciplina autônoma e específica, na linha do disposto no art. 21, XVI, da CF ("Art. 21. Compete à União: (...) XVI - exercer a classificação, para efeito indicativo, de diversões públicas e de programas de rádio e televisão"). No mérito, julgou procedente o pedido formulado na ação direta e a ela deu interpretação conforme, sem redução de texto, à expressão "em horário diverso do autorizado", contida no art. 254 da Lei 8.069/1990. Reconheceu a nulidade de qualquer sentido ou interpretação que condicione a veiculação de espetáculos públicos, por radiodifusão, ao juízo censório da Administração. Admitiu, apenas, como juízo indicativo, a classificação de programas para sua exibição nos horários recomendados ao público infantil. Reputou que o direito à ampla liberdade de expressão e o dever de proteção moral das crianças não são incompatíveis. Além disso, os parâmetros para que se harmonizem estão fixados na Constituição. A UNESCO, ao reconhecer a importância de se definir parâmetros para o controle de acesso às programações de televisão, recomendou aos países da ONU que adotassem um horário que servisse como divisor de águas, a partir do qual conteúdo adulto pudesse ser divulgado. Significa dizer que há um horário adequado ao controle de acesso, mas sem proibir a veiculação, o que afetaria desproporcionalmente a liberdade de expressão. O vocábulo "autorizado" contido na norma questionada jamais permitiria à Administração, discricionariamente, impedir a exibição de qualquer programa, ainda que sem a classificação indicativa ou mesmo em desacordo com ela. A solução, nessas hipóteses, é sempre o regime ulterior de responsabilização, para que não se tolere ilegal restrição à liberdade de expressão. Não se pode permitir, ainda, que, sob a legítima necessidade de proteção de crianças e adolescentes, seja restabelecida qualquer forma de censura prévia. Isso implica afastar, na polissemia que o emprego atécnico do vocábulo "autorizado" permite, o sentido que a ela se reporta. Assim, mostra-se cabível a sanção prevista pelo art. 254 do ECA quando houver a exibição de programa sem classificação indicativa, em desacordo com ela, ou fora do horário indicado para a exibição. Esclareceu que a tipificação legal das sanções aplicáveis às emissoras de radiodifusão é exigência do Pacto de São José da Costa Rica, conforme reconhecera a Corte Interamericana de Direitos Humanos. Em seguida, pediu vista dos autos o Ministro Teori Zavascki.
ADI 2404/DF, rel. Min. Dias Toffoli, 5.11.2015. (ADI-2404) (Inform. STF 806)

14. DIREITO DO IDOSO

1. PREVIDÊNCIA E ASSISTÊNCIA SOCIAL

Benefício de prestação continuada: tutela constitucional de hipossuficientes e dignidade humana - 11
O Plenário, por maioria, negou provimento a recursos extraordinários julgados em conjunto – interpostos pelo INSS – em que se discutia o critério de cálculo utilizado com o intuito de aferir-se a renda mensal familiar per capita para fins de concessão de benefício assistencial a idoso e a pessoa com deficiência, previsto no art. 203, V, da CF – v. Informativo 669. Declarou-se a inconstitucionalidade incidenter tantum do § 3º do art. 20 da Lei 8.742/93 ["Art. 20. O benefício de prestação continuada é a garantia de um salário mínimo mensal à pessoa com deficiência e ao idoso com 65 (sessenta e cinco) anos ou mais que comprovem não possuir meios de prover a própria manutenção nem de tê-la provida por sua família ... § 3º Considera-se incapaz de prover a manutenção da pessoa com deficiência ou idosa a família cuja renda mensal per capita seja inferior a 1/4 (um quarto) do salário mínimo"] e do parágrafo único do art. 34 da Lei 10.741/2003.
RE 567985/MT, rel. orig. Min. Marco Aurélio, red. p/ o acórdão Min. Gilmar Mendes, 17 e 18.4.2013. (RE-567985)
RE 580963/PR, rel. Min. Gilmar Mendes, 17 e 18.4.2013. (RE-580963)

Benefício de prestação continuada: tutela constitucional de hipossuficientes e dignidade humana - 12
Prevaleceu o voto do Min. Gilmar Mendes, relator do RE 580963/PR. Ressaltou haver esvaziamento da decisão tomada na ADI 1232/DF – na qual assentada a constitucionalidade do art. 20, § 3º, da Lei 8.742/93 –, especialmente por verificar que inúmeras reclamações ajuizadas teriam sido indeferidas a partir de condições específicas, a demonstrar a adoção de outros parâmetros para a definição de miserabilidade. Aduziu que o juiz, diante do caso concreto, poderia fazer a análise da situação. Destacou que a circunstância em comento não seria novidade para a Corte. Citou, no ponto, a ADI 223 MC/DF (DJU de 29.6.90), na qual, embora declarada a constitucionalidade da Medida Provisória 173/90 – que vedava a concessão de medidas liminares em hipóteses que envolvessem a não observância de regras estabelecidas no Plano Collor –, o STF afirmara não estar prejudicado o exame pelo magistrado, em controle difuso, da razoabilidade de outorga, ou não, de provimento cautelar. O Min. Celso de Mello acresceu que, conquanto excepcional, seria legítima a possibilidade de intervenção jurisdicional dos juízes e tribunais na conformação de determinadas políticas públicas, quando o próprio Estado deixasse de adimplir suas obrigações constitucionais, sem que isso pudesse configurar transgressão ao postulado da separação de Poderes.
RE 567985/MT, rel. orig. Min. Marco Aurélio, red. p/ o acórdão Min. Gilmar Mendes, 17 e 18.4.2013. (RE-567985)
RE 580963/PR, rel. Min. Gilmar Mendes, 17 e 18.4.2013. (RE-580963)

Benefício de prestação continuada: tutela constitucional de hipossuficientes e dignidade humana - 13
O Min. Gilmar Mendes aludiu que a Corte deveria revisitar a controvérsia, tendo em conta discrepâncias, haja vista a existência de ação direta de inconstitucionalidade com efeito vinculante e, ao mesmo tempo, pronunciamentos em reclamações, julgadas de alguma forma improcedentes, com a validação de decisões contrárias ao que naquela decidido. Enfatizou que a questão seria relevante sob dois prismas: 1º) a evolução ocorrida; e 2º) a concessão de outros benefícios com a adoção de critérios distintos de 1/4 do salário mínimo. O Min. Luiz Fux considerou que, nos casos em que a renda per capita superasse até 5% do limite legal em comento, os juízes teriam flexibilidade para conceder a benesse, compreendendo como grupo familiar os integrantes que contribuíssem para a sobrevivência doméstica. No tocante ao parágrafo único do art. 34 do Estatuto do Idoso, o Min. Gilmar Mendes reputou violado o princípio da isonomia. Realçou que, no referido estatuto, abrira-se exceção para o recebimento de dois benefícios assistenciais de idoso, mas não permitirá a percepção conjunta de benefício de idoso com o de deficiente ou de qualquer outro previdenciário. Asseverou que o legislador incorrera em equívoco, pois, em situação absolutamente idêntica, deveria ser possível

a exclusão do cômputo do benefício, independentemente de sua origem.
RE 567985/MT, rel. orig. Min. Marco Aurélio, red. p/ o acórdão Min. Gilmar Mendes, 17 e 18.4.2013. (RE-567985)
RE 580963/PR, rel. Min. Gilmar Mendes, 17 e 18.4.2013. (RE-580963)

Benefício de prestação continuada: tutela constitucional de hipossuficientes e dignidade humana - 14
No RE 567985/MT, ficaram vencidos, parcialmente, o Min. Marco Aurélio, relator, que apenas negava provimento ao recurso, sem declarar a inconstitucionalidade do art. 20, § 3º, da Lei 8.742/93, e os Ministros Teori Zavascki e Ricardo Lewandowski, que davam provimento ao recurso. O Min. Teori Zavascki salientava que a norma teria sido declarada constitucional em controle concentrado e que juízo em sentido contrário dependeria da caracterização de pressuposto de inconstitucionalidade superveniente, inocorrente na espécie. Além disso, se presentes mudanças na legislação infraconstitucional, tratar-se-ia de revogação de lei. O Min. Ricardo Lewandowski acrescentava que a matéria em discussão envolveria políticas públicas, com imbricações no plano plurianual. De outro lado, vencidos, no RE 580963/PR, os Ministros Dias Toffoli, Ricardo Lewandowski e Marco Aurélio, que, por não vislumbrarem inconstitucionalidade no art. 34, parágrafo único, da Lei 10.741/2003, davam provimento ao recurso. O Min. Teori Zavascki, no presente apelo extremo, fizera ressalva no sentido de que a decisão do juízo de origem estaria em consonância com o posicionamento por ele manifestado.
RE 567985/MT, rel. orig. Min. Marco Aurélio, red. p/ o acórdão Min. Gilmar Mendes, 17 e 18.4.2013. (RE-567985)
RE 580963/PR, rel. Min. Gilmar Mendes, 17 e 18.4.2013. (RE-580963)

Benefício de prestação continuada: tutela constitucional de hipossuficientes e dignidade humana - 15
Por fim, não se alcançou o quórum de 2/3 para modulação dos efeitos da decisão no sentido de que os preceitos impugnados tivessem validade até 31.12.2015, consoante requerido pela Advocacia-Geral da União. Votaram pela modulação os Ministros Gilmar Mendes, Rosa Weber, Luiz Fux, Cármen Lúcia e Celso de Mello. O Min. Gilmar Mendes rememorou a inconstitucionalidade por omissão relativamente ao art. 203, V, da CF e afirmou a razoabilidade do prazo proposto. Obtemperou que devolver-se-ia ao Legislativo a possibilidade de conformar todo esse sistema, para redefinir a política pública do benefício assistencial de prestação continuada, a suprimir as inconstitucionalidades apontadas. A Min. Rosa Weber adicionou ser salutar que o Supremo, ainda que sem sanção, indicasse um norte temporal. O Min. Luiz Fux ressaltou que o STF, em outras oportunidades, já exortara o legislador para que ele cumprisse a Constituição. O Min. Celso de Mello esclareceu que o objetivo seria preservar uma dada situação, visto que, se declarada, pura e simplesmente, a inconstitucionalidade, ter-se-ia supressão do ordenamento positivo da própria regra. Criar-se-ia, dessa maneira, vazio legislativo que poderia ser lesivo aos interesses desses grupos vulneráveis referidos no inciso V do art. 203 da CF. Em divergência, votaram contra a modulação os Ministros Teori Zavascki, Ricardo Lewandowski, Joaquim Barbosa (Presidente) e Dias Toffoli. Este último apenas no que se refere ao RE 580963/PR. O Min. Teori Zavascki mencionou que, se o Supremo fixasse prazo, deveria também estabelecer consequência pelo seu descumprimento. O Min. Ricardo Lewandowski observou que o postulado da dignidade humana não poderia ficar suspenso por esse período e o que o STF deveria prestigiar a autonomia do Congresso Nacional para fixar a própria pauta. O Presidente sublinhou que estipular prazo ao legislador abalaria a credibilidade desta Corte, porque, se não respeitado, a problemática retornaria a este Tribunal. O Min. Marco Aurélio abstivera-se de votar sobre esse tópico, pois não concluíra pela inconstitucionalidade dos dispositivos. O Min. Dias Toffoli não se manifestou no RE 567985/MT, porquanto impedido.
RE 567985/MT, rel. orig. Min. Marco Aurélio, red. p/ o acórdão Min. Gilmar Mendes, 17 e 18.4.2013. (RE-567985)
RE 580963/PR, rel. Min. Gilmar Mendes, 17 e 18.4.2013. (RE-580963)
(Inform. STF 702)

2. REAJUSTE DE SEGURO E PLANO DE SAÚDE

DIREITO CIVIL E DO CONSUMIDOR. REAJUSTE DE MENSALIDADE DE SEGURO-SAÚDE EM RAZÃO DE ALTERAÇÃO DE FAIXA ETÁRIA DO SEGURADO. É válida a cláusula, prevista em contrato de seguro-saúde, que autoriza o aumento das mensalidades do seguro quando o usuário completar sessenta anos de idade, desde que haja respeito aos limites e requisitos estabelecidos na Lei 9.656/1998 e, ainda, que não se apliquem índices de reajuste desarrazoados ou aleatórios, que onerem em demasia o segurado. Realmente, sabe-se que, quanto mais avançada a idade do segurado, independentemente de ser ele enquadrado ou não como idoso, maior será seu risco subjetivo, pois normalmente a pessoa de mais idade necessita de serviços de assistência médica com maior frequência do que a que se encontra em uma faixa etária menor. Trata-se de uma constatação natural, de um fato que se observa na vida e que pode ser cientificamente confirmado. Por isso mesmo, os contratos de seguro-saúde normalmente trazem cláusula prevendo reajuste em função do aumento da idade do segurado, tendo em vista que os valores cobrados a título de prêmio devem ser proporcionais ao grau de probabilidade de ocorrência do evento risco coberto. Maior o risco, maior o valor do prêmio. Atento a essa circunstância, o legislador editou a Lei 9.656/1998, preservando a possibilidade de reajuste da mensalidade de seguro-saúde em razão da mudança de faixa etária do segurado, estabelecendo, contudo, algumas restrições a esses reajustes (art. 15). Desse modo, percebe-se que ordenamento jurídico permitiu expressamente o reajuste das mensalidades em razão do ingresso do segurado em faixa etária mais avançada em que os riscos de saúde são abstratamente elevados, buscando, assim, manter o equilíbrio atuarial do sistema. Posteriormente, em razão do advento do art. 15, § 3°, da Lei 10.741/2003 (Estatuto do Idoso) que estabelece ser "vedada a discriminação do idoso nos planos de saúde pela cobrança de valores diferenciados em razão da idade", impõe-se encontrar um ponto de equilíbrio na interpretação dos diplomas legais que regem a matéria, a fim de se chegar a uma solução justa para os interesses em conflito. Nesse passo, não é possível extrair-se do art. 15, § 3°, do Estatuto do Idoso uma interpretação que repute, abstratamente, abusivo todo e qualquer reajuste que se baseie em mudança de faixa etária, mas tão somente o aumento discriminante, desarrazoado, que, em concreto, traduza verdadeiro fator de discriminação do idoso, por visar dificultar ou impedir a permanência dele no seguro-saúde; prática, aliás, que constitui verdadeiro abuso de direito e violação ao princípio da igualdade e divorcia-se da boa-fé contratual. Ressalte-se que o referido vício – aumento desarrazoado – caracteriza-se pela ausência de justificativa para o nível do aumento aplicado. Situação que se torna perceptível, sobretudo, pela demasiada majoração do valor da mensalidade do contrato de seguro de vida do idoso, quando comparada com os percentuais de reajustes anteriormente postos durante a vigência do pacto. Igualmente, na hipótese em que o segurador se aproveita do advento da idade do segurado para não só cobrir despesas ou riscos maiores, mas também para aumentar os lucros há, sim, reajuste abusivo e ofensa às disposições do CDC. Além disso, os custos pela maior utilização dos serviços de saúde pelos idosos não podem ser diluídos entre os participantes mais jovens do grupo segurado, uma vez que, com isso, os demais segurados iriam, naturalmente, reduzir as possibilidades de seu seguro-saúde ou rescindi-lo, ante o aumento da despesa imposta. Nessa linha intelectiva, não se pode desamparar uns, os mais jovens e suas famílias, para pretensamente evitar a sobrecarga de preço para os idosos. Destaque-se que não se está autorizando a oneração de uma pessoa pelo simples fato de ser idosa; mas, sim, por demandar mais do serviço ofertado. Nesse sentido, considerando-se que os aumentos dos seguros-saúde visam cobrir a maior demanda, não se pode falar em discriminação, que somente existiria na hipótese de o aumento decorrer, pura e simplesmente, do advento da idade. Portanto, excetuando-se as situações de abuso, a norma inserida na cláusula em análise – que autoriza o aumento das mensalidades do seguro em razão de o usuário completar sessenta anos de idade – não confronta o art. 15, § 3°, do Estatuto do Idoso, que veda a discriminação negativa, no sentido do injusto. Precedente citado: REsp 866.840-SP, Quarta Turma, DJe 17/8/2011. **REsp 1.381.606-DF, Rel. originária Min. Nancy Andrighi, Rel. para acórdão Min. João Otávio De Noronha, julgado em 7/10/2014. (Inform. STJ 551)**

3. OUTROS DIREITOS DO IDOSO

Estatuto do Idoso e critérios de desempate em concurso público - 1
O Estatuto do Idoso, por ser lei geral, não se aplica como critério de desempate, no concurso público de remoção para outorga de delegação notarial e de registro, porque existente lei estadual específica reguladora do certame, a tratar das regras aplicáveis em caso de empate. Com base nessa orientação, a 1ª Turma denegou a ordem em mandado de segurança. Na espécie, decisão do CNJ determinara o afastamento do impetrante do cartório no que exerce atividade, por concurso público, há mais de dois anos. Entendera o CNJ que, no caso, prevaleceria a legislação especial reguladora dos concursos públicos de remoção para outorga de serventias extrajudiciais de notas e registro público, a Lei 8.935/1994 e a Lei paranaense 14.594/2004, em detrimento do Estatuto do Idoso. Assim, o tribunal de justiça estadual deveria adotar o critério previsto no item II do artigo 11 da referida lei estadual, a recair sobre o candidato que contasse com maior tempo de serviço público e não o de maior idade. Em preliminar, a Corte rejeitou questão de ordem suscitada no sentido do deslocamento do processo ao Plenário, porque a lei estadual teria sido impugnada na ADI 3.748/PR, pendente de julgamento. Apontou que a referida pendência não tornaria prevento o Colegiado para debater demanda em que a validade da norma fosse discutida. No mérito, quanto aos serviços notariais e de registro, a Turma destacou que o constituinte originário teria fixado poucas diretrizes na Constituição, e que deixara a critério de legislação ordinária a maior parte da disciplina sobre o assunto. Por isso, ao intentar regulamentar o art. 236 da CF, que dispõe sobre os serviços notariais e de registro, o legislador federal teria editado a Lei 8.935/1994. O referido diploma teria sedimentado qualquer controvérsia existente a respeito da competência para disciplinar as normas e os critérios a respeito dos concursos de notários e registradores. Dispusera expressamente que, em se tratando de concurso de remoção, seria dos Estados-membros a iniciativa de regulamentá-los. Nesse contexto, e no exercício de sua competência, o ente federativo teria editado a Lei estadual 14.594/2004, que prevê critério próprio em caso de empate de candidatos ("Art. 11. Havendo empate entre os candidatos, a precedência na classificação será decidida de acordo com os seguintes critérios, sucessivamente: I - o mais antigo na titularidade de serviço notarial ou de registro; II - aquele que contar com maior tempo de serviço público; III - o mais idoso). Aduziu que, no plano dogmático, o conflito entre o critério de especialidade e o critério cronológico deveria ser resolvido em favor do primeiro. **MS 33046/PR, rel. Min. Luiz Fux, 10.3.2015. (MS-33046)**

Estatuto do Idoso e critérios de desempate em concurso público - 2
A Turma enfatizou que não se estaria a negar vigência ao Estatuto do Idoso, responsável por concretizar os direitos fundamentais da proteção do idoso na ordem jurídica brasileira, amparado nos princípios da cidadania e da dignidade da pessoa humana. Ocorre que, nesse certame em particular, a lei estadual, por ser norma especial a regular o concurso público de remoção para outorga de delegação notarial e de registro, deveria prevalecer sobre o Estatuto do Idoso no ponto em que tratasse de critérios de desempate. Não obstante, dentre os critérios previstos na lei estadual, o primeiro deles, a favorecer o candidato mais antigo na titularidade no serviço notarial ou de registro, não poderia ser utilizado para desempatar o certame, uma vez que fora considerado inconstitucional no julgamento da ADI 3.522/RS (DJe de 12.5.2006). Frisou que, no caso, teriam concorrido dois servidores/ delegatários, já aprovados em concurso público, que realizaram concurso de remoção para titularizar outra serventia e, ao obterem a mesma pontuação, fora privilegiado, com base em escolha legislativa específica, aquele que possuiria o maior tempo de serviço. Desse modo, apenas se poderia adotar o critério de desempate que privilegiasse o mais idoso, como requeria o impetrante, se os candidatos tivessem também empatado quanto ao tempo de serviço público. **MS 33046/PR, rel. Min. Luiz Fux, 10.3.2015. (MS-33046) (Inform. STF 777)**

DIREITO CONSTITUCIONAL E PROCESSUAL CIVIL. DIREITO DE PREFERÊNCIA DOS IDOSOS NO PAGAMENTO DE PRECATÓRIOS. O direito de preferência em razão da idade no pagamento de precatórios, previsto no art. 100, § 2°, da CF, não pode ser estendido aos sucessores do titular originário do precatório, ainda que também sejam idosos. De fato, os dispositivos constitucionais introduzidos pela EC 62/2009 mencionam que o direito de preferência será outorgado aos titulares que tenham 60 anos de idade ou mais na data de expedição do precatório (art. 100, § 2°, da CF) e aos titulares originais de precatórios que tenham completado 60 anos de idade até a data da referida emenda (art. 97, § 18, do ADCT). Além disso, esse direito de preferência é personalíssimo, conforme previsto no art. 10, § 2°, da Resolução 115/2010 do CNJ. **RMS 44.836-MG, Rel. Ministro Humberto Martins, julgado em 20/2/2014. (Inform. STJ 535)**

15. DIREITO DA PESSOA COM DEFICIÊNCIA

RMS 32.732-TA/DF
RELATOR: Ministro Celso de Mello
Concurso público. Pessoa portadora de deficiência. Reserva percentual de cargos e empregos públicos (CF, art. 37, VIII). Ocorrência, *na espécie*, dos requisitos necessários ao reconhecimento do direito vindicado pela recorrente. Atendimento, *no caso*, da exigência de compatibilidade entre *o estado de deficiência* e *o conteúdo ocupacional ou funcional* do cargo público disputado, independentemente de a deficiência *produzir dificuldade* para o exercício da atividade funcional. Pessoa portadora de necessidades especiais cuja situação de deficiência não a incapacita nem a desqualifica, *de modo absoluto*, para o exercício das atividades funcionais. Inadmissibilidade *da exigência adicional* de a situação de deficiência também produzir "*dificuldades para o desempenho das funções do cargo*". Reconhecimento, *em favor de pessoa comprovadamente portadora de necessidades especiais*, do direito de investidura em cargos públicos, desde que – *obtida prévia aprovação* em concurso público de provas ou de provas e títulos dentro da reserva percentual a que alude o art. 37, VIII, da Constituição – a deficiência *não se revele absolutamente incompatível* com as atribuições funcionais inerentes ao cargo ou ao emprego público. Incidência, *na espécie*, das cláusulas de proteção fundadas *na Convenção das Nações Unidas sobre os Direitos das Pessoas com Deficiência*. Incorporação desse ato de direito internacional público, com eficácia e hierarquia *de norma constitucional* (CF, art. 5º, § 3º), ao ordenamento doméstico brasileiro (Decreto nº 6.949/2009). Primazia *da norma mais favorável*: critério que deve reger a interpretação judicial, em ordem a tornar mais efetiva a proteção *das pessoas e dos grupos vulneráveis*. Precedentes. Vetores que informam *o processo hermenêutico* concernente à interpretação/aplicação *da Convenção Internacional sobre os Direitos das Pessoas portadoras de deficiência* (Artigo 3). Mecanismos compensatórios *que concretizam*, no plano da atividade estatal, a implementação *de ações afirmativas*. Necessidade de recompor, *pelo respeito à diversidade humana* e *à igualdade de oportunidades*, sempre vedada *qualquer ideia de discriminação*, o próprio sentido de igualdade inerente às instituições republicanas. Parecer favorável da Procuradoria-Geral da República. Recurso ordinário provido. DJe de 19.5.2014. (Inform. STF 762)

AG. REG. NO ARE N. 735.077-ES
RELATOR: MIN. DIAS TOFFOLI
EMENTA: Agravo regimental no recurso extraordinário com agravo. Concurso público. Reserva de vagas para portadores de deficiência. Arredondamento do coeficiente fracionário para o primeiro número inteiro subsequente. Impossibilidade. Precedentes.
1. A Corte de origem concluiu que o arredondamento do percentual de vagas destinadas aos portadores de deficiência equivaleria a 100% das vagas ofertadas.
2. A jurisprudência da Corte firmou o entendimento de que a reserva de vagas para portadores de deficiência deve ater-se aos limites da lei, na medida da viabilidade das vagas oferecidas, não sendo possível seu arredondamento no caso de majoração das porcentagens mínima e máxima previstas.
3. Agravo regimental não provido. (Inform. STF 741)

Entes públicos e acessibilidade - 1
É dever do Estado-membro remover toda e qualquer barreira física, bem como proceder a reformas e adaptações necessárias, de modo a permitir o acesso de pessoas com restrição locomotora à escola pública. Com base nessa orientação, a 1ª Turma deu provimento a recurso extraordinário em que discutido: a) se o ato de se determinar à Administração Pública a realização de obras significaria olvidar o princípio da separação dos Poderes, porquanto se trataria de ato discricionário; b) se necessário o exame de disponibilidade orçamentária do ente estatal. Consignou-se que a Constituição (artigos 227, § 2º, e 244), a Convenção Internacional sobre Direitos das Pessoas com Deficiência, a Lei 7.853/1989; e as Leis paulistas 5.500/1986 e 9.086/1995 asseguram o direito das pessoas com deficiência ao acesso a prédios públicos. Frisou-se o dever de a Administração adotar

providências que viabilizassem essa acessibilidade. Pontuou-se presente o controle jurisdicional de políticas públicas. Asseverou-se a existência de todos os requisitos a viabilizar a incursão judicial nesse campo, a saber: a natureza constitucional da política pública reclamada; a existência de correlação entre ela e os direitos fundamentais; a prova de que haveria omissão ou prestação deficiente pela Administração Pública, inexistindo justificativa razoável para esse comportamento. Destacou-se a promulgação, por meio do Decreto 6.949/2009, da Convenção Internacional sobre os Direitos das Pessoas com Deficiência e seu Protocolo Facultativo, incorporado ao cenário normativo brasileiro segundo o procedimento previsto no § 3º do art. 5º da Constituição. Ressalvou-se o disposto no artigo 9º do mencionado decreto ["*1. A fim de possibilitar às pessoas com deficiência viver de forma independente e participar plenamente de todos os aspectos da vida, os Estados Partes tomarão as medidas apropriadas para assegurar às pessoas com deficiência o acesso, em igualdade de oportunidades com as demais pessoas, ao meio físico, ao transporte, à informação e comunicação, inclusive aos sistemas e tecnologias da informação e comunicação, bem como a outros serviços e instalações abertos ao público ou de uso público, tanto na zona urbana como na rural. Essas medidas, que incluirão a identificação e a eliminação de obstáculos e barreiras à acessibilidade, serão aplicadas, entre outros, a: a) Edifícios, rodovias, meios de transporte e outras instalações internas e externas, inclusive escolas, residências, instalações médicas e local de trabalho*"].
RE 440028/SP, rel. Min. Marco Aurélio, 29.10.2013. (RE-440028)

Entes públicos e acessibilidade - 2
Sublinhou-se que, ao remeter à lei a disciplina da matéria, a Constituição não obstaculizou a atuação do Poder Judiciário, em especial quando em debate a dignidade da pessoa humana e a busca de uma sociedade justa e solidária (CF, artigos 1º, III, e 3º, I). Reputou-se que as normas definidoras dos direitos e garantias fundamentais teriam aplicação imediata, sem que fossem excluídos outros direitos decorrentes do regime e dos princípios por ela adotados ou dos tratados internacionais de que a República Federativa do Brasil fosse parte (CF, art. 5º, §§ 1º e 2º). Assinalou-se que o acesso ao Judiciário para reclamar contra lesão ou ameaça de lesão a direito seria cláusula pétrea. Observou-se que a acessibilidade, quando se tratasse de escola pública, seria primordial ao pleno desenvolvimento da pessoa (CF, art. 205). Lembrou-se que o art. 206, I, da CF asseguraria, ainda, a "*igualdade de condições para o acesso e permanência na escola*". Registrou-se que barreiras arquitetônicas que impedissem a locomoção de pessoas acarretariam inobservância à regra constitucional, a colocar cidadãos em desvantagem no tocante à coletividade. Concluiu-se que a imposição quanto à acessibilidade aos prédios públicos seria reforçada pelo direito à cidadania, ao qual teriam *jus* as pessoas com deficiência.
RE 440028/SP, rel. Min. Marco Aurélio, 29.10.2013. (RE-440028) (Inform. STF 726)

Adaptação de veículos de transporte coletivo e acessibilidade
O Plenário julgou improcedente pedido formulado em ação direta de inconstitucionalidade proposta contra a Lei 10.820/92, do Estado de Minas Gerais, que dispõe sobre a obrigatoriedade de empresas concessionárias de transporte coletivo intermunicipal promoverem adaptações em seus veículos, a fim de facilitar o acesso e a permanência de pessoas com deficiência física ou com dificuldade de locomoção. Salientou-se que a Constituição dera destaque à necessidade de proteção às pessoas com deficiência, ao instituir políticas e diretrizes de acessibilidade física (CF, artigos 227, § 2º; e 244), bem como de inserção nas diversas áreas sociais e econômicas da comunidade. Enfatizou-se a incorporação, ao ordenamento constitucional, da Convenção Internacional sobre os Direitos das Pessoas com Deficiência – primeiro tratado internacional aprovado pelo rito legislativo previsto no art. 5º, § 3º, da CF –, internalizado por meio do Decreto 6.949/2009. Aduziu-se que prevaleceria, no caso, a densidade da acessibilidade física das pessoas com deficiência (CF, art. 24, XIV), não obstante pronunciamentos da Corte no sentido da competência privativa da União (CF, art. 22, XI) para

legislar sobre trânsito e transporte. Consignou-se que a situação deveria ser enquadrada no rol de competências legislativas concorrentes dos entes federados. Observou-se que, à época da edição da norma questionada, não haveria lei geral nacional sobre o tema. Desse modo, possível aos estados-membros exercerem a competência legislativa plena, suprindo o espaço normativo com suas legislações locais (CF, art. 24, § 3º). Ressaltou-se que a preocupação manifestada, quando do julgamento da medida cautelar, sobre a ausência de legislação federal protetiva encontrar-se-ia superada, haja vista a edição da Lei 10.098/2000, a estabelecer normas gerais e critérios básicos de promoção da acessibilidade de pessoas com deficiência. Registrou-se que, diante da superveniência dessa lei nacional, a norma mineira, embora constitucional, perderia força normativa, na atualidade, naquilo que contrastasse com a legislação geral de regência do tema (CF, art. 24, § 4º).

ADI 903/MG, rel. Min. Dias Toffoli, 22.5.2013. (ADI-903) (Inform. STF 707)

DIREITO ADMINISTRATIVO. SURDEZ UNILATERAL EM CONCURSO PÚBLICO. Candidato em concurso público com surdez unilateral não tem direito a participar do certame na qualidade de deficiente auditivo. Isso porque o Decreto 5.296/2004 alterou a redação do art. 4º, II, do Decreto 3.298/1999 – que dispõe sobre a Política Nacional para Integração de Pessoa Portadora de Deficiência - e excluiu da qualificação "deficiência auditiva" os portadores de surdez unilateral. Vale ressaltar que a jurisprudência do STF confirmou a validade da referida alteração normativa. Precedente citado do STF: MS 29.910 AgR, Segunda Turma, DJe 1º/8/2011. **MS 18.966-DF, Rel. Min. Castro Meira, Rel. para acórdão Min. Humberto Martins, julgado em 2/10/2013. (Inform. STJ 535)**

DIREITO ADMINISTRATIVO. RESERVA DE VAGAS EM CONCURSO PÚBLICO PARA PESSOAS COM DEFICIÊNCIA.
Os candidatos que tenham "pé torto congênito bilateral" têm direito a concorrer às vagas em concurso público reservadas às pessoas com deficiência. A mencionada deficiência física enquadra-se no disposto no art. 4º, I, do Dec. 3.298/1999. **RMS 31.861-PE, Rel. Min. Sérgio Kukina, julgado em 23/4/2013. (Inform. STJ 522)**

Súmula STJ nº 552

O portador de surdez unilateral não se qualifica como pessoa com deficiência para o fim de disputar as vagas reservadas em concursos públicos.

Súmula STJ nº 377

O portador de visão monocular tem direito de concorrer, em concurso público, às vagas reservadas aos deficientes.

16. DIREITO SANITÁRIO

1. O DIREITO À SAÚDE NA ORDEM CONSTITUCIONAL

REPERCUSSÃO GERAL EM RE N. 858.075-RJ
RELATOR: MIN. MARCO AURÉLIO
ORÇAMENTO – APLICAÇÃO DE RECURSOS MÍNIMOS NA ÁREA DA SAÚDE – CONTROLE JUDICIAL – SEPARAÇÃO DE PODERES – ALCANCE DOS ARTIGOS 2º, 160, PARÁGRAFO ÚNICO, INCISO II, E 198, § 2º E § 3º, DO CORPO PERMANENTE E 77, INCISO III, § 3º E § 4º, DO ATO DAS DISPOSIÇÕES TRANSITÓRIAS DA CARTA DE 1988 – RECURSO EXTRAORDINÁRIO – REPERCUSSÃO GERAL CONFIGURADA. Possui repercussão geral a controvérsia alusiva à possibilidade de o Poder Judiciário impor aos municípios e à União a aplicação de recursos mínimos na área da saúde, antes da edição da lei complementar referida no artigo 198, § 3º, da Constituição Federal, considerados os preceitos dos artigos 2º, 160, parágrafo único, inciso II, e 198, § 2º e § 3º, do corpo permanente e 77, inciso III, § 3º e § 4º, do Ato das Disposições Transitórias da Carta de 1988. **(Inform. STF 790)**

ARE 727.864/PR

RELATOR: Ministro Celso de Mello
EMENTA: **CUSTEIO**, *PELO ESTADO*, **DE SERVIÇOS HOSPITALARES PRESTA-DOS** POR INSTITUIÇÕES PRIVADAS **EM BENEFÍCIO** DE PACIENTES **DO SUS** ATENDIDOS PELO SAMU **NOS CASOS** DE URGÊNCIA **E** DE INEXISTÊNCIA *DE LEITOS NA REDE PÚBLICA*. **DEVER ESTATAL** *DE ASSISTÊNCIA À SAÚDE* **E** *DE PROTEÇÃO À VIDA* **RESULTANTE** DE NORMA CONSTITUCIONAL. **OBRIGAÇÃO JURÍDICO-CONSTITUCIONAL** *QUE SE IMPÕE AOS ESTADOS*. **CONFIGURAÇÃO**, *NO CASO*, **DE TÍPICA HIPÓTESE** *DE OMISSÃO INCONSTI-TUCIONAL* **IMPUTÁVEL** *AO ESTADO*. **DESRESPEITO À CONSTITUIÇÃO PRO-VOCADO** *POR INÉRCIA ESTATAL* **(RTJ** 183/818-819). **COMPORTAMENTO** *QUE TRANSGRIDE* A AUTORIDADE DA LEI FUNDAMENTAL DA REPÚBLICA **(RTJ** 185/794-796). **A QUESTÃO** *DA RESERVA DO POSSÍVEL*: **RECONHECI-MENTO** *DE SUA INAPLICABILIDADE*, **SEMPRE** QUE A INVOCAÇÃO DESSA CLÁUSULA **PUDER COMPROMETER** *O NÚCLEO BÁSICO* **QUE QUALIFICA** *O MÍNIMO EXISTENCIAL* **(RTJ** 200/191-197). **O PAPEL** DO PODER JUDICI-ÁRIO **NA IMPLEMENTAÇÃO** DE POLÍTICAS PÚBLICAS **INSTITUÍDAS** PELA CONSTITUIÇÃO **E** *NÃO EFETIVADAS* PELO PODER PÚBLICO. **A FÓRMULA** *DA RESERVA DO POSSÍVEL* **NA PERSPECTIVA** *DA TEORIA DOS CUSTOS DOS DIREITOS*: IMPOSSIBILIDADE DE SUA INVOCAÇÃO *PARA LEGITIMAR O INJUSTO INADIMPLEMENTO* **DE DEVERES ESTATAIS DE PRESTAÇÃO** *CONSTITUCIONALMENTE IMPOSTOS* AO PODER PÚBLICO. **A TEORIA** DA "*RESTRIÇÃO DAS RESTRIÇÕES*" (**OU** DA "*LIMITAÇÃO DAS LIMITAÇÕES*"). **CARÁTER COGENTE E VINCULANTE** DAS NORMAS CONSTITUCIONAIS, *INCLUSIVE DAQUELAS DE CONTEÚDO PROGRAMÁTICO*, **QUE VEICULAM** DIRETRIZES DE POLÍTICAS PÚBLICAS, **ESPECIALMENTE** *NA ÁREA DA SAÚDE* (**CF**, ARTS. 6º, 196 **E** 197). **A QUESTÃO** *DAS "ESCOLHAS TRÁGICAS*". **A COLMATAÇÃO** DE OMISSÕES INCONSTITUCIONAIS *COMO NECESSI-DADE INSTITUCIONAL* FUNDADA EM COMPORTAMENTO **AFIRMATIVO** DOS JUÍZES **E** TRIBUNAIS **E DE QUE RESULTA** *UMA POSITIVA CRIAÇÃO JURISPRUDENCIAL* DO DIREITO. **CONTROLE JURISDICIONAL DE LEGITI-MIDADE** DA OMISSÃO DO PODER PÚBLICO: *ATIVIDADE DE FISCALIZAÇÃO JUDICIAL* QUE SE JUSTIFICA *PELA NECESSIDADE* DE OBSERVÂNCIA *DE CERTOS* **PARÂMETROS CONSTITUCIONAIS** (*PROIBIÇÃO* DE RETROCESSO SOCIAL, *PROTEÇÃO* AO MÍNIMO EXISTENCIAL, *VEDAÇÃO* DA PROTEÇÃO INSUFICIENTE **E** *PROIBIÇÃO* DE EXCESSO). **DOUTRINA**. **PRECEDENTES** DO SUPREMO TRIBUNAL FEDERAL **EM TEMA** DE IMPLEMENTAÇÃO DE POLÍTICAS PÚBLICAS **DELINEADAS** NA CONSTITUIÇÃO DA REPÚBLICA (**RTJ** 174/687 – **RTJ** 175/1212-1213 – **RTJ** 199/1219-1220). **EXISTÊNCIA**, NO CASO EM EXAME, *DE RELEVANTE INTERESSE SOCIAL*. **2. AÇÃO CIVIL PÚBLICA: INSTRUMENTO PROCESSUAL ADEQUADO** À PROTEÇÃO JURISDICIONAL DE DIREITOS REVESTIDOS *DE METAINDIVI-DUALIDADE*. **LEGITIMAÇÃO ATIVA** DO MINISTÉRIO PÚBLICO (**CF**, ART. 129, III). **A FUNÇÃO INSTITUCIONAL** DO MINISTÉRIO PÚBLICO *COMO "DEFENSOR DO POVO"* (**CF**, ART. 129, II). **DOUTRINA**. **PRECEDENTES**.

3. **RESPONSABILIDADE SOLIDÁRIA** DAS PESSOAS POLÍTICAS **QUE IN-TEGRAM** O ESTADO FEDERAL BRASILEIRO, **NO CONTEXTO** *DO SISTEMA ÚNICO DE SAÚDE* (**SUS**). **COMPETÊNCIA COMUM** DOS ENTES FEDERADOS (UNIÃO, ESTADOS-MEMBROS, DISTRITO FEDERAL E MUNICÍPIOS) **EM TEMA** DE PROTEÇÃO **E** ASSISTÊNCIA À SAÚDE PÚBLICA **E/OU** INDIVIDUAL (**CF**, ART. 23, II). **DETERMINAÇÃO CONSTITUCIONAL** QUE, **AO INSTITUIR** *O DEVER ESTATAL* DE DESENVOLVER AÇÕES **E** DE PRESTAR SERVIÇOS DE SAÚDE, **TORNA** AS PESSOAS POLÍTICAS *RESPONSÁVEIS SOLIDÁ-RIAS* **PELA CONCRETIZAÇÃO** DE TAIS OBRIGAÇÕES JURÍDICAS, **O QUE LHES CONFERE** LEGITIMAÇÃO PASSIVA "*AD CAUSAM*" **NAS DEMANDAS** MOTIVADAS POR RECUSA DE ATENDIMENTO NO ÂMBITO **DO SUS**. **CONSEQUENTE POSSIBILIDADE DE AJUIZAMENTO** DA AÇÃO **CONTRA** *UM, ALGUNS* **OU** *TODOS OS ENTES ESTATAIS*. **PRECEDENTES**. **RECURSO EXTRAORDINÁRIO** *A QUE SE NEGA SEGUIMENTO*. DJe de 17.9.2014. **(Inform. STF 766)**

Direito à saúde e manutenção de medicamento em estoque
A 1ª Turma negou provimento a recurso extraordinário para assentar a legitimidade de determinação judicial no sentido de que o Estado do Rio de Janeiro mantivesse determinado medicamento em estoque. No caso, o Ministério Público Federal ajuizara ação civil pública, cujo pedido fora julgado parcialmente procedente, na qual se postulava a aquisição, pelo referido ente federativo, de medicamento a portadores da doença de Gaucher, e a manutenção de estoque por certo período, para evitar interrupção do tratamento, tendo em conta lapsos na importação do produto. Preliminarmente, a Turma afastou o sobrestamento do feito por falta de similitude com o RE 566.471 RG/RN — processo com repercussão geral reconhecida, que versa sobre o dever do Estado de fornecer medicamento de alto custo a portador de doença grave —, por entender diversa a matéria. No mérito, reafirmou a jurisprudência da Corte quanto à ausência de violação ao princípio da separação dos Poderes quando do exame pelo Poder Judiciário de ato administrativo tido por ilegal ou abusivo. Aduziu, ademais, que o Poder Público, qualquer que fosse a esfera institucional de sua atuação no plano da organização federativa brasileira, não poderia se mostrar indiferente ao problema da saúde da população, sob pena de incidir, ainda que por censurável omissão, em grave comportamento inconstitucional.
RE 429903/RJ, rel. Min. Ricardo Lewandowski, 25.6.2014. (RE-429903) **(Inform. STF 752)**

AG. REG. NO ARE N. 788.795-PR
RELATOR: MIN. RICARDO LEWANDOWSKI
Ementa: AGRAVO REGIMENTAL NO RECURSO EXTRAORDINÁRIO COM AGRAVO. CONSTITUCIONAL. DIREITO À SAÚDE. DEVER DO ESTADO. FORNECIMENTO DE MEDICAMENTO. OBRIGAÇÃO SOLIDÁRIA DOS ENTES DA FEDERAÇÃO. AGRAVO A QUE SE NEGA PROVIMENTO.
I – A jurisprudência desta Corte firmou-se no sentido de que é solidária a obrigação dos entes da Federação em promover os atos indispensáveis à concretização do direito à saúde, tais como, na hipótese em análise, o fornecimento de medicamento à recorrida, paciente destituída de recursos materiais para arcar com o próprio tratamento. Desse modo, a usuária dos serviços de saúde, no caso, possui direito de exigir de um, de alguns ou de todos os entes estatais o cumprimento da referida obrigação. Precedentes. II – Agravo regimental a que se nega provimento. **(Inform. STF 741)**

AG. REG. NO ARE N. 709.925-PE
RELATORA: MIN. ROSA WEBER
EMENTA: DIREITO CONSTITUCIONAL. SAÚDE. TRATAMENTO MÉDICO. PROCEDIMENTO CIRÚRGICO. IMPLANTE DE "TUBO DE AHMED". GLAU-COMA AVANÇADO. SOLIDARIEDADE DOS ENTES FEDERATIVOS. PRECE-DENTES. PEDIDO DE APLICAÇÃO DA SISTEMÁTICA DA REPERCUSSÃO GERAL. INADEQUAÇÃO. AUSÊNCIA DE IDENTIDADE DA CONTROVÉRSIA. ACÓRDÃO RECORRIDO PUBLICADO EM 08.02.2012.

A jurisprudência desta Corte firmou-se no sentido de que a saúde é direito de todos. É dever do Estado prestar assistência à saúde, conforme art. 196 da Constituição Federal, podendo o requerente pleitear de qualquer um dos entes federativos – União, Estados, Distrito Federal ou Municípios. Precedentes. Controvérsia divergente daquela em que reconhecida a repercussão geral pelo Plenário desta Casa – RE 566.471-RG/RN. Inadequada a aplicação da sistemática da repercussão geral (art. 543-B do CPC).
Agravo regimental conhecido e não provido. **(Inform. STF 741)**

AI 759.543/RJ
RELATOR: Ministro Celso de Mello
1. AMPLIAÇÃO E MELHORIA NO ATENDIMENTO À POPULAÇÃO **NO HOSPITAL MUNICIPAL** _SOUZA AGUIAR_. **DEVER ESTATAL** _DE ASSISTÊNCIA À SAÚDE_ **RESULTANTE** DE NORMA CONSTITUCIONAL. **OBRIGAÇÃO JURÍDICO-CONSTITUCIONAL** _QUE SE IMPÕE AOS MUNICÍPIOS_ (**CF**, ART. 30, VII). **CONFIGURAÇÃO**, _NO CASO_, **DE TÍPICA HIPÓTESE** _DE OMISSÃO INCONSTITUCIONAL_ **IMPUTÁVEL** _AO MUNICÍPIO_. **DESRESPEITO À CONSTITUIÇÃO** PROVOCADO _POR INÉRCIA ESTATAL_ (**RTJ** 183/818-819). **COMPORTAMENTO** _QUE TRANSGRIDE_ A AUTORIDADE DA LEI FUNDAMENTAL DA REPÚBLICA (**RTJ** 185/794-796). **A QUESTÃO** _DA RESERVA DO POSSÍVEL_: **RECONHECIMENTO** _DE SUA INAPLICABILIDADE_, **SEMPRE** QUE A INVOCAÇÃO DESSA CLÁUSULA **PUDER COMPROMETER** _O NÚCLEO BÁSICO_ **QUE QUALIFICA** _O MÍNIMO EXISTENCIAL_ (**RTJ** 200/191-197). **O PAPEL** DO PODER JUDICIÁRIO **NA IMPLEMENTAÇÃO** DE POLÍTICAS PÚBLICAS **INSTITUÍDAS** PELA CONSTITUIÇÃO **E** _NÃO EFETIVADAS_ PELO PODER PÚBLICO. **A FÓRMULA** _DA RESERVA DO POSSÍVEL_ **NA PERSPECTIVA** _DA TEORIA DOS CUSTOS DOS DIREITOS_: **IMPOSSIBILIDADE** DE SUA INVOCAÇÃO _PARA LEGITIMAR O INJUSTO INADIMPLEMENTO_ **DE DEVERES ESTATAIS DE PRESTAÇÃO** _CONSTITUCIONALMENTE IMPOSTOS_ AO PODER PÚBLICO. **A TEORIA** DA "_RESTRIÇÃO DAS RESTRIÇÕES_" (**OU** DA "_LIMITAÇÃO DAS LIMITAÇÕES_"). **CARÁTER COGENTE E VINCULANTE** DAS NORMAS CONSTITUCIONAIS, _INCLUSIVE DAQUELAS DE CONTEÚDO PROGRAMÁTICO_, **QUE VEICULAM** DIRETRIZES DE POLÍTICAS PÚBLICAS, **ESPECIALMENTE** _NA ÁREA DA SAÚDE_ (**CF**, ARTS. 6º, 196 **E** 197). **A QUESTÃO DAS** "_ESCOLHAS TRÁGICAS_". **A COLMATAÇÃO** DE OMISSÕES INCONSTITUCIONAIS _COMO NECESSIDADE INSTITUCIONAL_ FUNDADA EM COMPORTAMENTO **AFIRMATIVO** DOS JUÍZES **E** TRIBUNAIS **E DE QUE RESULTA** _UMA POSITIVA CRIAÇÃO JURISPRUDENCIAL_ DO DIREITO. **CONTROLE JURISDICIONAL DE LEGITIMIDADE** DA OMISSÃO DO PODER PÚBLICO: _ATIVIDADE DE FISCALIZAÇÃO JUDICIAL_ **QUE SE JUSTIFICA** _PELA NECESSIDADE_ DE OBSERVÂNCIA _DE CERTOS_ **PARÂMETROS CONSTITUCIONAIS** (_PROIBIÇÃO_ DE RETROCESSO SOCIAL, _PROTEÇÃO_ AO MÍNIMO EXISTENCIAL, _VEDAÇÃO_ DA PROTEÇÃO INSUFICIENTE **E** _PROIBIÇÃO_ DE EXCESSO). **DOUTRINA**. **PRECEDENTES** DO SUPREMO TRIBUNAL FEDERAL **EM TEMA** DE IMPLEMENTAÇÃO DE POLÍTICAS PÚBLICAS **DELINEADAS** NA CONSTITUIÇÃO DA REPÚBLICA (**RTJ** 174/687 – **RTJ** 175/1212-1213 – **RTJ** 199/1219-1220). **EXISTÊNCIA**, NO CASO EM EXAME, _DE RELEVANTE INTERESSE SOCIAL_.
2. **AÇÃO CIVIL PÚBLICA: INSTRUMENTO PROCESSUAL ADEQUADO** À PROTEÇÃO JURISDICIONAL DE DIREITOS **REVESTIDOS** _DE METAINDIVIDUALIDADE_. **LEGITIMAÇÃO ATIVA** DO MINISTÉRIO PÚBLICO (**CF**, ART. 129, III). **A FUNÇÃO INSTITUCIONAL** DO MINISTÉRIO PÚBLICO _COMO "DEFENSOR DO POVO"_ (**CF**, ART. 129, II). **DOUTRINA**. **PRECEDENTES**. **RECURSO EXTRAORDINÁRIO IMPROVIDO**. DJe de 11.11.2013 **(Inform. STF 740)**

AG. REG. NO ARE N. 744.170-RS
RELATOR: MIN. MARCO AURÉLIO
SAÚDE – FORNECIMENTO DE REMÉDIOS. O preceito do artigo 196 da Constituição Federal assegura aos necessitados o fornecimento, pelo Estado, dos medicamentos indispensáveis ao restabelecimento da saúde. **(Inform. STF 734)**

DIREITO PROCESSUAL CIVIL E CONSTITUCIONAL. LEGITIMIDADE PASSIVA DA UNIÃO EM DEMANDAS QUE ENVOLVEM O SUS. A União – e não só Estados, Distrito Federal e Municípios – tem legitimidade passiva em ação de indenização por erro médico ocorrido em hospital da rede privada durante atendimento custeado pelo Sistema Único de Saúde (SUS). A saúde pública não só é um direito fundamental do homem como também é um dever do Poder Público, expressão que abarca, em conjunto, a União, os Estados-membros, o Distrito Federal e os Municípios, nos termos dos arts. 2º e 4º da Lei 8.080/1990, que trata do SUS. O funcionamento do SUS é de responsabilidade solidária de todos os referidos entes, cabendo a qualquer um deles a legitimidade _ad causam_ para figurar no polo passivo de demandas que objetivem garantir acesso à medicação ou tratamento médico adequado a pessoas desprovidas de recursos financeiros, consoante se extrai de farta jurisprudência do STJ. Assim, a União, bem como os demais entes federativos, possui legitimidade para figurar no polo passivo de quaisquer demandas que envolvam o SUS, inclusive as relacionadas a indenizatória por erro médico ocorrido em hospitais privados conveniados. **REsp 1.388.822-RN, Rel. Min. Benedito Gonçalves, julgado em 16/6/2014. (Inform. STJ 543)**

AG. REG. NO RE N. 668.722-RS
RELATOR: MIN. DIAS TOFFOLI
EMENTA: Agravo regimental no recurso extraordinário. Direito à saúde. Portadora de doença grave. Determinação para que o Estado forneça fraldas descartáveis. Caracterização da necessidade. Reexame de fatos e provas. Impossibilidade. Precedentes.
1. O Poder Judiciário, em situações excepcionais, pode determinar que a Administração Pública adote medidas concretas, assecuratórias de direitos constitucionalmente reconhecidos como essenciais, como é o caso da saúde.
2. A Corte de origem consignou ser necessária a aquisição das fraldas descartáveis, em razão da condição de saúde da agravada e a impossibilidade de sua representante legal de fazê-lo às suas expensas.
3. Inadmissível, em recurso extraordinário, o reexame dos fatos e das provas dos autos. Incidência da Súmula nº 279/STF.
4. Agravo regimental não provido. **(Inform. STF 725)**

2. PLANO DE SAÚDE

ED: Lei 9.656/1998 e eficácia
O Plenário acolheu embargos de declaração, conferindo-lhes efeitos modificativos, e prestou esclarecimentos a respeito de alegada contradição em decisão que deferira, em parte, medida cautelar (noticiada nos Informativos 167 e 317) para suspender a eficácia dos seguintes preceitos da Lei 9.656/1998: a) do art. 35-G e da expressão "atuais e", contida no § 2º do art. 10, na redação dada pela MP 1.908-18/1999; b) do art. 35-E, na redação dada pela MP 2.177-44/2001; e c) da expressão "artigo 35-E", contida no art. 3º da MP 1.908-18/1999. O Colegiado afirmou que, quanto ao art. 3º da MP 1.908/1999, a suspensão da locução "artigo 35-E" não alcançaria a vigência do respectivo § 2º. Relativamente ao § 2º do art. 35-E da Lei 9.656/1998, com a redação dada pela MP 2.177-44/2001, o afastamento da eficácia deveria restringir-se à expressão "independentemente da data de sua celebração". O § 2º do art. 35-E submete, à aprovação da Agência Nacional de Saúde - ANS, a modificação das prestações pecuniárias relativas a planos e seguros privados de assistência à saúde independentemente do momento de celebração do contrato, o que alcançaria as avenças formalizadas antes e após o início da vigência. Considerada a premissa a fundamentar a suspensão do dispositivo, tornar-se-ia necessário esclarecer que continuariam a depender de prévia anuência da citada autarquia os reajustes de contratos firmados a partir da entrada em vigor da lei. Ante a motivação consignada, a rigor, a suspensão de eficácia deveria restringir-se à expressão "independentemente da data de sua celebração".
ADI 1931 MC-ED/DF, rel. Min. Marco Aurélio, 22.10.2014. (ADI-1931) (Inform. STF 764)

DIREITO CIVIL E DO CONSUMIDOR. POSSIBILIDADE DE INCLUSÃO DE DEPENDENTE EM CONTRATO DE SEGURO DE SAÚDE.
Na hipótese de seguro de saúde contratado em momento anterior ao início da vigência da Lei 9.656/1998, caso não tenha sido garantido à titular segurada o direito de optar pela adaptação do contrato ao sistema da nova lei (art. 35, caput, da Lei 9.656/1998), é possível a inclusão, na qualidade de dependente, de neto, filho de uma de suas filhas originariamente indicada como dependente no referido seguro. Isso porque, nesse contexto, não se admite impor ao contratante a restrição estabelecida no § 5º do art. 35 da Lei 9.656/1998, segundo o qual a "manutenção dos contratos originais pelos consumidores não-optantes tem caráter personalíssimo, devendo ser garantida somente ao titular e a seus dependentes já inscritos, permitida inclusão apenas de novo cônjuge e filhos, e vedada a transferência da sua titularidade, sob qualquer pretexto, a terceiros". De

fato, se não houve opção, por imperativo lógico, não se pode considerar a titular segurada como não-optante, sendo, nesse caso, inaplicável a restrição. **REsp 1.133.338-SP, Rel. Min. Paulo de Tarso Sanseverino, julgado em 2/4/2013. (Inform. STJ 520)**

DIREITO CIVIL E DO CONSUMIDOR. NECESSIDADE DE INTERPRETAÇÃO DE CLÁUSULA DE CONTRATO DE SEGURO DE SAÚDE DA FORMA MAIS FAVORÁVEL À PARTE ADERENTE.
No caso em que o contrato de seguro de saúde preveja automática cobertura para determinadas lesões que acometam o filho de "segurada" nascido durante a vigência do pacto, deve ser garantida a referida cobertura, não apenas ao filho da "segurada titular", mas também ao filho de "segurada dependente". Tratando-se, nessa hipótese, de relação de consumo instrumentalizada por contrato de adesão, as cláusulas contratuais, redigidas pela própria seguradora, devem ser interpretadas da forma mais favorável à outra parte, que figura como consumidora aderente, de acordo com o que dispõe o art. 47 do CDC. Assim, deve-se entender que a expressão "segurada" abrange também a "segurada dependente", não se restringindo à "segurada titular". Com efeito, caso a seguradora pretendesse restringir o campo de abrangência da cláusula contratual, haveria de especificar ser esta aplicável apenas à titular do seguro contratado. **REsp 1.133.338-SP, Rel. Min. Paulo de Tarso Sanseverino, julgado em 2/4/2013. (Inform. STJ 520)**

📖 **Súmula STJ nº 469**

Aplica-se o Código de Defesa do Consumidor aos contratos de plano de saúde.

📖 **Súmula STJ nº 302**

É abusiva a cláusula contratual de plano de saúde que limita no tempo a internação hospitalar do segurado.

3. RESPONSABILIDADE DOS PROFISSIONAIS DA SAÚDE

DIREITO PROCESSUAL CIVIL. HIPÓTESE DE ILEGITIMIDADE PASSIVA DA UNIÃO EM DEMANDA QUE ENVOLVE O SUS.
A União não tem legitimidade passiva em ação de indenização por danos decorrentes de erro médico ocorrido em hospital da rede privada durante atendimento custeado pelo Sistema Único de Saúde (SUS). Isso porque, de acordo com o art. 18, X, da Lei 8.080/1990, compete ao município celebrar contratos e convênios com entidades prestadoras de serviços privados de saúde, bem como controlar e avaliar a respectiva execução. Nesse contexto, não se deve confundir a obrigação solidária dos entes federativos em assegurar o direito à saúde e garantir o acesso universal e igualitário às ações e serviços para sua promoção, proteção e recuperação, com a responsabilidade civil do Estado pelos danos causados a terceiros. Nesta, o interessado busca uma reparação econômica pelos prejuízos sofridos, de modo que a obrigação de indenizar se sujeita à comprovação da conduta, do dano e do respectivo nexo de causalidade. Dessa forma, não há qualquer elemento que autorize a responsabilização da União, seja porque a conduta não foi por ela praticada, seja em razão da impossibilidade de aferir-se a existência de culpa in eligendo ou culpa in vigilando. Precedentes citados: AgRg no CC 109.549-MT, Primeira Seção, DJe 30/6/2010; e REsp 992.265-RS, Primeira Turma, DJe 5/8/2009. **EREsp 1.388.822-RN, Rel. Min. Og Fernandes, julgado em 13/5/2015, DJe 3/6/2015 (Inform. STJ 563).**

4. SISTEMA ÚNICO DE SAÚDE (SUS)

SUS e atendimento por diferença de classe
É constitucional a regra que veda, no âmbito do Sistema Único de Saúde - SUS, a internação em acomodações superiores, bem como o atendimento diferenciado por médico do próprio SUS, ou por médico conveniado, mediante o pagamento da diferença dos valores correspondentes. Essa a conclusão do Plenário, que desproveu recurso extraordinário em que discutida a possibilidade

de internação pelo SUS com a faculdade de melhoria do tipo de acomodação recebida pelo usuário mediante o pagamento de diferença entre os valores correspondentes. O Colegiado explicou que o SUS, conforme instituído pela Lei 8.080/1990, prevê dois eixos de ação: estabelece a prestação de serviços públicos de saúde e uma gama de atividades denominadas de ações de saúde, conforme o art. 200 da CF. É regido pelos princípios da: a) universalidade, como garantia de atenção à saúde por parte do sistema a todo e qualquer cidadão, por meio de serviços integrados por todos os entes da federação; b) equidade, a assegurar que serviços de todos os níveis sejam prestados, de acordo com a complexidade que o caso venha a exigir, de forma isonômica, nas situações similares; e c) integralidade, reconhecendo-se cada indivíduo como um todo indivisível e integrante de uma comunidade. Embora os serviços de saúde devam obedecer a esses princípios, estão limitados pelos elementos técnico-científicos, e pela capacidade econômica do Estado. Nesse contexto, possibilitar assistência diferenciada a pessoas numa mesma situação, dentro de um mesmo sistema, vulnera a isonomia e a dignidade humana. Admitir que um paciente internado pelo SUS tenha acesso a melhores condições de internação ou a médico de sua confiança mediante pagamento subverte a lógica do sistema e ignora suas premissas. Além disso, a Constituição não veda o atendimento personalizado de saúde, e admite o sistema privado. Os atendimentos realizados pela rede pública, todavia, não devem se submeter à lógica do lucro, por não ser essa a finalidade do sistema. Ainda que os supostos custos extras corressem por conta do interessado, a questão econômica ocupa papel secundário dentre os objetivos impostos ao ente estatal. A implementação de um sistema de saúde equânime é missão do Estado, que deve buscar a igualdade sempre que chamado a atuar. O Tribunal assinalou que a diferença de classes dentro do sistema também não leva a maior disponibilidade de vagas na enfermaria, porque há um limite de admissão de pessoas para cada estabelecimento, e todo paciente, mesmo em acomodações superiores, é contabilizado dentro do mesmo sistema público. Sublinhou precedentes do STF relacionados ao tema, em que garantido, em casos excepcionais, o tratamento diferenciado, a despeito da proibição de pagamento a título de complementação aos hospitais, por internação de pacientes em quartos particulares. Ocorre que os julgados dizem respeito a casos individuais, baseados na situação clínica de pacientes específicos, e grande parte deles se dera na fase de implementação do SUS. No presente caso, entretanto, se objetiva implementar a diferença de classe de modo amplo e irrestrito. Assim, embora se reconheça que o SUS ainda carece de recursos e de aprimoramento para se consagrar como um sistema que atenda às suas finalidades constitucionais e legais, deve haver esforços no sentido da promoção da igualdade de acesso, e não em sentido oposto, em clara ofensa à Constituição. **RE 581488/RS, rel. Min. Dias Toffoli, 3.12.2015. (RE-581488) (Inform. STF 810)**

DIREITO ADMINISTRATIVO. EXIGIBILIDADE DE PARECER FAVORÁVEL DE CONSELHO MUNICIPAL DE SAÚDE PARA CREDENCIAMENTO NO SUS. É lícita a exigência de parecer favorável de Conselho Municipal de Saúde para o credenciamento de laboratório de propriedade particular no SUS. Cabe anotar que o SUS se expressa por meio de uma complexa organização estatal e social, na qual colaboram pessoas jurídicas de direito público e privadas. Entretanto, embora a integração de prestadores privados no SUS seja desejável e permitida mediante credenciamento, para tanto é necessário o atendimento de normas gerais de direito público, conforme previsto no art. 24, parágrafo único, da Lei 8.080/1990. Posto isso, cumpre salientar que, para garantir o seu próprio funcionamento concatenado, o sistema, desde os seus primórdios, possui uma lógica de permeabilidade para a participação social, que se expressa por meio de conselhos (art. 198, III, da CF e art. 7º, VIII, da Lei 8.080/1990). A Lei 8.143/1990, por sua vez, que regulamenta a participação da comunidade na gestão do SUS, prevê a atuação dos Conselhos de Saúde em cada esfera de governo, em especial no que se refere à formulação de estratégias e no controle da execução da política de saúde. Nesse contexto, observa-se que a exigência de parecer favorável de Conselho Municipal de Saúde, além de ser impessoal, tem embasamento na legislação pertinente e vigente. **RMS 45.638-RS, Rel. Min. Humberto Martins, julgado em 5/8/2014. (Inform. STJ 545)**

17. DIREITO URBANÍSTICO

Ocupação e parcelamento do solo urbano: loteamentos fechados e plano diretor - 1
O Plenário iniciou julgamento de recurso extraordinário em que se discute a obrigatoriedade de previsão no plano diretor para fins de regramento da ocupação e do parcelamento do solo urbano em loteamento fechados, também denominados condomínios horizontais ou condomínios urbanísticos. Na espécie, discute-se a constitucionalidade — em face dos artigos 182, §§ 1º e 2º, da CF — da LC 710/2005 do Distrito Federal, que dispõe sobre a disciplina de projetos urbanísticos em lotes integrados por unidades autônomas e áreas comuns condominiais. O Ministro Teori Zavascki (relator) negou provimento ao recurso, no que foi acompanhado pelo Ministro Roberto Barroso. Reputou a Lei Complementar distrital 710/2005 legítima, sob o aspecto formal e material. Destacou que a norma impugnada estabeleceria uma forma diferenciada de ocupação e parcelamento do solo urbano em loteamentos fechados, a tratar da disciplina interna desses espaços e dos requisitos urbanísticos mínimos a serem neles observados. De início, mencionou que a Constituição prevê competência concorrente aos entes federativos para fixar normas gerais de urbanismo (art. 24, I e § 1º, e 30, II) e que, a par dessa competência, aos municípios fora atribuída posição de preponderância a respeito de matérias urbanísticas. O relator mencionou que a atuação municipal no planejamento da política de desenvolvimento e expansão urbana deveria ser conduzida com a aprovação, pela Câmara Municipal, de um plano diretor — obrigatório para as cidades com mais de 20.000 habitantes —, cujo conteúdo deveria sistematizar a existência física, econômica e social da cidade, de modo a servir de parâmetro para a verificação do cumprimento da função social das propriedades inseridas em perímetro urbano. Destacou que a lei geral de urbanismo vigente seria o Estatuto das Cidades (Lei 10.257/2001) que também positivara normas gerais a serem observadas na elaboração de planos diretores.
RE 607940/DF, rel. Min. Teori Zavascki, 21.8.2014. (RE-607940)

Ocupação e parcelamento do solo urbano: loteamentos fechados e plano diretor - 2
No tocante à lei impugnada, o Ministro Teori Zavascki aduziu que ela se diferenciaria da Lei 6.766/1979, notadamente, pela: a) possibilidade de fechamento físico e da limitação de acesso da área a ser loteada; e b) transferência, aos condôminos, dos encargos decorrentes da instalação da infraestrutura básica do projeto e dos gastos envolvidos na administração do loteamento, a exemplo do consumo de água, energia elétrica, limpeza e conservação. Consignou que a lei distrital disporia sobre padrão normativo mínimo a ser aplicado a projetos de futuros loteamentos fechados, com o objetivo de evitar situações de ocupação irregular do solo, à margem de controle pela Administração. Asseverou, ainda, que nem toda matéria urbanística relativa às formas de parcelamento, ao uso ou à ocupação do solo deveria estar inteiramente regrada no plano diretor. Enfatizou que determinados modos de aproveitamento do solo urbano, pelas suas singularidades, poderiam receber disciplina jurídica autônoma. Em divergência, o Ministro Marco Aurélio deu provimento ao extraordinário por entender que o acórdão recorrido colocara em segundo plano o que previsto no art. 182, §§ 1º e 2º, da CF. Em seguida, o julgamento foi suspenso em virtude do pedido de vista formulado pelo Ministro Luiz Fux.
RE 607940/DF, rel. Min. Teori Zavascki, 21.8.2014. (RE-607940)

Ocupação e parcelamento do solo urbano: loteamentos fechados e plano diretor - 3
O Plenário retomou julgamento de recurso extraordinário em que se discute a obrigatoriedade de previsão no plano diretor para fins de regramento da ocupação e do parcelamento do solo urbano em loteamentos fechados, também denominados condomínios horizontais ou condomínios urbanísticos. Na espécie, discute-se a constitucionalidade — em face dos artigos 182, §§ 1º e 2º, da CF — da LC 710/2005 do Distrito Federal, que dispõe sobre a disciplina de projetos urbanísticos em lotes integrados por unidades autônomas e áreas comuns condominiais — v. Informativo 755. Em voto-vista, o Ministro

Luiz Fux acompanhou o Ministro Teori Zavascki (relator) para conhecer e negar provimento ao recurso. Nesse mesmo sentido, votou a Ministra Rosa Weber. O Ministro Luiz Fux destacou que caberia indagar se o art. 182, § 1º, da CF, ao erigir o Plano Diretor a "instrumento básico da política de desenvolvimento e expansão urbana" abarcaria interpretação que permitiria ao legislador infraconstitucional produzir atos legislativos específicos para cada espaço urbano ou se deveria ele se ater à alteração do Plano Diretor. Apontou a necessidade de se buscar a solução que melhor preservasse a harmonia e a homogeneidade da legislação urbanística, sem desconsiderar as peculiaridades de cada contexto urbano. Nesse ponto, a questão posta em causa não se resolveria no âmbito infraconstitucional. Frisou que o "caput" do art. 182 da CF determinaria que a política de desenvolvimento urbano estabeleceria suas diretrizes gerais em lei, qual seja, o Plano Diretor. Ademais, o § 2º do art. 182 da CF disporia que o Plano Diretor expressaria exigências fundamentais para que a propriedade urbana cumprisse a sua função social. Assim, caberia ao Plano Diretor apenas estabelecer as diretrizes e exigências básicas, fundamentais e gerais para o ordenamento urbano. Nada impediria, portanto, que o Município ou o Distrito Federal, com base no art. 30, I e VIII, da CF, legislasse mediante normas esparsas sobre projetos e programas específicos de ordenamento do espaço urbano, desde que fossem observadas as diretrizes gerais traçadas pelo Plano Diretor. Dessa forma, o Plano Diretor seria o instrumento legal a ditar a atuação do Município ou do Distrito Federal quanto ao ordenamento urbano, a traçar suas linhas gerais, porém a sua execução poderia se dar mediante a expedição de outras leis e decretos, desde que guardassem conformidade com o Plano Diretor. No caso em exame, aduziu que a lei impugnada, ao dispor de forma específica sobre projetos urbanísticos com diretrizes especiais para unidades autônomas, apenas teria dado execução às determinações gerais do Plano Diretor, sem alterá-lo. Nesse ponto, não haveria qualquer afronta ao art. 182, §§ 1º e 2º, da CF. Por outro lado, se as disposições da lei objeto de impugnação pelo recurso extraordinário contrariassem as diretrizes do Plano Diretor, tratar-se-ia de matéria infraconstitucional, cujo enfrentamento seria vedado pelo Enunciado 280 da Súmula do STF ("por ofensa a direito local não cabe recurso extraordinário"). Em seguida, pediu vista o Ministro Dias Toffoli.
RE 607940/DF, Min. Teori Zavascki, 29.4.2015. (RE-607940)

Ocupação e parcelamento do solo urbano: loteamentos fechados e plano diretor – 4
Os Municípios com mais de 20 mil habitantes e o Distrito Federal podem legislar sobre programas e projetos específicos de ordenamento do espaço urbano por meio de leis que sejam compatíveis com as diretrizes fixadas no plano diretor. Com base nessa orientação, o Plenário, por maioria, negou provimento a recurso extraordinário em que se discutia a constitucionalidade — em face dos artigos 182, §§ 1º e 2º, da CF — da LC 710/2005 do Distrito Federal, que dispõe sobre a disciplina de projetos urbanísticos em lotes integrados por unidades autônomas e áreas comuns condominiais — v. Informativos 755 e 783. O Tribunal reputou legítima a LC 710/2005, tanto sob o aspecto formal e quanto material. Destacou que a norma impugnada estabeleceria uma forma diferenciada de ocupação e parcelamento do solo urbano em loteamentos fechados, a tratar da disciplina interna desses espaços e dos requisitos urbanísticos mínimos a serem neles observados. Mencionou que a Constituição prevê competência concorrente aos entes federativos para fixar normas gerais de urbanismo (art. 24, I e § 1º, e 30, II) e que, a par dessa competência, aos Municípios fora atribuída posição de preponderância a respeito de matérias urbanísticas. Sublinhou que a atuação municipal no planejamento da política de desenvolvimento e expansão urbana deveria ser conduzida com a aprovação, pela Câmara Municipal, de um plano diretor — obrigatório para as cidades com mais de 20.000 habitantes —, cujo conteúdo deveria sistematizar a existência física, econômica e social da cidade, de modo a servir de parâmetro para a verificação do cumprimento da função social das propriedades inseridas em perímetro urbano. Destacou que a lei geral de urbanismo vigente seria o Estatuto das Cidades (Lei 10.257/2001), que também positivara normas gerais a serem observadas

na elaboração de planos diretores. No tocante à lei impugnada, aduziu que ela se diferenciaria da Lei 6.766/1979, notadamente, pela: a) possibilidade de fechamento físico e da limitação de acesso da área a ser loteada; e b) transferência, aos condôminos, dos encargos decorrentes da instalação da infraestrutura básica do projeto e dos gastos envolvidos na administração do loteamento, a exemplo do consumo de água, energia elétrica, limpeza e conservação. Consignou que a lei distrital disporia sobre padrão normativo mínimo a ser aplicado a projetos de futuros loteamentos fechados, com o objetivo de evitar situações de ocupação irregular do solo, à margem de controle pela Administração. Asseverou, ainda, que nem toda matéria urbanística relativa às formas de parcelamento, ao uso ou à ocupação do solo deveria estar inteiramente regrada no plano diretor. Enfatizou que determinados modos de aproveitamento do solo urbano, pelas suas singularidades, poderiam receber disciplina jurídica autônoma, desde que compatível com o plano diretor. Vencidos os Ministros Marco Aurélio, Edson Fachin e Ricardo Lewandowski (presidente), que davam provimento ao recurso e declaravam a inconstitucionalidade da mencionada lei distrital. Pontuavam que essa lei esparsa, ao disciplinar a figura do condomínio fechado por meio de um regulamento genérico e de diretrizes gerais, teria ofendido o plano diretor.
RE 607940/DF, rel. Min. Teori Zavascki, 29.10.2015. (RE-607940) (Inform. STF 805)

Usucapião de imóvel urbano e norma municipal de parcelamento do solo - 3

O Tribunal retomou julgamento de recurso extraordinário, afetado pela 1ª Turma, em que se discute a possibilidade de usucapião de imóvel urbano em município que estabelece lote mínimo de 360 m² para o parcelamento do solo. No caso, os recorrentes exercem, desde 1991, a posse mansa e pacífica de imóvel urbano onde edificaram casa, na qual residem. Contudo, o pedido declaratório, com fundamento no art. 183 da CF ("Aquele que possuir como sua área urbana de até duzentos e cinqüenta metros quadrados, por cinco anos, ininterruptamente e sem oposição, utilizando-a para sua moradia ou de sua família, adquirir-lhe-á o domínio, desde que não seja proprietário de outro imóvel urbano ou rural"), para que lhes fosse reconhecido o domínio, fora rejeitado pelo tribunal de origem. A corte local entendera que o aludido imóvel teria área inferior ao módulo mínimo definido pelo Plano Diretor do respectivo município para os lotes urbanos. Consignara não obstante, que os recorrentes preencheriam os requisitos legais impostos pela norma constitucional instituidora da denominada "usucapião especial urbana" — v. Informativo 772. Em voto-vista, o Ministro Luiz Fux acompanhou o Ministro Dias Toffoli (relator), para prover o recurso. Afirmou que o recorrente preencheria todos os requisitos constitucionais para obter o direito pretendido. O relator, por sua vez, reafirmou a tese anteriormente proferida, com alterações, para assentar o seguinte: "preenchidos os requisitos do art. 183 da Constituição Federal, o reconhecimento do direito à usucapião especial urbana não pode ser obstado por legislação infraconstitucional que estabeleça módulos urbanos na respectiva área, nem pela existência de irregularidades no loteamento em que situado o imóvel". Em seguida, pediu vista o Ministro Marco Aurélio.
RE 422349/RS, rel. Min. Dias Toffoli, 22.4.2015. (RE-422349)

Usucapião de imóvel urbano e norma municipal de parcelamento do solo - 4

Preenchidos os requisitos do art. 183 da CF ("Aquele que possuir como sua área urbana de até duzentos e cinqüenta metros quadrados, por cinco anos, ininterruptamente e sem oposição, utilizando-a para sua moradia ou de sua família, adquirir-lhe-á o domínio, desde que não seja proprietário de outro imóvel urbano ou rural"), o reconhecimento do direito à usucapião especial urbana não pode ser obstado por legislação infraconstitucional que estabeleça módulos urbanos na respectiva área em que situado o imóvel (dimensão do lote). Esse o entendimento do Plenário que, em conclusão de julgamento e por maioria, proveu recurso extraordinário, afetado pela 1ª Turma — em que discutida a possibilidade de usucapião de imóvel urbano em município que estabelece lote mínimo de 360 m² para o parcelamento do solo — para reconhecer aos recorrentes o domínio sobre o imóvel, dada a implementação da usucapião urbana prevista no art. 183 da CF. No caso, os recorrentes exercem, desde 1991, a posse mansa e pacífica de imóvel urbano onde edificaram casa, na qual residem. Contudo, o pedido declaratório, com fundamento no referido preceito constitucional, para que lhes fosse reconhecido o domínio, fora rejeitado pelo tribunal de origem. A Corte local entendera que o aludido imóvel teria área inferior ao módulo mínimo definido pelo Plano Diretor do respectivo município para os lotes urbanos. Consignara,

não obstante, que os recorrentes preencheriam os requisitos legais impostos pela norma constitucional instituidora da denominada "usucapião especial urbana" — v. Informativos 772 e 782. O Colegiado afirmou que, para o acolhimento da pretensão, bastaria o preenchimento dos requisitos exigidos pelo texto constitucional, de modo que não se poderia erigir obstáculo, de índole infraconstitucional, para impedir que se aperfeiçoasse, em favor de parte interessada, o modo originário de aquisição de propriedade. Consignou que os recorrentes efetivamente preencheriam os requisitos constitucionais formais. Desse modo, não seria possível rejeitar, pela interpretação de normas hierarquicamente inferiores à Constituição, a pretensão deduzida com base em norma constitucional.
RE 422349/RS, rel. Min. Dias Toffoli, 29.4.2015. (RE-422349)

Usucapião de imóvel urbano e norma municipal de parcelamento do solo - 5

O Tribunal ressaltou, ademais, que o imóvel estaria perfeitamente localizado dentro da área urbana do município. Além disso, o poder público cobraria sobre a propriedade os tributos competentes. Ademais, não se poderia descurar da circunstância de que a presente modalidade de aquisição da propriedade imobiliária fora incluída pela Constituição como forma de permitir o acesso dos mais humildes a melhores condições de moradia, bem como para fazer valer o respeito à dignidade da pessoa humana, elevado a um dos fundamentos da República (CF, art. 1º, III), fato que, inegavelmente, conduziria ao pleno desenvolvimento das funções sociais da cidade, além de garantir o bem-estar de seus habitantes (CF, art. 182, "caput"). Assim, a eventual irregularidade do loteamento em que localizado o imóvel objeto da usucapião ou a desconformidade de sua metragem com normas e posturas municipais que disciplinariam os módulos urbanos em sua respectiva área territorial não poderiam obstar a implementação de direito constitucionalmente assegurado a quem preenchesse os requisitos exigidos pela Constituição, especialmente por se tratar de modo originário de aquisição da propriedade. Afastou, outrossim, a necessidade de se declarar a inconstitucionalidade da norma municipal. Vencidos os Ministros Roberto Barroso, Marco Aurélio e Celso de Mello. Os Ministros Roberto Barroso e Celso de Mello proviam o recurso em parte e determinavam o retorno dos autos à origem para que fossem verificados os demais requisitos do art. 183 da CF, tendo em vista que a sentença teria se limitado a aferir a área do imóvel. O Ministro Marco Aurélio também provia parcialmente o recurso, para reformar o acórdão recorrido, de modo a reconhecer a usucapião e vedar a criação de unidade imobiliária autônoma, inferior ao módulo territorial mínimo previsto na legislação local. Por fim, o Tribunal deliberou, por decisão majoritária, reconhecer a existência de repercussão geral da questão constitucional suscitada. Vencido, no ponto, o Ministro Marco Aurélio, que rejeitava a existência de repercussão geral e não subscrevia a tese firmada.
RE 422349/RS, rel. Min. Dias Toffoli, 29.4.2015. (RE-422349) (Inform. STF 783)

ACP. CONEXÃO. NUNCIAÇÃO. OBRA NOVA.

In casu, a proprietária do lote contíguo à obra nunciada e a associação de moradores ajuizaram, na origem, ação de nunciação de obra nova cumulada com pedido de anulação de alvará de construção. Outra associação de defesa da cidade interpôs ação civil pública e, por conexão, ambas as ações foram reunidas e julgadas. O tribunal *a quo* manteve a ordem de demolição do prédio em construção por infringência das restrições convencionais, fixadas pelo loteador e devidamente registradas em cartório, uma vez que essas restrições deveriam ser observadas nas escrituras subsequentes. Para isso, baseou-se no art. 572 do CC/1916, com dupla fundamentação: uma de que as restrições convencionais devem ser observadas desde que mais rigorosas que as previstas pela legislação urbanística; o outro fundamento deu-se com a análise especifica do art. 39 da Lei municipal n. 8.001/1973 (com a redação dada pela Lei municipal n. 9.846/1985), bem como do art. 5º, XXII, da CF/1988, o qual fora sucintamente ventilado na apelação, mas que expressa manifestação daquele tribunal. A questão a ser dirimida no REsp está em saber se as restrições feitas pelo loteador, em convenção particular, quanto à utilização do solo, guardam consonância com o art. 572 do CC/1916, ou seja, em síntese, se as limitações dadas ao uso da propriedade introduzidas pelo particular prevalecem ou não sobre normas municipais, na interpretação dada pelo citado artigo. A matéria em debate, segundo destacado, tem importância fundamental na garantia dos espaços verdes, criação e desenvolvimento urbano dos municípios que por ventura venham a passar por situação semelhante. No caso, a questão tornou-se polêmica

17. DIREITO URBANÍSTICO

pelo fato de a obra ter obtido alvará de construção. Neste Superior Tribunal, houve empate no julgamento quanto ao conhecimento do REsp, o que foi resolvido com o voto de desempate do Min. Carlos Fernando Mathias pelo conhecimento. Depois, ocorreu outro empate, agora quanto ao mérito. Então, renovou-se o julgamento e o Min. Mauro Campbell Marques o desempatou ao acompanhar o voto do Min. Relator, destacando que se depreende dos autos que a real intenção do loteador era limitar o direito de construir dos promitentes compradores e de seus sucessores, vedando a construção de edifícios multifamiliares. Assim, com ou sem lei municipal, toda cadeia dominial está sujeita aos termos do contrato de compra e venda consignado no registro do imóvel, sendo essa cláusula dotada de eficácia *erga omnes*. Isso porque, de acordo com art. 135 do CC/1916, após registrados, os atos jurídicos, no caso a compra e venda, produzem efeitos em relação aos terceiros. No mesmo sentido é o art. 18 da Lei n. 6.766/1979, já incidente à época da aquisição do terreno pela construtora recorrente. Logo, a construtora tinha conhecimento das restrições referentes ao loteamento constantes do registro do imóvel. Dessa forma, ela passa a se subsumir a esse regramento legal vigente. Por outro lado, assevera o Min. Relator, com base na doutrina, que são admissíveis as restrições convencionais ao direito de propriedade e ao direito de construir, à luz do *jus variandi* e do regramento constitucional sobre a matéria. No entanto, explica que essas limitações convencionais não ocorreriam em favor do interesse privado, mas da coletividade. Ainda, segundo o Min. Relator, é possível à Administração e ao legislador municipal ampliar ou mitigar as restrições urbanístico-ambientais convencionais, embora hoje se lhes exija um caráter mais rigoroso. De pouco uso ou respeito no modelo do *laissez-faire*, elas agora estão em ascensão no Brasil e no direito comparado, como forma de, a um só tempo, estimular novo consenso de índole solidária e garantir em favor dos cidadãos espaços verdes e de convivência urbana, em que impere a qualidade de vida, a beleza estética e a redução dos impactos de desastres naturais, tal como enchentes. Entre outras considerações, observa que o tribunal *a quo* reconheceu a validade da restrição convencional do loteador, interpretando adequadamente o art. 572 do CC/1916; porém, quanto à lei local, este Superior Tribunal não pode pronunciar-se. Diante do exposto, ao prosseguir o julgamento, a Turma negou provimento ao recurso da construtora. **REsp 302.906-SP, Rel. Min. Herman Benjamin, julgado em 26/8/2010. (Inform. STJ 444)**

18. DIREITO DA IMPROBIDADE ADMINISTRATIVA

1. SUJEITOS E MODALIDADES DE IMPROBIDADE

AC 3.585 - MC/RS
RELATOR: Ministro Celso de Mello
EMENTA: Improbidade administrativa. Agente político. Comportamento *alegadamente* **ocorrido** no exercício de mandato **de Governador** de Estado. **Legitimidade**, *em tal situação*, **da sujeição** ao regime de responsabilização política (**Lei** nº 1.079/50), **desde** que *ainda titular* de referido mandato eletivo, **e igual submissão** à disciplina normativa da responsabilização civil *por improbidade administrativa* (**Lei** nº 8.429/92). **Extinção subsequente** do mandato de Governador de Estado. **Exclusão** do regime **fundado** na Lei nº 1.079/50 (art. 76, **parágrafo único**). **Possibilidade**, *contudo*, **de aplicação**, *a ex*-Governador de Estado, **do regime jurídico** fundado **na Lei** nº 8.429/92. **Doutrina**. **Precedentes**. **Regime** *de plena responsabilidade* dos agentes estatais, **inclusive** *dos agentes políticos*, **como expressão necessária** *do primado da ideia republicana*. **O respeito** à *moralidade administrativa* **como pressuposto legitimador** dos atos governamentais. **Pretensão cautelar** que, *se acolhida*, **transgrediria** o dogma republicano da responsabilização dos agentes públicos. Medida cautelar **a que se nega** seguimento. DJe de 5.6.2014. **(Inform. STF 761)**

AG. REG. NO ARE N. 705.826-SP
RELATORA: MIN. ROSA WEBER
DIREITO ADMINISTRATIVO. AÇÃO CIVIL PÚBLICA. IMPROBIDADE ADMINISTRATIVA. PROPAGANDA INSTITUCIONAL COM CARÁTER INFORMATIVO. AUSÊNCIA DE EVIDÊNCIA DE PROMOÇÃO PESSOAL. ANÁLISE DA OCORRÊNCIA DE EVENTUAL AFRONTA AOS PRECEITOS CONSTITUCIONAIS INVOCADOS NO APELO EXTREMO DEPENDENTE DA REELABORAÇÃO DA MOLDURA FÁTICA CONSTANTE NO ACÓRDÃO REGIONAL. SÚMULA 279/ STF. ÂMBITO INFRACONSTITUCIONAL DO DEBATE. EVENTUAL VIOLAÇÃO REFLEXA DA CONSTITUIÇÃO FEDERAL NÃO VIABILIZA O MANEJO DE RECURSO EXTRAORDINÁRIO. ACÓRDÃO RECORRIDO PUBLICADO EM 30.10.2009.
As razões do agravo regimental não são aptas a infirmar os fundamentos que lastrearam a decisão agravada, mormente no que se refere ao óbice da Súmula 279 do STF, a inviabilizar o trânsito do recurso extraordinário. Precedentes. Agravo conhecido e não provido. **(Inform. STF 718)**

DIREITO ADMINISTRATIVO. IMPROBIDADE ADMINISTRATIVA E CONDUTA DIRECIONADA A PARTICULAR.
Não ensejam o reconhecimento de ato de improbidade administrativa (Lei 8.429/1992) eventuais abusos perpetrados por agentes públicos durante abordagem policial, caso os ofendidos pela conduta sejam particulares que não estavam no exercício de função pública. O fato de a probidade ser atributo de toda atuação do agente público pode suscitar o equívoco interpretativo de que qualquer falta por ele praticada, por si só, representaria quebra desse atributo e, com isso, o sujeitaria às sanções da Lei 8.429/1992. Contudo, o conceito jurídico de ato de improbidade administrativa, por ser circulante no ambiente do direito sancionador, não é daqueles que a doutrina chama de elásticos, isto é, daqueles que podem ser ampliados para abranger situações que não tenham sido contempladas no momento da sua definição. Dessa forma, considerando o inelástico conceito de improbidade, vê-se que o referencial da Lei 8.429/1992 é o ato do agente público frente à coisa pública a que foi chamado a administrar. Logo, somente se classificam como atos de improbidade administrativa as condutas de servidores públicos que causam vilipêndio aos cofres públicos ou promovem o enriquecimento ilícito do próprio agente ou de terceiros, efeitos inocorrentes na hipótese. Assim, sem pretender realizar um transverso enquadramento legal, mas apenas descortinar uma correta exegese, verifica-se que a previsão do art. 4º, "h", da Lei 4.898/1965, segundo o qual constitui abuso de autoridade "o ato lesivo da honra ou do patrimônio de pessoa natural ou jurídica, quando praticado

com abuso ou desvio de poder ou sem competência legal", está muito mais próxima do caso - por regular o direito de representação do cidadão frente a autoridades que, no exercício de suas funções, cometerem abusos (art. 1º) -, de modo que não há falar-se em incidência da Lei de Improbidade Administrativa. **REsp 1.558.038-PE, Rel. Min. Napoleão Nunes Maia Filho, julgado em 27/10/2015, DJe 9/11/2015. (Inform. STJ 573)**

DIREITO ADMINISTRATIVO. POSSIBILIDADE DE APLICAÇÃO DA LEI DE IMPROBIDADE ADMINISTRATIVA A ESTAGIÁRIO.
O estagiário que atua no serviço público, ainda que transitoriamente, remunerado ou não, está sujeito a responsabilização por ato de improbidade administrativa (Lei 8.429/1992). De fato, o conceito de agente público, constante dos artigos 2º e 3º da Lei 8.429/1992 (Lei de Improbidade Administrativa), abrange não apenas os servidores públicos, mas todo aquele que exerce, ainda que transitoriamente ou sem remuneração, por eleição, nomeação, designação, contratação ou qualquer outra forma de investidura ou vínculo, mandato, cargo, emprego ou função na Administração Pública. Assim, na hipótese em análise, o estagiário, que atua no serviço público, enquadra-se no conceito legal de agente público preconizado pela Lei 8.429/1992. Ademais, as disposições desse diploma legal são aplicáveis também àquele que, mesmo não sendo agente público, induza ou concorra para a prática do ato de improbidade ou dele se beneficie sob qualquer forma, direta ou indireta. Isso porque o objetivo da Lei de Improbidade não é apenas punir, mas também afastar do serviço público os que praticam atos incompatíveis com o exercício da função pública. **REsp 1.352.035-RS, Rel. Min. Herman Benjamin, julgado em 18/8/2015, DJe 8/9/2015 (Inform. STJ 568).**

DIREITO ADMINISTRATIVO E PROCESSUAL CIVIL. APLICAÇÃO DA PENA DE PERDA DA FUNÇÃO PÚBLICA A MEMBRO DO MP EM AÇÃO DE IMPROBIDADE ADMINISTRATIVA.
É possível, no âmbito de ação civil pública de improbidade administrativa, a condenação de membro do Ministério Público à pena de perda da função pública prevista no art. 12 da Lei 8.429/1992. Inicialmente, deve-se consignar que é pacífico o entendimento jurisprudencial do STJ no sentido de que a Lei 8.429/1992 é aplicável aos agentes políticos, dentre os quais se incluem os magistrados e promotores (REsp 1.249.531-RN, Segunda Turma, DJe 5/12/2012; REsp 1.205.562-RS, Primeira Turma, DJe 17/2/2012; e AIA 30-AM, Corte Especial, DJe 28/9/2011). O fato de a LC 75/1993 e a Lei 8.625/1993 preverem a garantia da vitaliciedade aos membros do MP e a necessidade de ação judicial para aplicação da pena de demissão não induz à conclusão de que estes não podem perder o cargo em razão de sentença proferida na ação civil pública por ato de improbidade administrativa. Isso porque, conquanto a lei estabeleça a necessidade de ação judicial específica para a aplicação da perda do cargo, as hipóteses previstas nas referidas normas dizem respeito a fatos apurados no âmbito administrativo, daí porque se prevê a necessidade de autorização do Conselho Superior do Ministério Público para o ajuizamento da ação judicial (art. 57, XX, da LC 75/1993 e § 2º do art. 38 da Lei 8.625/1993). Nesse sentido, a ação civil específica acima mencionada em nada interfere nas disposições da Lei 8.429/1992, até mesmo porque o § 2º do art. 2º do Decreto-Lei 4.657/1942 (LINDB) dispõe que: "A lei nova, que estabeleça disposições gerais ou especiais a par das já existentes, não revoga nem modifica a lei anterior". Com efeito, a previsão legal de que o Procurador-Geral de Justiça ou o Procurador-Geral da República ajuizará ação civil específica para a aplicação da pena de demissão ou perda do cargo, nos casos elencados na lei, dentre os quais se destacam a prática de crimes e os atos de improbidade, deve ser regulada pelo legislador ordinário, cumprindo o mandamento do § 4º do art. 37 da CF, estabeleça a pena de perda do cargo do membro do MP quando comprovada a prática de ato ímprobo, em ação civil pública própria para sua constatação. Na legislação aplicável aos membros do MP, asseguram-se à instituição as providências cabíveis para sancionar o agente comprovadamente ímprobo e, nos exatos termos das garantias que prevê, exige o ajuizamento de ação judicial específica para tanto. Na nominada Lei de Improbidade Administrativa (Lei 8.429/1992),

VADE MECUM DE JURISPRUDÊNCIA – STF/STJ

o legislador amplia a legitimação ativa, ao prever que a ação será proposta "pelo Ministério Público ou pela pessoa jurídica interessada" (art. 17). Não há, portanto, competência exclusiva do Procurador-Geral. Dessa forma, não há somente uma única via processual adequada à aplicação da pena de perda do cargo a membro do MP. Assim, a demissão ou perda do cargo por ato de improbidade administrativa (art. 240, V, "b", da LC 75/1993) não só pode ser determinada por sentença condenatória transitada em julgado em ação específica, cujo ajuizamento deve ser provocado por procedimento administrativo e é da competência do Procurador-Geral, conforme se extrai da Lei 8.429/1992, c/c com o parágrafo único do art. 208 da LC 75/1993, como também pode ocorrer em decorrência do trânsito em julgado da sentença condenatória proferida em ação civil pública prevista na Lei 8.429/1992. Essa conclusão é decorrência lógica do comando inserto no caput do art. 12 da Lei 8.429/1992: "Independentemente das sanções penais, civis e administrativas previstas na legislação específica, está o responsável pelo ato de improbidade sujeito às seguintes cominações, que podem ser aplicadas isolada ou cumulativamente, de acordo com a gravidade do fato". **REsp 1.191.613-MG, Rel. Min. Benedito Gonçalves, julgado em 19/3/2015, DJe 17/4/2015 (Inform. STJ 560).**

DIREITO ADMINISTRATIVO. REQUISITO PARA A CONFIGURAÇÃO DE ATO DE IMPROBIDADE ADMINISTRATIVA QUE ATENTE CONTRA OS PRINCÍPIOS DA ADMINISTRAÇÃO PÚBLICA. Para a configuração dos atos de improbidade administrativa que atentam contra os princípios da administração pública (art. 11 da Lei 8.429/1992), é dispensável a comprovação de efetivo prejuízo aos cofres públicos. De fato, o art. 21, I, da Lei 8.429/1992 dispensa a ocorrência de efetivo dano ao patrimônio público como condição de aplicação das sanções por ato de improbidade, salvo quanto à pena de ressarcimento. Precedentes citados: REsp 1.320.315-DF, Segunda Turma, DJe 20/11/2013; e AgRg nos EDcl no AgRg no REsp 1.066.824-PA, Primeira Turma, DJe 18/9/2013. **REsp 1.192.758-MG, Rel. originário Min. Napoleão Nunes Maia Filho, Rel. para acórdão Min. Sérgio Kukina, julgado em 4/9/2014. (Inform. STJ 547)**

DIREITO CONSTITUCIONAL E ADMINISTRATIVO. NÃO CONFIGURAÇÃO DE ATO DE IMPROBIDADE ADMINISTRATIVA. Não configura improbidade administrativa a contratação, por agente político, de parentes e afins para cargos em comissão ocorrida em data anterior à lei ou ao ato administrativo do respectivo ente federado que a proibisse e à vigência da Súmula Vinculante 13 do STF. A distinção entre conduta ilegal e conduta ímproba imputada a agente público ou privado é muito antiga. A ilegalidade e a improbidade não são situações ou conceitos intercambiáveis, cada uma delas tendo a sua peculiar conformação estrita: a improbidade é uma ilegalidade qualificada pelo intuito malsão do agente, atuando com desonestidade, malícia, dolo ou culpa grave. A confusão conceitual que se estabeleceu entre a ilegalidade e a improbidade deve provir do *caput* do art. 11 da Lei 8.429/1992, porquanto ali está apontada como ímproba qualquer conduta que ofenda os princípios da Administração Pública, entre os quais se inscreve o da legalidade (art. 37 da CF). Mas nem toda ilegalidade é ímproba. Para a configuração de improbidade administrativa, deve resultar da conduta enriquecimento ilícito próprio ou alheio (art. 9º da Lei 8.429/1992), prejuízo ao Erário (art. 10 da Lei 8.429/1992) ou infringência aos princípios nucleares da Administração Pública (arts. 37 da CF e 11 da Lei 8.429/1992). A conduta do agente, nos casos dos arts. 9º e 11 da Lei 8.429/1992, há de ser sempre dolosa, por mais complexa que seja a demonstração desse elemento subjetivo. Nas hipóteses do art. 10 da Lei 8.429/1992, cogita-se que possa ser culposa. Em nenhuma das hipóteses legais, contudo, se diz que possa a conduta do agente ser considerada apenas do ponto de vista objetivo, gerando a responsabilidade objetiva. Quando não se faz distinção conceitual entre ilegalidade e improbidade, ocorre a aproximação da responsabilidade objetiva por infrações. Assim, ainda que demonstrada grave culpa, se não evidenciado o dolo específico de lesar os cofres públicos ou de obter vantagem indevida, bens tutelados pela Lei 8.429/1992, não se configura improbidade administrativa. **REsp 1.193.248-MG, Rel. Min. Napoleão Nunes Maia Filho, julgado em 24/4/2014. (Inform. STJ 540)**

DIREITO ADMINISTRATIVO. AÇÃO POR ATO DE IMPROBIDADE ADMINISTRATIVA. Não comete ato de improbidade administrativa o médico que cobre honorários por procedimento realizado em hospital privado que também seja conveniado à rede pública de saúde, desde que o atendimento não seja custeado pelo próprio sistema público de saúde. Isso porque, nessa situação, o médico não age na qualidade de agente público e, consequentemente, a cobrança não se enquadra como ato de improbidade. Com efeito, para o recebimento de ação por ato de improbidade administrativa, deve-se focar em dois aspectos, quais sejam, se a conduta investigada foi praticada por agente público ou por pessoa a ele equiparada, no exercício do *munus publico*, e se o ato é realmente um ato de improbidade administrativa. Quanto à qualidade de agente público, o art. 2º da Lei 8.429/1992 o define como sendo "todo aquele que exerce, ainda que transitoriamente ou sem remuneração, por eleição, nomeação, designação, contratação ou qualquer outra forma de investidura ou vínculo, mandato, cargo, emprego ou função nas entidades mencionadas no artigo anterior". Vale destacar, na apreciação desse ponto, que é plenamente possível a realização de atendimento particular em hospital privado que seja conveniado ao Sistema Único de Saúde – SUS. Assim, é possível que o serviço médico seja prestado a requerimento de atendimento particular e a contraprestação ao hospital seja custeada pelo próprio paciente – suportado pelo seu plano de saúde ou por recursos próprios. Na hipótese em análise, deve-se observar que não há atendimento pelo próprio SUS e não há como sustentar que o médico tenha prestado os serviços na qualidade de agente público, pois a mencionada qualificação somente restaria configurada se o serviço tivesse sido custeado pelos cofres públicos. Por consequência, se o ato não foi praticado por agente público ou por pessoa a ele equiparada, não há falar em ato de improbidade administrativa. **REsp 1.414.669-SP, Rel. Min. Napoleão Nunes Maia Filho, julgado em 20/2/2014. (Inform. STJ 537)**

DIREITO ADMINISTRATIVO. IMPROBIDADE ADMINISTRATIVA POR VIOLAÇÃO AOS PRINCÍPIOS DA ADMINISTRAÇÃO PÚBLICA. O atraso do administrador na prestação de contas, sem que exista dolo, não configura, por si só, ato de improbidade administrativa que atente contra os princípios da Administração Pública (art. 11 da Lei n. 8.429/92). Isso porque, para a configuração dessa espécie de ato de improbidade administrativa, é necessária a prática dolosa de conduta que atente contra os princípios da Administração Pública. Dessa forma, há improbidade administrativa na omissão dolosa do administrador, pois o dever de prestar contas está relacionado ao princípio da publicidade, tendo por objetivo dar transparência ao uso de recursos e de bens públicos por parte do agente estatal. Todavia, o simples atraso na entrega das contas, sem que exista dolo na espécie, não configura ato de improbidade. Precedente citado: REsp 1.307.925-TO, Rel. Segunda Turma, DJe 23/8/2012. **AgRg no REsp 1.382.436-RN, Rel. Min. Humberto Martins, julgado em 20/8/2013. (Inform. STJ 529)**

DIREITO ADMINISTRATIVO. ATO DE IMPROBIDADE ADMINISTRATIVA QUE CAUSE LESÃO AO ERÁRIO. Para a configuração dos atos de improbidade administrativa que causem prejuízo ao erário (art. 10 da Lei 8.429/1992), é indispensável a comprovação de efetivo prejuízo aos cofres públicos. Precedentes citados: REsp 1.233.502-MG, Segunda Turma, DJe 23/8/2012; e REsp 1.206.741-SP, Primeira Turma, DJe 23/5/2012. **REsp 1.173.677-MG, Rel. Min. Napoleão Nunes Maia Filho, julgado em 20/8/2013. (Inform. STJ 528)**

DIREITO ADMINISTRATIVO. APLICABILIDADE DA LEI DE IMPROBIDADE ADMINISTRATIVA A GOVERNADOR DE ESTADO. É possível o ajuizamento de ação de improbidade administrativa em face de Governador de Estado. Isso porque há perfeita compatibilidade entre o regime especial de responsabilização política e o regime de improbidade administrativa previsto na Lei 8.429/1992. **EDcl no AgRg no REsp 1.216.168-RS, Rel. Min. Humberto Martins, julgado em 24/9/2013. (Inform. STJ 527)**

DIREITO ADMINISTRATIVO. IMPROBIDADE ADMINISTRATIVA POR VIOLAÇÃO AOS PRINCÍPIOS DA ADMINISTRAÇÃO PÚBLICA. Configura ato de improbidade administrativa a conduta de professor da rede pública de ensino que, aproveitando-se dessa condição, assedie sexualmente seus alunos. Isso porque essa conduta atenta contra os princípios da administração pública, subsumindo-se ao disposto no art. 11 da Lei 8.429/1992. **REsp 1.255.120-SC, Rel. Min. Humberto Martins, julgado em 21/5/2013. (Inform. STJ 523)**

2. SANÇÕES DE IMPROBIDADE ADMINISTRATIVA

DIREITO ADMINISTRATIVO E PROCESSUAL CIVIL. REVISÃO EM RECURSO ESPECIAL DAS PENAS IMPOSTAS EM RAZÃO DA PRÁTICA DE ATO DE IMPROBIDADE ADMINISTRATIVA. As penalidades aplicadas em decorrência da prática de ato de improbidade administrativa, caso seja patente a violação aos princípios da proporcionalidade e da razoabilidade, podem ser revistas em recurso especial. Nessa situação, não se aplica a Súmula 7 do STJ. **EREsp 1.215.121-RS**, Rel. Min. Napoleão Nunes Maia Filho, julgado em 14/8/2014. (Inform. STJ 549)

DIREITO ADMINISTRATIVO. INDISPONIBILIDADE DE BENS NA HIPÓTESE DE ATO DE IMPROBIDADE QUE ATENTE CONTRA OS PRINCÍPIOS DA ADMINISTRAÇÃO PÚBLICA.
No caso de improbidade administrativa, admite-se a decretação da indisponibilidade de bens também na hipótese em que a conduta tida como ímproba se subsuma apenas ao disposto no art. 11 da Lei 8.429/1992, que trata dos atos que atentam contra os princípios da administração pública. Precedentes citados: AgRg no REsp 1.311.013-RO, Segunda Turma, julgado em 4/12/2012. **AgRg no REsp 1.299.936-RJ**, Rel. Min. Mauro Campbell Marques, julgado em 18/4/2013. (Inform. STJ 523)

3. INDISPONIBILIDADE DE BENS

DIREITO ADMINISTRATIVO E PROCESSUAL CIVIL. REQUISITOS DA MEDIDA CAUTELAR DE INDISPONIBILIDADE DE BENS PREVISTA NO ART. 7º DA LEI 8.429/1992. RECURSO REPETITIVO (ART. 543-C DO CPC E RES. 8/2008-STJ). É possível decretar, de forma fundamentada, medida cautelar de indisponibilidade de bens do indiciado na hipótese em que existam fortes indícios acerca da prática de ato de improbidade lesivo ao erário. De fato, o art. 7º da Lei 8.429/1992 (Lei de Improbidade Administrativa) instituiu medida cautelar de indisponibilidade de bens que apresenta caráter especial em relação à compreensão geral das medidas cautelares. Isso porque, para a decretação da referida medida, embora se exija a demonstração de *fumus boni iuris* – consistente em fundados indícios da prática de atos de improbidade –, é desnecessária a prova de *periculum in mora* concreto – ou seja, de que os réus estariam dilapidando efetivamente seu patrimônio ou de que eles estariam na iminência de fazê-lo (colocando em risco eventual ressarcimento ao erário). O requisito do *periculum in mora* estaria implícito no referido art. 7º, parágrafo único, da Lei 8.429/1992, que visa assegurar "o integral ressarcimento" de eventual prejuízo ao erário, o que, inclusive, atende à determinação contida no art. 37, § 4º, da CF (REsp 1.319.515-ES, Primeira Seção, DJe 21/9/2012; e EREsp 1.315.092-RJ, Primeira Seção, DJe 7/6/2013). Ora, como a indisponibilidade dos bens visa evitar que ocorra a dilapidação patrimonial, não é razoável aguardar atos concretos direcionados à sua diminuição ou dissipação, na medida em que exigir a comprovação de que esse fato estaria ocorrendo ou prestes a ocorrer tornaria difícil a efetivação da medida cautelar em análise (REsp 1.115.452-MA, Segunda Turma, DJ 20/4/2010). Além do mais, o disposto no referido art. 7º em nenhum momento exige o requisito da urgência, reclamando apenas a demonstração, numa cognição sumária, de que o ato de improbidade causou lesão ao patrimônio público ou ensejou enriquecimento ilícito. **REsp 1.366.721-BA**, Rel. Min. Napoleão Nunes Maia Filho, Rel. para acórdão Min. Og Fernandes, julgado em 26/2/2014. (Inform. STJ 547)

DIREITO ADMINISTRATIVO. INDISPONIBILIDADE DE BENS EM AÇÃO DE IMPROBIDADE ADMINISTRATIVA. Os valores investidos em aplicações financeiras cuja origem remonte a verbas trabalhistas não podem ser objeto de medida de indisponibilidade em sede de ação de improbidade administrativa. Isso porque a aplicação financeira das verbas trabalhistas não implica a perda da natureza salarial destas, uma vez que uso pelo empregado ou trabalhador é uma defesa contra a inflação e os infortúnios. Ademais, conforme entendimento pacificado no STJ, a medida de indisponibilidade de bens deve recair sobre a totalidade do patrimônio do acusado, excluídos aqueles tidos como impenhoráveis. Desse modo, é possível a penhora do rendimento da aplicação, mas o estoque de capital investido, de natureza salarial, é impenhorável. **REsp 1.164.037-RS**, Rel. Min. Sérgio Kukina, Rel. para acórdão Min. Napoleão Nunes Maia Filho, julgado em 20/2/2014. (Inform. STJ 539)

DIREITO ADMINISTRATIVO. DECRETAÇÃO DE INDISPONIBILIDADE E SEQUESTRO DE BENS ANTES DO RECEBIMENTO DA INICIAL EM AÇÃO DE IMPROBIDADE.
É possível a decretação de indisponibilidade e sequestro de bens antes mesmo do recebimento da petição inicial da ação civil pública destinada a apurar a prática de ato de improbidade administrativa. Precedentes citados: AgRg no AREsp 20.853-SP, Primeira Turma, DJe 29/6/2012; REsp 1.078.640-ES, Primeira Turma, DJe 23/3/2010, e EDcl no Ag 1.179.873-PR, Segunda Turma, DJe 12/3/2010. **AgRg no REsp 1.317.653-SP**, Rel. Min. Mauro Campbell Marques, julgado em 7/3/2013. (Inform. STJ 518)

DIREITO ADMINISTRATIVO. NECESSIDADE DE RECEBIMENTO DA INICIAL NO CASO DE INDÍCIOS DE ATO QUE POSSA SER ENQUADRADO EM HIPÓTESE DE IMPROBIDADE PREVISTA NA LEI N. 8.429/1992.
Deve ser recebida a petição inicial de ação de improbidade no caso em que existam indícios da prática de ato ímprobo por prefeito que, no contexto de campanha de estímulo ao pagamento do IPTU, fizera constar seu nome, juntamente com informações que colocavam o município entre outros que detinham bons índices de qualidade de vida, tanto na contracapa do carnê de pagamento do tributo quanto em outros meios de comunicação. Tal conduta, em princípio, pode configurar indevida prática de promoção pessoal mediante a utilização de informes publicitários oficiais, subsumindo-se, dessarte, a hipótese de ato de improbidade administrativa prevista na Lei n. 8.429/1992. Nesse contexto, havendo indícios da prática de ato de improbidade, é prematura a extinção do processo com julgamento de mérito, tendo em vista que, na fase inicial da ação, ainda inexistem elementos suficientes para um juízo conclusivo acerca da demanda. Com efeito, de acordo com a jurisprudência do STJ, existindo meros indícios de cometimento de atos enquadráveis na Lei n. 8.429/1992, a petição inicial há de ser recebida, fundamentadamente, pois, na fase inicial prevista no art. 17, §§ 7º, 8º e 9º, vale o princípio in dubio pro societate, a fim de possibilitar o maior resguardo do interesse público. **AgRg no REsp 1.317.127-ES**, Rel. Min. Mauro Campbell Marques, julgado em 7/3/2013. (Inform. STJ 518)

DIREITO ADMINISTRATIVO E PROCESSUAL CIVIL. COMPROVAÇÃO DO *PERICULUM IN MORA* PARA A DECRETAÇÃO DE INDISPONIBILIDADE DE BENS POR ATO DE IMPROBIDADE.
Para a decretação da indisponibilidade de bens pela prática de ato de improbidade administrativa que tenha causado lesão ao patrimônio público, não se exige que seu requerente demonstre a ocorrência de *periculum in mora*. Nesses casos, a presunção quanto à existência dessa circunstância milita em favor do requerente da medida cautelar, estando o *periculum in mora* implícito no comando normativo descrito no art. 7º da Lei n. 8.429/1992, conforme determinação contida no art. 37, § 4º, da CF. Precedente citado: REsp 1.319.515-ES, DJe 21/9/2012. **AgRg no REsp 1.229.942-MT**, Rel. Min. Mauro Campbell Marques, julgado em 6/12/2012. (Inform. STJ 515).

4. QUESTÕES PROCESSUAIS E PRESCRIÇÃO

Ação civil pública e foro por prerrogativa de função - 2
Em conclusão de julgamento, o Plenário reputou prejudicado agravo regimental em que negado seguimento a pedido no sentido de que ação civil pública, por ato de improbidade administrativa, supostamente praticado por parlamentar, fosse apreciada no STF — v. Informativo 732. Na espécie, Senador da República figurara no polo passivo da ação civil pública, o que ensejara a alegada competência da Corte, entretanto, posteriormente renunciara ao cargo, a implicar a prejudicialidade do agravo. O Ministro Roberto Barroso (relator) reajustou o voto.
Pet 3067 AgR/MG, rel. Min. Roberto Barroso, 19.11.2014. (Pet-3067) (Inform. STF 768)

Ação de improbidade administrativa: Ministro de Estado e foro competente - 1
O Plenário iniciou julgamento de agravo regimental em petição no qual se discute a competência para processar e julgar ação civil por improbidade administrativa supostamente praticada por parlamentar, à época Ministro de Estado. Na espécie, tribunal regional federal declinara de sua competência e remetera os autos o STF que, por sua vez, determinara a suspensão do processo até o final julgamento dos embargos de declaração na ADI 2.797/

DF (DJe de 28.2.2013). Após o julgamento da referida ação — em que assentada a inconstitucionalidade da Lei 10.628/2002, que acresceu os §§ 1º e 2º ao artigo 84 do CPP —, o Ministro Cezar Peluso, então relator da petição, reconhecera a incompetência do STF e determinara o retorno dos autos ao juízo de origem. Ocorre que, anteriormente, em 13.6.2007, o STF concluíra, na Rcl 2.138/DF (DJe de 18.4.2008) pela "incompetência dos juízos de primeira instância para processar e julgar ação civil de improbidade administrativa ajuizada contra agente político que possui prerrogativa de foro perante o Supremo Tribunal Federal, por crime de responsabilidade, conforme o art. 102, I, c, da Constituição". No presente regimental, o agravante sustenta que: a) a Rcl 2.138/DF fixa a competência do STF para processar e julgar ações de improbidade contra réus com prerrogativa de foro criminal; b) o julgamento da ADI 2.797/DF não interfere na decisão deste processo; e c) os agentes políticos respondem apenas por crimes de responsabilidade, mas não pelos atos de improbidade administrativa previstos na Lei 8.429/1992. O Ministro Teori Zavascki (relator) deu provimento ao agravo e consignou que seriam duas as questões trazidas a debate no recurso, ambas a respeito da posição jurídica dos agentes políticos em face da Lei 8.429/1992, que trata das sanções por ato de improbidade. A primeira seria verificar se haveria submissão dos agentes políticos ao duplo regime sancionatório (o fixado na Lei 8.429/1992 e na Lei 1.079/1950, que dispõe sobre crimes de responsabilidade). A segunda seria consolidar entendimento quanto à existência, ou não, de prerrogativa de foro nas ações que visassem a aplicar as mencionadas sanções, em face da ausência de posição do STF sobre o tema. No que concerne à questão do duplo regime sancionatório, o relator enfatizou que, sob o ângulo constitucional, seria difícil justificar a tese de que todos os agentes políticos sujeitos a crime de responsabilidade, nos termos da Lei 1.079/1950 ou do Decreto-lei 201/1967, estariam imunes, mesmo que em parte, às sanções do art. 37, § 4º da CF ("§ 4º - Os atos de improbidade administrativa importarão a suspensão dos direitos políticos, a perda da função pública, a indisponibilidade dos bens e o ressarcimento ao erário, na forma e gradação previstas em lei, sem prejuízo da ação penal cabível"). Segundo essa norma constitucional, qualquer ato de improbidade estaria sujeito às sanções nela estabelecidas, inclusive à da perda do cargo e à da suspensão de direitos políticos.
Pet 3240 AgR/DF, rel. Min. Teori Zavascki, 19.11.2014. (Pet-3240)

Ação de improbidade administrativa: Ministro de Estado e foro competente - 2
O relator assinalou que ao legislador ordinário, por sua vez, a quem o dispositivo delegara competência apenas para normatizar a forma e a gradação dessas sanções, não seria dado limitar o alcance do referido mandamento constitucional. Somente a Constituição poderia fazê-lo e, salvo em relação a atos de improbidade do Presidente da República, não se poderia identificar no texto constitucional qualquer limitação dessa natureza. Ressalvou que as normas constitucionais que dispõem sobre crimes de responsabilidade poderiam ser divididas em dois grandes grupos: a) as que tratam exclusivamente de competência para o processo e julgamento desses crimes — normas tipicamente instrumentais —, a estabelecerem foro por prerrogativa de função (CF, artigos 52, I e II; 96, III; 102, I, c; e 105, I); e b) as que dispõem sobre aspectos objetivos do crime, a indicar condutas típicas (CF, artigos 29-A, §§ 2º e 3º; 50, "caput" e § 2º; e 85, V). Ponderou que não se poderia identificar nas normas do primeiro grupo qualquer elemento a indicar sua incompatibilidade material com o regime do art. 37, § 4º, da CF. O que elas incitariam seria um problema de ordem processual, concernente à necessidade de compatibilizar as normas sobre prerrogativa de foro com o processo destinado à aplicação das sanções por improbidade administrativa, em especial as que implicassem a perda do cargo e a suspensão dos direitos políticos. Quanto às normas do segundo grupo, a única alusão à improbidade administrativa como crime de responsabilidade seria a do inciso V do art. 85 da CF, ao considerar crime de responsabilidade os atos praticados pelo Presidente da República contra a "probidade na administração", o que daria ensejo a processo e julgamento perante o Senado Federal (CF, art. 86). Somente nessa restrita hipótese é que se identificaria, no âmbito material, concorrência de regimes (o geral do art. 37, § 4º, e o especial dos artigos 85, V, e 86, todos da CF). Não se poderia negar ao legislador ordinário a faculdade de dispor sobre aspectos materiais dos crimes de responsabilidade, a tipificar outras condutas além daquelas indicadas no texto constitucional. Essa atribuição existiria especialmente em relação a condutas de autoridades que a própria Constituição, sem tipificar, indicaria como possíveis agentes daqueles crimes. Todavia, no desempenho de seu mister, ao legislador ordinário cumpriria observar

os limites próprios da atividade normativa infraconstitucional, que não o autorizaria a afastar ou a restringir injustificadamente o alcance de qualquer preceito constitucional. Por isso mesmo, não lhe seria lícito, a pretexto de tipificar crimes de responsabilidade, excluir os respectivos agentes das sanções decorrentes do comando do art. 37, § 4º, da CF.
Pet 3240 AgR/DF, rel. Min. Teori Zavascki, 19.11.2014. (Pet-3240)

Ação de improbidade administrativa: Ministro de Estado e foro competente - 3
O Ministro Teori Zavascki frisou que, excetuada a hipótese de atos de improbidade praticados pelo Presidente da República, submetidos a regime especial, não haveria norma constitucional que imunizasse os agentes políticos, sujeitos a crime de responsabilidade, de qualquer das sanções por ato de improbidade previstas no art. 37, § 4º, da CF. Igualmente incompatível com a Constituição seria eventual preceito normativo infraconstitucional que impusesse imunidade dessa natureza. Haveria situação de cunho estritamente processual relacionada com a competência para o processo e julgamento das ações de improbidade, já que elas poderiam conduzir agentes políticos da mais alta expressão a sanções de perda do cargo e a suspensão de direitos políticos. Essa seria a real e delicada questão institucional no que concerne à polêmica sobre atos de improbidade praticados por agentes políticos. Nesse ponto, concluiu que a solução constitucional para o problema seria o reconhecimento, também para as ações de improbidade, do foro por prerrogativa de função assegurado nas ações penais. Explicou que, embora as sanções aplicáveis aos atos de improbidade não tivessem natureza penal, haveria laços de identidade entre as duas espécies, seja quanto às funções (punitiva, pedagógica e intimidatória), seja quanto ao conteúdo. Com efeito, não haveria diferença entre a perda da função pública ou a suspensão dos direitos políticos ou a imposição de multa pecuniária, quando decorrente de ilícito penal e de ilícito administrativo. Nos dois casos, as consequências práticas em relação ao condenado seriam idênticas. A rigor, a única distinção se situaria em plano puramente jurídico, relacionado com os efeitos da condenação em face de futuras infrações, porquanto a condenação criminal produziria as consequências próprias do antecedente e da perda da primariedade, que poderiam redundar em futuro agravamento de penas ou, indiretamente, em aplicação de pena privativa de liberdade.
Pet 3240 AgR/DF, rel. Min. Teori Zavascki, 19.11.2014. (Pet-3240)

Ação de improbidade administrativa: Ministro de Estado e foro competente - 4
Do ponto de vista dos direitos fundamentais e do postulado da dignidade da pessoa humana, não pareceria lógico que se investisse o acusado de amplas garantias até mesmo quando devesse responder por infração penal que produziria simples pena de multa pecuniária e se lhe negassem garantias semelhantes quando a infração, conquanto administrativa, pudesse resultar em pena mais severa, como a perda de função pública ou a suspensão de direitos políticos. Ao se buscar consolidar entendimento quanto às regras sobre competências jurisdicionais, os dispositivos da Constituição comportam interpretação sistemática que permite preencher vazios e abarcar certas competências implícitas, mas inafastáveis por imperativo do próprio regime constitucional. Em suma, por entender que essa linha de compreensão também deveria ser adotada em relação ao foro por prerrogativa de função, o relator reconheceu a competência do STF para processar e julgar a ação de improbidade contra o requerido, deputado federal. Determinou, ainda, o desmembramento do processo em relação aos demais demandados para que, no tocante a eles, tivesse prosseguimento no foro próprio. Em seguida, pediu vista dos autos o Ministro Roberto Barroso.
Pet 3240 AgR/DF, rel. Min. Teori Zavascki, 19.11.2014. (Pet-3240)
(Inform. STF 768)

EMB. DECL. NO AG. REG. NO ARE N. 717.180-SP
RELATORA: MIN. ROSA WEBER
E M E N T A: EMBARGOS DE DECLARAÇÃO. DIREITO ADMINISTRATIVO. AÇÃO CIVIL PÚBLICA. IMPROBIDADE ADMINISTRATIVA. DANO AO PATRIMÔNIO PÚBLICO MUNICIPAL. CONDENAÇÃO AO RESSARCIMENTO INTEGRAL DOS VALORES RECEBIDOS INDEVIDAMENTE. ANÁLISE DA OCORRÊNCIA DE EVENTUAL AFRONTA AOS PRECEITOS CONSTITUCIONAIS INVOCADOS NO APELO EXTREMO DEPENDENTE DA REELABORAÇÃO DA MOLDURA FÁTICA CONSTANTE NO ACÓRDÃO REGIONAL. ÂMBITO INFRACONSTITUCIONAL DO DEBATE. OMISSÃO INOCORRENTE. CARÁTER INFRINGENTE.

18. DIREITO DA IMPROBIDADE ADMINISTRATIVA | 729

Inexistente o vício da omissão apontado, devidamente explicitados, no acórdão embargado, os fundamentos pelos quais não prospera a insurgência apresentada.

Ausente omissão justificadora da oposição de embargos declaratórios, nos termos do art. 535 do CPC, a evidenciar o caráter meramente infringente da insurgência.

Embargos de declaração rejeitados. **(Inform. STF 757)**

Ação civil pública e foro por prerrogativa de função
O Plenário iniciou julgamento de agravo regimental interposto de decisão proferida pelo Ministro Ayres Britto, que negara seguimento a pedido de que ação civil pública, por ato de improbidade administrativa supostamente praticado por parlamentar, fosse apreciada no STF. O Ministro Roberto Barroso, relator, negou provimento ao recurso e reafirmou a decisão agravada quanto à incompetência do STF para processar e julgar o presente feito, por inexistir foro por prerrogativa de função em ação civil pública por improbidade. Após, pediu vista dos autos o Ministro Teori Zavascki.
Pet 3067 AgR/MG, rel. Min. Roberto Barroso, 12.12.2013. (Pet-3067) (Inform. STF 732)

AG. REG. NO RE N. 590.136-MT
RELATOR: MIN. DIAS TOFFOLI
EMENTA: Agravo regimental no recurso extraordinário. Improbidade administrativa. Prerrogativa de foro. Inexistência. Precedentes.
1. Inexiste foro por prerrogativa de função nas ações de improbidade administrativa.
2. Matéria já pacificada na jurisprudência da Suprema Corte.
3. Agravo regimental não provido. **(Inform. STF 707)**

DIREITO ADMINISTRATIVO. TERMO INICIAL DO PRAZO PRESCRICIONAL DA AÇÃO DE IMPROBIDADE ADMINISTRATIVA NO CASO DE REELEIÇÃO. O prazo prescricional em ação de improbidade administrativa movida contra prefeito reeleito só se inicia após o término do segundo mandato, ainda que tenha havido descontinuidade entre o primeiro e o segundo mandato em razão da anulação de pleito eleitoral, com posse provisória do Presidente da Câmara, por determinação da Justiça Eleitoral, antes da reeleição do prefeito em novas eleições convocadas. De fato, a reeleição pressupõe mandatos consecutivos. A legislatura, por sua vez, corresponde, atualmente, a um período de quatro anos, no caso de prefeitos. O fato de o Presidente da Câmara Municipal ter assumido provisoriamente, conforme determinação da Justiça Eleitoral, até que fosse providenciada nova eleição, não descaracterizou a legislatura. Assim, prevalece o entendimento jurisprudencial pacífico desta Corte, no sentido de que, no caso de agente político detentor de mandato eletivo ou de ocupantes de cargos de comissão e de confiança inseridos no polo passivo da ação de improbidade administrativa, a contagem do prazo prescricional inicia-se com o fim do mandato. Exegese do art. 23, I, da Lei 8.429/1992. Nesse sentido: AgRg no AREsp 161.420-TO, Segunda Turma, DJe 14/4/2014. **REsp 1.414.757-RN, Rel. Min. Humberto Martins, julgado em 6/10/2015, DJe 16/10/2015. (Inform. STJ 571)**

DIREITO ADMINISTRATIVO. REQUISITOS PARA A REJEIÇÃO SUMÁRIA DE AÇÃO DE IMPROBIDADE ADMINISTRATIVA (ART. 17, § 8º, DA LEI 8.429/1992). Após o oferecimento de defesa prévia prevista no § 7º do art. 17 da Lei 8.429/1992 – que ocorre antes do recebimento da petição inicial –, somente é possível a pronta rejeição da pretensão deduzida na ação de improbidade administrativa se houver prova hábil a evidenciar, de plano, a inexistência de ato de improbidade, a improcedência da ação ou a inadequação da via eleita. Isso porque, nesse momento processual das ações de improbidade administrativa, prevalece o princípio *in dubio pro societate*. Esclareça-se que uma coisa é proclamar a ausência de provas ou indícios da materialização do ato ímprobo; outra, bem diferente, é afirmar a presença de provas cabais e irretorquíveis, capazes de arredar, prontamente, a tese da ocorrência do ato ímprobo. Presente essa última hipótese, aí sim, deve a ação ser rejeitada de plano, como preceitua o referido § 8º da Lei 8.429/1992. Entretanto, se houver presente aquele primeiro contexto (ausência ou insuficiência de provas do ato ímprobo), o encaminhamento judicial deverá operar em favor do prosseguimento da demanda, assentada para se oportunizar a ampla produção de provas, tão necessárias ao pleno e efetivo convencimento do julgador. Com efeito, somente após a regular instrução processual é que se poderá concluir pela existência de: (I) eventual dano ou prejuízo a ser reparado e a delimitação do respectivo montante; (II) efetiva

lesão a princípios da Administração Pública; (III) elemento subjetivo apto a caracterizar o suposto ato ímprobo. **REsp 1.192.758-MG, Rel. originário Min. Napoleão Nunes Maia Filho, Rel. para acórdão Min. Sérgio Kukina, julgado em 4/9/2014. (Inform. STJ 547)**

DIREITO PROCESSUAL CIVIL. AÇÃO DE IMPROBIDADE ADMINISTRATIVA E REEXAME NECESSÁRIO. A sentença que concluir pela carência ou pela improcedência de ação de improbidade administrativa não está sujeita ao reexame necessário previsto no art. 19 da Lei de Ação Popular (Lei 4.717/1965). Isso porque essa espécie de ação segue um rito próprio e tem objeto específico, disciplinado na Lei 8.429/1992, não cabendo, neste caso, analogia, paralelismo ou outra forma de interpretação, para importar instituto criado em lei diversa. A ausência de previsão da remessa de ofício, na hipótese em análise, não pode ser vista como uma lacuna da Lei de Improbidade que precisa ser preenchida, mormente por ser o reexame necessário instrumento de exceção no sistema processual, devendo, portanto, ser interpretado restritivamente. **REsp 1.220.667-MG, Rel. Min. Napoleão Nunes Maia Filho, julgado em 4/9/2014. (Inform. STJ 546)**

DIREITO ADMINISTRATIVO E PROCESSUAL CIVIL. INTERRUPÇÃO DO PRAZO PRESCRICIONAL NAS AÇÕES DE IMPROBIDADE ADMINISTRATIVA. Nas ações civis por ato de improbidade administrativa, interrompe-se a prescrição da pretensão condenatória com o mero ajuizamento da ação dentro do prazo de cinco anos contado a partir do término do exercício de mandato, de cargo em comissão ou de função de confiança, ainda que a citação do réu seja efetivada após esse prazo. Se a ação de improbidade foi ajuizada dentro do prazo prescricional, eventual demora na citação do réu não prejudica a pretensão condenatória da parte autora. Assim, à luz do princípio da especialidade e em observância ao que dispõe o art. 23, I, da Lei 8.429/1992, o tempo transcorrido até a citação do réu, nas ações de improbidade, que já é amplo em razão do próprio procedimento estabelecido para o trâmite da ação, não justifica o acolhimento da arguição de prescrição, uma vez que o ajuizamento da ação de improbidade, à luz do princípio da *actio nata*, já tem o condão de interrompê-la. **REsp 1.391.212-PE, Rel. Min. Humberto Martins, julgado em 2/9/2014. (Inform. STJ 546)**

DIREITO ADMINISTRATIVO E PROCESSUAL CIVIL. COMPETÊNCIA PARA PROCESSAR E JULGAR ATO DE IMPROBIDADE ADMINISTRATIVA DECORRENTE DO DESVIO DE VERBA FEDERAL TRANSFERIDA PARA MUNICÍPIO MEDIANTE CONVÊNIO. O simples fato de verba federal ter sido transferida da União, mediante convênio, para a implementação de política pública em Município não afasta a competência da Justiça Federal para processar e julgar suposto ato de improbidade administrativa decorrente do desvio da referida quantia. Isso porque nem toda transferência de verba que um ente federado faz para outro enseja o entendimento de que o dinheiro veio a ser incorporado ao seu patrimônio. A questão depende do exame das cláusulas dos convênios e/ou da análise da natureza da verba transferida. Assim, a depender da situação fático-jurídica delineada no caso concreto, poder-se-á aplicar o entendimento da Súmula 209 do STJ ("Compete a Justiça Estadual processar e julgar prefeito por desvio de verba transferida e incorporada ao patrimônio municipal") ou aquele outro constante da Súmula 208 do STJ ("Compete à Justiça Federal processar e julgar prefeito municipal por desvio de verba sujeita a prestação de contas perante órgão federal"). **REsp 1.391.212-PE, Rel. Min. Humberto Martins, julgado em 2/9/2014. (Inform. STJ 546)**

DIREITO ADMINISTRATIVO. CONCESSÃO DE LIMINAR INAUDITA ALTERA PARTE EM AÇÃO DE IMPROBIDADE ADMINISTRATIVA.
Em ação de improbidade administrativa, é possível a concessão de liminar "inaudita altera parte" a fim de obstar o recebimento pelo demandado de novas verbas do poder público e de benefícios fiscais e creditícios. Isso porque, ressalvadas as medidas de natureza exclusivamente sancionatória – por exemplo, a multa civil, a perda da função pública e a suspensão dos direitos políticos –, pode o magistrado, a qualquer tempo, com fundamento no poder geral de cautela, adotar a tutela necessária para fazer cessar ou extirpar a atividade nociva, a teor do que disciplinam os arts. 461, § 5º, e 804 do CPC, 11 da Lei 7.347/1985 e 21 da mesma lei combinado com os arts. 83 e 84 do CDC. Assim, embora o art. 17, § 7º, da LIA estabeleça como regra a prévia notificação do acusado para se manifestar sobre a ação de improbidade, pode o magistrado, excepcionalmente, conceder medida liminar sempre que verificar que a observância daquele procedimento legal poderá tornar ineficaz a tutela

de urgência pretendida. Precedentes citados: EDcl no Ag 1.179.873-PR, Segunda Turma, DJe 12/3/2010 e REsp 880.427-MG, Primeira Turma, DJe 4/12/2008. **REsp 1.385.582-RS, Rel. Herman Benjamin, julgado em 1º/10/2013. (Inform. STJ 531)**

DIREITO ADMINISTRATIVO, CONSTITUCIONAL E PROCESSUAL CIVIL. FORO POR PRERROGATIVA DE FUNÇÃO NAS AÇÕES DE IMPROBIDADE ADMINISTRATIVA.
Os Conselheiros dos Tribunais de Contas dos Estados não possuem foro por prerrogativa de função nas ações de improbidade administrativa. Isso porque, ainda que o agente político tenha prerrogativa de foro previsto na CF quanto às ações penais ou decorrentes da prática de crime de responsabilidade, essa prerrogativa não se estende às ações de improbidade administrativa. **AgRg na Rcl 12.514-MT, Rel. Min. Ari Pargendler, julgado em 16/9/2013. (Inform. STJ 527)**

DIREITO ADMINISTRATIVO. INQUÉRITO CIVIL PARA APURAÇÃO DE ATOS DE IMPROBIDADE ADMINISTRATIVA.
Não é possível impedir o prosseguimento de inquérito civil instaurado com a finalidade de apurar possível incompatibilidade entre a evolução patrimonial de vereadores e seus respectivos rendimentos, ainda que o referido procedimento tenha-se originado a partir de denúncia anônima, na hipótese em que realizadas administrativamente as investigações necessárias para a formação de juízo de valor sobre a veracidade da notícia. A CF impôs ao MP o dever de promover o inquérito civil e a ação civil pública para a proteção do patrimônio público e social, do meio ambiente e de outros interesses difusos e coletivos (art. 129, III). O dever constitucional deve ser compatibilizado com a vedação ao anonimato (art. 5º, IV, CF), com base no princípio da concordância prática. Nos termos do art. 22 da Lei 8.429/1992, o MP pode, mesmo de ofício, requisitar a instauração de inquérito policial ou procedimento administrativo para apurar qualquer ilícito previsto no mencionado diploma legal. Ressalte-se que o art. 13 dessa lei obriga os agentes públicos a disponibilizar periodicamente informações sobre seus bens e evolução patrimonial. Vale destacar que os agentes políticos sujeitam-se a uma diminuição na esfera de privacidade e intimidade, de modo que se mostra ilegítima a pretensão de não revelar fatos relacionados à evolução patrimonial. Precedentes citados: RMS 37.166-SP, Primeira Turma, DJe 15/4/2013; e RMS 30.510-RJ, Segunda Turma, DJe 10/2/2010. **RMS 38.010-RJ, Rel. Min. Herman Benjamin, julgado em 4/4/2013. (Inform. STJ 522)**

▒ Súmula STJ nº 329

O Ministério Público tem legitimidade para propor ação civil pública em defesa do patrimônio público.

▒ Súmula STJ nº 209

Compete à justiça estadual processar e julgar prefeito por desvio de verba transferida e incorporada ao patrimônio municipal.

19. DIREITOS HUMANOS

ARE 722.744/DF
RELATOR: Ministro Celso de Mello
Liberdade de expressão. Profissional **de imprensa** e **empresa de comunicação social**. **Proteção constitucional**. **Direito de crítica**: *prerrogativa fundamental* **que se compreende** na liberdade constitucional de manifestação do pensamento. **Magistério da doutrina**. **Precedentes** do Supremo Tribunal Federal (**ADPF 130/DF**, Rel. Min. AYRES BRITTO – **AI 505.595-AgR/RJ**, Rel. Min. CELSO DE MELLO – **Pet 3.486/DF**, Rel. Min. CELSO DE MELLO, *v.g.*). **Jurisprudência comparada** (*Tribunal Europeu de Direitos Humanos* **e** *Tribunal Constitucional Espanhol*). *O significado político* **e** *a importância jurídica da Declaração de Chapultepec* (**11/03/1994**). **Matéria jornalística** **e responsabilidade civil**. *Excludentes anímicas* **e** *direito de crítica*. **Precedentes**. **Plena legitimidade** do direito constitucional de crítica *a figuras públicas* ou *notórias*, **ainda** que de seu exercício resulte *opinião jornalística extremamente dura* **e** *contundente*. **Recurso extraordinário provido**. **Consequente improcedência** *da ação de reparação civil por danos morais*. DJe de 13.3.2014. (**Inform. STF 750**)

Custódia cautelar e fundamentação inidônea

Por atacar decisão monocrática do STJ e ante a ausência de interposição de agravo regimental, a 2ª Turma não conheceu de *habeas corpus*, mas concedeu a ordem, de ofício, para permitir que o paciente responda o processo em liberdade, se não estiver preso por outro motivo. No caso, ele fora denunciado por portar e ter em sua residência algumas pedras de *crack*. A Turma consignou que os argumentos esboçados pelo juízo de origem não teriam atendido ao disposto no art. 312 do CPP. Salientou que a pouca quantidade de droga apreendida e a falta de outros elementos a sinalizar o envolvimento efetivo do paciente no tráfico de entorpecentes não justificariam a manutenção da custódia cautelar para garantir a ordem pública. Assinalou, ainda, que, com a entrada em vigor da Lei 12.403/2011, nos termos da nova redação do art. 319 do CPP, o juiz dispõe de outras medidas cautelares de natureza pessoal diversas da prisão, de modo a permitir, diante das circunstâncias do caso concreto, a escolha da medida mais ajustada à espécie. Dessa forma, essas medidas serviriam, mesmo que cautelarmente, de resposta justa e proporcional ao mal supostamente causado pelo acusado. Reputou que, na situação dos autos, a prisão cautelar revelar-se-ia medida desproporcional. Ressaltou que esse seria um caso emblemático do abuso de prisão cautelar. Frisou que o STF deveria exigir, especialmente em tráfico de drogas, a observância da apresentação do preso ao juiz, como previsto na Convenção Interamericana de Direitos Humanos.
HC 119095/MG, rel. Min. Gilmar Mendes, 26.11.2013. (HC-119095/MG) (Inform. STF 730)

DIREITO INTERNACIONAL PRIVADO. CONVENÇÃO DA HAIA SOBRE ASPECTOS CIVIS DO SEQUESTRO INTERNACIONAL DE CRIANÇAS.
Não se deve ordenar o retorno ao país de origem de criança que fora retida ilicitamente no Brasil por sua genitora na hipótese em que, entre a transferência da criança e a data do início do processo para sua restituição, tenha decorrido mais de um ano e, além disso, tenha sido demonstrado, por meio de avaliação psicológica, que a criança já estaria integrada ao novo meio em que vive e que uma mudança de domicílio poderia causar malefícios ao seu desenvolvimento. De fato, a Convenção de Haia sobre os Aspectos Civis do Sequestro Internacional de Crianças, incorporada ao ordenamento jurídico brasileiro com a edição do Dec. 3.413/2000, tem por objetivo: a) assegurar o retorno imediato de crianças ilicitamente transferidas para qualquer Estado Contratante ou nele retidas indevidamente; e b) fazer respeitar de maneira efetiva nos outros Estados Contratantes os direitos de guarda e visita existentes num Estado Contratante (art. 1º). De acordo com o art. 12 da convenção, quando uma criança tiver sido ilicitamente transferida ou retida e tenha decorrido um período de menos de um ano entre a data da transferência ou da retenção indevidas e a data do início do processo perante a autoridade judicial ou administrativa do Estado Contratante onde a criança se encontrar, a autoridade respectiva deverá ordenar o retorno imediato da criança. Ainda conforme esse dispositivo, a autoridade judicial ou administrativa respectiva, mesmo após expirado o mencionado período de um ano, deverá ordenar o retorno da criança, salvo quando for provado que a criança já se encontra integrada ao seu novo meio. Isso porque a referida convenção tem como escopo a tutela do princípio do melhor interesse da criança, de forma a garantir-lhe o bem estar e a integridade física e emocional de acordo com suas verdadeiras necessidades. Para que se possa entender esse princípio, bem como para a sua aplicação, o julgador deve considerar uma série de fatores, como o amor e os laços afetivos entre os pais, os familiares e a criança, o lar da criança, a escola, a comunidade, os laços religiosos e a habilidade do guardião de encorajar contato e comunicação saudável entre a criança e o outro genitor. Essas considerações, essencialmente subjetivas, são indicadores que conduzem o juiz à descoberta do que lhe parece ser o melhor interesse da criança em cada caso concreto. Por isso a Convenção de Haia, não obstante apresente reprimenda rigorosa ao sequestro internacional de menores, com determinação expressa de seu retorno ao país de origem, garante o bem estar e a integridade física e emocional da criança, o que deve ser avaliado de forma criteriosa, fazendo-se necessária a prova pericial psicológica. **REsp 1.293.800-MG, Rel. Min. Humberto Martins, julgado em 28/5/2013. (Inform. STJ 525)**

📄 Súmula STF nº 674

A anistia prevista no art. 8º do ato das disposições constitucionais transitórias não alcança os militares expulsos com base em legislação disciplinar ordinária, ainda que em razão de atos praticados por motivação política.

20. DIREITO PROCESSUAL COLETIVO

1. COMPETÊNCIA, CONEXÃO, CONTINÊNCIA E LITISPENDÊNCIA

DIREITO PROCESSUAL CIVIL. COMPETÊNCIA PARA PROCESSAR E JULGAR AÇÃO DE IMPROBIDADE ADMINISTRATIVA.
Compete à Justiça Estadual – e não à Justiça Federal – processar e julgar ação civil pública de improbidade administrativa na qual se apure irregularidades na prestação de contas, por ex-prefeito, relacionadas a verbas federais transferidas mediante convênio e incorporadas ao patrimônio municipal, a não ser que exista manifestação de interesse na causa por parte da União, de autarquia ou empresa pública federal. Nessa situação, pode-se, em tese, visualizar conflito entre as Súmulas 208 e 209 do STJ, que determinam, respectivamente, hipóteses de competência da Justiça Federal e da Justiça Estadual. Isso porque, embora a ação tenha por objeto "verba sujeita a prestação de contas perante órgão federal" (Súmula 208), trata-se de "verba transferida e incorporada ao patrimônio municipal" (Súmula 209). Ocorre que esses enunciados provêm da Terceira Seção do STJ e, por isso, versam sobre hipóteses de fixação da competência em matéria penal, em que basta o interesse da União, de suas autarquias ou empresas públicas para deslocar a competência para a Justiça Federal, nos termos do inciso IV do art. 109 da CF. No âmbito cível, entretanto, deve-se observar uma distinção na aplicação desses enunciados, visto que o art. 109 da CF elenca a competência da Justiça Federal em um rol taxativo em que, em seu inciso I, menciona as causas a serem julgadas por juízo federal em razão da pessoa, competindo a este último "decidir sobre a existência [ou não] de interesse jurídico que justifique a presença, no processo, da União, suas autarquias ou empresas públicas" (Súmula 150 do STJ). Assim, a despeito de a Súmula 208 do STJ afirmar que "Compete à Justiça Federal processar e julgar prefeito municipal por desvio de verba sujeita a prestação de contas perante órgão federal", a competência absoluta enunciada no art. 109, I, da CF faz alusão, de forma clara e objetiva, às partes envolvidas no processo, tornando despicienda, dessa maneira, a análise da matéria discutida em juízo. Nesse contexto, a Segunda Turma do STJ já decidiu que "A competência da Justiça Federal, em matéria cível, é aquela prevista no art. 109, I, da Constituição Federal, que tem por base critério objetivo, sendo fixada tão só em razão dos figurantes da relação processual, prescindindo da análise da matéria discutida na lide" (REsp 1.325.491-BA, DJe 25/6/2014). **CC 131.323-TO, Rel. Min. Napoleão Nunes Maia Filho, julgado em 25/3/2015, DJe 6/4/2015 (Inform. STJ 559).**

DIREITO CONSTITUCIONAL E PROCESSUAL CIVIL. COMPETÊNCIA DA JUSTIÇA FEDERAL DO DISTRITO FEDERAL PARA O JULGAMENTO DE AÇÃO COLETIVA. A entidade associativa, ainda que possua abrangência local – e não âmbito nacional –, poderá, a seu critério, ajuizar ação coletiva em face da União na Justiça Federal do DF, independentemente do lugar do território nacional onde tenha ocorrido a lesão ao direito vindicado. Isso porque o art. 109, § 2º, da CF aponta a Justiça Federal do DF como juízo universal para apreciar as ações judiciais intentadas contra a União, haja vista que Brasília, por ser a Capital Federal (art. 18, § 1º, da CF), é onde se situa a sede constitucional da representação política e administrativa do País. O art. 2º-A da Lei 9.494/1997, de fato, prevê que a "sentença civil prolatada em ação de caráter coletivo proposta por entidade associativa, na defesa dos interesses e direitos dos seus associados, abrangerá apenas os substituídos que tenham, na data da propositura da ação, domicílio no âmbito da competência territorial do órgão prolator". Contudo, esse artigo não versa sobre competência jurisdicional, mas, sim, sobre os efeitos subjetivos de sentença coletiva prolatada em ação proposta por entidade associativa. Ademais, a competência constitucional da Justiça Federal do DF para processar e julgar demanda ajuizada em desfavor da União não poderia ser mitigada por lei ordinária. Dessa forma, proposta a ação coletiva contra a União na Justiça Federal do DF, não há que cogitar falta de competência territorial. **CC 133.536-SP, Rel. Min. Benedito Gonçalves, julgado em 14/8/2014. (Inform. STJ 546)**

DIREITO PROCESSUAL CIVIL. COMPETÊNCIA PARA O JULGAMENTO DE AÇÃO CIVIL PÚBLICA.
Em ação civil pública ajuizada na Justiça Federal, não é cabível a cumulação subjetiva de demandas com o objetivo de formar um litisconsórcio passivo facultativo comum, quando apenas um dos demandados estiver submetido, em razão de regra de competência ratione personae, à jurisdição da Justiça Federal, ao passo que a Justiça Estadual seja a competente para apreciar os pedidos relacionados aos demais demandados. De fato, a fixação do foro para o julgamento de ação civil pública leva em consideração uma espécie *sui generis* de competência territorial absoluta, que se fixa primeiramente em razão do local e extensão do dano (art. 2º da Lei 7.347/1985), desencadeando a partir daí uma competência relativa concorrente entres os outros juízos absolutamente competentes. Entretanto, isso não derroga as regras alusivas à competência também absoluta da Justiça Federal, que têm estatura constitucional e que, na verdade, definem hipótese de jurisdição especial, o que não exclui a observância do critério da extensão e do local do dano no âmbito federal. Desse modo, a Justiça Federal também tem competência funcional e territorial sobre o local de qualquer dano, circunstância que torna as regras constitucionais de definição de sua competência rigorosamente compatíveis e harmônicas com aquelas previstas nos diplomas legais sobre processo coletivo que levam em conta também o local e a extensão do dano. A respeito do litisconsórcio facultativo comum, cabe ressaltar que esse traduz um verdadeiro cúmulo de demandas, que buscam vários provimentos somados em uma sentença formalmente única. Sendo assim, e levando-se em conta que todo cúmulo subjetivo tem por substrato um cúmulo objetivo, com causas de pedir e pedidos materialmente diversos (embora formalmente únicos), para a formação de litisconsórcio facultativo comum há de ser observada a limitação segundo a qual só é lícita a cumulação de pedidos se o juízo for igualmente competente para conhecer de todos eles (art. 292, § 1º, II, do CPC). Portanto, como no litisconsórcio facultativo comum o cúmulo subjetivo ocasiona cumulação de pedidos, não sendo o juízo competente para conhecer de todos eles, ficará inviabilizado o próprio litisconsórcio, notadamente nos casos em que a competência se define *ratione personae*, como é a jurisdição cível da Justiça Federal. Ademais, tal conclusão se harmoniza, inclusive, com a regra segundo a qual "os litisconsortes serão considerados, em suas relações com a parte adversa, como litigantes distintos" (art. 48 do CPC). **REsp 1.120.169-RJ, Rel. Min. Luis Felipe Salomão, julgado em 20/8/2013. (Inform. STJ 530)**

DIREITO PROCESSUAL CIVIL. CONTINÊNCIA DE AÇÕES COLETIVAS PROPOSTAS POR ENTIDADES DISTINTAS.
No caso em que duas ações coletivas tenham sido propostas perante juízos de competência territorial distinta contra o mesmo réu e com a mesma causa de pedir e, além disso, o objeto de uma, por ser mais amplo, abranja o da outra, competirá ao juízo da ação de objeto mais amplo o processamento e julgamento das duas demandas, ainda que ambas tenham sido propostas por entidades associativas distintas. Se, na situação descrita, o polo ativo da ação de objeto mais amplo abrange os indivíduos representados na ação de objeto mais restrito, caracteriza-se a identidade entre as partes necessária à caracterização da continência (art. 104 do CPC), uma vez que os substituídos é que suportarão os efeitos da decisão. Nesse contexto, inclusive, deve-se ressaltar que o aspecto subjetivo da litispendência nas ações coletivas deve ser visto sob a ótica dos beneficiários atingidos pelos efeitos da decisão, e não pelo simples exame das partes que figuram no polo ativo da demanda. Dessa maneira, considerando, além da identidade entre as partes – por se tratar de legitimados concorrentes –, a existência de idênticas causas de pedir e a abrangência de um pedido pelo outro, tem-se por configurada a continência, o que implica reunião das ações, para que se evitem decisões contraditórias. Além disso, nesse contexto, analisar a existência de continência demanda o revolvimento da matéria fática, o que é vedado pela Súmula 7 do STJ. Precedente citado: AgRg no REsp 1.186.059-RS, PRIMEIRA TURMA, DJe 22/2/2011. **REsp 1.318.917-BA, Rel. Min. Antonio Carlos Ferreira, julgado em 12/3/2013. (Inform. STJ 520)**

734 VADE MECUM DE JURISPRUDÊNCIA – STF/STJ

Súmula STJ nº 489

Reconhecida a continência, devem ser reunidas na Justiça Federal as ações civis públicas propostas nesta e na Justiça estadual.

2. LEGITIMAÇÃO, LEGITIMADOS, MINISTÉRIO PÚBLICO

Defensoria Pública e ação civil pública

A Defensoria Pública tem legitimidade para a propositura de ação civil pública em ordem a promover a tutela judicial de direitos difusos e coletivos de que sejam titulares, em tese, as pessoas necessitadas. Essa a conclusão do Plenário, que negou provimento a recurso extraordinário no qual discutida a legitimidade da Defensoria Pública para ajuizar ação civil pública em defesa de interesses difusos e coletivos. O Colegiado lembrou o RE 605.533/MG, com repercussão geral reconhecida, em que se debate a legitimidade ativa do Ministério Público para ajuizar ação civil pública com o objetivo de compelir entes federados a entregar medicamentos a pessoas necessitadas. Embora o mérito do recurso ainda estivesse pendente de julgamento, o STF não teria modificado entendimento segundo o qual o Ministério Público teria legitimidade para propositura de ações transindividuais na defesa de interesses sociais e de vulneráveis. Nesse sentido, também cabe lembrar dos demais legitimados para propor as ações civis públicas, os quais poderiam, na defesa dos interesses difusos, buscar a tutela dos direitos desse grupo de cidadãos. Concluiu que a imposição constitucional seria peremptória e teria por objetivo resguardar o cumprimento dos princípios da própria Constituição. Não haveria qualquer inconstitucionalidade no art. 5º, II, da Lei da Ação Civil Pública, com as alterações trazidas pela Lei 11.448/2007, ou no art. 4º, VII e VIII, da Lei Orgânica da Defensoria Pública, alterado pela LC 132/2009. Dever-se-ia dar, entretanto, interpretação conforme à Constituição a esses dispositivos, visto que comprovados os requisitos exigidos para a caracterização da legitimidade ativa da Defensoria Pública. O Ministro Teori Zavascki acrescentou que essa legitimidade se estabeleceria mesmo nas hipóteses em que houvesse possíveis beneficiados não necessitados. Sucede que os direitos difusos e coletivos seriam transindividuais e indivisíveis. Assim, a satisfação do direito, mediante execução da sentença, conforme o caso, não poderia ser dividida ou individualizada. No que se refere a direitos individuais homogêneos, todavia, a sentença seria genérica, e as execuções individuais só poderiam ser feitas pelos necessitados conforme a lei. Portanto, eventual execução em benefício pessoal, no que coubesse, só poderia ser feita pelos necessitados. Vencido, em parte, o Ministro Marco Aurélio, que não conhecia do recurso. Ademais, entendia que não se deveria limitar a atuação da Defensoria Pública quanto à ação civil pública.
RE 733433/MG, rel. Min. Dias Toffoli, 4.11.2015. (RE-733433) (Inform. STF 806)

REPERCUSSÃO GERAL EM RE N.643.978-DF

RELATOR: MIN. TEORI ZAVASCKI
Ementa: PROCESSUAL CIVIL E CONSTITUCIONAL. RECURSO EXTRAORDINÁRIO. MINISTÉRIO PÚBLICO. AÇÃO CIVIL PÚBLICA. CABIMENTO PARA A VEICULAÇÃO PRETENSÃO QUE ENVOLVA O FUNDO DE GARANTIA DO TEMPO DE SERVIÇO (FGTS). INTERPRETAÇÃO DO ART. 1º, PARÁGRAFO ÚNICO, DA LEI 7.347/85 EM FACE DA DISPOSIÇÃO DO ART. 129, III, DA CONSTITUIÇÃO FEDERAL. REPERCUSSÃO GERAL CONFIGURADA.
1. Possui repercussão geral a questão relativa à legitimidade do Ministério Público para a propositura de ação civil pública que veicule pretensão envolvendo o Fundo de Garantia do Tempo de Serviço (FGTS).
2. Repercussão geral reconhecida. **(Inform. STF 800)**

Ação civil pública em face de prefeito e atribuição ministerial

A Segunda Turma negou provimento a agravo regimental interposto de decisão que desprovera recurso extraordinário em que discutida a possibilidade de ajuizamento de ação civil pública por promotor de justiça em face de prefeito, tendo em conta a vigência de norma estadual a atribuir exclusividade ao procurador-geral de justiça para intentar ações da espécie. A norma fora objeto de controle de constitucionalidade concentrado perante o STF (ADI 1.916/MS, DJe de 18.6.2010), oportunidade em que a Corte decidira que a atribuição do chefe do Ministério Público estadual seria constitucional. Por essa razão, o agravante alegava ter sido processado por autoridade incompetente. A Turma asseverou que, no julgamento da ação direta, ficara consignado que não seria proibida a delegação a outros membros

da instituição, nos termos do art. 129, III, da CF. Ademais, haveria regra expressa, na Lei Orgânica do Ministério Público estadual, a permitir essa delegação de poderes, utilizada como fundamento para a edição de portaria voltada para esse fim.
ARE 706288 AgR/MS, rel. Min. Dias Toffoli, 2.6.2015. (ARE-706288) (Inform. STF 788)

Defensoria Pública e ação civil pública - 1

A Defensoria Pública tem legitimidade para propor ação civil pública, na defesa de interesses difusos, coletivos ou individuais homogêneos. Com base nessa orientação, o Plenário julgou improcedente pedido formulado em ação direta ajuizada contra o art. 5º, II, da Lei 7.347/1985, alterada pela Lei 11.448/2007 ("Art. 5º - Têm legitimidade para propor a ação principal e a ação cautelar: ... II - a Defensoria Pública"). De início, o Colegiado, por maioria, reconheceu preenchidos os requisitos de pertinência temática e de legitimidade ativa da Associação Nacional dos Membros do Ministério Público – Conamp para propor a presente ação. O Estatuto da Conamp preveria a legitimidade para ajuizamento de ação de controle abstrato perante o STF, especificamente naquilo que dissesse respeito às atribuições da própria instituição. Vencido, no ponto, o Ministro Marco Aurélio. Apontava haver pertinência temática se se tratasse não da ação civil pública, mas da ação penal pública incondicionada. Asseverava não haver direito específico, peculiar e exclusivo dos representados e, por isso, estaria ausente de pertinência temática. Não estendia, às associações, a legitimação universal. Também por maioria, o Tribunal rejeitou preliminar de prejudicialidade da ação. Para o Colegiado, o que se pusera em discussão fora a própria lei da ação civil pública com consequências para as atribuições dos agentes indicados, e não a Lei da Defensoria. Em outras palavras, estaria em discussão a própria concepção do que seria ação civil pública, do que resultaria a desnecessidade de aditamento da petição inicial. Embora a norma constitucional tida por contrariada tivesse nova redação, a alteração do parâmetro do controle de constitucionalidade não teria sido substancial a ponto de obstar a atuação jurisdicional do STF. Seria importante apreciar a questão constitucional posta em apreciação, porque significaria delinear o modelo constitucional de acesso à justiça, além de se delimitar as atribuições da Defensoria Pública, instituição essencial à construção do Estado Democrático de Direito. A jurisprudência clássica do STF exigiria a emenda à inicial, porém, a questão jurídica continuaria em aberto. Além do mais, o interesse público em sanar a questão sobrepujaria o formalismo de se exigir petição a emendar a inicial. As normas posteriores não alteraram, mas confirmaram o tema ora questionado. Vencido, no ponto, o Ministro Teori Zavascki, que julgava prejudicada a ação. Destacava que o inciso II do art. 5º da Lei 7.347/1985 teria sido revogado pela superveniente LC 132/2009, que dera outro tratamento ao tema. De nada adiantaria fazer juízo sobre a inconstitucionalidade desse dispositivo se não fosse feito juízo semelhante aos demais dispositivos da superveniente LC 80/1994, com as modificações da LC 132/2009. Assim, sem emenda à petição inicial para nela incluir esses dispositivos, a presente ação direta estaria prejudicada.
ADI 3943/DF, rel. Min. Cármen Lúcia, 6 e 7.5.2015. (ADI-3943)

Defensoria Pública e ação civil pública - 2

No mérito, o Plenário assentou que a discussão sobre a validade da norma que reconhecera a legitimidade da Defensoria Pública para ajuizar ação civil pública, em típica tutela dos direitos transindividuais e individuais homogêneos, ultrapassaria os interesses de ordem subjetiva e teria fundamento em definições de natureza constitucional-processual, afetos à tutela dos cidadãos social e economicamente menos favorecidos da sociedade. Ao aprovar a EC 80/2014, o constituinte derivado fizera constar o papel relevante da Defensoria Pública ("Art. 134. A Defensoria Pública é instituição permanente, essencial à função jurisdicional do Estado, incumbindo-lhe, como expressão e instrumento do regime democrático, fundamentalmente, a orientação jurídica, a promoção dos direitos humanos e a defesa, em todos os graus, judicial e extrajudicial, dos direitos individuais e coletivos, de forma integral e gratuita, aos necessitados, na forma do inciso LXXIV do art. 5º desta Constituição Federal"). Em Estado marcado por inegáveis e graves desníveis sociais e pela concentração de renda, uma das grandes barreiras para a implementação da democracia e da cidadania ainda seria o efetivo acesso à Justiça. Além disso, em Estado no qual as relações jurídicas importariam em danos patrimoniais e morais de massa por causa do desrespeito aos direitos de conjuntos de indivíduos que, consciente ou inconscientemente, experimentariam viver, o dever de promover políticas públicas tendentes a reduzir ou suprimir essas enormes diferenças passaria

20. DIREITO PROCESSUAL COLETIVO | 735

pela operacionalização de instrumentos que atendessem com eficiência às necessidades dos seus cidadãos. A interpretação sugerida pela autora desta ação tolheria, sem razões de ordem jurídica, a possibilidade de utilização de importante instrumento processual — a ação civil pública — capaz de garantir a efetividade de direitos fundamentais de pobres e ricos a partir de iniciativa processual da Defensoria Pública. Não se estaria a afirmar a desnecessidade de a Defensoria Pública observar o preceito do art. 5º, LXXIV, da CF, reiterado no art. 134 — antes e depois da EC 80/2014. No exercício de sua atribuição constitucional, seria necessário averiguar a compatibilidade dos interesses e direitos que a instituição protege com os possíveis beneficiários de quaisquer das ações ajuizadas, mesmo em ação civil pública. Condicionar a atuação da Defensoria Pública à comprovação prévia da pobreza do público-alvo diante de situação justificadora do ajuizamento de ação civil pública — conforme determina a Lei 7.347/1985 — não seria condizente com princípios e regras norteadores dessa instituição permanente e essencial à função jurisdicional do Estado, menos ainda com a norma do art. 3º da CF. Se não fosse suficiente a ausência de vedação constitucional da atuação da Defensoria Pública na tutela coletiva de direitos, inexistiria também, na Constituição, norma a assegurar exclusividade, em favor do Ministério Público, para o ajuizamento de ação civil pública. Por fim, a ausência de demonstração de conflitos de ordem objetiva decorrente da atuação dessas duas instituições igualmente essenciais à justiça — Defensoria Pública e Ministério Público — demonstraria inexistir prejuízo institucional para a segunda, menos ainda para os integrantes da Associação autora.

ADI 3943/DF, rel. Min. Cármen Lúcia, 6 e 7.5.2015. (ADI-3943) (Inform. STF 784)

Seguro DPVAT e legitimidade do Ministério Público - 1

A tutela dos direitos e interesses de beneficiários do seguro DPVAT - Danos Pessoais Causados por Veículos Automotores de Via Terrestre, nos casos de indenização paga, pela seguradora, em valor inferior ao determinado no art. 3º da Lei 6.914/1974, reveste-se de relevante natureza social (interesse social qualificado), de modo a conferir legitimidade ativa ao Ministério Público para defendê-los em juízo mediante ação civil coletiva. Essa a conclusão do Plenário, que proveu recurso extraordinário no qual discutida a legitimidade do "Parquet" na referida hipótese. O Colegiado assinalou ser necessário identificar a natureza do direito material a ser tutelado, uma vez que o art. 127 da CF ("O Ministério Público é instituição permanente, essencial à função jurisdicional do Estado, incumbindo-lhe a defesa da ordem jurídica, do regime democrático e dos interesses sociais e individuais indisponíveis") refere-se a "interesses sociais e individuais indisponíveis" e o art. 129, III, da CF ("São funções institucionais do Ministério Público: ... III - promover o inquérito civil e a ação civil pública, para a proteção do patrimônio público e social, do meio ambiente e de outros interesses difusos e coletivos"), a "interesses difusos e coletivos". Estabeleceu que "direitos ou interesses difusos e coletivos" e "direitos ou interesses individuais homogêneos" seriam categorias de direitos ontologicamente diferenciadas, de acordo com a conceituação legal (Lei 8.078/1990 - CDC, art. 81, parágrafo único). Asseverou que direitos difusos e coletivos seriam direitos subjetivamente transindividuais — porque de titularidade múltipla, coletiva e indeterminada — e materialmente indivisíveis. Frisou que a ação civil pública, regulada pela Lei 7.347/1985, seria o protótipo dos instrumentos destinados a tutelar direitos transindividuais. Nesses casos, a legitimação ativa, invariavelmente em regime de substituição processual, seria exercida por entidades e órgãos expressamente eleitos pelo legislador, dentre os quais o Ministério Público. Destacou que a sentença de mérito faria coisa julgada com eficácia "erga omnes", salvo se improcedente o pedido por insuficiência de prova. Em caso de procedência, a sentença produziria, também, o efeito secundário de tornar certa a obrigação do réu de indenizar os danos individuais decorrentes do ilícito civil objeto da demanda. A execução, na hipótese, também invariavelmente em regime de substituição processual, seguiria o rito processual comum, e eventual produto da condenação em dinheiro reverteria ao Fundo de Defesa dos Direitos Difusos (Lei 9.008/1995 e Decreto 1.306/1994).

RE 631111/GO, rel. Min. Teori Zavascki, 6 e 7.8.2014 (RE-631111)

Seguro DPVAT e legitimidade do Ministério Público - 2

O Tribunal consignou que os direitos individuais homogêneos, por outro lado, seriam direitos subjetivos individuais, e a qualificação "homogêneos" seria destinada a identificar um conjunto de direitos ligados entre si por uma relação de semelhança, a propiciar a defesa coletiva de todos eles. Nesse caso, os sujeitos de direito seriam determinados ou determináveis, e o objeto

material seria divisível, passível de decomposição em unidades autônomas, com titularidade própria. Esses direitos seriam os mesmos de que trata o art. 46, II e IV, do CPC, cuja coletivização teria sentido meramente instrumental, como estratégia para permitir sua mais efetiva tutela em juízo. Sintetizou que "defesa coletiva" ou "tutela coletiva" de direitos homogêneos referir-se-ia não ao direito material tutelado, mas ao instrumento de sua tutela. Sublinhou que o núcleo de homogeneidade desses direitos seria formado por três elementos das normas jurídicas concretas neles subjacentes: a) a existência da obrigação; b) a natureza da prestação devida; e c) o sujeito passivo. Por sua vez, a identidade do sujeito ativo e a sua específica vinculação com a relação jurídica, inclusive no que diz respeito à quantidade devida, seriam elementos pertencentes a um domínio marginal, formado pelas partes diferenciadas e acidentais dos direitos homogêneos, portanto a sua margem de heterogeneidade. Reputou que a tutela de direitos individuais homogêneos teria como instrumento básico a ação civil coletiva, disciplinada nos artigos 91 a 100 do CDC. Tratar-se-ia de procedimento especial com quatro características fundamentais. A primeira delas seria a repartição da atividade cognitiva em duas fases: uma, a da ação coletiva, destinada ao juízo de cognição sobre as questões fáticas e jurídicas relacionadas com o núcleo de homogeneidade dos direitos tutelados; e outra, a da ação de cumprimento, desdobrada em uma ou mais ações, promovida na hipótese de procedência do pedido na ação coletiva, destinada a complementar a atividade cognitiva mediante juízo específico sobre as situações individuais de cada um dos lesados e a efetivar os correspondentes atos executórios. A segunda característica seria a dupla forma da legitimação ativa: na primeira fase, por substituição processual; na segunda, pelo regime comum da representação. A terceira característica diria respeito à natureza da sentença, sempre genérica. Faria juízo apenas sobre a existência da obrigação do devedor, a identidade do sujeito passivo da obrigação e a natureza da prestação devida. Os demais elementos (a identidade do titular do direito e qual a prestação a que especificamente faria jus) seriam objeto de outra sentença, proferida na ação de cumprimento. Por fim, a quarta característica da ação coletiva seria a sua autonomia em relação à ação individual, representada pela faculdade atribuída ao titular do direito subjetivo de aderir ou não ao processo coletivo, compreendida em: a) liberdade de se litisconsorciar ao substituto processual autor da ação coletiva; b) liberdade de promover ou de prosseguir a ação individual simultânea à ação coletiva; e c) liberdade de executar em seu favor a sentença de procedência resultante da ação coletiva. O Colegiado registrou que as normas processuais e procedimentais reguladoras da ação civil coletiva em defesa do consumidor aplicar-se-iam, por analogia, às demais hipóteses de tutela coletiva de direitos individuais homogêneos. Dessa forma, em qualquer situação: a) a ação coletiva não prejudicaria a propositura da ação individual com o mesmo objeto, e o autor individual ficaria vinculado ao resultado de sua própria demanda; b) a sentença da ação coletiva, quanto aos demais titulares individuais, faria coisa julgada "erga omnes", mas somente em caso de procedência do pleito; c) a sentença genérica de procedência serviria de título para a propositura da ação individual de cumprimento, pelo regime de representação, consistente de atividade cognitiva de liquidação por artigos, seguida de atividade executória, de acordo com o procedimento comum do CPC e em conformidade com a natureza da prestação devida.

RE 631111/GO, rel. Min. Teori Zavascki, 6 e 7.8.2014. (RE-631111)

Seguro DPVAT e legitimidade do Ministério Público - 3

O Plenário ponderou que, consideradas as características próprias dos direitos transindividuais e dos direitos individuais homogêneos, também seria particular o tratamento processual atribuído a cada qual. Equacionou que, estabelecidas as distinções, tanto do ponto de vista do direito material, quanto do ponto de vista processual, cumpriria examinar o papel do Ministério Público em relação à tutela jurisdicional de cada uma dessas espécies. A esse respeito, no que se refere aos direitos transindividuais, lembrou que dentre as mais proeminentes funções institucionais atribuídas pela Constituição ao Ministério Público estaria a de promover o inquérito civil e a ação civil pública, para a proteção do patrimônio público e social, do meio ambiente e de outros interesses difusos e coletivos. Concluiu, no ponto, que relativamente às ações civis públicas que tivessem por objeto a tutela de direitos e interesses transindividuais, a legitimação atribuída ao Ministério Público (CF, art. 129, III) deveria ser entendida em sentido amplo e irrestrito. Verificou que, em relação à tutela dos direitos individuais homogêneos, divisíveis, individualizáveis e de titularidade determinada, seria cabível a postulação em juízo por parte do próprio titular individual. Asseverou que, no caso de direitos homogêneos decorrentes de relações de consumo, o primeiro dos legitimados ativos eleitos pelo CDC seria o Ministério Público. Além dessa hipótese, haveria outras em que o Ministério Público seria incumbido de demandar em juízo a tutela coletiva em prol de direitos de natureza individual e disponível: propositura de ação de responsabilidade por danos causados aos investidores no mercado de valores mobiliários e propositura de ação de responsabilidade pelos prejuízos causados a credores por ex-administradores de instituições financeiras em liquidação ou falência. Nesses três casos, os direitos lesados seriam individuais, divisíveis e disponíveis.

RE 631111/GO, rel. Min. Teori Zavascki, 6 e 7.8.2014. (RE-631111)

Seguro DPVAT e legitimidade do Ministério Público - 4

A Corte assinalou que a legitimação do Ministério Público para tutelar, em juízo, direitos individuais homogêneos disponíveis, que tivessem como origem relações de consumo, estaria prevista no CDC. Assim, para que se pudesse fazer juízo da compatibilidade dessa norma de legitimação com as funções institucionais do órgão legitimado, seria importante observar as especiais características da ação coletiva correspondente. Nesse sentido, apontou que a legitimação ocorreria em regime de substituição processual. Os titulares do direito não seriam sequer indicados ou qualificados individualmente na petição inicial, mas chamados por edital a intervir como litisconsortes, se desejassem. Sublinhou que os objetivos perseguidos na ação coletiva seriam visualizados não propriamente pela ótica individual, mas pela perspectiva global. A condenação genérica fixaria a responsabilidade do réu pelos danos causados, e caberia aos próprios titulares, depois, promover a ação de cumprimento, consistente na liquidação e execução pelo dano sofrido. Consignou que, no que se refere à legitimação ativa, haveria substancial alteração de natureza quando se passasse à ação de cumprimento, porque indispensável a iniciativa do titular do direito. Nesta, buscar-se-ia satisfazer direitos individuais específicos, disponíveis e até mesmo passíveis de renúncia ou perda. Explicou que a propositura da ação de cumprimento dependeria de iniciativa do próprio interessado ou de sua expressa autorização. Mesmo quando intentada de forma coletiva, a ação de cumprimento se daria em litisconsórcio ativo, por representante, e não por substituto processual. O Colegiado realçou o fundamento constitucional da legitimação e, sob esse aspecto, relativamente a direitos individuais disponíveis, a legitimação "ad causam" suporia, segundo a regra geral, a existência de nexo de conformidade entre as partes da relação de direito material e as partes da relação processual. Frisou que a legitimação por substituição processual seria admitida apenas como exceção, contudo, no sistema em vigor, haveria tendência de expansão das hipóteses de substituição processual, notadamente com o intuito de viabilizar a tutela coletiva. Reputou que a Constituição, que consagra essa técnica para a tutela de direitos difusos e coletivos (art. 129, III), adota-a também para direitos individuais, seja pela via do mandado de segurança coletivo, seja pela via de procedimentos comuns, para a tutela de outras espécies de direitos lesados ou ameaçados. Registrou que, nesse contexto, estaria inserida a legitimação do Ministério Público, a quem a lei já conferira o poder-dever de oficiar, como "custos legis", em todas as causas nas quais houvesse interesse público evidenciado pela natureza da lide ou qualidade da parte (CPC, art. 82, III); e a quem a Constituição atribui a incumbência de defender interesses sociais (art. 127). Observou que "interesses sociais" e "interesse público" seriam equivalentes, e passíveis de ser definidos como interesses cuja tutela, no âmbito de determinado ordenamento jurídico, seria julgada como oportuna para o progresso material e moral da sociedade a cujo ordenamento jurídico corresponderia. Sublinhou que seriam relacionados com situações que, de alguma forma, ocorressem para preservar a organização e o funcionamento da comunidade jurídica e politicamente considerada, ou para atender suas necessidades de bem-estar e desenvolvimento.

RE 631111/GO, rel. Min. Teori Zavascki, 6 e 7.8.2014. (RE-631111)

Seguro DPVAT e legitimidade do Ministério Público - 5

O Plenário, no que diz respeito à constitucionalidade da legitimação do Ministério Público para promover demandas em defesa de outros direitos individuais homogêneos, que não nas hipóteses já referidas, previstas pelo legislador ordinário, ponderou ser necessário interpretar o alcance do art. 127 da CF. Examinou que a orientação da Corte ao longo do tempo a respeito do tema não seria pacífica. Mencionou a existência de três correntes: a) os direitos individuais homogêneos, porque pertencentes a um grupo de pessoas, qualificar-se-iam como subespécie de direitos coletivos e, assim, poderiam ser amplamente tutelados pelo Ministério Público (CF, art. 129, III). Reputou que a adoção dessa linha expandiria de modo extremado o âmbito da legitimação, a credenciar o Ministério Público para defender irrestritamente quaisquer direitos homogêneos, independentemente de sua essencialidade

material, o que não seria compatível com a Constituição; b) a legitimação ativa do Ministério Público para a tutela de direitos individuais homogêneos se limitaria às hipóteses previstas pelo legislador ordinário. Ressaltou que essa tese imporia excessivas restrições à atuação do Ministério Público, notadamente quando presentes hipóteses concretas, não previstas pelo legislador ordinário, em que a tutela de direitos individuais seria indispensável ao resguardo de relevantes interesses da própria sociedade ou de segmentos importantes dela; e c) a legitimidade do Ministério Público para tutelar em juízo direitos individuais homogêneos se configuraria nos casos em que a lesão a esses direitos comprometeria também interesses sociais subjacentes, com assento no art. 127 da CF. Enfatizou que esse posicionamento guardaria harmonia com os valores constitucionais e não acarretaria as consequências demasiado restritivas ou expansivas das outras duas.

RE 631111/GO, rel. Min. Teori Zavascki, 6 e 7.8.2014. (RE-631111)

Seguro DPVAT e legitimidade do Ministério Público - 6

O Colegiado asseverou que o objeto da demanda diria respeito a direitos individuais homogêneos, já que se trataria de um conjunto de direitos subjetivos individuais, divisíveis, com titulares identificados ou identificáveis, assemelhados por um núcleo de homogeneidade. Seriam, por isso, suscetíveis de tutela pelos próprios titulares, em ações individuais, ou de tutela coletiva, mediante ação própria, promovida em regime de substituição processual. Frisou que a legitimação ativa do Ministério Público se justificaria com base no art. 127 da CF, pelo interesse social do qual revestida a tutela do conjunto de segurados que teriam sido lesados pela seguradora. Consignou que o seguro DPVAT seria obrigatório por força da Lei 6.194/1974, e sua finalidade seria proteger as vítimas de acidentes automobilísticos. Por isso, a lei imporia como obrigatório que os danos pessoais cobertos pelo seguro compreendessem as indenizações por morte, por invalidez permanente total ou parcial e por despesas de assistência médica e suplementares, bem como que o pagamento da indenização fosse efetuado mediante simples prova do dano. Registrou tratar-se de responsabilidade objetiva, vinculada à teoria do risco, desnecessária qualquer prova de culpa. Enfatizou que, pela natureza e finalidade desse seguro, o seu adequado funcionamento transcenderia os interesses individuais dos segurados. Lembrou que o art. 27, parágrafo único, da Lei 8.212/1991, determina às seguradoras o repasse à Seguridade Social de 50% do valor total do prêmio, destinado ao SUS para custeio de assistência médico-hospitalar dos segurados vitimados em acidentes de trânsito. Consignou haver manifesto interesse social nessa controvérsia coletiva, hipótese semelhante a outros direitos individuais homogêneos, em relação aos quais o STF considerara haver interesse social qualificado, a autorizar a tutela do Ministério Público mediante ação coletiva: direitos individuais homogêneos sobre o valor de mensalidades escolares; sobre contratos vinculados ao Sistema Financeiro da Habitação; sobre contratos de "leasing"; sobre interesses previdenciários de trabalhadores rurais; sobre aquisição de imóveis em loteamentos irregulares; e sobre diferenças de correção monetária em contas vinculadas ao FGTS.

RE 631111/GO, rel. Min. Teori Zavascki, 6 e 7.8.2014. (RE-631111)

Seguro DPVAT e legitimidade do Ministério Público - 7

O Ministro Roberto Barroso ressalvou que o caso concreto cuidaria de seguradora que, por cerca de 20 anos, teria pago o prêmio do seguro DPVAT a menor, a atingir extenso grupo de pessoas que seriam, geralmente, hipossuficientes, razão pela qual haveria interesse social a legitimar a atuação do Ministério Público. Assim, concluiu no sentido de que, nas situações em que houvesse relevância social do pedido e da causa de pedir, o Ministério Público poderia atuar como substituto processual dos interessados em ações nas quais debatidas questões afetas ao seguro DPVAT. O Ministro Gilmar Mendes acrescentou que o conceito de interesse social não seria axiologicamente neutro, mas carregado de ideologia e valor, e por isso condicionado ao tempo e espaço em que afirmado. Assinalou que, no caso, haveria elementos suficientes a substancializar o conceito de interesse social. O Ministro Celso de Mello sublinhou que, na perspectiva do Ministério Público, quando os direitos ou interesses individuais homogêneos se mostrassem qualificados pela nota da relevância social, as ações promovidas pela instituição representariam poderosos instrumentos processuais concretizadores de prerrogativas fundamentais atribuídas às pessoas pelo ordenamento, não obstante o fato de esses direitos, individualmente considerados, serem disponíveis, porque a repercussão de sua violação seria capaz de conferir-lhes relevância social.

RE 631111/GO, rel. Min. Teori Zavascki, 6 e 7.8.2014. (RE-631111) (Inform. STF 753)

20. DIREITO PROCESSUAL COLETIVO — 737

Associações: Legitimidade Processual e Autorização Expressa – 1
O Tribunal iniciou julgamento de recurso extraordinário em que se discute o alcance da expressão "quando expressamente autorizados", constante do inciso XXI do art. 5º da CF ("as entidades associativas, quando expressamente autorizadas, têm legitimidade para representar seus filiados judicial ou extrajudicialmente;"). Na espécie, a Associação do Ministério Público Catarinense - ACMP ajuizara ação ordinária, em que pleiteara, em prol de seus associados, a incidência e os pagamentos reflexos do percentual correspondente a 11,98% sobre a gratificação eleitoral, retroativamente a março de 1994, calculada sobre os vencimentos dos juízes federais, mas reduzida por força de sua conversão em URVs. O pedido, julgado improcedente na 1ª instância, fora acolhido, em sede de apelação, pelo TRF da 4ª Região. No momento da execução do acórdão, os ora recorridos tiveram sua inicial indeferida pelo juízo monocrático, sob o fundamento de que os efeitos do acórdão somente alcançariam os associados que tivessem, na data da propositura da ação de conhecimento, autorizado expressamente à ACMP o ajuizamento da demanda, não abarcando todos os filiados, indistintamente. Contra essa decisão, interpuseram agravo de instrumento, acolhido pelo TRF da 4ª Região, que decidira que associações e sindicatos, na qualidade de substitutos processuais, possuiriam legitimidade para ajuizar ações, de qualquer natureza, inclusive mandamentais, visando à defesa de direitos de seus filiados, sem que fosse necessária a autorização expressa ou procuração individual destes, os quais teriam legitimidade para propor, individualmente, a execução de direito assegurado na ação. Na espécie, a União, recorrente, aponta, em suma, ofensa aos artigos 5º, XXI e XXXVI, e 8º, III, da CF, ao argumento de não ser possível a execução de título judicial por aqueles que não tenham, na data da propositura da ação de conhecimento, autorizado, explicitamente, a citada associação a ajuizar a demanda. O Min. Ricardo Lewandowski, relator, conheceu em parte do recurso — por ausência de prequestionamento quanto aos artigos 5º, XXXVI e 8º, III, da CF — e, na parte conhecida, negou-lhe provimento. **RE 573232/SC, rel. Min. Ricardo Lewandowski, 25.11.2009. (RE-573232)**

Associações: Legitimidade Processual e Autorização Expressa – 2
O Min. Ricardo Lewandowski, salientando que a Constituição Federal, no seu art. 5º, XXI, não fez qualquer alusão à forma como se dará a autorização dos filiados, mas apenas consignou que esta deveria ser expressa, afirmou, reportando-se a precedente da Corte (AO 152/RS, DJU de 3.3.2000), que a locução "quando expressamente autorizados" significaria "quando existir manifesta anuência", o que se daria quando a autorização adviesse do estatuto da associação para que ajuíze ações de interesses de seus membros ou de deliberação tomada por eles em assembleia geral. Asseverou que a exigência, não prevista na Constituição, de se colher uma autorização individual dos filiados para cada ação ajuizada pelas associações, esvaziaria a atribuição de tais entidades de defender o interesse de seus membros, múnus que se inseriria nos quadros da democracia participativa adotada pela CF/88, de forma complementar à democracia representativa tradicionalmente praticada no país. Observou, ademais, que a ACMP invocaria sua qualidade de substituta dos membros do Ministério Público que atuaram no período de 1994 a 1999 como promotores eleitorais em Santa Catarina, tendo por base, para isso, tanto a autorização contida no seu estatuto quanto o disposto no art. 5º, XXI, da CF. Concluiu que, na linha daquele e de outros precedentes do Supremo, qualquer filiado, independentemente de ter autorizado expressamente a associação para a propositura da ação, poderia promover a execução da sentença, desde que sua pretensão estivesse compreendida no âmbito da eficácia subjetiva do título judicial. Em divergência, o Min. Marco Aurélio também conheceu em parte do recurso, mas, na parte conhecida, deu-lhe provimento, por reputar não ser possível, na fase de realização do título executivo judicial, alterar-se esse título, para incluir-se pessoas que não foram apontadas como beneficiárias na inicial da ação de conhecimento e que não autorizaram a ACMP, como exigido no art. 5º, XXI, da CF. Após, pediu vista dos autos o Min. Joaquim Barbosa. **RE 573232/SC, rel. Min. Ricardo Lewandowski, 25.11.2009. (RE-573232)**

Associações: legitimidade processual e autorização expressa - 3
O Plenário retomou julgamento de recurso extraordinário em que se discute o alcance da expressão "*quando expressamente autorizados*", constante do inciso XXI do art. 5º da CF ("*as entidades associativas, quando expressamente autorizadas, têm legitimidade para representar seus filiados judicial ou extrajudicialmente*"). Na espécie, a Associação do Ministério Público Catarinense - ACMP ajuizara ação ordinária em que pleiteara, em prol de seus associados, a incidência e os pagamentos reflexos do percentual correspondente a 11,98% sobre a gratificação eleitoral, retroativamente a março de 1994, calculada sobre os vencimentos dos juízes federais, mas reduzida por força de sua conversão em Unidade Real de Valor (URV) — v. Informativo 569.

Em voto-vista, o Ministro Joaquim Barbosa, Presidente, acompanhou o Ministro Ricardo Lewandowski, relator, para negar provimento ao recurso, porém, com fundamentação diversa. Aduziu que as ações ajuizadas por associações para a defesa de direitos e interesses difusos e coletivos não despertariam discussão referente a substituição e representação processual, porque o caráter incindível do bem da vida pleiteado não comportaria cumprimento individualizado da condenação imposta e, por conseguinte, essa discussão seria despida de utilidade. Asseverou que discussões travadas sobre a extensão dos conceitos de parte e interessados seriam retomadas no presente julgado para explicitar que, quando se tratasse de direitos difusos e coletivos, a titularidade do bem reivindicado não se exauriria no sujeito que figurasse no polo ativo da demanda. **RE 573232/SC, rel. Min. Ricardo Lewandowski, 3.10.2013. (RE-573232)**

Associações: legitimidade processual e autorização expressa - 4
O Ministro Joaquim Barbosa prosseguiu, afirmando que, da mesma forma, na hipótese de direitos individuais homogêneos, a pluralidade de situações jurídicas congêneres desestimularia o ajuizamento de ações com igual conteúdo, com consequências prejudiciais à prestação jurisdicional célere. Registrou adotar premissa distinta da defendida pelo relator, que poderia desencadear resultados, caso associações agissem como substitutas processuais desatreladas da delimitação específica dos titulares dos interesses defendidos. Destacou que o art. 5º, XXI, da CF veicularia hipótese de representação processual, razão porque a previsão estatutária e a expressa autorização dada pelos seus integrantes, em assembleia da associação, seriam pressupostos processuais para a aferição da capacidade para estar no processo em defesa de direitos individuais homogêneos dos integrantes da associação. Entendeu que, em vista da peculiaridade dos limites subjetivos da coisa julgada formada na ação coletiva, não existiria afronta ao art. 5º, XXI, da CF, se o título judicial fosse utilizado para propositura de execução individual por associado que não tivesse concorrido para a deliberação favorável ao ajuizamento da demanda. Em suma, frisou que a ausência de autorização não impediria que o beneficiado propusesse execução individual baseada em sentença proferida em ação coletiva movida por associação para defesa de interesse individual homogêneo. Após o voto do Ministro Joaquim Barbosa, pediu vista o Ministro Teori Zavascki. **RE 573232/SC, rel. Min. Ricardo Lewandowski, 3.10.2013. (RE-573232)**

Associações: legitimidade processual e autorização expressa - 5
A autorização estatutária genérica conferida a associação não é suficiente para legitimar a sua atuação em juízo na defesa de direitos de seus filiados, sendo indispensável que a declaração expressa exigida no inciso XXI do art. 5º da CF ("as entidades associativas, quando expressamente autorizadas, têm legitimidade para representar seus filiados judicial ou extrajudicialmente") seja manifestada por ato individual do associado ou por assembleia geral da entidade. Por conseguinte, somente os associados que apresentaram, na data da propositura da ação de conhecimento, autorizações individuais expressas à associação, podem executar título judicial proferido em ação coletiva. Com base nessa orientação, o Plenário, em conclusão de julgamento, e por votação majoritária, proveu recurso extraordinário no qual se discutia a legitimidade ativa de associados que, embora não tivessem autorizado explicitamente a associação a ajuizar a demanda coletiva, promoveram a execução de sentença prolatada em favor de outros associados que, de modo individual e expresso, teriam fornecido autorização para a entidade atuar na fase de conhecimento — v. Informativos 569 e 722. Em preliminar, ante a ausência de prequestionamento quanto aos artigos 5º, XXXVI, e 8º, III, da CF, o Tribunal conheceu em parte do recurso. No mérito, reafirmou a jurisprudência da Corte quanto ao alcance da expressão "quando expressamente autorizados", constante da cláusula inscrita no mencionado inciso XXI do art. 5º da CF. Asseverou que esse requisito específico acarretaria a distinção entre a legitimidade das entidades associativas para promover demandas em favor de seus associados (CF, art. 5º, XXI) e a legitimidade das entidades sindicais (CF, art. 8º, III). O Colegiado reputou não ser possível, na fase de execução do título judicial, alterá-lo para que fossem incluídas pessoas não apontadas como beneficiárias na inicial da ação de conhecimento e que não autorizaram a atuação da associação, como exigido no preceito constitucional em debate. Ademais, a simples previsão estatutária de autorização geral para a associação seria insuficiente para lhe conferir legitimidade. Por essa razão, ela própria tivera a cautela de munir-se de autorizações individuais. Vencidos os Ministros Ricardo Lewandowski (relator), Joaquim Barbosa (Presidente) e Cármen Lúcia, que negavam provimento ao recurso.
RE 573232/SC, rel. orig. Min. Ricardo Lewandowski, red. p/ o acórdão Min. Marco Aurélio, 14.5.2014. (RE-573232) (Inform. STF 746)

EMENTA: AMPLIAÇÃO E MELHORIA NO ATENDIMENTO **DE GESTANTES** EM MATERNIDADES ESTADUAIS. **DEVER ESTATAL** *DE ASSISTÊNCIA MATERNO-INFANTIL* **RESULTANTE** DE NORMA CONSTITUCIONAL. **OBRI-GAÇÃO JURÍDICO-CONSTITUCIONAL** *QUE SE IMPÕE* AO PODER PÚBLICO, **INCLUSIVE** AOS ESTADOS-MEMBROS. **CONFIGURAÇÃO**, *NO CASO*, **DE TÍPICA HIPÓTESE** *DE OMISSÃO INCONSTITUCIONAL* **IMPUTÁVEL** AO ESTADO-MEMBRO. **DESRESPEITO À CONSTITUIÇÃO PROVOCADO** *POR INÉRCIA ESTATAL* **(RTJ** 183/818-819). **COMPORTAMENTO** *QUE TRANS-GRIDE* A AUTORIDADE DA LEI FUNDAMENTAL DA REPÚBLICA **(RTJ** 185/794-796). **A QUESTÃO** *DA RESERVA DO POSSÍVEL*; **RECONHECI-MENTO** DE SUA INAPLICABILIDADE, **SEMPRE** QUE A INVOCAÇÃO DESSA CLÁUSULA **PUDER COMPROMETER** O NÚCLEO BÁSICO **QUE QUALIFICA** *O MÍNIMO EXISTENCIAL* **(RTJ** 200/191-197). **O PAPEL** DO PODER JUDICI-ÁRIO **NA IMPLEMENTAÇÃO** DE POLÍTICAS PÚBLICAS **INSTITUÍDAS** PELA CONSTITUIÇÃO **E** *NÃO EFETIVADAS* PELO PODER PÚBLICO. **A FÓRMULA** *DA RESERVA DO POSSÍVEL* **NA PERSPECTIVA** *DA TEORIA DOS CUSTOS DOS DIREITOS*: **IMPOSSIBILIDADE** DE SUA INVOCAÇÃO *PARA LEGITIMAR O INJUSTO INADIMPLEMENTO* **DE DEVERES ESTATAIS DE PRESTAÇÃO** *CONSTITUCIONALMENTE IMPOSTOS* AO ESTADO. **A TEORIA** DA *"RES-TRIÇÃO DAS RESTRIÇÕES"* (**OU** DA *"LIMITAÇÃO DAS LIMITAÇÕES"*). **CARÁTER COGENTE E VINCULANTE** DAS NORMAS CONSTITUCIONAIS, *INCLUSIVE DAQUELAS DE CONTEÚDO PROGRAMÁTICO*, **QUE VEICULAM** DIRETRIZES DE POLÍTICAS PÚBLICAS (**CF**, ART. 227). **A COLMATAÇÃO** DE OMISSÕES INCONSTITUCIONAIS *COMO NECESSIDADE INSTITUCIONAL* FUNDADA EM COMPORTAMENTO **AFIRMATIVO** DOS JUÍZES **E** TRIBUNAIS **E DE QUE RESULTA** *UMA POSITIVA CRIAÇÃO JURISPRUDENCIAL* DO DIREITO. **CONTROLE JURISDICIONAL DE LEGITIMIDADE** DA OMISSÃO DO ESTADO: *ATIVIDADE DE FISCALIZAÇÃO JUDICIAL* **QUE SE JUSTIFICA** PELA NECESSIDADE DE OBSERVÂNCIA *DE CERTOS* PARÂMETROS CONSTITUCIONAIS (*PROIBIÇÃO* DE RETROCESSO SOCIAL, *PROTEÇÃO* AO MÍNIMO EXISTENCIAL, *VEDAÇÃO* DA PROIBIÇÃO INSUFICIENTE **E** *PROIBIÇÃO* DE EXCESSO). **DOUTRINA**. **PRECEDENTES** DO SUPREMO TRIBUNAL FEDERAL **EM TEMA** DE IMPLEMENTAÇÃO DE POLÍTICAS PÚBLICAS **DELINEADAS** NA CONSTITUIÇÃO DA REPÚBLICA (**RTJ** 174/687 – **RTJ** 175/1212-1213 – **RTJ** 199/1219-1220). **POSSIBILIDADE JURÍDICO--PROCESSUAL** DE UTILIZAÇÃO DAS *"ASTREINTES"* (**CPC**, ART. 461, § 5º) *COMO MEIO COERCITIVO INDIRETO*. **EXISTÊNCIA**, NO CASO EM EXAME, *DE RELEVANTE INTERESSE SOCIAL*.
2. **AÇÃO CIVIL PÚBLICA: INSTRUMENTO PROCESSUAL ADEQUADO** À PROTEÇÃO JURISDICIONAL DE DIREITOS **REVESTIDOS** *DE METAINDI-VIDUALIDADE*. **LEGITIMAÇÃO ATIVA** DO MINISTÉRIO PÚBLICO (**CF**, ART. 129, III). **A FUNÇÃO INSTITUCIONAL** DO MINISTÉRIO PÚBLICO *COMO "DEFENSOR DO POVO"* (**CF**, ART. 129, II). **DOUTRINA**. **PRECEDENTES**. **RECURSO EXTRAORDINÁRIO** DO MINISTÉRIO PÚBLICO ESTADUAL **CO-NHECIDO E PROVIDO**. RE 581352, rel. Min. Celso de Mello, J. em 24.09.13. **(Inform. STF 726)**

EMB. DECL. NO AI N. 857.903-RJ

RELATOR: MIN. GILMAR MENDES
Embargos de declaração em agravo de instrumento. 2. Decisão monocrática. Embargos de declaração recebidos como agravo regimental. 3. Legitimidade do Ministério Público para ajuizar ação civil pública em defesa dos interesses individuais homogêneos dos consumidores. Precedentes. 4. Discussão acerca da natureza do direito tutelado. Índole infraconstitucional. Necessidade de reexaminar o conjunto fático-probatório. Enunciado 279. 5. Ausência de argumentos capazes de infirmar a decisão agravada. 6. Agravo regimental a que se nega provimento. **(Inform. STF 720)**

AG. REG. NO RE N. 401.482-PR

RELATOR: MIN. TEORI ZAVASCKI
Ementa: PROCESSUAL CIVIL. AGRAVO REGIMENTAL NO RECURSO EXTRA-ORDINÁRIO. AÇÃO CIVIL PÚBLICA. DEFESA DE INTERESSES INDIVIDUAIS HOMOGÊNEOS DISPONÍVEIS. LEGITIMIDADE ATIVA DO MINISTÉRIO PÚBLICO. PRECEDENTES.
1. O Ministério Público possui legitimidade para propor ação civil coletiva em defesa de interesses individuais homogêneos de relevante caráter social, ainda que o objeto da demanda seja referente a direitos disponíveis (RE 500.879-AgR, rel. Min. Cármen Lúcia, Primeira Turma, DJe de 26-05-2011; RE 472.489-AgR, rel. Min. Celso De Mello, Segunda Turma, DJe de 29-08-2008).
2. Agravo regimental a que se nega provimento. **(Inform. STF 711)**

Conflito de atribuições e superfaturamento em construção de conjuntos habitacionais
O Plenário iniciou julgamento de ação cível originária em que o Ministério Público do Estado do Paraná suscita conflito negativo de atribuição em face do Ministério Público Federal para a investigação de possível superfaturamento na construção de conjuntos habitacionais em município paranaense. Na espécie, os valores para o financiamento das obras teriam sido disponibilizados pela Caixa Econômica Federal - CEF, oriundos do Fundo de Garantia por Tempo de Serviço - FGTS, e colocadas no mercado de consumo por meio do Sistema Financeiro de Habitação. O Min. Luiz Fux, relator, não conheceu do conflito de atribuição, no que foi acompanhado pelo Min. Teori Zavascki. Primeiramente, recordou que se pronunciara em outra oportunidade pela remessa dos autos ao STJ, caso existente conflito federativo, à semelhança do que ocorreria quando envolvida controvérsia sobre competência entre juízes pertencentes a tribunais distintos. Em seguida, rememorou preliminar recentemente aventada pelo Min. Teori Zavascki, no sentido de competir à União dizer se teria, ou não, interesse na causa. Assim, por analogia, caberia ao parquet federal a palavra definitiva na questão. Por fim, consignou que, se vencido na preliminar de inexistência de conflito federativo a ser dirimido pelo STF, manifestar-se-ia a respeito dos demais temas arguidos no feito. O Min. Teori Zavascki explicitou que se estaria a decidir, no caso, sobre qual parquet iria promover investigação de natureza civil. Na sequência, reiterou os fundamentos expendidos em seu voto nas Petições 4706/DF e 4863/RN (v. Informativo 699), para concluir que a natureza desta controvérsia não se qualificaria como de conflito federativo, apto a atrair a incidência do art. 102, f, da CF. Em divergência, o Min. Marco Aurélio conheceu do pedido e estabeleceu a atribuição do Ministério Público Federal. Reafirmou entendimento segundo o qual, ante o silêncio da Constituição, caberia ao Supremo atuar em favor da própria sociedade para que o inquérito civil público prosseguisse. Aduziu que, como o parquet da União não seria hierarquicamente superior ao estadual, não cumpriria a ele definir atribuição. No mérito, assentou cuidar-se de abatimento em prestações de mutuários da CEF, cujo objeto seria o superfaturamento havido tendo em conta o que financiado pela referida instituição. Ato contínuo, assinalou existir interesse a definir o inquérito como da atribuição do órgão federal. Após, pediu vista o Min. Joaquim Barbosa, Presidente.
ACO 924/PR, rel. Min. Luiz Fux, 23.5.2013. (ACO-924) (Inform. STF 707)

DIREITO CONSTITUCIONAL E PROCESSUAL CIVIL. LEGITIMIDADE DA DEFENSORIA PÚBLICA PARA PROPOR AÇÃO CIVIL PÚBLICA EM DEFESA DE JURIDICAMENTE NECESSITADOS.
A Defensoria Pública tem legitimidade para propor ação civil pública em defesa de interesses individuais homogêneos de consumidores idosos que tiveram plano de saúde reajustado em razão da mudança de faixa etária, ainda que os titulares não sejam carentes de recursos econômicos. A atuação primordial da Defensoria Pública, sem dúvida, é a assistência jurídica e a defesa dos necessitados econômicos. Entretanto, ela também exerce atividades de auxílio aos necessitados jurídicos, os quais não são, necessariamente, carentes de recursos econômicos. Isso ocorre, por exemplo, quando a Defensoria exerce as funções de curador especial (art. 9º, II, do CPC) e de defensor dativo (art. 265 do CPP). No caso, além do direito tutelado ser fundamental (direito à saúde), o grupo de consumidores potencialmente lesado é formado por idosos, cuja condição de vulnerabilidade já é reconhecida na própria Constituição Federal, a qual dispõe no art. 230 que: "A família, a sociedade e o Estado têm o dever de amparar as pessoas idosas, assegurando sua participação na comunidade, defendendo sua dignidade e bem-estar e garantindo-lhes o direito à vida". Dessa forma, nos termos do assentado no julgamento do REsp 1.264.116-RS (Segunda Turma, DJe 13/4/2012), "A expressão 'necessitados' (art. 134, caput, da Constituição), que qualifica, orienta e enobrece a atuação da Defensoria Pública, deve ser entendida, no campo da Ação Civil Pública, em sentido amplo, de modo a incluir, ao lado dos estritamente carentes de recursos financeiros - os miseráveis e pobres -, os hipervulneráveis (isto é, os socialmente estigmatizados ou excluídos, as crianças, os idosos, as gerações futuras), enfim, todos aqueles que, como indivíduo ou classe, por conta de sua real debilidade perante abusos ou arbítrio dos detentores de poder econômico ou político, 'necessitem' da mão benevolente e solidária do Estado para sua proteção, mesmo que contra o próprio Estado". **EREsp 1.192.577-RS, Rel. Min. Laurita Vaz, julgado em 21/10/2015, DJe 13/11/2015. (Inform. STJ 573)**

20. DIREITO PROCESSUAL COLETIVO · 739

DIREITO PROCESSUAL CIVIL. AFASTAMENTO DE OFÍCIO DA PRESUNÇÃO DE LEGITIMAÇÃO DE ASSOCIAÇÃO PARA A PROPOSITURA DE AÇÃO COLETIVA.

Quando houver sintomas de que a legitimação coletiva vem sendo utilizada de forma indevida ou abusiva, o magistrado poderá, de ofício, afastar a presunção legal de legitimação de associação regularmente constituída para propositura de ação coletiva. Embora o anteprojeto da Lei 7.347/1985, com inspiração no direito norte-americano, previsse a verificação da representatividade adequada das associações (adequacy of representation) ao propor que a legitimação fosse verificada no caso concreto pelo juiz, essa proposição não prevaleceu. O legislador optou por indicar apenas quesitos objetivos: a) estar a associação constituída há pelo menos 1 ano; e b) incluir, entre suas finalidades institucionais, a proteção ao meio ambiente, ao consumidor, à ordem econômica, à livre concorrência ou ao patrimônio artístico, estético, histórico, turístico e paisagístico. Nesse passo, segundo entendimento doutrinário, o legislador instituiu as ações coletivas visando tutelar interesses metaindividuais partindo da premissa de que são, presumivelmente, propostas em prol de interesses sociais relevantes ou, ao menos, de interesse coletivo, por legitimado ativo que se apresenta, ope legis, como representante idôneo do interesse tutelado. De outro lado, ressalte-se que, muito embora a presunção iuris et de iure seja inatacável - nenhuma prova em contrário é admitida -, no caso das presunções legais relativas ordinárias admite-se prova em contrário, apreciadas segundo o critério ou sistema de provas das leis processuais. Por isso, de regra, toda presunção legal permite prova contrária. Assim, segundo entendimento doutrinário, "qualquer regra jurídica pode pôr a presunção e há de entender-se relativa, se a regra, que a criou, não diz que é absoluta, isto é, se explícita ou implicitamente, não exclui a prova em contrário". Ciente disso, convém mencionar que o art. 125, III, do CPC (correspondente ao art. 139, III, do CPC/2015) estabelece que é poder-dever do juiz, na direção do processo, prevenir ou reprimir qualquer ato contrário à dignidade da Justiça. Nessa esteira de entendimento, o STF (AI 207.808 AgR-ED-ED, Segunda Turma, DJ 8/6/2001) já se manifestou no sentido de que o magistrado deve repelir situações que culminem por afetar - ausente a necessária base de credibilidade institucional - o próprio coeficiente de legitimação político-social do Poder Judiciário. Portanto, contanto que não seja exercido de modo a ferir a necessária imparcialidade inerente à magistratura, e sem que decorra de análise eminentemente subjetiva do juiz, ou mesmo de óbice meramente procedimental, é plenamente possível que, excepcionalmente, de modo devidamente fundamentado, o magistrado exerça, mesmo que de ofício, o controle de idoneidade (adequação da representatividade) para aferir/afastar a legitimação ad causam de associação. **REsp 1.213.614-RJ, Rel. Min. Luis Felipe Salomão, julgado em 1º/10/2015, DJe 26/10/2015. (Inform. STJ 572)**

DIREITO PROCESSUAL CIVIL. ALTERAÇÃO DE POLO ATIVO DE AÇÃO CIVIL PÚBLICA PROMOVIDA POR ASSOCIAÇÃO.

Caso ocorra dissolução da associação que ajuizou ação civil pública, não é possível sua substituição no polo ativo por outra associação, ainda que os interesses discutidos na ação coletiva sejam comuns a ambas. Em princípio, nos termos art. 5º, § 3º, da Lei 7.347/1985, afigura-se possível que o Ministério Público ou outro legitimado, que necessariamente guarde uma representatividade adequada com os interesses discutidos na ação, assuma, no curso do processo coletivo (inclusive com a demanda já estabilizada), a titularidade do polo ativo da lide, possibilidade, é certo, que não se restringe às hipóteses de desistência infundada ou de abandono da causa, mencionadas a título exemplificativo pelo legislador (numerus apertus). Essa conclusão decorre da própria indisponibilidade dos interesses tutelados no bojo de uma ação coletiva, que transcendem a esfera jurídica do indivíduo, e cuja defesa ostenta relevância pública e inequívoca repercussão social. Ante a natureza e a relevância pública dos interesses tutelados no bojo de uma ação coletiva, de inequívoca repercussão social, ressai evidenciado que os legitimados para promover a ação coletiva - os quais necessariamente devem guardar com tais interesses uma representatividade adequada - não podem proceder a atos de disposição material e/ou formal dos direitos ali discutidos, inclusive porque deles não são titulares. No âmbito da tutela coletiva, vigora o princípio da indisponibilidade (temperada) da demanda coletiva, seja no tocante ao ajuizamento ou à continuidade do feito, com reflexo direto em relação ao Ministério Público – que, institucionalmente, tem o dever de agir sempre que presente o interesse social (naturalmente, sem prejuízo de uma ponderada avaliação sobre a conveniência e, mesmo, sobre possível temeridade em que posta inicialmente a ação) – e, indiretamente, aos demais colegitimados. Desse modo, a exegese das normas regentes do processo coletivo deve, mais acentuadamente, direcionar-se à plena consecução do direito material subjacente, de manifesta relevância pública e repercussão social. Assim, a super-

veniente ausência da capacidade de ser parte, não conduz, necessariamente, à extinção do feito sem julgamento de mérito, especialmente nos casos em que o Ministério Público ou outro colegitimado – que guarde, de igual modo, representatividade adequada com os interesses ali discutidos – manifeste interesse em assumir a titularidade da demanda. Todavia, esta compreensão quanto à possibilidade de assunção do polo ativo por outro legitimado não se aplica às associações, porque de todo incompatível. No específico caso das associações, de suma relevância considerar a novel orientação exarada pelo STF, que, por ocasião do julgamento do RE 573.232-SC (Tribunal Pleno, DJe 19/9/2014), sob o regime do art. 543-B do CPC, decidiu que a atuação da associação, como parte legitimada para promover ação coletiva, se dá na qualidade de representante de seus associados (defesa de direito alheio em nome alheio), e não na qualidade de substituto processual (defesa de direito alheio em nome próprio), a demandar, por conseguinte, expressa autorização de seus associados, seja individualmente, seja por deliberação assemblear, não bastando, para tanto, a previsão genérica no respectivo estatuto. Não se descurando da compreensão de que a Lei, ao estabelecer os legitimados para promover a ação coletiva, presumivelmente reconheceu a correlação destes com os interesses coletivos a serem tutelados, certo é que o controle judicial da adequada representatividade, especialmente em relação às associações, consubstancia importante elemento de convicção do magistrado para mensurar a abrangência e, mesmo, relevância dos interesses discutidos na ação, permitindo-lhe, inclusive, na ausência daquela, obstar o prosseguimento do feito, em observância ao princípio do devido processo legal à tutela jurisdicional coletiva. Reconhece-se, pois, a absoluta impossibilidade, e mesmo incompatibilidade, de outra associação assumir o polo ativo de ação civil pública promovida por ente associativo que, no curso da ação, veio a se dissolver. Sob o aspecto da representação, afigura-se, pois, inconciliável a situação jurídica dos então representados pela associação dissolvida com a dos associados do novo ente associativo, ainda que, em tese, os interesses discutidos na ação coletiva sejam comuns aos dois grupos de pessoas. **REsp 1.405.697-MG, Rel. Min. Marco Aurélio Bellizze, julgado em 17/9/2015, DJe 8/10/2015 (Inform. STJ 570).**

DIREITO PROCESSUAL CIVIL. LEGITIMIDADE DO MP PARA PROPOR ACP OBJETIVANDO A LIBERAÇÃO DE SALDO DE CONTAS PIS/PASEP DE PESSOAS COM INVALIDEZ.

O Ministério Público tem legitimidade para propor ação civil pública objetivando a liberação do saldo de contas PIS/PASEP, na hipótese em que o titular da conta – independentemente da obtenção de aposentadoria por invalidez ou de benefício assistencial – seja incapaz e insusceptível de reabilitação para o exercício de atividade que lhe garanta a subsistência, bem como na hipótese em que o próprio titular da conta ou quaisquer de seus dependentes for acometido das doenças ou afecções listadas na Portaria Interministerial MPAS/MS 2.998/2001. Embora a LC 75/1993, em seu art. 6º, VII, "d", preceitue que "Compete ao Ministério Público da União (...) VII - promover o inquérito civil e a ação civil pública para: (...) d) outros interesses individuais indisponíveis, homogêneos, sociais, difusos e coletivos", o Ministério Público somente terá sua representatividade adequada para propor ação civil pública quando a ação tiver relação com as atribuições institucionais previstas no art. 127, caput, da Constituição da República ("O Ministério Público é instituição permanente, essencial à função jurisdicional do Estado, incumbindo-lhe a defesa da ordem jurídica, do regime democrático e dos interesses sociais e individuais indisponíveis"). Deve-se destacar, nesse passo, que a jurisprudência do STF e do STJ assinala que, quando se trata de interesses individuais homogêneos – até mesmo quando disponíveis – a legitimidade do Ministério Público para propor ação coletiva é reconhecida se evidenciado relevante interesse social do bem jurídico tutelado, atrelado à finalidade da instituição (RE 631.111-GO, Tribunal Pleno, DJe 30/10/2014; REsp 1.209.633-RS, Quarta Turma, DJe 4/5/2015). Ademais, ao se fazer uma interpretação sistemática dos diplomas que formam o microssistema do processo coletivo, seguramente pode-se afirmar que, por força do art. 21 da Lei 7.347/1985, aplica-se o Capítulo II do Título III do Código de Defesa do Consumidor (CDC) à hipótese em análise. Com efeito, a tutela coletiva será exercida quando se tratar de interesses/direitos difusos, coletivos e individuais coletivos, nos termos do art. 81, parágrafo único, do CDC. Assim, necessário observar que, no caso, o interesse tutelado referente à liberação do saldo do PIS/PASEP, mesmo se configurando como individual homogêneo (Lei 8.078/1990), mostra-se de relevante interesse à coletividade, tornando legítima a propositura de ação civil pública pelo Parquet, visto que se subsume aos seus fins institucionais. **REsp 1.480.250–RS, Rel. Min. Herman Benjamin, julgado em 18/8/2015, DJe 8/9/2015 (Inform. STJ 568).**

DIREITO PROCESSUAL CIVIL. LEGITIMIDADE DO MP PARA AJUIZAR AÇÃO COLETIVA EM DEFESA DE DIREITOS INDIVIDUAIS HOMOGÊNEOS DOS BENEFICIÁRIOS DO SEGURO DPVAT.

O Ministério Público tem legitimidade para ajuizar ação civil pública em defesa dos direitos individuais homogêneos dos beneficiários do seguro DPVAT. Isso porque o STF, ao julgar o RE 631.111-GO (Tribunal Pleno, DJe 30/10/2014), submetido ao rito do art. 543-B do CPC, firmou o entendimento de que Órgão Ministerial tem legitimidade para ajuizar ação civil pública em defesa dos direitos individuais homogêneos dos beneficiários do seguro DPVAT, dado o interesse social qualificado presente na tutela jurisdicional das vítimas de acidente de trânsito beneficiárias pelo DPVAT, bem como as relevantes funções institucionais do MP. Consequentemente, é imperioso o cancelamento da súmula 470 do STJ, a qual veicula entendimento superado por orientação jurisprudencial do STF firmada em recurso extraordinário submetido ao rito do art. 543-B do CPC. **REsp 858.056-GO, Rel. Min. Marco Buzzi, julgado em 27/5/2015, DJe 5/6/2015 (Inform. STJ 563).**

DIREITO PROCESSUAL CIVIL. APLICABILIDADE DO ART. 18 DA LACP A AÇÃO CIVIL PÚBLICA MOVIDA POR SINDICATO.

O art. 18 da Lei 7.347/1985 (LACP) – "Nas ações de que trata esta lei, não haverá adiantamento de custas, emolumentos, honorários periciais e quaisquer outras despesas, nem condenação da associação autora, salvo comprovada má-fé, em honorários de advogado, custas e despesas processuais" – é aplicável à ação civil pública movida por sindicato na defesa de direitos individuais homogêneos da categoria que representa. Realmente, o STJ posicionava-se no sentido de que o cabimento de ação civil pública em defesa de direitos individuais homogêneos se restringia àqueles direitos que envolvessem relação de consumo. Esse posicionamento, entretanto, encontra-se superado, tendo em vista o entendimento de que o art. 21 da Lei 7.347/1985, com redação dada pela Lei 8.078/1990, ampliou o alcance da ação civil pública também para a defesa de interesses e direitos individuais homogêneos não relacionados a consumidores (REsp 1.257.196-RS, Segunda Turma, DJe 24/10/2012; e AgRg nos EREsp 488.911-RS, Terceira Seção, DJe 6/12/2011). Assim, é cabível o ajuizamento de ação civil pública em defesa de direitos individuais homogêneos não relacionados a consumidores, devendo ser reconhecida a legitimidade do sindicato recorrente para propor a presente ação em defesa de interesses individuais homogêneos da categoria que representa. Com o processamento da demanda na forma de ação civil pública, incide plenamente o art. 18 da Lei 7.347/1985. Precedentes citados: AgRg no REsp 1.453.237-RS, Segunda Turma, DJe 13/6/2014; e AgRg no REsp 1.423.654-RS, Segunda Turma, DJe 18/2/2014. **EREsp 1.322.166-PR, Rel. Min. Mauro Campbell Marques, julgado em 4/3/2015, DJe 23/3/2015 (Inform. STJ 558).**

DIREITO PROCESSUAL CIVIL. LEGITIMIDADE DO MP PARA PROPOR AÇÃO CIVIL PÚBLICA EM DEFESA DE INTERESSES COLETIVOS E INDIVIDUAIS HOMOGÊNEOS DOS MUTUÁRIOS DO SFH.

O Ministério Público tem legitimidade ad causam para propor ação civil pública com a finalidade de defender interesses coletivos e individuais homogêneos dos mutuários do Sistema Financeiro da Habitação. Precedentes citados: EREsp 644.821-PR, Corte Especial, DJe 4/8/2008; e AgRg no EREsp 633.470-CE, Corte Especial, DJ 14/8/2006. **REsp 1.114.035-PR, Rel. originário Min. Sidnei Beneti, Rel. para acórdão Min. João Otávio de Noronha, julgado em 7/10/2014. (Inform. STJ 552)**

DIREITO PROCESSUAL CIVIL. LITISCONSÓRCIO ATIVO FACULTATIVO ENTRE MINISTÉRIO PÚBLICO FEDERAL, ESTADUAL E DO TRABALHO.

Pode ser admitido litisconsórcio ativo facultativo entre o Ministério Público Federal, o Ministério Público Estadual e o Ministério Público do Trabalho em ação civil pública que vise tutelar pluralidade de direitos que legitimem a referida atuação conjunta em juízo. Nos termos do art. 5º, § 5º, da Lei 7.347/1985: "Admitir-se-á o litisconsórcio facultativo entre os Ministérios Públicos da União, do Distrito Federal e dos Estados na defesa dos interesses e direitos de que cuida esta lei". Além disso, à luz do art. 128 da CF, o Ministério Público abrange: o Ministério Público da União, composto pelo Ministério Público Federal, o Ministério Público do Trabalho, o Ministério Público Militar e o Ministério Público do Distrito Federal e Territórios; e os Ministérios Públicos dos Estados. Assim, o litisconsórcio ativo facultativo entre os ramos do Ministério Público da União e os Ministérios Públicos dos Estados, em tese, é possível, sempre que as circunstâncias do caso recomendem, para a propositura de ações civis públicas que visem à responsabilização por danos morais e patrimoniais causados ao meio-ambiente, ao consumidor, a bens e direitos de valor artístico, estético, histórico e paisagístico, à ordem econômica e urbanística, bem como a qualquer outro interesse difuso ou coletivo, inclusive de natureza trabalhista. Essa atuação conjunta deve-se ao cunho social do *Parquet* e à posição que lhe foi erigida pelo constituinte (de instituição essencial à função jurisdicional do Estado), incumbindo-lhe a defesa da ordem jurídica, do regime democrático e dos interesses sociais e individuais indisponíveis. A propósito, há de se registrar que o STJ e o STF já admitiram litisconsórcio facultativo entre o Ministério Público Federal e o Ministério Público Estadual (REsp 382.659-RS, Primeira Turma, DJ 19/12/2003; e STF-ACO 1.020-SP, Tribunal Pleno, DJe 20/03/2009). Por outro lado, há também precedentes contrários ao litisconsórcio ativo facultativo entre os ramos do Ministério Público. Entretanto, observe-se que os precedentes desfavoráveis ao litisconsórcio ativo facultativo entre o Ministério Público Federal e o Estadual versam sobre a ilegitimidade do MPE para a propositura de ação civil pública que objetive a tutela de bem da União, atribuição esta inserida no âmbito do MPF e submetida ao crivo da Justiça Federal, ensejando, portanto, a impossibilidade de atuação do *Parquet* Estadual seja como parte, seja como litisconsorte. Em nenhum momento foi enfrentada hipótese de conjugação de interesses trabalhistas, estaduais e federais. Anote-se, por oportuno, que, a princípio, também não há qualquer óbice para que o MPT atue em litisconsórcio ativo facultativo com o MPF e o MPE, desde que a ação civil pública também vise à tutela de interesse difuso ou coletivo de natureza trabalhista. **REsp 1.444.484-RN, Rel. Min. Benedito Gonçalves, julgado em 18/9/2014. (Inform. STJ 549)**

DIREITO PROCESSUAL CIVIL. LEGITIMIDADE DO MP PARA AJUIZAR ACP CUJA CAUSA DE PEDIR SEJA FUNDADA EM CONTROVÉRSIA TRIBUTÁRIA.

O Ministério Público tem legitimidade para ajuizar ação civil pública cujo pedido seja a condenação por improbidade administrativa de agente público que tenha cobrado taxa por valor superior ao custo do serviço prestado, ainda que a causa de pedir envolva questões tributárias. De acordo com o parágrafo único do art. 1º da Lei 7.347/1985, não será cabível ação civil pública para veicular pretensões que envolvam tributos. Essa restrição, entretanto, está relacionada ao pedido, o qual tem aptidão para formar coisa julgada, e não à causa de pedir. Na hipótese em foco, a análise da questão tributária é indispensável para que se constate eventual ato de improbidade, por ofensa ao princípio da legalidade, configurando causa de pedir em relação à pretensão condenatória, estando, portanto, fora do alcance da vedação prevista no referido dispositivo. **REsp 1.387.960-SP, Rel. Min. Og Fernandes, julgado em 22/5/2014. (Inform. STJ 543)**

DIREITO PROCESSUAL CIVIL. LEGITIMIDADE DA DEFENSORIA PÚBLICA EM AÇÕES COLETIVAS EM SENTIDO ESTRITO.

A Defensoria Pública não possui legitimidade extraordinária para ajuizar ação coletiva em favor de consumidores de determinado plano de saúde particular que, em razão da mudança de faixa etária, teriam sofrido reajustes abusivos em seus contratos. A Defensoria Pública, nos termos do art. 134 da CF, "é instituição essencial à função jurisdicional do Estado, incumbindo-lhe a orientação jurídica e a defesa, em todos os graus, dos necessitados, na forma do art. 5º, LXXIV". Assim, a Defensoria Pública é vertida na prestação de assistência jurídica ao necessitado que comprovar "insuficiência de recursos" (CF, art. 5º, LXXIV), isto é, aquele que, sem prejuízo da sua subsistência, não possui meios de arcar com as despesas atinentes aos serviços jurídicos de que precisa – contratação de advogado e despesas processuais. Verifica-se que o legislador infraconstitucional, por meio da LC 80/1994 – responsável por organizar a Defensoria Pública da União, do Distrito Federal e dos Territórios e prescrever normas gerais para sua organização nos Estados – também vincula a atuação da instituição em comento à defesa em prol dos necessitados. Portanto, diante das funções institucionais da Defensoria Pública, há, sob o aspecto subjetivo, limitador constitucional ao exercício de sua finalidade específica, devendo todos os demais normativos serem interpretados à luz desse parâmetro, inclusive no tocante aos processos coletivos, restringindo, assim, a legitimidade ativa dessa instituição para atender efetivamente as suas funções institucionais conferidas pela CF. Diante disso, conforme entendimento doutrinário, a Defensoria Pública tem pertinência subjetiva para ajuizar ações coletivas em defesa de interesses difusos, coletivos ou individuais homogêneos, sendo que, no tocante aos difusos, sua legitimidade será ampla, bastando, para tanto, que beneficie grupo de pessoas necessitadas, haja vista que o direito tutelado é pertencente a pessoas indeterminadas, e, mesmo que indiretamente venham a ser alcançadas pessoas que tenham "suficiência" de recursos, isso, por si só, não irá elidir essa legitimação. No entanto, em se tratando de interesses coletivos em sentido estrito ou individuais homo-

20. DIREITO PROCESSUAL COLETIVO · 741

gêneos, diante de grupos determinados de lesados, a legitimação deverá ser restrita às pessoas notadamente necessitadas. Posto isso, deve-se considerar que, ao optar por contratar plano particular de saúde, parece intuitivo que não se está diante de consumidor que possa ser considerado necessitado, a ponto de ser patrocinado, de forma coletiva, pela Defensoria Pública. Ao revés, trata-se de grupo que, ao demonstrar capacidade para arcar com assistência de saúde privada, acabou como em condições de arcar com as despesas inerentes aos serviços jurídicos de que necessita, sem prejuízo de sua subsistência, não havendo falar em necessitado. Assim, o grupo em questão não é apto a conferir legitimidade ativa adequada à Defensoria Pública, para fins de ajuizamento de ação civil. Precedente citado do STF: ADI 558-MC, Tribunal Pleno, DJ 26/3/1993. **REsp 1.192.577-RS, Rel. Min. Luis Felipe Salomão, julgado em 15/5/2014.** (Inform. STJ 541)

DIREITO PROCESSUAL CIVIL. CAUSA DE PEDIR EM AÇÃO COLETIVA. Na hipótese em que sindicato atue como substituto processual em ação coletiva para a defesa de direitos individuais homogêneos, não é necessário que a causa de pedir, na primeira fase cognitiva, contemple descrição pormenorizada das situações individuais de todos os substituídos. De fato, é clássica a concepção de que o interesse de agir é identificado pela análise do binômio necessidade-utilidade. Em outras palavras, a referida condição da ação se faz presente quando a tutela jurisdicional mostrar-se necessária à obtenção do bem da vida pretendido e o provimento postulado for efetivamente útil ao demandante, proporcionando-lhe melhora em sua situação jurídica. Tem prevalecido no STJ o entendimento de que a aferição das condições da ação deve ocorrer *in status assertionis*, ou seja, à luz das afirmações do demandante (teoria da asserção). Assim, em ações coletivas, é suficiente para a caracterização do interesse de agir a descrição exemplificativa de situações litigiosas de origem comum (art. 81, III, do CDC), que precisam ser solucionadas por decisão judicial; sendo desnecessário, portanto, que a causa de pedir contemple descrição pormenorizada das situações individuais de cada substituído. Isso porque, no microssistema do processo coletivo, prevalece a repartição da atividade cognitiva em duas fases: num primeiro momento, há uma limitação da cognição às questões fáticas e jurídicas comuns às situações dos envolvidos; apenas em momento posterior, em caso de procedência do pedido, é que a atividade cognitiva é integrada pela identificação das posições individuais de cada um dos substituídos. **REsp 1.395.875-PE, Rel. Min. Herman Benjamin, julgado em 20/2/2014.** (Inform. STJ 538)

DIREITO PROCESSUAL CIVIL. LEGITIMIDADE DO MP EM AÇÃO CIVIL PÚBLICA.
O Ministério Público tem legitimidade para ajuizar ação civil pública com o objetivo de garantir o acesso a critérios de correção de provas de concurso público. De início, esclarece-se que o concurso público é o principal instrumento de garantia do sistema de meritocracia na organização estatal, um dos pilares dorsais do Estado Social de Direito brasileiro, condensado e concretizado na CF. Suas duas qualidades essenciais – ser *concurso*, o que implica genuína competição, sem cartas marcadas, e ser *público*, no duplo sentido de certame transparente e de controle amplo de sua integridade – impõem generoso reconhecimento de legitimidade *ad causam* no acesso à justiça. **REsp 1.362.269-CE, Rel. Min. Herman Benjamin, julgado em 16/5/2013.** (Inform. STJ 528)

DIREITO PROCESSUAL CIVIL. INGRESSO DO MP EM AÇÃO CIVIL PÚBLICA NA HIPÓTESE DE VÍCIO DE REPRESENTAÇÃO DA ASSOCIAÇÃO AUTORA.
Na ação civil pública, reconhecido o vício na representação processual da associação autora, deve-se, antes de proceder à extinção do processo, conferir oportunidade ao Ministério Público para que assuma a titularidade ativa da demanda. Isso porque as ações coletivas trazem em seu bojo a ideia de indisponibilidade do interesse público, de modo que o art. 13 do CPC deve ser interpretado em consonância com o art. 5º, § 3º, da Lei 7.347/1985. Precedente citado: REsp 855.181-SC, Segunda Turma, DJe 18/9/2009. **REsp 1.372.593-SP, Rel. Min. Humberto Martins, julgado em 7/5/2013.** (Inform. STJ 524)

DIREITO PROCESSUAL CIVIL. LEGITIMIDADE ATIVA DO MP PARA O AJUIZAMENTO DE AÇÃO CIVIL PÚBLICA.
O Ministério Público tem legitimidade para ajuizar ação civil pública contra a concessionária de energia elétrica com a finalidade de evitar a interrupção do fornecimento do serviço à pessoa carente de recursos financeiros

diagnosticada com enfermidade grave e que dependa, para sobreviver, da utilização doméstica de equipamento médico com alto consumo de energia. Conforme entendimento do STJ, o MP detém legitimidade ativa *ad causam* para propor ação civil pública que objetive a proteção do direito à saúde de pessoa hipossuficiente, porquanto se trata de direito fundamental e indisponível, cuja relevância interessa à sociedade. Precedentes citados: REsp 1.136.851-SP, Segunda Turma, DJe 7/3/2013 e AgRg no REsp 1.327.279-MG, Primeira Turma, DJe 4/2/2013. **AgRg no REsp 1.162.946-MG, Rel. Ministro Sérgio Kukina, julgado em 4/6/2013.** (Inform. STJ 523)

DIREITO PROCESSUAL CIVIL. LEGITIMIDADE DO MP PARA A PROPOSITURA DE AÇÃO CIVIL PÚBLICA OBJETIVANDO O FORNECIMENTO DE CESTA DE ALIMENTOS SEM GLÚTEN A PORTADORES DE DOENÇA CELÍACA.
O Ministério Público é parte legítima para propor ação civil pública tendo por objeto o fornecimento de cesta de alimentos sem glúten a portadores de doença celíaca. Essa conclusão decorre do entendimento que reconhece a legitimidade do Ministério Público para a defesa da vida e da saúde, direitos individuais indisponíveis. **AgRg no AREsp 91.114-MG, Rel. Min. Humberto Martins, julgado em 7/2/2013.** (Inform. STJ 517)

DIREITO PROCESSUAL CIVIL. LEGITIMIDADE DO MINISTÉRIO PÚBLICO PARA A DEFESA DE DIREITOS DOS CONSUMIDORES ATINENTES À INSCRIÇÃO DE SEUS NOMES EM CADASTROS DE INADIMPLENTES.
O Ministério Público tem legitimidade para o ajuizamento de ação civil pública com o objetivo de impedir o repasse e de garantir a exclusão ou a abstenção de inclusão em cadastros de inadimplentes de dados referentes a consumidores cujos débitos estejam em fase de discussão judicial, bem como para requerer a compensação de danos morais e a reparação de danos materiais decorrentes da inclusão indevida de seus nomes nos referidos cadastros. A Lei n. 7.347/1985, que dispõe sobre a legitimidade do MP para a propositura de ação civil pública, é aplicável a quaisquer interesses de natureza transindividual, tais como definidos no art. 81 do CDC, ainda que eles não digam respeito às relações de consumo. Essa conclusão é extraída da interpretação conjunta do art. 21 da Lei n. 7.347/1985 e dos arts. 81 e 90 do CDC, os quais evidenciam a reciprocidade e complementaridade desses diplomas legislativos, mas principalmente do disposto no art. 129, III, da CF, que estabelece como uma das funções institucionais do MP "promover o inquérito civil e a ação civil pública, para proteção do patrimônio público e social, do meio ambiente e de outros interesses difusos e coletivos". Mesmo no que se refere aos interesses de natureza individual homogênea, após grande discussão doutrinária e jurisprudencial acerca da legitimação processual extraordinária do MP, firmou-se o entendimento de que, para seu reconhecimento, basta a demonstração da relevância social da questão. Nesse sentido, o STF pacificou o tema ao estabelecer que, no gênero "interesses coletivos", ao qual faz referência o art. 129, III, da CF, incluem-se os "interesses individuais homogêneos", cuja tutela, dessa forma, pode ser pleiteada pelo MP. O STJ, na mesma linha, já decidiu que os interesses individuais homogêneos são considerados relevantes por si mesmos, sendo desnecessária a comprovação dessa relevância. Ademais, além da grande importância política que possui a solução jurisdicional de conflitos de massa, a própria CF permite a atribuição de outras funções ao MP, desde que compatíveis com sua finalidade (art. 129, IX). Em hipóteses como a discutida, em que se vise à tutela de um determinado número de pessoas ligadas por uma circunstância de fato, qual seja, a inclusão de seu nome em cadastros de inadimplentes, fica clara a natureza individual homogênea do interesse tutelado. Outrossim, a situação individual de cada consumidor não é levada em consideração no momento da inclusão de seu nome no cadastro, bastando que exista demanda judicial discutindo o débito, o que evidencia a prevalência dos aspectos coletivos e a homogeneidade dos interesses envolvidos. Assim, não se pode relegar a tutela de todos os direitos a instrumentos processuais individuais, sob pena de excluir da proteção do Estado e da democracia aqueles cidadãos que sejam mais necessitados, ou possuam direitos cuja tutela seja economicamente inviável sob a ótica do processo individual. **REsp 1.148.179-MG, Rel. Min. Nancy Andrighi, julgado em 26/2/2013.** (Inform. STJ 516).

DIREITO PROCESSUAL CIVIL. LEGITIMIDADE ATIVA. AÇÃO CIVIL PÚBLICA. MINISTÉRIO PÚBLICO. ECA.
O MP detém legitimidade para propor ação civil pública com o intuito de impedir a veiculação de vídeo, em matéria jornalística, com cenas de tortura contra uma criança, ainda que não se mostre o seu rosto. A legitimidade do MP, em ação civil pública, para defender a infância e a adolescência abrange os interesses de determinada criança (exposta no vídeo) e de todas

742 VADE MECUM DE JURISPRUDÊNCIA – STF/STJ

indistintamente, ou pertencentes a um grupo específico (aquelas sujeitas às imagens com a exibição do vídeo), conforme previsão dos arts. 201, V, e 210, I, do ECA. Precedentes citados: REsp 1.060.665-RJ, DJe 23/6/2009, e REsp 50.829-RJ, DJ 8/8/2005. **REsp 509.968-SP, Rel. Min. Ricardo Villas Bôas Cueva, julgado em 6/12/2012. (Inform. STJ 511)**

🕮 Súmula STF nº 643

O Ministério Público tem legitimidade para promover ação civil pública cujo fundamento seja a ilegalidade de reajuste de mensalidades escolares.

🕮 Súmula 470 (CANCELADA)

O Ministério Público não tem legitimidade para pleitear, em ação civil pública, a indenização decorrente do DPVAT em benefício do segurado. **Segunda Seção, cancelada em 27/5/2015, DJe 15/6/2015 (Inform. STJ 564).**

🕮 Súmula STJ nº 329

O Ministério Público tem legitimidade para propor ação civil pública em defesa do patrimônio público.

3. AÇÃO E PROCEDIMENTOS, SENTENÇA, COISA JULGADA E RECURSOS

AG. REG. NO RE N. 885.451-CE

RELATORA: MIN. ROSA WEBER
EMENTA: DIREITO PROCESSUAL CIVIL. AÇÃO COLETIVA. LIMITES TERRITORIAIS DA COISA JULGADA. MATÉRIA COM REPERCUSSÃO GERAL REJEITADA PELO PLENÁRIO DO SUPREMO TRIBUNAL FEDERAL NO ARE 796.473-RG/RS. ALEGAÇÃO DE OFENSA AO ART. 5º, XXXV, LIV E LV, DA CONSTITUIÇÃO DA REPÚBLICA. CONTRADITÓRIO E AMPLA DEFESA. DEVIDO PROCESSO LEGAL. INAFASTABILIDADE DA JURISDIÇÃO. DEBATE DE ÂMBITO INFRACONSTITUCIONAL. RECURSO EXTRAORDINÁRIO QUE NÃO MERECE TRÂNSITO. ACÓRDÃO RECORRIDO PUBLICADO EM 16.3.2012.
1. O Plenário Virtual desta Suprema Corte já proclamou a inexistência de repercussão geral da questão relativa à limitação territorial da eficácia da decisão proferida em ação coletiva, em face do caráter infraconstitucional do debate (ARE 796.473-RG/RS, Rel. Min. Gilmar Mendes).
2. O exame da alegada ofensa ao art. 5º, XXXV, LIV e LV, da Constituição Federal, observada a estreita moldura com que devolvida a matéria à apreciação deste Supremo Tribunal Federal, dependeria de prévia análise da legislação infraconstitucional aplicada à espécie, o que refoge à competência jurisdicional extraordinária prevista no art. 102 da Magna Carta.
3. As razões do agravo regimental não se mostram aptas a infirmar os fundamentos que lastrearam a decisão agravada, mormente no que se refere à ausência de ofensa direta e literal a preceito da Constituição da República.
4. Agravo regimental conhecido e não provido. **(Inform. STF 809)**

REPERCUSSÃO GERAL EM ARE N. 780.152-DF

RELATOR: MIN. MARCO AURÉLIO
COISA JULGADA – DESAPROPRIAÇÃO – HONORÁRIOS – AÇÃO CIVIL PÚBLICA – OBJETO – QUESTIONAMENTO – DOMÍNIO – DEFESA – PATRIMÔNIO PÚBLICO – ALCANCE DOS ARTIGOS 5º, INCISO XXXVI, E 129, INCISO III, DA CONSTITUIÇÃO FEDERAL – RECURSO EXTRAORDINÁRIO – REPERCUSSÃO GERAL CONFIGURADA. Possui repercussão geral a controvérsia alusiva à possibilidade de ação civil pública ser utilizada como meio hábil a afastar a coisa julgada, em particular quando já transcorrido o biênio para o ajuizamento da rescisória, considerados os preceitos dos artigos 5º, inciso XXXVI, e 129, inciso III, da Constituição Federal. **(Inform. STF 808)**

REPERCUSSÃO GERAL EM ARE N. 738.109-RS

RELATOR: MIN. TEORI ZAVASCKI
Ementa: PROCESSUAL CIVIL E CONSTITUCIONAL. RECURSO EXTRAORDINÁRIO COM AGRAVO. SUSPENSÃO DE AÇÃO INDIVIDUAL EM RAZÃO DE AJUIZAMENTO DE AÇÃO CIVIL PÚBLICA COM A MESMA FINALIDADE. MATÉRIA INFRACONSTITUCIONAL. AUSÊNCIA DE REPERCUSSÃO GERAL (ART. 543-A DO CPC).
1. A controvérsia a respeito da viabilidade da suspensão de ação individual, por força de propositura de ação coletiva é de natureza infraconstitucional não havendo, portanto, matéria constitucional a ser analisada (AI 830.805-AgR/DF, Rel. Min. ROSA WEBER, Primeira Turma, DJe de 23.5.2012; ARE 642.119-AgR/DF, Rel. Min. CÁRMEN LÚCIA, Primeira Turma, DJe de 15.3.2012;

AI 807.715-AgR/SP, Rel. Min. RICARDO LEWANDOWSKI, Primeira Turma, DJe de 25.11.2010; AI 789.312-AgR/MG, Rel. Min. ELLEN GRACIE, Segunda Turma, DJe de 25.10.2010).
2. Não há violação ao art. 5º, inciso XXXV, da Constituição Federal, por suposta omissão não sanada pelo acórdão recorrido ante o entendimento da Corte que exige, tão somente, sua fundamentação, ainda que sucinta (AI 791.292 QO-RG/PE, Rel. Min. GILMAR MENDES, DJe de 13.8.2010), nem ao seus incisos II, XXXVI, LIV e LV, em razão de necessidade de revisão de interpretação de norma infraconstitucional (AI 796.905-AgR/PE, Rel. Min. LUIZ FUX, Primeira Turma, DJe de 21.5.2012; AI 622.814-AgR/PR, Rel. Min. DIAS TOFFOLI, Primeira Turma, DJe de 08.3.2012; ARE 642.062-AgR/RJ, Rel. Min. ELLEN GRACIE, Segunda Turma, DJe de 19.8.2011).
3. A matéria infraconstitucional utilizada como razão de decidir pelo acórdão recorrido tendo sido confirmada, definitivamente, pelo Superior Tribunal de Justiça, torna-se imutável e, sendo suficiente para sua manutenção, faz incidir o óbice da Súmula/STF 283.
4. Norma definidora de princípios fundantes da República, por ser disposição demasiado genérica, é insuficiente para infirmar o juízo formulado pelo acórdão recorrido.
5. É cabível a atribuição dos efeitos da declaração de ausência de repercussão geral quando não há matéria constitucional a ser apreciada ou quando eventual ofensa à Constituição Federal se dê de forma indireta ou reflexa (RE 584.608-RG/SP, Rel. Min. ELLEN GRACIE, Pleno, DJe de 13.3.2009).
6. **Ausência de repercussão geral da questão suscitada, nos termos do art. 543-A do CPC. (Inform. STF 727)**

AG. REG. NO RE N. 468.140-PE

RELATOR: MIN. RICARDO LEWANDOWSKI
Ementa: AGRAVO REGIMENTAL NO RECURSO EXTRAORDINÁRIO. DIREITO COLETIVO. ALCANCE TERRITORIAL DA EFICÁCIA DAS DECISÕES PROFERIDAS EM AÇÕES COLETIVAS. ANÁLISE DE NORMAS INFRACONSTITUCIONAIS. PRECEDENTES. AGRAVO IMPROVIDO.
I - A questão atinente à limitação territorial da eficácia da decisão proferida em ação coletiva proposta por entidade associativa restringe-se ao âmbito infraconstitucional (Leis 7.347/1985, 8.078/1990 e 9.494/1997), não guardando relação com o art. 5º, XXI, da Constituição. Precedentes.
II - Agravo regimental improvido. **(Inform. STF 721)**

AG. REG. NO RE N. 503.630-DF

RELATOR: MIN. MARCO AURÉLIO
AÇÃO CIVIL PÚBLICA – EXCLUSÃO DE CORRÉUS – PERMANÊNCIA DA UNIDADE DA FEDERAÇÃO – INCONSTITUCIONALIDADE DE LEI. Ante o afastamento dos demais corréus, ganha contornos de controle concentrado de constitucionalidade ação civil pública, no que apenas sobeja a inconstitucionalidade de ato normativo. Ausência de enquadramento da espécie em precedente do Tribunal acerca do controle difuso, passível de ocorrer no âmbito da citada ação. **(Inform. STF 720)**

DIREITO PROCESSUAL CIVIL. ALCANCE DA REGRA DE ISENÇÃO DE CUSTAS PROCESSUAIS DA LACP E DO CDC.
Não é possível estender a regra de isenção prevista no art. 18 da Lei 7.347/1985 (LACP) e no art. 87 da Lei 8.078/1990 (CDC) à propositura de ações ou incidentes processuais que não estão previstos nos referidos artigos. Isso porque a regra contida nos referidos dispositivos legais – que isenta o autor de ações civis públicas e de ações coletivas do adiantamento de custas, emolumentos, honorários periciais e quaisquer outras despesas –, por ser regra de isenção tributária, deve ser interpretada restritivamente (art. 111 do CTN). Com efeito, observa-se que as custas judiciais têm, de fato, natureza tributária, sendo consideradas taxas nos termos do art. 145, II, da CF. Essa qualificação jurídica já foi reiteradamente afirmada, tanto pela jurisprudência do STJ (REsp 1.107.543-SP, Primeira Seção, DJe 26/4/2010 e REsp 1.199.760-DF, Primeira Turma, DJe 15/4/2011) quanto do STF (ADI 1.772 MC-MG, Pleno, DJ 8/9/2000). É possível, portanto, o confronto entre as isenções estabelecidas na LACP e no CDC com a regra do art. 111 do CTN. Nesse contexto, diante da necessidade de se conferir às regras de isenção tributária interpretação restritiva, as disposições dos arts. 18 da LACP e 87 do CDC só impedem o adiantamento das custas judiciais em ações civis públicas, em ações coletivas que tenham por objeto relação de consumo e na ação cautelar prevista no art. 4º da LACP, não tendo o condão de impedir a antecipação das custas nos demais tipos de ação, como, por exemplo, em ações rescisórias ou em incidentes processuais. **PET 9.892-SP, Rel. Min. Luis Felipe Salomão, julgado em 11/2/2015, DJe 3/3/2015 (Inform. STJ 556).**

20. DIREITO PROCESSUAL COLETIVO 743

DIREITO PROCESSUAL CIVIL. EFEITO *ERGA OMNES* DA SENTENÇA CIVIL PROFERIDA EM AÇÃO CIVIL PÚBLICA. O art. 16 da LACP (Lei 7.347/1985), que restringe o alcance subjetivo de sentença civil aos limites da competência territorial do órgão prolator, tem aplicabilidade nas ações civis públicas que envolvam direitos individuais homogêneos. De início, cumpre esclarecer que a questão jurídica em análise é distinta daquela fixada como representativa de controvérsia no julgamento do REsp 1.243.887-PR (Corte Especial, DJe 12/12/2011). Naquela oportunidade, definiu-se o "foro competente para a liquidação individual de sentença proferida em ação civil pública". Aqui, por outro lado, debate-se o alcance da eficácia subjetiva da sentença coletiva. Posto isso, nada obstante as críticas doutrinárias a respeito do art. 16 da LACP, estando em vigor o referido dispositivo, que restringe o alcance subjetivo da sentença civil, e atuando o julgador nos limites do direito posto, cabe-lhe, mediante interpretação sistêmica, encontrar uma hipótese para sua incidência. De fato, o caráter indivisível dos direitos difusos e coletivos *stricto sensu* conduz ao impedimento prático, e mesmo lógico, de qualquer interpretação voltada a cindir os efeitos da sentença civil em relação àqueles que estejam ligados por circunstâncias de fato ou que estejam ligados entre si ou com a parte contrária por uma relação jurídica base preexistente à lesão ou à ameaça de lesão. Entretanto, o art. 16 da LACP encontra aplicação naquelas ações civis públicas que envolvam direitos individuais homogêneos, únicos a admitir, pelo seu caráter divisível, a possibilidade de decisões eventualmente distintas, ainda que não desejáveis, para os titulares dos direitos autônomos, embora homogêneos. **REsp 1.114.035-PR**, Rel. originário Min. Sidnei Beneti, Rel. para acórdão Min. João Otávio de Noronha, julgado em 7/10/2014. (Inform. STJ 552)

DIREITO PROCESSUAL CIVIL. EFEITO ERGA OMNES DA SENTENÇA CIVIL PROFERIDA EM AÇÃO CIVIL PÚBLICA. Tem abrangência nacional a eficácia da coisa julgada decorrente de ação civil pública ajuizada pelo Ministério Público, com assistência de entidades de classe de âmbito nacional, perante a Seção Judiciária do Distrito Federal, e sendo o órgão prolator da decisão final de procedência o STJ. É o que se extrai da inteligência dos arts. 16 da LACP, 93, II, e 103, III, do CDC. **REsp 1.319.232-DF**, Rel. Min. Paulo de Tarso Sanseverino, julgado em 4/12/2014. (Inform. STJ 552)

DIREITO CIVIL E PROCESSUAL CIVIL. TERMO INICIAL DOS JUROS MORATÓRIOS EM AÇÃO CIVIL PÚBLICA. RECURSO REPETITIVO (ART. 543-C DO CPC E RES. 8/2008-STJ). Os juros de mora incidem a partir da citação do devedor no processo de conhecimento da ação civil pública quando esta se fundar em responsabilidade contratual, cujo inadimplemento já produza a mora, salvo a configuração da mora em momento anterior. De fato, a tese de que o julgamento de ação civil pública se limita à proclamação anódina de tese – incentivo o condenado a procrastinar a concretude da condenação no aguardo da propositura de execuções individuais, para, só então, iniciar o curso de juros de mora – contém o germe da destruição da efetividade do relevante instrumento processual que é a ação civil pública. Atente-se a duas consequências certas: a) ninguém aguardará o desfecho de ação civil pública para o ajuizamento de ações individuais, visto que o aguardo significará perda de valor de juros moratórios pelo largo tempo em que durar o processamento da ação civil pública; e b) implantar-se-á a necessidade de ajuizamento, em judicialização de massa, de execuções individuais ulteriores ao julgamento da ação civil pública, frustrando-se a possibilidade de execução mandamental da sentença da ação civil pública. A procrastinação do início da contagem dos juros moratórios traria o efeito perverso de estimular a resistência ao cumprimento da condenação transitada em julgado da ação coletiva, visto que seria economicamente mais vantajoso, como acumulação e trato do capital, não cumprir de imediato o julgado e procrastinar a efetivação dos direitos individuais. É preciso atentar, ademais, que, na ação civil pública visando à composição de lide de diretos homogêneos, também ocorre válida citação, como em todo e qualquer processo, da qual resulta, como é da congruência dos institutos jurídicos, a concreta constituição em mora, que só pode ser relativa a todos os interessados consorciados no mesmo interesse homogêneo, não havendo dispositivo legal que excepcione essa constituição em mora, derivada do inequívoco conhecimento da pretensão formulada coletivamente em prol de todos os beneficiários. É incongruente interpretar o instituto da ação civil pública em detrimento dele próprio. Observe-se, ainda, que a sentença condenatória em ação civil pública, embora genérica, continua sendo condenatória, impondo-se o seu cumprimento nos termos de seus componentes jurídicos, inclusive os juros de mora já desencadeados pela citação para a ação coletiva. A natureza condenatória não é desvirtuada pela "liquidação" que se segue. Assim, mesmo no caso de a sentença genérica não

fazer expressa referência à fluência dos juros moratórios a partir da citação para a ação civil pública, incidem esses juros desde a data da citação na fase de conhecimento da ação civil pública, como, aliás, decorre da previsão legal dos arts. 219 do CPC e 405 do CC. Ressalte-se que a orientação ora adotada, de que os juros de mora devem incidir a partir da citação na ação civil pública, não se aplica a casos em que o devedor tenha sido anteriormente a ela constituído em mora, dados os termos eventualmente constantes do negócio jurídico ou outra forma de constituição anterior em mora, inclusive no caso de contratualmente estabelecida para momento anterior. Nesses termos, fica ressalvada a possibilidade de os juros de mora serem fixados a partir do evento danoso na eventual hipótese de ação civil pública fundar-se em responsabilidade extracontratual, nos termos da Súmula 54 do STJ. Da mesma forma fica ressalvada a hipótese de os juros incidirem a partir de outro momento anterior em que efetivamente configurada a mora. Precedente citado: REsp 1.209.595-ES, Segunda Turma, DJe 3/2/2011. **REsp 1.370.899-SP**, Rel. Min. Sidnei Beneti, julgado em 21/5/2014. (Inform. STJ 549)

DIREITO PROCESSUAL CIVIL. TUTELA ESPECÍFICA EM SENTENÇA PROFERIDA EM AÇÃO CIVIL PÚBLICA NA QUAL SE DISCUTA DIREITO INDIVIDUAL HOMOGÊNEO. É possível que sentença condenatória proferida em ação civil pública em que se discuta direito individual homogêneo contenha determinações explícitas da forma de liquidação e/ou estabeleça meios tendentes a lhe conferir maior efetividade, desde que essas medidas se voltem uniformemente para todos os interessados. Com efeito, o legislador, ao estabelecer que "a condenação será genérica" no art. 95 do CDC, procurou apenas enfatizar que, no ato de prolação da sentença, o bem jurídico objeto da tutela coletiva (mesmo que se trate de direitos individuais homogêneos) ainda deve ser tratado de forma indivisível, alcançando todos os interessados de maneira uniforme. Ademais, as medidas em questão encontram amparo nos arts. 84, §§ 4º e 5º, e 100 do CDC, que praticamente repetem os termos do art. 461, § 5º, do CPC. **REsp 1.304.953-RS**, Rel. Min. Nancy Andrighi, julgado em 26/8/2014. (Inform. STJ 546)

DIREITO PROCESSUAL CIVIL. EFICÁCIA DA SENTENÇA EM AÇÃO CIVIL PÚBLICA. Em ação civil pública, a falta de publicação do edital destinado a possibilitar a intervenção de interessados como litisconsortes (art. 94 do CDC) não impede, por si só, a produção de efeitos *erga omnes* de sentença de procedência relativa a direitos individuais homogêneos. A Corte Especial do STJ decidiu que "os efeitos e a eficácia da sentença não estão circunscritos a lindes geográficos, mas aos limites objetivos e subjetivos do que foi decidido, levando-se em conta, para tanto, sempre a extensão do dano e a qualidade dos interesses metaindividuais postos em juízo" (REsp 1.243.887-PR, submetido ao rito do art. 543-C do CPC, DJ 12/12/2011). Não fosse assim, haveria graves limitações à extensão e às potencialidades da ação civil pública. Com efeito, quanto à eficácia subjetiva da coisa julgada na ação civil pública, incide o CDC por previsão expressa do art. 21 da própria Lei 7.347/1985. De outra parte, a ausência de publicação do edital previsto no art. 94 do CDC constitui vício sanável, que não gera nulidade apta a induzir a extinção da ação civil pública, porquanto, sendo regra favorável ao consumidor, como tal deve ser interpretada. **REsp 1.377.400-SC**, Rel. Min. Og Fernandes, julgado em 18/2/2014. (Inform. STJ 536)

DIREITO PROCESSUAL CIVIL. SUSPENSÃO DE PROCESSOS INDIVIDUAIS EM FACE DO AJUIZAMENTO DE AÇÃO COLETIVA. RECURSO REPETITIVO (ART. 543-C DO CPC E RES. 8/2008-STJ). É possível determinar a suspensão do andamento de processos individuais até o julgamento, no âmbito de ação coletiva, da questão jurídica de fundo neles discutida relativa à obrigação de estado federado de implementar, nos termos da Lei 11.738/2008, piso salarial nacional para os profissionais do magistério público da educação básica do respectivo ente. Deve ser aplicado, nessa situação, o mesmo entendimento adotado pela Segunda Seção do STJ no julgamento do REsp 1.110.549-RS, de acordo com o qual, "ajuizada ação coletiva atinente a macro lide geradora de processos multitudinários, suspendem-se as ações individuais, no aguardo do julgamento da ação coletiva" (DJe de 14/12/2009). Cabe ressaltar, a propósito, que esse entendimento não nega vigência aos arts. 103 e 104 do CDC – com os quais se harmoniza –, mas apenas atualiza a interpretação dos mencionados artigos ante a diretriz legal resultante do disposto no art. 543-C do CPC. Deve-se considerar, ademais, que as ações coletivas implicam redução de atos processuais, configurando-se, assim, um meio de concretização dos princípios da celeridade e economia processual. Reafirma-se, portanto, que a coletivização da demanda, seja no polo ativo seja no polo passivo, é um dos

744 VADE MECUM DE JURISPRUDÊNCIA – STF/STJ

meios mais eficazes para o acesso à justiça, porquanto, além de reduzir os custos, consubstancia-se em instrumento para a concentração de litigantes em um polo, evitando-se, assim, os problemas decorrentes de inúmeras causas semelhantes. **REsp 1.353.801-RS, Rel. Min. Mauro Campbell Marques, julgado em 14/8/2013. (Inform. STJ 527)**

Súmula STJ nº 345

São devidos honorários advocatícios pela Fazenda Pública nas execuções individuais de sentença proferida em ações coletivas, ainda que não embargadas.

4. EXECUÇÃO

REPERCUSSÃO GERAL EM ARE N. 901.963-SC

RELATOR: MIN. TEORI ZAVASCKI
Ementa: PROCESSUAL CIVIL. RECURSO EXTRAORDINÁRIO COM AGRAVO. EXECUÇÃO DE SENTENÇA CONDENATÓRIA GENÉRICA PROFERIDA EM AÇÃO CIVIL PÚBLICA AJUIZADA POR ASSOCIAÇÃO. LEGITIMIDADE ATIVA. LIMITES DA COISA JULGADA. MATÉRIA INFRACONSTITUCIONAL. AUSÊNCIA DE REPERCUSSÃO GERAL.
1. A presente demanda consiste em execução individual de sentença proferida em ação civil pública. O recurso extraordinário suscita a ilegitimidade ativa dos exequentes, ao argumento de que não deram autorização individual e específica à associação autora da demanda coletiva para os representarem no processo de conhecimento, tampouco demonstraram sua condição de associados. Alega-se ofensa ao art. 5º, XXI e XXXVI, da Constituição, bem como ao precedente do Plenário do Supremo Tribunal Federal formado no julgamento do RE 573.232/SC.
2. Ocorre que, conforme atestaram as instâncias ordinárias, no dispositivo da sentença condenatória genérica proferida no processo de conhecimento desta ação civil pública, constou expressamente sua aplicabilidade a todos os poupadores do Estado de Santa Catarina. Assim, o fundamento da legitimidade ativa para a execução, no caso, dispensa exame sobre a necessidade de autorização das associações para a representação de seus associados. Em verdade, o que está em jogo é questão sobre limites da coisa julgada, matéria de natureza infraconstitucional cuja repercussão geral, inclusive, já foi rejeitada por esta Corte em outra oportunidade (ARE 748.371-RG, Rel. Min. GILMAR MENDES, DJe de 1º/8/2013).
3. Outrossim, ao tratar dos limites subjetivos de sentença condenatória genérica proferida nos autos de ação civil pública ajuizada por associação, o Tribunal de origem valeu-se de disposições da Lei 7.347/85 e do Código de Defesa do Consumidor, cujo exame é inviável em recurso extraordinário.
4. É cabível a atribuição dos efeitos da declaração de ausência de repercussão geral quando não há matéria constitucional a ser apreciada ou quando eventual ofensa à Carta Magna ocorra de forma indireta ou reflexa (RE 584.608-RG, Rel. Min. ELLEN GRACIE, DJe de 13/3/2009).
5. Ausência de repercussão geral da questão suscitada, nos termos do art. 543-A do CPC. **(Inform. STF 799)**

DIREITO PROCESSUAL CIVIL. **IMPOSSIBILIDADE DE EXECUÇÃO INDIVIDUAL DE SENTENÇA COLETIVA POR PESSOA NÃO FILIADA À ASSOCIAÇÃO AUTORA DA AÇÃO COLETIVA.**
O servidor não filiado não detém legitimidade para executar individualmente a sentença de procedência oriunda de ação coletiva – diversa de mandado de segurança coletivo – proposta por associação de servidores. De fato, não se desconhece que prevalece na jurisprudência do STJ o entendimento de que, indistintamente, os sindicatos e associações, na qualidade de substitutos processuais, detêm legitimidade para atuar judicialmente na defesa dos interesses coletivos de toda a categoria que representam; por isso, caso a sentença coletiva não tenha uma delimitação expressa dos seus limites subjetivos, a coisa julgada advinda da ação coletiva deve alcançar todas as pessoas da categoria, legitimando-as para a propositura individual da execução de sentença. Contudo, não pode ser ignorado que, por ocasião do julgamento do RE 573.232-SC, sob o regime do artigo 543-B do CPC, o STF proferiu decisão, com repercussão geral, vinculando horizontalmente seus magistrados e verticalmente todos os demais, reiterando sua jurisprudência, firmada no sentido de que "as balizas subjetivas do título judicial, formalizado em ação proposta por associação, é definida pela representação no processo de conhecimento, presente a autorização expressa dos associados e a lista destes juntada à inicial". À luz da interpretação do art. 5º, XXI, da CF, conferida por seu intérprete maior, não caracterizando a atuação de associação como substituição processual – à exceção do mandado de segurança coletivo –,

mas como representação, em que é defendido o direito de outrem (dos associados), não em nome próprio da entidade, não há como reconhecer a possibilidade de execução da sentença coletiva por membro da coletividade que nem sequer foi filiado à associação autora da ação coletiva. Assim, na linha do decidido pelo STF, à exceção do mandado de segurança coletivo, em se tratando de sentença de ação coletiva ajuizada por associação em defesa de direitos individuais homogêneos, para se beneficiar do título, ou o interessado integra essa coletividade de filiados (e nesse caso, na condição de juridicamente interessado, é-lhe facultado tanto dar curso à eventual demanda individual, para ao final ganhá-la ou perdê-la, ou então sobrestá-la, e, depois, beneficiar-se da eventual coisa julgada coletiva); ou, não sendo associado, pode, oportunamente, litisconsorciar-se ao pleito coletivo, caso em que será recepcionado como parte superveniente (arts. 103 e 104 do CDC). É oportuno frisar que, embora o mencionado leading case do STF não tenha deixado claro se a sentença coletiva pode vir a beneficiar aqueles que se filiam à associação posteriormente – tema de repercussão geral número 499, que será dirimido por ocasião do julgamento do RE 612.043-PR –, não há dúvidas de que a sentença coletiva, prolatada em ação de rito ordinário, só pode beneficiar os associados. Por último, a título de oportuno registro, cabe ressaltar que a legitimação concorrente, prevista no art. 82, IV, do CDC para defesa coletiva de interesses difusos, coletivos e individuais homogêneos de consumidores e das vítimas, é manifestamente impertinente ao caso em exame, pois o dispositivo restringe essa hipótese de atuação às associações legalmente constituídas há pelo menos um ano e "que incluam entre seus fins institucionais a defesa dos direitos protegidos pelo Código consumerista". **REsp 1.374.678-RJ, Rel. Min. Luis Felipe Salomão, julgado em 23/6/2015, DJe 4/8/2015 (Inform. STJ 565).**

DIREITO PROCESSUAL CIVIL. RETENÇÃO DE HONORÁRIOS CONTRATUAIS EM EXECUÇÃO DE DEMANDA COLETIVA.
Na execução de título judicial oriundo de ação coletiva promovida por sindicato na condição de substituto processual, não é possível destacar os honorários contratuais do montante da condenação sem que haja autorização expressa dos substituídos ou procuração outorgada por eles aos advogados. De acordo com o § 4º do art. 22 da Lei 8.906/1994, "Se o advogado fizer juntar aos autos o seu contrato de honorários antes de expedir-se o mandado de levantamento ou precatório, o juiz deve determinar que lhe sejam pagos diretamente, por dedução da quantia a ser recebida pelo constituinte, salvo se este provar que já os pagou". Assim, nos termos do citado artigo, para que haja a retenção, é imprescindível previsão contratual. No caso dos sindicatos, ainda que seja ampla sua legitimação extraordinária para defesa de direitos e interesses individuais e/ou coletivos dos integrantes da categoria que representa, inclusive para liquidação e execução de créditos – nos termos do art. 8º da CF –, a retenção sobre o montante da condenação do que lhe cabe por força de honorários contratuais só é permitida quando o sindicato juntar aos autos, no momento oportuno, o contrato respectivo, que deve ter sido celebrado com cada um dos filiados, ou, ainda, a autorização destes para que haja a retenção. Isso porque o contrato pactuado exclusivamente entre o sindicato e o advogado não vincula os filiados substituídos, em face da ausência de relação jurídica contratual entre estes e o advogado. Precedente citado: REsp 931.036-RS, Terceira Turma, DJe 2/12/2009. **REsp 1.464.567-PB, Rel. Min. Herman Benjamin, julgado em 3/2/2015, DJe 11/2/2015 (Inform. STJ 555).**

DIREITO PROCESSUAL CIVIL. NECESSIDADE DE CONSIDERAÇÃO DA SITUAÇÃO INDIVIDUAL DE CADA EXEQUENTE PARA A APLICAÇÃO, EM PROCESSO COLETIVO, DA DISPENSA DE CAUÇÃO PREVISTA NO ART. 475-O, § 2º, I, DO CPC.
No âmbito de execução provisória em processo coletivo, para a aplicação da regra constante do art. 475-O, § 2º, I, do CPC – que admite a dispensa de caução para o levantamento de depósito em dinheiro e a prática de atos que importem alienação de propriedade ou dos quais possa resultar grave dano ao executado –, deve o magistrado considerar a situação individual de cada um dos beneficiários. Primeiramente, além de o STJ já ter admitido o cabimento de execução provisória no âmbito de processo coletivo, essa espécie de execução deve ocorrer nos termos da lei processual geral (CPC), diante da lacuna da legislação específica, o que implica possibilidade de aplicação das regras constantes do art. 475-O do CPC em processos coletivos. Nesse contexto, cabe mencionar que, nos termos da lei processual geral, a execução provisória depende, em regra, de caução prestada pelos exequentes (art. 475-O, III). Contudo, se atendidos os requisitos estabelecidos pelo § 2º, I, do art. 475-O – crédito de natureza alimentar ou decorrente de ato ilícito, crédito de

20. DIREITO PROCESSUAL COLETIVO

até sessenta salários mínimos e exequentes em estado de necessidade –, a caução poderá ser dispensada. Desse modo, admitida a aplicabilidade do art. 475-O aos processos coletivos, pode-se aferir o modo de aplicação dessas referidas regras processuais – em especial, da regra do art. 475-O, § 2º, I, do CPC – a esse tipo de processo. Nessa conjuntura, à luz da interpretação sistemático-teleológica, a aplicação da regra constante do referido § 2º, I, do art. 475-O do CPC deve considerar a situação individual de cada um dos beneficiários do processo coletivo, e não apenas de um autor coletivo. Isso porque, se, em vez de uma execução provisória coletiva, fossem promovidas diversas demandas individuais, seria possível a cada um dos substituídos o cogitado levantamento de valores sem o oferecimento de caução, desde que atendidos os requisitos do referido artigo. Ora, se a aplicação do art. 475-O, § 2º, I, do CPC não considerar a situação individual de cada exequente, será mais conveniente, nesses casos, o ajuizamento de diversos processos individuais, e não de um único processo coletivo. Pelo contrário, a tutela coletiva deve ser prestigiada como forma de garantir a efetividade do acesso à justiça. Em situações como esta, não permitir o levantamento de valores em dinheiro sem contracautela, levando-se em conta a situação individual de cada beneficiário, implica conferir menor efetividade ao processo coletivo em relação ao individual, o que contraria os propósitos da tutela coletiva. De mais a mais, na ponderação entre o risco de irreversibilidade da medida de levantamento de quantias em dinheiro sem caução e o risco decorrente do não atendimento da necessidade alimentar dos destinatários da ação coletiva, deve prevalecer o interesse dos hipossuficientes. **REsp 1.318.917-BA, Rel. Min. Antonio Carlos Ferreira, julgado em 12/3/2013. (Inform. STJ 520)**

5. AÇÃO POPULAR

EMENTA: <u>Ação</u> <u>popular</u>. <u>Ajuizamento</u> <u>contra</u> <u>a</u> <u>Presidente</u> <u>da</u> <u>República</u>. <u>Falta</u> <u>de</u> <u>competência</u> <u>originária</u> do Supremo Tribunal Federal. <u>Doutrina</u>. <u>Precedentes</u>. <u>Regime</u> <u>de</u> <u>direito</u> <u>estrito</u> a que se submete <u>*a definição cons-*</u> <u>*titucional*</u> da competência da Corte Suprema. **Ação popular** *de que não se conhece*. Pet 5.856/DF. RELATOR: Ministro Celso de Mello **(Inform. STF 811)**

REPERCUSSÃO GERAL EM ARE N. 824.781-MT

RELATOR: MIN. DIAS TOFFOLI

EMENTA: Direito Constitucional e Processual Civil. Ação popular. Condições da ação. Ajuizamento para combater ato lesivo à moralidade administrativa. Possibilidade. Acórdão que manteve sentença que julgou extinto o processo, sem resolução do mérito, por entender que é condição da ação popular a demonstração de concomitante lesão ao patrimônio público material. Desnecessidade. Conteúdo do art. 5º, inciso LXXIII, da Constituição Federal. Reafirmação de jurisprudência. Repercussão geral reconhecida.

1. O entendimento sufragado no acórdão recorrido de que, para o cabimento de ação popular, é exigível a menção na exordial e a prova de prejuízo material aos cofres públicos, diverge do entendimento sufragado pelo Supremo Tribunal Federal.

2. A decisão objurgada ofende o art. 5º, inciso LXXIII, da Constituição Federal, que tem como objetos a serem defendidos pelo cidadão, separadamente, qualquer ato lesivo ao patrimônio material público ou de entidade de que o Estado participe, ao patrimônio moral, ao cultural e ao histórico.

3. Agravo e recurso extraordinário providos.

4. Repercussão geral reconhecida com reafirmação da jurisprudência. **(Inform. STF 802)**

Súmula STF nº 365

Pessoa jurídica não tem legitimidade para propor ação popular.

Súmula STF nº 101

O mandado de segurança não substitui a ação popular.

Súmula STF nº 629

A impetração de mandado de segurança coletivo por entidade de classe em favor dos associados independe da autorização destes.

21. DIREITO INTERNACIONAL

1. IMUNIDADES DIPLOMÁTICAS, CONSULARES, DE ESTADO E DE ORGANIZAÇÃO INTERNACIONAL

AP 570/ES
RELATOR: Ministro Celso de Mello
DIPLOMATA. PRERROGATIVA DE FORO. INFRAÇÕES PENAIS COMUNS. TRATAMENTO NORMATIVO DO TEMA NO CONSTITUCIONALISMO BRASILEIRO. **PERDA** DA CONDIÇÃO **DE CHEFE** DE MISSÃO DIPLOMÁTICA *DE CARÁTER PERMANENTE*. **REMOÇÃO** *"EX OFFICIO"* PARA A SECRETARIA DE ESTADO EM BRASÍLIA. **CESSAÇÃO IMEDIATA** DA PRERROGATIVA *"RATIONE MUNERIS"*. **INSUBSISTÊNCIA** *DA COMPETÊNCIA PENAL ORIGINÁRIA* DO SUPREMO TRIBUNAL FEDERAL. **REMESSA** DOS AUTOS AO MAGISTRADO **DE PRIMEIRO** GRAU. DJe de 29.10.2013 **(Inform. STF 739)**

EMENTA: EXECUÇÃO JUDICIAL CONTRA ESTADO ESTRANGEIRO. COMPETÊNCIA ORIGINÁRIA DO SUPREMO TRIBUNAL FEDERAL (**CF**, art. 102, I, "e"). **IMUNIDADE DE JURISDIÇÃO** *(imunidade à jurisdição cognitiva)* **E IMUNIDADE DE EXECUÇÃO** *(imunidade à jurisdição executiva)*. *O "STATUS QUAESTIONIS"* **NA JURISPRUDÊNCIA** DO SUPREMO TRIBUNAL FEDERAL. **PRECEDENTES. DOUTRINA. PREVALÊNCIA** DO ENTENDIMENTO **NO SENTIDO** *DA IMPOSSIBILIDADE JURÍDICA* DE EXECUÇÃO JUDICIAL **CONTRA** ESTADOS ESTRANGEIROS, **EXCETO** *NA HIPÓTESE DE EXPRESSA RENÚNCIA*, **POR ELES**, A ESSA PRERROGATIVA DE ORDEM JURÍDICA. **POSIÇÃO PESSOAL DO RELATOR** (MINISTRO CELSO DE MELLO), **QUE ENTENDE VIÁVEL** A EXECUÇÃO **CONTRA** ESTADOS ESTRANGEIROS, **DESDE** QUE OS ATOS DE CONSTRIÇÃO JUDICIAL **RECAIAM** SOBRE BENS **QUE NÃO GUARDEM VINCULAÇÃO ESPECÍFICA** COM A ATIVIDADE DIPLOMÁTICA **E/OU** CONSULAR. **OBSERVÂNCIA**, *NO CASO*, **PELO RELATOR**, *DO PRINCÍPIO DA COLEGIALIDADE*. JULGAMENTO DA CAUSA **NOS TERMOS** *DA JURISPRUDÊNCIA PREDOMINANTE* **NO SUPREMO TRIBUNAL FEDERAL.** **PROCESSO DE EXECUÇÃO** *DECLARADO EXTINTO*, **SEM** RESOLUÇÃO DE MÉRITO. ACO 709/SP, J. em 26.08.13. **(Inform. STF 722)**

Reclamação trabalhista contra a ONU/PNUD: imunidade de jurisdição e execução - 3
A Organização das Nações Unidas - ONU e sua agência Programa das Nações Unidas para o Desenvolvimento - PNUD possuem imunidade de jurisdição e de execução relativamente a causas trabalhistas. Essa a conclusão do Plenário que, por votação majoritária, conheceu em parte de recursos extraordinários interpostos pela ONU e pela União, e, na parte conhecida, a eles deu provimento para reconhecer afronta à literal disposição contida na Seção 2 da Convenção sobre Privilégios e Imunidades das Nações Unidas, promulgada pelo Decreto 27.784/50 ("Seção 2 - A Organização das Nações Unidas, seus bens e haveres, qualquer que seja sua sede ou o seu detentor, gozarão da imunidade de jurisdição, salvo na medida em que a Organização a ela tiver renunciado em determinado caso. Fica, todavia, entendido que a renúncia não pode compreender medidas executivas"). Na espécie, a ONU/PNUD questionava julgado da justiça do trabalho que afastara a imunidade de jurisdição daquele organismo internacional, para fins de execução de sentença concessiva de direitos trabalhistas previstos na legislação pátria a brasileiro contratado pelo PNUD. A União ingressara no feito, na condição de assistente simples da ONU/PNUD, apenas na fase executiva – v. Informativo 545.
RE 597368/MT, rel. orig. Min. Ellen Gracie, red. p/ o acórdão Min. Teori Zavascki, 15.5.2013. (RE-597368)
RE 578543/MT, rel. orig. Min. Ellen Gracie, red. p/ o acórdão Min. Teori Zavascki, 15.5.2013. (RE-578543)

Reclamação trabalhista contra a ONU/PNUD: imunidade de jurisdição e execução - 4
Prevaleceu o voto da Min. Ellen Gracie, relatora. Considerou, em síntese, que o acórdão recorrido ofenderia tanto o art. 114 quanto o art. 5°, § 2°, ambos da CF, já que conferiria interpretação extravagante ao primeiro preceito, no sentido de que ele teria o condão de afastar toda e qualquer norma de imunidade de jurisdição acaso existente em matéria trabalhista. De igual forma, asseverou que esse entendimento desprezaria o teor de tratados internacionais celebrados pelo Brasil que assegurariam a imunidade de jurisdição e de execução da recorrente. Os Ministros Ricardo Lewandowski e Luiz Fux destacaram que eventuais conflitos de interesses seriam resolvidos mediante conciliação e arbitragem, nos termos do art. 29 da aludida convenção e do art. 8° do decreto que a internalizou. O Min. Teori Zavascki acrescentou que a não observância de tratados internacionais, já incorporados ao ordenamento pátrio, ofenderia a Súmula Vinculante 10 ["Viola a cláusula de reserva de plenário (CF, artigo 97) a decisão de órgão fracionário de tribunal que, embora não declare expressamente a inconstitucionalidade de lei ou ato normativo do poder público, afasta sua incidência, no todo ou em parte"]. Ademais, realçou que, se cláusula pertencente a sistema estabelecido em compromissos internacionais fosse reputada inconstitucional, seria indispensável, além de sua formal declaração interna de revogação ou de inconstitucionalidade, também a denúncia em foro internacional próprio. O Min. Gilmar Mendes salientou que não se trataria de concessão de bill de indenidade a esse ente e que a responsabilidade do governo brasileiro, no caso da União, seria de índole política. O Min. Dias Toffoli sublinhou que a relação firmada com o PNUD, entidade sem autonomia, não teria viés empregatício, mas configuraria convênio.
RE 597368/MT, rel. orig. Min. Ellen Gracie, red. p/ o acórdão Min. Teori Zavascki, 15.5.2013. (RE-597368)
RE 578543/MT, rel. orig. Min. Ellen Gracie, red. p/ o acórdão Min. Teori Zavascki, 15.5.2013. (RE-578543)

Reclamação trabalhista contra a ONU/PNUD: imunidade de jurisdição e execução - 5
Vencidos, em parte, os Ministros Cármen Lúcia e Marco Aurélio, que negavam provimento ao recurso da União (RE 578543/MT). A Min. Cármen Lúcia aduzia que, embora a imunidade de jurisdição da ONU pudesse ser aferida por critério objetivo concernente a existência de instrumento normativo internacional ratificado pelo Brasil, a União possuiria responsabilidade subsidiária relativamente aos direitos trabalhistas do recorrido. Enfatizava que essa obrigação decorreria de disposições firmadas no Acordo Básico de Assistência Técnica com a Organização das Nações Unidas, promulgado pelo Decreto 59.308/96. O Min. Marco Aurélio acrescia que o pano de fundo não revelaria litígio entre a União e o PNUD, porém envolveria trabalhador. A controvérsia diria respeito a questão que teria ficado estampada em acordo formalizado e introduzido no Brasil mediante o decreto, qual seja, a assunção, pela União, da responsabilidade quanto aos ônus trabalhistas.
RE 597368/MT, rel. orig. Min. Ellen Gracie, red. p/ o acórdão Min. Teori Zavascki, 15.5.2013. (RE-597368)
RE 578543/MT, rel. orig. Min. Ellen Gracie, red. p/ o acórdão Min. Teori Zavascki, 15.5.2013. (RE-578543) (Inform. STF 706)

DIREITO PROCESSUAL CIVIL E INTERNACIONAL PÚBLICO. IMUNIDADE DE JURISDIÇÃO DE ESTADO ESTRANGEIRO. Antes de se extinguir a execução fiscal para a cobrança de taxa decorrente de prestação de serviço individualizado e específico, deve-se cientificar o Estado estrangeiro executado, para lhe oportunizar eventual renúncia à imunidade de jurisdição. Encontra-se pacificado na jurisprudência do STJ o entendimento de que os Estados estrangeiros possuem imunidade tributária e de jurisdição, segundo os preceitos das Convenções de Viena de 1961 (art. 23) e de 1963 (art. 32), que concedem isenção sobre impostos e taxas, ressalvadas aquelas decorrentes da prestação de serviços individualizados e específicos que lhes sejam prestados. Prevalece no STF a orientação de que, "salvo renúncia, é absoluta a imunidade do Estado estrangeiro à jurisdição executória" (ACO 543 AgR, Tribunal Pleno, DJ 24/11/2006). Por essa razão, se a existência da demanda for comunicada ao Estado estrangeiro, e este não renunciar expressamente à imunidade de jurisdição, o processo deve ser extinto sem resolução de mérito (STF, ACO 645 AgR, Tribunal Pleno, DJ 17/8/2007). **RO 138-RJ, Rel. Min. Herman Benjamin, julgado em 25/2/2014. (Inform. STJ 538)**

748 VADE MECUM DE JURISPRUDÊNCIA – STF/STJ

2. EXTRADIÇÃO

Extradição e cumprimento de pena

Os requisitos do pedido de extradição devem ser verificados na data do julgamento, sendo impossível a análise de fatos supervenientes. Com base nesse entendimento, a Primeira Turma, por maioria, acolheu embargos de declaração, sem efeitos infringentes, para esclarecer que a entrega do extraditando somente poderá ocorrer até 6.12.2015. No caso, o extraditando alegava omissão superveniente ao julgamento da extradição pela Turma. Aduzia que o somatório do cumprimento de parte da pena no seu país de origem com o tempo de prisão preventiva para fins de extradição resultaria em saldo remanescente de 1 ano e 1 mês de pena. Assim, considerado o prazo para a sua retirada do Brasil, a extradição estaria vedada, porquanto a pena a cumprir seria inferior a 1 ano. Pleiteava, em consequência, a denegação do pedido de extradição ou, subsidiariamente, o reconhecimento da possibilidade de extradição até 6.12.2015. A Turma consignou que as razões recursais admitiriam a inexistência de omissão no julgado. No entanto, por uma questão de justiça, dever-se-ia acolher o pleito subsidiário. A extradição somente seria legítima se realizada até 6.12.2015, momento em que o saldo da pena atingirá exatamente um ano. Isso porque o tratado de extradição admitiria a extradição, apenas, quando a pena fosse igual ou inferior a um ano. Vencidos os Ministros Edson Fachin e Rosa Weber, que não acolhiam os embargos. Pontuavam que, quando a Turma deferira a extradição, ainda restaria um ano e nove meses de pena a ser cumprida.
Ext 1375 ED/DF, rel. Min. Luiz Fux, 24.11.2015. (EXT-1375) (Inform. STF 809)

Ext N. 1.339-DF
RELATOR: MIN. MARCO AURÉLIO
EXTRADIÇÃO – REQUISITOS. Uma vez atendidos os requisitos legais – ordem de prisão ou de título condenatório criminal, da promessa de reciprocidade do Estado requerente, da dupla tipologia e da ausência de prescrição –, mostrando-se os documentos anexados ao processo em harmonia com a forma prevista em lei, há de ser reconhecida a possibilidade de entrega do extraditando, cabendo o ato ao Chefe do Poder Executivo Nacional. **(Inform. STF 809)**

Ext N. 1.394-DF
RELATOR: MIN. TEORI ZAVASCKI
Ementa: EXTRADIÇÃO. CLÁUSULA DO ACORDO EXTRADICIONAL FIRMADO ENTRE OS ESTADOS PARTES DO MERCOSUL, A REPÚBLICA DA BOLÍVIA E A REPÚBLICA DO CHILE QUE IMPEDE A ENTREGA DO SÚDITO ESTRANGEIRO PARA EXECUÇÃO DE SENTENÇA QUANDO A PENA AINDA POR CUMPRIR FOR INFERIOR A SEIS MESES. INDEFERIMENTO.
1. O acordo de extradição firmado entre os Estados Partes do Mercosul (República Argentina, República Federativa do Brasil, República do Paraguai e República do Uruguai), a República da Bolívia e a República do Chile promulgado pelo Decreto 5.867/2006, contempla cláusula (artigo 2, item 2) que impede a entrega do súdito estrangeiro para execução de sentença quando a pena ainda por cumprir no Estado requerente seja inferior a seis meses.
2. Na verificação de pena remanescente a ser executada pelo Estado requerente é imprescindível que seja computado o lapso temporal em que o estrangeiro permaneceu preso no aguardo do julgamento do pedido extradicional (art. 91, II, Lei 6.815/1990). Precedentes.
3. A hipótese dos autos revela que a pena remanescente resulta inferior a seis meses.
4. Extradição indeferida. **(Inform. STF 806)**

Acordo de Extradição entre os Estados Partes do Mercosul e pena remanescente
A Segunda Turma indeferiu pedido de extradição formulado em desfavor de nacional argentino, condenado em seu país à pena de seis anos de reclusão pela prática do crime de abuso sexual agravado pela conjunção carnal, nos termos dos artigos 45 e 119, § 3º, do Código Penal Argentino. O Colegiado afirmou que o Acordo de Extradição entre os Estados Partes do Mercosul e as Repúblicas da Bolívia e do Chile, promulgado pelo Decreto 5.867/2006, contemplaria cláusula a impedir a entrega do súdito estrangeiro para execução de sentença quando a pena ainda por cumprir no Estado requerente fosse inferior a seis meses (Artigo 2, item 2: "Se a extradição for requerida para a execução de uma sentença exige-se, ademais, que a parte da pena ainda por

cumprir não seja inferior a seis meses"). No caso, seria possível constatar que o extraditando efetivamente permanecera preso, de 16.8.2006 até 30.5.2011, tendo cumprido quatro anos, nove meses e 14 dias da pena imposta. Já no Brasil, fora preso em 23.1.2015, por força de decreto de prisão preventiva para fins de extradição, permanecendo preso desde então. Considerando que o período em que o extraditando ficara detido no território brasileiro deveria ser detraído da pena a ser cumprida (Lei 6.815/1980, artigos 91, II, e Acordo firmado entre os Estados Partes do Mercosul, art. 17), ter-se--ia que a pena remanescente — considerado o trânsito em julgado para a acusação — resultaria, a partir de 9.10.2015, inferior a seis meses, pelo que incidiria a cláusula restritiva disposta no artigo 2, item 2, do já aludido acordo de extradição.
Ext 1394/DF, rel. Min. Teori Zavascki, 20.10.2015. (Ext-1394) (Inform. STF 804)

Ext. N. 1.367-DF
RELATOR: MIN. MARCO AURÉLIO
COMPETÊNCIA – EXTRADIÇÃO – ESTADO REQUERENTE. Havendo notícia de prática delituosa voltada a introduzir substância entorpecente no território do Governo requerente, incumbe ter como de boa origem o pedido de extradição.
DUPLA TIPICIDADE – EXTRADIÇÃO – CONSPIRAÇÃO – ASSOCIAÇÃO PARA LAVAGEM DE RECURSOS. A Convenção das Nações Unidas contra o Crime Organizado Internacional, por ter sido assinada por Brasil e Estados Unidos, inseriu, no Tratado de Extradição firmado pelos dois países, o crime de lavagem de capitais, se presente a transnacionalidade.
EXTRADIÇÃO – REQUISITOS. Uma vez atendidos os requisitos legais sob o ângulo da existência de ordem de prisão ou de título condenatório criminal, da dupla tipologia e da ausência de prescrição, estando os documentos anexados ao processo em harmonia com a forma prevista em lei, há de ser reconhecida a possibilidade de entrega do extraditando, cabendo o ato definidor ao Chefe do Poder Executivo Nacional.
PRISÃO PERPÉTUA – EXCLUSÃO – EXTRADIÇÃO. No deferimento da extradição, deve-se impor cláusula, considerada a norma do artigo 75 do Código Penal e, portanto, a impossibilidade de o extraditando cumprir pena perpétua cerceadora da liberdade de ir e vir, observando-se a detração.
DETRAÇÃO – CUSTÓDIA NO BRASIL – PRISÃO – DURAÇÃO. Impõe-se, na entrega do extraditando, a formalização de compromisso, visando subtrair de possível pena aplicada ao extraditando o período em que esteve preso no Brasil, procedendo-se, de igual forma, quanto ao prazo máximo de prisão – 30 anos. **(Inform. STF 799)**

Extradição executória e soberania estatal
A omissão de declarações ao fisco espanhol, objetivando a supressão de tributos, corresponde ao crime de sonegação fiscal tipificado no art. 1º, I, da Lei 8.137/1990, a satisfazer a exigência da dupla incriminação, que prescinde da absoluta identidade entre os tipos penais. A impossibilidade da conversão da pena de multa em prisão em decorrência de seu descumprimento é questão não afeta à jurisdição brasileira, sob pena de afronta à soberania do Estado na regulação de seus institutos penais. Com base nessa orientação, a Primeira Turma, por maioria, deferiu pedido de extradição formulado pelo Governo da Espanha. Na espécie, tratava-se de pleito de extradição executória para que o extraditando cumprisse o restante da pena, que fora acrescida de cinco meses em razão do inadimplemento da pena de multa. A Turma esclareceu não se tratar de dívida, porém, de pena acessória a uma pena criminal, com característica de sanção penal. Destacou que o Estado requerente deverá firmar o compromisso de descontar da pena o tempo de prisão do extraditando no território brasileiro para fins de extradição. Assinalou que a ausência de legislação a respeito da competência do Estado requerente para o processo e o julgamento não teria relevância em face do princípio da territorialidade, aplicável em se tratando de prática delituosa contra o seu fisco. A alegada prescrição da pretensão punitiva seria impertinente, porquanto se trataria de sentença penal transitada em julgado, vale dizer, de questão afeta à prescrição da pretensão executória. A inexistência de comprovação dos marcos interruptivos do curso prescricional não impossibilitaria verificar a inocorrência da causa extintiva da pena, mercê de o art. 133 do Código Penal espanhol dispor que o prazo prescricional da pretensão executória começaria a fluir do trânsito em julgado da sentença (2.2.2011), ou seja, entre o marco inicial e a presente data não teria transcorrido o lapso prescricional de cinco anos previsto na legislação espanhola. De igual forma, não estaria configurada a prescrição segundo a lei brasileira, que prevê o prazo prescricional de oito anos para a pena superior a dois anos e não excedente a quatro anos.

Vencido o Ministro Marco Aurélio, que concluía não ser possível a entrega do extraditando. Lembrava que o Brasil subscrevera o Pacto de São José da Costa Rica e, com isso, fora revogada a prisão por dívida civil. Aduzia que não se coadunaria com nosso ordenamento jurídico a transformação de uma dívida em pena privativa de liberdade. Frisava que, em face do princípio da simetria, se o crime tivesse ocorrido no Brasil, os cinco meses que teriam sido acrescidos em razão do inadimplemento da pena de multa resultantes da transformação não seriam cumpridos.

Ext 1375/DF, rel. Min. Luiz Fux, 25.8.2015. (Ext-1375) (Inform. STF 796)

Extradição e falsidade de registro civil de nascimento

A Segunda Turma deferiu pedido de extradição instrutória, formulado pelo Governo do Paraguai em desfavor de seu nacional, para o processamento de ação penal instaurada naquele país em razão de sua suposta participação em dois crimes de homicídio doloso. A defesa sustentava a condição de brasileiro nato do extraditando, sendo falso seu registro civil no Paraguai, o que impediria o deferimento da extradição. A Turma afirmou que o pedido de extradição fora devidamente instruído pelo Estado requerente, observando-se todos os requisitos legais. Assim, foram apresentadas cópias da ordem de prisão expedida pela autoridade judiciária competente e dos demais documentos exigidos, havendo indicações seguras e precisas sobre o local, a data, a natureza, as circunstâncias e a qualificação legal dos fatos delituosos. Ademais, estariam configuradas, na espécie, a dupla tipicidade e a dupla punibilidade, na medida em que os fatos delituosos imputados ao extraditando corresponderiam, no Brasil, ao crime de homicídio qualificado, previsto no art. 121, § 2º, IV, do CP, e não teria ocorrido a prescrição da pretensão punitiva, consoante os textos legais apresentados pelo Estado requerente e a legislação penal brasileira (CP, art. 109, I). Relativamente à suposta condição de brasileiro nato do extraditando, o Colegiado asseverou ser incontroverso o fato de o extraditando ter dois assentos de nascimento, o primeiro lavrado no Paraguai, e o segundo, no Brasil, dez anos depois. Como os dois registros apontariam que o extraditando nascera, na mesma data, em ambos os países, a impossibilidade lógica e material de sua coexistência seria manifesta. Outrossim, nos termos do art. 1.604 do CC, "ninguém pode vindicar estado contrário ao que resulta do registro de nascimento, salvo provando-se erro ou falsidade do registro". Na espécie, juízo de primeira instância, em ação anulatória de registro civil ajuizada pelo Ministério Público estadual, deferira pleito de antecipação dos efeitos da tutela jurisdicional e cancelara o assento de nascimento do extraditando no Brasil. Assim, estando judicialmente afastada a presunção "juris tantum" de veracidade do registro brasileiro, por decisão que, não obstante provisória, continuaria a projetar seus efeitos, não haveria óbice à análise do mérito do pedido de extradição. Nesse particular, embora o pleito extradicional não fosse a sede própria para a determinação da real nacionalidade do extraditando, inúmeros elementos de prova constantes dos autos reforçariam a convicção de que ele seria natural do Paraguai, lá gozando da condição de paraguaio nato. Nesse sentido, esses elementos corroborariam a decisão de 1º grau que cancelara o seu registro civil brasileiro. Ante o consignado, não seria aplicável ao caso em comento o art. 5º, LI, da CF, que veda a extradição do brasileiro nato.

Ext 1393/DF, rel. Min. Dias Toffoli, 25.8.2015. (Ext-1393) (Inform. STF 796)

Extradição e dupla tipicidade - 1

A Segunda Turma iniciou julgamento de pedido de extradição instrutória, formulado pelo Governo da Suécia em desfavor de seu nacional, para o processamento de ação penal instaurada em razão da suposta prática do crime de "conduta arbitrária com menor" (Código Penal sueco, art. 7º, § 4º). Dentre outras alegações, a defesa sustenta que: a) o fato imputado ao extraditando seria atípico e não encontraria correspondência na legislação penal brasileira, carecendo da dupla tipicidade, a atrair a incidência do art. 77, II, da Lei 6.815/1990; e b) seria necessário aguardar o deslinde de ação de busca, apreensão e restituição do menor, em trâmite perante a Justiça Federal, para perquirir eventual tipicidade penal da conduta do extraditando. O Ministro Teori Zavascki (relator), ao deferir a extradição, asseverou que o pedido extradicional atenderia os requisitos formais exigidos na legislação de regência, pois instruído com cópia da ordem de prisão proferida por autoridade competente e com os demais documentos exigidos pelo art. 80 da Lei 6.815/1980, com a redação conferida pela Lei 12.878/2013. A falta de tratado de extradição entre Brasil e Suécia não impediria o atendimento da demanda, desde que o requisito da reciprocidade fosse satisfeito mediante pedido formalmente transmitido por via diplomática, o que teria ocorrido na espécie. Ademais, o requisito da dupla tipicidade, previsto no art. 77, II,

da Lei 6.815/1980, também teria sido plenamente atendido, já que o crime denominado "conduta arbitrária com menor" (Código Penal sueco, art. 7º, § 4º: "quem separa uma criança com idade inferior a 15 anos de outra pessoa que tem a guarda da criança é condenado por conduta arbitrária com menor a multa ou prisão não superior a um ano, a não ser que o crime seja uma violação da liberdade. O mesmo se aplica a uma pessoa com guarda conjunta de uma criança com idade inferior a 15 anos, que sem qualquer razão substancial, arbitrariamente rapta a criança ou se a pessoa que deve ter a custódia ilegalmente usurpar o menor, fazendo-a assim como sua"), encontraria correlação na lei brasileira com o tipo previsto no art. 249 do CP ["Subtrair, menor de 18 (dezoito) anos ou interdito ao poder de quem o tem sob sua guarda em virtude de lei ou de ordem judicial"]. Conquanto o extraditando alegasse que detinha a guarda exclusiva do menor à época que veio ao Brasil — junho de 2012 —, documentação trazida pela própria defesa apontaria que determinado tribunal sueco, em decisão de fevereiro de 2012, limitara-se a determinar que o menor residisse permanentemente com o extraditando, porém mantivera expressamente o compartilhamento da guarda até decisão final do processo acerca de sua tutela. Posteriormente, em outubro de 2012, o mesmo tribunal transferira a tutela unicamente para a mãe do menor. Portanto, o extraditando, em tese, ainda que na condição de genitor, teria violado de forma intencional a guarda estabelecida judicialmente, e, além disso, teria perseverado na conduta, incurso na descrição tipificada no art. 249 do CP. De qualquer modo, o exame das alegações defensivas de atipicidade da conduta seria da competência do juízo de origem, até por força do sistema de contenciosidade limitada consagrado no Estatuto do Estrangeiro (art. 85, § 1º), que restringiria a competência do STF à análise dos pressupostos formais do pedido extradicional.

Ext 1354/DF, rel. Min. Teori Zavascki, 5.5.2015. (Ext-1354)

Extradição e dupla tipicidade - 2

O Relator consignou, ademais, que, em relação ao preceito do art. 77, VI, da Lei 6.815/1980, não se verificaria a prescrição nem sob a perspectiva da legislação penal alienígena (Código Penal sueco, art. 35, §1º), nem sob a égide da legislação penal brasileira (CP, art. 109, V). Outrossim, nenhum dos delitos possuiria conotação política, afastando-se do óbice legal disposto no art. 77 do Estatuto do Estrangeiro, que encontraria fundamento de validade no art. 5º, LII, da CF. Por fim, não impediria a extradição — manifestação de cooperação entre soberanias — o fato de o extraditando figurar como réu em ação de busca, apreensão e restituição de menor movida pela União, com fundamento na Convenção sobre os Aspectos Civis do Sequestro Internacional de Crianças – Convenção de Haia (Decreto 3.413/200), em curso na Justiça brasileira. É que essa questão refugiria ao âmbito de controle limitado ora exercido, constituindo fato juridicamente subordinado aos fins extradicionais. Aliás, se no próprio âmbito penal, do qual poderia decorrer a sanção mais gravosa, não haveria impedimento à extradição, ordem de natureza civil tampouco o poderia obstar. O Ministro Gilmar Mendes, em divergência, indeferiu a extradição. Afirmou que o crime em análise teria se consumado, de acordo com a lei sueca, no momento em que o extraditando deixara a Suécia, com a sua filha, aparentemente sem o consentimento da mãe, com quem dividia a guarda do menor. Porém, a legislação brasileira trataria o fato de forma diferente. O pai até poderia ser autor do crime de subtração de incapazes, mas apenas se destituído ou temporariamente privado do pátrio poder, tutela, curatela ou guarda, nos termos art. 249, § 1º, do CP. Portanto, não se constataria, no caso, a dupla tipicidade, na medida em que o pai, no momento da viagem, teria a guarda da menor. Somente quando a criança já estava no Brasil, movera-se ação judicial perante a Corte sueca, o que levara à cassação da guarda pelo extraditando. Se crime houvesse, de acordo com o direito brasileiro, residiria na negativa de restituição da menor pelo extraditando após a perda da guarda. Em seguida, pediu vista dos autos a Ministra Cármen Lúcia.

Ext 1354/DF, rel. Min. Teori Zavascki, 5.5.2015. (Ext-1354)

Extradição e dupla tipicidade - 3

Em conclusão de julgamento, a Segunda Turma, por maioria, indeferiu pedido de extradição instrutória, formulado pelo Governo da Suécia em desfavor de seu nacional, para o processamento de ação penal instaurada em razão da suposta prática do crime de "conduta arbitrária com menor" (Código Penal sueco, art. 7º, § 4º). No caso, o extraditando, que deteria guarda compartilhada de sua filha — a qual residiria permanentemente com ele — viajara com ela para o Brasil. Posteriormente, a justiça sueca proferira decisão no sentido de transferir a guarda da menor unicamente para a mãe. Entre outras alegações,

VADE MECUM DE JURISPRUDÊNCIA – STF/STJ

a defesa sustentava que: a) o fato imputado ao extraditando seria atípico e não encontraria correspondência na legislação penal brasileira, carecendo da dupla tipicidade, a atrair a incidência do art. 77, II, da Lei 6.815/1980; e b) seria necessário aguardar o deslinde de ação de busca, apreensão e restituição da menor, em trâmite perante a Justiça Federal, para perquirir eventual tipicidade penal da conduta do extraditando — v. Informativo 784. O Colegiado afirmou que o crime em análise teria se consumado, de acordo com a lei sueca, no momento em que o extraditando deixara a Suécia, com a sua filha, aparentemente sem o consentimento da mãe. Porém, a legislação brasileira trataria o fato de forma diferente. O pai até poderia ser autor do crime de subtração de incapazes, mas apenas se destituído ou temporariamente privado do pátrio poder, tutela, curatela ou guarda, nos termos art. 249, § 1º, do CP. Portanto, não se constataria, no caso, a dupla tipicidade, na medida em que o pai, no momento da viagem, teria a guarda da menor. Somente quando a criança já estava no Brasil, movera-se ação judicial perante a Corte sueca, o que levara à cassação da guarda pelo extraditando. Se crime houvesse, de acordo com o direito brasileiro, residiria na negativa de restituição da menor pelo extraditando após a perda da guarda. O Ministro Celso de Mello salientou que a questão da subtração de menores incapazes teria, no plano penal, dois tratamentos legais distintos, fundados no art. 249 do CP e no art. 237 do ECA. Afirmou que, em razão de o extraditando ter ingressado em território brasileiro, sob a égide de autorização judicial, na qual estabelecida a guarda compartilhada da menor, tornar-se-ia inaplicável ao caso o disposto no art. 249 do CP, considerada a restrição expressamente fixada em seu § 1º. Sob a perspectiva do art. 237 do ECA, que exigiria requisito específico para sua caracterização — a subtração para a colocação em lar substituto —, entendeu que a conduta material praticada pelo extraditando, possuidor, à luz do Código Civil, de legitimidade para exercer todos os poderes jurídicos inerentes à guarda sobre a criança, seria diversa daquela descrita no referido tipo penal. Não estaria devidamente caracterizada, portanto, a subtração a que alude a legislação penal brasileira, quer na descrição típica constante do art. 249 do CP, quer na descrição formulada pelo art. 237 do ECA. Ademais, eventual delito cometido pelo extraditando, após a transferência da guarda da menor para sua mãe, estaria sujeito à competência penal do Estado brasileiro, aplicando-se o princípio da territorialidade, que se acha consagrado expressamente no art. 5º do CP. Concluiu ser aplicável à espécie a restrição fundada no art. 77, II, do Estatuto do Estrangeiro, devendo, dessa forma, ser indeferido o pedido de extradição. Vencido, no ponto, o Ministro Teori Zavascki (relator), que deferia o pedido extradicional. O Colegiado ressaltou, por fim, que a ação de busca, apreensão e restituição da menor movida pela União, com base na Convenção sobre Aspectos Civis do Sequestro Internacional de Crianças – Convenção de Haia, visando ao retorno à Suécia e entrega da menor à genitora, não estaria prejudicada.
Ext 1354/DF, rel. orig. Min. Teori Zavascki, red. p/ o acórdão Min. Gilmar Mendes, 30.6.2015. (Ext-1354) (Inform. STF 792)

Ext N. 1.372-DF

RELATOR: MIN. LUIZ FUX
Ementa: Direito Internacional Público. Extradição Executória. Governo da Espanha. Tratado específico. Agressão sexual, maus tratos no âmbito familiar, coação, lesão corporal e maus tratos habituais. Crimes tipificados nos artigos 179, 153, 172.2 e 173.2, do Código Espanhol, e nos artigos 213, 136, 146 e 129, § 9º, do Código Penal brasileiro. requisito da dupla tipicidade atendido. Sentença condenatória transitada em julgado. Cálculo da prescrição pelo cúmulo das penas. Impossibilidade: Prescrição a ser reconhecida segundo qualquer um dos ordenamentos jurídicos. Dispositivo do Código Penal que considera a pena de cada crime para efeito de prescrição. Prescrição da pretensão executória em relação aos crimes com penas inferiores a um ano. Possibilidade de Extraditar no que tange a crimes com penas inferiores a um ano. Tratado bilateral. Princípio da especialidade. Prevalência, no ponto, sobre o Estatuto do Estrangeiro. Detração do tempo de cumprimento de prisão preventiva no Brasil. Extradição Deferida.
1. A extradição requer o preenchimento dos requisitos legais extraídos a *contrario sensu* do art. 77 da Lei nº 6.815/80, bem assim que sejam observadas as disposições contidas em tratado específico.
2. *In casu*, o extraditando foi condenado, **definitivamente,** à pena de 10 (dez) anos e 26 (vinte e seis) meses de prisão pelos crimes de agressão sexual, maus tratos no âmbito familiar, coação, lesão corporal e maus tratos habituais, tipificados nos artigos 179, 153 172.2 e 173.2, do Código Espanhol, correspondentes aos delitos de estupro, maus tratos, constrangimento ilegal

e lesão corporal praticada no âmbito familiar, tipificados nos artigos 213, 136, 146 e 129, § 9º, do Código Penal brasileiro, o que atende à exigência legal da dupla incriminação prevista no art. 77, inc. II, da Lei n. 6.815/1980.
3. O artigo 133 do Código Penal Espanhol considera, para o cálculo da prescrição, o total das penas de todos os crimes, e não a pena de cada qual isoladamente, sendo que a pena superior a 10 (dez) anos, pelo concurso de crimes, remete ao prazo prescricional de 15 (anos), que não transcorreu entre o trânsito em julgado da sentença, em 15.06.2012.
3.1. O artigo 119 do Código Penal prevê, diversamente do dispositivo da lei espanhola, que *"no caso de concurso de crimes, a extinção da punibilidade incidirá sobre a pena de cada um, isoladamente"* a impedir a extradição, devendo a regra brasileira incidir no caso concreto por força do disposto no artigo IV do Tratado bilateral, *in verbis: "Não será concedida a extradição: c) quando a ação penal ou a pena já estiver prescrita, **segundo as leis do Estado requerente** ou do Estado requerido",* tudo a evidenciar que se impõe o reconhecimento da prescrição no que tange às penas, consideradas isoladamente, inferiores a 1 (um) ano, cujo prazo prescricional é de 2 (dois) anos (cf. artigo 109, inc. VI, do Código Penal, aplicado com a redação anterior a da vigência da Lei n. 12.234/2010, uma vez que os fatos datam de 2009), biênio já transcorrido entre o trânsito em julgado da sentença condenatória, em 15/06/2012, e a prisão preventiva para extradição, efetivada em 31/10/2014.
3.2. As penas relativas aos crimes de maus tratos habituais (2 anos) e de agressão sexual (8 anos) anos não prescreveram.
4. A proibição de extraditar, por crime cuja pena seja igual ou inferior a um (1) ano (art. 77, IV, da Lei n. 6.815/1980), deve ser afastada, *ex vi* da norma específica contida no Tratado de Extradição.
4.1. Destarte, o artigo II, parágrafo 1, do Tratado de Extradição entre o Brasil e a Espanha (Decreto n. 99.340/1990) estabelece que *"**Autorizam a extradição** os fatos a que as Leis do Estado requerido imponham **pena** privativa de liberdade **superior a um ano"**; contrario sensu,* não se concederá extradição no tocante ao crime cuja pena seja igual ou inferior a um ano. [grifei]
4.2. O artigo II, parágrafo 2, do Tratado específico ainda proíbe a extradição para executar sentença cuja pena ainda não cumprida seja inferior a um ano.
4.3. O mesmo artigo II, em seu parágrafo 3, <u>relativiza **as exigências contidas nos seus parágrafos 1 e 2**</u> ao dispor que *"Quando o pedido de extradição referir-se a mais de um delito, e alguns deles não cumprirem com os requisitos dos parágrafos 1 e 2 deste Artigo, <u>a extradição **poderá** ser concedida se um dos delitos preencher as referidas exigências</u>",* a evidenciar que os crimes que não satisfaçam a exigência da pena mínima seguem a reboque dos crimes cujas penas excedam a um ano. [grifei]
4.4. A cláusula de relativização do Tratado prevalece, à luz do princípio da especialidade, sobre o Estatuto do Estrangeiro, que veda, pura e simplesmente, a extradição quando o crime for igual ou inferior a 1 (um) ano, por isso que também é possível conceder extradição no que tange a tais delitos, em razão do perfazimento das condições avençadas relativamente aos crimes apenados com 2 e 8 oito anos de prisão (maus tratos habituais e agressão sexual).
4.5. Contudo, a ocorrência, *in casu,* da prescrição das penas inferiores a um ano torna prejudicada a tese jurídica conducente à possibilidade de extraditar no que tange a tais crimes quando haja outros que perfazem as condições para a extradição.
5. Extradição deferida <u>apenas</u> no que tange aos crimes de agressão sexual (8 anos) e de maus tratos (2 anos), uma vez que os crimes de lesão corporal (10 meses), um dos crimes de maus tratos (6 meses) e de constrangimento ilegal (10 meses) encontram-se prescritos segundo a lei brasileira.
6. O Estado requerente deverá assumir o compromisso de descontar o tempo de prisão preventiva para extradição cumprido no Brasil. **(Inform. STF 791)**

Ext N. 1.390-DF

RELATOR: MIN. TEORI ZAVASCKI
Ementa: EXTRADIÇÃO FUNDADA EM TRATADO FIRMADO ENTRE O BRASIL E OS ESTADOS UNIDOS DA AMÉRICA. CRIMES DE CONSPIRAÇÃO, ROTULAGEM FRAUDULENTA, FRAUDE ELETRÔNICA, FRAUDE DE CORRESPONDÊNCIA E ROTULAGEM FRAUDULENTA DE MEDICAMENTO ENQUANTO DISPONÍVEL PARA VENDA. DELITOS NÃO CONTEMPLADOS NO ART. II DO ACORDO BILATERAL. IMPOSSIBILIDADE DE INCIDÊNCIA DA CONVENÇÃO DE PALERMO. CRIMES NÃO ABRANGIDOS PELO ACORDO MULTILATERAL. DELITO DE CONSPIRAÇÃO RESTRITO AOS LIMITES TERRITORIAIS DO ESTADO REQUERENTE. AUSÊNCIA DE DEMONSTRAÇÃO DO CARÁTER TRANSNACIONAL E DE PROMESSA DE RECIPROCIDADE. INDEFERIMENTO.
1. O tratado de extradição firmado entre o Brasil e os Estados Unidos da América possui cláusula que restringe a entrega do súdito estrangeiro

às hipóteses expressamente previstas no art. II do mencionado acordo bilateral. Precedentes.

2. A denominada Convenção de Palermo (Decreto 5015/2004) abrange infrações cometidas no âmbito transnacional. No caso dos autos, os documentos apresentados pelo Estado requerente não indicam eventual transnacionalidade da organização criminosa.

3. Os crimes de fraude eletrônica, fraude de correspondência, rotulagem fraudulenta e rotulagem fraudulenta de medicamento enquanto disponível para venda não estão previstos na mencionada Convenção.

4. Crimes não contemplados no acordo bilateral podem fundamentar pedido extradicional desde que efetuada promessa de reciprocidade pelo Estado requerente. Precedentes.

5. Extradição indeferida. **(Inform. STF 790)**

Ementa: DIREITO INTERNACIONAL. EXTRADIÇÃO. EMBARGOS DE DECLARAÇÃO. AGRAVO REGIMENTAL. AUSÊNCIA DE OMISSÃO.

1. Os autos estão suficientemente instruídos com as datas em que o Estado requerente foi informado da decisão que deferiu o pedido de extradição e de que o nacional nigeriano estava à sua disposição para ser extraditado.

2. A jurisprudência da Primeira Turma desta Corte permite a interposição de recurso antes da intimação (cf. HC 101.132-ED, Rel. Min. Luiz Fux).

3. Embargos de declaração rejeitados. **(Inform. STF 782)**

Extradição e prescrição da pretensão punitiva

Por não atendido o requisito da dupla punibilidade, a Segunda Turma indeferiu pedido de extradição formulado pelo Governo da Itália. Na espécie, o estrangeiro fora condenado pela justiça italiana por crimes de falência fraudulenta. Embora presente o requisito da dupla tipicidade, os delitos teriam sido praticados sob a vigência do Decreto-Lei 7.661/1945 (Lei de Falências). A referida norma previa o prazo prescricional de dois anos para os crimes em comento, tempo esse já transcorrido. A Turma reputou extinta a pretensão executória da pena nos termos da legislação vigente no Brasil, à época dos fatos.

Ext 1324/DF, rel. Min. Dias Toffoli, 7.4.2015. (Ext-1324) (Inform. STF 780)

Ext N. 1.340-DF

RELATOR: MIN. LUIZ FUX

Ementa: Direito Internacional Público. Extradição Instrutória. Governo do Uruguai. Requisitos legais preenchidos. Deferimento.

1. A extradição requer o preenchimento dos requisitos legais extraídos a *contrario sensu* do art. 77 da Lei n° 6.815/80, bem assim que sejam observadas as disposições contidas em tratado específico.

2. O extraditando não logrou comprovar, perante a Justiça Federal, ser filho de brasileira, por essa razão teve indeferido o pedido de opção de nacionalidade; via de consequência, resta afastado o óbice atinente à proibição de extraditar brasileiro nato, previsto no art. 5°, inc. LI, c/c art. 12, inc. I, alínea *c*, da Constituição Federal.

3. O pedido está instruído com os documentos necessários à sua análise, como mandado de prisão expedido por juiz competente, contendo a narração dos fatos, indicação de local e datas, e com os textos legais sobre o crime, a pena e sua prescrição.

4. A circunstância de o extraditando possuir família brasileira não constitui óbice ao deferimento do pedido, consoante a Súmula n° 421/STF, *verbis*: "NÃO IMPEDE A EXTRADIÇÃO A CIRCUNSTÂNCIA DE SER O EXTRADITANDO CASADO COM BRASILEIRA OU TER FILHO BRASILEIRO."

5. O crime de tráfico de entorpecentes tipificado no artigo 31 do Decreto-Lei n. 14.294, do Uruguai, possui correspondente no art. 33 da Lei n. 11.343/2006, por isso que se encontra satisfeito o requisito da dupla tipicidade.

6. O Uruguai é competente para julgar o extraditando, visto que os fatos ocorreram em seu território, precisamente na cidade de Rivera, entre 01/06/2010 e 17/05/2013.

7. A legislação uruguaia prevê pena de até 10 (dez) anos de prisão e prazo prescricional de 10 (anos) após a data do fato (art. 117, § 1°, "c" do Código Penal), além de que a ordem de prisão expedida em 21/09/2012 constitui causa interruptiva da prescrição, *ex vi* do art. 120 do mesmo Código, a evidenciar a ausência da referida causa extintiva da punibilidade.

8. A prescrição também não ocorreu segundo a legislação brasileira, que comina pena em abstrato máxima de 15 anos para o crime de tráfico de drogas (art. 33 da Lei n. 11.343/2006) e correspondente prazo prescricional de 20 anos (art. 109, inc. I, do Código Penal).

9. Extradição deferida, devendo o Estado requerente formalizar o compromisso de detrair de eventual pena o tempo de prisão preventiva cumprido no Brasil para fins de extradição. Consigna-se ainda a ressalva prevista no art. 89, c/c art. 67 da Lei n. 6.815/80, visto que o extraditando responde a processo no Brasil. **(Inform. STF 779)**

Ext N. 1.363-DF

RELATOR: MIN. TEORI ZAVASCKI

Ementa: EXTRADIÇÃO FUNDADA EM PROMESSA DE RECIPROCIDADE. CRIME CONTRA A ORDEM TRIBUTÁRIA. SONEGAÇÃO FISCAL. ATENDIMENTO DOS REQUISITOS FORMAIS. DUPLA TIPICIDADE E PUNIBILIDADE. INEXISTÊNCIA DE PRESCRIÇÃO EM AMBOS OS ORDENAMENTOS JURÍDICOS. DEFERIMENTO.

1. A falta de tratado de extradição entre o Brasil e a República Federal da Alemanha não impede o atendimento da demanda, desde que o requisito da reciprocidade seja atendido mediante pedido formalmente transmitido por via diplomática. Precedentes.

2. Por força do sistema de contenciosidade limitada consagrado no Estatuto do Estrangeiro (art. 85, § 1°) e placitado pela jurisprudência desta Corte, compete ao Supremo Tribunal Federal exclusivamente o exame dos pressupostos formais do pedido de extradição. Precedentes.

3. O crime de sonegação fiscal previsto na legislação penal alemã (art. 370 do Código Penal alemão) encontra correspondência no tipo penal do art. 1°, I, da Lei 8.137/1990 (art. 77, II, da Lei 6.815/1980). Precedentes.

4. Extradição deferida. (Inform. STF 779)

PPE: legitimidade da Interpol e dupla tipicidade

A 2ª Turma resolveu questão de ordem, suscitada pelo Ministro Celso de Mello (relator), em sede de pedido de prisão preventiva para fins de extradição, no sentido de indeferir o pleito de prisão cautelar. No caso, o requerimento fora formulado em razão de suposta prática do crime, nos EUA, de invasão de dispositivo informático. Preliminarmente, a Turma conheceu do pedido que, embora não realizado por Estado estrangeiro, fora deduzido pela Interpol, a que a Lei 12.878/2013, ao alterar o § 2° do art. 82 do Estatuto do Estrangeiro, outorgara legitimidade para apresentar o requerimento. No mérito, assinalou que as supostas práticas delituosas imputadas ao extraditando teriam ocorrido em 2011, anteriormente, portanto, à vigência da Lei 12.737/2012, que acrescentara o art. 154-A ao CP ["Invadir dispositivo informático alheio, conectado ou não à rede de computadores, mediante violação indevida de mecanismo de segurança e com o fim de obter, adulterar ou destruir dados ou informações sem autorização expressa ou tácita do titular do dispositivo ou instalar vulnerabilidades para obter vantagem ilícita: Pena - detenção, de 3 (três) meses a 1 (um) ano, e multa"]. Assim, estaria descaracterizado o requisito da dupla tipicidade, a exigir que a conduta atribuída ao extraditando, considerado o tempo de sua prática, estivesse simultânea e juridicamente qualificada como crime tanto no Brasil quanto no Estado estrangeiro interessado (CF, art. 5°, XXXIX; e CP, art. 1°). Além disso, ainda que a conduta do extraditando tivesse sido perpetrada sob a égide da nova lei, o tratado extradicional firmado entre Brasil e EUA conteria cláusula (Artigo II) que somente permitiria a entrega do extraditando se e quando se tratasse de delitos expressamente previstos em rol exaustivo, o que não se verificaria em relação ao delito de invasão de dispositivo informático, a cujo respeito seria silente a aludida norma. Ademais, o tratado bilateral de extradição seria qualificado como lei especial em face da legislação doméstica nacional, o que lhe atribuiria precedência jurídica sobre o Estatuto do Estrangeiro em hipóteses de omissão ou antinomia. Assim, se inadmissível a extradição na hipótese, também seria inviável a prisão cautelar para esse fim.

PPE 732 QO/DF, rel. Min. Celso de Mello, 11.11.2014. (PPE-732) (Inform. STF 767)

Ext N. 1.305-DF

RELATORA: MIN. ROSA WEBER

EMENTA: EXTRADIÇÃO INSTRUTÓRIA. CRIMES DE RAPTO AGRAVADO, DE OFENSA À INTEGRIDADE FÍSICA QUALIFICADA, DE AMEAÇA E DE TRÁFICO DE ESTUPEFACIENTES. CORRESPONDÊNCIA COM OS CRIMES DOS ARTS. 148, § 2°, 129 E 147, DO CÓDIGO PENAL E DOART. 36 DA LEI 11.343/2006. DUPLA INCRIMINAÇÃO CONFIGURADA. DELITOS DE OFENSA À INTEGRIDADE FÍSICA E DE AMEAÇA NÃO EXTRADITÁVEIS. ART. 77, IV, DA LEI 6.815/80. CRIMES REMANESCENTES NÃO PRESCRITOS. INEXISTÊNCIA DE ÓBICES LEGAIS. DEFERIMENTO PARCIAL DA EXTRADIÇÃO. ENTREGA

VADE MECUM DE JURISPRUDÊNCIA – STF/STJ

CONDICIONADA À ASSUNÇÃO DE COMPROMISSO QUANTO À DETRAÇÃO DA PENA. 1. Pedido de extradição formulado pelo Governo de Portugal que atende aos requisitos da Lei 6.815/1980 e da Convenção de Extradição entre os Estados Membros da Comunidade dos Países de Língua Portuguesa firmado em 23.11.2005, promulgado pelo Decreto 7.935, de 19.02.2013. 2. Crimes de rapto agravado, de ofensa à integridade física qualificada, de ameaça e de tráfico de estupefacientes que correspondem aos delitos previstos nos arts. 148, § 2º, 129 e 147, do Código Penal e no art. 36 da Lei 11.343/2006, respectivamente. Dupla incriminação atendida.4. Os crimes de ofensa à integridade física qualificada e de ameaça, por terem penas não superiores a um ano, não são extraditáveis, conforme art. 77, IV, da Lei 6.815/1980. 5. Irrelevância da ausência do texto legal estrangeiro referente à prescrição, quando, excepcionalmente, demonstrada sua inocorrência. Precedente. 6. Inocorrência de prescrição ou óbice legais quanto aos delitos remanescentes.7. O compromisso de detração da pena, considerando o período de prisão decorrente da extradição, deve ser assumido antes da entrega do preso, não obstando a concessão da extradição. O mesmo é válido para os demais compromissos previstos no art. 91 da Lei 6.815/1980.8. Extradição parcialmente deferida. **(Inform. STF 764)**

Extradição e requisitos para concessão de pedido de extensão

A 1ª Turma deferiu segundo pedido de extensão de extradição formulado pelo Governo da Itália em desfavor de nacional italiano investigado naquele País pela prática do crime de duplo homicídio grave, o qual não integrara o pedido originário anteriormente formulado pelo Estado requerente. Inicialmente, a Turma, com base na jurisprudência do STF, afastou alegação de incompetência de órgão fracionário para julgamento de extradição. Em seguida, rejeitou também a assertiva de nulidade de interrogatório conduzido por membro do Ministério Público italiano. Ressaltou que, na Itália, os Procuradores da República integrariam o Poder Judiciário, porquanto seriam, segundo a legislação italiana, magistrados com atribuições inerentes às funções próprias de "parquet". Ademais, a Turma consignou que o pedido de extensão da extradição atenderia aos pressupostos necessários a seu deferimento, quais sejam: a) existência de dupla tipicidade, porquanto os fatos delituosos imputados ao extraditando corresponderiam, tanto na legislação brasileira, quanto na italiana, ao crime de homicídio qualificado; b) não ocorrência da prescrição da pretensão punitiva, de acordo com as regras de ambas as legislações; c) presença de detalhes pormenorizados quanto à indicação concreta sobre o local, a data, a natureza e as circunstâncias dos fatos delituosos.
Ext 1234-Extn-segunda/República Italiana, rel. Min. Dias Toffoli, 30.9.2014. (Ext-1234) (Inform. STF 761)

Ext N. 1.284-DF
RELATOR: MIN. MARCO AURÉLIO
EXTRADIÇÃO – REQUISITOS. Uma vez atendidos requisitos legais sob o ângulo da existência de ordem de prisão ou de título condenatório criminal, da dupla tipologia e da ausência de prescrição, respeitados os documentos anexados ao processo a forma prevista em lei, cumpre reconhecer a possibilidade de implementar a extradição, cabendo o ato definidor ao Chefe do Poder Executivo Nacional. **(Inform. STF 761)**

Ext N. 1.333-DF
RELATORA: MIN. ROSA WEBER
EMENTA: EXTRADIÇÃO INSTRUTÓRIA. TRÁFICO DE DROGAS SINTÉTICAS E ORGANIZAÇÃO CRIMINOSA. CONCORDÂNCIA DO EXTRADITANDO. CONTROLE DA LEGALIDADE. DUPLA INCRIMINAÇÃO CONFIGURADA. PRESCRIÇÃO. INOCORRÊNCIA. INEXISTÊNCIA DE ÓBICES LEGAIS À EXTRADIÇÃO. ENTREGA CONDICIONADA À ASSUNÇÃO DE COMPROMISSOS.
1. Pedido de extradição formulado pelo Governo do Reino dos Países Baixos que atende os requisitos da Lei 6.815/1980 e do Tratado de Extradição específico.
2. A concordância defensiva com o pleito extradicional não afasta o controle da legalidade por este Supremo Tribunal Federal. Precedentes.
3. Crimes de produção, fabricação, processamento, beneficiamento, posse e transporte de drogas, além de participação em organização criminosa, nos termos da Lei Holandesa de Entorpecentes, que correspondem aos crimes previstos nos arts. 33 e 35 da Lei 11.343/2006. Dupla incriminação atendida.
4. Inocorrência de prescrição e inexistência de óbices legais.
5. Irrelevância da ausência do texto legal estrangeiro referente à prescrição, quando, excepcionalmente, demonstrada sua inocorrência. Precedente.
6. O compromisso de detração da pena, considerando o período de prisão decorrente da extradição, deve ser assumido antes da entrega do preso, não obstando a concessão da extradição. O mesmo é válido para os demais compromissos previstos no art. 91 da Lei nº 6.815/1980.
7. Extradição deferida. **(Inform. STF 748)**

Prisão preventiva para fins de extradição e progressão de regime - 1

Em face da peculiaridade do caso, o Plenário, por maioria, em questão de ordem suscitada pelo Ministro Ricardo Lewandowski (relator), indeferiu pedido de revogação de prisão preventiva para fins de extradição e, de ofício, concedeu "habeas corpus" para afastar a vedação de progressão de regime ao extraditando. Determinou, em consequência, que o juízo da execução da pena verifique se o apenado preenche os requisitos do art. 112 da LEP para que possa, eventualmente, autorizar a progressão para o regime semiaberto. Ponderou, ainda, comunicar o resultado do julgado ao Ministro da Justiça e à Presidente da República, titular das relações diplomáticas do País, porque a extradição nada mais seria do que um elemento dessas relações internacionais entre os Estados. Na espécie, em 14.4.2005, a Corte deferira extradição com a ressalva do art. 89 da Lei 6.815/1990 ("Quando o extraditando estiver sendo processado, ou tiver sido condenado, no Brasil, por crime punível com pena privativa de liberdade, a extradição será executada somente depois da conclusão do processo ou do cumprimento da pena, ressalvado, entretanto, o disposto no artigo 67"). Ocorre que o extraditando fora condenado, no Brasil, a 28 anos de reclusão e, desde 31.12.2005, cumpre pena em regime fechado. Requerida, na origem, a progressão de regime, o pleito fora indeferido ao fundamento de que o deferimento de extradição do apenado obstaria a progressão de regime. O tribunal "a quo" registrou, ainda, que decisão diferente frustraria a execução penal e o próprio processo de execução, aliado ao risco de fuga do extraditando.
Ext 947 QO/República do Paraguai, rel. Min. Ricardo Lewandowski, 28.5.2014. (Ext-947)

Prisão preventiva para fins de extradição e progressão de regime - 2

O STF aduziu que, a prevalecer a decisão do tribunal "a quo", que indeferira a progressão de regime, o extraditando cumpriria a integralidade da pena em regime fechado. Apontou a peculiar situação dos autos, a salientar que a missão diplomática do país do extraditando teria sido notificada, porém, não poderia, seja no prazo da lei, seja no prazo do tratado bilateral de extradição, adotar providências para a remoção do súdito estrangeiro. Anotou que essa impossibilidade decorreria da existência de outro título jurídico legitimador da prisão, fundado na condenação penal imposta por autoridade judiciária brasileira. O Colegiado destacou que, se brasileiro fosse, com igual condenação, bastaria ao extraditando cumprir um sexto da pena — aproximadamente cinco anos de prisão — para fins de progressão de regime. No entanto, ele já teria cumprido nove anos em regime fechado. Asseverou que a exclusão do estrangeiro do sistema progressivo de cumprimento de pena conflitaria com princípios constitucionais, especialmente o da prevalência dos direitos humanos e o da isonomia (CF, artigos 4º, II, e 5º, *caput*, respectivamente). Sublinhou que decidir de forma diversa levaria à absurda situação de a prisão provisória na extradição tornar-se prisão com prazo indeterminado, a violar princípios constitucionais. Frisou que, na hipótese, estaria configurada situação de excesso de execução, nos termos do disposto no artigo 185 da LEP ("Haverá excesso ou desvio de execução sempre que algum ato for praticado além dos limites fixados na sentença, em normas legais ou regulamentares"), a onerar, de maneira injusta, o próprio "status libertatis" do extraditando. Vencidos, em parte, os Ministros Teori Zavascki e Marco Aurélio. O Ministro Teori Zavascki consignava que a extradição fora autorizada pelo STF e, seguida a fase executória, o Poder Executivo optara, ainda que silenciosamente, por executar a entrega do estrangeiro após cumprida a pena no Brasil. Vislumbrava que, feita essa escolha, o estrangeiro teria o direito de cumprir a pena segundo a legislação brasileira, inclusive em regime aberto, o que seria incompatível com a prisão preventiva. Defendia que a solução mais adequada seria revogar expressamente a prisão preventiva, porque desprovida de eficácia e incompatível com a execução ou a progressão. Salientava, também, a necessidade de comunicação, ao Ministro da Justiça, desse fato superveniente. O Ministro Marco Aurélio acrescentava que o extraditando pretenderia obter decisão declaratória no sentido de que a prisão preventiva não mais subsistiria.
Ext 947 QO/República do Paraguai, rel. Min. Ricardo Lewandowski, 28.5.2014. (Ext-947) (Inform. STF 748)

21. DIREITO INTERNACIONAL

Prazo prescricional e suspensão condicional da pena - 1

Durante a suspensão condicional da pena, não corre prazo prescricional (CP, art. 77 c/c o art. 112). Com base nesse entendimento, a 2ª Turma afastou a alegada extinção de punibilidade do extraditando pela prescrição da pretensão punitiva estatal e deferiu a extradição. No caso, fora requerida a extradição executória de réu condenado, pela prática de crime de "fraude" mediante emissão de cheques sem provisão de fundos, a pena de três anos de prisão. A defesa sustentava a atipicidade da conduta imputada ao extraditando, a necessidade de sobrestamento do pedido de extradição em face da repercussão geral reconhecida nos autos do RE 608.898 RG/DF — em que se discute o tema da expulsão de estrangeiro que possui filho brasileiro nascido após o fato motivador da expulsão —, além da já mencionada extinção de punibilidade pela prescrição da pretensão punitiva. A Turma concluiu que o pedido de extradição atenderia aos requisitos formais exigidos na legislação de regência. O Estado requerente teria demonstrado a competência jurisdicional para a instrução e julgamento dos crimes impostos ao extraditando, além de ter instruído seu pedido com cópia de sentença final de privação de liberdade e dos demais documentos exigidos pelo art. 80 da Lei 6.815/1980. Esclareceu que, tendo em vista o sistema de contenciosidade limitada adotado pelo Brasil, não seria possível analisar a aplicabilidade e as implicações do novo Código Penal do país requerente, que teria entrado em vigor em 2014. Mencionou que essa matéria deveria ser debatida no juízo de origem. Registrou o disposto no Verbete 421 da Súmula do STF ("Não impede a extradição a circunstância de ser o extraditando casado com brasileiro ou ter filho brasileiro"). Explanou que a questão debatida no RE 608.898 RG/DF trataria de expulsão e não de extradição, institutos que não se confundiriam.
Ext 1254/Romênia, rel. Min. Teori Zavascki, 29.4.2014. (Ext-1254)

Prazo prescricional e suspensão condicional da pena - 2

A Turma consignou que teria sido reconhecido o dolo específico de lesar vítimas ao se perpetrar o crime de "fraude" mediante emissão de cheques sem provisão de fundos. Dessa forma, teria sido atendido o requisito da dupla tipicidade, pois, no caso concreto, o aludido crime de "fraude" corresponderia ao crime de estelionato previsto no art. 171, "caput", do CP. Observou que, em relação à legislação penal brasileira, o prazo prescricional seria calculado nos termos do art. 109, IV, c/c o art. 112, I, ambos do CP, de modo que a prescrição se aperfeiçoaria em oito anos a partir de setembro de 2005. No cômputo do prazo prescricional seria necessário, porém, observar a suspensão da pena — de sua concessão até sua revogação —, período em que a prescrição também estaria suspensa. Assim, iniciada a contagem em setembro de 2005, suspensa em fevereiro de 2006, e retomada em fevereiro de 2007, a prescrição da pretensão executória somente ocorreria, em princípio, em outubro de 2014. Assinalou que, pela legislação penal de origem, o prazo de prescrição da pretensão executória, também de oito anos, só se teria iniciado na data em que se tornara definitiva a revogação da suspensão da execução da pena, e deveria ser contado somente a partir de fevereiro de 2007, ocasião em que fora determinada a revogação do benefício. Por fim, determinou o imediato recolhimento do extraditando com direito a detração do tempo em que estivera preso no Brasil por força do pedido de extradição.
Ext 1254/Romênia, rel. Min. Teori Zavascki, 29.4.2014. (Ext-1254) (Inform. STF 744)

Ext N. 1.321-DF

RELATORA: MIN. ROSA WEBER
EMENTA: EXTRADIÇÃO EXECUTÓRIA. HOMICÍDIO. DUPLA INCRIMINAÇÃO CONFIGURADA. PRESCRIÇÃO. INOCORRÊNCIA. INEXISTÊNCIA DE ÓBICES LEGAIS À EXTRADIÇÃO. ENTREGA CONDICIONADA À ASSUNÇÃO DE COMPROMISSOS. AFASTAMENTO DA PENA ACESSÓRIA DE "INTERDIÇÃO PERPÉTUA DO EXERCÍCIO DE FUNÇÕES PÚBLICAS".
1. Pedido de extradição formulado pelo Governo da Itália que atende os requisitos da Lei 6.815/1980 e do Tratado de Extradição específico.
2. Crime de homicídio que corresponde ao crime previsto no art. 121 do Código Penal Brasileiro. Dupla incriminação atendida.
3. Inocorrência de prescrição e inexistência de óbices legais.
4. O compromisso de detração da pena, considerado o período de prisão decorrente da extradição, deve ser assumido antes da entrega do preso, não obstando a concessão da extradição. O mesmo é válido para os demais compromissos previstos no art. 91 da Lei nº 6.815/1980.

5. Afastamento da pena acessória incompatível com a vedação prevista no art. 5º, XLVII, "b", da Constituição da República, que proíbe sanções penais de caráter perpétuo. Precedentes.
6. Extradição deferida. **(Inform. STF 743)**

Pedido de reextradição e prejudicialidade

O anterior deferimento de extradição a outro Estado não prejudica pedido de extradição por fatos diversos, mas garante preferência ao primeiro Estado requerente na entrega do extraditando. Com base nesse entendimento, a 2ª Turma deferiu, em parte, pedido de extradição instrutória formulada pela República Italiana. No caso, a República Argentina requerera a extradição do acusado, deferida pela Corte nos autos da Ext 1.250/República Argentina (DJe de 24.9.2012), por suposto crime de tráfico e associação para o tráfico internacional de entorpecentes, em decorrência de fato que teria ocorrido em abril de 2008. Na presente extradição, a imputação referir-se-ia à hipotética prática de tráfico de entorpecente ocorrida entre novembro e dezembro de 2007. A Turma concluiu que o Estatuto do Estrangeiro permitiria a reextradição a outro país, desde que houvesse consentimento do Estado brasileiro ("Art. 91. Não será efetivada a entrega sem que o Estado requerente assuma o compromisso: ... IV - de não ser o extraditando entregue, sem consentimento do Brasil, a outro Estado que o reclame"). Destacou que o Decreto 5.867/2006, que promulgou o Acordo de Extradição entre os Estados Partes do Mercosul e a República da Bolívia e a República do Chile, também reafirma a possibilidade de reextradição a terceiro Estado ("Artigo 15. Da Reextradição a um Terceiro Estado. A pessoa entregue somente poderá ser reextraditada a um terceiro Estado com o consentimento do Estado Parte que tenha concedido a extradição, salvo o caso previsto na alínea 'a' do artigo 14 deste Acordo. O consentimento deverá ser solicitado por meio dos procedimentos estabelecidos na parte final do mencionado artigo"). Consignou a possibilidade de não efetivação da extradição pelo primeiro Estado requerente quando a extradição fosse instrutória e o estrangeiro viesse a ser absolvido, o que viabilizaria sua entrega ao segundo Estado requerente. Ademais, destacou que, caso a República da Argentina viesse a desistir da extradição, o estrangeiro poderia ser entregue ao Estado italiano. Ressalvou, em todas essas hipóteses, o cumprimento de pena por condenação no Brasil (Estatuto do Estrangeiro, art. 89). Quanto ao mérito, entendeu atendidos os requisitos da dupla tipicidade e da não ocorrência de prescrição. Por fim, afirmou que o fato de o extraditando possuir filho brasileiro não constituiria óbice ao deferimento da extradição.
Ext 1276/DF, rel. Min. Gilmar Mendes, 25.3.2014. (EXT-1276) (Inform. STF 740)

Ext N. 1.271-DF

RELATOR: MIN. RICARDO LEWANDOWSKI
Ementa: EXTRADIÇÃO INSTRUTÓRIA. GOVERNO DA ESPANHA. TRATADO DE EXTRADIÇÃO. DUPLA TIPICIDADE. CRIMES DE LESÕES CORPORAIS COM MEIO PERIGOSO E DE AGRESSÃO SEXUAL. AUSÊNCIA DE PRESCRIÇÃO. PRESENTES OS REQUISITOS FORMAIS E MATERIAIS PARA O DEFERIMENTO DO PEDIDO. CRIMES DE INVASÃO DE DOMICÍLIO E DE VIOLAÇÃO DE MEDIDA CAUTELAR. PRESCRIÇÃO DA PRETENSÃO PUNITIVA ESTIPULADA NA LEGISLAÇÃO NACIONAL. ESTRANGEIRO QUE RESPONDE A PROCESSO NO BRASIL POR TRÁFICO TRANSNACIONAL DE ENTORPECENTES. EXTRADIÇÃO PARCIALMENTE DEFERIDA.
I - O delito previsto no art. 148, 1º e 4º, do Código Penal espanhol corresponde ao crime inscrito no art. 129, § 9º, do Código Penal brasileiro, bem como o crime tipificado no art. 178 do Código Penal estrangeiro, equivale ao delito de atentado violento ao pudor, na forma tentada (art. 214, c/c art. 14, inciso II, do CPB).
II - A extradição não deve prosperar em relação aos delitos de *invasão de domicílio* e de *violação de medida cautelar*, em virtude da prescrição da pretensão punitiva estatal, segundo a legislação brasileira. Os delitos nacionais são correspondentes aos arts. 150, §1º, e 330 do Código Penal brasileiro. Consideradas as penas em abstrato cominadas - 2 (dois) anos e 6 (seis) meses de detenção - e a ausência de notícia da ocorrência de marcos interruptivos desde a época dos fatos (2009), forçoso é concluir pela extinção da acusação, quanto aos referidos delitos.
III - Extradição parcialmente deferida - apenas em relação aos delitos de lesões corporais com meio perigoso e de agressão sexual -a qual permanecerá sobrestada até a resolução do processo a que o estrangeiro reponde no Brasil, podendo ser efetivada imediatamente, por decisão da Presidenta da República. **(Inform. STF 737)**

754 VADE MECUM DE JURISPRUDÊNCIA – STF/STJ

Ext N. 1.306-DF

RELATOR: MIN. RICARDO LEWANDOWSKI
Ementa: EXTRADIÇÃO INSTRUTÓRIA. GOVERNO DO REINO UNIDO. EXTENSÃO DO TRATADO POR TROCA DE NOTAS. ILHAS DE TURKS E CAICOS. CRIMES DE QUADRILHA E CORRUPÇÃO PASSIVA. DUPLA TIPICIDADE. *COMMON LAW*. IMPOSSIBILIDADE DE EXAME DE PROVAS. PEDIDO DE REFÚGIO INDEFERIDO PELO CONARE. NÃO OCORRÊNCIA DE PERSEGUIÇÃO POLÍTICA. ALEGAÇÕES DE VÍCIOS DE NATUREZA FORMAL. NÃO OCORRÊNCIA. AUSÊNCIA DE PRESCRIÇÃO. COMPROMISSO DO ESTADO REQUERENTE DE COMUTAR A PENA EVENTUALMENTE IMPOSTA EM PERIODO NÃO SUPERIOR A 30 ANOS. DETRAÇÃO. EXTRADIÇÃO DEFERIDA.
I - A extensão do Tratado de Extradição entre a República Federativa do Brasil e o Reino Unido da Grã-Bretanha e Irlanda do Norte às Ilhas Turks e Caicos foi realizada por intermédio de troca de notas, nos termos do art. 16 do Tratado de Extradição firmado entre os dois países.
II – As condutas imputadas ao extraditando, *suborno* e *conspiração*, amoldam-se aos arts. 288 e 317 do Código Penal brasileiro, na medida em que, segundo as imputações realizadas no Estado requerente, associaram-se mais de três pessoas com o objetivo de cometer crimes e houve solicitação ou recebimento de vantagem indevida para si ou para outrem, direta ou indiretamente, ainda que fora da função pública ou antes de assumi-la, mas em razão dela. Dupla tipicidade atendida.
III – Os delitos são de natureza criminal comum, o que afasta a alegação de que se estaria extraditando por crime político.
IV – No pedido de extradição não cabe ao Tribunal pesquisar os elementos de convicção nos quais se fundou a Justiça do Estado estrangeiro para iniciar a investigação penal e decretar a prisão preventiva do extraditando. Precedentes.
V - O pedido de refúgio foi indeferido pelo CONARE e, posteriormente, em grau de recurso administrativo de última instância pelo Ministro de Estado da Justiça.
VI – No processo extradicional, os sistemas jurídicos de natureza diversa, tal como ocorre na espécie *(Civil Law* e *Common Law)*, devem ser compatibilizados, sob pena de a cooperação jurídica internacional tornar-se inviável.
VII - A entrega do extraditando fica condicionada à formalização de compromisso, pelo Estado requerente, de comutar em pena não superior a 30 (trinta) anos, as penas de prisão perpétua eventualmente impostas ao extraditando e a observância da detração em relação ao período de prisão preventiva no Brasil.

VIII - Extradição deferida, condicionada à formalização de compromisso. (Inform. STF 731)

Ext N. 1.247-REPÚBLICA PORTUGUESA

RELATORA: MIN. CÁRMEN LÚCIA
EMENTA: EXTRADIÇÃO INSTRUTÓRIA. PRISÃO DECRETADA PELA JUSTIÇA PORTUGUESA. TRATADO ESPECÍFICO: REQUISITOS ATENDIDOS. CRIMES DE BURLA SIMPLES, BURLA QUALIFICADA E FALSIFICAÇÃO AGRAVADA DE DOCUMENTO. DELITOS DE FALSO ABSORVIDOS PELOS DELITOS DE BURLA: PRINCÍPIO DA CONSUNÇÃO. PRESCRIÇÃO. EXTINÇÃO DA PUNIBILIDADE DOS CRIMES DE BURLA SIMPLES. EXTRADITANDO QUE RESPONDE A AÇÃO PENAL NO BRASIL. EXTRADIÇÃO PARCIALMENTE DEFERIDA, CONDICIONADA À CONCLUSÃO DA AÇÃO A QUE RESPONDE O EXTRADITANDO NO BRASIL, SALVO DETERMINAÇÃO EM CONTRÁRIO DA PRESIDENTE DA REPÚBLICA. PRECEDENTES.
1. O pedido formulado pela República Portuguesa atende aos pressupostos necessários ao seu deferimento parcial, nos termos da Lei n. 6.815/80 e do Tratado de Extradição específico, inexistindo irregularidades formais.
2. Pela legislação brasileira, os fatos imputados ao Extraditando contêm elementos que configuram, em tese, os crimes de estelionato (art. 171 do Código Penal) e falsificação de documentos públicos (art. 297 do Código Penal). Os delitos de falso, contudo, são absorvidos, no caso, pelos estelionatos, impondo-se que, em relação a eles, seja a extradição indeferida.
3. Os delitos de burla simples encontram-se prescritos pela legislação portuguesa.
4. A aplicação, ao caso, do art. V, item II, do Tratado de Extradição firmado entre Brasil e Portugal é discricionariedade da Presidência da República, incumbindo a este Supremo Tribunal Federal somente a análise da legalidade do pedido extradicional.
5. A Súmula n. 421 deste Supremo Tribunal Federal dispõe que não impede a extradição a circunstância de ser o Extraditando casado com brasileira ou ter filho brasileiro.

6. A existência de processo no Brasil, por crime diverso e que teria ocorrido em data posterior ao fato objeto do pedido de Extradição, não impede o deferimento da extradição, cuja execução deve aguardar a conclusão do processo ou do cumprimento da pena eventualmente aplicada, salvo determinação em contrário do Presidente da República (arts. 89 e 67 da Lei n. 6.815/1980).
7. Extradição parcialmente deferida. (Inform. STF 726)

Extradição e art. 89 do Estatuto do Estrangeiro
A 2ª Turma resolveu questão de ordem em extradição, para reconhecer que o extraditando poderá ser entregue imediatamente ao país requerente, sob pena de expedição de alvará de soltura. Na espécie, em 22.7.2011, o estrangeiro fora preso por determinação desta Corte, para fins de extradição, cuja decisão transitara em julgado em 6.12.2012. Porém, até a presente data, sua extradição não fora efetivada. Informações solicitadas noticiaram que a manutenção da custódia decorrera de condenação, em 9.9.2013, pela prática, no território brasileiro, do delito de falsidade ideológica. Apenado a um ano de reclusão e ao pagamento de 10 dias-multa, em regime inicial aberto, a reprimenda fora posteriormente substituída por restritiva de direito. A Turma apontou que, conquanto não houvesse transitado em julgado a condenação pelo crime praticado no Brasil, não existiria outro motivo para a segregação cautelar do extraditando. Ressaltou, ainda, o que disposto no art. 89 da Lei 6.815/80 ("*Quando o extraditando estiver sendo processado, ou tiver sido condenado, no Brasil, por crime punível com pena privativa de liberdade, a extradição será executada somente depois da conclusão do processo ou do cumprimento da pena, ressalvado, entretanto, o disposto no artigo 67*"). Aduziu que, nos termos da Lei 6.815/80, caberia ao Presidente da República avaliar a conveniência e a oportunidade da entrega do estrangeiro antes da conclusão da ação ou do cumprimento da pena. Ressaltou, ademais, a peculiaridade do caso e a iminência da extinção da pena do extraditando. Por fim, julgou prejudicado pedido de transferência para outra superintendência da polícia federal.
Ext 1232 QO/Governo da Espanha, rel. Min. Gilmar Mendes, 8.10.2013. (Ext-1232)

QUEST. ORD. EM Ext N. 1.232-REINO DA ESPANHA

RELATOR:MIN. GILMAR MENDES
Questão de ordem. 2. Extradição parcialmente deferida. Trânsito em julgado. 3. Estrangeiro condenado pela Justiça brasileira por falsidade ideológica (art. 299, *caput*, do CP) à pena de 1 ano, com detração de 10 meses e 29 dias. Regime aberto. Substituição da pena privativa de liberdade por 1 pena restritiva de direito. 4. Reprimenda na iminência de ser extinta (em 10 de outubro de 2013). Art. 67 da Lei 6.815/80. 5. Questão de ordem resolvida no sentido de reconhecer que o extraditando poderá ser entregue imediatamente, sob pena de expedição de alvará de soltura. (Inform. STF 726)

EXT N. 1.261-GOVERNO DA ITÁLIA

RELATOR : MIN. ROBERTO BARROSO
EXTRADIÇÃO EXECUTÓRIA REQUERIDA PELO GOVERNO DA ITÁLIA. REGULARIDADE FORMAL. INDEFERIMENTO DE PEDIDO QUANTO AO CRIME DE EVASÃO SEM VIOLÊNCIA CONTRA PESSOA POR FALTA DE TIPICIDADE NO BRASIL. DEFERIMENTO DO PLEITO QUANTO AO CRIME DE TRÁFICO DE ENTORPECENTES. NÃO OCORRÊNCIA DE PRESCRIÇÃO DIANTE DA PREVISÃO DE CAUSA ESPECÍFICA DE INTERRUPÇÃO DO PRAZO PREVISTA EM TRATADO BILATERAL.
1. Extradição executória requerida pelo Governo da Itália com fundamento no Tratado Bilateral entre a República Federativa do Brasil e a República Italiana, promulgado pelo Decreto nº 863/93.
2. Condenação do requerido por tráfico de entorpecentes e por evasão em sentença transitada em julgado proferida pelo Poder Judiciário do país requerente.
3. Regularidade formal do pedido. Nota Verbal acompanhada da ordem de execução da sanção penal, de cópia da legislação italiana pertinente, da sentença e de decisão de unificação das penas, com a correspondente tradução. Cumprida a ordem de prisão preventiva, o requerido foi interrogado e apresentou defesa.
4. Pedido de extradição indeferido em relação ao crime de evasão. Ausência de dupla tipificação, pois o art. 352, do Código Penal Brasileiro, exige que a evasão ocorra com violência contra pessoa.
5. Pedido de extradição deferido quanto ao crime de tráfico de entorpecentes. O requerido tem nacionalidade italiana e teve sua extradição requerida

21. DIREITO INTERNACIONAL   755

para efetivação de execução de pena privativa de liberdade, imposta por Tribunal competente, por crime previsto na legislação penal de ambos os países signatários de Tratado de Extradição. O Brasil não é competente para julgamento do crime, que não tem natureza política.

6. Não ocorrência de prescrição da pretensão executória na Itália e no Brasil em relação ao crime de tráfico e entorpecentes. No que se refere à aplicação da lei penal brasileira, houve interrupção do prazo prescricional quando do recebimento do pedido de extradição, na forma prevista no Tratado Bilateral entre o Brasil e a Itália. **(Inform. STF 720)**

Extradição e constituição de crédito tributário

Não há que se falar na exigência de comprovação da constituição definitiva do crédito tributário para se conceder extradição. Com base nesse entendimento, a 2ª Turma deferiu pedido de extradição instrutória, fundado em promessa de reciprocidade, para que nacional alemão responda por crime de sonegação de impostos. Observou-se ser necessário aplicar ao caso o que disposto no art. 89 da Lei 6.815/80 (Estatuto do Estrangeiro: "*Art. 89. Quando o extraditando estiver sendo processado, ou tiver sido condenado, no Brasil, por crime punível com pena privativa de liberdade, a extradição será executada somente depois da conclusão do processo ou do cumprimento da pena, ressalvado, entretanto, o disposto no artigo 67*"), tendo em vista que o extraditando fora condenado pela prática de delito diverso no Brasil. Enfatizou-se que se exigiria a tipicidade em ambos os Estados para o reconhecimento do pedido, e não que o Estado requerente seguisse as mesmas regras fazendárias existentes no Brasil.

Ext 1222/República Federal da Alemanha, 20.8.2013. (Ext-1222) (Inform. STF 716)

Ext N. 1.290-DF

RELATORA: MIN. ROSA WEBER

EMENTA: EXTRADIÇÃO. CRIME DE TRÁFICO DE PESSOAS. CORRESPONDÊNCIA COM O CRIME DE TRÁFICO INTERNO DE PESSOA PARA FIM DE EXPLORAÇÃO SEXUAL. DUPLA INCRIMINAÇÃO CONFIGURADA. PRESCRIÇÃO: NÃO-OCORRÊNCIA. INEXISTÊNCIA DE ÓBICES LEGAIS À EXTRADIÇÃO. ENTREGA CONDICIONADA À ASSUNÇÃO DE COMPROMISSO QUANTO À DETRAÇÃO DA PENA.

1. Pedido de extradição formulado pela República da Colômbia que atende aos requisitos da Lei nº 6.815/1980 e do Tratado de Extradição específico.

2. Crime de tráfico de pessoas que corresponde ao crime de tráfico interno de pessoa para fim de exploração sexual, do art. 231-A do Código Penal. Dupla incriminação atendida.

3. Não-ocorrência de prescrição e inexistência de óbices legais.

4. O compromisso de detração da pena, considerando o período de prisão decorrente da extradição, deve ser assumido antes da entrega do preso, não obstando a concessão da extradição. O mesmo é válido para os demais compromissos previstos no art. 91 da Lei nº 6.815/1980.

5. Extradição deferida. **(Inform. STF 715)**

Ext N. 1.304-DF

RELATOR: MIN. TEORI ZAVASCKI

Ementa: EXTRADIÇÃO. GOVERNO DE PORTUGAL. EXISTÊNCIA DE TRATADO BILATERAL PREVENDO DE EXTRADIÇÃO VOLUNTÁRIA. DISPENSA DE INTERROGATÓRIO. PRESSUPOSTOS E REQUISITOS ATENDIDOS. EXTRADIÇÃO DEFERIDA.

1. O Tratado de Extradição firmado entre o Governo da República Federativa do Brasil e o Governo da República Portuguesa, promulgado pelo Decreto 1.325/94, prevê, em seu artigo XIII, que "a pessoa detida para efeito de extradição pode declarar que consente com a sua entrega imediata à parte requerente e que renuncia ao processo judicial de extradição, depois de advertida de que tem direito a este processo". Em casos tais, prevê o Tratado um procedimento especial, mais célere, em substituição ao processo extradicional comum (que, entre nós, é o da Lei 6.815/80). No caso, o Extraditando, estando detido, apresentou formalmente o pedido de extradição voluntária. Nos termos da jurisprudência do STF em situação análoga (Ext 1144, Min. Ellen Gracie, DJ de 20.09.2009), foi dispensado o interrogatório. Tendo o procedimento comum sido cumprido em todas as etapas, não subsiste razão para, no caso, adotar o procedimento especial previsto no Tratado.

2. Atendidos os pressupostos e requisitos próprios, defere-se o pedido de extradição. **(Inform. STF 715)**

Ext N. 1.251- REPÚBLICA FRANCESA

RELATOR: MIN. GILMAR MENDES

Extradição instrutória. 2. Crimes de tráfico internacional de entorpecentes, contrabando e formação de quadrilha. 3. Superveniência de sentença condenatória com aplicação de pena de 10 anos de reclusão. Possibilidade de conversão da extradição instrutória em extradição executória. 4. Atendimento dos requisitos formais. Dupla tipicidade e punibilidade. 5. O fato de o extraditando ter filho brasileiro não constitui óbice ao deferimento da extradição. 6. Alegações de insuficiência de provas da participação do estrangeiro nos fatos delituosos e de julgamento à revelia devem ser suscitadas perante a Justiça francesa. Sistema de contenciosidade limitada peculiar ao processo de extradição. 7. Pedido deferido. **(Inform. STF 711)**

Ext N. 1.252-REINO DA ESPANHA

RELATORA: MIN. CÁRMEN LÚCIA

EMENTA: EXTRADIÇÃO. PEDIDO FORMULADO COM BASE NO TRATADO DE EXTRADIÇÃO BRASIL-ESPANHA. CRIME DE TRÁFICO INTERNACIONAL DE PESSOA PARA FIM DE EXPLORAÇÃO SEXUAL E CRIME DE FAVORECIMENTO DA PROSTITUIÇÃO: DUPLA TIPICIDADE ATENDIDA. PRESCRIÇÃO: NÃO-OCORRÊNCIA. EXTRADITANDO COM CÔNJUGE E FILHAS NO BRASIL: APLICAÇÃO DA SÚMULA 421 DO SUPREMO TRIBUNAL FEDERAL. EXTRADIÇÃO DEFERIDA.

1. O pedido formulado pelo Reino da Espanha atende aos pressupostos necessários ao seu deferimento, nos termos da Lei n. 6.815/80 e do Tratado de Extradição específico.

2. Satisfeito está o requisito da dupla tipicidade, previsto no art. 77, inc. II, da Lei n. 6.815/80. Os fatos delituosos imputados ao Extraditando corresponde, no Brasil, ao crime de tráfico internacional de pessoa para fim de exploração sexual, previsto no art. 231 do Código Penal, e ao crime de favorecimento da prostituição ou outra forma de exploração sexual, previsto no art. 228, §2º, do Código Penal.

3. Em atendimento ao disposto no art. 77, inc. VI, da Lei n. 6.815/80 e no art. VI, alínea c, do Tratado específico, observa-se não ter ocorrido a prescrição da pena, sob a análise da legislação de ambos os Estados.

4. Extraditando tem esposa e filhas brasileiras: irrelevância: aplicação da Súmula n. 421, deste Supremo Tribunal Federal: "não impede a extradição a circunstância de ser o extraditando casado com brasileira ou ter filho brasileiro".

5. A jurisprudência deste Supremo Tribunal é firme no sentido de que mesmo em ocorrendo concurso de jurisdições penais entre o Brasil e o Estado requerente, torna-se lícito deferir a extradição naquelas hipóteses em que o fato delituoso, ainda que pertencendo, cumulativamente, ao domínio das leis brasileiras, não haja originado procedimento penal-persecutório, contra o extraditando, perante órgãos competentes do Estado brasileiro. Precedentes

6. O Reino da Espanha deverá assegurar a detração do tempo em que o Extraditando tenha permanecido preso no Brasil, por força do pedido formulado: aplicação da regra prevista no art. VI 1, do Tratado específico: "a extradição não será concedida sem que o Estado requerente dê garantias de que será computado o tempo da prisão que tiver sido imposta ao reclamado no estado requerido, por força da extradição".

7. Extradição deferida. **(Inform. STF 710)**

PPE N. 623-REPÚBLICA DO LÍBANO

RELATORA: MIN. CÁRMEN LÚCIA

EMENTA: PRISÃO PREVENTIVA PARA EXTRADIÇÃO. PEDIDO DE EXTRADIÇÃO FORMULADO PELA REPÚBLICA DO LÍBANO. EXTRADITANDO PRESO. AUSÊNCIA DE CÓPIAS DE TEXTOS LEGAIS, COMO EXIGE A LEI N. 6.815/80. ABERTURA DE PRAZO PARA QUE O ESTADO REQUERENTE APRESENTASSE OS DOCUMENTOS REQUISITADOS EM DILIGÊNCIA DETERMINADA PELO PLENÁRIO DESTE STF, TIDOS POR INDISPENSÁVEIS AO EXAME DA LEGALIDADE E PROCEDÊNCIA DA EXTRADIÇÃO. OMISSÃO DO ESTADO-REQUERENTE EM COMPLEMENTAR A INSTRUÇÃO DO PEDIDO. PEDIDO DE EXTRADIÇÃO INDEFERIDO.

1. O Estado requerente é obrigado a produzir, nos autos do processo extradicional, todas as informações e documentos aptos a comprovar os requisitos necessários ao deferimento, por este Supremo Tribunal, do pedido de extradição, sob pena de indeferimento.

2. Na espécie vertente, mesmo intimada para que, no prazo improrrogável de 60 dias, a) formalizasse o pedido de extradição; b) providenciasse a cópia "dos documentos necessários à aferição da ocorrência ou não do trânsito em julgado da condenação e de cópias (...) das normas penais concernentes

ao crime de tráfico internacional de entorpecentes – previsto nos arts. 125 e 126 da Lei nº 673/9 –, às penas correspondentes e à prescrição e suas causas de suspensão e interrupção", tudo devidamente traduzido para o idioma português, nos termos do art. 80 da Lei n. 6.815/80; c) esclarecesse os pressupostos constitucionais ou legais que garantiriam a "possibilidade jurídica de a República do Líbano formular pedido de extradição com base em promessa de reciprocidade, à vista do que dispõe o artigo 30 do Código Penal libanês"; d) elucidasse "se existe possibilidade legal e constitucional de os libaneses naturalizados serem objetos de pedidos de extradição"; e e) indicasse a autoridade que, na forma do ordenamento libanês tem poderes para autorizar o oferecimento, em nome do Estado, de promessa de reciprocidade; a representação diplomática do Estado-Requerente não atendeu integralmente às exigências referentes aos itens "b", "c" e "d", o que impede, na linha da jurisprudência deste Supremo Tribunal, o prosseguimento da presente prisão preventiva para extradição.

3. Extradição indeferida. **(Inform. STF 708)**

Ext N. 1.125 QO-CONFEDERAÇÃO HELVÉTICA
RELATOR: MIN. GILMAR MENDES
Questão de ordem. 2. Extradição parcialmente deferida. Plenário. 3. Manutenção de valores custodiados no Banco Central do Brasil, aguardando manifestação das partes para posterior decisão do STF. 4. Pedido de levantamento dos valores custodiados em nome do estrangeiro para pagamento de proposta de honorários advocatícios. 5. Ausência de certeza quanto à origem dos valores bloqueados e falta de decisão judicial executória. Apreciação descumprimento contratual ou, ainda, confissão de dívida por parte do extraditando foge à competência constitucional desta Corte. 6. Questão de ordem que se resolve no sentido de indeferir o pedido. Determinação ao Ministério da Justiça para diligenciar junto ao Estado requerente meio e forma para que o valor possa ser transferido àquele país, ao qual cabe decidir seu destino. **(Inform. STF 706)**

Extradição e honorários advocatícios
O exame de eventual descumprimento contratual por parte do extraditando com o seu advogado, bem como a confissão de dívida firmada em favor de seu defensor, se destituídos de elementos probatórios suficientes da licitude dos valores bloqueados, não podem ser apreciados em sede de extradição. Com base nessa orientação, a 2ª Turma resolveu questão de ordem em extradição no sentido de indeferir o pedido de levantamento de valores para o pagamento de honorários advocatícios devidos por nacional suíço entregue às autoridades daquele país. Na espécie, a defesa do estrangeiro requerera a liberação de valores apreendidos e acautelados junto ao Bancen e à CEF e consequente expedição de alvarás de levantamento das quantias em favor de seu representante legal. Argumentava, ainda, que os valores não teriam vínculo com os fatos apurados pela justiça suíça, porque frutos do trabalho do extraditando no Brasil. Posteriormente, apresentara confissão de dívida, formalizada pelo extraditando, decorrente do não pagamento de honorários advocatícios, com pedido de liberação de quantia em favor do causídico. Destacou-se que, em razão de o processo de extradição competir, originariamente, ao STF, também a ele competiria apreciar pleito incidental de restituição ou levantamento de bens ou valores, perpetrado por terceiro. Asseverou-se, todavia, que o direito sobre coisa ou moeda tidos em depósito dever-se-ia mostrar incontroverso e indene de dúvidas. Aduziu-se que, embora o Estado requerente não tivesse protestado pela apreensão ou devolução de numerário em instituição bancária nacional, os autos não conteriam elementos suficientes para aferir a procedência dos valores. Concluiu-se que a pretensão do advogado em satisfazer seus honorários submeter-se-ia à esfera cível competente, juízo em que obteria decisão executória, com fundamento em título extrajudicial – no caso, o contrato de serviço ou a confissão de dívida –, a legitimar a apropriação do montante relativo aos serviços prestados.
Ext 1125 QO/Confederação Helvética, rel. Min. Gilmar Mendes, 24.4.2013. (Ext-1125) (Inform. STF 703)

Extradição e incidência do art. 366 do CPP
A 2ª Turma acolheu, em parte, embargos de declaração para, sem alterar o julgamento, esclarecer que não caberia, em extradição passiva, indagar sobre ser o procedimento estrangeiro idêntico ou similar ao adotado na legislação pátria, mas, sim, se haveria, pela narrativa dos fatos, dupla tipicidade da conduta praticada para, então, saber se aplicável a legislação nacional sobre a prescrição penal. Os embargos foram opostos ao argumento de que o embargante já teria sido citado no Estado requerente. Pretendia-se, ainda, a manifestação da Corte quanto à constitucionalidade do art. 366 do CPP ("Se o acusado, citado por edital, não comparecer, nem constituir advogado, ficarão suspensos o processo e o curso do prazo prescricional, podendo o juiz determinar a produção antecipada das provas consideradas urgentes e, se for o caso, decretar prisão preventiva, nos termos do disposto no art. 312") e sua incidência no âmbito do processo extradicional, em face da necessidade de citação editalícia e decisão judicial de suspensão da prescrição. Aduziu-se que os embargos não mereceriam acolhida no que concerne à aplicação do art. 366 do CPP ao processo de extradição. Destacou-se jurisprudência do STF acerca da constitucionalidade da mencionada norma, inexistente qualquer incompatibilidade com a Constituição. **Ext 1218 ED/EUA, rel. Min. Ricardo Lewandowski, 19.3.2013. (Ext-1218) (Inform. STF 699).**

📖 Súmula STF nº 692
Não se conhece de "habeas corpus" contra omissão de relator de extradição, se fundado em fato ou direito estrangeiro cuja prova não constava dos autos, nem foi ele provocado a respeito.

📖 Súmula STF nº 421
Não impede a extradição a circunstância de ser o extraditando casado com brasileira ou ter filho brasileiro.

3. EXPULSÃO

HC: reingresso ao Brasil e decreto expulsório de estrangeiro
A 2ª Turma denegou ordem em "habeas corpus" no qual cidadão americano pretendia salvo-conduto para reingressar no Brasil e nele transitar, não obstante decreto presidencial, de 30.10.1978, que o expulsara do País. A defesa sustentava que, cessado o regime militar — com a abertura política e o advento de novo regime constitucional —, buscara informações e autoridades diplomáticas noticiaram não haver qualquer impedimento para a entrada do súdito estrangeiro no Brasil. Em 2011, o paciente fora impedido de entrar no País, embora portador de visto consular, sob alegação de haver, no sítio da polícia federal, notícia sobre o decreto de sua expulsão. Aduzia, em consequência, estar caracterizado constrangimento ilegal na sua liberdade de ir e vir. A Ministra Cármen Lúcia (relatora) consignou que, apesar de haver solicitado, não recebera, por parte do Ministério da Justiça, cópia do inquérito sumário do paciente. A relatora destacou que a Advocacia-Geral da União informara que o processo de expulsão obedecera às normas previstas no Decreto 66.689/1970 e que o estrangeiro não apresentara defesa capaz de desfazer o conceito de pessoa nociva e perigosa a ele imputado. Tendo em conta esses fatos, a Turma asseverou que, diante da fé pública das informações prestadas, não estaria comprovada qualquer ilegalidade no ato expulsório. **HC 119773/DF, rel. Min. Cármen Lúcia, 30.9.2014. (HC-119773) (Inform. STF 761)**

HC 92.769/RJ
RELATOR: Ministro Celso de Mello
"*HABEAS CORPUS*". EXPULSÃO DE ESTRANGEIRO. ATO DISCRICIONÁRIO DO ESTADO BRASILEIRO. EXAME JUDICIAL LIMITADO À LEGITIMIDADE JURÍDICA DESSE ATO, CONSIDERADOS OS PRESSUPOSTOS LEGAIS DE INEXPULSABILIDADE (LEI Nº 6.815/80, ART. 75). DOUTRINA. PRECEDENTES (HC 87.053/DF, Rel. Min. CELSO DE MELLO, PLENO, *v.g.*). INOCORRÊNCIA, *NA ESPÉCIE*, DE CAUSA LEGAL OBSTATIVA DO ATO EXPULSÓRIO. PEDIDO INDEFERIDO. DJe de 22.5.2014. **(Inform. STF 756)**

HC N. 117.944-SP
RELATOR: MIN. DIAS TOFFOLI
EMENTA: *Habeas corpus*. Expulsão de estrangeiro. Direito de permanecer no Brasil. Artigo 75 do Estatuto do Estrangeiro (Lei nº 6.815/80. Ordem concedida em menor extensão.
1. Em princípio, se o caso não é de flagrante constrangimento ilegal, segundo o enunciado da Súmula nº 691, não compete ao Supremo Tribunal Federal conhecer de **habeas corpus** contra decisão em que o relator da causa, em **habeas corpus** requerido a Tribunal Superior, indefere a liminar.
2. Entretanto, o caso evidencia situação de flagrante ilegalidade apta a ensejar o afastamento excepcional do referido óbice processual.
3. Segundo a jurisprudência consolidada do Supremo Tribunal Federal, não é possível aferir-se, na via estreita do writ, a existência da união estável

21. DIREITO INTERNACIONAL

por lapso superior a 5 anos, nem a prova de dependência econômica da companheira e da prole do paciente. Precedentes.

4. Pelo que se depreende dos documentos que instruem a impetração, em especial as informações prestadas pelo Ministério da Justiça (fls. 58/64 do anexo de instrução 12), embora decretada a expulsão, estão em andamento diligências administrativas tendentes à comprovação do alegado vínculo familiar e da dependência econômica, visando a eventual reversão da medida caso verificada superveniente ausência dos requisitos autorizadores.

5. Está configurada a situação excepcional de constrangimento ilegal flagrante, a ensejar a superação do óbice processual evidenciado e a suspensão dos efeitos do decreto de expulsão do paciente, consubstanciado na Portaria nº 2.037, de 30 de julho de 2010, até que sejam concluídas as diligências administrativas ordenadas.

6. Ordem concedida em menor extensão. **(Inform. STF 745)**

DIREITO CONSTITUCIONAL E INTERNACIONAL PÚBLICO. CONDIÇÃO PARA EXPULSÃO DE REFUGIADO.

A expulsão de estrangeiro que ostente a condição de refugiado não pode ocorrer sem a regular perda dessa condição. Inicialmente, cumpre ressaltar que a expulsão é ato discricionário de prerrogativa do Poder Executivo, constitucionalmente responsável pela política externa do país e pela adoção de atos que gerem reflexos às relações internacionais do Brasil com outros países. Não obstante, o reconhecimento da discricionariedade do ato de expulsão não corresponde à afirmação de que tal ato seria insuscetível de apreciação e revisão pelo Poder Judiciário, mas apenas quer significar que, ao analisar o ato, não poderá o Estado-Juiz substituir-se à atuação da chefia do Executivo na avaliação da conveniência, necessidade, oportunidade e utilidade da expulsão, devendo limitar-se à análise do cumprimento formal dos requisitos e à inexistência de óbices à expulsão. Nesse contexto, salienta-se que tanto a Convenção das Nações Unidas relativa ao Estatuto dos Refugiados (art. 32) quanto a Lei 9.474/1997 (art. 36) preveem que o refugiado que esteja regularmente registrado não será expulso do território nacional, salvo por motivos de segurança nacional ou de ordem pública. De fato, não cabe ao Judiciário a avaliação acerca da pertinência da caracterização da condenação do refugiado como motivo de segurança nacional ou ordem pública suficiente para justificar a expulsão. Entretanto, o conjunto de normas que tratam da matéria impõem alguns cuidados adicionais ao Executivo. O primeiro é o relativo à impossibilidade de que o refugiado seja devolvido ao local onde sua vida, liberdade ou dignidade correm riscos. Essa limitação não é só uma decorrência da referida Convenção (art. 33) e da Lei 9.474/1997 (art. 37), mas também dos mais importantes valores tutelados pela nossa Constituição, que elege a dignidade da pessoa humana como fundamento da República Federativa do Brasil (art. 1º, III) e dispõe que, em suas relações internacionais, o Brasil deverá se reger pela "prevalência dos direitos humanos" (art. 4º, II). Outro fator a ser considerado como limitação imanente à atuação do Executivo em matéria de expulsão de refugiados é a garantia do devido processo legal, que constitui direito fundamental assegurado pelo art. 5º, LV, da CF e também encontra previsão expressa na Convenção das Nações Unidas sobre o Estatuto dos Refugiados (art. 32). A Lei 9.474/1997, em seu art. 39, III, prevê que "implicará perda da condição de refugiado: [...] o exercício de atividades contrárias à segurança nacional ou à ordem pública". Tem-se, assim, que deve ser reconhecido como limitação imanente ao poder discricionário conferido ao Executivo para expulsar refugiado por motivos de segurança nacional ou ordem pública a conclusão de processo administrativo em que seja declarada a perda da condição de refugiado. **HC 333.902-DF, Rel. Min. Humberto Martins, julgado em 14/10/2015, DJe 22/10/2015. (Inform. STJ 571)**

---

4. HOMOLOGAÇÃO DE SENTENÇA ESTRANGEIRA

Homologação de sentença estrangeira e admissibilidade

O Plenário, por maioria, não conheceu de recurso extraordinário no qual se impugnava acórdão do STJ, que homologara parcialmente sentença estrangeira. A referida Corte endossara o reconhecimento da paternidade, mas excluíra a verba alimentar, por considerar que a fixação de alimentos ofenderia a ordem pública, tendo em conta o parâmetro utilizado para a estipulação do valor, assim como o termo inicial — nascimento do alimentando — para o cumprimento da obrigação. De início, por maioria, rejeitou-se questão de ordem, suscitada pelo Ministro Ricardo Lewandowski, para que o julgamento

fosse realizado de forma reservada. O Tribunal afirmou que a questão relativa à paternidade não estaria em jogo, porquanto já homologada, e que a discussão cingir-se-ia a aspecto estritamente processual. Na sequência, a Corte não vislumbrou matéria constitucional a ser apreciada pelo STF. Salientou a possibilidade de controle das decisões homologatórias de sentenças estrangeiras proferidas pelo STJ. Registrou, no entanto, a necessidade de rigor no exame da alegação de afronta à Constituição nessas hipóteses (CF, art. 102, II, a), sob pena de criação de nova instância revisional. O Colegiado destacou, ademais, que a recorrente invocara, genericamente, o princípio da dignidade da pessoa humana e o direito de igualdade entre os filhos, sem explicitar em que consistiriam as supostas vulnerações. Consignou, ainda, que a argumentação da recorrente estaria baseada em tratados e convenções internacionais que não possuiriam estatura constitucional. Vencidos os Ministros Marco Aurélio, relator, que conhecia do recurso extraordinário e lhe dava provimento, e o Ministro Dias Toffoli, que negava provimento ao recurso. O relator assentava o descabimento da revisão do tema de fundo da sentença estrangeira. O Ministro Dias Toffoli, por sua vez, entendia configurada a ofensa à ordem pública, uma vez que a sentença estrangeira padeceria de fundamentação no tópico relativo ao valor da pensão, já que não observado o binômio capacidade e necessidade. **RE 598770/República Italiana, rel. orig. Min. Marco Aurélio, red. p/ o acórdão Min. Roberto Barroso, 12.2.2014. (RE-598770) (Inform. STF 735)**

DIREITO PROCESSUAL CIVIL. DESNECESSIDADE DE COMPROVAÇÃO DO TRÂNSITO EM JULGADO PARA A HOMOLOGAÇÃO DE SENTENÇA ESTRANGEIRA DE DIVÓRCIO CONSENSUAL.

É possível a homologação de sentença estrangeira de divórcio, ainda que não exista prova de seu trânsito em julgado, na hipótese em que, preenchidos os demais requisitos, tenha sido comprovado que a parte requerida foi a autora da ação de divórcio e que o provimento judicial a ser homologado teve caráter consensual. O art. 5º, III, da Res. 9/2005 do STJ estabelece como requisito à referida homologação a comprovação do trânsito em julgado da sentença a ser homologada. Todavia, a jurisprudência do STJ é firme no sentido de que, quando a sentença a ser homologada tratar de divórcio consensual, será possível inferir a característica de trânsito em julgado. Precedentes citados: SEC 3.535-IT, Corte Especial, DJe 16/2/2011; e SEC 6.512-IT, Corte Especial, DJe 25/3/2013. **SEC 7.746-US, Rel. Min. Humberto Martins, julgado em 15/5/2013. (Inform. STJ 521)**

📄 **Súmula STF nº 420**

Não se homologa sentença proferida no estrangeiro sem prova do trânsito em julgado.

---

5. CONVENÇÕES

DIREITO DA CRIANÇA E DO ADOLESCENTE E PROCESSUAL CIVIL. RELAÇÃO DE PREJUDICIALIDADE EXTERNA ENTRE AÇÃO FUNDADA NA CONVENÇÃO DE HAIA SOBRE SEQUESTRO INTERNACIONAL DE CRIANÇAS E AÇÃO DE GUARDA E DE REGULAMENTAÇÃO DE VISITAS.

No caso em que criança tenha sido supostamente retida ilicitamente no Brasil por sua genitora, não haverá conflito de competência entre (a) o juízo federal no qual tramite ação tão somente de busca e apreensão da criança ajuizada pelo genitor com fundamento na Convenção de Haia sobre os Aspectos Civis do Sequestro Internacional de Crianças e (b) o juízo estadual de vara de família que aprecie ação, ajuizada pela genitora, na qual se discuta o fundo do direito de guarda e a regulamentação da visita à criança; verificando-se apenas prejudicialidade externa à ação ajuizada na Justiça Estadual, a recomendar a suspensão deste processo até a solução final da demanda ajuizada na Justiça Federal. Com efeito, o objetivo da Convenção de Haia sobre os Aspectos Civis do Sequestro Internacional de Crianças é repor à criança seu status quo, preservando o foro do país de sua residência habitual como o competente para julgar pedido de guarda, por configurar o juízo natural onde se pressupõe sejam melhor discutidas as questões a ela referentes e mais fácil a colheita de provas (art. 1º). Essa presunção, aliás, reforça a ideia de que a decisão sobre a guarda e regulamentação do direito de visitas não é objeto da ação de busca e apreensão de criança retida ilicitamente no território nacional. Aliás, os arts. 16, 17 e 19 da referida convenção corroboram esse entendimento e evidenciam que a competência para a decisão sobre a guarda da criança não é do juízo que vai decidir a medida de busca e apreensão da criança. Nesse passo, se for determinada a restituição da criança ao país de origem, lá é que se decidirá a respeito do fundo do direito de guarda e regulamentação de visitas. Por sua vez, caso seja indeferido o pleito de restituição, a decisão sobre essas questões caberá ao Juízo de Família competente. Desse modo, na ação de busca e apreensão que tramita na Justiça Federal não será definido o fundo de direito de guarda e regulamentação de visitas, por se tratar de questão para a qual existe foro próprio e adequado, seja no país de origem da criança, seja no Brasil. Portanto, a aludida ação de busca e apreensão de criança apresenta-se como uma prejudicialidade externa à ação de guarda e regulamentação de visitas proposta na Justiça Estadual, a recomendar sua suspensão desta, nos termos do art. 265, IV, "a", do CPC, e não a modificação da competência. Por fim, convém esclarecer que há três recentes precedentes do STJ que analisaram hipóteses semelhantes à que aqui se discute. Neles, reconheceu-se haver conflito e concluiu pela competência da Justiça Federal para o julgamento das causas que tramitavam na Justiça Estadual (CC 100.345-RJ, Segunda Seção, DJe 18/3/2009; CC 118.351-PR, Segunda Seção, DJe 5/10/2011; e CC 123.094-MG, Segunda Seção, DJe 14/2/2014). Entretanto, ante a inexistência de conexão entre a ação de busca e apreensão e a ação de guarda e regulamentação de visitas, não há se falar em conflito de competência entre as demandas em análise. **CC 132.100-BA, Rel. Min. João Otávio de Noronha, julgado em 25/2/2015, DJe 14/4/2015 (Inform. STJ 559).**

Antinomia entre o CDC e a Convenção de Varsóvia: transporte aéreo internacional - 1
O Plenário iniciou julgamento conjunto de recurso extraordinário e de recurso extraordinário com agravo em que se discute a norma prevalecente nas hipóteses de conflito entre o Código de Defesa do Consumidor – CDC e a Convenção de Varsóvia, alterada posteriormente pelo Protocolo Adicional 4, assinado em Montreal, a qual rege o transporte aéreo internacional. No RE 636.331/RJ, com repercussão geral reconhecida, a controvérsia envolve os limites de indenização por danos materiais em decorrência de extravio de bagagem em voos internacionais. No ARE 766.618/SP, a questão posta em debate diz respeito ao prazo prescricional para fins de ajuizamento de ação de responsabilidade civil por atraso em voo internacional.
RE 636331/RJ, rel. Min. Gilmar Mendes, e ARE 766618/SP, rel. Min. Roberto Barroso, 8.5.2014. (RE-636331)

Antinomia entre o CDC e a Convenção de Varsóvia: transporte aéreo internacional - 2
No RE 636.331/RJ, o Ministro Gilmar Mendes (relator) assentou a prevalência da Convenção de Varsóvia e demais acordos internacionais subscritos pelo Brasil em detrimento do CDC não apenas na hipótese de extravio de bagagem. Em consequência, deu provimento ao recurso extraordinário para limitar o valor da condenação por danos materiais ao patamar estabelecido na Convenção de Varsóvia, com as modificações efetuadas pelos acordos internacionais posteriores. Aduziu que a antinomia ocorreria, a princípio, entre o art. 14 do CDC, que impõe ao fornecedor do serviço o dever de reparar os danos causados, e o art. 22 da Convenção de Varsóvia — introduzida no direito pátrio pelo Decreto 20.704/1931 —, que fixa limite máximo para o valor devido pelo transportador, a título de reparação. Afastou, de início, a alegação de que o princípio constitucional que impõe a defesa do consumidor (CF, art. 5º, XXXII, e art. 170, V) impediria a derrogação do CDC por norma mais restritiva, ainda que por lei especial. Salientou que a proteção ao consumidor não seria a única diretriz a orientar a ordem econômica. Consignou também que o próprio texto constitucional, desde sua redação originária, determina, no art. 178, a observância dos acordos internacionais, quanto à ordenação do transporte aéreo internacional ("Art. 178. A lei disporá sobre a ordenação dos transportes aéreo, aquático e terrestre, devendo, quanto à ordenação do transporte internacional, observar os acordos firmados pela União, atendido o princípio da reciprocidade"). Realçou que, no tocante à aparente antinomia entre o disposto no CDC e na Convenção de Varsóvia — e demais normas internacionais sobre transporte aéreo —, não haveria diferença de hierarquia entre os diplomas normativos. Ambos teriam estatura de lei ordinária e, por isso, a solução do conflito envolveria a análise dos critérios cronológico e da especialidade.
RE 636331/RJ, rel. Min. Gilmar Mendes, e ARE 766618/SP, rel. Min. Roberto Barroso, 8.5.2014. (RE-636331)

Antinomia entre o CDC e a Convenção de Varsóvia: transporte aéreo internacional - 3
O Ministro Gilmar Mendes destacou, em relação ao critério cronológico, que os acordos internacionais em comento seriam mais recentes que o CDC. Observou que, não obstante o Decreto 20.704 tivesse sido publicado em 1931, sofrera sucessivas modificações que seriam posteriores ao CDC. O relator acrescentou, ainda, que a Convenção de Varsóvia — e os regramentos internacionais que a modificaram — seriam normas especiais em relação ao CDC, porquanto disciplinariam modalidade especial de contrato, qual seja, o contrato de transporte aéreo internacional de passageiros. Tendo em conta tratar-se de conflito entre regras que não possuiriam o mesmo âmbito de validade, sendo uma geral e outra específica, concluiu que deveria ser aplicado o parágrafo 2º do art. 2º da Lei de Introdução às Normas de Direito Brasileiro ("A lei nova, que estabeleça disposições gerais ou especiais a par das já existentes, não revoga nem modifica a lei anterior"). Frisou, ademais, que as disposições previstas nos aludidos acordos internacionais incidiriam exclusivamente nos contratos de transporte aéreo internacional de pessoas, bagagens ou carga. Assim, não alcançariam o transporte nacional de pessoas, que estaria excluído da abrangência do art. 22 da Convenção de Varsóvia. Por fim, esclareceu que a limitação indenizatória abarcaria apenas a reparação por danos materiais, e não morais.
RE 636331/RJ, rel. Min. Gilmar Mendes, e ARE 766618/SP, rel. Min. Roberto Barroso, 8.5.2014. (RE-636331)

Antinomia entre o CDC e a Convenção de Varsóvia: transporte aéreo internacional - 4
No ARE 766.618/SP, o Ministro Roberto Barroso (relator), ao afirmar que por força do art. 178 da CF, em caso de conflito, as normas das convenções que regem o transporte aéreo internacional prevaleceriam sobre o CDC, deu provimento ao recurso. Por conseguinte, julgou improcedente o pleito ante a ocorrência da prescrição. Abordou, de igual modo, os critérios tradicionais de solução de antinomias no Direito brasileiro: o da hierarquia, o cronológico e o da especialização. No entanto, reputou que a existência de dispositivo constitucional legitimaria a admissão dos recursos extraordinários nessa matéria, pois, se assim não fosse, a discussão cingir-se-ia ao âmbito infraconstitucional. Explicou, no ponto, que o art. 178 da CF previra parâmetro para a solução desse conflito, de modo que as convenções internacionais deveriam prevalecer. Reconheceu, na espécie, a incidência do art. 29 da Convenção de Varsóvia, que estabelece o prazo prescricional de dois anos, a contar da chegada da aeronave. No que se refere ao RE 636.331/RJ, acompanhou o voto proferido pelo Ministro Gilmar Mendes. Após o voto do Ministro Teori Zavascki, que acolhia ambos os recursos ao fundamento de que a Convenção de Varsóvia — e o sucessor Protocolo Adicional 4, de Montreal — preponderaria sobre o CDC, pediu vista a Ministra Rosa Weber.
RE 636331/RJ, rel. Min. Gilmar Mendes, e ARE 766618/SP, rel. Min. Roberto Barroso, 8.5.2014. (RE-636331) (Inform. STF 745)

---

6. DIREITO INTERNACIONAL PRIVADO

DIREITO INTERNACIONAL PRIVADO. CONVENÇÃO DA HAIA SOBRE ASPECTOS CIVIS DO SEQUESTRO INTERNACIONAL DE CRIANÇAS.
O pedido de retorno imediato de criança retida ilicitamente por sua genitora no Brasil pode ser indeferido, mesmo que transcorrido menos de um ano entre a retenção indevida e o início do processo perante a autoridade judicial ou administrativa (art. 12 da Convenção de Haia), na hipótese em que o menor – com idade e maturidade suficientes para compreender a controvérsia – estiver adaptado ao novo meio e manifestar seu desejo de não regressar ao domicílio paterno no estrangeiro. De fato, a autoridade central deve ordenar o retorno imediato da criança quando é acionada no período de menos de um ano entre a data da transferência ou da retenção indevidas e a data do início do processo perante a autoridade judicial ou administrativa do Estado contratante onde a criança se encontrar, nos termos do art. 12 da Convenção da Haia. Contudo, em situações excepcionalíssimas, nos termos da Convenção da Haia e no propósito de se preservar o superior interesse do menor, a autoridade central poderá negar o pedido de retorno imediato ao país de origem, como na hipótese de a criança já se encontrar integrada ao novo meio em que vive e manifestar o desejo de não regressar para o domicílio estrangeiro do genitor. Em tal cenário, deve-se priorizar o conteúdo da valiosa regra posta no art. 13 da referida Convenção, segundo a qual "A autoridade judicial ou administrativa pode também recusar-se a ordenar o retorno da criança se verificar que esta se opõe a ele e que a criança atingiu já idade e grau de maturidade tais que

21. DIREITO INTERNACIONAL   759

seja apropriado levar em consideração as suas opiniões sobre o assunto". Cuida-se, certamente, de diretriz de extrema importância e utilidade para a tomada de decisões na área de interesses de pessoas menores de 18 anos, que, aliás, encontrou plena receptividade no âmbito da posterior Convenção Internacional sobre os Direitos da Criança (ONU/1989), cujo art. 12 assim fez preceituar: "1. Os Estados-parte assegurarão à criança, que for capaz de formar seus próprios pontos de vista, o direito de exprimir suas opiniões livremente sobre todas as matérias atinentes à criança, levando-se devidamente em conta essas opiniões em função da idade e maturidade da criança. 2. Para esse fim, à criança será dada a oportunidade de ser ouvida em qualquer procedimento judicial ou administrativo que lhe diga respeito, diretamente ou através de um representante ou órgão apropriado, em conformidade com as regras processuais do direito nacional". **REsp 1.214.408-RJ, Rel. Min. Sérgio Kukina, julgado em 23/6/2015, DJe 5/8/2015 (Inform. STJ 565).**

DIREITO INTERNACIONAL PRIVADO. RELATIVIDADE DO ART. 10 DA LINDB. Ainda que o domicílio do autor da herança seja o Brasil, aplica-se a lei estrangeira da situação da coisa – e não a lei brasileira – na sucessão de bem imóvel situado no exterior. A LINDB, inegavelmente, elegeu o domicílio como relevante regra de conexão para solver conflitos decorrentes de situações jurídicas relacionadas a mais de um sistema legal (conflitos de leis interespaciais), porquanto consistente na própria sede jurídica do indivíduo. Assim, a lei do país em que for domiciliada a pessoa determina as regras sobre o começo e o fim da personalidade, o direito ao nome, a capacidade jurídica e dos direitos de família (art. 7º). Por sua vez, a lei do domicílio do autor da herança regulará a correlata sucessão, nos termos do art. 10 da lei sob comento. Em que pese a prevalência da lei do domicílio do indivíduo para regular as suas relações jurídicas pessoais, conforme preceitua a LINDB, esta regra de conexão não é absoluta. Como bem pondera a doutrina, outros elementos de conectividade podem, a depender da situação sob análise, revelarem-se preponderantes e, por conseguinte, excepcionar a aludida regra, tais como a situação da coisa, a faculdade concedida à vontade individual na escolha da lei aplicável, quando isto for possível, ou por imposições de ordem pública. Esclarece, ainda, que "a adoção de uma norma de direito estrangeiro não é mera concessão do Estado, ou um favor emanado de sua soberania, mas a consequência natural da comunidade de direito, de tal forma que a aplicação da lei estrangeira resulta como imposição de um dever internacional. Especificamente à lei regente da sucessão, pode-se assentar, de igual modo, que o art. 10 da LINDB, ao estabelecer a lei do domicílio do autor da herança para regê-la, não assume caráter absoluto. A conformação do direito internacional privado exige, como visto, a ponderação de outros elementos de conectividade que deverão, a depender da situação, prevalecer sobre a lei do domicílio do de cujus. Além disso, outras duas razões – a primeira de ordem legal; a segunda de ordem prática – corroboram com a conclusão de relatividade do disposto no art. 10, caput, da LINDB. No tocante ao primeiro enfoque, o dispositivo legal sob comento deve ser analisado e interpretado sistematicamente, em conjunto, portanto, com as demais normas internas que regulam o tema, em especial o art. 8º, caput, e § 1º do art. 12, ambos da LINDB e o art. 89 do CPC. E, o fazendo, verifica-se que, na hipótese de haver bens imóveis a inventariar situados, simultaneamente, aqui e no exterior, o Brasil adota o princípio da pluralidade dos juízos sucessórios. Como se constata, a própria LINDB, em seu art. 8º, dispõe que as relações concernentes aos bens imóveis devem ser reguladas pela lei do país em que se encontrem. Inserem-se, inarredavelmente, no espectro de relações afetas aos bens imóveis aquelas destinadas a sua transmissão/alienação, seja por ato entre vivos, seja causa mortis, cabendo, portanto, à lei do país em que situados regê-las. Por sua vez, o CPC, em seu art. 89 (abrangendo disposição idêntica à contida no § 2º do art. 12 da LINDB), é expresso em reconhecer que a jurisdição brasileira, com exclusão de qualquer outra, deve conhecer e julgar as ações relativas aos imóveis situados no país, assim como proceder ao inventário e partilha de bens situados no Brasil, independente do domicílio ou da nacionalidade do autor da herança. Sobressai, no ponto, a insubsistência da tese de que o Juízo sucessório brasileiro poderia dispor sobre a partilha de bem imóvel situado no exterior. Como assinalado, não resta sequer instaurada a jurisdição brasileira para deliberar sobre bens imóveis situados no estrangeiro, tampouco para proceder a inventário ou à partilha de bens imóveis sitos no exterior. O solo, em que se fixam os bens imóveis, afigura-se como expressão da própria soberania de um Estado e, como tal, não pode ser, sem seu consentimento ou em contrariedade ao seu ordenamento jurídico, objeto de ingerência de outro Estado. No ponto, já se pode antever a segunda razão – esta de ordem prática – a justificar a assertiva de que o art. 10 da LINDB encerra, de fato, regramento que comporta exceções. É que um provimento judicial emanado do juízo sucessório brasileiro destinado a deliberar sobre imóvel situado no exterior, além de se afigurar inexistente, pois, como visto, não instaurada sequer sua jurisdição, não deteria qualquer eficácia em outro país, destinatário da "ordem" judicial. Aliás, dentre os princípios que regem o Direito Internacional Privado, ganha cada vez mais relevo o da eficácia das decisões ou do Estado com melhor competência, informador da competência da lex rei sitae (lei da situação da coisa) para regular as relações concernentes aos bens imóveis, pois esta é a lei, inarredavelmente, que guarda melhores condições de impor a observância e o acatamento de seus preceitos. Assim, em havendo bens imóveis a serem inventariados ou partilhados simultaneamente no Brasil e no estrangeiro, a premissa de que a lei do domicílio do de cujus, sempre e em qualquer situação, regulará a sucessão, somente poderia ser admitida na remota – senão inexistente – hipótese de o Estado estrangeiro, cujas leis potencialmente poderiam reger o caso (em virtude de algum fator de conexão, v.g., situação da coisa, existência de testamento, nacionalidade, etc), possuir disposição legal idêntica à brasileira. Mais do que isso. Seria necessário que, tanto o Brasil, em que domiciliado a autora da herança, assim como o país estrangeiro, país em que situado o imóvel a ser inventariado, adotassem o princípio da unidade ou universalidade do juízo da sucessão e que, em ambos os países, o juízo sucessório fosse (com prejuízo de qualquer outra regra de conexão) o do domicílio do autor da herança. Todavia, em se tratando de bem imóvel situado no estrangeiro, circunstância que se relaciona diretamente com a própria soberania do Estado, difícil, senão impossível, cogitar a hipótese de este mesmo Estado estrangeiro dispor que a sucessão deste bem, nele situado, fosse regulada pela lei de outro país. No ordenamento jurídico nacional (art. 8º, caput, da LINDB, em conjunto com o art. 89 do CPC – abrangendo disposição idêntica à contida no § 2º do art. 12 da LINDB), tal hipótese seria inadmissível. A exegese ora propugnada, encontra ressonância na especializada doutrina, que bem esclarece a inidoneidade (e mesmo ineficácia) do critério unitário para reger a sucessão de bens imóveis situados em mais de um Estado, em claro descompasso com as demais normas internas que tratam do tema. Ademais, a jurisprudência do STJ, na linha da doutrina destacada, já decidiu que, "Adotado no ordenamento jurídico pátrio o princípio da pluralidade de juízos sucessórios, inviável se cuidar, em inventário aqui realizado, de eventuais depósitos bancários existentes no estrangeiro." (REsp 397.769-SP, Terceira Turma, DJ 19/12/2002). **REsp 1.362.400-SP, Rel. Min. Marco Aurélio Bellizze, julgado em 28/4/2015, DJe 5/6/2015 (Inform. STJ 563).**

DIREITO PROCESSUAL CIVIL E DIREITO INTERNACIONAL PRIVADO. COMPETÊNCIA PARA RECONHECIMENTO DE DIREITO A MEAÇÃO DE BENS LOCALIZADOS FORA DO BRASIL. Em ação de divórcio e partilha de bens de brasileiros, casados e residentes no Brasil, a autoridade judiciária brasileira tem competência para, reconhecendo o direito à meação e a existência de bens situados no exterior, fazer incluir seus valores na partilha. O Decreto-lei 4.657/1942 (Lei de Introdução às normas do Direito Brasileiro) prevê, no art. 7º, § 4º, que o regime de bens, legal ou convencional, deve obedecer "à lei do país em que tiverem os nubentes domicílio, e, se este for diverso, a do primeiro domicílio conjugal". E, no art. 9º, que, para qualificar e reger as obrigações, aplicar-se-á a lei do país em que se constituírem. As duas regras conduzem à aplicação da legislação brasileira, estando diretamente voltadas ao direito material vigente para a definição da boa partilha dos bens entre os divorciantes. Para o cumprimento desse mister, impõe-se ao magistrado, antes de tudo, a atenção ao direito material, que não excepciona bens existentes fora do Brasil, sejam eles móveis ou imóveis. Se fosse diferente, para dificultar o reconhecimento de direito ao consorte ou vilipendiar o que disposto na lei brasileira atinente ao regime de bens, bastaria que os bens de raiz e outros de relevante valor fossem adquiridos fora das fronteiras nacionais, inviabilizando-se a aplicação da norma a determinar a distribuição equânime do patrimônio adquirido na constância da união. A exegese não afronta o art. 89 do CPC, pois esse dispositivo legal disciplina a competência internacional exclusiva do Poder Judiciário brasileiro para dispor acerca de bens imóveis situados no Brasil e para proceder a inventário e partilha de bens (móveis e imóveis) situados no Brasil. Dele se extrai que a decisão estrangeira que viesse a dispor sobre bens imóveis ou móveis (estes em sede de inventário e partilha) mostrar-se-ia ineficaz no Brasil. O reconhecimento de direitos e obrigações relativos ao casamento, com apoio em normas de direito material a ordenar a divisão igualitária entre os cônjuges do patrimônio adquirido na constância da união, não exige que os bens móveis e imóveis existentes fora do Brasil sejam alcançados, pela Justiça Brasileira, a um dos contendores, demanda apenas a consideração de seus valores para fins da propalada equalização. **REsp 1.410.958-RS, Rel. Min. Paulo de Tarso Sanseverino, julgado em 22/4/2014. (Inform. STJ 544)**

DIREITO PROCESSUAL CIVIL E INTERNACIONAL PRIVADO. IRREGULA-RIDADE NA CITAÇÃO COMO ÓBICE À HOMOLOGAÇÃO DE SENTENÇA ESTRANGEIRA. Não pode ser homologada sentença estrangeira que decrete divórcio de brasileira que, apesar de residir no Brasil em local conhecido, tenha sido citada na ação que tramitou no exterior apenas mediante publicação de edital em jornal estrangeiro, sem que tenha havido a expedição de carta rogatória para chamá-la a integrar o processo. Isso porque, nessa situação, fica desatendido requisito elementar para homologação da sentença estrangeira, qual seja, a prova da regular citação ou verificação da revelia. Com efeito, a jurisprudência do STJ dispõe ser "Inviável a homologação de sentença estrangeira quando não comprovada a citação válida da parte requerida, seja no território do país prolator da decisão homologanda, seja no Brasil, mediante carta rogatória" (SEC 980-FR, Corte Especial, DJ 16/10/2006). Precedentes citados: SEC 1.483-LU, Corte Especial, DJe 29/4/2010; e SEC 2.493-DE, Corte Especial, DJe 25/6/2009. **SEC 10.154-EX**, Rel. Min. Laurita Vaz, julgado em 1º/7/2014. (Inform. STJ 543)

DIREITO DO CONSUMIDOR E INTERNACIONAL PRIVADO. INAPLICABI-LIDADE DO CDC AO CONTRATO DE TRANSPORTE INTERNACIONAL DE MERCADORIA DESTINADA A INCREMENTAR A ATIVIDADE COMERCIAL DA CONTRATANTE. Para efeito de fixação de indenização por danos à mercadoria ocorridos em transporte aéreo internacional, o CDC não prevalece sobre a Convenção de Varsóvia quando o contrato de transporte tiver por objeto equipamento adquirido no exterior para incrementar a atividade comercial de sociedade empresária que não se afigure vulnerável na relação jurídico-obrigacional. Na hipótese em foco, a mercadoria transportada destinava-se a ampliar e a melhorar a prestação do serviço e, por conseguinte, aumentar os lucros. Sob esse enfoque, não se pode conceber o contrato de transporte isoladamente. Na verdade, a importação da mercadoria tem natureza de ato complexo, envolvendo (i) a compra e venda propriamente dita, (ii) o desembaraço para retirar o bem do país de origem, (iii) o eventual seguro, (iv) o transporte e (v) o desembaraço no país de destino mediante o recolhimento de taxas, impostos etc. Essas etapas do ato complexo de importação, conforme o caso, podem ser efetivadas diretamente por agentes da própria empresa adquirente ou envolver terceiros contratados para cada fim específico. Mas essa última possibilidade – contratação de terceiros –, por si, não permite que se aplique separadamente, a cada etapa, normas legais diversas da incidente sobre o ciclo completo da importação. Desse modo, não há como considerar a importadora destinatária final do ato complexo de importação nem dos atos e contratos intermediários, entre eles o contrato de transporte, para o propósito da tutela protetiva da legislação consumerista, sobretudo porque a mercadoria importada irá integrar a cadeia produtiva dos serviços prestados pela empresa contratante do transporte. Neste contexto, aplica-se, no caso em análise, o mesmo entendimento adotado pelo STJ nos casos de financiamento bancário ou de aplicação financeira com o propósito de ampliar capital de giro e de fomentar a atividade empresarial. O capital obtido da instituição financeira, evidentemente, destina-se, apenas, a fomentar a atividade industrial, comercial ou de serviços e, com isso, ampliar os negócios e o lucro. Daí que nessas operações não se aplica o CDC, pela ausência da figura do consumidor, definida no art. 2º do referido diploma. Assim, da mesma forma que o financiamento e a aplicação financeira mencionados fazem parte e não podem ser desmembrados do ciclo de produção, comercialização e de prestação de serviços, o contrato de transporte igualmente não pode ser retirado do ato complexo ora em análise. Observe-se que, num e noutro caso, está-se diante de uma engrenagem complexa, que demanda a prática de vários outros atos com o único escopo de fomentar a atividade da pessoa jurídica. Ademais, não se desconhece que o STJ tem atenuado a incidência da teoria finalista, aplicando o CDC quando, apesar de relação jurídico-obrigacional entre comerciantes ou profissionais, estiver caracterizada situação de vulnerabilidade ou hipossuficiência. Entretanto, a empresa importadora não apresenta vulnerabilidade ou hipossuficiência, o que afasta a incidência das normas do CDC. Dessa forma, inexistindo relação de consumo, circunstância que impede a aplicação das regras específicas do CDC, há que ser observada a Convenção de Varsóvia, que regula especificamente o transporte aéreo internacional. Precedentes citados: REsp 1.358.231-SP, Terceira Turma, DJ de 17/6/2013; e AgRg no Ag 1.291.994-SP, Terceira Turma, DJe de 6/3/2012. **REsp 1.162.649-SP**, Rel. originário Min. Luis Felipe Salomão, Rel. para acórdão Min. Antonio Carlos Ferreira, julgado em 13/5/2014. (Inform. STJ 541)

22. DIREITO PREVIDENCIÁRIO

1. CONTRIBUIÇÕES SOCIAIS

REPERCUSSÃO GERAL EM RE N. 852.796-RS
RELATOR: MIN. DIAS TOFFOLI
EMENTA: RECURSO EXTRAORDINÁRIO. REPERCUSSÃO GERAL. CONTRIBUIÇÃO PREVIDENCIÁRIA. ART. 20, LEI 8.212/91. SISTEMÁTICA DE CÁLCULO. EXPRESSÃO DE FORMA NÃO CUMULATIVA. DECLARAÇÃO DE INCONSTITUCIONALIDADE. JUIZADO ESPECIAL.
A matéria envolvendo a constitucionalidade da expressão de forma não cumulativa constante no caput do art. 20 da Lei nº 8.212/91, o qual prevê a sistemática de cálculo da contribuição previdenciária devida pelo segurado empregado e pelo trabalhador avulso, possui viés constitucional e repercussão geral, pois concerne a afronta aos princípios da capacidade contributiva, da proporcionalidade e da isonomia. **(Inform. STF 802)**

AG. REG. NO ARE N. 789.012-SC
RELATOR: MIN. ROBERTO BARROSO
EMENTA: DIREITO PREVIDENCIÁRIO. AGRAVO REGIMENTAL EM AGRAVO DE INSTRUMENTO. RESGATE DE CONTRIBUIÇÕES VERTIDAS EM FAVOR DE FUNDO DE PREVIDÊNCIA PRIVADA. CORREÇÃO MONETÁRIA. AUSÊNCIA DE REPERCUSSÃO GERAL.
1. Decisão agravada que está alinhado com a jurisprudência do Supremo Tribunal Federal que assentara a ausência de repercussão geral da controvérsia envolvendo a incidência de correção monetária sobre o resgate de contribuições vertidas em favor de entidade de previdência privada (RE 582.504-RG, Rel. Min. Cezar Peluso – Tema 174), por restringir-se a tema infraconstitucional.
2. O art. 543-A, § 5º, do CPC, bem como os arts. 326 e 327 do RI/STF, dispõe que a decisão desta Corte quanto à inexistência de repercussão geral valerá para todos os casos que versem sobre questão idêntica.
3. Agravo regimental a que se nega provimento, com aplicação da multa prevista no art. 557, § 2º, do CPC. **(Inform. STF 790)**

Contribuição previdenciária e participação nos lucros - 1
O Plenário iniciou julgamento de recurso extraordinário em que se discute a incidência da contribuição previdenciária sobre as parcelas pagas a título de participação nos lucros referentes ao período entre a promulgação da CF/1988 e a entrada em vigor da Medida Provisória 794/1994, que regulamentou o art. 7º, XI, da CF ("Art. 7º. São direitos dos trabalhadores urbanos e rurais, além de outros que visem à melhoria de sua condição social: ... XI - participação nos lucros, ou resultados, desvinculada da remuneração, e, excepcionalmente, participação na gestão da empresa conforme definido em lei"), convertida, posteriormente, na Lei 10.101/2000. O Ministro Dias Toffoli (relator) negou provimento ao recurso. Destacou que, antes da CF/1988, a participação dos empregados nos lucros da empresa teria caráter salarial. Afirmou que com o advento do art. 7º, XI, da CF houvera substancial alteração da natureza jurídica dessa participação em face de ter sido desvinculada da remuneração. Após mencionar as correntes doutrinárias acerca da eficácia da norma constitucional em comento, acolheu aquela que defende a autoaplicabilidade da primeira parte do mencionado preceito constitucional referente à participação nos lucros ou resultados apenas no que diz respeito à desvinculação da remuneração, e que ficaria a cargo do legislador ordinário disciplinar a forma como se daria essa participação. Frisou que, no período que antecedera a referida medida provisória, não poderia o Poder Público, a pretexto de ausência de regulamentação, vincular à remuneração do empregado, para fins de incidência da contribuição previdenciária, os valores recebidos na rubrica participação nos lucros ou resultados.
RE 569441/RS, rel. Min. Dias Toffoli, 25.9.2014. (RE-569441)

Contribuição previdenciária e participação nos lucros - 2
O relator ressaltou que, na vigência da atual Constituição, não seria possível dar tratamento diferenciado aos valores pagos a título de participação nos lucros pelas empresas que teriam implementado esse programa antes da lei

regulamentadora específica. Consignou que apenar a empresa que se antecipara à regulamentação e efetivara o direito social à participação nos lucros ou resultados, desvinculada da remuneração, mediante regular acordo coletivo e convenção, seria reduzir o direito à norma, e não elevá-lo, de modo a garantir a máxima eficácia do texto constitucional. Realçou que a regulamentação estabelecida pela Medida Provisória 794/1994 pouco inovara, ao prestigiar a livre negociação entre as partes e ao procurar não interferir substancialmente nas relações entre as empresas e seus empregados. Registrou que, atento ao verdadeiro conteúdo do inciso XI do art. 7º da CF, o legislador se limitara a prever que dos instrumentos decorrentes da negociação deveriam constar regras claras e objetivas quanto à fixação dos direitos substantivos concernentes à participação nos lucros ou resultados, assim como das regras adjetivas, aí incluídos os mecanismos de aferição do cumprimento do acordo celebrado, a periodicidade da distribuição dos benefícios, o período de vigência e os prazos para a revisão dos acordos. Concluiu que a importância recebida a título de participação nos lucros ou resultados da empresa não integraria a base de cálculo da contribuição previdenciária a que se refere o art. 195, I, da CF, por se tratar de hipótese de não incidência.
RE 569441/RS, rel. Min. Dias Toffoli, 25.9.2014. (RE-569441)

Contribuição previdenciária e participação nos lucros - 3
Em divergência, os Ministros Teori Zavascki, Rosa Weber, Marco Aurélio e Luiz Fux deram provimento ao recurso. O Ministro Marco Aurélio pontuou que a seguridade social seria financiada por toda a sociedade, conforme se depreenderia dos artigos 195, I, a, e 201, § 11, ambos da CF ["Art. 195. A seguridade social será financiada por toda a sociedade, de forma direta e indireta, nos termos da lei, mediante recursos provenientes dos orçamentos da União, dos Estados, do Distrito Federal e dos Municípios, e das seguintes contribuições sociais: I - do empregador, da empresa e da entidade a ela equiparada na forma da lei, incidentes sobre: a) a folha de salários e demais rendimentos do trabalho pagos ou creditados, a qualquer título, à pessoa física que lhe preste serviço, mesmo sem vínculo empregatício ... Art. 201. A previdência social será organizada sob a forma de regime geral, de caráter contributivo e de filiação obrigatória, observados critérios que preservem o equilíbrio financeiro e atuarial, e atenderá, nos termos da lei, a: ... § 11. Os ganhos habituais do empregado, a qualquer título, serão incorporados ao salário para efeito de contribuição previdenciária e consequente repercussão em benefícios, nos casos e na forma da lei"]. Enfatizou que, ao se interpretar teleologicamente a cláusula prevista no inciso XI do art. 7º da CF, se concluiria que o objetivo da desvinculação seria impedir que essa parcela servisse de base de cálculo para outras. Asseverou que a aludida medida provisória estabelecera hipótese de isenção e não de não incidência, por isso mesmo, não poderia abranger período pretérito. Os Ministros Rosa Weber, Teori Zavascki e Luiz Fux, ao salientarem o caráter residual da situação, aduziram haver precedentes de ambas as Turmas do STF no sentido da incidência da contribuição previdenciária sobre as mencionadas parcelas. Em seguida, o relator indicou adiamento.
RE 569441/RS, rel. Min. Dias Toffoli, 25.9.2014. (RE-569441) (Inform. STF 760)

ED e contribuição previdenciária do empregador rural pessoa física
O Plenário acolheu, parcialmente, embargos de declaração, apenas para retificar a ementa do acórdão embargado de modo a suprimir o seu item I (*"Ofensa ao art. 150, II, da CF em virtude da exigência de dupla contribuição caso o produtor rural seja empregador"*), sem, contudo, alterar o resultado do julgamento. No caso, o Tribunal declarara a inconstitucionalidade do art. 1º da Lei 8.540/92, que alterou a redação dos artigos 12, V e VII; 25, I e II; e 30, IV, da Lei 8.212/91 e instituiu contribuição a ser recolhida pelo empregador rural, pessoa física, sobre receita bruta proveniente da venda de sua produção. Reputou-se que a declaração de inconstitucionalidade formal a envolver a necessidade de lei complementar para a instituição de nova fonte de custeio para a seguridade social seria suficiente. Rejeitaram-se, porém, os embargos, quanto ao pedido de declaração de constitucionalidade da Lei 10.256/2001.

Ressaltou-se que essa matéria não teria sido discutida e seria objeto do RE 718874/RS, com repercussão geral reconhecida (DJe de 11.9.2013). **RE 596177 ED/RS, rel. Min. Ricardo Lewandowski, 17.10.2013. (RE-596177) (Inform. STF 724)**

DIREITO TRIBUTÁRIO E PREVIDENCIÁRIO. INCIDÊNCIA DE CONTRIBUIÇÃO PREVIDENCIÁRIA NO AUXÍLIO QUEBRA DE CAIXA.

Incide contribuição previdenciária sobre o auxílio quebra de caixa, consubstanciado em pagamento efetuado mês a mês ao empregado em razão da função que desempenha, que tenha sido pago por liberalidade do empregador, mesmo que não se verifiquem diferenças no caixa. O empregado, quando exerce função de operador de caixa, auxiliar de caixa, conferente, tesoureiro, cobrador ou qualquer outra função que possibilite o desconto na sua remuneração quando há diferença entre a quantia existente em caixa e a que efetivamente deveria existir, faz jus ao recebimento do auxílio quebra de caixa, desde que previsto em norma coletiva, já que não há previsão legal para o seu pagamento. Nesse contexto, esse auxílio consubstancia-se no pagamento efetuado mês a mês ao empregado como uma forma de compensar os riscos assumidos pela função exercida. Considerando que a Primeira Seção do STJ (EREsp 775.701-SP, DJ 1º/8/2006) assentou a natureza não-indenizatória das gratificações feitas por liberalidade do empregador, o auxílio quebra de caixa, consubstanciado no pagamento efetuado mês a mês ao empregado em razão da função que desempenha, que tenha sido pago por liberalidade do empregador tem nítida natureza salarial e, portanto, integra a remuneração, razão pela qual se tem como pertinente a incidência da contribuição previdenciária. Isso porque, nos termos do art. 28, I, da Lei 8.212/1991, o salário de contribuição tem como base de cálculo a remuneração considerada como os rendimentos pagos, devidos ou creditados a qualquer título, durante o mês, destinado a retribuir o trabalho. Precedente citado: EDcl no REsp 733.362-RJ, Segunda Turma, DJe 14/4/2008. **REsp 1.434.082-RS, Rel. Min. Humberto Martins, julgado em 1º/10/2015, DJe 9/10/2015 (Inform. STJ 570).**

DIREITO TRIBUTÁRIO E PREVIDENCIÁRIO. GRATIFICAÇÕES E PRÊMIOS E CONTRIBUIÇÃO PREVIDÊNCIÁRIA.

Não incide contribuição previdenciária sobre prêmios e gratificações de caráter eventual. A fim de verificar a sua inclusão ou não no salário-de-contribuição, uma das principais características a ser aferida sobre as gratificações e os prêmios é a habitualidade ou não de seu pagamento. Havendo pagamento com habitualidade, manifesto o caráter salarial, implicando ajuste tácito entre as partes, razão pela qual incide contribuição previdenciária. A propósito, o STF possui entendimento firmado pela Súmula 207 ("As gratificações habituais, inclusive a de natal, consideram-se tacitamente convencionadas, integrando o salário"). Tratando-se de prêmio ou gratificação eventual, fica afastada a incidência da contribuição, conforme o art. 28, § 9º, "e", 7, da Lei 8.212/1991. **REsp 1.275.695-ES, Rel. Min. Mauro Campbell Marques, julgado em 20/8/2015, DJe 31/8/2015 (Inform. STJ 568).**

DIREITO TRIBUTÁRIO E PREVIDENCIÁRIO. SALÁRIO-FAMÍLIA E CONTRIBUIÇÃO PREVIDENCIÁRIA.

Não incide contribuição previdenciária sobre salário-família. A doutrina aponta que a natureza jurídica do salário-família não é de salário, em que pese o nome, na medida em que não é pago como contraprestação de serviços prestados pelo empregado. Realizando-se uma interpretação sistemática da legislação de regência (art. 70 da Lei 8.213/1991 e art. 28, § 9º, "a", da Lei 8.212/1991), verifica-se que se trata de benefício de natureza previdenciária não incorporável ao cômputo dos rendimentos que integrarão a aposentadoria do trabalhador. **REsp 1.275.695-ES, Rel. Min. Mauro Campbell Marques, julgado em 20/8/2015, DJe 31/8/2015 (Inform. STJ 568).**

DIREITO TRIBUTÁRIO. FISCALIZAÇÃO DA CONTABILIDADE DA PRESTADORA DE SERVIÇOS COMO PRESSUPOSTO PARA O RECONHECIMENTO DE SOLIDARIEDADE NA FASE DE COBRANÇA DE CONTRIBUIÇÕES PREVIDENCIÁRIAS INCIDENTES SOBRE A CESSÃO DE MÃO DE OBRA.

Na cobrança de contribuições previdenciárias realizada com base na redação original do art. 31 da Lei n. 8.212/1991, não é lícita a autuação da tomadora de serviços sem que antes tenha havido a fiscalização da contabilidade da prestadora de serviços executados mediante cessão de mão de obra. O art. 31 da Lei n. 8.212/1991, em sua redação original, reconhece a existência de responsabilidade solidária entre o tomador e o prestador de serviços pelas contribuições previdenciárias incidentes sobre a cessão de mão de obra. A referida solidariedade, entretanto, ocorrerá na fase de cobrança do tributo, pressupondo, desse modo, a regular constituição do crédito tributário, cuja ocorrência, antes da vigência da Lei n. 9.711/1998 – que deu nova redação ao art. 31 da Lei n. 8.212/1991 –, demandava a fiscalização da contabilidade da empresa prestadora dos serviços de mão de obra, devedora principal da contribuição previdenciária. Precedentes citados: AgRg no REsp 1.348.395-RJ, Segunda Turma, DJe 4/12/2012, e AgRg no REsp 1.174.800-RS, Segunda Turma, DJe 23/4/2012. **AgRg no REsp 1.194.485-ES, Rel. Min. Diva Malerbi (Desembargadora convocada do TRF 3ª Região), julgado em 26/2/2013. (Inform. STJ 518)**

DIREITO PREVIDENCIÁRIO. INCIDÊNCIA DE CONTRIBUIÇÃO PREVIDENCIÁRIA SOBRE O ADICIONAL DE HORAS EXTRAS.

Incide contribuição previdenciária sobre os valores pagos a título de horas extras. A incidência decorre do fato de que o adicional de horas extras integra o conceito de remuneração. Precedentes citados: AgRg no REsp 1.311.474-PE, DJe 17/9/2012, e AgRg no AREsp 69.958-DF, DJe 20/6/2012. **AgRg no REsp 1.222.246-SC, Rel. Min. Humberto Martins, julgado em 6/12/2012. (Inform. STJ 514).**

📖 Súmula Vinculante STF 8

São inconstitucionais o parágrafo único do artigo 5º do Decreto-Lei n. 1.569/1977 e os artigos 45 e 46 da Lei nº 8.212/1991, que tratam de prescrição e decadência de crédito tributário.

📖 Súmula STF nº 688

É legítima a incidência da contribuição previdenciária sobre o 13º salário.

📖 Súmula STJ nº 458

A contribuição previdenciária incide sobre a comissão paga ao corretor de seguros.

📖 Súmula STJ nº 425

A retenção da contribuição para a seguridade social pelo tomador do serviço não se aplica às empresas optantes pelo Simples.

📖 Súmula STJ nº 351

A alíquota de contribuição para o Seguro de Acidente do Trabalho (SAT) é aferida pelo grau de risco desenvolvido em cada empresa, individualizada pelo seu CNPJ, ou pelo grau de risco da atividade preponderante quando houver apenas um registro.

2. PRESTAÇÕES EM GERAL

REPERCUSSÃO GERAL EM ARE N. 888.938-PE

RELATOR: MINISTRO PRESIDENTE
Ementa: RECURSO EXTRAORDINÁRIO COM AGRAVO. PREVIDENCIÁRIO. BENEFÍCIO. ÍNDICE DE REAJUSTE. MATÉRIA DE ÍNDOLE INFRACONSTITUCIONAL. OFENSA INDIRETA À CONSTITUIÇÃO. INEXISTÊNCIA DE REPERCUSSÃO GERAL.
I – A controvérsia relativa ao índice de reajuste aplicável aos benefícios previdenciários, de modo a preservar o seu valor real, está restrita ao âmbito infraconstitucional.
II – O exame da questão constitucional não prescinde da prévia análise de normas infraconstitucionais, o que afasta a possibilidade de reconhecimento do requisito constitucional da repercussão geral.
III – Repercussão geral inexistente. **(Inform. STF 792)**

EMB. DECL. NO ARE N. 863.068-PE

RELATOR: MIN. ROBERTO BARROSO
EMENTA: DIREITO PREVIDENCIÁRIO. EMBARGOS DE DECLARAÇÃO RECEBIDOS COMO AGRAVO REGIMENTAL EM RECURSO EXTRAORDINÁRIO COM AGRAVO. CONCESSÃO DE BENEFÍCIOS. CUMPRIMENTO DE REQUISITOS. MATÉRIA INFRACONSTITUCIONAL. REEXAME DE FATOS E PROVAS DOS AUTOS. SÚMULA 279/STF. CÔMPUTO DO TEMPO DE SERVIÇO EXERCIDO EM CONDIÇÕES ESPECIAIS, PARA EFEITO DE APOSENTADORIA. AUSÊNCIA DE REPERCUSSÃO GERAL.
1. A jurisprudência do Supremo Tribunal Federal é firme no sentido de que matéria relativa ao cumprimento dos requisitos para concessão de benefícios previdenciários não tem natureza constitucional, justamente por tratar-se de matéria infraconstitucional e demandar o reexame do acervo probatório dos

22. DIREITO PREVIDENCIÁRIO

autos (Súmula 279/STF). Precedentes. 2. O Plenário do Supremo Tribunal Federal, no julgamento do AI 841.047, sob a relatoria do Min. Cezar Peluso, concluiu pela ausência da repercussão geral da matéria versada nos autos, atinentes ao cômputo do tempo de serviço exercido em condições especiais, para efeito de aposentadoria. 3. Embargos de declaração recebidos como agravo regimental a que se nega provimento. **(Inform. STF 791)**

REPERCUSSÃO GERAL EM ARE N. 868.457-SC

RELATOR: MIN. TEORI ZAVASCKI
Ementa: PROCESSUAL CIVIL E PREVIDENCIÁRIO. RECURSO EXTRAOR-DINÁRIO COM AGRAVO. JUIZADOS ESPECIAIS. OFENSA AO PRINCÍPIO DA RESERVA DE PLENÁRIO (ART. 97 DA CF/88). ALEGAÇÃO MANIFES-TAMENTE IMPROCEDENTE. REVISÃO DE BENEFÍCIO PREVIDENCIÁRIO. EFEITOS FINANCEIROS RETROATIVOS. MATÉRIA INFRACONSTITUCIONAL. AUSÊNCIA DE REPERCUSSÃO GERAL.1. O princípio da reserva de plenário não se aplica no âmbito dos juizados de pequenas causas (art. 24, X, da Constituição Federal) e dos juizados especiais em geral (art. 98, I, da CF/88), que, pela configuração atribuída pelo legislador, não funcionam, na esfera recursal, sob o regime de plenário ou de órgão especial. 2. A manifesta improcedência da alegação de ofensa ao art. 97 da Carta Magna pela Turma Recursal de Juizados Especiais demonstra a ausência da repercussão geral da matéria, ensejando a incidência do art. 543-A do CPC.3. É de natureza infraconstitucional a controvérsia relativa à legitimidade da retroação dos efei-tos financeiros da revisão de benefício previdenciário, nas hipóteses em que o segurado preencheu, na data de entrada do requerimento administrativo, os requisitos para a concessão de prestação mais vantajosa.4. É cabível a atribuição dos efeitos da declaração de ausência de repercussão geral quando não há matéria constitucional a ser apreciada ou quando eventual ofensa à Carta Magna ocorra de forma indireta ou reflexa (RE 584.608 RG, Min. ELLEN GRACIE, DJe de 13/03/2009). 5. Ausência de repercussão geral das questões suscitadas, nos termos do art. 543-A do CPC. **(Inform. STF 783)**

AG. REG. NO ARE N. 791.166-RS

RELATOR: MIN. DIAS TOFFOLI
EMENTA: Agravo regimental no recurso extraordinário com agravo. Auxílio-reclusão. Prequestionamento. Ausência. Preenchimento dos requisitos para percepção do benefício. Legislação infraconstitucional. Ofensa reflexa. Fatos e provas. Reexame. Impossibilidade. Precedentes. 1. Não se admite o recurso extraordinário quando o tema nele suscitado não está devidamente prequestionado. Incidência das Súmulas nºs 282 e 356/STF. 2. Inadmissível, em recurso extraordinário, a análise da legislação infra-constitucional e o reexame de fatos e das provas dos autos. Incidência das Súmulas nºs 636 e 279/STF.
3. Agravo regimental não provido. **(Inform. STF 745)**

DIREITO PREVIDENCIÁRIO. HIPÓTESE DE MITIGAÇÃO DO REQUISITO ETÁRIO PARA A CONCESSÃO DE SALÁRIO-MATERNIDADE.

O não preenchimento do requisito etário exigido para a filiação ao RGPS como segurado especial não constitui óbice à concessão de salário-ma-ternidade a jovem menor de dezesseis anos impelida a exercer trabalho rural em regime de economia familiar (art. 11, VII, "c" e § 6º da Lei 8.213/1991). Realmente, a Lei 8.213/1991 fixou a idade mínima de dezesseis anos para que se ostente a condição de segurado especial a que se refere o art. 11, VII, "c" e § 6º, desse mesmo diploma legal. Além disso, a idade mínima de dezesseis anos constitui o limite constitucional para o trabalho (art. 7º, XXXIII, da CF) e o marco etário para filiação ao RGPS. Apesar disso, não se pode admitir, na hipótese, que o não preenchimento do requisito etário para filiação ao RGPS prejudique o acesso ao benefício previdenciário do salário-maternidade. Inicialmente, o sistema de Seguridade Social, em seu conjunto, tem por objetivo constitucional proteger o indivíduo, assegurando direitos à saúde, à assistência social e à previdência social, revelando-se, dessa forma, elemento indispensável para garantia da dignidade humana. Nesse contexto, prejudicar o acesso ao benefício previdenciário em razão do não preenchimento do requisito etário implicaria desamparar não só a jovem trabalhadora, mas também o nascituro, que seria privado não apenas da proteção social, como também do convívio familiar, já que sua mãe teria de voltar às lavouras após o nascimento. Além do mais, a intenção do legislador infraconstitucional ao impor o limite mínimo de dezesseis anos de idade para a inscrição no RGPS era a de evitar a exploração do trabalho da criança e do adolescente, ancorado no art. 7º, XXXIII, da CF. Negar o salário-maternidade à jovem grávida a que se refere a hipótese contraria essa proteção, na medida

em que coloca a adolescente em situação ainda mais vulnerável, afastando a proteção social de quem mais necessita. Corroborando esse entendimento, o STJ já assentou a orientação de que a legislação, ao vedar o trabalho infantil, teve por escopo a proteção da criança ou adolescente, tendo sido estabelecida a proibição em seu benefício, e não em seu prejuízo, aplicando-se o princípio da universalidade da cobertura da Seguridade Social (REsp 541.103-RS, Quinta Turma, DJ 1º/7/2004; e AgRg no Ag 922.625-SP, Sexta Turma, DJ 29/10/2007). **REsp 1.440.024-RS, Rel. Min. Napoleão Nunes Maia Filho, julgado em 18/8/2015, DJe 28/8/2015 (Inform. STJ 567).**

DIREITO PREVIDENCIÁRIO. CÁLCULO DO SALÁRIO DE BENEFÍCIO DE-CORRENTE DE ATIVIDADES CONCOMITANTES PRESTADAS EM REGIMES DIVERSOS.

O segurado que tenha preenchido os requisitos para aposentadoria pelo RGPS e que tiver desenvolvido concomitante atividade secundária por regime Próprio da Previdência Social (RPPS), sem, no entanto, preencher os requisitos para concessão do benefício neste regime, tem direito que seu salário de benefício seja calculado com base na soma dos salários de contribuição da atividade principal, acrescido de percentual da média do salário de contribuição da atividade concomitante, nos termos do art. 32, II, "a" e "b", e III, da Lei 8.213/1991. Nos termos do art. 32 da Lei 8.213/1991, o desempenho de atividades concomitantes por parte do segu-rado pode lhe garantir que o salário de benefício seja (a) o resultado da soma dos salários de contribuição efetivados em cada atividade cujas condições foram totalmente satisfeitas (inciso I), ou (b) será a soma do salário de contri-buição da atividade cuja condição foi totalmente satisfeita (atividade principal) acrescido de um percentual decorrente dos valores recolhidos das demais atividades (incisos II, "a" e "b", e III). Nesse contexto, o fato de o segurado ao RGPS ter prestado atividade concomitante secundária vinculada a regime próprio não afasta o direito à soma do percentual estipulado para efetivação do cálculo do salário de benefício de aposentadoria vinculada àquele regime, visto que a norma contida no art. 32 da Lei de Benefícios Previdenciários não se restringe às atividades concomitantes exercidas exclusivamente no RGPS. Ressalte-se, ainda, que o art. 94 da referida lei garante a compensação financeira entre os sistemas existentes. **REsp 1.428.981-PR, Rel. Min. Humberto Martins, julgado em 2/6/2015, DJe 6/8/2015 (Inform. STJ 565).**

DIREITO PREVIDENCIÁRIO E PROCESSUAL CIVIL. DEMONSTRAÇÃO DE DESEMPREGO PARA PRORROGAÇÃO DE PERÍODO DE GRAÇA.

Ainda que o registro no órgão próprio do MTE não seja o único meio de prova admissível para que o segurado desempregado comprove a situação de desemprego para a prorrogação do período de graça – conforme o exigido pelo § 2º do art. 15 da Lei 8.213/1990 –, a falta de anotação na CTPS, por si só, não é suficiente para tanto. A Terceira Seção do STJ já firmou o entendimento de que o registro no Ministério do Trabalho não é o único meio de prova da condição de desempregado do segurado, admitindo-se outras provas, inclusive testemunhal. Entretanto, a mera ausência de anotação na CTPS não se revela capaz de demonstrar, inequivocamente, a situação de desemprego (Pet 7.115-PR, Terceira Seção, DJe 6/4/2010). Precedente citado: AgRg no Ag 1.182.277-SP, Quinta Turma, DJe 6/12/2010). **REsp 1.338.295-RS, Rel. Min. Sérgio Kukina, julgado em 25/11/2014, DJe 1º/12/2014 (Inform. STJ 553).**

DIREITO PREVIDENCIÁRIO. BENEFÍCIO ESPECIAL DE RENDA CERTA. RE-CURSO REPETITIVO (ART. 543-C DO CPC E RES. 8/2008-STJ). O Benefício Especial de Renda Certa, instituído pela Caixa de Previdência dos Funcio-nários do Banco do Brasil (PREVI), é devido exclusivamente aos assistidos que, no período de atividade, contribuíram por mais de 360 meses (30 anos) para o plano de benefícios. Se o tempo de contribuição exigido para aquisição dos proventos "integrais" de complementação de aposentadoria é 360 meses (30 anos), e aqueles participantes que permanecem na ativa após cumprir esse período continuaram vertendo contribuições para o seu plano de benefícios, as parcelas pagas a partir do 361º, embora constituam parte de suas reservas individuais de poupança, não foram consideradas na apuração dos benefícios de complementação correspondentes, tornando-se excedentes e sem finalidade alguma no fundo constituído no plano de benefí-cios. Com efeito, o Benefício Especial de Renda Certa destina-se a compensar o excedente contributivo em prol daqueles que, em atividade, aportaram um número superior às 360 contribuições levadas em conta para o cálculo do benefício. Verifica-se situação diversa em relação aos participantes que contribuíram por exatos 360 meses ou por prazo ainda menor (aposentadoria proporcional ao tempo de contribuição), que tiveram todas as contribuições

computadas no cálculo de seus proventos de aposentadoria complementar e, portanto, as respectivas reservas individuais de poupança não receberam recurso algum que possa ser considerado excedente. Acrescente-se que a circunstância de o participante ultrapassar o número de 360 contribuições para a PREVI, já na condição de aposentado e auferindo os rendimentos de seu benefício complementar, não tem relevância alguma para efeito de concessão do Benefício Especial de Renda Certa, porque não se constituem em fonte de custeio da referida renda, tratando-se, portanto, de obrigação decorrente das próprias regras do plano, que impõem a continuidade das contribuições indistintamente a todos os assistidos, tenham ou não contribuído, no período de atividade, por mais de 360 meses. Observa-se, pois, que a extensão do referido benefício especial a todos os participantes da PREVI que recebem complementação de aposentadoria, independentemente de terem contribuído por mais de 360 meses, no período de atividade, sem previsão de custeio para o plano de benefícios correspondente, não se compatibiliza com o princípio do mutualismo, inerente ao regime fechado de previdência privada, e nem com os dispositivos da Constituição Federal e da legislação complementar que regulamentam o sistema, porque enseja transferência de reservas financeiras a parcela dos filiados, frustrando o objetivo legal de proporcionar benefícios previdenciários ao conjunto dos participantes e assistidos, a quem, de fato, pertence o patrimônio constituído. Ademais, a destinação dos valores do Benefício Especial de Renda Certa não tem semelhança alguma com a hipótese de rateio entre todos os participantes do resultado superavitário dos planos de benefícios, apurado no final do exercício (art. 20 da LC 109/2001). Precedentes citados: REsp 1.313.665-RJ, Terceira Turma, DJe 8/6/2012; e REsp 1.224.594-RJ, Quarta Turma, DJe 17/10/2011. **REsp 1.331.168-RJ, Rel. Min. Maria Isabel Gallotti, julgado em 12/11/2014. (Inform. STJ 552)**

DIREITO PREVIDENCIÁRIO. FLEXIBILIZAÇÃO DO CRITÉRIO BAIXA RENDA PARA A CONCESSÃO DE AUXÍLIO-RECLUSÃO. É possível a concessão de auxílio-reclusão aos dependentes do segurado que recebia salário de contribuição pouco superior ao limite estabelecido como critério de baixa renda pela legislação da época de seu encarceramento. À semelhança do entendimento do STJ que reconheceu a possibilidade de flexibilização do critério econômico definido legalmente para a concessão do Benefício Assistencial de Prestação Continuada, previsto na LOAS (REsp 1.112.557-MG, Terceira Seção, DJe 20/11/2009, julgado sob o rito do art. 543-C do CPC), é possível a concessão do auxílio-reclusão quando o caso concreto revelar a necessidade de proteção social, permitindo ao julgador a flexibilização do critério econômico para deferimento do benefício pleiteado, ainda que o salário de contribuição do segurado supere o valor legalmente fixado como critério de baixa renda no momento de sua reclusão. **REsp 1.479.564-SP, Rel. Min. Napoleão Nunes Maia Filho, julgado em 6/11/2014. (Inform. STJ 552)**

DIREITO PREVIDENCIÁRIO E PROCESSUAL CIVIL. DISPENSA DE PRÉVIO REQUERIMENTO ADMINISTRATIVO PARA OBTENÇÃO DE BENEFÍCIO PREVIDENCIÁRIO. Para o ajuizamento de ação judicial em que se objetive a concessão de benefício previdenciário, dispensa-se, excepcionalmente, o prévio requerimento administrativo quando houver: (i) recusa em seu recebimento por parte do INSS; ou (ii) resistência na concessão do benefício previdenciário, a qual se caracteriza (a) pela notória oposição da autarquia previdenciária à tese jurídica adotada pelo segurado ou (b) pela extrapolação da razoável duração do processo administrativo. Como regra geral, a falta de postulação administrativa de benefício previdenciário resulta em ausência de interesse processual dos que litigam diretamente no Poder Judiciário. Isso porque a pretensão, nesses casos, carece de elemento configurador de resistência pela autarquia previdenciária à pretensão. Não há conflito. Não há lide. Por conseguinte, não existe interesse de agir nessas situações. Ademais, o Poder Judiciário é a via destinada à resolução dos conflitos, o que também indica que, enquanto não houver resistência do devedor, carece de ação aquele que "judicializa" sua pretensão. Nessa linha intelectiva, a dispensa do prévio requerimento administrativo impõe grave ônus ao Poder Judiciário, uma vez que este, nessas circunstâncias, passa a figurar como órgão administrativo previdenciário, pois acaba assumindo atividades administrativas. Em contrapartida, o INSS passa a ter que pagar benefícios previdenciários que poderiam ter sido deferidos na via administrativa, acrescidos pelos custos de um processo judicial, como juros de mora e honorários advocatícios. Nesse passo, os próprios segurados, ao receberem, por meio de decisão judicial, benefícios previdenciários que poderiam ter sido deferidos na via administrativa, terão parte de seus ganhos reduzidos pela remuneração contratual de advogado. Entretanto, haverá interesse processual

do segurado nas hipóteses de negativa do recebimento do requerimento ou de resistência na concessão do benefício previdenciário, caracterizado pela notória oposição da autarquia à tese jurídica adotada pelo segurado, ou, ainda, por extrapolação da razoável duração do processo administrativo. No caso da notória oposição da autarquia à tese jurídica adotada pelo segurado, vale dizer que a resistência à pretensão se concretiza quando o próprio INSS adota, institucionalmente ou pela prática, posicionamento contrário ao embasamento jurídico do pleito, de forma que seria mera formalidade impor ao segurado a prévia protocolização de requerimento administrativo. Esse entendimento, aliás, está em consonância com a decisão proferida pelo STF em Repercussão Geral, no RE 631.240-MG (julgado em 3/9/2014, DJe 10/11/2014). Precedente citado: AgRg no AREsp 152.247-PE, Segunda Turma, DJe 8/2/2013. **REsp 1.488.940-GO, Rel. Min. Herman Benjamin, julgado em 18/11/2014. (Inform. STJ 552)**

DIREITO PREVIDENCIÁRIO. CRITÉRIO ECONÔMICO PARA CONCESSÃO DO AUXÍLIO-RECLUSÃO. Na análise de concessão do auxílio-reclusão a que se refere o art. 80 da Lei 8.213/1991, o fato de o recluso que mantenha a condição de segurado pelo RGPS (art. 15 da Lei 8.213/1991) estar desempregado ou sem renda no momento do recolhimento à prisão indica o atendimento ao requisito econômico da baixa renda, independentemente do valor do último salário de contribuição. Inicialmente, cumpre ressaltar que o Estado entendeu por bem amparar os que dependem do segurado preso e definiu como critério econômico para a concessão do benefício a baixa renda do segurado (art. 201, IV, da CF). Diante disso, a EC 20/1998 estipulou um valor fixo como critério de baixa renda que todos os anos é corrigido pelo Ministério da Previdência Social. De fato, o art. 80 da Lei 8.213/1991 determina que o auxílio-reclusão será devido quando o segurado recolhido à prisão "não receber remuneração da empresa". Da mesma forma, ao regulamentar a concessão do benefício, o § 1º do art. 116 do Decreto 3.048/1999 estipula que "é devido auxílio-reclusão aos dependentes do segurado quando não houver salário de contribuição na data do seu efetivo recolhimento à prisão, desde que mantida a qualidade de segurado". É certo que o critério econômico da renda deve ser constatado no momento da reclusão, pois é nele que os dependentes sofrem o baque da perda do provedor. Ressalte-se que a jurisprudência do STJ assentou posição de que os requisitos para a concessão do benefício devem ser verificados no momento do recolhimento à prisão, em observância ao princípio *tempus regit actum* (AgRg no REsp 831.251-RS, Sexta Turma, DJe 23/5/2011; REsp 760.767-SC, Quinta Turma, DJ 24/10/2005; e REsp 395.816-SP, Sexta Turma, DJ 2/9/2002). **REsp 1.480.461-SP, Rel. Min. Herman Benjamin, julgado em 23/9/2014. (Inform. STJ 550)**

DIREITO PREVIDENCIÁRIO. ATIVIDADES CONCOMITANTES PRESTADAS SOB O RGPS E PRINCÍPIO DA UNICIDADE DE FILIAÇÃO. O segurado que manteve dois vínculos concomitantes com o RGPS – um na condição de contribuinte individual e outro como empregado público – pode utilizar as contribuições efetivadas como contribuinte individual na concessão de aposentadoria junto ao RGPS, sem prejuízo do cômputo do tempo como empregado público para a concessão de aposentadoria sujeita ao Regime Próprio, diante da transformação do emprego público em cargo público. De fato, o contribuinte possuía dois vínculos com o Regime Geral, um na condição de contribuinte individual e outro como empregado público, regido pela CLT. Entretanto, o tempo de serviço e as contribuições recolhidas na condição de contribuinte individual não se confundem com o vínculo empregatício mantido como servidor público. Assim, não há óbice para utilizar o tempo prestado ao estado no regime celetista para fins de aposentadoria estatutária e as contribuições como contribuinte individual na concessão da aposentadoria previdenciária por tempo de contribuição, não havendo falar em violação ao princípio da unicidade de filiação. Ademais, o art. 96 da Lei 8.213/1991 veda apenas que o mesmo lapso temporal, durante o qual o segurado exerceu simultaneamente uma atividade privada e outra sujeita a regime próprio de previdência, seja computado em duplicidade, o que não é o caso, pois não há contagem em duplicidade, uma é decorrente da contratação celetista, e outra da condição de contribuinte individual. **AgRg no REsp 1.444.003-RS, Rel. Min. Humberto Martins, julgado em 8/5/2014. (Inform. STJ 544)**

DIREITO PREVIDENCIÁRIO. IMPOSSIBILIDADE DE APLICAÇÃO RETROATIVA DO DECRETO 4.882/2003 PARA RECONHECIMENTO DE ATIVIDADE ESPECIAL. RECURSO REPETITIVO (ART. 543-C DO CPC E RES. 8/2008-STJ). O limite de tolerância para configuração da especialidade do tempo

22. DIREITO PREVIDENCIÁRIO 765

de serviço para o agente ruído deve ser de 90 dB no período de 6/3/1997 a 18/11/2003, conforme Anexo IV do Decreto 2.172/1997 e Anexo IV do Decreto 3.048/1999, sendo impossível aplicação retroativa do Decreto 4.882/2003, que reduziu o patamar para 85 dB, sob pena de ofensa ao art. 6º da LINDB. De início, a legislação que rege o tempo de serviço para fins previdenciários é aquela vigente à época da prestação, matéria essa já abordada de forma genérica em dois recursos representativos de controvérsias, submetidos ao rito do art. 543-C do CPC (REsp 1.310.034-PR, Primeira Seção, DJe 19/12/2012 e REsp 1.151.363-MG, Terceira Seção, DJe 5/4/2011). Ademais, o STJ, no âmbito de incidente de uniformização de jurisprudência, também firmou compreensão pela impossibilidade de retroagirem os efeitos do Decreto 4.882/2003. (Pet 9.059-RS, Primeira Seção, DJe 9/9/2013). Precedentes citados: AgRg no REsp 1.309.696-RS, Primeira Turma, DJe 28/6/2013; e AgRg no REsp 1.352.046-RS, Segunda Turma, DJe 8/2/2013. **REsp 1.398.260-PR, Rel. Min. Herman Benjamin, julgado em 14/5/2014. (Inform. STJ 541)**

DIREITO PREVIDENCIÁRIO. APLICABILIDADE DA REGRA DE TRANSIÇÃO PREVISTA NO ART. 142 DA LEI 8.213/1991. O inscrito no RGPS até 24/7/1991, mesmo que nessa data não mais apresente condição de segurado, caso restabeleça relação jurídica com o INSS e volte a ostentar a condição de segurado após a Lei 8.213/1991, tem direito à aplicação da regra de transição prevista no art. 142 do mencionado diploma, devendo o requisito da carência, para a concessão de aposentadoria urbana por idade, ser definido de acordo com o ano em que o segurado implementou apenas o requisito etário – e não conforme o ano em que ele tenha preenchido, simultaneamente, tanto o requisito da carência quanto o requisito etário. Com o advento da Lei 10.666/2003, que passou a disciplinar especificamente a questão da dissociação dos requisitos para obtenção do benefício, a nova sistemática não faz distinção entre o tempo anterior e o posterior à perda da qualidade de segurado. Nesse sentido, o § 1º do art. 3º dessa mesma lei estabelece que, para a concessão de aposentadoria por idade, "a perda da qualidade de segurado não será considerada para a concessão desse benefício", desde que o segurado preencha o requisito da carência (recolhimento mínimo de contribuições) exigido para a concessão do benefício. Além disso, sob a perspectiva da Lei 10.666/2003, o STJ, em sede de incidente de uniformização de jurisprudência (Pet 7.476-PR, Terceira Seção, DJe 25/4/2011), firmou orientação de que a norma contida no § 1º do art. 3º da Lei 10.666/2003 permitiu a dissociação da comprovação dos requisitos para os benefícios da aposentadoria por contribuição, da aposentadoria especial e da aposentadoria por idade urbana, os quais pressupõem contribuição, de modo que não é necessária a manutenção da qualidade de segurado para fins de concessão do benefício da aposentadoria urbana por idade. Sendo assim, admitindo-se a aplicação do art. 142 da Lei 8.213/1991 combinado com o § 1º do art. 3º da Lei 10.666/2003, deve-se permitir a incidência da regra de transição do art. 142 da Lei 8.213/1991 ao segurado inscrito no RGPS até 24/7/1991 que tenha reestabelecido o vínculo com o INSS após a Lei 8.213/1991. Além do mais, no tocante à aplicação da regra de transição prevista no art. 142 da Lei 8.213/1991, o STJ já afirmou que não é obrigatório o preenchimento simultâneo dos dois referidos requisitos (idade mínima e carência) para a concessão da aposentadoria urbana por idade (AgRg no AG 1.364.714-RS, Quinta Turma, DJe 6/5/2011; e REsp 784.145-SC, Quinta Turma, DJ 28/11/2005). Isso porque a interpretação a ser dada ao aludido dispositivo legal deve ser finalística, em conformidade com os seus objetivos, que estão voltados à proteção do segurado que se encontre no período de transição ali especificado. Dessa forma, a implementação dos requisitos para a aposentadoria urbana por idade poderá ocorrer em momentos diversos (sem simultaneidade) e, uma vez que o segurado atinja o requisito etário (idade mínima), o prazo de carência será consolidado, de modo que ele poderá cumpri-la posteriormente à implementação do requisito etário. **REsp 1.412.566-RS, Rel. Min. Mauro Campbell Marques, julgado em 27/3/2014. (Inform. STJ 539)**

DIREITO PROCESSUAL CIVIL E PREVIDENCIÁRIO. IRREPETIBILIDADE DE BENEFÍCIO PREVIDENCIÁRIO. Não está sujeito à repetição o valor correspondente a benefício previdenciário recebido por determinação de sentença que, confirmada em segunda instância, vem a ser reformada apenas no julgamento de recurso especial. Recentemente a Primeira Seção, mudando o entendimento jurisprudencial até então vigente, decidiu ser devida a restituição ao erário dos valores de benefício previdenciário recebidos em antecipação dos efeitos da tutela (art. 273 do CPC) a qual tenha sido posteriormente revogada. Na ocasião do julgamento, afastou-se o elemento

boa-fé objetiva porque, recebendo o pagamento em caráter provisório, não é dado ao beneficiário presumir que os valores correspondentes se incorporam definitivamente ao seu patrimônio, embora se reconheça sua boa-fé subjetiva, decorrente da legitimidade do recebimento por ordem judicial (REsp 1.384.418-SC, julgado em 12/6/2013, publicado no Informativo de Jurisprudência 524, de 28/8/2013). Entretanto, na hipótese ora em análise há uma peculiaridade: o beneficiário recebe o benefício por força de decisão proferida, em cognição exauriente, pelo Juiz de primeiro grau (sentença), a qual foi confirmada em segunda instância. Esse duplo conforme – ou dupla conformidade – entre a sentença e o acórdão gera a estabilização da decisão de primeira instância, razão pela qual, ainda que o resultado do julgamento em segundo grau se dê por maioria, é vedada a oposição dos embargos infringentes para rediscussão da matéria. Vale dizer, nessas hipóteses, subsiste ao inconformado apenas a interposição de recursos de natureza extraordinária (REsp ou RE), de fundamentação vinculada, em que é vedado o reexame de fatos e provas, além de, em regra, não possuírem efeito suspensivo. Logo, se de um lado a dupla conformidade limita a possibilidade de recurso do vencido, tornando estável a relação jurídica submetida a julgamento, e por isso passível de execução provisória; de outro, cria no vencedor a legítima expectativa de que é titular do direito reconhecido na sentença e confirmado pelo tribunal de segunda instância. Essa expectativa legítima de titularidade do direito, advinda de ordem judicial com força definitiva, é suficiente para caracterizar a boa-fé exigida de quem recebe a verba de natureza alimentar posteriormente cassada, porque, no mínimo, confia – e, de fato, deve confiar – no acerto do duplo julgamento. A par desses argumentos, cabe destacar que a própria União, por meio da Súmula 34 da AGU, reconhece a irrepetibilidade da verba recebida de boa-fé, por servidor público, em virtude de interpretação errônea ou inadequada da Lei pela Administração. Desse modo, e com maior razão, assim também deve ser entendido na hipótese em que o restabelecimento do benefício previdenciário dá-se por ordem judicial posteriormente reformada. Ademais, não se mostra razoável impor ao beneficiário a obrigação de devolver a verba que por longo período recebeu de boa-fé, em virtude de ordem judicial com força definitiva, na medida em que, justamente pela natureza alimentar do benefício então restabelecido, pressupõe-se que os valores correspondentes foram por ele utilizados para a manutenção da própria subsistência e de sua família. Assim, na espécie, a ordem de restituição de tudo o que foi recebido, seguida à perda do respectivo benefício, fere a dignidade da pessoa humana e abala a confiança que se espera haver dos jurisdicionados nas decisões judiciais. **EREsp 1.086.154-RS, Rel. Min. Nancy Andrighi, julgado em 20/11/2013. (Inform. STJ 536)**

DIREITO PREVIDENCIÁRIO. PRINCÍPIO DO PARALELISMO DAS FORMAS NA REVISÃO DE BENEFÍCIO ASSISTENCIAL. O INSS pode suspender ou cancelar benefício de prestação continuada concedido judicialmente, desde que conceda administrativamente o contraditório e a ampla defesa ao beneficiário, não se aplicando o princípio do paralelismo das formas. O STJ, por meio da Sexta Turma, aplicou o entendimento de que era necessário respeitar o princípio do paralelismo das formas, ou seja, concedido o benefício por meio de decisão judicial, somente por outra decisão judicial seria possível a autarquia fazer a revisão para suspender ou cancelar o benefício, nos termos do art. 471, I, do CPC (REsp 1.201.503-RS, DJe 26/11/2012). No entanto, esse princípio não é de observância obrigatória, devendo-se impedir, entretanto, o cancelamento ou suspensão unilateral do benefício por parte da autarquia, sem dar oportunidade ao beneficiário de apresentar provas que entender necessárias. Efetivamente, não se exige o paralelismo de formas por três motivos: 1) a legislação previdenciária, que é muito prolixa, não faz essa exigência, não podendo o Poder Judiciário exigir ou criar obstáculos à autarquia não previstos em lei; 2) foge da razoabilidade e proporcionalidade, uma vez que, por meio do processo administrativo, respeitando-se o devido processo legal, o contraditório e a ampla defesa, é possível extrair elementos suficientes para apurar a veracidade ou não dos argumentos para a suspensão ou cancelamento do benefício, o que não impede posterior revisão judicial; 3) a grande maioria dos benefícios sociais concedidos pela Lei Orgânica da Assistência Social (Lei 8.742/1993) são deferidos por meio de decisão judicial, o que acarretaria excessiva demanda judicial, afetando em demasia o Poder Judiciário, bem como o departamento jurídico da autarquia, além da necessidade de defesa técnica, contratada pelo cidadão, sempre que houver motivos para a revisão do benefício. Precedente citado do STJ: AgRg no Ag 1.105.324-BA, Quinta Turma, DJe 17/8/2009. Precedente citado do STF: RE 469.657 AgR, Segunda Turma, DJe 13/8/2012. **REsp 1.429.976-CE, Rel. Min. Humberto Martins, julgado em 18/2/2014. (Inform. STJ 536)**

AG. REG. NO AI N. 816.525-SC
RELATOR: MIN. GILMAR MENDES
Agravo regimental em agravo de instrumento. 2. Previdenciário. 3. Ex--combatente. Pensão especial. Benefício previdenciário. 4. Cumulação. Possibilidade. 5. Art. 53, II, do ADCT. 5. Agravo regimental a que se nega provimento. **(Inform. STF 728)**

Revisão de benefício previdenciário e prazo decadencial - 1
Não há direito adquirido à inexistência de prazo decadencial para fins de revisão de benefício previdenciário. Ademais, aplica-se o lapso decadencial de dez anos para o pleito revisional a contar da vigência da Medida Provisória 1.523/97 aos benefícios originariamente concedidos antes dela. Essa a conclusão do Plenário, que proveu recurso extraordinário interposto de decisão que afastara a decadência de direito à revisão de aposentadoria por invalidez, originalmente concedida em 1995, cuja ação revisional fora proposta em 2009. Inicialmente, discorreu-se que o regime geral de previdência social constituiria sistema básico de proteção social, de caráter público, institucional e contributivo, com a finalidade de segurar de forma limitada trabalhadores da iniciativa privada. Afirmou-se que o direito à previdência social seria um direito fundamental, baseado na dignidade da pessoa humana, na solidariedade, na cidadania e nos valores sociais do trabalho (CF, art. 1º, II, III e IV). Distinguiu--se o direito ao benefício previdenciário em si considerado, de caráter fundamental, e a graduação pecuniária das prestações, afetada por um conjunto de circunstâncias sociais, econômicas e atuariais, variáveis em cada momento histórico. Afirmou-se existirem interesses conflitantes, por parte de trabalhadores ativos e segurados; contribuintes abastados e humildes; geração atual e futura. Apontou-se que a tarefa de realizar o equilíbrio entre essas forças seria do legislador, e que somente haveria invalidade se a escolha legislativa desrespeitasse o núcleo essencial do direito em questão. Entendeu-se que a instituição do prazo fixado pela Medida Provisória 1.523/97 não configuraria esse tipo de vício. Frisou-se que, no tocante ao direito à obtenção de benefício previdenciário, não haveria prazo algum. Isso significaria que esse direito fundamental poderia ser exercido a qualquer tempo, sem que se atribuísse consequência negativa à inércia do beneficiário. Por sua vez, a decadência instituída pela medida provisória em análise atingiria apenas a pretensão de rever benefício previdenciário. Ponderou-se que o estabelecimento de limite temporal máximo destinar-se-ia a resguardar a segurança jurídica e facilitar a previsão do custo global das prestações devidas. Reputou-se que essa exigência relacionar-se-ia à manutenção do equilíbrio atuarial do sistema previdenciário, do qual dependeria a continuidade da própria previdência. RE 626489/SE, rel. Min. Roberto Barroso, 16.10.2013. (RE-626489)

Revisão de benefício previdenciário e prazo decadencial - 2
Com base nessas premissas, afastou-se eventual inconstitucionalidade na criação, por lei, de prazo decadencial razoável para o questionamento de benefícios já reconhecidos. Considerou-se legítimo que o Estado, ao sopesar justiça e segurança jurídica, procurasse impedir que situações geradoras de instabilidade social e litígios pudessem se eternizar. Acresceu-se que o regime geral de previdência social seria sistema de seguro na modalidade de repartição simples, a significar que todas as despesas seriam diluídas entre os segurados. Não se cuidaria de um conjunto de contas puramente individuais, mas de sistema baseado na solidariedade, a aumentar a interdependência entre os envolvidos. Diante disso, haveria maior razão para se estipular prazo para a revisão de atos de concessão, a conciliar os interesses individuais com o imperativo de manutenção do equilíbrio financeiro e atuarial do sistema. Nesse sentido, asseverou-se que o lapso de dez anos seria razoável, inclusive porque também adotado quanto a eventuais previsões revisionais por parte da Administração (Lei 8.213/91, art. 103-A). RE 626489/SE, rel. Min. Roberto Barroso, 16.10.2013. (RE-626489)

Revisão de benefício previdenciário e prazo decadencial - 3
Mencionou-se que a Corte teria precedentes no sentido de que a lei aplicável para a concessão e benefício, bem como para fixar os critérios de seu cálculo, seria aquela em vigor no momento em que os pressupostos da prestação previdenciária teriam se aperfeiçoado, de acordo com a regra *tempus regit actum*. Assim, não haveria direito subjetivo à prevalência de norma posterior mais favorável, tampouco poderia ser utilizada para esse fim eventual lei superveniente mais gravosa. No caso, sublinhou-se não se incorporar ao patrimônio jurídico de beneficiário suposto direito à aplicação de regra sobre decadência para eventuais pedidos revisionais. Frisou-se que a decadência não integraria o espectro de pressupostos e condições para a concessão do benefício, de maneira a não se poder exigir a manutenção de seu regime jurídico. Portanto, a ausência de prazo decadencial para a revisão no momento em que deferido o benefício não garantiria ao beneficiário a manutenção do regime jurídico pretérito, no qual existente a prerrogativa de pleitear a revisão da decisão administrativa a qualquer tempo. Pontuou-se que a lei poderia criar novos prazos de decadência e prescrição, ou alterar os já existentes, de modo que, ressalvada a hipótese de prazos antigos já aperfeiçoados, não haveria direito adquirido a regime jurídico prévio. Na hipótese dos autos, portanto, não haveria direito adquirido a que prazo decadencial jamais pudesse ser estabelecido. Destacou-se precedentes nesse sentido. Analisou-se, por outro lado, que o termo inicial da contagem do prazo decadencial em relação aos benefícios originariamente concedidos antes da entrada em vigor da Medida Provisória 1.523/97 seria o momento de vigência da nova lei. Evidenciou--se que, se antes da modificação normativa podia o segurado promover, a qualquer tempo, o pedido revisional, a norma superveniente não poderia incidir sobre tempo passado, de modo a impedir a revisão, mas estaria apta a incidir sobre tempo futuro, a contar de sua vigência. RE 626489/SE, rel. Min. Roberto Barroso, 16.10.2013. (RE-626489)

Revisão de benefício previdenciário e prazo decadencial - 4
O Ministro Teori Zavascki salientou que esse entendimento — no sentido de que o novo prazo decadencial seria aplicável a atos praticados antes da norma instituidora desse prazo, desde que a contagem se iniciasse a partir da vigência da novel regra — seria consolidado na Corte, em matéria de direito intertemporal, especialmente sobre prescrição e decadência. Repisou, ainda, que a inauguração de prazo de decadência pela medida provisória em debate afetaria tanto a Administração quanto o particular, visto que ambos não mais contariam com tempo indeterminado para revisão do ato concessório de benefício previdenciário. O Ministro Luiz Fux distinguiu retroatividade e retrospectividade de lei, esta a significar que a norma jurídica poderia atribuir efeitos futuros a situações ou relações jurídicas já existentes, como por exemplo as modificações dos estatutos funcionais ou de regras de previdência dos servidores públicos. Assim, a medida provisória em questão atingiria relações jurídicas pendentes, em andamento, e não voltaria seu alcance para o passado, para os atos jurídicos perfeitos. Portanto, não retroagiria. RE 626489/SE, rel. Min. Roberto Barroso, 16.10.2013. (RE-626489) (Inform. STF 724)

AG. REG. NO ARE N. 653.095-RS
RELATOR: MIN. LUIZ FUX
AGRAVO REGIMENTAL NO RECURSO EXTRAORDINÁRIO COM AGRAVO. PREVIDENCIÁRIO. CUMULAÇÃO DE AUXÍLIO SUPLEMENTAR COM APOSENTADORIA POR INVALIDEZ. VALORES RECEBIDOS DE BOA-FÉ. RESTITUIÇÃO. MATÉRIA COM REPERCUSSÃO GERAL REJEITADA PELO PLENÁRIO VIRTUAL NO JULGAMENTO DO AI N.º 841.473. ALEGAÇÃO DE VIOLAÇÃO A RESERVA DE PLENÁRIO. AUSÊNCIA DE DECLARAÇÃO DE INCONSTITUCIONALIDADE PELO TRIBUNAL *A QUO*. MATÉRIA DE ORDEM INFRACONSTITUCIONAL.
1. O dever do beneficiário de boa-fé em restituir aos cofres públicos os valores que lhe foram concedidos mediante decisão judicial ou pagos indevidamente pela Administração Pública, posto controvérsia de natureza infraconstitucional, não revelam repercussão geral apta a tornar o apelo extremo admissível, consoante decidido pelo Plenário Virtual do STF, na análise do AI n. 841.473–RG, Relator Min. Cezar Peluso, DJe de 31/8/2011.
2. O princípio da reserva de plenário resta indene nas hipóteses em que não há declaração de inconstitucionalidade por órgão fracionário do Tribunal de origem, mas apenas a interpretação da norma em sentido contrário aos interesses da parte. Precedentes: ARE 683001-AgR, Rel. Min. Marco Aurélio, Primeira Turma, DJe 18/2/2013, ARE 701.883-AgR, Rel. Min. Celso de Mello, Segunda Turma, DJe de 12/11/2012, e ARE 701.883-AgR, Rel. Min. Celso de Mello, Segunda Turma, DJe de 12/11/2012.
3. *In casu*, o acórdão recorrido assentou, *in verbis*: "*AÇÃO ACIDENTÁRIA. IMPOSSIBILIDADE DE CUMULAÇÃO DE AUXÍLIO SUPLEMENTAR COM APOSENTADORIA POR INVALIDEZ. COBRANÇA PELA AUTARQUIA DOS VALORES PAGOS INDEVIDAMETNO. IMPOSSIBILIDADE. Não se mostrava viável a cobrança dos valores pela Autarquia Federal, diante da ausência de má-fé por parte do segurado e do caráter alimentar do benefício previdenciário. O benefício não pode ser sancionado pelo erro cometido pela própria autarquia previdenciária que não constatou a impossibilidade de cumulação no momento em que deferira a aposentadoria por invalidez. APELAÇÃO DESPROVIDA*".
4. Agravo regimental **DESPROVIDO. (Inform. STF 720)**

Súmula STJ nº 456

É incabível a correção monetária dos salários de contribuição considerados no cálculo do salário de benefício de auxílio-doença, aposentadoria por invalidez, pensão ou auxílio-reclusão concedidos antes da vigência da CF/1988.

Súmula STJ nº 427

A ação de cobrança de diferenças de valores de complementação de aposentadoria prescreve em cinco anos contados da data do pagamento.

Súmula STJ nº 159

O benefício acidentário, no caso de contribuinte que perceba remuneração variável, deve ser calculado com base na média aritmética dos últimos doze meses de contribuição.

Súmula STJ nº 146

O segurado, vítima de novo infortúnio, faz jus a um único benefício somado ao salário de contribuição vigente no dia do acidente.

3. APOSENTADORIA POR INVALIDEZ

AG. REG. NO RE N. 731.203-MG
RELATOR: MIN. MARCO AURÉLIO
APOSENTADORIA INTEGRAL X PROPORCIONAL – INVALIDEZ – MOLÉSTIA GRAVE ESPECIFICADA EM LEI – PRECEDENTES. A aposentadoria por invalidez decorrente de moléstia grave especificada em lei implica o direito à integralidade dos proventos. **(Inform. STF 720)**

DIREITO PREVIDENCIÁRIO. ADICIONAL DE 25% PREVISTO NO ART. 45 DA LEI 8.213/1991 (GRANDE INVALIDEZ).
O segurado já aposentado por tempo de serviço e/ou por contribuição que foi posteriormente acometido de invalidez que exija assistência permanente de outra pessoa não tem direito ao acréscimo de 25% sobre o valor do benefício que o aposentado por invalidez faz jus em razão de necessitar dessa assistência (art. 45, *caput*, da Lei 8.213/1991). Isso porque o mencionado dispositivo legal restringiu sua incidência ao benefício de aposentadoria por invalidez, não podendo, assim, ser estendido a outras espécies de benefícios previdenciários. **REsp 1.533.402-SC, Rel. Min. Sérgio Kukina, julgado em 1º/9/2015, DJe 14/9/2015 (Inform. STJ 569).**

DIREITO PREVIDENCIÁRIO. TERMO INICIAL DE APOSENTADORIA POR INVALIDEZ REQUERIDA EXCLUSIVAMENTE NA VIA JUDICIAL. RECURSO REPETITIVO (ART. 543-C DO CPC E RES. 8/2008-STJ). A citação válida deve ser considerada como termo inicial para a implantação da aposentadoria por invalidez concedida na via judicial quando ausente prévia postulação administrativa. Isso porque, na hipótese em apreço – na qual a aposentadoria por invalidez é solicitada exclusivamente na via judicial, sem que exista prévia postulação administrativa –, é a citação válida que, além de informar o litígio, constitui o réu em mora quanto à cobertura do evento causador da incapacidade, tendo em vista a aplicação do *caput* do art. 219 do CPC. Ademais, não há como adotar, como termo inicial do benefício, a data da ciência do laudo do perito judicial que constata a incapacidade, haja vista esse documento constituir simples prova produzida em juízo que apenas declara situação fática preexistente. Além disso, observa-se que, até mesmo em hipótese distinta, na qual o benefício tenha sido solicitado na via administrativa, o reconhecimento da incapacidade pelo laudo da perícia médica inicial feita pela Previdência Social deve ter efeito retroativo, conforme disposto no art. 43, § 1º, "a" e "b", da Lei 8.213/1991. Tese firmada para fins do art. 543-C do CPC: "A citação válida informa o litígio, constitui em mora a autarquia previdenciária federal e deve ser considerada como termo inicial para a implantação da aposentadoria por invalidez concedida na via judicial quando ausente a prévia postulação administrativa". Precedente citado: AgRg no AREsp 298.910-PB, Segunda Turma, DJe 2/5/2013. **REsp 1.369.165-SP, Rel. Min. Benedito Gonçalves, julgado em 26/2/2014. (Inform. STJ 536)**

DIREITO PREVIDENCIÁRIO. CÁLCULO DA RENDA MENSAL INICIAL NO CASO DE CONVERSÃO DO AUXÍLIO-DOENÇA EM APOSENTADORIA POR INVALIDEZ.
No caso de benefício de aposentadoria por invalidez precedido de auxílio-doença, a renda mensal inicial será calculada de acordo com o disposto no art. 36, § 7º, do Dec. 3.048/1999, exceto quando o período de afastamento tenha sido intercalado com períodos de atividade laborativa,

---

hipótese em que incidirá o art. 29, § 5º, da Lei 8.213/1991. Precedentes citados: AgRg no REsp 1.153.905-SC, Sexta Turma, DJe 7/2/2013; AgRg no REsp 1.024.748-MG, Quinta Turma, DJe 21/8/2012; AgRg no Ag 1270670-PR, Sexta Turma, DJe 23/5/2012. **AgRg nos EREsp 909.274-MG, Rel. Min. Alderita Ramos de Oliveira (Desembargadora convocada do TJ-PE), julgado em 12/6/2013. (Inform. STJ 527)**

DIREITO PREVIDENCIÁRIO. ANÁLISE DOS ASPECTOS SOCIOECONÔMICOS, PROFISSIONAIS E CULTURAIS DO SEGURADO PARA CONCESSÃO DE APOSENTADORIA POR INVALIDEZ.
Para a concessão de aposentadoria por invalidez, na hipótese em que o laudo pericial tenha concluído pela incapacidade parcial para o trabalho, devem ser considerados, além dos elementos previstos no art. 42 da Lei 8.213/1991, os aspectos socioeconômicos, profissionais e culturais do segurado. Precedentes citados: AgRg no Ag 1.425.084-MG, Quinta Turma, DJe 23/4/2012; AgRg no AREsp 81.329-PR, Quinta Turma, DJe 1º/3/2012, e AgRg no Ag 1.420.849-PB, Sexta Turma, DJe 28/11/2011. **AgRg no AREsp 283.029-SP, Rel. Min. Humberto Martins, julgado em 9/4/2013. (Inform. STJ 520)**

---

4. APOSENTADORIA POR IDADE E POR TEMPO DE SERVIÇO

AG. REG. NO ARE N. 731.375-RS
RELATOR: MIN. MARCO AURÉLIO
APOSENTADORIA INTEGRAL X PROPORCIONAL – BENEFÍCIO MAIS VANTAJOSO – REVISÃO – DIREITO ADQUIRIDO – PRECEDENTE. Possui o segurado do Instituto Nacional do Seguro Social – INSS direito adquirido ao cálculo do benefício mais vantajoso, consideradas as datas a partir das quais a aposentadoria proporcional poderia ter sido requerida, observado o preenchimento dos requisitos pertinentes. Precedente: Recurso Extraordinário nº 630.501/RS, julgado no âmbito da repercussão geral, para o qual fui designado redator do acórdão. **(Inform. STF 716)**

DIREITO PREVIDENCIÁRIO. NATUREZA DO TRABALHO EXERCIDO IMEDIATAMENTE ANTES DE REQUERIMENTO DE APOSENTADORIA HÍBRIDA POR IDADE.
O reconhecimento do direito à aposentadoria híbrida por idade não está condicionado ao exercício de atividade rurícola no período imediatamente anterior ao requerimento administrativo. A aposentadoria híbrida tem por objetivo alcançar os trabalhadores que, ao longo de sua vida, mesclaram períodos de labor urbano e rural sem, contudo, perfazer tempo suficiente para se aposentar em nenhuma dessas atividades, quando isoladamente consideradas, permitindo-se, por conseguinte, a soma de ambos os tempos. Assim, como a Lei 11.718/2008, ao alterar o art. 48 da Lei 8.213/1991, não trouxe nenhuma distinção acerca de qual seria a atividade a ser exercida pelo segurado no momento imediatamente anterior ao requerimento, tem-se como infundada a tese de que o cômputo de labor urbano e rural de forma conjunta apenas é possível quando a atividade rurícola tenha sido exercida por último. Precedente citado: AgRg no REsp 1.477.835-PR, Segunda Turma, DJe 20/5/2015. **REsp 1.476.383-PR, Rel. Min. Sérgio Kukina, julgado em 1º/10/2015, DJe 8/10/2015 (Inform. STJ 570).**

DIREITO PREVIDENCIÁRIO. CARÊNCIA DA APOSENTADORIA HÍBRIDA POR IDADE E ADVENTO DA LEI 8.213/1991.
É possível considerar o tempo de serviço rural anterior ao advento da Lei 8.213/1991 para fins de carência de aposentadoria híbrida por idade, sem que seja necessário o recolhimento de contribuições previdenciárias para esse fim. A Lei 11.718/2008, ao alterar o art. 48 da Lei dos Planos de Benefícios da Previdência Social, não vedou a possibilidade de se computar o tempo de serviço rural anterior à vigência da Lei 8.213/1991 na carência da aposentadoria híbrida por idade nem exigiu qualquer recolhimento de contribuições para esse fim. Precedente citado: AgRg no REsp 1.497.086-PR, Segunda Turma, DJe 6/4/2015. **REsp 1.476.383-PR, Rel. Min. Sérgio Kukina, julgado em 1º/10/2015, DJe 8/10/2015 (Inform. STJ 570).**

DIREITO PREVIDENCIÁRIO E PROCESSUAL CIVIL. TERMO INICIAL DA APOSENTADORIA RURAL POR IDADE.
Na ausência de prévio requerimento administrativo, o termo inicial para a implantação da aposentadoria por idade rural deve ser a data da citação válida do INSS – e não a data do ajuizamento da ação. No julgamento do

768 VADE MECUM DE JURISPRUDÊNCIA – STF/STJ

REsp 1.369.165-SP, submetido ao rito do artigo 543-C do CPC, a Primeira Seção do STJ firmou compreensão segundo a qual, na ausência de prévio requerimento administrativo, o termo inicial para a implantação da aposentadoria por invalidez deve ser a data da citação da autarquia previdenciária federal, ao invés da data da juntada do laudo médico-pericial que atestou a invalidez do segurado. O caso em análise guarda certa identidade com o que já foi decidido naquela oportunidade, sendo desinfluente a natureza dos benefícios (aposentadoria por invalidez naquele e aposentadoria rural por idade neste). Isso porque, na linha do que já decido no REsp 1.369.165-SP, na ausência de interpelação do INSS, habitualmente tratada como prévio requerimento administrativo, a cobertura por parte da Previdência Social só deve ocorrer quando em mora, e a mora, no caso, só se verifica com a citação válida, não retroagindo à data do ajuizamento do feito. Ademais, a jurisprudência desta Corte também tem afirmado ser devido o benefício na data da citação válida da Administração Pública, quando ausente a sua prévia interpelação, nas seguintes hipóteses: concessão de auxílio-acidente regido pelo art. 86 da Lei 8.213/1991 e não precedido de auxílio-doença; concessão de benefício assistencial previsto na Lei 8.742/1993; concessão de pensão especial de ex-combatentes; e pensão por morte de servidor público federal ou pelo RGPS. **REsp 1.450.119-SP, Rel. originário Min. Mauro Campbell Marques, Rel. para acórdão Min. Benedito Gonçalves, julgado em 08/10/2014, DJe 1º/7/2015 (Inform. STJ 565).**

DIREITO PREVIDENCIÁRIO. APOSENTADORIA POR IDADE HÍBRIDA. Caso o trabalhador rural, ao atingir a idade prevista para a concessão da aposentadoria por idade rural (60 anos, se homem, e 55 anos, se mulher), ainda não tenha alcançado o tempo mínimo de atividade rural exigido na tabela de transição prevista no art. 142 da Lei 8.213/1991, poderá, quando completar 65 anos, se homem, e 60 anos, se mulher, somar, para efeito de carência, o tempo de atividade rural aos períodos de contribuição sob outras categorias de segurado, para fins de concessão de aposentadoria por idade "híbrida", ainda que inexistam contribuições previdenciárias no período em que exerceu suas atividades como trabalhador rural. A modalidade "híbrida" foi introduzida pela Lei 11.718/2008 para permitir uma adequação da norma para as categorias de trabalhadores urbanos e rurais, possibilitando ao segurado especial a soma do tempo de atividade rural sem contribuições previdenciárias ao tempo de contribuição em outra classificação de segurado, com a finalidade de implementar o tempo necessário de carência. Com isso, o legislador permitiu ao rurícola o cômputo de tempo rural como período contributivo, para efeito de cálculo e pagamento do benefício etário. Assim, sob o enfoque da atuária, não se mostra razoável exigir do segurado especial contribuição para obtenção da aposentadoria por idade híbrida, relativamente ao tempo rural. Por isso, não se deve inviabilizar a contagem do trabalho rural como período de carência. **REsp 1.367.479-RS, Rel. Min. Mauro Campbell Marques, julgado em 4/9/2014. (Inform. STJ 548)**

DIREITO PREVIDENCIÁRIO. INÍCIO DE PROVA MATERIAL DE ATIVIDADE RURAL. Para fins de reconhecimento do direito à aposentadoria por idade de trabalhador rural, a certidão de casamento que qualifique o cônjuge da requerente como rurícola não pode ser considerada como início de prova material na hipótese em que esse tenha exercido atividade urbana no período de carência. Precedentes citados: AgRg no REsp 947.379-SP, Quinta Turma, DJ 26/11/2007; e AgRg no Ag 1.340.365-PR, Quinta Turma, DJe 29/11/2010. **AgRg no REsp 1.310.096-SP, Rel. Min. Napoleão Nunes Maia Filho, julgado em 25/2/2014. (Inform. STJ 538)**

DIREITO PREVIDENCIÁRIO. CÔMPUTO DO PERÍODO DE GOZO DE AUXÍLIO--ACIDENTE PARA EFEITO DA CARÊNCIA NECESSÁRIA À CONCESSÃO DE APOSENTADORIA POR IDADE.
O período em que o segurado estiver recebendo apenas auxílio-acidente é apto a compor a carência necessária à concessão de aposentadoria por idade. De acordo com o § 5º do art. 29 da Lei n. 8.213/1991, o período de recebimento de "benefícios por incapacidade" será computado como tempo de contribuição, portanto de carência, para efeito de concessão de aposentadoria por idade. Não é correta a interpretação que restringe o conceito de "benefícios por incapacidade", de modo a considerar que este compreende apenas o auxílio-doença e a aposentadoria por invalidez, não abrangendo o auxílio-acidente. Isso porque não é possível extrair a referida limitação dos artigos de lei que regem o tema. Desse modo, cabe invocar a regra de hermenêutica segundo a qual "onde a lei não restringe, não cabe ao intérprete restringir". **REsp 1.243.760-PR, Rel. Min. Laurita Vaz, julgado em 2/4/2013. (Inform. STJ 518)**

---

5. APOSENTADORIA ESPECIAL

REPERCUSSÃO GERAL EM ARE N. 906.569-PE
RELATOR: MIN. EDSON FACHIN
RECURSO EXTRAORDINÁRIO COM REPERCUSSÃO GERAL. DIREITO PREVIDENCIÁRIO. APOSENTADORIA ESPECIAL. CONVERSÃO DO TEMPO DE SERVIÇO. CARACTERIZAÇÃO DA ESPECIALIDADE DO LABOR. ARTIGOS 57 E 58 DA LEI 8.213/91.
1. A avaliação judicial de critérios para a caracterização da especialidade do labor, para fins de reconhecimento de aposentadoria especial ou de conversão de tempo de serviço, conforme previsão dos artigos 57 e 58 da Lei 8.213/91, é controvérsia que não apresenta repercussão geral, o que inviabiliza o processamento do recurso extraordinário, nos termos do art. 543-A, §5º, do Código de Processo Civil.
2. O juízo acerca da especialidade do labor depende necessariamente da análise fático-probatória, em concreto, de diversos fatores, tais como o reconhecimento de atividades e agentes nocivos à saúde ou à integridade física do segurado; a comprovação de efetiva exposição aos referidos agentes e atividades; apreciação jurisdicional de laudos periciais e demais elementos probatórios; e a permanência, não ocasional nem intermitente, do exercício de trabalho em condições especiais. Logo, eventual divergência ao entendimento adotado pelo Tribunal de origem, em relação à caracterização da especialidade do trabalho, demandaria o reexame de fatos e provas e o da legislação infraconstitucional aplicável à espécie.
INEXISTÊNCIA DE REPERCUSSÃO GERAL. **(Inform. STF 800)**

Aposentadoria especial e uso de equipamento de proteção - 1
O Plenário iniciou julgamento de recurso extraordinário com agravo em que se discute eventual descaracterização do tempo de serviço especial, para fins de aposentadoria, em decorrência do uso de equipamento de proteção individual (EPI) — informado no perfil profissiográfico previdenciário (PPP) ou documento equivalente — capaz de eliminar a insalubridade. Questiona-se, ainda, a fonte de custeio para essa aposentadoria especial. Preliminarmente, o Tribunal converteu o agravo em recurso extraordinário. Mencionou que o agravo preencheria todos os requisitos, de modo a permitir o imediato julgamento do extraordinário, porquanto presentes no debate o direito fundamental à previdência social, com reflexos mediatos nos cânones constitucionais do direito à vida e à saúde. No mérito, o Ministro Luiz Fux (relator) deu provimento ao recurso do INSS. Esclareceu que o denominado PPP poderia ser conceituado como documento histórico-laboral do trabalhador, que reuniria, dentre outras informações, dados administrativos, registros ambientais e resultados de monitoração biológica durante todo o período em que este exercera suas atividades, referências sobre as condições e medidas de controle da saúde ocupacional de todos os trabalhadores, além da comprovação da efetiva exposição dos empregados a agentes nocivos, e eventual neutralização pela utilização de EPI. Citou a necessidade de se indicar a atividade exercida pelo trabalhador, o agente nocivo ao qual estaria exposto, a intensidade e a concentração do agente, além de exames médicos clínicos. Frisou que aos trabalhadores seria assegurado o exercício de suas funções em ambiente saudável e seguro (CF, artigos 193 e 225). Destacou que o anexo IV do Decreto 3.048/1999 (Regulamento da Previdência Social) traria a classificação dos agentes nocivos e, por sua vez, a Lei 9.528/1997, ao modificar a Lei de Benefícios da Previdência Social, teria fixado a obrigatoriedade de as empresas manterem laudo técnico atualizado, sob pena de multa, bem como de elaborarem e manterem PPP, a abranger as atividades desenvolvidas pelo trabalhador. Sublinhou que a Lei 9.528/1997 seria norma de aplicabilidade contida, ante a exigência de regulamentação administrativa, que ocorrera por meio da Instrução Normativa 95/2003, cujo marco temporal de eficácia fora fixado para 1º.1.2004. Aduziu, também, que a Instrução Normativa 971/2009, da Receita Federal, ao dispor sobre normas gerais de tributação previdenciária e de arrecadação das contribuições sociais destinadas à previdência social e às outras entidades ou fundos, teria assentado que referida contribuição não seria devida se houvesse a efetiva utilização, comprovada pela empresa, de equipamentos de proteção individual que neutralizassem ou reduzissem o grau de exposição a níveis legais de tolerância.
ARE 664335/SC, rel. Min. Luiz Fux, 3.9.2014. (ARE-664335)

Aposentadoria especial e uso de equipamento de proteção - 2
O Ministro Luiz Fux reconheceu que os tribunais estariam a adotar a teoria da proteção extrema, no sentido de que, ainda que o EPI fosse efetivamente utilizado e hábil a eliminar a insalubridade, não estaria descaracterizado

22. DIREITO PREVIDENCIÁRIO

o tempo de serviço especial prestado (Enunciado 9 da Súmula da Turma Nacional de Uniformização dos Juizados Especiais Federais). Salientou que a controvérsia interpretativa a respeito da concessão de aposentadoria especial encerraria situações diversas: a) para o INSS, se o EPI fosse comprovadamente utilizado e eficaz na neutralização da insalubridade, a aposentadoria especial não deveria ser concedida; b) para a justiça de 1ª instância, o benefício seria devido; c) para a receita federal, a contribuição não seria devida e a concessão do benefício, sem fonte de custeio, afrontaria a Constituição (art. 195, § 5º). Realçou que a melhor interpretação constitucional a ser dada ao instituto seria aquela que privilegiasse, de um lado, o trabalhador e, de outro, o preceito do art. 201 da CF. Ponderou que, apesar de constar expressamente na Constituição (art. 201, § 1º) a necessidade de lei complementar para regulamentar a aposentadoria especial, a EC 20/1998 teria fixado, expressamente, em seu art. 15, como norma de transição, que "até que a lei complementar a que se refere o art. 201, § 1º, da Constituição Federal, seja publicada, permanece em vigor o disposto nos artigos 57 e 58 da Lei nº 8.213, de 24 de julho de 1991, na redação vigente à data da publicação desta Emenda". Registrou que a concessão de aposentadoria especial dependeria, em todos os casos, de comprovação, pelo segurado, perante o INSS, do tempo de trabalho permanente, não ocasional nem intermitente, exercido em condições especiais que prejudicassem a saúde ou a integridade física, durante o período mínimo de 15, 20 ou 25 anos, a depender do agente nocivo. Asseverou que não se poderia exigir dos trabalhadores expostos a agentes prejudiciais à saúde e com maior desgaste, o cumprimento do mesmo tempo de contribuição daqueles empregados que não estivessem expostos a qualquer agente nocivo. Ressaltou, outrossim, não ser possível considerar que todos os agentes químicos, físicos e biológicos seriam capazes de prejudicar os trabalhadores de igual forma e grau, do que resultaria a necessidade de se determinar diferentes tempos de serviço mínimo para aposentadoria, de acordo com cada espécie de agente nocivo. Assentou que a verificação da nocividade laboral para caracterizar o direito à aposentadoria especial conferiria maior eficácia ao instituto à luz da Constituição. Discordou do entendimento segundo o qual o benefício previdenciário seria devido em qualquer hipótese, desde que o ambiente fosse insalubre (risco potencial do dano). No caso concreto, assinalou que, a tratar especificamente do agente nocivo ruído, o aresto recorrido se basearia na tese jurídica de que a utilização de equipamento de proteção individual que neutralizasse, eliminasse ou reduzisse a nocividade dos agentes não excluiria a aposentadoria especial. Não indicara, contudo, se o equipamento seria eficiente para gerar aposentadoria especial. Nesse aspecto, consignou que a tese escorreita a ser firmada seria no sentido de que a utilização de equipamento de proteção individual, comprovada mediante formulário (PPP ou documento equivalente) na forma estabelecida pela legislação previdenciária, não caracterizaria tempo de serviço especial e, via de consequência, não permitiria que o trabalhador tivesse direito à aposentadoria especial. Enfatizou que a autoridade competente poderia, no exercício da fiscalização, aferir as informações prestadas pela empresa e constantes no laudo técnico de condições ambientais do trabalho, sem prejuízo do controle judicial. Consignou que as atividades laborais nocivas e sua respectiva eliminação deveriam ser meta da sociedade, do Estado, do empresariado e dos trabalhadores como princípios basilares da Constituição. Em seguida, pediu vista dos autos o Ministro Roberto Barroso.
ARE 664335/SC, rel. Min. Luiz Fux, 3.9.2014. (ARE-664335)

Aposentadoria especial e uso de equipamento de proteção - 3

O direito à aposentadoria especial pressupõe a efetiva exposição do trabalhador a agente nocivo à sua saúde, de modo que, se o Equipamento de Proteção Individual (EPI) for realmente capaz de neutralizar a nocividade, não haverá respaldo constitucional à concessão de aposentadoria especial. Ademais — no que se refere a EPI destinado a proteção contra ruído —, na hipótese de exposição do trabalhador a ruído acima dos limites legais de tolerância, a declaração do empregador, no âmbito do Perfil Profissiográfico Previdenciário (PPP), no sentido da eficácia do EPI, não descaracteriza o tempo de serviço especial para a aposentadoria. Esse o entendimento do Plenário que, em conclusão de julgamento, desproveu recurso extraordinário com agravo em que discutida eventual descaracterização do tempo de serviço especial, para fins de aposentadoria, em decorrência do uso de EPI — informado no PPP ou documento equivalente — capaz de eliminar a insalubridade. Questionava-se, ainda, a fonte de custeio para essa aposentadoria especial — v. Informativo 757. O Colegiado afirmou que o denominado PPP poderia ser conceituado como documento histórico-laboral do trabalhador, que reuniria, dentre outras informações, dados administrativos, registros ambientais e resultados de monitoração biológica durante todo o período

em que ele exercera suas atividades, referências sobre as condições e medidas de controle da saúde ocupacional de todos os trabalhadores, além da comprovação da efetiva exposição dos empregados a agentes nocivos, e eventual neutralização pela utilização de EPI. Seria necessário indicar a atividade exercida pelo trabalhador, o agente nocivo ao qual estaria ele exposto, a intensidade e a concentração do agente, além de exames médicos clínicos. Não obstante, aos trabalhadores seria assegurado o exercício de suas funções em ambiente saudável e seguro (CF, artigos 193 e 225). A respeito, o anexo IV do Decreto 3.048/1999 (Regulamento da Previdência Social) traz a classificação dos agentes nocivos e, por sua vez, a Lei 9.528/1997, ao modificar a Lei de Benefícios da Previdência Social, fixa a obrigatoriedade de as empresas manterem laudo técnico atualizado, sob pena de multa, bem como de elaborarem e manterem PPP, a abranger as atividades desenvolvidas pelo trabalhador. A referida Lei 9.528/1997 seria norma de aplicabilidade contida, ante a exigência de regulamentação administrativa, que ocorrera por meio da Instrução Normativa 95/2003, cujo marco temporal de eficácia fora fixado para 1º.1.2004. Ademais, a Instrução Normativa 971/2009, da Receita Federal, ao dispor sobre normas gerais de tributação previdenciária e de arrecadação das contribuições sociais destinadas à previdência social e às outras entidades ou fundos, assenta que referida contribuição não é devida se houver a efetiva utilização, comprovada pela empresa, de equipamentos de proteção individual que neutralizem ou reduzam o grau de exposição a níveis legais de tolerância.
ARE 664335/SC, rel. Min. Luiz Fux, 4.12.2014. (ARE-664335)

Aposentadoria especial e uso de equipamento de proteção - 4

O Colegiado reconheceu que os tribunais estariam a adotar a teoria da proteção extrema, no sentido de que, ainda que o EPI fosse efetivamente utilizado e hábil a eliminar a insalubridade, não estaria descaracterizado o tempo de serviço especial prestado (Enunciado 9 da Súmula da Turma Nacional de Uniformização dos Juizados Especiais Federais). Destacou, entretanto, que o uso de EPI com o intuito de evitar danos sonoros — como no caso — não seria capaz de inibir os efeitos do ruído. Salientou que a controvérsia interpretativa a respeito da concessão de aposentadoria especial encerraria situações diversas: a) para o INSS, se o EPI fosse comprovadamente utilizado e eficaz na neutralização da insalubridade, a aposentadoria especial não deveria ser concedida; b) para a justiça de 1ª instância, o benefício seria devido; e c) para a Receita Federal, a contribuição não seria devida e a concessão do benefício, sem fonte de custeio, afrontaria a Constituição (art. 195, § 5º). Realçou que a melhor interpretação constitucional a ser dada ao instituto seria aquela que privilegiasse, de um lado, o trabalhador e, de outro, o preceito do art. 201 da CF. Ponderou que, apesar de constar expressamente na Constituição (art. 201, § 1º) a necessidade de lei complementar para regulamentar a aposentadoria especial, a EC 20/1998 fixa, expressamente, em seu art. 15, como norma de transição, que "até que a lei complementar a que se refere o art. 201, § 1º, da Constituição Federal, seja publicada, permanece em vigor o disposto nos artigos 57 e 58 da Lei nº 8.213, de 24 de julho de 1991, na redação vigente à data da publicação desta Emenda". A concessão de aposentadoria especial dependeria, em todos os casos, de comprovação, pelo segurado, perante o INSS, do tempo de trabalho permanente, não ocasional nem intermitente, exercido em condições especiais que prejudicassem a saúde ou a integridade física, durante o período mínimo de 15, 20 ou 25 anos, a depender do agente nocivo. Não se poderia exigir dos trabalhadores expostos a agentes prejudiciais à saúde e com maior desgaste, o cumprimento do mesmo tempo de contribuição daqueles empregados que não estivessem expostos a qualquer agente nocivo. Outrossim, não seria possível considerar que todos os agentes químicos, físicos e biológicos seriam capazes de prejudicar os trabalhadores de igual forma e grau, do que resultaria a necessidade de se determinar diferentes tempos de serviço mínimo para aposentadoria, de acordo com cada espécie de agente nocivo. A verificação da nocividade laboral para caracterizar o direito à aposentadoria especial conferiria maior eficácia ao instituto à luz da Constituição. O Plenário discordou do entendimento segundo o qual o benefício previdenciário seria devido em qualquer hipótese, desde que o ambiente fosse insalubre (risco potencial do dano). A autoridade competente poderia, no exercício da fiscalização, aferir as informações prestadas pela empresa e constantes no laudo técnico de condições ambientais do trabalho, sem prejuízo do controle judicial. As atividades laborais nocivas e sua respectiva eliminação deveriam ser meta da sociedade, do Estado, do empresariado e dos trabalhadores como princípios basilares da Constituição. O Ministro Marco Aurélio, ao acompanhar o dispositivo da decisão colegiada, limitou-se a desprover o recurso, sem acompanhar as teses fixadas. O Ministro Teori Zavascki, por sua vez, endossou apenas a primeira tese, tendo em vista reputar que a segunda — alusiva a ruído acima dos limites de tolerância — não teria conteúdo constitucional. O Ministro Luiz Fux (relator) reajustou seu voto relativamente ao EPI destinado à proteção contra ruído. **ARE 664335/SC, rel. Min. Luiz Fux, 4.12.2014. (ARE-664335) (Inform. STF 770)**

REPERCUSSÃO GERAL EM RE N. 788.092-SC

RELATOR: MIN. DIAS TOFFOLI
EMENTA: DIREITO PREVIDENCIÁRIO E CONSTITUCIONAL. CONSTITUCIONALIDADE DO ART. 57, § 8°, DA LEI N° 8.213/91. DISCUSSÃO ACERCA DA POSSIBILIDADE DE PERCEPÇÃO DO BENEFÍCIO DA APOSENTADORIA ESPECIAL INDEPENDENTEMENTE DO AFASTAMENTO DO BENEFICIÁRIO DAS ATIVIDADES LABORAIS NOCIVAS À SAÚDE. MATÉRIA PASSÍVEL DE REPETIÇÃO EM INÚMEROS PROCESSOS, COM REPERCUSSÃO NA ESFERA DE INTERESSE DE BENEFICIÁRIOS DA PREVIDÊNCIA SOCIAL. PRESENÇA DE REPERCUSSÃO GERAL. **(Inform. STF 768)**

DIREITO PREVIDENCIÁRIO. APOSENTADORIA ESPECIAL A CONTRIBUINTE INDIVIDUAL NÃO COOPERADO.
É possível a concessão de aposentadoria especial prevista no art. 57, caput, da Lei 8.213/1991 a contribuinte individual do RGPS que não seja cooperado, desde que preenchidos os requisitos legais para tanto. De fato, o art. 57, caput, da Lei 8.213/1991 ("A aposentadoria especial será devida, uma vez cumprida a carência exigida nesta Lei, ao segurado que tiver trabalhado sujeito a condições especiais que prejudiquem a saúde ou a integridade física, durante 15 (quinze), 20 (vinte) ou 25 (vinte e cinco) anos, conforme dispuser a lei") não traça qualquer diferenciação entre as diversas categorias de segurados. Além disso, não se pode sustentar, tendo em vista o fato de o contribuinte individual não cooperado não participar diretamente do custeio do benefício, a inviabilidade de concessão da aposentadoria especial a ele. Realmente, os §§ 6° e 7° do art. 57 da Lei 8.213/1991 atribuem a sociedades empresárias que possuam em seus quadros trabalhadores que exerçam atividade especial uma contribuição complementar com o escopo de auxiliar no custeio da aposentadoria especial. Ocorre que, embora os benefícios previdenciários devam estar relacionados a fontes de custeio previamente definidas (princípio da contrapartida), essa exigência não implica afirmar que a fonte de custeio está intimamente ligada ao destinatário do benefício. Pelo contrário, o sistema previdenciário do regime geral se notabiliza por ser um sistema de repartição simples, no qual não há uma direta correlação entre o montante contribuído e o montante usufruído, em nítida obediência ao princípio da solidariedade, segundo o qual a previdência é responsabilidade do Estado e da sociedade, sendo possível que determinado integrante do sistema contribua mais do que outros, em busca de um ideal social coletivo. Desse modo, a contribuição complementar imposta pelos §§ 6° e 7° do aludido art. 57 a sociedades empresárias – integrantes com maior capacidade contributiva – busca, em nítida obediência ao princípio da solidariedade, equilibrar o sistema previdenciário em prol de todos os segurados, pois, conforme afirmado acima, o art. 57, caput, da Lei 8.213/1991 não traça qualquer diferenciação entre as categorias de segurados. Ademais, imprescindível anotar que a norma prevista no art. 22, II, da Lei 8.212/1991, a que o art. 57, §§ 6° e 7°, da Lei 8.213/1991 faz remissão, impõe às empresas uma contribuição com o escopo de custear o benefício previdenciário previsto nos artigos 57 e 58 da Lei 8.213/1991, isto é, aposentadoria especial, bem como os benefícios concedidos em razão do grau de incidência de incapacidade laborativa decorrente dos riscos ambientais do trabalho, ou seja, visa custear também os benefícios por incapacidade relacionados a acidente de trabalho, para os quais não há restrição à sua concessão aos segurados contribuintes individuais, a despeito de não participarem da contribuição especificamente instituída para a referida contraprestação previdenciária. Além do mais, o art. 64 do Decreto 3.048/1999, ao limitar a concessão da aposentadoria especial de modo taxativo ao segurado empregado, ao trabalhador avulso e ao contribuinte individual cooperado – afastando, portanto, o direito do contribuinte individual que não seja cooperado–, extrapola os limites da Lei de Benefícios que se propôs regulamentar, razão pela qual deve ser reconhecida sua ilegalidade. **REsp 1.436.794-SC, Rel. Min. Mauro Campbell Marques, julgado em 17/9/2015, DJe 28/9/2015 (Inform. STJ 570).**

DIREITO PREVIDENCIÁRIO. TERMO INICIAL DE APOSENTADORIA ESPECIAL.
Se, no momento do pedido administrativo de aposentadoria especial, o segurado já tiver preenchido os requisitos necessários à obtenção do referido benefício, ainda que não os tenha demonstrado perante o INSS, o termo inicial da aposentadoria especial concedida por meio de sentença será a data do aludido requerimento administrativo, e não a data da sentença. O art. 57, § 2°, da Lei 8.213/1991 confere à aposentadoria especial o mesmo tratamento dado à aposentadoria por idade quanto à fixação do termo inicial, qual seja, a data de entrada do requerimento administrativo para todos os segurados, exceto o segurado empregado. Desse modo, a comprovação extemporânea de situação jurídica já consolidada em momento anterior não tem o condão de afastar o direito adquirido do segurado, impondo-se o reconhecimento do direito ao benefício previdenciário no momento do requerimento administrativo, quando preenchidos os requisitos para a concessão da aposentadoria. Nessa ordem de ideias, quando o segurado já tenha preenchido os requisitos para a concessão da aposentadoria especial ao tempo do requerimento administrativo, afigura-se injusto que somente venha a receber o benefício a partir da data da sentença ao fundamento da ausência de comprovação do tempo laborado em condições especiais naquele primeiro momento. **Pet 9.582-RS, Rel. Min. Napoleão Nunes Maia Filho, julgado em 26/8/2015, DJe 16/9/2015 (Inform. STJ 569).**

DIREITO PREVIDENCIÁRIO. DOCUMENTO NOVO PARA FINS DE COMPROVAÇÃO DE ATIVIDADE RURAL EM AÇÃO RESCISÓRIA.
É possível ao tribunal, na ação rescisória, analisar documento novo para efeito de configuração de início de prova material destinado à comprovação do exercício de atividade rural, ainda que esse documento seja preexistente à propositura da ação em que proferida a decisão rescindenda referente à concessão de aposentadoria rural por idade. Nesse caso, é irrelevante o fato de o documento apresentado ser preexistente à propositura da ação originária, pois devem ser consideradas as condições desiguais pelas quais passam os trabalhadores rurais, adotando-se a solução pro misero. Dessa forma, o documento juntado aos autos é hábil à rescisão do julgado com base no art. 485, VII, do CPC, segundo o qual a sentença de mérito transitada em julgado pode ser rescindida quando, "depois da sentença, o autor obtiver documento novo, cuja existência ignorava, ou de que não pôde fazer uso, capaz, por si só, de lhe assegurar pronunciamento favorável". **AR 3.921-SP, Rel. Min. Sebastião Reis Júnior, julgado em 24/4/2013. (Inform. STJ 522)**

DIREITO PREVIDENCIÁRIO. INÍCIO DE PROVA MATERIAL PARA COMPROVAÇÃO DO EXERCÍCIO DE ATIVIDADE RURAL.
Para a concessão de aposentadoria rural, a certidão de nascimento dos filhos que qualifique o companheiro como lavrador deve ser aceita como início de prova documental do tempo de atividade rurícola da companheira. Precedentes citados: AgRg no AG 1.274.601-SP, Sexta Turma, DJe 20/9/2010 e AgRg no REsp 951.518-SP, Quinta Turma, DJe 29/9/2008. **AR 3.921-SP, Rel. Min. Sebastião Reis Júnior, julgado em 24/4/2013. (Inform. STJ 522)**

≡ Súmula STF n° 726

Para efeito de aposentadoria especial de professores, não se computa o tempo de serviço prestado fora da sala de aula.

6. AUXÍLIO-DOENÇA

REPERCUSSÃO GERAL EM ARE N. 821.296-PE

RELATOR: MIN. ROBERTO BARROSO
Ementa: PREVIDENCIÁRIO. AUXÍLIO-DOENÇA. VERIFICAÇÃO DOS REQUISITOS PARA CONCESSÃO DO BENEFÍCIO. 1. Hipótese em que o acórdão recorrido consigna a ausência dos requisitos necessários à concessão do auxílio-doença. 2. Discussão que envolve matéria infraconstitucional, além de exigir o revolvimento da matéria fática (Súmula 279/STF). 3. Inexistência de repercussão geral. **(Inform. STF 763)**

DIREITO PREVIDENCIÁRIO. CÔMPUTO DO PERÍODO DE GOZO DE AUXÍLIO-DOENÇA PARA EFEITO DA CARÊNCIA NECESSÁRIA À CONCESSÃO DE APOSENTADORIA POR IDADE.
O período de recebimento de auxílio-doença deve ser considerado no cômputo do prazo de carência necessário à concessão de aposentadoria por idade, desde que intercalado com períodos contributivos. Isso porque, se o período de recebimento de auxílio-doença é contado como tempo de contribuição (art. 29, § 5°, da Lei 8.213/1991), consequentemente, também deverá ser computado para fins de carência, se recebido entre períodos de

22. DIREITO PREVIDENCIÁRIO

atividade (art. 55, II, da Lei 8.213/1991). Da mesma forma, o art. 60, III, do Dec. 3.048/1999 estabelece que, enquanto não houver lei específica que discipline a matéria, será contado como tempo de contribuição o período em que o segurado tenha recebido auxílio-doença entre períodos de atividade. Precedentes citados: REsp 1.243.760-PR, Quinta Turma, DJe 9/4/2013; e AgRg no REsp 1.101.237-RS, Quinta Turma, DJe 1º/2/2013. **REsp 1.334.467-RS, Rel. Min. Castro Meira, julgado em 28/5/2013. (Inform. STJ 524)**

▤ Súmula STJ nº 44

A definição, em ato regulamentar, de grau mínimo de disacusia, não exclui, por si só, a concessão do benefício previdenciário.

7. PENSÃO POR MORTE

AG. REG. NO ARE N. 679.210-MG

RELATOR: MIN. DIAS TOFFOLI
EMENTA: Agravo regimental no recurso extraordinário com agravo. Constitucional e previdenciário. Pensão por morte. Cônjuge varão. Demonstração de invalidez. Ofensa ao princípio da isonomia. Precedentes. Dependência econômica. Preenchimento do requisito reconhecido pelo tribunal de origem. Legislação local. Reexame de fatos e provas. Análise. Impossibilidade. Precedentes.
1. A exigência de invalidez do marido para ser beneficiário de pensão por morte da esposa fere o princípio da isonomia inserto no art. 5º, inciso I, da Constituição Federal, uma vez que tal requisito não é exigido em relação à esposa. Esse entendimento é aplicável, inclusive, quando o óbito da instituidora se tenha dado anteriormente à promulgação da Emenda Constitucional nº 20/98. Precedentes.
2. Inadmissível, em recurso extraordinário, o reexame dos fatos e das provas da causa e a análise de legislação local. Incidência das Súmulas nºs 279 e 280/STF.
3. Agravo regimental não provido. **(Inform. STF 804)**

AG. REG. NO ARE N. 699.199-CE

RELATOR: MIN. ROBERTO BARROSO
EMENTA: PREVIDENCIÁRIO. AGRAVO REGIMENTAL EM RECURSO EXTRAORDINÁRIO COM AGRAVO. SERVIDOR PÚBLICO QUE FALECEU ANTES DA EC 20/98. PENSÃO POR MORTE. CÔNJUGE VARÃO. EXIGÊNCIA DE INVALIDEZ. OFENSA AO PRINCÍPIO DA ISONOMIA. PRECEDENTES.
1. A jurisprudência do Supremo Tribunal Federal é firme no sentido de que ofende o princípio constitucional da isonomia lei que exige do marido, para fins de recebimento de pensão por morte da mulher, a comprovação do estado de invalidez. Precedentes.
2. Agravo regimental a que se nega provimento. **(Inform. STF 790)**

Adoção de descendente maior de idade e legitimidade
Não é legítima a adoção de descendente maior de idade, sem a constatação de suporte moral ou econômico, com o fim de induzir o deferimento de benefício previdenciário. Com base nessa orientação, a Primeira Turma denegou mandado de segurança impetrado em face de decisão do TCU, que negara registro a pensão militar recebida pela impetrante. No caso, ela fora adotada, aos 41 anos de idade, pelo avô, servidor militar aposentado. No momento da adoção, a impetrante exercia o magistério no serviço público estadual. De início, o Colegiado afastou alegação de ofensa ao contraditório e à ampla defesa. No ponto, invocou o Enunciado 3 da Súmula Vinculante do STF. Repeliu, também, arguição de decadência. A incidência do disposto no art. 54 da Lei 9.784/1999, a tratar da decadência do direito de a Administração anular os próprios atos após decorrido o prazo fixado, pressuporia situação jurídica aperfeiçoada. Isso não sucederia quanto ao ato de natureza complexa, conforme jurisprudência da Corte. No mérito, a Turma assinalou que não haveria demonstração da dependência econômica capaz de justificar o deferimento da pensão. Em contexto de escassez de recursos públicos, deveriam ser combatidas posturas estrategicamente destinadas a induzir o deferimento de pensões em casos que, diante das características subjetivas dos envolvidos, não ensejariam o reconhecimento do direito. Não seria viável, na ausência de elementos comprobatórios mínimos, presumir as necessárias dependências econômica e afetiva. O inciso I do art. 7º da Lei 3.765/1960, com redação vigente quando do óbito do avô, em 1994, apenas admitia o deferimento do benefício, em ordem de prioridade, aos filhos menores de 21 anos ou, quando estudantes, menores de 24 anos. O parágrafo único do preceito, ademais, afastava as limitações etárias apenas quando demonstrada invalidez ou enfermidade grave a impedir a subsistência do postulante da pensão militar. Além disso, o § 1º do art. 42

do ECA, em momento posterior à formalização da escritura pública de adoção, ocorrida em 1989, trouxera regra a vedar a adoção por ascendentes, a reforçar o caráter reprovável da conduta. Dentre as finalidades da norma, mereceria destaque o combate à prática de atos de simulação e fraude à lei, como nos casos em que a filiação fosse estabelecida unicamente para a percepção de benefícios junto ao Poder Público. **MS 31383/DF, rel. Min. Marco Aurélio, 12.5.2015. (MS-31383) (Inform. STF 785)**

AG. REG. NO ARE N. 763.778-RS

RELATORA: MIN. CÁRMEN LÚCIA
EMENTA: AGRAVO REGIMENTAL NO RECURSO EXTRAORDINÁRIO COM AGRAVO. PREVIDENCIÁRIO. PENSÃO POR MORTE A MENOR SOB GUARDA DA AVÓ. CONDIÇÃO DE BENEFICIÁRIA DEPENDENTE: ANÁLISE PRÉVIA DE NORMA INFRACONSTITUCIONAL E REEXAME DE FATOS E PROVAS. OFENSA CONSTITUCIONAL INDIRETA. SÚMULA N. 279 DO SUPREMO TRIBUNAL FEDERAL. AGRAVO REGIMENTAL AO QUAL SE NEGA PROVIMENTO. **(Inform. STF 725)**

DIREITO PREVIDENCIÁRIO. HABILITAÇÃO TARDIA DE "PENSIONISTA MENOR".
Ainda que o beneficiário seja "pensionista menor", a pensão por morte terá como termo inicial a data do requerimento administrativo – e não a do óbito – na hipótese em que, postulado após trinta dias do óbito do segurado, o benefício já vinha sendo pago integralmente a outro dependente previamente habilitado. A jurisprudência prevalente do STJ é no sentido de que, comprovada a absoluta incapacidade do requerente, faz ele jus ao pagamento das parcelas de pensão por morte desde a data do óbito do segurado, ainda que não haja postulação administrativa no prazo de trinta dias (REsp 1.405.909-AL, Primeira Turma, DJe 9/9/2014; REsp 1.354.689-PB, Segunda Turma, DJe 11/3/2014). Isso porque, nos termos do art. 79 da Lei 8.213/1991, está claro que tanto o prazo de decadência quanto o prazo de prescrição previstos no art. 103 da referida Lei são inaplicáveis ao pensionista menor, situação esta que só desaparece com a maioridade, nos termos do art. 5º do Código Civil. Contudo, o dependente menor que não pleiteia a pensão por morte no prazo de trinta dias a contar da data do óbito do segurado (art. 74 da Lei 8.213/1991) não tem direito ao recebimento do referido benefício a partir da data do falecimento do instituidor, na hipótese em que a pensão houver sido integralmente paga a outros dependentes que já estavam previamente habilitados perante o INSS. Com efeito, a habilitação posterior do dependente menor somente deverá produzir efeitos a contar desse episódio, de modo que não há que falar em efeitos financeiros para momento anterior à sua inclusão (art. 76 da Lei 8.213/1991). Ressalta-se, inclusive, que admitir o contrário implicaria em inevitável prejuízo à autarquia previdenciária, que seria condenada a pagar duplamente o valor da pensão. Precedente citado: REsp 1.377.720-SC, Segunda Turma, DJe 5/8/2013. **REsp 1.513.977-CE, Rel. Min. Herman Benjamin, julgado em 23/6/2015, DJe 5/8/2015 (Inform. STJ 566).**

DIREITO PREVIDENCIÁRIO. CONCESSÃO DE BENEFÍCIO PREVIDENCIÁRIO A CRIANÇA OU ADOLESCENTE SOB GUARDA JUDICIAL. No caso em que segurado de regime previdenciário seja detentor da guarda judicial de criança ou adolescente que dependa economicamente dele, ocorrendo o óbito do guardião, será assegurado o benefício da pensão por morte ao menor sob guarda, ainda que este não tenha sido incluído no rol de dependentes previsto na lei previdenciária aplicável. O fim social da lei previdenciária é abarcar as pessoas que foram acometidas por alguma contingência da vida. Nesse aspecto, o Estado deve cumprir seu papel de assegurar a dignidade da pessoa humana a todos, em especial às crianças e aos adolescentes, cuja proteção tem absoluta prioridade. O ECA não é uma simples lei, uma vez que representa política pública de proteção à criança e ao adolescente, verdadeiro cumprimento do mandamento previsto no art. 227 da CF. Ademais, não é dado ao intérprete atribuir à norma jurídica conteúdo que atente contra a dignidade da pessoa humana e, consequentemente, contra o princípio de proteção integral e preferencial a crianças e adolescentes, já que esses postulados são a base do Estado Democrático de Direito e devem orientar a interpretação de todo o ordenamento jurídico. Desse modo, embora a lei previdenciária aplicável ao segurado seja lei específica da previdência social, não menos certo é que a criança e adolescente tem norma específica que confere ao menor sob guarda a condição de dependente para todos os efeitos, inclusive previdenciários (art. 33, § 3º, do ECA). **RMS 36.034-MT, Rel. Min. Benedito Gonçalves, julgado em 26/2/2014. (Inform. STJ 546)**

DIREITO PREVIDENCIÁRIO. TERMO INICIAL DE PENSÃO POR MORTE REQUERIDA POR PENSIONISTA MENOR DE DEZOITO ANOS. **A pensão por morte será devida ao dependente menor de dezoito anos desde a data do óbito, ainda que tenha requerido o benefício passados mais de trinta dias após completar dezesseis anos.** De acordo com o inciso II do art. 74 da Lei 8.213/1991, a pensão por morte será devida ao conjunto dos dependentes do segurado que falecer, aposentado ou não, a contar da data do requerimento, caso requerida após trinta dias do óbito. Entretanto, o art. 79 da referida lei dispõe que tanto o prazo de decadência quanto o prazo de prescrição são inaplicáveis ao "pensionista menor". A menoridade de que trata esse dispositivo só desaparece com a maioridade, nos termos do art. 5º do CC – segundo o qual "A menoridade cessa aos dezoito anos completos, quando a pessoa fica habilitada à prática de todos os atos da vida civil" –, e não aos dezesseis anos de idade. **REsp 1.405.909-AL, Rel. Min. Sérgio Kukina, Rel. para acórdão Min. Ari Pargendler, julgado em 22/5/2014. (Inform. STJ 546)**

DIREITO PREVIDENCIÁRIO. COMPROVAÇÃO DA UNIÃO ESTÁVEL PARA EFEITO DE CONCESSÃO DE PENSÃO POR MORTE.
Para a concessão de pensão por morte, é possível a comprovação da união estável por meio de prova exclusivamente testemunhal. Ressalte-se, inicialmente, que a prova testemunhal é sempre admissível caso a legislação não disponha em sentido contrário. Ademais, a Lei 8.213/1991 somente exige prova documental quando se tratar de comprovação do tempo de serviço. Precedentes citados: REsp 778.384-GO, Quinta Turma, DJ 18/9/2006; e REsp 783.697-GO, Sexta Turma, DJ 9/10/2006. **AR 3.905-PE, Rel. Min. Campos Marques (Desembargador convocado do TJ-PR), julgado em 26/6/2013. (Inform. STJ 527)**

DIREITO PREVIDENCIÁRIO. PENSÃO POR MORTE NA HIPÓTESE DE FILHO MAIOR DE 21 ANOS. RECURSO REPETITIVO (ART. 543-C DO CPC E RES. 8/2008-STJ).
O filho maior de 21 anos, ainda que esteja cursando o ensino superior, não tem direito à pensão por morte, ressalvadas as hipóteses de invalidez ou deficiência mental ou intelectual previstas no art. 16, I, da Lei 8.213/1991. O art. 16, I, da Lei 8.213/1991 é taxativo, não cabendo ao Poder Judiciário legislar positivamente, usurpando função do Poder Legislativo. Precedentes citados: MS 12.982-DF, Corte Especial, DJe 31⁄3⁄08; REsp 771.993-RS, Quinta Turma, DJ 23⁄10⁄06; e AgRg no Ag 1.076.512-BA, Sexta Turma, DJe 3⁄8⁄11. **REsp 1.369.832-SP, Rel. Min. Arnaldo Esteves Lima, julgado em 12/6/2013. (Inform. STJ 525)**

DIREITO PREVIDENCIÁRIO. RECOLHIMENTO POST MORTEM DAS CONTRIBUIÇÕES PREVIDENCIÁRIAS PARA A CONCESSÃO DE PENSÃO POR MORTE.
Não se admite o recolhimento post mortem de contribuições previdenciárias a fim de que, reconhecida a qualidade de segurado do falecido, seja garantida a concessão de pensão por morte aos seus dependentes. De fato, esse benefício é devido ao conjunto de dependentes do segurado que falecer, mas desde que exista, ao tempo do óbito, a qualidade de segurado do instituidor. Nesse contexto, é imprescindível o recolhimento das contribuições pelo próprio contribuinte, de acordo com o art. 30, II, da Lei 8.212/1991. Sendo assim, não obstante o exercício de atividade pelo segurado obrigatório ensejar sua filiação obrigatória no RGPS, para seus dependentes perceberem a pensão por morte, são necessários a inscrição e o recolhimento das respectivas contribuições em época anterior ao óbito, diante da natureza contributiva do sistema. Dessa forma, não há base legal para uma inscrição post mortem ou para que sejam regularizadas, após a morte do segurado, as contribuições não recolhidas em vida por ele. Precedente citado: REsp 1.328.298-PR, Segunda Turma, DJe 28/9/2012. **REsp 1.346.852-PR, Rel. Min. Humberto Martins, julgado em 21/5/2013. (Inform. STJ 525)**

📖 Súmula STJ nº 416
É devida a pensão por morte aos dependentes do segurado que, apesar de ter perdido essa qualidade, preencheu os requisitos legais para a obtenção de aposentadoria até a data do seu óbito.

8. AUXÍLIO-ACIDENTE

DIREITO PREVIDENCIÁRIO. AUXÍLIO-ACIDENTE. AGRAVAMENTO DA LESÃO INCAPACITANTE. APLICAÇÃO DO PRINCÍPIO *TEMPUS REGIT ACTUM*.
Deve ser considerado, para fins de auxílio-acidente, o percentual estabelecido pela lei vigente no momento em que se dá o agravamento das lesões incapacitantes do beneficiário, e não o do momento em que o benefício foi concedido inicialmente. O agravamento da lesão incapacitante tem como consequência a alteração do auxílio-acidente, sendo considerado um novo fato gerador para a concessão do benefício. Dessa forma, o agravamento da lesão gera a concessão de um novo benefício, devendo-se aplicar a lei em vigor na data do fato agravador, por incidência do princípio *tempus regit actum*. **AgRg no REsp 1.304.317-SP, Rel. Min. Ari Pargendler, julgado em 4/12/2012. (Inform. STJ 512)**

DIREITO PREVIDENCIÁRIO E PROCESSUAL CIVIL. TERMO *A QUO* PARA PAGAMENTO DE AUXÍLIO-ACIDENTE.
O termo inicial para pagamento de auxílio-acidente é a data da citação da autarquia previdenciária se ausente prévio requerimento administrativo ou prévia concessão de auxílio-doença. O laudo pericial apenas norteia o livre convencimento do juiz quanto a alguma incapacidade ou mal surgido anteriormente à propositura da ação, sendo que a citação válida constitui em mora o demandado (art. 219 do CPC). Precedentes citados: EREsp 735.329-RJ, DJe 6/5/2011; AgRg no Ag 1.182.730-SP, DJe 1º/2/2012; AgRg no AgRg no Ag 1.239.697-SP, 5/9/2011, e REsp 1.183.056-SP, DJe 17/8/2011. **AgRg no AREsp 145.255-RJ, Rel. Min. Napoleão Nunes Maia Filho, julgado em 27/11/2012. (Inform. STJ 511)**

📖 SÚMULA STJ nº 507
A acumulação de auxílio-acidente com aposentadoria pressupõe que a lesão incapacitante e a aposentadoria sejam anteriores a 11/11/1997, observado o critério do art. 23 da Lei n. 8.213/1991 para definição do momento da lesão nos casos de doença profissional ou do trabalho.

9. BENEFÍCIO ASSISTENCIAL

DIREITO PREVIDENCIÁRIO. RENDA FAMILIAR PER CAPITA PARA FINS DE CONCESSÃO DE BENEFÍCIO DE PRESTAÇÃO CONTINUADA A PESSOA COM DEFICIÊNCIA. RECURSO REPETITIVO (ART. 543-C DO CPC E RES. 8/2008-STJ). TEMA 640.
Aplica-se o parágrafo único do art. 34 do Estatuto do Idoso (Lei 10.741/2003), por analogia, a pedido de benefício assistencial feito por pessoa com deficiência a fim de que benefício previdenciário recebido por idoso, no valor de um salário mínimo, não seja computado no cálculo da renda per capita prevista no art. 20, § 3º, da Lei 8.742/1993. A proteção ao idoso e ao deficiente, por meio de concessão de benefício assistencial, vem insculpida no inciso V do art. 203 da CF, que assim dispõe: "Art. 203. A assistência social será prestada a quem dela necessitar, independentemente de contribuição à seguridade social, e tem por objetivos: (...) V - a garantia de um salário mínimo de benefício mensal à pessoa portadora de deficiência e ao idoso que comprovem não possuir meios de prover à própria manutenção ou de tê-la provida por sua família, conforme dispuser a lei". A regra matriz constitucional não traz distinção entre essas duas classes de vulneráveis sociais. O art. 34 do Estatuto do Idoso, por sua vez, dispõe: "Art. 34. Aos idosos, a partir de 65 (sessenta e cinco) anos, que não possuam meios para prover sua subsistência, nem de tê-la provida por sua família, é assegurado o benefício mensal de 1 (um) salário-mínimo, nos termos da Lei Orgânica da Assistência Social - LOAS. Parágrafo único. O benefício já concedido a qualquer membro da família nos termos do caput não será computado para os fins do cálculo da renda familiar per capita a que se refere a LOAS". O normativo informa que o valor recebido por idoso, a partir dos 65 anos de idade e a título de benefício de prestação continuada, não deve fazer parte da renda da família de que trata o art. 20, § 3º, da Lei 8.742/1993. Isto é: o idoso que, ao completar 65 anos de idade, não prove a sua subsistência ou não a tem provida com o auxílio da família não deve compor a dimensão econômica do núcleo familiar quando em análise a concessão de outro benefício assistencial a idoso. E isso se deve porque a renda mínima que ele recebe é personalíssima e se presta, exclusivamente, à sua manutenção, protegendo-o da situação de vulnerabilidade social. Assim, a proteção aos idosos aqui tem nítido caráter assistencial. Ora, não há distinção constitucio-

22. DIREITO PREVIDENCIÁRIO

nal entre vulneráveis (idosos e deficientes) e, mesmo assim, não há norma na Lei Orgânica da Assistência Social a garantir às pessoas com deficiência o mesmo amparo que o parágrafo único do art. 34 da Lei 10.741/2003 garante aos idosos. Assim, conclui-se que há, sim, um déficit ou lacuna normativa a desproteger os deficientes vulneráveis que deve ser suprido com fundamento nos arts. 4º e 5º da LINDB e no parágrafo único do art. 34 do Estatuto do Idoso. Desse modo, à luz dos princípios da isonomia e da dignidade humana, faz-se necessário aplicar a analogia a fim de que o parágrafo único do art. 34 do Estatuto do Idoso integre também o sistema de proteção à pessoa com deficiência, para assegurar que o benefício previdenciário, no valor de um salário mínimo, recebido por idoso que faça parte do núcleo familiar não componha a renda per capita prevista no § 3º do art. 20 da Lei 8.742/1993 - que, aliás, foi declarada inconstitucional, incidenter tantum, por omissão, sem declaração de nulidade, no julgamento do RE 567.985-MT, sob o rito do artigo 543-B do CPC (DJe 3/10/2013). Entendimento diverso, no sentido de que os proventos ou a pensão recebida por idoso, no valor de um salário mínimo, devem compor a renda da família da pessoa com deficiência, além de conduzir à manutenção de sua desproteção social, implicará sacrifício socioeconômico do próprio idoso que compõe o núcleo familiar, o que resultaria em colocá-lo ou em reinseri-lo também no rol dos juridicamente vulneráveis. Por fim, registra-se que, no RE 580.963-PR (DJe 14/11/2013), julgado sob o rito da repercussão geral, o STF, após amplo debate, declarou, incidenter tantum, a inconstitucionalidade parcial, e por omissão, sem a pronúncia de nulidade, do art. 34, parágrafo único, da Lei 10.741/2003, notadamente porque o normativo deixou de excluir, para fins de cálculo da renda per capita, benefícios assistenciais recebidos por pessoas com deficiência e previdenciários, no valor de até um salário mínimo, pagos a idosos, pois não evidenciada pela Corte Constitucional justificativa plausível para o discrímen. **REsp 1.355.052-SP, Rel. Min. Benedito Gonçalves, Primeira Seção, julgado em 25/2/2015, DJe 5/11/2015. (Inform. STJ 572)**

DIREITO PREVIDENCIÁRIO. EXCLUSÃO DE BENEFÍCIO DE VALOR MÍNIMO PERCEBIDO POR MAIOR DE 65 ANOS NA COMPOSIÇÃO DA RENDA FAMILIAR.
O benefício previdenciário de valor mínimo recebido por pessoa acima de 65 anos não deve ser considerado na composição da renda familiar, para fins de concessão do benefício assistencial a outro membro da família, conforme preconiza o art. 34, parágrafo único, da Lei n. 10.741/2003 (Estatuto do Idoso). Precedentes citados: Pet 7.203-PE, DJe 11/10/2011, AREsp 232.991-SC, DJe 25/9/2012; AgRg no Ag 1.394.595-SP, DJe 9/5/2012, e AgRg no REsp 1.247.868-RS, DJe 13/10/2011. **AgRg no AREsp 215.158-CE, Rel. Min. Mauro Campbell Marques, julgado em 18/10/2012. (Inform. STJ 507)**

---

10. PREVIDÊNCIA PRIVADA COMPLEMENTAR

AG. REG. NO R 627.268-AM

RELATOR: MIN. DIAS TOFFOLI
EMENTA: Agravo regimental no recurso extraordinário. Previdência privada. Complementação de aposentadoria. Competência. Modulação dos efeitos. Marco temporal. Sentença de mérito. Alegada ofensa ao art. 5º, inciso XXXV, da Constituição Federal. Não ocorrência. Princípios do devido processo legal, da ampla defesa e do contraditório. Ofensa reflexa. Precedentes.
1. O Plenário da Corte, no exame do RE nº 586.453/SE, da Relatoria da Ministra **Ellen Gracie**, Relator para o acórdão o Ministro **Dias Toffoli**, concluiu que compete à Justiça comum processar e julgar os feitos nos quais se discute complementação de aposentadoria em face de entidades de previdência privada.
2. Na ocasião, modularam-se os efeitos da mencionada decisão para definir a competência da Justiça do Trabalho para processar e julgar, até o trânsito em julgado e o correspondente execução, todas as causas da espécie em que, até a data da conclusão do referido julgamento (20/2/13), houver sido proferida sentença de mérito.
3. Modulação dos efeitos que se aplica ao caso, tendo em vista a existência de sentença de mérito proferida pela Justiça laboral em 2/10/97.
4. Não houve a alegada violação do art. 5º, inciso XXXV, da Constituição Federal, uma vez que o agravante teve acesso aos recursos cabíveis.
5. A afronta aos princípios da legalidade, do devido processo legal, da ampla defesa e do contraditório, dos limites da coisa julgada e da prestação

jurisdicional, quando depende, para ser reconhecida como tal, da análise de normas infraconstitucionais, configura apenas ofensa indireta ou reflexa à Constituição da República.
6. Agravo regimental não provido. **(Inform. STF 717)**

DIREITO CIVIL E PREVIDENCIÁRIO. REVISÃO DE APOSENTADORIA COMPLEMENTAR PARA INCLUSÃO DE HORAS EXTRAS.
No caso em que o direito a horas extraordinárias, cujos valores estejam previstos no regulamento da entidade de previdência complementar como integrantes da base de cálculo das contribuições do participante, tiver sido reconhecido somente após a aposentadoria do empregado, o valor do benefício da aposentadoria complementar deve ser recalculado para considerar os valores das horas extraordinárias, devendo ser aferido no recálculo o que deixou de ser recolhido pelo empregado e pelo patrocinador se as horas extras tivessem sido oportunamente pagas. As horas extras não possuem caráter geral, sendo destinadas episodicamente aos ativos. Por constituírem salário apenas no momento em que são pagas, não se incorporando definitivamente ao contrato de trabalho, somente se houver previsão regulamentar é que poderão integrar o cálculo da complementação de aposentadoria, já que não há previsão legal nesse sentido. Em outras palavras, as horas extraordinárias não integram o cálculo da complementação de aposentadoria, à exceção daquelas pagas durante o contrato de trabalho e que compuseram a base de cálculo das contribuições do empregado à entidade de previdência privada, segundo norma do próprio plano de custeio. Desse modo, como o valor das horas extras compõe a base mensal de cálculo da contribuição do participante à entidade de previdência privada, deve ser utilizado também, na devida proporção, para fins de recebimento do benefício previdenciário complementar, consoante a equação matemática prevista no regulamento. Caso contrário, "admitir-se que o empregado contribua sobre horas extras que não serão integradas em sua complementação geraria inaceitável desequilíbrio atuarial em favor do fundo de pensão privado, o que não se justifica" (TST-IUJ E-ED-RR-301900-52.2005.5.09.0661, Tribunal Pleno, DEJT 10/6/2011). Por outro lado, deverá ser aferido, em liquidação de sentença, o montante de custeio que o trabalhador deveria ter contribuído se o empregador tivesse pagado corretamente as horas extras à época, devendo eventual diferença ser compensada com os valores a que faz jus o participante em virtude da integração da referida verba remuneratória no cálculo do benefício suplementar. Isso em observância aos princípios da fonte de custeio e do equilíbrio econômico-atuarial do fundo previdenciário. Havendo, portanto, apenas a contribuição do trabalhador, deve ser reduzido pela metade o resultado da integração do adicional de horas extras na suplementação de aposentadoria. Deve ser facultado, contudo, ao autor verter as parcelas de custeio de responsabilidade do patrocinador, se pagas a menor, para poder receber o benefício integral, visto que não poderia demandá-lo na presente causa em virtude de sua ilegitimidade passiva ad causam. Além disso, como o obreiro não pode ser prejudicado por ato ilícito da empresa, deve ser assegurado o direito de ressarcimento pelo que despender a título de custeio da cota patronal, a ser buscado em demanda contra o empregador. **REsp 1.525.732-RS, Rel. Min. Ricardo Villas Bôas Cueva, julgado em 6/10/2015, DJe 16/10/2015. (Inform. STJ 571)**

DIREITO CIVIL E PREVIDENCIÁRIO. CONDIÇÃO PARA O RESGATE DE RESERVA DE POUPANÇA DE PLANO PRIVADO DE PREVIDÊNCIA COMPLEMENTAR DE ENTIDADE FECHADA.
É lícita a cláusula estatutária que prevê a rescisão do vínculo laboral com o patrocinador como condição para o resgate de reserva de poupança de plano privado de previdência complementar de entidade fechada. De antemão, é importante esclarecer que resgate é o instituto da previdência complementar que faculta ao ex-participante receber o valor decorrente do desligamento do plano de benefícios. Já o montante a ser restituído corresponde à totalidade das contribuições por ele vertidas ao fundo (reserva de poupança), devidamente atualizadas, descontadas as parcelas de custeio administrativo que sejam de sua responsabilidade, na forma prevista no regulamento. De fato, o instituto do resgate, além de ser disciplinado no regulamento do ente de previdência privada, deve observar também, segundo comando legal, as normas estabelecidas pelo órgão regulador e fiscalizador (arts. 3º, II, 35, I, "c" e "d", e 42, V, da Lei 6.435/1977; art. 14, caput e III, da LC 109/2001). Nesse contexto, o Conselho de Gestão da Previdência Complementar (CGPC), no uso de suas atribuições legais (arts. 5º e 74 da LC 109/2001), editou a Resolução MPS/CGPC 6/2003, dispondo que no caso de plano de benefícios instituído por patrocinador, o regulamento deverá condicionar o resgate à cessação do vínculo empregatício (art. 22).

Ressalta-se que essa exigência já fazia parte do regime da Lei 6.435/1977, regulamentada pelo Decreto 81.240/1978 (art. 31, VII e VIII). Observa-se, desse modo, que a exigência de extinção do vínculo empregatício com o patrocinador para o ex-participante de fundo previdenciário solicitar o resgate de suas contribuições, apesar de rigorosa, é essencial, pois se evita a desnaturação do sistema, dado que o objetivo da previdência complementar fechada é a proteção social de um grupo específico de participantes e não a utilização como forma de investimento, tanto é assim que a atividade da entidade fechada de previdência complementar não tem finalidade lucrativa, estando voltada unicamente para a gestão de recursos para fazer frente à suplementação de benefícios futuros contratados. Logo, não fere a razoabilidade nem há como ser reputada ilícita ou abusiva a cláusula estatutária. **REsp 1.518.525-SE, Rel. Min. Ricardo Villas Bôas Cueva, julgado em 19/5/2015, DJe 29/5/2015 (Inform. STJ 563).**

DIREITO CIVIL E PREVIDENCIÁRIO. CONDIÇÃO PARA O RESGATE DA TOTALIDADE DAS CONTRIBUIÇÕES VERTIDAS AO PLANO PRIVADO DE PREVIDÊNCIA COMPLEMENTAR DE ENTIDADE FECHADA.

É lícita a cláusula que prevê a rescisão do vínculo laboral com o patrocinador como condição para o resgate da totalidade das contribuições vertidas ao plano privado de previdência complementar de entidade fechada. A LC 109/2001, embora preveja que os regulamentos dos planos de benefícios deverão estabelecer o resgate da totalidade das contribuições vertidas pelo ex-participante, dispõe que caberá aos órgãos públicos regulador e fiscalizador estabelecer regulamentação específica acerca do referido instituto. Nessa conjuntura, a norma infralegal editada pelo órgão regulador, dentro do exercício do poder regulamentar, que disciplina atualmente a forma pela qual será efetuado o "resgate da totalidade das contribuições vertidas ao plano pelo participante", prevista na lei complementar de regência – vinculando as entidades de previdência privada e participantes –, é a Resolução do Conselho de Gestão da Previdência Complementar 6, de 30 de outubro de 2003. Pois bem, o art. 22 da referida Resolução enuncia que: "No caso de plano de benefícios instituído por patrocinador, o regulamento deverá condicionar o pagamento do resgate à cessação do vínculo empregatício". Portanto, nos planos de benefícios patrocinados, é lícita a disposição regulamentar que estabelece como requisito ao resgate a cessação do vínculo empregatício com o patrocinador. **REsp 1.189.456-RS, Rel. Min. Luis Felipe Salomão, julgado em 12/5/2015, DJe, 11/6/2015 (Inform. STJ 563).**

DIREITO CIVIL E PREVIDENCIÁRIO. POSSIBILIDADE DE MAJORAÇÃO DAS CONTRIBUIÇÕES PARA PLANO DE PREVIDÊNCIA PRIVADA.

A contribuição dos integrantes de plano de previdência complementar pode ser majorada sem ofender direito adquirido. De acordo com os arts. 202 da CF e 1º da LC 109/2001, a previdência privada é de caráter complementar, facultativa, regida pelo Direito Civil, baseada na constituição de reservas que garantam o benefício contratado, sendo o regime financeiro de capitalização (contribuições do participante e do patrocinador, se houver, e rendimentos com a aplicação financeira destas) obrigatório para os benefícios de pagamento em prestações continuadas e programadas, e organizada de forma autônoma em relação ao regime geral de previdência social. Para cumprir sua missão e gerir adequadamente o fundo, as entidades de previdência complementar utilizam-se de alguns instrumentos, como o plano de benefícios e o plano de custeio. O plano de benefícios é um programa de capitalização através do qual alguém se propõe a contribuir, para a constituição de um fundo que, decorrido o prazo de carência, poderá ser resgatado mediante o pagamento de uma parcela única, ou de diversas parcelas sucessivas (renda continuada). Já o plano de custeio, elaborado segundo cálculos atuariais, reavaliados periodicamente, deve fixar o nível de contribuição necessário à constituição das reservas e à cobertura das demais despesas, podendo as contribuições ser normais, quando destinadas ao custeio dos benefícios oferecidos, ou extraordinárias, quando destinadas ao custeio de déficits, serviço passado e outras finalidades não incluídas na contribuição normal. Logo, pelo regime de capitalização, o benefício de previdência complementar será decorrente do montante de contribuições efetuadas e do resultado de investimentos, podendo haver, no caso de desequilíbrio financeiro e atuarial do fundo, superávit ou déficit, a influenciar os participantes do plano como um todo, já que pelo mutualismo serão beneficiados ou prejudicados, de modo que, nessa última hipótese, terão que arcar com o ônus daí advindos. Cabe asseverar, ademais, que a possibilidade de alteração dos regulamentos dos planos de benefícios pelas entidades de previdência privada, com a supervisão de órgãos governamentais, e a adoção de sistema de revisão dos valores das contribuições e dos benefícios já encontravam previsão legal desde a Lei 6.435/1977 (arts. 3º, 21 e 42), tendo sido mantidas na LC 109/2001 (arts. 18 e 21). De fato, é da própria lógica do regime de capitalização do plano de previdência complementar o caráter estatutário, até porque, periodicamente, em cada balanço, todos os planos de benefícios devem ser reavaliados atuarialmente, a fim de manter o equilíbrio do sistema, haja vista as flutuações do mercado e da economia, razão pela qual adaptações e ajustes ao longo do tempo revelam-se necessários, sendo inapropriado o engessamento normativo e regulamentar. Cumpre assinalar que as modificações processadas nos regulamentos dos planos aplicam-se a todos os participantes das entidades fechadas de previdência privada, a partir da aprovação pelo órgão regulador e fiscalizador, observado, em qualquer caso, o direito acumulado de cada participante. É certo que é assegurada ao participante que tenha cumprido os requisitos para obtenção dos benefícios previstos no plano a aplicação das disposições regulamentares vigentes na data em que se tornou elegível a um benefício de aposentadoria. Todavia, disso não decorre nenhum direito adquirido a regime de custeio, o qual poderá ser alterado a qualquer momento para manter o equilíbrio atuarial do plano, sempre que ocorrerem situações que o recomendem ou exijam, obedecidos os requisitos legais. É por isso que o resultado deficitário nos planos ou nas entidades fechadas será suportado por patrocinadores, participantes e assistidos, devendo o equacionamento "ser feito, dentre outras formas, por meio do aumento do valor das contribuições, instituição de contribuição adicional ou redução do valor dos benefícios a conceder, observadas as normas estabelecidas pelo órgão regulador e fiscalizador" (art. 21, § 1º, da LC 109/2001). Precedentes citados: REsp 1.384.432-SE, Quarta Turma, DJe 26/3/2015; AgRg no REsp 704.718-DF, Quarta Turma, DJe 9/10/2014; e REsp 1.111.077-DF, Quarta Turma, DJe 19/12/2011. **REsp 1.364.013-SE, Rel. Min. Ricardo Villas Bôas Cueva, julgado em 28/4/2015, DJe 7/5/2015 (Inform. STJ 561).**

DIREITO CIVIL E PREVIDENCIÁRIO. INADMISSIBILIDADE DE EXTENSÃO À APOSENTADORIA COMPLEMENTAR DE AUMENTOS REAIS CONCEDIDOS PARA BENEFÍCIOS MANTIDOS PELO INSS.

A previsão normativa estatutária de reajuste da aposentadoria complementar segundo os mesmos índices de reajustamento incidentes nos benefícios mantidos pelo INSS não garante o aumento real do valor do benefício, mas apenas a reposição das perdas causadas pela inflação. De início, cumpre esclarecer que o índice de correção total periodicamente aplicado pela Previdência Social nos seus benefícios nem sempre corresponde apenas à inflação apurada no período, podendo haver outros componentes, como o ganho real. A previsão estatutária da entidade de previdência privada é de reajustamento do benefício de prestação continuada justamente para manter o poder aquisitivo que possuía antes de ser desgastado pela inflação, e não para conceder ganhos reais aos assistidos. De fato, a elevação do aporte financeiro demanda uma elevação proporcional na oneração de seus contribuintes, tendo em vista a dinâmica do regime de capitalização, ínsito à previdência privada. Assim, eventual determinação de pagamento de valores sem respaldo em plano de custeio implica desequilíbrio econômico atuarial da entidade de previdência privada, a prejudicar a universalidade dos participantes e assistidos, o que fere o princípio da primazia do interesse coletivo do plano. Vale assinalar, por pertinente, que se deve garantir a irredutibilidade do benefício suplementar contratado, e não a concessão de ganhos reais ao participante, sobretudo se isso comprometer o equilíbrio atuarial do fundo de previdência privada. Logo, não se revela possível a extensão dos aumentos reais concedidos pela previdência oficial ao benefício suplementar quando não houver fonte de custeio correspondente. Ademais, o objetivo do fundo de previdência complementar não é propiciar ganho real ao trabalhador aposentado, mas manter o padrão de vida para o assistido semelhante ao que desfrutava em atividade, devendo, para tanto, gerir os numerários e as reservas consoante o plano de benefícios e os cálculos atuariais. Precedente citado: REsp 1.414.672-MG, Quarta Turma, DJe 3/2/2014. **REsp 1.510.689-MG, Rel. Min. Ricardo Villas Bôas Cueva, julgado em 10/3/2015, DJe 16/3/2015 (Inform. STJ 557).**

DIREITO CIVIL E PREVIDENCIÁRIO. INCOMPATIBILIDADE DE BENEFÍCIOS DA PREVIDÊNCIA SOCIAL COM A PREVIDÊNCIA PRIVADA.

Não é possível aproveitar tempo de serviço especial, tampouco tempo de serviço prestado sob a condição de aluno-aprendiz, mesmo que reconhecidos pelo INSS, para fins de cálculo da renda mensal inicial de benefício da previdência privada. Por um lado, de acordo com os arts. 202 da CF e 1º da LC 109/2001, a previdência privada é de caráter complementar, facultativa, regida pelo Direito Civil, baseada na constituição de reservas que garantam o benefício contratado – sendo o regime financeiro de capitalização (contribuições do participante e do patrocinador, se houver, e rendimentos com a

22. DIREITO PREVIDENCIÁRIO

aplicação financeira destas) obrigatório para os benefícios de pagamento em prestações continuadas e programadas – e organizada de forma autônoma em relação ao regime geral de previdência social. Por outro lado, a previdência social é um seguro coletivo, público, de cunho estatutário, compulsório – ou seja, a filiação é obrigatória para diversos empregados e trabalhadores rurais ou urbanos (art. 11 da Lei 8.213/1991) –, destinado à proteção social, mediante contribuição, proporcionando meios indispensáveis de subsistência ao segurado e à sua família na ocorrência de certa contingência prevista em lei (incapacidade, desemprego involuntário, idade avançada, tempo de serviço, encargos familiares e prisão ou morte do segurado), sendo o sistema de financiamento o de caixa ou de repartição simples. Conclui-se, desse modo, que, ante as especificidades de cada regime e a autonomia existente entre eles, a concessão de benefícios oferecidos pelas entidades abertas ou fechadas de previdência privada não depende da concessão de benefício oriundo do regime geral de previdência social. Além disso, ressalte-se que, pelo regime de capitalização, o benefício de previdência complementar será decorrente do montante de contribuições efetuadas e do resultado de investimentos, não podendo haver, portanto, o pagamento de valores não previstos no plano de benefícios, sob pena de comprometimento das reservas financeiras acumuladas (desequilíbrio econômico-atuarial do fundo), a prejudicar os demais participantes, que terão que custear os prejuízos daí advindos. Verifica-se, portanto, que o tempo de serviço especial (tempo ficto) e o tempo de serviço prestado sob a condição de aluno-aprendiz, próprios da previdência social, são incompatíveis com o regime financeiro de capitalização, ínsito à previdência privada. **REsp 1.330.085-RS, Rel. Min. Ricardo Villas Bôas Cueva, julgado em 10/2/2015, DJe 13/2/2015 (Inform. STJ 555).**

DIREITO PREVIDENCIÁRIO. IMPOSSIBILIDADE DE RESTITUIÇÃO DE PARCELAS EM CASO DE MIGRAÇÃO ENTRE PLANOS DE BENEFÍCIOS DE PREVIDÊNCIA COMPLEMENTAR. Não cabe o resgate, por participante ou assistido de plano de benefícios, das parcelas pagas a entidade fechada de previdência privada complementar quando, mediante transação extrajudicial, tenha ocorrido a migração dos participantes ou assistidos a outro plano de benefícios da mesma entidade. A Súmula 289 do STJ ("A restituição das parcelas pagas pelo participante a plano de previdência privada deve ser objeto de correção plena, por índice que recomponha a efetiva desvalorização da moeda") trata de hipótese em que há o rompimento do vínculo contratual com a entidade de previdência privada, e, portanto, não de situação em que, por acordo de vontades, envolvendo concessões recíprocas, haja migração de participante em gozo do benefício de previdência privada para outro plano, auferindo em contrapartida vantagem. Ademais, os arts. 14, III, e 15, I, da LC 109/2001 esclarecem que a portabilidade não caracteriza resgate, sendo manifestamente inadequada a aplicação deste instituto e da Súmula 289 para caso em que o assistido não se desligou do regime jurídico de previdência privada. Dessarte, nos termos de abalizada doutrina, a migração – pactuada em transação – de planos de benefícios administrados pela mesma entidade fechada de previdência privada ocorre em um contexto de amplo redesenho da relação contratual previdenciária, com o concurso de vontades do patrocinador, da entidade fechada de previdência complementar, por meio de seu conselho deliberativo, e autorização prévia do órgão público fiscalizador, operando-se não o resgate de contribuições, mas a transferência de reservas de um plano de benefícios para outro, geralmente no interior da mesma entidade fechada de previdência complementar. Ora, se para a migração fosse aplicada a mesma solução conferida ao resgate, essa solução resultaria em tratamento igualitário para situações desiguais, em flagrante violação à isonomia. Outrossim, estabelece o art. 18 da LC 109/2001 que cabe ao plano de benefícios arcar com as demais despesas – inclusive com o resgate vindicado –, por isso não cabe ser deferido o resgate das contribuições vertidas ao plano, sob pena de lesão aos interesses dos demais assistidos e participantes do plano de benefícios primevo a que eram vinculados, e consequente violação ao art. 3º, VI, da LC 109/2001. O CDC traça regras que presidem a situação específica do consumo e, além disso, define princípios gerais orientadores do direito das obrigações; todavia, "[é] certo que, no que lhe for específico, o contrato" continua regido pela lei que lhe é própria (REsp 80.036-SP, Quarta Turma, DJ 25/3/1996). Desse modo, em conformidade com entendimento doutrinário, não cabe a aplicação do CDC dissociada das normas específicas inerentes à relação contratual de previdência privada complementar e à modalidade contratual da transação – negócio jurídico disciplinado pelo Código Civil, inclusive no tocante à disciplina peculiar para o seu desfazimento. **AgRg no AREsp 504.022-SC, Rel. Min. Luis Felipe Salomão, julgado em 10/9/2014. (Inform. STJ 550)**

DIREITO PREVIDENCIÁRIO. PLANOS DE BENEFÍCIOS DE PREVIDÊNCIA PRIVADA FECHADA PATROCINADOS PELA ADMINISTRAÇÃO DIRETA E INDIRETA. RECURSO REPETITIVO (ART. 543-C DO CPC E RES. 8/2008-STJ). Nos planos de benefícios de previdência privada fechada, patrocinados pelos entes federados – inclusive suas autarquias, fundações, sociedades de economia mista e empresas controladas direta ou indiretamente –, é vedado o repasse de abono e vantagens de qualquer natureza para os benefícios em manutenção, sobretudo a partir da vigência da LC 108/2001, independentemente das disposições estatutárias e regulamentares; e não é possível a concessão de verba não prevista no regulamento do plano de benefícios de previdência privada, pois a previdência complementar tem por pilar o sistema de capitalização, que pressupõe a acumulação de reservas para assegurar o custeio dos benefícios contratados, em um período de longo prazo. De início, cumpre consignar que a relação contratual mantida entre a entidade de previdência privada administradora do plano de benefícios e os assistidos não se confunde com a relação de emprego, estabelecida entre participantes obreiros e a patrocinadora. Desse modo, é manifestamente descabida a aplicação pura e simples – alheia às peculiaridades do regime de previdência privada –, dos princípios, regras gerais e disposições normativas próprias do direito do trabalho. A constituição de reservas no regime de previdência privada complementar deve ser feita por meio de cálculos embasados em estudos de natureza atuarial, que prevejam as despesas e garantam, em longo prazo, o respectivo custeio. Dessarte, os planos de previdência complementar de adesão facultativa devem ser elaborados com base em cálculos atuariais e reavaliados ao final de cada exercício, conforme o art. 43 da ab-rogada Lei 6.435/1977 e o art. 23 da LC 109/2001. Nesse passo, o art. 202 da CF consagra o regime de financiamento por capitalização, ao estabelecer que a previdência privada tem caráter complementar – baseado na constituição de reservas que garantam o benefício contratado –, adesão facultativa e organização autônoma em relação ao regime geral de previdência social. Nesse sentido, a EC 20/1998 passou a estabelecer, no art. 202, § 3º, ser vedado o aporte de recursos à entidade de previdência privada pela União, Estados, Distrito Federal e Municípios, suas autarquias, fundações, empresas públicas, sociedades de economia mista e outras entidades públicas, salvo na qualidade de patrocinador, situação na qual, em hipótese alguma, sua contribuição normal poderá exceder a do segurado. A propósito, o art. 7º, parágrafo único, da LC 108/2001 estabelece que a gestão administrativa da entidade de previdência será custeada pelo patrocinador e pelos participantes e assistidos, facultada aos patrocinadores a cessão de pessoal às entidades de previdência complementar que patrocinam, desde que ressarcidos os custos correspondentes. Cabe, ainda, observar que, no regime fechado de previdência privada, a entidade não opera com patrimônio próprio – sendo-lhe vedada até mesmo a obtenção de lucro –, tratando-se tão somente de administradora do fundo formado pelas contribuições da patrocinadora e dos participantes e assistidos, havendo um mutualismo, com explícita submissão ao regime de capitalização. Na verdade, existe explícito mecanismo de solidariedade sobre os valores alocados ao fundo comum obtidos pelo plano de benefícios pertencentes aos participantes e beneficiários do plano, de modo que todo excedente do fundo de pensão é aproveitado em favor de seus próprios integrantes. Ademais, o art. 20 da LC 109/2001 estabelece que o resultado superavitário dos planos de benefícios das entidades fechadas, ao final do exercício, depois de satisfeitas as exigências regulamentares relativas aos mencionados planos, será destinado à constituição de reserva de contingência, para garantia de benefícios, até o limite de vinte e cinco por cento do valor das reservas matemáticas. Constituída a reserva de contingência, com os valores excedentes será estabelecida reserva especial para revisão do plano de benefícios que, se não utilizada por três exercícios consecutivos, determinará a revisão obrigatória do plano de benefícios. Nesse contexto, é razoável a vedação, incidindo para os planos de benefícios já instituídos, do repasse de ganhos de produtividade, abono e vantagens de qualquer natureza obtidos pelos participantes em atividade para os benefícios promovidos pelo plano de previdência, em razão de regra jurídica cogente contida no art. 3º, parágrafo único, da LC 108/2001. Ressalte-se, ainda, que a LC 108/2001 vinculou assistidos, participantes, entidade de previdência privada e órgãos públicos fiscalizador e regulador às suas regras de caráter cogente e eficácia imediata, sendo desnecessária a submissão das novas diretrizes traçadas pela referida norma à deliberação do conselho da entidade de previdência privada e posterior aprovação pelo órgão público fiscalizador, a fim de promover alteração regulamentar. Convém esclarecer que é dever do Estado velar

pelos interesses dos participantes e beneficiários dos planos – verdadeiros detentores do fundo formado –, garantindo a irredutibilidade do benefício, mas não a concessão, em prejuízo do equilíbrio atuarial, de ganhos reais aos assistidos, que já gozam de situação privilegiada com relação aos participantes – que poderão, em caso de desequilíbrio atuarial, ver reduzidos os benefícios a serem concedidos. Por fim, *mutatis mutandis,* **em se tratando de relação estatutária, envolvendo servidores públicos, consoante a iterativa jurisprudência do STF, só há violação ao direito adquirido e à irredutibilidade de vencimentos em caso de redução do valor nominal dos vencimentos.** REsp 1.425.326-RS**, Rel. Min. Luis Felipe Salomão, julgado em 28/5/2014. (Inform. STJ 541)**

11. DESAPOSENTAÇÃO

Art. 18, § 2º, da Lei 8.213/1991 e "desaposentação" - 1
O Plenário iniciou julgamento de recursos extraordinários em que se discute a possibilidade de reconhecimento da "desaposentação", consistente na renúncia a benefício de aposentadoria, com a utilização do tempo de serviço ou contribuição que fundamentara a prestação previdenciária originária, para a obtenção de benefício mais vantajoso em nova aposentadoria. Na espécie, beneficiários do Regime Geral de Previdência Social - RGPS obtiveram êxito em ações judiciais ajuizadas em face do INSS para que lhes fosse concedido novo benefício previdenciário, em detrimento de outro anteriormente auferido, em razão da permanência dos segurados em atividade e do consequente preenchimento dos requisitos legais para uma nova modalidade de aposentação. O Tribunal, de início, rejeitou questão preliminar relativa à alegada nulidade do acórdão recorrido por suposta ofensa à cláusula de reserva de plenário (CF, art. 97), no ponto em que teria sido declarada, implicitamente, a inconstitucionalidade do § 2º do art. 18 da Lei 8.213/1991 ("O aposentado pelo Regime Geral de Previdência Social-RGPS que permanecer em atividade sujeita a este Regime, ou a ele retornar, não fará jus à prestação alguma da Previdência Social em decorrência do exercício dessa atividade, exceto ao salário-família e à reabilitação profissional, quando empregado"). Asseverou não ter havido, no caso, declaração de inconstitucionalidade, visto que, ao afirmar a validade da "desaposentação", o acórdão recorrido teria entendido, simplesmente, não haver na legislação brasileira norma específica que cuidasse do instituto e, portanto, não lhe seria aplicável a referida norma. Assinalou ter ocorrido interpretação do próprio sistema que disciplinaria o regime de previdência social. Reiterou, por fim, o quanto disposto no parágrafo único do art. 481 do CPC ("Os órgãos fracionários dos tribunais não submeterão ao plenário, ou ao órgão especial, a arguição de inconstitucionalidade, quando já houver pronunciamento destes ou do plenário do Supremo Tribunal Federal sobre a questão"), porquanto já haveria pronunciamento da Corte Especial do STJ sobre a matéria. **RE 661256/SC, rel. Min. Roberto Barroso, 9.10.2014. (RE-661256) RE 827833/SC, rel. Min. Roberto Barroso, 9.10.2014. (RE-827833)**

Art. 18, § 2º, da Lei 8.213/1991 e "desaposentação" - 2
No mérito, o Ministro Roberto Barroso (relator), deu parcial provimento aos recursos para assentar o direito dos recorridos à "desaposentação", observados, para o cálculo do novo benefício, os fatores relativos à idade e à expectativa de vida — elementos do fator previdenciário — aferidos no momento da aquisição da primeira aposentadoria. Consignou que a Constituição instituiria para o RGPS duplo fundamento: contributividade e solidariedade. O caráter contributivo adviria do fato de os próprios trabalhadores arcarem com parte da contribuição social destinada à previdência social, nos termos dos artigos 195, II, e 201 da CF. Já o caráter solidário teria como base o princípio da dignidade humana e o fato de toda a sociedade participar, em alguma medida, do custeio da previdência. Afirmou que, por conta disso, e por se tratar de sistema de repartição simples, não haveria, no sistema brasileiro, comutatividade estrita entre contribuição e benefício. Aduziu que, dentro dessas balizas — solidariedade e caráter contributivo —, o legislador ordinário teria amplo poder de conformação normativa do sistema previdenciário. Entretanto, haveria dois limites ao mencionado poder: a) a correspondência mínima entre contribuição e benefício — embora não houvesse comutatividade rígida entre ambos —, sob pena de se anular o caráter contributivo do sistema; e b) o dever de observância ao princípio da isonomia, que seria objetivo da República, direito fundamental e princípio específico do RGPS (CF, art. 201, § 1º). Consignou serem estes dois limites os parâmetros da solução proposta

no caso dos autos. Registrou que os aposentados do regime geral, diferentemente dos aposentados do regime próprio dos servidores públicos, seriam imunes à cobrança de contribuição previdenciária, nos termos do art. 195, II, da CF, porém, se voltassem a trabalhar, estariam sujeitos aos deveres impostos a todos os trabalhadores ativos, inclusive a contribuição social incidente sobre os salários percebidos na nova atividade. Frisou que a simetria de deveres, no entanto, não se repetiria no tocante aos seus direitos — na interpretação que se pretenderia conferir ao § 2º do art. 18 da Lei 8.213/1991 —, tendo em conta que a norma disporia que o trabalhador que voltasse à ativa, após ter sido aposentado, receberia apenas salário-família e reabilitação profissional. Asseverou que violaria o sistema constitucional contributivo e solidário impor-se ao trabalhador, que voltasse à atividade, apenas o dever de contribuir, sem poder aspirar a nenhum tipo de benefício em troca, exceto os mencionados salário-família e reabilitação. Concluiu que a vedação pura e simples da "desaposentação" — que, ademais, não constaria expressamente de nenhuma norma legal —, produziria resultado incompatível com a Constituição, ou seja, obrigar o trabalhador a contribuir sem ter perspectiva de benefício posterior. **RE 661256/SC, rel. Min. Roberto Barroso, 9.10.2014. (RE-661256) RE 827833/SC, rel. Min. Roberto Barroso, 9.10.2014. (RE-827833)**

Art. 18, § 2º, da Lei 8.213/1991 e "desaposentação" - 3
O relator destacou que a "desaposentação" seria possível, visto que o § 2º do art. 18 da Lei 8.213/1991, diferentemente do que alegado pelos recorrentes, não impossibilitaria a renúncia ao vínculo previdenciário original, com a aquisição de novo vínculo. Ressaltou, porém, que, para a concessão do novo benefício, deveriam ser levados em conta os proventos já recebidos pelo segurado — a despeito de serem válidos e de terem sido recebidos de boa-fé —, e as contribuições pagas após a aposentadoria original. Advertiu que essas condições levariam em conta a necessidade de que a fórmula atuarial que se aplicasse aos segurados fosse uma fórmula universalizável e que produzisse o mesmo resultado para todos os que se encontrassem em igual situação dentro do sistema. Observou que, nos termos do art. 29, I, da Lei 8.213/1991, o cálculo do benefício previdenciário se daria ao multiplicar-se a média aritmética das contribuições pelo fator previdenciário, este último composto por quatro variáveis: tempo de contribuição, alíquota de contribuição, idade e expectativa de vida. Indicou que, quanto às duas primeiras — tempo e alíquota de contribuição — dever-se-ia computar todo o período que antecedesse a "desaposentação", isto é, tanto o período anterior, como o posterior ao estabelecimento do primeiro vínculo previdenciário. Já quanto às duas outras variáveis relativas ao fator previdenciário — idade e expectativa de vida —, que teriam como finalidade graduar o benefício em função do tempo que o segurado ainda viria a permanecer no sistema, asseverou que, para a efetivação da "desaposentação", deveria ser considerado, como marco temporal, o momento em que o primeiro vínculo fora estabelecido. Ressaltou que a aplicação da fórmula descrita faria com que o segundo benefício, resultante da "desaposentação", fosse intermediário em relação a duas situações extremas também aventadas: proibir a "desaposentação" ou permiti-la sem a restituição de qualquer parcela dos proventos anteriormente recebidos. Registrou que a mencionada forma de cálculo produziria, ao redundar num aumento médio de 24,7% no valor da aposentadoria, custo fiscal totalmente assimilável. Aduziu, portanto, que, quem se aposentasse pela segunda vez, já tendo desfrutado dos benefícios do sistema por certo período, não iria se aposentar novamente, em condições iguais às daqueles que se aposentassem pela primeira vez e nunca tivessem sido beneficiários do sistema. A razão da diferença seria objetiva e não haveria legitimidade constitucional em se equiparar as duas situações, sob pena de se tratar igualmente desiguais. Afirmou que a solução proposta se afiguraria justa, porquanto o segurado não contribuiria para o sistema previdenciário em vão, mas também não se locupletaria deste último, além de preservar seu equilíbrio atuarial. Propôs que a decisão da Corte começasse a produzir efeitos somente a partir de 180 dias da publicação, o que permitiria ao INSS e à União que se organizassem para atender a demanda dos potenciais beneficiários, tanto sob o ponto de vista operacional, quanto do custeio. Além disso, prestigiaria, na maior medida legítima, a liberdade de conformação do legislador, que poderia instituir regime alternativo ao apresentado e que atendesse às diretrizes constitucionais delineadas. **RE 661256/SC, rel. Min. Roberto Barroso, 9.10.2014. (RE-661256) RE 827833/SC, rel. Min. Roberto Barroso, 9.10.2014. (RE-827833)**

22. DIREITO PREVIDENCIÁRIO   777

Art. 18, § 2º, da Lei 8.213/1991 e "desaposentação" - 4
Em síntese, o Ministro Roberto Barroso assentou as seguintes diretrizes: a) inexistência de fundamentos legais válidos que impediriam a renúncia a uma aposentadoria concedida pelo RGPS para o fim de requerimento de um novo benefício mais vantajoso, tendo em conta as contribuições obrigatórias efetuadas em razão de atividade laboral realizada após o primeiro vínculo; b) exigência de que fossem levados em consideração os proventos já recebidos pelo interessado, com o objetivo de preservar a uniformidade atuarial, relacionada à isonomia e à justiça entre gerações; c) utilização, no cálculo dos novos proventos, dos fatores idade e expectativa de vida com referência ao momento de aquisição da primeira aposentadoria, de modo a impedir a deturpação da finalidade desses fatores como instrumentos de graduação dos benefícios segundo o tempo estimado de sua fruição pelo segurado; e d) produção dos efeitos da decisão a partir de 180 dias contados da publicação do acórdão, salvo edição de ato normativo para disciplinar a matéria de modo diferente. Em seguida, o julgamento foi suspenso. **RE 661256/SC, rel. Min. Roberto Barroso, 9.10.2014. (RE-661256) RE 827833/SC, rel. Min. Roberto Barroso, 9.10.2014. (RE-827833)**

Art. 18, § 2º, da Lei 8.213/1991 e "desaposentação" - 5
O Plenário retomou julgamento de recursos extraordinários em que se discute a possibilidade de reconhecimento da "desaposentação", consistente na renúncia a benefício de aposentadoria, com a utilização do tempo de serviço ou contribuição que fundamentara a prestação previdenciária originária, para a obtenção de benefício mais vantajoso em nova aposentadoria — v. Informativo 762. Na presente assentada, a Corte apreciou também o RE 381.367/RS, que aborda a referida controvérsia — v. Informativo 600. O Ministro Dias Toffoli, de início, afirmou não vislumbrar inconstitucionalidade no § 2º do art. 18 da Lei 8.213/1991 ("O aposentado pelo Regime Geral de Previdência Social - RGPS que permanecer em atividade sujeita a este Regime, ou a ele retornar, não fará jus à prestação alguma da Previdência Social em decorrência do exercício dessa atividade, exceto ao salário-família e à reabilitação profissional, quando empregado"). Além disso, não seria o caso de lhe conferir interpretação conforme o texto constitucional, a permitir, como pretendido, o recálculo dos proventos de quem, já aposentado, voltasse a trabalhar. Seria clara a interpretação que a União e o INSS dariam ao citado dispositivo, no sentido de que este, combinado com o art. 181-B do Decreto 3.048/1999 ("As aposentadorias por idade, tempo de contribuição e especial concedidas pela previdência social, na forma deste Regulamento, são irreversíveis e irrenunciáveis"), impediriam a "desaposentação". Por outro lado, apesar de a Constituição não o vedar expressamente, o texto constitucional não preveria especificamente o direito que se pretende ver reconhecido, qual seja, a "desaposentação". A Constituição disporia, de forma clara e específica, que ficariam remetidas à legislação ordinária as hipóteses em que as contribuições vertidas ao sistema previdenciário repercutissem, de forma direta, na concessão dos benefícios, nos termos dos artigos 194 e 195. A "desaposentação", entretanto, não possuiria previsão legal. Assim, esse instituto não poderia ter natureza jurídica de ato administrativo, que pressuporia o atendimento ao princípio da legalidade administrativa. Nada obstante, se a aposentadoria tivesse sido declarada e se fizesse por meio de ato administrativo lícito, não haveria que se falar em desconstituição deste por meio da "desaposentação", mesmo porque, sendo lícita a concessão do direito previdenciário, sua retirada do mundo jurídico não poderia ser admitida com efeitos "ex tunc". **RE 661256/SC, rel. Min. Roberto Barroso, 29.10.2014. RE 827833/SC, rel. Min. Roberto Barroso, 29.10.2014. RE 381367/RS, rel. Min. Marco Aurélio, 29.10.2014.**

Art. 18, § 2º, da Lei 8.213/1991 e "desaposentação" - 6
O Ministro Dias Toffoli asseverou, ademais, que o fator previdenciário, instituído pela Lei 9.876/1999, também deveria ser levado em consideração. Esse instituto, num primeiro momento, poderia até ser visto como um ônus para o trabalhador. Entretanto, o fator previdenciário permitiria que o contribuinte gozasse do benefício antes da idade mínima, com a possibilidade, inclusive, de escolher uma data para a aposentadoria, em especial quando entendesse que dali para a frente não conseguiria manter sua média contributiva. Portanto, a ideia de que o fator previdenciário imporia um ônus escorchante seria falsa. Sua instituição no sistema previdenciário brasileiro, na medida em que representaria, no formato em que instituído, instrumento típico do sistema de repartição, afastaria a tese de que a correlação entre as remunerações auferidas durante o período laboral e o benefício concedido implicaria a adoção do regime de capitalização. Por outro lado, a "desaposentação" tornaria

imprevisíveis e flexíveis os parâmetros utilizados a título de "expectativa de sobrevida" — elemento do fator previdenciário —, mesmo porque passaria esse elemento a ser manipulado pelo beneficiário da maneira que melhor o atendesse. O objetivo de estimular a aposentadoria tardia, estabelecido na lei que instituíra o citado fator, cairia por terra, pois a "desaposentação" ampliaria o problema das aposentadorias precoces. Igualmente, não haveria violação ao sistema atuarial ao se vedar a "desaposentação". Isso porque, ao contrário do que sustentado nos autos, as estimativas de receita deveriam ser calculadas considerados os dados estatísticos, os elementos atuariais e a população economicamente ativa como um todo. O equilíbrio exigido pela lei não seria, portanto, entre a contribuição do segurado e o financiamento do benefício a ser por ele percebido. Além do mais, o regime previdenciário nacional possuiria, já há algum tempo, feição nitidamente solidária e contributiva, a preponderar o caráter solidário. Por fim, ainda que existisse dúvida quanto à vinculação e ao real sentido do enunciado normativo previsto no art. 18, § 2º, da Lei 8.213/1991, o qual impediria que se reconhecesse a possibilidade da "desaposentação", na espécie caberia a aplicação da máxima jurídica "in dubio pro legislatore". Se houvesse, no futuro, efetivas e reais razões fáticas e políticas para a revogação da referida norma, ou mesmo para a instituição e a regulamentação do instituto em comento, o espaço democrático para esses debates haveria de ser o Congresso Nacional. **RE 661256/SC, rel. Min. Roberto Barroso, 29.10.2014. RE 827833/SC, rel. Min. Roberto Barroso, 29.10.2014. RE 381367/RS, rel. Min. Marco Aurélio, 29.10.2014.**

Art. 18, § 2º, da Lei 8.213/1991 e "desaposentação" - 7
Por sua vez, o Ministro Teori Zavascki, ao acompanhar o Ministro Dias Toffoli, destacou, inicialmente, que o RGPS, como definido no art. 201 da CF e nas Leis 8.212/1991 e 8.213/1991, teria natureza estatutária ou institucional, e não contratual, ou seja, seria inteiramente regrado por lei, sem qualquer espaço para intervenção da vontade individual. A natureza estatutária desse regime acarretaria, então, consequências importantes em relação à formação, à aquisição, à modificação e ao exercício dos correspondentes direitos subjetivos. No caso, os direitos subjetivos somente nasceriam, ou seja, somente se tornariam adquiridos, quando inteiramente aperfeiçoados os requisitos próprios previstos na lei — o ato-condição —, diferentemente do que ocorreria com os direitos subjetivos oriundos de situações individuais, que nasceriam e se aperfeiçoariam imediatamente, segundo cláusulas legitimamente estabelecidas pela manifestação de vontade. Em razão disso, a jurisprudência do STF enfatizaria, sistematicamente, que não haveria direito adquirido a determinado regime jurídico. Portanto, no âmbito do RGPS, que seria estatutário, os direitos subjetivos estariam integralmente disciplinados pelo ordenamento jurídico. Esses direitos seriam apenas aqueles legalmente previstos — segundo a configuração jurídica que lhes tivesse sido atribuída — no momento em que implementados os requisitos necessários à sua aquisição. Isso significaria que a ausência de proibição à obtenção ou ao usufruto de certa vantagem não poderia ser tida como afirmação do direito subjetivo de exercê-la. Na verdade, dada a natureza institucional do regime, a simples ausência de previsão estatutária do direito equivaleria à inexistência do dever de prestação por parte da previdência social. Consideradas as premissas expostas, verificou que as Leis 8.870/1994 e 9.032/1995 teriam extinguido a disciplina legal que previa a existência de pecúlios (Lei 8.212/1991, art. 18, § 2º, e Lei 8.213/1991, artigos 81, II, e 82, todos na redação originária). Aqueles seriam devidos, por exemplo, ao segurado aposentado por idade ou por tempo de serviço pelo RGPS que voltasse à atividade, quando dela se afastasse. O pecúlio, nesse caso, consistiria em pagamento único de valor correspondente à soma das importâncias relativas às contribuições do segurado, remuneradas de acordo com o índice de remuneração básica dos depósitos de poupança. No período em que vigente essa disciplina legal, a contribuição dos segurados do regime geral seria destinada à formação dos citados benefícios — os pecúlios —, ainda que não existissem formalmente fundos individuais. Ou seja, a contribuição do aposentado teria, na época, característica típica de regime previdenciário de capitalização e não de repartição. **RE 661256/SC, rel. Min. Roberto Barroso, 29.10.2014. RE 827833/SC, rel. Min. Roberto Barroso, 29.10.2014. RE 381367/RS, rel. Min. Marco Aurélio, 29.10.2014.**

Art. 18, § 2º, da Lei 8.213/1991 e "desaposentação" - 8
O Ministro Teori Zavascki ressaltou que a Lei 9.032/1995, ao ultimar o processo de extinção dos pecúlios, incluíra o parágrafo 4º ao art. 12 da Lei 8.212/1991 ("O aposentado pelo Regime Geral de Previdência Social-RGPS que estiver exercendo ou que voltar a exercer atividade abrangida por este Regime é

VADE MECUM DE JURISPRUDÊNCIA – STF/STJ

segurado obrigatório em relação a essa atividade, ficando sujeito às contribuições de que trata esta Lei, para fins de custeio da Seguridade Social"), e o parágrafo 3º ao art. 11 da Lei 8.213/1991 ("O aposentado pelo Regime Geral de Previdência Social - RGPS que estiver exercendo ou que voltar a exercer atividade abrangida por este Regime é segurado obrigatório em relação a essa atividade, ficando sujeito às contribuições de que trata a Lei nº 8.212, de 24 de julho de 1991, para fins de custeio da Seguridade Social"). Com isso, teria sido dada às contribuições vertidas pelo aposentado trabalhador finalidade diferente da que até então teria, típica de capitalização, e teriam passado a ser devidas para fins de custeio da seguridade social, e, portanto, um regime de repartição. Ficaria claro, então, que, a partir da extinção dos pecúlios, as contribuições pagas destinar-se-iam ao custeio atual do sistema geral de seguridade, e não ao pagamento, ou eventual incremento ou melhoria de futuro benefício específico para o próprio segurado ou para seus dependentes. Assim, presente o estatuto jurídico delineado, não haveria como supor a existência do direito subjetivo à "desaposentação". Esse benefício não teria previsão no sistema previdenciário estabelecido atualmente, o que, considerada a natureza estatutária da situação jurídica em que se inseriria, seria indispensável para que gerasse um correspondente dever de prestação. Ademais, para se reconhecer o direito à "desaposentação" seria necessário declarar previamente a inconstitucionalidade — inexistente, visto que compatíveis com o caráter solidário do sistema — do parágrafo 2º do art. 18, e do parágrafo 3º do art. 11, ambos da Lei 8.213/1991, bem como do parágrafo 4º do art. 12 da Lei 8.212/1991. Declarada a inconstitucionalidade, porém, isso não geraria outra coisa senão o retorno ao "status quo" anterior, ou seja, o retorno aos pecúlios ou a restituição das contribuições vertidas. Não haveria como se criar, sob o pretexto dessa inconstitucionalidade, um terceiro benefício jamais previsto na legislação, o que iria contra a natureza estatutária antes aludida. Outrossim, a solidariedade, a respaldar, como dito, a constitucionalidade do sistema atual, justificaria a cobrança de contribuições pelo aposentado que voltasse a trabalhar. Este deveria adimplir seu recolhimento mensal como qualquer trabalhador, mesmo que não obtivesse nova aposentadoria. A razão de solidariedade seria essa, a contribuição de um não seria exclusiva desse, mas sua para a manutenção de toda a rede protetiva. O Ministro Roberto Barroso, relator do RE 661.256/SC e do RE 827.833/SC, confirmou o voto proferido na assentada anterior. Asseverou que as duas soluções extremas — proibir a "desaposentação", o que levaria à funcionalização plena do contribuinte; ou permiti-la sem levar em conta os proventos já recebidos, o que, além de anti-isonômico, estimularia as aposentadorias precoces —, seriam incompatíveis com a Constituição. Em razão disso, seria cabível a "desaposentação", desde que considerados os saques já feitos no sistema. Em seguida, pediu vista dos autos a Ministra Rosa Weber. **RE 661256/SC, rel. Min. Roberto Barroso, 29.10.2014. RE 827833/SC, rel. Min. Roberto Barroso, 29.10.2014. RE 381367/RS, rel. Min. Marco Aurélio, 29.10.2014. (Inform. STF 765)**

DIREITO PREVIDENCIÁRIO E PROCESSUAL CIVIL. CARÁTER PERSONALÍSSIMO DO DIREITO À DESAPOSENTAÇÃO.

Os sucessores do segurado falecido não têm legitimidade para pleitear a revisão do valor da pensão a que fazem jus se a alteração pretendida depender de um pedido de desaposentação não efetivado quando em vida pelo instituidor da pensão. De fato, é pacífica a jurisprudência do STJ no sentido de que, por se tratar de direito patrimonial disponível, o segurado pode renunciar à sua aposentadoria, com o propósito de obter benefício mais vantajoso, no Regime Geral de Previdência Social ou em regime próprio de Previdência, mediante a utilização de seu tempo de contribuição, sendo certo, ainda, que essa renúncia não implica a devolução de valores percebidos (REsp 1.334.488-SC, Primeira Seção, DJe 14/5/2013, julgado sob o rito do art. 543-C do CPC). Contudo, faz-se necessário destacar que o aludido direito é personalíssimo do segurado aposentado, pois não se trata de mera revisão do benefício de aposentadoria, mas sim, de renúncia, para que novo e posterior benefício, mais vantajoso, seja-lhe concedido. Dessa forma, os sucessores não têm legitimidade para pleitear direito personalíssimo não exercido pelo instituidor da pensão (renúncia e concessão de outro benefício), o que difere da possibilidade de os herdeiros pleitearem diferenças pecuniárias de benefício já concedido em vida ao instituidor da pensão (art. 112 da Lei 8.213/1991). Precedentes citados: REsp 1.222.232-PR, Sexta Turma, DJe 20/11/2013; AgRg no REsp 1.270.481-RS, Quinta Turma, DJe 26/8/2013; AgRg no REsp 1.241.724-PR, Quinta Turma, DJe 22/8/2013; e AgRg no REsp 1.107.690-SC, Sexta Turma, DJe 13/6/2013. **AgRg no AREsp 436.056-RS, Rel. Min. Assusete Magalhães, julgado em 3/3/2015, DJe 10/3/2015 (Inform. STJ 557).**

DIREITO PREVIDENCIÁRIO. DESAPOSENTAÇÃO E DESNECESSIDADE DE DEVOLUÇÃO DOS VALORES RECEBIDOS EM RAZÃO DA APOSENTADORIA ANTERIOR. RECURSO REPETITIVO (ART. 543-C DO CPC E RES. 8/2008-STJ).

É possível a renúncia à aposentadoria por tempo de serviço (desaposentação) objetivando a concessão de novo benefício mais vantajoso da mesma natureza (reaposentação), com o cômputo dos salários de contribuição posteriores à aposentadoria anterior, não sendo exigível, nesse caso, a devolução dos valores recebidos em razão da aposentadoria anterior. Precedentes citados: AgRg no REsp 1.270.606-RS, Sexta Turma, DJe 12/4/2013; AgRg no REsp 1.321.325-RS, Segunda Turma, DJe 20/8/2012, e AgRg no REsp 1.255.835-PR, Quinta Turma, DJe 12/9/2012. **REsp 1.334.488-SC, Rel. Min. Herman Benjamin, julgado em 8/5/2013. (Inform. STJ 520)**

12. AÇÕES PREVIDENCIÁRIAS

EMB. DECL. NO ARE N. 875.604-PA

RELATORA: MIN. ROSA WEBER

EMENTA: EMBARGOS DE DECLARAÇÃO RECEBIDOS COMO AGRAVO REGIMENTAL. DIREITO PREVIDENCIÁRIO. BENEFÍCIO ASSISTENCIAL. DEFICIENTE. LIMITAÇÃO LEVE. AUSÊNCIA DE INCAPACIDADE. ALEGAÇÃO DE OFENSA AO ART. 5º, II, XXXV, XXXVI, LIV E LV, DA CONSTITUIÇÃO DA REPÚBLICA. LEGALIDADE. CONTRADITÓRIO E AMPLA DEFESA. DEVIDO PROCESSO LEGAL. INAFASTABILIDADE DA JURISDIÇÃO. DEBATE DE ÂMBITO INFRACONSTITUCIONAL. EVENTUAL VIOLAÇÃO REFLEXA DA CONSTITUIÇÃO DA REPÚBLICA NÃO VIABILIZA O MANEJO DE RECURSO EXTRAORDINÁRIO. NEGATIVA DE PRESTAÇÃO JURISDICIONAL. ART. 93, IX, DA CONSTITUIÇÃO DA REPÚBLICA. NULIDADE. INOCORRÊNCIA. RAZÕES DE DECIDIR EXPLICITADAS PELO ÓRGÃO JURISDICIONAL. ACÓRDÃO RECORRIDO PUBLICADO EM 20.10.14.
1. Inexiste violação do art. 93, IX, da Lei Maior. A jurisprudência do Supremo Tribunal Federal é no sentido de que o referido dispositivo constitucional exige a explicitação, pelo órgão jurisdicional, das razões do seu convencimento, dispensando o exame detalhado de cada argumento suscitado pelas partes.
2. O exame da alegada ofensa ao art. 5º, II, XXXV, XXXVI, LIV e LV, da Constituição Federal, observada a estreita moldura com que devolvida a matéria à apreciação desta Suprema Corte, dependeria de prévia análise da legislação infraconstitucional aplicada à espécie, o que refoge à competência jurisdicional extraordinária prevista no art. 102 da Magna Carta.
4. Embargos de declaração recebidos como agravo regimental, ao qual se nega provimento. **(Inform. STF 809)**

AG. REG. NO ARE N. 862.175-RJ

RELATORA: MIN. ROSA WEBER

EMENTA: DIREITO CONSTITUCIONAL E PREVIDENCIÁRIO. PENSÃO POR MORTE. APLICAÇÃO DA LEGISLAÇÃO VIGENTE AO TEMPO DO ÓBITO DO INSTITUIDOR DO BENEFÍCIO. PRECEDENTES. CONSONÂNCIA DA DECISÃO RECORRIDA COM A JURISPRUDÊNCIA CRISTALIZADA NO SUPREMO TRIBUNAL FEDERAL. RECURSO EXTRAORDINÁRIO QUE NÃO MERECE TRÂNSITO. REELABORAÇÃO DA MOLDURA FÁTICA. PROCEDIMENTO VEDADO NA INSTÂNCIA EXTRAORDINÁRIA. NEGATIVA DE PRESTAÇÃO JURISDICIONAL. ARTIGO 93, IX, DA CONSTITUIÇÃO DA REPÚBLICA. NULIDADE. INOCORRÊNCIA. RAZÕES DE DECIDIR EXPLICITADAS PELO ÓRGÃO JURISDICIONAL. ACÓRDÃO RECORRIDO PUBLICADO EM 12.3.2013.
1. Inexiste violação do artigo 93, IX, da Lei Maior. A jurisprudência do Supremo Tribunal Federal é no sentido de que o referido dispositivo constitucional exige a explicitação, pelo órgão jurisdicional, das razões do seu convencimento, dispensando o exame detalhado de cada argumento suscitado pelas partes.
2. O entendimento adotado pela Corte de origem, nos moldes do assinalado na decisão agravada, não diverge da jurisprudência firmada no âmbito deste Supremo Tribunal Federal. Entender de modo diverso demandaria a reelaboração da moldura fática delineada no acórdão de origem, o que torna oblíqua e reflexa eventual ofensa, insuscetível, como tal, de viabilizar o conhecimento do recurso extraordinário.
3. As razões do agravo regimental não se mostram aptas a infirmar os fundamentos que lastrearam a decisão agravada.
4. Agravo regimental conhecido e não provido. **(Inform. STF 791)**

22. DIREITO PREVIDENCIÁRIO 779

Ação perante o INSS e prévio requerimento administrativo - 1
O Plenário iniciou julgamento de recurso extraordinário em que se discute a possibilidade de propositura de ação judicial em matéria previdenciária sem que haja prévia postulação administrativa do benefício. No caso, trata-se de ação em que se pleiteia a concessão de aposentadoria rural por idade, proposta por segurada que não formulara requerimento administrativo. Preliminarmente, por maioria, o Colegiado conheceu do recurso. Vencida, no ponto, a Ministra Rosa Weber, que entendia cuidar-se de ofensa meramente reflexa à Constituição. No mérito, o Ministro Roberto Barroso (relator), acompanhado pelos Ministros Teori Zavascki, Rosa Weber, Luiz Fux, Gilmar Mendes, Celso de Mello e Ricardo Lewandowski (Presidente eleito), proveu parcialmente o recurso. Asseverou que a instituição de condições para o regular exercício do direito de ação seria compatível com o art. 5º, XXXV, da CF ("XXXV - a lei não excluirá da apreciação do Poder Judiciário lesão ou ameaça a direito"). Assinalou que, na situação dos autos, para se caracterizar a presença de interesse em agir, seria preciso haver necessidade de ir a juízo. Reputou que a concessão de benefício previdenciário dependeria de requerimento do interessado, e não se caracterizaria ameaça ou lesão a direito antes de sua apreciação e eventual indeferimento pelo INSS, ou se o órgão não oferecesse resposta após 45 dias. Ressalvou que a exigência de prévio requerimento não se confundiria, entretanto, com o exaurimento das vias administrativas. Consignou, ainda, que a exigência de prévio requerimento administrativo não deveria prevalecer quando o entendimento da Administração fosse notória e reiteradamente contrário à postulação do segurado. Acresceu que, nas hipóteses de pretensão de revisão, restabelecimento ou manutenção de benefício anteriormente concedido — uma vez que o INSS teria o dever legal de conceder a prestação mais vantajosa possível — o pedido poderia ser formulado diretamente em juízo, porque nesses casos a conduta do INSS já configuraria o não acolhimento da pretensão.
RE 631240/MG, rel. Min. Roberto Barroso, 27.8.2014. (RE-631240)

Ação perante o INSS e prévio requerimento administrativo - 2
O Ministro Teori Zavascki ressaltou que, nos casos de prestação previdenciária cuja concessão só pudesse haver, se e quando requerido pelo segurado, o interesse de agir em juízo pressuporia prévio requerimento administrativo ou a demonstração de resistência por parte do INSS. O Ministro Luiz Fux frisou que a inexistência do prévio requerimento administrativo tornaria não demonstrada a lesão a que se refere a Constituição (art. 5º, XXXV), exigível para propiciar o acesso à Justiça. O Ministro Gilmar Mendes observou que a Constituição proibiria as disposições legais de obstaculizarem o exercício de direito, mas não as impediria de disciplinar a matéria. Lembrou o alto índice de judicialização do País, particularmente nos juizados especiais, em que tramitaria boa parte das causas sobre direito previdenciário. O Ministro Celso de Mello sintetizou que não ofenderia o direito fundamental ao processo ou a cláusula constitucional da inafastabilidade da proteção judicial efetiva, em situações de dano atual ou iminente a determinada prerrogativa jurídica, a estipulação e observância das condições da ação, requisitos mínimos de admissibilidade do exercício legítimo desse direito. O Ministro Ricardo Lewandowski apontou que a existência de questões fáticas a serem dirimidas, como, por exemplo, a submissão do interessado a junta médica, exigiria prévio pronunciamento administrativo. Em divergência, os Ministros Marco Aurélio e Cármen Lúcia desproveram o recurso. O Ministro Marco Aurélio pontuou que a Constituição não condicionaria a postulação judicial ao exaurimento prévio das vias administrativas. Por outro lado, em seu texto, haveria duas situações jurídicas em que indispensável o requerimento administrativo: dissídio coletivo de natureza econômica (CF, art. 114, § 2º); e ações submetidas à justiça desportiva. Ressaltou não haver exceção, mormente para situação em que o embate seria desequilibrado, a envolver cidadão e Estado, sob pena de beneficiar o polo mais forte da relação jurídica. Destacou não caber retrocesso em termos de cidadania, a obstaculizar o livre acesso ao Judiciário. A Ministra Cármen Lúcia assinalou que o art. 5º, XXXV, da CF, não poderia se submeter a condicionantes e que, no caso, o cidadão que optasse por provocar o Judiciário diretamente o faria por necessidade, tendo em vista algum embaraço como, por exemplo, a ausência de órgão do INSS na localidade. Sublinhou que esse entrave deveria ser provado perante a jurisdição competente.
RE 631240/MG, rel. Min. Roberto Barroso, 27.8.2014. (RE-631240)

Ação perante o INSS e prévio requerimento administrativo - 3
Na sequência, o relator ponderou que, tendo em vista a prolongada oscilação jurisprudencial na matéria, inclusive no STF, dever-se-ia estabelecer uma fórmula de transição, para lidar com as ações em curso, nos seguintes

termos: a) as ações já ajuizadas até a data da presente decisão, sem que tivesse havido prévio requerimento administrativo, ficariam sobrestadas; b) o autor seria intimado a dar entrada no pedido administrativo em 30 dias, sob pena de extinção do processo; c) comprovado o protocolo, o INSS seria intimado a se manifestar em até 90 dias acerca do pedido, prazo dentro do qual a autarquia deveria colher todas as provas eventualmente necessárias e proferir decisão; d) se o pedido fosse acolhido administrativamente, ou não pudesse ter o seu mérito analisado por motivos imputáveis ao próprio requerente, extinguir-se-ia a ação; e) caso contrário, estaria caracterizado o interesse em agir e o processo deveria prosseguir. Em seguida, o julgamento foi suspenso para posterior deliberação quanto à aludida proposta.
RE 631240/MG, rel. Min. Roberto Barroso, 27.8.2014. (RE-631240)

Ação perante o INSS e prévio requerimento administrativo - 4
A exigibilidade de prévio requerimento administrativo como condição para o regular exercício do direito de ação, para que se postule judicialmente a concessão de benefício previdenciário, não ofende o art. 5º, XXXV, da CF ("XXXV - a lei não excluirá da apreciação do Poder Judiciário lesão ou ameaça a direito"). Esse o entendimento do Plenário, que, em conclusão de julgamento e por maioria, proveu parcialmente recurso extraordinário em que discutida a possibilidade de propositura de ação judicial para pleitear aposentadoria rural por idade, por parte de segurada que não formulara prévio requerimento administrativo — v. Informativo 756. Preliminarmente, por maioria, o Colegiado conheceu do recurso. Vencida, no ponto, a Ministra Rosa Weber, que entendia cuidar-se de ofensa meramente reflexa à Constituição. No mérito, o Colegiado asseverou que, na situação dos autos, para se caracterizar a presença de interesse em agir, seria preciso haver necessidade de ir a juízo. Reputou que a concessão de benefício previdenciário dependeria de requerimento do interessado, e não se caracterizaria ameaça ou lesão a direito antes de sua apreciação e eventual indeferimento pelo INSS, ou se o órgão não oferecesse resposta após 45 dias. Ressalvou que a exigência de prévio requerimento não se confundiria, entretanto, com o exaurimento das vias administrativas. Consignou, ainda, que a exigência de prévio requerimento administrativo não deveria prevalecer quando o entendimento da Administração fosse notório e reiteradamente contrário à postulação do segurado. Acresceu que, nas hipóteses de pretensão de revisão, restabelecimento ou manutenção de benefício anteriormente concedido — uma vez que o INSS teria o dever legal de conceder a prestação mais vantajosa possível — o pedido poderia ser formulado diretamente em juízo, porque nesses casos a conduta do INSS já configuraria o não acolhimento da pretensão.
RE 631240/MG, rel. Min. Roberto Barroso, 3.9.2014. (RE-631240)

Ação perante o INSS e prévio requerimento administrativo - 5
Em seguida, o Plenário ponderou que, tendo em vista a prolongada oscilação jurisprudencial na matéria, inclusive no STF, dever-se-ia estabelecer uma fórmula de transição, para lidar com as ações em curso. Quanto aos processos iniciados até a data da sessão de julgamento, sem que tivesse havido prévio requerimento administrativo nas hipóteses em que exigível, seria observado o seguinte: a) caso o processo corresse no âmbito de Juizado Itinerante, a ausência de anterior pedido administrativo não deveria implicar a extinção do feito; b) caso o INSS já tivesse apresentado contestação de mérito, estaria caracterizado o interesse em agir pela resistência à pretensão; c) caso não se enquadrassem nos itens "a" e "b" as demais ações ficariam sobrestadas. Nas ações sobrestadas, o autor seria intimado a dar entrada no pedido administrativo em 30 dias, sob pena de extinção do processo. Comprovada a postulação administrativa, o INSS seria intimado a se manifestar acerca do pedido em até 90 dias, prazo dentro do qual a Autarquia deveria colher todas as provas eventualmente necessárias e proferir decisão. Acolhido administrativamente o pedido, ou se não pudesse ter o seu mérito analisado por motivos imputáveis ao próprio requerente, extinguir-se-ia a ação. Do contrário, estaria caracterizado o interesse em agir e o feito deveria prosseguir. Em todas as situações descritas nos itens "a", "b" e "c", tanto a análise administrativa quanto a judicial deveriam levar em conta a data do início do processo como data de entrada do requerimento, para todos os efeitos legais. Vencidos os Ministros Marco Aurélio e Cármen Lúcia, que desproviam o recurso. Assinalavam que o art. 5º, XXXV, da CF, não poderia se submeter a condicionantes. Vencida, em menor extensão, a Ministra Rosa Weber, que não subscrevia a fórmula de transição proposta.
RE 631240/MG, rel. Min. Roberto Barroso, 3.9.2014. (RE-631240)
(Inform. STF 757)

AG. REG. NO RE N. 430.418-RS

RELATOR: MIN. ROBERTO BARROSO
EMENTA: AGRAVO REGIMENTAL EM RECURSO EXTRAORDINÁRIO. CONTRIBUIÇÃO SOCIAL DO APOSENTADO QUE RETORNA À ATIVIDADE. POSSIBILIDADE. PRINCÍPIO DA SOLIDARIEDADE. PRECEDENTES.
O Supremo Tribunal Federal consolidou o entendimento de que é constitucional a cobrança de contribuição previdenciária sobre o salário do aposentado que retorna à atividade.
O princípio da solidariedade faz com que a referibilidade das contribuições sociais alcance a maior amplitude possível, de modo que não há uma correlação necessária e indispensável entre o dever de contribuir e a possibilidade de auferir proveito das contribuições vertidas em favor da seguridade.
Agravo regimental a que se nega provimento. **(Inform. STF 745)**

RE N. 586.453-SE

REDATOR P/ O ACÓRDÃO: MIN. DIAS TOFFOLI
EMENTA: Recurso extraordinário – Direito Previdenciário e Processual Civil – Repercussão geral reconhecida – Competência para o processamento de ação ajuizada contra entidade de previdência privada e com o fito de obter complementação de aposentadoria – Afirmação da autonomia do Direito Previdenciário em relação ao Direito do Trabalho – Litígio de natureza eminentemente constitucional, cuja solução deve buscar trazer maior efetividade e racionalidade ao sistema – Recurso provido para afirmar a competência da Justiça comum para o processamento da demanda - Modulação dos efeitos do julgamento, para manter, na Justiça Federal do Trabalho, até final execução, todos os processos dessa espécie em que já tenha sido proferida sentença de mérito, até o dia da conclusão do julgamento do recurso (20/2/13).
1. A competência para o processamento de ações ajuizadas contra entidades privadas de previdência complementar é da Justiça comum, dada a autonomia do Direito Previdenciário em relação ao Direito do Trabalho. Inteligência do art. 202, § 2º, da Constituição Federal a excepcionar, na análise desse tipo de matéria, a norma do art. 114, inciso IX, da Magna Carta.
2. Quando, como ocorre no presente caso, o intérprete está diante de controvérsia em que há fundamentos constitucionais para se adotar mais de uma solução possível, deve ele optar por aquela que efetivamente trará maior efetividade e racionalidade ao sistema.
3. Recurso extraordinário de que se conhece e ao qual se dá provimento para firmar a competência da Justiça comum para o processamento de demandas ajuizadas contra entidades privadas de previdência buscando-se o complemento de aposentadoria.
4. Modulação dos efeitos da decisão para reconhecer a competência da Justiça Federal do Trabalho para processar e julgar, até o trânsito em julgado e a correspondente execução, todas as causas da espécie em que houver sido proferida sentença de mérito até a data da conclusão, pelo Plenário do Supremo Tribunal Federal, do julgamento do presente recurso (20/2/2013).
5. Reconhecimento, ainda, da inexistência de repercussão geral quanto ao alcance da prescrição de ação tendente a questionar as parcelas referentes à aludida complementação, bem como quanto à extensão de vantagem a aposentados que tenham obtido a complementação de aposentadoria por entidade de previdência privada sem que tenha havido o respectivo custeio. **(Inform. STF 709)**

DIREITO PREVIDENCIÁRIO E PROCESSUAL CIVIL. REVOGAÇÃO DE TUTELA ANTECIPADA E DEVOLUÇÃO DE BENEFÍCIO PREVIDENCIÁRIO COMPLEMENTAR.

Os valores de benefícios previdenciários complementares recebidos por força de tutela antecipada posteriormente revogada devem ser devolvidos, observando-se, no caso de desconto em folha de pagamento, o limite de 10% (dez por cento) da renda mensal do benefício previdenciário até a satisfação integral do valor a ser restituído. De fato, a Primeira Seção do STJ (REsp 1.401.560-MT, DJe 13/10/2015) firmou, recentemente, tese em recurso especial representativo da controvérsia de acordo com a qual a reforma da decisão que antecipa a tutela obriga o autor da ação a devolver os benefícios previdenciários do RGPS indevidamente recebidos. Com efeito, prevaleceu o entendimento de que a tutela antecipada é um provimento judicial provisório e, em regra, reversível (art. 273, § 2º, do CPC), devendo a irreplicabilidade da verba previdenciária recebida indevidamente ser examinada não somente sob o aspecto de sua natureza alimentar, mas também sob o prisma da boa-fé objetiva, que consiste na presunção de definitividade do pagamento. Assim, é certo que os valores recebidos precariamente são legítimos enquanto vigorar o título judicial antecipatório, o que caracteriza a boa-fé subjetiva do autor. Entretanto, como isso não enseja a presunção

de que essas verbas, ainda que alimentares, integrem o seu patrimônio em definitivo, não há a configuração da boa-fé objetiva, o que acarreta, portanto, o dever de devolução em caso de revogação da medida provisória, até mesmo como forma de se evitar o enriquecimento sem causa do então beneficiado (arts. 884 e 885 do CC e 475-O, I, do CPC). Aplicou-se também a regra do art. 115, II, da Lei 8.213/1991, que prevê a possibilidade de serem descontados dos benefícios previdenciários do RGPS os pagamentos realizados pelo INSS além do devido. No que diz respeito ao caso aqui analisado - que trata de previdência complementar (e não do RGPS) -, o mesmo raciocínio quanto à reversibilidade do provimento antecipado, de caráter instrumental, deve ser aplicado, de modo comum, a ambos os sistemas. Nesse sentido, a Quarta Turma do STJ (REsp 1.117.247-SC, DJe 18/9/2014) já assentou que deve incidir na previdência complementar a mesma exegese feita na previdência oficial sobre a reversibilidade das tutelas de urgência concessivas de valores atinentes a benefício previdenciário em virtude da sua repetibilidade. Ademais, embora as verbas de natureza alimentar do Direito de Família sejam irrepetíveis - porquanto regidas pelo binômio necessidade/possibilidade -, as verbas oriundas da suplementação de aposentadoria, por possuírem índole contratual, estão sujeitas à repetição. Além do mais, como as verbas previdenciárias complementares são de natureza alimentar e periódica e para não haver o comprometimento da subsistência do devedor, tornando efetivo o princípio da dignidade da pessoa humana (art. 1º, III, da CF), deve haver parâmetros quanto à imposição obrigacional de reparação. Nesse contexto, a Primeira Seção do STJ (REsp 1.384.418-SC, DJe 30/8/2013) - embora reconhecendo a existência de patamares de 30% e de 35% como valores máximos de comprometimento da renda mensal do devedor para o desconto em folha de pagamento para diversas situações, como empréstimos, financiamentos, cartões de crédito, operações de arrendamento mercantil e outras consignações - adotou como referencial, por simetria, o percentual mínimo de desconto aplicável aos servidores públicos, qual seja, 10% (art. 46, § 1º, da Lei 8.112/1990). **REsp 1.555.853-RS, Rel. Min. Ricardo Villas Bôas Cueva, julgado em 10/11/2015, DJe 16/11/2015. (Inform. STJ 573)**

DIREITO PREVIDENCIÁRIO E PROCESSUAL CIVIL. REPETIÇÃO DE BENEFÍCIOS PREVIDENCIÁRIOS INDEVIDAMENTE RECEBIDOS POR FORÇA DE TUTELA ANTECIPADA. RECURSO REPETITIVO (ART. 543-C DO CPC E RES. 8/2008-STJ). TEMA 692.

A reforma da decisão que antecipa a tutela obriga o autor da ação a devolver os benefícios previdenciários indevidamente recebidos. O grande número de ações, e a demora que disso resultou para a prestação jurisdicional, levarou o legislador a prever a antecipação da tutela judicial naqueles casos em que, desde logo, houvesse, a partir dos fatos conhecidos, uma grande verossimilhança no direito alegado pelo autor. Nesse contexto, o pressuposto básico do instituto é a reversibilidade da decisão judicial. Havendo perigo de irreversibilidade, não há tutela antecipada (art. 273, § 2º, do CPC). Por isso, quando o juiz antecipa a tutela, está anunciando que seu *decisum* não é irreversível. Sendo assim, se acabou por ser mal sucedida a demanda na qual houvera antecipação da tutela judicial, o autor da ação responde pelo que recebeu indevidamente. Além do mais, não prospera o argumento de que o autor não seria obrigado a devolver benefícios advindos da antecipação por ter confiado no juiz, porquanto esta fundamentação ignora o fato de que a parte, no processo, está representada por advogado, o qual sabe que a antecipação de tutela tem natureza precária. Há, ainda, o reforço do direito material. Um dos princípios gerais do direito é o de que não pode haver enriquecimento sem causa. Sendo um princípio geral, ele se aplica ao direito público, e com maior razão neste caso porque o lesado é o patrimônio público. Ademais, o art. 115, II, da Lei 8.213/1991 é expresso no sentido de que os benefícios previdenciários pagos indevidamente estão sujeitos à repetição. Uma decisão do STJ que viesse a desconsiderá-lo estaria, por via transversa, deixando de aplicar norma legal que, a contrario sensu, o STF declarou constitucional, uma vez que o art. 115, II, da Lei 8.213/1991 exige o que dispensava no art. 130, parágrafo único na redação originária, declarado inconstitucional na ADI 675 (Tribunal Pleno, DJ 20/6/1997). **REsp 1.401.560-MT, Rel. Min. Sérgio Kukina, Rel. para acórdão Min. Ari Pargendler, Primeira Seção, julgado em 12/2/2014, DJe 13/10/2015 (Inform. STJ 570).**

DIREITO PREVIDENCIÁRIO. PRAZO DECADENCIAL DO DIREITO DE PLEITEAR REVISÃO DE PENSÃO PREVIDENCIÁRIA DECORRENTE DE MORTE.

O prazo decadencial do direito de revisar o valor do salário de benefício da pensão previdenciária por morte mediante o recálculo da renda mensal inicial do benefício originário de aposentadoria conta-se após o deferimento do ato de pensionamento. Isso porque, em decorrência do

22. DIREITO PREVIDENCIÁRIO

princípio da actio nata, a legitimidade do pensionista para propositura de ação de revisão advém apenas com o óbito do segurado, já que, por óbvio, aquele não era titular do benefício originário, direito personalíssimo. **REsp 1.529.562-CE, Rel. Min. Herman Benjamin, julgado em 20/8/2015, DJe 11/9/2015 (Inform. STJ 568).**

DIREITO PREVIDENCIÁRIO E PROCESSUAL CIVIL. LEGITIMIDADE PAS-SIVA DO INSS EM DEMANDA PARA O FORNECIMENTO DE ÓRTESES E PRÓTESES.
O INSS é parte legítima para figurar no polo passivo de demanda cujo escopo seja o fornecimento de órteses e próteses a segurado incapacitado parcial ou totalmente para o trabalho, não apenas quando esses aparelhos médicos sejam necessários à sua habilitação ou reabilitação profissional, mas, também, quando sejam essenciais à habilitação social. Isso porque, em conformidade com o Princípio Fundamental da Dignidade da Pessoa Humana e com os valores sociais buscados pela República Federativa do Brasil, a norma jurídica que exsurge do texto legal (art. 89, parágrafo único, "a", da Lei 8.213/1991) exige que a habilitação e a reabilitação não se resumam ao mercado de trabalho, mas que também abarquem a vida em sociedade com dignidade. **REsp 1.528.410-PR, Rel. Min. Herman Benjamin, julgado em 2/6/2015, DJe 12/8/2015 (Inform. STJ 566).**

DIREITO PREVIDENCIÁRIO E PROCESSUAL CIVIL. PRÉVIO REQUERIMENTO ADMINISTRATIVO PARA OBTENÇÃO DE BENEFÍCIO PREVIDENCIÁRIO. RECURSO REPETITIVO (ART. 543-C DO CPC E RES. 8/2008-STJ).
A Primeira Seção do STJ adere ao entendimento do STF firmado no RE 631.240-MG, julgado em 3/9/2014, sob o regime da repercussão geral, o qual decidiu: "[...] 2. A concessão de benefícios previdenciários depende de requerimento do interessado, não se caracterizando ameaça ou lesão a direito antes de sua apreciação e indeferimento pelo INSS, ou se excedido o prazo legal para sua análise. É bem de ver, no entanto, que a exigência de prévio requerimento não se confunde com o exaurimento das vias administrativas. 3. A exigência de prévio requerimento administrativo não deve prevalecer quando o entendimento da Administração for notória e reiteradamente contrário à postulação do segurado. 4. Na hipótese de pretensão de revisão, restabelecimento ou manutenção de benefício anteriormente concedido, considerando que o INSS tem o dever legal de conceder a prestação mais vantajosa possível, o pedido poderá ser formulado diretamente em juízo – salvo se depender da análise de matéria de fato ainda não levada ao conhecimento da Administração –, uma vez que, nesses casos, a conduta do INSS já configura o não acolhimento ao menos tácito da pretensão. 5. Tendo em vista a prolongada oscilação jurisprudencial na matéria, inclusive no Supremo Tribunal Federal, deve-se estabelecer uma fórmula de transição para lidar com as ações em curso, nos termos a seguir expostos. 6. Quanto às ações ajuizadas até a conclusão do presente julgamento (03.09.2014), sem que tenha havido prévio requerimento administrativo nas hipóteses em que exigível, será observado o seguinte: (i) caso a ação tenha sido ajuizada no âmbito de Juizado Itinerante, a ausência de anterior pedido administrativo não deverá implicar a extinção do feito; (ii) caso o INSS já tenha apresentado contestação de mérito, está caracterizado o interesse em agir pela resistência à pretensão; (iii) as demais ações que não se enquadrem nos itens (i) e (ii) ficarão sobrestadas, observando-se a sistemática a seguir. 7. Nas ações sobrestadas, o autor será intimado a dar entrada no pedido administrativo em 30 dias, sob pena de extinção do processo. Comprovada a postulação administrativa, o INSS será intimado a se manifestar acerca do pedido em até 90 dias, prazo dentro do qual a Autarquia deverá colher todas as provas eventualmente necessárias e proferir decisão. Se o pedido for acolhido administrativamente ou não puder ter o seu mérito analisado devido a razões imputáveis ao próprio requerente, extingue-se a ação. Do contrário, estará caracterizado o interesse em agir e o feito deverá prosseguir. 8. Em todos os casos acima – itens (i), (ii) e (iii) –, tanto a análise administrativa quanto a judicial deverão levar em conta a data do início da ação como data de entrada do requerimento, para todos os efeitos legais". **REsp 1.369.834-SP, Rel. Min. Benedito Gonçalves, Primeira Seção, julgado em 24/9/2014, DJe 2/12/2014 (Inform. STJ 553).**

DIREITO PROCESSUAL CIVIL E PREVIDENCIÁRIO. COMPETÊNCIA PARA JULGAR PEDIDO DE PENSÃO POR MORTE DECORRENTE DE ÓBITO DE EMPREGADO ASSALTADO NO EXERCÍCIO DO TRABALHO. Compete à Justiça Estadual – e não à Justiça Federal – processar e julgar ação que tenha por objeto a concessão de pensão por morte decorrente de óbito de empregado ocorrido em razão de assalto sofrido durante o exercício

do trabalho. Doutrina e jurisprudência firmaram compreensão de que, em regra, o deslinde dos conflitos de competência de juízos em razão da matéria deve ser dirimido com a observância da relação jurídica controvertida, notadamente no que se refere à causa de pedir e ao pedido indicados pelo autor da demanda. Na hipótese, a circunstância afirmada não denota acidente do trabalho típico ou próprio, disciplinado no *caput* do art. 19 da Lei 8.213/1991 (Lei de Benefícios da Previdência Social), mas acidente do trabalho atípico ou impróprio, que, por presunção legal, recebe proteção na alínea "a" do inciso II do art. 21 da Lei de Benefícios. Nessa hipótese, o nexo causal é presumido pela lei diante do evento, o que é compatível com o ideal de proteção ao risco social que deve permear a relação entre o segurado e a Previdência Social. Desse modo, o assalto sofrido no local e horário de trabalho equipara-se ao acidente do trabalho, e o direito à pensão por morte decorrente do evento inesperado e violento deve ser apreciado pelo juízo da Justiça Estadual, nos termos do art. 109, I, parte final, da CF combinado com o art. 21, II, "a", da Lei 8.213/1991. **CC 132.034-SP, Rel. Min. Benedito Gonçalves, julgado em 28/5/2014. (Inform. STJ 542)**

DIREITO PROCESSUAL CIVIL E PREVIDENCIÁRIO. JUROS DE MORA DEVIDOS PELA FAZENDA PÚBLICA. Nas ações previdenciárias em curso, tem aplicação imediata a alteração no regramento dos juros de mora devidos pela Fazenda Pública efetivada pela Lei 11.960/2009 no art. 1º-F da Lei 9.494/1997. Isso porque essa norma tem natureza eminentemente processual, aplicando-se aos processos em andamento, à luz do princípio *tempus regit actum*. Precedentes citados: EREsp 1.207.197-RS, Corte Especial, DJe 2/8/2011; e AgRg nos EAg 1.301.602-SP, Terceira Seção, DJe 20/3/2013. **AgRg nos EAg 1.159.781-SP, Rel. Min. Sidnei Beneti, julgado em 19/2/2014. (Inform. STJ 536)**

DIREITO PREVIDENCIÁRIO E PROCESSUAL CIVIL. REFORMATIO IN PEJUS EM REEXAME NECESSÁRIO.
O Tribunal, em remessa necessária, inexistindo recurso do segurado, não pode determinar a concessão de benefício previdenciário que entenda mais vantajoso ao segurado. É certo que o juiz pode conceder ao autor benefício previdenciário diverso do requerido na inicial, desde que preenchidos os requisitos legais atinentes ao benefício concedido, sem que isso configure julgamento *extra petita* ou *ultra petita*. Esse entendimento, ressalte-se, leva em consideração os fins sociais das normas previdenciárias, bem como a hipossuficiência do segurado. Contudo, a referida possibilidade não se estende à hipótese de julgamento da remessa necessária (art. 475 do CPC), tendo em vista sua específica devolutividade, restrita à confirmação da sentença e à consequente promoção da maior segurança possível para a Fazenda Pública, evitando-se que esta seja indevidamente condenada. Nesse contexto, a concessão de benefício mais vantajoso ao beneficiário no julgamento de remessa necessária importaria verdadeira *reformatio in pejus*, situação que não seria por ele admitida (Súmula 45 do STJ). Precedentes citados: EDcl no REsp 1.144.400-SC, Sexta Turma, DJe 27/8/2012; e REsp 1.083.643-MG, Quinta Turma, DJe 3/8/2009. **REsp 1.379.494-MG, Rel. Min. Sérgio Kukina, julgado em 13/8/2013. (Inform. STJ 528)**

DIREITO PROCESSUAL CIVIL E PREVIDENCIÁRIO. DEVOLUÇÃO DE BE-NEFÍCIO PREVIDENCIÁRIO RECEBIDO EM RAZÃO DE ANTECIPAÇÃO DOS EFEITOS DA TUTELA POSTERIORMENTE REVOGADA.
O segurado da Previdência Social tem o dever de devolver o valor de benefício previdenciário recebido em antecipação dos efeitos da tutela (art. 273 do CPC) a qual tenha sido posteriormente revogada. Historicamente, a jurisprudência do STJ, com fundamento no princípio da irrepetibilidade dos alimentos, tem isentado os segurados do RGPS da obrigação de restituir valores obtidos por antecipação de tutela que posteriormente tenha sido revogada. Já os julgados que cuidam da devolução de valores percebidos indevidamente por servidores públicos evoluíram para considerar não apenas o caráter alimentar da verba, mas também a boa-fé objetiva envolvida na situação. Nestes casos, o elemento que evidencia a boa-fé objetiva consiste na legítima confiança ou justificada expectativa de que os valores recebidos sejam legais e de que passem a integrar definitivamente o seu patrimônio. Nas hipóteses de benefícios previdenciários oriundos de antecipação de tutela, não há dúvida de que existe boa-fé subjetiva, pois, enquanto o segurado recebe os benefícios, há legitimidade jurídica, apesar de precária. Do ponto de vista objetivo, todavia, não há expectativa de definitividade do pagamento recebido via tutela antecipatória, não podendo o titular do direito precário pressupor a incorporação irreversível da verba ao seu patrimônio. Efetivamente, não há legitimidade jurídica para o segurado presumir que não terá de devolver

os valores recebidos, até porque, invariavelmente, está o jurisdicionado assistido por advogado e, conforme o disposto no art. 3° da LINDB, segundo o qual ninguém se escusa de cumprir a lei, alegando que não a conhece, deve estar ciente da precariedade do provimento judicial que lhe é favorável e da contraposição da autarquia previdenciária quanto ao mérito. Ademais, em uma escala axiológica, evidencia-se a desproporcionalidade da hipótese analisada em relação aos casos em que o próprio segurado pode tomar empréstimos de instituição financeira e consignar descontos em folha, isto é, o erário "empresta", via antecipação de tutela posteriormente cassada, ao segurado e não pode cobrar sequer o principal. Já as instituições financeiras emprestam e recebem, mediante desconto em folha, não somente o principal como também os juros remuneratórios. **REsp 1.384.418-SC, Rel. Min. Herman Benjamin, julgado em 12/6/2013. (Inform. STJ 524)**

DIREITO PROCESSUAL CIVIL E PREVIDENCIÁRIO. FORMA DE DEVOLU-ÇÃO DE BENEFÍCIO PREVIDENCIÁRIO RECEBIDO EM ANTECIPAÇÃO DOS EFEITOS DE TUTELA POSTERIORMENTE REVOGADA.

Na devolução de benefício previdenciário recebido em antecipação dos efeitos da tutela (art. 273 do CPC) a qual tenha sido posteriormente revogada, devem ser observados os seguintes parâmetros: a) a execução de sentença declaratória do direito deverá ser promovida; e b) liquidado e incontroverso o crédito executado, o INSS poderá fazer o desconto em folha de até 10% da remuneração dos benefícios previdenciários em manutenção até a satisfação do crédito. Isso porque o caráter alimentar dos benefícios previdenciários está ligado ao princípio constitucional da dignidade da pessoa humana, de forma que as imposições obrigacionais sobre os respectivos proventos não podem comprometer o sustento do segurado. **REsp 1.384.418-SC, Rel. Min. Herman Benjamin, julgado em 12/6/2013. (Inform. STJ 524)**

DIREITO PREVIDENCIÁRIO E PROCESSUAL CIVIL. CONCESSÃO DE BENE-FÍCIO PREVIDENCIÁRIO DIVERSO DO REQUERIDO NA INICIAL.

O juiz pode conceder ao autor benefício previdenciário diverso do requerido na inicial, desde que preenchidos os requisitos legais atinentes ao benefício concedido. Isso porque, tratando-se de matéria previdenciária, deve-se proceder, de forma menos rígida, à análise do pedido. Assim, nesse contexto, a decisão proferida não pode ser considerada como extra petita ou ultra petita. **AgRg no REsp 1.367.825-RS, Rel. Min. Humberto Martins, julgado em 18/4/2013. (Inform. STJ 522)**

DIREITO TRIBUTÁRIO E PREVIDENCIÁRIO. IMPOSSIBILIDADE DE INSCRI-ÇÃO EM DÍVIDA ATIVA DE VALOR INDEVIDAMENTE RECEBIDO A TÍTULO DE BENEFÍCIO PREVIDENCIÁRIO. RECURSO REPETITIVO (ART. 543-C DO CPC E RES. 8/2008-STJ).

Não é possível a inscrição em dívida ativa de valor correspondente a benefício previdenciário indevidamente recebido e não devolvido ao INSS. Isso porque a inscrição em dívida ativa de valor decorrente de ilícito extracontratual deve ser fundamentada em dispositivo legal específico que a autorize expressamente. Ocorre que, nas leis próprias do INSS (Lei 8.212/1991 e Lei 8.213/1991), não há dispositivo legal semelhante ao disposto no parágrafo único do art. 47 da Lei 8.112/1990 – o qual prevê a inscrição em dívida ativa de valores não pagos pelo servidor público federal que tiver sido demitido, exonerado ou tiver sua aposentadoria ou disponibilidade cassada. Se o legislador quisesse que o recebimento indevido de benefício previdenciário ensejasse a inscrição em dívida ativa, teria previsto expressamente na Lei 8.212/1991 ou na Lei 8.213/1991, o que não fez. Incabível, assim, por se tratar de restrição de direitos, qualquer analogia com o que dispõe o art. 47 da Lei 8.112/1990. Isso significa que, recebido o valor a maior pelo beneficiário, a forma prevista em lei para o INSS reavê-lo se dá através de desconto do próprio benefício a ser pago em períodos posteriores e, nos casos de dolo, fraude ou má-fé, a lei prevê a restituição de uma só vez (descontando-se do benefício) ou mediante acordo de parcelamento (art. 115, II e § 1°, da Lei 8.213/1991 e art. 154, II e § 2°, do Dec. 3.048/1999). Na impossibilidade da realização desses descontos, seja porque o beneficiário deixou de sê-lo (suspensão ou cessação), seja porque seu benefício é insuficiente para a realização da restituição de uma só vez ou, ainda, porque a pessoa que recebeu os valores o fez indevidamente jamais tendo sido a real beneficiária, a lei não prevê a inscrição em dívida ativa. Nessas situações, por falta de lei

específica que determine a inscrição em dívida ativa, torna-se imperativo que seu ressarcimento seja precedido de processo judicial para o reconhecimento do direito do INSS à repetição. De ressaltar, ademais, que os benefícios previdenciários indevidamente recebidos, qualificados como enriquecimento ilícito, não se enquadram no conceito de crédito tributário ou não tributário previsto no art. 39, § 2°, da Lei 4.320/1964, a justificar sua inscrição em dívida ativa. Sendo assim, o art. 154, § 4°, II, do Dec. 3.048/99, que determina a inscrição em dívida ativa de benefício previdenciário pago indevidamente, não encontra amparo legal. Precedentes citados: AgRg no AREsp. 225.034-BA, Segunda Turma, DJe 19/2/2013; e AgRg no AREsp 188.047-AM, Primeira Turma, DJe 10/10/2012. **REsp 1.350.804-PR, Rel. Min. Mauro Campbell Marques, julgado em 12/6/2013. (Inform. STJ 522)**

DIREITO PREVIDENCIÁRIO E PROCESSUAL CIVIL. PRÉVIO REQUERIMENTO ADMINISTRATIVO PARA OBTENÇÃO DE BENEFÍCIO PREVIDENCIÁRIO.

O prévio requerimento administrativo é indispensável para o ajuizamento da ação judicial em que se objetive a concessão de benefício previdenciário quando se tratar de matéria em que não haja resistência notória por parte do INSS à pretensão do beneficiário. A Segunda Turma do STJ firmou o entendimento de que o interesse processual do segurado e a utilidade da prestação jurisdicional concretizam-se nas hipóteses de recusa de recebimento do requerimento e de negativa de concessão do benefício previdenciário, seja pelo concreto indeferimento do pedido seja pela notória resistência da autarquia à tese jurídica esposada. Com efeito, se o segurado postulasse sua pretensão diretamente no Poder Judiciário, sem requerer administrativamente o objeto da ação, correr-se-ia o risco de a Justiça Federal substituir definitivamente a Administração Previdenciária. **AgRg no REsp 1.341.269-PR, Rel. Min. Castro Meira, julgado em 9/4/2013. (Inform. STJ 520)**

📖 **Súmula STF n° 729**

A decisão na Ação Direta de Constitucionalidade não se aplica à antecipação de tutela em causa de natureza previdenciária.

📖 **Súmula STF n° 689**

O segurado pode ajuizar ação contra a instituição previdenciária perante o juízo federal do seu domicílio ou nas varas federais da capital do estado-membro.

📖 **Súmula STJ n° 242**

Cabe ação declaratória para reconhecimento de tempo de serviço para fins previdenciários.

📖 **Súmula STJ n° 226**

O Ministério Público tem legitimidade para recorrer na ação de acidente do trabalho, ainda que o segurado esteja assistido por advogado.

📖 **Súmula STJ n° 204**

Os juros de mora nas ações relativas a benefícios previdenciários incidem a partir da citação válida.

📖 **Súmula STJ n° 178**

O INSS não goza de isenção do pagamento de custas e emolumentos, nas ações acidentárias e de benefícios, propostas na justiça estadual.

📖 **Súmula STJ n° 149**

A prova exclusivamente testemunhal não basta à comprovação da atividade rurícola, para efeito da obtenção de benefício previdenciário.

📖 **Súmula STJ n° 111**

Os honorários advocatícios, nas ações previdenciárias, não incidem sobre as prestações vencidas após a sentença.

📖 **Súmula STJ n° 110**

A isenção do pagamento de honorários advocatícios, nas ações acidentarias, é restrita ao segurado.

📖 **Súmula STJ n° 89**

A ação acidentária prescinde do exaurimento da via administrativa.

23. DIREITO FINANCEIRO

1. COMPETÊNCIA LEGISLATIVA

ADI: matéria orçamentária e competência legislativa
O Plenário julgou parcialmente procedente pedido formulado em ação direta para declarar a inconstitucionalidade do inciso I do art. 189 da Constituição do Estado de Rondônia, inserido pela EC estadual 17/1999, e confirmou, quanto a esse dispositivo, medida cautelar anteriormente deferida (noticiada no Informativo 195). A Corte afirmou que a norma impugnada, ao considerar como integrantes da receita aplicada na manutenção e desenvolvimento do ensino as despesas empenhadas, liquidadas e pagas no exercício financeiro, afrontaria o quanto disposto no art. 24, I, II, e § 1°, da CF ("Art. 24. Compete à União, aos Estados e ao Distrito Federal legislar concorrentemente sobre: I - direito tributário, financeiro, penitenciário, econômico e urbanístico; II - orçamento; ... § 1° - No âmbito da legislação concorrente, a competência da União limitar-se-á a estabelecer normas gerais"). O Ministro Roberto Barroso, ao acompanhar esse entendimento, acrescentou que o art. 212 da CF ("A União aplicará, anualmente, nunca menos de dezoito, e os Estados, o Distrito Federal e os Municípios vinte e cinco por cento, no mínimo, da receita resultante de impostos, compreendida a proveniente de transferências, na manutenção e desenvolvimento do ensino") estabeleceria a necessidade de efetiva liquidação das despesas nele versadas. Não bastaria, portanto, o simples empenho da despesa para que se considerasse cumprido o mandamento constitucional, prática adotada pelo Estado de Rondônia.
ADI 2124/RO, rel. Min. Gilmar Mendes, 19.11.2014. (ADI-2124) (Inform. STF 768)

2. VINCULAÇÃO DE RECEITA

ADI e vinculação de receita
O Plenário, por maioria, julgou parcialmente procedente pedido formulado em ação direta para declarar a inconstitucionalidade dos artigos 309, § 1°, e 314, "caput", § 5° e da expressão "e garantirá um percentual mínimo de 10% (dez por cento) para a educação especial", contida na parte final do § 2° do art. 314, todos da Constituição do Estado do Rio de Janeiro. Além disso, o Colegiado declarou a inconstitucionalidade por arrastamento das expressões "à UERJ e", "306, § 1° (atual 309), e" e "e, na hipótese da UERJ, sobre a sua receita tributária líquida" do art. 1° da Lei fluminense 1.729/1990 e do art. 6° da Lei fluminense 2.081/1993, que regulamentam os referidos dispositivos da Constituição estadual. As citadas normas estabelecem vinculação de receita para a educação em geral e, especificamente, para a UERJ e a FAPERJ. O Tribunal ressaltou que a jurisprudência do STF seria pacífica no sentido da inconstitucionalidade das normas que estabelecessem vinculação de parcelas das receitas tributárias a órgãos, fundos ou despesas. Frisou que essas leis desrespeitariam a vedação contida no art. 167, IV, da CF, bem como restringiriam a competência constitucional do Poder Executivo para a elaboração das propostas de leis orçamentárias. Essa regra constitucional somente seria excepcionada nos casos expressamente previstos na parte final do inciso IV do art. 167 da CF, que ressalva "a destinação de recursos para as ações e serviços públicos de saúde, para manutenção e desenvolvimento do ensino e para realização de atividades da administração tributária, como determinado, respectivamente, pelos artigos 198, § 2°, 212 e 37, XXII, e a prestação de garantias às operações de crédito por antecipação de receita, previstas no art. 165, § 8°, bem como o disposto no § 4° deste artigo". Em relação ao art. 332 da Constituição fluminense, também impugnado, o Colegiado recordou que o STF já teria declarado a constitucionalidade de norma de conteúdo semelhante prevista no art. 329 da Constituição estadual. Rememorou que a EC 32/2003 à Constituição estadual apenas alterara a sua redação sem modificar sua essência, além de deslocar essa norma para o art. 332 da Constituição estadual ["Art. 332. O Estado do Rio de Janeiro destinará, anualmente, à Fundação de Amparo à Pesquisa - FAPERJ, 2% (dois por cento) da receita tributária do exercício, deduzidas as transferências e vinculações constitucionais e legais"]. Concluiu que o art. 332 da Constituição fluminense estaria em harmonia com o art. 218, § 5°, da CF. Vencido, em parte, o Ministro Marco Aurélio, que julgava procedente o pedido para declarar também a inconstitucionalidade do art. 332, por afrontar a iniciativa do Chefe do Poder Executivo para propor lei orçamentária.
ADI 4102/RJ, rel. Min. Cármen Lúcia, 30.10.2014. (ADI-4102)

3. TRANSFERÊNCIA DE RECURSOS

Balanço de contas públicas e sequestro de depósitos judiciais
O Plenário, por maioria, referendou, com eficácia, "ex tunc", a concessão de medida cautelar em ação direta de inconstitucionalidade, para suspender os processos que versem sobre a aplicação e/ou a constitucionalidade da LC 42/2015 e do Decreto 9.197/2004, ambos do Estado da Bahia, bem como os efeitos das decisões judiciais já proferidas, até o julgamento definitivo da demanda. Os diplomas impugnados tratam da possibilidade de transferência de montantes oriundos de depósitos judiciais da justiça estadual para o Executivo local. O Colegiado reputou haver duas razões para a concessão da medida acauteladora. A primeira delas, em face de jurisprudência do STF tanto no sentido de competir à União dispor sobre a destinação financeira dos depósitos judiciais e extrajudiciais quanto da incorreta destinação desses recursos violar a separação de Poderes. A segunda, em virtude da ocorrência de discrepâncias entre os tratamentos da legislação estadual e federal conferidos ao tema. A LC 151/2015, por exemplo, apenas autoriza o levantamento de valores que sejam objeto de depósitos vinculados a processos em que os entes federados sejam parte; ao passo que, de acordo com a norma local, cabe o levantamento de quaisquer depósitos e respectivos acessórios. Além disso, o Tribunal apontou a existência de "periculum in mora", considerado o risco de o jurisdicionado do Estado-Membro não ter acesso ao montante a que tem direito, haja vista sua destinação ao pagamento de despesas vinculadas ao Executivo. Ressaltou a corrente realidade do País, em que o crescente aumento dos gastos públicos sem a correspondente ampliação da receita tem obrigado os entes federados a se socorrerem dos recursos dos depósitos judiciais, inclusive de particulares. Essa solução, entretanto, não pareceria viável. Por fim, a Corte entendeu que retirar os efeitos prospectivos da concessão da medida cautelar tornaria praticamente inócua a jurisdição constitucional na espécie. Não caberia invocar a perfectibilidade dos atos jurídicos já praticados no sentido da aplicação das leis impugnadas, ou seja, viabilizando o sequestro das verbas judiciais, pois os contratos firmados com base nessas normas seriam igualmente suspensos na presente decisão. Ademais, no caso, ocorrera o estorno das quantias já transferidas quando da concessão da medida de urgência, o que tornaria possível sua concessão com efeitos "ex tunc". Vencido o Ministro Marco Aurélio, que não referendava a concessão da liminar nos termos em que formalizada, implementando a medida para suspender, a partir da apreciação do pedido, a eficácia da LC 42/2015, da Lei 9.276/2004 e do Decreto 9.197/2004, todos do Estado da Bahia.
ADI 5409 MC-Referendo/BA, rel. Min. Edson Fachin, 25.11.2015. (ADI-5409) (Inform. STF 809)

Fundo de Participação dos Estados: descontos relativos ao Proterra e ao PIN - 3
O Plenário retomou julgamento de ação cível originária em que se pretende o recálculo dos valores e a liquidação integral de parcelas, vencidas e vincendas, a contar de abril de 1999 até o efetivo pagamento, concernentes aos repasses do Fundo de Participação dos Estados - FPE. Alega o autor haver redução na base de cálculo ante as deduções, pela Secretaria do Tesouro Nacional, nos valores recolhidos com o Imposto de Renda Pessoa Jurídica - IRPJ, das contribuições do Programa de Integração Nacional - PIN e do Programa de Redistribuição de Terras e de Estímulo à Agroindústria do Norte e do Nordeste - Proterra, criados pelos Decretos-leis 1.106/1970 e 1.179/1971 — v. Informativo 544. A Ministra Rosa Weber, em voto-vista, e

VADE MECUM DE JURISPRUDÊNCIA – STF/STJ

o Ministro Teori Zavascki, acompanharam o Ministro Marco Aurélio (relator) e julgaram procedente o pedido. A Ministra Rosa Weber lembrou que a controvérsia diria respeito à repartição das receitas tributárias objeto dos artigos 157 a 162 da CF. Os citados artigos, apesar de não dizerem respeito ao direito tributário, mas sim ao direito financeiro, por regularem a partilha de recursos angariados com a cobrança de tributos e não a tributação propriamente dita, estariam inseridos, em nossa Constituição, no capítulo do sistema tributário nacional. Os incentivos fiscais dedutíveis do IRPJ integrariam a receita bruta angariada com a arrecadação do imposto, mas dela seriam abatidos, conjuntamente com as restituições, para se chegar à receita líquida. Esta seria a base de cálculo sobre a qual seriam apurados os valores a serem destinados ao FPE. Na sistemática vigente, exsurgiria questão essencial à solução da lide: se o produto da arrecadação mencionado pelo texto constitucional se referiria à receita bruta ou à líquida. Em princípio, deveria ser considerada a receita líquida, sob pena de se incluírem valores irreais na base de cálculo da participação dos Estados-membros, dos quais a União não teria disponibilidade financeira, como as restituições. Ressalvou, no entanto, que o princípio federativo imporia que se adicionassem, à receita líquida, para fins de determinação do produto da arrecadação que viesse a ser partilhado com os Estados-membros, os incentivos fiscais.
ACO 758/SE, rel. Min. Marco Aurélio, 12.3.2015. (ACO-758)

Fundo de Participação dos Estados: descontos relativos ao Proterra e ao PIN - 4
A Ministra Rosa Weber aduziu que os referidos incentivos seriam aqueles consistentes na dedução do próprio imposto a pagar, de valores destinados a órgãos, fundos ou despesas federais, notadamente daqueles órgãos que contrastassem com a proibição constitucional da vinculação da receita de impostos, nos termos do disposto no art. 167, IV, da CF ("Art. 167. São vedados: ... IV - a vinculação de receita de impostos a órgão, fundo ou despesa, ressalvadas a repartição do produto da arrecadação dos impostos a que se referem os arts. 158 e 159, a destinação de recursos para as ações e serviços públicos de saúde, para manutenção e desenvolvimento do ensino e para realização de atividades da administração tributária, como determinado, respectivamente, pelos arts. 198, § 2º, 212 e 37, XXII, e a prestação de garantias às operações de crédito por antecipação de receita, previstas no art. 165, § 8º, bem como o disposto no § 4º deste artigo"). É o que ocorreria, na espécie, com as contribuições ao PIN e ao Proterra. Destacou que o STF teria reconhecido e garantido o direito dos entes federativos à participação nas receitas tributárias. Com os programas de integração nacional — PIN e Proterra — a União também criara vinculações impróprias da receita de impostos, colocando-as sob a sua administração. No PIN, parcela do imposto de renda das pessoas jurídicas utilizado em incentivos fiscais teria sido direcionada a conta especial do Banco do Brasil, na qual os recursos deveriam ser creditados como receita da União. Por sua vez, no Proterra, teria sido determinado o depósito dos recursos como receita da União em diversas instituições financeiras à ordem do Bacen. Frisou ser cristalina a afetação indireta de parcela da receita do IRPJ nesses casos, o que seria vedado pelo art. 167, IV, da CF. O referido preceito constitucional consagraria o princípio da não afetação dos impostos, destinado a impedir o nocivo engessamento que decorreria das vinculações estabelecidas para as receitas angariadas, mediante cobrança de impostos, a limitar o espaço discricionário dos representantes populares, para escolher e implantar políticas públicas à luz dos princípios constitucionais e das aspirações sociais, culturais e econômicas da sociedade brasileira. Concluiu que, se o legislador não pudesse vincular a receita de impostos diretamente ao órgão, ao fundo ou à despesa, seria evidente que não estaria autorizado a fazê-lo de modo indireto, sobretudo quando a forma eleita para afetação indireta implicasse prejuízo a outros entes políticos. Ao final, determinou que fosse observada a prescrição quinquenal. O Ministro Teori Zavascki observou que, com a adesão desses programas pelos contribuintes, a receita que viesse a entrar cofres da União a título de imposto de renda e, portanto, desvinculada de qualquer finalidade, ingressaria em outro formato: PIN ou Proterra, com receita atrelada a uma finalidade específica. Assim, embora essa operação pudesse resultar na atenuação de parte da carga tributária, revelaria procedimento que não se ajustaria, a rigor, à noção de renúncia fiscal. Afinal, parte dela seria reinvestida pelo ente federal. Portanto, esse tipo de incentivo poderia prejudicar a arrecadação de receitas para o FPE, a deturpar o sentido das regras de distribuição das receitas contidas na Constituição. Em seguida, pediu vista dos autos o Ministro Gilmar Mendes.
ACO 758/SE, rel. Min. Marco Aurélio, 12.3.2015. (ACO-758) (Inform. STF 777)

DIREITO FINANCEIRO. RESTRIÇÃO À TRANSFERÊNCIA DE RECURSOS FEDERAIS A MUNICÍPIO.
A restrição à transferência de recursos federais a Município que possui pendências no Cadastro Único de Exigências para Transferências Voluntárias (CAUC) e no Sistema Integrado de Administração Financeira do Governo Federal (SIAFI) não pode ser suspensa sob a justificativa de que os recursos destinam-se à pavimentação e drenagem de vias públicas. Isso porque essas atividades não podem ser enquadradas no conceito de ação social previsto no art. 26 da Lei 10.522/2002, dispositivo legal cujo teor preconiza a suspensão de inscrição desabonadora no SIAFI e no CADIN, na hipótese de transferência de recursos federais à municipalidade destinados a ações sociais e a ações em faixa de fronteira. De fato, a interpretação da expressão "ações sociais" não pode ser abrangente a ponto de abarcar situações que o legislador não previu, sob pena de esvaziamento, por completo, da Lei 10.522/2002. Em verdade, a definição do conceito do referido termo deve ser resultado de uma interpretação restritiva, teleológica e sistemática, mormente diante do fato de que qualquer ação governamental em prol da sociedade pode ser passível de enquadramento no conceito de ação social. Desta feita, a expressão "ações sociais" deve ser interpretada de modo a abranger aquelas que objetivam o atendimento dos direitos sociais assegurados aos cidadãos, cuja realização é obrigatória por parte do Poder Público, como aquelas mencionadas na Constituição Federal, nos artigos 6º, 193, 194, 196, 201, 203, 205, 215 e 217 (alimentação, moradia, segurança, proteção à maternidade e à infância, assistência aos desamparados, ordem social, seguridade social, saúde, previdência social, assistência social, educação, cultura e desporto). Portanto, a pavimentação e a drenagem de vias públicas não podem ser enquadradas no conceito de ação social previsto no art. 26 da Lei 10.522/2002, embora o direito à infraestrutura urbana e aos serviços públicos, os quais abarcam o direito à pavimentação e drenagem de vias públicas, efetivamente componham o rol de direitos que dão significado à garantia a cidades sustentáveis, conforme previsão do art. 2º da Lei 10.257/2001 (Estatuto das Cidades). Precedente citado: REsp 1.372.942-AL, Primeira Turma, DJe 11/4/2014. **REsp 1.527.308-CE, Rel. Min. Herman Benjamin, julgado em 16/6/2015, DJe 5/8/2015 (Inform. STJ 566).**

DIREITO FINANCEIRO. RESTRIÇÃO À TRANSFERÊNCIA DE RECURSOS FEDERAIS A MUNICÍPIO.
A restrição para transferência de recursos federais a Município que possui pendências no Cadastro Único de Exigências para Transferências Voluntárias (CAUC) não pode ser suspensa – art. 26 da Lei 10.522/2002 – sob a justificativa de que os recursos destinam-se a reforma de prédio público. De fato, o STJ firmou o entendimento de que, na hipótese de transferência de recursos federais à municipalidade destinados a ações sociais e a ações em faixa de fronteira, a anotação desabonadora junto ao SIAFI e CADIN deve ter seus efeitos suspensos. No entanto, em que pese a infraestrutura urbana estar inclusa no rol dos direitos a cidades sustentáveis, a reforma de prédio público não pode ser enquadrada no conceito de ação social previsto no art. 26 da Lei 10.522/2002. A interpretação da expressão "ações sociais" não pode ser ampla a ponto de incluir hipóteses não apontadas pelo legislador, haja vista que, se assim se procedesse, qualquer atuação governamental em favor da coletividade seria passível de enquadramento nesse conceito. Assim, interpretando-se o art. 26 da Lei 10.522/2002, verifica-se que a ação social é referente às ações que objetivam atender a direitos sociais assegurados aos cidadãos, cuja realização é obrigatória por parte do Poder Público. Precedentes citados: AgRg no AgRg no REsp 1.416.470-CE, Segunda Turma, DJe 27/11/2014; e REsp 1.372.942-AL, Primeira Turma, DJe 11/4/2014. **AgRg no REsp 1.439.326-PE, Rel. Min. Mauro Campbell Marques, julgado em 24/2/2015, DJe 2/3/2015 (Inform. STJ 556).**

DIREITO FINANCEIRO. RESTRIÇÃO À TRANSFERÊNCIA DE RECURSOS FEDERAIS A MUNICÍPIO. A restrição para transferência de recursos federais a Município que possui pendências no Cadastro Único de Exigências para Transferências Voluntárias (CAUC) não pode ser suspensa sob a justificativa de que os recursos destinam-se à pavimentação de vias públicas. Isso porque a pavimentação de vias públicas não pode ser enquadrada no conceito de ação social previsto no art. 26 da Lei 10.522/2002. A suspensão da restrição para a transferência de recursos federais aos Estados, Distrito Federal e Municípios inscreve-se em norma de direito financeiro e é exceção à regra, estando limitada às situações de execução de ações sociais ou ações em faixa de fronteira, não podendo sua interpretação ser abrangente a ponto de abarcar situações que o legislador não previu. Nessa linha, o conceito da expressão "ações sociais",

23. DIREITO FINANCEIRO

para o fim da Lei 10.522/2002, deve ser resultado de uma interpretação restritiva, teleológica e sistemática, mormente diante do fato de que qualquer ação governamental em prol da sociedade poderia ser passível de enquadramento no conceito de ação social. Além disso, a interpretação que resultar do conceito de "ações sociais" não pode conflitar com o que estabelece o § 3º do art. 25 da LC 101/2000 ("Para fins da aplicação das sanções de suspensão de transferências voluntárias constantes desta Lei Complementar, excetuam-se aquelas relativas a ações de educação, saúde e assistência social"). Ao contrário, deve com ele ser coerente, complementando a intenção do legislador federal em prever situações que devam ser, obrigatoriamente, implementadas pelo ente federado inscrito no Cadastro Único de Exigências para Transferências Voluntárias (CAUC), subsistema do Sistema Integrado de Administração Financeira do Governo Federal (SIAFI), não sendo, por isso, razoável a suspensão da transferência de recursos federais necessários à respetiva implementação. A ação social a que se refere a Lei 10.522/2002 é referente às ações que objetivam atender a direitos sociais assegurados aos cidadãos, cuja realização é obrigatória por parte do Poder Público, como aquelas mencionadas na CF, nos arts. 6º, 193, 194, 196, 201, 203, 205, 215 e 217 (alimentação, moradia, segurança, proteção à maternidade e à infância, assistência aos desamparados, ordem social, seguridade social, saúde, previdência social, assistência social, educação, cultura e desporto). Diferente é o direito à infraestrutura urbana e aos serviços públicos, os quais abarcam o direito à pavimentação de vias públicas e compõem o rol de direitos que dão significado à garantia do direito a cidades sustentáveis, conforme previsão do art. 2º da Lei 10.257/2001 (Estatuto das Cidades). **REsp 1.372.942-AL, Rel. Min. Benedito Gonçalves, julgado em 1º/4/2014. (Inform. STJ 539)**

4. EXECUÇÃO ORÇAMENTÁRIA

MANDADO DE SEGURANÇA. PRESIDENTE DA REPÚBLICA. RELATÓRIO BIMESTRAL SOBRE EXECUÇÃO ORÇAMENTÁRIA E FINANCEIRA. EXAME DE SUA COMPATIBILIDADE COM A CONSTITUIÇÃO DA REPÚBLICA E DE LEGALIDADE. ILEGITIMIDADE ATIVA *AD CAUSAM* DE PARLAMENTAR. SEPARAÇÃO ENTRE OS PODERES E PREVISÃO CONSTITUCIONAL PARA SUAS ATUAÇÕES. DEFERÊNCIA DO PODER JUDICIÁRIO À DELIBERAÇÃO DA MAIORIA PARLAMENTAR. MANDADO DE SEGURANÇA A QUE SE NEGA SEGUIMENTO. MS 33.351/DF. RELATOR: Ministro Luiz Fux (Inform. STF 780)

5. PRECATÓRIO E REQUISIÇÃO DE PEQUENO VALOR (RPV)

Precatórios: embargos de declaração convertidos em diligência
O Tribunal, por maioria, converteu em diligência o julgamento conjunto de embargos de declaração opostos em ações diretas de inconstitucionalidade para permitir a intervenção de todos os interessados na causa, nos termos do art. 140 do RISTF ("O Plenário ou a Turma poderá converter o julgamento em diligência, quando necessária a decisão da causa"). Manteve, ainda, a modulação dos efeitos, no tempo, do quanto decidido anteriormente em questão de ordem, sem prejuízo do pagamento dos precatórios (questão de ordem noticiada nos Informativos 725, 739, 778 e 779). A Corte apontou que representantes de estados-membros teriam demonstrado preocupação com a falta de capacidade de pagamento dos entes públicos e que iriam buscar uma solução legislativa para esse problema. Referiam-se à PEC 74-A, aprovada em primeiro turno e encaminhada pela Câmara dos Deputados — em segundo turno de votação — para o Senado Federal. Tal proposta levaria em conta a modulação ditada pelo STF, de modo a assegurar mecanismos de diferenciamento para que a decisão judicial que prevê a quitação total dos precatórios até o final de 2020 seja cumprida. Assim, não obstante tenha conferido um prazo largo para o pagamento dos precatórios, estudos estatísticos atuariais do Congresso revelariam que os estados-membros não teriam como pagar no tempo aprazado. Vencidos os Ministros Luiz Fux (relator), Roberto Barroso, Rosa Weber, Cármen Lúcia e Marco Aurélio, que acolhiam em parte os embargos.

ADI 4357 ED/DF, rel. Min. Luiz Fux, 9.12.2015. (ADI-4357)
ADI 4425 ED/DF, rel. Min. Luiz Fux, 9.12.2015. (ADI-4425) (Inform. STF 811)

RPV e juros moratórios
O Plenário iniciou o julgamento de recurso extraordinário em que se discute o cabimento de juros de mora no período compreendido entre a data da conta de liquidação e a da expedição de requisição de pequeno valor-RPV. O Ministro Marco Aurélio (relator) negou provimento ao recurso, para assentar a incidência de juros da mora no período compreendido entre a data da realização dos cálculos e a da requisição relativa ao pagamento de débito de pequeno valor. Ressaltou que o regime previsto no art. 100 da CF consubstancia sistema de liquidação de débito que não se confundiria com moratória. A requisição não operaria como se fosse pagamento, fazendo desaparecer a responsabilidade do devedor. Enquanto persistisse o quadro de inadimplemento do Estado, deveriam incidir os juros da mora. Assim, desde a citação — termo inicial firmado no título executivo — até a efetiva liquidação da RPV, os juros moratórios deveriam ser computados, a compreender o período entre a data da elaboração dos cálculos e a da requisição. Consignou que o Enunciado 17 da Súmula Vinculante não se aplicaria ao caso, porquanto não se cuidaria do período de 18 meses referido no art. 100, § 5º, da CF. Tratar-se-ia do lapso temporal compreendido entre a elaboração dos cálculos e a RPV. Além disso, o entendimento pela não incidência dos juros da mora durante o aludido prazo teria sido superado pela EC 62/2009, que incluíra o § 12 ao art. 100 da CF. Enfatizou que o sistema de precatório, a abranger as RPVs, não poderia ser confundido com moratória, razão pela qual os juros da mora deveriam incidir até o pagamento do débito. Assentada a mora da Fazenda até o efetivo pagamento do requisitório, não haveria fundamento para afastar a incidência dos juros moratórios durante o lapso temporal anterior à expedição da RPV. No plano infraconstitucional, antes da edição da aludida emenda constitucional, entrara em vigor a Lei 11.960/2009, que modificara o art. 1º-F da Lei 9.494/1997. A norma passara a prever a incidência dos juros para compensar a mora nas condenações impostas à Fazenda até o efetivo pagamento. Não haveria, portanto, fundamento constitucional ou legal a justificar o afastamento dos juros da mora enquanto persistisse a inadimplência do Estado. Ademais, não procederia alegação no sentido de que o ato voltado a complementar os juros da mora seria vedado pela regra do art. 100, § 4º, da CF, na redação da EC 37/2002. Haveria precedentes do STF a consignar a dispensa da expedição de requisitório complementar — mesmo nos casos de precatório — quando se cuidasse de erro material, inexatidão dos cálculos do precatório ou substituição, por força de lei, do índice empregado. Também seria insubsistente o argumento de que o requisitório deveria ser corrigido apenas monetariamente, ante a parte final da regra do art. 100, § 1º, da CF, na redação conferida pela EC 30/2000. O fato de o constituinte haver previsto somente a atualização monetária no momento do pagamento não teria o condão de afastar a incidência dos juros da mora. Sucede que a EC 62/2009 versaria a previsão dos juros moratórios, mantendo a redação anterior do aludido § 1º no tocante à atualização. Após os votos dos Ministros Edson Fachin, Roberto Barroso, Teori Zavascki, Rosa Weber e Luiz Fux, que acompanharam o relator, pediu vista o Ministro Dias Toffoli.
RE 579431/RS, rel. Min. Marco Aurélio, 29.10.2015. (RE-579431)

REPERCUSSÃO GERAL EM RE N. 889.173-MS

RELATOR: MIN. LUIZ FUX
EMENTA: RECURSO EXTRAORDINÁRIO. CONSTITUCIONAL E PROCESSUAL. MANDADO DE SEGURANÇA. VALORES DEVIDOS ENTRE A DATA DA IMPETRAÇÃO E A IMPLEMENTAÇÃO DA ORDEM CONCESSIVA. SUBMISSÃO AO REGIME DE PRECATÓRIOS. REPERCUSSÃO GERAL RECONHECIDA. REAFIRMAÇÃO DE JURISPRUDÊNCIA. **(Inform. STF 795)**

AG. REG. NO ARE N. 854.962-PR

RELATOR: MIN. MARCO AURÉLIO
PRECATÓRIO – FRACIONAMENTO – LITISCONSÓRCIO ATIVO FACULTATIVO – EXECUÇÃO AUTÔNOMA – CRÉDITOS INDIVIDUALIZADOS – REQUISIÇÃO DE PEQUENO VALOR – POSSIBILIDADE. No julgamento do Recurso Extraordinário nº 586.645/SP, da relatoria da ministra Cármen Lúcia, submetido à sistemática da repercussão geral, o Plenário concluiu que a regra do § 4º do artigo 100 da Constituição Federal, hoje correspondente ao § 8º do mesmo dispositivo, permite a execução autônoma e o pagamento dos créditos individualizados nos casos de litisconsórcio ativo facultativo. **(Inform. STF 791)**

Modulação: precatório e EC 62/2009 - 9
O Plenário retomou exame de questão de ordem na qual proposta a modulação dos efeitos, no tempo, do quanto decidido no julgamento conjunto de ações diretas de inconstitucionalidade em que declarados parcialmente

786 VADE MECUM DE JURISPRUDÊNCIA – STF/STJ

inconstitucionais dispositivos da EC 62/2009, que instituíra regime especial de pagamento de precatórios pelos Estados, Distrito Federal e Municípios. Na ocasião, o Tribunal, por maioria, rejeitara a arguição de inconstitucionalidade formal consistente na inobservância do interstício dos turnos de votação. No mérito, por maioria, declarara inconstitucional: a) a expressão "na data de expedição do precatório", contida no § 2º do art. 100 da CF, na redação da EC 62/2009. A Corte explicara que a regra configuraria critério de aplicação de preferência no pagamento de idosos, contudo, esse balizamento temporal discriminaria, sem fundamento, aqueles que viessem a alcançar 60 anos em data posterior à expedição do precatório, enquanto pendente e ainda não ocorrido o pagamento; b) os §§ 9º e 10 do art. 100 da CF, incluídos pela EC 62/2009, e o art. 97, II, do ADCT, que fixam regime unilateral de compensação dos débitos da Fazenda Pública inscritos em precatório. O Colegiado considerara que esse critério beneficiaria exclusivamente o devedor público, em ofensa ao princípio da isonomia. Além disso, os dispositivos instituiriam nítido privilégio em favor do Estado e em detrimento do cidadão, cujos débitos em face do Poder Público sequer poderiam ser compensados com as dívidas fazendárias; c) a expressão "índice oficial de remuneração básica da caderneta de poupança", constante do § 12 do art. 100 da CF, incluído pela EC 62/2009, para que aos precatórios de natureza tributária se aplicassem os mesmos juros de mora incidentes sobre o crédito tributário; d) por arrastamento, a mesma expressão contida no art. 1º-F da Lei 9.494/1997, na redação dada pela Lei 11.960/2009, porquanto reproduziria a literalidade do comando contido no § 12 do art. 100 da CF; e) a expressão "independentemente de sua natureza", sem redução de texto, contida no § 12 do art. 100 da CF, incluído pela EC 62/2009, para afastar a incidência dos juros moratórios calculados segundo índice da caderneta de poupança quanto aos créditos devidos pela Fazenda Pública em razão de relações jurídico-tributárias; f) por arrastamento, a expressão "índice oficial de remuneração da caderneta de poupança", contida no art. 1º-F da Lei 9.494/1997, com a redação dada pelo art. 5º da Lei 11.960/2009; e g) o § 15 do art. 100 da CF e todo o art. 97 do ADCT. A Corte entendera que, ao criarem regime especial para pagamento de precatórios para Estados, Distrito Federal e Municípios, veiculariam nova moratória na quitação dos débitos judiciais da Fazenda Pública e imporiam contingenciamento de recurso para esse fim, a violar a cláusula constitucional do Estado de Direito, o princípio da separação de Poderes, o postulado da isonomia, a garantia do acesso à justiça, a efetividade da tutela judicial, o direito adquirido e a coisa julgada — v. Informativos 631, 643, 697 e 698.
ADI 4357 QO/DF, rel. Min. Luiz Fux, 19.3.2015. (ADI-4357)
ADI 4425 QO/DF, rel. Min. Luiz Fux, 19.3.2015. (ADI-4425)

Modulação: precatório e EC 62/2009 - 10
Em voto-vista, o Ministro Dias Toffoli acompanhou, em linhas gerais, as propostas de modulação anteriormente apresentadas pelos Ministros Luiz Fux (relator) e Roberto Barroso — v. Informativos 725 e 739. Atribuiu eficácia imediata — "ex nunc" —, a partir da data de conclusão do julgamento da questão de ordem, à declaração de inconstitucionalidade: a) da expressão "na data de expedição do precatório" (CF, art. 100, § 2º, com a redação dada pela EC 62/2009), para que todo credor que tivesse mais de 60 anos na data de conclusão do julgamento da questão de ordem tivesse o direito de ingressar na fila de preferência. Isso se daria porque, com a eliminação do marco temporal para aferição da idade, a mera circunstância de ser maior de 60 anos habilitaria o credor à preferência, independentemente do momento em que implementado o requisito etário, a conferir certa organicidade em relação à questão; b) da expressão "índice oficial de remuneração básica da caderneta de poupança" constante do § 12 do art. 100 da CF e dos §§ 1º, II, e 16 do art. 97 do ADCT, bem como da mesma expressão contida no art. 1º-F da Lei 9.494/1997, com a redação dada pela Lei 11.960/2009, ressalvando-se os requisitórios expedidos pela União, com base nos artigos 27 das Leis de Diretrizes Orçamentárias da União de 2014 e 2015 (Lei 12.919/2013 e Lei 13.080/2015), que fixam o IPCA-E como índice de correção monetária. No ponto, observou que eventual decisão com efeito retroativo teria como consequência o direito à percepção, pelos antigos credores, das diferenças resultantes da incidência do novo índice de correção a ser definido pelo respectivo ente federado, com a necessidade de reabertura de precatórios já extintos, o que causaria evidente tumulto. Nesse tópico, o relator reajustou seu voto; e c) da expressão "independentemente de sua natureza", contida no § 12 do art. 100 da CF e no art. 1º-F da Lei 9.494/1997, com a redação dada pela Lei 11.960/2009. Destacou, quanto a esse tema, que a consequência prática de uma decisão com eficácia retroativa seria muito semelhante à aventada no caso da correção monetária. Igualmente surgiria, para os antigos credores, o direito à percepção das diferenças resultantes da incidência de novos juros

de mora, com a necessidade de reabertura dos precatórios já extintos, e, em consequência, uma avalanche de questionamentos de processos judiciais quanto aos precatórios já pagos durante o período de aplicação do referido dispositivo constitucional.
ADI 4357 QO/DF, rel. Min. Luiz Fux, 19.3.2015. (ADI-4357)
ADI 4425 QO/DF, rel. Min. Luiz Fux, 19.3.2015. (ADI-4425)

Modulação: precatório e EC 62/2009 - 11
O Ministro Dias Toffoli decidiu manter pelo período de cinco anos, também a contar da conclusão do julgamento da questão de ordem, a vigência das normas que possibilitassem a compensação (CF, art. 100, §§ 9º e 10; e ADCT, art. 97, § 9º, II, introduzidos pela EC 62/2009), bem como das demais regras do regime especial de pagamento de precatórios — inclusive as modalidades alternativas de pagamento previstas no art. 97, §§ 6º, 7º e 8º do ADCT —, com destaque ainda para o art. 97, §§ 1º e 2º, do ADCT, o qual estabelece percentuais mínimos da receita corrente líquida — vinculados ao pagamento do precatório —, e o art. 97, § 10, do ADCT, que estabelece sanções para o caso de não liberação tempestiva dos recursos destinados ao pagamento de precatórios. Na hipótese, ao justificar a divergência em relação aos votos já proferidos — quanto ao termo inicial do prazo da modulação e quanto às normas que permaneceriam em vigor no período —, assentou que, apesar das impropriedades reconhecidas pelo STF em relação ao regime instituído pela EC 62/2009, esse sistema teria sido capaz de movimentar a fila de precatórios como jamais teria ocorrido nos regimes constitucionais anteriores. As mudanças trazidas pela referida emenda teriam propiciado incremento real no pagamento de precatórios pelos Estados-membros e pelos Municípios, conforme dados colhidos pelo CNJ. O aumento no volume de adimplência dos entes seria devido, em grande parte, ao estabelecimento de percentuais mínimos da receita corrente líquida, aos citados mecanismos alternativos de pagamento, bem como à possibilidade de compensação dos débitos. Tendo isso em vista, dever-se-ia reconhecer que, considerado o enorme volume da dívida de precatórios de alguns Estados-membros e Municípios, seria quase certo que esses entes não conseguiriam honrar seus compromissos no prazo de cinco anos sem os mencionados mecanismos. Ademais, ressaltou que, se fosse necessário, após a declaração de inconstitucionalidade do regime especial criado pela EC 62/2009, adotar algum sistema normativo de transição para o regime geral de pagamento de precatórios, com alguma perspectiva de quitação do passivo dos entes federados pelos próximos anos, seria melhor que essa transição ocorresse tendo por base as próprias regras instituídas pelo Poder Constituinte Derivado. Em seguida, o julgamento foi suspenso.
ADI 4357 QO/DF, rel. Min. Luiz Fux, 19.3.2015. (ADI-4357)
ADI 4425 QO/DF, rel. Min. Luiz Fux, 19.3.2015. (ADI-4425)

Modulação: precatório e EC 62/2009 - 12
O Plenário, em conclusão de julgamento e por maioria, resolveu questão de ordem na qual proposta a modulação dos efeitos, no tempo, do quanto decidido no julgamento conjunto de ações diretas de inconstitucionalidade em que declarados parcialmente inconstitucionais dispositivos da EC 62/2009, que instituíra regime especial de pagamento de precatórios pelos Estados--membros, Distrito Federal e Municípios — v. Informativos 725, 739 e 778. Na ocasião, o Tribunal, por maioria, rejeitara a arguição de inconstitucionalidade formal consistente na inobservância do interstício entre os turnos de votação. No mérito, também por maioria, declarara inconstitucional: a) a expressão "na data de expedição do precatório", contida no § 2º do art. 100 da CF, na redação da EC 62/2009. A Corte explicara que a regra configuraria critério de aplicação de preferência no pagamento de idosos, contudo, esse balizamento temporal discriminaria, sem fundamento, aqueles que viessem a alcançar 60 anos em data posterior à expedição do precatório, enquanto pendente e ainda não ocorrido o pagamento; b) os §§ 9º e 10 do art. 100 da CF, incluídos pela EC 62/2009, e o art. 97, II, do ADCT, que fixam regime unilateral de compensação dos débitos da Fazenda Pública inscritos em precatório. O Colegiado considerara que esse critério beneficiaria exclusivamente o devedor público, em ofensa ao princípio da isonomia. Além disso, os dispositivos instituiriam nítido privilégio em favor do Estado e em detrimento do cidadão, cujos débitos em face do Poder Público sequer poderiam ser compensados com as dívidas fazendárias; c) a expressão "índice oficial de remuneração básica da caderneta de poupança", constante do § 12 do art. 100 da CF, incluído pela EC 62/2009, para que aos precatórios de natureza tributária se aplicassem os mesmos juros de mora incidentes sobre o crédito tributário; d) por arrastamento, a mesma expressão contida no art. 1º-F da Lei 9.494/1997, na redação dada pela Lei 11.960/2009, porquanto

23. DIREITO FINANCEIRO — 787

reproduziria a literalidade do comando contido no § 12 do art. 100 da CF; e) a expressão "independentemente de sua natureza", sem redução de texto, contida no § 12 do art. 100 da CF, incluído pela EC 62/2009, para afastar a incidência dos juros moratórios calculados segundo índice da caderneta de poupança quanto aos créditos devidos pela Fazenda Pública em razão de relações jurídico-tributárias; f) por arrastamento, a expressão "índice oficial de remuneração da caderneta de poupança", contida no art. 1º-F da Lei 9.494/1997, com a redação dada pelo art. 5º da Lei 11.960/2009; e g) o § 15 do art. 100 da CF e todo o art. 97 do ADCT. A Corte entendera que, ao criarem regime especial para pagamento de precatórios para Estados, Distrito Federal e Municípios, veiculariam nova moratória na quitação dos débitos judiciais da Fazenda Pública e imporiam contingenciamento de recurso para esse fim, a violar a cláusula constitucional do Estado de Direito, o princípio da separação de Poderes, o postulado da isonomia, a garantia do acesso à justiça, a efetividade da tutela judicial, o direito adquirido e a coisa julgada — v. Informativos 631, 643, 697 e 698.
ADI 4357 QO/DF, rel. Min. Luiz Fux, 25.3.2015. (ADI-4357)
ADI 4425 QO/DF, rel. Min. Luiz Fux, 25.3.2015. (ADI-4425)

Modulação: precatório e EC 62/2009 - 13
A Corte resolveu a questão de ordem nos seguintes termos: 1) modulou os efeitos para que se desse sobrevida ao regime especial de pagamento de precatórios, instituído pela EC 62/2009, por cinco exercícios financeiros a contar de 1º.1.2016; 2) conferiu eficácia prospectiva à declaração de inconstitucionalidade dos seguintes aspectos da ADI, fixado como marco inicial a data de conclusão do julgamento da questão de ordem (25.3.2015) e mantendo-se válidos os precatórios expedidos ou pagos até esta data, a saber: 2.1.) seria mantida a aplicação do índice oficial de remuneração básica da caderneta de poupança (TR), nos termos da EC 62/2009, até 25.3.2015, data após a qual (i) os créditos em precatórios deveriam ser corrigidos pelo Índice de Preços ao Consumidor Amplo Especial (IPCA-E) e (ii) os precatórios tributários deveriam observar os mesmos critérios pelos quais a Fazenda Pública corrige seus créditos tributários; e 2.2.) seriam resguardados os precatórios expedidos, no âmbito da Administração Pública Federal, com base nos artigos 27 das Leis 12.919/2013 e Lei 13.080/2015, que fixam o IPCA-E como índice de correção monetária; 3) quanto às formas alternativas de pagamento previstas no regime especial: 3.1) seriam consideradas válidas as compensações, os leilões e os pagamentos à vista por ordem crescente de crédito previstos na EC 62/2009, desde que realizados até 25.3.2015, data a partir da qual não seria possível a quitação de precatórios por essas modalidades; 3.2) seria mantida a possibilidade de realização de acordos diretos, observada a ordem de preferência dos credores e de acordo com lei própria da entidade devedora, com redução máxima de 40% do valor do crédito atualizado; 4) durante o período fixado no item 1, seria mantida a vinculação de percentuais mínimos da receita corrente líquida ao pagamento dos precatórios (ADCT, art. 97, § 10), bem como as sanções para o caso de não liberação tempestiva dos recursos destinados ao pagamento de precatórios (ADCT, art. 97, § 10); 5) delegação de competência ao CNJ para que considerasse a apresentação de proposta normativa que disciplinasse (i) a utilização compulsória de 50% dos recursos da conta de depósitos judiciais tributários para o pagamento de precatórios e (ii) a possibilidade de compensação de precatórios vencidos, próprios ou de terceiros, com o estoque de créditos inscritos em dívida ativa até 25.3.2015, por opção do credor do precatório; e 6) atribuição de competência ao CNJ para que monitorasse e supervisionasse o pagamento dos precatórios pelos entes públicos na forma da decisão proferida na questão de ordem em comento. Vencidos o Ministro Marco Aurélio, que não modulava os efeitos da decisão, e, em menor extensão, a Ministra Rosa Weber, que fixava como marco inicial a data do julgamento da ação direta de inconstitucionalidade. Reajustaram seus votos os Ministros Roberto Barroso, Dias Toffoli e Gilmar Mendes.
ADI 4357 QO/DF, rel. Min. Luiz Fux, 25.3.2015. (ADI-4357)
ADI 4425 QO/DF, rel. Min. Luiz Fux, 25.3.2015. (ADI-4425) (Inform. STF 779)

REPERCUSSÃO GERAL EM RE N. 729.107-DF
RELATOR: MIN. MARCO AURÉLIO
APLICAÇÃO DA LEI NO TEMPO – EXECUÇÃO INICIADA – PARÂMETRO DE DEFINIÇÃO DE REQUISIÇÃO DE PEQUENO VALOR – ADMISSIBILIDADE DA INCIDÊNCIA DA LEI NOVA NA ORIGEM – RECURSO EXTRAORDINÁRIO – REPERCUSSÃO GERAL – PRECEDENTES EM AGRAVOS REGIMENTAIS DA SEGUNDA TURMA – CONFIGURAÇÃO. Possui repercussão geral a controvérsia

alusiva à incidência de lei nova sobre parâmetro de definição de requisição de pequeno valor na execução iniciada, consideradas a medula da segurança jurídica, que é a irretroatividade da lei, e a existência de julgados da Segunda Turma em sentido contrário ao do acórdão atacado. **(Inform. STF 778)**

RPV: débitos tributários e compensação - 1
O Plenário iniciou julgamento de recurso extraordinário em que se discute a possibilidade de compensação de requisições de pequeno valor - RPV com débitos tributários, nos termos dos parágrafos 9º e 10 do art. 100 da CF ["§ 9º No momento da expedição dos precatórios, independentemente de regulamentação, deles deverá ser abatido, a título de compensação, valor correspondente aos débitos líquidos e certos, inscritos ou não em dívida ativa e constituídos contra o credor original pela Fazenda Pública devedora, incluídas parcelas vincendas de parcelamentos, ressalvados aqueles cuja execução esteja suspensa em virtude de contestação administrativa ou judicial. § 10. Antes da expedição dos precatórios, o Tribunal solicitará à Fazenda Pública devedora, para resposta em até 30 (trinta) dias, sob pena de perda do direito de abatimento, informação sobre os débitos que preencham as condições estabelecidas no § 9º, para os fins nele previstos"]. Na espécie, o acórdão recorrido afirmara que a compensação somente seria possível em relação a pagamentos a serem efetuados por meio de precatórios, excetuadas, portanto, as obrigações definidas em lei como de pequeno valor, nos termos do § 3º do art. 100 da CF ("O disposto no 'caput' deste artigo relativamente à expedição de precatórios não se aplica aos pagamentos de obrigações definidas em leis como de pequeno valor que as Fazendas referidas devam fazer em virtude de sentença judicial transitada em julgado"). O Ministro Luiz Fux (relator) se manifestou pela prejudicialidade do recurso em virtude da declaração de inconstitucionalidade dos parágrafos 9º e 10 do art. 100 da CF proferida na ADI 4.357/DF (DJe de 26.9.2014) e na ADI 4.425/DF (DJe de 19.12.2013). Após os votos dos Ministros Roberto Barroso e Rosa Weber, que acompanharam o relator, pediu vista dos autos o Ministro Marco Aurélio.
RE 657686/DF, rel. Min. Luiz Fux, 9.10.2014. (RE-657686)

RPV: débitos tributários e compensação - 2
A declaração de inconstitucionalidade dos parágrafos 9º e 10 do art. 100 da CF ["§ 9º No momento da expedição dos precatórios, independentemente de regulamentação, deles deverá ser abatido, a título de compensação, valor correspondente aos débitos líquidos e certos, inscritos ou não em dívida ativa e constituídos contra o credor original pela Fazenda Pública devedora, incluídas parcelas vincendas de parcelamentos, ressalvados aqueles cuja execução esteja suspensa em virtude de contestação administrativa ou judicial. § 10. Antes da expedição dos precatórios, o Tribunal solicitará à Fazenda Pública devedora, para resposta em até 30 (trinta) dias, sob pena de perda do direito de abatimento, informação sobre os débitos que preencham as condições estabelecidas no § 9º, para os fins nele previstos"], proferida na ADI 4.357/DF (DJe de 26.9.2014) e na ADI 4.425/DF (DJe de 19.12.2013), também se aplica às requisições de pequeno valor - RPV. Essa a conclusão do Plenário ao finalizar a análise de recurso extraordinário e a ele negar provimento. Discutia-se a possibilidade de compensação de RPV com débitos tributários, nos termos dos referidos dispositivos constitucionais — v. Informativo 762. Reajustaram seus votos os Ministros Luiz Fux (relator), Roberto Barroso e Rosa Weber.
RE 657686/DF, rel. Min. Luiz Fux, 23.10.2014. (RE-657686) (Inform. STF 764)

Litisconsórcio facultativo e fracionamento de precatório - 1
O fracionamento do valor da execução, em caso de litisconsórcio facultativo, para expedição de requisição de pequeno valor em favor de cada credor, não implica violação ao art. 100, § 8º, da CF, com a redação dada pela EC 62/2009 ("É vedada a expedição de precatórios complementares ou suplementares de valor pago, bem como o fracionamento, repartição ou quebra do valor da execução para fins de enquadramento de parcela do total ao que dispõe o § 3º deste artigo"). Com base nessa orientação, o Plenário negou provimento a recurso extraordinário em que se discutia a possibilidade de fracionamento de valores devidos pela Fazenda Pública em caso de litisconsórcio facultativo para fins de expedição de requisição de pequeno valor em benefício dos credores individualmente considerados. O Tribunal afirmou que, após precedentes da 1ª Turma terem reconhecido a possibilidade de fracionamento para a expedição imediata de precatório relativamente à parte incontroversa de título judicial, a jurisprudência do STF se consolidara no sentido contrário à tese defendida pelo recorrente, que se apegara à literalidade do texto constitucional.
RE 568645/SP, rel. Min. Cármen Lúcia, 24.9.2014. (RE-568645)

Litisconsórcio facultativo e fracionamento de precatório - 2

A Corte ressaltou não ser possível prender-se à expressão "valor da execução" para impedir o fracionamento. Sublinhou que as execuções promovidas por litisconsortes facultativos nasceriam fracionadas. Registrou que o próprio executado poderia opor a um ou alguns dos litisconsortes obstáculos à execução da sentença, como prescrição, realização de pagamento, dentre outros, nos termos do art. 741, VI, do CPC ("Art. 741. Na execução contra a Fazenda Pública, os embargos só poderão versar sobre: ... VI - qualquer causa impeditiva, modificativa ou extintiva da obrigação, como pagamento, novação, compensação, transação ou prescrição, desde que superveniente à sentença"). Salientou que o raciocínio desenvolvido pelo recorrente levaria a inviabilizar o tratamento singularizado de cada litisconsorte facultativo, o que poderia trazer prejuízos à própria Fazenda Pública. Frisou que o caso analisado seria de litisconsórcio facultativo simples e, portanto, a execução promovida deveria considerar cada litigante autonomamente, de modo que seria dado a cada um o que lhe fosse devido segundo a sentença proferida. Enfatizou que não faria sentido interpretar um dispositivo constitucional para desestimular a salutar formação de litisconsórcios facultativos simples e fomentar a discussão judicial de pedidos idênticos, especialmente após a inserção da garantia da razoável duração do processo na Constituição. **RE 568645/SP, rel. Min. Cármen Lúcia, 24.9.2014. (RE-568645) (Inform. STF 760)**

Modulação: precatório e EC 62/2006 - 7

O Plenário retomou exame de questão de ordem na qual proposta a modulação dos efeitos, no tempo, do quanto decidido no julgamento conjunto de ações diretas de inconstitucionalidade em que declarados parcialmente inconstitucionais dispositivos da EC 62/2009, que instituíra regime especial de pagamento de precatórios pelos Estados, Distrito Federal e Municípios. Na ocasião, o Tribunal, por maioria, rejeitara a arguição de inconstitucionalidade formal consistente na inobservância do interstício dos turnos de votação. No mérito, por maioria, declarara inconstitucional: a) a expressão "na data de expedição do precatório", contida no § 2º do art. 100 da CF, na redação da EC 62/2009. A Corte explicara que a regra configuraria critério de aplicação de preferência no pagamento de idosos, contudo, esse balizamento temporal discriminaria, sem fundamento, aqueles que viessem a alcançar 60 anos em data posterior à expedição do precatório, enquanto pendente e ainda não ocorrido o pagamento; b) os §§ 9º e 10 do art. 100 da CF, incluídos pela EC 62/2009, e o art. 97, II, do ADCT, que fixam regime unilateral de compensação dos débitos da Fazenda Pública inscritos em precatório. O Colegiado considerara que esse critério beneficiaria exclusivamente o devedor público, em ofensa ao princípio da isonomia. Além disso, os dispositivos instituiriam nítido privilégio em favor do Estado e em detrimento do cidadão, cujos débitos em face do Poder Público sequer poderiam ser compensados com as dívidas fazendárias; c) a expressão "índice oficial de remuneração básica da caderneta de poupança", constante do § 12 do art. 100 da CF, incluído pela EC 62/2009, para que aos precatórios de natureza tributária se aplicassem os mesmos juros de mora incidentes sobre o crédito tributário; d) por arrastamento, a mesma expressão contida no art. 1º-F da Lei 9.494/1997, na redação dada pela Lei 11.960/2009, porquanto reproduziria a literalidade do comando contido no § 12 do art. 100 da CF; e) a expressão "independentemente de sua natureza", sem redução de texto, contida no § 12 do art. 100 da CF, incluído pela EC 62/2009, para afastar a incidência dos juros moratórios calculados segundo índice da caderneta de poupança quanto aos créditos devidos pela Fazenda Pública em razão de relações jurídico-tributárias; f) por arrastamento, a expressão "índice oficial de remuneração da caderneta de poupança", contida no art. 1º-F da Lei 9.494/97, com a redação dada pelo art. 5º da Lei 11.960/2009; e g) o § 15 do art. 100 da CF e todo o art. 97 do ADCT. A Corte entendera que, ao criarem regime especial para pagamento de precatórios para Estados, Distrito Federal e Municípios, veiculariam nova moratória na quitação dos débitos judiciais da Fazenda Pública e imporiam contingenciamento de recurso para esse fim, a violar a cláusula constitucional do Estado de Direito, o princípio da separação de Poderes, o postulado da isonomia, a garantia do acesso à justiça, a efetividade da tutela judicial, o direito adquirido e a coisa julgada — v. Informativo 725. **ADI 4357 QO/DF e ADI 4425 QO/DF, rel. Min. Luiz Fux, 19.3.2014. (ADI-4357)**

Modulação: precatório e EC 62/2006 - 8

Em voto-vista, o Ministro Roberto Barroso acompanhou, em linhas gerais, o voto proferido pelo Ministro Luiz Fux, relator. Aderiu à proposta geral de modulação do prazo de cinco anos para a subsistência da EC 62/2009.

Conferiu, de igual modo, efeitos retroativos à declaração de inconstitucionalidade da expressão contida no § 2º do art. 100 da CF, relativamente aos credores com 60 anos de idade, bem assim da expressão constante no § 12 do mesmo preceito, acerca da correção dos indébitos tributários. Na sequência, acolheu solução intermediária formulada pelo relator que, ao reajustar o voto, declarou a inconstitucionalidade da sistemática da compensação, com efeitos "ex tunc", apenas nas situações em que houvesse ajuizamento de demanda por particular, com pedido de declaração de inconstitucionalidade dos §§ 9º e 10 do art. 100 da CF. Nos casos em que o credor se conformasse com a compensação, ou adotasse esse mecanismo, os pagamentos manter-se-iam hígidos. Assim, as compensações já realizadas até a data do julgamento seriam válidas, resguardados os direitos dos credores que ingressaram em juízo para questioná-las. O Ministro Roberto Barroso considerou, ainda, que o índice oficial de remuneração básica da caderneta de poupança que tivesse servido de base para o pagamento dos acordos deveria subsistir até 14.3.2013, data da conclusão do exame de mérito das ações diretas. Nesse tópico, o Ministro Luiz Fux reajustou seu voto. Em acréscimo, o Ministro Roberto Barroso apresentou proposição de quatro medidas de transição para viabilizar o pagamento dos precatórios, a saber: 1) utilização compulsória, a partir de 1º.1.2015, de 70% dos recursos da conta dos depósitos judiciais tributários para o pagamento de precatórios; 2) subsistência limitada da possibilidade de acordo direto, observada a ordem de preferência dos credores e a redução máxima de 25% dos seus créditos, devidamente atualizados; 3) possibilidade de compensação de precatórios vencidos com dívida ativa já inscrita; e 4) elevação, em 1%, da vinculação de receitas correntes líquidas destinadas a precatórios em 0,5% em 2015 e 0,5% em 2016, para os entes que não tivessem condições de dividir o saldo devedor por cinco e pagar 1/5 por ano. Nessa última hipótese, se houvesse a demonstração de que a entidade federativa não conseguiria majorar a vinculação sem comprometer outras obrigações constitucionais, poderia deixar de aumentá-la, no entanto, vedar-se-ia a realização de publicidade institucional. Após o voto do Ministro Teori Zavascki, que seguiu, na íntegra, o voto do relator, inclusive com os referidos reajustes, pediu vista dos autos o Ministro Dias Toffoli. **ADI 4357 QO/DF e ADI 4425 QO/DF, rel. Min. Luiz Fux, 19.3.2014. (ADI-4357) (Inform. STF 739)**

Precatórios e vinculação de receita

O Plenário confirmou medida cautelar e julgou procedente pedido formulado em ação direta para declarar a inconstitucionalidade do art. 245 da Constituição do Estado do Paraná ("Art. 245. Toda importância recebida pelo Estado, da União Federal, a título de indenização ou pagamento de débito, ficará retida à disposição do Poder Judiciário, para pagamento, a terceiros, de condenações judiciais decorrentes da mesma origem da indenização ou do pagamento"). Na decisão acautelodora, o Tribunal consignara que a vinculação exclusiva das importâncias federais recebidas pelo Estado-membro, para o efeito da norma questionada, acarretaria descumprimento do disposto no art. 100 da CF, pois, independentemente da ordem de precedência cronológica de apresentação dos precatórios, instituiria preferência absoluta em favor do pagamento de determinadas condenações judiciais. **ADI 584/PR, rel. Min. Dias Toffoli, 19.3.2014. (ADI-584) (Inform. STF 739)**

Precatório e sequestro de verbas públicas - 3

Em conclusão de julgamento, a 1ª Turma, por maioria, negou provimento a recurso extraordinário por considerar que a questão debatida demandaria reexame do conjunto fático-probatório dos autos. Na espécie, estado-membro interpusera o apelo extremo contra julgado que determinara o sequestro de rendas públicas para pagamento de precatório ao fundamento de que o recorrente retirara, por conta própria, precatório que figurava em primeiro lugar na ordem de apresentação para pagamento, o que afrontaria o art. 100, § 2º, da CF e o art. 78, § 4º, do ADCT – v. Informativo 572. Considerou-se que, para se concluir de modo diverso, seria necessário revolver fatos e provas, providência vedada em sede extraordinária, a incidir o Enunciado da Súmula 279 do STF. Vencidos os Ministros Marco Aurélio e Dias Toffoli, que conheciam o extraordinário e lhe davam provimento. O Min. Dias Toffoli noticiava a existência de ordem judicial, proferida pelo tribunal de justiça local, que suspendera o pagamento do precatório objeto desta ação, por fundada dúvida sobre a própria existência de crédito, a reforçar convicção quanto ao acolhimento do recurso. **RE 583932/BA, rel. orig. Min. Ayres Britto, red. p/ o acórdão Min Cármen Lúcia, 18.6.2013. (RE-583932) (Inform. STF 711)**

23. DIREITO FINANCEIRO | 789

AG. REG. NA Rcl N. 5.860-SC
RELATOR: MIN. TEORI ZAVASCKI
Ementa: AGRAVO REGIMENTAL EM RECLAMAÇÃO. CONSTITUCIONAL. REQUISIÇÃO DE PEQUENO VALOR. EXECUÇÃO PROMOVIDA POR SINDI-CATO. ALEGAÇÃO DE OFENSA À ADI 1662 (REL. MIN. MAURÍCIO CORRÊA). DECISÃO PARADIGMA RESTRITA À SISTEMÁTICA DOS PRECATÓRIOS. AUSÊNCIA DE ESTRITA ADERÊNCIA DO ATO IMPUGNADO AO ACÓRDÃO ALEGADAMENTE OFENDIDO. PRECEDENTES. AGRAVO REGIMENTAL A QUE SE NEGA PROVIMENTO. **(Inform. STF 710)**

RPV e correção monetária - 1
É devida correção monetária no período compreendido entre a data de elaboração do cálculo da requisição de pequeno valor - RPV e sua expedição para pagamento. Essa a conclusão do Plenário que, em decisão majoritária, deu provimento a recurso extraordinário com agravo para determinar que servidora pública receba valores referentes à RPV devida pelo Estado com correção monetária, desde o cálculo final até a expedição. Preponderou o voto do Min. Joaquim Barbosa, Presidente e relator. Preliminarmente, reputou que a matéria estaria prequestionada, bem assim que o tema seria constitucional. Ressaltou que o pedido formulado pela recorrente não estaria precluso, embora realizado após a expedição da RPV. Apontou que o pleito teria sido expresso no sentido de que correção monetária e juros fossem apurados a partir da data do último cálculo, de modo a não se cogitar de omissão ou extemporaneidade. No mérito, lembrou orientação da Corte segundo a qual: a) no prazo normal para pagamento de precatórios, não seriam cabíveis juros, de acordo com a Súmula Vinculante 17 ("Durante o período previsto no parágrafo 1º do artigo 100 da Constituição, não incidem juros de mora sobre os precatórios que nele sejam pagos"); b) no caso de mora, para dissuadir a inadimplência, o devedor seria obrigado ao pagamento de juros. Explicou que a diferença entre precatório e RPV seria a quantia paga pelo Estado, condenado por sentença transitada em julgado. Cada ente federado poderia estabelecer o valor considerado de menor monta, para pagamento em sessenta dias, sem necessidade de inclusão em listas ordinárias de antiguidade e relevância para adimplemento em exercício subsequente. Asseverou que a diferença baseada no valor seria irrelevante para a determinação da mora, pois a Administração estaria proibida de optar pela inadimplência em ambos os casos.
ARE 638195/RS, rel. Min. Joaquim Barbosa, 29.5.2013. (ARE-638195)

RPV e correção monetária - 2
Explicou que a finalidade da correção monetária seria a recuperação da perda do poder aquisitivo da moeda. No ponto, reconheceu que, caracterizadas mora e inflação, cabível a correção monetária do crédito de RPV pago fora do tempo. A respeito da incidência de juros e correção entre a data do último cálculo e o efetivo pagamento, assentou o direito à aplicação de correção, calculada com base nesse período. Constatou o transcurso do prazo de um ano e nove meses entre a data em que realizado o primeiro cálculo e a expedição da RPV. Por fim, impôs a remessa do feito à origem, para que lá fosse analisado o índice mais adequado à correção. O Min. Teori Zavascki, ao acompanhar esse entendimento, afirmou que a correção monetária seria devida independentemente do prazo mediado entre a elaboração do cálculo e a expedição da RPV. O termo a quo para o cálculo da correção deveria sempre ser o da elaboração da conta. O Min. Luiz Fux sublinhou a existência, em determinados tribunais, de sistema eletrônico em que, emitida a RPV, automaticamente o valor seria corrigido até o pagamento. Assim, o problema não teria caráter nacional. O Min. Dias Toffoli admitiu a correção monetária, desde que superado o prazo de um ano, período a partir do qual a aplicação desse índice de atualização seria cabível, de acordo com a legislação existente desde o Plano Real. Vencidos os Ministros Gilmar Mendes e Marco Aurélio. O Min. Gilmar Mendes desprovia o recurso, diante da dispersão de votos e fundamentos apresentada. O Min. Marco Aurélio, por sua vez, provia o recurso em maior extensão. Além de acompanhar a maioria quanto à correção monetária, assinalava a incidência de juros da mora a partir da citação do Estado. Entendia que a repercussão geral, no caso, teria sido admitida de forma ampla, a compreender ambos os assuntos.
ARE 638195/RS, rel. Min. Joaquim Barbosa, 29.5.2013. (ARE-638195) (Inform. STF 708)

Complementação de precatório e citação da Fazenda Pública - 1
A 1ª Turma iniciou julgamento de agravo regimental interposto contra decisão do Min. Ricardo Lewandowski, que provera agravo de instrumento, do qual relator, para conhecer de recurso extraordinário e determinar a expedição de novo precatório derivado do reconhecimento, pelo tribunal de origem, de saldo remanescente de parcelas de acordo, com a conseguinte citação da Fazenda Pública. Sustenta a recorrente que o Estado-membro já havia sido citado quando da interposição dos embargos à execução, na forma do art. 730 do CPC. O relator negou provimento ao recurso. Destacou a necessidade de se realizar a citação do agravado para complementação de eventuais débitos decorrentes de decisões judiciais, porquanto seriam regidos exclusivamente pela sistemática do art. 100 e parágrafos da CF, sendo defesa a expedição de mero ofício complementar ao Poder Público para que promovesse o pagamento em prazo assinalado pelo juiz. Após, pediu vista o Min. Luiz Fux. **AI 646081 AgR/SP, rel. Min. Ricardo Lewandowski, 12.4.2011. (AI-646081)**

Complementação de precatório e citação da Fazenda Pública - 2
O pagamento de complementação de débitos da Fazenda Pública Federal, Estadual ou Municipal, decorrentes de decisões judiciais e objeto de novo precatório não dá ensejo à nova citação da Fazenda Pública. Com base nessa orientação, a 1ª Turma, em conclusão de julgamento e por maioria, reformou decisão do Ministro Ricardo Lewandowski, que, ao conhecer de recurso extraordinário, determinara a expedição de novo precatório derivado do reconhecimento, pelo tribunal de origem, de saldo remanescente de parcelas de acordo, com a conseguinte citação da Fazenda Pública — v. Informativo 623. A Turma destacou que o recurso extraordinário fora interposto em data anterior à regulamentação do instituto da repercussão geral. Asseverou que, ante a insuficiência no pagamento do precatório, bastaria a requisição do valor complementar do depósito realizado. Pontuou que eventual erro de cálculo não impediria que a Fazenda Pública viesse aos autos para impugná-lo. O Ministro Ricardo Lewandowski reajustou o voto proferido anteriormente. Vencido o Ministro Dias Toffoli, que negava provimento ao recurso, por entender necessária a citação da Fazenda Pública.
AI 646081 AgR/SP, rel. Min. Ricardo Lewandowski, 26.11.2013. (AI-646081) (Inform. STF 730)

Precatório e Sequestro de Verbas Públicas - 1
A Turma iniciou julgamento de recurso extraordinário interposto pelo Estado da Bahia contra acórdão da Corte de Justiça daquela unidade federativa que, em mandado de segurança, determinara o sequestro de verbas públicas, ao fundamento de que o recorrente retirara, por conta própria, precatório que figurava em primeiro lugar na ordem de apresentação para pagamento. O Estado-membro sustenta transgressão ao art. 100, § 2º, da CF e ao art. 78, § 4º, do ADCT. Aduz que a empresa recorrida não teria comprovado a alegada preterição da ordem cronológica de pagamento dos precatórios. Apresenta fato novo consistente na inexistência de dívida a solver, porquanto o crédito discutido no precatório não mais pertenceria à recorrida. O Min. Carlos Britto, relator, desproveu o recurso, no que foi acompanhado pelos Ministros Cármen Lúcia e Ricardo Lewandowski. Considerou que, para se concluir de modo diverso do Tribunal de origem, seria necessário o reexame do conjunto fático-probatório dos autos, providência vedada em sede extraordinária. Acrescentou que o Plenário do STF — no julgamento da SS 2287 AgR/BA — declarara a ocorrência de preterição na ordem cronológica do pagamento do precatório em exame, sendo este mesmo entendimento confirmado pelo Min. Ricardo Lewandowski ao apreciar pedido de liminar em ação cautelar ajuizada com o objetivo de atribuir efeito suspensivo ao presente recurso. Quanto ao suposto fato novo, consignou que a matéria não fora debatida na instância local nem constara das razões do extraordinário, caracterizando inovação insuscetível de ser apreciada nesta oportunidade. Assinalou, no ponto, que a questão alusiva à inexistência da dívida seria objeto de ação declaratória, julgada extinta sem apreciação do mérito, pelo Tribunal de Justiça local, em 1ª instância. Tendo isso em vista, reputou que o acolhimento da pretensão do recorrente significaria antecipação do juízo a ser emitido na citada ação declaratória, a conferir ao recurso extraordinário contornos de ação rescisória. Ao final, noticiou o pagamento de parcela de acordo envolvendo diversos precatórios, inclusive precatórios patrimoniais posteriores ao da recorrida. **RE 583932/BA, rel. Min. Carlos Britto, 15.12.2009. (RE-583932)**

Precatório e Sequestro de Verbas Públicas - 2
Em divergência, o Min. Marco Aurélio proveu o extraordinário. Inicialmente, enfatizou que a Turma estaria julgando o tema de fundo, o que afastaria a possibilidade de se cogitar de pressuposto negativo de desenvolvimento válido do processo, qual seja, a coisa julgada. Mencionou que a decisão do Pleno se limitara à problemática da suspensão de segurança e que a ação cautelar referida geraria efeitos "intramuros". Em seguida, asseverou que, à época em que impetrada a segurança, não havia a base para o sequestro determinado, a saber, pagamento de um credor mais novo na frente da credora ora recorrida. Assinalou que a situação dos autos deveria ser apreciada com base no art. 100 da CF, em sua redação original, e que a Corte primitiva fizera mesclarem indevida entre o mencionado dispositivo constitucional e o art. 78, § 4º, do ADCT para chegar à errônea premissa de que a retirada desse precatório para a correção de sua parte mais importante — seu conteúdo econômico — revelaria preterição. Após, pediu vista dos autos o Min. Dias Toffoli. **RE 583932/BA, rel. Min. Carlos Britto, 15.12.2009. (RE-583932)**

Precatório e sequestro de verbas públicas - 3
Em conclusão de julgamento, a 1ª Turma, por maioria, negou provimento a recurso extraordinário por considerar que a questão debatida demandaria reexame do conjunto fático-probatório dos autos. Na espécie, estado-membro interpusera o apelo extremo contra julgado que determinara o sequestro de rendas públicas para pagamento de precatório ao fundamento de que o recorrente retirara, por conta própria, precatório que figurava em primeiro lugar na ordem de apresentação para pagamento, o que afrontaria o art. 100, § 2º, da CF e o art. 78, § 4º, do ADCT — v. Informativo 572. Considerou-se que, para se concluir de modo diverso, seria necessário revolver fatos e provas, providência vedada em sede extraordinária, a incidir o Enunciado da Súmula 279 do STF. Vencidos os Ministros Marco Aurélio e Dias Toffoli, que conheciam o extraordinário e lhe davam provimento. O Min. Dias Toffoli noticiava a existência de ordem judicial, proferida pelo tribunal de justiça local, que suspendera o pagamento do precatório objeto desta ação, por fundada dúvida sobre a própria existência de crédito, a reforçar convicção quanto ao acolhimento do recurso.
RE 583932/BA, rel. orig. Min. Ayres Britto, red. p/ o acórdão Min Cármen Lúcia, 18.6.2013. (RE-583932) (Inform. STF 711)

Precatório: regime especial e EC 62/2009 - 20
Em conclusão, o Plenário, por maioria, julgou parcialmente procedente pedido formulado em ações diretas, propostas pelo Conselho Federal da Ordem dos Advogados do Brasil e pela Confederação Nacional das Indústrias - CNI, para declarar a inconstitucionalidade: a) da expressão "na data de expedição do precatório", contida no § 2º do art. 100 da CF; b) dos §§ 9º e 10 do art. 100 da CF; c) da expressão "índice oficial de remuneração básica da caderneta de poupança", constante do § 12 do art. 100 da CF, do inciso II do § 1º e do § 16, ambos do art. 97 do ADCT; d) do fraseado "independentemente de sua natureza", inserido no § 12 do art. 100 da CF, para que aos precatórios de natureza tributária se apliquem os mesmos juros de mora incidentes sobre o crédito tributário; e) por arrastamento, do art. 5º da Lei 11.960/2009; e f) do § 15 do art. 100 da CF e de todo o art. 97 do ADCT (especificamente o caput e os §§ 1º, 2º, 4º, 6º, 8º, 9º, 14 e 15, sendo os demais por arrastamento ou reverberação normativa) — v. Informativos 631, 643 e 697. **ADI 4357/DF, rel. orig. Min. Ayres Britto, red. p/ o acórdão Min. Luiz Fux, 13 e 14.3.2013. (ADI-4357). ADI 4425/DF, rel. orig. Min. Ayres Britto, red. p/ o acórdão Min. Luiz Fux, 13 e 14.3.2013. (ADI-4425)**

Precatório: regime especial e EC 62/2009 - 21
Preliminarmente, acolheu-se questão de ordem suscitada pelo Min. Marco Aurélio, para se apreciar primeiro o art. 100 da CF e, em seguida, o art. 97 do ADCT. Vencidos os Min. Gilmar Mendes, Celso de Mello e Joaquim Barbosa, Presidente, que propugnavam pela continuidade de julgamento sem a separação das matérias disciplinadas nos referidos dispositivos. No tocante ao art. 100, § 2º, da CF ["Os débitos de natureza alimentícia cujos titulares tenham 60 (sessenta) anos de idade ou mais na data de expedição do precatório, ou sejam portadores de doença grave, definidos na forma da lei, serão pagos com preferência sobre todos os demais débitos, até o valor equivalente ao triplo do fixado em lei para fins do disposto no § 3º deste artigo, admitido o fracionamento para essa finalidade, sendo que o restante será pago na ordem cronológica de apresentação do precatório"], assinalou-se que a emenda, em primeira análise, criara benefício anteriormente inexistente para os idosos e para os portadores de deficiência, em reverência aos princípios

da dignidade da pessoa humana, da razoabilidade e da proporcionalidade. Entretanto, relativamente à expressão "na data da expedição do precatório", entendeu-se haver transgressão ao princípio da igualdade, porquanto a preferência deveria ser estendida a todos credores que completassem 60 anos de idade na pendência de pagamento de precatório de natureza alimentícia. No ponto, o Min. Luiz Fux reajustou o seu voto para acompanhar o Relator. **ADI 4357/DF, rel. orig. Min. Ayres Britto, red. p/ o acórdão Min. Luiz Fux, 13 e 14.3.2013. (ADI-4357). ADI 4425/DF, rel. orig. Min. Ayres Britto, red. p/ o acórdão Min. Luiz Fux, 13 e 14.3.2013. (ADI-4425)**

Precatório: regime especial e EC 62/2009 - 22
Quanto aos §§ 9º e 10 do art. 100 da CF ["§ 9º No momento da expedição dos precatórios, independentemente de regulamentação, deles deverá ser abatido, a título de compensação, valor correspondente aos débitos líquidos e certos, inscritos ou não em dívida ativa e constituídos contra o credor original pela Fazenda Pública devedora, incluídas parcelas vincendas de parcelamentos, ressalvados aqueles cuja execução esteja suspensa em virtude de contestação administrativa ou judicial. § 10 Antes da expedição dos precatórios, o Tribunal solicitará à Fazenda Pública devedora, para resposta em até 30 (trinta) dias, sob pena de perda do direito de abatimento, informação sobre os débitos que preencham as condições estabelecidas no § 9º, para os fins nele previstos"], apontou-se configurar compensação obrigatória de crédito a ser inscrito em precatório com débitos perante a Fazenda Pública. Aduziu-se que os dispositivos consagrariam superioridade processual da parte pública — no que concerne aos créditos privados reconhecidos em decisão judicial com trânsito em julgado — sem que considerada a garantia do devido processo legal e de seus principais desdobramentos: o contraditório e a ampla defesa. Reiterou-se que esse tipo unilateral e automático de compensação de valores embaraçaria a efetividade da jurisdição, desrespeitaria a coisa julgada e afetaria o princípio da separação dos Poderes. Enfatizou-se que a Fazenda Pública disporia de outros meios igualmente eficazes para a cobrança de seus créditos tributários e não-tributários. Assim, também se reputou afrontado o princípio constitucional da isonomia, uma vez que o ente estatal, ao cobrar crédito de que titular, não estaria obrigado a compensá-lo com eventual débito seu em face do credor contribuinte. Pelos mesmos motivos, assentou-se a inconstitucionalidade da frase "permitida por iniciativa do Poder Executivo a compensação com débitos líquidos e certos, inscritos ou não em dívida ativa e constituídos contra o devedor originário pela Fazenda Pública devedora até à data da expedição do precatório, ressalvados aqueles cuja exigibilidade esteja suspensa ... nos termos do § 9º do art. 100 da Constituição Federal", contida no inciso II do § 9º do art. 97 do ADCT. **ADI 4357/DF, rel. orig. Min. Ayres Britto, red. p/ o acórdão Min. Luiz Fux, 13 e 14.3.2013. (ADI-4357). ADI 4425/DF, rel. orig. Min. Ayres Britto, red. p/ o acórdão Min. Luiz Fux, 13 e 14.3.2013. (ADI-4425)**

Precatório: regime especial e EC 62/2009 - 23
Declarou-se, ainda, a inconstitucionalidade parcial do § 12 do art. 100 da CF ("A partir da promulgação desta Emenda Constitucional, a atualização de valores requisitórios, após sua expedição, até o efetivo pagamento, independentemente de sua natureza, será feita pelo índice oficial de remuneração básica da caderneta de poupança, e para fins de compensação da mora, incidirão juros simples no mesmo percentual de juros incidentes sobre a caderneta de poupança, ficando excluída a incidência de juros compensatórios"), no que diz respeito à expressão "índice oficial de remuneração básica da caderneta de poupança", bem como do inciso II do § 1º e do § 16, ambos do art. 97 do ADCT. Realçou-se que essa atualização monetária dos débitos inscritos em precatório deveria corresponder ao índice de desvalorização da moeda, no fim de certo período, e que esta Corte já consagrara não estar refletida, no índice estabelecido na emenda questionada, a perda de poder aquisitivo da moeda. Dessa maneira, afirmou-se a afronta à garantia da coisa julgada e, reflexamente, ao postulado da separação dos Poderes. Na sequência, expungiu-se, de igual modo, a expressão "independentemente de sua natureza", previsto no mesmo § 12 em apreço. Aludiu-se que, para os precatórios de natureza tributária, deveriam ser aplicados os mesmos juros de mora incidentes sobre todo e qualquer crédito tributário. Em passo seguinte, ao apreciar o § 15 do art. 100 da CF ("Sem prejuízo do disposto neste artigo, lei complementar a esta Constituição Federal poderá estabelecer regime especial para pagamento de crédito de precatórios de Estados, Distrito Federal e Municípios, dispondo sobre vinculações à receita corrente líquida e forma e prazo de liquidação") e o caput do art. 97 do ADCT ("Até que seja editada a lei complementar de que trata o § 15 do art. 100 da Constituição Federal, os

Estados, o Distrito Federal e os Municípios que, na data de publicação desta Emenda Constitucional, estejam em mora na quitação de precatórios vencidos, relativos às suas administrações direta e indireta, inclusive os emitidos durante o período de vigência do regime especial instituído por este artigo, farão esses pagamentos de acordo com as normas a seguir estabelecidas, sendo inaplicável o disposto no art. 100 desta Constituição Federal, exceto em seus §§ 2º, 3º, 9º, 10, 11, 12, 13 e 14, e sem prejuízo dos acordos de juízos conciliatórios já formalizados na data de promulgação desta Emenda Constitucional"), registrou-se que os preceitos impugnados subverteriam os valores do Estado de Direito, do devido processo legal, do livre e eficaz acesso ao Poder Judiciário e da razoável duração do processo. Frisou-se que esses artigos ampliariam, por mais 15 anos, o cumprimento de sentenças judiciais com trânsito em julgado e desfavoráveis ao Poder Público, cujo prazo já teria sido, outrora, prorrogado por 10 anos pela Emenda Constitucional 30/2000. **ADI 4357/DF, rel. orig. Min. Ayres Britto, red. p/ o acórdão Min. Luiz Fux, 13 e 14.3.2013. (ADI-4357). ADI 4425/DF, rel. orig. Min. Ayres Britto, red. p/ o acórdão Min. Luiz Fux, 13 e 14.3.2013. (ADI-4425)**

Precatório: regime especial e EC 62/2009 - 24
Entendeu-se adequada a referência à EC 62/2009 como a "emenda do calote". Mencionou-se que esse calote feriria o princípio da moralidade administrativa, haja vista o inadimplemento, por parte do Estado, de suas próprias dívidas. Além disso, sublinhou-se que o Estado: a) reconheceria o descumprimento, durante anos, de ordens judiciais de pagamento em desfavor do erário; b) propor-se-ia a adimpli-las, mas limitado a percentual pequeno de sua receita; c) forçaria, com esse comportamento, que os titulares de crédito assim inscritos os levassem a leilão. Desse modo, verificou-se a inconstitucionalidade do inciso I do § 8º e de todo o § 9º, ambos do art. 97 do ADCT ("§ 8º A aplicação dos recursos restantes dependerá de opção a ser exercida por Estados, Distrito Federal e Municípios devedores, por ato do Poder Executivo, obedecendo à seguinte forma, que poderá ser aplicada isoladamente ou simultaneamente: I - destinados ao pagamento dos precatórios por meio do leilão; ... § 9º Os leilões de que trata o inciso I do § 8º deste artigo: I - serão realizados por meio de sistema eletrônico administrado por entidade autorizada pela Comissão de Valores Mobiliários ou pelo Banco Central do Brasil; II - admitirão a habilitação de precatórios, ou parcela de cada precatório indicada pelo seu detentor, em relação aos quais não esteja pendente, no âmbito do Poder Judiciário, recurso ou impugnação de qualquer natureza, permitida por iniciativa do Poder Executivo a compensação com débitos líquidos e certos, inscritos ou não em dívida ativa e constituídos contra devedor originário pela Fazenda Pública devedora até a data da expedição do precatório, ressalvados aqueles cuja exigibilidade esteja suspensa nos termos da legislação, ou que já tenham sido objeto de abatimento nos termos do § 9º do art. 100 da Constituição Federal; III - ocorrerão por meio de oferta pública a todos os credores habilitados pelo respectivo ente federativo devedor; IV - considerarão automaticamente habilitado o credor que satisfaça o que consta no inciso II; V - serão realizados tantas vezes quanto necessário em função do valor disponível; VI - a competição por parcela do valor total ocorrerá a critério do credor, com deságio sobre o valor desta; VII - ocorrerão na modalidade deságio, associado ao maior volume ofertado cumulado ou não com o maior percentual de deságio, pelo maior percentual de deságio, podendo ser fixado valor máximo por credor, ou por outro critério a ser definido em edital; VIII - o mecanismo de formação de preço constará nos editais publicados para cada leilão; IX - a quitação parcial das precatórios será homologada pelo respectivo Tribunal que o expediu"). **ADI 4357/DF, rel. orig. Min. Ayres Britto, red. p/ o acórdão Min. Luiz Fux, 13 e 14.3.2013. (ADI-4357). ADI 4425/DF, rel. orig. Min. Ayres Britto, red. p/ o acórdão Min. Luiz Fux, 13 e 14.3.2013. (ADI-4425)**

Precatório: regime especial e EC 62/2009 - 25
Consignou-se que idêntica solução alcançaria os incisos II e III do § 8º do art. 97 do ADCT ("§ 8º ... II - destinados a pagamento a vista de precatórios não quitados na forma do § 6º e do inciso I, em ordem única e crescente de valor por precatório; III - destinados a pagamento por acordo direto com os credores, na forma estabelecida por lei própria da entidade devedora, que poderá prever criação e forma de funcionamento de câmara de conciliação"), por malferir os princípios da moralidade, da impessoalidade e da igualdade. Por fim, constatou-se que, para a maioria dos entes federados, não faltaria dinheiro para o adimplemento dos precatórios, mas sim compromisso dos governantes quanto ao cumprimento de decisões judiciais. Nesse contexto, observou-se que o pagamento de precatórios não se contraporia, de forma

inconciliável, à prestação de serviços públicos. Além disso, arrematou-se que configuraria atentado à razoabilidade e à proporcionalidade impor aos credores a sobrecarga de novo alongamento temporal do perfil das dívidas estatais em causa, inclusive mediante leilões, deságios e outros embaraços. **ADI 4357/DF, rel. orig. Min. Ayres Britto, red. p/ o acórdão Min. Luiz Fux, 13 e 14.3.2013. (ADI-4357) ADI 4425/DF, rel. orig. Min. Ayres Britto, red. p/ o acórdão Min. Luiz Fux, 13 e 14.3.2013. (ADI-4425)**

Precatório: regime especial e EC 62/2009 - 26
Vencidos os Ministros Teori Zavascki, Dias Toffoli e Gilmar Mendes, que julgavam o pedido improcedente. O Min. Teori Zavascki apontava que o parâmetro para aferição de inconstitucionalidade de emenda constitucional estaria restrito às cláusulas pétreas (CF, art. 60, § 4º), respeitado o processo legislativo próprio. Observados esses limites, o poder constituinte reformador seria soberano. Considerava que a EC 62/2009 não teria aptidão para abolir, ainda que parcialmente, qualquer dos princípios protegidos no dispositivo constitucional citado. Frisava que eventual declaração de inconstitucionalidade do novo regime de pagamento de precatórios significaria retorno ao sistema antigo, perverso para os credores, na medida em que vincularia a satisfação dos débitos à conveniência da Fazenda e tornaria as obrigações contraídas sem prazo e sem sanção. Assim, a EC 62/2009 não significaria retrocesso institucional, mesmo porque ela deveria ser avaliada à luz do regime anterior, não de um regime ideal. Salientava que os avanços obtidos no art. 100 da CF seriam escassos em relação ao texto pretérito. O Min. Dias Toffoli sublinhava que a EC 62/2009 não atingiria a coisa julgada, pois não haveria mudança no quantum debeatur. Ademais, lembrava que a Corte decidira que todo processo a envolver precatórios seria administrativo, sem interferência no âmbito jurisdicional (ADI 1098/SP, DJU de 25.10.96). O Min. Gilmar Mendes, ao reiterar posicionamento externado em assentada anterior, asseverava que o remédio constitucional adequado para tratar de precatórios inadimplidos seria a intervenção federal. Entretanto, a situação revelaria escassez de recursos por parte dos entes federados. Assim, sequer essa solução seria eficaz. Diante do quadro a revelar descumprimento da Constituição, caberia ao poder reformador propor novos procedimentos que superassem esse estado de permanente anomia, como ocorria no regime anterior. **ADI 4357/DF, rel. orig. Min. Ayres Britto, red. p/ o acórdão Min. Luiz Fux, 13 e 14.3.2013. (ADI-4357) ADI 4425/DF, rel. orig. Min. Ayres Britto, red. p/ o acórdão Min. Luiz Fux, 13 e 14.3.2013. (ADI-4425)**

Precatório: regime especial e EC 62/2009 - 27
Vencidos em menor extensão os Ministros Marco Aurélio e Ricardo Lewandowski. Declaravam a inconstitucionalidade das expressões: a) "inclusive os emitidos durante o período de vigência do regime especial instituído por este artigo", contida no caput; b) "e a vencer", prevista no § 2º; e c) "60 (sessenta) anos de idade até a data da promulgação desta Emenda Constitucional", disposta no § 18, todas do art. 97 do ADCT. Conferiam, ainda, interpretação conforme a Constituição aos §§ 14 e 17 do mesmo dispositivo. No que diz respeito ao § 14, o Min. Marco Aurélio o fazia na mesma linha já manifestada pelo CNJ. O Min. Ricardo Lewandowski, por sua vez, salientava que se trataria de solução provisória para os débitos vencidos, não podendo ultrapassar o prazo de 15 anos. O Min. Marco Aurélio divergia do Relator para assentar a constitucionalidade do inciso I do § 1º, dos incisos I e II do § 2º, dos §§ 3º a 5º, 10, 12 e 15, do art. 97 do ADCT. Acolhia o pleito, parcialmente, para julgar inconstitucionais as expressões: a) "acrescido do índice oficial de remuneração básica da caderneta de poupança e de juros simples no mesmo percentual dos juros incidentes sobre a caderneta de poupança", inserida no inciso II do § 1º; b) "não se aplicando neste caso, a regra do § 3º do art. 100 da Constituição Federal", contida no § 11; c) "não poderão sofrer sequestro de valores", prevista no § 13; e d) "será feita pelo índice oficial de remuneração básica da caderneta de poupança, e, para fins de compensação da mora, incidirão juros simples no mesmo percentual de juros incidentes sobre a caderneta de poupança", disposta no § 16 do aludido preceito. Reputava que o afastamento da regência atinente à correção monetária e juros simples não implicaria vácuo normativo, haja vista o restabelecimento das regras antecedentes, ou seja, juros de meio por cento ao ano. O Min. Ricardo Lewandowski, acerca do inciso II do § 1º do art. 97 retirava do texto a questão alusiva à correção inflacionária, tendo como base a mesma correção da caderneta de poupança. No entanto, admitia juros baseados nesse índice. Com relação ao § 16, asseverava que a correção monetária far-se-ia pelo índice oficial mas, a título de mora, os juros pagos para a caderneta de poupança. O Min. Marco Aurélio requereu

a retificação da ata da sessão anterior para fazer constar que não declarava a inconstitucionalidade da expressão "independentemente de sua natureza", contida no § 12 do art. 100 da CF. Por fim, deliberou-se apreciar questão relativa a eventual modulação de efeitos da decisão oportunamente. **ADI 4357/DF, rel. orig. Min. Ayres Britto, red. p/ o acórdão Min. Luiz Fux, 13 e 14.3.2013. (ADI-4357). ADI 4425/DF, rel. orig. Min. Ayres Britto, red. p/ o acórdão Min. Luiz Fux, 13 e 14.3.2013. (ADI-4425) (Inform. STF 698)**

DIREITO ADMINISTRATIVO, CONSTITUCIONAL E PROCESSUAL CIVIL. PAGAMENTO DE PRECATÓRIO PREFERENCIAL.
A limitação de valor para o direito de preferência previsto no art. 100, § 2º, da CF aplica-se para cada precatório de natureza alimentar, e não para a totalidade dos precatórios alimentares de titularidade de um mesmo credor preferencial, ainda que apresentados no mesmo exercício financeiro e perante o mesmo devedor. De fato, o art. 100, § 2º, da CF (com a redação dada pela EC 62/2009) delimita dois requisitos para o pagamento preferencial nele previsto, quais sejam: a) ser o débito de natureza alimentícia; e b) ser o titular do crédito maior de 60 anos de idade ou portador de doença grave. Da leitura do dispositivo, denota-se, também, que o limitador quantitativo do pagamento com preferência seria o valor equivalente ao triplo do fixado para a Requisição de Pequeno Valor (RPV). Salientado isso, verifica-se que a redação da norma não estabelece expressamente que tal limitação deva ocorrer em relação ao total de precatórios de um mesmo credor preferencial, mas sim em relação a cada débito de natureza alimentícia de titularidade daqueles que atendam o requisito de natureza subjetiva. Desse modo, a norma constitucional não elencou a impossibilidade de o beneficiário participar na listagem de credor preferencial por mais de uma vez no mesmo exercício financeiro, perante um mesmo Ente Político, não podendo, portanto, o exegeta restringir essa possibilidade. Ressalte-se que, no exercício de interpretação de normas constitucionais, buscando a exegese daquilo que foi a intenção do constituinte quando da elaboração da redação do dispositivo, deve-se recorrer aos princípios insertos na Carta Magna, de modo a compatibilizar da melhor forma a prevalência dos valores e objetivos inerentes ao normativo. Nesse contexto, ainda que, de um lado, se alegue que o pagamento da preferência deve ser limitado, dentro do mesmo exercício orçamentário, por credor, para que se possa proporcionar o pagamento de débitos a um maior número de credores — atendendo o interesse patrimonial de mais particulares — deve-se, de outro lado, atentar para a natureza e a qualidade dos beneficiários do pagamento prioritário. De fato, o crédito de natureza alimentícia é indispensável para a subsistência do titular, tendo fundamento no princípio da dignidade da pessoa humana e visando à proteção de bens jurídicos da mais alta relevância, tais como a vida e a saúde. Ademais, a norma prevê requisitos em relação ao credor para que faça jus ao recebimento prioritário do valor do precatório, definindo que ele ocorra apenas aos idosos ou portadores de doenças consideradas graves em lei. Nesses casos, o princípio em voga tem ainda mais relevância. Com efeito, trata-se de particulares que demandam maiores cuidados e com expectativa de vida menor em relação ao restante da população. Dessa forma, mitigar essa prioridade feriria princípios e direitos fundamentais de grande relevância

para o ordenamento jurídico pátrio, não se justificando a interpretação que visa restringir direito de particular além do que expressamente prevê a norma constitucional. **RMS 46.155-RO, Rel. Min. Napoleão Nunes Maia Filho, julgado em 22/9/2015, DJe 29/9/2015 (Inform. STJ 570).**

DIREITO CONSTITUCIONAL E PROCESSUAL CIVIL. DIREITO DE PREFE-RÊNCIA DOS IDOSOS NO PAGAMENTO DE PRECATÓRIOS. O direito de preferência em razão da idade no pagamento de precatórios, previsto no art. 100, § 2º, da CF, não pode ser estendido aos sucessores do titular originário do precatório, ainda que também sejam idosos. De fato, os dispositivos constitucionais introduzidos pela EC 62/2009 mencionam que o direito de preferência será outorgado aos titulares que tenham 60 anos de idade ou mais na data de expedição do precatório (art. 100, § 2º, da CF) e aos titulares originais de precatórios que tenham completado 60 anos de idade até a data da referida emenda (art. 97, § 18, do ADCT). Além disso, esse direito de preferência é personalíssimo, conforme previsto no art. 10, § 2º, da Resolução 115/2010 do CNJ. **RMS 44.836-MG, Rel. Ministro Humberto Martins, julgado em 20/2/2014. (Inform. STJ 535)**

DIREITO FINANCEIRO. INEXISTÊNCIA DE QUEBRA DA ORDEM DE PRE-CEDÊNCIA NO CASO DE PAGAMENTO DE PRECATÓRIOS DE CLASSES DIFERENTES.
No caso em que a data de vencimento do precatório comum seja anterior à data de vencimento do precatório de natureza alimentar, o pagamento daquele realizado antes do pagamento deste não representa, por si só, ofensa ao direito de precedência constitucionalmente estabelecido. De fato, a única interpretação razoável que se pode dar ao texto constitucional é que a estrita observância da ordem cronológica estabelecida pela CF deve ocorrer dentro de cada uma das classes de precatório – de modo que os precatórios de natureza alimentar seguem uma ordem de pagamento que não pode ser comparada com a dos precatórios comuns –, porquanto a utilização de interpretação diversa praticamente inviabilizaria qualquer pagamento de precatório de natureza comum, o que não se pode admitir. **RMS 35.089-MG, Rel. Min. Eliana Calmon, julgado em 9/4/2013. (Inform. STJ 521)**

📄 **Súmula Vinculante STF nº 47**

Os honorários advocatícios incluídos na condenação ou destacados do montante principal devido ao credor consubstanciam verba de natureza alimentar cuja satisfação ocorrerá com a expedição de precatório ou requisição de pequeno valor, observada ordem especial restrita aos créditos dessa natureza.

📄 **Súmula vinculante STF nº 17**

Durante o período previsto no parágrafo 1º do artigo 100 da Constituição, não incidem juros de mora sobre os precatórios que nele sejam pagos.

📄 **Súmula STJ nº 311**

Os atos do presidente do tribunal que disponham sobre processamento e pagamento de precatório não têm caráter jurisdicional.

24. DIREITO ECONÔMICO

1. PRINCÍPIOS GERAIS DA ATIVIDADE ECONÔMICA

AG. REG. NO RE N. 545.068-DF

RELATOR: MIN. DIAS TOFFOLI

EMENTA: Agravo regimental no recurso extraordinário. Responsabilidade civil do Estado. Setor sucroalcooleiro. Fixação de preços. Princípio da livre iniciativa. Violação. Precedentes.
1. A jurisprudência desta Corte é no sentido de que fere o princípio da livre iniciativa a fixação de preços em valores abaixo dos reais.
2. No exame do RE nº 632.644/DF-AgR, Primeira Turma, Relator o Ministro Luiz Fux, DJe de 10/5/12, reconheceu-se a "responsabilidade objetiva da União em face do ato estatal que fixou os preços dos produtos sucroalcooleiros em valores inferiores ao levantamento de custos realizados pela Fundação Getúlio Vargas".
3. Agravo regimental não provido. **(Inform. STF 708)**

2. PLANOS ECONÔMICOS

ADPF e Plano Real - 3
O Plenário, em conclusão de julgamento e por maioria, conheceu de arguição de descumprimento de preceito fundamental, e em seguida, por unanimidade, referendou medida cautelar deferida para determinar a suspensão dos processos em curso, nos quais fosse questionada a constitucionalidade do art. 38 da Lei 8.880/1994 ("Art. 38. O cálculo dos índices de correção monetária, no mês em que se verificar a emissão do Real de que trata o art. 3º desta lei, bem como no mês subsequente, tomará por base preços em Real, o equivalente em URV dos preços em cruzeiros reais, e os preços nominados ou convertidos em URV dos meses imediatamente anteriores, segundo critérios estabelecidos em lei. Parágrafo Único. Observado o disposto no parágrafo único do art. 7º, é nula de pleno direito e não surtirá nenhum efeito a aplicação de índice, para fins de correção monetária, calculado de forma diferente da estabelecida no caput deste artigo") — v. Informativo 485. A Corte afirmou que a norma em comento, ao estabelecer mecanismo de transição entre o regime anterior e o superveniente Plano Real, se constituiria, por isso mesmo, em pilar fundamental do referido plano, seja do ponto de vista econômico, seja do ponto de vista jurídico. Seria temeridade, a essa altura, já passados tantos anos da implantação do Plano Real — cujas virtudes foram reconhecidas inclusive pelas correntes doutrinárias e políticas que à época a ele se opuseram —, deixar de confirmar a liminar deferida, o que resultaria num ambiente de profunda insegurança jurídica sobre atos e negócios de quase duas décadas. Ademais, a tradição inflacionária do Brasil teria motivado múltiplas discussões judiciais a respeito da correção monetária. O STF, inclusive, já teria apreciado a constitucionalidade de diversos planos econômicos, ao examinar a perspectiva do direito adquirido e do ato jurídico perfeito. Vencidos os Ministros Marco Aurélio e Ayres Britto, que não conheciam da arguição.
ADPF 77 MC/DF, rel. Min. Dias Toffoli, 19.11.2014. (ADPF-77) (Inform. STF 768)

Correção monetária e planos econômicos - 1
O Plenário iniciou julgamento conjunto de arguição de descumprimento de preceito fundamental e de recursos extraordinários em que se discute o direito a diferenças de correção monetária de depósitos em cadernetas de poupança, por alegados expurgos inflacionários decorrentes de diversos planos econômicos. A ADPF objetiva solver suposta controvérsia constitucional acerca da interpretação conferida aos efeitos decorrentes dos planos econômicos denominados Cruzado, Bresser, Verão, Collor I e Collor II. No RE 591797/SP, a temática abrange os valores não bloqueados pelo Banco Central do Brasil - Bacen relativamente ao plano econômico Collor I. No RE 626307/SP, a questão envolvida diz respeito aos planos econômicos

Bresser e Verão. No RE 631363/SP, a discussão refere-se aos depósitos bloqueados pelo Bacen em relação ao plano econômico Collor I. Por fim, no RE 632212/SP, a controvérsia alude a valores não bloqueados pelo Bacen, no tocante ao plano econômico Collor II. Em princípio, o Colegiado, por maioria, deliberou iniciar o julgamento com a leitura dos relatórios e as sustentações orais e, em seguida, suspendê-lo para prosseguimento em data a ser fixada pela Presidência. Assim, rejeitou proposta formulada pelo Ministro Marco Aurélio, acompanhado pelo Ministro Gilmar Mendes, no sentido de que a apreciação dos processos fosse agendada para o início do ano judiciário de 2014, com sessões contínuas. O suscitante destacava a complexidade do tema e o fato de, consideradas as sessões de quarta-feira, estar prevista a realização de apenas mais três sessões de julgamento antes do recesso judiciário e das férias coletivas, em janeiro, o que acarretaria a cisão no exame dos feitos. Vencidos, também, os Ministros Celso de Mello e Joaquim Barbosa, Presidente, que se manifestavam pela não interrupção do julgamento depois que este tivesse sido iniciado. O primeiro, ao realçar o princípio da concentração dos atos processuais, consignava não ser conveniente a solução de continuidade, ainda que a análise prosseguisse na semana seguinte. Na sequência, após a leitura dos relatórios e as sustentações orais, o julgamento foi suspenso. **ADPF 165/DF, rel. Min. Ricardo Lewandowski, 27 e 28.11.2013. (ADPF-165) RE 591797/SP, rel. Min. Dias Toffoli, 27 e 28.11.2013. (RE-591797) RE 626307/SP, rel. Min. Dias Toffoli, 27 e 28.11.2013. (RE-626307) RE 631363/SP, rel. Min. Gilmar Mendes, 27 e 28.11.2013. (RE-631363) RE 632212/SP, rel. Min. Gilmar Mendes, 27 e 28.11.2013. (RE-632212)**

Correção monetária e planos econômicos - 2
O Plenário converteu em diligência julgamento conjunto de arguição de descumprimento de preceito fundamental e de recursos extraordinários em que se discute o direito a diferenças de correção monetária de depósitos em cadernetas de poupança, por alegados expurgos inflacionários decorrentes de diversos planos econômicos. A ADPF objetiva solver suposta controvérsia constitucional acerca da interpretação conferida aos efeitos decorrentes dos planos econômicos denominados Cruzado, Bresser, Verão, Collor I e Collor II. No RE 591.797/SP, a temática abrange os valores não bloqueados pelo Banco Central do Brasil - Bacen relativamente ao plano econômico Collor I. No RE 626.307/SP, a questão envolvida diz respeito aos planos econômicos Bresser e Verão. No RE 631.363/SP, a discussão refere-se aos depósitos bloqueados pelo Bacen em relação ao plano econômico Collor I. Por fim, no RE 632.212/SP, a controvérsia alude a valores não bloqueados pelo Bacen, no tocante ao plano econômico Collor II — v. Informativo 730. A Corte acolheu proposta formulada pelo Ministro Ricardo Lewandowski para baixar os autos à Procuradoria Geral da República a fim de que seja proferida nova manifestação. No caso, o "parquet" requerera a emissão de novo parecer antes da análise de mérito dos processos, tendo em conta a assertiva da União quanto à existência de erros em perícia elaborada pelo órgão ministerial. O Ministro Ricardo Lewandowski mencionou que a conversão pleiteada encontraria respaldo no disposto no art. 11 da Lei 9.882/1999 ("Ao declarar a inconstitucionalidade de lei ou ato normativo, no processo de arguição de descumprimento de preceito fundamental, e tendo em vista razões de segurança jurídica ou de excepcional interesse social, poderá o Supremo Tribunal Federal, por maioria de dois terços de seus membros, restringir os efeitos daquela declaração ou decidir que ela só tenha eficácia a partir de seu trânsito em julgado ou de outro momento que venha a ser fixado") e no art. 140 do RISTF ("O Plenário ou a Turma poderá converter o julgamento em diligência, quando necessária à decisão da causa"). **ADPF 165/DF, rel. Min. Ricardo Lewandowski, 28.5.2014. (ADPF-165) RE 591797/SP, rel. Min. Dias Toffoli, 28.5.2014. (RE-591797) RE 626307/SP, rel. Min. Dias Toffoli, 28.5.2014. (RE-626307) RE 631363/SP, rel. Min. Gilmar Mendes, 28.5.2014. (RE-631363) RE 632212/SP, rel. Min. Gilmar Mendes, 28.5.2014. (RE-632212) (Inform. STF 748)**

DIREITO CIVIL. ÍNDICE DE CORREÇÃO DOS DEPÓSITOS DE CADERNETA DE POUPANÇA NO PLANO COLLOR II. RECURSO REPETITIVO (ART. 543-C DO CPC E RES. 8/2008-STJ). Foram acolhidos embargos de declaração para sanar erro material, fixando-se o percentual de 20,21%, relativo ao BTN, como índice de correção dos depósitos de caderneta de poupança para o Plano Collor II, em vez do IPC. De fato, o voto-condutor do acórdão embargado se encaminha pelo direito adquirido do poupador à adoção do critério remuneratório previsto na Lei 8.088/1990, qual seja, o Bônus do Tesouro Nacional (BTN), cujo índice estaria fixado no patamar de 20,21%.

Todavia, na parte dispositiva foi estabelecido o percentual de 21,87% correspondente ao Índice de Preços ao Consumidor (IPC), em contradição à fundamentação anteriormente adotada, incorreção essa que também ficou estampada na ementa do julgado. Assim, constatada a contradição entre a fundamentação e a parte dispositiva do acórdão embargado, devem os embargos de declaração ser acolhidos para sanar o erro material verificado. **EDcl no REsp 1.147.595-RS, Rel. Min. Marco Aurélio Bellizze, julgado em 12/11/2014. (Inform. STJ 552)**

25. DIREITO ELEITORAL

1. ELEGIBILIDADE E INELEGIBILIDADE. FICHA LIMPA. CANDIDATURA

AG. REG. NO ARE N. 914.579-DF
RELATORA: MIN. ROSA WEBER
EMENTA: DIREITO ELEITORAL. CABIMENTO DE AÇÃO RESCISÓRIA. INELEGIBILIDADE. EVENTUAL OFENSA REFLEXA NÃO VIABILIZA O MANEJO DO RECURSO EXTRAORDINÁRIO. ART. 102 DA LEI MAIOR. ACÓRDÃO RECORRIDO PUBLICADO EM 15.6.2015.
1. A controvérsia, a teor do já asseverado na decisão guerreada, não alcança estatura constitucional. Não há falar em afronta aos preceitos constitucionais indicados nas razões recursais. Compreender de modo diverso exigiria a análise da legislação infraconstitucional encampada na decisão da Corte de origem, a tornar oblíqua e reflexa eventual ofensa, insuscetível, como tal, de viabilizar o conhecimento do recurso extraordinário. Desatendida a exigência do art. 102, III, "a", da Lei Maior, nos termos da remansosa jurisprudência desta Suprema Corte.
2. As razões do agravo regimental não se mostram aptas a infirmar os fundamentos que lastrearam a decisão agravada.
3. Agravo regimental conhecido e não provido. **(Inform. STF 809)**

Eleição suplementar e inelegibilidade - 1
As hipóteses de inelegibilidade previstas no art. 14, § 7º, da CF, inclusive quanto ao prazo de seis meses, são aplicáveis às eleições suplementares. Essa a conclusão do Plenário, que negou provimento a recurso extraordinário em que se alegava que, em caso de eleições suplementares, os referidos prazos deveriam ser mitigados. Na espécie, o marido da recorrente, então prefeito, tivera seu mandato cassado pela justiça eleitoral, em razão da prática de abuso do poder econômico. O Tribunal esclareceu que, na hipótese dos autos — eleições suplementares diante do afastamento por irregularidade de prefeito e em que sua esposa fosse candidata —, a questão da inelegibilidade reclamaria compreensão própria. Realçou que, conforme se observaria do parágrafo § 7º do art. 14 da CF ("São inelegíveis, no território de jurisdição do titular, o cônjuge e os parentes consanguíneos ou afins, até o segundo grau ou por adoção, do Presidente da República, de Governador de Estado ou Território, do Distrito Federal, de Prefeito ou de quem os haja substituído dentro dos seis meses anteriores ao pleito, salvo se já titular de mandato eletivo e candidato à reeleição"), o caso seria de inelegibilidade e não de desincompatibilização. Portanto, não se trataria de providência a ser adotada pelo candidato a de desincompatibilizar-se para concorrer.
RE 843455/DF, rel. Min. Teori Zavascki, 7.10.2015. (RE-843455)

Eleição suplementar e inelegibilidade - 2
A Corte consignou que, como a perda do mandato de prefeito se dera em menos de seis meses do pleito complementar, a desincompatibilização no prazo fixado no parágrafo § 7º do art. 14 da CF constituiria uma condição inalcançável para a recorrente, mesmo que ela desejasse. Entretanto, a questão em análise não diria respeito à desincompatibilização da esposa candidata, já que ela não exercera o cargo do qual devesse, ela própria, desincompatibilizar-se. A hipótese seria de inelegibilidade e, nessa condição, deveria ser considerada para todos os efeitos. Salientou que o § 7º do art. 14 da CF teria o desiderato ético, político e social de prevenir possível apoderamento familiar dos mandatos eletivos, inclusive com utilização indevida da estrutura administrativa. Trataria, portanto, de hipótese constitucional de inelegibilidade e, assim, insuscetível de mitigação em favor dos seus destinatários. A par disso, a orientação da Corte seria a de compreender os §§ 5º, 6º e 7º do art. 14 da CF na sua perspectiva sistemática e teleológica, especialmente em face da introdução, em nosso sistema, do instituto da reeleição. Nessa perspectiva, nas hipóteses em que a reeleição de um dos cônjuges fosse constitucionalmente autorizada, a inelegibilidade do outro soaria incongruente. Em razão disso, o STF firmara entendimento no sentido de que quem pudesse se reeleger poderia ser sucedido pelo cônjuge e, assim, ao contrário, quem não pudesse se reeleger não poderia por ele ser sucedido. Nessa linha, cumpriria dar atenção, não tanto à circunstância da irredutibilidade

---

do prazo constitucional de seis meses da suposta desincompatibilização, mas sim à condição de reelegibilidade do prefeito cassado. Não haveria dúvida, por conseguinte, que o cônjuge da recorrente tornara-se irreelegível, seja para a eleição complementar, seja para novo pleito (LC 64/90, art. 1º, I, c).
RE 843455/DF, rel. Min. Teori Zavascki, 7.10.2015. (RE-843455) (Inform. STF 802)

REPERCUSSÃO GERAL EM RE N. 843.455-DF
RELATOR: MIN. TEORI ZAVASCKI
Ementa: DIREITO ELEITORAL. REGISTRO DE CANDIDATURA. ELEIÇÃO SUPLEMENTAR PARA PREFEITO MUNICIPAL. CANDIDATA CASADA COM O ANTERIOR OCUPANTE DO CARGO. OBSERVÂNCIA DO PRAZO DE DESINCOMPATIBILIZAÇÃO DE SEIS MESES (ART. 14, § 7º, DA CONSTITUIÇÃO FEDERAL). REPERCUSSÃO GERAL CONFIGURADA.
1. Possui repercussão geral a questão relativa à observância, em eleição suplementar, do prazo de desincompatibilização de seis meses previsto no art. 14, § 7º, da CF/88.
2. Repercussão geral reconhecida. **(Inform. STF 770)**

LC 135/2010 e retroatividade
A 2ª Turma acolheu proposta do Ministro Gilmar Mendes para afetar ao Plenário julgamento de agravo regimental em recurso extraordinário com agravo, no qual discute a possibilidade de aplicação retroativa da LC 135/2010 (Lei da Ficha Limpa) em face de condenações já impostas e com tempo predefinido inferior ao estabelecido na referida lei complementar.
ARE 790774 AgR/DF, rel. Min. Ricardo Lewandowski, 20.5.2014. (ARE-790774) (Inform. STF 747)

Art. 14, § 7º, da CF: morte de cônjuge e inelegibilidade - 1
O Enunciado 18 da Súmula Vinculante do STF ("A dissolução da sociedade ou do vínculo conjugal, no curso do mandato, não afasta a inelegibilidade prevista no § 7º do artigo 14 da Constituição Federal") não se aplica aos casos de extinção do vínculo conjugal pela morte de um dos cônjuges. Com base nessa orientação, o Plenário deu provimento a recurso extraordinário para deferir o registro de candidatura da recorrente. Discutia-se eventual inelegibilidade para reeleição de cônjuge supérstite que se elegera em pleito seguinte ao da morte do então detentor do cargo eletivo — ocorrida no curso do mandato, com regular secessão do vice. A recorrente, eleita prefeita em 2008, ano seguinte ao falecimento de seu marido (2007), e reeleita em 2012, fora afastada do cargo (2013) pelo TSE, que indeferira o registro de sua candidatura, sob o fundamento de configuração de terceiro mandato consecutivo do mesmo grupo familiar. O Plenário ressaltou que o § 7º do art. 14 da CF [" § 7º - São inelegíveis, no território de jurisdição do titular, o cônjuge e os parentes consanguíneos ou afins, até o segundo grau ou por adoção, do Presidente da República, de Governador de Estado ou Território, do Distrito Federal, de Prefeito ou de quem os haja substituído dentro dos seis meses anteriores ao pleito, salvo se já titular de mandato eletivo e candidato à reeleição"] restringiria a capacidade eleitoral passiva, ao prever hipóteses de inelegibilidade reflexa ou indireta. Afirmou que a referida norma teria por objetivo impedir a hegemonia política de um mesmo grupo familiar, ao dar efetividade à alternância no poder, preceito básico do regime democrático. Destacou que, atualmente, a Corte viria interpretando teleologicamente o dispositivo constitucional em questão no sentido de que a dissolução do vínculo matrimonial no curso do mandato não afastaria a inelegibilidade nos casos em que houvesse evidente fraude na separação ou divórcio, com o intuito de burlar a vedação constitucional e perpetuar o grupo familiar no poder. Rememorou precedente em que, apesar de se reafirmar a ilegitimidade da perpetuação de grupos familiares no poder, o STF reformara decisão do TSE, para deferir registro de candidatura, por considerar que o reconhecimento judicial da separação de fato de candidato, antes do início do mandato do ex-sogro, não caracterizaria a inelegibilidade prevista no art. 14, § 7º, da CF, já que não haveria perenização no poder pela mesma família (RE 446.999/PE, DJU 9.9.2005).
RE 758461/PB, rel. Min. Teori Zavascki, 22.5.2014. (RE-758461)

Art. 14, § 7º, da CF: morte de cônjuge e inelegibilidade - 2

A Corte sublinhou que, entre os desideratos do art. 14, § 7º, da CF, registrar-se-iam o de inibir a perpetuação política de grupos familiares e o de inviabilizar a utilização da máquina administrativa em benefício de parentes detentores de poder. Asseverou que, no entanto, a superveniência da morte do titular, no curso do prazo legal de desincompatibilização deste, afastaria ambas as situações. Explicou que a morte, além de fazer desaparecer o "grupo político familiar", impediria que os aspirantes ao poder se beneficiassem de eventuais benesses que o titular lhes poderia proporcionar. Enfatizou que raciocínio contrário representaria perenização dos efeitos jurídicos de antigo casamento, desfeito pelo falecimento, para restringir direito constitucional de concorrer à eleição. Frisou que o aludido preceito da Constituição, norma que imporia limitação de direito, sobretudo concernente à cidadania, deveria ter sua interpretação igualmente restritiva, de modo a não comportar ampliação. Consignou que haveria outras especificidades do caso que não poderiam ser desprezadas: a) o falecimento ter ocorrido mais de um ano antes do pleito, dentro, portanto, do prazo para desincompatibilização do ex-prefeito; b) a cônjuge supérstite haver concorrido contra o grupo político do ex-marido; c) a recorrente ter se casado novamente durante seu primeiro mandato e constituído nova instituição familiar; e d) o TSE ter respondido à consulta, para assentar a elegibilidade de candidatos que, em tese, estivessem em situação idêntica à dos autos. Registrou que o fundamento para a edição do Verbete 18 da Súmula Vinculante do STF fora a ocorrência de separações e divórcios fraudulentos, como forma de obstar a incidência da inelegibilidade. Aludiu que a hipótese ora versada, de extinção do vínculo matrimonial pela morte de um dos cônjuges, certamente não teria sido considerada na oportunidade.
RE 758461/PB, rel. Min. Teori Zavascki, 22.5.2014. (RE-758461) (Inform. STF 747)

"Prefeito itinerante" e princípio republicano - 3

Em conclusão, o Plenário julgou prejudicado agravo regimental interposto de decisão indeferitória de medida liminar em ação cautelar, na qual se pretendia atribuir efeito suspensivo a recurso extraordinário em que se discute a possibilidade, ou não, de candidatura ao cargo de Prefeito em Município diverso, após o exercício de dois mandatos em municipalidade contígua. Na origem, o ora agravante pretendia sua recondução ao cargo de Prefeito, para o qual fora eleito em 2004, e posteriormente reeleito em 2008. Ocorre que ele já exercera o cargo de Prefeito, por dois mandatos, em município contíguo, nos anos de 1997 a 2004, razão pela qual se determinara a cassação do atual diploma – v. Informativo 637. Registrou-se o prejuízo da cautelar em virtude do término do mandato eletivo em análise.
AC 2821 MC-AgR/AM, rel. Min. Luiz Fux, 29.5.2013. (AC-2821) (Inform. STF 708)

RE N. 637.485-RJ

RELATOR: MIN. GILMAR MENDES

RECURSO EXTRAORDINÁRIO. REPERCUSSÃO GERAL. REELEIÇÃO. PREFEITO. INTERPRETAÇÃO DO ART. 14, § 5º, DA CONSTITUIÇÃO. MUDANÇA DA JURISPRUDÊNCIA EM MATÉRIA ELEITORAL. SEGURANÇA JURÍDICA.
I. REELEIÇÃO. MUNICÍPIOS. INTERPRETAÇÃO DO ART. 14, § 5º, DA CONSTITUIÇÃO. PREFEITO. PROIBIÇÃO DE TERCEIRA ELEIÇÃO EM CARGO DE MESMA NATUREZA, AINDA QUE EM MUNICÍPIO DIVERSO. O instituto da reeleição tem fundamento não somente no postulado da continuidade administrativa, mas também no princípio republicano, que impede a perpetuação de uma mesma pessoa ou grupo no poder. O princípio republicano condiciona a interpretação e a aplicação do próprio comando da norma constitucional, de modo que a reeleição é permitida por apenas uma única vez. Esse princípio impede a terceira eleição não apenas no mesmo município, mas em relação a qualquer outro município da federação. Entendimento contrário tornaria possível a figura do denominado "prefeito itinerante" ou do "prefeito profissional", o que claramente é incompatível com esse princípio, que também traduz um postulado de temporariedade/alternância do exercício do poder. Portanto, ambos os princípios – continuidade administrativa e republicanismo – condicionam a interpretação e a aplicação teleológicas do art. 14, § 5º, da Constituição. O cidadão que exerce dois mandatos consecutivos como prefeito de determinado município fica inelegível para o cargo da mesma natureza em qualquer outro município da federação.
II. MUDANÇA DA JURISPRUDÊNCIA EM MATÉRIA ELEITORAL. SEGURANÇA JURÍDICA. ANTERIORIDADE ELEITORAL. NECESSIDADE DE AJUSTE DOS EFEITOS DA DECISÃO. Mudanças radicais na interpretação da Constituição devem ser acompanhadas da devida e cuidadosa reflexão sobre suas conse-

quências, tendo em vista o postulado da segurança jurídica. Não só a Corte Constitucional, mas também o Tribunal que exerce o papel de órgão de cúpula da Justiça Eleitoral devem adotar tais cautelas por ocasião das chamadas viragens jurisprudenciais na interpretação dos preceitos constitucionais que dizem respeito aos direitos políticos e ao processo eleitoral. Não se pode deixar de considerar o peculiar caráter normativo dos atos judiciais emanados do Tribunal Superior Eleitoral, que regem todo o processo eleitoral. Mudanças na jurisprudência eleitoral, portanto, têm efeitos normativos diretos sobre os pleitos eleitorais, com sérias repercussões sobre os direitos fundamentais dos cidadãos (eleitores e candidatos) e partidos políticos. No âmbito eleitoral, a segurança jurídica assume a sua face de princípio da confiança para proteger a estabilização das expectativas de todos aqueles que de alguma forma participam dos prélios eleitorais. A importância fundamental do princípio da segurança jurídica para o regular transcurso dos processos eleitorais está plasmada no princípio da anterioridade eleitoral positivado no art. 16 da Constituição. O Supremo Tribunal Federal fixou a interpretação desse artigo 16, entendendo-o como uma garantia constitucional (1) do devido processo legal eleitoral, (2) da igualdade de chances e (3) das minorias (RE 633.703). Em razão do caráter especialmente peculiar dos atos judiciais emanados do Tribunal Superior Eleitoral, os quais regem normativamente todo o processo eleitoral, é razoável concluir que a Constituição também alberga uma norma, ainda que implícita, que traduz o postulado da segurança jurídica como princípio da anterioridade ou anualidade em relação à alteração da jurisprudência do TSE. Assim, as decisões do Tribunal Superior Eleitoral que, no curso do pleito eleitoral (ou logo após o seu encerramento), impliquem mudança de jurisprudência (e dessa forma repercutam sobre a segurança jurídica), não têm aplicabilidade imediata ao caso concreto e somente terão eficácia sobre outros casos no pleito eleitoral posterior.
III. REPERCUSSÃO GERAL. Reconhecida a repercussão geral das questões constitucionais atinentes à (1) elegibilidade para o cargo de Prefeito de cidadão que já exerceu dois mandatos consecutivos em cargo da mesma natureza em Município diverso (interpretação do art. 14, § 5º, da Constituição) e (2) retroatividade ou aplicabilidade imediata no curso do período eleitoral da decisão do Tribunal Superior Eleitoral que implica mudança de sua jurisprudência, de modo a permitir aos Tribunais a adoção dos procedimentos relacionados ao exercício de retratação ou declaração de inadmissibilidade dos recursos repetitivos, sempre que as decisões recorridas contrariarem ou se pautarem pela orientação ora firmada.
IV. EFEITOS DO PROVIMENTO DO RECURSO EXTRAORDINÁRIO. Recurso extraordinário provido para: (1) resolver o caso concreto no sentido de que a decisão do TSE no RESPE 41.980-06, apesar de ter entendido corretamente que é inelegível para o cargo de Prefeito o cidadão que exerceu por dois mandatos consecutivos cargo de mesma natureza em Município diverso, não pode incidir sobre o diploma regularmente concedido ao recorrente, vencedor das eleições de 2008 para Prefeito do Município de Valença-RJ; (2) deixar assentados, sob o regime da repercussão geral, os seguintes entendimentos: (2.1) o art. 14, § 5º, da Constituição, deve ser interpretado no sentido de que a proibição da segunda reeleição é absoluta e torna inelegível para determinado cargo de Chefe do Poder Executivo o cidadão que já exerceu dois mandatos consecutivos (reeleito uma única vez) em cargo de mesma natureza, ainda que em ente da federação diverso; (2.2) as decisões do Tribunal Superior Eleitoral que, no curso do pleito eleitoral ou logo após o seu encerramento, impliquem mudança de jurisprudência, não têm aplicabilidade imediata ao caso concreto e somente terão eficácia sobre outros casos no pleito eleitoral posterior. **(Inform. STF 707)**

Ação cautelar e efeito suspensivo a RE não interposto

Em face da relevância e urgência da questão, a 2ª Turma negou provimento a agravo regimental interposto de decisão deferitória de medida liminar em ação cautelar, na qual atribuído efeito suspensivo a acórdão do TSE que indeferira o registro de candidatura da agravada, sem que recurso extraordinário tivesse sido interposto. A questão constitucional discutida nos autos consistiria em saber se o § 7º do art. 14 da CF ("§ 7º - São inelegíveis, no território de jurisdição do titular, o cônjuge e os parentes consanguíneos ou afins, até o segundo grau ou por adoção, do Presidente da República, de Governador de Estado ou Território, do Distrito Federal, de Prefeito ou de quem os haja substituído dentro dos seis meses anteriores ao pleito, salvo se já titular de mandato eletivo e candidato à reeleição") alcançaria, ou não, o cônjuge supérstite quando o falecimento tivesse ocorrido no curso do mandato, com regular sucessão do vice-prefeito. Na espécie, a requerente, prefeita eleita em 2008 e reeleita em 2012, fora afastada de seu mandato em 2013, pelo TSE, em face de impugnação de coligação partidária adversária, ora agravante. Posteriormente, fora ela mantida no cargo em face de liminar na presente ação.

Neste recurso, a agravante alega que: a) não seria admissível a cautelar, nos termos dos Enunciados 634 e 635 da Súmula da Corte, porquanto proposta antes da interposição do recurso extraordinário; e b) não haveria plausibilidade do direito arguido na ação cautelar, porque em confronto com os termos da Súmula Vinculante 18. Reconheceu-se risco de dano irreparável e plausibilidade do direito invocado pela prefeita. Asseverou-se que a cassação da liminar, neste momento, resultaria indesejável alternância na chefia do Poder Executivo municipal, com graves prejuízos à segurança jurídica, à paz social e à prestação de serviços públicos essenciais. Pontuou-se que a morte do detentor do mandato, no curso deste, tornaria distinta a situação em análise daquelas que levaram o TSE e o STF a firmar jurisprudência no sentido de que a dissolução da sociedade ou do vínculo conjugal não afastaria a inelegibilidade do cônjuge. Observou-se que a circunstância descrita nos autos não se enquadraria no teor da Súmula Vinculante 18, uma vez que o referido verbete teria cuidado da dissolução da sociedade conjugal por separação de fato, para fins de vedar ao cônjuge a possibilidade de burlar e fraudar o dispositivo constitucional da inelegibilidade, por meio de separações fictícias que garantissem um terceiro mandato inconstitucional. Registrou-se, ademais, ser distinta a dissolução do vínculo conjugal por morte, matéria não tratada na Súmula Vinculante 18. Por fim, realçou-se que a prefeita constituíra novo núcleo familiar.
AC 3298 AgR/PB, rel. Min. Teori Zavascki, 24.4.2013. (AC-3298) (Inform. STF 703)

▧ Súmula Vinculante STF 18

A dissolução da sociedade ou do vínculo conjugal, no curso do mandato, não afasta a inelegibilidade prevista no § 7º do artigo 14 da Constituição Federal.

2. AÇÕES ELEITORAIS

ADI e designação de promotor eleitoral

O Plenário iniciou julgamento de ação direta ajuizada em face do art. 79 da LC 75/1993 ("Art. 79. O Promotor Eleitoral será o membro do Ministério Público local que oficie junto ao Juízo incumbido do serviço eleitoral de cada Zona. Parágrafo único. Na inexistência de Promotor que oficie perante a Zona Eleitoral, ou havendo impedimento ou recusa justificada, o Chefe do Ministério Público local indicará ao Procurador Regional Eleitoral o substituto a ser designado"). O Ministro Dias Toffoli (relator) julgou improcedente o pedido formulado. Afirmou que as regras de designação dos membros do Ministério Público para desempenhar suas funções junto à justiça eleitoral, por se tratar de atribuição do Ministério Público Federal, deveriam ser disciplinadas na legislação que dispusesse sobre a organização e o estatuto do Ministério Público da União. Ressaltou que o fato de o promotor eleitoral, membro do "parquet" estadual, ser designado pelo Procurador-Regional Eleitoral, membro do Ministério Público Federal, não violaria a autonomia administrativa do órgão ministerial local. Apesar de haver a participação do Ministério Público dos estados na composição do Ministério Público Eleitoral, de modo que o membro da instituição cumularia as duas funções, ambas não se confundiriam, pois possuiriam conjuntos diversos de atribuições, cada qual na esfera delimitada pela Constituição e pelos demais atos normativos de regência. Ademais, a subordinação hierárquico-administrativa não funcional do promotor eleitoral seria estabelecida em relação ao Procurador-Regional Eleitoral e não em relação ao Procurador-Geral de Justiça. Consignou que a designação do promotor eleitoral seria ato de natureza complexa decorrente da conjugação de vontades tanto do Procurador-Geral de Justiça, que indicaria o membro do Ministério Público estadual, quanto do Procurador-Regional Eleitoral a quem competiria o ato formal de designação. Enfatizou que o art. 79, "caput" e parágrafo único, da LC 75/1993 não teria o condão de ofender a autonomia do "parquet" estadual, já que não incidiria sobre a esfera de atribuição do órgão ministerial local, mas sobre ramo diverso da instituição Ministério Público, qual seja, o "parquet" eleitoral, que seria federal. Em seguida, pediu vista o Ministro Marco Aurélio.
ADI 3802/DF, rel. Min. Dias Toffoli, 5.2.2015. (ADI-3802) (Inform. STF 773)

ADI: inquérito policial eleitoral e autorização judicial - 1

O Plenário, por maioria, deferiu, em parte, pedido de medida cautelar em ação direta de inconstitucionalidade, para suspender, até julgamento final da ação, a eficácia do art. 8º da Resolução 23.396/2013, do Tribunal Superior Eleitoral - TSE ("O inquérito policial eleitoral somente será instaurado mediante determinação da Justiça Eleitoral, salvo a hipótese de prisão em flagrante"). A resolução impugnada dispõe sobre a apuração de crimes eleitorais. Em preliminar, a Corte rejeitou pleito de sustentação oral feito pela Associação Nacional dos Membros do Ministério Público - CONAMP e da Associação

dos Procuradores da República na condição de "amici curiae". Na espécie, os pedidos de ingresso foram deduzidos após a inclusão em pauta da presente ação. O Tribunal reafirmou jurisprudência quanto à impossibilidade de terceiros se manifestarem após a liberação dos autos para julgamento. Destacou que os "amici curiae" poderiam requerer o seu ingresso por ocasião do julgamento definitivo. Vencidos os Ministros Marco Aurélio, Gilmar Mendes, Celso de Mello e Dias Toffoli, que acolhiam o pronunciamento dos postulantes. O Ministro Marco Aurélio enfatizava admitir a participação, ainda que o requerimento fosse posterior à inclusão do processo em pauta. O Ministro Gilmar Mendes vislumbrava a possibilidade de, em princípio, rever a jurisprudência. Ressaltava que o STF poderia indeferir o ingresso caso se tratasse de pedido abusivo. O Ministro Celso de Mello sublinhava a importância da admissão do "amicus curiae" porque, de um lado, permitiria a pluralização do debate constitucional e, de outro, conferiria maior legitimidade às decisões do STF, quando tomadas, como na espécie, em sede de controle normativo abstrato. Frisava que, em face do julgamento da presente medida cautelar, poder-se-ia interpretar essa vedação no sentido de não ser possível a admissão do "amicus curiae" depois de incluído o feito em pauta, para efeito de julgamento definitivo.
ADI 5104 MC/DF, rel. Min. Roberto Barroso, 21.5.2014. (ADI-5104)

ADI: inquérito policial eleitoral e autorização judicial - 2

Na sequência, a Corte assentou o cabimento da ação direta. Aludiu a precedentes segundo os quais ato infralegal pode ser objeto de impugnação via ação direta de inconstitucionalidade se, a pretexto de regulamentar dispositivos legais, assumir caráter autônomo e inovador. Além disso, reiterou a idoneidade desse tipo de controle concentrado para fins de questionamento de resoluções normativas do TSE. No mérito, o Plenário, por maioria, concedeu, parcialmente, a medida cautelar para suspender a eficácia do art. 8º da Resolução 23.396/2013, do TSE. Prevaleceu o voto do Ministro Teori Zavascki, no sentido de que a medida acauteladora se limitasse ao art. 8º da mencionada resolução, embora tivessem sido impugnados os artigos 3º ao 13. De início, observou-se que se estaria diante de juízo de natureza cautelar, motivo por que deveriam ser analisados os requisitos da presença do risco de dano e da relevância do Direito, ou seja, da probabilidade de êxito futuro da pretensão declaratória de inconstitucionalidade. Asseverou que, à primeira vista, o preceito adversado teria inovado em relação aos atos regulamentares que disciplinaram os últimos sufrágios, de modo a subtrair a atribuição do Ministério Público Eleitoral de determinar a instauração de inquérito policial. Vislumbrou que o art. 8º da Resolução 23.396/2013, do TSE, poderia representar a existência de vício de inconstitucionalidade formal, com a edição de norma processual em desacordo com o princípio da legalidade estrita, e também material, ao afetar as funções constitucionais do órgão ministerial.
ADI 5104 MC/DF, rel. Min. Roberto Barroso, 21.5.2014. (ADI-5104)

ADI: inquérito policial eleitoral e autorização judicial - 3

No tocante aos demais dispositivos questionados, o Ministro Teori Zavascki aduziu que eles seriam reproduções de normas anteriores, a exemplo dos Códigos Eleitoral e de Processo Penal, assim como de outras resoluções do TSE. Logo, reputou ausente o "periculum in mora", porquanto não haveria indícios de que a vigência de preceitos semelhantes em eleições anteriores teria obstaculizado o normal desenvolvimento das competências investigatórias do "parquet". Ademais, frisou que a utilidade da ação direta estaria necessariamente relacionada à sua aptidão para sanar, com efetividade, o estado de inconstitucionalidade descrito como causa de pedir. Consignou que isso não ocorreria caso o STF se limitasse a declarar a inconstitucionalidade de norma que apenas repetiria o conteúdo de outra, de maior hierarquia, vigente há muito tempo e não impugnada na presente ação direta.
ADI 5104 MC/DF, rel. Min. Roberto Barroso, 21.5.2014. (ADI-5104)

ADI: inquérito policial eleitoral e autorização judicial - 4

Em acréscimo, o Ministro Ricardo Lewandowski registrou que a justiça eleitoral seria uma justiça "sui generis", porquanto possuiria três funções: a) judicante ou jurisdicional; b) administrativa; e c) regulamentar. Mencionou, ainda, que estaria em jogo uma prerrogativa de caráter incondicionado do Ministério Público, a saber, requerer não apenas investigações, mas, também, abertura de inquérito policial. O Ministro Celso de Mello salientou que resolução do TSE não poderia contrariar a lei e a Constituição, seja exigindo, em matéria eleitoral, o que a lei não exigira ou proibira, ou distinguindo onde o próprio legislador não distinguira. Assinalou que se trataria de competência normativa de segundo grau ou secundária, a qual estaria necessariamente

subordinada, no que diz respeito à sua validade e eficácia, à autoridade hierárquica das leis e, acima delas, da Constituição. Ratificou, além disso, que o poder de requisição do Ministério Público representaria prerrogativa de ordem constitucional (CF, art. 129, VIII).
ADI 5104 MC/DF, rel. Min. Roberto Barroso, 21.5.2014. (ADI-5104) (Inform. STF 747)

ADI: inquérito policial eleitoral e autorização judicial - 5
Vencidos, em parte, os Ministros Roberto Barroso (relator), Luiz Fux, Marco Aurélio e Joaquim Barbosa (Presidente), que deferiam a medida cautelar em maior extensão. O relator, inicialmente, rejeitava a alegação de que a Resolução 23.396/2013, do TSE, teria invadido a competência da União para legislar sobre processo. Afirmava que a resolução fora editada com base no poder normativo previsto no art. 23, IX, do Código Eleitoral, bem como no art. 105 da Lei 9.504/1997. Em seguida, após discorrer sobre a opção do constituinte brasileiro pelo sistema acusatório, ingressou no exame individualizado das impugnações materiais. Por conseguinte, conferia interpretação conforme a Constituição: a) ao art. 3º, para explicitar que as notícias-crime poderiam ser encaminhadas diretamente ao Ministério Público Eleitoral ou à autoridade policial, bem como ao juiz. Ressaltava que, no entanto, nesta última hipótese, ao magistrado caberia somente efetuar a remessa do material ao "parquet"; b) ao artigo 4º, para assentar que a verificação da competência jurisdicional deveria ser efetuada pelo juiz eleitoral apenas no momento em que efetivamente atuasse nos autos do inquérito; c) ao art. 5º, para esclarecer que a autoridade policial deveria informar imediatamente o juízo eleitoral, o qual deveria remeter, de pronto, os autos ao "parquet". No ponto, o Ministro Roberto Barroso reajustou seu voto para acolher a manifestação do Ministro Luiz Fux; e d) ao art. 10, para explicar que a competência do juiz eleitoral para deferir diligências requeridas pelo Ministério Público limitar-se-ia às situações submetidas à reserva de jurisdição. Por fim, suspendia a eficácia dos artigos 6º, 8º e 11 da resolução questionada. Os Ministros Marco Aurélio e Luiz Fux acompanhavam o voto do relator. O Ministro Marco Aurélio aduzia que a justiça eleitoral se submeteria de igual forma à legislação. Ademais, o poder a ela conferido de expedir instruções seria voltado, de início, para a execução do Código Eleitoral, e não para atuar como legislador positivo. Por sua vez, o Presidente suspendia a eficácia dos artigos 3º ao 13 da Resolução 23.396/2013, do TSE, até o julgamento do mérito. Realçava que o regramento relativo à instauração de inquéritos não decorreria do sistema normativo eleitoral, mas sim do sistema processual penal, de maneira que a fixação de atribuições e o estabelecimento de regras para a instauração e o trâmite do denominado inquérito policial eleitoral extrapolaria o poder regulamentar complementar concedido à justiça eleitoral.
ADI 5104 MC/DF, rel. Min. Roberto Barroso, 21.5.2014. (ADI-5104)

ADI: inquérito policial eleitoral e autorização judicial - 6
Vencidos, na integralidade, os Ministros Dias Toffoli e Gilmar Mendes, que indeferiam a medida acauteladora. O primeiro afirmava que tanto a polícia quanto o Ministério Público poderiam requisitar à justiça eleitoral a abertura de procedimento investigatório, e ela determinaria essa abertura. Portanto, não entrevia cerceamento ao poder investigatório de quem quer que fosse. Entendia ser imprescindível que houvesse a prévia formalização perante a justiça eleitoral, para conferir transparência, oficialidade e segurança jurídica aos referidos procedimentos. Sinalizava que razões históricas justificariam essa detenção do poder de polícia judiciária nas mãos da magistratura eleitoral, bem assim a necessidade de supervisão do Poder Judiciário, para impedir que órgãos parciais — tendo em conta que o Ministério Público seria parte e a polícia estaria submetida às autoridades civis do Poder Executivo — atuassem, de maneira a interferir no processo eleitoral de modo direcionado. O Ministro Gilmar Mendes observava que o modelo da justiça eleitoral seria institucional e viria sendo delineado ao longo da história. Por consequência, não poderia revê-lo em sede de liminar, haja vista envolver uma área muito sensível.
ADI 5104 MC/DF, rel. Min. Roberto Barroso, 21.5.2014. (ADI-5104) (Inform. STF 747)

LC 64/1990 e investigação judicial eleitoral
A investigação judicial eleitoral e o conhecimento de fatos notórios pelo magistrado, bem como de fatos constantes do processo, ainda que não tenham sido articulados como causa de pedir por qualquer das partes, não afronta o princípio do devido processo legal. Essa a conclusão do Plenário ao julgar improcedente pedido formulado em ação direta de inconstitucio-

nalidade ajuizada em face das expressões "ainda que não alegados pelas partes" e "públicos e notórios, dos indícios e presunções e ... atentando para circunstâncias ou fatos, ainda que não indicados ou alegados pelas partes", contidas, respectivamente, no art. 7º, parágrafo único ("Parágrafo único. O Juiz, ou Tribunal, formará sua convicção pela livre apreciação da prova, atendendo aos fatos e às circunstâncias constantes dos autos, ainda que não alegados pelas partes, mencionando, na decisão, os que motivaram seu convencimento"), e no art. 23 ("O Tribunal formará sua convicção pela livre apreciação dos fatos públicos e notórios, dos indícios e presunções e prova produzida, atentando para circunstâncias ou fatos, ainda que não indicados ou alegados pelas partes, mas que preservem o interesse público de lisura eleitoral"), ambos da LC 64/1990. A Corte lembrou que o CPC/1939, em seu art. 118, já facultava ao magistrado considerar os fatos e circunstâncias constantes no processo, ainda que não alegados pelas partes. Destacou que o CPC/1973 conferiu maiores poderes ao juiz na condução e instrução do processo. Asseverou que as normas processuais eleitorais questionadas direcionariam direitos e interesses indisponíveis, de ordem pública. Apontou que, tendo em conta a existência de relação direta entre o exercício da atividade probatória e a qualidade da tutela jurisdicional, a finalidade da produção de provas de ofício pelo magistrado seria possibilitar a elucidação de fatos imprescindíveis para a formação da convicção necessária ao julgamento do mérito. Salientou que as partes continuariam a ter a função precípua de propor os elementos indispensáveis à instrução do processo. O Colegiado anotou, ainda, que as normas questionadas teriam aberto caminho para que se pudesse suprir a deficiência da instrução. Enfatizou que a possibilidade de o juiz formular presunções mediante raciocínios indutivos feitos a partir de prova indiciária, de fatos publicamente conhecidos ou de regras da experiência, não afrontaria o devido processo legal, porquanto as premissas da decisão estariam explicitadas em seu pronunciamento, sujeito aos recursos inerentes à legislação processual.
ADI 1082/DF, rel. Min. Marco Aurélio, 22.5.2014. (ADI-1082) (Inform. STF 747)

AG. REG. NO ARE N. 756.071-SP
RELATOR: MIN. LUIZ FUX
Ementa: **AGRAVO REGIMENTAL NO RECURSO EXTRAORDINÁRIO COM AGRAVO. ELEITORAL. DEFERIMENTO DE REGISTRO DE CANDIDATURA NÃO IMPUGNADA. LEGITIMIDADE PARA RECORRER. SEGURANÇA JURÍDICA. APLICAÇÃO DE ENTENDIMENTO A PARTIR DAS ELEIÇÕES DE 2014. RECURSO A QUE SE NEGA PROVIMENTO.**
1. A legitimidade do Ministério Público para recorrer da decisão que deferiu o registro de candidatura não impugnada restou fixada, pelo Plenário desta Corte, a partir das eleições de 2014, por razões de segurança jurídica.
2. *In casu*, o acórdão recorrido assentou: *"AGRAVO REGIMENTAL. RECURSO ESPECIAL ELEITORAL. ILEGITIMIDADE DO RECORRENTE. AUSÊNCIA DE IMPUGNAÇÃO NA PRIMEIRA INSTÂNCIA. SÚMULA 11/TSE. APLICAÇÃO. NÃO PROVIMENTO. 1. Aquele que não impugnou o pedido de registro de candidatura não detém legitimidade para recorrer da sentença que o deferir, salvo quando se tratar de matéria constitucional (Súmula 11/TSE). 2. O enunciado da Súmula 11/TSE aplica-se, indistintamente, a candidatos, aos partidos políticos, às coligações e ao Ministério Público Eleitoral. Precedentes. 3. Agravo regimental não provido."*
3. Agravo regimental **DESPROVIDO. (Inform. STF 742)**

AG. REG. NO ARE N. 729.746-RJ
RELATOR: MIN. LUIZ FUX
Ementa: **AGRAVO REGIMENTAL NO RECURSO EXTRAORDINÁRIO COM AGRAVO. ELEITORAL. DEFERIMENTO DE REGISTRO DE CANDIDATURA NÃO IMPUGNADA. LEGITIMIDADE PARA RECORRER. SEGURANÇA JURÍDICA. APLICAÇÃO DE ENTENDIMENTO A PARTIR DAS ELEIÇÕES DE 2014. RECURSO A QUE SE NEGA PROVIMENTO.**
1. A legitimidade do Ministério Público para recorrer da decisão que deferiu o registro de candidatura não impugnada será fixada partir das eleições de 2014, por razões de segurança jurídica.
2. *In casu*, o acórdão recorrido assentou: *"Agravo regimental. Ilegitimidade. 1 Nos termos da Súmula- TSE nº 11, a parte que não impugnou o pedido de registro de candidatura, seja ela candidato, partido político, coligação ou o Ministério Público Eleitoral, não tem legitimidade para recorrer da decisão que o deferiu, salvo se se cuidar de matéria constitucional. 2. Infere-se a ilegitimidade do Ministério Público Eleitoral - ante a ausência de impugnação - para interpor agravo regimental contra decisão deferitória de pedido de registro que versou*

25. DIREITO ELEITORAL | 799

sobre questão alusiva ao atendimento da exigência de apresentação de certidão criminal, a que se referem os arts. 27, II, da Res.-TSE n° 23.373 e 11, 1', VII, da Lei n° 9.50419 7. Agravo regimental não conhecido."
3. Agravo regimental DESPROVIDO. **(Inform. STF 741)**

Ação penal pública e preparo

A deserção por falta de pagamento do valor devido pelas fotocópias para formação do traslado, quando se trate de ação penal pública, traduz rigor formal excessivo, por impossibilitar o exercício da ampla defesa. Com base nessa orientação, a 1ª Turma concedeu *habeas corpus* para afastar a deserção por ausência de preparo e determinar que o Tribunal Superior Eleitoral julgue o recurso do paciente. No caso, o Tribunal Regional Eleitoral o condenara pela prática do crime de transporte irregular de eleitores no dia eleição (Lei 6.091/74, artigos 10 e 11, c/c o art. 302 do Código Eleitoral). A defesa interpusera recurso especial e, ante a inadmissão, agravo de instrumento o qual fora desprovido por falta de pagamento do valor devido a título de fotocópias para formação do traslado (Código Eleitoral, art. 279, § 7°). Asseverou-se que haveria previsão legal no sentido de que a deserção se configuraria apenas quando se tratasse de ação penal privada (CPP: *"Art. 806 ... § 2° A falta do pagamento das custas, nos prazos fixados em lei, ou marcados pelo juiz, importará renúncia à diligência requerida ou deserção do recurso interposto"*), e não de ação penal pública, como na espécie.
HC 116840/MT, rel. Min. Luiz Fux, 15.10.2013. (HC-116840) (Inform. STF 724)

Processo eleitoral e legitimidade do Ministério Público

Não deve ser conferida interpretação amplíssima ao art. 127 da CF, porquanto o legislador pode conformar a atuação do Ministério Público, em especial para recorrer. Com base nessa orientação, a 2ª Turma manteve decisão do Ministro Teori Zavascki, que negou provimento a recurso extraordinário com agravo. Discutia-se a legitimidade do Ministério Público Eleitoral para recorrer, com base no aludido dispositivo constitucional, em hipótese na qual o Tribunal Superior Eleitoral - TSE possui entendimento sedimentado no sentido da carência de legitimidade para se questionar posterior deferimento de registro de candidatura quando não anteriormente impugnado seja pelo candidato, pelo partido político, pela coligação ou pelo Ministério Público Eleitoral, salvo quando se tratar de matéria constitucional. No presente agravo regimental, o Ministério Público Eleitoral reiterou o argumento de possibilidade de apresentação de recursos pelo *parquet* nas situações em que cabível a intervenção ministerial na defesa da ordem democrática, da ordem jurídica e dos interesses sociais e individuais indisponíveis, independentemente de a instituição figurar como parte no processo específico. A Turma ratificou a manifestação do relator, que ressaltou, na decisão agravada, que, embora o art. 127 da CF conferisse legitimação ao Ministério Público, não o faria de forma irrestrita em toda e qualquer situação. Ademais, a questão situar-se--ia no âmbito de processo eleitoral, regido por normas infraconstitucionais pertinentes, de maneira que a ofensa à Constituição seria reflexa. Assim, se adotada a interpretação pleiteada pelo órgão ministerial, o legislador não poderia sequer fixar prazo para recurso ou formas de o mencionado órgão atuar em juízo.
ARE 757179 AgR/MG, rel. Min. Teori Zavascki, 10.9.2013. (ARE-757179) (Inform. STF 719)

Propaganda partidária e legitimidade do Ministério Público para representação - 1

O Ministério Público tem legitimidade para representar contra propagandas partidárias irregulares. Com base nesse entendimento, o Plenário, por maioria, julgou parcialmente procedente pedido formulado em ação direta de inconstitucionalidade proposta contra a expressão "que somente poderá ser oferecida por partido político", constante do art. 45, § 3°, da Lei 9.096/95, com a redação conferida pela Lei 12.034/2009 ("A representação, que somente poderá ser oferecida por partido político, será julgada pelo Tribunal Superior Eleitoral quando se tratar de programa em bloco ou inserções nacionais e pelos Tribunais Regionais Eleitorais quando se tratar de programas em bloco ou inserções transmitidos nos Estados correspondentes") para dar interpretação conforme a Constituição de modo a garantir a atuação do Ministério Público. Esclareceu-se que a representação de que trata este artigo versaria apenas sobre a propaganda partidária irregular. Explicitou-se que a propaganda, no Direito Eleitoral, se dividiria em: a) intrapartidária ou pré-eleitoral, que visaria à promoção do pretenso candidato perante os demais filiados à agremiação partidária; b) eleitoral stricto sensu, que teria por fito a captação de votos perante o eleitorado; c) institucional, que possuiria conteúdo educativo,

informativo ou de orientação social, promovida pelos órgãos públicos, nos termos do art. 37, § 1°, da CF; e d) partidária. Aduziu-se que a propaganda partidária, alvo da discussão travada nesta ADI, seria aquela organizada pelos partidos políticos, no afã de difundir suas ideias e propostas, o que serviria para cooptar filiados para as agremiações, bem como para enraizar suas plataformas e opiniões na consciência da comunidade. Derivaria do chamado direito de antena, assegurado aos partidos políticos pelo art. 17, § 3°, da Constituição.
ADI 4617/DF, rel. Min. Luiz Fux, 19.6.2013. (ADI-4617)

Propaganda partidária e legitimidade do Ministério Público para representação - 2

Ressaltou-se que o art. 45, § 1°, da Lei Orgânica dos Partidos Políticos vedaria, na propaganda partidária, a participação de pessoa filiada a partido que não o responsável pelo programa e a divulgação de propaganda de candidatos a cargos eletivos. Além disso, impediria a defesa de interesses pessoais ou de outros partidos, e a utilização de imagens ou cenas incorretas ou incompletas, efeitos ou quaisquer outros recursos que pudessem distorcer ou falsear os fatos ou a sua comunicação. Apontou-se que essas proibições resguardariam princípios caros ao Direito Eleitoral, como a igualdade de chances entre os partidos políticos, a moralidade eleitoral, a defesa das minorias e, em última análise, a democracia. Consignou-se que a Constituição atribuiria ao parquet a defesa da ordem jurídica, do regime democrático e dos interesses sociais indisponíveis, por isso mesmo não lhe poderia tolher a legitimidade para representar contra propagandas partidárias irregulares. Sublinhou-se que a expressão impugnada, ao dispor que a representação "somente poderá ser oferecida por partido político", vulneraria de forma substancial o papel constitucional do Ministério Público na defesa das instituições democráticas. Vencido o Min. Teori Zavascki, que também julgava parcialmente procedente o pedido, mas reputava que o vício da inconstitucionalidade se resolveria com redução de texto, ou seja, com a exclusão da palavra "somente".
ADI 4617/DF, rel. Min. Luiz Fux, 19.6.2013. (ADI-4617) (Inform. STF 711)

📖 **Súmula STF nº 728**

É de três dias o prazo para a interposição de recurso extraordinário contra decisão do tribunal superior eleitoral, contado, quando for o caso, a partir da publicação do acórdão, na própria sessão de julgamento, nos termos do art. 12 da Lei 6055/1974, que não foi revogado pela Lei 8950/1994.

---

3. RECURSOS ORÇAMENTÁRIOS E CAMPANHAS ELEITORAIS

ADI e financiamento de campanha eleitoral - 1

O Plenário iniciou julgamento de ação direta de inconstitucionalidade proposta contra os artigos 23, §1°, I e II; 24; e 81, *caput* e § 1°, da Lei 9.504/1997 (Lei das Eleições), que tratam de doações a campanhas eleitorais por pessoas físicas e jurídicas. A ação questiona, ainda, a constitucionalidade dos artigos 31; 38, III; 39, *caput* e §5°, da Lei 9.096/1995 (Lei Orgânica dos Partidos Políticos), que regulam a forma e os limites em que serão efetivadas as doações aos partidos políticos. O Ministro Luiz Fux, relator, julgou procedente o pedido para declarar a inconstitucionalidade das normas impugnadas. Destacou haver três enfoques na presente ação: o primeiro, relativo à possibilidade de campanha política ser financiada por doação de pessoa jurídica; o segundo, quanto aos valores e aos limites de doações às campanhas; e o terceiro, referente ao debate sobre o financiamento com recursos do próprio candidato. Na sequência, mencionou dados colacionados em audiência pública realizada sobre o tema, nos quais demonstrado o aumento de gastos em campanhas eleitorais. Enfatizou, no ponto, a crescente influência do poder econômico sobre o processo político em decorrência do aumento dos gastos de candidatos de partidos políticos durante campanhas eleitorais. Registrou que, em 2002, os candidatos gastaram 798 milhões de reais, ao passo que, em 2012, os valores superaram 4,5 bilhões de reais, com aumento de 471% de gastos. Explicitou que, no Brasil, o gasto seria da ordem de R$ 10,93 *per capita*; na França, R$ 0,45; no Reino Unido, R$ 0,77; e na Alemanha, R$ 2,21. Comparado proporcionalmente ao PIB, o Brasil estaria no topo do *ranking* dos países que mais gastariam em campanhas eleitorais. Destacou que 0,89% de toda a riqueza gerada no País seria destinada a financiar candidaturas de cargos representativos, a superar os Estados Unidos da América, que gastariam 0,38% do PIB.
ADI 4650/DF, rel. Min. Luiz Fux, 11 e 12.12.2013. (ADI-4650)

VADE MECUM DE JURISPRUDÊNCIA – STF/STJ

ADI e financiamento de campanha eleitoral - 2

Em seguida, o relator refutou as preliminares de: a) ilegitimidade ativa *ad causam* do Conselho Federal da Ordem dos Advogados do Brasil; b) não conhecimento da ação por impossibilidade jurídica do pedido no sentido de que o STF instaurasse nova disciplina sobre o tema versado pelas normas atacadas, bem assim de que impusesse ao Poder Legislativo alteração de norma vigente; e c) inadequação da via eleita, ao argumento de que haveria, em um único processo, pedido de ação direta de inconstitucionalidade cumulado com ação direta de inconstitucionalidade por omissão. No tocante a tais assertivas, destacou que as normas questionadas revelar-se-iam aptas a figurar como objeto de controle concentrado de constitucionalidade, porquanto consistiriam em preceitos primários, gerais e abstratos. Além disso, sublinhou que as impugnações veiculadas denotariam que o legislador teria se excedido no tratamento dispensado ao financiamento de campanha. Assim, o exame da alegada ofensa à Constituição decorreria de ato comissivo e não omissivo. Observou, também, que o STF seria a sede própria para o presente debate. Pontuou que reforma política deveria ser tratada nas instâncias políticas majoritárias, porém, isso não significaria deferência cega do juízo constitucional em relação às opções políticas feitas pelo legislador. Frisou que os atuais critérios adotados pelo legislador no tocante ao financiamento das campanhas eleitorais não satisfariam as condições necessárias para o adequado funcionamento das instituições democráticas, porque não dinamizariam seus elementos nucleares, tais como o pluralismo político, a igualdade de chances e a isonomia formal entre os candidatos. Inferiu ser necessária cautela ao se outorgar competência para reforma do atual sistema àqueles diretamente interessados no resultado dessa alteração. Aduziu não pretender defender progressiva transferência de poderes decisórios das instituições legislativas para o Poder Judiciário, o que configuraria processo de juristocracia, incompatível com o regime democrático. Acentuou que, embora a Constituição não contivesse tratamento específico e exaustivo no que concerne ao financiamento de campanhas eleitorais, isso não significaria que teria, nessa matéria, outorgado um cheque em branco ao legislador, que o habilitasse a adotar critério que melhor aprouvesse.
ADI 4650/DF, rel. Min. Luiz Fux, 11 e 12.12.2013. (ADI-4650)

ADI e financiamento de campanha eleitoral - 3

No mérito, o Ministro Luiz Fux julgou inconstitucional o modelo brasileiro de financiamento de campanhas eleitorais por pessoas naturais baseado na renda, porque dificilmente haveria concorrência equilibrada entre os participantes nesse processo político. Sinalizou ser fundamental que a legislação disciplinadora do processo eleitoral, da atividade dos partidos políticos ou de seu financiamento, do acesso aos meios de comunicação, do uso de propaganda, dentre outros, não negligenciasse a ideia de igualdade de chances, sob pena de a concorrência entre as agremiações se tornar algo ficcional com comprometimento do próprio processo democrático. De igual maneira concluiu pela inconstitucionalidade das normas no que tange ao uso de recursos próprios por parte dos candidatos. Avaliou que essa regra perpetuaria a desigualdade, ao conferir poder político incomparavelmente maior aos ricos do que aos pobres.
ADI 4650/DF, rel. Min. Luiz Fux, 11 e 12.12.2013. (ADI-4650)

ADI e financiamento de campanha eleitoral - 4

Quanto à autorização de doações em campanhas eleitorais por pessoa jurídica, o relator entendeu que esse modelo não se mostraria adequado ao regime democrático em geral e à cidadania, em particular. Ressalvou que o exercício de cidadania, em sentido estrito, pressuporia três modalidades de atuação física: o *jus sufragius*, que seria o direito de votar; o *jus honorum*, que seria o direito de ser votado; e o direito de influir na formação da vontade política por meio de instrumentos de democracia direta como o plebiscito, o referendo e a iniciativa popular de leis. Destacou que essas modalidades seriam inerentes às pessoas naturais e, por isso, o desarrazoado de sua extensão às pessoas jurídicas. Sinalizou que, conquanto pessoas jurídicas pudessem defender bandeiras políticas, humanísticas ou causas ambientais, não significaria sua indispensabilidade no campo político, a investir vultosas quantias em campanhas eleitorais. Perfilhou entendimento de que a participação de pessoas jurídicas apenas encareceria o processo eleitoral sem oferecer, como contrapartida, a melhora e o aperfeiçoamento do debate. Apontou que o aumento dos custos de campanhas não corresponderia ao aprimoramento do processo político, com a pretendida veiculação de ideias e de projetos pelos candidatos. Lembrou que, ao contrário, nos termos do que debatido nas audiências públicas, os candidatos que tivessem despendido maiores recursos em suas campanhas possuiriam maior êxito nas eleições.
ADI 4650/DF, rel. Min. Luiz Fux, 11 e 12.12.2013. (ADI-4650)

ADI e financiamento de campanha eleitoral - 5

Ponderou que a exclusão das doações por pessoas jurídicas não teria efeito adverso sobre a arrecadação dos fundos por parte dos candidatos aos cargos políticos. Rememorou que todos os partidos políticos teriam acesso ao fundo partidário e à propaganda eleitoral gratuita nos veículos de comunicação, a proporcionar aos candidatos e as suas legendas, meios suficientes para promoverem suas campanhas. Repisou que o princípio da liberdade de expressão, no aspecto político, teria como finalidade estimular a ampliação do debate público, a permitir que os indivíduos conhecessem diferentes plataformas e projetos políticos. Acentuou que a excessiva participação do poder econômico no processo político desequilibraria a competição eleitoral, a igualdade política entre candidatos, de modo a repercutir na formação do quadro representativo. Observou que, em um ambiente cujo êxito dependesse mais dos recursos despendidos em campanhas do que das plataformas políticas, seria de se presumir que considerável parcela da população ficasse desestimulada a disputar os pleitos eleitorais.
ADI 4650/DF, rel. Min. Luiz Fux, 11 e 12.12.2013. (ADI-4650)

ADI e financiamento de campanha eleitoral - 6

Com relação aos mecanismos de controle dos financiamentos de campanha, rechaçou a afirmação da Presidência da República no sentido de que a discussão acerca da doação por pessoa jurídica deveria se restringir aos instrumentos de fiscalização. Aduziu que, defender que a questão da doação por pessoa jurídica se restrinja aos mecanismos de controle e transparência dos gastos seria insuficiente para amainar o cenário em que o poder político mostrar-se-ia atraído pelo poder econômico. Ressaltou que a possibilidade de que as empresas continuassem a investir elevadas quantias — não contabilizadas (caixa dois) — nas campanhas eleitorais não constituiria empecilho para que o STF declarasse a desfuncionalidade do atual modelo. Assinalou a inconstitucionalidade dos critérios de doação a campanhas por pessoas jurídicas, sob o enfoque da isonomia entre elas, haja vista que o art. 24 da Lei das Eleições não estende essa faculdade a toda espécie de pessoa jurídica. Enfatizou que o aludido preceito estabelece rol de entidades que não poderiam realizar doações em dinheiro ou estimáveis em dinheiro a candidatos ou a partidos políticos, a exemplo das associações de classe e sindicais, bem como entidades integrantes do terceiro setor. Realçou, como resultado desse impedimento, que as empresas privadas — cuja maioria se destina à atividade lucrativa — seriam as protagonistas em doações entre as pessoas jurídicas, em detrimento das entidades sem fins lucrativos e dos sindicatos, a desaguar em ausência de equiparação entre elas. Entendeu, ademais, que a decisão deveria produzir seus efeitos ordinários, *ex tunc*, com salvaguarda apenas das situações concretas já consolidadas até o momento. Aduziu inexistir ofensa à segurança jurídica, porque a própria legislação eleitoral excepcionaria o princípio da anualidade (Lei das Eleições: "Art. 17-A. A cada eleição caberá à lei, observadas as peculiaridades locais, fixar até o dia 10 de junho de cada ano eleitoral ..."). Reputou que, por ser facultado ao legislador alterar regramento de doações para campanhas eleitorais no próprio ano da eleição, seria ilógico pugnar pela modulação de efeitos por ofensa à regra da anualidade.
ADI 4650/DF, rel. Min. Luiz Fux, 11 e 12.12.2013. (ADI-4650)

ADI e financiamento de campanha eleitoral - 7

Feitas essas considerações, o Ministro Luiz Fux julgou procedente o pleito para: declarar a inconstitucionalidade parcial sem redução de texto do art. 24 da Lei 9.504/1997, na parte em que autoriza, *a contrario sensu*, a doação por pessoas jurídicas a campanhas eleitorais, com eficácia *ex tunc*, salvaguardadas as situações concretas consolidadas até o presente momento, e declarar a inconstitucionalidade do art. 24, parágrafo único, e do art. 81, *caput* e § 1º, da Lei 9.507/1994, também com eficácia *ex tunc*, salvaguardadas as situações concretas consolidadas até o momento. Declarar, ainda, a inconstitucionalidade parcial sem redução de texto do art. 31 da Lei 9.096/1995, na parte em que autoriza, *a contrario sensu*, a realização de doações por pessoas jurídicas a partidos políticos, e declarar a inconstitucionalidade das expressões "*ou pessoa jurídica*", constante no art. 38, III, e "*e jurídicas*", inserta no art. 39, *caput* e § 5º, todos da Lei 9.096/1995, com eficácia *ex tunc*, salvaguardadas as situações concretas consolidadas até o presente momento. Da mesma forma, votou pela declaração de inconstitucionalidade, sem pronúncia de nulidade, do art. 23, § 1º, I e II, da Lei 9.504/1997, e do art. 39, § 5º, da Lei 9.096/1995, com exceção da expressão "*e jurídicas*", devidamente examinada no tópico relativo à doação por pessoas jurídicas, com a manutenção da eficácia dos aludidos preceitos pelo prazo de 24 meses. Recomendou ao Congresso Nacional a edição de um novo marco normativo de financiamento de campanhas, dentro

25. DIREITO ELEITORAL 801

do prazo razoável de 24 meses, observados os seguintes parâmetros: a) o limite a ser fixado para doações a campanha eleitoral ou a partidos políticos por pessoa natural, deverá ser uniforme e em patamares que não comprometam a igualdade de oportunidades entre os candidatos nas eleições; b) idêntica orientação deverá nortear a atividade legiferante na regulamentação para o uso de recursos próprios pelos candidatos; e c) em caso de não elaboração da norma pelo Congresso Nacional, no prazo de 18 meses, será outorgado ao TSE a competência para regular, em bases excepcionais, a matéria.
ADI 4650/DF, rel. Min. Luiz Fux, 11 e 12.12.2013. (ADI-4650)

ADI e financiamento de campanha eleitoral - 8
Em antecipação de voto, o Ministro Joaquim Barbosa, Presidente, acompanhou a manifestação do relator, exceto quanto à modulação de efeitos. Aduziu que a questão proposta não se reduziria à indagação sobre eventual ofensa ao princípio republicano pela permissão conferida às pessoas jurídicas de fazerem doações financeiras a candidatos ou a partidos políticos em virtude de suposto enfraquecimento da necessária separação entre o espaço público e o privado. Destacou que também estaria em discussão saber se os critérios de limitação das doações por pessoas naturais ofenderia o princípio da igualdade por exacerbar as desigualdades políticas. Registrou que a eleição popular seria a pedra de toque do funcionamento democrático e dos sistemas representativos contemporâneos. Acentuou que a formação do Estado moderno seria permeada por um processo de rompimento com a patrimonialização do poder e que o seu viés econômico não mais deveria condicionar o exercício do poder político. Consignou que, no âmbito eleitoral, a Constituição (art. 14, § 9º) estabelece como dever do Estado a proteção da normalidade e da legitimidade das eleições contra a influência do poder econômico, de modo a impedir que o resultado das eleições fosse norteado pela lógica do dinheiro e garantir que o valor político das ideias apresentadas pelo candidato não dependesse do valor econômico. Em consequência, assentou que a permissão dada às empresas de contribuírem para o financiamento de campanhas eleitorais de partidos políticos seria inconstitucional. Realçou que o financiamento de campanha poderia representar para as empresas uma maneira de acesso ao campo político, pelo conhecido "toma lá, dá cá".
ADI 4650/DF, rel. Min. Luiz Fux, 11 e 12.12.2013. (ADI-4650)

ADI e financiamento de campanha eleitoral - 9
Na assentada de 12.12.2013, também em antecipação de voto, o Ministro Dias Toffoli perfilhou o entendimento adotado pelo relator. No entanto, sinalizou que se pronunciaria sobre a modulação dos efeitos em momento oportuno. Frisou que a análise do tema seria de alto relevo político e social, tendo em conta a importância da sistemática do financiamento eleitoral para o Estado Democrático de Direito e para a lisura e a normalidade do pleito, na construção de um processo eleitoral razoavelmente equânime entre os candidatos, com a livre escolha dos representantes políticos pelos cidadãos. Ressaltou que não se objetivaria, com o julgamento, substituir-se ao Poder Legislativo na opção política por determinados sistemas ou modelos de financiamento do processo eleitoral. Observou, além disso, que estariam envolvidas na questão as cláusulas pétreas referentes aos princípios constitucionais do Estado Democrático de Direito e da República (art. 1º, *caput*), da cidadania (art. 1º, II), da soberania popular (art. 1º, parágrafo único, e art. 14, *caput*), da isonomia (art. 5º, *caput*, e art. 14, *caput*) e da proteção da normalidade e da legitimidade das eleições contra a influência do poder econômico (art. 14, § 9º). Asseverou que o STF, no exercício da jurisdição constitucional, deveria atuar como garante das condições e da regularidade do processo democrático, restabelecendo o exercício da cidadania mediante regras constitucionais de financiamento eleitoral, de modo a preservar o Estado Democrático de Direito, a soberania popular e a livre e igual participação democrática, exercida, exclusivamente, por seus atores — eleitor, candidato e partido político —, com igualdade de chances. Reputou, no tocante ao exercício da soberania popular, que o cidadão, pessoa física, seria o único constitucionalmente legitimado a exercitá-la e que o momento do voto seria a ocasião em que haveria a perfeita consumação do princípio da igualdade, em que todos os cidadãos — ricos, pobres, de qualquer raça, orientação sexual, credo — seriam formal e materialmente iguais entre si. Consignou, por outro lado, inexistir comando ou princípio constitucional que justificasse a participação de pessoas jurídicas no processo eleitoral brasileiro, em qualquer fase ou forma, já que não poderiam exercer a soberania pelo voto direto e secreto. Assim, admitir que as pessoas jurídicas pudessem financiar o processo eleitoral seria violar a soberania popular. Considerou que o financiamento de campanhas eleitorais por pessoas jurídicas implicaria evidente influência do poder econômico sobre as eleições, a qual estaria expressamente vedada

no art. 14, § 9º, da CF. Admiti-lo significaria possibilitar a quebra da igualdade jurídica nas disputas eleitorais e o desequilíbrio no pleito. Após fazer retrospecto histórico sobre a influência do poder econômico nas práticas eleitorais no Brasil, concluiu que o financiamento eleitoral por pessoas jurídicas representaria uma reminiscência dessas práticas oligárquicas e da participação hipertrofiada do poder privado na realidade eleitoral pátria, em direta afronta às cláusulas pétreas da Constituição.
ADI 4650/DF, rel. Min. Luiz Fux, 11 e 12.12.2013. (ADI-4650)

ADI e financiamento de campanha eleitoral - 10
Em antecipação de voto, o Ministro Roberto Barroso acompanhou integralmente o relator. Destacou, de início, que a discussão não envolveria simples reflexão sobre financiamento de campanha política e participação de pessoas jurídicas nessa atividade. Afirmou que a questão posta em debate diria respeito ao momento vivido pela democracia brasileira e às relações entre a sociedade civil, a cidadania e a classe política. Mencionou que a temática perpassaria o princípio da separação dos Poderes, assim como o papel desempenhado por cada um deles nos últimos 25 anos de democracia no País. Aduziu que o Poder Legislativo estaria no centro da controvérsia relativa ao financiamento de campanhas, haja vista se tratar do fórum, por excelência, da tomada de decisões políticas. Observou que o grande problema do modelo político vivido atualmente seria a dissintonia entre a classe política e a sociedade civil, com o afastamento de ambas, decorrente da centralidade que o dinheiro adquirira no processo eleitoral pátrio. Assinalou o aspecto negativo de o interesse privado aparecer travestido de interesse público. Registrou, ainda, que o sistema eleitoral brasileiro possuiria viés antidemocrático e antirrepublicano em virtude da conjugação de dois fatores: o sistema eleitoral proporcional com lista aberta somado à possibilidade de financiamento privado por empresas. Realçou que o seu voto pela inconstitucionalidade das normas não significaria condenação genérica da participação de pessoas jurídicas no financiamento eleitoral. Consistiria, ao revés, declaração específica no modelo em vigor nos dias atuais, porquanto ofensivo ao princípio democrático, na medida em que desigualaria as pessoas e os candidatos pelo poder aquisitivo ou pelo poder de financiamento. Salientou que a ideia subjacente à democracia seria a igualdade, ou seja, uma pessoa, um voto. Consignou não vislumbrar que o único modelo democrático de financiamento eleitoral fosse aquele que proibisse a participação de pessoas jurídicas. Contudo, no atual modelo brasileiro, considerou antirrepublicano, antidemocrático e, em certos casos, contrário à moralidade pública o financiamento privado de campanha. Asseverou que, embora a reforma política não pudesse ser feita pelo STF, este desempenharia duas grandes funções: a contramajoritária (ao assentar a inconstitucionalidade de lei aprovada por pessoas escolhidas pelas maiorias políticas) e a representativa (ao concretizar anseios da sociedade que estariam paralisados no processo político majoritário). Propôs, por conseguinte, um diálogo institucional com o Congresso Nacional no sentido do barateamento do custo das eleições, uma vez que não bastaria coibir esse tipo de financiamento. Citou a existência de propostas em trâmite na Casa Legislativa pela votação em lista (voto em lista fechada ou pré-ordenada) e o voto distrital majoritário. Após, o julgamento foi suspenso pelo pedido de vista formulado pelo Ministro Teori Zavascki na sessão anterior.
ADI 4650/DF, rel. Min. Luiz Fux, 11 e 12.12.2013. (ADI-4650)

ADI e financiamento de campanha eleitoral - 11
O Plenário retomou julgamento de ação direta de inconstitucionalidade proposta contra os artigos 23, §1º, I e II; 24; e 81, "caput" e § 1º, da Lei 9.504/1997 (Lei das Eleições), que tratam de doações a campanhas eleitorais por pessoas físicas e jurídicas. A ação questiona, ainda, a constitucionalidade dos artigos 31; 38, III; 39, "caput" e §5º, da Lei 9.096/1995 (Lei Orgânica dos Partidos Políticos), que regulam a forma e os limites em que serão efetivadas as doações aos partidos políticos — v. Informativo 732. Em voto-vista, o Ministro Teori Zavascki divergiu do entendimento esposado pelo Ministro Luiz Fux (relator), para julgar improcedente o pedido formulado. Afirmou que, se por um lado, seria possível afirmar que o poder econômico poderia interferir negativamente no sistema democrático, ao favorecer a corrupção eleitoral e outras formas de abuso; por outro, não se poderia imaginar um sistema democrático de qualidade sem partidos políticos fortes e atuantes, especialmente em campanhas eleitorais, o que pressuporia a disponibilidade de recursos financeiros expressivos. Sob esse ângulo, a existência desses recursos contribuiria para que os partidos tivessem condições de viabilizar o proselitismo político, a difusão de doutrinas e de propostas administrativas. Reputou que seria fundamental o estabelecimento de um adequado marco normativo, que, no entanto, não seria suficiente para coibir as más relações

entre política e dinheiro. Ressaltou ser necessário, no entanto, que as normas fossem efetivamente cumpridas e as punições aplicadas, conforme o caso. Asseverou que o financiamento de partidos e de campanhas eleitorais seria contingência indelével no sistema democrático. Consignou que, para evitar a produção de efeitos negativos, não haveria soluções simples.
ADI 4650/DF, rel. Min. Luiz Fux, 2.4.2014. (ADI-4650)

ADI e financiamento de campanha eleitoral - 12
O Ministro Teori Zavascki constatou não haver, na Constituição, disciplina específica sobre a matéria. Salientou duas referências à influência do poder econômico em seara eleitoral (CF, art. 14, §§ 9º e 10). Frisou que essas normas não buscariam combater o concurso do poder econômico em campanhas eleitorais, mas a influência econômica abusiva. Asseverou, nesse sentido, que o financiamento privado de campanhas e, especificamente, as contribuições de pessoas jurídicas, não poderiam ser consideradas manifestamente incompatíveis com a Constituição, a ponto de impedir sua autorização pelo legislador ordinário. Considerou que o argumento no sentido de que as pessoas jurídicas não exerceriam cidadania, pois não seriam aptas a votar, não seria suficiente para concluir-se que a Constituição proibiria o aporte de recursos aos partidos. Sublinhou que haveria muitas pessoas naturais sem habilitação para votar e que, não obstante, poderiam contribuir financeiramente para campanhas e agremiações. Destacou que as pessoas jurídicas, embora não votassem, fariam parte da realidade social, em que desempenhariam importante papel. Ademais, existiriam apenas para, direta ou indiretamente, atender interesses das pessoas naturais nelas envolvidas. Acresceu que a suposta contribuição por interesse, atribuída às pessoas jurídicas, não seria exclusividade delas, pois a contribuição de pessoas naturais não seriam desinteressadas. Ressalvou que, em ambos os casos, não se poderia presumir que esses interesses seriam invariavelmente ilegítimos. Assinalou que as doações advindas de ambas as fontes seriam incompatíveis com a Constituição apenas se abusivas.
ADI 4650/DF, rel. Min. Luiz Fux, 2.4.2014. (ADI-4650)

ADI e financiamento de campanha eleitoral - 13
O Ministro Teori Zavascki rememorou legislação pretérita que optara por proibir pessoas jurídicas de contribuir para partidos políticos e campanhas eleitorais (Lei 5.692/1971), o que, entretanto, não coibira abusos, gastos excessivos e corrupção. Sublinhou que a posterior permissão de doações, em níveis limitados e controlados, de acordo com as normas adversadas, seria uma resposta às imoderações anteriores, verificadas quando vigente a proibição que se buscaria reimplantar por meio da ação direta. Considerou que a corrupção eleitoral e o abuso do poder econômico não seriam produto do atual regime normativo. No ponto, explicou que o cenário corrupto a ser combatido não estaria centrado em normas, mas no seu sistemático descumprimento. Registrou que a solução não seria eliminar a lei, mas estabelecer e aplicar mecanismos de controle e de sanções que impusessem a sua efetiva observância. Consignou, ainda, que o elevado custo de campanhas eleitorais, não obstante fosse uma realidade incontestável, não seria justificativa para a procedência do pedido formulado na ação. Asseverou que a solução para os gastos excessivos de campanhas não seria declarar a inconstitucionalidade das fontes de financiamento, que provavelmente continuariam a existir, embora informal e ilegitimamente. A solução mais plausível seria a imposição de limites, acompanhada de mecanismos de controle e de punição. Ressaltou que a definição dos limites adequados não constaria de forma imediata da Constituição, de modo que cumpriria à lei dispor a respeito (Lei 9.504/1997, art. 17-A).
ADI 4650/DF, rel. Min. Luiz Fux, 2.4.2014. (ADI-4650)

ADI e financiamento de campanha eleitoral - 14
O Ministro Teori Zavascki ponderou que eventual demora, por parte do Poder Legislativo, no sentido de fixar esses limites e criar os pertinentes mecanismos de controle somente autorizaria a substituição, provisória e temporária, pelo Poder Judiciário, no exercício dessa atribuição, nas hipóteses e segundo os mecanismos previstos constitucionalmente. Assim, caberia o ajuizamento de ação direta de inconstitucionalidade por omissão ou mandado de injunção, conforme o caso. Reputou, ainda, que a regulamentação das doações feitas por pessoas naturais, no sentido de serem mais igualitárias em relação a ricos e pobres, conforme aduzido na inicial, também constituiria déficit normativo. Asseverou não ser viável, em ação direta de inconstitucionalidade, que o STF produzisse, desde logo, uma norma que cuidasse do tema e que substituísse o critério

vigente. Salientou que a desigualdade econômica entre pessoas físicas seria insuscetível de eliminação no plano meramente formal, mediante provimento jurisdicional ou legal. A respeito, concluiu que, a não ser que se proibisse toda e qualquer doação por parte de pessoas naturais, qualquer que fosse o critério adotado, não haveria como eliminar uma desigualdade existente no plano material. Aduziu que seria mais importante, inclusive, preservar a igualdade de armas entre os principais atores da disputa, que seriam os candidatos e os partidos. Sob esse aspecto, sublinhou que a desigualdade existente no cenário político extrapolaria a capacidade econômica de agremiações, tendo em vista a privilegiada posição dos partidos ocupantes dos postos de governo, o que representaria vantagem estratégica significativa em relação aos demais. Concluiu que o modelo legal existente deveria ser aperfeiçoado, mas não desfeito, e que caberia ao Judiciário zelar pela sua efetividade.
ADI 4650/DF, rel. Min. Luiz Fux, 2.4.2014. (ADI-4650)

ADI e financiamento de campanha eleitoral - 15
O Ministro Marco Aurélio, por sua vez, julgou parcialmente procedente o pedido formulado, para declarar, com eficácia "ex tunc", a inconstitucionalidade parcial, sem redução de texto, do art. 24, "caput", da Lei 9.504/1997, na parte em que autoriza a doação, por pessoas jurídicas, a campanhas eleitorais, bem como a inconstitucionalidade do parágrafo único do mencionado dispositivo e do art. 81, "caput" e § 1º, da mesma lei. Declarou ainda, com eficácia "ex tunc", a inconstitucionalidade parcial, sem redução de texto, do art. 31 da Lei 9.096/1995, no ponto em que admite doações, por pessoas jurídicas, a partidos políticos, e a inconstitucionalidade das expressões "ou pessoa jurídica" (art. 38, III), e "e jurídicas" (art. 39, "caput" e § 5º), do mesmo diploma. Discorreu que, para mostrar-se efetiva como direito fundamental, a democracia precisaria desenvolver-se por meio de processo eleitoral justo e igualitário, regido por normas que o impedissem de ser subvertido pela influência do poder econômico. Aduziu que o financiamento privado por empresas em favor de campanhas eleitorais e de partidos políticos tenderia a corromper as democracias. Nesse sentido, afirmou que um sistema político que não permitisse que o cidadão comum e a sociedade civil influenciassem as decisões legislativas, derrotados pela força das elites econômicas, não poderia ser considerado democrático em sentido pleno.
ADI 4650/DF, rel. Min. Luiz Fux, 2.4.2014. (ADI-4650)

ADI e financiamento de campanha eleitoral - 16
O Ministro Marco Aurélio considerou que, no regime democrático atual, não obstante assegurados direitos e liberdades, a representação política seria incapaz de ser exercida no interesse dos representados, porque voltada exclusivamente aos interesses dos próprios representantes. Além disso, esses representantes fariam prevalecer os propósitos dos financiadores das campanhas eleitorais que os teriam levado aos cargos. Reputou que, no País, viver-se-ia a plutocracia, em que o poder seria exercido pelo grupo mais rico, em detrimento dos menos favorecidos. Citou que os elevados custos de campanhas políticas revelariam o papel decisivo do poder econômico para os resultados das eleições. Explicou que as empresas doadoras não estariam atreladas a questões ideológicas, mas tenderiam a favorecer os partidos maiores e detentores dos cargos eletivos. Ademais, o número de empresas seria relativamente pequeno, embora a quantidade de recursos doados fosse expressiva. Isso implicaria influência política por uma estrutura socioeconômica hierarquizada, cujos membros trocariam dinheiro por serviços governamentais. Consignou que a elite econômica, por meio de ações puramente pragmáticas, modelaria as decisões de governo e as políticas públicas prioritárias, além de contribuir para a debilidade ideológica do sistema partidário. Sintetizou que a disciplina atual do financiamento eleitoral vulneraria princípios fundamentais da ordem constitucional (CF, artigos 1º, "caput" e parágrafo único; 3º, I e IV; e 5º, "caput"). Frisou que a participação política, no país, só poderia evoluir se limitada acentuadamente a influência daqueles que buscariam cooptar o processo eleitoral por meio de dinheiro. No tocante ao financiamento por pessoas naturais, assinalou que seria possível, desde que presentes restrições mais significativas e critérios lineares, tendo em vista a desigualdade de recursos financeiros. Ressalvou que o dever de fixação do critério adequado incumbiria ao legislador, preservada a viabilidade de intervenção judicial em face de medidas carentes de razoabilidade.
ADI 4650/DF, rel. Min. Luiz Fux, 2.4.2014. (ADI-4650)

25. DIREITO ELEITORAL 803

ADI e financiamento de campanha eleitoral - 17
O Ministro Ricardo Lewandowski acompanhou o voto do relator, para julgar procedente o pedido formulado, com eficácia "ex nunc", mantidas as situações consolidadas. Entendeu que o financiamento de partidos e campanhas, por empresas privadas, como autorizado pela legislação eleitoral, feriria o equilíbrio dos pleitos, que deveria reger-se pelo princípio "one man, one vote". Asseverou que as doações milionárias feitas por empresas a políticos desfigurariam esse princípio, pois as pessoas comuns não poderiam contrapor-se ao poder econômico, visto que somente poderiam manifestar sua vontade política mediante manifestação pessoal, na forma do voto. Verificou que o financiamento privado desatenderia determinação expressa no art. 14, § 9º, da CF. Além disso, considerou que essa prática também violaria o art. 1º, parágrafo único, da CF, segundo o qual o poder emana do povo, que seria o conjunto dos cidadãos, somente. Registrou que a vontade das pessoas jurídicas não poderia concorrer com a dos eleitores, quanto menos sobrepor-se a essa vontade. Apontou ainda a vulneração do princípio da igualdade, e anotou que as empresas teriam peso político muito maior do que o dos cidadãos, tendo em conta o poder econômico. Além disso, reputou que a legislação eleitoral adversada confrontaria o sufrágio universal direto, secreto e com igual valor para todos (CF, art. 14, "caput"), exercido exclusivamente por pessoas naturais. Frisou que não haveria razão em permitir que as pessoas jurídicas tivessem qualquer participação no processo eleitoral, nem mesmo mediante apoio financeiro, sobretudo porque elas defenderiam interesses materiais, na forma do lucro. Essa pretensão seria incompatível com a permanente aspiração de aprimorar o bem comum, que emanaria dos votos individuais dos eleitores. Destacou, ainda, que a ideia do constituinte originário, no sentido de implementar uma democracia participativa, em complemento à democracia representativa, nunca teria sido realizada plenamente, porque não teriam sido removidos os obstáculos para a manifestação direta do cidadão no plano político, mediante plebiscito, referendo e iniciativa popular (CF, art. 14, I, II e III). Em seguida, o julgamento foi suspenso em face de pedido de vista do Ministro Gilmar Mendes.
ADI 4650/DF, rel. Min. Luiz Fux, 2.4.2014. (ADI-4650)

ADI e financiamento de campanha eleitoral - 18
São inconstitucionais as contribuições de pessoas jurídicas às campanhas eleitorais. No que se refere às contribuições de pessoas físicas, regulam-se de acordo com a lei em vigor. Esse o entendimento do Plenário, que, em conclusão de julgamento e por maioria, acolheu, em parte, pedido formulado em ação direta para declarar a inconstitucionalidade dos artigos 23, §1º, I e II; 24; e 81, "caput" e § 1º, da Lei 9.504/1997 (Lei das Eleições), que tratam de doações a campanhas eleitorais por pessoas físicas e jurídicas, no ponto em que cuidam de doações por pessoas jurídicas. Declarou, ainda, a inconstitucionalidade dos artigos 31; 38, III; 39, "caput" e § 5º, da Lei 9.096/1995 (Lei Orgânica dos Partidos Políticos), que regulam a forma e os limites em que serão efetivadas as doações aos partidos políticos, também exclusivamente no que diz respeito às doações feitas por pessoas jurídicas — v. Informativos 732 e 741. O Colegiado reputou que o modelo de autorização de doações em campanhas eleitorais por pessoa jurídica não se mostraria adequado ao regime democrático em geral e à cidadania, em particular. Ressalvou que o exercício de cidadania, em sentido estrito, pressuporia três modalidades de atuação física: o "jus sufragius", que seria o direito de votar; o "jus honorum", que seria o direito de ser votado; e o direito de influir na formação da vontade política por meio de instrumentos de democracia direta como o plebiscito, o referendo e a iniciativa popular de leis. Destacou que essas modalidades seriam inerentes às pessoas naturais e, por isso, o desarrazoado de sua extensão às pessoas jurídicas. A participação de pessoas jurídicas apenas encareceria o processo eleitoral sem oferecer, como contrapartida, a melhora e o aperfeiçoamento do debate. O aumento dos custos de campanhas não corresponderia ao aprimoramento do processo político, com a pretendida veiculação de ideias e de projetos pelos candidatos. Ao contrário, os candidatos que tivessem despendido maiores recursos em suas campanhas possuiriam maior êxito nas eleições. Ademais, a exclusão das doações por pessoas jurídicas não teria efeito adverso sobre a arrecadação dos fundos por parte dos candidatos aos cargos políticos. Todos os partidos políticos teriam acesso ao fundo partidário e à propaganda eleitoral gratuita nos veículos de comunicação, a proporcionar aos candidatos e as suas legendas, meios suficientes para promoverem suas campanhas. O princípio da liberdade de expressão, no aspecto político, teria como finalidade estimular a ampliação do debate público, a permitir que os indivíduos conhecessem diferentes plataformas e projetos políticos. A excessiva participação do poder

econômico no processo político desequilibraria a competição eleitoral, a igualdade política entre candidatos, de modo a repercutir na formação do quadro representativo. Assim, em um ambiente cujo êxito dependesse mais dos recursos despendidos em campanhas do que das plataformas políticas, seria de se presumir que considerável parcela da população ficasse desestimulada a disputar os pleitos eleitorais.
ADI 4650/DF, rel. Min. Luiz Fux, 16 e 17.9.2015. (ADI-4650)

ADI e financiamento de campanha eleitoral - 19
O Tribunal, com relação aos mecanismos de controle dos financiamentos de campanha, rechaçou a afirmação no sentido de que a discussão acerca da doação por pessoa jurídica deveria se restringir aos instrumentos de fiscalização. Defender que a questão da doação por pessoa jurídica se restrinja aos mecanismos de controle e transparência dos gastos seria insuficiente para amainar o cenário em que o poder político mostrar-se-ia atraído pelo poder econômico. A possibilidade de que as empresas continuassem a investir elevadas quantias — não contabilizadas (caixa dois) — nas campanhas eleitorais não constituiria empecilho para que o STF declarasse ser disfuncional o corrente modelo. Assinalou a inconstitucionalidade dos critérios de doação a campanhas por pessoas jurídicas, sob o enfoque da isonomia entre elas, haja vista que o art. 24 da Lei das Eleições não estende essa faculdade a toda espécie de pessoa jurídica. O aludido preceito estabelece rol de entidades que não poderiam realizar doações em dinheiro ou estimáveis em dinheiro a candidatos ou a partidos políticos, a exemplo das associações de classe e sindicais, bem como entidades integrantes do terceiro setor. Como resultado desse impedimento, as empresas privadas — cuja maioria se destina à atividade lucrativa — seriam as protagonistas em doações entre as pessoas jurídicas, em detrimento das entidades sem fins lucrativos e dos sindicatos, a desaguar em ausência de equiparação entre elas. Vencidos os Ministros Teori Zavascki, Gilmar Mendes e Celso de Mello, que julgavam parcialmente procedente o pleito, para dar interpretação conforme à Constituição às normas impugnadas e vedar as seguintes formas de contribuição a partidos políticos e a campanhas eleitorais: a) de pessoas jurídicas ou de suas controladas e coligadas que mantivessem contratos onerosos celebrados com a Administração Pública, independente de sua forma e objeto; b) de pessoas jurídicas a partidos (ou seus candidatos) diferentes, que competem entre eles. De igual forma, proibiam que pessoas jurídicas que tivessem efetuado contribuições a partidos ou campanhas, desde então e até o término da gestão subsequente, celebrassem qualquer contrato oneroso com entidades da Administração. Por fim, o Colegiado deliberou não modular os efeitos da decisão, tendo em vista não haver sido atingido o número necessário de votos para tanto. Assim, a decisão aplicar-se-á a partir das eleições de 2016, inclusive, independentemente da publicação do acórdão.
ADI 4650/DF, rel. Min. Luiz Fux, 16 e 17.9.2015. (ADI-4650) (Inform. STF 799)

4. PROPAGANDA ELEITORAL

Pet N. 4.868-PR

RELATOR: MIN. ROBERTO BARROSO
EMENTA: DENÚNCIA. IMPUTAÇÃO DE PRÁTICA DE BOCA DE URNA E DE DIVULGAÇÃO IRREGULAR DE PROPAGANDA ELEITORAL. PEÇA ACUSATÓRIA QUE DESCREVE CONDUTAS ATÍPICAS.
1. É atípica a conduta do candidato que se limita a cumprimentar pessoas em mais de uma zona eleitoral, estando acompanhado de correligionários e portando broche da sua campanha.
2. Diante disso, mais do que mera rejeição da denúncia, impõe-se, na hipótese, a absolvição do requerido. **(Inform. STF 747)**

AG. REG. NO ARE N. 654.680-DF

RELATOR: MIN. LUIZ FUX
Ementa: AGRAVO REGIMENTAL NO RECURSO EXTRAORDINÁRIO COM AGRAVO. ELEITORAL. CARACTERIZAÇÃO DE PROPAGANDA ELEITORAL ANTECIPADA. MATÉRIA INFRACONSTITUCIONAL. OFENSA REFLEXA. REEXAME DO CONJUNTO FÁTICO-PROBATÓRIO. IMPOSSIBILIDADE. INCIDÊNCIA DA SÚMULA 279/STF. VIOLAÇÃO AOS PRINCÍPIOS DA AMPLA DEFESA E DO CONTRADITÓRIO. MATÉRIA COM REPERCUSSÃO GERAL REJEITADA PELO PLENÁRIO DO STF NO ARE Nº 748.371. CONTROVÉRSIA DE ÍNDOLE INFRACONSTITUCIONAL. ALEGADA VIOLAÇÃO AO ARTIGO 93, IX, DA CF/88. INEXISTÊNCIA.

1. A propaganda eleitoral antecipada, quando controvertida a sua configuração, demanda a análise de normas infraconstitucionais e o reexame do conjunto fático-probatório dos autos. Precedente: ARE 713.446-AgR, Rel. Min. Ellen Gracie, Segunda Turma, DJe 11/9/2009.

2. O recurso extraordinário não se presta ao exame de questões que demandam revolvimento do contexto fático-probatório dos autos, em face da incidência da Súmula 279/STF que dispõe, *verbis: "Para simples reexame de prova não cabe recurso extraordinário".*

3. Os princípios da ampla defesa, do contraditório, do devido processo legal e dos limites da coisa julgada, quando debatidos sob a ótica infraconstitucional, não revelam repercussão geral apta a tornar o apelo extremo admissível, consoante decidido pelo Plenário virtual do STF, na análise do ARE nº 748.371, da Relatoria do Min. Gilmar Mendes.

4. A decisão judicial tem que ser fundamentada (art. 93, IX), ainda que sucintamente, sendo prescindível que a mesma se funde na tese suscitada pela parte. Precedente: AI-QO-RG 791.292, Rel. Min. Gilmar Mendes, Tribunal Pleno, DJe de 13/8/2010.

5. *In casu*, o acórdão recorrido assentou: *"Eleições 2010. Propaganda Eleitoral antecipada. Discurso proferido em evento comemorativo do dia do trabalhador. Intempestividade precoce. 1. Não é precoce o recurso interposto contra decisão monocrática antes da intimação pessoal da Advocacia-Geral da União, quando o inteiro teor da decisão já estava disponível nos autos e havia sido publicado no Diário da Justiça Eletrônico. Preliminar de intempestividade rejeitada, por unanimidade. 2. Ao interromper o encadeamento temático de sua fala, o representado atraiu a atenção dos ouvintes para a representada, incluindo seu nome dentro do raciocínio de ser necessário dar continuidade aos feitos do seu governo. Propaganda eleitoral antecipada caracterizada. Decisão por maioria, com ressalva de entendimento do relator. 3. Nos termos do art. 367, 1, do Código Eleitoral, na imposição e cobrança de qualquer multa, salvo no caso das condenações criminais, o valor do arbitramento deve considerar, principalmente, a condição econômica do eleitor. A multa fixada dentro dos limites legais não ofende os princípios da proporcionalidade e razoabilidade. Valor mantido por maioria. 4. As reportagens de jornal e os comentários de sítios da Internet que noticiam o evento não traduzem apenas o conteúdo do discurso, mas a percepção da interpretação dos que o divulgam, a qual - por mais respeitável que seja – não pode servir como base para a aplicação de sanção. De outro modo, se estaria punindo não o fato, mas a interpretação a ele emprestada por terceiros. 5. Nos discursos proferidos de forma improvisada não é possível presumir o prévio conhecimento do beneficiário por não ter ele o acesso prévio ao que será dito pelo autor da propaganda. Decisão por maioria, com ressalva do relator".*

6. Agravo regimental **DESPROVIDO**. (Inform. STF 729)

5. VOTAÇÃO

Voto impresso e art. 14 da CF - 1

O Plenário julgou procedente pedido formulado em ação direta para declarar a inconstitucionalidade do art. 5º da Lei 12.034/2009, que dispõe sobre o voto impresso [*"Art. 5º Fica criado, a partir das eleições de 2014, inclusive, o voto impresso conferido pelo eleitor, garantido o total sigilo do voto e observadas as seguintes regras: § 1º A máquina de votar exibirá para o eleitor, primeiramente, as telas referentes às eleições proporcionais; em seguida, as referentes às eleições majoritárias; finalmente, o voto completo para conferência visual do eleitor e confirmação final do voto. § 2º Após a confirmação final do voto pelo eleitor, a urna eletrônica imprimirá um número único de identificação do voto associado à sua própria assinatura digital. § 3º O voto deverá ser depositado de forma automática, sem contato manual do eleitor, em local previamente lacrado. § 4º Após o fim da votação, a Justiça Eleitoral realizará, em audiência pública, auditoria independente do software mediante o sorteio de 2% (dois por cento) das urnas eletrônicas de cada Zona Eleitoral, respeitado o limite mínimo de 3 (três) máquinas por município, que deverão ter seus votos em papel contados e comparados com os resultados apresentados pelo respectivo boletim de urna. § 5º É permitido o uso de identificação do eleitor por sua biometria ou pela digitação do seu nome ou número de eleitor, desde que a máquina de identificar não tenha nenhuma conexão com a urna eletrônica"*].

ADI 4543/DF, rel. Min. Cármen Lúcia, 6.11.2013. (ADI-4543)

Voto impresso e art. 14 da CF - 2

Asseverou-se que, nos termos do *caput* da norma questionada, seria permitido ao eleitor conferir seu voto, pois associado o conteúdo desse ato de cidadania com a assinatura digital da urna. Entretanto, anotou-se que a inviolabilidade e o segredo do voto supõem a impossibilidade de se ter, no exercício do voto ou no próprio voto, qualquer forma de identificação pessoal. Registrou-se, ademais, que o sigilo da votação também estaria comprometido caso ocorresse falha na impressão ou travamento de papel na urna eletrônica, visto que necessária intervenção humana para resolver o problema, o que exporia os votos registrados até então. Além disso, em eventual pedido de recontagem, seria novamente possível a identificação dos eleitores. Salientou-se que a introdução de impressoras potencializaria falhas e impediria o transcurso regular dos trabalhos nas diversas seções eleitorais. O módulo impressor, além de apresentar problemas de conexão, seria vulnerável a fraudes. Ademais, haveria a possibilidade de cópia, adulteração e troca de votos decorrente da votação impressa. Seria também maior a vulnerabilidade do sistema, porque o voto impresso não atingiria o objetivo de possibilitar a recontagem e a auditoria.

ADI 4543/DF, rel. Min. Cármen Lúcia, 6.11.2013. (ADI-4543)

Voto impresso e art. 14 da CF - 3

Lembrou-se que o voto impresso teria sido anteriormente previsto, por força da Lei 10.408/2002, mas não teria sido levado a efeito em razão das dificuldades jurídicas e materiais constatadas. Por esse motivo, promulgara-se a Lei 10.740/2003, que abandonara aquele modelo, segundo o qual o voto digital era impresso e depositado em urna lacrada. Rememorou-se, ademais, que a partir da implementação paulatina do voto eletrônico, desde 1996, abandonara-se a impressão de votos, para incrementar o segredo desse ato, conforme assegurado na Constituição. A respeito, discorreu-se que o segredo do voto seria conquista destinada a garantir a inviolabilidade do querer democrático do eleitor e a intangibilidade do seu direito por qualquer forma de pressão. Registrou-se que a história do País conteria diversos vícios nos processos eleitorais, que teriam sido consideravelmente atenuados com o sistema de votação eletrônica. Retroagir nesse ponto configuraria afronta à Constituição, e a impressão do voto feriria o direito ao segredo. Consignou-se que o cidadão não poderia ser compelido a prestar contas sobre seu voto, porquanto a urna seria espaço de liberdade cidadã, onde ele poderia realizar sua escolha livre e inquestionável, não podendo ser tolhido pelo exigir do outro, sob pena de viciar todo o sistema.

ADI 4543/DF, rel. Min. Cármen Lúcia, 6.11.2013. (ADI-4543)

Voto impresso e art. 14 da CF - 4

Frisou-se que, se o ato de votar seria próprio, não haveria necessidade de prová-lo ou de prestar contas. Corroborou-se que o sistema seria dotado de segurança incontestável, como reiteradamente demonstrado. Acentuou-se que eventual vulneração do segredo do voto comprometeria não apenas o art. 14 da CF (*"A soberania popular será exercida pelo sufrágio universal e pelo voto direto e secreto, com valor igual para todos, e, nos termos da lei, mediante: ..."*), mas também o art. 60, § 4º, II (*"§ 4º - Não será objeto de deliberação a proposta de emenda tendente a abolir: ... II - o voto direto, secreto, universal e periódico"*), que é núcleo imodificável do sistema. Acresceu-se que o § 2º do dispositivo questionado retiraria o segredo do voto, pois o número de identificação associado à assinatura digital poderia favorecer a coação de eleitores pela possibilidade de vincular o voto a compromissos espúrios. O eleitor seria identificado e poderia ser compelido a comprovar sua ação na cabine de votação. Explicou-se que o sistema atual permitiria que o resultado fosse transmitido às centrais sem a identificação do eleitor e com alteração sequencial dos eleitores a cada sessão, a reforçar o segredo. Sublinhou-se, ademais, que a impressão do voto criaria discrímen em relação às pessoas com deficiência visual e aos analfabetos, que não teriam como identificar seus votos, razão pela qual pediriam ajuda de terceiros, em violação ao direito de sigilo constitucionalmente assegurado. Destacou-se o princípio *"um eleitor, um voto"*, conquista recente que seria reforçada no sistema eletrônico, pois somente seria aberta a urna após a identificação do eleitor, que não seria substituído e não votaria mais de uma vez. Entretanto, vedada a conexão entre o instrumento de identificação e a respectiva urna, nos termos da lei questionada, possibilitar-se-ia a permanência da abertura da urna, e o eleitor poderia votar mais de uma vez, a contrariar a garantia da unidade eleitor e voto. Esse princípio sustentaria a democracia representativa, haja vista que asseguraria a correlação entre o conteúdo das urnas e a vontade do eleitorado.

ADI 4543/DF, rel. Min. Cármen Lúcia, 6.11.2013. (ADI-4543)

25. DIREITO ELEITORAL — 805

Voto impresso e art. 14 da CF - 5
Pontuou-se que a justiça eleitoral estaria em constante aperfeiçoamento de rigoroso sistema de segurança, paralelamente ao sistema de informatização, o que garantiria total inviolabilidade e transparência da votação eletrônica. Destacou-se, ainda, a Lei 10.740/2003, que instituíra o Registro Digital de Voto - RDV, a permitir o armazenamento dos votos em formato digital e a resguardar o sigilo. Com o RDV seria possível recontar os votos de forma automatizada, sem comprometer o segredo dos votos ou a credibilidade do sistema de votação. Além disso, os interessados poderiam auditar o sistema antes, durante e depois das eleições. Mencionou-se, também, outro sistema de segurança, a denominada "*votação paralela*", uma simulação realizada um dia antes das eleições, monitorada por empresa de auditoria externa e acompanhada pela imprensa, pelo Ministério Público, pela OAB e por fiscais dos partidos. O Ministro Celso de Mello sublinhou o art. 312 do Código Eleitoral, a tipificar o crime de violar ou tentar violar o sigilo do voto, o que demonstraria a gravidade dessa prática. Além disso, destacou que esse diploma estabeleceria, em seu art. 220, a sanção da nulidade de votação, quando preterida a formalidade essencial do sigilo dos sufrágios.
ADI 4543/DF, rel. Min. Cármen Lúcia, 6.11.2013. (ADI-4543) (Inform. STF 727)

6. PARTIDOS POLÍTICOS

Partidos políticos: apoiamento de eleitores não filiados e limite temporal para fusão - 1
O Plenário, por maioria, indeferiu pedido formulado em medida cautelar em ação direta de inconstitucionalidade, ajuizada em face do art. 2º da Lei 13.107/2015, na parte que alterara os artigos 7º e 29 da Lei dos Partidos Políticos ["Art. 2º Os arts. 7º, 29 e 41-A da Lei no 9.096, de 19 de setembro de 1995, passam a vigorar com as seguintes alterações: 'Art. 7º § 1º Só é admitido o registro do estatuto de partido político que tenha caráter nacional, considerando-se como tal aquele que comprove o apoiamento de eleitores não filiados a partido político, correspondente a, pelo menos, 0,5% (cinco décimos por cento) dos votos dados na última eleição geral para a Câmara dos Deputados, não computados os votos em branco e os nulos, distribuídos por 1/3 (um terço), ou mais, dos Estados, com um mínimo de 0,1% (um décimo por cento) do eleitorado que haja votado em cada um deles.' 'Art.29 (...) § 9º Somente será admitida a fusão ou incorporação de partidos políticos que hajam obtido o registro definitivo do Tribunal Superior Eleitoral há, pelo menos, 5 (cinco) anos.'"]. O Tribunal esclareceu que a Constituição asseguraria a liberdade de criação, fusão, extinção e incorporação de partidos políticos, como expressão do princípio democrático e do pluripartidarismo (CF, art. 17). Portanto, estaria garantida no ordenamento jurídico-constitucional a liberdade dos partidos políticos de se articularem, desde que observada a imperatividade do caráter nacional das agremiações — controle quantitativo — e do cunho democrático de seus programas — controle qualitativo ou ideológico. Destacou que a necessidade de aperfeiçoamento do controle quantitativo e qualitativo dos partidos justificaria o advento das normas impugnadas. Observou que haveria agremiações intituladas formalmente como partidos políticos sem qualquer substrato eleitoral. Essas legendas estariam habilitadas a receber parcela do fundo partidário e a disputar tempo de televisão sem difundir, contudo, ideias e programas. Elas atuariam em deferência a outros interesses partidários, especialmente para obtenção de vantagens particulares para os seus dirigentes. Esses partidos seriam objeto de comércio em que se venderiam interesses e se pagaria com futuro.
ADI 5311-MC/DF, rel. Min. Cármen Lúcia, 30.9.2015. (ADI-5311)

Partidos políticos: apoiamento de eleitores não filiados e limite temporal para fusão - 2
A Corte asseverou que a imperatividade de urgente legitimação dos partidos também decorreria de seu acesso ao Fundo Partidário, dinheiro público a que fariam jus. As verbas desse Fundo teriam assumido importância nuclear para a sobrevivência dos partidos e, mesmo em tempos de depressão econômica, houvera vultoso aumento desses valores. Assim, o aperfeiçoamento dos mecanismos de controle quantitativo e qualitativo na formação dos partidos, buscado na legislação questionada, assumiria também a função de tutela do princípio da eficiência administrativa dos recursos públicos, na medida em que, sem coibir a formação de novas agremiações, lhes atribuiria maior expressividade, de modo a estancar gastos públicos vultosos, seja na repartição do fundo partidário, seja pelo acesso aos horários de propaganda em rádio e televisão, também subsidiados pelo contribuinte. Frisou que a proliferação indiscriminada de partidos sem coerência ou respaldo social

importaria em risco institucional e conduziria ao desalento democrático. Além disso, poderia transformar o sadio pluripartidarismo em caos político. Salientou que as normas analisadas teriam como fundamento a tentativa de incentivar a utilização de mecanismos da democracia representativa, a reforçar a legitimidade e o compromisso do eleitor e do partido no qual se depositara o seu aval. Ademais, a fidelidade partidária irradiaria efeitos a alcançar todos os filiados, já que as exigências democráticas que vinculariam o funcionamento interno dos partidos atingiriam não apenas os filiados mandatários como também a base. Realçou que a limitação criada pela norma em análise, quanto ao apoio para a criação de novos partidos, a qual ficaria restrita aos cidadãos sem filiação partidária, estaria em conformidade com o regramento constitucional relativo ao sistema representativo.
ADI 5311-MC/DF, rel. Min. Cármen Lúcia, 30.9.2015. (ADI-5311)

Partidos políticos: apoiamento de eleitores não filiados e limite temporal para fusão - 3
O Tribunal consignou, ainda, que a exigência temporal para se levar a efeito fusões e incorporações entre partidos asseguraria o atendimento do compromisso do cidadão com a sua opção partidária, o que evitaria o estelionato eleitoral ou a reviravolta política contra o apoio dos eleitores, então filiados. Na espécie, a norma distinguiria cidadãos filiados e não filiados para o exclusivo efeito de conferência de legitimidade do apoio oferecido à criação de novos partidos políticos. O objetivo único seria a garantia de coesão, coerência e substância ao modelo representativo instrumentalizado pela atuação partidária. Trataria, portanto, de cidadãos distintos em seu exercício cívico, livre em relação a suas opções políticas. Assim sendo, constitucionalmente livres, não seriam civicamente irresponsáveis nem descomprometidos com as suas escolhas formalizadas. Além disso, o descompromisso com a atuação política atingiria todos em uma sociedade. A disseminação de práticas antidemocráticas que iriam desde a compra e venda de votos ao aluguel de cidadãos e de partidos inteiros deveriam ser combatidas pelo legislador, sem prejuízo da autonomia partidária. Portanto, as normas objurgadas tenderiam a enfraquecer essa lógica mercantilista e nada republicana de prática política. Concluiu que não se teria demonstrado, na hipótese dos autos, ingerência estatal na autonomia constitucional dos partidos políticos. Vencido o Ministro Dias Toffoli, que concedia a medida cautelar para suspender, com efeito "ex nunc", a eficácia dos dispositivos atacados por julgá-los incompatíveis com a disciplina do art. 17 da CF.
ADI 5311-MC/DF, rel. Min. Cármen Lúcia, 30.9.2015. (ADI-5311) (Inform. STF 801)

Partidos políticos: direito de antena, acesso ao Fundo Partidário e ativismo congressual - 1
O Plenário, por maioria, julgou procedente pedido formulado em ação direta para declarar a inconstitucionalidade dos artigos 1º e 2º da Lei 12.875/2013, que, ao promoverem alterações nas Leis 9.096/1995 e 9.504/1997, restringem, aos novos partidos políticos, criados após a realização das eleições para a Câmara dos Deputados, qualquer acesso aos recursos do Fundo Partidário, bem como qualquer tempo destinado à propaganda eleitoral. De início, o Colegiado destacou que as disposições ora impugnadas decorreriam de superação legislativa da interpretação conferida pelo STF ao art. 47, § 2º, II, da Lei 9.504/1997 (ADI 4.430/DF, DJe de 19.9.2013 e ADI 4.795/DF, DJe de 30.10.2013). Na oportunidade, o Tribunal dera interpretação conforme ao preceito questionado, para salvaguardar dos partidos novos, criados após a realização de eleições para a Câmara dos Deputados, o direito de acesso proporcional aos dois terços do tempo destinado à propaganda eleitoral gratuita no rádio e na televisão. Poucos meses após o julgamento dos casos supracitados, o Congresso editara a Lei 12.875/2013 que, em sentido oposto ao pronunciamento da Corte, subtraíra dessas novas legendas o acesso aos recursos do Fundo e ao direito de antena. Caberia perquirir, portanto, quais os limites de reações legislativas a decisões proferidas pelo STF, tendo em vista o impacto na esfera de liberdade de conformação do legislador. Nesse sentido, o Tribunal deteria a última palavra no que se refere à interpretação da Constituição, imune a qualquer controle democrático. Não se ignoraria, entretanto, a legitimidade, em algumas hipóteses, do ativismo congressual, ou seja, de reversão legislativa a decisões da Corte, desde que observadas algumas balizas constitucionais. Nesses casos, o Legislativo buscaria reverter situações de autoritarismo judicial ou de comportamento antidialógico, incompatível com a separação de poderes. Ao legislador seria, assim, franqueada a capacidade de interpretação da Constituição, a despeito de decisões de inconstitucionalidade proferidas pelo STF. Seria possível extrair as seguintes conclusões a respeito do tema: a) o Tribunal não subtrai "ex

VADE MECUM DE JURISPRUDÊNCIA – STF/STJ

ante" a faculdade de correção legislativa pelo constituinte reformador ou pelo legislador ordinário; b) no caso de reversão jurisprudencial via emenda constitucional, a invalidação somente ocorrerá nas hipóteses estritas de ultraje aos limites do art. 60 da CF; e c) no caso de reversão jurisprudencial por lei ordinária, excetuadas as situações de ofensa evidente ao texto constitucional, a Corte tem adotado comportamento de autorrestrição e de maior deferência às opções políticas do legislador.
ADI 5105/DF, rel. Min. Luiz Fux, 1º.10.2015. (ADI-5105)

Partidos políticos: direito de antena, acesso ao Fundo Partidário e ativismo congressual - 2
O Tribunal assinalou que seria prudente não se atribuir a qualquer órgão, fosse do Judiciário, fosse do Legislativo, a faculdade de pronunciar, em solução de definitividade, a última palavra sobre o sentido da Constituição. O próprio texto constitucional desafiaria esse entendimento. Em primeiro lugar, os efeitos vinculantes das decisões proferidas em sede de controle abstrato não atingem o Legislativo (CF, artigos 102, § 2º; e 103-A), de modo a ser perfeitamente possível a edição de emendas constitucionais ou leis ordinárias acerca do assunto objeto de pronunciamento judicial. Em segundo lugar, o dever de fundamentação das decisões judiciais (CF, art. 93, IX), impõe que o STF, mesmo nas hipóteses de correção legislativa de sua jurisprudência, enfrente a controvérsia à luz dos novos argumentos expendidos pelo legislador para reverter o precedente. Além disso, desconsiderar que as demais instituições sejam intérpretes autorizados da Constituição poderia propiciar certa acomodação ou desinteresse nos demais atores em interpretar o texto constitucional. Ademais, a perspectiva juriscêntrica de hermenêutica constitucional também estimula comportamentos irresponsáveis na conformação da Constituição pelo legislador. Assim, o STF deveria proceder como catalisador deliberativo, promovendo a interação e o diálogo institucional, de modo a maximizar a qualidade democrática na obtenção dos melhores resultados em termos de apreensão do significado constitucional. Portanto, o legislador poderia, por emenda constitucional ou lei ordinária, superar a jurisprudência, reclamando posturas distintas da Corte. Se veiculada por emenda, altera-se o próprio parâmetro amparador da jurisprudência. Nessas situações, a invalidade da emenda somente poderá ocorrer nas hipóteses de descumprimento do art. 60 da CF. Se, porém, introduzida por legislação ordinária, a norma que frontalmente colidir com a jurisprudência do Tribunal nasce com presunção de inconstitucionalidade, de sorte que caberia ao legislador o ônus de demonstrar, argumentativamente, que a correção do precedente se afigura legítima, e que o posicionamento jurisprudencial deve ser superado, tendo em conta novas premissas fáticas e jurídicas. Assim, a novel legislação que frontalmente colidisse com a jurisprudência se submeteria a um escrutínio de constitucionalidade mais rigoroso.
ADI 5105/DF, rel. Min. Luiz Fux, 1º.10.2015. (ADI-5105)

Partidos políticos: direito de antena, acesso ao Fundo Partidário e ativismo congressual - 3
O Colegiado apontou que, no caso em debate, a análise da justificação do projeto de lei que desaguara na norma supracitada revelaria a inaptidão dos fundamentos ali expendidos para legitimar a reversão da interpretação fixada pelo STF na matéria. Os fundamentos seriam: a) as migrações que ocorrem durante a legislatura vulneram a previsibilidade institucional na distribuição dos recursos dos fundos partidários e do horário de propaganda; b) essas alterações geram um cenário de insegurança jurídica; c) a medida legislativa visa a valorizar os partidos políticos, de modo a evitar disfunções no sistema partidário; d) perenidade do partido enquanto instrumento do pluralismo político; e e) o art. 17, § 3º, da CF seria observado com a distribuição equitativa dos 5% dos recursos do Fundo Partidário e do 1/3 do horário de propaganda eleitoral. Não haveria, no projeto, enfrentamento aos fundamentos das ações diretas de inconstitucionalidade referidas, e os argumentos não seriam capazes de infirmar a tese então exarada pela Corte. Na oportunidade, o Plenário asseverara que o art. 17 da CF, que consagra o direito político fundamental da liberdade de criação de partidos, tutela, igualmente, as agremiações que tenham representação no Congresso, sendo irrelevante perquirir se essa representatividade resulta da criação de nova legenda no curso da legislatura. Além disso, também ficara consignado que erigir a criação de novos partidos como hipótese caracterizadora de justa causa para as migrações partidárias, somada ao direito constitucional de livre criação de novas legendas, impõe a conclusão inescapável de que é defeso privar as prerrogativas inerentes à representatividade política do parlamentar. Por sua vez, a justificação do projeto de lei se limitara a afirmar, genericamente, que a regulamentação da matéria, excluindo dos partidos criados o direito de antena e o Fundo

Partidário, fortaleceria as agremiações, sem enfrentar os fundamentos das ações diretas. Portanto, a inconstitucionalidade das normas em questão se agrava, porquanto a decisão do STF fora ancorada em sólida construção argumentativa calcada em cláusulas pétreas. Em tese, a nova legislação que afrontasse decisões do Tribunal nasceria com presunção relativa de inconstitucionalidade, mas, na espécie, a inconstitucionalidade da lei seria evidente.
ADI 5105/DF, rel. Min. Luiz Fux, 1º.10.2015. (ADI-5105)

Partidos políticos: direito de antena, acesso ao Fundo Partidário e ativismo congressual - 4
O Plenário reputou, também, que as normas em debate seriam inconstitucionais por afrontarem as condições de funcionamento das instituições democráticas. A restrição imposta pela nova lei às novas legendas justificaria a intervenção do STF, pois se cuidaria de tentativa de inviabilizar os canais de acesso e de participação daqueles que estão fora do jogo democrático. Seria dever da Corte otimizar e aperfeiçoar o processo democrático, de sorte a: a) corrigir as patologias que desvirtuem o sistema representativo, máxime quando obstruam as vias de expressão e os canais de participação política; e b) proteger os interesses e direitos dos grupos políticos minoritários, cujas demandas dificilmente encontram eco nas deliberações majoritárias. A discussão acerca dos critérios de distribuição dos recursos do Fundo Partidário e do horário de propaganda eleitoral encerram importantes ferramentas de viabilização e desenvolvimento dessa engenharia democrática, impactando decisivamente no pleito eleitoral. Com a imposição de severas limitações ao Fundo Partidário e ao direito de antena, as novas agremiações seriam alijadas do processo político. Por esses motivos, a reação jurisprudencial materializada na Lei 12.875/2013, ao subtrair dos partidos novos, criados no curso da legislatura, o direito de antena e o acesso a recursos do Fundo Partidário remanesceria eivada de inconstitucionalidade, na medida em que, além de o legislador não ter logrado trazer novos e consistentes fundamentos para infirmar o pronunciamento da Corte, o diploma inviabiliza, no curto prazo, o funcionamento e o desenvolvimento de minorias político-partidárias, em ofensa aos postulados do pluralismo político e da liberdade partidária (CF, art. 17, § 3º). Vencidos os Ministros Edson Fachin, Teori Zavascki, Gilmar Mendes, Celso de Mello e Ricardo Lewandowski (Presidente), que julgavam o pedido improcedente.
ADI 5105/DF, rel. Min. Luiz Fux, 1º.10.2015. (ADI-5105) (Inform. STF 801)

Sistema majoritário e fidelidade partidária - 1
A perda do mandato em razão de mudança de partido não se aplica aos candidatos eleitos pelo sistema majoritário, sob pena de violação da soberania popular e das escolhas feitas pelo eleitor. Essa a conclusão do Plenário, que julgou procedente pedido formulado em ação direta para declarar inconstitucional o termo "ou vice", constante do art. 10, e a expressão "e, após 16 (dezesseis) de outubro corrente, quanto a eleitos pelo sistema majoritário", constante do art. 13, ambos da Resolução 22.610/2007 do TSE ["Art. 10. Julgando procedente o pedido, o tribunal decretará a perda do cargo, comunicando a decisão ao presidente do órgão legislativo competente para que emposse, conforme o caso, o suplente ou o vice, no prazo de 10 (dez) dias. ... Art. 13. Esta Resolução entra em vigor na data de sua publicação, aplicando-se apenas às desfiliações consumadas após 27 (vinte e sete) de março deste ano, quanto a mandatários eleitos pelo sistema proporcional, e, após 16 (dezesseis) de outubro corrente, quanto a eleitos pelo sistema majoritário"]. Ademais, conferiu interpretação conforme à Constituição ao termo "suplente", constante do citado art. 10, com a finalidade de excluir do seu alcance os cargos do sistema majoritário. Preliminarmente, o Colegiado assentou o cabimento da ação direta. No ponto, assinalou que, embora a Resolução 22.610/2007 do TSE, já tivesse sido objeto de controle concentrado perante o STF [ADI 3.999/DF (DJe de 17.4.2009) e ADI 4.086/DF (DJe de 17.4.2009)], a Corte apenas se pronunciara sobre a constitucionalidade formal da norma. Além disso, a questão da legitimidade constitucional da perda de mandato nas hipóteses de cargos eletivos do sistema majoritário não teria sido suscitada anteriormente, e não houvera decisão a respeito, muito embora a causa de pedir, na hipótese, fosse aberta. No mérito, o Plenário comparou os sistemas eleitorais praticados no Brasil: majoritário e proporcional. O majoritário, utilizado para eleição de prefeito, governador, senador e do presidente da República, contemplaria o candidato que obtivesse o maior número de votos, e os dos demais candidatos seriam desconsiderados. O proporcional, por sua vez, adotado para eleição de vereador, deputado estadual e deputado federal, contemplaria os partidos políticos. O número de cadeiras que cada um deles teria na Casa Legislativa estaria relacionado à votação obtida na circunscrição. No sistema aqui adotado, de lista aberta, o eleitor escolheria um candidato da lista apresentada pelo partido, sem

ordem predeterminada. A ordem de obtenção das cadeiras seria ditada pela votação que os candidatos, individualmente, obtivessem. Porém, o sucesso individual dependeria impreterivelmente da quantidade de votos recebida pelo partido ao qual filiados (quociente partidário). Esse sistema apresentaria várias disfunções: o custo elevado de campanha, o fato de cerca de 7% dos candidatos, apenas, serem eleitos com votação própria, e a criação de disputa direta e personalista entre candidatos de um mesmo partido.
ADI 5081/DF, rel. Min. Roberto Barroso, 27.5.2015. (ADI-5081)

Sistema majoritário e fidelidade partidária - 2
O Colegiado analisou que a Constituição atual optara por desenho institucional que fortalecesse os partidos políticos, inclusive mediante a criação do fundo partidário e da garantia do acesso gratuito ao rádio e à televisão (CF, art. 17, § 3º). Esse cenário, somado com a possibilidade de criação de coligações nas eleições proporcionais, permitiria que partidos sem densidade mínima para atingir o quociente eleitoral conseguissem representatividade. Assim, haveria multiplicidade de partidos, a destacar as chamadas "legendas de aluguel", existentes somente para obter dinheiro do fundo partidário e acesso aos meios de comunicação. A política ficaria afastada do interesse público e se tornaria negócio privado. Nesse cenário, surgiria a tradição de infidelidade partidária, a culminar em posicionamento do STF sobre o tema [MS 26.602/DF (DJe de 17.10.2008), MS 26.603/DF (DJe de 19.12.2008) e MS 26.604/DF (DJe de 3.10.2008)]. A Corte, à época, chancelara entendimento no sentido do dever constitucional de observância da regra de fidelidade partidária, possuindo como pano de fundo o sistema proporcional. Posteriormente, o TSE editara a resolução ora em debate, para aduzir que a mesma linha de entendimento seria aplicável quanto ao sistema majoritário, aos fundamentos de centralidade dos partidos políticos no regime democrático e de os candidatos do sistema majoritário também se beneficiarem da estrutura partidária para se elegerem. O Plenário reputou, entretanto, que haveria fundamento constitucional consistente apenas para vincular a regra da fidelidade partidária ao sistema proporcional. Sucede que, no sistema majoritário, como a regra seria da maioria de votos e não do quociente eleitoral, o candidato eleito seria o mais bem votado. Portanto, não seria necessário impor a fidelidade partidária como medida para preservar a vontade do eleitor. Não se trataria de corolário natural do princípio da soberania popular (CF, artigos 1º, parágrafo único; e 14). Ao contrário, no sistema majoritário, a imposição da perda do mandato por infidelidade partidária seria antagônica à soberania popular. Nos pleitos dessa natureza, os eleitores votariam em candidatos e não em partidos (CF, art. 77, § 2º). Embora fosse relevante o papel dos partidos, não se poderia invocar seu fortalecimento como fundamento para violar a soberania popular, ao retirar mandatos de candidatos escolhidos legitimamente por votação majoritária. Em suma, a Resolução 22.610/2007 do TSE, ao igualar os sistemas proporcional e majoritário para fins de fidelidade partidária, violaria as características essenciais dos sistemas eleitorais, extrapolaria a jurisprudência da Corte sobre o tema e, sobretudo, violaria a soberania popular.
ADI 5081/DF, rel. Min. Roberto Barroso, 27.5.2015. (ADI-5081) (Inform. STF 787)

AG. REG. NO ARE N. 824.751-DF

RELATOR: MIN. LUIZ FUX
Ementa: AGRAVO REGIMENTAL NO RECURSO EXTRAORDINÁRIO COM AGRAVO. ELEITORAL. PARTIDO POLÍTICO. DESAPROVAÇÃO DE CONTAS. SUSPENSÃO DAS QUOTAS DO FUNDO PARTIDÁRIO. AUSÊNCIA DE PRELIMINAR FUNDAMENTADA DE REPERCUSSÃO GERAL. ARTIGO 543-A, § 2º, DO CÓDIGO DE PROCESSO CIVIL C.C. ARTIGO 327, § 1º, DO RISTF.
1. A repercussão geral é requisito de admissibilidade do apelo extremo, por isso o recurso extraordinário é inadmissível quando não apresentar preliminar formal de transcendência geral ou quando esta não for suficientemente fundamentada (Questão de Ordem no AI 664.567, Rel. Min. Sepúlveda Pertence, Plenário, DJ de 6/9/2007).
2. A demonstração das questões relevantes do ponto de vista econômico, político, social ou jurídico, que ultrapassem os interesses subjetivos das partes, deve ser realizada em tópico específico, devidamente fundamentado, no recurso extraordinário, não nas razões do agravo regimental. Incidência do óbice da preclusão consumativa.
3. *In casu*, o acórdão extraordinariamente recorrido assentou: *"AGRAVO REGIMENTAL. AGRAVO. EXERCÍCIO FINANCEIRO DE 2010. PRESTAÇÃO DE CONTAS. PARTIDO POLÍTICO. DIRETÓRIO ESTADUAL. DESAPROVAÇÃO. FALHAS QUE COMPROMETEM O CONTROLE DAS CONTAS PELA JUSTIÇA*

ELEITORAL. RECURSO ESPECIAL. INADMISSÃO NA ORIGEM. INSURGÊNCIA QUE NÃO ATACA OS FUNDAMENTOS DA DECISÃO DO PRESIDENTE DO TRE. INCIDÊNCIA DA SÚMULA Nº 182/STJ. DESPROVIMENTO."
4. Agravo regimental **DESPROVIDO. (Inform. STF 785)**

ADI: Lei das Eleições e prazo de registro de partido político
Reveste-se de constitucionalidade a regra contida no art. 4º da Lei 9.504/1997, que exige prazo mínimo de um ano de existência para que partidos políticos possam concorrer em eleições. Com base nessa orientação, o Plenário confirmou medida cautelar e reputou improcedente pedido formulado em ação direta ajuizada contra o citado artigo ("Art. 4º. Poderá participar das eleições o partido que, até um ano antes do pleito, tenha registrado seu estatuto no Tribunal Superior Eleitoral, conforme o disposto em lei, e tenha, até a data da convenção, órgão de direção constituído na circunscrição, de acordo com o respectivo estatuto"). Em acréscimo, o Ministro Luiz Fux asseverou que o processo eleitoral seria da competência da União e, por consequência, não haveria afronta à Constituição.
ADI 1817/DF, rel. Min. Dias Toffoli, 28.5.2014. (ADI-1817) (Inform. STF 748)

7. NÚMERO DE PARLAMENTARES

Redefinição de número de parlamentares - 18
Em conclusão de julgamento, o Plenário, por maioria, julgou procedentes os pedidos formulados em ações diretas de inconstitucionalidade para declarar a inconstitucionalidade do parágrafo único do art. 1º da LC 78/1993, e da Resolução TSE 23.389/2013 — v. Informativos 750 e 751. O Tribunal sublinhou que a celeuma em torno da distribuição de cadeiras entre os Estados-membros não seria exclusividade brasileira, mas, tema sensível em qualquer país que adotasse o modelo federado, razão pela qual seria objeto de preocupação do legislador brasileiro desde a CF/1891. Observou que se trataria de controvérsia acerca do número de representantes da população que pudessem levar as demandas dos Estados-membros ao cenário político nacional. Salientou que a Câmara dos Deputados seria a caixa de ressonância do povo, o que demonstraria a dimensão política da controvérsia. Registrou a permanente alteração na base de cálculo para a definição do número de parlamentares, porque flutuante no tempo e no espaço o contingente populacional de cada unidade da Federação. Além disso, lembrou que o número de entes federados também poderia sofrer alterações. Consignou que todos os critérios de representação proporcional teriam vantagens e desvantagens, e nenhum deles seria capaz de alcançar a perfeita proporcionalidade das representações políticas. Analisou que, a partir dessa constatação, o número de representantes dos entes federados estaria ligado a ampla discricionariedade e a carga valorativa. Constatou que, à exceção da EC 1/1969, que alterou a base de cálculo "população" para "número de eleitores", os demais textos constitucionais pátrios seriam fiéis ao fator "população". No tocante à fixação do número de representantes, a Corte explicitou que a CF/1934 delegou essa função ao TSE; a EC 8/1967, à Justiça Eleitoral; os demais textos constitucionais exigem a fixação do número de representantes pela via legislativa ordinária ou por lei complementar, como a CF/1988. Concluiu, no ponto, que a tradição histórica do federalismo brasileiro não permitiria a delegação à Justiça Eleitoral ou ao TSE da responsabilidade de fixar o número de representantes. Registrou que o comando contido no art. 45, § 1º, da CF, não contemplaria inferência no sentido de que a lei complementar poderia estabelecer o número total de deputados sem a fixação, de imediato e em seu bojo, da representação por ente federado, para delegar implicitamente essa responsabilidade política ao TSE. Afirmou que o texto constitucional impõe o estabelecimento, por lei complementar, tanto do número total de deputados, quanto da representação por cada Estado-membro e Distrito Federal. Depreendeu, a partir das Constituições anteriores, que quando o constituinte pretendera delegar essa atribuição ao TSE, fizera-o expressamente. Lembrou que o art. 2º, § 2º, do ADCT é expresso ao autorizar o TSE à edição de normas regulamentadoras do plebiscito de 1993. **ADI 4947/DF, rel. orig. Min. Gilmar Mendes, red. p/ o acórdão Min. Rosa Weber. ADI 5020/DF, rel. orig. Min. Gilmar Mendes, red. p/ o acórdão Min. Rosa Weber. ADI 5028/DF, rel. orig. Min. Gilmar Mendes, red. p/ o acórdão Min. Rosa Weber. ADI 5130 MC/DF, rel. orig. Min. Gilmar Mendes, red. p/ o acórdão Min. Rosa Weber. ADI 4963/PB, rel. Min. Rosa Weber, 25.6.2014 e 1º.7.2014. ADI 4965/PB, rel. Min. Rosa Weber, 25.6.2014 e 1º.7.2014.**

Redefinição de número de parlamentares - 19

A Corte asseverou que, a partir da LC 78/1993, não se poderia extrair fundamento para a fixação do número de representantes por ente federado à maneira empreendida pela Resolução TSE 23.389/2013, tampouco delegação para esse fim. Reconheceu que o TSE desempenharia papel fundamental na normatização, organização e arbitramento do processo político eleitoral. Acresceu que essas atribuições, realizadas por órgão técnico, especializado e independente, representariam aperfeiçoamento do Estado Democrático de Direito, no sentido de oferecer-lhe segurança e legitimidade. Reputou que as exigências de autonomia e independência demandariam mecanismos aptos e eficazes para o desempenho das funções do órgão, o que incluiria necessariamente a competência para editar atos normativos. Ressalvou não haver perfeita identidade entre a função normativa "sui generis" do TSE, exercida na esfera administrativa, e a função tradicionalmente exercida pela Administração Pública de regulamentar leis, de modo a viabilizar seu cumprimento, ou editar regulamento autônomo. Assinalou que a competência para editar normas da Justiça Eleitoral não extrapolaria o que especificado em lei complementar, ato qualificado do Parlamento. Consignou que, embora apto a produzir efeitos normativos abstratos com força de lei, o poder normativo do TSE teria limites materiais condicionados aos parâmetros fixados pelo legislador. Nesse sentido, a norma de caráter regulatório preservaria sua legitimidade quando cumprisse o conteúdo material da legislação eleitoral. O Colegiado ponderou que poderiam ser criadas regras novas, desde que preservada a ordem vigente de direito. Aduziu que delegações demasiado amplas não seriam compatíveis com a Constituição. Sublinhou que ao TSE não competiria legislar, mas promover a normatização da legislação eleitoral. Alertou, entretanto, que isso não significaria reduzir o poder normativo para preencher lacunas. Frisou que o art. 45, § 1º, da CF, contempla dois comandos distintos destinados ao legislador complementar: estabelecer o número total de deputados e a representação por Estados-membros e pelo Distrito Federal, proporcionalmente à população, respeitados os limites de oito a 70 assentos por ente federado. Pontuou que a LC 78/1993 é omissa quanto a este segundo comando, e não o concretiza no que se refere à proporcionalidade. Por outro lado, a norma complementar não atribui ao TSE a escolha de critério para calcular a representação proporcional. Deduziu que, ao confiar determinada matéria ao legislador complementar, a Constituição exigiria dele uma escolha valorativa. Desse modo, a força normativa da Constituição ao convocar o legislador complementar seria análoga à constrição exercida sobre a atuação do constituinte estadual. Assim, não existiria autorização para que o TSE exercesse juízo de valor quanto ao critério de cálculo de representação proporcional, sem qualquer parâmetro que vinculasse essa atividade. Reputou que a renúncia do legislador complementar ao exercício de sua competência exclusiva não se prestaria a legitimar o preenchimento de lacuna pelo TSE. **ADI 4947/DF, rel. orig. Min. Gilmar Mendes, red. p/ o acórdão Min. Rosa Weber. ADI 5020/DF, rel. orig. Min. Gilmar Mendes, red. p/ o acórdão Min. Rosa Weber. ADI 5028/DF, rel. orig. Min. Gilmar Mendes, red. p/ o acórdão Min. Rosa Weber. ADI 5130 MC/DF, rel. orig. Min. Gilmar Mendes, red. p/ o acórdão Min. Rosa Weber. ADI 4963/PB, rel. Min. Rosa Weber, 25.6.2014 e 1º.7.2014. ADI 4965/PB, rel. Min. Rosa Weber, 25.6.2014 e 1º.7.2014.**

Redefinição de número de parlamentares - 20

Vencidos os Ministros Gilmar Mendes, Roberto Barroso e Dias Toffoli, que julgavam improcedentes os pedidos. O Ministro Teori Zavascki, por seu turno, julgava parcialmente procedentes os pleitos formulados para: a) conferir ao parágrafo único do art. 1º da LC 78/1993 interpretação conforme a Constituição no sentido de que a atribuição conferida ao TSE não se traduzisse propriamente numa delegação de poderes normativos, mas apenas de atribuição meramente executiva, destinada a atualizar periodicamente, no ano anterior a cada eleição, mediante simples cálculos, o número de vagas a serem disputadas; e b) assentar, por efeito de derivação, a inconstitucionalidade da Resolução TSE 23.389/2013. Em seguida, por não se ter alcançado o quórum de 2/3 de seus membros, o Tribunal, por maioria, deixou de modular os efeitos da declaração de inconstitucionalidade. Os Ministros Rosa Weber, Gilmar Mendes, Dias Toffoli, Roberto Barroso, Celso de Mello, Cármen Lúcia e Ricardo Lewandowski acolhiam a proposta de modulação. Os dois últimos estipulavam que a aludida resolução deveria vigorar até as próximas eleições, por entenderem não ser possível dar-lhe sobrevida maior do que lhe dera o TSE. Por sua vez, os Ministros Rosa Weber, Gilmar Mendes, Dias Toffoli, Roberto Barroso e Celso de Mello mantinham a vigência da Resolução TSE 23.389/2013 até a superveniência de lei complementar. Aduziam que a supressão da resolução levaria a uma situação de maior inconstitucionalidade do que a sua subsistência, ante a desproporcionalidade da representação política. De outro lado, os Ministros Marco Aurélio, Teori Zavascki, Luiz Fux e Joaquim Barbosa (Presidente) rejeitaram a referida proposta de modulação. O Ministro Marco Aurélio sublinhou que a declaração de inconstitucionalidade da mencionada resolução não inviabilizaria as eleições vindouras, que seriam realizadas mesmo que não houvesse a aludida norma. O Ministro Luiz Fux enfatizou que declarar a inconstitucionalidade da resolução e aplicá-la para as eleições configuraria "contradictio in terminis". O Ministro Teori Zavascki ressaltou que, ao contrário de outras resoluções do TSE que teriam regulado as eleições anteriores a 2014, a Resolução 23.389/2013 inovara no plano jurídico, razão pela qual fora declarada sua inconstitucionalidade. Assim, a existência, ou a inexistência, de resolução do TSE para as eleições de 2014 não faria diferença no plano jurídico. Salientou haver supervalorização da necessidade de modulação no caso. O Ministro Joaquim Barbosa realçou que seria nefasta a prática de se declarar a incompatibilidade de determinada lei com a Constituição, mas ao mesmo tempo modular os efeitos da decisão e manter o "status quo". Frisou que a segurança jurídica estaria ameaçada se a Corte reconhecesse que o TSE infringira a Constituição, mas por motivos de ordem pragmática, a resolução editada pelo TSE valesse para as próximas eleições. Advertiu que seria dever do STF fazer o que estivesse ao seu alcance para incutir no espírito dos agentes constitucionais a necessidade de se cumprir a Constituição e as leis. **ADI 4947/DF, rel. orig. Min. Gilmar Mendes, red. p/ o acórdão Min. Rosa Weber. ADI 5020/DF, rel. orig. Min. Gilmar Mendes, red. p/ o acórdão Min. Rosa Weber. ADI 5028/DF, rel. orig. Min. Gilmar Mendes, red. p/ o acórdão Min. Rosa Weber. ADI 5130 MC/DF, rel. orig. Min. Gilmar Mendes, red. p/ o acórdão Min. Rosa Weber. ADI 4963/PB, rel. Min. Rosa Weber, 25.6.2014 e 1º.7.2014. ADI 4965/PB, rel. Min. Rosa Weber, 25.6.2014 e 1º.7.2014. (Inform. STF 752)**

26. DIREITO AGRÁRIO

1. CONTRATOS AGRÁRIOS E CRÉDITOS AGRÁRIOS

DIREITO CIVIL. INAPLICABILIDADE DO ART. 30 DA LEI 9.656/1998 A CONTRATO DE PARCERIA RURAL.
No caso de extinção de contrato agrário de "Parceria rural" (arts. 96, § 1°, da Lei 4.504/1964 e 4° do Decreto 59.566/1966), não é assegurado ao parceiro outorgado o "direito de manter sua condição de beneficiário" (art. 30 da Lei 9.656/1998) em plano de saúde coletivo instituído pela sociedade empresária outorgante. Cumpre esclarecer que, nos termos dos arts. 96, § 1°, da Lei 4.504/1964 (Estatuto da Terra) e 4° do Decreto 59.566/1966, "Parceria rural" é o contrato agrário pelo qual uma pessoa - sociedade empresária outorgante (ou cedente) - se obriga a ceder a outra - parceiro outorgado (geralmente pessoa física ou conjunto familiar, representado pelo seu chefe) -, por tempo determinado ou não, (a) o uso específico de imóvel rural, de parte ou partes dele, incluindo, ou não, benfeitorias, outros bens e/ou facilidades, com o objetivo de nele ser exercida atividade de exploração agrícola, pecuária, agroindustrial, extrativa vegetal ou mista; e/ou (b) animais para cria, recria, invernagem, engorda ou extração de matérias-primas de origem animal, mediante partilha de riscos do caso fortuito e da força maior do empreendimento rural e dos frutos, produtos ou lucros havidos nas proporções que estipularem, observados os limites percentuais da lei. Como se pode verificar, essa espécie contratual possui natureza agrocivil (e não trabalhista), haja vista que, na sua execução, a prestação de serviços se dá sem pessoalidade, subordinação ou exclusividade, sendo ausente qualquer remuneração periódica, dado que o parceiro trabalhador recebe como retribuição econômica parte do resultado final de sua produção. Nesse tipo de contrato, predomina o ânimo societário, já que os contratantes se constituem de forma organizada e profissional com o intuito de gerar riquezas, compartilhando riscos e lucros do negócio jurídico, de modo a descaracterizar a existência de relação de emprego. Tanto é assim que o art. 96, VII, do Estatuto da Terra determina que "aplicam-se à parceria agrícola, pecuária, agropecuária, agro-industrial ou extrativa as normas pertinentes ao arrendamento rural, no que couber, bem como as regras do contrato de sociedade, no que não estiver regulado pela presente Lei [4.504/1964]". Além disso, a própria Justiça trabalhista possui o entendimento de que o contrato genuíno de parceria rural não implica relação de emprego nos moldes dos arts. 2° e 3° da CLT (TST, SDI-II, RO 7651-33.2012.5.04.0000, DEJT 7/8/2015). Ademais, mesmo a descaracterização, em alguns casos, da parceria agrícola para um contrato de integração vertical não se mostra apta a transmudar a natureza do vínculo: de civil para trabalhista. Por sua vez, o art. 30 da Lei 9.656/1998 assegura o direito de manter a condição de beneficiário em plano de saúde coletivo tão somente ao consumidor que, "em decorrência de vínculo empregatício, no caso de rescisão ou exoneração do contrato de trabalho sem justa causa", contribuiu para o plano. Aliás, apesar de existirem divergências doutrinárias sobre a abrangência desse dispositivo legal - a respeito, por exemplo, da sua aplicação aos diversos casos de demissão ou às outras relações de trabalho que não a de emprego -, a Terceira Turma do STJ tem feito uso da interpretação restritiva desse artigo, conforme se infere do julgamento do REsp 1.078.991-DF (DJe 16/6/2009), no qual não aplicou o aludido art. 30 à hipótese de dissolução voluntária de empregado, tendo em vista que esse dispositivo legal apenas garante o benefício de permanência no plano de saúde coletivo a trabalhador demitido ou exonerado sem justa causa. Realmente, essa exegese mais estrita do art. 30 da Lei 9.656/1998 se justifica, porquanto o foco da proteção legal é o estado de desemprego involuntário do trabalhador, que ocorre apenas nos casos de despedida sem justa causa e dispensa indireta (falta grave praticada pelo empregador). Portanto, como a hipótese de extinção de contrato agrário de parceria rural não pode ser equiparada a uma dispensa sem justa causa de trabalhador submetido ao regime celetista (art. 30 da Lei 9.656/1998) - tampouco se enquadra como aposentadoria (art. 31 da Lei 9.656/1998) -, não há como, diante da rescisão de parceria rural, assegurar ao parceiro outorgado o direito de manter sua condição de beneficiário em plano de saúde coletivo instituído pela sociedade empresária outorgante. **REsp 1.541.045-RS, Rel. Min. Ricardo Villas Bôas Cueva, julgado em 06/10/2015, DJe 15/10/2015. (Inform. STJ 571)**

DIREITO CIVIL. PRAZO PRESCRICIONAL APLICÁVEL À EXECUÇÃO FISCAL DE CRÉDITO RURAL TRANSFERIDO À UNIÃO. RECURSO REPETITIVO (ART. 543-C DO CPC E RES. 8/2008-STJ). TEMA 639.
Ao crédito rural cujo contrato tenha sido celebrado sob a égide do Código Civil de 1916, aplica-se o prazo prescricional de 20 (vinte) anos (prescrição das ações pessoais – direito pessoal de crédito), a contar da data do vencimento, consoante o disposto no art. 177 do CC/16, para que dentro dele (observado o disposto no art. 2°, § 3°, da LEF) sejam feitos a inscrição e o ajuizamento da respectiva execução fiscal, sem embargo da norma de transição prevista no art. 2.028 do CC/2002; por sua vez, para o crédito rural cujo contrato tenha sido celebrado sob a égide do Código Civil de 2002, aplica-se o prazo prescricional de 5 (cinco) anos (prescrição da pretensão para a cobrança de dívidas líquidas constantes de instrumento público ou particular), a contar da data do vencimento, consoante o disposto no art. 206, § 5°, I, do CC/2002, para que dentro dele (observado o disposto no art. 2°, § 3°, da LEF) sejam feitos a inscrição em dívida ativa e o ajuizamento da respectiva execução fiscal. A controvérsia diz respeito ao prazo prescricional para o ajuizamento da execução fiscal de dívida ativa de natureza não tributária proveniente de contratos de financiamento do setor agropecuário (negócios jurídicos), sejam eles respaldados em Cédulas de Crédito Rural (Cédula Rural Pignoratícia, Cédula Rural Hipotecária, Cédula Rural Pignoratícia e Hipotecária, Nota de Crédito Rural), sejam eles atrelados a Contratos de Confissão de Dívidas, com garantias reais ou não, mediante escritura pública ou particular assinada por duas testemunhas. Esses contratos foram originariamente firmados pelos devedores com instituições financeiras e posteriormente foram adquiridos pela União por força da MP 2.196-3/2001, tendo sido inscritos em dívida ativa, para fins de cobrança. Posto isso, cumpre esclarecer que a União, cessionária do crédito rural, não executa a Cédula de Crédito Rural (ação cambial), mas a dívida oriunda de contrato de financiamento, razão pela qual pode se valer do disposto no art. 39, § 2°, da Lei 4.320/1964 e, após efetuar a inscrição na sua dívida ativa, buscar sua satisfação por meio da Execução Fiscal (Lei 6.830/1980), não se aplicando, portanto, o art. 70 da Lei Uniforme de Genebra (Decreto 57.663/1966), que fixa em 3 (três) anos a prescrição do título cambial, pois a prescrição da ação cambial não fulmina o próprio crédito, que poderá ser perseguido por outros meios, consoante o art. 60 do Decreto-Lei 167/1967, c/c art. 48 do Decreto 2.044/1908. De igual modo, não se aplica o raciocínio adotado nos precedentes REsp 1.105.442-RJ (Primeira Seção, julgado em 9/12/2009) e REsp 1.112.577-SP (Primeira Seção, julgado em 9/12/2009), nos quais foram julgados casos de inscrição em dívida ativa não tributária de multa por infração administrativa, sendo que este último culminou na edição da Súmula 467 do STJ ("Prescreve em cinco anos, contados do término do processo administrativo, a pretensão da Administração Pública de promover a execução da multa por infração ambiental"). Com efeito, esses precedentes versam sobre multa administrativa, que, por sua natureza, é derivação própria do Poder de Império da Administração Pública. O débito em análise, por sua vez, é proveniente de relação jurídica de Direito Privado, a qual foi realizada voluntariamente pelo particular, quando assinou contrato de financiamento rural com recursos de fontes públicas e privadas. Ressalta-se, ainda, que os referidos precedentes firmaram dois pressupostos sucessivos para a aplicação do prazo prescricional quinquenal previsto no Decreto 20.910/1932, os quais merecem a devida atenção. O primeiro deles é a subsidiariedade, é dizer, o aludido Decreto somente se aplica de forma subsidiária, ou seja, deve ser constatada a falta de regra específica para regular o prazo prescricional no caso concreto. O segundo é a isonomia, ou seja, na falta de disposição expressa, a aplicação do Decreto 20.910/1932 deve ocorrer por isonomia, de modo que uma mesma relação jurídica não enseje prazos prescricionais diversos para a Administração e para o administrado. No presente caso, entretanto, não persiste o primeiro pressuposto, pois existem regras específicas, já que para regular o prazo prescricional do direito pessoal de crédito albergado pelo contrato de mútuo ("ação pessoal") vigeu o art. 177 do CC/1916 (20 anos) e, para regular a prescrição da pretensão para a cobrança de dívidas líquidas, encontra-se em vigor o art. 206, § 5°, I, do CC/2002 (5 anos). Não há de se invocar, portanto, a aplicação subsidiária do Decreto 20.910/1932. De mais a mais, no que diz respeito ao pressuposto da isonomia, sabe-se que, em se tratando de qualquer

contrato de que a Administração Pública é parte, não existe isonomia perfeita, já que todos os contratos por ela celebrados (inclusive os de Direito Privado) sofrem as derrogações próprias das normas publicistas. Desse modo, o regime jurídico aplicável ao crédito rural adquirido pela União sofre uma derrogação pontual inerente aos contratos privados celebrados pela Administração Pública em razão dos procedimentos de controle financeiro, orçamentário, contábil e de legalidade específicos a que se submete (Lei 4.320/1964). São justamente esses controles que justificam a inscrição em dívida ativa da União, a utilização da Execução Fiscal para a cobrança do referido crédito, a possibilidade de registro no Cadastro Informativo de créditos não quitados do setor público federal (Cadin), as restrições ao fornecimento de Certidão Negativa de Débitos e a incidência do Decreto-Lei 1.025/1969 (encargo legal). **REsp 1.373.292-PE, Rel. Min. Mauro Campbell Marques, Primeira Seção, julgado em 22/10/2014, DJe 4/8/2015 (Inform. STJ 565).**

DIREITO AGRÁRIO. NULIDADE DE CLÁUSULA DE RENÚNCIA À INDENIZAÇÃO PELAS BENFEITORIAS NECESSÁRIAS E ÚTEIS NOS CONTRATOS AGRÁRIOS.
Nos contratos agrários, é nula a cláusula de renúncia à indenização pelas benfeitorias necessárias e úteis. Os contratos de direito agrário são regidos tanto por elementos de direito privado como por normas de caráter público e social, de observância obrigatória e, por isso, irrenunciáveis, tendo como finalidade precípua a proteção daqueles que, pelo seu trabalho, tornam a terra produtiva e dela extraem riquezas, conferindo efetividade à função social da propriedade. Apesar de sua natureza privada e de ser regulado pelos princípios gerais que regem o direito comum, o contrato agrário sofre repercussões de direito público em razão de sua importância para o Estado, do protecionismo que se quer emprestar ao homem do campo, à função social da propriedade e ao meio ambiente, fazendo com que a máxima do pacta sunt servanda não se opere em absoluto nestes casos. Tanto o Estatuto da Terra (Lei 4.504/1964) como a Lei 4.947/1966 e o Decreto 59.566/1966 (que os regulamenta) dão ênfase ao princípio fundamental da irrenunciabilidade de cláusulas obrigatórias nos contratos agrários, perfazendo dirigismo contratual com fito de proteger e dar segurança às relações ruralistas. Como se vê, estabelece a norma a proibição de renúncia, no arrendamento rural ou no contrato de parceria, de direitos ou vantagens estabelecidas em leis ou regulamentos (nos termos dos arts. 13, I, do Decreto 59.566/1966 e 13, IV, da Lei 4.947/1966). Isso ocorre, fundamentalmente, porque, na linha de entendimento doutrinário, no "direito agrário, a autonomia da vontade é minimizada pelas normas de direito público (cogentes) e por isso mesmo devem prevalecer quando há uma incompatibilidade entre as normas entabuladas pelas partes e os dispositivos legais concernentes à matéria. Não é possível a renúncia das partes a certos direitos assegurados na lei tidos como indisponíveis/irrenunciáveis ou de ordem pública". E, com relação à cláusula contratual de renúncia à indenização por benfeitorias, há dispositivos legais que preveem expressamente a vedação de sua previsão. Nessa linha de raciocínio, ficando estabelecido que, no contrato agrário, deverá constar cláusula alusiva quanto às benfeitorias e havendo previsão legal no que toca ao direito à sua indenização, a conclusão é a de que, nos contratos agrários, é proibida a cláusula de renúncia à indenização pelas benfeitorias necessárias e úteis, sendo nula qualquer disposição em sentido diverso. **REsp 1.182.967-RS, Rel. Min. Luis Felipe Salomão, julgado em 9/6/2015, DJe 26/6/2015 (Inform. STJ 564).**

DIREITO CIVIL E PROCESSO CIVIL. PREÇO A SER DEPOSITADO PARA O EXERCÍCIO DO DIREITO DE PREFERÊNCIA EM ARRENDAMENTO RURAL. Em ação de adjudicação compulsória proposta por arrendatário rural que teve desrespeitado o seu direito de preferência para a aquisição do imóvel, o preço a ser depositado para que o autor obtenha a transferência forçada do bem (art. 92, § 4°, da Lei 4.505/1964) deve corresponder àquele consignado na escritura pública de compra e venda registrada no cartório de registro de imóveis, ainda que inferior ao constante do contrato particular de compra e venda firmado entre o arrendador e o terceiro que tenha comprado o imóvel. De fato, o art. 92 do Estatuto da Terra (Lei 4.504/1964) e o art. 45 do Dec. 59.566/1966 (que regulamenta a lei) preveem expressamente o direito de preferência, legal e real, outorgado ao arrendatário como garantia do uso econômico da terra explorada por ele, direito que é exclusivo do preferente em adquirir o imóvel arrendado, em igualdade de condições, sendo uma forma de restrição ao direito de propriedade do arrendante. Dessa maneira, vendendo o arrendador o imóvel sem a notificação do arrendatário, aparece a pretensão do arrendatário em ver declarada a invalidade do negócio entre arrendador e o terceiro, adjudicando o imóvel ao preemptor, desde que realizada no prazo decadencial de seis meses, e desde que efetuado o depósito do preço. Realmente,

no tocante ao preço, nem a lei nem o seu regulamento foram suficientemente claros sobre qual seria o valor a ser depositado. A interpretação sistemática e teleológica do comando legal leva à conclusão de que o melhor norte para definição do preço a ser depositado pelo arrendatário é aquele consignado na escritura pública de compra e venda registrada em cartório. Isso porque a própria lei estabelece como marco legal para o exercício do direito de preferência a data da transcrição da escritura pública no registro de imóveis, ou seja, confere ao arrendatário o prazo de 6 meses para depositar o preço constante do ato de alienação do imóvel a que teve conhecimento por meio da transcrição no cartório imobiliário. Nessa linha de intelecção, por consectário lógico, o arrendatário, ao tomar conhecimento do ato da alienação no registro de imóveis, verifica o preço lá declarado – constante da escritura pública – e efetua o depósito (se houver o intento na aquisição do imóvel), exercendo, no momento próprio, a faculdade que o ordenamento jurídico vigente lhe concedeu. Não se pode olvidar que a escritura pública é um ato realizado perante o notário que revela a vontade das partes na realização de negócio jurídico, revestida de todas as solenidades prescritas em lei, isto é, demonstra de forma pública e solene a substância do ato, gozando o seu conteúdo de presunção de veracidade, trazendo maior segurança jurídica e garantia para a regularidade da compra. Com efeito, referido instrumento é requisito formal de validade do negócio jurídico de compra de imóvel em valor superior a 30 salários mínimos (art. 108 do CC), justamente por sua maior segurança e por expressar a realidade econômica da transação, para diversos fins. Outrossim, não podem o arrendador e o terceiro se valerem da própria torpeza para impedir a adjudicação compulsória, haja vista que simularam determinado valor no negócio jurídico publicamente escriturado, mediante declaração de preço que não refletia a realidade, com o fito de burlar a lei - pagando menos tributo. **REsp 1.175.438-PR, Rel. Min. Luis Felipe Salomão, julgado em 25/3/2014. (Inform. STJ 538)**

DIREITO CIVIL. EMISSÃO DE CPR SEM A ANTECIPAÇÃO DO PAGAMENTO DO PREÇO.
A emissão de Cédula de Produto Rural - CPR em garantia de contrato de compra e venda de safra futura não pressupõe, necessariamente, a antecipação do pagamento do produto. Isso porque a emissão desse título de crédito pode se dar tanto para financiamento da safra, com o pagamento antecipado do preço, como numa operação de *hedge*, na qual o agricultor, independentemente do recebimento antecipado do pagamento, pretenda apenas se proteger dos riscos de flutuação de preços no mercado futuro. Nesta hipótese, a CPR funciona como um título de securitização, mitigando os riscos para o produtor, que negocia, a preço presente, sua safra no mercado futuro. Além disso, o legislador não incluiu na Lei 8.929/1994 qualquer dispositivo que imponha, como requisito de validade desse título, o pagamento antecipado do preço. Assim, ainda que possível, tampouco conveniente, restringir a utilidade da CPR à mera obtenção imediata de financiamento em pecúnia. Se a CPR pode desempenhar um papel maior no fomento ao setor agrícola, não há motivos para que, à falta de disposições legais que o imponham, restringir a sua aplicação. Precedente citado: REsp 1.023.083-GO, Terceira Turma, DJe 1º/7/2010. **REsp 866.414-GO, Rel. Min. Nancy Andrighi, julgado em 20/6/2013. (Inform. STJ 526)**

DIREITO CIVIL E AGRÁRIO. DIREITO DE PREFERÊNCIA NA AQUISIÇÃO DE IMÓVEL RURAL.
O contrato firmado como "arrendamento de pastagens", na hipótese em que não tenha havido o exercício da posse direta da terra explorada pelo tomador da pastagem, não confere o direito de preempção previsto na Lei 4.504/1966 e no Dec. 59.566/1966. De fato, o art. 92, § 3°, da Lei 4.504/1966 e o art. 45 do Dec. 59.566/1966 estabelecem o direito de preempção do arrendatário rural na aquisição do imóvel arrendado. Pode-se afirmar que o referido direito foi conferido ao arrendatário rural como garantia do uso econômico da terra explorada por ele, não abrangendo outras modalidades de contratos agrários por se tratar de norma restritiva do direito de propriedade. Nesse contexto, vale observar que o contrato de arrendamento rural tem como elemento essencial a posse do imóvel pelo arrendatário, que passa a ter o uso e gozo da propriedade. Dessa forma, na hipótese em que tenha sido firmado contrato de "arrendamento de pastagens" sem que o tomador da pastagem tenha a posse direta da terra a ser explorada, deve-se afastar a natureza do contrato de arrendamento para considerá-lo como de "locação de pastagem", caso em que não é possível exercer o direito de preferência que a lei estabelece para o arrendatário. **REsp 1.339.432-MS, Rel. Min. Luis Felipe Salomão, julgado em 16/4/2013. (Inform. STJ 522)**

2. DESAPROPRIAÇÃO PARA A REFORMA AGRÁRIA

MS: desapropriação para reforma agrária e esbulho - 1

O Plenário retomou julgamento de mandado de segurança em que se sustenta a insubsistência de decreto expropriatório que implicara a declaração de utilidade pública, para fins de reforma agrária, de imóvel rural. Alega-se esbulho possessório, ausência de notificação prévia para vistoria do local e configuração de força maior, tendo em vista a condição de saúde do proprietário. Na sessão de 27.5.2010, o Min. Marco Aurélio, relator, concedeu a segurança. Registrou, no tocante ao suscitado esbulho, ter havido sucessivas invasões, ocorridas durante anos — período em que realizada a vistoria para fins de reforma agrária. Consignou que, mesmo diante de liminar favorável em ação para reintegração de posse, obtida perante a justiça comum, a fazenda teria sido novamente invadida. Rejeitou, contudo, as demais alegações. Aduziu que, a questão alusiva à prévia ciência da vistoria não estaria suficientemente elucidada. Mencionou que, diante da dificuldade de se notificar o proprietário, publicara-se edital. No entanto, não haveria comprovação do descumprimento da regra relativa à necessidade de publicação desse edital, por três vezes consecutivas, em jornal de grande circulação na capital do Estado de localização do imóvel (Lei 8.629/93, art. 2º, § 3º). Quanto ao argumento de que a exploração do imóvel teria sido inviabilizada em razão de doença do impetrante, destacou que ele deveria ter feito cumprir a função social da propriedade mediante preposto, na hipótese de não estar em condições de fazê-lo pessoalmente. Ademais, observou que o caso fortuito e a força maior aptos a afastar o enquadramento de uma propriedade como improdutiva decorreriam de acontecimentos estranhos à vontade do proprietário.
MS 25344/DF, rel. Min. Marco Aurélio, 1º.8.2013. (MS-25344)

MS: desapropriação para reforma agrária e esbulho - 2

Nesta assentada, os Ministros Luiz Fux, Gilmar Mendes e Celso de Mello acompanharam o relator. O Min. Luiz Fux afirmou que as provas apresentadas favoreceriam o impetrante, porque demonstrado que a terra estaria invadida quando da vistoria, a ofender a lei. As demais questões, atinentes à produtividade do imóvel, por exemplo, estariam superadas por esse fato, mesmo porque, verificada a invasão, seria quase lógico que o proprietário estaria impedido de produzir. O Min. Gilmar Mendes acresceu ser irrelevante, para esses efeitos, a percentagem invadida do terreno — se ínfima ou significativa —, porque estaria configurado conflito agrário, o que a norma procura obstar. O Min. Celso de Mello reputou que a Corte não poderia chancelar comportamentos ilícitos e agressões inconstitucionais ao direito de propriedade e à posse de terceiros, perpetradas por particulares ou por movimentos sociais organizados.
MS 25344/DF, rel. Min. Marco Aurélio, 1º.8.2013. (MS-25344)

MS: desapropriação para reforma agrária e esbulho - 3

Em divergência, o Min. Roberto Barroso denegou a ordem. De início, ponderou que, conforme informações constantes nos autos, a porção da propriedade que o impetrante alega estar invadida incidiria em território titulado pelo Estado de Mato Grosso a outro proprietário. Assentou que essa fração teria sido ocupada pelo Movimento dos Trabalhadores Rurais sem Terra - MST de forma consensual, por força da existência de contrato de comodato de área rural. Destacou, ainda, que o terreno objeto de esbulho representaria 1% da propriedade total desapropriada. Pontuou que não haveria prova no sentido de que a área em que incidente a ocupação fosse determinante para a administração da propriedade. Asseverou que a complexidade dos fatos estaria em contraposição à segurança e liquidez requeridas, e que haveria elementos a suscitar dúvidas. Por fim, ressaltou a possibilidade de as partes resolverem a lide nas vias ordinárias. Os Ministros Teori Zavascki, Rosa Weber e Cármen Lúcia acompanharam a divergência. O Min. Teori Zavascki salientou dúvidas quanto à natureza da invasão, se de caráter coletivo ou individual, bem como quanto à área objeto de disputa possessória. Aduziu que essas incertezas operariam contra o direito líquido e certo do impetrante. As Ministras Rosa Weber e Cármen Lúcia enfatizaram que a concessão da ordem pressuporia fatos translúcidos e incontroversos, o que não se configuraria na espécie. Após, o Min. Ricardo Lewandowski pediu vista dos autos
MS 25344/DF, rel. Min. Marco Aurélio, 1º.8.2013. (MS-25344)

MS: desapropriação para reforma agrária e esbulho - 4

O Plenário, em conclusão de julgamento e por maioria, denegou mandado de segurança em que se discutia a legitimidade de decreto expropriatório que implicara a declaração de utilidade pública, para fins de reforma agrária, de imóvel rural — v. Informativo 713. A Corte asseverou que, conforme informações constantes nos autos, a porção da propriedade que o impetrante afirmava estar invadida — o que, segundo alegado, obstaria a desapropriação — incidiria em território titulado pelo Estado de Mato Grosso a outro proprietário. Além disso, a referida fração teria sido ocupada pelo Movimento dos Trabalhadores Rurais sem Terra - MST de forma consensual, por força da existência de contrato de comodato de área rural. Destacou, ainda, que o terreno objeto de esbulho representaria 1% da propriedade total desapropriada, ausente prova no sentido de que a área em que incidente a ocupação fosse determinante para a administração da propriedade. Por outro lado, a complexidade dos fatos estaria em contraposição à segurança e liquidez requeridas em mandado de segurança, existentes, no caso, elementos a suscitar dúvidas. Por fim, haveria a possibilidade de as partes resolverem a lide nas vias ordinárias. Vencidos os Ministros Marco Aurélio (relator), Luiz Fux, Gilmar Mendes e Celso de Mello, que concediam a segurança.
MS 25344/DF, rel. orig. Min. Marco Aurélio, red. p/ o acórdão Min. Roberto Barroso, 12.11.2014. (MS-25344) (Inform. STF 767)

Desapropriação e fundamentos - 3

Em conclusão de julgamento, o Plenário, por maioria, denegou mandado de segurança em que se pleiteava anular decreto expropriatório que implicara a declaração de interesse social, para fins de reforma agrária, de imóvel rural do impetrante — v. Informativo 618. Entendeu-se não haver direito líquido e certo nos termos alegados pelo impetrante. Afastaram-se argumentos quanto à existência de conflitos sociais na área e sucessivas invasões no imóvel rural provocadas pelo Movimento dos Sem Terra/MST — antes da vistoria por parte do INCRA —, que teriam contribuído para a avaliação da improdutividade do imóvel rural. Asseverou-se que o mandado de segurança, caracterizado pela celeridade e pela impossibilidade de dilação probatória, seria via imprópria para a discussão de questões que demandassem o revolvimento de fatos e provas. Pontuou-se ser controversa a titularidade da área supostamente ocupada pelo MST. Destacou-se não haver certeza de que o terreno em que fora instalado o acampamento do mencionado movimento corresponderia àquele pertencente ao imóvel desapropriado. Aduziu-se que a controvérsia dos autos não ficara adstrita à propriedade da terra, mas à efetiva invasão. Vencidos os Ministros Marco Aurélio, Ellen Gracie, Gilmar Mendes e Celso de Mello, que concediam a segurança. Assentavam não se poder desconsiderar que fundamentos constitucionais garantiriam a intangibilidade do direito de propriedade — ainda que de modo não absoluto —, além de disciplinarem os procedimentos de expropriação dos bens de patrimônio privado. Sublinhavam que a prática ilícita do esbulho possessório, quando afetasse os graus de utilização da terra e de eficiência em sua exploração, a comprometer os índices fixados pelos órgãos governamentais competentes, seria causa inibitória da válida edição de decreto presidencial de declaração expropriatória para fins de reforma agrária por interesse social. Frisavam haver norma a inibir o Poder Executivo e sua autarquia de iniciar procedimento para se obter declaração expropriatória em caso de invasão fundiária. Recordavam que o tribunal de origem assentara que a vistoria fora imprópria, porque realizada à margem da lei disciplinadora e, por consequência, o decreto formalizado pelo Presidente da República estaria juridicamente contaminado. Anotavam que o esbulho possessório, enquanto subsistisse e até dois anos após a desocupação do imóvel rural invadido por movimento social organizado, impediria que fossem realizados atos de vistoria, de avaliação e de desapropriação da propriedade.
MS 26336/DF, rel. Min. Joaquim Barbosa, 5.2.2014. (MS-26336) (Inform. STF 734)

Título da dívida agrária e inadimplemento

Exaurido o período vintenário para resgate de títulos da dívida agrária, o pagamento complementar de indenização fixada em decisão final em ação expropriatória deve ser efetuado na forma do art. 100 da CF, e não em títulos da dívida agrária complementares. Com base nessa orientação, a 2ª Turma conheceu, em parte, de recurso extraordinário e, nesta, negou-lhe provimento. No caso, por decisão judicial, fora determinado o pagamento de indenização complementar em expropriação para fins de reforma agrária. Decorrido o lapso temporal de vinte anos, teria sido exigido que a referida complementação fosse feita por precatório, à vista e em dinheiro, e não por meio de título da dívida agrária. Preliminarmente,

a Turma não conheceu das assertivas de inclusão de juros compensatórios na aludida complementação e de não cabimento de indenização em relação à cobertura florestal, porquanto ambas as alegações não teriam sido suscitadas na decisão recorrida. No mérito, reputou-se que o pagamento por título da dívida agrária, após o mencionado período, violaria o princípio da prévia e justa indenização. Aduziu-se que se fosse atendida a pretensão da recorrente, passados vinte anos, postergar-se-ia *ad aeternum* o pagamento da indenização.
RE 595168/BA, rel. Min. Ricardo Lewandowski, 6.8.2013. (RE-595168) (Inform. STF 714)

DIREITO ADMINISTRATIVO. DELIMITAÇÃO DO VALOR DE INDENIZAÇÃO POR DESAPROPRIAÇÃO PARA FINS DE REFORMA AGRÁRIA. Nas desapropriações para fins de reforma agrária, o valor da indenização deve ser contemporâneo à avaliação efetivada em juízo, tendo como base o laudo adotado pelo juiz para a fixação do justo preço, pouco importando a data da imissão na posse ou mesmo o da avaliação administrativa. De fato, a avaliação efetivada em juízo, ordinariamente, deverá se reportar à época em que for realizada – e não ao passado – para fixar a importância correspondente ao bem objeto da expropriação, haja vista que exigir que esses trabalhos técnicos refiram-se à realidade passada (de anos, muitas vezes) pode prejudicar a qualidade das avaliações e o contraditório. A propósito, extrai-se do art. 26 do Decreto-Lei 3.365/1941 que a indenização, em regra, deverá corresponder ao valor do imóvel apurado na data da perícia (avaliação judicial). Precedentes citados: REsp 1.314.758-CE, Segunda Turma, DJe 24/10/2013; e AgRg no REsp 1.395.872-CE, Segunda Turma, DJe 25/10/2013. **AgRg no REsp 1.459.124-CE, Rel. Min. Herman Benjamin, 18/9/2014. (Inform. STJ 549)**

DIREITO ADMINISTRATIVO. DIVERGÊNCIA ENTRE A ÁREA REGISTRADA E A MEDIDA PELOS PERITOS NO ÂMBITO DE DESAPROPRIAÇÃO PARA FINS DE REFORMA AGRÁRIA. No procedimento de desapropriação para fins de reforma agrária, caso se constate que a área registrada em cartório é inferior à medida pelos peritos, o expropriado poderá levantar somente o valor da indenização correspondente à área registrada, devendo o depósito indenizatório relativo ao espaço remanescente ficar retido em juízo até que o expropriado promova a retificação do registro ou até que seja decidida, em ação própria, a titularidade do domínio. Essa é a interpretação que se extrai do art. 34, *caput* e parágrafo único, do Decreto-lei 3.365/1941, segundo o qual "O levantamento do preço será deferido mediante prova de propriedade, de quitação de dívidas fiscais que recaiam sobre o bem expropriado, e publicação de editais, com o prazo de 10 dias, para conhecimento de terceiros." e "Se o juiz verificar que há dúvida fundada sobre o domínio, o preço ficará em depósito, ressalvada aos interessados a ação própria para disputá-lo". Precedentes citados: REsp 1.321.842-PE, Segunda Turma, DJe 24/10/2013; REsp 596.300-SP, Segunda Turma, DJe 22/4/2008; e REsp 841.001-BA, Primeira Turma, DJ 12/12/2007. **REsp 1.286.886-MT, Rel. Min. Herman Benjamin, julgado em 6/5/2014. (Inform. STJ 540)**

DIREITO ADMINISTRATIVO E PROCESSUAL CIVIL. INCIDÊNCIA DE CORREÇÃO MONETÁRIA, INCLUÍDOS EXPURGOS INFLACIONÁRIOS, E JUROS NA COMPLEMENTAÇÃO DE TDA. Em desapropriação para fins de reforma agrária, é possível a incidência de juros e de correção monetária, com a inclusão dos expurgos inflacionários, no cálculo de complementação de título da dívida agrária (TDA). Precedente citado: REsp 1.321.842-PE, Segunda Turma, DJe 24/10/2013. **AgRg no REsp 1.293.895-MG, Rel. Min. Mauro Campbell Marques, julgado em 11/2/2014. (Inform. STJ 535)**

DIREITO ADMINISTRATIVO. AÇÃO DE INDENIZAÇÃO PELO ARRENDANTE DIRETAMENTE CONTRA A UNIÃO NO CASO DE DESAPROPRIAÇÃO PARA REFORMA AGRÁRIA.
A União é parte legítima para figurar no polo passivo de ação em que o arrendatário objetive ser indenizado pelos prejuízos decorrentes da desapropriação, por interesse social para a reforma agrária, do imóvel arrendado. Isso porque o direito à indenização do arrendatário não se sub-roga no preço do imóvel objeto de desapropriação por interesse social para a reforma agrária, pois a relação entre arrendante (expropriado) e arrendatário é de direito pessoal. Assim, não se aplica, nessa hipótese, o disposto no art. 31 do Decreto-Lei 3.365/1941, pois a sub-rogação no

preço ocorre apenas quanto aos direitos reais constituídos sobre o bem expropriado. **REsp 1.130.124-PR, Rel. Min. Eliana Calmon, julgado em 4/4/2013. (Inform. STJ 522)**

Súmula STJ nº 354
A invasão do imóvel é causa de suspensão do processo expropriatório para fins de reforma agrária.

3. USUCAPIÃO RURAL

DIREITO CIVIL E CONSTITUCIONAL. POSSIBILIDADE DE USUCAPIÃO DE IMÓVEL RURAL DE ÁREA INFERIOR AO MÓDULO RURAL.
Presentes os requisitos exigidos no art. 191 da CF, o imóvel rural cuja área seja inferior ao "módulo rural" estabelecido para a região (art. 4º, III, da Lei 4.504/1964) poderá ser adquirido por meio de usucapião especial rural. De fato, o art. 65 da Lei 4.504/1964 (Estatuto da Terra) estabelece que "O imóvel rural não é divisível em áreas de dimensão inferior à constitutiva do módulo de propriedade rural". A Lei 4.504/1964 (Estatuto da Terra) – mais especificamente, o seu art. 4º, III (que prevê a regra do módulo rural), bem como o art. 65 (que trata da indivisibilidade do imóvel rural em área inferior àquele módulo) –, ainda que anterior à Constituição Federal de 1988, buscou inspiração, sem dúvida alguma, no princípio da função social da propriedade. Nesse contexto, cabe afirmar que a propriedade privada e a função social da propriedade estão previstas na Constituição Federal de 1988 dentre os direitos e garantias individuais (art. 5º, XXIII), sendo pressupostos indispensáveis à promoção da política de desenvolvimento urbano (art. 182, § 2º) e rural (art. 186, I a IV). No caso da propriedade rural, sua função social é cumprida, nos termos do art. 186 da CF, quando seu aproveitamento for racional e apropriado; quando a utilização dos recursos naturais disponíveis for adequada e o meio ambiente preservado, assim como quando as disposições que regulam as relações de trabalho forem observadas. Realmente, o Estatuto da Terra foi pensado a partir da delimitação da área mínima necessária ao aproveitamento econômico do imóvel rural para o sustento familiar, na perspectiva de implementação do princípio constitucional da função social da propriedade, importando sempre e principalmente, que o imóvel sobre o qual se exerce a posse trabalhada possua área capaz de gerar subsistência e progresso social e econômico do agricultor e sua família, mediante exploração direta e pessoal – com a absorção de toda a força de trabalho, eventualmente com a ajuda de terceiros. A Constituição Federal de 1988, em seu art. 191, cujo texto se faz idêntico ao art. 1.239 do CC, disciplinou a usucapião especial rural, nos seguintes termos: "Aquele que, não sendo proprietário de imóvel rural ou urbano, possua como seu, por cinco anos ininterruptos, sem oposição, área de terra, em zona rural, não superior a cinquenta hectares, tornando-a produtiva por seu trabalho ou de sua família, tendo nela sua moradia, adquirir-lhe-á a propriedade". Como se verifica neste artigo transcrito, há demarcação de área máxima passível de ser usucapida, mas de área mínima, o que leva os doutrinadores a concluírem que mais relevante que a área do imóvel é o requisito que precede a ele, ou seja, o trabalho realizado pelo possuidor e sua família, que torna a terra produtiva e lhe confere função social. A usucapião especial rural é caracterizada pelo elemento *posse-trabalho*. Serve a essa espécie tão somente a posse marcada pela exploração econômica e racional da terra, que é pressuposto à aquisição do domínio do imóvel rural, tendo em vista a intenção clara do legislador em prestigiar o possuidor que confere função social ao imóvel rural. Assim, a partir de uma interpretação teleológica da norma, que assegure a tutela do interesse para a qual foi criada, conclui-se que, assentando o legislador, no ordenamento jurídico, o instituto da usucapião rural, prescrevendo um limite máximo de área a ser usucapida, sem ressalva de um tamanho mínimo, estando presentes todos os requisitos exigidos pela legislação de regência, não há impedimento à aquisição usucapicional de imóvel que guarde medida inferior ao módulo previsto para a região em que se localize. Ressalte-se que esse entendimento vai ao encontro do que foi decidido pelo Plenário do STF, que, por ocasião do julgamento do RE 422.349-RS (DJe 29/4/2015), fixou a seguinte tese: "Preenchidos os requisitos do art. 183 da CF, o reconhecimento do direito à usucapião especial urbana não pode ser obstado por legislação infraconstitucional que estabeleça módulos urbanos na respectiva área onde situado o imóvel (dimensão do lote)". **REsp 1.040.296-ES, Rel. originário Min. Marco Buzzi, Rel. para acórdão Min. Luis Felipe Salomão, julgado em 2/6/2015, DJe 14/8/2015 (Inform. STJ 566).**

27. DIREITO EDUCACIONAL

1. DIREITOS DO EDUCANDO

REPERCUSSÃO GERAL EM RE N. 888.815-RS
RELATOR: MIN. ROBERTO BARROSO
Ementa: DIREITO CONSTITUCIONAL. EDUCAÇÃO. ENSINO DOMICILIAR. LIBERDADES E DEVERES DO ESTADO E DA FAMÍLIA. PRESENÇA DE REPERCUSSÃO GERAL.
1. Constitui questão constitucional saber se o ensino domiciliar (*homeschooling*) pode ser proibido pelo Estado ou viabilizado como meio lícito de cumprimento, pela família, do dever de prover educação, tal como previsto no art. 205 da CRFB/1988.
2. Repercussão geral reconhecida. **(Inform. STF 790)**

AG. REG. NO ARE N. 863.596-RS
RELATORA: MIN. ROSA WEBER
EMENTA: DIREITO À EDUCAÇÃO. ASSEGURAR MONITOR PARA ACOMPANHAMENTO DE MENOR PORTADOR DE DEFICIÊNCIA. LEIS Nº 9.394/96 (LEI DE DIRETRIZES E BASES DA EDUCAÇÃO) E Nº 7.853/89 (LEI DE APOIO ÀS PESSOAS PORTADORAS DE DEFICIÊNCIA). FUNDAMENTO INFRACONSTITUCIONAL SUFICIENTE PARA MANUTENÇÃO DO ACÓRDÃO RECORRIDO. APLICAÇÃO DA SÚMULA 283/STF. EVENTUAL VIOLAÇÃO REFLEXA DA CONSTITUIÇÃO DA REPÚBLICA NÃO VIABILIZA O MANEJO DE RECURSO EXTRAORDINÁRIO. ACÓRDÃO RECORRIDO PUBLICADO EM 03.6.2014.
1. A suposta afronta aos preceitos constitucionais indicados nas razões recursais dependeria da análise de legislação infraconstitucional, o que torna oblíqua e reflexa eventual ofensa, insuscetível, como tal, de viabilizar o conhecimento do recurso extraordinário, considerada a disposição do art. 102, III, "a", da Lei Maior.
2. A jurisprudência desta Corte não admite recurso extraordinário contra acórdão que contém fundamento infraconstitucional suficiente e este se torna imodificável. Aplicação da Súmula 283/STF: "*É inadmissível o recurso extraordinário, quando a decisão recorrida assenta em mais de um fundamento suficiente e o recurso não abrange todos eles.*" Precedentes.
3. Agravo regimental conhecido e não provido. (Inform. STF 787)

Ensino público: gratuidade e "taxa de alimentação"
A cobrança de "taxa de alimentação" por instituição federal de ensino profissionalizante é inconstitucional. Com base nessa orientação, a 1ª Turma deu provimento a recurso extraordinário em que se questionava a referida exigência. No caso, aluno de escola técnico-agrícola, proveniente da zona rural, matriculado sob o regime de internato, fora compelido a satisfazer a exação. A cobrança teria sido instituída por portarias administrativas que teriam afastado o Programa Nacional de Alimentação Escolar - PNAE de alunos do ensino médio e do profissionalizante. A Turma salientou que o princípio da legalidade teria sido desrespeitado ante a ausência de lei autorizadora de cobrança da citada "anuidade-alimentação". Consignou que as aludidas portarias administrativas seriam inadequadas para criar obrigações dessa natureza. Além disso, afirmou que, mesmo que a "taxa" tivesse sido instituída por lei, ainda assim seria inconstitucional, por afrontar o princípio da gratuidade do ensino público. Asseverou que a instituição de ensino em comento, autarquia federal, não poderia reforçar o orçamento com base na referida anuidade sem vulnerar o art. 206, IV, da CF. Sublinhou que a interpretação conjunta dos artigos 206, IV, e 208, VI, da CF revelaria que programa de alimentação de estudantes em instituição pública de ensino profissionalizante que se apresentasse oneroso consistiria na própria negativa de adoção do programa. Reputou que o princípio constitucional da gratuidade de ensino público em estabelecimento oficial alcançaria não apenas o ensino em si. Abarcaria, também, as garantias de efetivação do dever do Estado com a educação previsto na Constituição. Nessas garantias, estaria englobado o atendimento ao educando em todas as etapas da educação básica, incluído o nível médio profissionalizante, além do fornecimento de alimentação. Enfatizou que o envolvimento, na espécie,

de autarquia federal de ensino profissional conduziria à impossibilidade da cobrança pretendida. Destacou que conclusão diversa distorceria o sistema de educação pública gratuita consagrado na Constituição.
RE 357148/MT, rel. Min. Marco Aurélio, 25.2.2014. (RE-357148) (Inform. STF 737)

🖹 Súmula Vinculante STF 12

A cobrança de taxa de matrícula nas universidades públicas viola o disposto no art. 206, IV, da Constituição Federal.

2. TRANSFERÊNCIA DE MATRÍCULA

AG. REG. NO AI N. 858.241-GO
RELATOR: MIN. RICARDO LEWANDOWSKI
Ementa: AGRAVO REGIMENTAL NO AGRAVO DE INSTRUMENTO. CONSTITUCIONAL. ADMINISTRATIVO. UNIVERSIDADE. TRANSFERÊNCIA OBRIGATÓRIA. MILITAR. CONGENERIDADE DAS INSTITUIÇÕES DE ENSINO ENVOLVIDAS. PRECEDENTES. AGRAVO REGIMENTAL A QUE SE NEGA PROVIMENTO.
I - No julgamento da ADI 3.324/DF, Min. Marco Aurélio, assentou-se a legitimidade da garantia de matrícula de servidores públicos civis e militares, e seus dependentes, transferidos em razão do interesse da Administração, respeitando-se a congeneridade das instituições envolvidas.
II - Agravo regimental a que se nega provimento. (Inform. STF 734)

3. DIPLOMA ESTRANGEIRO E DE CURSOS NÃO RECONHECIDOS OU EXTINTOS

DIREITO ADMINISTRATIVO. REVALIDAÇÃO NO BRASIL DE DIPLOMAS DE UNIVERSIDADES DA AMÉRICA LATINA E CARIBE. RECURSO REPETITIVO (ART. 543-C DO CPC E RES. 8/2008-STJ). TEMA 615.
O Decreto n. 80.419/77 – que incorporou a Convenção Regional sobre o Reconhecimento de Estudos, Títulos e Diplomas de Ensino Superior na América Latina e no Caribe – não foi revogado pelo Decreto n. 3.007/99 nem traz norma específica que vede os procedimentos de revalidação dos diplomas que têm respaldo nos artigos 48 e 53, V, da Lei de Diretrizes e Bases da Educação Brasileira. Assim, as universidades públicas brasileiras não estão obrigadas a reconhecer automaticamente os diplomas de ensino superior expedidos por universidades da América Latina e do Caribe. Saliente-se que "a Convenção Regional sobre o Reconhecimento de Estudos, Títulos e Diplomas de Ensino Superior na América Latina e no Caribe, incorporada ao ordenamento jurídico nacional por meio do Decreto n. 80.419/77, não foi, de forma alguma, revogada pelo Decreto n. 3.007, de 30 de março de 1999. Isso porque o aludido ato internacional foi recepcionado pelo Brasil com *status* de lei ordinária, sendo válido mencionar, acerca desse particular, a sua ratificação pelo Decreto Legislativo n. 66/77 e a sua promulgação através do Decreto n. 80.419/77. Dessa forma, não há se falar na revogação do Decreto que promulgou a Convenção da América Latina e do Caribe em foco, pois o Decreto n. 3.007/99, exarado pelo Sr. Presidente da República, não tem essa propriedade" (REsp 1.126.189-PE, Primeira Turma, DJe 13/5/2010). Pela leitura do art. 5º do Decreto 80.419/1977 – segundo o qual os Estados Contratantes se comprometem a adotar as medidas necessárias para tornar efetivo, e quanto antes possível, para efeito de exercício de profissão, o reconhecimento dos diplomas, títulos os graus de educação superior emitidos pelas autoridades competentes de outro dos Estados Contratantes –, vê-se o nítido caráter programático da referida norma. Inexiste, portanto, determinação específica de reconhecimento automático dos diplomas. Além disso, o STJ, quando apreciou a questão da revalidação de diplomas sob o enfoque da Lei 9.394/1996 (Lei de Diretrizes e Bases da Educação Brasileira), pelo rito do art. 543-C do CPC,

concluiu que "o art. 53, inciso V, da Lei 9.394/96 permite à universidade fixar normas específicas a fim de disciplinar o referido processo de revalidação de diplomas de graduação expedidos por estabelecimentos estrangeiros de ensino superior, não havendo qualquer ilegalidade na determinação do processo seletivo para a revalidação do diploma, porquanto decorre da necessidade de adequação dos procedimentos da instituição de ensino para o cumprimento da norma, uma vez que de outro modo não teria a universidade condições para verificar a capacidade técnica do profissional e sua formação, sem prejuízo da responsabilidade social que envolve o ato" (REsp 1.349.445-SP, Primeira Seção, DJe 14/5/2013). Precedentes citados: REsp 1.315.454-PE, Primeira Turma, DJe 24/2/2014; AgRg no AgRg nos EDcl no REsp 1.165.265-SC, Segunda Turma, DJe 19/12/2011; EDcl nos EDcl no REsp 1.055.035-RS, Segunda Turma, DJe 24/9/2009; e REsp 939.880-RS, Segunda Turma, DJe 29/10/2008. **REsp 1.215.550-PE, Rel. Min. Og Fernandes, Primeira Seção, julgado em 23/9/2015, DJe 5/10/2015 (Inform. STJ 570).**

DIREITO CIVIL. RESPONSABILIDADE CIVIL DE INSTITUIÇÃO DE ENSINO PELA EXTINÇÃO DE CURSO SUPERIOR. É cabível indenização por danos morais ao aluno universitário que fora compelido a migrar para outra instituição educacional pelo fato de a instituição contratada ter extinguido de forma abrupta o curso, ainda que esta tenha realizado convênio, com as mesmas condições e valores, com outra instituição para continuidade do curso encerrado. De fato, é possível a extinção de curso superior por instituição educacional, no exercício de sua autonomia universitária, desde que forneça adequada e prévia informação de encerramento do curso (art. 53 da Lei 9.394/1996 – Lei de Diretrizes e Bases da Educação). Partindo-se desta premissa (legalidade no agir do instituto educacional), é necessário verificar se houve ou não excesso no exercício desse direito, em consonância com o enunciado normativo do art. 187 do CC, que regulou de forma moderna e inovadora o instituto do abuso de direito no sistema jurídico como autêntica cláusula geral. O exercício desse direito de extinção deve ater-se aos limites impostos pela ordem jurídica, especialmente o balizamento traçado pelo princípio da boa-fé objetiva. Exige-se, portanto, a necessidade de oferta de alternativas ao aluno, com iguais condições e valores, de forma a minimizar os prejuízos advindos com a frustração do aluno em não poder mais cursar a faculdade escolhida. Na situação em análise, todavia, a instituição educacional, ao extinguir de forma abrupta o curso oferecido, agiu com excesso no exercício do direito, dando ensejo à reparação pelos danos morais sofridos. **REsp 1.341.135-SP, Rel. Min. Paulo de Tarso Sanseverino, julgado em 14/10/2014. (Inform. STJ 549)**

DIREITO ADMINISTRATIVO. EXIGÊNCIA DE PROCESSO SELETIVO PARA A REVALIDAÇÃO DE DIPLOMA OBTIDO EM INSTITUIÇÃO DE ENSINO ESTRANGEIRA. RECURSO REPETITIVO (ART. 543-C DO CPC E RES. 8/2008-STJ). É legal a exigência feita por universidade, com base em resolução por ela editada, de prévia aprovação em processo seletivo como condição para apreciar pedido de revalidação de diploma obtido em instituição de ensino estrangeira. De início, observe-se que o registro de diploma estrangeiro no Brasil está submetido a prévio processo de revalidação, segundo o regime previsto na Lei de Diretrizes e Bases da Educação Brasileira (art. 48, § 2°, da Lei 9.394/1996). Ademais, inexiste qualquer dispositivo legal que proíba a universidade de adotar o referido procedimento, o qual está em consonância com sua autonomia didático-científica e administrativa (art. 53, V, da Lei 9.394/1996 e art. 207 da CF). Portanto, desde que observados os requisitos legais e os princípios constitucionais, deve-se garantir às universidades a liberdade para editar regras específicas acerca do procedimento destinado à revalidação de diplomas expedidos por universidades estrangeiras. **REsp 1.349.445-SP, Rel. Min. Mauro Campbell Marques, julgado em 8/5/2013. (Inform. STJ 520)**

4. PROUNI E FIES

Fies e alteração de regras de forma retroativa - 1

O Plenário iniciou julgamento de referendo em medida cautelar em arguição de descumprimento de preceito fundamental na qual se discutem novas regras editadas pelo Ministério da Educação, mediante portarias, para o Fundo de Financiamento ao Estudante do Ensino Superior - Fies. Na espécie, atos normativos alteraram retroativamente a forma de ingresso e a renovação de contratos de financiamento de cursos de nível superior celebrados com o Fies. Basicamente, o novo regramento passara a exigir, para ingresso no Fies, que o postulante tivesse média mínima no Exame Nacional do Ensino Médio - Enem de 450 pontos e que não tivesse nota zero na prova de redação, a alcançar, inclusive, quem já estivesse inscrito no programa. O Ministro Roberto Barroso (relator) concedeu a liminar, em parte, no que acompanhado pelos Ministros Teori Zavascki, Rosa Weber e Luiz Fux. Considerou legítimas e válidas as regras para novas e futuras inscrições. Entretanto, manteve a situação daqueles que já participavam do programa, sob pena de muitos estudantes ficarem prejudicados com a interrupção de seus cursos. Em seguida, pediu vista dos autos o Ministro Dias Toffoli. **ADPF 341 MC-Ref/DF, rel. Min. Roberto Barroso, 13.5.2015. (ADPF-341)**

Fies e alteração de regras de forma retroativa - 2

O art. 19 da Portaria Normativa MEC 10/2010, com a redação dada pela Portaria Normativa MEC 21/2014, que dispõe sobre procedimentos para inscrição e contratação de financiamento estudantil a ser concedido pelo Fundo de Financiamento ao Estudante do Ensino Superior - Fies não se aplica a todos os estudantes. Com base nessa orientação, o Plenário, em conclusão de julgamento e por maioria, referendou concessão parcial de medida cautelar em arguição de descumprimento de preceito fundamental para determinar a não aplicação do referido art. 19 aos estudantes que: a) postularam a renovação de seus contratos; e b) requereram sua inscrição no Fies até 29.3.2015. Na espécie, atos normativos teriam alterado retroativamente a forma de ingresso e a renovação de contratos de financiamento de cursos de nível superior celebrados com o Fies. Basicamente, o novo regramento passara a exigir que o postulante tivesse média mínima no Exame Nacional do Ensino Médio - Enem de 450 pontos e que não obtivesse nota zero na prova de redação, a alcançar, inclusive, quem já estivesse inscrito no programa — v. Informativo 785. O Tribunal deliberou que os dois grupos de estudantes mencionados teriam assegurado o direito a que seus pedidos fossem apreciados com base nas normas anteriores à Portaria Normativa MEC 21/2014, portanto, sem a exigência de desempenho mínimo no Enem. Os demais estudantes, que requereram sua inscrição após 29.3.2015, se submeteriam às exigências de desempenho mínimo contidas na Portaria Normativa MEC 21/2014. A Corte asseverou ser legítimo o novo critério objetivo adotado pela portaria, visto o escasso número de vagas e o grande contingente de postulantes. Considerou, entretanto, não ser válida a aplicação retroativa de regras que afetassem estudantes que já teriam sido beneficiários do financiamento, sob pena de muitos universitários serem obrigados a interromper seus cursos. Assim, aqueles que não tivessem requerido sua inscrição no mencionado programa de financiamento não poderiam alegar expectativas de direito, porque a adesão ao modelo ou a pretensão de ser regido por determinadas regras apenas se caracterizaria no momento da inscrição. Lembrou que milhares de pessoas participaram do Enem e muitas não cogitaram requerer financiamento, do que resultaria não haver expectativa de direito antes da mencionada inscrição. **ADPF 341 MC-Referendo/DF, rel. Min. Roberto Barroso, 27.5.2015. (ADPF-341)**

Fies e alteração de regras de forma retroativa - 3

A Corte apontou que regras do Fies seriam explícitas no sentido de que, uma vez concluída a inscrição, o órgão gestor iria verificar a disponibilidade de recursos para deferir ou não o ingresso daquele indivíduo. Desse modo, não estaria caracterizado direito adquirido ou violação de segurança jurídica a quem não tivesse se inscrito. Esclareceu que aqueles que conseguissem comprovar que tentaram entrar no sistema na data aprazada e não tivessem conseguido se inscrever, por falhas no sistema eletrônico, teriam assegurado o direito à inscrição no Fies. Frisou que o direito de se inscrever não significaria o direito de ter deferido o pedido. Vencidos, em parte, os Ministros Dias Toffoli, Gilmar Mendes, Marco Aurélio e Teori Zavascki, que concediam a medida cautelar em maior extensão. Abrangiam, também, o grupo de estudantes que teriam se submetido ao Enem antes das alterações introduzidas pela nova portaria e que teriam preenchido o requisito exigido anteriormente, consistente na mera realização do exame nacional, e que agora não poderiam aderir ao Fies por não preencherem os novos requisitos. A concessão se aplicaria dentro do período de inscrição do Fies 2015, sem distinção quanto à data em que os candidatos teriam tentado se inscrever no programa. Apontavam a jurisprudência da Corte no sentido de não existir direito adquirido a regime jurídico não se ajustaria ao caso dos autos. Enfatizavam que o financiamento estudantil, instituído pela Lei 10.260/2001, se enquadraria na seara das políticas públicas destinadas à promoção e à ampliação do acesso à educação superior. Aduziam que a relação estabelecida entre Estado e particular seria de natureza prestacional. Concluíam que os requisitos instituídos pela nova regra deveriam ser exigidos somente dos estudantes que viessem a prestar o Enem a partir de 2015, os quais, no momento da realização das provas, teriam a devida ciência do novo regramento em vigor.

ADPF 341 MC-Referendo/DF, rel. Min. Roberto Barroso, 27.5.2015. (ADPF-341) (Inform. STF 787)

5. AUTONOMIA UNIVERSITÁRIA

AG. REG. NO ARE N. 756.192-BA

RELATOR: MIN. LUIZ FUX
Ementa: AGRAVO REGIMENTAL NO RECURSO EXTRAORDINÁRIO COM AGRAVO. ADMINISTRATIVO. ENSINO SUPERIOR. TAXA DE INSCRIÇÃO. INSENÇÃO. AUTONOMIA UNIVERSITÁRIA. MATÉRIA DE ÍNDOLE INFRACONSTITUCIONAL. OFENSA REFLEXA AO TEXTO DA CONSTITUIÇÃO. PRECEDENTES. REPERCUSSÃO GERAL NÃO EXAMINADA EM FACE DE OUTROS FUNDAMENTOS QUE OBSTAM A ADMISSÃO DO APELO EXTREMO.
1. A autonomia universitária, quando *sub judice* a controvérsia, encerra análise da legislação infraconstitucional que disciplina a espécie. A violação reflexa e oblíqua da Constituição Federal decorrente da necessidade de análise de malferimento de dispositivo infraconstitucional torna inadmissível o recurso extraordinário. Precedentes: ARE 751425 AgR/PB, Rel. Min. Rosa Weber, Primeira Turma, DJe 17/9/2013, ARE 694618 AgR/SP, Rel. Min. Gilmar Mendes, Segunda Turma, DJe 12/11/2013, AI 699.740-AgR/AC, Rel. Min, Ricardo Lewandowski, Segunda Turma, DJe de 8/11/2012, e AI 855.359-AgR/AM, Rel. Min. Joaquim Barbosa, Segunda Turma, DJe 22/6/2012.
2. *In casu*, o acórdão recorrido assentou: *"ADMINISTRATIVO E PROCESSUAL CIVIL. AÇÃO CIVIL PÚBLICA. ENSINO. MINISTÉRIO PÚBLICO FEDERAL. LEGITIMIDADE ATIVA. UNIÃO. ILEGITIMIDADE PASSIVA AD CAUSAM. TAXA DE INSCRIÇÃO. ISENÇÃO. HIPOSSUFICIÊNCIA. POSSIBILIDADE."*
3. Agravo regimental **DESPROVIDO.** (Inform. STF 747)

6. CONSELHO NACIONAL DE EDUCAÇÃO

DIREITO ADMINISTRATIVO. LIMITES DE ATUAÇÃO DO PROFISSIONAL DE EDUCAÇÃO FÍSICA. RECURSO REPETITIVO (ART. 543-C DO CPC E RES. 8/2008-STJ). O profissional de educação física que tenha concluído apenas o curso de licenciatura, de graduação plena, somente pode exercer suas atribuições na educação básica (área formal), sendo-lhe proibido o exercício da profissão em clubes, academias, hotéis, spas, etc. (área não formal). Conforme estabelecem os arts. 44, II, e 62, da Lei 9.394/1996, regulamentados pelos art. 5º do Decreto 3.276/1999, arts. 1º e 2º da Resolução CNE/CP 2/2002, art. 14 da Resolução CNE/CES 7/2004 e art. 2º, III, "a", c/c Anexo da Resolução CNE/CES 4/2009, há atualmente duas modalidades de cursos para profissionais de educação física: (*a*) o curso de licenciatura, de graduação plena, para atuação na educação básica, de duração mínima de 3 anos, com carga horária mínima de 2.800 horas/aula; e (*b*) o curso de graduação/bacharelado em educação física, para atuação em áreas não formais, de duração mínima de 4 anos, com carga horária mínima de 3.200

horas/aula. Sendo assim, o profissional de educação física que pretende atuar de forma plena, nas áreas formais e não formais (sem nenhuma restrição), deve concluir tanto o curso de licenciatura, de graduação plena, quanto o curso de graduação/bacharelado, haja vista tratar-se de cursos distintos, com disciplinas e objetivos particulares. Além do mais, as Resoluções do Conselho Nacional de Educação foram emitidas com supedâneo no art. 6º da Lei 4.024/1961 (com a redação conferida pela Lei 9.131/1995), em vigor por força do art. 92 da Lei 9.394/1996, sendo certo que essas Resoluções, em momento algum, extrapolam o âmbito de simples regulação, porque apenas tratam das modalidades de cursos previstos na Lei 9.394/1996 (licenciatura e bacharelado). **REsp 1.361.900-SP, Rel. Min. Benedito Gonçalves, julgado em 12/11/2014. (Inform. STJ 552)**

7. COMPETÊNCIA

Competência concorrente para legislar sobre educação

Lei editada por Estado-membro, que disponha sobre número máximo de alunos em sala de aula na educação infantil, fundamental e média, não usurpa a competência da União para legislar sobre normas gerais de educação (CF, art. 24, IX, e § 3º). Com base nessa orientação, o Plenário julgou improcedente pedido formulado em ação direta de inconstitucionalidade ajuizada em face das alíneas <u>a</u>, <u>b</u> e <u>c</u> do inciso VII do art. 82 da LC 170/1998 do Estado de Santa Catarina. A Corte destacou a necessidade de rever sua postura "prima facie" em casos de litígios constitucionais em matéria de competência legislativa, de forma a prestigiar as iniciativas regionais e locais, a menos que ofendam norma expressa e inequívoca da Constituição. Pontuou que essa diretriz se ajustaria à noção de federalismo como sistema que visaria a promover o pluralismo nas formas de organização política. Asseverou que, em matéria de educação, a competência da União e dos Estados-membros seria concorrente. Aduziu que, com relação às normas gerais, os Estados-membros e o Distrito Federal possuiriam competência suplementar (CF, art. 24, § 2º) e a eles caberia suprir lacunas. Frisou a necessidade de não se ampliar a compreensão das denominadas normas gerais, sob pena de se afastar a autoridade normativa dos entes regionais e locais para tratar do tema. Enfatizou que o limite máximo de alunos em sala de aula seria questão específica relativa à educação e ao ensino e, sem dúvida, matéria de interesse de todos os entes da federação, por envolver circunstâncias peculiares de cada região. Ademais, a sistemática normativa estadual também seria compatível com a disciplina federal sobre o assunto, hoje fixada pela Lei 9.394/1996, que estabelece "as diretrizes e bases da educação nacional". Em seu art. 25, a lei federal deixaria nítido espaço para atuação estadual e distrital na determinação da proporção professor e aluno dos sistemas de ensino. Possibilitaria, assim, que o sistema estadual detalhasse de que maneira a proporção entre alunos e professores se verificaria no âmbito local. Sob o prisma formal, portanto, a Lei 9.394/1996 habilitaria a edição de comandos estaduais como os previstos nas alíneas <u>a</u>, <u>b</u>, e <u>c</u> do inciso VII do art. 82 da LC 170/1998 do Estado de Santa Catarina. Sob o ângulo material, a lei catarinense ainda apresentaria evidente diretriz de prudência ao criar uma proporção aluno-professor que se elevaria à medida que aumentasse a idade dos alunos.

ADI 4060/SC, rel. Min. Luiz Fux, 25.2.2015. (ADI-4060) (Inform. STF 775)

28. LEIS ORGÂNICAS E OUTRAS NORMAS DAS CARREIRAS PÚBLICAS

1. MAGISTRATURA

Câmara de tribunal de justiça e composição exclusiva por juízes de 1º grau
A Primeira Turma iniciou julgamento de "habeas corpus" em que se debate se câmara de tribunal de justiça pode proferir decisão quando participam do colegiado exclusivamente juízes de 1ª instância convocados. O Ministro Marco Aurélio (relator) concedeu a ordem para anular o acórdão do tribunal de justiça e determinar que outro fosse proferido, observada a composição majoritária de desembargadores. Admitiu a convocação de juiz em substituição a desembargador, nos termos da LC 35/1979 - Loman. Destacou que o tribunal de justiça é composto por certo número de desembargadores e descaberia haver, além deles, juízes convocados em alternância não prevista na Constituição nem na lei. O art. 98, I, da CF, autoriza o julgamento, em 2º grau, por juízes de 1ª instância, no âmbito dos juizados especiais criminais, quando estiverem em jogo infrações de menor potencial ofensivo. No caso, o tribunal de justiça, o órgão competente para processar e julgar apelações contra sentenças prolatadas por vara criminal, estaria presente apenas no campo formal, se tanto, em descompasso com a garantia do juiz natural. O Ministro Edson Fachin não conheceu da impetração, mas concedeu a ordem de "habeas corpus" de ofício, nos termos do voto do relator. Em seguida, pediu vista o Ministro Roberto Barroso.
HC 101473/SP, rel. Min. Marco Aurélio, 29.9.2015. (HC-101473) (Inform. STF 801)

Porte de arma de magistrado e competência - 3
O STF tem competência para processar e julgar causas em que se discute prerrogativa dos juízes de portar arma de defesa pessoal, por se tratar de ação em que todos os membros da magistratura são direta ou indiretamente interessados (CF, art. 102, I, n). Esse o entendimento do Plenário que, em conclusão de julgamento e por maioria, deu provimento a agravo regimental e julgou procedente pedido formulado em reclamação, para reconhecer como prerrogativa da magistratura a desnecessidade de submissão a certos requisitos gerais, aplicáveis a todas as outras pessoas, para obter o porte ou a renovação do porte de arma. No caso, associações estaduais de juízes impetraram mandado de segurança cuja ordem fora concedida para assegurar, aos substituídos, a renovação simplificada de registros de propriedade de armas de defesa pessoal (inscrição no SINARM), com dispensa dos testes psicológicos e de capacidade técnica e da revisão periódica de registro. Esses requisitos para manter arma de fogo estariam dispostos no art. 5º, § 2º, da Lei 10.826/2003 (Lei do Desarmamento). Além disso, a prerrogativa dos magistrados de portar arma de defesa pessoal estaria prevista no art. 33, V, da LC 35/1979 - Loman — v. Informativo 712. A Corte destacou que a compreensão de matéria de privativo interesse da magistratura não poderia ser afastada pelo fato de determinada prerrogativa ser eventualmente estendida a outras carreiras. A prerrogativa deveria ser interpretada como direito ou obrigação inerente à condição de magistrado. Em relação à necessidade de que a decisão afetasse todos os membros da magistratura, o Tribunal asseverou que o Poder Judiciário seria uno, no entanto, possuiria segmentações decorrentes da estrutura federativa brasileira. Apenas quando a matéria dissesse respeito a determinada segmentação específica do Poder Judiciário é que se poderia cogitar do afastamento da competência da Corte. Na espécie, não se trataria de prerrogativa própria dos juízes integrantes das associações que impetraram o mandado de segurança, mas de todos os magistrados do país. A pretensão estaria baseada na Loman, de abrangência nacional. Trataria de interesse potencial de toda a classe, já que a prerrogativa de portar arma de defesa pessoal estaria prevista na referida lei orgânica. Vencidos os Ministros Rosa Weber (relatora), Marco Aurélio e Celso de Mello, que negavam provimento ao agravo regimental por entenderem não ter havido usurpação da competência do Tribunal. Apontavam que os efeitos do ato praticado pela autoridade tida como coatora não afetariam o interesse de todos os magistrados. Mencionavam que seriam diretamente interessados apenas os magistrados substituídos, quais sejam, os associados às entidades impetrantes, e indiretamente, quando muito, os magistrados domiciliados

em determinada unidade federativa, eventualmente interessados em registrar ou renovar o registro de arma de fogo.
Rcl 11323 AgR/SP, rel. orig. Min. Rosa Weber, red. p/ o acórdão Min. Teori Zavascki, 22.4.2015. (Rcl-11323) (Inform. STF 782)

Magistratura: lei estadual e vício formal
O Plenário confirmou medida cautelar (noticiada no Informativo 307) e julgou procedente pedido formulado em ação direta para declarar a inconstitucionalidade do art. 49 do código de normas criado pelo Provimento 4/1999, da Corregedoria Geral da Justiça do Tribunal de Justiça do Estado do Maranhão. O preceito dispõe sobre o expediente de magistrados estaduais. O Colegiado asseverou, na linha de precedentes, tratar-se de inconstitucionalidade formal, uma vez que a matéria seria reservada a lei complementar de iniciativa do STF (CF, art. 93, VII). Precedentes citados: ADI 2.753/CE (DJU de 11.4.2003); ADI 841/RJ (DJU de 21.10.1994); ADI 1.422/RJ (DJU de 21.11.1999); e ADI 2.580/CE (DJU de 4.10.2002).
ADI 2880/MA, rel. Min. Gilmar Mendes, 30.10.2014. (ADI-2880) (Inform. STF 765)

PAD em face de magistrado e afastamento cautelar de funções
A 2ª Turma denegou a ordem em mandado de segurança impetrado em face de decisão do CNJ, pela qual afastara cautelarmente magistrado do exercício de suas funções e determinara a instauração de processo administrativo disciplinar, tendo em conta suposto descumprimento de seus deveres funcionais. O impetrante sustentava a ausência de justa causa para embasar as medidas tomadas pelo CNJ. A Turma ponderou que a proposta de afastamento teria lastro no conjunto de elementos que evidenciariam práticas incompatíveis com o exercício da judicatura, a recomendar a providência acauteladora. A compreensão do CNJ resultaria do exame de diversas condutas imputadas ao impetrante, que demonstrariam comprometimento de sua isenção e imparcialidade no exercício judicante. Nesse sentido, o afastamento cautelar das funções estaria de acordo com o art. 27, § 3º, da LC 35/1979 (Loman). Embora a instauração de processo administrativo disciplinar não implicasse, necessariamente, a medida cautelar, ela poderia ser adotada quando a continuidade do exercício do ofício judicante pelo investigado pudesse interferir no curso da apuração ou comprometer a legitimidade de sua atuação e a higidez dos atos judiciais, como seria o caso. Além disso, não caberia falar em ausência de justa causa para instauração do procedimento, sequer na intangibilidade dos atos de conteúdo jurisdicional, nos termos do art. 41 da Loman. Essa prerrogativa, vocacionada à garantia de independência do magistrado no exercício da jurisdição, não seria absoluta. Sob esse aspecto, não autorizaria a prática de ilegalidades. Ademais, a análise dos fatos a serem apurados pelo CNJ não avançaria sobre o mérito das decisões judiciais prolatadas pelo impetrante, mas sobre sua conduta, supostamente parcial. Embora os atos judiciais e a parcialidade de magistrado na condução do processo estivessem sujeitos a medidas processuais específicas, como recursos, a atuação do juiz poderia e deveria ser objeto de exame disciplinar quando houvesse indícios de violação dos deveres funcionais impostos pela lei e pela Constituição. A normalidade e juridicidade da atuação do magistrado interessariam não somente ao jurisdicionado, mas ao Judiciário e a toda a sociedade. O conteúdo das decisões judiciais estaria sujeito apenas ao exame judicial, mas essa garantia não constituiria imunidade do magistrado a permitir-lhe atuar em descompasso com a lei e a ética. Assim, não se poderia tolher prematuramente a atuação do CNJ, uma vez existentes elementos indiciários a recomendar apuração.
MS 32721/DF, rel. Min. Cármen Lúcia, 11.11.2014. (MS-32721) (Inform. STF 767)

MS e alteração de critério de desempate na promoção de magistrados
A 1ª Turma denegou mandado de segurança impetrado contra decisão do CNJ, na qual definido o critério de desempate a ser utilizado na promoção por antiguidade de magistrados no Estado do Mato Grosso. Na espécie, os impetrantes pleiteavam fosse adotada a regra prevista na LC estadual

818 VADE MECUM DE JURISPRUDÊNCIA – STF/STJ

281/2007, que estabelece o tempo de serviço público como critério de desempate, em detrimento da ordem de classificação no concurso, conforme estabelecido pela LC 35/1979 - Loman. A Turma aduziu que os princípios da irretroatividade das normas, da segurança jurídica e da proteção da confiança vedariam que lei posterior produzisse efeitos retroativos capazes de desconstituir uma lista de antiguidade já publicada e em vigor desde momento pretérito à edição da referida lei complementar estadual. Ademais, ressaltou que a norma local não poderia modificar matéria de competência de lei complementar nacional (CF, art. 93).
MS 28494/MT, rel. Min. Luiz Fux, 2.9.2014. (MS-28494) (Inform. STF 757)

Pagamento de ajuda de custo em remoção a pedido de magistrado
O regramento conferido à ajuda de custo por mudança de sede de servidores públicos, até que sobrevenha norma específica para tratar da matéria, pode ser aplicado subsidiariamente aos magistrados, ainda que a remoção para outra circunscrição tenha ocorrido a pedido. Com base nessa orientação, a 2ª Turma julgou parcialmente procedente pedido formulado em ação originária e assegurou a juiz substituto o direito a perceber os custos extraordinários decorrentes das despesas de transporte para mudança dele. Na espécie, magistrado pleiteara, no CNJ, pagamento de ajuda de custo para fazer frente às despesas não só de sua pessoa, como também de seus sogros (dependentes econômicos). Denegado o pleito, o ora autor reitera perante a justiça federal, com acréscimo de indenização por danos morais resultantes do indeferimento administrativo. Na sequência, os autos foram remetidos ao STF em razão do disposto no art. 102, I, n, da CF. A Turma, ante a peculiaridade do caso concreto e, tendo em vista a existência de precedente específico (AO 1569 QO/DF, DJe de 24.6.2010), manteve a competência do Supremo para processar e julgar o pedido. No mérito, asseverou que a LC 35/1979 (Loman) não indicaria critérios para pagamento de indenização para custeio de despesas de sogros, o que autorizaria a aplicação subsidiária de normas que regem os servidores públicos federais: Lei 8.112/1990 (artigos 53, § 1º, e 54) e Decreto 4.004/2001. Destacou que os ascendentes do cônjuge não estariam arrolados entre os dependentes autorizados a receber ajuda de custo nos moldes da legislação e, nesse ponto, o pedido foi indeferido. No que tange ao pleito de indenização por dano moral, a Turma também o rejeitou. Ponderou que, afastada suposta prática de ato discriminatório e abuso de poder, incabível falar-se em dano moral advindo do exercício regular de função administrativa exercido pelo CNJ e pelo tribunal a que vinculado o magistrado, quando da recusa do pedido de ajuda de custo para sogros. Salientou que, passados quase 35 anos da edição da LC 35/1979, o direito à ajuda de custo, prevista em seu art. 65, I, ainda penderia de lei ordinária. Frisou que a ajuda de custo consistiria em vantagem de caráter indenizatório destinada a compensar magistrado pelas despesas advindas de mudança de domicílio e, no ponto, a Turma acolheu a pretensão.
AO 1656/DF, rel. Min. Cármen Lúcia, 5.8.2014. (AO-1656) (Inform. STF 753)

ED: juízes classistas aposentados e auxílio-moradia - 1
O Plenário acolheu, sem efeitos modificativos, embargos declaratórios opostos de acórdão que reconhecera o direito de juízes classistas inativos aos reflexos de parcela autônoma de equivalência incidente sobre proventos e pensões de 1992 a 1998 e, após esse período, o direito à irredutibilidade dos respectivos valores. Preliminarmente, o Tribunal rejeitou arguição de inexistência dos embargos, sob o argumento de que a assinatura eletrônica utilizada na protocolação não pertenceria aos subscritores da peça. O Colegiado aduziu que as razões recursais teriam sido assinadas pelo Advogado-Geral da União, pela Secretária-Geral de Contencioso da Advocacia-Geral da União e por Advogado da União, todos dotados de capacidade postulatória e investidos de poderes de representação da entidade política. Observou que apenas a transmissão do arquivo eletrônico fora efetuada por servidor do órgão.
RMS 25841 ED/DF, rel. Min. Marco Aurélio, 19.3.2014. (RMS-25841)

ED: juízes classistas aposentados e auxílio-moradia - 2
No mérito, a Corte esclareceu que duas questões teriam sido submetidas à apreciação quando do julgamento do recurso ordinário. A primeira consistiria em saber se os magistrados classistas que se aposentaram ou satisfizeram os requisitos para aposentação na vigência da Lei 6.903/1981 teriam direito a perceber proventos em paridade com os classistas da ativa. Na ocasião, o STF assentara que a legislação (Lei 9.603/1981, art. 7º) estabeleceria a paridade entre ambos, até a entrada em vigor da Lei 9.528/1997 (art. 5º), que submeteria a categoria ao regime geral de previdência social. A segunda

temática dissera respeito ao exame de eventual direito dos juízes classistas em atividade entre 1992 e 1998 ao recebimento proporcional da parcela de equivalência, tendo em conta o advento da Lei 9.655/1998, que desvincularia a remuneração dos juízes classistas de 1ª instância da justiça do trabalho dos vencimentos dos juízes togados. O acórdão embargado consignara o direito à percepção da parcela autônoma de equivalência surgida, para os juízes togados, com a edição da Lei 8.448/1992. A previsão alcançaria também os classistas ativos, cuja remuneração era fixada proporcionalmente aos vencimentos dos togados ativos (art. 1º), até a referida desvinculação. Assim, os classistas que se aposentaram ou cumpriram as condições para aposentadoria na vigência da Lei 6.903/1981, beneficiários do regime da paridade, possuiriam direito aos reflexos da parcela autônoma de equivalência nos próprios proventos, não em virtude da suposta equiparação com os togados da ativa, mas em decorrência da simetria legal dos ganhos com os classistas em atividade. Na presente assentada, o Pleno reputou não haver como firmar a efetiva extensão da paridade entre os classistas inativos e ativos sem determinar-se a remuneração a que teriam direito os classistas em atuação enquanto vigente o regime. Por conseguinte, considerou necessário reflexão sobre a forma de cálculo dos vencimentos do cargo paradigma, de modo que, no pedido relativo à incidência da Lei 6.903/1981 aos aposentados ou aos que atendessem aos requisitos para a jubilação na respectiva vigência, estaria implícita a análise e a solução do pleito de repercussão da parcela de equivalência salarial aos classistas da ativa e, por via de consequência, aos classistas inativos.
RMS 25841 ED/DF, rel. Min. Marco Aurélio, 19.3.2014. (RMS-25841) (Inform. STF 739)

Magistratura e auxílio-alimentação - 1
O Plenário iniciou julgamento de ação direta de inconstitucionalidade proposta contra a Resolução 133/2011 do Conselho Nacional de Justiça - CNJ e a Resolução 311/2011 do Tribunal de Justiça do Estado de Pernambuco. O primeiro ato impugnado, ao disciplinar a equiparação de vantagens entre a magistratura e o Ministério Público, considerou devido o pagamento de auxílio-alimentação aos magistrados. A norma do tribunal local, por sua vez, autorizou o pagamento da mencionada verba aos juízes daquela unidade da federação. O Ministro Marco Aurélio, relator, conheceu do pedido, em parte, e, na parte conhecida, julgou-o procedente para declarar a inconstitucionalidade formal das normas questionadas. Salientou, de início, que, embora o autor tivesse requerido a declaração de inconstitucionalidade de toda a resolução editada pelo CNJ, as justificativas se circunscreveram apenas à inconstitucionalidade do auxílio-alimentação, a caracterizar irresignação genérica quanto às demais vantagens constantes na norma. Isso acarretaria a inadmissibilidade da ação em relação aos pontos não atacados motivadamente. Atestou a adequação da via eleita, por entender tratar-se de ato normativo secundário dotado de generalidade de lei. Asseverou, também, não vislumbrar a necessidade de reserva de lei complementar para dispor sobre a matéria. Ponderou que a fundamentação adotada pelo CNJ para instituir o auxílio-alimentação para os magistrados qual seja, a necessidade de equiparação, por simetria, dos critérios remuneratórios adotados pelos membros do Ministério Público, que percebem a referida verba seria destituída de embasamento constitucional. Apontou que no art. 93 da Constituição de 1988 inexistiria a técnica de especificidade temática, como ocorreria na Constituição de 1969, com a redação dada pela EC 7/77 (art. 112, parágrafo único). Destacou que a redação original do inciso V do art. 93 da Constituição de 1988, ao cuidar de limites e escalonamento para a fixação dos "vencimentos" dos magistrados, não exigia lei complementar para disciplinar assunto relativo a pagamentos em favor dos integrantes da carreira.
ADI 4822/PE, rel. Min. Marco Aurélio, 2.10.2013. (ADI-4822)

Magistratura e auxílio-alimentação - 2
O Ministro Marco Aurélio assinalou, ainda, que essa situação não fora modificada com a EC 19/98, que definiu a figura do "subsídio" como forma exclusiva de remuneração dos magistrados, a impor novos parâmetros e escalas. Mencionou que a verba questionada possuiria caráter indenizatório, haja vista consistir em valor a ser pago aos magistrados para recompor o patrimônio individual em virtude de gastos realizados com alimentação ocorridos no âmbito do exercício da função judicial. Assim, o auxílio-alimentação não se enquadraria no conceito de verba remuneratória, gênero do qual seriam espécies os "vencimentos" e os "subsídios". Ressaltou que caberia ao legislador ordinário federal instituí-lo quanto aos juízes federais, do trabalho e militares, e ao legislador de cada Estado-membro, no que concerne

28. LEIS ORGÂNICAS E OUTRAS NORMAS DAS CARREIRAS PÚBLICAS   819

aos juízes estaduais. Consignou, ademais, que a simetria disposta no § 4º do art. 129 da CF ("*§ 4º Aplica-se ao Ministério Público, no que couber, o disposto no art. 93*") significaria que ao *parquet* aplicar-se-iam as garantias institucionais da magistratura, e não o inverso. Assentou o não cabimento da paridade remuneratória obrigatória e da concessão linear e automática, à magistratura, de verbas indenizatórias concedidas ao Ministério Público, a exemplo do auxílio-alimentação. Externou seu posicionamento no sentido de que o CNJ teria extrapolado suas funções ao editar o ato normativo, tendo em conta o princípio da reserva legal. Reputou, além disso, que a Resolução 311/2011 do Tribunal de Justiça do Estado de Pernambuco conteria idêntico vício de inconstitucionalidade.
ADI 4822/PE, rel. Min. Marco Aurélio, 2.10.2013. (ADI-4822)

Magistratura e auxílio-alimentação - 3
Em divergência, o Ministro Teori Zavascki julgou o pleito improcedente. Reconheceu a Resolução 133/2011 do CNJ como ato normativo primário, de âmbito de competência constitucional do CNJ. Registrou que, ao estender o auxílio-alimentação à magistratura, o CNJ teria exercido atividade eminentemente administrativa. Ressaltou que o STF teria declarado a compatibilidade do art. 65 da Loman com a Constituição de 1988, a encerrar rol taxativo de vantagens, sem importar se de natureza indenizatória ou não. Salientou que, entretanto, o tema exigiria reflexão em face da alteração trazida pela EC 19/98 no regime remuneratório da magistratura. Considerou que, a partir da mencionada emenda, fora instituída remuneração por subsídio fixado em parcela única, e que o art. 65 da Loman seria com ela incompatível. Pontuou que, não mais subsistente esse dispositivo, porque contrário à nova ordem constitucional, seria possível ao CNJ editar resoluções, como fizera anteriormente, sobre teto remuneratório e subsídios da magistratura. Entendeu que a paridade de regimes entre magistratura e Ministério Público poderia ser deduzida diretamente da Constituição e, por isso, não haveria vício nas resoluções impugnadas. No que se refere ao reconhecimento do direito ao auxílio-alimentação, afirmou que as normas questionadas não teriam natureza constitutiva, mas declarativa. Destacou o caráter indenizatório dessa verba, a qual seria reconhecida à universalidade dos trabalhadores e atribuída a todos os servidores. Assim, em face do devido tratamento simétrico, concluiu que o auxílio-alimentação deveria ser estendido aos integrantes da magistratura. Após o voto do Ministro Teori Zavascki, o julgamento foi suspenso.
ADI 4822/PE, rel. Min. Marco Aurélio, 2.10.2013. (ADI-4822)

Magistratura e auxílio-alimentação - 4
O Plenário retomou julgamento de ação direta de inconstitucionalidade proposta contra a Resolução 133/2011 do Conselho Nacional de Justiça - CNJ e a Resolução 311/2011 do Tribunal de Justiça do Estado de Pernambuco. O primeiro ato impugnado, ao disciplinar a equiparação de vantagens entre a magistratura e o Ministério Público, considerou devido o pagamento de auxílio-alimentação aos magistrados. A norma do tribunal local, por sua vez, autorizou o pagamento da mencionada verba aos juízes daquela unidade da federação — v. Informativo 722. Em voto-vista, o Ministro Luiz Fux acompanhou a divergência iniciada pelo Ministro Teori Zavascki e julgou improcedente o pedido. Consignou que o mencionado benefício, pago a todos os trabalhadores, não poderia excluir os magistrados federais. Destacou que, historicamente, sempre houvera simetria entre as carreiras do Ministério Público em relação a magistratura, esta a servir de paradigma. Apontou a competência normativa do CNJ para regular a matéria. Asseverou que essa simetria constitucionalmente prevista não poderia ficar condicionada à edição de lei, sob pena de a força normativa da Constituição vir a depender de atos estatais de estatura infraconstitucional. Rememorou que a concessão do auxílio-alimentação não fora reconhecida por ato primário, mas por ato normativo do CNJ, que gozaria de presunção de legitimidade e de constitucionalidade. Esclareceu que não se estaria diante de vinculação de remuneração (CF, art. 37, XIII). Frisou que a simetria entre as carreiras do Ministério Público e da magistratura teria sido assentada pela Constituição, ao dispor que deveriam receber o mesmo tratamento pelo ordenamento jurídico. Aduziu que as vantagens estabelecidas no art. 65 da Loman não seriam *numerus clausus*, caso contrário, as magistradas não teriam direito à licença-maternidade. De igual forma, os juízes não usufruiriam do adicional de férias e do 13º salário. Lembrou que, para a magistratura federal, o recebimento da vantagem questionada teria fundamento no art. 52 da Lei 5.010/1966 ("*Aos Juízes e servidores da Justiça Federal aplicam- -se, no que couber, as disposições do Estatuto dos Funcionários Públicos Civis da União*"). Sublinhou que a Constituição (artigos 95 e 128, § 5º e I)

estabeleceria paridade quase integral entre as garantias dos magistrados e dos membros do Ministério Público. Salientou que, com a edição da EC 45/2004, o Ministério Público e a magistratura, que já compartilhavam traços institucionais comuns, teriam sido também equiparados no que se refere ao regime aplicável às suas carreiras. Por fim, pontuou que o pagamento de auxílio-alimentação a magistrados não representaria qualquer imoralidade, ilegalidade ou inconstitucionalidade. Após o voto do Ministro Luiz Fux, pediu vista o Ministro Dias Toffoli.
ADI 4822/PE, rel. Min. Marco Aurélio, 20.11.2013. (ADI-4822) (Inform. STF 729)

Aposentadoria de magistrado e art. 184, II, da Lei 1.711/1952 - 1
O Plenário iniciou julgamento de mandado de segurança em que se pleiteia o aumento de 20% sobre os proventos referentes à remuneração da última classe da carreira de magistrado de TRT, nos termos do art. 184, II, da Lei 1.711/1952 ("*O funcionário que contar 35 anos de serviço será aposentado: ... II - com provento aumentado de 20% quando ocupante da última classe da respectiva carreira*"). No caso, o impetrante aposentou-se como Ministro do TST. Sustenta que, mesmo antes de sua posse no cargo de Ministro do TST, já possuía mais de 35 anos averbados para fins de aposentadoria, ou seja, já teria direito adquirido a se aposentar como juiz do TRT. O Ministro Gilmar Mendes, relator, denegou a segurança, no que foi acompanhado pelo Ministro Teori Zavascki. Afirmou que não haveria direito ao benefício de acréscimo de 20% sobre os proventos do cargo de Ministro do TST, com fundamento no art. 184, III, da Lei 1.711/1952 ("*O funcionário que contar 35 anos de serviço será aposentado: ... III - com a vantagem do inciso II, quando ocupante de cargo isolado se tiver permanecido no mesmo durante três anos*"), porquanto o impetrante confessara, expressamente, na petição inicial, não cumprir o requisito temporal de permanência de três anos no cargo isolado de Ministro até a data em que essa norma deixara de vigorar. Rememorou precedente do Tribunal em que se afirmara que ocupante de cargo de Ministro de tribunal superior não poderia pleitear o benefício do inciso II do art. 184 da Lei 1.711/1952, apenas o do inciso III do dispositivo legal supracitado (MS 24.042/DF, DJU de 31.10.2003).
MS 25079/DF, rel. Min. Gilmar Mendes, 30.10.2013. (MS-25079)

Aposentadoria de magistrado e art. 184, II, da Lei 1.711/1952 - 2
O relator consignou que, ao assumir cargo isolado, não poderia o impetrante alegar direito a benefício cujos requisitos fossem inerentes à carreira que deixara por vontade própria. Desta forma, destacou que o impetrante abrira mão do regime jurídico de magistrado trabalhista para assumir o cargo isolado de Ministro do TST e, assim, acatara novas regras a serem cumpridas (Lei 1.711/1952, art. 184, III, c/c a Lei 8.112/1990, art. 250). Em divergência, o Ministro Roberto Barroso concedeu a ordem. Assinalou que o impetrante reunira os requisitos para se aposentar como magistrado do TRT, beneficiando-se da vantagem do art. 184, II, da Lei 1.711/1952. Sublinhou que o fato de ter tomado posse, depois, como Ministro do TST não afetaria essa situação jurídica, que constituiria direito adquirido em seu favor (Enunciado 359 da Súmula do STF). Asseverou que, embora as posições de Ministro do TST fossem consideradas cargos isolados para vários fins, o juiz do trabalho que ocupasse cargo de Ministro do TST, em vaga reservada à magistratura de carreira, não renunciaria à condição de juiz, especialmente porque manteria os direitos adquiridos nessa condição. Reputou que a finalidade do art. 184, II, da Lei 1.711/1952 seria premiar o agente público que tivesse atingido o topo da carreira, razão pela qual não poderia ser interpretado de forma a prejudicar o magistrado que avançasse para além desse topo.
MS 25079/DF, rel. Min. Gilmar Mendes, 30.10.2013. (MS-25079)

Aposentadoria de magistrado e art. 184, II, da Lei 1.711/1952 - 3
Em conclusão de julgamento, o Plenário, por maioria, denegou mandado de segurança em que se pleiteava o aumento de 20% sobre os proventos referentes à remuneração da última classe da carreira de magistrado de TRT, nos termos do art. 184, II, da Lei 1.711/1952 ("*O funcionário que contar 35 anos de serviço será aposentado: ... II - com provento aumentado de 20% quando ocupante da última classe da respectiva carreira*") — v. Informativo 726. No caso, o impetrante se aposentou como Ministro do TST. Sustentava que, mesmo antes de sua posse no cargo de Ministro do TST, já possuía mais de 35 anos averbados para fins de aposentadoria, ou seja, já teria direito adquirido a se aposentar como juiz do TRT. Prevaleceu o voto do Ministro Gilmar Mendes, relator. Afirmou que não haveria direito ao benefício de acréscimo de 20% sobre os proventos do cargo de Ministro

do TST, com fundamento no art. 184, III, da Lei 1.711/1952 ("*O funcionário que contar 35 anos de serviço será aposentado: ... III - com a vantagem do inciso II, quando ocupante de cargo isolado se tiver permanecido no mesmo durante três anos*"), porquanto o impetrante confessara, expressamente, na petição inicial, não cumprir o requisito temporal de permanência de três anos no cargo isolado de Ministro até a data em que essa norma deixara de vigorar. Rememorou precedente do STF em que se afirmara que ocupante de cargo de Ministro de tribunal superior não poderia pleitear o benefício do inciso II do art. 184 da Lei 1.711/1952, apenas o do inciso III do dispositivo legal supracitado (MS 24042/DF, DJU de 31.10.2003). Consignou que, ao assumir cargo isolado, não poderia o impetrante alegar direito a benefício cujos requisitos fossem inerentes à carreira que deixara por vontade própria. Desta forma, destacou que o impetrante abrira mão do regime jurídico de magistrado trabalhista para assumir o cargo isolado de Ministro do TST e, assim, assumira novas regras a serem cumpridas (Lei 1.711/1952, art. 184, III, c/c a Lei 8.112/1990, art. 250).
MS 25079/DF, rel. Min. Gilmar Mendes, 6.11.2013. (MS-25079)

Aposentadoria de magistrado e art. 184, II, da Lei 1.711/1952 - 4
O Ministro Teori Zavascki sublinhou que o impetrante poderia requerer aposentadoria tanto como juiz do TRT, com o adicional de 20%, quanto como Ministro do TST, sem os 20%. Entretanto, não poderia pleitear o referido adicional sobre a remuneração de Ministro do TST, como fizera na petição do mandado de segurança. O Ministro Marco Aurélio ressaltou que o impetrante, para chegar ao TST, teria sido exonerado do cargo de juiz do TRT, motivo pelo qual não teria direito à aposentadoria neste cargo. Vencidos os Ministros Roberto Barroso, Rosa Weber, Luiz Fux, Ricardo Lewandowski e Celso de Mello, que ponderavam ser possível interpretar o pedido, ao analisar toda a petição e não apenas o capítulo final "do pedido". Deste modo, inferiam ser possível conceder a ordem, em menor extensão, para reconhecer o direito à aposentadoria no cargo de juiz do TRT com o aludido adicional. Assinalavam que o impetrante reunira os requisitos para se aposentar como magistrado do TRT, beneficiando-se da vantagem do art. 184, II, da Lei 1.711/1952. Sublinhavam que o fato de ter tomado posse, depois, como Ministro do TST não afetaria essa situação jurídica, que constituiria direito adquirido em seu favor (Enunciado 359 da Súmula do STF). Asseveravam que, embora as posições de Ministro do TST fossem consideradas cargos isolados para vários fins, o juiz do trabalho que ocupasse cargo de Ministro do TST, em vaga reservada à magistratura de carreira, não renunciaria à condição de juiz, especialmente porque manteria os direitos adquiridos nessa condição. Reputavam que a finalidade do art. 184, II, da Lei 1.711/1952 seria premiar o agente público que tivesse atingido o topo da carreira, razão pela qual não poderia ser interpretado de forma a prejudicar o magistrado que avançasse para além desse topo.
MS 25079/DF, rel. Min. Gilmar Mendes, 6.11.2013. (MS-25079) (Inform. STF 727)

EMENTA: MANDADO DE SEGURANÇA. ENTIDADES DE CLASSE DA MA-GISTRATURA NACIONAL. IMPUGNAÇÃO *À RESOLUÇÃO 170/2013* DO CONSELHO NACIONAL DE JUSTIÇA. **ALEGAÇÃO** DE MÚLTIPLAS OFENSAS AO TEXTO DA CONSTITUIÇÃO. **ATO** DO CONSELHO NACIONAL DE JUSTIÇA QUE OBJETIVOU REGULAMENTAR *A PARTICIPAÇÃO DE MAGISTRADOS EM CONGRESSOS, SEMINÁRIOS, SIMPÓSIOS, ENCONTROS JURÍDICOS E CULTURAIS E EVENTOS SIMILARES.* **COMPETÊNCIA** DO CONSELHO NACIONAL DE JUSTIÇA *QUE TRADUZ DIRETA EMANAÇÃO* DO TEXTO DA CONSTITUIÇÃO DA REPÚBLICA **E QUE LHE OUTORGA** PODER PARA, *LEGITIMAMENTE,* **PRATICAR** ATOS **E EXPEDIR** REGULAÇÕES NORMA-TIVAS **DESTINADOS A VIABILIZAR O CUMPRIMENTO,** *POR PARTE DOS MAGISTRADOS,* **DE SEUS DEVERES FUNCIONAIS,** *NOTADAMENTE OS DE PROBIDADE E DE RESPEITO AOS PRINCÍPIOS DA LEGALIDADE, DA MORALIDADE E DA IMPESSOALIDADE* **NO DESEMPENHO** DO OFÍCIO JURISDICIONAL. **NECESSIDADE** DE O MAGISTRADO **MANTER** *CONDUTA IRREPREENSÍVEL* EM SUA VIDA PÚBLICA E PARTICULAR, **RESPEITANDO,** *SEMPRE,* **A VEDAÇÃO CONSTITUCIONAL** *QUE O IMPEDE* DE RECEBER, *A QUALQUER TÍTULO OU PRETEXTO,* AUXÍLIOS **OU** CONTRIBUIÇÕES DE PES-SOAS FÍSICAS, DE ENTIDADES PÚBLICAS **OU** DE EMPRESAS PRIVADAS, **RESSALVADAS AS EXCEÇÕES PREVISTAS EM LEI (CF, ART. 95, PARÁ-**GRAFO ÚNICO, N. IV). **SUBSTRATO ÉTICO-JURÍDICO** DESSE DEVER **QUE REPOUSA** EM DUPLO FUNDAMENTO, **TANTO** *DE ÍNDOLE CONSTITUCIONAL* QUANTO *DE NATUREZA DEONTOLÓGICA.* AS VEDAÇÕES CONSTITUCIO-NAIS REFERIDAS NO ART. 95, PARÁGRAFO ÚNICO, DA LEI FUNDAMENTAL COMO ELEMENTOS *DE GARANTIA DA IMPARCIALIDADE* DO MAGISTRADO

E *DE PRESERVAÇÃO DE SUA INTEGRIDADE PESSOAL E PROFISSIONAL.* O ALTO SIGNIFICADO *DO CÓDIGO DE ÉTICA DA MAGISTRATURA NACIONAL.* LIBERDADE DE ASSOCIAÇÃO. ESTRUTURA CONSTITUCIONAL DESSE DIREITO FUNDAMENTAL (**ADI 3.045/DF**, REL. MIN. CELSO DE MELLO). **ALEGADO DESRESPEITO** A ESSA LIBERDADE PÚBLICA **IMPUTADO** AO CONSELHO NACIONAL DE JUSTIÇA. **APARENTE INOCORRÊNCIA,** *NA ES-PÉCIE,* **DE SITUAÇÃO DE LESIVIDADE. RESTRIÇÕES** QUE, **FUNDADAS** NA CONSTITUIÇÃO **E EXPLICITADAS** PELO CONSELHO NACIONAL DE JUSTIÇA (**RESOLUÇÃO CNJ** 170/2013), **TÊM OS MAGISTRADOS** *COMO OS SEUS ÚNI-COS* E *ESPECÍFICOS DESTINATÁRIOS.* **LEGITIMIDADE CONSTITUCIONAL** DOS PODERES NORMATIVOS RECONHECIDOS AO CONSELHO NACIONAL DE JUSTIÇA (**ADI** 3.367/DF **E ADC** 12/DF). **INFORMAÇÕES PRESTADAS** PELO CNJ **E** PELO CORREGEDOR NACIONAL DE JUSTIÇA **CUJO TEOR** *OBSTARIA* **O RECONHECIMENTO** DA PLAUSIBILIDADE JURÍDICA DA PRETENSÃO MANDAMENTAL DEDUZIDA, *EM LITISCONSÓRCIO ATIVO,* PELAS ENTIDA-DES DE CLASSE DA MAGISTRATURA NACIONAL. **DESCARACTERIZAÇÃO DA RELEVÂNCIA JURÍDICA** DA POSTULAÇÃO MANDAMENTAL **QUE SE MOSTRARIA** *IGUALMENTE* *AFETADA* **PELA APARENTE INADEQUAÇÃO** DO MEIO PROCESSUAL UTILIZADO, **EIS QUE INVIÁVEL** O MANEJO DE MANDADO DE SEGURANÇA *PARA IMPUGNAR ATO EM TESE* (**SÚMULA** 266/STF), *ASSIM CONSIDERADO* AQUELE QUE SE MOSTRA REVESTIDO *DOS ATRIBUTOS DE NORMATIVIDADE E DE GENERALIDADE ABSTRATA.* **PRECEDENTES. MEDIDA CAUTELAR INDEFERIDA. MS 3040 MC/DF, Rel. Min. Celso de Mello, j. 08.07/13 (Inform. STF 716)**

AG. REG. NA AO N. 1.334-SC
RELATOR: MIN. GILMAR MENDES
Ementa: Magistrados. Conversão, em pecúnia, de licença-prêmio não gozada. Decisão monocrática. Pedido improcedente. Inexistência do direito à licença--prêmio. Precedentes. Agravo regimental fundado no direito dos magistrados ao adicional por tempo de serviço até o advento da Lei 11.143/2006, que fixou os subsídios em parcela única. Matéria estranha à que foi objeto da decisão agravada. Agravo desprovido. **(Inform. STF 713)**

AG. REG. NA MED. CAUT. NA Rcl N. 13.115-RS
RED P/ O ACÓRDÃO: MIN. MARCO AURÉLIO
JUDICIÁRIO – AUTONOMIA. Consoante disposto no artigo 99 da Carta de 1988, ao Poder Judiciário é assegurada autonomia administrativa e financeira.
TRIBUNAIS – DIREÇÃO – REGÊNCIA. Ao contrário do versado no artigo 112 do Diploma Maior anterior – Emenda Constitucional nº 1, de 1969 –, o atual não remete mais à Lei Orgânica da Magistratura a regência da direção dos tribunais, ficando a disciplina a cargo do regimento interno.
RECLAMAÇÃO – EFEITO TRANSCENDENTE. Reiterados são os pronuncia-mentos do Supremo no sentido de não se admitir, como base para pedido formulado em reclamação, o efeito transcendente. **(Inform. STF 709)**

📄 **Súmula STF nº 731**
Para fim da competência originária do Supremo Tribunal Federal, é de inte-resse geral da magistratura a questão de saber se, em face da Lei orgânica da magistratura nacional, os juízes têm direito à licença-prêmio.

2. MINISTÉRIO PÚBLICO

LC 75/1993: auxílio-moradia e promoção com deslocamento
A Segunda Turma denegou mandado de segurança impetrado em face de atos do TCU e do PGR que importaram na cessação do pagamento de auxílio-moradia concedido aos membros do MPU em razão de promoção com deslocamento. Na espécie, o TCU determinara a suspensão dos pagamentos do referido auxílio, em razão da impossibilidade jurídica da criação de hipótese de benefício não prevista em lei. Ante essa decisão, o PGR editara portaria que extingue o benefício relativamente àquela espécie de promoção. A Turma afirmou que o auxílio-moradia fora instituído pelo art. 227, VIII, da LC 75/1993, que o assegura aos membros do MPU quando lotados "em local cujas condições de moradia sejam particularmente difíceis ou onerosas, assim definido em ato do Procurador-Geral da República". Com base nessa disposição normativa, o chefe do MPU editara a Portaria 495/1995, cujo art. 1º dispunha, em sua redação original, que o auxílio em comento seria concedido aos membros do MPU lotados nas localidades cujas condições de moradia são consideradas particularmente difíceis ou onerosas — referidas na própria portaria —, bem como aos promovidos com deslocamento. Contudo, a Portaria PGR 495/95 teria extrapolado os

28. LEIS ORGÂNICAS E OUTRAS NORMAS DAS CARREIRAS PÚBLICAS

limites do art. 227, VIII, da LC 75/1993. Esse comando normativo seria claro ao estabelecer o direito ao auxílio-moradia apenas aos membros do MPU lotados em local cujas condições de moradia fossem particularmente difíceis ou onerosas, delegando ao PGR apenas a atribuição para definir os locais em que a lotação ensejaria o pagamento do benefício. Assim, o dispositivo legal não preveria a possibilidade de que ato do Chefe do MPU estabelecesse outros casos de concessão do auxílio. Os atos administrativos normativos não poderiam ultrapassar os limites da lei que regulamentam, dispondo acerca de situações não previstas na norma primária de que retiram seu fundamento de validade, mormente em situações como a que se discute no mandado de segurança em comento, em que o regulamento trataria de matéria que a própria Constituição reservaria à lei em sentido formal (CF, art. 37, X, e 128, § 5º). Ademais, o art. 227, I, da LC 75/1993, já determinaria a concessão de benefício — ajuda de custo — em razão da promoção com deslocamento.
MS 25838/DF, rel. Min.Teori Zavascki, 29.9.2015. (MS-25838) (Inform. STF 801)

LC 75/1993: auxílio-moradia e prazo de concessão
A Segunda Turma iniciou julgamento de mandado de segurança impetrado em face de ato do PGR, que, por entender expirado o prazo máximo de pagamento de auxílio-moradia, indeferira o pedido de pagamento retroativo do benefício a membros do MPU, ora impetrantes. Alega-se, em síntese, que a Portaria PGR 465/1995 teria inovado a ordem jurídica, pois, em vez de apenas elencar as cidades brasileiras que se enquadrariam nas condições necessárias para a concessão do auxílio, teria criado indevida limitação temporal — de dois anos — para o respectivo pagamento. Seria devido, portanto, o pagamento retroativo de valores que deveriam ter sido recebidos entre 21.2.2006 — quando expirado o referido prazo e cessado, em razão disso, o pagamento do benefício — e a edição da Portaria PGR 484/2006, que aumentara o prazo para cinco anos. O Ministro Teori Zavascki (relator), ao conceder a segurança, destacou que a LC 75/1993 previra o direito ao auxílio-moradia nas localidades indicadas pelo PGR, mas não atribuíra àquele o poder de estabelecer um prazo máximo de concessão. Em seguida, pediu vista dos autos o Ministro Gilmar Mendes.
MS 26415/DF, rel. Min.Teori Zavascki, 29.9.2015. (MS-26415) (Inform. STF 801)

Ministério Público: designação bienal para exercício de funções e inamovibilidade - 1
O Plenário iniciou julgamento de ação direta ajuizada em face das expressões "para vigorar por um biênio", constante do art. 216; "antes do término do prazo", constante do art. 217; e "antes do término do prazo", constante do art. 218, todos da LC 75/1993, que dispõe sobre o Estatuto do Ministério Público da União - MPU. Os dispositivos tratam de designações bienais de membros da carreira para o exercício de funções institucionais. O Ministro Gilmar Mendes (relator), acompanhado pelos Ministros Roberto Barroso, Teori Zavascki, Rosa Weber e Luiz Fux, julgou o pedido parcialmente procedente, para declarar a inconstitucionalidade parcial dos dispositivos impugnados, sem redução de texto, de modo a afastar interpretação que implicasse remoção de membro da carreira de seu ofício de lotação. Registrou que a inamovibilidade dos membros ministeriais é assegurada pelo art. 128, § 5º, I, b, da CF. A relevância das atividades exercidas pelo Ministério Público indicaria a necessidade de preservar os membros da carreira de temores de perseguições que inibissem o livre exercício de suas atribuições. Nesse sentido, a inamovibilidade teria por fim proteger a autonomia conferida à instituição.
ADI 5052/DF, rel. Min. Gilmar Mendes, 30.10.2014. (ADI-5052)

Ministério Público: designação bienal para exercício de funções e inamovibilidade - 2
O relator assinalou que o modelo organizacional concebido pela aludida lei complementar estaria assentado, expressivamente, em designações dos integrantes da carreira para o exercício de atribuições não apenas no âmbito da instituição, como também para atuação perante órgãos específicos do Poder Judiciário. Assim, em certas circunstâncias, a observância da inamovibilidade não se evidenciaria de forma clara. Nesse contexto, seria preciso identificar em que unidades da estrutura organizacional do MPU haveria de ser efetivamente assegurada a garantia em apreço, ou seja, se a inamovibilidade estaria atrelada à ideia de vinculação territorial. Constatou que a lei complementar em análise estabelece que, no âmbito do MPU, as unidades de lotação corresponderiam a "ofícios". Desse modo, os membros da carreira, depois de lotados em determinado ofício, gozariam da inamovibilidade. Por outro lado, no que concerne às designações bienais, objetos da ação direta, deixariam margem à lotação de integrantes da carreira, independentemente de sua vontade e em caráter definitivo, em ofício diverso daquele em que atuassem. Interpretação nesse sentido conduziria ao grave risco de movimentações casuísticas, em afronta à inamovibilidade. Nesse sentido, as designações, na forma em que definidas nos dispositivos impugnados, teriam por claro objetivo, além das designações de natureza eventual, a remoção do integrante da carreira, independentemente de vontade. Rememorou que a Corte, em caso análogo, declarara, por ofensa à inamovibilidade, a inconstitucionalidade de norma estadual que, na mesma linha dos dispositivos ora adversados, previa mandato fixo de magistrados, pelo prazo de dois anos, para o exercício da jurisdição em vara especializada em organizações criminosas (ADI 4.414/AL, DJe de 14.6.2013). Em seguida, pediu vista o Ministro Dias Toffoli.
ADI 5052/DF, rel. Min. Gilmar Mendes, 30.10.2014. (ADI-5052) (Inform. STF 765)

CNMP e intimação de membros do Ministério Público
A 2ª Turma, por maioria, denegou mandado de segurança impetrado contra ato do Conselho Nacional do Ministério Público – CNMP, que determinara a promotor de justiça que se abstivesse de requerer a não intimação do órgão do Ministério Público de segunda instância nos feitos em que tivesse atuado. Considerou, ainda, prejudicado o agravo regimental interposto. No caso, contra o impetrante, promotor de justiça, fora instaurada representação para preservação da autonomia do Ministério Público perante o CNMP. O referido Conselho julgara procedente o feito, cuja decisão transitara em julgado. No presente "writ", o impetrante aduzia que, em face do que decidido pelo STF no julgamento do HC 87.926/SP (DJe de 25.4.2008) e, para que não fosse suscitada a nulidade dos julgamentos dos recursos que envolvessem o Ministério Público como recorrente ou como recorrido, passara a requerer que o órgão do Ministério Público, com assento nas câmaras do tribunal de origem, não se manifestasse após a apresentação de razões ou contrarrazões pelo órgão da mesma instituição com atuação em primeira instância. A Turma citou o artigo 41 da Lei Orgânica Nacional do Ministério Público ("Constituem prerrogativas dos membros do Ministério Público, no exercício de sua função, além de outras previstas na Lei Orgânica: ... IV - receber intimação pessoal em qualquer processo e grau de jurisdição, através da entrega dos autos com vista"). Ponderou que essa regra se repetiria no art. 85 da Lei Orgânica do Ministério Público do Espírito Santo. Enfatizou a competência do CNMP para zelar pela autonomia funcional do Ministério Público, conforme dispõe a Constituição ("Art. 130-A. ... § 2º Compete ao Conselho Nacional do Ministério Público o controle da atuação administrativa e financeira do Ministério Público e do cumprimento dos deveres funcionais de seus membros, cabendo-lhe: ... II. zelar pela observância do art. 37 e apreciar, de ofício ou mediante provocação, a legalidade dos atos administrativos praticados por membros ou órgãos do Ministério Público da União e dos Estados, podendo desconstituí-los, revê-los ou fixar prazo para que se adotem as providências necessárias ao exato cumprimento da lei, sem prejuízo da competência dos Tribunais de Contas"). Assinalou que o impetrante não poderia, a pretexto de exercer sua independência funcional, formular requerimento que tolhessem prerrogativas garantidas pela Constituição ou pela Lei Orgânica Nacional do Ministério Público aos demais órgãos e membros do Ministério Público que atuassem em segunda instância. Frisou que, em mandado de segurança no qual se analisaria direito líquido e certo do impetrante, o STF não poderia manifestar-se sobre o que decidido no citado "habeas corpus", tampouco sobre o papel do Ministério Público em 2º grau de jurisdição. Vencido o Ministro Ricardo Lewandowski, que concedia a segurança. Entendia que o impetrante, por mais esdrúxula que pudesse ser a tese defendida, teria o direito de petição que asseguraria a ele pleitear perante o Poder Judiciário. Sublinhava que o CNMP, como órgão administrativo, não poderia cercear a livre manifestação de membro do Ministério Público que estivesse em plena atuação, a menos que tivesse sido suspenso, o que não se enquadraria à espécie.
MS 28408/DF, rel. Min. Cármen Lúcia, 18.3.2014. (MS-28408) (Inform. STF 739)

MS N. 28.028-ES
RELATORA: MIN. CÁRMEN LÚCIA
EMENTA: MANDADO DE SEGURANÇA. CONSELHO NACIONAL DO MINISTÉRIO PÚBLICO. ANULAÇÃO DE ATO DO CONSELHO SUPERIOR DO MINISTÉRIO PÚBLICO DO ESTADO DO ESPÍRITO SANTO EM TERMO DE AJUSTAMENTO DE CONDUTA. ATIVIDADE-FIM DO MINISTÉRIO PÚBLICO ESTADUAL. INTERFERÊNCIA NA AUTONOMIA ADMINISTRATIVA E NA INDEPENDÊNCIA FUNCIONAL DO CONSELHO SUPERIOR DO MINISTÉRIO PÚBLICO NO ESPÍRITO SANTO – CSMP/ES. MANDADO DE SEGURANÇA CONCEDIDO. **(Inform. STF 709)**

3. DEFENSORIA PÚBLICA

EC: vício de iniciativa e autonomia da Defensoria Pública - 1

O Plenário iniciou o julgamento de medida cautelar em ação direta de inconstitucionalidade na qual se pretende a suspensão da eficácia do § 3º do art. 134 da CF, introduzido pela EC 74/2013, segundo o qual se aplica às Defensorias Públicas da União e do Distrito Federal o disposto no § 2º do mesmo artigo, este introduzido pela EC 45/2004, a assegurar às Defensorias Públicas estaduais autonomia funcional e administrativa e a iniciativa de sua proposta orçamentária dentro dos limites estabelecidos na lei de diretrizes orçamentárias e subordinação ao disposto no art. 99, § 2º, da CF. A Ministra Rosa Weber (relatora) indeferiu o pedido de liminar. De início, equacionou que a controvérsia diria respeito à aplicabilidade, às propostas de emenda constitucional, da cláusula de iniciativa legislativa reservada à Presidência da República (CF, art. 61, § 1º). Além disso, discutir-se-ia se emenda constitucional sobre matéria elencada no art. 61, § 1º, II, da CF — sem que o processo constituinte reformador tenha sido deflagrado pelo titular da iniciativa fixada nesse dispositivo para as leis complementares e ordinárias — fere o postulado da separação de poderes (CF, art. 60, § 4º, III). Afirmou que o direito constitucional pátrio inscreve a emenda constitucional entre os atos elaborados por meio de processo legislativo (CF, art. 59). A respeito, a jurisprudência da Corte reconhece, com apoio no princípio da simetria, a inconstitucionalidade de emendas a constituições estaduais, por inobservância da reserva de iniciativa do Chefe do Executivo. Não haveria, por outro lado, precedente do Colegiado a assentar, no plano federal, a sujeição do poder constituinte derivado à cláusula de reserva de iniciativa do Chefe do Executivo prevista de modo expresso no art. 61, § 1º, da CF, para o Poder Legislativo complementar e ordinário (poderes constituídos). Anotou que a orientação segundo a qual o poder das assembleias legislativas de emendar constituições estaduais está sujeito à reserva de iniciativa do Executivo local existiria desde antes do advento da CF/1988. Explicou que o Poder Constituinte, originário ou derivado, delimita as matérias alçadas ao nível constitucional, e também aquelas expressamente atribuídas aos legisladores ordinário e complementar. Norma de constituição estadual dotada de rigidez não imposta pela Constituição Federal seria contrária à vontade desta. Assim, não se reveste de validade constitucional a emenda a constituição estadual que, subtraindo o regramento de determinada matéria do titular da reserva de iniciativa legislativa, elava-a à condição de norma constitucional. Desse modo, emana da jurisprudência do STF uma visão segundo a qual o poder constituinte estadual jamais é originário. É poder constituído, cercado por limites mais rígidos do que o poder constituinte federal. A regra da simetria seria exemplo disso. Por essa razão, as assembleias legislativas se submeteriam a limites rígidos quando ao poder de emenda às constituições estaduais. Entretanto, não haveria precedentes no sentido de que as regras de reserva de iniciativa contempladas no art. 61 da CF alcançam o processo de emenda à Constituição disciplinado em seu art. 60.
ADI 5296 MC/DF, rel. Min. Rosa Weber, 8.10.2015. (ADI-5296)

EC: vício de iniciativa e autonomia da Defensoria Pública - 2

A relatora consignou que os limites formais ao Poder Constituinte derivado são os inscritos no art. 60 da CF, segundo o qual a Constituição poderá ser emendada mediante proposta: a) de um terço, no mínimo, dos membros da Câmara dos Deputados ou do Senado Federal; b) do Presidente da República; ou c) de mais da metade das assembleias legislativas das unidades da Federação, manifestando-se, cada uma delas, pela maioria relativa de seus membros. Já a iniciativa privativa de leis sobre determinadas matérias é assegurada, no plano federal, ao Presidente da República, ao STF, aos tribunais superiores e ao Procurador-Geral da República. Não haveria, portanto, identidade entre o rol dos legitimados para a propositura de emenda à Constituição e o dos atores aos quais reservada a iniciativa legislativa sobre determinada matéria. Seria, pois, insubsistente condicionar a legitimação para propor emenda à Constituição, nos moldes do art. 60 da CF, à leitura conjunta desse dispositivo com o art. 61, § 1º, que prevê as hipóteses em que a iniciativa de leis ordinárias e complementares é privativa da Presidência da República. Do contrário, as matérias cuja iniciativa legislativa é reservada ao STF, aos tribunais superiores ou ao Procurador-Geral da República não poderiam ser objeto de emenda constitucional. De um lado, nenhum daqueles legitimados figura no rol do art. 60 da CF e, de outro, nenhum dos relacionados no mesmo dispositivo poderia propor emenda sobre essas matérias. Observou a existência de diversas emendas constitucionais em vigor, cuja constitucionalidade poderia ser legitimamente desafiada, caso prevalecesse

a tese da aplicação, às propostas de emenda, das cláusulas que reservam ao Executivo e ao Judiciário a iniciativa legislativa sobre certos temas. No caso da EC 74/2013, frisou que o preceito por ela introduzido diria respeito à Defensoria Pública como instituição, e não ao regime jurídico de seus integrantes. Ainda que, indiretamente, em momento posterior, alteração dessa natureza pudesse refletir no regime jurídico citado, a EC 74/2013 não teria como objeto o reconhecimento de vantagens funcionais, sequer equivaleria a norma dessa natureza. Nesse contexto, estaria ausente o "fumus boni iuris" necessário à concessão da cautelar.
ADI 5296 MC/DF, rel. Min. Rosa Weber, 8.10.2015. (ADI-5296)

EC: vício de iniciativa e autonomia da Defensoria Pública - 3

A relatora acrescentou que, a se entender incidente a cláusula da reserva de iniciativa do Presidente da República sobre as propostas de emenda à Constituição, sua inobservância traduziria, também, afronta à separação de poderes, independentemente do conteúdo material da emenda. O desequilíbrio estaria caracterizado pela ingerência de um poder constituído no terreno exclusivo de outro — o Executivo. Por outro lado, afastada a emenda constitucional do âmbito de incidência da cláusula de reserva de iniciativa legislativa, ainda se lhe impõem os limites materiais do art. 60, § 4º, da CF. Assim, seria necessário analisar a EC 74/2013 à luz desse postulado. A respeito, reputou que o § 2º do art. 134 da CF, introduzido pela EC 45/2004, deveria ser também verificado sob esse aspecto. No ponto, a legitimidade da EC 45/2004, no que assegura autonomia às Defensorias Públicas estaduais, estaria respaldada pela jurisprudência do STF, embora ainda não tivesse sido objeto de análise específica. Pontuou, entretanto, que o art. 60, § 4º, da CF, não veda ao Poder Constituinte derivado o aprimoramento do desenho institucional de entes com sede na Constituição. Esta, ressalvada a imutabilidade das cláusulas pétreas, consagra, mormente por meio das emendas constitucionais, abertura dinâmica ao redesenho das instituições, com vista a seu aperfeiçoamento, desde que observadas, no processo, as garantias constitucionais voltadas a impedir a deturpação do próprio mecanismo e a preservar a essência constitucional. No caso, sob esse enfoque, a concessão de autonomia às Defensorias Públicas da União, do Distrito Federal e estaduais não pareceria incompatível com a ordem constitucional. Pelo contrário, essa medida seria tendente ao aperfeiçoamento do próprio sistema democrático. Nesse contexto, a assistência jurídica aos hipossuficientes seria direito fundamental, na linha do amplo acesso à justiça. Além disso, essa arquitetura institucional encontraria respaldo em práticas recomendadas pela comunidade jurídica internacional, a exemplo do estabelecido na Assembleia Geral da Organização dos Estados Americanos. Sublinhou, ainda, que o art. 127, § 2º, da CF, assegura ao Ministério Público autonomia funcional e administrativa. Esclareceu, entretanto, que nem sempre seriam legítimas alterações de outra ordem ou em outros segmentos. Seria indispensável o exame de cada caso, em face do art. 60, § 4º, III, da CF. Seria certo, porém, que as atribuições da Defensoria Pública não teriam vinculação direta com a essência da atividade executiva. Por fim, a relatora apontou a ausência de "periculum in mora", tendo em vista o ajuizamento da ação decorrido mais de um ano da promulgação da EC 74/2013. Além disso, o apontado risco de lesão aos cofres públicos não teria relação direta com a emenda. Em seguida, pediu vista o Ministro Edson Fachin.
ADI 5296 MC/DF, rel. Min. Rosa Weber, 8.10.2015. (ADI-5296)

EC: vício de iniciativa e autonomia da Defensoria Pública - 4

O Plenário retomou o julgamento de medida cautelar em ação direta de inconstitucionalidade na qual se pretende a suspensão da eficácia do § 3º do art. 134 da CF, introduzido pela EC 74/2013, segundo o qual se aplica às Defensorias Públicas da União e do Distrito Federal o disposto no § 2º do mesmo artigo, este introduzido pela EC 45/2004, a assegurar às Defensorias Públicas estaduais autonomia funcional e administrativa e a iniciativa de sua proposta orçamentária dentro dos limites estabelecidos na lei de diretrizes orçamentárias e subordinação ao disposto no art. 99, § 2º, da CF — v. Informativo 802. Em voto-vista, o Ministro Edson Fachin, no que seguido pelos Ministros Roberto Barroso, Teori Zavascki, Luiz Fux e Cármen Lúcia, acompanhou o voto da Ministra Rosa Weber (relatora), para indeferir a cautelar. O Ministro Edson Fachin frisou que a autonomia funcional garante a atuação com plena liberdade no exercício de incumbências essenciais à Defensoria Pública, à luz dos limites impostos pelo ordenamento jurídico, ao passo que a autonomia administrativa atribui liberdade gerencial em relação à própria organicidade da instituição. O Ministro Roberto Barroso considerou legítimo reconhecer-se autonomia funcional e administrativa à

28. LEIS ORGÂNICAS E OUTRAS NORMAS DAS CARREIRAS PÚBLICAS — 823

Defensoria Pública. Muito embora a ideia de autonomia fosse relacionada, primordialmente, aos Poderes do Estado, a CF/1988 estendera esse predicado ao Ministério Público, que seria equiparado a um Poder, nos moldes da prática institucional do país e do perfil constitucional traçado. Da mesma forma, a Defensoria Pública não seria um Poder, mas seria razoável conceder-lhe tratamento análogo ao que fora dado, constitucionalmente, ao Ministério Público, por três razões: a) a Defensoria Pública e o Ministério Público seriam partes antagônicas no processo penal, de modo que deveriam ser equiparadas para que houvesse paridade de armas no tratamento dos hipossuficientes; b) no caso da Defensoria Pública da União, seu principal adversário seria a União Federal, detentora dos recursos buscados pelas partes, de maneira que seria necessário proteger a instituição no seu mister de defender interesses públicos primários; e c) a assistência jurídica aos hipossuficientes seria direito fundamental (CF, art. 5º, LXXIV). Enfatizou, entretanto, que esse entendimento não necessariamente se estenderia a qualquer outra instituição. O Ministro Teori Zavascki, no que se refere à questão do vício de iniciativa, reputou que seria preciso adotar um critério em relação a projetos de emenda constitucional. Assim, se se tratasse de tentativa de constitucionalizar matéria típica de lei ordinária, superando a questão da reserva legal, isso poderia comprometer a higidez do Poder a quem a Constituição atribui reserva de iniciativa. Enfatizou que a concessão de autonomia à Defensoria Pública não poderia ser feita por lei ordinária. A Ministra Cármen Lúcia destacou que as Defensorias Públicas, após seu surgimento, careceriam de diversos recursos essenciais para o desempenho pleno de sua função primordial. Assim, a busca por autonomia estaria relacionada com essa necessidade. Ponderou que conferir autonomia à Defensoria Pública poderia contribuir para que a instituição atuasse de forma mais efetiva.
ADI 5296 MC/DF, rel. Min. Rosa Weber, 22.10.2015. (ADI-5296)

EC: vício de iniciativa e autonomia da Defensoria Pública - 5
Em divergência, os Ministros Gilmar Mendes e Marco Aurélio deferiram a medida acauteladora. O Ministro Gilmar Mendes sublinhou que a autonomia institucional não seria, necessariamente, relacionada ao melhor funcionamento de determinado órgão. Lembrou, no ponto, outros serviços igualmente essenciais, como segurança e saúde, que não seriam dotados de autonomia. Além disso, seria necessário rever o modelo da equiparação de carreiras e de aumento de gastos, tendo em conta a escassez de recursos estatais. Ressaltou, ainda, a ofensa à separação de Poderes. O Ministro Marco Aurélio consignou a existência de vício formal. Verificou que a iniciativa, para a disciplina da Defensoria Pública da União, seria do Executivo (CF, art. 61). Acresceu que a ideia de autonomia seria ínsita a Poder. O fato de o Ministério Público possuir a prerrogativa decorreria de iniciativa do constituinte originário, e não derivado. Este não poderia estender a outros segmentos da Administração a mesma qualidade. Em seguida, pediu vista o Ministro Dias Toffoli.
ADI 5296 MC/DF, rel. Min. Rosa Weber, 22.10.2015. (ADI-5296) (Inform. STF 804)

Defensoria Pública: autonomia funcional, administrativa e orçamentária - 1
O Plenário iniciou o julgamento conjunto de ações diretas de inconstitucionalidade e de arguição de descumprimento de preceito fundamental em que se discute a autonomia de Defensorias Públicas estaduais. Na ADI 5.286/AP, debate-se a constitucionalidade de dispositivos da LC 86/2014 do Estado do Amapá, que atribuem ao Chefe do Executivo estadual competências administrativas, como as de prover cargos e de aplicar penalidades no âmbito da Defensoria Pública local. O Ministro Luiz Fux (relator) conheceu parcialmente a ação e julgou o pedido parcialmente procedente, para declarar a inconstitucionalidade de expressões que submetem a Defensoria Pública a atos do governador, por ofensa aos artigos 24, XIII e § 1º; e 134, ambos da CF. De início, assentou a legitimidade ativa da Associação Nacional dos Defensores Públicos - Anadep, nos termos do art. 103, IX, da CF. Ademais, identificou a pertinência temática, pela correlação entre a norma impugnada e os objetivos institucionais da Anadep, bem como a repercussão direta da aplicação da norma a seus associados. Reputou que o conhecimento parcial da ação se imprimia pelo fato de a via eleita se prestar, no caso, somente à apreciação da referida lei complementar, mas não à análise de atos normativos secundários, atos de efeitos concretos ou, ainda, atos administrativos. No mérito, assinalou que a garantia constitucional do acesso à justiça exigiria a disponibilidade de instrumentos processuais idôneos à tutela dos bens jurídicos protegidos pelo direito positivo. Nesse sentido, a Constituição atribui

ao Estado o dever de prestar assistência jurídica integral aos necessitados. Assim, a Defensoria Pública, instituição essencial à função jurisdicional do Estado, representaria verdadeira essencialidade do Estado de Direito. Quanto às Defensorias Públicas estaduais, a EC 45/2004 conferira-lhes autonomia funcional e administrativa, além de iniciativa própria para a elaboração de suas propostas orçamentárias. O relator asseverou, ainda, que o art. 24 da CF estabelece competências concorrentes entre União e Estados-Membros para legislar sobre determinados temas, determinando a edição de norma de caráter genérico na primeira e de caráter específico na segunda hipótese. Consectariamente, as leis estaduais que, no exercício da competência legislativa concorrente, disponham sobre as Defensorias Públicas estaduais devem atender às disposições já constantes das definições de regras gerais realizadas pela LC 80/1994. Verificou que, no caso, atribuir-se-ia ao governador a incumbência de nomear membros da carreira para diversos cargos elevados dentro da instituição, o que seria incompatível com a referida lei complementar e com o texto constitucional. No que se refere à autonomia financeira, o relator observou que as Defensorias Públicas estaduais teriam a prerrogativa de formular sua própria proposta orçamentária. Assim, a elas deveria ser assegurada a iniciativa de lei para a fixação do subsídio de seus membros (CF, art. 96, II).
ADI 5286/AP, rel. Min. Luiz Fux, 7 e 8.10.2015. (ADI-5286)
ADI 5287/PB, rel. Min. Luiz Fux, 7 e 8.10.2015. (ADI-5287)
ADPF 339/PI, rel. Min. Luiz Fux, 7 e 8.10.2015. (ADPF-339)

Defensoria Pública: autonomia funcional, administrativa e orçamentária - 2
Por sua vez, na ADI 5.287/PB, discute-se a constitucionalidade de ato mediante o qual o governador, por meio da Lei 10.437/2015 do Estado da Paraíba, reduzira unilateralmente valores previstos na LOA destinados à Defensoria Pública, em relação ao que inicialmente proposto pela instituição quando da consolidação da proposta orçamentária enviada ao Legislativo. No caso, o Ministro Luiz Fux (relator) também conheceu parcialmente da ação e julgou o pedido procedente para declarar a inconstitucionalidade da lei, sem pronúncia de nulidade, apenas quanto à parte em que fixada a dotação orçamentária à Defensoria Pública estadual, em razão da prévia redução unilateral. Inicialmente, reportou-se aos fundamentos do caso anterior. Acrescentou que as Defensorias Públicas teriam a prerrogativa de elaborar e apresentar suas propostas orçamentárias, as quais devem, posteriormente, ser encaminhadas ao Executivo. Haveria apenas dois requisitos para tanto: a) a proposta orçamentária deveria ser elaborada em consonância com o que previsto na respectiva LDO; e b) a proposta deveria ser encaminhada em conformidade com a previsão do art. 99, § 2º, da CF. A apreciação das leis orçamentárias deveria se dar perante o órgão legislativo correspondente, ao qual caberia deliberar sobre a proposta apresentada, fazendo-lhe as modificações que julgasse necessárias. Ressaltou, no ponto, o art. 166 da CF. No caso, assinalou que, no momento da consolidação da proposta orçamentária a ser encaminhada à assembleia estadual, o governador reduzira unilateralmente os valores das propostas apresentadas pelo Judiciário, Legislativo, Ministério Público, Tribunal de Contas e Defensoria Pública, apesar de as propostas estarem em conformidade com a LDO, o que afrontaria a Constituição.
ADI 5286/AP, rel. Min. Luiz Fux, 7 e 8.10.2015. (ADI-5286)
ADI 5287/PB, rel. Min. Luiz Fux, 7 e 8.10.2015. (ADI-5287)
ADPF 339/PI, rel. Min. Luiz Fux, 7 e 8.10.2015. (ADPF-339)

Defensoria Pública: autonomia funcional, administrativa e orçamentária - 3
No que se refere à ADPF 339/PI, fora ajuizada em face de suposta omissão do governador do Estado do Piauí, consistente na ausência de repasse de duodécimos orçamentários à Defensoria Pública estadual, na forma da proposta originária. O Ministro Luiz Fux (relator) julgou procedente o pedido para, diante de lesão aos artigos 134, § 2º; e 168, ambos da CF, determinar ao governador que proceda ao repasse, sob a forma de duodécimos e até o dia 20 de cada mês, da integralidade dos recursos orçamentários destinados à Defensoria Pública estadual pela LOA para o exercício financeiro de 2015, inclusive quanto às parcelas já vencidas, assim também em relação a eventuais créditos adicionais destinados à instituição. Sublinhou serem asseguradas às Defensorias Públicas a autonomia funcional e administrativa, bem como a prerrogativa de formulação de sua proposta orçamentária, por força da Constituição. O repasse de recursos correspondentes, destinados à Defensoria Pública, ao Judiciário, ao Legislativo e ao Ministério Público, sob a forma de duodécimos, seria imposição constitucional. Ressaltou que o repasse de duodécimos destinados ao poder público, quando retidos pelo

VADE MECUM DE JURISPRUDÊNCIA – STF/STJ

governo, constituiria prática indevida de flagrante violação aos preceitos fundamentais da Constituição. Assentou que o princípio da subsidiariedade, ínsito ao cabimento da arguição, estaria atendido diante da inexistência, para a autora, de outro instrumento igualmente eficaz ao atendimento célere da tutela constitucional pretendida. Reconheceu, ainda, a legitimidade ativa da Anadep. Em seguida, pediu vista o Ministro Edson Fachin.
ADI 5286/AP, rel. Min. Luiz Fux, 7 e 8.10.2015. (ADI-5286)
ADI 5287/PB, rel. Min. Luiz Fux, 7 e 8.10.2015. (ADI-5287)
ADPF 339/PI, rel. Min. Luiz Fux, 7 e 8.10.2015. (ADPF-339) (Inform. STF 802)

Intimação da Defensoria Pública e princípio geral das nulidades

A Defensoria Pública, ao tomar ciência de que o processo será julgado em data determinada ou nas sessões subsequentes, não pode alegar cerceamento de defesa ou nulidade de julgamento quando a audiência ocorrer no dia seguinte ao que tiver sido intimada. Com base nessa orientação, a Primeira Turma, por maioria, denegou a ordem em "habeas corpus" no qual discutida suposta nulidade processual, pela não intimação do representante daquele órgão. Na espécie, apesar de a Defensoria Pública ter sido intimada para a sessão de julgamento da apelação, e ter-lhe sido deferida a sustentação oral, o recurso não fora julgado. Três meses depois, ela fora intimada de lista de 90 processos — entre os quais o recurso de apelação — no sentido de que haveria sessão de julgamento marcada para o dia seguinte. A Turma destacou a jurisprudência da Corte, segundo a qual, embora a sustentação oral não se qualifique como ato essencial da defesa, mostra-se indispensável intimação pessoal da Defensoria Pública. Entrementes, houvera ciência quanto à nova inclusão dos autos para julgamento em sessão do dia seguinte e a Defensoria Pública não requerera adiamento. Vencido o Ministro Marco Aurélio, que concedia a ordem. Entendia que deveria existir um interregno mínimo de 48 horas entre a intimação e o julgamento. Aduzia haver prejuízo para a parte, considerada a não atuação da Defensoria Pública, como o fato de se terem lançado vários processos em uma única assentada, a afrontar o devido processo legal.
HC 126081/RS, rel. Min. Rosa Weber, 25.8.2015. (HC-126081) (Inform. STF 796)

4. ADVOCACIA

REPERCUSSÃO GERAL EM RE N. 769.254-SP

RELATOR: MIN. TEORI ZAVASCKI
Ementa: PROCESSUAL CIVIL. RECURSO EXTRAORDINÁRIO. LIMITAÇÕES AO EXERCÍCIO DA ADVOCACIA. MATÉRIA INFRACONSTITUCIONAL. AUSÊNCIA DE REPERCUSSÃO GERAL.
1. Tem natureza infraconstitucional a controvérsia a respeito da conformação das prerrogativas do exercício da advocacia, originada que está na Lei 8.906/94, cujo art. 7º assegura ao advogado, dentre outros direitos, o livre exercício da profissão em todo o território nacional, o livre ingresso em repartições públicas para a prática de ato ou colheita de prova ou de informação útil ao exercício da atividade profissional, o exame, em qualquer órgão dos Poderes Judiciário e Legislativo ou da Administração Pública em geral, de autos referentes a processos findos ou em andamento e a vista de processos judiciais ou administrativos de qualquer natureza, em cartório ou na repartição competente, bem como sua retirada pelo prazo legal. Portanto, não há questão constitucional a ser analisada.
2. A norma constitucional que preconiza a harmonia e independência entre os Poderes da União, pela sua generalidade, é insuficiente para infirmar o específico juízo formulado pelo acórdão recorrido no caso. Incidência do óbice da Súmula 284/STF.
3. Incabível, em recurso extraordinário, apreciar violação ao art. 5º, II, da CF/88, que pressupõe intermediário exame e aplicação de normas infraconstitucionais pertinentes (AI 796.905-AgR, Rel. Min. LUIZ FUX, Primeira Turma, DJe de 21.5.2012; AI 622.814-AgR, Rel. Min. DIAS TOFFOLI, Primeira Turma, DJe de 08.3.2012; ARE 642.062-AgR, Rel. Min. ELLEN GRACIE, Segunda Turma, DJe de 19.8.2011).
4. É cabível a atribuição dos efeitos da declaração de ausência de repercussão geral quando não há matéria constitucional a ser apreciada ou quando eventual ofensa à Carta Magna se dê de forma indireta ou reflexa (RE 584.608 RG, Min. ELLEN GRACIE, Pleno, DJe de 13/03/2009).
5. Ausência de repercussão geral da questão suscitada, nos termos do art. 543-A do CPC. **(Inform. STF 753)**

Advogado e atendimento em posto do INSS

É direito do advogado, no exercício de seu múnus profissional, ser recebido no posto do Instituto Nacional do Seguro Social - INSS, independentemente de distribuição de fichas, em lugar próprio ao atendimento. Com base nessa orientação, a 1ª Turma, por maioria, negou provimento a recurso extraordinário em que se alegava ofensa ao princípio da isonomia, em decorrência de tratamento diferenciado dispensado ao advogado, em detrimento dos demais segurados. No caso, a Ordem dos Advogados do Brasil - OAB tivera mandado de segurança concedido na origem para eximir os advogados da necessidade de se submeterem à distribuição de fichas nos postos do INSS. A Turma ressaltou que, segundo o art. 133 da CF, o advogado seria "indispensável à administração da justiça, sendo inviolável por seus atos e manifestações no exercício da profissão, nos limites da lei". Afirmou que essa norma constitucional revelaria o papel central e fundamental do advogado na manutenção do Estado Democrático de Direito, na aplicação e na defesa da ordem jurídica e na proteção dos direitos do cidadão. Considerou que o advogado atuaria como guardião da liberdade, considerada a atividade desempenhada e os bens jurídicos tutelados. Tendo isso em conta, afastou a assertiva de violação ao princípio da igualdade. Ponderou que essa prerrogativa não configuraria privilégio injustificado, mas demonstraria a relevância constitucional da advocacia na atuação de defesa do cidadão em instituição administrativa. Além disso, a Turma sublinhou que a alínea c do inciso VI do art. 7º da Lei 8.906/1994 (Estatuto da OAB) seria categórica ao revelar como direito dos citados profissionais ingressar livremente "em qualquer edifício ou recinto em que funcione repartição judicial ou outro serviço público onde o advogado deva praticar ato ou colher prova ou informação útil ao exercício da atividade profissional, dentro do expediente ou fora dele, e ser atendido desde que se ache presente qualquer servidor ou empregado". Salientou que essa norma daria concreção ao preceito constitucional a versar a indispensabilidade do profissional da advocacia. Reputou, ademais, incumbir ao INSS aparelhar-se para atender, a tempo e a modo, não só os profissionais da advocacia que se dirigissem aos postos de atendimento para cuidar de interesses de constituintes, mas também todos os segurados, pois se esperaria que o tratamento célere fosse proporcionado tanto aos advogados quanto ao público em geral. Vencido o Ministro Dias Toffoli, que dava provimento ao recurso extraordinário. Pontuava que as pessoas que não pudessem pagar advogado ficariam atrás, na fila, porque teriam de esperar o advogado constituído ser atendido primeiro, o que prejudicaria o hipossuficiente.
RE 277065/RS, rel. Min. Marco Aurélio, 8.4.2014. (RE-277065) (Inform. STF 742)

Atividade policial e exercício da advocacia: incompatibilidade

A vedação do exercício da atividade de advocacia por aqueles que desempenham, direta ou indiretamente, atividade policial, não afronta o princípio da isonomia. Com base nessa orientação, o Plenário julgou improcedente pedido formulado em ação direta de inconstitucionalidade proposta contra o art. 28, V, da Lei 8.906/1994 - Estatuto da Advocacia. O ato impugnado dispõe ser o exercício da advocacia, mesmo em causa própria, incompatível com as atividades dos *ocupantes de cargos ou funções vinculados direta ou indiretamente a atividade policial de qualquer natureza*. O Tribunal aduziu que referida vedação não pretenderia fazer distinção qualificativa entre a atividade da polícia e a da advocacia, porquanto cada qual prestaria relevantes serviços no âmbito social. Destacou que o aludido óbice não constituiria inovação trazida pela Lei 8.906/1994, porque constaria expressamente no anterior Estatuto da OAB - Lei 4.215/1963. Em acréscimo, o Ministro Dias Toffoli, relator, consignou que o legislador pretendera estabelecer cláusula de incompatibilidade de exercício simultâneo das referidas atividades, por ser prejudicial às relevantes funções exercidas por cada uma dessas categorias.
ADI 3541/DF, rel. Min. Dias Toffoli, 12.2.2014. (ADI-3541) (Inform. STF 735)

DIREITO ADMINISTRATIVO. INCOMPATIBILIDADE ENTRE O EXERCÍCIO DA ADVOCACIA E O DO CARGO DE FISCALIZAÇÃO. O exercício do cargo de Fiscal Federal Agropecuário é incompatível com o exercício da advocacia. O art. 28, V, da Lei 8.906/1994 estabelece ser incompatível com o exercício da advocacia, mesmo em causa própria, as atividades dos "ocupantes de cargos ou funções vinculados direta ou indiretamente à atividade policial de qualquer natureza". A intenção do legislador foi assegurar a isenção e a independência no exercício da advocacia, bem como evitar que determinados agentes pudessem captar clientes, em razão de eventuais facilidades proporcionadas pelo exercício do cargo público. Neste contexto, a vedação relacionada à "atividade policial de qualquer natureza" alcança as atividades

28. LEIS ORGÂNICAS E OUTRAS NORMAS DAS CARREIRAS PÚBLICAS

administrativas de fiscalização, autuação, apreensão e interdição, compreendidas no poder de polícia. Afinal, conferir vedação apenas à "atividade policial" no âmbito da segurança pública não se coaduna com a extensão prevista na norma em análise pela expressão "de qualquer natureza". Ademais, a finalidade da incompatibilidade, como se observa do § 2° do art. 28 da Lei 8.906/1994, é obstar o exercício da advocacia por agente que, no exercício de função pública, tenha "poder de decisão relevante sobre interesses de terceiro". Desse modo, o exercício do cargo de Fiscal Federal Agropecuário, por compreender prerrogativas e atribuições de fiscalização, autuação, apreensão e interdição – atividades típicas de polícia administrativa, com poder de decisão sobre interesses de terceiros – é incompatível com o exercício da advocacia. **REsp 1.377.459-RJ, Rel. Min. Benedito Gonçalves, julgado em 20/11/2014. (Inform. STJ 552)**

DIREITO ADMINISTRATIVO. COMPETÊNCIA PARA DECIDIR SOBRE INCOMPATIBILIDADE OU IMPEDIMENTO PARA O EXERCÍCIO DA ADVOCACIA. Compete exclusivamente à OAB averiguar se o caso é de incompatibilidade ou de impedimento para o exercício da advocacia e decidir em qual situação devem ser enquadrados os ocupantes de cargos ou funções referidos nos arts. 28 a 30 do Estatuto da Advocacia.

Precedente citado: AgRg no REsp 1.287.861-CE, Segunda Turma, DJe 5/3/2012. **AgRg no REsp 1.448.577-RN, Rel. Min. Herman Benjamin, julgado em 7/8/2014. (Inform. STJ 549)**

DIREITO ADMINISTRATIVO. PREJUÍZO AO ERÁRIO IN RE IPSA NA HIPÓTESE DO ART. 10, VIII, DA LEI DE IMPROBIDADE ADMINISTRATIVA. É cabível a aplicação da pena de ressarcimento ao erário nos casos de ato de improbidade administrativa consistente na dispensa ilegal de procedimento licitatório (art. 10, VIII, da Lei 8.429/1992) mediante fracionamento indevido do objeto licitado. De fato, conforme entendimento jurisprudencial do STJ, a existência de prejuízo ao erário é condição para determinar o ressarcimento ao erário, nos moldes do art. 21, I, da Lei 8.429/1992 (REsp 1.214.605-SP, Segunda Turma, DJe 13/6/2013; e REsp 1.038.777-SP, Primeira Turma, DJe 16/3/2011). No caso, não há como concluir pela inexistência do dano, pois o prejuízo ao erário é inerente (*in re ipsa*) à conduta ímproba, na medida em que o Poder Público deixa de contratar a melhor proposta, por condutas de administradores. Precedentes citados: REsp 1.280.321-MG, Segunda Turma, DJe 9/3/2012; e REsp 817.921-SP, Segunda Turma, DJe 6/12/2012. **REsp 1.376.524-RJ, Rel. Min. Humberto Martins, julgado em 2/9/2014. (Inform. STJ 549)**

29. DIREITO PENAL MILITAR

Norma penal militar e discriminação sexual

As expressões "pederastia ou outro" — mencionada na rubrica enunciativa referente ao art. 235 do CPM — e "homossexual ou não" — contida no aludido dispositivo — não foram recepcionadas pela Constituição ("Pederastia ou outro ato de libidinagem - Art. 235. Praticar, ou permitir o militar que com êle se pratique ato libidinoso, homossexual ou não, em lugar sujeito a administração militar: Pena - detenção, de seis meses a um ano"). Essa a conclusão do Plenário que, por maioria, julgou parcialmente procedente pedido formulado em arguição de descumprimento de preceito fundamental proposta contra a referida norma penal. De início, o Tribunal conheceu do pedido. No ponto, considerou que os preceitos tidos como violados possuiriam caráter inequivocamente fundamental (CF, artigos 1º, III e V; 3º, I e IV; e 5º, "caput", I, III, X e XLI). Além disso, o diploma penal militar seria anterior à Constituição, de modo que não caberia ação direta de inconstitucionalidade para questionar norma nele contida. Assim, não haveria outro meio apto a sanar a suposta lesão aos preceitos fundamentais. No mérito, o Colegiado apontou que haveria um paralelo entre as condutas do art. 233 do CP (ato obsceno) e 235 do CPM. Na norma penal comum, o bem jurídico protegido seria o poder público. Na norma penal militar, por outro lado, o bem seria a administração militar, tendo em conta a disciplina e a hierarquia, princípios estes com embasamento constitucional (CF, artigos 42 e 142). Haveria diferenças não discriminatórias entre a vida civil e a vida da caserna, marcada por valores que não seriam usualmente exigidos, de modo cogente e imperativo, aos civis. Por essa razão, a tutela penal do bem jurídico protegido pelo art. 235 do CPM deveria se manter. Acresceu, entretanto, que o aludido dispositivo, embora pudesse ser aplicado a heterossexuais e a homossexuais, homens e mulheres, teria o viés de promover discriminação em desfavor dos homossexuais, o que seria inconstitucional, haja vista a violação dos princípios da dignidade humana e da igualdade, bem assim a vedação à discriminação odiosa. Desse modo, a lei não poderia se utilizar de expressões pejorativas e discriminatórias, considerado o reconhecimento do direito à liberdade de orientação sexual como liberdade essencial do indivíduo. Vencidos os Ministros Rosa Weber e Celso de Mello, que acolhiam integralmente o pedido para declarar não recepcionado pela Constituição o art. 235 do CPM em sua integralidade. **ADPF 291/DF, rel. Min. Roberto Barroso, 28.10.2015. (ADPF-291) (Inform. STF 805)**

EMB. DECL. NO AG. REG. NO ARE N. 717.440-RS

RELATOR: MIN. LUIZ FUX

Ementa: EMBARGOS DE DECLARAÇÃO NO AGRAVO REGIMENTAL NO RECURSO EXTRAORDINÁRIO COM AGRAVO. PENAL. CRIME MILITAR. EXTINÇÃO DA PUNIBILIDADE PELO DECURSO DO PRAZO PRESCRICIONAL. OMISSÃO, CONTRADIÇÃO OU OBSCURIDADE. INEXISTÊNCIA. EFEITOS INFRINGENTES. IMPOSSIBILIDADE. DESPROVIMENTO.

1. A omissão, contradição ou obscuridade, quando inocorrentes, tornam inviável a revisão do julgado em sede de embargos de declaração, em face dos estreitos limites dos arts. 535 do CPC e 382 do CPP.

2. O magistrado não está obrigado a rebater, um a um, os argumentos trazidos pela parte, desde que os fundamentos utilizados tenham sido suficientes para embasar a decisão.

3. A revisão do julgado, com manifesto caráter infringente, revela-se inadmissível em sede de embargos de declaração. (Precedentes: AI 799.509-AgR-ED, relator o Ministro Marco Aurélio, 1ª Turma, DJe de 8/9/2011, e RE 591.260-AgR-ED, relator o Ministro Celso de Mello, 2ª Turma, DJe de 9/9/2011).

4. *In casu*, o acórdão originariamente recorrido assentou: *"APELAÇÃO. DEFESA E MINISTÉRIO PÚBLICO MILITAR. FALSIDADE IDEOLÓGICA. LICITAÇÃO. PREJUÍZO. 1. Comete crime de falsidade ideológica o Militar, responsável pelo recebimento de gênero em sua Organização Militar, que atesta a entrega total de bens adquiridos por meio de licitação, cuja entrega* foi feita de forma parcelada e posterior ao atesto. 2. A não ocorrência de prejuízo ao Erário não descaracteriza a conduta típica de falsidade ideológica. Preliminares rejeitadas. Recurso desprovido e provido parcialmente. Decisão majoritária."

5 . Embargos de declaração **DESPROVIDOS. (Inform. STF 787)**

Praça: Aplicação de Pena Acessória de Perda do Cargo e Tribunal Competente - 1

O Tribunal iniciou julgamento de recurso extraordinário interposto contra acórdão do Tribunal de Justiça do Estado do Mato Grosso que mantivera condenação a pena acessória de perda do cargo aplicada a praças. Alega-se, na espécie, ofensa ao art. 125, § 4º, da CF, ao fundamento de que o art. 102 do Código Penal Militar - CPM, ao prever como pena acessória a exclusão de praça condenado à pena privativa de liberdade superior a 2 anos, não teria sido recepcionado pela nova ordem constitucional. Sustenta-se, ainda, que a EC 18/98 não teria suprimido, para as praças, a garantia prevista no citado art. 125, § 4º, da CF ("Art. 125. ... § 4º Compete à Justiça Militar estadual processar e julgar os militares dos Estados, nos crimes militares definidos em lei e as ações judiciais contra atos disciplinares militares, ressalvada a competência do júri quando a vítima for civil, cabendo ao tribunal competente decidir sobre a perda do posto e da patente dos oficiais e da graduação das praças."), já que os incisos VI e VII do § 3º do art. 142 da CF ("Art. 142 ... § 3º ... VI - o oficial só perderá o posto e a patente se for julgado indigno do oficialato ou com ele incompatível, por decisão de tribunal militar de caráter permanente, em tempo de paz, ou de tribunal especial, em tempo de guerra; VII - o oficial condenado na justiça comum ou militar a pena privativa de liberdade superior a dois anos, por sentença transitada em julgado, será submetido ao julgamento previsto no inciso anterior;") fariam referência apenas à perda do posto e da patente por oficiais militares. **RE 447859/MS, rel. Min. Marco Aurélio, 4.6.2009. (RE-447859)**

Praça: Aplicação de Pena Acessória de Perda do Cargo e Tribunal Competente – 2

O Min. Marco Aurélio, relator, desproveu o recurso, no que foi acompanhado pelos Ministros Ricardo Lewandowski e Eros Grau. Entendeu que a referência à competência do Tribunal, contida no § 4º do art. 125 da CF, remeteria, consideradas as praças, à Justiça Militar, não cabendo ver no preceito a necessidade de processo específico para ocorrer, imposta pena que se enquadrasse no art. 102 do CPM, a exclusão da praça. Observou que, no que concerne aos oficiais, a regência seria diversa (CF, art. 142, § 3º). Do cotejo dessas normas, para o relator, concluir-se-ia haver tratamento diferenciado da matéria em caso de condenação de praça ou oficial pela Justiça Militar à pena privativa de liberdade superior a 2 anos. Ou seja, somente quanto aos oficiais, dar-se-ia o desdobramento, exigido, conforme versado na Carta Magna, pronunciamento em processo específico para chegar-se à perda do posto e da patente. Assim, o art. 102 do CPM seria harmônico com a Constituição Federal, consentâneo com a concentração do exame da matéria, a prescindir, com base na Carta Magna, da abertura de um novo processo. Em divergência, a Min. Cármen Lúcia, deu provimento ao recurso, adotando a orientação firmada pela Corte no julgamento do RE 121533/MG (DJU de 30.11.90), no sentido de que o art. 125, § 4º, da CF, de eficácia plena e imediata, subordina a perda de graduação das praças das polícias militares à decisão do tribunal competente, mediante procedimento específico, não subsistindo, em conseqüência, em relação aos referidos graduados o art. 102 do CPM, que a impunha como pena acessória da condenação criminal a prisão superior a 2 anos. Considerou, ainda, o entendimento fixado no julgamento do RE 358961/MS (DJU de 12.3.2004), que, reafirmando a orientação anterior, acrescentou que a EC 18/98, ao cuidar exclusivamente da perda do posto e da patente do oficial (CF, art. 142, VII), não revogou o art. 125, § 4º, do texto constitucional originário, regra especial nela atinente à situação das praças. Após o voto do Min. Joaquim Barbosa, que seguia a divergência, pediu vista dos autos o Min. Carlos Britto. RE 447859/MS, rel. Min. Marco Aurélio, 4.6.2009. (RE-447859)

VADE MECUM DE JURISPRUDÊNCIA – STF/STJ

Praça: aplicação de pena acessória de perda do cargo e tribunal competente - 3

A pena acessória de perda do cargo, aplicada a praças da polícia militar, prescinde de processo específico para que seja imposta, ao contrário do que ocorre no caso de oficiais da corporação. Com base nesse entendimento, o Plenário, em conclusão de julgamento e por maioria, desproveu recurso extraordinário interposto em face de acórdão que mantivera condenação a pena acessória de perda do cargo aplicada a praças. Alegava-se ofensa ao art. 125, § 4°, da CF, ao fundamento de que o art. 102 do CPM, ao prever como pena acessória a exclusão de praça condenado a pena privativa de liberdade superior a 2 anos, não teria sido recepcionado pela nova ordem constitucional. Sustentava-se, ainda, que a EC 18/1998 não teria suprimido, para as praças, a garantia prevista no citado art. 125, § 4°, da CF ("Art. 125. ... § 4° Compete à Justiça Militar estadual processar e julgar os militares dos Estados, nos crimes militares definidos em lei e as ações judiciais contra atos disciplinares militares, ressalvada a competência do júri quando a vítima for civil, cabendo ao tribunal competente decidir sobre a perda do posto e da patente dos oficiais e da graduação das praças."), já que os incisos VI e VII do § 3° do art. 142 da CF ("Art. 142 ... § 3° ... VI - o oficial só perderá o posto e a patente se for julgado indigno do oficialato ou com ele incompatível, por decisão de tribunal militar de caráter permanente, em tempo de paz, ou de tribunal especial, em tempo de guerra; VII - o oficial condenado na justiça comum ou militar a pena privativa de liberdade superior a dois anos, por sentença transitada em julgado, será submetido ao julgamento previsto no inciso anterior;") fariam referência apenas à perda do posto e da patente por oficiais militares — v. Informativo 549. O Colegiado reputou que a referência à competência do Tribunal, contida no § 4° do art. 125 da CF, remeteria, consideradas as praças, à Justiça Militar, não cabendo ver no preceito a necessidade de processo específico para ocorrer, imposta pena que se enquadrasse no art. 102 do CPM, a exclusão da praça. Observou que, relativamente aos oficiais, a regência seria diversa (CF, art. 142, § 3°). Do cotejo dessas normas, haveria tratamento diferenciado da matéria em caso de condenação de praça ou oficial pela Justiça Militar a pena privativa de liberdade superior a 2 anos. Ou seja, somente quanto aos oficiais, dar-se-ia o pronunciamento em processo específico para chegar-se à perda do posto e da patente. Assim, o art. 102 do CPM seria harmônico com a Constituição, consentâneo com a concentração do exame da matéria, a dispensar, com base na Constituição, da abertura de um novo processo. Vencidos os Ministros Joaquim Barbosa, Cármen Lúcia, Teori Zavascki, Rosa Weber e Celso de Mello, que davam provimento ao recurso, ao fundamento de que o art. 102 do CPM não teria sido recepcionado pela Constituição.

RE 447859/MS, rel. Min. Marco Aurélio, 21.5.2015. (RE-447859) (Inform. STF 786)

HC N. 126.520-RJ
RELATOR: MIN. TEORI ZAVASCKI
Ementa: PENAL MILITAR. PACIENTE CONDENADO PELO CRIME DE DESERÇÃO. ART. 187 DO CPM. EQUÍVOCO NA ELABORAÇÃO DO TERMO DE DESERÇÃO. INOCORRÊNCIA. EXCLUSÃO DOS QUADROS DAS FORÇAS ARMADAS APÓS O PERÍODO DE GRAÇA. CONSUMAÇÃO DO DELITO. ART. 452 DO CPPM. CARÁTER DE INSTRUÇÃO PROVISÓRIA DO TERMO. POSSIBILIDADE DE UTILIZAÇÃO DE OUTROS MEIOS DE PROVA.
1. Eventual equívoco na lavratura do Termo de Deserção apenas tem o condão de afastar a tipicidade da conduta quando, a partir dele, as forças armadas excluírem o militar durante o período de graça.
2. A literalidade do art. 452 do CPPM deixa claro que o Termo de Deserção tem o caráter de instrução provisória e destina-se a fornecer os elementos necessários à propositura da ação penal, não significando prova definitiva, que será formada durante a instrução, sob o crivo do contraditório e da ampla defesa. Doutrina.
3. Ordem denegada. **(Inform. STF 786)**

Período de graça e configuração do crime de deserção

Eventual irregularidade do termo de deserção apenas tem o condão de afastar a tipicidade da conduta quando, a partir dele, as Forças Armadas excluírem o militar durante o período de graça, que é o período de oito dias de ausência do militar, necessário para a configuração do crime de deserção (CPM, art. 187: "Ausentar-se o militar, sem licença, da unidade em que serve, ou do lugar em que deve permanecer, por mais de oito dias"). Com base nesse entendimento, a Segunda Turma denegou a ordem em "habeas corpus" no qual pleiteado reconhecimento da atipicidade da conduta de militar condenado pela prática do referido crime. O Colegiado reiterou o quanto decidido no HC 121.190/BA (DJe de 11.4.2014) no sentido de que o crime de deserção

seria próprio e, por isso, somente poderia ser praticado por militar. Sua consumação se daria com a ausência injustificada por mais de oito dias. A lavratura antecipada e equivocada do termo de deserção — antes, portanto, de findar o oitavo dia de ausência — acarretaria a perda da condição de militar, passando o agente a ostentar a condição de civil, situação impeditiva da consumação da referida figura delitiva. No caso, entretanto, ainda que se considerasse presente eventual equívoco na elaboração do termo de deserção, ele não teria importado em exclusão do paciente das Forças Armadas, no período de graça. O militar não teria comparecido à formatura matinal de 21.6.2005. O período de graça teria começado a correr à zero hora do dia seguinte — 22.6.2005 (CPPM, art. 451, § 1°) —, findando-se à zero hora do dia 30.6.2005. Assim, se ele fosse excluído após a zero hora do dia 30 de junho, quando já consumada a deserção no primeiro minuto daquele dia, ter-se-ia que o termo de deserção em questão — datado de 30 de junho — teria sido lavrado corretamente. Ou seja, ele se tornara civil após a consumação do delito. Outrossim, não prosperaria a alegação de que o termo de deserção seria prova única e definitiva, por supostamente trazer "os elementos necessários para a ação penal". A literalidade do art. 452 do CPPM deixaria claro que o referido elemento informativo teria o caráter de instrução provisória e seria destinado a fornecer os elementos necessários à propositura da ação penal. Assim, caberia ao juízo natural da causa penal, com observância ao princípio do contraditório, proceder ao exame das provas colhidas e conferir a definição jurídica adequada para os fatos que fossem comprovados, o que teria ocorrido na espécie.
HC 126520/RJ, rel. Min. Teori Zavascki, 5.5.2015. (HC-126520) (Inform. STF 784)

Princípio da consunção na justiça militar

É cabível o trancamento da ação penal militar instaurada em desfavor de réu, pelo crime de abandono de posto, por ter sido apenas crime-meio para alcançar o delito-fim de deserção, posteriormente arquivado. Com base nesse entendimento, a 2ª Turma deu provimento a recurso ordinário em "habeas corpus" para trancar a ação penal militar instaurada contra o recorrente. No caso, além de denunciado pelo crime de abandono de posto, contra ele fora instaurada instrução provisória de deserção (CPM, art. 187). Posteriormente, fora licenciado perante a organização militar por ter sido considerado incapaz em inspeção de saúde, razão pela qual o expediente referente à deserção fora arquivado. A Turma destacou que o motivo de ambos os delitos teria sido o mesmo. Dessa forma, o abandono de lugar de serviço, no caso, teria composto a linha de desdobramento da ofensa maior ao bem jurídico: deserção. Demonstrado que a intenção do recorrente era desertar, inexistiria justa causa para o prosseguimento da ação penal de abandono de posto. Asseverou não estar caracterizado concurso material de crimes (duas ações autônomas), a incidir, na hipótese, o fenômeno da absorção de um crime por outro.
RHC 125112/RJ, rel. Min. Gilmar Mendes, 10.2.2014. (RHC-125112) (Inform. STF 774)

RMS N. 31.834-DF

RELATORA: MIN. CÁRMEN LÚCIA

EMENTA: RECURSO ORDINÁRIO EM MANDADO DE SEGURANÇA. PENAL MILITAR. TERMO INICIAL DA PRESCRIÇÃO DA PRETENSÃO EXECUTÓRIA. TRÂNSITO EM JULGADO DA SENTENÇA CONDENATÓRIA PARA DEFESA E ACUSAÇÃO. INCIDÊNCIA DO ART. 126, § 1°, DO CÓDIGO PENAL MILITAR COMO NORMA ESPECIAL EM VEZ DO ART. 112, INC. I, DO CÓDIGO PENAL. PRESCRIÇÃO DA PRETENSÃO PUNITIVA RECONHECIDA.

1. A prescrição da pretensão executória tem como marco inicial o trânsito em julgado para ambas as partes, nos termos do art. 126, § 1°, do Código Penal Militar, que, como lei especial, aplica-se, não tendo incidência, no caso, o art. 112, inc. I, do Código Penal. Precedentes.

2. Recurso ao qual se nega provimento. (Inform. STF 745)

"Sursis": recurso posterior e aumento de pena - 1

A 2ª Turma iniciou julgamento de *habeas corpus* em que se pretende o restabelecimento de decisão de primeiro grau que declarou extinta a punibilidade pelo cumprimento do *sursis* ou, subsidiariamente, o abatimento dos dois anos em que a paciente cumpriu em liberdade condicional. Na espécie, ela fora denunciada pela suposta prática do crime de peculato (CPM, art. 303, § 1°), porém, condenada à pena de um ano e dois meses de reclusão pelo delito de apropriação indébita (CPM, art. 248 c/c o art. 71 do CP), com o benefício do *sursis* pelo prazo de dois anos e o direito de apelar em liberdade. Após a leitura

29. DIREITO PENAL MILITAR

da sentença condenatória, o magistrado procedeu à audiência admonitória, ocasião em que a paciente fora alertada a respeito das vantagens e desvantagens da realização da mencionada audiência naquele momento processual e a ela foram apresentadas as condições para o cumprimento do *sursis*. A condenação transitara em julgado para a defesa e, após, iniciou-se o julgamento da apelação ministerial, não encerrado em função de pedido de vista. No Tribunal *a quo*, a Ministra relatora fora informada de que, nos autos da execução provisória da reprimenda aplicada à paciente, declarara-se a extinção da punibilidade pelo cumprimento integral do *sursis*. Na conclusão de julgamento da apelação, o STM dera provimento ao recurso ministerial e condenara a paciente à pena de quatro anos de reclusão, em regime aberto, pela prática do crime de peculato e tornara sem eficácia a extinção da punibilidade pelo cumprimento do *sursis*. **HC 115252/BA, rel. Min. Ricardo Lewandowski, 17.9.2013. (HC-115252)**

"Sursis": recurso posterior e aumento de pena - 2
O Ministro Ricardo Lewandowski, relator, não conheceu do *writ* na parte que concerne ao abatimento dos dois anos de *sursis*. Afirmou que essa matéria não constaria do acórdão do STM e não fora ventilada nos embargos infringentes perante aquele Tribunal, e o exame pelo STF poderia caracterizar decisão *per saltum*. Quanto à extinção da pena pelo cumprimento do *sursis*, destacou que a legislação seria adversa à tese defendida pela paciente. Frisou que a defensoria pública fora intimada da audiência admonitória e não se manifestara. Observou que o art. 84 do CPM dispõe que a "*execução da pena privativa da liberdade, não superior a 2 (dois) anos, pode ser suspensa, por 2 (dois) anos a 6 (seis) anos*", desde que estivessem presentes os requisitos objetivos e subjetivos para a suspensão condicional da pena. Mencionou, também, o art. 613 do CPPM ("*A suspensão também ficará sem efeito se, em virtude de recurso interposto pelo Ministério Público, for aumentada a pena, de modo que exclua a concessão do benefício*"). Asseverou que o art. 160 da LEP, ao tratar da suspensão condicional da pena privativa de liberdade, aplicável subsidiariamente à espécie, dispõe que, "*transitada em julgado a sentença condenatória* [momento em que se realizaria a audiência admonitória], *o Juiz a lerá ao condenado, em audiência, advertindo-o das consequências de nova infração penal e do descumprimento das condições impostas*". Assim, em face da taxatividade dos dispositivos legais, conheceu do *habeas corpus* nessa parte para indeferir o pedido. Após, pediu vista dos autos o Ministro Gilmar Mendes. **HC 115252/BA, rel. Min. Ricardo Lewandowski, 17.9.2013. (HC-115252) (Inform. STF 720)**

HC N. 115.590-RJ
RELATOR: MIN. LUIZ FUX
Ementa: *HABEAS CORPUS*. DIREITO PENAL MILITAR. CRIME DE ESTE-LIONATO (CPM, ART. 251). PRINCÍPIO DA INSIGNIFICÂNCIA. INAPLICA-BILIDADE. OFENSIVIDADE CONCRETA DA CONDUTA. ALTA REPROVAÇÃO SOCIAL. COMPETÊNCIA DA JUSTIÇA CASTRENSE. NÃO CARACTERIZAÇÃO. DELITO PRATICADO POR SOLDADO DAS FORÇAS ARMADAS CONTRA MEMBRO DA CORPORAÇÃO FORA DAS DEPENDÊNCIAS MILITARES. AUSÊNCIA DE INTUITO DE CONTRAPOR-SE À INSTITUIÇÃO MILITAR OU A QUALQUER DE SUAS ESPECÍFICAS FINALIDADES. ORDEM CONCEDIDA PARA DETERMINAR A REMESSA DO FEITO PARA A JUSTIÇA COMUM.
1. O princípio insignificância penal é aplicável apenas quando presentes, cumulativamente, as seguintes condições objetivas: (a) mínima ofensividade da conduta do agente, (b) nenhuma periculosidade social da ação, (c) grau reduzido de reprovabilidade do comportamento, e (d) inexpressividade da lesão jurídica provocada, o que reclama criteriosa análise de cada caso, a fim de evitar que sua adoção indiscriminada constitua verdadeiro incentivo à prática de pequenos delitos patrimoniais. Precedentes do STF: AI-QO nº 559.904, rel. Min. Sepúlveda Pertence, j. 07/06/2005, Primeira Turma; HC nº 104.401/MA, Segunda Turma, rel. Min. Ellen Gracie, DJe de 08.02.011; HC nº 101.998/MG, rel. Min. Dias Toffoli, Primeira Turma, DJe de 22.03.11). 2. *In casu*, o desfalque patrimonial de R$ 900,00 (novecentos reais) sofrido pela vítima ocorreu, porquanto se colhe da inicial que "*(...) o paciente (...), no dia 08/07/2011, utilizou o cartão e senha, mediante fraude,* [da vítima], *sem o conhecimento desta, para saque de dinheiro no Banco do Brasil. Como havia pouco dinheiro em conta corrente, o paciente contraiu um empréstimo em nome do lesado no terminal de Autoatendimento no valor de R$ 792,31 em 10 parcelas*", caracterizando fato penalmente relevante, máxime quando considerado o soldo de um soldado conscrito das Forças Armadas, bem como a existência de prévia condenação do paciente por crime de mesma natureza pela Justiça Militar. Inviável, portanto, a declaração de atipicidade da conduta do paciente com fulcro no princípio da insignificância penal.

3. A necessária congruência entre a definição legal do crime militar e as razões da existência da Justiça Militar exsurge como critério básico, implícito na Constituição, a impedir a subtração arbitrária da Justiça comum de delitos que não tenham conexão com a vida castrense (RE nº 122.706, rel. Min. Sepúlveda Pertence, Plenário, j. 21/11/1990).
4. Na espécie, embora o paciente e a vítima fossem militares à época, o crime não foi praticado em lugar sujeito à administração militar nem durante o horário de expediente, sendo certo que não há quaisquer elementos nos autos que denotem sua intenção de contrapor-se à instituição militar ou a qualquer de suas específicas finalidades ou operações. Destarte, não há elementos suficientes para assentar a excepcional competência da Justiça Penal militar.
5. Ordem de *habeas corpus* concedida para determinar a remessa do processo para a Justiça Comum. **(Inform. STF 719)**

HC N. 112.897-RJ
RELATORA: MIN. CÁRMEN LÚCIA
EMENTA: *HABEAS CORPUS*. CONSTITUCIONAL E PENAL MILITAR. CRIME DE DESERÇÃO. CAUSAS DE SUSPENSÃO E DE INTERRUPÇÃO DO PRAZO PRESCRICIONAL. REINCORPORAÇÃO. ART. 132 DO CÓDIGO PENAL MILI-TAR. APLICAÇÃO RESTRITA AOS FORAGIDOS. PRESCRIÇÃO. EXTINÇÃO DA PUNIBILIDADE. ORDEM CONCEDIDA.
1. Capturado o desertor no curso do processo-crime de deserção, a super-veniência de uma segunda deserção não suspende ou interrompe a fluência do prazo prescricional da primeira deserção. Precedentes.
2. Na espécie, o caráter permanente do crime de deserção cessou em 20.6.2008, data na qual o Paciente foi capturado, o que afasta a aplicação do disposto no art. 132 do Código Penal Militar, norma dirigida exclusivamente aos foragidos.
3. Ordem concedida. (Inform. STF 719)

Justiça militar: homicídio culposo e perdão judicial
O art. 123 do Código Penal Militar não contempla a hipótese de perdão judicial como causa de extinção da punibilidade e, ainda que *in bonan partem*, não se aplica, por analogia, o art. 121, § 5º, do Código Penal ("*§ 5º - Na hipótese de homicídio culposo, o juiz poderá deixar de aplicar a pena, se as consequências da infração atingirem o próprio agente de forma tão grave que a sanção penal se torne desnecessária*"). Na espécie, o paciente fora condenado por homicídio culposo por não ter observado as normas de segurança quanto ao manejo de armas de fogo e, tampouco, regra técnica de profissão, o que causara o resultado morte. Observou-se que o art. 123 do CPM traria os casos de extinção de punibilidade e de seu rol não constaria o perdão judicial, embora essa possibilidade estivesse prevista no art. 255 do mesmo diploma, a cuidar de receptação culposa. Aduziu-se que a analogia pressuporia lacuna, omissão na lei e, na situação, tratar-se-ia de silêncio eloquente. **HC 116254/SP, rel. Min. Rosa Weber, 25.6.2013. (HC-116254) (Inform. STF 712)**

HC N. 115.610-RS
RELATORA: MIN. ROSA WEBER
HABEAS CORPUS. MILITAR. DESOBEDIÊNCIA. BIS IN IDEM. INOCORRÊN-CIA. PRINCÍPIO DA CONSUNÇÃO. INAPLICABILIDADE. ORDEM DENEGADA. Distintos os fatos que deram ensejo ao inquérito para apuração de eventual crime de deserção e ao inquérito deflagrador da ação penal em curso, não é possível acatar a tese da Defesa quanto à existência de bis in idem e de violação da coisa julgada.
Inaplicável o princípio da consunção quanto às condutas tipificadoras do crime de desobediência, que não foram meio necessário nem fase para consecução do delito de deserção, o qual sequer se consumou. Inexistência de esgotamento do dano social no delito fim.
Ordem denegada. (Inform. STF 711)

HC N. 116.555-RJ
RELATOR: MIN. GILMAR MENDES
1. Habeas corpus. 2. Crime de posse de substância entorpecente em quan-tidade mínima. Local sujeito à administração castrense (CPM, art. 290). 3. Aplicação do princípio da insignificância. Impossibilidade. Precedente do Plenário (HC n. 103.684/DF). 4. Alegação de ausência da materialidade deli-tiva. Ilegalidade inexistente. Laudo toxicológico indica tratar-se de cannabis sativa (maconha) a droga apreendida. 5. Ordem denegada. (Inform. STF 711)

HC N.115.591-PE
RELATORA: MIN. ROSA WEBER
EMENTA: HABEAS CORPUS. FURTO. MILITAR. APLICAÇÃO DO PRINCÍPIO DA INSIGNIFICÂNCIA. IMPOSSIBILIDADE. ELEVADA REPROVABILIDADE DA CONDUTA. ORDEM DENEGADA.
1. A pertinência do princípio da insignificância deve ser avaliada considerando não só o valor do dano decorrente do crime, mas igualmente outros aspectos relevantes da conduta imputada.
2. O valor da res furtiva, equivalente à metade dos rendimentos da vítima, não pode ser considerado insignificante para aplicação do princípio da bagatela.
3. Ainda que a quantia subtraída fosse ínfima, não poderia ser aplicado o referido princípio, ante a elevada reprovabilidade da conduta do militar que se aproveita do ambiente da caserna para subtrair dinheiro de um colega.
4. Aos militares cabe a guarda da lei e da ordem, competindo-lhes o papel de guardiões da estabilidade, a serviço do direito e da paz social, razão pela qual deles se espera conduta exemplar para o restante da sociedade, o que não se verificou na espécie.
5. Ordem denegada. **(Inform. STF 703)**

Militar: panfletos e declarações em páginas da internet

O militar que distribui panfletos com críticas ao salário e à excessiva jornada de trabalho não comete o crime de incitamento à desobediência (CPM, art. 155) e, tampouco, o de publicação ou crítica indevida às Forças Armadas (CPM, art.166). Com base nesse entendimento, a 2ª Turma concedeu *habeas corpus* para trancar ação penal instaurada contra militar que, à época da apuração dos fatos, seria Presidente da Associação de Praças do Exército Brasileiro no Rio Grande do Norte - APEB/RN. Na espécie, ao paciente foram imputadas as condutas de: a) incitar praças à desobediência militar por meio de declarações divulgadas na internet, na página eletrônica da APEB/RN; e b) criticar publicamente o Exército Brasileiro e o Governo Federal, no tocante a determinado projeto, por meio do panfleto distribuído durante desfile cívico- militar. Consignou-se que em nenhum momento houvera incitação ao descumprimento de ordem de superior hierárquico, incitamento à desobediência, insubordinação ou indisciplina. Teriam ocorrido relatos de situações, abstratamente consideradas, de excesso de jornada de trabalho, de entraves a tratamentos de saúde fora do aquartelamento, de insatisfação quanto aos valores recebidos a título de soldo pelos soldados. Ressalvou--se que, para se desobedecer a uma ordem, essa deveria ser identificada e, no material acostado aos autos, não haveria individualização de comando de autoridade militar que se pretendesse descumprir. Pontuou-se que os panfletos teriam como destinatários os cidadãos civis que assistiam a desfile cívico-militar. Reconheceu-se que as Forças Armadas, nos termos do art. 142 da CF, seriam organizadas com base na hierarquia e na disciplina, as quais não se confundiriam com desmandos e arbitrariedades. **HC 106808/RN, rel. Min. Gilmar Mendes, 9.4.2013. (HC-106808) (Inform. STF 701)**.

Deserção e condição de militar - 2

Em conclusão, a 1ª Turma deu provimento a agravo regimental e denegou *habeas corpus* em que se discutia condição de procedibilidade de ação penal. Tratava-se de agravo interposto de decisão monocrática da Min. Ellen Gracie, que negara seguimento a *writ*, do qual então relatora, ao fundamento de que o paciente estaria a reiterar matéria objeto de idêntica medida julgada pela 2ª Turma deste Supremo. Na espécie, absolvido, em primeira instância, da imputação de crime de deserção, fora condenado em apelação provida pelo STM – v. Informativo 660. Destacou-se que, embora o *habeas* julgado pela 2ª Turma e a presente ordem tivessem o mesmo pedido – nulidade do processo em que decretada ou reconhecida a deserção –, a causa de pedir seria diferente. Naquele, alegava-se a inadequação da conduta do paciente ao tipo penal; neste, sustentava-se a ausência de condição de procedibilidade da ação, porque o paciente fora excluído do Exército por portaria, posteriormente suspensa por norma de comando militar. Asseverou-se que a tese segundo a qual o paciente não mais deteria condição de militar não fora apreciada pelas instâncias de origem e, ainda que tivesse sido, os efeitos não se teriam concretizado, porquanto suspensa a norma por ato de autoridade militar. **HC 102800 AgR/SP, rel. Min. Rosa Weber, 19.3.2013. (HC-102800) (Inform. STF 699)**.

DIREITO PENAL MILITAR. INCIDÊNCIA DE AGRAVANTE GENÉRICA NO CRIME DE CONCUSSÃO.

Não configura bis in idem a aplicação da agravante genérica prevista no art. 70, II, I, do CPM – incidente nos casos em que o militar pratica o delito estando de serviço – nos crimes de concussão (art. 305 do CPM) praticados em serviço. Isso porque a referida circunstância agravante não se insere no tipo penal descrito no art. 305 do CPM, cujo teor é o seguinte: "Exigir, para si ou para outrem, direta ou indiretamente, ainda que fora da função ou antes de assumi-la, mas em razão dela, vantagem indevida". Insta consignar que o militar pode cometer o delito de concussão estando ou não em serviço, mas o fato de estar "de serviço" torna o crime mais grave, pela particular infringência ao seu dever. Precedentes citados: AgRg no REsp 1.417.380-RJ, Quinta Turma, DJe de 17/2/2014; e HC 230.075-RJ, Quinta Turma, DJe de 19/12/213. **HC 286.802-RJ, Rel. Min. Felix Fischer, julgado em 23/10/2014. (Inform. STJ 551)**

DIREITO PENAL MILITAR. SUBSTITUIÇÃO DE PENA E CRIMES MILITARES.

Não cabe substituir por pena restritiva de direitos, com fundamento no art. 44 do CP, a pena privativa de liberdade aplicada aos crimes militares. Isso porque o art. 59 do CPM disciplinou de modo diverso as hipóteses de substituição cabíveis sob sua égide. Precedente citado do STJ: AgRg no Ag 1.324.415-BA, Sexta Turma, DJe de 17/10/2012. Precedentes citados do STF: HC 94.083-DF, Segunda Turma, DJe de 12/3/2010; e HC 80.952-PR, Primeira Turma, DJ de 5/10/2001. **HC 286.802-RJ, Rel. Min. Felix Fischer, julgado em 23/10/2014. (Inform. STJ 551)**

DIREITO PENAL MILITAR. TIPICIDADE DA CONDUTA NO CRIME DE DESCUMPRIMENTO DE MISSÃO.

A ausência injustificada nos dias em que o militar tenha sido designado para a função específica de comando de patrulhas configura o crime de descumprimento de missão. De acordo com o art. 196 do CPM, é típica a conduta de "deixar o militar de desempenhar a missão que lhe foi confiada". O crime de descumprimento de missão está previsto no capítulo de crimes em serviço, e a missão, aqui, deve ser entendida como incumbência, tarefa designada ao militar. A missão confiada não deixa de ser serviço e, conforme entendimento doutrinário, trata-se de incumbência de maior relevância, de caráter *intuitu personae* e na qual o sujeito ativo deveria representar seu superior hierárquico. Essa interpretação é condizente com a ordem jurídica militar, norteada pela hierarquia e disciplina, e que objetiva a proteção especial dos interesses do Estado e das instituições militares. Nesse contexto, deve-se considerar que o comando de força patrulha consiste verdadeira *longa manus* do comandante na fiscalização das diretrizes baixadas pelo próprio Comando. Com esse encargo, o militar recebe verdadeira missão, mais especificamente, a de comandar todo o efetivo na atividade operacional. **REsp 1.301.155-SP, Rel. Min. Rogerio Schietti Cruz, julgado em 22/4/2014. (Inform. STJ 540)**

DIREITO PENAL MILITAR. DESNECESSIDADE DE QUE A PRIVAÇÃO DA LIBERDADE DA VÍTIMA SE ESTENDA POR LONGO INTERVALO DE TEMPO PARA A CONFIGURAÇÃO DO CRIME DO ART. 244 DO CPM.

Para que se configure a extorsão mediante sequestro prevista no art. 244 do Código Penal Militar, não é necessário que a privação da liberdade da vítima se estenda por longo intervalo de tempo. Com efeito, o fato de a privação da liberdade durar apenas curto lapso temporal não descaracteriza o referido crime, que consiste em extorquir ou tentar extorquir, para si ou para outrem, mediante sequestro de pessoa, indevida vantagem econômica. Ressalte-se que esse delito não exige, para sua consumação, que ocorra a efetiva obtenção da vantagem indevida. Ademais, a única referência feita pelo CPM em relação ao período de privação de liberdade da vítima diz respeito à figura qualificada da extorsão mediante sequestro (art. 244, § 1º, primeira parte), exigindo-se, somente nesse caso, que o sequestro dure mais de 24 horas. **HC 262.054-RJ, Rel. Min. Jorge Mussi, julgado em 2/4/2013. (Inform. STJ 518)**

30. DIREITO PROCESSUAL PENAL MILITAR

Procedimento investigatório criminal e arquivamento

A Primeira Turma deu provimento a recurso ordinário em mandado de segurança que impugnava ato de juiz-auditor militar que, com base em portaria da própria auditoria, deixara de receber, distribuir e apreciar pedido de arquivamento de procedimento investigatório criminal instaurado por procuradoria de justiça militar. O Colegiado assentou a ilegalidade do ato impugnado, porquanto respaldado em portaria elaborada em afronta ao que disposto no art. 397 do CPPM ("Art. 397. Se o procurador, sem prejuízo da diligência a que se refere o art. 26, n° I, entender que os autos do inquérito ou as peças de informação não ministram os elementos indispensáveis ao oferecimento da denúncia, requererá ao auditor que os mande arquivar. Se este concordar com o pedido, determinará o arquivamento; se dele discordar, remeterá os autos ao procurador-geral. 1° Se o procurador-geral entender que há elementos para a ação penal, designará outro procurador, a fim de promovê-la; em caso contrário, mandará arquivar o processo. 2° A mesma designação poderá fazer, avocando o processo, sempre que tiver conhecimento de que, existindo em determinado caso elementos para a ação penal, esta não foi promovida"). Haveria, portanto, evidente conflito entre normas de diferente hierarquia, a revelar necessária observância do direito instrumental militar. Outrossim, descaberia discutir a natureza do procedimento administrativo que se pretendia, no caso, ver apreciado, isso porque, a despeito da denominação utilizada, aquele fizera-se composto por peças de informação, circunstância suficiente para atrair a observância do referido dispositivo legal. Assim, competiria ao juiz-auditor a adoção de duas possíveis condutas: anuir com o arquivamento proposto ou, discordando da fundamentação apresentada, remeter o processo ao procurador-geral. A recusa em dar andamento ao pleito de trancamento consagraria inaceitável abandono do controle jurisdicional a ser exercido no tocante ao princípio da obrigatoriedade da ação penal. Ademais, não se poderia admitir que argumentos pragmáticos, como aqueles ligados ao volume de trabalho da Justiça Militar, afastassem o devido processo legal.

RMS 28428/SP, rel. Min. Marco Aurélio, 8.9.2015. (RMS-28428) (Inform. STF 798)

Desclassificação e aumento de pena imposta - 1

A Segunda Turma, por maioria, concedeu, em parte, a ordem em "habeas corpus", para restabelecer pena fixada em sentença condenatória de primeira instância, mantida, no entanto, a tipificação imposta pelo STM em julgamento de recurso de apelação. No caso, o paciente fora condenado, em primeiro grau, à pena de 1 ano e 6 meses de reclusão, pela suposta prática do crime de falsidade ideológica (CPM, art. 312), por ter supostamente emitido declarações falsas de rendimentos em favor de outros corréus para a obtenção de empréstimos consignados perante a Caixa Econômica Federal. O STM, contudo, dera parcial provimento à apelação interposta pelo Ministério Público para modificar a capitulação para a do delito de uso de documento falso (CPM, art. 315, c/c o art. 311), fixando nova reprimenda em 2 anos de reclusão. A impetração sustentava: a) a incompetência absoluta da Justiça Militar da União, pois a suposta ação delituosa não teria ferido nenhum bem jurídico diretamente relacionado às funções típicas das Forças Armadas, previstas no art. 142 da CF; e b) a inexistência de correlação entre o que fora postulado pelo Ministério Público nas razões da referida apelação e o que fora decidido pela Corte castrense, uma vez que o apelo ministerial teria buscado apenas a modificação da capitulação do delito, sem pedido expresso de aumento da pena imposta ao paciente. Em relação à alegada incompetência da Justiça Militar, a Turma asseverou ser inviável ao STF, em sede de "habeas corpus", decidir que o crime praticado seria o de estelionato e que, portanto, a vítima seria a Caixa Econômica Federal. Aliás, em momento algum a denúncia teria aludido a prejuízo alheio, elementar normativa do delito previsto no art. 171 do CP. Assim, se a condenação se dera pela prática de uso de documento militar adulterado, previsto no art. 315 do CPM, as condutas voltar-se-iam contra a ordem da administração militar, circunstância configuradora de crime militar impróprio, nos termos do art. 9°, III, a, do CPM.

HC 112382/RS, rel. Min. Teori Zavascki, 4.8.2015. (HC112382)

Desclassificação e aumento de pena imposta - 2

Quanto à alegação de ilegitimidade do aumento, em sede recursal, da pena anteriormente imposta, a Turma assentou que, no caso, seria indevida a majoração em sede de apelação, pois dessa parte não teria recorrido a acusação. O recurso de apelação do Ministério Público teria expressamente consignado que "o apelo ministerial cinge-se unicamente na correção do tipo penal a que o mesmo está incurso, pois sua condenação deve se dar pela prática de uso de documento falso, consoante tipificação do art. 315 do Código Penal Militar, nos exatos termos da fundamentação da sentença recorrida, inclusive quanto ao apenamento ditado pelo Colegiado de 1ª Instância". O STM, ao dar parcial provimento ao recurso para modificar a adequação típica, como postulado no recurso, desacolhera o pleito relativo à manutenção da reprimenda, aplicando a pena cominada ao crime do art. 315 do CPM. Não se poderia, entretanto, admitir o agravamento da reprimenda, de ofício, pelo STM, ainda que o recurso tivesse sido da acusação. Seria certo que o efeito devolutivo inerente ao recurso de apelação permitiria que o tribunal o apreciasse em exaustivo nível de profundidade. O mesmo não ocorreria, porém, no tocante à sua extensão — limite horizontal —, que deveria se adstringir — sobretudo em se tratando de recurso da acusação — à matéria questionada e ao pedido formulado na petição recursal, ressalvada sempre a possibilidade de concessão de ordem de "habeas corpus" de ofício. Em conclusão, chancelar o ato da Corte revisora que agravara a situação processual do réu sem que a própria acusação a tivesse almejado certamente implicaria violação a princípios básicos do processo penal constitucional. Vencido o Ministro Dias Toffoli, que denegava a ordem por entender que não caberia ao Ministério Público se manifestar sobre qual a pena a ser aplicada no caso em comento, mas, sim, ao Poder Judiciário.

HC 112382/RS, rel. Min. Teori Zavascki, 4.8.2015. (HC112382) (Inform. STF 793)

Correição parcial e extinção da punibilidade

É incabível o manejo de correição parcial, por representação de juiz-auditor corregedor, para rever decisão extintiva de punibilidade pela prescrição da pretensão punitiva ou executória estatal. Com base nesse entendimento, a Segunda Turma concedeu a ordem em "habeas corpus" para determinar o arquivamento de correição parcial em trâmite no STM, mantendo-se a decisão de extinção da punibilidade do ora paciente pela ocorrência de prescrição da pretensão executória. O Colegiado, ao reiterar o quanto decidido no julgamento do HC 74.581/CE (DJU de 4.12.1998), afirmou que a correição de processos findos somente seria possível para verificar eventuais irregularidades ou falhas administrativas a serem corrigidas no âmbito da Justiça Militar. Não caberia seu uso, porém, como ação rescisória.

HC 112530/RS, rel. Min. Teori Zavascki, 30.6.2015. (HC-112530) (Inform. STF 792)

Embargos infringentes e requisito de admissibilidade previsto em regimento interno

O Plenário concedeu a ordem em "habeas corpus" para que o STM dê regular processamento aos embargos infringentes interpostos em favor do paciente. Além disso, declarou, incidentalmente, a inconstitucionalidade do art. 119, § 1°, do Regimento Interno do STM (RISTM), na redação dada pela Emenda Regimental 24/2014. Esse dispositivo prevê a exigência de no mínimo quatro votos minoritários divergentes para o cabimento de embargos infringentes e de nulidade interpostos contra decisão não unânime daquela Corte em recurso em sentido estrito e em apelação. Na espécie, a auditoria militar condenara o paciente à pena de três anos de detenção em regime aberto. Em seguida, o STM, ao julgar as apelações interpostas pelo Ministério Público e pela defesa, por maioria, reduzira a pena final a dois anos, sete meses e quinze dias de detenção em regime aberto. Houvera, entretanto, dois votos vencidos que teriam reduzido a pena para dois anos de detenção, com o benefício do "sursis" penal. Ocorre que os embargos infringentes interpostos não foram admitidos pelo relator ao fundamento de que o art. 119, § 1°, do RISTF, exige no mínimo quatro votos vencidos para o seu cabimento. O Colegiado do STF recordou que em 2014 fora aprovada a Emenda Regimental 24, que alterara o RISTM para estabelecer o mínimo de quatro votos para cabimento dos embargos infringentes. No entanto, bastaria um único voto divergente para serem cabíveis os embargos infringentes de acordo com o art. 539 do CPM. Observou que o legislador não poderia se imiscuir em matéria reservada ao regimento interno dos tribunais. Da mesma forma, aos tribunais seria vedado desbordar de seus poderes normativos para dispor sobre matéria de competência privativa da União (CF, art. 22, I), sob pena de inconstitucionalidade formal. Ademais, a atribuição de poderes aos tribunais para instituir recursos internos e disciplinar procedimento de recursos de sua alçada não lhes outorgaria competência para criar requisito de admissibilidade recursal não previsto em lei (CF, art. 96, I, a,).

HC 125768/SP, rel. Min. Dias Toffoli, 24.6.2015. (HC-125768) (Inform. STF 791)

Lei processual e retroação

O Plenário denegou a ordem de "habeas corpus" em que se discutia suposta nulidade processual, em razão de não se ter garantido aos pacientes o interrogatório ao final da instrução criminal com base na Lei 11.719/2008. No caso, em 14.5.2007, os pacientes teriam sido denunciados pela prática de crime de concussão (CPM, art. 305). Em 26.9.2007, o juízo realizara o interrogatório, nos termos do art. 302 do CPPM, que estabelece o interrogatório "após o recebimento da denúncia" e "antes de ouvidas as testemunhas". O Tribunal consignou que independentemente de a Lei 11.719/2008, publicada em 23.6.2008, ter alterado, para o final da instrução criminal, o momento em que o réu devesse ser interrogado, incabível, na espécie, a alegação de nulidade, pois a nova legislação não poderia ser aplicada aos atos processuais praticados antes de sua entrada em vigor (20.8.2008), em observância ao princípio "tempus regit actum" (CPP, art. 2º). Assim, não seria possível cogitar qualquer constrangimento ou ilegalidade em relação aos pacientes, pela singela circunstância de o interrogatório ter sido realizado quase um ano antes da vigência da Lei 11.719/2008.

HC 123228/AM, rel. Min. Cármen Lúcia, 24.6.2015. (HC-123228) (Inform. STF 791)

Crime praticado por militar e competência

Compete à justiça castrense processar e julgar militar condenado pela prática de crime de furto (CPM, art. 240) perpetrado contra militar em ambiente sujeito à administração militar. Com base nesse entendimento, a 1ª Turma denegou "habeas corpus" em que sustentada a competência da justiça comum. No caso, o paciente subtraíra de seu colega de farda, em quartel militar, cartão magnético, juntamente com a respectiva senha. Nos dias subsequentes, efetuara empréstimo em nome da vítima, bem como saques de valores. A Turma reputou que incidiria, na espécie, o art. 9º, II, a do CPM ("Art. 9º Consideram-se crimes militares, em tempo de paz:... II – os crimes previstos neste Código, embora também o sejam com igual definição na lei penal comum, quando praticados: a) por militar em situação de atividade ou assemelhado, contra militar na mesma situação ou assemelhado"). Ressaltou que seria indiferente, para a configuração da competência da justiça militar, o fato de o saque ter sido realizado fora da organização militar.

HC 125326/RS, rel. Min. Rosa Weber, 17.3.2015. (HC-125326) (Inform. STF 778)

Crime de deserção e prescrição da pretensão punitiva estatal

A 1ª Turma, por maioria, denegou a ordem em "habeas corpus" no qual se pedia o reconhecimento da prescrição da pretensão punitiva estatal em ação penal a que responde o ora paciente pela prática do crime de deserção, com a consequente declaração de inconstitucionalidade do art. 132 do CPM. De início, o Colegiado rejeitou questão de ordem suscitada pelo Ministro Marco Aurélio no sentido do deslocamento do "writ" ao Plenário, reafirmado o quanto decidido no RE 422.349/RS (acórdão pendente de publicação — v. Informativo 772) e no RE 361.829 ED/RJ (DJe de 19.3.2010). No mérito, a Turma apontou que a jurisprudência do STF seria no sentido de que o crime de deserção seria de natureza permanente, cessada a conduta delitiva somente no momento da captura ou da apresentação voluntária do agente. Na espécie, como o paciente se encontraria foragido, não haveria que se falar em início do curso do prazo prescricional, nos termos do art. 125, § 2º, c, do CPM, inexistente, portanto, a alegada ocorrência da prescrição da pretensão punitiva estatal. Ademais, o diploma penal castrense apresentaria dois critérios de prescrição no crime de deserção: a) o primeiro — geral — seria destinado ao agente que, apesar de ter incorrido no referido delito, foi reincorporado ao serviço militar. Nesse caso, incidiria a regra do art. 125 do CPM, em que a prescrição em abstrato se regula pelo máximo da pena privativa de liberdade aplicada ao crime praticado; e b) o segundo critério — especial — seria aplicado exclusivamente ao trânsfuga, o desertor que não foi capturado e nem se apresentou à corporação. Para essas hipóteses, a extinção da punibilidade observaria o art. 132 do CPM ("No crime de deserção, embora decorrido o prazo da prescrição, esta só extingue a punibilidade quando o desertor atinge a idade de quarenta e cinco anos, e, se oficial, a de sessenta"), cuja inconstitucionalidade é apontada no caso em comento. Entretanto, o que se pretenderia com a declaração de inconstitucionalidade deste último dispositivo seria inverter sua lógica, porquanto o art. 132 do CPM constituiria garantia à defesa, por impedir a imprescritibilidade do crime permanente de deserção em relação ao trânsfuga. Vencido o Ministro Marco Aurélio, que concedia a ordem por entender inconstitucional o art. 132 do CPM. Afirmava que a referida norma tornaria praticamente imprescritível a pretensão punitiva estatal para o crime de deserção.

HC 112005/RS, rel. Min. Dias Toffoli, 10.2.2015. (HC-112005) (Inform. STF 774)

Processo penal militar e interrogatório ao final da instrução

A 2ª Turma afetou ao Plenário o julgamento de "habeas corpus" em que se discute a possibilidade de realização de interrogatório ao final da instrução criminal, nos termos da Lei 11.719/2008, em sede de processo penal militar.

HC 123228/AM, rel. Min. Cármen Lúcia, 11.11.2014. (HC-123228) (Inform. STF 767)

Processo penal militar: interrogatório e art. 400 do CPP

Em razão do princípio da especialidade, prevalece, para os casos de jurisdição militar, a norma processual penal militar e, por consequência, incabível a aplicação do rito previsto no art. 400 do CPP, com a redação trazida pela Lei 11.719/2008. Com base nessa orientação, a 2ª Turma denegou "habeas corpus" em que se pleiteava o afastamento do art. 302 do CPPM, a fim de que o interrogatório do paciente fosse realizado ao final da instrução criminal.

HC 122673/PA, rel. Min. Cármen Lúcia, 24.6.2014. (HC-122673) (Inform. STF 752)

Justiça militar: deserção em tempo de paz e "sursis" - 1

São compatíveis com a Constituição a alínea a do inciso II do art. 88 do CPM ("Art. 88. A suspensão condicional da pena não se aplica: ... II - em tempo de paz: a) por crime contra a segurança nacional, de aliciação e incitamento, de violência contra superior, oficial de dia, de serviço ou de quarto, sentinela, vigia ou plantão, de desrespeito a superior, de insubordinação, ou de deserção") e a alínea a do inciso II do art. 617 do CPPM ("Art. 617. A suspensão condicional da pena não se aplica: ... II - em tempo de paz: a) por crime contra a segurança nacional, de aliciação e incitamento, de violência contra superior, oficial de serviço, sentinela, vigia ou plantão, de desrespeito a superior e desacato, de insubordinação, insubmissão ou de deserção"). Com base nessa orientação, o Plenário, por maioria, denegou "habeas corpus" em que requerida a suspensão condicional da execução de pena privativa de liberdade imposta a militar condenado a quatro meses de detenção, em regime aberto, pela prática do crime de deserção. A Corte asseverou que, no tocante às Forças Armadas, os valores hierarquia e disciplina teriam dimensão específica e valiosa, consagrada na Constituição ("Art. 142. As Forças Armadas, constituídas pela Marinha, pelo Exército e pela Aeronáutica, são instituições nacionais permanentes e regulares, organizadas com base na hierarquia e na disciplina ..."). Apontou que Constituição traria, em seu bojo, regime jurídico diferenciado para as infrações militares, a exemplo do § 2º do art. 142, que não admite "habeas corpus" em relação a punições disciplinares militares, ainda que encerrem restrições de caráter ambulatorial. Sublinhou que, ao elaborar o Código Penal Militar, o legislador optara por distinguir entre crimes que admitiriam a suspensão condicional e crimes que não a admitiriam. Estes seriam considerados próprios e afrontariam a hierarquia e a disciplina inerentes às Forças Armadas. O Colegiado frisou que essa escolha legislativa deveria ser respeitada pelo Poder Judiciário. Por outro lado, o Pleno destacou, também, que a matéria relativa a eventual ocorrência da prescrição defendida da tribuna, por ocasião da sustentação oral, não seria analisada em razão da ausência, nos autos, de elementos que pudessem atestar a alegada menoridade do paciente.

HC 119567/RJ, rel. orig. Min. Dias Toffoli, red. p/o acórdão Min. Roberto Barroso, 22.5.2014. (HC-119567)

30. DIREITO PROCESSUAL PENAL MILITAR

Justiça militar: deserção em tempo de paz e "sursis" - 2

Vencidos os Ministros Dias Toffoli (relator), Rosa Weber, Gilmar Mendes, Celso de Mello e Joaquim Barbosa (Presidente), que declaravam não recepcionadas pela Constituição vigente as referidas normas. Diante desse entendimento, concediam a ordem para implementar, em favor do paciente, o benefício do "sursis", pelo prazo de dois anos, nos termos do art. 84 do CPM. Destacavam que deveriam ser cumpridas as condições previstas no art. 626, c/c o § 2° do art. 608, ambos do CPPM, exceto se o réu ainda estivesse ativo no serviço, com o compromisso de comparecer trimestralmente perante o juízo da execução. Observavam que, diante de deserção consumada durante breve período e da apresentação voluntária do militar ao serviço, que assumira as consequências de seu ato, não pareceria plausível que mero imperativo legal impedisse que o julgador apreciasse, em face da situação concreta registrada nos autos, os pressupostos subjetivos e objetivos inerentes à suspensão condicional da pena, para conceder ou não o benefício. Caso contrário, vedar-se-ia, de forma absoluta e cogente, a implementação da suspensão condicional da pena. Assentavam a possibilidade de se aplicar uma proporcionalidade "in concreto". Reputavam que os valores da disciplina, da ordem e da hierarquia militares, contemplados no texto da Constituição, não excluiriam os militares do âmbito de incidência do sistema de proteção constitucional em matéria de direitos e garantias fundamentais.

HC 119567/RJ, rel. orig. Min. Dias Toffoli, red. p/ o acórdão Min. Roberto Barroso, 22.5.2014. (HC-119567) (Inform. STF 747)

HC 121.008-MC/RJ
RELATOR: Ministro Celso de Mello
"HABEAS CORPUS". INQUÉRITO POLICIAL MILITAR (IPM). PRETENDIDA SUSPEIÇÃO DO ENCARREGADO DO IPM. INADMISSIBILIDADE (CPPM, art. 142). SITUAÇÃO QUE, *SE OCORRENTE*, NÃO AFETARIA A VALIDADE JURÍDICA DO PROCESSO PENAL *ULTERIORMENTE* INSTAURADO. DOUTRINA. PRECEDENTES. POSSIBILIDADE LEGAL *DE A PRÓPRIA AUTORIDADE*, NO EXERCÍCIO DE SUAS FUNÇÕES, QUANDO PRATICADO O DELITO EM SUA PRESENÇA (*"OU CONTRA ELA"*), DAR VOZ DE PRISÃO AO SUPOSTO INFRATOR E PROMOVER A LAVRATURA DO RESPECTIVO AUTO DE PRISÃO EM FLAGRANTE (CPPM, art. 249). AUSÊNCIA DE PLAUSIBILIDADE JURÍDICA. MEDIDA CAUTELAR INDEFERIDA. DJe de 17.2.2014. (Inform. STF 746)

Procurador-Geral da Justiça Militar e manifestação exclusiva

A concessão exclusiva de vista ao Procurador-Geral da Justiça Militar para manifestação quanto a preliminar de inconstitucionalidade, arguida, por Ministro integrante do STM, durante sessão de julgamento, não afronta os princípios do contraditório e da ampla defesa, nos termos do parágrafo único do art. 79-A do Regimento Interno do STM - RISTM ("Se a inconstitucionalidade for arguida na sessão de julgamento, pelo Relator ou por outro Ministro, o julgamento será interrompido e o Relator abrirá vista dos autos ao Procurador-Geral da Justiça Militar, pelo prazo de dez dias, para parecer; recebidos os autos com o parecer, o julgamento prosseguirá na sessão ordinária que se seguir, apreciando-se, na sequência, a arguição de inconstitucionalidade e o mérito da causa"). Essa orientação da 1ª Turma, que, preliminarmente, por maioria, rejeitou questão de ordem, vencido o Ministro Marco Aurélio, suscitante, no sentido de que a matéria fosse submetida ao Plenário. O Ministro Marco Aurélio apontava que a única causa de pedir veiculada na impetração diria respeito ao conflito do RISTM com a Constituição. O Ministro Dias Toffoli (relator), por sua vez, sublinhou que a respeito do tema haveria precedentes do Plenário do STF. No mérito, a Turma indeferiu o "habeas corpus". Asseverou que o presente "writ" teria sido impetrado tendo em vista o cerceamento de defesa, pelo fato de não ter sido dada a palavra ao acusado, que não arguira o tema da inconstitucionalidade. Aduziu que a palavra fora deferida exclusivamente ao "parquet" na qualidade de fiscal da lei e não de parte.

HC 105311/DF, rel. Min. Dias Toffoli, 29.4.2014. (HC-105311) (Inform. STF 744)

Lei 5.836/1972: Conselho de Justificação e princípio da ampla defesa e contraditório

A 2ª Turma negou provimento a recurso ordinário em mandado de segurança em que se alegava nulidade, por ofensa ao princípio da ampla defesa e contraditório, de ato administrativo que homologara julgamento realizado pelo Conselho de Justificação e encaminhara os autos ao STM. No caso, o recorrente fora submetido ao Conselho de Justificação, órgão destinado a avaliar, por meio de processo especial, a incapacidade de oficial das Forças

Armadas para permanecer na ativa. A Turma observou que o STM seria competente para julgar o referido processo administrativo, consoante o disposto nos artigos 13, V, a, e 14 da Lei 5.836/1972 ["Art. 13. Recebidos os autos do processo do Conselho de Justificação, o Ministro Militar, dentro do prazo de 20 (vinte) dias, aceitando ou não seu julgamento e, neste último caso, justificando os motivos de seu despacho, determina: ... V - a remessa do processo ao Superior Tribunal Militar: a) se a razão pela qual o oficial foi julgado culpado está previsto nos itens I, III e V do artigo 2°. Art. 14. É da competência do Superior Tribunal Militar julgar, em instância única, os processos oriundos de Conselhos de Justificação, a ele remetidos por Ministro Militar"]. Destacou não haver previsão legal de recurso contra o despacho de comandante militar que aceitasse o julgamento do Conselho de Justificação — comissão processante — e determinasse a remessa do processo ao STM, que atuaria, nessa hipótese, como órgão administrativo. Além disso, sublinhou que o despacho proferido pelo comandante resumir-se-ia a homologar a decisão da comissão e a determinar a remessa obrigatória dos autos ao STM. Asseverou que, após a homologação, a esfera de competência do comandante estaria esgotada. A Turma enfatizou, ademais, que o art. 15 da Lei 5.836/1972 garantiria ao ora recorrente o direito à ampla defesa e ao contraditório, uma vez que determinaria, após a distribuição do processo e antes de seu julgamento pelo STM, a abertura de prazo de cinco dias para a defesa se manifestar por escrito sobre a decisão do Conselho de Justificação. Afirmou que não seria aplicável à espécie o Decreto 76.322/1975 e as Leis 6.880/1980 e 9.784/1999, uma vez que a Lei 5.836/1972, que dispõe sobre o Conselho de Justificação, seria específica. Por fim, no que se refere à alegação de que haveria vícios que maculariam o processo administrativo e permitiriam declarar o impetrante justificado, reputou que essa assertiva deveria ser apreciada no âmbito do STM, pois não aproveitaria ao recorrente, uma vez que, na espécie, discutir-se-ia a legalidade do imediato envio dos autos ao STM, em momento anterior à publicação da decisão do Conselho de Justificação.

RMS 32645/DF, rel. Min. Ricardo Lewandowski, 22.4.2014. (RMS-32645) (Inform. STF 743)

Justiça federal comum e justiça militar: sobrestamento de feito

A existência de questão prejudicial heterogênea decidida perante a justiça federal comum, pendente de recurso, que concede mandado de segurança para determinar o licenciamento do paciente, possibilita a suspensão prejudicial de ação penal militar concernente à existência, ou não, de delito castrense enquanto não for resolvida, em definitivo, controvérsia de natureza civil. Com base nessa orientação, a 2ª Turma negou provimento a recursos ordinários em *habeas corpus*, julgados conjuntamente, em que questionados acórdãos da Corte militar, que denegara *habeas corpus* impetrado em favor dos recorrentes e mantivera decisão de sobrestamento do feito. Na espécie, teriam sido ajuizadas ações civis perante a justiça federal comum, com objetivo de viabilizar o desligamento dos pacientes das respectivas instituições militares. Ambas objetivavam, no âmbito da justiça federal comum, a extinção do procedimento penal. A Turma asseverou que a manutenção da denegação do *writ* não implicaria risco de prescrição penal, porque incidiria causa a obstar o lapso prescricional, de forma que, ainda que adviesse o insucesso definitivo do processo de natureza civil pela justiça federal comum, a pretensão punitiva do Estado estaria preservada. Consignou, no ponto, regra constante do CPM (*Art. 125. A prescrição da ação penal, salvo o disposto no § 1° deste artigo, regula-se pelo máximo da pena privativa de liberdade cominada ao crime, verificando-se: ... § 4° A prescrição da ação penal não corre: I - enquanto não resolvida, em outro processo, questão de que dependa o reconhecimento da existência do crime*). Destacou, ademais, a correção do julgado do STM, que teria aplicado regra do CPPM (*Art. 124. O juiz poderá suspender o processo e aguardar a solução, pelo juízo cível, de questão prejudicial que se não relacione com o estado civil das pessoas, desde que: a) tenha sido proposta ação civil para dirimi-la*). Esclareceu que, tornada definitiva decisão favorável aos ora recorrentes, a viabilizar o seu desligamento das forças armadas, estaria descaracterizado, no plano da tipicidade penal, o crime de deserção.

HC 119405/AM e RHC 119626/DF, rel. Min. Celso de Mello, 25.2.2014. (HC-119405) (Inform. STF 737)

Justiça militar e correição parcial - 4

Em conclusão de julgamento, a 2ª Turma concedeu a ordem de *habeas corpus* por considerar intempestiva a representação formulada por juiz-auditor corregedor. O *writ* foi impetrado contra decisão do STM que acolhera correição parcial para cassar despacho de desarquivamento e determinar a

remessa dos autos à Procuradoria-Geral de Justiça Militar. Na espécie, fora encontrado cerca de 1g de maconha na posse do paciente, preso em local sujeito à Administração castrense. O juiz-auditor determinara, a pedido do *parquet* militar e com base no princípio da insignificância, o arquivamento do inquérito, e a decisão transitara em julgado. Na sequência, houvera a representação do corregedor perante o STM para o desarquivamento do feito — v. Informativos 688 e 694. A Turma reiterou jurisprudência do Supremo no sentido de que o prazo recursal para o Ministério Público seria contado da entrega dos autos com vista ao departamento administrativo incumbido de recebê-los, e não da deliberada aposição do ciente do membro do Ministério Público ou da distribuição interna dos autos. Destacou que se trataria de prazo peremptório e, portanto, preclusivo. A Ministra Cármen Lúcia, relatora, reajustou o voto proferido anteriormente.
HC 112977/RJ, rel. Min. Cármen Lúcia, 25.2.2014. (HC-112977) (Inform. STF 737)

Crime praticado por civil e competência da justiça militar
Compete à justiça militar processar e julgar civil denunciado pela suposta prática dos delitos de desacato e resistência contra militar. Com base nesse entendimento, a 1ª Turma extinguiu *habeas corpus* por inadequação da via processual. A impetração alegava a incompetência da justiça militar e postulava a declaração de inconstitucionalidade do art. 90-A da Lei 9.099/1995, para que fosse excluída qualquer exegese que afastasse a aplicação da Lei 9.099/1995 aos acusados civis indiciados ou processados perante a justiça militar. No caso, o paciente, ao ser revistado, teria desobedecido à ordem de militares em serviço no Complexo do Morro do Alemão — no desempenho de serviço de vigilância, garantia e preservação da ordem pública — e contra eles praticado violência. Rememorou-se precedente da Turma no sentido de que a natureza militar do crime atrairia a competência da justiça militar, mesmo que cometido por civil. Recordou-se, ademais, que o Plenário já teria declarado a constitucionalidade do art. 90-A da Lei 9.099/1995.
HC 113128/RJ, rel. Min. Roberto Barroso, 10.12.2013. (HC-113128) (Inform. STF 732)

Justiça militar: deserção em tempo de paz e "sursis" - 1
O Plenário iniciou julgamento de *habeas corpus* em que se pleiteia a concessão da suspensão condicional da pena a militar condenado pela prática do crime de deserção. Alega-se que a vedação legal dessa incidência não teria sido recepcionada pela Constituição [CPM: "*Art. 88. A suspensão condicional da pena não se aplica: ... II - em tempo de paz: a) por crime contra a segurança nacional, de aliciação e incitamento, de violência contra superior, oficial de dia, de serviço ou de quarto, sentinela, vigia ou plantão, de desrespeito a superior, de insubordinação, ou de deserção*"]. O Min. Dias Toffoli, relator, concedeu a ordem para implementar o benefício do *sursis* pelo prazo de 2 anos (CPM, art. 84), devendo o paciente cumprir as condições previstas no art. 626 do CPPM, excetuada a da alínea a ("*tomar ocupação, dentro de prazo razoável, se for apto para o trabalho*"), na hipótese de estar ativo no serviço. Determinou que ele ficasse obrigado a comparecer trimestralmente perante o juízo da execução e designou o juiz-auditor que o sentenciara para presidir a audiência admonitória (CPPM, art. 611).
HC 113857/AM, rel. Min. Dias Toffoli, 26.6.2013. (HC-113857)

Justiça militar: deserção em tempo de paz e "sursis" - 2
O relator salientou que o preceito em questão ofenderia mais diretamente a equidade, pela qual se esperaria harmonia na aplicação dos princípios constitucionais e das normas infraconstitucionais. Ponderou que o legislador deveria inspirar-se na proporcionalidade para estabelecer tipos penais incriminadores, de modo a não cominar sanções ínfimas para delitos que violassem bens jurídicos de relevo maior nem penas exageradas para infrações de menor potencial ofensivo. Acrescentou que também seria necessário observar a proporcionalidade para as normas tendentes à individualização dessas mesmas penas, com atenção às condições específicas do infrator e às consequências da violação cometida ao bem jurídico tutelado pela lei e a eventual vítima do crime. Explicitou que, alguns dias após ter se ausentado do posto de serviço, o paciente se apresentara voluntariamente à Administração castrense, que o reincorporara ao Exército. Entendeu que, por mero imperativo de lei, não se poderia impedir a apreciação das condições objetivas e subjetivas do delito e de seu autor, a vedar-se de forma absoluta e cogente a aplicação do *sursis* aos que, em tempo de paz, fossem sentenciados por idêntico crime e preenchessem os requisitos previstos no art. 84 do CPM. Nessa conformidade, declarou

não recepcionada pela Constituição a alínea a do inciso II do art. 88 do CPM — e, em consequência, a alínea a do inciso II do art. 617 do CPPM — na parte em que excluiria, em tempo de paz, a suspensão condicional da pena aos condenados por delito de deserção.
HC 113857/AM, rel. Min. Dias Toffoli, 26.6.2013. (HC-113857)

Justiça militar: deserção em tempo de paz e "sursis" - 3
Em divergência, o Min. Luiz Fux denegou a ordem, no que foi acompanhado pelo Min. Marco Aurélio. Aduziu que a jurisprudência do Supremo inclinar-se-ia pela constitucionalidade do tratamento processual penal mais gravoso aos crimes submetidos à justiça militar, em virtude da hierarquia e da disciplina próprias das instituições castrenses. Nesse sentido, citou precedente a cuidar da suspensão condicional do processo relativo a militar responsabilizado por crime de deserção. Acentuou que a *ratio* seria idêntica para a situação da suspensão condicional da pena. Observou que, no próprio texto constitucional, haveria discrímen do regime de disciplina das instituições militares. O Min. Marco Aurélio enfatizou que a matéria referir-se-ia a predicados muito caros às Forças Armadas. Sublinhou que, como princípio de hermenêutica, somente se deveria declarar um preceito normativo conflitante com a Lei Maior se o conflito fosse evidente. Mencionou que a Constituição seria categórica ao remeter ao legislador a organização da justiça castrense e também a definição dos crimes e consequências deles. Assinalou que o afastamento da suspensão condicional da pena seria opção política normativa. Após, pediu vista o Min. Teori Zavascki.
HC 113857/AM, rel. Min. Dias Toffoli, 26.6.2013. (HC-113857)

Justiça militar: deserção em tempo de paz e "sursis" - 4
Ante o empate na votação, o Plenário, em conclusão de julgamento, deferiu *habeas corpus* para permitir a suspensão condicional da pena a militar condenado pela prática do crime de deserção — v. Informativo 712. Por não alcançar o quórum de seis votos, o Tribunal assentou a impossibilidade de pronunciamento quanto a recepção ou não, pela Constituição, da alínea a do inciso II do art. 88 do CPM e da alínea a do inciso II do art. 617 do CPPM, na parte em que excluiriam, em tempo de paz, a suspensão condicional da pena aos condenados por delito de deserção. O Colegiado implementou, por ser a decisão mais favorável ao paciente (RISTF, art. 146, parágrafo único), o benefício do *sursis* pelo prazo de dois anos (CPM, art. 84), devendo este cumprir as condições previstas no art. 626 do CPPM, excetuada a da alínea a ("*tomar ocupação, dentro de prazo razoável, se for apto para o trabalho*"), na hipótese de estar ativo no serviço. Ademais, determinou ao paciente a obrigação de comparecer trimestralmente perante o juízo da execução e designou o juiz-auditor que o sentenciara para presidir a audiência admonitória (CPPM, art. 611). Salientou que o preceito em questão ofenderia mais diretamente a equidade, pela qual se esperaria harmonia na aplicação dos princípios constitucionais e das normas infraconstitucionais. Ressaltou que o legislador deveria inspirar-se na proporcionalidade para estabelecer tipos penais incriminadores, de modo a não cominar sanções ínfimas para delitos que violassem bens jurídicos de relevo maior nem penas exageradas para infrações de menor potencial ofensivo. Acrescentou que também seria necessário observar a proporcionalidade para as normas tendentes à individualização dessas mesmas penas, com atenção às condições específicas do infrator e às consequências da violação cometida ao bem jurídico tutelado pela lei e a eventual vítima do crime. Explicitou que, alguns dias após ter-se ausentado do posto de serviço, o paciente se apresentara voluntariamente à administração castrense, que o reincorporara ao Exército. Entendeu que, por mero imperativo de lei, não se poderia impedir a apreciação das condições objetivas e subjetivas do delito e de seu autor, a vedar-se de forma absoluta e cogente a aplicação do *sursis* aos que, em tempo de paz, fossem sentenciados por idêntico crime e preenchessem os requisitos previstos no art. 84 do CPM.
HC 113857/AM, rel. Min. Dias Toffoli, 5.12.2013. (HC-113857)

Justiça militar: deserção em tempo de paz e "sursis" - 5
Os Ministros Luiz Fux, Marco Aurélio, Teori Zavascki, Roberto Barroso e Ricardo Lewandowski denegavam a ordem. Aduziam que a jurisprudência do Supremo inclinar-se-ia pela constitucionalidade do tratamento processual penal mais gravoso aos crimes submetidos à justiça militar, em virtude da hierarquia e da disciplina próprias das instituições castrenses. Nesse sentido, rememoravam precedente a cuidar da suspensão condicional do processo relativo a militar responsabilizado por crime de deserção. Acentuavam que a *ratio* seria idêntica para a situação da suspensão condicional da pena. Obser-

30. DIREITO PROCESSUAL PENAL MILITAR

vavam que, no próprio texto constitucional, haveria discrímen do regime de disciplina das instituições militares. Enfatizavam que a matéria referir-se-ia a predicados muito caros às Forças Armadas. Sublinhavam que, como princípio de hermenêutica, somente se deveria declarar um preceito normativo conflitante com a Lei Maior se o conflito fosse evidente. Mencionavam que a Constituição seria categórica ao remeter ao legislador a organização da justiça castrense e também a definição dos crimes e consequências deles. Por fim, assinalavam que o afastamento da suspensão condicional da pena seria opção política normativa.
HC 113857/AM, rel. Min. Dias Toffoli, 5.12.2013. (HC-113857) (Inform. STF 731)

"Sursis": recurso posterior e aumento de pena - 1
A 2ª Turma iniciou julgamento de *habeas corpus* em que se pretende o restabelecimento de decisão de primeiro grau que declarou extinta a punibilidade pelo cumprimento do *sursis* ou, subsidiariamente, o abatimento dos dois anos em que a paciente cumprira pena em liberdade condicional. Na espécie, ela fora denunciada pela suposta prática do crime de peculato (CPM, art. 303, § 1º), porém, condenada à pena de um ano e dois meses de reclusão pelo delito de apropriação indébita (CPM, art. 248 c/c o art. 71 do CP), com o benefício do *sursis* pelo prazo de dois anos e o direito de apelar em liberdade. Após a leitura da sentença condenatória, o magistrado procedeu à audiência admonitória, ocasião em que a paciente fora alertada a respeito das vantagens e desvantagens da realização da mencionada audiência naquele momento processual e a ela foram apresentadas as condições para o cumprimento do *sursis*. A condenação transitara em julgado para a defesa e, após, iniciou-se o julgamento da apelação ministerial, não encerrado em função de pedido de vista. No Tribunal *a quo*, a Ministra relatora fora informada de que, nos autos da execução provisória da reprimenda aplicada à paciente, declarara-se a extinção da punibilidade pelo cumprimento integral do *sursis*. Na conclusão de julgamento da apelação, o STM dera provimento ao recurso ministerial e condenara a paciente à pena de quatro anos de reclusão, em regime aberto, pela prática do crime de peculato e tornara sem eficácia a extinção da punibilidade pelo cumprimento do *sursis*.
HC 115252/BA, rel. Min. Ricardo Lewandowski, 17.9.2013. (HC-115252)

"Sursis": recurso posterior e aumento de pena - 2
O Ministro Ricardo Lewandowski, relator, não conheceu do *writ* na parte que concerne ao abatimento dos dois anos de *sursis*. Afirmou que essa matéria não constaria do acórdão do STM e não fora ventilada nos embargos infringentes perante aquele Tribunal, e o exame pelo STF poderia caracterizar decisão *per saltum*. Quanto à extinção da pena pelo cumprimento do *sursis*, destacou que a legislação seria adversa à tese defendida pela paciente. Frisou que a defensoria pública fora intimada da audiência admonitória e não se manifestara. Observou que o art. 84 do CPM dispõe que a "*execução da pena privativa da liberdade, não superior a 2 (dois) anos, pode ser suspensa, por 2 (dois) anos a 6 (seis) anos*", desde que estivessem presentes os requisitos objetivos e subjetivos para a suspensão condicional da pena. Mencionou, também, o art. 613 do CPPM ("*A suspensão também ficará sem efeito se, em virtude de recurso interposto pelo Ministério Público, for aumentada a pena, de modo que exclua a concessão do benefício*"). Asseverou que o art. 160 da LEP, ao tratar da suspensão condicional da pena privativa de liberdade, aplicável subsidiariamente à espécie, dispõe que, "*transitada em julgado a sentença condenatória* [momento em que se realizaria a audiência admonitória], *o Juiz a lerá ao condenado, em audiência, advertindo-o das consequências de nova infração penal e do descumprimento das condições impostas*". Assim, em face da taxatividade dos dispositivos legais, conheceu do *habeas corpus* na parte para indeferir o pedido. Após, pediu vista dos autos o Ministro Gilmar Mendes.
HC 115252/BA, rel. Min. Ricardo Lewandowski, 17.9.2013. (HC-115252)

"Sursis": recurso posterior e aumento de pena - 3
Reveste-se de ineficácia a decisão que declara extinta a punibilidade pelo cumprimento do *sursis* se, em decorrência do provimento de apelação interposta pelo Ministério Público Militar, for aumentada a pena aplicada, de modo a excluir o benefício (CPPM, art. 613). Com base nesse entendimento, a 2ª Turma, em conclusão de julgamento, conheceu, em parte, do pedido e, nessa parte, denegou a ordem — v. Informativo 720. Salientou-se que o STM, ao prover o recurso interposto pelo Ministério Público Militar, teria condenado a paciente a crime diverso e mais gravoso do que aquele pelo qual fora condenada em primeiro grau, afastada a possibilidade de se obter o *sursis*. Deliberou-se não se conhecer do *writ* na parte relativa ao abatimento dos

dois anos de *sursis*. Afirmou-se que essa matéria não constaria do acórdão do STM, e o exame pelo STF caracterizaria decisão *per saltum*. Quanto ao restabelecimento da decisão de primeiro grau, pontuou-se que a interposição de apelação pelo órgão ministerial não impediria a realização de audiência admonitória. Asseverou-se que o art. 613 do CPPM preveria exatamente a situação posta nos autos, no sentido de que "[a] *suspensão também ficará sem efeito se, em virtude de recurso interposto pelo Ministério Público, for aumentada a pena, de modo que exclua a concessão do benefício*". Aduziu-se que o contido naquele artigo não diria respeito à revogação do *sursis*, mas à sua ineficácia. Portanto, não seria possível a produção de efeitos semelhantes ao art. 705 do CPPM, que também trataria de ineficácia e não de revogação. Citou-se precedente da Corte (HC 65604/SP, DJU de 27.5.88) que fizera a distinção entre a revogação contida no art. 708 do CPP (repetida no art. 615 do CPPM) e a ineficácia estabelecida no art. 706 daquele mesmo diploma, cuja regra fora repisada no art. 613 do CPPM. Esclareceu-se que a ineficácia decorrente de causa verificada no curso de execução do *sursis*, ou depois de ele estar extinto, apaga os efeitos já produzidos, não se confundindo, portanto, com a revogação. Concluiu-se que, à luz do sistema legal, outra não poderia ser a conclusão senão condicionar a eficácia do *sursis* ao resultado do recurso interposto pelo *Parquet*.
HC 115252/BA, rel. Min. Ricardo Lewandowski, 5.11.2013. (HC-115252) (Inform. STF 727)

HC N. 116.124-SP
RELATOR: MIN. GILMAR MENDES
Habeas corpus. 2. Crime de ingresso clandestino (art. 302 do CPM). Delito praticado por civis. 3. Competência para processo e julgamento. 4. A conduta de ingressar em território das Forças Armadas afronta diretamente a integridade e o funcionamento das instituições militares. Subsunção do comportamento dos agentes ao preceito primário incriminador consubstanciado no art. 9º, inciso III, "a", do CPM. Submissão à jurisdição especializada. 5. Reconhecida a competência da Justiça Militar da União para processar e julgar o crime de ingresso clandestino em quartel militar praticado por civis. Ordem denegada. **(Inform. STF 718)**

HC N. 113.760-CE
RELATOR: MIN. GILMAR MENDES
Habeas corpus. 2. Militar. Competência. 3. Falsificação de Carteira de Inscrição e Registro de Aquaviário (CIR). Crime militar não evidenciado. 4. Competência da Justiça Federal. Precedentes. 5. Ordem Concedida. **(Inform. STF 716)**

Competência: policiamento de trânsito e delito praticado por civil contra militar
Ante a inadequação da via processual, a 1ª Turma julgou extinto *habeas corpus* substitutivo de recurso ordinário em que se arguia a incompetência da justiça militar para processar e julgar civil, em tempo de paz, por delito de desobediência (CPM, art. 301). No caso, o paciente descumprira ordem de soldado do exército em serviço externo de policiamento de trânsito defronte a quartel. Rejeitou-se, por maioria, proposta de concessão da ordem, de ofício, formulada pelo Min. Dias Toffoli, relator. O Min. Marco Aurélio pontuou que a Constituição ressalvaria a competência da justiça castrense (art. 109, IV). Ademais, o delito enquadrar-se-ia como militar, consoante a alínea *d* do inciso III do art. 9º do CPM ["*Art. 9º Consideram-se crimes militares, em tempo de paz: ... III - os crimes praticados por militar da reserva, ou reformado, ou por civil, contra as instituições militares, considerando-se como tais não só os compreendidos no inciso I, como os do inciso II, nos seguintes casos: ... d) ainda que fora do lugar sujeito à administração militar, contra militar em função de natureza militar, ou no desempenho de serviço de vigilância, garantia e preservação da ordem pública, administrativa ou judiciária, quando legalmente requisitado para aquele fim, ou em obediência a determinação legal superior*"]. Salientou que o militar teria agido, na garantia e preservação da ordem pública, a partir do poder de polícia, que a segurança pública propriamente dita poderia implementar. Vencidos o relator e o Min. Roberto Barroso, que concediam, de ofício, o *writ* para que, reconhecida a incompetência da justiça militar, o processo fosse encaminhado à justiça federal para as providências cabíveis.
HC 115671/RJ, rel. orig. Min. Dias Toffoli, red. p/ o acórdão Min. Marco Aurélio, 13.8.2013. (HC-115671) (Inform. STF 715)

HC N. 116.364-DF

RELATOR: MIN. DIAS TOFFOLI
EMENTA: *Habeas corpus*. Processual Penal Militar. Correição parcial (CPPM, art. 498). Descabimento contra decisão que declara extinta a punibilidade do agente e contra a qual não há recurso voluntário das partes, fazendo, assim, coisa julgada. A coisa julgada, seja formal ou material, conforme o fundamento da decisão, impede que a inércia da parte, no caso o MPM, seja suprida pelo órgão judiciário legitimado para proceder à correição parcial. Precedentes. Prescrição. Reincorporação ao serviço militar. Superveniência de nova deserção. Prescrição do primeiro delito. Incidência da regra do art. 125 do CPM. Inaplicabilidade da regra do art. 132 do mesmo *códex*. Ordem concedida.

1. Não cabe a interposição pelo Juiz-Auditor Corregedor da Justiça Militar da União de correição parcial contra a decisão que declara extinta a punibilidade de desertor em face da consumação da prescrição da pretensão punitiva, a qual não se confunde com o simples deferimento do arquivamento de inquérito requerido pelo Ministério Público.

2. A coisa julgada, seja formal ou material conforme o fundamento da decisão, impede que a inércia da parte, no caso, o MPM, seja suprida pelo órgão judiciário legitimado para proceder à correição parcial.

3. Há, no CPM, duas hipóteses de prescrição em caso de deserção. A primeira se refere ao militar que deserta e é, posteriormente, reincorporado, em virtude de se apresentar voluntariamente ou de ser preso. A esse é aplicável uma norma geral relativa à prescrição prevista no CPM, art. 125. A segunda hipótese de prescrição é dirigida ao trânsfuga, ou seja, àquele que permanece no estado de deserção. A ele é aplicável a norma especial do CPM contida no art. 132.

4. A norma geral do art. 125 do CPM é aplicável ao militar desertor que se apresenta ou é capturado, contando-se daí o prazo prescricional. Precedentes.

5. Ordem concedida. (Inform. STF 714)

RHC N. 115.757-AM

RELATOR: MIN. LUIZ FUX
Ementa: Processual penal militar. Recurso Ordinário em *Habeas Corpus*. Apropriação indébita de coisa achada – art. 249, parágrafo único, do CPM. Ausência de citação. Inocorrência. Ato processual realizado e comprovado por certidão do oficial de justiça. Réu foragido do sistema prisional. Esgotamento dos meios de localização. Revelia.

1. A revelia decretada nos termos do art. 412 do CPPM, após exauridos todos os meios de localização, revela-se indene de *error in procedendo*.

2. *In casu*, o paciente foi denunciado pela prática do crime descrito no art. 249, parágrafo único, do Código Penal Militar, por apropriar-se indevidamente de uma pistola encontrada nos destroços de um helicóptero do exército que acabara de cair, e, como estava preso pela prática de outro delito, foi citado nas dependências de uma delegacia, sendo certo que empreendeu fuga e não foi mais encontrado, por isso que o Juiz Auditor após diligenciar intensamente no sentido de localizá-lo, esgotando, para tanto, todos os meios disponíveis, decretou a revelia acertadamente, como descrito no parecer ministerial.

3. Recurso ordinário em *habeas corpus* desprovido. (Inform. STF 712)

Justiça militar: Lei 11.719/2008 e interrogatório

Aplica-se ao processo penal militar a reforma legislativa que prevê o interrogatório ao final da instrução [CPP: "*Art. 400. Na audiência de instrução e julgamento, a ser realizada no prazo máximo de 60 (sessenta) dias, proceder--se-á à tomada de declarações do ofendido, à inquirição das testemunhas arroladas pela acusação e pela defesa, nesta ordem, ressalvado o disposto no art. 222 deste Código, bem como aos esclarecimentos dos peritos, às acareações e ao reconhecimento de pessoas e coisas, interrogando-se, em seguida, o acusado*"]. Com base nessa orientação, em julgamento conjunto, a 1ª Turma concedeu *habeas corpus* para determinar a incidência subsidiária da mencionada regra, que adveio com a Lei 11.719/2008.
HC 115698/AM, rel. Min. Luiz Fux, 25.6.2013. (HC-115698)
HC 115530/PR, rel. Min. Luiz Fux, 25.6.2013. (HC-115530) (Inform. STF 712)

HC N. 113.430-SP

RELATOR: MIN. DIAS TOFFOLI
Habeas corpus. Constitucional. Processual penal militar. Crime de desacato praticado por civil contra militar em situação de atividade em lugar sujeito à administração militar. Circunstância que atrai o art. 9º, inciso III, alínea b,

do Código Penal Militar. Conduta que se enquadra no art. 299 do Código Penal Militar. Competência da Justiça castrense para processar e julgar. Incidência do art. 124 da Constituição Federal. Precedente. Ordem denegada.

1. Cuida-se, na espécie, de crime de desacato praticado por civil contra militar em situação de atividade em lugar sujeito à administração militar, uma vez que praticado na enfermaria do 5º Batalhão de Infantaria Leve, localizado em Lorena/SP, atraindo, na espécie, a forma prevista no art. 9º, inciso III, alínea b, do Código Penal Militar.

2. À luz das circunstâncias, considerando que a conduta da paciente se enquadra no art. 299 do Código de Penal Militar, a competência para processá-la e julgá-la é da Justiça castrense, por força do art. 124 da Constituição Federal.

3. Ordem denegada. (Inform. STF 704)

HC N. 114.309-MG

RELATOR: MIN. RICARDO LEWANDOWSKI
Ementa: HABEAS CORPUS. CONFLITO POSITIVO DE COMPETÊNCIA. JUSTIÇA PENAL MILITAR X JUSTIÇA PENAL COMUM. QUESTÃO RESOLVIDA EM FAVOR DA JUSTIÇA MILITAR. CRIME PRATICADO EM LUGAR SUJEITO À ADMINISTRAÇÃO MILITAR. OFENSA À ORDEM ADMINISTRATIVA MILITAR. ARTS. 9º, II, E, DO CÓDIGO PENAL MILITAR, E 124 DA CONSTITUIÇÃO FEDERAL. APLICABILIDADE. ORDEM DENEGADA.

I – Impetrante/paciente denunciado na Justiça Militar do Estado de Minas Gerais pela suposta prática do crime de corrupção passiva (art. 308, § 1º, do CPM) e na Justiça Penal comum pela suposta prática dos delitos de formação de quadrilha (art. 288 do CP), estelionato (art. 171 do CP) e peculato (art. 312, § 1º, do CP).

II – Acertada a decisão que resolveu o conflito positivo de competência em favor da Justiça Penal Militar, uma vez que se trata de crime praticado em local sujeito à administração militar, por militar atuando em razão de sua função, contra a ordem administrativa militar, na forma prevista no art. 9º, II, e, do Código Penal Militar, e por força do art. 124 da Constituição Federal, conforme apontou a decisão ora questionada.

III – Ordem denegada. (Inform. STF 703)

HC e erronia no uso da expressão "ex officio"

A 1ª Turma iniciou julgamento de *habeas corpus* em que pretendida declaração de nulidade de julgamento em virtude de tribunal local, ao julgar apelação do Ministério Público, haver reconhecido, de ofício, nulidade não arguida. Na espécie, a Corte estadual anulara decisão prolatada por juiz-auditor de justiça militar que deferira indulto pleno ao paciente. A defesa alega, em suma, afronta à garantia constitucional da coisa julgada, uma vez que a decisão que concedera indulto seria de pleno direito e, somente por ações e instrumentos próprios de impugnação poderia o órgão acusador desconstituí-la. O Min. Dias Toffoli, relator, julgou extinto o *writ* e salientou não ser caso de concessão, de ofício, da ordem. Pontuou que, ao votar, o desembargador, equivocadamente, usara a expressão "de ofício". Asseverou que, ao contrário do que sustentado, o *parquet* teria pedido a nulidade. Aduziu que o fato de o magistrado haver utilizado o mencionado termo não retiraria dos autos a circunstância de a nulidade haver sido peticionada. Por fim, consignou que não se poderia conceder indulto se houvesse recurso pendente por parte da acusação. Após, pediu vista dos autos a Min. Rosa Weber. **HC 108444/SP, rel. Min. Dias Toffoli, 12.3.2013. (HC-108444) (Inform. STF 698)**.

Justiça militar e correição parcial - 3

A 2ª Turma retomou julgamento de *habeas corpus* impetrado contra decisão do STM que rejeitara preliminar de não conhecimento de pedido de correição parcial e, no mérito, deferira o pleito de juiz-auditor corregedor para desconstituir decisão de primeira instância, que arquivara inquérito, e determinar a remessa deste à Procuradoria-Geral da Justiça Militar – v. Informativo 688. O Min. Gilmar Mendes, em voto-vista, ao dissentir no tocante à tempestividade da representação, concedeu a ordem para cassar o acórdão do STM e, por conseguinte, manter o arquivamento do auto de prisão em flagrante. Indicou que o lapso de 5 dias fora contado a partir do despacho de conclusão de 7.10.2011, porém deveria ter sido computado da entrega dos autos na corregedoria. Reproduziu o que decidido pelo Plenário do STF no HC 83255/SP (DJU de 12.3.2004), no sentido de que o prazo recursal para o Ministério Público contar-se-ia da entrega do processo, com vista, em setor administrativo incumbido de recebê-lo. Complementou que o prazo não se iniciaria da deliberada aposição do ciente de membro do *parquet* ou de distribuição interna. Obtemperou que o entendimento, renovado no exame de outras impetrações, mostrar-se-ia aplicável ao caso em tela, por se tratar

30. DIREITO PROCESSUAL PENAL MILITAR 837

igualmente de prazo peremptório e, portanto, preclusivo. Avaliou que não se deveria admitir que se deixasse ao arbítrio de juiz-auditor a definição do *dies a quo* do prazo de representação, sob pena de ofensa ao art. 498, § 1º, do CPPM. Por isso, asseverou ter a representação dado entrada no STM quando ultrapassado o lapso de 5 dias. Após, a Min. Cármen Lúcia, relatora, indicou adiamento. **HC 112977/RJ, rel. Min. Cármen Lúcia, 5.2.2013. (HC-112977) (Inform. STF 694).**

Competência: policiamento ostensivo e delito praticado por civil contra militar

Compete à justiça federal comum processar e julgar civil, em tempo de paz, por delitos alegadamente cometidos por estes em ambiente estranho ao da Administração castrense e praticados contra militar das Forças Armadas na função de policiamento ostensivo, que traduz típica atividade de segurança pública. Essa a conclusão da 2ª Turma ao conceder habeas corpus para invalidar procedimento penal instaurado contra o paciente perante a justiça militar, desde a denúncia, inclusive, sem prejuízo da renovação da *persecutio criminis* perante órgão judiciário competente, contanto que ainda não consumada a prescrição da pretensão punitiva do Estado. Determinou-se, ainda, a remessa dos aludidos autos ao TRF da 2ª Região para que, mediante regular distribuição, fossem encaminhados a uma das varas criminais competentes. Na espécie, atribuir-se-ia a civil a suposta prática de conduta tipificada como desacato a militar. Por sua vez, o membro do Exército estaria no contexto de atividade de policiamento, em virtude de "processo de ocupação e pacificação" de comunidades cariocas. Sopesou-se que a mencionada atividade seria de índole eminentemente civil, porquanto envolveria típica natureza de segurança pública, a afastar o ilícito penal questionado da esfera da justiça castrense. Pontuou-se que instauraria – por se tratar de agente público da União – a competência da justiça federal comum (CF, art. 109, IV). Constatou-se que o Supremo, ao defrontar-se com situação assemelhada, não considerara a atividade de policiamento ostensivo função de natureza militar. A par disso, reconhecera a incompetência absoluta da justiça castrense para processar e julgar civis que, em tempo de paz, tivessem cometido fatos que, embora em tese delituosos, não se subsumiriam à descrição abstrata dos elementos componentes da estrutura jurídica dos tipos penais castrenses que definiriam crimes militares em sentido impróprio. **HC 112936/RJ, rel. Min. Celso de Mello, 5.2.2013. (HC-112936) (Inform. STF 694).**

Justiça militar: correição parcial e punibilidade

A 2ª Turma concedeu habeas corpus para reformar acórdão do STM, no qual deferida correição parcial, e determinar o restabelecimento da decisão declaratória de extinção de punibilidade por supostas práticas de crimes de deserção. Enfatizou-se descaber a interposição de correição parcial, por juiz-auditor corregedor, contra ato decisório em que se reconhecera a perda do jus puniendi estatal, sobretudo por se tratar de matéria de direito e não de erro procedimental. Frisou-se que, no caso, o Ministério Público Militar, titular da ação penal, não recorrera da decisão extintiva da punibilidade, que se tornara imutável. Reputou-se, portanto, que o aresto atacado violaria a coisa julgada material. **HC 110538/DF, rel. Min. Gilmar Mendes, 5.2.2013. (HC-110538) (Inform. STF 694).**

DIREITO PENAL MILITAR. COMPETÊNCIA PARA PROCESSAR E JULGAR CRIME PRATICADO COM O FIM DE BURLAR A EXECUÇÃO CRIMINAL MILITAR.

Compete à Justiça Militar processar e julgar estelionato cometido por militar mediante a emissão, em favor de entidade filantrópica, de cheque sem provisão de fundos com o fim de burlar obrigação de doar cestas básicas assumida por ocasião do recebimento de pena alternativa imposta em substituição a condenação proferida pela Justiça Militar. Ainda que, na hipótese, o delito não tenha sido praticado em serviço militar ou nos limites da administração militar, deve-se observar que o acusado procedeu em razão de sua função, pois, enquanto militar, cumpria as condições de pena alternativa imposta em substituição a condenação proferida pela Justiça Militar. Assim, as circunstâncias do caso se subsumem à hipótese descrita no art. 9º, II,

"c", do CPM. De fato, é evidente que a conduta de tentar burlar a execução criminal militar, a despeito de também ter atingido interesse particular civil na situação em análise, revela inequívoca afronta e conspurcação da autoridade da sentença penal condenatória proferida pela Justiça Penal Militar, a qual, por isso, possui interesse direto e imediato de processar e julgar o crime subsequente. **REsp 1.300.270-SC, Rel. Min. Laurita Vaz, julgado em 19/8/2014. (Inform. STJ 545)**

DIREITO PROCESSUAL PENAL MILITAR. COMPETÊNCIA PARA JULGAMENTO DE CRIME DE DESACATO CONTRA MILITAR QUE ESTEJA REALIZANDO POLICIAMENTO NAVAL.

Compete à Justiça Militar da União processar e julgar ação penal promovida contra civil que tenha cometido crime de desacato contra militar da Marinha do Brasil em atividade de patrulhamento naval. Nos termos do art. 9º, III, "d", do CPM, considera-se crime militar, em tempo de paz, os delitos praticados por civil, ainda que fora do lugar sujeito à administração militar, contra militar em função de natureza militar, no desempenho de serviço de vigilância, garantia e preservação da ordem pública, administrativa ou judiciária, quando legalmente requisitado para aquele fim, ou em obediência a determinação legal superior. A função militar é atribuição específica conferida por lei ao militar, como integrante das forças armadas, exercitadas com características próprias da instituição militar, sobrelevando-se o poder legal conferido à autoridade militar. Vale destacar que, segundo a doutrina, a CF e a legislação infraconstitucional não fazem distinção entre as atribuições primárias e subsidiárias na definição da competência da justiça militar. Nesse contexto, deve-se reconhecer como militar o crime praticado por civil contra militar no exercício das funções que lhe foram legalmente atribuídas, seja ela de caráter subsidiário ou não. **CC 130.996-PA, Rel. Min. Rogerio Schietti Cruz, julgado em 12/2/2014. (Inform. STJ 544)**

▤ Súmula STF nº 694

Não cabe "habeas corpus" contra a imposição da pena de exclusão de militar ou de perda de patente ou de função pública.

▤ Súmula STJ nº 192

Compete ao juízo das execuções penais do estado a execução das penas impostas a sentenciados pela justiça federal, militar ou eleitoral, quando recolhidos a estabelecimentos sujeitos à administração estadual.

▤ Súmula STJ nº 172

Compete à justiça comum processar e julgar militar por crime de abuso de autoridade, ainda que praticado em serviço.

▤ Súmula STJ nº 90

Compete à justiça estadual militar processar e julgar o policial militar pela prática do crime militar, e a comum pela prática do crime comum simultâneo aquele.

▤ Súmula STJ nº 78

Compete à justiça militar processar e julgar policial de corporação estadual, ainda que o delito tenha sido praticado em outra unidade federativa.

▤ Súmula STJ nº 75

Compete à justiça comum estadual processar e julgar o policial militar por crime de promover ou facilitar a fuga de preso de estabelecimento penal.

▤ Súmula STJ nº 53

Compete à justiça comum estadual processar e julgar civil acusado de pratica de crime contra instituições militares estaduais.

▤ Súmula STJ nº 47

Compete à justiça militar processar e julgar crime cometido por militar contra civil, com emprego de arma pertencente à corporação, mesmo não estando em serviço.